ORGANIZADORES

FERNANDA **TARTUCE**

ANDRE **ROQUE**

FERNANDO **GAJARDONI**

LUIZ **DELLORE**

MARCELO **MACHADO**

ZULMAR **DUARTE**

CPC NA JURISPRUDÊNCIA

- CPC/2015 Anotado com Julgados em cada um dos Artigos (Quando Existentes);
- Remissões a Artigos do Código e Legislação Extravagante;
- Julgados e Súmulas do STJ e STF;
- Enunciados Interpretativos (ENFAM, FPPC, CEAPRO e CJF);
- Atualização Periódica pela Internet, até a Próxima Edição.

10 ANOS EDITORA FOCO

EDITORA FOCO

2018 © Editora Foco
Organizadores: Fernanda Tartuce, Andre Roque, Fernando Gajardoni
Luiz Dellore, Marcelo Machado e Zulmar Duarte
Diretor Acadêmico: Leonardo Pereira
Editor: Roberta Densa
Assistente Editorial: Paula Morishita
Revisora Sênior: Georgia Renata Dias
Capa Criação: Leonardo Hermano
Diagramação: Ladislau Lima
Impressão miolo e capa: BMF GRÁFICA E EDITORA LTDA

Dados Internacionais de Catalogação na Publicação (CIP) de acordo com ISBD

T195c

Tartuce, Fernanda

CPC na jurisprudência / Fernanda Tartuce...[et al.]. – Indaiatuba, SP : Editora Foco, 2018.

1280 p. ; 17cm x 24cm.

Inclui índice e bibliografia.

ISBN: 978-85-8242-291-5

1. Direito. 2. Código de Processo Civil. 3. Jurisprudência. I. Roque, Andre. II. Gajardoni, Fernando. III. Dellore, Luiz. I V. Machado, Marcelo. V. Duarte, Zulmar. VI. Título.

2018-461 CDD 340 CDU 34

Elaborado por Odilio Hilario Moreira Junior – CRB-8/9949

Índices para Catálogo Sistemático:

1.Direito 340 2. Direito 34

Atualizações e erratas: a presente obra é vendida como está, sem garantia de atualização futura. Porém, atualizações voluntárias e erratas são disponibilizadas no site www.editorafoco.com.br, na seção *Atualizações*. Esforçamo-nos ao máximo para entregar ao leitor uma obra com a melhor qualidade possível e sem erros técnicos ou de conteúdo. No entanto, nem sempre isso ocorre, seja por motivo de alteração de *software*, interpretação ou falhas de diagramação e revisão. Sendo assim, disponibilizamos em nosso site a seção mencionada (*Atualizações*), na qual relataremos, com a devida correção, os erros encontrados na obra. Solicitamos, outrossim, que o leitor faça a gentileza de colaborar com a perfeição da obra, comunicando eventual erro encontrado por meio de mensagem para contato@editorafoco.com.br.

Impresso no Brasil (05.2018)
Data de Fechamento (05.2018)

2018

Al. Júpiter 542 – American Park Distrito Industrial
CEP 13347-653 – Indaiatuba – SP
E-mail: contato@editorafoco.com.br
www.editorafoco.com.br

SUMÁRIO

Índice Sistemático do Código de Processo Civil

LEI 13.105, DE 16 DE MARÇO DE 2015

PARTE GERAL

LIVRO I – DAS NORMAS PROCESSUAIS CIVIS

TÍTULO ÚNICO – DAS NORMAS FUNDAMENTAIS E DA APLICAÇÃO DAS NORMAS PROCESSUAIS

LIVRO II – DA FUNÇÃO JURISDICIONAL

TÍTULO I – DA JURISDIÇÃO E DA AÇÃO

TÍTULO II – DOS LIMITES DA JURISDIÇÃO NACIONAL E DA COOPERAÇÃO INTERNACIONAL

TÍTULO III – DA COMPETÊNCIA INTERNA

LIVRO III – DOS SUJEITOS DO PROCESSO

TÍTULO I – DAS PARTES E DOS PROCURADORES

TÍTULO II – DO LITISCONSÓRCIO

TÍTULO III – DA INTERVENÇÃO DE TERCEIROS

TÍTULO IV – DO JUIZ E DOS AUXILIARES DA JUSTIÇA

TÍTULO II – DO CUMPRIMENTO DA SENTENÇA

TÍTULO III – DOS PROCEDIMENTOS ESPECIAIS

LIVRO II – DO PROCESSO DE EXECUÇÃO

TÍTULO I – DA EXECUÇÃO EM GERAL

TÍTULO II – DAS DIVERSAS ESPÉCIES DE EXECUÇÃO

Exposição de Motivos

Brasília, 8 de junho de 2010.

Excelentíssimo Senhor Presidente do Senado Federal, Senador José Sarney.

Honrados pela nobre designação com que fomos distinguidos, submetemos à elevada apreciação de Vossa Excelência o Anteprojeto de Código de Processo Civil.

EXPOSIÇÃO DE MOTIVOS[NE1-NE2]

Um sistema processual civil que não proporcione à sociedade o reconhecimento e a realização[1] dos direitos, ameaçados ou violados, que têm cada um dos jurisdicionados, não se harmoniza com as garantias constitucionais[2] de um Estado Democrático de Direito.[3]

Sendo ineficiente o sistema processual, todo o ordenamento jurídico passa a carecer de real efetividade. De fato, as normas de direito material se transformam em pura ilusão, sem a garantia de sua correlata realização, no mundo empírico, por meio do processo.[4]

Não há fórmulas mágicas. O Código vigente, de 1973, operou satisfatoriamente durante duas décadas. A partir dos anos noventa, entretanto, sucessivas reformas, a grande maioria delas lideradas pelos Ministros Athos Gusmão Carneiro e Sálvio de Figueiredo Teixeira, introduziram no Código revogado significativas alterações, com o objetivo de adaptar as normas processuais a mudanças na sociedade e ao funcionamento das instituições.

A expressiva maioria dessas alterações, como, por exemplo, em 1.994, a inclusão no sistema do instituto da **antecipação de tutela**; em 1.995, a alteração do regime do **agravo**; e, mais recentemente, as leis que alteraram a execução, foram bem recebidas pela comunidade jurídica e geraram resultados positivos, no plano da operatividade do sistema.

O enfraquecimento da coesão entre as normas processuais foi uma consequência natural do método consistente em se incluírem, aos poucos, alterações no CPC, comprometendo a sua forma sistemática. A complexidade

---

1. **Nota da Editora 1**: É importante informar ao leitor que a presente Exposição de Motivos foi elaborada de acordo com a primeira redação do Projeto de Lei do Senado 166, em 8 de junho de 2010. Desde a apresentação até a publicação da Lei 13.105, em 16 de março de 2015, que instituiu o Novo Código de Processo Civil, ocorreram inúmeras alterações materiais e redacionais ao texto original, razão pela qual certas transcrições ou menções a artigos nesta exposição poderão não corresponder ao texto final promulgado.

   Nota da Editora 2: Exposição de motivos extraída do endereço eletrônico do Senado Federal. Disponível em: [http://www.senado.gov.br/atividade/materia/detalhes.asp?p cod_mate=116731].

   Essencial que se faça menção a *efetiva* satisfação, pois, a partir da dita terceira fase metodológica do direito processual civil, o processo passou a ser visto como instrumento, que deve ser idôneo para o reconhecimento e a adequada concretização de direitos.

2. Isto é, aquelas que regem, eminentemente, as relações das partes entre si, entre elas e o juiz e, também, entre elas e terceiros, de que são exemplos a imparcialidade do juiz, o contraditório, a demanda, como ensinam CAPPELLETTI e VIGORITI (I diritti costituzionali delle parti nel processo civile italiano. *Rivista di diritto processuale*, II serie, v. 26, p. 604-650, Padova, Cedam, 1971, p. 605).

3. Os princípios e garantias processuais inseridos no ordenamento constitucional, por conta desse movimento de "constitucionalização do processo", não se limitam, no dizer de LUIGI PAOLO COMOGLIO, a "reforçar do exterior uma mera 'reserva legislativa' para a regulamentação desse método [em referência ao processo como método institucional de resolução de conflitos sociais], mas impõem a esse último, e à sua disciplina, algumas condições mínimas de legalidade e retidão, cuja eficácia é potencialmente operante em qualquer fase (ou momento nevrálgico) do processo" (Giurisdizione e processo nel quadro delle garanzie costituzionali. *Studi in onore di Luigi Montesano*, v. II, p. 87-127, Padova, Cedam, 1997, p. 92).

4. É o que explica, com a clareza que lhe é peculiar, BARBOSA MOREIRA: "Querer que o processo seja efetivo é querer que desempenhe com eficiência o papel que lhe compete na economia do ordenamento jurídico. Visto que esse papel é instrumental em relação ao direito substantivo, também se costuma falar da instrumentalidade do processo. Uma noção conecta-se com a outra e por assim dizer a implica. Qualquer instrumento será bom na medida em que sirva de modo prestimoso à consecução dos fins da obra a que se ordena; em outras palavras, na medida em que seja efetivo. Vale dizer: será efetivo o processo que constitua instrumento eficiente de realização do direito material" (Por um processo socialmente efetivo. *Revista de Processo*. São Paulo, v. 27, n.105, p. 183-190, jan./mar. 2002, p. 181).

resultante desse processo confunde-se, até certo ponto, com essa desorganização, comprometendo a celeridade e gerando questões evitáveis (pontos que geram polêmica e atraem atenção dos magistrados) que subtraem indevidamente a atenção do operador do direito.

Nessa dimensão, a preocupação em se preservar a forma sistemática das normas processuais, longe de ser meramente acadêmica, atende, sobretudo, a uma necessidade de caráter pragmático: obter-se um grau mais intenso de funcionalidade.

Sem prejuízo da manutenção e do aperfeiçoamento dos institutos introduzidos no sistema pelas reformas ocorridas nos anos de 1.992 até hoje, criou-se um Código novo, que não significa, todavia, uma ruptura com o passado, mas um passo à frente. Assim, além de conservados os institutos cujos resultados foram positivos, incluíram-se no sistema outros tantos que visam a atribuir-lhe alto grau de eficiência.

Há mudanças necessárias, porque reclamadas pela comunidade jurídica, e correspondentes a queixas recorrentes dos jurisdicionados e dos operadores do Direito, ouvidas em todo país. Na elaboração deste Anteprojeto de Código de Processo Civil, essa foi uma das linhas principais de trabalho: resolver **problemas**. Deixar de ver o processo como teoria descomprometida de sua natureza fundamental de **método** de resolução de conflitos, por meio do qual se realizam **valores constitucionais**.[5]

Assim, e por isso, um dos métodos de trabalho da Comissão foi o de resolver problemas, sobre cuja existência há praticamente unanimidade na comunidade jurídica. Isso ocorreu, por exemplo, no que diz respeito à complexidade do sistema recursal existente na lei revogada. Se o sistema recursal, que havia no Código revogado em sua versão originária, era consideravelmente mais simples que o anterior, depois das sucessivas reformas pontuais que ocorreram, se tornou, inegavelmente, muito mais complexo.

Não se deixou de lado, é claro, a necessidade de se construir um Código coerente e harmônico *interna corporis*, mas não se cultivou a obsessão em elaborar uma obra magistral, estética e tecnicamente perfeita, em detrimento de sua funcionalidade.

De fato, essa é uma preocupação presente, mas que já não ocupa o primeiro lugar na postura intelectual do processualista contemporâneo.

A coerência substancial há de ser vista como objetivo fundamental, todavia, e mantida em termos absolutos, no que tange à Constituição Federal da República. Afinal, é na lei ordinária e em outras normas de escalão inferior que se explicita a promessa de realização dos valores encampados pelos princípios constitucionais.

O novo Código de Processo Civil tem o potencial de gerar um processo mais célere, mais justo,[6] porque mais rente às necessidades sociais[7] e muito menos complexo.[8]

A simplificação do sistema, além de proporcionar-lhe coesão mais visível, permite ao juiz centrar sua atenção, de modo mais intenso, no mérito da causa.

Com evidente redução da complexidade inerente ao processo de criação de um novo Código de Processo Civil, poder-se-ia dizer que os trabalhos da Comissão se orientaram precipuamente por cinco objetivos: 1) estabelecer expressa e implicitamente verdadeira sintonia fina com a Constituição Federal; 2) criar condições para que o juiz possa proferir decisão de forma mais rente à realidade fática subjacente à causa; 3) simplificar, resolvendo problemas e reduzindo a complexidade de subsistemas, como, por exemplo, o recursal; 4) dar todo o rendimento possível a cada processo em si mesmo considerado; e, 5) finalmente, sendo talvez este último objetivo parcialmente alcançado pela realização daqueles mencionados antes, imprimir maior grau de organicidade ao sistema, dando-lhe, assim, mais coesão.

Esta Exposição de Motivos obedece à ordem dos objetivos acima alistados.

1) A necessidade de que fique evidente a *harmonia da lei ordinária em relação à* ***Constituição Federal da***

5. SÁLVIO DE FIGUEIREDO TEIXEIRA, em texto emblemático sobre a nova ordem trazida pela Constituição Federal de 1988, disse, acertadamente, que, apesar de suas vicissitudes, "nenhum texto constitucional valorizou tanto a 'Justiça', tomada aqui a palavra não no seu conceito clássico de 'vontade constante e perpétua de dar a cada um o que é seu', mas como conjunto de instituições voltadas para a realização da paz social" (O aprimoramento do processo civil como garantia da cidadania. In: FIGUEIREDO TEIXEIRA, Sálvio. *As garantias do cidadão na Justiça.* São Paulo: Saraiva, 1993. p. 79-92, p. 80).

6. Atentando para a advertência, acertada, de que não o processo, além de produzir um resultado justo, precisa ser justo em si mesmo, e portanto, na sua realização, devem ser observados aqueles *standards* previstos na Constituição Federal, que constituem desdobramento da garantia do *due process of law* (DINAMARCO, Cândido. *Instituições de direito processual civil*, v. 1. 6.a ed. São Paulo: Malheiros, 2009).

7. Lembrando, com BARBOSA MOREIRA, que "não se promove uma sociedade mais justa, ao menos primariamente, por obra do aparelho judicial. É todo o edifício, desde as fundações, que para tanto precisa ser revisto e reformado. Pelo prisma jurídico, a tarefa básica inscreve-se no plano do direito material" (*Por um processo socialmente efetivo*, p. 181)

8. Trata-se, portanto, de mais um passo decisivo para afastar os obstáculos para o acesso à Justiça, a que comumente se alude, isto é, a duração do processo, seu alto custo e a excessiva formalidade.

República[9] fez com que se incluíssem no Código, expressamente, **princípios constitucionais**, na sua versão processual. Por outro lado, muitas **regras** foram concebidas, dando concreção a princípios constitucionais, como, por exemplo, as que preveem um procedimento, com *contraditório* e produção de provas, prévio à decisão que desconsidera da pessoa jurídica, em sua versão tradicional, ou "às avessas"[10].

Está expressamente formulada a regra no sentido de que o fato de o juiz estar diante de matéria de ordem pública não dispensa a obediência ao princípio do **contraditório**.

Como regra, o depósito da quantia relativa às multas, cuja função processual seja levar ao cumprimento da obrigação *in natura*, ou da ordem judicial, deve ser feito logo que estas incidem.

Não podem, todavia, ser levantadas, a não ser quando haja trânsito em julgado ou quando esteja pendente agravo de decisão denegatória de seguimento a recurso especial ou extraordinário.

Trata-se de uma forma de tornar o processo mais eficiente e efetivo, o que significa, indubitavelmente, aproximá-lo da Constituição Federal, em cujas entrelinhas se lê que o processo deve assegurar o cumprimento da lei material.

Prestigiando o princípio constitucional da **publicidade** das decisões, previu-se a regra inafastável de que à data de julgamento de todo recurso deve-se dar publicidade (todos os recursos devem constar em pauta), para que as partes tenham oportunidade de tomar providências que entendam necessárias ou, pura e simplesmente, possam assistir ao julgamento.

Levou-se em conta o princípio da *razoável duração do processo*.[11] Afinal a ausência de celeridade, sob certo ângulo,[12] é ausência de justiça. A simplificação do sistema recursal, de que trataremos separadamente, leva a um processo mais ágil.

Criou-se o incidente de julgamento conjunto de demandas repetitivas, a que adiante se fará referência.

Por enquanto, é oportuno ressaltar que levam a um processo **mais célere** as medidas cujo objetivo seja o julgamento conjunto de demandas que gravitam em torno da mesma questão de direito, por dois ângulos: *a*) o relativo àqueles processos, em si mesmos considerados, que, serão decididos conjuntamente; *b*) no que concerne à atenuação do excesso de carga de trabalho do Poder Judiciário – já que o tempo usado para decidir aqueles processos poderá ser mais eficazmente aproveitado em todos os outros, em cujo trâmite serão evidentemente menores os ditos "tempos mortos" (períodos em que nada acontece no processo).

Por outro lado, haver, indefinidamente, **posicionamentos diferentes** e incompatíveis, nos Tribunais, a respeito da **mesma norma jurídica**, leva a que jurisdicionados que estejam em situações idênticas, tenham de submeter-se a regras de conduta diferentes, ditadas por decisões judiciais emanadas de tribunais diversos.

Esse fenômeno fragmenta o sistema, gera intranquilidade e, por vezes, verdadeira perplexidade na sociedade.

---

9. Hoje, costuma-se dizer que o processo civil **constitucionalizou-se**. Fala-se em modelo constitucional do processo, expressão inspirada na obra de Italo Andolina e Giuseppe Vignera, *Il modello costituzionale del processo civile italiano: corso di lezioni* (Turim, Giapicchelli, 1990). O processo há de ser examinado, estudado e compreendido à luz da Constituição e de forma a dar o maior rendimento possível aos seus princípios fundamentais.
10. O Novo CPC prevê expressamente que, antecedida de contraditório e produção de provas, haja decisão sobre a desconsideração da pessoa jurídica, com o redirecionamento da ação, na dimensão de sua patrimonialidade, e também sobre a consideração dita inversa, nos casos em que se abusa da sociedade, para usá-la indevidamente com o fito de camuflar o patrimônio pessoal do sócio. Essa alteração está de acordo com o pensamento que, entre nós, ganhou projeção ímpar na obra de J. LAMARTINE CORRÊA DE OLIVEIRA. Com efeito, há três décadas, o brilhante civilista já advertia ser essencial o predomínio da realidade sobre a aparência, quando *"em verdade* [é] *uma outra pessoa que está a agir, utilizando a pessoa jurídica como escudo, e se é essa utilização da pessoa jurídica, fora de sua função, que está tornando possível o resultado contrário à lei, ao contrato, ou às coordenadas axiológicas"* (*A dupla crise da pessoa jurídica*. São Paulo: Saraiva, 1979, p. 613).
11. Que, antes de ser expressamente incorporado à Constituição Federal em vigor (art. 5º, inciso LXXVIII), já havia sido contemplado em outros instrumentos normativos estrangeiros (veja-se, por exemplo, o art. 111, da Constituição da Itália) e convenções internacionais (Convenção Europeia e Pacto de San Jose da Costa Rica). Trata-se, portanto, de tendência mundial.
12. Afinal, a celeridade não é um valor que deva ser perseguido a qualquer custo. "Para muita gente, na matéria, a rapidez constitui o valor por excelência, quiçá o único. Seria fácil invocar aqui um rol de citações de autores famosos, apostados em estigmatizar a morosidade processual. Não deixam de ter razão, sem que isso implique – nem mesmo, quero crer, no pensamento desses próprios autores – hierarquização rígida que não reconheça como imprescindível, aqui e ali, ceder o passo a outros valores. Se uma justiça lenta demais é decerto uma justiça má, daí não se segue que uma justiça muito rápida seja necessariamente uma justiça boa. O que todos devemos querer é que a prestação jurisdicional venha ser melhor do que é. Se para torná-la melhor é preciso acelerá-la, muito bem: não, contudo, a qualquer preço" (BARBOSA MOREIRA, José Carlos. O futuro da justiça: alguns mitos. *Revista de Processo*, v. 102, p. 228-237, abr.-jun. 2001, p. 232).

Prestigiou-se, seguindo-se direção já abertamente seguida pelo ordenamento jurídico brasileiro, expressado na criação da Súmula Vinculante do Supremo Tribunal Federal (STF) e do regime de julgamento conjunto de recursos especiais e extraordinários repetitivos (que foi mantido e aperfeiçoado) tendência a criar estímulos para que a jurisprudência se uniformize, à luz do que venham a decidir tribunais superiores e até de segundo grau, e se estabilize.

Essa é a função e a razão de ser dos tribunais superiores: proferir decisões que **moldem** o ordenamento jurídico, objetivamente considerado. A função paradigmática que devem desempenhar é inerente ao sistema.

Por isso é que esses princípios foram expressamente formulados. Veja-se, por exemplo, o que diz o novo Código, no Livro IV: "A jurisprudência do STF e dos Tribunais Superiores deve nortear as decisões de todos os Tribunais e Juízos singulares do país, de modo a concretizar plenamente os princípios da legalidade e da isonomia".

Evidentemente, porém, para que tenha eficácia a recomendação no sentido de que seja a jurisprudência do STF e dos Tribunais superiores, efetivamente, norte para os demais órgãos integrantes do Poder Judiciário, é necessário que aqueles Tribunais mantenham jurisprudência razoavelmente estável.

A segurança jurídica fica comprometida com a brusca e integral alteração do entendimento dos tribunais sobre questões de direito.[13]

Encampou-se, por isso, expressamente princípio no sentido de que, uma vez firmada jurisprudência em certo sentido, esta deve, como norma, ser mantida, salvo se houver relevantes razões recomendando sua alteração.

Trata-se, na verdade, de um outro viés do princípio da segurança jurídica,[14] que recomendaria que a jurisprudência, uma vez pacificada ou sumulada, tendesse a ser mais estável.[15]

De fato, a alteração do entendimento a respeito de uma tese jurídica ou do sentido de um texto de lei pode levar ao legítimo desejo de que as situações anteriormente decididas, com base no entendimento superado, sejam redecididas à luz da nova compreensão. Isto porque a alteração da jurisprudência, diferentemente da alteração da lei, produz efeitos equivalentes aos *ex tunc*. Desde que, é claro, não haja regra em sentido inverso.

Diz, expressa e explicitamente, o novo Código que: "A mudança de entendimento sedimentado observará a necessidade de fundamentação adequada e específica, considerando o imperativo de estabilidade das relações jurídicas";

E, ainda, com o objetivo de prestigiar a segurança jurídica, formulou-se o seguinte princípio: "Na hipótese de alteração da jurisprudência dominante do STF e dos Tribunais superiores, ou oriunda de julgamentos de casos repetitivos, pode haver **modulação** dos efeitos da alteração no interesse social e no da segurança jurídica" (grifos nossos).

Esse princípio tem relevantes consequências práticas, como, por exemplo, a não rescindibilidade de sentenças transitadas em julgado baseadas na orientação abandonada pelo Tribunal. Também em nome da segurança jurídica, reduziu-se para um ano, como regra geral, o prazo decadencial dentro do qual pode ser proposta a ação rescisória.

Mas talvez as alterações mais expressivas do sistema processual ligadas ao objetivo de harmonizá-lo com o espírito da Constituição Federal, sejam as que dizem respeito a regras que induzem à uniformidade e à estabilidade da jurisprudência.

O novo Código prestigia o princípio da segurança jurídica, obviamente de índole constitucional, pois que se hospeda nas dobras do Estado Democrático de Direito e visa a proteger e a preservar as justas expectativas das pessoas.

Todas as normas jurídicas devem tender a dar efetividade às garantias constitucionais, tornando "segura" a vida dos jurisdicionados, de modo a que estes sejam poupados de "surpresas", podendo sempre prever, em alto grau, as consequências jurídicas de sua conduta.

13. Os ingleses dizem que os jurisdicionados não podem ser tratados "como cães, que só descobrem que algo é proibido quando o bastão toca seus focinhos" (BENTHAM citado por R. C. CAENEGEM, Judges, Legislators & Professors, p. 161).

14. "O homem necessita de segurança para conduzir, planificar e conformar autônoma e responsavelmente a sua vida. Por isso, desde cedo se consideravam os princípios da segurança jurídica e da proteção à confiança como elementos constitutivos do Estado de Direito. Esses dois princípios – segurança jurídica e proteção da confiança – andam estreitamente associados, a ponto de alguns autores considerarem o princípio da confiança como um subprincípio ou como uma dimensão específica da segurança jurídica. Em geral, considera-se que a segurança jurídica está conexionada com elementos objetivos da ordem jurídica – garantia de estabilidade jurídica, segurança de orientação e realização do direito – enquanto a proteção da confiança se prende mais com os componentes subjetivos da segurança, designadamente a calculabilidade e previsibilidade dos indivíduos em relação aos efeitos dos actos". (JOSÉ JOAQUIM GOMES CANOTILHO. Direito constitucional e teoria da constituição. Almedina, Coimbra, 2000, p. 256).

15. Os alemães usam a expressão princípio da "proteção", acima referida por Canotilho. (ROBERT ALEXY e RALF DREIER, Precedent in the Federal Republic of Germany, *in* Interpreting Precedents, A Comparative Study, Coordenação NEIL MACCORMICK e ROBERT SUMMERS, Dartmouth Publishing Company, p. 19).

Se, por um lado, o princípio do livre convencimento motivado é garantia de julgamentos independentes e justos, e neste sentido mereceu ser prestigiado pelo novo Código, por outro, compreendido em seu mais estendido alcance, acaba por conduzir a distorções do princípio da legalidade e à própria ideia, antes mencionada, de Estado Democrático de Direito. A dispersão excessiva da jurisprudência produz intranquilidade social e descrédito do Poder Judiciário.

Se todos têm que agir em conformidade com a lei, ter-se-ia, *ipso facto*, respeitada a isonomia. Essa relação de causalidade, todavia, fica comprometida como decorrência do desvirtuamento da liberdade que tem o juiz de decidir com base em seu entendimento sobre o sentido real da norma.

A tendência à diminuição[16] do número[17] de recursos que devem ser apreciados pelos Tribunais de segundo grau e superiores é resultado inexorável da jurisprudência mais uniforme e estável.[17]

Proporcionar legislativamente melhores condições para operacionalizar formas de uniformização do entendimento dos Tribunais brasileiros acerca de teses jurídicas é concretizar, na vida da sociedade brasileira, o princípio constitucional da isonomia.

Criaram-se figuras, no novo CPC, para evitar a dispersão[18] excessiva da jurisprudência. Com isso, haverá condições de se atenuar o assoberbamento de trabalho no Poder Judiciário, sem comprometer a qualidade da prestação jurisdicional.

Dentre esses instrumentos, está a complementação e o reforço da eficiência do regime de julgamento de recursos repetitivos, que agora abrange a possibilidade de suspensão do procedimento das demais ações, tanto no juízo de primeiro grau, quanto dos demais recursos extraordinários ou especiais, que estejam tramitando nos tribunais superiores, aguardando julgamento, desatreladamente dos afetados.

Com os mesmos objetivos, criou-se, com inspiração no direito alemão,[19] o já referido incidente de Resolução de Demandas Repetitivas, que consiste na identificação de processos que contenham a mesma questão de direito, que estejam ainda no primeiro grau de jurisdição, para decisão conjunta.[20]

16. Comentando os principais vetores da reforma sofrida no processo civil alemão na última década, BARBOSA MOREIRA alude ao problema causado pelo excesso de recursos no processo civil: "Pôr na primeira instância o centro de gravidade do processo é diretriz política muito prestigiada em tempos modernos, e numerosas iniciativas reformadoras levam-na em conta. A rigor, o ideal seria que os litígios fossem resolvidos em termos finais mediante um único julgamento. Razões conhecidas induzem as leis processuais a abrirem a porta a reexames. A multiplicação desmedida dos meios tendentes a propiciá-los, entretanto, acarreta o prolongamento indesejável do feito, aumenta-lhe o custo, favorece a chicana e, em muitos casos, gera para os tribunais superiores excessiva carga de trabalho. Convém, pois, envidar esforços para que as partes se deem por satisfeitas com a sentença e se abstenham de impugná-la" (Breve notícia sobre a reforma do processo civil alemão. *Revista de Processo*. São Paulo, v. 28, n. 111, p. 103-112, jul./set. 2003, p. 105).

17. O número de recursos previstos na legislação processual civil é objeto de reflexão e crítica, há muitos anos, na doutrina brasileira. EGAS MONIZ DE ARAGÃO, por exemplo, em emblemático trabalho sobre o tema, já indagou de forma contundente: "há demasiados recursos no ordenamento jurídico brasileiro? Deve-se restringir seu cabimento? São eles responsáveis pela morosidade no funcionamento do Poder Judiciário?" Respondendo tais indagações, o autor conclui que há três recursos que "atendem aos interesses da brevidade e certeza, interesses que devem ser ponderados – como na fórmula da composição dos medicamentos – para dar adequado remédio às necessidades do processo judicial": a apelação, o agravo e o extraordinário, isto é, recurso especial e recurso extraordinário (Demasiados recursos?. *Revista de Processo*. São Paulo, v. 31, n. 136, p. 9-31, jun. 2006, p. 18)

18. A preocupação com essa possibilidade não é recente. ALFREDO BUZAID já aludia a ela, advertindo que há uma grande diferença entre as decisões adaptadas ao contexto histórico em que proferidas e aquelas que prestigiam interpretações contraditórias da mesma disposição legal, apesar de iguais as situações concretas em que proferidas. Nesse sentido: "Na verdade, não repugna ao jurista que os tribunais, num louvável esforço de adaptação, sujeitem a mesma regra a entendimento diverso, desde que se alterem as condições econômicas, políticas e sociais; mas repugna-lhe que sobre a mesma regra jurídica deem os tribunais interpretação diversa e até contraditória, quando as condições em que ela foi editada continuam as mesmas. O dissídio resultante de tal exegese debilita a autoridade do Poder Judiciário, ao mesmo passo que causa profunda decepção às partes que postulam perante os tribunais" (Uniformização de Jurisprudência. *Revista da Associação dos Juízes do Rio Grande do Sul*, 34/139, jul. 1985).

19. No direito alemão a figura se chama *Musterverfahren* e gera decisão que serve de modelo (*Muster*) para a resolução de uma quantidade expressiva de processos em que as partes estejam na mesma situação, não se tratando necessariamente, do mesmo autor nem do mesmo réu (RALF-THOMAS WITTMANN. Il "contenzioso di massa" in Germania, *in* GIORGETTI ALESSANDRO e VALERIO VALLEFUOCO, Il Contenzioso di massa in Italia, in Europa e nel mondo, Milão, Giuffrè, 2008, p. 178).

20. Tais medidas refletem, sem dúvida, a tendência de coletivização do processo, assim explicada por RODOLFO DE CAMARGO MANCUSO: "Desde o último quartel do século passado, foi tomando vulto o fenômeno da 'coletivização' dos conflitos, à medida que, paralelamente, se foi reconhecendo a inaptidão do processo civil clássico para ins-

O incidente de resolução de demandas repetitivas é admissível quando identificada, em primeiro grau, controvérsia com potencial de gerar multiplicação expressiva de demandas e o correlato risco da coexistência de decisões conflitantes.

É instaurado perante o Tribunal local, por iniciativa do juiz, do MP, das partes, da Defensoria Pública ou pelo próprio Relator. O juízo de admissibilidade e de mérito caberão ao tribunal pleno ou ao órgão especial, onde houver, e a extensão da eficácia da decisão acerca da tese jurídica limita-se à área de competência territorial do tribunal, salvo decisão em contrário do STF ou dos Tribunais superiores, pleiteada pelas partes, interessados, MP ou Defensoria Pública. Há a possibilidade de intervenção de *amici curiae*.

O incidente deve ser julgado no prazo de seis meses, tendo preferência sobre os demais feitos, salvo os que envolvam réu preso ou pedido de *habeas corpus*.

O recurso especial e o recurso extraordinário, eventualmente interpostos da decisão do incidente, têm efeito suspensivo e se considera presumida a repercussão geral, de questão constitucional eventualmente discutida.

Enfim, não observada a tese firmada, caberá reclamação ao tribunal competente.

As hipóteses de cabimento dos embargos de divergência agora se baseiam exclusivamente na existência de *teses contrapostas*, não importando o veículo que as tenha levado ao Supremo Tribunal Federal ou ao Superior Tribunal de Justiça. Assim, são possíveis de confronto teses contidas em recursos e ações, sejam as decisões de mérito ou relativas ao juízo de admissibilidade.

Está-se, aqui, diante de poderoso instrumento, agora tornado ainda mais eficiente, cuja finalidade é a de uniformizar a jurisprudência dos Tribunais superiores, *interna corporis*. Sem que a jurisprudência desses Tribunais esteja internamente uniformizada, é posto abaixo o edifício cuja base é o respeito aos precedentes dos Tribunais superiores.

2) Pretendeu-se converter o processo em instrumento incluído no **contexto social** em que produzirá efeito o seu resultado. Deu-se ênfase à possibilidade de as partes porem fim ao conflito pela via da mediação ou da conciliação.[21] Entendeu-se que a *satisfação efetiva* das partes pode dar-se de modo mais intenso se a solução é por elas criada e não imposta pelo juiz.

Como regra, deve realizar-se audiência em que, ainda antes de ser apresentada contestação, se tentará fazer com que autor e réu cheguem a acordo. Dessa audiência, poderão participar conciliador e mediador e o réu deve comparecer, sob pena de se qualificar sua ausência injustificada como ato atentatório à dignidade da justiça. Não se chegando a acordo, terá início o prazo para a contestação.

Por outro lado, e ainda levando em conta a qualidade da satisfação das partes com a solução dada ao litígio, previu-se a possibilidade da presença do *amicus curiae*, cuja manifestação, com certeza tem aptidão de proporcionar ao juiz condições de proferir decisão mais próxima às reais necessidades das partes e mais rente à realidade do país.[22]

Criou-se regra no sentido de que a intervenção pode ser pleiteada pelo *amicus curiae* ou solicitada de ofício, como decorrência das peculiaridades da causa, em todos os graus de jurisdição.

---

trumentalizar essas megacontrovérsias, próprias de uma conflitiva sociedade de massas. Isso explica a proliferação de ações de cunho coletivo, tanto na Constituição Federal (arts. 5.º, XXI; LXX, 'b'; LXXIII; 129, III) como na legislação processual extravagante, empolgando segmentos sociais de largo espectro: consumidores, infância e juventude; deficientes físicos; investidores no mercado de capitais; idosos; torcedores de modalidades desportivas, etc. Logo se tornou evidente (e premente) a necessidade da oferta de novos instrumentos capazes de recepcionar esses conflitos assim potencializado, seja em função do número expressivo (ou mesmo indeterminado) dos sujeitos concernentes, seja em função da indivisibilidade do objeto litigioso, que o torna insuscetível de partição e fruição por um titular exclusivo" (*A resolução de conflitos e a função judicial no Contemporâneo Estado de Direito*. São Paulo: Revista dos Tribunais, 2009, p. 379-380).

21. A criação de condições para realização da transação é uma das tendências observadas no movimento de reforma que inspirou o processo civil alemão. Com efeito, explica BARBOSA MOREIRA que "já anteriormente, por força de uma lei de 1999, os órgãos legislativos dos 'Lander' tinham sido autorizados, sob determinadas circunstâncias, a exigirem, como requisito de admissibilidade da ação, que se realizasse prévia tentativa de conciliação extrajudicial. Doravante, nos termos do art. 278, deve o tribunal, em princípio, levar a efeito a tentativa, ordenando o comparecimento pessoal de ambas as partes. O órgão judicial discutirá com elas a situação, poderá formular-lhes perguntas e fazer-lhes observações. Os litigantes serão ouvidos pessoalmente e terá cada qual a oportunidade de expor sua versão do litígio..." (*Breves notícias sobre a reforma do processo civil alemão*, p. 106).

22. Predomina na doutrina a opinião de que a origem do *amicus curiae* está na Inglaterra, no processo penal, embora haja autores que afirmem haver figura assemelhada já no direito romano (CÁSSIO SCARPINELLA BUENO, *Amicus curiae no processo civil brasileiro*, Ed. Saraiva, 2006, p. 88). Historicamente, sempre atuou ao lado do juiz, e sempre foi a discricionariedade deste que determinou a intervenção desta figura, fixando os limites de sua atuação. Do direito inglês, migrou para o direito americano, em que é, atualmente, figura de relevo digno de nota (CÁSSIO SCARPINELLA BUENO, ob.cit., p. 94 e seguintes).

Entendeu-se que os requisitos que impõem a manifestação do *amicus curiae* no processo, se existem, estarão presentes desde o primeiro grau de jurisdição, não se justificando que a possibilidade de sua intervenção ocorra só nos Tribunais Superiores. Evidentemente, todas as decisões devem ter a qualidade que possa proporcionar a presença do *amicus curiae*, não só a última delas.

Com objetivo semelhante, permite-se no novo CPC que os Tribunais Superiores apreciem o mérito de alguns recursos que veiculam questões relevantes, cuja solução é necessária para o aprimoramento do Direito, ainda que não estejam preenchidos requisitos de admissibilidade considerados menos importantes. Trata-se de regra afeiçoada à processualística contemporânea, que privilegia o conteúdo em detrimento da forma, em consonância com o princípio da instrumentalidade.

3) Com a finalidade de *simplificação*, criou-se,[23] *v.g.*, a possibilidade de o réu formular pedido independentemente do expediente formal da reconvenção, que desapareceu. Extinguiram-se muitos incidentes: passa a ser matéria alegável em preliminar de contestação a incorreção do valor da causa e a indevida concessão do benefício da justiça gratuita, bem como as duas espécies de incompetência. Não há mais a ação declaratória incidental nem a ação declaratória incidental de falsidade de documento, bem como o incidente de exibição de documentos. As formas de intervenção de terceiro foram modificadas e parcialmente fundidas: criou-se um só instituto, que abrange as hipóteses de denunciação da lide e de chamamento ao processo. Deve ser utilizado quando o chamado puder ser réu em ação regressiva; quando um dos devedores solidários saldar a dívida, aos demais; quando houver obrigação, por lei ou por contrato, de reparar ou garantir a reparação de dano, àquele que tem essa obrigação. A sentença dirá se terá havido a hipótese de ação regressiva, ou decidirá quanto à obrigação comum. Muitos[24] procedimentos especiais[25] foram extintos. Foram mantidos a ação de consignação em pagamento, a ação de prestação de contas, a ação de divisão e demarcação de terras particulares, inventário e partilha, embargos de terceiro, habilitação, restauração de autos, homologação de penhor legal e ações possessórias.

Extinguiram-se também as ações cautelares nominadas. Adotou-se a regra no sentido de que basta à parte a demonstração do *fumus boni iuris* e do perigo de ineficácia da prestação jurisdicional para que a providência pleiteada deva ser deferida. Disciplina-se também a tutela sumária que visa a proteger o direito evidente, independentemente de *periculum in mora*.

O Novo CPC agora deixa clara a possibilidade de concessão de tutela de urgência e de tutela à evidência. Considerou-se conveniente esclarecer de forma expressa que a resposta do Poder Judiciário deve ser rápida não só em situações em que a urgência decorre do risco de eficácia do processo e do eventual perecimento do próprio direito. Também em hipóteses em que as alegações da parte se revelam de juridicidade ostensiva deve a tutela ser antecipadamente (total ou parcialmente) concedida, independentemente de *periculum in mora*, por não haver razão relevante para a espera, até porque, via de regra, a demora do processo gera agravamento do dano.

Ambas essas espécies de tutela vêm disciplinadas na Parte Geral, tendo também desaparecido o livro das Ações Cautelares.

23. Tal possibilidade, rigorosamente, já existia no CPC de 1973, especificamente no procedimento comum sumário (art. 278, parágrafo 1°) e em alguns procedimentos especiais disciplinados no Livro IV, como, por exemplo, as açoes possessórias (art. 922), daí porque se afirmava, em relação a estes, que uma de suas características peculiares era, justamente, a natureza dúplice da ação. Contudo, no Novo Código, o que era excepcional se tornará regra geral, em evidente benefício da economia processual e da idéia de efetividade da tutela jurisdicional.

24. EGAS MONIZ DE ARAGÃO, comentando a transição do Código de 1939 para o Código de 1973, já chamava a atenção para a necessidade de refletir sobre o grande número de procedimentos especiais que havia no primeiro e foi mantido, no segundo diploma. Nesse sentido: "Ninguém jamais se preocupou em investigar se é necessário ou dispensável, se é conveniente ou inconveniente oferecer aos litigantes essa pletora de procedimentos especiais; ninguém jamais se preocupou em verificar se a existência desses inúmeros procedimentos constitui obstáculo à 'efetividade do processo', valor tão decantado na atualidade; ninguém jamais se preocupou em pesquisar se a existência de tais e tantos procedimentos constitui estorvo ao bom andamento dos trabalhos forenses e se a sua substituição por outros e novos meios de resolver os mesmos problemas poderá trazer melhores resultados. Diante desse quadro é de indagar: será possível atingir os resultados verdadeiramente aspirados pela revisão do Código sem remodelar o sistema no que tange aos procedimentos especiais?" (Reforma processual: 10 anos. *Revista do Instituto dos Advogados do Paraná*. Curitiba, n. 33, p. 201-215, dez. 2004, p. 205).

25. Ainda na vigência do Código de 1973, já não se podia afirmar que a maior parte desses procedimentos era efetivamente especial. As características que, no passado, serviram para lhes qualificar desse modo, após as inúmeras alterações promovidas pela atividade de reforma da legislação processual, deixaram de lhes ser exclusivas. Vários aspectos que, antes, somente se viam nos procedimentos ditos especiais, passaram, com o tempo, a se observar também no procedimento comum. Exemplo disso é o sincretismo processual, que passou a marcar o procedimento comum desde que admitida a concessão de tutela de urgência em favor do autor, nos termos do art. 273.

A tutela de urgência e da evidência podem ser requeridas **antes** ou **no curso** do procedimento em que se pleiteia a providência principal.

Não tendo havido resistência à liminar concedida, o juiz, depois da efetivação da medida, extinguirá o processo, conservando-se a eficácia da medida concedida, sem que a situação fique protegida pela coisa julgada.

Impugnada a medida, o pedido principal deve ser apresentado **nos mesmos autos** em que tiver sido formulado o pedido de urgência.

As opções procedimentais acima descritas exemplificam sobremaneira a concessão da tutela cautelar ou antecipatória, do ponto de vista procedimental.

Além de a incompetência, absoluta e relativa, poderem ser levantadas pelo réu em preliminar de contestação, o que também significa uma maior simplificação do sistema, a incompetência absoluta não é, no Novo CPC, hipótese de cabimento de ação rescisória.

Cria-se a faculdade de o advogado promover, pelo correio, a intimação do advogado da outra parte. Também as testemunhas devem comparecer espontaneamente, sendo excepcionalmente intimadas por carta com aviso de recebimento.

A extinção do procedimento especial "ação de usucapião" levou à criação do procedimento edital, como forma de comunicação dos atos processuais, por meio do qual, em ações deste tipo, devem-se provocar todos os interessados a intervir, se houver interesse.

O prazo para todos os recursos, com exceção dos embargos de declaração, foi uniformizado: quinze dias.

O recurso de apelação continua sendo interposto no 1º grau de jurisdição, tendo-lhe sido, todavia, retirado o juízo de admissibilidade, que é exercido apenas no 2º grau de jurisdição. Com isso, suprime-se um novo foco desnecessário de recorribilidade.

Na execução, se eliminou a distinção entre praça e leilão, assim como a necessidade de duas hastas públicas. Desde a primeira, pode o bem ser alienado por valor inferior ao da avaliação, desde que não se trate de preço vil.

Foram extintos os embargos à arrematação, tornando-se a ação anulatória o único meio de que o interessado pode valer-se para impugná-la.

Bastante simplificado foi o sistema recursal. Essa simplificação, todavia, em momento algum significou restrição ao direito de defesa. Em vez disso deu, de acordo com o objetivo tratado no item seguinte, maior rendimento a cada processo individualmente considerado.

Desapareceu o agravo retido, tendo, correlatamente, sido alterado o regime das preclusões.[26] Todas as decisões anteriores à sentença podem ser impugnadas na apelação. Ressalte-se que, na verdade, o que se modificou, nesse particular, foi exclusivamente o momento da impugnação, pois essas decisões, de que se recorria, no sistema anterior, por meio de agravo retido, só eram mesmo alteradas ou mantidas quando o agravo era julgado, como preliminar de apelação. Com o novo regime, o momento de julgamento será o mesmo; não o da impugnação.

O agravo de instrumento ficou mantido para as hipóteses de concessão, ou não, de tutela de urgência; para as interlocutórias de mérito, para as interlocutórias proferidas na execução (e no cumprimento de sentença) e para todos os demais casos a respeito dos quais houver previsão legal expressa.

Previu-se a sustentação oral em agravo de instrumento de decisão de mérito, procurando-se, com isso, alcançar resultado do processo mais rente à realidade dos fatos.

Uma das grandes alterações havidas no sistema recursal foi a supressão dos embargos infringentes.[27] Há muito, doutrina da melhor qualidade vem propugnando pela necessidade de que sejam extintos.[28] Em contrapartida a essa extinção, o relator terá o dever de declarar o voto vencido, sendo este considerado como parte integrante do acórdão, inclusive para fins de prequestionamento.

Significativas foram as alterações, no que tange aos recursos para o STJ e para o STF. O Novo Código contém regra expressa, que leva ao aproveitamento do

26. Essa alteração contempla uma das duas soluções que a doutrina processualista colocava em relação ao problema da recorribilidade das decisões interlocutórias. Nesse sentido: *"Duas teses podem ser adotadas com vistas ao controle das decisões proferidas pelo juiz no decorrer do processo em primeira instância: ou, a) não se proporciona recurso algum e os litigantes poderão impugná-las somente com o recurso cabível contra o julgamento final, normalmente a apelação, caso estes em que não incidirá preclusão sobre tais questões, ou, b) é proporcionado recurso contra as decisões interlocutórias (tanto faz que o recurso suba incontinente ao órgão superior ou permaneça retido nos autos do processo) e ficarão preclusas as questões nelas solucionadas caso o interessado não recorra"* (ARAGÃO, E. M. *Reforma processual: 10* anos, p. 210-211).

27. Essa trajetória, como lembra BARBOSA MOREIRA, foi, no curso das décadas, *"complexa e sinuosa"* (Novas vicissitudes dos embargos infringentes, *Revista de Processo*. São Paulo, v. 28, n. 109, p. 113-123, jul-ago. 2004, p. 113).

28. Nesse sentido, "A existência de um voto vencido não basta por si só para justificar a criação de tal recurso; porque, por tal razão, se devia admitir um segundo recurso de embargos toda vez que houvesse mais de um voto vencido; desta forma poderia arrastar-se a verificação por largo tempo, vindo o ideal de justiça a ser sacrificado pelo desejo de aperfeiçoar a decisão*"* (ALFREDO BUZAID, Ensaio para uma revisão do sistema de recursos no Código de Processo Civil. *Estudos de direito*. São Paulo: Saraiva, 1972, v. 1, p. 111).

processo, de forma plena, devendo ser decididas todas as razões que podem levar ao provimento ou ao improvimento do recurso. Sendo, por exemplo, o recurso extraordinário provido para acolher uma causa de pedir, ou *a*) examinam-se todas as outras, ou, *b*) remetem-se os autos para o Tribunal de segundo grau, para que decida as demais, ou, *c*) remetem-se os autos para o primeiro grau, caso haja necessidade de produção de provas, para a decisão das demais; e, pode-se também, *d*) remeter os autos ao STJ, caso as causas de pedir restantes constituam-se em questões de direito federal.

Com os mesmos objetivos, consistentes em simplificar o processo, dando-lhe, simultaneamente, o maior rendimento possível, criou-se a regra de que não há mais extinção do processo, por decisão de inadmissão de recurso, caso o tribunal destinatário entenda que a competência seria de outro tribunal. Há, isto sim, em todas as instâncias, inclusive no plano de STJ e STF, **a remessa dos autos ao tribunal competente.**

Há dispositivo expresso determinando que, se os embargos de declaração são interpostos com o objetivo de prequestionar a matéria objeto do recurso principal, e não são admitidos, considera-se o prequestionamento como havido, salvo, é claro, se se tratar de recurso que pretenda a inclusão, no acórdão, da descrição de fatos.

Vê-se, pois, que as alterações do sistema recursal a que se está, aqui, aludindo, proporcionaram simplificação e levaram a efeito um outro objetivo, de que abaixo se tratará: obter-se o maior rendimento possível de cada processo.

4) O novo sistema permite que cada processo *tenha maior rendimento possível*. Assim, e por isso, estendeu-se a autoridade da coisa julgada às questões prejudiciais.

Com o objetivo de se dar maior **rendimento** a cada processo, individualmente considerado, e, atendendo a críticas tradicionais da doutrina,[29] deixou, a possibilidade jurídica do pedido, de ser condição da ação. A sentença que, à luz da lei revogada seria de carência da ação, à luz do Novo CPC é de improcedência e resolve definitivamente a controvérsia.

Criaram-se mecanismos para que, sendo a ação proposta com base em várias causas de pedir e sendo só uma levada em conta na decisão do 1º e do 2º graus, repetindo-se as decisões de procedência, caso o tribunal superior inverta a situação, retorne o processo ao 2º grau, para que as demais sejam apreciadas, até que, afinal, sejam todas decididas e seja, **efetivamente, posto fim à controvérsia**.

O mesmo ocorre se se tratar de ação julgada improcedente em 1º e em 2º graus, como resultado de acolhimento de uma razão de defesa, quando haja mais de uma.

Também visando a essa finalidade, o novo Código de Processo Civil criou, inspirado no sistema italiano[30] e francês[31], a estabilização de tutela, a que já se referiu no item anterior, que permite a manutenção da eficácia da medida de urgência, ou antecipatória de tutela, até que seja eventualmente impugnada pela parte contrária.

As partes podem, até a sentença, modificar pedido e causa de pedir, desde que não haja ofensa ao contraditório. De cada processo, por esse método, se obtém tudo o que seja possível.

Na mesma linha, tem o juiz o poder de adaptar o procedimento às peculiaridades da causa.[32]

Com a mesma finalidade, criou-se a regra, a que já se referiu, no sentido de que, entendendo o Superior Tribunal de Justiça que a questão veiculada no recurso especial seja constitucional, deve remeter o recurso do Supremo Tribunal Federal; do mesmo modo, deve o Supremo Tribunal Federal remeter o recurso ao Superior Tribunal de Justiça, se considerar que não se trata de ofensa direta à Constituição Federal, por decisão irrecorrível.

5) A Comissão trabalhou sempre tendo como **pano de fundo** um objetivo genérico, que foi de imprimir organicidade às regras do processo civil brasileiro, dando maior coesão ao sistema.

29. CÂNDIDO DINAMARCO lembra que o próprio LIEBMAN, após formular tal condição da ação em aula inaugural em Turim, renunciou a ela depois que *"a lei italiana passou a admitir o divórcio, sendo este o exemplo mais expressivo de impossibilidade jurídica que vinha sendo utilizado em seus escritos"* (*Instituições de direito processual civil*. v. II, 6.ª ed. São Paulo: Malheiros, 2009, p. 309).

30. Tratam da matéria, por exemplo, COMOGLIO, Luigi; FERRI, Corrado; TARUFFO, Michele. *Lezioni sul processo civile*. 4. ed. Bologna: Il Mulino, 2006. t. I e II; PICARDI, Nicola. *Codice di procedura civile*. 4. ed. Milão: Giuffrè, 2008. t. II; GIOLA, Valerio de; RASCHELLÀ, Anna Maria. *I provvedimento d´urgenza ex art. 700 Cod. Proc. Civ.* 2. ed. Experta, 2006.

31. É conhecida a figura do *référré* francês, que consiste numa forma sumária de prestação de tutela, que gera decisão provisória, não depende necessariamente de um processo principal, não transita em julgado, mas pode prolongar a sua eficácia no tempo. Vejam-se arts. 488 e 489 do *Nouveau Code de Procédure Civile* francês.

32. No processo civil inglês, há regra expressa a respeito dos "*case management powers*". CPR 1.4. Na doutrina, v. NEIL ANDREWS, O moderno processo civil, São Paulo, Ed. RT, 2009, item 3.14, p. 74. Nestas regras de gestão de processos, inspirou-se a Comissão autora do Anteprojeto.

O Novo CPC conta, agora, com uma Parte Geral,[33] atendendo às críticas de parte ponderável da doutrina brasileira. Neste Livro I, são menciona- dos princípios constitucionais de especial importância para todo o processo civil, bem como regras gerais, que dizem respeito a todos os demais Livros. A Parte Geral desempenha o papel de chamar para si a solução de questões difíceis relativas às demais partes do Código, já que contém regras e princípios gerais a respeito do funcionamento do sistema.

O conteúdo da Parte Geral (Livro I) consiste no seguinte: princípios e garantias fundamentais do processo civil; aplicabilidade das normas processuais; limites da jurisdição brasileira; competência interna; normas de cooperação internacional e nacional; partes; litisconsórcio; procuradores; juiz e auxiliares da justiça; Ministério Público; atos processuais; provas; tutela de urgência e tutela da evidência; formação, suspensão e extinção do processo. O Livro II, diz respeito ao processo de conhecimento, incluindo cumprimento de sentença e procedimentos especiais, contenciosos ou não. O Livro III trata do processo de execução, e o Livro IV disciplina os processos nos Tribunais e os meios de impugnação das decisões judiciais. Por fim, há as disposições finais e transitórias.

O objetivo de organizar internamente as regras e harmonizá-las entre si foi o que inspirou, por exemplo, a reunião das hipóteses em que os Tribunais ou juízes podem voltar atrás, mesmo depois de terem proferido decisão de mérito: havendo embargos de declaração, erro material, sendo proferida decisão pelo STF ou pelo STJ com base nos artigos 543-B e 543-C do Código anterior.

Organizaram-se em dois dispositivos as causas que levam à extinção do processo, por indeferimento da inicial, sem ou com julgamento de mérito, incluindo-se neste grupo o que constava do art. 285-A do Código anterior.

Unificou-se o critério relativo ao fenômeno que gera a prevenção: o despacho que ordena a citação. A ação, por seu turno, considera-se proposta assim que protocolada a inicial.

Tendo desaparecido o Livro do Processo Cautelar e as cautelares em espécie, acabaram sobrando medidas que, em consonância com parte expressiva da doutrina brasileira, embora estivessem formalmente inseridas no Livro III, de cautelares, nada tinham. Foram, então, realocadas, junto aos procedimentos especiais.

Criou-se um livro novo, a que já se fez menção, para os processos nos Tribunais, que abrange os meios de impugnação às decisões judiciais – recursos e ações impugnativas autônomas – e institutos como, por exemplo, a homologação de sentença estrangeira.

Também com o objetivo de desfazer "nós" do sistema, deixaram-se claras as hipóteses de cabimento de ação rescisória e de ação anulatória, eliminando-se dúvidas, com soluções como, por exemplo, a de deixar sentenças homologatórias como categoria de pronunciamento impugnável pela ação anulatória, ainda que se trate de decisão de mérito, isto é, que homologa transação, reconhecimento jurídico do pedido ou renúncia à pretensão.

Com clareza e com base em doutrina autorizada,[34] disciplinou-se o litisconsórcio, separando-se, com a nitidez possível, o necessário do unitário.

Inverteram-se os termos **sucessão** e **substituição**, acolhendo-se crítica antiga e correta da doutrina.[35]

Nos momentos adequados, utilizou-se a expressão *convenção de arbitragem*, que abrange a cláusula arbitral e o

33. Para EGAS MONIZ DE ARAGÃO, a ausência de uma parte geral, no Código de 1973, ao tempo em que promulgado, era compatível com a ausência de sistematização, no plano doutrinário, de uma teoria geral do processo. E advertiu o autor: *"não se recomendaria que o legislador precedesse aos doutrinadores, aconselhando a prudência que se aguarde o desenvolvi- mento do assunto por estes para, colhendo-lhes os frutos, atuar aquele"* (*Comentários ao Código de Processo Civil*: v. II. 7.a Ed. Rio de Janeiro: Forense, 1991, p. 8). O profundo amadurecimento do tema que hoje se observa na doutrina processualista brasileiro justifica, nessa oportunidade, a sistematização da teoria geral do processo, no novo CPC.

34. CÂNDIDO DINAMARCO, por exemplo, sob a égide do Código de 1973, teceu críticas à redação do art. 47, por entender que "esse mal redigido dispositivo dá a impressão, absolutamente falsa, de que o litisconsórcio unitário seria modalidade do necessário" (*Instituições de direito processual civil*, v. II, p. 359). No entanto, explica, com inequívoca clareza, o processualista: "Os dois conceitos não se confundem nem se colocam em relação de gênero a espécie. A unitariedade não é espécie da necessariedade. Diz respeito ao 'regime de tratamento' dos litisconsortes, enquanto esta é a exigência de 'formação' do litisconsórcio".

35. "O Código de Processo Civil dá a falsa idéia de que a troca de um sujeito pelo outro na condição de parte seja um fenômeno de substituição processual: o vocábulo 'substituição' e a forma verbal'substituindo' são empregadas na rubrica em que se situa o art. 48 e em seu § 10. Essa impressão é falsa porque 'substituição processual' é a participação de um sujeito no processo, como autor ou réu, sem ser titular do interesse em conflito (art. 6º). Essa locução não expressa um movimento de entrada e saída. Tal movimento é, em direito, 'sucessão' – no caso, sucessão processual" (DINAMARCO, C. *Instituições de direito processual civil*, v. II, p. 281).

compromisso arbitral, imprimindo-se, assim, o mesmo regime jurídico a ambos os fenômenos.[36]

Em conclusão, como se frisou no início desta exposição de motivos, elaborar-se um Código novo não significa "deitar abaixo as instituições do Código vigente, substituindo-as por outras, inteiramente novas".[37]

Nas alterações das leis, com exceção daquelas feitas imediatamente após períodos históricos que se pretendem deixar definitivamente para trás, não se deve fazer "taboa rasa" das conquistas alcançadas. Razão alguma há para que não se conserve ou aproveite o que há de bom no sistema que se pretende reformar.

Assim procedeu a Comissão de Juristas que reformou o sistema processual: criou saudável equilíbrio entre conservação e inovação, sem que tenha havido drástica ruptura com o presente ou com o passado.

Foram criados institutos inspirados no direito estrangeiro, como se mencionou ao longo

desta Exposição de Motivos, já que, a época em que vivemos é de interpenetração das civilizações. O Novo CPC é fruto de reflexões da Comissão que o elaborou, que culminaram em escolhas racionais de caminhos considerados adequados, à luz dos cinco critérios acima referidos, à obtenção de uma sentença que resolva o conflito, com respeito aos direitos fundamentais e no menor tempo possível, realizando o interesse público da atuação da lei material.

Em suma, para a elaboração do Novo CPC, identificaram-se os avanços incorporados ao sistema processual preexistente, que deveriam ser conservados. Estes foram organizados e se deram alguns passos à frente, para deixar expressa a adequação das novas regras à Constituição Federal da República, com um sistema mais coeso, mais ágil e capaz de gerar um processo civil mais célere e mais justo.

A Comissão de Juristas

COMPOSIÇÃO DA COMISSÃO

Presidente: Luiz Fux.

Relatora-Geral: Teresa Arruda Alvim Wambier.

Membros: Adroaldo Furtado Fabrício, Benedito Cerezzo Pereira Filho, Bruno Dantas, Elpídio Donizetti Nunes, Humberto Theodoro Junior, Jansen Fialho de Almeida, José Miguel Garcia Medina, José Roberto dos Santos Bedaque, Marcus Vinicius Furtado Coelho, Paulo Cezar Pinheiro Carneiro.

Secretários da Comissão: Verônica Maia Baraviera (Designada através do Ato 503/2009, da Presidência do Senado Federal); Gláucio Ribeiro de Pinho (Designada através do Ato 167/2010, da Presidência do Senado Federal).

Equipe de Assessoramento à Comissão:

Advogados: Alex Alves Tavares, Anderson de Oliveira Noronha e Thalisson de Albuquerque Campos.

Assessora de Pesquisa: Helena Celeste R. L. Vieira.

Assessora de Imprensa: IlanaTrombka.

Estagiárias: Dominique Pinto de Britto, Rafaella Cristina Araújo Oliveira e Raianne Tavares Rocha.

Revisão final:

Consultor Legislativo: Fábio Augusto Santana Hage.

Analistas de Processo Legislativo: Andreza Rios de Carvalho, Ângela de Almeida Martins, Breno de Lima Andrade, Eduardo dos Santos Ribeiro, Emílio Moura Leite da Silveira, Maria Rita Galvão Lobo, Sebastião Araújo Andrade, Wesley Dutra de Andrade.

36. Sobre o tema da arbitragem, veja-se: CARMONA, Carlos Alberto. *Arbitragem e Processo um comentário à lei nº 9.307/96*. 3. ed. São Paulo: Atlas, 2009.
37. ALFREDO BUZAID, Exposição de motivos, Lei 5.869, de 11 de janeiro de 1973.

Razões de Veto

DESPACHOS DA PRESIDENTA DA REPÚBLICA

Nº 56, de 16 de março de 2015.

Senhor Presidente do Senado Federal,

Comunico a Vossa Excelência que, nos termos do § 1º do art. 66 da Constituição, decidi vetar parcialmente, por contrariedade ao interesse público, o Projeto de Lei 166, de 2010 (nº 8.046/10 na Câmara dos Deputados), que institui o "Código de Processo Civil".

Ouvidos, o Ministério da Justiça e a Advocacia-Geral da União manifestaram-se pelo veto ao seguinte dispositivo:

Art. 35

"Art. 35. Dar-se-á por meio de carta rogatória o pedido de cooperação entre órgão jurisdicional brasileiro e órgão jurisdicional estrangeiro para prática de ato de citação, intimação, notificação judicial, colheita de provas, obtenção de informações e cumprimento de decisão interlocutória, sempre que o ato estrangeiro constituir decisão a ser executada no Brasil."

Razões do veto

"Consultados o Ministério Público Federal e o Superior Tribunal de Justiça, entendeu-se que o dispositivo impõe que determinados atos sejam praticados exclusivamente por meio de carta rogatória, o que afetaria a celeridade e efetividade da cooperação jurídica internacional que, nesses casos, poderia ser processada pela via do auxílio direto."

A Advocacia-Geral da União manifestou-se pelo veto aos seguintes dispositivos:

Art. 333

"Art. 333. Atendidos os pressupostos da relevância social e da dificuldade de formação do litisconsórcio, o juiz, a requerimento do Ministério Público ou da Defensoria Pública, ouvido o autor, poderá converter em coletiva a ação individual que veicule pedido que:

I - tenha alcance coletivo, em razão da tutela de bem jurídico difuso ou coletivo, assim entendidos aqueles definidos pelo art. 81, parágrafo único, incisos I e II, da Lei 8.078, de 11 de setembro de 1990 (Código de Defesa do Consumidor), e cuja ofensa afete, a um só tempo, as esferas jurídicas do indivíduo e da coletividade;

II - tenha por objetivo a solução de conflito de interesse relativo a uma mesma relação jurídica plurilateral, cuja solução, por sua natureza ou por disposição de lei, deva ser necessariamente uniforme, assegurando-se tratamento isonômico para todos os membros do grupo.

§ 1º Além do Ministério Público e da Defensoria Pública, podem requerer a conversão os legitimados referidos no art. 5º da Lei 7.347, de 24 de julho de 1985, e no art. 82 da Lei 8.078, de 11 de setembro de 1990 (Código de Defesa do Consumidor).

§ 2º A conversão não pode implicar a formação de processo coletivo para a tutela de direitos individuais homogêneos.

§ 3º Não se admite a conversão, ainda, se:

I - já iniciada, no processo individual, a audiência de instrução e julgamento; ou

II - houver processo coletivo pendente com o mesmo objeto; ou

III - o juízo não tiver competência para o processo coletivo que seria formado.

§ 4º Determinada a conversão, o juiz intimará o autor do requerimento para que, no prazo fixado, adite ou emende a petição inicial, para adaptá-la à tutela coletiva.

§ 5º Havendo aditamento ou emenda da petição inicial, o juiz determinará a intimação do réu para, querendo, manifestar-se no prazo de 15 (quinze) dias.

§ 6º O autor originário da ação individual atuará na condição de litisconsorte unitário do legitimado para condução do processo coletivo.

§ 7º O autor originário não é responsável por nenhuma despesa processual decorrente da conversão do processo individual em coletivo.

§ 8º Após a conversão, observar-se-ão as regras do processo coletivo.

§ 9º A conversão poderá ocorrer mesmo que o autor tenha cumulado pedido de natureza estritamente individual, hipótese em que o processamento desse pedido dar-se-á em autos apartados.

§ 10. O Ministério Público deverá ser ouvido sobre o requerimento previsto no *caput*, salvo quando ele próprio o houver formulado."

Inciso XII do art. 1.015

"XII - conversão da ação individual em ação coletiva;"

Razões dos vetos

"Da forma como foi redigido, o dispositivo poderia levar à conversão de ação individual em ação coletiva de maneira pouco criteriosa, inclusive em detrimento do interesse das partes. O tema exige disciplina própria para garantir a plena eficácia do instituto. Além disso, o novo Código já contempla mecanismos para tratar demandas repetitivas. No sentido do veto manifestou-se também a Ordem dos Advogados do Brasil - OAB."

O Ministério da Defesa manifestou-se pelo veto ao seguinte dispositivo:

Inciso X do art. 515

"X - o acórdão proferido pelo Tribunal Marítimo quando do julgamento de acidentes e fatos da navegação."

Razões do veto

"Ao atribuir natureza de título executivo judicial às decisões do Tribunal Marítimo, o controle de suas decisões poderia ser afastado do Poder Judiciário, possibilitando a interpretação de que tal colegiado administrativo passaria a dispor de natureza judicial."

Ouvido ainda o Ministério da Fazenda, manifestou-se pelo veto ao dispositivo a seguir transcrito:

§ 3º do art. 895

"§ 3º As prestações, que poderão ser pagas por meio eletrônico, serão corrigidas mensalmente pelo índice oficial de atualização financeira, a ser informado, se for o caso, para a operadora do cartão de crédito."

Razões do veto

"O dispositivo institui correção monetária mensal por um índice oficial de preços, o que caracteriza indexação. Sua introdução potencializaria a memória inflacionária, culminando em uma indesejada inflação inercial."

O Ministério da Justiça solicitou, ainda, veto ao dispositivo a seguir transcrito:

Inciso VII do art. 937

"VII - no agravo interno originário de recurso de apelação, de recurso ordinário, de recurso especial ou de recurso extraordinário;"

Razões do veto

"A previsão de sustentação oral para todos os casos de agravo interno resultaria em perda de celeridade processual, princípio norteador do novo Código, provocando ainda sobrecarga nos Tribunais."

O Ministério da Justiça e o Ministério da Fazenda acrescentaram veto ao seguinte dispositivo:

Art. 1.055

"Art. 1.055. O devedor ou arrendatário não se exime da obrigação de pagamento dos tributos, das multas e das taxas incidentes sobre os bens vinculados e de outros encargos previstos em contrato, exceto se a obrigação de pagar não for de sua responsabilidade, conforme contrato, ou for objeto de suspensão em tutela provisória."

Razões do veto

"Ao converter em artigo autônomo o § 2º do art. 285-B do Código de Processo Civil de 1973, as hipóteses de sua aplicação, hoje restritas, ficariam imprecisas e ensejariam interpretações equivocadas, tais como possibilitar a transferência de responsabilidade tributária por meio de contrato."

Essas, Senhor Presidente, as razões que me levaram a vetar os dispositivos acima mencionados do projeto em causa, as quais ora submeto à elevada apreciação dos Senhores Membros do Congresso Nacional.

Código de Processo Civil

LEI 13.105, DE 16 DE MARÇO DE 2015 ATUALIZADA PELA LEI 13.256, DE 4 DE FEVEREIRO DE 2016

A Presidenta da República:

Faço saber que o Congresso Nacional decreta e eu sanciono a seguinte lei:

PARTE GERAL

LIVRO I
DAS NORMAS PROCESSUAIS CIVIS

TÍTULO ÚNICO
Das Normas Fundamentais e da Aplicação das Normas Processuais

→ *v.* Enunciado 369 do FPPC: O rol de normas fundamentais previsto no Capítulo I do Título Único do Livro I da Parte Geral do CPC não é exaustivo.

→ *v.* Enunciado 370 do FPPC: Norma processual fundamental pode ser regra ou princípio.

Capítulo I
DAS NORMAS FUNDAMENTAIS DO PROCESSO CIVIL

Art. 1º O processo civil será ordenado, disciplinado e interpretado conforme os valores e as normas fundamentais estabelecidos na Constituição da República Federativa do Brasil, observando-se as disposições deste Código.

→ *v.* Art. 5º, §§ 1º, 2º e 3º, da CF/1988.

→ *v.* Convenção Americana sobre Direitos Humanos (Dec. 678/1992).

→ *v.* Arts. 13 e 16 do NCPC.

<u>Violação a princípios constitucionais: ofensa reflexa ao texto constitucional.</u>

✓ AGRAVO REGIMENTAL NO RECURSO EXTRAORDINÁRIO COM AGRAVO. CONTRARIEDADE AOS PRINCÍPIOS DO CONTRADITÓRIO, DA AMPLA DEFESA E DO DEVIDO PROCESSO LEGAL. AUSÊNCIA DE REPERCUSSÃO GERAL. REEXAME DO CONJUNTO FÁTICO-PROBATÓRIO. SÚMULA Nº 279/STF. AUSÊNCIA DE IMPUGNAÇÃO. SÚMULA Nº 284/STF. HONORÁRIOS INCABÍVEIS EM MANDADO DE SEGURANÇA. MAJORAÇÃO DESCABIDA. AGRAVO A QUE SE NEGA PROVIMENTO, COM APLICAÇÃO DE MULTA. I. Quanto à alegada nulidade do acórdão recorrido, esta Corte firmou orientação no sentido de ser inadmissível, em regra, a interposição de recurso extraordinário para discutir matéria relacionada à ofensa aos princípios constitucionais do devido processo legal, da ampla defesa, do contraditório e da prestação jurisdicional, quando a verificação dessa alegação depender de exame prévio de legislação infraconstitucional, por configurar situação de ofensa reflexa ao texto constitucional. Precedente: ARE 748.371-RG (Tema 660), Relator Ministro Gilmar Mendes, em que se rejeitou a repercussão geral da matéria. II. Para se chegar à conclusão contrária à adotada pelo acórdão recorrido quanto à caracterização do dano moral, necessário seria o reexame do conjunto fático-probatório constante dos autos, o que atrai a incidência da Súmula nº 279/STF. Conforme orientação firmada por este Supremo Tribunal Federal, cabe à parte agravante impugnar todos os fundamentos da decisão agravada, o que não ocorreu no caso. III. Incabível a majoração de honorários, por tratar-se de ação de mandado de segurança. IV- Agravo regimental a que se nega provimento, com aplicação da multa prevista no art. 1.021, § 4º, do CPC. (STF; ARE 1009890; Segunda Turma; Rel. Min. Ricardo Lewandowski; DJE 11/04/2017; Pág. 143)

Art. 2º O processo começa por iniciativa da parte e se desenvolve por impulso oficial, salvo as exceções previstas em lei.

→ *v.* Art. 878 da CLT.

→ *v.* Arts. 141, 177, 492, 720, 730, 738 do NCPC.

Cabe ao juiz, por força do princípio do impulso oficial, instar a parte a movimentar o processo executivo.

✓ EXECUÇÃO FISCAL. RESTAURAÇÃO DE AUTOS. PRAZO INDEFINIDO. IMPOSSIBILIDADE. 1. O caso em análise versa sobre execução fiscal autuada em 14.04.1984 (fl. 01), que não foi fisicamente redistribuída para a 8ª Vara Federal de Execução Fiscal, nos termos do Provimento nº 13 (de 05.04.1999), da Egrégia Corregedoria Geral da Justiça Federal da 2ª Região, não havendo, tampouco, qualquer informação sobre a localização física dos referidos autos. 2. Intimada a se manifestar sobre o interesse na restauração dos autos, em 16.03.2015, a União Federal requer a suspensão do feito por 90 (noventa) dias, enquanto aguarda resposta do memorando MEMO DIAFI/PFN-RJ, datado do 04.03.2015, em que solicita o envio elementos que permitam a restauração dos autos em análise. 3. Em 18.03.2017, foi proferida a sentença em apelo, tendo decorrido tempo suficiente para que a exequente promovesse as diligências necessárias à restauração dos autos. 4. O Poder Judiciário não pode aguardar indefinidamente a iniciativa da exequente em restaurar os autos da execução fiscal, cabendo ao juiz, por força do princípio do impulso oficial, consagrado no art. 262 do CPC/73 (atual art. 2º do CPC/15), instar a parte a movimentar o processo. Se a exequente que é a interessada em promover a restauração nada faz e inexistindo título executivo apto a embasar o processo, deve o mesmo ser extinto sem julgamento de mérito. Foram colacionadas várias jurisprudências nesse sentido. 5. Deve ser mantida a extinção do processo, por ausência de título a embasar a execução. Ademais, não vislumbro motivo para reformar a sentença, até porque a apelante não foi capaz de trazer autos, nem mesmo com o recurso de apelação, qualquer documento hábil a ensejar a restauração dos autos da execução fiscal. 6. Apelação não provida. (TRF 2ª R.; AC 0270707-45.1900.4.02.5101; Quarta Turma Especializada; Rel. Des. Fed. Luiz Antonio Soares; Julg. 04/07/2017; DEJF 24/07/2017)

Art. 3º Não se excluirá da apreciação jurisdicional ameaça ou lesão a direito.

→ *v.* Art. 5º, XXXV, da CF/1988.

§ 1º É permitida a arbitragem, na forma da lei.

→ *v.* Lei 9.307/1996 – Dispõe sobre a arbitragem.

→ *v.* Arts. 337, X, 359, 485, VII, 1.012, IV, 1.015, III, do NCPC.

§ 2º O Estado promoverá, sempre que possível, a solução consensual dos conflitos.

→ *v.* Arts. 165 e seguintes, 359 e 694 do NCPC.

→ *v.* Enunciado 485 do FPPC: É cabível a audiência de conciliação e mediação no processo de execução, na qual é admissível, entre outras coisas, a apresentação de plano de cumprimento da prestação.

§ 3º A conciliação, a mediação e outros métodos de solução consensual de conflitos deverão ser estimulados por juízes, advogados, defensores públicos e membros do Ministério Público, inclusive no curso do processo judicial.

→ *v.* Art. 139, V do NCPC.

→ *v.* Enunciado 371 do FPPC: Os métodos de solução consensual de conflitos devem ser estimulados também nas instâncias recursais.

→ *v.* Enunciado 14 da I Jornada "Prevenção e solução extrajudicial de litígios" do CJF: A mediação é método de tratamento adequado de controvérsias que deve ser incentivado pelo Estado, com ativa participação da sociedade, como forma de acesso à Justiça e à ordem jurídica justa.

→ *v.* Enunciado 15 da I Jornada "Prevenção e solução extrajudicial de litígios" do CJF: Recomenda-se aos órgãos do sistema de Justiça firmar acordos de cooperação técnica entre si e com Universidades, para incentivo às práticas dos métodos consensuais de solução de conflitos, bem assim com empresas geradoras de grande volume de demandas, para incentivo à prevenção e à solução extrajudicial de litígios.

→ *v.* Enunciado 16 da I Jornada "Prevenção e solução extrajudicial de litígios" do CJF: O magistrado pode, a qualquer momento do processo judicial, convidar as partes para tentativa de composição da lide pela mediação extrajudicial, quando entender que o conflito será adequadamente solucionado por essa forma.

→ *v.* Enunciado 17 da I Jornada "Prevenção e solução extrajudicial de litígios" do CJF: Nos processos administrativo e judicial, é dever do Estado e dos operadores do Direito propagar e estimular a mediação como solução pacífica dos conflitos.

→ *v.* Enunciado 59 da I Jornada "Prevenção e solução extrajudicial de litígios" do CJF: A obrigação de estimular a adoção da conciliação, da mediação e de outros métodos consensuais de solução de conflitos prevista no § 3º do art. 3º do Código de Processo Civil aplica-se às entidades que promovem a autorregulação, inclusive no âmbito dos processos administrativos que tenham curso nas referidas entidades.

→ *v.* Enunciado 60 da I Jornada "Prevenção e solução extrajudicial de litígios" do CJF: As vias adequadas de solução de conflitos previstas em lei, como a conciliação, a arbitragem e a mediação, são plenamente aplicáveis à Administração Pública e não se incompatibilizam com a indisponibilidade do interesse público, diante do Novo Código de Processo Civil e das autorizações legislativas pertinentes aos entes públicos.

→ *v.* Enunciado 81 da I Jornada "Prevenção e solução extrajudicial de litígios" do CJF: A conciliação, a arbitragem e a mediação, previstas em lei, não excluem outras formas de resolução de conflitos que decorram da autonomia privada, desde que o objeto seja lícito e as partes sejam capazes.

Remessa ao Tribunal de origem ante a notícia sobre possível acordo.

✓ PETIÇÕES 23.302/2016 E 43.908/2016. As partes noticiam a possibilidade de realização de acordo judicial para por fim a demanda. Destaco, por oportuno, que os §§ 2º e 3º do artigo 3º do CPC/2015, dispõem, respectivamente, que: "o estado promoverá, sempre que possível, a solução consensual dos conflitos" e "a conciliação, a mediação e outros métodos de solução consensual de conflitos deverão ser estimulados por juízes, advogados, defensores públicos e membros do ministério público, inclusive no curso do processo judicial." Assim, defiro o pedido de remessa dos autos ao tribunal de origem, a fim de que prossiga com eventual homologação de acordo entre as partes. em caso de homologação do acordo pelo juízo de origem, declaro, desde já, a prejudicialidade do agravo regimental interposto no recurso extraordinário com agravo, pela perda superveniente do objeto. (STF; ARE 757671; Rel. Min. Luiz Fux; DJE 11/04/2017; Pág. 188)

Art. 4º As partes têm o direito de obter em prazo razoável a solução integral do mérito, incluída a atividade satisfativa.

→ v. Art. 5º, LXXVIII, da CF/1988.

→ v. Art. 8º, 1, da Convenção Americana sobre Direitos Humanos.

→ v. Arts. 2º, 80, IV, 113, § 1º, 139, II e 370 do NCPC.

→ v. Enunciado 372 do FPPC: O art. 4º tem aplicação em todas as fases e em todos os tipos de procedimento, inclusive em incidentes processuais e na instância recursal, impondo ao órgão jurisdicional viabilizar o saneamento de vícios para examinar o mérito, sempre que seja possível a sua correção.

→ v. Enunciado 373 do FPPC: As partes devem cooperar entre si; devem atuar com ética e lealdade, agindo de modo a evitar a ocorrência de vícios que extingam o processo sem resolução do mérito e cumprindo com deveres mútuos de esclarecimento e transparência.

→ v. Enunciado 386 do FPPC: A limitação do litisconsórcio facultativo multitudinário acarreta o desmembramento do processo.

→ v. Enunciado 387 do FPPC: A limitação do litisconsórcio multitudinário não é causa de extinção do processo.

Primazia da solução de mérito embasa recurso contra decisões tecnicamente equivocadas.

✓ PROCESSO PENAL E PROCESSO CIVIL. AGRAVO REGIMENTAL NOS EMBARGOS DE DIVERGÊNCIA EM AGRAVO REGIMENTAL EM RECURSO ESPECIAL. ALEGAÇÃO DE NULIDADE DA SENTENÇA POR AUSÊNCIA DE ANÁLISE DE UMA DAS TESES DEFENSIVAS NÃO CONHECIDA ANTE A INEXISTÊNCIA DE SIMILITUDE FÁTICA ENTRE OS ACÓRDÃOS COMPARADOS E A FALTA DE INDICAÇÃO DO DISPOSITIVO DE LEI FEDERAL ENVOLVIDO NO DISSENSO (SÚMULA 284/STF). ALEGAÇÃO DE OFENSA AO ART. 66 DO CÓDIGO PENAL CUJO EXAME ENCONTRA ÓBICE NA SÚMULA 7/STJ. IMPOSSIBILIDADE DE DISCUSSÃO, NOS EMBARGOS DE DIVERGÊNCIA, ACERCA DO JUÍZO DE ADMISSIBILIDADE DO RECURSO ESPECIAL (REGRA TÉCNICA DE CONHECIMENTO): CONSTRUÇÃO JURISPRUDENCIAL NÃO ABALADA PELA REGRA DO ART. 1.043, III, DO NOVO CPC (LEI 13.105/2015). INEXISTÊNCIA DE INTUITO PROTELATÓRIO NO RECURSO. (...) 6. Na realidade, a previsão do art. 1.043, III, do novo CPC, na esteira dos princípios da instrumentalidade das formas e da primazia da resolução de mérito (art. 4º, CPC), vem afirmar o cabimento de embargos de divergência contra julgados que, por um equívoco de técnica de julgamento, a despeito de terem examinado o mérito da controvérsia, não conhecem de recurso ou pedido, quando o resultado de julgamento mais adequado seria o da improcedência. 7. Daí, entretanto, não se pode deduzir que essa nova regra tornaria superado o entendimento jurisprudencial desta Corte segundo o qual "não se admitem embargos de divergência interpostos com o objetivo de discutir o acerto ou desacerto na aplicação de regra técnica de conhecimento de recurso especial", máxime quando o recurso especial não tiver chegado a se pronunciar sobre o mérito da controvérsia, realizando, apenas, o juízo de admissibilidade do recurso especial. 8. Inexistência de intuito procrastinatório no manejo do agravo regimental pela defesa. Pedido do Ministério Público Federal de certificação do trânsito em julgado da condenação indeferido. (STJ; AgRg nos EREsp 1393786/RS; Terceira Seção; Rel. Min. Reynaldo Soares da Fonseca; Julg. 23/11/2016; DJe 02/12/2016)

Art. 5º Aquele que de qualquer forma participa do processo deve comportar-se de acordo com a boa-fé.

→ v. Art. 422 do Código Civil.

→ v. Arts. 80, 139, II, 322, § 2º, 435, parágrafo único e 489, § 3º, do NCPC.

→ v. Enunciado 6 do FPPC: O negócio jurídico processual não pode afastar os deveres inerentes à boa-fé e à cooperação.

→ v. Enunciado 374 do FPPC: O art. 5º prevê a boa-fé objetiva.

→ v. Enunciado 375 do FPPC: O órgão jurisdicional também deve comportar-se de acordo com a boa-fé objetiva.

→ v. Enunciado 376 do FPPC: A vedação do comportamento contraditório aplica-se ao órgão jurisdicional.

→ v. Enunciado 377 do FPPC: A boa-fé objetiva impede que o julgador profira, sem motivar a alteração, decisões diferentes sobre uma mesma questão de direito aplicável às situações de fato análogas, ainda que em processos distintos.

→ *v.* Enunciado 378 do FPPC: A boa fé processual orienta a interpretação da postulação e da sentença, permite a reprimenda do abuso de direito processual e das condutas dolosas de todos os sujeitos processuais e veda seus comportamentos contraditórios.

→ *v.* Enunciado 1 do CJF: A verificação da violação à boa-fé objetiva dispensa a comprovação do animus do sujeito processual.

Primazia da solução de mérito embasa recurso contra decisões tecnicamente equivocadas.

✓ CIVIL. PROCESSUAL CIVIL. AGRAVO INTERNO. RECURSO MANEJADO SOB A ÉGIDE DO NCPC. AÇÃO INDENIZATÓRIA POR DANO MORAL. CHOQUE ELÉTRICO. EMBARCAÇÃO ANCORADA EM PÍER DE HOTEL. PARCIAL PROCEDÊNCIA. ART. 1022, I E II, DO NCPC. CONTRADIÇÃO, OBSCURIDADE E OMISSÃO INEXISTENTES. JULGAMENTO ANTECIPADO DA LIDE. INDEFERIMENTO DE PROVA ORAL. CERCEAMENTO DE DEFESA. NÃO OCORRÊNCIA. LIVRE CONVENCIMENTO DO JUIZ. PRECEDENTES. VIOLAÇÃO A DISPOSITIVO DE LEI FEDERAL. FALTA DE PREQUESTIONAMENTO. SÚMULA Nº 211 DO STJ. MÉRITO. ACÓRDÃO QUE RECONHECEU COMPROVADO O ATO ILÍCITO, O DANO E O NEXO DE CAUSALIDADE COM BASE NOS FATOS DA CAUSA. REFORMA DO ENTENDIMENTO. SÚMULA Nº 7 DO STJ. DISSÍDIO JURISPRUDENCIAL NÃO COMPROVADO. 1. Aplicabilidade do NCPC a este recurso ante os termos do Enunciado nº 3 aprovado pelo Plenário do STJ na sessão de 9/3/2016: Aos recursos interpostos com fundamento no CPC/2015 (relativos a decisões publicadas a partir de 18 de março de 2016) serão exigidos os requisitos de admissibilidade recursal na forma do novo CPC. 2. Inexiste violação do art. 1022 do NCPC quando o Tribunal a quo se manifesta clara e fundamentadamente acerca dos pontos indispensáveis para o desate da controvérsia, sendo desnecessário rebater uma a uma as razões suscitadas pelas partes. 3. A matéria alusiva ao dever de boa-fé que deve recair sobre as partes do processo (art. 5º, do NCPC) não foi enfrentada pelo Tribunal de origem nem mesmo depois da oposição dos embargos de declaração. Incide, à espécie, a Súmula nº 211 do STJ. 4. Sendo o juiz o destinatário da prova, cabe a ele, com base em seu livre convencimento, avaliar a necessidade desta. Rever a conclusão a que chegou o acórdão recorrido acerca da necessidade ou não de dilação probatória, ensejaria o reexame do conjunto fático-probatório dos autos, procedimento vedado no Recurso Especial a teor do enunciado nº 7 da Súmula do STJ. 5. Comprovado o ato ilícito, o dano e o nexo de causalidade com base nos fatos da causa, rever tal entendimento encontra óbice na Súmula nº 7 desta Corte. 6. Pela mesma razão, não se conhece do Recurso Especial interposto pela divergência jurisprudencial, na hipótese em que o dissídio é apoiado em fatos e não na interpretação da Lei. 7. Agravo interno não provido. (STJ; AgInt-AREsp 978.603; Proc. 2016/0235046-8; DF; Terceira Turma; Rel. Min. Moura Ribeiro; DJE 07/03/2017)

Art. 6º Todos os sujeitos do processo devem cooperar entre si para que se obtenha, em tempo razoável, decisão de mérito justa e efetiva.

→ *v.* Art. 5º, LXXVIII, da CF/1988.

→ *v.* Arts. 77 e 357, § 3º, do NCPC.

→ *v.* Art. 139 ZPO – Código de Processo Civil alemão.

→ *v.* Enunciado 373 do FPPC: As partes devem cooperar entre si; devem atuar com ética e lealdade, agindo de modo a evitar a ocorrência de vícios que extingam o processo sem resolução do mérito e cumprindo com deveres mútuos de esclarecimento e transparência.

→ *v.* Enunciado 519 do FPPC: Em caso de impossibilidade de obtenção ou de desconhecimento das informações relativas à qualificação da testemunha, a parte poderá requerer ao juiz providências necessárias para a sua obtenção, salvo em casos de inadmissibilidade da prova ou de abuso de direito.

As partes devem agir com prudência, lealdade e boa fé, sempre no espírito de cooperação.

✓ RECURSO ESPECIAL. AÇÃO CONDENATÓRIA (COBRANÇA DE COTAS CONDOMINIAIS) AJUIZADA ORIGINARIAMENTE EM FACE DE ALEGADO POSSUIDOR, COM A INCLUSÃO POSTERIOR AO POLO PASSIVO DA DEMANDA DO ARREMATANTE DO IMÓVEL, EM HASTA PÚBLICA, DECORRENTE DO PROCESSO FALIMENTAR DA CONSTRUTORA PROPRIETÁRIA, NO QUAL EXPRESSAMENTE CONSIGNADO NO EDITAL DA PRAÇA QUE O BEM SERIA VENDIDO LIVRE DE QUAISQUER ÔNUS. TRIBUNAL DE ORIGEM QUE, AO REFORMAR A SENTENÇA, JULGA IMPROCEDENTE O PEDIDO EM RELAÇÃO AOS DOIS RÉUS E COMINA MULTA PRO LITIGÂNCIA DE MÁ-FÉ. INSURGÊNCIA RECURSAL DO CONDOMÍNIO AUTOR. HIPÓTESE. AÇÃO CONDENATÓRIA AJUIZADA POR CONDOMÍNIO EM FACE DE SUPOSTO POSSUIDOR E, POSTERIORMENTE, TAMBÉM CONTRA O ARREMATANTE (HASTA PÚBLICA REALIZADA EM PROCESSO FALIMENTAR NO QUAL PREVISTA A ALIENAÇÃO LIVRE DE QUAISQUER ÔNUS) DO IMÓVEL, VISANDO À COBRANÇA DAS TAXAS CONDOMINIAIS INADIMPLIDAS. 1. A atribuição de efeito suspensivo ao Recurso Especial somente é admitida em hipóteses excepcionalíssimas, devendo ser pleiteada de forma apartada, ou seja, mediante ação cautelar (artigo 288 do RISTJ), não se admitindo sua inserção nas próprias razões do apelo. 2. Não compete a este Superior Tribunal de Justiça aferir a negativa de vigência ou violação de normas constitucionais em sede de Recurso Especial, sob pena de usurpar a competência reservada, pelo constituinte originário, ao Supremo Tribunal Federal. 3. O STJ tem entendimento no sentido de que não se faz necessária nova publicação nos casos de adiamento de processo de pauta, desde que o novo julgamento ocorra em tempo razoável, tal como ocorreu na espécie. Precedentes. Esta corte superior tem iterativamente assentado que a decretação de nulidade de atos processuais depende de efetiva demonstração de prejuízo da parte interessada, por prevalência do princípio da instrumentalidade das formas (pas de nulitte sans grief), o que não foi demonstrado no caso. 4. O conteúdo normativo do art. 37 do CPC/73 não foi objeto de debate pelo colegiado de origem, de modo que lhe falta o indispensável requisito do prequestionamento, incidindo, pois, a Súmula nº 282/STF. 5. A pretensão do condomínio de fazer recair a obrigação pelo adimplemento das despesas condominiais anteriores à data da arrematação do imóvel na pessoa do arrematante, viola a deliberação operada no âmbito do processo falimentar, que expressamente asseverou serem os débitos de IPTU e de condomínio equiparados aos encargos da massa falida e, ainda, caber aos credores reclamarem seus direitos creditórios na forma da Lei de falências. Tendo o condomínio sido regularmente intimado da alienação do imóvel, livre de qualquer ônus, e da necessidade de habilitação no concurso de credores para recebimento das cotas condominiais, caberia ao credor, nos autos da falência, ter tempestivamente interposto recurso a fim de manifestar discordância quanto à solução tomada pelo juízo universal, o que não ocorreu, a atrair o instituto da preclusão. Ademais, a responsabilização do arrematante por eventuais encargos expressamente afastados no edital de praça é incompatível com os princípios da segurança jurídica e da proteção da confiança. Precedentes. Ainda que nos termos do art. 1345 do Código Civil o adquirente de unidade responda pelos débitos do alienante em relação ao condomínio, inclusive juros moratórios e multa, o próprio ordenamento jurídico não permite, para a sua implementação, a modificação da coisa julgada, a violação aos princípios basilares da segurança jurídica e da proteção da confiança, tampouco o desvirtuamento da ordem de pagamento estabelecida no dec-lei nº 7.661/45 aplicável à época da falência da construtora. 6. Dentro da sistemática do processo civil moderno as partes são livres para escolher os meios mais idôneos à consecução de seus objetivos, porém há clara diretriz no sentido de que tais procedimentos sejam eficazes e probos, na medida em que o próprio legislador ordinário, ao prever penas por litigância de má-fé tem o objetivo de impedir que as partes abusem do seu direito de petição. Apesar de ser garantia constitucional o pleno acesso ao judiciário (art. 5º, incisos XXXIV a XXXV e LV da constituição federal) não se afigura correta a banalização do princípio e da conduta das partes, porquanto devem agir com prudência, lealdade e boa fé, sempre no espírito de cooperação, que inclusive fora expressamente encartado no novel diploma processual (art. 6º do NCPC). É vedado a este Superior Tribunal de Justiça a revisão da penalidade de litigância de má-fé, em observância ao óbice da Súmula nº 7/STJ, que veda o reexame de provas e reconstituição judicial de fatos na estreita via do Recurso Especial, instrumento processual de assento constitucional, destinado à apreciação de questões eminentemente jurídicas. 7. Recurso Especial desprovido. (STJ; REsp 1.197.824; Proc. 2010/0109527-1; RJ; Quarta Turma; Rel. Min. Marco Buzzi; DJE 28/10/2016)

Simples indicação de dispositivos e inadmissão do recurso.

✓ RECURSO ESPECIAL. 1. Violação dos arts. 422 e 1417 do CC. Prequestionamento inexistente. Súmula nº 282/STF. 2. Afronta ao art. 6º do CPC c/c o art. 496 do CC. Simples indicação dos dispositivos. Súmula nº 284/STF. 3. Recurso Especial não conhecido. (STJ; REsp 1.432.651; Proc. 2012/0189945-0; SP; Rel. Min. Marco Aurélio Bellizze; DJE 01/07/2016)

Art. 7º É assegurada às partes paridade de tratamento em relação ao exercício de direitos e faculdades processuais, aos meios de defesa, aos ônus, aos deveres e à aplicação de sanções processuais, competindo ao juiz zelar pelo efetivo contraditório.

→ v. Art. 5º, *caput*, I, LIV e LV, da CF/1988.

→ v. Art. 8º, 2, da Convenção Americana sobre Direitos Humanos.

→ v. Arts. 10, 115, 139, II e VI, 229, 329, II, 372, 435, parágrafo único, 437, § 1º, 493, parágrafo único, 503, § 1º, II e 962, § 2º, do NCPC.

→ v. Enunciado 107 do FPPC: O juiz pode, de ofício, dilatar o prazo para a parte se manifestar sobre a prova documental produzida.

→ v. Enunciado 235 do FPPC: Aplicam-se ao procedimento do mandado de segurança os arts. 7º, 9º e 10 do CPC.

→ v. Enunciado 379 do FPPC: O exercício dos poderes de direção do processo pelo juiz deve observar a paridade de armas das partes.

Emenda da petição inicial e ofício ou outorga de reiteradas chances para correção do vício violaria o princípio da paridade de tratamento

✓ PROCESSUAL CIVIL. AGRAVO INTERNO NA AÇÃO RESCISÓRIA. SERVIDORES PÚBLICOS ESTADUAIS. DETERMINAÇÃO DE EMENDA À INICIAL, PARA ATENDER AO DISPOSTO NO ART. 488, I, DO CPC/73 E ART. 968, I, DO CPC/2015, E PARA ACOSTAR AOS AUTOS OS DOCUMENTOS INDISPENSÁVEIS À PROPOSITURA DA DEMANDA. CUMPRIMENTO PARCIAL. INDEFERIMENTO DA INICIAL. INTELIGÊNCIA DOS ARTS. 284, PARÁGRAFO ÚNICO, 295, VI, E 490, I, DO CPC/73 E DOS ARTS. 321, PARÁGRAFO ÚNICO, 330, IV, 968, § 3º, DO CPC/2015. AGRAVO INTERNO NÃO PROVIDO. I. Agravo interno aviado contra decisão monocrática publicada em 05/04/2017, que, por sua vez, indeferira a petição inicial da Ação Rescisória. Ajuizada sob a égide do CPC/73., com fulcro nos arts. 284, parágrafo único, 295, VI, e 490, I, do CPC/73 e nos arts. 321, parágrafo único, 330, IV, e 968, § 3º, do CPC/2015, na medida em que, mesmo regularmente intimados, para que procedessem à emenda à inicial, a fim de atender ao disposto no inciso I do art. 488 do CPC/73 (atual art. 968, I, do CPC/2015), bem como para que acostassem aos autos os documentos indispensáveis à propositura da demanda, sob pena de indeferimento da inicial, os autores limitaram-se a juntar, ao processo, as principais peças e decisões relativas ao feito originário, deixando, entretanto, de cumprir integralmente o despacho exarado, emendando a inicial, para cumular o pedido de rescisão com o de novo julgamento do processo. II. O art. 488, I, do CPC/73 (atual art. 968, I, do CPC/2015) dispõe que a petição inicial da Ação Rescisória será elaborada com a observância dos requisitos do art. 282 do CPC/73 (atual art. 319 do CPC/2015), devendo o autor cumular, ao pedido de rescisão, se for o caso, o de novo julgamento do processo, requisito este obrigatório e que não pode ser considerado implícito, exceto nas demandas fundadas na existência de coisa julgada ou na incompetência absoluta do órgão prolator, conforme já decidiu o STJ (AR 2.677/PI, Rel. Ministra DENISE ARRUDA, PRIMEIRA SEÇÃO, DJU de 07/02/2008; EDcl no AgRg no REsp 1.184.763/MG; Terceira Turma; Rel. Min. Ricardo Villas Boas Cueva; DJe de 22/05/2014; AgRg no REsp 647.232/SE, Rel. Ministro NILSON NAVES, SEXTA TURMA; DJe de 05/10/2009). III. Tratando-se de demanda proposta com base no art. 485, V e IX, do CPC/73 (atual art. 966, V e VIII, do CPC/2015), a desconstituição do acórdão rescindendo exige, no caso, o novo julgamento da controvérsia, tornando-se indispensável a cumulação de pedidos rescindendo e rescisório. IV. Apesar de regularmente intimados, os agravantes restringiram se a colacionar aos autos os documentos indispensáveis à propositura da demanda, de modo que cumpriram apenas parcialmente o comando judicial. V. Consoante o art. 284, caput e parágrafo único, do CPC/73 (atual art. 321, caput e parágrafo único, do CPC/2015), verificando o juiz que a petição inicial não preenche os requisitos exigidos pelos arts. 282 e 283 do CPC/73 (atuais arts. 319 e 320 do CPC/2015), ou que apresenta defeitos e irregularidades capazes de dificultar o julgamento de mérito, determinará que o autor a emende ou a complete. Se o autor não cumprir a diligência, o juiz indeferirá a petição inicial. VI. Na mesma linha, prevê o art. 295, VI, do CPC/73 (art. 330, IV, do CPC/2015) que "a petição inicial será indeferida: (...) VI. Quando não atendidas as prescrições dos arts. 39, parágrafo único, primeira parte, e 284" (atuais arts. 106 e 321 do CPC/2015), e 490, I, do CPC/73 (atual art. 968, § 3º, do CPC/2015), pelo que a petição inicial da Ação Rescisória deve ser indeferida, nos casos previstos no art. 295 do CPC/73 (atual art. 330 do CPC/2015). VII. Furtando-se os agravantes de cumprir integralmente o despacho exarado, deixando, assim, de emendar a inicial, a fim de atender ao disposto no inciso I do art. 488 do CPC/73 (atual art. 968, I, do CPC/2015), cumulando o pedido de rescisão com o de novo julgamento do processo, impõe-se o indeferimento da inicial. VIII. Meras alegações. No sentido de se tratar de um lapso escusável, sem prejuízo ao direito de fundo, que a manutenção do decisum causará prejuízos aos agravantes, de inexistência de má-fé, que o indeferimento da inicial configura sanção demasiadamente penosa e devastante, que foi dado cumprimento à determinação mais exaustiva, qual seja, a juntada das peças processuais, que não há falta de zelo com o processo, que os autores vêm cooperando com o processo, que é possível a abertura de novo prazo, para emenda à inicial, invocando, para tanto, os princípios da primazia do julgamento de mérito, da boa-fé processual e da cooperação. Não têm o condão de modificar o decisum agravado, porquanto foi outorgada a oportunidade para que os agravantes emendassem a inicial, tendo o despacho indicado claramente os termos em que deveria dar-se a referida emenda, conforme exige a parte final do art. 321 do CPC/2015, de modo que, deixando os agravantes de dar integral cumprimento ao comando judicial, cumprindo-o apenas em parte, sem que emendassem a petição inicial, para atender ao disposto no inciso I do art. 488 do CPC/73 (atual art. 968, I, do CPC/2015), impõe-se o indeferimento da inicial. IX. O princípio da primazia do julgamento de mérito outorga, ao magistrado, o dever de possibilitar à parte sanar eventual vício, contido na petição inicial ou no recurso, a fim de possibilitar o julgamento de mérito, nas hipóteses em que for possível sanar a irregularidade, não se admitindo a não apreciação da controvérsia posta em debate apenas em razão de uma falha sanável, de sorte que, deixando a parte de atender ao comando judicial, sanando o vício, e tratando-se de vício que inviabilize o exame da controvérsia. Como é o caso de desatendimento do art. 488, I, do CPC/73., cabe ao julgador o indeferimento da inicial ou o não conhecimento do recurso. X. Em que pese efetivamente oportunizado, aos agravantes, o saneamento do vício existente na petição inicial da Ação Rescisória, relativo à ausência de cumulação dos pedidos de rescisão do acórdão rescindendo e de novo julgamento, na forma determinada pelo art. 488, I, do CPC/73, os agravantes deixaram de fazê-lo, devendo, assim, suportar as consequências decorrentes de sua omissão, especialmente quando não compete ao julgador, com base no princípio da primazia do julgamento de mérito e da cooperação, fechar os olhos para os requisitos legais, emendando, de ofício, a petição inicial, ou outorgando reiteradas oportunidades para que a parte corrija o vício, o que violaria o princípio da paridade de tratamento, previsto nos arts. 7º e 139, I, do CPC/2015. XI. Agravo interno não provido. (STJ; AgInt-AR 5.303; Proc. 2013/0381675-5; BA; Primeira Seção; Rel. Min. Assusete Magalhães; DJE 24/10/2017).

Art. 8º Ao aplicar o ordenamento jurídico, o juiz atenderá aos fins sociais e às exigências do bem comum, resguardando e promovendo a dignidade da pessoa humana e observando a proporcionalidade, a razoabilidade, a legalidade, a publicidade e a eficiência.

→ *v.* Arts. 1º, III, 5º, *caput*, II e LIV, e 37, *caput*, e 93, IX, da CF/1988.

→ *v.* Art. 5º da LINDB.

→ *v.* Art. 2º da Lei 8.112/1999.

→ *v.* Art. 140 do NCPC.

→ *v.* Enunciado 380 do FPPC: A expressão "ordenamento jurídico", empregada pelo Código de Processo Civil, contempla os precedentes vinculantes.

Autorização de fixação de honorários por equidade diante do irrisório valor da causa.

✓ AGRAVO INTERNO. EMBARGOS DE DECLARAÇÃO. AGRAVO. PREVIDÊNCIA PRIVADA. RENDA MENSAL INICIAL. CÁLCULO. ALTERAÇÃO DO PLANO DE BENEFÍCIOS. REGULAMENTO ANTERIOR. IMPOSSIBILIDADE. TEMA JURÍDICO SUBMETIDO AO RITO DOS REPETITIVOS. SOBRESTAMENTO NÃO APLICAÇÃO PREQUESTIONAMENTO. 1. A suspensão de recursos prevista no art. 1.037, II, do CPC/2015 (correspondente ao art. 543-C do CPC/1973), destina-se aos Tribunais Regionais Federais e aos Tribunais de Justiça dos Estados, não se aplicando aos processos já encaminhados ao STJ, por ausência de previsão legal. 2. O exame do conteúdo dos dispositivos legais indicados nas razões do especial revela atendido o requisito do prequestionamento. 3. Havendo alteração nas regras do plano de benefícios, apenas os participantes que preencheram os requisitos necessários para a aposentadoria, antes da mudança do regime jurídico, têm direito de ter os benefícios de complementação calculados com observância das regras anteriores. Precedentes. 4. Sendo irrisório o valor da causa, o art. 85, §§ 2°, I a IV, e 8°, do CPC/2015, autoriza a fixação dos honorários de advogado por equidade. 5. Agravo interno a que se nega provimento. (STJ; AgInt nos EDcl no REsp 1567151; SE; Quarta Turma; Rel. Min. Maria Isabel Gallotti; Julg. 03/10/2017; DJe 06/10/2017)

Art. 9º Não se proferirá decisão contra uma das partes sem que ela seja previamente ouvida.

→ *v.* Art. 5º, LIV e LV, da CF/1988.

→ *v.* Art. 8º, 2, da Convenção Americana sobre Direitos Humanos.

→ *v.* Arts. 7º, 10, 115, 139, VI, 229, 329, II, 372, 435, parágrafo único, 437, § 1º, 493, parágrafo único, 503, § 1º, II, e 962, § 2º, do NCPC.

→ *v.* Enunciado 108 do FPPC: No processo do trabalho, não se proferirá decisão contra uma das partes, sem que esta seja previamente ouvida e oportunizada a produção de prova, bem como não se pode decidir com base em causa de pedir ou fundamento de fato ou de direito a respeito do qual não se tenha oportunizado manifestação das partes e a produção de prova, ainda que se trate de matéria apreciável de ofício.

→ *v.* Enunciado 381 do FPPC: É cabível réplica no procedimento de tutela cautelar requerida em caráter antecedente.

Parágrafo único. O disposto no *caput* não se aplica:

I – à tutela provisória de urgência;

→ *v.* Art. 300 e seguintes do NCPC.

II – às hipóteses de tutela da evidência previstas no art. 311, incisos II e III;

III – à decisão prevista no art. 701.

A afronta ao dispositivo não pode ser analisada porque o Tribunal de origem não emitiu juízo de valor sobre ele.

✓ PROCESSUAL CIVIL. POSSIBILIDADE DE PENHORA DE VAGA OU BOX DE GARAGEM. SÚMULA Nº 449 DO STJ. AUSÊNCIA DE OMISSÃO. ART. 1.022, II, DO CPC. FALTA PARCIAL DE PREQUESTIONAMENTO. SÚMULA Nº 211/STJ. REEXAME DE PROVAS. SÚMULA Nº 7 DO STJ. 1. Constata-se que não se configurou a ofensa ao art. 1.022, II, do Código de Processo Civil, uma vez que o Tribunal de origem julgou integralmente a lide e solucionou a controvérsia, como lhe foi apresentada. Não é o órgão julgador obrigado a rebater, um a um, todos os argumentos trazidos pelas partes em defesa da tese que apresentaram. Deve apenas enfrentar a demanda, observando as questões relevantes e imprescindíveis à sua resolução. 2. A indicada afronta aos arts. 7º e 9º do CPC não pode ser analisada, pois o Tribunal de origem não emitiu juízo de valor sobre esses dispositivos legais. O Superior Tribunal de Justiça entende ser inviável o conhecimento do Recurso Especial quando os artigos tidos por violados não foram apreciados pelo Tribunal a quo, a despeito da oposição de Embargos de Declaração, haja vista a ausência do requisito do prequestionamento. Incide, na espécie, a Súmula nº 211/STJ. 3. É entendimento pacífico no STJ que, com base no convencimento motivado, pode o juiz julgar com amparo nas provas produzidas nos autos, que deem sustentação à sua decisão. Portanto, a alteração do decisum para modificar o entendimento do magistrado demanda incursão no acervo fático-probatório dos autos, medida que encontra óbice na Súmula nº 7 do STJ: "A pretensão de simples reexame de prova não enseja Recurso Especial ". 4. Esta Corte (vide Súmula nº 449/STJ) entende que a vaga de garagem quando possui matrícula própria no registro de imóveis não constitui bem de família, podendo ser penhorada, apesar de a executada auferir rendimento com ela, pois não se trata de seu único bem de família. 5. Recurso Especial parcialmente conhecido e, nessa parte, não provido. (STJ; REsp 1.690.707; Proc. 2017/0195160-3; RS; Segunda Turma; Rel. Min. Herman Benjamin; DJE 16/10/2017).

Art. 10. O juiz não pode decidir, em grau algum de jurisdição, com base em fundamento a respeito do qual não se tenha dado às partes oportunidade de se manifestar, ainda que se trate de matéria sobre a qual deva decidir de ofício.

→ *v.* Art. 5º, LIV e LV, da CF/1988.

→ *v.* Art. 8º, 2, da Convenção Americana sobre Direitos Humanos.

→ v. Arts. 7º, 9º, 115, 139, VI, 329, II, 372, 435, parágrafo único, 437, § 1º, 493, parágrafo único, 437, § 1º, 493, parágrafo único, e 503, § 1º, do NCPC.

→ v. Enunciado 1 da ENFAM: Entende-se por "fundamento" referido no art. 10 do CPC/2015 o substrato fático que orienta o pedido, e não o enquadramento jurídico atribuído pelas partes.

→ v. Enunciado 2 da ENFAM: Não ofende a regra do contraditório do art. 10 do CPC/2015, o pronunciamento jurisdicional que invoca princípio, quando a regra jurídica aplicada já debatida no curso do processo é emanação daquele princípio.

→ v. Enunciado 3 da ENFAM: É desnecessário ouvir as partes quando a manifestação não puder influenciar na solução da causa.

→ v. Enunciado 4 da ENFAM: Na declaração de incompetência absoluta não se aplica o disposto no art. 10, parte final, do CPC/2015.

→ v. Enunciado 5 da ENFAM: Não viola o art. 10 do CPC/2015 a decisão com base em elementos de fato documentados nos autos sob o contraditório.

→ v. Enunciado 6 da ENFAM: Não constitui julgamento surpresa o lastreado em fundamentos jurídicos, ainda que diversos dos apresentados pelas partes, desde que embasados em provas submetidas ao contraditório.

→ v. Enunciado 109 do FPPC: No processo do trabalho, quando juntadas novas provas ou alegado fato novo, deve o juiz conceder prazo, para a parte interessada se manifestar a respeito, sob pena de nulidade.

Para reconhecer a prescrição, é necessário previamente ouvir as partes.

✓ DIREITO PROCESSUAL CIVIL. EXECUÇÃO DE TÍTULO EXTRAJUDICIAL. SENTENÇA DE EXTINÇÃO. RECONHECIMENTO DE PRESCRIÇÃO. AUSÊNCIA DE PRÉVIO CONTRADITÓRIO. DECISÃO SURPRESA. As partes devem ser ouvidas antes que se profira decisão contra elas. O juiz não deve decidir com base em fundamento a respeito do qual não se tenha dado às partes oportunidade de se manifestar, ainda que se trate de matéria sobre a qual deva decidir de ofício. O reconhecimento de prescrição ou de ausência de pressuposto processual exige o prévio contraditório, sob pena de configurar decisão surpresa. Apelação provida. Sentença anulada. (TJDF. AC 20140111376528. Relator Hector Valverde. Julgado em 10/05/17)

Aplicação da vedação de decisão surpresa também quando da notícia de transação.

✓ PROCESSUAL CIVIL - EMBARGOS À EXECUÇÃO FISCAL - EXTINÇÃO DO PROCESSO - DECISÃO SURPRESA - NULIDADE. 1. O juiz não pode decidir, em grau algum de jurisdição, com base em fundamento a respeito do qual não se tenha dado às partes oportunidade de se manifestar, ainda que se trate de matéria sobre a qual deva decidir de ofício. Vedação à decisão-surpresa inscrita nos arts. 9º, 10 e 493, parágrafo único, do CPC. 2. Embargos do devedor extintos imediatamente após certidão de que na execução fiscal há notícia de acordo de parcelamento do crédito exequendo. Decisão surpresa que subtrai da parte o direito de se pronunciar sobre o tema. Sentença anulada. Recurso provido. (TJSP. Apelação Cível 10243954020168260564. Relator Décio Notarangeli. Julgado em 30/08/17).

Possibilidade de análise de todas as questões suscitadas desde que respeitado o contraditório.

✓ PENAL E PROCESSO PENAL. RECURSO EM HABEAS CORPUS. AMEAÇA. APELAÇÃO. EFEITO DEVOLUTIVO. PROFUNDIDADE INTEGRAL. FUNDAMENTAÇÃO. INOVAÇÃO. POSSIBILIDADE. OFENSA. AO DUPLO GRAU DE JURISDIÇÃO. INOCORRÊNCIA. PRECEITO SECUNDÁRIO. OPÇÃO POR PENA RESTRITIVA DE LIBERDADE À DE MULTA. POSSIBILIDADE. DISCRICIONARIEDADE DO MAGISTRADO. RÉU REVEL. MULTA. INOCUIDADE. APLICAÇÃO DE MULTA SUBSTITUTIVA. PLEITO NÃO EXAMINADO PELO TRIBUNAL DE ORIGEM. IMPOSSIBILIDADE DE ANÁLISE. INDEVIDA SUPRESSÃO DE INSTÂNCIA. RECURSO NÃO PROVIDO. 1. Interposta apelação, a segunda instância, respeitando o contraditório, poderá enfrentar todas as questões suscitadas, ainda que não decididas na primeira instância, desde que relacionadas ao objeto litigioso recursal, bem como apreciar fundamentos expostos pelas partes e não acolhidos pelo juiz (arts. 10 e 1.013, §§ 1º e 2º, do Código de Processo Civil, c/c art. 3º do Código de Processo Penal). (STJ; RHC 68.896; RJ; Quinta Turma; Rel. Min. Ribeiro Dantas; Julg. 17/08/2017; DJe 28/08/2017)

Intempestividade do recurso: inadmissão independente de intimação da parte para se manifestar a respeito.

✓ AGRAVO INTERNO NO AGRAVO EM RECURSO ESPECIAL. PRINCÍPIO DA NÃO SURPRESA. ART. 10 DO CPC/15. FUNDAMENTO LEGAL. DEVER DO JUIZ EM SE MANIFESTAR. FUNDAMENTO JURÍDICO. CIRCUNSTÂNCIA DE FATO QUALIFICADA PELO DIREITO. INTIMAÇÃO DAS PARTES. PRECEDENTE. PRAZO RECURSAL. 15 DIAS ÚTEIS. INTERPOSIÇÃO POSTERIOR. INTEMPESTIVIDADE CONFIGURADA. DECISÃO MANTIDA. 1. "O fundamento ao qual se refere o art. 10 do CPC/2015 é o fundamento jurídico. Circunstância de fato qualificada pelo direito, em que se baseia a pretensão ou a defesa, ou que possa ter influência no julgamento, mesmo que superveniente ao ajuizamento da ação. Não se confundindo com o fundamento legal (dispositivo de Lei regente da matéria). A aplicação do princípio da não 2017. Surpresa não impõe, portanto, ao julgador que informe previamente às partes quais os dispositivos legais passíveis de aplicação para o exame da causa. O conhecimento geral da Lei é presunção jure et de jure ". EDcl no REsp 1.280.825/RJ, Rel. Ministra Maria Isabel Gallotti, 4ª Turma; Julg. 27/06/2017; DJe 01/08/2017. 2. Verificada a intempestividade do recurso, deve ser não conhecido, independente de intimação da parte para se manifestar a respeito, inexistindo afronta ao art. 10 do CPC/15. 3. Iniciado o prazo recursal de 15 dias úteis em 23/SET/2016, o termo final foi 14/OUT/2016, sendo, portanto, intempestivo o recurso apresentado em 19/OUT/2016. 4. Agravo interno não provido. (STJ; AgInt-AREsp 1.044.597; Proc. 2017/0012005-0; MS; Quarta Turma; Rel. Min. Luis Felipe Salomão; DJE 14/11/2017)

Art. 11. Todos os julgamentos dos órgãos do Poder Judiciário serão públicos, e fundamentadas todas as decisões, sob pena de nulidade.

→ *v.* Arts. 5º, LX, e 93, IX, da CF/1988.

→ *v.* Arts. 73, § 2º, 107, I, 152, V, 189, 195, 294, 368, 370, parágrafo único, 426 e 489 do NCPC.

→ *v.* Enunciado 7 da ENFAM: O acórdão, cujos fundamentos não tenham sido explicitamente adotados como razões de decidir, não constitui precedente vinculante.

→ *v.* Enunciado 8 da ENFAM: Os enunciados das súmulas devem reproduzir os fundamentos determinantes do precedente.

→ *v.* Enunciado 10 da ENFAM: A fundamentação sucinta não se confunde com a ausência de fundamentação e não acarreta a nulidade da decisão se forem enfrentadas todas as questões cuja resolução, em tese, influencie a decisão da causa.

Parágrafo único. Nos casos de segredo de justiça, pode ser autorizada a presença somente das partes, de seus advogados, de defensores públicos ou do Ministério Público.

<u>Não configuração de nulidade por falta de fundamentação.</u>

✓ CIVIL. Processual civil. Agravo em Recurso Especial. Recurso manejado sob a égide do NCPC. Agravo de instrumento. Alegação de nulidade da decisão agravada por falta de fundamentação. Violação do art. 11 do NCPC. Não configurada. Ausência de outorga uxória. Tribunal de origem que concluiu que o contrato estava assinado pelo cônjuge. Reexame do conjunto fático-probatório. Impossibilidade. Súmula nº 7 do STJ. Agravo conhecido. Recurso Especial não provido. (STJ; AREsp 1.102.949; Proc. 2017/0114101-1; RJ; Terceira Turma; Rel. Min. Moura Ribeiro; DJE 08/11/2017)

✓ AGRAVO REGIMENTAL NO RECURSO EXTRAORDINÁRIO. ADMINISTRATIVO. ARTIGO 93, INCISO IX, DA CF/88. VIOLAÇÃO. NÃO OCORRÊNCIA. CONCURSO PÚBLICO. CANDIDATO APROVADO FORA DO NÚMERO DE VAGAS. CONTRATAÇÃO DE SERVIDORES TEMPORÁRIOS E TERCEIRIZADOS. CARGOS EFETIVOS VAGOS. NÃO COMPROVAÇÃO. PRETERIÇÃO. DISCUSSÃO. FATOS E PROVAS. REEXAME. IMPOSSIBILIDADE. CERCEAMENTO DE DEFESA. PRODUÇÃO DE PROVAS. REPERCUSSÃO GERAL. INEXISTÊNCIA. PRECEDENTES. 1. Não procede a alegada violação do art. 93, inciso IX, da Constituição Federal, haja vista que a jurisdição foi prestada, no caso, mediante decisões suficientemente fundamentadas, não obstante contrárias à pretensão da parte recorrente. 2. A Corte de origem assentou que, não comprovada a existência de cargos efetivos vagos, a mera contratação de terceirizados não bastaria para a caracterização da preterição. 3. Inadmissível, em recurso extraordinário, o reexame dos fatos e das provas dos autos. Incidência da Súmula nº 279/STF. 4. O Supremo Tribunal Federal, ao examinar o ARE nº 639.228/RJ, Relator o Ministro Cezar Peluso, concluiu pela ausência de repercussão geral do tema relativo à suposta violação dos princípios do contraditório e da ampla defesa nos casos de indeferimento de produção de provas no âmbito de processo judicial, dado o caráter infraconstitucional da matéria. 5. Agravo regimental não provido. 6. Majoração da verba honorária em valor equivalente a 10% (dez por cento) do total daquela já fixada (art. 85, §§ 2º, 3º e 11, do CPC), observada a eventual concessão do benefício da gratuidade da justiça. (STF; RE 971880; Segunda Turma; Rel. Min. Dias Toffoli; DJE 17/02/2017; Pág. 43).

Art. 12. Os juízes e os tribunais atenderão, preferencialmente, à ordem cronológica de conclusão para proferir sentença ou acórdão.

→ *Caput* com redação alterada pela Lei 13.256/2016, em vigor no início da vigência da Lei 13.105/2015 – Novo CPC (*v.* art. 4º da Lei 13.256/2016).

→ *v.* Art. 37 da CF/1988.

→ *v.* Art. 4º do NCPC

→ *v.* Enunciado 34 da ENFAM: A violação das regras dos arts. 12 e 153 do CPC/2015 não é causa de nulidade dos atos praticados no processo decidido/cumprido fora da ordem cronológica, tampouco caracteriza, por si só, parcialidade do julgador ou do serventuário.

→ *v.* Enunciado 382 do FPPC: No juízo onde houver cumulação de competência de processos dos juizados especiais com outros procedimentos diversos, o juiz poderá organizar duas listas cronológicas autônomas, uma para os processos dos juizados especiais e outra para os demais processos.

→ *v.* Enunciado 486 do FPPC: A inobservância da ordem cronológica dos julgamentos não implica, por si, a invalidade do ato decisório.

→ Anterior redação: Art. 12. Os juízes e os tribunais deverão obedecer à ordem cronológica de conclusão para proferir sentença ou acórdão.

§ 1º A lista de processos aptos a julgamento deverá estar permanentemente à disposição para consulta pública em cartório e na rede mundial de computadores.

§ 2º Estão excluídos da regra do *caput*:

→ *v.* Enunciado 32 da ENFAM: O rol do art. 12, § 2º, do CPC/2015 é exemplificativo, de modo que o juiz poderá, fundamentadamente, proferir sentença ou acórdão fora da ordem cronológica de conclusão, desde que preservadas a moralidade, a publicidade, a impessoalidade e a eficiência na gestão da unidade judiciária.

I – as sentenças proferidas em audiência, homologatórias de acordo ou de improcedência liminar do pedido;

→ *v.* Arts. 200, 332, 334, § 11, 487, II, 657, 659, 714, § 1º, 725, VIII, 731, 732 e 932, I, do NCPC.

II – o julgamento de processos em bloco para aplicação de tese jurídica firmada em julgamento de casos repetitivos;

→ *v.* Art. 928 do NCPC.

III – o julgamento de recursos repetitivos ou de incidente de resolução de demandas repetitivas;

→ *v.* Arts. 976 e seguintes e 1.036 e seguintes do NCPC.

IV – as decisões proferidas com base nos arts. 485 e 932;

V – o julgamento de embargos de declaração;

→ *v.* Art. 1.022 e seguintes do NCPC.

VI – o julgamento de agravo interno;

→ *v.* Art. 1.021 do NCPC.

VII – as preferências legais e as metas estabelecidas pelo Conselho Nacional de Justiça;

→ *v.* Arts. 5º, *caput* e I, e 103-B, § 4º, da CF/1988.

→ *v.* Art. 20 da Lei 12.016/2009.

→ *v.* Arts. 153, 936, 980, 1.035, § 9º, 1.037, § 4º, 1.038, § 3º e 1.048 do NCPC.

VIII – os processos criminais, nos órgãos jurisdicionais que tenham competência penal;

IX – a causa que exija urgência no julgamento, assim reconhecida por decisão fundamentada.

→ *v.* Enunciado 33 da ENFAM: A urgência referida no art. 12, § 2º, IX, do CPC/2015 é diversa da necessária para a concessão de tutelas provisórias de urgência, estando autorizada, portanto, a prolação de sentenças e acórdãos fora da ordem cronológica de conclusão, em virtude de particularidades gerenciais da unidade judicial, em decisão devidamente fundamentada.

§ 3º Após elaboração de lista própria, respeitar-se-á a ordem cronológica das conclusões entre as preferências legais.

→ *v.* Arts. 208 e 228 do NCPC.

§ 4º Após a inclusão do processo na lista de que trata o § 1º, o requerimento formulado pela parte não altera a ordem cronológica para a decisão, exceto quando implicar a reabertura da instrução ou a conversão do julgamento em diligência.

§ 5º Decidido o requerimento previsto no § 4º, o processo retornará à mesma posição em que anteriormente se encontrava na lista.

§ 6º Ocupará o primeiro lugar na lista prevista no § 1º ou, conforme o caso, no § 3º, o processo que:

I – tiver sua sentença ou acórdão anulado, salvo quando houver necessidade de realização de diligência ou de complementação da instrução;

II – se enquadrar na hipótese do art. 1.040, inciso II.

<u>Diante do volume de causas, não há omissão dolosa do juiz que permanece com autos conclusos por 70 dias.</u>

✓ CORREIÇÃO PARCIAL. ALEGADA PARALISAÇÃO INJUSTIFICADA DO PROCESSO. De acordo com o disposto no art. 12 do CPC, os julgadores deverão obedecer, preferencialmente, a ordem cronológica de conclusão dos processos. No caso concreto, subsistindo a tramitação de mais de 100.000 processos junto ao projeto gestão e racionalização das ações de massa (program) instituído pela CGJ como mecanismo de racionalização dos processos que tratam de matérias de massa, não se pode imputar a presença de omissão dolosa ao julgador que permanece com os autos conclusos por cerca de 70 dias. Ademais, não subsiste nos autos qualquer indicativo de que tenha o requerente postulado junto ao juízo o exame de seus pedidos, de forma urgente, consoante preconiza o art. 35, IV, da LOMAN. Por fim, sinala-se que não houve a interposição do competente recurso legal para atacar o ato jurisdicional que deferiu a liminar de busca e apreensão na origem. Assim sendo, não pode servir a correição parcial como mecanismo substitutivo do competente recurso processual para cada ato jurisdicional. Correição parcial julgada improcedente. (TJRS; CP 0308990-38.2016.8.21.7000; Porto Alegre; Décima Quarta Câmara Cível; Rel. Des. Roberto Sbravati; Julg. 27/10/2016; DJERS 04/11/2016)

<u>Falta de comprovação da inobservância da ordem cronológica de conclusão.</u>

✓ AGRAVO DE INSTRUMENTO. REINTEGRAÇÃO DE POSSE. PEDIDO DE CONEXÃO E REALIZAÇÃO DE AUDIÊNCIA. PEDIDOS NÃO APRECIADOS NA DECISÃO AGRAVADA. SUPRESSÃO DE INSTANCIA. CONEXÃO DETERMINADA POSTERIORMENTE. AUDIÊNCIA JÁ REALIZADA. PEDIDOS EXAURIDOS. INOBSERVAÇÃO DE ORDEM CRONOLÓGICA DE CONCLUSÃO DE PROCESSOS. NÃO COMPROVAÇÃO (...) 2- A alegação de inobservância da ordem cronológica de conclusão não está devidamente comprovada nos autos, pois o que o agravante comprovou foi a ordem de distribuição e registro dos dois processos, enquanto o artigo 12, do novo Código de Processo Civil, exige respeito à ordem de conclusão (ordem de chegada dos processos ao gabinete do julgador), fato não comprovado nos autos. (...). (TJMT; AI 67177/2016; Rosário Oeste; Rel. Des. Nilza Maria Pôssas de Carvalho; Julg. 31/01/2017; DJMT 09/02/2017; Pág. 37).

Capítulo II
DA APLICAÇÃO DAS NORMAS PROCESSUAIS

Art. 13. A jurisdição civil será regida pelas normas processuais brasileiras, ressalvadas as disposições específicas previstas em tratados, convenções ou acordos internacionais de que o Brasil seja parte.

→ *v.* Art. 5º, §§ 1º, 2º e 3º, da CF/1988.
→ *v.* Convenção Americana sobre Direitos Humanos (Dec. 678/1992).
→ *v.* Arts. 1º e 16 do NCPC.

Art. 14. A norma processual não retroagirá e será aplicável imediatamente aos processos em curso, respeitados os atos processuais praticados e as situações jurídicas consolidadas sob a vigência da norma revogada.

→ *v.* Art. 5º, XXXVI, da CF/1988.
→ *v.* Art. 6º da LINDB.
→ *v.* Arts. 13 e 16 do NCPC.
→ *v.* Enunciado administrativo 1 do STJ: O Plenário do STJ, em sessão administrativa em que se interpretou o art. 1.045 do novo Código de Processo Civil, decidiu, por unanimidade, que o Código de Processo Civil aprovado pela Lei n. 13.105/2015, entrará em vigor no dia 18 de março de 2016.
→ *v.* Enunciado administrativo 2 do STJ: Aos recursos interpostos com fundamento no CPC/1973 (relativos a decisões publicadas até 17 de março de 2016) devem ser exigidos os requisitos de admissibilidade na forma nele prevista, com as interpretações dadas, até então, pela jurisprudência do Superior Tribunal de Justiça.
→ *v.* Enunciado administrativo 3 do STJ: Aos recursos interpostos com fundamento no CPC/2015 (relativos a decisões publicadas a partir de 18 de março de 2016) serão exigidos os requisitos de admissibilidade recursal na forma do novo CPC
→ *v.* Enunciado administrativo 4 do STJ: Nos feitos de competência civil originária e recursal do STJ, os atos processuais que vierem a ser praticados por julgadores, partes, Ministério Público, procuradores, serventuários e auxiliares da Justiça a partir de 18 de março de 2016, deverão observar os novos procedimentos trazidos pelo CPC/2015, sem prejuízo do disposto em legislação processual especial.
→ *v.* Enunciado administrativo 5 do STJ: Nos recursos tempestivos interpostos com fundamento no CPC/1973 (relativos a decisões publicadas até 17 de março de 2016), não caberá a abertura de prazo prevista no art. 932, parágrafo único, c/c o art. 1.029, § 3º, do novo CPC.
→ *v.* Enunciado administrativo 6 do STJ: Nos recursos tempestivos interpostos com fundamento no CPC/2015 (relativos a decisões publicadas a partir de 18 de março de 2016), somente será concedido o prazo previsto no art. 932, parágrafo único, c/c o art. 1.029, § 3º, do novo CPC para que a parte sane vício estritamente formal.
→ *v.* Enunciado administrativo 7 do STJ: Somente nos recursos interpostos contra decisão publicada a partir de 18 de março de 2016, será possível o arbitramento de honorários sucumbenciais recursais, na forma do art. 85, § 11, do novo CPC.

Aplicabilidade do CPC/1973 para situação jurídica consolidada

✓ EMBARGOS DE DECLARAÇÃO. AGRAVO REGIMENTAL. SUSPENSÃO DE SEGURANÇA DEFERIDA PARA EVITAR O AGRAVAMENTO DOS CONFLITOS ENTRE ÍNDIOS E NÃO ÍNDIOS NA TERRA INDÍGENA TUPINAMBÁ DE BELMONTE. AUSÊNCIA DE OMISSÃO, OBSCURIDADE OU CONTRADIÇÃO. TENTATIVA DE REDISCUSSÃO E APROFUNDAMENTO DA MATÉRIA DE MÉRITO. APLICAÇÃO DA NORMA PROCESSUAL NO TEMPO. SITUAÇÃO JURÍDICA CONSOLIDADA. EFEITOS INFRINGENTES. IMPOSSIBILIDADE. EMBARGOS DE DECLARAÇÃO DESPROVIDOS. I - Aplica-se o Código de Processo Civil (Lei 5.869/1973) no julgamento de recurso em que exista a constatação de situação jurídica consolidada ocorrida sob a vigência da norma processual revogada, conforme a inteligência do art. 14 do NCPC. II - Ausência dos pressupostos do art. 535, I e II, do Código de Processo Civil. III - Embargos de declaração que busca a rediscussão e o aprofundamento da questão de mérito da ação de origem sobre o direito de propriedade, porém os embargos de declaração não constituem meio processual adequado para a reforma do decisum, não sendo possível atribuir-lhes efeitos infringentes, salvo em situações excepcionais, o que não ocorre no caso em questão. IV - A natureza excepcional da contracautela permite tão somente juízo mínimo de delibação sobre a matéria de fundo e análise do risco de grave lesão à ordem, à saúde, à segurança e à economia públicas. V - Embargos de declaração desprovidos. (STF; SS 5049 AgR-ED; Tribunal Pleno; Rel. Min. (Presidente) Ricardo Lewandowski; Julg. 20/04/2016; Processo Eletrônico DJe-098 DIVULG 13/05/2016 PUBLIC 16/05/2016)

O art. 14 visa proteger os atos praticados na vigência da codificação anterior

✓ RESPONSABILIDADE CIVIL. DANO MORAL. MAJORAÇÃO DE INDENIZAÇÃO. IMPOSSIBILIDADE DE

ANÁLISE DO CONTEÚDO FÁTICO-PROBATÓRIO. INCIDÊNCIA DA SÚMULA 7/STJ. COMPENSAÇÃO DE HONORÁRIOS ADVOCATÍCIOS. SÚMULA 83/STJ. INADMISSIBILIDADE DO RECURSO. 1. Cuida-se de irresignação com a decisão do Tribunal de origem que entendeu que apenas os residentes dentro da faixa de zoneamento referente à Estação de Tratamento contam com o direito a indenização. Os recorrentes que, consoante as provas dos autos, moram fora do zoneamento ficaram inconformados por não ter sido configurado, quanto a eles, o dano moral. (...) 4. Assentou o Superior Tribunal de Justiça que "em homenagem à natureza processual material e com o escopo de preservar-se o direito adquirido, as normas sobre honorários advocatícios não são alcançadas por lei nova. A sentença, como ato processual que qualifica o nascedouro do direito à percepção dos honorários advocatícios, deve ser considerada o marco temporal para a aplicação das regras fixadas pelo CPC/2015" (REsp 1.465.535/SP, Rel. Ministro Luis Felipe Salomão, Quarta Turma, julgado em 21/6/2016; DJe 22/8/2016). 5. A hermenêutica ora propugnada pretende cristalizar a seguinte ideia: se o capítulo acessório da sentença, referente aos honorários sucumbenciais, foi prolatado em consonância com o CPC/1973, serão aplicadas as regras do vetusto diploma processual até a ocorrência do trânsito em julgado. Por outro lado, nos casos de sentença proferida a partir do dia 18.3.2016, as normas do novel CPC cingirão a situação concreta. 6. De fato, o próprio art. 14 do CPC/2015 aponta norma de direito intertemporal, com o escopo de proteger os atos praticados na vigência da codificação anterior: "Art. 14. A norma processual não retroagirá e será aplicável imediatamente aos processos em curso, respeitados os atos processuais praticados e as situações jurídicas consolidadas sob a vigência da norma revogada." 7. Em face dos contornos de direito material, não é possível sustentar-se a aplicação das novas regras de honorários recursais a partir de 18.3.2016, data em que entrou em vigor o novo CPC. De fato, a aplicação imediata do instituto, seguindo o princípio do isolamento dos atos processuais, revestirá a defendida natureza material com o capeirão da vertente processual, descontruindo, como consequência cartesiana, toda a legislação, a jurisprudência e a doutrina, que reconheceram, após décadas de vicissitudes, o direito alimentar dos advogados à percepção de honorários. 8. No presente caso, a sentença foi publicada antes de 18.3.2016. Logo, aplica-se aos honorários sucumbenciais o CPC/1973. 9. (...) (STJ; REsp 1672406/RS, Segunda Turma; Rel. Min. Herman Benjamin; Julg. 22/08/2017; DJe 13/09/2017)

Lei regente e Enunciado Administrativo n. 2 do STJ

✓ AGRAVO INTERNO NO AGRAVO EM RECURSO ESPECIAL. PROCESSUAL CIVIL. VIGÊNCIA DO NOVO CPC. 18/3/2016. LC 95/1998 E LEI N. 810/1949. DECISÃO IMPUGNADA PUBLICADA ANTES DA VIGÊNCIA DO NOVO CPC. APLICABILIDADE NA ESPÉCIE DO CPC DE 1973. PRINCÍPIO DO TEMPUS REGIT ACTUM. RECURSO ESPECIAL INTERPOSTO APÓS O PRAZO PREVISTO NO ART. 508 DO CPC DE 1973. INTEMPESTIVIDADE. DECISÃO MANTIDA. 1. Observando o disposto na Lei n. 810/1.949 c/c Lei Complementar 95/1.998, a vigência do novo Código de Processo Civil, instituído pela Lei n. 13.105, de 16 de março de 2015, iniciou-se em 18 de março de 2016 (Enunciado Administrativo n. 1, aprovado pelo Plenário do Superior Tribunal de Justiça em 2/3/2016). 2. À luz do princípio tempus regit actum, esta Corte Superior há muito pacificou o entendimento de que as normas de caráter processual têm aplicação imediata aos processos em curso, regra essa que veio a ser positivada no ordenamento jurídico no art. 14 do novo CPC. 3. Em homenagem ao referido princípio, o Superior Tribunal de Justiça consolidou o entendimento de que a lei a reger o recurso cabível e a forma de sua interposição é aquela vigente à data da publicação da decisão impugnada, ocasião em que o sucumbente tem a ciência da exata compreensão dos fundamentos do provimento jurisdicional que pretende combater. Precedentes. 4. Esse entendimento foi cristalizado pelo Plenário do Superior Tribunal de Justiça, na sessão realizada dia 9/3/2016 (ata publicada em 11/3/2016), em que, por unanimidade, aprovou a edição de enunciado administrativo com a seguinte redação: "Aos recursos interpostos com fundamento no CPC/1973 (relativos a decisões publicadas até 17 de março de 2016) devem ser exigidos os requisitos de admissibilidade na forma nele prevista, com as interpretações dadas, até então, pela jurisprudência do Superior Tribunal de Justiça" (Enunciado Administrativo n. 2, aprovado pelo Plenário do Superior Tribunal de Justiça em 9/3/2016). 5. A presente insurgência diz respeito à tempestividade do recurso especial, cujo acórdão recorrido foi publicado antes da vigência do novo Código de Processo Civil, ou seja, na vigência do Código de Processo Civil de 1973, sendo exigidos, pois, os requisitos de admissibilidade na forma prevista naquele código de ritos, com as interpretações dadas, até então, pela jurisprudência desta Corte. 6. O prazo para interposição do recurso especial contra acórdão proferido pelo Tribunal a quo (art. 541 do CPC de 1973) é de 15 (quinze) dias corridos, conforme o art. 508 do CPC de 1973. Intempestividade verificada. 7. "A jurisprudência do Superior Tribunal de Justiça firmou-se no sentido de permitir, em momento posterior à interposição do recurso na origem, a comprovação de feriado local ou suspensão dos prazos processuais, o que não foi feito no caso dos autos" (AgInt no AREsp 933.100/GO; Quarta Turma; Rel. Min. Raul Araújo; Julg. 22/11/2016; DJe 13/12/2016). 8. Agravo interno não provido. (STJ; AgInt no AREsp 1053239/SP; Quarta Turma; Rel. Min. Luis Felipe Salomão; Julg. 03/08/2017; DJe 09/08/2017)

Art. 15. Na ausência de normas que regulem processos eleitorais, trabalhistas ou administrativos, as disposições deste Código lhes serão aplicadas supletiva e subsidiariamente.

→ *v.* Art. 769 da CLT.

→ *v.* Enunciado 245 do FPPC: O fato de a parte, pessoa natural ou jurídica, estar assistida por advogado particular não impede a concessão da justiça gratuita na Justiça do Trabalho.

→ v. Enunciado 2 do CJF: As disposições do CPC aplicam-se supletiva e subsidiariamente às Leis n. 9.099/1995, 10.259/2001 e 12.153/2009, desde que não sejam incompatíveis com as regras e princípios dessas Leis.

→ v. Enunciado 3 do CJF: As disposições do CPC aplicam-se supletiva e subsidiariamente ao Código de Processo Penal, no que não forem incompatíveis com esta Lei.

Recurso administrativo: cômputo dos prazos de modo contínuo.

✓ RECURSO ADMINISTRATIVO. CONTAGEM DO PRAZO. DIAS CORRIDOS. §2º DO ART. 66 DA LEI Nº 9.784/99. ART. 15 DO CPC/15. INTEMPESTIVIDADE. RECURSO NÃO CONHECIDO. 1) Ausente Lei específica, os comandos normativos contidos na Lei nº 9.784/99 são aplicáveis no âmbito das Administrações Estadual e Municipal. Precedentes do STJ. 2) De acordo com §2º do art. 66 da Lei que rege o processo administrativo em âmbito federal, os prazos expressos em dias são computados de modo contínuo, disposição que prevalece em detrimento da regra contida no art. 219 do CPC/15, nos termos do art. 15 do novel CODEX. 3) Por não possuir rito próprio, a peça de irresignação em face das decisões administrativas do Presidente deste Tribunal de Justiça deve ser interposta no prazo de 05 dias (conforme art. 204 do RITJES), reputando-se intempestivo o presente recurso. 4) Recurso não conhecido. (TJES; RAdm 0021982-81.2017.8.08.0000; Rel. Des. José Paulo Calmon Nogueira da Gama; Julg. 06/11/2017; DJES 14/11/2017)

LIVRO II
DA FUNÇÃO JURISDICIONAL

TÍTULO I
Da Jurisdição e da Ação

Art. 16. A jurisdição civil é exercida pelos juízes e pelos tribunais em todo o território nacional, conforme as disposições deste Código.

→ v. Art. 5º, XXXV, XXXVII, LIII, LIV da CF/1988.

→ v. Arts. 1º, 13 e 719 do NCPC.

Art. 17. Para postular em juízo é necessário ter interesse e legitimidade.

→ v. Arts. 337, XI, 339, 485, VI, 525, § 1º, II, 535, II, 616 e 967 do NCPC.

Interesse de agir e mudança de fato.

✓ PROCESSUAL CIVIL. RECURSO ESPECIAL. AÇÃO DE USUCAPIÃO. LOTEAMENTO IRREGULAR. PRETENSÃO. REGISTRO INDIVIDUALIZADO DA MATRÍCULA DA PARCELA IDEAL. CONDIÇÕES DA AÇÃO. INTERESSE DE AGIR. AFERIÇÃO. NECESSIDADE, UTILIDADE E ADEQUAÇÃO. AUSÊNCIA. 1. Cinge-se a controvérsia a determinar se a ação de usucapião é o meio jurídico adequado para que os recorrentes obtenham a individualização e o registro de fração ideal de imóvel objeto de condomínio em loteamento irregular. 2. O interesse de agir é condição da ação, e, assim, corresponde à apreciação de questões prejudiciais de ordem processual relativas à necessidade, utilidade e adequação do provimento jurisdicional, que devem ser averiguadas segundo a teoria da asserção. 3. O provimento jurisdicional pleiteado pelo autor deve ser, em abstrato, capaz de lhe conferir um benefício que só pode ser alcançado com o exame de uma situação de fato que possa ser corrigida por meio da pretensão de direito material citada na petição inicial. Em outras palavras, só é útil, necessária e adequada a tutela jurisdicional se o provimento de mérito requerido for apto, em tese, a corrigir a situação de fato mencionada na inicial. 4. Nem o reconhecimento da prescrição aquisitiva, nem a divisão do imóvel têm, em tese, o condão de modificar a situação de fato mencionada na inicial, referente à impossibilidade de obtenção do registro individualizado de fração ideal de condomínio irregular, pois não há controvérsia sobre a existência e os limites do direito de propriedade, sequer entre os condôminos. 5. Recurso especial não provido (STJ; REsp 1431244/SP; Terceira Turma; Rel. Min. Nancy Andrighi; Julg. 06/12/2016; DJe 15/12/2016)

Possibilidade jurídica passou a ser matéria de mérito.

✓ TRIBUTÁRIO E PROCESSUAL CIVIL. RESCISÓRIA. PRESCRIÇÃO. IMPOSTO DE RENDA. CINCO MAIS CINCO. MATÉRIA NÃO TANGENCIADA PELO ACÓRDÃO. AUSÊNCIA DE IMPUGNAÇÃO DOS FUNDAMENTOS DO ACÓRDÃO RESCINDENDO. RESCISÓRIA JULGADA IMPROCEDENTE. 1. A rescisória por violação de direito federal exige que a tese prestigiada no acórdão seja atacada de forma direta e específica. 2. Hipótese em que a rescisória, fundada em alegação de violação de literal dispositivo de lei, refere-se à questão diversa daquela que foi apreciada pelo acórdão rescindendo. Caso de absoluta assimetria entre o que julgou a Corte e o que alega o autor como causa de rescisão. É inviável pretender rescindir o que não declarou o acórdão, o que nele não se contém. 3. No regime do CPC de 2015, em que as condições da ação não mais configuram categoria processual autônoma, diversa dos pressupostos processuais e do mérito, a possibilidade jurídica do pedido deixou de ser questão relativa à admissibilidade e passou a ser mérito. Afirma a Exposição de motivos do Anteprojeto do Novo CPC que "a sentença que, à luz da lei revogada seria de carência da ação, à luz do Novo CPC é de improcedência e resolve definitivamente a controvérsia". 4. Nos termos do parágrafo único do art. 974 do CPC, a conversão em multa do depósito do art. 488, II, do CPC/1973 (atual 968, II) pressupõe ser a rescisória julgada improcedente ou inadmissível por unanimidade, razão pela qual a decisão quanto ao destino do depósito somente poderá ser tomada após a conclusão do julgamento. Ação rescisória julgada improcedente (STJ, AR 3.667; Primeira Seção; Rel. Min. Humberto Martins; Julg. 27/04/2016; DJE 23/05/2016).

Art. 18. Ninguém poderá pleitear direito alheio em nome próprio, salvo quando autorizado pelo ordenamento jurídico.

→ v. Arts. 5º, XXI e LXX, 103, 127 e 129, IX, da CF/1988.

→ v. Art. 68 do CPP.

→ v. Art. 35, § 1º, da Lei 818/1949.

→ v. Lei 4.717/1965 – Ação Popular.

→ v. Lei 7.347/1985 – Lei da Ação Civil Pública.

→ v. Arts. 81 e 82 do CDC.

→ v. Lei 8.906/1994 – Estatuto da OAB.

→ v. Art. 132 da Lei 11.101/2005.

→ v. Súmulas 365, 629 e 630 do STF.

→ v. Súmula 286 do TST.

→ v. Arts. 121, parágrafo único e 343, § 5º, do NCPC.

→ v. Enunciado 667 do FPPC: Admite-se a migração de polos nas ações coletivas, desde que compatível com o procedimento.

Parágrafo único. Havendo substituição processual, o substituído poderá intervir como assistente litisconsorcial.

→ v. Arts. 87, parágrafo único, 109, § 2º, 113 e seguintes e 124 do NCPC.

→ v. Enunciado 110 do FPPC: Havendo substituição processual, e sendo possível identificar o substituído, o juiz deve determinar a intimação deste último para, querendo, integrar o processo.

→ v. Enunciado 487 do FPPC: No mandado de segurança, havendo substituição processual, o substituído poderá ser assistente litisconsorcial do impetrante que o substituiu.

<u>Falta legitimidade à pessoa jurídica para pleitear, em nome próprio, o afastamento do redirecionamento da execução fiscal ao sócio.</u>

✓ AGRAVO INTERNO. AGRAVO DE INSTRUMENTO. Redirecionamento em face de sócio. Pessoa jurídica. Ausência de legitimidade recursal. A pessoa jurídica não tem legitimidade para pleitear, em nome próprio, direito alheio, no caso, o afastamento do redirecionamento da execução fiscal ao sócio (vide art. 18 do CPC). (TRF 4ª R.; AG 5021068-73.2017.4.04.0000; Segunda Turma; Rel. Des. Fed. Alcides Vettorazzi; Julg. 07/11/2017; DEJF 10/11/2017)

<u>Não pode o acionista minoritário postular, em nome próprio, o direito alheio.</u>

✓ AGRAVO DE INSTRUMENTO. EXECUÇÃO FISCAL. IPTU. Exercícios de 2010 e 2012. Manifestação de acionista minoritário da devedora, com nomeação de bens. Impossibilidade. Não pode o acionista minoritário postular em nome próprio o direito alheio (art. 18 do CPC). Nomeação de bens a cargo do devedor. Decisão que rejeitou a nomeação de bens mantida por esse fundamento. Recurso improvido. (TJSP; AI 2167256-41.2017.8.26.0000; Ac. 10920854; São Paulo; Décima Quinta Câmara de Direito Público; Rel. Des. Rezende Silveira; Julg. 25/10/2017; DJESP 31/10/2017; Pág. 3283)

Art. 19. O interesse do autor pode limitar-se à declaração:

→ v. Súmula 258 do STF.

→ v. Súmulas 181 e 242 do STJ.

I – da existência, da inexistência ou do modo de ser de uma relação jurídica;

→ v. Art. 784, § 1º, do NCPC.

II – da autenticidade ou da falsidade de documento.

→ v. Arts. 427 e 430 do NCPC.

<u>Inutilidade da mera declaração de valor enseja falta de interesse de agir.</u>

✓ DIREITO PROCESSUAL CIVIL. INDEFERIMENTO DA PETIÇÃO INICIAL FUNDADO EM FALTA DE INTERESSE DE AGIR (ART. 330, III, DO CPC). INAPLICABILIDADE DA DETERMINAÇÃO DE EMENDA DA PETIÇÃO INICIAL (ART. 321 DO CPC), UMA VEZ QUE NÃO HÁ VÍCIO FORMAL, MAS INUTILIDADE DA DEMANDA, NOS MOLDES EM QUE FOI FORMULADA. Interesse de agir verificado de acordo com a técnica da asserção (**in statu assertionis**), com base nas alegações formuladas na petição inicial. Demanda que pretende a condenação do réu à devolução de imóvel já adjudicado em outro processo, por ter havido equívoco na avaliação, ou ao ressarcimento da diferença entre o valor da avaliação judicial e aquele que os autores entendem corretos. Expressa manifestação dos autores no sentido de que não pretendem anular qualquer ato judicial da execução que resultou na adjudicação do imóvel. Sem a anulação dos atos executórios, tornam-se impossíveis ou inúteis os pedidos formulados pelos autores, configurando a falta de interesse de agir. Pedido meramente declaratório que, apesar de possível em tese (arts. 19 e 20 do CPC), precisa ser útil para que o interesse de agir esteja presente. Inutilidade da mera declaração do valor do imóvel, pois não se enquadra nas hipóteses do art. 19 do CPC e não configura declaração de direito violado dos autores (art. 20 do CPC). Recurso a que se nega provimento. (TJRJ; APL 0070651-90.2016.8.19.0002; Niterói; Segunda Câmara Cível; Rel. Des. Alexandre Freitas Câmara; DORJ 24/08/2017; Pág. 201)

Art. 20. É admissível a ação meramente declaratória, ainda que tenha ocorrido a violação do direito.

→ *v.* Súmula 258 do STF.

→ *v.* Súmula 461 do STJ.

→ *v.* Enunciado 111 do FPPC: Persiste o interesse no ajuizamento de ação declaratória quanto à questão prejudicial incidental.

Atuação do Poder Judiciário só se justifica em caso de ameaça ou efetiva lesão a direito que gere a situação de crise de incerteza.

✓ AGRAVO DE INSTRUMENTO. AÇÃO DECLARATÓRIA. ICMS. REGIME DE RESPONSABILIDADE POR SUBSTITUIÇÃO TRIBUTÁRIA. TUTELA DA EVIDÊNCIA. Pretensão inicial da agravante que objetiva a declaração de seu pretenso direito à repetição de futuros e eventuais indébitos tributários decorrentes de valores recolhidos a título de ICMS, sob o regime de substituição tributária, na forma do §7º, do art. 150, da CF/88, em montante superior ao efetivamente devido, seguindo a interpretação conferida à regra constitucional pelo Excelso Pretório quando do julgamento do RE nº 593.849/MG. Tutela da evidência. Impertinência. O regime de substituição tributária progressiva a que submetido o ICMS admite, em favor do responsável, a restituição imediata e preferencial da quantia por ele antecipada, seja na hipótese de inocorrência do fato gerador presumido (§7º, do art. 150, da CF/88), seja na hipótese em que o fato gerador ocorra, mas com base de cálculo inferior à presumida (RE nº 593.849/MG). No âmbito do Estado de São Paulo, não signatário do Convênio ICMS nº 13/87, é cabível, em tese, a restituição em ambas as hipóteses elencadas, observando-se, quanto ao conteúdo normativo fixado no RE nº 593.849/MG, o marco temporal inicial do direito, delimitado pelo E. STF a partir de 19.10.2016. Direito hipotético da agravante que não foi sequer ameaçado na via administrativa. Em que pese a garantia do cidadão à tutela meramente declaratória (arts. 19 e 20, do CPC/2015), certo é que a atuação do Poder Judiciário somente se justifica em caso de ameaça ou efetiva lesão a direito que gere a situação de crise de incerteza (art. 5º, inciso XXXV, da CF/88 e art. 3º, do CPC/2015). Inteligência da cláusula de inafastabilidade do Poder Judiciário. A tutela da evidência, conquanto dispense a demonstração de perigo de dano ou de risco ao resultado útil do processo (periculum in mora), somente é admitida nas restritas situações do art. 311, do CPC/2015. Agravante que não comprovou a ocorrência de quaisquer das hipóteses legais. Decisão mantida. Recurso desprovido. (TJSP; AI 2109798-66.2017.8.26.0000; Ac. 10675485; Mauá; Quarta Câmara de Direito Público; Rel. Des. Paulo Barcellos Gatti; Julg. 31/07/2017; DJESP 18/08/2017; Pág. 2604).

TÍTULO II
Dos Limites da Jurisdição Nacional e da Cooperação Internacional

Capítulo I
DOS LIMITES DA JURISDIÇÃO NACIONAL

→ *v.* Decreto 18.871/1929 – Promulga a Convenção de direito internacional privado, de Havana.

→ *v.* Decreto 2.095/1996 – Promulga o Protocolo de Buenos Aires sobre Jurisdição Internacional em Matéria Contratual, concluído em Buenos Aires, em 5 de agosto de 1994.

→ *v.* Decreto 3.413/2000 – Promulga a Convenção sobre os Aspectos Civis do Sequestro Internacional de Crianças, concluída na cidade de Haia, em 25 de outubro de 1980.

Art. 21. Compete à autoridade judiciária brasileira processar e julgar as ações em que:

→ *v.* Art. 5º, LIII, LIV e LV da CF/1988.

→ *v.* Arts. 7º, 11 e 17 da LINDB.

I – o réu, qualquer que seja a sua nacionalidade, estiver domiciliado no Brasil;

→ *v.* Arts. 70 a 78 do CC/2002.

II – no Brasil tiver de ser cumprida a obrigação;

III – o fundamento seja fato ocorrido ou ato praticado no Brasil.

Parágrafo único. Para o fim do disposto no inciso I, considera-se domiciliada no Brasil a pessoa jurídica estrangeira que nele tiver agência, filial ou sucursal.

O rol do art. 21 não é taxativo.

✓ RECURSO ESPECIAL. DIREITO PROCESSUAL CIVIL. AÇÃO DE INDENIZAÇÃO POR DANOS MATERIAIS E MORAIS. INVESTIMENTOS REALIZADOS NO EXTERIOR. INSUCESSO DAS OPERAÇÕES FINANCEIRAS. COMPETÊNCIA DA AUTORIDADE JUDICIÁRIA BRASILEIRA. FATOS E ATOS PRATICADOS NO BRASIL. PARTE RÉ DOMICILIADA EM TERRITÓRIO BRASILEIRO. ART. 88, I E III, DO CPC DE 1.973. 1. O art. 88 do CPC de 1.973 estabelece as hipóteses de competência internacional concorrente ou cumulativa, caso em que as Justiças brasileiras e estrangeiras podem, igualmente, julgar a controvérsia, sem que ocorra o fenômeno da litispendência. 2. No caso, observa-se a existência de atos praticados no Brasil, tanto pela pessoa física quanto pela pessoa jurídica, a exemplo de envio de dinheiro para conta localizada em Miami-EUA, diversas ligações telefônicas específicas sobre o investimento fracassado e eventual suporte da gerente operacional da instituição bancária com sede neste país, permitindo a aplicação do inciso III do art. 88 do CPC de 1.973. 3. Ademais, o réu, indicado na petição inicial, tem domicílio no Brasil, cuja legitimidade passiva fora confirmada pelas instâncias ordinárias, o que atrai a incidência do inciso I do art. 88 do CPC de 1.973. 4. O rol previsto no art. 88 do CPC de 1.973 não é taxativo, pois algumas demandas são passíveis de julgamento pela autoridade judiciária brasileira, ainda que a situação jurídica não se enquadre em nenhuma das hipóteses ali previstas (RO 64/SP; Terceira Turma; Rel. Min. Nancy Andrighi; Julg. 13/5/2008; DJe 23/6/2008). 5. Recurso especial não provido (STJ; Resp 1.366.642; Quarta Turma; Rel. Min. Luis Felipe Salomão; Julg. 11/10/2016; DJe 07/11/2016).

Documentação suficiente para a concessão de *exequatur.*

✓ CARTA ROGATÓRIA. AGRAVO REGIMENTAL. INCOMPETÊNCIA DA JURISDIÇÃO ESTRANGEIRA. ARTS. 21 E 23 DO NOVO CÓDIGO DE PROCESSO CIVIL. COMPETÊNCIA RELATIVA. DEFICIÊNCIA NA INSTRUÇÃO. INEXISTÊNCIA. DOCUMENTAÇÃO SUFICIENTE À COMPREENSÃO DA CONTROVÉRSIA. APLICAÇÃO DOS ARTS. 239, § 1º, DO NOVO CÓDIGO DE PROCESSO CIVIL E 216-W, PARÁGRAFO ÚNICO, DO REGIMENTO INTERNO DO SUPERIOR TRIBUNAL DE JUSTIÇA. I – O caso dos autos trata de matéria de competência relativa à autoridade brasileira e, portanto, à matéria de competência concorrente com a jurisdição estrangeira. II – Para a concessão do exequatur, não é preciso que a comissão seja acompanhada de todos os documentos mencionados na petição inicial, bastando aqueles necessários à compreensão da controvérsia, como se verifica in casu. III – É dispensável a remessa da carta rogatória à Justiça Federal após a concessão do exequatur, quando a parte interessada é considerada citada em razão do comparecimento aos autos para apresentar impugnação. Agravo regimental improvido. (STJ; AgRg na CR 10.053/EX; Corte Especial; Rel. Min. Francisco Falcão; Julg. 04/05/2016; DJe 20/05/2016)

Art. 22. Compete, ainda, à autoridade judiciária brasileira processar e julgar as ações:

I – de alimentos, quando:

→ *v.* Art. 1.694 e ss. do CC/2002.

→ *v.* Lei 5.478/1968 – Dispõe sobre ação de alimentos e dá outras providências.

a) o credor tiver domicílio ou residência no Brasil;

b) o réu mantiver vínculos no Brasil, tais como posse ou propriedade de bens, recebimento de renda ou obtenção de benefícios econômicos;

II – decorrentes de relações de consumo, quando o consumidor tiver domicílio ou residência no Brasil;

→ *v.* Arts. 3º e 101, I do CDC.

III – em que as partes, expressa ou tacitamente, se submeterem à jurisdição nacional.

Foro e alimentos.

✓ AGRAVO INTERNO NO HABEAS CORPUS. PRISÃO CIVIL. DECRETAÇÃO. DEVEDOR RESIDENTE NO EXTERIOR. POSSIBILIDADE. JUSTIÇA COMUM ESTADUAL. COMPETÊNCIA. COOPERAÇÃO JURÍDICA INTERNACIONAL. 1. Compete à Justiça Comum estadual processar e julgar ação de alimentos contra devedor domiciliado no exterior. 2. A situação do paciente submetido à jurisdição nacional se subsume inclui-se na regra ordinária, segundo a qual as ações de alimentos e as respectivas execuções devem ser processadas e cumpridas no foro do domicílio do alimentando. 3. O habeas corpus não é admitido como sucedâneo ou substitutivo de recurso ordinário 4. Agravo interno não provido. (STJ; AgInt no HC 369.350; SP; Terceira Turma; Rel. Min. Ricardo Villas Boas Cueva; Julg. 14/02/2017; DJe 20/02/2017)

Art. 23. Compete à autoridade judiciária brasileira, com exclusão de qualquer outra:

→ *v.* Art. 964 do NCPC.

I – conhecer de ações relativas a imóveis situados no Brasil;

→ *v.* Arts. 1.225 e ss. do CC/2002.

→ *v.* Art. 47 do NCPC.

II – em matéria de sucessão hereditária, proceder à confirmação de testamento particular e ao inventário e à partilha de bens situados no Brasil, ainda que o autor da herança seja de nacionalidade estrangeira ou tenha domicílio fora do território nacional;

→ *v.* Art. 5º, XXI da CF/1988.

→ *v.* Arts. 1.857 a 1859 do CC/2002.

→ *v.* Arts. 48 e 961, § 5º, do NCPC.

III – em divórcio, separação judicial ou dissolução de união estável, proceder à partilha de bens situados no Brasil, ainda que o titular seja de nacionalidade estrangeira ou tenha domicílio fora do território nacional.

→ *v.* Arts. 1.571 a 1.582 do CC/2002.

→ *v.* Art. 53, I, do NCPC.

Descumprimento de contrato não incluído no rol do art. 23.

✓ AGRAVO INTERNO NA CARTA ROGATÓRIA. SUPOSTA IRREGULARIDADE NA INSTRUÇÃO. DOCUMENTAÇÃO SUFICIENTE PARA COMPREENSÃO DA CONTROVÉRSIA. PRAZO DE RESPOSTA. DUBIEDADE AFASTADA. INEXISTÊNCIA DE OFENSA AOS PRINCÍPIOS DA AMPLA DEFESA E DO CONTRADITÓRIO. TESE DE INCOMPETÊNCIA DA JUSTIÇA ESTRANGEIRA. JURISDIÇÃO CONCORRENTE. OBJETO DA DILIGÊNCIA DEVIDAMENTE CUMPRIDA. DISPENSA DO ENVIO DOS AUTOS PARA A JUSTIÇA FEDERAL. AGRAVO INTERNO DESPROVIDO. 1. Constata-se que a comissão foi regularmente instruída, com informações e documentação detalhada sobre o pedido de citação da Interessada. No tocante à suposta dubiedade, o mandado de citação traz o prazo para resposta, bem como a manifestação de fls. 430-453 confirma o período, inexistindo ofensa aos princípios da ampla defesa e do contraditório. 2. Quanto à tese de incompetência da Justiça estrangeira, a matéria de descumprimento de contrato não se encontra no rol dos temas sujeitos à jurisdição exclusiva da Justiça brasileira (art. 23 do novo Código de Processo Civil), sendo, portanto, o caso de jurisdição concorrente. Precedente. 3. A parte Interessada teve ciência do processo em trâmite no Juízo rogante, ocorrendo a consumação do objeto da diligência. Dessa forma, torna-se desnecessária a remessa do feito à Justiça Federal. Precedente. 4. Para fins de informação, a Interessada recusa-se expressamente a submeter-se à jurisdição estrangeira. 5. Agravo interno desprovido. (STJ; AgInt na CR 11.037/EX; Corte Especial; Rel. Min. Laurita Vaz; Julg. 19/04/2017; DJe 03/05/2017)

Discussão sobre marca: não incidência do art. 23, I.

✓ CARTA ROGATÓRIA. MARCA. BEM MÓVEL IMATERIAL. COMPETÊNCIA CONCORRENTE. ALEGAÇÃO DE LITISPENDÊNCIA. NÃO CONHECIMENTO. I – Marca é bem móvel imaterial protegido mediante registro, que integra o estabelecimento empresarial e não se confunde com bens imóveis, razão pela qual não se aplica o art. 23, I, do novo Código de Processo Civil. II – A alegação de litispendência desborda dos limites previstos no art. 216-Q do Regimento Interno do Superior Tribunal de Justiça. III – Outrossim, o art. 24 do novo Código de Processo Civil estabelece que a ação proposta perante tribunal estrangeiro não induz litispendência e não obsta a que a autoridade judiciária brasileira conheça da mesma causa e das que lhe são conexas. Agravo regimental improvido. (STJ; AgRg nos EDcl na CR 9.874/EX; Corte Especial; Rel. Min. Francisco Falcão; Julg. 15/06/2016; DJe 28/06/2016)

Em dissolução de casamento, pode-se dispor sobre direitos patrimoniais mesmo que a decisão reflita sobre bens situados no exterior.

✓ CIVIL E PROCESSUAL. RECURSO ESPECIAL. DISSOLUÇÃO DE SOCIEDADE CONJUGAL. PARTILHA DE BENS. CPC/73, ART. 89, II. DEPÓSITO BANCÁRIO FORA DO PAÍS. POSSIBILIDADE DE DISPOSIÇÃO ACERCA DO BEM NA SEPARAÇÃO EM CURSO NO PAÍS. COMPETÊNCIA DA JURISDIÇÃO BRASILEIRA. 1. Ainda que o princípio da soberania impeça qualquer ingerência do Poder Judiciário Brasileiro na efetivação de direitos relativos a bens localizados no exterior, nada impede que, em processo de dissolução de casamento em curso no País, se disponha sobre direitos patrimoniais decorrentes do regime de bens da sociedade conjugal aqui estabelecida, ainda que a decisão tenha reflexos sobre bens situados no exterior para efeitos da referida partilha. 2. Recurso especial parcialmente provido para declarar competente o órgão julgador e determinar o prosseguimento do feito (STJ; Resp 1.552.913; Quarta Turma; Rel. Min. Maria Isabel Galotti; Julg. 08/11/2016; DJe 02/02/2017; Informativo 597).

Art. 24. A ação proposta perante tribunal estrangeiro não induz litispendência e não obsta a que a autoridade judiciária brasileira conheça da mesma causa e das que lhe são conexas, ressalvadas as disposições em contrário de tratados internacionais e acordos bilaterais em vigor no Brasil.

→ *v.* Art. 55, 57 e 337, § 1º, do NCPC.

Parágrafo único. A pendência de causa perante a jurisdição brasileira não impede a homologação de sentença judicial estrangeira quando exigida para produzir efeitos no Brasil.

→ *v.* Art. 960 e ss. do NCPC.

Discussão sobre marca: não verificação de litispendência.

✓ CARTA ROGATÓRIA. MARCA. BEM MÓVEL IMATERIAL. COMPETÊNCIA CONCORRENTE. ALEGAÇÃO DE LITISPENDÊNCIA. NÃO CONHECIMENTO. I - Marca é bem móvel imaterial protegido mediante registro, que integra o estabelecimento empresarial e não se confunde com bens imóveis, razão pela qual não se aplica o art. 23, I, do novo Código de Processo Civil. II - A alegação de litispendência desborda dos limites previstos no art. 216-Q do Regimento Interno do Superior Tribunal de Justiça. III - Outrossim, o art. 24 do novo Código de Processo Civil estabelece que a ação proposta perante tribunal estrangeiro não induz litispendência e não obsta a que a autoridade judiciária brasileira conheça da mesma causa e das que lhe são conexas. Agravo regimental improvido. (STJ; AgRg nos EDcl na CR 9.874/EX; Corte Especial; Rel. Min. Francisco Falcão; Julg. 15/06/2016; DJe 28/06/2016)

Art. 25. Não compete à autoridade judiciária brasileira o processamento e o julgamento da ação quando houver cláusula de eleição de foro exclusivo estrangeiro em contrato internacional, arguida pelo réu na contestação.

→ *v.* Art. 63, 64, 337, II e 340 do NCPC.

§ 1º Não se aplica o disposto no *caput* às hipóteses de competência internacional exclusiva previstas neste Capítulo.

§ 2º Aplica-se à hipótese do *caput* o art. 63, §§ 1º a 4º.

Inviabilidade de processamento e julgamento diante de foro exclusivo estrangeiro.

✓ APELAÇÃO CÍVEL. AÇÃO MONITÓRIA. INSURGÊNCIA CONTRA A DECISÃO QUE JULGOU IMPROCEDENTES OS EMBARGOS MONITÓRIOS APRESENTADOS PELOS DEVEDORES. RELAÇÃO JURÍDICA FRUTO DE CONTRATO DE ÂMBITO INTERNACIONAL. EXISTÊNCIA, OU NÃO, DE NOVAÇÃO DE DÍVIDA. FATO IRRELEVANTE NO CASO CONCRETO. CLÁUSULA DE ELEIÇÃO DE FORO ESTRANGEIRO. VALIDADE. AUSÊNCIA DE IMPEDIMENTO DE ORDEM PÚBLICA. AUTONOMIA DE VONTADE DAS PARTES. COMPETÊNCIA DO FORO DE MILÃO-ITÁLIA. PRECEDENTES JURISPRUDENCIAIS. EXTINÇÃO DO PROCESSO SEM RESOLUÇÃO DO MÉRITO POR AUSÊNCIA DE PRESSUPOSTO DE DESENVOLVIMENTO VÁLIDO DO PROCESSO. PREJUDICADA A ANÁLISE DAS DEMAIS TESES APELAÇÃO CÍVEL Nº 1.596.913-4 FLS. 2 DE 16 APRESENTADAS. INVERSÃO DO ÔNUS DE SUCUMBÊNCIA. RECURSO CONHECIDO E PROVIDO. Quando houver cláusula de eleição de foro exclusivo estrangeiro em contrato internacional, não compete à autoridade judiciária brasileira o processamento e julgamento da ação (inteligência do art. 25 do CPC/2015). (TJPR; ApCiv 1596913-4; Curitiba; Sexta Câmara Cível; Rel. Des. Carlos Eduardo A. Espínola; Julg. 25/04/2017; DJPR 10/05/2017; Pág. 573)

Como a demanda foi proposta sob a vigência do CPC/1973, não incide a regra do art. 25 do CPC/2015.

✓ APELAÇÃO. AÇÃO DE RESCISÃO CONTRATUAL E DE RESTITUIÇÃO DE VALORES. PRESTAÇÃO DE SERVIÇOS. "MEMBRESIA". SENTENÇA DE ACOLHIMENTO DOS PEDIDOS. REFORMA, COM A PROCLAMAÇÃO DA IMPROCEDÊNCIA DA DEMANDA. 1. Nulidade da sentença por falta de fundamentação. Inocorrência. Decisão adequadamente fundamentada, tanto que amplamente impugnada nesta esfera recursal. Eventual deficiência na fundamentação que, de todo modo, não se confunde com a respectiva ausência. 2. Legitimidade passiva. Ré que é parte legítima para figurar no polo passivo da relação processual, uma vez que participa do mesmo grupo econômico da contratada e explora a prestigiosa marca "Meliá" no Brasil. Autores que aderiram ao contrato certamente fiando-se no pressuposto de que a ré atuava como representante do grupo no Brasil. Aplicação do princípio da boa-fé e da teoria da aparência. Consideração de que, entre esperar que a empresa apelante responda pelo contrato, para se acertar posteriormente com os demais componentes do grupo econômico, ou exigir que os consumidores apelados ingressem com a ação contra a empresa estrangeira, a efetiva contratada, é evidente que se deve escolher a primeira opção. Precedentes. 3. Jurisdição brasileira. Competência concorrente da Justiça brasileira para apreciar a causa, por aplicação da regra do art. 88, I, do CPC de 1973, reproduzida pelo art. 21, I, do CPC de 2015. Consideração, ainda a respeito, de que a empresa ré, sediada no Brasil, é tida como extensão da empresa contratante, por isso legitimada para a causa. 4. Cláusula de eleição de foro. Inaplicabilidade nas hipóteses de competência concorrente, em sendo a ação proposta no território nacional. Conclusão diversa que afrontaria a soberania do Estado brasileiro. Doutrina e jurisprudência. Observação de que a demanda foi proposta sob a vigência do CPC de 1973, por isso não incidindo a regra do art. 25 do novo Estatuto Processual. Possibilidade, ainda em situações tais, envolvendo relação de consumo expressa em contrato de adesão, de a invalidade da cláusula de eleição ser proclamada de ofício (CPC/73, art. 112, parágrafo único). 5. Direito aplicável à relação material ensejadora do litígio. Contrato celebrado em território estrangeiro, local em que as obrigações haveriam de ser cumpridas. Negócio se submetendo à Lei do país em que constituída a obrigação. Art. 9º da LINDB e arts. 164, 169, 182 e 185 do chamado Código de Bustamante. Consequente impossibilidade de análise da questão frente ao CDC. Autores que não invocaram o direito estrangeiro ou produziram prova a respeito, nem mesmo após a questão ser levantada na peça de defesa. Quadro impondo a rejeição dos pedidos. Dispositivo: Afastaram as preliminares e deram provimento à apelação. (TJSP; APL 1101237-32.2015.8.26.0100; Ac. 10225178; São Paulo; Décima Nona Câmara de Direito Privado; Rel. Des. Ricardo Pessoa de Mello Belli; Julg. 20/02/2017; DJESP 21/03/2017)

Capítulo II
DA COOPERAÇÃO INTERNACIONAL

→ *v.* Convenção Americana sobre Direitos Humanos.

→ *v.* Decreto 3.413/2000 – Promulga a Convenção sobre os Aspectos Civis do Sequestro Internacional de Crianças, concluída na cidade de Haia, em 25 de outubro de 1980.

→ *v.* Decreto 2.428/1997 – Promulga a Convenção Interamericana sobre Obrigação Alimentar, concluída em Montevidéu, em 15 de julho de 1989.

→ *v.* Decreto 9.176/2017 – Promulga a Convenção sobre a Cobrança Internacional de Alimentos para Crianças e Outros Membros da Família e o Protocolo sobre a Lei Aplicável às Obrigações de Prestar Alimentos, firmados pela República Federativa do Brasil, em Haia, em 23 de novembro de 2007.

Seção I
Disposições Gerais

Art. 26. A cooperação jurídica internacional será regida por tratado de que o Brasil faz parte e observará:

I – o respeito às garantias do devido processo legal no Estado requerente;

→ *v.* Art. 5º, LIV da CF/1988.

II – a igualdade de tratamento entre nacionais e estrangeiros, residentes ou não no Brasil, em relação ao acesso à justiça e à tramitação dos processos, assegurando-se assistência judiciária aos necessitados;

→ *v.* Art. 5º, *caput*, XXXV e LXXIV da CF/1988.

III – a publicidade processual, exceto nas hipóteses de sigilo previstas na legislação brasileira ou na do Estado requerente;

→ *v.* Art. 93, IX da CF/1988.

→ *v.* Art. 189 do NCPC.

IV – a existência de autoridade central para recepção e transmissão dos pedidos de cooperação;

V – a espontaneidade na transmissão de informações a autoridades estrangeiras.

§ 1º Na ausência de tratado, a cooperação jurídica internacional poderá realizar-se com base em reciprocidade, manifestada por via diplomática.

→ *v.* Arts. 41, parágrafo único, e 961, § 4º, do NCPC.

§ 2º Não se exigirá a reciprocidade referida no § 1º para homologação de sentença estrangeira.

→ *v.* Art. 960 e ss. do NCPC.

§ 3º Na cooperação jurídica internacional não será admitida a prática de atos que contrariem ou que produzam resultados incompatíveis com as normas fundamentais que regem o Estado brasileiro.

→ *v.* Art. 39 do NCPC.

§ 4º O Ministério da Justiça exercerá as funções de autoridade central na ausência de designação específica.

→ *v.* Decreto 6.061/2007 – Aprova a Estrutura Regimental e o Quadro Demonstrativo dos Cargos em Comissão e das Funções Gratificadas do Ministério da Justiça.

Pesquisa de bens e valores de titularidade da executada existentes em solo estrangeiro.

✓ AGRAVO DE INSTRUMENTO. Execução de título extrajudicial. Decisão indeferiu pesquisa de bens e valores de titularidade da executada existentes em solo estrangeiro, com base no art. 26 e seguintes do NCPC. Cooperação internacional que, no caso, seria instrumentalizada através de Carta Rogatória. Questão preclusa, constatado o que restou decidido em recurso antecedente. Recurso não conhecido (art. 932, II, do NCPC). (TJSP; AI 2145425-68.2016.8.26.0000; Ac. 9865786; São Paulo; Décima Terceira Câmara de Direito Privado; Rel. Des. Francisco Giaquinto; Julg. 03/10/2016; DJESP 06/10/2016)

Art. 27. A cooperação jurídica internacional terá por objeto:

I – citação, intimação e notificação judicial e extrajudicial;

II – colheita de provas e obtenção de informações;

III – homologação e cumprimento de decisão;

IV – concessão de medida judicial de urgência;

V – assistência jurídica internacional;

VI – qualquer outra medida judicial ou extrajudicial não proibida pela lei brasileira.

→ *v.* Arts. 30, 35, 960 e 961 do NCPC.

Alegação de ilicitude das provas obtidas por meio de cooperação jurídica internacional.

✓ EMBARGOS DE DECLARAÇÃO EM RECURSO ORDINÁRIO. ALEGAÇÃO DE OMISSÃO DO JULGADO. NÃO OCORRÊNCIA. 1. O tema trazido ao Superior Tribunal de justiça no recurso tido por prejudicado (de ilicitude das provas obtidas por meio da cooperação jurídica internacional entre Brasil e Estados Unidos) foi objeto de ampla cognição na superveniente sentença e passa a ser agora suporte de decisão condenatória recorrida, em exame pelo tribunal regional. 2. No julgado embargado, ficou bem registrado tanto no voto-vista quanto na retificação de voto que, na via da apelação, terá o tema adequado tratamento; em outras palavras, a questão posta, fundamento da condenação, será objeto de exame por ocasião da apreciação do recurso adequado, dotado de efeito devolutivo amplo. 3. Incabível discutir, neste momento, a respeito da interpretação e alcance dos arts. 5º, LXVIII, e 105, II, a, da Constituição Federal, para fins de prequestionamento. 4. Embargos de declaração rejeitados. (STJ; EDcl-RHC 42.825; Proc. 2013/0387307-1; RS; Sexta Turma; Rel. Min. Sebastião Reis Júnior; DJE 02/02/2016)

Seção II
Do Auxílio Direto

→ *v.* Decreto 166/1991 – Promulga o Convênio de Cooperação Judiciária em Matéria Civil, entre o Governo da República Federativa do Brasil e o Reino da Espanha.

→ *v.* Decreto 1.476/1995 – Promulga o Tratado Relativo à Cooperação Judiciária e ao Reconhecimento e Execução de Sentenças em Matéria Civil, entre a República Federativa do Brasil e a República Italiana, de 17 de outubro de 1989.

→ *v.* Decreto 1.850/1996 – Promulga o Acordo de Cooperação Judiciária em Matéria Civil, Comercial, Trabalhista e Administrativa, entre o Governo da República Federativa do Brasil e o Governo da República Oriental do Uruguai, de 28 de dezembro de 1992.

Art. 28. Cabe auxílio direto quando a medida não decorrer diretamente de decisão de autoridade jurisdicional estrangeira a ser submetida a juízo de delibação no Brasil.

Diferença entre auxílio direto e carta rogatória.

✓ AGRAVO REGIMENTAL EM FACE DE DECISÃO MONOCRÁTICA DE RELATOR NO STF. PEDIDO DE COOPERAÇÃO JURÍDICA INTERNACIONAL. AUXÍLIO DIRETO. PLEITO DO MINISTÉRIO PÚBLICO PORTUGUÊS. TRATADO DE AUXÍLIO MÚTUO EM MATÉRIA PENAL. DECRETO 1.320/94. OITIVA DE PRESO. CUSTÓDIA PARA FINS DE EXTRADIÇÃO SUBMETIDA AO STF. COMPETÊNCIA. CARTA ROGATÓRIA E EXEQUATUR NO STJ. DESNECESSIDADE. AGRAVO PROVIDO. 1. O pedido de cooperação jurídica internacional, na modalidade de auxílio direto, possui natureza distinta da carta rogatória. Nos moldes do disposto nos arts. 28, 33, caput, e 40, todos do Código de Processo Civil, caberá auxílio direto quando "a medida não decorrer diretamente de decisão de autoridade jurisdicional estrangeira", enquanto necessitará de carta rogatória quando for o caso de cumprir decisão jurisdicional estrangeira. 2. Formulado pedido de assistência direta pelo Ministério Público português ao Parquet brasileiro, com base em tratado internacional de mútua cooperação em matéria penal, firmado entre Brasil e Portugal - Decreto 1.320/1994 –, o cumprimento em território pátrio depende de mero juízo de delibação, sendo desnecessária a atuação homologatória em exequatur pelo Superior Tribunal de Justiça. 3. Encontrando-se o preso sob a custódia do Supremo Tribunal Federal, para fins de extradição, a esta Corte deve ser dirigida a comunicação de que o custodiado será ouvido em razão de pedido de cooperação formulado pela autoridade central portuguesa e encaminhado ao Ministério Público brasileiro. 4. Agravo regimental provido. (STF; Pet 5946; Primeira Turma; Rel. Min. Marco Aurélio; Rel. p/ Acórdão: Min. Edson Fachin; Julg. 16/08/2016, Acórdão Eletrônico DJe-237 DIVULG 07/11/2016 PUBLIC 08/11/2016)

✓ COMPETÊNCIA DA PRESIDÊNCIA DO SUPERIOR TRIBUNAL DE JUSTIÇA PARA MANIFESTAÇÃO QUANTO À PRESCINDIBILIDADE OU NÃO DO EXEQUATUR EM PEDIDOS DE COOPERAÇÃO JURÍDICA INTERNACIONAL. ATRIBUIÇÃO EXCLUSIVA DESTA CORTE SUPERIOR DE JUSTIÇA PELA CONSTITUIÇÃO DA REPÚBLICA. CARTA ROGATÓRIA E AUXÍLIO DIRETO. DEFINIÇÃO. CASO CONCRETO. INEXISTÊNCIA DE DECISÃO JUDICIAL ESTADUNIDENSE PARA A CONCESSÃO DO EXEQUATUR. PEDIDO ESTRANGEIRO BASEADO EM ACORDO DE ASSISTÊNCIA EM MATÉRIA PENAL CELEBRADO ENTRE BRASIL E OS ESTADOS UNIDOS DA AMÉRICA. EFICÁCIA. AGRAVO DESPROVIDO. 1. Compete ao Superior Tribunal de Justiça, exclusivamente, como antes competia ao Supremo Tribunal Federal, a análise dos requisitos para a concessão de exequatur às cartas rogatórias, nos termos do art. 105 da Constituição da República e do art. 216-O do Regimento Interno do Superior Tribunal de Justiça. 2. A carta rogatória e o auxílio direto convivem no ordenamento jurídico como sistemas de cooperação internacional em matéria penal, entretanto são institutos com ritos e procedimentos diversos, mormente em razão das normas aplicáveis e da origem da decisão que ensejou o pedido estrangeiro. 3. O pedido de assistência direta dos Estados Unidos da América (mutual legal assistance) firmou-se no Acordo de Assistência Judiciária em Matéria Penal, celebrado entre Brasil e Estados Unidos, devidamente integrado ao nosso ordenamento jurídico. A jurisprudência do Supremo Tribunal Federal e do Superior Tribunal de Justiça é no sentido de que os tratados e convenções internacionais de caráter normativo incorporados ao sistema jurídico brasileiro têm eficácia de lei ordinária e força normativa. 4. Na carta rogatória passiva, existe decisão judicial oriunda de juízos ou tribunais estrangeiros que, para serem executados em território nacional, precisam do juízo de delibação do Superior

Tribunal de Justiça, sem, contudo, adentrar-se no mérito da decisão proveniente do país alienígena. No auxílio direto, há um pedido de assistência do Estado estrangeiro diretamente ao Estado rogado, no exercício de atividade investigatória, para que este preste as informações solicitadas ou, havendo necessidade legal, submeta o pedido à Justiça Federal competente para julgar a providência requerida (medidas acautelatórias), conforme o caso concreto. A assistência direta decorre de acordo ou tratado internacional de cooperação em que o Brasil é, necessariamente, signatário. 5. No caso em apreço, não há decisão judicial norte-americana a ser submetida ao juízo delibatório do Superior Tribunal de Justiça. O que se tem é pedido de assistência direta formulado por autoridade estrangeira no exercício de atividade investigatória, dirigido à autoridade congênere no Brasil, qual seja, o Ministério Público Federal, que, no intuito de cooperação internacional, submeteu o pedido estrangeiro ao crivo da Justiça Federal do Estado do Rio de Janeiro. 6. Prescindibilidade da concessão do exequatur, uma vez que o pedido estrangeiro não se amolda na definição de carta rogatória, podendo, dessa forma, prosseguir o feito como auxílio direto. Precedentes. 7. Agravo interno desprovido (AgInt na CR 11.165/EX; Corte Especial; Rel. Min. Laurita Vaz; Julg. 06/09/2017; DJe 15/09/2017)

Art. 29. A solicitação de auxílio direto será encaminhada pelo órgão estrangeiro interessado à autoridade central, cabendo ao Estado requerente assegurar a autenticidade e a clareza do pedido.

→ *v.* Arts. 26, § 4º, e 41 do NCPC.

Art. 30. Além dos casos previstos em tratados de que o Brasil faz parte, o auxílio direto terá os seguintes objetos:

I – obtenção e prestação de informações sobre o ordenamento jurídico e sobre processos administrativos ou jurisdicionais findos ou em curso;

→ *v.* Art. 32 do NCPC.

II – colheita de provas, salvo se a medida for adotada em processo, em curso no estrangeiro, de competência exclusiva de autoridade judiciária brasileira;

→ *v.* Arts. 23 e 35 do NCPC.

III – qualquer outra medida judicial ou extrajudicial não proibida pela lei brasileira.

Art. 31. A autoridade central brasileira comunicar-se-á diretamente com suas congêneres e, se necessário, com outros órgãos estrangeiros responsáveis pela tramitação e pela execução de pedidos de cooperação enviados e recebidos pelo Estado brasileiro, respeitadas disposições específicas constantes de tratado.

Art. 32. No caso de auxílio direto para a prática de atos que, segundo a lei brasileira, não necessitem de prestação jurisdicional, a autoridade central adotará as providências necessárias para seu cumprimento.

A pessoa jurídica multinacional instituída e atuante no país submete-se às leis brasileiras, sendo desnecessária a cooperação internacional para a obtenção de dados requisitados pelo juízo.

✓ RECURSO ORDINÁRIO EM MANDADO DE SEGURANÇA. INQUÉRITO POLICIAL. QUEBRA DE SIGILO TELEMÁTICO. CUMPRIMENTO INCOMPLETO DE ORDEM JUDICIAL. APLICAÇÃO DE MULTA DIÁRIA À EMPRESA RESPONSÁVEL PELO FORNECIMENTO DE DADOS (FACEBOOK). POSSIBILIDADE. VALOR DAS ASTREINTES. RAZOABILIDADE E PROPORCIONALIDADE. 1. Situação em que a FACEBOOK SERVIÇOS ONLINE DO BRASIL LTDA. impugna decisão judicial que, em sede de inquérito, autorizou a interceptação do fluxo de dados telemáticos de contas Facebook de investigados, sob pena de multa diária de R$ 50.000,00 (cinquenta mil reais). 2. Não há ilegalidade ou abuso de poder a ser corrigido, pois fica claro o cumprimento incompleto da decisão judicial que determinara o fornecimento de dados de contas perfis no Facebook de investigados, já que não foram trazidas todas as conversas realizadas no período de 13/10/2015 a 13/11/2015, tampouco as senhas de acesso, o conteúdo completo da caixa de mensagens, o conteúdo da linha do tempo (timeline) e grupos de que participam, além das fotos carregadas no perfil com respectivos metadados. 3. A mera alegação de que o braço da empresa situado no Brasil se dedica apenas à prestação de serviços relacionados à locação de espaços publicitários, veiculação de publicidade e suporte de vendas não exime a organização de prestar as informações solicitadas, tanto mais quando se sabe que não raras vezes multinacionais dedicadas à exploração de serviços prestados via internet se valem da escolha do local de sua sede e/ou da central de suas operações com o objetivo específico de burlar carga tributária e ordens judiciais tendentes a regular o conteúdo das matérias por elas veiculadas ou o sigilo de informações de seus usuários. 4. Por estar instituída e em atuação no País, a pessoa jurídica multinacional submete-se, necessariamente, às leis brasileiras, motivo pelo qual se afigura desnecessária a cooperação internacional para a obtenção dos dados requisitados pelo juízo. (...) (RMS 55.109; PR; Quinta Turma; Rel. Min. Reynaldo Soares da Fonseca; Julg. 07/11/2017; DJe 17/11/2017)

Art. 33. Recebido o pedido de auxílio direto passivo, a autoridade central o encaminhará à Advocacia-Geral da União, que requererá em juízo a medida solicitada.

→ v. Arts. 21 e 22 do NCPC.

Parágrafo único. O Ministério Público requererá em juízo a medida solicitada quando for autoridade central.

→ v. Arts. 26, § 4º, do NCPC.

→ v. Decreto 56.826/1965 – Promulga a Convenção sobre a prestação de alimentos no estrangeiro.

→ v. Decreto 1.320/1994 – Promulga o Tratado de Auxílio Mútuo em Matéria Penal, entre o Governo da República Federativa do Brasil e o Governo da República Portuguesa, de 7.5.91.

→ v. Decreto 6.747/2009 – Promulga o Tratado de Assistência Mútua em Matéria Penal entre o Governo da República Federativa do Brasil e o Governo do Canadá, celebrado em Brasília, em 27 de janeiro de 1995.

Pleito do Ministério Público Português e encaminhamento ao MP brasileiro.

✓ AGRAVO REGIMENTAL EM FACE DE DECISÃO MONOCRÁTICA DE RELATOR NO STF. PEDIDO DE COOPERAÇÃO JURÍDICA INTERNACIONAL. AUXÍLIO DIRETO. PLEITO DO MINISTÉRIO PÚBLICO PORTUGUÊS. TRATADO DE AUXÍLIO MÚTUO EM MATÉRIA PENAL. DECRETO 1.320/94. OITIVA DE PRESO. CUSTÓDIA PARA FINS DE EXTRADIÇÃO SUBMETIDA AO STF. COMPETÊNCIA. CARTA ROGATÓRIA E EXEQUATUR NO STJ. DESNECESSIDADE. AGRAVO PROVIDO. 1. O pedido de cooperação jurídica internacional, na modalidade de auxílio direto, possui natureza distinta da carta rogatória. Nos moldes do disposto nos arts. 28, 33, caput, e 40, todos do Código de Processo Civil, caberá auxílio direto quando "a medida não decorrer diretamente de decisão de autoridade jurisdicional estrangeira", enquanto necessitará de carta rogatória quando for o caso de cumprir decisão jurisdicional estrangeira. 2. Formulado pedido de assistência direta pelo Ministério Público português ao Parquet brasileiro, com base em tratado internacional de mútua cooperação em matéria penal, firmado entre Brasil e Portugal - Decreto 1.320/1994 -, o cumprimento em território pátrio depende de mero juízo de delibação, sendo desnecessária a atuação homologatória em exequatur pelo Superior Tribunal de Justiça. 3. Encontrando-se o preso sob a custódia do Supremo Tribunal Federal, para fins de extradição, a esta Corte deve ser dirigida a comunicação de que o custodiado será ouvido em razão de pedido de cooperação formulado pela autoridade central portuguesa e encaminhado ao Ministério Público brasileiro. 4. Agravo regimental provido. (STF, Pet 5946; Primeira Turma; Rel. Min. Marco Aurélio; Rel. p/ Acórdão: Min. Edson Fachin; Julg. 16/08/2016, Acórdão Eletrônico DJe-237 DIVULG 07/11/2016 PUBLIC 08/11/2016)

Art. 34. Compete ao juízo federal do lugar em que deva ser executada a medida apreciar pedido de auxílio direto passivo que demande prestação de atividade jurisdicional.

→ v. Art. 109, I e X da CF/1988.

Tratando-se de ato judicial que deve ser cumprido no Brasil, sua execução por Juiz Federal supõe a prévia concessão do *exequatur* pelo STJ.

✓ RECLAMAÇÃO CONSTITUCIONAL. USURPAÇÃO DE COMPETÊNCIA. COOPERAÇÃO JURÍDICA INTERNACIONAL. PEDIDO DE SEQUESTRO DECORRENTE DE SENTENÇA PENAL CONDENATÓRIA PROFERIDA NO EXTERIOR. NECESSIDADE DE DELIBAÇÃO PELO SUPERIOR TRIBUNAL DE JUSTIÇA. 1. Tratando-se de ato judicial que deve ser cumprido no Brasil (sequestro de bens para garantia da execução dos efeitos civis de sentença penal condenatória proferida pela Justiça paraguaia), a sua execução, por Juiz Federal, supõe a prévia concessão do exequatur pelo Superior Tribunal de Justiça (art. 105, inciso I, alínea i, da Constituição Federal combinado com o art. 15 da Lei de Introdução às normas do Direito Brasileiro). 2. Hipótese em que a Justiça Federal deferiu o pedido de auxílio direto formulado pela União, determinando a constrição de bens do Reclamante, em manifesta usurpação da competência deste Tribunal. 3. Reclamação procedente, agravo regimental prejudicado (Rcl 3.364/MS; Corte Especial; Rel. Min. Laurita Vaz; Julg. 05/10/2016; DJe 26/10/2016)

Compete à Justiça Federal cumprir carta rogatória após a concessão do *exequatur* pela Presidência do Superior Tribunal de Justiça.

✓ CONFLITO. CARTA ROGATÓRIA. EXEQUATUR. COMPETÊNCIA. 1. Em conflito de competência não há espaço para discussão a respeito da regularidade de carta rogatória com exequatur concedido por decisão irrecorrida. 2. Compete à Justiça Federal cumprir carta rogatória após a concessão do exequatur pela Presidência do Superior Tribunal de Justiça (Art. 109, X, da Constituição Federal). 3. O Juízo Federal pode solicitar cooperação da Justiça Estadual quando a carta rogatória se destina a citar ou intimar pessoa que tem domicílio onde não esteja instalada sede da Justiça Federal (Art. 42, caput, da Lei 5.010/66) (CC 89.791/SP; Segunda Seção; Rel. Min. Humberto Gomes de Barros; Julg. 14/11/2007, DJ 26/11/2007; Pág.. 114)

Seção III
Da Carta Rogatória

→ v. Decreto 1.899/1996 – Promulga a Convenção Interamericana sobre Cartas Rogatórias, de 30 de janeiro de 1975.

Art. 35. (**Vetado**).

→ v. Redação vetada: "Art. 35. Dar-se-á por meio de carta rogatória o pedido de cooperação entre órgão jurisdicional brasileiro e órgão jurisdicional estrangeiro para prática de ato de citação, intimação, notificação judicial, colheita de provas, obtenção de informações e cumprimento de decisão interlocutória, sempre que o ato estrangeiro constituir decisão a ser executada no Brasil."

→ v. Razões de veto.

Art. 36. O procedimento da carta rogatória perante o Superior Tribunal de Justiça é de jurisdição contenciosa e deve assegurar às partes as garantias do devido processo legal.

→ v. Resolução 9/2005 do STJ – Dispõe, em caráter transitório, sobre competência acrescida ao Superior Tribunal de Justiça pela Emenda Constitucional 45/2004.

§ 1º A defesa restringir-se-á à discussão quanto ao atendimento dos requisitos para que o pronunciamento judicial estrangeiro produza efeitos no Brasil.

→ v. Arts. 39, 963 e 964 do NCPC.

§ 2º Em qualquer hipótese, é vedada a revisão do mérito do pronunciamento judicial estrangeiro pela autoridade judiciária brasileira.

Citação por carta rogatória ocorrida na pessoa de terceiro: anulação.

✓ AGRAVO DE INSTRUMENTO. CUMPRIMENTO DE SENTENÇA. NULIDADE DE CITAÇÃO. Ocorrência. Citação por carta rogatória ocorrida na pessoa de terceiro. Cabível a anulação do ato citatório e dos posteriores. Sentença anulada. RECURSO PROVIDO. (TJSP; AI 2106569-98.2017.8.26.0000; Ac. 10858559; Guararapes; Segunda Câmara de Direito Privado; Relª Desª Rosangela Telles; Julg. 04/10/2017; DJESP 06/11/2017; Pág. 2461)

Seção IV
Disposições Comuns às Seções Anteriores

Art. 37. O pedido de cooperação jurídica internacional oriundo de autoridade brasileira competente será encaminhado à autoridade central para posterior envio ao Estado requerido para lhe dar andamento.

→ v. Art. 26, § 4º, do NCPC.

Art. 38. O pedido de cooperação oriundo de autoridade brasileira competente e os documentos anexos que o instruem serão encaminhados à autoridade central, acompanhados de tradução para a língua oficial do Estado requerido.

O ofício de encaminhamento de documentos pela autoridade central brasileira ou pela via diplomática garante a autenticidade dos documentos e da tradução enviada pela Justiça rogante.

✓ AGRAVO INTERNO NA CARTA ROGATÓRIA. TRADUÇÃO JURAMENTADA DOS DOCUMENTOS. AUSÊNCIA. TRAMITAÇÃO PELA AUTORIDADE CENTRAL. EXEQUATUR CONCEDIDO. POSSIBILIDADE. PRESUNÇÃO DE AUTENTICIDADE. REMARCAÇÃO DA DATA PARA A AUDIÊNCIA NA JUSTIÇA ROGANTE. PREJUÍZO AO INTERESSADO EM RAZÃO DA AUSÊNCIA DE NOVEL MANIFESTAÇÃO DO CURADOR ESPECIAL. NÃO OCORRÊNCIA. PEDIDO INAUGURAL IMPUGNADO E NOVA CITAÇÃO REALIZADA POR OFICIAL DE JUSTIÇA. AGRAVO REGIMENTAL DESPROVIDO. 1. A Corte Especial decidiu que "[o] ofício de encaminhamento de documentos pela autoridade central brasileira ou pela via diplomática garante a autenticidade dos documentos, bem como da tradução enviada pela Justiça rogante, dispensando, assim, legalização, autenticação e outras formalidades." (AgRg na CR 8.553/EX; Corte Especial; Rel. Min. Francisco Falcão; Julg. 18/03/2015; DJe 29/04/2015). 2. Inocorrência de prejuízo ao Interessado pela não abertura de vista ao curador especial para novel manifestação após a remarcação da data de audiência, uma vez que o pedido inaugural fora devidamente impugnado pela Defensoria Pública da União e a citação da nova data foi realizada por oficial de justiça. 3. Agravo interno desprovido (AgInt na CR 9.923/EX; Corte Especial; Rel. Min. Laurita Vaz; Julg. 06/09/2017; DJe 14/09/2017)

Art. 39. O pedido passivo de cooperação jurídica internacional será recusado se configurar manifesta ofensa à ordem pública.

→ *v.* Art. 26, I e § 3º e 963, VI do NCPC.

Aplicando-se a lei brasileira apenas à prática do ato de cooperação, não há que se falar em ofensa à ordem pública na prática de atos diversos.

✓ CARTA ROGATÓRIA. RAZOABILIDADE DOS PRAZOS PREVISTOS EM LEGISLAÇÃO ESTRANGEIRA. DESCABIMENTO DESSA APRECIAÇÃO EM JUÍZO DELIBATÓRIO. APLICAÇÃO DA LEGISLAÇÃO BRASILEIRA RESTRITAMENTE AO PROCEDIMENTO DO ATO DE COOPERAÇÃO. CONSULTA. CONSTITUIÇÃO DE ADVOGADO DE CONFIANÇA. DESNECESSIDADE. TRATADOS DEVIDAMENTE INTERNALIZADOS POSSUEM FORÇA DE LEI. INCIDÊNCIA DO PRINCÍPIO DA IMPERATIVIDADE. EXISTÊNCIA DE INCIDENTES PROCESSUAIS PENAIS QUE TAMBÉM VISAM A GARANTIR EVENTUAL RESPONSABILIZAÇÃO CIVIL. I – Encontra-se fora do escopo do juízo delibatório a avaliação quanto à razoabilidade, ou não, de prazos previstos em legislação estrangeira, cuja fixação se encontra acobertada pela soberania do Estado requerente. Tais prazos são contados consoante a legislação vigente no Estado da Justiça rogante, não havendo nenhuma ofensa à soberania nacional brasileira ou à ordem pública. II – A legislação brasileira se aplica apenas ao que se refere à prática do ato de cooperação pleiteada: a intimação. As consequências desse ato processual e os prazos a serem contados a partir da sua prática são os previstos na legislação estrangeira. III – A consulta à Justiça rogante sobre a possibilidade de constituir advogado de confiança da parte requerente deve ser realizada diretamente pela parte interessada no juízo onde tramita a demanda. IV – Não há que se falar em ofensa à ordem pública, em razão de o pedido de cooperação internacional se relacionar também a requerimento de intimação de fiança, o qual estaria relacionado com responsabilidade civil. Mesmo se essa fiança fosse realmente de âmbito exclusivamente civil, não haveria óbice ao cumprimento da comissão, pois o Brasil e a Espanha possuem tratado em vigor sobre cooperação jurídica internacional sobre matéria civil, o qual foi internalizado por meio do Decreto n. 166, de 3 de julho de 1981. O fato de o pedido não ter sido embasado nesse acordo internacional não gera nenhuma nulidade, já que esse acordo tem força de lei ordinária, com o consequente caráter imperativo. V – Ao contrário do que foi defendido pela parte agravante, há institutos processuais penais no ordenamento jurídico brasileiro que visam a garantir eventual ressarcimento na esfera da responsabilidade civil como o sequestro e a hipoteca legal que estão previstos nos arts. 125 a 144 do Código de Processo Penal. Agravo regimental improvido (AgRg na CR 9.952/EX; Corte Especial; Rel. Min. Francisco Falcão; Julg. 03/08/2016; DJe 15/08/2016)

Art. 40. A cooperação jurídica internacional para execução de decisão estrangeira dar-se-á por meio de carta rogatória ou de ação de homologação de sentença estrangeira, de acordo com o art. 960.

Cumprimento e mero juízo de delibação.

✓ AGRAVO REGIMENTAL EM FACE DE DECISÃO MONOCRÁTICA DE RELATOR NO STF. PEDIDO DE COOPERAÇÃO JURÍDICA INTERNACIONAL. AUXÍLIO DIRETO. PLEITO DO MINISTÉRIO PÚBLICO PORTUGUÊS. TRATADO DE AUXÍLIO MÚTUO EM MATÉRIA PENAL. DECRETO 1.320/94. OITIVA DE PRESO. CUSTÓDIA PARA FINS DE EXTRADIÇÃO SUBMETIDA AO STF. COMPETÊNCIA. CARTA ROGATÓRIA E EXEQUATUR NO STJ. DESNECESSIDADE. AGRAVO PROVIDO. 1. O pedido de cooperação jurídica internacional, na modalidade de auxílio direto, possui natureza distinta da carta rogatória. Nos moldes do disposto nos arts. 28, 33, caput, e 40, todos do Código de Processo Civil, caberá auxílio direto quando "a medida não decorrer diretamente de decisão de autoridade jurisdicional estrangeira", enquanto necessitará de carta rogatória quando for o caso de cumprir decisão jurisdicional estrangeira. 2. Formulado pedido de assistência direta pelo Ministério Público português ao Parquet brasileiro, com base em tratado internacional de mútua cooperação em matéria penal, firmado entre Brasil e Portugal – Decreto 1.320/1994 –, o cumprimento em território pátrio depende de mero juízo de delibação, sendo desnecessária a atuação homologatória em exequatur pelo Superior Tribunal de Justiça. 3. Encontrando-se o preso sob a custódia do Supremo Tribunal Federal, para fins de extradição, a esta Corte deve ser dirigida a comunicação de que o custodiado será ouvido em razão de pedido de cooperação formulado pela autoridade central portuguesa e encaminhado ao Ministério Público brasileiro. 4. Agravo regimental provido. (STF, Pet 5946; Primeira Turma; Rel. Min. Marco Aurélio; Rel. p/ Acórdão: Min. Edson Fachin \; Julg. 16/08/2016, Acórdão Eletrônico DJe-237 DIVULG 07/11/2016 PUBLIC 08/11/2016)

Art. 41. Considera-se autêntico o documento que instruir pedido de cooperação jurídica internacional, inclusive tradução para a língua portuguesa, quando encaminhado ao Estado brasileiro por meio de autoridade central ou por via diplomática, dispensando-se ajuramentação, autenticação ou qualquer procedimento de legalização.

→ *v.* Decreto 2.067/1996 – Promulga o Protocolo de Cooperação e Assistência Jurisdicional em Matéria Civil, Comercial, Trabalhista e Administrativa.

Parágrafo único. O disposto no *caput* não impede, quando necessária, a aplicação pelo Estado brasileiro do princípio da reciprocidade de tratamento.

→ *v.* Art. 26, § 1º, do NCPC.

Autenticidade do documento encaminhado ao Estado Brasileiro por meio de autoridade central ou por via diplomática.

✓ STJ, CARTA ROGATÓRIA Nº 10.267 - KR (2015/0222506-3). RELATOR: MINISTRO PRESIDENTE DO STJ - FRANCISCO FALCÃO. Cuida-se de Carta Rogatória pela qual o Poder Judiciário da República da Coréia solicita que seja remetida a parte interessada os documentos colacionados aos autos, segundo texto rogatório. A parte interessada, após intimada, apresentou impugnação. Defendeu, em suma, que: a tradução juntada não é juramentada; é impossível compreender a intenção do juízo estrangeiro; estão ausentes documentos imprescindíveis; o Juízo Rogante é incompetente. O Ministério Público Federal não se opõe à concessão da ordem (fl. 92). Manifestou-se pela improcedência da impugnação. Destacou que a tramitação da comissão pela via diplomática torna dispensável a chancela dos documentos e a tradução juramentada no Brasil. Acrescentou que a narrativa, embora sucinta e com falhas na tradução, não impede a compreensão da lide e não compromete o exercício do direito de defesa. Por último, asseverou que a competência é concorrente, não sendo caso de exclusividade da jurisdição brasileira. Relatados. Decido. A impugnação não merece guarida. Conforme consabido, a remessa da comissão rogatória pela via diplomática garante a autenticidade dos documentos, bem como da tradução enviada pela Justiça rogante, dispensando, assim, legalização, autenticação e tradução juramentada. Nesse sentido decidiu a Corte Especial, in verbis: ✓ CARTA ROGATÓRIA. AGRAVO REGIMENTAL. DEFICIÊNCIA NA INSTRUÇÃO. INEXISTÊNCIA. DOCUMENTAÇÃO SUFICIENTE À COMPREENSÃO DA CONTROVÉRSIA. ALEGADA NECESSIDADE DE TRADUÇÃO JURAMENTADA DOS DOCUMENTOS. COMISSÃO QUE TRAMITOU PELA AUTORIDADE CENTRAL. I - Para a concessão do exequatur, não é preciso que a comissão seja acompanhada de todos os documentos mencionados na petição inicial, bastando aqueles necessários à compreensão da controvérsia, como se verifica in casu. II - O ofício de encaminhamento de documentos pela autoridade central brasileira ou pela via diplomática garante a autenticidade dos documentos, bem como da tradução enviada pela Justiça rogante, dispensando, assim, legalização, autenticação e outras formalidades. Agravo regimental desprovido (AgRg na CR 8.553/EX; Corte Especial; Rel. Min. Francisco Falcão; Julg. 18/03/2015; DJe 29/04/2015). Não por outra razão, o novo Código de Processo Civil expressamente prevê, em seu art. 41, caput, que se considera autêntico o documento que instruir pedido de cooperação jurídica internacional, inclusive tradução para a língua portuguesa, quando encaminhado ao Estado Brasileiro por meio de autoridade central ou por via diplomática, dispensando-se a juramentação, autenticação ou qualquer procedimento de legalização. (...) Assim, tendo em vista o seu devido cumprimento, e com fulcro no art. 216-X do RI/STJ do e. Superior Tribunal de Justiça, determino, após o trânsito em julgado, a devolução da presente carta rogatória à Justiça rogante por intermédio da autoridade central competente. Publique-se. Intimem-se. Brasília (DF), 03 de maio de 2016. MINISTRO FRANCISCO FALCÃO

TÍTULO III
Da Competência Interna

Capítulo I
DA COMPETÊNCIA

Seção I
Disposições Gerais

→ *v.* Súmulas 6, 218, 235, 248, 249, 297, 330, 398, 443, 437, 498, 503, 504, 508, 511, 515, 521, 526 e 557 do STF.

→ *v.* Súmulas 1, 4, 10, 32, 34, 58, 66, 137, 173 e 383 do STJ.

Art. 42. As causas cíveis serão processadas e decididas pelo juiz nos limites de sua competência, ressalvado às partes o direito de instituir juízo arbitral, na forma da lei.

→ *v.* Lei 9.307/1996 – Arbitragem.

→ *v.* Art. 93 do CDC.

→ *v.* Art. 80 do Estatuto do Idoso.

→ *v.* Art. 2º da Lei 7.347/1985

→ *v.* Art. 24 da Lei 9.099/1995.

Incompetência do juízo em razão da conexão entre demandas.

✓ APELAÇÃO CÍVEL. AÇÃO DE INEXIGIBILIDADE DE DÉBITO. INCOMPETÊNCIA ABSOLUTA DO JUÍZO POR FORÇA DO ART. 42 DO CPC/15. AUSÊNCIA DE COMPETÊNCIA PARA DECLARAR QUITAÇÃO DE DÉBITO DISCUTIDO EM DEMANDA DIVERSA. RECURSO IMPROVIDO. 1. No presente caso, o apelante requer declaração de quitação do contrato que se encontra em discussão em lide diversa, qual seja, a de busca e apreensão nº 0054948- 43.2011.8.16.0014, em apenso, que se encontra em fase de cumprimento de sentença. 2. Note-se que, muito embora as respectivas demandas tenham pedido diverso, aquela ação ainda não finalizou, estando em discussão os valores devidos no contrato, conforme determinado no acórdão transitado em julgado. (TJPR; ApCiv 1710823-1; Londrina; Décima Oitava Câmara Cível; Rel. Des. Marcelo Gobbo Dalla Dea; Julg. 11/10/2017; DJPR 20/10/2017; Pág. 261)

Rejeição de incidente de uniformização de jurisprudência, mantendo-se a competência do juízo para apreciação do recurso.

✓ PROCESSO CIVIL. EMBARGOS DE DECLARAÇÃO. INCIDENTE DE UNIFORMIZAÇÃO DE JURISPRUDÊNCIA REJEITADO. MILITAR. REFORMADO POR INCAPACIDADE FÍSICA DEFINITIVA. PERCEPÇÃO DA REMUNERAÇÃO CORRESPONDENTE AO POSTO IMEDIATAMENTE SUPERIOR AO QUE OCUPAVA EM ATIVIDADE. OFENSA AO ART. 1.022 DO CPC NÃO CONFIGURADA. REDISCUSSÃO DA MATÉRIA DE MÉRITO. IMPOSSIBILIDADE. ACLARATÓRIOS IMPROVIDOS. DECISÃO UNÂNIME. 1. Registrou-se que não houve qualquer usurpação de competência por este colegiado, já que o acórdão recorrido afastou o incidente de maneira suficientemente fundamentada, não reconhecendo a divergência jurisprudencial apontada, razão pela qual não há qualquer razão em remeter os autos à corte especial, não configurando ofensa ao contido no art. 22, II do RITJPE e do art. 42 do CPC. 2. Inexistência de divergência com o precedente paradigma colacionado pelo embargante, vez que o mesmo se refere ao direito à reforma em grau hierarquicamente superior ao que possuía na ativa ao militar considerado incapaz para o serviço ativo militar, já que restou consubstanciado no acórdão embargado que o ora embargante ocupava na ativa o grau hierárquico de soldado PM e fora transferido para a inatividade em setembro de 2010, no posto de cabo PM, através da portaria de nº 3478/2010. 3. Assentou-se no acórdão recorrido que o embargante foi reformado por incapacidade definitiva e não por invalidez permanente, fazendo jus à percepção de proventos proporcionais, e não integrais, observado o disposto no art. 83, § 3º, da Lei nº 10.426/90, não havendo nos autos nenhum documento capaz de elidir a conclusão da administração pública e que comprove a invalidez permanente do recorrente, razão pela qual não houve qualquer malferimento ao contido no art. 83, II e IV, da Lei nº 10.426/90. 4. A solução integral da controvérsia, com fundamento suficiente, não caracteriza ofensa ao art. 1.022 do CPC. 5. Os embargos declaratórios não constituem instrumento adequado para a rediscussão da matéria de mérito. 6. Precedentes do STJ citados. 7. Aclaratórios improvidos à unanimidade, não considerando vulnerado o contido nos arts. Arts. 42, 489, § 1º, I, IV, V, § 2º, do CPC, 83, II e IV, da Lei nº 10.426/90 e 22, II, do RI TJPE, pela fundamentação exposta. (TJPE; Rec. 0003143-58.2014.8.17.0001; Rel. Des. Presidente; Julg. 14/07/2016; DJEPE 26/07/2016)

Art. 43. Determina-se a competência no momento do registro ou da distribuição da petição inicial, sendo irrelevantes as modificações do estado de fato ou de direito ocorridas posteriormente, salvo quando suprimirem órgão judiciário ou alterarem a competência absoluta.

→ *v.* Art. 312 e 516, parágrafo único, do NCPC.

Apuração da competência material não pode depender de instrução probatória.

✓ AGRAVO REGIMENTAL EM RECLAMAÇÃO. ADI-MC 3395. PLEITO FUNDADO EM DIREITOS ASSEGURADOS PELA CONSOLIDAÇÃO DAS LEIS TRABALHISTAS. COMPETÊNCIA DA JUSTIÇA DO TRABALHO. 1. É improcedente a reclamação quando o ato reclamado não contraria a decisão proferida na ADI-MC 3395. 2. A apuração da competência material para o julgamento da demanda não pode depender de instrução probatória, devendo ser verificada no momento da propositura da ação, em observância ao disposto no artigo 43 do Código de Processo Civil de 2015. 3. Agravo regimental, interposto em 23.06.2016, a que se nega provimento. (STF; Rcl 23634 AgR; Segunda Turma; Rel. Min. Edson Fachin; Julg. 05/05/2017, Processo Eletrônico DJe-104 DIVULG 18/05/2017 PUBLIC 19/05/2017).

Guarda e perpetuação da jurisdição.

✓ RECURSO ESPECIAL. PROCESSO CIVIL. AÇÃO DE GUARDA. EXCEÇÃO DE SUSPEIÇÃO. ALTERAÇÃO DE DOMICÍLIO DA CRIANÇA. PRINCÍPIO DA PERPETUAÇÃO DA JURISDIÇÃO. PREVALÊNCIA. HIPÓTESE CONCRETA. PECULIARIDADES. MOMENTO DA PROPOSITURA DA AÇÃO. JUÍZO COMPETENTE. 1. A competência é fixada no momento da propositura da ação (art. 87 do CPC/1973) e, à luz do Código de Processo Civil de 2015, no instante do registro ou da distribuição da petição inicial (art. 43 do CPC/2015). 2. A modificação da competência relativa não pode ocorrer de ofício pelo juiz em virtude da regra da perpetuação da jurisdição. 3. O princípio do juiz imediato está consagrado no art. 147, I e II, do ECA, segundo o qual o foro competente para apreciar e julgar as medidas, ações e procedimentos que tutelam interesses, direitos e garantias positivados no Estatuto é determinado pelo domicílio dos pais ou responsável e pelo lugar onde a criança ou o adolescente exerce, com regularidade, seu direito à convivência familiar e comunitária. 4. A jurisprudência do STJ firmou a aplicação subsidiária do art. 87 do CPC/1973 diante da incidência do art. 147, I e II, do ECA, no sentido de que deve prevalecer a regra especial em face da geral, respeitadas as peculiaridades do caso concreto. 5. Na hipótese dos autos, há circunstâncias aptas a manter a competência do juízo do momento da propositura da ação, pois o que pretende o recorrente, por vias indiretas, é o acolhimento da exceção de suspeição previamente rejeitada pelas instâncias de origem, agindo com o intuito de procrastinar a ação de guarda dos filhos do ex-casal ajuizada pela recorrida. 6. Recurso especial não provido. (STJ; REsp 1576472; RJ; Terceira Turma; Rel. Min. Ricardo Villas Boas Cueva; Julg. 13/06/2017; DJe 22/06/2017)

Processo já sentenciado: não alteração da competência.

✓ PROCESSUAL CIVIL. PERPETUATIO JURISDICTIONIS. MODIFICAÇÃO DE COMPETÊNCIA ABSOLUTA. AÇÃO DE DESAPROPRIAÇÃO. CRIAÇÃO DE VARA ESPECIALIZADA. MEIO AMBIENTE E OCUPAÇÃO DO SOLO URBANO E RURAL. PROCESSO JÁ SENTENCIADO. FASE DE EXECUÇÃO. PROSSEGUIMENTO NO JUÍZO ORIGINAL. 1. Cuida-se, na origem, de Agravo de Instrumento interposto de decisão pela qual o juízo da Primeira Vara da Fazenda Pública do Distrito Federal declinou da competência para processar e julgar Execução decorrente de Ação de Desapropriação de área de preservação biológica denominada "Reserva Biológica Águas Emendadas", e determinou a remessa dos autos ao juízo da Vara do Meio Ambiente, Desenvolvimento Urbano e Fundiário do Distrito Federal, prevista no art. 34 da Lei 11.697/2008 e implantada pela Resolução TJDFT 3/2009. 2. Embora a mudança superveniente de competência absoluta afaste, em regra, a perpetuatio jurisdictionis (arts. 87 do CPC/1973 e 43 do CPC/2015), isso não ocorre quando essa modificação se dá após a sentença, como no caso concreto, em que o processo já se encontra em fase de Execução (AgRg no CC 126.395/RN, Rel. Ministro Napoleão Nunes Maia Filho, Primeira Seção; DJe 9/3/2015; CC 63.723/SC, Rel. Ministro Humberto Martins, Primeira Seção, DJ 12/2/2007, p. 218; REsp 165.038/SP, Rel. Ministro Ari Pargendler, Segunda Turma, DJ 25/5/1998, p. 89). 3. Nessa linha, Fredie Didier Jr. explica que, "Se a alteração de competência absoluta ocorrer após a sentença, não haverá a redistribuição do processo, com a quebra da perpetuação da competência. exatamente porque já houve julgamento" (Curso de direito processual civil: introdução ao direito processual civil, parte geral e processo de conhecimento, 17ª ed., Salvador, Ed. Jus Podivm, p. 201). 4. Essa orientação culminou na edição da Súmula 367/STJ: "A competência estabelecida pela EC n. 45/2004 não alcança os processos já sentenciados". 5. Recurso Especial provido. (STJ; REsp 1.209.886; DF, Segunda Turma; Rel. Min. Herman Benjamin; Julg. 06/10/2016; DJe 17/10/2016)

Art. 44. Obedecidos os limites estabelecidos pela Constituição Federal, a competência é determinada pelas normas previstas neste Código ou em legislação especial, pelas normas de organização judiciária e, ainda, no que couber, pelas constituições dos Estados.

→ *v.* Enunciado 236 do FPPC: O art. 44 não estabelece uma ordem de prevalência, mas apenas elenca as fontes normativas sobre competência, devendo ser observado o art. 125, § 1º, da Constituição Federal.

Competência do juízo cível para julgar demandas que não versam, especificamente, sobre direito de família.

✓ CONFLITO NEGATIVO DE COMPETÊNCIA. JUÍZOS DE FAMÍLIA E CÍVEL. Se a questão posta nos autos não diz especificamente com jurisdição de direito de família, é competente o juízo cível para julgar e processar a ação. Inteligência do art. 44 do NCPC comb. Com o art. 73, do COJE. Conflito acolhido. (TJRS; CC 0242266-18.2017.8.21.7000; Santa Cruz do Sul; Sétima Câmara Cível; Rel. Des. Sérgio Fernando de Vasconcellos Chaves; Julg. 30/08/2017; DJERS 05/09/2017)

Competência absoluta não é afastada por conexão (juízo cível não tem competência para julgar execuções fiscais).

✓ PROCESSO CIVIL. EXECUÇÃO FISCAL. AÇÃO ANULATÓRIA DE DÉBITO FISCAL. CONEXÃO. REUNIÃO DOS PROCESSOS PARA JULGAMENTO SIMULTÂNEO. COMPETÊNCIA DO JUÍZO ONDE PROPOSTA A ANTERIOR EXECUÇÃO FISCAL. 1. É entendimento pacífico na jurisprudência pátria que, ajuizada ação anulatória com o fim de desconstituir crédito tributário já objeto de execução fiscal anteriormente ajuizada, a conexão deve ser reconhecida, impondo-se, em reverência aos princípios da segurança jurídica e da economia processual, bem como diante da prejudicialidade existente, a reunião dos processos para julgamento simultâneo, o que evita que sejam proferidas decisões inconciliáveis. 2. Ocorre que juízo de Vara Federal cível não tem competência para julgar execuções fiscais, uma vez que existe vara especializada para julgamento desta matéria. Trata-se, pois, de competência absoluta nos termos do art. 91 c/c art. 102 do CPC/1973 (correspondentes aos arts. 44 e 54 do CPC/15, respectivamente). Ou seja, como a competência das varas de execução fiscal é absoluta, por conta da especialidade da matéria discutida, a reunião da ação anulatória com a execução fiscal só é possível nestas varas especializadas. 3. Na hipótese, considerando (i) que a Execução Fiscal nº 0119093-31.2013.4.02.5101 (em trâmite na 2ª Vara Federal de Execução Fiscal do Rio de Janeiro) foi ajuizada anteriormente à propositura da Ação Anulatória nº 0030001-42.2013.4.02.5101 (em trâmite na 6ª Vara Federal do Rio de Janeiro); e (ii) que, nos termos da fundamentação supra, faz-se necessária a reunião dos feitos no Juízo da Vara Especializada, no caso, Juízo da 2ª Vara Federal de Execução Fiscal do Rio de Janeiro, a decisão agravada, proferida pelo Juízo 6ª Vara Federal do Rio de Janeiro nos autos da Ação Anulatória nº 0030001-42.2013.4.02.5101, deve ser declarada nula, a teor da regra inserta no art. 113, §2º, do CPC/73 (aplicável à época), vez que reconhecida a incompetência absoluta deste Juízo. 4. Agravo de instrumento da União Federal a que se dá provimento. (TRF 2ª R.; AI 0016470-60.2013.4.02.0000; Quarta Turma Especializada; Rel. Juiz Fed. Conv. Mauro Luís Rocha Lopes; DEJF 26/01/2017)

Dentre órgãos da mesma hierarquia, como varas, a especialização decorre das normas de organização judiciária.

✓ PROCESSO CIVIL. COMPETÊNCIA. JUÍZO. LEI DE ORGANIZAÇÃO JUDICIÁRIA. COMPETÊNCIA ABSOLUTA. MATÉRIA. CUMULAÇÃO DE PEDIDOS. POSSIBILIDADE. REGRAS. COMPETÊNCIA PARA ANÁLISE DE TODOS OS PLEITOS. EXTINÇÃO PARCIAL DO PROCESSO. 1. Relativamente à distribuição de jurisdição entre órgãos da mesma hierarquia, tem-se uma hipótese de competência em razão da matéria, que se insere no critério objetivo de determinação, o que significa que a especialização de varas decorre da Lei de organização judiciária, consoante proclama o art. 44 do CPC. 2. O art. 327 do NCPC exige que o juízo perante o qual proposta a ação detenha legalmente competência suficiente ao conhecimento de todos os pedidos nos casos de cumulação objetiva de demandas. 3. Caso a regra de competência infringida pela cumulação indevida de pedidos seja de natureza relativa, seu reconhecimento necessariamente passará pela arguição de tal mácula em preliminar de contestação ofertada pelo réu (art. 337, II CPC/15); caso não seja suscitada a aludida preliminar, haverá a prorrogação de competência, fenômeno que é identificado como uma das quatro formas de modificação da competência, ao lado da conexão, da continência e da cláusula de eleição de foro (derrogação). 4. Caso a norma de competência violada pela cumulação indevida de pedidos seja de cariz absoluto, cabe ao magistrado extinguir o processo sem resolução de mérito quanto ao pleito sobre o qual não possui jurisdição, sem prejuízo da possibilidade de ordem de emenda, dando prosseguimento ao processamento e julgamento da pretensão para a qual possui competência absoluta, consoante Súmula nº 170 do STJ e arts. 45 §§1º e 2º do CPC. 5. Reconhecida a competência do juízo suscitado. (TJDF; CCP 2016.00.2.021725-4; Ac. 984.206; Segunda Câmara Cível; Relª Desª Ana Maria Amarante; Julg. 28/11/2016; DJDFTE 02/12/2016)

Prevenção determinada pelo Regimento Interno de Tribunal de Justiça.

✓ CONFLITO NEGATIVO DE COMPETÊNCIA ENTRE DESEMBARGADORES. CONEXÃO ENTRE AÇÕES DIRETAS DE INCONSTITUCIONALIDADE. PREVENÇÃO EM RAZÃO DA PRIMEIRA DISTRIBUIÇÃO. ART. 80, § 4º, DO RITJMT E ARTS. 43, 44, 55, 58 E 59 DO NOVO CÓDIGO DE PROCESSO CIVIL. POSSIBILIDADE. COMPETÊNCIA DO DESEMBARGADOR SUSCITANTE A QUEM FOI DISTRIBUÍDA A PRIMEIRA PETIÇÃO INICIAL. CONFLITO IMPROCEDENTE. Nos termos do art. 80, § 4º, do RITJMT, a distribuição da ação direta de inconstitucionalidade torna prevento o relator para outras ações ou arguições que sustentarem a inconstitucionalidade dos mesmos dispositivos de Lei ou de ato normativo estadual ou municipal; ressaltando-se, ademais, que a referida norma especial guarda sintonia com o art. 59 do novo código de processo civil, que estabelece como juízo prevento aquele perante o qual se deu o registro ou a distribuição da petição inicial. (TJMT; CC 34334/2016; Capital; Rel. Des. Luiz Ferreira da Silva; Julg. 12/05/2016; DJMT 19/05/2016; Pág. 19)

Art. 45. Tramitando o processo perante outro juízo, os autos serão remetidos ao juízo federal competente se nele intervier a União, suas empresas públicas, entidades autárquicas e fundações, ou conselho de fiscalização de atividade profissional, na qualidade de parte ou de terceiro interveniente, exceto as ações:

→ *v.* Súmulas 66 e 553 do STJ.
→ *v.* Art. 109, I da CF/1988.
→ *v.* Lei 5.010/1966 – Organiza a Justiça Federal de primeira instância, e dá outras providências.
→ *v.* Art. 5º da Lei 9.469/1997.
→ *v.* Lei 8.906/1994 – Dispõe sobre o Estatuto da Advocacia e a Ordem dos Advogados do Brasil (OAB).
→ *v.* Lei 3.268/1957 – Dispõe sobre os Conselhos de Medicina, e dá outras providências.
→ *v.* Lei 5.194/1966 – Regula o exercício das profissões de Engenheiro, Arquiteto e Engenheiro-Agrônomo, e dá outras providências.

I – de recuperação judicial, falência, insolvência civil e acidente de trabalho;

→ *v.* Art. 109, I, parte final e § 3º da CF/1988.

II – sujeitas à justiça eleitoral e à justiça do trabalho.

→ *v.* Art. 109, I, parte final da CF/1988.

§ 1º Os autos não serão remetidos se houver pedido cuja apreciação seja de competência do juízo perante o qual foi proposta a ação.

§ 2º Na hipótese do § 1º, o juiz, ao não admitir a cumulação de pedidos em razão da incompetência para apreciar qualquer deles, não examinará o mérito daquele em que exista interesse da União, de suas entidades autárquicas ou de suas empresas públicas.

→ *v.* Súmula 150 do STJ.

§ 3º O juízo federal restituirá os autos ao juízo estadual sem suscitar conflito se o ente federal cuja presença ensejou a remessa for excluído do processo.

→ *v.* Súmula 224 do STJ.

Insolvência civil com interesse de autarquia federal: Justiça Estadual à luz do art. 45, I.

✓ CONFLITO DE COMPETÊNCIA. PROCESSUAL CIVIL. AÇÃO DECLARATÓRIA DE INSOLVÊNCIA CIVIL. AUTARQUIA FEDERAL. EVENTUAL INTERESSE. ART. 109, I, DA CF/1988. EXCEÇÃO. COMPETÊNCIA DA JUSTIÇA ESTADUAL. 1. Conflito suscitado em ação por meio da qual a autora, sociedade que exercia a atividade de assistência à saúde, pretende a declaração de sua insolvência civil, nos moldes do art. 23, § 1º, da Lei nº 9.656/1998. 2. O art. 109, I, da Constituição Federal afasta a competência da Justiça Federal para julgamento das ações falimentares, mesmo na hipótese em que a União, entidade autárquica ou empresa pública federal forem interessadas. 3. Ausência de razões que justifiquem a adoção de critério diverso de fixação de competência entre a falência e a insolvência civil. 4. Hipótese em que a Agência Nacional de Saúde - ANS - não é parte na relação processual, e mesmo que tivesse interesse no resultado da demanda, por haver decretado a liquidação extrajudicial da sociedade autora, não se justificaria o deslocamento da competência para a Justiça Federal. 5. O art. 99 do CPC/1973, ao estabelecer como competente o foro da capital do estado ou do território para as causas em que a União fosse autora, ré ou interveniente, excetuava dessa regra o processo de insolvência. 6. Dispõe o art. 45, I, do CPC/2015 que os autos devem ser remetidos ao Juízo Federal competente se nele intervier a União, suas empresas públicas, entidades autárquicas e fundações, ou conselho de fiscalização de atividade profissional, exceto as ações de recuperação judicial, falência, insolvência civil e acidente de trabalho. 7. Conflito conhecido para declarar competente o Juízo de Direito da 1ª Vara Cível do Foro Distrital de Paulínia - Comarca de Campinas - SP, ora suscitado. (STJ; CC 144.238; RJ; Segunda Seção; Rel. Min. Ricardo Villas Bôas Cueva; Julg. 24/08/2016; DJe 31/08/2016)

Em caso de incompetência absoluta, há extinção do processo sem julgamento do mérito quanto ao pedido sobre o qual o juízo não possui jurisdição, nos termos do art. 45, §§1º e 2º do CPC/2015.

✓ PROCESSO CIVIL. COMPETÊNCIA. JUÍZO. LEI DE ORGANIZAÇÃO JUDICIÁRIA. COMPETÊNCIA ABSOLUTA. MATÉRIA. CUMULAÇÃO DE PEDIDOS. POSSIBILIDADE. REGRAS. COMPETÊNCIA PARA ANÁLISE DE TODOS OS PLEITOS. EXTINÇÃO PARCIAL DO PROCESSO. 1. Relativamente à distribuição de jurisdição entre órgãos da mesma hierarquia, tem-se uma hipótese de competência em razão da matéria, que se insere no critério objetivo de determinação, o que significa que a especialização de varas decorre da Lei de organização judiciária, consoante proclama o art. 44 do CPC. 2. O art. 327 do NCPC exige que o juízo perante o qual proposta a ação detenha legalmente competência suficiente ao conhecimento de todos os pedidos nos casos de cumulação objetiva de demandas. 3. Caso a regra de competência infringida pela cumulação indevida de pedidos seja de natureza relativa, seu reconhecimento necessariamente passará pela arguição de tal mácula em preliminar de contestação ofertada pelo réu (art. 337, II CPC/15); caso não seja suscitada a aludida preliminar, haverá a prorrogação de competência, fenômeno que é identificado como uma das quatro formas de modificação da competência, ao lado da conexão, da continência e da cláusula de eleição de foro (derrogação). 4. Caso a norma de competência violada pela cumulação indevida de pedidos seja de cariz absoluto, cabe ao magistrado extinguir o processo sem resolução de mérito quanto ao pleito sobre o qual não possui jurisdição, sem prejuízo da possibilidade de ordem de emenda, dando prosseguimento ao processamento e julgamento da pretensão para a qual possui competência absoluta, consoante Súmula nº 170 do STJ e arts. 45 §§1º e 2º do CPC. 5. Reconhecida a competência do juízo suscitado. (TJDF; CCP 2016.00.2.021725-4; Ac. 984.206; Segunda Câmara Cível; Relª Desª Ana Maria Amarante; Julg. 28/11/2016; DJDFTE 02/12/2016)

Art. 46. A ação fundada em direito pessoal ou em direito real sobre bens móveis será proposta, em regra, no foro de domicílio do réu.

→ v. Arts. 70 a 78 do CC/2002.
→ v. Art. 12 da LINDB.
→ v. Arts. 127 e 159 do CTN.
→ v. Art. 100, I do CDC.
→ v. Arts. 62 e 63 do NCPC.

§ 1º Tendo mais de um domicílio, o réu será demandado no foro de qualquer deles.

§ 2º Sendo incerto ou desconhecido o domicílio do réu, ele poderá ser demandado onde for encontrado ou no foro de domicílio do autor.

§ 3º Quando o réu não tiver domicílio ou residência no Brasil, a ação será proposta no foro de domicílio do autor, e, se este também residir fora do Brasil, a ação será proposta em qualquer foro.

→ v. Arts. 26 e ss. do NCPC.

§ 4º Havendo 2 (dois) ou mais réus com diferentes domicílios, serão demandados no foro de qualquer deles, à escolha do autor.

§ 5º A execução fiscal será proposta no foro de domicílio do réu, no de sua residência ou no do lugar onde for encontrado.

→ v. Súmula 58 do STJ.

Pedido indenizatório cumulado (mediato e dependente do pedido antecedente) não afasta a regra geral de competência.

✓ DIREITO PROCESSUAL CIVIL. COMPETÊNCIA. AÇÃO DE INDENIZAÇÃO. PEDIDO DE DECLARAÇÃO DE AUTORIA DE OBRA INTELECTUAL CUMULADO COM PEDIDO DE INDENIZAÇÃO POR SEU USO INDEVIDO. LEI 9.610/98. 1. A prolação de sentença de mérito pelo juízo considerado incompetente não acarreta perda de objeto do recurso especial em que se discute a questão da competência. Com efeito, arguida a incompetência relativa por meio de recurso próprio e tempestivo, eventual acolhimento da exceção no julgamento do recurso especial acarreta a nulidade dos atos processuais decisórios e a remessa dos autos ao juízo competente. 2. O processo e julgamento de pedido de declaração de autoria de obra intelectual é definido pela regra geral de competência, ou seja, cabe ao juízo do foro do domicílio do réu. No caso, a ré é pessoa jurídica, de modo que deve ser demandada onde tem sua sede, conforme previsão do art. 94 c/c art. 100, IV, "a", do Código de Processo Civil de 1973. 3. O pedido cumulado de indenização, quando mediato e dependente do reconhecimento do pedido antecedente, não afasta a regra geral de competência do foro do domicílio do réu. 4. No caso, o pedido principal - de cujo acolhimento depende o deferimento de todos os outros -, a definir a competência para o processo e julgamento do feito, é o pedido de declaração da autoria da obra que estaria sendo utilizada pela recorrente. Não há definição da autoria do manual eletrônico veiculado pela recorrente em seus aparelhos, nem se pode presumir que se trata da mesma obra cuja paternidade é vindicada pelo recorrido, sendo precisamente este o cerne da controvérsia a ser dirimida pelo juízo competente. 5. Recurso especial a que se dá provimento. (STJ; REsp 1138522/SP; Segunda Turma; Rel. Min. Maria Isabel Gallotti; Julg. 08/02/2017; DJe 13/03/2017).

<u>A execução fiscal deve ser ajuizada no domicílio do réu.</u>

✓ CONFLITO NEGATIVO DE COMPETÊNCIA. JUÍZOS FEDERAIS DE SUBSEÇÕES DISTINTAS. EXECUÇÃO FISCAL. DOMICÍLIO DO RÉU. ART. 46, §5º, CPC/2015. REPRESENTANTE LEGAL QUE NÃO É RÉU NA EXECUÇÃO. INEXISTÊNCIA DE JUSTIFICATIVA LEGAL PARA O DECLÍNIO DA COMPETÊNCIA. 1- Trata-se de conflito negativo de competência suscitado pelo juízo federal do rio de janeiro em face do juízo federal de São Pedro da aldeia, que declinou da competência para julgar execução fiscal em face de devedor cujo real domicílio fiscal seria o do seu representante legal, situado naquele município. 2- nos termos do art. 46, §5º, do CPC/2015, a execução fiscal deve ser ajuizada no domicílio do réu, sendo que no caso em tela o domicílio da empresa executada indicado perante a receita federal encontra- se em município abrangido pela jurisdição da subseção judiciária de São Pedro da aldeia. 3- o representante legal da executada, domiciliado no rio de janeiro, não é réu na execução fiscal, inexistindo justificativa legal para a remessa dos autos da execução ao foro do seu domicílio. 4- o fato do domicílio cadastrado ser utilizado apenas formalmente, para fins de obter incentivos fiscais, não tem o condão de alterar a competência para julgar a execução fiscal originária que, nos termos do art. 46, §5º, do CPC/2015, foi ajuizada perante o juízo competente. 5- precedente desta e. corte em caso análogo: trf2, cc 201500000134461, quarta turma especializada, rel. des. fed. Luiz Antônio soares, e-djf2r 09/05/2016. 6- conflito de competência conhecido, declarando-se competente o mm juízo da 1ª vara federal de são Pedro da aldeia. (TRF 2ª R.; CC 0011829-87.2017.4.02.0000; Terceira Turma Especializada; Rel. Des. Fed. Marcus Abraham; DEJF 23/11/2017)

<u>Natureza relativa da regra de competência territorial prevista no art. 46 do CPC/2015.</u>

✓ DIREITO CIVIL E PROCESSUAL CIVIL. APELAÇÃO. AÇÃO DE ARBITRAMENTO DE ALUGUEL. IMÓVEL PARTILHADO EM DIVÓRCIO. CONDOMÍNIO. OCUPAÇÃO PELA EX-ESPOSA. PRELIMINARES. INCOMPETÊNCIA DO JUÍZO. NULIDADE DA SENTENÇA PELA FALTA DE REALIZAÇÃO DE AUDIÊNCIA DE CONCILIAÇÃO. REJEIÇÃO. PEDIDO DE REDUÇÃO DO VALOR ARBITRADO AO ALUGUEL. RECURSO IMPROVIDO. 1. Apelação contra sentença proferida em ação de arbitramento de aluguel de imóvel comum, partilhado em divórcio, ocupado pela ex-esposa. 2. É de natureza relativa a regra de competência territorial prevista no art. 94 do CPC/73, repetida no art. 46 do NCPC, assim redigido a ação fundada em direito pessoal ou em direito real sobre bens móveis será proposta, em regra, no foro de domicílio do réu. 2.1. Prorroga-se a competência relativa quando o réu não suscita a incompetência do juízo no momento processual oportuno, seja por meio de exceção declinatória (se aplicável o art. 114 do CPC/73), ou de preliminar em contestação (se aplicável o 65 do NCPC). 2.2. Na hipótese, a parte, regularmente citada, não contestou e foi considerada revel, tendo arguido a incompetência apenas em sede de apelação, quando já preclusa a matéria. 2.3. Preliminar rejeitada. 3. Proposta a demanda na vigência do CPC/73, não é nulo o ato do juiz que dispensa a realização de audiência de conciliação, por não vislumbrar a probabilidade de efetivação da autocomposição (art. 331, § 3º, CPC/73), sobretudo quando não há qualquer prejuízo às partes, que podem, a qualquer tempo, celebrar acordo. 3.1. Jurisprudência: A designação de audiência prévia de conciliação não é obrigatória. O art. 331, § 3º, do CPC, prevê expressamente hipóteses em que a audiência de conciliação pode ser dispensada pelo magistrado, revelando inexistir obrigatoriedade de sua concretização. (20150110943465APC, Relator: Romulo de Araujo Mendes 1ª Turma Cível, DJE: 27/01/2017). 4. A ex-esposa que ocupa bem comum, partilhado em ação de divórcio, deve pagar alugueis mensais ao ex-marido, condômino que não usufrui o bem. 4.1. O pedido tem apoio no art. 1.319 do Código Civil, segundo o qual cada condômino responde aos outros pelos frutos que percebeu da coisa e pelo dano que lhe causou. 4.2. O laudo de avaliação do imóvel, produzido por oficial de justiça, que estimou aluguel em R$880,00 prevalece sobre a simples alegação da parte requerida, sem qualquer embasamento, de que não tem condições de pagar mais do que R$100,00 por mês ao ex-cônjuge. 5. Recurso improvido. (TJDF; APC 2015.09.1.025229-0; Ac. 106.2292; Segunda Turma Cível; Rel. Des. João Egmont; Julg. 22/11/2017; DJDFTE 28/11/2017)

Art. 47. Para as ações fundadas em direito real sobre imóveis é competente o foro de situação da coisa.

→ *v.* Arts. 62, 63, 569 a 573 do NCPC.

§ 1º O autor pode optar pelo foro de domicílio do réu ou pelo foro de eleição se o litígio não recair sobre direito de propriedade, vizinhança, servidão, divisão e demarcação de terras e de nunciação de obra nova.

→ v. Súmula 218 do STF.
→ v. Súmulas 11 e 238 do STJ.
→ v. Art. 500 do CC/2002.
→ v. Art. 934 do CPC/1973.

§ 2º A ação possessória imobiliária será proposta no foro de situação da coisa, cujo juízo tem competência absoluta.

→ v. Arts 62, 63 e 554 e ss. do NCPC.

É absoluta a competência para as ações fundadas em direito real sobre bem imóvel.

✓ PROCESSUAL CIVIL. CONFLITO NEGATIVO DE COMPETÊNCIA. AÇÃO DE NUNCIAÇÃO DE OBRA NOVA. MUNICÍPIO ONDE SE LOCALIZA O IMÓVEL. COMPETÊNCIA ABSOLUTA. COMPETÊNCIA DO JUÍZO DA 1ª VARA FEDERAL DE DUQUE DE CAXIAS. JUÍZO ESTRANHO AO CONFLITO. 1. Conflito Negativo de Competência suscitado pelo Juízo da 2ª Vara Federal de Duque de Caxias em face do Juízo da 5ª Vara Federal de São João de Meriti. 2. Na origem, trata-se de ação de nunciação de obra nova referente à construção de Projeto Minha Casa Minha vida em terreno situado no Município de Belford Roxo. 3. Proposta a demanda, foi o feito distribuído inicialmente à 1ª Vara Federal de Duque de Caxias, que declinou de sua competência a uma das Varas Federais de São João de Meriti, que, à época, detinha competência sobre o Município de Belford Roxo, tendo o feito sido distribuído à 3ª Vara Federal de São João de Meriti. 4. Com a modificação da competência das Varas de São João de Meriti, os autos foram redistribuídos à 5ª Vara Federal de São João de Meriti/RJ, que declinou de sua competência, remetendo os autos a uma das Varas Federais de Duque de Caxias, com fundamento no artigo 47, parágrafo segundo do CPC/2015, tendo em vista tratar-se de demanda imobiliária, que deve ser proposta no foro de situação da coisa. Aduz que a Resolução TRF2-RSP-2016/00021, de 08/07/2016, passou a determinar que a subseção de Duque de Caxias abrange os municípios de Duque de Caxias e Belford Roxo, município onde se situa o imóvel. 5. Foram os autos redistribuídos à 2ª Vara Federal de Duque de Caxias, que suscita o presente Conflito Negativo de Competência, com fundamento no artigo 43 do CPC/2015, que prevê que a competência se determina no momento do registro ou da distribuição da inicial. 6. O artigo 47 do CPC/2015 estabelece a competência do Juízo do foro da situação do imóvel para julgamento da ação real imobiliária. 7. O Superior Tribunal de Justiça possui entendimento de que "a competência para as ações fundadas em direito real sobre bem imóvel é absoluta, da situação da coisa, porquanto regida pelo princípio forum rei sitae ". (REsp 1193670/MG; Terceira Turma; Rel. Min. Ricardo Villas Boas Cueva; DJe 09/02/2015) 8. Tratando-se de hipótese de competência absoluta, não se aplica o princípio da perpetuatio jurisdictionis, mesmo diante da Resolução TRF2-RSP-2016/00021. 9. No presente caso verifica-se que o feito havia sido distribuído inicialmente à 1ª Vara Federal de Duque de Caxias, de forma que, dentro da competência absoluta da Subseção Judiciária de Duque de Caxias, o Juízo da 1ª Vara Federal é prevento em relação ao Juízo da 2ª Vara Federal. 10. De acordo com a jurisprudência do Superior Tribunal de Justiça, é possível a declaração de competência de Juízo estranho ao conflito. (CC 145.424/SP; Terceira Seção; Rel. Min. Ribeiro Dantas; DJe 26/04/2016) e (CC 142.934/PR; Terceira Seção; Rel. Min. Nefi Cordeiro; DJe 30/11/2015) 11. Conflito Negativo de Competência conhecido para declarar a competência do Juízo da 1ª Vara Federal de Duque de Caxias/RJ, Juízo estranho ao conflito. (TRF 2ª R.; CC 0006921-84.2017.4.02.0000; Sexta Turma Especializada; Rel. Des. Fed. Reis Friede; DEJF 28/11/2017)

Em contratos de mútuo habitacional, a cláusula relativa ao foro de eleição não será considerada válida se gerar prejuízos ao mutuário.

✓ PROCESSUAL CIVIL. CONFLITO NEGATIVO DE COMPETÊNCIA. CONTRATO DE MÚTUO HABITACIONAL. FORO DE ELEIÇÃO, DA SITUAÇÃO DO IMÓVEL E DOMICÍLIO DOS MUTUÁRIOS. CÓDIGO DE PROCESSO CIVIL DE 2015, ART. 47. COMPETÊNCIA DO SUSCITANTE. 1. Nos termos do art. 47 do Código de Processo Civil de 2015, "para as ações fundadas em direito real sobre imóveis é competente o foro de situação da coisa", sendo que, nos termos do § 1º do mesmo dispositivo, "o autor pode optar pelo foro de domicílio do réu ou pelo foro de eleição se o litígio não recair sobre direito de propriedade, vizinhança, servidão, divisão e demarcação de terras e de nunciação de obra nova". 2. "Este Tribunal firmou entendimento de que a cláusula relativa ao foro de eleição prevista nos contratos de mútuo habitacional somente não será considerada válida nos casos em que implicar prejuízos ao mutuário" Precedentes. 3. Na hipótese, observa-se que o imóvel objeto do contrato situa-se no Município de Lavras (MG), sede de Subseção Judiciária, mesmo local eleito no contrato como foro competente, além de ser o domicílio dos mutuários. 4. Conflito conhecido para declarar competente o Juízo Federal da Subseção Judiciária de Lavras (MG), suscitante. (TRF 1ª R.; CC 0049640-45.2016.4.01.0000; Terceira Seção; Rel. Des. Fed. Daniel Paes Ribeiro; DJF1 15/09/2017)

Art. 48. O foro de domicílio do autor da herança, no Brasil, é o competente para o inventário, a partilha, a arrecadação, o cumprimento de disposições de última vontade, a impugnação ou anulação de partilha extrajudicial e para todas as ações em que o espólio for réu, ainda que o óbito tenha ocorrido no estrangeiro.

→ v. Arts. 70 a 78 do CC/2002.

→ v. Art. 23, II, 627 a 690 e 752 a 754 do NCPC.

Parágrafo único. Se o autor da herança não possuía domicílio certo, é competente:

I – o foro de situação dos bens imóveis;

II – havendo bens imóveis em foros diferentes, qualquer destes;

III – não havendo bens imóveis, o foro do local de qualquer dos bens do espólio.

Competência para o inventário: último domicílio do autor da herança e, subsidiariamente, situação dos bens.

✓ AGRAVO INTERNO EM CONFLITO POSITIVO DE COMPETÊNCIA. DIREITO DE FAMÍLIA. SUCESSÃO. INVENTÁRIO. DOMICÍLIO DO AUTOR DA HERANÇA. SITUAÇÃO DOS BENS. ARTS. 96 do CPC/1973 e 48 do CPC/2015. 1. Conflito de competência suscitado sob a égide do Código de Processo Civil de 1973. 2. A competência para o inventário é definida em razão do domicílio do autor da herança, e, subsidiariamente, da situação dos bens, caso não possua domicílio certo. 3. Na hipótese, as declarações de renda do falecido, o contrato de locação firmado antes de sua morte, a origem de sua carteira de habilitação e o fato de a quase totalidade de bens do autor da herança encontrarem-se localizados no Rio de Janeiro comprovam a referida cidade como seu último domicílio. 4. Agravo interno não provido (STJ; AgInt no CC 147.082/RJ; Segunda Seção; Rel. Min. Ricardo Villas Bôas Cueva; Julg. 25/10/2017; DJe 31/10/2017)

Incompetência para julgar ação de inventário e partilha só poderá ser arguida pelos sujeitos passivos ou pelo Ministério Público.

✓ AGRAVO DE INSTRUMENTO. CIVIL. PROCESSO CIVIL. SUCESSÕES. INVENTÁRIO E PARTILHA. COMPETÊNCIA. ÚLTIMO DOMICÍLIO DO AUTOR DA HERANÇA. ARTIGO 48 DO CÓDIGO DE PROCESSO CIVIL. ARGUIÇÃO DE INCOMPETÊNCIA. MINISTÉRIO PÚBLICO. PREVISÃO LEGAL. AGRAVO DESPROVIDO. 1. Segundo a regra de competência disposta no artigo 48 do Código de Processo Civil, a Ação de Inventário e Partilha será processada no local do último domicílio do autor da herança. A situação dos bens só será utilizada como parâmetro de fixação em caso de domicílio incerto. 2. Por se tratar de competência territorial e, portanto, relativa, a incompetência para julgar a Ação de Inventário e de Partilha só poderá ser arguida pelos sujeitos passivos do processo ou pelo Ministério Público, na qualidade de fiscal da Lei, nos termos do artigo 65, do Código de Processo Civil. 3. Agravo de Instrumento conhecido, mas desprovido. (TJDF; Proc. 0706.98.4.942017-8070000; Ac. 105.2400; Oitava Turma Cível; Rel. Des. Eustáquio de Castro; Julg. 06/10/2017; DJDFTE 16/10/2017)

Autora da herança casada com inventariante domiciliado no Brasil, supondo-se a coabitação: princípio da boa-fé.

✓ CONFLITO NEGATIVO DE COMPETÊNCIA. INVENTÁRIO DE ESTRANGEIRO. AJUIZAMENTO DA DEMANDA PERANTE O ÚLTIMO DOMICÍLIODO DE CUJUS. Remessa do feito com base no disposto no art. 48, parágrafo único, do CPC ao palio de dúvidas quanto ao seu domicílio no Brasil. Impossibilidade. Apontamento constante na Certidão de Óbito que não tem o condão para rechaçar alegado domicilio da falecida no Brasil. Autora da herança casada com inventariante domiciliado no Brasil, cuja coabitação há de se supor. Princípio da boa-fé a se admitir verdadeira a declaração dos inventariantes. Conflito acolhido. Competente o suscitante (1ª Vara de Família e Sucessões do Foro Regional do Butantã). (TJSP; CC 0022165-51.2017.8.26.0000; Ac. 10594614; São Paulo; Câmara Especial; Rel. Des. Renato Genzani Filho; Julg. 10/07/2017; DJESP 18/08/2017; Pág. 2759)

Art. 49. A ação em que o ausente for réu será proposta no foro de seu último domicílio, também competente para a arrecadação, o inventário, a partilha e o cumprimento de disposições testamentárias.

→ v. Arts. 22 e ss do CC/2002.

→ v. Art. 610 e ss., 744 e 745 do NCPC.

Em regra, ação declaratória de ausência deve ser ajuizada no último domicílio do ausente; no entanto, por se tratar de norma de competência territorial de natureza relativa, não é possível sua declinação de ofício, conforme dispõe a Súmula 33 do STJ.

✓ STJ, CONFLITO DE COMPETÊNCIA Nº 147.689 – RN (2016/0189210-6) RELATOR: MINISTRO ANTONIO CARLOS FERREIRA (...) Na espécie, a demanda foi ajuizada no foro baiano, o qual declinou de sua competência alegando que o último domicílio da suposta ausente seria a comarca de Natal/RN. Conforme a jurisprudência desta Corte Superior, o foro do último domicílio do ausente, na ação que pleiteia a referida declaração, detém competência que pode ser modificada em favor do domicílio do autor, sendo, portanto, relativa, **in verbis**:

✓ "PROCESSUAL CIVIL. CONFLITO DE COMPETÊNCIA. AÇÃO DE DECLARAÇÃO DE AUSÊNCIA. DOMICÍLIO DO AUSENTE. INCERTEZA. ART. 94, § 2º, DO CPC. DOMICÍLIO DAS AUTORAS. FORO COMPETENTE. 1. As ações em que o ausente figurar como réu serão processadas perante o juízo do seu último domicílio, nos termos do art. 97 do CPC. 2. Sendo este, entretanto, incerto, aplica-se o disposto no art. 94, § 2º, do CPC, que prevê seja o ausente demandado no local em que se encontrar ou no foro do domicílio do autor. 3. Conflito de competência conhecido para fixar a competência do Juízo de Direito da 1ª Vara de Família e Sucessões de Goiânia-GO." (CC 139.482; MG; Segunda Seção; Rel. Min. Moura Ribeiro; Julg. 27/05/2015; DJe 02/06/2015.) Ante o relativo dessa espécie de competência, não pode o juízo excepcioná-la sem a devida provocação do réu, nos termos da Súmula n. 33 do STJ: "a incompetência relativa não pode ser declarada de ofício" (Súmula n. 33, CORTE ESPECIAL; Julg. 24/10/1991, DJ 29/10/1991, p. 15312). Nesse sentido, o parecer do Ministério Público (e-STJ fl. 39): "O art. 49 do NCPC disciplina o foro competente para o julgamento das ações declaratórias de ausência, nos seguintes termos: A ação em que o ausente for réu será proposta no foro de seu último domicílio, também competente para a arrecadação, o inventário, a partilha e o cumprimento de disposições testamentárias. Assim, via de regra, a ação declaratória de ausência deve ser ajuizada no último domicílio ausente. Porém, como bem pontuado pelo juízo suscitante, trata-se norma de competência territorial de natureza relativa, não sendo possível sua declinação de ofício nos termos da Súmula 33 dessa Egrégia Corte Superior de Justiça: 'a incompetência relativa não pode ser declarada de ofício'." Além disso, em caso semelhante ao dos autos, a seguinte decisão monocrática: CC n. 143.034/SP, Relator Ministro Ricardo Villas Bôas Cueva, publicada em 27/11/2015. Diante do exposto, CONHEÇO do presente conflito negativo de competência, para DECLARAR COMPETENTE o JUÍZO DE DIREITO DA 5ª VARA DE FAMÍLIA, SUCESSÕES, ÓRFÃOS, INTERDITOS E AUSENTES DE SALVADOR/BA. Publique-se e intimem-se. Brasília (DF), 09 de dezembro de 2016.

Art. 50. A ação em que o incapaz for réu será proposta no foro de domicílio de seu representante ou assistente.

→ *v.* Arts. 3º e 4º do CC/2002.

A competência para processar e julgar ações conexas de interesse de menor é, em princípio, do foro do domicílio do detentor de sua guarda.

✓ PROCESSUAL CIVIL. AGRAVO INTERNO NO CONFLITO DE COMPETÊNCIA. RECURSO MANEJADO SOB A ÉGIDE DO NCPC. AÇÃO DE GUARDA DE MENOR INCAPAZ. SÚMULA Nº 383 DO STJ. AGRAVO NÃO PROVIDO. 1. Aplicabilidade do NCPC a este recurso ante os termos do Enunciado Administrativo nº 3 aprovado pelo Plenário do STJ na sessão de 9/3/2016: Aos recursos interpostos com fundamento no CPC/2015 (relativos a decisões publicadas a partir de 18 de março de 2016) serão exigidos os requisitos de admissibilidade recursal na forma do novo CPC. 2. A competência para processar e julgar ações conexas de interesse de menor é, em princípio, do foro do domicílio do detentor de sua guarda (Súmula nº 383 do STJ). 3. A guarda provisória da menor foi deferida ao seu genitor, cujo domicílio é o foro competente para processar e julgar as demais ações a ela relacionadas. 4. Agravo interno não provido (STJ; AgInt no CC 145.250/PE; Segunda Seção; Rel. Min. Moura Ribeiro; Julg. 14/12/2016; DJe 19/12/2016)

Distribuída a ação antes da instalação de vara no foro de domicílio do réu, firma-se a competência em favor do juízo originário; não pode o juiz, de ofício, declinar da competência para a circunscrição do domicílio do representante do incapaz.

✓ CONFLITO DE COMPETÊNCIA. COMPETÊNCIA TERRITORIAL. PRERROGATIVA DE FORO. DECLINAÇÃO DE OFÍCIO. 1. Há perpetuação da jurisdição no momento da propositura da ação (CPC, art. 43). Distribuída a ação antes da instalação de vara no foro de domicílio do réu, firma-se a competência em favor do juízo originário. 2. Tratando-se de competência territorial, relativa, ao juiz não é dado declinar, de ofício, da competência para a circunscrição do domicílio do representante do incapaz. 3. Conflito de competência conhecido para declarar competente o juízo suscitado. Juízo de Direito da 3ª Vara de Família e de Órfãos e Sucessões de Taguatinga-DF. (TJDF; CCP 2016.00.2.017194-3; Ac. 955.364; Segunda Câmara Cível; Rel. Des. Jair Soares; Julg. 18/07/2016; DJDFTE 22/07/2016)

Art. 51. É competente o foro de domicílio do réu para as causas em que seja autora a União.

Parágrafo único. Se a União for a demandada, a ação poderá ser proposta no foro de domicílio do autor, no de ocorrência do ato ou fato que originou a demanda, no de situação da coisa ou no Distrito Federal.

→ *v.* Súmula 206 do STJ.

→ *v.* Art. 109, § 1º, da CF/1988.

As causas ajuizadas contra a União poderão, de acordo com a opção do autor, ser aforadas perante os juízos indicados no art. 109, § 2º da CF.

✓ PROCESSUAL CIVIL. AGRAVO INTERNO NO CONFLITO DE COMPETÊNCIA. ENUNCIADO ADMINISTRATIVO 3/STJ. MANDADO DE SEGURANÇA. UNIÃO. AÇÃO PROPOSTA NO FORO DO DOMICÍLIO DO AUTOR. OBSERVÂNCIA DA NORMA PREVISTA NO ARTIGO 109, § 2º, DA CONSTITUIÇÃO FEDERAL. AGRAVO INTERNO NÃO PROVIDO. 1. Inicialmente é necessário consignar que o presente recurso atrai a incidência do Enunciado Administrativo n. 3/STJ: "Aos recursos interpostos com fundamento no CPC/2015 (relativos a decisões publicadas a partir de 18 de março de 2016) serão exigidos os requisitos de admissibilidade recursal na forma do novo CPC". 2. O § 2º do art. 109 da Constituição Federal descreve que "as causas intentadas contra a União poderão ser aforadas na seção judiciária em que for domiciliado o autor, naquela onde houver ocorrido o ato ou fato que deu origem à demanda ou onde esteja situada a coisa, ou, ainda, no Distrito Federal". 3. Nesse ponto, constata-se que as causas intentadas contra a União poderão, de acordo com a opção do autor, ser aforadas perante os juízos indicados no art. 109, § 2º, da Lei Maior. O ordenamento constitucional, neste aspecto, objetiva facilitar o acesso ao Poder Judiciário da parte quando litiga contra a União, sendo este entendimento aplicável às autarquias federais. 4. No mesmo sentido: AgInt no CC 144.407/DF, Primeira Seção, de minha relatoria; DJe 19/09/2017. 5. Agravo interno não provido (STJ; AgInt no CC 149.881/DF; Primeira Seção; Rel. Min. Mauro Campbell Marques; Julg. 25/10/2017; DJe 30/10/2017)

Possibilidades de eleição de foro para a propositura de ações contra a União: parágrafo único do art. 51, do CPC/2015.

✓ CONFLITO NEGATIVO DE COMPETÊNCIA. Ação de indenização por danos materiais e morais proposta contra empresa pública federal. Domicílio necessário de servidor público. Art. 76 do CC. Regra legal que não impede a existência de domicílio voluntário. Sendo a união a parte demandada a ação poderá ser proposta na seção judiciária em que for domiciliado o autor, naquela onde houver ocorrido o ato ou fato que deu origem à demanda ou onde estiver situada a coisa, ou, ainda, no Distrito Federal. Art. 109, § 2º, da CF e no art. 51, parágrafo único, do CPC/2015. Competência do juízo suscitado. (STJ; CC 147.168; Proc. 2016/0160088-2; BA; Segunda Seção; Rel. Min. Marco Aurélio Bellizze; DJE 04/10/2017)

Possibilidade de eleição do domicilio do autor para a impetração de mandado de segurança contra ato de ente da União.

✓ CONFLITO DE COMPETÊNCIA. ADMINISTRATIVO. MANDADO DE SEGURANÇA CONTRA ATO DE PRESIDENTE DE AUTARQUIA FEDERAL. EXAME NACIONAL DO ENSINO MÉDIO (ENEM). INSCRIÇÃO. ANTINOMIA ENTRE A COMPETÊNCIA DEFINIDA EM RAZÃO DA SEDE FUNCIONAL DA AUTORIDADE APONTADA COMO COATORA E A OPÇÃO PREVISTA PELO CONSTITUINTE EM RELAÇÃO AO FORO DO DOMICÍLIO DO AUTOR. ART. 109, § 2º, DA CF. PREVALÊNCIA DESTE ÚLTIMO. PRECEDENTES DO STJ EM DECISÕES MONOCRÁTICAS. CONFLITO DE COMPETÊNCIA CONHECIDO PARA DECLARAR A COMPETÊNCIA DO JUÍZO FEDERAL DO DOMICÍLIO DA PARTE IMPETRANTE. I – Conflito de competência conhecido para declarar competente o juízo federal do domicílio da parte impetrante. II – A competência para conhecer do mandado de segurança é absoluta e, de forma geral, define-se de acordo com a categoria da autoridade coatora e pela sua sede funcional. III – Todavia, considerando a jurisprudência do Supremo Tribunal Federal no sentido de que, nas causas aforadas contra a União, pode-se eleger a seção judiciária do domicílio do autor (RE 627.709/DF), esta Corte de Justiça, em uma evolução de seu entendimento jurisprudencial, vem se manifestando sobre a matéria no mesmo sentido. Precedentes em decisões monocráticas: CC 137.408/DF, Rel. Min. Benedito Gonçalves, DJE 13.3.2015; CC 145.758/DF, Rel. Min. Mauro Campbell Marques, DJE 30.3.2016; CC 137.249/DF, Rel. Min. Sérgio Kukina, DJE 17.3.2016; CC 143.836/DF, Rel. Min. Humberto Martins, DJE 9.12.2015; e, CC n. 150.371/DF, Rel. Min. Napoleão Nunes Maia Filho; DJe 7/2/2017. IV – Agravo interno improvido (STJ; AgInt no CC 150.269/AL; Primeira Seção; Rel. Min. Francisco Falcão; Julg. 14/06/2017; DJe 22/06/2017).

Art. 52. É competente o foro de domicílio do réu para as causas em que seja autor Estado ou o Distrito Federal.

Parágrafo único. Se Estado ou o Distrito Federal for o demandado, a ação poderá ser proposta no foro de domicílio do autor, no de ocorrência do ato ou fato que originou a demanda, no de situação da coisa ou na capital do respectivo ente federado.

Competência prevista no art. 52 do CPC/2015 é territorial e, portanto, relativa.

✓ STJ, CONFLITO DE COMPETÊNCIA Nº 155.077 – SP (2017/0272740-1) (...) Inicialmente, acentuo que o Conflito comporta conhecimento porquanto se trata de controvérsia instaurada entre Juízes vinculados a Tribunais distintos, consoante o disposto no art. 105, I, d, da Magna Carta. De acordo com o parágrafo único do artigo 52 do CPC/15, na hipótese de ser demandado o Estado ou Distrito Federal, compreendidas as respectivas autarquias e fundações públicas, a ação poderá ser proposta no foro de domicílio do autor, no de ocorrência do ato ou fato que originou a demanda, no de situação da coisa ou na capital do respectivo ente federado. Confira-se: Art. 52. É competente o foro de domicílio do réu para as causas em que seja autor Estado ou o Distrito Federal. Parágrafo único. Se Estado ou o Distrito Federal for o demandado, a ação poderá ser proposta no foro de domicílio do autor, no de ocorrência do ato ou fato que originou a demanda, no de situação da coisa ou na capital do respectivo ente federado. Assim, cuida-se de hipótese de competência territorial e, portanto, relativa. Nesse contexto, a competência é do Juízo onde a ação foi proposta, ou seja, no Juízo de Direito da 1ª Vara Cível, Criminal e Execução Penal de Ouro Fino/MG. A propósito, confiram-se os seguintes precedentes: CONFLITO DE COMPETÊNCIA. EXECUÇÃO FISCAL. DOMICÍLIO DO DEVEDOR. COMPETÊNCIA TERRITORIAL. INCOMPETÊNCIA RELATIVA NÃO PODE SER DECLARADA DE OFICIO. SÚMULA 33/STJ. AUSÊNCIA DE EXCEÇÃO DE INCOMPETÊNCIA. SÚMULA 58/STJ. 1. O foro competente para o ajuizamento da execução fiscal será o domicílio do réu, consoante a disposição contida no artigo 578, caput, do Código de Processo Civil. Por se tratar de competência relativa, a competência territorial não pode ser declarada **ex officio** pelo Juízo. Esse entendimento se consolidou com a Súmula 33 do Superior tribunal de Justiça, **in verbis**: "A incompetência relativa não pode ser declarada de oficio." 2. Na hipótese de execução fiscal proposta fora do domicílio do devedor, compete exclusivamente ao executado se valer da exceção de incompetência, para afastar a competência de Juízo relativamente incompetente. 3. Ademais, a posterior mudança de domicílio do executado não influi para fins de alteração de competência, conforme teor da Súmula 58 do Superior Tribunal de Justiça, in verbis: "Proposta a execução fiscal, a posterior mudança de domicilio do executado não desloca a competência já fixada." 4. Conflito de competência conhecido para declarar a competência do Juízo Federal de Sinop - SJ/MT, o suscitado. (CC 101.222/PR, Ministro Benedito Gonçalves, DJe de 23.3.2009).

✓ PROCESSUAL CIVIL E TRIBUTÁRIO. EXECUÇÃO FISCAL PROPOSTA FORA DO DOMICÍLIO DO DEVEDOR. INCOMPETÊNCIA RELATIVA. IMPOSSIBILIDADE DE DECLINAÇÃO, EX OFFÍCIO, PELO MAGISTRADO. SÚMULA N. 33 DO STJ. PRECEDENTES. 1. O acórdão recorrido, ao reconhecer a possibilidade de declinação pelo magistrado, **ex officio**, de incompetência relativa - eis que a execução fiscal foi ajuizada fora do domicílio do devedor - acabou por contrariar a orientação desta Corte sobre o tema. É que, nos termos da Súmula n. 33/STJ, 'a incompetência relativa não pode ser declarada de ofício'. 2. Na hipótese de execução fiscal proposta fora do domicílio do devedor, compete exclusivamente ao executado se valer da exceção de incompetência para afastar a competência de Juízo relativamente incompetente. Nesse sentido: REsp 1.115.634/RS, DJe 19/08/2009; REsp n. 1.130.087/RS, DJe 31/08/2009. 3. Recurso especial provido. (REsp 1.206.499/SC, Ministro Mauro Campbell Marques, DJe 05.11.2010). Ante o exposto, conheço do presente conflito para declarar competente para a causa o Juízo de Direito da 1ª Vara Cível, Criminal e Execução Penal de Ouro Fino/MG. Publique-se. Intimem-se. Brasília (DF), 31 de outubro de 2017. Ministro FRANCISCO FALCÃO Relator.

Impossibilidade de aplicação da regra do art. 52, parágrafo único a municípios.

✓ AGRAVO DE INSTRUMENTO. DIREITO PROCESSUAL CIVIL. DECISÃO QUE DECLAROU DE OFÍCIO A INCOMPETÊNCIA DO JUÍZO A QUO PARA PROCESSAR E JULGAR AÇÃO AJUIZADA NA COMARCA DE FEIRA DE SANTANA, CONTRA OS ESTADOS DE SÃO PAULO E DO RIO DE JANEIRO E O MUNICÍPIO DE SÃO PAULO. Ação que visa primordialmente o fornecimento de tratamento de saúde pela rede pública, supostamente fornecido apenas pelos entes públicos acionados. Fundamento da decisão agravada na Lei de organização judiciária do estado. Competência de juízo que não se confunde com competência de foro. Impossibilidade de sobrepor à competência territorial fixada no CPC. Fixação da competência territorial que precede a determinação do juízo competente. Decisão que não se sustenta por seus próprios fundamentos. Causa de pedir recursal esteada no art. 52, parágrafo único do CPC. Dispositivo aplicável tão somente a estados e ao Distrito Federal. Impossibilidade de se impor a competência concorrente ali prevista aos municípios. Aplicabilidade aos referidos entes públicos da regra geral de territorialidade. Foro competente de domicílio do réu. Art. 46 do CPC. Argumentos recursais que não procedem para fins de fixar a competência no juízo de origem. Existência de error in procedendo na decisão agravada que declinou de ofício de competência territorial. Competência relativa que visa atender a interesses particulares e depende de provocação para reconhecimento pelo juízo. Município acionado que alegou incompetência relativa em sede de contrarrazões ao agravo. Decisão que não merece anulação. Vício convalidado no bojo do recurso. Aplicação dos princípios da duração razoável do processo e do corolário da celeridade. Inexistência de supressão de instância. Alegação de ilegitimidade passiva do município que se confunde com o mérito da ação. Não acolhimento e consequente ausência de óbice ao reconhecimento da incompetência relativa suscitada. Recurso conhecido e não provido. (TJBA; AI 0010053-69.2016.8.05.0000; Salvador; Primeira Câmara Cível; Relª Desª Pilar Celia Tobio de Claro; Julg. 20/03/2017; DJBA 27/03/2017; Pág. 145)

Art. 53. É competente o foro:

I – para a ação de divórcio, separação, anulação de casamento e reconhecimento ou dissolução de união estável:

a) de domicílio do guardião de filho incapaz;

b) do último domicílio do casal, caso não haja filho incapaz;

c) de domicílio do réu, se nenhuma das partes residir no antigo domicílio do casal;

→ *v.* Arts. 5º, I, e 226, da CF/1988.

II – de domicílio ou residência do alimentando, para a ação em que se pedem alimentos;

→ *v.* Art. 26 da Lei 5.478/1968.

→ *v.* Arts. 189, II, 215, II, 292, III, e 528 a 533 do NCPC.

III – do lugar:

a) onde está a sede, para a ação em que for ré pessoa jurídica;

→ *v.* Art. 75 do CC/2002.

b) onde se acha agência ou sucursal, quanto às obrigações que a pessoa jurídica contraiu;

c) onde exerce suas atividades, para a ação em que for ré sociedade ou associação sem personalidade jurídica;

→ v. Art. 75, IX, do NCPC.

d) onde a obrigação deve ser satisfeita, para a ação em que se lhe exigir o cumprimento;

→ v. Art. 540 do NCPC.

e) de residência do idoso, para a causa que verse sobre direito previsto no respectivo estatuto;

→ v. Art. 80 do Estatuto do Idoso.

f) da sede da serventia notarial ou de registro, para a ação de reparação de dano por ato praticado em razão do ofício;

→ v. Art. 57, § 3º, da Lei 6.015/1973.

→ v. Arts. 22 a 24 da Lei 8.935/1994.

IV – do lugar do ato ou fato para a ação:

a) de reparação de dano;

→ v. Art. 4º da Lei 9.099/1995.

b) em que for réu administrador ou gestor de negócios alheios;

→ v. Art. 665 do CC/2002.

V – de domicílio do autor ou do local do fato, para a ação de reparação de dano sofrido em razão de delito ou acidente de veículos, inclusive aeronaves.

<u>Reunião de causas conexas no juízo da sede da pessoa jurídica.</u>

✓ CONFLITO POSITIVO DE COMPETÊNCIA. CONFIGURAÇÃO. CONTROVÉRSIA ACERCA DA REUNIÃO DE PROCESSOS. CPC/2015, ARTIGOS 55, CAPUT E PARÁGRAFOS 1º E 3º, E 66, III. POSSIBILIDADE DE DECISÕES CONFLITANTES. CONEXÃO. CAUSA DE PEDIR E PEDIDOS COMUNS. COMPETÊNCIAS TERRITORIAIS DIVERSAS. PESSOA JURÍDICA RÉ. FORO DA SEDE. ART. 53, III, "A", DO CPC/2015. 1. Nos termos do art. 66, III, do CPC/2015, há conflito de competência quando existe, entre dois ou mais juízes, controvérsia acerca da reunião ou da separação de processos. 2. "Serão reunidos para julgamento conjunto os processos que possam gerar risco de prolação de decisões conflitantes ou contraditórias caso decididos separadamente, mesmo sem conexão entre eles" (art. 55, § 3º, do CPC/2015). Na espécie, acerca do mesmo evento, vários juízos estão proferindo decisões em processos diferentes e em sentidos diversos.3. Além disso, segundo o caput e o § 1º do art. 55 do CPC/2015, também serão reunidos, para decisão conjunta, os processos conexos, o que ocorre quando duas ou mais ações possuem pedido ou causa de pedir comuns. 4. As demandas ajuizadas em Careiro Castanho – AM (0000027-57.2017.04.3701), Madureira – RJ (0004747-71.2017.8.19 e 0005232-71.2017.8.19.0202) e uma das ações propostas em Corumbá de Goiás – GO (27625-85.2017.8.09.0034) são conexas, pois contêm a mesma causa de pedir e o mesmo pedido, consistentes na suposta irregularidade da candidatura do Sr. José Wellington da Costa Júnior, por alegada incompatibilidade, e no consequente pedido de exclusão. 5. Essas ações também são conexas com o feito processado na Comarca de Manaus – AM (0606086-54.2017.8.04.0001), por meio do qual, além da nulidade de outros registros eventualmente irregulares, também se busca a nulidade da mencionada candidatura com base na suposta incompatibilidade. 6. A demanda na capital amazonense, por sua vez, gera conexão com as ações propostas nas Comarcas de Peixe-Boi – PA (0000441-95.2017.8.14.0041), Carauari – AM (0000014-76.2017.8.04.3501), Juruá – AM (0000005-67.2017.8.04.5101) e Santo Antônio do Içá – AM (0000077.07.2017.8.04.6701), além da outra ação promovida na Comarca de Corumbá de Goiás – GO (52148-64.2017.8.09.0034), uma vez que todas almejam o cancelamento de inscrições de eleitores com fundamento na Resolução Eleitoral n. 001/2016 da Convenção. 7. Sendo conexas as causas, os processos devem ser reunidos para julgamento conjunto no juízo competente, o qual, tratando-se de ré pessoa jurídica, é aquele em que se localiza sua sede (art. 53, III, "a", do CPC/2015). Precedente: CC n. 132.402/SP, Relator Ministro SIDNEI BENETI, SEGUNDA SEÇÃO; Julg. 11/6/2014; DJe 1º/7/2014. 8. O conflito não merece conhecimento em relação aos feitos de n. 1006907-72.2017.8.26.0100 (Juízo da 13ª Vara Cível de São Paulo – SP), n. 0001215-57.2017.8.03.0001 (Juízo da 5ª Vara da Fazenda Pública do Macapá – AP) e n. 0000649-87.2017.8.19.0058 (Juízo da 2ª Vara da Comarca de Saquarema – RJ), pois foram extintos, em decorrência da homologação do pedido de desistência dessas ações. 9. Quanto ao processo de n. 0001141-07.2017.8.14.0030 (Juízo da Vara de Marapanim – PA), não há mais conflito sobre a reunião das demandas para julgamento conjunto, não sendo admissível o incidente, pois o Juízo declinou de sua competência em favor do foro de MADUREIRA – RJ, sede da pessoa jurídica ré. 10. O processo de n. 0001541-54.2017.8.14.0019, da Vara Única de Curuçá – PA, foi julgado extinto por ausência de recolhimento das custas, inexistindo conflito a ser dirimido em relação a tal demanda. 11. Conflito parcialmente conhecido para estabelecer a competência do Juízo de Direito da 1ª Vara Cível de Madureira – RJ. (STJ; CC 151.295; RJ; Segunda Seção; Rel. Min. Antonio Carlos Ferreira; Julg. 14/06/2017; DJe 22/06/2017)

<u>Acidente de veículo: locadoras de veículo não abrangidas pela prerrogativa de escolha de foro.</u>

✓ EMBARGOS DE DECLARAÇÃO. AGRAVO INTERNO. AGRAVO DE INSTRUMENTO CONTRA DECISÃO DENEGATÓRIA DE RECURSO ESPECIAL. EXCEÇÃO DE INCOMPETÊNCIA. AÇÃO DE REPARAÇÃO DE DANOS. ACIDENTE DE VEÍCULOS. FORO

DO DOMICÍLIO DO AUTOR OU DO LOCAL DO FATO. ESCOLHA QUE NÃO COMPETE À LOCADORA DE VEÍCULOS. 1. É competente o juízo do foro do domicílio do autor ou do local do fato para a ação de reparação de dano sofrido em razão de acidente de veículos. Isso porque a regra geral do foro do domicílio do réu não seria suficiente para atender às necessidades decorrentes de lides relacionadas aos acidentes de trânsito, dado que muitas vezes a vítima haveria de ajuizar a demanda em comarcas distantes de seu domicilio ou mesmo do local do fato. 2. As pessoas jurídicas locadoras de frotas de veículos não estão abrangidas pela prerrogativa legal de escolha do foro. Assim, não incide a regra do art. 100, V, parágrafo único, do Código de Processo Civil de 1973 – nem a do art. 53, V, do atual CPC – no caso de ação judicial movida pela locadora para reparação dos danos sofridos em acidente de trânsito no qual envolvido o locatário, ainda que o veículo seja de propriedade da locadora. 3. A escolha dada ao autor de ajuizar a ação de reparação de dano decorrente de acidente de veículos é exceção à regra geral de competência, definida pelo foro do domicílio do réu. Não se pode dar à exceção interpretação tão extensiva a ponto de subverter o escopo da regra legal, mormente quando importar em privilégio à pessoa jurídica cujo negócio é alugar veículos em todo território nacional em detrimento da defesa do réu pessoa física. 4. Hipótese em que ambos os envolvidos no acidente, possíveis vítimas – o locatário do veículo e o réu – têm domicílio no local onde ocorreu o acidente, comarca de Porto Alegre, não atendendo à finalidade da lei a tramitação da causa em Minas Gerais, sede da autora, empresa proprietária e locadora do veículo. 5. Embargos de declaração acolhidos. (STJ; EDcl no AgRg no Ag 1366967; MG; Quarta Turma; Rel. Min. Marco Buzzi, Rel. p/ Acórdão Min. Maria Isabel Gallotti; Julg. 27/04/2017; DJe 26/05/2017)

É relativa a natureza da regra do art. 53, II do CPC/2015, facultando-se ao alimentado litigar em foro diverso do seu domicílio.

✓ PROCESSUAL CIVIL. CONFLITO NEGATIVO DE COMPETÊNCIA. AÇÃO DE MODIFICAÇÃO DE ALIMENTOS. SUBMISSÃO À REGRA DO ART. 53, II, DO CPC. COMPETÊNCIA DE NATUREZA RELATIVA. DECLINAÇÃO DE COMPETÊNCIA SEM REQUERIMENTO DA PARTE RÉ. IMPOSSIBILIDADE. COMPETÊNCIA DO JUÍZO SUSCITADO. 1. Ajuizada a ação de modificação de alimentos em 10/01/2017, inaplicável as diretrizes normativas da Resolução n. 1, de 8 de janeiro de 2016, do Tribunal Pleno desta e. Corte de Justiça, que veda a redistribuição de processos protocolados antes da instalação das serventias judiciais da Circunscrição Judiciária de Águas Claras, ocorrida em abril de 2016. 2. O art. 53, II, do CPC estabelece que o foro competente para processar e julgar as ações alicerçadas em direito alimentar é o do domicílio ou residência do alimentando. Em que pese ser a regra de foro especial, sua natureza é relativa, o que faculta ao alimentado litigar na qualidade de réu em foro diverso do seu domicílio ou residência, caso não suscite preliminar de incompetência relativa na contestação, dando azo ao fenômeno da prorrogação de competência. 3. Conclusão diversa poderia ocorrer no cenário de ajuizamento da ação revisional de alimentos do alimentando residente em outro Estado, onde seria manifestamente prejudicial o exercício da ampla defesa da criança. No entanto, essa circunstância especial não se verifica no Distrito Federal, que, diversamente da demais unidades da Federação, não é dividido em comarcas, mas em circunscrições judiciárias próximas, como na exata hipótese de Taguatinga e Águas Claras. 4. Afigura-se desinfluente para o deslinde da controvérsia o fato de que, consoante consta na decisão declinatória, existir requerimento da parte autora para o processamento dos autos no ora Juízo Suscitante, porquanto a vontade do autor não pode suplantar a regra do juiz natural, notadamente a norma do art. 59 do CPC, o qual estatui que a distribuição torna prevento juízo. Mais, cabe ao réu, e não ao autor, alegar na contestação a incompetência do órgão jurisdicional, nos termos do art. 64 do CPC. 5. Conflito de competência conhecido. Declarado competente o Juízo Suscitado – 2ª Vara de Família, Órfãos e Sucessões de Taguatinga. (TJDF; Proc. 0708.68.1.532017-8070000; Ac. 104.9430; Segunda Câmara Cível; Relª Desª Sandra Reves; Julg. 26/09/2017; DJDFTE 10/10/2017)

Seção II
Da Modificação da Competência

Art. 54. A competência relativa poderá modificar-se pela conexão ou pela continência, observado o disposto nesta Seção.

→ *v.* Arts. 24, 65, 152, IV, **d** e 337, VIII, do NCPC.

Hipóteses de competência absoluta não são alteradas por continência ou conexão.

✓ CONFLITO DE COMPETÊNCIA. AÇÕES CIVIS PÚBLICAS. JUSTIÇA TRABALHISTA. JUSTIÇA FEDERAL. TUTELA DE INTERESSES DE CONSUMIDORES E DE TRABALHADORES. NÃO CARACTERIZAÇÃO DO CONFLITO. 1. O conflito positivo de competência ocorre quando dois ou mais Juízos se declararem competentes para apreciar a mesma causa, ou quando houver a prática de atos por ambos os Juízos, indicando que implicitamente se consideram competentes. 2. A Ação Civil Pública 0032200-52.2012.5.13.0002, em curso no TRT da 13ª Região, foi proposta por Sindicato, visando à segurança dos trabalhadores e higidez do ambiente de trabalho; enquanto a Ação Civil Pública 2008.82.00.007161-1, em curso no TRF da 5ª Região, foi proposta pelo Ministério Público Federal em defesa da segurança dos usuários dos serviços das agências postais. 3. Trata-se de hipóteses de competência – em razão da matéria e da pessoa, respectivamente – de natureza absoluta e, como tal, não sofrem alteração pela conexão ou continência, na forma do disposto nos artigos 54 e 62 do Código de Processo Civil/2015, razão pela qual não há como fazer, sem agredir frontalmente o princípio do juiz natural, com que apenas um único órgão jurisdicional se torne competente para julgar ambas as demandas. 4. Conforme reconhecido no seu memorial, a agravante demonstra que no âmbito de sua competência – "respectivamente, discussão da relação jurídica de proteção ao consumidor e de proteção de ambiente do trabalho" – ambos os órgãos jurisdicionais chegaram à mesma conclusão, inexistindo neste instante decisões conflitantes. A única divergência diz respeito ao momento do cumprimento "para a Justiça Federal somente após o trânsito em julgado e para a Justiça do Trabalho, eficácia imediata da sentença", situação que não se encontra no âmbito de definição do Conflito de Competência. 5. A questão veiculada no memorial relativa à inaplicabilidade da Lei 7.102/1983 aos correspondentes bancários diz respeito a matéria de fundo a ser debatida nas vias recursais adequadas, e não no presente Conflito de Competência. 6. Agravo Interno não provido. (STJ; AgInt no CC 131.257; PB; Primeira Seção; Rel. Min. Herman Benjamin; Julg. 26/10/2016; DJe 29/11/2016)

✓ PROCESSO CIVIL. EXECUÇÃO FISCAL. AÇÃO ANULATÓRIA DE DÉBITO FISCAL. CONEXÃO. REUNIÃO DOS PROCESSOS PARA JULGAMENTO SIMULTÂNEO. COMPETÊNCIA DO JUÍZO ONDE PROPOSTA A ANTERIOR EXECUÇÃO FISCAL. 1. É entendimento pacífico na jurisprudência pátria que, ajuizada ação anulatória com o fim de desconstituir crédito tributário já objeto de execução fiscal anteriormente ajuizada, a conexão deve ser reconhecida, impondo-se, em reverência aos princípios da segurança jurídica e da economia processual, bem como diante da prejudicialidade existente, a reunião dos processos para julgamento simultâneo, o que evita que sejam proferidas decisões inconciliáveis. 2. Ocorre que juízo de Vara Federal cível não tem competência para julgar execuções fiscais, uma vez que existe vara especializada para julgamento desta matéria. Trata-se, pois, de competência absoluta nos termos do art. 91 c/c art. 102 do CPC/1973 (correspondentes aos arts. 44 e 54 do CPC/15, respectivamente). Ou seja, como a competência das varas de execução fiscal é absoluta, por conta da especialidade da matéria discutida, a reunião da ação anulatória com a execução fiscal só é possível nestas varas especializadas. 3. Na hipótese, considerando (i) que a Execução Fiscal nº 0119093-31.2013.4.02.5101 (em trâmite na 2ª Vara Federal de Execução Fiscal do Rio de Janeiro) foi ajuizada anteriormente à propositura da Ação Anulatória nº 0030001-42.2013.4.02.5101 (em trâmite na 6ª Vara Federal do Rio de Janeiro); e (ii) que, nos termos da fundamentação supra, faz-se necessária a reunião dos feitos no Juízo da Vara Especializada, no caso, Juízo da 2ª Vara Federal de Execução Fiscal do Rio de Janeiro, a decisão agravada, proferida pelo Juízo 6ª Vara Federal do Rio de Janeiro nos autos da Ação Anulatória nº 0030001-42.2013.4.02.5101, deve ser declarada nula, a teor da regra inserta no art. 113, §2º, do CPC/73 (aplicável à época), vez que reconhecida a incompetência absoluta deste Juízo. 4. Agravo de instrumento da União Federal a que se dá provimento. (TRF 2ª R.; AI 0016470-60.2013.4.02.0000; Quarta Turma Especializada; Rel. Juiz Fed. Conv. Mauro Luís Rocha Lopes; DEJF 26/01/2017)

Art. 55. Reputam-se conexas 2 (duas) ou mais ações quando lhes for comum o pedido ou a causa de pedir.

→ *v.* Súmula 383 do STJ.

§ 1º Os processos de ações conexas serão reunidos para decisão conjunta, salvo se um deles já houver sido sentenciado.

→ *v.* Súmula 235 do STJ.

§ 2º Aplica-se o disposto no *caput*:

→ *v.* Enunciado 237 do FPPC: O rol do art. 55, § 2º, I e II, é exemplificativo.

I – à execução de título extrajudicial e à ação de conhecimento relativa ao mesmo ato jurídico;

II – às execuções fundadas no mesmo título executivo.

§ 3º Serão reunidos para julgamento conjunto os processos que possam gerar risco de prolação de decisões conflitantes ou contraditórias caso decididos separadamente, mesmo sem conexão entre eles.

Julgamento conjunto de usucapião e oposição.

✓ PROCESSUAL CIVIL E ADMINISTRATIVO. AÇÃO DE USUCAPIÃO. OPOSIÇÃO. NECESSIDADE DE JULGAMENTO CONJUNTO. RISCO DE DECISÕES CONTRADITÓRIAS. ART. 55, § 3º, DO CPC/2015. 1. Caso em que, em primeira instância, a Ação de Usucapião e subsequente Oposição foram apreciadas conjuntamente, tendo sido o julgamento cindido pelo Tribunal Regional Federal da 5ª Região, apreciando em acórdãos distintos a Ação de Usucapião, e, posteriormente, a Oposição. Interpostos Recursos Especiais contra os arestos, o recurso na Ação de Usucapião foi admitido (o que gerou o REsp 1.224.848/PE), ao passo que o no âmbito da Ação de Oposição foi inadmitido, o que culminou no presente Ag 1.423.000/PE. 2. O REsp 1.224.848/PE, referente ao acórdão que julgou a Ação de Usucapião, foi provido, determinando o retorno dos autos à Corte de origem, para novo julgamento dos Embargos de Declaração (processo com baixa definitiva). 3. O apelo da Oposição deve ser reunido para julgamento conjunto, conforme o disposto no art. 55, § 3º, do CPC/2015: "Serão reunidos para julgamento conjunto os processos que possam gerar risco de prolação de decisões conflitantes ou contraditórias caso decididos separadamente, mesmo sem conexão entre eles". O julgamento em separado das ações gera inconsistências, como admite a própria União em Questão de Ordem à fl. 444, e-STJ. Parecer do MPF no mesmo sentido (fl. 307). 4. Tendo em vista o provimento do REsp 1.224.848/PE, com determinação de retorno dos autos à origem, a presente Oposição também deve retornar, pois os processos devem ser julgados conjuntamente. 5. Agravo Interno não provido. (STJ; AgInt no AgInt no Ag 1423000/PE, Segunda Turma; Rel. Min. Herman Benjamin; Julg. 08/08/2017; DJe 12/09/2017)

Julgamento conjunto para evitar decisões conflitantes.

✓ CONFLITO POSITIVO DE COMPETÊNCIA. CONFIGURAÇÃO. CONTROVÉRSIA ACERCA DA REUNIÃO DE PROCESSOS. CPC/2015, ARTIGOS 55, CAPUT E PARÁGRAFOS 1º E 3º, E 66, III. POSSIBILIDADE DE DECISÕES CONFLITANTES. CONEXÃO. CAUSA DE PEDIR E PEDIDOS COMUNS. COMPETÊNCIAS TERRITORIAIS DIVERSAS. PESSOA JURÍDICA RÉ. FORO DA SEDE. ART. 53, III, "A", DO CPC/2015. 1. Nos termos do art. 66, III, do CPC/2015, há conflito de competência quando existe, entre dois ou mais juízes, controvérsia acerca da reunião ou da separação de processos. 2. "Serão reunidos para julgamento conjunto os processos que possam gerar risco de prolação de decisões conflitantes ou contraditórias caso decididos separadamente, mesmo sem conexão entre eles" (art. 55, § 3º, do CPC/2015). Na espécie, acerca do mesmo evento, vários juízos estão proferindo decisões em processos diferentes e em sentidos diversos. 3. Além disso, segundo o caput e o § 1º do art. 55 do CPC/2015, também serão reunidos, para decisão conjunta, os processos conexos, o que ocorre quando duas ou mais ações possuem pedido ou causa de pedir comuns. (...) 11. Conflito parcialmente conhecido para estabelecer a competência do Juízo de Direito da 1ª Vara Cível de Madureira - RJ. (STJ; CC 151.295/RJ; Segunda Seção; Rel. Min. Antonio Carlos Ferreira; Julg. 14/06/2017; DJe 22/06/2017)

Reunião de causas conexas no juízo da sede da pessoa jurídica.

✓ CONFLITO POSITIVO DE COMPETÊNCIA. CONFIGURAÇÃO. CONTROVÉRSIA ACERCA DA REUNIÃO DE PROCESSOS. CPC/2015, ARTIGOS 55, CAPUT E PARÁGRAFOS 1º E 3º, E 66, III. POSSIBILIDADE DE DECISÕES CONFLITANTES. CONEXÃO. CAUSA DE PEDIR E PEDIDOS COMUNS. COMPETÊNCIAS TERRITORIAIS DIVERSAS. PESSOA JURÍDICA RÉ. FORO DA SEDE. ART. 53, III, "A", DO CPC/2015. 1. Nos termos do art. 66, III, do CPC/2015, há conflito de competência quando existe, entre dois ou mais juízes, controvérsia acerca da reunião ou da separação de processos. 2. "Serão reunidos para julgamento conjunto os processos que possam gerar risco de prolação de decisões conflitantes ou contraditórias caso decididos separadamente, mesmo sem conexão entre eles" (art. 55, § 3º, do CPC/2015). Na espécie, acerca do mesmo evento, vários juízos estão proferindo decisões em processos diferentes e em sentidos diversos.3. Além disso, segundo o caput e o § 1º do art. 55 do CPC/2015, também serão reunidos, para decisão conjunta, os processos conexos, o que ocorre quando duas ou mais ações possuem pedido ou causa de pedir comuns. 4. As demandas ajuizadas em Careiro Castanho - AM (0000027-57.2017.04.3701), Madureira - RJ (0004747-71.2017.8.19 e 0005232-71.2017.8.19.0202) e uma das ações propostas em Corumbá de Goiás - GO (27625-85.2017.8.09.0034) são conexas, pois contêm a mesma causa de pedir e o mesmo pedido, consistentes na suposta irregularidade da candidatura do Sr. José Wellington da Costa Júnior, por alegada incompatibilidade, e na consequente pedido de exclusão. 5. Essas ações também são conexas com o feito processado na Comarca de Manaus - AM (0606086-54.2017.8.04.0001), por meio do qual, além da nulidade de outros registros eventualmente irregulares, também se busca a nulidade da mencionada candidatura com base na suposta incompatibilidade. 6. A demanda na capital amazonense, por sua vez, gera conexão com as ações propostas nas Comarcas de Peixe-Boi – PA (0000441-95.2017.8.14.0041), Carauari - AM (0000014-76.2017.8.04.3501), Juruá - AM (0000005-67.2017.8.04.5101) e Santo Antônio do Içá - AM (0000077.07.2017.8.04.6701), além da outra ação promovida na Comarca de Corumbá de Goiás - GO (52148-64.2017.8.09.0034), uma vez que todas almejam o cancelamento de inscrições de eleitores com fundamento na Resolução Eleitoral n. 001/2016 da Convenção. 7. Sendo conexas as causas, os processos devem ser reunidos para julgamento conjunto no juízo competente, o qual, tratando-se de ré pessoa jurídica, é aquele em que se localiza sua sede (art. 53, III, "a", do CPC/2015). Precedente: CC n. 132.402/SP, Relator Ministro Sidnei Beneti, Segunda Seção, julgado em 11/6/2014, DJe 1º/7/2014. 8. O conflito não merece conhecimento em relação aos feitos de n. 1006907-72.2017.8.26.0100 (Juízo da 13ª Vara Cível de São Paulo - SP), n. 0001215-57.2017.8.03.0001 (Juízo da 5ª Vara da Fazenda Pública do Macapá - AP) e n. 0000649-87.2017.8.19.0058 (Juízo da 2ª Vara da Comarca de Saquarema - RJ), pois foram extintos, em decorrência da homologação do pedido de desistência dessas ações. 9. Quanto ao processo de n. 0001141-07.2017.8.14.0030 (Juízo da Vara de Marapanim - PA), não há mais conflito sobre a reunião das demandas para julgamento conjunto, não sendo admissível o incidente, pois o Juízo declinou de sua competência em favor do foro de MADUREIRA - RJ, sede da pessoa jurídica ré. 10. O processo de n. 0001541-54.2017.8.14.0019, da Vara Única de Curuçá - PA, foi julgado extinto por ausência de recolhimento das custas, inexistindo conflito a ser dirimido em relação a tal demanda. 11. Conflito parcialmente conhecido para estabelecer a competência do Juízo de Direito da 1ª Vara Cível de Madureira - RJ. (STJ; CC 151.295/RJ; Segunda Seção; Rel. Min. Antonio Carlos Ferreira; Julg. 14/06/2017; DJe 22/06/2017)

Art. 56. Dá-se a continência entre 2 (duas) ou mais ações quando houver identidade quanto às partes e à causa de pedir, mas o pedido de uma, por ser mais amplo, abrange o das demais.

→ v. Art. 337, VIII, do NCPC.

Inexistindo relação de amplitude entre os pedidos, não já que se falar em continência.

✓ CONFLITO DE COMPETÊNCIA. Embargos à execução fiscal. Ação ordinária. Continência. Inexistência. Competência absoluta das varas especializadas. Impossibilidade de reunião dos feitos. 1- Trata-se de conflito negativo de competência suscitado pelo juízo da 11ª Vara Federal de execução fiscal do Rio de Janeiro em face do juízo da 20ª Vara Federal do Rio de Janeiro, que declinou da competência para processar e julgar ação ordinária ajuizada por Unisys Brasil Ltda. Em face da União Federal, por reconhecer a existência de continência entre esta demanda e embargos à execução fiscal em trâmite naquela vara. 2- nos termos do art. 56 do CPC/2015, "dá-se a continência entre 2 (duas) ou mais ações quando houver identidade quanto às partes e à causa de pedir, mas o pedido de uma, por ser mais amplo, abrange o das demais. " 3- no caso em tela, não há essa relação de amplitude entre um pedido e outro, tratando-se na verdade de demandas que visam objetivos distintos, possuindo assim pedidos diversos entre si. Enquanto que na ação ordinária visa-se à restituição do valor referente ao depósito recursal efetuado administrativamente, que foi convertido em pagamento e utilizado para quitação de créditos tributários relativos ao pis/cofins e parte do IRPJ do ano-calendário de 1999, cuja inexigibilidade também é objeto desta ação, nos embargos à execução pretende-se desconstituir os créditos tributários referentes à csll e parte do IRPJ do ano-calendário 1999, objeto da execução fiscal nº 0503330-90.2011.4.02.5101. 4- Além de inexistir continência, tampouco vislumbra-se conexão entre as referidas demandas, uma vez que inexiste relação de prejudicialidade entre elas a justificar a reunião do feito. Precedentes desta corte. 5- nos termos do art. 23 da resolução nº 24/2010 do trf- 2ª região, a competência das varas especializadas em execução fiscal se limita às execuções fiscais e ações de impugnação, tais como embargos à execução, embargos de terceiro e ação anulatória, bem como à ação cautelar que visa antecipar os efeitos que seriam obtidos com a penhora no executivo fiscal, que é acessória da futura execução fiscal. 6- assim, faleceria ao juízo suscitante competência material para julgar a ação originária, de modo que, ainda que fosse possível reconhecer a conexão entre as demandas, esta não implicaria na reunião dos feitos. Inteligência dos arts. 54 e 327, §1º, II, do CPC/2015. 7- Conflito de competência conhecido, declarando-se competente o MM juízo da 20ª Vara Federal do Rio de Janeiro, ora suscitado. (TRF 2ª R.; CC 0100572-10.2016.4.02.0000; Terceira Turma Especializada; Rel. Des. Fed. Marcus Abraham; DEJF 24/01/2017)

Quando as ações judiciais têm como objeto contratos distintos e não se comprovam os requisitos legais, não há conexão nem continência.

✓ AGRAVO DE INSTRUMENTO. CUMPRIMENTO DE SENTENÇA. CONTRATOS BANCÁRIOS. CONEXÃO E CONTINÊNCIA. TUTELA DE URGÊNCIA. DEPÓSITO EM CONTA CORRENTE. DEPÓSITO JUDICIAL DE VALORES. ARRESTO DETERMINADO EM OUTRO FEITO. 1. Tratando-se de ações judiciais que têm como objeto contratos distintos e não comprovada a presença dos requisitos previstos no artigo 55 ou no artigo 56 do CPC, não há como ser reconhecida conexão ou continência. 2. Ainda que os valores não tenham sido depositados diretamente na conta corrente, o depósito em conta judicial realizado seria suficiente para que os valores fossem colocados à disposição da autora, bastando, para tanto, a determinação de liberação de tais valores por parte do juízo. O que impediu a disponibilização dos valores à autora não foi o fato de tais valores terem sido depositados em conta judicial, mas sim a determinação de arresto oriunda de outra ação judicial. 3. Foi do juízo da execução que partiu a determinação de arresto dos valores e, por consequência, aquele juízo é o competente para decidir quanto a eventual excesso no arresto determinado. Caso pretenda a liberação dos valores, a insurgência da recorrente deve se dar em face da decisão que determinou o arresto, nos autos da ação respectiva. 4. Agravo de instrumento improvido. (TRF 4ª R.; AG 5038909-18.2016.404.0000; Quarta Turma; Rel. Des. Fed. Candido Alfredo Silva Leal Junior; Julg. 27/09/2017; DEJF 04/10/2017)

Havendo entre as duas ações identidade de partes e de causa de pedir, caracteriza-se a continência.

✓ APELAÇÃO CÍVEL. FAMÍLIA. AÇÃO DE RECONHECIMENTO E DISSOLUÇÃO DE UNIÃO ESTÁVEL CUMULADA COM PARTILHA DE BENS, GUARDA, REGULAMENTAÇÃO DE VISITAS E ALIMENTOS. EXISTÊNCIA DE AÇÃO POSTERIOR, COM PEDIDO DE RECONHECIMENTO E DISSOLUÇÃO DE UNIÃO ESTÁVEL CUMULADA COM PARTILHA DE VENS E ALIMENTOS, INTENTADA PELA PARTE ADVERSA. INOCORRÊNCIA DE LITISPENDÊNCIA. CONTINÊNCIA CARACTERIZADA. REUNIÃO DOS PROCESSOS. De acordo com o art. 337, § 1º e § 3º, do CPC, verifica-se a litispendência quando se reproduz ação anteriormente ajuizada, esclarecendo o § 2º do mesmo artigo que uma ação é idêntica a outra quando possuir tripla identidade: (1) as mesmas partes, (2) a mesma causa de pedir e o (3) mesmo pedido. Não havendo plena identidade de pedidos entre a presente ação e a ação intentada posteriormente pela parte ora demandada, não há falar em litispendência. Todavia, havendo entre as duas ações identidade de partes e de causa de pedir, caracteriza-se a continência, prevista no art. 56 do CPC, a ensejar a reunião de ambos os processos, conforme preconiza o art. 58 do CPC. Deram provimento. Unânime. (TJRS; AC 0214512-04.2017.8.21.7000; Quaraí; Oitava Câmara Cível; Rel. Des. Luiz Felipe Brasil Santos; Julg. 19/10/2017; DJERS 26/10/2017)

Art. 57. Quando houver continência e a ação continente tiver sido proposta anteriormente, no processo relativo à ação contida será proferida sentença sem resolução de mérito, caso contrário, as ações serão necessariamente reunidas.

→ *V.* Súmula 489 do STJ.

A disparidade do momento processual em que se encontra cada ação impõe a redução objetiva do âmbito cognoscível dos pedidos formulados na ação continente àqueles não deduzidos na ação contida.

✓ DIREITO PROCESSUAL CIVIL E TRIBUTÁRIO. IPI. REVENDA. CONTINÊNCIA. CONEXÃO. AÇÃO CONTIDA JÁ SENTENCIADA. SÚMULA Nº 235 DO SUPERIOR TRIBUNAL DE JUSTIÇA. COMPENSAÇÃO. INCERTEZA DO CRÉDITO. EMBARGOS DE DECLARAÇÃO. OMISSÃO E CONTRADIÇÃO INEXISTENTES. 1. São manifestamente improcedentes os presentes embargos de declaração, pois não se verifica qualquer omissão ou contradição no julgamento impugnado, mas mera contrariedade da embargante com a solução dada pela Turma, que, observou que "impende, por primeiro, o exame da matéria preliminar suscitada pela apelante, relativa à extensão da identidade entre o presente feito e o mandamus 0013893-94.2014.4.03.6128. atualmente em fase de juízo de admissibilidade de Recurso Especial., em que requerida ordem para afastar a exigibilidade de IPI quando da revenda de produtos industrializados importados que não tenham sofrido novo processo de industrialização no estabelecimento do contribuinte ". 2. Asseverou o acórdão que "o Juízo de origem considerou que o vínculo entre as ações é de continência, vez que mais amplo o pedido deduzido na espécie, por abranger, para além do reconhecimento da inexigibilidade do tributo na saída do estabelecimento da autora, provimento declaratório de direito à compensação ou repetição dos valores, corrigidos. O órgão fazendário alegou, de sua parte, que o cúmulo próprio e sucessivo dos pleitos acarreta a litispendência integral entre os feitos, pelo que de rigor a extinção da presente ação sem julgamento do mérito, nos termos do artigo 267, V, do CPC/1973 (artigo 485, V, do CPC/2015). Como se evidencia, o argumento fazendário, bem observado, não refuta a inexistência, prima facie, de identidade absoluta entre os feitos, assentada pelo Juízo de origem. A premissa, diversamente, é a de que a relação de prejudicialidade dos pedidos induziria, em exame mais acurado, a litispendência integral ". 3. Consignou-se que "Ocorre que tal relação, em que pese relevante para o provimento de mérito cabível nestes autos. como se verá a seguir., em nada altera a extensão do vínculo entre as ações. Nesta linha, ainda que a tese fazendária fosse tomada no sentido de necessidade de reconhecimento da identidade jurídica entre os feitos. enquanto correspondência não a partir da comparação literal entre os tres eadem, mas, sim, frente ao resultado material objetivado pelos feitos, conforme entendimento do Superior Tribunal de Justiça (v. g. MS 21.315, Rel. Des. Fed. Cov. DIVA MALERBI, DJe 29/03/2016; AgRg no AREsp 188.343, Rel. Min. HERMAN BENJAMIN, DJe 11/09/2012)., não se verifica, efetivamente, mais do que a continência reconhecida na origem. Isto porque, conquanto o direito à compensação esteja condicionado, logicamente, ao afastamento da incidência do tributo, trata-se de provimento declaratório autônomo, destinado a resguardar pretensão que, embora, via de regra, amparada pela legislação tributária, não decorre, de pleno direito, da simples existência do crédito, até porque possível a discussão dos parâmetros aplicáveis ao procedimento ". 4. Ressaltou o acórdão que "Neste ponto, cumpre precisar a diferença entre a previsão legal do procedimento de encontro de contas e a declaração de direito à compensação de valores determinados, refinamento a partir do qual se deriva que a sentença não declarou a possibilidade de compensação em abstrato, mas, diferentemente, do indébito inicialmente reconhecido, pelo mesmo Juízo, nos autos 0013893-94.2014.4.03.6128. Deste modo, tratando-se o reconhecimento do indébito e a declaração de direito à compensação de pedidos apartados, o primeiro também objeto de feito diverso e anterior, o caso dos autos evidencia litispendência parcial, a ensejar, a princípio, a reunião dos autos, nos termos do artigo 105 do CPC/1973 (artigo 57, in fine, do CPC/2015). até porque a continência pressupõe a conexão entre os feitos, embora o inverso não seja verdadeiro. Contudo, a disparidade do momento processual em que se encontra cada ação, no caso em análise, impõe, simplesmente, a redução objetiva do espectro cognoscível dos pedidos formulados na ação continente (a presente) àqueles não deduzidos na ação contida (o mandado de segurança), efeito decorrente, anteriormente à nova codificação processual, da Súmula nº 235 do Superior Tribunal de Justiça. Consolidada a jurisprudência da Corte Superior neste sentido [...]. Assim, nada há a reparar na sentença, no tocante à matéria preliminar. O exame do mérito, contudo, evidencia, afinal, a improcedência da ação, quanto ao direito à compensação ". 5. Observou-se que "a pretensão de compensação ou ressarcimento tem por premissa lógica a condição de credor por parte do interessado, circunstância cuja demonstração não se prescinde para o reconhecimento do direito. Em se tratando de valores originados de recolhimento indevido e, mais, controversa a própria inexigibilidade alegada. fundamento do crédito a ser compensado., o ônus probatório se estende, por consequência, a tais pressupostos. Com efeito, pacífica a jurisprudência neste sentido, matéria objeto de julgamento em sede de demanda repetitiva no Superior Tribunal de Justiça (REsp 1.111.164). Em que pese, àquela oportunidade, tratar-se de julgamento de Recurso Especial em mandado de segurança, o fundamento aplica-se, por igual, à espécie, pois, ainda que não se fale, em ação pelo rito ordinário, de pré-constituição de prova (inclusive porque, neste caso, diferentemente do mandamus, é cabível a execução de sentença no mesmo feito), por certo há que se condicionar o provimento declaratório de direito à prova mínima de sua efetiva existência ". 6. Frisou o acórdão que "reconhecida a continência acima, o exame cabível nestes autos resta delimitado, exclusivamente, ao pedido de reconhecimento do direito de compensação de valores recolhidos a títulos de IPI. A não incidência do tributo, circunstância da qual derivaria o crédito, é matéria litispendente no mandado de segurança 0013893-94.2014.4.03.6128, em relação à qual está vedado, portanto, qualquer juízo no presente feito. Por consequência, tem-se que a despeito do acervo documental carreado nestes autos, não é possível, neste momento, julgar a condição de credor do contribuinte, pelo que se conclui, nos termos da jurisprudência acima, restar presentemente obstado o reconhecimento do direito à compensação, pois incerto o direito creditício de base ". 7. Notou-se que "a impossibilidade presente de reunião dos feitos impõe que estes sejam tratados de maneira independente entre si. este todo o sentido de não se extinguir a ação posterior sem qualquer resolução de mérito em tais circunstâncias, nos termos da Súmula nº 235 da Corte Superior. Nesta linha, falece sentido à sentença de provimento parcial dos pedidos iniciais, que, conquanto não tenha sido determinado de maneira abstrata, como alegado no apelo, incorreu em condicionalidade, ao sujeitar a possibilidade do exercício do direito (a própria pretensão, no caso) ao trânsito em julgado da sentença proferida no mandamus, sequer certo. inclusive porque a jurisprudência da Corte Superior firmou-se em sentido contrário recentemente, quando do julgamento dos Embargos de Divergência no RESP 1.403.532, sob o regime do art. 543 – C do CPC/1973 (Rel. para o acórdão Min. MAURO CAMPBELL MARQUES, DJe 18/12/2015). Trata-se de malferimento do parágrafo único do artigo 460 do CPC/1973, vigente à época do julgamento ", pelo que não há que se falar em sobrestamento do presente feito por repercussão geral. 8. Concluiu-se que "tanto a vedação ao exame da relação tributária nestes autos quanto a necessária desvinculação do tratamento das ações são providências de rigor para evitarse o risco de decisões contraditórias, imperativo que consubstancia a motivação mesma do regramento da continência e da conexão. Deste modo, afastam-se as hipóteses de, em ações diversas, o crédito ser simultaneamente reconhecido e afastado, bem como de sobrevir declaração de direito à compensação ao passo em que o crédito tenha sido reputado inexistente. Portanto, ante a impossibilidade de conhecimento da ação quando à inexigibilidade de IPI na revenda de produtos industrializados importados não submetidos a novo procedimento de industrialização pelo contribuinte, incabível o provimento do pedido de compensação dos supostos indébitos decorrentes ". 9. Evidencia-se, pois, que o acórdão embargado não tratou do mérito da inexigibilidade fiscal pleiteada pelo contribuinte para efeito de suspensão até o julgamento da repercussão geral. Ao contrário, foram razões distintas, tais como as acima reproduzidas, que levaram a tal conclusão, sem que houvesse, no ponto específico, qualquer impugnação a título de omissão, contradição ou obscuridade, donde a improcedência dos embargos de declaração. 10. Não houve qualquer omissão ou contradição no julgamento impugnado, revelando, na realidade, a articulação de verdadeira imputação de erro no julgamento, e contrariedade da embargante com a solução dada pela Turma, o que, por certo e evidente, não é compatível com a via dos embargos de declaração. Assim, se o acórdão violou os artigos 9º, 24, 51, parágrafo único do RIPI. Dec. 7.212/10; 46 do CTN; 313, IV 1.035, §5º, 1.037, II do CPC; 146, III, a, 151, II, 153, IV, §3º, II da CF, como mencionado, caso seria de discutir a matéria em via própria e não em embargos declaratórios. 11. Para corrigir suposto error in judicando, o remédio cabível não é, por evidente, o dos embargos de declaração, cuja impropriedade é manifesta, de forma que a sua utilização para mero reexame do feito, motivado por inconformismo com a interpretação e solução adotadas, revela-se imprópria à configuração de vício sanável na via eleita. 12. Embargos de declaração rejeitados. (TRF 3ª R.; EDcl-Ap-Rem 0013894-79.2014.4.03.6128; Terceira Turma; Rel. Des. Fed. Carlos Muta; Julg. 10/11/2016; DEJF 28/11/2016)

<u>Distribuída a ação continente antes da contida, mantém-se a extinção da segunda demanda, sem resolução de mérito.</u>

✓ APELAÇÃO CÍVEL. AÇÃO DE GUARDA CUMULADA COM PEDIDOS DE REGULAMENTAÇÃO DE VISITAS E ALIMENTOS. CONTINÊNCIA. OCORRÊNCIA. AÇÃO CONTINENTE AJUIZADA ANTERIORMENTE À AÇÃO CONTIDA. EXTINÇÃO DO FEITO. MANUTENÇÃO. Caso em que a demanda ajuizada pela autora revela a ocorrência de continência, pois o objeto da ação proposta pelo réu é mais amplo do que o da ação proposta pela autora. Tendo a ação proposta pelo réu (continente) sido distribuída anteriormente à ação proposta pela autora (contida), deve ser mantida a extinção da segunda demanda, sem resolução de mérito, em atenção ao art. 57 do CPC. Apelo desprovido. (TJRS; AC 0272911-26.2017.8.21.7000; Canoas; Sétima Câmara Cível; Relª Desª Sandra Brisolara Medeiros; Julg. 22/11/2017; DJERS 28/11/2017)

✓ DIREITO CIVIL E PROCESSUAL CIVIL. AÇÃO DE ALIMENTOS. CONTINÊNCIA. AÇÃO DE DIVÓRCIO C/C ALIMENTOS. LITISPENDÊNCIA PARCIAL. PRELIMINAR DE CERCEAMENTO DE DEFESA E CONTRADIÇÃO REJEITADA. EXTINÇÃO SEM APRECIAÇÃO DO MÉRITO. ART. 57 C/C 485, V, DO CPC. SENTENÇA MANTIDA. 1. Apelação contra sentença que julgou extinta ação de alimentos, ante o reconhecimento de litispendência parcial com ação de divórcio onde se discute prestação alimentícia. 2. Rejeitada a preliminar de cerceamento de defesa, na medida em que exercido plenamente o direito de defesa da parte, conforme se verifica no oferecimento da oportunidade de réplica e na decisão interlocutória que suspendeu o feito até que fosse verificada eventual litispendência. 2.1. Por outro lado, também não há contradição com a decisão que apreciou o pedido liminar, porque o reconhecimento da continência pode ser feito a qualquer tempo e porque a incompetência, absoluta ou relativa, deve ser alegada como questão preliminar de contestação, de acordo com o estabelecido pelo Art. 64 do CPC. 3. É imperiosa a conclusão de ocorrência de continência entre a ação de alimentos e ação de divórcio porque há identidade de partes e da causa de pedir, sendo o pedido da segunda mais amplo que o da primeira, conforme disposto no Art. 56 do CPC. 4. Aplica-se a regra do Art. 57 do CPC, segundo a qual quando houver continência e a ação continente tiver sido proposta anteriormente, no processo relativo à ação contida será proferida sentença sem resolução de mérito, caso contrário, as ações serão necessariamente reunidas. 5. Mantida a sentença que reconheceu a litispendência parcial e julgou extinto o processo, com suporte no Art. 485, V, do CPC. 6. Apelo desprovido. (TJDF; APC 2016.03.1.011344-7; Ac. 105.5152; Primeira Turma Cível; Rel. Des. Roberto Freitas; Julg. 11/10/2017; DJDFTE 25/10/2017)

Art. 58. A reunião das ações propostas em separado far-se-á no juízo prevento, onde serão decididas simultaneamente.

→ *v.* Art. 59 do NCPC.

Diante da especialidade do juízo pela matéria, é inviável a remessa dos autos ao prevento.

✓ PROCESSUAL CIVIL. AGRAVO DE INSTRUMENTO. AÇÃO ORDINÁRIA. DISCUSSÃO ACERCA DE VALORES COBRADOS OBJETO DE EXECUÇÃO FISCAL. CONEXÃO. IMPOSSIBILIDADE. RECURSO A QUE SE NEGA PROVIMENTO. I. Nos termos do art. 103 do Código de Processo Civil, vigente à época da decisão agravada, "reputam-se conexas duas ou mais ações, quando lhes for comum o objeto ou a causa de pedir" (art. 54 do Novo Código de Processo Civil). Dispõe o art. 105 (arts. 55 e 58 do Novo Código de Processo Civil), por seu turno, que, "havendo conexão ou continência, o juiz, de ofício ou a requerimento de qualquer das partes, pode ordenar a reunião de ações propostas em separado, a fim de que sejam decididas simultaneamente". Prevê o art. 219 (art. 240 do Novo Código de Processo Civil), por fim, que "a citação válida torna prevento o juízo, induz litispendência e faz litigiosa a coisa; e, ainda quando ordenada por juiz incompetente, constitui em mora o devedor e interrompe a prescrição". II. Hipótese dos autos em que, apesar da inegável relação de dependência entre ação ordinária na qual proferida a decisão agravada e execução fiscal em trâmite no Juízo da 27ª Vara Federal da Seção Judiciária de Minas Gerais, já que a primeira fora proposta pela agravada a fim de discutir a cobrança, pela ANATEL, de montante objeto do referido feito executivo, não há que se falar em remessa dos autos da demanda ordinária para o Juízo em que se processa a ação proposta pela agência reguladora na medida em que realizada naquela, ordinária, em primeiro lugar, a citação. Incidência do art. 219 do CPC (art. 240 do Novo Código de Processo Civil). III. Inviável, outrossim, a remessa dos autos da execução fiscal ao Juízo em que se processa a ação ordinária, na medida em que, sendo a competência da 27ª Vara Federal da SJMG especializada em razão da matéria, é insuscetível de modificação pela conexão ou continência (art. 102 do CPC, correspondente ao art. 54 no Novo CPC). IV. Agravo de instrumento a que se nega provimento. (TRF 1ª R.; AI 0009636-44.2008.4.01.0000; Sexta Turma; Rel. Des. Fed. Jirair Aram Meguerian; DJF1 12/04/2016)

Determinação de reunião dos processos para decisão conjunta, no juízo da ação popular, prevento em virtude da primeira distribuição.

✓ PROCESSUAL CIVIL. Ação popular visando declaração de nulidade de contrato administrativo e ressarcimento de danos ao erário, referente à construção do denominado Centro Municipal de Eventos e Teatro, em Ilhabela. Extinção do processo em virtude de litispendência, mercê de ação civil pública posteriormente ajuizada. Inadmissibilidade. Reconhecimento de continência. Inteligência dos artigos 56, 58 e 59 do CPC. Determinação de reunião dos processos para decisão conjunta, no juízo da ação popular, prevento em virtude da primeira distribuição. Recurso provido. (TJSP; APL 0001593-17.2014.8.26.0247; Ac. 10664677; Ilhabela; Sétima Câmara de Direito Público; Rel. Des. Coimbra Schmidt; Julg. 07/08/2017; DJESP 21/08/2017; Pág. 3510)

Art. 59. O registro ou a distribuição da petição inicial torna prevento o juízo.

→ *v.* Art. 2º, parágrafo único, da Lei 7.347/1985.

→ *v.* Art. 240 do NCPC.

Afasta-se a prevenção em face do princípio constitucional da prioridade absoluta dos interesses do menor (art. 147 do ECA).

✓ CONFLITO POSITIVO DE COMPETÊNCIA. GUARDA PROVISÓRIA DEFERIDA ÀS DUAS AVÓS EM DUAS DEMANDAS DISTINTAS. AFASTAMENTO DA REGRA DE PREVENÇÃO PREVISTA NO CPC, EM RAZÃO DA PREVALÊNCIA DO INTERESSE DO MENOR. 1. Nos termos do art. 59 do Código de Processo Civil, o registro ou a distribuição da petição inicial torna prevento o juízo. Na sistemática do antigo código processual, a prevenção se dá em decorrência da primeira citação válida (art. 219). 2. Contudo, não se podem adotar, de forma automática, as regras processuais civis se elas puderem acarretar qualquer prejuízo aos interesses e direitos do menor, cuja condição peculiar de pessoa em desenvolvimento implica a sobreposição e aplicação do princípio da proteção integral, que permeia as regras do Estatuto da Criança e do Adolescente. Precedentes. 3. No caso concreto, há liminares de juízos distintos deferindo a guarda provisória das duas netas menores (de 3 e 6 anos de idade) a ambas as avós, devendo-se aplicar a regra do art. 147, II, do ECA, qual seja a do local onde as crianças se encontram atualmente, em atençao ao princípio do juízo imediato, máxime porque, segundo consta, em atendimento médico a que submetida a criança, "surgiram indícios de que tivesse sofrido abuso sexual na cidade de Vilhena-RO ". 4. Dessarte, em face do princípio constitucional da prioridade absoluta dos interesses do menor, orientador dos critérios do art. 147 do ECA, mais adequada a declaração de competência do Juízo suscitante. 5. Conflito conhecido, declarando-se a competência do Juízo de Direito da Vara da Infância e da Juventude de Porecatu/PR. (STJ; CC 151.511; Proc. 2017/0063334-5; PR; Segunda Seção; Rel. Min. Luis Felipe Salomão; DJE 07/11/2017)

Ação civil pública remetida ao juízo de trâmite da ação ordinária.

✓ PROCESSUAL CIVIL. AÇÃO ORDINÁRIA. AÇÃO COLETIVA. CONEXÃO. TUTELA PROVISÓRIA DE

URGÊNCIA. REVOGAÇÃO DA MEDIDA DEFERIDA PELO JUÍZO INCOMPETENTE. 1. Há conexão entre a ação ordinária e a ação civil pública propostas para discutir as mesmas questões envolvendo o mesmo concurso público, ainda que os autores sejam distintos. Da identidade entre os pedidos e as causas de pedir das duas ações decorre o risco de decisões contraditórias e conflitantes, mostrando-se mais econômico que se evite, também, a dupla instrução probatória. 2. Verificada a contradição em concreto, havendo decisão concessiva da tutela provisória de urgência, em que suspensas as nomeações do certame, e negativa, em que liberadas as nomeações. 3. A competência para o julgamento das ações conexas é definida pela regra do artigo 59 do CPC, que estabelece que o registro ou a distribuição da petição inicial torna prevento o juízo, de modo que a ação coletiva deverá tramitar em conexão e por prevenção à ação ordinária que já tramitava, na forma do artigo 58 do CPC, que determina a reunião das ações propostas em separado far-se-á no juízo prevento, onde serão decididas simultaneamente. 4. Reconhecido que o juízo agravado era incompetente para processar e julgar a ação civil pública, devendo prevalecer as regras dos artigos 54, 55 e 58 do CPC-2015, de modo a serem as ações reunidas no outro juízo, onde já tramitava a ação ordinária, lá tramitando e sendo decididas simultaneamente ou, ao menos, para lá sendo distribuída a ação civil pública. 5. Não subsiste a decisão que deferiu a tutela provisória de urgência proferida pelo juízo incompetente, prevalecendo a decisão que havia indeferido similar providência no juízo prevento. 6. Agravo de instrumento parcialmente provido. (TRF 4ª R.; AG 5037448-74.2017.4.04.0000; Quarta Turma; Rel. Desig. Des. Fed. Candido Alfredo Silva Leal Junior; Julg. 08/11/2017; DEJF 27/11/2017)

Vontade do autor que não pode suplantar a regra do juiz natural, notadamente a norma do art. 59 do CPC/2015.

✓ PROCESSUAL CIVIL. CONFLITO NEGATIVO DE COMPETÊNCIA. AÇÃO DE MODIFICAÇÃO DE ALIMENTOS. SUBMISSÃO À REGRA DO ART. 53, II, DO CPC. COMPETÊNCIA DE NATUREZA RELATIVA. DECLINAÇÃO DE COMPETÊNCIA SEM REQUERIMENTO DA PARTE RÉ. IMPOSSIBILIDADE. COMPETÊNCIA DO JUÍZO SUSCITADO. 1. Ajuizada a ação de modificação de alimentos em 10/01/2017, inaplicável as diretrizes normativas da Resolução n. 1, de 8 de janeiro de 2016, do Tribunal Pleno desta e. Corte de Justiça, que veda a redistribuição de processos protocolados antes da instalação das serventias judiciais da Circunscrição Judiciária de Águas Claras, ocorrida em abril de 2016. 2. O art. 53, II, do CPC estabelece que o foro competente para processar e julgar as ações alicerçadas em direito alimentar é o do domicílio ou residência do alimentando. Em que pese ser a regra de foro especial, sua natureza é relativa, o que faculta ao alimentado litigar na qualidade de réu em foro diverso do seu domicílio ou residência, caso não suscite preliminar de incompetência relativa na contestação, dando azo ao fenômeno da prorrogação de competência. 3. Conclusão diversa poderia ocorrer no cenário de ajuizamento da ação revisional de alimentos do alimentando residente em outro Estado, onde seria manifestamente prejudicial o exercício da ampla defesa da criança. No entanto, essa circunstância especial não se verifica no Distrito Federal, que, diversamente da demais unidades da Federação, não é dividido em comarcas, mas em circunscrições judiciárias próximas, como na exata hipótese de Taguatinga e Águas Claras. 4. Afigura-se desinfluente para o deslinde da controvérsia o fato de que, consoante consta na decisão declinatória, existir requerimento da parte autora para o processamento dos autos no ora Juízo Suscitante, porquanto a vontade do autor não pode suplantar a regra do juiz natural, notadamente a norma do art. 59 do CPC, o qual estatui que a distribuição torna prevento juízo. Mais, cabe ao réu, e não ao autor, alegar na contestação a incompetência do órgão jurisdicional, nos termos do art. 64 do CPC. 5. Conflito de competência conhecido. Declarado competente o Juízo Suscitado – 2ª Vara de Família, Órfãos e Sucessões de Taguatinga. (TJDF; Proc. 0708.68.1.532017-8070000; Ac. 104.9430; Segunda Câmara Cível; Relª Desª Sandra Reves; Julg. 26/09/2017; DJDFTE 10/10/2017)

Distribuição de ação direta de inconstitucionalidade que torna prevento o relator para outras ações ou arguições que sustentarem a inconstitucionalidade dos mesmos dispositivos.

✓ CONFLITO NEGATIVO DE COMPETÊNCIA ENTRE DESEMBARGADORES. CONEXÃO ENTRE AÇÕES DIRETAS DE INCONSTITUCIONALIDADE. PREVENÇÃO EM RAZÃO DA PRIMEIRA DISTRIBUIÇÃO. ART. 80, § 4º, DO RITJMT E ARTS. 43, 44, 55, 58 E 59 DO NOVO CÓDIGO DE PROCESSO CIVIL. POSSIBILIDADE. COMPETÊNCIA DO DESEMBARGADOR SUSCITANTE A QUEM FOI DISTRIBUÍDA A PRIMEIRA PETIÇÃO INICIAL. CONFLITO IMPROCEDENTE. Nos termos do art. 80, § 4º, do RITJMT, a distribuição da ação direta de inconstitucionalidade torna prevento o relator para outras ações ou arguições que sustentarem a inconstitucionalidade dos mesmos dispositivos de Lei ou de ato normativo estadual ou municipal; ressaltando-se, ademais, que a referida norma especial guarda sintonia com o art. 59 do novo código de processo civil, que estabelece como juízo prevento aquele perante o qual se deu o registro ou a distribuição da petição inicial. (TJMT; CC 34334/2016; Capital; Rel. Des. Luiz Ferreira da Silva; Julg. 12/05/2016; DJMT 19/05/2016; Pág. 19)

Art. 60. Se o imóvel se achar situado em mais de um Estado, comarca, seção ou subseção judiciária, a competência territorial do juízo prevento estender-se-á sobre a totalidade do imóvel.

→ *v.* Art. 47, §§ 1º e 2º, do NCPC.

Situando-se o imóvel em litígio em mais de uma comarca, aplica-se o critério da prevenção para definir a competência do juízo responsável.

✓ AGRAVO DE INSTRUMENTO. EXCEÇÃO DE INCOMPETÊNCIA. ÁREA SITUADA EM MAIS DE UMA COMARCA. PREVENÇÃO. De acordo com o art. 60 do Código de Processo Civil de 2015, quando o imóvel em litígio se situar em mais de uma Comarca, deve-se aplicar o critério da prevenção para definir a competência do juízo responsável e estendê-la para a integralidade do imóvel. (TJMG; AI 1.0194.15.008537-2/001; Relª Desª Mônica Libânio; Julg. 09/08/2017; DJEMG 18/08/2017)

Em ação de usucapião de imóvel situado em divisa de municípios pertencentes a comarcas diversas, estará prevento o que primeiro despachou.

✓ CONFLITO DE COMPETÊNCIA. AÇÃO DE USUCAPIÃO. IMÓVEL SITUADO EM MAIS DE UM MUNICÍPIO. INTELIGÊNCIA DO ART. 60 DO CPC. PREVENÇÃO. Em tramite ação de usucapião de imóvel situado em divisa de municípios pertencentes a comarcas diversas, prevento estará o que primeiro despachou. Conflito acolhido. (TJMG; CONF 1.0000.16.087023-4/000; Rel. Des. Saldanha da Fonseca; Julg. 03/05/2017; DJEMG 09/05/2017)

Art. 61. A ação acessória será proposta no juízo competente para a ação principal.

→ v. Art. 299 do NCPC.

A competência para julgamento dos embargos de terceiro também é do juízo onde ordenado o ato constritivo.

✓ ADMINISTRATIVO. CONFLITO DE COMPETÊNCIA. PROCESSO CIVIL. EMBARGOS DE TERCEIRO. AÇÃO ACESSÓRIA À PRINCIPAL. COMPETÊNCIA DELEGADA. ARTS. 61 E 676 DO CPC. Mesmo não prevista expressamente nas hipóteses de jurisdição delegada, a competência para julgar os embargos de terceiro também é do Juízo Estadual onde ordenado o ato constritivo, na hipótese, o Juízo perante o qual tramita a execução. Inteligência dos arts. 61 e 676 do CPC. (TRF 4ª R.; CC 5025389-54.2017.4.04.0000; Segunda Seção; Rel. Des. Fed. Rogerio Favreto; Julg. 09/11/2017; DEJF 14/11/2017)

Competência do juízo prolator da sentença para julgar a correspondente ação anulatória.

✓ CONFLITO NEGATIVO DE COMPETÊNCIA. AÇÃO ANULATÓRIA. VÍCIO TRASNRESCISÓRIO. QUERELA NULLITATIS. NATUREZA ACESSÓRIA. PREVENÇÃO DO JUÍZO QUE PROFERIU O JULGADO QUE SE REPUTA NULO. 1. Cuida-se de conflito negativo de competência suscitado pelo Juízo da 19ª Vara Cível de Brasília em desfavor da 9ª Vara Cível de Brasília, em que se busca a declaração de competência deste, haja vista que o expediente tem como objeto o processo 2017.01.1.004757-7 (Ação Anulatória), pretendendo o reconhecimento de nulidade de sentença proferida pelo Juízo Suscitado. 2. A ação anulatória (artigo 966, CPC) tem gênese na pretensão de desconstituição da sentença proferida na ação originária, portanto, patente o vínculo de acessoriedade entre as demandas. 3. A premissa legal que atrai a prevenção do Juízo prolator da decisão que se busca anular para apreciar a respectiva ação anulatória está contida no artigo 61 do CPC, dispondo a competência do juízo da ação principal para processar e julgar às ações acessórias. 4. No presente caso, como a sentença que se pretende a desconstituição foi prolatada pelo Juízo da 9ª Vara Cível de Brasília, este se revela competente para julgar a respectiva pretensão anulatória. 5. Conflito conhecido. Reconhecida a competência do Juízo da 9ª Vara Cível de Brasília. (TJDF; Proc. 0709.36.3.082017-8070000; Ac. 104.9437; Segunda Câmara Cível; Rel. Des. Sandoval Oliveira; Julg. 26/09/2017; DJDFTE 10/10/2017)

É do juízo que aprecia curatelas a competência para processar e julgar ação cautelar inominada proposta por parentes do curatelado.

✓ CONFLITO NEGATIVO DE COMPETÊNCIA. VARA DAS CURATELAS E VARA DE FAMÍLIA. AÇÃO CAUTELAR INOMINADA. CELEUMA ACERCA DO EXERCÍCIO DA CURATELA. AÇÃO ACESSÓRIA. É do juízo das curatelas a competência para processar e julgar ação cautelar inominada, proposta por parentes do curatelado, visando a obter livre acesso a ele, que se encontra hospitalizado, tendo em vista que a causa de pedir relaciona-se ao exercício da curatela – Tanto é que os requerentes noticiam que irão requerer a remoção de curador, que foi nomeado no bojo da ação de interdição já em curso. Portanto, verifica-se que a nominada "ação cautelar" tem caráter acessório, fazendo incidir a regra do art. 61 do CPC/15, que determina a sua propositura perante o juiz competente para a ação principal. Julgaram improcedente o conflito. Unânime. (TJRS; CC 0426208-87.2016.8.21.7000; Porto Alegre; Oitava Câmara Cível; Rel. Des. Luiz Felipe Brasil Santos; Julg. 23/03/2017; DJERS 03/04/2017)

Art. 62. A competência determinada em razão da matéria, da pessoa ou da função é inderrogável por convenção das partes.

→ v. Art. 781 do NCPC.

Competências em razão da matéria e da pessoa são inderrogáveis.

✓ CONFLITO DE COMPETÊNCIA. AÇÕES CIVIS PÚBLICAS. JUSTIÇA TRABALHISTA. JUSTIÇA FEDERAL. TUTELA DE INTERESSES DE CONSUMIDORES E DE TRABALHADORES. NÃO CARACTERIZAÇÃO DO CONFLITO. 1. O conflito positivo de competência ocorre quando dois ou mais Juízos se declararem competentes para apreciar a mesma causa, ou quando houver a prática de atos por ambos os Juízos, indicando que implicitamente se consideram competentes. 2. A Ação Civil Pública 0032200-52.2012.5.13.0002, em curso no TRT da 13ª Região, foi proposta por Sindicato, visando à segurança dos trabalhadores e higidez do ambiente de trabalho; enquanto a Ação Civil Pública 2008.82.00.007161-1, em curso no TRF da 5ª Região, foi proposta pelo Ministério Público Federal em defesa da segurança dos usuários dos serviços das agências postais. 3. Trata-se de hipóteses de competência – em razão da matéria e da pessoa, respectivamente – de natureza absoluta e, como tal, não sofrem alteração pela conexão ou continência, na forma do disposto nos artigos 54 e 62 do Código de Processo Civil/2015, razão pela qual não há como fazer, sem agredir frontalmente o princípio do juiz natural, com que apenas um único órgão jurisdicional se torne competente para julgar ambas as demandas. 4. Conforme reconhecido no seu memorial, a agravante demonstra que no âmbito de sua competência – "respectivamente, discussão da relação jurídica de proteção ao consumidor e de proteção de ambiente do trabalho" – ambos os órgãos jurisdicionais chegaram à mesma conclusão, inexistindo neste instante decisões conflitantes. A única divergência diz respeito ao momento do cumprimento "para a Justiça Federal somente após o trânsito em julgado e para a Justiça do Trabalho, eficácia imediata da sentença", situação que não se encontra no âmbito de definição do Conflito de Competência. 5. A questão veiculada no memorial relativa à inaplicabilidade da Lei 7.102/1983 aos correspondentes bancários diz respeito a matéria de fundo a ser debatida nas vias recursais adequadas, e não no presente Conflito de Competência. 6. Agravo Interno não provido. (STJ; AgInt no CC 131.257/PB; Primeira Seção; Rel. Min. Herman Benjamin; Julg. 26/10/2016; DJe 29/11/2016)

Art. 63. As partes podem modificar a competência em razão do valor e do território, elegendo foro onde será proposta ação oriunda de direitos e obrigações.

§ 1º A eleição de foro só produz efeito quando constar de instrumento escrito e aludir expressamente a determinado negócio jurídico.

→ *v.* Súmula 335 do STF.

→ *v.* Enunciado 39 da ENFAM: Não é válida convenção pré-processual oral (art. 4º, § 1º, da Lei n. 9.307/1996 e 63, § 1º, do CPC/2015).

→ *v.* Enunciado 668 do FPPC: A convenção de arbitragem e a cláusula de eleição de foro para os atos que necessitem da participação do Poder Judiciário não se excluem, ainda que inseridas em um mesmo instrumento contratual.

§ 2º O foro contratual obriga os herdeiros e sucessores das partes.

§ 3º Antes da citação, a cláusula de eleição de foro, se abusiva, pode ser reputada ineficaz de ofício pelo juiz, que determinará a remessa dos autos ao juízo do foro de domicílio do réu.

→ *v.* Enunciado 488 do FPPC: No mandado de segurança, havendo equivocada indicação da autoridade coatora, o impetrante deve ser intimado para emendar a petição inicial e, caso haja alteração de competência, o juiz remeterá os autos ao juízo competente.

§ 4º Citado, incumbe ao réu alegar a abusividade da cláusula de eleição de foro na contestação, sob pena de preclusão.

→ *v.* Art. 337, II do NCPC.

Inexistência de óbice para que a ação de cobrança tramite no foro eleito pelas partes.

✓ AGRAVO DE INSTRUMENTO. PROCESSUAL CIVIL. AÇÃO DE COBRANÇA. CONTRATO. CLÁUSULA DE ELEIÇÃO DE FORO. SÚMULA Nº 335 DO STF. COMPETÊNCIA RELATIVA. RECURSO PROVIDO. 1. Agravo de instrumento contra a decisão declinatória de competência, proferida nos autos da ação de cobrança, em favor de um dos Juízes Federais da Seção Judiciária de São Paulo. 2. Entre as Seções Judiciárias da Justiça Federal a competência é relativa, razão pela qual não se torna possível ao magistrado decliná-la de ofício (TRF2, 5ª Turma Especializada, AG 201400001042752, Rel. Des. Fed. MARCUS ABRAHAM, E-DJF2R 25.11.2014; TRF2, 7ª Turma Especializada, AC 201051010304980, Rel. Des. Fed. JOSÉ ANTONIO NEIVA, E-DJF2R 14. 1.2014; TRF2, 5ª Turma Especializada, AG 201102010105262, Rel. Des. Fed. GUILHERME DIEFENTHAELER, E-DJF2R 16. 1.2014). 3. A demanda principal é oriunda de discussão que envolve contrato celebrado entre as partes, no qual houve a fixação de foro de eleição. Nesse contexto, à luz do disposto no art. 111, § 1º, do CPC/73, não existia óbice para que a tramitação da ação de cobrança se desse perante à Seção Judiciária do Rio de Janeiro. Frise-se que a possibilidade de fixação de competência em razão de eleição de foro também está disciplinada no art. 63 do CPC/2015. O Supremo Tribunal Federal já se pronunciou sobre o tema através da Súmula nº 335, afirmando que "é válida a cláusula de eleição do foro para os processos oriundos do contrato", razão pela qual deve a decisão agravada ser reformada. 4- Agravo de instrumento provido para determinar o prosseguimento do feito no Juízo da 6ª VF/RJ. (TRF 2ª R.; AI 0009321-42.2015.4.02.0000; Quinta Turma Especializada; Rel. Des. Fed. Ricardo Perlingeiro; Julg. 24/01/2017; DEJF 20/02/2017)

A cláusula de eleição de foro prevista em contrato de adesão pode ser declarada nula se observada excessiva desproporcionalidade ou onerosidade ao consumidor.

✓ AGRAVO DE INSTRUMENTO. CONTRATO BANCÁRIO. AÇÃO MONITÓRIA. RELAÇÃO CONSUMERISTA. CLÁUSULA DE ELEIÇÃO DE FORO. COMPETÊNCIA DO DOMICÍLIO DO CONSUMIDOR. 1. No caso dos autos, pretende a parte agravante a remessa dos autos principais para o foro de seu domicílio, o local onde estabeleceu sua residência com ânimo definitivo, no município de Osasco/SP, contudo, em face da cláusula de eleição de foro estabelecido no contrato de adesão firmado entre as partes, o Juízo a quo entendeu pela improcedência do pedido de exceção de incompetência. 2. Todavia, não obstante o teor da Súmula nº 335 do STF, denota-se que a relação firmada entre as partes é considerada como consumerista e, desta forma, tem-se que plenamente aplicável o Código de Defesa do Consumidor, salientando-se, neste sentido, a Súmula nº 297 do STJ. 3. Sendo assim, considerando o disposto no art. 6º, inc. V, bem como no art. 51, inc. IV, ambos do CDC, é possível reconhecer a nulidade da cláusula de eleição de foro, caso se verifique a excessiva desproporcionalidade ou onerosidade ao consumidor. No mais, o artigo 112, parágrafo único, do CPC/1973 (art. 63, § 3º, do novo CPC) prevê a possibilidade de o magistrado declarar de ofício a nulidade da cláusula de eleição de foro em contrato de adesão e declinar da competência para o juízo do domicílio do réu. 4. No caso vertente, tendo em vista que a parte agravante tem como domicílio o município de Osasco/SP e a ação monitória foi ajuizada no município de Araçatuba/SP, observa-se que a manutenção da cláusula de eleição de foro importaria em uma desvantagem exagerada ao recorrente, posto que ambos os municípios são equidistantes em mais de 530 quilômetros. 5. Agravo de instrumento a que se dá provimento. (TRF 3ª R.; AI 0093949-49.2006.4.03.0000; Primeira Turma; Rel. Des. Fed. Valdeci dos Santos; Julg. 30/08/2016; DEJF 14/09/2016)

A cláusula de eleição de foro na relação de consumo.

✓ PROCESSO CIVIL E DIREITO DO CONSUMIDOR. AÇÃO DE RESCISÃO DE CONTRATO DE COMPROMISSO DE COMPRA E VENDA DE IMÓVEL E INDENIZAÇÃO POR DANOS MATERIAIS E COMPENSAÇÃO POR DANOS MORAIS. EXCEÇÃO DE INCOMPETÊNCIA. CLÁUSULA DE ELEIÇÃO DE FORO. COMPETÊNCIA TERRITORIAL. RELATIVA. ALTERAÇÃO POR CONVENÇÃO DAS PARTES. ABUSIVIDADE NÃO CONFIGURADA. POSSIBILIDADE. 1. Açao de rescisão de contrato de compromisso de compra e venda de imóvel e indenização por danos materiais e compensação por danos morais ajuizada em 25.01.2015. Exceção de Incompetência arguida em 26.03.2015. Agravo em Recurso especial distribuído ao gabinete em 24.04.2017. Julgamento: CPC/1973. 2. O propósito recursal é o reconhecimento da validade da cláusula de eleição de foro em contrato de adesão de compra e venda de imóvel. 3. A alteração da competência territorial por contrato de adesão, por si só, não permite inferir pela nulidade da cláusula, devendo, para tanto, concorrer a abusividade ou a ilegalidade. 4. Apesar da proteção contratual do consumidor estabelecida pelo CDC, o benefício do foro privilegiado estampado no art. 101, I, do CPC não resulta, per se, em nulidade absoluta das cláusulas de eleição de foro estabelecidas contratualmente. 5. O STJ possui entendimento no sentido de que a cláusula que estipula a eleição de foro em contrato de adesão, só poderá ser considerada inválida quando demonstrada a hipossuficiência ou a dificuldade de acesso da parte ao Poder Judiciário. 6. Nesta perspectiva, a situação de hipossuficiência de uma das partes, por sua manifesta excepcionalidade, deve ser demonstrada com dados concretos em que se verifique o prejuízo processual para alguma delas. 7. A condição de consumidor, considerada isoladamente, não gera presunção de hipossuficiência a fim de repelir a aplicação da cláusula de derrogação da competência territorial quando convencionada, ainda que em contrato de adesão. 8. Recurso especial conhecido e provido, para determinar que a ação seja processada e julgada no foro estipulado contratualmente. (STJ; REsp 1.675.012/SP; Rel. Min. Nancy Andrighi; DJ 08/08/2017; DJe 14/08/2017).

Vedada ao consumidor a escolha aleatória do foro de qualquer agência ou filial da pessoa jurídica ré, em total afronta ao princípio do juiz natural.

✓ AGRAVO DE INSTRUMENTO. COMPETÊNCIA DECLINADA DE OFÍCIO. FORO DO DOMICÍLIO DO CONSUMIDOR. EXECUÇÃO INDIVIDUAL DE SENTENÇA COLETIVA. RELAÇÃO DE CONSUMO. RECONHECIMENTO EX OFFICIO DE INCOMPETÊNCIA. POSSIBILIDADE. ESCOLHA ALEATÓRIA DE FORO SEM JUSTIFICATIVA PLAUSÍVEL EM AFRONTA AO PRINCÍPIO DO JUIZ NATURAL. IMPOSSIBILIDADE. 1. Conforme entendimento do STJ, em se tratando de demanda envolvendo relação de consumo, possível a declinação da competência ex offício, uma vez que inaplicável à espécie a Súmula nº 33 do STJ. 2. Pelo princípio da facilitação da defesa e objetivando prestigiar a efetividade das decisões judiciais, o colendo STJ já pacificou o entendimento de que possível ajuizar a execução individual de sentença coletiva no foro do domicílio do consumidor (AGRG no RESP 1.370.974/DF). Assim, tem o consumidor a prerrogativa de ajuizar a demanda no foro de seu domicílio (art. 101, I, do CDC) ou optar pelo domicílio do réu (art. 53, III, 'a', CPC), do local do cumprimento da obrigação ou da eleição contratual (art. 62 e 63 do CPC). 3. Contudo, não pode o consumidor renunciar seu benefício e escolher aleatoriamente o foro de qualquer agência ou filial da pessoa jurídica ré, em total afronta ao princípio do juiz natural, conforme precedente do STJ e deste Tribunal, devendo observar as regras de competência da legislação processual. 4. Recurso conhecido e não provido. V.V. AGRAVO DE INSTRUMENTO. AÇÃO DE EXECUÇÃO. COMPETÊNCIA RELATIVA. Súmula nº 33 DO STJ. IMPOSSIBILIDADE DE DECLARAÇÃO DE OFÍCIO. 1) Em regra, a competência territorial é relativa e, nos termos da Súmula nº 33 do STJ, não pode ser declinada de ofício, devendo ser arguida pela parte contrária, em preliminar de contestação. 2) Quando o consumidor for o autor da ação, face às disposições do Código de Defesa do Consumidor, poderá escolher o foro de seu domicílio ou outro que melhor atenda seus interesses, inclusive o de eleição do contrato. (Des. Marcos Lincoln) (TJMG; AI 1.0498.17.001317-7/001; Relª Desª Shirley Fenzi Bertão; Julg. 22/11/2017; DJEMG 30/11/2017)

Contrato de adesão não enseja, por si só, a abusividade da eleição de foro.

✓ COMPETÊNCIA. Execução de título extrajudicial. Eleição de foro. Contrato de franquia. Abusividade. Inocorrência. Contrato de adesão que não implica, por si só, abusividade da eleição de foro. Exegese do art. 63, § 3º, do CPC/2015. Ausência de elementos que denotem dificuldades relevantes à defesa da parte executada. Precedentes. Decisão mantida. Recurso desprovido. (TJSP; AI 2112968-80.2016.8.26.0000; Ac. 10499700; São Paulo; Vigésima Câmara de Direito Privado; Rel. Des. Álvaro Torres Júnior; Julg. 05/06/2017; DJESP 21/06/2017; Pág. 2063)

Seção III
Da Incompetência

Art. 64. A incompetência, absoluta ou relativa, será alegada como questão preliminar de contestação.

→ *v.* Súmula 33 do STJ.

→ *v.* Art. 337, II do NCPC.

§ 1º A incompetência absoluta pode ser alegada em qualquer tempo e grau de jurisdição e deve ser declarada de ofício.

→ *v.* Art. 337, § 5º do NCPC.

§ 2º Após manifestação da parte contrária, o juiz decidirá imediatamente a alegação de incompetência.

§ 3º Caso a alegação de incompetência seja acolhida, os autos serão remetidos ao juízo competente.

§ 4º Salvo decisão judicial em sentido contrário, conservar-se-ão os efeitos de decisão proferida pelo juízo incompetente até que outra seja proferida, se for o caso, pelo juízo competente.

→ *v.* Art. 278 do NCPC.

→ *v.* Enunciado 238 FPPC: O aproveitamento dos efeitos de decisão proferida por juízo incompetente aplica-se tanto à competência absoluta quanto à relativa.

Reconhecimento da incompetência absoluta de ofício.

✓ CONFLITO POSITIVO DE COMPETÊNCIA - IMÓVEL LITIGIOSO NOS AUTOS DE FALÊNCIA E DE RESCISÃO CONTRATUAL - INAPLICABILIDADE, NO CASO EM CONCRETO, DA SÚMULA 59 DO STJ - INCIDENTE DE FIXAÇÃO DE COMPETÊNCIA AJUIZADO POR TERCEIRO INTERESSADO ANTES DA CERTIFICAÇÃO CARTORÁRIA DE TRÂNSITO EM JULGADO DA AÇÃO DE RESCISÃO DE COMPRA E VENDA DO IMÓVEL - COMPETÊNCIA ABSOLUTA DO JUÍZO UNIVERSAL QUE, ANTERIORMENTE, POR DECISÃO TRANSITADA EM JULGADA, HAVIA ALIENADO O REFERIDO BEM EM SEDE DE AÇÃO FALIMENTAR - PRECEDENTES DA SEGUNDA SEÇÃO DO STJ. 1. O terceiro interessado possui legitimidade ativa para ajuizar o presente incidente processual, pois, nos termos da jurisprudência da Segunda Seção do Superior Tribunal de Justiça, pode suscitar conflito de competência quem quer que esteja sujeito à eficácia da sentença, que qualquer dos juízes, no conflito positivo de competência, possa proferir. Precedentes. 2. Sopesados os fatos processuais específicos neste caso, há de se afastar a incidência da Súmula 59 do STJ, porquanto o conflito foi ajuizado por terceiro interessado antes da certificação do trânsito em julgado da ação de rescisão contratual, devolvendo o exame relativo a fixação da competência, oportunamente e em sede de instrumento adequado, à tutela jurisdicional. 3. Consoante o posicionamento firmado pela Colenda Segunda Seção do STJ, o destino do patrimônio da empresa em processo de soerguimento judicial ou falimentar, como no presente caso, não pode ser atingido por decisões prolatadas por juízo diverso daquele da recuperação ou da falência. 4. Conflito conhecido para declarar a competência do Juízo de Direito da 2.ª Vara Empresarial da Comarca de Contagem/MG (antiga 2.ª Vara dos Feitos da Fazenda Pública, Falências, Concordatas e Registros Públicos da Comarca de Contagem/MG) para processar e julgar a ação de rescisão contratual em exame, anulando-se, por conseguinte, com amparo no art. 64, § 1º, do CPC/2015, as decisões proferidas pela Justiça do Espírito Santo. (STJ; CC 137.178; MG; Segunda Seção; Rel. Min. Marcos Buzzi; Julg. 28/09/2016; DJe 19/10/2016)

Remessa ao juízo competente.

✓ AGRAVO REGIMENTAL EM MANDADO DE SEGURANÇA. INTERPOSIÇÃO SOB A ÉGIDE DO CPC/2015. ATO PRATICADO PELO PRESIDENTE E PELO CORREGEDOR-GERAL DO TRIBUNAL DE JUSTIÇA DO ESTADO DO RIO DE JANEIRO. CORTE DE PONTO DE SERVIDORES EM GREVE. ALEGAÇÃO DE COMPROMETIMENTO DA IMPARCIALIDADE DO ÓRGÃO ESPECIAL PARA EXAME DA PRETENSÃO. SUPOSTA HIPÓTESE DE APLICAÇÃO DO ART. 102, I, 'N', DA CONSTITUIÇÃO FEDERAL. INOCORRÊNCIA. EXCEÇÕES DE SUSPEIÇÃO OU IMPEDIMENTO NÃO ARGUIDAS NA ORIGEM. PRETENSÃO FUNDADA EM ILAÇÕES. AUSÊNCIA DE COMPETÊNCIA DO SUPREMO TRIBUNAL FEDERAL. REMESSA DOS AUTOS AO TRIBUNAL DE JUSTIÇA LOCAL. 1. O impedimento suscetível de caracterizar a hipótese de competência originária prevista no art. 102, I, "n", da Carta da República pressupõe manifestação expressa, espontânea ou provocada, de mais da metade dos membros do Tribunal de origem, circunstância não demonstrada no caso. 2. Nos termos do art. 21, IV, da LC nº 35/79, "Compete aos Tribunais, privativamente: (...) julgar, originariamente, os mandados de segurança contra seus atos, os dos respectivos Presidentes e os de suas Câmaras, Turmas ou Seções". O art. 21, § 1º, do RISTF, por sua vez, autoriza a remessa dos autos ao Tribunal de Justiça local, para o que de direito. Precedentes. O CPC/2015 contém preceito de mesma teleologia, art. 64, § 3º. 3. Agravo regimental conhecido e parcialmente provido, apenas para determinar a remessa dos autos ao Tribunal de Justiça do Estado do Rio de Janeiro. (STF; MS 34571 AgR; Primeira Turma; Rel. Min. Rosa Weber; Julg. 09/06/2017, Processo Eletrônico DJe-168 DIVULG 31/07/2017 PUBLIC 01/08/2017)

Remessa ao juízo competente.

✓ ADMINISTRATIVO E PROCESSUAL CIVIL. AGRAVO INTERNO NO MANDADO DE SEGURANÇA. CONCURSO PÚBLICO. PLEITO DE NOMEAÇÃO, POSSE E EXERCÍCIO EM CARGO PÚBLICO DO QUADRO DE PESSOAL DO BANCO CENTRAL DO BRASIL. ILEGITIMIDADE PASSIVA DO MINISTRO DE ESTADO DO PLANEJAMENTO, ORÇAMENTO E GESTÃO. PRECEDENTES DO STJ. INCOMPETÊNCIA DO SUPERIOR TRIBUNAL DE JUSTIÇA. ART. 105, I, B, DA CF/88. DECISÃO AGRAVADA EM CONSONÂNCIA COM A JURISPRUDÊNCIA ATUAL DO STJ. AGRAVO INTERNO IMPROVIDO. I. Agravo interno interposto contra decisão monocrática que julgara Mandado de Segurança, publicada na vigência do CPC/2015. II. Trata-se de Mandado de Segurança ajuizado contra suposto ato omissivo ilegal do Ministro de Estado do Planejamento, Orçamento e Gestão e do Chefe do Departamento de Gestão de Pessoas do Banco Central do Brasil, consubstanciado na ausência de nomeação, posse e exercício dos impetrantes no cargo de Analista do Banco Central do Brasil – Área 1/Brasília, para o qual foram aprovados em concurso público regido pelo Edital 1/2013-BCB/DEPES1, de 15/08/2013, fora do número de vagas previstas no Edital do certame. III. No caso, verifica-se que, apesar de apontar como autoridade impetrada, também o Ministro de Estado do Planejamento, Orçamento e Gestão, os impetrantes formulam apenas pedido de sua nomeação, posse e exercício no cargo de Analista do Banco Central do Brasil, o que não se enquadra dentre as atribuições da referida autoridade. É importante destacar que não se formula, na inicial do writ, sequer pedido para que a aludida autoridade autorize as pretendidas nomeações. Assim sendo, a conclusão inarredável é a de que não detém o Ministro de Estado do Planejamento, Orçamento e Gestão legitimidade passiva ad causam para figurar no presente writ. IV. Com efeito, o Superior Tribunal de Justiça, em vários precedentes, tem reconhecido a ilegitimidade passiva ad causam do Ministro de Estado do Planejamento, Orçamento e Gestão para figurar no polo passivo de ação mandamental ajuizada com o intuito de ensejar a nomeação em cargos relativos ao quadro de pessoal do Banco Central do Brasil, por se tratar de ato que não se insere dentre as suas atribuições. Assim sendo, afastada a legitimidade passiva da autoridade que atraiu a competência originária do STJ, a teor do art. 105, I, b, da CF/88, os autos devem ser remetidos à Justiça Federal, Seção Judiciária do Distrito Federal, para que aprecie a demanda, em relação à autoridade impetrada que remanesce no feito, nos termos do art. 64, § 3º, do CPC/2015. (...) VII. Agravo interno improvido. (STJ; AgInt no MS 22.133/DF; Primeira Seção; Rel. Min. Assusete Magalhães; Julg. 08/02/2017; DJe 20/02/2017)

Conservação de efeitos da decisão até apreciação pelo juízo competente.

✓ Agravo regimental no recurso extraordinário com agravo. Improbidade administrativa. Processual. Incompetência absoluta. Anulação dos atos decisórios praticados. Exegese do art. 64, § 4º, do NCPC. Conservação da eficácia das decisões até ulterior deliberação do juízo competente. Supressão de instâncias. Decisão que compete à Justiça estadual. Agravo regimental não provido. 1. O art. 64, § 4º, do NCPC, introduzindo dinâmica distinta daquela do CPC/1973, previu que os atos decisórios praticados por juízo incompetente conservam sua validade e eficácia até posterior manifestação do juízo competente, o qual, observados o contraditório e a ampla defesa, poderá ratificá-los ou não. 2. Reconhecida a competência da Justiça estadual para processar e julgar a demanda, a ela compete, a priori, analisar quais atos decisórios prolatados pelo juízo anterior serão ou não revogados, mesmo em casos de incompetência absoluta. Precedentes. 3. Excepcionalmente, a Suprema Corte poderá declarar, de imediato, a nulidade de deliberações, desde que satisfeitos os requisitos da urgência e/ou imprescindibilidade da medida, os quais não se encontram presentes no caso concreto. 4. Agravo regimental a que se nega provimento. (STF; ARE 850933 AgR; Segunda Turma; Rel. Min. Dias Toffoli; Julg. 02/05/2017, Processo Eletrônico DJe-100 DIVULG 12/05/2017 PUBLIC 15/05/2017)

Art. 65. Prorrogar-se-á a competência relativa se o réu não alegar a incompetência em preliminar de contestação.

→ V. Art. 335 do NCPC.

Parágrafo único. A incompetência relativa pode ser alegada pelo Ministério Público nas causas em que atuar.

Prorrogação da competência territorial caso não seja alegada em preliminar de contestação.

✓ PROCESSUAL CIVIL. CONFLITO NEGATIVO DE COMPETÊNCIA. COMPETÊNCIA RELATIVA. SÚMULA N. 33 DO SUPERIOR TRIBUNAL DE JUSTIÇA. DECLINAÇÃO DE OFÍCIO. DESCABIMENTO. 1. A competência fixada em razão do domicílio, sendo de natureza territorial e, portanto, relativa, não pode ser declinada de ofício (Súmula nº 33 do STJ). 2. Nesses casos, a eventual incompetência pode ser alegada como questão preliminar de contestação, nos termos do art. 64 do novo Código de Processo Civil

(CPC) E, não o sendo, tem-se por prorrogada a competência (art. 65 do CPC). 3. Conflito conhecido e julgado procedente, para declarar a competência do Juízo Federal da Subseção Judiciária de Patos de Minas (MG), suscitado. (TRF 1ª R.; CC 0021919-21.2016.4.01.0000; Terceira Seção; Rel. Des. Fed. Daniel Paes Ribeiro; DJF1 07/07/2017)

Incompetência relativa não pode ser declarada de ofício.

✓ CONFLITO NEGATIVO DE COMPETÊNCIA. AÇÃO INDENIZATÓRIA. FORO DE DOMICÍLIO. COMPETÊNCIA RELATIVA. RECONHECIMENTO DE OFÍCIO. IMPOSSIBILIDADE. SÚMULA Nº 33 DO STJ. ARTIGO 64 DO CPC. MATÉRIA SUJEITA A PRELIMINAR DE CONTESTAÇÃO. COMPETÊNCIA DO JUÍZO SUSCITADO. 1. Segundo o Enunciado da Súmula nº 33 do colendo Superior Tribunal de Justiça, -a incompetência relativa não pode ser declarada de ofício-. 2. Quando a demanda for ajuizada em circunscrição judiciária diversa das indicadas na legislação processual, a matéria de competência relativa somente poderá ser alegada como questão preliminar de contestação, não sendo possível a sua declinação de ofício, conforme estabelecem os artigos 64 e 65, do Código de Processo Civil. 3. Conflito negativo de competência acolhido e declarado competente o Juízo suscitado. (TJDF; Proc 0713.54.1.972017-8070000; Ac. 106.1002; Primeira Câmara Cível; Relª Desª Gislene Pinheiro; Julg. 21/11/2017; DJDFTE 28/11/2017)

Art. 66. Há conflito de competência quando:

I – 2 (dois) ou mais juízes se declaram competentes;

II – 2 (dois) ou mais juízes se consideram incompetentes, atribuindo um ao outro a competência;

III – entre 2 (dois) ou mais juízes surge controvérsia acerca da reunião ou separação de processos.

Parágrafo único. O juiz que não acolher a competência declinada deverá suscitar o conflito, salvo se a atribuir a outro juízo.

Parte não pode provocar a competência originária do STF sem haver conflito entre julgadores.

✓ AGRAVO REGIMENTAL NO CONFLITO DE COMPETÊNCIA. INEXISTÊNCIA DE CONFLITO ENTRE ÓRGÃOS JUDICIAIS. DESCABIMENTO DA VIA PROCESSUAL ELEITA. INVIABILIDADE DA CONTROVÉRSIA. AGRAVO REGIMENTAL IMPROVIDO. I – Não cabe à parte interessada provocar a competência originária desta Corte Suprema para que, sem que exista conflito de competência entre órgãos judicantes, decida sobre suposto conflito suscitado abstratamente. II – Agravo regimental a que se nega provimento. (STF; CC 7972 AgR; Tribunal Pleno; Rel. Min. Ricardo Lewandowski; Julg. 21/08/2017, Processo Eletrônico DJe-190 DIVULG 25/08/2017 PUBLIC 28/08/2017)

Inadmissão do conflito de competência.

✓ PROCESSUAL CIVIL. ADMINISTRATIVO. AGRAVO INTERNO NO CONFLITO DE COMPETÊNCIA. CÓDIGO DE PROCESSO CIVIL DE 2015. APLICABILIDADE. ART. 66 DO CPC. CONFLITO DE COMPETÊNCIA. AUSÊNCIA DOS PRESSUPOSTOS DE ADMISSIBILIDADE. ARGUMENTOS INSUFICIENTES PARA DESCONSTITUIR A DECISÃO ATACADA. I – Consoante o decidido pelo Plenário desta Corte na sessão realizada em 09.03.2016, o regime recursal será determinado pela data da publicação do provimento jurisdicional impugnado. In casu, aplica-se o Código de Processo Civil de 2015. II – A teor do art. 66 do novo Código de Processo Civil, há conflito de competência quando dois ou mais juízes se declaram competentes (inciso I), se consideram incompetentes, atribuindo ao outro a competência (inciso II) ou existe entre eles controvérsia acerca da reunião ou separação de processos (inciso III). III – No caso, conforme se verifica das próprias razões da parte suscitante, apenas o Juízo trabalhista decidiu acerca de sua competência, de modo que a espécie não revela quaisquer das hipóteses legais para o conhecimento do conflito ora suscitado, sendo irrelevante para esse fim o mero ajuizamento de ação ordinária na Justiça Federal. IV – O Agravante não apresenta, no agravo, argumentos suficientes para desconstituir a decisão recorrida. V – Agravo Interno improvido. (STJ; AgInt no CC 150.684; RS; Primeira Seção; Rel. Min. Regina Helena Costa; Julg. 24/05/2017; DJe 30/05/2017)

Falta de manifestação expressão de magistrados sobre eventual conflito.

✓ AGRAVO INTERNO NO CONFLITO DE COMPETÊNCIA. AÇÃO COLETIVA DE CONSUMO PROPOSTA PELA ASSOCIAÇÃO NACIONAL EM DEFESA DOS DIREITOS DOS PASSAGEIROS DO TRANSPORTE AÉREO – ANDEP EM FACE DA VRG LINHAS AEREAS S.A – INDENIZAÇÃO – DANOS MATERIAIS E MORAIS SUPORTADOS POR CONSUMIDORES, PASSAGEIROS DE TRANSPORTE AÉREO, NO PERÍODO ENTRE 2006 E 2009. AUSÊNCIA DE MANIFESTAÇÃO EXPRESSA DE DOIS OU MAIS JUÍZES QUE SE DECLAREM COMPETENTES OU INCOMPETENTES PARA PROCESSAR E JULGAR UMA MESMA DEMANDA. INCONFORMISMO DA SUSCITANTE. 1. Para a caracterização de conflito de competência, nos termos do art. 66 do NCPC (art. 115, do CPC/73), faz-se necessário que dois ou mais juízos se declarem competentes ou incompetentes para o processamento e julgamento de uma mesma demanda, ou divirjam a respeito da reunião ou da separação de processos. 2. Agravo interno desprovido. (STJ; AgInt no CC 149.955/RS; Segunda Seção; Rel. Min. Marcos Buzzi; Julg. 26/04/2017; DJe 03/05/2017)

É prematura a instauração do conflito ante a mera potencialidade de serem proferidas decisões contraditórias.

✓ AGRAVO INTERNO. PROCESSUAL CIVIL. CONFLITO DE COMPETÊNCIA. ART. 66 DO CPC/2015

(ART. 115 do CPC/73). NÃO CONFIGURAÇÃO. POSSIBILIDADE DE DECISÕES CONFLITANTES. INSTAURAÇÃO PREMATURA DO CONFLITO. CAUSAS DIVERSAS. SÚMULA N. 150/STJ. JUSTIÇA FEDERAL. JUSTIÇA ESTADUAL. CONEXÃO. INVIABILIDADE. 1. Para a caracterização de conflito de competência, é necessário que haja a manifestação de dois juízes, ambos declarando-se competentes ou incompetentes, e ainda que entre eles surja controvérsia acerca da reunião ou separação de processos. Ausentes as hipóteses previstas no art. 66 do CPC/2015 (art. 115 do CPC/73), o conflito não merece conhecimento. 2. É prematura a instauração do conflito quando houver a mera potencialidade de que sejam proferidas decisões contraditórias em demandas assemelhadas. 3. "Compete a Justiça Federal decidir sobre a existência de interesse jurídico que justifique a presença, no processo, da União, suas autarquias ou empresas públicas" (Súmula n. 150/STJ). 4. A reunião de ações reputadas conexas que tramitam em juízo estadual e em juízo federal, pois a competência absoluta da Justiça Federal para o julgamento de uma das causas não permite modificação por conexão (CC n. 124.046/GO). 5. Agravo interno desprovido. (STJ; AgInt no CC 145.994; RN; Segunda Seção; Rel. Min. João Otávio de Noronha; Julg. 10/08/2016; DJe 22/08/2016)

Reunião de causas conexas no juízo da sede da pessoa jurídica.

✓ CONFLITO POSITIVO DE COMPETÊNCIA. CONFIGURAÇÃO. CONTROVÉRSIA ACERCA DA REUNIÃO DE PROCESSOS. CPC/2015, ARTIGOS 55, CAPUT E PARÁGRAFOS 1º E 3º, E 66, III. POSSIBILIDADE DE DECISÕES CONFLITANTES. CONEXÃO. CAUSA DE PEDIR E PEDIDOS COMUNS. COMPETÊNCIAS TERRITORIAIS DIVERSAS. PESSOA JURÍDICA RÉ. FORO DA SEDE. ART. 53, III, "A", DO CPC/2015. 1. Nos termos do art. 66, III, do CPC/2015, há conflito de competência quando existe, entre dois ou mais juízes, controvérsia acerca da reunião ou da separação de processos. 2. "Serão reunidos para julgamento conjunto os processos que possam gerar risco de prolação de decisões conflitantes ou contraditórias caso decididos separadamente, mesmo sem conexão entre eles" (art. 55, § 3º, do CPC/2015). Na espécie, acerca do mesmo evento, vários juízos estão proferindo decisões em processos diferentes e em sentidos diversos.3. Além disso, segundo o caput e o § 1º do art. 55 do CPC/2015, também serão reunidos, para decisão conjunta, os processos conexos, o que ocorre quando duas ou mais ações possuem pedido ou causa de pedir comuns. 4. As demandas ajuizadas em Careiro Castanho – AM (0000027-57.2017.04.3701), Madureira – RJ (0004747-71.2017.8.19 e 0005232-71.2017.8.19.0202) e uma das ações propostas em Corumbá de Goiás – GO (27625-85.2017.8.09.0034) são conexas, pois contêm a mesma causa de pedir e o mesmo pedido, consistentes na suposta irregularidade da candidatura do Sr. José Wellington da Costa Júnior, por alegada incompatibilidade, e na consequente pedido de exclusão. 5. Essas ações também são conexas com o feito processado na Comarca de Manaus – AM (0606086-54.2017.8.04.0001), por meio do qual, além da nulidade de outros registros eventualmente irregulares, também se busca a nulidade da mencionada candidatura com base na suposta incompatibilidade. 6. A demanda na capital amazonense, por sua vez, gera conexão com as ações propostas nas Comarcas de Peixe-Boi – PA (0000441-95.2017.8.14.0041), Carauari – AM (0000014-76.2017.8.04.3501), Juruá – AM (0000005-67.2017.8.04.5101) e Santo Antônio do Içá – AM (0000077.07.2017.8.04.6701), além da outra ação promovida na Comarca de Corumbá de Goiás – GO (52148-64.2017.8.09.0034), uma vez que todas almejam o cancelamento de inscrições de eleitores com fundamento na Resolução Eleitoral n. 001/2016 da Convenção. 7. Sendo conexas as causas, os processos devem ser reunidos para julgamento conjunto no juízo competente, o qual, tratando-se de ré pessoa jurídica, é aquele em que se localiza sua sede (art. 53, III, "a", do CPC/2015). Precedente: CC n. 132.402/SP, Relator Ministro SIDNEI BENETI, SEGUNDA SEÇÃO; Julg. 11/6/2014; DJe 1º/7/2014. 8. O conflito não merece conhecimento em relação aos feitos de n. 1006907-72.2017.8.26.0100 (Juízo da 13ª Vara Cível de São Paulo – SP), n. 0001215-57.2017.8.03.0001 (Juízo da 5ª Vara da Fazenda Pública do Macapá – AP) e n. 0000649-87.2017.8.19.0058 (Juízo da 2ª Vara da Comarca de Saquarema – RJ), pois foram extintos, em decorrência da homologação do pedido de desistência dessas ações. 9. Quanto ao processo de n. 0001141-07.2017.8.14.0030 (Juízo da Vara de Marapanim – PA), não há mais conflito sobre a reunião das demandas para julgamento conjunto, não sendo admissível o incidente, pois o Juízo declinou de sua competência em favor do foro de MADUREIRA – RJ, sede da pessoa jurídica ré. 10. O processo de n. 0001541 54.2017.8.14.0019, da Vara Única de Curuçá – PA, foi julgado extinto por ausência de recolhimento das custas, inexistindo conflito a ser dirimido em relação a tal demanda. 11. Conflito parcialmente conhecido para estabelecer a competência do Juízo de Direito da 1ª Vara Cível de Madureira – RJ. (STJ; CC 151.295/RJ; Segunda Seção; Rel. Min. Antonio Carlos Ferreira; Julg. 14/06/2017; DJe 22/06/2017)

Capítulo II
DA COOPERAÇÃO NACIONAL

Art. 67. Aos órgãos do Poder Judiciário, estadual ou federal, especializado ou comum, em todas as instâncias e graus de jurisdição, inclusive aos tribunais superiores, incumbe o dever de recíproca cooperação, por meio de seus magistrados e servidores.

→ *v.* Enunciado 669 do FPPC: O regimento interno pode regulamentar a cooperação entre órgãos do tribunal.

→ *v.* Enunciado 670 do FPPC: A cooperação judiciária pode efetivar-se pela prática de atos de natureza administrativa ou jurisdicional.

Não cabe à parte postular a cooperação: a efetivação desta é dever do Poder Judiciário.

✓ AGRAVO DE PETIÇÃO. COOPERAÇÃO JURISDICIONAL. Conforme disciplinado nos artigos 67, 68 e 69 do Código de Processo Civil de 2015, é dever dos órgãos do Poder Judiciário a facilitação da habilitação de créditos na falência e na recuperação judicial. Entretanto, no caso em exame, não está, ainda, disciplinado nesta Justiça Especializada o meio pelo qual se dará a cooperação entre os órgãos do Poder Judiciário, seja federal ou estadual. Além disso, a cooperação a que se refere o artigo 69 não se confunde com a cooperação entre as partes de um processo, mas se trata da cooperação entre órgãos do Poder Judiciário visando à facilitação da prestação jurisdicional. Portanto, entendo que não cabe à parte, no caso concreto, como ocorreu no caso em voga, a postulação da efetivação da referida cooperação, a qual é dever e competência do Poder Judiciário. Negado provimento ao recurso. (TRT 4ª R.; AP 0020388-84.2016.5.04.0111; Relª Desª Ana Rosa Pereira Zago Sagrilo; DEJTRS 17/08/2017; Pág. 922)

Art. 68. Os juízos poderão formular entre si pedido de cooperação para prática de qualquer ato processual.

Art. 69. O pedido de cooperação jurisdicional deve ser prontamente atendido, prescinde de forma específica e pode ser executado como:

I – auxílio direto;

II – reunião ou apensamento de processos;

III – prestação de informações;

IV – atos concertados entre os juízes cooperantes.

§ 1º As cartas de ordem, precatória e arbitral seguirão o regime previsto neste Código.

→ *v.* Art. 227, § 1º, do RISTJ.

→ *v.* Enunciado 4 do FPPC: A carta arbitral tramitará e será processada no Poder Judiciário de acordo com o regime previsto no Código de Processo Civil, respeitada a legislação aplicável.

§ 2º Os atos concertados entre os juízes cooperantes poderão consistir, além de outros, no estabelecimento de procedimento para:

I – a prática de citação, intimação ou notificação de ato;

II – a obtenção e apresentação de provas e a coleta de depoimentos;

→ *v.* Enunciado 671 do FPPC: O inciso II do §2º do art. 69 autoriza a produção única de prova comum a diversos processos, assegurada a participação dos interessados.

→ III – a efetivação de tutela provisória;

IV – a efetivação de medidas e providências para recuperação e preservação de empresas;

V – a facilitação de habilitação de créditos na falência e na recuperação judicial;

VI – a centralização de processos repetitivos;

VII – a execução de decisão jurisdicional.

§ 3º O pedido de cooperação judiciária pode ser realizado entre órgãos jurisdicionais de diferentes ramos do Poder Judiciário.

→ *v.* Enunciado 5 do FPPC: O pedido de cooperação poderá ser realizado também entre o árbitro e o Poder Judiciário.

É dever dos órgãos do Poder Judiciário a facilitação da habilitação de créditos na falência e na recuperação judicial.

✓ AGRAVO DE PETIÇÃO. COOPERAÇÃO JURISDICIONAL. Conforme disciplinado nos artigos 67, 68 e 69 do Código de Processo Civil de 2015, é dever dos órgãos do Poder Judiciário a facilitação da habilitação de créditos na falência e na recuperação judicial. Entretanto, no caso em exame, não está, ainda, disciplinado nesta Justiça Especializada o meio pelo qual se dará a cooperação entre os órgãos do Poder Judiciário, seja federal ou estadual. Além disso, a cooperação a que se refere o artigo 69 não se confunde com a cooperação entre as partes de um processo, mas se trata da cooperação entre órgãos do Poder Judiciário visando à facilitação da prestação jurisdicional. Portanto, entendo que não cabe à parte, no caso concreto, como ocorreu no caso em voga, a postulação da efetivação da referida cooperação, a qual é dever e competência do Poder Judiciário. Negado provimento ao recurso. (TRT 4ª R.; AP 0020388-84.2016.5.04.0111; Relª Desª Ana Rosa Pereira Zago Sagrilo; DEJTRS 17/08/2017; Pág. 922)

Informações solicitadas que, além de se mostrarem necessárias ao seguimento do feito, podem ser prestadas por meio eletrônico.

✓ RECURSO. Agravo de Instrumento. "Ação de cobrança" em fase de cumprimento de sentença. Insurgência contra a r. Decisão, que manteve o indeferimento do pedido de aplicação das regras da Cooperação Nacional, para que a 1ª Vara Federal da Seção Judiciária de Manaus/AM preste as informações solicitadas por ofício. Admissibilidade. Juízo de primeiro grau que pode solicitar informações ao Juízo oficiado, acerca do cumprimento do ofício nº 090/2016, protocolado em março/2016. Inteligência do artigo 69, inciso III, do NCPC. Providência que se revela necessária para o prosseguimento do feito. Informações solicitadas pelo ofício, que podem ser prestadas por e-mail ou outro meio eletrônico. Recurso provido. (TJSP; AI 2182959-46.2016.8.26.0000; Ac. 10085873; São Paulo; Décima Oitava Câmara de Direito Privado; Rel. Des. Roque Antonio Mesquita de Oliveira; Julg. 19/12/2016; DJESP 24/01/2017)

LIVRO III
DOS SUJEITOS DO PROCESSO

TÍTULO I
Das Partes e dos Procuradores

Capítulo I
DA CAPACIDADE PROCESSUAL

Art. 70. Toda pessoa que se encontre no exercício de seus direitos tem capacidade para estar em juízo.

→ *v.* Arts. 2º e 5º do CC/2002.
→ *v.* Art. 210 do ECA.
→ *v.* Art. 8º, § 2º, da Lei 9.099/1995.

O falecimento da pessoa natural antes do ajuizamento da ação torna inexistente um dos elementos essenciais da relação jurídica processual.

✓ EXECUÇÃO. AJUIZAMENTO. "AUTOR" FALECIDO ANTES DO AJUIZAMENTO. PROSSEGUIMENTO. IMPOSSIBILIDADE. 1. O falecimento da pessoa natural, antes do ajuizamento da ação, torna inexistente um dos elementos essenciais da relação jurídica processual, fulminando o processo sob diversos ângulos: I) Inexistência de pressuposto processual de existência (pessoa capaz de estar em juízo) conforme o art. 70, do CPC/15 (Art. 70. Toda pessoa que se encontre no exercício de seus direitos tem capacidade para estar em juízo.); II) Inviabilidade da análise de condição da ação (legitimidade), conforme art. 17, do CPC/15 Para postular em juízo é necessário ter interesse e legitimidade. ; III) inexistência de mandato, conforme dispõe o art. 682, II do Código Civil (cessa o mandato pela morte ou interdição de uma das partes) IV) impossibilidade do ajuizamento sem procuração (art. 104, §§ 1º e 2º, do CPC/15). 2. Somente quem compôs a relação jurídica processual pode ser sucedido no processo, sendo, portanto, inviável a substituição na forma do art. 110, do CPC/15. 3. Apelação não provida. (TRF 4ª R.; AC 5028958-31.2016.404.7200; SC; Quarta Turma; Rel. Des. Fed. Candido Alfredo Silva Leal Junior; Julg. 27/09/2017; DEJF 04/10/2017)

A pessoa jurídica que, quando do ajuizamento da ação, se encontrava liquidada e com a respectiva inscrição cancelada perante a Receita Federal do Brasil não tem capacidade para ser parte.

✓ PROCESSO CIVIL. PROPRIEDADE INDUSTRIAL. AÇÃO DE NULIDADE OU RENUNCIA DE REGISTRO DE MARCA. PESSOA JURÍDICA EXTINTA. CAPACIDADE PROCESSUAL. EXTINÇÃO DO PROCESSO SEM RESOLUÇÃO DO MÉRITO. I. A pessoa jurídica que na ocasião do ajuizamento de ação encontrava-se liquidada e com a respectiva inscrição cancelada perante a Receita Federal do Brasil não possui capacidade para ser parte, ut art. 70 do CPC/2015, a contrario sensu. II. A necessidade de se estabelecer o contraditório acerca do fato de que o pedido de registro da marca "FARMARA. COM" foi feito por pessoa jurídica privada que não exercia diretamente, no momento do depósito, atividade efetiva, posto que liquidada, e a admissão desse requerimento pelo INPI, somada à existência de outra empresa individual com nome comercial "FARMARA ", afastam a possibilidade do aproveitamento dos atos processuais, considerando que o processo teria que ser anulado desde a citação e pode, em tese, vir a ser julgado de forma diferente do entendimento adotado pela sentença apelada. III. Processo extinto, de ofício, sem resolução do mérito. art. 485, IV e § 3º, e art. 70, ambos do CPC/2015.; apelação prejudicada. (TRF 2ª R.; AC 0803656-11.2010.4.02.5101; Segunda Turma Especializada; Rel. Des. Fed. Marcello Granado; Julg. 25/07/2017; DEJF 09/08/2017)

Art. 71. O incapaz será representado ou assistido por seus pais, por tutor ou por curador, na forma da lei.

→ *v.* Arts. 178, II e 721 do NCPC.

Pretendendo-se a concessão de pensão por morte a incapaz, é necessária a intimação do Ministério Público sob pena de nulidade absoluta.

✓ PROCESSO CIVIL. EMBARGOS DE DECLARAÇÃO. OMISSÃO. EXISTÊNCIA. PENSÃO POR MORTE. INCAPAZ. AUSÊNCIA DE INTIMAÇÃO DO MINISTÉRIO PÚBLICO EM PRIMEIRA INSTÂNCIA. SENTENÇA NULA. NECESSIDADE DE REGULARIZAÇÃO DA REPRESENTAÇÃO PROCESSUAL. I. Nos termos do art. 1.022 do CPC/15, os embargos de declaração têm por objetivo sanar eventual obscuridade, contradição, omissão ou erro material. II- In casu, o V. acórdão, de relatoria da Exma. Desembargadora Federal Vera Jucovsky, não se pronunciou sobre os efeitos da ausência de intimação do Ministério Público em primeiro grau, bem como sobrea necessidade de regularização da representação processual, matérias estas constantes no parecer de fls. 140/142. III. Em casos como este, no qual se pretende a concessão de pensão por morte a incapaz, mister se faz a intimação do Ministério Público, sob pena de se fulminar o processo com nulidade absoluta. IV- Como há independência do Ministério Público relativamente ao juiz, não pode o magistrado obrigá-lo a intervir no feito. Assim, o que enseja a nulidade não é a ausência de intervenção do Parquet, mas a falta de sua intimação. E não consta dos autos que a referida providência tenha sido tomada, transparecendo evidente a presença do insanável vício. V- No presente feito, o I. Representante do Parquet Federal requereu, em seu parecer, a nulidade do processo, por ausência de intervenção do Ministério Público. Outrossim, ficou demonstrado o prejuízo da parte autora, uma vez que o pedido foi julgado improcedente. VI- À luz do laudo pericial acostado aos autos, entende-se necessária a regularização da representação processual da parte autora, devendo ser observado o disposto nos arts. 71 e 72 do CPC. VII- Embargos de declaração providos. Sentença anulada. (TRF 3ª R.; EDcl-Ag-AC 0038718-71.2010.4.03.9999; Oitava Turma; Rel. Des. Fed. Newton de Lucca; Julg. 07/08/2017; DEJF 23/08/2017)

Nomeação de curador especial não supre a falta de citação válida (vício insanável).

✓ APELAÇÃO CÍVEL. AÇÃO DE DESTITUIÇÃO DE PODER FAMILIAR COM PEDIDO DE ABRIGAMENTO LIMINAR AJUIZADA PELO MINISTÉRIO PÚBLICO. Sentença de procedência. Recurso do genitor. Preliminar de mérito. Manifestação ministerial pela decretação de nulidade da citação. Subsistência. Irregularidade no ato citatório da genitora evidenciada. Parte relativamente incapaz que recebeu citação pessoal sem assistência de representante legal. Inobservância do disposto nos artigos 71 e 242, do novo código de processo civil. Condição de incapacidade relativa presente na data da audiência de instrução e publicação da sentença. Prejuízo manifesto ao contraditório e à ampla defesa. Inteligência do artigo 280 do novo código de processo civil. Ausência, ademais, de participação ou intimação da representante legal no feito. Nomeação de curador especial pelo juízo a quo. Providência que não supre a falta de citação válida. Exegese do artigo 72, do novo código de processo civil. Vício insanável. Decretação de nulidade ex officio do feito desde a citação. Necessidade, outrossim, de realização de estudos sociais com a família extensa. Retorno dos autos à origem. Recurso prejudicado. (TJSC; AC 0900001-31.2016.8.24.0009; Bom Retiro; Sexta Câmara de Direito Civil; Relª Desª Denise Volpato; DJSC 27/03/2017; Pag. 204)

Suficiência do instrumento particular de mandato subscrito pela genitora em relação a absolutamente incapaz.

✓ AGRAVO DE INSTRUMENTO. ASSISTÊNCIA JUDICIÁRIA GRATUITA. MERA DECLARAÇÃO. PROCESSUAL CIVIL. IRREGULARIDADE DE REPRESENTAÇÃO. INOCORRÊNCIA. ART. 71, DO NCPC/75. INTELIGÊNCIA. Para a concessão da Assistência Judiciária Gratuita basta a mera declaração de hipossuficiência, presumindo-se verdadeira a alegação de insuficiência de recursos deduzida por pessoa natural (art. 99, §3º, do CPC/15). Tratando-se o autor de pessoa absolutamente incapaz (art. 3º, do CC/02) a sua representação pela genitora é legal, conforme art. 71, do NCPC/15, não exigindo a Lei Processual nenhuma forma específica para sua efetivação. O instrumento particular de mandato de advogado subscrito pela genitora do agravante é suficiente para que haja a regularidade da representação processual, não havendo razão para a exigência de instrumento público para tanto. (TJMG; AI 1.0702.15.028562-6/001; Rel. Des. Antônio Bispo; Julg. 23/06/2016; DJEMG 01/07/2016)

Art. 72. O juiz nomeará curador especial ao:

→ v. Arts. 1.767 e ss. do CC/2002.

→ v. Art. 148, parágrafo único, f, do ECA.

I – incapaz, se não tiver representante legal ou se os interesses deste colidirem com os daquele, enquanto durar a incapacidade;

→ v. Art. 3º do CC/2002.

II – réu preso revel, bem como ao réu revel citado por edital ou com hora certa, enquanto não for constituído advogado.

→ v. Súmula 196 do STJ.

→ v. Arts. 246, IV, e 256 do NCPC.

Parágrafo único. A curatela especial será exercida pela Defensoria Pública, nos termos da lei.

→ v. Art. 4º, XVI, da LC 80/1994.

Ausência de nomeação de curador a incapaz: nulidade.

✓ PROCESSUAL CIVIL E CIVIL. RECURSO ESPECIAL. AÇÃO DE INTERDIÇÃO. AUSÊNCIA DE INTERROGATÓRIO. AUSÊNCIA DE NOMEAÇÃO DE CURADOR À LIDE. INVIABILIDADE. NULIDADE. A ação de interdição é o meio através do qual é declarada a incapacidade civil de uma pessoa e nomeado curador, desde que fique demonstrada a incapacidade para praticar os atos da vida civil do interditando. A questão que exsurge nesse recurso é julgar se a ausência de nomeação de curador à lide e de interrogatório do interditando dão ensejo à nulidade do processo de interdição. A participação do Ministério Público como custos legis em ação de interdição não supre a ausência de nomeação de curador à lide, devido à antinomia existente entre as funções de fiscal da lei e representante dos interesses do interditando. O interrogatório do interditando é medida que garante o contraditório e a ampla defesa de pessoa que se encontra em presumido estado de vulnerabilidade. São intangíveis as regras processuais que cuidam do direito de defesa do interditando, especialmente quando se trata de reconhecer a incapacidade e restringir direitos. Recurso especial provido para nulificar o processo. (STJ; REsp 1686161; SP; Terceira Turma; Rel. Min. Nancy Andrighi; Julg. 12/09/2017; DJe 15/09/2017)

Réu citado por edital: advogado dativo e Defensoria Pública estão dispensados do recolhimento de preparo recursal.

✓ EMBARGOS DE DECLARAÇÃO EM AGRAVO REGIMENTAL EM AGRAVO EM RECURSO ESPECIAL. OMISSÃO CONFIGURADA. CURADORIA ESPECIAL. RÉU CITADO POR EDITAL. ART. 72, II, DO CPC. RECOLHIMENTO DE PREPARO RECURSAL. DESNECESSIDADE. ACOLHIMENTO DOS EMBARGOS DE DECLARAÇÃO, PARA AFASTAR A DESERÇÃO DO RECURSO ESPECIAL. AGRAVO EM RECURSO ESPECIAL. AUSÊNCIA DE IMPUGNAÇÃO ESPECÍFICA AOS FUNDAMENTOS DA DECISÃO PROFERIDA PELO TRIBUNAL DE ORIGEM. ART. 544, § 4º, I, DO CPC DE 1973. 1. Depreende-se do artigo 1.022, e seus incisos, do novo Código de Processo Civil que os embargos de declaração são cabíveis quando constar, na decisão recorrida, obscuridade, contradição, omissão em ponto sobre o qual deveria ter se pronunciado o julgador, ou até mesmo as condutas descritas no artigo 489, parágrafo 1º, que configurariam a carência de fundamentação válida. 2. Na espécie, o aresto embargado não se manifestou de modo satisfatório sobre o argumento apresentado pela defensoria pública, quanto ao alegado descabimento da exigência de preparo no exercício de curadoria especial. Omissão configurada. 3. A nomeação de curador especial, nas hipóteses previstas no inciso II do art. 72 do CPC (correspondente ao art. 9º, II, do CPC de 1973), está calcada nos princípios constitucionais da ampla defesa e do contraditório, porquanto presume-se que a parte esteja impossibilitada de exercer os seus direitos, de sorte que o instituto é servil à defesa dos interesses do curatelado em situações de vulnerabilidade que ultrapassam o critério socioeconômico. Precedente: REsp 511.805/MG, Rel. Ministro Teori Albino Zavascki, Primeira Turma; Julg. 17/08/2006, DJ de 31/08/2006, p. 198. 4. O advogado dativo e a defensoria pública, no exercício da curadoria especial prevista no inciso II do art. 72 do CPC, estão dispensados do recolhimento de preparo recursal, independentemente do deferimento de gratuidade de justiça em favor do curatelado especial, sob pena de limitação, de um ponto de vista prático, da defesa dos interesses do curatelado ao primeiro grau de jurisdição, porquanto não se vislumbra que o curador especial se disporia em custear esses encargos por sua própria conta e risco. 5. As despesas relativas aos atos processuais praticados pelo curador especial – dentre elas o preparo recursal – serão custeadas pelo vencido ao final do processo, consoante disposto no caput do art. 91 do Código de Processo Civil de 2015, observado o regramento relativo à gratuidade de justiça. 6. O agravo que objetiva conferir trânsito ao recurso especial obstado na origem reclama, como requisito objetivo de admissibilidade, a impugnação específica aos fundamentos utilizados para a negativa de seguimento do apelo extremo, consoante expressa previsão contida no art. 544, § 4º, inc. I, do CPC de 1973 e art. 253, parágrafo único, I, do Regimento Interno do Superior Tribunal de Justiça – RISTJ, ônus da qual não se desincumbiu a parte insurgente. 7. Embargos de declaração acolhidos, com efeitos infringentes, para afastar a pena de deserção do recurso especial. Agravo nos próprios autos não conhecido. (STJ; EDcl no AgRg no AREsp 738.813; RS; Quarta Turma; Rel. Min. Luis Felipe Salomão; Julg. 15/08/2017; DJe 18/08/2017)

MP não cumula funções de fiscal e curador especial em interdição.

✓ O atual sistema jurídico brasileiro não permite mais a possibilidade de o Ministério Público exercer, simultaneamente, as funções de fiscal da lei e de curador especial em processos de interdição. Com esse entendimento, a Terceira Turma do STJ restabeleceu decisão da primeira instância que havia nomeado a Defensoria Pública de São Paulo para atuar como curadora especial de interditando. A relatora do processo, ministra Nancy Andrighi, salientou que o curador deve sempre buscar a promoção dos interesses do interditando, podendo existir conflito de interesse se o Ministério Público acumular as funções de fiscal da lei e curador. "A função de custos legis é a de fiscalizar a estrita aplicação da lei, o que não necessariamente se compatibiliza com o interesse pessoal do interditando. Consequentemente, a cumulação de funções pelo Ministério Público pode levar à prevalência de uma das funções em detrimento da outra", explicou a magistrada. A ministra ressaltou que a jurisprudência da Terceira Turma do STJ atribui o exercício de curadoria especial à Defensoria Pública, como estabelece o artigo 4º da Lei da Defensoria Pública. Nancy Andrighi lembrou que, apesar de os artigos 1.182, parágrafo 1º, do CPC/73 e 1.770 do Código Civil estabelecerem o Ministério Público como representante do interditando em ações de interdição, eles contrariam o artigo 129, IX, da Constituição Federal, que veda a representação judicial por parte da instituição, visto que há uma incompatibilidade entre a função de fiscal da lei e os interesses particulares envolvidos. A ministra destacou que o processo de interdição ocorre quando uma pessoa, que já atingiu a maioridade, encontra-se incapaz de exercer atos da vida civil, e, consequentemente, necessita de representação por um curador. Dessa forma, segundo Nancy Andrighi, as consequências da interdição são graves, pois se trata de medida restritiva de direitos, tendo implicações não só patrimoniais, mas existenciais para aquele que tem sua incapacidade declarada. E, portanto, para maximizar a promoção dos direitos do interditando, o legislador estabeleceu a necessidade de participação do Ministério Público como fiscal da lei, competindo à Defensoria Pública ser o seu curador (Não compete ao Ministério Público a função de curadoria especial de interditando. Disponível em http://www.stj.jus.br/sites/STJ/default/pt_BR/Comunica%C3%A7%C3%A3o/noticias/Not%C3%ADcias/N%C3%A3o-compete-ao-Minist%C3%A9rio-P%C3%BAblico-a-fun%C3%A7%C3%A3o-de-curadoria-especial-de-interditando. Acesso 06 nov. 2017. O número do processo não foi divulgado em razão de segredo judicial.)

Art. 73. O cônjuge necessitará do consentimento do outro para propor ação que verse sobre direito real imobiliário, salvo quando casados sob o regime de separação absoluta de bens.

→ v. Arts. 5º, I, e 226, § 5º, da CF/1988.
→ v. Art. 1.647 do CC/2002.
→ v. Art. 3º da Lei 8.245/1991.
→ v. Art. 337, IX do NCPC.

§ 1º Ambos os cônjuges serão necessariamente citados para a ação:

I – que verse sobre direito real imobiliário, salvo quando casados sob o regime de separação absoluta de bens;

→ v. Art. 114 do NCPC.

II – resultante de fato que diga respeito a ambos os cônjuges ou de ato praticado por eles;

III – fundada em dívida contraída por um dos cônjuges a bem da família;

→ v. Arts. 1.643 e 1.644 do CC/2002.

IV – que tenha por objeto o reconhecimento, a constituição ou a extinção de ônus sobre imóvel de um ou de ambos os cônjuges.

§ 2º Nas ações possessórias, a participação do cônjuge do autor ou do réu somente é indispensável nas hipóteses de composse ou de ato por ambos praticado.

→ v. Art. 1.199 do CC/2002.

§ 3º Aplica-se o disposto neste artigo à união estável comprovada nos autos.

→ v. Art. 1.723 e ss. do CC/2002.

Dispensa de intimação de ex-cônjuge casado sob separação convencional.

✓ RECURSO ESPECIAL. PROCESSUAL CIVIL. DIREITO DE FAMÍLIA. EXECUÇÃO. PENHORA SOBRE IMÓVEL. INTIMAÇÃO DO EX-CÔNJUGE. DESNECESSIDADE. ART. 1.647 DO CÓDIGO CIVIL DE 2002. REGIME DE BENS. SEPARAÇÃO CONVENCIONAL. ART. 73 DO CÓDIGO DE PROCESSO CIVIL DE 2015. 1. A pessoa casada sob o regime da separação convencional de bens pode alienar bem imóvel sem a outorga conjugal (art. 1.647, caput, e I, do CC/2002 e 73 do CPC/2015). 2. É dispensável a intimação do ex-cônjuge casado sob o regime de separação convencional de bens da penhora sobre bem imóvel de propriedade particular, sobre o qual não tem direito de meação. 3. Na hipótese, não subsiste interesse jurídico do ex-cônjuge em defender o patrimônio a que não faz jus, devendo ser afastado eventual litisconsórcio passivo. 4. Recurso especial não provido. (STJ; REsp 1367343; DF; Terceira Turma; Rel. Min. Ricardo Villas Boas Cueva; Julg. 13/12/2016; DJe 19/12/2016)

Art. 74. O consentimento previsto no art. 73 pode ser suprido judicialmente quando for negado por um dos cônjuges sem justo motivo, ou quando lhe seja impossível concedê-lo.

→ v. Art. 226, § 5º, da CF/1988.
→ v. Art. 1.648 do CC/2002.

Parágrafo único. A falta de consentimento, quando necessário e não suprido pelo juiz, invalida o processo.

→ v. Arts. 76, 337, IX e 485, IV, do NCPC.

Extinção do processo sem julgamento ante a ausência de participação da companheira.

✓ RECURSO INOMINADO. AÇÃO DE COBRANÇA. IMÓVEL ADQUIRIDO NA PLANTA. RESTITUIÇÃO DE JUROS DE OBRA PAGOS EM EXCESSO. COMISSÃO DE CORRETAGEM. TRANSFERÊNCIA DO ENCARGO AO ADQUIRENTE. DANOS MORAIS. ATRASO NA ENTREGA DA UNIDADE. UNIÃO ESTÁVEL DOS ADQUIRENTES. TERMOS E COMPROMISSOS ASSUMIDOS POR AMBOS. DEMANDA PROPOSTA APENAS POR UM. APLICAÇÃO DOS ART. 1.647, II, DO CC, E ART. 73, §3º, DO CPC. COMPLEXIDADE DA CAUSA DA FORMA COMO PROPOSTA. OUTORGA E SUPRESSÃO JUDICIAL. LITISCONSÓRCIO ATIVO NECESSÁRIO. EXTINÇÃO DA DEMANDA, SEM SOLUÇÃO DE MÉRITO. SENTENÇA DESCONSTITUÍDA. A parte autora pede provimento ao recurso, para reformar a sentença que julgou improcedente a ação de cobrança. Incontroverso que todos os compromissos, contratos e atos referentes ao imóvel foram firmados pelo autor em conjunto com sua companheira, a qual não integra o polo ativo da demanda. A pretensão deduzida pelo autor refere-se a direitos vinculados a bem imóvel. Indispensável a participação da companheira, porque inexiste a outorga ou supressão judicial. Considerando os princípios norteadores do juizado especial cível e o necessário litisconsórcio ativo, resta evidenciada a complexidade da demanda. Incidência do art. 1.647, II, do Código Civil, art. 73, §º1, II, e §§2º e 3º, e art. 74, ambos do código de processo civil. Recurso prejudicado. (TJRS; RCív 0057408-31.2015.8.21.9000; Porto Alegre; Primeira Turma Recursal Cível; Rel. Des. Roberto Carvalho Fraga; Julg. 13/12/2016; DJERS 19/12/2016)

Art. 75. Serão representados em juízo, ativa e passivamente:

I – a União, pela Advocacia-Geral da União, diretamente ou mediante órgão vinculado;

→ *v.* Arts. 131 e 132 da CF/1988.

→ *v.* LC 73/1993 – Institui a Lei Orgânica da Advocacia-Geral da União.

→ *v.* Art. 242, § 3º do NCPC.

II – o Estado e o Distrito Federal, por seus procuradores;

III – o Município, por seu prefeito ou procurador;

→ *v.* Art. 132 da CF/1988.

→ *v.* Art. 242, § 3º do NCPC.

IV – a autarquia e a fundação de direito público, por quem a lei do ente federado designar;

→ *v.* Súmula 644 do STF.

→ *v.* Lei 10.480/2002 – Dispõe sobre o Quadro de Pessoal da Advocacia-Geral da União, a criação da Gratificação de Desempenho de Atividade de Apoio Técnico-Administrativo na AGU – GDAA, cria a Procuradoria-Geral Federal.

→ *v.* Art. 242, § 3º do NCPC.

V – a massa falida, pelo administrador judicial;

→ *v.* Art. 22, III, **n**, da Lei 11.101/2005.

VI – a herança jacente ou vacante, por seu curador;

→ *v.* Arts. 1.819 a 1.823 do CC/2002.

→ *v.* Art. 739, § 1º, do NCPC.

VII – o espólio, pelo inventariante;

→ *v.* Art. 616 do NCPC.

VIII – a pessoa jurídica, por quem os respectivos atos constitutivos designarem ou, não havendo essa designação, por seus diretores;

IX – a sociedade e a associação irregulares e outros entes organizados sem personalidade jurídica, pela pessoa a quem couber a administração de seus bens;

X – a pessoa jurídica estrangeira, pelo gerente, representante ou administrador de sua filial, agência ou sucursal aberta ou instalada no Brasil;

XI – o condomínio, pelo administrador ou síndico.

→ *v.* Art. 1.314 do CC/2002.

→ *v.* Art. 22, § 1º, da Lei 4.591/1964.

§ 1º Quando o inventariante for dativo, os sucessores do falecido serão intimados no processo no qual o espólio seja parte.

§ 2º A sociedade ou associação sem personalidade jurídica não poderá opor a irregularidade de sua constituição quando demandada.

→ *v.* Art. 47 do CC/2002.

→ *v.* Art. 82. III, do CDC.

§ 3º O gerente de filial ou agência presume-se autorizado pela pessoa jurídica estrangeira a receber citação para qualquer processo.

§ 4º Os Estados e o Distrito Federal poderão ajustar compromisso recíproco para prática de ato processual por seus procuradores em favor de outro ente federado, mediante convênio firmado pelas respectivas procuradorias.

→ *v.* Enunciado 383 do FPPC: As autarquias e fundações de direito público estaduais e distritais também poderão ajustar compromisso recíproco para prática de ato processual por seus procuradores em favor de outro ente federado, mediante convênio firmado pelas respectivas procuradorias.

Representação de ente público municipal: mandato e procuração.

✓ PROCESSUAL CIVIL. AGRAVO INTERNO NO RECURSO ESPECIAL. ENUNCIADO ADMINISTRATIVO 3/STJ. ENTE PÚBLICO MUNICIPAL. PROCURATÓRIO FEITO POR ADVOGADOS PARTICULARES. NECESSIDADE DE JUNTADA DE INSTRUMENTO DE MANDATO. AUSÊNCIA. FIXAÇÃO DE PRAZO PARA A REGULARIZAÇÃO DA REPRESENTAÇÃO PROCESSUAL. DESATENDIMENTO DA DILIGÊNCIA. 1. De regra, a representação judicial das pessoas jurídicas de direito público faz-se por corpo de procuradores constituído por servidores públicos, hipótese na qual se dispensa a apresentação de prova do mandato porque este é tido como de decorrência "ex lege". Inteligência do art. 75, incisos I a IV, do CPC/2015, e da Súmula 644/STF. 2. No entanto, quando a representação do ente público faz-se mediante advogados privados, contratados, no comum dos casos, por prévio procedimento licitatório, é necessário que esse contrato de mandato prove-se pelo respectivo instrumento, vale dizer, pela procuração ou pelo substabelecimento. Precedentes. 3. Ausente essa comprovação, o art. 76, § 2.º, inciso II, do CPC/2015, determina a abertura de prazo para a regularização da representação processual, o transcurso "in albis" do lapso importando o não conhecimento do recurso, quando a diligência couber ao recorrente. 4. Agravo interno não conhecido. (STJ; AgInt no REsp 1603300; MG; Segunda Turma; Rel. Min. Mauro Campbell Marques; Julg. 16/02/2017; DJe 22/02/2017)

Assembleias legislativas: personalidade judiciária.

✓ PROCESSO CIVIL. AGRAVO INTERNO. RAZÕES QUE NÃO ENFRENTAM O FUNDAMENTO DA DECISÃO AGRAVADA. ASSEMBLÉIA LEGISLATIVA. ILEGITIMIDADE PASSIVA EM AÇÃO DE EXECUÇÃO. PERSONALIDADE JUDICIÁRIA. SÚMULA Nº 83/STJ. TESE DO RECURSO ESPECIAL QUE DEMANDA REEXAME FÁTICO E PROBATÓRIO DOS AUTOS. SÚMULA Nº 7/STJ. 1. As razões do agravo interno não enfrentam adequadamente o fundamento da decisão agravada. 2. A jurisprudência pátria possui entendimento uniforme no sentido de conferir às assembleias legislativas somente personalidade judiciária quando em defesa de seus interesses em juízo, não possuindo, portanto, legitimidade passiva em ação de execução. Súmula nº 83/STJ 3. A tese defendida no recurso demanda reexame do contexto fático e probatório dos autos, vedado pela Súmula nº 7/STJ. 4. Agravo interno a que se nega provimento (STJ; AgInt no REsp 1.195.151; AP; Quarta Turma; Rel. Min. Maria Isabel Galotti; Julg. 18/08/2016; DJe 25/08/201).

Art. 76. Verificada a incapacidade processual ou a irregularidade da representação da parte, o juiz suspenderá o processo e designará prazo razoável para que seja sanado o vício.

→ v. Súmula 115 do STJ.

→ v. Arts. 314 e 337, IX, do NCPC.

§ 1º Descumprida a determinação, caso o processo esteja na instância originária:

I – o processo será extinto, se a providência couber ao autor;

→ v. Art. 485, IV do NCPC.

II – o réu será considerado revel, se a providência lhe couber;

→ v. Art. 344 do NCPC.

III – o terceiro será considerado revel ou excluído do processo, dependendo do polo em que se encontre.

→ v. Arts. 344 e 485, VI do NCPC.

§ 2º Descumprida a determinação em fase recursal perante tribunal de justiça, tribunal regional federal ou tribunal superior, o relator:

I – não conhecerá do recurso, se a providência couber ao recorrente;

II – determinará o desentranhamento das contrarrazões, se a providência couber ao recorrido.

Inércia da regularização do recurso: ineficácia e inadmissão.

✓ AGRAVO INTERNO NO AGRAVO EM RECURSO ESPECIAL. FALTA DE INSTRUMENTO PROCURATÓRIO. INTIMAÇÃO PARA SANAR O VÍCIO. SEM MANIFESTAÇÃO. RECURSO INEFICAZ. INTELIGÊNCIA DOS ARTS. 104, § 2º, 76 § 2º, I E 932, PARÁGRAFO ÚNICO, DO CPC DE 2015. AGRAVO INTERNO NÃO CONHECIDO. 1. Apresentado agravo interno assinado eletronicamente por advogado sem instrumento procuratório nos autos, a parte agravante foi intimada para sanar o vício, nos moldes do art. 932, parágrafo único, do CPC/2015. 2. Diante da inércia da parte agravante em regularizar a sua representação processual, seu recurso subscrito por advogado sem procuração nos autos é considerado ineficaz, por força da norma do art. 104, § 2º, do CPC/2015, não merecendo ser conhecido (art. 76, § 2º, I, do CPC/2015). 3. Agravo interno não conhecido. (STJ; AgInt no AREsp 1074009; SP; Quarta Turma; Rel. Min. Luis Felipe Salomão; Julg. 19/09/2017; DJe 27/09/2017)

Irregularidade da representação processual do alimentado por força da maioridade: suspensão e prazo para sanar o vício.

✓ HABEAS CORPUS. EXECUÇÃO DE ALIMENTOS. INADIMPLÊNCIA DO DEVEDOR. PRISÃO CIVIL. LIMINAR INDEFERIDA EM OUTRO WRIT. INOCORRÊNCIA DE ILEGALIDADE MANIFESTA OU DE TERATOLOGIA. AFIRMADA ILEGALIDADE DO DECRETO DE PRISÃO. NÃO OCORRÊNCIA. ALEGADA INADEQUAÇÃO DO RITO DA EXECUÇÃO E DE AUSÊNCIA DE APRECIAÇÃO DAS JUSTIFICATIVAS APRESENTADAS. OFENSA A SÚMULA N. 09 DO STJ. INEXISTÊNCIA DE PROVA PRÉ-CONSTITUÍDA DO ALEGADO. MAIORIDADE. EXONERAÇÃO DOS ALIMENTOS NÃO É AUTOMÁTICA. SÚMULA Nº 358 DO STJ. ADUZIDA INCAPACIDADE FINANCEIRA PARA O ADIMPLEMENTO DA OBRIGAÇÃO. NECESSIDADE DE DILAÇÃO PROBATÓRIA. IMPOSSIBILIDADE DE AFERIÇÃO EM HABEAS CORPUS. REPRESENTAÇÃO PROCESSUAL APÓS MAIORIDADE. IRREGULARIDADE. PROVIDÊNCIA DO ART. 78 DO NCPC. INEXISTÊNCIA DE NULIDADE. PAGAMENTO PARCIAL DA PENSÃO NÃO AFASTA O DECRETO DE PRISÃO. PRECEDENTES. INADIMPLEMENTO DAS TRÊS PARCELAS ANTERIORES AO AJUIZAMENTO DA EXECUÇÃO E DAS QUE VENCERAM NO CURSO DA AÇÃO. INCIDÊNCIA DA SÚMULA Nº 309 DO STJ. HABEAS CORPUS NÃO CONHECIDO. 1. A teor da Súmula nº 691 do STF, não se conhece de habeas corpus impetrado contra decisão liminar de relator proferida em outro writ, exceto na hipótese de decisão teratológica ou manifestamente ilegal, o que não se verificou no caso. 2. A ausência de prova pré-constituída da alegada inobservância do rito da execução e a não apresentação de justificativa para o inadimplemento da obrigação enseja o não conhecimento do writ. 3. O advento da maioridade, por si, não é suficiente para o rompimento automático da obrigação alimentar decorrente do vínculo de sangue e não enseja a extinção da execução. 3.1. A teor da Súmula nº 358 do STJ, o cancelamento de pensão alimentícia de filho que atingiu a maioridade está sujeito a decisão judicial, mediante contraditório, ainda que nos próprios autos, o que, no caso, ainda não se verificou. Precedentes. 4. A verificação da incapacidade financeira do alimentante demanda dilação probatória, não se mostrando o writ a via adequada para este mister. Precedentes. 5. Eventual irregularidade da representação processual do alimentado com o advento da sua maioridade, por si, não é causa de extinção do processo executivo, haja vista a necessidade prévia de observância das normas do art. 76 e do § 1º, I, do NCPC, segundo as quais o magistrado, nestas condições, deve suspender o processo e designar prazo razoável para que o vício seja sanado, extinguindo o processo somente na hipótese do descumprimento da determinação judicial. 6. A jurisprudência dominante do STJ segue no sentido de que o não pagamento integral das parcelas alimentares devidas autoriza a prisão civil do devedor de alimentos. Precedentes. 7. O decreto de prisão proveniente da execução de alimentos na qual se visa o recebimento integral das três parcelas anteriores ao ajuizamento da ação e das que vencerem no seu curso não é ilegal. Inteligência da Súmula nº 309 do STJ e precedentes. 8. Habeas corpus não conhecido. (STJ; HC 405.934; SP; Terceira Turma; Rel. Min. Moura Ribeiro; Julg. 22/08/2017; DJe 31/08/2017)

<u>Vício na representação não sanado: regime do CPC/1973.</u>

✓ ADMINISTRATIVO. INTERVENÇÃO DO ESTADO NA PROPRIEDADE. DESAPROPRIAÇÃO POR UTILIDADE PÚBLICA. RECURSO INTERPOSTO FORA DO PRAZO. ART. 544 DO CPC/73. INTEMPESTIVIDADE. AGRAVO EM RECURSO ESPECIAL NÃO CONHECIDO. EMBARGOS DE DECLARAÇÃO. OMISSÃO. I – Embargos de declaração opostos sob alegação de omissão no acórdão que ratificou decisão monocrática de não conhecimento do agravo em recurso especial, diante da ausência de procuração nos autos do advogado subscritor do recurso especial. II – Ainda que concedido prazo para regularização de representação da parte em relação ao advogado subscritor do agravo em recurso especial, nos termos do art. 76 do Código de Processo Civil de 2015, a juntada da procuração faltante não surtiria efeitos em relação ao recurso especial. Isso porque, apesar de o recurso especial ser subscrito pelo mesmo procurador, o acórdão regional recorrido foi publicado em 6/10/2015, sob a vigência do Código de Processo Civil de 1973. Assim, de acordo com a jurisprudência desta Corte de Justiça, firmada sob a vigência do Código de Processo Civil de 1973, o vício na representação da parte recorrente não pode ser sanado na instância especial. III – Embargos de declaração acolhidos para sanar a omissão apontada, sem efeitos modificativos. (STJ; EDcl no AgInt no AREsp 893.631; RJ; Segunda Turma; Rel. Min. Francisco Falcão; Julg. 22/08/2017; DJe 28/08/2017)

<u>Reconhecimento de erro de digitalização exige certidão comprobatória do Tribunal local.</u>

✓ PROCESSUAL CIVIL. AGRAVO INTERNO NO AGRAVO EM RECURSO ESPECIAL. AGRAVO INTERNO MANEJADO SOB A VIGÊNCIA DO NCPC. ADVOGADO SEM PROCURAÇÃO NOS AUTOS. DESOBEDIÊNCIA AO DISPOSTO NO ART. 76, § 2º, DO NCPC. REPRESENTAÇÃO PROCESSUAL NÃO REGULARIZADA. ERRO NA DIGITALIZAÇÃO. MERA ALEGAÇÃO. AUSÊNCIA DE COMPROVAÇÃO. DECISÃO MANTIDA. 1. Aplicabilidade do NCPC a este recurso ante os termos do Enunciado Administrativo nº 3 aprovado pelo Plenário do STJ na sessão de 9/3/2016: Aos recursos interpostos com fundamento no CPC/2015 (relativos a decisões publicadas a partir de 18 de março de 2016) serão exigidos os requisitos de admissibilidade recursal na forma do novo CPC. 2. Conforme o disposto no art. 76, § 2º, I, do NCPC, não se conhece do recurso quando a parte recorrente descumpre a determinação para regularização da representação processual. 3. A jurisprudência do STJ consolidou o entendimento de que é ônus da parte aferir e fiscalizar a correta instrução do recurso interposto, sendo insuficiente a alegação de erro na digitalização quando desacompanhada de certidão comprobatória do Tribunal de origem. 4. Agravo interno não conhecido. (STJ; AgInt no AREsp 878.370; PR; Terceira Turma; Rel. Min. Moura Ribeiro; Julg. 22/08/2017; DJe 05/09/2017)

CAPÍTULO II
DOS DEVERES DAS PARTES E DE SEUS PROCURADORES

Seção I
Dos Deveres

Art. 77. Além de outros previstos neste Código, são deveres das partes, de seus procuradores e de todos aqueles que de qualquer forma participem do processo:

→ *v.* Arts. 5º e 6º do NCPC.

I – expor os fatos em juízo conforme a verdade;

→ *v.* Art. 448 do NCPC.

II – não formular pretensão ou de apresentar defesa quando cientes de que são destituídas de fundamento;

→ *v.* Art. 5º, XXXV e LV da CF/1988.

III – não produzir provas e não praticar atos inúteis ou desnecessários à declaração ou à defesa do direito;

IV – cumprir com exatidão as decisões jurisdicionais, de natureza provisória ou final, e não criar embaraços à sua efetivação;

V – declinar, no primeiro momento que lhes couber falar nos autos, o endereço residencial ou profissional onde receberão intimações, atualizando essa informação sempre que ocorrer qualquer modificação temporária ou definitiva;

VI – não praticar inovação ilegal no estado de fato de bem ou direito litigioso.

§ 1º Nas hipóteses dos incisos IV e VI, o juiz advertirá qualquer das pessoas mencionadas no *caput* de que sua conduta poderá ser punida como ato atentatório à dignidade da justiça.

→ *v.* Arts. 31 a 33 da Lei 8.906/1994.

§ 2º A violação ao disposto nos incisos IV e VI constitui ato atentatório à dignidade da justiça, devendo o juiz, sem prejuízo das sanções criminais, civis e processuais cabíveis, aplicar ao responsável multa de até vinte por cento do valor da causa, de acordo com a gravidade da conduta.

→ *v.* Art. 330 do CP.

→ *v.* Arts. 186 e 927 do CC/2002.

→ *v.* Arts. 79 e 80 do NCPC.

§ 3º Não sendo paga no prazo a ser fixado pelo juiz, a multa prevista no § 2º será inscrita como dívida ativa da União ou do Estado após o trânsito em julgado da decisão que a fixou, e sua execução observará o procedimento da execução fiscal, revertendo-se aos fundos previstos no art. 97.

→ *v.* Lei 6.830/1980 – Dispõe sobre a cobrança judicial da Dívida Ativa da Fazenda Pública, e dá outras providências.

§ 4º A multa estabelecida no § 2º poderá ser fixada independentemente da incidência das previstas nos arts. 523, § 1º, e 536, § 1º.

§ 5º Quando o valor da causa for irrisório ou inestimável, a multa prevista no § 2º poderá ser fixada em até 10 (dez) vezes o valor do salário mínimo.

→ *v.* Arts. 291 e ss. do NCPC.

§ 6º Aos advogados públicos ou privados e aos membros da Defensoria Pública e do Ministério Público não se aplica o disposto nos §§ 2º a 5º, devendo eventual responsabilidade disciplinar ser apurada pelo respectivo órgão de classe ou corregedoria, ao qual o juiz oficiará.

§ 7º Reconhecida violação ao disposto no inciso VI, o juiz determinará o restabelecimento do estado anterior, podendo, ainda, proibir a parte de falar nos autos até a purgação do atentado, sem prejuízo da aplicação do § 2º.

→ *v.* Art. 5º, LV, da CF/1988.

§ 8º O representante judicial da parte não pode ser compelido a cumprir decisão em seu lugar.

→ *v.* Arts. 2º, § 3º e 7º, § 2º da Lei 8.906/1994.

<u>Ajuizamento de três feitos idênticos e interposição de respectivos agravos regimentais e embargos de declaração: advertência pela prática de ato atentatório à dignidade da justiça.</u>

✓ DIREITO CONSTITUCIONAL. EMBARGOS DE DECLARAÇÃO EM AGRAVO REGIMENTAL EM RECLAMAÇÃO. INEXISTÊNCIA DOS VÍCIOS RELACIONADOS NO ART. 1.022 DO CPC/2015. PRETENSÃO MERAMENTE INFRINGENTE. CARÁTER PROTELATÓRIO. IMPOSIÇÃO DE MULTA. ADVERTÊNCIA DA PARTE PELA PRÁTICA DE ATO ATENTATÓRIO À DIGNIDADE DA JUSTIÇA. 1. Não há obscuridade, contradição, omissão ou erro material no acórdão questionado, o que afasta a presença de qualquer dos pressupostos de embargabilidade, nos termos do art. 1.022 do CPC/2015. 2. A via recursal adotada não se mostra adequada para a renovação de julgamento que se efetivou regularmente. 3. Em razão do ajuizamento de pelo menos três idênticos feitos, com interposição de respectivos agravos regimentais e embargos de declaração, a parte deve ser advertida pela prática de ato atentatório à dignidade da justiça (art. 77, VI e § 1º, do NCPC). 4. Caráter manifestamente protelatório dos embargos, que autoriza a imposição de multa de 2% (dois por cento) sobre o valor atualizado da causa. 5. Embargos de declaração desprovidos, com aplicação da multa prevista no art. 1.026, § 2º, do CPC/2015. (STF; Rcl 21895 AgR-ED; Primeira Turma; Rel. Min. Roberto Barroso; Julg. 24/05/2016, Processo Eletrônico DJe-116 DIVULG 06/06/2016 PUBLIC 07/06/2016)

Art. 78. É vedado às partes, a seus procuradores, aos juízes, aos membros do Ministério Público e da Defensoria Pública e a qualquer pessoa que participe do processo empregar expressões ofensivas nos escritos apresentados.

→ *v.* Art. 138 a 140 do CP.

→ v. Art. 7º, § 2º, da Lei 8.906/1994.

→ v. Art. 202 do NCPC.

§ 1º Quando expressões ou condutas ofensivas forem manifestadas oral ou presencialmente, o juiz advertirá o ofensor de que não as deve usar ou repetir, sob pena de lhe ser cassada a palavra.

→ v. Art. 5º, LV, da CF/1988.

§ 2º De ofício ou a requerimento do ofendido, o juiz determinará que as expressões ofensivas sejam riscadas e, a requerimento do ofendido, determinará a expedição de certidão com inteiro teor das expressões ofensivas e a colocará à disposição da parte interessada.

→ v. Art. 202 do NCPC.

Repúdio de expressões usadas com claro excesso no recurso.

✓ Embargos de Declaração em Ação Direta de Inconstitucionalidade. Ausência de Omissão, Contradição, Obscuridade ou Erro Material no Acórdão Recorrido. Mero Inconformismo não Caracteriza Omissão. Tentativa de Rediscussão da Matéria e de Fazer Prevalecer Tese que restou Vencida no Plenário. Impossibilidade nesta Sede Recursal. Dever de Urbanidade e Rechaço a Excessos presentes na Peça Recursal. Embargos de Declaração Conhecidos e Rejeitados. 1. Os embargos de declaração não constituem meio hábil para reforma do julgado, sendo cabíveis somente quando houver no acórdão omissão, contradição, obscuridade, ou erro material, o que não ocorre no presente caso. 2. Não se prestam os declaratórios para rediscutir a matéria, com objetivo único de obtenção de excepcional efeito infringente para fazer prevalecer tese amplamente debatida e que, no entanto, restou vencida no Plenário. 3. Repúdio, na dimensão do dever processual de urbanidade que de todos se espera (Art. 78, CPC), de expressões utilizadas com claro excesso ao longo da peça recursal. 4. Embargos de Declaração Conhecidos e Rejeitados. (STF; ADI 5357 MC-Ref-ED; Tribunal Pleno; Rel. Min. Edson Fachin; Julg. 17/02/2017, Processo Eletrônico DJe-042 DIVULG 06/03/2017 PUBLIC 07/03/2017)

Seção II
Da Responsabilidade das Partes por Dano Processual

Art. 79. Responde por perdas e danos aquele que litigar de má-fé como autor, réu ou interveniente.

→ v. Arts. 186 e 927 do CC/2002.

→ v. Arts. 302 e 776 do NCPC

→ v. Enunciado 1 do CJF: A verificação da violação à boa fé objetiva dispensa a comprovação do animus do sujeito processual.

Exercício regular do direito de recorrer não enseja condenação às penalidades por litigância de má-fé e multa.

✓ PROCESSUAL CIVIL. AGRAVO INTERNO NO RECURSO ESPECIAL. RAZÕES QUE NÃO IMPUGNAM, ESPECIFICAMENTE, OS FUNDAMENTOS DA DECISÃO RECORRIDA. SÚMULA 182/STJ E ART. 1.021, § 1º, DO CPC/2015. PENALIDADE POR LITIGÂNCIA DE MÁ FÉ E MULTA. ARTS. 79 E 80, VII, DO CPC/2015. DESCABIMENTO, NO CASO. AGRAVO INTERNO NÃO CONHECIDO. I. Agravo interno aviado contra decisão monocrática publicada em 23/09/2016, que, por sua vez, julgara recurso interposto contra decisão que inadmitira o Recurso Especial, publicada na vigência do CPC/73. II. A decisão ora agravada, com fundamento no art. 255, § 4º, II, do RISTJ, negou provimento ao Recurso Especial, ante o óbice da Súmula 282/STJ, em relação ao art. 54 da Lei 9.784/1999. III. O Agravo interno, porém, não impugna, especificamente, os fundamentos da decisão agravada, pelo que constituem óbices ao conhecimento do inconformismo a Súmula 182 desta Corte e o art. 1.021, § 1º, do CPC/2015. Nesse sentido: STJ, AgInt no RMS 46.873/CE, Rel. Ministro OG FERNANDES, SEGUNDA TURMA, DJe de 19/09/2016; AgInt no RMS 42.182/SP; Primeira Turma; Rel. Min. Sérgio Kukina, DJe de 26/08/2016; AgInt no RMS 49.216/GO, Rel. Ministro MAURO CAMPBELL MARQUES, SEGUNDA TURMA, DJe de 26/08/2016 IV. Na forma da jurisprudência, o exercício regular do direito constitucional de recorrer não enseja condenação do ora agravante às penalidades por litigância de má-fé e multa, na forma dos arts. 79 e 80, VII, do CPC/2015. Precedentes do STJ (AgInt no AgRg nos EREsp 1.433.658/SP, Rel. Ministro JORGE MUSSI, CORTE ESPECIAL, DJe de 25/11/2016). Descabimento, no caso, de aplicação dos arts. 79 e 80, VII, do CPC/2015. V. Agravo interno não conhecido. (STJ; AgInt no REsp 1628702; GO; Segunda Turma; Rel. Min. Assusete Magalhães; Julg. 21/02/2017; DJe 08/03/2017)

Oposição de embargos fundada em ofensas à pessoa do relator constitui litigância de má-fé, passível de aplicação de multa.

✓ PROCESSUAL CIVIL. EMBARGOS DE DECLARAÇÃO NO AGRAVO INTERNO NO RECURSO ESPECIAL. ENUNCIADO ADMINISTRATIVO N. 03/STJ. SERVIDOR PÚBLICO FEDERAL. SERVIDORES DA FUNASA. INDENIZAÇÃO DE CAMPO. REAJUSTAMENTO DE 46,87%. ART. 15 DA LEI 8.270/1991. REAJUSTE DAS DIÁRIAS PELO DECRETO 5.554/2005. INEXISTÊNCIA DE VÍCIOS NO JULGADO. REDISCUSSÃO DE MATÉRIA JÁ DECIDIDA. IMPOSSIBILIDADE. LITIGÂNCIA DE MÁ-FÉ RECONHECIDA. EMBARGOS DE DECLARAÇÃO REJEITADOS COM APLICAÇÃO DE MULTA. 1. Os embargos de declaração têm a finalidade simples e única de completar, aclarar ou corrigir uma decisão omissa, obscura ou contraditória. Não são destinados à adequação do decisum ao entendimento da parte embargante, nem ao acolhimento de pretensões que refletem mero inconformismo, e, menos ainda, à rediscussão de questão já resolvida. Precedentes. 2. A análise das razões recursais revela a pretensão da parte em alterar o resultado do decisum, o que é inviável nesta seara recursal. 3. A oposição de embargos fundada em ofensas à pessoa do relator constitui litigância de má-fé, passível de aplicação de multa, nos termos dos arts. 79, 80 e 81 do Código de Processo Civil. 4. Embargos de declaração rejeitados, com aplicação de multa. (STJ; EDcl no AgInt no REsp 1585237; PB; Segunda Turma; Rel. Min. Mauro Campbell Marques; Julg. 02/08/2016; DJe 12/08/2016)

Art. 80. Considera-se litigante de má-fé aquele que:

I – deduzir pretensão ou defesa contra texto expresso de lei ou fato incontroverso;

→ v. Art. 374, III, do NCPC.

II – alterar a verdade dos fatos;

III – usar do processo para conseguir objetivo ilegal;

→ v. Art. 142 do NCPC.

IV – opuser resistência injustificada ao andamento do processo;

V – proceder de modo temerário em qualquer incidente ou ato do processo;

→ v. Art. 774 do NCPC.

VI – provocar incidente manifestamente infundado;

VII – interpuser recurso com intuito manifestamente protelatório.

→ v. Súmula 98 do STJ.

→ v. Enunciado 1 do CJF: A verificação da violação à boa-fé objetiva dispensa a comprovação do animus do sujeito processual.

A provocação da competência originária do STF em sede reclamatória com paradigma em tese de repercussão geral de forma infundada constitui ato atentatório à dignidade da Justiça.

✓ Agravo regimental na reclamação. Negativa de seguimento de recurso extraordinário pelo tribunal de origem com fundamento no art. 543-B do CPC/73. Reclamação constitucional. Sucedâneo recursal. Ausência de teratologia. Ação manifestamente infundada. Multa por litigância de má-fé. Agravo regimental não provido. 1. Ausente a demonstração de teratologia da decisão da Corte de origem em que ela aplica entendimento do STF firmado de acordo com a sistemática da repercussão geral, não se admite o uso da reclamação constitucional. 2. A provocação da competência originária do STF em sede reclamatória com paradigma em tese de repercussão geral de forma infundada constitui ato atentatório à dignidade da Justiça, porquanto revela a finalidade da parte de se furtar a se submeter à sistemática introduzida com o objetivo de conferir maior efetividade à atuação do STF como Corte Constitucional, o que justifica a incidência do comando normativo inscrito no art. 80, I e VI, c/c art. 81, do CPC. 3. Agravo regimental não provido, com aplicação de multa. (STF; Rcl 26336 AgR; Segunda Turma; Rel. Min. Dias Toffoli; Julg. 02/05/2017, Processo Eletrônico DJe-100 DIVULG 12/05/2017 PUBLIC 15/05/2017)

Sucessão de recursos internos com fundamentação repetida: configuração de expediente protelatório e imposição de multa.

✓ AGRAVO REGIMENTAL NOS EMBARGOS DE DECLARAÇÃO NA RECLAMAÇÃO. AGRAVO REGIMENTAL INTERPOSTO EM FACE DE DECISÃO COLEGIADA. RECURSO MANIFESTAMENTE INCABÍVEL. AGRAVO REGIMENTAL NÃO CONHECIDO. MULTA. 1. Inviável interposição de agravo regimental contra acórdão proferido por Turma ou pelo Plenário do Supremo Tribunal Federal. 2. Violação do dever de impugnação específica. Sucessão de recursos internos com fundamentação repetida, configuração de expediente protelatório, a exigir a imposição de multa, nos termos do disposto nos arts. 80, VII, e 1.021, § 4º, do CPC. 3. Agravo regimental não conhecido. (STF; Rcl 23836 ED-AgR; Primeira Turma; Rel. Min. Edson Fachin; Julg. 17/02/2017, Processo Eletrônico DJe-046 DIVULG 09/03/2017 PUBLIC 10/03/2017)

Razões do agravo interno colidem com a verdade dos fatos e evidenciam intuito protelatório: condenação do Município por litigância de má-fé.

✓ AGRAVO INTERNO NO AGRAVO EM RECURSO ESPECIAL. JUÍZO DE ADMISSIBILIDADE DO RECURSO ESPECIAL. FUNDAMENTO AUTÔNOMO. IMPUGNAÇÃO. AUSÊNCIA. SÚMULA 182/STJ. APLICAÇÃO ANALÓGICA. CARÁTER PROTELATÓRIO DO RECURSO. LITIGÂNCIA DE MÁ-FÉ CONFIGURADA. MULTA APLICADA. 1. É inviável o agravo em recurso especial que deixa de atacar, de modo específico, os fundamentos adotados pelo Tribunal de origem para negar trânsito ao apelo especial. Incidência, por analogia, da Súmula 182 do STJ. 2. A impugnação tardia dos fundamentos da decisão que não admitiu o recurso especial (somente por ocasião do manejo de agravo interno), além de caracterizar indevida inovação recursal, não tem o condão de afastar a aplicação do referido verbete 182/STJ, tendo em vista a ocorrência de preclusão consumativa. Precedentes. 3. As razões do agravo interno colidem com a verdade dos fatos, evidenciando o intuito protelatório do recurso, atraindo a condenação do Município agravante nas penas da litigância de má-fé, ora estabelecida em 1% do valor corrigido da causa, nos termos dos arts. 80, II e VII, e 81, caput, do novo CPC/15. 4. Agravo interno a que se nega provimento. (STJ; AgInt no AREsp 980.932; RS; Primeira Turma; Rel. Min. Sérgio Kukina; Julg. 04/04/2017; DJe 11/04/2017)

Ajuizamento duplo por equívoco não configura deslealdade processual.

✓ RECURSO EM MANDADO DE SEGURANÇA. PROCESSUAL CIVIL. AJUIZAMENTO EM DUPLICIDADE DE MANDADO DE SEGURANÇA. AUSÊNCIA DE DOLO. LITIGÂNCIA DE MÁ-FÉ AFASTADA. 1. A distribuição intencional e maliciosamente de novo e idêntico Mandado de Segurança, após a prolação de acórdão transitado em julgado que afirma o descabimento da ação, caracteriza hipótese de litigância de má-fé prevista no art. 80 do CPC/2015. 2. No caso dos autos, todavia, verifica-se que houve equívoco do recorrente ao ajuizar ação repetida e não o intuito de ofender a coisa julgada formal e/ou deslealdade processual. 3. Recurso em Mandado de Segurança provido. (STJ; RMS 53.212; RJ; Segunda Turma; Rel. Min. Herman Benjamin; Julg. 28/03/2017; DJe 18/04/2017)

Agravo Interno traz redação não contida nas razões do Recurso Especial: clara alteração da verdade dos fatos e expedição de ofício à OAB para apurar possível infração disciplinar do advogado.

✓ PROCESSUAL CIVIL. RECURSO ESPECIAL. AUSÊNCIA DE PARTICULARIZAÇÃO DO DISPOSITIVO LEGAL SUPOSTAMENTE VIOLADO. SÚMULA 284/STF. DIVERGÊNCIA JURISPRUDENCIAL. FALTA DE IMPUGNAÇÃO ESPECÍFICA DE FUNDAMENTO DA DECISÃO AGRAVADA. SÚMULA 182/STJ. 1. A decisão agravada encontra-se em harmonia com a jurisprudência assentada pelo STJ, que tem aplicado, por analogia, a Súmula 284/STF na hipótese em que não há, no Recurso Especial, particularização do dispositivo infralegal em tese violado (AgRg no AREsp 382.843/RJ, Rel. Ministro Humberto Martins, Segunda Turma; DJe 2/12/2013; AgRg no AREsp 15.685/DF, Rel. Ministra Maria Thereza de Assis Moura, Sexta Turma; DJe 10/9/2013). 2. In casu, o fragmento transcrito pelos agravantes, com menção a dispositivo de lei federal, não consta no Recurso Especial. Comparando-se as duas transcrições, percebe-se que o Agravo Interno traz redação não contida nas respectivas razões do Recurso Especial, em clara alteração da verdade dos fatos, conduta que pode caracterizar descumprimento de dever imposto aos procuradores das partes, nos termos do art. 80, II, do CPC/2015 (fls. 395 e 670). 3. Por fim, no tocante à alegada divergência jurisprudencial, a parte deixou de impugnar o fundamento de que a jurisprudência do STJ exige que se aponte sobre qual dispositivo legal teria recaído o dissenso interpretativo, o que atrai o disposto na Súmula 182/STJ. 4. Agravo Regimental parcialmente conhecido e, nessa parte, não provido. Expeça-se ofício à OAB/PR para apuração de possível infração disciplinar do advogado subscritor do Agravo Interno (669-671), encaminhando-lhe cópia do aludido recurso, desta decisão e do Recurso Especial (fls. 357-397). (STJ; AgInt no REsp 1496247; PR; Segunda Turma; Rel. Min. Herman Benjamin; Julg. 14/06/2016; DJe 05/09/2016)

Art. 81. De ofício ou a requerimento, o juiz condenará o litigante de má-fé a pagar multa, que deverá ser superior a um por cento e inferior a dez por cento do valor corrigido da causa, a indenizar a parte contrária pelos prejuízos que esta sofreu e a arcar com os honorários advocatícios e com todas as despesas que efetuou.

→ *v.* Art. 32 da Lei 8.906/1994.

→ *v.* Art. 17 da Lei 7.347/1985.

§ 1º Quando forem 2 (dois) ou mais os litigantes de má-fé, o juiz condenará cada um na proporção de seu respectivo interesse na causa ou solidariamente aqueles que se coligaram para lesar a parte contrária.

§ 2º Quando o valor da causa for irrisório ou inestimável, a multa poderá ser fixada em até 10 (dez) vezes o valor do salário mínimo.

→ *v.* Arts. 291 e 718 do NCPC.

§ 3º O valor da indenização será fixado pelo juiz ou, caso não seja possível mensurá-lo, liquidado por arbitramento ou pelo procedimento comum, nos próprios autos.

→ *v.* Enunciado 490 do FPPC: São admissíveis os seguintes negócios processuais, entre outros: pacto de inexecução parcial ou total de multa coercitiva; pacto de alteração de ordem de penhora; pré-indicação de bem penhorável preferencial (art. 848, II); prefixação de indenização por dano processual prevista nos arts. 81, § 3º, 520, inc. I, 297, parágrafo único (cláusula penal processual); negócio de anuência prévia para aditamento ou alteração do pedido ou da causa de pedir até o saneamento (art. 329, inc. II).

Alegada contradição de certidões e atos da Secretaria do STJ: tentativa de alterar a verdade e ação temerária ensejam a aplicação de multa.

✓ AGRAVO INTERNO NOS EMBARGOS DE DECLARAÇÃO NOS EMBARGOS DE DECLARAÇÃO NO AGRAVO EM RECURSO ESPECIAL. AUSÊNCIA DE CONTRADIÇÃO PELA SECRETARIA. INTEMPESTIVIDADE CONFIRMADA. ALTERAR A VERDADE DOS FATOS. AGIR EM JUÍZO DE FORMA TEMERÁRIA. LITIGÂNCIA DE MÁ-FÉ. ART. 81, II E V, DO NCPC. MULTA DE 2% SOBRE O VALOR ATUALIZADO DA CAUSA. DECISÃO MANTIDA. 1. Nos termos do art. 1.023 do NCPC, é de 5 dias úteis o prazo para interposição dos embargos de declaração. 2. Afastada a alegada contradição nas Certidões e atos praticados pela Secretaria do STJ, confirma-se a intempestividade dos aclaratórios. 3. É dever das partes agir com lealdade, sob pena de, como no caso, configurar-se litigância de má-fé ao tentar alterar a verdade dos fatos e agir de forma temerária, nos termos do art. 80, II e V, do NCPC. 4. Agravo interno não provido, com aplicação de multa de 2% sobre o valor atualizado da causa, conforme art. 81 do NCPC. (STJ; AgInt nos EDcl nos EDcl no AREsp 825.696; SP; Quarta Turma; Rel. Min. Luis Felipe Salomão; Julg. 15/12/2016; DJe 02/02/2017)

Alegada contradição de certidões e atos da Secretaria do STJ: tentativa de alterar a verdade e ação ensejam a aplicação de multa.

✓ RECURSO ESPECIAL. PROCESSUAL CIVIL. CPC/73. LITIGÂNCIA DE MÁ-FÉ. DANO PROCESSUAL. DESNECESSIDADE DE DEMONSTRAÇÃO PARA APLICAÇÃO DA MULTA A QUE ALUDE O ART. 18 DO CPC/73. IMPOSSIBILIDADE DE REEXAME DE MATÉRIA FÁTICO-PROBATÓRIA. SÚMULA 7/STJ. 1. O dano processual não é pressuposto para a aplicação da multa por litigância de má-fé a que alude o art. 18 do CPC/73, que configura mera sanção processual, aplicável inclusive de ofício, e que não tem por finalidade indenizar a parte adversa. 2. Caso concreto em que se afirmou no acórdão recorrido que a conduta do recorrente foi de má-fé por ter instaurado incidente infundado e temerário, não tendo se limitado ao mero exercício do direito de recorrer, mas tendo incindido em diversas das condutas elencadas no art. 17 do CPC/73 (art. 80 do CPC/15). 3. Impossibilidade de reexame de matéria fático-probatória. Súmula 7/STJ. 4. Recurso Especial Desprovido (STJ; REsp 1.628.065; MG; Terceira Turma; Rel. Min. Nancy Andrighi, Rel. p/ acórdão Min. Paulo De Tarso Sanseverino; Julg. 21/02/2017; DJe 04/04/2017)

Seção III
Das Despesas, dos Honorários Advocatícios e das Multas

Art. 82. Salvo as disposições concernentes à gratuidade da justiça, incumbe às partes prover as despesas dos atos que realizarem ou requererem no processo, antecipando-lhes o pagamento, desde o início até a sentença final ou, na execução, até a plena satisfação do direito reconhecido no título.

- v. Súmulas 236 e 667 do STF.
- v. Súmula 178 do STJ.
- v. Súmula Vinculante 28 do STF.
- v. Lei 1.060/1950 (e art. 1.069, III do NCPC).
- v. Art. 30 do Dec.-lei 3.365/1941.
- v. Lei 9.289/1996 – Dispõe sobre as custas devidas à União, na Justiça Federal de primeiro e segundo graus e dá outras providências.
- v. Arts. 12 e 13 da Lei 4.717/1965.
- v. Arts. 54 e 55 da Lei 9.099/1995.
- v. Art. 5º, II, da Lei 11.101/2005.
- v. Arts. 98 e ss. do NCPC.

§ 1º Incumbe ao autor adiantar as despesas relativas a ato cuja realização o juiz determinar de ofício ou a requerimento do Ministério Público, quando sua intervenção ocorrer como fiscal da ordem jurídica.

§ 2º A sentença condenará o vencido a pagar ao vencedor as despesas que antecipou.

- v. Art. 128 da Lei 8.213/1991.
- v. Arts. 85 do NCPC.

Compensação de honorários: sistemas do CPC/1973 e do CPC/2015.

✓ AGRAVO INTERNO NO RECURSO ESPECIAL – COMPENSAÇÃO DE VERBA HONORÁRIA SOB A ÉGIDE DO CPC/73 – AÇÃO REVISIONAL DE CONTRATO DE CARTÃO DE CRÉDITO – JUROS REMUNERATÓRIOS CONSIDERADOS ABUSIVOS – INSTÂNCIAS ORDINÁRIAS QUE LIMITARAM O ENCARGO À TAXA MÉDIA DE MERCADO PARA OPERAÇÕES DA ESPÉCIE CHEQUE ESPECIAL – RECURSO ESPECIAL PROVIDO PARA LIMITAR AS TAXAS DE JUROS REMUNERATÓRIOS À TAXA MÉDIA APURADA PELO BANCO CENTRAL EM OPERAÇÕES DA ESPÉCIE CONTRATADA (CARTÃO DE CRÉDITO), MANTIDA A VERBA HONORÁRIA FIXADA NA ORIGEM, COM A POSSIBILIDADE DE COMPENSAÇÃO NOS TERMOS DO ART. 21 DO CPC/73. INSURGÊNCIA DO AUTOR. Hipótese: Controvérsia limitada à possibilidade de compensação da verba honorária in casu, levando-se em consideração a discussão relativa à aplicação das normas do NCPC (direito intertemporal), notadamente o art. 85, § 14, que expressamente vedou a compensação. 1. Os honorários advocatícios possuem natureza tanto processual quanto material (híbrida). Processual por somente poderem ser fixados, como os honorários sucumbenciais, no bojo de demanda judicial cujo trâmite se dá com amparo nas regras de direito processual/procedimental. Material por constituir direito alimentar do advogado e dívida da parte vencida em face do patrono da parte vencedora. 2. A despeito do caráter híbrido (processual/material) dos honorários e de esses não interferirem no modo como a tutela jurisdicional é prestada no processo, é certo que o provimento conferido às partes no âmbito material, somada à análise do grau de zelo do profissional, o lugar da prestação do serviço, a natureza e a importância da causa, o trabalho realizado pelo advogado e o tempo exigido para o seu serviço – questões essas eminentemente processuais – não só interferem como delineiam os honorários sucumbenciais fixados pelo magistrado. Com a entrada em vigor no novo CPC, tais critérios de valoração não se modificaram, pois previstos de forma específica no diploma processual civil revogado (artigo 20, § 3º) e estão delineados, igualmente, no novel normativo processual (artigo 85, § 2º). 3. Diversamente do que ocorreu com os artigos 1º-D da Lei nº 9.494/97 e 29-C da Lei nº 8.036/90, os artigos 82, § 2º e 85 do NCPC, não extirparam/excluíram/suprimiram/reduziram o direito do advogado aos honorários advocatícios, mas apenas estabeleceram uma nova ordem para a aplicação da distribuição da verba sucumbencial. Por não ter havido exclusão de direito, mas apenas modificação no formato de sua estipulação, não há falar em direito adquirido a fim de conclamar incida o novo diploma normativo apenas às demandas ajuizadas após a data de sua entrada em vigor, porquanto, consoante estabelecido no artigo 14 do NCPC, o novel diploma normativo processual incidirá imediatamente aos processos em curso. 4. A evolução jurisprudencial operada nesta Corte que passou a evidenciar serem os honorários advocatícios verba alimentar e pertencerem exclusivamente aos advogados denotava e clamava a superação do entendimento sumulado no enunciado 306/STJ, porquanto incongruente com as mais novas conclusões jurídicas afetas à matéria, porém, tal enunciado permaneceu hígido até a edição do artigo 85, § 14 do NCPC: "os honorários constituem direito do advogado e têm natureza alimentar, com os mesmos privilégios dos créditos oriundos da legislação do trabalho, sendo vedada a compensação em caso de sucumbência parcial". 5. A sucumbência rege-se pela lei vigente à data da deliberação que a impõe ou a modifica, na qual ficarão estabelecidas a sucumbência entre os pedidos das partes, bem ainda todos os requisitos valorativos para a fixação da verba sucumbencial (honorários advocatícios). Esse pronunciamento não se confunde com a sentença strito sensu, notadamente porque na hipótese de provimento recursal com a modificação da sucumbência, face à determinação legal de que a norma processual é aplicável imediatamente aos processos em curso (artigo 14 do NCPC), o novel diploma normativo processual incidirá, independentemente de o reclamo ter sido manejado sob a égide do revogado código processual. Tal entendimento se coaduna/não contrasta com os enunciados aprovados pelo Plenário do STJ na sessão de 9 de março de 2016. 6. No caso, a despeito do provimento monocrático do reclamo ter se dado sob a égide do NCPC, não existiu qualquer modificação na sucumbência das partes, mas apenas o adequado enquadramento na jurisprudência desta Corte Superior acerca de direito já considerado pelas instâncias ordinárias, motivo pelo qual adequada a manutenção da compensação de honorários estabelecida na origem, nos termos do enunciado 306 da Súmula do STJ. 7. Agravo interno desprovido. (STJ; AgInt no REsp 1481917; RS; Quarta Turma; Rel. Min. Luis Felipe Salomão, Rel. p/ Acórdão Min. Marco Buzzi; Julg. 04/10/2016; DJe 11/11/2016)

Art. 83. O autor, brasileiro ou estrangeiro, que residir fora do Brasil ou deixar de residir no país ao longo da tramitação de processo, prestará caução suficiente ao pagamento das custas e dos honorários de advogado da parte contrária nas ações que propuser, se não tiver no Brasil bens imóveis que lhes assegurem o pagamento.

§ 1º Não se exigirá a caução de que trata o *caput*:

I – quando houver dispensa prevista em acordo ou tratado internacional de que o Brasil faz parte;

II – na execução fundada em título extrajudicial e no cumprimento de sentença;

III – na reconvenção.

✓ Enunciado 4 do CJF: A entrada em vigor de acordo ou tratado internacional que estabeleça dispensa da caução prevista no art. 83, § 1º, inc. I do CPC/2015, implica na liberação da caução previamente imposta.

§ 2º Verificando-se no trâmite do processo que se desfalcou a garantia, poderá o interessado exigir reforço da caução, justificando seu pedido com a indicação da depreciação do bem dado em garantia e a importância do reforço que pretende obter.

Possibilidade de prestação de caução fidejussória.

✓ PROCESSUAL. AÇÃO DE OBRIGAÇÃO DE NÃO FAZER C.C. INDENIZAÇÃO. PROPRIEDADE INDUSTRIAL. Contratação. Deferimento de busca e apreensão mediante prestação de caução. Carta de fiança prestada por empresa do grupo das autoras. Idoneidade. Fiadora com sede em território nacional. Possibilidade de prestação de caução fidejussória, nos termos do art. 209, § 1º da Lei nº 9.279/96 e dos arts. 83 e 301, §1º do CPC/2015. Precedentes das Câmaras Reservadas de Direito Empresarial. Decisão reformada. Agravo provido. (TJSP; AI 2195840-21.2017.8.26.0000; Ac. 10929582; Tupã; Segunda Câmara Reservada de Direito Empresarial; Rel. Des. Alexandre Marcondes; Julg. 30/10/2017; DJESP 06/11/2017; Pág. 2602)

Desnecessidade de prestação de caução em dinheiro: imóvel oferecido como garantia.

✓ MANDADO DE SEGURANÇA. Rejeição de pedido de prestação de caução pelos autores de ação reivindicatória. Matéria não impugnável por agravo de instrumento. Cabimento do **mandamus**. Hipótese em que comprovado de plano a propriedade do imóvel objeto da ação pelos autores, que residem no exterior. Imóvel que serve de garantia do pagamento das custas e honorários advocatícios da parte adversa. Prestação de caução prevista no art. 83 do CPC inexigível. Desnecessidade de que esta seja prestada em dinheiro. Inexistência de violação a direito líquido e certo. Segurança denegada. (TJSP; MS 2175947-44.2017.8.26.0000; Ac. 10960392; Atibaia; Primeira Câmara de Direito Privado; Rel. Des. Rui Cascaldi; Julg. 09/11/2017; DJESP 22/11/2017; Pág. 2063)

Mera posse sobre imóveis situados no Brasil não é suficiente para afastar a exigência da caução.

✓ DIREITO PROCESSUAL CIVIL. AÇÃO INDENIZATÓRIA. BRASILEIRO RESIDENTE NO EXTERIOR. Prestação de caução suficiente ao pagamento de eventual ônus sucumbencial. Inteligência do artigo 83, caput do CPC/2015. Requisito essencial para o desenvolvimento válido e regular do processo. Ausência que pode levar a extinção do feito sem a resolução do mérito. O fato de o autor alegar que detém mera posse sobre a nua propriedade de alguns imóveis situados no Brasil, nesta cidade do Rio de Janeiro, não enseja a dispensa da obrigação. Em termos tais, o instituto da posse, em sua essência, pode ser temporário ou permanente, e não se confunde com a propriedade. Este sim, onde assume o respectivo titular o pleno domínio sobre a coisa, podendo dispor livremente dela quando quiser, o que não é o presente caso, em análise perfunctória. Inservível ao desiderato tal pretensão manifestada pelo autor/agravante, o que não deve ser interpretado como obstáculo ao acesso à justiça, pois sob pena de inviabilizar eventual execução, se o provimento jurisdicional assim lhe for desfavorável. Recurso desprovido. (TJRJ; AI 0015681-15.2017.8.19.0000; Rio de Janeiro; Nona Câmara Cível; Rel. Des. Adolpho Correa de Andrade Mello Junior; Julg. 11/07/2017; DORJ 13/07/2017; Pág. 229)

Acordo ou tratado de cooperação internacional dispensa a exigência de caução.

✓ COBRANÇA. CONTRATO DE TRANSPORTE MARÍTIMO. SOBREESTADIAS DE CONTÊINERES. SENTENÇA DE PROCEDÊNCIA DA PRETENSÃO. CONDENAÇÃO DA RÉ AO PAGAMENTO DE SOBREESTADIAS. RECURSO DA RÉ, COM ARGUIÇÃO ACERCA DA CAUÇÃO E PRESCRIÇÃO ÂNUA. PRETENSÃO AJUIZADA SEM A PRESTAÇÃO DE CAUÇÃO "JUDICATUM SOLVI". DESNECESSIDADE. AUTORA REPRESENTADA POR EMPRESA NACIONAL, EM CONDIÇÕES DE SUPORTAR E GARANTIR CUSTAS E EVENTUAIS HONORÁRIOS ADVOCATÍCIOS. EXEGESE DO ART. 835 DO CPC DE 1973, E, HOJE, ART. 83 DO NOVO CPC. Acordo de cooperação entre a China e o Brasil à época da contratação, que exclui a prestação de caução, como reconhecido pelo juízo de primeiro grau e que, aliás, consta do art. 83, § 1º, inciso I, do novo CPC. Transporte contratado que não é da modalidade multimodal. Prescrição quinquenal, nos termos do art. 206, § 5º, inciso I, do Código Civil, que dispõe sobre a pretensão de cobrança de dívidas líquidas. Ré responsável pela restituição dos contêineres. Sobreestadias tarifadas que correspondem à demora na restituição de acessório do navio, descontados os dias de "free time". Prova documental que não convence do desacerto da sentença, principalmente do atraso na devolução dos "containers" em virtude de caso fortuito ou força maior não comprovados pela autora. Tarifas de sobreestadia previamente quantificadas. Honorários advocatícios arbitrados no mínimo de 10% da condenação. Senão no marco da correção monetária, que acompanha a condenação, e dos juros de mora sobre os honorários, contados do trânsito em julgado (art. 85, § 16, do novo CPC). Recurso desprovido, com a modificação, de ofício, do marco da correção monetária e dos juros sobre os honorários advocatícios. (TJSP; APL 1016996-97.2015.8.26.0562; Ac. 10219301; Santos; Décima Segunda Câmara de Direito Privado; Rel. Des. Cerqueira Leite; Julg. 03/03/2017; DJESP 13/03/2017)

✓ AÇÃO DE REGRESSO. Seguro. Transporte marítimo. Decisão que determinou à autora, pessoa jurídica domiciliada no exterior, que preste caução correspondente a 25% do valor da causa, a fim de garantir o pagamento de custas processuais e honorários advocatícios da parte contrária, conforme determina o art. 83 do Código de Processo Civil. Insurgência da autora. Cabimento. Aplicação da exceção prevista no artigo 83, §1º, inciso I, do Diploma Processual. Hipótese em que a pessoa jurídica autora é domiciliada na Suíça, país que, juntamente com o Brasil, é signatário da Convenção sobre o Acesso Internacional à Justiça, cujo artigo 14 prevê a dispensa da exigência de caução. Ademais, a autora possui sucursal no Brasil, circunstância que permite dispensá-la da exigência de caução. Precedentes desta 11ª Câmara de Direito Privado. Decisão reformada. RECURSO PROVIDO. (TJSP; AI 2061575-82.2017.8.26.0000; Ac. 10475183; Santos; Décima Primeira Câmara de Direito Privado; Rel. Des. Renato Rangel Desinano; Julg. 31/05/2017; DJESP 06/06/2017; Pág. 1985)

Extinção sem julgamento do mérito por falta de caução: requisito essencial para o desenvolvimento válido e regular do processo.

✓ APELAÇÕES CÍVEIS. AÇÃO DE ANULAÇÃO DE ATO JURÍDICO COM PEDIDO ALTERNATIVO DE RESCISÃO CONTRATUAL COM PERDAS E DANOS. PARTE AUTORA ESTRANGEIRA. EXTINÇÃO POR AUSÊNCIA DE CAUÇÃO REFERENTE ÀS CUSTAS E AOS HONORÁRIOS ADVOCATÍCIOS. PRELIMINAR DE ANULAÇÃO DE SENTENÇA POR FALTA DE FUNDAMENTAÇÃO. REJEITADA. MÉRITO. BEM IMÓVEL NO BRASIL EM NOME DO AUTOR. PEDIDO DE ANULAÇÃO DO NEGÓCIO JURÍDICO QUE DEMONSTRA DÚVIDAS QUANTO À VALIDADE DO CONTRATO. INVERSÃO DO ÔNUS DA SUCUMBÊNCIA. PRINCÍPIO DA CAUSALIDADE RECURSO DA PARTE AUTORA DESPROVIDO. RECURSO DA PARTE REQUERIDA PROVIDO. A pretensa fundamentação deficiente da decisão produzida não tem respaldo lógico, na medida em que o digno Juízo declinou os fundamentos de seu convencimento, ainda que sucintamente, não sendo o magistrado obrigado a se manifestar especificamente sobre todos os argumentos e documentos apresentados pelas partes. A parte autora, ora apelante, é constituída por empresa com sede no exterior e por pessoa física estrangeira com residência fixa no Canadá, e não possuem bens imóveis no Brasil, sendo obrigatória, portanto, a prestação de caução destinada à garantia dos ônus sucumbenciais, na forma do art. 83 do CPC. Cuida-se de requisito essencial para o desenvolvimento válido e regular do processo, pelo que a sua falta pode levar a extinção do feito sem julgamento do mérito. O fato de a parte agravante alegar que é detentora de ações de pessoa jurídica sediada no Brasil não enseja a dispensa da obrigação, se as ações não forem oferecidas como garantia e o imóvel não se encontrar livre e desembaraçado de quaisquer ônus. No caso dos autos, há dúvidas quanto a real existência da área e a validade do negócio jurídico entabulado envolvendo o imóvel rural, já que os autores/apelantes buscam a anulação de tal negócio. Em razão do princípio da causalidade, as custas e honorários advocatícios devem ser suportados pela parte que deu causa à extinção do processo sem julgamento do mérito. (TJMT; APL 37266/2017; Capital; Rel. Des. Sebastião de Moraes Filho; Julg. 21/06/2017; DJMT 26/06/2017; Pág. 37)

Art. 84. As despesas abrangem as custas dos atos do processo, a indenização de viagem, a remuneração do assistente técnico e a diária de testemunha.

→ *v.* Art. 462 do NCPC.

Honorários contratuais não se enquadram dentre as hipóteses de despesas indenizáveis/ressarcíveis.

✓ TRIBUTÁRIO. EMBARGOS À EXECUÇÃO DE SENTENÇA. DOCUMENTOS PARA ELABORAÇÃO DO CÁLCULO. PRESENÇA. HONORÁRIOS ADVOCATÍCIOS. PRINCÍPIO DA CAUSALIDADE. HONORÁRIOS INDENIZATÓRIOS. DESCABIMENTO. 1. A distribuição dos ônus sucumbenciais deve ser orientada pelo princípio da causalidade, segundo o qual aquele que deu causa à propositura da demanda deve responder pelas despesas daí decorrentes. 2. No caso concreto, a execução continha todos os elementos necessários à aferição do cálculo apresentado, depreendendo-se que a União não analisou atentamente os autos, razão pela qual esta deve responder pelos honorários. 3. Os honorários constituem direito do advogado (art. 85, §4° do CPC), de modo que a relação contratual entre cliente e advogado refoge ao âmbito da discussão judicial, não estando o seu custo entre as hipóteses de despesas indenizáveis/ressarcíveis previstas nos arts. 82 e 84 do CPC. (TRF 4ª R.; AC 5014180 02.2015.4.04.7003; PR, Primeira Turma; Rel. Des. Fed. Roger Raupp Rios; Julg. 08/11/2017; DEJF 10/11/2017)

✓ ADMINISTRATIVO. ANTT. TRANSPORTE RODOVIÁRIO DE PASSAGEIROS. PENDÊNCIAS DE PAGAMENTOS DE MULTAS IMPOSTAS PELA AUTARQUIA. IMPEDIMENTO À OBTENÇÃO DO TERMO DE AUTORIZAÇÃO DE FRETAMENTO. TAE JUNTO À AUTARQUIA. CARÁTER COERCITIVO. INVIABILIDADE DA SANÇÃO ADMINISTRATIVA. HONORÁRIOS ADVOCATÍCIOS. VEDAÇÃO. NOVO CPC. DISPOSIÇÃO ESPECÍFICA. 1. Descabe à Administração valer-se de meios diversos daqueles previstos na Lei de Regência para obter o pagamento de débitos. 2. Em que pese a denominação de indenização, as despesas referidas na sentença se referem à relação contratual entre cliente e advogado, fora do âmbito judicial, não sendo contempladas pelas hipóteses previstas no art. 84 do CPC. (TRF 4ª R.; APL-RNec 5010450-46.2016.404.7003; PR; Quarta Turma; Rel. Des. Fed. Luís Alberto Dazevedo Aurvalle; Julg. 27/09/2017; DEJF 29/09/2017)

O rol do art. 84, meramente exemplificativo, também abrange gastos como a remuneração de intérprete ou tradutor e despesas para a obtenção de documentos.

✓ EMBARGOS DE DECLARAÇÃO. OMISSÃO INEXISTÊNCIA. Todas as matérias suscitadas pelas partes foram analisadas e decididas. A insurgência quanto ao resultado do julgamento deve se dar pelas vias recursais típicas. O ROL DE DESPESAS PROCESSUAIS CONTIDAS NO ARTIGO 84, DO CPC É MERAMENTE EXEMPLIFICATIVO. DENTRE ELAS, TAMBÉM ESTÃO CONTIDAS A REMUNERAÇÃO DO INTÉRPRETE OU TRADUTOR E DESPESAS PARA OBTENÇÃO DE DOCUMENTOS JUNTO A CARTÓRIOS EXTRAJUDICIAIS. TRATA-SE DE CONSECTÁRIO LÓGICO DA SENTENÇA IMPOR AO VENCIDO O PAGAMENTO DAS DESPESAS PROCESSUAIS ANTECIPADAS PELO VENCEDOR, SENDO DESNECESSÁRIO PEDIDO EXPRESSO DO AUTOR. Embargos REJEITADOS. (TJSP; EDcl 1011578-47.2016.8.26.0562/50001; Ac. 10589562; Santos; Vigésima Segunda Câmara de Direito Privado; Rel. Des. Alberto Gosson; Julg. 29/06/2017; DJESP 14/07/2017; Pág. 1629)

Art. 85. A sentença condenará o vencido a pagar honorários ao advogado do vencedor.

→ *v.* Súmulas 115, 185, 234, 256, 257, 378, 389, 450, 472, 512 e 616, 617, 633 do STF.

→ *v.* Súmulas 14, 29, 105, 110, 111, 131, 141, 201, 303, 306, 345, 421, 453 e 462 do STJ.

§ 1° São devidos honorários advocatícios na reconvenção, no cumprimento de sentença, provisório ou definitivo, na execução, resistida ou não, e nos recursos interpostos, cumulativamente.

→ *v.* Súmula 234 do STF.

→ *v.* Arts. 85, § 11, 343, 523 e 771 do NCPC.

→ *v.* Enunciado 241 do FPPC: Os honorários de sucumbência recursal serão somados aos honorários pela sucumbência em primeiro grau, observados os limites legais.

→ *v.* Enunciado 451 do FPPC: A regra decorrente do *caput* e do § 1° do art. 827 aplica-se às execuções fundadas em título executivo extrajudicial de obrigação de fazer, não fazer e entrega de coisa.

§ 2º Os honorários serão fixados entre o mínimo de dez e o máximo de vinte por cento sobre o valor da condenação, do proveito econômico obtido ou, não sendo possível mensurá-lo, sobre o valor atualizado da causa, atendidos:

→ *v.* Súmula 185 do STF.

→ *v.* Súmula 111 do STJ.

→ *v.* Arts. 291 e ss. do NCPC.

→ *v.* Enunciado 14 da ENFAM: Em caso de sucumbência recíproca, deverá ser considerada proveito econômico do réu, para fins do art. 85, § 2º, do CPC/2015, a diferença entre o que foi pleiteado pelo autor e o que foi concedido, inclusive no que se refere às condenações por danos morais.

→ *v.* Enunciado 17 da ENFAM: Para apuração do "valor atualizado da causa" a que se refere o art. 85, § 2º, do CPC/2015, deverão ser utilizados os índices previstos no programa de atualização financeira do CNJ a que faz referência o art. 509, § 3º.

→ *v.* Enunciado 8 do CJF: Não cabe majoração de honorários advocatícios em agravo de instrumento, salvo se interposto contra decisão interlocutória que tenha fixado honorários na origem, respeitados os limites estabelecidos no art. 85, §§ 2º, 3º e 8º, do CPC.

I – o grau de zelo do profissional;

II – o lugar de prestação do serviço;

III – a natureza e a importância da causa;

IV – o trabalho realizado pelo advogado e o tempo exigido para o seu serviço.

§ 3º Nas causas em que a Fazenda Pública for parte, a fixação dos honorários observará os critérios estabelecidos nos incisos I a IV do § 2º e os seguintes percentuais:

→ *v.* Enunciado 15 da ENFAM: Nas execuções fiscais ou naquelas fundadas em título extrajudicial promovidas contra a Fazenda Pública, a fixação dos honorários deverá observar os parâmetros do art. 85, § 3º, do CPC/2015.

→ *v.* Enunciado 240 do FPPC: São devidos honorários nas execuções fundadas em título executivo extrajudicial contra a Fazenda Pública, a serem arbitrados na forma do § 3º do art. 85.

→ *v.* Enunciado 8 do CJF: Não cabe majoração de honorários advocatícios em agravo de instrumento, salvo se interposto contra decisão interlocutória que tenha fixado honorários na origem, respeitados os limites estabelecidos no art. 85, §§ 2º, 3º e 8º, do CPC.

I – mínimo de dez e máximo de vinte por cento sobre o valor da condenação ou do proveito econômico obtido até 200 (duzentos) salários mínimos;

II – mínimo de oito e máximo de dez por cento sobre o valor da condenação ou do proveito econômico obtido acima de 200 (duzentos) salários mínimos até 2.000 (dois mil) salários mínimos;

III – mínimo de cinco e máximo de oito por cento sobre o valor da condenação ou do proveito econômico obtido acima de 2.000 (dois mil) salários mínimos até 20.000 (vinte mil) salários mínimos;

IV – mínimo de três e máximo de cinco por cento sobre o valor da condenação ou do proveito econômico obtido acima de 20.000 (vinte mil) salários mínimos até 100.000 (cem mil) salários mínimos;

V – mínimo de um e máximo de três por cento sobre o valor da condenação ou do proveito econômico obtido acima de 100.000 (cem mil) salários mínimos.

§ 4º Em qualquer das hipóteses do § 3º:

I – os percentuais previstos nos incisos I a V devem ser aplicados desde logo, quando for líquida a sentença;

II – não sendo líquida a sentença, a definição do percentual, nos termos previstos nos incisos I a V, somente ocorrerá quando liquidado o julgado;

III – não havendo condenação principal ou não sendo possível mensurar o proveito econômico obtido, a condenação em honorários dar-se-á sobre o valor atualizado da causa;

IV – será considerado o salário mínimo vigente quando prolatada sentença líquida ou o que estiver em vigor na data da decisão de liquidação.

§ 5º Quando, conforme o caso, a condenação contra a Fazenda Pública ou o benefício econômico obtido pelo vencedor ou o valor da causa for superior ao valor previsto no inciso I do § 3º, a fixação do percentual de honorários deve observar a faixa inicial e, naquilo que a exceder, a faixa subsequente, e assim sucessivamente.

§ 6º Os limites e critérios previstos nos §§ 2º e 3º aplicam-se independentemente de qual seja o conteúdo da decisão, inclusive aos casos de improcedência ou de sentença sem resolução de mérito.

§ 7º Não serão devidos honorários no cumprimento de sentença contra a Fazenda Pública que enseje expedição de precatório, desde que não tenha sido impugnada.

→ *v.* Súmula 345 do STJ.

§ 8º Nas causas em que for inestimável ou irrisório o proveito econômico ou, ainda, quando o valor da causa for muito baixo, o juiz fixará o valor dos honorários por apreciação equitativa, observando o disposto nos incisos do § 2º.

→ *v.* Art. 11 da Lei 1.060/1950.

→ *v.* Arts. 291 e ss. do NCPC.

→ *v.* Enunciado 6 do CJF: A fixação dos honorários de sucumbência por apreciação equitativa só é cabível nas hipóteses previstas no § 8º do art. 85 do CPC.

→ *v.* Enunciado 8 do CJF: Não cabe majoração de honorários advocatícios em agravo de instrumento, salvo se interposto contra decisão interlocutória que tenha fixado honorários na origem, respeitados os limites estabelecidos no art. 85, §§ 2º, 3º e 8º, do CPC.

§ 9º Na ação de indenização por ato ilícito contra pessoa, o percentual de honorários incidirá sobre a soma das prestações vencidas acrescida de 12 (doze) prestações vincendas.

§ 10. Nos casos de perda do objeto, os honorários serão devidos por quem deu causa ao processo.

§ 11. O tribunal, ao julgar recurso, majorará os honorários fixados anteriormente levando em conta o trabalho adicional realizado em grau recursal, observando, conforme o caso, o disposto nos §§ 2º a 6º, sendo vedado ao tribunal, no cômputo geral da fixação de honorários devidos ao advogado do vencedor, ultrapassar os respectivos limites estabelecidos nos §§ 2º e 3º para a fase de conhecimento.

→ *v.* Enunciado 16 da ENFAM: Não é possível majorar os honorários na hipótese de interposição de recurso no mesmo grau de jurisdição (art. 85, § 11, do CPC/2015).

→ *v.* Enunciado 241 do FPPC: Os honorários de sucumbência recursal serão somados aos honorários pela sucumbência em primeiro grau, observados os limites legais.

→ *v.* Enunciado 242 do FPPC: Os honorários de sucumbência recursal são devidos em decisão unipessoal ou colegiada.

→ *v.* Enunciado 243 do FPPC: No caso de provimento do recurso de apelação, o tribunal redistribuirá os honorários fixados em primeiro grau e arbitrará os honorários de sucumbência recursal.

→ *v.* Enunciado 7 do CJF: A ausência de resposta ao recurso pela parte contrária, por si só, não tem o condão de afastar a aplicação do disposto no art. 85, § 11, do CPC.

§ 12. Os honorários referidos no § 11 são cumuláveis com multas e outras sanções processuais, inclusive as previstas no art. 77.

→ *v.* Arts. 81, 202, 234, § 2º, 258 e 334, § 8º do NCPC.

§ 13. As verbas de sucumbência arbitradas em embargos à execução rejeitados ou julgados improcedentes e em fase de cumprimento de sentença serão acrescidas no valor do débito principal, para todos os efeitos legais.

→ *v.* Arts. 513 e 914 do NCPC.

§ 14. Os honorários constituem direito do advogado e têm natureza alimentar, com os mesmos privilégios dos créditos oriundos da legislação do trabalho, sendo vedada a compensação em caso de sucumbência parcial.

→ *v.* Art. 23 da Lei 8.906/1994.

→ *v.* Enunciado 244 do FPPC: Ficam superados o enunciado 306 da súmula do STJ (“**Os honorários advocatícios devem ser compensados quando houver sucumbência recíproca, assegurado o direito autônomo do advogado à execução do saldo sem excluir a legitimidade da própria parte**”) e a tese firmada no REsp Repetitivo n. 963.528/PR, após a entrada em vigor do CPC, pela expressa impossibilidade de compensação.

§ 15. O advogado pode requerer que o pagamento dos honorários que lhe caibam seja efetuado em favor da sociedade de advogados que integra na qualidade de sócio, aplicando-se à hipótese o disposto no § 14.

§ 16. Quando os honorários forem fixados em quantia certa, os juros moratórios incidirão a partir da data do trânsito em julgado da decisão.

§ 17. Os honorários serão devidos quando o advogado atuar em causa própria.

§ 18. Caso a decisão transitada em julgado seja omissa quanto ao direito aos honorários ou ao seu valor, é cabível ação autônoma para sua definição e cobrança.

→ *v.* Enunciado 7 do FPPC: O pedido, quando omitido em decisão judicial transitada em julgado, pode ser objeto de ação autônoma.

→ *v.* Enunciado 8 do FPPC: Fica superado o enunciado 453 da súmula do STJ após a entrada em vigor do NCPC (“Os honorários sucumbenciais, quando omitidos em decisão transitada em julgado, não podem ser cobrados em execução ou em ação própria”).

§ 19. Os advogados públicos perceberão honorários de sucumbência, nos termos da lei.

→ *v.* Súmula 421 do STJ.

→ *v.* Enunciado 384 do FPPC: A lei regulamentadora não poderá suprimir a titularidade e o direito à percepção dos honorários de sucumbência dos advogados públicos.

Como a sentença fixou honorários conforme o CPC/1973, as regras deste seguem incidindo.

✓ RECURSO ESPECIAL. PROCESSO CIVIL. ARBITRAGEM. EXECUÇÃO. TÍTULO EXECUTIVO EXTRAJUDICIAL. CONTRATO DE LOCAÇÃO. CLÁUSULA COMPROMISSÓRIA. EMBARGOS DO DEVEDOR. MÉRITO. COMPETÊNCIA DO JUÍZO ARBITRAL. QUESTÕES FORMAIS, ATINENTES A ATOS EXECUTIVOS OU DE DIREITOS PATRIMONIAIS INDISPONÍVEIS. COMPETÊNCIA DO JUÍZO ESTATAL. HONORÁRIOS ADVOCATÍCIOS. NATUREZA JURÍDICA. LEI NOVA. MARCO TEMPORAL PARA A APLICAÇÃO DO CPC/2015. PROLAÇÃO DA SENTENÇA. 1. A cláusula arbitral, uma vez contratada pelas partes, goza de força vinculante e caráter obrigatório, definindo ao juízo arbitral eleito a competência para dirimir os litígios relativos aos direitos patrimoniais disponíveis, derrogando-se a jurisdição estatal. 2. No processo de execução, a convenção arbitral não exclui a apreciação do magistrado togado, haja vista que os árbitros não são investidos do poder de império estatal à prática de atos executivos, não tendo poder coercitivo direto. 3. Na execução lastreada em contrato com cláusula arbitral, haverá limitação material do seu objeto de apreciação pelo magistrado. O Juízo estatal não terá competência para resolver as controvérsias que digam respeito ao mérito dos embargos, às questões atinentes ao título ou às obrigações ali consignadas (existência, constituição ou extinção do crédito) e às matérias que foram eleitas para serem solucionadas pela instância arbitral (kompetenz e kompetenz), que deverão ser dirimidas pela via arbitral. 4. A exceção de convenção de arbitragem levará a que o juízo estatal, ao apreciar os embargos do devedor, limite-se ao exame de questões formais do título ou atinentes aos atos executivos (v.g., irregularidade da penhora, da avaliação, da alienação), ou ainda as relacionadas a direitos patrimoniais indisponíveis, devendo, no que sobejar, extinguir a ação sem resolução do mérito. 5. Na hipótese, o devedor opôs embargos à execução, suscitando, além da cláusula arbitral, dúvidas quanto à constituição do próprio crédito previsto no título executivo extrajudicial, arguindo a inexistência da dívida pelo descumprimento justificado do contrato. Dessarte, deve-se reconhecer a derrogação do juízo togado para apreciar a referida pretensão, com a extinção do feito, podendo o recorrido instaurar procedimento arbitral próprio para tanto. 6. O Superior Tribunal de Justiça propugna que, em homenagem à natureza processual material e com o escopo de preservar-se o direito adquirido, as normas sobre honorários advocatícios não são alcançadas por lei nova. A sentença, como ato processual que qualifica o nascedouro do direito à percepção dos honorários advocatícios, deve ser considerada o marco temporal para a aplicação das regras fixadas pelo CPC/2015. 7. No caso concreto, a sentença fixou os honorários em consonância com o CPC/1973. Dessa forma, não obstante o fato de esta Corte Superior reformar o acórdão recorrido após a vigência do novo CPC, incidem, quanto aos honorários, as regras do diploma processual anterior. 8. Recurso especial provido. (STJ; REsp 1465535; SP; Quarta Turma; Rel. Min. Luis Felipe Salomão; Julg. 21/06/2016; DJe 22/08/2016)

Recurso especial sujeito ao CPC/1973 impossibilita a fixação de honorários conforme o CPC/2015.

✓ PROCESSUAL CIVIL. AGRAVO INTERNO NO RECURSO ESPECIAL. CÓDIGO DE PROCESSO CIVIL DE 2015. APLICABILIDADE. HONORÁRIOS ADVOCATÍCIOS. UTILIZAÇÃO DE CRITÉRIOS DE EQUIDADE. RECURSO ESPECIAL SUJEITO AO CPC/73. HONORÁRIOS. ART. 85 DO CPC/15. NÃO CABIMENTO. ARGUMENTOS INSUFICIENTES PARA DESCONSTITUIR A DECISÃO ATACADA. I – Consoante o decidido pelo Plenário desta Corte na sessão realizada em 09.03.2016, o regime recursal será determinado pela data da publicação do provimento jurisdicional impugnado. In casu, aplica-se o Código de Processo Civil de 2015. II – Considerando as peculiaridades do caso concreto, a fixação dos honorários advocatícios em R$10.000,00 (dez mil reais), não configura desproporcionalidade. III – Tratando-se de recurso especial sujeito ao Código de Processo Civil de 1973, impossibilitada a fixação de honorários nos termos do art. 85, do Código de Processo Civil de 2015. VI – A Agravante não apresenta argumentos suficientes para desconstituir a decisão recorrida. VII – Agravo Interno improvido. (STJ; AgInt no REsp 1645702; RJ; Primeira Turma; Rel. Min. Regina Helena Costa; Julg. 15/08/2017; DJe 23/08/2017)

A sucumbência é regida pela lei vigente na data da sentença.

✓ RECURSO ESPECIAL. PROCESSUAL CIVIL. EMBARGOS DE DECLARAÇÃO. NÃO OCORRÊNCIA DE OMISSÃO. REDISCUSSÃO DA MATÉRIA. HONORÁRIOS ADVOCATÍCIOS. NATUREZA JURÍDICA. LEI NOVA. MARCO TEMPORAL PARA A APLICAÇÃO DO CPC/2015. PROLAÇÃO DA SENTENÇA. 1. Constata-se que não se configura a ofensa ao art. 1.022 do Código de Processo Civil/2015, uma vez que o Tribunal de origem julgou integralmente a lide e solucionou a controvérsia, tal como lhe foi apresentada. 2. Cabe destacar que o simples descontentamento da parte com o julgado não tem o condão de tornar cabíveis os Embargos de Declaração, que servem ao aprimoramento da decisão, mas não à sua modificação, que só muito excepcionalmente é admitida. 3. No mérito, o Tribunal a quo consignou que "a melhor solução se projeta pela não aplicação imediata da nova sistemática de honorários advocatícios aos processos ajuizados em data anterior à vigência do novo CPC." 4. Com efeito, a Corte Especial do Superior Tribunal de Justiça posicionou-se que o arbitramento dos honorários não configura questão meramente processual. 5. Outrossim, a jurisprudência do STJ é pacífica no sentido de que a sucumbência é regida pela lei vigente na data da sentença. 6. Esclarece-se que os honorários nascem contemporaneamente à sentença e não preexistem à propositura da demanda. Assim sendo, nos casos de sentença proferida a partir do dia 18.3.2016, aplicar-se-ão as normas do CPC/2015. 7. In casu, a sentença prolatada em 21.3.2016, com supedâneo no CPC/1973 (fls. 40-41, e-STJ), não está em sintonia com o atual entendimento deste Tribunal Superior, razão pela qual merece prosperar a irresignação. 8. Quanto à destinação dos honorários advocatícios de sucumbência das causas em que forem parte a União, as autarquias e as fundações públicas federais, o artigo 29 da Lei 13.327/2016 é claro ao estabelecer que pertencem originariamente aos ocupantes dos cargos das respectivas carreiras jurídicas. 9. Recurso Especial parcialmente provido, para fixar os honorários advocatícios em 10% do valor da condenação, nos termos do artigo 85, § 3º, I, do CPC/2015 (STJ; Resp 1.636.124; AL; Primeira Seção; Rel. Min. Herman Benjamin; Julg. 06/12/2016; DJe 27/04/2017)

Irrisório valor da causa autoriza a fixação de honorários advocatícios por equidade.

✓ AGRAVO INTERNO. EMBARGOS DE DECLARAÇÃO. AGRAVO. PREVIDÊNCIA. PRIVADA. RENDA MENSAL INICIAL. CÁLCULO. ALTERAÇÃO DO PLANO DE BENEFÍCIOS. REGULAMENTO ANTERIOR. IMPOSSIBILIDADE. TEMA JURÍDICO SUBMETIDO AO RITO DOS REPETITIVOS. SOBRESTAMENTO NÃO APLICAÇÃO PREQUESTIONAMENTO. 1. A suspensão de recursos prevista no art. 1.037, II, do CPC/2015 (correspondente ao art. 543-C do CPC/1973), destina-se aos Tribunais Regionais Federais e aos Tribunais de Justiça dos Estados, não se aplicando aos processos já encaminhados ao STJ, por ausência de previsão legal. 2. O exame do conteúdo dos dispositivos legais indicados nas razões do especial revela atendido o requisito do prequestionamento. 3. Havendo alteração nas regras do plano de benefícios, apenas os participantes que preencheram os requisitos necessários para a aposentadoria, antes da mudança do regime jurídico, têm direito de ter os benefícios de complementação calculados com observância das regras anteriores. Precedentes. 4. Sendo irrisório o valor da causa, o art. 85, §§ 2º, I a IV, e 8º, do CPC/2015, autoriza a fixação dos honorários de advogado por equidade. 5. Agravo interno a que se nega provimento. (STJ; AgInt nos EDcl no REsp 1567151; SE; Quarta Turma; Rel. Min. Maria Isabel Galotti; Julg. 03/10/2017; DJe 06/10/2017)

✓ AGRAVO INTERNO. AGRAVO. PREVIDÊNCIA. PRIVADA. RESERVA DE POUPANÇA. MIGRAÇÃO DE PLANO DE BENEFÍCIOS. TRANSAÇÃO. CORREÇÃO MONETÁRIA. EXPURGOS. NÃO APLICAÇÃO. HONORÁRIOS ADVOCATÍCIOS. 1. Sendo irrisório o valor da causa, o art. 85, §§ 2º, I a IV, e 8º, do CPC/2015, autoriza a fixação dos honorários de advogado por equidade. 2. Agravo interno a que se nega provimento. (STJ AgInt no AREsp 487.880; DF; Quarta Turma; Rel. Min. Maria Isabel Galotti; Julg. 29/08/2017; DJe 04/09/2017)

Clareza dos critérios na fixação da verba honorária.

✓ PROCESSUAL CIVIL. AGRAVO INTERNO SUBMETIDO AO ENUNCIADO ADMINISTRATIVO 3/STJ. HONORÁRIOS ADVOCATÍCIOS. REVISÃO. IMPOSSIBILIDADE. SÚMULA 7/STJ. 1. O afastamento excepcional do óbice da Súmula 7/STJ para permitir a revisão dos honorários advocatícios em sede de recurso especial – quando o montante fixado se revelar irrisório ou excessivo – somente pode ser feito quando o Tribunal a quo expressamente indicar e valorar os critérios delineados nas alíneas "a", "b" e "c" do art. 20, § 3º, do CPC/1973 (correspondentes ao art. 85, § 2º, I, II, III, IV do CPC/2015), conforme entendimento da Segunda Turma firmado no julgamento do AgRg no AREsp 532.550/RJ (Rel. p/ Acórdão Ministro Herman Benjamin; DJe de 2/2/2015). 2. No caso, não há como afastar o aludido óbice sumular, tendo em vista que o Tribunal de origem manteve a condenação do recorrente ao pagamento de honorários advocatícios no valor de R$ 2.000,00 (dois mil reais), sem, contudo declinar os critérios dos quais se valeu para chegar a tal montante. 3. Agravo interno não provido. (STJ; AgInt no REsp 1662894; CE; Segunda Turma; Rel. Min. Mauro Campbell Marques; Julg. 15/08/2017; DJe 21/08/2017)

Inviabilidade de majoração de honorários por se tratar de mandado de segurança.

✓ AGRAVO REGIMENTAL NO RECURSO EXTRAORDINÁRIO COM AGRAVO. ARTS. 21, XII, B; 22, IV, DA CF. AUSÊNCIA DE PREQUESTIONAMENTO. SÚMULAS/STF 282 E 356. NORMA INFRACONSTITUCIONAL LOCAL. SÚMULA/STF 280. HONORÁRIOS NÃO FIXADOS PELA ORIGEM. MAJORAÇÃO DESCABIDA. AGRAVO A QUE SE NEGA PROVIMENTO, COM APLICAÇÃO DE MULTA. I – Ausência de prequestionamento dos arts. 21, XII e 22, IV, da CF. Os embargos declaratórios não foram opostos com a finalidade de suprir essa omissão. Incidência das Súmulas/STF 282 e 356. II – Para divergir da conclusão adotada pelo acórdão recorrido, seria necessário interpretação da legislação infraconstitucional local aplicável à espécie, circunstância que torna inviável o recurso, nos termos da Súmula/STF 280. Precedentes. III – Incabível a majoração de honorários, uma vez tratar-se, na origem, de mandado de segurança. IV- Agravo regimental a que se nega provimento, com aplicação da multa prevista no art. 1.021, § 4°, do CPC. (STF; ARE 997915 AgR; Segunda Turma; Rel. Min. Ricardo Lewandowski; Julg. 06/10/2017, Processo Eletrônico DJe-238 DIVULG 18/10/2017 PUBLIC 19/10/2017)

Incabível fixar honorários recursais quando se tratar de recurso extraordinário formalizado em processo cujo rito os exclua.

✓ RECURSO EXTRAORDINÁRIO – ADEQUAÇÃO. O recurso extraordinário é cabível contra decisão de única ou última instância que haja implicado o julgamento da causa – artigo 102, inciso iii, da constituição federal. Honorários advocatícios. Descabe a fixação de honorários recursais, previstos no artigo 85, § 11, do Código de Processo Civil de 2015, quando se tratar de extraordinário formalizado em processo cujo rito os exclua. (STF; Ag-RE-AgR 998.895; Rel. Min. Marco Aurélio; DJE 16/11/2017)

Admissão de honorários recursais em embargos de declaração pelo STF

✓ Embargos de declaração e condenação em honorários advocatícios. Após 18 de março de 2016, data do início da vigência do Novo Código de Processo Civil, é possível condenar a parte sucumbente em honorários advocatícios na hipótese de o recurso de embargos de declaração não atender os requisitos previstos no art. 1.022 do referido diploma e tampouco se enquadrar em situações excepcionais que autorizem a concessão de efeitos infringentes. Com base nessa orientação, a Primeira Turma desproveu os embargos de declaração e, por maioria, condenou a parte sucumbente ao pagamento de honorários. Afirmou que a razão de ser da sucumbência recursal seria dissuadir manobras protelatórias. Vencido o Ministro Marco Aurélio, que afastava a condenação no caso concreto. Pontuava que os embargos de declaração serviriam para esclarecer ou integrar o julgamento realizado anteriormente. No entanto, o recurso que motivara os embargos de declaração teria sido interposto sob a regência do Código pretérito. Portanto, não seria possível condenar a parte sucumbente com base no Novo Código de Processo Civil. RE 929925 AgR-ED/RS, rel. Min. Luiz Fux, 7.6.2016. (RE-929925 Informativo STF 829).

Admissão de honorários recursais em agravo interno pelo STF

✓ HONORÁRIOS DE SUCUMBÊNCIA RECURSAL – FIXAÇÃO – ARTIGO 85, § 11, DO CÓDIGO DE PROCESSO CIVIL DE 2015. Havendo interposição de agravo interno sob regência do Código de Processo Civil de 2015, cabível é a fixação de honorários de sucumbência recursal previstos no artigo 85, § 11 do diploma legal. AGRAVO – ARTIGO 1.021, § 4º, DO CÓDIGO DE PROCESSO CIVIL DE 2015 – MULTA. Se o agravo é manifestamente infundado, impõe-se a aplicação da multa prevista no § 4º do artigo 1.021 do Código de Processo Civil de 2015, arcando a parte com o ônus decorrente da litigância de má-fé. (AG. REG. no ARE N. 938.519-GO; Rel. Min. Marco Aurélio, Informativo STF 830)

Decisão do STJ (i) delimitando quando possível aplicar a sucumbência recursal (direito intertemporal) e (ii) não admitindo honorários recursais em agravo interno

✓ EMBARGOS DE DECLARAÇÃO NO AGRAVO INTERNO NO RECURSO ESPECIAL. PROCESSUAL CIVIL. OMISSÃO CONFIGURADA. ACOLHIMENTO DOS EMBARGOS PARA SANAR O VÍCIO. CABIMENTO DE HONORÁRIOS ADVOCATÍCIOS RECURSAIS. REQUISITOS. I – Para fins de arbitramento de honorários advocatícios recursais, previstos no § 11 do art. 85 do CPC de 2015, é necessário o preenchimento cumulativo dos seguintes requisitos: Direito Intertemporal: deve haver incidência imediata, ao processo em curso, da norma do art. 85, § 11, do CPC de 2015, observada a data em que o ato processual de recorrer tem seu nascedouro, ou seja, a publicação da decisão recorrida, nos termos do Enunciado 7 do Plenário do STJ: "Somente nos recursos interpostos contra decisão publicada a partir de 18 de março de 2016, será possível o arbitramento de honorários sucumbenciais recursais, na forma do art. 85, § 11, do novo CPC"; o não conhecimento integral ou o improvimento do recurso pelo Relator, monocraticamente, ou pelo órgão colegiado competente; a verba honorária sucumbencial deve ser devida desde a origem no feito em que interposto o recurso; não haverá majoração de honorários no julgamento de agravo interno e de embargos de declaração oferecidos pela parte que teve seu recurso não conhecido integralmente ou não provido; não terem sido atingidos na origem os limites previstos nos §§ 2º e 3º do art. 85 do Código de Processo Civil de 2015, para cada fase do processo; não é exigível a comprovação de trabalho adicional do advogado do recorrido no grau recursal, tratando-se apenas de critério de quantificação da verba. II – A título exemplificativo, podem ser utilizados pelo julgador como critérios de cálculo dos honorários recursais: a) respeito aos limites percentuais estabelecidos nos §§ 2º e 3º do art. 85 do CPC de 2015; b) observância do padrão de arbitramento utilizado na origem, ou seja, se os honorários foram fixados na instância a quo em valor monetário, por meio de apreciação equitativa (§ 8º), é interessante que sua majoração observe o mesmo método; se, por outro lado, a verba honorária foi arbitrada na origem com base em percentual sobre o valor da condenação, do proveito econômico ou do valor atualizado da causa, na forma do § 2º, é interessante que o tribunal mantenha a coerência na majoração utilizando o mesmo parâmetro; c) aferição do valor ou do percentual a ser fixado, em conformidade com os critérios estabelecidos nos incisos I a IV do § 2º do art. 85; d) deve ser observado se o recurso é parcial, ou seja, se impugna apenas um ou alguns capítulos da sentença, pois em relação aos demais haverá trânsito em julgado, nos termos do art. 1.002 do CPC de 2015 de modo que os honorários devem ser arbitrados tendo em vista o proveito econômico que a parte pretendia alcançar com a interposição do recurso parcial; e) o efetivo trabalho do advogado do recorrido. III – No caso dos autos, além de o recurso especial ter sido interposto quando ainda estava em vigor o CPC de 1973 e não haver sido fixada verba honorária na origem, por se tratar de decisão interlocutória, a parte ora embargante pretende o arbitramento dos honorários recursais previstos no § 11 do art. 85 do Novo CPC no âmbito do agravo interno, o que, como visto, não é cabível. IV – Embargos de declaração acolhidos para, sem atribuição de efeitos infringentes, sanar a omissão no acórdão embargado. (EDcl no AgInt no REsp 1573573; RJ; Terceira Turma; Rel. Min. Marco Aurélio Bellizze; Julg. 04/04/2017, DJe 08/05/2017)

O CPC/2015 não autoriza a majoração dos honorários a cada recurso interposto no mesmo grau.

✓ DIREITO CIVIL. AGRAVO INTERNO NO AGRAVO EM RECURSO ESPECIAL. USUCAPIÃO. POSSE PRECÁRIA DE BEM IMÓVEL. ANIMUS DOMINI. INCIDÊNCIA DA SÚMULA 7/STJ. 1. O acórdão recorrido entendeu que a autora exercia posse precária e sem animus domini sobre o bem cujo reconhecimento de usucapião se buscava. Tais conclusões não se desfazem se o reexame de provas, o que é vedado por força da Súmula 7/STJ. 2. Não há que se falar na aplicação de honorários sucumbenciais recursais, uma vez que, de acordo com a orientação que vem se firmando nesta Corte, o art. 85 do CPC/2015 não autoriza a majoração dos honorários a cada recurso interposto no mesmo grau. Precedentes. 3. Agravo interno a que se nega provimento. (STJ; AgInt no AREsp 1012678; GO; Quarta Turma; Rel. Min. Luis Felipe Salomão; Julg. 26/09/2017; DJe 29/09/2017)

Inviabilidade de majoração de honorários em razão da interposição de agravo interno.

✓ AGRAVO INTERNO NO AGRAVO EM RECURSO ESPECIAL. ACÓRDÃO RECORRIDO PUBLICADO NA VIGÊNCIA DO CPC/73. MANDATO. SUBSCRITOR. AUSÊNCIA. SÚMULA N. 115 DO STJ. HONORÁRIOS. MAJORAÇÃO. INVIABILIDADE. NÃO PROVIMENTO. 1. Conforme a jurisprudência desta Corte, aos recursos interpostos antes da entrada em vigor do novo Código de Processo Civil, aplica-se a Súmula 115/STJ quando não juntada a cadeia completa de procuração e substabelecimento aos autos. 3. Os honorários devidos na fase de recurso especial compreendem a remuneração de todo o trabalho advocatício nesta etapa, inclusive eventual agravo interno que se faça necessário para que o recurso chegue ao conhecimento do colegiado naturalmente competente, a Turma. Não cabe, portanto, majorar os honorários, com base no art. 85, § 11, do CPC/2015, em razão da interposição de agravo interno. Atitudes eventualmente procrastinatórias são passíveis de sanção processual própria, inconfundível com o escopo dos honorários de sucumbência (CPC/2015, art. 80, §12). 3. Agravo interno a que se nega provimento (STJ; AgInt no AResp 928.873; SP; Quarta Turma; Rel. Min. Maria Isabel Galotti; Julg. 21/03/2017; DJe 07/04/2017)

✓ PROCESSUAL CIVIL. EMBARGOS DECLARATÓRIOS NO AGRAVO INTERNO NO RECURSO ESPECIAL. INEXISTÊNCIA DE VÍCIOS. EMBARGOS DE DECLARAÇÃO ACOLHIDOS PARA FINS DE ESCLARECIMENTOS QUANTO AOS HONORÁRIOS, SEM EFEITOS MODIFICATIVOS. 1. De início, impõe-se ressaltar que os presentes Embargos de Declaração foram opostos contra acórdão publicado já na vigência do novo Código de Processo Civil, razão pela qual devem ser exigidos os requisitos de admissibilidade recursal na forma nele prevista (Enunciado Administrativo 3/STJ). 2. Nestes Aclaratórios, a embargante sustenta que o acórdão embargado "omitiu-se, no entanto, no tocante à fixação dos honorários recursais, previstos no art. 85, § 11, do Código de Processo Civil" (fl. 685, e STJ). 3. Na verdade, não verifico na espécie os pressupostos necessários e exigidos pelo art. 1.022 do CPC/2015 para acolhimento dos Aclaratórios, visto que nenhuma omissão, obscuridade, contradição ou erro material existe no corpo do decisum que justifique o oferecimento desse recurso. 4. Contudo, para evitar novos questionamentos, acolhem-se os Embargos Declaratórios para prestar esclarecimentos, sem, no entanto, emprestar-lhes efeitos infringentes. 5. O pedido de arbitramento/majoração da verba honorária de sucumbência no Agravo Interno, formulado pela embargante, deve ser rejeitado, em razão do entendimento da Escola Nacional de Formação e Aperfeiçoamento de Magistrados Ministro Sálvio de Figueiredo Teixeira – Enfam – adotado no seminário "O Poder Judiciário e o Novo CPC", no qual se editou o enunciado 16, com o seguinte teor: "Não é possível majorar os honorários na hipótese de interposição de recurso no mesmo grau de jurisdição (art. 85, § 11, do CPC/2015)". 6. Dito de outro modo, como se trata (o Agravo Interno) de recurso que apenas prorroga, no mesmo grau de jurisdição, a discussão travada no Recurso Especial, o caso concreto não comporta a aplicação do art. 85, § 11, do CPC/2015. 7. Embargos de Declaração acolhidos sem efeito modificativo, apenas para prestar esclarecimentos (STJ; EDcl no AgInt no Resp 1.578.347; AL; Primeira Seção; Rel. Min. Herman Benjamin \; Julg. 25/10/2016; DJe 08/11/2016).

Inaplicabilidade de majoração ante a ausência de previa fixação de honorários de sucumbência.

✓ DIREITO DO TRABALHO. AGRAVO INTERNO EM RECURSO EXTRAORDINÁRIO COM AGRAVO. COMISSÃO DE CONCILIAÇÃO PRÉVIA. TÍTULO EXECUTIVO EXTRAJUDICIAL. EFICÁCIA LIBERATÓRIA. CONTROVÉRSIA QUE DEMANDA ANÁLISE DE LEGISLAÇÃO INFRACONSTITUCIONAL. CARÁTER PROTELATÓRIO. IMPOSIÇÃO DE MULTA. 1. O Plenário do Supremo Tribunal Federal, por ausência de questão constitucional, rejeitou preliminar de repercussão geral relativa à controvérsia sobre suposta violação aos princípios do contraditório, da ampla defesa, dos limites da coisa julgada e do devido processo legal (Tema 660. ARE 748.371 – RG, julgado sob a relatoria do Ministro Gilmar Mendes). 2. A solução da presente controvérsia pressupõe, necessariamente, a análise da legislação infraconstitucional aplicada do caso, o que não se admite na via do recurso extraordinário. Precedentes. 3. Inaplicável o art. 85, § 11, do CPC/2015, uma vez que não houve prévia fixação de honorários advocatícios de sucumbência. 4. Agravo interno a que se nega provimento, com aplicação da multa prevista no art. 1.021, § 4º, do CPC/2015. (STF; ARE 971986; Primeira Turma; Rel. Min. Roberto Barroso; Julg. 09/08/2016; DJE 29/08/2016; Pág. 38)

"Error in procedendo" anula a sentença e torna sem efeito o capítulo decisório referente aos honorários – que constituem pressuposto para a fixação ("majoração") do ônus em grau recursal.

✓ ADMINISTRATIVO. PROCESSUAL CIVIL. AGRAVO EM RECURSO ESPECIAL. ENUNCIADO ADMINISTRATIVO 3/STJ. INTERVENÇÃO DO ESTADO NA PROPRIEDADE. DESAPROPRIAÇÃO POR INTERESSE SOCIAL PARA FINS DE REFORMA AGRÁRIA. AÇÃO DECLARATÓRIA DE NULIDADE DE REGISTRO IMOBILIÁRIO FEITO EM FAVOR DE PARTICULAR. IMÓVEIS LOCALIZADOS EM FAIXA DE FRONTEIRA. BEM FEDERAL. ALIENAÇÃO "A NON DOMINO". NECESSIDADE DE CITAÇÃO DO ESTADO-MEMBRO EM QUE SE LOCALIZAR O IMÓVEL. COGÊNCIA NORMATIVA. FUNDAMENTAÇÃO RECURSAL DEFICIENTE. DIVERGÊNCIA JURISPRUDENCIAL. AUSÊNCIA DE RAZÕES RECURSAIS. SÚMULA 284/STF. HONORÁRIOS RECURSAIS. HIPÓTESE DE RECONHECIMENTO DE "ERROR IN PROCEDENDO". ANULAÇÃO DA SENTENÇA OU DO ACÓRDÃO. SUPRESSÃO DE CAPÍTULO DECISÓRIO DE HONORÁRIOS SUCUMBENCIAIS. AUSÊNCIA DE PRESSUPOSTO PARA A CONDENAÇÃO EM VERBA SUCUMBENCIAL EM GRAU RECURSAL. AGRAVO EM RECURSO ESPECIAL INTERPOSTO POR PARTE BENEFICIADA PELO

JUÍZO DE INADMISSIBILIDADE DE APELO RARO INTERPOSTO PELA PARTE ADVERSÁRIA. AUSÊNCIA DE INTERESSE RECURSAL. 1. A parte beneficiada pela decisão de inadmissibilidade de recurso especial não tem interesse na interposição de agravo. 2. Não se conhece do recurso especial quanto à divergência jurisprudencial meramente indicada como hipótese de cabimento sem que tenha havido argumentação nesse sentido na petição recursal. Hipótese da Súmula 284/STF. 3. Nas demandas de desapropriação, por interesse social, para fins de reforma agrária que recaiam sobre bem imóvel rural objeto de registro, no Registro de Imóveis, em nome de particular, que não tenha sido destacado, validamente, do domínio público por título formal ou por força de legislação específica, é necessária a citação do estado-membro, no qual situada a área, para integrar a ação de desapropriação, assim como também as ações conexas. Inteligência do art. 3.º da Lei 9.871/1999 e do art. 4.º da Lei 13.178/2015. 4. Os honorários recursais não têm autonomia nem existência independente da sucumbência fixada na origem e representam um acréscimo (o CPC/2015 fala em "majoração") ao ônus estabelecido previamente, motivo por que na hipótese de descabimento ou na de ausência de fixação anterior, não haverá falar em honorários recursais. 5. Assim, não são cabíveis honorários recursais na hipótese de recurso que reconhece "error in procedendo" e que anula a sentença, uma vez que essa providência torna sem efeito também o capítulo decisório referente aos honorários sucumbenciais e estes, por seu turno, constituem pressuposto para a fixação ("majoração") do ônus em grau recursal. Exegese do art. 85, § 11, do CPC/2015 (...) (STJ; AResp 1.050.334; PR; Segunda Turma; Rel. Min. Mauro Campbell Marques; Julg. 28/03/2017; DJe 03/04/2017).

Aplicação da majoração de honorários.

✓ PROCESSO CIVIL. AGRAVO NO RECURSO ESPECIAL. RECURSO QUE NÃO INFIRMA ESPECIFICAMENTE O FUNDAMENTO DA DECISÃO AGRAVADA. INCIDÊNCIA DA SÚMULA 182 DO STJ. LITIGÂNCIA DE MÁ-FÉ. MULTA DO ART. 81 DO CPC. RECURSO MANIFESTAMENTE INADMISSÍVEL. APLICAÇÃO DE MULTA. ART. 1.021, § 4º, DO CPC. MAJORAÇÃO DOS HONORÁRIOS. ART. 85, §11, DO CPC. 1. Não merece conhecimento o agravo no recurso especial que não impugna, especificamente, os fundamentos da decisão agravada. Incidência da Súmula n. 182/STJ. 2. Considera-se litigante de má-fé aquele que alterar a verdade dos fatos a teor do inciso II do artigo 80 do CPC. 3.O recurso mostrase manifestamente inadmissível, a ensejar a aplicação da multa prevista no artigo 1.021, § 4º, do CPC, no percentual de 1% sobre o valor atualizado da causa, ficando a interposição de qualquer outro recurso condicionada ao depósito da respectiva quantia, nos termos do § 5º, do citado artigo de lei. 4. Em razão do trabalho adicional realizado em grau recursal, os honorários fixados anteriormente foram majorados nos termos do artigo 85, §11, do CPC. 5. Agravo não conhecido, com aplicação de multa. (STJ; AgInt no REsp 1626058; MA; Terceira Turma; Rel. Min. Nancy Andrighi; Julg. 21/02/2017; DJe 24/02/2017)

✓ AGRAVO REGIMENTAL NO RECURSO EXTRAORDINÁRIO COM AGRAVO. RESPONSABILIDADE CIVIL DO ESTADO. DANO MORAL. CARACTERIZAÇÃO. REEXAME DO CONJUNTO FÁTICO-PROBATÓRIO. SÚMULA Nº 279/STF. MAJORAÇÃO DE HONORÁRIOS. AGRAVO A QUE SE NEGA PROVIMENTO, COM APLICAÇÃO DE MULTA. I. Para se chegar à conclusão contrária à adotada pelo acórdão recorrido quanto à caracterização do dano moral, necessário seria o reexame do conjunto fático-probatório constante dos autos, o que atrai a incidência da Súmula nº 279/STF. II- Nos termos do art. 85, § 11, do CPC majoro em 10% o valor da verba honorária fixada anteriormente, observados os limites legais do art. 85, § 2º e § 3º, do CPC. III- Agravo regimental a que se nega provimento, com aplicação da multa prevista no art. 1.021, § 4º, do CPC. (STF; ARE 1007002; Segunda Turma; Rel. Min. Ricardo Lewandowski; DJE 11/04/2017; Pág. 142)

Aplicação da majoração de honorários independe de requerimento.

✓ AGRAVO INTERNO NO AGRAVO EM RECURSO ESPECIAL. PROCESSUAL CIVIL. SÚMULA N. 283/STF. AUSÊNCIA DE IMPUGNAÇÃO A FUNDAMENTO POR SI SÓ SUFICIENTE PARA MANTER O ACÓRDÃO RECORRIDO. PREVIDÊNCIA PRIVADA. PRETENSÃO DE INCLUSÃO DO FILHO INVÁLIDO COMO DEPENDENTE QUE NUNCA ANTES FIGUROU NESSA CONDIÇÃO. IMPOSSIBILIDADE. DESEQUILÍBRIO ATUARIAL. AUSENTE IMPUGNAÇÃO SUFICIENTE PARA INFIRMAR TAL FUNDAMENTO. HONORÁRIOS RECURSAIS. MAJORAÇÃO. INCIDÊNCIA. PROVIDÊNCIA QUE INDEPENDE DE REQUERIMENTO DA PARTE CONTRÁRIA E QUE TEM COMO PRESSUPOSTO A SUCUMBÊNCIA RECURSAL. PARÂMETROS DOS § § 2º AO 6º DO ART. 85 DO CPC/2015 DEVIDAMENTE OBSERVADOS. AGRAVO INTERNO DESPROVIDO (STJ; AgInt no AgInt no AResp 974.482; DF; Rel. Min. Paulo de Tarso Sanseverino; Julg. 04/04/2017; DJe 10/04/2017)

Irrelevância da não apresentação de contrarrazões/contraminuta para a fixação de honorários.

✓ AGRAVO REGIMENTAL NO RECURSO EXTRAORDINÁRIO COM AGRAVO. RECURSO INTERPOSTO APÓS O NOVO CÓDIGO DE PROCESSO CIVIL. MÉRITO. INCIDÊNCIA DE MULTA. JULGAMENTO POR UNANIMIDADE. MAJORAÇÃO DE HONORÁRIOS ADVOCATÍCIOS. JULGAMENTO POR MAIORIA, VENCIDO O RELATOR ORIGINÁRIO. AGRAVO REGIMENTAL DESPROVIDO. MÉRITO RECURSAL. NECESSIDADE DE REVOLVIMENTO DE MATÉRIA FÁTICA E INTERPRETAÇÃO DE NORMAS LEGAIS. IMPOSSIBILIDADE NA ESTRITA SEARA DO RECURSO EXTRAORDINÁRIO. MULTA. ART. 1.021, § 4º, CÓDIGO DE PROCESSO CIVIL. AGRAVO. CABIMENTO. INTERPOSIÇÃO DE RECURSO MANIFESTAMENTE INFUNDADO. MAJORAÇÃO DE HONORÁRIOS ADVOCATÍCIOS EM 1/4 (UM QUARTO). ARTIGO 85, §11, CÓDIGO DE PRO-

CESSO CIVIL. AUSÊNCIA DE RESPOSTA AO RECURSO. IRRELEVÂNCIA. MEDIDA DE DESESTÍMULO À LITIGÂNCIA PROCRASTINATÓRIA. CABIMENTO. VENCIDO O RELATOR ORIGINÁRIO, NO PONTO (STF; ARE 951257 AgR; RJ; Rel. orig. Min. Marco Aurélio, red. p/ o ac. Min. Edson Fachin; Julg. 27/09/2016).

✓ AGRAVO INTERNO NA AÇÃO ORIGINÁRIA. ART. 102, I, 'N', DA CRFB/88. INTERESSE DE TODOS OS MEMBROS DA MAGISTRATURA NÃO CONFIGURADO. INCOMPETÊNCIA ORIGINÁRIA DO STF. CARÁTER RESTRITO E TAXATIVO DE SUA COMPETÊNCIA. MAJORAÇÃO DOS HONORÁRIOS ADVOCATÍCIOS. ART. 85, §11, DO CPC/2015. DESNECESSIDADE DE EXISTÊNCIA DE CONTRARRAZÕES. (...). 3. A interposição de recurso sob a égide da nova lei processual possibilita a majoração dos honorários advocatícios (ora fixados em 10% dez por cento sobre o valor da causa), mesmo quando não apresentadas contrarrazões, nos termos do art. 85, § 11, do CPC/2015. 4. Agravo regimental a que se nega provimento (STF; AO 2063 AGR; CE, Rel. orig. Min. Marco Aurélio, red. p/ o ac. Min. Edson Fachin; Julg. 18/05/2016).

Art. 86. Se cada litigante for, em parte, vencedor e vencido, serão proporcionalmente distribuídas entre eles as despesas.

→ *v.* Art. 94 do NCPC.

Parágrafo único. Se um litigante sucumbir em parte mínima do pedido, o outro responderá, por inteiro, pelas despesas e pelos honorários.

→ *v.* Súmulas 306 e 326 do STJ.

Sucumbência mínima torna desnecessária a redistribuição dos ônus sucumbenciais.

✓ AGRAVO INTERNO EM EMBARGOS DE DECLARAÇÃO EM RECURSO ESPECIAL. ACOLHIMENTO PARCIAL DO RECURSO ESPECIAL TÃO SOMENTE PARA RESTABELECER A TAXA REFERENCIAL - TR COMO ÍNDICE DE CORREÇÃO MONETÁRIA E A ATUALIZAÇÃO DO SALDO DEVEDOR EM MOMENTO ANTERIOR À AMORTIZAÇÃO DA DÍVIDA (SÚMULA 450/STJ). SUCUMBÊNCIA MÍNIMA DO AUTOR. ART. 86, PARÁGRAFO ÚNICO, DO CPC. AGRAVO INTERNO NÃO PROVIDO. 1. Não obstante o parcial provimento do recurso especial da instituição financeira - restabelecendo a Taxa Referencial - TR como índice de correção monetária e determinando a atualização do saldo devedor antes da amortização mediante o pagamento da prestação -, observa-se que esses quesitos em que os autores foram vencidos não tiveram expressiva repercussão no proveito econômico da demanda. Desse modo, configurada a hipótese de sucumbência mínima prevista no parágrafo único do art. 86 do CPC, ressoa desnecessária a redistribuição dos ônus sucumbenciais. 2. Agravo interno não provido. (STJ; AgInt nos EDcl no REsp 1313351; MS; Quarta Turma; Rel. Min. Luis Felipe Salomão; Julg. 16/05/2017; DJe 19/05/2017)

Comando para aguardar trânsito em julgado constitui sucumbência mínima.

✓ PROCESSUAL CIVIL. HONORÁRIOS ADVOCATÍCIOS. SUCUMBÊNCIA RECÍPROCA. INEXISTÊNCIA. 1. Conforme estabelecido pelo Plenário do STJ, "aos recursos interpostos com fundamento no CPC/2015 (relativos a decisões publicadas a partir de 18 de março de 2016) serão exigidos os requisitos de admissibilidade recursal na forma do novo CPC" (Enunciado Administrativo n. 3). 2. O agravado obteve o reconhecimento do direito de compensar os valores recolhidos a título de contribuição previdenciária incidente sobre o subsídio dos ocupantes de mandato eletivo, nos dez anos anteriores ao ajuizamento da ação, sem os limites do art. 89, § 3º, da Lei n. 8.212/1991 (redação da Lei n. 9.129/1995) e correção pela SELIC (art. 39, § 4º, da Lei n. 9.250/1995). 3. Hipótese em que, diante do que foi acolhido, o comando de que a compensação aguarde o trânsito em julgado do acórdão, nos termos do art. 170-A do Código Tributário Nacional, constitui sucumbência de parte mínima do pedido, dando ensejo à aplicação do art. 86, parágrafo único, do CPC/2015: "se um litigante sucumbir em parte mínima do pedido, o outro responderá por inteiro, pelas despesas e pelos honorários." 4. Agravo interno desprovido. (STJ; AgInt no AREsp 39.382/DF; Primeira Turma; Rel. Min. Gurgel de Faria; Julg. 16/05/2017; DJe 23/06/2017)

Art. 87. Concorrendo diversos autores ou diversos réus, os vencidos respondem proporcionalmente pelas despesas e pelos honorários.

→ *v.* Art. 257 do CC/2002.

§ 1º A sentença deverá distribuir entre os litisconsortes, de forma expressa, a responsabilidade proporcional pelo pagamento das verbas previstas no *caput*.

§ 2º Se a distribuição de que trata o § 1º não for feita, os vencidos responderão solidariamente pelas despesas e pelos honorários.

São devidos honorários somente em hipótese de procedência, ainda que parcial, da impugnação ao cumprimento de sentença.

✓ ADMINISTRATIVO. AGRAVO DE INSTRUMENTO. CUMPRIMENTO DE SENTENÇA CONTRA A FAZENDA PÚBLICA. HONORÁRIOS ADVOCATÍCIOS. RATEIO. 1. Concorrendo diversos autores ou diversos réus, os vencidos respondem proporcionalmente pelas despesas e pelos honorários. Inteligência do caput do art. 87 do nCPC. 2. Na hipótese de rejeição da impugnação ao cumprimento de sentença, não são cabíveis honorários advocatícios. Súmula nº 519 do STJ. 3. Assim, somente são devidos honorários na hipótese de procedência (ainda que parcial) da impugnação. 4. A parte exequente/impugnada, já faz jus, de regra, aos honorários do próprio cumprimento de sentença. (TRF 4ª R.; AG 5040228-84.2017.404.0000; Quarta Turma; Rel. Des. Fed. Luís Alberto Dazevedo Aurvalle; Julg. 25/10/2017; DEJF 26/10/2017)

Necessidade de decisão expressa quanto à responsabilidade proporcional, entre os litisconsortes, pelo pagamento de despesas e honorários.

✓ AÇÃO DECLARATÓRIA DE INEXIGIBILIDADE DE TÍTULO EXTRAJUDICIAL. Alegação da apelante de que verificou a legitimidade e validade dos títulos. Pretensão de que seja afastada a sua condenação em custas e honorários advocatícios. Subsidiariamente pede que sua condenação seja em menor proporção em relação à corré emitente dos títulos. ADMISSIBILIDADE: Em que pese a apelante ter verificado a existência e a validade dos títulos a ela transferidos em razão de cessão de duplicatas, viável sua condenação ao pagamento de honorários advocatícios porque ofereceu resistência à pretensão da empresa autora. Entretanto, aplicável o art. 87, §1º do CPC que estabelece a necessidade de decisão expressa quanto à distribuição da proporção entre os litisconsortes pelo pagamento das despesas e pelos honorários. PROCESSUAL CIVIL. NULIDADE DA SENTENÇA. Alegação da apelante de que a r. Sentença que rejeitou os embargos de declaração é nula por negativa de prestação jurisdicional. NÃO OCORRÊNCIA: O pedido foi devidamente apreciado pelo Juízo. A questão foi decidida de acordo com o livre convencimento do magistrado, em razão do princípio da persuasão racional e observados os fatos e circunstância constantes dos autos. PRELIMINAR REJEITADA E RECURSO PROVIDO. (TJSP; APL 1123166-24.2015.8.26.0100; Ac. 10194857; São Paulo; Trigésima Sétima Câmara de Direito Privado; Rel. Des. Israel Góes dos Anjos; Julg. 21/02/2017; DJESP 07/03/2017)

Caso a sentença não distribua, de maneira expressa, os ônus entre os litisconsortes, eles serão considerados solidariamente responsáveis.

✓ APELAÇÃO CÍVEL. AÇÃO DE INDENIZAÇÃO POR DANOS MORAIS. NEGATIVAÇÃO INDEVIDA. DANO MORAL CARACTERIZADO. VALOR DA INDENIZAÇÃO. RESPONSABILIDADE EXTRACONTRATUAL -TERMO INICIAL. JUROS DE MORA. ART. 395 DO CÓDIGO CIVIL E SÚMULA Nº 54 DO STJ. CORREÇÃO MONETÁRIA. SÚMULA Nº 362 DO STF. ÔNUS DE SUCUMBÊNCIA. LITISCONSORTES VENCIDOS. RESPONSABILIDADE SOLIDÁRIA. 1. A indenização por danos morais estipulada na instância de origem deve ser revista quando se revelar manifestamente irrisória ou excessiva. 2. A definição do valor da indenização deve se pautar pelos parâmetros da razoabilidade e da proporcionalidade, evitando o lucro fácil do ofendido, a ruína do infrator e a necessidade de evitar que ocorrências similares se repitam. 3. A teor do art. 395 do Código Civil e das Súmulas nºs 54 e 362 do Superior Tribunal de Justiça, incidem sobre o valor da indenização por danos morais decorrente de responsabilidade extracontratual juros de mora de 1% ao mês, desde a data do evento danoso, e correção monetária, a partir da data do arbitramento. 4. Conforme art. 87 do CPC/2015, os vencidos respondem proporcionalmente por despesas e honorários, sendo que, caso a sentença não distribua expressamente os ônus entre os litisconsortes, consideram-se estes solidariamente responsáveis. V.V. O arbitramento da quantia devida para compensação do dano moral deve considerar os precedentes em relação ao mesmo tema e as características do caso concreto (a gravidade do fato em si, a responsabilidade do agente, a culpa concorrente da vítima e a condição econômica do ofensor). (TJMG; APCV 1.0024.14.346281-0/001; Rel. Des. Octávio de Almeida Neves; Julg. 19/10/2017; DJEMG 27/10/2017)

Art. 88. Nos procedimentos de jurisdição voluntária, as despesas serão adiantadas pelo requerente e rateadas entre os interessados.

→ v. Art. 719 e ss. do NCPC.

Em procedimento de habilitação de herdeiros, as custas processuais devem ser rateadas entre as partes interessadas.

✓ APELAÇÃO CÍVEL. Habilitação de Herdeiros. Procedimento de jurisdição voluntária. Honorários advocatícios de sucumbência. Não cabimento. Custas processuais que devem ser rateadas entre as partes interessadas. Inteligência do art. 88 do NCPC. Recurso conhecido e provido parcialmente. (TJSE; AC 201700721004; Ac. 24860/2017; Primeira Câmara Cível; Relª Desª Elvira Maria de Almeida Silva; Julg. 13/11/2017; DJSE 17/11/2017)

Despesas processuais, embora adiantadas pelo requerente, devem ser rateadas ao final pelos interessados.

✓ APELAÇÃO CÍVEL. Procedimento de homologação de cessão de precatório requisitório. Superveniente perda de interesse processual por conta da promulgação da Emenda Constitucional n.62/2009. Sentença que extinguiu o feito sem resolução de mérito, condenando o requerente ao pagamento de custas e despesas processuais e honorários de sucumbência. Custas processuais. Princípio da causalidade. Bilateral. Procedimento de jurisdição voluntária. Art.

24 do CPC/1973, vigente à época de ajuizamento. Equivalência do art. 88 do CPC/2015. Despesas processuais que, embora adiantadas pelo requerente, devem ser rateadas ao final pelos interessados. Não cabimento da condenação em honorários advocatício em face da ausência de sucumbência. Não houve decaimento do direito, apenas mudança na forma de exercício do direito pleiteado. Apelação cível conhecida e parcialmente provida. (TJPR; ApCiv 1671469-7; Londrina; Quarta Câmara Cível; Relª Desª Maria Aparecida Blanco de Lima; Julg. 26/09/2017; DJPR 11/10/2017; Pág. 55)

Extinção do processo sem julgamento do mérito por perda superveniente do interesse recursal: possível arbitramento das despesas de modo equitativo entre os litigantes.

✓ PROCESSO CIVIL. DIREITO DE AÇÃO COMO DIREITO FUNDAMENTAL. PERDA SUPERVENIENTE DO INTERESSE PROCESSUAL. SUCUMBÊNCIA EQUIVALENTE AO PROCEDIMENTO DE JURISDIÇÃO VOLUNTÁRIA. RATEAMENTO DAS DESPESAS ENTRE OS LITIGANTES. SENTENÇA MANTIDA. 1. O direito de ação é um direito fundamental composto por um conjunto de situações jurídicas que garantem ao seu titular o poder de acessar os tribunais e exigir deles uma tutela jurisdicional adequada, tempestiva e efetiva (Fredie Didier Jr). 2. À época em que a demanda foi proposta, havia interesse jurídico, o qual se perdeu com o escoamento do prazo contratual. 3. Reconhecida a legitimidade do exercício de ação, não há que se responsabilizar exclusivamente a autora pelo pagamento dos ônus sucumbenciais. 4. Com fulcro no art. 82, §2º, c/c art. 85, §§2º e 4º, III, todos do Código de Processo Civil, bem como, de modo análogo, o disposto no art. 88 do Código de Processo Civil, possível o arbitramento das despesas de modo equitativo entre os litigantes, porquanto não houve análise de mérito em virtude da perda superveniente do interesse processual. 5. Recursos conhecidos e desprovidos. (TJDF; APC 2015.01.1.069889-6; Ac. 104.6013; Quinta Turma Cível; Rel. Des. Sebastião Coelho; Julg. 06/09/2017; DJDFTE 25/09/2017)

Art. 89. Nos juízos divisórios, não havendo litígio, os interessados pagarão as despesas proporcionalmente a seus quinhões.

→ *v.* Art. 1.320 do CC/2002.

→ *v.* Art. 14, § 4.º, da Lei 9.289/1996.

Em ação de demarcação, os honorários do perito nomeado devem ser pagos de forma proporcional à área de cada parte.

✓ APELAÇÃO CÍVEL. AÇÃO DE DIVISÃO. I. Determinação de confecção de laudo técnico pericial em audiência de conciliação realizada em ação demarcatória. Pagamento de honorários de forma proporcional ao quinhão de cada condômino. Inteligência do art. 25 do CPC/73. Inexistência de ofensa à coisa julgada. Pedido de nova perícia pelo autor/apelante. Decisão judicial a atribuir-lhe o ônus de arcar com o seu pagamento. Não interposição de recurso. Preclusão. A sentença homologatória proferida em ação de demarcação, ao estabelecer que os honorários do perito nomeado em audiência de conciliação seriam pagos de forma proporcional à área de cada um, obedeceu a previsão do artigo 25 do CPC/73 (NCPC, art. 89). Nada obstante, inad missível que, a pretexto de invocar ofensa à coisa julgada, o autor/recorrente pretenda impor à parte ex adversa o ônus pelo pagamento de perícias outras só por ele postuladas, mormente porque, da decisão judicial que determinou a sua intimação para que arcasse, só ele, com os honorários da perícia que insistia fosse levada a efeito, não cuidou de demonstrar sua indignação em momento oportuno, com o manejo do recurso adequado, razão por que não é possível a rediscussão de matéria já superada, em decorrência da preclusão, consoante previsão do art. 474 do CPC/73 (NCPC, art. 507). II. Sentença homologatória de divisão a colocar fim ao condomínio. Laudo técnico pericial hígido. Divisão proporcional mantida. Após a impugnação do laudo técnico pericial pelos litigantes, o perito nomeado pelo juízo esclareceu, detalhadamente, os critérios observados para a divisão do imóvel em litígio, com a análise das peculiaridades da lide e menção às ressalvas, comunicadas e ratificadas pelo autor/apelante, sobre possíveis equívocos passiveis de retificação. Portanto, a conclusão do laudo é racional e igualitária, e atenta para as circunstâncias fáticas no local, sendo a mais adequada na solução da lide que se arrasta há 26 anos, valendo ressaltar que o simples descontentamento, sem elementos aptos a infirmá-lo, não enseja a realização de nova perícia, o que impõe a confirmação da sentença atacada e o desprovimento da insurgência. Apelação Cível conhecida e desprovida. (TJGO; AC 0219297-38.2000.8.09.0113; Niquelândia; Segunda Câmara Cível; Rel. Des. Carlos Alberto França; DJGO 22/09/2016; Pág. 232)

Art. 90. Proferida sentença com fundamento em desistência, em renúncia ou em reconhecimento do pedido, as despesas e os honorários serão pagos pela parte que desistiu, renunciou ou reconheceu.

→ *v.* Arts. 485, VIII, e 487, III, **c**, do NCPC.

§ 1º Sendo parcial a desistência, a renúncia ou o reconhecimento, a responsabilidade pelas despesas e pelos honorários será proporcional à parcela reconhecida, à qual se renunciou ou da qual se desistiu.

§ 2º Havendo transação e nada tendo as partes disposto quanto às despesas, estas serão divididas igualmente.

§ 3º Se a transação ocorrer antes da sentença, as partes ficam dispensadas do pagamento das custas processuais remanescentes, se houver.

→ v. Enunciado 112 do FPPC: No processo do trabalho, se a transação ocorrer antes da sentença, as partes ficam dispensadas do pagamento das custas processuais, se houver.

§ 4º Se o réu reconhecer a procedência do pedido e, simultaneamente, cumprir integralmente a prestação reconhecida, os honorários serão reduzidos pela metade.

→ v. Enunciado 9 do CJF: Aplica-se o art. 90, § 4º, do CPC ao reconhecimento da procedência do pedido feito pela Fazenda Pública nas ações relativas às prestações de fazer e de não fazer.

→ v. Enunciado 10 do CJF: O benefício do § 4º do art. 90 do CPC aplica-se apenas à fase de conhecimento.

Reconhecimento do pedido e fixação de honorários.

✓ PROCESSO CIVIL. EMBARGOS DE DIVERGÊNCIA. HONORÁRIOS ADVOCATÍCIOS. RECONHECIMENTO DO PEDIDO. ART. 26 DO CPC/1973. 1. A transação enseja a extinção do feito com resolução de mérito (art. 269, III, do CPC) e, via de regra, não dá azo à sucumbência, haja vista pressupor, necessariamente, reciprocidade de concessões. A desistência ou o reconhecimento do pedido, ao revés, conforme disposto no art. 26 do CPC, enseja a fixação da verba honorária (arts. 85, §§ 6º e 10, e 90, do CPC/2015). Precedentes. 2. No caso, verifica-se que não ocorreu nem a transação nem a desistência da demanda, tendo em vista que o Município, no curso do processo, efetivamente reconheceu o direito da concessionária embargante, tanto que veio a anular 99,9% dos lançamentos tributários impugnados neste feito, atraindo, portanto, a incidência da norma prevista no art. 26 do CPC (e art. 90 do novo CPC). 3. Assim, considerando as peculiaridades da situação em exame, e tendo a Municipalidade dado causa ao ajuizamento da ação anulatória, reconhecendo posteriormente a procedência do pedido, ressoa inequívoca a inexistência do direito dos advogados embargados ao arbitramento da verba honorária de sucumbência, haja vista terem sido eles os patronos do Município. 4. Embargos de divergência procedentes. (STJ; EREsp 1322337; RJ; Corte Especial; Rel. Min. Og Fernandes, Rel. p/ Acórdão Min. Luis Felipe Salomão; Julg. 19/04/2017; DJe 07/06/2017)

Transação: silentes as partes, as despesas são divididas igualmente.

✓ AGRAVO REGIMENTAL NO RECURSO ESPECIAL. PROCESSUAL CIVIL. TRANSAÇÃO APÓS SENTENÇA. DESPESAS PROCESSUAIS. 1 – No silêncio acerca da distribuição das despesas processuais, estas serão divididas igualmente entre as partes. 2 – Inteligência do art. 26, § 2.º do CPC/73, bem como do art. 90, § 2.º do novel CPC/2015. 3 – AGRAVO REGIMENTAL DESPROVIDO. (STJ; AgRg no REsp 1400402; SC; Terceira Turma; Rel. Min. Paulo de Tarso Sanseverino; Julg. 05/04/2016; DJe 11/04/2016)

Art. 91. As despesas dos atos processuais praticados a requerimento da Fazenda Pública, do Ministério Público ou da Defensoria Pública serão pagas ao final pelo vencido.

→ v. Súmulas 190, 232 e 483 do STJ.

→ v. Art. 39 da Lei 6.830/1980.

§ 1º As perícias requeridas pela Fazenda Pública, pelo Ministério Público ou pela Defensoria Pública poderão ser realizadas por entidade pública ou, havendo previsão orçamentária, ter os valores adiantados por aquele que requerer a prova.

§ 2º Não havendo previsão orçamentária no exercício financeiro para adiantamento dos honorários periciais, eles serão pagos no exercício seguinte ou ao final, pelo vencido, caso o processo se encerre antes do adiantamento a ser feito pelo ente público.

Dispensa do recolhimento de despesas: réu citado por edital com atuação de advogado dativo ou Defensoria Pública.

✓ EMBARGOS DE DECLARAÇÃO EM AGRAVO REGIMENTAL EM AGRAVO EM RECURSO ESPECIAL. OMISSÃO CONFIGURADA. CURADORIA ESPECIAL. RÉU CITADO POR EDITAL. ART. 72, II, DO CPC. RECOLHIMENTO DE PREPARO RECURSAL. DESNECESSIDADE. ACOLHIMENTO DOS EMBARGOS DE DECLARAÇÃO, PARA AFASTAR A DESERÇÃO DO RECURSO ESPECIAL. AGRAVO EM RECURSO ESPECIAL. AUSÊNCIA DE IMPUGNAÇÃO ESPECÍFICA AOS FUNDAMENTOS DA DECISÃO PROFERIDA PELO TRIBUNAL DE ORIGEM. ART. 544, § 4º, I, DO CPC DE 1973. (...) 3. A nomeação de curador especial, nas hipóteses previstas no inciso II do art. 72 do CPC (correspondente ao art. 9º, II, do CPC de 1973), está calcada nos princípios constitucionais da ampla defesa e do contraditório, porquanto presume-se que a parte esteja impossibilitada de exercer os seus direitos, de sorte que o instituto é servil à defesa dos interesses do curatelado em situações de vulnerabilidade que ultrapassam o critério socioeconômico. Precedente: REsp 511.805/MG, Rel. Ministro Teori Albino Zavascki, Primeira Turma; Julg. 17/08/2006, DJ de 31/08/2006, p. 198. 4. O advogado dativo e a defensoria pública, no exercício da curadoria especial prevista no inciso II do art. 72 do CPC, estão dispensados do recolhimento de preparo recursal, independentemente do deferimento de gratuidade de justiça em favor do curatelado especial, sob pena de limitação, de um ponto de vista prático, da defesa dos interesses do curatelado ao primeiro grau de jurisdição, porquanto não se vislumbra que o curador especial se disporia em custear esses encargos por sua própria conta e risco. 5. As despesas relativas aos atos processuais praticados pelo curador especial - dentre elas o preparo recursal - serão custeadas pelo vencido ao final do processo, consoante disposto no caput do art. 91 do Código de Processo Civil de 2015, observado o regramento relativo à gratuidade de justiça (...) (STJ; EDcl no AgRg no AREsp 738.813; RS; Quarta Turma; Rel. Min. Luis Felipe Salomão; Julg. 15/08/2017; DJe 18/08/2017)

Art. 92. Quando, a requerimento do réu, o juiz proferir sentença sem resolver o mérito, o autor não poderá propor novamente a ação sem pagar ou depositar em cartório as despesas e os honorários a que foi condenado.

→ *v.* Arts. 485 e 486, § 2° do NCPC.

Inaplicabilidade do art. 92 do CPC/2015: execuções com objetos distintos.

✓ APELAÇÃO CÍVEL. EMBARGOS À EXECUÇÃO. INAPLICABILIDADE DO ART. 92 DO CPC/2015. EXECUÇÕES COM OBJETO DISTINTO DUPLICATAS SEM ACEITE. NOTAS FISCAIS EM FOTOCÓPIA. VALIDADE. AUSÊNCIA DE IMPUGNAÇÃO ESPECÍFICA. PRESCRIÇÃO. TERMO INICIAL. DATA DO ÚLTIMO ATO PRATICADO NO PROCESSO. NÃO OCORRÊNCIA. RECURSO NÃO PROVIDO. Não se aplica o disposto no art. 92 do CPC/2015 quando não há identidade de objeto entre a Execução não conhecida e a nova Ação. Demonstrada a existência do negócio entre as partes e não havendo impugnação efetiva e provada à não autenticidade das Notas Fiscais juntadas em cópia aos autos, elas têm validade para aparelhar execução de duplicatas devidamente protestadas e não pagas. O entendimento do Tribunal de origem está em harmonia com a orientação desta Corte que entende que o prazo prescricional recomeça a correr da data do último ato do processo cautelar interruptivo (art. 202, parágrafo único, do Código Civil). (AgRg nos EDcl no AREsp 343.155/SP). (TJMT; APL 128807/2017; Tangará da Serra; Rel. Des. Rubens de Oliveira Santos Filho; Julg. 22/11/2017; DJMT 24/11/2017; Pág. 80)

Art. 93. As despesas de atos adiados ou cuja repetição for necessária ficarão a cargo da parte, do auxiliar da justiça, do órgão do Ministério Público ou da Defensoria Pública ou do juiz que, sem justo motivo, houver dado causa ao adiamento ou à repetição.

→ *v.* Arts. 143 e 362, § 2°, do NCPC.

Art. 94. Se o assistido for vencido, o assistente será condenado ao pagamento das custas em proporção à atividade que houver exercido no processo.

Art. 95. Cada parte adiantará a remuneração do assistente técnico que houver indicado, sendo a do perito adiantada pela parte que houver requerido a perícia ou rateada quando a perícia for determinada de ofício ou requerida por ambas as partes.

→ *v.* Súmula 232 do STJ.

→ *v.* Art. 10 da Lei 9.289/1996.

§ 1° O juiz poderá determinar que a parte responsável pelo pagamento dos honorários do perito deposite em juízo o valor correspondente.

§ 2° A quantia recolhida em depósito bancário à ordem do juízo será corrigida monetariamente e paga de acordo com o art. 465, § 4°.

§ 3° Quando o pagamento da perícia for de responsabilidade de beneficiário de gratuidade da justiça, ela poderá ser:

I – custeada com recursos alocados no orçamento do ente público e realizada por servidor do Poder Judiciário ou por órgão público conveniado;

II – paga com recursos alocados no orçamento da União, do Estado ou do Distrito Federal, no caso de ser realizada por particular, hipótese em que o valor será fixado conforme tabela do tribunal respectivo ou, em caso de sua omissão, do Conselho Nacional de Justiça.

§ 4° Na hipótese do § 3°, o juiz, após o trânsito em julgado da decisão final, oficiará a Fazenda Pública para que promova, contra quem tiver sido condenado ao pagamento das despesas processuais, a execução dos valores gastos com a perícia particular ou com a utilização de servidor público ou da estrutura de órgão público, observando-se, caso o responsável pelo pagamento das despesas seja beneficiário de gratuidade da justiça, o disposto no art. 98, § 2°.

§ 5° Para fins de aplicação do § 3°, é vedada a utilização de recursos do fundo de custeio da Defensoria Pública.

Prova pericial deferida de ofício: adiantamento da remuneração do perito deve ser rateada entre as partes.

✓ AGRAVO DE INSTRUMENTO. EMBARGOS À EXECUÇÃO. PROVA PERICIAL DEFERIDA DE OFÍCIO. ANTECIPAÇÃO DE VERBA DO PERITO. RATEIO ENTRE AS PARTES. DECISÃO AGRAVADA PUBLICADA NA VIGÊNCIA DO CPC/2015. APLICAÇÃO DO ART. 95 DO MESMO DIPLOMA LEGAL. 1- Trata-se de agravo de instrumento interposto contra decisão proferida em sede de embargos à execução, que homologou a verba honorária pericial no valor de r$ 14.400,00 e determinou que a união federal realizasse o depósito no prazo de 30 (trinta) dias. considerando o magistrado que a produção da prova pericial fora determinada de ofício e na vigência do CPC/1973, entendeu aplicável o disposto no art. 33 do referido diploma legal. 2- no caso em tela, a decisão que homologou o valor da verba honorária pericial e determinou à união que realizasse o depósito desse montante, no prazo de 30 (trinta) dias, foi proferida em 05/09/2016 e publicada em 13/09/2016, já na vigência do CPC/2015. embora tenha sido proferida decisão anterior determinando de ofício a realização da perícia, ainda na vigência do CPC/1973, a homologação do valor da verba honorária e a deliberação de adiantamento pela união federal somente foram tratados na decisão agravada, já na vigência do novo CPC. 3- assim, aplica-se o CPC/2015 na hipótese, em observância à regra de direito intertemporal prevista no artigo 14 da nova lei adjetiva civil. precedente: STJ, airesp 201201099790, rel. min. Sérgio Kukina, primeira turma, DJe 30/06/2016. 4- dispõe o art. 95 do CPC/2015: cada parte adiantará a remuneração do assistente técnico que houver indicado, sendo a do perito adiantada pela parte que houver requerido a perícia ou rateada quando a perícia for determinada de ofício ou requerida por ambas as partes. 5- nesse contexto, como a prova pericial foi deferida de ofício, conforme reconhecido pelo próprio magistrado, o adiantamento da remuneração do perito deve ser suportado pelas partes, de forma rateada, conforme dispõe o art. 95 do CPC/2015. 6- agravo de instrumento parcialmente provido. (TRF 2ª R.; AI 0011521-85.2016.4.02.0000; Terceira Turma Especializada; Rel. Des. Fed. Marcus Abraham; DEJF 31/08/2017)

Na segunda fase da ação de prestação de contas não se afasta a aplicação da regra geral quanto ao ônus da prova.

✓ CUIDA-SE DE AGRAVO DE INSTRUMENTO INTERPOSTO COM O INTUITO DE REFORMAR A DECISÃO QUE DETERMINOU AO RÉU EM AÇÃO DE PRESTAÇÃO DE CONTAS O ADIANTAMENTO DOS HONORÁRIOS PERICIAIS, RELATIVAMENTE À PROVA REQUERIDA PELA PARTE AUTORA. (...) 2. Consoante dispõe o art. 95 do CPC/15, cada parte adiantará a remuneração do assistente técnico que houver indicado, sendo a do perito adiantada pela parte que houver requerido a perícia ou rateada quando a perícia for determinada de ofício ou requerida por ambas as partes. 3. No caso, tendo sido a perícia requerida pela parte autora, cumpre a ela antecipar as despesas dos honorários periciais, pois a segunda fase da ação de prestação de contas não afasta a aplicação da regra geral quanto ao ônus da prova, independentemente de ter a parte ré sucumbido na fase primeira. 4. Provimento do recurso. (TJRJ; AI 0021579-09.2017.8.19.0000; Rio de Janeiro; Sexta Câmara Cível; Rel. Des. Benedicto Abicair; DORJ 15/08/2017; Pág. 274)

Inversão do ônus da prova não implica em obrigação da parte contrária de arcar com as custas da prova requerida.

✓ AGRAVO DE INSTRUMENTO. DIREITO PRIVADO NÃO ESPECIFICADO. HONORÁRIOS PERICIAIS. PAGAMENTO. INVERSÃO DO ÔNUS DA PROVA. Nos termos do art. 95 do CPC/2015, cada parte pagará a remuneração do assistente técnico que houver indicado; a do perito será paga pela parte que houver requerido o exame, ou pelo autor, quando requerido por ambas as partes ou determinado de ofício pelo juiz. A inversão do ônus da prova nos termos do artigo 6º, inciso VIII, do CDC, não tem o efeito de obrigar a parte contrária a arcar com as custas da prova requerida, podendo vir a sofrer, contudo, as consequências de sua não produção. Agravo de instrumento provido. (TJRS; AI 0301204-40.2016.8.21.7000; Porto Alegre; Décima Quinta Câmara Cível; Relª Desª Ana Beatriz Iser; Julg. 08/03/2017; DJERS 15/03/2017)

Art. 96. O valor das sanções impostas ao litigante de má-fé reverterá em benefício da parte contrária, e o valor das sanções impostas aos serventuários pertencerá ao Estado ou à União.

Recurso de agravo manifestamente protelatório: multa revertida em favor da parte agravada.

✓ SERVIDORES MUNICIPAIS. REAJUSTES REFERENTES AOS MESES DE OUTUBRO E DEZEMBRO/94. Rediscussão da matéria, pela terceira vez, com a finalidade de aplicar as compensações previstas na Lei nº 12.397/97. Inadmissibilidade. Cumprimento de sentença que se deve dar nos termos em que requerido pelos credores. Aplicação dos índices de 12,89% para outubro de 1994 e 44,07% para dezembro de 1994. Agravo de instrumento não provido. LITIGÂNCIA DE MÁ-FÉ. Recurso manifestamente protelatório. Reconhecimento da deslealdade processual. Art. 80, inc. VII, do Código de Processo Civil. Aplicação da multa no percentual de 2% sobre o valor atualizado da causa. Valor a ser pago a parte agravada nos termos do artigo 96 do Código de Processo Civil. (TJSP; AI 2027489-22.2016.8.26.0000; Ac. 9577865; São Paulo; Quinta Câmara de Direito Público; Rel. Des. Fermino Magnani Filho; Julg. 04/07/2016; DJESP 18/07/2016)

Condenação ao pagamento de multa de um salário mínimo em benefício da parte contrária.

✓ APELAÇÃO. AÇÃO DECLARATÓRIA DE INEXISTÊNCIA DE DÉBITO. Inscrição do nome da apelante nos cadastros de proteção ao crédito. Sentença de improcedência, com condenação da autora ao pagamento de multa por prática de ato atentatório à dignidade da justiça. Apelo da requerente. Requerida que comprovou a contratação de cartão entre as partes, de modo que demonstrou fato extintivo do direito da autora, desincumbindo-se do ônus imposto pelo art. 373, II, CPC. Legitimidade do apontamento verificada. MULTA POR ATO ATENTATÓRIO À DIGNIDADE DA JUSTIÇA. Decisão devidamente fundamentada. Hipótese, todavia, de aplicação de multa por litigância de má-fé e não por prática de ato atentatório à dignidade da justiça, já que esta se limita aos casos de descumprimentos dos deveres previstos nos incisos IV e VI do art. 77 do CPC. LITIGÂNCIA DE MÁ-FÉ. Alteração da verdade dos fatos e uso do processo para conseguir objetivo ilegal. Valor da causa irrisório que faz incidir como base de cálculo da multa o valor do salário mínimo nacional vigente. Condenação ao pagamento de multa de um salário mínimo em benefício da parte contrária. Inteligência do art. 96 do CPC. Honorários advocatícios recursais. Negado provimento, com observação. (TJSP; APL 1029595-23.2015.8.26.0577; Ac. 10970348; São José dos Campos; Trigésima Oitava Câmara Extraordinária de Direito Privado; Rel. Des. Hugo Crepaldi; Julg. 13/11/2017; DJESP 17/11/2017; Pág. 3218)

Art. 97. A União e os Estados podem criar fundos de modernização do Poder Judiciário, aos quais serão revertidos os valores das sanções pecuniárias processuais destinadas à União e aos Estados, e outras verbas previstas em lei.

Litigância de má-fé praticada por ambas as partes: valor da multa revertido à União ou ao fundo de modernização do Poder Judiciário.

✓ PROCESSO CIVIL. AÇÃO MONITÓRIA INSTRUÍDA COM NOTA PROMISSÓRIA. TÍTULO INVÁLIDO CONTENDO ASSINATURA FALSA, REPRODUZIDA POR IMPRESSORA JATO DE TINTA. INCIDENTE DE FALSIDADE. RECONVENÇÃO. DANOS MORAIS. PROTESTO DE TÍTULO. LITIGÂNCIA DE MÁ-FÉ CONFIGURADA POR AMBAS AS PARTES. MULTA CONVERTIDA EM FAVOR DA UNIÃO. ARTIGO 97 DO CPC/2015. 1. Deve ser julgada improcedente a ação monitória em que se evidencia, por incidente de falsidade, ter sido instruída com título inválido, contendo assinatura falsa, reproduzida por impressora jato de tinta. 2. Resta configurada a alteração da verdade dos fatos e o uso do processo para conseguir objetivo ilegal (Art. 17, incisos II e III, do CPC/73/Art. 80, incisos II e III, do CPC/15), quando evidenciado que ambas as partes utilizaram-se do processo para fins ilícitos, um para receber uma dívida constante de nota promissória inválida e o outro para receber danos morais decorrentes do protesto que já conhecia desde 2009. E afirmou nestes autos desconhecer, e do ajuizamento da ação monitória contra si. 3. No caso dos autos, evidenciado que ambas as partes agiram de má-fé e se serviram do processo para conseguir fim vedado por Lei, devem ser condenadas de ofício, conforme disposto no Artigo 129 do CPC/73 (Artigo142 do CPC/2015). 4. Pela peculiaridade do caso, em que configurada a má-fé de ambas as partes, não faz sentido que a multa a que serão condenadas seja revertida em prol da parte contrária. Deve incidir ao caso, portanto, por analogia, o Artigo 77, §§2º e 3º c/c Artigo 97 do CPC, devendo a multa ser revertida para a União ou para o fundo de modernização do Poder Judiciário, caso já criado. 5. Recurso não provido. Condenação por litigância de má-fé, de ofício. (TJDF; APC 2012.07.1.013282-0; Ac. 989.656; Quarta Turma Cível; Rel. Des. Cruz Macedo; Julg. 15/12/2016; DJDFTE 01/02/2017)

Ação popular: valor da astreintes deve ser revertido ao fundo de modernização do Poder Judiciário.

✓ AGRAVO DE INSTRUMENTO. AÇÃO POPULAR. Inconformismo diante de decisão que deferiu o levantamento, pelo autor popular, de quantia bloqueada a título de multa pelo descumprimento de decisão judicial (astreintes). Impossibilidade, tendo em vista a legitimidade ativa e o direito difuso em discussão. Microssistema processual coletivo, do qual faz parte a ação popular. Legitimidade extraordinária. Inteligência do art. 18 do NCPC. Autor popular que, na qualidade de cidadão, busca defender em nome próprio direito alheio, pertencente a titulares indeterminados (tutela do patrimônio público). Quantia penhorada que deve ser revertida ao Fundo de Modernização do Poder Judiciário, previsto no art. 97 do NCPC. Decisão reformada. Recurso provido. (TJSP; AI 2174245-97.2016.8.26.0000; Ac. 9889440; Guarulhos; Décima Primeira Câmara de Direito Público; Rel. Des. Oscild de Lima Júnior; Julg. 11/10/2016; DJESP 27/10/2016)

Seção IV

Da Gratuidade da Justiça

→ *v.* Lei 1.060/1950 (e art. 1.072, III do NCPC, a respeito dos dispositivos revogados).

Art. 98. A pessoa natural ou jurídica, brasileira ou estrangeira, com insuficiência de recursos para pagar as custas, as despesas processuais e os honorários advocatícios tem direito à gratuidade da justiça, na forma da lei.

→ *v.* Súmula 481/STJ.

→ *v.* Arts. 62 e 63 do RISTF.

→ *v.* Arts. 114 a 116 do RISTJ.

→ *v.* Enunciado 113 do FPPC: Na Justiça do Trabalho, o empregador pode ser beneficiário da gratuidade da justiça, na forma do art. 98.

→ v. Enunciado 245 do FPPC: O fato de a parte, pessoa natural ou jurídica, estar assistida por advogado particular não impede a concessão da justiça gratuita na Justiça do Trabalho.

§ 1º A gratuidade da justiça compreende:

I – as taxas ou as custas judiciais;

II – os selos postais;

III – as despesas com publicação na imprensa oficial, dispensando-se a publicação em outros meios;

IV – a indenização devida à testemunha que, quando empregada, receberá do empregador salário integral, como se em serviço estivesse;

V – as despesas com a realização de exame de código genético – DNA e de outros exames considerados essenciais;

→ v. Art. 129, parágrafo único, da Lei 8.213/1991.

VI – os honorários do advogado e do perito e a remuneração do intérprete ou do tradutor nomeado para apresentação de versão em português de documento redigido em língua estrangeira;

VII – o custo com a elaboração de memória de cálculo, quando exigida para instauração da execução;

VIII – os depósitos previstos em lei para interposição de recurso, para propositura de ação e para a prática de outros atos processuais inerentes ao exercício da ampla defesa e do contraditório;

IX – os emolumentos devidos a notários ou registradores em decorrência da prática de registro, averbação ou qualquer outro ato notarial necessário à efetivação de decisão judicial ou à continuidade de processo judicial no qual o benefício tenha sido concedido.

→ v. Lei 6.515/1977 – Regula os casos de dissolução da sociedade conjugal e do casamento, seus efeitos e respectivos processos.

§ 2º A concessão de gratuidade não afasta a responsabilidade do beneficiário pelas despesas processuais e pelos honorários advocatícios decorrentes de sua sucumbência.

→ v. Art. 85 do NCPC.

§ 3º Vencido o beneficiário, as obrigações decorrentes de sua sucumbência ficarão sob condição suspensiva de exigibilidade e somente poderão ser executadas se, nos 5 (cinco) anos subsequentes ao trânsito em julgado da decisão que as certificou, o credor demonstrar que deixou de existir a situação de insuficiência de recursos que justificou a concessão de gratuidade, extinguindo-se, passado esse prazo, tais obrigações do beneficiário.

§ 4º A concessão de gratuidade não afasta o dever de o beneficiário pagar, ao final, as multas processuais que lhe sejam impostas.

§ 5º A gratuidade poderá ser concedida em relação a algum ou a todos os atos processuais, ou consistir na redução percentual de despesas processuais que o beneficiário tiver de adiantar no curso do procedimento.

§ 6º Conforme o caso, o juiz poderá conceder direito ao parcelamento de despesas processuais que o beneficiário tiver de adiantar no curso do procedimento.

§ 7º Aplica-se o disposto no art. 95, §§ 3º a 5º, ao custeio dos emolumentos previstos no § 1º, inciso IX, do presente artigo, observada a tabela e as condições da lei estadual ou distrital respectiva.

§ 8º Na hipótese do § 1º, inciso IX, havendo dúvida fundada quanto ao preenchimento atual dos pressupostos para a concessão de gratuidade, o notário ou registrador, após praticar o ato, pode requerer, ao juízo competente para decidir questões notariais ou registrais, a revogação total ou parcial do benefício ou a sua substituição pelo parcelamento de que trata o § 6º deste artigo, caso em que o beneficiário será citado para, em 15 (quinze) dias, manifestar-se sobre esse requerimento.

Necessidade de comprovação da insuficiência de recursos pela pessoa jurídica.

✓ RECURSO ESPECIAL. GRATUIDADE DE JUSTIÇA. PESSOA JURÍDICA. COMPROVAÇÃO DA HIPOSSUFICIÊNCIA. NECESSIDADE. SÚMULA Nº 481/STJ. ALTERAÇÃO DAS PREMISSAS DO ACÓRDÃO RECORRIDO. IMPOSSIBILIDADE. SÚMULA Nº 7/STJ. ACÓRDÃO RECORRIDO EM HARMONIA COM A JURISPRUDÊNCIA DO STJ. SÚMULA Nº 83/STJ. 1. O STJ possui entendimento de que a pessoa jurídica poderá obter a Assistência Judiciária Gratuita, desde que comprove a impossibilidade de arcar com as despesas do processo. Súmula nº 481/STJ". 2. Não há espaço para a revisão da conclusão acerca da não comprovação da hipossuficiência da parte recorrente, tendo em vista o que preconiza a Súmula nº 7/STJ. 3. Acórdão recorrido em consonância com a orientação firmada no STJ. Incidência da Súmula nº 83/STJ. 4. Recurso Especial não provido. (STJ; REsp 1.728.142; Proc. 2018/0051430-9; SP; Rel. Min. Luis Felipe Salomão; Julg. 12/03/2018; DJE 20/03/2018; Pág. 6551)

Presunção relativa e reconhecimento do autor sobre não ser hipossuficiente.

✓ RECURSO ESPECIAL. DIREITO PROCESSUAL CIVIL. AÇÃO DE USUCAPIÃO ESPECIAL URBANA. ART.

12 DA LEI Nº 10.257/2001. BENEFÍCIO DA JUSTIÇA E DA ASSISTÊNCIA JUDICIÁRIA GRATUITA. PRESUNÇÃO RELATIVA DE HIPOSSUFICIÊNCIA. 1. O art. 12, §2º, da Lei nº 10.257/2001 – que assegura aos autores da ação de usucapião especial urbana os benefícios da justiça e da assistência judiciária, incluindo-se aí as despesas perante o cartório de registro imobiliário – deve ser interpretado em conjunto e harmonia com as disposições da Lei nº 1.060/1950 e, a partir de 18 de março de 2016, do Código de Processo Civil de 20015. 2. A Lei nº 10.257/2001 concede ao autor da ação de usucapião especial urbana espécie de presunção relativa de hipossuficiência que, por isso, é ilidida a partir da comprovação inequívoca de que o autor não pode ser considerado "necessitado" nos termos do § 2º da Lei nº 1.060/1950. 3. No caso, o próprio autor reconheceu, em sua petição inicial, não preencher os requisitos da Lei nº 1.060/1950 para fins de obtenção dos benefícios da justiça gratuita, o que afasta qualquer possibilidade de concessão destes, sendo irrelevante para tanto que tenham sido requeridos com esteio no § 2º do art. 12 do Estatuto da Cidade (Lei nº 10.257/2001). 4. Recurso especial não provido. (STJ; REsp 1517822; SP; Terceira Turma; Rel. Min. Ricardo Villas Boas Cueva; Julg. 21/02/2017; DJe 24/02/2017)

Afastamento da multa prevista no art. 1.021, § 4º.

✓ EMBARGOS DE DECLARAÇÃO NO AGRAVO INTERNO NO AGRAVO EM RECURSO ESPECIAL. REQUISITOS DO ART. 1.022 E INCISOS DO CPC DE 2015. ERRO MATERIAL CONSTATADO. LITIGANTE SOB O PALIO DA JUSTIÇA GRATUITA. ISENÇÃO PREVISTA NO ART. 98, § 1º, VIII, DO CPC DE 2015. EMBARGOS DE DECLARAÇÃO ACOLHIDOS PARA AFASTAR A MULTA PREVISTA NO ART. 1021, § 4º, DO CPC DE 2015. (...) 2. Considerando que o embargante litiga sob o pálio da justiça gratuita, os aclaratórios devem ser acolhidos para sanar o erro material constatado, porquanto o art. 98, § 1º, VIII, do CPC de 2015 determina que o benefício da gratuidade de justiça compreende a prática de atos processuais inerentes ao exercício da ampla defesa e do contraditório. 3. Embargos de declaração acolhidos tão somente para afastar a multa prevista no art. 1.021, § 4º, do CPC de 2015. (STJ; EDcl no AgInt no AREsp 929.770; DF; Quarta Turma; Rel. Min. Luis Felipe Salomão; Julg. 22/11/2016; DJe 01/12/2016)

Aplicação de verba honorária recursal com suspensão da exigibilidade.

✓ PROCESSUAL CIVIL. AGRAVO INTERNO NO AGRAVO EM RECURSO ESPECIAL. AUSÊNCIA DE IMPUGNAÇÃO AO ÚNICO FUNDAMENTO DA DECISÃO AGRAVADA. MULTA E HONORÁRIOS RECURSAIS. CABIMENTO. 1. Conforme reiterada jurisprudência desta Corte de Justiça, codificada no § 1º do art. 1.201 do novo Diploma de Processo Civil, o agravante deve infirmar, no agravo interno, os fundamentos da decisão impugnada, sob pena de não ser conhecido o seu recurso. 2. Caso em que não foi combatido o óbice da Súmula 7 do STJ, diante da assertiva do Tribunal a quo de que inexistiu prejuízo na concessão da aposentadoria do autor. 3. O recurso manifestamente improcedente atrai a multa prevista no art. 1.021, § 4º, do CPC/2015, na razão de 1% a 5% do valor atualizado da causa. 4. A teor do disposto no art. 85, §§ 11, c/c o art. 98, VI, §§ 2º e 4º, do CPC/2015, deve ser fixada a verba honorária recursal, inclusive ao beneficiário da assistência judiciária gratuita, cuja exigibilidade, no entanto, ficará suspensa, na forma do art. 98, § 3º, do CPC/2015. 5. Agravo interno não conhecido, com imposição de multa e de verba honorária recursal. (STJ; AgInt no AREsp 207.251;PB; Primeira Turma; Rel. Min. Gurgel de Faria; Julg. 22/11/2016; DJe 03/02/2017)

Concessão de assistência judiciária a estrangeiro residente no exterior.

✓ RECURSO ESPECIAL – AUTOS DE AGRAVO DE INSTRUMENTO – PEDIDO DE ASSISTÊNCIA JUDICIÁRIA INDEFERIDO PELAS INSTÂNCIAS ORDINÁRIAS – PESSOA ESTRANGEIRA RESIDENTE NO EXTERIOR – ART. 2º, LEI 1.060/50 REVOGADO PELO NOVO CPC – NORMA PROCESSUAL – APLICAÇÃO IMEDIATA – RECURSO PARCIALMENTE PROVIDO. Hipótese: Trata-se de pedido de concessão do benefício da justiça gratuita por estrangeiro residente no exterior, o qual fora negado pelas instâncias ordinárias ao fundamento de que se trata de pessoa estrangeira não residente no país. 1. O artigo 2º da Lei 1.060/50 fora revogado pelo Novo Código de Processo Civil, cuja matéria passou a ser disciplinada no artigo 98 do CPC/2015, in verbis: "A pessoa natural ou jurídica, brasileira ou estrangeira, com insuficiência de recursos para pagar as custas, as despesas processuais e os honorários advocatícios tem direito à gratuidade da justiça, na forma da lei." 1.1. Trata-se de norma de direito processual, portanto, a sua incidência é imediata, aplicando-se aos processos em curso, consoante dispõe o artigo 14 do CPC/2015. 2. Em que pese à época da apreciação da matéria pelo Tribunal de piso, a legislação em vigor não prever a possibilidade de concessão da assistência judiciária ao estrangeiro residente no exterior, com a vigência das novas regras processuais passou-se a admitir tal hipótese. 2.1. O caput do artigo 98 do Código de Processo Civil vigente ampliou o rol dos sujeitos que podem ser beneficiados pela concessão da assistência judiciária, em relação ao disposto no revogado artigo 2º da Lei 1.060/50. Portanto, não há qualquer impeditivo legal à pessoa estrangeira residente no exterior de postular a assistência judiciária gratuita e ter deu pedido apreciado pelo juízo. 2.2. A análise dos demais requisitos exigidos pela legislação para obtenção do benefício devem ser aferidos pelas instâncias ordinárias, visto que o presente apelo fora proposto nos autos de agravo de instrumento. 3. Recurso especial conhecido e parcialmente provido. (STJ; REsp 1225854; RS; Quarta Turma; Rel. Min. Marco Buzzi; Julg. 25/10/2016; DJe 04/11/2016)

Gratuidade da justiça compreende as custas, sejam as adiantadas ou as recursais, e os honorários advocatícios.

✓ CIVIL E PROCESSO CIVIL. AÇÃO MONITÓRIA. CONTRATO DE CRÉDITO ROTATIVO. DOCUMENTO HÁBIL. DESONERAÇÃO DOS AVALISTAS. CAPITALIZAÇÃO MENSAL DOS JUROS (ANATOCISMO) SEN-

TENÇA MANTIDA. APELAÇÃO PARCIALMENTE PROVIDA. 1. Para a propositura da ação monitória é exigido, tão somente, uma prova escrita da obrigação, destituída de força executiva, servindo, assim qualquer instrumento ou documento que traga em si alguma probabilidade de se reconhecer a existência da obrigação a ser cumprida. Vale dizer que o excesso de cobrança não inibe o procedimento monitório, pois tais valores podem ser revistos mediante simples cálculos aritméticos. Em se tratando de Contrato de Abertura de Crédito Rotativo/Cheque Especial/Limite de Crédito para Desconto, o C. Superior Tribunal de Justiça já pacificou, por meio da edição da Súmula nº 247, abaixo transcrita, que o contrato de abertura de crédito acompanhado de demonstrativo do débito é suficiente para respaldar a ação monitória. 2. A alegação da não apresentação da nota promissória para pagamento no prazo, para o fim de desonerar os avalistas, não procede, pois o título que constitui fundamento para o ajuizamento da presente demanda é o "contrato de abertura de crédito rotativo ", o qual foi regularmente assinado pelos avalistas Atanázio Lourenço Ferreira e Arlete Delevatti, e não a promissória "pró-solvendo ", que representa apenas garantia de pagamento do principal e dos acessórios referentes ao aludido contrato. Ademais, cabe destacar que a cláusula décima-primeira do contrato ora impugnado dispõe que: "O pagamento da nota promissória em cartório de Protestos pela creditada e/ou qualquer dos avalistas, não os exonera do pagamento dos encargos contratuais e legais como pactuados neste instrumento. O pagamento efetuado será recebido pela CEF, como amortização parcial do débito e não retira a liquidez da dívida, sujeita a ação executiva ". 3. No que diz respeito à capitalização de juros vale ressaltar que, diante da vedação contida no artigo 4º do Decreto nº 22.626, de 07 de abril de 1.933, o Supremo Tribunal Federal editou a Súmula nº 121. Com a edição Medida Provisória nº 1963-17 de 31.03.00 (reeditada sob o nº 2.170-36, de 23/082001), a jurisprudência do E. Superior Tribunal de Justiça, acompanhando a evolução legislativa, assentou o entendimento no sentido de que "é permitida a capitalização de juros com periodicidade inferior a um ano em contratos celebrados após 31.3.2000, data da publicação da Medida Provisória n. 1.963-17/2000 (em vigor como MP 2.170-36/2001), desde que expressamente pactuada. " (REsp 973827/RS, submetido ao rito dos recursos repetitivos (artigo. 543-C do CPC) Rel. Ministro LUIS FELIPE SALOMÃO, Rel. p/ Acórdão Ministra MARIA ISABEL GALLOTTI, SEGUNDA SEÇÃO, julgado em 08/08/2012, DJe 24/09/2012). Conquanto recentemente o E. Superior Tribunal de Justiça, no julgamento do REsp nº 1.388.972/SC, também sob a sistemática dos recursos representativos de controvérsia, tenha firmado a tese de que: "A cobrança de juros capitalizados nos contratos de mútuo é permitida quando houver expressa pactuação ", persiste a restrição temporal firmada no julgamento do REsp nº 973.827/RS e na Súmula nº 539 do STJ no sentido de somente ser permitida a capitalização de juros nos contratos celebrados após 31.3.2000, data da publicação da Medida Provisória n. 1.963-17/2000 (em vigor como MP 2.170-36/2001). A meu ver, a nova tese apenas reforça o entendimento que já existia em relação à necessidade de pactuação expressa. É importante destacar ainda que o E. Superior Tribunal de Justiça, no julgamento do REsp nº 973.827, cuja ementa encontra-se supratranscrita, consolidou que a pactuação da capitalização dos juros tem que ser realizada de forma expressa e clara, bem como que basta a previsão no contrato bancário de taxa de juros anual superior ao duodécuplo da mensal para que seja lícita a cobrança da capitalização. Neste sentido, confiram-se as Súmulas nºs 539 e 541 do Superior Tribunal de Justiça. No caso dos autos, não se admite a capitalização mensal dos juros remuneratórios, pois o contrato de abertura de crédito rotativo em conta corrente foi celebrado em 23 de fevereiro de 1995, data anterior à edição da aludida medida provisória. 4. Por fim, quanto aos benefícios da Justiça Gratuita, dispõe o art. 98, § 1º, do CPC, in verbis: § 1º A gratuidade da justiça compreende: I. as taxas ou as custas judiciais; (...) VI. os honorários do advogado e do perito e a remuneração do intérprete ou do tradutor nomeado para apresentação de versão em português de documento redigido em língua estrangeira ". Assim, da análise do dispositivo legal, verifica-se que os benefícios da Justiça Gratuita compreendem as custas, sejam as adiantadas ou as recursais, assim como os honorários advocatícios, os quais terão sua exigibilidade suspensa e somente serão exigidos se comprovada a perda da situação de hipossuficiente, nos termos prescritos no § 3º do referido artigo. 5. No caso dos autos, verifico que foram juntadas cópias do contrato às fls. 9/14. Em suma, não procede a argumentação de desoneração dos avalistas, porquanto o título que embasa o ajuizamento da presente demanda é o "contrato de abertura de crédito rotativo ", o qual foi regularmente assinado pelos avalistas Atanázio Lourenço Ferreira e Arlete Delevatti, e não a promissória "pró-solvendo ". Não é possível a capitalização mensal dos juros remuneratórios, pois o contrato de abertura de crédito rotativo em conta corrente foi celebrado em 23 de fevereiro de 1995, ou seja, antes da edição da Medida Provisória nº 1963-17 de 31.03.00, que passou a permitir a capitalização. Por fim, os benefícios da Justiça Gratuita compreendem os honorários advocatícios, cuja exigibilidade somente é afastada se no período de 05 (cinco) o credor comprovar a perda da situação de hipossuficiente do beneficiário. 6. Recurso de apelação da parte embargante parcialmente provido. (TRF 3ª R.; AC 0000418-27.2006.4.03.6007; Quinta Turma; Rel. Des. Fed. Paulo Fontes; Julg. 20/09/2017; DEJF 29/09/2017)

Art. 99. O pedido de gratuidade da justiça pode ser formulado na petição inicial, na contestação, na petição para ingresso de terceiro no processo ou em recurso.

§ 1º Se superveniente à primeira manifestação da parte na instância, o pedido poderá ser formulado por petição simples, nos autos do próprio processo, e não suspenderá seu curso.

→ *V.* Arts. 319 e 337 do NCPC.

§ 2º O juiz somente poderá indeferir o pedido se houver nos autos elementos que evidenciem a falta dos pressupostos legais para a concessão de gratuidade, devendo, antes de indeferir o pedido, determinar à parte a comprovação do preenchimento dos referidos pressupostos.

→ *v.* Enunciado 385 do FPPC: Havendo risco de perecimento do direito, o poder do juiz de exigir do autor a comprovação dos pressupostos legais para a concessão da gratuidade não o desincumbe do dever de apreciar, desde logo, o pedido liminar de tutela de urgência.

§ 3º Presume-se verdadeira a alegação de insuficiência deduzida exclusivamente por pessoa natural.

§ 4º A assistência do requerente por advogado particular não impede a concessão de gratuidade da justiça.

§ 5º Na hipótese do § 4º, o recurso que verse exclusivamente sobre valor de honorários de sucumbência fixados em favor do advogado de beneficiário estará sujeito a preparo, salvo se o próprio advogado demonstrar que tem direito à gratuidade.

§ 6º O direito à gratuidade da justiça é pessoal, não se estendendo a litisconsorte ou a sucessor do beneficiário, salvo requerimento e deferimento expressos.

§ 7º Requerida a concessão de gratuidade da justiça em recurso, o recorrente estará dispensado de comprovar o recolhimento do preparo, incumbindo ao relator, neste caso, apreciar o requerimento e, se indeferi-lo, fixar prazo para realização do recolhimento.

→ *v.* Enunciado 246 do FPPC: Dispensa-se o preparo do recurso quando houver pedido de justiça gratuita em sede recursal, consoante art. 99, § 6º, aplicável ao processo do trabalho. Se o pedido for indeferido, deve ser fixado prazo para o recorrente realizar o recolhimento.

Havendo dúvidas, cabe exame de ofício da condição financeira do requerente.

✓ PROCESSUAL CIVIL. GRATUIDADE DE JUSTIÇA. DECLARAÇÃO DE HIPOSSUFICIÊNCIA. PRESUNÇÃO RELATIVA DE VERACIDADE. EXAME DA CONDIÇÃO FINANCEIRA PELO MAGISTRADO. POSSIBILIDADE. 1. O art. 4º, § 1º, da Lei n. 1.060/1950, à época de sua vigência, e o art. 99, § 3º, do CPC/2015 estabeleceram presunção relativa de veracidade à declaração de hipossuficiência financeira das pessoas físicas que pleiteiam a concessão do benefício de gratuidade de justiça. 2. Na falta de impugnação da parte ex adversa e não havendo, nos autos, indícios da falsidade da declaração, o órgão julgador não deve exigir comprovação prévia da condição de pobreza. 3. Havendo dúvidas quanto à veracidade da alegação de hipossuficiência, o atual posicionamento jurisprudencial desta Corte é no sentido de que "as instâncias ordinárias podem examinar de ofício a condição financeira do requerente para atribuir a gratuidade de justiça, haja vista a presunção relativa da declaração de hipossuficiência" (AgInt no REsp 1.641.432/PR, Rel. Ministro Ricardo Villas Bôas Cueva, Terceira Turma, DJe 04/04/2017). 4. Hipótese em que o recurso especial encontra óbice nas Súmulas 7 e 83 do STJ, tendo em vista que o Tribunal de Justiça indeferiu o benefício porque a renda da parte requerente poderia suportar os ônus do processo. 5. Agravo interno não provido. (STJ; AgInt no AREsp 793.487; PR; Primeira Turma; Rel. Min. Gurgel de Faria; Julg. 22/08/2017; DJe 04/10/2017)

Negativa de gratuidade e fixação de prazo para o recolhimento do preparo.

✓ PROCESSUAL CIVIL E ADMINISTRATIVO. AGRAVO INTERNO NO RECURSO EM MANDADO DE SEGURANÇA. PEDIDO DE ASSISTÊNCIA JUDICIÁRIA GRATUITA. INDEFERIMENTO. AGRAVO REGIMENTAL CUJO PREPARO NÃO FOI RECOLHIDO.DESERÇÃO. NÃO CABIMENTO SEM FIXAÇÃO DE PRAZO PARA RECOLHIMENTO. ART. 99 DO CPC. 1. "É desnecessário o preparo do recurso cujo mérito discute o próprio direito ao benefício da assistência judiciária gratuita. Não há lógica em se exigir que o recorrente primeiro recolha o que afirma não poder pagar para só depois a Corte decidir se faz jus ou não ao benefício" (AgRg nos EREsp 1.222.355/MG, Rel. Ministro RAUL ARAÚJO, CORTE ESPECIAL, julgado em 04/11/2015, DJe 25/11/2015). 2. A jurisprudência do STJ está orientada no sentido de que "... não cabe a declaração imediata da deserção por falta de recolhimento do preparo, pois, caso o benefício da assistência judiciária seja deferido, há autorização judicial que supre a ausência do recolhimento do preparo; caso o pedido seja negado, deve-se abrir à parte oportunidade para regularizar o preparo" (AgRg no REsp 1.245.981/DF, Rel. Ministro HERMAN BENJAMIN, SEGUNDA TURMA, julgado em 02/10/2012, DJe 15/10/2012). 3. Ao negar o benefício da Justiça gratuita, deveria o Tribunal a quo fixar prazo para o recolhimento do preparo, em conformidade com a diretriz insculpida no art. 99 do CPC, o que não fez. Daí o parcial provimento do recurso ordinário, para determinar o retorno dos autos à Corte Estadual. 4. Agravo interno a que se nega provimento. (STJ; AgInt no RMS 49.168; AC; Primeira Turma; Rel. Min. Sérgio Kukina; Julg. 20/09/2016; DJe 06/10/2016)

Concessão de gratuidade: efeitos *ex nunc* (sem retroação).

✓ AGRAVO INTERNO NO AGRAVO (ART. 544 DO CPC/73) – PLEITO DE RESTITUIÇÃO DAS CUSTAS PROCESSUAIS ANTE O DEFERIMENTO DOS BENEFÍCIOS DA GRATUIDADE DE JUSTIÇA – DECISÃO MONOCRÁTICA QUE NEGOU PROVIMENTO AO RECLAMO. IRRESIGNAÇÃO DOS BENEFICIÁRIOS DA GRATUIDADE. 1. A jurisprudência desta Corte Superior firmou o entendimento de que o benefício da assistência judiciária gratuita, conquanto possa ser requerido a qualquer tempo, tem efeitos ex nunc, ou seja, não retroage para alcançar encargos processuais anteriores. Logo, não há que se falar em restituição de valores pagos a título de custas e despesas processuais face o posterior deferimento da benesse. Precedentes. 2. Agravo interno desprovido (STJ; AgInt no RMS 909.951; SP; Quarta Turma; Rel. Min. Marco Buzzi; Julg. 22/11/2016; DJe 01/12/2016)

Art. 100. Deferido o pedido, a parte contrária poderá oferecer impugnação na contestação, na réplica, nas contrarrazões de recurso ou, nos casos de pedido superveniente ou formulado por terceiro, por meio de petição simples, a ser apresentada no prazo de 15 (quinze) dias, nos autos do próprio processo, sem suspensão de seu curso.

→ *v.* Arts. 337, XIII, 350 e 351 do NCPC.

Parágrafo único. Revogado o benefício, a parte arcará com as despesas processuais que tiver deixado de adiantar e pagará, em caso de má-fé, até o décuplo de seu valor a título de multa, que será revertida em benefício da Fazenda Pública estadual ou federal e poderá ser inscrita em dívida ativa.

<u>A concessão da gratuidade poderá ser impugnada na contestação, sendo desnecessária a interposição de agravo de instrumento.</u>

✓ PROCESSUAL CIVIL. EMBARGOS DECLARATÓRIOS. REPREQUESTIONAMENTO. OMISSÃO. INOCORRÊNCIA. JUSTIÇA GRATUITA. IMPUGNAÇÃO. PRECLUSÃO. INOCORRÊNCIA. RETIFICAÇÃO. 1. O artigo 1.025 do CPC de 2015 dispõe que consideram-se incluídos no acórdão os elementos que o embargante suscitou, para fins de prequestionamento, ainda que os embargos de declaração sejam inadmitidos ou rejeitados. 2.. De qualquer sorte, dou parcial provimento aos embargos declaratórios para fins de prequestionamento dos dispositivos elencados nas razões dos declaratórios. 3. Merece correção o acórdão ao afirmar que teria ocorrido a preclusão em relação ao pedido de revogação do benefício da justiça gratuita. O artigo 100 do CPC de 2015 expressamente prevê que deferida a gratuidade a parte poderá impugnar na contestação referida concessão, sendo desnecessária o propositura do agravo do instrumento. 4. O agravo de instrumento é destinado ao caso de rejeição do pedido de gratuidade da justiça ou acolhimento do pedido de sua revogação, conforme estabelecido no inciso V do artigo 1.015 do CPC, com o que não estava o DNIT obrigado a recorrer por tal via. Nestes termos, retifico o acórdão embargado. 5. Não juntando qualquer comprovação de renda da pessoa física ou da pessoa jurídica ou formulando pedido para que a mesma fosse intimada para fornecer ao juízo tais dados, deve ser mantido o benefício, em razão da presunção que goza a declaração de hipossuficiência. (TRF 4ª R.; EDAC 5024756-20.2016.404.7100; RS; Terceira Turma; Relª Desª Fed. Marga Inge Barth Tessler; Julg. 16/05/2017; DEJF 18/05/2017)

<u>Não compete aos requerentes comprovar a condição de miserabilidade, mas sim à parte contrária comprovar que eles desfrutam de situação econômica que lhes retira da esfera de proteção legal.</u>

✓ APELAÇÃO CIVEL. EMBARGOS DE DECLARAÇÃO. EFEITOS INFRINGENTES. AÇÃO MONITÓRIA. CONCESSÃO DA GRATUIDADE DA JUSTIÇA. POSSIBILIDADE. RECURSO ACOLHIDO. 1. Nos termos do artigo 99, § 3º, do Código de Processo Civil, gozará de presunção relativa de pobreza a parte que afirmar não ter condições de arcar com as despesas processuais e com os honorários de advogado sem prejuízo próprio ou de seus familiares. 2. Incumbe à parte contrária insurgir-se contra a justiça gratuita, suscitando o incidente processual de que trata o artigo 100 da Lei Processual Civil, ocasião em que deverá provar a inexistência ou o desaparecimento da condição econômica declarada pelo titular desse benefício legal. 3. O artigo 99, § 2º do Código de Processo Civil somente autoriza o Juízo a indeferir o pedido quando houver fundadas razões de que a situação financeira do requerente não corresponde àquela declarada. É certo que, não obstante tenha a parte apresentado a declaração de pobreza, pode o Juízo determinar que o interessado comprove o estado de miserabilidade, ou mesmo indeferir o benefício da assistência judiciária, com fundamento no artigo 100 do referido diploma legal. 4. O cumprimento do disposto no artigo 99, § 3º da Lei Processual Civil implica a presunção relativa de miserabilidade, que somente cede diante de prova em sentido contrário. Precedentes. 5. Não é o que ocorre no caso dos autos. Com efeito, a apelada deixou de suscitar o incidente de impugnação exigido pelo artigo 100 do Código de Processo Civil. E nem se diga que se trata de excessivo rigor formal. Nos termos da Lei, não compete aos requerentes comprovar sua condição de miserabilidade, mas sim compete à parte contrária comprovar que os requerentes desfrutam de situação econômica que lhes retire da esfera de proteção legal. 6. Ressalta-se que a apelante apresentou declaração de pobreza, e uma vez requerido o direito à gratuidade da justiça com o cumprimento das formalidades legais, somente pode ser indeferido de plano pelo Juiz se houver fundadas razões para fazê-lo. Precedentes. 7. Destarte, de rigor a reforma da sentença tão somente para determinar a gratuidade da justiça à apelante, restando incólume a condenação da embargante ao pagamento das custas e dos honorários advocatícios fixados em 10% sobre o valor do débito atualizado, porém, deve ser observada a suspensão de que trata o artigo 98, § 3º, do CPC/2015. 8. Embargos de declaração acolhidos para sanar a omissão apontada e, com caráter infringente, dar parcial provimento ao recurso de apelação. (TRF 3ª R.; EDcl-AC 0005151-04.2013.4.03.6100; Primeira Turma; Rel. Des. Fed. Hélio Nogueira; Julg. 25/10/2016; DEJF 21/11/2016)

<u>Ausente manifestação na primeira oportunidade, resta preclusa a análise da revogação da gratuidade da justiça.</u>

✓ APELAÇÃO CÍVEL. SERVIDOR PÚBLICO ESTADUAL. GRATUIDADE DA JUSTIÇA. PEDIDO DE REVOGAÇÃO. PRECLUSÃO. ART. 100, CAPUT, DO CPC DE 2015. SENTENÇA CITRA PETITA. ARTS. 141 E 492 DO CPC DE 2015. NULIDADE. JULGAMENTO DO MÉRITO COM BASE NO ART. 1.013, DO MESMO ESTATUTO PROCESSUAL CIVIL. REMUNERAÇÃO. PAGAMENTO DIFERIDO OU ATRASADO. ART. 35, DA CONSTITUIÇÃO DO ESTADO DO RIO GRANDE DO SUL. DANO MORAL NÃO COMPROVADO. I – O art.

100, caput, do CPC de 2015 prevê o direito à impugnação à gratuidade da justiça na primeira oportunidade de manifestação nos autos. Deste modo, ausente manifestação do ente público na contestação, preclusa a questão da revogação da gratuidade da justiça. Precedentes deste TJRS. II – Reconhecida a nulidade da sentença diante da falta de julgamento de um dos pedidos constantes da inicial – Pagamento tempestivo dos vencimentos. Configuração do vício citra petita. Art. 141 e 492, caput, do CPC de 2015. Julgamento do mérito nos termos do art. 1.013 do CPC de 2015. O parcelamento do pagamento dos vencimentos dos servidores do Estado do Rio Grande do Sul contraria a previsão expressa do art. 35 da Constituição Estadual - Obrigação constitucional e legal do estado, no sentido do adimplemento até o último dia útil do mês do trabalho prestado. Precedentes deste TJRS. III – A responsabilidade pelos danos causados a terceiros, regulamentada pelo art. 37, § 6º da Constituição da República, pressupõe a comprovação do nexo de causalidade entre o ato indigitado e o dano sofrido. Ausente nos autos comprovação dos prejuízos e do dano moral suportado – Art. 373, I, do CPC de 2015. Jurisprudência do e. STF e deste tribunal não conhecido o pedido de revogação da gratuidade da justiça. Apelação parcialmente provida. (TJRS; AC 0318949-96.2017.8.21.7000; Porto Alegre; Terceira Câmara Cível; Rel. Des. Eduardo Delgado; Julg. 31/10/2017; DJERS 08/11/2017)

Revogado o benefício, a parte deve arcar com o preparo recursal que deixou de adiantar, em dobro, face à má fé caracterizada, revertido o valor em benefício da Fazenda Pública Estadual com possível inscrição em dívida ativa.

✓ PROCESSUAL CIVIL. AGRAVO DE INSTRUMENTO. JUSTIÇA GRATUITA. REVOGAÇÃO DO BENEFÍCIO CONCEDIDO EM SEDE DE ANTECIPAÇÃO DOS EFEITOS DA TUTELA RECURSAL. DETERMINAÇÃO DE RECOLHIMENTO DO PREPARO RECURSAL, EM DOBRO, FACE À CARACTERIZAÇÃO DE MÁ FÉ. ART. 100, PARÁGRAFO ÚNICO DO CPC. RECURSO DESPROVIDO. 1. Num juízo de cognição sumária, verificou-se que o Agravante teria sido desligado das duas únicas fontes pagadoras constantes na sua declaração de imposto de renda, conforme as anotações na sua CTPS, motivo pelo qual restou deferida, liminarmente, a gratuidade de justiça pretendida. 2. Contudo, o Agravado demonstrou, em sede de contrarrazões, que o Recorrente possui fonte de renda compatível com o pagamento das custas e despesas processuais, contrariando o seu alegado estado de ausência de labor, porquanto teria constituído no ano de 2016 uma atividade empresária, no ramo de bares e outros estabelecimentos especializados em servir bebidas, não se manifestando o Agravante acerca dos documentos respectivos. 3. Considerando que o Agravante alterou a verdade dos fatos (art. 80, II do CPC) ao mencionar que [...] deixou de laborar, encontrando-se desempregado como inúmeros outros brasileiros [...], quando, na realidade, exerce a atividade de empresário, auferindo, portanto, renda incompatível com a concessão do benefício postulado, considera-se que além de ser revogado o benefício, deve ser aplicado o art. 100, parágrafo único do CPC, devendo a referida parte arcar com o preparo recursal que deixou de adiantar, em dobro, face à má fé caracterizada, de modo que o seu valor será revertido em benefício da Fazenda Pública Estadual, podendo ser inscrito em dívida ativa. 4. Recurso conhecido e desprovido. (TJES; AI 0022500-58.2016.8.08.0048; Quarta Câmara Cível; Rel. Des. Jorge do Nascimento Viana; Julg. 14/08/2017; DJES 28/08/2017)

Art. 101. Contra a decisão que indeferir a gratuidade ou a que acolher pedido de sua revogação caberá agravo de instrumento, exceto quando a questão for resolvida na sentença, contra a qual caberá apelação.

→ *v.* Art. 1.015, V, do NCPC.

§ 1º O recorrente estará dispensado do recolhimento de custas até decisão do relator sobre a questão, preliminarmente ao julgamento do recurso.

§ 2º Confirmada a denegação ou a revogação da gratuidade, o relator ou o órgão colegiado determinará ao recorrente o recolhimento das custas processuais, no prazo de 5 (cinco) dias, sob pena de não conhecimento do recurso.

Confirmado o indeferimento da gratuidade e quedando-se inerte o apelante quanto ao recolhimento determinado, há inadmissão do recurso.

✓ PROCESSUAL CIVIL. INDEFERIMENTO DO PEDIDO DE GRATUIDADE DE JUSTIÇA. DETERMINAÇÃO DE RECOLHIMENTO DE CUSTAS NO PRAZO DE 10 (DEZ) DIAS. NÃO ATENDIMENTO. ARTIGO 101, §2º, DO CÓDIGO DE PROCESSO CIVIL. NÃO CONHECIMENTO DO RECURSO. 1. O Superior Tribunal de Justiça possui entendimento no sentido da inaplicabilidade da pena de deserção a recurso interposto contra o indeferimento do pedido de justiça gratuita, caso em que, nessas circunstâncias, caberá ao magistrado, mesmo constatando a inocorrência de recolhimento do preparo, analisar, inicialmente, a questão no tocante à possibilidade de concessão do benefício pleiteado. 2. Na sessão de julgamentos ocorrida no dia 08 de agosto de 2017, esta Quinta Turma Especializada, por unanimidade, indeferiu o pedido de gratuidade de justiça formulado pelo apelante, determinando o recolhimento das custas no prazo de 10 (dez) dias, nos termos do disposto no artigo 99, §7º, do Código de Processo Civil, o que não foi providenciado pelo apelante. 3. Confirmado o indeferimento do pedido de gratuidade de justiça e determinado o recolhimento das custas processuais, quedando-se inerte o apelante, o não conhecimento do recurso é medida que se impõe, nos termos do disposto no artigo 101, §2º, do Código de Processo Civil.

4. Recurso de apelação não conhecido. (TRF 2ª R.; AC 0159012-56.2015.4.02.5101; Quinta Turma Especializada; Rel. Des. Fed. Aluísio Gonçalves de Castro Mendes; Julg. 21/11/2017; DEJF 28/11/2017)

✓ AGRAVO INTERNO. INTERPOSIÇÃO DE APELAÇÃO. AUSENCIA DE PREPARO. INDEFERIMENTO DA GRATUIDADE DE JUSTIÇA. IMPROVIMENTO. 1. Trata-se de agravo interno objetivando a reforma da decisão monocrática do relator que negou seguimento à apelação, sob o fundamento de ausência de preparo, tendo em vista o não pagamento das custas recursais. 2. In casu, a gratuidade de justiça foi requerida na exordial, sendo esta indeferida no bojo de decisão interlocutória. Ao tomar ciência da decisão, o autor manteve-se inerte, não recorrendo da decisão como oportuniza o art. 101 do NCPC. Assim, a posterior interposição de apelação sem o pagamento de custas caracteriza-se recurso sem preparo, devendo ter seu seguimento negado pelo relator (art. 1.007, §2º CPC). 3. Embora estejamos diante de matéria de ordem pública e, portanto, cognoscível de ofício, não é possível seu apreciamento por esta c. Turma, uma vez que a peça vestibular deste processo não foi, sequer, admitida, o que inviabiliza o julgamento de mérito. 4. Não restou caracterizada a hipótese do §4º do art. 1.021 do NCPC. 5. Agravo interno improvido. (TRF 2ª R.; AC 0024908-93.2016.4.02.5101; Sexta Turma; Rel. Des. Fed. Guilherme Calmon Nogueira da Gama; Julg. 09/10/2017; DEJF 23/10/2017)

Apelação interposta contra decisão interlocutória que indeferiu o pedido de gratuidade da justiça: inaplicabilidade do princípio da fungibilidade.

✓ PROCESSUAL CIVIL. APELAÇÃO INTERPOSTA CONTRA DECISÃO INTERLOCUTÓRIA QUE INDEFERIU O PEDIDO DE JUSTIÇA GRATUITA. NÃO CABIMENTO. ERRO GROSSEIRO. INAPLICABILIDADE DO PRINCÍPIO DA FUNGIBILIDADE. 1. Consoante a redação do art. 101 do NCPC, o recurso cabível contra decisão que indefere o pedido de gratuidade judiciária é o agravo de instrumento, exceto quando a questão for resolvida na sentença, contra a qual caberá apelação, o que não é o caso dos autos. 2. Constituindo-se o ato impugnado em decisão interlocutória não proferida no corpo de sentença, não comporta recurso de apelação, revelando-se sua interposição erro grosseiro que impede a aplicação do princípio da fungibilidade recursal. 3. Apelação não conhecida. (TRF 1ª R.; AC 0051535-55.2017.4.01.9199; Segunda Turma; Rel. Des. Fed. João Luiz de Sousa; DJF1 21/11/2017)

Pedido de gratuidade formulado após o indeferimento da petição inicial: impossibilidade de reabertura do prazo de que trata o §1º.

✓ MANDADO DE SEGURANÇA. AGRAVO REGIMENTAL. INDEFERIMENTO DA INICIAL. RECOLHIMENTO DE CUSTAS. GRATUIDADE. RECURSO DESPROVIDO. 1. Embora tenha sido concedido o prazo de 15 (quinze) dias para que os impetrantes indicassem o valor da causa e recolhessem as custas, limitaram-se a tecer considerações acerca do montante a ser recolhido, da natureza da presente ação e das dificuldades em efetuar o recolhimento, requerendo a reconsideração da decisão. Conforme eles próprios admitiram no agravo regimental, não formalizaram pedido de justiça gratuita. 2. Somente depois da extinção feito foram pedidos os benefícios da gratuidade (fls. 434/435) ou a reabertura de prazo para o recolhimento das custas, nos termos do art. 101 do Código de Processo Civil, além de se ter reiterado o pedido de liberação de bens no montante necessário ao pagamento das custas. Tais pedidos encontram-se prejudicados face à inércia dos agravantes, que apenas os formularam após o indeferimento da inicial, não sendo o caso de reabertura de prazo de que trata o § 1º, eis que sequer houve o pedido de gratuidade no tempo oportuno e, muito menos, o seu indeferimento. 3. Agravo regimental desprovido. (TRF 3ª R.; MS 0003120-36.2017.4.03.0000; Primeira Turma; Rel. Des. Fed. Nino Toldo; Julg. 22/08/2017; DEJF 28/08/2017)

Art. 102. Sobrevindo o trânsito em julgado de decisão que revoga a gratuidade, a parte deverá efetuar o recolhimento de todas as despesas de cujo adiantamento foi dispensada, inclusive as relativas ao recurso interposto, se houver, no prazo fixado pelo juiz, sem prejuízo de aplicação das sanções previstas em lei.

Parágrafo único. Não efetuado o recolhimento, o processo será extinto sem resolução de mérito, tratando-se do autor, e, nos demais casos, não poderá ser deferida a realização de nenhum ato ou diligência requerida pela parte enquanto não efetuado o depósito.

→ v. Art. 485, IV do NCPC.

Aplicação do disposto no art. 102 também às hipóteses de trânsito em julgado da decisão que indeferiu a gratuidade.

✓ APELAÇÃO. COMPRA E VENDA. AÇÃO DE RESCISÃO CUMULADA COM DEVOLUÇÃO DE VALORES E INDENIZAÇÃO POR DANO MORAL. PEDIDO DE CONCESSÃO DA GRATUIDADE DA JUSTIÇA. INDEFERIMENTO PELO MAGISTRADO DE PRIMEIRA INSTÂNCIA. INTERPOSIÇÃO DE AGRAVO. INDEFERIMENTO MANTIDO NA SEGUNDA INSTÂNCIA. TRÂNSITO EM JULGADO. DETERMINAÇÃO DO MAGISTRADO DE RECOLHIMENTO DE TODAS AS DESPESAS E CUSTAS, CUJO ADIANTAMENTO FOI DISPENSADO, SOB PENA DE EXTINÇÃO DO PROCESSO. AUTOR QUE DEIXOU DE REALIZAR O RECOLHIMENTO. EXTINÇÃO MANTIDA. INTELIGÊNCIA DO ART. 102, PARÁGRAFO ÚNICO, DO CPC/2015. RECURSO IMPROVIDO. Estabelece o art. 102 e parágrafo único do CPC/2015 que sobrevindo o trânsito em julgado de decisão que revoga a gratuidade, a parte deverá efetuar o recolhimento de todas as despesas de cujo adiantamento foi dispensada, inclusive as relativas ao recurso interposto, no prazo fixado pelo juiz. Não efetuado o recolhimento, o processo será extinto sem resolução de mérito, tratando-se do autor. Embora conste da redação do dispositivo que ocorrendo o trânsito em julgado da decisão que revoga a gratuidade a parte deve recolher todas as despesas de que foi dispensada, não existe fundamento para que tal regra não seja aplicada também quando do trânsito em julgado de decisão que denegou a benesse. O Relator ou Órgão Colegiado determinarão o recolhimento das custas processuais somente quando em agravo de instrumento interposto a gratuidade for indeferida liminarmente e outras questões ainda tenham sido suscitadas no recurso (art. 101, § 2º, do CPC/2015). (TJSP; APL 1010779-51.2015.8.26.0590; Ac. 10936520; São Vicente; Trigésima Primeira Câmara de Direito Privado; Rel. Des. Adilson de Araujo; Julg. 31/10/2017; DJESP 08/11/2017; Pág. 2280)

Dispensa do recolhimento de custas até o trânsito em julgado da decisão que revogou a gratuidade.

✓ AGRAVO DE INSTRUMENTO. SERVIDOR PÚBLICO. EVIDENCIADA A MOTIVAÇÃO NA DECISÃO AGRAVADA. ART. 489, §1º, IV, DO CPCDE 2015. GRATUIDADE DA JUSTIÇA PENDENTE DE RECURSO. RECOLHIMENTO DAS CUSTAS PROCESSUAIS. EXCLUSÃO DE LITISCONSORTE. DESCABIMENTO. ARTS. 101 E 102 DO CPC DE 2015. REMUNERAÇÃO SUPERIOR A CINCO SALÁRIOS MÍNIMOS. INDEFERIMENTO. PRELIMINAR NÃO MERECE GUARIDA A PRELIMINAR DE NULIDADE DA DECISÃO AGRAVADA, COM BASE NA FALTA DE FUNDAMENTAÇÃO, TENDO EM VISTA A MOTIVAÇÃO COM BASE NOS COMPROVANTES DE RENDIMENTOS ATUALIZADOS DOS LITISCONSORTES REQUERENTES. MÉRITO. I – A dispensa do recolhimento das custas até o trânsito em julgado decorre da disciplina dos arts. 101 e 102 do CPC de 2015. II – O benefício da gratuidade da justiça destina-se às pessoas sem capacidade financeira de arcar com as despesas processuais. Situação não verificada [illegible] percepção de remuneração superior a cinco salários mínimos, consoante a jurisprudência das câmaras separadas deste 2º grupo cível. Preliminar rejeitada. Agravo de instrumento parcialmente provido. (TJRS; AI 0090283-69.2017.8.21.7000; Santa Maria; Terceira Câmara Cível; Rel. Des. Eduardo Delgado; Julg. 13/04/2017; DJERS 19/04/2017)

Revogada a gratuidade na sentença e intimada a parte antes beneficiária para que recolhesse, em dobro, o valor do preparo, esta se manteve inerte: inadmissão do recurso por falta de requisito extrínseco de admissibilidade.

✓ EMBARGOS DE DECLARAÇÃO. SEGUROS. ASSISTÊNCIA JUDICIÁRIA REVOGADA NA SENTENÇA DE PRIMEIRO GRAU. NECESSIDADE DE PREPARO OU COMPROVAÇÃO DA IMPOSSIBILIDADE DE ARCAR COM AS DESPESAS PROCESSUAIS. APELO NÃO CONHECIDO. EFEITO INFRINGENTE. POSSIBILIDADE. 1. Possibilidade de atribuição de efeito infringente aos embargos de declaração. 2. A parte recorrente deverá atender aos pressupostos processuais intrínsecos e extrínsecos para o conhecimento do recurso interposto. Assim, não sendo atendidos todos os requisitos extrínsecos de admissibilidade recursal do apelo da ré, em especial o preparo do recurso sub examine, não conhecer do mesmo é a medida que se impõe. 3. Em face da sistemática adotada pela novel legislação processual civil, havendo o trânsito em julgado da decisão que revoga o benefício da assistência, a parte deverá efetuar o recolhimento das custas relativas ao recurso interposto, conforme dispõe o art. 102 do novo CPC. 4. Determinada a intimação da parte autora para que este recolhesse em dobro o valor do preparo do recurso de apelação, esta não se manifestou no presente feito, sem efetuar o preparo recursal ou comprovar a necessidade de concessão do benefício da assistência judiciária. 5. Dessa forma, não realizado o preparo, ausente requisito extrínseco de admissibilidade daquele, não é de se conhecer do recurso. Embargos declaratórios acolhidos. (TJRS; EDcl 0321352-72.2016.8.21.7000; Porto Alegre; Quinta Câmara Cível; Rel. Des. Jorge Luiz Lopes do Canto; Julg. 29/03/2017; DJERS 04/04/2017)

Capítulo III
DOS PROCURADORES

Art. 103. A parte será representada em juízo por advogado regularmente inscrito na Ordem dos Advogados do Brasil.

→ *v.* Súmula 644 do STF.

→ *v.* Súmulas 115 do STJ.

→ *v.* Arts. 5º, LV, e 133, da CF/1988.

→ *v.* Art. 791 da CLT.

→ *v.* Arts. 1º, 3º, § 2º, 5º, § 1º e 7º da Lei 8.906/1994.

→ *v.* Art. 2º da Lei 5.478/1968.

Parágrafo único. É lícito à parte postular em causa própria quando tiver habilitação legal.

Ausência de capacidade postulatória e inadmissão do recurso.

✓ PROCESSUAL CIVIL. CAPACIDADE POSTULATÓRIA. AUSÊNCIA. 1. Não tendo a subscritora do recurso habilitação perante a Ordem dos Advogados do Brasil para postular em juízo, a teor dos arts. 36 do CPC/1973 e 103 do CPC/2015, pressuposto processual subjetivo relativo à parte, o conhecimento da sua irresignação fica inviabilizado. 2. Agravo interno não conhecido. (STJ; AgInt no AREsp 563.607; SP; Primeira Turma; Rel. Min. Gurgel de Faria; Julg. 20/04/2017; DJe 23/05/2017)

Ausência de representação por advogado ou capacidade postulatória: inadmissão do recurso.

✓ AGRAVO REGIMENTAL NO PEDIDO DE TUTELA PROVISÓRIA. CAPACIDADE POSTULATÓRIA. INEXISTÊNCIA. 1. Não pode ser conhecido recurso interposto por quem não está representado por advogado, nem possui capacidade postulatória. 2. Agravo regimental não conhecido. (STJ; AgRg no TP 70; DF; Sexta Turma; Rel. Min. Antonio Saldanha Palheiro; Julg. 14/02/2017; DJe 21/02/2017)

Art. 104. O advogado não será admitido a postular em juízo sem procuração, salvo para evitar preclusão, decadência ou prescrição, ou para praticar ato considerado urgente.

→ *v.* Art. 5º, § 1º da Lei 8.906/1994.

→ *v.* Art. 2º da Lei 11.419/2006.

→ *v.* Art. 16 da Lei 1.060/1950.

→ *v.* Enunciado 83 do FPPC: Fica superado o enunciado 115 da súmula do STJ após a entrada em vigor do CPC ("Na instância especial é inexistente recurso interposto por advogado sem procuração nos autos").

§ 1º Nas hipóteses previstas no *caput*, o advogado deverá, independentemente de caução, exibir a procuração no prazo de 15 (quinze) dias, prorrogável por igual período por despacho do juiz.

§ 2º O ato não ratificado será considerado ineficaz relativamente àquele em cujo nome foi praticado, respondendo o advogado pelas despesas e por perdas e danos.

Inércia quanto à regularização da representação e ineficácia do recurso.

✓ AGRAVO INTERNO NO AGRAVO EM RECURSO ESPECIAL. FALTA DE INSTRUMENTO PROCURATÓRIO. INTIMAÇÃO PARA SANAR O VÍCIO. SEM MANIFESTAÇÃO. RECURSO INEFICAZ. INTELIGÊNCIA DOS ARTS. 104, § 2º, 76 § 2º, I E 932, PARÁGRAFO ÚNICO, DO CPC DE 2015. AGRAVO INTERNO NÃO CONHECIDO. 1. Apresentado agravo interno assinado eletronicamente por advogado sem instrumento procuratório nos autos, a parte agravante foi intimada para sanar o vício, nos moldes do art. 932, parágrafo único, do CPC/2015. 2. Diante da inércia da parte agravante em regularizar a sua representação processual, seu recurso subscrito por advogado sem procuração nos autos é considerado ineficaz, por força da norma do art. 104, § 2º, do CPC/2015, não merecendo ser conhecido (art. 76, § 2º, I, do CPC/2015). 3. Agravo interno não conhecido. (STJ; AgInt no AREsp 1074009; SP; Quarta Turma; Rel. Min. Luis Felipe Salomão; Julg. 19/09/2017; DJe 27/09/2017)

Falha na cadeia procuratória e inércia da regularização da representação.

✓ PROCESSUAL CIVIL. ADMINISTRATIVO. SERVIDOR PÚBLICO MUNICIPAL. REENQUADRAMENTO. AGRAVO DO ART. 1.042 DO CPC/2015. AUSÊNCIA DE PROCURAÇÃO DO SIGNATÁRIO. ART. 104 C/C ART. 932, PARÁGRAFO ÚNICO, DO CPC/2015. INTIMADA A PARTE, NÃO HOUVE REGULARIZAÇÃO DA REPRESENTAÇÃO PROCESSUAL. SÚMULA N. 115 DO STJ. AGRAVO EM RECURSO ESPECIAL NÃO CONHECIDO. I – De acordo com o enunciado administrativo n. 3 do STJ, "aos recursos interpostos com fundamento no CPC/2015 (relativos a decisões publicadas a partir de 18 de março de 2016) serão exigidos os requisitos de admissibilidade recursal na forma do novo CPC" II – Constatada falha na cadeia procuratória do advogado subscritor do agravo em recurso especial, a parte recorrente foi intimada para regularização de sua representação, nos termos dos os arts. 104 c/c 932, parágrafo único, do Código de Processo Civil de 2015. Todavia, não tendo sido corrigido o vício no prazo fixado, inafastável o óbice do enunciado n. 115 da Súmula do STJ. III – Agravo interno improvido. (STJ; AgInt no AREsp 1027511; MG; Segunda Turma; Rel. Min. Francisco Falcão; Julg. 08/08/2017; DJe 17/08/2017)

Art. 105. A procuração geral para o foro, outorgada por instrumento público ou particular assinado pela parte, habilita o advogado a praticar todos os atos do processo, exceto receber citação, confessar, reconhecer a procedência do pedido, transigir, desistir, renunciar ao direito sobre o qual se funda a ação, receber, dar quitação, firmar compromisso e assinar declaração de hipossuficiência econômica, que devem constar de cláusula específica.

→ *v.* Art. 5º, § 2º, da Lei 8.906/1994.

§ 1º A procuração pode ser assinada digitalmente, na forma da lei.

→ *v.* Art. 1º, § 2º, da Lei 11.419/2006.

§ 2º A procuração deverá conter o nome do advogado, seu número de inscrição na Ordem dos Advogados do Brasil e endereço completo.

§ 3º Se o outorgado integrar sociedade de advogados, a procuração também deverá conter o nome dessa, seu número de registro na Ordem dos Advogados do Brasil e endereço completo.

§ 4º Salvo disposição expressa em sentido contrário constante do próprio instrumento, a procuração outorgada na fase de conhecimento é eficaz para todas as fases do processo, inclusive para o cumprimento de sentença.

A despeito de não ser necessária a apresentação de procuração com firma reconhecida, é indispensável, para que o advogado efetue o levantamento de valores depositados, a apresentação do instrumento de mandato original ou cópia autenticada.

✓ ADMINISTRATIVO. MANDADO DE SEGURANÇA. RPV. LEVANTAMENTO POR ADVOGADO CONDICIONADO À APRESENTAÇÃO DE INSTRUMENTO DE MANDATO ORIGINAL OU CÓPIA AUTENTICADA. LEGALIDADE. PROCURAÇÃO COM FIRMA RECONHECIDA EM CARTÓRIO. AUSÊNCIA DE AMPARO LEGAL. 1. A procuração geral para o foro, a que se refere o art. 105 do Código de Processo Civil (antigo art. 38 do CPC/73), habilita o advogado a praticar todos os atos do processo, exceto receber citação, confessar, reconhecer a procedência do pedido, transigir, desistir, renunciar ao direito sobre o qual se funda a ação, receber, dar quitação, firmar compromisso e assinar declaração de hipossuficiência econômica, que devem constar de cláusula específica. 2. Outorgados poderes apenas para o foro, temos a procuração ad judicia, em contraposição à procuração ad negotia, em que constam poderes para a prática dos atos da vida civil, sobre os quais o outorgante pode dispor, como é o caso de receber citação inicial, confessar, reconhecer a procedência do pedido, transigir, desistir, renunciar ao direito sobre que se funda a ação, receber, dar quitação e firmar compromisso. 3. A prática forense demonstra que o comum é a outorga ao advogado de poderes ad judicia e ad negotia, podendo o causídico constituído praticar não apenas os atos processuais para os quais está legalmente habilitado, mas, também, os atos da vida civil especificados no instrumento procuratório. 4. Salvo estipulação em contrário, o mandato é estabelecido sem prazo determinado, apenas perdendo sua eficácia nos termos do art. 682 do Código Civil, o que possibilita ao advogado representar o seu cliente durante todo o tempo em que tramitar o processo judicial. 5. Desde que tenham sido outorgados poderes especiais ao advogado para receber e dar quitação, ele, a princípio, poderá efetuar os saques dos depósitos judiciais pertencentes aos autores das ações que deram origem às RPV's. 6. Condicionar o levantamento de tais valores à apresentação de procuração com firma reconhecida em cartório não encontra amparo legal, uma vez que a Lei nº 8.952/94 suprimiu a expressão "estando com firma reconhecida" do art. 38 do Código de Processo Civil/73. Precedentes do STF, STJ e desta Corte. 7. No caso dos autos, no entanto, embora o impetrante, na condição de advogado, aparentemente esteja devidamente habilitado para efetuar o levantamento dos valores depositados em Requisições de Pequenos Valores (RPV's) e não necessite, para tanto, de procuração com firma reconhecida, é indispensável a apresentação do instrumento de mandato original ou cópia autenticada para liberação desses valores. 8. Tal questionamento foi, inclusive, objeto de deliberação do Conselho da Justiça Federal, nos autos do processo CF-CJF-ADM-2012/253, no qual ficou estabelecida a necessidade de procuração ad judicia, desde que nela constem poderes para dar e receber quitação, acompanhada de certidão emitida pela secretaria da vara/juizado em que tramita o processo, atestando a autenticidade do documento e a habilitação do advogado para representar o titular do crédito a ser liberado. 9. Apelação parcialmente provida para determinar que o levantamento dos valores questionados seja efetuado pelo impetrante, desde que constem das procurações ad judicia poderes para receber e dar quitação, e que sejam acompanhadas de certidão emitida pela secretaria da vara/juizado em que tramitam os processos, atestando a autenticidade dos documentos e a habilitação do advogado para representar os titulares dos créditos a serem liberados. (TRF 1ª R.; Ap-RN 0024066-83.2008.4.01.3400; Quinta Turma; Rel. Des. Fed. Néviton Guedes; DJF1 12/09/2016)

Necessidade de juntada de procuração com poderes específicos para a expedição de alvará.

✓ AGRAVO DE INSTRUMENTO. DIREITO PRIVADO NÃO ESPECIFICADO. CUMPRIMENTO DE SENTENÇA. PEDIDO DE LIBERAÇÃO DE ALVARÁ. INDEFERIMENTO. PRECLUSÃO. PROCURAÇÃO. AUSÊNCIA DE PODERES PARA RECEBER E DAR QUITAÇÃO. ART. 105 DO CPC/2015. 1. Pedido de liberação da integralidade dos valores depositados em juízo: Em decisão anterior, a magistrada de origem indeferiu o pedido de liberação da integralidade dos valores depositados judicialmente, sem que a parte agravante recorresse tempestivamente. Nesse sentido, impõe-se o não conhecimento da insurgência, tendo em vista que na decisão de fl. 475 a julgadora, tão somente, manteve por seus próprios fundamentos a decisão de fls. 448/450. 2. Procuração com poderes especiais: Consoante o art. 105 do CPC/2015, a procuração geral para o foro habilita o advogado a praticar todos os atos do processo, exceto, dentre outros, receber e dar quitação, poderes esses que devem constar de cláusula específica. No caso em apreço, a procuração outorgada pela exequente/agravante não confere os poderes de dar e receber quitação aos seus patronos, não havendo falar em reforma na decisão que determinou a juntada de procuração com os poderes específicos acima mencionados, a fim de possibilitar a expedição de alvará. Agravo de instrumento parcialmente conhecido e, na parte em que conhecido, desprovido. (TJRS; AI 0219103-09.2017.8.21.7000; Porto Alegre; Décima Segunda Câmara Cível; Rel. Des. Umberto Guaspari Sudbrack; Julg. 31/08/2017; DJERS 05/09/2017)

Nao tendo o advogado poderes especiais para receber citação, não há que se falar em comparecimento espontâneo.

✓ APELAÇÃO CÍVEL. EMBARGOS DO DEVEDOR. CITAÇÃO. COMPARECIMENTO ESPONTÂNEO. NÃO CONFIGURAÇÃO. PROCURADOR SEM PODER ESPECÍFICO. NULIDADE DA SENTENÇA. Nos termos do disposto no artigo 105 do CPC, a procuração geral para o foro, outorgada por instrumento público ou particular assinado pela parte, habilita o advogado a praticar todos os atos do processo, exceto receber citação, confessar, reconhecer a procedência do pedido, transigir, desistir, renunciar ao direito sobre o qual se funda a ação, receber, dar quitação, firmar compromisso e assinar declaração de hipossuficiência econômica, que devem constar de cláusula específica. Nesse sentido, não tendo o advogado poderes especiais para receber citação, não há falar em comparecimento espontâneo, devendo a sentença que rejeitou os presentes embargos de execução ser anulada. (TJMG; APCV 1.0251.16.002329-6/001; Relª Desª Mariângela Meyer; Julg. 22/08/2017; DJEMG 01/09/2017)

Art. 106. Quando postular em causa própria, incumbe ao advogado:

I – declarar, na petição inicial ou na contestação, o endereço, seu número de inscrição na Ordem dos Advogados do Brasil e o nome da sociedade de advogados da qual participa, para o recebimento de intimações;

II – comunicar ao juízo qualquer mudança de endereço.

§ 1º Se o advogado descumprir o disposto no inciso I, o juiz ordenará que se supra a omissão, no prazo de 5 (cinco) dias, antes de determinar a citação do réu, sob pena de indeferimento da petição.

§ 2º Se o advogado infringir o previsto no inciso II, serão consideradas válidas as intimações enviadas por carta registrada ou meio eletrônico ao endereço constante dos autos.

Ausência de indicação do endereço e do número de inscrição na OAB: necessidade de intimação para suprir a omissão.

✓ APELAÇÃO CÍVEL. Ação de prestação de contas. Primeira fase. Cancelamento da distribuição. Impossibilidade. Custas processuais devidamente preparadas. Nulidade processual. Ocorrência. Parte ré postulando em causa própria. Não indicação de endereço e número de inscrição na OAB. Necessidade de intimação para suprir tal omissão. Inteligência do § 1º do art. 106, do CPC/15. Não ocorrência. Nulidade processual evidenciada. Recurso provido. Anulação do processo. (TJPR; ApCiv 1617538-3; Londrina; Décima Oitava Câmara Cível; Relª Juíza Conv. Denise Antunes; Julg. 19/04/2017; DJPR 05/05/2017; Pág. 335)

Art. 107. O advogado tem direito a:

→ v. Art. 6º da Lei 9.028/1995.

I – examinar, em cartório de fórum e secretaria de tribunal, mesmo sem procuração, autos de qualquer processo, independentemente da fase de tramitação, assegurados a obtenção de cópias e o registro de anotações, salvo na hipótese de segredo de justiça, nas quais apenas o advogado constituído terá acesso aos autos;

→ v. Art. 7º, XIII, da Lei 8.906/1994.

II – requerer, como procurador, vista dos autos de qualquer processo, pelo prazo de 5 (cinco) dias;

→ v. Art. 7º, XV, da Lei 8.906/1994.

III – retirar os autos do cartório ou da secretaria, pelo prazo legal, sempre que neles lhe couber falar por determinação do juiz, nos casos previstos em lei.

§ 1º Ao receber os autos, o advogado assinará carga em livro ou documento próprio.

§ 2º Sendo o prazo comum às partes, os procuradores poderão retirar os autos somente em conjunto ou mediante prévio ajuste, por petição nos autos.

§ 3º Na hipótese do § 2º, é lícito ao procurador retirar os autos para obtenção de cópias, pelo prazo de 2 (duas) a 6 (seis) horas, independentemente de ajuste e sem prejuízo da continuidade do prazo.

§ 4º O procurador perderá no mesmo processo o direito a que se refere o § 3º se não devolver os autos tempestivamente, salvo se o prazo for prorrogado pelo juiz.

Inexistência de limite à quantidade de pedidos de vista de autos dentro ou fora de cartório.

✓ AGRAVO DE INSTRUMENTO. EXECUÇÃO FISCAL. SUSPENSÃO POR PARCELAMENTO DO DÉBITO. VISTA/CARGA DOS AUTOS PARA VERIFICAÇÃO DO CUMPRIMENTO DAS CONDIÇÕES DO PARCELAMENTO. POSSIBILIDADE. ART. 7º, INC. XV, DA LEI Nº. 8.906/94 E ART. 107, II, DO CPC. RECURSO PROVIDO. 1. Pretende a agravante através da interposição do presente recurso, obter o reconhecimento do seu suposto direito de obter futura vista dos autos sem qualquer justificativa. 2. Examinando a legislação pertinente ao assunto (art. 7º incisos XIII a XVI, da Lei nº. 8906/1994), constata-se que o direito do advogado consultar os autos não sofre limites acerca do seu exercício, exceto no que tange ao lapso temporal de carga, conforme se verifica nos incisos XV e XVI. Tal prerrogativa também está assegurada pelo artigo 107, II, do CPC. 3. Assim, não havendo previsão expressa acerca de eventual limite quanto à quantidade de pedidos de vista ou preenchimento de requisitos para sua obtenção, dentro ou fora do respectivo cartório, não cabe ao Poder Judiciário estabelecer qualquer tipo de restrição ao exercício de tal direito, sob pena de afrontar o princípio da tripartição dos poderes. 4. Agravo de instrumento provido. (TRF 3ª R.; AI 0008607-21.2016.4.03.0000; Quarta Turma; Rel. Des. Fed. Marcelo Saraiva; Julg. 02/08/2017; DEJF 28/08/2017)

Aproveitam aos advogados públicos os mesmos direitos e prerrogativas inerentes ao advogado privado.

✓ DIREITO PROCESSUAL CIVIL. AGRAVO DE INSTRUMENTO. EXECUÇÃO FISCAL DE CURSO SUSPENSO. NEGATIVA DE VISTA DOS AUTOS. DIREITO DO ADVOGADO. 1. A atividade da procuradoria da Fazenda Nacional é legalmente reconhecida como exercício de advocacia, sujeitando-se, assim, para além de seu regime específico, à regência da Lei nº 8.906/1994 (artigo 3º, §1º).

Por consequência, aproveitam ao advogado público os direitos estabelecidos em seu artigo 7º. Dentre eles, o de vista dos autos. Tal prerrogativa que também lhe é assegurada pelo artigo 107 da Lei nº 13.105/2015. 2. Não há qualquer restrição à vista dos autos relativos a feito de curso suspenso, tanto menos por advogado da parte. Representação processual que, na espécie, deflui de previsão legal específica (artigo 12, II e V, da Lei complementar 73/1993). 3. Agravo de instrumento provido. (TRF 3ª R.; AI 0008612-43.2016.4.03.0000; Terceira Turma; Rel. Des. Fed. Carlos Muta; Julg. 21/07/2016; DEJF 01/08/2016)

É direito do advogado ter acesso aos autos, ainda que eles sejam classificados como sigilosos.

✓ MANDADO DE SEGURANÇA. EXECUÇÃO DE ALIMENTOS. INDISPONIBILIDADE DOS AUTOS. DESCABIMENTO. IMPETRAÇÃO CONTRA DECISÃO JUDICIAL ATACÁVEL POR RECURSO, COM EFEITO SUSPENSIVO. DESCABIMENTO. ARTIGO 5º, II, DA LEI Nº 12.016/09. SÚMULA Nº 267 STF. 1. É direito do advogado ter acesso aos autos (art. 107 do CPC/15), ainda que classificados como sigilosos, a sua indisponibilidade configura evidente cerceamento de defesa, razão por que deve ser permitido que o advogado da impetrante tenha acesso ao processo originário. 2. Não obstante isso, a parte do ato judicial atacado em que foi determinado o recolhimento de veículo em execução de alimentos é passível de recurso, com efeito suspensivo, nos termos dos arts. 995, parágrafo único, e 1.015, parágrafo único, do CPC, o que não pode ser enfrentado em sede de remédio heroico (art. 5º, II, da Lei nº 12.016/09 e Súmula nº 267 do STF). Ordem parcialmente concedida. (TJRS; MS 0421623-89.2016.8.21.7000; Porto Alegre; Oitava Câmara Cível; Rel. Des. Ricardo Moreira Lins Pastl; Julg. 09/03/2017; DJERS 21/03/2017)

Capítulo IV
DA SUCESSÃO DAS PARTES E DOS PROCURADORES

Art. 108. No curso do processo, somente é lícita a sucessão voluntária das partes nos casos expressos em lei.

→ *v.* Arts. 682, 687 e 688 do CC/2002.
→ *v.* Arts. 329, II, e 779, do NCPC.

Doação do imóvel antes da distribuição da ação de reintegração de posse não configura sucessão das partes.

✓ APELAÇÃO. Ação de reintegração de posse. Sentença de procedência. Recurso das rés. Preliminar de ilegitimidade ativa. Doação do imóvel antes da distribuição da ação de reintegração de posse. Hipótese que não configura sucessão das partes nos termos do art. 108 do Código de Processo Civil. Ilegitimidade ativa reconhecida. Sentença reformada. Preliminar acolhida para extinção do processo nos termos do art. 485, inciso VI, do Código de Processo Civil. Recurso provido. (TJSP; APL 1006254-44.2015.8.26.0099; Ac. 10878840; Bragança Paulista; Décima Sexta Câmara de Direito Privado; Relª Desª Daniela Menegatti Milano; Julg. 10/10/2017; DJESP 06/11/2017; Pág. 2773)

A sucessão processual não implica em ofensa à intransmissibilidade dos direitos da personalidade.

✓ APELAÇÃO CÍVEL. RESPONSABILIDADE CIVIL. ACIDENTE DE CONSUMO. VENDA DE LACTICINIO COM PRAZO DE VALIDADE EXPIRADO. DEFEITO DE SEGURANÇA ALIMENTAR. PRODUTO IMPRÓPRIO PARA O CONSUMO. INGESTÃO DO ALIMENTO. DANO MORAL CONFIGURADO. QUANTUM INDENIZATÓRIO REDUZIDO. 1. Sucessão processual. A sucessão de partes, regulada pelos artigos 108 a 112 do NCPC (artigos 41 a 45 no CPC/73) é instituto de natureza processual, de mera regularização da capacidade processual. Não há qualquer ofensa à intransmissibilidade dos direitos da personalidade porque a reparação à lesão de direito foi postulada em vida pela própria titular do direito. 2. Regime de responsabilidade do fornecedor. O CDC estabelece em seu art. 18 que os fornecedores de produtos de consumo duráveis ou não respondem solidariamente pelos vícios de qualidade que os tornem impróprios ou inadequados ao consumo a que se destinam. Um dos critérios objetivos para definir a impropriedade do produto para consumo é expiração do prazo de validade a (art. 18, §6º, I, CDC). Trata-se de presunção absoluta, razão pela qual o comerciante não pode expor à venda produtos vencidos. Ademais, no caso, trata-se de defeito de segurança alimentar, atraindo a responsabilidade objetiva do fornecedor, na forma do art. 12 do CDC. 3. Indenização por danos morais. Caso no qual o conjunto probatório respalda a tese inicial quanto à venda de um produto perecível com prazo de validade expirado e a respectiva ingestão do alimento, fazendo jus à reparação por dano moral ante o mal-estar sofrido em decorrência do consumo de alimento impróprio. Indenização que atende à função compensatória e punitivo/pedagógica da reparação. 4. Quantum fixado na sentença para cada autor em R$ 15.000,00 que vai reduzido para R$ 8.000,00 a cada um, observados os postulados da razoabilidade, proporcionalidade e parâmetros da câmara no enfrentamento de situações similares. Apelação cível parcialmente provida. (TJRS; AC 0305404-90.2016.8.21.7000; Soledade; Nona Câmara Cível; Rel. Des. Carlos Eduardo Richinitti; Julg. 15/03/2017; DJERS 20/03/2017)

Art. 109. A alienação da coisa ou do direito litigioso por ato entre vivos, a título particular, não altera a legitimidade das partes.

→ *v.* Enunciado 115 do FPPC: O negócio jurídico celebrado nos termos do art. 190 obriga herdeiros e sucessores.

§ 1º O adquirente ou cessionário não poderá ingressar em juízo, sucedendo o alienante ou cedente, sem que o consinta a parte contrária.

→ *v.* Art. 286 do CC/2002.

§ 2º O adquirente ou cessionário poderá intervir no processo como assistente litisconsorcial do alienante ou cedente.

→ *v.* Art. 124 do NCPC.

§ 3º Estendem-se os efeitos da sentença proferida entre as partes originárias ao adquirente ou cessionário.

Sucessão processual em ação civil pública.

✓ ADMINISTRATIVO. AGRAVO DE INSTRUMENTO. AÇÃO CIVIL PÚBLICA. MEIO AMBIENTE. SUCESSÃO PROCESSUAL. INTELIGÊNCIA DO ART. 109 DO CPC. O art. 109 do CPC enfrenta a questão da sucessão processual, em que consta em seu dispositivo o seguinte: A alienação da coisa ou do direito litigioso por ato entre vivos, a título particular, não altera a legitimidade das partes. In casu, tal regra foi aplicada corretamente pelo magistrado. (TRF 4ª R.; AG 5030413-63.2017.404.0000; Quarta Turma; Rel. Des. Fed. Luís Alberto Dazevedo Aurvalle; Julg. 27/09/2017; DEJF 29/09/2017)

Em que pese a legalidade da cessão de crédito, esta é ineficaz no plano processual.

✓ TRIBUTÁRIO. AGRAVO DE INSTRUMENTO. CRÉDITOS-PRÊMIO DE IPI. CESSÃO DE CRÉDITO. ILEGITIMIDADE ATIVA AD CAUSAM. 1. A substituição voluntária das partes apenas é permitida nos casos expressos em Lei, e a alienação da coisa ou do direito litigioso, a título particular, não altera a legitimidade das partes, nos termos dos arts. 108 e 109 do CPC2015. 2. Em que pese a legalidade da cessão, esta é ineficaz no plano processual. (TRF 4ª R.; AG 5032457-89.2016.404.0000, Primeira Turma; Rel. Des. Fed. Jorge Antonio Maurique; Julg. 21/06/2017; DEJF 07/07/2017)

Adquirente de imóvel não possui legitimidade para figurar no polo passivo da execução de despesas condominiais.

✓ AGRAVO DE INSTRUMENTO. AÇÃO DE COBRANÇA DE DESPESAS CONDOMINIAIS. EXECUÇÃO. Duas decisões agravadas. A primeira decisão, revogando decisão anterior proferida por outro magistrado nos mesmos autos, manteve o cancelamento da penhora feito pelo registrador após a arrematação do imóvel penhorado. A segunda decisão indeferiu a inclusão do arrematante no polo passivo. Insurgência. Penhora que perde a razão de existir após servir ao fim que se destina, a saber, permitir a alienação judicial do imóvel para satisfação da dívida. Despesas de condomínio configuram obrigação **propter** rem. Adquirente do imóvel que, no entanto, não possui legitimidade para figurar no polo passivo da execução em razão de não ter participado da ação de conhecimento. Inaplicabilidade do art. 109, § 3º, do CPC/2015. Recurso não provido. (TJSP; AI 2197013-80.2017.8.26.0000; Ac. 10950531; Santos; Trigésima Quinta Câmara de Direito Privado; Rel. Des. Morais Pucci; Julg. 07/11/2017; DJESP 10/11/2017; Pág. 2264)

Alienação do imóvel no curso da demanda não modifica a legitimidade das partes.

✓ USUCAPIÃO EXTRAORDINÁRIO. Ação julgada procedente. Insurgência dos autores quanto ao indeferimento de seu pedido de substituição no polo ativo pelos adquirentes do imóvel em disputa que não merece prosperar. Alienação do imóvel ocorrida no curso da demanda não tem o condão de alterar a legitimidade das partes, nos termos do art. 109 do CPC atual. Adquirentes que, contudo, submetem-se aos efeitos da sentença, nos termos do § 3º do art. 109 do CPC/15. Sentença mantida. Recurso não provido. (TJSP; APL 0151750-65.2008.8.26.0100; Ac. 10751501; São Paulo; Primeira Câmara de Direito Privado; Rel. Des. Francisco Loureiro; Julg. 29/08/2017; DJESP 04/10/2017; Pág. 1839)

Art. 110. Ocorrendo a morte de qualquer das partes, dar-se-á a sucessão pelo seu espólio ou pelos seus sucessores, observado o disposto no art. 313, §§ 1º e 2º.

→ *v.* Arts. 221 e 618, I, do NCPC.

Inaplicabilidade da sucessão processual em caso de morte do autor antes do ajuizamento da ação.

✓ PROCESSUAL CIVIL. EXECUÇÃO. AUTOR FALECIDO ANTES DO AJUIZAMENTO DA AÇÃO. AUSÊNCIA DE CAPACIDADE POSTULATÓRIA. EXTINÇÃO DO MANDATO. 1. Na hipótese em que a ação é ajuizada após o falecimento do autor, há de ser reconhecida a ausência de capacidade postulatória da parte, pressuposto de desenvolvimento válido e regular da relação processual. A ação já nasce viciada, visto que o instrumento de procuração foi firmado bem antes da morte do representado e da propositura da demanda, sendo inaplicável a sucessão processual prevista no art. 110 do Código de Processo Civil. Ademais, nos termos do art. 682, II, do Código Civil, cessa o mandato pela morte de uma das partes. 2. Considerando o falecimento do autor antes da propositura da demanda, ausente está o pressuposto de desenvolvimento válido e regular da relação processual relativo à capacidade postulatória, razão pela qual merece ser mantida a extinção do feito, sem exame de mérito, com base no art. 485, IV, do Código de Processo Civil. (TRF 4ª R.; AC 5025150-18.2016.404.7200; SC; Terceira Turma; Relª Desª Fed. Marga Inge Barth Tessler; Julg. 19/09/2017; DEJF 25/09/2017)

Há legitimação processual do espólio, por meio do inventariante, quando há inventário; se não houver, a substituição se dá pela sucessão com a presença de todos os herdeiros na demanda.

✓ EXECUÇÃO FISCAL. EXTINÇÃO SEM EXAME DO MÉRITO. ÓBITO DO EXECUTADO. SUBSTITUIÇÃO PROCESSUAL. AUSÊNCIA DE INVENTÁRIO. SUBSTITUIÇÃO SE DÁ PELA SUCESSÃO, COM A PRESENÇA DE TODOS OS HERDEIROS NA DEMANDA. 1. Nos termos do art. 43 do CPC-1973 e do art. 110 do CPC-2015, ocorrendo a morte de qualquer das partes, dar-se-á a substituição desta pelo seu espólio ou sucessores. A legitimação processual passa a ser do espólio, por meio do inventariante, se já houver inventário. Contudo, se não aberto ou se já encerrado o inventário, a substituição se dá pela sucessão, com a presença de todos os herdeiros na demanda. 2. A extinção da execução com base apenas na informação constante da certidão de óbito de que o falecido não deixou bens a inventariar é prematura, ao passo que deveriam os sucessores ser citados para então se manifestarem sobre a existência ou não de bens. 3. Apelação provida para anular a sentença e determinar o regular processamento da execução, com a citação dos sucessores. (TRF4ª R.; AC 5000511-49.2015.404.7109; RS; Quarta Turma; Rel. Des. Fed. Candido Alfredo Silva Leal Junior; Julg. 22/03/2017; DEJF 27/03/2017)

Submissão de companhia a procedimento de liquidação não se equipara, em efeitos, à extinção da pessoa jurídica.

✓ APELAÇÃO CÍVEL. AÇÃO DE EXIBIÇÃO DE DOCUMENTOS RELATIVOS A PEDIDO DE INDENIZAÇÃO SECURITÁRIA (DPVAT). SENTENÇA QUE EXTINGUIU O PROCESSO SEM RESOLUÇÃO DO MÉRITO POR AUSÊNCIA DE INTERESSE DE AGIR. REQUERIMENTO DE SUCESSÃO PROCESSUAL. SEGURADORA EM PROCESSO DE LIQUIDAÇÃO. REJEIÇÃO. PEDIDO RECURSAL DE REFORMA PARA ACOLHER A PRETENSÃO DO AUTOR. DESPROVIMENTO. 1. A sucessão processual demanda expressa previsão legal (NCPC, art. 108). Submissão de companhia a procedimento de liquidação não se equipara, em efeitos, à extinção da pessoa jurídica (NCPC, art. 110). Impossibilidade. 2. Ausência de interesse processual. Carência de ação revelada tanto na desproporção do prazo esperado para a obtenção da resposta junto à seguradora quanto na própria desnecessidade da medida preparatória, eis que os documentos poderiam ser requeridos, incidentalmente, na ação principal. 3. O insucesso da demanda, mesmo vindo sem sucumbência, faz recair sobre o autor o dever de arcar com os custos econômicos do processo (princípio da causalidade). ainda que subsista a condição suspensiva legal instituída pelo regime de gratuidade da prestação jurisdicional (NCPC, art. 98, § 3º). 4. Recurso conhecido e desprovido. (TJPR; ApCiv 1555486-6; Colorado; Décima Câmara Cível; Rel. Des. Domingos Ribeiro da Fonseca; Julg. 16/03/2017; DJPR 08/05/2017; Pág. 324)

Art. 111. A parte que revogar o mandato outorgado a seu advogado constituirá, no mesmo ato, outro que assuma o patrocínio da causa.

→ *v.* Art. 687 do CC/2002.

→ *v.* Art. 42 da Lei 8.906/1994.

Parágrafo único. Não sendo constituído novo procurador no prazo de 15 (quinze) dias, observar-se-á o disposto no art. 76.

Ausência de constituição de novo patrono no prazo legal: inadmissão do recurso.

✓ APELAÇÃO CÍVEL. NEGÓCIOS JURÍDICOS BANCÁRIOS. EMBARGOS À EXECUÇÃO. MANDATO REVOGADO PELAS EMBARGANTES. AUSÊNCIA DE NOVOS PROCURADORES CONSTITUÍDOS NO PRAZO LEGAL. PROVIDÊNCIA CABÍVEL AO APELANTE. IMPOSSIBILIDADE DE CONHECIMENTO DO APELO. EXEGESE DOS ARTS. 111 C/C 76, §2º, DO NCPC. Havendo pedido da parte no sentido de revogar a procuração outorgada em favor do seu advogado constituído, é seu dever, nos termos do artigo 111, do novo código de processo civil, a indicação de novo procurador. Transcorridos mais de 15 dias sem que a ordem seja atendida e, sendo tal providência cabível ao apelante, o não conhecimento do recurso é medida impositiva. Inteligência do artigo 76, §2º do novo código de processo civil. Apelo não conhecido à unanimidade. (TJRS; AC 0048091-24.2017.8.21.7000; Novo Hamburgo; Décima Sétima Câmara Cível; Relª Desª Liege Puricelli Pires; Julg. 31/08/2017; DJERS 11/09/2017)

Existente cláusula contratual que prevê remuneração em casos de revogação do mandato, descabe arbitramento judicial de honorários.

✓ APELAÇÃO CÍVEL. HONORÁRIOS DE PROFISSIONAIS LIBERAIS. ARBITRAMENTO. RESCISÃO CONTRATUAL. REVOGAÇÃO DE MANDATO. CLÁUSULA CONTRATUAL PREVENDO A REMUNERAÇÃO EM CASOS TAIS. VALIDADE. BANCO DO BRASIL. Contrato de prestação de serviços advocatícios que, além de prever expressamente a remuneração pelos honorários de sucumbência, estabeleceu a possibilidade de revogação do mandato e a forma de pagamento dos honorários nessa hipótese. Revogação do mandato que constitui direito potestativo tanto do advogado, quanto da parte que o contratou. Arts. 682, I, do CC e arts. 44 e 45 do CPC/1973 (arts. 111 e 112 do CPC/2015). Rescisão unilateral do contrato e revogação do mandato que se revelou lícita. Necessidade de observância da cláusula contratual que determina a remuneração em casos de revogação do mandato, estabelecendo rateio e percentuais específicos para cada fase processual. Contexto em que arbitramento de honorários é descabido, por pressupor a ausência de definição entre as partes quanto à verba honorária. Ação de arbitramento de honorários julgada improcedente. Remuneração profissional que deverá ser verificada casuisticamente, acaso implementada a condição suspensiva (fixação de honorários sucumbenciais). Apelo do réu provido, prejudicado o exame do recurso adesivo da parte autora. (TJRS; AC 0175006-55.2016.8.21.7000; Porto Alegre; Décima Sexta Câmara Cível; Relª Desª Cláudia Maria Hardt; Julg. 18/05/2017; DJERS 29/05/2017)

Art. 112. O advogado poderá renunciar ao mandato a qualquer tempo, provando, na forma prevista neste Código, que comunicou a renúncia ao mandante, a fim de que este nomeie sucessor.

→ v. Art. 688 do CC/2002.

§ 1º Durante os 10 (dez) dias seguintes, o advogado continuará a representar o mandante, desde que necessário para lhe evitar prejuízo.

→ v. Art. 5º, § 3º, da Lei 8.906/1994.

§ 2º Dispensa-se a comunicação referida no *caput* quando a procuração tiver sido outorgada a vários advogados e a parte continuar representada por outro, apesar da renúncia.

Desnecessidade de intimação para constituir novo advogado quando comprovada a notificação da renúncia dos poderes pelo causídico.

✓ PROCESSUAL CIVIL. AGRAVO INTERNO NOS EMBARGOS DE DIVERGÊNCIA EM AGRAVO EM RECURSO ESPECIAL. EMBARGOS DE DIVERGÊNCIA INDEFERIDOS LIMINARMENTE. AGRAVO DESPROVIDO. I – Inexiste nulidade quando proferida decisão monocrática, embora incluído o processo em pauta, porquanto não há falar em preclusão **pro judicato** nos termos da pacífica orientação desta Corte (precedentes). II – A atual jurisprudência da Corte Superior se firmou no sentido de ser prescindível a intimação da parte para constituição de novo advogado, quando comprovada a notificação pelo causídico da renúncia dos poderes, conforme artigo 45 do antigo Código de Processo Civil (artigo 112 do NCPC). III – Aplica-se, portanto, a súmula 168/STJ, para indeferimento dos Embargos de Divergência, mantendo-se a decisão agravada conforme proferida. Agravo interno desprovido. (STJ; AgInt nos EAREsp 510.287; SP; Corte Especial; Rel. Min. Felix Fischer; Julg. 15/03/2017; DJe 27/03/2017)

Possibilidade de renúncia e afastamento de cláusula penal.

✓ RECURSO ESPECIAL. CONTRATO DE PRESTAÇÃO DE SERVIÇOS ADVOCATÍCIOS. RESCISÃO UNILATERAL. PRETENSÃO DE INCIDÊNCIA DA CLÁUSULA PENAL. PREVISÃO CONTRATUAL DA MULTA EM CASO DE REVOGAÇÃO DO MANDATO. IMPOSSIBILIDADE. DIREITO POTESTATIVO DO CLIENTE, ASSIM COMO É DO ADVOGADO, DE RENUNCIAR AO MANDATO. ESTATUTO DA OAB E CÓDIGO DE ÉTICA DOS ADVOGADOS. RELAÇÃO JURÍDICA INTUITU PERSONAE, LASTREADA NA EXTREMA CONFIANÇA. QUEBRA DA FIDÚCIA. DIREITO DE REVOGAÇÃO/RENÚNCIA SEM ÔNUS PARA OS CONTRATANTES. 1. Em razão do papel fundamental do advogado, por ser indispensável à administração da Justiça, prevê o Estatuto da OAB normas deontológicas, que devem nortear o exercício do profissional, inclusive na relação advogado/cliente, remetendo a regulação para o Código de Ética e Disciplina. 2. Justamente em razão da relação de confiança entre advogado e cliente, por se tratar de contrato personalíssimo (**intuitu personae**), dispõe o Código de Ética, no tocante ao advogado, que "a renúncia ao patrocínio deve ser feita sem menção do motivo que a determinou" (art. 16). 3. Trata-se, portanto, de direito potestativo do advogado em renunciar ao mandato e, ao mesmo tempo, do cliente em revogá-lo, sendo anverso e reverso da mesma moeda, do qual não pode se opor nem mandante nem mandatário. Deveras, se é lícito ao advogado, por imperativo da norma, a qualquer momento e sem necessidade de declinar as razões, renunciar ao mandato que lhe foi conferido pela parte, respeitado o prazo de 10 dias seguintes, também é da essência do mandato a potestade do cliente de revogar o patrocínio ad nutum. 4. A cláusula penal é pacto acessório, por meio do qual as partes determinam previamente uma sanção de natureza civil – cujo escopo é garantir o cumprimento da obrigação principal -, além de estipular perdas e danos em caso de inadimplemento parcial ou total de um dever assumido, podendo ser compensatória ou moratória, a depender do cumprimento total ou parcial da obrigação. 5. No contrato de prestação de serviços advocatícios, em razão do mister do advogado, só há falar em cláusula penal para as situações de mora e/ou inadimplemento e desde que os valores sejam fixados com razoabilidade, sob pena de redução (CC, arts. 412/413). 6. Não é possível a estipulação de multa no contrato de honorários para as hipóteses de renúncia ou revogação unilateral do mandato do advogado, independentemente de motivação, respeitado o direito de recebimento dos honorários proporcionais ao serviço prestado. 7. Recurso especial não provido. (STJ; REsp 1346171; PR; Quarta Turma; Rel. Min. Luis Felipe Salomão; Julg. 11/10/2016; DJe 07/11/2016)

Advogado renunciante fica vinculado ao processo e continua representando a parte durante os 10 (dez) dias subsequentes.

✓ AGRAVO REGIMENTAL NOS EMBARGOS DE DECLARAÇÃO NO RECURSO ESPECIAL. INTEMPESTI-

VIDADE DO ESPECIAL E DA APELAÇÃO. MATÉRIA DE ORDEM PÚBLICA. RENÚNCIA AO MANDATO. INEXISTÊNCIA DE FLAGRANTE ILEGALIDADE A JUSTIFICAR A ATUAÇÃO DE OFÍCIO DO STJ. (...). 2. A tempestividade é um dos pressupostos recursais extrínsecos e, tratando-se de matéria de ordem pública, pode ser reconhecida a qualquer tempo. 3. O advogado que renuncia ao mandato fica vinculado ao processo e continua representando a parte durante os 10 (dez) dias subsequentes, nos termos do disposto no art. 5º, § 3º, do Estatuto da Ordem do Advogados do Brasil, e por aplicação analógica do art. 45 do Código de Processo Civil (art. 112 do NCPC). 4. Intimados o recorrente e o advogado anteriormente constituído acerca da sentença condenatória, inexiste flagrante ilegalidade a ensejar a concessão de habeas corpus de ofício, porquanto o réu estava devidamente representado nos autos. 5. Agravo regimental a que se nega provimento. (STJ; AgRg nos EDcl no REsp 1512017; SC; Quinta Turma; Rel. Min. Reynaldo Soares da Fonseca; Julg. 21/06/2016; DJe 29/06/2016)

✓ PENAL E PROCESSO PENAL. HABEAS CORPUS. 1. AÇÃO PENAL ORIGINÁRIA. CRIME DE APROPRIAÇÃO INDÉBITA. SESSÃO DE RECEBIMENTO DA DENÚNCIA. RENÚNCIA DO ADVOGADO NA VÉSPERA. VINCULAÇÃO DO CAUSÍDICO POR 10 DIAS. ART. 5º, § 3º, DO EOAB E ART. 45 DO CPC (112 DO NCPC), C/C O ART. 3º DO CPP. PRECEDENTES. 2. NÃO REALIZAÇÃO DE SUSTENTAÇÃO ORAL. AUSÊNCIA DE NULIDADE. EXPEDIENTE FACULTATIVO. ART. 6º, § 1º, DA LEI N. 8.038/1990. PRECEDENTES DO STF E DO STJ. 3. PEDIDO INCIDENTAL. EXTINÇÃO DA PUNIBILIDADE. REPARAÇÃO INTEGRAL DO DANO. MATÉRIA NÃO SUBMETIDA À CORTE LOCAL. SUPRESSÃO DE INSTÂNCIA. 4. ORDEM DENEGADA. 1. O advogado que renuncia ao mandato ainda fica vinculado ao processo pelo prazo de 10 (dez) dias, nos termos do disposto no art. 5º, § 3º, do Estatuto da Ordem do Advogados do Brasil, e por aplicação analógica do art. 45 do Código de Processo Civil (art. 112 do NCPC). Nesse contexto, considerando-se que advogado e paciente foram devidamente intimados da data em que seria realizada a sessão para deliberação sobre eventual recebimento da denúncia, observa-se que o paciente encontrava-se sim representado por advogado constituído, porquanto realizado o ato dentro do prazo de 10 (dez) dias trazido na norma. Com efeito, a renúncia foi protocolizada no dia 22/5/2013 e a sessão de recebimento da denúncia foi realizada no dia 23/5/2013. 2. O fato de o advogado não ter comparecido à sessão de julgamento, ou não ter pedido para realizar sustentação oral não revela, por si só, ausência de defesa, pois tanto a presença quanto o uso da palavra são facultativos, conforme disposto no art. art. 6º, § 1º, da Lei n. 8.038/1990. Precedentes do STJ e do STF. 3. O pedido formulado nas petições apresentadas incidentalmente, no sentido da extinção da punibilidade em virtude da reparação integral do dano, não foi previamente analisado pela Corte local, o que inviabiliza o conhecimento da matéria pelo Superior Tribunal de Justiça, sob pena de indevida supressão de instância. 4. Ordem denegada. (STJ; HC 280.682; MT; Quinta Turma; Rel. Min. Reynaldo Soares da Fonseca; Julg. 12/04/2016; DJe 19/04/2016)

TÍTULO II
Do Litisconsórcio

Art. 113. Duas ou mais pessoas podem litigar, no mesmo processo, em conjunto, ativa ou passivamente, quando:

→ *v.* Súmulas 631 e 641 do STF.

→ *v.* Art. 5º, § 2º, da Lei 7.347/1985.

→ *v.* Art. 6º, § 5º, da Lei 4.717/1965.

→ *v.* Art. 10, § 2º, da Lei 12.016/2009.

→ *v.* Art. 132, § 2º, do RISTF.

I – entre elas houver comunhão de direitos ou de obrigações relativamente à lide;

II – entre as causas houver conexão pelo pedido ou pela causa de pedir;

III – ocorrer afinidade de questões por ponto comum de fato ou de direito.

§ 1º O juiz poderá limitar o litisconsórcio facultativo quanto ao número de litigantes na fase de conhecimento, na liquidação de sentença ou na execução, quando este comprometer a rápida solução do litígio ou dificultar a defesa ou o cumprimento da sentença.

→ *v.* Enunciado 116 do FPPC: Quando a formação do litisconsórcio multitudinário for prejudicial à defesa, o juiz poderá substituir a sua limitação pela ampliação de prazos, sem prejuízo da possibilidade de desmembramento na fase de cumprimento de sentença.

→ *v.* Enunciado 386 do FPPC: A limitação do litisconsórcio facultativo multitudinário acarreta o desmembramento do processo.

→ *v.* Enunciado 387 do FPPC: A limitação do litisconsórcio multitudinário não é causa de extinção do processo.

§ 2º O requerimento de limitação interrompe o prazo para manifestação ou resposta, que recomeçará da intimação da decisão que o solucionar.

→ *v.* Art. 336 do NCPC.

Inexistindo risco de comprometimento da celeridade processual ou prejuízo à defesa da ré, não há razão para o desmembramento do feito.

✓ PROCESSUAL CIVIL. LITISCONSÓRCIO ATIVO FACULTATIVO. DESMEMBRAMENTO. AUSÊNCIA DE PREJUÍZO À TRAMITAÇÃO PROCESSUAL. 1. O art. 113, § 1º, do CPC/2015, autoriza o juiz a limitar o litisconsórcio ativo ou passivo, quando o número excessivo de litigantes puder comprometer a rápida solução da lide ou dificultar o exercício do direito de defesa. 2. Inexistindo risco de comprometimento da celeridade processual ou prejuízo à defesa da ré, uma vez que o número de litisconsortes pretendido não é excessivo e a demanda envolve matéria eminentemente de direito, sem diferenças fáticas relevantes na situação individual de cada litigante, não há razão para o desmembramento do feito. Conquanto o art. 11 da Resolução n.º 17/10 – que dispõe sobre o processo eletrônico no âmbito na Justiça Federal da 4ª Região – prescreva que a formação de litisconsórcio facultativo deve ser evitada no processo eletrônico, a limitação imposta pelo juízo a quo não se afigura necessária para o regular processamento da demanda. (TRF 4ª R.; AG 5034325-68.2017.404.0000; Quarta Turma; Relª Desª Fed. Vivian Josete Pantaleão Caminha; Julg. 11/10/2017; DEJF 19/10/2017)

Razoável o número de dez litisconsortes ativos nos casos de ações propostas com homogeneidade de objeto: entendimento jurisprudencial

✓ PROCESSUAL CIVIL. AGRAVO DE INSTRUMENTO. LITISCONSÓRCIO ATIVO FACULTATIVO. ARTIGO 46, § ÚNICO DO CPC/1973. LIMITAÇÃO. 10 (DEZ) AUTORES. POSSIBILIDADE. RECURSO PROVIDO. 1. A Jurisprudência tem admitido como razoável o número de 10 (dez) litisconsortes ativos nos casos de ações propostas com homogeneidade de objeto, como é a do caso dos autos. Sobre esse ponto, trago precedente: TRF 3ª Região. AI 59163. NONA TURMA. Rel.: DES. FED. ANDRE NABARRETE. DJU DATA: 19.11.2002. 2. O d. magistrado de primeira instância, em sua decisão, não apresentou motivação para referido desmembramento, o qual somente poderia ter sido determinado se demostradas as razões que levaram à conclusão pela existência de comprometimento da rápida solução do litígio ou de embaraço ao direito de defesa, na forma do art. 46, § único, do CPC/1973 (atual artigo 113, § 1º, do NCPC). Nesse sentido: TRF 3ª Região. AI 100340. NONA TURMA. Rel.: DES. FED. MARISA SANTOS. DJU DATA 29.07.2004 e STJ, REsp 1651921/RJ, Rel. Ministro HERMAN BENJAMIN, SEGUNDA TURMA, julgado em 28/03/2017, DJe 18/04/2017. 3. O número de 10 (dez) litisconsortes não cria risco de afetar a celeridade processual, nem tampouco de comprometer o exercício de direito de defesa. 4. Agravo de instrumento provido. (TRF 3ª R.; AI 0006375-36.2016.4.03.0000; Primeira Turma; Rel. Des. Fed. Hélio Nogueira; Julg. 31/10/2017; DEJF 17/11/2017)

Art. 114. O litisconsórcio será necessário por disposição de lei ou quando, pela natureza da relação jurídica controvertida, a eficácia da sentença depender da citação de todos que devam ser litisconsortes.

Litisconsórcio passivo necessário de parte e advogado em ação rescisória.

✓ RECURSO ESPECIAL. DIREITO CIVIL E PROCESSUAL CIVIL. AÇÃO RESCISÓRIA. LEGITIMIDADE PASSIVA. LITISCONSÓRCIO PASSIVO NECESSÁRIO ENTRE AQUELE QUE FIGUROU COMO PARTE NO PROCESSO E O ADVOGADO EM FAVOR DE QUEM CONSTITUÍDOS HONORÁRIOS SUCUMBENCIAIS. 1. A legitimidade passiva, na ação rescisória, se estabelece em função do pedido deduzido em juízo. Assim, conforme informado pela teoria da asserção, devem figurar no polo passivo da demanda todos aqueles (e somente aqueles) que foram concretamente beneficiados pela sentença rescindenda. 2. A ação rescisória, quando busca desconstituir sentença condenatória que fixou honorários advocatícios sucumbenciais deve ser proposta não apenas contra o titular do crédito principal formado em juízo, mas também contra o advogado em favor de quem foi fixada a verba honorária de sucumbência, porque detém, com exclusividade, a sua titularidade. 3. Recurso especial provido. (STJ; REsp 1651057; CE; Terceira Turma; Rel. Min. Moura Ribeiro; Julg. 16/05/2017; DJe 26/05/2017)

Litisconsórcio necessário de copossuidores em reintegração de posse.

✓ RECURSO ESPECIAL – AÇÃO DE REINTEGRAÇÃO DE POSSE – BEM PÚBLICO – OCUPAÇÃO IRREGULAR – INEXISTÊNCIA DE NOTIFICAÇÃO PRÉVIA DE TODOS OS OCUPANTES DO IMÓVEL, BEM COMO AUSÊNCIA DE CITAÇÃO DE UM OCUPANTE DO IMÓVEL – TRIBUNAL A QUO QUE AFASTOU AS PRELIMINARES DE AUSÊNCIA DE PRESSUPOSTOS DA AÇÃO E DE NULIDADE POR FALTA DE CITAÇÃO DE OCUPANTE. INSURGÊNCIA DOS RÉUS Hipótese: ação de reintegração de posse ajuizada em face de ocupantes irregulares, julgada procedente. Arguição de ausência de pressuposto processual e nulidade do feito, ante a ausência de citação de litisconsorte, afastadas pelas instâncias ordinárias. 1. A partir da leitura dos artigos 924, 927 e 928 do CPC/73, equivalentes aos artigos 558, 561 e 562 do CPC/15, infere-se que a notificação prévia não é documento essencial à propositura da ação possessória. 2. Em ação possessória na qual que se aprecia a legitimidade de composse, que é exercida conjuntamente e sem fracionamento do bem por todos os ocupantes, a sentença deverá ser cumprida por todos os copossuidores considerados ilegítimos, configurando-se a hipótese de litisconsórcio necessário prevista no artigo 47 do CPC/73, correspondente aos artigos 114, 115 e 116 do CPC/15. 3. A ausência da citação de litisconsorte passivo necessário enseja a nulidade da sentença, nos termos do artigo 47 do CPC/73, correspondente ao artigo 115 do CPC/15. 4. Recurso provido para declarar a nulidade da sentença, determinando a remessa dos autos à origem para que seja admitido o comparecimento espontâneo de Vanir Esteves Soares, bem como lhe seja conferida oportunidade para constituir novo patrono, considerando a destituição noticiada a fl. 413 e-STJ, e para apresentar defesa, com regular processamento e posterior julgamento do feito. (STJ; REsp 1263164; DF; Quarta Turma; Rel. Min. Marco Buzzi; Julg. 22/11/2016; DJe 29/11/2016)

Inexistência de litisconsórcio passivo necessário entre fundo de previdência complementar e instituição patrocinadora.

✓ REVISÃO DE BENEFÍCIO DE PREVIDÊNCIA COMPLEMENTAR. AGRAVO INTERNO. FORMAÇÃO DE LITISCONSÓRCIO PASSIVO, COM A CITAÇÃO DO PATROCINADOR DO PLANO DE BENEFÍCIOS. MANIFESTO DESCABIMENTO. 1. A vontade do réu, por si só, é irrelevante para a formação de litisconsórcio e, conforme se infere do disposto no artigo 47 do Código de Processo Civil de 1973 [correspondente aos arts. 114 e 116 do Novo CPC], a própria lei confere o caráter de excepcionalidade ao litisconsórcio necessário – só o impondo nas hipóteses previstas em lei ou pela natureza da relação jurídica -; portanto e em regra, quando houver diversos titulares de direitos derivantes do mesmo título ou do mesmo fato jurídico, mas estiver em jogo direitos patrimoniais, cabendo a cada qual uma parcela do todo divisível, o provimento concedido a algum, sem a presença dos demais, será eficaz. (REsp 1405102/SC, Rel. Ministro LUIS FELIPE SALOMÃO, QUARTA TURMA, julgado em 19/09/2013, DJe 15/10/2013) 2. O fundo formado pelo plano de benefícios – administrado pela entidade previdenciária – tem patrimônio segregado do patrocinador, e o custeio dos planos será responsabilidade do patrocinador e dos participantes, inclusive assistidos e, conforme art. 21 da Lei Complementar 109/2001, eventuais resultados deficitários deverão ser equacionados por patrocinadores, participantes e assistidos, na proporção existente entre as suas contribuições, conforme disposições infralegais oriundas do órgãos públicos regulador e fiscalizador. 3. Com efeito, "[n]ão há litisconsórcio passivo necessário entre o fundo de previdência complementar e a instituição patrocinadora, tendo em vista a autonomia de patrimônio e a personalidade jurídica própria do ente previdenciário. Incidência da Súmula nº 83 do STJ" (AgRg no AgRg no REsp 1.483.876/SE, Rel. Ministro MOURA RIBEIRO, TERCEIRA TURMA, julgado em 14/4/2015, DJe de 5/5/2015). 4. Agravo interno não provido. (STJ; AgInt no REsp 1547721; DF; Quarta Turma; Rel. Min. Luis Felipe Salomão; Julg. 06/10/2016; DJe 19/10/2016)

Art. 115. A sentença de mérito, quando proferida sem a integração do contraditório, será:

→ v. Art. 487 do NCPC.

I – nula, se a decisão deveria ser uniforme em relação a todos que deveriam ter integrado o processo;

II – ineficaz, nos outros casos, apenas para os que não foram citados.

Parágrafo único. Nos casos de litisconsórcio passivo necessário, o juiz determinará ao autor que requeira a citação de todos que devam ser litisconsortes, dentro do prazo que assinar, sob pena de extinção do processo.

→ v. Súmula 631 do STF.

Ausência da citação de litisconsorte passivo necessário enseja nulidade da sentença.

✓ RECURSO ESPECIAL – AÇÃO DE REINTEGRAÇÃO DE POSSE – BEM PÚBLICO – OCUPAÇÃO IRREGULAR – INEXISTÊNCIA DE NOTIFICAÇÃO PRÉVIA DE TODOS OS OCUPANTES DO IMÓVEL, BEM COMO AUSÊNCIA DE CITAÇÃO DE UM OCUPANTE DO IMÓVEL – TRIBUNAL A QUO QUE AFASTOU AS PRELIMINARES DE AUSÊNCIA DE PRESSUPOSTOS DA AÇÃO E DE NULIDADE POR FALTA DE CITAÇÃO DE OCUPANTE. INSURGÊNCIA DOS RÉUS Hipótese: ação de reintegração de posse ajuizada em face de ocupantes irregulares, julgada procedente. Arguição de ausência de pressuposto processual e nulidade do feito, ante a ausência de citação de litisconsorte, afastadas pelas instâncias ordinárias. 1. A partir da leitura dos artigos 924, 927 e 928 do CPC/73, equivalentes aos artigos 558, 561 e 562 do CPC/15, infere-se que a notificação prévia não é documento essencial à propositura da ação possessória. 2. Em ação possessória na qual que se aprecia a legitimidade de composse, que é exercida conjuntamente e sem fracionamento do bem por todos os ocupantes, a sentença deverá ser cumprida por todos os copossuidores considerados ilegítimos, configurando-se a hipótese de litisconsórcio necessário prevista no artigo 47 do CPC/73, correspondente aos artigos 114, 115 e 116 do CPC/15. 3. A ausência da citação de litisconsorte passivo necessário enseja a nulidade da sentença, nos termos do artigo 47 do CPC/73, correspondente ao artigo 115 do CPC/15. 4. Recurso provido para declarar a nulidade da sentença, determinando a remessa dos autos à origem para que seja admitido o comparecimento espontâneo de Vanir Esteves Soares, bem como lhe seja conferida oportunidade para constituir novo patrono, considerando a destituição noticiada a fl. 413 e-STJ, e para apresentar defesa, com regular processamento e posterior julgamento do feito. (STJ; REsp 1263164; DF; Quarta Turma; Rel. Min. Marco Buzzi; Julg. 22/11/2016; DJe 29/11/2016)

Art. 116. O litisconsórcio será unitário quando, pela natureza da relação jurídica, o juiz tiver de decidir o mérito de modo uniforme para todos os litisconsortes.

→ *v.* Enunciado 11 do FPPC: O litisconsorte unitário, integrado ao processo a partir da fase instrutória, tem direito de especificar, pedir e produzir provas, sem prejuízo daquelas já produzidas, sobre as quais o interveniente tem o ônus de se manifestar na primeira oportunidade em que falar no processo.

→ *v.* Enunciado 118 do FPPC: O litisconsorte unitário ativo pode optar por ingressar no processo no polo ativo ou passivo ou, ainda, adotar outra postura que atenda aos seus interesses.

Litisconsórcio necessário de copossuidores em reintegração de posse.

✓ RECURSO ESPECIAL – AÇÃO DE REINTEGRAÇÃO DE POSSE – BEM PÚBLICO – OCUPAÇÃO IRREGULAR – INEXISTÊNCIA DE NOTIFICAÇÃO PRÉVIA DE TODOS OS OCUPANTES DO IMÓVEL, BEM COMO AUSÊNCIA DE CITAÇÃO DE UM OCUPANTE DO IMÓVEL – TRIBUNAL A QUO QUE AFASTOU AS PRELIMINARES DE AUSÊNCIA DE PRESSUPOSTOS DA AÇÃO E DE NULIDADE POR FALTA DE CITAÇÃO DE OCUPANTE. INSURGÊNCIA DOS RÉUS Hipótese: ação de reintegração de posse ajuizada em face de ocupantes irregulares, julgada procedente. Arguição de ausência de pressuposto processual e nulidade do feito, ante a ausência de citação de litisconsorte, afastadas pelas instâncias ordinárias. 1. A partir da leitura dos artigos 924, 927 e 928 do CPC/73, equivalentes aos artigos 558, 561 e 562 do CPC/15, infere-se que a notificação prévia não é documento essencial à propositura da ação possessória. 2. Em ação possessória na qual que se aprecia a legitimidade de composse, que é exercida conjuntamente e sem fracionamento do bem por todos os ocupantes, a sentença deverá ser cumprida por todos os copossuidores considerados ilegítimos, configurando-se a hipótese de litisconsórcio necessário prevista no artigo 47 do CPC/73, correspondente aos artigos 114, 115 e 116 do CPC/15. 3. A ausência da citação de litisconsorte passivo necessário enseja a nulidade da sentença, nos termos do artigo 47 do CPC/73, correspondente ao artigo 115 do CPC/15 (...) (STJ; REsp 1263164; DF; Quarta Turma; Rel. Min. Marco Buzzi; Julg. 22/11/2016; DJe 29/11/2016)

Inexistência de litisconsórcio passivo necessário entre fundo de previdência complementar e instituição patrocinadora.

✓ REVISÃO DE BENEFÍCIO DE PREVIDÊNCIA COMPLEMENTAR. AGRAVO INTERNO. FORMAÇÃO DE LITISCONSÓRCIO PASSIVO, COM A CITAÇÃO DO PATROCINADOR DO PLANO DE BENEFÍCIOS. MANIFESTO DESCABIMENTO. 1. A vontade do réu, por si só, é irrelevante para a formação de litisconsórcio e, conforme se infere do disposto no artigo 47 do Código de Processo Civil de 1973 [correspondente aos arts. 114 e 116 do Novo CPC], a própria lei confere o caráter de excepcionalidade ao litisconsórcio necessário – só o impondo nas hipóteses previstas em lei ou pela natureza da relação jurídica –; portanto e em regra, quando houver diversos titulares de direitos derivantes do mesmo título ou do mesmo fato jurídico, mas estiver em jogo direitos patrimoniais, cabendo a cada qual uma parcela do todo divisível, o provimento concedido a algum, sem a presença dos demais, será eficaz. (REsp 1405102/SC, Rel. Ministro LUIS FELIPE SALOMÃO, QUARTA TURMA, julgado em 19/09/2013, DJe 15/10/2013) 2. O fundo formado pelo plano de benefícios – administrado pela entidade previdenciária – tem patrimônio segregado do patrocinador, e o custeio dos planos será responsabilidade do patrocinador e dos participantes, inclusive assistidos e, conforme art. 21 da Lei Complementar 109/2001, eventuais resultados deficitários deverão ser equacionados por patrocinadores, participantes e assistidos, na proporção existente entre as suas contribuições, conforme disposições infralegais oriundas do órgãos públicos regulador e fiscalizador. 3. Com efeito, "[n]ão há litisconsórcio passivo necessário entre o fundo de previdência complementar e a instituição patrocinadora, tendo em vista a autonomia de patrimônio e a personalidade jurídica própria do ente previdenciário. Incidência da Súmula nº 83 do STJ" (AgRg no AgRg no REsp 1.483.876/SE, Rel. Ministro MOURA RIBEIRO, TERCEIRA TURMA, julgado em 14/4/2015, DJe de 5/5/2015). 4. Agravo interno não provido. (STJ; AgInt no REsp 1547721; DF; Quarta Turma; Rel. Min. Luis Felipe Salomão; Julg. 06/10/2016; DJe 19/10/2016)

Art. 117. Os litisconsortes serão considerados, em suas relações com a parte adversa, como litigantes distintos, exceto no litisconsórcio unitário, caso em que os atos e as omissões de um não prejudicarão os outros, mas os poderão beneficiar.

→ *v.* Art. 1.005 do NCPC.

Havendo litisconsórcio ativo e não habitando os demandantes no mesmo domicílio, a carta intimatória deverá ser destinada a todos.

✓ ADMINISTRATIVO. DESAPROPRIAÇÃO PARA FINS DE UTILIDADE PÚBLICA. INTIMAÇÃO ACERCA DO LAUDO PERICIAL. OCORRÊNCIA. INTIMAÇÃO PARA CONTRARRAZOAR OS EMBARGOS DE DECLARAÇÃO. NÃO OCORRÊNCIA. NULIDADE. 1. Trata-se de apelação interposta pelo Estado do Ceará, em face de sentença que declarou consumada a desapropriação por utilidade pública do imóvel localizado na zona rural do Município de Aracoiaba-CE, fixando o valor da indenização em R$ 8.107,57 (oito mil, cento e sete reais e cinquenta e sete centavos), valor arbitrado pelo laudo pericial. 2. O Estado do Ceará pretende, em suas razões recursais, a nulidade da sentença, ao argumento de que não foi intimado do despacho, o qual determinou que o DNIT e a parte expropriada se manifestassem sobre o laudo pericial. Com efeito, o julgador de origem já havia admitido o Estado do Ceará na lide, anteriormente à realização da perícia, bem como determinou vista às partes para manifestação acerca do Laudo Pericial. Depreende-se, portanto, que o Estado do Ceará foi intimado acerca do Laudo Pericial, quedando-se inerte ao não apresentar manifestação acerca da perícia. 3. Havendo litisconsórcio ativo e não habitando os demandantes no mesmo domicílio, a carta intimatória deve ser destinada a todos os integrantes do processo, conforme exegese dos arts. 117 e 118, do CPC/2015. In casu, a intimação foi direcionada apenas para um dos litisconsortes, não tendo havido a comunicação pessoal do agravante, que figura, igualmente, no polo ativo da lide originária. 4. O apelado manejou os aclaratórios contra sentença que declarou consumada a desapropriação por utilidade pública do imóvel e fixou o valor da indenização. Contudo, o Juízo de primeiro grau acolheu os embargos, conferindo efeitos infringentes, eis que julgou pela procedência do pedido, sem oportunizar ao recorrente a manifestação acerca dos termos da peça de embargos. 5. Inexistindo o exercício do contraditório na relação processual, nula é a sentença ora reexaminada, devendo os autos serem encaminhados ao Juízo "**a quo**" para oportunizar a parte embargada a apresentação de contrarrazões e, por consequência, a prolação de nova decisão de mérito. 6. Apelação provida. (TRF 5ª R.; AC 0013710-75.2011.4.05.8100; CE; Primeira Turma; Rel. Des. Fed. Élio Wanderley de Siqueira Filho; DEJF 29/09/2017; Pág. 59)

Em hipótese de litisconsórcio facultativo, a inércia de um litigante não induz à extinção do processo em relação aos demais.

✓ PROCESSUAL CIVIL. APELAÇÃO. CUMPRIMENTO DE SENTENÇA. REGULARIZAÇÃO DO PÓLO ATIVO. OMISSÃO. LITISCONSÓRCIO ATIVO FACULTATIVO. AUTONOMIA DOS LITISCONSORTES. ARTIGO 117 DO CPC/15. PROSSEGUIMENTO DO FEITO EM RELAÇÃO AOS DEMAIS AUTORES. 1. Nos termos do artigo 117 do NCPC, os litisconsortes serão considerados, em suas relações com a parte adversa, como litigantes distintos, exceto no litisconsórcio unitário, caso em que os atos e as omissões de um não prejudicarão os outros, mas os poderão beneficiar. 2. Em se tratando de litisconsórcio facultativo, a extinção do feito não pode atingir os outros litisconsortes quando a omissão na regularização processual decorreu da omissão apenas de um deles. 3. O litisconsórcio facultativo simples diferencia-se do litisconsórcio unitário em razão de que neste último a decisão de mérito atingirá de modo uniforme a todos os litigantes. 4. Se cada autor pode ajuizar o cumprimento de sentença em separado para reaver valores decorrentes de reajustes inflacionários, bem como, mesmo diante do ajuizamento da ação em conjunto, a decisão de mérito poder ser diferenciada, a hipótese é de litisconsórcio facultativo, razão por que, a inércia de um litigante não induz à extinção do processo em relação aos demais. 5. Recurso conhecido e provido. (TJDF; APC 2016.01.1.112561-5; Ac. 987.881; Segunda Turma Cível; Rel. Des. Sandoval Oliveira; Julg. 14/12/2016; DJDFTE 09/01/2017)

Art. 118. Cada litisconsorte tem o direito de promover o andamento do processo, e todos devem ser intimados dos respectivos atos.

Havendo litisconsórcio passivo necessário, é imprescindível a intimação de todas as requeridas quanto à exceção de incompetência ajuizada apenas contra uma delas.

✓ AGRAVO DE INSTRUMENTO. Ação de recuperação judicial. Exceção de incompetência interposta na ação originária. Preliminar de nulidade da sentença por ofensa ao artigo 118 do NCPC (art. 49 do CPC/73). Litisconsórcio passivo necessário. Agravante que demonstrou a existência do referido litisconsórcio. Exceção de incompetência demanda apenas em face da ora recorrente. Nulidade. Imprescindibilidade de intimação das requeridas para apresentação de manifestação. Inteligência do artigo 118 do NCPC. Agravo conhecido e parcialmente provido. (TJSE; AI 201600717689; Ac. 18411/2017; Primeira Câmara Cível; Rel. Des. Osório de Araujo Ramos Filho; Julg. 28/08/2017; DJSE 30/08/2017)

Litisconsórcio ativo: necessidade de intimação pessoal de todos os litisconsortes para dar andamento ao feito.

✓ AÇÃO DE ADIMPLEMENTO CONTRATUAL C. C. EXIBIÇÃO DE DOCUMENTOS. Prestação de serviços de telefonia. Extinção do processo sem resolução do mérito, com fundamento no art. 267, inc. III e § 1º, do CPC/1973. Litisconsórcio ativo. Intimação pessoal de apenas um dos litisconsortes para dar andamento ao feito. Necessidade de intimação dos demais autores pessoalmente. Violação aos princípios da ampla defesa, do contraditório e do devido processo legal. Compreensão do art. 49 do CPC/1973. Art. 118 do CPC/2015. Recurso provido para afastar a extinção. (TJSP; APL 0032097-12.2009.8.26.0625; Ac. 10015526; Taubaté; Vigésima Oitava Câmara de Direito Privado; Rel. Des. Dimas Rubens Fonseca; Julg. 28/11/2016; DJESP 14/12/2016)

TÍTULO III
Da Intervenção de Terceiros

Capítulo I
DA ASSISTÊNCIA

Seção I
Disposições Comuns

Art. 119. Pendendo causa entre 2 (duas) ou mais pessoas, o terceiro juridicamente interessado em que a sentença seja favorável a uma delas poderá intervir no processo para assisti-la.

- *v.* Art. 5º, *caput*, da Lei 9.469/1997.
- *v.* Súmula 218 do STF.
- *v.* Arts. 665 e 861 a 875, do CC/2002.
- *v.* Arts. 90 e 94 do CDC.
- *v.* Art. 6º da Lei 4.717/1965.
- *v.* Art. 10 da Lei 9.099/1995.
- *v.* Enunciado 388 do FPPC: O assistente simples pode requerer a intervenção de **amicus curiae**

Parágrafo único. A assistência será admitida em qualquer procedimento e em todos os graus de jurisdição, recebendo o assistente o processo no estado em que se encontre.

- *v.* Art. 94 do NCPC.
- *v.* Enunciado 487 do FPPC: No mandado de segurança, havendo substituição processual, o substituído poderá ser assistente litisconsorcial do impetrante que o substituiu.

<u>Inviabilidade de equiparar as figuras do *amicus curiae* e do assistente.</u>

✓ AGRAVO REGIMENTAL EM RECURSO EXTRAORDINÁRIO. PEDIDO DE INGRESSO COMO AMICUS CURIAE. INDEFERIDO. INVIABILIDADE DE ADMISSÃO APÓS O JULGAMENTO DO MÉRITO DA DEMANDA. EQUIPARAÇÃO AO ASSISTENTE PROCESSUAL. IMPOSSIBILIDADE. EXCEPCIONALIDADE DO CASO. NÃO CONFIGURADA. 1. Não é devido o ingresso em feito, na qualidade de terceiro interveniente, após a ocorrência do julgamento do mérito do recurso extraordinário, sob a sistemática da repercussão geral. Ademais, a existência de embargos declaratórios com pleito de atribuição de efeitos infringentes e de modulação de efeitos não gera excepcionalidade à jurisprudência do STF. 2. Não há direito subjetivo à figuração em feito na qualidade de amicus curiae, sendo o crivo do Relator caracterizado por um juízo não só de pertinência e representatividade, mas também de oportunidade e utilidade processual. 3. Após julgado o mérito de repercussão geral e fixada súmula de julgamento com eficácia no sistema de precedentes obrigatórios, mostra-se pouco eficaz os subsídios instrutórios e técnicos a serem apresentados pela parte Agravante. 4. O advento do novo CPC não possui aptidão para alterar a jurisprudência do STF quanto à negativa de participação depois do julgamento de mérito, pois é inviável equiparar a figura do amicus curiae a do assistente, pois somente a este é possível a admissão em qualquer procedimento e em todos os graus de jurisdição, recebendo o processo no estado em que se encontre. Arts. 119, parágrafo único, e 138 do CPC. 5. Agravo regimental a que se nega provimento (STF; RE 593849 AgR; Tribunal Pleno; Rel. Min. Edson Fachin; Julg. 22/09/2017, Processo Eletrônico DJe-225 divulg 02/10/2017 public 03/10/2017).

<u>Assistência litisconsorcial não autoriza renovação de atos anteriores nem ampliação de pedido e/ou causa de pedir.</u>

✓ RECLAMAÇÃO. JULGAMENTO MONOCRÁTICO. POSSIBILIDADE. RISTF. ASSISTENTE LITISCONSORCIAL. AMPLIAÇÃO DO PEDIDO E/OU CAUSA DE PEDIR PELO AGRAVANTE. IMPOSSIBILIDADE. REMESSA DE CÓPIA DE INFORMAÇÕES AO MINISTÉRIO PÚBLICO. INTERVENÇÃO DO SUPREMO TRIBUNAL FEDERAL PELA VIA RECLAMATÓRIA. INOCORRÊNCIA. 1. A teor do art. 119, CPC, a "assistência será admitida em qualquer procedimento e em todos os graus de jurisdição, recebendo o assistente o processo no estado em que se encontre", razão pela qual não configura cerceamento de defesa a negativa de renovação de atos processuais anteriores que não contaram com a participação do assistente. (...) 3. Hipótese em que a admissão do ora recorrente na relação processual como assistente litisconsorcial operou-se na própria decisão recorrida, cenário a impedir que o assistente promova a ampliação do pedido e/ou da causa de pedir. 4. O requerimento em que se almeja que o agravante seja processado e julgado no âmbito do Supremo Tribunal Federal, formulado com fundamento na tramitação nesta Corte do Inquérito 3.989, no qual figura como investigado, não merece conhecimento, na medida em que estranho ao objeto da reclamação em que o agravante figura como assistente. 5. A reclamação é via inadequada para solução de competência de processamento e julgamento relacionada a órgãos jurisdicionais de primeiro grau. Ausência de articulação, no particular, de usurpação da competência do STF. 6. O pedido de remessa de cópia de informações ao Ministério Público destoa do objeto da reclamação, razão pela qual não merece enfrentamento em âmbito recursal. Ademais, referida providência pode ser alcançada pelo interessado por suas próprias forças, a revelar a dispensabilidade de atuação da Corte e, portanto, a ausência de interesse processual. 7. Agravo regimental parcialmente conhecido e, nessa parcela, desprovido. (STF; Rcl 23457 AgR-segundo; Tribunal Pleno; Rel. Min. Edson Fachin; Julg. 23/03/2017, Processo Eletrônico DJe-075 DIVULG 11/04/2017 PUBLIC 17-04-2017)

Renúncia de advogado e perda de qualidade para atuar como terceiro interessado.

✓ AGRAVO INTERNO NOS EMBARGOS DE DECLARAÇÃO NO AGRAVO EM RECURSO ESPECIAL. PROCESSUAL CIVIL. HONORÁRIOS ADVOCATÍCIOS. SOCIEDADE DE ADVOGADOS QUE NÃO MAIS REPRESENTA A PARTE NOS AUTOS. PERDA DA QUALIDADE DE TERCEIRO INTERESSADO. FALTA DE LEGITIMIDADE PARA RECORRER. RECURSO NÃO PROVIDO. 1. A orientação jurisprudencial desta Corte é no sentido de que "Tanto a parte quanto seu advogado, em nome próprio, têm legitimidade para recorrer de decisão que cuida de honorários advocatícios" (REsp 614.218/PR, Rel. Ministro JOÃO OTÁVIO DE NORONHA, SEGUNDA TURMA; Julg. 19/10/2006, DJ de 07/12/2006, p. 289). 2. Na hipótese dos autos, houve renúncia dos advogados ora agravantes ao patrocínio da parte, tendo sido essa última devidamente intimada para regularização de sua representação processual. Assim, deixando os causídicos de atuar na representação da aludida parte, ocorre a perda da qualidade para figurar como terceiro interessado, disposta no art. 119, caput, do CPC/2015 (art. 50, caput, do CPC/1973). 3. Agravo interno a que se nega provimento. (STJ; AgInt nos EDcl no AREsp 43.083; SP; Quarta Turma; Rel. Min. Raul Araújo; Julg. 06/04/2017; DJe 27/04/2017)

Interesse corporativo ou institucional de Conselho de Classe não configura interesse jurídico para admissão como assistente simples.

✓ AGRAVO INTERNO. PEDIDO DE INGRESSO NA CAUSA NA CONDIÇÃO DE ASSISTENTE. CONSELHO FEDERAL DA OAB. AUSÊNCIA DE INTERESSE JURÍDICO. 1. O interesse corporativo ou institucional do Conselho de Classe em ação em que se discute tese que se quer ver preponderar não constitui interesse jurídico para fins de admissão do assistente simples com fundamento no artigo 50 do Código de Processo Civil. Precedente: AgRg no AgRg na PET nos EREsp 1226946/PR, Rel. Ministra Eliana Calmon, Corte Especial, DJe 10/10/2013. 2. Agravo Interno não provido. (STJ; AgInt na PET no REsp 1590570; PB, Segunda Turma; Rel. Min. Herman Benjamin; Julg. 17/11/2016; DJe 19/04/2017)

Interesse econômico, moral ou corporativo não configura interesse jurídico para admissão como assistente simples.

✓ PROCESSUAL CIVIL. AGRAVO INTERNO NA PETIÇÃO NO MANDADO DE SEGURANÇA INDIVIDUAL. ENUNCIADO ADMINISTRATIVO Nº 03/STJ. SERVIDOR PÚBLICO FEDERAL. PROCURADOR DA FAZENDA NACIONAL. PROCESSO ADMINISTRATIVO DISCIPLINAR. PENA DE DEMISSÃO. PLEITO DA ORDEM DOS ADVOGADO DO BRASIL – SECCIONAL DO DISTRITO FEDERAL DE INGRESSO NO FEITO NA QUALIDADE DE ASSISTENTE SIMPLES. INEXISTÊNCIA DE INTERESSE JURÍDICO. PRECEDENTES. AGRAVO INTERNO NÃO PROVIDO. 1. A intervenção de terceiro, na modalidade de Assistente Simples, exige a demonstração do interesse jurídico, aferível pela potencialidade do provimento jurisdicional causar prejuízo juridicamente relevante ao direito daquele que pretende intervir, não bastando o mero interesse econômico, moral ou corporativo. Precedentes do STF e do STJ. 2. Não obstante a Ordem dos Advogados do Brasil tenha atribuição de representar em juízo ou fora dele os interesses dos advogados inscritos em seus quadros, possuindo legitimidade para fins de propositura de ações coletivas, não é de se admitir o seu ingresso no presente feito, porquanto ausente qualquer interesse jurídico apto para tanto, vez que a decisão aqui adotada atinge única e exclusivamente os interesses do ora impetrante, ex-Procurador da Fazenda Nacional sancionado administrativamente com pena de demissão em razão da prática de infração disciplinar capitulada nos arts. 117, IX e 132, IV, da Lei 8.112/1990 e que busca na presente demanda a anulação do Processo Administrativo Disciplinar e a consequente revisão da penalidade disciplinar, o que já foi inclusive rejeitado pela 1ª Seção desse e. STJ. 3. A prerrogativa prevista no art. 7°, II, da Lei 8.906/1994, que assegura aos advogados o direito à inviolabilidade de seu escritório ou local de trabalho, bem como de seus instrumentos de trabalho, desde que relativas ao exercício da advocacia, não se aplica às hipóteses em que servidores públicos utilizam-se de bens públicos (computadores instalados na repartição pública) para a prática de infrações disciplinares, de sorte que a perícia em tais instrumentos, em tais casos, independe de ordem judicial, conforme já decidiu esse Eg. STJ, pelo qual a análise em computador que compõe patrimônio público, determinada por servidor público responsável, não configura apreensão ilícita, nem exige autorização judicial (MS 15.906/DF, Rel. Ministro HUMBERTO MARTINS, PRIMEIRA SEÇÃO, julgado em 10/06/2015, DJe 01/07/2015; MS 15.832/DF, Rel. Ministro ARNALDO ESTEVES LIMA, PRIMEIRA SEÇÃO, julgado em 27/06/2012, DJe 01/08/2012; MS 15.825/DF, Rel. Ministro HERMAN BENJAMIN, PRIMEIRA SEÇÃO, julgado em 14/03/2011, DJe 19/05/2011).4. O eventual reconhecimento da validade ou não da produção da prova pericial em nada alcançará a classe dos advogados como um todo, a justificar o reconhecimento do interesse jurídico da Ordem dos Advogados do Brasil em intervir no presente feito. 5. A decisão adotada no presente feito não tem o condão de desencadear eventual procedimento disciplinar contra o impetrante perante a Ordem dos Advogados do Brasil, haja vista que o seu objetivo se limita ao exame da legalidade do ato demissório e do procedimento disciplinar, procedimentos estes sim que podem vir a dar azo a procedimento disciplinar contra o impetrante junto ao órgão de classe dos advogados. 6. O apenamento do impetrante não exige a observância das disposições e garantias asseguradas pela Lei 8.906/1994, mas tão-somente aquelas previstas na Lei 8.112/1990, posto que a sua demissão deu-se em razão da prática de infração funcional a qual o impetrante, na qualidade de servidor público federal, encontrava-se obrigado. 7. Portanto, não há dúvidas de que o decisum proferido nos presentes autos sequer prejudicada ou beneficia a classe dos advogados como um todo, tampouco a Instituição requerente, reduzindo suas prerrogativas, nem repercutirá em sua relação com os advogados inscritos na Ordem. 8. Agravo Interno não provido (STJ; AgInt no Mandado De Segurança 15.828; DF; Primeira Seção; Rel. Min. Mauro Campbell Marques; Julg. 14/12/2016; DJe 19/12/2016).

Art. 120. Não havendo impugnação no prazo de 15 (quinze) dias, o pedido do assistente será deferido, salvo se for caso de rejeição liminar.

Parágrafo único. Se qualquer parte alegar que falta ao requerente interesse jurídico para intervir, o juiz decidirá o incidente, sem suspensão do processo.

→ *v.* Art. 1.015, IX do NCPC.

<u>A assistência, não havendo impugnação, deve ser deferida (ressalvada rejeição liminar).</u>

✓ AGRAVO DE INSTRUMENTO. PROCEDIMENTO COMUM. INTERVENÇÃO DE TERCEIROS. ASSISTENTE. ADMISSÃO. A admissão do assistente em procedimento comum deve se dar de acordo com o disposto no art. 120 do Código de Processo Civil: Deferida caso não haja impugnação, salvo se for o caso de rejeição liminar. (TRF 4ª R.; AG 5018564-94.2017.404.0000; Segunda Turma; Rel. Des. Fed. Rômulo Pizzolatti; Julg. 11/07/2017; DEJF 14/07/2017)

<u>Legitimidade do herdeiro para intervir como assistente litisconsorcial.</u>

✓ AÇÃO DE DESPEJO POR FALTA DE PAGAMENTO C.C. COBRANÇA. INTERVENÇÃO DE TERCEIROS. ASSISTÊNCIA LITISCONSORCIAL. PEDIDO EFETUADO PELOS CO-HERDEIROS REPRESENTADOS PELO ESPÓLIO. ADMISSIBILIDADE. INTERESSE JURÍDICO PRESENTE. ART. 120 DO NCPC. DECISÃO MANTIDA. O herdeiro tem legitimidade para intervir, como assistente litisconsorcial, na ação em que o espólio é parte, representado pelo inventariante. Recurso desprovido. (TJSP; AI 2143098-53.2016.8.26.0000; Ac. 9869728; São Paulo; Trigésima Quinta Câmara de Direito Privado; Rel. Des. Gilberto Leme; Julg. 03/10/2016; DJESP 07/10/2016)

Seção II
Da Assistência Simples

Art. 121. O assistente simples atuará como auxiliar da parte principal, exercerá os mesmos poderes e sujeitar-se-á aos mesmos ônus processuais que o assistido.

Parágrafo único. Sendo revel ou, de qualquer outro modo, omisso o assistido, o assistente será considerado seu substituto processual.

→ *v.* Enunciado 501 do FPPC: A tutela antecipada concedida em caráter antecedente não se estabilizará quando for interposto recurso pelo assistente simples, salvo se houver manifestação expressa do réu em sentido contrário.

→ *v.* Enunciado 19 do CEAPRO: A hipótese do parágrafo único do art. 121 não configura substituição processual, prevista no artigo 18. Por consequência, o regime jurídico permanece o da assistência.

<u>Falta de requerimento e decisão expressa sobre admissão como assistente: ilegitimidade.</u>

✓ PROCESSUAL CIVIL. AGRAVO INTERNO NO AGRAVO EM RECURSO ESPECIAL. AUSÊNCIA DE REQUERIMENTO DE ADMISSÃO NO FEITO NA CONDIÇÃO DE ASSISTENTE E DECISÃO DE ADMISSÃO. AGRAVO NÃO CONHECIDO. 1. A assistência simples, regulada pelos arts. 121, 122 e 123, do CPC/2015, exige requerimento e a existência, de fato, de interesse jurídico na demanda, podendo ser requerida e admitida a qualquer tempo e em qualquer grau de jurisdição. 2. Há, nos autos, uma simples petição do ora recorrente prestando informações, sem qualquer pretensão de ingresso na demanda, na condição de assistente. Por conseguinte, não há registro, nos autos, de decisão admitindo-o nessa condição. 3. Assim, não há alternativa, senão reconhecer a ausência de legitimidade ad causam. 4. Agravo interno não conhecido. (STJ; AgInt no AREsp 844.055; SP; Segunda Turma; Rel. Min. Og Fernandes; Julg. 16/05/2017; DJe 19/05/2017)

<u>Assistente sujeito aos mesmos ônus processuais do assistido.</u>

✓ PETIÇÃO RECEBIDA COMO AGRAVO REGIMENTAL EM AGRAVO (ART. 544 do CPC/1973) – DECISÃO MONOCRÁTICA QUE NEGOU PROVIMENTO AO RECLAMO DOS ASSISTIDOS. INSURGÊNCIA DO ASSISTENTE. 1. Nos termos do art. 121 do NCPC (art. 52 do CPC/1973), o assistente atua como auxiliar da parte e exercerá os mesmos poderes e sujeitar-se-á aos mesmos ônus processuais do assistido. 2. Razões do reclamo recebido como agravo regimental que não impugnam especificamente os fundamentos invocados na decisão agravada, nos termos do art. 1.021, §1º, do CPC/2015. Em razão do princípio da dialeticidade, deve o agravante demonstrar de modo fundamentado o desacerto do decisum hostilizado. Aplicação da Súmula 182/STJ: "É inviável o agravo do art. 545 do CPC [73] que deixa de atacar especificamente os fundamentos da decisão agravada." 3. Agravo regimental não conhecido. (STJ; PET no AREsp 114.951; SP; Quarta Turma; Rel. Min. Marco Buzzi; Julg. 17/11/2016; DJe 07/12/2016)

Art. 122. A assistência simples não obsta a que a parte principal reconheça a procedência do pedido, desista da ação, renuncie ao direito sobre o que se funda a ação ou transija sobre direitos controvertidos.

→ *v.* Enunciado 389 do FPPC: As hipóteses previstas no art. 122 são meramente exemplificativas.

Cessação da atuação do assistente simples após homologação da desistência recursal requerida pelo assistido.

✓ PROCESSUAL CIVIL. AGRAVO INTERNO DE ASSISTENTE SIMPLES. HOMOLOGAÇÃO DE DESISTÊNCIA REQUERIDA PELA RECORRENTE PREVIAMENTE DEFERIDA. AGRAVO NÃO CONHECIDO. 1. Agravo Interno proposto por assistente simples após a homologação da desistência recursal requerida pela parte recorrente. 2. Dessa forma, figurando a parte agravante apenas como assistente simples, uma vez homologada a desistência cessa a intervenção do assistente no processo. Aliás, esse é o teor dos arts. 53 do CPC/1973 e 122 do CPC/2015. 3. Agravo Interno da Associação não conhecido. (STJ; AgInt na DESIS no REsp 1504644; SP; Primeira Turma; Rel. Min. Napoleão Nunes Maia Filho; Julg. 13/06/2017; DJe 26/06/2017)

Art. 123. Transitada em julgado a sentença no processo em que interveio o assistente, este não poderá, em processo posterior, discutir a justiça da decisão, salvo se alegar e provar que:

→ *v.* Art. 502 do NCPC.

I – pelo estado em que recebeu o processo ou pelas declarações e pelos atos do assistido, foi impedido de produzir provas suscetíveis de influir na sentença;

II – desconhecia a existência de alegações ou de provas das quais o assistido, por dolo ou culpa, não se valeu.

Seção III
Da Assistência Litisconsorcial

Art. 124. Considera-se litisconsorte da parte principal o assistente sempre que a sentença influir na relação jurídica entre ele e o adversário do assistido.

→ *v.* Art. 229 do NCPC.

Interferência meramente econômica não justifica intervenção como assistente litisconsorcial.

✓ AGRAVO DE INSTRUMENTO. PEDIDO DE INTERVENÇÃO COMO ASSISTENTE LITISCONSORCIAL. AUSÊNCIA DE INTERESSE JURÍDICO. RECURSO NÃO PROVIDO. Nos termos do artigo 124 do CPC/2015, que manteve o regramento vigente no CPC anterior, a assistência litisconsorcial pressupõe o interesse jurídico do assistente, caracterizado pela possibilidade de interferência da sentença na relação jurídica existente entre o litisconsorte e o adversário do assistido. No caso dos autos, a interferência aduzida pelo pretenso assistente litisconsorcial da PETROS é meramente econômica, não legitimando a intervenção de terceiro na modalidade requerida. RECURSO NÃO PROVIDO. (TJBA; AI 0009443-04.2016.8.05.0000; Salvador; Terceira Câmara Cível; Rel. Des. Moacyr Montenegro Souto; Julg. 31/10/2017; DJBA 08/11/2017; Pág. 306)

✓ AGRAVO DE INSTRUMENTO. PREVIDÊNCIA PRIVADA. AÇÃO REVISIONAL. PETROS. BRASKEM. PLEITO DE ASSISTÊNCIA LITISCONSORCIAL. DESCABIMENTO. INTELIGÊNCIA DO ART. 124 DO CPC/2015. PRECEDENTES. RECURSO CONHECIDO E DESPROVIDO. DECISÃO MANTIDA. 1. Busca o Agravante o ingresso no feito de origem na qualidade de assistente litisconsorcial. 2. O art. 124, do CPC/2015 diz que considera-se litisconsorte da parte principal o assistente sempre que a sentença influir na relação jurídica entre ele e o adversário do assistido. 3. Ausência de interesse jurídico, mero interesse econômico. 4. Precedentes do STJ e desta Corte. 6. RECURSO CONHECIDO E NÃO PROVIDO. (TJBA; AI 0008419-38.2016.8.05.0000; Salvador; Terceira Câmara Cível; Relª Desª Sandra Inês Moraes Rusciolelli Azevedo; Julg. 06/12/2016; DJBA 13/12/2016; Pág. 285)

Participação de companheira como assistente em ação de cobrança.

✓ AGRAVO DE INSTRUMENTO. MANDATO. AÇÃO DE COBRANÇA C.C. REPARAÇÃO DE DANOS MORAIS E MATERIAIS. LEGITIMIDADE DE PARTE. ASSISTÊNCIA LITISCONSORCIAL DA COMPANHEIRA. POSSIBILIDADE. RECURSO NÃO PROVIDO. Nos termos do art. 124 do Novo Código de Processo Civil, considera-se litisconsorte da parte principal o assistente sempre que a sentença influir na relação jurídica entre ele e o adversário do assistido. In casu, tendo em vista que há outras provas que contrapõem ao fim da extinção da união estável, por prudência, até que haja o reconhecimento judicial da declaração da união estável, correta a decisão do magistrado a quo permitindo a participação da terceira como assistente litisconsorcial. (TJSP; AI 2148293-19.2016.8.26.0000; Ac. 9705677; Santos; Trigésima Primeira Câmara de Direito Privado; Rel. Des. Paulo Ayrosa; Julg. 16/08/2016; DJESP 23/08/2016)

CAPÍTULO II
DA DENUNCIAÇÃO DA LIDE

Art. 125. É admissível a denunciação da lide, promovida por qualquer das partes:

I – ao alienante imediato, no processo relativo à coisa cujo domínio foi transferido ao denunciante, a fim de que possa exercer os direitos que da evicção lhe resultam;

→ *v.* Arts. 447 a 457 do CC/2002.
→ *v.* Art. 10 da Lei 9.099/1995.

II – àquele que estiver obrigado, por lei ou pelo contrato, a indenizar, em ação regressiva, o prejuízo de quem for vencido no processo.

→ *v.* Súmula 188 do STF.
→ *v.* Súmula 150 do STJ.
→ *v.* Arts. 88 e 101, II, do CDC.
→ *v.* Enunciado 121 do FPPC: O cumprimento da sentença diretamente contra o denunciado é admissível em qualquer hipótese de denunciação da lide fundada no inciso II do art. 125.

§ 1º O direito regressivo será exercido por ação autônoma quando a denunciação da lide for indeferida, deixar de ser promovida ou não for permitida.

→ *v.* Art. 88 do CDC.
→ *v.* Enunciado 120 do FPPC: A ausência de denunciação da lide gera apenas a preclusão do direito de a parte promovê-la, sendo possível ação autônoma de regresso.

§ 2º Admite-se uma única denunciação sucessiva, promovida pelo denunciado, contra seu antecessor imediato na cadeia dominial ou quem seja responsável por indenizá-lo, não podendo o denunciado sucessivo promover nova denunciação, hipótese em que eventual direito de regresso será exercido por ação autônoma.

Denunciação da lide baseada na obrigação contratual de ressarcimento em ação regressiva.

✓ PROCESSUAL CIVIL. INDENIZAÇÃO POR ERRO MÉDICO. CIRURGIA REALIZADA NA SANTA CASA DE MISERICÓRDIA DE PORTO ALEGRE. REEXAME DE CLÁUSULAS CONTRATUAIS E ANÁLISE DE MATERIAL PROBATÓRIO. INVIABILIDADE. SÚMULAS 5 E 7/STJ. 1. Na hipótese em exame, o Tribunal de origem consignou que "no caso dos autos, o contrato celebrado entre a agravante e a Fundação Universidade Federal de Ciências da Saúde de Porto Alegre - UFCSPA prevê, em sua cláusula 3.4 que a Fundação obriga-se a assumir todos os riscos de acidentes que possam, eventualmente, ocorrer com seus servidores nas dependências da SANTA CASA bem como responsabilizar-se pelos danos, de qualquer natureza, causados pelos mesmos à SANTA CASA, ou a terceiros, no exercício de suas funções.

✓ Dessa forma, resta clara a necessidade de participação, como litisconsorte, da UFCSPA na demanda de origem, uma vez que a cirurgia objeto da demanda ocorreu em razão do Programa de Residência baseado em convênio firmado entre ambas as instituições, nos termos do que preceitua o inciso II do art. 125 do CPC (antigo inciso III do art. 70 do CPC de 1973). (...) Embora a Santa Casa e a Universidade tragam ao processo divergências em relação à condição de 'servidores' da Fundação, enquanto médicos responsáveis pelo atendimento da paciente autora, tal questão não é suficiente, neste momento, para afastar a aplicabilidade do disposto no art. 125, II do CPC, na medida em que a Fundação é obrigada, por força do contrato celebrado com a agravante, a indenizar a Santa Casa em ação regressiva. Com efeito, a condição dos médicos em comento, de servidores (ou não) da Universidade, é questão a ser discutida em sede de eventual ação regressiva, a ser ajuizada pela agravante em caso de procedência da demanda originária. Ante o exposto, defiro o pedido de antecipação dos efeitos da tutela recursal, para acolher a denunciação da lide oferecida pela agravante, nos termos da fundamentação" (fls. 1.115-1.117, e-STJ). 2. O acolhimento da pretensão recursal demanda a análise das cláusulas contratuais, bem como do contexto fático-probatório dos autos, o que é inviável em Recurso Especial, ante a incidência das Súmulas 5 e 7/STJ. 3. Recurso Especial não conhecido (STJ; REsp 1661620; RS, Segunda Turma; Rel. Min. Herman Benjamin; Julg. 09/05/2017; DJe 17/05/2017)

Denunciação autorizada diante da ausência de prejuízo concreto aos demandantes originários.

✓ ADMINISTRATIVO. AGRAVO DE INSTRUMENTO. AÇÃO INDENIZATÓRIA. ACIDENTE DE TRÂNSITO. DENUNCIAÇÃO DA LIDE À SEGURADORA. POSSIBILIDADE. 1. A denunciação da lide é admissível àquele que estiver obrigado, pela Lei ou pelo contrato, a indenizar, em ação regressiva, o prejuízo do que perder a demanda, conforme art. 125, inciso II, do CPC. 2. Inexiste prejuízo concreto aos demandantes originários, uma vez que a pretensão é apenas utilizar a faculdade de ver satisfeita garantia contratual decorrente de apólice de seguro, razão pela qual deve ser concedido o pedido. (TRF4ª R.; AG 5027612-77.2017.4.04.0000; Terceira Turma; Relª Desª Fed. Vânia Hack de Almeida; Julg. 28/11/2017; DEJF 30/11/2017)

Denunciação da lide prejudicaria a celeridade processual.

✓ ADMINISTRATIVO. AGRAVO DE INSTRUMENTO. AÇÃO INDENIZATÓRIA. USO DA IMAGEM DAS MOEDAS. DANOS MORAIS E MATERIAIS. DENUNCIAÇÃO

DA LIDE À CMB. IMPOSSIBILIDADE. PROVIMENTO DO AGRAVO. 1. De acordo com as disposições contidas no inciso II do art. 125 do Código de Processo Civil, a denunciação da lide é admissível àquele que estiver obrigado, pela Lei ou pelo contrato, a indenizar, em ação regressiva, o prejuízo do que perder a demanda. 2. Entende-se que a denunciação da lide prejudicaria a celeridade processual, pois haveria a inclusão de novos elementos na lide processualizada, bem como a inclusão de discussão diversa daquela travada entre as partes originárias. Portanto, ainda que eventualmente admitido o direito de regresso entre a parte ré do processo originário e a agravante, rejeita-se a denunciação à lide. (TRF 4ª R.; AG 5026672-15.2017.4.04.0000; Terceira Turma; Relª Desª Fed. Vânia Hack de Almeida; Julg. 28/11/2017; DEJF 30/11/2017)

Inadmissível a denunciação da lide fundada na imputação de responsabilidade a terceiro pelo evento danoso.

✓ AGRAVO DE INSTRUMENTO. AÇÃO INDENIZATÓRIA. CONTRATO DE SERVIÇOS MÉDICO-HOSPITALAR. A relação jurídica entre as ora litigantes tem natureza consumerista e o Juízo a quo rejeitou o pedido da Ré de denunciação da lide. Ela interpôs Agravo de Instrumento, que foi desprovido por, de fato, ser vedada a espécie de intervenção de terceiro pretendida. RECURSO DE AGRAVO INTERNO. (Artigo 1.021 do Código de Processo Civil). A Ré insiste em que tem direito a denunciar da lide a terceira por ela contratada, que seria responsável pelo evento. Data venia, dispõe o verbete nº 240 desta Corte: "Inadmissível a denunciação da lide fundada na imputação de responsabilidade a terceiro pelo evento danoso". O §1º do Civil prevê o ajuizamento de Ação Regressiva para as hipóteses de não haver denunciação. RECURSO DESPROVIDO. (TJRJ; AI 0012130-27.2017.8.19.0000; Paraíba do Sul; Vigésima Quinta Câmara Cível Consumidor; Relª Desª Leila Maria Rodrigues Pinto de Carvalho e Albuquerque; DORJ 30/11/2017; Pág. 517)

Consignatária das mercadorias transportadas por via aérea deve responder pelo pagamento dos serviços de frete e taxas aeroportuárias.

✓ COBRANÇA. TRANSPORTE AÉREO DE MERCADORIAS. DENUNCIAÇÃO DA LIDE. Denunciação do despachante aduaneiro. Descabimento. Ausência dos requisitos do art. 125 do NCPC. Preliminar rejeitada. Cobrança. Transporte aéreo de mercadorias. Ré que na qualidade de consignatária das mercadorias transportadas por via aérea deve responder pelo pagamento dos serviços de frete e taxas aeroportuárias. Inexistência de impugnação ao cálculo apresentado na petição inicial. Adoção dos fundamentos da sentença pelo Tribunal. Incidência do art. 252, do Regimento Interno do Tribunal de Justiça do Estado de São Paulo. Recurso negado. (TJSP; APL 1003562-07.2016.8.26.0562; Ac. 10980170; Santos; Décima Terceira Câmara de Direito Privado; Rel. Des. Francisco Giaquinto; Julg. 16/11/2017; DJESP 22/11/2017; Pág. 2291)

Art. 126. A citação do denunciado será requerida na petição inicial, se o denunciante for autor, ou na contestação, se o denunciante for réu, devendo ser realizada na forma e nos prazos previstos no art. 131.

→ v. Arts. 319 e 336 do NCPC.

Pretensão de denunciação requerida apenas em sede recursal: preclusão.

✓ APELAÇÃO CÍVEL. AÇÃO REVISIONAL. CONTRATOS BANCÁRIOS. EMPRÉSTIMOS CONSIGNADOS. Ilegitimidade Passiva. Inocorrência. Banco réu que se associou ao Banco BMG, fazendo parte do mesmo grupo econômico. Denunciação da lide. Pretensão de denunciação do Banco BMG requerida apenas em sede de recursal. Preclusão. Inteligência do artigo 126 do CPC. Preliminares afastadas. Capitalização Mensal. Autorizada apenas em contratos posteriores à MP 1963-17/2000 e se houver contratação. Hipótese inocorrente, dada a ausência dos contratos, não se podendo verificar a data em que firmados, nem se há expressa previsão, a autorizar tal incidência. Situação que implica na possibilidade de cobrança apenas da capitalização anual. Sentença mantida. Sucumbência majorada. Apelo desprovido. *. (TJSP; APL 0032858-79.2012.8.26.0482; Ac. 10975080; Presidente Prudente; Trigésima Quarta Câmara Extraordinária de Direito Privado; Rel. Des. Jacob Valente; Julg. 14/11/2017; DJESP 27/11/2017; Pág. 2550)

Pedido indeferido ainda que o motivo ensejador da denunciação tenha chegado ao conhecimento da parte somente após a contestação.

✓ PROCESSUAL CIVIL. AGRAVO DE INSTRUMENTO COM SUSPENSIVIDADE. AÇÃO DE INDENIZAÇÃO POR ATO ILÍCITO ENVOLVENDO ACIDENTE DE VEÍCULO. ALEGAÇÃO DE NECESSIDADE DE DENUNCIAÇÃO À LIDE. OFERECIMENTO APÓS O PRAZO DA CONTESTAÇÃO. INTEMPESTIVIDADE. INTELIGÊNCIA DO ART. 126 DO NCPC. O CONHECIMENTO SUPERVENIENTE DE FATO NÃO TEM O CONDÃO DE ILIDIR A PRECLUSÃO CONSUMATIVA. POSSIBILIDADE DE AJUIZAMENTO DE AÇÃO AUTÔNOMA. ENTENDIMENTO SEDIMENTADO PELO SUPERIOR TRIBUNAL DE JUSTIÇA E PELA JURISPRUDÊNCIA PÁTRIA. CONHECIMENTO E IMPROVIMENTO DO RECURSO. PRECEDENTES. Não obstante o motivo ensejador da denunciação à lide tenha chegado ao conhecimento da parte após à contestação, é consabido que, já oferecida esta, não será mais possível a prática do ato, uma vez que terá ocorrido a preclusão consumativa, nos termos do art. 126 do NCPC. (TJRN; AI 2017.000324-2; Mossoró; Terceira Câmara Cível; Rel. Des. João Rebouças; DJRN 21/09/2017)

Pedido de denunciação aceito ainda que realizado após a réplica: não há prejuízo ao regular processamento do feito.

✓ AGRAVO DE INSTRUMENTO. RESPONSABILIDADE CIVIL EM ACIDENTE DE TRÂNSITO. DENUNCIAÇÃO DA LIDE. REQUERIMENTO FORMULADO APÓS A CONTESTAÇÃO. Em que pese o art. 126 do NCPC disponha que a citação do denunciado seja requerida na contestação, no caso concreto o pedido foi feito pelos réus após a réplica, antes da produção probatória, tendo a autora concordado com a instauração da lide regressiva. Diante de tais peculiaridades, não se observa a existência de prejuízo ao regular processamento do feito com a denunciação da lide na sua atual fase. Agravo de instrumento provido. (TJRS; AI 0153035-77.2017.8.21.7000; Sapiranga; Décima Primeira Câmara Cível; Rel. Des. Luiz Roberto Imperatore de Assis Brasil; Julg. 05/07/2017; DJERS 10/07/2017)

Art. 127. Feita a denunciação pelo autor, o denunciado poderá assumir a posição de litisconsorte do denunciante e acrescentar novos argumentos à petição inicial, procedendo-se em seguida à citação do réu.

Ingresso do denunciado no polo ativo: litisconsórcio ativo facultativo.

✓ AGRAVO DE INSTRUMENTO. AÇÃO CONDENATÓRIA. CASO CONCRETO. MATÉRIA DE FATO. Denunciação da lide pela parte autora. Artigo 127, do NCPC. Ingresso do denunciado no polo ativo. Litisconsórcio ativo facultativo. Possibilidade, no caso vertente. Agravo de instrumento provido. (TJRS; AI 0361330-56.2016.8.21.7000; Osório; Décima Quinta Câmara Cível; Rel. Des. Vicente Barrôco de Vasconcellos; Julg. 29/03/2017; DJERS 10/04/2017)

Art. 128. Feita a denunciação pelo réu:

I – se o denunciado contestar o pedido formulado pelo autor, o processo prosseguirá tendo, na ação principal, em litisconsórcio, denunciante e denunciado;

→ *v.* Art. 336 do NCPC.

II – se o denunciado for revel, o denunciante pode deixar de prosseguir com sua defesa, eventualmente oferecida, e abster-se de recorrer, restringindo sua atuação à ação regressiva;

→ *v.* Art. 344 do NCPC.

III – se o denunciado confessar os fatos alegados pelo autor na ação principal, o denunciante poderá prosseguir com sua defesa ou, aderindo a tal reconhecimento, pedir apenas a procedência da ação de regresso.

→ *v.* Art. 389 do NCPC.

Parágrafo único. Procedente o pedido da ação principal, pode o autor, se for o caso, requerer o cumprimento da sentença também contra o denunciado, nos limites da condenação deste na ação regressiva.

→ *v.* Enunciado 121 do FPPC: O cumprimento da sentença diretamente contra o denunciado é admissível em qualquer hipótese de denunciação da lide fundada no inciso II do art. 125.

Possibilidade de requerimento do cumprimento de sentença diretamente contra o denunciado, nos limites da condenação deste na ação regressiva.

✓ PROCESSUAL CIVIL. AÇÃO MONITÓRIA. SERVIÇO HOSPITALAR. ESTADO DE PERIGO. AUSÊNCIA DE CONFIGURAÇÃO. CONSTITUIÇAÕ DE TÍTULO EXECUTIVO RECONHECIDA. DENUNCIAÇÃO DA LIDE. CUMPRIMENTO DA SENTENÇA. REQUERIMENTO DIRETO CONTRA A DENUNCIADA. POSSIBILIDADE. DECISÃO PARCIALMENTE REFORMADA. I. A ação monitória busca atribuir força executiva ao documento que comprove a existência de um crédito, independente de ser dotado de certeza, liquidez e exigibilidade. A orientação do artigo 700 CPC/15 é que qualquer prova escrita, que não tenha eficácia de título executivo, poderá ser cobrada por meio da monitória. II. A configuração do estado de perigo, capaz de anular o ato jurídico, exige a comprovação de dano grave, que coloque em risco a própria pessoa ou alguém de sua família; o dolo de aproveitamento da outra parte; e assunção de obrigação excessivamente onerosa, caracterizada pelo distanciamento da prática mercadológica usual ou da capacidade econômica daquele que se obriga. III. Não demonstrados os requisitos necessários para se reconhecer o estado de perigo, com vistas a anular os serviços hospitalares prestados, deve ser atribuída força executiva ao documento que instrui a via monitória, convertendo o mandado inicial em mandado executivo. lV. O parágrafo único do art. 128 do CPC/15 estabelece a possibilidade de o autor requerer o cumprimento da sentença diretamente contra o denunciado, nos limites da condenação deste na ação regressiva. (TJMG; APCV 1.0702.10.036652-6/001; Rel. Des. Luiz Artur Hilário; Julg. 17/10/2017; DJEMG 25/10/2017)

✓ RECURSOS DE APELAÇÃO. AÇÃO INDENIZATÓRIA. ACIDENTE DE TRÂNSITO. LUCROS CESSANTES. Conquanto devidos, posto que comprovado o exercício de atividade remunerada pela autora, dependem de liquidação (art. 509, I, do CPC). ABATIMENTO DO SEGURO OBRIGATÓRIO (DPVAT). Impossibilidade. Para que haja o abatimento previsto na Súmula nº 246 do STJ é necessário demonstrar que a parte, de fato, recebeu o valor do seguro obrigatório, o que não ocorreu no caso. DANOS MORAIS E ESTÉTICOS CONFIGURADOS. Abalos que fogem à normalidade, atentando contra os direitos personalíssimos da parte, ante a lesão corporal gravíssima experimentada em razão do acidente. Redução, contudo, do valor fixado na r. Sentença para patamar que se mostra mais justo. LIDE SECUNDÁRIA. Denunciação da lide a seguradora. Litisconsorte. Dever de responder solidariamente pela indenização por danos morais a que foi condenada a parte ré, nos limites consignados na apólice (art. 128, Parágrafo único, do novo CPC). ENCARGOS LEGAIS. JUROS DE MORA. Jurisprudência do E. STJ que se firmou no sentido de que o termo inicial de citação da seguradora na denunciação da lide determina o início da fluência dos juros de mora sobre o montante a cobertura securitária. Inteligência dos artigos 389, 772 e 781 do CC C.C. Art. 240 do novo CPC (com correspondência no teor do art. 219 do CPC/1973). SUCUMBÊNCIA. Seguradora que não ofereceu resistência à denunciação. Condenação em honorários que não se mostra devida. Recursos parcialmente providos. (TJSP; APL 0000464-66.2011.8.26.0607; Ac. 10150341; Tabapuã; Vigésima Quinta Câmara de Direito Privado; Rel. Des. Hugo Crepaldi; Julg. 09/02/2017; DJESP 23/02/2017)

Art. 129. Se o denunciante for vencido na ação principal, o juiz passará ao julgamento da denunciação da lide.

Parágrafo único. Se o denunciante for vencedor, a ação de denunciação não terá o seu pedido examinado, sem prejuízo da condenação do denunciante ao pagamento das verbas de sucumbência em favor do denunciado.

→ *v.* Enunciado 122 do FPPC: Vencido o denunciante na ação principal e não tendo havido resistência à denunciação da lide, não cabe a condenação do denunciado nas verbas de sucumbência.

Improcedência da ação principal e lide secundária prejudicada: honorários sucumbenciais suportados pela denunciante.

✓ APELAÇÕES CÍVEIS. RESPONSABILIDADE CIVIL. ACIDENTE DE TRÂNSITO. AÇÃO DE REPARAÇÃO DE DANOS MATERIAIS, MORAIS E ESTÉTICOS. SENTENÇA QUE JULGOU IMPROCEDENTES OS PEDIDOS INICIAIS E PREJUDICADA A LIDE SECUNDÁRIA EM RELAÇÃO À SEGURADORA LITISDENUNCIADA. 1. Código de Processo Civil de 2015 – Aplicabilidade. 2. Pressupostos para a responsabilidade civil. Aplicação do Código de Defesa do Consumidor. Empresa de ônibus prestadora de serviço público. Responsabilidade objetiva (art. 37, §6º, CF). Falha na prestação do serviço reconhecida em contestação. Problemas mecânicos na porta do coletivo. Danos materiais, morais e estéticos não comprovados pela autora. Fatos constitutivos do direito não demonstrados (art. 373, inc. I, CPC/15). Dever de indenizar ausente. 3. Denunciação da lide facultativa. Improcedência da ação principal. Lide secundária prejudicada. Honorários advocatícios sucumbenciais que devem ser suportados pela denunciante. Exegese do artigo 129, do CPC/2015. 4. Honorários advocatícios recursais. Possibilidade de majoração, nos termos do artigo 85, § 11, do CPC/15,recursos de apelação cível (1) e (2) conhecidos e não providos. (TJPR; ApCiv 1716421-1; Umuarama; Oitava Câmara Cível; Rel. Des. Luis Sérgio Swiech; Julg. 16/11/2017; DJPR 01/12/2017; Pág. 173)

Condenação solidária da seguradora denunciada, inclusive no que toca aos encargos sucumbenciais, nos limites da apólice.

✓ APELAÇÃO. ACIDENTE DE TRÂNSITO. RESPONSABILIDADE CIVIL. Pressupostos presentes para a responsabilização de um dos corréus. Incontroversa a dinâmica do acidente. Desnecessidade de outras provas. Inobservância das cautelas de praxe necessárias à manobra de retorno e reentrada no fluxo da via principal. Ainda que não exista sinalização de parada obrigatória, é dever do condutor aguardar a liberação do trânsito para voltar a trafegar na via, após realizada manobra de conversão. Inteligência do art. 29, II, do CTB. Versão defensiva do corréu que não encontra amparo na dinâmica do acidente. Colisão traseira com velocidade moderada não acarretaria o capotamento do veículo à frente, e ainda, diante da expressividade dos danos no veículo da frente e ângulo de colisão. Culpa evidenciada. Dever de indenização indeclinável. Danos materiais devidamente comprovados por orçamentos de três oficinas, valores, ademais, não impugnados. Acolhimento do menor valor. Ação procedente em face de um dos corréus. Improcedência mantida em relação ao outro, visto que seu veículo foi arremessado em razão de colisão lateral enquanto trafegava na via preferencial. Sentença parcialmente alterada. DENUNCIAÇÃO DA LIDE. Análise prejudicada em relação ao denunciante vencedor na lide principal. Incidência do parágrafo único do art. 129 do NCPC. Denunciação formulada pelo corréu causador dos danos. Procedência. Ausência de contestação do direito de regresso. Condenação da seguradora denunciada juntamente com o correquerido, inclusive no que toca aos encargos sucumbenciais, nos limites da apólice. Súmula nº 537 do C. STJ e parágrafo único do art. 128 do NCPC. RECURSO PROVIDO EM PARTE. (TJSP; APL 1000705-69.2010.8.26.0506; Ac. 9613481; Ribeirão Preto; Vigésima Quinta Câmara de Direito Privado; Rel. Des. Azuma Nishi; Julg. 21/07/2016; DJESP 04/08/2016)

CAPÍTULO III
DO CHAMAMENTO AO PROCESSO

Art. 130. É admissível o chamamento ao processo, requerido pelo réu:

→ v. Art. 10 da Lei 9.099/1995.

I – do afiançado, na ação em que o fiador for réu;

→ v. Arts. 818 e 827 do CC/2002.

II – dos demais fiadores, na ação proposta contra um ou alguns deles;

III – dos demais devedores solidários, quando o credor exigir de um ou de alguns o pagamento da dívida comum.

→ v. Art. 101, II, do CDC.

Cabimento do chamamento por força de solidariedade.

✓ PROCESSUAL CIVIL. ADMINISTRATIVO. AGRAVO DE INSTRUMENTO. AÇÃO INDENIZATÓRIA. DANOS MORAIS. CANCELAMENTO DE TRANSPLANTE. CHAMAMENTO AO PROCESSO. UFSM. HUSM. Considerando que a UFSM é responsável pela administração do Hospital Universitário de Santa Maria - HUSM, local em que teria ocorrido o cancelamento do transplante da parte autora, ao argumento de falta de médicos para realização do procedimento, tenho como viável, em tese, no momento processual inicial, o seu chamamento ao processo diante da solidariedade passiva da Universidade Federal de Santa Maria - UFSM junto da União, na forma do art. 130, III, do CPC. (TRF 4ª R.; AG 5041817-48.2016.404.0000; Terceira Turma; Rel. Des. Fed. Ricardo Teixeira do Valle Pereira; Julg. 25/04/2017; DEJF 03/05/2017)

Descabimento do chamamento por ausência múltiplos devedores.

✓ AGRAVO DE INSTRUMENTO. ADMINISTRATIVO. CHAMAMENTO AO PROCESSO. ESTADO DO PARANÁ. POLO PASSIVO. O caso tratado nos autos não se amolda às hipóteses previstas no art. 130, I a III, do NCPC. O chamamento ao processo é benefício concedido exclusivamente ao réu devedor solidário de, em processo de conhecimento, requerer a ampliação do polo passivo da demanda original, a fim de que um ou mais codevedores ou corresponsáveis solidários sejam dele (réu) litisconsortes e, por conseguinte, se submetam à eventual formação do título executivo judicial - o que, todavia, em muito diverge do caso tratado nestes autos. A pretensão do autor a que sua atividade seja declarada como de tutela objetiva do Estado do Paraná não justifica o chamamento do ente estatal ao processo, instituto reservado para hipótese de intervenção de possíveis devedores de obrigação comum, a fim de que se forme o título executivo em relação a todos os envolvidos. Com efeito, pressupõe a alegação de existência de relação jurídica entre chamante e chamado da qual resulte dívida comum. (TRF 4ª R.; AG 5029123-47.2016.404.0000; Quarta Turma; Relª Desª Fed. Vivian Josete Pantaleão Caminha; Julg. 25/01/2017; DEJF 30/01/2017)

A solidariedade passiva está arrefecida pelo instituto do chamamento ao processo.

✓ PROCESSUAL CIVIL. AGRAVO DE INSTRUMENTO. IMPROBIDADE ADMINISTRATIVA. INDISPONIBILIDADE DE BENS. INDÍCIOS DE IMPROBIDADE. POSSIBILIDADE. CONSTRIÇÃO PRO RATA. SOLIDARIEDADE. ARREFECIMENTO. ARTIGO 130, III DO CPC/2015. INCIDÊNCIA. CONSTRIÇÃO. BENS MÓVEIS E IMÓVEIS. PREFERÊNCIA. ATIVOS FINANCEIROS. SUBSIDIARIEDADE. PESSOA FÍSICA. SEGURANÇA ALIMENTAR. LIMITES. PARCIAL PROVIMENTO I. Havendo fundados indícios da prática de atos de improbidade administrativa, causadores de dano ao erário pelos réus na ação principal, justifica-se a decretação de indisponibilidade de bens. II. Constando no polo passivo da ação principal treze litisconsortes, dentre os quais dois tiveram decretada a indisponibilidade de bens, especificamente, quanto ao suposto dano ao erário provocado (R$ 1.637.338,54) e, não se podendo, nesse momento processual, delimitar ou quantificar a extensão e o limite de participação de cada um deles no cometimento dos atos de improbidade, a indisponibilidade deverá incidir equitativamente à razão de 1/2 (um meio) sobre o patrimônio individualmente considerado, atingindo, no caso concreto, o valor de R$ 818.669,27 (oitocentos e dezoito mil, seiscentos e sessenta e nove reais e vinte e sete centavos) para cada qual. III. "O mecanismo civil da solidariedade passiva, pelo qual o credor pode exigir a prestação debitória de qualquer dos devedores (art. 275. CC), podendo o devedor que satisfaz a dívida por inteiro exigir de cada um dos codevedores a sua quota (art. 283. CC), está arrefecido pelo CPC, que prevê o chamamento ao processo "de todos os demais devedores solidários, quando o credor exigir de um ou de alguns o pagamento da dívida comum" (art. 130, III), para que o réu possa exigir dos demais devedores a sua cota na proporção que lhes tocar (art. 132. idem) ". (AG 0041337-42.2016.4.01.0000 / BA, Rel. DESEMBARGADOR FEDERAL OLINDO MENEZES, QUARTA TURMA, e-DJF1 de 16/02/2017). lV. A constrição deve incidir preferencialmente sobre os bens móveis e imóveis, e, em não havendo bens suficientes, individualmente considerados sobre os ativos financeiros, até o limite necessário a se complementar o valor de cada qual, não devendo esta última incidir, de toda sorte, sobre os ativos financeiros do agravante (contas correntes e de poupança) que constituam recursos destinados a fazer frente às despesas e representativos de verba salarial, de verba alimentar até o limite de 40 (quarenta) salários mínimos, nos termos do inciso X do art. 833 do CPC, garantindo-se, assim, o pagamento de eventual condenação futura, além de resguardar a segurança alimentar da pessoa física e de seus familiares. V. Agravo de Instrumento parcialmente provido. (TRF 1ª R.; AI 0028442-49.2016.4.01.0000; Quarta Turma; Rel. Juiz Fed. Conv. Leão Aparecido Alves; DJF1 09/10/2017)

Art. 131. A citação daqueles que devam figurar em litisconsórcio passivo será requerida pelo réu na contestação e deve ser promovida no prazo de 30 (trinta) dias, sob pena de ficar sem efeito o chamamento.

Parágrafo único. Se o chamado residir em outra comarca, seção ou subseção judiciárias, ou em lugar incerto, o prazo será de 2 (dois) meses.

Contestada a ação sem que o réu formule pedido de chamamento ao processo, opera-se a preclusão.

✓ APELAÇÃO CÍVEL E RECURSO ADESIVO. AÇÃO DE REVISÃO DE BENEFÍCIO DE SUPLEMENTAÇÃO DE APOSENTADORIA. PREVIDÊNCIA PRIVADA COMPLEMENTAR. PRELIMINARES AFASTADAS. CHAMAMENTO AO PROCESSO. REJEIÇÃO. PRESCRIÇÃO DE FUNDO DE DIREITO. INOCORRÊNCIA. CÁLCULO DO BENEFÍCIO. APLICAÇÃO DE REGRAS VIGENTES NO MOMENTO DA APOSENTADORIA. VIOLAÇÃO AO ART. 5º, XXXVI, DA CF/88. NECESSIDADE DE APLICAÇÃO DAS REGRAS DO REGULAMENTO VIGENTE À ÉPOCA DA ADESÃO AO PLANO DE BENEFÍCIOS. JUROS DE MORA. A PARTIR DA CITAÇÃO. CORREÇÃO MONETÁRIA. A PARTIR DO INADIMPLEMENTO DE CADA PARCELA. Deve ser afastado o limitador de 90% do salário de participação, considerando que a alteração foi imposta após a adesão dos autores ao plano de benefícios. Preliminar de nulidade afastada. É incabível o chamamento ao processo quando as questões discutidas não dizem respeito a obrigação solidária ou dívida comum. Ademais, contestada a ação sem que o réu formule pedido de chamamento ao processo, opera-se a preclusão da matéria. Art. 78, do CPC/73. Art. 131, caput, do CPC/15. Conforme entendimento reiterado do Superior Tribunal de Justiça, em se tratando de revisão de valores de suplementação de aposentadoria, as Súmulas nºs 291 e 427 devem ser interpretadas no sentido de que, a prescrição atinge tão somente as parcelas vencidas anteriormente ao quinquênio que precede ao ajuizamento da ação, e não o próprio fundo de direito. O plano de benefícios de previdência complementar fechada tem natureza contratual, aplicando-se-lhe, portanto, as regras inerentes ao instituto dos contratos, inclusive no que diz respeito à proteção do ato jurídico perfeito. Não se admite, portanto, a modificação das disposições contratuais por alterações regulamentares e legislativas posteriores à data da adesão do participante, ainda que vigentes à data de sua aposentadoria. O desconto das contribuições mensais (cota de contribuição) no cálculo das diferenças apuradas e efetivamente pagas pelo autor encontra respaldo no art. 48, II do Regulamento. Por outro lado, nas ações previdenciárias, os juros de mora incidem a partir da citação, e devem ser mantidos no patamar 1% (um por cento) ao mês, por se tratar de prestação de caráter alimentar; já a correção monetária deve incidir a partir da data em que deveria ter sido paga cada uma das parcelas dos benefícios. Recursos improvidos. (TJBA; AP 0056561-85.2007.8.05.0001; Salvador; Terceira Câmara Cível; Relª Desª Rosita Falcão de Almeida Maia; Julg. 13/12/2016; DJBA 24/01/2017; Pág. 291)

Art. 132. A sentença de procedência valerá como título executivo em favor do réu que satisfizer a dívida, a fim de que possa exigi-la, por inteiro, do devedor principal, ou, de cada um dos codevedores, a sua quota, na proporção que lhes tocar.

→ *v.* Arts. 402 a 405 do CC/2002.

Chamamento ao processo da seguradora; art. 101, II do Código de Defesa do Consumidor.

✓ AGRAVO DE INSTRUMENTO. RELAÇÃO DE CONSUMO. AÇÃO INDENIZATÓRIA. Alegação da parte autora, ora agravada, no sentido de ter adquirido produto impróprio para o consumo. Inversão do ônus da prova deferida. Presença de verossimilhança das alegações. Artigo 6º, inciso VIII, do CDC. Súmula nº 227 do TJRJ. Pretensão de chamamento ao processo da seguradora pela ré/agravante. Cabimento, por se tratar de modalidade de intervenção de terceiros adequada à hipótese dos autos (arts. 130 a 132 do CPC/15). Aplicação do art. 101, II, do CDC e da Súmula nº 208 deste TJERJ. Precedentes jurisprudenciais. Parcial provimento do recurso. (TJRJ; AI 0043081-38.2016.8.19.0000; Rio de Janeiro; Vigésima Sétima Câmara Cível Consumidor; Relª Desª Mônica Feldman de Mattos; Julg. 05/07/2017; DORJ 11/07/2017; Pág. 408)

Descabimento de chamamento ao processo da incorporadora imobiliária.

✓ EMBARGOS DE DECLARAÇÃO. AGRAVO DE INSTRUMENTO. AÇÃO INDENIZATÓRIA PROMOVIDA POR PROMITENTE COMPRADOR EM FACE DE INCORPORADORA IMOBILIÁRIA. Atraso na entrega de imóvel. Decisão que indeferiu o chamamento ao processo da construtora formulado pela ré, ora agravante. A única hipótese de chamamento ao processo prevista no CÓDIGO DE DEFESA DO CONSUMIDOR, de modo a atrair a incidência do disposto art. 80 do CPC/73 (correspondente ao art. 132 do NCPC), é a norma inserta no art. 101, II do CDC, a qual é expressa em afirmar que o réu que houver contratado seguro de responsabilidade poderá chamar ao processo o segurador, o que não é a hipótese. Inexistência de obscuridade. Curial o descontentamento do embargante com o resultado do julgamento, não sendo o recurso de embargos de declaração a via adequada para manifestar o mero inconformismo com o julgado. Recurso desprovido. (TJRJ; AI 0009609-12.2017.8.19.0000; Niterói; Vigésima Sétima Câmara Cível Consumidor; Relª Desª Maria Luiza de Freitas Carvalho; DORJ 04/08/2017; Pág. 746)

CAPÍTULO IV
DO INCIDENTE DE DESCONSIDERAÇÃO DA PERSONALIDADE JURÍDICA

Art. 133. O incidente de desconsideração da personalidade jurídica será instaurado a pedido da parte ou do Ministério Público, quando lhe couber intervir no processo.

→ *v.* Súmula 435 do STJ.
→ *v.* Art. 50 do CC/2002.
→ *v.* Art. 28 do CDC.
→ *v.* Art. 116, parágrafo único, do CTN.
→ *v.* Art. 4º da Lei 9.605/1998.
→ *v.* Art. 34, parágrafo único da Lei 12.529/2011.
→ *v.* Arts. 795, § 4º e 1.062 do NCPC.
→ *v.* Enunciado 53 da ENFAM: O redirecionamento da execução fiscal para o sócio-gerente prescinde do incidente de desconsideração da personalidade jurídica previsto no art. 133 do CPC/2015.
→ *v.* Enunciado 123 do FPPC: É desnecessária a intervenção do Ministério Público, como fiscal da ordem jurídica, no incidente de desconsideração da personalidade jurídica, salvo nos casos em que deva intervir obrigatoriamente, previstos no art. 178.
→ *v.* Enunciado 124 do FPPC: A desconsideração da personalidade jurídica no processo do trabalho deve ser processada na forma dos arts. 133 a 137.
→ *v.* Enunciado 247 do FPPC: Aplica-se o incidente de desconsideração da personalidade jurídica no processo falimentar.
→ *v.* Enunciado 529 do FPPC: As averbações previstas nos arts. 799, IX e 828 são aplicáveis ao cumprimento de sentença.
→ *v.* Enunciado 11 do CJF: Aplica-se o disposto nos arts. 133 a 137 do CPC às hipóteses de desconsideração indireta e expansiva da personalidade jurídica.

§ 1º O pedido de desconsideração da personalidade jurídica observará os pressupostos previstos em lei.

§ 2º Aplica-se o disposto neste Capítulo à hipótese de desconsideração inversa da personalidade jurídica.

Admissão de incidente de desconsideração inversa da personalidade jurídica.

✓ CIVIL E PROCESSUAL CIVIL. RECURSO ESPECIAL. AÇÃO MONITÓRIA. CONVERSÃO. CUMPRIMENTO DE SENTENÇA. COBRANÇA. HONORÁRIOS ADVOCATÍCIOS CONTRATUAIS. TERCEIROS. COMPROVAÇÃO DA EXISTÊNCIA DA SOCIEDADE. MEIO DE PROVA. DESCONSIDERAÇÃO INVERSA DA PERSONALIDADE JURÍDICA. OCULTAÇÃO DO PATRIMÔNIO DO SÓCIO. INDÍCIOS DO ABUSO DA PERSONALIDADE JURÍDICA. EXISTÊNCIA. INCIDENTE PROCESSUAL. PROCESSAMENTO. PROVIMENTO. 1. O propósito recursal é determinar se: a) há provas suficientes da sociedade de fato supostamente existente entre os recorridos; e b) existem elementos aptos a ensejar a instauração de incidente de desconsideração inversa da personalidade jurídica. 2. A existência da sociedade pode ser demonstrada por terceiros por qualquer meio de prova, inclusive indícios e presunções, nos termos do art. 987 do CC/02. 3. A personalidade jurídica e a separação patrimonial dela decorrente são véus que devem proteger o patrimônio dos sócios ou da sociedade, reciprocamente, na justa medida da finalidade para a qual a sociedade se propõe a existir. 4. Com a desconsideração inversa da personalidade jurídica, busca-se impedir a prática de transferência de bens pelo sócio para a pessoa jurídica sobre a qual detém controle, afastando-se momentaneamente o manto fictício que separa o sócio da sociedade para buscar o patrimônio que, embora conste no nome da sociedade, na realidade, pertence ao sócio fraudador. 5. No atual CPC, o exame do juiz a respeito da presença dos pressupostos que autorizariam a medida de desconsideração, demonstrados no requerimento inicial, permite a instauração de incidente e a suspensão do processo em que formulado, devendo a decisão de desconsideração ser precedida do efetivo contraditório. 6. Na hipótese em exame, a recorrente conseguiu demonstrar indícios de que o recorrido seria sócio e de que teria transferido seu patrimônio para a sociedade de modo a ocultar seus bens do alcance de seus credores, o que possibilita o recebimento do incidente de desconsideração inversa da personalidade jurídica, que, pelo princípio do tempus regit actum, deve seguir o rito estabelecido no CPC/15. 7. Recurso especial conhecido e provido. (STJ; REsp 1647362; SP; Terceira Turma; Rel. Min. Nancy Andrighi; Julg. 03/08/2017; DJe 10/08/2017)

Art. 134. O incidente de desconsideração é cabível em todas as fases do processo de conhecimento, no cumprimento de sentença e na execução fundada em título executivo extrajudicial.

→ *v.* Arts. 513, 771 e 932, VI do NCPC.
→ *v.* Enunciado 125 do FPPC: Há litisconsórcio passivo facultativo quando requerida a desconsideração da personalidade jurídica, juntamente com outro pedido formulado na petição inicial ou incidentemente no processo em curso.
→ *v.* Enunciado 126 do FPPC: No processo do trabalho, da decisão que resolve o incidente de desconsideração da personalidade jurídica na fase de execução cabe agravo de petição, dispensado o preparo.
→ *v.* Enunciado 11 do CJF: Aplica-se o disposto nos arts. 133 a 137 do CPC às hipóteses de desconsideração indireta e expansiva da personalidade jurídica.

§ 1º A instauração do incidente será imediatamente comunicada ao distribuidor para as anotações devidas.

§ 2º Dispensa-se a instauração do incidente se a desconsideração da personalidade jurídica for requerida na petição inicial, hipótese em que será citado o sócio ou a pessoa jurídica.

→ *v.* Enunciado 248 do FPPC: Quando a desconsideração da personalidade jurídica for requerida na petição inicial, constitui ônus do sócio ou da pessoa jurídica, na contestação, impugnar não somente a própria desconsideração, mas também os demais pontos da causa.

§ 3º A instauração do incidente suspenderá o processo, salvo na hipótese do § 2º.

→ *v.* Art. 313, VII do NCPC.

§ 4º O requerimento deve demonstrar o preenchimento dos pressupostos legais específicos para desconsideração da personalidade jurídica.

→ *v.* Art. 373 do NCPC.

Redirecionamento das execuções fiscais de débito não-tributário para o sócio-gerente, em razão da dissolução irregular da sociedade, sem a instauração de incidente de desconsideração da personalidade jurídica.

✓ AGRAVO DE INSTRUMENTO. PROCESSUAL CIVIL. EXECUÇÃO FISCAL DÍVIDA NÃO TRIBUTÁRIA. DISSOLUÇÃO IRREGULAR DA SOCIEDADE. INCIDENTE DE DESCONSIDERAÇÃO DA PERSONALIDADE JURÍDICA. ARTS. 133/137 CPC/2015. INAPLICABILIDADE. 1. Agravo de instrumento interposto contra decisão exarada nos autos da execução fiscal, que, diante do pedido de redirecionamento do feito para os sócios, suspendeu o curso da execução e determinou a instauração do incidente de desconsideração da personalidade jurídica, na forma do art. 134 e parágrafos do CPC/2015. 2. O cerne da controvérsia cinge-se em analisar a exigência, ou não, de instauração do incidente de desconsideração da personalidade jurídica, previsto no art. 133 e seguintes do CPC vigente, para o redirecionamento da execução fiscal em desfavor de sócio da empresa devedora, fundado na sua dissolução irregular, em sede de execução fiscal manejada para a cobrança de dívida de natureza não tributária. 3. O STJ, por ocasião do julgamento do Resp nº 1.371.128/RS, submetido à sistemática dos recursos repetitivos prevista no art. 543-C do Código de Processo Civil (CPC/73), pacificou o entendimento de que, nas execuções fiscais de débito não-tributário, é possível o redirecionamento da execução fiscal para o sócio-gerente, em razão da dissolução irregular da sociedade: STJ, 1ª Seção, Resp 1371128, Rel. Min. MAURO CAMPBELL MARQUES; DJe 17.9.2014; STJ, 2ª Turma, AgRg no AResp 699.259, Rel. Min. MAURO CAMPBELL MARQUES, DJe 27.8.2015; STJ, 1ª Turma, AgRg no AResp 522.008, Rel. Min. BENEDITO GONÇALVES, DJe 14.10.2014. 4. Sobre o tema, esta Turma Especializada já se manifestou em casos semelhantes, entendendo que o referido incidente se apresenta incompatível com o rito previsto na Lei nº 6.830/80, uma vez que possibilitaria a suspensão do processo de execução e a dilação probatória sem a prévia garantia do Juízo: TRF2, 5ª Turma Especializada, AI nº 0009032-41.2017.4.02.0000, Rel. Des. Fed. ALUISIO GONÇALVES DE CASTRO MENDES, DJe 29.8.2017; TRF2, 5ª Turma Especializada, AI nº 0009220-68.2016.4.02.0000, Rel. Des. Fed. RICARDO PERLINGEIRO, DJe 31.3.2017. 5. Agravo de instrumento provido para que seja determinada a apreciação do pedido de redirecionamento da execução, sem a necessidade de adoção do rito previsto nos arts. 133/137 do CPC/2015. (TRF 2ª R.; AI 0008252-04.2017.4.02.0000; Quinta Turma Especializada; Rel. Des. Fed. Ricardo Perlingeiro; Julg. 31/10/2017; DEJF 23/11/2017)

✓ TRIBUTÁRIO. AGRAVO DE INSTRUMENTO. EXECUÇÃO FISCAL. REDIRECIONAMENTO PARA A PESSOA DO SÓCIO ADMINISTRADOR. INSTAURAÇÃO DE INCIDENTE DE DESCONSIDERAÇÃO DA PERSONALIDADE JURÍDICA. INAPLICABILIDIDADE. I. Estabelece o artigo 134 do Código de Processo Civil que o incidente de desconsideração da personalidade jurídica é cabível em todas as fases do processo de conhecimento, no cumprimento de sentença e na execução fundada em título executivo extrajudicial. II- Em sede de execução fiscal, não se vislumbra necessidade de instauração do referido incidente, nos moldes do artigo 133 do Código de Processo Civil, já que o acatamento do pedido de responsabilidade tributária decorre diretamente da observância dos pressupostos previstos em Lei. III- Recurso provido. (TRF 3ª R.; AI 0017943-49.2016.4.03.0000; Segunda Turma; Rel. Des. Fed. Luís Paulo Cotrim Guimarães; Julg. 14/03/2017; DEJF 24/03/2017)

Sistemática do Código de Processo Civil não se coaduna com a definida pela Lei de Execuções Fiscais.

✓ AGRAVO DE INSTRUMENTO. INSTAURAÇÃO DO INCIDENTE DE DESCONSIDERAÇÃO DE PERSONALIDADE JURÍDICA. ARTIGO 133 E SEGUINTES DO NOVO CPC. EXECUÇÃO FISCAL. INAPLICABILIDADE. O Código de Processo Civil tem sua aplicabilidade subsidiária à Lei Especial, conforme disposição do artigo 1º, da LEF. A instauração de procedimento que ensejará a suspensão do feito executivo (artigo 134, §3º, do CPC), permitindo o debate de matéria arguível em embargos à execução, sem o oferecimento de garantia, não se coaduna com a sistemática definida pela Lei de Execuções Fiscais, de modo que o pedido de inclusão de terceiros no polo passivo do processo executivo, com fulcro no disposto no artigo 135, do CTN, não enseja a instauração do incidente de desconsideração da personalidade jurídica previsto no artigo 133, do CPC. (TRF 4ª R.; AG 5021094-71.2017.404.0000; Primeira Turma; Relª Desª Fed. Maria de Fátima Freitas Labarrère; Julg. 21/06/2017; DEJF 26/06/2017)

Desnecessidade de prova pré-constituída para a instauração do incidente de desconsideração da personalidade jurídica.

✓ AGRAVO DE INSTRUMENTO. DESCONSIDERAÇÃO DA PERSONALIDADE JURÍDICA. INDEFERIMENTO DA INSTAURAÇÃO DO INCIDENTE. ART. 133 E SEGUINTES DO CPC/15. PROVA PRÉ-CONSTITUÍDA PARA A INSTAURAÇÃO. DESNECESSIDADE. 1. Com o advento do CPC/15, a instauração do incidente da desconsideração da personalidade jurídica, com a suspensão do cumprimento de sentença e prévia citação do sócio ou da pessoa jurídica secundária a ser atingida, passou a ser obrigatória, tudo conforme dispõe o art. 133 e seguintes. 2. Nos termos do §4º do art. 134 do CPC/15, compete à parte apenas alegar o preenchimento dos requisitos legais para a desconsideração, a fim de que seja instaurado o incidente, não se exigindo a produção de prova pré-constituída, porquanto a prova para o convencimento de suas alegações poderá ser realizada posteriormente em contraditório. 3. Assim, alegado o preenchimento dos requisitos para a desconsideração da personalidade jurídica, conforme dispõe o §4º do art. 134 do CPC/15, por entender ser aplicável ao caso concreto a Teoria Menor da Desconsideração da Personalidade Jurídica, deve ser instaurado o incidente da desconsideração com a citação dos sócios e posterior produção de prova para, assim, proferir o julgamento do pedido do exequente. 4. Recurso conhecido e parcialmente provido. (TJMG; AI 1.0079.99.025846-3/001; Relª Desª Shirley Fenzi Bertão; Julg. 07/11/2017; DJEMG 10/11/2017)

Incidente de desconsideração da personalidade jurídica que é medida excepcional, demandando o atendimento de pressupostos específicos.

✓ AGRAVO DE INSTRUMENTO. Preliminar de não conhecimento do recurso. Supressão de instância. Inocorrência. Decisão que tem conteúdo decisório, pois reconhece a existência do o preenchimento dos pressupostos legais específicos para desconsideração da personalidade jurídica para a instauração do incidente. Exegese do art. 134, § 4º, do CPC/2015. Preliminar afastada. SOCIEDADE. Desconsideração da personalidade jurídica. Instauração do incidente previsto pelo CPC/2015. Inadmissibilidade. Ausência de indícios suficientes da existência de abuso da sociedade. Desconsideração da pessoa jurídica é medida excepcional que reclama o atendimento de pressupostos específicos. Decisão reformada. Recurso provido. (TJSP; AI 2152278-59.2017.8.26.0000; Ac. 10959258; São Paulo; Vigésima Câmara de Direito Privado; Rel. Des. Álvaro Torres Júnior; Julg. 06/11/2017; DJESP 23/11/2017; Pág. 2112)

Art. 135. Instaurado o incidente, o sócio ou a pessoa jurídica será citado para manifestar-se e requerer as provas cabíveis no prazo de 15 (quinze) dias.

→ *v.* Arts. 9º, 238 e 674, § 2º, III do NCPC.

→ *v.* Enunciado 52 da ENFAM: A citação a que se refere o art. 792, § 3º, do CPC/2015 (fraude à execução) é a do executado originário, e não aquela prevista para o incidente de desconsideração da personalidade jurídica (art. 135 do CPC/2015).

→ *v.* Enunciado 11 do CJF: Aplica-se o disposto nos arts. 133 a 137 do CPC às hipóteses de desconsideração indireta e expansiva da personalidade jurídica.

É necessária a prévia citação dos sócios da empresa executada, sob pena de ofensa aos princípios do contraditório e da ampla defesa.

✓ AGRAVO DE INSTRUMENTO. Incidente de desconsideração da personalidade jurídica. Decisão que o acolhe parcialmente incluindo a sócia proprietária da empresa executada como responsável por seus débitos. É necessária prévia citação da sócia da empresa executada para fins do incidente instaurado, pena de ofensa aos princípios do contraditório e da ampla defesa, e de negativa de vigência ao NCPC, art. 135. Nulidades processuais decretadas de ofício com anulação parcial do procedimento e da decisão agravada. Perda de objeto do mérito da desconsideração e do agravo. Procedimento e decisão anulados para regular processamento do incidente de desconsideração da personalidade jurídica da empresa executada com prévia citação da sócia. Agravo não conhecido. (TJSP; AI 2151806-58.2017.8.26.0000; Ac. 10955350; Penápolis; Décima Quinta Câmara de Direito Privado; Rel. Des. José Wagner de Oliveira Melatto Peixoto; Julg. 08/11/2017; DJESP 16/11/2017; Pág. 2039)

Necessidade de citação dos sócios: diferenças entre o CPC/1973 e o CPC/2015.

✓ APELAÇÃO CÍVEL. EMBARGOS DE TERCEIRO. DESCONSIDERAÇÃO DA PERSONALIDADE JURÍDICA. Inclusão do réu-apelante no polo passivo. Citação. Desnecessidade. Entendimento do STJ (RESP 1545817/SP). Manutenção da sentença. Pretensão do apelante à reforma da sentença de extinção dos embargos de terceiro ofertados na ação indenizatória originária (processo nº 0010975-65.1989.8.19.0001), sem resolução do mérito, por intempestividade e por ser o autor parte no processo principal. Desconsideração da personalidade jurídica da empresa executada que foi proferida em 01/08/2013, ou seja, sob a égide do CPC anterior, e na forma do artigo 50, do Código Civil, diante de evidências de que a pessoa jurídica devedora foi utilizada como meio de obtenção de benefícios econômicos indevidos dos próprios sócios (fls. 517/519, do processo originário). Apenas a partir da vigência do novo código de processo civil, em 18/03/2016, passou a ser exigida a citação dos sócios antes da decisão que decreta a desconsideração da personalidade jurídica da empresa executada, a teor do art. 135, do CPC/2015. "Art.

135. Instaurado o incidente, o sócio ou a pessoa jurídica será citado para manifestar-se e requerer as provas cabíveis no prazo de 15 (quinze) dias. ".- segundo entendimento sufragado pelo STJ, à luz do CPC/73, não gera nulidade a falta de citação do sócio antes da decretação da desconsideração da personalidade jurídica, na fase de cumprimento de sentença, sendo suficiente a defesa apresentada posteriormente à penhora, tal qual no vertente caso (RESP 1545817/SP, RESP 1096604/DF, AGRG no RESP 1459784/MS, RESP 1.414.997/SP, RESP 1545817/SP, AGRG no RESP 1471665/MS). Desprovimento do recurso. (TJRJ; APL 0426559-62.2016.8.19.0001; Rio de Janeiro; Quarta Câmara Cível; Relª Desª Maria Helena Pinto Machado; DORJ 17/10/2017; Pág. 244)

Art. 136. Concluída a instrução, se necessária, o incidente será resolvido por decisão interlocutória.

→ *v.* Arts. 203, § 2º e 1.015, IV do NCPC.

→ *v.* Enunciado 390 do FPPC: Resolvida a desconsideração da personalidade jurídica na sentença, caberá apelação.

→ *v.* Enunciado 11 do CJF: Aplica-se o disposto nos arts. 133 a 137 do CPC às hipóteses de desconsideração indireta e expansiva da personalidade jurídica.

Parágrafo único. Se a decisão for proferida pelo relator, cabe agravo interno.

→ *v.* Art. 1.021 do NCPC.

A decisão interlocutória que resolve o incidente não pode ser confundida com o despacho de processamento previsto no art. 134, §3º do CPC/2015.

✓ AGRAVO DE INSTRUMENTO. Ação de execução de título extrajudicial. Ato do juízo **a quo** que recebe a petição da exequente de incidente de desconsideração da personalidade jurídica da empresa executada e suspende o processo de execução. A hipótese prevista no inciso IV, do art. 1.015, do Novo CPC diz respeito à decisão que põe termo ao procedimento de desconsideração da personalidade jurídica (NCPC, art. 136), não comportando seja confundida com o despacho, sem caráter decisório, de processamento do procedimento (art. 134, §3º, do NCPC). Precedentes. Recurso não conhecido. (TJSP; AI 2146644-82.2017.8.26.0000; Ac. 10779721; Marília; Décima Quinta Câmara de Direito Privado; Rel. Des. José Wagner de Oliveira Melatto Peixoto; Julg. 11/09/2017; DJESP 15/09/2017; Pág. 1974)

Agravo de instrumento cabível somente contra decisão que resolve o incidente de desconsideração da personalidade jurídica.

✓ AGRAVO DE INSTRUMENTO. AÇÃO DE EXECUÇÃO DE TÍTULO EXTRAJUDICIAL. CONTRATO DE LOCAÇÃO DE BEM MÓVEL. INTERPOSIÇÃO CONTRA DELIBERAÇÃO QUE DEFERE PEDIDO DE INSTAURAÇÃO DO PROCEDIMENTO DE DESCONSIDERAÇÃO DA PERSONALIDADE JURÍDICA. RECURSO INCABÍVEL NA ESPÉCIE. HIPÓTESE QUE NÃO SE AMOLDA AO ROL TAXATIVO DO ART. 1.015 DO CPC/2015. RECURSO NÃO CONHECIDO, COM OBSERVAÇÃO. 1.-. Incabível a interposição de agravo de instrumento contra a deliberação que analisa pedido de instauração do incidente de desconsideração da personalidade jurídica, pois inexistente hipótese constante do rol taxativo do art. 1015 do CPC/2015. O indigitado recurso só será cabível contra a decisão que pôr fim ao procedimento acidental de desconsideração da pessoa jurídica (art. 136 do CPC/2015). 2.- Observe-se que a inadmissibilidade do agravo de instrumento não importará em preclusão sobre a questão, pois será possível impugnar a decisão em preliminar de apelação ou nas contrarrazões desse recurso, conforme dispõe o art. 1.009, §1º, do CPC/2015. (TJSP; AI 2242560-80.2016.8.26.0000; Ac. 10059277; Itapecerica da Serra; Trigésima Primeira Câmara de Direito Privado; Rel. Des. Adilson de Araújo; Julg. 13/12/2016; DJESP 19/12/2016)

Prematura ordem de constrição patrimonial prévia à oportunização de defesa à terceira que poderá ser incluída no polo passivo da execução.

✓ DE INSTRUMENTO. AÇÃO INDENIZATÓRIA. CUMPRIMENTO DE SENTENÇA. RECURSO REGULARMENTE INSTRUÍDO. DESNECESSIDADE DE JUNTADA DE PEÇAS OBRIGATÓRIAS, À LUZ DO ART. 1.017, § 5º, DO CÓDIGO DE PROCESSO CIVIL (CPC/2015). LEGITIMIDADE E INTERESSE RECURSAL DA PARTE INCLUÍDA NO POLO PASSIVO PARA IMPUGNAR ORDEM DE PENHORA DE SEUS BENS. PRELIMINARES DE NÃO CONHECIMENTO REJEITADAS. Não há se falar em irregularidade na representação processual da agravante, tendo em vista o recurso foi regularmente instruído com instrumento de mandato. Tampouco houve prejuízo ao juízo de admissibilidade recursal pela ausência de cópia da certidão de intimação, pois incide, na espécie, o disposto no art. 1.017, §5º, do CPC/2015. A agravante passou a ser parte nos autos com a sua inclusão no polo passivo pela mesma decisão que determinou a penhora ora discutida; logo, patente seu interesse recursal e adequação do agravo de instrumento. AGRAVO DE INSTRUMENTO. AÇÃO INDENIZATÓRIA. CUMPRIMENTO DE SENTENÇA. INSTAURAÇÃO DO INCIDENTE DE DESCONSIDERAÇÃO DA PERSONALIDADE JURÍDICA. DEFERIMENTO, NA MESMA DECISÃO, DA PENHORA NO ROSTO DOS AUTOS DOS CRÉDITOS DA AGRAVANTE. PREMATURIDADE DA MEDIDA. NECESSIDADE DE SE AGUARDAR O DESFECHO DO INCIDENTE. RECURSO PROVIDO. Uma vez determinado, porém sequer ainda instaurado o incidente de desconsideração da personalidade jurídica, mostra-se prematura a ordem de constrição patrimonial antes de dar oportunidade de defesa à terceira que poderá ser incluída no polo passivo da execução, mormente considerando inexistir qualquer fundamentação na decisão agravada com o fim de justificar a postergação do contraditório e decisão final a ser proferida no referido incidente processual (arts. 135 e 136 do

CPC/2015). Importante ressaltar que a simples constatação da existência que grupo econômico, por si só, não é o bastante para determinar a desconsideração da personalidade jurídica, devendo estar presentes os requisitos previstos no art. 50 do Código Civil (CC). E também não se pode ignorar que há notícia de bem imóvel penhorado e avaliado nos autos, circunstância que, em tese, não evidencia insolvência da executada, ainda que penhorado em outro processo. (TJSP; AI 2187745-02.2017.8.26.0000; Ac. 10946750; São Paulo; Trigésima Primeira Câmara de Direito Privado; Rel. Des. Adilson de Araujo; Julg. 06/11/2017; DJESP 08/11/2017; Pág. 2286)

Art. 137. Acolhido o pedido de desconsideração, a alienação ou a oneração de bens, havida em fraude de execução, será ineficaz em relação ao requerente.

→ *v.* Arts. 790, II e 792, § 3º, do NCPC.

→ *v.* Enunciado 11 do CJF: Aplica-se o disposto nos arts. 133 a 137 do CPC às hipóteses de desconsideração indireta e expansiva da personalidade jurídica.

O acolhimento do pedido de desconsideração não legitima a concessão de medida antecipatória para arrestar bens dos sócios e/ou diretores da pessoa jurídica executada.

✓ PROCESSUAL CIVIL E DIREITO DO CONSUMIDOR. CUMPRIMENTO DE SENTENÇA. PESSOA JURÍDICA EXECUTADA. COOPERATIVA. DESCONSIDERAÇÃO DA PERSONALIDADE JURÍDICA. INCIDENTE. ADMISSÃO. DETERMINAÇÃO DE ARRESTO DE PATRIMÔNIO DOS DIRETORES E PRESIDENTE DA EXECUTADA. MEDIDA DE ADIANTAMENTO DA RESOLUÇÃO DO INCIDENTE. PREVISÃO LEGAL. INEXISTÊNCIA. CONCESSÃO. INVIABILIDADE. SALVAGUARDA DA UTILIDADE DO INCIDENTE. RECONHECIMENTO DE FRAUDE À EXECUÇÃO DECORRENTE DA ALIEÇÃO OU ONERAÇÃO DE BENS NO TRANSCURSO PROCEDIMENTAL (NCPC, ART. 137). 1. A desconsideração da personalidade jurídica, como exceção à regra da autonomia patrimonial da pessoa jurídica, deve ser motivada e derivar de substrato apto a conduzir à ilação de que efetivamente fora gerida com abuso de direito, seja em quaisquer das acepções trazidas pelo próprio Código de Defesa do Consumidor, tais como excesso de poder, infração da Lei, fato ou ato ilícito, violação dos estatutos ou contrato social ou quando a personalidade da pessoa jurídica for de alguma forma obstáculo ao ressarcimento de prejuízos causados aos consumidores (CC, art. 50; CDC, art. 28). 2. De conformidade com o Código de Processo Civil vigente, o pedido de desconsideração da personalidade jurídica, a par de estar lastrado nas hipóteses que legitimam a medida, deve ser deflagrado através de incidente processual, que ensejará comunicação ao distribuidor para as anotações devidas, a suspensão do trânsito processual, salvo se formulado na petição inicial, e a observância do contraditório com a citação do sócio ou da pessoa jurídica para manifestarem-se e postularem provas (NCPC, arts. 133, e 134). 3. A deflagração do incidente de desconsideração da personalidade jurídica não legitima a concessão de medida antecipatória destinada ao arresto de bens pertencentes aos sócios e/ou diretores da pessoa jurídica executada, pois não compreendida a medida no procedimento encadeado pelo legislador, que, a seu turno, como fórmula destinada a resguarda sua efetividade, prevê que, acolhido, haverá o reconhecimento da fraude de execução se houver no seu trânsito a oneração ou alienação de bens (NCPC, art. 137). 4. A concessão de tutela à margem do figurino legalmente encadeado encerra descompasso para com o devido processo legal, que compreende precipuamente a observância do procedimento legalmente estruturado para obtenção da prestação almejada, tornando inviável a criação de soluções sem lastro material subjacente. 5. Agravo conhecido e provido. Unânime. (TJDF; AGI 2016.00.2.028188-8; Ac. 979.673; Primeira Turma Cível; Rel. Des. Teófilo Caetano; Julg. 09/11/2016; DJDFTE 24/11/2016)

Necessidade de dilação probatória e instauração de prévio contraditório: inteligência dos artigos 133 a 137 do CPC.

✓ AÇÃO DE EXECUÇÃO. DESCONSIDERAÇÃO DA PERSONALIDADE JURÍDICA. Formação de grupo econômico. Tutela cautelar de urgência. Ausência de elementos que autorizem, em sede de cognição sumária, o uso da medida excepcional para o alcance do patrimônio de pessoas jurídicas diversas da executada. Solidariedade afastada initio litis. Necessidade de dilação probatória e instauração de prévio contraditório por meio do incidente de desconsideração da personalidade jurídica. Inteligência dos artigos 133 a 137 do CPC. Pleito de expropriação de bens de todas as empresas do suposto grupo empresarial e respectivos sócios prejudicados. Decisão mantida. RECURSO NÃO PROVIDO NESTA PARTE. FRAUDE À EXECUÇÃO E A CREDORES. Pretensão recursal de imediato reconhecimento. Descabimento. As meras alegações de que o imóvel indicado como sede da empresa se encontra vazio, de que a executada se esquiva de receber o mandado de citação, bem assim de alteração de endereço na JUCESP não induzem à caracterização dos institutos em questão. Ausência de elementos apontados no artigo 792 do Código de Processo Civil a afastar a ocorrência de fraude à execução. Necessidade de ajuizamento de ação própria com vistas à comprovação de eventual consilium fraudis e **eventum damni**, no tocante à configuração de fraude a credores. Decisão mantida. RECURSO NÃO PROVIDO NESTA PARTE. CITAÇÃO. Certidão negativa. Alegação de validade do ato. Impossibilidade. Recebimento do D. Oficial de Justiça por advogado de empresa do suposto grupo econômico, sediada no endereço diligenciado. Ausência de demonstração de poderes de representação conferidos pela executada a inviabilizar a pretensão recursal. Pedido de reconhecimento de transcurso de prazo para apresentação de embargos à execução, fundado na validade da tentativa de citação, prejudicado. Forçoso o prosseguimento da execução com novas tentativas de citação da executada. Decisão mantida. RECURSO NÃO PROVIDO NESTA PARTE. (TJSP; AI 2108744-65.2017.8.26.0000; Ac. 10741074; Itaquaquecetuba; Décima Primeira Câmara de Direito Privado; Rel. Des. Renato Rangel Desinano; Julg. 24/08/2017; DJESP 01/09/2017; Pág. 2339)

Acolhido o incidente, será ineficaz, em relação ao credor, a alienação ou oneração de bens havida em fraude à execução.

✓ AGRAVO DE INSTRUMENTO. REPRESENTAÇÃO COMERCIAL. CUMPRIMENTO DE SENTENÇA. DOCUMENTOS JUNTADOS APÓS A INTERPOSIÇÃO DO RECURSO. VÍCIO SANÁVEL. POSSIBILIDADE DE COMPLEMENTAÇÃO. ART. 932, PARÁGRAFO ÚNICO DO NCPC. PRELIMINAR REJEITADA. PENHORA DE COTAS SOCIAIS. DETERMINAÇÃO DE APRESENTAÇÃO DE PRESTAÇÕES DE CONTAS, BALANÇOS E BALANCETES E DEPÓSITO DE LUCROS EM FAVOR DA EMPRESA PERTENTENCENTE AO AGRAVANTE. DETERMINAÇÃO NÃO FUNDAMENTADA. A decisão hostilizada limitou-se a acolher o pedido de penhora de cotas sociais e vedar a alteração social, fazendo mera remissão a outro pedido da credora. Determinação de apresentação de prestações de contas, balancetes e balanços e depósito de valores pagos à empresa pertencente ao agravante e a este carente de fundamentação específica, em especial em face da pendência de incidente de desconsideração da personalidade jurídica inversa, ainda não julgada. Nulidade reconhecida no ponto. Vedação de alteração do contrato social. Deve ser mantida a vedação à alteração do contrato social, tendo em vista que deferida expressamente nos autos e não representar prejuízo ao agravante, pois de acordo com o art. 137 do NCPC, segundo o qual, acolhido o incidente, será ineficaz em relação ao credor a alienação ou oneração de bens havida em fraude à execução. Preliminar rejeitada. Agravo de instrumento provido em parte. (TJRS; AI 0223730-90.2016.8.21.7000; Porto Alegre; Décima Quinta Câmara Cível; Relª Desª Ana Beatriz Iser; Julg. 31/08/2016; DJERS 05/09/2016)

CAPÍTULO V
DO AMICUS CURIAE

→ v. Art. 31 da Lei 6.385/1976.

→ v. Art. 7º, § 2º da Lei 9.868/1999.

→ v. Art. 118 da Lei 12.529/2011.

→ v. Art. 3º, § 2º, da Lei 11.418/2006.

Art. 138. O juiz ou o relator, considerando a relevância da matéria, a especificidade do tema objeto da demanda ou a repercussão social da controvérsia, poderá, por decisão irrecorrível, de ofício ou a requerimento das partes ou de quem pretenda manifestar-se, solicitar ou admitir a participação de pessoa natural ou jurídica, órgão ou entidade especializada, com representatividade adequada, no prazo de 15 (quinze) dias de sua intimação.

→ v. Enunciado 127 do FPPC: A representatividade adequada exigida do **amicus curiae** não pressupõe a concordância unânime daqueles a quem representa.

→ v. Enunciado 128 do FPPC: No processo em que há intervenção do **amicus curiae**, a decisão deve enfrentar as alegações por ele apresentadas, nos termos do inciso IV do § 1º do art. 489.

→ v. Enunciado 249 do FPPC: A intervenção do **amicus curiae** é cabível no mandado de segurança.

→ v. Enunciado 250 do FPPC: Admite-se a intervenção do **amicus curiae** nas causas trabalhistas, na forma do art. 138, sempre que o juiz ou relator vislumbrar a relevância da matéria, a especificidade do tema objeto da demanda ou a repercussão geral da controvérsia, a fim de obter uma decisão respaldada na pluralidade do debate e, portanto, mais democrática.

→ v. Enunciado 388 do FPPC: O assistente simples pode requerer a intervenção de **amicus curiae**.

→ v. Enunciado 392 do FPPC: As partes não podem estabelecer, em convenção processual, a vedação da participação do **amicus curiae**.

→ v. Enunciado 393 do FPPC: É cabível a intervenção de **amicus curiae** no procedimento de edição, revisão e cancelamento de enunciados de súmula pelos tribunais.

→ v. Enunciado 395 do FPPC: Os requisitos objetivos exigidos para a intervenção do **amicus curiae** são alternativos.

→ v. Enunciado 460 do FPPC: O microssistema de aplicação e formação dos precedentes deverá respeitar as técnicas de ampliação do contraditório para amadurecimento da tese, como a realização de audiências públicas prévias e participação de **amicus curiae**.

→ v. Enunciado 12 do CJF: É cabível a intervenção de amicus curiae (art. 138 do CPC) no procedimento do Mandado de Injunção (Lei n. 13.300/2016).

§ 1º A intervenção de que trata o *caput* não implica alteração de competência nem autoriza a interposição de recursos, ressalvadas a oposição de embargos de declaração e a hipótese do § 3º.

→ v. Arts. 109, I e 114 da CF/1998.

→ v. Enunciado 394 do FPPC: As partes podem opor embargos de declaração para corrigir vício da decisão relativo aos argumentos trazidos pelo **amicus curiae**.

§ 2º Caberá ao juiz ou ao relator, na decisão que solicitar ou admitir a intervenção, definir os poderes do **amicus curiae**.

→ v. Art. 1.015, IX do NCPC.

§ 3º O **amicus curiae** pode recorrer da decisão que julgar o incidente de resolução de demandas repetitivas.

→ *v.* Arts. 976 e ss. do NCPC.

→ *v.* Enunciado 391 do FPPC: O **amicus curiae** pode recorrer da decisão que julgar recursos repetitivos.

Após julgamento do mérito de repercussão geral e fixação de súmula de julgamento, não se admite *amicus curiae*.

✓ AGRAVO REGIMENTAL EM RECURSO EXTRAORDINÁRIO. PEDIDO DE INGRESSO COMO AMICUS CURIAE. INDEFERIDO. INVIABILIDADE DE ADMISSÃO APÓS O JULGAMENTO DO MÉRITO DA DEMANDA. EQUIPARAÇÃO AO ASSISTENTE PROCESSUAL. IMPOSSIBILIDADE. EXCEPCIONALIDADE DO CASO. NÃO CONFIGURADA. 1. Não é devido o ingresso em feito, na qualidade de terceiro interveniente, após a ocorrência do julgamento do mérito do recurso extraordinário, sob a sistemática da repercussão geral. Ademais, a existência de embargos declaratórios com pleito de atribuição de efeitos infringentes e de modulação de efeitos não gera excepcionalidade à jurisprudência do STF. 2. Não há direito subjetivo à figuração em feito na qualidade de amicus curiae, sendo o crivo do Relator caracterizado por um juízo não só de pertinência e representatividade, mas também de oportunidade e utilidade processual. 3. Após julgado o mérito de repercussão geral e fixada súmula de julgamento com eficácia no sistema de precedentes obrigatórios, mostra-se pouco eficaz os subsídios instrutórios e técnicos a serem apresentados pela parte Agravante. 4. O advento do novo CPC não possui aptidão para alterar a jurisprudência do STF quanto à negativa de participação depois do julgamento de mérito, pois é inviável equiparar a figura do amicus curiae a do assistente, pois somente a este é possível a admissão em qualquer procedimento e em todos os graus de jurisdição, recebendo o processo no estado em que se encontre. Arts. 119, parágrafo único, e 138 do CPC. 5. Agravo regimental a que se nega provimento. (STF; RE 593849 AgR; Tribunal Pleno; Rel. Min. Edson Fachin; Julg. 22/09/2017, Processo Eletrônico DJe-225 DIVULG 02/10/2017 PUBLIC 03/10/2017)

Critérios para admissão de pessoas físicas como *amicus curiae.*

✓ SEGUNDO AGRAVO REGIMENTAL EM ARGUIÇÃO DE DESCUMPRIMENTO DE PRECEITO FUNDAMENTAL. PEDIDO DE INGRESSO COMO AMICUS CURIAE INDEFERIDO. AUSÊNCIA DE CONTRIBUIÇÃO ESPECÍFICA. INTERESSE ECONÔMICO INDIVIDUAL. 1. Conforme os arts. 7º, §2º, da Lei 9.868/1999, 6º, §2º, da Lei 9.882/1999, e 138 do CPC/15, os critérios para admissão de pessoas físicas como amicus curiae são a relevância da matéria, especificidade do tema ou repercussão social da controvérsia, assim como a representatividade adequada do pretendente. 2. A mera alegação de integrar lides processuais acerca de mesma temática a ser solvida em processo de índole abstrata, sem a indicação de contribuição específica ao debate, não legitima a participação do Peticionante. 3. Agravo regimental a que se nega provimento. (STF; ADPF 145 AgR-segundo; Tribunal Pleno; Rel. Min. Edson Fachin; Julg. 01/09/2017, Acórdão Eletrônico DJe-206 DIVULG 11/09/2017 PUBLIC 12/09/2017)

✓ AGRAVO REGIMENTAL EM AÇÃO DIRETA DE INCONSTITUCIONALIDADE. RESOLUÇÃO Nº 13/2012 DO SENADO FEDERAL. PEDIDO DE INGRESSO COMO AMICUS CURIAE INDEFERIDO. AUSÊNCIA DE CONTRIBUIÇÃO ESPECÍFICA. 1. A interação dialogal entre o STF e pessoas naturais ou jurídicas, órgãos ou entidades especializadas, que se apresentem como amigos da Corte, tem um potencial epistêmico de apresentar diferentes pontos de vista, interesses, aspectos e elementos nem sempre alcançados, vistos ou ouvidos pelo Tribunal diretamente da controvérsia entre as partes em sentido formal, possibilitando, assim, decisões melhores e também mais legítimas do ponto de vista do Estado Democrático de Direito. 2. Conforme os arts. 7º, §2º, da Lei 9.868/1999 e 138 do CPC/15, os critérios para admissão de entidades como amicus curiae são a relevância da matéria, especificidade do tema ou repercussão social da controvérsia, assim como a representatividade adequada do pretendente. 3. Agravo regimental a que se nega provimento. (STF; ADI 4858 AgR; Tribunal Pleno; Rel. Min. Edson Fachin; Julg. 24/03/2017, Processo Eletrônico DJe-066 DIVULG 31/03/2017 PUBLIC 03/04/2017)

✓ AGRAVO REGIMENTAL EM RECURSO EXTRAORDINÁRIO. DIREITO TRIBUTÁRIO. FPM. PEDIDO DE INGRESSO COMO AMICUS CURIAE INDEFERIDO. ASSOCIAÇÕES ESTADUAIS E FEDERAÇÕES DE MUNICÍPIOS. AUSÊNCIA DE REPRESENTATIVIDADE E CONTRIBUIÇÃO ESPECÍFICA. 1. A interação dialogal entre o STF e pessoas naturais ou jurídicas, órgãos ou entidades especializadas, que se apresentem como amigos da Corte, tem um potencial epistêmico de apresentar diferentes pontos de vista, interesses, aspectos e elementos nem sempre alcançados, vistos ou ouvidos pelo Tribunal diretamente da controvérsia entre as partes em sentido formal, possibilitando, assim, decisões melhores e também mais legítimas do ponto de vista do Estado Democrático de Direito. 2. Conforme o art. 138 do CPC/15, os critérios para admissão de entidades como amicus curiae são a relevância da matéria, especificidade do tema ou repercussão social da controvérsia, assim como a representatividade adequada do pretendente. 3. Agravo regimental a que se nega provimento. (STF; RE 705423 AgR-segundo; Tribunal Pleno; Rel. Min. Edson Fachin; Julg. 15/12/2016, Processo Eletrônico DJe-024 DIVULG 07/02/2017 PUBLIC 08/02/2017)

Inviabilidade de interposição de recursos por *amicus curiae* (ressalvada a oposição de embargos de declaração).

✓ PEDIDO DE RECONSIDERAÇÃO NO RECURSO ESPECIAL. INTERPOSIÇÃO CONTRA ACÓRDÃO. NÃO

CABIMENTO. AMICUS CURIAE. LEGITIMIDADE RECURSAL. AUSÊNCIA. 1. Conforme dispõem os arts. 1.021 do CPC/2015 e 259 do RISTJ, é incabível a interposição de pedido de reconsideração contra decisão colegiada. Caracterização de erro grosseiro. 2. Nos termos do art. 138, § 1º, do CPC/2015, a intervenção do amicus curiae não autoriza a interposição de recursos, ressalvada a oposição de embargos de declaração, já que é terceiro admitido no processo para que forneça subsídios instrutórios (probatórios ou jurídicos) à melhor solução da controvérsia, não assumindo a condição de parte. 3. Pedido de reconsideração não conhecido. (STJ; RCD no REsp 1568244; RJ; Segunda Seção; Rel. Min. Ricardo Villas Bôas Cueva; Julg. 23/08/2017; DJe 28/08/2017)

Inviabilidade de intervenção, em sede de habeas corpus, na qualidade de assistente ou de *amicus curiae.*

✓ PEDIDO DE INGRESSO NO FEITO, NA QUALIDADE DE AMICUS CURIAE, FORMULADO POR TERCEIRO. HABEAS CORPUS. AÇÃO CONSTITUCIONAL DE RITO CÉLERE E CARÁTER PERSONALÍSSIMO. NÃO CABIMENTO. PACIENTES SUFICIENTEMENTE ASSISTIDOS PELA DEFENSORIA PÚBLICA. AGRAVO REGIMENTAL NÃO PROVIDO. 1. A pretendida intervenção, em sede de habeas corpus, seja na qualidade de assistente ou de amicus curiae, além de não possuir amparo legal, é refutada pela jurisprudência do Supremo Tribunal Federal e do Superior Tribunal de Justiça. 2. Hipótese em que a decisão agravada indeferiu o pedido de ingresso do Instituto Brasileiro de Ciências Criminais no feito, na qualidade de amicus curiae, cujos pacientes estão suficientemente representados pela Defensoria Pública do Estado de São Paulo, não sendo hipótese de nomear nenhum órgão ou entidade para prestar-lhes assistência técnico-jurídica. 3. Agravo regimental não provido. (STJ; AgInt na PET no HC 359.374; SP; Quinta Turma; Rel. Min. Reynaldo Soares da Fonseca; Julg. 25/04/2017; DJe 03/05/2017)

TÍTULO IV
Do Juiz e dos Auxiliares da Justiça

Capítulo I
DOS PODERES, DOS DEVERES E DA RESPONSABILIDADE DO JUIZ

Art. 139. O juiz dirigirá o processo conforme as disposições deste Código, incumbindo-lhe:

I – assegurar às partes igualdade de tratamento;

→ *v.* Art. 5º, II, da CF/1988.

→ *v.* Art. 35, IV, da LC 35/1979.

→ *v.* Art. 9º do Código de Ética da Magistratura.

→ *v.* Enunciado 107 do FPPC: O juiz pode, de ofício, dilatar o prazo para a parte se manifestar sobre a prova documental produzida.

II – velar pela duração razoável do processo;

→ *v.* Art. 5º, LXXVIII da CF/1988.

III – prevenir ou reprimir qualquer ato contrário à dignidade da justiça e indeferir postulações meramente protelatórias;

IV – determinar todas as medidas indutivas, coercitivas, mandamentais ou sub-rogatórias necessárias para assegurar o cumprimento de ordem judicial, inclusive nas ações que tenham por objeto prestação pecuniária;

→ *v.* Art. 77, § 2º do NCPC.

→ *v.* Enunciado 48 da ENFAM: O art. 139, IV, do CPC/2015 traduz um poder geral de efetivação, permitindo a aplicação de medidas atípicas para garantir o cumprimento de qualquer ordem judicial, inclusive no âmbito do cumprimento de sentença e no processo de execução baseado em títulos extrajudiciais.

→ *v.* Enunciado 12 do FPPC: A aplicação das medidas atípicas sub-rogatórias e coercitivas é cabível em qualquer obrigação no cumprimento de sentença ou execução de título executivo extrajudicial. Essas medidas, contudo, serão aplicadas de forma subsidiária às medidas tipificadas, com observação do contraditório, ainda que diferido, e por meio de decisão à luz do art. 489, § 1º, I e II.

→ *v.* Enunciado 251 do FPPC: O inciso VI do art. 139 do CPC aplica-se ao processo de improbidade administrativa.

→ *v.* Enunciado 396 do FPPC: As medidas do inciso IV do art. 139 podem ser determinadas de ofício, observado o art. 8º.

→ *v.* Enunciado 444 do FPPC: Para o processo de execução de título extrajudicial de obrigação de não fazer, não é necessário propor a ação de conhecimento para que o juiz possa aplicar as normas decorrentes dos arts. 536 e 537 do FPPC.

→ *v.* Enunciado 525 do FPPC: A produção do resultado prático equivalente pode ser determinada por decisão proferida na fase de conhecimento.

Uma das primeiras decisões admitindo medidas coercitivas atípicas, determinando a suspensão da carteira de motorista, apreensão de passaporte e cancelamento de cartões de crédito

✓ (...) Se o executado não tem como solver a presente dívida, também não recursos para viagens internacionais, ou para manter um veículo, ou mesmo manter um cartão de crédito. Se porém, mantiver tais atividades, poderá quitar a dívida, razão pela qual a medida coercitiva poderá se mostrar efetiva. Assim, como medida coercitiva objetivando a efetivação da presente execução, defiro o pedido formulado pelo exequente, e suspendo a Carteira Nacional de Habilitação do executado (...), determinando, ainda, a apreensão de seu passaporte, até o pagamento da presente dívida. Oficie-se ao Departamento Estadual de Trânsito e à Delegacia da Polícia Federal. Determino, ainda, o cancelamento dos cartões de crédito do executado até o pagamento da presente dívida. Oficie-se às empresas operadoras de cartão de crédito Mastercard, Visa, Elo, Amex e Hipercard, para cancelar os cartões do executado. (...) (Processo nº: 4001386-13.2013.8.26.0011 – Execução de Título Extrajudicial; Justiça Estadual de 1º grau de São Paulo)

Dessa decisão houve impetração de HC, cuja ordem foi concedida, por maioria

✓ - ementa: 'Habeas corpus' Ação de execução por quantia certa – Decisão que determinou a apreensão do passaporte e a suspensão da CNH do executado, até que efetue o pagamento do débito exequendo, fundamento no art. 139, IV, do NCPC – Remédio constitucional conhecido e liminar concedida – Medidas impostas que restringem a liberdade pessoal e o direito de locomoção do paciente Inteligência do art. 5o, XV, da CF – Limites da responsabilidade patrimonial do devedor que se mantêm circunscritos ao comando do art. 789, do NCPC – Impossibilidade de se impor medidas que extrapolem os limites da razoabilidade e da proporcionalidade. Ação procedente para conceder a ordem. (TJSP, HC 2183713-85.2016.8.26.0000, 30ª Câmara Direito Privado TJSP, relator Des. Marcos Ramos, j. 29/03/17).

✓ - trecho do voto vencido: O objetivo do novel dispositivo não é impor penas ou restringir direitos, não sendo intenção do Judiciário suspender indefinidamente o direito de dirigir do executado ou sua liberdade de viajar, mas sim impor uma restrição tão gravosa caso ele não cumpra a determinação, que escolha cumprir sua obrigação e dar fim ao problema. Em outras palavras, mediante as medidas de coerção o Estado procura persuadir o inadimplente, impondo-lhe situações tão onerosas e inconvenientes que em algum momento seja para ele mais vantajoso cumprir do que permanecer no inadimplemento. Ao fazê-lo, o Novo Código de Processo Civil rompe com as críticas da ineficiência das execuções. Não se cogita deferir medidas restritivas àqueles que demonstram a incapacidade absoluta de solver o débito, apenas àqueles que reconhecidamente se valem de artimanhas e subterfúgios para evitar a satisfação das dívidas, "preferindo" outras despesas mais 'nobres', agindo em nome de terceiros e fazendo escárnio dos credores e do próprio Poder Judiciário. (...) Para tanto, memorável a noção de que a medida em comento tem caráter excepcional e encontra limites no plano da proporcionalidade, como sustenta o ilustrado Magistrado paulista Fernando da Fonseca Gajardoni, Professor Faculdade de Direito de Ribeirão Preto da USP (in https://www.jota.info/artigos/a-revolucao-silenciosa-da-execucao-por-quantia-24082015, acesso em 09.12.16, às 11h20min). E, para análise da proporcionalidade, a ponderação deve observar os três passos apontados pela doutrina: a necessidade, a adequação e a proporcionalidade em sentido estrito (TJSP; HC 2183713-85.2016.8.26.0000; voto vencido, Desa. Maria Lúcia Pizzotti).

Decisão de tribunal admitindo as medidas coercitivas atípicas, demonstrando como a questão ainda é polêmica

✓ HABEAS CORPUS. EXECUÇÃO DE ALIMENTOS. SUSPENSÃO DA HABILITAÇÃO PARA DIRIGIR VEÍCULO AUTOMOTOR. AUSÊNCIA DE ILEGALIDADE. (...) No caso, a determinação judicial de suspensão da habilitação para dirigir veículo automotor não ocasiona ofensa ao direito do paciente, que segue podendo ir e vir (art. 5o, XV, da CF). (...) Trata-se de providência tendente a assegurar efetividade à decisão que condenou o devedor ao pagamento de pensão, e que se justifica plenamente, porque a situação enfrentada é de natureza singular, já que, não obstante todas as providências adotadas pela parte credora, não houve êxito na cobrança dos alimentos devidos, tudo indicando que o executado tem condições de contribuir com alimentos, mas opta por deixar a prole passar necessidades. (...) Não há que se cogitar de imposição de pena perpétua, uma vez que a matéria tratada possui natureza civil e cessará tão logo adimplida a obrigação do devedor, não sendo necessário maior esforço para concluir que direito deve prevalecer no cotejo entre o direito à vida e à existência digna e o de dirigir veículo automotor. ORDEM DENEGADA. (TJRS; HC 0431358-49.2016.8.21.7000; 8ª Câmara Cível; Des Ricardo Moreira Lins Pastl).

V – promover, a qualquer tempo, a autocomposição, preferencialmente com auxílio de conciliadores e mediadores judiciais;

→ *v.* Art. 334 do NCPC.

→ *v.* Enunciado 485 do FPPC: É cabível a audiência de conciliação e mediação no processo de execução, na qual é admissível, entre outras coisas, a apresentação de plano de cumprimento da prestação.

→ *v.* Enunciado 14 do CEAPRO: O juiz deve estimular a adoção da autocomposição, sendo a ele vedada a condução da sessão consensual por força dos princípios da imparcialidade e confidencialidade (art. 139, V, 166, § 1º, CPC).

→ *v.* Enunciado 16 da I Jornada "Prevenção e solução extrajudicial de litígios" do CJF: O magistrado pode, a qualquer momento do processo judicial, convidar as partes para tentativa de composição da lide pela mediação extrajudicial, quando entender que o conflito será adequadamente solucionado por essa forma.

VI – dilatar os prazos processuais e alterar a ordem de produção dos meios de prova, adequando-os às necessidades do conflito de modo a conferir maior efetividade à tutela do direito;

→ *v.* Enunciado 35 da ENFAM: Além das situações em que a flexibilização do procedimento é autorizada pelo art. 139, VI, do CPC/2015, pode o juiz, de ofício, preservada a previsibilidade do rito, adaptá-lo às especificidades da causa, observadas as garantias fundamentais do processo.

→ *v.* Enunciado 116 do FPPC: Quando a formação do litisconsórcio multitudinário for prejudicial à defesa, o juiz poderá substituir a sua limitação pela ampliação de prazos, sem prejuízo da possibilidade de desmembramento na fase de cumprimento de sentença.

→ *v.* Enunciado 179 do FPPC: O prazo de cinco dias para prestar caução pode ser dilatado, nos termos do art. 139, inciso VI.

→ *v.* Enunciado 13 do CJF: O art. 139, VI, do CPC autoriza o deslocamento para o futuro do termo inicial do prazo.

VII – exercer o poder de polícia, requisitando, quando necessário, força policial, além da segurança interna dos fóruns e tribunais;

VIII – determinar, a qualquer tempo, o comparecimento pessoal das partes, para inquiri-las sobre os fatos da causa, hipótese em que não incidirá a pena de confesso;

→ *v.* Art. 385, § 1º do NCPC.

IX – determinar o suprimento de pressupostos processuais e o saneamento de outros vícios processuais;

→ *v.* Art. 352 do NCPC.

X – quando se deparar com diversas demandas individuais repetitivas, oficiar o Ministério Público, a Defensoria Pública e, na medida do possível, outros legitimados a que se referem o art. 5º da Lei nº 7.347, de 24 de julho de 1985, e o art. 82 da Lei nº 8.078, de 11 de setembro de 1990, para, se for o caso, promover a propositura da ação coletiva respectiva.

→ *v.* Enunciado 119 do FPPC: Em caso de relação jurídica plurilateral que envolva diversos titulares do mesmo direito, o juiz deve convocar, por edital, os litisconsortes unitários ativos incertos e indeterminados (art. 259, III), cabendo-lhe, na hipótese de dificuldade de formação do litisconsórcio, oficiar o Ministério Público, a Defensoria Pública ou outro legitimado para que possa requerer a conversão da ação individual em coletiva (art. 333).

Parágrafo único. A dilação de prazos prevista no inciso VI somente pode ser determinada antes de encerrado o prazo regular.

→ *v.* Enunciado 129 do FPPC: A autorização legal para ampliação de prazos pelo juiz não se presta a afastar preclusão temporal já consumada.

Violação de deveres e proporcionalidade da sanção aplicada.

✓ Agravo regimental em mandado de segurança. (...) 2. Conselho Nacional de Justiça. Competência para processar e julgar processo administrativo disciplinar com vistas a apurar descumprimento de deveres funcionais por parte dos magistrados. Art. 103-B, § 4º, da Constituição. 3. Independência funcional do magistrado. Incursão. Inocorrência. Atos sucessivos que demonstram a reiteração de procedimentos incorretos evidenciadores do desvirtuamento da atividade judicante. Violação aos deveres impostos aos magistrados pelo art. 139 do NCPC e pelo art. 35 da LOMAN. 4. Proporcionalidade da sanção aplicada. Necessidade de ampla dilação probatória. Inadequação do meio processual. Impossibilidade. 5. Agravo regimental a que se nega provimento. (STF; MS 32221 AgR; Segunda Turma; Rel. Min. Gilmar Mendes; Julg. 29/09/2017, Processo Eletrônico DJe-232 DIVULG 09/10/2017 PUBLIC 10/10/2017)

Aplicação de medida atípica com base no art. 139, IV: inadmissão de *habeas corpus.*

✓ PROCESSUAL CIVIL. HABEAS CORPUS SUBSTITUTIVO DE RECURSO PRÓPRIO. INADEQUAÇÃO. PRECEDENTES. EXECUÇÃO DE TÍTULO EXTRAJUDICIAL. APLICAÇÃO DE MEDIDA ATÍPICA DO INCISO IV DO ART. 139 DO NCPC. SUSPENSÃO DA CARTEIRA NACIONAL DE HABILITAÇÃO DO PACIENTE. AUSÊNCIA DE VIOLAÇÃO DO DIREITO DE IR E VIR. HABEAS CORPUS NÃO CONHECIDO. 1. Não é admissível, em regra, a utilização do habeas corpus como sucedâneo de recurso ordinário cabível. Precedentes. 2. A jurisprudência desta eg. Corte Superior tem orientação no sentido de que é inadequada a utilização do habeas corpus quando não há, sequer remotamente, ameaça ao direito de ir e vir do paciente, como na hipótese de restrição ao direito de dirigir veículo automotor. 3. O Habeas Corpus não é sucedâneo do recurso adequado. 4. Habeas corpus não conhecido. (STJ; HC 411.519; SP; Terceira Turma; Rel. Min. Moura Ribeiro; Julg. 21/09/2017; DJe 03/10/2017)

Aplicação analógica do art. 139, IX para apreciar o mérito da demanda.

✓ MANDADO DE SEGURANÇA. ADMINISTRATIVO. PREVIDENCIÁRIO. PROCESSO CIVIL. ILEGITIMIDADE PASSIVA. DECADÊNCIA DO DIREITO DE IMPETRAÇÃO. ATO COMISSIVO, E NÃO OMISSIVO. PRINCÍPIO DA PRIMAZIA DA DECISÃO DE MÉRITO. MARÍTIMO SERVIDOR AUTÁRQUICO. AUSÊNCIA

DE COMPROVAÇÃO DE ENQUADRAMENTO NO MINISTÉRIO DO TRABALHO. PEDIDO DE APROVEITAMENTO E CONVERSÃO PARA APOSENTADORIA COMPULSÓRIA. IMPOSSIBILIDADE. FALTA DE PREVISÃO LEGAL PARA CUMULAÇÃO DOS BENEFÍCIOS. PRECEDENTES DO TRIBUNAL FEDERAL DE RECURSOS E DO SUPERIOR TRIBUNAL DE JUSTIÇA. 1. Trata-se de Mandado de Segurança em que o impetrante, que pertenceu ao quadro da Lloyd Brasileiro, requer seu imediato aproveitamento e a conversão para a condição de aposentado, bem como o pagamento dos respectivos valores, considerada a prescrição, a partir do Decreto 62.938/1968 c/c a Lei 1.711/1952 e a Lei 8.112/1990. 2. Embora a autoridade apontada como responsável pelo ato omissivo ilegal (Ministro do Transporte) não seja, atualmente, competente para reaproveitar e aposentar o requerente, tem-se que o ato é, em verdade, comissivo, consistente no Despacho que negou expressamente o enquadramento almejado. 3. Nos termos do art. 6º, § 3º, da Lei 12.016/2009, é parte legítima não somente quem pode executar diretamente o ato, mas quem delegou essa possibilidade. Não se exige, quanto à legitimidade, que o impetrante conheça toda a distribuição de competências do órgão em que atua a autoridade. 4. A decisão denegatória expressa, aposta no Processo nº 14.261-98, afasta a hipótese de ato coator omissivo e leva à verificação da decadência para impetrar o Mandado de Segurança. 5. Não obstante a decadência do direito de impetração, de forma excepcional, à luz dos princípios da primazia da decisão de mérito, previsto nos arts. 4º e 6º do CPC de 2015; da duração razoável do processo; da celeridade; da instrumentalidade das formas, bem como da aplicação analógica dos arts. 139, IX e 1.029, § 3º, do CPC de 2015, não é o caso de se extinguir o presente Mandado de Segurança sem adentrar o mérito da demanda, pois o ajuizamento da demanda se deu há mais de 3 (três) anos, e a causa está pronta para julgamento, com documentos e argumentos lançados por ambas as partes. 6. Ademais, e mais importante, a segurança é manifestamente incabível, sendo desarrazoado extinguir o writ sem apreciar o direito material do impetrante, que poderia acessar as vias processuais ordinárias demandando a formação de uma nova relação processual. 7. Por ser manifestamente inadmissível, caberia a pronta denegação da segurança por decisão monocrática (art. 212 do Regimento Interno), o que permitiria a análise do mérito. Consequentemente, e diante dos fundamentos expostos, é de se permitir tal análise neste momento do processo. 8. O nome do impetrante não consta na lista anexa ao Decreto 62.938/1968, de modo que não foi integrado ao quadro do Ministério do Trabalho. 9. Ainda que tivesse ocorrido, os marítimos não possuem direito à percepção cumulativa de duas aposentadorias, uma pelo Regime Próprio da União e outra pelo Regime Geral da Previdência Social. Interpretação da Lei 2.752/1956 que não prevê a referida acumulação para os servidores autárquicos, seja da Lloyd Brasileiro, seja da Companhia Costeira. Precedentes. 10. Segurança denegada. (STJ; MS 20.295; DF; Primeira Seção; Rel. Min. Herman Benjamin; Julg. 09/11/2016; DJe 29/11/2016)

Vedação de indicação da norma correta em substituição à mencionada pela recorrente sob pena de ferir a isonomia (art. 139, I).

✓ CIVIL E PROCESSUAL CIVIL. AÇÃO DECLARATÓRIA DE NULIDADE. CONTRATO DE ASSUNÇÃO DE DÍVIDA E NOTA PROMISSÓRIA A ELE VINCULADA. IMPORTÂNCIA DECORRENTE DA INADIMPLÊNCIA EM CONTRATO ANTERIOR DE FACTORING. RECURSO ESPECIAL NÃO CONHECIDO. 1. Divergência jurisprudencial não comprovada, tendo em vista que a recorrente deixou de realizar o cotejo analítico entre os arestos confrontados mediante a obrigatória transcrição de trechos dos dois julgados com o propósito de demonstrar a indispensável semelhança fático-jurídica. No presente caso, a simples transcrição da ementa do paradigma não é suficiente para tal fim. Ademais, o paradigma juntado aos autos não guarda a indispensável semelhança entre os casos confrontados. 2. Quanto à alínea "a" do permissivo constitucional, destaco que a recorrente indicou como violado apenas o art. 166, II, primeira parte, do CC/2002, que não se aplica ao presente caso, porque o contrato a ser anulado foi celebrado na vigência do CC/1916. Retroatividade vedada nos termos do art. 2.035 do CC/2002. Precedentes. 3. O fato de existir no CC/1916 (cf. art. 145, II, primeira parte) dispositivo semelhante ao art. 166, II, primeira parte, do CC/2002 não permite conhecer do recurso. Por se tratar de dever da parte mencionar as normas federais violadas, é vedado a este colegiado indicar a norma correta em substituição àquele mencionado pela recorrente, sob pena de ferir, também, o princípio processual da isonomia, disciplinado nos arts. 125, I, do CPC/1973 e 139, I, do CPC/2015. Caso em que não se está diante de mero equívoco material sanável. 4. Tanto o art. 166, II, primeira parte, do CC/2002 – único mencionado pela recorrente – quanto o art. 145, II, primeira parte, do CC/1916 não são suficientes, por si, para amparar o recurso e demonstrar a nulidade do contrato de assunção de dívida e da nota promissória. Ambos encerram, de forma genérica e abstrata, o princípio da legalidade do objeto do negócio jurídico, tão somente considerando nula a contratação ilícita. Nesse contexto, a violação de tais normas e do princípio da legalidade do objeto, se houver, será meramente reflexa, pois dependerá do prévio reconhecimento de afronta a outras regras legais – não indicadas pela recorrente -, essas sim que, de alguma forma, afirmem a ilegalidade do contrato de assunção de dívida subscrito pelo faturizado e relacionado à inadimplência verificada em anterior contrato de factoring. Tal circunstância implica insubsistência da pretensão recursal deduzida nestes autos, não podendo o mencionado defeito ser suprido por esta Corte. 5. Recurso especial não conhecido. (STJ; REsp 903.849; RN; Quarta Turma; Rel. Min. Raul Araújo, Rel. p/ Acórdão Min. Antonio Carlos Ferreira; Julg. 27/09/2016; DJe 24/11/2016)

Não obstante a igualdade de tratamento e o dever de sanear o processo, havendo expressa disposição de lei o juiz deve decidir certas questões independentemente de requerimento das partes.

✓ PROCESSUAL CIVIL. REPRESENTAÇÃO. IRREGULARIDADE. INTIMAÇÃO PARA SANEAMENTO DO

VÍCIO. DESCUMPRIMENTO. REQUERIMENTO DAS PARTES. DESNECESSIDADE. 1. Consoante o disposto no art. 76 do CPC/2015, assim como dispunha o antigo art. 13 do CPC/1973, verificada a irregularidade de representação da parte, o juiz suspenderá o processo e designará prazo para que seja sanado o vício, sendo certo que, não havendo o cumprimento da determinação, o processo deve ser extinto, se a providência couber ao autor. 2. Compete ao juiz dirigir o processo conforme as disposições do Código de Processo Civil, determinando, a qualquer tempo, o suprimento de pressupostos e o saneamento de vícios processuais (art. 139, IX, do CPC/2015). 3. Não obstante devam ser observados, na direção do processo, a igualdade de tratamento e o princípio da demanda, havendo expressa disposição de lei, deve o magistrado tratar de determinadas questões, independentemente de requerimento de qualquer uma das partes, não havendo que se falar em parcialidade. 4. Agravo interno desprovido. (STJ; AgInt na AR 5.768; DF; Primeira Seção; Rel. Min. Gurgel de Faria; Julg. 24/08/2016; DJe 21/09/2016)

Pelo princípio da igualdade, o valor destinado às partes no caso de vitória parcial do contribuinte está vinculado ao êxito obtido.

✓ PROCESSUAL CIVIL E TRIBUTÁRIO. DEPÓSITO JUDICIAL REALIZADO PARA SUSPENDER A EXIGIBILIDADE DA COBRANÇA TRIBUTÁRIA. LEVANTAMENTO DA PARCELA REFERENTE AO ÊXITO OBTIDO NA DECISÃO JUDICIAL TRANSITADA EM JULGADO. ART. 32, §2º, DA LEI 6.830/1980. PRINCÍPIO DA IGUALDADE PROCESSUAL. ART. 139, I, DO NCPC VIOLAÇÃO DO ART. 535 DO CPC. INEXISTÊNCIA. DISSÍDIO JURISPRUDENCIAL. SÚMULA 284/STF. RECURSO ESPECIAL PARCIALMENTE CONHECIDO E NESSA PARTE PROVIDO. 1. Ao realizar o deposito judicial, visando à suspensão da exigibilidade do tributo, em conformidade com o art. 151, II, do CTN, o contribuinte fica sujeito à regra do art. 32, §2º, da Lei 6.830/1980, ou seja, se sujeita a adiantar a exação que será convertida em renda da União caso fique demonstrado o desacerto de sua pretensão judicial. 2. O depósito será devolvido ao contribuinte ou entregue à Fazenda Pública, a depender da decisão judicial que transitou em julgado. Por consectário lógico e em atenção ao princípio da igualdade, plasmado no art. 139, I, do NCPC, o valor destinado às partes no caso de vitória parcial do contribuinte se encontra estritamente vinculado ao êxito obtido, sendo curial que possa o contribuinte levantar o valor da parcela que lhe foi favorável na decisão judicial e, que o restante seja, desde logo, utilizado pela Fazenda para a quitação da dívida. Precedente: REsp 1.240.477/SC, Rel. Min. MAURO CAMPBELL MARQUES, Segunda Turma; DJe 09/05/2011. Recurso parcialmente conhecido e nessa parte provido. (STJ; REsp 1584175; SP; Segunda Turma; Rel. Min. Humberto Martins; Julg. 04/08/2016; DJe 17/08/2016)

Bloqueio de valores ante a ineficácia da medida coercitiva antes imposta e não cumprida (multa), em conformidade com o art. 139, IV.

✓ RECURSO ORDINÁRIO EM MANDADO DE SEGURANÇA. INQUÉRITO POLICIAL. QUEBRA DE SIGILO TELEMÁTICO. CUMPRIMENTO INCOMPLETO DE ORDEM JUDICIAL. APLICAÇÃO DE MULTA DIÁRIA À EMPRESA RESPONSÁVEL PELO FORNECIMENTO DE DADOS (FACEBOOK). POSSIBILIDADE. VALOR DAS ASTREINTES. RAZOABILIDADE E PROPORCIONALIDADE.

✓ 1. Situação em que a FACEBOOK SERVIÇOS ONLINE DO BRASIL LTDA. impugna decisão judicial que, em sede de inquérito, autorizou a interceptação do fluxo de dados telemáticos de contas Facebook de investigados, sob pena de multa diária de R$ 50.000,00 (cinquenta mil reais). 2. Não há ilegalidade ou abuso de poder a ser corrigido, pois fica claro o cumprimento incompleto da decisão judicial que determinara o fornecimento de dados de contas perfis no Facebook de investigados, já que não foram trazidas todas as conversas realizadas no período de 13/10/2015 a 13/11/2015, tampouco as senhas de acesso, o conteúdo completo da caixa de mensagens, o conteúdo da linha do tempo (timeline) e grupos de que participam, além das fotos carregadas no perfil com respectivos metadados. 3. A mera alegação de que o braço da empresa situado no Brasil se dedica apenas à prestação de serviços relacionados à locação de espaços publicitários, veiculação de publicidade e suporte de vendas não exime a organização de prestar as informações solicitadas, tanto mais quando se sabe que não raras vezes multinacionais dedicadas à exploração de serviços prestados via internet se valem da escolha do local de sua sede e/ou da central de suas operações com o objetivo específico de burlar carga tributária e ordens judiciais tendentes a regular o conteúdo das matérias por elas veiculadas ou o sigilo de informações de seus usuários. 4. Por estar instituída e em atuação no País, a pessoa jurídica multinacional submete-se, necessariamente, às leis brasileiras, motivo pelo qual se afigura desnecessária a cooperação internacional para a obtenção dos dados requisitados pelo juízo. 5. As Turmas que compõem a 3ª Seção desta Corte têm entendido que "a imposição de astreintes à empresa responsável pelo cumprimento de decisão de quebra de sigilo, determinada em inquérito, estabelece entre ela e o juízo criminal uma relação jurídica de direito processual civil", cujas normas são aplicáveis subsidiariamente no Processo Penal, por força do disposto no art. 3º do CPP. Nesse sentido, "a solução do impasse gerado pela renitência da empresa controladora passa pela imposição de medida coercitiva pecuniária pelo atraso no cumprimento da ordem judicial, a teor dos arts. 461, § 5.º, 461-A, do Código de Processo Civil, c.c. o art. 3.º do Código de Processo Penal" (RMS 44.892/SP, Rel. Ministro RIBEIRO DANTAS, Quinta Turma; Julg. 05/04/2016; DJe 15/04/2016). 6. A legalidade da imposição de astreintes a terceiros descumpridores de decisão judicial encontra amparo também na teoria dos poderes implícitos, segundo a qual, uma vez estabelecidas expressamente as competências e atribuições de um órgão estatal, desde que observados os princípios da proporcionalidade e razoabilidade, ele está implicitamente autorizado a utilizar os meios necessários para poder exercer essas competências.

✓ Nessa toada, incumbe ao magistrado autorizar a quebra de sigilo de dados telemáticos, pode ele se valer dos meios necessários e adequados para fazer cumprir sua decisão, tanto mais quando a medida coercitiva imposta (astreintes) está prevista em lei. 7. Muito embora no Direito Civil a exigibilidade da multa diária por descumprimento de decisão judicial esteja condicionada ao reconhecimento da existência do direito material vindicado na demanda (REsp n.º 1.006.473/PR, Rel. Ministro LUIS FELIPE SALOMÃO, Rel. p/ Acórdão Ministro MARCO BUZZI, QUARTA TURMA , julgado em 08/05/2012, DJe 19/06/2012), sob pena de enriquecimento sem causa do autor (destinatário do valor da multa), o mesmo raciocínio não se aplica ao Direito Penal, em que o destinatário do valor das astreintes é o Estado, titular da pretensão punitiva, e em que não existe motivo para condicionar-se a exigibilidade da multa à condenação do réu. 8. Ao determinar o bloqueio dos valores o juiz não age como o titular da execução fiscal, dando início a ela, mas apenas dá efetividade à medida coercitiva anteriormente imposta e não cumprida, tomando providência de natureza cautelar. E isso se justifica na medida em que a mera imposição da multa, seu valor e decurso do tempo parecem não ter afetado a disposição da empresa recorrente em cumprir a ordem judicial. De se lembrar que o art. 139, IV, do CPC/2015, autoriza o juiz a "determinar todas as medidas indutivas, coercitivas, mandamentais ou sub-rogatórias necessárias para assegurar o cumprimento de ordem judicial, inclusive nas ações que tenham por objeto prestação pecuniária". 9. A renitência da empresa em cumprir a determinação judicial por mais de um ano justifica a incidência da multa coercitiva prevista no art. 461, § 5º, do CPC no valor de R$ 50.000,00 (cinquenta mil reais), que não se revela excessivo, diante do elevado poder econômico da empresa, até porque valor idêntico foi adotado pelo STJ na QO-Inq n. 784/DF e no RMS 44.892/SP. 10. Recurso ordinário em mandado de segurança a que se nega provimento (RMS 55.109; PR; Quinta Turma; Rel. Min. Reynaldo Soares da Fonseca; Julg. 07/11/2017; DJe 17/11/2017)

Art. 140. O juiz não se exime de decidir sob a alegação de lacuna ou obscuridade do ordenamento jurídico.

→ *v.* Arts. 4º e 5º, da LINDB.

Parágrafo único. O juiz só decidirá por equidade nos casos previstos em lei.

→ *v.* Art. 6º da Lei 9.099/1995.

Não há impedimento legal para a aplicação de conceitos encontrados em outras normas legais, visando a interpretação da norma legal.

✓ EMBARGOS DE DECLARAÇÃO. Inocorrência das hipóteses legais. Alegações. Inaplicabilidade da LC nº 027/95 e Lei nº 5.810/94 aos militares. CF exige Lei estadual específica para regramento dos militares. Possibilidade de aplicação. Lei nº 5.652/91 não definiu o conceito de interior. LC nº 027/95, integrada pela Lei nº 7.603/93, estabelece a região metropolitana de Belém. Conceito de interior por exclusão. Todos os municípios que não pertencem a região metropolitana de Belém. Não há impedimento legal para aplicação de conceitos encontrados em outras normas legais, visando a interpretação da norma legal. Princípio da indeclinabilidade da jurisdição. Juiz não se exime de decidir alegando lacuna ou obscuridade no ordenamento jurídico. Aplicação dos art. 140 do CPC e art. 25, §3º da CF. Precedentes do TJ. Tentativa de reanálise da matéria já decidida no acórdão impugnado. Embargos rejeitados. (TJPA; APL 0026916-11.2010.8.14.0301; Ac. 162628; Belém; Quinta Câmara Cível Isolada; Rel. Des. Constantino Augusto Guerreiro; Julg. 28/07/2016; DJPA 29/07/2016; Pág. 174)

É dever do juiz decidir todas as questões atinentes à execução do título judicial.

✓ RECURSO DE AGRAVO DE INSTRUMENTO. DECISÃO DE PRIMEIRO GRAU QUE DETERMINOU A REMESSA DOS AUTOS À SEGUNDA INSTÂNCIA SEM SE PRONUNCIAR SOBRE PEDIDO DO RECORRENTE E DELEGOU AO DEPRE A PROVIDÊNCIA RECLAMADA PELO RECORRENTE. DEVER DO JUIZ DE DECIDIR TODOS OS PONTOS CONTROVERTIDOS DECORRENTES DA EXECUÇÃO DE SENTENÇA. 1. Trata-se de recurso de agravo de instrumento interposto contra decisão que determinou a remessa dos autos à segunda instância sem se pronunciar sobre petição interposta pela parte em que questiona a correta aplicação dos juros de mora e da correção monetária pela instituição financeira do valor depositado judicialmente pela parte agravada. 2. Cuida-se de dever do r. Juízo a quo decidir todas as questões atinentes à execução do título judicial, ainda que referente à aplicação dos juros e da correção monetária do valor depositado judicialmente em instituição financeira (Banco do Brasil) no período que antecede o levantamento pela parte credora, por se tratar de ponto controvertido decorrente do valor indenizatório. Dever insculpido nos artigos 140 e 141 do Código de Processo Civil. Recurso provido. (TJSP; AI 2000623-40.2017.8.26.0000; Ac. 10601642; Sumaré; Quinta Câmara de Direito Público; Rel. Des. Nogueira Diefenthaler; Julg. 13/07/2017; rep. DJESP 27/07/2017; Pág. 2245)

Art. 141. O juiz decidirá o mérito nos limites propostos pelas partes, sendo-lhe vedado conhecer de questões não suscitadas a cujo respeito a lei exige iniciativa da parte.

→ *v.* Art. 487, I do NCPC.

Inexiste julgamento *extra petita* quando o juízo *a quo*, adstrito aos fatos e ao pedido, procede à subsunção normativa com amparo em fundamentos jurídicos diversos dos indicados pelo autor e refutados pelo réu.

✓ AGRAVO INTERNO NO AGRAVO EM RECURSO ESPECIAL. RELAÇÃO DE CONSUMO. MATÉRIA QUE DEMANDA REEXAME DE FATOS E PROVAS. SUMULAS 5 E 7 DO STJ. ACÓRDÃO EM SINTONIA COM O ENTENDIMENTO FIRMADO NO STJ. AGRAVO INTERNO NÃO PROVIDO. 1. À luz dos artigos 128 e 460 do CPC/73, atuais, 141 e 492 do NCPC/15, o vício de julgamento extra petita não se vislumbra na hipótese do juízo a quo, adstrito às circunstâncias fáticas (causa de pedir remota) e ao pedido constante nos autos, proceder à subsunção normativa com amparo em fundamentos jurídicos diversos dos esposados pelo autor e refutados pelo réu. 2. O Tribunal de origem concluiu que a sentença não foi citra petita, pois decidiu sobre a causa de pedir do autor; e que foi correta a decisão que condenou o réu ao pagamento da multa de 2% sobre o valor do contrato "já incluído o prazo de prorrogação de 180 dias previsto no contrato, devidamente atualizado, em consonância com a equidade de aplicação de cláusula penal contratual à ambas as partes, posto que se fosse o caso de mora do comprador, este seria incorreria na mesma cláusula penal.". Alterar o entendimento do acórdão recorrido não é possível, em sede de recurso especial, pois demandaria reexame do conjunto fático pro batório dos autos, e reinterpretação de cláusula contratual, o que é vedado em razão dos óbices das Súmulas 5 e 7 do STJ. 3. O entendimento do STJ é no sentido de que é possível a inversão da cláusula penal moratória em favor do consumidor, em caso de inadimplemento do promitente vendedor, consubstanciado no atraso da entrega do imóvel no prazo estipulado pelas partes. 4. Agravo interno não provido. (STJ; AgInt nos EDcl no AREsp 1010004; RJ; Quarta Turma; Rel. Min. Luis Felipe Salomão; Julg. 03/10/2017; DJe 05/10/2017)

Inexistência de decisão *citra petita*: o Tribunal de origem resolveu a controvérsia de modo fundamentado e integral.

✓ PROCESSO CIVIL. AGRAVO INTERNO NO RECURSO ESPECIAL. ENUNCIADO ADMINISTRATIVO Nº 3/STJ. NULIDADE DO ACÓRDÃO RECORRIDO. DECISÃO CITRA PETITA. AUSÊNCIA DO VÍCIO PROCESSUAL. OMISSÃO E OBSCURIDADE NÃO CARACTERIZADA. AGRAVO INTERNO NÃO PROVIDO. 1. O recorrente suscita nulidade do acórdão por vício processual, em razão da decisão ser citra petita nos termos do artigo 141 c/c 492 do CPC/2015, e por omissão e obscuridade do decisum. 2. Não prospera as alegações de nulidade do acórdão por vício processual citra petita e tampouco quanto à alegada ofensa aos artigos 141 c/c 492 e 1.022, todos do CPC/2015, pois, depreende-se dos autos que o Tribunal de origem, de modo fundamentado, tratou das questões suscitadas, resolvendo, portanto, de modo integral a controvérsia posta. 3. Agravo interno não provido. (STJ; AgInt no REsp 1651446; MT; Segunda Turma; Rel. Min. Mauro Campbell Marques; Julg. 21/09/2017; DJe 27/09/2017)

Art. 142. Convencendo-se, pelas circunstâncias, de que autor e réu se serviram do processo para praticar ato simulado ou conseguir fim vedado por lei, o juiz proferirá decisão que impeça os objetivos das partes, aplicando, de ofício, as penalidades da litigância de má-fé.

→ *v.* Arts. 80, III e 81 do NCPC.

Valer-se de alegações improcedentes não enseja, necessariamente, litigância de má-fé

✓ CIVIL. PROCESSUAL CIVIL. APELAÇÃO CÍVEL. AÇÃO REIVINDICATÓRIA C/C REPARAÇÃO DE DANOS MATERIAIS. LITIGÂNCIA DE MÁ-FÉ NÃO CONFIGURADA. DOCUMENTOS NOVOS. MEIO DE PROVA. COBRANÇA DEVIDA. AFASTADA A PRETENSÃO DE RESTITUIÇÃO EM DOBRO. REDUÇÃO DE HONORÁRIOS. RECURSO PARCIALMENTE PROVIDO. 1. O art. 142 do CPC/2015 dispõe que convencendo-se, pelas circunstâncias, de que autor e réu se serviram do processo para praticar ato simulado ou conseguir fim vedado por Lei, o juiz proferirá decisão que impeça os objetivos das partes, aplicando, de ofício, as penalidades da litigância de má-fé. 2. No caso dos autos, o fato do autor, ora apelante ter alegado que faria jus às taxas condominiais que estavam em aberto, não se subsume na prática de litigância de má-fé, pois reivindicava um imóvel que, naquele momento, estava na posse dos apelantes e, sabidamente as taxas condominiais estavam em aberto. 3. Não há restituição em dobro a ser feita. – Cuja pretensão, inclusive, foi pautada no CDC, inaplicável à espécie, – Porque a cobrança das taxas condominiais é devida. 4. As provas do pagamento das taxas condominiais devem permanecer nos autos, porque trata-se documento novo e o contraditório foi devidamente respeitado. 3. Deve ser reduzido o percentual dos honorários advocatícios fixados sobre o valor da causa quando se mostram exorbitantes. 4. Recurso parcialmente provido. (TJES; APL 0023375-33.2013.8.08.0048; Segunda Câmara Cível; Rel. Des. Carlos Simões Fonseca; Julg. 01/11/2016; DJES 09/11/2016)

Art. 143. O juiz responderá, civil e regressivamente, por perdas e danos quando:

→ *v.* Arts. 186, 402 a 405 e 927 do CC/2002.

→ *v.* Art. 319 do CP.

I – no exercício de suas funções, proceder com dolo ou fraude;

II – recusar, omitir ou retardar, sem justo motivo, providência que deva ordenar de ofício ou a requerimento da parte.

Parágrafo único. As hipóteses previstas no inciso II somente serão verificadas depois que a parte requerer ao juiz que determine a providência e o requerimento não for apreciado no prazo de 10 (dez) dias.

O juiz responderá, civil e regressivamente, por perdas e danos apenas quando, no exercício da função, proceder com dolo ou fraude.

✓ RECURSO INOMINADO. RESPONSABILIDADE CIVIL. ERRO JUDICIÁRIO. DECISÃO JUDICIAL. CAUTELAR INOMINADA. PROIBIÇÃO DE AFASTAMENTO DA COMARCA. SUSPEITA DE ENVOLVIMENTO EM HOMICÍDIO. DANO MATERIAL NÃO RECONHECIDO POR INSUFICIÊNCIA COMPROBATÓRIA. DANOS MORAIS NÃO CONFIGURADOS. Trata-se de ação de indenização por danos materiais e morais na qual alega a parte autora, que foi prejudicada, em razão de decisão judicial proferida nos autos de cautelar inominada que teria lhe proibido de ausentar-se da Comarca em 21/02/2014 sob o fundamento de suspeita de seu envolvimento no homicídio que teve como vítima o seu ex-marido, julgada improcedente na origem. A responsabilidade civil do estado – Lato sensu – É objetiva, nos termos do artigo 37, § 6º, da Constituição Federal, respondendo pelos danos que seus agentes derem causa, seja por ação, seja por omissão, cabendo à parte contrária a prova dos fatos, o nexo de causalidade e o dano. Entretanto, a responsabilização do ente público poderá ser afastada caso evidenciada alguma das excludentes do dever de indenizar, tendo em vista a adoção pelo nosso sistema jurídico da teoria do risco administrativo. No caso dos autos, a demandante não logrou êxito em comprovar os danos materiais sofridos com a decisão judicial, ônus probatório que lhe recaia, **ex vi legis** do artigo 373, inciso I, do código de processo civil, pelo que, imperiosa a manutenção da sentença de improcedência neste ponto. Ademais, o juiz responderá civil e regressivamente, por perdas e danos, apenas quando, no exercício da função, proceder com dolo ou fraude, conforme reza o art. 143 do CPC/15, hipóteses inexistentes nos autos. Quanto ao alegado dano moral sofrido, destaco que a prova carreada aos autos e diante das circunstâncias do ocorrido, não enseja suficiência probante do dano moral, apenas gravitou na órbita do dissabor natural e contemporâneo com a época em que vivemos, sem maiores repercussões, quer no sentimento pessoal, sem humilhação exagerada, um sofrimento extraordinário ou mesmo no campo do padecimento moral ou pessoal. Dessa feita, não tendo sido cabalmente demonstrados os constrangimentos e o excesso alegado pela autora, não há que se falar em indenização por danos morais. Sentença mantida pelos próprios fundamentos, nos termos do art. 46, última parte, da Lei Federal nº. 9.099/95. Recurso inominado desprovido (TJRS; RCív 0027115-10.2017.8.21.9000; Santa Vitória do Palmar; Turma Recursal da Fazenda Pública; Rel. Juiz Niwton Carpes da Silva; Julg. 29/06/2017; DJERS 14/07/2017)

Capítulo II
DOS IMPEDIMENTOS E DA SUSPEIÇÃO

Art. 144. Há impedimento do juiz, sendo-lhe vedado exercer suas funções no processo:

→ *v.* Art. 277 do RISTF.

→ *v.* Art. 272 do RISTJ.

→ *v.* Art. 14 da Lei 9.307/1996.

→ *v.* Art. 966, II, do NCPC.

→ *v.* Enunciado 489 do FPPC: Observado o dever de revelação, as partes celebrantes de convenção de arbitragem podem afastar, de comum acordo, de forma expressa e por escrito, hipótese de impedimento ou suspeição do árbitro.

I – em que interveio como mandatário da parte, oficiou como perito, funcionou como membro do Ministério Público ou prestou depoimento como testemunha;

II – de que conheceu em outro grau de jurisdição, tendo proferido decisão;

→ *v.* Súmulas 72 e 252 do STF.

III – quando nele estiver postulando, como defensor público, advogado ou membro do Ministério Público, seu cônjuge ou companheiro, ou qualquer parente, consanguíneo ou afim, em linha reta ou colateral, até o terceiro grau, inclusive;

IV – quando for parte no processo ele próprio, seu cônjuge ou companheiro, ou parente, consanguíneo ou afim, em linha reta ou colateral, até o terceiro grau, inclusive;

→ *v.* Art. 1.595 do CC/2002.

V – quando for sócio ou membro de direção ou de administração de pessoa jurídica parte no processo;

→ *v.* Art. 95, parágrafo único, I, da CF/1988.

→ *v.* Arts. 26, § 1º e 36, I e II da LC 35/1979.

VI – quando for herdeiro presuntivo, donatário ou empregador de qualquer das partes;

VII – em que figure como parte instituição de ensino com a qual tenha relação de emprego ou decorrente de contrato de prestação de serviços;

VIII – em que figure como parte cliente do escritório de advocacia de seu cônjuge, companheiro ou parente, consanguíneo ou afim, em linha reta ou colateral, até o terceiro grau, inclusive, mesmo que patrocinado por advogado de outro escritório;

IX – quando promover ação contra a parte ou seu advogado.

§ 1º Na hipótese do inciso III, o impedimento só se verifica quando o defensor público, o advogado ou o membro do Ministério Público já integrava o processo antes do início da atividade judicante do juiz.

§ 2º É vedada a criação de fato superveniente a fim de caracterizar impedimento do juiz.

→ *v.* Art. 5º do NCPC.

§ 3º O impedimento previsto no inciso III também se verifica no caso de mandato conferido a membro de escritório de advocacia que tenha em seus quadros advogado que individualmente ostente a condição nele prevista, mesmo que não intervenha diretamente no processo.

Preclusão da alegação de impedimento de membro do MP, serventuário da justiça, perito, assistentes técnicos e intérprete.

✓ PROCESSUAL CIVIL. ALEGAÇÃO DE IMPEDIMENTO DO PERITO FEITA A DESTEMPO. PRECLUSÃO. APLICAÇÃO DO ART. 138, §1º, C/C O ART. 245 DO CPC/73. I - A regra do impedimento, quando dirigida ao magistrado, conforme previsão dos arts. 134 e 136 do CPC/73, atuais 144 e 147 do CPC/2015, trata de matéria de ordem pública, gerando nulidade absoluta que pode ser alegada mesmo após o trânsito em julgado, em ação rescisória. II - Embora se apliquem os mesmos motivos de impedimento e de suspeição do juiz ao membro do parquet, ao serventuário da justiça, ao perito, aos assistentes técnicos e ao interprete, a alegação de impedimento, para esses sujeitos do processo, deve ser realizada na primeira oportunidade em que couber à parte falar nos autos, sob pena de preclusão, em conformidade com a previsão contida nos arts. 138, § 1º, e 245 do CPC/1973. Precedente: REsp 876.942/MT, Rel. Ministro Herman Benjamin; DJe 31/8/2009. III - Agravo conhecido para negar provimento ao recurso especial. (STJ, AREsp 1010211; MG; Segunda Turma; Rel. Min. Francisco Falcão; Julg. 06/06/2017; DJe 13/06/2017)

Art. 145. Há suspeição do juiz:

→ *v.* Art. 277 do RISTF.

→ *v.* Art. 272 do RISTJ.

→ *v.* Art. 36, III, da LC 35/1979.

I – amigo íntimo ou inimigo de qualquer das partes ou de seus advogados;

II – que receber presentes de pessoas que tiverem interesse na causa antes ou depois de iniciado o processo, que aconselhar alguma das partes acerca do objeto da causa ou que subministrar meios para atender às despesas do litígio;

III – quando qualquer das partes for sua credora ou devedora, de seu cônjuge ou companheiro ou de parentes destes, em linha reta até o terceiro grau, inclusive;

IV – interessado no julgamento do processo em favor de qualquer das partes.

§ 1º Poderá o juiz declarar-se suspeito por motivo de foro íntimo, sem necessidade de declarar suas razões.

§ 2º Será ilegítima a alegação de suspeição quando:

I – houver sido provocada por quem a alega;

II – a parte que a alega houver praticado ato que signifique manifesta aceitação do arguido.

→ *v.* Art. 5º do NCPC.

Suspeição por amizade íntima entre juiz e advogado.

✓ AÇÃO CIVIL PÚBLICA. IMPROBIDADE ADMINISTRATIVA. ART. 11 DA LEI 8.429/1992. JUIZ. AMIZADE ÍNTIMA COM ADVOGADO. OFENSA AOS PRINCÍPIOS ADMINISTRATIVOS. ELEMENTO SUBJETIVO PRESENTE. DANO AO ERÁRIO OU ENRIQUECIMENTO ILÍCITO. DESNECESSIDADE. RECURSO ESPECIAL PROVIDO. HISTÓRICO DA DEMANDA 1. Trata-se na origem de Ação Civil Pública objetivando a condenação do réu nas sanções previstas no art. 12, III, da Lei 8.429/1992, por infringência ao disposto no art. 11, caput e I, do referido diploma legal. Segundo o autor, o réu praticou, no exercício da função de Juiz do Trabalho, atos de improbidade administrativa incompatíveis com a magistratura, consistentes em: a) alteração de minuta elaborada por seu assessor, em decorrência de amizade com advogado da reclamante; b) obtenção de empréstimo bancário sem proceder ao respectivo pagamento; c) favorecimento de auxiliar do juízo, mediante a designação de somente um profissional para a elaboração de cálculos, com a fixação de honorários em valor elevado. PRESENÇA DO ELEMENTO SUBJETIVO 2. O entendimento do STJ é no sentido de que, para que seja reconhecida a tipificação da conduta do réu como incurso nas previsões da Lei de Improbidade Administrativa, é necessária a demonstração do elemento subjetivo, consubstanciado pelo dolo para os tipos previstos nos artigos 9º e 11 e, ao menos, pela culpa, nas hipóteses do artigo 10. 3. É pacífico o entendimento do STJ no sentido de que o ato de improbidade administrativa previsto no art. 11 da Lei 8.429/1992 requer a demonstração de dolo, o qual, contudo, não necessita ser específico, sendo suficiente o dolo genérico. 4. O dolo que se exige para a configuração de improbidade administrativa é a simples vontade consciente de aderir à conduta, produzindo os resultados vedados pela norma jurídica – ou, ainda, a simples anuência aos resultados contrários ao Direito quando o agente público ou privado deveria saber que a conduta praticada a eles levaria -, sendo despiciendo perquirir acerca de finalidades específicas. (AgRg no REsp 1.539.929/MG, Rei. Ministro Mauro Campbell Marques, Segunda Turma, DJe 2/8/2016). 5. Quanto à existência do elemento subjetivo, o v. acórdão recorrido narra fatos que reputa incontroversos, caracterizadores indubitavelmente de improbidade administrativa e, ao contrário do que esperava, chega à conclusão de inexistência de improbidade, como se extrai da leitura do voto impugnado: "Infere-se da análise das provas produzidas que o réu Antônio Cezar Andrade, no exercício do cargo de juiz do trabalho, alterou minuta elaborada por seu assessor, para dar provimento a pedido de reclamante defendida pelo advogado Hugo Celso Castanho, seu amigo íntimo. Além disso, contrariando orientação de sua Corregedoria, persistiu na designação de uma única Contadora, Joseanne de Oliveira Zanelato, para elaboração de cálculos em reclamatórias trabalhistas que tramitavam em sua Vara. Também contraiu empréstimo bancário, com aval de sua Contadora, e deixou de pagar algumas parcelas na data do vencimento. Esses fatos são incontroversos. Todavia, não se extrai desse contexto fático – notadamente por falta de substrato probatório minimamente suficiente – irregularidade hábil a configurar improbidade administrativa". (fl. 2.632) 6. Entretanto, todos os atos foram praticados de livre vontade e o elemento subjetivo é inseparável das condutas. 7. Não se olvida que, apenas na vigência do CPC/2015, ser o juiz amigo íntimo ou inimigo do advogado de alguma das partes passa a ser causa de suspeição, não havendo tal previsão no CPC de 1973. A propósito: REsp 600.737/SP, Rel. Ministro Carlos Alberto Menezes Direito, Terceira Turma, DJ 26.9.2005; REsp 4.509/MG, Rel. Min. Waldemar Zveiter, Terceira Turma, DJ 26.11.1990. 8. Contudo, em casos como o presente, em que a Corte local expôs em minúcias a relação com altíssimo grau de intimidade entre o juiz e o advogado, superando a simples amizade, concluindo ser incontroverso nos autos tal fato, caracterizada está a ofensa ao dever de imparcialidade objetiva do juiz, sendo certo que o próprio magistrado confirmou a aquisição de bens em conjunto com advogado (uma sala comercial em Curitiba e um apartamento em Florianópolis) e a utilização de automóvel do causídico: "é incontroverso que o Autor possuía amizade com o Dr. Hugo Castanho, tanto é que o Réu mencionou em seu depoimento que possuía 'um grau de amizade anterior' com o advogado, mesmo antes dele ser advogado (...). O Réu nega ter custeado a faculdade do Dr. Hugo (...), mas afirma ter adquirido alguns bens em conjunto com o advogado: uma sala comercial em Curitiba e um pequeno apartamento de veraneio em Florianópolis (...). O Réu aceitou a doação de um cachorro do advogado e afirmou ter utilizado um carro que estava em nome do Dr. Hugo, adquirido porque estava com restrições cadastrais" (fl. 2.632-2.633). 9. No caso em concreto, é inconteste que o magistrado não desconhecia o vínculo estreito entre ele e o advogado, ao ponto de prejudicar a percepção objetiva da sociedade quanto à imparcialidade do juiz, o que viola não só a Lei Orgânica da Magistratura como o princípio da moralidade administrativa, enunciado no art. 11 da Lei 8.492/1992. Na descrição dos fatos pelo Tribunal de origem, está patente o dolo genérico no comportamento do magistrado. Tais condutas, como descritas pelo Corte a quo, espelham inequívoco dolo, ainda que genérico. ENRIQUECIMENTO ILÍCITO E A OFENSA A PRINCÍPIOS ADMINISTRATIVOS 10. A Corte local, mantendo o decidido na sentença, expôs que "apesar das orientações da Corregedoria para haver modificação na forma de nomeação de peritos, nada se comprovou a respeito da suposta irregularidade existente na atuação de Josiane, tampouco que ela ou o Réu tiraram algum proveito financeiro da situação" (fl. 2.634) e que "não havendo (...) enriquecimento sem causa do Réu ou da Contadora, não há que se falar em ato de improbidade" (fl. 2.634). 11. Entretanto, quanto ao artigo 11 da Lei 8.429/1992, a jurisprudência do STJ, com relação ao resultado do ato, firmou-se no sentido de que se configura ato de improbidade a lesão a princípios administrativos, o que, em regra, independe da ocorrência de enriquecimento ilícito ou de dano ao Erário. Nesse sentido: REsp 1.320.315/DF, Rel. Ministra Eliana Calmon, Segunda Turma, DJe 20.11.2013, AgRg no REsp 1.500.812/SE, Rel. Ministro Mauro Campbell Marques, Segunda Turma, DJe 28.5.2015, REsp 1.275.469/SP, Rel. Ministro Napoleão Nunes Maia Filho, Rel. p/ Acórdão Ministro Sérgio Kukina, Primeira Turma, DJe 09/03/2015, e AgRg no REsp 1.508.206/PR, Rel. Ministro Herman Benjamin, Segunda Turma, DJe 5.8.2015. CONCLUSÃO 12. Verificada a ofensa aos princípios administrativos, em especial o princípio da moralidade administrativa, configurado está o ato ímprobo do art. 11 da Lei 8.429/1992. 13. Recurso Especial provido. (STJ; REsp 1528102; PR, Segunda Turma; Rel. Min. Herman Benjamin; Julg. 02/05/2017; DJe 12/05/2017)

Art. 146. No prazo de 15 (quinze) dias, a contar do conhecimento do fato, a parte alegará o impedimento ou a suspeição, em petição específica dirigida ao juiz do processo, na qual indicará o fundamento da recusa, podendo instruí-la com documentos em que se fundar a alegação e com rol de testemunhas.

§ 1º Se reconhecer o impedimento ou a suspeição ao receber a petição, o juiz ordenará imediatamente a remessa dos autos a seu substituto legal, caso contrário, determinará a autuação em apartado da petição e, no prazo de 15 (quinze) dias, apresentará suas razões, acompanhadas de documentos e de rol de testemunhas, se houver, ordenando a remessa do incidente ao tribunal.

→ *v.* Art. 313, III do NCPC.

§ 2º Distribuído o incidente, o relator deverá declarar os seus efeitos, sendo que, se o incidente for recebido:

I – sem efeito suspensivo, o processo voltará a correr;

II – com efeito suspensivo, o processo permanecerá suspenso até o julgamento do incidente.

§ 3º Enquanto não for declarado o efeito em que é recebido o incidente ou quando este for recebido com efeito suspensivo, a tutela de urgência será requerida ao substituto legal.

→ *v.* Art. 313, III, do NCPC.

§ 4º Verificando que a alegação de impedimento ou de suspeição é improcedente, o tribunal rejeitá-la-á.

§ 5º Acolhida a alegação, tratando-se de impedimento ou de manifesta suspeição, o tribunal condenará o juiz nas custas e remeterá os autos ao seu substituto legal, podendo o juiz recorrer da decisão.

§ 6º Reconhecido o impedimento ou a suspeição, o tribunal fixará o momento a partir do qual o juiz não poderia ter atuado.

§ 7º O tribunal decretará a nulidade dos atos do juiz, se praticados quando já presente o motivo de impedimento ou de suspeição.

Arguição intempestiva de suspeição: preclusão.

✓ EMBARGOS DE DECLARAÇÃO NO AGRAVO INTERNO NA AÇÃO ORIGINÁRIA. ARGUIÇÃO DE SUSPEIÇÃO INTEMPESTIVA. PRECLUSÃO. ART. 146 DO CPC/2015. AUSÊNCIA DE QUALQUER DOS VÍCIOS PREVISTOS NO ART. 1.022 DO CPC/2015. TENTATIVA DE MERA REDISCUSSÃO DO QUE JÁ FOI UNANIMEMENTE AFIRMADO NO ACÓRDÃO EMBARGADO. APLICAÇÃO DA MULTA DO ARTIGO 1.026, § 2º, DO CPC/2015. EMBARGOS DE DECLARAÇÃO DESPROVIDOS. 1. O inconformismo que tem como real escopo a pretensão de reformar o decisum não pode prosperar, porquanto inocorrentes as hipóteses de omissão, contradição, obscuridade ou erro material, sendo inviável a revisão da decisão em sede de embargos de declaração, em face dos estreitos limites do art. 1.022 do CPC/2015. 2. **In casu**, os embargos de declaração demonstram mera tentativa de rediscussão do que unanimemente decidido pelo acórdão embargado, inobservando a embargante que os restritos limites desse recurso não permitem o rejulgamento da causa. 3. Embargos de declaração desprovidos, com aplicação de multa. (STF; AO-AgR-ED 2.039; Primeira Turma; Rel. Min. Luiz Fux; DJE 04/08/2017)

Alegação de impedimento deve ser deduzida por meio de petição específica e não em embargos de declaração.

✓ PROCESSUAL PENAL. PRESCRIÇÃO DA PRETENSÃO PUNITIVA. NÃO OCORRÊNCIA. INTELIGÊNCIA DO ART. 110, § 1º, DO CP. EMBARGOS DE DECLARAÇÃO NO AGRAVO INTERNO NO RECURSO EXTRAORDINÁRIO. IMPEDIMENTO. DESCABIMENTO. INEXISTÊNCIA DE VÍCIOS. 1. Nos termos do art. 110, § 1º, do Código Penal, o prazo prescricional após a sentença condenatória com trânsito em julgado para a acusação regula-se pela pena aplicada. 2. No presente caso, considerando que os acórdãos são confirmatórios (Corte Regional e Superior Tribunal de Justiça), é a partir da publicação da sentença que passa a fluir o prazo prescricional, **in casu**, em 20/4/2011 (fl. 251, e-STJ). Logo, como até a presente data não transcorreram mais de 8 (oito) anos, não está caracterizada a prescrição e a extinção da punibilidade. 3. Cabem embargos de declaração para esclarecer obscuridade, eliminar contradição, suprir omissão de ponto ou questão sobre a qual se deveria pronunciar o juiz de ofício ou a requerimento e/ou corrigir erro material. 4. As alegações trazidas nas razões dos embargos não se coadunam com a via processual eleita. Isso porque, nos termos do art. 146 do Código de Processo Civil, a alegação de impedimento do órgão julgador deve ser deduzida por meio de petição específica (e não na via dos presentes embargos de declaração). 5. O ministro que participou do julgamento do Recurso Especial não está impedido para atuar no âmbito da admissibilidade do recurso extraordinário. Embargos de declaração acolhidos sem efeitos infringentes. (STJ; EDcl-AgRg-RE-AgRg-EAREsp 680.850; Proc. 2015/0060886-5; RJ; Corte Especial; Rel. Min. Humberto Martins; DJE 28/11/2017)

✓ EMBARGOS DE DECLARAÇÃO NO AGRAVO INTERNO NO RECURSO EXTRAORDINÁRIO. IMPEDIMENTO. DESCABIMENTO. INEXISTÊNCIA DE VÍCIOS. EMBARGOS ACOLHIDOS SEM EFEITOS INFRINGENTES. 1. Cabem embargos de declaração para esclarecer obscuridade, eliminar contradição, suprir omissão de ponto ou questão sobre o qual se deveria pronunciar o juiz de ofício ou a requerimento e/ou corrigir erro material. 2. **In casu**, cumpre ressaltar que as alegações trazidas nas razões dos embargos não se coadunam com a via processual eleita. Isso porque, nos termos do art. 146 do Código de Processo Civil, a alegação de impedimento do órgão julgador deve ser deduzida por meio de petição específica (e não na via dos presentes embargos de declaração). 3. O Ministro que participou do julgamento do Recurso Especial não está impedido para atuar no âmbito da admissibilidade do recurso extraordinário. Embargos de declaração acolhidos sem efeitos infringentes. (STJ; EDcl-AgInt-RE-EDcl-AgRg-RMS 46.462; Proc. 2014/0227176-0; BA; Corte Especial; Rel. Min. Humberto Martins; DJE 21/03/2017)

Prazo de quinze dias contado a partir da ciência da suspeição.

✓ PROCESSUAL CIVIL. EXCEÇÃO DE SUSPEIÇÃO. DESAPROPRIAÇÃO. INTEMPESTIVIDADE. 1. Exceção de suspeição na qual se requer a declaração de suspeição do Juiz da Vara Única da Subseção Judiciária de Balsas/MA, nos autos de ação de desapropriação, ao fundamento de que o magistrado seria suspeito para o processamento e julgamento da referida ação, por supostamente possuir interesse na causa em favor dos desapropriantes. 2. Nos termos do art. 146 do CPC é de quinze dias o prazo para a alegação de impedimento ou suspeição. A presente exceção é intempestiva, pois a excipiente teve ciência da suposta suspeição do magistrado no dia 25.08.2016 e a ação somente foi ajuizada em 16.12.2016. Precedentes deste Tribunal. 3. Exceção de suspeição não conhecida. (TRF 1ª R.; IncSusp 0003337-16.2016.4.01.3704; Quarta Turma; Rel. Des. Fed. Néviton Guedes; DJF1 16/10/2017)

O reconhecimento de impedimento/suspeição não autoriza a redistribuição a outro juízo, mas sim a remessa ao substituto legal do juiz impedido/suspeito.

✓ CONFLITO NEGATIVO DE COMPETÊNCIA. IMPEDIMENTO OU SUSPEIÇÃO. MODIFICAÇÃO DE COMPETÊNCIA INEXISTENTE. REMESSA DOS AUTOS AO SUBSTITUTO LEGAL. O reconhecimento do impedimento ou suspeição do juiz não é causa de modificação de competência, que autorize a redistribuição do processo a outro juízo, mas sim motivo para a remessa dos autos ao substituto legal do juiz impedido/suspeito, nos termos do que dispunham os arts. 313 e 314 do Código de Processo Civil de 1973, e dispõe o art. 146, §§ 1º e 5º, do Código de Processo Civil atualmente em vigor. (TRF 4ª R.; CC 0000697-13.2016.404.0000; RS; Primeira Seção; Rel. Des. Fed. Rômulo Pizzolatti; Julg. 06/10/2016; DEJF 14/10/2016)

Art. 147. Quando 2 (dois) ou mais juízes forem parentes, consanguíneos ou afins, em linha reta ou colateral, até o terceiro grau, inclusive, o primeiro que conhecer do processo impede que o outro nele atue, caso em que o segundo se escusará, remetendo os autos ao seu substituto legal.

→ v. Art. 128, *caput* e parágrafo único da Lei Complementar 35/1979 – Lei Orgânica da Magistratura Nacional.

Impedimento de magistrado configura matéria de ordem pública.

✓ PROCESSUAL CIVIL. ALEGAÇÃO DE IMPEDIMENTO DO PERITO FEITA A DESTEMPO. PRECLUSÃO. APLICAÇÃO DO ART. 138, §1º, C/C O ART. 245 DO CPC/73. I – A regra do impedimento, quando dirigida ao magistrado, conforme previsão dos arts. 134 e 136 do CPC/73, atuais 144 e 147 do CPC/2015, trata de matéria de ordem pública, gerando nulidade absoluta que pode ser alegada mesmo após o trânsito em julgado, em ação rescisória. II – Embora se apliquem os mesmos motivos de impedimento e de suspeição do juiz ao membro do parquet, ao serventuário da justiça, ao perito, aos assistentes técnicos e ao interprete, a alegação de impedimento, para esses sujeitos do processo, deve ser realizada na primeira oportunidade em que couber à parte falar nos autos, sob pena de preclusão, em conformidade com a previsão contida nos arts. 138, § 1º, e 245 do CPC/1973. Precedente: REsp 876.942/MT, Rel. Ministro Herman Benjamin, DJe 31/8/2009. III – Agravo conhecido para negar provimento ao recurso especial. (STJ, AREsp 1010211; MG; Segunda Turma; Rel. Min. Francisco Falcão; Julg. 06/06/2017; DJe 13/06/2017)

Art. 148. Aplicam-se os motivos de impedimento e de suspeição:

I – ao membro do Ministério Público;

II – aos auxiliares da justiça;

→ v. Art. 149 do NCPC.

III – aos demais sujeitos imparciais do processo.

→ v. Arts. 149 e ss. 466 do NCPC.

§ 1º A parte interessada deverá arguir o impedimento ou a suspeição, em petição fundamentada e devidamente instruída, na primeira oportunidade em que lhe couber falar nos autos.

→ v. Art. 465, § 1º, I, do NCPC.

§ 2º O juiz mandará processar o incidente em separado e sem suspensão do processo, ouvindo o arguido no prazo de 15 (quinze) dias e facultando a produção de prova, quando necessária.

§ 3º Nos tribunais, a arguição a que se refere o § 1º será disciplinada pelo regimento interno.

§ 4º O disposto nos §§ 1º e 2º não se aplica à arguição de impedimento ou de suspeição de testemunha.

→ v. Arts. 447, §§ 2º e 3º e 457 do NCPC.

Há suspeição / impedimento do profissional médico que atua em perícia sobre parte que já tenha sido sua paciente.

✓ PREVIDENCIÁRIO. PROCESSUAL CIVIL. AUXÍLIO-DOENÇA/APOSENTADORIA POR INVALIDEZ. TRABALHADOR URBANO. INCAPACIDADE LABORAL. LAUDO PERICIAL ELABORADO POR PROFISSIONAL QUE JÁ TEVE O PERICIADO COMO PACIENTE. ANULAÇÃO DA SENTENÇA. ELABORAÇÃO DE NOVA PERÍCIA. RETORNO DOS AUTOS A ORIGEM. 1. No intuito de se aferir a incapacidade do requerente, necessária se faz a elaboração de laudo-médico, realizado por médico -perito, ao qual se aplicam os motivos de suspeição e impedimento previstos no art. 148, incisos II e III, do NCPC. 2. O fato de o profissional médico perito atuar em perícia de parte que já tenha sido seu paciente o torna suspeito/impedido, o que evidencia a nulidade da perícia realizada, nos termos da legislação de regência. Tal procedimento deve se revestir das formalidades previstas em Lei. Verifica-se, nestes autos, que o perito judicial nomeado é médico particular da parte autora. 3. A Resolução CFM 1931/2009. Código de Ética Médica, em seu art. 93, que é vedado ao médico "ser perito ou auditor do próprio paciente, de pessoa de sua família ou de qualquer outra com a qual tenha relações capazes de influir em seu trabalho ou de empresa em que atue ou tenha atuado ". 4. Patente a nulidade da prova pericial realizada nos autos, deve ser determinada a realização de nova perícia médica, a fim de dar o devido prosseguimento a lide. 5. Sentença anulada e determinado o retorno dos autos à primeira instância, para que seja realizada nova perícia médica. 6. Apelação não provida. De ofício, anular a sentença e determinar o retorno dos autos ao Juízo de origem para a realização de nova perícia judicial. (TRF 1ª R.; AC 0037435-95.2017.4.01.9199; Segunda Turma; Rel. Juiz Fed. Conv. César Cintra Jatahy Fonseca; DJF1 07/11/2017)

✓ PREVIDENCIÁRIO. PROCESSO CIVIL. ANULAÇÃO DA SENTENÇA. SUSPEIÇÃO DO PERITO. Tendo o perito judicial atuado como médico particular da parte autora, resta configurado seu impedimento, nos termos do inciso I do artigos 144, e do inciso III do artigo 148, todos do Código de Processo Civil. Anulação da sentença para reabertura de instrução e nova perícia, facultada ao Juízo de origem a reabertura plena ou em maior extensão da instrução. (TRF 4ª R.; AC 0023073-37.2014.404.9999; SC; Sexta Turma; Rel. Juiz Fed. Marcelo de Nardi; Julg. 17/05/2017; DEJF 08/06/2017)

Impedimento e/ou suspeição deve ser alegado (a) na primeira oportunidade.

✓ APELAÇÃO. Ação ordinária de indenização por ato ilícito (SIC). Agressão. Imputação aos seguranças da festa HOW HOW HOUSE, promovida e organizada pela ré. Sentença de improcedência. Apelação do autor. PRELIMINAR DE NULIDADE DA SENTENÇA. CERCEAMENTO DE DEFESA. Não caracterização. O juiz é o destinatário das provas, cabendo a ele decidir pela necessidade de produção. Conjunto probatório constante dos autos suficiente para o deslinde da ação. Desnecessidade de produção de outras provas. Princípio da livre apreciação das provas e convencimento motivado do juiz (art. 370, do novo CPC). A questão atinente ao alegado descumprimento, pela ré, da regra prevista no artigo 450, do novo CPC, está preclusa, uma vez que, de acordo com o artigo 148, § 1º, do novo CPC, a parte interessada deverá arguir o impedimento ou a suspeição, em petição fundamentada e devidamente instruída, na primeira oportunidade em que lhe couber falar nos autos, o que não foi feito pelo autor. Preliminar rejeitada. MÉRITO. Relação de consumo. Inversão do ônus da prova que não é automática. Necessidade de demonstração da verossimilhança das alegações ou da hipossuficiência do consumidor para comprová-las. Artigo 6º, inciso VIII, do CDC. Ausência de prova concreta de que o autor foi agredido no dia do evento, assim como da autoria da agressão. Conjunto probatório que não demonstra os fatos alegados pelo autor, ônus que lhe incumbia por se consubstanciar no fato constitutivo do seu direito. Artigo 373, inciso I, do novo CPC. Danos morais não caracterizados. Precedentes do TJSP. Sentença mantida. RECURSO IMPROVIDO. (TJSP; APL 1002552-44.2015.8.26.0664; Ac. 10688990; Votuporanga; Sexta Câmara de Direito Privado; Rel. Des. Rodolfo Pellizari; Julg. 14/08/2017; DJESP 18/08/2017; Pág. 2113)

Capítulo III
DOS AUXILIARES DA JUSTIÇA

→ *v.* Arts. 35 a 44 da Lei 5.010/1966.

Art. 149. São auxiliares da Justiça, além de outros cujas atribuições sejam determinadas pelas normas de organização judiciária, o escrivão, o chefe de secretaria, o oficial de justiça, o perito, o depositário, o administrador, o intérprete, o tradutor, o mediador, o conciliador judicial, o partidor, o distribuidor, o contabilista e o regulador de avarias.

A contadoria judicial é órgão auxiliar da justiça, presumindo-se que seus cálculos são elaborados conforme as normas legais e os estritos termos do título executivo.

✓ EXECUÇÃO DE SENTENÇA. ACOLHIMENTO DOS CÁLCULOS DA CONTADORIA JUDICIAL. CORREÇÃO MONETÁRIA. TR. ART. 1º-F DA LEI Nº 9.494/1997. ADI Nº 4.357. INCONSTITUCIONALIDADE POR ARRASTAMENTO. MODULAÇÃO DOS EFEITOS. PRECATÓRIO NÃO EXPEDIDO. JUROS DE MORA. DIVERGÊNCIA SOBRE A BASE DE CÁLCULO. OBSERVÂNCIA AOS LIMITES DO TÍTULO EXECUTIVO. PRESUNÇÃO DE LEGITIMIDADE E VERACIDADE DOS CÁLCULOS JUDICIAIS. AGRAVO NÃO PROVIDO. 1. O Plenário do

Supremo Tribunal Federal, no julgamento da ADI nº 4.357, declarou a inconstitucionalidade, por arrastamento, do artigo 1º-F da Lei nº 9.494/1997, no que estabeleceu como critério de atualização monetária nas condenações impostas à Fazenda os índices oficiais de remuneração básica das cadernetas de poupança. 2. Em modulação da eficácia da referida decisão, foram mantidos os precatórios expedidos ou pagos até a data do julgamento da questão de ordem. Ou seja, apenas os créditos com precatórios já lançados ou pagos até 25/03/2015 mantém a remuneração com base na TR, não se aplicando a modulação dos efeitos da declaração de inconstitucionalidade nos casos de mera condenação ou de execução sem precatório expedido. 3. Na hipótese dos autos, a expedição do precatório precedeu o termo inicial da eficácia prospectiva do referido julgado (conforme consulta processual, a requisição foi expedida somente em março de 2016), razão pela qual é incabível a pretensão da União de aplicação da TR como índice de correção monetária do débito exequendo, estando plenamente correta a adoção, pela contadoria judicial, do IPCA-E no período questionado. Precedentes do STJ e desta Terceira Turma. 4. A contadoria judicial, segundo o artigo 149 do Código de Processo Civil, é órgão auxiliar da justiça, sem qualquer interesse na lide, dotado do conhecimento técnico pertinente e, portanto, de confiança do juízo, razão pela qual se presume que seus cálculos são elaborados de acordo com as normas legais e nos estritos termos do título executivo. 5. É firme o entendimento deste Tribunal no sentido de prestigiar o parecer da contadoria judicial, considerando-se a sua imparcialidade, veracidade e conhecimento técnico na elaboração dos cálculos dessa natureza. Precedentes. 6. Não restando evidenciadas quaisquer incorreções nos cálculos da contadoria judicial em relação ao título executivo, deve ser mantida a decisão singular que considerou válido o quantum apurado. 7. Agravo desprovido. (TRF 3ª R.; AI 0028902-16.2015.4.03.0000; Terceira Turma; Rel. Des. Fed. Nelton Agnaldo Moraes dos Santos; Julg. 22/11/2017; DEJF 01/12/2017)

O contabilista, auxiliar da Justiça, deve atuar com imparcialidade em relação às partes e possui fé pública.

✓ AGRAVO DE INSTRUMENTO. PROCESSUAL CIVIL. DEPÓSITO JUDICIAL. MEDIDA CAUTELAR. DESTINO. PIS. SEMESTRALIDADE. CÁLCULOS. CONTADOR JUDICIAL. POSSIBILIDADE. 1. Irretocável a decisão agravada, visto que, de fato, a contadoria judicial utilizou em seus cálculos o valor depositado à época, não existindo qualquer razão para aplicação da quantia mencionada pela União Federal para o período de 04/1994, de CR$ 1.264.525,13. 2. Impossibilidade de reconhecer que a divergência está no período posterior, visto que também foi acostada a guia do período 04/1994, no valor de R$ 1.640.490,19. 3. Nos termos do artigo 149, do CPC, o contabilista é auxiliar da Justiça, atuando com imparcialidade com relação às partes e de igual forma possui fé pública. 4. É perfeitamente cabível a utilização pelo magistrado dos préstimos da contadoria judicial para a formação de seu convencimento, nos exatos termos do art. 370, do CPC. 5. O e. STJ tem entendimento de que é correta a remessa dos autos ao contador do juízo para verificação dos cálculos apresentados pelas partes, em decorrência de divergência de valores. 6. Agravo de instrumento a que se nega provimento. (TRF 3ª R.; AI 0020963-48.2016.4.03.0000; Quarta Turma; Relª Desª Fed. Marli Marques Ferreira; Julg. 03/05/2017; DEJF 18/05/2017)

Seção I
Do Escrivão, do Chefe de Secretaria e do Oficial de Justiça

Art. 150. Em cada juízo haverá um ou mais ofícios de justiça, cujas atribuições serão determinadas pelas normas de organização judiciária

Art. 151. Em cada comarca, seção ou subseção judiciária haverá, no mínimo, tantos oficiais de justiça quantos sejam os juízos.

Art. 152. Incumbe ao escrivão ou ao chefe de secretaria:

I – redigir, na forma legal, os ofícios, os mandados, as cartas precatórias e os demais atos que pertençam ao seu ofício;

II – efetivar as ordens judiciais, realizar citações e intimações, bem como praticar todos os demais atos que lhe forem atribuídos pelas normas de organização judiciária;

III – comparecer às audiências ou, não podendo fazê-lo, designar servidor para substituí-lo;

IV – manter sob sua guarda e responsabilidade os autos, não permitindo que saiam do cartório, exceto:

a) quando tenham de seguir à conclusão do juiz;

b) com vista a procurador, à Defensoria Pública, ao Ministério Público ou à Fazenda Pública;

→ *v.* Art. 7.º, XV e XVI, Lei 8.906/1994.

c) quando devam ser remetidos ao contabilista ou ao partidor;

d) quando forem remetidos a outro juízo em razão da modificação da competência;

V – fornecer certidão de qualquer ato ou termo do processo, independentemente de despacho, observadas as disposições referentes ao segredo de justiça;

→ *v.* Enunciado 130 do FPPC: A obtenção da certidão prevista no art. 844 independe de decisão judicial.

VI – praticar, de ofício, os atos meramente ordinatórios.

§ 1º O juiz titular editará ato a fim de regulamentar a atribuição prevista no inciso VI.

§ 2º No impedimento do escrivão ou chefe de secretaria, o juiz convocará substituto e, não o havendo, nomeará pessoa idônea para o ato.

A elaboração, a expedição e a distribuição de cartas precatórias são atribuições de serventuário da justiça e não da parte.

✓ TRIBUTÁRIO. AGRAVO. JUSTIÇA ESTADUAL. DISTRIBUIÇÃO DA CARTA PRECATÓRIA. ATRIBUIÇÃO DO ESCRIVÃO. CUSTAS. ADIANTAMENTO. INCABÍVEL. DESPESAS. CONDUÇÃO DO OFICIAL DE JUSTIÇA. PAGAMENTO. JUÍZO DEPRECANTE. 1. A elaboração, expedição e distribuição de cartas precatórias são atribuições de serventuário da justiça e não da parte, nos termos do que dispõem os incisos I e II do artigo 152 do Código de Processo Civil. 2. No tocante às despesas de condução do oficial de justiça, a Súmula nº 190 do Superior Tribunal de Justiça prevê que na execução fiscal, processada perante a Justiça Estadual, cumpre à Fazenda Pública antecipar o numerário destinado ao custeio das despesas com o transporte dos oficiais de justiça. É certo que a execução fiscal de origem está sendo processada na Justiça Federal, mas isso não faz com que a Justiça Estadual deva praticar os atos deprecados independentemente do pagamento das despesas nela incorridas. 3. Relativamente às custas, a decisão deixou de observar que a União deve arcar com esses valores apenas ao final e se vencida, nos termos do art. 91 do Código de Processo Civil (Artigo 91: As despesas dos atos processuais, efetuados a requerimento do Ministério Público ou da Fazenda Pública, serão pagas a final pelo vencido; CF. TRF4, AI nº 0013354-26.2012.404.0000, 2ª Turma, D.E. 06/02/2013, publicação em 07/02/2013), motivo pelo qual, quanto ao ponto, deve ser dado parcial provimento ao agravo. (TRF 4ª R.; AG 5025950-78.2017.4.04.0000; Segunda Turma; Rel. Des. Fed. Alcides Vettorazzi; Julg. 07/11/2017; DEJF 10/11/2017)

Incumbe ao serventuário da justiça realizar citações, não se justificando a intimação da exequente para promover a execução de atos de competência exclusiva do Cartório.

✓ AGRAVO DE INSTRUMENTO. EXECUÇÃO FISCAL. PROCESSUAL CIVIL. ELABORAÇÃO DA MINUTA DE CITAÇÃO EDITÁLICIA. ATRIBUIÇÃO DO ESCRIVÃO. 1. Estabelecem os incisos I e II do artigo 152 do CPC os deveres dos escrivães ou diretores de secretaria, de modo que competem a eles praticares os atos que lhes forem atribuídos pelas normas de organização judiciária. 2. Incumbe ao serventuário da justiça a realização de citações, de modo que não se justifica a intimação da exequente para promover a execução de atos de competência exclusiva do Cartório. Precedentes. 3. Agravo de instrumento provido. (TRF 3ª R.; AI 0021822-64.2016.4.03.0000; Quarta Turma; Relª Desª Fed. Marli Marques Ferreira; Julg. 15/03/2017; DEJF 28/03/2017)

A diligência de registro da penhora, em sede de execução fiscal, insere-se na competência do Oficial de Justiça, não podendo ser transferida para a parte exequente.

✓ AGRAVO DE INSTRUMENTO. DISTRIBUIÇÃO DE CARTA DE INTIMAÇÃO. ATRIBUIÇÃO DO DIRETOR DE SECRETARIA. REGISTRO DA PENHORA. ATRIBUIÇÃO DO OFICIAL DE JUSTIÇA. 1. Faz parte das atribuições do escrivão ou do diretor de secretaria a expedição e distribuição da carta citatória, da carta precatória e da intimação, não configurando tais tarefas incumbência do exequente ou credor, nos termos do preceituado no artigo 152 do Código de Processo Civil. 2. Este Tribunal Regional Federal tem firme entendimento no sentido de que a diligência de registro da penhora, em sede de execução fiscal, insere-se na competência do Oficial de Justiça, não podendo ser transferida para a parte exequente. (TRF 4ª R.; AG 5009476-32.2017.404.0000; Segunda Turma; Relª Juíza Fed. Luciane Amaral Corrêa Münch; Julg. 27/06/2017; DEJF 29/06/2017)

Art. 153. O escrivão ou o chefe de secretaria atenderá, preferencialmente, à ordem cronológica de recebimento para publicação e efetivação dos pronunciamentos judiciais.

→ *Caput* com redação alterada pela Lei 13.256/2016, em vigor no início da vigência da Lei 13.105/2015 – Novo CPC (*v.* art. 4º da Lei 13.256/2016).

→ *v.* Art. 12 do NCPC.

→ Anterior redação: Art. 153. O escrivão ou chefe de secretaria deverá obedecer à ordem cronológica de recebimento para publicação e efetivação dos pronunciamentos judiciais.

→ *v.* Enunciado 14 do CJF: A ordem cronológica do art. 153 do CPC não será renovada quando houver equívoco atribuível ao Poder Judiciário no cumprimento de despacho ou decisão.

§ 1º A lista de processos recebidos deverá ser disponibilizada, de forma permanente, para consulta pública.

§ 2º Estão excluídos da regra do *caput*:

I – os atos urgentes, assim reconhecidos pelo juiz no pronunciamento judicial a ser efetivado;

II – as preferências legais.

§ 3º Após elaboração de lista própria, respeitar-se-ão a ordem cronológica de recebimento entre os atos urgentes e as preferências legais.

§ 4º A parte que se considerar preterida na ordem cronológica poderá reclamar, nos próprios autos, ao juiz do processo, que requisitará informações ao servidor, a serem prestadas no prazo de 2 (dois) dias.

§ 5º Constatada a preterição, o juiz determinará o imediato cumprimento do ato e a instauração de processo administrativo disciplinar contra o servidor.

Art. 154. Incumbe ao oficial de justiça:

→ *v.* Art. 44 da Lei 5.010/1966.

→ *v.* Art. 37 da Lei 6.830/1980.

I – fazer pessoalmente citações, prisões, penhoras, arrestos e demais diligências próprias do seu ofício, sempre que possível na presença de 2 (duas) testemunhas, certificando no mandado o ocorrido, com menção ao lugar, ao dia e à hora;

II – executar as ordens do juiz a que estiver subordinado;

III – entregar o mandado em cartório após seu cumprimento;

IV – auxiliar o juiz na manutenção da ordem;

V – efetuar avaliações, quando for o caso;

VI – certificar, em mandado, proposta de autocomposição apresentada por qualquer das partes, na ocasião de realização de ato de comunicação que lhe couber.

Parágrafo único. Certificada a proposta de autocomposição prevista no inciso VI, o juiz ordenará a intimação da parte contrária para manifestar-se, no prazo de 5 (cinco) dias, sem prejuízo do andamento regular do processo, entendendo-se o silêncio como recusa.

A avaliação dos bens a serem levados à hasta pública deve ser feita por auxiliar da justiça, exigindo-se a nomeação de perito apenas quando forem necessários conhecimentos específicos.

✓ AGRAVO DE INSTRUMENTO. ADMINISTRATIVO. REAVALIAÇÃO REALIZADA POR OFICIAL DE JUSTIÇA. LEGALIDADE DO ATO. BEM INDIVISÍVEL. POSSIBILIDADE DA INTEGRALIDADE DA PENHORA. Quanto à impugnação da reavaliação do imóvel objeto do leilão, releva notar que a reavaliação foi realizada por Oficial de Justiça, profissional de confiança do Juízo, habilitado a exercer tal mister, nos termos do artigo 154, inciso V, do Código de Processo Civil. Aliás, o Eg. Superior Tribunal de Justiça já se manifestou no sentido de que, pela nova redação dada ao art. 680 do CPC pela Lei nº 11.382/06, a avaliação dos bens a serem levados à hasta pública deve ser feita por auxiliar da justiça, exigindo-se a nomeação de perito apenas quando forem necessários conhecimentos específicos (STJ, 3ª Turma, MC 15976/PR, Min. Nancy Andrighi, DJE 09/10/2009), o que, gize-se, não é o caso dos autos. Ademais, em se tratando de imóvel indivisível entre os proprietários, os quais têm direito, na proporção de suas cotas-partes, a cada uma das parcelas componentes do todo, a Corte Especial do Eg. Superior Tribunal de Justiça, antes mesmo do advento do artigo 655 – B do CPC, já havia firmado entendimento no sentido da possibilidade da integralidade da penhora de bem indivisível, com sub-rogação da cota-parte do cônjuge (leia-se também condômino) alheio à execução no produto da alienação. (TRF 4ª R.; AG 5043807-74.2016.404.0000; Quarta Turma; Relª Desª Fed. Vivian Josete Pantaleão Caminha; Julg. 14/12/2016; DEJF 21/12/2016)

Art. 155. O escrivão, o chefe de secretaria e o oficial de justiça são responsáveis, civil e regressivamente, quando:

I – sem justo motivo, se recusarem a cumprir no prazo os atos impostos pela lei ou pelo juiz a que estão subordinados;

II – praticarem ato nulo com dolo ou culpa.

Seção II
Do Perito

Art. 156. O juiz será assistido por perito quando a prova do fato depender de conhecimento técnico ou científico.

→ *v.* Arts. 464 e ss. do NCPC.

§ 1º Os peritos serão nomeados entre os profissionais legalmente habilitados e os órgãos técnicos ou científicos devidamente inscritos em cadastro mantido pelo tribunal ao qual o juiz está vinculado.

§ 2º Para formação do cadastro, os tribunais devem realizar consulta pública, por meio de divulgação na rede mundial de computadores ou em jornais de grande circulação, além de consulta direta a universidades, a conselhos de classe, ao Ministério Público, à Defensoria Pública e à Ordem dos

Advogados do Brasil, para a indicação de profissionais ou de órgãos técnicos interessados.

§ 3º Os tribunais realizarão avaliações e reavaliações periódicas para manutenção do cadastro, considerando a formação profissional, a atualização do conhecimento e a experiência dos peritos interessados.

§ 4º Para verificação de eventual impedimento ou motivo de suspeição, nos termos dos arts. 148 e 467, o órgão técnico ou científico nomeado para realização da perícia informará ao juiz os nomes e os dados de qualificação dos profissionais que participarão da atividade.

§ 5º Na localidade onde não houver inscrito no cadastro disponibilizado pelo tribunal, a nomeação do perito é de livre escolha pelo juiz e deverá recair sobre profissional ou órgão técnico ou científico comprovadamente detentor do conhecimento necessário à realização da perícia.

A submissão do julgador à prova técnica só pode ser afastada na eventualidade de motivo relevante constante dos autos.

✓ CIVIL. SISTEMA FINANCEIRO DA HABITAÇÃO. CONTRATO DE FINANCIAMENTO HABITACIONAL. COBERTURA SECURITÁRIA. LEGITIMIDADE PASSIVA DA CAIXA ECONÔMICA FEDERAL. MUTUÁRIO COM INVALIDEZ PERMANENTE. ABSOLUTAMENTE INCAPAZ. PRESCRIÇÃO. INOCORRÊNCIA. DIREITO À COBERTURA SECURITÁRIA. 1. A Caixa Econômica Federal, operadora dos contratos do SFH, é a entidade responsável pela cobrança e atualização dos prêmios do seguro habitacional, bem como seu repasse à seguradora, com quem mantém vínculo obrigacional. Assim, tratando-se de questão que envolve a utilização da cobertura securitária para fim de quitação do mútuo, a CEF, na qualidade de parte na relação contratual e mandatária do mutuário, detém legitimidade ad causam para responder sobre todas as questões pertinentes ao contrato, inclusive as relativas ao seguro. 2. Tratando-se de controvérsia cuja solução dependa de prova técnica, por força do artigo 156 do CPC/2015, o juiz só poderá recusar a conclusão do laudo na eventualidade de motivo relevante constante dos autos, uma vez que o perito judicial se encontra em posição equidistante das partes, mostrando-se, portanto, imparcial e com mais credibilidade. 3. **In casu**, foi realizada prova pericial judicial por médico psiquiatra, o qual, em resposta aos quesitos, e com base no histórico e nos exames fornecidos pela autora, esclareceu que a autora, ora apelada, possui quadro grave, crônico e irreversível de transtorno psicótico, esquizofrenia paranoide, e continua evoluindo, já revelando sinais de deterioração mental e comprometimento cognitivo. 4. A autora é absolutamente incapaz, de modo que contra ela não corre a prescrição, nos termos dos artigos 3º, inciso II, e 198, inciso I, ambos do Código Civil de 2002. Precedente do Superior Tribunal de Justiça: AGARESP 201101298551, Relator Ministro MAURO CAMPBELL MARQUES, SEGUNDA TURMA, DJE 3/10/2011. 5. Considerando que a presente ação foi ajuizada em 2010, ou seja, antes das mudanças perpetradas pela Lei n. 13.146/2015, que modificou o artigo 3º do Código Civil para revogar os seus incisos, aplica-se o regime pretérito que reconhecia a incapacidade absoluta daqueles que por deficiência mental ou enfermidade não possuíam o necessário discernimento para a prática dos atos da vida civil. 6. A pretensão de cobertura securitária está de acordo com a cláusula nona do seguro obrigatório, cuja vigência é simultânea com o contrato de financiamento, e no qual está incluída a cobertura por invalidez do mutuário. 7. Apelação desprovida. (TRF 2ª R.; AC 0016544-45.2010.4.02.5101; Quinta Turma Especializada; Rel. Des. Fed. Aluísio Gonçalves de Castro Mendes; Julg. 21/11/2017; DEJF 28/11/2017)

Anulação da sentença: acolhida preliminar de cerceamento de defesa por falta de realização da prova pericial pleiteada.

✓ APELAÇÃO CÍVEL. AÇÃO DE OBRIGAÇÃO DE FAZER. ALEGAÇÃO DE ANATOCISMO E CUMULAÇÃO DE COMISSÃO DE PERMANÊNCIA COM JUROS DE MORA E MULTA. Autora que aponta abusividade em operação de crédito parcelado "giro fácil", vinculado à conta corrente. Ausência de realização de prova pericial que, **in casu**, seria fundamental ao deslinde da controvérsia. Matéria eminentemente técnica, exigindo conhecimento específico, de modo que, a despeito de ser o juiz o destinatário das provas, no caso em tela deve o mesmo ser auxiliado por perito, à luz do art. 156 do CPC/15. Requerimento expresso da parte autora na inicial. Apresentação de quesitos. Ademais, verifica-se que o art. 370 do código de processo civil/15 autoriza que o magistrado determine **ex officio** as provas necessárias à instrução do feito. Anulação de ofício da sentença que se impõe. Recurso prejudicado. (TJRJ; APL 0028310-49.2016.8.19.0002; Niterói; Vigésima Sétima Câmara Cível Consumidor; Relª Desª Mônica Feldman de Mattos; DORJ 22/09/2017; Pág. 668)

Necessidade de perícia psicológica ou biopsicossocial em causas sobre guarda de menores, direito de visita, destituição do poder familiar e similares.

✓ DIREITO DE FAMÍLIA E ESTATUTO DA CRIANÇA E DO ADOLESCENTE. AÇÃO OBJETIVANDO A DESTITUIÇÃO DO PODER FAMILIAR FORMULADA PELO MINISTÉRIO PÚBLICO. PRETENSÃO JULGADA PROCEDENTE. RECURSO DOS GENITORES DESPROVIDO. 01. Por força do disposto no art. 227 da Constituição da República, "é dever da família, da sociedade e do Estado assegurar à criança, ao adolescente e ao jovem, com absoluta prioridade, o direito à vida, à saúde, à alimentação, à educação, ao lazer, à profissionalização, à cultura, à dignidade, ao respeito, à liberdade e à convivência familiar e comunitária, além de colocá-los a salvo de toda forma de negligência, discriminação, exploração, violência, crueldade e opressão". À luz desse princípio, os Tribunais têm decidido que deve ser decretada a perda do poder familiar, nos termos dos arts. 24 da Lei n. 8.069/1990 e 1.638 do Código Civil, quando comprovados: I) "o comportamento negligente e irresponsável por parte dos genitores, consistente no abandono, na entrega dos filhos para cuidados de terceiros, na instabilidade de moradia, tudo isso aliado à completa falta de estrutura psicológica para garantir o desenvolvimento sadio dos infantes" (AC n. 0900408-87.2015.8.24.0036, Des. Luiz Cézar Medeiros); II) A total "desestruturação familiar" e o "descaso e desinteresse" com a educação e o bem-estar físico, social, material e afetivo dos filhos (AgIntAgREsp n. 1.009.314, Min. Luis Felipe Salomão).02. Estatui o art. 156 do Código de Processo Civil que "o juiz será assistido por perito quando a prova do fato depender de conhecimento técnico ou científico". Também nas causas versando a respeito da guarda de menores, direito de visita, destituição do poder familiar e similares. Nas quais, por força da Constituição da República (art. 227), "há de prevalecer o princípio do melhor interesse do menor, norteador do sistema protecionista da criança" (HC n. 279.059, Min. Luis Felipe Salomão), pois "os interesses e direitos do menor devem sobrepor-se a qualquer outro bem ou interesse juridicamente tutelado" (RESP n. 900.262, Min. Nancy Andrighi) -, a "perícia psicológica ou biopsicossocial" (Lei n. 12.318/2010, art. 5º), o "laudo pericial" e o "estudo social" (Lei n. 8.069/1990, arts. 161, § 1º, 162, § 1º, 167 e 168) são de extrema relevância e, de ordinário, imprescindíveis. Só poderão ser desconsiderados se não revestidos de rigor técnico ou se houver provas com robustez suficiente para elidir as suas conclusões. 03. Se os estudos sociais e as demais provas produzidas evidenciam a falta de comprometimento dos pais em restabelecer as condições mínimas para garantir o bem-estar dos filhos, impõe-se confirmar a sentença de destituição do poder familiar. (TJSC; AC 0904581-07.2014.8.24.0064; São José; Segunda Câmara de Direito Civil; Rel. Des. Newton Trisotto; DJSC 13/09/2017; Pag. 223)

Perito nomeado conforme os requisitos do art. 156, §1º do CPC/2015: desnecessária habilitação específica.

✓ AGRAVO DE INSTRUMENTO. Indenização. Erro médico. Substituição de perito judicial por perito especializado em endoscopia ou cirurgia torácica. Desnecessidade. Perito que foi nomeado em conformidade com o art. 156, par. 1º, do CPC e tem especialidade em clínica médica e anestesiologia, não sendo relevante que possua subespecialização específica em determinada área da medicina. Aplicação do art. 156, par. 1º, do CPC. Recurso desprovido. É irrelevante se perito nomeado para realizar perícia é especializado ou não na área na qual deve ser realizada a prova técnica, no caso, medicina, e não pode, por este motivo, ser afastada sua credibilidade profissional, pelo fato de o art. 156, parágrafo 1º, do CPC, não exigir habilitação específica para o dever processual. (TJPR; Ag Instr 1514649-7; Curitiba; Primeira Câmara Cível; Rel. Juiz Conv. Fernando Cesar Zeni; Julg. 07/06/2016; DJPR 17/06/2016; Pág. 90)

Art. 157. O perito tem o dever de cumprir o ofício no prazo que lhe designar o juiz, empregando toda sua diligência, podendo escusar-se do encargo alegando motivo legítimo.

→ v. Súmula 232 do STJ.
→ v. Art. 13 da Lei 6.830/1980.
→ v. Art. 14 do Dec.-lei 3.365/1941.
→ v. Arts. 148, III, 152 e 464, do NCPC.

§ 1º A escusa será apresentada no prazo de 15 (quinze) dias, contado da intimação, da suspeição ou do impedimento supervenientes, sob pena de renúncia ao direito a alegá-la.

§ 2º Será organizada lista de peritos na vara ou na secretaria, com disponibilização dos documentos exigidos para habilitação à consulta de interessados, para que a nomeação seja distribuída de modo equitativo, observadas a capacidade técnica e a área de conhecimento.

Desconsideração do laudo pericial ante a injustificada inércia do perito para esclarecer pontos controvertidos.

✓ APELAÇÃO CÍVEL. INDENIZATÓRIA. SENTENÇA DE IMPROCEDÊNCIA. Presente apelo que pugna pela nulidade da sentença, em razão de alegado cerceamento de defesa. Produção de prova pericial. Impugnação ao laudo ofertada pelo autor, ora apelante. Ausência de manifestação do perito, intimado para prestar esclarecimentos. Sentença de improcedência fundamentada pela perícia realizada. No âmbito do ordenamento processual pátrio, a figura do perito judicial surge identificado como auxiliar da justiça, na forma do art. 149 do CPC/2015. Explicita o código de processo civil, que o perito tem o dever de cumprir o ofício no prazo que lhe designar o juiz, empregando toda sua diligência. Art. 157 do CPC. Por fim, ao tratar da produção de prova pericial, o diploma em comento, estabelece os prazos a serem observados pelo técnico para responder, satisfatoriamente, ao seu múnus público, conforme preceitua o art. 477 e incisos. Especificamente, no que tange aos esclarecimentos é determina o CPC ser dever do perito a manifestação do ponto obscuro no prazo de 15 (quinze) dias (§2º do supracitado art. 477). Deveres do experto que estão em consonância com preciosos princípios processuais, de observância obrigatória, não só pelas partes e seus procuradores, mas por todos aqueles que de alguma forma interferem no processo, como os princípios da cooperação, da lealdade processual, da primazia da decisão de mérito e da boa-fé processual, insculpidos nos arts. 4º, 5º e 6º do CPC. Assim, intimado o perito para fins de esclarecimento sobre pontos controvertidos encontrados no seu exame técnico, mostra-se incabível sua inércia injustificada. Deste modo, ressoa cristalino o cerceamento de defesa no caso em tela, mormente porque a prova pericial impugnada foi utilizada nas razões de decidir do juiz sentenciante. Com isso, o julgamento realizado na forma do art. 355, inciso I do CPC se revelou açodado, tendo em vista que, ao possibilitar que seja proferida sentença, com resolução do mérito quando "não houver necessidade de produção de outras provas", o referido inciso não está a conferir ao julgador a possibilidade de antecipação de julgamento nos casos em que a produção da prova ainda está em fase de conclusão. Nulidade da sentença evidenciada. Provimento do recurso para anular a sentença, com nova intimação do perito a fim de que se manifeste a respeito da impugnação ao laudo pericial apresentada pelo autor, prosseguindo-se, após, o trâmite processual. (TJRJ; APL 0096312-60.2005.8.19.0001; Rio de Janeiro; Sexta Câmara Cível; Relª Desª Inês da Trindade Chaves de Melo; DORJ 14/11/2017; Pág. 180)

Os litigantes devem ser intimados da perícia a ser realizada, ou ter inconfundível conhecimento do ato, sob pena de nulidade.

✓ AGRAVO DE INSTRUMENTO. AÇÃO DEMOLITÓRIA. PROVA PERICIAL DE ENGENHARIA. DATA E HORÁRIO DA PRODUÇÃO DE PROVA. CIÊNCIA INEQUÍVOCA DAS PARTES. IMPRESCINDIBILIDADE. PERITO. FÉ PÚBLICA. "As partes terão ciência da data e do local designados pelo juiz ou indicados pelo perito para ter início a produção da prova" (art. 474 do NCPC). A ciência das partes acerca da data, horário e local da produção da prova pericial deve ser inequívoca, garantindo-se a efetivação da garantia ao contraditório, sob pena de nulidade. Ou seja, os litigantes devem ser intimados da perícia a ser realizada, ou ter inconfundível conhecimento do ato. O perito atua como auxiliar da justiça e, por exercer múnus público, goza de fé pública, competindo-lhe "cumprir o ofício no prazo que lhe designar o juiz, empregando toda sua diligência" (art. 157 do NCPC). V.V: AGRAVO DE INSTRUMENTO. PROVA PERICIAL. DATA E LOCAL DE PRODUÇÃO DA PROVA. CIÊNCIA DAS PARTES. PERITO. FÉ-PÚBLICA. O perito judicial, no exercício de seu múnus publico, atua como auxiliar do juízo, gozando de fé-pública, presumindo-se de boa-fé toda a sua atuação em juízo. (TJMG; AI 1.0520.08.020703-5/003; Relª Desª Cláudia Maia; Julg. 20/05/2016; DJEMG 01/07/2016)

Art. 158. O perito que, por dolo ou culpa, prestar informações inverídicas responderá pelos prejuízos que causar à parte e ficará inabilitado para atuar em outras perícias no prazo de 2 (dois) a 5 (cinco) anos, independentemente das demais sanções previstas em lei, devendo o juiz comunicar o fato ao respectivo órgão de classe para adoção das medidas que entender cabíveis.

→ *v.* Arts. 186 e 927 do CC/2002.

→ *v.* Art. 342 do CP.

O perito, assim como as partes, seus procuradores e todos aqueles envolvidos no processo, deve expor os fatos conforme a verdade.

✓ CONSTITUCIONAL. ADMINISTRATIVO. CAESB. LICITAÇÃO E CONTRATO ADMINISTRATIVO. NATUREZA JURÍDICA DE DIREITO PÚBLICO. ADUTORA DE ÁGUA BRUTA DO SISTEMA PRODUTOR CORUMBÁ IV. ETAPA INICIADA EM 2011. AÇÃO DE COBRANÇA E INDENIZATÓRIA APRESENTADA PELA EMPRESA PRIVADA EXECUTORA. APELO DA RÉ. PRELIMINAR. CERCEAMENTO DE DEFESA. FUNDAMENTAÇÃO DA SENTENÇA. CITRA PETITA. NÃO ENFRENTAMENTO DAS TESES E PEDIDO PRELIMINAR DA RÉ. EXISTÊNCIA DE FATOS IMPEDITIVOS AO DIREITO DA AUTORA. AMPLA DEFESA E CONTRADITÓRIO. OFENSA. SENTENÇA NULA. CAUSA MADURA. PRELIMINAR. INVALIDAÇÃO DE PERÍCIA CONTÁBIL. PRESUNÇÃO DE IDONEIDADE E IMPARCIALIDADE DO PERITO. NÃO AFASTADA. PERSUASÃO RACIONAL. PRELIMINAR REJEITADA. MÉRITO. PRINCÍPIO DA VINCULAÇÃO AO INSTRUMENTO CONVOCATÓRIO. CONSIDERAÇÕES TÉCNICAS DE PROFISSIONAIS DE ENGENHARIA. PRESUNÇÃO DE LEGITIMIDADE E LEGALIDADE DAS AVALIAÇÕES TÉCNICAS. INEXECUÇÃO DA OBRA. DESCUMPRIMENTO CONTRATUAL. IMPOSSIBILIDADE DO CONTRATADO EXIGIR O CUMPRIMENTO DE OBRIGAÇÕES SEM ADIMPLÊNCIA DE SEUS COMPROMISSOS. CONTRATOS ADMINISTRATIVOS. PAGAMENTO POR SERVIÇOS NÃO REALIZADOS OU REALIZADOS DE FORMA DESTOANTE AO EDITAL DE LICITAÇÃO. IMPOSSIBILIDADE. ÔNUS DA PROVA DO DIREITO EVOCADO NA INICIAL. NÃO SUPERADO. PEDIDOS INICIAIS IMPROCEDENTES. APELO DA RÉ PROVIDO. APELO DA AUTORA. DESPROVIDO. 1. Na época da prolação da sentença não estava em vigor a sistemática de fundamentação do atual Código de Processo Civil. A lógica argumentativa estipulada pelo CPC/1973, revogado, apoiava a criação de jurisprudência defensiva, onde os postulados da ampla defesa, do contraditório e da devida fundamentação das decisões judiciais eram mitigados. 1.1 A farta documentação apresentada pela CAESB (40 volumes juntados em linha) e as alegações de fatos impeditivos ao direito indicado na inicial não foram apreciadas pelo Juízo, situação suficiente para, seja na vigência do CPC de 1973, seja na vigência do CPC de 2015, tornar nula a sentença por ofensa aos postulados constitucionais esculpidos no inciso LV do artigo 5º e no inciso IX do artigo 93 da Constituição Federal. Preliminar de nulidade de sentença acolhida. Cerceamento de defesa. Causa madura e julgamento conforme o estado do processo. 2 Diante da anulação da sentença por falta de fundamentação e da análise dos pedidos da ré (citra petita) e diante da suficiência de provas acostadas aos autos, passo a decidir o mérito da demanda, com fulcro no §3º do artigo 1.013 do CPC/2015. 3 Desde o Código de Processo Civil de 1973, fomentava-se o dever das partes, de seus procuradores e de todos aqueles que de qualquer forma participem do processo expor os fatos em juízo conforme a verdade (art. 77,

I, CPC/2015; art. 14 do CPC/1973). Este dever se estende ao perito que deve atuar com diligência, sob pena de ser punido por dolo ou culpa (art. 158 do CPC/2015; art. 147 do CPC/1973). 3.1O princípio da persuasão racional estabelece que o Juiz não precisa ficar adstrito ao laudo pericial, podendo se convencer com outros elementos ou fatos provados no processo, pois não existem cargas de convencimento preestabelecidas dos meios de prova: O juiz apreciará a prova pericial de acordo com o disposto no art. 371, indicando na sentença os motivos que o levaram a considerar ou a deixar de considerar as conclusões do laudo, levando em conta o método utilizado pelo perito (art. 479 CPC/ 2015 e art. 436 do CPC/1973). 3.2Milita a favor do laudo pericial a presunção de idoneidade e imparcialidade. Preliminar rejeitada. 4. O princípio da vinculação ao instrumento convocatório, que também advém do artigo 41 da Lei Geral das Licitações, dispõe que a Administração não pode descumprir as normas e condições do edital, ao qual se acha estritamente vinculada. 4.1O Edital é elemento fundamental do procedimento licitatório e é ele quem fixa as condições e regras para realização da licitação, determina o seu objeto, discrimina as garantias e os deveres de ambas as partes, regulando todo o certame público. Se o licitante, ciente das normas editalícias, não apresenta na época oportuna qualquer impugnação deve atendê-las. 4.2Convencionou-se com base nos princípios constitucionais esculpidos no supracitado artigo 3º da Lei nº 8.666/93 que todos que participam do certame se vinculam ao instrumento convocatório (Edital) sendo este a Lei entre as partes. 5. O sofisma material na lógica jurídica, explica Maria Helena Diniz, vem com aparência de argumentação ou conclusão legítima, pela retidão da forma, mas é ilegítima por vício da matéria e pode resultar de pretensa causa, isto é, aceitação como causa do que não é causa verdadeira (Goffredo Telles Jr.) (Volume 4, Q-Z, São Paulo: Editora Saraiva, 1998, p.411-412). 5.1O Juízo aceitou como pretensa causa o descumprimento contratual pela CAESB, isto é, aceitou causa o que não é causa verdadeira. 6. É dever de o administrador público rever os atos ilegais ou eivados de vícios, sob pena de sua inércia, resultar em danos ao erário. Este não deve ser desfalcado para pagamento de serviços não prestados, sob pena, de enriquecimento ilícito de particular, em franca afronta ao interesse público. 6.1O pagamento por serviços não realizados é conduta que importa no enriquecimento ilícito de terceiro ou em ato atentatório aos princípios basilares da administração pública. Os motivos determinantes para impor as glosas se apoiam, também, à regra do ordenamento jurídico brasileiro de ser proibido o enriquecimento sem causa. 6.2Aequipe técnica da CAESB solicitou o refazimento de vários trechos da obra da adutora nos anos de 2011, 2012, 2013 e 2014. Há perícias técnicas da área de engenharia elaboradas pela SANEAGO fls. 1.438/1454, pela CAESB (fls. 1433/1437; 1491/1495 (2012) e 1507/1511 (2014), inclusive, realizadas pelo elaborador do Projeto Básico fls. 1455/1463). A autora não apresenta nenhuma contraprova àqueles laudos técnicos. 6.3Outros problemas gravíssimos, diante da importância da obra e de sua magnitude, que serão a seguir expostos, se relacionavam à execução contrária às regras do edital quanto à seção das valas (dimensões das mesmas inferiores ao projeto), ao leito e ao recobrimento superior e lateral dos tubos com areia com dimensões, etc. Consequentemente, volumes utilizados para preenchimento com areia adequada eram inferiores ou com dimensional em desacordo com o projeto. A empresa aplicou revestimento interno de trecho da tubulação com material tóxico ao ser humano (alcatrão de hulha). Faltavam laudos de ensaios e certificações de todas as soldas, de ensaios de revestimento interno, dentre outros. 7. Nos contratos bilaterais, nenhum dos contratantes, antes de cumprida a sua obrigação, pode exigir o implemento da do outro. Isto porque, o ordenamento civil não permite, em regra, que uma das partes em um negócio jurídico, diante, também, do princípio da força obrigatória dos contratos, exija o cumprimento das obrigações da parte contrária, sem o cumprimento dos deveres firmados. 7.1Não é diferente nos contratos administrativos firmados entre a administração pública e os fornecedores de bens ou de serviços. E mais, o princípio já mencionado neste voto da vinculação ao instrumento convocatório é a Lei promulgada entre as partes. 8. Caberia à autora afastar a legitimidade das glosas e do não pagamento fundamentados na não execução ou execução inapropriada: Art. 333, I, CPC/1973 e art. 373, I, CPC/2015. 9. A pretensão inicial da autora representa interesse contrário ao interesse público. Contrária, inclusive, às regras gerais das relações civis brasileiras, por não se poder exigir obrigações da outra parte quando o exequente não cumpre suas obrigações no pacto, principalmente diante da característica de execução da adutora, de forma sequencial. 10. Preliminar de nulidade de sentença acolhida. Sentença cassada. Causa Madura. Julgamento conforme o estado do processo (§ 3º do artigo 1.013 do Código de Processo Civil). Preliminar de invalidade da perícia contábil rejeitada. Recurso da ré conhecido e provido. Pedidos iniciais julgados improcedentes, na forma do § 3º do artigo 1.013 do Código de Processo Civil. Apelo adesivo conhecido e desprovido. Sem honorários recursais. (TJDF; APC 2015.01.1.019643-6; Ac. 102.2548; Primeira Turma Cível; Rel. Des. Alfeu Machado; Julg. 31/05/2017; DJDFTE 18/07/2017)

Seção III
Do Depositário e do Administrador

Art. 159. A guarda e a conservação de bens penhorados, arrestados, sequestrados ou arrecadados serão confiadas a depositário ou a administrador, não dispondo a lei de outro modo.

→ *v.* Súmulas 179, 271 e 319 do STJ.

Sequestro de bens supostamente adquiridos com os proveitos de infração: interação entre o regime jurídico do Código de Processo Penal e o do Código de Processo Civil.

✓ STJ, PETIÇÃO Nº 9.626 - DF (2012/0257706-4) RELATORA: MINISTRA NANCY ANDRIGHI (...) III - Da nomeação de depositário A doutrina diverge quanto às consequências da formalização da medida assecuratória de sequestro sobre os bens supostamente adquiridos com os proveitos da infração. Uma parcela defende que o proprietário ou possuidor atual deveriam ser desapossados do bem, pois, de acordo com o art. 139 do CPP, o sequestro deve ser submetido ao regime do Direito Civil, segundo o qual, nos termos do art. 148 do CPC/73 e 159 do CPC/15, a guarda e conservação dos bens deve ser confiada a depositário ou administrador. Outra parte da doutrina ressalva, contudo, que, na hipótese de sequestro de bens imóveis, em que a indisponibilidade será averbada em seu registro, por força da disposição do art. 128 do CPP, a manutenção de referido bem na posse de quem atualmente a detém não traz prejuízos à garantia dos efeitos secundários da condenação, pois a utilização do bem por essa pessoa não impediria a futura e eventual execução do confisco. De fato, conforme asseveram BADARÓ e BOTTINI, - a interação do regime jurídico do Código de Processo Penal com o Código de Processo Civil permite que o bem imóvel objeto do sequestro ou arresto permaneça sob a posse de seu titular, que terá o dever de guarda e conservação sobre o bem (BADARÓ, Gustavo Henrique; BOTTINI, Pierpaolo Cruz. Lavagem de Dinheiro, aspectos penais e processuais penais. 2ª ed. São Paulo: Editora Revista dos Tribunais, 2013, pág. 356). Assim, embora seja inviável o julgamento imediato dos presentes embargos de terceiro, é possível que seja confiada a administração, guarda e conservação do bem ao atual possuidor, sendo ele nomeado seu fiel depositário, prestando informações periódicas da situação dos bens sob sua administração. Desse modo, ainda que não o tenha registrado em seu nome, tendo o embargante demonstrado que é o atual possuidor do imóvel, deve ser nomeado o depositário de referido bem até o trânsito em julgado dos presentes embargos de terceiro. IV - Conclusão Forte nessas razões, determino o SOBRESTAMENTO do presente processo até o trânsito em julgado da APn 702/AP, com fundamento no art. 130, parágrafo único, do CPP. NOMEIO, ademais, na presente oportunidade, o embargante como depositário do bem sequestrado (...), até o trânsito em julgado da presente ação de embargos de terceiro. A presente nomeação deve ser comunicada ao administrador judicial dos imóveis sequestrados em João Pessoa/PB - indicado pelo juízo da 1ª Vara Federal de João Pessoa/PB como depositário do bem em questão em decisão proferida em 30/12/2013 nos autos do Processo 000139-57.2013.4.05.8200 -, para que deixe a administração de referido bem, transferindo os direitos decorrentes de contrato de locação vigente, se existente, ao embargante. À Coordenadoria da Corte Especial para as comunicações necessárias. Publique-se. Intimem-se. Brasília (DF), 24 de agosto de 2017. Relatora Ministra NANCY ANDRIGHI

A indenização por eventual dano material no bem penhorado e confiado à guarda do próprio proprietário dependerá de prova da conduta lesiva, da ocorrência do dano e do nexo causal entre eles.

✓ CIVIL. PROCESSO CIVIL. DANO MATERIAL. BEM PENHORADO. CONSERVAÇÃO. RESPONSABILIDADE. DEPOSITÁRIO. DANO MORAL. NEXO CAUSALIDADE. DEMONSTRAÇÃO. ONUS DA PROVA. AUTOR. 1. Nos termos do artigo 159 do Código de Processo Civil, a conservação dos bens penhorados é de responsabilidade do depositário judicial. 2. Havendo qualquer dano no bem penhorado e confiado à guarda do próprio proprietário, na condição de depositário judicial, não há que se falar em indenização por eventual dano material. 3. Para gerar o dever de reparação por danos morais, deve haver prova da conduta lesiva, da ocorrência do dano e o nexo causal entre eles, sendo que a ausência de qualquer desses requisitos impõe a improcedência do pedido de indenização. 4. Conforme determina o artigo 373, I, do Código de Processo Civil, incumbe ao autor o ônus da prova quanto ao fato constitutivo de seu direito. 5. Recurso conhecido e desprovido. (TJDF; APC 2016.06.1.011586-8; Ac. 104.4198; Terceira Turma Cível; Relª Desª Maria de Lourdes Abreu; Julg. 30/08/2017; DJDFTE 11/09/2017)

Art. 160. Por seu trabalho o depositário ou o administrador perceberá remuneração que o juiz fixará levando em conta a situação dos bens, ao tempo do serviço e às dificuldades de sua execução.
Parágrafo único. O juiz poderá nomear um ou mais prepostos por indicação do depositário ou do administrador.

Remuneração do administrador deve ser fixada considerando-se a complexidade das funções a serem desempenhadas e a capacidade de pagamento da sociedade empresária.

✓ AGRAVO DE INSTRUMENTO. RECUPERAÇÃO JUDICIAL. REMUNERAÇÃO. ADMINISTRADOR JUDICIAL. PRINCÍPIO DA PROPORCIONALIDADE. Regra do art. 24 da Lei n. 11.101/05. Complexidade das funções a serem desempenhadas aliada à capacidade de pagamento da sociedade empresária. O ajuste firmado entre o administrador judicial e a empresa recuperanda não deve prevalecer. Administrador judicial que é auxiliar do Juízo no exercício de suas atribuições legais (art. 149 do CPC/15). Compete ao magistrado a definição do percentual remuneratório. Art. 160 do CPC/15. Remuneração do agravante deve ser majorada. Sentença reformada. Recurso provido em parte. (TJSP; AI 2065647-49.2016.8.26.0000; Ac. 9829606; Cabreúva; Primeira Câmara Reservada de Direito Empresarial; Rel. Des. Hamid Bdine; Julg. 21/09/2016; DJESP 13/10/2016)

Remuneração pelo depósito conforme características físicas do bem e valor de mercado.

✓ AGRAVO DE INSTRUMENTO. DIREITO PRIVADO NÃO ESPECIFICADO. EXECUÇÃO. Muito embora tratem-se de objetos de tamanho reduzido, inegável a responsabilidade e trabalho ocasionados ao depositário, que tem no art. 160 do CPC/2015 garantido seu direito à remuneração. Valor fixado na decisão recorrida que se mostra elevado, especialmente se consideradas as características físicas do bem, bem como seu valor de mercado. Valor diário de remuneração do depósito fixado em R$ 0,50. À unanimidade, deram parcial provimento ao recurso. (TJRS; AI 0304442-67.2016.8.21.7000; Passo Fundo; Décima Primeira Câmara Cível; Relª Desª Katia Elenise Oliveira da Silva; Julg. 14/12/2016; DJERS 23/01/2017)

Art. 161. O depositário ou o administrador responde pelos prejuízos que, por dolo ou culpa, causar à parte, perdendo a remuneração que lhe foi arbitrada, mas tem o direito a haver o que legitimamente despendeu no exercício do encargo.

→ v. Art. 168, § 1º, II, do CP.

Parágrafo único. O depositário infiel responde civilmente pelos prejuízos causados, sem prejuízo de sua responsabilidade penal e da imposição de sanção por ato atentatório à dignidade da justiça.

→ v. Súmula Vinculante 25 do STF.
→ v. Arts. 186 e 927 do CC/2002.
→ v. Art. 5º, LXVII, da CF/1988.
→ v. Art. 7º, 7 da Convenção Americana sobre Direitos Humanos.

Impossibilidade de responsabilização do depositário na própria ação de execução fiscal.

✓ PROCESSUAL CIVIL. AÇÃO DE EXECUÇÃO FISCAL. DEPOSITÁRIO JUDICIAL. RESPONSABILIDADE PELA GUARDA E CONSERVAÇÃO DOS BENS. IMPOSSIBILIDADE. UTILIZAÇÃO DA AÇÃO DE EXECUÇÃO. PENHORA DE ATIVOS FINANCEIROS. EMBARGOS DE DECLARAÇÃO, ART. 535, II, DO CPC. OMISSÃO. SÚMULA Nº 284/STF. FALTA DE PREQUESTIONAMENTO. SÚMULA Nº 211/STJ. 1. Não se pode conhecer da alegada ofensa ao art. 535 do CPC, porquanto as razões do recurso são genéricas e não indicam objetivamente de que forma teria havido omissão e qual a relevância do ponto, em tese omitido, para o deslinde da controvérsia. Aplica-se, por analogia, o óbice da Súmula nº 284/STF. 2. A indicada afronta dos arts. 148, 149 e 902 do CPC não pode ser analisada, pois o tribunal de origem não emitiu juízo de valor sobre esses dispositivos legais. O Superior Tribunal de justiça entende ser inviável o conhecimento do Recurso Especial quando os artigos tidos por violados não foram apreciados pelo tribunal a quo, a despeito da oposição de embargos de declaração, haja vista a ausência do requisito do prequestionamento. Incide, na espécie, a Súmula nº 211/STJ. 3. O depositário judicial possui o dever de guarda e conservação dos bens penhorados, arrestados ou arrecadados, caso não cumpra com diligência o seu mister, responde pelos prejuízos advindos do seu dolo ou culpa. Contudo, a legislação não possibilita que o depositário seja responsabilizado na própria ação de execução fiscal e, muito menos, que seja deferida a penhora eletrônica dos seus ativos financeiros, via bacenjud. 4. Os estreitos limites da ação de execução fiscal não permitem um juízo adequado de cognição que possibilitem apurar a responsabilidade do depositário judicial pelos danos sofridos aos bens penhorados. 5. Recurso Especial parcialmente conhecido e, nessa parte, não provido. (STJ; REsp 1.581.272; Proc. 2016/0028567-7; SP; Segunda Turma; Rel. Min. Herman Benjamin; DJE 25/05/2016)

Eventuais prejuízos causados pelo depositário, por dolo ou culpa, devem ser objeto de ação própria.

✓ PROCESSUAL CIVIL. AGRAVO LEGAL. AGRAVO DE INSTRUMENTO. EXECUÇÃO FISCAL. DEPOSITÁRIO. RESPONSABILIDADE. PENHORA ON LINE. SISTEMA BACENJUD. IMPOSSIBILIDADE. MANUTENÇÃO DA DECISÃO RECORRIDA. AGRAVO NÃO PROVIDO. 1. O depositário, agente auxiliar da justiça, tem o dever da guarda e conservação do bem a ele confiado (CC, art. 629 e CPC, art. 148), respondendo pelos prejuízos que, por dolo ou culpa, causar à parte (CPC, art. 150). 2. A jurisprudência desta e. Corte, contudo, firmou entendimento no sentido de que eventuais prejuízos que, por dolo ou culpa, o depositário. Cuja condição jurídica não se confunde com a do executado., causar a qualquer das partes, devem ser objeto de ação própria, de natureza condenatória. 3. Agravo legal não provido. (TRF 3ª R.; AL-AI 0016013-30.2015.4.03.0000; Primeira Turma; Rel. Des. Fed. Hélio Nogueira; Julg. 01/03/2016; DEJF 14/03/2016)

Aplica-se o disposto no art. 161 somente se demonstrado que o depositário agiu com desídia ou má-fé.

✓ MULTA. ATO ATENTATÓRIO À DIGNIDADE DA JUSTIÇA. ART. 774 DO CPC. AUSÊNCIA DE DOLO OU CULPA. DEVERES DO DEPOSITÁRIO. 1. Não há violação aos deveres do depositário judicial a simples constatação de depreciação de veículo automotor, objeto de depósito judicial, ausente qualquer liame de causalidade entre a conduta do depositário e a constatação de eventuais avarias ou depreciação do bem 2. Ausente a demonstração de que o depositário tenha agido com desídia ou má-fé, ou que em qualquer momento tenha deixado de cumprir ordens do juízo da execução, não tem aplicação quaisquer das cominações do art. 774 ou 161 do CPC. (TRF 4ª R.; AG 5025567-03.2017.404.0000; Primeira Turma; Rel. Des. Fed. Amaury Chaves de Athayde; Julg. 21/06/2017; DEJF 26/06/2017)

O depositário infiel não se confunde com o executado, sendo descabido o deferimento da penhora eletrônica de ativos financeiros em nome da embargante.

✓ PROCESSUAL CIVIL. TRIBUTÁRIO. EMBARGOS DE TERCEIROS. EXECUÇÃO FISCAL. PENHORA ON LINE DE ATIVOS FINANCEIROS DO DEPOSITÁRIO INFIEL. IMPOSSIBILIDADE. APELAÇÃO PROVIDA. I. Ressai dos autos que a embargante teve seus bens constritos em virtude de ser depositária infiel e não por ser sócia da empresa executada. Verifico que não houve redirecionamento da execução em nome da embargante, sócia da empresa, mas houve penhora de bens (200 luminárias) sendo nomeada a embargante depositaria. Por ocasião do leilão dos bens penhorados, em auto de avaliação e constatação foi certificado que tais luminárias haviam saído de linha, não mais as possuindo em estoque, conforme informado pela própria embargante. Em seguida o juízo da execução, em 15/04/2010, entendeu por determinar o imediato bloqueio de valores via BACENJUD das contas da depositária/embargante. Sendo realizado o bloqueio no valor total de R$ 6.108,31 (seis mil, cento e oito reais e centavos). Nestes autos, foi concedido liminarmente o desbloqueio do valor de R$ 878,14 (oitocentos e setenta e oito reais e centavos). II. Embora a depositária dos bens penhorados não tenha agido com o cuidado necessário para a conservação dos bens, não me parece razoável constringir, de pronto, o seu patrimônio pessoal para garantia do objeto da execução fiscal. Importa considerar que o depositário não é parte da relação jurídico-processual. É tratado como agente auxiliar da Justiça, para desempenhar a função administrativa de guarda e conservação do bem, nos termos do art. 148 do CPC/73 (art. 159 NCPC), havendo meios adequados para responsabilizá-lo pelos prejuízos que causar no exercício desse encargo, de acordo com o art. 150 do CPC/73 (art. 161 do NCPC). III. Nesse contexto, eventuais prejuízos que, por dolo ou culpa, o depositário causar a qualquer das partes, devem ser objeto de ação própria, de natureza condenatória. Assim, considerando que o depositário não se confunde com o executado, descabe o deferimento da penhora eletrônica de ativos financeiros via BACENJUD em nome da embargante. IV. Apelação provida. (TRF 3ª R.; AC 0004950-96.2010.4.03.6106; Terceira Turma; Rel. Des. Fed. Antonio Carlos Cedenho; Julg. 20/10/2016; DEJF 03/11/2016)

Seção IV
Do Intérprete e do Tradutor

Art. 162. O juiz nomeará intérprete ou tradutor quando necessário para:

I – traduzir documento redigido em língua estrangeira;

II – verter para o português as declarações das partes e das testemunhas que não conhecerem o idioma nacional;

III – realizar a interpretação simultânea dos depoimentos das partes e testemunhas com deficiência auditiva que se comuniquem por meio da Língua Brasileira de Sinais, ou equivalente, quando assim for solicitado.

Art. 163. Não pode ser intérprete ou tradutor quem:

I – não tiver a livre administração de seus bens;

II – for arrolado como testemunha ou atuar como perito no processo;

III – estiver inabilitado para o exercício da profissão por sentença penal condenatória, enquanto durarem seus efeitos.

Art. 164. O intérprete ou tradutor, oficial ou não, é obrigado a desempenhar seu ofício, aplicando-se-lhe o disposto nos arts. 157 e 158.

Seção V
Dos Conciliadores e Mediadores Judiciais

→ *v.* Lei 9.099/1995 – Dispõe sobre os Juizados Especiais Cíveis e Criminais e dá outras providências.

→ *v.* Lei 10.529/2001 – Dispõe sobre a instituição dos Juizados Especiais Cíveis e Criminais no âmbito da Justiça Federal.

→ *v.* Lei 12.153/2009 – Dispõe sobre os Juizados Especiais da Fazenda Pública no âmbito dos Estados, do Distrito Federal, dos Territórios e dos Municípios.

→ *v.* Lei 13.140/2015 – Dispõe sobre a mediação entre particulares como meio de solução de controvérsias e sobre a autocomposição de conflitos no âmbito da administração pública.

Art. 165. Os tribunais criarão centros judiciários de solução consensual de conflitos, responsáveis pela realização de sessões e audiências de conciliação e mediação, e pelo desenvolvimento de programas destinados a auxiliar, orientar e estimular a autocomposição.

→ *v.* Art. 7º da Lei 9.099/1995.

→ *v.* Enunciado 371 do FPPC: Os métodos de solução consensual de conflitos devem ser estimulados também nas instâncias recursais.

→ *v.* Enunciado 397 do FPPC: A estrutura para autocomposição, nos Juizados Especiais, deverá contar com a conciliação e a mediação.

→ v. Enunciado 20 da I Jornada "Prevenção e solução extrajudicial de litígios" do CJF: Enquanto não for instalado o Centro Judiciário de Solução de Conflitos e Cidadania (Cejusc), as sessões de mediação e conciliação processuais e pré-processuais poderão ser realizadas por meio audiovisual, em módulo itinerante do Poder Judiciário ou em entidades credenciadas pelo Núcleo Permanente de Métodos Consensuais de Solução de Conflitos (Nupemec), no foro em que tramitar o processo ou no foro competente para o conhecimento da causa, no caso de mediação e conciliação pré-processuais.

→ v. Enunciado 58 da I Jornada "Prevenção e solução extrajudicial de litígios" do CJF: A conciliação/mediação, em meio eletrônico, poderá ser utilizada no procedimento comum e em outros ritos, em qualquer tempo e grau de jurisdição.

§ 1º A composição e a organização dos centros serão definidas pelo respectivo tribunal, observadas as normas do Conselho Nacional de Justiça.

→ v. Art. 103-B da CF/1998.

→ v. Resolução CNJ 2/2005 – Regimento interno do CNJ.

→ v. Resolução CNJ 125/2010 – Dispõe sobre a Política Judiciária Nacional de tratamento adequado dos conflitos de interesses no âmbito do Poder Judiciário e dá outras providências.

§ 2º O conciliador, que atuará preferencialmente nos casos em que não houver vínculo anterior entre as partes, poderá sugerir soluções para o litígio, sendo vedada a utilização de qualquer tipo de constrangimento ou intimidação para que as partes conciliem.

→ v. Art. 18 da Lei 10.529/2001.

→ v. Art. 15 da Lei 12.153/2009.

→ v. Enunciado 187 do FPPC: No emprego de esforços para a solução consensual do litígio familiar, são vedadas iniciativas de constrangimento ou intimidação para que as partes conciliem, assim como as de aconselhamento sobre o objeto da causa.

§ 3º O mediador, que atuará preferencialmente nos casos em que houver vínculo anterior entre as partes, auxiliará aos interessados a compreender as questões e os interesses em conflito, de modo que eles possam, pelo restabelecimento da comunicação, identificar, por si próprios, soluções consensuais que gerem benefícios mútuos.

Princípio da inafastabilidade da jurisdição: a tentativa de solução consensual não pode ser requisito para o ingresso ou ao seguimento da demanda judicial.

✓ AGRAVO DE INSTRUMENTO. DIREITO PRIVADO NÃO ESPECIFICADO. SUSPENSÃO DA DEMANDA. PROJETO SOLUÇÃO DIRETA-CONSUMIDOR. NÃO OBRIGATORIEDADE. PRINCÍPIO DA INAFASTABILIDADE DA JURISDIÇÃO. ATIVISTO JUDICIAL. REDUÇÃO DE DIREITOS FUNDAMENTAIS. IMPOSSIBILIDADE. LIVRE ACESSO AO PODER JUDICIÁRIO. INSTÂNCIA ADMINISTRATIVA OU EXTRAJUDICIAL. DESNECESSIDADE. DECISÃO REFORMADA. Projeto solução direta-consumidor. Trata-se de uma parceria realizada entre o poder judiciário gaúcho e a secretaria nacional do consumidor do Ministério da Justiça, objetivando a solução alternativa de conflitos de consumo, no intuito de, com isso, evitar o ajuizamento de um processo judicial. Não obstante sua elogiável iniciativa a participação no projeto não pode ser imposta ao consumidor como requisito ao ingresso ou ao prosseguimento da demanda judicial. Princípio da inafastabilidade da jurisdição. Qualquer cidadão ou entidade legitimada tem a garantia do acesso à justiça para postular tutela jurisdicional preventiva ou reparatória de direito individual, coletivo ou difuso. O direito constitucional (fundamental) de ação significa poder deduzir pretensão em juízo e também poder dela defender-se. Todo expediente destinado a impedir ou dificultar sobremodo a ação ou a defesa no processo civil constitui ofensa ao princípio constitucional e fundamental da inafastabilidade da jurisdição. Ativismo judicial. Por ativismo judicial deve-se entender o exercício da função jurisdicional para além dos limites impostos pelo próprio ordenamento que incumbe, institucionalmente, ao poder judiciário fazer atuar, resolvendo litígios de feições subjetivas (conflitos de interesses) e controvérsias jurídicas de natureza objetiva (conflitos normativos). Trata-se de uma prática extremamente importante para efetivação dos direitos fundamentais, entre eles o princípio da inafastabilidade da jurisdição, pela simples razão de ser positiva, ou seja, amplia e consolida direitos. Porém, quando restringe direitos fundamentais do cidadão é maléfica para a sociedade e um risco para democracia. Direito à jurisdição. Se o livre acesso ao poder judiciário é comando constitucional, não cabe ao próprio judiciário criar obstáculos para sua efetivação, mas com criatividade, empenho, investimento nos juizados especiais, conselhos de conciliação em municípios desprovidos de Comarca, criação de centros judiciários de solução consensual de conflitos (art. 165 do novo CPC), trabalho legislativo na busca de orçamento, melhoria do seu atendimento abarcando todas as pretensões deduzidas em juízo, e transformando-se verdadeiramente na última instância de recurso do cidadão brasileiro. Instância administrativa ou extrajudicial. A prevalecer esse entendimento da necessidade do cidadão promover pedido administrativo ou comprovação de prévia tentativa de solução dos conflitos extrajudicialmente, em processos relativos à previdência, consumo e outros a serem escolhidos, a distância já existente se tornará ainda maior entre o poder judiciário e a sociedade. Decisão reformada. Agravo de instrumento provido por maioria. (TJRS; AI 0394690-16.2015.8.21.7000; Erechim; Décima Sétima Câmara Cível; Rel. Des. Gelson Rolim Stocker; Julg. 25/02/2016; DJERS 11/03/2016)

Art. 166. A conciliação e a mediação são informadas pelos princípios da independência, da imparcialidade, da autonomia da vontade, da confidencialidade, da oralidade, da informalidade e da decisão informada.

→ *v.* Art. 35 da LC 35/1979.

→ *v.* Art. 2º da Lei 9.099/1995.

→ *v.* Art. 2º da Lei 13.140/2015.

→ *v.* Enunciado 187 do FPPC: No emprego de esforços para a solução consensual do litígio familiar, são vedadas iniciativas de constrangimento ou intimidação para que as partes conciliem, assim como as de aconselhamento sobre o objeto da causa.

→ *v.* Enunciado 34 da I Jornada "Prevenção e solução extrajudicial de litígios" do CJF: Se constatar a configuração de uma notória situação de desequilíbrio entre as partes, o mediador deve alertar sobre a importância de que ambas obtenham, organizem e analisem dados, estimulando-as a planejarem uma eficiente atuação na negociação.

§ 1º A confidencialidade estende-se a todas as informações produzidas no curso do procedimento, cujo teor não poderá ser utilizado para fim diverso daquele previsto por expressa deliberação das partes.

→ *v.* Enunciado 14 do CEAPRO: O juiz deve estimular a adoção da autocomposição, sendo a ele vedada a condução da sessão consensual por força dos princípios da imparcialidade e confidencialidade.

§ 2º Em razão do dever de sigilo, inerente às suas funções, o conciliador e o mediador, assim como os membros de suas equipes, não poderão divulgar ou depor acerca de fatos ou elementos oriundos da conciliação ou da mediação.

→ *v.* Enunciado 46 da I Jornada "Prevenção e solução extrajudicial de litígios" do CJF: Os mediadores e conciliadores devem respeitar os padrões éticos de confidencialidade na mediação e conciliação, não levando aos magistrados dos seus respectivos feitos o conteúdo das sessões, com exceção dos termos de acordo, adesão, desistência e solicitação de encaminhamentos, para fins de ofícios.

§ 3º Admite-se a aplicação de técnicas negociais, com o objetivo de proporcionar ambiente favorável à autocomposição.

§ 4º A mediação e a conciliação serão regidas conforme a livre autonomia dos interessados, inclusive no que diz respeito à definição das regras procedimentais.

Instauração do procedimento de mediação no curso de processos de Recuperação Judicial e Falência.

✓ CUIDA-SE DE AGRAVO DE INSTRUMENTO VEICULADO CONTRA PARTE DA DECISÃO DE FLS. 104.876/104.881, POSTERIORMENTE INTEGRADA PELO PROVIMENTO JUDICIAL DE FLS. 186.232/186.239, PROFERIDOS PELO JUÍZO DA SÉTIMA VARA EMPRESARIAL DA COMARCA DA CAPITAL DESTE ESTADO QUE, EM AÇÃO DE RECUPERAÇÃO JUDICIAL, AO DEFERIR O PEDIDO DAS RECUPERANDAS PARA A INSTAURAÇÃO DE PROCEDIMENTO DE MEDIAÇÃO/CONCILIAÇÃO COM FOCO NOS PEQUENOS CREDORES, CUJA PROPOSTA SERIA EXTENSÍVEL A TODO E QUALQUER CREDOR QUE DESEJASSE RECEBER UM ADIANTAMENTO DO SEU CRÉDITO NO VALOR DE R$ 50.000,00, DETERMINOU (I) QUE O CREDOR DE UM CRÉDITO SUPERIOR A R$ 50.000,00 NÃO ESTARÁ RENUNCIANDO AO DIREITO DE RECEBER O VALOR QUE EXCEDER ESSE MONTANTE SE OPTAR PELA MEDIAÇÃO E O MANDATÁRIO TERÁ PODERES PARA VOTAÇÃO EM ASSEMBLEIA APENAS NESTA IMPORTÂNCIA. (II) QUE OS TERMOS DE MEDIAÇÃO, DE CARTA CONVITE E DE COMUNICADO AOS CREDORES SÃO MINUTAS NÃO VINCULATIVAS, SENDO CERTO QUE A FORMA E AS CONDIÇÕES DE PAGAMENTO DOS EVENTUAIS VALORES E OBJETO DE ACORDO SERÃO DISCUTIDAS NO ÂMBITO DO PROCESSO DE MEDIAÇÃO. (III) QUE, NAS HIPÓTESES DE VOTO LEGAL POR CABEÇA, SE HOUVER ACORDO COM O RECEBIMENTO PARCIAL E RENÚNCIA AO DIREITO DE IMPUGNAR O VALOR DO CRÉDITO CONSTANTE DA LISTA, O CREDOR QUE TRANSACIONOU SOMENTE TERÁ DIREITO A UM ÚNICO VOTO DECORRENTE DO CRÉDITO TRANSACIONADO, INDEPENDENTE DO VALOR RECEBIDO/REMANESCENTE, DESTACANDO QUE ESSE VOTO PODERÁ SER EXERCIDO DIRETAMENTE OU POR PROCURAÇÃO, NOS TERMOS DA LEI. 2. A controvérsia posta nos autos reside em aferir a possibilidade de o Juízo Recuperacional exercer controle prévio de legalidade, traçando, antecipadamente, parâmetros a serem seguidos pelos credores e pelas empresas recuperandas, antes mesmo de iniciado o procedimento de mediação. 3. A valorização do mecanismo da autocomposição vem sendo comumente reiterada pelo Poder Legislativo por intermédio da edição de várias Leis com escopo de estimular a solução consensual dos litígios, envolvendo os interessados na busca de um resultado que alcance um benefício mútuo. 4. O novo Código de Processo Civil, reconhecendo a importância do instituto, elencou os mecanismos de autocomposição de conflitos no rol das normas fundamentais do processo civil, previstas nos parágrafos 2º e 3º, de seu art. 3º. 5. De certo que conciliação e a mediação são informadas pelos princípios da independência, da imparcialidade, da autonomia da vontade, da confidencialidade, da oralidade, da informalidade e da decisão informada (art. 166, do CPC/15). 6. Com efeito, a Lei nº 11.101/2005 não traz qualquer vedação à aplicabilidade da instauração do procedimento de mediação no curso de processos de Recuperação Judicial e Falência. 7. Assim, na forma do art. 3º da Lei nº 13.140/2015, o qual disciplina "que pode ser objeto de mediação o conflito que verse sobre direitos disponíveis ou sobre direitos indisponíveis que admitam transação", não remanesce dúvidas sobre a sua aplicação aos processos de Recuperação Judicial e Falência. 8. Não se perde de vista, contudo, que embora a Lei da Mediação (Lei n º 13.140/2015) seja a regra especial do instituto, sua interpretação deve se dar em harmonia com o ordenamento jurídico pátrio e, principalmente, no caso, com a Lei de Recuperação Judicial. 9. Em se tratando de procedimento de mediação, a minuta elaborada pelas empresas recuperandas não pode ser de cunho vinculativo e não encerra "acordo de adesão", eis que, se assim o fosse, estaria divorciada da natureza jurídica do instituto proposto, o qual pressupõe a criação de um ambiente para que as partes sejam as protagonistas de uma solução conjunta para o seu impasse, a qual será alcançada, consensualmente, por intermédio de concessões mútuas. 10. Tendo em vista que a mediação não deve ser solução pronta, com a estipulação prévia de paradigmas por uma das partes, qualquer pretensão nesse sentido, ainda que sob as vestes de conferir legalidade e celeridade ao procedimento, iria de encontro ao próprio instituto. 11. Diante da índole negocial que o plano de recuperação judicial apresenta, constituindo-se negócio jurídico de caráter contratual, com determinações específicas, a atuação do Estado-Juiz se restringirá à verificação se os interesses das partes para alcançar a finalidade recuperatória estão desrespeitando ou extrapolando os limites da Lei. 12. Considerando que o procedimento de mediação pressupõe que as partes tenham espaçosa oportunidade de, no curso do processo, negociar e eventualmente transacionar acerca das condições e dos valores de pagamento do crédito em discussão, não há como o julgador antecipar quais as soluções poderão ser alcançadas pelas partes. 13. Não se está dizendo que poderão as partes obrar em descompasso com ordenamento jurídico em vigor, assim como em desarmonia com os princípios regentes do processo de recuperação judicial, porém, não compete ao Poder Judiciário atuar como um órgão consultivo prévio, mormente sobre situações hipotéticas, já que sua função primordial é a solução de conflitos. 14. Não encerrando o consenso qualquer ilegalidade, deverá se ter em vista que a composição eficiente pressupõe a escolha de um método adequado ao seu tratamento e que o resultado propicie um benefício mútuo e positivo para ambas os polos envolvidos. 15. Constituindo-se a mediação como uma forma de autocomposição de conflitos, apenas posteriormente ao procedimento é que poderá ser aferido se o acordo engendrado entre as partes suplantará os limites impostos pelo art. 304 e segs. Do CC/02 e art. 45, §3º, da LRF. 16. Tendo em vista que cada credor conserva o direito de participar da assembleia geral de credores segundo a capacidade de seu título, a subsistência ou não do direito de voto do credor que aderir à mediação dependerá do teor de cada transação no que concerne à forma e o modo em que se operarão as condições de pagamento do crédito. 17. Bem de ver que a hipótese de permanência do direito de voto será exclusivamente nos casos em que subsistir crédito a ser pago pelas empresas recuperandas, não se manifestando, contudo, o julgador a quo sobre os efeitos da autocomposição em relação à recuperação judicial quando esta importar na extinção da dívida. 18. Tendo em vista que dois são critérios são utilizados pelo legislador para a aprovação do plano de recuperação judicial, o valor do crédito não pode ser tomado isoladamente como premissa para o exercício do direito de voto pelo credor. 19. Hipótese em que não há como ser estabelecido previamente se as negociações a serem firmadas entre os credores e as recuperandas importarão em alteração do valor ou das condições originais de pagamento do crédito, subsumindo-se, assim, a regra traçada no art. 45, §3º, da LRFE. 20. Forçoso concluir que a conservação do exercício do direito de voto pelos credores que forem alcançados pela mediação somente poderá ser verificada após a conclusão do procedimento. 21. No que concerne às questões relacionadas à legalidade das procurações à luz dos acordos celebrados, não remanescem dúvidas de que qualquer credor poderá outorgar mandato ou procuração específica, com poderes especiais, para uma terceira pessoa lhe representar perante a Assembleia Geral de Credores, conforme prescreve o art. 37, §4º, da LRFE. 22. Desse modo, em linha de princípio, nada impede que o credor outorgue procuração, com poderes específicos, para que um terceiro, representando o legítimo interesse do seu mandante ou constituinte, se manifeste favorável ou contra à aprovação do plano de recuperação judicial. 23. Contudo, não se pode perder de vista que o direito (subjetivo) de voto pelo credor está relacionado e limitado pelo direito objetivo, assim como pelos princípios que balizam o seu exercício. 24. Ocorre que, conquanto não se possa antecipar as tratativas que as partes alcançarão no curso da mediação no tocante às condições de pagamento da dívida, certo é que a forma preestabelecida pela qual os credores aderentes serão representados na votação no plano de recuperação, desde já, se revela incompatível com os princípios norteadores do procedimento de mediação. 25. Isto porque a imposição prévia pelas empresas recuperandas acerca da representatividade dos credores que aderirem à proposta, notadamente com intuito de pré-determinação de voto, acabaria por ceifar à voluntariedade das partes antes mesmo de iniciado o processo de negociação. 26. A contraprestação indireta ofertada pelas empresas recuperandas condicionada à outorga de procuração a um ou vários mandatários específicos, mas cuja escolha não decorre da livre manifestação volitiva do credor importa em flagrante violação aos princípios que regem a mediação. 27. Dessa forma, na hipótese de o credor pretender ser representado na AGE, a escolha de seu mandatário deve se dar de forma livre e voluntária, sem prévia imposição das recuperandas, sob pena de limitação ao princípio da autonomia da vontade, assim como da função social do negócio jurídico. 28. Soma-se a isso o fato de que eventual cláusula aposta na mediação que imponha a representação dos credores por um agente fiduciário previamente determinado pelas empresas recuperandas, não expressará, necessariamente, os seus autênticos anseios no tocante à aprovação ou rejeição do plano. 29. Isto porque tal imposição importará em flagrante desrespeito ao principal pilar da mediação, qual seja, a autonomia das partes, uma vez que a deliberação do plano de recuperação judicial deve expressar a legítima vontade da maioria dos membros de determinada classe, com o propósito de mitigar riscos de manipulação do resultado. 30. De outro turno, não se faz possível dissociar o direito de voto do direito de crédito, o que significa dizer que, embora seja possível a cessão de crédito, não é admitida, tão somente, a cessão ou venda do direito de voto. 31. Tal premissa conduz à inexorável conclusão de que a prévia determinação pelas empresas recuperandas para que o credor seja obrigado a ser representado por mandatário na AGE, inclusive, para o exercício do direito de voto, traduz verdadeira "cessão" deste direito em favor da empresa devedora, antes, contudo, de liquidado o crédito. 32. A imposição prévia pelas empresas recuperandas acerca da representatividade dos credores que aderirem à proposta, revela-se incompatível, desde já, com o escopo da mediação, razão pela qual se faz necessário que o Poder Judiciário, com espeque no poder gerencial que lhe é conferido pelo art. 139, do CPC/15, assim como zelando pela efetividade e celeridade do processo, garanta, antes mesmo de iniciado o procedimento judicial, que sua lisura seja respeitada pelas partes. 33. Nesse passo, deve ser refutada qualquer preordenação, que suprima a autonomia de vontade de qualquer das partes na condução do procedimento, razão pela qual deve ser o recurso provido nesse ponto, a fim de garantir aos credores, que aderirem à mediação, que possam participar diretamente na AGE ou se fazer representar pelos seus mandatários, à livre escolha, com poderes especiais e expressos para praticar atos em seu nome. 34. Não há dúvidas que qualquer negócio jurídico, ainda que no âmbito privado, somente será reputado válido, nos termos do art. 104, do CC/02, se este for celebrado por agente capaz, veiculado por intermédio da forma prescrita ou não defesa em Lei, e se contiver objeto lícito, possível, determinado ou determinável. 35. O Superior Tribunal de Justiça, em processo recuperacional, já se manifestou no sentido de que a obrigação de respeitar o conteúdo da manifestação de vontade não implica impossibilitar ao juízo que promova um controle quanto à licitude das providências decididas em assembleia. 36. Impende destacar que deve se ter em vista que as futuras tratativas negociais engendradas entre as recuperandas e os credores não poderão importar em exceção à **par conditio creditorum**, o que equivale dizer que o procedimento de mediação deverá sempre ser compatível com o princípio concursal. 37. Recurso parcialmente provido. (TJRJ; AI 0019043-25.2017.8.19.0000; Rio de Janeiro; Oitava Câmara Cível; Relª Desª Mônica Maria Costa Di Piero; DORJ 13/09/2017; Pág. 338)

A audiência de conciliação ou mediação não deve ser presidida pelo juiz da causa, mas por conciliador ou mediador sob pena de ofensa ao princípio da confidencialidade.

✓ ESTABELECE O ART. 334 DO CPC-15 QUE, OBSERVADOS OS REQUISITOS ESSENCIAIS NA PETIÇÃO INICIAL, E NÃO SENDO O CASO DE IMPROCEDÊNCIA LIMINAR DO PEDIDO, O JUIZ DESIGNARÁ AUDIÊNCIA DE CONCILIAÇÃO OU DE MEDIAÇÃO, EXCETO SE QUALQUER DAS PARTES MANIFESTAREM EXPRESSO DESINTERESSE NA COMPOSIÇÃO CONSENSUAL OU, AINDA, QUANDO A LIDE NÃO ADMITIR A AUTOCOMPOSIÇÃO (ART. 334, § 4º, I E II). (...) 2. Audiência de conciliação ou de mediação que não pode ser presidida pelo magistrado da causa, mas por conciliador ou mediador, sob pena de ofensa ao princípio da confidencialidade (art. 334, §1º; art. 165, §2º e 3º e art. 166 § 2º, todos do CPC-15). Excepcionalmente, caso isso ocorra, o magistrado não poderá julgar o feito, salvo para homologar a autocomposição obtida, nos termos do art. 334, §11, da Lei Processual. 3. No caso em tela, verifica-se que os réus foram citados para oferecimento de contestação e intimados para comparecimento à audiência inaugural de conciliação, presidida pelo próprio magistrado da causa, com depoimento pessoal das partes, sob pena de confissão e aplicação da multa prevista no art. 334, § 8º do CPC-15, concluída com o proferimento de sentença de procedência do pedido autoral, configurando evidente violação ao princípio do devido processo legal, por inobservância de diversos dispositivos legais que orientam o procedimento comum. 4. Anulação da sentença **ex officio** que se impõe, por **error in procedendo**, com retorno dos autos à origem para regular prosseguimento, a partir das providências preliminares e saneamento (art. 347). Recursos prejudicados. (TJRJ; APL 0248819-20.2016.8.19.0001; Rio de Janeiro; Sétima Câmara Cível; Rel. Des. Luciano Sabóia Rinaldi de Carvalho; Julg. 26/07/2017; DORJ 31/07/2017; Pág. 210)

Art. 167. Os conciliadores, os mediadores e as câmaras privadas de conciliação e mediação serão inscritos em cadastro nacional e em cadastro de tribunal de justiça ou de tribunal regional federal, que manterá registro de profissionais habilitados, com indicação de sua área profissional.

→ v. Arts. 11 e 12 da Lei 13.140/2015.

§ 1º Preenchendo o requisito da capacitação mínima, por meio de curso realizado por entidade credenciada, conforme parâmetro curricular definido pelo Conselho Nacional de Justiça em conjunto com o Ministério da Justiça, o conciliador ou o mediador, com o respectivo certificado, poderá requerer sua inscrição no cadastro nacional e no cadastro de tribunal de justiça ou de tribunal regional federal.

§ 2º Efetivado o registro, que poderá ser precedido de concurso público, o tribunal remeterá ao diretor do foro da comarca, seção ou subseção judiciária onde atuará o conciliador ou o mediador os dados necessários para que seu nome passe a constar da respectiva lista, a ser observada na distribuição alternada e aleatória, respeitado o princípio da igualdade dentro da mesma área de atuação profissional.

→ v. Art. 37, II, da CF/1988.

§ 3º Do credenciamento das câmaras e do cadastro de conciliadores e mediadores constarão todos os dados relevantes para a sua atuação, tais como o número de processos de que participou, o sucesso ou insucesso da atividade, a matéria sobre a qual versou a controvérsia, bem como outros dados que o tribunal julgar relevantes.

→ *v.* Enunciado 22 da I Jornada "Prevenção e solução extrajudicial de litígios" do CJF: A expressão "sucesso ou insucesso" do art.167, § 3º, do Código de Processo Civil não deve ser interpretada como quantidade de acordos realizados, mas a partir de uma avaliação qualitativa da satisfação das partes com o resultado e com o procedimento, fomentando a escolha da câmara, do conciliador ou do mediador com base nas suas qualificações e não nos resultados meramente quantitativos.

§ 4º Os dados colhidos na forma do § 3º serão classificados sistematicamente pelo tribunal, que os publicará, ao menos anualmente, para conhecimento da população e para fins estatísticos e de avaliação da conciliação, da mediação, das câmaras privadas de conciliação e de mediação, dos conciliadores e dos mediadores.

§ 5º Os conciliadores e mediadores judiciais cadastrados na forma do *caput*, se advogados, estarão impedidos de exercer a advocacia nos juízos em que desempenhem suas funções.

→ *v.* Art. 7º, parágrafo único, da Lei 9.099/1995.

→ *v.* Art. 15, § 2º, da Lei 12.153/2009.

→ *v.* Art. 30 da Lei 8.906/1994.

→ *v.* Enunciado 60 da ENFAM: A sociedade de advogados a que pertença o conciliador ou mediador aplicam-se os impedimentos de que tratam os arts. 167, § 5º, e 172 do CPC/2015.

§ 6º O tribunal poderá optar pela criação de quadro próprio de conciliadores e mediadores, a ser preenchido por concurso público de provas e títulos, observadas as disposições deste Capítulo.

→ *v.* Art. 169 do NCPC.

Competência da Justiça Estadual para julgamento de causa versando sobre a inexistência de registro junto ao Conselho Nacional das Instituições de Mediação e Arbitragem – CONIMA.

✓ CONFLITO NEGATIVO DE COMPETÊNCIA. JUSTIÇA FEDERAL X JUSTIÇA ESTADUAL. INQUÉRITO POLICIAL. FALSO TRIBUNAL INTERNACIONAL DE JUSTIÇA E CONCILIAÇÃO MONTADO EM CAMPINAS/SP, COM O INTUITO DE LUDIBRIAR VÍTIMAS PARTICULARES, COBRANDO-LHES VALORES INDEVIDOS PARA A SOLUÇÃO DE CONTROVÉRSIAS. ESTELIONATO. INEXISTÊNCIA DE REGISTRO JUNTO AO CONSELHO NACIONAL DAS INSTITUIÇÕES DE MEDIAÇÃO E ARBITRAGEM – CONIMA QUE NÃO AFETA INTERESSE DA UNIÃO. COMPETÊNCIA DA JUSTIÇA ESTADUAL. 1. Situação em que falso juiz, que se auto intitulava nomeado como representante da ONU, e outros comparsas montaram elaborado esquema, utilizando certificados, distintivos, bonés da Polícia Civil, adesivos da Polícia Militar, "processos" e até uma tabela de custas para dar aparência de legalidade a tribunal de arbitragem, e, com isso, ludibriar vítimas particulares das quais eram cobradas custas e honorários ilegais, para a solução de controvérsias. Na situação específica dos autos, duas vítimas particulares foram induzidas a pagar R$ 2.000,00 para a solução de conflito decorrente de acidente de trânsito. Não se questiona, até o momento, possível usurpação de função pública (art. 328 do CP). 2. A obtenção de vantagem ilícita em prejuízo de vítimas particulares que foram mantidas em erro mediante a simulação de uma instituição jurídica (um falso tribunal), assim como da qualidade de magistrado de um dos envolvidos na fraude constitui conduta que se adequa, em princípio, ao tipo do estelionato (art. 171, CP). 3. A ausência de registro do falso tribunal perante o Conselho Nacional das Instituições de Mediação e Arbitragem – CONIMA, cuja natureza jurídica é de sociedade civil, sem fins lucrativos, por si só, não tem o condão de revelar interesse da União, de suas autarquias ou de empresas públicas federais na persecução criminal dos investigados. Isso porque se trata, nitidamente, de instituição privada que congrega, como associados, outras instituições privadas, e que não possui, dentre os objetivos elencados em seu estatuto, a fiscalização de instituições de arbitragem, nem tampouco a obrigatoriedade de filiação ao Conselho para revestir de legalidade a instituição de mediação e arbitragem. 4. Embora as normas não se apliquem ao caso concreto, cujos eventos ocorreram em 2014, vale lembrar que o novo CPC (Lei 13.105, de 16/03/2015) dispôs sobre os conciliadores e mediadores judiciais nos arts. 165 a 175, salientando a necessidade de sua inscrição em cadastro nacional (mantido pelo CNJ) e em cadastro de tribunal de justiça ou de tribunal regional federal. Da nova legislação, é possível depreender a existência de cadastros específicos de mediadores e conciliadores junto à Justiça Estadual ou Federal, de acordo com as controvérsias específicas levadas à conciliação. E, como no caso dos autos a controvérsia girava em torno de acidente de trânsito, mais uma vez a solução do conflito aponta para a competência da Justiça Estadual. 5. A possibilidade de descoberta de outras provas e/ou evidências, no decorrer das investigações, levando a conclusões diferentes, demonstra não ser possível firmar peremptoriamente a competência definitiva para julgamento do presente inquérito policial. Isso não obstante, tendo em conta que a definição do Juízo competente em tais hipóteses se dá em razão dos indícios coletados até então, revela-se a competência da Justiça Estadual para condução do inquérito policial. 6. Conflito conhecido, para declarar competente para a condução do inquérito policial o Juízo de Direito da 3ª Vara Criminal de Campinas/SP, o suscitado (STJ; CC 146.726; SP; Terceira Seção; Rel. Min. Reynaldo Soares da Fonseca; Julg. 14/12/2016; DJe 01/02/2017)

Art. 168. As partes podem escolher, de comum acordo, o conciliador, o mediador ou a câmara privada de conciliação e de mediação.

→ *v.* Enunciado 44 da I Jornada "Prevenção e solução extrajudicial de litígios" do CJF: Havendo processo judicial em curso, a escolha de mediador ou câmara privada ou pública de conciliação e mediação deve observar o peticionamento individual ou conjunto das partes, em qualquer tempo ou grau de jurisdição, respeitado o contraditório.

§ 1º O conciliador ou mediador escolhido pelas partes poderá ou não estar cadastrado no tribunal.

§ 2º Inexistindo acordo quanto à escolha do mediador ou conciliador, haverá distribuição entre aqueles cadastrados no registro do tribunal, observada a respectiva formação.

§ 3º Sempre que recomendável, haverá a designação de mais de um mediador ou conciliador.

Art. 169. Ressalvada a hipótese do art. 167, § 6º, o conciliador e o mediador receberão pelo seu trabalho remuneração prevista em tabela fixada pelo tribunal, conforme parâmetros estabelecidos pelo Conselho Nacional de Justiça.

→ *v.* Art. 13 da Lei 13.140/2015.

§ 1º A mediação e a conciliação podem ser realizadas como trabalho voluntário, observada a legislação pertinente e a regulamentação do tribunal.

§ 2º Os tribunais determinarão o percentual de audiências não remuneradas que deverão ser suportadas pelas câmaras privadas de conciliação e mediação, com o fim de atender aos processos em que deferida gratuidade da justiça, como contrapartida de seu credenciamento.

Art. 170. No caso de impedimento, o conciliador ou mediador o comunicará imediatamente, de preferência por meio eletrônico, e devolverá os autos ao juiz do processo ou ao coordenador do centro judiciário de solução de conflitos, devendo este realizar nova distribuição.

→ *v.* Arts. 144 e 148 do NCPC.

Parágrafo único. Se a causa de impedimento for apurada quando já iniciado o procedimento, a atividade será interrompida, lavrando-se ata com relatório do ocorrido e solicitação de distribuição para novo conciliador ou mediador.

Art. 171. No caso de impossibilidade temporária do exercício da função, o conciliador ou mediador informará o fato ao centro, preferencialmente por meio eletrônico, para que, durante o período em que perdurar a impossibilidade, não haja novas distribuições.

Art. 172. O conciliador e o mediador ficam impedidos, pelo prazo de 1 (um) ano, contado do término da última audiência em que atuaram, de assessorar, representar ou patrocinar qualquer das partes.

→ *v.* Enunciado 60 da ENFAM: À sociedade de advogados a que pertença o conciliador ou mediador aplicam-se os impedimentos de que tratam os arts. 167, § 5º, e 172 do CPC/2015.

Art. 173. Será excluído do cadastro de conciliadores e mediadores aquele que:

I – agir com dolo ou culpa na condução da conciliação ou da mediação sob sua responsabilidade ou violar qualquer dos deveres decorrentes do art. 166, §§ 1º e 2º;

II – atuar em procedimento de mediação ou conciliação, apesar de impedido ou suspeito.

§ 1º Os casos previstos neste artigo serão apurados em processo administrativo.

§ 2º O juiz do processo ou o juiz coordenador do centro de conciliação e mediação, se houver, verificando atuação inadequada do mediador ou conciliador, poderá afastá-lo de suas atividades por até 180 (cento e oitenta) dias, por decisão fundamentada, informando o fato imediatamente ao tribunal para instauração do respectivo processo administrativo.

Art. 174. A União, os Estados, o Distrito Federal e os Municípios criarão câmaras de mediação e conciliação, com atribuições relacionadas à solução consensual de conflitos no âmbito administrativo, tais como:

→ *v.* Resolução CNJ 125/2010 – Dispõe sobre a Política Judiciária Nacional de tratamento adequado dos conflitos de interesses no âmbito do Poder Judiciário e dá outras providências.

→ *v.* Art. 2º, II, **c**, 6, do Decreto 7.392/2010.

→ *v.* Art. 34 da Lei 13.465/2017

→ *v.* Enunciado 398 do FPPC: As câmaras de mediação e conciliação têm competência para realização da conciliação, no âmbito administrativo, de conflitos judiciais e extrajudiciais.

→ *v.* Enunciado 571 do FPPC: A previsão no edital de licitação não é pressuposto para que a Administração Pública e o contratado celebrem convenção arbitral.

→ *v.* Enunciado 572 do FPPC: A Administração Pública direta ou indireta pode submeter-se a uma arbitragem ad hoc ou institucional.

→ *v.* Enunciado 25 da I Jornada "Prevenção e solução extrajudicial de litígios" do CJF: A União, os Estados, o Distrito Federal e os Municípios têm o dever de criar Câmaras de Prevenção e Resolução Administrativa de Conflitos com atribuição específica para autocomposição do litígio.

→ *v.* Enunciado 60 da I Jornada "Prevenção e solução extrajudicial de litígios" do CJF: As vias adequadas de solução de conflitos previstas em lei, como a conciliação, a arbitragem e a mediação, são plenamente aplicáveis à Administração Pública e não se incompatibilizam com a indisponibilidade do interesse público, diante do Novo Código de Processo Civil e das autorizações legislativas pertinentes aos entes públicos.

I – dirimir conflitos envolvendo órgãos e entidades da administração pública;

II – avaliar a admissibilidade dos pedidos de resolução de conflitos, por meio de conciliação, no âmbito da administração pública;

III – promover, quando couber, a celebração de termo de ajustamento de conduta.

→ *v.* Art. 5º da Lei 7.347/1985.

Art. 175. As disposições desta Seção não excluem outras formas de conciliação e mediação extrajudiciais vinculadas a órgãos institucionais ou realizadas por intermédio de profissionais independentes, que poderão ser regulamentadas por lei específica.

→ *v.* Enunciado 18 da I Jornada "Prevenção e solução extrajudicial de litígios" do CJF: Os conflitos entre a administração pública federal direta e indireta e/ou entes da federação poderão ser solucionados pela Câmara de Conciliação e Arbitragem da Administração Pública Federal – CCAF – órgão integrante da Advocacia-Geral da União, via provocação do interessado ou comunicação do Poder Judiciário.

→ *v.* Enunciado 19 da I Jornada "Prevenção e solução extrajudicial de litígios" do CJF: O acordo realizado perante a Câmara de Conciliação e Arbitragem da Administração Pública Federal – CCAF – órgão integrante da Advocacia-Geral da União – constitui título executivo extrajudicial e, caso homologado judicialmente, título executivo judicial.

Parágrafo único. Os dispositivos desta Seção aplicam-se, no que couber, às câmaras privadas de conciliação e mediação.

→ *v.* Enunciado 72 da I Jornada "Prevenção e solução extrajudicial de litígios" do CJF: As instituições privadas que lidarem com mediação, conciliação e arbitragem, bem como com demais métodos adequados de solução de conflitos, não deverão conter, tanto no título de estabelecimento, marca ou nome, dentre outros, nomenclaturas e figuras que se assimilem à ideia de Poder Judiciário.

TÍTULO V
Do Ministério Público

→ *v.* Lei 8.625/1993 – Lei Orgânica Nacional do Ministério Público.

→ *v.* LC 75/1993 – Estatuto do Ministério Público da União.

Art. 176. O Ministério Público atuará na defesa da ordem jurídica, do regime democrático e dos interesses e direitos sociais e individuais indisponíveis.

→ *v.* Art. 127 da CF/1988.

→ *v.* Arts. 279, 976, § 2º e 991 do NCPC.

→ *v.* Arts. 22, 28, § 1º, 50, 65, parágrafo único, 166, 553, parágrafo único, 1.037, 1.497, § 1º, 1.549, 1.637, 1.692, 1.768, III, e 1.769, do CC/2002.

→ *v.* Arts. 51, § 4º, e 82, I, do CDC.

→ *v.* Arts. 6º, § 4º e 9º, da Lei 4.717/1965.

→ *v.* Art. 5º, I, da Lei 7.347/1985.

→ *v.* Arts. 3º e 5º da Lei 7.853/1989.

→ *v.* Art. 17, § 4º da Lei 8.429/1992.

→ *v.* Art. 2º, § 4º da Lei 8.560/1992.

→ *v.* Art. 12 da Lei 12.016/2009.

Entendendo desnecessária a atuação do Ministério Público em caso de atuação do curador especial.

✓ APELAÇÃO CÍVEL. AÇÃO DE COBRANÇA. SENTENÇA DE PROCEDÊNCIA. Inconformismo do curador dado à ré. Garantia do acesso à Justiça que desobriga o recolhimento do preparo recursal. Ampliação da gratuidade da justiça requerida em apelação. Benefício que pode ser concedido à pessoa jurídica. Necessidade de comprovação da hipossuficiência alegada. Inteligência da Súmula nº 481 do E. STJ. Ausência de provas da necessidade financeira. Ampliação do benefício indeferida. Condenação mantida, como lançada em sentença. Cerceamento de defesa com o julgamento antecipado da lide. Inocorrência. Defesa de curador por negativa geral que não impede o julgamento antecipado, se desnecessária a realização de prova pericial. Intimação do Ministério Público. Desnecessidade. Inteligência dos artigos 176 e 178 do NCPC. Expedição de ofícios para localização da ré. Citação por edital deferida após inúmeras diligências e tentativas de localização do endereço da ré. Renovação de atos desnecessária e improvável utilidade ao processo. Inversão do ônus da prova. Inaplicabilidade do CDC. Crédito utilizado para incremento de atividades empresariais. Devedora principal que não se caracteriza como destinatária final do serviço. Autora, ademais, que se desincumbiu dos ônus da prova dos fatos constitutivos de seu direito. Contratos, demonstrativos e extratos juntados aos autos. Sentença mantida. Honorários advocatícios majorados. Inteligência do art. 85, §11, do CPC. Recurso não provido. (TJSP; APL 1044501-91.2015.8.26.0100; Ac. 10867537; São Paulo; Vigésima Segunda Câmara de Direito Privado; Rel. Des. Hélio Nogueira; Julg. 05/10/2017; rep. DJESP 16/10/2017; Pág. 2853)

Considerando haver interesse público primário e a consequente legitimidade do Ministério Público em caso que tratava de assegurar benefícios contemplados em Termo de Ajustamento de Conduta.

✓ ADMINISTRATIVO. PROCESSO CIVIL. LEGITIMIDADE PASSIVA. MINISTÉRIO PÚBLICO FEDERAL. FARMÁCIAS E DROGARIAS. EXIGÊNCIA DE PROFISSIONAL FARMACÊUTICO EM TEMPO INTEGRAL. ART. 15 DA LEI Nº. 5.991/73. POSSIBILIDADE. TAC. EXTENSÃO DE EFEITOS. ADEQUAÇÃO GRADUAL À EXIGÊNCIA LEGAL. IMPOSSIBILIDADE. LIMITES DO ACORDO. APELAÇÃO PROVIDA. 1. Hipótese de apelações contra sentença que, nos autos de ação ordinária, julgou procedente o pedido, ratificando a antecipação dos efeitos da tutela, para garantir à parte autora os benefícios constantes no Termo de Ajustamento de Conduta para adequação da assistência farmacêutica nos estabelecimentos privados de Sergipe aos termos previstos na Lei nº 5.991/73 e afastar a restrição contida na Cláusula 12, permitindo-lhe funcionar com farmacêutico por apenas 08 (oito) horas diárias. 2. É de se reconhecer a legitimidade do Ministério Público Federal para figurar no polo passivo da presente demanda, vez que intermediou a realização do TAC, cuja extensão de efeitos ora se almeja e, como se não bastasse, evidente o interesse público primário, o que por si só já atribuiria a vergastada legitimidade passiva ad causam, nos termos dos arts. 176 e 178, inciso I, do NCPC. 3. O art. 15 da Lei nº. 5.991/73 estabelece que "a farmácia e a drogaria terão, obrigatoriamente, a assistência de técnico responsável, inscrito no Conselho Regional de Farmácia, na forma da Lei. " 4. A exigência em tela tem como objetivo maior assegurar tratamento adequado ao paciente, de maneira a impedir, ou mesmo evitar, por meio do fornecimento de assistência e informações acerca do medicamento solicitado, a automedicação, prática cada vez mais comum e que põe em risco a saúde de vários indivíduos. 5. O termo de ajustamento de conduta. TAC, nos termos do previsto no §6º do art. 5º da Lei nº. 7.347/65, constitui compromisso regular, devidamente assinado, livremente pactuado entre as partes e goza de validade e de eficácia de título executivo extrajudicial. 6. O TAC foi firmado em 13.01.2011, com o objetivo de que os estabelecimentos fossem gradativamente se adequando à legislação vigente até a data da sua validade plena, ou seja, 31.03.2012, quando deveriam cumprir em sua integralidade a Lei nº 5.991/73. 7. Os estabelecimentos inscritos após 15.04.2000, ou os que tivessem se submetido à alteração na composição de quadro societário, deveriam se submeter aos rigores da Lei, ou seja, disponibilizar a assistência farmacêutica durante todo o período de funcionamento, conforme art. 12 do TAC. 8. Não se pode acolher a pretensão da parte autora que, nos dias atuais, quando se vê campanha contra automedicação pelas grandes mídias, querer se valer da alegação de pretensa ofensa ao interesse público, em detrimento da segurança e defesa dos cidadãos, que estariam expostos à obtenção de medicamento desprovidos da adequada assistência profissional. 9. O compromisso firmado impõe aos signatários a obrigação de se ajustar gradativamente aos ditames da Lei nº. 5.991/73, e não é possível a extensão de referida benesse a determinada instituição como pretendido, uma vez que o compromisso nele ajustado representa uma obrigação já existente em Lei, a qual já deveria ser cumprida independentemente da formalização de TAC, o qual, na espécie, foi firmado unicamente para conferir maior efetividade à previsão legal em abstrato. 10. Inversão do ônus da sucumbência, cabendo ao particular o pagamento de honorários advocatícios sucumbenciais no valor de R$ 3.000,00 (três mil reais), nos termos do art. 20, §§ 3º e 4º do CPC/73, vigente à época da prolação da sentença, nos termos do Enunciado 07 do STJ (Somente nos recursos interpostos contra decisão publicada a partir de 18 de março de 2016, será possível o arbitramento de honorários sucumbenciais recursais, na forma do art. 85, § 11, do novo CPC). 11. Apelações da União e do Ministério Público Federal providas para julgar improcedente o pedido. (TRF 5ª R.; APELREEX 0001352-42.2011.4.05.8500; SE; Terceira Turma; Rel. Des. Fed. Carlos Rebêlo Júnior; DEJF 31/08/2016; Pág. 171)

Apontando estar o Ministério Público legitimado para ação de interdição de ébrio habitual.

✓ AGRAVO DE INSTRUMENTO. INTERDIÇÃO COM PEDIDO LIMINAR DE INTERNAÇÃO COMPULSÓRIA. ÉBRIO HABITUAL. DEBILIDADE FÍSICA E MENTAL. RESPOSTA INSUFICIENTE AOS TRATAMENTOS AMBULATORIAIS. LAUDO MÉDICO ATESTANDO A NECESSIDADE DA INTERNAÇÃO. DIREITO À VIDA QUE SE SOBREPÕE AO DIREITO À LIBERDADE. 1) o m. P. Tem legitimidade para ajuizar ação que versa sobre o estado da pessoa (interdição temporária), como dispõe o art. 176, do CPC/15 (correspondente ao art. 82, inciso I, do CPC/73). Ademais, o direito à saúde e à vida, tutelados na ação originária, são direitos individuais indisponíveis, cabendo ao parquet atuar na defesa desses interesses, como preceitua o art. 127, caput, da Constituição Federal. 2) o requerido é ébrio habitual e não correspondeu satisfatoriamente ao tratamento oferecido pela CAPS- AD – Centro de atenção psicossocial para álcool e outras drogas de Colatina-ES, tendo sido indicada a sua internação, à vista do grau extremo de debilidade física e mental a que chegou em razão do uso abusivo de álcool. A Lei que dispõe sobre a proteção das pessoas portadoras de transtornos mentais e redireciona o modelo assistencial em saúde mental (Lei nº 10.216/2001) exige um laudo médico circunstanciado que justifique os motivos da internação compulsória, documento este acostado ao processo em exame, fornecendo informações suficientes acerca da gravidade da doença, do risco à saúde do destinatário da medida e da insuficiência dos recursos extra-hospitalares anteriormente utilizados. Diante da gravidade do estado clínico relatado pelo médico, a internação se revela como medida necessária para o fim de resguardar a própria vida do paciente, sobrepondo-se ao direito de liberdade do cidadão. 3) reconhecido o acerto da decisão recorrida, que determinou ao estado do Espírito Santo que viabilize a internação do requerido em clínica pública especializada para tratamento para alcoolismo, ou arque com os gastos decorrentes da internação em clínica particular, fixando multa diária pelo descumprimento. 4) recurso conhecido e desprovido. (TJES; AI 0013950-16.2015.8.08.0014; Terceira Câmara Cível; Relª Desª Eliana Junqueira Munhos; Julg. 31/05/2016; DJES 10/06/2016)

<u>Se o interesse das partes é meramente patrimonial, não se exige a intervenção do Ministério Público.</u>

✓ AGRAVO DE INSTRUMENTO. Pretensão de participação obrigatória do ministério público. Arts. 176 e 178, do CPC/15. Interesse público. Descabimento para casos de cunho meramente patrimonial das partes. Indeferimento mantido. Recurso negado. (TJSP; AI 2104176-40.2016.8.26.0000; Ac. 9840766; Santo André; Primeira Câmara de Direito Público; Rel. Des. Danilo Panizza; Julg. 27/09/2016; DJESP 25/10/2016)

<u>A simples presença de idoso como parte no processo não exige a atuação do Ministério Público.</u>

✓ DESPESAS DE CONDOMÍNIO. EMBARGOS DE TERCEIRO. Hipótese que não se enquadra em nenhuma das situações previstas no art. 178 do CPC/2015 ou na Lei nº 10.741/2003. Estatuto do Idoso, que afasta a necessidade de intervenção do Ministério Público no feito. Apelação que preenche os requisitos previstos no art. 1.010 do CPC/2015, permitindo o seu conhecimento. A legitimidade passiva para a ação de cobrança de despesas condominiais toca ao compromissário comprador, mesmo que sem título registrado, desde que tenha se imitido na posse do imóvel e que o condomínio tenha ciência inequívoca da transação. Aplicação da orientação contida no Recurso Especial nº 1.345.331/RS, julgado sob o rito dos recursos repetitivos. Embargante que comprovou ser a legítima possuidora do imóvel condominial há vários anos, fato que era de conhecimento do condomínio. Ação de cobrança ajuizada exclusivamente contra os antigos proprietários, em fase de cumprimento de sentença. Nulidade da constrição realizada sobre a unidade condominial. Reconhecimento. Recurso desprovido. (TJSP; APL 1006469-12.2017.8.26.0564; Ac. 10694820; São Bernardo do Campo; Vigésima Oitava Câmara de Direito Privado; Rel. Des. Dimas Rubens Fonseca; Julg. 15/08/2017; DJESP 18/08/2017; Pág. 2353)

<u>Não é obrigatória a intervenção do Ministério Público em ação de declaração de nulidade de débito de fundação privada.</u>

✓ PROCESSUAL CIVIL. CONSTITUCIONAL E ADMINISTRATIVO. ANS. RESSARCIMENTO AO SUS. INTERVENÇÃO DO MINISTÉRIO PÚBLICO. DESNECESSIDADE. PRESCRIÇÃO NÃO CONFIGURADA. 1. A apelante pretende a reforma da sentença que julgou improcedente o pedido de declaração de nulidade dos débitos oriundos da obrigação de ressarcimento ao SUS, prevista no art. 32 da Lei nº 9.656/98. 2. As teses de defesa da fundação são: a nulidade da sentença, pela ausência de intervenção do Ministério Público Federal; e a prescrição do crédito, que deve utilizar o prazo descrito no artigo 206, § 3º, IV, do Código Civil de 2002, não sendo aplicável o prazo quinquenal do Decreto nº 20.910/32. 3. O artigo 129 da Constituição Federal arrola as funções institucionais do Ministério Público e as hipóteses de obrigatoriedade da intervenção estão elencadas no artigo 178 do Código de Processo Civil (anteriormente previsto no art. 82 do CPC/73). Importa, por conseguinte, a constatação do manifesto interesse público primário, o que não se verifica na hipótese da ação de declaração de nulidade de débito da fundação privada, embora se reconheça a importância dessa entidade de assistência. A questão tratada na presente ação se relaciona com os interesses meramente patrimoniais da FUNDAFFEMG, que apresentou sua defesa através de procuradores legalmente constituídos, não exigindo a intervenção do Ministério Público Federal. 4. É inaplicável, no caso em tela, a prescrição trienal prevista no art. 206, § 3º, inciso IV, do Código Civil, já que a cobrança a título de ressarcimento ao SUS (art. 32 da Lei nº 9.656/98) tem natureza de receita pública não tributária. Portanto, não se trata de indenização civil oriunda da relação de direito privado. Levando-se em consideração que a ANS é autarquia pública federal, abrangida pelo conceito de Fazenda Pública, aplica-se o prazo quinquenal estabelecido no art. 1º do Decreto nº 20.910/32. 5. Importante destacar que, enquanto o débito estiver sendo discutido no âmbito administrativo, não fluirá o prazo prescricional, conforme estabelece artigo 4º, caput, do Decreto nº 20.910/32. 6. A notificação da decisão proferida no processo administrativo, que analisou o recurso da parte autora, ocorreu em 21/06/2013, prescrevendo o direito à cobrança pela via da execução fiscal somente em 2018. Contudo, o ajuizamento da presente ação anulatória, com o depósito integral do valor discutido, impede, por ora, o fluxo do prazo prescricional. 7. As empresas que operam planos de saúde têm o dever de ressarcir ao Erário, sempre que seus consumidores e respectivos dependentes são atendidos em instituições públicas ou privadas, conveniadas ou contratadas, integrantes do SUS. Este Tribunal já pacificou o entendimento de que o artigo 32 da Lei nº 9.656/98 é constitucional (Súmula nº 51). 8. A apelante não logrou desconstruir os fundamentos da sentença, que ora se mantém. Os honorários advocatícios, arbitrados pela sentença no percentual de 10% do valor da causa obedeceram ao disposto no artigo 20, §§ 3º e 4º, do CPC/1973, vigente à época da sentença, sendo adequados e não merecem reparo. 9. Apelo conhecido e desprovido. (TRF 2ª R.; AC 0007654-78.2014.4.02.5101; Sétima Turma Especializada; Rel. Des. Fed. José Antonio Neiva; Julg. 09/08/2017; DEJF 16/08/2017)

<u>A decretação de divórcio, por si só, não interfere em interesses de eventuais filhos incapazes, não ensejando a atuação do Ministério Público.</u>

✓ AGRAVO DE INSTRUMENTO. AÇÃO DE DIVÓRCIO LITIGIOSO. DIVÓRCIO DECRETADO EM SEDE DE JULGAMENTO PARCIAL DE MÉRITO. CASAMENTO REALIZADO NO EXTERIOR E LEGITIMAMENTE VALIDADO NO BRASIL. COMPETÊNCIA DA AUTORIDADE JUDICIÁRIA BRASILEIRA. IRREGULARIDADE FORMAL NA REPRESENTAÇÃO DO AGRAVADO. VÍCIO SANADO. AFASTAMENTO DAS ALEGAÇÕES DE NULIDADE DO ATO JUDICIAL ATACADO. DESNECESSIDADE DE INTERVENÇÃO MINISTERIAL. DEVIDO PROCESSO LEGAL OBSERVADO. DECISÃO INTERLOCUTÓRIA COM CONTEÚDO DE SENTENÇA. MANUTENÇÃO. 1. O casamento realizado no estrangeiro e validamente registrado no Brasil, tem plena validade no território nacional, de modo que, para o seu desfazimento, tem competência a autoridade judiciária brasileira, em concorrência com a autoridade estrangeira, segundo os critérios traçados na Lei processual vigente ao tempo do ajuizamento da ação (arts. 88 a 90, do CPC/73). A ação intentada perante tribunal estrangeiro não induz litispendência, nem obsta que a autoridade judiciária brasileira conheça da mesma causa e das que lhe são conexas. 2. A ausência de especificação de poderes especiais para propor a ação em questão enseja mera irregularidade formal do instrumento procuratório, que, se validamente suprida por procuração posteriormente apresentada, não induz nulidade por falha na representação processual (segundo o art. 13 do CPC/73, em regra reprisada pelo art. 76 do CPC/15, nas instâncias ordinárias, o vício poderia ser sanado a qualquer tempo, caso em que o juiz haveria de conceder prazo razoável para tanto). 3. A decretação do divórcio, por si só, em nada interfere no direito dos filhos dos cônjuges divorciados (no caso, menores), razão por que, não configuradas quaisquer das hipóteses do art. 178 do CPC/15, desnecessária a intervenção do órgão ministerial, não havendo falar em nulidade a ser decretada em virtude da ausência de manifestação do parquet. 4. Se, na ação de divórcio, a parte ré, regularmente citada, não apresenta resistência à pretensão inicial, a decretação do divórcio em decisão interlocutória que contempla julgamento parcial do mérito (art. 356, do CPC/15) não viola o contraditório e a ampla defesa, tampouco o princípio da não surpresa (art. 10, do CPC/15), que tem como escopo resguardar as partes de decisões judiciais que tratem de questões não ventiladas no feito e sobre as quais não estejam elas cientes. 5. O comando judicial que decreta o divórcio das partes, em sede de decisão interlocutória proferida nos termos do art. 356 do CPC/15, apresenta conteúdo de sentença (art. 487, I, do CPC/15), dotado de caráter de definitividade, razão por que é apto para, legitimamente, ser averbado perante do cartório extrajudicial competente. Recurso desprovido. (TJGO; AI 0201105-46.2016.8.09.0000; Goiânia; Segunda Câmara Cível; Rel. Des. Zacarias Neves Coelho; DJGO 01/12/2016; Pág. 211)

Art. 177. O Ministério Público exercerá o direito de ação em conformidade com suas atribuições constitucionais.

→ *v.* Súmulas 329 e 594 do STJ.

→ *v.* Art. 129 da CF/1988.

<u>Sobre a legitimidade do órgão ministerial em ação de alimentos em prol de menor, independentemente da existência ou eficiência da Defensoria Pública local.</u>

✓ DIREITO CIVIL E PROCESSUAL CIVIL. Recurso especial. Ação de alimentos. Direito individual indisponível. Ministério público. Legitimidade ativa. Orientação consolidada no Recurso Especial repetitivo n. 1.265.821/BA 1. O ministério público tem legitimidade para figurar no polo ativo de ação de alimentos em prol de menor e na qualidade de substituto processual, independentemente da situação fática referente ao exercício do poder familiar dos pais, da condição em que se encontra esse menor ou ainda da existência ou eficiência da defensoria pública na Comarca onde reside o menor. 2. Preliminar julgada prejudicada. Recurso Especial conhecido e provido. (STJ; REsp 1.415.375, Proc. 2013/0363770-0, BA, Terceira Turma, Rel. Min. João Otávio de Noronha; DJE 08/03/2016)

<u>Apontando que o art. 177 do CPC atribui ao Ministério Público os mesmos ônus e deveres das partes.</u>

✓ AGRAVO DE INSTRUMENTO. AÇÃO CIVIL PÚBLICA POR ATO DE IMPROBIDADE ADMINISTRATIVA. DECISÃO INTERLOCUTÓRIA HOSTILIZADA QUE INDEFERIU A EXPEDIÇÃO DE OFÍCIOS REQUERIDOS PELO PARQUET, COM O FITO DE LOCALIZAR OS SUCESSORES DOS FALECIDOS, ORA AGRAVADOS, BEM COMO EVENTUAL PATRIMÔNIO POR ELES DEIXADOSCOM VISTAS AO RESSARCIMENTO AO ERÁRIO. Entendimento desta Relatora quanto à reforma da decisão interlocutória agravada. Poder de requisição do Parquet a fim de colher elementos de convicção para instruir os procedimentos administrativos que lhe compete instaurar e presidir, não sendo esta a hipótese em comento quando já judicializada a questão. Atuação do órgão ministerial na forma do art. 177 do CPC/15, que lhe confere os mesmos ônus e prerrogativas das partes. Precedentes jurisprudenciais. CONHECIMENTO DO RECURSO E PROVIMENTO DO AGRAVO DE INSTRUMENTO. (TJRJ; AI 0025472-76.2015.8.19.0000; Vigésima Câmara Cível; Relª Desª Conceição Aparecida Mousnier Teixeira de Guimarães Pena; DORJ 21/08/2017; Pág. 333)

<u>Cabe ao Ministério Público substituir a iniciativa do autor inerte em promover a realização das provas necessárias na ação de interdição.</u>

✓ APELAÇÃO CÍVEL. CURATELA. AÇÃO DE INTERDIÇÃO. AÇÃO DE ESTADO QUE DEMANDA REALIZAÇÃO DE PROVA TÉCNICA JUDICIALIZADA CONSISTENTE NA AVALIAÇÃO MÉDICA DA PESSOA CUJA CAPACIDADE É QUESTIONADA. PROVA IMPRESCINDÍVEL PRECONIZADA NO ART. 753 DO NOVO CPC. SENTENÇA DESCONSTITUÍDA. A interdição apresenta caráter precipuamente protetivo da pessoa, não mostrando-se razoável o acolhimento da desistência da ação sem que haja prova da atual capacidade do interditando, mormente atentando-se para as peculiares circunstâncias do caso concreto em que há laudos técnicos contraditórios juntados nos autos. Em caso de inércia da autora em promover a realização das necessárias provas, deverá o ministério público, apelante, substituir a iniciativa, nos termos do art. 127 da magna carta e arts. 177 e 178, II, do novo CPC, conforme requerido. Apelo provido. (TJRS; AC 0042071-51.2016.8.21.7000; Esteio; Sétima Câmara Cível; Relª Desª Sandra Brisolara Medeiros; Julg. 18/05/2016; DJERS 01/06/2016)

Não se exige a atuação do Ministério Público em ação rescisória fora das hipóteses do art. 178.

✓ AÇÃO RESCISÓRIA AJUIZADA COM FUNDAMENTO NO ART. 966, VIII, DO CPC. LOCAÇÃO DE IMÓVEL. AÇÃO DE DESPEJO POR FALTA DE PAGAMENTO. DESNECESSIDADE DE INTERVENÇÃO DO MINISTÉRIO PÚBLICO, POR NÃO CONFIGURADA QUALQUER DAS HIPÓTESES PREVISTAS NO ARTIGO 178 DO CÓDIGO DE PROCESSO CIVIL. Para que o erro de fato legitime o ajuizamento da ação rescisória, é preciso que tenha influído decisivamente no julgamento cuja rescisão se pretende, o que não aconteceu **in casu**. Mero inconformismo do autor com o que foi decidido não dá amparo e suporte a ação rescisória. A rescisória não é recurso ordinário, nem se presta a buscar fazer, no processo, justiça que não teria sido feita, na decisão atacada. Ausência de erro de fato e, consequentemente, de interesse processual. Inicial indeferida, com fundamento no 330, inciso III, do Novo Código de Processo Civil. Processo julgado extinto, sem resolução do mérito, com fundamento no art. 485, inciso I, do Novo Código de Processo Civil. (TJSP; AR 2064403-85.2016.8.26.0000; Ac. 9376622; São Paulo; Vigésima Nona Câmara de Direito Privado; Rel. Des. Neto Barbosa Ferreira; Julg. 20/04/2016; DJESP 09/05/2016). V. tb.: AÇÃO RESCISÓRIA. DIREITO CIVIL. CÉDULAS DE CRÉDITO RURAL. ERRO DE FATO. SUPOSTA AUSÊNCIA DE RESPONSABILIDADE PELO PROJETO DE RECUPERAÇÃO DA LAVOURA. MATÉRIA EXPRESSAMENTE ANALISADA NO ACÓRDÃO IMPUGNADO. IMPOSSIBILIDADE DE REALIZAÇÃO DE PROVA PERICIAL COM O OBJETIVO DE DEMONSTRAR A EXISTÊNCIA DE ERRO DE FATO. PRECEDENTES DO STJ. INVIABILIDADE DE MANEJO DA AÇÃO RESCISÓRIA COM TAL FUNDAMENTO. PRETENSÃO DE REDISCUSSÃO DA MATÉRIA PROBATÓRIA JÁ APRECIADA. ALEGAÇÃO GENÉRICA DE VIOLAÇÃO A LITERAL DISPOSITIVO DE LEI. AUSÊNCIA DE DEMONSTRAÇÃO DA AFRONTA. NÃO CABIMENTO. IMPROCEDÊNCIA DA AÇÃO. Em que pese a parte autora tenha pugnado pela produção de prova oral e pericial, entendo que se trata de diligência desnecessária ao andamento do feito. A matéria debatida na presente ação é eminentemente de direito, tendo em vista que o cerne da discussão diz respeito à competência do juízo julgador; a existência de erro de fato, ante a atribuição de responsabilidade ao Banco autor pelo projeto de recuperação da lavoura executado na propriedade dos réus e a existência de violação literal a dispositivos de Lei, razão pela qual entendo ser desnecessária a produção de provas além daquelas que já constam nos autos. Insta gizar que o art. 355, I, do CPC autoriza o magistrado a promover o julgamento antecipado mérito se não houver necessidade de produção de provas. De mais a mais, o art. 178 do CPC restringiu sobremaneira a intervenção do Ministério Público, razão pela qual versando a presente ação sobre interesses estritamente individuais, é desnecessária sua intervenção. Não há que se falar em ocorrência de erro de fato, porquanto a questão da responsabilidade pelo projeto de recuperação da lavoura foi objeto de controvérsia entre as partes, bem como de manifestação judicial no acórdão rescindendo, o que afasta, consoante jurisprudência remansosa do Superior Tribunal de Justiça e do Supremo Tribunal Federal, a viabilidade da ação rescisória com base em tal fundamento. O fato que compõe a lide foi objeto de análise em confronto com o arcabouço probatório constante dos autos, sendo, por conseguinte, insubsistente as teses levantadas pela parte autora da rescisória e inadequada a sua pretensão, já que é inviável o reexame de mérito do pleito pela via rescisória. A parte autora, de forma genérica, invoca uma suposta violação aos arts. 586 a 592 do Código Civil, bem como ao art. 104 do Código Civil e ao Decreto-Lei nº 167/67, sem ao menos indicar o motivo pelo qual tais dispositivos teriam sido violados pelo acórdão rescindendo. A admissão de ação rescisória ajuizada com fulcro no art. 485, V, do Código de Processo Civil pressupõe a demonstração clara e inequívoca de que a decisão de mérito impugnada tenha contrariado a literalidade do dispositivo legal suscitado, atribuindo-lhe interpretação jurídica absolutamente insustentável, o que não ocorreu no caso dos autos. (TJBA; AR 0005189-22.2015.8.05.0000; Salvador; Seção Cível de direito Privado; Rel. Des. Mário Augusto Albiani Alves Junior; Julg. 16/02/2017; DJBA 13/03/2017; Pág. 119)

Art. 178. O Ministério Público será intimado para, no prazo de 30 (trinta) dias, intervir como fiscal da ordem jurídica nas hipóteses previstas em lei ou na Constituição Federal e nos processos que envolvam:

Apontando ser obrigatória a intervenção do Ministério Público no mandado de segurança por previsão em lei especial, independentemente dos casos relacionados nos incisos do art. 178.

✓ PROCESSO CIVIL. APELAÇÃO CÍVEL. MANDADO DE SEGURANÇA. APREENSÃO DE MERCADORIAS E COBRANÇA DE ICMS. PRELIMINAR DE OFICIO. MATÉRIA DE ORDEM PÚBLICA. INTERVENÇÃO OBRIGATÓRIA DO MINISTÉRIO PÚBLICO. AUSÊNCIA DE INTIMAÇÃO NO PRIMEIRO GRAU. DESCONSTITUIÇÃO DA SENTENÇA APELADA. RECURSO CONHECIDO E ACOLHIDO PARECER MINISTERIAL POR SER MATÉRIA DE ORDEM PÚBLICA. 1. O ministério público é obrigado a intervir no feito, em ação de mandado de segurança por disposição legal. A ausência de notificação do ministério púbico acarreta vicio insanável, e por consequência a nulidade atos processuais e da decisão combatida. 2. Acolho parecer ministerial, por tratar-se de matéria de ordem pública, sentença desconstituída, devendo os autos retornar à origem. (TJPA; APL 0002317-23.2013.8.14.0301; Ac. 177360; Primeira Turma de Direito Público; Relª Desª Ezilda Pastana Mutran; Julg. 19/06/2017; DJPA 28/06/2017; Pág. 279)

I – interesse público ou social;

→ v. Arts. 976, § 2º e 991 do NCPC.

→ v. Arts. 52, V e 99, XIII da Lei 11.101/2005.

Exigindo a atuação do Ministério Público em ação coletiva, quando não for parte, sob pena de nulidade.

✓ AÇÃO CIVIL COLETIVA. AUSÊNCIA DE INTIMAÇÃO PRÉVIA DO MINISTÉRIO PÚBLICO DO TRABALHO. NULIDADE PROCESSUAL. CONFIGURAÇÃO. Tratando-se de ação civil coletiva, a ausência de intimação prévia do Ministério Público do Trabalho para intervir no processo, quando não for parte, acarreta a nulidade do julgado, porquanto obrigatória a sua atuação no feito como custos legis, por imposição legal, a teor do art. 92 do CDC; do art. 5º, § 1º, da Lei nº 7.347/1985; do art. 83, VI, da Lei Complementar nº 75/1993, e dos arts. 179 e 996, caput, do NCPC, de aplicação subsidiária, nos termos do art. 769 da CLT. Preliminar que se acolhe para determinar a devolução dos autos ao Juízo de origem a fim de que seja reaberta a instrução processual, com a intimação prévia e pessoal do Parquet, que se perfaz em legítimo custos legis na presente demanda, observando-se o disposto no art. 178 do NCPC. Recurso ordinário prejudicado. (TRT 13ª R.; RO 0131700-86.2015.5.13.0002; Tribunal Pleno; Rel. Des. Wolney de Macedo Cordeiro; Julg. 21/09/2017; DEJTPB 28/09/2017; Pág. 131)

Indicando que é necessária a intervenção do Ministério Público, quando este não for parte, na ação civil pública por improbidade administrativa.

✓ PROCESSUAL CIVIL. APELAÇÃO CÍVEL. AÇÃO CIVIL PÚBLICA POR ATO DE IMPROBIDADE ADMINISTRATIVA. AUSÊNCIA DE INTIMAÇÃO DO PARQUET NA INSTÂNCIA A QUO. OBRIGATORIEDADE DE INTERVENÇÃO DO MINISTÉRIO PÚBLICO COMO CUSTOS LEGIS. ART. 5º, § 1º, DA LEI Nº. 7.347/85. ART. 17, § 4º, DA LEI Nº. 8.429/92. PRELIMINAR DE NULIDADE PROCESSUAL ACOLHIDA. RETORNO DOS AUTOS AO JUÍZO A QUO PARA O SEU REGULAR PROSSEGUIMENTO E JULGAMENTO. RECURSO CONHECIDO E PROVIDO. 1. Trata-se de Ação Civil Pública proposta pelo Município de Luís Correia-PI em desfavor de Francisco Araújo Galeno (ex-gestor público) objetivando a sua condenação ao ressarcimento do importe de R$ 51.327,07 (cinquenta e um mil, trezentos e vinte e sete reais e sete centavos) e, ainda, às sanções previstas no art. 12, inciso I, da Lei nº. 8.429/92, pela prática de atos de improbidade administrativa, consubstanciada na apropriação indevida de valores pagos pelo Banco do Brasil S/A ao Município, referentes a Contrato de Locação Predial celebrado entre ambos. 2. Segundo disposto no artigo 17, § 4º, da Lei nº 8.429/92 c/c art. 5º, § 1º, Lei nº 7.347/85 47, do CPC/73, quando o Ministério Público não intervir no processo como parte, atuará obrigatoriamente, como fiscal da Lei, sob pena de nulidade. 3. O art. 82, III, do Código de Processo Civil/1973, recepcionado pelo art. 178, I, do NCPC, dispõe que é obrigatória a intervenção Ministerial nas causas em que há interesse público evidenciado pela natureza da lide. 4. A presente demanda versa sobre possível desvio de verbas públicas, matéria esta que envolve o interesse público, razão pela qual, torna-se obrigatória a intervenção do Parquet, o que não ocorreu no caso em espécie, ensejando, assim, a nulidade processual. 5. Recurso conhecido e provido. 6. Retorno dos autos ao Juízo de origem para adotar o seu regular prosseguimento e julgamento. (TJPI; AC 2016.0001.012546-1; Quarta Câmara Especializada Cível; Rel. Des. Fernando Lopes e Silva Neto; DJPI 19/06/2017; Pág. 56)

Considerando obrigatória a atuação do Ministério Público na recuperação judicial.

✓ AGRAVO DE INSTRUMENTO. AÇÃO DE RECUPERAÇÃO JUDICIAL. DECISÃOPELADESNECESSIDADEDE ATUAÇÃO DO PARQUET NA AÇÃO RECUPERACIONAL. Inconformismo. Intervenção obrigatória do Ministério Público. Fiscal da ordem jurídica. Inteligência do art. 52, V da Lei nº 11.101/05 e art. 178, I do CPC/15. Atribuição exclusiva do Ministério Público na identificação da existência do interesse que justifique a intervenção da Instituição na causa. Presença de interesse público primário. Garantia de desenvolvimento equilibrado da ordem econômica. Tutela de bens jurídicos coletivos ou supraindividuais. Aplicação do art. 170 CF/88. Ministério Público como guardião da ordem econômica. Precedentes. Recurso provido. (TJRJ; AI 0036247-82.2017.8.19.0000; Rio de Janeiro; Décima Câmara Cível; Rel. Des. José Carlos Varanda dos Santos; DORJ 15/09/2017; Pág. 317)

Apontando a obrigatoriedade da intimação do Ministério Público na ação de usucapião, sob pena de nulidade absoluta.

✓ APELAÇÃO CÍVEL. AÇÃO DE USUCAPIÃO. AUSÊNCIA DE INTERVENÇÃO DO MINISTÉRIO PÚBLICO. NECESSIDADE. INTERESSE PÚBLICO. NULIDADE ABSOLUTA. É caso de se desconstituir a sentença e anular o processo para que o ministério público oficie no feito, uma vez que obrigatória a sua intervenção, considerando o tema em destaque e as disposições do art. 178 do CPC. Sentença desconstituída. Apelo prejudicado. (TJRS; AC 0229531-50.2017.8.21.7000; Caxias do Sul; Décima Sétima Câmara Cível; Rel. Des. Gelson Rolim Stocker; Julg. 31/08/2017; DJERS 12/09/2017). V. tb.: PELAÇÃO CÍVEL. USUCAPIÃO. INTERVENÇÃO DO MINISTÉRIO PÚBLICO. Parecer. Extinção. Memoriais descritivos, plantas e certidões. Imóvel não identificado plenamente. Indispensabilidade, no caso. Procedimento extrajudicial. Lei dos Registros Públicos. Opção. Anulação da sentença. Sentença proferida em 06/07/2016 (fl. 149). Ao julgamento do recurso contra a mesma interposto aplicam-se as novas regras atinentes à matéria, incidindo o enunciado administrativo nº 3 do Superior Tribunal de Justiça. A sentença hostilizada, que acolheu a promoção do Ministério Público, se lastreou no fato de que os requerentes não apresentaram memorial descritivo e planta do imóvel usucapiendo de modo a que se pudesse localizar os imóveis dos confinantes. Também se fundamentou no fato de que com a vigência do novo Código de Processo Civil, a usucapião poderia ser perfeitamente conseguida na esfera extrajudicial, ou seja, no Tabelionato, assim considerando que a extinção do processo em nada prejudicaria os autores na consecução do seu interesse, adotando, então, o Enunciado nº 108 das Primeiras Impressões de Juízes Cíveis acerca do novo CPC, promovido pelo Centro de Estudos e Debates do TJERJ (Aviso Conjunto TJ/CEDES 22/2015). A toda evidência na ação de usucapião o autor deve instruir a inicial com a planta do imóvel e o memorial descritivo. A falta desses documentos essenciais e o desatendimento ao comando judicial para a apresentação dos documentos requeridos pelo Ministério Público para a adequada instrução da ação, implica na ausência de pressupostos de constituição e de desenvolvimento válido do processo e importa na extinção do feito sem resolução do mérito. Feita a ressalva, ressalte-se que a usucapião pode realmente vir a ser reconhecida através de procedimento extrajudicial. Incidência do art. 1.071 do novo CPC, dando nova redação ao art. 216-A da Lei de Registros Públicos. A própria norma confirma que a possibilidade ocorre sem prejuízo da via jurisdicional. O entendimento adotado na sentença não deve prevalecer porque viola normas de índole constitucional. De fato, a via extrajudicial corresponde a uma opção a mais concedida ao cidadão. Consigne-se que o novo CPC não prevê um procedimento especial para a ação de usucapião, como ocorria no derrogado CPC, que a previa como um procedimento especial, nos arts. 941 a 945. E, muito embora a ela se refira incidentalmente nos art. 246, §3º e 259, inciso I, do CPC, a ação surge inserta às ações de procedimento comum, ressaltando-se a interveniência obrigatória do representante Ministério Público, isto que deverá ocorrer por cuidar-se de matéria de interesse social relevante (art. 178, inciso I, do CPC). Acrescente-se que o Ministério Púbico não comparece aos autos apenas para fazer exigências exageradas, como se infere da narrativa dos apelantes. Afinal, o que torna obrigatória a interveniência do Órgão Ministerial é a natureza de sua função constitucional acima de tudo como fiscal da Lei, cumprindo-lhe observar que ela seja cumprida irrestritamente. Os documentos exigidos pelo sentenciante são, de fato, indispensáveis para propositura da presente ação. Como no caso da planta, que só não é necessária quando o imóvel esteja perfeitamente delimitado. Todavia, sendo os requerentes beneficiários da gratuidade de justiça, cumpre que se observe o entendimento consagrado do Superior Tribunal de Justiça, que assevera que as despesas pessoais e materiais para a realização da perícia e confecção do laudo estão abrangidas pela isenção legal que goza o beneficiário da justiça gratuita. Não podendo exigir do perito que assuma o ônus financeiro para execução desses atos, é evidente que essa obrigação deve ser desincumbida pelo Estado, a quem foi conferido o dever constitucional e legal de prestar assistência judiciária aos necessitados. Inteligência do art. 98, caput, do novo CPC. Some-se a isso, no que tange aos demais documentos e certidões exigíveis, a serem produzidos pelos hipossuficientes, que o juiz requisitará às repartições públicas, em qualquer tempo ou grau de jurisdição, as certidões necessárias à prova das alegações do jurisdicionado hipossuficiente. Inteligência do art. 438, inciso I, do novo CPC. Por fim, acresce ponderar que o benefício da gratuidade deve ser interpretado em seu alcance mais amplo. Restringir sua incidência é torná-lo ineficaz, considerando-se que se o Estado reconhece a hipossuficiência da parte deve, por óbvio, conceder-lhe plenamente os efeitos decorrentes do benefício, sob pena de violação a princípios constitucionais (art. 5º, XXXIV, XXXV e LXXIV, da Constituição da República). Sentença que se anula, a fim de que prossiga a instrução, determinando-se que o magistrado nomeie um perito para elaboração do memorial descritivo e também da planta do imóvel, uma vez que entende insuficiente a que foi apresentada pelos autores, assim como que requisite junto às repartições públicas as certidões que repute necessárias à instrução do feito, na forma do art. 438, inciso I, do novo CPC. Parecer, favorável, da Procuradoria de Justiça. Recurso a que se dá provimento. (TJRJ; APL 0008805-81.2012.8.19.0206; Rio de Janeiro; Terceira Câmara Cível; Rel. Des. Mario Assis Goncalves; DORJ 18/08/2017; Pág. 260)

<u>Considerando existir interesse público que autoriza a intervenção do órgão ministerial em demanda que discute ato administrativo que excluiu candidato de concurso público.</u>

✓ RECURSO INOMINADO. PRIMEIRA TURMA RECURSAL DA FAZENDA PÚBLICA. CONCURSO. INSPETOR DE POLÍCIA PRIMEIRA CLASSE. EDITAL 004/2013. SINDICÂNCIA DA VIDA PREGRESSA. 1. Trata-se de ação em que pretende a parte autora, candidato ao cargo de inspetor de polícia de primeira classe inscrito sob o nº 22356 no concurso público aberto pelo Estado do Rio Grande do Sul por meio do edital 004/2013, reconhecimento de nulidade do ato administrativo que o excluiu do certame em razão de não indicação por ocasião de sua submissão à sindicância sobre a vida pregressa. 2. No caso telado, o ministério público atua como fiscal da Lei, intervindo no processo em razão do interesse público na solução do litígio preconizado no disposto no artigo 178 do CPC. Não obstante, após a manifestação à fl. 184, quando requereu publicação de decisão de fl. 116 e a intimação do réu para juntada dos documentos relativos ao exame de aptidão psicológica realizado, houve julgamento antecipado da lide, com afastamento da intervenção ministerial, sem que este houvesse sido instado ao oferecimento de parecer de mérito nos autos. Afronta ao disposto no artigo 179, I, do CPC. Nulidade evidenciada. De ofício, sentença desconstituída. Recurso inominado prejudicado. (TJRS; RCív 0010656-30.2017.8.21.9000; Pelotas; Turma Recursal da Fazenda Pública; Relª Juíza Thais Coutinho de Oliveira; Julg. 29/06/2017; DJERS 12/07/2017)

<u>Entendendo haver interesse público em demanda na qual se discutia esbulho e a existência de bens de uso comum.</u>

✓ APELAÇÃO. ESBULHO. SERVIDÃO DE PASSAGEM. ESTRADA VICINAL GOIÂNIA-NAZÁRIO. DOMÍNIO PÚBLICO. INTERVENÇÃO DO MINISTÉRIO PÚBLICO E DO MUNICÍPIO. NECESSIDADE. NULIDADE DO PROCESSO. Compete ao Ministério Público intervir em todas as causas em que o interesse público ou social for evidente, ex vi do disposto no artigo 178, inciso I, do Código de Processo Civil. Assim, a ausência de sua intervenção leva a nulidade do feito, devendo o juiz invalidar todos os atos a partir do momento em que deveria ser intimado, tudo nos termos do disposto no artigo 279, §§ 1º e 2º, do Estatuto Processual Civil. APELO CONHECIDO MAS PREJUDICADO. SENTENÇA CASSADA DE OFÍCIO. (TJGO; AC 0196178-68.2011.8.09.0111; Nazario; Sexta Câmara Cível; Rel. Des. Fausto Moreira Diniz; DJGO 17/05/2017; Pág. 88)

Se a sentença concluiu pela preservação da área verde, não há prejuízo ao interesse público e não se pronuncia a nulidade pela falta de intimação do Ministério Público.

✓ APELAÇÃO CÍVEL. GRATUIDADE JUDICIÁRIA. DEFERIMENTO. AÇÃO DE REINVINDICATÓRIA. IMISSÃO POSSE. DEMOLITÓRIA. MUNICÍPIO ESMERALDAS. CERCEAMENTO DE DEFESA NÃO CARACTERIZADO. INVERVENÇÃO DO MINISTÉRIO PÚBLICO NO FEITO. DESNECESSIDADE. NATUREZA PETITÓRIA DA DEMANDA. BEM PÚBLICO. INVASÃO. DETENÇÃO. AUSÊNCIA DE DIREITO À INDENIZAÇÃO POR BENFEITORIAS. SENTENÇA MANTIDA. Recurso não provido. 1) ausentes dos autos elementos de prova aptos a descaracterizar a afirmação de hipossuficiência, o deferimento do benefício da gratuidade de justiça é medida que se impõe. 2) se o réu não contestar a ação, reputar-se-ão verdadeiros os fatos afirmados pelo autor. E, uma vez decretada, a revelia tem como efeitos a presunção de veracidade dos fatos alegados pelo autor e o julgamento antecipado da lide. 3) é lícita a produção de provas, pelo réu revel, contrapostas às alegações do autor, desde que se faça representar nos autos a tempo de praticar os atos processuais indispensáveis a essa produção, o que não ocorreu. 4) sendo a decisão favorável ao ente municipal e em prol do interesse público, nos termos do art. 178, I, do NCPC, justamente preservando área verde reivindicada, não há qualquer razoabilidade em se anular a sentença por ausência de intimação do ministério público. 5) nos termos da jurisprudência do Superior Tribunal de Justiça, a ocupação de bem público configura ato de mera detenção, o que inviabiliza a proteção possessória contra o ente público. 7) caracterizando-se a fruição perpetrada pelo réu como mera detenção, deixa de ser admitida qualquer indenização pelas benfeitorias erigidas. (TJMG; APCV 1.0241.15.000747-4/001; Relª Desª Hilda Teixeira da Costa; Julg. 25/04/2017; DJEMG 05/05/2017)

Ação de anulação de escritura pública exige a intervenção do Ministério Público, sob pena de nulidade.

✓ APELAÇÃO CÍVEL. ANULAÇÃO DE ESCRITURA PÚBLICA. INTERESSE PÚBLICO. INTERFERÊNCIA OBRIGATÓRIA DO MINISTÉRIO PÚBLICO. NÃO OBSERVÂNCIA. ERROR IN PROCEDENDO. SENTENÇA CASSADA. 1. Conforme previsto no artigo 178, I do Novo Código de Processo Civil, "o Ministério Público será intimado para, no prazo de 30 (trinta) dias, intervir como fiscal da ordem jurídica nas hipóteses previstas em Lei ou na Constituição Federal e nos processos que envolvam interesse público". 2. Tendo em vista a ocorrência de **error in procedendo**, a cassação da sentença é medida que se impõe. 3. Sentença cassada, apelação prejudicada. (TJMG; APCV 1.0778.05.008709-8/001; Relª Desª Mariza Porto; Julg. 20/07/2016; DJEMG 27/07/2016)

II – interesse de incapaz;

→ v. Súmula 594 do STJ.
→ v. Arts. 3º e 4º, do CC/2002.
→ v. Arts. 3º e 5º da Lei 7.853/1989.
→ v. Art. 79, § 2º, da Lei 13.146/2015 – Estatuto da Pessoa com Deficiência.

Se o autor alcança a maioridade no curso do processo, dispensa-se a atuação do órgão ministerial.

✓ APELAÇÕES CÍVEIS. AÇÃO DE INDENIZAÇÃO POR DANOS MORAIS. PRELIMINARES DE CERCEAMENTO DE DEFESA E NULIDADE DA SENTENÇA AFASTADAS. MÉRITO. PROBLEMAS TÉCNICOS NA AERONAVE FRETADA PELA RÉ. NÃO COMPROVAÇÃO. DANOS MORAIS INDEVIDOS. MÁ-FÉ DO AUTOR NÃO DEMONSTRADA. RECURSO DA RÉ PARCIALMENTE PROVIDO. RECURSO DO AUTOR PREJUDICADO. I. O não comparecimento da ré ou do seu advogado à audiência de instrução e julgamento designada revela o desinteresse na oitiva do depoimento pessoal do autor, pelo que não há falar em cerceamento de defesa. II. Não obstante a ação tenha sido ajuizada quando o autor ainda na condição de relativamente incapaz, o que impunha a participação nos autos do Ministério Público Estadual por força do disposto no artigo 178, II, do CPC, o certo é que posteriormente atingiu ele a maioridade, tornando, a partir de então, desnecessária a intervenção do parquet. No que toca à irregularidade da representação processual do autor, tal foi sanada com a juntada do instrumento do mandato. Preliminar de nulidade afastada. III. A pretensão do autor tem como causa de pedir única o fretamento pela ré de aeronave, em tese, sem condições de realizar a viagem objeto do contrato celebrado entre as partes, o que não foi comprovado nos autos, ônus que a ele competia nos termos do artigo 373, I, do CPC. IV. O fato de ter requerido a concessão dos benefícios da gratuidade da justiça, sobretudo por ser menor na data da distribuição da ação, não permite concluir tenha o autor litigado de má-fé; relativamente ao ajuizamento desta ação pretendendo obter a reparação de um dano moral supostamente suportado, ainda que julgado improcedente o pedido formulado, não revela a intenção do autor na busca de enriquecimento ilícito, apenas o exercício de direito consagrado constitucionalmente. (TJMS; APL 0800453-61.2014.8.12.0001; Quinta Câmara Cível; Rel. Des. Luiz Tadeu Barbosa Silva; DJMS 24/04/2017; Pág. 133)

Se o incapaz não for parte do processo ou o direito discutido na causa não lhe disser respeito, não se exige a intervenção do Ministério Público.

✓ APELAÇÃO CÍVEL E APELAÇÃO ADESIVA. EXTINÇÃO DE CONDOMÍNIO. PRELIMINAR DE INTEMPESTIVIDADE DO RECURSO DE APELAÇÃO. REJEITAR. PRELIMINAR DE NULIDADE DA SENTENÇA POR COISA JULGADA FORMAL E MATERIAL. REJEITAR. PRELIMINAR DE NULIDADE DE SENTENÇA POR AUSÊNCIA DE INTERVENÇÃO DO MINISTÉRIO PÚBLICO. REJEITAR. METADE DO VALOR OBTIDO COM A ALIENAÇÃO. DECOTAR PARTE RECEBIDA ANTECIPADAMENTE. PRAZO ESTIPULADO NO ART. 1.320, §1º, CPC. INAPLICABILIDADE. VENDA DE IMÓVEL PERTENCENTE A TRÊS PROPIETÁRIOS. VALOR A SER DECOTADO. METADE DE UM TERÇO. O prazo para interpor recurso de apelação é de 15 (quinze) dias úteis, conforme disposto no art. 219 c/c art. 1.003, §5º, ambos do CPC. Não há contrariedade a acordo homologado na Ação de Divórcio quando a sentença extingue o condomínio determinando a alienação judicial do imóvel, bem como o abatimento de parte já recebida. Nos termos do art. 178, do CPC, o Ministério Público será intimado para intervir como fiscal da ordem jurídica nos processos que envolvam interesse de incapaz, desde que seja parte da ação (ativa ou passiva) ou quando o direito discutido lhe diga respeito. O Juiz de primeiro grau cuidou em determinar que seja decotado do valor das importâncias já recebidas. O prazo a que se refere o art. 1.320, §1º, do CPC trata-se de uma faculdade para manter a coisa indivisa, desde que acordes. Inexistindo concordância, não se aplica o referido artigo. O valor recebido a mais corresponde a metade de um terço, vez que a outra metade já lhe pertencia devido a meação. (TJMG; APCV 1.0672.15.006085-9/001; Rel. Des. Pedro Aleixo; Julg. 23/08/2017; DJEMG 01/09/2017)

Ausência de intimação do Ministério Público em causa que versa sobre interesse de incapaz pode ensejar a nulidade da sentença.

✓ APELAÇÕES CÍVEIS. CONDOMÍNIO. COBRANÇA. NULIDADE PROCESSUAL. AUSÊNCIA DE INTIMAÇÃO DO MINISTÉRIO PÚBLICO NA ORIGEM. INTERESSE DE INCAPAZ. INTERVENÇÃO OBRIGATÓRIA. A ausência de intimação do ministério público para intervir na ação que versa sobre interesse de incapaz gera nulidade processual, porquanto sua participação é obrigatória, nos termos do art. 178, inciso II, do NCPC. No presente caso, não obstante requerimento de ambas as partes, não houve intimação do ente ministerial em qualquer fase do feito, impondo-se, via de consequência, a desconstituição da sentença, por força da nulidade apontada. Sentença desconstituída, de ofício. Apelos prejudicados. Art. 178 (TJRS; AC 0283370-87.2017.8.21.7000; Porto Alegre; Décima Sétima Câmara Cível; Relª Desª Marta Borges Ortiz; Julg. 19/10/2017; DJERS 26/10/2017)

Indicando que, se o Ministério Público atua em segundo grau sem alegar prejuízo para o incapaz pela ausência de sua intervenção anterior, não se pronuncia a nulidade.

✓ APELAÇÃO CÍVEL. AÇÃO DE COBRANÇA DE SEGURO DPVAT. INTERESSE DE INCAPAZ. AUSÊNCIA DE INTERVENÇÃO DO MINISTÉRIO PÚBLICO. NULIDADE. Nos termos do artigo 178, II do Código de Processo Civil, compete ao Ministério Público intervir nas causas em que há interesse de incapaz. Conforme posicionamento consolidado pelo Colendo Superior Tribunal de Justiça, a nulidade do feito somente é afastada se o Ministério Público intervém em segundo grau de jurisdição sem apontar concretamente a existência de prejuízos à parte. (TJMG; APCV 1.0325.11.002471-9/002; Rel. Des. Alexandre Santiago; Julg. 25/10/2017; DJEMG 31/10/2017)

Considerando que a atuação do Ministério Público em segundo grau não convalida a nulidade decorrente da ausência de sua prévia intimação em causa envolvendo interesse de incapaz.

✓ APELAÇÃO. EMBARGOS DE TERCEIRO. IMPROCEDÊNCIA. Embargantes menores de idade. Intervenção obrigatória do MP (art. 178, II do CPC). Manifestação não oportunizada pelo MM. Juízo a quo. Prejuízo evidenciado pela improcedência dos embargos, que não pode ser suprido pela atuação em segundo grau. Nulidade configurada. Art. 279 do CPC. Preliminar acolhida. Recurso provido. (TJSP; APL 0121099-45.2011.8.26.0100; Ac. 10641337; São Paulo; Vigésima Oitava Câmara Extraordinária de Direito Privado; Rel. Des. Mauro Conti Machado; Julg. 31/07/2017; DJESP 10/10/2017; Pág. 2740). V. tb.: PREVIDENCIÁRIO. PENSÃO POR MORTE. NULIDADE INTERVENÇÃO DO MINISTÉRIO PÚBLICO. NECESSIDADE. EFETIVO PREJUÍZO. Havendo interesse de incapazes, é obrigatória a intervenção efetiva do Ministério Público, conforme previsto no art. 178, I, do CPC/2015 (art. 82, I, do CPC/73), não suprida pela intervenção ministerial em segundo grau. Impõe-se reconhecer o efetivo prejuízo dos menores cujo direito não foi reconhecido pela sentença proferida liminarmente e que deve ser anulada. (TRF 4ª R.; AC 0009420-94.2016.404.9999; RS; Quinta Turma; Rel. Des. Fed. Altair Antonio Gregório; Julg. 12/09/2017; DEJF 22/09/2017)

Entendimento intermediário, segundo o qual a atuação do Ministério Público em segundo grau somente convalida a nulidade se não houver prejuízo ao incapaz.

✓ DIREITO PROCESSUAL CÍVEL. APELAÇÃO. AÇÃO DE REPARAÇÃO POR DANOS MORAIS. SENTENÇA QUE JULGOU IMPROCEDENTE A DEMANDA. PRESENÇA DE INTERESSE DE MENOR. AUSÊNCIA DE INTERVENÇÃO DO MINISTÉRIO PÚBLICO NA ORIGEM. ARTIGOS 178, 179 E 279 DO CPC. NULIDADE RECONHECIDA. RECURSO PREJUDICADO. 1. É cediço que o ministério público, nos termos dos arts. 178, II, 179, I e 279 do código de processo civil, deverá intervir nas demandas que envolvam interesse de incapaz, sob pena de nulidade, tendo vista dos autos após a manifestação das partes. 2. O Superior Tribunal de Justiça entende que a ausência de intervenção ministerial em primeira instância pode ser suprida pela participação do parquet em sede de segundo grau, em atenção ao princípio da instrumentalidade das formas; no entanto, no caso dos autos, o ministério público, em grau recursal, destacando que a situação dos autos configura hipótese de intervenção ministerial, diante da presença de menor no polo ativo da demanda, bem salientando que houve prejuízos à incapaz, opinou pela nulidade da sentença de improcedência. 3. Assim, impõe-se o acolhimento dos argumentos apresentados pelo ministério público de segundo grau, para desconstituir a sentença e declarar nulos os atos processuais ocorridos sem a intervenção do parquet. Sentença desconstituída. 4. Recurso prejudicado. (TJCE; APL 0202328-20.2013.8.06.0001; Segunda Câmara de Direito Privado; Relª Desª Maria de Fátima de Melo Loureiro; DJCE 27/09/2017; Pág. 86)

No mesmo sentido, apontando que o prejuízo para o incapaz decorreu do fato de o Ministério Público ter atuado somente após o encerramento da instrução.

✓ DIREITO DE FAMÍLIA. AÇÃO DE RECONHECIMENTO E DISSOLUÇÃO DE UNIÃO ESTÁVEL C/C PARTILHA DE BENS. PENSÃO ALIMENTÍCIA. DEPENDENTES. INTERESSE DE INCAPAZES. INTERVENÇÃO OBRIGATÓRIA DO MINISTÉRIO PÚBLICO ESTADUAL. INTERPRETAÇÃO DO ARTIGO 178, II, DO CPC. PREJUÍZO EVIDENCIADO NO CASO CONCRETO. NECESSIDADE DE MANIFESTAÇÃO DO PARQUET. SENTENÇA ANULADA. AGRAVO INTERNO PREJUDICADO. 1. No presente caso, o Ministério Público Estadual não foi intimado no primeiro grau de jurisdição para intervir no processo que tem por objeto interesse de menores. 2. A intervenção do Parquet apenas no segundo grau de jurisdição não supre a não intervenção no primeiro grau, porque fora encerrada a instrução. 3. A sentença arbitrou alimentos definitivos às menores, num valor menor do requerido. 4. Mostra-se evidenciado o prejuízo sofrido pelos requerentes. 5. Sentença anulada. 6. Agravo interno prejudicado. (TJBA; AgRg 0000212-20.2015.8.05.0183/50000; Salvador; Segunda Câmara Cível; Rel. Des. Maurício Kertzman Szporer; Julg. 05/09/2017; DJBA 25/09/2017; Pág. 375)

Apontando que o prejuízo para o incapaz em primeiro grau decorreu de sentença contrária a seus interesses.

✓ PREVIDENCIÁRIO E PROCESSUAL CIVIL. BENEFÍCIO DE AMPARO SOCIAL À PESSOA PORTADORA DE DEFICIÊNCIA. ART. 203, V, CF/88. LEI Nº 8.742/93. NECESSIDADE DE INTERVENÇÃO DO MINISTÉRIO PÚBLICO. SENTENÇA DESFAVORÁVEL. NULIDADE ATOS PROCESSUAIS A PARTIR DO RECEBIMENTO DA INICIAL. 1. São necessários os seguintes requisitos para concessão do benefício de prestação continuada: ser a pessoa portadora de deficiência ou idosa; não receber benefício de espécie alguma e não estar vinculado a nenhum regime de previdência social; ter renda mensal familiar per capita inferior a ½ do salário mínimo. 2. A parte postulante é pessoa incapaz, o que justifica a obrigatoriedade de intervenção do Ministério Público, nos termos do art. 178, inciso II, do CPC, cuja falta implica, em regra, em nulidade dos atos processuais praticados após a contestação. 3. A jurisprudência tem admitido a conservação de atos se o órgão do Ministério Público Federal, intervindo tardiamente, afirmar, com base nos elementos dos autos, que o interesse em causa foi preservado e que a repetição, esta sim, poderia ser prejudicial ao interesse especialmente protegido. 4. A manifestação tardia do Ministério Público Federal nesta Corte, entretanto, não supriria a necessidade de manifestação na primeira instância, quando a sentença foi proferida contrariamente aos interesses dos incapazes. 5. Tratando-se de lide em que há interesse de menor absolutamente incapaz e tendo-lhe sido desfavorável a sentença, faz-se necessária, em razão da ausência de intervenção do órgão ministerial em primeiro grau, a nulidade insanável de todos os atos processuais praticados após a juntada da contestação, quando, então, a teor do art. 179, I, do CPC, deveria ter sido intimado o Ministério Público. 6. Apelação da parte autora parcialmente provida, sentença anulada, com o retorno dos autos ao juízo de origem para que seja o Ministério Público intimado a se manifestar nos autos. (TRF 1ª R.; AC 0027452-09.2016.4.01.9199; Segunda Turma; Rel. Des. Fed. Francisco Neves da Cunha; DJF1 19/05/2017). V. tb.: APELAÇÃO CÍVEL. AÇÃO DE EXECUÇÃO DE ALIMENTOS. HOMOLOGAÇÃO DE ACORDO. AUSÊNCIA DE MANIFESTAÇÃO DO MINISTÉRIO PÚBLICO. ACORDO CELEBRADO EM VALOR MENOR AO QUANTUM DEVIDO. PREJUÍZO AO MENOR DEMONSTRADO. RECURSO PROVIDO. Conforme disposto no art. 178, I e II, do CPC/15, o Ministério Público deve intervir nas causas em que há interesse de incapaz, sob pena de nulidade; e esta ausência em primeiro grau somente pode ser suprida pela manifestação da Procuradoria-Geral de Justiça quando não restar prejuízo ao incapaz. No entanto, proferida sentença contrária às pretensões de incapaz, necessário se faz o reconhecimento do vício, com a renovação dos atos. (TJMT; APL 144556/2015; Juara; Rel. Des. João Ferreira Filho; DJMT 25/04/2017; Pág. 61)

Se o menor anuiu com os termos da sentença atacada, não se vislumbra prejuízo pela ausência de intervenção do Ministério Público para parecer final:

✓ APELAÇÃO CÍVEL. AÇÃO DE OBRIGAÇÃO DE FAZER C/C PERDAS E DANOS. SENTENÇA DE PROCEDÊNCIA. CONDENAÇÃO EM VERBA INDENIZATÓRIA NO VALOR DE R$ 8.000,00. RECURSO INTERPOSTO PELO MINISTÉRIO PÚBLICO. AUSÊNCIA DE INTIMAÇÃO PARA PARECER FINAL. INEXISTÊNCIA DE PREJUÍZO PARA O MENOR INCAPAZ. DESPROVIMENTO DO RECURSO. 1- Autor, Menor absolutamente incapaz. Intervenção ministerial obrigatória. Artigo 178, II do CPC. Ausência de intimação pessoal que é causa de nulidade. Artigo 279 do CPC. 2- Intervenção ministerial que tem por finalidade a proteção dos direitos do incapaz. Direito preservado na sentença de primeiro grau. 3- Parte autora que se manifestou anuindo com os termos da sen tença atacada, pugnando por sua manutenção. 4- Aplicabilidade do princípio **pas de nullité sans grief** (não há nulidade sem prejuízo). 5- Interesses do menor, absolutamente incapaz, preservados e satisfeitos. 6- Procurador de Justiça que ressalta a desnecessidade do formalismo. 7- Precedentes: 0029213-92.2009.8.19.0208. APELAÇÃO. Relator: Des(a). MÔNICA Maria COSTA DI PIERO. Julgamento: 27/06/2017. OITAVA Câmara Cível. 0000729-21.2012.8.19.0060. APELAÇÃO. Relator: Des(a). GUARACI DE CAMPOS VIANNA. Julgamento: 29/11/2016. DÉCIMA NONA Câmara Cível. 8- Recurso conhecido e não provido. Sentença integralmente mantida. (TJRJ; APL 0081838-43.2013.8.19.0021; Duque de Caxias; Vigésima Quinta Câmara Cível Consumidor; Relª Desig. Desª Isabela Pessanha Chagas; DORJ 03/08/2017; Pág. 434)

Não se pode anular sentença já transitada em julgado por ausência de intimação do Ministério Público em sede de cumprimento de sentença, sendo a ação rescisória a via adequada.

✓ ACIDENTE DE TRÂNSITO. REPARAÇÃO DE DANOS. FASE DE CUMPRIMENTO DE SENTENÇA. ARGUIÇÃO DE NULIDADE DOS ATOS PROCESSUAIS POR AUSÊNCIA DE INTERVENÇÃO DO MINISTÉRIO PÚBLICO. NÃO RECONHECIMENTO. INTELIGÊNCIA DO ARTIGO 82, INCISO I, DO CÓDIGO DE PROCESSO CIVIL/1973 (ART. 178, INCISO II, DO CPC/2015). AGRAVO IMPROVIDO. Embora obrigatória a intervenção do órgão ministerial nas causas em que há interesses de incapazes, importa notória ofensa às normas processuais proclamar, em sede de agravo de instrumento, a anulação parcial dos atos praticados no processo, pois isso implicaria meio oblíquo para se alcançar a cassação de acórdão proferido em apelação, transitado em julgado. Contra a coisa julgada o Estatuto Processual só reconhece um dardo eficiente: A ação rescisória. (TJSP; AI 2065997-03.2017.8.26.0000; Ac. 10793308; Jaú; Vigésima Sexta Câmara de Direito Privado; Rel. Des. Renato Sartorelli; Julg. 14/09/2017; DJESP 16/10/2017; Pág. 2998)

III – litígios coletivos pela posse de terra rural ou urbana.

Não se exige a atuação do Ministério Público em qualquer ação possessória, mesmo que esteja em jogo a ocupação de bem público.

✓ PARTICIPAÇÃO DO MINISTÉRIO PÚBLICO NAS AÇÕES POSSESSÓRIAS. Não há obrigatoriedade, ante os termos do artigo 178 do Novo Código de Processo Civil. AUSÊNCIA DE JUSTIFICAÇÃO PRÉVIA. Considerou o juízo a quo que a petição inicial estava devidamente instruída, com os elementos suficientes à demonstração do esbulho, de modo que, sem ouvir a ré, deferiu a medida liminar. Exegese do artigo 562 do NCPC. Com a reforma da decisão interlocutória que deferiu a liminar, não ocorreu ainda a efetiva reintegração de posse, motivo pelo qual não trouxe qualquer prejuízo à apelante a ausência de justificação prévia. Preliminares rejeitadas. APELAÇÃO CÍVEL. REINTEGRAÇÃO DE POSSE. OCUPAÇÃO DE BEM PÚBLICO. Invasão de área pertencente ao Município de Sorocaba. Pedido de reintegração. Esbulho caracterizado. A ocupação de bem público não caracteriza posse, mas mera detenção. Bens públicos insuscetíveis de afetação particular, dada a sua destinação pública, não podem ser objeto de usucapião, penhora ou alienação. Bens públicos que estão fora das relações comerciais de direito privado não se sujeitam à posse ou a direitos a ela inerentes. Alegação de abandono, pelo Poder Público, da área, que corresponde a um matagal. Irrelevância. Ocupação meramente precária, sem garantia de permanência. Eventual aprovação de projeto de ampliação da área construída da apelante, por parte da Administração Municipal, não é hábil a consolidar a posse do particular em bem público. Precedentes. Pedido inicial julgado procedente. Manutenção da sentença. Recurso não provido. (TJSP; APL 1001395-28.2015.8.26.0602; Ac. 10666153; Sorocaba; Décima Segunda Câmara de Direito Público; Rel. Des. Osvaldo de Oliveira; Julg. 02/08/2017; DJESP 29/08/2017; Pág. 2400). V. tb.: AGRAVO DE INSTRUMENTO. AÇÃO DE REINTEGRAÇÃO DE POSSE. PRELIMINAR DE NULIDADE DA DECISÃO POR AUSÊNCIA DE INTERVENÇÃO DO MINISTÉRIO PÚBLICO. REJEITADA. IRREGULARIDADE NA REPRESENTAÇÃO PROCESSUAL. VÍCIO SANADO COM A JUNTADA DA PROCURAÇÃO. PRELIMINAR AFASTADA. CONCESSÃO DE LIMINAR APÓS AUDIÊNCIA DE JUSTIFICAÇÃO PRÉVIA. DEPOIMENTOS CONTRADITÓRIOS. EXISTÊNCIA DE DÚVIDA SOBRE A POSSE. RECURSO CONHECIDO E PROVIDO. DECISÃO REFORMADA. I. Desnecessidade de intervenção do Ministério Público no feito, pois ausentes as hipóteses previstas no artigo 178 do Código de Processo Civil. II. Regularizada a representação processual pelo agravante no prazo que lhe foi assinalado (artigo 1.017, § 3º, do CPC), não se falar em inexistência da inicial recursal. III. O deferimento de liminar, em ação de reintegração de posse, requer o preenchimento dos requisitos dispostos no art. 561, do Código de Processo Civil. Demonstrando contraditórios os depoimentos colhidos em audiência de justificação e não demonstrados todos os requisitos do art. 561 do CPC, gerando incertezas na convicção do julgador, deve ser indeferida a liminar. (TJMT; AI 116475/2016; Vila Rica; Rel. Des. Sebastião de Moraes Filho; Julg. 08/02/2017; DJMT 13/02/2017; Pág. 38)

Parágrafo único. A participação da Fazenda Pública não configura, por si só, hipótese de intervenção do Ministério Público.

→ *v.* Súmula 189 do STJ.

Interesse meramente patrimonial da Fazenda Pública não exige a intervenção do Ministério Público.

✓ PROCESSUAL CIVIL E ADMINISTRATIVO. MINISTÉRIO PÚBLICO. INTERVENÇÃO. AUSÊNCIA DE INTERESSE PÚBLICO. ART. 178, I, DO CPC/2015. SERVIDOR PÚBLICO. ADICIONAL DE INSALUBRIDADE. LAUDO PERICIAL. IDONEIDADE. ACÓRDÃO FUNDADO NO CONJUNTO FÁTICO-PROBATÓRIO. REVISÃO. IMPOSSIBILIDADE. SÚMULA Nº 7/STJ. 1. A jurisprudência do STJ é pacífica no sentido de que o interesse patrimonial da Fazenda Pública, por si só, não se identifica com o interesse público para fins de intervenção do parquet no processo. 2. **In casu**, o tribunal a quo consignou, expressamente, que foi "oportunizada a intervenção do ministério público em segunda instância através da procuradoria geral de justiça, sendo que esta, pela missiva de fl. 262, entendeu pela desnecessidade de atuação do órgão ". 3. Hipótese em que a corte local concluiu que, "inexistindo nos autos afirmação idônea que desabone a conclusão do laudo judicial, o mesmo deve ser acolhido, uma vez que elaborado por pessoa habilitada que instruiu o juízo de forma adequada sobre a área de conhecimento específico ". Rever tal entendimento demandaria o reexame do conjunto fático-probatório, vedado pela Súmula nº 7/STJ. 4. Recurso Especial não conhecido. (STJ; REsp 1.676.131; Proc. 2017/0069478-8; MG; Segunda Turma; Rel. Min. Herman Benjamin; DJE 14/09/2017)

Discussão relativa a benefício de natureza acidentária não enseja a atuação do órgão ministerial.

✓ APELAÇÃO CÍVEL. ACIDENTE DE TRABALHO. LESÕES EM OMBROS. AUXÍLIO-DOENÇA, AUXÍLIO-ACIDENTE E APOSENTADORIA POR INVALIDEZ. IMPOSSIBILIDADE DE CONCESSÃO NO CASO CONCRETO. INCAPACIDADE LABORAL NÃO CONSTATADA. LIMITAÇÃO FUNCIONAL INCOMPROVADA. MANUTENÇÃO DA SENTENÇA DE IMPROCEDÊNCIA. 1. Preliminar de nulidade do processo por ausência de intervenção do ministério público. 1.1. Não há falar em obrigatoriedade da intervenção do ministério público na forma do artigo 82, III, do CPC de 1973 (correspondente ao artigo 178, I, do novo CPC) quando a natureza da lide e a qualidade das partes não evidenciarem interesse público primário. Caso concreto em que a controvérsia concerne a direito disponível (benefício de natureza acidentária), sendo que o interesse público subjacente só pode ser concebido como secundário na espécie, na medida em que respeitante, unicamente, a ente integrante da administração pública indireta da união. Ademais, a mera participação, na lide, de pessoa jurídica de direito público não configura, por si só, hipótese de intervenção compulsória do ministério público nos autos do processo. Precedentes jurisprudenciais. 1.2. De outro lado, ainda que fosse considerada obrigatória a intervenção ministerial, considera-se suprida a irregularidade processual pela manifestação do procurador de justiça perante o tribunal, desde que seja exarado parecer sobre o mérito da causa e não haja apontamento de qualquer nulidade ou prejuízo decorrente da ausência de atuação do parquet em primeiro grau. Precedentes jurisprudenciais. Prefacial rejeitada. 2. Preliminar de nulidade da sentença por cerceamento de defesa. 2.1. Por força do princípio da persuasão racional, cabe ao juiz apreciar livremente as provas produzidas no processo, desde que decline os motivos que lhe formaram o convencimento. 2.2. Nesse norte, pode o juiz dispensar maior dilação probatória quando já estiver convencido acerca do direito aplicável ao fato litigioso ou, ainda, quando entender que as provas já existentes nos autos são suficientes para a solução da controvérsia. Não há, nesse contexto, cerceamento de defesa, mas mera aplicação do princípio do livre convencimento motivado. Precedentes jurisprudenciais. Ademais, a simples insatisfação da parte com as conclusões do experto não justifica, por si só, a reabertura da instrução processual para a renovação da perícia com outro profissional. Preliminar afastada. 3. Auxílio-doença, auxílio-acidente e aposentadoria por invalidez. 3.1. Para a concessão do benefício de auxílio-doença, deve estar demonstrada a qualidade de segurado e a incapacidade temporária para o exercício da sua atividade habitual, dispensando-se período de carência quando a incapacidade decorre de acidente de trabalho. A aposentadoria por invalidez, por seu turno, pressupõe que o segurado demonstre sua filiação ao regime geral de previdência social e a sua incapacidade de exercer qualquer trabalho capaz de garantir seu digno sustento. Por fim, o auxílio-acidente será concedido, como indenização, ao segurado quando, após consolidação das lesões decorrentes de acidente de qualquer natureza, resultarem sequelas que impliquem redução da capacidade para o trabalho que habitualmente exercia. 3.2. Caso concreto em que não configurados os pressupostos necessários à concessão de qualquer benefício por incapacidade. Laudo médico pericial que atesta, de forma peremptória, que o atual quadro clínico da segurada não reduz sua aptidão laboral e tampouco a incapacita para o exercício de seu trabalho habitual ou de qualquer outro labor que lhe garanta o digno sustento. Demais elementos de prova constantes dos autos que, por seu conteúdo, não bastam para infirmar as conclusões do perito de confiança do juízo. Sentença de improcedência que, diante disso, merece ser mantida. Preliminares afastadas. Apelação desprovida. (TJRS; AC 0082073-29.2017.8.21.7000; Lagoa Vermelha; Nona Câmara Cível; Rel. Des. Carlos Eduardo Richinitti; Julg. 12/07/2017; DJERS 31/07/2017)

Art. 179. Nos casos de intervenção como fiscal da ordem jurídica, o Ministério Público:

→ *v.* Súmula 99 do STJ.

→ *v.* Enunciado 467 do FPPC: O Ministério Público deve ser obrigatoriamente intimado no incidente de assunção de competência.

→ *v.* Art. 996 do CPC.

I – terá vista dos autos depois das partes, sendo intimado de todos os atos do processo;

O Ministério Público deve ser intimado, como fiscal da lei em ação civil pública, do Termo de Ajustamento de Conduta celebrado entre as partes.

✓ APELAÇÃO CÍVEL. AÇÃO CIVIL PÚBLICA. SERVIÇO DE TELEFONIA. INTERESSE DO CONSUMIDOR. AUSÊNCIA DE INTIMAÇÃO DO MINISTÉRIO PÚBLICO PARA SE MANIFESTAR ACERCA DE DOCUMENTOS JUNTADOS. PREJUÍZO. NULIDADE. Nos termos do artigo 179 do Código de Processo Civil de 2015, o Ministério Público será intimado de todos os atos do processo, sob pena de nulidade do feito. Demonstra-se evidente o prejuízo para o órgão ministerial a falta de intimação para manifestar-se em relação ao acordo celebrado entre as partes. (TJMG; APCV 1.0024.11.039743-7/009; Rel. Des. Antônio Sérvulo; Julg. 10/11/2016; DJEMG 22/11/2016)

Apontando que, antes da sentença, o órgão ministerial deve ser intimado para parecer final nas causas que ensejam a sua atuação.

✓ APELAÇÃO CÍVEL. AÇÃO DE ALIMENTOS. REGULAMENTAÇÃO DE GUARDA. ACORDO ENTABULADO ENTRE AS PARTES. HOMOLOGADO PELO JUIZ DE PISO. JULGADO EXTINTO O PROCESSO COM RESOLUÇÃO DO MÉRITO. RECURSO DO MINISTÉRIO PÚBLICO. AUSÊNCIA DE INTIMAÇÃO PARA MANIFESTAR-SE SOBRE O RELATÓRIO PSICOLÓGICO. INTERESSE DE INCAPAZ. SENTENÇA PROFERIDA. PREJUÍZO CONSIDERÁVEL PARA OS MENORES. SENTENÇA ANULADA. RETORNO OS AUTOS AO JUÍZO DE ORIGEM. RECURSO PROVIDO. Em se tratando de relação processual que envolva interesse de incapaz, o magistrado, antes de proferir a sentença, deve intimar o Ministério Público, nos termos do art. 178, II, do Código de Processo Civil/15. A falta de intimação do órgão ministerial somada à ocorrência de prejuízo ao interesse do incapaz enseja a anulação da sentença. (TJMS; APL 0800232-04.2016.8.12.0003; Primeira Câmara Cível; Relª Desª Tânia Garcia de Freitas Borges; DJMS 26/07/2017; Pág. 55)

Exigindo a intimação do Ministério Público antes da extinção do processo por abandono pelo autor.

✓ DIREITO CIVIL E PREVIDENCIÁRIO APELAÇÃO CÍVEL. PEDIDO DE ALVARÁ JUDICIAL. RECEBIMENTO DE VALORES NÃO PAGOS EM VIDA. FGTS. SENTENÇA QUE EXTINGUIU O FEITO EM RAZÃO DO ABANDONO DA CAUSA PELA PARTE AUTORA. TESE RECURSAL DE NULIDADE DA SENTENÇA. AUSÊNCIA DE INTIMAÇÃO DO MINISTÉRIO PÚBLICO PARA MANIFESTAR-SE PREVIAMENTE À EXTINÇÃO DO FEITO. SENTENÇA FUNDAMENTADA EM ERRO DE FATO. ABANDONO DA CAUSA AFASTADA ANTE A PRESENÇA DA DOCUMENTAÇÃO TIDA PELO MAGISTRADO COMO INEXISTENTE NOS AUTOS. VÍCIOS QUE CONDUZEM A ANULAÇÃO DA SENTENÇA. PROCESSO EM CONDIÇÕES DE IMEDIATO JULGAMENTO. APLICAÇÃO DO ART. 1.013, §1º, I, DO CPC. RECEBIMENTO DOS VALORES PLEITEADOS TÃO SOMENTE PELOS DEPENDENTES HABILITADOS PERANTE A PREVIDÊNCIA SOCIAL. PREFERÊNCIA SOBRE OS SUCESSORES LEGAIS. INTELIGÊNCIA DO ART. 1º. DA LEI Nº. 6858/80. RECURSO PARCIALMENTE PROVIDO. AÇÃO QUE SE JULGA PARCIALMENTE PROCEDENTE. 1. O art. 179, do CPC, impõe que o ministério público, atuando na qualidade de fiscal da ordem jurídica, deve ser intimado de todos os atos do processo. Com efeito, deveria o parquet ter sido intimado a manifestar-se previamente à sentença acerca da possibilidade de extinção do feito com fundamento no abandono da causa. Por certo, tal medida privilegia o contraditório e se coaduna perfeitamente ao disposto no art. 10, do CPC, que acabou por trazer um novo modelo cooperativo de processo mediante a garantia efetiva de influência sobre as decisões judiciais. Deveras, a participação preventiva sobre o diálogo processual promove uma maior justiça sobre o processo e tende a evitar as conhecidas "decisões surpresas", vedadas em nosso sistema processual. 2. No caso dos autos, a questão se agrava quando se verifica que a sentença foi prolatada sem o juiz se ater ao fato de que a documentação requerida à parte autora, cuja inércia viria a repercutir na extinção do feito, já se encontravam nos autos junto à petição inicial. 3. Incorreu o nobre magistrado, portanto, em erro in procedendo, na medida em que não procedeu a intimação do parquet antes de proferir a sentença, bem por que a aludida decisão encontra-se fundada em erro de fato verificável primo **ictu oculi**, motivos pelos quais deve ser anulada. 4. Inobstante a anulação da sentença, o processo encontra-se plenamente instruído e em condições de imediato julgamento, hipótese em que se aplica o disposto no art. 1.013, §1º, I, do CPC. 5. Quanto ao mérito da ação em si, verificada a existência de dependentes habilitados junto ao órgão previdenciário, impõe-se o pagamento dos valores em favor destes, e não da companheira, que não é destinatária da importância declinada, ante a ordem de preferência ditada pela Lei de regência. 6. Sendo os dependentes habilitados ainda menores de idade, devem os valores postulados serem mantidos em caderneta de poupança, até que estes completem 18 (dezoito) anos, quando poderão retirar suas respectivas quotas-partes, nos termos do §1º, do art. 1º, da Lei nº. 6.858/80. Ressalva-se a possibilidade dos beneficiários ainda menores, por intermédio do seu representante legal, justificarem e requerem ao juízo competente a liberação dos valores depositados. 7. Sentença anulada. Recurso parcialmente provido. Ação julgada parcialmente procedente. (TJAC; APL 0705190-71.2015.8.01.0001; Ac. 4.151; Segunda Câmara Cível; Rel. Des. Roberto Barros; DJAC 17/04/2017; Pág. 18)

Ausência de indicação do horário de entrevistas com curatelandos realizadas sucessivamente não enseja prejuízo e, portanto, não implica nulidade processual.

✓ CORREIÇÃO PARCIAL. CURATELA. AUDIÊNCIA DE ENTREVISTA. HORÁRIO FORENSE. MINISTÉRIO PÚBLICO. COMUNICAÇÃO PRÉVIA DA PAUTA E ENDEREÇOS. TUMULTO PROCESSUAL NÃO CONFIGURADO. 1. A correição parcial visa à emenda de erros ou abusos que importem inversão tumultuária de atos e fórmulas legais, paralisação injustificada dos feitos ou dilatação abusiva de prazos, em caso que não exista recurso previsto em Lei, nos termos do art. 195, caput, do COJE. 2. Na espécie, o juízo aprazou diversas entrevistas com curatelandos, em diligências externas, sem designar horários específicos, almejando otimizar o atendimento aos jurisdicionados, pela facilidade de modificar os deslocamentos, segundo o andamento dos serviços e a condição de cada um, oportunizando às partes e ao ministério público integral participação e acompanhamento dos atos. 3. Contudo, não há falar em tumulto processual, tendo em que o ministério público é informado previamente acerca da pauta dessas entrevistas e dos endereços em que ocorrerá a solenidade, em observância ao disposto no art. 179, I, do

NCPC, ficando demonstrado que a omissão no tocante ao horário da entrevista visa, ao fim e ao cabo, a agilizar a tramitação do processo, atendendo, dessa forma, a garantia constitucional de sua duração razoável (art. 5º, LXXVIII, da CF/88). Correição parcial rejeitada. (TJRS; CP 0338346-78.2016.8.21.7000; Porto Alegre; Oitava Câmara Cível; Rel. Des. Ricardo Moreira Lins Pastl; Julg. 27/10/2016; DJERS 07/11/2016)

Como o órgão ministerial fala por último, a ausência de intimação das partes sobre o parecer do Ministério Público não caracteriza cerceamento de defesa.

✓ APELAÇÃO CÍVEL. DIREITO EMPRESARIAL. DISSOLUÇÃO DE SOCIEDADES EM CONTA DE PARTICIPAÇÃO. LIQUIDAÇÃO DE SENTENÇA. APURAÇÃO DE HAVERES. PRELIMINAR. CERCEAMENTO DE DEFESA. PARECER DO MINISTÉRIO PÚBLICO. AUSÊNCIA DE INTIMAÇÃO DAS PARTES. REJEIÇÃO. MÉRITO. AUSÊNCIA DE ESCRITURAÇÃO CONTÁBIL. APURAÇÃO DE HAVERES INVIABILIZADA. RENOVAÇÃO DA PERÍCIA. NÃO CABIMENTO. 1. A ausência de intimação das partes para manifestação acerca de parecer do Ministério Público não caracteriza cerceamento de defesa. Consoante se vê a partir do artigo 179, inciso I, do CPC/2015, nos casos de intervenção como fiscal da ordem jurídica, o Ministério Público terá vista dos autos depois das partes, dirigindo-se diretamente ao órgão julgador, não cabendo, pois, a oitiva dos litigantes logo após seu parecer. 2. A impugnação a laudo pericial deve ser objetiva e específica, repelindo-se, por essa via, a oposição genérica e desprovida de elemento hábil a infirmar o contido no trabalho do experto, órgão auxiliar do juiz, com encargo de assisti-lo na prova do fato carente de conhecimento técnico ou científico. 3. A ausência de registros contábeis, extratos bancários ou planilhas discriminatórias de entradas e saídas das sociedades em conta de participação impossibilita a apuração de haveres pela perícia contábil. 4. Não há que se falar em renovação de perícia técnica se os elementos trazidos aos autos são insuficientes para se estimar créditos e débitos de uma sociedade em relação à outra. 5. Recurso de apelação conhecido, preliminar rejeitada e, no mérito, não provido. (TJDF; APC 2013.01.1.016914-8; Ac. 101.6662; Primeira Turma Cível; Relª Desª Simone Costa Lucindo Ferreira; Julg. 27/04/2017; DJDFTE 14/06/2017)

No mandado de segurança, a intervenção do órgão ministerial deve ser posterior às informações da autoridade coatora.

✓ PROCESSO CIVIL. EMBARGOS DE DECLARAÇÃO EM MANDADO DE SEGURANÇA. INTERVENÇÃO OBRIGATÓRIA DO MINISTÉRIO PÚBLICO. INTIMAÇÃO REGULAR DO PARQUET. PARECER DE MÉRITO. POSTERGADO PARA DEPOIS DA DECISÃO LIMINAR. IMPROPRIEDADE. IMPULSO OFICIAL. JULGAMENTO DO FEITO. LEGALIDADE. EMBARGOS DE DECLARAÇÃO CONHECIDOS E DESPROVIDOS. 1. No procedimento do mandado de segurança, não importa o momento da decisão liminar, a manifestação do Ministério Público apenas deve suceder as informações da autoridade coatora (arts. 7º, I e 12, caput, Lei nº 12.016/2009). 2. No caso telado, mesmo devidamente intimada a representante do Parquet, desperdiçou a oportunidade de opinar sobre o mérito da questão, não podendo o Poder Judiciário ficar à mercê da atuação do Ministério Público, dado o princípio do impulso oficial (art. 262, CPC). 3. Embargos de Declaração conhecidos e desprovidos. (TJCE; EDcl 0622866-23.2014.8.06.0000/50000; Órgão Especial; Rel. Des. Francisco Gladyson Pontes; DJCE 05/02/2016; Pág. 6)

II – poderá produzir provas, requerer as medidas processuais pertinentes e recorrer.

O Ministério Público deve ser intimado inclusive para participar da fase instrutória.

✓ AÇÃO DE REPARAÇÃO DE DANO ESTÉTICO E MORAL. INTERESSE DE INCAPAZ. INTERVENÇÃO DO MINISTÉRIO PÚBLICO. OGRIGATORIEDADE. NULIDADE PROCESSUAL. SENTENÇA CASSADA. 1. O art. 127 da Constituição Federal e os art. 178, III e 179, I, ambos do Código de Processo Civil determinam ser obrigatória a atuação do Ministério Público nas causas que envolvam interesse público ou de incapaz, sendo-lhe assegurado o direito de ter vista dos autos depois das partes, bem como de ser intimado de todos os atos processo. 2. Embora o Ministério Público tenha atuado no feito até a fase de produção de provas, não lhe foi oportunizado realizar o acompanhamento adequado dos autos, tampouco apresentar parecer final sobre o mérito da demanda, motivo pelo qual a sentença deve ser declarada nula, nos termos do art. 279 do CPC/2015. 3. Recursos conhecidos. Preliminar de nulidade acolhida. Sentença cassada. (TJDF; APC 2011.01.1.127198-8; Ac. 103.0173; Oitava Turma Cível; Rel. Des. Diaulas Costa Ribeiro; Julg. 06/07/2017; DJDFTE 12/07/2017)

A ausência de intimação do órgão ministerial a respeito da sentença, impedindo-o de recorrer, caracteriza prejuízo e acarreta nulidade.

✓ ADMINISTRATIVO. PROCESSO CIVIL. AÇÃO DE IMPROBIDADE ADMINISTRATIVA AJUIZADA PELA UNIÃO. MINISTÉRIO PÚBLICO FEDERAL. ATUAÇÃO COMO FISCAL DA LEI. AUSÊNCIA DE INTIMAÇÃO DA SENTENÇA. PREJUÍZO CARACTERIZADO. NULIDADE DO FEITO A PARTIR DA SENTENÇA. RETORNO DOS AUTOS À ORIGEM PARA INTIMAÇÃO DO MPF. 1. O Ministério Público Federal. MPF, embora não intervenha obrigatoriamente como parte nesta ação, atua como fiscal da Lei, conforme previsto no art. 5º, § 1º, da Lei nº 7.347/1985 e deve ser intimado de todos os atos do processo (art. 179, I, do NCPC). 2. A jurisprudência entende que a ausência de intimação do MP para qualquer ato enseja a nulidade do processo, nos casos em que há comprovado prejuízo. 3. Não tendo sido o Ministério Público intimado da sentença, situação que o impediu de interpor apelação, caracteriza-se o prejuízo. 4. Decretada, de ofício, a nulidade do feito a partir da prolação da sentença, determinando-se o retorno dos autos à origem a fim de que o Ministério Público Federal seja intimado pessoalmente da sentença proferida. 5. Apelação prejudicada. (TRF 1ª R.; AC 0047380-55.2013.4.01.3700; Quarta Turma; Rel. Juiz Fed. Conv. Henrique Gouveia da Cunha; DJF1 15/09/2016)

Reconhecendo legitimidade recursal ao Ministério Público para impugnar decisão que defere o processamento da recuperação judicial.

✓ AGRAVO DE INSTRUMENTO. DIREITO EMPRESARIAL. PEDIDO DE RECUPERAÇÃO JUDICIAL. DECISÃO QUE DEFERE O PROCESSAMENTO DA RECUPERAÇÃO. PRELIMINARES. LEGITIMIDADE E INTERESSE RECURSAL DO MINISTÉRIO PÚBLICO. ATUAÇÃO COMO FISCAL DA ORDEM JURÍDICA. PRECLUSÃO E SUPRESSÃO DE INSTÂNCIA. NÃO OCORRÊNCIA. MÉRITO. PETIÇÃO INICIAL QUE NÃO PREENCHE ADEQUADAMENTE OS REQUISITOS DO ARTIGO 51 DA LEI Nº 11.101/2005. NECESSIDADE DE EMENDA À INICIAL. RECURSO CONHECIDO E PARCIALMENTE PROVIDO. PRELIMINARES AFASTADAS. DECISÃO REFORMADA. 1. Conforme o disposto no inciso V do artigo 52 da Lei nº 11.101/2005, o Ministério Público será intimado logo após o deferimento do processamento da recuperação judicial. 2. A Lei nº 11.101/2005 não afasta as disposições dos arts. 82 e 83 do CPC/73 (arts. 178 e 179 do CPC/2015), os quais preveem a possibilidade de o Ministério Público intervir em qualquer processo, no qual entenda haver interesse público ou social. Além disso, consoante inteligência do artigo 499 do CPC/73 (art. 996 do CPC/2015), bem como Súmula nº. 99 do STJ, o Ministério Público tem legitimidade para recorrer como fiscal da ordem jurídica. 3. O inciso V do artigo 52 da Lei nº 11.101/2005 determina a intervenção do Ministério Público somente após o deferimento do processamento da recuperação judicial, o que demonstra que o órgão ministerial impugnou o deferimento do processamento da recuperação judicial na primeira oportunidade que a Lei lhe estabelece, não havendo, portanto, preclusão da matéria. 4. Inexiste supressão de instância quando a matéria devolvida no recurso, que trata do preenchimento dos requisitos estabelecidos no artigo 51 da Lei nº 11.101/2005, foi inteiramente analisada pelo magistrado de primeiro grau. Preliminares rejeitadas. 5. A petição inicial do pedido de recuperação judicial deve ser devidamente instruída, sob pena de indeferimento, e estando em termos a documentação exigida, o juiz deferirá o processamento da recuperação judicial, nos exatos termos dos artigos 51 e 52, caput, da Lei nº 11.101/2005. 6. **In casu**, o Ministério Público, na condição de fiscal da ordem jurídica, demonstrou que a recorrida não atendeu a contento os requisitos legais exigidos para o processamento do pedido de Recuperação Judicial. 7. Segundo doutrina de André Luiz Santa Cruz Ramos, caso a petição inicial esteja em desacordo com as determinações constantes no artigo 51 da LRE, o juiz não deve indeferi-la de imediato e decretar a falência do devedor, conforme determinava a Lei anterior. A prudência recomenda que o juiz, na ausência de algum documento, por exemplo, determine a emenda da inicial, nos termos da legislação processual. (In Direito Empresarial Esquematizado, 2ª ED. Forense/Método, 2012. P. 711/712). 8. Recurso conhecido e parcialmente provido. Preliminares rejeitadas. (TJDF; AGI 2015.00.2.030081-3; Ac. 946.807; Primeira Turma Cível; Rel. Des. Rômulo de Araújo Mendes; Julg. 01/06/2016; DJDFTE 16/06/2016)

Art. 180. O Ministério Público gozará de prazo em dobro para manifestar-se nos autos, que terá início a partir de sua intimação pessoal, nos termos do art. 183, § 1º.

→ *v.* Art. 41, IV, da Lei 8.625/1993.

→ *v.* Art. 152, § 2º do ECA.

→ *v.* Súmula 116 do STJ.

→ *v.* Enunciado 399 do FPPC: Os arts. 180 e 183 somente se aplicam aos prazos que se iniciarem na vigência do CPC de 2015, aplicando-se a regulamentação anterior aos prazos iniciados sob a vigência do CPC de 1973 do FPPC.

O prazo para o Ministério Público impugnar decisão judicial se inicia da data da entrega dos autos na repartição, sendo irrelevante eventual intimação em audiência (Recurso submetido ao rito dos repetitivos).

✓ RECURSO ESPECIAL. RECURSO SUBMETIDO AO RITO DOS REPETITIVOS (ART. 1.036 DO CPC C/C O ART. 256, I, DO RISTJ). PROCESSO PENAL E PROCESSO CIVIL. INTIMAÇÃO DO MINISTÉRIO PÚBLICO. CONTAGEM DOS PRAZOS. INÍCIO. NECESSIDADE DE REMESSA DOS AUTOS À INSTITUIÇÃO. INTIMAÇÃO E CONTAGEM DE PRAZO PARA RECURSO. DISTINÇÕES. PRERROGATIVA PROCESSUAL. NATUREZA DAS FUNÇÕES DO MINISTÉRIO PÚBLICO. PECULIARIDADES DO PROCESSO PENAL. REGRA DE TRATAMENTO DISTINTA. RAZOABILIDADE. INTERPRETAÇÃO DOS ARTS. 18, II, "h", DA LC N. 75/1993 e 41, IV, DA LEI N. 8.625/1993. 1. A intimação dos atos processuais tem por objetivo dar conhecimento ao interessado sobre o ato praticado, permitindo-lhe, eventualmente, a ele reagir, em autêntica expressão procedimental do princípio do contraditório, o qual se efetiva no plano concreto com a participação das partes no desenvolvimento do processo e na formação das decisões judiciais, de sorte a conferir tanto ao órgão de acusação quanto ao de defesa o direito de influir, quer com a atividade probatória, quer com a apresentação de petições e arrazoados, escritos e orais, na formação do convencimento do órgão jurisdicional competente. 2. Na estrutura dialética do processo penal brasileiro, o Ministério Público desempenha suas funções orientado por princípios constitucionais expressos, entre os quais se destacam o da unidade e o da indivisibilidade, que engendram a atuação, em nome da mesma instituição, de diversos de seus membros, sem que isso importe em fragmentação do órgão, porquanto é a instituição, presentada por seus membros, que pratica o ato. 3. Incumbe ao Ministério Público a preservação da ordem jurídica, do regime democrático e dos interesses sociais e individuais indisponíveis (art. 127 da CF), o que autoriza a otimização da eficiência dos serviços oficiais, dependentes do acompanhamento e da fiscalização de vultosa quantidade de processos. Daí a necessidade e a justificativa para que a intimação pessoal seja aperfeiçoada com a vista dos autos (conforme disposto expressamente no art. 41, IV, da Lei n. 8.625/1993 e no art. 18, II, "h", da LC n. 75/1993). Raciocínio válido também para a Defensoria Pública (arts. 4º, V, e 44, I, da LC n. 80/1994), dada sua equivalente essencialidade à função jurisdicional do Estado (art. 134 da CF) e as peculiaridades de sua atuação. 4. Para o escorreito desempenho de suas atribuições constitucionais e legais, a intimação pessoal dos membros do Ministério Público é também objeto de expressa previsão no novo CPC, no art. 180 (repetindo o que já dizia o CPC de 1973, em seu art. 236, § 2º), semelhantemente ao disposto no art. 370, § 4º, do Código de Processo Penal. 5. A distinção entre intimação do ato e início da contagem do prazo processual permite que se entenda indispensável - para o exercício do contraditório e a efetiva realização da missão constitucional do Ministério Público - que a fluência do prazo para a prática de determinado prazo peremptório somente ocorra a partir do ingresso dos autos na secretaria do órgão destinatário da intimação. Precedentes. 6. Assim, a não coincidência entre a intimação do ato decisório (em audiência ou por certidão cartorial) e o início do prazo para sua eventual impugnação é a única que não sacrifica, por meio reflexo, os direitos daqueles que, no âmbito da jurisdição criminal, dependem da escorreita e eficiente atuação do Ministério Público (a vítima e a sociedade em geral). Em verdade, o controle feito pelo representante do Ministério Público sobre a decisão judicial não é apenas voltado à identificação de um possível prejuízo à acusação, mas também se dirige a certificar se a ordem jurídica e os interesses sociais e individuais indisponíveis - dos quais é constitucionalmente incumbido de defender (art. 127, caput, da CF) - foram observados, i.e., se o ato para o qual foi cientificado não ostenta ilegalidade a sanar, ainda que, eventualmente, o reconhecimento do vício processual interesse, mais proximamente, à defesa. 7. É natural que, nos casos em que haja ato processual decisório proferido em audiência, as partes presentes (defesa e acusação) dele tomem conhecimento. Entretanto, essa ciência do ato não permite ao membro do Ministério Público (e também ao integrante da Defensoria Pública) o exercício pleno do contraditório, seja porque o órgão Ministerial não poderá levar consigo os autos, seja porque não necessariamente será o mesmo membro que esteve presente ao ato a ter atribuição para eventualmente impugná-lo. 8. Recurso especial provido para reconhecer a tempestividade da apelação interposta pelo Ministério Público Federal e determinar ao Tribunal Regional Federal da 5ª Região que julgue o recurso ministerial. TESE: O termo inicial da contagem do prazo para impugnar decisão judicial é, para o Ministério Público, a data da entrega dos autos na repartição administrativa do órgão, sendo irrelevante que a intimação pessoal tenha se dado em audiência, em cartório ou por mandado. (STJ, REsp 1349935/SE, Rel. Ministro ROGERIO SCHIETTI CRUZ, TERCEIRA SEÇÃO; Julg. 23/08/2017; DJe 14/09/2017). V. tb., na Justiça do Trabalho: AGRAVO DE INSTRUMENTO. MINISTÉRIO PÚBLICO DO TRABALHO DA 8ª REGIÃO. NECESSIDADE DE INTIMAÇÃO PESSOAL DO ÓRGÃO MINISTERIAL SOBRE A PROLAÇÃO DA SENTENÇA. O art. 180 do CPC/2015, aplicado subsidiariamente no processo trabalhista, por força do art. 769 da CLT, além da jurisprudência já formada sobre o assunto, reconhece a prerrogativa do Ministério Público do Trabalho de ser intimado pessoalmente, seja como parte, seja como fiscal da lei, independentemente de estar presente à audiência que fixa data para prolação da sentença. Agravo provido. (TRT 8ª R.; AIRO 0002182-63.2015.5.08.0202; Quarta Turma; Rel. Des. Fed. Julianes Moraes das Chagas; DEJTPA 23/03/2017; Pág. 71)

Se o Ministério Público Estadual atuar como parte em tribunal superior, deverá ser intimado pessoalmente para que se iniciem seus prazos processuais.

✓ PROCESSUAL CIVIL. EMBARGOS DE DECLARAÇÃO NO AGRAVO REGIMENTAL NO RECURSO ESPECIAL. ATUAÇÃO DO MINISTÉRIO PÚBLICO. NOVO POSICIONAMENTO DESTA CORTE SUPERIOR. PRECEDENTE DA CORTE ESPECIAL. AUSÊNCIA DE INTIMAÇÃO. ATUAÇÃO DO MINISTÉRIO PÚBLICO ESTADUAL COMO PARTE E DO MINISTÉRIO PÚBLICO FEDERAL COMO FISCAL DA LEI. ANULAÇÃO DAS DECISÕES PROFERIDAS. ACOLHIMENTO DO RECURSO INTEGRATIVO. 1. Este Tribunal Superior, em recente posicionamento da Corte Especial datado de 16/12/2015, por ocasião do exame do EREsp nº 1.236.822/PR, Relator o Ministro MAURO CAMPBELL MARQUES, aderiu ao posicionamento sufragado pelo Plenário do Supremo Tribunal Federal, na QO no RE 593.727/MG, Relator o Ministro Cezar Peluso, de 21/6/2012, reconhecendo a legitimidade do Ministério Público Estadual para atuar diretamente no âmbito da Corte Constitucional nos processos em que figurar como parte. 2. Na oportunidade, também foram acatadas diversas premissas, dentre as quais a que determina a intimação pessoal do Ministério Público estadual nos processos em que figurar como parte (Resolução 469/2011 do Supremo Tribunal Federal). 3. Nesse contexto, deve ser reconhecida a ventilada nulidade, não só em virtude da ausência de manifestação do Parquet Federal, mas também da não intimação do Ministério Público Estadual, na qualidade de autor da ação civil pública, para, querendo, apresentar os recursos cabíveis, nos exatos termos do precedente acima referenciado. 4. Embargos de declaração acolhidos. (STJ; EDcl no AgRg no REsp 1417765/RJ; Terceira Turma; Rel. Min. Moura Ribeiro; Julg. 07/06/2016; DJe 21/06/2016)

§ 1º Findo o prazo para manifestação do Ministério Público sem o oferecimento de parecer, o juiz requisitará os autos e dará andamento ao processo.

→ v. Art. 12, parágrafo único da Lei 12.016/2009.

§ 2º Não se aplica o benefício da contagem em dobro quando a lei estabelecer, de forma expressa, prazo próprio para o Ministério Público.

→ v. Arts. 364, 721, 956, 983, 984, II, 991 do NCPC.

→ v. Art. 198, II, do ECA.

→ v. Art. 12 da Lei 12.016/2009.

Art. 181. O membro do Ministério Público será civil e regressivamente responsável quando agir com dolo ou fraude no exercício de suas funções.

→ v. Art. 186 e 927 do CC/2002.

→ v. Art. 125, II do NCPC.

TÍTULO VI
Da Advocacia Pública

→ v. Arts. 131 e 132 da CF/1988.

Art. 182. Incumbe à Advocacia Pública, na forma da lei, defender e promover os interesses públicos da União, dos Estados, do Distrito Federal e dos Municípios, por meio da representação judicial, em todos os âmbitos federativos, das pessoas jurídicas de direito público que integram a administração direta e indireta.

→ v. Arts. 186 e 927 do CC/2002.

→ v. Art. 125, II do NCPC.

Art. 183. A União, os Estados, o Distrito Federal, os Municípios e suas respectivas autarquias e fundações de direito público gozarão de prazo em dobro para todas as suas manifestações processuais, cuja contagem terá início a partir da intimação pessoal.

→ v. Súmula 116 do STJ.

→ v. Enunciado 399 do FPPC: Os arts. 180 e 183 somente se aplicam aos prazos que se iniciarem na vigência do CPC de 2015, aplicando-se a regulamentação anterior aos prazos iniciados sob a vigência do CPC de 1973 do FPPC.

→ v. Enunciado 400 do FPPC: O art. 183 se aplica aos processos que tramitam em autos eletrônicos.

→ v. Art. 152, § 2º do ECA.

Considerando que a dobra de prazo se aplica aos Tribunais de Contas.

✓ PROCESSUAL CIVIL. TRIBUNAL DE CONTAS. CAPACIDADE JUDICIÁRIA. PRAZO EM DOBRO. RECONHECIMENTO. EMBARGOS DE DECLARAÇÃO. REQUISITOS. INOCORRÊNCIA. 1. Os Tribunais de Contas, no exercício da capacidade judiciária que lhes confere poderes para estar em juízo na defesa de suas prerrogativas, bem como para figurar como autoridade impetrada em mandado de segurança, detêm a prerrogativa da dobra do prazo a que se refere o art. 183 do CPC/2015. Rejeitada a preliminar de intempestividade dos embargos agitada em contrarrazões. 2. Sanado vício na representação processual, a teor do disposto no art. 935, parágrafo único, do CPC/2015. 3. Os embargos de declaração têm ensejo quando há obscuridade, contradição, omissão ou erro material no julgado, a teor do disposto no art. 1.022 do CPC/2015. 4. Hipótese em que não há no acórdão nenhuma situação que dê amparo ao recurso integrativo. 5. Embargos de declaração rejeitados. (STJ; EDcl-AgRg-AREsp 532.941; Proc. 2014/0143980-3; GO; Primeira Turma; Rel. Min. Gurgel de Faria; DJE 23/11/2016)

Citação endereçada a órgão da Administração Pública que não tem poderes de representação em juízo se reputa nula.

✓ CITAÇÃO. ENTE PÚBLICO. ENDEREÇAMENTO A ÓRGÃO VINCULADO À ADMINISTRAÇÃO DIRETA DO ESTADO. VICIO INSANÁVEL. NULIDADE QUE SE DECRETA. Hipótese em que o ente público não foi citado consoante o disposto nos arts, 75 e 182 do Código de Processo Civil, a notificação foi postal e endereçada ainda a órgão integrante da administração direta do Estado de São Paulo, que não tem personalidade e nem capacidade jurídica e poderes para receber a citação em nome da Fazenda. Reexame necessário a que se dá provimento para anular o processado. (TRT 2ª R.; RO 0001839-26.2015.5.02.0011; Ac. 2017/0479719; Décima Sétima Turma; Rel. Des. Fed. Flávio Villani Macêdo; DJESP 04/08/2017)

Intimação na pessoa do Secretário Municipal não deflagra o prazo processual, por este não ter poderes de representação do Município em juízo.

✓ EMBARGOS DE DECLARAÇÃO. ERRO NO JULGADO. RECURSO TEMPESTIVO. AGRAVO DE INSTRUMENTO CONHECIDO. AGREGAÇÃO DE EFEITO INFRINGENTE. IMUNIDADE TRIBUTÁRIA. TUTELA PROVISÓRIA DE URGÊNCIA. CONCESSÃO. 1. A teor do que disciplinam os artigos 182 e 183 do CPC, não há como reputar-se realizada a intimação do município se quem toma conhecimento da decisão é pessoa que não possui poderes para representá-lo em juízo. Intimação pessoal do procurador municipal efetivada em 25/04/2017. Tempestividade do agravo de instrumento interposto em

27/05/2017. 2. A concessão da tutela de urgência pressupõe a probabilidade do direito invocado na petição inicial, o perigo de dano à parte postulante ou o risco ao resultado útil do processo e a reversibilidade do provimento jurisdicional, na forma do art. 300 do CPC. Hipótese em que tais pressupostos exsurgem presentes. Documentos coligidos aos autos que demonstram, em sede de cognição sumária, que a fundação que figura no polo ativo da presente ação atendeu aos requisitos instituídos pelo art. 14 do CTN para fazer jus à imunidade tributária prevista pelo art. 150, inc. IV, c, da Constituição Federal. Perigo de dano que decorre da cobrança de crédito fiscal potencialmente indevido. Provimento de caráter reversível. Manutenção da decisão que deferiu o pedido de concessão de tutela provisória de urgência. Embargos de declaração acolhidos, com agregação de efeito infringente. Agravo de instrumento conhecido e, no mérito, desprovido. (TJRS; EDcl 0234393-64.2017.8.21.7000; Porto Alegre; Segunda Câmara Cível; Relª Desª Lúcia de Fátima Cerveira; Julg. 30/08/2017; DJERS 06/09/2017)

Entendendo que, no processo do trabalho, as fazendas públicas estaduais e municipais não gozam da prerrogativa de intimação pessoal.

✓ AGRAVO DE INSTRUMENTO EM RECURSO DE REVISTA INTERPOSTO SOB A ÉGIDE DA LEI Nº 13.015/2014. FUNDAÇÃO PÚBLICA ESTADUAL. Intimação pessoal esta corte superior adota o entendimento de que as fazendas públicas estaduais e municipais não gozam da prerrogativa de intimação pessoal das decisões judiciais, ante a ausência de expressa previsão legal. Deve ser aplicada, portanto, a regra geral prevista no art. 272 do NCPC, que considera feitas as intimações pela publicação dos atos no órgão oficial. Agravo de instrumento a que se nega provimento. (TST; AIRR 0010541-13.2015.5.15.0103; Oitava Turma; Relª Minª Maria Cristina Irigoyen Peduzzi; DEJT 19/12/2017; Pág. 7959)

Afastando a contagem em dobro no âmbito do processo penal.

✓ PENAL. PROCESSO PENAL. RECURSO ORDINÁRIO EM MANDADO DE SEGURANÇA. RECURSO INTERPOSTO APÓS O DECURSO DO PRAZO. INTEMPESTIVIDADE. 1. Tendo sido o recurso ordinário interposto fora do prazo de 15 dias, deve ser reconhecida a sua intempestividade. 2. Em matéria criminal não é aplicável a contagem em dobro prevista no art. 183 do Código de Processo Civil/2015. 3. Recurso ordinário em mandado de segurança não conhecido. (STJ; RMS 54.186; Proc. 2017/0124293-8; SP; Sexta Turma; Rel. Min. Sebastião Reis Júnior; DJE 17/10/2017)

§ 1º A intimação pessoal far-se-á por carga, remessa ou meio eletrônico.

- → *v.* Art. 1.050 do CPC.
- → *v.* Art. 5º, § 6º da Lei 11.419/2006.
- → *v.* Enunciado 401 do FPPC: Para fins de contagem de prazo da Fazenda Pública nos processos que tramitam em autos eletrônicos, não se considera como intimação pessoal a publicação pelo Diário da Justiça Eletrônico.
- → *v.* Enunciado 578 do FPPC: Em razão da previsão especial do § 1º do art. 183, estabelecendo a intimação pessoal da Fazenda Pública por carga, remessa ou meio eletrônico, a ela não se aplica o disposto no § 1º do art. 269.

Não se aplica a exigência de intimação pessoal às ações de controle concentrado de constitucionalidade.

✓ AGRAVO REGIMENTAL. ARGUIÇÃO DE DESCUMPRIMENTO DE PRECEITO FUNDAMENTAL. INTIMAÇÃO PESSOAL DA FAZENDA PUBLICA. INAPLICABILIDADE. Processo de natureza objetiva. intempestividade. recurso não subscrito pelo governador do estado. ilegitimidade recursal. precedentes. agravo do qual não se conhece. 1. a jurisprudência desta corte é pacífica no sentido de que as normas processuais destinadas a resguardar os interesses da fazenda pública não são aplicáveis aos processos de índole objetiva. precedentes: adi 2674-mc-agr-ed, rel. Min. Celso de Mello, tribunal pleno, DJe de 13/6/16; adi 2130 Agr, relator o ministro celso de Mello, tribunal pleno, Dj de 14/12/01; adi 1797 MC-AGR-ED, relator o ministro Ilmar Galvão, tribunal pleno, Dj de 29/06/01. 2. considerando a remansosa jurisprudência do tribunal, reiterada recentemente pelo plenário, é inaplicável ao controle concentrado a exigência de intimação pessoal dos entes públicos (art. 183 do CPC/2015), a revelar a intempestividade do recurso. 3. o agravo também é insuscetível de conhecimento, pois, embora alegadamente interporto pelo governador do estado do Piauí, foi assinado unicamente por procurador do estado, e não pelo chefe do poder executivo estadual, único legitimado a instaurar os processos objetivos de constitucionalidade e a interpor os respectivos recursos. precedentes. 4. agravo regimental do qual não se conhece. (STF; ADPF-AgR 205; Tribunal Pleno; Rel. Min. Dias Toffoli; DJE 15/08/2017)

Na vigência do CPC/2015, não se admite a intimação da Fazenda Pública pelo Diário de Justiça.

✓ AGRAVO DE INSTRUMENTO. Cumprimento de sentença. Intimação da Fazenda Estadual para cumprir o disposto no art. 535, do CPC/2015, por meio de publicação no Diário da Justiça Eletrônico. Inadmissibilidade. Intimação da Fazenda Pública que deve ser pessoal, nos termos do art. 183, caput e § 1º do CPC/2015. Art. 4º, § 2º, da Lei Federal nº 11.419/2006 que é expresso quanto a não utilização do Diário da Justiça Eletrônico nos casos em que a Lei prevê a intimação ou vista pessoal. Previsão em legislação federal que se sobrepõe ao disposto no Comunicado Conjunto nº 379/2016, cuja natureza é de orientação administrativa. Prejuízo da Fazenda Estadual demonstrado. Necessidade de reabertura do prazo para impugnação. Decisão reformada. RECURSO PROVIDO. (TJSP; AI 3000288-04.2017.8.26.0000; Ac. 10805833; São Paulo; Oitava Câmara de Direito Público; Rel. Des. Antonio Celso

Faria; Julg. 20/09/2017; DJESP 28/09/2017; Pág. 2636). V. tb.: APELAÇÃO CÍVEL. PROCESSO CIVIL. DISTRITO FEDERAL. INTIMAÇÃO PESSOAL. REMESSA DOS AUTOS. INEXISTÊNCIA. NULIDADE. AUDIÊNCIA DE CONCILIAÇÃO. AUSÊNCIA DO AUTOR. INTIMAÇÃO NÃO REALIZADA. SENTENÇA DESCONSTITUÍDA. 1. Nos termos do art. 183, § 1º, do CPC, o Distrito Federal goza da prerrogativa de ser pessoalmente intimado com carga, remessa ou meio eletrônico. Por isso, a intimação não se mostra válida pela mera publicação no Diário de Justiça Eletrônico, necessitando da remessa dos autos à Procuradoria do Distrito Federal. 2. Diante da ausência do autor na audiência de conciliação, o Juízo de origem concluiu que este não pode se manifestar a respeito das contestações e documentos justados aos autos, razão pela qual foi declarada a ocorrência de preclusão. 3. Comprovada a invalidade da intimação do Distrito Federal para a audiência de conciliação, deve ser reconhecido o cerceamento de defesa, com a respectiva declaração de nulidade da audiência realizada, bem como dos atos processuais posteriores. 4. Apelação conhecida e provida. Sentença desconstituída. (TJDF; APC 2016.01.1.000650-7; Ac. 104.5665; Terceira Turma Cível; Rel. Des. Alvaro Ciarlini; Julg. 06/09/2017; DJDFTE 05/10/2017)

Entretanto, permitindo a intimação da Fazenda Estadual pelo Diário de Justiça enquanto não é implementado o sistema de intimações por meio eletrônico.

✓ AGRAVO DE INSTRUMENTO. PROCESSUAL CIVIL. Decisão recorrida que afastou a pretensão da Fazenda Pública estadual de ser intimada nos termos do artigo 183 do novo código de processo civil. Insurgência. Intimação formalizada nos estritos termos do comunicado conjunto nº 379/2016. Ausência de prejuízo à agravante. Publicações feitas por meio do diário da justiça eletrônico. Possibilidade. Decisão mantida. Recurso desprovido. (TJSP; AI 2228173-60.2016.8.26.0000; Ac. 10142494; Itapetininga; Terceira Câmara de Direito Público; Rel. Des. Amorim Cantuária; Julg. 07/02/2017; DJESP 13/02/2017). V. tb.: AGRAVO DE INSTRUMENTO. CUMPRIMENTO DE SENTENÇA. ATO JUDICIAL IMPUGNADO. INDEFERIMENTO DE PEDIDO DE DEVOLUÇÃO DE PRAZO. FORNECIMENTO DE MEDICAMENTOS. CUMPRIMENTO DE SENTENÇA. EXECUÇÃO DE ASTREINTES. Instauração da fase de cumprimento da sentença. Determinação para apresentação de impugnação, nos termos do artigo 535 do CPC. Perda do prazo para apresentação de impugnação. Pedido de devolução do prazo fundado na obrigação de intimação da Fazenda por meio eletrônico. Inteligência dos artigos 535 e 270 do CPC. Impossibilidade técnica e financeira do TJSP para implementação de sistema que viabilize a comunicação eletrônica dos atos processuais. Observância dos Comunicados 360 e 379 do TJSP. Possibilidade de intimação pelo DJe. Prejuízo comprovado. Impossibilidade de sanação do vício relativo ao ato de comunicação. Repercussão para o devido processo legal, considerando a estrita obediência aos postulados do contraditório e da ampla defesa. Reconhecimento da nulidade da intimação. Devolução do prazo para apresentação de impugnação, que passará a transcorrer a partir da presente decisão. FUTURAS INTIMAÇÕES. Lealdade processual e cooperação. Ciência dos comunicados do TJSP e da impossibilidade fática de cumprimento da legislação. Dever de cumprir as recomendações, evitando-se o caos generalizado no processo. Decisão excepcional. Incumbe ao Estado reunir melhor condição para permitir que sua atuação em juízo seja eficiente e diligente, com a manutenção de um sistema informatizado atualizado com o nome dos procuradores que efetivamente atuam no feito para evitar situações constrangedoras como a dos autos. Advertência de que as futuras intimações serão realizadas pelo DJe, cabendo à instituição o acompanhamento do processo. RECURSO PROVIDO, COM OBSERVAÇÃO. (TJSP; AI 2082421-23.2017.8.26.0000; Ac. 10891732; Santos; Oitava Câmara de Direito Público; Rel. Des. José Maria Câmara Junior; Julg. 18/10/2017; DJESP 01/11/2017; Pág. 3064)

Se o município não atendeu ao dever de realizar o cadastro para recebimento de intimações eletrônicas, correta é a sua intimação por meio do Diário de Justiça.

✓ PROCESSUAL CIVIL. AGRAVO INTERNO NO AGRAVO EM RECURSO ESPECIAL. RECURSO INTEMPESTIVO. INTERPOSIÇÃO ALÉM DO PRAZO LEGAL. ARTS. 1.070 E 183 DO CPC/2015. MUNICÍPIO. INTIMAÇÃO ELETRÔNICA. AUSÊNCIA DE CADASTRO, JUNTO A ESTA CORTE. INTIMAÇÃO POR MEIO DO DIÁRIO DE JUSTIÇA ELETRÔNICO. ARTS. 183, § 1º, IN FINE, 246, §§ 1º E 2º, 270 E PARÁGRAFO ÚNICO, 272 E 1.050 DO CPC/2015. AGRAVO INTERNO NÃO CONHECIDO. I. Agravo interno aviado contra decisão monocrática, que julgou recurso interposto contra decisão que inadmitira o Recurso Especial, publicada na vigência do CPC/2015. II. A decisão, objeto deste Agravo interno, foi disponibilizada em 28/09/2016 (quarta-feira), no Diário de Justiça eletrônico, considerando-se publicada em 29/09/2016 (quinta-feira), e o presente recurso foi interposto em 20/03/2017, quando de há muito escoado o prazo legal, conforme certificado nos autos. III. Descumprido, portanto, o prazo de trinta dias úteis, para a interposição do Agravo interno, previsto nos arts. 1.070 e 183 do CPC vigente, inviável a análise dos argumentos recursais, uma vez que não preenchido um dos requisitos extrínsecos de sua admissibilidade. IV. Registre-se que, "nos termos do art. 1.050 do CPC/2015, competia ao Município ora agravante, no prazo de 30 dias após a entrada em vigor daquele diploma processual, proceder ao cadastramento perante a administração desta Corte, para fins de recebimento de intimações. No mesmo sentido: PET no AREsp 425.715/TO, Rel. Ministro Sérgio Kukina; DJe 2.8.2016" (STJ, AgInt no AgInt no REsp 1.594.244/MG, Segunda Turma; Rel. Min. Herman Benjamin; DJe de 07/03/2017), o que o Município agravante não providenciou, in casu. V. Não efetuando o cadastro previsto em Lei, junto a esta Corte, para fins de intimação pessoal eletrônica, nos termos dos arts. 183, § 1º, in fine, 246, §§ 1º e 2º, e 1.050 do CPC/2015, restou o Município intimado do decisum ora recorrido via Diário da Justiça eletrônico, de conformidade com o art. 272 do CPC/2015, conforme certificado nos autos. VI. Agravo interno não conhecido. (STJ; AgInt-AREsp 977.792; Proc. 2016/0233529-8; BA; Segunda Turma; Relª Minª Assusete Magalhães; DJE 27/06/2017)

Entendendo que a prerrogativa de intimação pessoal se estende ao ato de inclusão do feito em pauta.

✓ EMBARGOS DE DECLARAÇÃO DO DISTRITO FEDERAL. NULIDADE DO ACÓRDÃO. AUSÊNCIA DE INTIMAÇÃO PESSOAL ACERCA DA INCLUSÃO DO JULGAMENTO EM PAUTA. Com o advento do art. 183, § 1º do novo CPC, o Distrito Federal tem prerrogativa processual de ser intimado pessoalmente dos atos processuais. Como o litisconsorte não restou devidamente intimado acerca da inclusão do processo na pauta de julgamento, necessário se faz declarar a nulidade do acórdão, pois a ausência de intimação obstou o ente público de oferecer memoriais, apresentar defesa oral ou impugnar procedimentos na sessão. Acolhida a preliminar. 2. Embargos de declaração do Distrito Federal conhecidos e parcialmente providos para acolher a preliminar de nulidade. Prejudicada a análise dos embargos de declaração da reclamada. (TRT 10ª R.; RO 0000072-18.2016.5.10.0003; Primeira Turma; Rel. Des. Gilberto Augusto Leitão Martins; Julg. 12/07/2017; DEJTDF 25/07/2017; Pág. 181)

§ 2º Não se aplica o benefício da contagem em dobro quando a lei estabelecer, de forma expressa, prazo próprio para o ente público.

→ *v.* Art. 9º da Lei 10.259/2001.
→ *v.* Art. 5º, § 6º da Lei 11.419/2006.
→ *v.* Art. 7º da Lei 12.153/2009.

Art. 184. O membro da Advocacia Pública será civil e regressivamente responsável quando agir com dolo ou fraude no exercício de suas funções.

→ *v.* Art. 186 e 927 do CC/2002.
→ *v.* Art. 125, II do NCPC.

TÍTULO VII
Da Defensoria Pública

→ *V.* Art. 134 da CF/1988.
→ *v.* LC 80/1994 – Organiza a Defensoria Pública da União, do Distrito Federal e dos Territórios e prescreve normas gerais para sua organização nos Estados.

Art. 185. A Defensoria Pública exercerá a orientação jurídica, a promoção dos direitos humanos e a defesa dos direitos individuais e coletivos dos necessitados, em todos os graus, de forma integral e gratuita.

→ *v.* Art. 5º, II da Lei 7.347/1985.

Reconhecendo a legitimidade da Defensoria Pública em ação que buscava ter acesso a documentos e informações.

✓ APELAÇÃO. MANDADO DE SEGURANÇA. DEFENSORIA PÚBLICA. LEGITIMIDADE. A defensoria pública tem legitimidade para propor ações em nome próprio que visem obter acesso a documentos, esclarecimentos e informações para viabilizar o exercício da prestação de assistência jurídica a seus assistidos, mormente quando insistentemente buscou as informações junto ao conselho tutelar e este não providenciou em reposta. Recurso des provido. (TJRS; AC 0274021-60.2017.8.21.7000; Jaguarão; Sétima Câmara Cível; Rel. Des. Sérgio Fernando de Vasconcellos Chaves; Julg. 24/10/2017; DJERS 27/10/2017)

Sobre a legitimação da Defensoria Pública para ajuizamento de ações coletivas:, que se configura ainda que a tutela não vise a beneficiar exclusivamente pessoas necessitadas.

✓ PROCESSUAL CIVIL. ADMINISTRATIVO. AGRAVO INTERNO NO RECURSO ESPECIAL. CÓDIGO DE PROCESSO CIVIL DE 2015. APLICABILIDADE. SERVIDORES PÚBLICOS MILITARES. CONCESSÃO DE AUXÍLIO TRANSPORTE. AÇÃO CIVIL PÚBLICA. INTERESSES DIFUSOS, COLETIVOS OU INDIVIDUAIS HOMOGÊNEOS. LEGITIMIDADE ATIVA DA DEFENSORIA PÚBLICA. EXISTÊNCIA. PRECEDENTE DO SUPREMO TRIBUNAL FEDERAL. CONCEITO DE NECESSITADO. CONCEPÇÃO AMPLIATIVA PARA ABRANGER OS HIPOSSUFICIENTES JURÍDICOS. PRECEDENTE DESTA CORTE. ARGUMENTOS INSUFICIENTES PARA DESCONSTITUIR A DECISÃO ATACADA. I. Consoante o decidido pelo Plenário desta Corte na sessão realizada em 09.03.2016, o regime recursal será determinado pela data da publicação do provimento jurisdicional impugnado. **In casu**, aplica-se o Código de Processo Civil de 2015. II. O Supremo Tribunal Federal, ao julgar a ADI n. 3.943/DF, declarou a constitucionalidade do art. 5º, II, da Lei n. 7.347/85, com redação dada pela Lei n. 11.448/07, consignando ter a Defensoria Pública legitimidade para propor ação civil pública em defesa de direitos difusos, coletivos, e individuais homogêneos. III. O Superior Tribunal de Justiça, ao interpretar os requisitos legais para a atuação coletiva da Defensoria Pública, encampa exegese ampliativa da condição jurídica de "necessitado", de modo a possibilitar sua atuação em relação aos necessitados jurídicos em geral, não apenas dos hipossuficientes sob o aspecto econômico. Caso concreto que se inclui no conceito apresentado. IV. A Agravante não apresenta, no agravo, argumentos suficientes para desconstituir a decisão recorrida. V. Agravo Interno improvido. (STJ; AgInt-REsp 1.510.999; Proc. 2015/0008000-1; RS; Primeira Turma; Relª Minª Regina Helena Costa; DJE 19/06/2017). V. tb.: PROCESSUAL CIVIL. Agravo em Recurso Especial. Enunciado administrativo nº 3/STJ. Legitimidade da defensoria pública para a propositura de ação civil pública por improbidade administrativa. Correta impugnação dos fundamentos da decisão agravada. Agravo convertido em recurso especial. (STJ; AREsp 1.087.781; Proc. 2017/0087795-7; RS; Segunda Turma; Rel. Min. Mauro Campbell Marques; DJE 15/05/2017) e PROCESSUAL CIVIL. AÇÃO CIVIL PÚBLICA. DIREITO À EDUCAÇÃO. ENSINO SUPERIOR. AÇÃO COLETIVA QUE VISA BALIZAR REGRAS DE EDITAL DE VESTIBULAR. SISTEMA DE COTAS. DEFENSORIA PÚBLICA. LEI Nº 7.347/85. LEGITIMIDADE ATIVA. LEI Nº 11.448/07. TUTELA DE INTERESSES INDIVIDUAIS HOMOGÊNEOS. 1. Cuida-se, na origem, de ação civil pública ajuizada pela defensoria pública visando à obtenção de tutela jurisdicional que obrigue a instituição de ensino agravante a se abster de prever regra em edital de vestibular que elimine candidatos que não comprovem os requisitos para disputar as vagas destinadas ao sistema de cotas, possibilitando que esses candidatos figurem em lista de ampla concorrência, se obtiverem o rendimento necessário. Além disso, busca a defensoria que o recorrente deixe de considerar, para fins de eliminação do candidato à vaga como cotista o fato de ter cursado qualquer ano de formação escolar no ensino fundamental ou médio em instituição de ensino particular. O acórdão recorrido reformou a sentença a fim de reconhecer a legitimidade ativa da defensoria pública. 2. O direito à educação, responsabilidade do estado e da família (art. 205 da constituição federal), é garantia de natureza universal e de resultado, orientada ao "pleno desenvolvimento da personalidade humana e do sentido de sua dignidade" (art. 13, do pacto internacional sobre direitos econômicos, sociais e culturais, adotado pela XXI sessão da assembleia geral das nações unidas, em 19 de dezembro de 1966, aprovado pelo Congresso Nacional por meio do Decreto legislativo 226, de 12 de dezembro de 1991, e promulgado pelo Decreto nº 591, de 7 de julho de 1992), daí não poder sofrer limitação no plano do exercício, nem da implementação administrativa ou judicial. Ao juiz, mais do que a ninguém, compete zelar pela plena eficácia do direito à educação, sendo incompatível com essa sua essencial, nobre, indeclinável missão interpretar de maneira restritiva as normas que o asseguram nacional e internacionalmente. 3. É sólida a jurisprudência do STJ que admite possam os legitimados para a propositura de ação civil pública proteger interesse individual homogêneo, mormente porque a educação, mote da presente discussão, é da máxima relevância no estado social, daí ser integral e incondicionalmente aplicável, nesse campo, o meio processual da ação civil pública, que representa "contraposição à técnica tradicional de solução atomizada" de conflitos (REsp 1.225.010/PE, Rel. Ministro mauro Campbell marques, segunda turma, Dje 15.3.2011). 4. A defensoria pública, instituição altruísta por natureza, é essencial à função jurisdicional do estado, nos termos do art. 134, caput, da Constituição Federal. A rigor, mormente em países de grande desigualdade social, em que a largas parcelas da população. Aos pobres sobretudo. Nega-se acesso efetivo ao judiciário, como ocorre infelizmente no Brasil, seria impróprio falar em verdadeiro estado de direito sem a existência de uma defensoria pública nacionalmente organizada, conhecida de todos e por todos respeitada, capaz de atender aos necessitados da maneira mais profissional e eficaz possível. 5. O direito à educação legitima a propositura da ação civil pública, inclusive pela defensoria pública, cuja intervenção, na esfera dos interesses e direitos individuais homogêneos, não se limita às relações de consumo ou à salvaguarda da criança e do idoso. Ao certo, cabe à defensoria pública a tutela de qualquer interesse individual homogêneo, coletivo stricto sensu ou difuso, pois sua legitimidade ad causam, no essencial, não se guia pelas características ou perfil do objeto de tutela (= critério objetivo), mas pela natureza ou status dos sujeitos protegidos, concreta ou abstratamente defendidos, os necessitados (= critério subjetivo). 6. Ao se analisar a legitimação ad causam da defensoria pública para a propositura de ação civil pública referente a interesses e direitos difusos, coletivos stricto sensu ou individuais homogêneos, não se há de contar nos dedos o número de sujeitos necessitados concretamente beneficiados. Basta um juízo abstrato, em tese, acerca da extensão subjetiva da prestação jurisdicional, isto é, da sua capacidade de favorecer, mesmo que não exclusivamente, os mais carentes, os hipossuficientes, os desamparados, os hipervulneráveis. 7. "é imperioso reiterar, conforme precedentes do Superior Tribunal de Justiça, que a **legitimatio ad causam** da defensoria pública para intentar ação civil pública na defesa de interesses transindividuais de hipossuficientes é reconhecida antes mesmo do advento da Lei nº 11.448/07, dada a relevância social (e jurídica) do direito que se pretende tutelar e do próprio fim do ordenamento jurídico brasileiro: assegurar a dignidade da pessoa humana, entendida como núcleo central dos direitos fundamentais" (REsp 1.106.515/mg, Rel. Ministro Arnaldo esteves Lima, primeira turma, Dje 2.2.2011). 8. Agravo interno não provido. (STJ; AgInt-REsp 1.573.481; Proc. 2015/0312195-6; PE; Segunda Turma; Rel. Min. Herman Benjamin; DJE 27/05/2016)

Art. 186. A Defensoria Pública gozará de prazo em dobro para todas as suas manifestações processuais.

→ v. Arts. 44, I, 88, I, e 128, I, da LC 80/1994.

§ 1º O prazo tem início com a intimação pessoal do defensor público, nos termos do art. 183, § 1º.

→ v. Arts. 44, I, 88, I, e 128, I, da LC 80/1994.

Condicionando o prazo em dobro à comunicação prévia de que o réu está representado pela Defensoria Pública.

✓ DEFENSORIA PÚBLICA. PRAZO EM DOBRO PARA CONTESTAR. ART. 186 DO NOVO CÓDIGO DE PROCESSO CIVIL. PRERROGATIVA QUE PRESSUPÕE A COMUNICAÇÃO PRÉVIA AO JUÍZO DE QUE O RÉU ESTÁ REPRESENTADO POR DEFENSOR PÚBLICO. OBSERVÂNCIA DOS PRINCÍPIOS DA BOA-FÉ OBJETIVA, DA LEALDADE E DA COLABORAÇÃO PROCESSUAL. NULIDADE INEXISTENTE. PRELIMINAR REJEITADA. Afirmada a prerrogativa de contagem em dobro do prazo para a contestação de quem está representado pela Defensoria Pública, indispensável compatibilizar esse direito com os princípios da boa-fé processual, lealdade e cooperação, que impõem ao Defensor Público o dever de informar ao Juízo, dentro do prazo simples a condição de representante do réu, visto que o juiz não tem como predizer essa condição. Sem que tenha adotado essa providência não pode o Defensor Público alegar nulidade do processo sob pena de se prestigiar o desrespeito o princípio da eticidade processual que deve ser observado por todos os atores do processo. INDENIZAÇÃO. USO DE IMAGEM SEM AUTORIZAÇÃO. VIOLAÇÃO AO DIREITO DE PERSONALIDADE. INDENIZAÇÃO DEVIDA. INCIDÊNCIA DA Súmula nº 403 DO Superior Tribunal de Justiça. A vida em rede desconsidera a propriedade privada, os direitos autorais e muitas vezes suprime a própria noção de individualidade do ponto de vista da dignidade pessoal como se nessa nova sociedade, filosoficamente discutida na apelação, tudo pertencesse a todos. Ou nada tivesse dono. Mas ao contrário do afirmado na apelação, não estava o réu autorizado a utilizar a fotografia da autora sem sua concordância, mesmo que se reconhecesse alguma finalidade superior ou altruística. (TJSP; APL 1004764-42.2016.8.26.0037; Ac. 10745699; Araraquara; Décima Câmara de Direito Privado; Rel. Des. Ronnie Herbert Barros Soares; Julg. 29/08/2017; DJESP 12/09/2017; Pág. 2008)

O prazo para a Defensoria Pública impugnar decisão judicial se inicia da data da entrega dos autos na repartição, sendo irrelevante eventual intimação em audiência (Recurso submetido ao rito dos repetitivos).

✓ RECURSO ESPECIAL. RECURSO SUBMETIDO AO RITO DOS REPETITIVOS (ART. 1.036 DO CPC C/C O ART. 256, I, DO RISTJ). PROCESSO PENAL E PROCESSO CIVIL. INTIMAÇÃO DO MINISTÉRIO PÚBLICO. CONTAGEM DOS PRAZOS. INÍCIO. NECESSIDADE DE REMESSA DOS AUTOS À INSTITUIÇÃO. INTIMAÇÃO E CONTAGEM DE PRAZO PARA RECURSO. DISTINÇÕES. PRERROGATIVA PROCESSUAL. NATUREZA DAS FUNÇÕES DO MINISTÉRIO PÚBLICO. PECULIARIDADES DO PROCESSO PENAL. REGRA DE TRATAMENTO DISTINTA. RAZOABILIDADE. INTERPRETAÇÃO DOS ARTS. 18, II, "h", DA LC N. 75/1993 e 41, IV, DA LEI N. 8.625/1993. 1. A intimação dos atos processuais tem por objetivo dar conhecimento ao interessado sobre o ato praticado, permitindo-lhe, eventualmente, a ele reagir, em autêntica expressão procedimental do princípio do contraditório, o qual se efetiva no plano concreto com a participação das partes no desenvolvimento do processo e na formação das decisões judiciais, de sorte a conferir tanto ao órgão de acusação quanto ao de defesa o direito de influir, quer com a atividade probatória, quer com a apresentação de petições e arrazoados, escritos e orais, na formação do convencimento do órgão jurisdicional competente. 2. Na estrutura dialética do processo penal brasileiro, o Ministério Público desempenha suas funções orientado por princípios constitucionais expressos, entre os quais se destacam o da unidade e o da indivisibilidade, que engendram a atuação, em nome da mesma instituição, de diversos de seus membros, sem que isso importe em fragmentação do órgão, porquanto é a instituição, presentada por seus membros, que pratica o ato. 3. Incumbe ao Ministério Público a preservação da ordem jurídica, do regime democrático e dos interesses sociais e individuais indisponíveis (art. 127 da CF), o que autoriza a otimização da eficiência dos serviços oficiais, dependentes do acompanhamento e da fiscalização de vultosa quantidade de processos. Daí a necessidade e a justificativa para que a intimação pessoal seja aperfeiçoada com a vista dos autos (conforme disposto expressamente no art. 41, IV, da Lei n. 8.625/1993 e no art. 18, II, "h", da LC n. 75/1993). Raciocínio válido também para a Defensoria Pública (arts. 4º, V, e 44, I, da LC n. 80/1994), dada sua equivalente essencialidade à função jurisdicional do Estado (art. 134 da CF) e as peculiaridades de sua atuação. 4. Para o escorreito desempenho de suas atribuições constitucionais e legais, a intimação pessoal dos membros do Ministério Público é também objeto de expressa previsão no novo CPC, no art. 180 (repetindo o que já dizia o CPC de 1973, em seu art. 236, § 2º), semelhantemente ao disposto no art. 370, § 4º, do Código de Processo Penal. 5. A distinção entre intimação do ato e início da contagem do prazo processual permite que se entenda indispensável – para o exercício do contraditório e a efetiva realização da missão constitucional do Ministério Público – que a fluência do prazo para a prática de determinado prazo peremptório somente ocorra a partir do ingresso dos autos na secretaria do órgão destinatário da intimação. Precedentes. 6. Assim, a não coincidência entre a intimação do ato decisório (em audiência ou por certidão cartorial) e o início do prazo para sua eventual impugnação é a única que não sacrifica, por meio reflexo, os direitos daqueles que, no âmbito da jurisdição criminal, dependem da escorreita e eficiente atuação do Ministério Público (a vítima e a sociedade em geral). Em verdade, o controle feito pelo representante do Ministério Público sobre a decisão judicial não é apenas voltado à identificação de um possível prejuízo à acusação, mas também se dirige a certificar se a ordem jurídica e os interesses sociais e individuais indisponíveis – dos quais é constitucionalmente incumbido de defender (art. 127, caput, da CF) foram observados, i.e., se o ato para o qual foi cientificado não ostenta ilegalidade a sanar, ainda que, eventualmente, o reconhecimento do vício processual interesse, mais proximamente, à defesa. 7. É natural que, nos casos em que haja ato processual decisório proferido em audiência, as partes presentes (defesa e acusação) dele tomem conhecimento. Entretanto, essa ciência do ato não permite ao membro do Ministério Público (e também ao integrante da Defensoria Pública) o exercício pleno do contraditório, seja porque o órgão Ministerial não poderá levar consigo os autos, seja porque não necessariamente será o mesmo membro que esteve presente ao ato a ter atribuição para eventualmente impugná-lo. 8. Recurso especial provido para reconhecer a tempestividade da apelação interposta pelo Ministério Público Federal e determinar ao Tribunal Regional Federal da 5ª Região que julgue o recurso ministerial. TESE: O termo inicial da contagem do prazo para impugnar decisão judicial é, para o Ministério Público, a data da entrega dos autos na repartição administrativa do órgão, sendo irrelevante que a intimação pessoal tenha se dado em audiência, em cartório ou por mandado. (STJ, REsp 1349935/SE, Rel.

Ministro ROGERIO SCHIETTI CRUZ, TERCEIRA SEÇÃO; Julg. 23/08/2017; DJe 14/09/2017). V. tb., tratando especificamente da Defensoria Pública: HABEAS CORPUS. RELEVÂNCIA DA QUESTÃO JURÍDICA POSTA. AFETAÇÃO DO WRIT À TERCEIRA SESSÃO. PROCESSO PENAL. INTIMAÇÃO DA DEFENSORIA PÚBLICA EM AUDIÊNCIA. CONTAGEM DOS PRAZOS. INÍCIO. NECESSIDADE DE REMESSA DOS AUTOS À INSTITUIÇÃO. INTIMAÇÃO E CONTAGEM DE PRAZO PARA RECURSO. DISTINÇÕES. PRERROGATIVA PROCESSUAL. NATUREZA DAS FUNÇÕES DA DEFENSORIA PÚBLICA. REGRA DE TRATAMENTO DISTINTA. RAZOABILIDADE. INTERPRETAÇÃO DOS ARTS. 4º, V e 44, I, DA LC N. 80/1994. 1. A intimação dos atos processuais tem por objetivo dar conhecimento ao interessado sobre o ato praticado, permitindo-lhe, eventualmente, a ele reagir, em autêntica expressão procedimental do princípio do contraditório, o qual se efetiva no plano concreto com a participação das partes no desenvolvimento do processo e na formação das decisões judiciais, conferindo tanto ao órgão de acusação quanto ao de defesa o direito de influir, quer com a atividade probatória, quer com a apresentação de petições e arrazoados, escritos e orais, na formação do convencimento do órgão jurisdicional competente. 2. Na estrutura dialética do processo penal brasileiro, a Defensoria Pública desempenha suas funções orientada por princípios constitucionais expressos, entre os quais se destacam o da unidade e o da indivisibilidade, que permitem a atuação, em nome da mesma instituição, de diversos de seus membros, sem que isso importe em fragmentação do órgão, porquanto é a instituição, presentada por seus membros, que pratica o ato. 3. Cuida-se de "instituição permanente, essencial à função jurisdicional do Estado, incumbindo-lhe, como expressão e instrumento do regime democrático, fundamentalmente, a orientação jurídica, a promoção dos direitos humanos e a defesa, em todos os graus, judicial e extrajudicial, dos direitos individuais e coletivos, de forma integral e gratuita, aos necessitados, na forma do inciso LXXIV do art. 5º desta Constituição Federal" (art. 134 da CR). 4. Para o escorreito desempenho de suas atribuições constitucionais e legais, estabelecem os arts. 4º, V, e 44, I, da Lei Complementar n. 80/1994 a intimação pessoal com a remessa dos autos à Defensoria Pública. Por sua vez, a intimação pessoal dos membros da Defensoria Pública é também objeto de expressa previsão no novo CPC, no art. 186, § 1º, semelhantemente ao disposto no art. 370 do Código de Processo Penal. 5. Tal prerrogativa se mostra consentânea não só com o complexo e relevante papel desempenhado pela instituição, mas também com a necessidade de otimizar a eficiência dos serviços oficiais, dependentes do acompanhamento e da fiscalização de vultosa quantidade de processos. Daí a justificativa para que a intimação pessoal seja aperfeiçoada com a vista dos autos (conforme disposto expressamente nos arts. 4º, V, e 44, I, da Lei Complementar n. 80/1994). 6. É natural que, nos casos em que há ato processual decisório proferido em audiência, as partes presentes (defesa e acusação) dela tomem conhecimento. Entretanto, essa ciência do ato não permite ao membro integrante da Defensoria Pública o exercício pleno do contraditório, seja porque o referido membro não poderá levar consigo os autos, seja porque não necessariamente será o mesmo membro que esteve presente ao ato a ter atribuição para eventualmente impugná-lo. 7. A distinção entre intimação do ato e início da contagem do prazo processual permite que se entenda indispensável – para o exercício do contraditório e a efetiva realização da missão constitucional da Defensoria Pública – que a fluência do prazo para a prática de determinado prazo peremptório somente ocorra a partir do ingresso dos autos na Secretaria do órgão destinatário da intimação. Precedentes. 8. Assim, a não coincidência entre a intimação do ato decisório (em audiência ou por certidão cartorial) e o início do prazo para sua eventual impugnação é a única que não sacrifica, por meio reflexo, os direitos daqueles que, no âmbito da jurisdição criminal, dependem da escorreita e eficiente atuação da Defensoria Pública. 9. Habeas corpus concedido para reconhecer a tempestividade da apelação interposta pela Defensoria Pública e determinar ao Tribunal de origem que julgue o recurso defensivo. (STJ; HC 296.759; RS; Terceira Seção; Rel. Min. Rogerio Schietti Cruz; Julg. 23/08/2017; DJe 21/09/2017)

Exigindo a intimação pessoal da Defensoria Pública antes da extinção do processo por abandono do autor.

✓ APELAÇÃO CÍVEL. EXTINÇÃO DO PROCESSO SEM RESOLUÇÃO DO MÉRITO. AUSÊNCIA DE INTIMAÇÃO PESSOAL DA PARTE POR NÃO TER ENCONTRADO O ENDEREÇO. INEXISTÊNCIA DE INTIMAÇÃO PESSOAL DA DEFENSORIA PÚBLICA E DO MINISTÉRIO PÚBLICO. RECURSO CONHECIDO E PROVIDO. O juízo ao extinguir o feito sem resolução do mérito, agiu, data venia, de forma equivocada, uma vez que partiu da presunção errônea de que se a parte não foi encontrada no endereço informado e, portanto, não compareceu em juízo, não possuía interesse em continuar com a demanda. O juízo cometeu mais dois equívocos, uma vez que não intimou nem a defensoria pública e nem o representante do Ministério Público, para se manifestar nos autos, conforme determinam as regras do artigo 183 e 186, §§1º e 2ª do atual CPC, bem como a norma insculpida no artigo 178, II, do CPC/2015, respectivamente. Desta feita, ante as peculiaridades do caso, deveria o magistrado, antes de extinguir o feito por abandono de causa, ter determinado o envio dos autos ao defensor público para que informasse o paradeiro da parte, para que manifestasse o interesse na causa, conforme determina o §1º do artigo 485 do Código de Processo Civil/2015. Contudo, assim não o fez. Recurso Conhecido e Provido para anular a sentença de primeiro grau e determinar o prosseguimento do feito. (TJPA; APL 0028772-88.2014.8.14.0301; Ac. 180290; Belém; Segunda Turma de Direito Privado; Rel. Des. José Maria Teixeira do Rosário; Julg. 22/08/2017; DJPA 06/09/2017; Pág. 240)

§ 2º A requerimento da Defensoria Pública, o juiz determinará a intimação pessoal da parte patrocinada quando o ato processual depender de providência ou informação que somente por ela possa ser realizada ou prestada.

→ v. Art. 231, § 3º do NCPC.

→ v. Enunciado 626 do FPPC: O requerimento previsto no §2º do art. 186, formulado pela Defensoria Pública ou pelas entidades mencionadas no §3º do art. 186, constitui justa causa para os fins do §2º do art. 223, quanto ao prazo em curso.

Exigindo a intimação pessoal da parte para emenda da inicial.

✓ APELAÇÃO CÍVEL. EXTINÇÃO DO PROCESSO SEM RESOLUÇÃO DO MÉRITO. AUSÊNCIA DE INTIMAÇÃO DA PARTE PARA EMENDA DA INICIAL. INTIMAÇÃO ATRAVÉS DA DEFENSORIA PÚBLICA. NECESSIDADE DE INTIMAÇÃO PESSOAL DO ASSISTIDO. RECURSO CONHECIDO E PROVIDO. ANULADA A DECISÃO DE PRIMEIRO GRAU. A jurisprudência tem entendido que quando a parte se encontra assistida pela defensoria pública, necessário a sua intimação pessoal para determinados atos do processo. Tal entendimento se deve ao fato da instituição ter notória estrutura deficitária e ainda, em razão da dificuldade de ordem prática que obsta o contato entre defensor e seu assistido. Assim, as atividades processuais que dependam de informação ou de conduta pessoal da parte assistida, como ocorre com a juntada de documentos, exigem a intimação pessoal da parte, pois não poderão ser realizadas isoladamente pelo defensor. Com efeito, consigno que tal entendimento foi positivado no artigo 186, §2º do NCPC, que prevê como faculdade do membro da Defensoria Pública a possibilidade de requerer ao magistrado a intimação pessoal da parte patrocinada quando o ato processual depender de providência ou informação que somente por ela possa ser realizada ou prestada. Ademais, o CPC/73, em seu artigo 267, III, §1º, cuja redação foi repetida pelo atual CPC, determina que a parte deverá ser intimada pessoalmente quando não promover os atos e diligência que lhe competir e abandonar a causa por mais de trinta dias. É o caso da situação narrada. Recurso Conhecido e Provido. (TJPA; APL 0001334-93.2006.8.14.0005; Ac. 181327; Altamira; Segunda Turma de Direito Privado; Rel. Des. José Maria Teixeira do Rosário; Julg. 19/09/2017; DJPA 04/10/2017; Pág. 208)

Não pode a Defensoria Pública transigir em nome da parte, sendo necessária a intimação pessoal desta.

✓ PROCESSUAL CIVIL. Ação de alimentos cumulada com guarda e regulamentação do direito de visitas. Audiência de conciliação. Imprescindível a presença do autor. Autor assistido por defensor público. Necessidade de intimação pessoal. Impossibilidade de o defensor público transigir em nome da parte. Aplicação do disposto no art. 186, § 2º do CPC. Recurso provido. (TJRN; AI 2017.000873-0; Natal; Segunda Câmara Cível; Rel. Des. Ibanez Monteiro; DJRN 21/09/2017)

Aplicando o dispositivo para cumprimento de decisão que determinou a desocupação de imóvel:

✓ AGRAVO DE INSTRUMENTO. DECISÃO PROFERIDA EM AUDIÊNCIA DE CONCILIAÇÃO QUE DETERMINOU A DESOCUPAÇÃO DE IMÓVEL. REQUERIMENTO DA DEFENSORIA PÚBLICA PARA INTIMAÇÃO PESSOAL DA PARTE PATROCINADA. NÃO OBSERVÂNCIA DO ART. 186, § 2º, CPC/2015. VIOLAÇÃO AO CONTRADITÓRIO E AMPLA DEFESA. NECESSIDADE DE ANULAÇÃO DA DECISÃO. RECURSO PROVIDO. 1. Uma vez designada audiência extraordinária de conciliação no processo originário (fls. 247), a Defensoria Pública peticionou logo em seguida requerendo a intimação pessoal dos Agravantes para comparecimento ao ato (fls. 249). 2. Trata-se de prerrogativa constante do § 2º do art. 186 do CPC/2015, pela qual o juiz, após requerimento da Defensoria Pública, deve determinar a intimação pessoal da parte por ela patrocinada quando o ato processual depender de providência ou informação que somente por ela possa ser realizada ou prestada. 3. Mesmo assim, tal requerimento foi ignorado e a audiência realizada. Ora, é inegável o prejuízo aos Agravantes, que não foram comunicados da audiência, sendo-lhes suprida a possibilidade de exercício do contraditório e da ampla defesa antes de ser proferida a decisão que determina a desocupação do imóvel, na esteira dos arts. 7º, 9º e 10, CPC/2015. 4. A previsão de intimação pessoal a pedido da Defensoria Pública se justifica porque a relação entre Defensoria e seu assistido é muito diferente, sob o ponto de vista jurídico, da que une os advogados a seus clientes. A primeira é de natureza público-estatutária, caracterizada pela impessoalidade e sujeita à rega da indeclinabilidade de causas; já a segunda é de natureza privada, **intuitu personae** e guiada pela liberdade de contratação (Sousa, José Augusto Garcia de. Breves Comentários ao Novo Código de Processo Civil. São Paulo: RT, 2015, p. 581). (TJES; AI 0011275-46.2017.8.08.0035; Terceira Câmara Cível, Rel. Des. Samuel Meira Brasil Junior; Julg. 05/09/2017; DJES 15/09/2017)

Considerando necessária a intimação pessoal da parte para o seu comparecimento em audiência.

✓ MANDADO DE SEGURANÇA. VENDA E COMPRA DE AUTOMÓVEL. AÇÃO DE OBRIGAÇÃO DE FAZER CUMULADA COM DECLARATÓRIA. TRANSFERÊNCIA DO VEÍCULO. PARTE AUTORA PATROCINADA PELA DEFENSORIA PÚBLICA. NÃO COMPARECIMENTO À AUDIÊNCIA. COMINAÇÃO DE MULTA DE 2% NOS TERMOS DO ART. 334, § 8º, DO NCPC. DESCABIMENTO. AUSÊNCIA DE INTIMAÇÃO PESSOAL DA AUDIÊNCIA. INTELECÇÃO DO ART. 186, § 1º, DO NCPC. CONCESSÃO DO MANDAMUS. NECESSIDADE. A inexorável conclusão é a de que, em verdade, a decisão objurgada merece reparos. O acionante é patrocinado pela Defensoria Pública do Estado de São Paulo. Logo, ex vi legis, qualquer intimação e/ou cientificação de ato judicial no processo, dar-se-á, consoante estatuído no art. 186, caput e § 1º, do NCPC, de forma pessoal, conferindo-lhe prazo em dobro. ORDEM CONCEDIDA. (TJSP; MS 2058850-23.2017.8.26.0000; Ac. 10637011; São Paulo; Vigésima Sexta Câmara de Direito Privado; Rel. Des. Antonio Nascimento; Julg. 27/07/2017; DJESP 07/08/2017; Pág. 2461)

Indicando ser necessária a intimação pessoal da parte para informar se o acordo foi cumprido.

✓ APELAÇÃO CÍVEL. CUMPRIMENTO DE SENTENÇA. ALIMENTOS. INTIMAÇÃO DOS ALIMENTANDOS SOBRE O CUMPRIMENTO DE ACORDO. SOLICITAÇÃO DA DEFENSORIA PÚBLICA PARA INTIMAÇÃO PESSOAL. EXTINÇÃO SEM JULGAMENTO DO MÉRITO POR PRESUNÇÃO DE FALTA DE INTERESSE PROCESSUAL SUPERVENIENTE. AFRONTA AO ART. 186, §2º, DO CPC/2015. SENTENÇA INSUBSISTENTE. RECURSO CONHECIDO E PROVIDO, COM O PARECER. Ao extinguir o cumprimento de sentença referente a alimentos, por presunção de falta superveniente de interesse de agir, sem apreciar requerimento da Defensoria Pública no sentido de se intimar pessoalmente os alimentandos para informar se o acordo foi cumprido, o Juízo singular acabou por afrontar norma expressa de Lei, esculpida no art. 186, §2º, do CPC/2015, incorrendo em **error in procedendo**. (TJMS; APL 0804018-75.2015.8.12.0008; Terceira Câmara Cível; Rel. Des. Marco André Nogueira Hanson; DJMS 27/07/2017; Pág. 93)

Aplicando o dispositivo para a juntada de documentos.

✓ APELAÇÃO CÍVEL. EXTINÇÃO DO PROCESSO SEM RESOLUÇÃO DO MÉRITO. AUSÊNCIA DE INTIMAÇÃO DA PARTE PARA EMENDA DA INICIAL. INTIMAÇÃO ATRAVÉS DA DEFENSORIA PÚBLICA. NECESSIDADE DE INTIMAÇÃO PESSOAL DO ASSISTIDO. RECURSO CONHECIDO E PROVIDO. ANULADA A DECISÃO DE PRIMEIRO GRAU. 1. A jurisprudência tem entendido que quando a parte se encontra assistida pela defensoria pública, necessário a sua intimação pessoal para determinados atos do processo. 2. Tal entendimento se deve ao fato da instituição ter notória estrutura deficitária e ainda, em razão da dificuldade de ordem prática que obsta o contato entre defensor e seu assistido. 3. Assim, as atividades processuais que dependam de informação ou de conduta pessoal da parte assistida, como ocorre com a juntada de documentos, exigem a intimação pessoal da parte, pois não poderão ser realizadas isoladamente pelo defensor. 4. Com efeito, consigno que tal entendimento foi positivado no artigo 186, §2º do NCPC, que prevê como faculdade do membro da defensoria pública a possibilidade de requerer ao magistrado a intimação pessoal da parte patrocinada quando o ato processual depender de providência ou informação que somente por ela possa ser realizada ou prestada. 5. Recurso conhecido e provido. (TJPA; APL 0028952-21.2001.8.14.0301; Ac. 182296; Belém; Segunda Turma de Direito Privado; Rel. Des. José Maria Teixeira do Rosário; Julg. 03/10/2017; DJPA 27/10/2017; Pág. 228)

Afastando o dispositivo para o caso de impugnação ao laudo de avaliação.

✓ AGRAVO DE INSTRUMENTO. AÇÃO DE COBRANÇA EM FASE DE CUMPRIMENTO DE SENTENÇA. DECISÃO AGRAVADA QUE INDEFERIU O PEDIDO DE INTIMAÇÃO PESSOAL DOS AGRAVANTES E HOMOLOGOU O LAUDO DE AVALIAÇÃO DO BEM IMÓVEL DE PROPRIEDADE DA RÉ. Inconformismo. 1-o artigo 186, § 2º, do código de processo civil determina que a requerimento da defensoria pública, o juiz determinará a intimação pessoal da parte patrocinada quando o ato processual depender de providência ou informação que somente por ela possa ser realizada ou prestada. 2-por outro lado, observa-se que a intimação pessoal da parte assistida pela defensoria pública somente se justifica quando concernente a atos pessoais que caibam exclusivamente à parte realizar, o que não é a hipótese dos autos, eis que a eventual irresignação da parte quanto ao conteúdo do laudo de avaliação seria sua impugnação, ato este de iniciativa do representante processual e não da parte. 3-existência de Lei Estadual 4664/2005 dando autonomia financeira à defensoria pública. 4-precedentes do TJRJ. Decisão mantida. Improvimento do recurso. (TJRJ; AI 0047597-67.2017.8.19.0000; Rio de Janeiro; Décima Sexta Câmara Cível; Rel. Des. Marco Aurelio Bezerra de Melo; DORJ 06/10/2017; Pág. 396)

§ 3º O disposto no *caput* aplica-se aos escritórios de prática jurídica das faculdades de Direito reconhecidas na forma da lei e às entidades que prestam assistência jurídica gratuita em razão de convênios firmados com a Defensoria Pública.

→ *v.* Enunciado 15 do CJF: Aplicam-se às entidades referidas no § 3º do art. 186 do CPC as regras sobre intimação pessoal das partes e suas testemunhas (art. 186, § 2º; art. 455, § 4º, IV; art. 513, § 2º, II e art. 876, § 1º, II, todos do CPC).

Os escritórios de prática jurídica possuem direito ao prazo em dobro, mas não à intimação pessoal.

✓ EMBARGOS DE DECLARAÇÃO. TENTATIVAS DE HOMICÍDIO QUALIFICADO. TEMPESTIVIDADE. CONTRADIÇÃO. INOCORRÊNCIA. PREQUESTIONAMENTO. Tendo sido os embargos de declaração opostos por programa de prática jurídica de faculdade de direito e considerando a aplicação subsidiária do § 3º do art. 186 do CPC/2015, cabível na forma do art. 3º do CPP, fazendo incidir os prazos em dobro para a defesa, tempestivo o recurso. Todavia, não abrange a previsão legal a obrigatoriedade da intimação pessoal da defesa. No mérito, ainda que para fins de prequestionamento, têm os embargos declaratórios como requisito a ocorrência dos pressupostos previstos no art. 619 do CPP. Inexistente ambiguidade, obscuridade, contradição ou omissão no acórdão, não podem ser acolhidos os embargos declaratórios. Inconformidade com o julgamento que deve ser deduzida no recurso próprio. Embargos de declaração desacolhidos. (TJRS; EDcl 0239321-58.2017.8.21.7000; São Leopoldo; Segunda Câmara Criminal; Rel. Des. José Ricardo Coutinho Silva; Julg. 29/08/2017; DJERS 06/09/2017)

Estendendo a aplicação do dispositivo ao processo penal.

✓ LESÃO CORPORAL GRAVE. PRELIMINAR DE INTEMPESTIVIDADE. NÚCLEO DE PRÁTICA JURÍDICA DE FACULDADE. PRAZO EM DOBRO. APLICAÇÃO ANALÓGICA DO ART. 186, § 3º, DO CPC. REJEIÇÃO. MATERIALIDADE. AUTORIA. COMPROVAÇÃO. MANUTENÇÃO DA CONDENAÇÃO. INCAPACIDADE PARA AS OCUPAÇÕES HABITUAIS POR MAIS DE TRINTA DIAS. DEMONSTRAÇÃO POR LAUDO PERICIAL. PRELIMINAR REJEITADA. RECURSO DESPROVIDO. I. Aplica-se subsidiariamente ao processo penal o disposto no art. 186, § 3º, do CPC, que estende a prerrogativa do prazo em dobro aos núcleos de prática jurídica das faculdades de Direito. Precedente da Câmara Criminal. II. Satisfatoriamente comprovado, pelas declarações da vítima, confirmada por testemunhas, que a ré desferiu os golpes que causaram as lesões descritas na denúncia, a manutenção da condenação é medida que se impõe. III. A comprovação, mediante laudo pericial, de que as agressões dirigidas contra a vítima ocasionaram em incapacidade para suas ocupações por mais de trinta de dias autoriza o reconhecimento de lesão corporal grave, descrita no art. 129, § 1º, inciso I, do Código Penal. IV. Preliminar de intempestividade rejeitada. Recurso conhecido e desprovido. (TJDF; APR 2015.07.1.005371-7; Ac. 105.2666; Terceira Turma Criminal; Relª Desª Nilsoni de Freitas Custódio; Julg. 05/10/2017; DJDFTE 13/10/2017)

Considerando que o benefício do prazo em dobro não se aplica a escritórios de prática jurídica vinculados a pessoas de direito privado.

✓ AGRAVO INTERNO EM APELAÇÃO CÍVEL. AÇÃO DE COBRANÇA. RECURSO INTEMPESTIVO. NÃO CONHECIMENTO. DECISÃO MONOCRÁTICA DO RELATOR. POSSIBILIDADE. Os benefícios da contagem de prazo em dobro, não se aplicam ao Núcleo de Prática Jurídica da Faculdade Presidente Antônio Carlos de Uberlândia, por se tratar de fundação de natureza jurídica privada, não se enquadrando a apelante nas hipóteses do artigo 186, §3º do Código de Processo Civil. A apelação cível interposta fora do prazo legal de quinze dias úteis, é manifestamente inadmissível, porquanto intempestiva, devendo ser obstado o seu seguimento, mediante decisão monocrática do relator. Não se aplica ao caso o disposto pelo parágrafo único do artigo 932 do Código de Processo Civil de 2015, tendo em vista se tratar de recurso intempestivo, ao qual não aproveitam os conceitos de vício sanável ou formal. (TJMG; AgInt 1.0702.12.050388-4/003; Rel. Des. Paulo Balbino; Julg. 19/10/2017; DJEMG 30/10/2017)

Entendendo que não se aplica a dobra de prazo ao advogado dativo conveniado à Defensoria Pública.

✓ LOCAÇÃO IMOBILIÁRIA RESIDENCIAL ESCRITA. COBRANÇA. RÉU REPRESENTADO POR ADVOGADOS DE ESCRITÓRIO DE PRÁTICA JURÍDICA DA FACULDADE DE DIREITO DA PUC/SP. Revelia. Discussão sobre prazos processuais em dobro. R. Sentença de procedência. Apelo só do réu. Requerido que consta haver buscado os serviços do escritório modelo da Universidade (art. 186, § 3º, do CPC) antes da sentença, proferida após o decurso do prazo simples de 15 dias. Decisão de primeiro grau acertada, já que não há que se falar em equiparação do dativo conveniado à Defensoria Pública, através de Universidade particular, com o próprio Defensor. Negou-se provimento ao apelo do requerido. Embargos declaratórios opostos pelo inquilino contra Acórdão unânime. Fins exclusivos de prequestionamento. Ausência de obscuridade, omissão e/ou contradição. Embargos do réu rejeitados. (TJSP; EDcl 1013610-29.2016.8.26.0011/50000; Ac. 10849233; São Paulo; Vigésima Sétima Câmara de Direito Privado; Rel. Des. Campos Petroni; Julg. 03/10/2017; DJESP 16/10/2017; Pág. 3008). V. tb.: AGRAVO DE INSTRUMENTO. Interposição depois de decorridos 15 dias da publicação da decisão agravada. Intempestividade. Inaplicabilidade do prazo em dobro por disposição do artigo 5º, parágrafo 4º, da Lei nº 1.060/50, e art. 186 do CPC/2015. Observância de que o benefício do prazo em dobro não beneficia os advogados particulares, ainda que se trate daqueles indicados pelo convênio entre a Defensoria Pública do Estado e a OAB/SP. Recurso não conhecido. (TJSP; AI 2129314-72.2017.8.26.0000; Ac. 10769160; Caconde; Décima Sétima Câmara de Direito Privado; Rel. Des. Paulo Pastore Filho; Julg. 05/09/2017; DJESP 11/09/2017; Pág. 2962)

Considerando que a dobra se aplica aos advogados de entidade pública, conveniada com o Município e a Defensoria Pública.

✓ APELAÇÃO CÍVEL. AÇÃO DE REINTEGRAÇÃO DE POSSE. SENTENÇA DE IMPROCEDÊNCIA. INCONFORMISMO. PEDIDO DE JUSTIÇA GRATUITA FORMULADO PELOS RÉUS. Polo passivo representado por advogados de entidade de utilidade pública, conveniada com a Prefeitura Municipal de São José dos Campos e a Defensoria Pública do Estado de São Paulo. Benefício concedido. Prazo em dobro do qual também são detentores. Artigo 186, § 3º, do Código de Processo Civil. Tempestividade do recurso observada. Indenização por benfeitorias ao possuidor de boa-fé. Direito legalmente previsto. Artigo 1.219 do Código Civil. Contudo, ônus probatório àquele que alega este direito. Ausência de indícios mínimos da existência das benfeitorias. Prova testemunhal pleiteada que seria insuficiente para demonstrá-las. Sentença mantida. Majoração dos honorários advocatícios de sucumbência. Artigo 85, § 11, do Código de Processo Civil. Recurso não provido, com observação. (TJSP; APL 1019256-39.2014.8.26.0577; Ac. 10085059; São José dos Campos; Vigésima Segunda Câmara de Direito Privado; Rel. Des. Hélio Nogueira; Julg. 15/12/2016; DJESP 24/01/2017)

§ 4º Não se aplica o benefício da contagem em dobro quando a lei estabelecer, de forma expressa, prazo próprio para a Defensoria Pública.

Art. 187. O membro da Defensoria Pública será civil e regressivamente responsável quando agir com dolo ou fraude no exercício de suas funções.

→ *v.* Art. 186 e 927 do CC/2002.

→ *v.* Art. 125, II do NCPC.

LIVRO IV
DOS ATOS PROCESSUAIS

TÍTULO I
Da Forma, do Tempo e do Lugar dos Atos Processuais

Capítulo I
DA FORMA DOS ATOS PROCESSUAIS

Seção I
Dos Atos em Geral

Art. 188. Os atos e os termos processuais independem de forma determinada, salvo quando a lei expressamente a exigir, considerando-se válidos os que, realizados de outro modo, lhe preencham a finalidade essencial.

→ *v.* MP 2.220/2001-2 – Institui a Infraestrutura de Chaves Públicas Brasileira – ICP – Brasil, transforma o Instituto Nacional de Tecnologia da Informação em autarquia, e dá outras providências.

Aplicando o dispositivo em caso que o comprovante de recolhimento de custas se referiu a apelação, sendo aproveitado para o recebimento da impugnação ao cumprimento de sentença.

✓ AGRAVO DE INSTRUMENTO. DIREITO PÚBLICO NÃO ESPECIFICADO. IMPUGNAÇÃO AO CUMPRIMENTO DE SENTENÇA. RECEBIMENTO. EQUÍVOCO QUANTO À CLASSIFICAÇÃO DA NATUREZA DAS CUSTAS RECOLHIDAS. 1. Não se mostra razoável o não recebimento da impugnação ao cumprimento de sentença, diante de mero equívoco quanto à classificação da natureza das custas recolhidas. 2. Desse modo, estando comprovado que foi realizado o pagamento das custas, inclusive em valor superior, ainda que o comprovante se refira à interposição de recurso de apelação, pode ser reaproveitado o ato processual e recebida a impugnação ao cumprimento de sentença. Inteligência do art. 188 do CPC. Recurso provido. (TJRS; AI 0246530-78.2017.8.21.7000; São Lourenço do Sul; Primeira Câmara Cível; Rel. Des. Sérgio Luiz Grassi Beck; Julg. 25/10/2017; DJERS 31/10/2017)

Admitindo a intimação da vítima por telefone acerca da concessão de medidas protetivas previstas na Lei Maria da Penha.

✓ CORREIÇÃO PARCIAL. CONCESSÃO DE MEDIDAS PROTETIVAS DE URGÊNCIA. INDEFERIMENTO DO PEDIDO DE INTIMAÇÃO DAS PARTES POR TELEFONE. INEXISTÊNCIA DE ERRO DE PROCEDIMENTO. CORREIÇÃO PARCIAL NÃO PROVIDA. Inexiste erro ou abuso no indeferimento do pedido formulado pelo Parquet de intimação das partes por telefone, ante a ausência de previsão legal que ampare tal pleito, havendo, lado outro, expressa vedação no Provimento nº.161/CGJ/2006. V.V. CORREIÇÃO PARCIAL. Lei Maria DA PENHA. DECISÃO QUE CONCEDE MEDIDAS PROTETIVAS. INTIMAÇÃO DA VÍTIMA POR TELEFONE. POSSIBILIDADE. 1. À luz do que dispõem os artigos 370, §2º, do CPP e 188 e 236, §3º, do novo CPC, bem como tendo em vista o principal escopo protetivo da Lei Maria da Penha, razoável se revela a cientificação da vítima, por telefone, de que se encontra amparada por medidas protetivas, até mesmo para que possa exigir seu cumprimento por parte do ofensor. 2. Correição Parcial provida em parte. (TJMG; CPar 1.0000.16.047365-8/000; Rel. Des. Júlio César Lorens; Julg. 02/10/2017; DJEMG 20/10/2017)

Aproveitamento de embargos do executado distribuídos equivocadamente como petição autônoma.

✓ EMBARGOS À EXECUÇÃO. Sentença que rejeitou liminarmente os embargos por serem intempestivos. Não cabimento. Embargante que protocolou petição autônoma tempestivamente, no processo de execução, ao invés de distribuir os embargos por dependência. Aplicação do princípio da instrumentalidade das formas, pois o equívoco não passou de mero erro formal. Consonância com os artigos 188 e 277 do NCPC. Tempestividade configurada. Sentença anulada. Recurso provido. (TJSP; APL 1001812-04.2017.8.26.0604; Ac. 10875306; Sumaré; Segunda Câmara de Direito Público; Rel. Des. Claudio Augusto Pedrassi; Julg. 10/10/2017; DJESP 17/10/2017; Pág. 2226)

Equivoco na indicação da classe processual no momento do cadastramento em sistema de processo eletrônico não pode conduzir à extinção do processo.

✓ EQUÍVOCO NO CADASTRAMENTO DA CLASSE PROCESSUAL NO SISTEMA PJE. IMPOSSIBILIDADE

DE EXTINÇÃO DO FEITO. SIMPLES RETIFICAÇÃO DO CADASTRO. Eventual equívoco no cadastramento da classe processual no sistema do PJE não deve provocar a extinção do processo sem resolução do mérito, notadamente diante da aplicação analógica da Súmula nº 263/TST, bem como do art. 19, parágrafos 3º e 4º, da Resolução 185/17 do Conselho Superior da Justiça do Trabalho. Entendimento diverso imporia restrição indevida ao princípio da inafastabilidade da jurisdição (art. 5º, XXXV, CF/88), valorizando desmedidamente a forma em detrimento da instrumentalidade e da efetividade do processo (artigos 8º e 188 do CPC). (TRT 3ª R.; AP 0010983-87.2017.5.03.0023; Rel. Des. Rogério Valle Ferreira; DJEMG 16/10/2017)

A apresentação de nova petição inicial pode ser aproveitada como aditamento após o indeferimento da tutela cautelar em caráter antecedente.

✓ APELAÇÃO CÍVEL. PROCESSUAL CIVIL. TUTELA CAUTELAR ANTECEDENTE. Indeferimento. Ausência de emenda e distribuição de pedido principal de forma autônoma. Extinção do processo. Sentença reformada. Na espécie, cuida-se de pretensão de tutela cautelar antecedente a qual foi indeferida. Posterior distribuição de pedido principal o que levou ao magistrado a extinção do processo, ao fundamento a redação do artigo 308 do CPC/2015. Inegável que o CPC/2015, extinguiu a autonomia do processo cautelar, no entanto, a redação dos dispositivos dos artigos 306 e 307 do CPC/2015, levam a conclusão que a mesma restou presente quando ocorrer o indeferimento da tutela cautelar. Ademais, o princípio da instrumentalidade das formas restou preservado no CPC/2015, tendo a sentença pautado por excesso de rigorismo. Inteligência do artigo 188 do CPC/2015. O excessivo rigor na técnica processual não se coaduna com a finalidade do direito processual moderno que homenageia o princípio da instrumentalidade das formas. Recurso conhecido e provido para a anular a sentença, nos termos do voto do desembargador relator. (TJRJ; APL 0003114-68.2017.8.19.0026; Itaperuna; Décima Segunda Câmara Cível; Rel. Des. Cherubin Helcias Schwartz Junior; Julg. 11/07/2017; DORJ 13/07/2017; Pág. 286)

Não se aplica o dispositivo se o agravo de instrumento foi protocolado em tribunal incompetente.

✓ EMBARGOS DE DECLARAÇÃO NO AGRAVO DE INSTRUMENTO. DIREITO PROCESSUAL CIVIL. RECURSO PROTOCOLADO EM TRIBUNAL INCOMPETENTE. ERRO GROSSEIRO. INTEMPESTIVIDADE. PREQUESTIONAMENTO. CARÁTER PROTELATÓRIO. MULTA DE 1% DO VALOR DA CAUSA. RECURSO NÃO PROVIDO. 1. De início, destaca-se que não seria o caso de aplicação do artigo 188 do CPC/2015, uma vez que o próprio artigo menciona a expressão salvo quando a Lei expressamente a exigir, e, como o art. 1016 do CPC/2015 determina que o agravo de instrumento seja dirigido ao Tribunal competente, o caso dos autos enquadrar-se-ia justamente nessa exceção; 2. Não seria também o caso de se aplicar o art. 277 do CPC, posto que a finalidade do ato não foi alcançada, especialmente porque quando o recurso adentrou no Tribunal competente, o prazo para sua interposição já havia se esgotado; 3. Com relação ao art. 283 e seu parágrafo único, melhor sorte não socorre a embargante, especialmente porque o ato praticado resulta em prejuízo óbvio à parte contrária, visto que o recurso visa reformar decisão que lhe beneficia; 4. No que tange ao prequestionamento do art. 1017, §3º do CPC/2015, verifica-se que a parte foi intimada do despacho de fls. 82 dos autos para manifestar-se acerca da intempestividade do recurso, contudo, não há como ser sanado o vício, na forma do art. 932, parágrafo único do CPC/2015, tendo em vista que o recurso não foi interposto em Tribunal competente; 5. A embargante requer ainda o prequestionamento do art. 5º, LV da CF/88, sendo certo que não há que se falar em prejuízo à aplicação dos princípios do contraditório e ampla defesa, tendo em vista que o recurso deixou de ser analisado pelo Tribunal em face de erro crasso cometido pela própria que não poderia, agora, beneficiar-se do mesmo; 6. Com relação ao pedido para que seja uniformizada a jurisprudência acerca da matéria (Art. 926 do CPC/2015), porque supostamente o acórdão embargado estaria contrário ao julgamento proferido pelo 1ª Câmara de Direito Público, no agravo de instrumento 0014335-59.2012.8.17.0000, da relatoria do Des. Jorge Américo Pereira de Lira, observa-se, de pronto, que os precedentes são distintos. No caso sub examine o recurso de agravo de instrumento foi interposto perante o Tribunal Regional Federal da 5ª Região, ou seja, Tribunal esse que não guarda qualquer relação de hierarquia com o juiz que proferiu a decisão agravada, e, portanto, alheio à matéria e qualquer decisão à essa cabível, podendo só, exclusivamente, declarar sua incompetência. No precedente trazido pela embargante, o recurso foi interposto no juízo de origem, quando deveria ter sido perante o Tribunal, sendo certo que o juízo de origem tem, obviamente, uma relação direta e hierárquica com o Tribunal, absolutamente diferente do caso dos autos, e, configurando, por isso, erro grosseiro que não deve ser albergado; 7. Por fim, destaca-se que o acórdão foi proferido, segundo a convicção do relator, que foi acompanhado pelos demais membros desta 4ª Câmara Cível, não havendo, assim, qualquer vício a ser sanado no julgado; 8. Não constatada omissão, obscuridade ou contradição no acórdão, mesmo em se tratando de embargos com fins de prequestionamento, impõe-se a rejeição dos embargos declaratórios que tem como finalidade o reexame das questões outrora devidamente fundamentadas, em coerência à controvérsia posta sub judice; 9. Observando-se o caráter manifestamente protelatório destes embargos declaratórios, visto que não há nenhum vício no decisum atacado, condena-se a embargante no pagamento de multa de 1% (um por cento) do valor atualizado da causa; 10. Conheço dos embargos, mas lhes nego provimento. (TJPE; Rec. 0008141-04.2016.8.17.0000; Quarta Câmara Cível; Rel. Desig. Des. Tenório dos Santos; Julg. 09/02/2017; DJEPE 20/03/2017)

Possibilidade de aproveitamento da impugnação à penhora como exceção de pré-executividade.

✓ AGRAVO DE INSTRUMENTO. EXPURGOS INFLACIONÁRIOS. CUMPRIMENTO INDIVIDUAL DE SENTENÇA COLETIVA. IDEC. AÇÃO CIVIL PÚBLICA Nº 1998.01.1.016798-9/DF. IMPUGNAÇÃO À PENHORA.

PRINCÍPIO DA INSTRUMENTALIDADE DAS FORMAS. 1. Conforme se depreende do disposto no art. 854, §3º, do CPC/15, é taxativo o rol de matérias arguíveis na peça de defesa oferecida após a intimação da indisponibilidade de valores, sendo passível de insurgência, neste momento, somente: (I) A impenhorabilidade dos valores bloqueados; e (II) A permanência da indisponibilidade excessiva de ativos financeiros. 2. No caso dos autos, o réu ao perder o prazo para apresentação de impugnação ao cumprimento de sentença, apenas transmudou o **nomem juris** da peça de defesa apresentada, arguindo matérias diversas daquelas admitidas em impugnação à penhora. 3. Assim agindo, o executado trouxe, neste momento, questões de fato e de direito que ordinariamente são alegadas na impugnação ao cumprimento de sentença, caracterizando tentativa de burla ao devido processo legal. 4. Incabível o recebimento de "impugnação à penhora" que não trate exclusivamente daquelas matérias taxativamente previstas no art. 854, § 3º, do CPC/15. 5. Contudo, em homenagem ao princípio da instrumentalidade das formas, expressamente previsto no art. 188 do novo código de processo civil, deverá ser parcialmente conhecida a defesa como exceção de pré-executividade, para que seja apreciada somente a matéria de ordem pública ali alegada. Agravo de instrumento parcialmente provido. (TJRS; AI 0099800-98.2017.8.21.7000; Santana do Livramento; Vigésima Terceira Câmara Cível; Relª Desª Ana Paula Dalbosco; Julg. 27/06/2017; DJERS 04/07/2017)

Impossibilidade de aproveitamento de contestação como embargos do executado.

✓ AGRAVO DE INSTRUMENTO. AÇÃO DE EXECUÇÃO DE TÍTULO EXTRAJUDICIAL. OFERECIDA CONTESTAÇÃO AO INVÉS DE EMBARGOS À EXECUÇÃO. Inexistência de dúvida objetiva quanto à forma do exercício do direito. Erro grosseiro. Requisitos dos embargos à execução. Não preenchidos. Inaplicabilidade do art. 188 do CPC/15. Decisão mantida. Recurso improvido. (TJSP; AI 2076119-75.2017.8.26.0000; Ac. 10491298; Marília; Trigésima Sexta Câmara de Direito Privado; Rel. Des. Walter Cesar Exner; Julg. 05/06/2017; DJESP 08/06/2017; Pág. 2775)

Aproveitamento da alegação de convenção de arbitragem por meio de exceção de incompetência, em vez de preliminar de contestação.

✓ EXTINÇÃO DO PROCESSO SEM JULGAMENTO DE MÉRITO. ALEGAÇÃO PELA RÉ DE EXISTÊNCIA DE CONVENÇÃO DE ARBITRAGEM, QUE AFASTA A JURISDIÇÃO ESTATAL. ARGUIÇÃO FEITA POR MEIO DE EXCEÇÃO DE INCOMPETÊNCIA, NÃO EM PRELIMINAR DE CONTESTAÇÃO. IRRELEVÂNCIA. INSTRUMENTALIDADE DAS FORMAS. ARTS. 154 E 244 DO CÓDIGO BUZAID, CORRESPONDENTES AOS ARTS. 188 E 277 DO NCPC. "Quando a Lei prescrever determinada forma, sem cominação de nulidade, o juiz considerará válido o ato se, realizado de outro modo, lhe alcançar a finalidade", reza o art. 244 do Código revogado, dito a mais bela das regras do moderno Processo Civil (STJ, RT 683/183, Sálvio DE Figueiredo). Sentença de extinção confirmada. Apelação da autora desprovida. (TJSP; APL 1007793-08.2016.8.26.0100; Ac. 10200560; São Paulo; Primeira Câmara Reservada de Direito Empresarial; Rel. Des. César Ciampolini; Julg. 22/02/2017; DJESP 07/03/2017)

Possibilidade de impugnação de duas decisões interlocutórias em um só agravo de instrumento.

✓ PRINCÍPIO DA UNICIDADE OU DA UNIRRECORRIBILIDADE RECURSAL. ALEGADA VIOLAÇÃO. POSSIBILIDADE DE QUE DUAS DECISÕES INTERLOCUTÓRIAS DISTINTAS SEJAM OBJETO DE UM SÓ RECURSO DE AGRAVO. AUSÊNCIA DE VEDAÇÃO LEGAL. INTELIGÊNCIA DOS ARTIGOS 188 E 277 DO CPC. ATENDIMENTO AOS PRINCÍPIOS DA ECONOMIA E DA CELERIDADE PROCESSUAL. PRELIMINAR AFASTADA. CUMPRIMENTO DE SENTENÇA. INDEFERIMENTO DO PEDIDO DE DILAÇÃO DO PRAZO PARA MANIFESTAÇÃO SOBRE LAUDO PERICIAL. MANUTENÇÃO. Tendo os agravantes sido intimados do início da perícia, da apresentação do laudo e da possibilidade de impugná-lo, cabia-lhes dar cumprimento ao comando judicial no prazo legal. Ausência de demonstração de justa causa apta a justificar o transcurso do prazo e possibilitar sua devolução. Inteligência do artigo 223, caput, do CPC. Homologação do laudo pericial, ante a ausência de impugnação pelos agravantes, que era de rigor. Recurso improvido. (TJSP; AI 2190294-19.2016.8.26.0000; Ac. 10129092; São Paulo; Vigésima Segunda Câmara de Direito Privado; Rel. Des. Sérgio Rui; Julg. 02/02/2017; DJESP 14/02/2017)

Aproveitamento dos documentos digitalizados de forma invertida.

✓ DOCUMENTOS INVERTIDOS. POSSIBILIDADE ELETRÔNICA DE VISUALIZAÇÃO. PRINCÍPIO DA INSTRUMENTALIDADE. Havendo clara possibilidade de visualização dos documentos anexados de forma invertida, deve ser apreciado o mérito da ação, privilegiando a instrumentalidade e economia que regem o processo do trabalho e ao que estabelece o artigo 188 do novo CPC: Os atos e os termos processuais independem de forma determinada, salvo quando a Lei expressamente a exigir, considerando-se válidos os que, realizados de outro modo, lhe preencham a finalidade essencial. (TRT 3ª R.; RO 0011174-86.2016.5.03.0082; Rel. Des. Luís Felipe Lopes Boson; DJEMG 13/03/2017)

Art. 189. Os atos processuais são públicos, todavia tramitam em segredo de justiça os processos:

→ *v.* Art. 5º, LX, da CF/1988.

→ *v.* Art. 206 da Lei 9.279/1996.

→ *v.* Art. 14, § 4º da Lei 9.609/1998.

→ *v.* Enunciado 37 da ENFAM: São nulas, por ilicitude do objeto, as convenções processuais que violem as garantias constitucionais do processo, tais como as que: a) autorizem o uso de prova ilícita; b) limitem a publicidade do processo para além das hipóteses expressamente previstas em lei; c) modifiquem o regime de competência absoluta; e d) dispensem o dever de motivação.

→ *v.* Enunciado 265 do FPPC: É possível haver documentos transitoriamente confidenciais no processo eletrônico.

Considerando que a decretação de segredo de justiça é prerrogativa do juiz.

✓ RECURSO ORDINÁRIO EM MANDADO DE SEGURANÇA. ATO COATOR CONSUBSTANCIADO NO INDEFERIMENTO DO PEDIDO DE TRAMITAÇÃO DO PROCESSO MATRIZ EM SEGREDO DE JUSTIÇA. Inadequação da via eleita. Orientação jurisprudencial nº 92 da sbdi-2. Trata-se, a hipótese, de mandado de segurança impetrado contra decisão proferida na reclamação trabalhista originária, que indeferiu o pedido de tramitação do processo matriz em segredo de justiça. Observe-se que a decisão combatida tem natureza interlocutória, despida de conteúdo decisório definitivo e irrecorrível de imediato, e, deve ser objeto de alegação em razões recursais, após a prolação da decisão final, respeitando os prazos preclusivos para interposição de recursos, nos termos dos artigos 893, §1º, e 895 da CLT. Dessa forma, existindo medida processual própria para corrigir supostas ilegalidades cometidas pela autoridade apontada como coatora, incabível a impetração de mandado de segurança, conforme entendimento consubstanciado na orientação jurisprudencial nº 92 da sbdi-2 e no art. 5º, II, da Lei nº 12.016/2009. Ressalte-se que o deferimento da tramitação do feito em segredo de justiça, consoante preconizam os arts. 189, caput e I, do CPC/2015, e 5º, LX, da Constituição Federal, é prerrogativa do juiz que conduz a instrução processual, cujo cabimento insere-se nas hipóteses em que a natureza da matéria objeto da lide e o interesse social requerem o sigilo do acesso às informações. Precedentes da sbdi-2. Recurso ordinário conhecido e não provido. (TST; RO 0022056-35.2016.5.04.0000; Subseção II Especializada em Dissídios Individuais; Relª Min. Maria Helena Mallmann; DEJT 20/10/2017; Pág. 177)

Considerando o rol do dispositivo em tela exemplificativo e admitindo a decretação de segredo de justiça em caso envolvendo o know-how de empresa.

✓ AGRAVO DE INSTRUMENTO. AÇÃO ANULATÓRIA DE CONTRATO DE FRANQUIA. DECISÃO QUE INDEFERIU PLEITO DE DECRETAÇÃO DE SIGILO. Rol do art. 189 do CPC que é meramente exemplificativo. Necessidade de preservação das informações estratégicas e confidenciais da empresa franqueadora. Conteúdo da documentação juntada que se relaciona mesmo ao know-how próprio da franquia, bem como às suas estratégias de exploração da atividade desenvolvida. Possibilidade de decretação de segredo de justiça. Decisão revista. Agravo provido. (TJSP; AI 2022708-20.2017.8.26.0000; Ac. 10844594; São José do Rio Preto; Segunda Câmara Reservada de Direito Empresarial; Rel. Des. Claudio Godoy; Julg. 02/10/2017; DJESP 05/10/2017; Pág. 2120)

Simples juntada de documentos contábeis da empresa não justifica a decretação de segredo de justiça.

✓ AGRAVO DE INSTRUMENTO. AÇÃO REVISIONAL DE CONTRATO BANCÁRIO. DECISÃO QUE INDEFERE PEDIDO LIMINAR. "TERMO DE GRAÇA" E TRAMITAÇÃO SOB SEGREDO DE JUSTIÇA. PLEITO DE DILAÇÃO DE PRAZO PARA PAGAMENTO DAS PARCELAS CONTRATUALMENTE ASSUMIDAS. ALEGAÇÃO DE DIFICULDADES FINANCEIRAS. CRISE ECONÔMICA. INVIABILIDADE. A tutela antecipada, dentre outros requisitos, exige o máximo de juízo de probabilidade, situação que não pode ser vislumbrada em pedido de Termo de Graça, sem análise exauriente da demanda. PEDIDO DE TRAMITAÇÃO DO FEITO SOB SEGREDO DE JUSTIÇA. HIPÓTESES DO ART. 189 DO CÓDIGO DE PROCESSO CIVIL NÃO EVIDENCIADAS. INDEFERIMENTO MANTIDO. A publicidade dos atos processuais é a regra (art. 93, IX, da Constituição Federal). Só excepcionalmente o processo pode correr em regime de publicidade especial, vale dizer, sob segredo de justiça, caso em que o acesso aos atos processuais é restrito às partes e aos seus procuradores, notadamente quando o interesse público o exigir ou a demanda versar sobre direito de família. Não verificada a presença de qualquer hipótese exceptiva, a só juntada aos autos de documentos contábeis da empresa não justifica a tramitação em regime de publicidade especial (CF. TJSC, Agravo de Instrumento n. 2011.047282-7, Quinta Câmara de Direito Civil, Rel. Des. Henry Petry Junior; Julg. 14-06-2012). (TJSC; AI 0154131-65.2015.8.24.0000; Itajaí; Quarta Câmara de Direito Comercial; Relª Desª Janice Ubialli; DJSC 21/09/2017; Pag. 164)

Decretação de bloqueio pelo sistema Bacen-Jud não enseja a decretação de segredo de justiça.

✓ AGRAVO DE INSTRUMENTO. CUMPRIMENTO DE SENTENÇA. DECISÃO AGRAVADA QUE INDEFERIU PEDIDO DE DESBLOQUEIO DE VALORES OBTIDOS VIA BACENJUD. Executado, ora Agravante, que sustenta a impenhorabilidade de tais valores, sob a alegação de se tratarem de verbas salariais e proventos de aposentadoria. Não comprovação. Valores disponíveis em conta corrente que não são abarcados pela impenhorabilidade, até porque não restou habilmente comprovado que as quantias bloqueadas são decorrentes exclusivamente de pagamento de salário. Manutenção também da negativa de tramitação dos autos em segredo de Justiça. Inocorrência de qualquer das exceções previstas no artigo 189 do CPC. Recurso não provido. (TJSP; AI 2154282-69.2017.8.26.0000; Ac. 10743589;

Ribeirão Preto; Trigésima Sétima Câmara de Direito Privado; Rel. Des. João Pazine Neto; Julg. 29/08/2017; DJESP 11/09/2017; Pág. 3224)

<u>Elevado valor da causa ou temor de lesão à integridade física não autorizam a restrição à publicidade.</u>

✓ PUBLICIDADE DOS ATOS PROCESSUAIS. SEGREDO DE JUSTIÇA. Todos os atos processuais são públicos. Esta é regra geral disposta no caput do art. 189 do NCPC, que somente será afastada nos casos específicos arrolados nos itens constantes do mesmo diploma legal, não se encontrando, dentre eles, o valor expressivo da causa ou o alegado temor de integridade física da parte. (TRT 3ª R.; AP 0000001-53.2017.5.03.0107; Rel. Des. José Marlon de Freitas; DJEMG 22/08/2017)

<u>Sobre a decretação de segredo de justiça em processo envolvendo proteção de propriedade intelectual de programas de computador.</u>

✓ AGRAVO INTERNO EM FACE DA DECISÃO MONOCRÁTICA QUE NEGOU PROVIMENTO AO RECURSO DE AGRAVO DE INSTRUMENTO INTERPOSTO PELA PARTE ORA AGRAVANTE. AÇÃO DE OBRIGAÇÃO DE FAZER. DESENVOLVIMENTO DE PROGRAMA DE COMPUTADOR. Propriedade intelectual. Segredo de justiça. Incidência do art. 14 § 4º da Lei nº 9.609/98 e do art. 206 da Lei nº 9.279/96. Reforma da decisão monocrática que se impõe. Provimento do recurso. Embora a tramitação em segredo de justiça seja exceção ao princípio da publicidade dos atos processuais, deve ser perquirido se tal medida influiria ou não no resultado prático, não sendo o art. 189 do CPC taxativo, tanto que a Lei de proteção da propriedade intelectual de programas de computador prevê a incidência da medida pretendida pelo agravante. Isto porque, resta claro que o sigilo no feito é indispensável à efetividade da prestação jurisdicional, posto que se discute a entrega de programa de computador, agasalhado pelas normas de proteção à propriedade intelectual. Com efeito, o mapa de desenvolvimento de software acostado ao feito originário, é protegido por acordo de confidencialidade. Registre-se, ademais, que a medida protetiva ora requerida encontra respaldo nos art. 14, §4º, da Lei nº 9.609/98, bem como no art. 206, da Lei nº 9.279/96.- por fim, importante consignar que a decretação de segredo de justiça não traz qualquer prejuízo à defesa da parte ora agravada, já que não limita o acesso das partes aos autos. (TJRJ; AI 0032777-77.2016.8.19.0000; Rio de Janeiro; Décima Nona Câmara Cível; Rel. Des. Guaraci de Campos Vianna; Julg. 18/07/2017; DORJ 20/07/2017; Pág. 400). V., porém, negando o segredo de justiça: CAUTELAR. PRODUÇÃO ANTECIPADA DE PROVA. CONTRAFAÇÃO DE PROGRAMAS DE COMPUTADOR. REQUERIMENTO PARA QUE O FEITO SEJA PROCESSADO EM SEGREDO DE JUSTIÇA. INDEFERIMENTO. MANUTENÇÃO. Inexistência de enquadramento da matéria discutida no processo em qualquer das hipóteses do artigo 189 do CPC. ATO CITATÓRIO QUE NÃO DEVE SOFRER DILAÇÃO INDEVIDA. Pena de importar indevida restrição ao contraditório e ampla defesa. Decisão mantida. Agravo desprovido. (TJSP; AI 2059204-82.2016.8.26.0000; Ac. 9429460; São Paulo; Sexta Câmara de Direito Privado; Rel. Des. Percival Nogueira; Julg. 12/05/2016; DJESP 17/05/2016)

<u>Se a demanda foi ajuizada em razão de práticas abusivas contra o consumidor, deve ser publicizado o seu conteúdo.</u>

✓ AGRAVO DE INSTRUMENTO. CONSUMIDOR. REVISÃO DE CONTRATO. APRODICON. FORO DIVERSO DO DOMICÍLIO DOS CONSUMIDORES, DO LOCAL DE CUMPRIMENTO DA OBRIGAÇÃO OU DO FORO DE ELEIÇÃO. INCOMPETÊNCIA NÃO SUSCITADA. IMPOSSIBILIDADE DE DECLÍNIO DE OFÍCIO. GRATUIDADE JUDICIÁRIA. RECOLHIMENTO DAS CUSTAS. PRECLUSÃO LÓGICA. INEXISTÊNCIA DE PROVA DA HIPOSSUFICIÊNCIA DA PESSOA JURÍDICA. FIXAÇÃO DA PREVENÇÃO DO JUÍZO. NÃO CABIMENTO. MULTA FIXADA EM VALOR RAZOÁVEL. MANUTENÇÃO. DESALIENAÇÃO DOS BENS PELA MERA PROPOSITURA DA REVISIONAL. INVIÁVEL. TRAMITAÇÃO DO FEITO EM SEGREDO DE JUSTIÇA. SITUAÇÃO QUE NÃO SE AMOLDA A QUALQUER DAS HIPÓTESES PREVISTAS NO ART. 5º, LX DA CONSTITUIÇÃO FEDERAL OU NO ART. 189 DO CPC. RECURSO NÃO PROVIDO. 1. Tratando-se de relação de consumo, o consumidor pode optar pelo foro de seu domicílio. Contudo, ao renunciar seu benefício, não pode escolher aleatoriamente o foro competente sem lastro nas regras gerais de competência, sob pena de ofensa ao princípio do Juiz Natural. 2. Ocorre que, nos autos sob análise a incompetência do juízo de Correntina-BA não foi suscitada pela parte ré/agravada. Diante desta situação, este relator se posiciona pela impossibilidade de declinação da competência, tendo em vista que, segundo o entendimento do Superior Tribunal de Justiça, ao qual se filia, a competência territorial, nas relações de consumo, só pode ser considerada absoluta, para fins de afastamento da Súmula nº 33 do STJ, quando isso se der em benefício do consumidor. 3. Não assiste razão o pleito da parte que, após requerer a gratuidade da justiça, efetua o recolhimento das custas processuais, posto que agiu de forma incompatível com o requerimento ora mencionado, de gratuidade, o que constitui preclusão lógica. Ademais, a parte autora/agravante não se desincumbiu do ônus de comprovar a situação de insuficiência financeira em se encontra, capaz de dificultar ou impossibilitar o recolhimento antecipado das custas e despesas da ação judicial proposta, limitando-se a declarar que se trata de uma associação sem fins lucrativos. 4. Revela-se descabido o pedido de fixação da competência do juízo de Correntina, pelo critério da prevenção, para processar e julgar eventuais demandas propostas pelo agravado relacionadas aos contratos objeto da lide, tendo em vista a remansosa jurisprudência do Superior Tribunal de Justiça no sentido da ausência de conexão entre a ação de busca e apreensão e a ação revisional. Acrescente-se que a parte autora/agravante não indicou a existência de outras demandas propostas em outros juízos envolvendo os mesmos contratos discutidos nos autos, sendo desprovido de utilidade o pedido de fixação da prevenção de maneira antecipada. 5. A majoração da multa seria justificável apenas se houvesse sido ela fixada em valor claramente irrisório, ou, ainda, se evidente a negligência do agravado em dar atendimento ao comando judicial, o que não é o caso dos autos, já que até o momento não há indícios de resistência da instituição financeira no cumprimento da medida liminar. 6. O mero ajuizamento de ação revisional, ainda quando prestada caução nos autos, não tem o condão de ensejar a desalienação do veículo, que só deve ser autorizada quando houver certeza acerca da quitação dos contratos, até porque o levantamento da garantia neste momento permitiria a alienação desonerada do bem, o que poderia criar situações indesejáveis no que diz respeito a possíveis direitos de terceiros de boa-fé (Súmula nº 92 do STJ) caso ao final venha a se apurar que o contrato não está quitado. 7. Revela-se desprovido de fundamentação jurídica o requerimento de tramitação da ação revisional em segredo de justiça, haja vista que o caso em tela não se amolda a qualquer das hipóteses previstas no art. 5º, LX da Constituição Federal ou no art. 189 do CPC, não se justificando o afastamento da regra da publicidade dos atos processuais, notadamente porque a demanda foi proposta em razão de supostas práticas de condutas lesivas aos consumidores, de modo que atender ao interesse público significa justamente publicizar os atos do processo. (TJBA; AI 0162342-73.2016.8.05.0909; Salvador; Primeira Câmara Cível; Rel. Des. José Jorge Lopes Barreto da Silva; Julg. 15/05/2017; DJBA 25/05/2017; Pág. 184)

I – em que o exija o interesse público ou social;

→ *v.* Art. 5º, XXXIII, da CF/1988.

Entendendo que não se deve decretar segredo de justiça em ação civil pública por ato de improbidade administrativo.

✓ ADMINISTRATIVO. AÇÃO CIVIL PÚBLICA POR ATO DE IMPROBIDADE ADMINISTRATIVA. SEGREDO DE JUSTIÇA. AUSÊNCIA DE JUSTIFICATIVA. PRESCRIÇÃO AFASTADA. NÃO OCORRÊNCIA DE NULIDADE PROCESSUAL. APLICABILIDADE DA LEI Nº 8.429/92 AOS AGENTES POLÍTICOS. PREFEITOS. POSSIBILIDADE. DANO AO ERÁRIO E ENRIQUECIMENTO ILÍCITO. CONDUTAS COMPROVADAS. EXISTÊNCIA DE DOLO. SANÇÕES APLICADAS EM ATENÇÃO AOS PRINCÍPIOS DA PROPORCIONALIDADE E RAZOABILIDADE. RECURSOS IMPROVIDOS. 1. Apelações interpostas por Claudiano Ferreira Martins e Brás José Nemézio Silva contra sentença que, em Ação Civil Pública de Improbidade Administrativa, julgou procedentes os pedidos formulados, para, com fundamento no art. 9º, caput e incisos II e XI, da Lei nº 8.429/92, condenar ambos os demandados nas seguintes sanções: a) ressarcimento integral do dano, no montante de R$ 1.436.385,20 (um milhão, quatrocentos e trinta e seis mil, trezentos e oitenta e cinco reais e vinte centavos; b) perda da função pública; c) suspensão dos direitos políticos por 10 (dez) anos; d) pagamento de multa civil de três vezes o valor do dano; e e) proibição de contratar com o Poder Público ou receber benefícios ou incentivos fiscais ou creditícios, direta ou indiretamente, ainda que por intermédio de pessoa jurídica da qual seja sócio majoritário, pelo prazo de 10 (dez) anos. 2. O caso não se enquadra nas hipóteses legais previstas no art. 189 do CPC/2015 para justificar o afastamento da publicidade dos atos processuais e decretação do segredo de justiça. Esta Corte já decidiu no sentido de rejeitar pedido de segredo de justiça em ação de improbidade administrativa, ante a ausência de motivos relevantes para a restrição da publicidade dos atos processuais. Precedente: (TRF5. Pleno, AR 00106796320124050000, Des. Fed. Rogério Fialho Moreira, DJE: 17/09/2012). Assim, não há razão para se manter os autos sob segredo de justiça, devendo ser publica a sua tramitação (...) 33. A sentença acertadamente aquilatou as penas aplicáveis. O provimento recorrido se mostra adequado e suficiente para a punição dos atos ímprobos, não se mostrando exagerada e nem aquém do devido. A aplicação da sanção guardou obediência aos princípios da razoabilidade e proporcionalidade. 34. Apelações interpostas por Claudiano Ferreira Martins e Brás José Nemézio Silva desprovidas. (TRF 5ª R.; AC 0011950-44.2009.4.05.8300, PE, Terceira Turma; Rel. Juiz Fed. Conv. Janilson Siqueira; DEJF 16/03/2017; Pág. 24)

II – que versem sobre casamento, separação de corpos, divórcio, separação, união estável, filiação, alimentos e guarda de crianças e adolescentes;

→ *v.* Arts. 1.511 e ss. do CC/2002.
→ *v.* Arts. 1.579 e ss. do CC/2002.
→ *v.* Art. 226, § 6º da CF/1988.
→ *v.* Arts. 1.723 e ss. do CC/2002.
→ *v.* Arts. 1.596 e ss. do CC/2002.
→ *v.* Arts. 1.694 e ss. do CC/2002.
→ *v.* Arts. 1.583 e ss. do CC/2002.

A publicação indevida de decisão judicial com dados que revelam a intimidade do menor acarreta a responsabilização do Estado.

✓ RESPONSABILIDADE CIVIL DO ESTADO. LEGITIMIDADE ATIVA RECONHECIDA. PROCESSO DA VARA DE FAMÍLIA QUE CORREU EM SEGREDO DE JUSTIÇA. PUBLICAÇÃO DE DECISÃO JUDICIAL CONTENDO NOME POR EXTENSO DO MENOR. REVELAÇÃO DE DETALHES SOBRE A RELAÇÃO FAMILIAR. ERRO ADMINISTRATIVO. VIOLAÇÃO DA VIDA PRIVADA. DANOS MORAIS. Conforme art. 189 do NCPC correm em segredo de justiça processos que versam sobre divórcio, alimentos e guarda de crianças. Caso em que foi publicada nota de expediente em diário de justiça com transcrição de decisão judicial em que redigido por extenso o nome do menor e reproduzido laudo psicológico em que ele revela aspectos íntimos da relação familiar. Em se tratando de alegada falha na atividade administrativa do estado, a causa deve ser julgada à luz do art. 37, § 6º, da CF. Equívoco cometido pelos servidores do poder judiciário, com violação da vida privada dos demandantes, cuja relação familiar foi exposta na internet. Indenizações de danos morais confirmadas em r$6.000,00 (seis mil reais) para o autor menor e em r$2.000,00 (dois mil reais) para cada um de seus genitores, os quais possuem legitimidade ativa para postular reparação de danos, pois também foram atingidos pelo evento. Condenação a ser atualizada conforme art. 1º-f da Lei nº 9.494/97 (com a redação que lhe foi dada pela Lei nº 11.960/09), considerando que a inconstitucionalidade da TR limita-se ao período entre a inscrição da dívida em precatório e a data do efetivo pagamento. Honorários advocatícios majorados para 15% sobre a condenação. Art. 85, §11 NCPC. Apelação dos autores desprovida. Apelo do réu provido em parte. (TJRS; AC 0160560-13.2017.8.21.7000; Novo Hamburgo; Décima Câmara Cível; Rel. Des. Túlio de Oliveira Martins; Julg. 28/09/2017; DJERS 17/10/2017)

Contudo, não há responsabilidade do repertório de jurisprudência se houve publicação indevida de dados de processo judicial sujeito a segredo de justiça.

✓ CIVIL. SITE DE BUSCAS. BLOQUEIO E RESPONSABILIZAÇÃO. DESCABIMENTO. DECISÃO JUDICIAL. SEGREDO DE JUSTIÇA. NCPC, ART. 189, III. Disponibilização em repertório de jurisprudência não há responsabilidade do site que propiciou a busca de decisão judicial que deveria estar em segredo de justiça, (CPC/1973, art. 155 e nCPC, art. 189, inc. III), publicada pelo próprio órgão julgador no repertório de jurisprudência sem a observância das regras inerentes ao sigilo. (TJSC; AC 0016138-33.2013.8.24.0005; Balneário Camboriú; Quinta Câmara de Direito Civil; Rel. Des. Luiz Cézar Medeiros; DJSC 20/10/2016; Pag. 173)

Decretando segredo de justiça em causa que trata de questões íntimas em disputa entre irmãos.

✓ AGRAVO DE INSTRUMENTO. AÇÃO DE ALIENAÇÃO JUDICIAL DE COISA COMUM. NECESSIDADE DE TRAMITAÇÃO DO FEITO SOB SEGREDO DE JUSTIÇA. Verificado que a causa envolve contenda entre irmãos, em que se levantam fatos atrelados à vida íntima de um deles, é de bom alvitre autorizar a tramitação do feito de forma sigilosa, máxime considerando que as questões familiares suscitadas dizem respeito somente às partes e não há interesse público que possa impedir a imposição do segredo de justiça. Aplicação do artigo 5º, LX, da Constituição Federal. Rol exemplificativo do artigo 189 do Código de Processo Civil de 2015. Precedente do Superior Tribunal de Justiça. RECURSO CONHECIDO E PROVIDO. (TJGO; AI 0101739-34.2016.8.09.0000; Anápolis; Sexta Câmara Cível; Rel. Des. Fausto Moreira Diniz; DJGO 22/08/2016; Pág. 201)

III – em que constem dados protegidos pelo direito constitucional à intimidade;

→ *v.* Art. 5º, X e LX, da CF/1988.

→ *v.* Art. 23 da Lei 12.965/2014 – Marco Civil da Internet.

Decretação de segredo de justiça em processo que buscava os dados do utilizador de perfil eletrônico.

✓ AÇÃO DE OBRIGAÇÃO DE FAZER. Decisão que deferiu a tutela antecipada para que a ré forneça os dados pessoais e de identificação dos usuários que utilizaram o perfil eletrônico indicado. Inconformismo da corré. Desacolhimento. Aplicação do disposto no art. 252 do RITJSP. Autorização judicial para identificação do usuário que está baseada em indícios de ilicitude, como autoriza o art. 22, inc. I, da Lei n. 12.965/2014. Medida que objetiva resguardar os direitos constitucionais de livre acesso à justiça e de vedação ao anonimato. Tramitação do processo em segredo de justiça amparada no art. 189, inc. III, do Código de Processo Civil C.C. Art. 23 da referida Lei. Alegação de hospedagem de página eletrônica por empresa estrangeira que não restou demonstrada. Elementos que, a princípio, apontam a existência de grupo econômico, o que abrange a jurisdição brasileira, nos termos do art. 11, § 2º, da Lei em comento. Decisão mantida. Recurso desprovido. (TJSP; AI 2131895-60.2017.8.26.0000; Ac. 10861912; São Paulo; Quinta Câmara de Direito Privado; Rel. Des. J.L. Mônaco da Silva; Julg. 04/10/2017; DJESP 18/10/2017; Pág. 1952). V. tb.: AGRAVO DE INSTRUMENTO. Ação de obrigação de fazer com pedido de tutela provisória. Decisão que indeferiu o pedido liminar de exclusão do perfil de suposto ofensor, na rede social facebook. Alegação de violação à honra subjetiva e à imagem da parte agravante. Não acolhida. Declarações proferidas em ano eleitoral, que não demonstram a violação à honra subjetiva e à imagem do agravante. Aplicação da teoria da proteção débil do homem público. Pedido de segredo de justiça. Acolhido. Inteligência do artigo 189, inciso III, do código de processo civil, e art. 23 da Lei nº 12.965/2014 recurso conhecido e parcialmente provido. Decisão unânime. (TJAL; AI 0803747-35.2016.8.02.0000; Primeira Câmara Cível; Rel. Des. Fábio José Bittencourt Araújo; DJAL 04/01/2017; Pág. 110)

Considerando que a juntada de declarações de imposto de renda e extratos bancários não acarreta o segredo de justiça.

✓ AGRAVO DE INSTRUMENTO. EMBARGOS DE TERCEIRO. DECISÃO QUE INDEFERIU O PEDIDO DE DECRETAÇÃO DE SIGILO DE DOCUMENTOS, BEM COMO DE DEFERIMENTO DE GRATUIDADE DE JUSTIÇA OU DE PARCELAMENTO DE CUSTAS. Inconformismo. 1-o benefício da gratuidade constitui instrumento para o exercício de garantia fundamental, qual seja, o acesso à justiça (art. 5º, incisos XXXV e LXXIV). 2-hipossuficiência financeira que possui presunção relativa de veracidade, sendo facultado, todavia, ao juízo exigir documentos que comprovem tal requisito (verbete sumular 39-TJRJ e art. 99, § 2º, CPC). 3-agravante que se encontra abrangida pela regra expressa no artigo 17, X, da Lei Estadual nº 3.350/99, que isenta do pagamento de custas os maiores de 60 anos que recebam até 10 salários mínimos. 4-taxa judiciária que está inserida no conceito de custas, na forma do disposto no artigo 10, X, da Lei Estadual nº 3.350/99.5-segredo de justiça que somente pode ser concedido quando a publicidade puder causar prejuízo às partes e houver amparo legal, o que inocorre. Inteligência do disposto no artigo 189 do código de processo civil. 6-ademais, apesar dos referidos documentos serem declarações de imposto de renda e extratos bancários, foram trazidos aos autos pela própria agravante a fim de obter o benefício da gratuidade de justiça. 7-precedentes deste tribunal. Provimento parcial do recurso. (TJRJ; AI 0008780-31.2017.8.19.0000; Rio de Janeiro; Décima Sexta Câmara Cível; Rel. Des. Marco Aurelio Bezerra de Melo; DORJ 14/08/2017; Pág. 396). V. tb.: AGRAVO DE INSTRUMENTO. Execução. Imóvel adquirido pelo executado através de escritura pública de compra e venda. Ausência de averbação junto ao registro do imóvel. Penhora. Possibilidade. Constrição que recai sobre os direitos decorrentes da compra e venda. Art. 835, XIII do CPC/2015. Tramitação do feito com segredo de justiça. Descabimento. Juntada de declaração de imposto de renda que não se enquadra nas hipóteses previstas no art. 189, do CPC/2015. Recurso não provido. (TJPR; Ag Instr 1586105-9; Londrina; Décima Quinta Câmara Cível; Rel. Des. Hamilton Mussi Correa; Julg. 08/02/2017; DJPR 22/02/2017; Pág. 369)

Apontando que, no caso de juntada de informações fiscais, basta que estas fiquem acauteladas em cartório.

✓ SEGREDO DE JUSTIÇA. Pedido de tramitação, diante de informações financeiras da agravada. Ausência de interesse público ou de violação à intimidade que justifiquem a limitação da publicidade dos atos processuais. Informações fiscais que, por outro lado, podem ser arquivadas em pasta própria na Serventia. Exegese do artigo 189, do NCPC. Decisão mantida. RECURSO NÃO PROVIDO. (TJSP; AI 2108966-67.2016.8.26.0000; Ac. 9571179; São Paulo; Trigésima Oitava Câmara de Direito Privado; Rel. Des. Fernando Sastre Redondo; Julg. 29/06/2016; DJESP 08/07/2016)

IV – que versem sobre arbitragem, inclusive sobre cumprimento de carta arbitral, desde que a confidencialidade estipulada na arbitragem seja comprovada perante o juízo.

→ *v.* Lei 9.307/1996 – Dispõe sobre Arbitragem.

→ *v.* Enunciado 13 do FPPC: O disposto no inciso IV do art. 189 abrange todo e qualquer ato judicial relacionado à arbitragem, desde que a confidencialidade seja comprovada perante o Poder Judiciário, ressalvada em qualquer caso a divulgação das decisões, preservada a identidade das partes e os fatos da causa que as identifiquem.

→ *v.* Enunciado 15 do FPPC: As arbitragens que envolvem a Administração Pública respeitarão o princípio da publicidade, observadas as exceções legais (**vide** art. 2º, § 3º, da Lei n. 9.607/1996, com a redação da Lei n. 13.129/2015).

§ 1º O direito de consultar os autos de processo que tramite em segredo de justiça e de pedir certidões de seus atos é restrito às partes e aos seus procuradores.

→ *v.* Art. 7º, § 1º, 1) da Lei 8.906/1994 – Estatuto da OAB.

Impossibilidade de restringir o acesso das partes e de seus advogados a decisões proferidas no processo.

✓ HABEAS CORPUS. Execuçao. Alimentos provisórios. Rito coerção pessoal. Cerceamento de defesa. Comprovação de impedimento de acesso ao teor da decisão que decretou a prisão civil do paciente no processo eletrônico. Movimentação sem visibilidade externa e interna. Sigilo que não alcança as partes e os advogados constituídos. Regra disposta no § 1º do artigo 189 do NCPC. Ilegalidade constatada. Expedição de salvo conduto. Ordem concedida. Seção da 13ª câmara cível (TJPR; HC Cível 1723048-3; Londrina; Décima Segunda Câmara Cível; Relª Juíza Conv. Suzana Massako Hirama Loreto de Oliveira; Julg. 13/09/2017; DJPR 28/09/2017; Pág. 180)

§ 2º O terceiro que demonstrar interesse jurídico pode requerer ao juiz certidão do dispositivo da sentença, bem como de inventário e de partilha resultantes de divórcio ou separação.

Art. 190. Versando o processo sobre direitos que admitam autocomposição, é lícito às partes plenamente capazes estipular mudanças no procedimento para ajustá-lo às especificidades da causa e convencionar sobre os seus ônus, poderes, faculdades e deveres processuais, antes ou durante o processo.

→ *v.* Enunciado 16 do CJF : As disposições previstas nos arts. 190 e 191 do CPC poderão aplicar-se aos procedimentos previstos nas leis que tratam dos juizados especiais, desde que não ofendam os princípios e regras previstos nas Leis n. 9.099/1995, 10.259/2001 e 12.153/2009.

→ *v.* Enunciado 17 do CJF: A Fazenda Pública pode celebrar convenção processual, nos termos do art. 190 do CPC.

→ *v.* Enunciado 18 do CJF: A convenção processual pode ser celebrada em pacto antenupcial ou em contrato de convivência, nos termos do art. 190 do CPC.

→ v. Enunciado 36 da ENFAM: A regra do art. 190 do CPC/2015 não autoriza às partes a celebração de negócios jurídicos processuais atípicos que afetem poderes e deveres do juiz, tais como os que: a) limitem seus poderes de instrução ou de sanção à litigância ímproba; b) subtraiam do Estado/juiz o controle da legitimidade das partes ou do ingresso de **amicus curiae**; c) introduzam novas hipóteses de recorribilidade, de rescisória ou de sustentação oral não previstas em lei; d) estipulem o julgamento do conflito com base em lei diversa da nacional vigente; e e) estabeleçam prioridade de julgamento não prevista em lei.

→ v. Enunciado 37 da ENFAM: São nulas, por ilicitude do objeto, as convenções processuais que violem as garantias constitucionais do processo, tais como as que: a) autorizem o uso de prova ilícita; b) limitem a publicidade do processo para além das hipóteses expressamente previstas em lei; c) modifiquem o regime de competência absoluta; e d) dispensem o dever de motivação.

→ v. Enunciado 38 da ENFAM: Somente partes absolutamente capazes podem celebrar convenção pré-processual atípica (arts. 190 e 191 do CPC/2015).

→ v. Enunciado 40 da ENFAM: Incumbe ao recorrente demonstrar que o argumento reputado omitido é capaz de infirmar a conclusão adotada pelo órgão julgador.

→ v. Enunciado 41 da ENFAM: Por compor a estrutura do julgamento, a ampliação do prazo de sustentação oral não pode ser objeto de negócio jurídico entre as partes.

→ v. Enunciado 42 da ENFAM: Não será declarada a nulidade sem que tenha sido demonstrado o efetivo prejuízo por ausência de análise de argumento deduzido pela parte.

→ v. Enunciado 6 do FPPC: O negócio jurídico processual não pode afastar os deveres inerentes à boa-fé e à cooperação.

→ v. Enunciado 16 do FPPC: O controle dos requisitos objetivos e subjetivos de validade da convenção de procedimento deve ser conjugado com a regra segundo a qual não há invalidade do ato sem prejuízo.

→ v. Enunciado 17 do FPPC: As partes podem, no negócio processual, estabelecer outros deveres e sanções para o caso do descumprimento da convenção.

→ v. Enunciado 18 do FPPC: Há indício de vulnerabilidade quando a parte celebra acordo de procedimento sem assistência técnico-jurídica.

→ v. Enunciado 19 do FPPC: São admissíveis os seguintes negócios processuais, dentre outros: pacto de impenhorabilidade, acordo de ampliação de prazos das partes de qualquer natureza, acordo de rateio de despesas processuais, dispensa consensual de assistente técnico, acordo para retirar o efeito suspensivo de recurso14, acordo para não promover execução provisória; pacto de mediação ou conciliação extrajudicial prévia obrigatória, inclusive com a correlata previsão de exclusão da audiência de conciliação ou de mediação prevista no art. 334; pacto de exclusão contratual da audiência de conciliação ou de mediação prevista no art. 334; pacto de disponibilização prévia de documentação (pacto de **disclosure**), inclusive com estipulação de sanção negocial, sem prejuízo de medidas coercitivas, mandamentais, sub-rogatórias ou indutivas; previsão de meios alternativos de comunicação das partes entre si; acordo de produção antecipada de prova; a escolha consensual de depositário-administrador no caso do art. 866; convenção que permita a presença da parte contrária no decorrer da colheita de depoimento pessoal.

→ v. Enunciado 20 do FPPC: Não são admissíveis os seguintes negócios bilaterais, dentre outros: acordo para modificação da competência absoluta, acordo para supressão da primeira instância, acordo para afastar motivos de impedimento do juiz, acordo para criação de novas espécies recursais, acordo para ampliação das hipóteses de cabimento de recursos.

→ v. Enunciado 21 do FPPC: São admissíveis os seguintes negócios, dentre outros: acordo para realização de sustentação oral, acordo para ampliação do tempo de sustentação oral, julgamento antecipado do mérito convencional, convenção sobre prova, redução de prazos processuais.

→ v. Enunciado 115 do FPPC: O negócio jurídico celebrado nos termos do art. 190 obriga herdeiros e sucessores.

→ v. Enunciado 131 do FPPC: Aplica-se ao processo do trabalho o disposto no art. 190 no que se refere à flexibilidade do procedimento por proposta das partes, inclusive quanto aos prazos.

→ v. Enunciado 132 do FPPC: Além dos defeitos processuais, os vícios da vontade e os vícios sociais podem dar ensejo à invalidação dos negócios jurídicos atípicos do art. 190.

→ v. Enunciado 133 do FPPC: Salvo nos casos expressamente previstos em lei, os negócios processuais do art. 190 não dependem de homologação judicial.

→ v. Enunciado 134 do FPPC: Negócio jurídico processual pode ser invalidado parcialmente.

→ v. Enunciado 135 do FPPC: A indisponibilidade do direito material não impede, por si só, a celebração de negócio jurídico processual.

→ v. Enunciado 252 do FPPC: O descumprimento de uma convenção processual válida é matéria cujo conhecimento depende de requerimento.

→ v. Enunciado 253 do FPPC: O Ministério Público pode celebrar negócio processual quando atua como parte.

→ v. Enunciado 254 do FPPC: É inválida a convenção para excluir a intervenção do Ministério Público como fiscal da ordem jurídica.

→ v. Enunciado 255 do FPPC: É admissível a celebração de convenção processual coletiva.

→ v. Enunciado 256 do FPPC: A Fazenda Pública pode celebrar negócio jurídico processual.

→ v. Enunciado 257 do FPPC: O art. 190 autoriza que as partes tanto estipulem mudanças do procedimento quanto convencionem sobre os seus ônus, poderes, faculdades e deveres processuais.

→ v. Enunciado 258 do FPPC: As partes podem convencionar sobre seus ônus, poderes, faculdades e deveres processuais, ainda que essa convenção não importe ajustes às especificidades da causa.

→ v. Enunciado 259 do FPPC: A decisão referida no parágrafo único do art. 190 depende de contraditório prévio.

→ v. Enunciado 260 do FPPC: A homologação, pelo juiz, da convenção processual, quando prevista em lei, corresponde a uma condição de eficácia do negócio.

→ v. Enunciado 261 do FPPC: O art. 200 aplica-se tanto aos negócios unilaterais quanto aos bilaterais, incluindo as convenções processuais do art. 190.

→ v. Enunciado 262 do FPPC: É admissível negócio processual para dispensar caução no cumprimento provisório de sentença.

- → v. Enunciado 392 do FPPC: As partes não podem estabelecer, em convenção processual, a vedação da participação do **amicus curiae**.
- → v. Enunciado 402 do FPPC: A eficácia dos negócios processuais para quem deles não fez parte depende de sua anuência, quando lhe puder causar prejuízo.
- → v. Enunciado 403 do FPPC: A validade do negócio jurídico processual, requer agente capaz, objeto lícito, possível, determinado ou determinável e forma prescrita ou não defesa em lei.
- → v. Enunciado 404 do FPPC: Nos negócios processuais, atender-se-á mais à intenção consubstanciada na manifestação de vontade do que ao sentido literal da linguagem.
- → v. Enunciado 405 do FPPC: Os negócios jurídicos processuais devem ser interpretados conforme a boa-fé e os usos do lugar de sua celebração.
- → v. Enunciado 406 do FPPC: Os negócios jurídicos processuais benéficos e a renúncia a direitos processuais interpretam-se estritamente.
- → v. Enunciado 407 do FPPC: Nos negócios processuais, as partes e o juiz são obrigados a guardar nas tratativas, na conclusão e na execução do negócio o princípio da boa-fé.
- → v. Enunciado 408 do FPPC: Quando houver no contrato de adesão negócio jurídico processual com previsões ambíguas ou contraditórias, dever-se-á adotar a interpretação mais favorável ao aderente.
- → v. Enunciado 409 do FPPC: A convenção processual é autônoma em relação ao negócio em que estiver inserta, de tal sorte que a invalidade deste não implica necessariamente a invalidade da convenção processual.
- → v. Enunciado 410 do FPPC: Aplica-se o Art. 142 do CPC ao controle de validade dos negócios jurídicos processuais.
- → v. Enunciado 411 do FPPC: O negócio processual pode ser distratado.
- → v. Enunciado 412 do FPPC: A aplicação de negócio processual em determinado processo judicial não impede, necessariamente, que da decisão do caso possa vir a ser formado precedente.
- → v. Enunciado 413 do FPPC: O negócio jurídico processual pode ser celebrado no sistema dos juizados especiais, desde que observado o conjunto dos princípios que o orienta, ficando sujeito a controle judicial na forma do parágrafo único do art. 190 do CPC.
- → v. Enunciado 490 do FPPC: São admissíveis os seguintes negócios processuais, entre outros: pacto de inexecução parcial ou total de multa coercitiva; pacto de alteração de ordem de penhora; pré-indicação de bem penhorável preferencial (art. 848, II); pré-fixação de indenização por dano processual prevista nos arts. 81, § 3º, 520, inc. I, 297, parágrafo único (cláusula penal processual); negócio de anuência prévia para aditamento ou alteração do pedido ou da causa de pedir até o saneamento (art. 329, inc. II).
- → v. Enunciado 491 do FPPC: É possível negócio jurídico processual que estipule mudanças no procedimento das intervenções de terceiros, observada a necessidade de anuência do terceiro quando lhe puder causar prejuízo.
- → v. Enunciado 492 do FPPC: O pacto antenupcial e o contrato de convivência podem conter negócios processuais.
- → v. Enunciado 493 do FPPC: O negócio processual celebrado ao tempo do CPC-1973 é aplicável após o início da vigência do CPC-2015 do FPPC.
- → v. Enunciado 569 do FPPC: O art. 1.047 não impede convenções processuais em matéria probatória, ainda que relativas a provas requeridas ou determinadas sob vigência do CPC-1973.
- → v. Enunciado 579 do FPPC: Admite-se o negócio processual que estabeleça a contagem dos prazos processuais dos negociantes em dias corridos.
- → v. Enunciado 580 do FPPC: É admissível o negócio processual estabelecendo que a alegação de existência de convenção de arbitragem será feita por simples petição, com a interrupção ou suspensão do prazo para contestação.
- → v. Enunciado 628 do FPPC: As partes podem celebrar negócios jurídicos processuais na audiência de conciliação ou mediação.

Inadmitindo a criação de novas hipóteses de decisões agraváveis por convenção processual.

✓ EMBARGOS DE DECLARAÇÃO. AUSÊNCIA DE OMISSÃO, CONTRADIÇÃO OU OBSCURIDADE. MATÉRIA DEVIDAMENTE APRECIADA PELO ACÓRDÃO RECORRIDO. DESPROVIMENTO DO RECURSO. 1. É cediço que os pressupostos de admissibilidade dos embargos de declaração são a existência de obscuridade, contradição ou omissão na decisão recorrida, devendo ser ressaltado que esse rol determinado pelo artigo 1022, do novo Código de Processo Civil, é taxativo, não permitindo, assim, interpretação extensiva. 2. Alega o embargante que acórdão padece do vício da omissão, pois deixou de indicar o fundamento legal que a fez negar vigência ao inciso XIII do art. 1.015 do Código de Processo Civil. Afirma que o rol contido no referido artigo não pode ser considerado taxativo, porquanto a existência do inciso XIII do artigo 1.015 do Código de Processo Civil enseja interpretação extensiva. 3. O acórdão embargado foi claro em suas conclusões, ao afirmar que o indeferimento de produção de prova pericial não se encontra entre as hipóteses relativas ao cabimento do recurso de agravo de instrumento, conforme rol taxativo previsto no artigo 1.015 do Código de Processo Civil. Somente são impugnadas por agravo de instrumento as decisões interlocutórias relacionadas no referido dispositivo. Para que determinada decisão seja enquadrada como agravável, é preciso que integre o catálogo de decisões passíveis de agravo de instrumento. Somente a Lei pode criar hipóteses de decisões agraváveis na fase de conhecimento. não cabe, por exemplo, convenção processual, lastreada no art. 190 do CPC, que crie modalidade de decisão interlocutória agravável. 4. O Tribunal deve fundamentar suas decisões suficientemente à elucidação da controvérsia e em respeito ao art. 93, inc. IX, da Constituição Federal, o que não significa obrigatoriedade de examinar todos os argumentos e dispositivos legais eriçados na demanda, consoante entendimento jurisprudencial. 5. De acordo com o Novo Código de Processo Civil, a simples interposição dos embargos de declaração já é suficiente para prequestionar a matéria, "ainda que os embargos de declaração sejam inadmitidos ou rejeitados, caso o tribunal superior considere existentes erro, omissão, contradição ou obscuridade" (art. 1.025 do NCPC), razão pela qual, a rigor, revela-se desnecessário o enfrentamento de todos os dispositivos legais ventilados pelas partes para fins de acesso aos Tribunais Superiores. 6. Embargos de declaração desprovidos. (TRF 2ª R.; AI 0011401-42.2016.4.02.0000; Quarta Turma Especializada; Rel. Des. Fed. Luiz Antonio Soares; DEJF 11/07/2017)

Considerando que as partes podem ajustar negocialmente a compensação de honorários, afastando o art. 85, § 14 do CPC.

✓ APELAÇÃO CÍVEL. DIREITO PÚBLICO NÃO ESPECIFICADO. SAÚDE. EXECUÇÃO DE SENTENÇA. EMBARGOS. COMPENSAÇÃO DE HONORÁRIOS. EXPRESSA CONCORDÂNCIA ENTRE AS PARTES. CABIMENTO. Diante de expressa e reiterada concordância entre as partes (defensoria pública do estado e município) acerca da compensação entre as verbas honorárias, não há por quê deixar de acolher o pedido, notadamente porque o novo código de processo civil tem como um de seus objetivos promover a solução consensual do litígio (artigos 3º e 190 do CPC). E, nesse contexto, a expressa concordância das partes quanto à compensação se sobrepõe ao disposto no art. 85, § 14, do CPC. Apelação provida. (TJRS; AC 0041106-39.2017.8.21.7000; Sapiranga; Segunda Câmara Cível; Rel. Des. Ricardo Torres Hermann; Julg. 29/03/2017; DJERS 19/04/2017)

Possibilidade de fixação de multa progressiva por ato atentatório à dignidade da justiça em razão de convenção processual.

✓ AGRAVO DE INSTRUMENTO. SUCESSÕES. REVOGAÇÃO DE GRATUIDADE DA JUSTIÇA. COMPROVAÇÃO DO NÃO PREENCHIMENTO DOS PRESSUPOSTOS LEGAIS PARA A CONCESSÃO DA GRATUIDADE. CONDENAÇÃO AO PAGAMENTO DE MULTA, POR ATO ATENTATÓRIO À DIGNIDADE DA JUSTIÇA. DESCABIMENTO. 1. Conquanto haja previsão legal acerca da revogação da gratuidade da justiça (art. Do CPC/15), não se pode olvidar que, para tanto, é necessária prova de que a parte que teve deferido o pedido não faz jus à sua concessão, devendo o juízo, assim como ocorre em relação ao indeferimento da gratuidade, intimar a parte, previamente, para que ela se manifeste e produza as provas que entender cabíveis, na linha do que preconiza o art. 99, § 2º, do CPC/15, também sob a perspectiva do contraditório dinâmico trazido ao ordenamento jurídico pelo art. 10 do CPC/15. 2. Apesar de haver, na negociação processual entabulada com amparo no art. 190 do CPC/15, a previsão da fixação de multa progressiva sobre o monte-mor, por ato atentatório à dignidade da justiça, ao litigante que reiterar pedido atingido pela preclusão, não restando caracterizada a prática de tal conduta, revela-se descabida a multa aplicada. Deram provimento. Unânime. (TJRS; AI 0323661-66.2016.8.21.7000; Getúlio Vargas; Oitava Câmara Cível; Rel. Des. Luiz Felipe Brasil Santos; Julg. 23/03/2017; DJERS 28/03/2017)

Possibilidade de cumulação dos ritos de cumprimento e homologação de testamento com inventário em um só processo por meio de convenção processual.

✓ AGRAVO DE INSTRUMENTO. AÇÃO DE INVENTÁRIO. PEDIDO DE CUMULAÇÃO DOS RITOS DE CUMPRIMENTO E HOMOLOGAÇÃO DE TESTAMENTO JUNTAMENTE COM O INVENTÁRIO EM UM ÚNICO PROCESSO. POSSIBILIDADE DE NEGOCIAÇÃO DO RITO. ART. 190 DO NOVO CPC. RECURSO PROVIDO. DECISÃO UNÂNIME. O art. 190 do Novo CPC prevê a possibilidade de que as partes, desde que plenamente capazes e em causa que verse sobre direitos que admitam autocomposição, estipulem mudanças no procedimento para ajustá-lo às especificidades da causa. Não há qualquer risco quanto à validade do negócio, sendo apenas facultado às partes, no presente caso, optar pelo controle judicial da validade do ato testamentário no mesmo procedimento em que será realizada a partilha, havendo assim economia de atos, despesas e tempo. (TJSE; AI 201600821544; Ac. 21239/2016; Segunda Câmara Cível; Rel. Des. José dos Anjos; Julg. 08/11/2016; DJSE 16/11/2016)

Impossibilidade de convenção processual que estabeleça que em nenhuma hipótese a comissão do leiloeiro será devolvida ao arrematante.

✓ ARREMATAÇÃO. DESISTÊNCIA. COMISSÃO DE LEILOEIRO. ORDEM DE RESTITUIÇÃO. INOCORRÊNCIA DE OFENSA A DIREITO LÍQUIDO E CERTO ANTE A TEXTUAL PREVISÃO DO ARTIGO 903 § 5º DO CPC, QUE ASSEGURA AO ARREMATANTE, NAQUELE CASO, A DEVOLUÇÃO DA COMISSÃO. Disposição de ordem pública e não susceptível de ser objeto do negócio processual de que trata o artigo 190 do CPC, o que torna ineficaz anúncio que o leiloeiro lançou em documento padronizado e no qual colheu a assinatura do arrematante, segundo a qual em nenhuma hipótese a comissão seria devolvida. Direito líquido e certo à retenção não caracterizado. Segurança denegada. (TJSP; MS 2172410-74.2016.8.26.0000; Ac. 9999124; São Paulo; Trigésima Sexta Câmara de Direito Privado; Rel. Des. Arantes Theodoro; Julg. 24/11/2016; DJESP 02/12/2016)

Possibilidade de se autorizar o recebimento de intimação por quaisquer terceiros que se encontrem em determinado endereço por convenção processual.

✓ AGRAVO DE INSTRUMENTO. AÇÃO MONITÓRIA. HOMOLOGAÇÃO DE ACORDO EXTRAJUDICIAL. CUMPRIMENTO DE SENTENÇA. Intimação para os fins do artigo 475 – J do CPC/1973. Ré executada sem advogado constituído nos autos. INTIMAÇÃO PESSOAL. DESNECESSÁRIO. Partes que estipularam mudança no procedimento para ajustá-lo a especificidade da demanda. NEGÓCIO JURÍDICO PROCESSUAL PREVISTO NO CPC/2015. CABIMENTO. Intimações a serem realizadas no endereço declinado, ficando autorizado o recebimento de intimação por quaisquer terceiros que nele se encontrem. AUTOCOMPOSIÇÃO E CAPACIDADE PLENA DAS PARTES. DISPONIBILIDADE DOS INTERESSES A

PERMITIR O NEGÓCIO JURÍDICO PROCESSAL. Inteligência do art. 190, do CPC/2015. DECISÃO AGRAVADA REFORMA. AGRAVO PROVIDO. (TJSP; AI 2045753-87.2016.8.26.0000; Ac. 9825592; Guarulhos; Trigésima Segunda Câmara de Direito Privado; Rel. Des. Luís Fernando Nishi; Julg. 22/09/2016; DJESP 29/09/2016)

Permitindo negócio processual que inclua obrigações para terceiros (que firmem o NJP).

✓ Agravo de instrumento. Ação de despejo. Transação homologada em juízo que previa a inclusão do fiador no polo passivo da demanda. Decisão que negou a inclusão do fiador sob o fundamento de não existir respaldo legal para tanto. Fiador que assinou o acordo homologado. Negócio jurídico processual perfeito. Ausência de vícios. Acordo que pode alcançar terceiros à relação processual, desde que cientes e subscritos. Possibilidade de inclusão do fiador. Decisão reformada. Recurso de agravo de instrumento conhecido e provido. (TJPR - 12ª C.Cível - AI - 1271052-4 - Londrina - Rel. Des. Ângela Maria Machado Costa - Unânime - J. 07.10.2015)

Entendendo possível negócio jurídico a respeito de penhora.

✓ EXECUÇÃO DE TÍTULO EXECUTIVO EXTRAJUDICIAL -- Acordo levado a efeito entre as partes, com previsão de penhora sobre imóveis oferecidos pelos executados - Viabilidade - Com o advento do novo CPC, é possível as partes celebrarem negócio jurídico processual, amoldando as normas processuais de acordo com os seus interesses - Inteligência do art. 190 do CPC/2015 - Composição que preserva os interesses das partes, bem como encontra arrimo no artigo 774, inciso V, e art. 829, § 2º, do CPC/2015 - Decisão reformada - Recurso provido. (TJ-SP 21185355820178260000 SP 2118535-58.2017.8.26.0000, Relator: Paulo Pastore Filho, Data de Julgamento: 30/11/2017, 17ª Câmara de Direito Privado, Data de Publicação: 30/11/2017)

Admitindo a suspensão da execução por prazo indeterminado.

✓ TRANSAÇÃO - Execução de título extrajudicial embargada - Celebração de acordo - Pedido expresso das partes no sentido de suspensão da execução pelo prazo de cumprimento da avença - Possibilidade de celebração de negócio jurídico processual - Inteligência do art. 922, do Código de Processo Civil/2015: - Possível a homologação de acordo celebrado em execução de título extrajudicial embargada, sem a extinção da execução, pois formulado o pedido com fulcro no art. 922, do novo Código de Processo Civil, consistente em hipótese de negócio jurídico processual, a permitir a suspensão da execução por prazo indeterminado, até o regular cumprimento da avença. RECURSO PROVIDO (TJ-SP 10089419820168260344 SP 1008941-98.2016.8.26.0344, Relator: Nelson Jorge Júnior, Data de Julgamento: 16/10/2017, 13ª Câmara de Direito Privado, Data de Publicação: 16/10/2017)

Entendendo inaplicável o dispositivo na Justiça do Trabalho (v. tb. Instrução Normativa nº 39/2016 do TST).

✓ ARTIGO 190 DO CPC/2015. INAPLICABILIDADE NA JUSTIÇA DO TRABALHO. CERCEAMENTO DE DEFESA CONFIGURADO. Embora o artigo 769 da CLT permita o emprego do direito processual comum ao processo do Trabalho de forma subsidiária, o disposto no artigo 190 do NCPC não terá aplicação nas demandas trabalhistas, ante sua incompatibilidade. Assim, considerando a juntada tempestiva da defesa, consoante disposto no artigo 29 da Resolução 136/2014 do CSJT, acolho o cerceamento de defesa arguido pelo Réu e declaro a nulidade da sentença para determinar que seja proferido novo julgamento, com a análise da contestação e documentos colacionados, com eventual produção de provas orais e ou pericias, em razão da não ocorrência da revelia e da confissão ficta. (TRT 23ª R.; RO 0000233-15.2016.5.23.0052; Primeira Turma; Rel. Juiz Conv. Nicanor Fávero; Julg. 21/03/2017; DEJTMT 27/03/2017; Pág. 65)

Parágrafo único. De ofício ou a requerimento, o juiz controlará a validade das convenções previstas neste artigo, recusando-lhes aplicação somente nos casos de nulidade ou de inserção abusiva em contrato de adesão ou em que alguma parte se encontre em manifesta situação de vulnerabilidade.

Apontando serem taxativas as hipóteses previstas no parágrafo único do art. 190.

✓ PROCESSUAL. SUSPENSÃO DO PROCESSO. CONVENÇÃO DAS PARTES. POSSIBILIDADE. GRATUIDADE DE JUSTIÇA. HIPOSSUFICIÊNCIA. MERA AFIRMAÇÃO. PRESUNÇÃO RELATIVA. DECISÃO REFORMADA EM PARTE. 1. Embora o negócio jurídico processual possa ter sua validade controlada pelo magistrado, este só poderá recusar-lhe aplicação nas hipóteses do art. 190, parágrafo único, do CPC/2015. 2. Ainda que a afirmativa de hipossuficiência goze de presunção de veracidade, tal presunção não é absoluta. No caso, a parte não demonstrou a insuficiência de recursos para afastar as provas documentais que demonstram em sentido contrário. 3. Agravo conhecido e parcialmente provido. (TJDF; AGI 2016.00.2.047403-2; Ac. 984.997; Sétima Turma Cível; Rel. Des. Fábio Eduardo Marques; Julg. 30/11/2016; DJDFTE 06/12/2016)

Art. 191. De comum acordo, o juiz e as partes podem fixar calendário para a prática dos atos processuais, quando for o caso.

→ v. Enunciado 299 do FPPC: O juiz pode designar audiência também (ou só) com objetivo de ajustar com as partes a fixação de calendário para fase de instrução e decisão.

→ v. Enunciado 494 do FPPC: A admissibilidade de autocomposição não é requisito para o calendário processual.

§ 1º O calendário vincula as partes e o juiz, e os prazos nele previstos somente serão modificados em casos excepcionais, devidamente justificados.

→ v. Enunciado 414 do FPPC: O disposto no § 1º do artigo 191 refere-se ao juízo.

Considerando que o calendário ajustado em 1º grau não vincula o 2º grau de jurisdição.

✓ CONSUMIDOR. CIVIL. PROCESSO CIVIL. FINANCIAMENTO ESTUDANTIL. FIES. REPASSE. RETENÇÃO INDEVIDA. COBRANÇA. RESTITUIÇÃO DO INDÉBITO. CABIMENTO. JUROS E CORREÇÃO MONETÁRIA. INCIDÊNCIA. RENÚNCIA. NULIDADE. DESVANTAGEM EXAGERADA. DANOS MORAIS. CONFIGURAÇÃO. COMPROMETIMENTO DO SEMESTRE LETIVO. LITIGÂNCIA DE MÁ-FÉ. AUSÊNCIA. PRELIMINARES. REJEIÇÃO. RECURSO DOS ESTUDANTES. INTEMPESTIVIDADE. NÃO CONHECMENTO. CALENDÁRIO PARA PRÁTICA DE ATOS PROCESSUAIS. RESTRIÇÃO. ATOS ESPECÍFICOS. Embora facultada às partes a fixação de calendário para prática de atos processuais (art. 191 do CPC), as datas estabelecidas de comum acordo não vinculam o 2º grau de jurisdição, mormente quando, em se tratando de prazo peremptório, nada foi firmado quanto à interposição de recursos. Nega-se, pois, seguimento a apelo manifestamente intempestivo. Não há falar em incompetência do juízo quando a temática objeto da lide aborda retenção indevida de valores repassados pelo programa de financiamento estudantil. FIES, de modo que o cerne da controvérsia gira em torno do contrato de prestação de serviços educacionais entre aluno e instituição de ensino superior participante. O fato de o programa postergar o início do pagamento das mensalidades para depois de encerrado o curso superior não afasta a obrigação de as instituições educacionais cumprirem integralmente os termos contratuais, cabendo a seus gestores aplicarem adequadamente os valores repassados pelo Governo. É nula de pleno direito a cláusula de acordo de renúncia a juros de mora e correção monetária incidente sobre valores indevidamente retidos por faculdade participante do programa FIES. O comprometimento do semestre letivo, em decorrência de retenção indevida de valores repassados pelo FIES para faculdade particular, ultrapassa o mero dissabor, configurando dano moral indenizável, haja vista frustrar a legítima expectativa de que a formação de ensino superior pode abrir portas para um futuro melhor. Ausente a prova inequívoca da intenção da parte em causar injustificado prejuízo à outra, ou intuito de protelar indefinidamente a demanda, deve ser rejeitada a preliminar de litigância de má-fé, instituto este que não se presume, devendo ser comprovado. Não se conheceu do recurso interposto por Maria ROSEANE OLIVEIRA COSTA E OUTRO, porquanto intempestivo. Rejeitadas as preliminares de incompetência do Juízo, formação de litisconsórcio passivo necessário e intempestividade da réplica/contestação, CONHECEU-SE do apelo interposto por INSTITUTO MAUÁ DE PESQUISA E EDUCAÇÃO Ltda-ME, e, no mérito, NEGOU-SE PROVIMENTO. Unânime. (TJDF; APC 2016.03.1.015315-3; Ac. 103.9795; Sétima Turma Cível; Rel. Des. Romeu Gonzaga Neiva; Julg. 02/08/2017; DJDFTE 24/08/2017)

§ 2º Dispensa-se a intimação das partes para a prática de ato processual ou a realização de audiência cujas datas tiverem sido designadas no calendário.

Art. 192. Em todos os atos e termos do processo é obrigatório o uso da língua portuguesa.

Parágrafo único. O documento redigido em língua estrangeira somente poderá ser juntado aos autos quando acompanhado de versão para a língua portuguesa tramitada por via diplomática ou pela autoridade central, ou firmada por tradutor juramentado.

→ v. Arts. 38, 41 e 963, V do NCPC.

Considerando indevida a restituição do valor pago pelo autor com traduções juramentadas juntadas ao processo, por este ser um ônus do demandante.

✓ RESPONSABILIDADE CIVIL. Contrato de transporte aéreo. Extravio temporário de bagagem. Responsabilidade objetiva da Ré incontroversa. Dano material. Atraso de dez dias na entrega de bagagem. Não configuração. Inexistência de diminuição patrimonial. Bagagem recuperada intacta. Valores despendidos para a compra de objetos e utensílios pessoais. Incorporação ao seu patrimônio. Inexistência de razoabilidade e essencialidade nas compras efetuadas. Abuso de boa-fé. Despesas com tradução de documento. Ônus do Autor (CF. Art. 192, parágrafo único, do CPC/2015). Dano moral. Quantum indenizatório. Quantia fixada em valor ínfimo (R$ 2.000,00). Necessidade de elevação. Pretensão de arbitramento em R$ 20.000,00. Descabimento. Indenização fixada em R$ 15.000,00. Atualização monetária a partir da data deste acórdão. Juros de mora de 1% ao mês desde a citação. Manutenção da sucumbência recíproca das partes Recurso parcialmente provido. (TJSP; APL 1127514-85.2015.8.26.0100; Ac. 10914116; São Paulo; Vigésima Câmara de Direito Privado; Rel. Des. Álvaro Torres Júnior; Julg. 23/10/2017; DJESP 01/11/2017; Pág. 2587)

Dispensando a tradução juramentada se outros documentos em língua portuguesa permitiram a compreensão do assunto.

✓ PROCESSO CIVIL. Conhecimentos de transporte. Documentos em língua inglesa. Admissibilidade. Autora exibiu outros documentos redigidos em língua portuguesa e que demonstram a forma de contratação da estadia dos contêineres. Tais documentos não trouxeram prejuízo aos réus dentro do contexto probatório. Inteligência do parágrafo único do art. 192 do CPC/2015. Preliminar rejeitada. PRESCRIÇÃO. Ação de cobrança. Taxa de estadia de contêineres. Inaplicação do disposto no art. 22 da Lei nº 9.611/1998. Modalidade única de transporte. Impossibilidade de aplicação do prazo ânuo para transporte multimodal. Revogação expressa do art. 449, § 3º, do Código Comercial (CF. Art. 2.045 do CC/02). Prescrição é quinquenal (CF. Art. 206, §5º, I, do CC/02). Ação ajuizada em 2015. Prescrição inocorrente. Preliminar rejeitada. CONTRATO. Transporte marítimo. Devolução de contêineres. Cobrança de taxa de estadia sem concessão de free time. Admissibilidade. Contrato prevê a cobrança a partir do primeiro dia da descarga do navio. Aceitação pelos réus dos termos ajustados contratualmente. Se eles não concordavam com os termos avençados deveriam não contratar com a autora. Necessidade de se observar o pacta sunt servanda. Ausência de arguição a respeito das datas de descarga dos contêineres. Réus que não se desincumbiram dos fatos impeditivos, extintivos ou modificativos do direito da autora. Ação procedente. Recurso desprovido. (TJSP; APL 1030801-20.2015.8.26.0562; Ac. 10778489; Santos; Vigésima Câmara de Direito Privado; Rel. Des. Álvaro Torres Júnior; Julg. 04/09/2017; DJESP 19/09/2017; Pág. 2265)

Afastando a exigência de tradução juramentada por se tratar de documento de fácil compreensão.

✓ APELAÇÃO CÍVEL. AÇÃO DE REPARAÇÃO SECURITÁRIA. ILEGITIMIDADE PASSIVA. PRELIMINAR REJEITADA. EMPRESAS PERTENCENTES AO MESMO GRUPO ECONÔMICO. DOCUMENTOS JUNTADOS EM LÍNGUA ESTRANGEIRA. AUSÊNCIA DE TRADUÇÃO JURAMENTADA. CONTEÚDO DE FÁCIL COMPREENSÃO. INTERPRETAÇÃO SISTEMÁTICA DO ART. 192, § ÚNICO DO CPC. CLÁUSULA CONTRATUAL. PREVISÃO EXPRESSA DE EXCLUSÃO DE COBERTURA. NEGATIVA DE COBERTURA. ILEGALIDADE. INEXISTÊNCIA. É entendimento jurisprudencial pacífico que, tratando-se de empresas pertencentes ao mesmo grupo econômico, não há que se falar em ilegitimidade passiva quando o autor ajuíza ação contra uma ou mais das empresas que compoem o conglomerado. Ainda que os documentos não tenham sido acompanhados de tradução juramentada, são válidos, posto que, no caso em tela, a tradução não era indispensável para sua compreensão. As regras da legislação consumerista aplicam-se aos contratos de plano de saúde e assistência. Em havendo cláusula contratual expressa que prevê exclusão de cobertura para o risco ocorrido, inexiste abusividade na negativa das requeridas. (TJMG; APCV 1.0024.14.105960-0/001; Relª Desª Mariângela Meyer; Julg. 29/08/2017; DJEMG 08/09/2017)

Exigência de tradução juramentada quando o documento redigido em língua estrangeira apresenta termos técnicos, que não são de conhecimento notório.

✓ EMBARGOS DE DECLARAÇÃO. Alegação de que o acórdão foi omisso, obscuro e contraditório. Adequação do julgado ao entendimento estampado no RESP. Nº 1.562.015/SP. Reconhecida a existência de omissões, as quais merecem ser sanadas. Documentos juntados aos autos com conteúdo em três línguas estrangeiras, desacompanhados de tradução juramentada. Inadmissibilidade. Exegese do art. 157 do CPC/73 (art. 192, par. Único, do CPC/15). Evidenciado prejuízo ao contraditório, direito de defesa e correta solução da lide. Línguas estrangeiras que detêm expressões próprias, de forma a gerar, eventualmente, dúbio sentido, desvios sintáticos ou incorreções gramaticais. Desconsideração do meio de prova que se impõe, mormente pelas referências a termos técnicos, cujo conhecimento não é notório. Ônus probatório que incumbia exclusivamente à ré-reconvinte. Supressão de exigência legal, conscientemente descumprida, que implicaria falta de imparcialidade do juízo. Inocorrência de contradição e obscuridade. Pretensão de obter efeitos infringentes. Inadmissibilidade. Prequestionamento. Embargos, da ré, acolhidos parcialmente. Rejeitados os embargos dos autores. (TJSP; EDcl 9217166-93.2009.8.26.0000/50000; Ac. 10737127; São Paulo; Trigésima Sexta Câmara de Direito Privado; Relª Desª Maria de Lourdes Lopez Gil; Julg. 24/08/2017; rep. DJESP 01/09/2017; Pág. 2691)

Apontando que incumbe ao fornecedor que redigiu documento em língua estrangeira traduzi-lo para demanda ajuizada pelo consumidor.

✓ INVERSÃO DO ÔNUS DA PROVA. DOCUMENTOS EM LÍNGUA ESTRANGEIRA. TRADUÇÃO. 1. A inversão do ônus da prova, prevista no art. 6º, VIII, do CDC, medida excepcional, é cabível nas relações de consumo, quando demonstrada a verossimilhança das alegações do consumidor ou sua hipossuficiência. 2. A obrigatoriedade da tradução de documento de origem estrangeira, prevista no art. 192 do CPC/15, excepcionalmente, pode ser afastada, quando possível a compreensão do teor dos documentos juntados. 3. Se companhia área internacional redigiu em língua estrangeira o documento, incumbe-lhe traduzi-lo. 4. Agravo não provido. (TJDF; AGI 2016.00.2.035675-2; Ac. 984.983; Sexta Turma Cível; Rel. Des. Jair Soares; Julg. 30/11/2016; DJDFTE 07/12/2016). V. tb.: AGRAVO DE INSTRUMENTO. PRESTAÇÃO DE SERVIÇOS. AÇÃO DECLARATORIA DE RESCISÃO DE CONTRATO DE PROGRAMA DE HOSPEDAGEM EM REDE HOTELEIRA C.C. INDENIZATÓRIA E PEDIDO DE RESTITUIÇÃO DE VALORES. COMANDO DE EMENDA DA PETIÇÃO INICIAL, PARA APRESENTAÇÃO DO CONTRATO ORIGINAL ACOMPANHADO DA VERSÃO PARA A LÍNGUA PORTUGUESA, TRADUZIDO POR TRADUTOR JURAMENTADO, COMO EXIGE O ART. 192 DO CPC (ART. 157 DO CPC DE 1973). Hipótese em que, porém, se impõe amenizar o formalismo da Lei, por se tratar de relação de consumo e porque o indigitado documento, redigido em língua espanhola, parece possibilitar fácil, rápida e precisa compreensão pelo leitor de mediano nível de instrução, no que interessa ao caso dos autos. Ressalva da possibilidade de o réu, como matéria de defesa, impugnar a qualidade probante do citado documento. Dispositivo: Deram provimento ao agravo. (TJSP; AI 2096650-22.2016.8.26.0000; Ac. 9555661; São Paulo; Décima Nona Câmara de Direito Privado; Rel. Des. Ricardo Pessoa de Mello Belli; Julg. 20/06/2016; DJESP 01/07/2016). Contra, no entanto: RECURSO INOMINADO. Ação indenizatória por danos morais e materiais. Mudança de horário do voo de volta. Comunicado com 18 dias de antecedência da data de prevista para o retorno. Requerida que prestou todas as informações solicitadas pelos autores. Danos morais não configurados. A situação vivenciada em hipótese alguma atingiu os autores em sua personalidade, que pudesse ensejar reparação de cunho extrapatrimoninal. Danos materiais não comprovados. Documentos juntados em língua estrangeira sem qualquer tradução, conforme exigência do art. 192, §único do CPC. Desembolsos não comprovados. Reforma da sentença para julgar improcedente a ação. Recurso provido. (TJRS; RCív 0057547-46.2016.8.21.9000; Porto Alegre; Quarta Turma Recursal Cível; Relª Desª Gisele Anne Vieira de Azambuja; Julg. 09/12/2016; DJERS 19/12/2016)

Aplicando ao descumprimento da exigência em tela a regra de que nenhum ato processual será declarado nulo sem que tenha havido prejuízo.

✓ RECURSO DE REVISTA INTERPOSTO SOB A ÉGIDE DA LEI Nº 13.015/2014. AUSÊNCIA DE PRESSUPOSTOS DE DESENVOLVIMENTO VÁLIDO E REGULAR DO PROCESSO. DOCUMENTOS EM LÍNGUA ESTRANGEIRA. AUSÊNCIA DE TRADUÇÃO A CONCLUSÃO REGISTRADA NO ACÓRDÃO REGIONAL ESTÁ CONFORME AO ENTENDIMENTO PREDOMINANTE NA JURISPRUDÊNCIA, NO SENTIDO DE QUE, NA INTERPRETAÇÃO DO ART. 192 DO NCPC, DEVEM SER LEVADOS EM CONSIDERAÇÃO OS PRINCÍPIOS QUE REGEM AS NULIDADES, ESPECIALMENTE O QUE CONSAGRA QUE NENHUM ATO SERÁ DECLARADO NULO SE DA NULIDADE NÃO RESULTAR PREJUÍZO PARA AS PARTES (PAS DE NULITTÉ SANS GRIEF). NO CASO, A CORTE DE ORIGEM NÃO CONSIDEROU O IDIOMA ESTRANGEIRO UM EMPECILHO À COMPREENSÃO E À VALORAÇÃO DOS DOCUMENTOS JUNTADOS AOS AUTOS. COMO CABE AO JUIZ A ANÁLISE FINAL DA PROVA, A ELE TAMBÉM COMPETE AVALIAR A IMPRESCINDIBILIDADE DA TRADUÇÃO DOS DOCUMENTOS PARA A FORMAÇÃO DE SEU LIVRE CONVENCIMENTO MOTIVADO. PRELIMINAR DE NULIDADE POR NEGATIVA DE PRESTAÇÃO JURISDICIONAL Matéria preclusa, incidência da Súmula nº 297, II, do TST. CONFLITO DE LEIS TRABALHISTAS NO ESPAÇO. DIFERENÇAS SALARIAIS. ADICIONAL DE PERICULOSIDADE. INDENIZAÇÃO POR DANO MORAL Nos temas em epígrafe, o Recurso de Revista não reúne condições de processamento por desatender ao requisito previsto no art. 896, § 1º-A, I, da CLT (redação da Lei nº 13.015/2014), de transcrever a decisão recorrida no que consubstancia o prequestionamento da controvérsia objeto do recurso de revista. Recurso de Revista não conhecido. (TST; RR 0000086-48.2012.5.12.0015; Oitava Turma; Relª Min. Maria Cristina Irigoyen Peduzzi; DEJT 19/12/2016; Pág. 7560)

Seção II
Da Prática Eletrônica de Atos Processuais

→ *v.* Lei 11.419/2006 – Dispõe sobre a informatização do processo judicial e dá outras providências.

Art. 193. Os atos processuais podem ser total ou parcialmente digitais, de forma a permitir que sejam produzidos, comunicados, armazenados e validados por meio eletrônico, na forma da lei.

Parágrafo único. O disposto nesta Seção aplica-se, no que for cabível, à prática de atos notariais e de registro.

→ *v.* Lei 6.015/1973 – Dispõe sobre os registros públicos, e dá outras providências.

→ *v.* Enunciado 25 do CJF: As audiências de conciliação ou mediação, inclusive dos juizados especiais, poderão ser realizadas por videoconferência, áudio, sistemas de troca de mensagens, conversa on-line, conversa escrita, eletrônica, telefônica e telemática ou outros mecanismos que estejam à disposição dos profissionais da autocomposição para estabelecer a comunicação entre as partes.

Art. 194. Os sistemas de automação processual respeitarão a publicidade dos atos, o acesso e a participação das partes e de seus procuradores, inclusive nas audiências e sessões de julgamento, observadas as garantias da disponibilidade, independência da plataforma computacional, acessibilidade e interoperabilidade dos sistemas, serviços, dados e informações que o Poder Judiciário administre no exercício de suas funções.

→ *v.* Enunciado 263 do FPPC: A mera juntada de decisão aos autos eletrônicos não necessariamente lhe confere publicidade em relação a terceiros.

→ *v.* Enunciado 264 do FPPC: Salvo hipóteses de segredo de justiça, nos processos em que se realizam intimações exclusivamente por portal eletrônico, deve ser garantida ampla publicidade aos autos eletrônicos, assegurado o acesso a qualquer um.

→ *v.* Enunciado 265 do FPPC: É possível haver documentos transitoriamente confidenciais no processo eletrônico.

Art. 195. O registro de ato processual eletrônico deverá ser feito em padrões abertos, que atenderão aos requisitos de autenticidade, integridade, temporalidade, não repúdio, conservação e, nos casos que tramitem em segredo de justiça, confidencialidade, observada a infraestrutura de chaves públicas unificada nacionalmente, nos termos da lei.

Art. 196. Compete ao Conselho Nacional de Justiça e, supletivamente, aos tribunais, regulamentar a prática e a comunicação oficial de atos processuais por meio eletrônico e velar pela compatibilidade dos sistemas, disciplinando a incorporação progressiva de novos avanços tecnológicos e editando, para esse fim, os atos que forem necessários, respeitadas as normas fundamentais deste Código.

→ *v.* Resolução 185/2013 do CNJ – Institui o Sistema Processo Judicial Eletrônico – PJe como sistema de processamento de informações e prática de atos processuais e estabelece os parâmetros para sua implementação e funcionamento.

→ *v.* Resolução 234/2016 do CNJ – Institui o Diário de Justiça Eletrônico Nacional (DJEN), a Plataforma de Comunicações Processuais (Domicílio Eletrônico) e a Plataforma de Editais do Poder Judiciário, para os efeitos da Lei 13.105, de 16 de março de 2015 e dá outras providências.

Considerando que as intimações eletrônicas em portal prevalecem sobre as realizadas no Diário de Justiça.

✓ PROCESSUAL CIVIL. RECURSO ESPECIAL. TEMPESTIVIDADE. PROCESSO ELETRÔNICO REGIDO PELA LEI 11.419/2006. INTIMAÇÃO DO ACÓRDÃO RECORRIDO REALIZADA EM DUPLICIDADE, VIA DJE E ESPECÍFICA DIRIGIDA AO CAUSÍDICO. ATO PREVALECENTE PARA FINS DE CONTAGEM DO PRAZO RECURSAL. ALÍNEA "C ". NÃO DEMONSTRAÇÃO DA DIVERGÊNCIA. FALTA DE INDICAÇÃO DO DISPOSITIVO LEGAL OBJETO DE INTERPRETAÇÃO DIVERGENTE. DEFICIÊNCIA NA FUNDAMENTAÇÃO. SÚMULA Nº 284/STF. 1. Cinge-se a controvérsia a definir o ato de intimação considerado válido para fins de interposição Recurso Especial quando, no processo regido pela Lei nº 11.419/2006, há intimação eletrônica específica dirigida ao causídico acompanhada publicação via DJe. 2. A jurisprudência do STJ tem entendimento pela prevalência da intimação eletrônica sobre a realizada via DJe, na hipótese de duplicidade de intimações. Precedente: AgInt no AREsp 903.091/RJ, Rel. Ministro Paulo de Tarso Sanseverino, Terceira Turma; Julg. 16/3/2017; DJe 27/3/2017. 3. A divergência jurisprudencial deve ser comprovada, cabendo a quem recorre apontar o dispositivo objeto do dissenso e demonstrar as circunstâncias que identificam ou assemelham os casos confrontados, com indicação da similitude fática e jurídica entre eles. Indispensável a transcrição de trechos do relatório e do voto dos acórdãos recorrido e paradigma, realizando-se o cotejo analítico entre ambos, com o intuito de bem caracterizar a interpretação legal divergente. O desrespeito a esses requisitos legais e regimentais (art. 541, parágrafo único, do CPC e art. 255 do RI/STJ) impede o conhecimento do Recurso Especial com base na alínea "c" do inciso III do art. 105 da Constituição Federal. 4. Ademais, a propositura do recurso pela via da divergência jurisprudencial não dispensa o recorrente de apontar qual o dispositivo legal que teria sido objeto de interpretação divergente entre tribunais. A deficiência na fundamentação obsta o conhecimento do recurso fundamentado na alínea "c ", razão pela qual incide a Súmula nº 284/STF. Precedentes do STJ. 5. Agravo Interno não provido. (STJ; AgInt-EDcl-AREsp 981.940; Proc. 2016/0240716-2; RJ; Segunda Turma; Rel. Min. Herman Benjamin; DJE 16/06/2017). Contra, no entanto: PROCESSUAL CIVIL. AGRAVO INTERNO NO AGRAVO EM RECURSO ESPECIAL. CONVOLAÇÃO. CABIMENTO. INTEMPESTIVIDADE DO AGRAVO NOS PRÓPRIOS AUTOS. 1. É cabível agravo interno contra a decisão que determina a autuação do agravo como Recurso Especial para discutir a tempestividade do agravo nos próprios autos. 2. Segundo a jurisprudência desta corte superior, ocorrendo a duplicidade de intimações, intimação eletrônica e publicação no djeerj, prevalece esta última, uma vez que a publicação em diário de justiça eletrônico substitui qualquer outro meio de publicação oficial para quaisquer efeitos legais. Precedentes. 3. Logo, certificada a publicação da decisão de inadmissibilidade do apelo nobre em 15/7/2016, deve-se reconhecer a intempestividade do agravo em Recurso Especial protocolizado em 21/9/2016, pois ultrapassado o prazo previsto no art. 1.003, § 5º, do CPC/2015, contado em dobro, mesmo considerando a suspensão dos prazos entre os dias 5 a 21/8/2016, o feriado local em 22 de agosto e o feriado nacional de 7 de setembro. 4. Se não há discussão quanto à licitude da intimação ocorrida no diário de justiça eletrônico, não faz sentido considerar, para fins de contagem do prazo recursal, a intimação eletrônica posterior, porque com a publicação no Dje todas as partes já se deram por intimadas. Vale dizer, não há renovação de prazo. 5. Ainda que ultrapassadas essas considerações, no embate de teses, teria razão a ora agravante no sentido de que a intimação eletrônica do estado ocorreu em 18/7/2016 ("procuradoria geral do estado do Rio de Janeiro, intimação realizada, em 18/7/2016 14:39"). E não no dia 24/7/2015 ("Francesco conte (representando estado do rio de janeiro), intimação tácita, em 24/7/2016 13:33")., porque tem validade de intimação pessoal aquela dirigida à procuradoria geral do estado do Rio de Janeiro (lei n. 11.419/2006, art. 5º, § 6º). 6. Agravo interno a que se dá provimento. Agravo em Recurso Especial não conhecido por intempestividade. (STJ; AgInt-AREsp 1.040.421; Proc. 2016/0334787-9; RJ; Segunda Turma; Rel. Min. Og Fernandes; DJE 17/10/2017)

Art. 197. Os tribunais divulgarão as informações constantes de seu sistema de automação em página própria na rede mundial de computadores, gozando a divulgação de presunção de veracidade e confiabilidade.

Parágrafo único. Nos casos de problema técnico do sistema e de erro ou omissão do auxiliar da justiça responsável pelo registro dos andamentos, poderá ser configurada a justa causa prevista no art. 223, *caput* e § 1º.

→ *v.* Art. 10, § 2º, da Lei 11.419/2006.

<u>Considerando possível a comprovação da indisponibilidade da comunicação eletrônica posteriormente à interposição do recurso.</u>

✓ PROCESSUAL CIVIL. CPC/2015. AGRAVO INTERNO NO AGRAVO EM RECURSO ESPECIAL. INDISPONIBILIDADE DO SISTEMA DE PETICIONAMENTO ELETRÔNICO. COMPROVAÇÃO. INOCORRÊNCIA. DISTINÇÃO COM A HIPÓTESE DE FERIADO LOCAL. 1. Conforme dispõe o art. 224, § 1º, do CPC/2015: "Os dias do começo e do vencimento do prazo serão protraídos para o primeiro dia útil seguinte, se coincidirem com dia em que o expediente forense for encerrado antes ou iniciado depois da hora normal ou houver indisponibilidade da comunicação eletrônica" (sem grifos no original). 3. Prorrogação automática do prazo, mediante a comprovação por documento idôneo, ainda que posteriormente à interposição do recurso. 4. Distinção com a hipótese de feriado local, em que se exige, após a vigência do CPC/2015, comprovação no ato da interposição do recurso. 5. Caso concreto em que a indisponibilidade não foi comprovada por meio de documento idôneo. 6. AGRAVO INTERNO DESPROVIDO. (STJ; AgInt no AREsp 1054786/RJ; Terceira Turma; Rel. Min. Paulo de Tarso Sanseverino; Julg. 19/09/2017; DJe 25/09/2017)

<u>Entendendo que a parte não pode ser prejudicada pela ausência de informação da juntada do mandado de citação.</u>

✓ AGRAVO DE INSTRUMENTO. Ação ordinária. Fase de execução. Decisão recorrida que deferiu a devolução de prazo à Fazenda Estadual. Insurgência. Descabimento. Divulgação de informação no site do Tribunal de Justiça do Estado de São Paulo que goza de presunção de veracidade e confiabilidade. Omissão, no sistema de automação do Tribunal de Justiça do Estado de São Paulo, acerca da juntada de mandado de citação, que resultou prejuízo à parte. Incidência dos artigos 197 e 223, caput e § 1º, do novo Código de Processo Civil. CPC/2015. Precedentes do Superior Tribunal de Justiça e desta Corte de Justiça. Decisão mantida. Recurso não provido. (TJSP; AI 2123565-74.2017.8.26.0000; Ac. 10758029; São Paulo; Primeira Câmara de Direito Público; Rel. Des. Marcos Pimentel Tamassia; Julg. 29/08/2017; DJESP 05/09/2017; Pág. 2364)

<u>Considerando haver justa causa se o sistema indica data equivocada para o encerramento do prazo processual.</u>

✓ APELAÇÃO CÍVEL. RECURSO TEMPESTIVO. PRAZO FINAL. INDICAÇÃO EQUIVOCADA NO SISTEMA PROJUDI. JUSTA CAUSA. ART. 197, PARÁGRAFO ÚNICO, DO CÓDIGO DE PROCESSO CIVIL DE 2015. EMBARGOS À EXECUÇÃO. DISCUSSÃO EXCLUSIVAMENTE SOBRE IMPENHORABILIDADE DE VALORES BLOQUEADOS VIA BACENJUD. PRAZO PARA OPOSIÇÃO. TERMO INICIAL. INTIMAÇÃO DA PENHORA. EMBARGOS TEMPESTIVOS. JULGAMENTO IMEDIATO. APLICAÇÃO DO ART. 1013, §3º, I, DO CÓDIGO DE PROCESSO CIVIL DE 2015. POSSIBILIDADE. BLOQUEIO 2VIA BACENJUD. SALDO EM CONTA CORRENTE. VALOR PROVENIENTE DE RECEBIMENTO DE SALÁRIO. IMPENHORABILIDADE. RECONHECIMENTO. ÔNUS DA SUCUMBÊNCIA. INVERSÃO. 1. De acordo com o Superior Tribunal de Justiça, [...] ainda que os dados disponibilizados pela internet sejam meramente informativos e não substituam a publicação oficial (fundamento dos precedentes em contrário), isso não impede que se reconheça ter havido justa causa no descumprimento do prazo recursal pelo litigante (art. 183,.caput. , do CPC), induzido por erro cometido pelo próprio Tribunal (REsp 1.324.432/SC, Rel. Min. Herman Benjamin, Corte Especial; DJe 10.5.2013).2. Nos casos de embargos à execução em que se impugna unicamente penhora realizada, o prazo para oposição inicia-se com a intimação da constrição. 3. Nos termos do art. 1013, do Código de Processo Civil de 2015, se o processo estiver em condições de imediato julgamento, o tribunal deve decidir desde logo o mérito. 4. Comprovada a impenhorabilidade de valores bloqueados, via Bacenjud, por constituírem verba salarial (art. 649, IV, do Código de Processo Civil de 1973, e art. 833, IV, do Código de Processo Civil de 2015), impõe-se a liberação do numerário. 35. Julgado procedente o pedido inicial formulado em embargos à execução, com o reconhecimento da impenhorabilidade de verba salarial, a parte embargada deve arcar com o pagamento das custas processuais e honorários advocatícios, notadamente quando se opõe ao levantamento da penhora. 6. Apelação cível conhecida e provida, com aplicação do art. 1013, do Código de Processo Civil de 2015. (TJPR; ApCiv 1680201-4; Curitiba; Décima Quinta Câmara Cível; Rel. Des. Luiz Carlos Gabardo; Julg. 02/08/2017; DJPR 10/08/2017; Pág. 252)

Art. 198. As unidades do Poder Judiciário deverão manter gratuitamente, à disposição dos interessados, equipamentos necessários à prática de atos processuais e à consulta e ao acesso ao sistema e aos documentos dele constantes.

Parágrafo único. Será admitida a prática de atos por meio não eletrônico no local onde não estiverem disponibilizados os equipamentos previstos no *caput*.

Art. 199. As unidades do Poder Judiciário assegurarão às pessoas com deficiência acessibilidade aos seus sítios na rede mundial de computadores, ao meio eletrônico de prática de atos judiciais, à comunicação eletrônica dos atos processuais e à assinatura eletrônica.

Seção III
Dos Atos das Partes

Art. 200. Os atos das partes consistentes em declarações unilaterais ou bilaterais de vontade produzem imediatamente a constituição, modificação ou extinção de direitos processuais.

→ v. Enunciado 133 do FPPC: Salvo nos casos expressamente previstos em lei, os negócios processuais do art. 190 não dependem de homologação judicial.

→ v. Enunciado 260 do FPPC: A homologação, pelo juiz, da convenção processual, quando prevista em lei, corresponde a uma condição de eficácia do negócio.

→ v. Enunciado 261 do FPPC: O art. 200 aplica-se tanto aos negócios unilaterais quanto aos bilaterais, incluindo as convenções processuais do art. 190.

→ v. Enunciado 495 do FPPC: O distrato do negócio processual homologado por exigência legal depende de homologação.

Entendendo que o requerimento de julgamento antecipado do mérito produz efeitos imediatos, inviabilizando posterior alegação de cerceamento de defesa por ausência de produção de provas.

✓ EMBARGOS DE DECLARAÇÃO EM APELAÇÃO CÍVEL. AÇÃO DECLARATÓRIA DE INEXISTÊNCIA DE DÉBITO C/C INDENIZAÇÃO POR DANOS MORAIS E MATERIAIS. INCLUSÃO INDEVIDA DE GRAVAME SOBRE VEÍCULO DE PESSOA JURÍDICA NO SISTEMA NACIONAL DE GRAVAMES (SNG). DANO MORAL NÃO DEMONSTRADO. ÔNUS PROBATÓRIO DA PARTE AUTORA. ART. 373, I, CPC. REQUERIMENTO DE JULGAMENTO ANTECIPADO DA LIDE. PRECLUSÃO CONSUMATIVA EVIDENCIADA. VERBA HONORÁRIA SUCUMBENCIAL MAJORADA. REDISCUSSÃO DA MATÉRIA. INEXISTÊNCIA DOS REQUISITOS DO ART. 1.022 DO CÓDIGO DE PROCESSO CIVIL. ADVERTÊNCIA SOBRE A APLICAÇÃO DA SANÇÃO DESCRITA NO ART. 1.026, § 2º, DO CPC, PARA O CASO DE REITERAÇÃO DA MATÉRIA. RECURSO CONHECIDO E REJEITADO. A parte que solicita o julgamento antecipado da lide não pode, posteriormente, alegar cerceamento de defesa pela não produção de provas, pois tal requerimento gera efeitos processuais imediatos, nos termos do artigo 200 do CPC. A pessoa jurídica pode sofrer abalo moral, sendo necessária para a concretização do dano a demonstração da ofensa à sua imagem (honra objetiva) perante a sociedade, o que não restou evidenciado no caso. É necessária a majoração dos honorários advocatícios em valor suficiente para remunerar o trabalho dos advogados, com o fito de não tornar aviltante o exercício da profissão. Não é possível, via embargos de declaração, a rediscussão da matéria já enfrentada nos autos, ainda que a parte pretenda o prequestionamento para fins de recurso às instâncias superiores. (TJMT; ED 27398/2017, Capital; Rel. Des. Dirceu dos Santos; Julg. 26/07/2017; DJMT 31/07/2017; Pág. 95)

Transação produz efeitos imediatos, ainda que não homologada.

✓ CONTRATUAL. PEDIDO DE TUTELA DE URGÊNCIA INDEFERIDO. Autora que pretende ser reintegrada na posse de uma escavadeira hidráulica. Formalização de acordo no processo de origem, no qual a recorrente reconheceu a devolução do bem. Veículo entregue em permuta a terceira pessoa. Ajuste que, conquanto ainda não tenha sido homologado, produz efeitos imediatos, nos termos do art. 200 do CPC. Recurso prejudicado. (TJSC; AI 0031535-45.2016.8.24.0000; Balneário Camboriú; Primeira Câmara de Direito Civil; Rel. Des. Jorge Luis Costa Beber; DJSC 30/05/2017; Pag. 88)

Aceitação da decisão recorrida produz efeitos imediatos, não admitindo retratação.

✓ CONSUMIDOR. CONTRATO DE FINANCIAMENTO DE VEÍCULO. FRAUDE. VEÍCULO REGISTRADO INDEVIDAMENTE EM NOME DA PARTE AUTORA. INCLUSÃO DO NOME EM DÍVIDA ATIVA E PROTESTO POR DÉBITOS DE IPVA ORIUNDOS DA OPERAÇÃO FRAUDULENTA. FALHA NA PRESTAÇÃO DOS SERVIÇOS DA INSTITUIÇÃO FINANCEIRA. DANO MORAL. CONDENAÇÃO. RAZOABILIDADE NO ARBITRAMENTO JUDICIAL. SENTENÇA MANTIDA. RECURSO CONHECIDO EM PARTE E NÃO PROVIDO. 1. A ré/recorrente informou o cumprimento parcial da sentença (id. 422481). A manifestação da parte produziu efeitos imediatos, entre os quais a extinção de direito processual, na forma do caput do artigo 200 do CPC/2015, de aplicação supletiva. De acordo com o artigo 1.000 do CPC/2015, de aplicação supletiva, a parte que aceita a decisão, expressa ou tacitamente, não pode recorrer. Precedentes no STJ: RESP 8.843/SP, Rel. Ministro Jose de Jesus Filho, Segunda Turma; RESP 1.931/RS, Rel. Ministro Waldemar Zveiter, Terceira Turma. Assim, o recurso não deve ser conhecido na parte que impugna a condenação à quitação dos débitos lançados em nome da parte autora/recorrida. 2. Alegando o contrato entre as partes como fato impeditivo do direito da parte autora, cabia à parte ré o ônus dessa prova e, na inércia, descabe o acolhimento de qualquer defesa respaldada no suposto contrato entabulado. Além disso, fraude por terceiro constituiu fortuito interno que não exclui a responsabilidade do fornecedor porque se liga aos riscos da atividade, de modo que, ocorrido durante a prestação do serviço, não importa saber o motivo que determinou o defeito, sendo responsável o fornecedor ainda que oriundo de fato imprevisível e inevitável. 3. Demonstrado nos autos que, em razão da contratação realizada por terceiro, o recorrido teve seu nome inscrito em dívida ativa e protestado, evidente o abalo moral pela simples restrição oriunda da má prestação dos serviços. Afinal, nesse contexto, o recorrido é consumidor por equiparação. 4. Consolidado na jurisprudência o entendimento de que o protesto indevido gera, por si só, a obrigação de indenizar e constitui dano moral **in re ipsa**, ou seja, dano vinculado à própria existência do fato ilícito, cujos resultados são presumidos. Precedente julgado no STJ: RESP 1.059.663/MS, Rel. Min. Nancy Andrighi; DJe 17.12.2008. 5. Em observância às finalidades compensatória, punitiva, pedagógica e preventiva da condenação, bem assim às circunstâncias da causa, inclusive a capacidade financeira do ofensor, afigura- se razoável e proporcional o arbitramento. 6. Promovido protesto indevido, o cancelamento do registro incumbe a quem autorizou ou deu causa ao apontamento. Aqui, não há falar em obrigação do suposto devedor para baixa desse ato registral, com base no artigo 26 da Lei nº 9.492/97, o que se aplica quando o protesto é devido. 7. Não deve ser conhecido do pedido deduzido em sede de contrarrazões ao recurso, a fim de majorar o valor arbitrado da indenização referente ao dano moral. Se a parte não estava conformada com a sentença prolatada, cabia a interposição de recurso adequado e próprio; não pode deduzir sua pretensão pela via optada, nem cabe falar em recurso adesivo no Juizado Especial por falta de previsão na Lei de Regência, sendo admissível, pelo princípio da fungibilidade, o recebimento do adesivo como Recurso Inominado quando atendidos os pressupostos, entre eles a tempestividade e o preparo, o que, todavia, não foi observado pelo recorrido. 8. Recurso conhecido em parte e não provido. Acórdão lavrado na forma do artigo 46 da Lei nº 9.099/95. 9. A recorrente vencida é condenada ao pagamento das custas processuais e dos honorários advocatícios, estes arbitrados em 10% do valor da condenação (art. 55 da Lei nº 9.099/95). (TJDF; RInom 0719379-41.2015.8.07.0016; Primeira Turma Recursal dos Juizados Especiais; Rel. Des. Fábio Eduardo Marques; DJDFTE 25/04/2016; Pág. 278)

Parágrafo único. A desistência da ação só produzirá efeitos após homologação judicial.

→ v. Art. 485, VIII do NCPC.

<u>Considerando possível a desistência sem a concordância do réu antes da contestação, ainda que a homologação ocorra apenas depois.</u>

✓ ADMINISTRATIVO. AGRAVO DE INSTRUMENTO. AMBIENTAL. ACP. DESISTÊNCIA DA AÇÃO EM RELAÇÃO A UM DOS RÉUS. HOMOLOGAÇÃO. REPARAÇÃO DO DANO. PRESCRIÇÃO. 1. O artigo 85, §4º, do Código de Processo Civil, impõe o oferecimento da contestação como limite para a manifestação do autor no sentido de desistir da ação, não para a homologação do pedido. Formulado pedido de desistência antes da contestação, o seu acolhimento não implica ofensa ao art. 200, parágrafo único, do CPC. 2. Ausente a probabilidade do direito quanto à alegada prescrição da pretensão de ressarcimento ao erário, visto que a circunstância fática discutida na esfera criminal era prejudicial à ação civil indenizatória, nos termos do artigo 200 do CC. (TRF 4ª R.; AG 5031464-12.2017.404.0000; Terceira Turma; Relª Desª Fed. Vânia Hack de Almeida; Julg. 24/10/2017; DEJF 26/10/2017)

<u>Possível a retratação da desistência até a sua homologação.</u>

✓ PROCESSUAL CIVIL. AÇÃO DE BUSCA E APREENSÃO. RETRATAÇÃO DO PEDIDO DE DESISTÊNCIA EM MOMENTO ANTERIOR À PROLAÇÃO DA SENTENÇA HOMOLOGATÓRIA. POSSIBILIDADE. INTELIGÊNCIA DO PARÁGRAFO ÚNICO DO ART. 200 DO CPC/15. PETIÇÃO NÃO JUNTADA AOS AUTOS EM TEMPO HÁBIL. ERROR IN PROCEDENDO. NULIDADE RECONHECIDA. APELO PROVIDO. 1. Considerando que a teor da regra do parágrafo único do art. 200 do CPC/15, o pedido de desistência da ação somente irradiará efeitos após a sua homologação pelo juiz, é sabido que a parte poderá dele se retratar até a data da prolação da sentença homologatória. 2. De modo que, tendo a parte peticionado em data anterior à sentença para se retratar quanto ao pedido de desistência formulado, cuja petição, contudo, não fora juntada aos autos por culpa do cartório, deve ser reconhecido o error in procedendo que inquina com a eiva da nulidade o pronunciamento vergastado, já que a parte não pode ser prejudicada pela morosidade ou ineficiência do Poder Judiciário. 3. Recurso provido. Sentença anulada. (TJES; APL 0000118-60.2017.8.08.0008; Quarta Câmara Cível; Rel. Des. Jorge do Nascimento Viana; Julg. 09/10/2017; DJES 19/10/2017). No mesmo sentido, registrando ser impossível o arrependimento após a homologação: AGRAVO DE INSTRUMENTO. EXECUÇÃO DE HONORÁRIOS. DESISTÊNCIA. HOMOLOGAÇÃO POR SENTENÇA. ART. 200 DO CPC. AÇÃO PRÓPRIA. AGRAVO IMPROVIDO. 1. A questão posta em debate diz respeito à possibilidade de prosseguimento da cobrança de honorários advocatícios pela União, após a homologação da desistência da execução do crédito, por sentença (fls. 502). 2. No caso em exame, verifica-se que a desistência da execução da verba honorária pleiteada pela agravante Fazenda Nacional foi homologada por sentença, produzindo efeitos a partir desta data, consoante prescreve o Parágrafo Único, do art. 200, do Código de Processo Civil. 3. Posteriormente a União Federal, por meio de simples petição, noticiou a impossibilidade de inscrição da verba honorária em dívida ativa e requereu a reativação do processo para dar seguimento à execução do julgado, pedido indeferido pelo magistrado de primeiro grau, decisão objeto do inconformismo da agravante. 4. Uma vez homologada a desistência da execução da verba honorária por sentença irrecorrida cabe à exequente, ora agravante, se utilizar da via própria para rescindir tal ato. 5. Agravo de instrumento improvido. (TRF 3ª R.; AI 0008869-68.2016.4.03.0000; Quarta Turma; Rel. Des. Fed. Marcelo Saraiva; Julg. 02/08/2017; DEJF 28/08/2017)

<u>Mitigando a possibilidade de retratação da desistência antes de sua homologação, tendo em vista o princípio da boa-fé processual.</u>

✓ PROCESSUAL CIVIL. AGRAVO INTERNO EM AGRAVO DE INSTRUMENTO. PRELIMINAR DE NULIDADE DA DECISÃO MONOCRÁTICA. REJEITADA. MÉRITO. RETRATAÇÃO DO PEDIDO DE DESISTÊNCIA DA AÇÃO. INADMISSÍVEL. VIOLAÇÃO AOS PRINCÍPIOS DA BOA-FÉ OBJETIVA E COOPERAÇÃO. VENIRE CONTRA FACTUM PROPRIUM. REDUÇÃO DOS HONORÁRIOS ADVOCATÍCIOS INCABÍVEL. LITIGÂNCIA DE MÁFÉ. NÃO VERIFICADA. DECISÃO MONOCRÁTICA MANTIDA. 1) A decisão monocrática agravada não ofende à coletividade do tribunal nem o princípio do contraditório, pois o recorrente não demonstra que o julgado do Superior Tribunal de justiça utilizado como fundamento da decisão não corresponde a jurisprudência dominante do tribunal superior, logo corretamente aplicada ao caso em concreto a norma processual esculpida no art. 557, §1º-A, CPC/73. Preliminar de nulidade rejeitada. 2) aplicar de forma nua, crua e isolada a literalidade do parágrafo único do art. 158 do CPC/73 (atual art. 200, parágrafo único, do CPC/2015) e possibilitar a retratação da desistência da ação, após quase um ano do pedido anuído, sem que para tanto fosse alegada causa plausível e idônea para justificar tal comportamento, evidenciando verdadeiro o abuso de direito processual nas condições em que foi exercido, é prestigiar o desrespeito a boa-fé objetiva, o princípio da cooperação e autorizar a prática de comportamento contraditório. 3) os honorários advocatícios foram arbitrados em conformidade com os parâmetros estabelecidos no art. 20, §§3º e 4º, do CPC/73 (atual art. 85, §2º e §8º, do CPC/2015), sendo incabível sua redução. 4) o recorrente utilizou-se dos meios e das argumentações jurídicas a sua disposição para a defesa do direito que acreditava possuir, assim não incorreu em litigância de má-fé. Recurso de agravo interno conhecido e desprovido. (TJPA; AI 0011942-94.2010.8.14.0301; Ac. 161219; Belém; Primeira Câmara Cível Isolada; Relª Desª Maria do Ceo Maciel Coutinho; Julg. 20/06/2016; DJPA 22/06/2016; Pág. 513)

A desistência de recurso produz efeitos imediatos, não sendo possível sua retratação.

✓ EMBARGOS DE DECLARAÇÃO. PEDIDO DE DESISTÊNCIA DO SEGUNDO RECURSO. POSTERIOR PEDIDO DE "DESISTÊNCIA DA DESISTÊNCIA". IMPOSSIBILIDADE. RECURSO NÃO CONHECIDO. EMBARGOS DECLARATÓRIOS. MEIO PROCESSUAL ADEQUADO A SUSCITAR A MODULAÇÃO DOS EFEITOS DO CONTROLE DE CONSTITUCIONALIDADE. ACOLHIMENTO PARCIAL. Os atos das partes "produzem imediatamente a constituição, modificação ou extinção de direitos processuais" (art. 200 do NCPC), de sorte que, requerida a desistência de recurso, conforme direito previsto no art. 998 do NCPC, não há a possibilidade jurídica de a parte "desistir da desistência". A técnica da modulação dos efeitos da pronúncia de inconstitucionalidade constitui situação excepcional, que somente deve ser aplicada, após um juízo de ponderação, por razões de segurança jurídica ou de excepcional interesse social. Considerando as repercussões sociais e jurídicas da pronúncia de inconstitucionalidade no presente feito, torna-se necessária a modulação dos efeitos da decisão, para reconhecer apenas a legitimidade dos pagamentos das complementações de aposentadoria já feitas aos ex-servidores do Município de Timóteo até a data de conclusão do julgamento de mérito pelo Tribunal. (TJMG; EDcl 1.0000.15.001992-5/002; Rel. Des. Geraldo Augusto de Almeida; Julg. 22/03/2017; DJEMG 07/04/2017)

Simples pedido de desistência desacompanhado de procuração com poderes especiais para este fim não impede o trânsito em julgado.

✓ AGRAVO INTERNO EM MANDADO DE SEGURANÇA. ADMINISTRATIVO. PEDIDO DE DESISTÊNCIA NÃO HOMOLOGADO POR INEXISTIR NOS AUTOS PROCURAÇÃO COM PODERES ESPECIAIS. ART. 105 DO CPC/2015 (ART. 38, CPC/73). PRAZO RECURSAL NÃO INTERROMPIDO E NEM SUSPENSO. VERIFICADO O TRÂNSITO EM JULGADO. RECURSO IMPROVIDO. 1. A ausência de mandato outorgado pelo impetrante ao causídico, com poderes especiais para desistir, inviabilizou a homologação do pedido de desistência formulado nos autos. Uma vez que, a teor do parágrafo único do art. 200 do CPC/2015, o simples pedido não tem o condão de sustar o decurso do trânsito em julgado, observou-se a sua ocorrência, determinando-se o consequente arquivamento do feito. 2. Agravo interno a que se nega provimento. (TJBA; AgRg 0000666-64.2015.8.05.0000/50002; Salvador; Seção Cível de Direito Público; Relª Desª Regina Helena Ramos Reis; Julg. 09/03/2017; DJBA 20/03/2017; Pág. 154)

Desistência ainda não homologada na ação anterior não afasta o reconhecimento da litispendência na ação posterior.

✓ APELAÇÃO CÍVEL. REPRODUÇÃO DE CAUSA IDÊNTICA JÁ PROPOSTA. PEDIDO DE DESISTÊNCIA DA AÇÃO ANTERIOR. AUSÊNCIA DE HOMOLOGAÇÃO DO PEDIDO. LITISPENDÊNCIA. OCORRÊNCIA. Para configurar a ocorrência da litispendência, nos termos do artigo 337, do NCPC, necessário que haja a identidade de três elementos: as partes, a causa de pedir e o pedido. Nos termos do parágrafo único do art. 200 do NCPC, a desistência da ação só produzirá efeitos depois de homologada por sentença. Ajuizada ação idêntica antes de homologado o pedido de desistência daquela outra anteriormente distribuída, resta configurada a litispendência. (TJMG; APCV 1.0112.15.002647-7/001; Rel. Des. Marco Aurelio Ferenzini; Julg. 27/04/2017; DJEMG 05/05/2017)

Art. 201. As partes poderão exigir recibo de petições, arrazoados, papéis e documentos que entregarem em cartório.

Art. 202. É vedado lançar nos autos cotas marginais ou interlineares, as quais o juiz mandará riscar, impondo a quem as escrever multa correspondente à metade do salário mínimo.

Afastando a incidência do dispositivo no caso em que a manifestação manuscrita do procurador de justiça procurou conferir maior agilidade ao feito, sem causas qualquer prejuízo:

✓ APELAÇÃO CÍVEL. DIREITO TRIBUTÁRIO. EXECUÇÃO FISCAL. COTAS MARGINAIS. AUSÊNCIA DE NULIDADE NA MANIFESTAÇÃO REALIZADA DE FORMA MANUSCRITA PELO PROCURADOR DO ESTADO. A vedação à utilização de cotas marginais constante do art. 202 do CPC/2015 não é aplicável ao caso dos autos, na medida em que a manifestação manuscrita do procurador de justiça procurou conferir maior agilidade ao feito, sem atentar contra a dignidade da justiça ou causar prejuízos à parte contrária. Apelação provida. (TJRS; AC 0225298-10.2017.8.21.7000; Pelotas; Primeira Câmara Cível; Rel. Des. Newton Luís Medeiros Fabrício; Julg. 13/09/2017; DJERS 16/10/2017)

<u>A penalidade não se aplica a pedido manuscrito formulado na oportunidade adequada:</u>

✓ EXECUÇÃO FISCAL. ATOS PROCESSUAIS DAS PARTES. COTA LANÇADA NOS AUTOS QUANDO DA INTIMAÇÃO EM CARTÓRIO DE DESPACHO ANTERIOR. COTAS MARGINAIS E INTERLINEARES. HIPÓTESE DISTINTA. VIOLAÇÃO AO ART. 202 DO NOVO CPC NÃO CONFIGURADA. 1. A norma proibitiva de que trata o art. 202 do novo CPC, segundo a qual é defeso lançar, nos autos, cotas marginais ou interlineares, não veda aos advogados das partes a possibilidade de se pronunciarem diretamente nos autos quando lhes for aberta vista. 2. A hipótese legal refere-se a anotações e comentários de qualquer extensão ou natureza introduzidos nos autos fora do lugar ou da oportunidade admissível. 3. Caso em que a exequente, valendo-se da oportunidade que lhe foi aberta para manifestar-se acerca do despacho exarado, formulou pedido manuscrito, não se amoldando este proceder à hipótese prevista no art. 202 do CPC/2015. (TRF 4ª R.; AG 5024614-73.2016.404.0000; Primeira Turma; Rel. Des. Fed. Jorge Antonio Maurique; Julg. 17/08/2016; DEJF 19/08/2016)

<u>Aplicando a penalidade em caso no qual foram inseridos grifos e vários comentários a lápis na contestação:</u>

✓ APELAÇÕES CÍVEIS. AÇÃO DECLARATÓRIA DE NULIDADE DE CLÁUSULA CONTRATUAL C/C REPETIÇÃO DE INDÉBITO E DANOS MORAIS. PROCEDÊNCIA PARCIAL. IRRESIGNAÇÃO. PRELIMINARES. ILEGITIMIDADE ATIVA. PLANO DE SAÚDE EMPRESARIAL. POSSIBILIDADE DE AJUIZAMENTO PELO BENEFICIÁRIO. ILEGITIMIDADE PASSIVA. UNIMED JOÃO PESSOA E SERGIPE. MESMO GRUPO ECONÔMICO. RESPONSABILIDADE SOLIDÁ- RIA. REJEIÇÃO. MÉRITO. APLICABILIDADE DAS NORMAS CONSUMERISTAS. NEGATIVA DE FORNECIMENTO DE MATERIAL NECESSÁRIO a PROCEDIMENTO CIRÚRGICO. PRÓTESE IMPORTADA. INDICA- ÇÃO DO PROCEDIMENTO MAIS ADEQUADO PARA CURA DA MOLÉSTIA PELO MÉDICO ESPECIALISTA. MANIFESTA ABUSIVIDADE DA CLÁUSULA CONTRATUAL RESTRITIVA DE DIREITO. RESTITUIÇÃO DEVIDA NA FORMA SIMPLIFICADA. ERRO JUSTIFICÁVEL. INDENIZAÇÃO POR DANOS MORAIS. RECUSA INJUSTIFICADA. ABALO PSICOLÓGICO SOFRIDO PELA PACIENTE. QUANTUM INDENIZATÓRIO. VALOR RAZOÁVEL E PROPORCIONAL. ABALO MORAL EM RICOCHETE, INDIRETO OU REFLEXO DA FILHA DA VÍTIMA DIRETA. NÃO CONFIGURAÇÃO. CIRURGIA REALIZADA COM SUCESSO. SUCUMBÊNCIA RECÍPROCA. EXISTÊNCIA APENAS PARA A AUTORA/FILHA. PROMOVENTE/MÃE QUE DECAI DE PARTE MÍNIMA DO PEDIDO. MAJORAÇÃO DA VERBA HONORÁRIA. CABIMENTO. COMENTÁRIOS DESCABIDOS NA PEÇA DE DEFESA. RAZOABILIDADE NA APLICAÇÃO DA PENALIDADE PREVISTA NO ART. 202, DO CPC. DESPROVIMENTO DOS RECURSOS DAS PROMOVIDAS E PROVIMENTO PARCIAL DO APELO DAS AUTORAS. (...) O art. 202, do CPC/2015, estabelece que "é vedado lançar nos autos cotas marginais ou interlineares, as quais o juiz mandará riscar, impondo a quem as escrever multa correspondente à metade do salário mínimo". A exegese do dispositivo acima transcrito visa preservar os autos, evitando anotações ou comentários descabidos, fora do lugar ou das oportunidades admissíveis, de modo que cabe ao juiz, de pronto, coibir tais atos. Havendo a inserção de diversos grifos e comentários na peça contestatória com lápis grafite, entendo que se mostrou razoável a aplicação da penalidade prevista no art. 202, do CPC, posto que estamos diante de comentários descabidos e fora do lugar ou da oportunidade admissível. (TJPB; APL 0043952-03.2010.815.2001; Segunda Câmara Especializada Cível; Rel. Des. Oswaldo Trigueiro do Valle Filho; DJPB 14/09/2017; Pág. 9)

<u>A rasura nos autos enseja a condenação nas penas do art. 202 do CPC:</u>

✓ PROCESSUAL CIVIL. EMBARGOS DE DECLARAÇÃO. ART. 1.022 DO CPC/2015. APOSENTADORIA ESPECIAL. TEMPO ESPECIAL. RUÍDO. OMISSÕES, CONTRADIÇÕES E/OU OBSCURIDADES INEXISTENTES. REDISCUSSÃO DE MATÉRIA DE DIREITO. PREQUESTIONAMENTO. IMPOSSIBILIDADE. RASURA NOS AUTOS. ART. 202 DO CPC/2015. 1. Consoante prevê o art. 1.022 do CPC/2015, os embargos de declaração destinam-se a afastar obscuridade, contradição, omissão ou erro material. 2. Na hipótese dos autos, a decisão embargada fundamentou devidamente o enquadramento dos períodos controversos como especiais, com expressa menção ao entendimento de que, as divergências constantes nos formulários acostados aos autos, quanto ao nível de exposição ao agente agressivo ruído, foram interpretadas à luz do princípio da hipossuficiência do segurado em relação ao ente público, adotando-se a solução in dubio pro misero. 3. Não há qualquer vício na decisão embargada, mas, sim, discordância do INSS quanto aos seus termos, o que somente pode ser revertido por via do recurso próprio. 4. Ainda que para fins de prequestionamento, os embargos de declaração somente são cabíveis quando houver omissão, obscuridade e/ou contradição na decisão embargada. Precedentes. 5. A praxe de destacar, de qualquer forma, inclusive por meio de grifos, peças dos autos que às partes e seus advogados pareçam convenientes é conduta reprovável a ensejar aplicação da multa do art. 202 do NCPC, vez que tudo que o compõe constitui-se em documento público. 6. Embargos de declaração opostos pelo INSS não providos. (TRF 1ª R.; Ap-RN 0000294-08.2011.4.01.3814; Rel. Juiz Fed. Conv. Rodrigo Rigamonte Fonseca; DJF1 12/07/2017)

Seção IV

Dos Pronunciamentos do Juiz

Art. 203. Os pronunciamentos do juiz consistirão em sentenças, decisões interlocutórias e despachos.

§ 1º Ressalvadas as disposições expressas dos procedimentos especiais, sentença é o pronunciamento por meio do qual o juiz, com fundamento nos arts. 485 e 487, põe fim à fase cognitiva do procedimento comum, bem como extingue a execução.

Decisão que extingue o cumprimento de sentença é classificada como sentença:

✓ RECURSO. INTERPOSIÇÃO DE APELAÇÃO CONTRA A DECISÃO QUE ACOLHE A IMPUGNAÇÃO AO CUMPRIMENTO DE SENTENÇA EM RAZÃO DA NULIDADE DE INTIMAÇÃO NOS EMBARGOS À EXECUÇÃO E DETERMINA O REGULAR PROSSEGUIMENTO DO FEITO, COM A ANULAÇÃO DA SENTENÇA ALI PROFERIDA, A QUAL É OBJETO DA PRESENTE FASE DE CUMPRIMENTO. CABIMENTO DO APELO, EM RAZÃO DO DISPOSTO NO ART. 203, § 1º, DO CPC/2015. Ainda que o art. 1.015, parágrafo único, deste diploma ressalve que cabe agravo de instrumento contra decisões proferidas na fase de cumprimento de sentença, a decisão que acolhe a impugnação e põe fim à fase de cumprimento de sentença é definitiva e desafia apelo. Preliminar repelida. IMPUGNAÇÃO AO CUMPRIMENTO DE SENTENÇA. Sentença que, ante o decurso do prazo de defesa do exequente-embargado, julgou procedentes os embargos à execução para extinguir o feito principal com relação à embargante e condenou o embargado ao pagamento das verbas sucumbenciais. Nulidade de intimação. Inocorrência de preclusão consumativa ou temporal porque a nulidade foi arguida pela via correta e na primeira oportunidade pelo recorrido. Regularidade de representação nesta impugnação. Requerimento prévio e expresso para que as publicações no feito ocorressem em nome de advogado diverso do que constou no Diário Oficial. Precedentes. Necessidade de anulação da sentença e concessão de novo prazo para que o embargado apresente defesa aos embargos à execução. Acolhimento da impugnação mantido. Sucumbência. Inexistência de interesse recursal porque a apelante não foi condenada ao pagamento de tais verbas. Litigância de má-fé do Banco-apelado. Inocorrência. Acolhimento da tese por ele arguida na impugnação. Recurso desprovido. (TJSP; APL 1076531-48.2016.8.26.0100; Ac. 10920747; São Paulo; Vigésima Câmara de Direito Privado; Rel. Des. Álvaro Torres Júnior; Julg. 23/10/2017; DJESP 01/11/2017; Pág. 2582)

Entendendo que a decisão que determina o cancelamento da distribuição não é sentença:

✓ APELAÇÃO CÍVEL PELA PARTE AUTORA. Ação de busca e apreensão. Decisão singular que, com fulcro no artigo 290, do Código de Processo Civil e diante da ausência de recolhimento integral das custas, determinou o cancelamento da distribuição. Alegação de que a extinção do feito exige a intimação pessoal da parte. Não acolhimento. Recurso de apelação que sequer deve ser conhecido ante a ausência de recurso cabível em face da decisão impugnada. Decisão administrativa tendo em vista que o processo sequer teve início. Jurisprudência que entende pela inadmissibilidade da apelação em face da decisão que cancela a distribuição, eis que não se trata de sentença, nos termos do artigo 203, §1º, do CPC. Recurso que, se conhecido, deveria ser desprovido. Cancelamento da distribuição que independe de intimação pessoal. Inteligência do artigo 290, do CPC. Recurso não conhecido. (TJPR; ApCiv 1721350-0; Ponta Grossa; Décima Sétima Câmara Cível; Rel. Des. Tito Campos de Paula; Julg. 20/09/2017; DJPR 06/10/2017; Pág. 299). Contra, entendendo caber apelação: AGRAVO DE INSTRUMENTO. NEGÓCIOS JURÍDICOS BANCÁRIOS. FASE DE CUMPRIMENTO DE SENTENÇA. DECISÃO QUE DETERMINA O CANCELAMENTO DA DISTRIBUIÇÃO EM RAZÃO DO NÃO RECOLHIMENTO DAS CUSTAS. DECISÃO QUE DESAFIA RECURSO DE APELAÇÃO. ERRO GROSSEIRO. AGRAVO DE INSTRUMENTO NÃO CONHECIDO, NOS TERMOS DO ART. 932, INCISO III, DO CPC/15. A interposição de recurso de agravo de instrumento contra decisão que determinou o cancelamento da distribuição (art. 290, CPC/2015) em razão do não recolhimento das custas processuais, constitui erro grosseiro que impede o exame da irresignação recursal, tendo em vista que o recurso cabível na hipótese é o de apelação, conforme disposto no art. 1.009 do CPC/2015, considerando o caráter terminativo da decisão recorrida (art. 203, § 1º do CPC/2015). Agravo de instrumento não conhecido. (TJRS; AI 0263075-29.2017.8.21.7000; Casca; Décima Sétima Câmara Cível; Relª Desª Liege Puricelli Pires; Julg. 11/09/2017; DJERS 21/09/2017)

§ 2º Decisão interlocutória é todo pronunciamento judicial de natureza decisória que não se enquadre no § 1º.

→ *v.* Enunciado 70 do CJF: É agravável o pronunciamento judicial que postergar a análise de pedido de tutela provisória ou condicioná-la a qualquer exigência.

→ *v.* Enunciado 29 do FPPC: É agravável o pronunciamento judicial que postergar a análise do pedido de tutela provisória ou condicionar sua apreciação ao pagamento de custas ou a qualquer outra exigência.

→ *v.* Enunciado 103 do FPPC: A decisão parcial proferida no curso do processo com fundamento no art. 487, I, sujeita-se a recurso de agravo de instrumento.

Decisão que exclui litisconsorte do processo é classificada como interlocutória:

✓ APELAÇÃO CÍVEL. Ação de indenização por danos materiais e morais. Decisum que reconheceu a ilegitimidade passiva de uma das partes, bem como consignou que o Código de Defesa do Consumidor não seria aplicado. Impugnação pela via de apelação. Artigo 203 do Código de Processo Civil de 2015. Descabimento. Decisão prolatada que, nos termos do artigo 203, § 2º do CODEX processualista, caracteriza-se como interlocutória. Inexistência de caráter terminativo. Artigo 354, parágrafo único. Aplicabilidade. Inadequação da via eleita. Impossibilidade de aplicação do princípio da fungibilidade recursal. Erro grosseiro. Honorários recursais. Cabimento em prol do cartório. Recurso de apelação não conhecido. (TJPR; ApCiv 1706107-3; Paranavaí; Décima Câmara Cível; Rel. Des. Luiz Lopes; Julg. 05/10/2017; DJPR 30/10/2017; Pág. 282)

Se a extinção é de apenas parte da execução, a decisão é interlocutória:

✓ AGRAVO INTERNO. DECISÃO DE EXCLUSÃO DE ASTREINTE. PROSSEGUIMENTO DA EXECUÇÃO. Interposição de recurso de apelação. Não cabimento. Ausência de aplicação do princípio da fungibilidade. Erro grosseiro. Apesar de excluir a incidência da multa diária, a decisão determina, expressamente, a manifestação da autora sobre cumprimento da obrigação de fazer. Logo, mostra-se patente que a decisão recorrida não extinguiu a execução. Tal decisão não possui natureza de sentença, uma vez que não põe termo à fase do processo, seja cognitivo ou de execução, nos termos do art. 203, §1º, do NCPC. O próprio magistrado prolator da decisão atesta que não extinguiu a execução. A decisão, assim, é interlocutória, com fulcro no art. 203, §2º, do NCPC. O recurso, cabível, portanto, é o agravo de instrumento, nos termos do art. 1.015, I do NCPC. Por fim, não há que se falar em aplicação do princípio da fungibilidade, pois como observado, é simples a visualização de se tratar de decisão interlocutória, pois não há extinção da execução. Logo, configurado erro grosseiro. Desprovimento do recurso. (TJRJ; APL 0165637-10.2014.8.19.0001; Rio de Janeiro; Terceira Câmara Cível; Relª Desª Renata Machado Cotta; Julg. 18/10/2017; DORJ 20/10/2017; Pág. 311)

Decisão que põe fim à fase de liquidação é tida por interlocutória:

✓ APELAÇÃO CÍVEL. RELAÇÃO DE CONSUMO. LIQUIDAÇÃO DE SENTENÇA. IRRESIGNAÇÃO DA PARTE RÉ. 1. ARTIGO 203, §1º DO CPC/2015. Sentença é o pronunciamento por meio do qual o juiz extingue a execução. 2. Artigo 924 do CPC/2015, que elenca as hipóteses de extinção da execução. Juízo de primeiro grau que publicou o ato decisório como sentença. Todavia, a decisão que encerra a liquidação de sentença, e determina o prosseguimento do feito, para execução da quantia apurada, tem natureza de decisão interlocutória, desafiando a interposição do recurso de agravo de instrumento. Art. 1.015, parágrafo único do CPC/2015. 3. Execução que terá prosseguimento. Parte ré que ainda não depositou o valor devido. Princípio da fungibilidade que não se aplica ao caso em análise, por se tratar de erro grosseiro. Precedentes do STJ e do TJRJ. 4. Impossibilidade de se ultrapassar o juízo de admissibilidade recursal. Recurso inadmissível. 5. NÃO SE CONHECE DO RECURSO. (TJRJ; APL 0004919-58.2001.8.19.0045; Resende; Vigésima Quinta Câmara Cível Consumidor; Rel. Des. Sergio Seabra Varella; Julg. 18/10/2017; DORJ 19/10/2017; Pág. 570). V. tb.: AGRAVO DE INSTRUMENTO. LIQUIDAÇÃO DE SENTENÇA. INCIDENTE. DECISÃO INTERLOCUTÓRIA AGRAVÁVEL. COGNOSCIBILIDADE DO RECURSO. COISA JULGADA. LITIGÂNCIA DE MÁ-FÉ. MATÉRIA PRECLUSA. ASTREINTES. ACUIDADE. Decisão na liquidação de sentença. Decisão interlocutória que decidiu o incidente sem colocar fim à fase cognitiva ou à execução (art. 203, §§1º e 2º, do Código de Processo Civil). Cognoscibilidade do agravo interposto com fulcro no artigo 1.015, do NCPC;. O incidente de liquidação de sentença não tolera a rediscussão de questões sobre as quais já se operou a preclusão ou a coisa julgada. Expressa previsão do artigo 509, §4º, do NCPC. Descumprimento da liminar sacramentada no Acórdão transitado em julgado, inadmissível a conduta processual da recorrente, afrontando o dever de cooperação (artigos 6º, 80 e 81, do NCPC). Irretocável a decisão, inclusive quanto à multa por litigância de má-fé;. Multa diária imposta na hipótese do descumprimento de ordem judicial. Valor compatível com a natureza das astreintes, a fim de impor o cumprimento de ordem judicial. Art. 537, NCPC; AGRAVO DE INSTRUMENTO NÃO PROVIDO. (TJSP; AI 2132101-74.2017.8.26.0000; Ac. 10826862; Suzano; Trigésima Câmara de Direito Privado; Relª Desª Maria Lúcia Pizzotti; Julg. 20/09/2017; DJESP 04/10/2017; Pág. 2235)

Decisão que encerra a primeira fase da ação de exigir contas é interlocutória:

✓ APELAÇÃO CÍVEL. CONDOMÍNIO. AÇÃO DE EXIGIR CONTAS. PRIMEIRA FASE. RECONHECIMENTO DO DEVER DE EXIGIR CONTAS. DECISÃO DE MÉRITO QUE NÃO PÕE FIM AO PROCESSO. RECURSO CABÍVEL. AGRAVO DE INSTRUMENTO. Na primeira fase da ação de exigir contas, o legislador, ao utilizar a palavra decisão no § 5º do art. 550, o fez com o propósito específico de referir-se a uma decisão interlocutória, o que tem razão de ser, na medida em que não põe fim ao processo (art. 203, § 2º, do NCPC), quando julga procedente o pedido. Já na segunda fase, quando o processo é extinto, o legislador utiliza a nomenclatura sentença (art. 552, caput, do NCPC), pois se trata de pronunciamento onde o juiz põe fim ao processo (art. 203, § 1º, do CPC/2015). Logo, no caso, considerando que a decisão recorrida, que julgou procedente o pedido, condenando as demandadas a prestar as contas, tem natureza de decisão interlocutória, pois não pôs fim ao processo (art. 203, § 2º, do NCPC), o recurso cabível é o agravo de instrumento, razão pela qual a apelação não pode ser conhecida. Inteligência dos arts. 550, § 5º e 552, ambos do NCPC. Preliminar acolhida. Apelação não conhecida. (TJRS; AC 0160731-67.2017.8.21.7000; Bagé; Décima Nona Câmara Cível; Rel. Des. Voltaire de Lima

Moraes; Julg. 17/08/2017; DJERS 24/08/2017); AÇÃO DE PRESTAÇÃO DE CONTAS. PRIMEIRA FASE. RECURSO CABÍVEL. AGRAVO DE INSTRUMENTO. POSTERIOR APRESENTAÇÃO DE CONTAS. ACEITAÇÃO PELO AUTOR/AGRAVADO. PERDA DO OBJETO. RECURSO PREJUDICADO. A decisão que julga procedente o pedido de prestação de contas seria uma decisão interlocutória de mérito, tal como expresso no art. 203, §2° do CPC/2015, e portanto, recorrível por meio de Agravo de Instrumento. A prestação de contas por parte do recorrente/requerido, com a posterior aceitação do recorrido/autor, evidencia a perda do objeto do recurso. Recurso prejudicado. (TJMS; AI 1406528-02.2016.8.12.0000; Quarta Câmara Cível; Rel. Des. Amaury da Silva Kuklinski; DJMS 04/09/2017; Pág. 140) e RECURSO DE APELAÇÃO CÍVEL. AÇÃO DE EXIGIR CONTAS PRIMEIRA FASE. RECONHECIMENTO DO DEVER DE EXIGIR CONTAS. DECISÃO DE MÉRITO QUE NÃO PÕE FIM AO PROCESSO RECURSO CABÍVEL. AGRAVO DE INSTRUMENTO. APELAÇÃO, DE OFÍCIO, NÃO CONHECIDA. Na primeira fase da ação de exigir contas, o legislador, ao utilizar a palavra decisão no § 5° do art. 550, o fez com o propósito específico de referir-se a uma decisão interlocutória, o que tem razão de ser, na medida em que não põe fim ao processo (art. 203, § 2°, do NCPC), quando julga procedente o pedido. Já na segunda fase, quando o processo é extinto, o legislador utiliza a nomenclatura sentença (art. 552, caput, do NCPC), pois se trata de pronunciamento onde o juiz põe fim ao processo (art. 203, § 1°, do CPC/2015). Logo, no caso, considerando que a decisão recorrida, que julgou procedente o pedido, condenando a demandada a prestar as contas, tem natureza de decisão interlocutória, pois não pôs fim ao processo (art. 203, § 2°, do NCPC), o recurso cabível é o agravo de instrumento, razão pela qual a apelação, de ofício, não pode ser conhecida. Inteligência dos arts. 550, § 5°, 552 e 485, §3°, todos do NCPC. (TJMT; APL 51730/2017; Capital; Rel. Des. Sebastião Barbosa Farias; Julg. 03/10/2017; DJMT 09/10/2017; Pág. 60). Contra, entendendo tratar-se de sentença: AGRAVO DE INSTRUMENTO. AÇÃO DE PRESTAÇÃO DE CONTAS. RECURSO CABÍVEL. A decisão recorrida, através da qual o juízo de primeiro grau julgou procedente a primeira fase da ação de prestação de contas, tem natureza de sentença, a qual, na forma do §1° do art. 203 do NCPC. E, tratando-se de sentença, o recurso cabível é o de apelação, nos termos do art. 1.009, NCPC. Impossibilidade de aplicação do princípio da fungibilidade recursal, ante o erro grosseiro evidenciado. Doutrina a respeito. Jurisprudência do STJ e TJRGS. Agravo de instrumento não conhecido. (TJRS; AI 0268482-16.2017.8.21.7000; Passo Fundo; Décima Primeira Câmara Cível; Rel. Des. Luiz Roberto Imperatore de Assis Brasil; Julg. 01/09/2017; DJERS 18/09/2017)

Determinação para que seja exibido o original de título de crédito consiste em decisão interlocutória:

✓ APELAÇÃO CÍVEL. AÇÃO MONITÓRIA. Cheques. Sentença de extinção, com fulcro nos arts. 485, incisos I e IV, e 321, parágrafo único, do CPC/2015. Insurgência da parte autora. Intimação para apresentar a via original dos títulos de crédito procedida por ato ordinatório. Nulidade. Exegese do art. 162, § 4°, do CPC/1973 (equivalente ao art. 203, § 4°, do CPC/2015) e do art. 93, inciso XIV, da Constituição Federal. Deliberação de natureza jurisdicional que não pode ser delegada aos servidores da escrivania. Sentença anulada de ofício. Recurso prejudicado. (TJSC; AC 0300490-69.2016.8.24.0025; Gaspar; Quinta Câmara de Direito Comercial; Rel. Des. Cláudio Valdyr Helfenstein; DJSC 02/10/2017; Pag. 181)

Considerando interlocutória a decisão que homologa laudo pericial, sem extinguir o processo:

✓ RECURSO DE APELAÇÃO CÍVEL. AÇÃO DE REVISÃO CONTRATUAL DECISÃO QUE HOMOLOGA LAUDO PERICIAL E NÃO EXTINGUE O PROCESSO-RECURSO CABÍVEL. AGRAVO DE INSTRUMENTO. RECURSO NÃO CONHECIDO. O ato judicial que homologa laudo pericial e não extingue o processo, se trata pronunciamento de natureza decisória que não se enquadre no § 1°, do artigo 203 do CPC, portanto constitui decisão interlocutória que desafia recurso de agravo de instrumento. (TJMT, APL 19729/2017; Tangará da Serra; Rel. Des. Sebastião Barbosa Farias; Julg. 05/09/2017; DJMT 12/09/2017; Pág. 77)

§ 3° São despachos todos os demais pronunciamentos do juiz praticados no processo, de ofício ou a requerimento da parte.

Considerando simples despacho a decisão do relator no STF que determina o retorno dos autos à origem em razão da sistemática da repercussão geral:

✓ AGRAVO INTERNO NO RECURSO EXTRAORDINÁRIO. ADMINISTRATIVO. GRATIFICAÇÃO DE DESEMPENHO DO PLANO GERAL DE CARGOS DO PODER EXECUTIVO. GDPGPE. LIMITAÇÃO TEMPORAL DE EXTENSÃO AOS SERVIDORES INATIVOS. MATÉRIA JÁ EXAMINADA SOB O ENFOQUE DA REPERCUSSÃO GERAL. TEMA 351. RE 631.389. DEVOLUÇÃO DO FEITO À ORIGEM ATO JUDICIAL PREVISTO NO ARTIGO 328, PARÁGRAFO ÚNICO, DO RISTF. IRRECORRIBILIDADE. DEVOLUÇÃO IMEDIATA. DECISÃO. TRATA-SE DE AGRAVO INTERNO INTERPOSTO POR MARIA SOLANGE BRASIL, CONTRA DESPACHO DE MINHA RELATORIA, CUJA EMENTA TRANSCREVO. "RECURSO EXTRAORDINÁRIO. ADMINISTRATIVO. GRATIFICAÇÃO DE DESEMPENHO DO PLANO GERAL DE CARGOS DO PODER EXECUTIVO. GDPGPE. LIMITAÇÃO TEMPORAL DE EXTENSÃO AOS SERVIDORES INATIVOS. MATÉRIA JÁ EXAMINADA SOB O ENFOQUE DA REPERCUSSÃO GERAL. TEMA 351. RE 631.389. DEVOLUÇÃO DO FEITO À ORIGEM (ARTIGO 328, PARÁGRAFO ÚNICO, DO RISTF)." Inconformada com a decisão supra, a parte ora agravante interpõe o presente recurso, alegando, em síntese: "entretanto, tal entendimento não deve prevalecer, tendo em vista que o recurso extraordinário não recorreu contra a parte que tange a GDPGPE até o processamento das avaliações, que já foi o decidido no RE 631.389 - CE, mas sim acerca da parcela institucional após o processamento das avaliações de desempenho da GDPGPE, que não teve qualquer decisão do STF nesse sentido, nem mesmo no RE 631.359 - Ce. " (doc. 6, fl. 3) é o relatório. decido. o presente recurso não merece conhecimento. o ato judicial previsto no artigo 328, parágrafo único, do RISTF (na redação da emenda regimental 21/2007), constitui mero procedimento, sem cunho decisório, contra o qual não cabe recurso. destarte, além da ausência de previsão legal nesse sentido, o referido ato não se enquadra nas hipóteses de ato decisório ou sentencial previstas no artigo 203, § 1º e § 2º, do Código de Processo Civil/2015, **verbis**: "art. 203. os pronunciamentos do juiz consistirão em sentenças, decisões interlocutórias e despachos. § 1º ressalvadas as disposições expressas dos procedimentos especiais, sentença é o pronunciamento por meio do qual o juiz, com fundamento nos arts. 485 e 487, põe fim à fase cognitiva do procedimento comum, bem como extingue a execução. § 2º decisão interlocutória é todo pronunciamento judicial de natureza decisória que não se enquadre no § 1º. § 3º são despachos todos os demais pronunciamentos do juiz praticados no processo, de ofício ou a requerimento da parte. § 4º os atos meramente ordinatórios, como a juntada e a vista obrigatória, independem de despacho, devendo ser praticados de ofício pelo servidor e revistos pelo juiz quando necessário." é firme a jurisprudência desta suprema corte no sentido da irrecorribilidade dos despachos que determinam a devolução dos autos à origem para a observância da sistemática da repercussão geral. confiram-se, a título de exemplo, os seguintes julgados: "agravo regimental no recurso extraordinário. processual civil. repercussão geral reconhecida. desistência do recurso paradigma. futura substituição. decisão que determina a devolução dos autos à origem para observância do art. 543 - B do Código de Processo Civil. identidade material: irrecorribilidade. precedente. agravo regimental não conhecido." (RE 784.034 - Agr, rel. Min. Cármen lúcia, segunda turma, Dje de 24/6/2014). "ato do relator que, admitindo o recurso extraordinário, determina a devolução dos autos respectivos ao tribunal de origem para que, neste, seja observado o que dispõe o art. 543 - B do CPC. ato judicial que não possui conteúdo decisório nem se reveste de lesividade. irrecorribilidade. consequente não-conhecimento do primeiro recurso de agravo. inconformismo da parte interessada que deduziu novo recurso de agravo ('agravo interno'), desta vez contra a decisão que não conheceu do primeiro recurso de agravo. improvimento desse novo recurso, com determinação de devolução imediata dos autos ao tribunal de origem, independentemente da publicação do acórdão referente ao presente julgamento." (ai 503.064 - Agr-agr, rel. min. Celso de Mello, segunda turma, Dje de 26/3/2010) "agravo regimental no agravo regimental no agravo de instrumento. devolução dos autos ao tribunal de origem. observância do art. 543 - B do CPC. ato judicial sem cunho decisório. irrecorribilidade. agravo improvido. i. a jurisprudência desta corte consolidou-se no sentido de que é incabível recurso contra decisão que determina a devolução dos autos ao tribunal de origem para que seja observado o disposto no art. 543 - B do CPC, haja vista não possuir conteúdo decisório nem se revestir de lesividade. precedentes. ii. agravo regimental improvido." (ai 811.626 - Agr-agr, rel. min. Ricardo Lewandowski, primeira turma, Dje de 4/3/2011) "recurso. embargos de declaração. caráter infringente. embargos recebidos como agravo. agravo regimental. inadmissibilidade. interposição contra decisão que determina devolução dos autos ao tribunal de origem. aplicação do art. 543 - B do CPC. inexistência de lesividade. agravo não conhecido. da decisão que determina a devolução dos autos ao tribunal de origem para os fins do art. 543 - B do CPC, não se admite recurso. 2. recurso. agravo regimental. jurisprudência assentada sobre a matéria. caráter meramente abusivo. litigância de má-fé. imposição de multa. aplicação do art. 557, § 2º, CC arts. 14, ii e iii, e 17, vii, do CPC. quando abusiva a interposição de agravo, manifestamente inadmissível ou infundado, deve o tribunal condenar o agravante a pagar multa ao agravado." (RE 513.473 - Ed, rel. min. Cezar Peluso, segunda turma, Dje de 18/12/2009) ex positis, não conheço do agravo e determino a devolução imediata dos autos à origem. (STF; RE 992964; Rel. Min. Luiz Fux; DJE 15/12/2016; Pág. 185)

Apontando como simples despacho o provimento que ordena a citação:

✓ AGRAVO. DESPACHO SEM CONTEÚDO DECISÓRIO. INTELIGÊNCIA DOS ARTS. 203, § 3º, E 1.001 DO CPC/2015. FALTA DE INTERESSE RECURSAL. RECURSO NÃO CONHECIDO. A determinação de citação dos executados para pagamento do débito em 03 (três) dias, sob pena de penhora e avaliação, a rigor, constitui impulso oficial, sem conteúdo decisório (art. 203, § 3º, do CPC/2015). Daí, ainda sem gravame, inexiste interesse recursal, aplicando-se o art. 1.001 do CPC/2015. (TJSP; AI 2207824-36.2016.8.26.0000; Ac. 9923592; São Bernardo do Campo; Trigésima Primeira Câmara de Direito Privado; Rel. Des. Adilson de Araújo; Julg. 25/10/2016; DJESP 03/11/2016)

Considerando que a intimação de sucessora para integrar o polo passivo da execução configura simples despacho:

✓ PROCESSUAL CIVIL. INTIMAÇÃO PARA INTEGRAR O POLO PASSIVO DA EXECUÇÃO. NATUREZA JURÍDICA DO PROVIMENTO JUDICIAL. DESPACHO. INTELIGÊNCIA DO ART. 162, §3º, DO CPC/73 e ART. 203, §3º, DO CPC/2015. VIOLAÇÃO DO ART. 535, II, DO CPC/73. INOCORRÊNCIA. DISSENSO JURISPRUDENCIAL DEFEITUOSO. AUSÊNCIA DE COTEJO ANALÍTICO. I - A indicação de violação do art. 535, II, do CPC/73, por alegada omissão, quando realizada de forma genérica, limitada à afirmação, em linhas gerais, que o acórdão recorrido deixou de se pronunciar acerca das questões apresentadas, sem desenvolver argumentos para demonstrar especificamente a suposta mácula, caracteriza deficiência desta parcela recursal. Incidência da Súmula n. 284/STF. II - Para a apresentação de divergência jurisprudencial, nos moldes do art. 105, III, c, da Constituição Federal, é necessário o cotejo analítico das teses dissidentes entre os acórdãos recorrido e paradigma, com indicação da similitude fática e jurídica entre os julgados. Como não foi realizado o referido confronto se tem impositivo o não conhecimento dessa parte do recurso. III - O provimento judicial que determina a intimação de aludida sucessora da RFFSA na execução para integrar o feito no polo passivo não importa em resolução de questão incidente, nem ostenta natureza decisória. Assim, por exceção prevista, tanto no art. 162, §3º, do CPC/1973, quanto no art. 203, §3º, do CPC/2015, o ato judicial referido caracteriza despacho, não comportando impugnação na via do agravo de instrumento. IV - O alegado equívoco no chamamento ao processo é impugnável na via da exceção de pré-executividade ou de embargos à execução. Precedentes: AgRg no AREsp 548.094/RN, Rel. Min. OG Fernandes, segunda turma; Julg. 9/9/2014; DJe 23/9/2014 e REsp 460.214/SP, Rel. Min. João Otávio de Noronha, DJ 2/8/2006, p. 243. V - Recurso especial improvido. (STJ; REsp 1624376/SP; Segunda Turma; Rel. Min. Francisco Falcão; Julg. 07/03/2017; DJe 10/03/2017)

Provimento que posterga o exame da conexão consiste em mero despacho:

✓ AGRAVO DE INSTRUMENTO. ATO COMBATIDO QUE APENAS POSTERGOU A APRECIAÇÃO DO PEDIDO LIMINAR DE BUSCA E APREENSÃO DE VEÍCULO ALIENADO FIDUCIARIAMENTE POR CONTA DE CONEXÃO COM AÇÃO REVISIONAL DE CONTRATO C/C CONSIGNATÓRIA. AUSÊNCIA DE CONTEÚDO DECISÓRIO NO ATO. Matéria relativa à conexão inatacável por meio de agravo de instrumento. Recurso inadmissível. 1."cabe agravo de instrumento contra as decisões interlocutórias que versarem sobre:..." (art. 1.015 do CPC); 2."decisão interlocutória é todo pronunciamento judicial de natureza decisória que não se enquadre no § 1º. " (art. 203, § 2º do CPC);3.in casu, o ato combatido não tem conteúdo decisório, tendo o magistrado de primeiro grau apenas postergado a apreciação do pedido para quando da reunião das ações tidas por conexas, onde foi deferida consignação do valor incontroverso das parcelas do financiamento;4.matéria relativa à conexão que não é atacável por meio de agravo de instrumento, uma vez que não inserida entre as hipóteses elencadas no art. 1.015 do CPC. 5.recurso não conhecido. (TJRJ; AI 0051336 48.2017.8.19.0000; Rio de Janeiro; Vigésima Quinta Câmara Cível Consumidor; Rel. Des. Luiz Fernando de Andrade Pinto; DORJ 16/10/2017; Pág. 533)

Considerando que a postergação do exame da tutela de urgência configura mero despacho, sem conteúdo decisório:

✓ AGRAVO INTERNO EM AGRAVO DE INSTRUMENTO. DECISÃO MONOCRÁTICA QUE NÃO CONHECEU DO AGRAVO DE INSTRUMENTO, OCORRENDO QUE O AUTOR/AGRAVANTE, EM SUAS RAZÕES RECURSAIS DO PRESENTE AGRAVO INTERNO, NÃO TRAZ QUALQUER FATO RELEVANTE OU QUESTÃO DE DIREITO CAPAZ DE MODIFICAR A DECISÃO, QUE ASSIM RESTOU EMENTADA "AGRAVO DE INSTRUMENTO. AÇÃO DE DESPEJO C/C COBRANÇA DE ALUGUÉIS E ENCARGOS LOCATÍCIOS. Apreciação do requerimento de tutela de urgência adiada para momento processual posterior à manifestação da parte ré. Inexistência de juízo de valor em tal comando ou natureza decisória. Desse modo, não se vislumbra a existência de decisão interlocutória, definida pelo art. 203, § 2º, do novo CPC, a respaldar a interposição do presente agravo de instrumento, não se encontrando presente, in casu, qualquer das hipóteses previstas no art. 1.015 do aludido diploma legal. Ausência de conteúdo decisório. Despacho de mero expediente. Aplicação do art. 1.001 do novo CPC. Não se conhece do recurso, na forma do art. 932, III, do NCPC, diante da sua manifesta inadmissibilidade. " agravo interno improcedente. (TJRJ; AI 0038382-67.2017.8.19.0000; Rio de Janeiro; Vigésima Primeira Câmara Cível; Relª Desª Mônica Feldman de Mattos; DORJ 16/10/2017; Pág. 427). V. tb.: AGRAVO REGIMENTAL. DECISÃO MONOCRÁTICA QUE NEGA SEGUIMENTO A RECURSO DE AGRAVO DE INSTRUMENTO. DECISÃO OBJETO DO RECURSO SEM CARGA DECISÓRIA. REMARCAÇÃO DE AUDIÊNCIA CONCILIATÓRIA ANTERIORMENTE DESIGNADA. INTERPRETAÇÃO DOS ARTIGOS 203, §3º, C/C 1.001 DO NCPC. AGRAVO MANIFESTAMENTE INADMISSÍVEL. NEGATIVA DE SEGUIMENTO QUE SE IMPÕE. DECISÃO ESCORREITA. REITERADOS PRECEDENTES DESTE TRIBUNAL E DO SUPERIOR TRIBUNAL DE JUSTIÇA. AUSÊNCIA DE FUNDAMENTO NOVO. DECISÃO MANTIDA POR SEUS PRÓPRIOS FUNDAMENTOS. RECURSO CONHECIDO E IMPROVIDO. 1. Na hipótese, a manifestação judicial que não deferiu e nem indeferiu o pedido de antecipação de tutela, apenas limita-se a remarcação de audiência conciliatória, carece de cunho decisório, não sendo atacável por meio de Agravo de Instrumento. (TJSE; AgRg 201600721113; Ac. 20762/2016; Primeira Câmara Cível; Rel. Des. Ruy Pinheiro da Silva; Julg. 07/11/2016; DJSE 10/11/2016) e AGRAVO INTERNO NO AGRAVO DE INSTRUMENTO. AÇÃO DE BUSCA E APREENSÃO DE VEÍCULO COM PEDIDO LIMINAR. RESERVA PARA APRECIAR O PEDIDO LIMINAR APÓS AUDIÊNCIA DE CONCILIAÇÃO. AUSÊNCIA DE CUNHO DECISÓRIO VEDAÇÃO DE APRECIAÇÃO EM SEDE DE AGRAVO. SUPRESSÃO DE INSTÂNCIA. 1) A reserva para apreciação de liminar após audiência de conciliação não possui cunho decisório, mas trata-se de despacho, nos termos do art. 203, §§ 2º e 3º, do NCPC, o que impede o conhecimento do recurso de Agravo de Instrumento, o qual se presta a refutar decisões interlocutórias, conforme art. 1.015, caput, do NCPC; 2) Ante a ausência de cunho decisório na manifestação do juízo de piso, há impedimento de apreciação da tutela liminar pleiteada por este Tribunal, em sede de agravo, por incidir em supressão de instância; 3) Agravo de Instrumento não conhecido, pois manifestamente inadmissível, nos termos do art. 932, III, do NCPC. Decisão mantida em sede de agravo interno; 4) Agravo interno conhecido e desprovido. (TJAP; AGInt 0000546-07.2017.8.03.0000; Câmara Única; Rel. Juiz Conv. Eduardo Contreras; Julg. 30/05/2017; DJEAP 08/06/2017; Pág. 25)

Se o juiz determina o cumprimento de decisão anterior, o novo provimento consiste em simples despacho:

✓ AGRAVO DE INSTRUMENTO MANEJADO CONTRA DEICSÃO QUE DETERMINOU O CUMPRIMENTO DE DECISÃO ANTERIORMENTE PROLATADA PELO JUÍZO. NO CASO EM COMENTO, CONSTATA-SE QUE O AGRAVO DE INSTRUMENTO INTERPOSTO PELO ESTADO PRETENDE O REEXAME DE MATÉRIA DECIDIDA ANTERIORMENTE NO PROCESSO, OFERECENDO IMPUGNAÇÃOCONTRA PRONUNCIAMENTO DO JUÍZO A QUO NOMINADO COMO DECISÃO. PRONUNCIAMENTO JUDICIAL DESPROVIDO DE CONTEÚDO DECISÓRIO QUE NÃO PODE SER QUALIFICADO COMO DECISÃO INTERLOCUTÓRIA, CONFORME O DISPOSTO NO ART. 203 § 1º DO CPC/2015. Inobservância do princípio da dialeticidade, segundo o qual o recorrente deve impugnar expressamente a fundamentação da decisão que se pretende reformar ou nulificar. Cabimento do recurso de agravo de instrumento que só se verifica contra atos com conteúdo decisório, sendo inadmissível sua interposição no caso em tela, diante do disposto no art. 1.001 do CPC/2015. Precedentes do Superior Tribunal de Justiça e do nosso tribunal. Recurso que não se conhece. Manutenção da decisão. (TJRJ; AI 0007759-20.2017.8.19.0000; Rio de Janeiro; Sétima Câmara Cível; Rel. Des. Cláudio Brandão de Oliveira; DORJ 10/10/2017; Pág. 183)

Intimação da parte para que junte documentos comprobatórios da hipossuficiência para fins de concessão da gratuidade de justiça configura simples despacho:

✓ AGRAVO DE INSTRUMENTO. ASSISTÊNCIA JUDICIÁRIA. Embargos de terceiro. Agravante que se insurgiu contra a decisão que determinou que apresentasse documentos comprobatórios da alegada hipossuficiência financeira. Irrecorribilidade da decisão. Despacho de mero expediente. Inteligência do artigo 203, § 2º e § 3º do Código de Processo Civil. RECURSO NÃO CONHECIDO. (TJSP; AI 2110326-03.2017.8.26.0000; Ac. 10763133; Taboão da Serra; Décima Sétima Câmara de Direito Privado; Rel. Des. Afonso Bráz; Julg. 04/09/2017; DJESP 11/09/2017; Pág. 2944). V. tb.: AGRAVO DE INSTRUMENTO. DESPACHO DE MERO EXPEDIENTE. O pronunciamento judicial que determina a intimação da parte para que junte cópia integral da declaração de imposto de renda e comprove os rendimentos, para o fim de examinar o pedido de gratuidade da justiça, constitui despacho de mero expediente e, portanto, é irrecorrível. Inteligência dos artigos 203 e 1.001, do Código de Processo Civil/2015. Recurso manifestamente inadmissível (artigo 932, inciso III, do novo CPC) agravo não conhecido. (TJRS; AI 0272342-25.2017.8.21.7000; Porto Alegre; Décima Sexta Câmara Cível; Relª Desª Ana Maria Nedel Scalzilli; Julg. 08/09/2017; DJERS 14/09/2017). V. tb.: AGRAVO DE INSTRUMENTO. EXPURGOS INFLACIONÁRIOS. AÇÃO DE COBRANÇA. DETERMINAÇÃO DE JUNTADA DE DOCUMENTOS E REGULARIZAÇÃO DA REPRESENTAÇÃO PROCESSUAL. DESPACHO DE MERO EXPEDIENTE. DESCABIMENTO. 1. Com o advento no novo Código de Processo Civil (Lei nº 13.105/2015), as hipóteses de cabimento do agravo de instrumento estão previstas em numerus clausus, especificamente para as decisões interlocutórias constantes em seu art. 1.015. 2. A determinação para que a parte agravante acoste documentação adicional a fim de possibilitar a análise da AJG postulada, bem como regularize sua representação processual, é despacho de mero expediente, sem conteúdo decisório (art. 203, §§ 2º e 3º do NCPC), manifestação judicial irrecorrível nos termos do art. 1.001 do supracitado diploma legal. Agravo de instrumento não conhecido. (TJRS; AI 0106499-08.2017.8.21.7000; Passo Fundo; Vigésima Terceira Câmara Cível; Relª Desª Ana Paula Dalbosco; Julg. 25/05/2017; DJERS 29/05/2017)

Intimação do autor para que esclareça se firmou contrato com a ré e, caso positivo, apresente o instrumento não possui conteúdo decisório:

✓ AGRAVO DE INSTRUMENTO. DESPACHO DE MERO EXPEDIENTE. O pronunciamento judicial que determina a intimação da parte para que esclareça se firmou um contrato escrito com a parte ré e, em caso positivo, que colacione o instrumento contratual aos autos, constitui despacho de mero expediente e, portanto, é irrecorrível. Inteligência dos artigos 203 e 1.001, do Código de Processo Civil/2015. Recurso manifestamente inadmissível (artigo 932, inciso III, do CPC) agravo de instrumento não conhecido. (TJRS; AI 0301406-80.2017.8.21.7000; Estância Velha; Décima Sexta Câmara Cível; Relª Desª Ana Maria Nedel Scalzilli; Julg. 04/10/2017; DJERS 10/10/2017)

Intimação do autor para dar andamento ao feito, sob pena de extinção, consiste em despacho:

✓ APELAÇÃO CÍVEL. ALIENAÇÃO FIDUCIÁRIA. EXECUÇÃO DE TÍTULO EXTRAJUDICIAL. Recurso objetiva modificar provimento judicial que determinou a intimação pessoal do exequente para dar prosseguimento ao processo, sob pena de arquivamento. Ausente, portanto, decisão terminativa do processo que viabilize a interposição de recurso de apelo (art. 203, §1º, do NCPC). O despacho, por sua vez, é pronunciamento judicial irrecorrível (art. 1.001 do NCPC). Recurso não conhecido. (TJRS; AC 0264849-94.2017.8.21.7000; Cerro Largo; Décima Quarta Câmara Cível; Relª Desª Judith dos Santos Mottecy; Julg. 28/09/2017; DJERS 03/10/2017)

Provimento que apenas intima o autor para se manifestar sobre eventual prescrição configura simples despacho:

✓ AGRAVO DE INSTRUMENTO. PROCESSO CIVIL. EXECUÇÃO FISCAL. INTIMAÇÃO DO ENTE PÚBLICO EXEQUENTE PARA MANIFESTAR-SE A RESPEITO DA PRESCRIÇÃO DE PARTE DO CRÉDITO EXECUTADO. OBSERVÂNCIA DO PARÁGRAFO ÚNICO DO ART. 487 DO CPC. AUSÊNCIA DE NATUREZA DECISÓRIA. PRONUNCIAMENTO JUDICIAL QUE NÃO SE CONFIGURA COMO DECISÃO INTERLOCUTÓRIA, MAS SIM, DESPACHO. ART. 203 DO CPC. IRRECORRIBILIDADE. ART. 1.001 DO CPC. RECURSO NÃO CONHECIDO. O pronunciamento judicial que apenas oportuniza à parte manifestar-se sobre a possível ocorrência de prescrição, por não conter natureza decisória, não se configura como decisão interlocutória, mas sim, despacho, e, por isso, é irrecorrível a teor do art. 1.001 do CPC. (TJSC; AI 4015827-47.2017.8.24.0000; Herval d'Oeste; Segunda Câmara de Direito Público; Rel. Des. Sérgio Roberto Baasch Luz; DJSC 25/08/2017; Pag. 239)

Entendendo que a concessão de novo prazo para a outra parte não apresenta caráter decisório:

✓ AGRAVO DE INSTRUMENTO. AÇÃO DE COBRANÇA DE HONORÁRIOS CONTRATUAIS. FASE DE CUMPRIMENTO DE SENTENÇA. DESPACHO DE MERO EXPEDIENTE SEM CUNHO DECISÓRIO. IRRECORRIBILIDADE. O pronunciamento judicial que acolhe pedido de concessão de novo prazo para a parte interessada se manifestar nos autos, constitui despacho de mero expediente, sem conteúdo decisório e, portanto, é irrecorrível. Inteligência dos artigos 203 e 1.001, do Código de Processo Civil/2015. Recurso manifestamente inadmissível. (artigo 932, inciso III, do novo CPC) recurso não conhecido. (TJRS; AI 0359663-35.2016.8.21.7000; Sapiranga; Décima Sexta Câmara Cível; Relª Desª Ana Maria Nedel Scalzilli; Julg. 25/10/2016; DJERS 07/11/2016)

A determinação de suspensão da ação de busca e apreensão para que o juízo da recuperação judicial avalie a essencialidade do bem não apresenta conteúdo decisório, por ser preparatória à decisão propriamente dita:

✓ AGRAVO DE INSTRUMENTO. BUSCA E APREENSÃO. Despacho atacado que determinou a suspensão da ação de busca e apreensão até que o juízo da recuperação judicial se pronuncie acerca da essencialidade ou não do veículo em questão para o cumprimento do plano de recuperação judicial aprovado. Incabível recurso contra despacho de mero expediente e que nada decidiu, posto que preparatório de futura decisão. Exegese do § 3º do art. 203 do CPC/2015. Não conhecimento. (TJSP; AI 2156686-30.2016.8.26.0000; Ac. 9972263; Ribeirão Preto; Trigésima Segunda Câmara de Direito Privado; Rel. Des. Francisco Occhiuto Junior; Julg. 10/11/2016; DJESP 21/11/2016)

§ 4º Os atos meramente ordinatórios, como a juntada e a vista obrigatória, independem de despacho, devendo ser praticados de ofício pelo servidor e revistos pelo juiz quando necessário.

→ *V.* Enunciado 665 do FPPC: A negativa de seguimento ou sobrestamento de recurso especial ou extraordinário, ao fundamento de que a questão de direito já foi ou está selecionada para julgamento de recursos sob o rito dos repetitivos, não pode ser feita via carimbo ou outra forma automatizada nem por pessoa não investida no cargo de magistrado.

Intimação do autor para dar andamento ao feito possui carga decisória e não pode ser ordenada pelo servidor:

✓ APELAÇÃO CÍVEL. EXECUÇÃO. Extinção do feito sem resolução do mérito com fulcro no artigo 485, inciso III, do Código de Processo Civil. Intimação da parte autora para dar impulso ao feito, sob pena de extinção, realizada de ofício pelo cartório. Comando com carga decisória que deve ser proferido por ato jurisdicional. Exegese do artigo 203, § 4º, do CPC. Nulidade do ato ordinatório verificada. Abandono da causa não configurado. Sentença anulada. Recurso provido. (TJSC; AC 0300371-61.2015.8.24.0052; Porto União; Quinta Câmara de Direito Comercial; Rel. Des. Cláudio Barreto Dutra; DJSC 09/08/2017; Pag. 169). V. tb.: APELAÇÃO CÍVEL. Ação de Execução. Feito extinto sem resolução do mérito, com fulcro no art. 485, III c/c art. 771, parágrafo único, ambos do CPC. Extinção decorrente do não cumprimento de determinação contida em ato ordinatório. Impossibilidade. Necessidade de despacho. Inteligência do art. 203, § 4º, do CPC. Não configuração de abandono e não cumprimento do disposto no art. 485, §1º do CPC (Intimação pessoal). Necessidade da aludida providência. Sentença anulada. Prosseguimento do feito. Recurso conhecido e provido. (TJSE; AC 201700702052; Ac. 13810/2017; Primeira Câmara Cível; Relª Desª Elvira Maria de Almeida Silva; Julg. 04/07/2017; DJSE 07/07/2017)

Art. 204. Acórdão é o julgamento colegiado proferido pelos tribunais.

Art. 205. Os despachos, as decisões, as sentenças e os acórdãos serão redigidos, datados e assinados pelos juízes.

Considerando que a ausência de assinatura do juiz implica nulidade da sentença:

✓ PROCESSUAL CIVIL. EXECUÇÃO FISCAL. SENTENÇA POR CÓPIA. NULIDADE RECONHECIDA. PRINCÍPIOS DA INSTRUMENTALIDADE E DA EFETIVIDADE PROCESSUAIS. ART. 40 DA LEF. INEXISTÊNCIA DE PRESCRIÇÃO INTERCORRENTE. 1. A ausência de assinatura do juiz, nos termos do art. 205 do CPC, imputa nulidade à sentença. 2. Por tratar-se de questão exclusivamente de direito e estar em condições de imediato julgamento, aplicável o art. 1.013, § 3º, do CPC. 3. O art. 40 da Lei nº 6.8301980 deve ser interpretado em harmonia com o art. 174 do Código Tributário Nacional, sob pena de se admitir a imprescritibilidade da dívida fiscal. Não transcorridos mais de cinco anos após a data do arquivamento dos autos, fica afastada a prescrição. 4. Apelação a que se dá provimento, para anular a sentença e determinar o prosseguimento da execução fiscal. 733 Diário da Justiça Federal da 1ª Região TRF. Ano IX N. 184. Caderno Judicial. Disponibilizado em 05102017 (TRF 1ª R.; AC 0035572-07.2017.4.01.9199; Oitava Turma; Relª Desª Fed. Maria do Carmo Cardoso; DJF1 06/10/2017)

Apontando ser inexistente a sentença não assinada:

✓ AGRAVO DE INSTRUMENTO. RESPONSABILIDADE CIVIL. AÇÃO DECLARATÓRIA DE INEXISTÊNCIA DE DÉBITO CUMULADA COM INDENIZAÇÃO POR DANOS MORAIS. DECISÃO AGRAVADA INCOMPLETA, SEM A ASSINATURA DO JUIZ PROLATOR. RECURSO DEFICIENTEMENTE INSTRUÍDO. PEÇA DE TRASLADO OBRIGATÓRIO INCOMPLETA. REPRODUÇÃO DEFICIENTE. O agravo de instrumento deve ser instruído, obrigatoriamente, com cópia da petição inicial, da contestação, da petição que ensejou a decisão agravada, da própria decisão agravada, da certidão da respectiva intimação ou outro documento oficial que comprove a tempestividade recursal e das procurações outorgadas aos advogados do agravante e do agravado (art. 1.017, I, CPC/2015). Nos termos do art. 205 do CPC/2015, os despachos, decisões, sentenças e acórdãos serão redigidos, datados e assinados pelos juízes. A ausência da assinatura do juiz prolator caracteriza o ato como inexistente. Precedentes do TJRS e do STJ. A juntada de peça processual de traslado obrigatório incompleta, sem a ulterior sanação do defeito no prazo assinado pelo relator, conduz à inadmissibilidade do recurso (art. 932, parágrafo único, c/c art. 1.017, §3º, ambos do CPC/2015). Negado seguimento ao recurso liminarmente, com fulcro no art. 932, inc. III, do CPC/2015. (TJRS; AI 0183045-41.2016.8.21.7000; São Luiz Gonzaga; Nona Câmara Cível; Rel. Des. Miguel Ângelo da Silva; Julg. 29/06/2016; DJERS 04/07/2016)

§ 1º Quando os pronunciamentos previstos no *caput* forem proferidos oralmente, o servidor os documentará, submetendo-os aos juízes para revisão e assinatura.

§ 2º A assinatura dos juízes, em todos os graus de jurisdição, pode ser feita eletronicamente, na forma da lei.

→ v. Art. 1º, § 2º, da Lei 11.419/2006.

§ 3º Os despachos, as decisões interlocutórias, o dispositivo das sentenças e a ementa dos acórdãos serão publicados no Diário de Justiça Eletrônico.

Seção V
Dos Atos do Escrivão ou do Chefe de Secretaria

Art. 206. Ao receber a petição inicial de processo, o escrivão ou o chefe de secretaria a autuará, mencionando o juízo, a natureza do processo, o número de seu registro, os nomes das partes e a data de seu início, e procederá do mesmo modo em relação aos volumes em formação.

Art. 207. O escrivão ou o chefe de secretaria numerará e rubricará todas as folhas dos autos.

Parágrafo único. À parte, ao procurador, ao membro do Ministério Público, ao defensor público e aos auxiliares da justiça é facultado rubricar as folhas correspondentes aos atos em que intervierem.

Art. 208. Os termos de juntada, vista, conclusão e outros semelhantes constarão de notas datadas e rubricadas pelo escrivão ou pelo chefe de secretaria.

Art. 209. Os atos e os termos do processo serão assinados pelas pessoas que neles intervierem, todavia, quando essas não puderem ou não quiserem firmá-los, o escrivão ou o chefe de secretaria certificará a ocorrência.

§ 1º Quando se tratar de processo total ou parcialmente documentado em autos eletrônicos, os atos processuais praticados na presença do juiz poderão ser produzidos e armazenados de modo integralmente digital em arquivo eletrônico inviolável, na forma da lei, mediante registro em termo, que será assinado digitalmente pelo juiz e pelo escrivão ou chefe de secretaria, bem como pelos advogados das partes.

→ *v. Arts. 236, § 3º, 385, § 3º, 453, § 1º, 461, § 2º e 937, § 4º do NCPC.*

→ *v. Lei 11.419/2006 – Dispõe sobre a informatização do processo judicial.*

Dispensando a transcrição em ata de audiência registrada por meio eletrônico:

✓ MONITÓRIA. DUPLICATAS MERCANTIS PROTESTADAS. CERCEAMENTO DE DEFESA NÃO VERIFICADO. AUSÊNCIA DE INTIMAÇÃO DA PARTE PARA SE MANIFESTAR SOBRE DOCUMENTOS NOVOS JUNTADOS AOS AUTOS. Fundamentação da sentença que se baseou nas demais provas coligidas ao processo, e não apenas nos instrumentos impugnados. Inexistência de violação ao art. 398 do Código de Processo Civil revogado, vigente à época. Precedente do Superior Tribunal de Justiça. Prescindibilidade da transcrição da prova oral produzida em audiência, gravada em mídia audiovisual. Medida autorizada pelo art. 209, § 1º, do Código de Processo Civil e art. 2º da Resolução n. 105/10 do Conselho Nacional de Justiça. Recurso não provido. (TJSP; APL 4006112-87.2013.8.26.0477; Ac. 9882226; Praia Grande; Trigésima Oitava Câmara de Direito Privado; Rel. Des. César Santos Peixoto; Julg. 05/10/2016; DJESP 17/10/2016)

§ 2º Na hipótese do § 1º, eventuais contradições na transcrição deverão ser suscitadas oralmente no momento de realização do ato, sob pena de preclusão, devendo o juiz decidir de plano e ordenar o registro, no termo, da alegação e da decisão.

Art. 210. É lícito o uso da taquigrafia, da estenotipia ou de outro método idôneo em qualquer juízo ou tribunal.

→ *v.* Arts. 460, § 1º e 944 do NCPC.

→ *v.* Art. 405, § 1º, do CPP.

→ *v.* Art. 17 da Lei n. 12.016/2009 – Lei do Mandado de Segurança.

Art. 211. Não se admitem nos atos e termos processuais espaços em branco, salvo os que forem inutilizados, assim como entrelinhas, emendas ou rasuras, exceto quando expressamente ressalvadas.

Impossibilidade de rasura no valor da causa sem qualquer ressalva:

✓ REEXAME NECESSÁRIO E APELAÇÃO CÍVEL. AÇÃO COMINATÓRIA. DIREITO À SAÚDE. IMPOSSIBILIDADE DE RASURA QUANTO AO VALOR DA CAUSA SEM QUALQUER RESSALVA. AÇÃO AJUIZADA NA VIGÊNCIA DA LEI FEDERAL Nº 12.153/09 E DA RESOLUÇÃO Nº 700/2012 DO TJMG. VALOR DA CAUSA INFERIOR A 40 SALÁRIOS MÍNIMOS NÃO ALTERADO DE OFÍCIO OU IMPUGNADO. COMPETÊNCIA ABSOLUTA DO JUIZADO ESPECIAL DA FAZENDA PÚBLICA. 1- Não se admitem nos atos e termos processuais espaços em branco, salvo os que forem inutilizados, assim como entrelinhas, emendas ou rasuras, exceto quando expressamente ressalvadas, a teor do que determina o art. 211, do CPC/2015; 2- Em se tratando de ação ajuizada após o dia 22 de junho de 2012, por pessoa física, objetivando serviço de saúde, cujo valor da causa não ultrapassa o limite estabelecido em Lei, então não alterado de ofício ou impugnado pela parte contrária, torna-se manifesta a competência do Juizado Especial da Fazenda Pública para processar e julgar o feito, conforme disposto na Lei nº 12.153/2009 e na Resolução nº 700/2012 do Órgão Especial do Tribunal de Justiça de Minas Gerais; 3- A declaração de incompetência absoluta acarreta a anulação dos atos decisórios, cujos efeitos conservar-se-ão, até que outra decisão seja proferida, se for o caso, pelo juízo competente, nos termos do art. 64, §4º, do CPC/15. (TJMG; AC-RN 1.0024.14.055794-3/002; Rel. Des. Renato Dresch; Julg. 27/04/2017; DJEMG 04/05/2017)

Capítulo II
DO TEMPO E DO LUGAR DOS ATOS PROCESSUAIS

Seção I
Do Tempo

Art. 212. Os atos processuais serão realizados em dias úteis, das 6 (seis) às 20 (vinte) horas.

→ *v.* Art. 12 da Lei 9.099/1995.

→ *v.* Art. 216 do NCPC.

§ 1º Serão concluídos após as 20 (vinte) horas os atos iniciados antes, quando o adiamento prejudicar a diligência ou causar grave dano.

§ 2º Independentemente de autorização judicial, as citações, intimações e penhoras poderão realizar-se no período de férias forenses, onde as houver, e nos feriados ou dias úteis fora do horário estabelecido neste artigo, observado o disposto no art. 5º, inciso XI, da Constituição Federal.

§ 3º Quando o ato tiver de ser praticado por meio de petição em autos não eletrônicos, essa deverá ser protocolada no horário de funcionamento do fórum ou tribunal, conforme o disposto na lei de organização judiciária local.

→ *v.* Art. 1.007, § 4º do NCPC.

→ *v.* Súmula 484 do STJ.

Considerando intempestiva a apelação protocolada no último dia do prazo em regime de plantão judiciário:

✓ EMBARGOS DE DECLARAÇÃO. INEXISTÊNCIA DE OMISSÃO. ART. 1.022, II, DO CPC. APELAÇÃO CÍVEL NÃO CONHECIDA. RECURSO PROTOCOLADO NO ÚLTIMO DIA DO PRAZO EM REGIME DE PLANTÃO JUDICIÁRIO. INTEMPESTIVIDADE CONFIGURADA. ARTIGO 212, § 3º, DO CPC. EMBARGOS DECLARATÓRIOS CONHECIDOS E IMPROVIDOS. 1. O cabimento dos Embargos de Declaração está restrito às hipóteses do art. 1.022, I, II e III, do CPC. 2. No caso em espécie, o embargante protocolizou sua petição de recurso no último dia do prazo, após o expediente forense, às 15h56min, através dos Correios, ensejando, assim, o não conhecimento do recurso por deserção, tendo em vista sua intempestividade, nos termos dos artigos 212, § 3º, 1.003, § 5º e 932, III, todos do Código de Processo Civil. 3. Embargos Declaratórios conhecidos e improvidos. (TJPI; AC 2017.0001.001658-5; Quarta Câmara de Direito Público; Rel. Des. Fernando Lopes e Silva Neto; DJPI 04/12/2017; Pág. 76)

Considerando tempestiva a apelação protocolada no último dia do prazo, após o expediente forense, mas dentro do horário estabelecido pelo art. 212 do CPC:

✓ PROCESSUAL CIVIL. AGRAVO INTERNO EM APELAÇÃO CÍVEL. RECURSO APRESENTADO NO ÚLTIMO DIA DO PRAZO E APÓS O HORÁRIO DO EXPEDIENTE FORENSE QUE FORA ANTECIPADO. TEMPESTIVIDADE DO APELO RECONHECIDA E DECLARADA DE OFÍCIO. AGRAVO PROVIDO PARA POSSIBILITAR O JULGAMENTO DA APELAÇÃO. DECISÃO POR MAIORIA. VENCIDO O RELATOR QUE ENTENDEU INTEMPESTIVO O APELO FACE O NÃO CONHECIMENTO DO AGRAVO DE INSTRUMENTO AVIADO COM O OBJETIVO DE DEMONSTRAR A TEMPESTIVIDADE DA APELAÇÃO. 1. O juiz não recebeu a apelação por entender que ela estava intempestiva. Segundo o magistrado, conquanto o apelo tenha sido apresentado no último dia do prazo legal, foi protocolizado após o final do horário de funcionamento do fórum (13 horas), residindo aí, portanto, a intempestividade recursal. 2. A tempestividade da apelação é clara. O fato de o recurso ter sido protocolizado depois do encerramento do expediente forense em nada afeta o seu conhecimento posto que o prazo recursal é da Lei, conforme disposto no artigo 212 do CPC que diz que os atos processuais realizar-se-ão em dias úteis, das 06 às 20 horas e não pode ser alterado por decisão administrativa. 3. Segundo a jurisprudência pátria, a tempestividade constitui requisito de admissibilidade de ordem pública, cognoscível de ofício, não se sujeitando à preclusão. 4. Agravo interno ao qual se dá provimento para destrancar o recurso de apelação, possibilitando, assim, o seu julgamento. (TJPE; Rec. 0000161-12.2005.8.17.0640; Terceira Câmara Cível; Rel. Desig. Des. Jovaldo Nunes Gomes; Julg. 26/01/2017; DJEPE 22/03/2017). No mesmo sentido, TJPE; AI 0005588-81.2016.8.17.0000; Primeira Câmara Cível; Rel. Des. Francisco Eduardo Gonçalves Sertório Canto; Julg. 01/09/2016; DJEPE 21/09/2016.

Considerando que a juntada do mandado ocorrida após o horário indicado no dispositivo deve ser reputada na data do dia útil seguinte:

✓ AÇÃO DE COBRANÇA. AGRAVO DE INSTRUMENTO. RECURSO INTERPOSTO CONTRA DECISÃO QUE CONSIDEROU INTEMPESTIVA A CONTESTAÇÃO APRESENTADA PELO RÉU. RECURSO INADMISSÍVEL. QUESTÃO NÃO ELENCADA NO ROL DO ARTIGO 1.015 DO NOVO CO´DIGO DE PROCESSO CIVIL. DECISÃO QUE, TODAVIA, INCIDIU EM ERRO DE PROCEDIMENTO, DERIVADO DE EQUÍVOCO NA CONTAGEM DO PRAZO PROCESSUAL POR CONSIDERAR COMO VÁLIDA A PRÁTICA DE ATO PROCESSUAL REALIZADA FORA DO PERÍODO DE EXPEDIENTE FORENSE. HIPÓTESE EM QUE, PARA FINS DO COMPUTO DO PRAZO PROCESSUAL, O ATO DEVERÁ SER CONSIDERADO COMO PRATICADO NO PRÓXIMO DIA ÚTIL SUBSEQUENTE. INTELIGÊNCIA DOS ARTIGOS 212, 214 E 216 DO NCPC. DECISÃO ANULADA E TEMPESTIVIDADE DA CONTESTAÇÃO RECONHECIDA DE OFÍCIO. O presente agravo foi interposto sob a vigência do Novo Código de Processo Civil, que arrola no artigo 1.015, de forma taxativa (numerus clausus) e objetiva, quais as são decisões agraváveis. Observa-se que a presente situação não esta´ indicada no referido dispositivo legal. Todavia, o fato é que a r. Decisão deve ser considerada nula, porquanto partiu de premissa completamente equivocada, violando expressamente a norma processual prevista nos artigos 212, 214 e 216 do NCPC. Com efeito, a juntada do Aviso de recebimento da citação postal trata-se de um ato processual e, assim como tal, deve se curvar às regras processuais vigentes. Logo, dessa forma, com base nos dispositivos processuais acima elencados, para fins de computo do prazo legal, quando um ato processual for realizado em dia em que não houver expediente forense, como é o caso dos autos, o mesmo dever ser considerado como praticado no próximo dia útil sucessivo à sua realização. Diante de tais constatações, inquestionável que a r. Decisão incidiu em error in procedendo, impondo-se, assim, o reconhecimento se sua nulidade de ofício, para o fim de reconhecer a tempestividade da contestação apresentada pelo réu. Agravo não conhecido e decisão anulada de ofício. (TJSP; AI 2040541-51.2017.8.26.0000; Ac. 10534108; Presidente Prudente; Décima Segunda Câmara de Direito Privado; Relª Desª Sandra Galhardo Esteves; Julg. 21/06/2017; DJESP 05/07/2017; Pág. 1974)

Art. 213. A prática eletrônica de ato processual pode ocorrer em qualquer horário até as 24 (vinte e quatro) horas do último dia do prazo.

→ *v.* Lei 11.419/2006 – Dispõe sobre a informatização do processo judicial.

Parágrafo único. O horário vigente no juízo perante o qual o ato deve ser praticado será considerado para fins de atendimento do prazo.

Entendendo ser tempestivo o recurso protocolado eletronicamente após o horário do expediente forense:

✓ ELEIÇÕES 2012. AGRAVO REGIMENTAL. RECURSO ESPECIAL. PREFEITO. VICE-PREFEITO. AIJE. ABUSO DO PODER POLÍTICO. CAPTAÇÃO ILÍCITA DE SUFRÁGIO. NÃO CONFIGURAÇÃO. INSUFICIÊNCIA DE PROVAS. CONTRATAÇÃO TEMPORÁRIA DE SERVIDORES. AUSÊNCIA DE LIAME ELEITORAL E DE GRAVIDADE DA CONDUTA. PRELIMINAR DE INTEMPESTIVIDADE AFASTADA. DÍSSIDIO JURISPRUDENCIAL NÃO DEMONSTRADO. SÚMULA Nº 28/TSE. INCIDÊNCIA. REEXAME DE FATOS E PROVAS. IMPOSSIBILIDADE. SÚMULAS N OS 24/TSE E 279/STF. MANUTENÇÃO DO ACÓRDÃO REGIONAL. DESPROVIMENTO. 1. É tempestivo o recurso interposto mediante peticionamento eletrônico no último dia do prazo recursal, ainda que em horário posterior ao fechamento do protocolo do Tribunal Superior Eleitoral, pois, nos termos do art. 213 do Novo Código de Processo Civil (NCPC), segundo o qual a prática eletrônica de ato processual pode ocorrer em qualquer horário até as 24 (vinte e quatro) horas do último dia do prazo. 2. A demonstração da divergência pressupõe a realização de cotejo analítico, de modo a evidenciar-se a similitude fática entre as hipóteses confrontadas, não se perfazendo com a simples transcrição de ementas, como ocorrido na espécie (REsp nº 371- 68/CE, Rel. Min. Laurita Vaz, PSESS em 13.12.2012). Incide, no caso, o disposto na Súmula nº 28/TSE. 3. A decisão regional, na qual se assentou a insuficiência do conjunto probatório para a condenação por abuso do poder político e captação ilícita de sufrágio, está rigorosamente em harmonia com a jurisprudência do TSE, pacífica no sentido de que a procedência da Ação de Investigação Judicial Eleitoral (AIJE) exige provas robustas da ocorrência e da gravidade dos ilícitos nela descritos. Precedentes do TSE. 4. Afastar a conclusão da Corte a quo demandaria o reexame do acervo fático-probatório dos autos, providência incabível na via estreita do Recurso Especial (Súmulas n os 24/TSE e 279/STF). 5. O argumento de que as contratações temporárias acarretaram o desequilíbrio no pleito, considerada a diferença de somente 143 votos entre o primeiro e o segundo colocados no pleito de 2012, não é suficiente para infirmar a decisão agravada, a teor da jurisprudência do TSE, segundo a qual a aferição da gravidade, para fins da caracterização do abuso de poder, deve levar em conta as circunstâncias do fato em si, não se prendendo a eventuais implicações no pleito, muito embora tais implicações, quando existentes, reforcem a natureza grave do ato (AGR-REsp nº 259-52/RS, de minha relatoria; DJe de 14.8.2015). 6. Agravo regimental desprovido. (TSE; AgRg-REsp 577-64.2012.6.15.0055; PB; Relª Minª Luciana Lóssio; Julg. 13/09/2016; DJETSE 30/09/2016; Pág. 41)

Art. 214. Durante as férias forenses e nos feriados, não se praticarão atos processuais, excetuando-se:

→ *v.* Art. 93, XII, da CF/1998.

→ *v.* Art. 66, § 1º da LC 35/1979.

→ *v.* Art. 62 da Lei 5.010/1966.

I – os atos previstos no art. 212, § 2º;

II – a tutela de urgência.

→ *v.* Art. 300 do NCPC.

Art. 215. Processam-se durante as férias forenses, onde as houver, e não se suspendem pela superveniência delas:

I – os procedimentos de jurisdição voluntária e os necessários à conservação de direitos, quando puderem ser prejudicados pelo adiamento;

→ *v.* Art. 719 e ss. do NCPC.

II – a ação de alimentos e os processos de nomeação ou remoção de tutor e curador;

→ *v.* Lei 5.478/1968 – Dispõe sobre ação de alimentos.

III – os processos que a lei determinar.

→ *v.* Art. 39 do Dec.-lei 3.365/1941 – Dispõe sobre desapropriações por utilidade pública.

→ *v.* Art. 58, I, da Lei 8.245/1991.

→ *v.* Art. 2º, § 1º, da LC 76/1993.

Considerando que o prazo para purga da mora pelo devedor fiduciário na ação de busca e apreensão não se suspende pelo recesso forense:

✓ APELAÇÃO CÍVEL. Ação de busca e apreensão com pedido liminar. Sentença que julgou procedente o pedido inicial. Recurso da parte ré. Alegação de pagamento da integralidade da dívida dentro do quinquídio legal em razão da suspensão dos prazos pelo recesso forense. Não verificação. Prazo de cinco dias para pagamento da integralidade da dívida pelo devedor fiduciário que não se suspende. Prazo decadencial que não se sujeita à suspensão. Atos necessários para a preservação de direitos que se processam mesmo durante as férias forenses. Art. 215 do CPC/2015. Expressa determinação legal de realização de atos durante o plantão judiciário. Art. 3º do Decreto-Lei nº 911/69. Sentença mantida. Recurso de apelação cível conhecido e não provido. 2 (TJPR; ApCiv 1468857-8; Rio Branco do Sul; Décima Terceira Câmara Cível; Relª Desª Rosana Andriguetto de Carvalho; Julg. 29/06/2016; DJPR 12/07/2016; Pág. 277)

Art. 216. Além dos declarados em lei, são feriados, para efeito forense, os sábados, os domingos e os dias em que não haja expediente forense.

→ *v.* Art. 62 da Lei 5.010/1966.

→ *v.* Lei 662/1949 – Declara Feriados Nacionais os Dias 1º de janeiro, 1º de maio, 7 de setembro, 15 de novembro e 25 de dezembro.

→ *v.* Art. 5º da Lei 1.408/1951.

→ *v.* Lei 6.802/1980 – Declara Feriado Nacional o Dia 12 de outubro, Consagrado a Nossa Senhora Aparecida, Padroeira do Brasil.

→ *v.* Lei 9.093/1995 – Dispõe sobre feriados.

Seção II
Do Lugar

Art. 217. Os atos processuais realizar-se-ão ordinariamente na sede do juízo, ou, excepcionalmente, em outro lugar em razão de deferência, de interesse da justiça, da natureza do ato ou de obstáculo arguido pelo interessado e acolhido pelo juiz.

→ v. Arts. 449, parágrafo único, 454 e 751, § 1º do NCPC.

Entendendo que, se o protocolo é realizado em desconformidade com a legislação local, deve ser considerada como data do protocolo a data em que o recurso chegou ao tribunal, por força do dispositivo em destaque:

✓ AGRAVO INTERNO EM RECURSO DE APELAÇÃO. INTEMPESTIVIDADE DO RECURSO DE APELAÇÃO. PROTOCOLO REALIZADO EM DESCONFORMIDADE COM AS DISPOSIÇÕES DA RESOLUÇÃO Nº 642/2010. DESPROVIMENTO DO AGRAVO. O serviço de protocolo postal, criado no intuito de facilitar a prática de atos processuais que, em regra, devem ser desempenhados na sede do Juízo (art. 217, do CPC/15), restringe-se às agências dos Correios do Estado de Minas Gerais (art. 5º da Resolução nº 642/2010).. Evidenciado o descumprimento das disposições da Resolução nº 642/2010, considera-se como data do protocolo do recurso a data que este aportou ao Tribunal e não a data de postagem. O recurso intempestivo não deve ser conhecido. Agravo interno desprovido. (TJMG; AgInt 1.0283.12.000916-4/002; Relª Desª Ana Paula Caixeta; Julg. 26/10/2017; DJEMG 31/10/2017)

Determinando que a perícia seja realizada no local em que se encontra a parte, por esta apresentar dificuldades para se deslocar até a sede do juízo:

✓ AGRAVO DE INSTRUMENTO. Erro médico. Perícia determinada fora da sede do Juízo. Inadmissibilidade. Impossibilidade de deslocamento do periciando. Dificuldades financeiras e de locomoção. Direito constitucional de amplo acesso à Justiça. Artigo 217 do Código de Processo Civil. Precedentes desta E. Corte. Recurso provido. (TJSP; AI 2169526-72.2016.8.26.0000; Ac. 10064668; Santos; Oitava Câmara de Direito Público; Relª Desª Cristina Cotrofe; Julg. 14/12/2016; DJESP 24/01/2017)

Capítulo III
DOS PRAZOS

Seção I
Disposições Gerais

Art. 218. Os atos processuais serão realizados nos prazos prescritos em lei.

→ v. Enunciado 107 do FPPC: O juiz pode, de ofício, dilatar o prazo para a parte se manifestar sobre a prova documental produzida.

→ v. Enunciado 267 do FPPC: Os prazos processuais iniciados antes da vigência do CPC serão integralmente regulados pelo regime revogado.

§ 1º Quando a lei for omissa, o juiz determinará os prazos em consideração à complexidade do ato.

Apontando ser exíguo o prazo de 48 horas para recolhimento dos honorários periciais:

✓ AGRAVO DE INSTRUMENTO. DIREITO DO CONSUMIDOR. PROCESSO CIVIL. Impugnação ao cumprimento de sentença. Prova pericial. Honorários do expert homologados pelo juízo a quo que se encontram em conformidade com os princípios constitucionais da razoabilidade e proporcionalidade. Ônus pelo pagamento atribuído ao impugnante. Parcelamento não requerido em primeiro grau de jurisdição. Outrossim, não há nos autos prova robusta demonstrando que o indeferimento do parcelamento acarretará sérios contratempos na saúde financeira da empresa. Quanto ao prazo estipulado pelo juízo de primeiro grau para o pagamento dos honorários do perito, entendo assistir razão ao recorrente, tendo em vista que o lapso temporal fixado (48horas) para o cumprimento da obrigação se apresentou exíguo. Por tais fundamentos, conheço e dou parcial provimento ao recurso, para alterar, tão somente, o prazo estipulado pelo juízo de origem referente ao pagamento dos honorários do expert, observando o disposto no §3º do art. 218 do Código de Processo Civil. (TJRJ; AI 0026767-80.2017.8.19.0000; Rio de Janeiro; Vigésima Sétima Câmara Cível Consumidor; Rel. Des. Antonio Carlos dos Santos Bitencourt; DORJ 13/09/2017; Pág. 470)

Considerando nula a designação de audiência sem respeitar a antecedência estabelecida no dispositivo:

✓ APELAÇÃO CÍVEL. OBRIGATORIEDADE DE COMPARECIMENTO À AUDIÊNCIA DE CONCILIAÇÃO. INOBSERVÂNCIA AO PRAZO MÍNIMO ESTABELECIDO NO ART. 218, § 2º, CPC/15. AUDIÊNCIA E SENTENÇA NULAS. RECURSO PROVIDO. 1 – Desrespeitada a antecedência mínima prevista no art. 218, § 2º, do Código de Processo Civil de 2015, para tornar obrigatório o comparecimento das partes à audiência de conciliação, nula é a designação/realização do referido ato solene. 2- Verificando-se que determinada constatação pode causar consequências graves à parte, deve o Magistrado, antes de simplesmente pôr fim à demanda, conceder prazo para que a mesma possa esclarecer o ocorrido, em observância ao disposto no art. 10 do CPC/15. 3- Sentença anulada. 4- Recurso provido. (TJES; APL 0001278-15.2015.8.08.0001; Quarta Câmara Cível; Rel. Des. Arthur José Neiva de Almeida; Julg. 10/10/2016; DJES 18/10/2016)

Indicando ser descabida a dilação do prazo se não há complexidade no ato a ser praticado:

✓ AGRAVO DE INSTRUMENTO. Insurgência contra a r. Decisão que concedeu prazo suplementar ao Banco. Manifestação acerca da planilha de cálculos elaborada pelo credor. Ato processual que não se reveste de complexidade. Ausência de justificativa para a dilação do prazo. Inteligência do parágrafo 1º, do artigo 218 do Novo Código de Processo Civil. Decisão reformada. Recurso provido. (TJSP; AI 2195770-38.2016.8.26.0000; Ac. 10004618; Caconde; Décima Oitava Câmara de Direito Privado; Rel. Des. Carlos Alberto Giarusso Lopes Santos; Julg. 22/11/2016; DJESP 30/11/2016)

§ 2º Quando a lei ou o juiz não determinar prazo, as intimações somente obrigarão a comparecimento após decorridas 48 (quarenta e oito) horas.

§ 3º Inexistindo preceito legal ou prazo determinado pelo juiz, será de 5 (cinco) dias o prazo para a prática de ato processual a cargo da parte.

Asseverando que a limitação do prazo para contestação em cinco dias no Juizado Especial não viola o contraditório:

✓ DIREITO PROCESSUAL CIVIL. NULIDADE DA CITAÇÃO. CERCEAMENTO DE DEFESA. NULIDADE DA SENTENÇA. 1. – Na forma do art. 46 da Lei nº 9.099/1995, a ementa serve de acórdão. Recurso próprio, regular e tempestivo. 2 – Nulidade da citação. A citação da pessoa jurídica pela via postal se aperfeiçoa de forma legítima e eficaz mediante o simples recebimento do mandado em sua sede ou filial (Acórdão n.274319, 20060810056415APC, Relator: Teófilo CAETANO). O aviso de recebimento de ID. 2534816 demonstra o regular cumprimento do ato processual de citação e ratifica que o réu estava ciente da demanda. Preliminar que se rejeita. 3 – Revelia. A ausência do réu à audiência de conciliação leva à presunção relativa de veracidade dos fatos alegados pelo autor, que pode ser afastada de acordo com as provas colacionadas ao processo (art. 20 da Lei nº 9.099/1995). 4 – Cerceamento de defesa. Não há cerceamento de defesa quando a parte teve a oportunidade de contestar e não o fez. A limitação do prazo de contestação em cinco dias não viola a regra constitucional que assegura o contraditório e a ampla defesa, mesmo porque, diante da ausência de fixação de prazo em Lei, é este o prazo (art. 218, §3º, do CPC). Precedente: (Acórdão n.758127, 20130111561360ACJ, 2ª Turma). Ademais, os Juizados Especiais possuem regramento próprio, o qual se adequa aos princípios de informalidade e celeridade que norteiam o respectivo sistema. No caso, foi oportunizado à parte a apresentação da defesa e a juntada de documentos (ID. 2534820) e a ré se manteve injustificadamente inerte, pelo que não cabe alegar cerceamento de defesa. Preliminar rejeitada. 5 – Ausência de discussão do mérito. Preclusão. Considerando que, no recurso, o réu não impugnou nenhum ponto da questão de mérito, rejeitadas as preliminares, confirma-se a sentença pelos seus próprios fundamentos. 6 – Recurso conhecido, mas não provido. Custas e honorários advocatícios, fixados em 10% do valor da condenação, pelo recorrente vencido. 03 (TJDF; Proc 0702.21.5.982017-8070014; Ac. 106.3022; Primeira Turma Recursal dos Juizados Especiais Cíveis e Criminais; Rel. Juiz Aiston Henrique de Sousa; Julg. 27/11/2017; DJDFTE 18/12/2017)

Considerando ser de cinco dias, sob pena de preclusão, o prazo para reclamação quanto ao valor da Requisição de Pequeno Valor:

✓ AGRAVO DE INSTRUMENTO. DIREITO PÚBLICO. CUMPRIMENTO DE SENTENÇA. RPV VENCIDA. BLOQUEIO DE VALORES. AUSÊNCIA DE IMPUGNAÇÃO PELO DEVEDOR. INTIMAÇÃO DO CREDOR ACERCA DA EXPEDIÇÃO DO ALVARÁ. PEDIDO DE COMPLEMENTAÇÃO DO PAGAMENTO. PRAZO. ART. 218, §3º, DO CPC/15. PRECLUSÃO RECONHECIDA. DECISÃO MANTIDA. I – O prazo que o credor dispõe para formular reclamação quanto ao valor do rpv pago é de 05 (cinco) dias, salvo assinação de outro prazo pelo juiz. Nesse sentido, o disposto no art. 46 do ato nº 013/2012, da presidência do TJRS, respaldado pela regra do art. 218, §3º, do CPC/15. II – No caso, o pedido de complementação do pagamento somente foi apresentado após o decurso daquele prazo, contado da intimação acerca da expedição do alvará respectivo, operada assim a preclusão, nos termos reconhecidos pela decisão recorrida. III – Desnecessária intimação expressa e específica para a parte falar acerca da satisfação do seu crédito, se do contexto da intimação realizada e dos autos é a decorrência lógica que se extrai. IV – Irrelevante a circunstância de, eventualmente, ter o ente público reconhecido a existência de saldo devedor quando já operada a preclusão. E isto porque a posição de credor encontra-se "extinta" pelo não exercício do ato de reclamar no prazo. V – Ausente, no caso, violação à coisa julgada material. VI – Reconhecimento da preclusão mantido. Recurso improvido. (TJRS; AI 0247760-58.2017.8.21.7000; Encantado; Vigésima Quinta Câmara Cível; Rel. Des. Ricardo Pippi Schmidt; Julg. 05/12/2017; DJERS 14/12/2017)

Entendendo aplicável o dispositivo ao prazo para cumprimento de determinação judicial pela parte:

✓ AGRAVO DE INSTRUMENTO. PLANO DE SAÚDE. OBRIGAÇÃO DE FAZER. Decisão que assinala não ter havido descumprimento da tutela antecipatória, porquanto não fixado prazo específico para o seu cumprimento. Inconformismo. Plausibilidade. Omissão que resulta na incidência do art. 218, § 3º, do CPC, o qual fixa o prazo de cinco dias quando inexistir preceito legal ou prazo determinado pelo juiz. Cálculo de eventual multa cominatória que deverá observar tal lapso, a partir da intimação da agravada da decisão que concedeu a antecipação de tutela. Decisão reformada. Agravo provido. (TJSP; AI 2136601-86.2017.8.26.0000; Ac. 10748262; São Paulo; Sétima Câmara de Direito Privado; Rel. Des. Rômolo Russo; Julg. 30/08/2017; DJESP 11/09/2017; Pág. 2775). No mesmo sentido, entre outros, TJSP; AI 2056895-54.2017.8.26.0000; Ac. 10565698; São Paulo; Sexta Câmara de Direito Privado; Rel. Des. Paulo Alcides; Julg. 29/06/2017; DJESP 04/07/2017; Pág. 1681; TJSP; AI 2244469-60.2016.8.26.0000; Ac. 10178136; Cajamar; Vigésima Sétima Câmara de Direito Privado; Relª Desª Ana Catarina Strauch; Julg. 14/02/2017; DJESP 24/02/2017. AGRAVO DE INSTRUMENTO. Originário de ação declaratória de inexistência de débito c/c indenização. Tutela de urgência concedida pelo juízo a quo. Requisitos previstos no art. 300, do CPC/2015. Preenchidos. Verossimilhança das alegações, existência de prova inequívoca e perigo de dano irreparável a consumidor. Determinação para que o banco réu/agravante providencie, junto ao INSS, a cessação dos descontos no benefício previdenciário do autor/agravado. Legalidade da medida. Ausência de prova da contratação de empréstimo. Ônus do banco agravante. Fumus boni iuris e periculum in mora favoráveis ao agravado. Fixação de astreintes. Caráter coercitivo. Valor arbitrado em R$ 500,00 (quinhentos reais) por dia de descumprimento, limitado a vinte dias. Quantia razoável. Pedido de redução. Não acolhimento. Compatibilidade com a obrigação instituída. Prazo para cumprimento é o prescrito no art. 218, do CPC/2015, qual seja, cinco dias. Obrigação imposta que não demanda maiores dificuldades. Mantença do decisório. Recurso conhecido e desprovido. À unanimidade. (TJSE; AI 201600830156; Ac. 9187/2017; Segunda Câmara Cível; Rel. Des. Ricardo Mucio Santana de A. Lima; Julg. 08/05/2017; DJSE 11/05/2017)

§ 4º Será considerado tempestivo o ato praticado antes do termo inicial do prazo.

→ *v.* Súmula 579 do STJ.

→ *v.* Art. 277 do NCPC.

→ *v.* Enunciado 22 do FPPC: O Tribunal não poderá julgar extemporâneo ou intempestivo recurso, na instância ordinária ou na extraordinária, interposto antes da abertura do prazo.

→ *v.* Enunciado 23 do FPPC: Fica superado o enunciado 418 da súmula do STJ após a entrada em vigor do CPC ("É inadmissível o recurso especial interposto antes da publicação do acórdão dos embargos de declaração, sem posterior ratificação").

→ *v.* Enunciado 266 do FPPC: Aplica-se o art. 218, § 4º, ao processo do trabalho, não se considerando extemporâneo ou intempestivo o ato realizado antes do termo inicial do prazo.

<u>Reconhecendo a aplicabilidade do art. 218, § 4º ao processo penal:</u>

✓ PROCESSUAL PENAL. HABEAS CORPUS SUBSTITUTIVO DE RECURSO. APELAÇÃO. LEGITIMIDADE RECURSAL DO RÉU E DO DEFENSOR. NECESSIDADE DE INTIMAÇÃO DE AMBOS. CONTAGEM DO PRAZO DA ÚLTIMA INTIMAÇÃO. RECURSO PREMATURO. ADMISSIBILIDADE. SURGIMENTO DO ATO JURÍDICO COM A PUBLICAÇÃO EM CARTÓRIO. WRIT NÃO CONHECIDO. ORDEM CONCEDIDA DE OFÍCIO. 1. Esta Corte e o Supremo Tribunal Federal pacificaram orientação no sentido de que não cabe habeas corpus substitutivo do recurso legalmente previsto para a hipótese, impondo-se o não conhecimento da impetração, salvo quando constatada a existência de flagrante ilegalidade no ato judicial impugnado, o que não ocorre na espécie. 2. No que tange às decisões de primeiro grau de jurisdição, o art. 577, caput, do CPP consagra a legitimidade recursal autônoma do defensor e do acusado, motivo pelo qual ambos devem ser individualmente intimados da prolação de sentença condenatória ou absolutória imprópria, iniciando-se a contagem do prazo recursal para a defesa no dia útil seguinte à derradeira intimação (CPP, art. 798, § 1º e 5º, 'a'). Nesse diapasão, mostra-se incompatível com a ampla defesa as restrições ao exercício da demanda recursal pelo réu, nas hipóteses em que se exige apenas a intimação do defensor (CPP, art. 392, II). 3. Malgrado o prazo recursal defensivo somente se inicie no dia útil seguinte à última intimação, independente da ordem de execução, a decisão judicial existe validamente como ato processual com a publicação em cartório, momento em que passa integrar a ato jurídico complexo, que é o procedimento, e a gerar repercussão na relação jurídica processual, criando uma situação jurídica aos sujeitos processuais. Portanto, se a parte tomou ciência do ato processual e de seu conteúdo, nada impede o aviamento recursal, até porque se hauriu o interesse recursal e, além disso, o lapso temporal de interposição apenas tem como função estabelecer o marco preclusivo, consectário da natureza sucessiva dos atos processuais. 4. Nesse sentido aponta o Novo Código de Processo Civil, em seu art. 218, § 4º, segundo o qual será considerado tempestivo o ato processual praticado antes do termo inicial do prazo, regra essa plenamente aplicável ao processo penal, diante do vácuo normativo (CPP, art. 798 c/c art. 3º). Não se desconhece a incidência da regra tempus regit actum à seara processual, motivo pelo qual inaplicável a norma processualista civil ao caso, contudo, plenamente possível utilizá-la como parâmetro interpretativo, para priorizar o direito à ampla defesa do acusado: se o recurso não seria inadmitido no âmbito civil, a fortiori, teratológica seria a adoção de maiores rigores formais ao âmbito penal, ultima ratio dentre os ramos do direito, pois tutela a liberdade de locomoção do indivíduo. 5. A intempestividade do recurso prematuro implicaria, além de grave prejuízo à ampla defesa, aplicação indevida de sanção ao advogado cauto, que se antecipou à formalidade processual de intimação, para defender os interesses do representado e, de forma mediata, contribuir para a razoável duração do processo. 6. Habeas corpus não conhecido. Ordem concedida de ofício para determinar o conhecimento do recurso de apelação inadmitido pelo Tribunal a quo. (STJ; HC 288.640; MG; Quinta Turma; Rel. Min. Ribeiro Dantas; Julg. 21/06/2016; DJe 28/06/2016)

Art. 219. Na contagem de prazo em dias, estabelecido por lei ou pelo juiz, computar-se-ão somente os úteis.

→ *v.* Art. 152, § 2º do ECA.

→ *v.* Art. 775 da CLT.

→ *v.* Enunciado 19 do CJF: O prazo em dias úteis previsto no art. 219 do CPC aplica-se também aos procedimentos regidos pelas Leis n. 9.099/1995, 10.259/2001 e 12.153/2009.

→ *v.* Enunciado 20 do CJF: Aplica-se o art. 219 do CPC na contagem do prazo para oposição de embargos à execução fiscal previsto no art. 16 da Lei n. 6.830/1980.

→ *v.* Enunciado 45 da ENFAM: A contagem dos prazos em dias úteis (art. 219 do CPC/2015) aplica-se ao sistema de juizados especiais.

→ *v.* Enunciado 268 do FPPC: A regra de contagem de prazos em dias úteis só se aplica aos prazos iniciados após a vigência do Novo Código.

→ *v.* Enunciado 415 do FPPC: Os prazos processuais no sistema dos Juizados Especiais são contados em dias úteis.

→ *v.* Enunciado 416 do FPPC: A contagem do prazo processual em dias úteis prevista no art. 219 aplica- se aos Juizados Especiais Cíveis, Federais e da Fazenda Pública.

→ *v.* Enunciado 579 do FPPC: Admite-se o negócio processual que estabeleça a contagem dos prazos processuais dos negociantes em dias corridos.

Parágrafo único. O disposto neste artigo aplica-se somente aos prazos processuais.

→ *v.* Art. 132 do CC/2002.

Considerando que o prazo para pagamento espontâneo (art. 523 do CPC) deve ser computado em dias úteis, ainda que apreciando questão distinta, relativa à dobra do prazo pelo litisconsórcio:

✓ RECURSO ESPECIAL. CUMPRIMENTO DE SENTENÇA. PRAZO PARA PAGAMENTO VOLUNTÁRIO. CÔMPUTO EM DOBRO EM CASO DE LITISCONSORTES COM PROCURADORES DISTINTOS. 1. O artigo 229 do CPC de 2015, aprimorando a norma disposta no artigo 191 do código revogado, determina que, apenas nos processos físicos, os litisconsortes que tiverem diferentes procuradores, de escritórios de advocacia distintos, terão prazos contados em dobro para todas as suas manifestações, em qualquer juízo ou tribunal, independentemente de requerimento. 2. A impossibilidade de acesso simultâneo aos autos físicos constitui a ratio essendi do prazo diferenciado para litisconsortes com procuradores distintos, tratando-se de norma processual que consagra o direito fundamental do acesso à justiça. 3. Tal regra de cômputo em dobro deve incidir, inclusive, no prazo de quinze dias úteis para o cumprimento voluntário da sentença, previsto no artigo 523 do CPC de 2015, cuja natureza é dúplice: cuida-se de ato a ser praticado pela própria parte, mas a fluência do lapso para pagamento inicia-se com a intimação do advogado pela imprensa oficial (inciso I do § 2º do artigo 513 do atual Codex), o que impõe ônus ao patrono, qual seja o dever de comunicar o devedor do desfecho desfavorável da demanda, alertando-o das consequências jurídicas da ausência do cumprimento voluntário. 4. Assim, uma vez constatada a hipótese de incidência da norma disposta no artigo 229 do Novo CPC (litisconsortes com procuradores diferentes), o prazo comum para pagamento espontâneo deverá ser computado em dobro, ou seja, trinta dias úteis. 5. No caso dos autos, o cumprimento de sentença tramita em autos físicos, revelando-se incontroverso que as sociedades empresárias executadas são representadas por patronos de escritórios de advocacia diversos, razão pela qual deveria ter sido computado em dobro o prazo para o cumprimento voluntário da obrigação pecuniária certificada na sentença transitada em julgado. 6. Ocorrido o pagamento tempestivo, porém parcial, da dívida executada, incide, à espécie, o § 2º do artigo 523 do CPC de 2015, devendo incidir a multa de dez por cento e os honorários advocatícios (no mesmo percentual) tão somente sobre o valor remanescente a ser pago por qualquer dos litisconsortes. 7. Recurso especial provido para, considerando tempestivo o depósito judicial realizado a menor por um dos litisconsortes passivos, determinar que a multa de dez por cento e os honorários advocatícios incidam apenas sobre o valor remanescente a ser pago. (STJ; REsp 1693784; DF; Quarta Turma; Rel. Min. Luis Felipe Salomão, Julg. 28/11/2017, DJe 05/02/2018)

Apontando que o prazo para pagamento espontâneo (art. 523 do CPC) deve ser computado em dias úteis:

✓ DESPESAS CONDOMINIAIS. AÇÃO DE COBRANÇA, ORA EM FASE DE CUMPRIMENTO DE SENTENÇA. Decisão de primeiro grau que determinou o pagamento do débito em quinze dias corridos, e não úteis, sob pena de acréscimo de multa de 10% e honorários advocatícios também de 10%. Prazo que apresenta cunho processual, uma vez que está previsto na legislação processual (art. 523, caput do NCPC), motivo pelo qual deve ser aplicado o art. 219, caput e § único do mesmo diploma legal. Contagem que deve ser feita em dias úteis. Recurso provido, nos termos mencionados. (TJSP; AI 2202459-98.2016.8.26.0000; Ac. 10135962; São Paulo; Trigésima Primeira Câmara de Direito Privado; Rel. Des. Carlos Nunes; Julg. 07/02/2017; DJESP 15/02/2017). No mesmo sentido, TJSP; AI 2203889-85.2016.8.26.0000; Ac. 10015597; Itatiba; Trigésima Quinta Câmara de Direito Privado; Rel. Des. Flavio Abramovici; Julg. 28/11/2016; DJESP 01/12/2016; TJSP; AI 2135763-46.2017.8.26.0000; Ac. 10841541; São Paulo; Vigésima Quinta Câmara de Direito Privado; Rel. Des. Edgard Rosa; Julg. 28/09/2017; DJESP 05/10/2017; Pág. 2478. AGRAVO DE INSTRUMENTO. RESPONSABILIDADE CIVIL EM ACIDENTE DE TRÂNSITO. CUMPRIMENTO PROVISÓRIO DE SENTENÇA. 1- o prazo a que alude o art. 523 do CPC/2015 deve-se contar em dias úteis, não em dias corridos, do que decorre não ser intempestivo o pagamento realizado pela parte devedora. 2- ante a pendência de julgamento, pelo STJ, do agravo previsto no art. 1.042 do CPC/2015, descabe a exigência da prestação de caução, pelos credores, tendo em vista a norma prevista no art. 521, III, do CPC/2015. Agravo de instrumento parcialmente provido. (TJRS; AI 0308306-79.2017.8.21.7000; Gravataí; Décima Segunda Câmara Cível; Rel. Des. Umberto Guaspari Sudbrack; Julg. 23/11/2017; DJERS 28/11/2017); INSURGE-SE O AGRAVANTE CONTRA A DECISÃO QUE, NOS AUTOS DE AÇÃO DECLARATÓRIA C/C INDENIZATÓRIA, ATUALMENTE EM FASE DE CUMPRIMENTO DE SENTENÇA, DETERMINOU A INTIMAÇÃO DOS EXECUTADOS PARA PAGAMENTO VOLUNTÁRIO DO DÉBITO, NO PRAZO DE 15 DUAS CORRIDOS, POR ENTENDER SE TRATAR DE PRAZO DA PARTE, NÃO PROCESSUAL. 2. Debruçando-se sobre o tema, verifica-se a existência de controvérsia doutrinária a respeito da natureza do prazo para pagamento voluntário da obrigação, previsto no art. 523 do CPC/15, não havendo jurisprudência pacífica do STJ. 3. Me posiciono no sentido de que a nova Lei Processual Civil, vindo uniformizar os prazos incidentes no processo, deve ser aplicado uniformemente a todas as etapas do processo, inclusive na fase de cumprimento de sentença. 4. Apenas na hipótese em que as partes celebram os chamados negócios jurídicos processuais, vindo a estabelecer prazo para adimplemento espontâneo, é que se estaria diante de um prazo efetivamente material e, portanto, que deve ser contado em dias corridos. Nas demais hipóteses, tendo a própria Lei estabelecido que a intimação da parte será feita através do patrono constituído nos autos, havendo previsão de sanção processual para o caso de descumprimento, qual seja, a incidência de multa e honorários advocatícios de 10% sobre o valor da execução, não há como se entender tratar-se de prazo de outra natureza que não seja a natureza processual. 5. Diante de tais considerações, voto no sentido de dar provimento ao recurso para determinar que o prazo de 15 dias previsto no art. 523 do CPC/15, para pagamento voluntário da obrigação, seja contado em dias úteis, na forma do art. 219 do CPC/15, por se tratar de prazo processual. (TJRJ; AI 0010398-11.2017.8.19.0000; Rio de Janeiro; Sexta Câmara Cível; Rel. Des. Benedicto Abicair; Julg. 18/10/2017; DORJ 20/10/2017; Pág. 347). No mesmo sentido, TJRJ; AI 0049293-41.2017.8.19.0000; Rio de Janeiro; Décima Segunda Câmara Cível; Rel. Des. Jaime Dias Pinheiro Filho; DORJ 05/10/2017; Pág. 361; TJRJ; AI 0027015-46.2017.8.19.0000; Vigésima Quinta Câmara Cível Consumidor; Relª Desig. Desª Cintia Santarem Cardinali; Julg. 05/07/2017; DORJ 06/07/2017; Pág. 486. AGRAVO DE INSTRUMENTO. CUMPRIMENTO DE SENTENÇA. IMPUGNAÇÃO. PRAZO PARA PAGAMENTO. ART. 523, CAPUT, DO CPC. PRAZO DE NATUREZA PROCESSUAL. TEMPESTIVIDADE. MULTA DIÁRIA. DESCUMPRIMENTO DA OBRIGAÇÃO. VERIFICAÇÃO. CABIMENTO. REDUÇÃO EQUITATIVA. HONORÁRIOS DE ADVOGADO. INCIDÊNCIA. 1. Embora existam entendimentos divergentes, o prazo para o executado pagar o débito, sob pena de multa e honorários advocatícios, possui natureza processual, subsumindo-se à regra contida no art. 219, caput e parágrafo único, do CPC. A opção a ser adotada pelo executado. De pagar ou não o débito. Produz efeitos eminentemente processuais. Por exemplo, caso pague a obrigação, extingue-se o processo; caso não pague, ou pague apenas parcela do débito, este é acrescido de multa e honorários, e o cumprimento de sentença tem prosseguimento, com o fim de se ter a dívida satisfeita integralmente. Desse modo, reconhecendo-se a natureza processual do prazo para pagamento do débito. Previsto no art. 523, caput, do CPC, no qual devem ser computados apenas os dias úteis. Impõe-se reconhecer a tempestividade da impugnação ao cumprimento de sentença. 2. O juízo singular, na fase de conhecimento, reconhecendo a verossimilhança das alegações de que não havia relação jurídica entre a autora e o banco réu e de que os cheques haviam sido emitidos fraudulentamente em nome da autora requerente, deferiu o pedido de antecipação de tutela, determinando ao requerido a retirada das anotações do nome requerentes feitas em cadastros de restrição ao crédito, sob pena de multa diária de R$ 100,00 (cem reais). 4. Embora o ilustre magistrado singular não tenha determinado que anotações por fatos posteriores ficariam impedidas pela decisão concessiva de antecipação de tutela, é evidente que a decisão aludida obstava a realização de novas negativações fundadas na ausência de pagamento de cheques emitidos após o encerramento da conta corrente. Ora, de nada adianta a concessão de tutela antecipada para remoção do ilícito, se nela não está contida a proibição da reiteração da mesma conduta ilícita. Dessa forma, tendo realizado novas negativações no nome da autora, todas elas comprovadamente decorrentes de cheques sem fundo, e não tendo providenciado a exclusão das anotações por quase dois anos, é devido o pagamento das astreintes pelo descumprimento da ordem judicial. 5. O montante cobrado pelo ora agravante, em razão da aplicação da multa cominatória, afigura-se excessivo e desproporcional, extrapolando mais de dez (10) vezes o valor da dívida principal, o que impõe a sua redução equitativa, com fundamento no art. 537, §1º, do CPC, sob pena de desvirtuamento do instituto, que se destina a desestimular o inadimplemento e não enriquecer ilicitamente a parte beneficiária. 6. Tendo em vista que a cobrança das astreintes foi reconhecida como devida, mas com redução do montante total, e que o agravado não depositou o valor exigido no prazo legal, devem ser acrescidos honorários de advogado, nos termos do art. 523, § 1º, do CPC. 7. Agravo de instrumento conhecido em parte e, nesta parte, parcialmente provido. (TJDF; AGI 2016.00.2.033197-9; Ac. 105.7849; Quarta Turma Cível; Rel. Des. Arnoldo Camanho; Julg. 11/10/2017; DJDFTE 08/11/2017); AGRAVO DE INSTRUMENTO. CUMPRIMENTO DE SENTENÇA. IMPUGNAÇÃO. PRAZO PARA PAGAMENTO. ART. 523, CAPUT, DO CPC. PRAZO DE NATUREZA PROCESSUAL. TEMPESTIVIDADE. MULTA DIÁRIA. DESCUMPRIMENTO DA OBRIGAÇÃO. VERIFICAÇÃO. CABIMENTO. REDUÇÃO EQUITATIVA. HONORÁRIOS DE ADVOGADO. INCIDÊNCIA. 1. Embora existam entendimentos divergentes, o prazo para o executado pagar o débito, sob pena de multa e honorários advocatícios, possui natureza processual, subsumindo-se à regra contida no art. 219, caput e parágrafo único, do CPC. A opção a ser adotada pelo executado. De pagar ou não o débito. Produz efeitos eminentemente processuais. Por exemplo, caso pague a obrigação, extingue-se o processo; caso não pague, ou pague apenas parcela do débito, este é acrescido de multa e honorários, e o cumprimento de sentença tem prosseguimento, com o fim de se ter a dívida satisfeita integralmente. Desse modo, reconhecendo-se a natureza processual do prazo para pagamento do débito. Previsto no art. 523, caput, do CPC, no qual devem ser computados apenas os dias úteis. Impõe-se reconhecer a tempestividade da impugnação ao cumprimento de sentença. 2. O juízo singular, na fase de conhecimento, reconhecendo a verossimilhança das alegações de que não havia relação jurídica entre a autora e o banco réu e de que os cheques haviam sido emitidos fraudulentamente em nome da autora requerente, deferiu o pedido de antecipação de tutela, determinando ao requerido a retirada das anotações do nome requerentes feitas em cadastros de restrição ao crédito, sob pena de multa diária de R$ 100,00 (cem reais). 4. Embora o ilustre magistrado singular não tenha determinado que anotações por fatos posteriores ficariam impedidas pela decisão concessiva de antecipação de tutela, é evidente que a decisão aludida obstava a realização de novas negativações fundadas na ausência de pagamento de cheques emitidos após o encerramento da conta corrente. Ora, de nada adianta a concessão de tutela antecipada para remoção do ilícito, se nela não está contida a proibição da reiteração da mesma conduta ilícita. Dessa forma, tendo realizado novas negativações no nome da autora, todas elas comprovadamente decorrentes de cheques sem fundo, e não tendo providenciado a exclusão das anotações por quase dois anos, é devido o pagamento das astreintes pelo descumprimento da ordem judicial. 5. O montante cobrado pelo ora agravante, em razão da aplicação da multa cominatória, afigura-se excessivo e desproporcional, extrapolando mais de dez (10) vezes o valor da dívida principal, o que impõe a sua redução equitativa, com fundamento no art. 537, §1º, do CPC, sob pena de desvirtuamento do instituto, que se destina a desestimular o inadimplemento e não enriquecer ilicitamente a parte beneficiária. 6. Tendo em vista que a cobrança das astreintes foi reconhecida como devida, mas com redução do montante total, e que o agravado não depositou o valor exigido no prazo legal, devem ser acrescidos honorários de advogado, nos termos do art. 523, § 1º, do CPC. 7. Agravo de instrumento conhecido em parte e, nesta parte, parcialmente provido. (TJDF; AGI 2016.00.2.033197-9; Ac. 105.7849; Quarta Turma Cível; Rel. Des. Arnoldo Camanho; Julg. 11/10/2017; DJDFTE 08/11/2017). No mesmo sentido, TJDF; Proc 0708.43.6.422017-8070000; Ac. 103.9485; Sétima Turma Cível; Relª Desª Leila Arlanch; Julg. 16/08/2017; DJDFTE 31/08/2017. EMBARGOS DE DECLARAÇÃO. Agravo de instrumento. Omissão. Inexistência. Acórdão que decidiu a natureza do prazo para pagamento, do início da fase de cumprimento da sentença (art. 523 do CPC/15). Prazo processual e- contagem em dias úteis (art. 219, par. Único do CPC/15). Retificação feita de ofício, tão somente para complementar o último parágrafo do acórdão, sem alterar o julgamento. (TJPR; EmbDecCv 1630840-6/01; Arapongas; Décima Quarta Câmara Cível; Rel. Des. Fernando Antônio Prazeres; Julg. 10/05/2017; DJPR 18/05/2017; Pág. 259). Contra, entendendo que o prazo do art. 523 do CPC deve ser contado em dias corridos: AGRAVO DE INSTRUMENTO. DIREITO PROCESSUAL CIVIL. CUMPRIMENTO DE SENTENÇA. PRAZO PARA PAGAMENTO. ART. 523, CAPUT, DO CPC. NATUREZA MATERIAL. CONTAGEM EM DIAS CORRIDOS. PAGAMENTO INTEMPESTIVO. ACRÉSCIMO DE MULTA DE 10% E HONORÁRIOS DE 10%. POSSIBILIDADE. 1. O prazo previsto no artigo 523 do CPC, de 15 (quinze) dias para que o devedor pague o débito, deve ser contado em dias corridos, na medida em que se refere a ato a ser praticado pelo devedor. Pagamento. Que, por sua vez, detém nítida natureza material, não se aplicando, portanto, o disposto no artigo 219 do CPC. 2. Findo o prazo previsto no caput do artigo 523 do CPC, sem que tenha havido o pagamento, ao débito deverão ser acrescidos multa de 10% e honorários de 10%, nos termos do §1º do aludido normativo. 3. Agravo conhecido e não provido. (TJDF; Proc. 0708.00.3.382017-8070000; Ac. 104.9841; Primeira Turma Cível; Relª Desª Simone Costa Lucindo Ferreira; Julg. 27/09/2017; DJDFTE 20/10/2017). No mesmo sentido, TJDF; AGI 2016.00.2.045251-5; Ac. 101.0977; Quinta Turma Cível; Rel. Des. Ângelo Canducci Passareli; Julg. 19/04/2017; DJDFTE 12/05/2017.

<u>Considerando que o prazo para impetração de mandado de segurança deve ser computado em dias corridos:</u>

✓ AGRAVO INTERNO. MANDADO DE SEGURANÇA. PRAZO PARA IMPETRAÇÃO. ART. 23 DA LEI Nº 12.016/09. NATUREZA DECADENCIAL. SÚMULA Nº 632 DO EXCELSO SUPREMO TRIBUNAL FEDERAL. CONTAGEM EM DIAS CORRIDOS. NÃO APLICABILIDADE DO ART. 219 DO CÓDIGO DE PROCESSO CIVIL DE 2.015. O Excelso Supremo Tribunal Federal, quando da edição da Súmula nº 632, considerou constitucional o prazo estabelecido pelo art. 23 da Lei nº 12.016/09, ocasião em que reconheceu, expressamente, o seu caráter decadencial. Sendo decadencial o prazo para a impetração do mandado de segurança, a sua contagem é realizada em dias corridos, não havendo razão para que seja aplicada a regra do art. 219 do Código de Processo Civil de 2.015, mesmo porque o parágrafo único do referido dispositivo registra que apenas os prazos processuais deverão ser contados em dias úteis. (TJMG; AgInt 1.0000.17.001723-0/001; Relª Desª Ana Paula Caixeta; Julg. 30/11/2017; DJEMG 05/12/2017); MANDADO DE SEGURANÇA. Decadência. Ação ajuizada depois de transcorrido o prazo de 120 dias, previsto no art. 23 da Lei nº 12.016/09. Prazo decadencial, contado em dias corridos, que não se suspende nem se interrompe. Extinção do processo sem julgamento de mérito, falta de interesse processual por inadequação da via eleita. Sentença denegatória confirmada. Recurso de apelação desprovido, com observação. (TJSP; APL 1014387-59.2017.8.26.0114; Ac. 10920670; São Paulo; Décima Segunda Câmara de Direito Público; Rel. Des. J.M. Ribeiro de Paula; Julg. 25/10/2017; DJESP 24/11/2017; Pág. 2671). No mesmo sentido, TRF 4ª R.; AG 5002995-53.2017.404.0000; Terceira Turma; Relª Desª Fed. Marga Inge Barth Tessler; Julg. 16/05/2017; DEJF 18/05/2017. Contudo, apontando a natureza processual do prazo para a impetração do mandado de segurança, o que poderia levar à conclusão (não expressa no precedente) de contagem somente nos dias úteis: PROCESSUAL CIVIL. RECURSO ORDINÁRIO EM MANDADO DE SEGURANÇA. ICMS. VALOR ADICIONADO. APURAÇÃO DOS ÍNDICES PERCENTUAIS

DOS MUNICÍPIOS. PUBLICAÇÃO DO ATO PELO ESTADO. IMPUGNAÇÃO ADMINISTRATIVA. TERMO INICIAL DO PRAZO PARA A IMPETRAÇÃO. 1. O ato de publicação dos índices do valor adicionado pelo Estado não pode ser considerado, isoladamente, para determinar o termo inicial do prazo legal para a impetração do mandado de segurança, porquanto a decisão da impugnação administrativa, mesmo sem efeito suspensivo, reabre à municipalidade a oportunidade de discutir os índices no âmbito judicial, caso lhe seja contrária, e até mesmo porque, para fins de valor adicionado, o repasse financeiro correlato só ocorrerá a partir do primeiro dia do ano imediatamente seguinte, momento em que, efetivamente, poderá haver, em tese, violação ao direito do ente municipal. 2. O prazo legal para a impetração do mandamus tem natureza processual, razão pela qual se lhe aplica a norma do Código de Processo Civil que posterga o início do lapso para o primeiro dia útil seguinte ao da ciência do ato impugnado (art. 184 do CPC/1973 ou art. 224 do CPC/2015). 3. Na hipótese dos autos, considerando-se o dia 23/12/2009, posterior ao dia da postagem da carta de resposta, como a data de ciência da decisão administrativa pelo município, o prazo para a impetração teve início em 24/12/2009, de tal sorte que é tempestivo o writ protocolizado aos 22/04/2010. 4. Recurso ordinário provido. (STJ; RMS 36.054; MG; Primeira Turma; Rel. Min. Gurgel de Faria; Julg. 10/05/2016; DJe 02/06/2016)

Entendendo que o prazo de suspensão de ações contra a empresa em recuperação judicial (stay period) deve ser contado apenas nos dias úteis:

✓ AGRAVO DE INSTRUMENTO. RECUPERAÇÃO JUDICIAL. STAY PERIOD. Contagem de prazo de suspensão do art. 6º, §4º, da Lei n. 11.101/05, que deve ser feita em dias úteis de acordo com o art. 219 do CPC/15. O cômputo dos dias úteis contribui para a segurança jurídica ao estabelecer critério objetivo ao mesmo tempo em que favorece a eficiência da recuperação judicial e maior oportunidade para a recuperanda cumprir os atos processuais que visam à recuperação judicial em prol de sua própria preservação (art. 47 da Lei n. 11.101/05). Decisão mantida. Recurso improvido. (TJSP; AI 2198137-98.2017.8.26.0000; Ac. 10943734; São Paulo; Primeira Câmara Reservada de Direito Empresarial; Rel. Des. Hamid Bdine; Julg. 01/11/2017; DJESP 08/11/2017; Pág. 1785); RECUPERAÇÃO JUDICIAL. DECISÃO QUE DETERMINOU QUE A CONTAGEM DO PRAZO DE SUSPENSÃO PREVISTO NO § 4º DO ART. 6º DA LEI Nº 11.101/2005 SEJA REALIZADA EM DIAS CORRIDOS. AGRAVO DE INSTRUMENTO DA RECUPERANDA. Natureza eminentemente processual do stay period, cabendo aplicar-se o disposto no art. 219 do CPC/2015. Jurisprudência da 1ª Câmara de Direito Empresarial deste TJSP, a abonar a contagem em dias úteis. Reforma da decisão agravada. Agravo de instrumento a que se dá provimento. (TJSP; AI 2061842-54.2017.8.26.0000; Ac. 10699604; Osasco; Primeira Câmara Reservada de Direito Empresarial; Rel. Des. Cesar Ciampolini; Julg. 15/08/2017; DJESP 18/08/2017; Pág. 2054); AGRAVO DE INSTRUMENTO. DEFERIMENTO DO PROCESSAMENTO DA RECUPERAÇÃO JUDICIAL. DETERMINAÇÃO DE SUSPENSÃO DAS EXECUÇÕES DE TODOS OS CRÉDITOS, INCLUSIVE AQUELES DE NATUREZA EXTRACONCURSAL (ART. 49, PARÁGRAFOS 3º E 4º DA LEI Nº 11.101/2005). Crédito com garantia fiduciária. Não sujeição aos efeitos da recuperação judicial quando atendidos os requisitos do art. 1.361, § 1º do CC e/ou do art. 33 da Lei n. 10.931/2004. Prudência que impõe a análise dos títulos com vencimento posterior ao deferimento da recuperação judicial, dados em garantia fiduciária. Prazo de suspensão por 180 dias (stay period). Natureza processual do prazo. Contagem. Aplicação do art. 219 do CPC/2015. (...) Conhecimento e desprovimento do recurso. (TJRJ; AI 0004393-70.2017.8.19.0000; Teresópolis; Vigésima Segunda Câmara Cível; Rel. Des. Carlos Santos de Oliveira; DORJ 10/08/2017; Pág. 493); AGRAVO DE INSTRUMENTO. RECUPERAÇÃO JUDICIAL. "STAY PERIOD". SUSPENSÃO DAS EXECUÇÕES. 180 DIAS. CONTAGEM. DIAS ÚTEIS. ART. 219 CPC/15. RECURSO NÃO PROVIDO. Diz o art. 219, caput do NCPC que "na contagem de prazo em dias, estabelecido por Lei ou pelo juiz, computar-se-ão somente os dias úteis". O prazo do "stay period" é predominantemente processual, ao repercutir dentro do processo de recuperação, estabelecendo espaço temporal suficiente para deliberação sobre o plano em assembleia de credores, e fora dele, ao produzir efeitos em outros processos, suspendendo-os. O prazo deve ser contado em dias úteis, portanto, nos termos do art. 219 do CPC/15. (TJMG; AI 1.0431.16.000697-6/008; Rel. Des. Belizário Antônio de Lacerda; Julg. 25/08/2017; DJEMG 29/08/2017); AGRAVO DE INSTRUMENTO. CIVIL. RECUPERAÇÃO JUDICIAL. SUSPENSÃO DOS PRAZOS PROCESSUAIS. ARTIGO 6º, §4º, LEI Nº 11.101/05 C/C O ARTIGO 219, DO CÓDIGO DE PROCESSO CIVIL. A entrada em vigor do Código de Processo Civil de 2015 trouxe nova interpretação ao artigo 6º, §4º, da Lei nº 11.101/05, ao entender que o prazo de 180 dias de suspensão do prazo da prescrição e da tramitação de ações e execuções movidas em face do devedor deve ser contado em dias úteis porque é considerado prazo processual. (TJDF; Proc 0708.03.6.282017-8070000; Ac. 104.5318; Sexta Turma Cível; Rel. Des. Esdras Neves; Julg. 11/09/2017; DJDFTE 19/09/2017); AGRAVO DE INSTRUMENTO. AÇÃO DE RECUPERAÇÃO JUDICIAL. PERÍODO DE BLINDAGEM DA RECUPERANDA. STAY PERIOD. PRAZO DE NATUREZA PREDOMINANTEMENTE PROCESSUAL. CONTAGEM EM DIAS ÚTEIS. APLICAÇÃO DO ART. 219 DO CPC/2015. DECISÃO MANTIDA. RECURSO CONHECIDO E NÃO PROVIDO. Contagem de prazo de suspensão do art. 6º, § 4º, da Lei n. 11.101/05, que deve ser feita em dias úteis de acordo com o art. 219 do CPC/15. O cômputo dos dias úteis contribui para a segurança jurídica ao estabelecer critério objetivo ao mesmo tempo em que favorece a eficiência da recuperação judicial e maior oportunidade para a recuperanda cumprir os atos processuais que visam à recuperação judicial em prol de sua própria preservação. Precedentes. (TJMS; AI 1409759-03.2017.8.12.0000; Primeira Câmara Cível; Relª Desª Tânia Garcia de Freitas Borges; DJMS 07/12/2017; Pág. 149); AGRAVO DE INSTRUMENTO. AÇÃO DE BUSCA E APREENSÃO. ALIENAÇÃO FIDUCIÁRIA. PRELIMINAR DE NÃO CONHECIMENTO DO AGRAVO. ROL DO ART. 1.015 DO CPC. REJEIÇÃO. SUSPENSÃO DA AÇÃO PELO PRAZO DE

180 DIAS. ART. 6º, § 4º DA LEI Nº 11.101/2005. IMPOSSIBILDIADE. MANUTENÇÃO NA POSSE DOS BENS. ART. 49, § 3º DA LEI Nº 11.101/2005. 1. Superada a preliminar de não cabimento do agravo de instrumento contra a decisão que indeferiu o pedido de suspensão da ação de busca e apreensão em virtude do deferimento do pedido de recuperação judicial da empresa, deve ser analisado a questão de fundo do presente recurso. 2. Os créditos do credor titular da posição de proprietário fiduciário não se sujeitam aos efeitos da recuperação judicial, razão pela qual não há falar em suspensão da ação de busca e apreensão. Todavia, a parte final do disposto no § 3º do art. 49 da Lei nº 11.101/2005 expressamente prevê a manutenção na posse, pelo prazo de 180 dias (§ 4º do art. 6º da Lei nº 11.110/2005) de bens de capital essenciais a atividade empresarial. 3. No que diz respeito à forma de contagem do prazo de 180 dias (art. 6º, § 4º da Lei nº 11.101/2005), se em dias úteis ou em dias corridos, verifica-se que não há nenhuma disposição na Lei de Recuperação Judicial. Assim, ausente disposição expressa na Lei de Regência, deve-se aplicar subsidiariamente o Código de Processo Civil, o qual prevê no art. 219 que na contagem de prazo em dias, estabelecido por Lei ou pelo juiz, computar-se-ão somente os dias úteis. 4. Comprovada a existência de informação ao juízo da recuperação judicial bem como a essencialidade dos bens alienados fiduciariamente para o desenvolvimento das atividades da empresa, entendo que deve ser deferido o pedido de manutenção na posse dos bens pelo prazo de suspensão de 180 dias úteis, a teor do disposto no § 3º do art. 49 da Lei nº 11.101/2005 c/c o art. 219 do CPC/2015. (TRF 4ª R.; AG 5054768-74.2016.404.0000; Terceira Turma; Relª Desª Fed. Marga Inge Barth Tessler; Julg. 04/04/2017; DEJF 06/04/2017). Contra, entendendo que a contagem deve ser em dias corridos: AGRAVO DE INSTRUMENTO. Recuperação Judicial. Decisão singular que defere a contagem do prazo previsto no § 4º do artigo 6º da Lei n. 11.101/2005 em dias úteis. Descabimento. No entendimento do Relator, o prazo de 180 dias contado do deferimento do processamento da recuperação é improrrogável e a contagem em dias úteis configura injustificada prorrogação contra legem. Stay period configura-se prazo de natureza material, de modo que a sua contagem deve se dar em dias corridos. Inaplicabilidade da forma de contagem em dias úteis instituída no art. 219 do CPC/15. Decisão reformada. Agravo Provido. Dispositivo: Deram provimento ao recurso para declarar a contagem do prazo de suspensão das ações em dias corridos. (TJSP; AI 2136791-83.2016.8.26.0000; Ac. 10470338; São Paulo; Segunda Câmara Reservada de Direito Empresarial; Rel. Des. Ricardo Negrão; Julg. 29/05/2017; DJESP 09/06/2017; Pág. 2038); RECUPERAÇÃO JUDICIAL. STAY PERIOD. SUSPENSÃO DAS AÇÕES E EXECUÇÕES EM FACE DO DEVEDOR PREVISTA NO §4º DO ART. 6º DA LEI Nº 11.101/2005. Prazo de natureza material. Contagem que se faz em dias corridos e não úteis. Inaplicabilidade do caput do art. 219 do Código de Processo Civil. Entendimento adotado pela Câmara. Decisão reformada para determinar a contagem em dias corridos. Recurso provido. (TJSP; AI 2102149-50.2017.8.26.0000; Ac. 10938663; São Paulo; Segunda Câmara Reservada de Direito Empresarial; Rel. Des. Araldo Telles; Julg. 30/10/2017; DJESP 09/11/2017; Pág. 1971); AGRAVO DE INSTRUMENTO. RECUPERAÇÃO JUDICIAL. CRÉDITO GARANTIDO POR ALIENAÇÃO FIDUCIÁRIA. TRAVAS BANCÁRIAS LIBERAÇÃO. MANUTENÇÃO DA POSSE DOS BENS. SUSPENSÃO DAS AÇÕES E EXECUÇÕES. STAY PERIOD. PRAZO MATERIAL. TRANSCURSO DO PRAZO EM DIAS CORRIDOS. 1. Na esteira do disposto no art. 49, §3º da Lei n. 11.101/2005, não se sujeitam ao regime da recuperação judicial os créditos decorrentes de alienação fiduciária e arrendamento mercantil. 2. Tratando-se de crédito extraconcursal – Cédulas de crédito bancário com garantia de alienação fiduciária de coisa fungível ou cessão fiduciária de direitos de crédito -, não há submissão ao juízo da recuperação. 3. Possibilidade de manutenção da posse dos bens objeto de alienação fiduciária durante o período da recuperação e suspensão das execuções pelo prazo previsto no artigo 6º, §4º, da Lei n. 11.101/2005. Observância ao princípio da preservação da empresa e manutenção da atividade produtiva (art. 47 da Lei n. 11.101/05). 4. O prazo de 180 dias do stay period previsto no artigo 6º, §4º, da Lei nº 11.101/05 possui natureza material, motivo pelo qual é inaplicável o artigo 219, do CPC, que dispõe sobre a contagem dos prazos processuais em dias úteis. Precedentes. Agravo de instrumento parcialmente provido. (TJRS; AI 0217092-07.2017.8.21.7000; Dois Irmãos; Quinta Câmara Cível; Relª Desª Isabel Dias Almeida; Julg. 29/11/2017; DJERS 05/12/2017)

Indicando que o dispositivo não se aplica ao processo penal:

✓ AGRAVO REGIMENTAL. RECURSO ORDINÁRIO EM MANDADO DE SEGURANÇA. PENAL. PROCESSO PENAL. RECURSO QUE IMPUGNA DECISÃO MONOCRÁTICA DE RELATOR PROFERIDA NA VIGÊNCIA DO NOVO CPC. INTEMPESTIVIDADE. PRAZO LEGAL. 5 DIAS. ART. 39 DA LEI N. 8.038/1990. NORMA ESPECIAL QUE PREVALECE SOBRE A GERAL. 1. O prazo para interposição de agravo regimental, em processo penal, é de 5 dias, de acordo com os arts. 39 da Lei n. 8.038/1990 e 258 do RISTJ, os quais, mesmo após a entrada em vigor da Lei n. 13.105/2015, continuam sendo contados em dias corridos, nos termos do art. 798 do Código de Processo Penal. 2. Agravo regimental não conhecido. (STJ; AgRg-RMS 51.887; Proc. 2016/0229375-6; RJ; Sexta Turma; Rel. Min. Sebastião Reis Júnior; DJE 21/11/2017)

Art. 220. Suspende-se o curso do prazo processual nos dias compreendidos entre 20 de dezembro e 20 de janeiro, inclusive.

→ *v.* Art. 775-A da CLT.

→ *v.* Art. 39 do Decreto-lei 3.365/1941.

→ *v.* Art. 62, I da Lei 5.010/1966.

→ *v.* Art. 66, § 1º, da LC 35/1979.

→ *v.* Art. 58, I, da Lei 8.245/1991.

→ *v.* Art. 313, VIII do NCPC.

→ *v.* Enunciado 269 do FPPC: A suspensão de prazos de 20 de dezembro a 20 de janeiro é aplicável aos Juizados Especiais.

§ 1º Ressalvadas as férias individuais e os feriados instituídos por lei, os juízes, os membros do Ministério Público, da Defensoria Pública e da Advocacia Pública e os auxiliares da Justiça exercerão suas atribuições durante o período previsto no *caput*.

→ *v.* Enunciado 21 do CJF: A suspensão dos prazos processuais prevista no *caput* do art. 220 do CPC estende-se ao Ministério Público, à Defensoria Pública e à Advocacia Pública.

§ 2º Durante a suspensão do prazo, não se realizarão audiências nem sessões de julgamento.

Concluindo que a suspensão se aplica ao prazo para cumprimento de decisão judicial, sob pena de multa diária:

✓ AGRAVO DE INSTRUMENTO. CUMPRIMENTO DE SENTENÇA CONTRA A FAZENDA PÚBLICA. REINCLUSÃO NO FUSEX. Declaração provisória de beneficiária. Astreintes. Inocorrência. Art. 220 do NCPC. O artigo 220 do NCPC (Suspende-se o curso do prazo processual nos dias compreendidos entre 20 de dezembro e 20 de janeiro, inclusive) aplica-se aos prazos processuais, inclusive ao relativo à intimação da parte para o cumprimento de obrigação de fazer, sob pena de multa diária, fixada em decisão judicial. A entrega de declaração provisória de beneficiária do FUSEX consubstancia o efetivo cumprimento da obrigação de reinclusão no plano de saúde do Exército, não havendo se falar em descumprimento de ordem judicial neste caso. (TRF 4ª R.; AG 5009845-26.2017.404.0000; Quarta Turma; Rel. Des. Fed. Sérgio Renato Tejada Garcia; Julg. 13/09/2017; DEJF 19/09/2017)

Entendendo que a suspensão não se aplica ao prazo para impetração de mandado de segurança:

✓ MANDADO DE SEGURANÇA. CONURSO PÚBLICO. AGENTE DE SEGURANÇA PRISIONAL DO ESTADO DE GOIÁS. DECADÊNCIA. PRAZO DE 120 DIAS CORRIDOS. RECESSO FORENSE. NÃO SUSPENDE PRAZO. 1. Impetrado mandado de segurança quando já decorridos 120 (cento e vinte dias) dias da ciência do ato objeto da impetração, resta configurada a decadência. 2. Tratando-se de prazo decadencial, não se sujeita à suspensão em razão do recesso forense. Segurança denegada. (TJGO; MS 0059661-25.2016.8.09.0000; Goiânia; Primeira Câmara Cível; Rel. Des. Orloff Neves Rocha; DJGO 15/04/2016; Pág. 86)

Apontando que a suspensão não se aplica ao processo penal:

✓ AGRAVO REGIMENTAL NOS EMBARGOS DE DECLARAÇÃO NO AGRAVO EM RECURSO ESPECIAL. APELO NOBRE INTERPOSTO SOB A ÉGIDE DO NOVO CPC. PRAZO LEGAL DE 15 (QUINZE) DIAS. CÔMPUTO EM DIAS CORRIDOS. INTEMPESTIVIDADE. ARTIGO 798 DO CPP. INSURGÊNCIA DESPROVIDA. 1. Após a entrada em vigor da Lei n. 13.105/2015, a Terceira Seção desta Corte Superior assentou entendimento no sentido de que, nos processos e recursos que tratam de matéria penal, o prazo continua a ser contado em dias corridos, em razão de disposição específica do art. 798 do Código de Processo Penal. 2. A Corte Especial deste Sodalício firmou entendimento no sentido de que a suspensão dos prazos processuais prevista no artigo 220 do NCPC não se aplica aos processos criminais, razão pela qual sua contagem permanece ininterrupta, e, caso o termo final ocorra naquele período, o prazo será prorrogado para o primeiro dia útil subsequente ao seu término. 3. No caso, o acórdão recorrido foi publicado em 11.11.2016 e o Recurso Especial foi interposto apenas em 30.11.2016, portanto, fora do prazo legal. 4. Agravo regimental a que se nega provimento. (STJ; AgRg-EDcl-AREsp 1.126.042; Proc. 2017/0161332-2; SP; Quinta Turma; Rel. Min. Jorge Mussi; DJE 15/12/2017). No mesmo sentido, STJ; AgRg no AREsp 1079661; RS; Quinta Turma; Rel. Min. Joel Ilan Paciornik; Julg. 24/10/2017; DJe 08/11/2017; AgRg no REsp 1675765; SP; Sexta Turma; Rel. Min. Sebastião Reis Júnior; Julg. 24/10/2017; DJe 06/11/2017.

Art. 221. Suspende-se o curso do prazo por obstáculo criado em detrimento da parte ou ocorrendo qualquer das hipóteses do art. 313, devendo o prazo ser restituído por tempo igual ao que faltava para sua complementação.

→ *v.* Súmula 173 do STF.

Considerando que a retirada dos autos pela parte contrária configura obstáculo criado em detrimento da parte:

✓ AGRAVO DE INSTRUMENTO. AÇÃO COMINATÓRIA DE OBRIGAÇÃO DE FAZER. CONCESSÃO DE TUTELA PROVISÓRIA DE URGÊNCIA EM FAVOR DO AUTOR. PRAZO RECURSAL. RETIRADA DOS AUTOS DE SECRETARIA PELA PARTE AUTORA. OBSTÁCULO EM DETRIMENTO DA OUTRA PARTE. RESTITUIÇÃO DO PRAZO. NECESSIDADE. INTELIGÊNCIA DO ART. 221 DO CPC DE 2015. DECISÃO REFORMADA. AGRAVO PROVIDO. É admissível o agravo que impugna decisão que tem nexo imediato com o exame da tutela antecipada concedida, recorrível nos termos do art. 1.015, I, do CPC de 2015.. A retirada dos autos de Secretaria de Juízo pela parte Autora durante o prazo recursal da decisão que concedeu tutela provisória de urgência em seu favor, caracteriza obstáculo criado em detrimento da outra parte, o que atrai a incidência do art. 221 do CPC que prevê, para tais casos, a restituição do prazo por tempo igual ao que faltava para sua complementação. (TJMG; AI 1.0107.15.001886-2/001; Rel. Des. José Marcos Vieira; Julg. 22/11/2017; DJEMG 01/12/2017). No mesmo sentido, TJDF; AGI 2016.00.2.040489-5; Ac. 987.866; Quinta Turma Cível; Rel. Des. Josaphá Francisco dos Santos; Julg. 14/12/2016; DJDFTE 09/02/2017

Mera alegação de que os autos estavam conclusos com o juiz não autoriza a restituição do prazo:

✓ AGRAVO INTERNO EM AGRAVO DE INSTRUMENTO. PROCESSUAL CIVIL. NÃO CONHECIMENTO. ARTIGOS 1.017 E 932, III, DO CPC. 1. O recorrente não cumpriu a determinação contida no artigo 1.017, do CPC, mesmo após ser dada a oportunidade para regularização nos termos do artigo 932, parágrafo único, do CPC. 2. Não prospera a alegação do agravante quanto à aplicação do artigo 221, do CPC, diante da existência de determinação específica quanto à falta de cópia de "qualquer" peça ou no caso de algum vício que com prometa a admissibilidade do agravo de instrumento. 3. De acordo com o teor do artigo 221, do CPC, deverá ser suspenso o "curso do prazo" na existência de obstáculo criado em detrimento da parte ou na ocorrência de qualquer das hipóteses do artigo 313, também do CPC. Entretanto, a argumentação de que "os autos estavam conclusos ao juiz" não se caracteriza "obstáculo criado em detrimento da parte" e não é suficiente para afastar a obrigação do recorrente de apresentar, no momento da interposição do agravo de instrumento, as peças obrigatórias, de acordo com o artigo 1.017, do CPC. 4. Agravo interno a que se nega provimento. (TRF 3ª R.; AgInt-AI 0012499-35.2016.4.03.0000; Quarta Turma; Relª Desª Fed. Marli Marques Ferreira; Julg. 01/02/2017; DEJF 22/02/2017)

Incapacidade laboral da advogada da parte autoriza a suspensão do prazo:

✓ AGRAVO DE INSTRUMENTO. PEDIDO DE RESTITUIÇÃO DE PRAZO. APELAÇÃO. INDEFERIMENTO. PARTE PATROCINADA POR APENAS UMA ADVOGADA. INEXISTENCIA DE SUBSTABELECIMENTO. ADVOGADA SUBMETIDA A CIRURGIA. AFASTAMENTO MOTIVADO DAS ATIVIDADES LABORAIS. SUSPENSAO DO PRAZO PROCESSUAL. 1. Consoante estabelecem os arts. 221 e 313, do CPC, a incapacidade laboral da advogada da parte enseja a suspensão do processo e, além disso, a contagem dos prazos processuais. 2. Agravo de instrumento parcialmente provido. (TJDF; AGI 2016.00.2.043630-7; Ac. 102.5423; Quarta Turma Cível; Rel. Des. Arnoldo Camanho de Assis; Julg. 14/06/2017; DJDFTE 30/06/2017)

Apontando que a parte deve ser intimada do retorno dos autos, para que se restabeleça a contagem do prazo suspenso em virtude da retirada indevida pela parte contrária:

✓ AGRAVO DE INSTRUMENTO. EMBARGOS. IMPENHORABILIDADE. EFEITO SUSPENSIVO. I. Os autos foram indevidamente retirados em carga pelo procurador da parte embargada/agravada, de modo que incide o disposto no art. 221 do CPC/2015. Somado a isso, a parte não foi intimada do retorno ao cartório dos autos indevidamente retirados no curso de prazo recursal; de modo que a recontagem do prazo teve início quando a agravante teve ciência da devolução dos autos. II. Embora a impenhorabilidade, possa ser arguida por simples petição, nada obsta seja deduzida em sede de embargos à penhora. III. Em seu caput, o art. 919, CPC/2015, mantém a disposição do art. 739 – A, caput, do código anterior, de que, em regra, os embargos à execução não terão efeito suspensivo, salvo "quando verificados os requisitos para a concessão da tutela provisória e desde que a execução já esteja garantida por penhora, depósito ou caução suficientes" (919, §1º). Requisitos presentes, na hipótese. Em que pese a matéria (impenhorabilidade) exija dilação probatória, há fortes elementos nos autos a apontar que o imóvel penhorado é o único bem de propriedade da executada e é onde ela reside. IV. A executada/agravante não é a proprietária do imóvel objeto da matrícula nº 114.043, cuja nua propriedade pertence aos seus filhos, de modo que tal circunstância, em princípio, não obsta o reconhecimento da impenhorabilidade alegada em relação ao imóvel penhorado na ação executiva; e o usufruto é inalienável e "da inalienabilidade resulta a impenhorabilidade do usufruto", logo somente se poderia cogitar a penhora dos rendimentos do usufruto, conforme doutrina e jurisprudência. Agravo de instrumento provido. (TJRS; AI 0186051 22.2017.8.21.7000; Porto Alegre; Décima Primeira Câmara Cível; Rel. Des. Luiz Roberto Imperatore de Assis Brasil; Julg. 13/09/2017; DJERS 19/09/2017)

Apontando que a restituição do prazo pela retirada indevida dos autos pela parte contrária somente será concedida se comprovada a procura dos autos no período em que estavam indisponíveis:

✓ AGRAVO DE INSTRUMENTO. APELAÇÃO. RETIRADA DOS AUTOS DO CARTÓRIO PELA PARTE CONTRÁRIA. PEDIDO DE REABERTURA DO PRAZO RECURSAL. IMPOSSIBILIDADE. REQUERIMENTO DE RESTITUIÇÃO DO PRAZO INTEMPESTIVO. NÃO COMPROVAÇÃO DE PROCURA PELOS AUTOS. RECURSO NÃO PROVIDO. Tendo os autos do processo sido retirados da Secretaria durante o decurso do prazo para a realização de ato pela parte, a esta compete, sentindo-se prejudicada, requerer sua restituição antes de seu encerramento. Não restando comprovada a procura dos autos no período em que estes se encontravam fora da Secretaria, inocorrente o obstáculo judicial criado pela parte contrária que teria prejudicado o direito do agravante à ampla defesa e hábil a justificar a devolução do prazo recursal prevista no art. 221 do CPC. Recurso não provido. (TJMG; AI 1.0105.14.020214-1/001; Rel. Des. Veiga de Oliveira; Julg. 19/04/2016; DJEMG 20/05/2016)

Entendendo que a indisponibilidade do sistema de peticionamento eletrônico acarreta a suspensão de prazos (v., porém, precedentes ao art. 224, § 1º, considerando tratar-se de mera prorrogação e desde que no dia do começo ou do vencimento):

✓ AGRAVO DE INSTRUMENTO. AÇÃO DE COBRANÇA. CONTESTAÇÃO. Intempestividade. Sistema de peticionamento eletrônico indisponível. Recebimento da defesa. Admissibilidade. A despeito das regras do art. 8º da Resolução TJSP nº 551/2011, do art. 3º do Provimento CG nº 26/2013, não se pode olvidar que tal estrutura normativa é anterior a nova sistemática processual, segundo a qual na contagem de prazos em dias só se computarão os dias úteis (art. 219, do CPC), bem como que suspende-se o curso dos prazos por obstáculo criado em detrimento da parte (art. 221, do CPC). Dias em que o sistema esteve indisponível que devem ser considerados como dias não úteis. Contestação considerada tempestiva. Recurso desprovido. (TJSP; AI 2124566-94.2017.8.26.0000; Ac. 10779287; Campinas; Décima Segunda Câmara de Direito Privado; Rel. Des. Jacob Valente; Julg. 11/09/2017; DJESP 19/09/2017; Pág. 2092)

Parágrafo único. Suspendem-se os prazos durante a execução de programa instituído pelo Poder Judiciário para promover a autocomposição, incumbindo aos tribunais especificar, com antecedência, a duração dos trabalhos.

→ *v.* Arts. 3º, § 3º, e 166 do NCPC.

Simples designação de audiência de mediação, de forma individualizada e sem a instituição de programa pelo Poder Judiciário, não implica a suspensão de prazos:

✓ AGRAVO DE INSTRUMENTO. PROCESSO CIVIL. AÇÃO DE RESCISÃO CONTRATUAL C/C REINTEGRAÇÃO DE POSSE E INDENIZAÇÃO POR PERDAS E DANOS. CUMPRIMENTO DE SENTENÇA. Indenização por benfeitorias. Decisão agravada. intimação da devedora para pagamento do débito no prazo de dez dias sob pena de penhora. afronta ao art. 523 do CPC/2015. prazo de quinze dias para pagamento voluntário. prazo peremptório. vedação de redução de prazos peremptórios sem anuência das partes. art. 222, §1º, do CPC/2015. decisão agravada reformada para restituição do prazo de quinze dias ao devedor para pagamento voluntário. recurso provido. (TJPR; Ag Instr 1669601-4; Curitiba; Sexta Câmara Cível; Rel. Des. Roberto Portugal Bacellar; Julg. 24/10/2017; DJPR 16/11/2017; Pág. 267)

Art. 222. Na comarca, seção ou subseção judiciária onde for difícil o transporte, o juiz poderá prorrogar os prazos por até 2 (dois) meses.

§ 1º Ao juiz é vedado reduzir prazos peremptórios sem anuência das partes.

→ *v.* Enunciado 579 do FPPC: Admite-se o negócio processual que estabeleça a contagem dos prazos processuais dos negociantes em dias corridos.

Impossibilidade de redução do prazo para pagamento espontâneo do art. 523 do CPC:

AGRAVO DE INSTRUMENTO. PROCESSO CIVIL. AÇÃO DE RESCISÃO CONTRATUAL C/C REINTEGRAÇÃO DE POSSE E INDENIZAÇÃO POR PERDAS E DANOS. CUMPRIMENTO DE SENTENÇA. Indenização por benfeitorias. Decisão agravada. intimação da devedora para pagamento do débito no prazo de dez dias sob pena de penhora. afronta ao art. 523 do cpc/2015. prazo de quinze dias para pagamento voluntário. prazo peremptório. vedação de redução de prazos peremptórios sem anuência das partes. art. 222, §1º, do cpc/2015. decisão agravada reformada para restituição do prazo de quinze dias ao devedor para pagamento voluntário. recurso provido. (TJPR; Ag Instr 1669601-4; Curitiba; Sexta Câmara Cível; Rel. Des. Roberto Portugal Bacellar; Julg. 24/10/2017; DJPR 16/11/2017; Pág. 267)

Impossibilidade de concessão de prazo para a apresentação das razões do recurso, se apenas foi protocolada a petição de interposição:

✓ AGRAVO DE INSTRUMENTO. PETIÇÃO DE RECURSO DE REVISTA INCOMPLETA. APRESENTAÇÃO APENAS DA PETIÇÃO DE INTERPOSIÇÃO. AUSÊNCIA DE FALHA NO SISTEMA DE TRANSMISSÃO. VÍCIO INSANÁVEL. I. No prazo do recurso de revista a Recorrente protocolou apenas a petição de interposição, acompanhada de substabelecimento e da guia do depósito recursal. II. A intimação para sanar o vício, como defendido pela Agravante, resultaria no elastecimento do prazo recursal sem justificativa. O art. 932, parágrafo único, do CPC, embora aplicável ao Processo do Trabalho, não autoriza o elastecimento de prazo peremptório fora das hipóteses legais (art. 222 do CPC). III. Não foi demonstrada a existência de problema no sistema do Processo Eletrônico, logo, o erro na transmissão só pode ser atribuído àquele que transmitiu a peça de forma incompleta. IV. As garantias constitucionais devem ser exercitadas com obediência às regras processuais vigentes. Não constitui violação do princípio da legalidade a denegação de recurso de revista que não preenche os requisitos legais. V. Dessa forma, incólumes os arts. 5º, II e 37, caput, da CR e 932, parágrafo único, do CPC. VI. Agravo de instrumento de que se conhece e a que se nega provimento. (TST; AIRR 0001396-95.2014.5.06.0012; Sexta Turma; Relª Desª Conv. Cilene Ferreira Amaro Santos; DEJT 22/09/2017; Pág. 2710)

Segunda determinação de emenda à petição inicial deve contemplar a concessão do prazo legal de quinze dias (art. 321), se não é mera reiteração da determinação anterior de emenda:

✓ PROCESSUAL CIVIL. EMENDA À PETIÇÃO INICIAL. REDUÇÃO DO PRAZO PEREMPTÓRIO DE 15 DIAS. ERROR IN PROCEDENDO. ARTS. 222, §1º E 321 DO CPC. RECURSO CONHECIDO E PROVIDO. SENTENÇA CASSADA. 1. O art. 321 do CPC estabelece que se o juiz verificar que a petição apresenta defeitos e irregularidades capazes de dificultar o julgamento de mérito, determinará que o autor, no prazo de 15 (quinze) dias, a emende ou a complete, indicando com precisão o que deve ser corrigido ou completado, sob pena de indeferimento da inicial. 2. Se a segunda determinação de emenda à inicial não é mera reiteração da primeira, que teria, inclusive, se revelado fruto de equívoco judicial em razão do descompasso com a hipótese fática apresentada pela parte, e possui, desse modo e nessa medida, razão distinta, a redução do prazo é causa de nulidade, por preterição à expressa disposição do art. 222, §1º, do Código de Processo Civil, que veda ao juiz a redução de prazos peremptórios, ou prazos próprios cuja inobservância gera preclusão. 3. Recurso conhecido e provido. Sentença cassada. (TJDF; APC 2016.06.1.008670-8; Ac. 976.562; Segunda Turma Cível; Relª Desª Sandra Tonussi; Julg. 26/10/2016; DJDFTE 04/11/2016)

§ 2º Havendo calamidade pública, o limite previsto no *caput* para prorrogação de prazos poderá ser excedido.

Art. 223. Decorrido o prazo, extingue-se o direito de praticar ou de emendar o ato processual, independentemente de declaração judicial, ficando assegurado, porém, à parte provar que não o realizou por justa causa.

§ 1º Considera-se justa causa o evento alheio à vontade da parte e que a impediu de praticar o ato por si ou por mandatário.

§ 2º Verificada a justa causa, o juiz permitirá à parte a prática do ato no prazo que lhe assinar.

→ *v.* Enunciado 626 do FPPC: O requerimento previsto no §2º do art. 186, formulado pela Defensoria Pública ou pelas entidades mencionadas no §3º do art. 186, constitui justa causa para os fins do §2º do art. 223, quanto ao prazo em curso.

Entendendo que o protocolo de petição suscitando nulidade no julgamento de embargos de declaração acarreta preclusão consumativa para o recurso especial:

✓ RECURSO INTERPOSTO NA VIGÊNCIA DO CPC/2015. ENUNCIADO ADMINISTRATIVO Nº 3. AGRAVO INTERNO EM RECURSO ESPECIAL. PROCESSUAL CIVIL. PRECLUSÃO CONSUMATIVA. ART. 223, DO CPC/2015. 1. Dos autos consta às e-STJ fls. 3065/3066 certidão onde a CONTRIBUINTE foi intimada do acórdão proferido pela Corte de Origem nos aclaratórios em 12/09/2016. Ocorre que, ao invés de interpor o competente recurso especial, a parte optou por protocolar em 13/09/2019 petição onde arguiu nulidade no julgamento dos embargos de declaração (e-STJ fls. 3067/3069). O recurso especial somente o foi interposto em 03/10/2016 (e-STJ fls. 3093). Desse modo, a situação é de evidente preclusão consumativa para a interposição do recurso especial. Aplicação do art. 223, do CPC/2015. Precedentes: AgRg nos EREsp 1525676 / SP, Corte Especial, Rel. Min. Maria Thereza de Assis Moura; Julg. 02.12.2015; AgRg no RE nos EDcl nos EAREsp 470134 / DF, Corte Especial, Rel. Min. Laurita Vaz; Julg. 18.11.2015. 2. Agravo interno não provido. (STJ, AgInt nos EDcl no REsp 1640561, PE, Segunda Turma; Rel. Min. Mauro Campbell Marques; Julg. 05/09/2017; DJe 14/09/2017)

Considerando que a justa causa deve ser comprovada na vigência do prazo ou em até cinco dias da cessação do impedimento:

✓ AGRAVO INTERNO NOS EMBARGOS DE DECLARAÇÃO NO AGRAVO INTERNO. AUSÊNCIA DE NOVOS FUNDAMENTOS CAPAZES DE MODIFICAR A DECISÃO IMPUGNADA. INEXISTÊNCIA DE JUSTA CAUSA PARA CONHECIMENTO DE RECURSO INTEMPESTIVO. INCONFORMISMO COM RESULTADO DA LIDE. AGRAVO IMPROVIDO. 1. Nos termos do artigo 183 do CPC/1973 c/c artigo 223 do CPC/2015, decorrido o prazo para a interposição do recurso, extingue-se o direito de praticar o ato, exceto se a parte comprovar a ocorrência de justa causa. 2. Segundo consolidada jurisprudência, a tempestividade é matéria de ordem pública, podendo ser reconhecida, a qualquer tempo, pelo julgador. A justa causa, porém, justificante da interposição do recurso extemporâneo, deve ser comprovada na vigência do prazo ou até 5 (cinco) dias após a cessação do impedimento. 3. Sendo intempestivo o recurso interposto pela ora agravante, por não ter sido protocolado dentro do prazo legal, apresenta-se descabido o argumento da existência de força maior, pois a recorrente apenas apresentou seus motivos sobre a alegada justa causa dias após a interposição do agravo interno extemporâneo. 4. O mero inconformismo com o resultado da lide não pode servir de fundamento para interposição reiterada de recursos, fato que pode ensejar a aplicação de multa pelo abuso no direito de recorrer. Precedentes da Corte Especial. 5. Agravo improvido. (STJ; AgInt-EDcl-AgInt-EAREsp 247.327; Proc. 2014/0248310-0; PR; Corte Especial; Rel. Min. Jorge Mussi; DJE 25/11/2016)

Enfermidade comprovada do advogado da parte configura justa causa:

✓ AGRAVO DE INSTRUMENTO. INTEMPESTIVIDADE. ALEGADO IMPEDIMENTO MOMENTÂNEO DO PROCURADOR CONSTITUÍDO PELOS AUTORES. Enfermidade, resultando em internação hospitalar. Justa causa comprovada. Inteligência do art. 223 do CPC/2015. Recurso conhecido. Ação de reintegração de posse. Liminar indeferida. Contradição entre as provas produzidas pelos autores. Ausência de credibilidade. Não comprovados os requisitos dos artigos 561 e 562 do CPC/2015. Acerto da decisão agravada. Enunciado nº 58 da Súmula desta Corte. Precedentes desta Câmara para casos análogos. Recurso a que se nega provimento. (TJRJ; AI 0058252-98.2017.8.19.0000; Nova Friburgo; Quinta Câmara Cível; Relª Desª Claudia Telles de Menezes; DORJ 14/12/2017; Pág. 304)

Simples atestado médico não comprova a impossibilidade de o advogado praticar o ato e não enseja a caracterização de justa causa:

✓ ELEIÇÕES 2016. AGRAVO REGIMENTAL EM AGRAVO. RECURSO ESPECIAL INADMITIDO NA ORIGEM PORQUE INTERPOSTO FORA DO TRÍDUO LEGAL. NÃO APLICABILIDADE, NA JUSTIÇA ELEITORAL, DA CONTAGEM DE PRAZO EM DIAS ÚTEIS PREVISTA NO ART. 219 DO CPC/15. RES. -TSE 23.478/16 E PRECEDENTES DESTA CORTE. AGRAVO REGIMENTAL INTERPOSTO, TAMBÉM, INTEMPESTIVAMENTE. NÃO CONHECIMENTO. 1. É intempestivo o Agravo Regimental manejado após o prazo de 3 dias contados da publicação da decisão monocrática no Diário da Justiça eletrônico. 2. Não merece acolhimento a alegação da agravante de que deve ser considerado tempestivo o apelo, em razão de justa causa, nos termos do art. 223 do CPC/15. Conforme entendimento firmado pelo STJ, somente se configura força maior quando demonstrada a absoluta impossibilidade de o Patrono da parte exercer a profissão ou substabelecer o mandato, não constituindo hipótese de justa causa, por si só, o fato de o Advogado se encontrar de atestado médico (Precedente STJ: AgInt no AREsp 907.557/MG, Rel. Min. MAURO CAMPBELL MARQUES; DJe 19.12.2016). 3. Mesmo que, por hipótese, se conhecesse do presente Agravo Regimental, o Agravo não comportaria provimento, porque o Recurso Especial foi, de fato, interposto intempestivamente, não prosperando as alegações da agravante de que devem ser adotadas, subsidiariamente, ao caso dos autos, as regras do CPC/15, mais precisamente o art. 219, que prevê a contagem do prazo em dias úteis. Entendimento do TSE materializado na Resolução 23.478/16 e no AGR-REspe 44-61/SP, de relatoria do eminente Ministro Luiz FUX, publicado no DJe de 26.10.2016. 4. Agravo Regimental não conhecido. (TSE; AgRg-AI 225-19.2016.6.09.0125; GO; Rel. Min. Napoleão Nunes Maia Filho; Julg. 03/10/2017; DJETSE 01/12/2017; Pág. 78). No mesmo sentido, TJCE; AI 0628766-50.2015.8.06.0000; Terceira Câmara de Direito Privado; Relª Desª Lira Ramos de Oliveira; DJCE 05/04/2017.

Não se configura justa causa se apenas foi demonstrada a impossibilidade da prática do ato pelo advogado, por motivo de doença, no último dia do prazo:

✓ AGRAVO DE INSTRUMENTO. RECURSO DE REVISTA. EXECUÇÃO. PROCESSO SOB A ÉGIDE DA LEI Nº 13.015/2014. 1. PRELIMINAR DE NULIDADE. NEGATIVA DE PRESTAÇÃO JURISDICIONAL DA DECISÃO DENEGATÓRIA DE SEGUIMENTO DO RECURSO DE REVISTA. Não há que se falar em negativa de prestação jurisdicional da decisão denegatória do recurso de revista, quando, de forma fundamentada, foram expostas as razões que ensejaram a denegação de seguimento ao apelo interposto. 2. INTEMPESTIVIDADE DO RECURSO DE REVISTA. DOENÇA DO PROCURADOR. JUSTA CAUSA NÃO CONFIGURADA. A Jurisprudência desta Corte vem perfilhando o entendimento de que, para efeito de suspensão de prazo processual, não configura motivo de força maior a doença do advogado que não impede sua atuação profissional de forma absoluta, em especial o ato de substabelecer o mandato que lhe fora outorgado. No caso dos autos, em que pese o procurador da parte recorrente ter procedido à juntada de atestado médico aos autos, demonstrando que ficou impedido de exercer seu ofício e de atuar no processo no último dia do prazo recursal, não restou comprovado que durante todo o prazo recursal ele teria ficado hospitalizado ou impossibilitado de substabelecer o mandato que lhe fora outorgado. Assim, não estando configurada a justa causa de que trata o art. 223, §1º, do CPC/15, o recurso de revista interposto após o prazo de oito dias é intempestivo. Agravo de instrumento desprovido. (TST; AIRR 0106900-40.1988.5.15.0016; Terceira Turma; Rel. Min. Maurício Godinho Delgado; DEJT 03/07/2017; Pág. 1675)

Indisponibilidade dos autos configura justa causa e autoriza a concessão de novo prazo pelo juiz:

✓ AGRAVO DE INSTRUMENTO. Cumprimento de sentença. Decisão recorrida que indeferiu o pedido de devolução de prazo para oferecimento de impugnação. Insurgência. Cabimento. Agravante que não teve acesso aos autos originários para impugnar a execução, em afronta aos artigos 107, III, e 223, §§ 1º e 2º, ambos do Código de Processo Civil. Justa causa configurada, a justificar a devolução do prazo processual. Decisão reformada. Recurso provido. (TJSP; AI 3001003-46.2017.8.26.0000; Ac. 11050702; São Paulo; Primeira Câmara de Direito Público; Rel. Des. Marcos Pimentel Tamassia; Julg. 07/12/2017; DJESP 14/12/2017; Pág. 2537). No mesmo sentido, TJSP; AI 2182606-69.2017.8.26.0000; Ac. 11000228; São Paulo; Trigésima Segunda Câmara de Direito Privado; Rel. Des. Kioitsi Chicuta; Julg. 24/11/2017; DJESP 28/11/2017; Pág. 2048; TJSP; AI 2150710-08.2017.8.26.0000; Ac. 10806522; São Paulo; Quinta Câmara de Direito Privado; Rel. Des. Moreira Viegas; Julg. 20/09/2017; DJESP 25/09/2017; Pág. 2453; TJDF; APC 2013.01.1.080800-4; Ac. 103.6854; Segunda Turma Cível; Rel. Des. Sandoval Oliveira; Julg. 26/07/2017; DJDFTE 09/08/2017.

Exigindo a comprovação de indisponibilidade dos autos mediante certidão cartorária para que se demonstre a justa causa:

✓ AGRAVO INTERNO CONTRA DECISÃO MONOCRÁTICA QUE NÃO CONHECEU DO AGRAVO DE INSTRUMENTO. O fato de o processo estar concluso não pode inviabilizar o acesso do advogado aos autos, devendo, na hipótese de haver injurídica negativa, ser ela comprovada mediante certidão cartorária. Se de fato estivesse presente justa causa impeditiva da prática do ato, nos termos do art. 223 do CPC/2015, a mesma deveria ter sido comprovada no agravo de instrumento, quando da juntada intempestiva da documentação (justificando a intempestividade) ou tão logo a parte teve o acesso aos autos negado (para que, fosse o caso, o relator determinasse a reabertura do prazo), o que não fez. Agravo interno desprovido. (TJRS; AG 0232458-86.2017.8.21.7000; Getúlio Vargas; Décima Primeira Câmara Cível; Rel. Des. Luiz Roberto Imperatore de Assis Brasil; Julg. 27/09/2017; DJERS 05/10/2017). No mesmo sentido: PROCESSO CIVIL. REVELIA DECRETADA. AUTOS CONCLUSOS DENTRO DO PRAZO PARA APRESENTAÇÃO DE DEFESA. OBSTÁCULO JUDICIAL. AUSÊNCIA DE COMPROVAÇÃO. A conclusão dos autos ao juiz, estando em curso o prazo para a contestação, pode caracterizar cerceamento de defesa. O reconhecimento disso, todavia, exige prova inequívoca da impossibilidade de acesso aos autos. Na hipótese, ainda que os autos estivessem conclusos ao magistrado antes do término do prazo para contestar, o apelante não comprovou o seu comparecimento ao cartório ou qualquer elemento indicativo das suas tentativas infrutíferas de consulta aos autos. Não comprovada a devida justa causa a que se refere o art. 223 do CPC/15, improcede o pedido de devolução do prazo para oferecimento da correspondente peça contestatória. Igualmente improcedente é o pedido de redução dos honorários advocatícios, porquanto fixados em patamar adequado, bem como em obediência ao §3º do artigo 20 do CPC/73, vigente à época da prolação da sentença. Recurso Improvido. Sentença Mantida. (TJBA; AP 0000775-02.2008.8.05.0137; Salvador; Terceira Câmara Cível; Relª Desª Rosita Falcão de Almeida Maia; Julg. 27/09/2016; DJBA 03/10/2016; Pág. 374)

Entendendo que a justa causa por indisponibilidade dos autos deve ser alegada perante o juízo de origem, antes da interposição do recurso, sob pena de preclusão:

✓ PROCESSUAL CIVIL. AGRAVO INTERNO. PRELIMINAR DE INTEMPESTIVIDADE. VISTA PESSOAL ANTERIOR À PUBLICAÇÃO. INOCORRÊNCIA. REJEIÇÃO. DECISÃO QUE NEGA SEGUIMENTO A AGRAVO DE INSTRUMENTO. ART. 932, III, DO CPC. INTEMPESTIVIDADE. IMPOSSIBILIDADE DE ACESSO AOS AUTOS. CARGA DA PARTE CONTRÁRIA. ALEGAÇÃO DE HIPÓTESE DE SUSPENSÃO DO PRAZO RECURSAL. REABERTURA DO PRAZO. COMPETÊNCIA DO JUÍZO DE ORIGEM. OBSTÁCULO CRIADO EM DETRIMENTO DA PARTE. INOCORRÊNCIA. LITIGÂNCIA DE MÁ-FÉ. INOCORRÊNCIA. DECISÃO MANTIDA. 1. Agravo interno interposto contra decisão que não conheceu do agravo de instrumento, nos termos do art. 932, III, do CPC, por manifesta intempestividade. 2. A realização de carga do processo para cópia por advogado que não patrocina os agravantes, ainda que uma das partes seja sócio administrador de empresa para a qual o causídico presta serviços, não induz início do transcurso do prazo recursal. 2.1. Preliminar de intempestividade rejeitada. 3. A competência para apreciar a alegação de hipótese de suspensão do prazo recursal e reabri-lo é do Juízo da origem. 3.1. Ainda que os agravantes tenham apresentado certidões atestando a impossibilidade de acesso aos autos, devido à carga realizada pela parte contrária, a justa causa, prevista no art. 223, caput, do CPC, deveria ter sido apresentada antes da interposição, perante o Juízo de origem, sob pena de preclusão. 4. O presente caso não se enquadra na hipótese de suspensão do curso do prazo por obstáculo criado em detrimento da parte, nos termos do art. 221 do CPC, pois, ao receber os embargos à execução, sem efeito suspensivo, o juízo singular concedeu o prazo de 15 dias ao embargado, ora agravado, para resposta, nos termos do art. 740 do CPC de 1973. Assim, a carga dos autos pelo advogado do agravado não se trata de obstáculo criado em detrimento da parte, mas apenas de oportunidade para defesa. 5. Rejeitada a alegação de litigância de má-fé, porque não observadas as hipóteses do artigo 80 do CPC. 6. Agravo Regimental desprovido. (TJDF; AGI 2016.00.2.015332-8; Ac. 959.850; Segunda Turma Cível; Rel. Des. João Egmont Leoncio Lopes; Julg. 03/08/2016; DJDFTE 19/08/2016)

Equívoco na contagem do prazo induzido por falha nos serviços judiciários caracteriza justa causa:

✓ AGRAVO DE INSTRUMENTO. DIREITO PROCESSUAL CIVIL. AÇÃO DE CONHECIMENTO EM FASE DE CUMPRIMENTO DE SENTENÇA. DECISÃO QUE INDEFERE PEDIDO DE DEVOLUÇÃO DE PRAZO PARA A CAIXA BENEFICENTE DA POLÍCIA MILITAR DO ESTADO DE SÃO PAULO. CBPM. APRESENTAR EMBARGOS À EXECUÇÃO. REFORMA QUE SE IMPÕE. 1. Elementos constantes dos autos que permitem aferir falha na inserção da informação da juntada do mandado de citação expedido nos termos e para os fins dos artigos 730 e seguintes do CPC/1973, devidamente cumprido. Caracterização de justa causa, à luz do artigo 183 e parágrafos do CPC/1973 (artigo 223 e parágrafos do CPC/2015). Presunção de confiabilidade das informações divulgadas pela E. Corte Paulista em sua plataforma virtual. 2. Decisão reformada. Recurso provido. (TJSP; AI 2033881-75.2016.8.26.0000; Ac. 9387674; São Paulo; Nona Câmara de Direito Público; Rel. Des. Oswaldo Luiz Palu; Julg. 27/04/2016; DJESP 12/05/2016); JUIZADO ESPECIAL CÍVEL. DIREITO PROCESSUAL CIVIL E DO CONSUMIDOR. RECURSO INTERPOSTO FORA DO PRAZO. PARTE INDUZIDA A ERRO POR FALHAR ATRIBUÍDA AO PODER JUDICIÁRIO. JUSTA CAUSA CARACTERIZADA. ART. 223 DO CPC. POLÍTICA DE EMBARGO TEMPORÁRIO POR EXCESSO DE BAGAGEM. DANOS MATERIAIS. VALORES CONDIZENTES COM A VEROSSIMILHANÇA E RAZOABILIDADE. RECURSO CONHECIDO E NÃO PROVIDO. 1. Demonstrado que a parte foi induzida a erro na contagem do prazo para a interposição do recurso por equívoco atribuído exclusivamente aos serviços judiciários, imperativa a restituição do prazo pela caracterização justa causa, nos termos do art. 223, do CPC. Precedente: Acórdão n.1007744, 20070110287412APC, Relator: ARNOLDO CAMANHO 4ª TURMA CÍVEL, Data de Julgamento: 29/03/2017, Publicado no DJE: 05/04/2017. Pág.: 282/298. Partes: José Sampaio Braga versus Luiz WAGNER ZINGARO e REFRIAUTO Ltda. (...) 9. Recurso CONHECIDO e NÃO PROVIDO. Sentença mantida. Custas Recolhidas. Condenada a recorrente vencida em honorários advocatícios que fixo em 10% (dez por cento) do valor da condenação. Súmula de julgamento que servirá de acórdão, consoante disposto no art. 46 da Lei nº 9.099/95. (TJDF; Proc. 0734.25.7.342016-8070016; Ac. 106.3605; Segunda Turma Recursal dos Juizados Especiais Cíveis e Criminais; Rel. Juiz João Fischer; Julg. 29/11/2017; DJDFTE 07/12/2017). No mesmo sentido: TJPR; ApCvReex 1672094-4; Londrina; Quinta Câmara Cível; Rel. Juiz Conv. Rogério Ribas; Julg. 14/11/2017; DJPR 07/12/2017; Pág. 107. Contra, entendendo que os serviços disponibilizados pelos tribunais possuem mero caráter informativo e não impossibilitam a prática do ato: TJSP; APL 1008085-12.2015.8.26.0590; Ac. 9408155; São Vicente; Vigésima Quinta Câmara de Direito Privado; Rel. Des. Azuma Nishi; Julg. 05/05/2016; DJESP 12/05/2016; TJPR; Agr 1561614-7/01; Curitiba; Décima Terceira Câmara Cível; Relª Desª Josély Dittrich Ribas; Julg. 22/02/2017; DJPR 04/04/2017; Pág. 154; TJGO; AC 0267060-84.2014.8.09.0132; Posse; Sexta Câmara Cível; Rel. Des. Marcus da Costa Ferreira; DJGO 05/05/2016; Pág. 290; TJRS; AC 0090550-75.2016.8.21.7000; Estância Velha; Sétima Câmara Cível; Rel. Des. Jorge Luís Dall'Agnol; Julg. 29/06/2016; DJERS 06/07/2016.

Simples constituição de novo advogado não enseja a concessão de novo prazo por justa causa:

✓ PROCESSUAL CIVIL. AGRAVO DE INSTRUMENTO. RESTITUIÇÃO DE PRAZO. CONSTITUIÇÃO DE NOVO PATRONO. JUSTA CAUSA. AFASTADA. 1. O artigo 223 do Código de Processo Civil, ao tratar da preclusão processual, revela que, tendo havido a oportunidade de que se praticasse o ato processual e não tendo a parte o realizado, extingue-se para ela aquela faculdade processual. Fica assegurado à parte, entretanto, o direito de demonstrar que não realizou o ato por justa causa. 2. Tendo sido regularmente disponibilizada à parte a decisão judicial vergastada e inexistindo qualquer obstáculo ao direito de acesso aos autos, por motivos alheios à sua vontade, resta evidenciado o instituto da preclusão. 3. O reconhecimento de justa causa nos casos de mudança de patrono colocaria em risco a celeridade e a segurança jurídica, posto que poderia permitir à parte oportunidade processual já preclusa. 4. Agravo Interno não conhecido. Agravo de instrumento conhecido e desprovido. (TJDF; AGI 2016.00.2.047912-6; Ac. 100.1219; Segunda Turma Cível; Rel. Des. Sandoval Oliveira; Julg. 08/03/2017; DJDFTE 15/03/2017)

Divergência entre o despacho proferido e a certidão juntada aos autos configura justa causa:

✓ PROCESSO CIVIL. APELAÇÃO CÍVEL. AÇÃO REVISIONAL DE CONTRATO. SENTENÇA DE INDEFERIMENTO DA PEÇA INICIAL. PRELIMINAR SUSCITADA DE OFÍCIO. JUSTA CAUSA. VIOLAÇÃO AO DEVIDO PROCESSO LEGAL. CONTRADITÓRIO. AMPLA DEFESA. APELAÇÃO CONHECIDA E PROVIDA. SENTENÇA ANULADA 1 – O artigo 5º, incisos LIV e LV, da Constituição Federal, são claros ao afirmar que o princípio fundamental do devido processo legal é de extrema importância para a existência dos atos processuais, garantindo a todos os indivíduos um procedimento adequado, proporcionando as partes o direito à ampla defesa e o contraditório, princípios basilares insculpidos na nossa Carta Magna. 2 – No caso concreto, a justa causa apta a configurar o conceito trazido pelo § 1º do art. 223 do CPC/15 é a dessemelhança entre o despacho (fl. 119) proferido pelo juiz de primeira instância e a certidão juntada nos autos (fl. 120), problema que, numa primeira visão, é imputável à máquina Judiciária, demonstrando ser alheio à vontade da parte, que cumpria, até então, com seus encargos processuais. 3 – Preliminar suscitada **ex officio** acolhida para anular a sentença recorrida. (TJES; APL 0023985-12.2013.8.08.0012; Primeira Câmara Cível; Relª Desª Subst. Ednalva da Penha Binda; Julg. 21/02/2017; DJES 07/03/2017)

Impossibilidade de restituição integral do prazo se a justa causa se caracterizou após o início do prazo original:

✓ AGRAVO DE INSTRUMENTO. BRASIL TELECOM. IMPUGNAÇÃO AO CUMPRIMENTO DE SENTENÇA. RETIRADA DOS AUTOS EM CARGA PELA PARTE ADVERSA. REABERTURA DE PRAZO RECURSAL. A retirada dos autos em carga pela parte adversa, devidamente certificada pelo cartório, caracteriza a justa causa para restituição do prazo recursal, nos termos art. 223, § 1º, do CPC/2016. Contudo, considerando que a certidão foi emitida após iniciado o prazo para manifestação da parte, a restituição do prazo não deve ser feita de modo integral. Precedentes desta corte. Agravo de instrumento parcialmente provido. (TJRS; AI 0283089-68.2016.8.21.7000; Porto Alegre; Vigésima Quarta Câmara Cível; Rel. Des. Cairo Roberto Rodrigues Madruga; Julg. 26/10/2016; DJERS 31/10/2016)

Certidão cartorária informando a não localização dos autos após esgotado o prazo legal não demonstra a justa causa:

✓ AGRAVO DE INSTRUMENTO. Ação declaratória de inexigibilidade de débito cumulada com indenização por danos morais. Cumprimento da sentença. Reabertura de prazo para pagamento espontâneo do valor da condenação ou apresentar incidente de impugnação. Ausência de justa causa ou de circunstância processual relevante a impedir a prática tempestiva do ato processual alvitrado. Certidão cartorária atestando a não localização dos autos na serventia judicial expedida após esgotado o prazo legal. Reabertura de prazo. Descabimento. Ausência dos supostos do art. 223, § 2º, do Código de Processo Civil/2015. Suspensão do processo em face do deferimento da recuperação judicial da empresa oi s/a. Pleito não formulado no juízo de origem. Recurso conhecido em parte e desprovido. (TJRS; AI 0270636-41.2016.8.21.7000; Vera Cruz; Nona Câmara Cível; Rel. Des. Miguel Ângelo da Silva; Julg. 19/10/2016; DJERS 25/10/2016)

Art. 224. Salvo disposição em contrário, os prazos serão contados excluindo o dia do começo e incluindo o dia do vencimento.

→ *v.* Súmula 310 do STF.

→ *v.* Súmula 1 do TST.

→ *v.* Art. 231 do NCPC.

→ *v.* Art. 5º do Decreto 70.235/1972.

→ *v.* Art. 132 do CC/2002.

→ v. Art. 210 do CTN.

→ v. Enunciado 270 do FPPC: Aplica-se ao processo do trabalho o art. 224, § 1º.

§ 1º Os dias do começo e do vencimento do prazo serão protraídos para o primeiro dia útil seguinte, se coincidirem com dia em que o expediente forense for encerrado antes ou iniciado depois da hora normal ou houver indisponibilidade da comunicação eletrônica.

Aplicando a prorrogação do art. 224, § 1º ao prazo para impetração de mandado de segurança:

✓ PROCESSUAL CIVIL. RECURSO ORDINÁRIO EM MANDADO DE SEGURANÇA. ICMS. VALOR ADICIONADO. APURAÇÃO DOS ÍNDICES PERCENTUAIS DOS MUNICÍPIOS. PUBLICAÇÃO DO ATO PELO ESTADO. IMPUGNAÇÃO ADMINISTRATIVA. TERMO INICIAL DO PRAZO PARA A IMPETRAÇÃO. 1. O ato de publicação dos índices do valor adicionado pelo Estado não pode ser considerado, isoladamente, para determinar o termo inicial do prazo legal para a impetração do mandado de segurança, porquanto a decisão da impugnação administrativa, mesmo sem efeito suspensivo, reabre à municipalidade a oportunidade de discutir os índices no âmbito judicial, caso lhe seja contrária, e até mesmo porque, para fins de valor adicionado, o repasse financeiro correlato só ocorrerá a partir do primeiro dia do ano imediatamente seguinte, momento em que, efetivamente, poderá haver, em tese, violação ao direito do ente municipal. 2. O prazo legal para a impetração do **mandamus** tem natureza processual, razão pela qual se lhe aplica a norma do Código de Processo Civil que posterga o início do lapso para o primeiro dia útil seguinte ao da ciência do ato impugnado (art. 184 do CPC/1973 ou art. 224 do CPC/2015). 3. Na hipótese dos autos, considerando-se o dia 23/12/2009, posterior ao dia da postagem da carta de resposta, como a data de ciência da decisão administrativa pelo município, o prazo para a impetração teve início em 24/12/2009, de tal sorte que é tempestivo o writ protocolizado aos 22/04/2010. 4. Recurso ordinário provido. (STJ; RMS 36.054; MG; Primeira Turma; Rel. Min. Gurgel de Faria; Julg. 10/05/2016; DJe 02/06/2016)

Admitindo a comprovação da indisponibilidade do sistema de peticionamento eletrônico após a interposição do recurso, tratando-se de hipótese distinta da comprovação do feriado local:

✓ PROCESSUAL CIVIL. CPC/2015. EMBARGOS DE DECLARAÇÃO. AGRAVO INTERNO. AGRAVO EM RECURSO ESPECIAL. INDISPONIBILIDADE DO SISTEMA DE PETICIONAMENTO ELETRÔNICO. COMPROVAÇÃO POSTERIOR. CABIMENTO. EXEGESE DO ART. 224, § 1º, DO CPC/2015. HIPÓTESE DE INTEMPESTIVIDADE SANÁVEL. DISTINÇÃO COM A HIPÓTESE DE FERIADO LOCAL. 1. Controvérsia acerca da possibilidade de se comprovar a indisponibilidade do sistema de peticionamento eletrônico em momento posterior ao da interposição do recurso. 2. Conforme dispõe o art. 224, § 1º, do CPC/2015: "Os dias do começo e do vencimento do prazo serão protraídos para o primeiro dia útil seguinte, se coincidirem com dia em que o expediente forense for encerrado antes ou iniciado depois da hora normal ou houver indisponibilidade da comunicação eletrônica" (sem grifos no original). 3. Prorrogação automática do prazo, não se exigindo comprovação da indisponibilidade no ato de interposição do recurso. Doutrina sobre o tema. 4. Distinção com a hipótese de feriado local, em que se exige, após a vigência do CPC/2015, comprovação no ato da interposição do recurso. 5. Caso concreto em que a indisponibilidade foi comprovada por meio dos presentes embargos de declaração, impondo-se a modificação do acórdão embargado para afastar a intempestividade. 6. EMBARGOS DE DECLARAÇÃO ACOLHIDOS, COM EFEITOS INFRINGENTES. (STJ; EDcl-AgInt-AREsp 730.114; Proc. 2015/0145183-1; RJ; Terceira Turma; Rel. Min. Paulo de Tarso Sanseverino; DJE 26/06/2017)

Indicando que a prorrogação somente ocorre se a indisponibilidade do sistema de peticionamento eletrônico se verificar no primeiro ou no último dia do prazo:

✓ AGRAVO INTERNO NO RECURSO ESPECIAL. INTEMPESTIVIDADE DO APELO EXTREMO. INDISPONIBILIDADE DA COMUNICAÇÃO ELETRÔNICA. INAPTIDÃO PARA AFASTAR A INTEMPESTIVIDADE DO RECURSO SE A FALHA NÃO COINCIDE COM O TÉRMINO DO PRAZO RECURSAL. DECISÃO AGRAVADA MANTIDA. AGRAVO DESPROVIDO. 1. A Terceira Turma desta Corte possui orientação no sentido de permitir a comprovação posterior de eventual indisponibilidade do sistema eletrônico, para fins de prorrogação do prazo recursal, por se tratar de "causa que se situa no mundo dos fatos, e que, portanto, somente pode ser apurada e certificada em momento posterior a sua ocorrência, não necessariamente antes do término do prazo recursal" (EDcl no AgInt no AREsp 730.114/RJ, Relator o Ministro Paulo de Tarso Sanseverino, DJe de 26/6/2017). 2. A falha do sistema eletrônico, porém, que não coincide com o início ou o término do prazo recursal é inapta para ensejar a sua prorrogação e, por conseguinte, afastar a intempestividade do apelo extremo. 3. Agravo interno desprovido. (STJ, AgInt no REsp 1664678/SP, Rel. Ministro MARCO AURÉLIO BELLIZZE, TERCEIRA TURMA, julgado em 17/10/2017, DJe 27/10/2017); APELAÇÃO. EMBARGOS À EXECUÇÃO. REJEIÇÃO EM VIRTUDE DA INTEMPESTIVIDADE. Pleito de reforma. Inadmissibilidade. Protocolo extemporâneo atribuído à indisponibilidade do sistema de peticionamento eletrônico deste E. Tribunal. Prorrogação que, todavia, somente se aplica quando a aludida falha sistêmica se verifica no dia correspondente ao termo final do prazo. Inteligência do art. 224, §1º, do Código de Processo Civil, art. 1.205, das Normas Judiciais da Corregedoria Geral da Justiça e art. 2º, do Provimento nº 87/2013, da Presidência desta C. Corte. Precedentes. Decisão mantida. Recurso ao qual se nega provimento. (TJSP; APL 1000466-13.2017.8.26.0444; Ac. 11033760; Pilar do

Sul; Décima Nona Câmara de Direito Privado; Relª Desª Claudia Grieco Tabosa Pessoa; Julg. 27/11/2017; DJESP 13/12/2017; Pág. 2910). No mesmo sentido, TJMS; APL 0841937-22.2015.8.12.0001; Segunda Câmara Cível; Rel. Des. Paulo Alberto de Oliveira; DJMS 09/11/2017; Pág. 125; TJRS; AI 0222456-57.2017.8.21.7000; Jaguarão; Terceira Câmara Cível; Relª Desª Matilde Chabar Maia; Julg. 01/08/2017; DJERS 03/08/2017.

Remessa eletrônica dos autos á instância superior não impossibilita o cumprimento do prazo e não acarreta a sua prorrogação:

✓ AGRAVO DE INSTRUMENTO. PROCESSUAL CIVIL. ARBITRAMENTO JUDICIAL DE HONORÁRIOS ADVOCATÍCIOS. Cumprimento de sentença. Artigo 523 do Código de Processo Civil. Processo eletrônico. Suspensão do prazo. "Remessa" dos autos a esta corte, em duas oportunidades distintas, durante o transcurso do prazo processual. Ausência de motivo capaz de suspender o prazo de processo eletrônico. Aplicação da regra do § 1º do artigo 224 do Código de Processo Civil. Prorrogação do prazo processual que somente se justificaria com a ocorrência de indisponibilidade do sistema, impossibilidade técnica por parte desta e. Corte ou outra circunstância excepcional devidamente comprovada, o que não ocorreu. Sucessão empresarial. Ocorrência. Conjunto probatório que permite concluir que a sucessora (Kirton Nank), não só atua no mesmo ramo, como manteve o mesmo número de CNPJ do HSBC Bank. Evidenciada a sucessão de empresas. Tentativa da agravada em procrastinar a satisfação do crédito do agravante. Reforma da decisão recorrida. Provimento do recurso. (TJRJ; AI 0022171-53.2017.8.19.0000; Rio de Janeiro; Vigésima Câmara Cível; Relª Desª Marilia de Castro Neves Vieira; Julg. 21/06/2017; DORJ 23/06/2017; Pág. 519)

Prorrogando o prazo que se encerra na quarta-feira de Cinzas, desde que o expediente forense tenha se iniciado nesse dia após o horário normal:

✓ APELAÇÃO CÍVEL. PRELIMINAR DE INTEMPESTIVIDADE AFASTADA. PRELIMINAR DE AUSÊNCIA DE INTERESSE DE AGIR ACOLHIDA. OBRIGAÇÃO DE FAZER. DIPLOMA DE CURSO SUPERIOR RECEBIDO ANTES DO AJUIZAMENTO DA AÇÃO. RECURSO PARCIALMENTE PROVIDO. 1. Das preliminares. 1. 1. Inicialmente cumpre destacar que não há como ser reconhecida a alegada intempestividade recursal, sobretudo por que o prazo terminou, em tese, no dia 1º de março do corrente ano, na quarta-feira de cinzas. Com efeito, o artigo 224, §1º, do Código de Processo Civil estabelece que: Os dias do começo e do vencimento do prazo serão protraídos para o primeiro dia útil seguinte, se coincidirem com dia em que o expediente forense for encerrado antes ou iniciado depois da hora normal ou houver indisponibilidade da comunicação eletrônica. 1. 2. Assim, como o expediente forense para aquela data se iniciou às 14:00hs, forçoso reconhecer que o prazo para apresentação de recurso foi protraído para o primeiro dia útil seguinte, que se deu exatamente na data do protocolo do presente apelo. 1. 3. No que toca a preliminar de ausência de interesse de agir, com razão à parte recorrente. 1. 4. Verifica-se dos autos que a recorrida ingressou com a presente ação de obrigação de fazer objetivando o recebimento do diploma de conclusão de curso superior e indenização por danos morais ante a demora na expedição do citado documento. 1. 5. No entanto, quando do ajuizamento da ação, a apelada já havia recebido o diploma (fls. 16/17). Logo, a presente demanda não é capaz de trazer qualquer situação jurídica de vantagem à autora, o caso é de se reconhecer a ausência de interesse de agir, com a extinção do processo sem resolução de mérito. 2. Recurso conhecido e parcialmente provido. (TJCE; APL 0000384-11.2015.8.06.0190; Segunda Câmara de Direito Privado; Rel. Des. Carlos Alberto Mendes Forte; Julg. 08/11/2017; DJCE 16/11/2017; Pág. 37)

Se a alteração no horário do expediente forense ocorreu no dia da publicação, e não naquele em que se iniciou a contagem do prazo, não ocorre a prorrogação:

✓ EMBARGOS DE DECLARAÇÃO. NÃO CONHECIMENTO. MANEJO FORA DO PRAZO ESTABELECIDO EM LEI. INTEMPESTIVIDADE. IRRESIGNAÇÃO. DILAÇÃO PREVISTA NO ART. 224, § 1º DO CPC/2015. INAPLICABILIDADE. PREVISÃO LEGAL PARA POSTERGAÇÃO APENAS DO DIES A QUO. HORÁRIO DE EXPEDIENTE MODIFICADO NO DIA DA PUBLICAÇÃO E NÃO NO DE INÍCIO DO PRAZO. REJEIÇÃO. Nos termos do § 1º do art. 224 do CPC/2015, "os dias do começo e do vencimento do prazo serão protraídos para o primeiro dia útil seguinte, se coincidirem com dia em que o expediente forense for encerrado antes ou iniciado depois da hora normal ou houver indisponibilidade da comunicação eletrônica". O dia da publicação não se confunde com o dia do início da contagem do prazo, conforme se depreende do § 3º do art. 224 do CPC/2015. Assim, nos termos do § 1º do supradito artigo, somente há que se falar em diferimento do dies a quo coincidente com data na qual o expediente foi encerrado antes ou iniciado depois da hora normal, uma vez que não há previsão legal para que tal regra seja também aplicada à data da publicação. Na hipótese dos autos, a alteração do expediente forense ocorreu no dia em que o decisum foi considerado publicado e não no dia em que se iniciou a contagem do prazo recursal. Sendo assim, revela-se inaplicável a regra do art. 224, § 1º do CPC/2015, devendo ser mantida a decisão que não conheceu dos embargos declaratórios, por serem intempestivos. Rejeito os embargos de declaração. (TJPB; APL 0002053-23.2013.815.0351; Presidência; Rel. Des. Carlos Eduardo Leite Lisboa; DJPB 29/08/2017; Pág. 8)

Aplicando o disposto no art. 224, § 1º ao processo do trabalho:

✓ AGRAVO DE INSTRUMENTO EM RECURSO DE REVISTA INTERPOSTO PELAS RECLAMADAS. INTEMPESTIVIDADE DO RECURSO DE REVISTA. PORTARIA Nº 576/2015 DO TRIBUNAL REGIONAL DO TRABALHO DA 18ª REGIÃO. 1. A Portaria nº 576/2015 do Tribunal Regional do Trabalho da 18a Região, determinou, tão somente, a suspensão do expediente de trabalho no dia 19 de dezembro de 2016, bem como que os prazos que se iniciassem ou expirassem nessa data seriam prorrogados até o primeiro dia útil subsequente, na forma do art. 224, § 1º, do CPC. 2. Logo, não merece reparos a decisão que concluiu pela intempestividade do recurso de revista. 3. Com efeito, tendo a decisão recorrida sido publicada em 12/12/2016 (segunda- feira), o prazo para interposição do recurso de revista iniciou-se em 13/12/2016 (terça-feira) e suspendeu-se em 19/12/2016 (segunda- feira), nos moldes estatuídos pelo art. 220 do CPC, transcorrendo, assim, sete dias do prazo recursal. O prazo que sobejou, ou seja, um dia, recomeçou a correr no dia 21/1/2017 (CPC, art. 220), expirando no dia 23/1/2017 (segunda-feira), de modo que se tem por intempestiva a revista interposta, tão somente, no dia 26/1/2017 (quinta-feira), haja vista que já havia expirado o prazo legal de oito dias preconizado pelo art. 6º da Lei nº 5.584/70. Agravo de instrumento conhecido e não provido. (TST; AIRR 0012178-49.2014.5.18.0006; Oitava Turma; Relª Min. Dora Maria da Costa; DEJT 11/12/2017; Pág. 1178)

<u>Contra, considerando inaplicável o disposto no art. 224, § 1º ao processo do trabalho:</u>

✓ EMBARGOS DECLARATÓRIOS. PRESSUPOSTO OBJETIVO DE ADMISSIBILIDADE DO AGRAVO DE INSTRUMENTO EM RECURSO ORDINÁRIO. MANIFESTO EQUÍVOCO. Consoante o disposto no artigo 897-A da CLT, os embargos declaratórios destinam-se a sanar omissão, contradição, erro material ou manifesto equívoco no exame dos pressupostos extrínsecos de admissibilidade. Comprovado o equívoco no exame dos pressupostos extrínsecos de admissibilidade, impõe-se o provimento dos declaratórios com empréstimo de efeito modificativo. 2. RECURSO ORDINÁRIO DA RECLAMADA INTEMPESTIVO. NÃO CONHECIMENTO. CONTAGEM DO PRAZO. NORMAS PROCESSUAIS CIVIL E TRABALHISTA. SUBSIDIARIEDADE. NÃO APLICAÇÃO. A previsão de que os dias do começo e do vencimento do prazo serão protraídos para o primeiro dia útil seguinte, se coincidirem com dia em que o expediente forense for encerrado antes ou iniciado depois da hora normal, conforme previsto no art. 224, § 1º, do CPC de 2015, não se aplica ao Processo do Trabalho, pois este possui norma específica no artigo 775 da CLT, o que afasta a possibilidade de aplicação subsidiária ou supletiva da legislação processual civil. (TRT 10ª R.; AIRO 0003736-88.2016.5.10.0801; Primeira Turma; Rel. Des. Dorival Borges de Souza Neto; Julg. 06/12/2017; DEJTDF 12/12/2017; Pág. 891)

§ 2º Considera-se como data de publicação o primeiro dia útil seguinte ao da disponibilização da informação no Diário da Justiça eletrônico.

→ *v.* Art. 4º, § 3º da Lei 11.419/2006.

§ 3º A contagem do prazo terá início no primeiro dia útil que seguir ao da publicação.

→ *v.* Art. 4º, § 4º, da Lei 11.419/2006.

Art. 225. A parte poderá renunciar ao prazo estabelecido exclusivamente em seu favor, desde que o faça de maneira expressa.

Art. 226. O juiz proferirá:

→ *v.* Arts. 203 e 235 do NCPC.

I – os despachos no prazo de 5 (cinco) dias;

II – as decisões interlocutórias no prazo de 10 (dez) dias;

III – as sentenças no prazo de 30 (trinta) dias.

→ *v.* Art. 12, parágrafo único, da Lei 12.016/2009.

<u>Considerando incabível o mandado de segurança por omissão fundado no descumprimento do prazo estabelecido neste dispositivo:</u>

✓ MANDADO DE SEGURANÇA. ATO JUDICIAL. DESCABIMENTO DO MANDAMUS. Não cabe mandado de segurança contra ato judicial passível de recurso ou correição (art. 5º da Lei nº 12.016/2009 e Súmula nº 267 do STF). Eventual demora do juízo quanto à apreciação de petitório enseja correição parcial nos termos dos arts. 226, 227 e 235 do NCPC e art. 195 do COJE. Petição inicial indeferida (art. 10, da Lei nº 12.016/2009). Indeferida a petição inicial. Decisão monocrática. (TJRS; MS 0275097-56.2016.8.21.7000; Capão da Canoa; Décima Quarta Câmara Cível; Relª Desª Judith dos Santos Mottecy; Julg. 12/08/2016; DJERS 16/08/2016)

Art. 227. Em qualquer grau de jurisdição, havendo motivo justificado, pode o juiz exceder, por igual tempo, os prazos a que está submetido.

Art. 228. Incumbirá ao serventuário remeter os autos conclusos no prazo de 1 (um) dia e executar os atos processuais no prazo de 5 (cinco) dias, contado da data em que:

→ *v.* Art. 233 do NCPC.

I – houver concluído o ato processual anterior, se lhe foi imposto pela lei;

II – tiver ciência da ordem, quando determinada pelo juiz.

§ 1º Ao receber os autos, o serventuário certificará o dia e a hora em que teve ciência da ordem referida no inciso II.

§ 2º Nos processos em autos eletrônicos, a juntada de petições ou de manifestações em geral ocorrerá de forma automática, independentemente de ato de serventuário da justiça.

→ *v.* Lei 11.419/2006 – Dispõe sobre a informatização do processo judicial.

Afastando a responsabilidade civil do Estado, se a causa do prejuízo não puder ser atribuída, de forma direta, ao serventuário:

✓ ADMINISTRATIVO. NULIDADE DA SENTENÇA. VIOLAÇÃO AO PRINCÍPIO DA CONGRUÊNCIA. INOCORRÊNCIA. RESPONSABILIDADE CIVIL DO ESTADO POR ATO JUDICIAL ATÍPICO. ART. 37, § 6º DA CONSTITUIÇÃO FEDERAL. DANOS MATERIAIS E MORAIS. DESCABIMENTO. RECURSO DE APELAÇÃO DESPROVIDO. 1. Da detida análise da exordial, verifica-se que a parte autora, ora apelante, objetiva indenizações, a título de danos materiais e morais, em razão de suposta conduta cometida por serventuário da Justiça do Trabalho, que teria demorado a juntar aos autos solicitação de reserva de crédito emitida pela Justiça Estadual, o que teria culminado com o não recebimento de valor que lhe seria devido. 2. A sentença recorrida, em consonância com o narrado na petição inicial, se manifestou, de forma expressa, acerca da matéria, não havendo, pois, que se falar em nulidade por ofensa ao princípio da congruência. 3. Para configuração da responsabilidade civil é necessário que se comprove a existência cumulativa de conduta. que consiste em uma ação ou omissão voluntária ¿, dano. ou seja, uma lesão juridicamente relevante de ordem moral, material ou estética. e nexo de causalidade. que é o liame fático a demonstrar qual conduta foi capaz de gerar o dano sofrido. 4. No que tange à responsabilidade do Estado por danos decorrentes de atos judiciais, faz-se necessária a distinção entre ato judicial típico, praticado no exercício da atividade jurisdicional, e ato judicial atípico, proveniente da atividade judiciária. 5. O ordenamento jurídico pátrio, de forma majoritária, somente admite a responsabilidade do Estado por ato do Poder Judiciário, no exercício de sua função típica, nas hipóteses elencadas no art. 5º, LXXV, da Constituição Federal ou quando houver dolo ou fraude do magistrado, nos termos do estabelecido pelo art. 143, I, do Código de Processo Civil. 6. Tratando-se, no entanto, de ato proveniente da atividade judiciária, vale dizer, de ato atípico referente ao preparo e ao andamento dos processos, admite-se a responsabilidade objetiva do Estado, com fulcro no disposto pelo art. 37, § 6º da Constituição Federal. 7. No caso vertente, a parte autora, ora apelante, objetiva indenização em razão de suposto dano decorrente de ato judicial atípico, de forma que aplicável o previsto pelo art. 37, § 6º, da Constituição Federal. 8. A despeito do previsto pelo art. 228 do Código de Processo Civil, não logrou a parte autora, ora apelante, demonstrar que a frustração da reserva do crédito tenha decorrido de conduta que possa ser atribuída, de forma direta, ao serventuário da justiça do trabalho. 9. A parte autora, ora apelante, não trouxe aos autos qualquer elemento que infirme a certidão expedida pela secretaria do juízo trabalhista no sentido de que o lapso temporal entre o recebimento da carta de vênia e a sua juntada decorreu do grande volume de expedientes recebidos por aquele órgão jurisdicional. Em outras palavras, a parte autora não logrou demonstrar que, no caso concreto, o prazo para juntada da carta de vênia extrapolou a realidade fática daquela secretaria, fato que lhe incumbia, nos termos do previsto pelo art. 373, I, do Código de Processo Civil, notadamente quando considerada, conforme pontuado pelo magistrado sentenciante, a grande taxa de distribuição de processos ao Poder Judiciário. 10. Importante registrar, ademais, que a análise dos autos da execução e da reclamação trabalhista revela que transcorreu considerável lapso temporal entre o deferimento pelo juízo estadual da penhora requerida, em 02/02/2012, e seu efetivo cumprimento, em 25/04/2012, em razão, dentre outros fatores, da ausência do recolhimento de custas por parte do ora apelante para a realização da diligência e, ainda, que o apelante, não sinalizou, em momento algum, perante qualquer dos juízos a urgência da juntada da carta de vênia, tendo, inclusive, deixado de diligenciar, depois de intimado acerca da ausência de valores para reserva de crédito, por longo período de tempo, nos autos da execução, que quase foi extinta por abandono. 11. A parte autora, ora apelante, não comprovou, portanto, que, dentro da realidade fática vivenciada pela secretaria trabalhista, houve desídia ou falha na prestação do serviço, em razão do tempo para juntada da carta de vênia, aptas a gerar a responsabilização pretendida, não havendo que se falar, portanto, em condenação da UNIÃO FEDERAL ao pagamento de danos materiais e morais. 12. Recurso de apelação desprovido. (TRF 2ª R.; AC 0041249-34.2015.4.02.5101; Quinta Turma Especializada; Rel. Des. Fed. Aluisio Gonçalves de Castro Mendes; Julg. 21/02/2017; DEJF 08/03/2017)

Art. 229. Os litisconsortes que tiverem diferentes procuradores, de escritórios de advocacia distintos, terão prazos contados em dobro para todas as suas manifestações, em qualquer juízo ou tribunal, independentemente de requerimento.

→ *v.* Súmula 641 do STF.

→ *v.* Art. 915, § 3º do NCPC.

§ 1º Cessa a contagem do prazo em dobro se, havendo apenas 2 (dois) réus, é oferecida defesa por apenas um deles.

→ *v.* Art. 346, parágrafo único, do NCPC.

§ 2º Não se aplica o disposto no *caput* aos processos em autos eletrônicos.

→ *v.* Enunciado 275 do FPPC: Nos processos que tramitam eletronicamente, a regra do art. 229, §2º, não se aplica aos prazos já iniciados no regime anterior.

Afastando a dobra para o agravo interposto contra a decisão que inadmite recurso especial:

✓ PROCESSUAL CIVIL. RECURSO MANEJADO SOB A ÉGIDE DO CPC/2015. INTEMPESTIVIDADE DO AGRAVO EM RECURSO ESPECIAL. LITISCONSORTES DIFERENTES. PRAZO EM DOBRO. INAPLICABILIDADE. 1. O STJ possui entendimento de que o prazo em dobro previsto no art. 229 do CPC/2015, correspondente ao art. 191 do CPC/1973, não se aplica para o agravo interposto contra a decisão que nega seguimento a Recurso Especial, mesmo que haja litisconsortes com procuradores diversos, porquanto somente o autor dessa 2017. Irresignação possuirá interesse e legitimidade para recorrer. 2. Assim, tendo sido os agravantes intimados da decisão agravada em 5.7.2016 e o agravo em Recurso Especial interposto em 28.7.2016, mostra-se intempestivo o apelo recursal, uma vez que interposto fora do prazo de 15 (quinze) dias úteis, nos termos do art. 994, VIII, c/c os arts. 1.003, § 5. º, 1.042, caput, e 219, caput, do CPC/2015. 3. Agravo interno não provido. (STJ; AgInt-AREsp 1.081.447; Proc. 2017/0077463-0; GO; Segunda Turma; Rel. Min. Herman Benjamin; DJE 19/12/2017). No mesmo sentido, STJ; AgInt -AREsp 1.048.460; Proc. 2017/0018952-7; MG; Quarta Turma; Rel. Min. Marco Buzzi; DJE 11/10/2017. Contra, no entanto: PROCESSUAL CIVIL. EMBARGOS DE DECLARAÇÃO NO AGRAVO INTERNO NO AGRAVO EM RECURSO ESPECIAL. RECURSO MANEJADO SOB A ÉGIDE DO NCPC. TEMPESTIVIDADE DO AGRAVO EM RECURSO ESPECIAL MANEJADO EM AUTOS FÍSICOS NA VIGÊNCIA DO NCPC. LITISCONSORTES DIFERENTES. PRAZO EM DOBRO. APLICABILIDADE. INTEGRATIVO ACOLHIDO. EFEITOS INFRINGENTES. CONVERSÃO DO AGRAVO EM RECURSO ESPECIAL. 1. Vale pontuar que o presente recurso integrativo foi interposto contra acórdão publicado na vigência do NCPC, razão pela qual devem ser exigidos os requisitos de admissibilidade recursal na forma nele prevista, nos termos do Enunciado nº 3 aprovado pelo Plenário do STJ na sessão de 9/3/2016: Aos recursos interpostos com fundamento no CPC/2015 (relativos a decisões publicadas a partir de 18 de março de 2016) serão exigidos os requisitos de admissibilidade recursal na forma do novo CPC. 2. Esta egrégia Corte Superior já proclamou que os embargos de declaração constituem a via adequada para sanar omissões, contradições, obscuridades ou erros materiais do decisório embargado, admitida a atribuição de efeitos infringentes apenas quando esses vícios sejam de tal monta que a sua correção necessariamente infirme as premissas do julgado (EDcl no AgRg no EREsp nº 747.702/PR, Rel. Ministro MASSAMI UYEDA, Corte Especial; DJe de 20/9/2012). É o caso. 3. Na hipótese, após análise mais acurada dos autos, verificou-se que o agravo em Recurso Especial, interposto em autos físicos, na vigência do novo diploma processual civil, encontra-se tempestivo, em observância aos arts. 994, VIII, c/c. Os arts. 1.003, § 5. º, 219, caput, e 229, caput, todos do NCPC. 4. O prazo dobrado previsto no art. 229 do NCPC aplica-se para o agravo interposto na vigência do novo diploma processual civil, em autos físicos, contra a decisão que nega seguimento a Recurso Especial, porque, nos termos do caput do citado dispositivo, os litisconsortes que tiverem diferentes procuradores, de escritórios de advocacia distintos, terão prazos contados em dobro para todas as suas manifestações, em qualquer juízo ou tribunal, independentemente de requerimento. 5. Embargos de declaração acolhidos, com efeitos infringentes, para determinar a conversão do agravo em recurso especial. (STJ; EDcl-AgInt-AREsp 1.005.522; Proc. 2016/0281454-0; SP; Terceira Turma; Rel. Min. Moura Ribeiro; DJE 05/09/2017).

Entendendo que o prazo para pagamento espontâneo (art. 523 do CPC) também se sujeita à dobra:

✓ RECURSO ESPECIAL. CUMPRIMENTO DE SENTENÇA. PRAZO PARA PAGAMENTO VOLUNTÁRIO. CÔMPUTO EM DOBRO EM CASO DE LITISCONSORTES COM PROCURADORES DISTINTOS. 1. O artigo 229 do CPC de 2015, aprimorando a norma disposta no artigo 191 do código revogado, determina que, apenas nos processos físicos, os litisconsortes que tiverem diferentes procuradores, de escritórios de advocacia distintos, terão prazos contados em dobro para todas as suas manifestações, em qualquer juízo ou tribunal, independentemente de requerimento. 2. A impossibilidade de acesso simultâneo aos autos físicos constitui a ratio essendi do prazo diferenciado para litisconsortes com procuradores distintos, tratando-se de norma processual que consagra o direito fundamental do acesso à justiça. 3. Tal regra de cômputo em dobro deve incidir, inclusive, no prazo de quinze dias úteis para o cumprimento voluntário da sentença, previsto no artigo 523 do CPC de 2015, cuja natureza é dúplice: cuida-se de ato a ser praticado pela própria parte, mas a fluência do lapso para pagamento inicia-se com a intimação do advogado pela imprensa oficial (inciso I do § 2º do artigo 513 do atual Codex), o que impõe ônus ao patrono, qual seja o dever de comunicar o devedor do desfecho desfavorável da demanda, alertando-o das consequências jurídicas da ausência do cumprimento voluntário. 4. Assim, uma vez constatada a hipótese de incidência da norma disposta no artigo 229 do Novo CPC (litisconsortes com procuradores diferentes), o prazo comum para pagamento espontâneo deverá ser computado em dobro, ou seja, trinta dias úteis. 5. No caso dos autos, o cumprimento de sentença tramita em autos físicos, revelando-se incontroverso que as sociedades empresárias executadas são representadas por patronos de escritórios de advocacia diversos, razão pela qual deveria ter sido computado em dobro o prazo para o cumprimento voluntário da obrigação pecuniária certificada na sentença transitada em julgado. 6. Ocorrido o pagamento tempestivo, porém parcial, da dívida executada, incide, à espécie, o § 2º do artigo 523 do CPC de 2015, devendo incidir a multa de dez por cento e os honorários advocatícios (no mesmo percentual) tão somente sobre o valor remanescente a ser pago por qualquer dos litisconsortes. 7. Recurso especial provido para, considerando tempestivo o depósito judicial realizado a menor por um dos litisconsortes passivos, determinar que a multa de dez por cento e os honorários advocatícios incidam apenas sobre o valor remanescente a ser pago. (STJ; REsp 1693784; DF; Quarta Turma; Rel. Min. Luis Felipe Salomão; Julg. 28/11/2017, DJe 05/02/2018)

<u>Considerando inaplicável o art. 229 do CPC ao processo penal:</u>

✓ AÇÃO PENAL PÚBLICA ORIGINÁRIA. CRIME DE RESPONSABILIDADE. PLEITO DE DESMEMBRAMENTO DO PROCESSO. ACUSADO NÃO BENEFICIADO POR FORO PRIVILEGIADO. AFASTADA. CONTINÊNCIA POR CUMULAÇÃO SUBJETIVA. FATO ÚNICO PARA APURAÇÃO. PEDIDO DE PRAZO PROCESSUAL EM DOBRO. APLICAÇÃO ANALÓGICA DO CPC. PROCURADORES DIVERSOS. IMPOSSIBILIDADE. QUESTÃO PRÉVIA REJEITADA. PROCURADOR DE JUSTIÇA, COORDENADOR DO NACO. OFERECIMENTO DE DENÚNCIA. AGENTE POLÍTICO COM PRERROGATIVA DE FUNÇÃO. LEGITIMIDADE. PRINCÍPIOS DA ADMINISTRAÇÃO E DO PATRIMÔNIO. PRELIMINAR AFASTADA. DENÚNCIA. RECEBIMENTO EM PARTE. AUSÊNCIA DE DESCRIÇÃO DE FATOS ILÍCITOS PRATICADOS PELO ACUSADO LEONARDO FUGA. QUANTO AOS DEMAIS, INDÍCIOS DE MATERIALIDADE E AUTORIA. DEMONSTRAÇÃO. DESVIO DE VERBA PÚBLICA CORROBORADO PELAS CONDUTAS ILEGAIS. DENÚNCIA, PARCIALMENTE, RECEBIDA. Afigura-se medida razoável, para melhor colheita de prova, a manutenção da mesma competência por continência de cumulação subjetiva. O Supremo Tribunal Federal inaugurou entendimento da aplicação do prazo em dobro nas demandas, cujos causídicos, além de serem diversos, for o número de réus elevado e aos quais forem imputados inúmeros fatos, ocasionando denúncia complexa. Desse modo, caso não haja o preenchimento desses requisitos, não há falar em aplicação analógica ao artigo 229, do Código de Processo Civil/2015. O Procurador de Justiça, Coordenador do Núcleo de Ações de Competência Originária (NACO), tem legitimidade para ajuizar a ação penal contra o agente político, com prerrogativa de função, no Tribunal de Justiça, em defesa dos princípios da Administração e do Patrimônio Público. Demonstrada a existência de indícios veementes de materialidade e de autoria do cometimento do crime tipificado no artigo 89 da Lei nº 8.666/1993, em razão de reiteradas dispensas ilegais de licitação, bem como atendidos os requisitos dos artigos 41 e 395 do Código de Processo Penal, é de rigor o recebimento da denúncia. (TJMT; REC 41160/2016; Sinop; Rel. Des. Márcio Vidal; Julg. 26/10/2017; DJMT 15/12/2017; Pág. 4)

<u>Se apenas um dos litisconsortes interpõe recurso, afasta-se o prazo em dobro para as manifestações subsequentes na esfera recursal:</u>

✓ PROCESSUAL CIVIL. AGRAVO INTERNO NOS EMBARGOS DE DECLARAÇÃO NO AGRAVO INTERNO NO AGRAVO EM RECURSO ESPECIAL. AGRAVO INTERNO CONTRA ACÓRDÃO DE TURMA DO STJ. ERRO GROSSEIRO. LITISCONSORTES COM DIFERENTES PROCURADORES. PRAZO EM DOBRO. ART. 229, §1º DO CPC/15. RECURSO MANIFESTAMENTE INCABÍVEL. MULTA. CERTIFICAÇÃO DO TRÂNSITO EM JULGADO. BAIXA IMEDIATA DOS AUTOS. 1. Petição classificada pelo recorrente como agravo interno, cujo teor revela impugnação ao acórdão proferido pela 3ª Turma do STJ no julgamento de anterior agravo interno. 2. É incabível o agravo interno interposto contra decisão proferida por órgão colegiado, constituindo erro grosseiro. 3. O manejo de recurso manifestamente incabível não interrompe a fluência do prazo recursal. 4. A regra que anuncia o prazo em dobro para litisconsortes com diferentes procuradores, previsto do artigo 229 do CPC/15, deixa de incidir quando apenas um dos litisconsortes apresenta recurso. 5. Agravo interno nos embargos de declaração no agravo interno no agravo em Recurso Especial não conhecido, com certificação do trânsito em julgado, determinação de baixa imediata dos autos e aplicação de multa. (STJ; AgInt-EDcl-AgInt-AREsp 951.341; Proc. 2016/0184315-7; RJ; Terceira Turma; Relª Minª Nancy Andrighi; DJE 04/10/2017)

<u>O prazo em dobro não aproveita ao terceiro prejudicado, por este não ser litisconsorte:</u>

✓ PROCESSUAL CIVIL. EMBARGOS DE DECLARAÇÃO. INTEMPESTIVIDADE. PRAZO EM DOBRO. INAPLICABILIDADE. NÃO CONHECIMENTO. 1. O prazo para a interposição do recurso de Embargos de Declaração previsto no art. 1023 do Código de Processo Civil é de 05 (cinco) dias úteis. 2. Malgrado estejam presentes nos autos litisconsortes com procuradores distintos, o terceiro prejudicado, ao ingressar no processo para recorrer, não pode usufruir do prazo em dobro previsto no art. 1.023, §1º, c/c art. 229, ambos do CPC/2015 (art. 191 do CPC/1973), especialmente por não apresentar a qualidade de litisconsorte. Embargos de Declaração não conhecidos. (TJDF; APC 2013.01.1.175902-6; Ac. 102.6112; Quinta Turma Cível; Rel. Des. Ângelo Canducci Passareli; Julg. 21/06/2017; DJDFTE 04/07/2017)

<u>Aplica-se a dobra também ao prazo para pagamento voluntário da condenação (art. 523 do CPC):</u>

✓ PROCESSO CIVIL. AGRAVO DE INSTRUMENTO. CUMPRIMENTO DE SENTENÇA. INTIMAÇÃO DO DEVEDOR PARA PAGAMENTO NA PESSOA DO CAUSÍDICO. ENUNCIADO DA SÚMULA Nº 517 DO SUPERIOR TRIBUNAL DE JUSTIÇA. DIFERENTES PROCURADORES. PRAZO PROCESSUAL E EM DOBRO. PRINCÍPIO DA NÃO SURPRESA. DECISÃO REFORMADA. 1. Se as partes integrantes do polo passivo, desde o princípio, litigavam com procuradores distintos, incide a regra do art. 229 do Código de Processo Civil. Na fase de cumprimento de sentença, tal regra não pode ser afastada, vez que ambas figuraram como rés e foram condenadas a pagar a quantia arbitrada na sentença, de modo solidário, continuando com procuradores distintos. 2. O art. 523 do Código de Processo Civil determina que o executado será intimado para pagar o débito, no prazo de 15 (quinze) dias, acrescido de custas, se houver. A interpretação dada pelo Superior Tribunal de Justiça, por meio do enunciado da Súmula nº 517, é que o devedor será intimado na pessoa de seu advogado. 3. Recurso conhecido e provido. (TJDF; AGI 2016.00.2.041333-8; Ac. 983.904; Quinta Turma Cível; Rel. Des. Sebastião Coelho; Julg. 23/11/2016; DJDFTE 30/01/2017). Contra, no entanto: AGRAVO DE INSTRUMENTO. DIREITO PROCESSUAL CIVIL. CUMPRIMENTO DE SENTENÇA. CONHECIMENO PARCIAL. ART. 523 DO CPC/15. PRAZO PARA PAGAMENTO VOLUNTÁRIO. LITISCONSORTES COM PROCURADORES DIFERENTES. ART. 229 DO CPC/15. INAPLICABILIDADE. 1. Não manejado recurso adequado em face da decisão que indeferiu a antecipação de tutela da pretensão recursal, na qual restou consignado que o recurso seria apenas parcialmente conhecido, tendo em vista que parte da insurgência não foi objeto de deliberação na decisão agravada, revela-se preclusa a matéria, razão pela qual o recurso deve ser parcialmente conhecido. 2. Nos termos do artigo 523 do Código de Processo Civil de 2015, o executado é intimado para pagar o débito no prazo de 15 (quinze) dias. 3. Ao prazo para impugnação, previsto no artigo 525 do CPC/15, o § 3º expressamente determina a aplicação do artigo 229 do mesmo diploma legal, referente ao prazo em dobro para manifestação de litisconsortes que tiverem diferentes procuradores. 4. A intimação prevista no artigo 523 da nova Lei Processual, todavia, tem por escopo exclusivo provocar um comportamento de natureza material, consistente no pagamento da dívida pelo executado, sendo, neste momento, dispensável a atuação técnica do advogado, não se justificando, portanto, a contagem do prazo em dobro, revelando-se nítida a inaplicabilidade do artigo 229 do CPC/15. 5. Agravo de instrumento parcialmente conhecido e, na extensão, não provido. (TJDF; AGI 2016.00.2.035178-8; Ac. 986.725; Primeira Turma Cível; Relª Desª Simone Costa Lucindo Ferreira; Julg. 07/12/2016; DJDFTE 24/01/2017)

Entendendo que a parte deve juntar a procuração antes do fim do prazo simples para usufruir do prazo em dobro:

✓ AGRAVO INTERNO. PRAZO EM DOBRO. ART. 229 DO CPC. INSTRUMENTO DE SUBSTABELECIMENTO JUNTADO AOS AUTOS APÓS O DECURSO DO PRAZO RECURSAL SIMPLES. MANDATO DATADO ANTERIORMENTE. IRRELEVÂNCIA. MOMENTO DE EFICÁCIA. CIÊNCIA DO JUÍZO. TEMPUS REGIT ACTUM. Objetivando a parte usufruir do prazo em dobro para fins recursais, deve coligir aos autos o instrumento de procuração antes do fim do prazo recursal simples, sendo a data do protocolo a eleita como parâmetro para a deflagração da eficácia do prazo duplicado (pouco importando quando o mandato foi outorgado), posto que somente a partir da juntada da peça aos autos é que o juízo passa a ter ciência acerca da constituição de novo procurador. (TJMG; AgInt 1.0637.11.005203-1/002; Relª Desª Cláudia Maia; Julg. 17/08/2017; DJEMG 25/08/2017)

Art. 230. O prazo para a parte, o procurador, a Advocacia Pública, a Defensoria Pública e o Ministério Público será contado da citação, da intimação ou da notificação.

Manifestação da parte expressa ciência inequívoca da decisão e deflagra o prazo para impugnação, mesmo antes da intimação:

✓ AGRAVO INTERNO. Reconhecimento, em decisão monocrática do relator que atribuiu efeito suspensivo ao agravo de instrumento, da intempestividade da impugnação ao cumprimento de sentença. Manifestação do executado, após a decisão que ordenou a intimação para pagamento, mas anterior à expedição desta, expressando ciência inequívoca da decisão e ressalvando o direito de impugnar no prazo legal. Ato da parte que equivale a intimação e dá início ao curso do prazo. Inteligência dos artigos 230 e 269 do CPC. Agravo interno conhecido e desprovido. (TJPR; Agr 1610128-9/01; Curitiba; Décima Segunda Câmara Cível; Rel. Juiz Conv. Alexandre Gomes Gonçalves; Julg. 01/11/2017; DJPR 07/12/2017; Pág. 203). No mesmo sentido: AGRAVO DE INSTRUMENTO. ALIENAÇÃO FIDUCIÁRIA. NÃO CONHECIMENTO. CIÊNCIA INEQUÍVOCA. INTEMPESTIVIDADE. NULIDADE DE ALGIBEIRA. A ciência inequívoca da decisão recorrida dá início à contagem do prazo recursal a partir do primeiro dia útil seguinte. Para fins do disposto nos artigos 230 e 1.003, ambos do Código de Processo Civil, é do conhecimento induvidoso da decisão pela parte que se inicia a contagem do prazo para a interposição do recurso, ainda que precedente à intimação formal do ato [art. 231, VIII, do CPC]. Precedentes do STJ e do TJRS. No caso concreto, o patrono do agravante já protocolou recursos similares referente a mesma decisão nos autos conexos da ação revisional, não podendo arguir, o desconhecimento do seu teor - AI 700 74949967 e AG 70075190777. Não se mostra crível ao procurador da parte guardar uma nulidade procedimental para ser arguida somente em momento que achar oportuno, trata-se da chamada "nulidade de algibeira", expressão cunhada pelo eminente Min. Humberto Gomes de barros, a fim de arredar arguições extemporâneas. É intempestivo o agravo de instrumento interposto fora do prazo estabelecido no art. 1003, §5º do CPC, circunstância que conduz ao seu não conhecimento. Agravo de instrumento não conhecido. (TJRS; AI 0335551-65.2017.8.21.7000; Porto Alegre; Décima Quarta Câmara Cível; Rel. Des. Roberto Sbravati; Julg. 30/10/2017; DJERS 03/11/2017)

Art. 231. Salvo disposição em sentido diverso, considera-se dia do começo do prazo:

→ *v.* Arts. 180, *caput*, 183, § 1º, 186, § 1º e 1.003, § 2º do NCPC.

→ *v.* Enunciado 271 do FPPC: Quando for deferida tutela provisória a ser cumprida diretamente pela parte, o prazo recursal conta a partir da juntada do mandado de intimação, do aviso de recebimento ou da carta precatória; o prazo para o cumprimento da decisão inicia-se a partir da intimação da parte.

I – a data de juntada aos autos do aviso de recebimento, quando a citação ou a intimação for pelo correio;

→ *v.* Arts. 247 e 258 do NCPC.

II – a data de juntada aos autos do mandado cumprido, quando a citação ou a intimação for por oficial de justiça;

→ *v.* Arts. 249 a 255 do NCPC.

Apontando que o prazo recursal se inicia somente com a juntada do mandado aos autos, e não na data da intimação (recurso submetido ao rito dos repetitivos):

✓ PROCESSUAL CIVIL. RECURSO ESPECIAL REPETITIVO (ART. 543-C DO CPC/1973 E ART. 1.036 DO CPC/2015). INTIMAÇÃO POR OFICIAL DE JUSTIÇA, CARTA ROGATÓRIA, PRECATÓRIA, OU DE ORDEM. A DATA DA JUNTADA AOS AUTOS DO MANDADO OU DA CARTA ASSINALA O TERMO INICIAL DA FLUÊNCIA DO PRAZO RECURSAL. RECURSO ESPECIAL PROVIDO, CONFORME PARECER DO MPF. 1. O art. 241, II do CPC/1973 (art. 231, II do Código Fux, CPC/2015) preceitua que começa a correr o prazo quando a citação ou intimação for por oficial de justiça, da data da juntada aos autos do mandado cumprido 2. No caso presente, o acórdão recorrido (fls. 137/143) teria entendido que o prazo recursal teve início na data do cumprimento do mandado 19.1.2009 (fls. 124) e não da sua juntada ao processo 22.1.2009 (fls. 122), o que ocasionou o reconhecimento da intempestividade dos Declaratórios opostos no dia 30.1.2009. 3. Contudo, considerando que a parte recorrente tem prazo em dobro para a interposição de recursos, e o prazo recursal se inicia da juntada do mandado e não do seu cumprimento, os Embargos de Declaração, opostos no dia 30.1.2009, seriam tempestivos. 4. O Parecer do douto Ministério Público Federal é pelo provimento do Recurso Especial. 5. Recurso Especial provido para determinar o retorno dos autos ao Tribunal Regional Federal da 3a. Região para que aprecie os Embargos de Declaração de fls. 126/135. 6. Acórdão submetido ao regime do art. 543-C do CPC/1973 (art. 1.036 do Código Fux, CPC/2015), fixando-se a tese: nos casos de intimação/citação realizadas por Correio, Oficial de Justiça, ou por Carta de Ordem, Precatória ou Rogatória, o prazo recursal inicia-se com a juntada aos autos do aviso de recebimento, do mandado cumprido, ou da juntada da carta. (STJ; REsp 1632777; SP; Corte Especial; Rel. Min. Napoleão Nunes Maia Filho; Julg. 17/05/2017; DJe 26/05/2017)

Apontando que o termo inicial do prazo para purga da mora não se confunde com o termo inicial do prazo para contestar, que se dá com a juntada do mandado de citação aos autos:

✓ ALIENAÇÃO FIDUCIÁRIA. BUSCA E APREENSÃO. LIMINAR DEFERIDA. Termo inicial para pagamento da dívida nos termos do artigo 3º, §2º, do Decreto-Lei nº 911/69. Data de execução da liminar. Prazo para contestação que, no entanto, tem início apenas com a juntada do mandado de citação aos autos. Artigo 3º, §3º, do Decreto-Lei nº 911/1969 que deve ser interpretado em conjunto com os artigos 335 e 231, II, do Código de Processo Civil. Precedentes do STJ. Decisão mantida. Recurso improvido. (TJSP; AI 2191021-41.2017.8.26.0000; Ac. 10907192; São Paulo; Trigésima Segunda Câmara de Direito Privado; Rel. Des. Ruy Coppola; Julg. 24/10/2017; DJESP 06/11/2017; Pág. 3117)

III – a data de ocorrência da citação ou da intimação, quando ela se der por ato do escrivão ou do chefe de secretaria;

IV – o dia útil seguinte ao fim da dilação assinada pelo juiz, quando a citação ou a intimação for por edital;

→ *v.* Arts. 256 a 259 do NCPC.

V – o dia útil seguinte à consulta ao teor da citação ou da intimação ou ao término do prazo para que a consulta se dê, quando a citação ou a intimação for eletrônica;

→ *v.* Arts. 5º e 6º da Lei 11.419/2006.

VI – a data de juntada do comunicado de que trata o art. 232 ou, não havendo esse, a data de juntada da carta aos autos de origem devidamente cumprida, quando a citação ou a intimação se realizar em cumprimento de carta;

VII – a data de publicação, quando a intimação se der pelo Diário da Justiça impresso ou eletrônico;

→ *v.* Arts. 224, §§ 2º e 3º do NCPC.

VIII – o dia da carga, quando a intimação se der por meio da retirada dos autos, em carga, do cartório ou da secretaria.

§ 1º Quando houver mais de um réu, o dia do começo do prazo para contestar corresponderá à última das datas a que se referem os incisos I a VI do *caput*.

→ *v.* Art. 915, § 1º do NCPC.

→ *v.* Enunciado 629 do FPPC: Se o réu reconvier contra o autor e terceiro, o prazo de contestação à reconvenção, para ambos, iniciar-se-á após a citação do terceiro.

§ 2º Havendo mais de um intimado, o prazo para cada um é contado individualmente.

→ *v.* Enunciado 272 do FPPC: Não se aplica o § 2º do art. 231 ao prazo para contestar, em vista da previsão do § 1º do mesmo artigo.

§ 3º Quando o ato tiver de ser praticado diretamente pela parte ou por quem, de qualquer forma, participe do processo, sem a intermediação de representante judicial, o dia do começo do prazo para cumprimento da determinação judicial corresponderá à data em que se der a comunicação.

Entendendo que o prazo para cumprimento da medida liminar se inicia com a juntada aos autos do aviso de recebimento:

✓ PROCESSUAL CIVIL. TUTELA. ANTECIPAÇÃO. RECORRIDO. INTIMAÇÃO. AUSÊNCIA. ASTREINTES. MAJORAÇÃO. IMPOSSIBILIDADE. DECISÃO. MODIFICAÇÃO. I. A teor do disposto nos artigos 230 e 231, inciso I, do Código de Processo Civil, o prazo para cumprimento da medida liminar é contado da intimação da parte, que se opera com a juntada aos autos do aviso de recebimento, nas hipóteses em que a intimação é pelos correios. II. A Súmula nº 410 do STJ estabelece que, a prévia intimação pessoal do devedor constitui condição necessária para a cobrança de multa pelo descumprimento de obrigação de fazer ou não fazer. III. Evidenciado que, na data da prolação da decisão recorrida, o Agravante não tinha sido intimado da antecipação da tutela, indevida é a majoração da multa diária, impondo-se a sua modificação neste quesito. RECURSO PROVIDO. (TJBA; AI 0018269-19.2016.8.05.0000; Salvador; Quarta Câmara Cível; Relª Desª Roberto Maynard Frank; Julg. 22/11/2016; DJBA 25/11/2016; Pág. 294)

§ 4º Aplica-se o disposto no inciso II do *caput* à citação com hora certa.

→ *v.* Arts. 252 a 254 do NCPC.

Art. 232. Nos atos de comunicação por carta precatória, rogatória ou de ordem, a realização da citação ou da intimação será imediatamente informada, por meio eletrônico, pelo juiz deprecado ao juiz deprecante.

→ *v.* Art. 915, § 4º do NCPC.

Seção II
Da Verificação dos Prazos e das Penalidades

Art. 233. Incumbe ao juiz verificar se o serventuário excedeu, sem motivo legítimo, os prazos estabelecidos em lei.

→ *v.* Art. 35, III, da LC 35/1979.

→ *v.* Art. 228 do NCPC.

§ 1º Constatada a falta, o juiz ordenará a instauração de processo administrativo, na forma da lei.

§ 2º Qualquer das partes, o Ministério Público ou a Defensoria Pública poderá representar ao juiz contra o serventuário que injustificadamente exceder os prazos previstos em lei.

Art. 234. Os advogados públicos ou privados, o defensor público e o membro do Ministério Público devem restituir os autos no prazo do ato a ser praticado.

§ 1º É lícito a qualquer interessado exigir os autos do advogado que exceder prazo legal.

§ 2º Se, intimado, o advogado não devolver os autos no prazo de 3 (três) dias, perderá o direito à vista fora de cartório e incorrerá em multa correspondente à metade do salário mínimo.

Impossibilidade de aplicação das sanções do art. 234 do CPC se o advogado não foi previamente intimado:

✓ EXECUÇÃO POR TITULO EXTRAJUDICIAL. Autos retirados de cartório e devolvidos após dois meses. Hipótese, no entanto, em que a restituição dos autos à serventia verificou-se antes da formal intimação do causídico para sua devolução ao cartório. Inaplicabilidade ao caso das sanções previstas nos parágrafos segundo e terceiro, do artigo 234, do Código de Processo Civil. Decisão que vedou a realização de novas cargas dos autos pelo advogado e a expedição de ofício à Ordem dos Advogados do Brasil, reformada. Recurso provido. Dispositivo: Deram provimento ao recurso. (TJSP; AI 2147519-52.2017.8.26.0000; Ac. 11029334; São Paulo; Décima Nona Câmara de Direito Privado; Rel. Des. João Camillo de Almeida Prado Costa; Julg. 27/11/2017; DJESP 13/12/2017; Pág. 2955); AGRAVO DE INSTRUMENTO. RESPONSABILIDADE CIVIL EM ACIDENTE DE TRÂNSITO. CUMPRIMENTO DE SENTENÇA. CARGA DE AUTOS POR ADVOGADO. REVOGADA A PROIBIÇÃO. ART. 234 DO CPC. PENHORA NO ROSTO DOS AUTOS. RESERVA DE QUANTIA SUFICIENTE PARA A GARANTIA DO CRÉDITO DO EXEQUENTE. CABIMENTO. PRECEDENTES DO STJ E DESTA CORTE. Para que se proceda à vedação de carga dos autos prevista no art. 234 do CPC, deve ser obedecido o procedimento de cobrança dos autos e a intimação pessoal do advogado para a devolução. A ausência de prévia intimação pessoal do advogado enseja a revogação da vedação da carga dos autos. A penhora no rosto dos autos é ato jurídico corriqueiro nas lides forenses, sendo legalmente admitida. Incabível afastar o direito do credor em haver o seu crédito. Existindo expectativa de direito patrimonial a ser percebido pelo devedor em outra demanda judicial, assiste ao credor o direito de proceder à constrição. Incidência do disposto nos artigos 805 e 860, ambos do CPC. Agravo de instrumento parcialmente provido. (TJRS; AI 0311653-23.2017.8.21.7000; Frederico Westphalen; Décima Segunda Câmara Cível; Rel. Des. Guinther Spode; Julg. 23/11/2017; DJERS 28/11/2017)

Intimação para devolução dos autos deve ser dirigida ao advogado que os retirou de cartório, ainda que haja pedido para que as intimações no processo sejam dirigidas a outro causídico:

✓ AGRAVO INTERNO. AGRAVO DE INSTRUMENTO. VOTO ÚNICO. AGRAVO INTERNO PREJUDICADO. AUSÊNCIA DE FUNDAMENTAÇÃO. PRECLUSÃO. PRONUNCIAMENTO ANTERIOR NÃO ATACADO OPORTUNAMENTE. PRECLUSÃO. RETENÇÃO ABUSIVA DOS AUTOS. INTIMAÇÃO PESSOAL. 1. Trata-se de agravo de instrumento interposto contra a decisão que proibiu os patronos dos réus de obterem vista dos autos fora do Cartório e determinou a alienação em hasta pública do imóvel penhorado. 2. Considerando que a matéria discutida no agravo interno é a mesma aventada no agravo de instrumento e diante da manifestação das partes agravadas, ambos os recursos podem ser julgados na mesma assentada, com vistas a privilegiar a celeridade, a economia processual e a duração razoável do processo. 3. Julgado o mérito do agravo de instrumento, resta prejudicado o agravo interno, cujas razões recursais tratam da mesma matéria. 4. É válida a decisão proferida com fundamentação sucinta, se contém os requisitos essenciais e indica as razões de decidir. 5. Se a parte deixa de exercer uma faculdade processual no prazo determinado, resta configurada hipótese de preclusão temporal. Nesse sentido, não sendo impugnada a matéria no momento adequado. Qual seja, no caso dos autos, a primeira oportunidade em que a questão foi levantada. Impõe-se a indiscutibilidade da decisão não atacada. 6. Se os autos foram retirados em cartório por um advogado, é dele a responsabilidade de devolvê-los. Logo, a intimação determinando a devolução deve ocorrer em seu nome, independentemente da existência de pedido expresso para que as publicações referentes ao feito fossem feitas em nome de outro patrono. 7. A jurisprudência deste Tribunal tem se posicionado no sentido de que a aplicação das sanções descritas no artigo 234, §2º, do Código de Processo Civil pressupõe a intimação pessoal do advogado, não sendo suficiente a sua intimação através de publicação oficial. 8. Agravo interno prejudicado. Agravo de instrumento conhecido e parcialmente provido. (TJDF; AGI 2016.00.2.047631-9; Ac. 101.7953; Segunda Turma Cível; Rel. Des. Sandoval Oliveira; Julg. 17/05/2017; DJDFTE 23/05/2017)

Intimação para devolução dos autos deve ser pessoal, não bastando a mera publicação de nota de expediente:

✓ APELAÇÃO CÍVEL. INCIDENTE DE COBRANÇA DE AUTOS. RETENÇÃO INDEVIDA DOS AUTOS. SANÇÕES DO ART. 234 DO NCPC. NECESSIDADE DE INTIMAÇÃO PESSOAL. Considerando que não houve intimação pessoal para aplicação das penalidades previstas no art. 234 do novo Código de Processo Civil, mas apenas intimação por nota de expediente para devolução dos autos em carga, devem ser afastadas as sanções impostas. Necessidade de intimação pessoal. Precedentes do STJ e deste tribunal de justiça. Deram provimento ao apelo. (TJRS; AC 0079593-78.2017.8.21.7000; Santa Rosa; Décima Nona Câmara Cível; Rel. Des. Eduardo João Lima Costa; Julg. 17/08/2017; DJERS 24/08/2017)

Descabimento de se vedar a vista dos autos se a falta foi cometida por outro advogado, que não mais atua no processo:

✓ AGRAVO DE INSTRUMENTO. DIREITO PROCESSUAL CIVIL. CUMPRIMENTO DE SENTENÇA. PRELIMINAR DE NÃO CONHECIMENTO DO RECURSO. INTEMPESTIVIDADE NÃO VERIFICADA. REJEIÇÃO. MÉRITO. PEDIDO DE VISTA DOS AUTOS. PROIBIÇÃO. PENALIDADE APLICADA AO ANTIGO PATRONO. EXTENSÃO AOS NOVOS ADVOGADOS CONSTITUÍDOS. PRECLUSÃO. INOCORRÊNCIA. DECISÃO REFORMADA. 1. De acordo com o artigo 219 do novo Código de Processo Civil, ?Na contagem de prazo em dias, estabelecido por Lei ou pelo juiz, computar-se-ão somente os dias úteis. ? Logo, verificada a tempestividade do recurso, segundo a nova regra de contagem de prazos, a preliminar de não conhecimento deve ser afastada. 2. De acordo com o §2º do artigo 234 do Código de Processo Civil, ?Se, intimado, o advogado não devolver os autos no prazo de 3 (três) dias, perderá o direito à vista fora de cartório e incorrerá em multa correspondente à metade do salário-mínimo. ? 3. Mostra-se cabível a discussão acerca do indeferimento da pretensão do novo patrono constituído pela parte em retirar os autos em carga quando a penalidade foi imposta ao advogado anterior, que não mais atua no feito, não havendo que se falar em preclusão. 4. O Estatuto da Advocacia (Lei nº 8.906/94) assegura ao advogado o direito de ?ter vista dos processos judiciais ou administrativos de qualquer natureza, em cartório ou na repartição competente, ou retirá-los pelos prazos legais? (Art. 7º, XV). Nesse contexto, não se mostra razoável estender a penalidade de perda do direito à vista dos autos fora de cartório aos advogados que não praticaram a falta prevista no artigo 234, §2º, do Código de Processo Civil. 5. Agravo de instrumento conhecido e provido. (TJDF; Proc 0705.31.0.812017-8070000; Ac. 103.9403; Primeira Turma Cível; Relª Desª Simone Lucindo; Julg. 16/08/2017; DJDFTE 05/09/2017)

Impossibilidade de proibição de vista dos autos pela Fazenda Pública fundada na indicação de reincidência na procrastinação de sua devolução:

✓ AGRAVO DE INSTRUMENTO. EXECUÇÃO FISCAL. REQUERIMENTO DE SUSPENSÃO TEMPORÁRIA DO FEITO PARA LOCALIZAÇÃO DO DEVEDOR E DE BENS. DETERMINAÇÃO JUDICIAL PELO ARQUIVAMENTO DO PROCESSO. PROVIMENTO N. 301/2015 DA CORREGEDORIA-GERAL DE JUSTIÇA DE MINAS GERAIS. ATO NORMATIVO QUE DISCIPLINA PROCEDIMENTOS INTERNA CORPORIS, COM VISTAS AO APRIMORAMENTO DA GESTÃO DA VARA. REGRAMENTO QUE NÃO MODIFICA A DISCIPLINA PROCESSUAL DAS EXECUÇÕES FISCAIS. PROVIDÊNCIA ADMINISTRATIVA QUE NÃO PREJUDICA O EXEQUENTE. POSSIBILIDADE DE EMISSÃO DE CERTIDÃO POSITIVA, DE REATIVAÇÃO DO FEITO A QUALQUER MOMENTO INDEPENDENTEMENTE DE RECOLHIMENTO DE CUSTAS. MANUTENÇÃO DA DECISÃO. DETERMINAÇÃO DE INTIMAÇÃO DA

FAZENDA PÚBLICA APENAS EM CARTÓRIO. SANÇÃO FUNDADA EM SUPOSTA "REINCIDÊNCIA NA PROCRASTINAÇÃO DA DEVOLUÇÃO DOS AUTOS" PELA PROCURADORIA. NECESSÁRIA OBSERVÂNCIA DO PROCEDIMENTO LEGAL. ART. 234 DO CPC. 1. O Provimento n. 301/2015 da Corregedoria-Geral de Justiça de Minas Gerais apenas disciplina o procedimento interna corporis a ser observado nos serviços das secretarias dos juízos, com vistas a aprimorar a boa gestão da vara, evitando o congestionamento de processos e a formação de estatísticas inverídicas acerca do acervo processual do juízo. 2. Não se trata. como não poderia deixar de ser, à luz da distribuição constitucional de competências legislativas (art. 22, I, CR). de regra que modifica a disciplina processual das execuções fiscais, não acarretando, na prática, prejuízo algum, para o recorrente, visto que o sistema resguarda a emissão de certidão positiva, garantindo-se ainda, à parte interessada, a reativação do feito a qualquer momento, com a retomada da ação, independentemente de novo recolhimento de custas, inclusive das despesas de desarquivamento. 3. Manutenção da decisão, no tocante à observância do provimento da Corregedoria. 4. Nos termos do art. 234 do CPC, os advogados públicos devem restituir os autos no prazo do ato a ser praticado. Para o caso de descumprimento dessa obrigação, o CPC prevê procedimento a ser observado, o qual inclui o dever de prévia intimação do procurador faltoso para devolver os autos, bem como a aplicação de multa ao agente público responsável pelo ato e a comunicação do fato ao órgão competente responsável pela instauração de procedimento disciplinar contra o membro que atuou no feito. Incabível a aplicação de sanção. restrição ao modo de intimação da Fazenda. apenas à indicação genérica de "reincidência na procrastinação da devolução dos autos". 5. Recurso parcialmente provido. (TJMG; AI 1.0231.16.020502-8/001; Relª Desª Áurea Brasil; Julg. 26/10/2017; DJEMG 07/11/2017)

§ 3º Verificada a falta, o juiz comunicará o fato à seção local da Ordem dos Advogados do Brasil para procedimento disciplinar e imposição de multa.

→ *v.* Arts. 7º, § 1º, 34, XXII e 37, I e § 1º da Lei 8.906/1994 – Estatuto da OAB.

→ *v.* Art. 356 do Código Penal.

Apontando que a aplicação de multa é de atribuição exclusiva do órgão de classe:

✓ AGRAVO DE INSTRUMENTO. CUMPRIMENTO DE SENTENÇA. EXECUÇÃO DE HONORÁRIOS. PENALIDADES DO ARTIGO 234 DO CPC. PERDA DO DIREITO DE VISTA DOS AUTOS FORA DO CARTÓRIO. CARECE DE INTIMAÇÃO PESSOAL DO PATRONO. MULTA. EXIGE PROCEDIMENTO ADMINISTRATIVO DO ÓRGÃO DE CLASSE. A aplicação da penalidade do art. 234 do CPC/15 (196 do CPC/73) a advogado que retém os autos irregularmente depende de sua intimação pessoal. Inocorrência. Penalidade não poderá ser aplicada. A multa, de caráter disciplinar, só o órgão de classe, a respectiva seccional da OAB, poderá aplicá-la. Decisão reformada para decotar as penalidades acima. (TJDF; AGI 2016.00.2.038023-2; Ac. 984.419; Segunda Turma Cível; Relª Desª Carmelita Brasil; Julg. 23/11/2016; DJDFTE 05/12/2016)

§ 4º Se a situação envolver membro do Ministério Público, da Defensoria Pública ou da Advocacia Pública, a multa, se for o caso, será aplicada ao agente público responsável pelo ato.

Impossibilidade de condenação do advogado público em custas processuais pela retenção abusiva dos autos.

✓ AGRAVO DE INSTRUMENTO. DIREITO ADMINISTRATIVO. FORNECIMENTO DE MEDICAMENTOS. INSTAURAÇÃO DE EXPEDIENTE ADMINISTRATIVO DE COBRANÇA DE AUTOS. RESTITUIÇÃO AO CARTÓRIO NO PRAZO LEGAL. IMPOSIÇÃO AO PROCURADOR DO ESTADO RESPONSÁVEL PELA CARGA DAS CUSTAS DO INCIDENTE E DAS RELATIVAS À EXPEDIÇÃO DE PRECATÓRIA. AUSÊNCIA DE PREVISÃO LEGAL. INTELECÇÃO DA REGRA DO ART. 234 DO CPC/2015. Retenção abusiva dos autos não configurada, eis que restituídos à serventia judicial dentro do prazo legal. Entre as penalidades indicadas na norma do § 2º do art. 234 do CPC/2015 não está o pagamento de custas processuais por quem der causa ao retardamento na restituição dos autos retirados em carga à serventia judicial. Decisão interlocutória reformada. Recurso provido. (TJRS; AI 0217957-30.2017.8.21.7000; Canela; Vigésima Segunda Câmara Cível; Rel. Des. Miguel Ângelo da Silva; Julg. 14/09/2017; DJERS 22/09/2017)

§ 5º Verificada a falta, o juiz comunicará o fato ao órgão competente responsável pela instauração de procedimento disciplinar contra o membro que atuou no feito.

→ *v.* Arts. 180, *caput*, 183, § 1º e 186, § 1º do NCPC.

Descabimento de agravo de instrumento contra decisão proferida em incidente de cobrança de autos:

✓ AGRAVO DE INSTRUMENTO. INCIDENTE DE COBRANÇA DE AUTOS. PENALIDADE AO CAUSÍDICO. ARTIGO 234 DO NOVO CÓDIGO DE PROCESSO CIVIL. INADMISSIBILIDADE. Considerando que o artigo 1.015 do novo Código de Processo Civil estabelece rol taxativo das decisões interlocutórias contra as quais cabe a interposição de agravo de instrumento, é inadmissível o recurso cuja decisão agravada não se enquadra em nenhuma daquelas hipóteses legais, impondo-se o não conhecimento. Precedentes. Agravo de instrumento não conhecido. (TJRS; AI 0376410-26.2017.8.21.7000; Osório; Oitava Câmara Cível; Rel. Des. José Antônio Daltoé Cezar; Julg. 06/12/2017; DJERS 13/12/2017)

Art. 235. Qualquer parte, o Ministério Público ou a Defensoria Pública poderá representar ao corregedor do tribunal ou ao Conselho Nacional de Justiça contra juiz ou relator que injustificadamente exceder os prazos previstos em lei, regulamento ou regimento interno.

→ *v.* Art. 226 do NCPC.

Descabimento de mandado de segurança por omissão em caso de excesso de prazo do magistrado, por caber a representação prevista no art. 235 do CPC:

✓ MANDADO DE SEGURANÇA. ATO JUDICIAL. DESCABIMENTO DO MANDAMUS. Não cabe mandado de segurança contra ato judicial passível de recurso ou correição (art. 5º da Lei nº 12.016/2009 e Súmula nº 267 do STF). Eventual demora do juízo quanto à apreciação de petitório enseja correição parcial nos termos dos arts. 226, 227 e 235 do NCPC e art. 195 do COJE. Petição inicial indeferida (art. 10, da Lei nº 12.016/2009). Indeferida a petição inicial. Decisão monocrática. (TJRS; MS 0275097-56.2016.8.21.7000; Capão da Canoa; Décima Quarta Câmara Cível; Relª Desª Judith dos Santos Mottecy; Julg. 12/08/2016; DJERS 16/08/2016). NO mesmo sentido: TJRS; MS 0076211-14.2016.8.21.7000; Porto Alegre; Vigésima Quarta Câmara Cível; Rel. Des. Jorge Maraschin dos Santos; Julg. 18/03/2016; DJERS 24/03/2016. V. tb.: PROCESSUAL. MANDADO DE SEGURANÇA. IMPETRAÇÃO CONTRA SUPOSTO ATO JUDICIAL. IMPETRANTES QUE, DE FORMA CONFUSA, ENGLOBAM NA IMPETRAÇÃO UM ROL DE IRREGULARIDADES PRETENSAMENTE COMETIDAS PELO MAGISTRADO RESPONSÁVEL PELO PROCESSO, SEM IDENTIFICAR DE FORMA CLARA O OBJETO DA IMPETRAÇÃO. INÉPCIA CARACTERIZADA. QUESTÕES TRATADAS NO **MANDAMUS**, ALÉM DISSO, INSUSCETÍVEIS DE TRATAMENTO À GUISA DE IMPUGNAÇÃO DE ATOS DO PROCESSO, COMO POR EXEMPLO A ALEGAÇÃO DE RECUSA DA AUTORIDADE QUANTO AO RECEBIMENTO DE ADVOGADOS NO GABINETE. MATÉRIA QUE DESBORDA PARA O ASPECTO FUNCIONAL E QUE DEVE SER TRATADA EM VIA PRÓPRIA, DE CUNHO ADMINISTRATIVO. O MESMO SE DIZ QUANTO À ALEGADA OMISSÃO POR SUPERAÇÃO DO PRAZO LEGAL PARA A PROLAÇÃO DA DECISÃO PERTINENTE. CONDUTA PASSÍVEL DE ENSEJAR REPRESENTAÇÃO, NOS TERMOS E SEGUNDO O PROCEDIMENTO DO ART. 235 DO CPC VIGENTE (ART. 198 DO CPC/73), NÃO DE JUSTIFICAR MANDADO DE SEGURANÇA PARA A PROLAÇÃO DESDE LOGO DE DECISÃO EM SUBSTITUIÇÃO PELO TRIBUNAL. Ilegalidade, por fim, relacionada pelos impetrantes à manutenção de penhora sobre veículos que, segundo dizem, deveria ter sido levantada, que não foi objeto de decisão alguma, falecendo interesse processual para a discussão da questão pela via mandamental. Inexistência de ato judicial em concreto passível de ser inquinado de ilegal, não suscetível além disso de recurso (art. 5º, II, da Lei nº 12.016/2009). Ilegalidade por omissão tampouco verificada, a tanto não equivalendo a circunstância da prévia determinação de conferência de valores pela contadoria. Petição inicial indeferida. (TJSP; MS 2166211-36.2016.8.26.0000; Ac. 9828239; São Paulo; Vigésima Nona Câmara de Direito Privado; Rel. Des. Fabio Tabosa; Julg. 21/09/2016; DJESP 29/09/2016) e MANDADO DE SEGURANÇA. IMPETRAÇÃO EM RAZÃO DA MOROSIDADE DO D. JUIZ DE PRIMEIRA INSTÂNCIA. IMPOSSIBILIDADE. Inteligência dos artigos 235 do CPC/15 e 184, II, "a", do RITJSP. Petição inicial indeferida. Processo extinto sem resolução do mérito. (TJSP; MS 2132998-39.2016.8.26.0000; Ac. 9666801; Osasco; Trigésima Sexta Câmara de Direito Privado; Rel. Des. Walter César Exner; Julg. 05/08/2016; DJESP 11/08/2016)

§ 1º Distribuída a representação ao órgão competente e ouvido previamente o juiz, não sendo caso de arquivamento liminar, será instaurado procedimento para apuração da responsabilidade, com intimação do representado por meio eletrônico para, querendo, apresentar justificativa no prazo de 15 (quinze) dias.

§ 2º Sem prejuízo das sanções administrativas cabíveis, em até 48 (quarenta e oito) horas após a apresentação ou não da justificativa de que trata o § 1º, se for o caso, o corregedor do tribunal ou o relator no Conselho Nacional de Justiça determinará a intimação do representado por meio eletrônico para que, em 10 (dez) dias, pratique o ato.

§ 3º Mantida a inércia, os autos serão remetidos ao substituto legal do juiz ou do relator contra o qual se representou para decisão em 10 (dez) dias.

Impulsionamento do feito pelo magistrado representado enseja perda de objeto da representação:

✓ REPRESENTAÇÃO POR EXCESSO DE PRAZO. PROCESSAMENTO. IMPULSIONAMENTO DO PROCESSO OBJETO DA REPRESENTAÇÃO. PERDA SUPERVENIENTE DO OBJETO. REMESSA AO SUBSTITUTO LEGAL. IMPOSSIBILIDADE. NEGATIVA DE SEGUIMENTO. O impulsionamento do feito no qual apontada a caracterização de excesso de prazo pelo reclamante enseja a perda de objeto da reclamação, ante o atingimento da pretensão veiculada na peça de ingresso. Apenas se justifica a remessa dos autos ao substituto legal em caso de persistência da inércia. Inteligência do artigo 235, §3º, do CPC. (TJMG; ReprExcPraz 1.0000.17.002995-3/000; Rel. Des. Corrêa Junior; Julg. 06/03/2017; DJEMG 31/03/2017)

TÍTULO II
Da Comunicação dos Atos Processuais

Capítulo I
DISPOSIÇÕES GERAIS

Art. 236. Os atos processuais serão cumpridos por ordem judicial.

§ 1º Será expedida carta para a prática de atos fora dos limites territoriais do tribunal, da comarca, da seção ou da subseção judiciárias, ressalvadas as hipóteses previstas em lei.

→ *v.* Arts. 247, 255, 273, II e 782, § 1º do NCPC.

§ 2º O tribunal poderá expedir carta para juízo a ele vinculado, se o ato houver de se realizar fora dos limites territoriais do local de sua sede.

§ 3º Admite-se a prática de atos processuais por meio de videoconferência ou outro recurso tecnológico de transmissão de sons e imagens em tempo real.

→ *v.* Arts. 385, § 3º, 453, § 1º, 461, § 2º e 937, § 4º do NCPC.

→ *v.* Lei 11.900/2009 – Prevê a possibilidade de realização de interrogatório e outros atos processuais por sistema de videoconferência, e dá outras providências.

Admitindo a intimação da vítima por telefone acerca da concessão de medidas protetivas previstas na Lei Maria da Penha:

✓ CORREIÇÃO PARCIAL. CONCESSÃO DE MEDIDAS PROTETIVAS DE URGÊNCIA. INDEFERIMENTO DO PEDIDO DE INTIMAÇÃO DAS PARTES POR TELEFONE. INEXISTÊNCIA DE ERRO DE PROCEDIMENTO. CORREIÇÃO PARCIAL NÃO PROVIDA. Inexiste erro ou abuso no indeferimento do pedido formulado pelo Parquet de intimação das partes por telefone, ante a ausência de previsão legal que ampare tal pleito, havendo, lado outro, expressa vedação no Provimento nº.161/ CGJ/2006. V.V. CORREIÇÃO PARCIAL. Lei Maria DA PENHA. DECISÃO QUE CONCEDE MEDIDAS PROTETIVAS. INTIMAÇÃO DA VÍTIMA POR TELEFONE. POSSIBILIDADE. 1. À luz do que dispõem os artigos 370, §2º, do CPP e 188 e 236, §3º, do novo CPC, bem como tendo em vista o principal escopo protetivo da Lei Maria da Penha, razoável se revela a cientificação da vítima, por telefone, de que se encontra amparada por medidas protetivas, até mesmo para que possa exigir seu cumprimento por parte do ofensor. 2. Correição Parcial provida em parte. (TJMG; CPar 1.0000.16.047365-8/000; Rel. Des. Júlio César Lorens; Julg. 02/10/2017; DJEMG 20/10/2017)

Considerando que a carta precatória se expede por ordem judicial, sendo descabido impor à parte o ônus de apresenta-la diretamente ao juízo deprecado:

✓ AGRAVO DE INSTRUMENTO. PROCESSO CIVIL. AUTARQUIA FEDERAL. INTIMAÇÃO PESSOAL. CARTA PRECATORIA. EXPEDIÇÃO. 1. Ao contrário do que consta da decisão agravada, não houve descumprimento por parte do IBAMA quanto à determinação para recolhimento da verba indenizatória para citação do executado, porquanto, a autarquia não foi intimada pessoalmente, conforme dispõe artigo 183, §1º, do CPC e artigo 25, parágrafo único, da Lei nº 6.830/1980. 2. Igualmente, equivoca-se a decisão agravada ao impor à agravante o ônus da expedição de nova carta precatória com apresentação direta ao juiz deprecado. Isso porque, a carta precatória é um documento emitido por ordem judicial, no intuito de que atos processuais sejam cumpridos (artigos 236 e 237, III, do CPC). Assim, a decisão agravada merece reforma para determinar a expedição de nova carta precatória pelo juízo a quo. 3. Agravo de instrumento provido. (TRF 2ª R.; AI 0001881-24.2017.4.02.0000; Sétima Turma Especializada; Rel. Des. Fed. Luiz Paulo S. Araujo Filho; Julg. 30/08/2017; DEJF 18/09/2017)

Art. 237. Será expedida carta:

I – de ordem, pelo tribunal, na hipótese do § 2º do art. 236;

II – rogatória, para que órgão jurisdicional estrangeiro pratique ato de cooperação jurídica internacional, relativo a processo em curso perante órgão jurisdicional brasileiro;

→ *v.* Arts. 35 e 36 do NCPC.

III – precatória, para que órgão jurisdicional brasileiro pratique ou determine o cumprimento, na área de sua competência territorial, de ato relativo a pedido de cooperação judiciária formulado por órgão jurisdicional de competência territorial diversa;

IV – arbitral, para que órgão do Poder Judiciário pratique ou determine o cumprimento, na área de sua competência territorial, de ato objeto de pedido de cooperação judiciária formulado por juízo arbitral, inclusive os que importem efetivação de tutela provisória.

→ *v.* Art. 22-C da Lei 9.307/1996.

→ *v.* Enunciado 3 da I Jornada de Prevenção e Solução Extrajudicial de Litígios: A carta arbitral poderá ser processada diretamente pelo órgão do Poder Judiciário do foro onde se dará a efetivação da medida ou decisão.

→ *v.* Enunciado 24 do FPPC: Independentemente dos locais em que se realizem os atos da arbitragem, a carta arbitral poderá ser expedida diretamente ao órgão do Poder Judiciário do local da efetivação da medida ou decisão.

Parágrafo único. Se o ato relativo a processo em curso na justiça federal ou em tribunal superior houver de ser praticado em local onde não haja vara federal, a carta poderá ser dirigida ao juízo estadual da respectiva comarca.

→ *v.* Art. 109, § 3º da CF/1988.

→ *v.* Art. 15 da Lei 5.010/1966.

→ *v.* Art. 13, § 2º da Lei 9.099/1995.

Entendendo aplicável subsidiariamente o parágrafo único ao processo penal:

✓ PROCESSUAL PENAL. CONFLITO DE COMPETÊNCIA. CARTA PRECATÓRIA EXPEDIDA PELA JUSTIÇA FEDERAL. CUMPRIMENTO PELO JUÍZO DE DIREITO DEPRECADO. APLICAÇÃO SUBSIDIÁRIA DO ART. 237 DO CPC. DECLARAÇÃO DE COMPETÊNCIA DO JUÍZO ESTADUAL, ORA SUSCITADO. 1. Na hipótese de ausência de Vara da Justiça Federal no local de residência da denunciada, como neste caso, é possível deprecar-se ao Juízo estadual a realização da audiência para aceitação ou não da proposta ministerial de suspensão processual. Precedentes. 2. Conflito conhecido para declarar a competência do Juízo de Direito da 2ª Vara de Santa Isabel. SP, o suscitado. (STJ; CC 133.642; Proc. 2014/0101389-0; SP; Terceira Seção; Rel. Min. Ribeiro Dantas; DJE 22/08/2016)

Considerando irrelevante a revogação da delegação de competência estabelecida na Lei 5.010/1966 para fins de processamento da carta precatória:

✓ AGRAVO DE INSTRUMENTO. CARTA PRECATÓRIA. CUMPRIMENTO. JUSTIÇA ESTADUAL. 1. Embora a Lei nº 13.043/2014 tenha revogado a delegação de competência à Justiça Estadual para julgamento dos executivos fiscais da União e suas autarquias, prevista na Lei nº 5.010/1966, o processamento de precatória não configura tal delegação. 2. Se o ato relativo a processo em curso na justiça federal ou em tribunal superior houver de ser praticado em local onde não haja Vara Federal, a carta poderá ser dirigida ao juízo estadual da respectiva Comarca (art. 237, parágrafo único, do NCPC). 3. Decisão agravada mantida. (TRF 4ª R.; AG 5006295-23.2017.404.0000; Quarta Turma; Rel. Des. Fed. Luís Alberto d'Azevedo Aurvalle; Julg. 24/05/2017; DEJF 25/05/2017). V. tb.: AGRAVO DE INSTRUMENTO. ADMINISTRATIVO. EXECUÇÃO FISCAL PROMOVIDA NA JUSTIÇA FEDERAL. CUSTAS PROCESSUAIS. CARTA PRECATÓRIA PROCESSADA NA JUSTIÇA ESTADUAL. ADIANTAMENTO DE CONDUÇÃO DE OFICIAL DE JUSTIÇA. PAGAMENTO PELA UNIÃO. O Município de Ponte Serrada/SC, onde é domiciliada a executada, dista mais de 70 km da sede da Subseção Judiciária de Concórdia/SC, inexistindo contiguidade ou localização em região metropolitana. Além disso, trata-se de medida de cooperação judiciária, o que torna irrelevante o fato de a Lei nº 13.043/2014 ter revogado a delegação de competência federal (execuções fiscais), anteriormente prevista no artigo 15, inciso I, da Lei nº 5.010/66, incidindo, na espécie, a regra estatuída pelo art. 237, parágrafo único, do CPC/2015. O mesmo diga-se em relação aos arts. 11 e 42, § 1º, da Lei nº 5.010/66, porque, a despeito de a jurisdição dos juízes federais de cada Seção Judiciária abranger toda a área territorial nela compreendida, o auxílio mútuo entre os órgãos judiciários tem amparo na legislação processual e não se afigura incompatível com as disposições invocadas. No que tange ao pagamento das despesas do oficial de justiça relativas ao cumprimento da diligência, a pretensão não tem respaldo na isenção instituída no art. 39 da Lei nº 6.830/80. (TRF 4ª R.; AG 5030474-55.2016.404.0000; Quarta Turma; Relª Desª Fed. Vivian Josete Pantaleão Caminha; Julg. 14/09/2016; DEJF 19/09/2016)

Capítulo II
DA CITAÇÃO

Art. 238. Citação é o ato pelo qual são convocados o réu, o executado ou o interessado para integrar a relação processual.

→ *v.* Arts. 126, 127, 256, 329, 525, I, 829 e 915, do NCPC.

Art. 239. Para a validade do processo é indispensável a citação do réu ou do executado, ressalvadas as hipóteses de indeferimento da petição inicial ou de improcedência liminar do pedido.

→ *v.* Arts. 330 e 332 do NCPC.

Entendendo que o vício de citação implica nulidade (e não inexistência) da sentença subsequente:

✓ AÇÃO ANULATÓRIA DE SENTENÇA. AUSÊNCIA DE CITAÇÃO VÁLIDA NOS AUTOS EM QUE FORA PROFERIDA A SENTENÇA RESCINDENDA. VÍCIO INSANÁVEL. NULIDADE RECONHECIDA. COISA JULGADA MATERIAL. INOCORRÊNCIA. SENTENÇA MANTIDA. A ação anulatória se destina à desconstituição de atos eivados de nulidade. Para que o processo seja considerado regular, impõe-se a observância da regularidade de todos os atos processuais, dentre eles a citação válida. A citação inválida torna nulos os demais atos do processo (art. 214 do CPC), inclusive da sentença. Reconhecida a nulidade da citação, impõe-se a declaração de nulidade da sentença, que não será acobertada pela coisa julgada material, posto que proferida com base em irregularidade insanável. (TJMG; APCV 1.0713.14.002309-2/001; Rel. Des. Manoel dos Reis Morais; Julg. 28/03/2017; DJEMG 07/04/2017). V. tb.: QUERELA NULLITATIS. AÇÃO DECLARATÓRIA DE INEXISTÊNCIA DA SENTENÇA PROFERIDA EM PROCESSO CUJO RÉU NÃO FOI VALIDAMENTE CITADO. Trata-se de ação ajuizada visando a declaração de inexistência da sentença proferida em outros autos de processo no qual o recorrente alega não ter sido validamente citado. Tal procedimento é conhecido por querela nullitatis, em relação à qual persiste destacado pensamento doutrinário defendendo a ideia de que a citação constitui pressuposto processual de existência e, por isso, se não for realizada ou se o foi, atentar contra a forma ditada em lei, o processo não existirá. Não obstante, perfilho o entendimento de que o processo existe a partir da simples propositura de demanda perante órgão investido de jurisdição (art. 2º) e como tal perdurará até que se constate eventual vício capaz de extingui-la, dessa feita, mediante o pronunciamento por sentença. Com efeito, processo existirá se observado for tal pressuposto processual de existência, cujo curso, no entanto, poderá ser inviabilizado se restar desatendido algum pressuposto processual de validade, p. ex., na hipótese de inépcia da petição inicial relação processual há desde sempre, contudo, por estar inquinada por algum dos defeitos previstos pelo parágrafo único do art. 295 do CPC, o processo não prossegue até seu fim por ser inviável, obstando o alcance do resultado almejado pela parte autora. Penso que a citação do réu não constitui pressuposto processual de existência, mas de validade do processo. Assim é que a relação processual existe quando a demanda proposta perante o Estado-juiz dá formação ao processo, completando-se com a citação do réu para integrar a lide. Nada há de paradoxal em tal raciocínio, porquanto é o próprio Código que se encarrega de contemplar hipóteses outras em que, não obstante dispensar-se a citação, o processo existe desde sempre, podendo- se citar as lides cuja petição inicial é indeferida liminarmente ou nos casos em que o juiz pronuncia, de plano, a prescrição ou a decadência. Assim é que a citação não configura pressuposto processual de existência do processo, sua ausência ou realização ao arrepio dos requisitos de lei não é tampouco de porte a havê-lo por inexistente, consubstanciando, por outro lado, nítida hipótese de anulabilidade do processo por força da literal violação dos arts. 219, caput e 263 do CPC. Dessa feita, é nula a sentença proferida em processo cujo réu não é validamente citado, porém, tratando-se de título executivo judicial alçado à condição de coisa julgada, o vício processual em questão dever ser escoimado pela via da ação rescisória. Tocava, pois ao interessado valer-se da ação rescisória para atacar a sentença que supostamente padece de nulidade absoluta, até dois anos a contar de seu trânsito em julgado, sob pena de decair definitivamente do direito de desfazer o suposto vício grave perpetrado. (TRT 23ª R.; RO 0001198-67.2015.5.23.0071; Primeira Turma; Rel. Des. Roberto Benatar; Julg. 02/02/2016; DEJTMT 12/02/2016; Pág. 171)

Contra, entendendo que o vício de citação acarreta a inexistência de atos processuais posteriores:

✓ NULIDADE PROCESSUAL. VÍCIO DE CITAÇÃO. O vício de citação é capaz de gerar nulidade absoluta, tornando inexistentes os atos posteriores, sob pena de contaminar todo o processo, nos termos do caput do art. 239 do novo CPC. (TRT 3ª R.; AP 0010251-71.2016.5.03.0143; Relª Desª Camilla Guimarães Pereira Zeidler; DJEMG 07/12/2017). No mesmo sentido: AÇÃO DECLARATÓRIA DE NULIDADE INSANÁVEL. USUCAPIÃO. AUSÊNCIA DE CITAÇÃO DOS PROPRIETÁRIOS DA ÁREA QUE FOI USUCAPIDA. Sentença nula ipso iure. Sentença inexistente porquanto não ocorrida a devida triangularização processual. Hipótese de querela nullitatis insanabilis. Sentença mantida. Recurso a que se nega provimento. (TJSP; APL 0008384-68.2013.8.26.0495; Ac. 10929352; Registro; Vigésima Oitava Câmara Extraordinária de Direito Privado; Rel. Des. Mauro Conti Machado; Julg. 25/10/2017; DJESP 23/11/2017; Pág. 2370); AÇÃO RESCISÓRIA. PROCESSUAL CIVIL. AUSÊNCIA DE CITAÇÃO EM AÇÃO DE USUCAPIÃO. INADEQUAÇÃO DA VIA ELEITA. NECESSIDADE DE AJUIZAMENTO DE QUERELA NULLITATIS. 1. A ausência de citação do autor para integrar a relação processual de ação de usucapião de imóvel do qual é confinante, constitui defeito que acarreta a inexistência da sentença por falta de pressuposto de processual de existência do próprio processo. 2. Hipótese em que a pretensão de se anular o julgado não pode ser veiculada em sede de ação rescisória, eis que a via processual adequada para rescindir a sentença é a ação declaratória de nulidade (querela nullitatis) pela inexistência de ato indispensável para a formação da relação jurídico processual. 3. Impossibilidade de o Tribunal imiscuir-se na jurisdição do órgão de primeiro grau para decidir sobre as alegações de falsidade da planta do imóvel (CPC/2015, art. 966, VI), de existência de dolo processual dos réus na utilização do aludido documento (CPC/2015, art. 966, III) E de ocorrência de erro de fato decorrente da certidão extrajudicial (CPC/2015, art. 966, VIII), sob pena de supressão de instância. Competência do Juízo de primeiro grau, prolator da sentença supostamente nula. 4. Rescisória extinta sem resolução do mérito, com fundamento no art. 485, VI, do CPC/2015. Autor condenado ao pagamento das despesas remanescentes e dos honorários advocatícios arbitrados em 10% (dez inteiros por cento) sobre o valor da causa, na forma do art. 85, § 2º, do CPC/2015. (TJES; AR 0014612-22.2015.8.08.0000; Primeira Câmara Cível; Rel. Des. Fabio Clem de Oliveira; Julg. 19/07/2016; DJES 26/07/2016); AÇÃO RESCISÓRIA. AÇÃO CIVIL PÚBLICA. IMPROBILIDADE ADMINISTRATIVA. NULIDADE PROCESSUAL. NÃO RECEBIMENTO DA PETIÇÃO INICIAL. AUSÊNCIA DE CITAÇÃO. CABIMENTO DA RESCISÓRIA PARA O RECONHECIMENTO DE NULIDADE PROCESSUAL. 1. Na hipótese de ação rescisória pautada em nulidade absoluta insanável, mas que ataca sentença de mérito proferida em detrimento da normativa referente à triangularização da relação instaurada no processo (citação), e, que, por conseguinte, viola direito material da parte, é de se admitir aquela via impugnativa excepcional a que se refere o art. 485, do CPC, não com vistas a desconstituir a sentença, mas para tão só decretar a nulidade do processo, propiciando-se, com isso, a correção da falha processual pelo juízo de origem. 2. Em se tratando de ação civil pública respaldada na Lei nº 8.429/92, o não recebimento da inicial importa violação do devido processo legal, por se tratar o referido ato judicial de condição sine qua non ao processamento do feito, devendo, inclusive, ser fundamentado, sob pena de nulidade. Precedentes do STJ. 3. Na ação de improbidade administrativa, a ausência de citação, na forma do art. 17, §9º, da Lei nº 8.429/92, não pode ser suprida pela mera notificação prevista no seu § 7º, notadamente se o réu não apresentou sequer a defesa preliminar. É que, em casos tais, a falta de citação, importa patente prejuízo ao réu, pois lhe retira a possibilidade de defesa. 4. Restando comprovada a nulidade insanável do processo subjacente, em procedimento que vai de encontro com a literalidade da norma de regência, imperiosa a cassação de todos os atos viciados, reconhecendo-se, inclusive, a inexistência da sentença e da decisão monocrática que a confirmou em grau recursal. Ação rescisória julgada parcialmente procedente. (TJGO; AR 0350333-66.2014.8.09.0000; Itapaci; Primeira Seção Cível; Rel. Des. Maurício Porfirio Rosa; DJGO 19/01/2016; Pág. 57); NULIDADE DA CITAÇÃO. SENTENÇA INEXISTENTE. A invalidade da citação inicial para comparecimento à audiência, que desencadeou os demais atos processuais, inclusive a sentença, torna nulos os atos de decretação da revelia e da aplicação da pena de confissão, além de importar no reconhecimento da inexistência da sentença no mundo jurídico. Tal inexistência pode ser reconhecida por meio de Recurso Ordinário, Exceção de Pré executividade e nos Embargos à Execução, mas também ser decretada pelo próprio juízo, em todo tempo e grau de jurisdição, conforme o entendimento do C. TST. Agravo de petição conhecido e provido. (TRT 7ª R.; AP 0000464-83.2015.5.07.0032; Terceira Turma; Rel. Des. Francisco Tarcísio Guedes Lima Verde; Julg. 03/08/2017; DEJTCE 17/08/2017; Pág. 2819).

§ 1º O comparecimento espontâneo do réu ou do executado supre a falta ou a nulidade da citação, fluindo a partir desta data o prazo para apresentação de contestação ou de embargos à execução.

→ V. Arts. 231, VIII, 280, 336 e 915 do NCPC.

<u>O peticionamento por advogado destituído de poderes especiais para receber citação não configura comparecimento espontâneo, a não ser quando conjugado com a prática de outros atos que configurem ciência inequívoca:</u>

✓ RECURSO ESPECIAL. AGRAVO DE INSTRUMENTO. TEMPESTIVIDADE. JUNTADA DE PROCURAÇÃO DESTITUÍDA DE PODERES ESPECIAIS PARA RECEBIMENTO DE CITAÇÃO. COMPARECIMENTO ESPONTÂNEO. CONHECIMENTO INEQUÍVOCO NÃO CONFIGURADO. INCIDÊNCIA DA SÚMULA Nº 83/STJ. 1. O Superior Tribunal de Justiça possui entendimento consolidado no sentido de que, em regra, o peticionamento nos autos por advogado destituído de poderes especiais para receber citação não configura comparecimento espontâneo apto a suprir a necessidade de citação. Precedentes. 2. Somente em hipóteses excepcionais, mediante a prática de outros atos que impliquem a ciência inequívoca dos termos do processo. A exemplo do oferecimento concomitante de atos defesa. É que tal circunstância poderá ser flexibilizada, o que não se aplica ao caso em análise. 3. Recurso Especial provido. (STJ; REsp 1.680.010; Proc. 2017/0146590-4; MG; Quarta Turma; Rel. Min. Luis Felipe Salomão; DJE 21/09/2017). No mesmo sentido: PROCESSUAL CIVIL. TRIBUTÁRIO. EXECUÇÃO FISCAL PARA COBRANÇA DE IPTU. CITAÇÃO PELO COMPARECIMENTO ESPONTÂNEO DO RÉU NOS AUTOS. NÃO CARACTERIZAÇÃO. CONTROVÉRSIA EM TORNO DA CDA. SÚMULA N. 7/STJ. CDA APRESENTADA EM CÓPIA REPROGRÁFICA. POSSIBILIDADE. I. Conforme a jurisprudência desta Corte, o comparecimento espontâneo do réu ocorre com: a) a juntada de procuração com poderes especiais, desde que possível o acesso aos autos do processo; e b) a apresentação de embargos ou exceção de pré-executividade, ainda que não outorgados poderes especiais ao advogado para receber a citação. II. Por outro lado, não configura o comparecimento espontâneo: a) o peticionamento nos autos por advogado destituído de poderes especiais para receber a citação e sem a apresentação de defesa; b) o peticionamento para informar a adesão a programa de parcelamento do débito tributário; e c) a carga dos autos por advogado sem poderes específicos para receber citação não supre a ausência do referido ato. III. Hipótese em que foram juntadas guias comprovando o pagamento de custas e noticiado, pelo próprio Exequente, o parcelamento dos débitos fiscais de 1993 a 2003. Ainda que o recolhimento das custas tenha sido efetuado em favor da Ré, tal ato não demonstra ciência inequívoca da execução e o reconhecimento do débito, sendo necessário, para tanto, a juntada de procuração do advogado com poderes especiais para receber a citação (desde que possível o acesso aos autos) ou apresentação de defesa. IV. A resolução da controvérsia estabelecida pelo Recurso Especial em torno da CDA, se apresentada em cópia reprográfica ou em documento original, demandaria necessário revolvimento de matéria fática, o que é inviável em sede de Recurso Especial, à luz da Súmula n. 7/STJ. V. Partindo da premissa adotada pelo acórdão recorrido de que a CDA foi apresentada em cópia reprográfica, não se vislumbra ofensa ao art. 202 do CTN, uma vez que o art. 6º, § 2º, da Lei de Execução Fiscal autoriza, inclusive, seja ela apenas transcrita na inicial de processo eletrônico.

VI. Recurso especial improvido. (STJ; REsp 1.165.828; Proc. 2009/0217610-3; RS; Primeira Turma; Relª Minª Regina Helena Costa; DJE 17/03/2017)

Juntada de procuração com poderes específicos para recebimento de citação implica comparecimento espontâneo:

✓ AGRAVO DE INSTRUMENTO. Liquidação de sentença por artigos. Decretação de revelia. Comparecimento espontâneo do agravante mediante juntada de procuração com poderes específicos para recebimento de citação. Art. 239, § 1º, do NCPC. Contestação apresentada intempestivamente. Decisão mantida. Recurso desprovido. (TJPR; Ag Instr 1687043-0; Paranavaí; Décima Câmara Cível; Relª Desª Ângela Khury Munhoz da Rocha; Julg. 26/10/2017; DJPR 27/11/2017; Pág. 284). No mesmo sentido, entendendo que, sem poderes especiais na procuração, não há comparecimento espontâneo: AGRAVO DE INSTRUMENTO. NEGÓCIOS JURÍDICOS BANCÁRIOS. EXECUÇÃO DE TÍTULO EXTRAJUDICIAL. COMPARECIMENTO ESPONTÂNEO NÃO VERIFICADO. ENDEREÇAMENTO EQUIVOCADO. MAIS DE UM RÉU AINDA NÃO CITADO. PROCURAÇÃO SEM PODERES ESPECIAIS. REABERTURA DE PRAZO PARA DEFESA. POSSIBILIDADE. A inexistência de procuração nos autos com poder específico para o recebimento de citação afasta o reconhecimento do comparecimento espontâneo. Precedentes da corte local. Agravo de instrumento provido. (TJRS; AI 0195014-19.2017.8.21.7000; Porto Alegre; Décima Quinta Câmara Cível; Relª Desª Adriana da Silva Ribeiro; Julg. 06/12/2017; DJERS 19/12/2017)

Interposição de agravo de instrumento configura comparecimento espontâneo para fins de suprir a falta de citação:

✓ AGRAVO DE INSTRUMENTO. AÇÃO CIVIL PÚBLICA. MAGISTRADO QUE A DESPEITO DE NÃO TER SIDO CITADO PESSOALMENTE, O CONSIDEROU CIENTE DA AÇÃO, UMA VEZ QUE, ALÉM DE APRESENTAR DEFESA PRÉVIA, TAMBÉM JUNTOU PETIÇÃO INFORMANDO SOBRE A INTERPOSIÇÃO DE AGRAVO DE INSTRUMENTO DA DECISÃO QUE RECEBEU A PETIÇÃO INICIAL E DETERMINOU A CITAÇÃO DO AGRAVANTE. Recurso manejado pelo requerido. Desprovimento de rigor. Plena ciência do teor da ação contra ela proposta. Não há se falar em nulidade da decisão por vício da citação porquanto a petição informando sobre a interposição de agravo de instrumento contra a decisão que recebeu a petição inicial e determinou a citação demonstra ciência inequívoca do ato processual. Comparecimento espontâneo do art. 239, § 1º, do CPC. Decisão mantida. Recurso desprovido. (TJSP; AI 2117444-30.2017.8.26.0000; Ac. 10947512; Carapicuíba; Sexta Câmara de Direito Público; Rel. Des. Sidney Romano dos Reis; Julg. 06/11/2017; DJESP 12/12/2017; Pág. 2791)

Aplicando a regra de comparecimento espontâneo, por analogia, para o caso de falta de intimação:

✓ PROCESSO CIVIL. AGRAVO DE INSTRUMENTO. AÇÃO DE EXONERAÇÃO DE ALIMENTOS. PRELIMINAR DE INADMISSIBILIDADE DO RECURSO, AFASTADA. MÉRITO. REQUERIMENTO DE TUTELA DE URGÊNCIA PARA DESBLOQUEIO DE CONTAS CORRENTES. AUSÊNCIA DE ELEMENTOS QUE EVIDENCIEM A PROBABILIDADE DO DIREITO E O PERIGO DE DANO OU O RISCO DE RESULTADO ÚTIL DO PROCESSO. PERIGO DE IRREVERSIBILIDADE DOS EFEITOS DA DECISÃO. PRESSUPOSTOS DO ARTIGO 300, DO CÓDIGO DE PROCESSO CIVIL, NÃO DEMONSTRADOS. TUTELA DE URGÊNCIA INDEFERIDA. RECURSO CONHECIDO E IMPROVIDO. DECISÃO RECORRIDA MANTIDA. 1. A preliminar de inadmissibilidade do presente agravo de instrumento, sob a alegativa de não instrução do recurso com a certidão de publicação da decisão recorrida, não merece prosperar, uma vez que, na hipótese, a agravante tomou conhecimento da decisão recorrida antes mesmo da sua publicação através do seu comparecimento espontâneo aos autos ao formular pedido de reconsideração do decisum, em 16/08/2017, ficando dessa forma suprida a sua intimação através do diário da justiça eletrônico, nos moldes do artigo 239, § 1º, do CPC, aplicado por analogia na espécie. 2. Dessa forma, havendo o presente recurso sido interposto dentro do prazo de 15 (quinze) dias contados da ciência da decisão e, estando presentes os demais requisitos de admissibilidade, não subsistem razões para inadmitir o agravo de instrumento, razão pela qual, afasta-se a preliminar de inadmissibilidade e passa-se a análise do mérito recursal. 3. (...) 10. Recurso conhecido e improvido. Decisão recorrida mantida. (TJCE; AI 0627231-18.2017.8.06.0000; Segunda Câmara de Direito Privado; Relª Desª Maria de Fátima de Melo Loureiro; DJCE 01/12/2017; Pág. 33)

Determinando que o prazo para contestação ou embargos se inicia do comparecimento espontâneo, sendo descabido o pedido de devolução do prazo:

✓ TÍTULOS DE CRÉDITO. Cheques. Ação de obrigação de fazer cumulada com indenização por danos materiais e morais. Citação pelo correio. Aviso de recebimento assinado por terceira pessoa. Devolução do prazo para apresentação da contestação. Impossibilidade, tendo em vista o comparecimento espontâneo do réu. Aplicação do disposto no art. 239, § 1º do CPC. Recurso não provido. (TJSP; AI 2180633-79.2017.8.26.0000; Ac. 10987221; Santo André; Décima Primeira Câmara de Direito Privado; Rel. Des. Gilberto dos Santos; Julg. 16/11/2017; DJESP 28/11/2017; Pág. 1724). V. tb.: AGRAVO DE INSTRUMENTO. Decisão que reconheceu a nulidade da citação por edital e definiu a contagem do prazo para oposição de embargos à execução a partir da ciência da decisão. Presunção juris tantum de veracidade da certidão do oficial de justiça afastada. Prova contrária, idônea e inequívoca de que os executados residiam no local na época da diligência do meirinho certificada como infrutífera. Início da contagem do prazo para oposição dos embargos à execução. Ciência inequívoca do trâmite da execução. Exegese do par. 1º do art. 239 do CPC/2015. Precedentes. Decisão parcialmente reformada. Agravo de instrumento parcialmente provido. (TJPR; Ag Instr 1715421-7; Ponta Grossa; Décima Quinta Câmara Cível; Relª Juíza Conv. Elizabeth M. F. Rocha; Julg. 22/11/2017; DJPR 01/12/2017; Pág. 326)

§ 2º Rejeitada a alegação de nulidade, tratando-se de processo de:

I – conhecimento, o réu será considerado revel;

→ v. Arts. 344 a 346 do NCPC.

II – execução, o feito terá seguimento.

Art. 240. A citação válida, ainda quando ordenada por juízo incompetente, induz litispendência, torna litigiosa a coisa e constitui em mora o devedor, ressalvado o disposto nos arts. 397 e 398 da Lei n. 10.406, de 10 de janeiro de 2002 (Código Civil).

→ v. Súmulas 150 e 163 do STF.

→ v. Súmulas 54, 188, 204, 277 e 380 do STJ.

→ v. Art. 312 do NCPC.

→ v. Enunciado 10 do FPPC: Em caso de desmembramento do litisconsórcio multitudinário, a interrupção da prescrição retroagirá à data de propositura da demanda original.

Intimação prévia para exibir documentos não produz os efeitos da citação:

✓ CAUTELAR DE EXIBIÇÃO DE DOCUMENTO. INEXISTÊNCIA DE CITAÇÃO. Intimação prévia para a exibição de documento inapta a surtir os efeitos da citação. Falta de citação da parte ré. Requisito indispensável à regular formação da relação processual. Violação aos princípios constitucionais da ampla defesa e contraditório. Art. 337, inc. I e § 5º, do CPC. Nulidade que pode ser decretada de ofício. Sentença anulada. (TJSP; APL 1011562-04.2015.8.26.0506; Ac. 10216765; Ribeirão Preto; Oitava Câmara de Direito Privado; Rel. Des. Alexandre Coelho; Julg. 22/02/2017; DJESP 06/03/2017)

Considerando que os efeitos da citação, em justificação prévia, se restringem à tutela de urgência:

✓ NULIDADE PROCESSUAL. AUSÊNCIA DE CITAÇÃO PESSOAL. JUSTIFICAÇÃO PRÉVIA. DEFESA. O fato de o réu ter tomado ciência do pedido de tutela de urgência, mediante citação pessoal (por mandado) em justificação prévia, não lhe retira o direito de posterior intimação, também, pessoal para apresentar defesa, diante da exigência da prática do ato, sob pena de revelia e confissão, por aplicação analógica do §1º do art. 385 da CLT. Ademais, os efeitos da citação, em justificação prévia, se restringem ao pedido de tutela de urgência, não se operando por ela o efeito de integração da parte à relação processual, nos termos do art. 239 do NCPC. (TRT 3ª R.; RO 0011238-04.2016.5.03.0048; Rel. Des. Mauro Cesar Silva; DJEMG 28/08/2017)

§ 1º A interrupção da prescrição, operada pelo despacho que ordena a citação, ainda que proferido por juízo incompetente, retroagirá à data de propositura da ação.

→ v. Súmula 383 do STF.

→ v. Súmulas 106, 119, 277, 380, 405, 409 e 414 do STJ.

→ v. Art. 202 do CC/2002.

→ v. Art. 802 do NCPC.

→ v. Art. 174, parágrafo único, I, do CTN.

→ v. Art. 8º, § 2º, Lei 6.830/1980.

→ v. Enunciado 136 do FPPC: A citação válida no processo judicial interrompe a prescrição, ainda que o processo seja extinto em decorrência do acolhimento da alegação de convenção de arbitragem.

§ 2º Incumbe ao autor adotar, no prazo de 10 (dez) dias, as providências necessárias para viabilizar a citação, sob pena de não se aplicar o disposto no § 1º.

O esgotamento do prazo para a citação por culpa do autor impede apenas a retroação da interrupção da prescrição, não acarretando a extinção do processo?

✓ APELAÇÃO CÍVEL. EXTINÇÃO SEM MÉRITO. CITAÇÃO. PRESSUPOSTO DE DESENVOLVIMENTO VÁLIDO E REGULAR. ART. 485, IV, CPC. INÉRCIA. ABANDONO DA CAUSA. REQUISITOS LEGAIS. ART. 485, III, § 1º, CPC. SÚMULA Nº 240 STJ. 1. A citação é pressuposto objetivo intrínseco de validade do processo e não se admite o transcurso das demais fases do processo sem a sua ocorrência, ressalvada, quanto à sentença de mérito, a exceção legal da improcedência liminar do pedido que ocorre independentemente de citação, mas que não acarreta qualquer prejuízo ao réu. 2. O art. 240, §§ 1º e 2º, do CPC dispõe que o autor tem 10 dias para promover a citação, mas a inobservância pode acarretar a não retroação da interrupção da prescrição à data do ajuizamento da demanda. Todavia, não significa que se não houver a citação em 10 dias, ocorrerá a extinção da demanda sem apreciação do mérito por falta de pressuposto processual. 3. É defeso extinguir o processo sem resolução do mérito se não atendidos os requisitos do art. 485, III e § 1º, do CPC: Não promoção de atos pelo autor por mais de 30 dias; intimação pessoal do autor para suprimento da falta em 5 dias; e intimação de seu patrono, no mesmo prazo, pelo Diário de Justiça eletrônico. 4. É dispensável o requerimento do réu, explicitado na Súmula nº 240 do STJ, para a extinção do processo com fundamento em abandono da causa pelo autor, se não houve citação. 5. Recurso conhecido e provido. (TJDF;

APC 2015.05.1.006432-3; Ac. 102.8783; Oitava Turma Cível; Relª Desª Ana Cantarino; Julg. 29/06/2017; DJDFTE 06/07/2017)

Considerando que a citação por edital, sem o prévio esgotamento dos meios para localização do réu, prejudica a retroação da interrupção do prazo prescricional:

✓ CIVIL E PROCESSUAL CIVIL. APELAÇÃO. EMBARGOS À EXECUÇÃO. CÉDULA DE CRÉDITO BANCÁRIO. EMPRÉSTIMO. PRESCRIÇÃO TRIENAL. CITAÇÃO POR EDITAL. NULA. AUSÊNCIA DE CAUSA INTERRUPTIVA. SÚMULA Nº 106 DO STJ. INAPLICABILIDADE. RECURSO IMPROVIDO. 1. Apelação interposta contra sentença, proferida nos autos dos embargos à execução opostos, que julgou extinto o processo de execução, nos termos do art. 925, do CPC, em razão do acolhimento de nulidade da citação e da declaração da prescrição da cédula de crédito bancário objeto da lide. 2. O prazo prescricional para a pretensão de cobrança de crédito oriundo de cédula de crédito bancário é de três anos (artigo 206, § 3º, VIII, do CC), contados do vencimento da última parcela. 2.1. O vencimento antecipado da dívida não tem o condão de alterar o termo inicial do prazo prescricional, que começa a fluir a partir do vencimento da última prestação. 2.2. Precedente: 1. O termo inicial da prescrição, nos casos em que haja vencimento antecipado do título, continua sendo a data do vencimento nele indicado. Precedentes. 2. Agravo Regimental Desprovido. (AGRG no RESP 1479985/DF, Rel. Ministro Paulo de Tarso Sanseverino, Terceira Turma, DJe: 09/11/2015). 3. Embora a demanda executória tenha sido ajuizada dentro do lapso prescricional (7/10/13), até o presente momento, o embargado, ora apelante, não obteve êxito quanto à citação pessoal dos apelados, razão pela qual ocorreu a citação por edital, sendo nomeada a Defensoria Pública do Distrito Federal como Curadora Especial. 4. A citação é indispensável para a validade do processo (art. 239, caput, do CPC). 4.1. Dentre os efeitos da citação válida, tem-se a formação da relação processual e, no campo do direito material, a interrupção da prescrição. 4.2. O dever de promover tal ato é imputado ao exequente, devendo observar o prazo de 10 (dez) dias (art. 240, §2o, do CPC/73). 4.3. Ocorre que a citação por edital realizada antecedeu o esgotamento de todas as diligências processualmente possíveis para a localização dos devedores, razão pela qual foi declarada nula. 4.4. Isso porque, apesar do apelante ter requerido a citação em diversos endereços e terem sido realizadas todas as buscas por ele requeridas, por meio dos sistemas BacenJud, Infoseg, Siel-TRE e Infojud, deixou de requerer a expedição de carta precatória em 4 (quatro) endereços localizados em Minas Gerais restringindo-se apenas a afirmar que não haveria outros endereços à disposição do banco para citação, razão pela qual era necessária a citação por edital. 5. Conclui-se que, como a demora na citação dos embargantes, ora apelados, decorreu de fato imputável ao embargado, não se operou a interrupção do prazo prescricional, de forma que, mesmo judicializada a demanda, continuou a fluir o prazo prescricional. 5.1. Tal prazo, como dito, iniciou-se a partir do vencimento da cédula de crédito bancário (1/1/13) e encerrou-se 03 (três) anos depois, ou seja, no dia 1/1/2016. 5.2. Assim, como houve transcurso de prazo superior ao triênio legal e não ocorreu a interrupção ou suspensão desse prazo em tempo hábil, imperioso reconhecer que, na espécie, a pretensão executória foi alcançada pelo fenômeno da prescrição. 6. Ao contrário do afirmado pelo apelante, a demora para a citação não decorreu de culpa exclusiva do Poder Judiciário, porquanto as diversas diligências requeridas foram cumpridas em prazo razoável, razão pela qual tem-se por inaplicável à espécie o entendimento firmado na Súmula n. º 106 do colendo STJ. 7. Apelação improvida. (TJDF; APC 2016.01.1.012192-9; Ac. 106.2294; Segunda Turma Cível; Rel. Des. João Egmont; Julg. 22/11/2017; DJDFTE 28/11/2017)

§ 3º A parte não será prejudicada pela demora imputável exclusivamente ao serviço judiciário.

→ *v.* Súmula 106 do STJ.

§ 4º O efeito retroativo a que se refere o § 1º aplica-se à decadência e aos demais prazos extintivos previstos em lei.

→ *v.* Art. 975 do NCPC.

→ *v.* Art. 23 da Lei 12.016/2009.

Art. 241. Transitada em julgado a sentença de mérito proferida em favor do réu antes da citação, incumbe ao escrivão ou ao chefe de secretaria comunicar-lhe o resultado do julgamento.

→ *v.* Arts. 269, 330 e 332 do NCPC.

Art. 242. A citação será pessoal, podendo, no entanto, ser feita na pessoa do representante legal ou do procurador do réu, do executado ou do interessado.

→ *v.* Arts. 75, § 3º, 105 e 248, §§ 2º e 4º do NCPC.

Citação da massa falida deve ser feita na pessoa de seu administrador judicial:

✓ APELAÇÃO CÍVEL. AÇÃO DECLARATÓRIA DE INEXISTÊNCIA DE DÉBITO C/C REPETIÇÃO DE INDÉBITO E DANOS MORAIS. PRELIMINARES. CONCESSÃO DA JUSTIÇA GRATUITA. PEDIDO JÁ INDEFERIDO. NULIDADE DO PROCESSO POR VÍCIO NA CITAÇÃO. MASSA FALIDA. AUSÊNCIA DE NOTIFICAÇÃO DO ADMINISTRADOR JUDICIAL. ARTIGO 242, § 1º, DO CPC/2015 C/C ARTIGO 76, PARÁGRAFO ÚNICO, DA LEI Nº 11.101/2005. PRELIMINAR ACOLHIDA. NULIDADE DE ATOS PROCESSUAIS. RECURSO CONHECIDO E PROVIDO. 1. Ainda que seja indeferido o pedido de concessão dos benefícios da justiça gratuita, havendo o recolhimento do preparo, devem ser analisadas as matérias devolvidas no recurso de apelação. 2. Nos termos do artigo 76, parágrafo único, da Lei nº 11.101/2005 e do artigo 242, § 1º, do CPC/2015, a citação da empresa falida deve ser feita na pessoa do representante judicial, sob pena de nulidade absoluta dos atos processuais. (TJMS; APL 0802067-74.2015.8.12.0031; Quinta Câmara Cível; Rel. Des. Júlio Roberto Siqueira Cardoso; DJMS 13/03/2017; Pág. 190)

Aplicando a teoria da aparência em sede de citação pelo correio, cujo aviso de recebimento foi assinado sem ressalva:

✓ LOCAÇÃO DE IMÓVEL COMERCIAL. SHOPPING CENTER. AÇÃO RENOVATÓRIA. NULIDADE DA CITAÇÃO. Citação pessoal do requerido devidamente realizada no endereço em que consta estar localizada sua sede. Aviso de recebimento que retornou com assinatura e sem qualquer ressalva. Exegese do art. 242, § 2º do novo CPC. Aplicação da Teoria da Aparência. Citação efetivada de forma eficaz, atingindo o fim a que se propunha. Preliminar rejeitada. LOCAÇÃO DE IMÓVEL COMERCIAL. SHOPPING CENTER. AÇÃO RENOVATÓRIA. REVELIA DO RÉU. Sentença monocrática de procedência. Posicionamento a quo equivocado, mostrando-se precipitada a procedência do pedido da autora. Inaplicabilidade dos efeitos do art. 344 do novo CPC. Cerceamento de defesa configurado. Indispensável a realização de perícia técnica para apuração do real. Valor do aluguel atualmente vigente. Sentença anulada. Recurso parcialmente provido, para se anular a r. Sentença monocrática, determinando-se. O regular prosseguimento do feito, com a produção de prova pericial. (TJSP; APL 1005359-28.2016.8.26.0009; Ac. 11062172; São Paulo; Trigésima Primeira Câmara de Direito Privado; Rel. Des. Carlos Nunes; Julg. 12/12/2017; DJESP 19/12/2017; Pág. 3310). No mesmo sentido: TJSP; APL 1056361-21.2017.8.26.0100; Ac. 10990858; São Paulo; Trigésima Primeira Câmara de Direito Privado; Rel. Des. Paulo Ayrosa; Julg. 22/11/2017; DJESP 27/11/2017; Pág. 2508. V. tb.: PROCESSUAL CIVIL. AGRAVO DE INSTRUMENTO EM AÇÃO DE INDENIZAÇÃO. CITAÇÃO DE PESSOA JURÍDICA (BANCO) REALIZADA NA PESSOA DO GERENTE. VALIDADE. TEORIA DA APARÊNCIA. LITÍGIO REFERENTE A CONTRATO FIRMADO NA RESPECTIVA AGÊNCIA ONDE OCORREU O ATO CITATÓRIO. RECURSO CONHECIDO E PROVIDO. DECISÃO SUSPENSA. 1. A questão é saber se a citação da instituição bancária, realizada na pessoa do gerente, é válida ou não. 2. Em princípio, de acordo com o art. 242, do novo Código de Processo Civil, "a citação será pessoal, podendo, no entanto, ser feita na pessoa do representante legal ou do procurador do réu, do executado ou do interessado". Porém, a inobservância da referida formalidade, por si só, não conduz a nulidade da citação, tendo em vista a admissibilidade de incidência da teoria da aparência, que valida a citação recebida por qualquer funcionário da pessoa jurídica que se apresente para recebêla em suas dependências. 3. Na hipótese dos autos, as duas citações que foram consideradas viciadas pelo juízo a quo, foram recebidas por gerentes da agência bezerra de Menezes, sem qualquer ressalva, conforme se observa às fls. 17/19 e 22/24. Do mesmo modo, analisando a documentação de fls. 52/60, constatase que o agravante é cliente da referida agência bancária, tendo a contestação dos débitos sido formalizada naquela unidade. Daí porque, não há como afastar, pelo menos neste momento, a validade da citação recebidas pelos gerentes daquela agência, considerando o entendimento do Superior Tribunal de Justiça, ao qual me filio, no sentido de que é válida a citação do banco, na pessoa do gerente, quando o litígio se referir a contrato firmado na agência por ele dirigida. 4. Recurso conhecido e provido. Decisão interlocutória reformada. (TJCE; AI 0623201-08.2015.8.06.0000; Sexta Câmara Cível; Relª Desª Maria Vilauba Fausto Lopes; DJCE 11/04/2016; Pág. 37)

Afastando a Teoria da Aparência no caso e que a qualificação funcional da pessoa que recebeu a citação não foi identificada:

✓ DIREITO CIVIL E PROCESSUAL CIVIL. APELAÇÃO. AÇÃO DE BUSCA E APREENSÃO. PRELIMINAR DE INTEMPESTIVIDADE. ASFASTADA. NULIDADE DA CITAÇÃO. ART. 238, 239 E 242, §1º, DO CPC. ATO REALIZADO EM ENDEREÇO DIVERSO DA EMPRESA REQUERIDA. PESSOA QUE RECEBEU A CITAÇÃO NÃO É EMPREGADO, MANDATÁRIO, ADMINISTRADOR, PREPOSTO OU GERENTE DA APELANTE. INAPLICABILIDADE DA TEORIA DA APARÊNCIA. SENTENÇA CASSADA. APELO PROVIDO. 1. Apelação interposta contra sentença proferida nos autos da ação de busca e apreensão em alienação fiduciária. 2. Vislumbra-se que o recurso de apelação foi interposto antes do término do prazo recursal, motivo pelo qual não há que se falar em sua intempestividade. Preliminar afastada. 3. Segundo o art. 238 do CPC, a citação é o ato pelo qual são convocados o réu, o executado ou o interessado para integrar a relação processual. Segundo o art. 239 do mesmo CODEX para a validade do processo é indispensável a citação do réu ou do executado, ressalvadas as hipóteses de indeferimento da petição inicial ou de improcedência liminar do pedido. 3.1. O art. 242 esclarece que a citação será pessoal, podendo, no entanto, ser feita na pessoa do representante legal ou do procurador do réu, do executado ou do interessado. O § 1º do referido dispositivo esclarece que Na ausência do citando, a citação será feita na pessoa de seu mandatário, administrador, preposto ou gerente, quando a ação se originar de atos por eles praticados. 3.2. No caso dos autos, é nula a citação da requerida. 3.2.1 Porquanto. No endereço da empresa, a pessoa que recebeu a contrafé não foi identificada como empregado, mandatário, administrador, preposto ou gerente da pessoa jurídica requerida. 3.2.1. Precedente da Casa: A teoria da aparência não pode ser invocada para validar citação na hipótese em que o oficial de justiça nem ao menos identifica a qualificação funcional da pessoa em nome da qual é efetivada, máxime quando o ato não se realiza no endereço em que se situa a sede da pessoa jurídica. (20140111700768APC, Relator: James Eduardo Oliveira, 4ª Turma Cível, DJE: 23/01/2017), 4. Apelo provido para cassar a sentença. (TJDF; APC 2016.14.1.004058-0; Ac. 102.2655; Segunda Turma Cível; Rel. Des. João Egmont Leoncio Lopes; Julg. 24/05/2017; DJDFTE 09/06/2017)

Citação de pessoa física deve ser entregue pessoalmente, sendo inaplicável a Teoria da Aparência:

✓ MANDADO DE SEGURANÇA. ATO JUDICIAL. AUSÊNCIA DOS REQUISITOS LEGAIS, NOS TERMOS DO ART. 10 DA LEI Nº 12.016/09. Em se tratando de citação de pessoa física, não há que se falar em aplicação da teoria da aparência. Inaplicável à espécie o art. 248, § 2º, do CPC, como pretende a impetrante. Decisum que não se mostra teratológico ou abusivo, inexistente direito líquido e certo a ser perseguido. Carência de impetração. Indeferida a inicial. Embargos declaratórios opostos só pela impetrante. Inocorrência de omissão, obscuridade e/ou contradição. Decisão colegiada unânime clara e objetiva. Os declaratórios devem ser encarados como instrumento de aperfeiçoamento da prestação jurisdicional, não como meio hábil ao reexame da causa, apenas porque o decisum refletiu entendimento contrário ao defendido pela embargante. Embargos de declaração conhecidos por serem tempestivos, porém rejeitados. (TJSP; EDcl 2101812-61.2017.8.26.0000/50000; Ac. 10648235; São Paulo; Vigésima Sétima Câmara de Direito Privado; Rel. Des. Campos Petroni; Julg. 01/08/2017; DJESP 14/08/2017; Pág. 2763); APELAÇÃO CÍVEL. Reparação de danos. Alegado vício na citação. Carta de citação que foi recebida por terceira pessoa. Ausência de citação pessoal dos apelantes que são pessoas físicas. Necessidade. Inteligência dos arts. 239, 242 e 248, §1º do CPC/2015. Inaplicabilidade da teoria da aparência à pessoa física. O ônus de provar que por intermédio da terceira pessoa os apelantes tomaram ciência inequívoca da demanda é daquele que alega a validade da citação. Ausência de pressuposto processual de existência. Sentença declarada nula por vício insanável. Recurso de apelação provido para anular o processo a partir da citação. (TJPR; ApCiv 1497568-1; Cascavel; Décima Primeira Câmara Cível; Rel. Des. Sigurd Roberto Bengtsson; Julg. 31/08/2016; DJPR 13/10/2016; Pág. 442). V. tb.: AGRAVO DE INSTRUMENTO. AÇÃO MONITÓRIA. CITAÇÃO POR CARTA PARA ENDEREÇO ANTIGO DA RECORRENTE. Não aplicação da teoria da aparência referente a pessoa física. Jurisprudência dominante. Manutençao da decisão recorrida implicaria injustificável cerceamento de defesa. Processo anulado a partir da citação. Desnecessária a citação da agravante que se deu por citada, ao apresentar os embargos, cujo mérito deverá ser apreciado pelo juízo a quo. Agravo de instrumento provido. Decisão unânime. (TJPE; AI 0010584-25.2016.8.17.0000; Sexta Câmara Cível; Rel. Des. Eduardo Augusto Paura Peres; Julg. 31/01/2017; DJEPE 20/02/2017)

Teoria da Aparência não se aplica ao empresário individual:

✓ LOCAÇÃO. AÇÃO DE DESPEJO POR FALTA DE PAGAMENTO. CITAÇÃO PELO CORREIO. PESSOA FÍSICA. ENTREGA DA CORRESPONDÊNCIA A PESSOA DIVERSA. INADMISSIBILIDADE. VÍCIO CARACTERIZADO, QUE COMPROMETE TODOS OS ATOS PROCESSUAIS PRATICADOS. AGRAVO PROVIDO. A citação pelo correio deve ser realizada mediante a entrega da correspondência à pessoa do citando, providência que não foi observada no caso em exame. O fato de se tratar de empresário individual não autoriza a adoção do tratamento legal conferido à pessoa jurídica, com aplicação da teoria da aparência. (TJSP; AI 2215592-76.2017.8.26.0000; Ac. 11045812; Franca; Trigésima Primeira Câmara de Direito Privado; Rel. Des. Antonio Rigolin; Julg. 06/12/2017; DJESP 19/12/2017; Pág. 3289). No mesmo sentido: AGRAVO DE INSTRUMENTO. CUMPRIMENTO DE SENTENÇA. EXCEÇÃO DE PRÉ-EXECUTIVIDADE. POSSIBILIDADE. NULIDADE DE CITAÇÃO. TEORIA DA APARÊNCIA. INAPLICABILIDADE. MEI. CNPJ APENAS PARA FINS TRIBUTÁRIOS. NÃO HÁ PERSONALIDADE JURÍDICA. CITAÇÃO RECEBIDA POR TERCEIRO NO ENDEREÇO NÃO PODE SER PRESUMIDA ENTREGUE AO MEI. RECURSO CONHECIDO E PROVIDO. 1. Tendo em vista que a alegação de nulidade da citação foi realizada na primeira oportunidade em que a parte ora agravante se manifestou nos autos, e considerando ainda que a exceção de pré-executividade é meio hábil para se arguir matérias de ordem pública conhecíveis de ofício, como é o caso da nulidade de citação, tem- se que não há qualquer óbice para o conhecimento do referido incidente. 2. Nos termos do que já definiu a doutrina, o empresário individual e, por conseguinte, o MEI (microempreendedor individual), seria equiparado à pessoa jurídica apenas para fins tributários, uma vez que inexiste qualquer diferença em termos patrimoniais ou de vontade entre o empresário. pessoa física. e a pessoa jurídica, identificada com um CNPJ. 3. Recurso conhecido e provido. (TJPR; Ag Instr 1719995-8; Francisco Beltrão; Décima Oitava Câmara Cível; Rel. Des. Marcelo Gobbo Dalla Dea; Julg. 08/11/2017; DJPR 22/11/2017; Pág. 410)

Apontando que a exigência de citação pessoal não se aplica ao processo do trabalho:

✓ CITAÇÃO INICIAL RECEBIDA POR TERCEIRO. INEXISTÊNCIA DE NULIDADE. Nos termos do artigo 841 da CLT, a notificação (citação inicial) prescinde que seja feita, estritamente, em nome do representante legal da empresa ou de empregado seu, bastando a entrega a qualquer pessoa que se encontre no endereço correto, não se aplicando o disposto no artigo 242 do CPC/2015. (TRT 18ª R.; AP 0010378-11.2015.5.18.0051; Primeira Turma; Rel. Des. Aldon do Vale Alves Taglialegna; Julg. 16/11/2017; DJEGO 22/11/2017; Pág. 895). No mesmo sentido: CITAÇÃO VÁLIDA. EFEITOS. I - A norma do art. 242, do CPC/2015, que exige a citação pessoal do réu, por meio de representante legal ou procurador legalmente autorizado, não se aplica, com rigor, no processo trabalhista, que dispõe de norma própria, a saber, os artigos 774 e 841, § 1º, da CLT. II - Ademais, mesmo no processo civil, a citação do réu pode ser realizada não necessariamente no endereço indicado na petição inicial, mas em qualquer lugar em que se encontre o réu, diz o art. 243, do CPC/2015, salvo nas hipóteses ressalvadas por lei (art. 244, do CPC/2015). III - Agravo de Petição improvido. (TRT 8ª R.; AP 0011227-35.2013.5.08.0017; Segunda Turma; Rel. Des. Fed. Vicente José Malheiros da Fonseca; Julg. 25/10/2017; DEJTPA 13/11/2017; Pág. 1853)

§ 1º Na ausência do citando, a citação será feita na pessoa de seu mandatário, administrador, preposto ou gerente, quando a ação se originar de atos por eles praticados.

→ v. Art. 119 da Lei 6.404/1976.

§ 2º O locador que se ausentar do Brasil sem cientificar o locatário de que deixou, na localidade onde estiver situado o imóvel, procurador com poderes para receber citação será citado na pessoa do administrador do imóvel encarregado do recebimento dos aluguéis, que será considerado habilitado para representar o locador em juízo.

→ v. Art. 58, IV, da Lei 8.245/1991.

§ 3º A citação da União, dos Estados, do Distrito Federal, dos Municípios e de suas respectivas autarquias e fundações de direito público será realizada perante o órgão de Advocacia Pública responsável por sua representação judicial.

→ v. Art. 35 da LC 73/1993.

→ v. Art. 75, I, II e III do NCPC.

Art. 243. A citação poderá ser feita em qualquer lugar em que se encontre o réu, o executado ou o interessado.

Parágrafo único. O militar em serviço ativo será citado na unidade em que estiver servindo, se não for conhecida sua residência ou nela não for encontrado.

→ v. Art. 76 do CC/2002.

Não pode o militar ser fictamente citado, sem que se tenha buscado encontrá-lo na unidade em que estiver servindo:

✓ AGRAVO DE INSTRUMENTO. RESPONSABILIDADE CIVIL EM ACIDENTE DE TRÂNSITO. CITAÇÃO POR CERTA. RÉU MILITAR. NULIDADE. Sendo o agravante militar do exército brasileiro, é uma prerrogativa sua receber a citação na unidade em que estiver servindo, se não for conhecida a sua residência ou se nela não for encontrado, nos termos do artigo 243, parágrafo único do CPC/2015. Como o recorrente foi citado por hora certa, pois não foi localizado em sua residência, impõe-se o reconhecimento da nulidade do ato processual. Agravo de instrumento provido. Unânime. (TJRS; AI 0386748-30.2015.8.21.7000; Porto Alegre; Décima Primeira Câmara Cível; Rel. Des. Antônio Maria Rodrigues de Freitas Iserhard; Julg. 25/05/2016; DJERS 31/05/2016)

Art. 244. Não se fará a citação, salvo para evitar o perecimento do direito:

I – de quem estiver participando de ato de culto religioso;

II – de cônjuge, de companheiro ou de qualquer parente do morto, consanguíneo ou afim, em linha reta ou na linha colateral em segundo grau, no dia do falecimento e nos 7 (sete) dias seguintes;

→ v. Art. 1.592 do CC/2002.

III – de noivos, nos 3 (três) primeiros dias seguintes ao casamento;

IV – de doente, enquanto grave o seu estado.

Mera apresentação de atestado médico ao tempo em que realizada a diligência, sem comprovação de comprometimento da saúde mental, não invalida a citação:

✓ DIREITO PROCESSUAL CIVIL. AGRAVO DE INSTRUMENTO. AÇÃO ANULATÓRIA AJUIZADA COM O FITO DE OBTER DECLARAÇÃO DE NULIDADE DE SENTENÇA PROFERIDA EM AÇÃO CIVIL PÚBLICA POR FORÇA DE NULIDADE DE CITAÇÃO (QUERELA NULLITATIS INSANABILIS). ALEGADA IMPOSSIBILIDADE DE RECEBER CITAÇÃO DECORRENTE DE ACOMETIMENTO POR DOENÇA GRAVE. TUTELA DE URGÊNCIA. ART. 300 DO CPC. INEXISTÊNCIA DE FUMUS BONI IURIS. RECURSO IMPROVIDO. 1. O art. 300 do CPC/2015 assim dispõe: "a tutela de urgência será concedida quando houver elementos que evidenciem a probabilidade do direito e o perigo de dano ou o risco ao resultado útil do processo ". Ainda que em outras palavras, usadas em suposto sentido novidadeiro, é inescondível que a tutela de urgência continua a depender do velho binômio "periculum in mora" e "fumus boni iuris ". 2. O agravante alega, mas não comprova, que ao tempo da citação encontrava-se impossibilitado temporariamente de exprimir sua vontade e, portanto, de receber a comunicação processual. Sim, pois embora haja nos autos atestado/relatório médico indicando que ele se encontrava em tratamento de câncer de próstata de 2010 a 2014, não há nada que evidencie que o agravante teve sua saúde mental comprometida e que, por força disso, não tinha condições de praticar os atos da vida civil. Como bem colocou o Juiz a quo, embora o atestado médico demonstre a existência de doença grave, "não faz prova de prejuízo à higidez mental ao ponto de prejudicar o autor em sua capacidade de receber citação ". 3. Além disso, a análise da certidão de citação na Ação Civil Pública nº 0002506-67.2013.403.6112 dá conta de que o recorrente ouviu a leitura do mandado e do inteiro teor das cópias dos atos e termos da ação proposta e da intimação da decisão de fls. 50/52, que deferiu a medida liminar, exarou sua nota de ciente e aceitou a contrafé sem ter oposto qualquer resistência decorrente de seu estado de saúde que o impossibilitasse de receber a citação. Por isso, o art. 244, IV, do CPC não o socorre, pelo menos não em sede de cognição sumária. 4. Assim, não basta que o autor alegue perigo de dano ou risco ao resultado útil do processo, para que se desprezem os demais requisitos que a Lei exige no art. 300 do CPC para o efeito pretendido. Em outros termos, a existência do periculum in mora, por si só, não socorre o agravante. 5. Recurso improvido. (TRF 3ª R.; AI 0012373-82.2016.4.03.0000; Sexta Turma; Rel. Des. Fed. Johonsom Di Salvo; Julg. 06/07/2017; DEJF 19/07/2017)

Se a doença grave ocorreu meses antes da citação, sem comprovação de que a enfermidade perdurou por todo esse período, não se reputa inválida o ato de comunicação processual:

✓ AGRAVO DE INSTRUMENTO. NULIDADE DE CITAÇÃO. NÃO OCORRÊNCIA. AVC ISQUÊMICO ANTERIOR À CITAÇÃO. 1. A citação não poderá ocorrer durante o período em que o demandado se encontrar hospitalizado, acometido por doença que impossibilite sua locomoção e a contratação de advogado, segundo inteligência do art. 244, IV, do CPC. 2. Verifica-se que não é o caso dos autos, uma vez que a agravante sofreu AVC isquêmico no início de junho de 2015 e a citação ocorreu em novembro de 2015, ou seja, mais ou menos cinco meses após o AVC, não havendo nos autos qualquer informação médica de que, após o acidente vascular, a paciente tenha ficado com a sua capacidade mental comprometida. 3. Agravo conhecido e não provido. (TJDF; AGI 2016.00.2.037033-6; Ac. 100.8206; Quinta Turma Cível; Rel. Des. Silva Lemos; Julg. 29/03/2017; DJDFTE 07/04/2017)

Art. 245. Não se fará citação quando se verificar que o citando é mentalmente incapaz ou está impossibilitado de recebê-la.

→ *v.* Art. 4º, II e III, do CC/2002.

→ *v.* Arts. 71 e 247, II do NCPC.

→ *v.* Lei 13.146/2015 – Estatuto da Pessoa com Deficiência.

O simples fato de a citação ter ocorrido numa clínica de repouso não exige a observância aos termos do art. 245:

✓ CIVIL. APELAÇÃO. INTEMPESTIVIDADE. NÃO CONHECIMENTO. 1. Não se ignora que a apelante fora citada em uma clínica de repouso. Contudo, não se cogitando de presunção de incapacidade (art. 1, CC), por certo é que a citação pessoal sem qualquer ressalva prevista no art. 245, do CPC, é válida e, como consequência do descumprimento do prazo para oferecimento de defesa, incide, dentre outras, aquela prevista no art. 346, do CPC. 2. Recurso não conhecido. (TJSP; APL 1003221-19.2015.8.26.0011; Ac. 10220657; São Paulo; Trigésima Quinta Câmara de Direito Privado; Rel. Des. Artur Marques; Julg. 06/03/2017; DJESP 10/03/2017)

§ 1º O oficial de justiça descreverá e certificará minuciosamente a ocorrência.

A ocorrência deve ser verificada pessoalmente pelo oficial de justiça, e não por informação de terceiros:

✓ AGRAVO DE INSTRUMENTO. DIREITO TRIBUTÁRIO. EXECUÇÃO FISCAL. ISS. NULIDADE DA CITAÇÃO POR EDITAL. INOCORRÊNCIA. O procedimento de verificação de incapacidade do art. 245 do Código de Processo Civil somente possui lugar quando o oficial de justiça verifica, por si próprio e não por informação de terceiros, que há potencial incapacidade, relativa ou absoluta, temporária ou permanente, do destinatário da citação. No caso concreto, ademais, a informação fornecida ao meirinho de que o executado não poderia receber citação porque esquizofrênico cede frente ao pedido administrativo realizado presencialmente e de punho próprio pelo citando, menos de um mês após a diligência. Nulidade não reconhecida, uma vez que atendida a exigência da Súmula nº 414 do STJ. Prescrição intercorrente. Inexistência de inércia, no caso concreto. Notório que as dificuldades encontradas pelo município de Porto Alegre em promover a presente execução diligentemente encontram origem na conduta do executado, o qual – Ao que consta dos autos – Buscou fugir à citação em variadas oportunidades. Considerando, pois, que a prescrição intercorrente somente possui lugar quando se encontram conjugados o decurso de tempo e a inércia da parte credora, não se há falar em prescrição no caso em tela, eis que não imputável a demora na satisfação do crédito à municipalidade. Negaram provimento ao recurso. Unânime. (TJRS; AI 0329115-27.2016.8.21.7000; Porto Alegre; Segunda Câmara Cível; Relª Desª Laura Louzada Jaccottet; Julg. 15/02/2017; DJERS 22/02/2017)

§ 2º Para examinar o citando, o juiz nomeará médico, que apresentará laudo no prazo de 5 (cinco) dias.

Se a perícia for determinada de ofício pelo juiz, deve a remuneração do perito ser rateada pelas partes:

✓ AGRAVO DE INSTRUMENTO EM EXECUÇÃO. DÚVIDA SOBRE A CAPACIDADE CIVIL DO EXECUTADO PARA RECEBER CITAÇÃO. NOMEAÇÃO DE MÉDICO. REALIZAÇÃO DE PERÍCIA DETERMINADA DE OFÍCIO PELO JUIZ. RATEIO ENTRE AS PARTES DA DESPESA. 1. Nos termos do art. 245 do Código de Processo Civil de 2015, não se fará citação quando verificado que o réu/executado é mentalmente incapaz ou está impossibilitado de recebê-la. 2. Deve o juiz, diante dessa suspeita, nomear médico para examinar o citando e, caso reconhecida a situação incapacitante, o magistrado lhe designará curador especial, a quem caberá receber a citação e promover a defesa dos interesses do citando. 3. Quando a perícia for determinada de ofício pelo magistrado, deve ser rateada, entre as partes litigantes, a despesa decorrente da realização desse ato processual, de conformidade com o art. 95 do Código de Processo Civil de 2015. 4. AGRAVO DE INSTRUMENTO CONHECIDO E PARCIALMENTE PROVIDO. (TJGO; AI 0179797-51.2016.8.09.0000; Urutai; Quarta Câmara Cível; Relª Desª Elizabeth Maria da Silva; DJGO 28/09/2016; Pág. 130)

§ 3º Dispensa-se a nomeação de que trata o § 2º se pessoa da família apresentar declaração do médico do citando que ateste a incapacidade deste.

§ 4º Reconhecida a impossibilidade, o juiz nomeará curador ao citando, observando, quanto à sua escolha, a preferência estabelecida em lei e restringindo a nomeação à causa.

→ *v.* Arts. 1.775 e 1.775-A do CC/2002.

→ *v.* Arts. 72, I e 178, II do NCPC.

§ 5º A citação será feita na pessoa do curador, a quem incumbirá a defesa dos interesses do citando.

→ *v.* Art. 18 da Lei 9.099/1995.

→ *v.* Art. 8º da Lei 6.830/1980.

Art. 246. A citação será feita:

→ *v.* Art. 700, § 7º do NCPC.

I – pelo correio;

→ *v.* Súmula 429 do STJ.

→ *v.* Art. 58, IV, da Lei 8.245/1991.

→ *v.* Arts. 247 e 248 do NCPC.

II – por oficial de justiça;

→ *v.* Arts. 249 a 255 do NCPC.

III – pelo escrivão ou chefe de secretaria, se o citando comparecer em cartório;

IV – por edital;

→ *v.* Súmula 282 do STJ.

→ *v.* Arts. 256 a 259 do NCPC.

V – por meio eletrônico, conforme regulado em lei.

→ *v.* Arts. 6º e 9º, § 1º, da Lei 11.419/2006.

Impossibilidade de citação por meio eletrônico enquanto o sistema não for implantado pelo tribunal:

✓ EXECUÇÃO. Citação por meio eletrônico. Não cabimento. Ausência de prévio cadastro do endereço eletrônico dos Executados. Inteligência do art. 2º, da Lei nº 11.419/06, e do art. 246, § 1º, do NCPC. Sistema de cadastro ainda não implantado por este E. Tribunal de Justiça. Decisão mantida. Recurso não provido. (TJSP; AI 2094266-52.2017.8.26.0000; Ac. 10949266; São Paulo; Décima Segunda Câmara de Direito Privado; Rel. Des. Tasso Duarte de Melo; Julg. 07/11/2017; DJESP 13/11/2017; Pág. 2710). No mesmo sentido: AGRAVO DE INSTRUMENTO. AÇÃO DE EXECUÇÃO DE TÍTULO EXTRAJUDICIAL. INDEFERIMENTO DO PEDIDO DE INSTAURAÇÃO DE INCIDENTE DE RESOLUÇÃO DE DEMANDAS REPETITIVAS, POR NÃO ATENDIMENTO DO DISPOSTO NO ART. 976, I E II, DO CPC, VISTO QUE NÃO CONSTATADA A EFETIVA REPETIÇÃO DE DECISÕES CONFLITANTES APTAS A IMPLICAR RISCO À ISONOMIA E À SEGURANÇA JURÍDICA. Instauração do incidente que se mostra inadmissível. Insurgência em face de decisão que indeferiu pedido da instituição financeira agravante de citação dos agravados por meio eletrônico. Descabimento do inconformismo. Previsão legal disposta no art. 246, V, do CPC que, no momento, se mostra impossível de ser realizada, diante da ausência de Lei regulamentando a matéria. Hipótese de manutenção íntegra da decisão hostilizada. Recurso desprovido. (TJSP; AI 2097751-60.2017.8.26.0000; Ac. 10656643; Piracicaba; Décima Segunda Câmara de Direito Privado; Rel. Des. Jacob Valente; Julg. 03/08/2017; DJESP 11/08/2017; Pág. 2061)

Afastando a possibilidade de citação por e-mail:

✓ AGRAVO DE INSTRUMENTO. Ação monitória. Decisão que indeferiu a citação por correio eletrônico (e-mail), por não haver ainda regulamentação da matéria por Lei. Insurgência. Inadmissibilidade. Art. 246, V, do NCPC, que permite a citação por meio eletrônico, conforme regulado em Lei. Art. 6º da Lei nº 11.419/2006 que não permite afirmar que a citação pode se dar por correio eletrônico, pois até o momento não há como permitir o acesso integral dos autos sem o cadastramento prévio da parte ao sistema do Tribunal. Risco à segurança jurídica pretender interpretação extensiva, como quer o agravante. Instauração de incidente de resolução de demanda repetitiva. Art. 479 do CPC/2015. Ausência de demonstração dos requisitos de efetiva existência de demandas repetitivas e perigo à isonomia e segurança jurídica. Própria parte pode requerer ao Presidente do Tribunal a instauração. Art. 977 do NCPC. Decisão mantida. Recurso não provido. (TJSP; AI 2091014-41.2017.8.26.0000; Ac. 10667753; Diadema; Décima Oitava Câmara de Direito Privado; Rel. Des. Helio Faria; Julg. 01/08/2017; DJESP 11/08/2017; Pág. 2104)

Afastando a possibilidade de citação por publicação no diário de justiça, ainda que se trate de ação de restauração de autos:

✓ PROCESSO CIVIL. INCIDENTE DE RESTAURAÇÃO DE AUTOS. CITAÇÃO PESSOAL. FORMALIDADE LEGAL IMPRESCINDÍVEL. PUBLICAÇÃO NO DJE. INVALIDADE. PROCESSO NULO. O procedimento da ação de restauração de autos prevê que a parte contrária será citada para contestar o pedido no prazo de cinco dias (art. 714, CPC).. Os arts. 242 e 246 do CPC, estabelecem que a citação pessoal deverá ser feita em uma das modalidades ali previstas, dentre as quais não se encontra a publicação no diário judiciário eletrônico, circunstância que torna inválido o ato citatório e vicia todo o processo de restauração. (TJMG; APCV 1.0394.16.003531-4/001; Rel. Des. Alberto Vilas Boas; Julg. 11/07/2017; DJEMG 19/07/2017)

§ 1º Com exceção das microempresas e das empresas de pequeno porte, as empresas públicas e privadas são obrigadas a manter cadastro nos sistemas de processo em autos eletrônicos, para efeito de recebimento de citações e intimações, as quais serão efetuadas preferencialmente por esse meio.

→ *v.* Art. 1.051 do NCPC.

§ 2º O disposto no § 1º aplica-se à União, aos Estados, ao Distrito Federal, aos Municípios e às entidades da administração indireta.

Se o município não atendeu ao dever de realizar o cadastro para recebimento de intimações eletrônicas, correta é a sua intimação por meio do Diário de Justiça:

✓ PROCESSUAL CIVIL. AGRAVO INTERNO NO AGRAVO EM RECURSO ESPECIAL. RECURSO INTEMPESTIVO. INTERPOSIÇÃO ALÉM DO PRAZO LEGAL. ARTS. 1.070 E 183 DO CPC/2015. MUNICÍPIO. INTIMAÇÃO ELETRÔNICA. AUSÊNCIA DE CADASTRO, JUNTO A ESTA CORTE. INTIMAÇÃO POR MEIO DO DIÁRIO DE JUSTIÇA ELETRÔNICO. ARTS. 183, § 1º, IN FINE, 246, §§ 1º E 2º, 270 E PARÁGRAFO ÚNICO, 272 E 1.050 DO CPC/2015. AGRAVO INTERNO NÃO CONHECIDO. I. Agravo interno aviado contra decisão monocrática, que julgou recurso interposto contra decisão que inadmitira o Recurso Especial, publicada na vigência do CPC/2015. II. A decisão, objeto deste Agravo interno, foi disponibilizada em 28/09/2016 (quarta-feira), no Diário de Justiça eletrônico, considerando-se publicada em 29/09/2016 (quinta-feira), e o presente recurso foi interposto em 20/03/2017, quando de há muito escoado o prazo legal, conforme certificado nos autos. III. Descumprido, portanto, o prazo de trinta dias úteis, para a interposição do Agravo interno, previsto nos arts. 1.070 e 183 do CPC vigente, inviável a análise dos argumentos recursais, uma vez que não preenchido um dos requisitos extrínsecos de sua admissibilidade. IV. Registre-se que, "nos termos do art. 1.050 do CPC/2015, competia ao Município ora agravante, no prazo de 30 dias após a entrada em vigor daquele diploma processual, proceder ao cadastramento perante a administração desta Corte, para fins de recebimento de intimações. No mesmo sentido: PET no AREsp 425.715/TO, Rel. Ministro Sérgio Kukina, DJe 2.8.2016" (STJ, AgInt no AgInt no REsp 1.594.244/MG, Rel. Ministro HERMAN BENJAMIN, SEGUNDA TURMA , DJe de 07/03/2017), o que o Município agravante não providenciou, in casu. V. Não efetuando o cadastro previsto em Lei, junto a esta Corte, para fins de intimação pessoal eletrônica, nos termos dos arts. 183, § 1º, in fine, 246, §§ 1º e 2º, e 1.050 do CPC/2015, restou o Município intimado do decisum ora recorrido via Diário da Justiça eletrônico, de conformidade com o art. 272 do CPC/2015, conforme certificado nos autos. VI. Agravo interno não conhecido. (STJ; AgInt-AREsp 977.792; Proc. 2016/0233529-8; BA; Segunda Turma; Relª Minª Assusete Magalhães; DJE 27/06/2017)

§ 3º Na ação de usucapião de imóvel, os confinantes serão citados pessoalmente, exceto quando tiver por objeto unidade autônoma de prédio em condomínio, caso em que tal citação é dispensada.

→ *v.* Súmulas 263 e 391 do STF.

→ *v.* Arts. 115, II e 259, I do NCPC.

→ *v.* Enunciado 25 do FPPC: A inexistência de procedimento judicial especial para a ação de usucapião e regulamentação da usucapião extrajudicial não implicam vedação da ação, que remanesce no sistema legal, para qual devem ser observadas as peculiaridades que lhe são próprias, especialmente a necessidade de citação dos confinantes e a ciência da União, do Estado, do Distrito Federal e do Município.

Considerando ser dispensável, na ação de usucapião de unidade autônoma de prédio em condomínio, a citação não só dos confinantes, mas também dos demais condôminos e de terceiros interessados:

✓ MANDADO DE SEGURANÇA. Ação de usucapião de apartamento. Unidade autônoma de condomínio edilício. Fração ideal que é parte vinculada ao apartamento (art. 1.331, § 3º, do CC). Desnecessidade de citação dos confinantes, dos demais condôminos e dos terceiros interessados. Inteligência do art. 246, § 3º, do CPC/2015. Mandado de segurança concedido à unanimidade. Custas ex lege. Sem honorários. Os impetrantes alegam que ajuizaram uma ação de usucapião do apartamento nº 803, situado no 8º andar do único edifício do condomínio Ivo do prado, na avenida Ivo do prado, nº 210, Aracaju. Se, no qual residiram com a mãe por mais de 30 (trinta) anos, e continuaram a residir após a morte desta. O magistrado determinou a citação dos confinantes do condomínio e os autores impetraram este **mandamus**. O art. 246, § 3º, do CPC/2015 é expresso em dispensar a citação dos confinantes na ação de usucapião de imóvel que tenha por objeto unidade autônoma de prédio em condomínio, sendo sabido que o art. 1.331, § 3º, do Código Civil elenca que a aquisição da propriedade de uma unidade autônoma implica, necessariamente, na aquisição da propriedade de uma fração ideal da área comum. (TJSE; MS 201700624577; Ac. 27581/2017; Câmaras Cíveis Reunidas; Rel. Des. Ricardo Mucio Santana de A. Lima; DJSE 13/12/2017)

Entendendo que se deve citar o síndico na ação de usucapião de unidade autônoma de prédio em condomínio:

✓ AGRAVO DE INSTRUMENTO. USUCAPIÃO. APARTAMENTO. CITAÇÃO DOS CONFINANTES. DESNECESSIDADE. Possível aplicar ao caso concreto o mesmo entendimento contido no artigo 246, §3º, do novo CPC, no tocante a desnecessidade da citação dos confinantes em ações de usucapião de apartamento, pois a individualização do imóvel nesse caso é precisa e delimitada. Contudo, prudente a citação do síndico. Decisão agravada parcialmente reformada. Deram parcial provimento ao agravo de instrumento. (TJRS; AI 0027834-12.2016.8.21.7000; Capão da Canoa; Décima Nona Câmara Cível; Rel. Des. Eduardo João Lima Costa; Julg. 28/04/2016; DJERS 09/05/2016)

Art. 247. A citação será feita pelo correio para qualquer comarca do país, exceto:

I – nas ações de estado, observado o disposto no art. 695, § 3º;

II – quando o citando for incapaz;

→ v. Art. 245, II do NCPC.

III – quando o citando for pessoa de direito público;

Sobre a aplicação da regra ao processo do trabalho:

✓ INTIMAÇÃO PESSOAL DO ENTE PÚBLICO MUNICIPAL. INOBSERVÂNCIA. NULIDADE. Tratando-se de ente público municipal, a citação deve ser pessoal e não pode ser realizada por via postal, sobretudo quando fica caracterizado o prejuízo decorrente do não comparecimento do reclamado à audiência sofrendo os efeitos da revelia. O art. 841, § 1º, da CLT, quanto às notificações na Justiça do Trabalho, não afasta as disposições específicas previstas nos arts. 247 e 249 do CPC, que expressamente exigem a citação pessoal quando se tratar de pessoa jurídica de direito público. **In casu**, provada nos autos a ausência de eficaz e regular notificação do Município, impõe. se a declaração de nulidade de todos os atos praticados, com o retorno do feito à Vara de origem para dar início às etapas do procedimento. (TRT 11ª R.; AP 0000602-18.2014.5.11.0018; Relª Desª Francisca Rita Alencar Albuquerque; Julg. 21/11/2017; DOJTAM 28/11/2017; Pág. 110). Contra, entendendo que o dispositivo não se aplica ao processo trabalhista: AUTARQUIA MUNICIPAL. CITAÇÃO VÁLIDA. NULIDADE. A notificação das pessoas jurídicas de direito público também é postal, não sendo aplicável à hipótese o art. 247, do Código de Processo Civil, que excetua da notificação postal os entes públicos, tendo em vista que tanto a Consolidação das Leis do Trabalho, em seu artigo 841, como o Decreto-Lei nº 779/1969, disciplinam integralmente a matéria. Recurso ordinário conhecido, mas desprovido. (TRT 11ª R.; RO 0002139-30.2015.5.11.0013; Terceira Turma; Rel. Des. Jorge Álvaro Marques Guedes; DOJTAM 15/03/2017; Pág. 176)

IV – quando o citando residir em local não atendido pela entrega domiciliar de correspondência;

V – quando o autor, justificadamente, a requerer de outra forma.

Infrutífera a citação pelo correio, cabe a sua renovação por oficial de justiça:

✓ AGRAVO DE INSTRUMENTO. Execução fiscal. Retorno de carta de aviso de recebimento. Citação infrutífera. Indeferimento de pleito de renovação do ato por oficial de justiça. Formal inconformismo. Carta que retornou sem constatação de que a empresa não está localizada em seu domicílio fiscal. Adequabilidade do pleito de tentativa de citação por oficial. Artigo 247, inciso V do CPC. Recurso provido. (TJPR; Ag Instr 1678385-4; Curitiba; Segunda Câmara Cível; Rel. Des. Guimarães da Costa; Julg. 19/09/2017; DJPR 23/10/2017; Pág. 90)

Considerando possível a citação pelos correios na execução de título extrajudicial:

✓ PROCESSUAL. EXECUÇÃO DE TÍTULO EXTRAJUDICIAL. DECISÃO QUE REPUTOU VÁLIDA A CITAÇÃO PELO CORREIO. Nulidade da citação. Inocorrência. Citação por carta em execução. Possibilidade. Artigo 247 do Código de Processo Civil. Carta enviada no endereço do fiador constante do contrato. Precedentes. Obrigação do fiador que subsiste até a efetiva entrega das chaves, conforme expressa previsão contratual e a teor do disposto no artigo 39 da Lei n. 8.245/1991. Cláusula geral da locação que dispunha que a prorrogação apenas se daria por escrito que não se sobrepõe à cláusula específica da fiança que prevê a responsabilidade dos garantes até a entrega das chaves do imóvel e sem limitação de tempo. Súmula n. 7 deste E. Tribunal de Justiça. Penhora de ativos financeiros encontrados em contas bancárias. Impenhorabilidade. Valor constrito (bem) inferior a 40 (quarenta) salários mínimos. Incidência do artigo 833, inciso X, do Código de Processo Civil. Interpretação ampliativa consagrada pelo C. STJ. RECURSO PROVIDO EM PARTE. (TJSP; AI 2183327-21.2017.8.26.0000; Ac. 11054317; São Paulo; Vigésima Sétima Câmara de Direito Privado; Rel. Des. Mourão Neto; Julg. 11/12/2017; DJESP 18/12/2017; Pág. 3168). No mesmo sentido: TJSP; AI 2124834-51.2017.8.26.0000; Ac. 10947080; São Paulo; Vigésima Oitava Câmara de Direito Privado; Rel. Des. Dimas Rubens Fonseca; Julg. 08/08/2017; DJESP 06/12/2017; Pág. 2979; TJSP; AI 2199388-54.2017.8.26.0000; Ac. 10956162; São Paulo; Vigésima Quinta Câmara de Direito Privado; Rel. Des. Hugo Crepaldi; Julg. 08/11/2017; DJESP 17/11/2017; Pág. 2860; TJSP; AI 2183400-90.2017.8.26.0000; Ac. 10960098; São Paulo; Décima Sétima Câmara de Direito Privado; Rel. Des. Irineu Fava; Julg. 09/11/2017; DJESP 16/11/2017; Pág. 2051; TJSP; AI 2014590-55.2017.8.26.0000; Ac. 10947224; Guarujá; Vigésima Oitava Câmara de Direito Privado; Rel. Des. Dimas Rubens Fonseca; Julg. 21/02/2017; DJESP 09/11/2017; Pág. 2338; TJSP; AI 2160159-87.2017.8.26.0000; Ac. 10934602; Sorocaba; Trigésima Terceira Câmara de Direito Privado; Rel. Des. Sá Duarte; Julg. 30/10/2017; DJESP 08/11/2017; Pág. 2310; TJMG; AI 1.0342.15.011209-8/001; Rel. Des. Roberto Vasconcellos; Julg. 16/02/2017; DJEMG 03/03/2017; TRF 3ª R.; AI 0013593-18.2016.4.03.0000; Terceira Turma; Rel. Des. Fed. Antonio Carlos Cedenho; Julg. 02/08/2017; DEJF 10/08/2017; TRF 4ª R.; AG 5045159-67.2016.404.0000; Terceira Turma; Rel. Des. Fed. Ricardo Teixeira do Valle Pereira; Julg. 25/04/2017; DEJF 03/05/2017

Contra, entendendo inviável a citação pelo correio na ação de execução de título extrajudicial

✓ AGRAVO DE INSTRUMENTO. EXECUÇÃO FUNDADA EM TÍTULO EXTRAJUDICIAL. CITAÇÃO. Insurgência do exequente contra a decisão que indeferiu o pedido de citação pelo correio dos executados. O art. 247 do novo CPC não incluiu a execução nas hipóteses de exceção da citação por via postal, mas manteve previsão específica de expedição de mandado de citação para a execução, pressupondo que tal ato deverá ser praticado por oficial de justiça. Citação por oficial de justiça que atende ao interesse do credor e aos princípios de celeridade e economia processual, porquanto permite concentrar, em sequência, os atos de citação, penhora e avaliação de bens do devedor. Art. 829, § 1º, do novo CPC. Precedentes do TJ-SP. Decisão mantida. Recurso improvido. (TJSP; AI 2210746-16.2017.8.26.0000; Ac. 11018225; São Paulo; Vigésima Quarta Câmara de Direito Privado; Rel. Des. Plinio Novaes de Andrade Júnior; Julg. 23/11/2017; DJESP 05/12/2017; Pág. 2890). No mesmo sentido, TJRS; AI 0288235-56.2017.8.21.7000; Erechim; Décima Quarta Câmara Cível; Relª Desª Miriam Andréa da Graça Tondo Fernandes; Julg. 23/10/2017; DJERS 26/10/2017

Art. 248. Deferida a citação pelo correio, o escrivão ou o chefe de secretaria remeterá ao citando cópias da petição inicial e do despacho do juiz e comunicará o prazo para resposta, o endereço do juízo e o respectivo cartório.

§ 1º A carta será registrada para entrega ao citando, exigindo-lhe o carteiro, ao fazer a entrega, que assine o recibo.

→ *v.* Súmula 429 do STJ.

Apontando que a carta de citação deve ser entregue diretamente ao citando:

✓ DIREITO PROCESSUAL CIVIL. NULIDADE DA CITAÇÃO. ANULAÇÃO DA SENTENÇA. 1 – Na forma do art. 46 da Lei nº 9.099/1995, a ementa serve de acórdão. Recurso próprio, regular e tempestivo. 2 – Nulidade da citação. Na forma do art. 248, §1º, do CPC, a citação pelo correio exige a entrega da carta diretamente ao citando, de quem o carteiro deve colher o ciente. É nula a citação efetuada por intermédio de carta registrada, cujo aviso de recebimento foi assinado por terceiro sem qualquer vínculo com a ré. Impossibilidade de aplicação da Teoria da Aparência. Ademais, no caso em exame, a correspondência foi enviada a uma banca, na feira de Ceilândia (ID. 2658977), que a ré afirma jamais ter trabalhado, o que permite concluir pela irregularidade do ato processual. 3 – Ausência de demonstração de ciência da ré. Subscrito o aviso por outra pessoa que não o réu, o autor tem o ônus de provar que o réu, embora sem assinar o aviso, teve conhecimento da demanda que lhe foi ajuizada. Não há qualquer manifestação do autor nesse sentido. Recurso a que se dá provimento para anular o processo a partir da citação e determinar o prosseguimento do feito, com a sua regular instrução. 4 – Recurso conhecido e provido. Sem custas e sem honorários advocatícios, inaplicáveis as disposições do CPC. 03 (TJDF; Proc 0700.33.9.932017-8070019; Ac. 106.6683; Primeira Turma Recursal dos Juizados Especiais Cíveis e Criminais; Rel. Juiz Aiston Henrique de Sousa; Julg. 12/12/2017; DJDFTE 19/12/2017); AGRAVO DE INSTRUMENTO. EXONERAÇÃO DE ALIMENTOS. REQUISITOS DA CITAÇÃO. NCPC, ART. 248.A citação, em regra, será feita por carta. Tratando-se de pessoa física, deve ser entregue em mão própria, ou seja, ao citando, diretamente. Se terceira pessoa recebeu a carta de citação, deve ser renovado o ato citatório. Agravo improvido. Unânime. (TJRS; AI 0311017-91.2016.8.21.7000; Santiago; Oitava Câmara Cível; Rel. Des. Ivan Leomar Bruxel; Julg. 09/03/2017; DJERS 15/03/2017); AÇÃO DE DESPEJO POR FALTA DE PAGAMENTO CUMULADA COM COBRANÇA. CITAÇÃO POR CARTA. AVISO DE RECEBIMENTO ASSINADO PELA ESPOSA DO RÉU. Necessidade de assinatura do destinatário para validade do ato. Art. 248, § 1º, do Código de Processo Civil. Agravo de instrumento não provido. (TJSP; AI 2162367-44.2017.8.26.0000; Ac. 10806896; Votorantim; Trigésima Terceira Câmara de Direito Privado; Rel. Des. Eros Piceli; Julg. 18/09/2017; DJESP 25/09/2017; Pág. 2714)

Inaplicabilidade da Teoria da Aparência quando o destinatário é pessoa física:

✓ MANDADO DE SEGURANÇA. ATO JUDICIAL. AUSÊNCIA DOS REQUISITOS LEGAIS, NOS TERMOS DO ART. 10 DA LEI Nº 12.016/09. Em se tratando de citação de pessoa física, não há que se falar em aplicação da teoria da aparência. Inaplicável à espécie o art. 248, § 2º, do CPC, como pretende a impetrante. Decisum que não se mostra teratológico ou abusivo, inexistente direito líquido e certo a ser perseguido. Carência de impetração. Indeferida a inicial. Embargos declaratórios opostos só pela impetrante. Inocorrência de omissão, obscuridade e/ou contradição. Decisão colegiada unânime clara e objetiva. Os declaratórios devem ser encarados como instrumento de aperfeiçoamento da prestação jurisdicional, não como meio hábil ao reexame da causa, apenas porque o decisum refletiu entendimento contrário ao defendido pela embargante. Embargos de declaração conhecidos por serem tempestivos, porém rejeitados. (TJSP; EDcl 2101812-61.2017.8.26.0000/50000; Ac. 10648235; São Paulo; Vigésima Sétima Câmara de Direito Privado; Rel. Des. Campos Petroni; Julg. 01/08/2017; DJESP 14/08/2017; Pág. 2763)

Irrelevante, na execução fiscal, que a carta de citação tenha sido recebida por terceiro:

✓ AGRAVO DE INSTRUMENTO. DIREITO TRIBUTÁRIO. EXECUÇÃO FISCAL. IPTU. CITAÇÃO FEITA PELOS CORREIOS, NO DOMICÍLIO DO DEVEDOR, COM AVISODE RECEBIMENTO (AR) ASSINADO POR TERCEIRO. VALIDADE. O artigo 8º, inciso ii, da lei nº 6.830/80, dispõe que a carta ar de citação seja entregue no endereço do executado, desimportando, portanto, que seja recebida por terceiro. Precedentes do STJ e desta corte. Agravo de instrumento provido. (TJRS; AI 0230645-92.2015.8.21.7000; Rosário do Sul; Primeira Câmara Cível; Rel. Des. Carlos Roberto Lofego Canibal; Julg. 16/12/2015; DJERS 26/01/2016)

§ 2º Sendo o citando pessoa jurídica, será válida a entrega do mandado a pessoa com poderes de gerência geral ou de administração, ou, ainda, a funcionário responsável pelo recebimento de correspondências.

→ *v.* Art. 18, II da Lei 9.099/1995.

Reconhecendo a aplicação da Teoria da Aparência para fins de validade da citação pelo correio:

✓ AGRAVO DE INSTRUMENTO. Execução de obrigação de fazer. Título executivo: contrato com assinatura de duas testemunhas. Nulidade do título não foi objeto da decisão do magistrado singular, não sendo este o momento de apreciar a questão, sob pena de supressão de instância. Nulidade de citação. Inexistência. Citação realizada na sede da empresa, a seu empregado. Incumbência da sociedade orientar seus empregados a deixarem de receber a.r., e não do funcionário dos correios em diligenciar essa informação. A entrega da carta de citação a pessoa que aparenta ser responsável pelos recebimentos das correspondências no local onde a sociedade exerce suas atividades torna válida a citação, independentemente da condição de chefia ou gerência, ou da apresentação posterior de escritura pública indicando a falta de poderes do funcionário. Dicção do § 2º do art. 248 do NCPC. Aplicação da teoria da aparência, consoante já consolidada jurisprudência do STJ. Recurso parcialmente conhecido e, na parte conhecida, desprovido. (TJPR; Ag Instr 1691910-5; Pato Branco; Décima Quarta Câmara Cível; Rel. Des. Fernando Antônio Prazeres; Julg. 08/11/2017; DJPR 20/11/2017; Pág. 304); AGRAVO DE INSTRUMENTO. Ação de execução de título extrajudicial. Decisão que indefere pedido formulado pela executada de devolução de prazo para oposição de embargos. Alegação de vício de citação, porque realizada em pessoa sem poderes específicos de representação. Validade do Ato. Aplicação da Teoria da Aparência. Exegese do art. 248, § 2º, do NCPC. Precedentes do C. STJ e desta 15ª Câmara de Direito Privado. Decisão mantida. Recurso desprovido. (TJSP; AI 2202049-06.2017.8.26.0000; Ac. 11007284; São Paulo; Décima Quinta Câmara de Direito Privado; Rel. Des. José Wagner de Oliveira Melatto Peixoto; Julg. 28/11/2017; DJESP 06/12/2017; Pág. 2922); AGRAVO DE INSTRUMENTO. CITAÇÃO. PESSOA JURÍDICA. ENTREGA DE AR NA PORTARIA DE CONDOMÍNIO. ENDEREÇO DA EMPRESA. VALIDADE. MULTA. LITIGÂNCIA DE MÁ-FÉ. INEXISTÊNCIA DE SUBSUNÇÃO AO ART. 80 DO NCPC. AGRAVO PARCIALMENTE PROVIDO. 1. É assente, conforme jurisprudência do colendo Superior Tribunal de justiça, a validade da citação realizada por pessoa que embora não tenha poderes para tanto, recebe a citação via postal sem fazer qualquer ressalva, sendo desnecessária a entrega ao representante legal da empresa. Aplicação da teoria da aparência e artigo 248, §4º do NCPC; 2. Conquanto se reconheça, na espécie, a improcedência das alegações da agravante, o exercício do direito de defesa, nos moldes em que lhe era possível, com a apresentação de argumentação, em tese, plausível, não se subsume as hipóteses taxativas do rol previsto no artigo 80 do NCPC, de forma que descabe a aplicação de multa por litigância de má-fé. 3. Agravo de instrumento parcialmente provido. (TJAM; AI 4001261-51.2017.8.04.0000; Terceira Câmara Cível; Rel. Des. Airton Luis Corrêa Gentil; DJAM 18/09/2017; Pág. 24) .

Afastando a Teoria da Aparência, pois a pessoa que recebeu a carta não tinha qualquer vinculo com a empresa:

✓ AGRAVO DE INSTRUMENTO. DIREITO PROCESSUAL CIVIL. CITAÇÃO. PESSOA JURÍDICA. TEORIA DA APARÊNCIA. INAPLICABILIDADE. AGRAVO DESPROVIDO. 1. É válida a citação da pessoa jurídica quando a entrega do mandado for feita a pessoa com poderes de gerência geral ou de administração ou, ainda, a funcionário responsável pelo recebimento de correspondência, nos termos do artigo 248, parágrafo 2º, do Código de Processo Civil. 2. Sendo a pessoa estranha ao quadro de empregados da empresa não há como se aduzir possuir o funcionário poderes de gerência ou administração, ou até mesmo ser o responsável pelo recebimento de correspondência, mesmo considerando-se ela estar vinculada ao mesmo grupo econômico. 3. Inaplicável a Teoria da Aparência ante o mandado citatório ter sido recebido por pessoa sem vínculo de subordinação ou representação com a pessoa jurídica. 4. Agravo de Instrumento conhecido, mas desprovido. (TJDF; Proc. 0707.62.5.822017-8070000; Ac. 105.0738; Oitava Turma Cível; Rel. Des. Eustáquio de Castro; Julg. 28/09/2017; DJDFTE 09/10/2017)

Vício da citação entregue a quem não mais integrava o quadro societário da empresa:

✓ PROCESSUAL CIVIL. EMBARGOS À EXECUÇÃO. COMPARECIMENTO ESPONTÂNEO E JUNTADA DE PROCURAÇÃO DE EX-SÓCIO DA EMPRESA. PESSOA JURÍDICA REPRESENTADA POR SÓCIO RETIRANTE. IMPOSSIBILIDADE. NULIDADE DA CITAÇÃO. FALTA DE CAPACIDADE PARA SER PARTE NA DEMANDA. AUSÊNCIA DE PRESSUPOSTO DE DESENVOLVIMENTO VÁLIDO E REGULAR DO PROCESSO. EXTINÇÃO SEM RESOLUÇÃO DO MÉRITO. SENTENÇA MANTIDA. 1. Conhece-se em parte do recurso se o recorrente expõe fundamentos de fato e de direito divorciados daqueles constantes do decisum recorrido, deixando de rebater a fundamentação do julgado, revelando-se manifesta a irregularidade formal do recurso. 2. O artigo 248, § 2º, do CPC, dispõe que a citação de pessoa jurídica será considerada válida com a entrega do mandado a pessoa com poderes de gerência geral ou de administração, ou, ainda, a funcionário responsável pelo recebimento de correspondências. O artigo 75, inciso VIII, do mesmo diploma legal, preconiza, ainda, que a pessoa jurídica será representada em juízo ativa e passivamente por quem o ato constitutivo designar, ou, na falta de designação, pelos seus diretores. 3. Constatado que a citação se aperfeiçoou com o comparecimento de pessoa nos autos que não mais integrava o quadro societário da empresa, flagrante é a sua incapacidade para representar a empresa embargante nos autos, e, ainda que a pessoa jurídica esteja inadimplente, inviável o prosseguimento do feito e validade da citação da forma como ocorrida, porquanto ausentes os pressupostos de constituição e desenvolvimento válido e regular do processo, o que enseja a extinção do feito sem resolução do mérito, nos termos do artigo 485, inciso IV, do CPC. 4. Recurso do embargante conhecido em parte e desprovido e do embargado desprovido. Sentença mantida. (TJDF; APC 2017.06.1.005673-6; Ac. 106.6293; Quinta Turma Cível; Rel. Des. Josaphá Francisco dos Santos; Julg. 29/11/2017; DJDFTE 15/12/2017)

Reconhecendo fé pública de atos praticados pelo funcionário do correio:

✓ AGRAVO DE INSTRUMENTO. RESPONSABILIDADE CIVIL. CUMPRIMENTO DE SENTENÇA. ALEGAÇÃO DE NULIDADE DA CITAÇÃO. CITAÇÃO DE PESSOA FISICA POR CARTA AR. ASSINATURA DO DESTINATÁRIO COM INFORMAÇÃO DO Nº DO RG. PRESENÇÃO DE VERACIDADE NÃO ELIDIDA. NULIDADE NÃO CONFIGURADA. A citação de pessoa física pelo correio deve obedecer ao disposto no §1ª do art. 248 do NCPC (antigo art. 223, parágrafo único, do CPC/73), sendo necessária a entrega direta ao destinatário, de quem o carteiro deve colher o ciente. – A entrega da carta de citação, mediante assinatura no respectivo aviso de recebimento, é realizada por meio da empresa brasileira de correios e telégrafos – ECT, empresa pública vinculada ao ministério das comunicações, cujos atos gozam de presunção de veracidade, por serem dotados da chamada fé pública. – Caso dos autos que, embora afirme a nulidade da citação, o agravante nada traz de efetivo nesse sentido, sendo sua afirmação desprovida de qualquer subsídio probatório a sustentar a sua tese. Presunção de veracidade não elidida. Agravo de instrumento desprovido. (TJRS; AI 0189927-82.2017.8.21.7000; Capão da Canoa; Nona Câmara Cível; Rel. Des. Carlos Eduardo Richinitti; Julg. 13/09/2017; DJERS 26/09/2017)

§ 3º Da carta de citação no processo de conhecimento constarão os requisitos do art. 250.

Ausência de indicação do prazo para contestar implica necessidade de repetição do ato citatório ou aceitação da contestação, ainda que intempestiva:

✓ APELAÇÕES. AÇÃO DE RESCISÃO DE CONTRATO DE CONSÓRCIO COM DEVOLUÇÃO DE VALORES E PEDIDO DE COMPENSAÇÃO POR DANOS MORAIS. DEMONSTRAÇÃO DE VÍCIO NA CARTA DE CITAÇÃO-DECORRENTE DA FALTA DE INDICAÇÃO DO PRAZO PARA APRESENTAR CONTESTAÇÃO. PREJUÍZO PRESUMIDO À REQUERIDA. NECESSIDADE DE REPETIÇÃO DA CITAÇÃO. APELAÇÃO DA REQUERIDA PARCIALMENTE PROVIDA E APELAÇÃO DO AUTOR COM ANÁLISE PREJUDICADA. SENTENÇA ANULADA. A falta de indicação do prazo para contestar no mandado ou na carta de citação impõe prejuízo presumido à parte requerida e a necessidade de repetição do ato citatório ou de aceitação da contestação mesmo que intempestiva. (TJMT; APL 64959/2017; Porto Alegre do Norte; Rel. Des. Guiomar Teodoro Borges; Julg. 19/07/2017; DJMT 24/07/2017; Pág. 125)

§ 4º Nos condomínios edilícios ou nos loteamentos com controle de acesso, será válida a entrega do mandado a funcionário da portaria responsável pelo recebimento de correspondência, que, entretanto, poderá recusar o recebimento, se declarar, por escrito, sob as penas da lei, que o destinatário da correspondência está ausente.

Considerando que o § 4º se aplica inclusive quando o destinatário é uma pessoa jurídica:

✓ AGRAVO DE INSTRUMENTO. EXECUÇÃO DE TÍTULO EXTRAJUDICIAL. CITAÇÃO VIA POSTAL ENTREGUE NO ENDEREÇO CORRETO DA PESSOA JURÍDICA. Condomínio edilício. Recebimento pelo funcionário da portaria. Decisão agravada que não reconhece a nulidade da citação. Manutenção. Inteligência do art. 248 §2º e 4º do CPC/15. Enunciado nº 118 TJRJ. Validade do ato. Teoria da aparência. Ausência de elementos que indiquem a nulidade alegada. Desprovimento do recurso. (TJRJ; AI 0061648-83.2017.8.19.0000; Rio de Janeiro; Quinta Câmara Cível; Relª Desª Claudia Telles de Menezes; DORJ 14/12/2017; Pág. 305)

Irrelevante que na carta de citação não conste o andar e o número da sala, desde que o nome da destinatária esteja correto:

✓ AGRAVO DE INSTRUMENTO. NULIDADE DA CITAÇÃO. I. Prejudicada a análise do agravo regimental. II. Inocorrência da nulidade. Aplicação da teoria da aparência. Entendimento jurisprudencial de que o recebimento do mandado citatório ou mesmo da carta de citação, como é o caso dos autos, por funcionário sem poderes de representação é válido ante a aplicação da teoria da aparência. Cartas de citação e intimação recebidas no mesmo endereço, com a indicação correta e expressa do nome da empresa destinatária. Irrelevância de não citar o andar e o número da sala do conjunto comercial da empresa. Inteligência do art. 248, §§ 2º e 4º, do NCPC. Citação válida. Decisão mantida. Agravo improvido. (TJSP; AI 2247278-23.2016.8.26.0000; Ac. 10484186; São Paulo; Vigésima Quarta Câmara de Direito Privado; Rel. Des. Salles Vieira; Julg. 01/06/2017; DJESP 07/06/2017; Pág. 1780)

Aplicando o disposto no § 4º em caso de ação de execução de titulo extrajudicial:

✓ AGRAVO DE INSTRUMENTO. AÇÃO DE EXECUÇÃO DE TÍTULO EXTRAJUDICIAL. DECISÃO DE INDEFERIMENTO DO PEDIDO DE PENHORA ELETRÔNICA NAS CONTAS CORRENTES DO EXECUTADO POR CONSIDERAR INVÁLIDA A CITAÇÃO REALIZADA. Irresignação dos exequentes. É válida a citação no processo de execução quando efetivada na pessoa do porteiro do condomínio onde reside o executado. Inteligência do artigo 248, §4º do CPC. Prosseguimento da execução é medida que se impõe. Impossibilidade da análise dos pedidos constritivos visto que sequer foram apreciados pelo r. Juízo de origem, sob pena de supressão de instância e de ofensa ao princípio do juiz natural. Recurso parcialmente provido. (TJRJ; AI 0046094-11.2017.8.19.0000; Rio de Janeiro; Décima Quarta Câmara Cível; Rel. Des. Francisco de Assis Pessanha Filho; DORJ 01/12/2017; Pág. 431)

Aplicando analogicamente o § 4º à intimação, ato menos solene do que a citação:

✓ DIREITO PROCESSUAL CIVIL. ABANDONO PROCESSUAL. INTIMAÇÃO PESSOAL REALIZADA PELA VIA POSTAL E RECEBIDA POR FUNCIONÁRIO DA PORTARIA DE CONDOMÍNIO EDILÍCIO. Possibilidade de aplicação analógica do art. 248, § 4º, do CPC, uma vez que a citação é ato mais solene e formal do que a intimação. Validade da intimação para fins do art. 485, § 1º, do CPC. Ônus da prova do autor de demonstrar que quem recebeu a intimação não era funcionário da portaria. Extinção do processo sem resolução do mérito, diante da inércia da autora (art. 485, III, do CPC). Recurso a que se nega provimento. (TJRJ; APL 0472832-75.2011.8.19.0001; Rio de Janeiro; Segunda Câmara Cível; Rel. Des. Alexandre Freitas Câmara; Julg. 14/11/2012; DORJ 26/10/2017; Pág. 255)

Art. 249. A citação será feita por meio de oficial de justiça nas hipóteses previstas neste Código ou em lei, ou quando frustrada a citação pelo correio.

Cabimento da citação por oficial de justiça quando há dúvida quanto ao motivo da frustração da citação pelo correio:

✓ AGRAVO DE INSTRUMENTO. Execução fiscal. Citação pelo correio infrutífera. Dúvida quanto ao real motivo do correio não ter obtido êxito na entrega do mandado. Requerimento de que a citação seja feita por oficial de justiça. Possibilidade. Medida justificável. Inteligência dos artigos 247, V e 249 do CPC. Recurso provido. (TJPR; Ag Instr 1685678-5; Curitiba; Primeira Câmara Cível; Rel. Des. Jorge de Oliveira Vargas; Julg. 06/06/2017; DJPR 10/07/2017; Pág. 107)

Exigência de tentativa de citação por oficial de justiça antes que se lance mão da citação por edital:

✓ APELAÇÃO CÍVEL. AÇÃO DECLARATÓRIA DE NULIDADE DE SENTENÇA DE MÉRITO. (QUERELA NULLITATIS INSANABILIS). Sentença de procedência. Citação por edital antes de esgotados todos os meios para a localização da parte ré. Ofensa aos princípios da ampla defesa e contraditório. Nulidade. Inteligência do artigo 256, do Código de Processo Civil. Frustrada a citação pelos correios caberia a diligência por meio de oficial de justiça na forma do art. 249 do CPC, o que não correu na hipótese. Não esgotamento dos meios de localização do réu. A citação por edital possui caráter excepcional e somente pode ser realizada mediante comprovação de impossibilidade da citação pessoal. Manutenção da decisão. Desprovimento do recurso. (TJRJ; APL 0046125-09.2009.8.19.0001; Rio de Janeiro; Décima Nona Câmara Cível; Rel. Des. Guaraci de Campos Vianna; DORJ 28/09/2017; Pág. 406); PROCESSO CIVIL. ACIDENTE DE TRÂNSITO. INDENIZAÇÃO POR DANOS MATERIAIS. CITAÇÃO POR EDITAL. NULIDADE. Na hipótese de frustração da citação do réu via correio, necessário o esgotamento das vias ordinárias para localização do endereço do réu, inclusive a tentativa de citação por meio de oficial de justiça (artigo 249 do CPC/2014), nos endereços já fornecidos. Nesse contexto, de rigor a anulação de todos os atos praticados a partir da citação por edital, observando que, na hipótese de frustração da citação por meio de oficial de justiça nos endereços já fornecidos, é necessário que se esgotem todos os meios possíveis para localização do réu, antes da realização de nova citação por edital. Recurso provido. (TJSP; APL 1000800-12.2016.8.26.0564; Ac. 10753876; São Bernardo do Campo; Trigésima Quarta Câmara de Direito Privado; Rel. Des. Carlos von Adamek; Julg. 30/08/2017; DJESP 05/09/2017; Pág. 2309). V. tb.: TJSP; APL 0188851-97.2012.8.26.0100; Ac. 10155620; São Paulo; Décima Segunda Câmara de Direito Privado; Rel. Des. Ramon Mateo Júnior; Julg. 10/02/2017; DJESP 17/02/2017

Contra, dispensando que todas as tentativas de citação pelo correio sejam reiteradas por oficial de justiça para que seja deferida a citação por edital:

✓ PRESTAÇÃO DE SERVIÇOS EDUCACIONAIS. Ação monitória. Citação por edital. Validade diante das infrutíferas tentativas de localização da devedora. Descabida a anulação com fulcro no art. 249, do CPC, uma vez que houve inúmeras tentativas de citação por oficial de justiça, sendo desnecessária que todas as tentativas feitas por AR sejam reiteradas por oficial de justiça. Honorários advocatícios contratuais, no caso, não reembolsáveis. Sentença de procedência mantida, com observação. Recurso provido em parte. (TJSP; APL 4008481-84.2013.8.26.0564; Ac. 10705877; São Bernardo do Campo; Trigésima Quarta Câmara de Direito Privado; Relª Desª Cristina Zucchi; Julg. 09/08/2017; DJESP 25/08/2017; Pág. 2343)

Art. 250. O mandado que o oficial de justiça tiver de cumprir conterá:

I – os nomes do autor e do citando e seus respectivos domicílios ou residências;

II – a finalidade da citação, com todas as especificações constantes da petição inicial, bem como a menção do prazo para contestar, sob pena de revelia, ou para embargar a execução;

Considerando que a falta de expressa indicação no mandado de citação do inicio do prazo para contestar acarreta a sua restituição:

✓ AGRAVO DE INSTRUMENTO. DECISÃO QUE INDEFERE O PEDIDO DE QUE O PRAZO PARA CONTESTAR SE INICIE COM A DESIGNAÇÃO DE AUDIÊNCIA CONCILIATÓRIA. IRRESIGNAÇÃO. Acolhimento. Audiência de conciliação não designada. Multiplicidade de critérios legais de contagem. Prazo de resposta regido pelo disposto no art. 231 do CPC, cujo início se verifica com a juntada do mandado citatório aos autos (art. 335 do CPC). Determinação, contudo, que se afigura genérica. Falta de expressa advertência no conteúdo da ordem citatória quanto ao início de fluência do prazo de defesa. Decisão que causa surpresa à parte. Potencial lesão aos princípios da ampla defesa e do contraditório que deve ser evitada. Restituição do prazo para a apresentação da contestação que espelha providência que melhor acomoda a prestação jurisdicional. Decisão reformada. Agravo provido. (TJSP; AI 2123901-78.2017.8.26.0000; Ac. 10877351; Salto; Sétima Câmara de Direito Privado; Rel. Des. Rômolo Russo; Julg. 11/10/2017; DJESP 18/10/2017; Pág. 2008)

III – a aplicação de sanção para o caso de descumprimento da ordem, se houver;

IV – se for o caso, a intimação do citando para comparecer, acompanhado de advogado ou de defensor público, à audiência de conciliação ou de mediação, com a menção do dia, da hora e do lugar do comparecimento;

→ *v.* Art. 334 do NCPC.

→ *v.* Enunciado 273 do FPPC: Ao ser citado, o réu deverá ser advertido de que sua ausência injustificada à audiência de conciliação ou mediação configura ato atentatório à dignidade da justiça, punível com a multa do art. 335, § 8º, sob pena de sua inaplicabilidade.

V – a cópia da petição inicial, do despacho ou da decisão que deferir tutela provisória;

VI – a assinatura do escrivão ou do chefe de secretaria e a declaração de que o subscreve por ordem do juiz.

Apontando que a inobservância aos requisitos do art. 250 do CPC conduz à nulidade do ato citatório:

✓ RECURSO DE APELAÇÃO. APURAÇÃO DE INFRAÇÃO ADMINISTRATIVA. MANDADO DE CITAÇÃO. ART. 250, CPC. PRAZO PARA CONTESTAR. AUSÊNCIA INOBSERVÂNCIA DE REQUISITO. NULIDADE DA CITAÇÃO. SENTENÇA CASSADA. Os requisitos contidos no art. 250 do CPC são imprescindíveis para o regular andamento do feito e a sua inobservância conduz à nulidade do ato citatório. (TJMG; APCV 1.0686.15.019576-2/001; Rel. Des. Carlos Roberto de Faria; Julg. 16/11/2017; DJEMG 04/12/2017)

Art. 251. Incumbe ao oficial de justiça procurar o citando e, onde o encontrar, citá-lo:

→ *v.* Arts. 242 e 243 do NCPC.

I – lendo-lhe o mandado e entregando-lhe a contrafé;

II – portando por fé se recebeu ou recusou a contrafé;

III – obtendo a nota de ciente ou certificando que o citando não a apôs no mandado.

Se o oficial de justiça não obtém a nota de ciente, nem certifica sua recusa, verifica-se a nulidade da citação:

✓ AGRAVO DE INSTRUMENTO. EXCEÇÃO DE PRÉ-EXECUTIVIDADE. NULIDADE DA CITAÇÃO. CERTIDÃO. AUSÊNCIA DOS REQUISITOS LEGAIS DO ART. 251 DO CPC/15. INEXISTÊNCIA DE NOTA DE CIENTE E DE CERTIDÃO DE RECUSA EM APOR SUA ASSINATURA. 1. Demonstrado nas razões recursais o alegado equívoco da decisão agravada, especificamente com relação a cada ponto da defesa apresentada em sede de primeira instância, mesmo que com fundamentos semelhantes, não há o que se falar no desrespeito ao art. 1.016 do CPC/15. 2. Como cediço, a citação constitui requisito para instaurar a relação jurídica processual (art. 238 do CPC/15) e garantir o direito fundamental a ampla defesa e o contraditório (art. 5º, LV, da CF). 3. Considerando que o Oficial de Justiça não observou os requisitos indispensáveis para a validade do ato de comunicação (art. 251 do CPC/15), notadamente a nota de ciente do executado, ou a certidão de que este não apôs sua assinatura por ter se recusado, tem-se a nulidade da citação (art. 280 do CPC/15). 4. Recurso conhecido e provido. (TJMG; AI 1.0693.13.006172-6/001; Relª Desª Shirley Fenzi Bertão; Julg. 01/02/2017; DJEMG 07/02/2017). V. tb.: AGRAVO DE INSTRUMENTO INTERPOSTO SOB A ÉGIDE DA LEI Nº 13.015/2014. PRELIMINAR DE NULIDADE. CERCEAMENTO DE DEFESA Vislumbrada violação ao art. 5º, LV, da Constituição, dá-se provimento ao Agravo de Instrumento para determinar o processamento do recurso denegado. Agravo de Instrumento conhecido e provido. II. RECURSO DE REVISTA INTERPOSTO SOB A ÉGIDE DA LEI Nº 13.015/2014. PRELIMINAR DE NULIDADE. NEGATIVA DE PRESTAÇÃO JURISDICIONAL A prefacial não será examinada por força do art. 282, § 2º, do NCPC. PRELIMINAR DE NULIDADE. CERCEAMENTO DE DEFESA. **In casu**, não consta na certidão de citação do oficial de justiça o nome e a assinatura do recebedor do mandado ou informação de que o citando recusou-se a apô-la. Nos termos do art. 251, III, do NCPC, incumbe ao oficial de justiça procurar o citando e, onde o encontrar, citá-lo, obtendo a nota de ciente ou certificando que o citando não a apôs no mandado. Recurso de Revista conhecido parcialmente e provido. (TST; RR 0121000-19.2013.5.17.0161; Oitava Turma; Relª Min. Maria Cristina Irigoyen Peduzzi; DEJT 05/08/2016; Pág. 2329)

Art. 252. Quando, por 2 (duas) vezes, o oficial de justiça houver procurado o citando em seu domicílio ou residência sem o encontrar, deverá, havendo suspeita de ocultação, intimar qualquer pessoa da família ou, em sua falta, qualquer vizinho de que, no dia útil imediato, voltará a fim de efetuar a citação, na hora que designar.

→ *v.* Súmula 196 do STJ.

→ *v.* Art. 829, § 1º do NCPC.

Parágrafo único. Nos condomínios edilícios ou nos loteamentos com controle de acesso, será válida a intimação a que se refere o *caput* feita a funcionário da portaria responsável pelo recebimento de correspondência.

Considerando que a certidão do oficial de justiça não precisa especificar as razões da suspeita de ocultação para a validade da citação com hora certa:

✓ CONDOMÍNIO. Ação de cobrança. Despesas condominiais. Citação com hora certa. Contestação por negação geral apresentada por curador especial. Alegação de nulidade da citação. Sentença de procedência. Apelo do réu. Requisitos do artigo 252 do Código de Processo Civil observados. Inexistência de exigência legal que obrigue o oficial de justiça a especificar os fundamentos que amparam a suspeita de ocultação. Certidão que goza de fé pública. Citação regular. Sentença mantida. Apelação desprovida. (TJSP; APL 1119575-88.2014.8.26.0100; Ac. 10987177; São Paulo; Vigésima Nona Câmara de Direito Privado; Rel. Des. Carlos Henrique Miguel Trevisan; Julg. 21/11/2017; DJESP 30/11/2017; Pág. 2564); AÇÃO DE COBRANÇA. PRESTAÇÃO DE SERVIÇOS EDUCACIONAIS. CITAÇÃO POR HORA CERTA. Validade. Observância aos requisitos do art. 252 do NCPC. Certidão do oficial de justiça que goza de fé pública e presunção de veracidade. A ausência de descrição minuciosa da suspeita de ocultação não invalida o ato citatório. Recurso não provido. (TJSP; APL 1011317-72.2014.8.26.0006; Ac. 11002047; São Paulo; Vigésima Sexta Câmara de Direito Privado; Rel. Des. Alfredo Attié; Julg. 23/11/2017; DJESP 05/12/2017; Pág. 2919)

Ausência dos horários em que o oficial de justiça tentou citar o destinatário não invalida a citação com hora certa:

✓ ADMINISTRATIVO. EMBARGOS À EXECUÇÃO. CITAÇÃO POR HORA CERTA. NULIDADE INEXISTENTE. EMBARGOS INTEMPESTIVOS. 1. Segundo dispõe o artigo 252, caput do CPC/2015, quando, por 2 vezes, o oficial de justiça houver procurado o citando em seu domicílio ou residência sem o encontrar, deverá, havendo suspeita de ocultação, intimar qualquer pessoa da família ou, em sua falta, qualquer vizinho de que, no dia útil imediato, voltará a fim de efetuar a citação, na hora que designar. 2. A ausência dos horários na certidão emitida pelo oficial de justiça dos dias em que esteve na residência do citando antes da citação por hora certa não constitui um requisito fundamental, não estando previsto em Lei, de forma que a sua ausência não configura nulidade da citação. 3. Verificado o escoamento para apresentação dos embargos à execução, está caracterizada sua intempestividade. (TRF 4ª R.; AC 5037597-56.2016.404.7000; PR; Quarta Turma; Rel. Des. Fed. Luís Alberto d'Azevedo Aurvalle; Julg. 05/07/2017; DEJF 07/07/2017)

Contra, exigindo que seja fundamentada a suspeita de ocultação e indicados os horários em que se tentou a citação pessoal para a validade da citação com hora certa:

✓ APELAÇÃO. AÇÃO DE DESPEJO POR FALTA DE PAGAMENTO CUMULADA COM COBRANÇA DE ALUGUÉIS. CITAÇÃO POR HORA CERTA. Decretação da revelia. Sentença que julgou procedente o pedido para declarar rescindido o contrato de locação e determinar o despejo do imóvel, condenando o réu ao pagamento dos aluguéis e encargos vencidos, devidamente corrigidos, bem como ao pagamento das custas e honorários advocatícios. Insurgência do réu. Preliminar de nulidade da citação por hora certa que se acolhe. Ausência na certidão do Sr. Oficial de Justiça das razões de suspeita de ocultação e, ainda, dos horários em que foram realizadas as diligências. Inobservância do disposto no artigo 227 do Código de Processo Civil/1973 (atual artigo 252 do Código de Processo Civil). RECURSO A QUE SE DÁ PROVIMENTO. (TJRJ; APL 0036993-22.2014.8.19.0204; Rio de Janeiro; Décima Segunda Câmara Cível; Rel. Des. José Acir Lessa Giordani; DORJ 22/09/2017; Pág. 411); APELAÇÃO CÍVEL. DIREITO PRIVADO NÃO ESPECIFICADO. EMBARGOS À EXECUÇÃO. CITAÇÃO POR HORA CERTA. NULIDADE RECONHECIDA. INOBSERVÂNCIA DAS DISPOSIÇÕES DOS ARTS. 252 E SEGUINTES DO CPC/2015. Suspeita de ocultação que não restou devidamente demonstrada. Embargos julgados procedentes. Recurso provido. Unânime. (TJRS; AC 0243550-61.2017.8.21.7000; Caxias do Sul; Décima Oitava Câmara Cível; Rel. Des. Pedro Celso Dal Pra; Julg. 14/09/2017; DJERS 22/09/2017)

Aplicando os termos do art. 252 do CPC para a intimação com hora certa:

✓ PROCESSO CIVIL. AGRAVO DE INSTRUMENTO. ALIENAÇÃO FIDUCIÁRIA DE BEM IMÓVEL. SENTENÇA PARCIAL DE MÉRITO. CONSOLIDAÇÃO DA PROPRIEDADE IMOBILIÁRIA. NECESSIDADE DE INTIMAÇÃO PESSOAL DO DEVEDOR. INTIMAÇÃO POR VIA JUDICIAL POR HORA CERTA APÓS FRUSTAÇÃO DA INTIMAÇÃO PESSOAL POR OCULTAÇÃO DA DEVEDORA. DECISÃO MANTIDA. 1. Embora necessária a intimação pessoal do devedor acerca da consolidação da propriedade imobiliária, admite-se a intimação realizada por via judicial e por hora certa em havendo suspeita de ocultação, em analogia aos termos do art. 252 do CPC. Inviável, portanto, a pretensão de anulação da consolidação da propriedade do bem, já que não houve qualquer irregularidade neste procedimento, e os devedores não purgaram a mora. 2. Recurso improvido. (TJSP; AI 2214052-27.2016.8.26.0000; Ac. 10061412; São Paulo; Trigésima Quinta Câmara de Direito Privado; Rel. Des. Artur Marques; Julg. 13/12/2016; DJESP 19/12/2016)

Aplicando subsidiariamente o dispositivo para a intimação com hora certa no procedimento de excussão da alienação fiduciária de imóvel regulada pela Lei 9.514/1997:

✓ TUTELA DE URGÊNCIA. TUTELA EM CARÁTER ANTECEDENTE. PRETENSÃO DO AUTOR À SUSPENSÃO DE LEILÕES EXTRAJUDICIAIS. Ação declaratória de nulidade de consolidação da propriedade de imóvel no procedimento da Lei n. 9.514/97. Tutela deferida e leilões suspensos, ao fundamento de que o autor não foi intimado pessoalmente. Interpretação do art. 26, §1º, da Lei n. 9.514/97 que não exige a intimação pessoal, mas admite a intimação pelo correio (§3º in fine). Intimação, no caso concreto, feita com hora certa pelo escrevente habilitado do Registro de Imóveis, depois de três tentativas e suspeita de ocultação. Entrega à funcionária da portaria do condomínio edilício. Validade, hoje prevista no art. 252, parágrafo único, do novo CPC. Higidez da consolidação da propriedade do imóvel em nome do credor fiduciário e alienação em leilão público como corolário. Carência de probabilidade do direito requisitada pelo art. 300 do novo CPC. Recurso provido e tutela revogada. (TJSP; AI 2139085-74.2017.8.26.0000; Ac. 10975948; São Paulo; Décima Segunda Câmara de Direito Privado; Rel. Des. Cerqueira Leite; Julg. 14/11/2017; DJESP 27/11/2017; Pág. 2359)

Art. 253. No dia e na hora designados, o oficial de justiça, independentemente de novo despacho, comparecerá ao domicílio ou à residência do citando a fim de realizar a diligência.

§ 1º Se o citando não estiver presente, o oficial de justiça procurará informar-se das razões da ausência, dando por feita a citação, ainda que o citando se tenha ocultado em outra comarca, seção ou subseção judiciárias.

§ 2º A citação com hora certa será efetivada mesmo que a pessoa da família ou o vizinho que houver sido intimado, esteja ausente, ou se, embora presente, a pessoa da família ou o vizinho se recusar a receber o mandado.

§ 3º Da certidão da ocorrência, o oficial de justiça deixará contrafé com qualquer pessoa da família ou vizinho, conforme o caso, declarando-lhe o nome.

§ 4º O oficial de justiça fará constar do mandado a advertência de que será nomeado curador especial se houver revelia.

→ v. Súmula 196 do STJ.

→ v. Art. 72, II do NCPC.

Art. 254. Feita a citação com hora certa, o escrivão ou chefe de secretaria enviará ao réu, executado ou interessado, no prazo de 10 (dez) dias, contado da data da juntada do mandado aos autos, carta, telegrama ou correspondência eletrônica, dando-lhe de tudo ciência.

→ v. Art. 231, § 4º do NCPC.

Considerando nula a citação com hora certa que deixou de observar a exigência do art. 254 do CPC:

✓ APELAÇÃO CÍVEL. CONDOMÍNIO. AÇÃO DE COBRANÇA. SENTENÇA DE PARCIAL PROCEDÊNCIA. RECURSO DA PARTE RÉ. NULIDADE DA CITAÇÃO COM HORA CERTA. CURADOR ESPECIAL. Ausência de comprovação da remessa da carta de cientificação exigida no art. 254 do CPC. Consequente reconhecimento da nulidade da citação com hora certa, com a desconstituição da sentença. Orientação jurisprudencial da câmara. Apelação provida. (TJRS; AC 0445398-36.2016.8.21.7000; Porto Alegre; Décima Nona Câmara Cível; Relª Desª Mylene Maria Michel; Julg. 09/11/2017; DJERS 27/11/2017); AGRAVO DE INSTRUMENTO. EXECUÇÃO POR QUANTIA CERTA. CITAÇÃO POR HORA CERTA. AUSÊNCIA DE ENVIO DE CARTA CONFIRMATÓRIA E NOMEAÇÃO DE CURADOR ESPECIAL. NULIDADE CONFIGURADA. VIOLAÇÃO À SÚMULA Nº 196 DO STJ E ARTS. 72, II E 254 DO CPC/15. RECURSO CONHECIDO E PROVIDO. 1. A remessa de carta, telegrama ou correspondência eletrônica ao réu citado por hora certa é pressuposto de validade da citação, e sua inobservância enseja nulidade. Precedentes do STJ. 2. "ao executado que, citado por edital ou por hora certa, permanecer revel, será nomeado curador especial, com legitimidade para apresentação de embargos" (Súmula nº 196 do STJ). Tal providência tem por finalidade garantir o contraditório efetivo e real no caso concreto. 3. A constituição de advogado pelo executado, a fim de interpor agravo de instrumento, não tem o condão de afastar a nulidade configurada pela falta de nomeação de curador especial, uma vez que tal providência deveria ter sido adotada em momento anterior à determinação da penhora dos bens do agravante, a fim de que este pudesse exercer seu direito de defesa antes de sofrer a constrição patrimonial. 4. Recurso conhecido e provido. (TJCE; AI 0627565-86.2016.8.06.0000; Terceira Câmara de Direito Privado; Relª Desª Marlucia de Araújo Bezerra; DJCE 21/03/2017; Pág. 76); APELAÇÃO CÍVEL. AÇÃO DE REINTEGRAÇÃO DE POSSE. SENTENÇA DE IMPROCEDÊNCIA. Anulação. Citação por hora certa. Revelia decretada. Inobservância do artigo 254 do Código de Processo Civil/2015. Ausência de nomeação de curador especial ao réu citado por hora certa. **Error in Procedendo**. Sentença que se anula. Recurso a que se dá provimento. (TJRJ; APL 0433589-85.2015.8.19.0001; Rio de Janeiro; Nona Câmara Cível; Rel. Des. José Roberto Portugal Compasso; DORJ 05/10/2017; Pág. 303); AÇÃO DE COBRANÇA DE DESPESAS CONDOMINIAIS. CITAÇÃO COM HORA CERTA. NULIDADE. Carta de ciência não remetida. Remessa obrigatória. Inteligência do artigo 254 do CPC/2015. Recurso provido. (TJSP; APL 1023288-97.2013.8.26.0100; Ac. 10788638; São Paulo; Trigésima Sexta Câmara de Direito Privado; Rel. Des. Pedro Baccarat; Julg. 14/09/2017; DJESP 28/09/2017; Pág. 2379); AÇÃO MONITÓRIA. Citação por hora certa. Carta de citação não encaminhada. Inobservância da disposição contida no artigo 254, do CPC. Nulidade processual caracterizada, por vício de validade na citação. Sentença anulada. Recurso provido. (TJSP; APL 1087323-95.2015.8.26.0100; Ac. 10740895; São Paulo; Décima Primeira Câmara de Direito Privado; Rel. Des. Gilberto dos Santos; Julg. 24/08/2017; DJESP 06/09/2017; Pág. 2051); APELAÇÃO CÍVEL. AÇÃO MONITÓRIA. CITAÇÃO POR HORA CERTA DESCUMPRIMENTO DO DISPOSTO NO ART. 254 DO NCPC. NECESSIDADE. ATO NULO. SENTENÇA CASSADA. RECURSO PROVIDO. A expedição de correspondência ao réu citado com hora certa, dando-lhe de tudo ciência, é requisito indispensável à validade do ato (art. 229 do CPC/1973). (TJMT; APL 31532/2016; Capital; Rel. Des. Rubens de Oliveira Santos Filho; Julg. 13/04/2016; DJMT 15/04/2016; Pág. 102)

Contra, entendendo que a inobservância à formalidade do art. 254 do CPC não invalida a citação com hora certa:

✓ APELAÇÃO CÍVEL. EMBARGOS À EXECUÇÃO. INTEMPESTIVIDADE. Nulidade da citação realizada por hora certa. Comunicado do art. 254 do CPC/15. Mera formalidade, conforme precedentes do STJ. O prazo para defesa começa a fluir a partir da data de juntada do mandado citatório. Gratuidade da justiça concedida. Deram provimento, em parte, ao recurso. Unânime. (TJRS; AC 0206910-59.2017.8.21.7000; Porto Alegre; Décima Quinta Câmara Cível; Rel. Des. Otávio Augusto de Freitas Barcellos; Julg. 06/12/2017; DJERS 19/12/2017); DIREITO CIVIL E PROCESSUAL CIVIL. DIREITO INTERTEMPORAL. APLICAÇÃO DO CPC-73 AOS REQUISITOS DE ADMISSIBILIDADE DO RECURSO. TEORIA DO ISOLAMENTO DOS ATOS PROCESSUAIS. APELAÇÃO CÍVEL EM INCIDENTE DE ARGUIÇÃO DE FALSIDADE. INTEMPESTIVIDADE. ARGUIÇÃO, PELO RECORRENTE, DE NULIDADE DA CITAÇÃO POR HORA CERTA. NÃO OCORRÊNCIA. COMUNICADO DO ART. 229 DO CPC. MERA FORMALIDADE. PRECEDENTES DO STJ. RECURSO CONHECIDO E NÃO PROVIDO. 1. O direito ao recurso nasce com a publicação em cartório, secretaria da vara ou inserção nos autos eletrônicos da decisão a ser impugnada, o que primeiro ocorrer. 2. Sendo assim, o cabimento e os pressupostos a serem adotados (prazos, efeitos, juízo de admissibilidade, dentre outros) são os da Lei Processual vigente à época em que a decisão se torna impugnável, qual seja, CPC-73. 3. A jurisprudência do STJ é no sentido de que o envio da correspondência mencionada no art. 229 do CPC - 73 (correspondente ao art. 254, do CPC-15), contendo a informação da citação por hora certa, é mera formalidade, não se constituindo como requisito para sua validade, que ocorreu de forma regular4. Portanto, não havendo nulidade da citação, deve-se reconhecer a intempestividade do incidente de arguição de falsidade, porquanto manejado em 05/03/2015, ou seja, quase três anos após o conhecimento do título executivo, ultrapassando, em muito, o prazo legal contido no art. 390, do CPC-73 (correspondente ao art. 430, do CPC-15). 5. Recurso de apelação conhecido e não provido. (TJCE; APL 0136765-11.2015.8.06.0001; Sexta Câmara Cível; Relª Desª Lira Ramos de Oliveira; DJCE 18/08/2016; Pág. 30)

Se a carta enviada ao citando foi assinada por terceira pessoa, tal circunstância não compromete a validade da citação com hora certa:

✓ APELAÇÃO. AÇÃO DE DESPEJO POR FALTA DE PAGAMENTO CUMULADA COM COBRANÇA DE ALUGUÉIS E ACESSÓRIOS DA LOCAÇÃO. Locação de imóvel não residencial. Autor alega falta de pagamento dos aluguéis e encargos locatícios. Citação com hora certa. Nomeação de curadora especial aos réus, nos termos do artigo 72, II, do CPC. Alegação de nulidade da citação. Descabimento. Carta de ciência da citação com hora certa (art. 254, do CPC). Aviso de recebimento assinado por terceira pessoa. Precedentes do STJ. Sentença parcialmente reformada. RECURSO PARCIALMENTE PROVIDO. (TJSP; APL 1008249-60.2013.8.26.0100; Ac. 10659901; São Paulo; Vigésima Sétima Câmara de Direito Privado; Relª Desª Ana Catarina Strauch; Julg. 01/08/2017; DJESP 14/08/2017; Pág. 2737)

Art. 255. Nas comarcas contíguas de fácil comunicação e nas que se situem na mesma região metropolitana, o oficial de justiça poderá efetuar, em qualquer delas, citações, intimações, notificações, penhoras e quaisquer outros atos executivos.

→ *v.* Arts. 260 e 782, § 1º do NCPC.

Considerando que o dispositivo consagra mera faculdade, não afastando a expedição de carta precatória, na forma do art. 237, parágrafo único do CPC:

✓ PROCESSUAL CIVIL. EXECUÇÃO FISCAL. VIOLAÇÃO DO ART. 1.022 DO CPC. DEFICIÊNCIA NA FUNDAMENTAÇÃO. CITAÇÃO DE EXECUTADO DOMICILIADO EM MUNICÍPIO QUE NÃO É SEDE DA JUSTIÇA FEDERAL. COMARCA CONTÍGUA. CARTA PRECATÓRIA. POSSIBILIDADE. 1. Não se conhece do Recurso Especial em relação à ofensa ao art. 1.022 do CPC quando a defesa da tese de omissão está amparada em fundamentação completamente estranha à matéria apreciada no acórdão impugnado. Aplicação, por analogia, da Súmula nº 284/STF. 2. O art. 255 do CPC instituiu a possibilidade de prática, pelo Oficial de Justiça, de determinados atos processuais (entre os quais a citação) nas comarcas contíguas: "Art. 255. Nas comarcas contíguas de fácil comunicação e nas que se situem na mesma região metropolitana, o oficial de justiça poderá efetuar, em qualquer delas, citações, intimações, notificações, penhoras e quaisquer outros atos executivos". 3. A norma acima prevê uma faculdade, sem entretanto revogar ou instituir proibição para que o juízo federal depreque ao estadual a realização de atos processuais. Nesse sentido, aliás, a interpretação sistemática demonstra que a expedição de cartas precatórias dirigidas à Justiça Estadual, para realização de atos processuais em demandas que tramitam na Justiça Federal, encontra expressa previsão no art. 237, parágrafo único, do CPC: "Art. 237. (...) Parágrafo único. Se o ato relativo a processo em curso na justiça federal ou em tribunal superior houver de ser praticado em local onde não haja Vara Federal, a carta poderá ser dirigida ao juízo estadual da respectiva Comarca".2017. 4. Atualmente, portanto, a citação em Execução Fiscal que tramita na Justiça Federal, promovida contra réu domiciliado em Comarca da Justiça Estadual: a) regra geral, é promovida mediante expedição de Carta Precatória; b) na hipótese específica de o domicílio estar localizado em Comarca contígua, poderá ser realizada pelo próprio Oficial de Justiçado juízo federal. 5. Reitere-se que o caráter facultativo, e não impositivo, do art. 255 do CPC decorre da utilização da expressão "poderá efetuar", e não "efetuará", relacionada ao ato do Oficial de Justiça. 6. Para a solução da lide, o acórdão hostilizado se reportou à legislação interna, relativa à norma de procedimento, que dispensa os oficiais de justiça de cumprirem mandados fora da sede da subseção judiciária (art. 238, § 2º, da Consolidação Normativa da Corregedoria Regional da 4ª Região, constante do Provimento 17/2013). 7. Recurso Especial parcialmente conhecido e, nessa parte, não provido. (STJ; REsp 1.669.878; Proc. 2017/0102136-2; SC; Segunda Turma; Rel. Min. Herman Benjamin; Julg. 16/11/2017; DJE 19/12/2017; Pág. 2331)

O juiz pode determinar a expedição de carta precatória mesmo no caso de comarca contígua, por consistir o art. 255 do CPC em mera faculdade:

✓ AGRAVO DE INSTRUMENTO. Execução fiscal. Imposto territorial. Pretendida expedição de mandado de citação por Oficial de Justiça em Comarca contígua, com aplicação do art. 255 do CPC. Descabimento. Medida que constitui mera faculdade do Magistrado. Precedentes. Recurso desprovido. (TJSP; AI 2244861-97.2016.8.26.0000; Ac. 10141527; Várzea Paulista; Décima Oitava Câmara de Direito Público; Rel. Des. Burza Neto; Julg. 02/02/2017; DJESP 14/02/2017)

Art. 256. A citação por edital será feita:

I – quando desconhecido ou incerto o citando;

Possibilidade de citação por edital em inventário, quando os herdeiros são desconhecidos:

✓ AGRAVO DE INSTRUMENTO. INVENTÁRIO. INSURGÊNCIA CONTRA A DECISÃO QUE INDEFERIU O PEDIDO DE CITAÇÃO POR EDITAL E DETERMINOU À INVENTARIANTE PROVIDENCIASSE A CERTIDÃO DE ÓBITO DOS IRMÃOS DO FALECIDO. Herdeiros desconhecidos. Possibilidade de citação por edital, nos termos dos artigos 256 e 257 do CPC. Decisão reformada. Recurso provido. (TJSP; AI 2152585-47.2016.8.26.0000; Ac. 10550864; Tatuí; Décima Câmara de Direito Privado; Rel. Des. J.B. Paula Lima; Julg. 27/06/2017; DJESP 04/07/2017; Pág. 1808)

Simples certidões dos registros de imóveis informando ser impossível saber que o imóvel está registrado em nome de alguém não justificam a citação por edital do proprietário do imóvel usucapiendo:

✓ AÇÃO DE USUCAPIÃO. AUSÊNCIA DE CITAÇÃO DO RÉU (PROPRIETÁRIO DO IMÓVEL LITIGIOSO). PRESSUPOSTO PROCESSUAL DE EXISTÊNCIA/ EFICÁCIA. NÃO FORMAÇÃO DA RELAÇÃO PROCESSUAL TRIANGULARIZADA. VÍCIO GRAVE QUE ACARRETA A NULIDADE DA SENTENÇA DE PROCEDÊNCIA E DE TODOS OS ATOS PROCESSUAIS PRATICADOS APÓS A CITAÇÃO POR EDITAL (INCLUSIVE). DEFEITO NÃO SUPRIDO PELA CITAÇÃOPOR EDITAL DOS INTERESSADOS E RÉUS AUSENTES, INCERTOS E DESCONHECIDOS (PESSOA INCERTA, PORTANTO). CERTIDÃO DO REGISTRO DE IMÓVEIS QUE SIMPLESMENTE ATESTA A IMPOSSIBILIDADE DE VERIFICAR SE O IMÓVEL USUCAPIENDO ESTÁ OU NÃO REGISTRADO EM NOME DE ALGUÉM, SEM EXPOR AS RAZÕES PARA TANTO. CITAÇÃO POR EDITAL DE PESSOA INCERTA QUE É MEDIDA ABSOLUTAMENTE EXCEPCIONAL. PRECEDENTES. ANULAÇÃO, DE OFÍCIO, DE TODOS OS ATOS PROCESSUAIS PRATICADOS A PARTIR DA CITAÇÃO POR EDITAL (INCLUSIVE). SENTENÇA ANULADA. APELAÇÃO PREJUDICADA. 1. O princípio do devido processo legal exige que, na ação de usucapião, o proprietário do imóvel seja citado para realização de citação por edital dos réus ausentes, incertos e desconhecidos (pessoas incertas, portanto) é absolutamente excepcional, devendo estar fundada em razões devidamente expostas e legítimas a respeito da impossibilidade de verificação da titularidade notarial da área. 2. A existência de certidões dos registros de imóveis da comarca de origem que se limitam a declarar a impossibilidade de se saber se o imóvel com as limitações descritas pelos autores está ou não registrado em nome de alguém, sem explicitar as razões da referida impossibilidade não legitima a citação por edital de pessoa incerta (no caso, réu incerto), em nome da qual eventualmente esteja registrado o imóvel. (TJPR; ApCiv 1371586-7; Curitiba; Décima Sétima Câmara Cível; Rel. Juiz Conv. Fabian Schweitzer; Julg. 16/03/2016; DJPR 18/04/2016; Pág. 242)

II – quando ignorado, incerto ou inacessível o lugar em que se encontrar o citando;

III – nos casos expressos em lei.

→ *v.* Súmulas 282 e 414 do STJ.

→ *v.* Art. 259 do NCPC.

§ 1º Considera-se inacessível, para efeito de citação por edital, o país que recusar o cumprimento de carta rogatória.

§ 2º No caso de ser inacessível o lugar em que se encontrar o réu, a notícia de sua citação será divulgada também pelo rádio, se na comarca houver emissora de radiodifusão.

§ 3º O réu será considerado em local ignorado ou incerto se infrutíferas as tentativas de sua localização, inclusive mediante requisição pelo juízo de informações sobre seu endereço nos cadastros de órgãos públicos ou de concessionárias de serviços públicos.

Exigindo o prévio esgotamento das diligências antes que seja deferida a citação por edital:

✓ APELAÇÃO CÍVEL. AÇÃO DE ALIMENTOS. CITAÇÃO POR EDITAL. De acordo com o art. 256 do CPC, a citação por edital somente tem cabimento após esgotadas todas as tentativas de localização do demandado. No caso, não encontrado o réu nos locais informados pelas autoras, sobrevieram informações da rge, TRE/RS, CORSAN e CEEE e, posteriormente, foi determinada a citação por edital. Contudo, não foram esgotadas as diligências, visto que não foram obtidas informações junto às instituições financeiras, Receita Federal, companhias de telefonia, órgãos de proteção ao crédito, sistema Renajud e consultas integradas. Nem sequer há prova de que tenha sido tentada a localização dele por meio do número de telefone que consta na informação do TRE ou buscado saber o endereço da sede da empresa da qual as autoras alegam ser o demandado sócio – M. M. Flores Ltda. Destarte, não esgotadas as tentativas de localização, a citação por edital foi prematura, de forma que medida outra não resta senão desconstituir a sentença, para que seja efetuada pesquisa nos órgãos e sistemas referidos, bem com tentado contato com o requerido por meio número de telefone informado pelo TRE. De ofício, desconstituíram a sentença. Unânime. (TJRS; AC 0267205-62.2017.8.21.7000; Tramandaí; Oitava Câmara Cível; Rel. Des. Luiz Felipe Brasil Santos; Julg. 07/12/2017; DJERS 14/12/2017); AGRAVO DE INSTRUMENTO. EXECUÇÃO DE TÍTULO EXTRAJUDICIAL. EXECUTADA NÃO ENCONTRADA. CITAÇÃO POR EDITAL. CABIMENTO. Insurgência do agravante em face da decisão pela qual foi indeferido o requerimento para que a citação fosse feita por edital. Citação por edital que deve ser reservada às hipóteses em que foram esgotados os meios de obtenção do endereço do citando. Possibilidades esgotadas no caso dos autos. Legalidade da citação por edital. Inteligência do art. 256 do CPC/2015. Agravo provido. (TJSP; AI 2208708-31.2017.8.26.0000; Ac. 11038704; Santo André; Décima Segunda Câmara de Direito Privado; Rel. Des. Castro Figliolia; Julg. 05/12/2017; DJESP 13/12/2017; Pág. 2739); APELAÇÃO CÍVEL. EMBARGOS DO DEVEDOR. CITAÇÃO POR EDITAL AUSÊNCIA DE ESGOTAMENTO DAS TENTATIVAS DE LOCALIZAÇÃO. NULIDADE DO ATO PROCESSUAL. PRELIMINAR ACOLHIDA. RECURSO PROVIDO. É nula a citação por edital quando não esgotados todos os meios de localização da parte requerida (art. 256, II, § 3º, do CPC/2015). (TJMT; APL 135261/2017; Cáceres; Rel. Des. Rubens de Oliveira Santos Filho; DJMT 12/12/2017; Pág. 95)

<u>Em execução fiscal, se exige que tenham restado infrutíferas as demais modalidades de citação previstas no art. 8º da Lei nº 6.830/1980:</u>

✓ PROCESSUAL CIVIL. VIOLAÇÃO DO ART. 535 DO CPC/1973 NÃO CONFIGURADA. EXECUÇÃO FISCAL. CITAÇÃO POR EDITAL. ART. 8º, III, DA LEI Nº 6.830/1980. SÚMULA Nº 414/STJ. NECESSIDADE DE PRÉVIO ESGOTAMENTO DAS DILIGÊNCIAS. REVISÃO. IMPOSSIBILIDADE. REEXAME DE FATOS E PROVAS. SÚMULA Nº 7/STJ. FUNDAMENTO CONSTITUCIONAL INATACADO. SÚMULA Nº 126/STJ. 1. No que se refere à alegada afronta ao disposto no art. 535, inciso II, do CPC/1973, o julgado recorrido não padece de omissão, porquanto decidiu fundamentadamente a quaestio trazida à sua análise, não podendo ser considerado nulo tão somente porque contrário aos interesses da parte. 2. É vedado, em Recurso Especial, o reexame das circunstâncias fáticas da causa, ante o disposto no Enunciado nº 7 da Súmula do STJ: "A pretensão de simples reexame de provas não enseja Recurso Especial". 3. Hipótese em que a Corte local, ao dirimir a controvérsia, concluiu que não houve comprovação efetiva de diligência no sentido de localizar o endereço atualizado do devedor, e que a alegação de existência de certidão negativa de citação por mandado é fundamento insuficiente ao deferimento da medida requerida. 4. É pacífica a jurisprudência do STJ no sentido de que, na execução fiscal, só é cabível a citação por edital quando sem êxito as outras modalidades de citação previstas no art. 8º da Lei nº 6.830/1980 (Súmula nº 414/STJ). Precedentes: RESP 13.87.844/ES, Rel. Ministra Regina Helena Costa, Primeira Turma, DJe 17/8/2015, AGRG nos EDCL no AREsp 459.256/MG, Rel. Min. Humberto Martins, Segunda Turma, DJe 2/4/2014, AGRG no RESP 1.307.558/RJ, Rel. Ministro Napoleão Nunes Maia Filho, Primeira Turma, DJe 22/5/2013. 5. Da leitura do acórdão recorrido depreende-se que foram debatidas matérias de 2017.natureza constitucional (violação aos princípios da ampla defesa e do contraditório) e infraconstitucional. No entanto, a recorrente interpôs apenas o Recurso Especial, sem discutir a matéria constitucional, em Recurso Extraordinário, no Excelso Supremo Tribunal Federal. Assim, aplica-se na espécie também o teor da Súmula nº 126/STJ. 6. Recurso Especial parcialmente conhecido e, nessa extensão, não provido. (STJ; REsp 1.707.568; Proc. 2017/0252091-8; RJ; Segunda Turma; Rel. Min. Herman Benjamin; Julg. 12/12/2017; DJE 19/12/2017; Pág. 3551). V. tb.: AGRAVO DE INSTRUMENTO. DIREITO TRIBUTÁRIO. EXECUÇÃO FISCAL. CITAÇÃO POR EDITAL. CABIMENTO, NO CASO. 1. Nos termos do art. 1º da LEF, o CPC deve ser aplicado de forma subsidiária nas execuções fiscais. Assim, o art. 256 do referido código processual não se sobrepõe ao disposto no art. 8º da Lei nº 6.830/1980. 2. O esgotamento dos meios de citação, no caso das execuções fiscais, corresponde às tentativas de citação por correio e por meio de diligência do oficial de justiça, o que restou observado, mas infrutífero, fato que autoriza, assim, a citação por edital. Aplicação do disposto no art. 8º da Lei nº 6.830/1980, do enunciado da Súmula nº 414 do STJ e do RESP. Nº 1.103.050/RJ (julgado pelo rito dos recursos repetitivos). Precedentes jurisprudenciais. Agravo de instrumento provido, por decisão monocrática. (TJRS; AI 0386201-19.2017.8.21.7000; Capão da Canoa; Segunda Câmara Cível; Rel. Des. João Barcelos de Souza Junior; Julg. 13/12/2017; DJERS 15/12/2017)

<u>Considerando válida a citação por edital em razão do distanciamento dos cônjuges, não prejudicando tal pedido a existência de referências do citando em redes sociais:</u>

✓ DIREITO INTERNACIONAL E PROCESSUAL CIVIL. SENTENÇA ESTRANGEIRA CONTESTADA. DIVÓRCIO. DECISÃO PROLATADA PELA JUSTIÇA DA ESPANHA. PEDIDO DE HOMOLOGAÇÃO. CITAÇÃO POR EDITAL. VALIDADE. REJEIÇÃO DA PRELIMINAR DE NULIDADE ARGUIDA. REQUISITOS PARA HOMOLOGAÇÃO DA SENTENÇA ESTRANGEIRA. PREENCHIMENTO. DEFERIMENTO. 1. É devida a homologação da sentença estrangeira de divórcio, porquanto foram atendidos os requisitos previstos no art. 15 da Lei de introdução às normas de direito brasileiro e nos arts. 216-a a 216-n do RISTJ, bem como constatada a ausência de ofensa à soberania nacional, à ordem pública e à dignidade da pessoa humana (LINDB, art. 17; RISTJ, art. 216-f). 2. Pode ser considerada válida a citação editalícia quando há natural distanciamento dos cônjuges, após divórcio realizado há mais de cinco anos, não havendo bens a partilhar ou filhos menores a considerar. Demais disso, o mero indicativo de que a parte requerida possui referências em redes sociais, sem que se verifique com precisão o seu endereço físico atual, não deve ser tomado como prova de sua possível localização. 3. A citação editalícia nos autos deste pedido de homologação de sentença estrangeira foi realizada com observância das exigências previstas no art. 257 e seguintes do CPC/2015. 4. Afastada a preliminar de nulidade da citação realizada por edital e deferido o pedido 2017. De homologação da sentença estrangeira. (STJ; SEC 11.700; Proc. 2014/0078937-1; EX; Corte Especial; Rel. Min. Og Fernandes; DJE 12/12/2017)

Relativizando a exigência de prévio esgotamento das diligências para a citação por edital:

✓ CIVIL E PROCESSO CIVIL. CITAÇÃO POR EDITAL. NULIDADE INEXISTENTE. LOCALIZAÇÃO DOS RÉUS. DIVERSAS DILIGÊNCIAS. ESGOTAMENTO DOS MEIOS. NÃO SE EXIGE. CONTRATO DE CONCESSÃO DE DIREITO REAL DE USO. TAXA DE OCUPAÇÃO. INADIMPLEMENTO. RESOLUÇÃO CONTRATUAL AUTOMÁTICA. CLÁUSULA RESOLUTIVA. INEXISTÊNCIA. SENTENÇA MANTIDA. 1. Para que seja realizada a citação por edital, nos termos dos arts. 256 e 257 do Código de Processo Civil, não é necessário o absoluto esgotamento dos meios existentes para a localização dos réus que estejam em local incerto e não sabido, mormente quando empreendidas diversas diligências pela autora no sentido de localizar os réus. 2. A resolução do contrato de concessão de direito real de uso não se opera automaticamente pelo inadimplemento das parcelas relativas à taxa de ocupação do imóvel por parte da concessionária. 3. Cabe ao concedente pleitear sua resolução ou exigir o cumprimento da obrigação, faculdade que lhe é garantida pelo disposto no art. 475 do Código Civil. 4. No caso dos autos, a autora optou apenas por exigir o pagamento das parcelas em atraso referentes à taxa de ocupação do imóvel, sem, todavia, requerer a resolução do contrato. Apelação cível desprovida. (TJDF; APC 2016.01.1.088434-0; Ac. 106.3729; Primeira Turma Cível; Rel. Des. Hector Valverde; Julg. 29/11/2017; DJDFTE 06/12/2017); AGRAVO DE INSTRUMENTO. EXECUÇÃO FISCAL. CITAÇÃO POR EDITAL. CONDIÇÃO DE PRÉVIA EXPEDIÇÃO DE OFÍCIOS A CONCESSIONÁRIAS DE SERVIÇOS PÚBLICOS PARA OBTENÇÃO DE ENDEREÇO DO EXECUTADO. AFASTADA. AUSÊNCIA DE PREVISÃO LEGAL. RECURSO CONHECIDO E PROVIDO. 1. Dispõe o art. 257, no seu inciso I, do NCPC, repetindo disposição do art. 232, I, do CPC/73, como um dos requisitos para a citação editalícia, a 'afirmação do autor' que a parte ré está em local ignorado, incerto ou inacessível. 2. Para o caso de não ser verdadeira a alegação do autor, aplica-se o art. 258 do NCPC (233 do CPC/73), que comina multa de cinco salários mínimos quando a parte requerer a citação por edital, alegando dolosamente a ocorrência das circunstâncias autorizadoras para sua realização. 3. Não há previsão legal de expedição de ofício a órgãos públicos ou concessionárias de serviços públicos para busca de endereço do réu, tampouco que esta expedição de faça pelo autor, a quem, por óbvio, os órgãos nada poderão responder em virtude do sigilo de dados que recai sobre seu cliente. 4. Na hipótese, foram devolvidas cartas registradas e carta precatória sem cumprimento, inclusive após busca de endereço via BacenJud. 5. Assim, por terem sido empreendidos esforços suficientes e infrutíferos, tem- se por preenchidos os requisitos para citação por edital, não havendo obrigação do exequente na expedição de ofícios a que condicionou o juízo a quo. (TJMS; AI 1405132-87.2016.8.12.0000; Quinta Câmara Cível; Rel. Des. Sideni Soncini Pimentel; DJMS 27/06/2016; Pág. 113) e EMBARGOS À EXECUÇÃO FISCAL. ENDEREÇO DO RÉU DESCONHECIDO. VÁRIAS TENTATIVAS FRUSTRADAS. CITAÇÃO POR EDITAL. VALIDADE. AUTOR DILIGENTE. FALTA DE DESPACHO DO JUÍZO. SÚMULA Nº 106 STJ. PRESCRIÇÃO INTERCORRENTE. INEXISTÊNCIA. HONORÁRIOS ADVOCATÍCIOS. PROPORCIONALIDADE. 1. Desde que demonstrado o empenho do autor em encontrar o endereço do réu, mantendo-se este desconhecido mesmo após várias tentativas frustradas, não é necessário que se esgotem todos os meios de busca, sendo válida a citação por edital. 2. A prescrição intercorrente somente ocorre quando a demora para se efetivar a citação decorre da desídia do autor, quando este deixa de promover as diligências para as quais é intimado nos autos. 3. De acordo com a Súmula nº 106 do STJ, se o credor não deixou de diligenciar nos autos e a demora na citação decorreu da morosidade do Poder Judiciário, não se pode prejudicar o credor, beneficiando o devedor com o instituto da prescrição. 4. Para fixação dos honorários advocatícios, não é somente a complexidade da ação que deve ser considerada pelo julgador, mas também. a) o grau de zelo do profissional; b) o lugar de prestação do serviço; c) a natureza e importância da causa, o trabalho realizado pelo advogado e o tempo exigido para o seu serviço. 5. Recurso conhecido e não provido. (TJDF; Rec 2013.01.1.154067-9; Ac. 911.566; Terceira Turma Cível; Relª Desª Ana Cantarino; DJDFTE 21/12/2015; Pág. 213)

Art. 257. São requisitos da citação por edital:

→ *v.* Súmulas 196, 282 e 414 do STJ.

→ *v.* Enunciado 26 do CJF: A multa do § 8º do art. 334 do CPC não incide no caso de não comparecimento do réu intimado por edital.

I – a afirmação do autor ou a certidão do oficial informando a presença das circunstâncias autorizadoras;

II – a publicação do edital na rede mundial de computadores, no sítio do respectivo tribunal e na plataforma de editais do Conselho Nacional de Justiça, que deve ser certificada nos autos;

III – a determinação, pelo juiz, do prazo, que variará entre 20 (vinte) e 60 (sessenta) dias, fluindo da data da publicação única ou, havendo mais de uma, da primeira;

IV – a advertência de que será nomeado curador especial em caso de revelia.

Parágrafo único. O juiz poderá determinar que a publicação do edital seja feita também em jornal local de ampla circulação ou por outros meios, considerando as peculiaridades da comarca, da seção ou da subseção judiciárias.

Considerando que a indisponibilidade da plataforma de editais do CNJ não justifica a determinação para que o edital de citação seja publicado na imprensa local:

✓ PROCESSUAL CIVIL. AÇÃO MONITÓRIA. CITAÇÃO EDITALÍCIA. REQUISITOS. PUBLICAÇÃO NA INTERNET. REGRA. PUBLICAÇÃO EM JORNAIS LOCAIS DE GRANDE CIRCULAÇÃO. EXCEÇÃO. SITUAÇÕES PONTUAIS DA LOCALIZAÇÃO DO JUÍZO. PUBLICAÇÃO DO EDITAL DE CITAÇÃO NA PLATAFORMA DE EDITAIS DO CNJ. RESOLUÇÃO CNJ Nº 234/2016. FALTA DE CITAÇÃO. DESCUMPRIMENTO DE DECISÃO CONTRÁRIA À LEI. SENTENÇA CASSADA. 1. Para que a citação por edital seja considerada válida devem ser observados, dentre outros requisitos, a publicação na rede mundial de computadores, no sítio do respectivo tribunal e na plataforma de editais do Conselho Nacional de Justiça, em regra. 2. A publicação do edital de citação em jornal local de grande circulação foi prevista em caráter excepcional, condicionada às peculiaridades do local onde o feito se encontra, não sendo, assim, pressuposto de validade da citação editalícia, de acordo com o novo regramento processual civil. 3. Visando regulamentar as comunicações processuais segundo as atualizações exigidas pelo novo Código de Processo Civil, Lei nº 13.105/2015, o Conselho Nacional de Justiça. CNJ aprovou a Resolução nº 234, em 13/07/16, instituindo o Diário de Justiça Eletrônico Nacional (DJEN) e a Plataforma de Comunicações Processuais do Poder Judiciário, sendo que o DJEN será a plataforma de editais do CNJ e instrumento de publicação dos atos judiciais dos órgãos do Poder Judiciário. 4. A indisponibilidade da plataforma de editais do CNJ não pode ser considerada hipótese de exceção, prevista no parágrafo único do artigo 257 do CPC/2015, para justificar a determinação da publicação de edital de citação também na imprensa local, uma vez que a realização das intimações dos atos processuais, via Diário de Justiça Eletrônico do próprio órgão, está prevista na Resolução nº 234, de 13/07/16, como meio apropriado para se realizar a citação virtual até a plena implementação do novo sistema. 5. Apelaçao conhecida e provida. Sentença cassada. (TJDF; APC 2014.01.1.186968-4; Ac. 106.6350; Primeira Turma Cível; Relª Desª Simone Lucindo; Julg. 06/12/2017; DJDFTE 15/12/2017)

Contra, apontando que a indisponibilidade da plataforma de editais do CNJ autoriza a publicação do edital de citação em jornal de circulação local:

✓ PROCESSUAL CIVIL. AGRAVO DE INSTRUMENTO. CITAÇÃO POR EDITAL. DETERMINAÇÃO DE PUBLICAÇÃO EM JORNAL DE GRANDE CIRCULAÇÃO. POSSIBILIDADE. RECURSO DESPROVIDO. 1. Cuida-se de agravo de instrumento no qual pretende a agravante a reforma da decisão recorrida, para que seja determinada a citação editalícia da parte agravada, dispensando-se a publicação do edital em jornal de grande circulação. 2. O novo Código de Processo Civil estipulou que a obrigatoriedade de publicação do edital de citação em jornal local de ampla circulação se dá ao critério do magistrado, observadas as peculiaridades do caso concreto, nos termos do parágrafo único do artigo 257. 3. Verifica-se que o legislador, ao expressamente possibilitar ao magistrado que, em casos excepcionais, possa determinar a publicação do edital de citação em jornal local de ampla circulação, deixou submetida à livre apreciação do julgador, de acordo com o caso concreto, a estipulação do mencionado dever, observando, como balizas, dentre outras, as peculiaridades da Comarca, da seção ou da subseção judiciária. 4. No caso em apreço, justifica-se a publicação do edital em jornal de ampla circulação, tendo em vista a peculiaridade do caso concreto, pois, conforme bem pontuado pelo magistrado a quo, o Conselho Nacional de Justiça, apesar do que estabelece o inciso II do artigo 257 do CPC, ainda não instalou sua plataforma de editais, instrumento previsto para a publicação dos editais de citação. No mesmo sentido, não há notícia da instalação de plataforma de editais neste Tribunal Regional Federal da 2ª Região. 5. Deste modo, perfeita a decisão agravada, ao determinar que a agravante proceda à publicação do edital de citação em jornal de grande circulação, conforme previsto no parágrafo único do artigo 257 do Código de Processo Civil, inclusive para que seja garantido ao réu o devido contraditório e o acesso à ampla defesa. 6. Agravo de instrumento desprovido. (TRF 2ª R.; AI 0005146-34.2017.4.02.0000; Quinta Turma Especializada; Rel. Des. Fed. Aluisio Gonçalves de Castro Mendes; Julg. 08/08/2017; DEJF 16/08/2017)

Considerando que, enquanto não implantada a plataforma de editais do CNJ, deve o edital ser publicado no Diário de Justiça:

✓ APELAÇÃO CÍVEL. CITAÇÃO POR EDITAL. PLATAFORMA DE EDITAIS DO CONSELHO NACIONAL DE JUSTIÇA. PERIODO DE ADEQUAÇÃO. REQUISITOS LEGAIS OBSERVADOS. SENTENÇA MANTIDA. 1. Dispõe o art. 257, II, do CPC, que são requisitos de validade da citação por edital, entre outros, a publicação do edital na rede mundial de computadores, no sítio do respectivo tribunal e na plataforma de editais do Conselho Nacional de Justiça. 2. Nos termos do art. 14 da Resolução 234/16 do CNJ, até que seja implantado o DJEN, as intimações dos atos processuais serão realizadas via Diário de Justiça Eletrônico (DJe) do próprio Órgão. (AC. 983357, 20160020439188AGI, Rel. Desª LEILA ARLANCH, Publ. No DJE de 29/11/2016, Pág. 364-371) 3. Negou-se provimento ao recurso. Unânime. (TJDF; APC 2015.01.1.112450-0; Ac. 100.8848; Sétima Turma Cível; Rel. Des. Romeu Gonzaga Neiva; Julg. 05/04/2017; DJDFTE 10/04/2017)

Determinando a publicação de edital decorrente de ação coletiva na internet, para dar conhecimento do julgamento aos potenciais beneficiários:

✓ DIREITO PROCESSUAL COLETIVO. RECURSO ESPECIAL. RECURSO MANEJADO SOB A ÉGIDE DO CPC/73. AÇÃO CIVIL PÚBLICA. COBRANÇA DE EXPURGOS INFLACIONÁRIOS EM CADERNETA DE POUPANÇA. FASE DE CUMPRIMENTO DE SENTENÇA. DECISÃO EXTRA PETITA. VIOLAÇÃO AO PRINCÍPIO DA CONGRUÊNCIA ENTRE O PEDIDO E

A TUTELA JURISDICIONAL. NÃO OCORRÊNCIA. DIVULGAÇÃO DA INFORMAÇÃO SOBRE O DIREITO DOS POUPADORES DE REAVER OS NUMERÁRIOS. FORNECIMENTO DE LISTA E CONVOCAÇÃO DOS BENEFICIADOS ATRAVÉS DA INTERNET E DE JORNAIS LOCAIS DE MAIOR CIRCULAÇÃO. SIGILO BANCÁRIO. OFENSA CONFIGURAÇÃO. INTIMAÇÃO GENÉRICA A SER REALIZADA NA INTERNET. RECURSO ESPECIAL PROVIDO EM PARTE. 1. (..) 3. O conceito de decisão extra petita e o princípio da demanda devem ser analisados no âmbito do direito processual coletivo, que ampliou os poderes do julgador para permitir a maior efetividade do provimento jurisdicional concedido na ação coletiva. Doutrina. 4. Não é extra petita e não ofende o princípio da demanda a decisão que determina a divulgação da sentença através da internet e de jornais locais de grande circulação, para que os poupadores beneficiados com o ressarcimento dos expurgos inflacionários em contas-poupança decorrentes de planos econômicos governamentais tomem ciência do decisum e providenciem a execução do julgado. 5. O contrato bancário está fundado numa operação de confiança entre banco e cliente, com a garantia do sigilo previsto no art. 1º da Lei Complementar nº 105/2001: as instituições financeiras conservarão sigilo em suas operações ativas e passivas e serviços prestados, estando inseridos nessa proteção os dados cadastrais dos usuários de serviços bancários. 6. A existência de decisão favorável aos interesses dos poupadores de determinada instituição financeira não autoriza o Poder Judiciário tornar públicos os dados cadastrais deles, especialmente em ação civil pública ajuizada por instituição de defesa do consumidor, cuja propositura pode ocorrer sem a anuência da parte favorecida. 7. A satisfação do crédito bancário, de cunho patrimonial, não pode se sobrepor ao sigilo bancário, instituto que visa proteger o direito à intimidade das pessoas, que é direito intangível da personalidade. 8. A planilha com os dados cadastrais dos poupadores deverá permanecer em segredo de justiça, com acesso restrito ao Poder Judiciário. 9. A divulgação do resultado do decisum deverá ser feita sem a menção dos dados específicos de cada poupador, bastando a intimação genérica de "todos os poupadores do Estado de Mato Grosso do Sul que mantinham cadernetas de poupança na instituição financeira requerida", no período fixado na sentença genérica. Precedente. 10. O NCPC estabeleceu a publicação de editais pela rede mundial de computadores como regra, constituindo-se na atualidade o meio mais eficaz da informação atingir um grande número de pessoas, substituindo a custosa publicação impressa. A obrigação de fazer que foi imposta ao banco depositário não é intuito personae, personalíssima ou infungível, o que autoriza o próprio Poder Judiciário a publicar o edital com o resultado da sentença genérica somente na rede mundial de computadores, nos termos do disposto no art. 257, II e III, do NCPC, pelo prazo de 60 (sessenta dias), fluindo da data da publicação única, excluída a determinação para divulgar o decisum nos jornais locais de grande circulação. 11. Recurso especial parcialmente provido. (STJ; REsp 1285437; MS; Terceira Turma; Rel. Min. Moura Ribeiro; Julg. 23/05/2017; DJe 02/06/2017)

Art. 258. A parte que requerer a citação por edital, alegando dolosamente a ocorrência das circunstâncias autorizadoras para sua realização, incorrerá em multa de 5 (cinco) vezes o salário mínimo.

Parágrafo único. A multa reverterá em benefício do citando.

A penalidade do art. 258 do CPC somente pode ser aplicada em caso de dolo do requerente:

✓ EXECUÇÃO DE TÍTULO EXECUTIVO EXTRAJUDICIAL. DESPESAS DE CONDOMÍNIO. CONVERSÃO DA AÇÃO DE COBRANÇA EM EXECUÇÃO DE TÍTULO EXTRAJUDICIAL ANTES DA CITAÇÃO DA EXECUTADA. Cabimento. Nulidade da citação da executada por edital. Comparecimento espontâneo da executada aos autos após a conversão da ação de cobrança em execução e arresto de ativos financeiros. Citação da executada aperfeiçoada. Inadimplemento incontroverso. Manutenção do arresto. Penalidade prevista no art. 258 do CPC 2015. Não cabimento, ante a ausência de dolo do exequente no pedido de citação da executada por edital. Decisão mantida. Agravo de instrumento não provido. (TJSP; AI 2177772-23.2017.8.26.0000; Ac. 11056772; São Paulo; Trigésima Terceira Câmara de Direito Privado; Rel. Des. Eros Piceli; Julg. 11/12/2017; DJESP 14/12/2017; Pág. 2408)

Art. 259. Serão publicados editais:

I – na ação de usucapião de imóvel;

Apontando que a ausência de citação por edital dos réus em local incerto e eventuais interessados em ação de usucapião de imóvel acarreta a nulidade absoluta da sentença:

✓ APELAÇÃO CÍVEL. USUCAPIÃO (BENS IMÓVEIS). AUSÊNCIA DE CITAÇÃO POR EDITAL DOS RÉUS EM LUGAR INCERTO E EVENTUAIS INTERESSADOS. NULIDADE ABSOLUTA. DESCONSTITUIÇÃO DA SENTENÇA. I. Conforme exegese do art. 239 do NCPC, é indispensável a citação inicial do réu para a validade do processo, cuja ausência ocasiona nulidade insanável. II. **In casu**, descabe a manutenção ou reforma da sentença de improcedência, sem que tenha sido realizada a citação por edital dos réus em lugar incerto e eventuais interessados, conforme preconizava o antigo art. 942 do CPC/1973, e cuja previsão na Lei Processual em vigência encontra-se no art. 259, I, do NCPC. III. Prejuízo decorrente da plausibilidade da tese recursal ventilada pela demandante, uma vez que o juízo de origem afastou sua pretensão de declaração do domínio tão somente com base na existência de uma ação reivindicatória movida, anos antes do início da posse da sua posse, contra terceiros. Deste modo, necessária a análise da (ausência de) pacificidade da posse da autora. Precedentes desta corte. Acolheram a preliminar recursal de nulidade do feito, desconstituindo a sentença hostilizada. Unânime. (TJRS; AC 0006430-65.2017.8.21.7000; Constantina; Vigésima Câmara Cível; Rel. Des. Dilso Domingos Pereira; Julg. 22/02/2017; DJERS 20/04/2017)

II – na ação de recuperação ou substituição de título ao portador;

III – em qualquer ação em que seja necessária, por determinação legal, a provocação, para participação no processo, de interessados incertos ou desconhecidos.

→ *v.* Enunciado 119 do FPPC: Em caso de relação jurídica plurilateral que envolva diversos titulares do mesmo direito, o juiz deve convocar, por edital, os litisconsortes unitários ativos incertos e indeterminados (art. 259, III), cabendo-lhe, na hipótese de dificuldade de formação do litisconsórcio, oficiar ao Ministério Público, à Defensoria Pública ou a outro legitimado para que possa propor a ação coletiva.

Capítulo III
DAS CARTAS

Art. 260. São requisitos das cartas de ordem, precatória e rogatória:

→ *v.* Art. 42 da Lei 5.010/1966.

I – a indicação dos juízes de origem e de cumprimento do ato;

II – o inteiro teor da petição, do despacho judicial e do instrumento do mandato conferido ao advogado;

III – a menção do ato processual que lhe constitui o objeto;

IV – o encerramento com a assinatura do juiz.

§ 1º O juiz mandará trasladar para a carta quaisquer outras peças, bem como instruí-la com mapa, desenho ou gráfico, sempre que esses documentos devam ser examinados, na diligência, pelas partes, pelos peritos ou pelas testemunhas.

§ 2º Quando o objeto da carta for exame pericial sobre documento, este será remetido em original, ficando nos autos reprodução fotográfica.

→ *v.* Art. 464 do NCPC.

§ 3º A carta arbitral atenderá, no que couber, aos requisitos a que se refere o *caput* e será instruída com a convenção de arbitragem e com as provas da nomeação do árbitro e de sua aceitação da função.

→ *v.* Art. 22-C da Lei 9.307/1996.

→ *v.* Enunciado 417 do FPPC: São requisitos para o cumprimento da carta arbitral: indicação do árbitro ou do tribunal arbitral de origem e do órgão do Poder Judiciário de destino; ii) inteiro teor do requerimento da parte, do pronunciamento do árbitro ou do Tribunal arbitral e da procuração conferida ao representante da parte, se houver; iii) especificação do ato processual que deverá ser praticado pelo juízo de destino; iv) encerramento com a assinatura do árbitro ou do presidente do tribunal arbitral conforme o caso.

Considerando que eventual descumprimento dos requisitos do art. 260 do CPC deve ser analisado à luz do princípio da instrumentalidade das formas:

✓ AGRAVO DE INSTRUMENTO. NULIDADE DA CARTA DE ORDEM. OBSERVÂNCIA DOS REQUISITOS FORMAIS MÍNIMOS. AUSÊNCIA DE PREJUÍZO. DIREITO À SAÚDE. DIREITO SOCIAL COM ACESSO UNIVERSAL E IGUALITÁRIO. OBSERVÂNCIA DA DIRETRIZ DO ATENDIMENTO INTEGRAL. PEDIDO DE MEDICAMENTO ESPECÍFICO NÃO INCLUÍDO NO COMPONENTE BÁSICO E SEM MANIFESTAÇÃO DA CONITEC PELA NEGATIVA DE SUA INCORPORAÇÃO AO SUS. LEGITIMIDADE DO ESTADO DE MINAS GERAIS. MENOR COM DIAGNÓSTICO DE TRANSTORNO DE DÉFICIT DE ATENÇÃO COM HIPERATIVIDADE (TDAH). MEDICAMENTO CONCERTA. PRESCRIÇÃO MÉDICA. FORNECIMENTO DEVIDO. NECESSIDADE COMPROVADA. DECISÃO REFORMADA. 1- O descumprimento de alguns dos requisitos formais exigidos no art. 260, do CPC/15, deve ser analisado sob a ótica do princípio da instrumentalidade das formas, em atenção, outrossim, à comprovação de prejuízo; 2- Os medicamentos não incluídos no componente básico (RENAME, anexos I e IV) e em relação aos quais não haja manifestação da CONITEC pela negativa de sua incorporação ao SUS, assim como os excepcionais do CEAF, não são passíveis de atendimento em nível primário, cabendo a execução das respectivas políticas pelo Estado-membro e pela União, como definido na Portaria nº 1.554/2013, sob pena de se onerar o gestor municipal; 3- A concessão da tutela provisória de urgência, em caráter liminar, exige a comprovação da probabilidade do direito e o perigo de dano ou o risco ao resultado útil do processo, nos termos do art. 300 do CPC/2015; 4- O serviço público de assistência à saúde deve ser integral (art. 198, II, da CF/88), não se admitem restrições administrativas que delimitem o fornecimento de medicamento apenas aos portadores de moléstias prédeterminadas. V.V.: AGRAVO DE INSTRUMENTO. DIREITO À SAÚDE. PEDIDO DE TRATAMENTO ESPECÍFICO. AUSÊNCIA DE COMPROVAÇÃO DA INEFICÁCIA, INEFICIÊNCIA E INEFETIVIDADE DAS ALTERNATIVAS TERAPÊUTICAS DISPONBILIZADAS PELO SUS. IMPOSSIBILIDADE DE FORNECIMENTO DO

MEDICAMENTO PRETENDIDO. 1- O Brasil adotou o direito a medicina baseada em evidências, o que significa dizer que somente podem ser fornecidos medicamentos e realizados procedimentos em relação aos quais haja prova da eficácia, eficiência e efetividade, além de segurança, a fim de evitar grave lesão à ordem administrativa e maior comprometimento do SUS; 2- Em geral, deverá ser privilegiado o tratamento fornecido pelo SUS em detrimento de opção diversa escolhida pelo paciente, sempre que não for comprovada a ineficácia ou a impropriedade da política de saúde existente. (TJMG; AI 1.0680.17.000062-3/001; Rel. Des. Renato Dresch; Julg. 30/11/2017; DJEMG 05/12/2017)

Não se exige que a carta precatória em ação de execução seja instruída com o título executivo:

✓ EMBARGOS À EXECUÇÃO. CHEQUE. Carta Precatória expedida para a finalidade de citar a apelante, sendo desnecessário acompanhá-la a cópia do título executivo. Art. 202 CPC (NCPC, art. 260 e incisos). Prescrição. Inocorrência. Matéria afastada por acórdão transitado em julgado. Sentença mantida. Recurso desprovido. (TJSP; APL 0004559-30.2014.8.26.0577; Ac. 8587666; São José dos Campos; Décima Quarta Câmara de Direito Privado; Rel. Des. Maurício Pessoa; Julg. 09/06/2016; DJESP 14/06/2016); EMBARGOS DE DECLARAÇÃO EM AGRAVO DE INSTRUMENTO. ERRO MATERIAL EVIDENCIADO QUANTO À APLICAÇÃO DO CÓDIGO DE PROCESSO CIVIL. FUNDAMENTAÇÃO UTILIZADA COM BASE NO ANTIGO CPC QUE EM NADA ALTERA O RESULTADO DO JULGADO. REGRAMENTO PROCESSUAL MANTIDO NO NCPC. AUSÊNCIA DE NULIDADE. CARTA PRECATÓRIA EM AÇÃO DE EXECUÇÃO. DETERMINAÇÃO DE CUMPRIMENTO PELO JUÍZO DEPRECADO. PEDIDO DE SUSPENSÃO DO CUMPRIMENTO, POR AUSÊNCIA DO TÍTULO EXECUTIVO. NÃO ACOLHIMENTO. INSTRUÇÃO QUE ATENDE OS REQUISITOS LEGAIS CONSTANTES DO ART. 260 DO NCPC. NÃO OCORRÊNCIA DAS HIPÓTESES DO ARTIGO ART. 267, CAPUT, I, II E III, DO NCPC. JUÍZO DEPRECADO MERO CUMPRIDOR DA ORDEM. PRECEDENTES DO STJ. INEXISTÊNCIA DOS REQUISITOS DO ART. 1.022 DO NOVO CÓDIGO DE PROCESSO CIVIL. PREQUESTIONAMENTO. DESNECESSIDADE. RECURSO ACOLHIDO, SEM EFEITOS INFRINGENTES. No julgado embargado, esta corte entendeu, equivocadamente, pela aplicação das disposições do Código de Processo Civil de 1973. Contudo, a análise deveria ter sido realizada com base nas disposições do novo Código de Processo Civil, considerando que tanto a decisão agravada e o respectivo recurso se deram na vigência do novo regramento processual. Constatado o erro material na aplicação das disposições do Código de Processo Civil no acórdão atacado, impõe-se o acolhimento dos embargos para a correção e adequação, sem, contudo, efeitos infringentes, pois os artigos de Lei utilizados no julgado, embora com numeração diversa, foram mantidos integralmente no novo Código de Processo Civil, conforme redação dos artigos 260, 267, 798, I e 915, § 4º (correspondentes aos artigos 202, 209, 614, I e 738, § 2º, todos do CPC/73). Agregação de efeitos infringentes em sede de embargos declaratórios que se mostra descabida, porquanto visa à rediscussão do julgado e não restou caracterizada situação excepcional. (TJMT; ED 128922/2016; Rel. Des. Dirceu dos Santos; Julg. 07/12/2016; DJMT 15/12/2016; Pág. 94)

Entendendo como documento obrigatório da carta rogatória a relação das perguntas que a defesa pretende fazer à testemunha que se encontra fora do país:

✓ AGRAVO REGIMENTAL. HABEAS CORPUS. INDEFERIMENTO LIMINAR. IMPETRAÇÃO EM SUBSTITUIÇÃO AO RECURSO CABÍVEL. UTILIZAÇÃO INDEVIDA DO REMÉDIO CONSTITUCIONAL. VIOLAÇÃO AO SISTEMA RECURSAL. POSSE ILEGAL DE ARMA DE FOGO. REQUERIMENTO DE OITIVA DE TESTEMUNHAS POR CARTA ROGATÓRIA. INTIMAÇÃO DA DEFESA PARA JUSTIFICAR A PERTINÊNCIA DAS INQUIRIÇÕES E PARA APRESENTAR OS QUESITOS A SEREM REPASSADOS AO JUÍZO ROGADO. DECISÃO MOTIVADA. INEXISTÊNCIA DE CERCEAMENTO DO DIREITO DE DEFESA. DESPROVIMENTO DO RECLAMO. 1. A via eleita revela-se inadequada para a insurgência contra o ato apontado como coator, pois o ordenamento jurídico prevê recurso específico para tal fim, circunstância que impede o seu formal conhecimento. Precedentes. 2. Ao magistrado é facultado o indeferimento, de forma fundamentada, do requerimento de produção de provas que julgar protelatórias, irrelevantes ou impertinentes, devendo a sua imprescindibilidade ser devidamente justificada pela parte. Doutrina. Precedentes do STJ e do STF. 2. Na hipótese em apreço, foi determinada a intimação da defesa para justificar a pertinência da colheita de depoimentos por carta rogatória porque uma das testemunhas a serem ouvidas encontra-se foragida da justiça, ao passo que outra é esposa do réu. 3. Verifica-se, assim, que foram declinadas justificativas plausíveis para o procedimento adotado pelo magistrado singular, valendo destacar que nos termos do artigo 222-A do Código de Processo Penal, "as cartas rogatórias só serão expedidas se demonstrada previamente a sua imprescindibilidade, arcando a parte requerente com os custos de envio", sendo certo, outrossim, que a apresentação prévia das perguntas que a defesa deseja formular constitui documento necessário à instrução da carta rogatória, nos termos dos artigos 260 e seguintes do Novo Código de Processo Civil, o que revela a inexistência de coação ilegal passível de ser reparada na via eleita. 4. Agravo regimental desprovido. (STJ; AgRg no HC 419.453; PR; Quinta Turma; Rel. Min. Jorge Mussi; Julg. 21/11/2017; DJe 27/11/2017)

Art. 261. Em todas as cartas o juiz fixará o prazo para cumprimento, atendendo à facilidade das comunicações e à natureza da diligência.

§ 1º As partes deverão ser intimadas pelo juiz do ato de expedição da carta.

§ 2º Expedida a carta, as partes acompanharão o cumprimento da diligência perante o juízo destinatário, ao qual compete a prática dos atos de comunicação.

§ 3º A parte a quem interessar o cumprimento da diligência cooperará para que o prazo a que se refere o *caput* seja cumprido.

Art. 262. A carta tem caráter itinerante, podendo, antes ou depois de lhe ser ordenado o cumprimento, ser encaminhada a juízo diverso do que dela consta, a fim de se praticar o ato.

Parágrafo único. O encaminhamento da carta a outro juízo será imediatamente comunicado ao órgão expedidor, que intimará as partes.

Art. 263. As cartas deverão, preferencialmente, ser expedidas por meio eletrônico, caso em que a assinatura do juiz deverá ser eletrônica, na forma da lei.

→ *v.* Art. 7º da Lei 11.419/2006.

Possibilidade de expedição da carta em papel, por encerrar o art. 263 do CPC simples preferência:

✓ AGRAVO DE INSTRUMENTO. NEGÓCIOS JURÍDICOS BANCÁRIOS. EXECUÇÃO DE TÍTULO EXTRAJUDICIAL. Expedição de carta de citação e penhora que ainda pode ocorrer em papel, haja vista que o disposto no art. 263 do CPC refere-se à preferência – Não obrigatoriedade – Pelo meio eletrônico. Recurso desprovido. (TJRS; AI 0209745-54.2016.8.21.7000; Farroupilha; Décima Segunda Câmara Cível; Rel. Des. Pedro Luiz Pozza; Julg. 21/06/2016; DJERS 24/06/2016)

Art. 264. A carta de ordem e a carta precatória por meio eletrônico, por telefone ou por telegrama conterão, em resumo substancial, os requisitos mencionados no art. 250, especialmente no que se refere à aferição da autenticidade.

Art. 265. O secretário do tribunal, o escrivão ou o chefe de secretaria do juízo deprecante transmitirá, por telefone, a carta de ordem ou a carta precatória ao juízo em que houver de se cumprir o ato, por intermédio do escrivão do primeiro ofício da primeira vara, se houver na comarca mais de um ofício ou de uma vara, observando-se, quanto aos requisitos, o disposto no art. 264.

§ 1º O escrivão ou o chefe de secretaria, no mesmo dia ou no dia útil imediato, telefonará ou enviará mensagem eletrônica ao secretário do tribunal, ao escrivão ou ao chefe de secretaria do juízo deprecante, lendo-lhe os termos da carta e solicitando-lhe que os confirme.

§ 2º Sendo confirmada, o escrivão ou o chefe de secretaria submeterá a carta a despacho.

Considerando que a expedição da carta é atribuição do Poder Judiciário, sendo descabido impor tal dever à parte:

✓ DIREITO PROCESSUAL CIVIL E TRIBUTÁRIO. APELAÇÃO. EXECUÇÃO FISCAL. CARTA PRECATÓRIA. EXPEDIÇÃO E ENCAMINHAMENTO QUE COMPETE AO JUÍZO DEPRECANTE. DEVER PROCESSUAL QUE DEFLUI DO ARTIGO 265 DO CPC/2015. PRECEDENTES. APELAÇÃO PROVIDA. A questão que se coloca nos autos do presente recurso de apelação é a de se saber se a expedição da carta precatória é medida a ser adotada pela serventia do juízo deprecante ou se, ao revés, compete à própria exequente adotar as providências tendentes à sua expedição. O art. 265 do CPC/2015 estatui que compete ao secretário do tribunal, ao escrivão ou ao chefe da secretaria do juízo deprecante a transmissão da carta de ordem ou da carta precatória ao juízo deprecado. O dispositivo legal não menciona que esse dever processual é imputado à parte autora/exequente. Na análise do preceptivo legal em referência, a jurisprudência dos tribunais pátrios consolidou-se no sentido de que a expedição e o encaminhamento da carta precatória de fato representam deveres do escrivão do juízo deprecante. Apelação a que se dá provimento. (TRF 3ª R.; AC 0027530-37.2017.4.03.9999; Primeira Turma; Rel. Des. Fed. Wilson Zauhy; Julg. 31/10/2017; DEJF 21/11/2017); APELAÇÃO CÍVEL. EXTINÇÃO DO PROCESSO POR ABANDONO DA CAUSA. ENCAMINHAMENTO DE CARTAPRECATÓRIA. ATRIBUIÇÃO DO CHEFE DE SECRETARIA DO JUÍZO DEPRECANTE. 1. A remessa de precatória de citação, não obstante a praxe cartorária de colocar à disposição do advogado, não se inclui entre os deveres da parte, inserindo-se entre as atribuições do juízo deprecante, conforme pressupõem os arts. 236, §1º, 265 e 266, do CPC. 2. Recurso provido (TJPE; APL 0000160-91.2011.8.17.0001; Quinta Câmara Cível; Rel. Des. Agenor Ferreira de Lima; Julg. 09/11/2016; DJEPE 01/12/2016)

Art. 266. Serão praticados de ofício os atos requisitados por meio eletrônico e de telegrama, devendo a parte depositar, contudo, na secretaria do tribunal ou no cartório do juízo deprecante, a importância correspondente às despesas que serão feitas no juízo em que houver de praticar-se o ato.

Art. 267. O juiz recusará cumprimento a carta precatória ou arbitral, devolvendo-a com decisão motivada quando:

→ *v.* Enunciado 27 do FPPC: Não compete ao juízo estatal revisar o mérito da medida ou decisão arbitral cuja efetivação se requer por meio da carta arbitral, salvo nos casos do §3º do art. 26 do CPC.

→ *v.* Enunciado 417 do FPPC: São requisitos para o cumprimento da carta arbitral: indicação do árbitro ou do tribunal arbitral de origem e do órgão do Poder Judiciário de destino; ii) inteiro teor do requerimento da parte, do pronunciamento do árbitro ou do Tribunal arbitral e da procuração conferida ao representante da parte, se houver; iii) especificação do ato processual que deverá ser praticado pelo juízo de destino; iv) encerramento com a assinatura do árbitro ou do presidente do tribunal arbitral conforme o caso.

I – a carta não estiver revestida dos requisitos legais;

→ v. Enunciado 26 do FPPC: Os requisitos legais mencionados no inciso I do art. 267 são os previstos no art. 260.

II – faltar ao juiz competência em razão da matéria ou da hierarquia;

Considerando que os pedidos de cumprimento de liminar baseados no art. 3º, § 12, do Decreto-Lei nº 911/69 devem ser julgados pelo órgão jurisdicional com competência especializada no cumprimento de cartas precatórias:

✓ CONFLITO NEGATIVO DE COMPETÊNCIA. Pedido de cumprimento de liminar de busca e apreensão de bem móvel. Decreto-Lei nº 911/69. Bem localizado em Comarca diversa daquela em que tramita o processo. Art. 3º, § 12, do Decreto-Lei nº 911/69. Incluído pela Lei nº 13.043/14. Feito distribuído originalmente a Vara Cível comum. Competência da vara de precatórias cíveis do foro central da Comarca da região metropolitana de Curitiba. Art. 136, II, da resolução 93/2013 do órgão especial do TJPR. Interpretação literal/gramatical afastada. Interpretação teleológica e sistemática. Pedido do art. 3º, § 12, do Decreto-Lei nº 911/69 que cumpre as mesmas funções processuais das cartas precatórias. Arts. 260 a 268 do CPC/15. Comunicação do juízo no qual o ato processual deve ser praticado e requerimento de sua cooperação. Inovação legislativa voltada à facilitação e concessão de celeridade à apreensão de bens com base no Decreto-Lei nº 911/69. Diferenças entre o pedido previsto no art. 3º, § 12, do decreto- Lei nº 911/69 e as cartas precatórias. Estritamente formais, notadamente em relação ao remetente/requerente. Pedido do Decreto-Lei que atende a boa parte dos requisitos das cartas precatórias (art. 260, I, II e III, do CPC/15). Justificativa da especialização dos órgãos jurisdicionais. Aumento da qualidade da prestação jurisdicional, em razão da redução da amplitude das matérias examinadas pelo magistrado. Vara de precatórias cíveis naturalmente melhor vocacionada, em comparação com as varas cíveis, ao cumprimento dos pedidos baseados no art. 3º, § 12, do Decreto-Lei nº 911/69, que têm conteúdo de carta precatória. Precedentes deste tribunal. Conflito de competência julgado improcedente. Declaração de competência da vara de precatórias cíveis do foro central da Comarca da região metropolitana de Curitiba. A interpretação teleológica e sistemática do ordenamento jurídico conduz à conclusão de que os pedidos de cumprimento de liminar baseados no art. 3º, § 12, do decreto- Lei nº 911/69 devem ser julgados pelo órgão jurisdicional com competência especializada no cumprimento de cartas precatórias cíveis. Se existente na Comarca, como no foro central da Comarca da região metropolitana de Curitiba (art. 136, II, da resolução nº 93/2013 do órgão especial do TJPR)., pois em que pese o referido ato não tenha forma de carta precatória cível, tem conteúdo e serve às mesmas finalidades desta. (TJPR; ConCompCv 1473556-9; Curitiba; Décima Sétima Câmara Cível em Composição Integral; Rel. Des. Fernando Paulino; Julg. 03/08/2016; DJPR 30/08/2016; Pág. 328)

A solicitação de cumprimento de diligência pelo juízo federal endereçada a juízo estadual não se confunde com as hipóteses de competência delegada revogadas pela Lei nº 13.043/2014:

✓ CONFLITO DE COMPETÊNCIA. JUÍZO FEDERAL E JUÍZO DE DIREITO. CUMPRIMENTO DE CARTA PRECATÓRIA EXTRAÍDA DE EXECUÇÃO FISCAL. LEI Nº 13.043/14. NÃO AUTORIZA A RECUSA DO CUMPRIMENTO DE PRECATÓRIA REVESTIDA DOS REQUISITOS LEGAIS. 1. O ato ou diligência a ser executado pela Justiça Estadual não decorre de delegação de competência, mas de simples cumprimento de carta precatória. 2. As hipóteses de recusa de cumprimento de carta precatória estão previstas no artigo 267, do Código de Processo Civil de 2015, cujo teor é o mesmo do artigo 201, do CPC de 1973. 3. O digno Juízo deprecado não fundamenta a recusa em nenhuma das hipóteses legais, mas na revogação da competência delegada, fato absolutamente irrelevante para o cumprimento de carta precatória. 4. Conflito de Competência procedente. (TRF 3ª R.; CC 0003173-17.2017.4.03.0000; Primeira Seção; Rel. Des. Fed. Valdeci dos Santos; Julg. 17/10/2017; DEJF 25/10/2017)

III – o juiz tiver dúvida acerca de sua autenticidade.

Parágrafo único. No caso de incompetência em razão da matéria ou da hierarquia, o juiz deprecado, conforme o ato a ser praticado, poderá remeter a carta ao juiz ou ao tribunal competente.

Apontando serem taxativas as hipóteses de recusa a cumprimento da carta precatória:

✓ AGRAVO DE INSTRUMENTO. CARTA PRECATÓRIA. EXECUÇÃO DE ATOS ATRELADOS À PENHORA DE BEM IMÓVEL NA FORMA ORDENADA PELO JUÍZO DEPRECANTE. IMPUGNAÇÃO OFERTADA PELA RECORRENTE. AUSÊNCIA DE APRECIAÇÃO PELO JUÍZO DE ORIGEM. SUSPENSÃO DO CUMPRIMENTO DA CARTA PRECATÓRIA. IMPOSSIBILIDADE. JUÍZO DEPRECADO. MERO EXECUTOR DA ORDEM DEPRECADA. AUSÊNCIA DAS HIPÓTESES DO ART. 267 DO CPC/2015. O juízo deprecado, como mero executor da carta precatória, somente pode recusar o cumprimento da ordem nas hipóteses previstas no art. 267 do CPC/2015 (correspondente ao art. 209 do CPC/1973). Recurso desprovido. (TJSP; AI 2057089-54.2017.8.26.0000; Ac. 10672004; São Paulo; Trigésima Quinta Câmara de Direito Privado; Rel. Des. Gilberto Leme; Julg. 09/08/2017; DJESP 15/08/2017; Pág. 2897); PROCESSUAL CIVIL. CONFLITO DE COMPETÊNCIA. RECUSA DE CUMPRIMENTO DE CARTA PRECATÓRIA. JUSTIFICATIVA

SEM AMPARO NA LEGISLAÇÃO PROCESSUAL. 1. Cabe ao juízo deprecado dar cumprimento à carta precatória, sem perquirir o motivo ou o mérito da ordem deprecada. 2. As hipóteses que autorizam a recusa de cumprimento da carta são taxativamente previstas no art. 267 do CPC (art. 209 do CPC revogado). 3. A justificativa apresentada pelo juízo suscitado para restituir a carta sem cumprimento não se amolda aos impeditivos formais elencados na legislação processual. (TRF 4ª R.; CC 0000586-92.2017.4.04.0000; RS; Terceira Seção; Rel. Des. Fed. Amaury Chaves de Athayde; Julg. 22/11/2017; DEJF 11/12/2017)

Não pode o juízo deprecado se recusar a cumprir a carta precatória sob o fundamento de que é possível cumprir a diligência por meio de videoconferência:

✓ CONFLITO DE COMPETÊNCIA. CARTA PRECATÓRIA. INTERROGATÓRIO. VIDEOCONFERÊNCIA DETERMINADA PELO JUÍZO DEPRECADO. IMPOSSIBILIDADE. FACULDADE DO JUÍZO DEPRECANTE. CONFLITO CONHECIDO. COMPETÊNCIA DO JUÍZO SUSCITANTE. 1. A oitiva por videoconferência. Não obstante seja medida que visa agilizar a prestação jurisdicional, recomendada pelo conselho nacional de justiça e pelo conselho da justiça federal. É faculdade conferida ao juízo da causa, não podendo o juízo deprecado determinar modalidade de oitiva diversa daquela que lhe foi deprecada. 2. As hipóteses de recusa no cumprimento da carta precatória estão elencadas no art. 267 do Código de Processo Civil, aplicado supletivamente ao processo penal, nenhuma delas correspondendo ao caso dos autos. 3. Conflito conhecido para declarar a competência do juízo federal da 4ª vara da seção judiciária do Estado do Pará, o suscitante. (STJ; CC 145.457; Proc. 2016/0045849-4; PA; Terceira Seção; Rel. Min. Joel Ilan Paciornik; DJE 16/10/2017). No mesmo sentido, STJ; CC 148.747; PE; Terceira Seção; Rel. Min. Ribeiro Dantas; Julg. 23/11/2016; DJe 30/11/2016.

Art. 268. Cumprida a carta, será devolvida ao juízo de origem no prazo de 10 (dez) dias, independentemente de traslado, pagas as custas pela parte.

CAPÍTULO IV
DAS INTIMAÇÕES

Art. 269. Intimação é o ato pelo qual se dá ciência a alguém dos atos e dos termos do processo.

§ 1º É facultado aos advogados promover a intimação do advogado da outra parte por meio do correio, juntando aos autos, a seguir, cópia do ofício de intimação e do aviso de recebimento.

→ *v.* Enunciado 578 do FPPC: Em razão da previsão especial do § 1º do art. 183, estabelecendo a intimação pessoal da Fazenda Pública por carga, remessa ou meio eletrônico, a ela não se aplica o disposto no § 1º do art. 269.

Entrega de cópia de decisão judicial de uma parte a outra não implica intimação válida:

✓ AGRAVO DE INSTRUMENTO. INTIMAÇÃO REALIZADA PELO ADVOGADO DA PARTE SEM OBSERVAR O DISPOSTO NOS ART. 269, § 1º E 274 DO NCPC. INVALIDADE DO ATO PROCESSUAL. ATENTADO A SEGURANÇA JURÍDICA. 1. Verifica-se que a suposta intimação realizada pela própria parte Agravada, através de entrega de cópia da decisão judicial a um funcionário da Parte Agravante, não tem como ser considerada válida, haja vista que macula a segurança jurídica, vez que realizada ao largo das regras daquele instituto processual. 2. Merece registro o fato de que o § 1º do art. 269 e o art. 274 do NCPC, trazem uma relevante inovação ao facultar que o advogado de uma parte possa viabilizar a intimação do advogado da parte adversa via correio, contudo, mesmo nessa excepcionalidade, condiciona a juntada dos autos a cópia do ofício de intimação e do aviso de recebimento dos correios mediante petição nos autos. RECURSO CONHECIDO E PROVIDO. DECISÃO UNÂNIME. (TJAL; AI 0804691-37.2016.8.02.0000; Segunda Câmara Cível; Rel. Des. Klever Rêgo Loureiro; DJAL 23/08/2017; Pág. 148)

§ 2º O ofício de intimação deverá ser instruído com cópia do despacho, da decisão ou da sentença.

§ 3º A intimação da União, dos Estados, do Distrito Federal, dos Municípios e de suas respectivas autarquias e fundações de direito público será realizada perante o órgão de Advocacia Pública responsável por sua representação judicial.

Art. 270. As intimações realizam-se, sempre que possível, por meio eletrônico, na forma da lei.

→ *v.* Arts. 5º e 9º da Lei 11.419/2006.

Apontando que a intimação por meio eletrônico é apenas uma faculdade, não uma obrigatoriedade:

✓ APELAÇÃO CÍVEL. AÇÃO ANULATÓRIA DE NEGÓCIO JURÍDICO. PRELIMINAR DE NULIDADE DA INTIMAÇÃO DA SENTENÇA. INTIMAÇÃO POR MEIO DE DIÁRIO. NÃO CONFIGURAÇÃO. NOVO CPC ESTABELECE A PREFERÊNCIA DA INTIMAÇÃO POR MEIO ELETRÔNICO, MAS NÃO SUA OBRIGATORIEDADE. INTIMAÇÃO FEITA EM NOME DE APENAS UM DOS ADVOGADOS DA APELANTE. INOCORRÊNCIA DE NULIDADE. AUSÊNCIA DE PEDIDO DE EXCLUSIVIDADE NAS INTIMAÇÕES. PRECEDENTES DO STJ. NÚMERO DE INSCRIÇÃO NA OAB DISTINTO DO QUE CONSTA NA PETIÇÃO INICIAL. NÚMEROS QUE PERTENCEM AO MESMO ADVOGADO, TRATANDO-SE APENAS DE

INSCRIÇÃO SUPLEMENTAR, PERMITINDO A IDENTIFICAÇÃO DO DESTINATÁRIO. CAUSÍDICO ENFERMO. AUSÊNCIA DE PROVA DA INCAPACIDADE DE PETICIONAR. APELANTE REPRESENTADA POR MAIS DE UM PROCURADOR, NÃO HAVENDO IMPEDIMENTO PARA QUE O RECURSO FOSSE INTERPOSTO POR OUTRO DELES. PRELIMINARES REJEITADAS. APELAÇÃO INTEMPESTIVA. RECURSO NÃO CONHECIDO. 1. Nos termos do art. 270 do novo Código de Processo Civil, "as intimações realizam-se, sempre que possível, por meio eletrônico, na forma da Lei". 2. O novo diploma processual estabelece uma preferência – e não uma obrigatoriedade – para a realização das intimações por meio eletrônico, sendo que, "quando não realizadas por meio eletrônico, consideram-se feitas as intimações pela publicação dos atos no órgão oficial", conforme art. 272 do CPC. 3. "havendo vários advogados constituídos nos autos, é válida a intimação feita em nome de qualquer deles, ausente o pedido de exclusividade de publicação" (AGRG no ARESP 670.673/MA, Rel. Ministro Luis Felipe Salomão, quarta turma; Julg. 07/05/2015, Dje 12/05/2015). 4. Conforme demonstrado pela apelada em sede de contrarrazões, o número constante da publicação da sentença pertence ao mesmo causídico que subscreveu a petição inicial, tratando-se apenas de inscrição suplementar no Estado do Mato Grosso do Sul, mas que, ainda assim, permite a identificação do destinatário. 5. Quanto à enfermidade do causídico, tem-se que, consoante a jurisprudência do Superior Tribunal de Justiça, só se justifica a devolução do prazo ao advogado por motivo de doença caso reste comprovada a incapacidade de peticionar ou de substabelecer o mandato. 6. No caso dos autos, desde o início da demanda a apelante esteve representada por três advogados, sendo que qualquer um deles poderia ter interposto o recurso tempestivamente, não restando demonstrado qualquer impedimento para que os outros procuradores o fizessem. 7. Preliminares rejeitadas. Recurso não conhecido, por intempestivo. (TJCE; APL 0874637-53.2014.8.06.0001; Terceira Câmara de Direito Privado; Relª Desª Marlucia de Araújo Bezerra; DJCE 10/04/2017; Pág. 83)

Estabelecendo que a intimação por meio eletrônico dispensa a publicação do ato no Diário Eletrônico:

✓ APELAÇÃO. AÇÃO MONITÓRIA. CANCELAMENTO DA DISTRIBUIÇÃO DO PROCESSO, DIANTE DA AUSÊNCIA DE PREPARO. Desnecessária a intimação pessoal da parte. A norma contida no Art. 290 do CPC/2015 exige apenas a intimação do patrono da parte para o cancelamento da distribuição por falta do recolhimento do preparo. Dispõe o art. 270 do CPC/2015 que as intimações se realizam, sempre que possível, por meio eletrônico, não sendo necessária a publicação do ato no Diário Eletrônico, conforme previsão do art. 5º da Lei n. 11.419/2006. Sentença mantida. RECURSO NÃO PROVIDO. (TJRJ; APL 0027295-22.2016.8.19.0042; Petrópolis; Vigésima Terceira Câmara Cível Consumidor; Rel. Des. Celso Silva Filho; Julg. 01/11/2017; DORJ 09/11/2017; Pág. 461)

Considerando excepcionalmente possível a intimação de ente público pelo Diário de Justiça por impossibilidade técnica e financeira de implementação do sistema eletrônico:

✓ AGRAVO DE INSTRUMENTO. CUMPRIMENTO DE SENTENÇA. ATO JUDICIAL IMPUGNADO. INDEFERIMENTO DE PEDIDO DE DEVOLUÇÃO DE PRAZO. FORNECIMENTO DE MEDICAMENTOS. CUMPRIMENTO DE SENTENÇA. EXECUÇÃO DE ASTREINTES. Instauração da fase de cumprimento da sentença. Determinação para apresentação de impugnação, nos termos do artigo 535 do CPC. Perda do prazo para apresentação de impugnação. Pedido de devolução do prazo fundado na obrigação de intimação da Fazenda por meio eletrônico. Inteligência dos artigos 535 e 270 do CPC. Impossibilidade técnica e financeira do TJSP para implementação de sistema que viabilize a comunicação eletrônica dos atos processuais. Observância dos Comunicados 360 e 379 do TJSP. Possibilidade de intimação pelo DJe. Prejuízo comprovado. Impossibilidade de sanação do vício relativo ao ato de comunicação. Repercussão para o devido processo legal, considerando a estrita obediência aos postulados do contraditório e da ampla defesa. Reconhecimento da nulidade da intimação. Devolução do prazo para apresentação de impugnação, que passará a transcorrer a partir da presente decisão. FUTURAS INTIMAÇÕES. Lealdade processual e cooperação. Ciência dos comunicados do TJSP e da impossibilidade fática de cumprimento da legislação. Dever de cumprir as recomendações, evitando-se o caos generalizado no processo. Decisão excepcional. Incumbe ao Estado reunir melhor condição para permitir que sua atuação em juízo seja eficiente e diligente, com a manutenção de um sistema informatizado atualizado com o nome dos procuradores que efetivamente atuam no feito para evitar situações constrangedoras como a dos autos. Advertência de que as futuras intimações serão realizadas pelo DJe, cabendo à instituição o acompanhamento do processo. RECURSO PROVIDO, COM OBSERVAÇÃO. (TJSP; AI 2082421-23.2017.8.26.0000; Ac. 10891732; Santos; Oitava Câmara de Direito Público; Rel. Des. José Maria Câmara Junior; Julg. 18/10/2017; DJESP 01/11/2017; Pág. 3064)

Considerando que, havendo intimações eletrônica e pelo Diário da Justiça, prevalece a última:

✓ DIREITO PROCESSUAL CIVIL. AGRAVO INTERNO. INTEMPESTIVIDADE DO RECURSO ESPECIAL E DO AGRAVO EM RECURSO ESPECIAL. DECURSO DO PRAZO LEGAL. INTIMAÇÃO TÁCITA. IMPOSSIBILIDADE. VALIDADE DA PUBLICAÇÃO DO DIÁRIO DA JUSTIÇA ELETRÔNICO. AGRAVO DESPROVIDO. 1. O acórdão recorrido foi publicado em 17/06/2016, ao passo que o Recurso Especial somente foi protocolado no tribunal de origem em 18/07/2016, quando decorrido o prazo recursal de 15 (quinze) dias úteis, nos termos do art. 994, VI, c/c os arts. 1.003, § 5º, 1.029 e 219, caput, do CPC/2015. 2. A decisão que inadmitiu o Recurso Especial no tribunal de origem foi publicada em 29/09/2016, ao passo que o agravo em Recurso Especial somente foi protocolado no tribunal de origem em 1º/11/2016, quando decorrido o prazo recursal de 15 (quinze) dias úteis previsto nos arts. 219, caput, 994, VIII, 1.003, § 5º, e 1.042, caput, do CPC/2015. 3. Frise-se que, ocorrendo a intimação eletrônica e a publicação da decisão no DJEERJ, prevalece esta última, uma vez que, nos termos da legislação citada, a publicação em diário de justiça eletrônico substitui qualquer outro meio de publicação oficial para quaisquer efeitos legais. Precedentes. 4.

Agravo interno a que se nega provimento. (STJ; AgInt-AREsp 1.052.512; Proc. 2017/0025851-1; RJ; Quarta Turma; Rel. Des. Fed. Conv. Lázaro Guimarães; DJE 14/12/2017); PROCESSUAL CIVIL. AGRAVO INTERNO NO AGRAVO EM RECURSO ESPECIAL. INTEMPESTIVIDADE DO AGRAVO EM RECURSO ESPECIAL. LEI Nº 11.419/2006. INTIMAÇÃO TÁCITA. PREVALÊNCIA DA PUBLICAÇÃO DO DIÁRIO DE JUSTIÇA ELETRÔNICO. 1. Ocorrendo a intimação eletrônica e a publicação da decisão no Diário de Justiça eletrônico, prevalece esta última, uma vez que nos termos da legislação, a publicação em Diário de Justiça eletrônico substitui qualquer outro meio de publicação oficial para quaisquer efeitos legais. 2. Agravo interno no agravo em Recurso Especial não provido. (STJ; AgInt-AREsp 1.118.648; Proc. 2017/0140315-6; RJ; Terceira Turma; Relª Minª Nancy Andrighi; DJE 05/12/2017); PROCESSUAL CIVIL. AGRAVO INTERNO NO AGRAVO EM RECURSO ESPECIAL. RECURSO MANEJADO NA ÉGIDE DO NCPC. RECURSO ESPECIAL NÃO ADMITIDO NA ORIGEM. PRAZO PARA INTERPOSIÇÃO DE AGRAVO EM RECURSO ESPECIAL. TERMO INICIAL DA CONTAGEM. PREVALÊNCIA DA PUBLICAÇÃO DA DECISÃO NO DIÁRIO DE JUSTIÇA ELETRÔNICO SOBRE A INTIMAÇÃO ELETRÔNICA REALIZADA NA FORMA DA LEI Nº 11.419/2006. INTEMPESTIVIDADE CONFIGURADA. AGRAVO INTERNO NÃO PROVIDO. 1. Aplicabilidade do NCPC a este recurso ante os termos no Enunciado Administrativo nº 3 aprovado pelo Plenário do STJ na sessão de 9/3/2016: Aos recursos interpostos com fundamento no CPC/2015 (relativos a decisões publicadas a partir de 18 de março de 2016) serão exigidos os requisitos de admissibilidade recursal na forma do novo CPC. 2. Ocorrendo a intimação eletrônica e a publicação da decisão no DJERJ, prevalece esta última, uma vez que nos termos da legislação citada a publicação em Diário de Justiça eletrônico substitui qualquer outro meio de publicação oficial para quaisquer efeitos legais (AgInt no AREsp nº 887.588/RJ, Relator o Ministro Luis Felipe Salomão; DJe 14/12/2016). 3. Agravo interno não provido. (STJ; AgInt-AREsp 999.485; Proc. 2016/0271611-1; RJ; Terceira Turma; Rel. Min. Moura Ribeiro; DJE 25/08/2017); PROCESSO CIVIL. AGRAVO INTERNO NO AGRAVO EM RECURSO ESPECIAL. CPC/1973. PUBLICAÇÃO DA DECISÃO NO DIÁRIO DE JUSTIÇA ELETRÔNICO. PREVALÊNCIA SOBRE OUTRO MEIO DE PUBLICAÇÃO OFICIAL. INTEMPESTIVIDADE DO ARESP. 1. De acordo com o Enunciado Administrativo n. 2 do STJ: "Aos recursos interpostos com fundamento no CPC/1973 (relativos a decisões publicadas até 17 de março de 2016) devem ser exigidos os requisitos de admissibilidade na forma nele prevista, com as interpretações dadas, até então, pela jurisprudência do Superior Tribunal de Justiça ". 2. No caso, a análise da tempestividade do agravo em Recurso Especial e dos pressupostos de admissibilidade do aludido apelo será realizada sob a ótica do CPC/1973, uma vez que a decisão que inadmitiu o Recurso Especial foi publicada anteriormente a 17/3/2016. 3. Tratando-se de decisão publicada no Diário de Justiça eletrônico, considera-se como início do prazo recursal o dia útil seguinte ao da disponibilização do decisum no referido diploma, consoante disposto no art. 4º, § 3º, da Lei nº 11.419/2006. 4. Mesmo quando há intimação eletrônica e publicação no Diário de Justiça eletrônico, a jurisprudência do STJ entende que o prazo recursal começa a fluir a partir da data desta última, já que a publicação no Diário de Justiça eletrônico substitui outros meios de publicação oficial para quaisquer efeitos legais. Precedentes: AgInt no AREsp 1.057.572/RJ, Rel. Ministra Assusete Magalhães, Segunda Turma, julgado em 20/6/2017, DJe 28/6/2017; AgInt no AREsp 1.019.565/RJ, Rel. Ministro Sérgio Kukina, Primeira Turma, julgado em 18/4/2017, DJe 2/5/2017; AgInt no AREsp 945.234/RJ, Rel. Ministra Nancy Andrighi, Terceira Turma, julgado em 14/3/2017, DJe 27/3/2017; EDcl no AgInt no AREsp 861.128/RJ, Rel. Ministro Raul Araújo, Quarta Turma, julgado em 6/4/2017, DJe 3/5/2017. 5. Nos termos da certidão, a decisão que inadmitiu o apelo especial foi publicada no Diário de Justiça eletrônico do dia 14/1/2016. Logo, deve-se reconhecer a intempestividade do agravo em Recurso Especial protocolizado em 3/2/2016, pois ultrapassado o prazo de 10 (dez) dias previsto no art. 544 do CPC/1973. 6. Agravo interno a que se nega provimento. (STJ; AgInt-AREsp 929.175; Proc. 2016/0146433-2; RJ; Segunda Turma; Rel. Min. Og Fernandes; DJE 23/08/2017); AGRAVO INTERNO NO AGRAVO EM RECURSO ESPECIAL. TERMO INICIAL. CONTAGEM DE PRAZO. PREVALÊNCIA DA PUBLICAÇÃO DA DECISÃO NO DIÁRIO DE JUSTIÇA ELETRÔNICO SOBRE A INTIMAÇÃO ELETRÔNICA. LEI N. 11.419/2006. INTEMPESTIVIDADE CONFIGURADA. 1. De acordo com entendimento desta Corte, se ocorreu intimação eletrônica e publicação no Diário de Justiça Eletrônico, deve prevalecer a data desta última para fins de contagem de prazo. Precedentes. 2. Agravo interno não provido. (STJ; AgInt-AREsp 1.019.565; Proc. 2016/0305399-9; RJ; Primeira Turma; Rel. Min. Sérgio Kukina; DJE 02/05/2017) e AGRAVO INTERNO NO AGRAVO EM RECURSO ESPECIAL. INTEMPESTIVIDADE. INTIMAÇÃO ELETRÔNICA E PUBLICAÇÃO EM DIÁRIO DE JUSTIÇA. 1. Nos termos do artigo 5º, § 1º, da Resolução nº 234 – CNJ, a publicação do DJEN substitui qualquer outro meio de publicação oficial, para fins de intimação, à exceção dos casos em que a Lei exija vista ou intimação pessoal. 2. Tendo ocorrido a intimação eletrônica e a publicação no Diário de Justiça eletrônico, esta prevalecerá sobre aquela para fins de contagem do prazo recursal. 3. Agravo interno não provido. (STJ; AgInt-AREsp 1.013.100; Proc. 2016/0298150-6; RJ; Terceira Turma; Rel. Min. Ricardo Villas Boas Cueva; DJE 24/03/2017

<u>Contra, entendendo que a intimação eletrônica prevalece sobre a intimação no Diário da Justiça:</u>

✓ AGRAVO INTERNO NO AGRAVO EM RECURSO ESPECIAL. 1. Duplicidade de intimações. Prevalência da intimação eletrônica sobre a publicação no diário de justiça. Recurso tempestivo. 2. Ausência de negativa de prestação jurisdicional. 3. Compensação de crédito. Existência de fundamento do acórdão recorrido não impugnado nas razões do apelo nobre. Súmula nº 283/STF. 4. Agravo conhecido, em juízo de reconsideração, para conhecer parcialmente do Recurso Especial e, nessa extensão, negar-lhe provimento. (STJ; AgInt-AREsp 1.129.363; Proc. 2017/0160726-4; RJ; Terceira Turma; Rel. Min. Marco Aurélio Bellizze; DJE 07/12/2017)

Parágrafo único. Aplica-se ao Ministério Público, à Defensoria Pública e à Advocacia Pública o disposto no § 1º do art. 246.

Apontando que, se o ente público não cumpre o dever se se cadastrar para receber intimação eletrônica, deverá ser intimado pelo Diário da Justiça:

✓ PROCESSUAL CIVIL. AGRAVO INTERNO NO AGRAVO EM RECURSO ESPECIAL. RECURSO INTEMPESTIVO. INTERPOSIÇÃO ALÉM DO PRAZO LEGAL. ARTS. 1.070 E 183 DO CPC/2015. MUNICÍPIO. INTIMAÇÃO ELETRÔNICA. AUSÊNCIA DE CADASTRO, JUNTO A ESTA CORTE. INTIMAÇÃO POR MEIO DO DIÁRIO DE JUSTIÇA ELETRÔNICO. ARTS. 183, § 1º, IN FINE, 246, §§ 1º E 2º, 270 E PARÁGRAFO ÚNICO, 272 E 1.050 DO CPC/2015. AGRAVO INTERNO NÃO CONHECIDO. I. Agravo interno aviado contra decisão monocrática, que julgou recurso interposto contra decisão que inadmitira o Recurso Especial, publicada na vigência do CPC/2015. II. A decisão, objeto deste Agravo interno, foi disponibilizada em 28/09/2016 (quarta-feira), no Diário de Justiça eletrônico, considerando-se publicada em 29/09/2016 (quinta-feira), e o presente recurso foi interposto em 20/03/2017, quando de há muito escoado o prazo legal, conforme certificado nos autos. III. Descumprido, portanto, o prazo de trinta dias úteis, para a interposição do Agravo interno, previsto nos arts. 1.070 e 183 do CPC vigente, inviável a análise dos argumentos recursais, uma vez que não preenchido um dos requisitos extrínsecos de sua admissibilidade. IV. Registre-se que, "nos termos do art. 1.050 do CPC/2015, competia ao Município ora agravante, no prazo de 30 dias após a entrada em vigor daquele diploma processual, proceder ao cadastramento perante a administração desta Corte, para fins de recebimento de intimações. No mesmo sentido: PET no AREsp 425.715/TO, Rel. Ministro Sérgio Kukina, DJe 2.8.2016" (STJ, AgInt no AgInt no REsp 1.594.244/MG, Rel. Ministro HERMAN BENJAMIN, SEGUNDA TURMA , DJe de 07/03/2017), o que o Município agravante não providenciou, in casu. V. Não efetuando o cadastro previsto em Lei, junto a esta Corte, para fins de intimação pessoal eletrônica, nos termos dos arts. 183, § 1º, in fine, 246, §§ 1º e 2º, e 1.050 do CPC/2015, restou o Município intimado do decisum ora recorrido via Diário da Justiça eletrônico, de conformidade com o art. 272 do CPC/2015, conforme certificado nos autos. VI. Agravo interno não conhecido. (STJ; AgInt-AREsp 977.792; Proc. 2016/0233529-8; BA; Segunda Turma; Relª Minª Assusete Magalhães; DJE 27/06/2017)

Art. 271. O juiz determinará de ofício as intimações em processos pendentes, salvo disposição em contrário.

→ v. Súmula 240 do STJ.

Art. 272. Quando não realizadas por meio eletrônico, consideram-se feitas as intimações pela publicação dos atos no órgão oficial.

→ v. Art. 82 do RISTF.

→ v. Art. 88 do RISTJ.

Se o município não atendeu ao dever de realizar o cadastro para recebimento de intimações eletrônicas, correta é a sua intimação por meio do Diário de Justiça:

✓ PROCESSUAL CIVIL. AGRAVO INTERNO NO AGRAVO EM RECURSO ESPECIAL. RECURSO INTEMPESTIVO. INTERPOSIÇÃO ALÉM DO PRAZO LEGAL. ARTS. 1.070 E 183 DO CPC/2015. MUNICÍPIO. INTIMAÇÃO ELETRÔNICA. AUSÊNCIA DE CADASTRO, JUNTO A ESTA CORTE. INTIMAÇÃO POR MEIO DO DIÁRIO DE JUSTIÇA ELETRÔNICO. ARTS. 183, § 1º, IN FINE, 246, §§ 1º E 2º, 270 E PARÁGRAFO ÚNICO, 272 E 1.050 DO CPC/2015. AGRAVO INTERNO NÃO CONHECIDO. I. Agravo interno aviado contra decisão monocrática, que julgou recurso interposto contra decisão que inadmitira o Recurso Especial, publicada na vigência do CPC/2015. II. A decisão, objeto deste Agravo interno, foi disponibilizada em 28/09/2016 (quarta-feira), no Diário de Justiça eletrônico, considerando-se publicada em 29/09/2016 (quinta-feira), e o presente recurso foi interposto em 20/03/2017, quando de há muito escoado o prazo legal, conforme certificado nos autos. III. Descumprido, portanto, o prazo de trinta dias úteis, para a interposição do Agravo interno, previsto nos arts. 1.070 e 183 do CPC vigente, inviável a análise dos argumentos recursais, uma vez que não preenchido um dos requisitos extrínsecos de sua admissibilidade. IV. Registre-se que, "nos termos do art. 1.050 do CPC/2015, competia ao Município ora agravante, no prazo de 30 dias após a entrada em vigor daquele diploma processual, proceder ao cadastramento perante a administração desta Corte, para fins de recebimento de intimações. No mesmo sentido: PET no AREsp 425.715/TO, Rel. Ministro Sérgio Kukina, DJe 2.8.2016" (STJ, AgInt no AgInt no REsp 1.594.244/MG, Rel. Ministro HERMAN BENJAMIN, SEGUNDA TURMA, DJe de 07/03/2017), o que o Município agravante não providenciou, **in casu**. V. Não efetuando o cadastro previsto em Lei, junto a esta Corte, para fins de intimação pessoal eletrônica, nos termos dos arts. 183, § 1º, in fine, 246, §§ 1º e 2º, e 1.050 do CPC/2015, restou o Município intimado do decisum ora recorrido via Diário da Justiça eletrônico, de conformidade com o art. 272 do CPC/2015, conforme certificado nos autos. VI. Agravo interno não conhecido. (STJ; AgInt-AREsp 977.792; Proc. 2016/0233529-8; BA; Segunda Turma; Relª Minª Assusete Magalhães; DJE 27/06/2017)

§ 1º Os advogados poderão requerer que, na intimação a eles dirigida, figure apenas o nome da sociedade a que pertençam, desde que devidamente registrada na Ordem dos Advogados do Brasil.

§ 2º Sob pena de nulidade, é indispensável que da publicação constem os nomes das partes e de seus advogados, com o respectivo número de inscrição na Ordem dos Advogados do Brasil, ou, se assim requerido, da sociedade de advogados.

<u>Se o vício na identificação da parte é capaz de alterar o destinatário da comunicação, nula é a intimação:</u>

✓ PROCESSUAL CIVIL. EMBARGOS DE DECLARAÇÃO. VÍCIO NA INTIMAÇÃO DA PARTE. PREJUÍZO CONSTATADO. NULIDADE DO ACÓRDÃO. ART. 272, § 2º, DO CPC/2015. OFENSA AOS PRINCÍPIOS DO DEVIDO PROCESSO LEGAL, DO CONTRADITÓRIO E DA AMPLA DEFESA. IDONEIDADE DA VIA ELEITA. ART. 1.022, III, DO CPC/2015. 1. Erro na autuação do nome do recorrente de Moto Grosso para Mato Grosso do Sul, com retificação posterior ao julgamento do Acórdão e à oposição dos Embargos de Declaração (fl. 374, e-STJ). 2. Vício sobre elemento essencial de identificação da parte, capaz de personalizar terceiro e alterar o destinatário da comunicação processual. 3. Prejuízo ao devido processo legal, ao contraditório e à ampla defesa que atrai a nulidade do art. 272, § 2º, do CPC/2015. 5. Idoneidade dos Embargos de Declaração para arguição do vício, por se tratar da primeira oportunidade do prejudicado para falar nos autos e diante da disciplina estabelecida no art. 1.022, II, do CPC/2015. 6. Embargos de Declaração acolhidos, com efeito modificativo, para anular o acórdão embargado e autorizar a inclusão do feito em nova pauta de julgamento. (STJ; EDcl-REsp 1.649.658; Proc. 2017/0013910-3; MT; Segunda Turma; Rel. Min. Herman Benjamin; DJE 13/09/2017)

<u>Basta que conste o número de inscrição do advogado, não importando se suplementar ou principal, para que a intimação se considere regular:</u>

✓ APELAÇÃO CÍVEL. AÇÃO ANULATÓRIA DE NEGÓCIO JURÍDICO. PRELIMINAR DE NULIDADE DA INTIMAÇÃO DA SENTENÇA. INTIMAÇÃO POR MEIO DE DIÁRIO. NÃO CONFIGURAÇÃO. NOVO CPC ESTABELECE A PREFERÊNCIA DA INTIMAÇÃO POR MEIO ELETRÔNICO, MAS NÃO SUA OBRIGATORIEDADE. INTIMAÇÃO FEITA EM NOME DE APENAS UM DOS ADVOGADOS DA APELANTE. INOCORRÊNCIA DE NULIDADE. AUSÊNCIA DE PEDIDO DE EXCLUSIVIDADE NAS INTIMAÇÕES. PRECEDENTES DO STJ. NÚMERO DE INSCRIÇÃO NA OAB DISTINTO DO QUE CONSTA NA PETIÇÃO INICIAL. NÚMEROS QUE PERTENCEM AO MESMO ADVOGADO, TRATANDO-SE APENAS DE INSCRIÇÃO SUPLEMENTAR, PERMITINDO A IDENTIFICAÇÃO DO DESTINATÁRIO. CAUSÍDICO ENFERMO. AUSÊNCIA DE PROVA DA INCAPACIDADE DE PETICIONAR. APELANTE REPRESENTADA POR MAIS DE UM PROCURADOR, NÃO HAVENDO IMPEDIMENTO PARA QUE O RECURSO FOSSE INTERPOSTO POR OUTRO DELES. PRELIMINARES REJEITADAS. APELAÇÃO INTEMPESTIVA. RECURSO NÃO CONHECIDO. 1. Nos termos do art. 270 do novo Código de Processo Civil, "as intimações realizam-se, sempre que possível, por meio eletrônico, na forma da Lei". 2. O novo diploma processual estabelece uma preferência – e não uma obrigatoriedade – para a realização das intimações por meio eletrônico, sendo que, "quando não realizadas por meio eletrônico, consideram-se feitas as intimações pela publicação dos atos no órgão oficial", conforme art. 272 do CPC. 3. "havendo vários advogados constituídos nos autos, é válida a intimação feita em nome de qualquer deles, ausente o pedido de exclusividade de publicação" (AGRG no ARESP 670.673/MA, Rel. Ministro Luis Felipe Salomão, quarta turma; Julg. 07/05/2015, Dje 12/05/2015). 4. Conforme demonstrado pela apelada em sede de contrarrazões, o número constante da publicação da sentença pertence ao mesmo causídico que subscreveu a petição inicial, tratando-se apenas de inscrição suplementar no Estado do Mato Grosso do Sul, mas que, ainda assim, permite a identificação do destinatário. 5. Quanto à enfermidade do causídico, tem-se que, consoante a jurisprudência do Superior Tribunal de Justiça, só se justifica a devolução do prazo ao advogado por motivo de doença caso reste comprovada a incapacidade de peticionar ou de substabelecer o mandato. 6. No caso dos autos, desde o início da demanda a apelante esteve representada por três advogados, sendo que qualquer um deles poderia ter interposto o recurso tempestivamente, não restando demonstrado qualquer impedimento para que os outros procuradores o fizessem. 7. Preliminares rejeitadas. Recurso não conhecido, por intempestivo. (TJCE; APL 0874637-53.2014.8.06.0001; Terceira Câmara de Direito Privado; Relª Desª Marlucia de Araújo Bezerra; DJCE 10/04/2017; Pág. 83). V. tb.: AGRAVO DE INSTRUMENTO EM RECURSO DE REVISTA. RECURSO DE REVISTA. INTEMPESTIVIDADE. NULIDADE DA INTIMAÇÃO. NÃO OCORRÊNCIA. Segundo o artigo 272, § 2º, do Código de Processo Civil, sob pena de nulidade, é indispensável que da publicação constem os nomes das partes e de seus advogados, com o respectivo número de inscrição na Ordem dos Advogados do Brasil, ou, se assim requerido, da sociedade de advogados. No caso dos autos, consta da publicação o nome do Dr. Nelson Willians Fratoni, com indicação do número de inscrição na Ordem dos Advogados do Brasil, especificamente do número relativo à inscrição suplementar no Conselho Seccional do Estado do Paraná. O artigo 272, § 2º, do CPC determina que da publicação conste o número da inscrição, e não a modalidade, se suplementar ou principal, de modo que a ausência da letra A, ao contrário do que alega a reclamada, não constitui ilegalidade sob a perspectiva do citado dispositivo legal. Não obstante, nota-se que as demais intimações e publicações realizadas nos autos observaram os mesmos requisitos, sem a constatação de qualquer prejuízo ao exercício do contraditório e da ampla defesa. Nesse contexto, não há falar em nulidade processual. Com efeito, sendo regular a publicação datada de 30/8/2016, a interposição do recurso de revista em 11/10/2016 se mostra intempestiva. Agravo de instrumento conhecido e não provido. (TST; AIRR 0000729-67.2014.5.09.0096; Oitava Turma; Relª Min. Dora Maria da Costa; DEJT 29/09/2017; Pág. 3415)

Aplicando os termos do art. 272, § 2º à publicação em secretaria ou mural do cartório no processo eleitoral:

✓ RECURSO ESPECIAL. REGISTRO DE CANDIDATURA. INTEMPESTIVIDADE. ALEGAÇÃO DE VÍCIO NA PUBLICAÇÃO DA SENTENÇA. PROVIMENTO. 1. Nos termos do art. 52, § 1º, da Res. -TSE 23.455, a decisão que apreciar o registro de candidatura será publicada em cartório, passando a correr desse momento o prazo de três dias para a interposição de recurso para o Tribunal Regional Eleitoral. 2. A publicação da sentença em cartório, como toda intimação, deve permitir a ciência formal do referido ato processual, a qual se efetiva pela correta identificação, no corpo do provimento jurisdicional ou do ato cartorário que o afixar em secretaria, do nome das partes e dos procuradores. 3. No caso, da publicação da sentença em secretaria constou apenas o nome da coligação requerente do Demonstrativo de Regularidade de Atos Partidários (DRAP), tendo sido ignoradas, por completo, as partes impugnantes do registro e os respectivos advogados. 4. Conquanto se trate de regra alusiva à publicação em órgãos oficiais, o art. 272, § 2º, do Código de Processo Civil pode ser tomado como parâmetro para aferir a regularidade da publicação em secretaria ou no mural do cartório. Recurso Especial provido, a fim de reformar o acórdão regional que reconheceu a intempestividade do recurso eleitoral. (TSE; REsp 176-06.2016.6.05.0087; BA; Rel. Min. Admar Gonzaga; Julg. 07/11/2017; DJETSE 07/12/2017; Pág. 20)

§ 3º A grafia dos nomes das partes não deve conter abreviaturas.

§ 4º A grafia dos nomes dos advogados deve corresponder ao nome completo e ser a mesma que constar da procuração ou que estiver registrada na Ordem dos Advogados do Brasil.

§ 5º Constando dos autos pedido expresso para que as comunicações dos atos processuais sejam feitas em nome dos advogados indicados, o seu desatendimento implicará nulidade.

→ *v.* Súmula 427 do TST.

Se não há pedido expresso, considera-se realizada a intimação no nome de qualquer advogado constituído pela parte:

✓ AGRAVO INTERNO. MANDADO DE SEGURANÇA. PROCESSO CIVIL. ALEGAÇÃO DE NULIDADE DO JULGAMENTO POR AUSÊNCIA DE INTIMAÇÃO DO PATRONO DO AGRAVANTE. CERTIDÃO QUE INDICA A INTIMAÇÃO REGULAR DE UM DOS ADVOGADOS DA PARTE. APLICAÇAO DA REGRA DO PAS NULLITÉ SANS GRIEF. AUSÊNCIA DE PREJUÍZO. NULIDADE NÃO VERIFICADA. REDISCUSSÃO DA MATÉRIA. IMPOSSIBILIDADE. AGRAVO INTERNO CONHECIDO E IMPROVIDO. 1. Certidões que indicam a intimação regular de um dos advogados da parte ora agravante, de modo que não há que se falar em nulidade do julgamento por ausência de publicidade ou cerceamento de defesa. 2. Entendimento do Superior Tribunal de Justiça no sentido de que havendo dois advogados constituídos, a intimação de apenas um deles não enseja cerceamento de defesa. 3. Além disso, inexiste, na espécie, qualquer pedido expresso para que as intimações ocorram em nome exclusivo de um dos patronos, conforme exigido pelo art. 272, § 5º, do CPC. 4. Ademais, **in casu**, verifica-se não estar configurada a alegação de cerceamento de defesa, diante da ausência de prejuízo à parte, porquanto do acórdão que denegou a segurança foi interposto recurso, bem como, o outro advogado constituído nos autos foi devidamente intimado dos atos processuais, conforme certidão de fl. 201. 5. O agravante objetiva rediscussão da matéria já decidida, na medida em que houve pronunciamento, de maneira clara e objetiva, acerca de todas as matérias impugnadas, com base em entendimento pacificado no STJ. 6. AGRAVO INTERNO CONHECIDO E IMPROVIDO. (TJBA; AgRg 0023855-42.2013.8.05.0000/50002; Salvador; Seção Cível de Direito Público; Relª Desª Carmem Lucia Santos Pinheiro; Julg. 14/12/2017; DJBA 19/12/2017; Pág. 192)

Se há pedido expresso de intimação em nome de um advogado específico, considera-se inválida a intimação realizada em nome de outro advogado:

✓ APELAÇÃO CÍVEL. NEGÓCIOS JURÍDICOS BANCÁRIOS. AÇÃO INDENIZATÓRIA. ARGUIÇÃO DE NULIDADE. NÃO CADASTRAMENTO, NO SISTEMA INFORMATIZADO, DOS ADVOGADOS INDICADOS POR UM DOS CO-RÉUS PARA RECEBIMENTO DAS INTIMAÇÕES DO PROCESSO. PARÁGRAFOS 2º E 5º DO ART. 272 DO NCPC. AUSÊNCIA DE INTIMAÇÃO DE ATOS PROCESSUAIS RELEVANTES. PREJUÍZO CARACTERIZADO. NULIDADE. CERCEAMENTO DE DEFESA CONFIGURADO. Consoante dispõe o §2º do art. 272 do NCPC, é indispensável que, da publicação da nota de expediente que vise a intimação de qualquer ato processual, conste o nome das partes e de seus respectivos advogados, sob pena de nulidade. O §5º do mesmo art. 272, por sua vez, faculta à parte que sejam indicados os advogados para os quais as intimações deverão ser dirigidas. Constatado, na hipótese, que, por falha cartorária, não houve o cadastramento, no sistema informatizado, dos advogados indicados por um dos réus para o recebimento das intimações, resultando na ausência de sua intimação de atos processuais relevantes (inclusive sentença), caracterizada está a nulidade, impondo-se, assim, a desconstituição da sentença. Sentença desconstituída. Recurso prejudicado. Unânime. (TJRS; AC 0075384-66.2017.8.21.7000; Rio Grande; Décima Oitava Câmara Cível; Rel. Des. Pedro Celso Dal Pra; Julg. 14/12/2017; DJERS 19/12/2017); APELAÇÃO CÍVEL. AÇÃO DECLARATÓRIA DE INEXISTÊNCIA DE

DÉBITO CUMULADA COM DANOS MORAIS. Inscrição indevida em órgãos de proteção ao crédito. Parcial procedência na origem. Recurso de ambas as partes. Determinação de juntada dos contratos originais para viabilização de prova técnica. Alegada nulidade de intimação. Petição anterior informando modificação de patrocínio e solicitando que as intimações fossem realizadas exclusivamente em nome de procurador específico. Não observância do pleito. Nulidade configurada. Exegese do artigo 272, § 5º, do Código de Processo Civil. Sentença cassada. Nulidade dos atos posteriores à referida intimação. Retorno dos autos à origem. Recurso do réu conhecido e provido. Apelo do autor prejudicado. (TJSC; AC 0801045-89.2013.8.24.0039; Lages; Primeira Câmara de Direito Civil; Rel. Des. Eduardo Mattos Gallo Júnior; DJSC 18/12/2017; Pag. 248); APELAÇÃO CÍVEL. CUMPRIMENTO DE SENTENÇA. EXTINÇÃO POR SATISFAÇÃO DA OBRIGAÇÃO. REQUERIMENTO PARA INTIMAÇÃO DA PARTE EM NOME DE DETERMINADO ADVOGADO. INOBSERVÂNCIA NULIDADE DO PROCESSO, POR CERCEAMENTO DE DEFESA. SENTENÇA CASSADA. RECURSO PROVIDO. A inobservância de requerimento expresso de intimação da parte exclusivamente em nome de determinado procurador, ainda que outros tenham sido regularmente constituídos, enseja nulidade processual, por cerceamento de defesa, (art. 272, § 2º, do CPC). (TJMT; APL 127361/2017; Ribeirão Cascalheira; Relª Desª Cleuci Terezinha Chagas; Julg. 13/12/2017; DJMT 19/12/2017; Pág. 143)

<u>Não há necessidade de que o pedido expresso seja realizado em peça processual, podendo constar do substabelecimento:</u>

✓ AGRAVO DE INSTRUMENTO. AÇÃO PREVIDENCIÁRIA. DEVOLUÇÃO DO PRAZO. CABIMENTO. REQUERIMENTO DE INTIMAÇÃO À ADVOGADO ESPECÍFICO EFETUADO POR SUBSTABELECIMENTO. VALIDADE. CERCEAMENTO DE DEFESA CONFIGURADO. RECURSO PROVIDO. 1. Segundo o § 5. º do artigo 272 do Código de Processo Civil "Constando dos autos pedido expresso para que as comunicações dos atos processuais sejam feitas em nome dos advogados indicados, o seu desatendimento implicará nulidade ". 2. Não há, conforme se depreende da leitura do supracitado dispositivo, exigência para que o pedido de intimação seja realizado na petição inicial ou em qualquer outra peça processual. Há menção, apenas, a pedido expresso, o que foi feito nos presentes autos. 3. O posicionamento adotado pelo MM. Juízo a quo, que entendeu não ser o substabelecimento o meio hábil à formulação do pedido, evidencia cerceamento de defesa na medida em que não possibilitou à parte interpor os recursos adequados às decisões proferidas nos autos. 4. Decisão agravada reformada a fim de que sejam republicadas todas as decisões a partir da reproduzida às fls. 29, disponibilizada no DJE em 05/02/2016, que (i) deferiu os benefícios da justiça gratuita, (ii) requisitou às empresas indicadas pelo autor que fornecessem ao juízo o PPP e o LTCAT e (iii) determinou a citação do INSS. Como consequência, devolve-se o prazo para interposição de eventual recurso. 5. Agravo de instrumento provido. (TRF 3ª R.; AI 0017672-40.2016.4.03.0000; Oitava Turma; Rel. Des. Fed. Luiz de Lima Stefanini; Julg. 26/06/2017; DEJF 11/07/2017)

<u>Não há nulidade de intimação se, embora desatendido o requerimento para intimação em nome de advogado específico, a parte continuou peticionando no processo sem manifestar-se a respeito do vício:</u>

✓ AGRAVO INTERNO. PROCESSUAL CIVIL. PEDIDO DE PUBLICAÇÃO EM NOME DE ADVOGADO ESPECÍFICO. CONTINUIDADE DAS PUBLICAÇÕES EM NOME DE ADVOGADA CONSTITUÍDA E INTEGRANTE DO MESMO ESCRITÓRIO DE ADVOCACIA. ATUAÇÃO PRIMORDIAL NO PROCESSO DE ORIGEM. INTIMAÇÃO PARA APRESENTAR CONTRAMINUTA AO AGRAVO DE INSTRUMENTO. INÉRCIA DA AGRAVADA. PEDIDO DE NULIDADE. INEXISTÊNCIA. RECURSO CONHECIDO E DESPROVIDO. 1. O fito precípuo da publicação da intimação consiste em cientificar a parte para a prática de um ato e oportunizar-lhe a defesa de seus interesses. Por conseguinte, nos termos do art. 272, § 5º, do CPC, constando dos autos pedido expresso para que as comunicações dos atos processuais sejam feitas em nome de determinado advogado, o seu desatendimento implicará nulidade. 2. No caso, ainda que a recorrente tenha aduzido requerimento expresso para que as intimações ocorressem em nome do advogado específico, não houve prejuízo à parte com a realização das publicações em nome da patrona subscritora da ação de conhecimento, integrante do mesmo escritório de advocacia do causídico indicado e detentora de poderes de representação mediante procuração que lhe foi outorgada, eis que continuou atuando em praticamente todas as peças do processo de origem, prestando informações ou realizando requerimentos, sem irresignar-se, em momento algum, quanto à eventual publicação realizada equivocadamente. 3. O inconformismo da agravante consiste na famigerada -nulidade de algibeira ou de bolso-, pois se trata de questão previamente conhecida e propositalmente omitida, com insurgência somente em momento conveniente, ou seja, após o provimento ao agravo de instrumento da parte adversa por esta e. Turma. Em verdade, a referida estratégia adotada não encontra guarida no ordenamento jurídico pátrio, consistindo em conduta rechaçada pelo c. Superior Tribunal de Justiça e por esta e. Corte. 4. Recurso de agravo interno conhecido e desprovido. Condenação da agravante ao pagamento da multa prevista no art. 1.021, § 4º, do CPC. (TJDF; Proc. 0700.92.7.602017-8070000; Ac. 105.3560; Segunda Turma Cível; Relª Desª Sandra Reves; Julg. 11/10/2017; DJDFTE 26/10/2017)

<u>Entendendo que o pedido de intimação em nome de certo advogado deve ser considerado também para as intimações por meio eletrônico:</u>

✓ CIVIL E CÓDIGO DE DEFESA DO CONSUMIDOR. APELAÇÃO. INTIMAÇÃO DA SENTENÇA. REQUERIMENTO EXPRESSO EM NOME DE ADVOGADO. NULIDADE DOS ATOS POSTERIORES. CONHECIMENTO. TRANSPORTE AÉREO. AÇÃO DE INDENIZAÇÃO. MÁ PRESTAÇÃO DO SERVIÇO. MENOR COM PARALISIA CEREBRAL. DANIFICAÇÃO DE CADEIRA DE RODAS. PRIVAÇÃO DO USO DO EQUIPAMENTO

POR DIVERSOS MESES. DIGNIDADE DA PESSOA HUMANA. DANO MORAL. CARACTERIZAÇÃO. QUANTUM INDENIZATÓRIO. MANUTENÇÃO DA SENTENÇA. 1) De acordo com o art. 272, § 5º, do Código de Processo Civil, constando dos autos pedido expresso para que as comunicações dos atos processuais sejam feitas em nome dos advogados indicados, o seu desatendimento implicará nulidade. 2) Na hipótese dos autos, observado o envio da intimação eletrônica da sentença para advogado diverso daquele requerido pela parte apelante, é de se reconhecer a nulidade do ato e daqueles posteriores, convertendo em tempestivo o recurso interposto fora do prazo, diante de claro cerceamento de defesa. 3) Exige-se, para a caracterização do dano moral, efetiva violação a algum dos direitos da personalidade, ínsitos à pessoa humana e capazes de gerar no âmago da vítima sofrimento, angústia e constrangimentos maiores do que aqueles postos pela vida cotidiana. A caracterização do direito à reparação depende da conexão entre a ação do agente, o resultado lesivo e o nexo causal. 4) Nesse sentido, impõe-se o dever de indenizar à companhia aérea que, pela má prestação do serviço, danificou cadeira de rodas de passageira, menor, portadora de paralisia cerebral e tetraplegia, privando-a por diversos meses de mínima locomoção e de continuar o tratamento médico necessário à sua saúde. Incidência da Convenção Internacional sobre os Direitos da Pessoa com Deficiência. 5) O arbitramento do valor da compensação por danos morais deve ser realizado com moderação, proporcionalmente ao grau de culpa, ao nível socioeconômico do recorrido e, ainda, ao porte econômico do recorrente, orientando-se o juiz pelos critérios sugeridos pela doutrina e pela jurisprudência, com razoabilidade, fazendo uso de sua experiência e do bom senso, atento à realidade da vida e às peculiaridades do caso, daí porque deve ser mantido o quantum arbitrado na sentença. Precedentes do STJ. 6) Apelação não provida. (TJAP; APL 0040938-54.2015.8.03.0001; Câmara Única; Rel. Des. João Lages; Julg. 24/10/2017; DJEAP 22/11/2017; Pág. 27)

Considerando inaplicável o § 5º no processo eletrônico, em que a intimação deve ser feita ao advogado habilitado no processo como representante da parte:

✓ AGRAVO DE INSTRUMENTO. RECURSO ORDINÁRIO INTEMPESTIVO. VÍCIO DE PUBLICAÇÃO. INEXISTÊNCIA. É fato que tanto o § 5º do art. 272 do NCPC, como a Súmula nº 427/TST, determinam de maneira uníssona que as intimações e publicações devem ser realizadas em nome de determinado advogado, sob pena de nulidade, quando houver pedido expresso em tal sentido. Todavia, em se tratando de processo eletrônico, as regras acima destacadas não são aplicadas. Na verdade o caput do referido art. 272 do NCPC, já faz a ressalva no sentido de que, em regra, as publicações são feitas por meio do órgão oficial, salvo, quando não realizadas por meio eletrônico. E assim de fato o é, pois, o art. 4º, § 2º, da Lei nº 11.419/2016 (que dispõe acerca do Processo Judicial Eletrônico), afirma textualmente que a publicação eletrônica substitui qualquer outro meio, salvo nos casos em que se exige a intimação pessoal. Com efeito, se o advogado da Ré quisesse receber as publicações em seu nome, deveria habilitar-se no processo como advogado representante da Parte, o que não ocorreu. Assim, não há falar em irregularidade na decisão que entendeu como intempestivo o recurso ordinário. (TRT 10ª R.; AIRO 0000109-39.2017.5.10.0802; Primeira Turma; Relª Desª Flávia Simões Falcão; Julg. 06/12/2017; DEJTDF 14/12/2017; Pág. 207)

§ 6º A retirada dos autos do cartório ou da secretaria em carga pelo advogado, por pessoa credenciada a pedido do advogado ou da sociedade de advogados, pela Advocacia Pública, pela Defensoria Pública ou pelo Ministério Público implicará intimação de qualquer decisão contida no processo retirado, ainda que pendente de publicação.

→ *v.* Enunciado 274 do FPPC: Aplica-se a regra do § 6º do art. 272 ao prazo para contestar quando for dispensável a audiência de conciliação e houver poderes para receber citação.

Possibilidade de ciência da decisão para fins de intimação mediante carta dos autos pelo estagiário:

✓ DIREITO PROCESSUAL CIVIL. AGRAVO DE INSTRUMENTO. CUMPRIMENTO DE SENTENÇA. INTIMAÇÃO PARA PAGAMENTO. CARGA DOS AUTOS PELO ESTAGIÁRIO. CIÊNCIA INEQUÍVOCA. ART. 272, § 6º, CPC. RECURSO PROVIDO. 1. A carga dos autos antes da publicação do ato judicial, ainda que realizada por estagiário com o devido substabelecimento, importa ciência inequívoca, com força para deflagrar a contagem do prazo para efetuar o depósito judicial do valor do débito. 2. O art. 272, § 6º, do CPC, é expresso ao afirmar que a retirada dos autos do cartório ou da secretaria em carga pelo advogado, por pessoa credenciada pelo advogado ou sociedade de advogados, implicará na intimação de qualquer decisão contida no processo retirado, ainda que pendente de publicação. 3. A norma do art. 272, § 7º, do CPC, autoriza o credenciamento de prepostos para a retirada dos autos mediante carga, assim torna prescindível o registro na OAB, como estagiário ou advogado, para a carga dos autos, com a consequente intimação pessoal e deflagração do prazo processual. 3. Recurso conhecido e provido. (TJDF; Proc 0703.50.8.482017-8070000; Ac. 104.9675; Terceira Turma Cível; Rel. Des. Alvaro Ciarlini; Julg. 27/09/2017; DJDFTE 06/10/2017)

§ 7º O advogado e a sociedade de advogados deverão requerer o respectivo credenciamento para a retirada de autos por preposto.

§ 8º A parte arguirá a nulidade da intimação em capítulo preliminar do próprio ato que lhe caiba praticar, o qual será tido por tempestivo se o vício for reconhecido.

Apontando que o vício na intimação deve ser alegado na primeira oportunidade, sob pena de preclusão:

✓ EMBARGOS DE DECLARAÇÃO NO RECURSO ESPECIAL. PROCESSUAL CIVIL. NULIDADE. PAUTA. SESSÃO DE JULGAMENTO. FALTA DE INTIMAÇÃO DA RECORRIDA. ADVOGADA EM CAUSA PRÓPRIA. PROFISSIONAL ESTRANHO À SUA REPRESENTAÇÃO. INTIMAÇÃO. SESSÃO DE JULGAMENTO. OFENSA AO PRINCÍPIO DO CONTRADITÓRIO. ART. 272, §2º, DO CPC/2015. 1. À luz do que expressamente dispõe o §2º do art. 272 do Código de Processo Civil de 2015, é indispensável que da publicação constem os nomes das partes e de seus advogados, com o respectivo número de inscrição na Ordem dos Advogados do Brasil, ou, se assim requerido, da sociedade de advogados, sob pena de nulidade. 2. Consoante a jurisprudência desta Corte Superior, é nula a intimação quando não observado pedido expresso de publicação em nome de advogado específico. Tal nulidade, de natureza relativa, deve ser suscitada na primeira oportunidade em que a parte comparecer aos autos. 3. No caso, a intimação da data da sessão de julgamento de que resultou o provimento, por unanimidade, do recurso especial interposto em desfavor dos interesses da ora embargante, não observou a existência de pretérito pedido para que suas futuras intimações fossem realizadas em seu nome, pois passaria a atuar em causa própria. 4. Embargos de declaração de Antonieta Maria de Carvalho Almeida Prado acolhidos, com efeitos infringentes, para reconhecer a nulidade do acórdão de fls. 3.668/3.686 (e-STJ) e determinar a reinclusão do recurso especial em pauta para novo julgamento, agora com a correta intimação da embargante. Embargos de declaração do espólio de José Roberto Barboza de Vilhena prejudicados. (STJ, EDcl no REsp 1608424/SP, julgado em 12/09/2017, DJe 21/09/2017). No mesmo sentido: APELAÇÃO CÍVEL. USUCAPIÃO (BENS IMÓVEIS). CERCEAMENTO DE DEFESA. NULIDADE DA INTIMAÇÃO ACERCA DA DATA APRAZADA PARA A AUDIÊNCIA DE INSTRUÇÃO E DA ABERTURA DO PRAZO PARA APRESENTAÇÃO DE MEMORIAIS. INOCORRÊNCIA. CIÊNCIA INEQUÍVOCA DO TEOR DA DECISÃO. MANUTENÇÃO DA SENTENÇA. I. A despeito de não ter constado o cadastro do réu, que advoga em causa própria, na nota de expediente que intimou as partes do decisum que, entre outros pontos, fixou a data de audiência de instrução e abriu o prazo para a apresentação do rol de testemunhas, é incontestável que aquele teve ciência inequívoca do conteúdo da decisão, tanto que impugnou, tempestivamente, outra parte de seus fundamentos. Aplicação do art. 277 do CPC/2015. II. Assim, não há que se falar em cerceamento de defesa decorrente da impossibilidade de produzir prova oral, bem como de acompanhar a solenidade, uma vez que o requerido tinha plena ciência da data aprazada para a audiência de instrução, mais de dois meses antes de sua ocorrência. III. Ademais, a despeito de o ato subsequente à solenidade ter sido a apresentação de memoriais pelas partes, o réu deixou de suscitar a nulidade da aludida intimação em sua peça, razão pela qual operada a preclusão da matéria. Inteligência do §8º, do art. 272, do NCPC. IV. Não se vislumbra, entretanto, a presença das hipóteses elencadas no art. 80 do CPC/2015, a ensejar a aplicação das penas por litigância de má-fé, previstas no art. 79 c/c 81 da referida legislação. Negaram provimento ao apelo. Unânime. (TJRS; AC 0293577-48.2017.8.21.7000; Torres; Vigésima Câmara Cível; Rel. Des. Dilso Domingos Pereira; Julg. 29/11/2017; DJERS 13/12/2017)

Considerando ser causa de nulidade absoluta a ausência do nome do advogado na intimação:

✓ EMBARGOS DE DECLARAÇÃO. Ação declaratória de inexigibilidade de duplicatas C.C. Indenizatória por danos morais. Alegação de nulidade por ausência de intimação da advogada da apelante a partir da publicação do despacho dando conta do processamento e julgamento do recurso nos termos da Resolução 549/2011 do Órgão Especial. Necessidade de intimação em nome da advogada constituída. Defeito na publicação, ao não constar o nome da advogada, causa de nulidade absoluta. Aplicação do art. 272, §2º, do CPC/2015. Nulidade declarada a partir de fls 474. Embargos de declaração acolhidos. (TJSP; APL 1077370-10.2015.8.26.0100; Ac. 10454243; São Paulo; Décima Terceira Câmara de Direito Privado; Rel. Des. Francisco Giaquinto; Julg. 24/05/2017; rep. DJESP 07/12/2017; Pág. 2016)

§ 9º Não sendo possível a prática imediata do ato diante da necessidade de acesso prévio aos autos, a parte limitar-se-á a arguir a nulidade da intimação, caso em que o prazo será contado da intimação da decisão que a reconheça.

Entendendo que, no processo do trabalho, as fazendas públicas estaduais e municipais não gozam da prerrogativa de intimação pessoal:

✓ AGRAVO DE INSTRUMENTO EM RECURSO DE REVISTA INTERPOSTO SOB A ÉGIDE DA LEI Nº 13.015/2014. FUNDAÇÃO PÚBLICA ESTADUAL. Intimação pessoal esta corte superior adota o entendimento de que as fazendas públicas estaduais e municipais não gozam da prerrogativa de intimação pessoal das decisões judiciais, ante a ausência de expressa previsão legal. Deve ser aplicada, portanto, a regra geral prevista no art. 272 do NCPC, que considera feitas as intimações pela publicação dos atos no órgão oficial. Agravo de instrumento a que se nega provimento. (TST; AIRR 0010541-13.2015.5.15.0103; Oitava Turma; Relª Minª Maria Cristina Irigoyen Peduzzi; DEJT 19/12/2017; Pág. 7959)

Art. 273. Se inviável a intimação por meio eletrônico e não houver na localidade publicação em órgão oficial, incumbirá ao escrivão ou chefe de secretaria intimar de todos os atos do processo os advogados das partes:

→ v. Art. 23 do Decreto 70.235/1972.

→ v. Art. 6º, § 2º, da Lei 9.028/1995.

I – pessoalmente, se tiverem domicílio na sede do juízo;

II – por carta registrada, com aviso de recebimento, quando forem domiciliados fora do juízo.

Art. 274. Não dispondo a lei de outro modo, as intimações serão feitas às partes, aos seus representantes legais, aos advogados e aos demais sujeitos do processo pelo correio ou, se presentes em cartório, diretamente pelo escrivão ou chefe de secretaria.

O recebimento de intimação por carta pela esposa, também executada, configura ciência inequívoca, atingindo a finalidade do ato:

✓ EXECUÇÃO DE TÍTULO EXTRAJUDICIAL. Pedido de adjudicação do bem penhorado pelo credor. Arts. 876, § 1º, II do Novo Código de Processo Civil. Intimação pessoal dos devedores representados pela Defensoria Pública, por carta com aviso de recebimento. Correspondência endereçada ao executado recebida por sua esposa, também executada. Ciência inequívoca. Alcançada a finalidade do ato, não há que se falar em nulidade. Arts. 277, 282, § 1º 283, parágrafo único do Código de Processo Civil de 2015. Agravo não provido. (TJSP; AI 2098929-44.2017.8.26.0000; Ac. 10553450; Bragança Paulista; Trigésima Terceira Câmara de Direito Privado; Rel. Des. Sá Moreira de Oliveira; Julg. 26/06/2017; DJESP 30/06/2017; Pág. 1914)

Se o ato a ser praticado pela parte é personalíssimo, deve haver sua intimação pessoal:

✓ APELAÇÃO. SEGURO OBRIGATÓRIO (DPVAT). AÇÃO DE COBRANÇA. PROVA PERICIAL. NÃO COMPARECIMENTO DO AUTOR NA DATA AGENDADA. SENTENÇA QUE DECLAROU A PRECLUSÃO DA PROVA. INOCORRÊNCIA. NECESSIDADE DE INTIMAÇÃO PESSOAL. INTIMAÇÃO REALIZADA EXCLUSIVAMENTE POR MEIO DO ADVOGADO. CERCEAMENTO DE DEFESA CONFIGURADO. SENTENÇA ANULADA. RECURSO PROVIDO PARA ESSE FIM. Em se tratando de ato personalíssimo a ser praticado pela parte, era de rigor sua intimação pessoal para comparecimento ao exame médico designado pelo IMESC, não bastando a ciência da data endereçada unicamente aos seus patronos pela imprensa oficial, conforme interpretação dos arts. 274 e 474 do CPC/2015. Não há fundamento para falar em preclusão da prova pericial, pois cabia a intimação pessoal do autor para a perícia, afastando a simples publicação do ato apenas via órgão oficial. (TJSP; APL 1022177-10.2015.8.26.0100; Ac. 11045190; São Paulo; Trigésima Primeira Câmara de Direito Privado; Rel. Des. Adilson de Araujo; Julg. 06/12/2017; DJESP 19/12/2017; Pág. 3285)

Entrega de cópia de decisão judicial de uma parte a outra não implica intimação válida:

✓ AGRAVO DE INSTRUMENTO. INTIMAÇÃO REALIZADA PELO ADVOGADO DA PARTE SEM OBSERVAR O DISPOSTO NOS ART. 269, § 1º E 274 DO NCPC. INVALIDADE DO ATO PROCESSUAL. ATENTADO A SEGURANÇA JURÍDICA. 1. Verifica-se que a suposta intimação realizada pela própria parte Agravada, através de entrega de cópia da decisão judicial a um funcionário da Parte Agravante, não tem como ser considerada válida, haja vista que macula a segurança jurídica, vez que realizada ao largo das regras daquele instituto processual. 2. Merece registro o fato de que o § 1º do art. 269 e o art. 274 do NCPC, trazem uma relevante inovação ao facultar que o advogado de uma parte possa viabilizar a intimação do advogado da parte adversa via correio, contudo, mesmo nessa excepcionalidade, condiciona a juntada dos autos a cópia do ofício de intimação e do aviso de recebimento dos correios mediante petição nos autos. RECURSO CONHECIDO E PROVIDO. DECISÃO UNÂNIME. (TJAL; AI 0804691-37.2016.8.02.0000; Segunda Câmara Cível; Rel. Des. Klever Rêgo Loureiro; DJAL 23/08/2017; Pág. 148)

Admitindo a intimação da vítima por telefone acerca da concessão de medidas protetivas previstas na Lei Maria da Penha:

✓ CORREIÇÃO PARCIAL. CONCESSÃO DE MEDIDAS PROTETIVAS DE URGÊNCIA. INDEFERIMENTO DO PEDIDO DE INTIMAÇÃO DAS PARTES POR TELEFONE. INEXISTÊNCIA DE ERRO DE PROCEDIMENTO. CORREIÇÃO PARCIAL NÃO PROVIDA. Inexiste erro ou abuso no indeferimento do pedido formulado pelo Parquet de intimação das partes por telefone, ante a ausência de previsão legal que ampare tal pleito, havendo, lado outro, expressa vedação no Provimento nº.161/CGJ/2006. V.V. CORREIÇÃO PARCIAL. Lei Maria DA PENHA. DECISÃO QUE CONCEDE MEDIDAS PROTETIVAS. INTIMAÇÃO DA VÍTIMA POR TELEFONE. POSSIBILIDADE. 1. À luz do que dispõem os artigos 370, §2º, do CPP e 188 e 236, §3º, do novo CPC, bem como tendo em vista o principal escopo protetivo da Lei Maria da Penha, razoável se revela a cientificação da vítima, por telefone, de que se encontra amparada por medidas protetivas, até mesmo para que possa exigir seu cumprimento por parte do ofensor. 2. Correição Parcial provida em parte. (TJMG; CPar 1.0000.16.047365-8/000; Rel. Des. Júlio César Lorens; Julg. 02/10/2017; DJEMG 20/10/2017)

✓ Parágrafo único. Presumem-se válidas as intimações dirigidas ao endereço constante dos autos, ainda que não recebidas pessoalmente pelo interessado, se a modificação temporária ou definitiva não tiver sido devidamente comunicada ao juízo, fluindo os prazos a partir da juntada aos autos do comprovante de entrega da correspondência no primitivo endereço.

Irrelevante se a intimação foi recebida por terceiro, considerando-se ainda assim realizada:

✓ SEGURO OBRIGATÓRIO (DPVAT). ACIDENTE AUTOMOBILÍSTICO. CASO DE INVALIDEZ PERMANENTE. INDENIZAÇÃO COM BASE NO LIMITE MÁXIMO DE R$ 13.500,00, DEPENDENDO DO GRAU DE COMPROMETIMENTO FÍSICO DO AUTOR, DECORRENTE DO SINISTRO. DETERMINAÇÃO DE REALIZAÇÃO DE PERÍCIA MÉDICA. NÃO COMPARECIMENTO DO AUTOR. AUSÊNCIA DE JUSTIFICATIVA. INTIMAÇÃO PESSOAL DO REQUERENTE ENCAMINHADA PARA O ENDEREÇO INDICADO NOS AUTOS. RECEBIMENTO POR TERCEIRO. IRRELEVÂNCIA. INTELIGÊNCIA DO ARTIGO 274 DO CÓDIGO DE PROCESSO CIVIL. PRECLUSÃO DA PROVA. AUTOR QUE NÃO SE DESINCUMBIU DO SEU ÔNUS, NOS TERMOS DO ART. 373, I, DO CPC. IMPROCEDÊNCIA DA PRETENSÃO CONFIRMADA. RECURSO NÃO PROVIDO. Devendo ser mensurada a indenização securitária (DPVAT) por invalidez permanente decorrente de acidente automobilístico em função do grau de incapacidade, observada a Tabela expedida pela SUSEP, tendo sido determinada a realização da prova pericial para tal fim, vê-se que, dos presentes autos, a ausência do autor restou injustificada na perícia médica determinada, fato que implica na preclusão da prova, e assim, na falta de comprovação da alegada invalidez decorrente do sinistro, cujo ônus a ele pertencia, a teor do disposto no art. 373, I, do CPC, de rigor a manutenção integral da sentença, que julgou improcedente a ação, cujos fundamentos se adotam como razão de decidir na forma do art. 252 do Regimento Interno deste Tribunal. (TJSP; APL 1072249-98.2015.8.26.0100; Ac. 11049980; São Paulo; Trigésima Primeira Câmara de Direito Privado; Rel. Des. Paulo Ayrosa; Julg. 07/12/2017; DJESP 19/12/2017; Pág. 3303)

O transcurso de extenso lapso, por si só, não afasta a presunção prevista no parágrafo único do art. 274:

✓ AGRAVO DE INSTRUMENTO. PROCESSUAL CIVIL. CUMPRIMENTO DE SENTENÇA. INTIMAÇÃO. ENDEREÇO CONSTANTE DOS AUTOS. PRESUNÇÃO DE VALIDADE. AUSÊNCIA DE COMUNICAÇÃO AO JUÍZO DE EVENTUAL ALTERAÇÃO DE LOCALIZAÇÃO. ART. 274, PARÁGRAFO ÚNICO, DO CPC. RECURSO CONHECIDO E DESPROVIDO. 1. Nos termos do art. 274, parágrafo único, do CPC, presumem-se válidas as intimações dirigidas ao endereço em que realizado o ato citatório, se a modificação temporária ou definitiva não tiver sido devidamente comunicada ao Juízo, não se podendo alegar, como subterfúgio, o transcurso de extenso lapso temporal para elidir a referida presunção. 2. Ainda que realizada a citação na vigência do CPC/73, o código revogado apresentava, nos termos do art. 238, disposição correspondente ao art. 274 do novel Estatuto Processual civil, incumbindo às partes o dever processual de atualização dos dados cadastrais. 3. Recurso conhecido e desprovido. (TJDF; Proc 0711.02.5.072017-8070000; Ac. 106.4497; Segunda Turma Cível; Relª Desª Sandra Reves; Julg. 30/11/2017; DJDFTE 07/12/2017)

Endereço informado para a entrega dos boletos em acordo não deve ser considerado como declaração do local como domicílio da parte para os fins do art. 274 do CPC:

✓ AGRAVO DE INSTRUMENTO. AÇÃO DE COBRANÇA. Fase de cumprimento de sentença. Decisão que deixou de reconhecer a validade da intimação encaminhada ao endereço do devedor. ADMISSIBILIDADE: Embora o réu tenha declinado um endereço no acordo firmado na fase de conhecimento para envio dos boletos bancários, em nenhum momento declarou o local como sendo seu domicílio, de forma que a intimação encaminhada para mencionado endereço não pode ser considerada válida. Inaplicabilidade do art. 274 do CPC. Decisão mantida. RECURSO DESPROVIDO. (TJSP; AI 2211909-31.2017.8.26.0000; Ac. 10995831; Trigésima Sétima Câmara de Direito Privado; Rel. Des. Israel Góes dos Anjos; Julg. 21/11/2017; DJESP 29/11/2017; Pág. 2324)

Art. 275. A intimação será feita por oficial de justiça quando frustrada a realização por meio eletrônico ou pelo correio.

§ 1º A certidão de intimação deve conter:

I – a indicação do lugar e a descrição da pessoa intimada, mencionando, quando possível, o número de seu documento de identidade e o órgão que o expediu;

II – a declaração de entrega da contrafé;

III – a nota de ciente ou a certidão de que o interessado não a apôs no mandado.

§ 2º Caso necessário, a intimação poderá ser efetuada com hora certa ou por edital.

→ *V.* Arts. 253 e 258 do NCPC.

Determinando a renovação da intimação postal frustrada, destinada a comparecimento em perícia medica, para que seja realizada por oficial de justiça, não bastando a intimação na pessoa do advogado:

✓ DIREITO CIVIL. APELAÇÃO CÍVEL. COBRANÇA. SEGURO DPVAT. INDENIZAÇÃO POR DANOS PESSOAIS EM VALOR PROPORCIONAL AO GRAU DAS LESÕES DECORRENTES DO SINISTRO. POSSIBILIDADE. ART. 3º DA LEI Nº 6.194/1974 COM AS ALTERAÇÕES FEITAS PELA LEI Nº 11.482/07. SÚMULA Nº 474 DO STJ. AFERIÇÃO PELO IML OU POR PERITO DESIGNADO PELO JUÍZO PROCESSANTE. AUSÊNCIA DE EFETIVA INTIMAÇÃO À PERÍCIA. NECESSIDADE

DE DILAÇÃO PROBATÓRIA. RECURSO CONHECIDO E PROVIDO. SENTENÇA ANULADA. RETORNO DOS AUTOS À ORIGEM PARA REGULAR PROSSEGUIMENTO DO FEITO. 1. O cerne da controvérsia gira em torno do pagamento da indenização denominada DPVAT, o qual é caracterizado por ter natureza eminentemente social e alberga três eventos específicos decorrentes do sinistro, que são os encargos médicos, limitados a R$ 2.700,00; os casos de morte no valor máximo de R$ 13.500,00 e as hipóteses de invalidez permanente (total ou parcial), cujo montante será proporcional ao grau das lesões sofridas pela vítima, com cálculo adstrito à utilização de tabela de valores anexa à Lei nº 11.942/2009 (art. 32), que estabelece como teto o parâmetro indenizatório máximo supracitado. (...) 3. No caso, impõe reconhecer equívoco no decisum alvejado que julgou improcedente o pedido em decorrência da ausência de comparecimento da parte para fins de perícia, pois inobservou que o endereço indicado na inicial corresponde aquele comprovado à fl. 11, bem como que o requerente não fora intimado pessoalmente para comparecer ao ato processual designado, tendo em vista o não recebimento da carta de intimação no endereço declinado na inicial, constando do AR "não existe o número" (fl. 124), deixando o magistrado de observar o preceituado no CPC pelo art. 275, caput: "a intimação será feita por oficial de justiça quando frustrada a realização por meio eletrônico ou pelo correio". 4. Assim, consistindo a perícia médica em ato que requer o comparecimento pessoal da parte, e não ato processual a ser realizado por seu procurador, é indispensável que haja sua intimação pessoal, não bastando a comunicação de seu patrono por meio de nota de expediente, sob pena de cerceamento do direito de defesa. 5. Por tais razões, conhece-se do apelo dando-lhe provimento, para desconstituir a sentença e determinar o retorno dos autos à origem para regular prosseguimento do feito, com expedientes necessários à perícia, destacando que em sendo frustrada a intimação pelos correios seja observado o preceituado pelo art. 275 do CPC/2015. (TJCE; APL 0189686-10.2016.8.06.0001; Primeira Câmara de Direito Privado; Rel. Des. Heraclito Vieira de Sousa Neto; Julg. 06/12/2017; DJCE 14/12/2017; Pág. 38). V. tb.: SEGURO OBRIGATÓRIO. DPVAT. RECEBIMENTO POR TERCEIRO DE CARTA PARA INTIMAÇÃO DA AUTORA DA DESIGNAÇÃO DE PERÍCIA. Necessidade de intimação pessoal, por oficial de justiça (art. 275 do CPC). Não tendo sido assim, houve cerceamento do direito de a autora provar sua invalidez, quando não de a ré provar que ela não existe. Sentença anulada. Recurso provido. (TJSP; APL 1093043-09.2016.8.26.0100; Ac. 10958160; São Paulo; Vigésima Nona Câmara de Direito Privado; Relª Desª Silvia Rocha; Julg. 08/11/2017; DJESP 17/11/2017; Pág. 2981); PREVIDENCIÁRIO. PROCESSO CIVIL. APOSENTADORIA POR INVALIDEZ. AUXÍLIODOENÇA. TRABALHADOR URBANO. AUSÊNCIA DE INTIMAÇÃO PESSOAL À REALIZAÇÃO DA PERÍCIA MÉDICA. CERCEAMENTO DE DEFESA. SENTENÇA ANULADA. 1. A sentença julgou improcedente o pedido inicial, vez que a parte autora deixou de comparecer à perícia judicial designada, embora devidamente intimada. 2. A questão trazida pela parte autora a julgamento cinge-se ao pedido de anulação da sentença com o retorno dos autos à Vara de origem com vistas à realização de nova perícia judicial com médico especialista na patologia diagnosticada e, subsidiariamente, ao reconhecimento da sua incapacidade laboral, requerendo a concessão de benefício previdenciário por invalidez. O INSS, por sua vez, requer a devolução dos valores recebidos pelo requerente a título de antecipação de tutela. 3. Tratando-se de benefício previdenciário por incapacidade, revela-se imprescindível a realização de prova pericial médica para aferir o estado de saúde da parte autora. 4. A intimação da parte, via de regra, é realizada mediante publicação na imprensa dos órgãos oficiais, destinando-se ao advogado ou procurador, em relação aos atos que exijam capacidade postulatória. 5. No caso de exame médico pericial, por se tratar de ato pessoal destinado à parte, pois indelegável, a intimação deverá ocorrer através de oficial de justiça, na forma estabelecida pelo art. 275 do NCPC, de sorte que a petição interposta pelo defensor informando do comparecimento ao exame técnico, independente de intimação (fls. 51), não tem o condão de suprir o chamamento pessoal do autor. Além disso, não consta nos autos a certidão do meirinho quanto ao cumprimento da diligência de intimação da parte autora a comparecer na data e local agendado para a realização da perícia judicial, afigurando-se, assim, despropositada e equivocada a improcedência do pedido sem se aferir a real aptidão laboral do segurado. 6. O comparecimento à realização da perícia é ato praticado exclusivamente pelo autor, fazendo-se necessária a sua intimação pessoal, não bastando a de seu advogado, ainda que este se disponha a comunicar ao seu constituinte a data da realização da perícia médica. 7. Apelação do INSS prejudicada e apelação da parte autora provida para anular a sentença e determinar o retorno dos autos ao juízo de origem para o regular processamento da ação. (TRF 1ª R.; AC 0021936-71.2017.4.01.9199; Segunda Turma; Rel. Des. Fed. João Luiz de Sousa; DJF1 27/06/2017)

Considerando necessária a intimação pessoal da parte por oficial de justiça para dar andamento ao processo, sob pena de extinção por abandono:

✓ RECURSO DE APELAÇÃO CÍVEL. AÇÃO DE INDENIZAÇÃO POR DANOS MORAIS. REQUERIDO NÃO LOCALIZADO. AUSÊNCIA DE INTIMAÇÃO DO PRIMEIRO REQUERIDO. INÉRCIA DO AUTOR. SENTENÇA DE EXTINÇÃO. ABANDONO DE CAUSA. APLICAÇÃO DO ART. 485, III, DO CPC/2015 INTIMAÇÃO VIA AR FRUSTRADAS. INTIMAÇÃO PESSOAL NÃO EFETIVADA. NECESSIDADE. SENTENÇA ANULADA. RECURSO CONHECIDO E PROVIDO. Nos termos do art. 485, § 1º, do CPC/2015, é necessário que haja a intimação pessoal da parte antes da extinção do processo nos termos do art. 485, inc. III, do referido diploma legal, o que não ocorreu no caso em tela, considerando que a intimação por via AR não surtiu a eficácia necessária, deveria a parte autora ser intimada pessoalmente por meio de Oficial de Justiça, conforme dispõe o art. 275, do CPC/2015, razão pela qual se impõe a anulação da sentença; dando-se o regular andamento ao processo. (TJMT; APL 21103/2017; Capital; Rel. Des. Sebastião de Moraes Filho; Julg. 29/03/2017; DJMT 04/04/2017; Pág. 74)

TÍTULO III
Das Nulidades

Art. 276. Quando a lei prescrever determinada forma sob pena de nulidade, a decretação desta não pode ser requerida pela parte que lhe deu causa.

→ *v.* Art. 5º, LIV da CF/1988.
→ *v.* Arts. 166 a 184 do CC/2002.
→ *v.* Arts. 59 a 61 do Decreto 70.235/1972.

Não pode o autor alegar incompetência absoluta após sentença de improcedência, se foi ele mesmo quem indicou aquele juízo como o competente:

✓ EXCEÇÃO DE INCOMPETÊNCIA JULGADA EXTINTA LIMINARMENTE. ARGUIÇÃO FEITA PELA PRÓPRIA AUTORA DA AÇÃO, APÓS SENTENÇA DE IMPROCEDÊNCIA DO PEDIDO INICIAL. IMPOSSIBILIDADE. **Venire contra factum proprium**, após sentença que lhe foi desfavorável, levantando a apelante autora a absurda tese de incompetência absoluta, estabelecida a competência com base em parâmetros de qualificação livremente fornecidos por ela própria na exordial. Disposição específica do CPC 2015, cuja aplicação é imediata, a respeito da arguição de incompetência tanto absoluta quanto relativa, como preliminar de contestação. Incidente cuja legitimidade para arguir é de exclusividade do réu (artigos 64 e 337 do CPC2015). Extinção mantida. Litigância de má-fé reconhecida, por apelo manifestamente protelatório e pela prática de ato temerário no processo. Apelo improvido, com sanção por má-fé processual. (TJSP; APL 0005889-52.2016.8.26.0008; Ac. 10577811; São Paulo; Trigésima Quarta Câmara de Direito Privado; Rel. Des. Soares Levada; Julg. 28/06/2017; DJESP 12/07/2017; Pág. 1692)

Não pode o autor alegar nulidade da sentença de improcedência na ação de usucapião se foi ele mesmo quem deixou de indicar o confrontante:

✓ APELAÇÃO CÍVEL. USUCAPIÃO. CITAÇÃO DOS CONFINANTES. NULIDADE DA SENTENÇA NÃO CONFIGURADA. USUCAPIÃO EXTRAORDINÁRIA. REQUISITOS NÃO IMPLEMENTADOS. IMPROCEDÊNCIA MANTIDA. NULIDADE. A preliminar de desconstituição da sentença por ausência de citação dos confrontantes do imóvel não merece acolhimento, pois inviável arguir nulidade por quem lhe deu causa, na forma do art. 276, do CPC/15. Ademais, ausente prejuízo para quem se aproveita da sentença, conforme prevê o art. 282, § 2º, do CPC/15. Preliminar rejeitada. Usucapião. Requisitos: Para que seja reconhecida a usucapião extraordinária, é necessária a existência da posse, que perdure, ininterruptamente, por determinado período de tempo, de forma mansa e pacífica, com a intenção do possuidor de tê-la como sua, consoante se extrai do artigo 550, do Código Civil/1916, aplicável ao feito. Caso concreto em que se evidenciou a posse do autor, mas que não foi exercida sem oposição, deixando de atender o requisito exigido pelo diploma legal. Sentença de improcedência mantida. Sucumbência recursal: Sucumbência recursal reconhecida e honorários fixados em prol do procurador da parte ré majorados. Aplicação do art. 85, §11º, do CPC/15. Suspensa a exigibilidade, pois o autor é beneficiário de Assistência Judiciária Gratuita. Rejeitaram a preliminar e negaram provimento ao apelo. (TJRS; AC 0092756-28.2017.8.21.7000; Gravataí; Décima Nona Câmara Cível; Rel. Des. Eduardo João Lima Costa; Julg. 28/09/2017; DJERS 03/10/2017); APELAÇÃO CÍVEL. USUCAPIÃO. PRELIMINAR. NULIDADE. AUSÊNCIA DE CITAÇÃO DO CONFRONTANTE. REJEITADA. MÉRITO. IMÓVEL. NÃO COMPROVAÇÃO DA POSSE MANSA E PACÍFICA. PERMISSÃO E TOLERÂNCIA DO PROPRIETÁRIO PARA PEQUENOS USOS. ÂNIMO DE DONO NÃO DEMONSTRADO. RECURSO NÃO PROVIDO. A ausência de citação de algum confrontante resultou de desídia da própria autora, que não realizou as devidas indicações em tempo oportuno. Contudo, diante do resultado improcedência, o princípio da economia processual é óbice ao retorno dos autos à origem para que se complete o polo passivo da demanda e se chegue ao mesmo desfecho. Quando a Lei prescreve determinada forma sob pena de nulidade, a decretação desta não pode ser requerida pela parte que lhe deu causa, nos termos do art. 276 do NCPC. Para a aquisição da propriedade por usucapião, é indispensável a presença de posse mansa, pacífica, prolongada e com **animus domini**. As provas produzidas nos autos demonstram que a ré é proprietária do imóvel, cujo domínio a autora pretende obter pela via da usucapião, em que pese a não ter logrado êxito em comprovar o efetivo exercício da posse mansa e pacífica pelo tempo necessário à prescrição aquisitiva. Os atos de posse não restaram confirmados para o propósito reivindicado pela apelante, e a utilização esporádica do terreno se deu por liberalidade dos proprietários. (TJBA; AP 0002478-09.2010.8.05.0230; Salvador; Segunda Câmara Cível; Rel. Des. Edmilson Jatahy Fonseca Júnior; Julg. 02/05/2017; DJBA 26/05/2017; Pág. 242)

Se a parte não comparece à perícia, não pode depois alegar cerceamento de defesa decorrente da não produção da prova pericial:

✓ APELAÇÃO CÍVEL. AÇÃO DE COBRANÇA. SEGURO DPVAT. PLEITO PELA ANULAÇÃO DA SENTENÇA EM DECORRÊNCIA DE CERCEAMENTO DE DEFESA. PROVA PERICIAL NÃO REALIZADA. INTIMAÇÃO PESSOAL REALIZADA. PARTE QUE NÃO COMPARECEU À PERÍCIA NEM APRESENTOU QUALQUER JUSTIFICATIVA PARA TANTO. AUSÊNCIA DE PROVA DA INVALIDEZ A FUNDAMENTAR O PLEITO DE COMPLEMENTAÇÃO DO VALOR JÁ PAGO ADMINISTRATIVAMENTE. CORRETA EXTINÇÃO DO FEITO COM RESOLUÇÃO DE MÉRITO. RECURSO CONHECIDO E NÃO PROVIDO. I. Não há que se falar em cerceamento de defesa quando a parte é devida e pessoalmente intimada da perícia, não comparecendo para a sua realização e nem justificando a sua ausência. II. Estando a prova preclusa e não havendo outras provas para amparar a pretensão do apelante. mesmo porque a comprovação dos fatos constitutivos é ônus que lhe é imposto pelo artigo 373, I do CPC., correta é a sentença que julga improcedente a ação e extingue o processo com resolução do mérito. IV. Destaca-se que qualquer entendimento contrário acarretaria violação à própria máxima do ordenamento jurídico: **nemo potest venire contra factum proprium**. Ora, como já orienta o artigo 276 do CPC, não pode ser decretada a nulidade de ato para beneficiar a parte que lhe deu causa. V. Recurso conhecido e não provido. (TJMS; APL 0808336-85.2016.8.12.0002; Segunda Câmara Cível; Rel. Des. Alexandre Bastos; DJMS 15/08/2017; Pág. 89)

Se o óbito da autora não é informado, não pode o espólio se insurgir contra a validade dos atos processuais praticados após o falecimento:

✓ CÍVEL. PROCESSUAL CIVIL. AÇÃO DE USUCAPIÃO. Óbito da autora não informado nos autos. Prosseguimento da demanda. Abandono do feito e extinção do mesmo sem resolução do mérito. Inconformismo. Óbito da autora original. Nulidade dos autos processuais praticados após o mesmo. Validade dos mesmos. Demandante que deu causa àquele vício e que não pode ver-se beneficiada por seu próprio proceder. Inteligência do art. 276 do CPC/2015, aqui aplicado por analogia. Ausência de intimação da parte autora para dar andamento ao feito previamente à prolação de sentença terminativa. Ato que, acaso praticado, teria restado inócuo, ante o falecimento da demandante. Representante legal do espólio que reside em lugar distinto do antigo domicílio da demandada. Ausência de prévia e regular comunicação da modificação daquele. Validade do processado. Aplicação do art. 274, parágrafo único, do CPC/2015. Desacolhimento da arguição de nulidade sustentada pelo Ministério Público. Desprovimento do apelo. Manutenção da sentença. Ausência de fixação de honorários recursais na origem. (TJRJ; APL 0389610-15.2011.8.19.0001; Rio de Janeiro; Vigésima Primeira Câmara Cível; Rel. Des. Pedro Freire Raguenet; DORJ 03/08/2017; Pág. 391)

Não pode a parte deixar de juntar o instrumento de mandato de seu advogado e depois pretender a invalidação dos atos processuais praticados:

✓ AÇÃO RESCISÓRIA. DIREITO PRIVADO NÃO ESPECIFICADO. Nulidade decorrente da não juntada de instrumento de mandato outorgado pela autora a seu advogado, em demanda na qual figurou como ré. Princípio comezinho de direito no sentido de que não pode arguir a nulidade quem a ela deu causa. Art. 276 do CPC (art. 243 do CPC revogado). Ademais, a ausência de mandato encartado nos autos não impediu o advogado de defender amplamente a autora, inclusive interpondo recurso contra a sentença, não havendo, portanto, prejuízo. Precedente. Inicial indeferida. (TJRS; AR 0293261-35.2017.8.21.7000; São Francisco de Paula; Sexto Grupo de Câmaras Cíveis; Rel. Des. Pedro Luiz Pozza; Julg. 27/09/2017; DJERS 29/09/2017)

Se a parte informa apenas ao juízo de origem a revogação dos poderes outorgados a seu advogado, não pode depois se insurgir contra a intimação realizada pela instância revisora em nome do profissional desconstituído dos autos:

✓ AGRAVO DE INSTRUMENTO. RESPONSABILIDADE CIVIL. AÇÃO DE REPARAÇÃO DE DANOS MORAIS E ESTÉTICOS. DECISÃO QUE REJEITA IMPUGNAÇÃO AO CUMPRIMENTO DE SENTENÇA. INTIMAÇÃO DO ACÓRDÃO DA APELAÇÃO CÍVEL Nº 70058562844, MEDIANTE NOTA DE EXPEDIENTE DA QUAL CONSTOU OS NOMES DAS PARTES E DOS PROCURADORES POR ELA CONSTITUÍDOS. MENÇÃO AO NOME DO ADVOGADO CUJOS PODERES HAVIAM SIDO REVOGADOS. SITUAÇÃO NÃO INFORMADA PELA PARTE INTERESSADA À INSTÂNCIA REVISORA, EMBORA O FEITO ESTIVESSE EM FASE RECURSAL. COMUNICAÇÃO FEITA EXCLUSIVAMENTE AO JUÍZO DE ORIGEM. APLICAÇÃO DA REGRA DO ART. 276 DO CPC/2015. IMPUGNAÇÃO AO CUMPRIMENTO DE SENTENÇA REJEITADA. Eventual irregularidade das intimações dos atos processuais motivada por conduta desidiosa da parte ora recorrente, que disso não pode auferir proveito, em face do que preceitua o art. 276 do CPC/2015. Recurso desprovido. (TJRS; AI 0377145-93.2016.8.21.7000; Farroupilha; Nona Câmara Cível; Rel. Des. Miguel Ângelo da Silva; Julg. 15/03/2017; DJERS 20/03/2017)

Se a parte se qualificou com outro nome na contestação, deu causa ao desentranhamento da peça, não podendo alegar a nulidade daí decorrente:

✓ AGRAVO DE INSTRUMENTO CONTRA DECISÃO QUE REJEITOU A ALEGADA NULIDADE PROCESSUAL. Agravante que, na fase de conhecimento, se qualificou com outro nome na contestação, sem comprovar qualquer coincidência ou identidade com a empresa demandada. Imprudência carreada exclusivamente ao agravante. Correto desentranhamento da peça de defesa, a teor do artigo 6º (atual artigo 18) do CPC. Revelia, ademais, que não induz necessariamente ao deferimento dos pedidos articulados na inicial. Julgamento com base em fatos. Nulidade afastada, ante a confusão causada pelo agravante (artigo 276 do CPC). Recurso improvido. (TJSP; AI 2145694-10.2016.8.26.0000; Ac. 10160659; Orlândia; Décima Quinta Câmara de Direito Privado; Rel. Des. Jairo Oliveira Junior; Julg. 13/02/2017; DJESP 16/02/2017)

Entendendo que o advogado que deixou de se habilitar no sistema de intimações eletrônicas deu causa à nulidade e não pode invocá-la em seu favor:

✓ PROCESSO JUDICIAL ELETRÔNICO. INTIMAÇÃO. NULIDADE. ART. 276 CPC. VÍCIO NÃO VERIFICADO. A teor do disposto no art. 276 do CPC, a nulidade da citação não pode ser pronunciada quando arguida por quem lhe tiver dado causa. Não é causa de nulidade a intimação feita em favor de procurador regularmente habilitado nos autos, ainda que verificado requerimento expresso no sentido de que as intimações processuais sejam realizadas em nome de outro advogado, quando o profissional indicado não se encontrar devidamente cadastrado no Sistema PJE, impedindo esta Justiça Especializada de atender ao requerimento de envio da intimação direcionada. (TRT 10ª R.; AP 0001009-56.2015.5.10.0102; Primeira Turma; Rel. Des. Paulo Henrique Blair; Julg. 10/05/2017; DEJTDF 17/05/2017; Pág. 142)

Se a parte comparece em audiência sem advogado e celebra acordo, não pode depois pretender invalidá-lo sob o fundamento de que estava desassistida:

✓ AGRAVO DE INSTRUMENTO. DIREITO PRIVADO NÃO ESPECIFICADO. IMPUGNAÇÃO AO CUMPRIMENTO DE SENTENÇA. HOMOLOGAÇÃO JUDICIAL DE ACORDO EM AUDIÊNCIA DE CONCILIAÇÃO. ALEGAÇÃO DE NULIDADE. PRESENÇA DE ADVOGADO. MATÉRIAS INVIÁVEIS DE SEREM ARGUÍVEIS NA IMPUGNAÇÃO. DECISÃO MANTIDA. Parte que realiza acordo, desacompanhado de advogado, visando o pagamento da dívida condominial em audiência de conciliação da qual foi previamente intimado, na presença de juiz. Impossibilidade de alegar nulidade por não estar acompanhado de advogado, tendo em vista a disposição contida no art. 276 do CPC, uma vez que ele estava ciente a respeito da análise do termo de acordo firmado anteriormente durante a solenidade. – A conduta da parte deve ser analisada de acordo com os princípios da boa-fé, da lealdade processual e confiança, de modo que não pode a parte se beneficiar de nulidade por ela criada ao processo. Trata-se de nulidade relativa em que não há evidências de que a parte tenha sido prejudicada diante da ausência de advogado. – Impugnação ao cumprimento de sentença, que tem cognição sumária, de acordo com o art. 525, §1º do CPC (que reproduziu o art. 475 – L do CPC/73). – Matérias alegáveis na impugnação são limitadas pela Lei, não podendo ser objeto de rediscussão aquelas que foram objeto da ação de conhecimento, o que, claramente, pretende a parte agravante. Agravo de instrumento desacolhido. (TJRS; AI 0330133-83.2016.8.21.7000; São Leopoldo; Décima Sétima Câmara Cível; Rel. Des. Gelson Rolim Stocker; Julg. 17/11/2016; DJERS 24/11/2016)

Art. 277. Quando a lei prescrever determinada forma, o juiz considerará válido o ato se, realizado de outro modo, lhe alcançar a finalidade.

Possibilidade de aproveitamento dos embargos protocolados nos autos da execução, em vez de distribuídos por dependência:

✓ AGRAVO DE INSTRUMENTO. EMBARGOS À EXECUÇÃO. OFERECIMENTO TEMPESTIVO, TODAVIA, SEM OBSERVÂNCIA AO ART. 914, § 1º, DO CPC, QUE DETERMINA A DISTRIBUIÇÃO POR DEPENDÊNCIA. Protocolo nos autos do procedimento executório. Vício procedimental sanável. Aplicação dos princípios da instrumentalidade das formas e da economia processual (arts. 277 e 288 do CPC). Determinação de desentranhamento dos embargos e distribuição por dependência em autos apartados. Recurso provido. O oferecimento de em bargos por meio de protocolo nos autos de execução, ao invés de sua distribuição por dependência, deve ser considerado erro sanável por força do art. 277 do CPC, sob pena de priorizar o excesso de formalismo em detrimento dos princípios da instrumentalidade das formas e da economia processual. Não bastasse, o art. 288 do CPC preconiza que O juiz, de ofício ou a requerimento do interessado, corrigirá o erro ou compensará a falta de distribuição. (TJSP; AI 2201857-73.2017.8.26.0000; Ac. 11044745; Araçatuba; Trigésima Segunda Câmara de Direito Privado; Rel. Des. Kioitsi Chicuta; Julg. 06/12/2017; DJESP 14/12/2017; Pág. 2381); EMBARGOS Á EXECUÇÃO. Protocolização nos autos da execução. Mera irregularidade passível de ser sanada. Erro sanável. Ato válido que alcança a finalidade de o devedor se opor à execução. Inteligência do artigo 277 do CPC. DECISÃO REFORMADA. RECURSO PROVIDO. (TJSP; AI 2186381-92.2017.8.26.0000; Ac. 10998754; Sorocaba; Trigésima Oitava Câmara de Direito Privado; Rel. Des. Fernando Sastre Redondo; Julg. 22/11/2017; DJESP 04/12/2017; Pág. 2550); AGRAVO DE INSTRUMENTO. Embargos à execução apresentados nos autos de execução em andamento no sistema Projudi. Tempestividade confirmada. Inobservância do artigo 914, § 1º, do CPC/15. Erro escusável. Ausência de má-fé. Inocorrência de prejuízo às partes. Aplicabilidade do princípio da instrumentabilidade das formas. Decisão anulada. Recurso conhecido e provido. A ausência de distribuição dos embargos à execução, por dependência e em autos apartados, por se tratar de erro escusável, é insuficiente, por si só, para ensejar o seu não conhecimento. Concomitantemente, não havendo indícios de que a parte embargante/agravante tenha agido de má-fé, bem como inexistindo prejuízo à exequente/agravada, aplica-se ao caso concreto o princípio da instrumentalidade das formas, consagrado nos artigos 188 e 277 do Código de Processo Civil de 2015, com o intuito de evitar eventual prejuízo ao devedor, tendo em vista que este apresentou tempestivamente os embargos à execução. (TJPR; Ag Instr 1637261-1; Curitiba; Oitava Câmara Cível; Rel. Juiz Conv. Ademir Ribeiro Richter; Julg. 18/05/2017; DJPR 02/06/2017; Pág. 149). V. tb.: TJSP; APL 1001812-04.2017.8.26.0604; Ac. 10875306; Sumaré; Segunda Câmara de Direito Público; Rel. Des. Claudio Augusto Pedrassi; Julg. 10/10/2017; DJESP 17/10/2017; Pág. 2226; TJSE; AI 201700705670; Ac. 6745/2017; Primeira Câmara Cível; Rel. Des. Roberto Eugenio da Fonseca Porto; Julg. 10/04/2017; DJSE 17/04/2017.

Possibilidade de se aproveitar o mandado de segurança como agravo de instrumento, se a decisão recorrida versa sobre declínio de competência:

✓ MANDADO DE SEGURANÇA. Impugnação de ato judicial. Decisão que declinou da competência. Interpretação extensiva do inciso III, do art. 1.015, do CPC/15. Possibilidade. Hipóteses semelhantes. Aplicação do princípio da fungibilidade. Cabimento do agravo de instrumento. Observância dos princípios da igualdade (art. 7º, do CPC/15), da instrumentalidade das formas (art. 277, do CPC/15) e do aproveitamento dos atos processuais (art. 283, parágrafo único, do CPC/15). Emenda da inicial. Necessidade de intimação da parte requerente e de reautuação dos autos. Pedido alternativo deferido. (TJPI; MS 2017.0001.001907-0; Primeira Câmara de Direito Público; Rel. Des. Haroldo Oliveira Rehem; DJPI 04/12/2017; Pág. 58)

Considerando que o oferecimento de embargos de terceiro supre a ausência de intimação da cônjuge meeira:

✓ PROCESSUAL CIVIL. APELAÇÃO. EMBARGOS DE TERCEIRO. PRINCÍPIO DA INSTRUMENTALIDADE DAS FORMAS. APLICABILIDADE. EXECUÇÃO CONTRA CÔNJUGE MEEIRO. PENHORA DO BEM IMÓVEL. AUSÊNCIA DE INTIMAÇÃO DO CÔNJUGE. FINALIDADE DO ATO ALCANÇADA PELA OPOSIÇÃO DE EMBARGOS DE TERCEIROS. HONORÁRIOS RECURSAIS. NÃO CABIMENTO. INVERSÃO DOS ÔNUS DA SUCUMBÊNCIA. POSSIBILIDADE. RECURSO PROVIDO. 1. Pelo princípio da instrumentalidade das formas, temos que a existência do ato processual não é um fim em si mesmo, mas instrumento utilizado para se atingir determinada finalidade. Assim, ainda que com vício, se o ato atinge sua finalidade sem causar prejuízo às partes não se declara sua nulidade. artigos 188 e 277 do Código de Processo Civil. 2. De fato, com razão à apelante. A interposição dos embargos de terceiro pela cônjuge meeira do executado supre a ausência de intimação. Precedentes. 3. Deve ser afastada a necessidade de intimação da cônjuge do devedor prevista no revogado parágrafo único do art. 669 do CPC/73 e art. 12, § 2º, da LEF, considerando que a oposição dos embargos de terceiro pela cônjuge meeira alcança a finalidade do contraditório. Assim, impõe-se a reforma da r. sentença e dar provimento ao presente recurso para julgar improcedentes os embargos e determinar o regular prosseguimento da execução fiscal nº 2002.61.24.001611-6. 4. Considerando que o recurso foi interposto sob a égide do CPC/1973 e, nos termos do Enunciado Administrativo nº 7, elaborado pelo Superior Tribunal de Justiça para orientar a comunidade jurídica acerca da questão do direito intertemporal, tratando-se de recurso interposto contra decisão publicada anteriormente a 18/03/2016, não é possível o arbitramento de honorários sucumbenciais recursais, na forma do artigo 85, § 11, do CPC/2015. 5. Invertem-se os ônus da sucumbência, observada a suspensão de que trata o artigo 98, § 3º, do Código de Processo Civil. 6. Apelação provida. (TRF 3ª R.; AC 0001611-51.2005.4.03.6124; Primeira Turma; Rel. Des. Fed. Hélio Nogueira; Julg. 27/06/2017; DEJF 05/07/2017)

Entendendo que a falta de intimação da Fazenda Pública sobre eventual causa suspensiva ou interruptiva da prescrição teria sido sanada com a oportunidade de interpor recurso contra a sentença de extinção:

✓ APELAÇÃO. EXECUÇÃO FISCAL. RECONHECIMENTO DA PRESCRIÇÃO DIRETA DO CRÉDITO TRIBUTÁRIO. INTIMAÇÃO PRÉVIA DA FAZENDA PÚBLICA. DESNECESSIDADE. APLICAÇÃO DO PAS DE NULLITÉ SANS GRIEF. PRESCRIÇÃO CARACTERIZADA IN CASU. RECURSO IMPROVIDO. 1. Sendo o caso de feito ajuizado anteriormente à Lei Complementar nº. 118/2005, que modificou o art. 174, parágrafo único, inciso I do CTN para determinar que o mero despacho do juiz interrompe a prescrição, havia a necessidade de que o executado fosse devidamente citado no prazo de 05 (cinco) anos contados da constituição do crédito tributário para que a prescrição fosse interrompida. 2. No caso dos autos, a execução fiscal foi proposta em fevereiro de 2003 sem que a citação tenha se efetivado até a prolação da sentença, sendo certo, ainda, que o primeiro despacho citatório proferido após a entrada em vigor da referida Lei Complementar foi exarado em março de 2008, após o transcurso do quinquênio, registrando-se, assim, a prescrição direta do crédito tributário antes mesmo da determinação de citação do administrador da empresa (multa de infração). 3. Demonstrada a desídia da Fazenda Pública na persecução do crédito tributário, está correta a sentença que decretou a sua prescrição, não sendo caso de aplicação do enunciado da Súmula nº. 106 do STJ. 4. Contraria a lógica processual e os princípios da economia, da celeridade e da duração razoável do processo (art. 1º do CPC c/c art. 5º, inciso LXXVIII da Constituição Federal) anular a sentença que não aplicou uma regra meramente procedimental (qual seja, a intimação da Fazenda Pública como condição para o reconhecimento da prescrição) quando a sua inobservância pode ser suprida no ato da interposição do recurso, momento em que poderia ser informado ao Poder Judiciário a ocorrência, ou não, de causas suspensivas/interruptivas do fluxo do prazo prescricional. 5. Impera, no caso, a máxima do **pas de nullité sans grief** e a aplicação do princípio da instrumentalidade das formas, incorporado no artigo 277 do CPC, devendo-se preservar o ato processual já praticado (incluindo-se, aí, a decisão judicial) quando o vício que o acomete for vencível e puder ser sanado de alguma maneira que não implique em prejuízo às partes. 6. Não prospera a alegação do apelante de que não se pode decretar a prescrição por força da exigência prevista no art. 146, III, b da CF, posto que o Código Tributário Nacional, que tem status de Lei Complementar, regula expressamente a matéria em seu art. 174, sendo certo que a discussão atinente à possibilidade de decretação **ex officio** da hipótese extintiva é processual, estando disciplinada no próprio CPC. 7. Recurso improvido. (TJBA; AP 0020895-62.2003.8.05.0001; Salvador; Segunda Câmara Cível; Rel. Des. Maurício Kertzman Szporer; Julg. 17/10/2017; DJBA 30/10/2017; Pág. 387)

Considerando que atinge a finalidade o instrumento de mandato assinado por quem detém poderes de representação, mas que indicou o nome do inventariante, em vez do espólio:

✓ APELAÇÃO CÍVEL. AÇÃO DE COBRANÇA DE ALUGUÉIS. FALECIMENTO DO AUTOR. PROCURAÇÃO OUTORGADA PELO INVENTARIANTE. MERO ERRO MATERIAL. AUSÊNCIA DE PREJUÍZO. SUCESSÃO PROCESSUAL REGULAR. NULIDADE DOS ATOS PROCESSUAIS. INOCORRÊNCIA. LOCATÁRIO NA POSSE DO IMÓVEL APÓS O CONTRATO FINDO. PRORROGAÇÃO AUTOMÁTICA. INTELIGÊNCIA DO

ART. 46, 1º, DA LEI Nº 8.245/91 E DO ART. 574 DO CÓDIGO CIVIL. SUBSISTÊNCIA DA OBRIGAÇÃO. INADIMPLEMENTO COMPROVADO. SENTENÇA MANTIDA. Desde que outorgado o mandato por aquele que efetivamente detém os poderes de representação, o equívoco consistente na indicação do nome do inventariante, em lugar do espólio, constitui mero erro material, que se pode relevar pela aplicação do princípio da instrumentalidade das formas processuais, nos termos do art. 277 do CPC/2015, notadamente porque não houve qualquer prejuízo à defesa. Findo o prazo estipulado no contrato, se o locatário permanecer no imóvel por mais de trinta dias sem oposição do locador, presumir-se-á prorrogada a locação nas condições ajustadas, mas sem prazo determinado. Comprovado fato constitutivo do direito autor em receber os valores devidos, uma vez que o apelante permaneceu no imóvel, ainda que findo o contrato, subsiste a obrigação de arcar com os valores dos aluguéis em atraso e de eventual multa prevista no ajuste. (TJMG; APCV 1.0145.11.012692-0/002; Rel. Des. Ramom Tácio; Julg. 28/06/2017; DJEMG 07/07/2017)

Apontando que a oitiva da testemunha como mero informante atingiu a finalidade do ato processual de formar a convicção do juiz:

✓ APELAÇÃO CÍVEL. PRELIMINAR DE NULIDADE POR CERCEAMENTO DE DEFESA. AFASTADO. EXCLUSÃO DO DEVER DE INDENIZAR. AFASTADO. MINORAÇÃO DO VALOR DA INDENIZAÇÃO. MANTIDO. EXCLUSÃO DO DANO MATERIAL. MANTIDO. RECURSO IMPROVIDO. A razão de ser da prova como meio de formar convicção do magistrado se faz presente com a oitiva de testemunha, quer como informante quer como não informante. O diferencial entre elas apenas reside na responsabilização ou não pela pena de falso de testemunho, que não se aplica à informante. Fato este, que não impede ao magistrado que se valha de seu conteúdo para formar sua convicção. Portanto, não se fala em cerceamento de defesa pela oitiva de testemunha como mero informante, já que não há qualquer prejuízo (art. 282, §1º e paragrafo único do art. 283, ambos do CPC) e por aplicação do princípio da instrumentalidade das formas do art. 188 e art. 277, ambos do CPC. A ausência de sua oitiva, aí sim, em tese, geraria cerceamento de defesa. Presentes todos os elementos do ato ilícito do art. 186 do Código Civil exsurge o dever de indenizar pelos danos causados, o que ocorre com liberação prematura de paciente operado por vídeo e com reconhecimento expresso do Hospital do alto risco de infecção no pós operatório, o que efetivamente veio a ocorrer. Não se mostra excessivo o valor de indenização por dano moral no valor de trinta mil reais, em razão de infecção decorrente de cirurgia que perdura por longos 09 (nove) anos e que, na atualidade, se encontra na 24ª cirurgia reparadora. O ônus da prova é de quem alega pela norma do art. 333, I do CPC. Por via de consequência, se a parte não comprova de que o valor da condenação decorreu de alteração da internação de enfermaria para quarto a pedido do paciente, então, o seu pedido de exclusão da indenização por tais valores deve ser afastada. APELAÇÃO CÍVEL. MAJORAÇÃO DO VALOR DO DANO MORAL. ACOLHIDO. RECURSO PROVIDO. Não se mostra razoável a fixação da quantia de trinta mil reais a título de dano moral, em razão de infecção decorrente de cirurgia que perdura por longos 09 (nove) anos e que, na atualidade, se encontra na 24ª cirurgia reparadora, o que revela a majoração do quantum **debeatur**. (TJMS; APL 0023050-96.2010.8.12.0001; Segunda Câmara Cível; Rel. Des. Alexandre Bastos; DJMS 28/06/2017; Pág. 32)

Entendendo pela inaplicabilidade do art. 277 do CPC quando o agravo de instrumento é protocolado em tribunal incompetente:

✓ EMBARGOS DE DECLARAÇÃO NO AGRAVO DE INSTRUMENTO. DIREITO PROCESSUAL CIVIL. RECURSO PROTOCOLADO EM TRIBUNAL INCOMPETENTE. ERRO GROSSEIRO. INTEMPESTIVIDADE. PREQUESTIONAMENTO. CARÁTER PROTELATÓRIO. MULTA DE 1% DO VALOR DA CAUSA. RECURSO NÃO PROVIDO. 1. De início, destaca-se que não seria o caso de aplicação do artigo 188 do CPC/2015, uma vez que o próprio artigo menciona a expressão salvo quando a Lei expressamente a exigir, e, como o art. 1016 do CPC/2015 determina que o agravo de instrumento seja dirigido ao Tribunal competente, o caso dos autos enquadrar-se-ia justamente nessa exceção; 2. Não seria também o caso de se aplicar o art. 277 do CPC, posto que a finalidade do ato não foi alcançada, especialmente porque quando o recurso adentrou no Tribunal competente, o prazo para sua interposição já havia se esgotado; 3. Com relação ao art. 283 e seu parágrafo único, melhor sorte não socorre a embargante, especialmente porque o ato praticado resulta em prejuízo óbvio à parte contrária, visto que o recurso visa reformar decisão que lhe beneficia; (...) 8. Não constatada omissão, obscuridade ou contradição no acórdão, mesmo em se tratando de embargos com fins de prequestionamento, impõe-se a rejeição dos embargos declaratórios que tem como finalidade o reexame das questões outrora devidamente fundamentadas, em coerência à controvérsia posta sub judice; 9. Observando-se o caráter manifestamente protelatório destes embargos declaratórios, visto que não há nenhum vício no decisum atacado, condena-se a embargante no pagamento de multa de 1% (um por cento) do valor atualizado da causa; 10. Conheço dos embargos, mas lhes nego provimento;. (TJPE; Rec. 0008141-04.2016.8.17.0000; Quarta Câmara Cível; Rel. Desig. Des. Tenório dos Santos; Julg. 09/02/2017; DJEPE 20/03/2017)

Possibilidade de recebimento dos embargos à execução como impugnação:

✓ AÇÃO DE DESPEJO. FASE DE CUMPRIMENTO DE SENTENÇA. DECISÃO QUE RECEBEU EMBARGOS À EXECUÇÃO COMO IMPUGNAÇÃO. Possibilidade. Meio de defesa do executado. Decisão que se mantém. O juiz singular recebeu os embargos como impugnação, considerando a relevância dos fundamentos apresentados na impugnação e havendo risco do prosseguimento dos atos executivos causar ao executado dano de difícil ou incerta reparação, sobretudo porque o juízo está garantido por penhora. A identidade de prazo e a efetivação da penhora, nestes autos, autorizam a aplicação do princípio da fungibilidade, inserto no art. 277 do CPC/15, até porque a propositura equivocada dos embargos pelo devedor não teve intuito protelatório, não se constatando a má-fé e, tampouco a ocorrência de prejuízo ao credor. Embargos opostos dentro do prazo da impugnação. Observância dos princípios da economia processual e da instrumentalidade das formas. Desprovimento ao recurso. (TJRJ; AI 0016416-48.2017.8.19.0000; Rio de Janeiro; Décima Sétima Câmara Cível; Rel. Des. Edson Aguiar de Vasconcelos; DORJ 18/08/2017; Pág. 476)

Entendendo que, se o título se torna líquido durante a execução, resta sanada a invalidade apontada:

✓ APELAÇÃO CÍVEL. EXECUÇÃO DE TÍTULO JUDICIAL. EMBARGOS À EXECUÇÃO. Sentença que acolhe parcialmente os embargos opostos pelo Rioprevidencia, fixando o quantum **debeatur** em R$ 72.247,28, arbitrando honorários sucumbenciais no valor de R$ 800,00 para cada litigante. Inconformismo da autarquia que deve ser acolhido em parte. Iliquidez do título executivo que, embora presente à época da distribuição da execução, restou sanada no transcurso da demanda, atraindo a aplicação do brocardo **pas de nullité sans grief** (art. 277 do CPC). Ademais, a própria autarquia previdenciária manifestou expressa concordância com os cálculos elaborados pela contadoria judicial. No tocante aos honorários sucumbenciais, impõe-se o ajuste ao disposto no art. 85, §§3º, 4º, I e 5º do CPC, tendo em mira a sucumbência da Fazenda Pública em parte mínima do pedido. Recurso a que se dá parcial provimento. (TJRJ; APL 0004244-13.2013.8.19.0001; Rio de Janeiro; Quarta Câmara Cível; Relª Desª Myriam Medeiros da Fonseca Costa; Julg. 19/07/2017; DORJ 21/07/2017; Pág. 280)

Atinge a sua finalidade a apelação que não apresenta petição de interposição, de forma apartada e dirigida ao juízo de origem, desde que seja possível compreender as razoes da insurgência:

✓ APELAÇÃO CÍVEL. POSSE (BENS IMÓVEIS). AÇÃO DE REINTEGRAÇÃO DE POSSE. EMBARGOS DE TERCEIRO. DESATENDIMENTO À DETERMINAÇÃO DE EMENDA. ELEMENTOS E DOCUMENTOS IMPRESCINDÍVEIS. INDEFERIMENTO DA INICIAL. POSSIBILIDADE. AUSÊNCIA DE PROVA MÍNIMA DO DIREITO ALEGADO. I. À decisão publicada a partir do dia 18/03/2016, aplicam-se, no tocante à admissibilidade recursal, as normas previstas no novo Código de Processo Civil. II. A ausência de juntada de petição de interposição, de forma apartada e dirigida ao juízo de origem, configura mera irregularidade se, da leitura das razões do apelo, for possível a compreensão da insurgência do recorrente. Preliminar contrarrecursal afastada, com base no art. 277 do NCPC. III. A produção de prova documental pela parte demandante, com o intuito de demonstrar o fato constitutivo de seu direito – No caso, a condição de terceiro possuidor -, deve ocorrer, em regra, no momento do ajuizamento da ação. Inteligência dos artigos 230, 434 e 435, todos do NCPC. IV. Hipótese em que o embargante, apesar de intimado, inclusive pessoalmente, para juntar aos autos documentos imprescindíveis ao exame da questão posta nos autos, bem como para indicar elementos do caso concreto, manteve-se inerte, acarretando a extinção do processo, por desatendimento ao disposto no art. 321 do CPC. V. Manutenção da sentença extintiva que se impõe, haja vista o desatendimento da determinação de emenda à inicial. Preliminar contrarrecursal afastada e apelo desprovido. Unânime. (TJRS; AC 0186251-29.2017.8.21.7000; Guaíba; Vigésima Câmara Cível; Rel. Des. Dilso Domingos Pereira; Julg. 12/07/2017; DJERS 19/07/2017)

Não se inadmite o agravo em que não foram arrolados todos os agravados, nem juntada a procuração de todos eles, se os documentos juntados permitem a intimação da parte contrária, pois todos são defendidos pelo mesmo advogado:

✓ AGRAVO DE INSTRUMENTO. NEGÓCIOS JURÍDICOS BANCÁRIOS. CADERNETA DE POUPANÇA. EXPURGOS INFLACIONÁRIOS. IMPUGNAÇÃO AO CUMPRIMENTO DE SENTENÇA. Preliminar contrarrecursal de inépcia da inicial. Ainda que a parte agravante não tenha elencado o nome de todos os agravados, mas de apenas um deles, tal situação não gera o indeferimento da peça recursal, até mesmo porque os documentos coligidos ao recurso suprem essa falta. Da mesma forma, a ausência de juntada das procurações outorgadas por todos os agravados não implica em ofensa ao art. 1.017, inciso I, do NCPC, quando o recurso for instruído com documentos que permitam a intimação da parte contrária. No caso dos autos, tendo em vista que todos os autores são representados pelos mesmos procuradores, a juntada de cópia da procuração outorgada por um dos agravados supre a exigência do referido dispositivo legal, eis que possibilitada a defesa de todos os agravados, não havendo prejuízo à parte adversa. Eventual não conhecimento do recurso se afiguraria excesso de rigor formal. Aplicação do princípio da instrumentalidade das formas, ex vi legis dos arts. 277 e 283 do NCPC. Carência de interesse recursal. (...) Preliminar contrarrecursal afastada e agravo de instrumento conhecido em parte, á unanimidade, e, na parte conhecida, por maioria, provido parcialmente o recurso. (TJRS; AI 0072476-36.2017.8.21.7000; Novo Hamburgo; Vigésima Terceira Câmara Cível; Rel. Des. Martin Schulze; Julg. 30/05/2017; DJERS 06/06/2017)

Possibilidade de aproveitamento do cumprimento de sentença promovido por beneficiário de ação coletiva como liquidação:

✓ APELAÇÃO CÍVEL. NEGÓCIOS JURÍDICOS BANCÁRIOS. EXPURGOS. CADERNETA DE POUPANÇA. CUMPRIMENTO DE SENTENÇA. AÇÃO COLETIVA. NECESSIDADE LIQUIDAÇÃO PRÉVIA. PETIÇÃO INICIAL INDEFERIDA. SENTENÇA DESCONSTITUÍDA. O colendo STJ, quando do julgamento do recurso repetitivo n. 1.247.150/PR, sedimentou o entendimento de que a sentença proferida em ação civil pública é genérica e não se reveste de liquidez necessária ao cumprimento espontâneo do comando sentencial, havendo necessidade de prévia liquidação da sentença coletiva para apuração da titularidade do crédito e do montante devido. No caso dos autos, contudo, a parte autora instruiu o pedido de cumprimento de sentença com os documentos hábeis a comprovar a relação jurídica com a instituição financeira demandada e apresentou o cálculo dos valores que entende devidos. Assim, tendo em vista que o cumprimento individual da sentença coletiva fora inicialmente recebido pelo juízo a quo e a parte executada foi citada para apresentar impugnação, com possibilidade de ampla dilação probatória, não se verifica prejuízo à instituição financeira capaz de macular o procedimento. Aplicação dos princípios da instrumentalidade das formas e da sanabilidade dos atos do processo, **ex vi** legis dos arts. 277 e 283, do NCPC. Apelação provida. Sentença desconstituída. Unânime. (TJRS; AC 0322240-41.2016.8.21.7000; Caxias do Sul; Vigésima Terceira Câmara Cível; Rel. Des. Martin Schulze; Julg. 28/03/2017; DJERS 06/04/2017)

Possibilidade de depósito parcial do preço do bem arrematado, desde que suficiente para suprir os créditos com preferência:

✓ AGRAVO DE INSTRUMENTO. EXECUÇÃO DE TÍTULO EXTRAJUDICIAL. Impugnação à arrematação. (..) Depósito parcial do preço em relação a um dos bens arrematados. Alegada ofensa ao art. 892, § 1º, do CPC/2015. Credor hipotecário que se utiliza de seu crédito para arrematar bem em execução promovida por outrem. Possibilidade. Precedentes do STJ. Exibição integral do preço que visa a evitar preterição de outros credores. Depósito parcial suficiente para suprir os créditos com preferência. Ausência de prejuízo (art. 277 do CPC/2015). Nulidade inexistente. Decisão que declara prejudicada prévia determinação de depósito total do preço (art. 505 do CPC/2015) para satisfação dos credores preferenciais. Depósito da diferença que se mostrou suficiente à satisfação dos referidos credores. Manifestação expressa destes no sentido de concordar com os valores, requerendo a liberação da verba. Fato processual a ensejar a desconsideração do comando anterior. Preclusão **pro judicato** inocorrente. Arrematante que na condição de credor hipotecário apresenta petição com cálculo do crédito e informa o interesse na arrematação do bem dado em garantia, com o abatimento proporcional do valor que lhe é devido. Ausência de impugnação específica dos valores apresentados na primeira oportunidade em que o devedor se manifesta nos autos. Impugnação posterior à arrematação baseada em questões meramente formais e insuficientes para infirmar a conta apresentada. Recurso desprovido. (TJSC; AI 4013213-06.2016.8.24.0000; Xaxim; Sexta Câmara de Direito Civil; Rel. Des. André Luiz Dacol; DJSC 25/07/2017; Pag. 162)

Possibilidade de conhecimento de matérias de ordem pública em embargos à execução intempestivos:

✓ APELAÇÃO. EMBARGOS A EXECUÇÃO. PROCEDÊNCIA. Reconhecimento da prescrição do crédito de duplicata, a despeito da intempestividade dos embargos. Possibilidade excepcional de conhecimento de matéria deduzida em embargos intempestivos, desde que esta represente questão de ordem pública, porquanto passível, inclusive, de aferição ex officio. Impossibilidade de anulação de atos quando, por outra forma, for atingida a finalidade almejada. Inteligência dos arts. 188, 277 e 283 do NCPC. Celeuma envolvendo a diversidade da pessoa originalmente demandada e a ora executada que é tema já decidido. Impossibilidade de reanálise da questão. Em tal cenário, considerada a data da citação da embargante e as regras dispostas no Código Civil/2002, tem-se por superado o prazo prescricional, no caso. Decisão mantida. Recurso improvido. (TJSP; APL 1010080-17.2016.8.26.0011; Ac. 10863647; São Paulo; Décima Nona Câmara de Direito Privado; Relª Desª Claudia Grieco Tabosa Pessoa; Julg. 02/10/2017; DJESP 16/10/2017; Pág. 2770)

O recebimento de intimação por carta pela esposa, também executada, configura ciência inequívoca, atingindo a finalidade do ato:

✓ EXECUÇÃO DE TÍTULO EXTRAJUDICIAL. Pedido de adjudicação do bem penhorado pelo credor. Arts. 876, § 1º, II do Novo Código de Processo Civil. Intimação pessoal dos devedores representados pela Defensoria Pública, por carta com aviso de recebimento. Correspondência endereçada ao executado recebida por sua esposa, também executada. Ciência inequívoca. Alcançada a finalidade do ato, não há que se falar em nulidade. Arts. 277, 282, § 1º 283, parágrafo único do Código de Processo Civil de 2015. Agravo não provido. (TJSP; AI 2098929-44.2017.8.26.0000; Ac. 10553450; Bragança Paulista; Trigésima Terceira Câmara de Direito Privado; Rel. Des. Sá Moreira de Oliveira; Julg. 26/06/2017; DJESP 30/06/2017; Pág. 1914)

A apresentação de reconvenção em peça autônoma consiste em mera irregularidade, que não prejudica o seu conhecimento:

✓ AGRAVO DE INSTRUMENTO. AÇÃO INDENIZATÓRIA. RECONVENÇÃO. Reconvenção ofertada em peça autônoma, apesar do art. 343 do NCPC determinar sua apresentação na própria contestação. Possibilidade. Mera irregularidade formal. Precedentes deste Tribunal. Princípios da economia e celeridade processual e da segurança jurídica que devem ser prestigiados em detrimento do excesso de formalismo. Recurso provido. (TJSP; AI 2155171-57.2016.8.26.0000; Ac. 9935069; São Paulo; Vigésima Quinta Câmara de Direito Privado; Rel. Des. Hugo Crepaldi; Julg. 27/10/2016; DJESP 10/11/2016); RECURSO. AGRAVO DE INSTRUMENTO. PRESTAÇÃO DE SERVIÇOS. AÇÃO DE REPETIÇÃO DE INDÉBITO. RECONVENÇÃO. REJEIÇÃO LIMINAR. Insurgência contra a respeitável decisão que não conheceu a reconvenção protocolada em petição apartada, em razão da nova sistemática processual civil, que determina que o pedido reconvencional deve ser formulado no bojo da contestação. Reconvenção tempestiva, porém, apresentada de forma inadequada. Irregularidade sanável, que não acarreta prejuízo às partes. Aplicação do princípio da instrumentalidade das formas, previsto nos artigos 277 e 283, parágrafo único, do novo Código de Processo Civil. Concessão de prazo para que os recorrentes regularizem a propositura da reconvenção, nos moldes do artigo 343 do novo Código de Processo Civil. Decisão reformada. Recurso de agravo provido. (TJSP; AI 2135853-88.2016.8.26.0000; Ac. 9908217; São Paulo; Vigésima Quinta Câmara de Direito Privado; Rel. Des. Marcondes D' Ângelo; Julg. 20/10/2016; DJESP 27/10/2016)

Art. 278. A nulidade dos atos deve ser alegada na primeira oportunidade em que couber à parte falar nos autos, sob pena de preclusão.

Nulidade de intimação deve ser alegada na primeira oportunidade, sob pena de preclusão:

✓ AGRAVO INTERNO NO PEDIDO DE TUTELA PROVISÓRIA AUTOS DE AGRAVO DE INSTRUMENTO NA ORIGEM TIRADO CONTRA DECISÃO QUE, EM AÇÃO DE COBRANÇA DE HONORÁRIOS PROFISSIONAIS, INDEFERIU O PEDIDO DE DEVOLUÇÃO DO PRAZO PROCESSUAL EM FAVOR DA EXECUTADA. DECISÃO QUE INDEFERIU O PLEITO LIMINAR ANTE A AUSÊNCIA DOS REQUISITOS PARA A CONCESSÃO DA TUTELA DE URGÊNCIA. IRRESIGNAÇÃO DA EXECUTADA. 1. O uso da cautelar/tutela de urgência no âmbito deste Superior Tribunal de justiça é medida excepcional que visa a impedir o perecimento do direito e a consequente inutilidade do provimento jurisdicional futuro. 2. À concessão do efeito suspensivo aos recursos extraordinários, por meio de tutela de urgência, faz-se necessária a presença concomitante dos requisitos do **fumus boni iuris** e **periculum in mora**: o primeiro relativo à plausibilidade, aferida em juízo sumário, da pretensão recursal veiculada no apelo extremo (sua probabilidade de êxito) e o segundo consubstanciado no risco de dano irreparável que, em uma análise objetiva, revele-se concreto e real. 3. Na hipótese, não restou demonstrada a presença concomitante dos requisitos referidos, porquanto, no concernente ao fumus boni iuris, o vício de irregularidade da intimação, ensejador de nulidade relativa, deve ser alegado na primeira oportunidade em que couber à parte falar nos autos (art. 245 do CPC/73, atual art. 278 do NCPC), ocorrendo a preclusão caso tal providência não seja tomada, sendo que na hipótese ocorreu intimação em nome de outros patronos constituídos, que interpuseram o recurso cabível no momento adequado e, ainda, transitou em julgado a matéria atinente à determinação de expedição de ofício à seguradora para o depósito do valor segurado. Relativamente ao periculum in mora, não se trata de penhora ou bloqueio de quantia em conta do insurgente, mas sim de determinação à seguradora para o depósito judicial do valor segurado. 4. Agravo interno desprovido. (STJ; AgInt-PedTutProv 441; Proc. 2017/0087900-6; SP; Quarta Turma; Rel. Min. Marco Buzzi; DJE 29/06/2017). V. tb.: PROCESSO CIVIL. Intimação. Pedido expresso, em sede de cumprimento de sentença, para que as comunicações dos atos processuais fossem feitas em nome de advogado indicado pela recorrente. Nulidade de intimação, de natureza relativa, que deve ser alegada na primeira oportunidade em que couber à parte falar nos autos, nos termos do caput do art. 278 do CPC, o que não se deu no caso concreto. Preclusão verificada. Precedentes do STJ. Recurso improvido. (TJSP; AI 2217362-07.2017.8.26.0000; Ac. 11061281; São Paulo; Trigésima Segunda Câmara de Direito Privado; Rel. Des. Caio Marcelo Mendes de Oliveira; Julg. 11/12/2017; DJESP 19/12/2017; Pág. 3359); APELAÇÃO CÍVEL. EMBARGOS À EXECUÇÃO. CONTRATO DE CÂMBIO EXPORTAÇÃO. PRELIMINAR DE CERCEAMENTO DE DEFESA. NÃO CARACTERIZAÇÃO. Ausência do nome do advogado nas intimações. A nulidade dos atos processuais deve ser alegada na primeira oportunidade em que couber à parte falar nos autos, sob pena de preclusão, nos termos do artigo 278 do CPC/2015. Parte que, ao se manifestar durante a instrução, silenciou somente arguindo a suposta nulidade em preliminar de apelação. Recurso que também traz irresignação quanto ao mérito da sentença. Preclusão configurada. Nulidade afastada. Prescrição. Incorrência. Ação de execução ajuizada dentro do prazo legal de cinco anos. Regularidade do protesto. Executividade do contrato de câmbio. É possível o protesto do título em local diverso do domicílio do devedor, hipótese em que a intimação do devedor será feita por edital. Art. 15 da Lei nº 9.492/97. Precedentes desta corte. Alegação de nulidade afastada. Ausência de memória de cálculo. Improcedência dos embargos à execução na origem por ausência de memória de cálculo. Hipótese em que os embargos não estão fundados em excesso de execução, mas na cobrança dos juros remuneratórios acima da taxa média de mercado. Inaplicabilidade do art. 739, §5º, CPC/73 à espécie. Juros remuneratórios. O STJ tem mitigado a teoria finalista para autorizar a incidência do Código de Defesa do Consumidor nas hipóteses em que a parte (pessoa física ou jurídica), embora não seja tecnicamente a destinatária final do produto ou serviço, se apresenta em situação de vulnerabilidade. Tratando-se de sociedade de responsabilidade limitada, não se presume a vulnerabilidade. Afastada a incidência daquele diploma legal para fins de revisão dos juros remuneratórios, mantém-se os pactuados. Encargos moratórios. Termo inicial. Considerado válido o protesto realizado, a constituição em mora a partir daquela data é corolário lógico. Preliminares rejeitadas. Apelo da embargante desprovido. Apelo do embargado parcialmente provido. (TJRS; AC 0349751-77.2017.8.21.7000; Bento Gonçalves; Vigésima Quarta Câmara Cível; Rel. Des. Jorge Alberto Vescia Corssac; Julg. 13/12/2017; DJERS 18/12/2017). No mesmo sentido: TJRJ; APL 0096054-64.2016.8.19.0001; Rio de Janeiro; Vigésima Quinta Câmara Cível Consumidor; Relª Desª Marianna Fux; DORJ 11/12/2017; Pág. 613; TJRJ; APL 0005236-65.2015.8.19.0045; Resende; Segunda Câmara Cível; Rel. Des. Alexandre Freitas Câmara; DORJ 22/09/2017; Pág. 249; TJPR; ApCiv 1705692-3; Curitiba; Oitava Câmara Cível; Rel. Des. Clayton de Albuquerque Maranhão; Julg. 19/10/2017; DJPR 01/12/2017; Pág. 170

Se houve vício na fase instrutória, deve este ser alegado na primeira oportunidade pela parte, sob pena de preclusão:

✓ APELAÇÃO CÍVEL. DIREITO PREVIDENCIÁRIO. AÇÃO ACIDENTÁRIA. AUXÍLIO-ACIDENTE VITALÍCIO. AGRAVO RETIDO. ALEGAÇÃO DE NULIDADE DA PROVA. PRECLUSÃO. INTELIGÊNCIA DO ART. 245 DO CPC/73 (ART. 278, NCPC). REALIZAÇÃO DE NOVA PROVA TÉCNICA. DESNECESSIDADE. ALEGAÇÃO DE CERCEAMENTO DE DEFESA REJEITADA. INDEFERIMENTO DA PRODUÇÃO DE NOVA PROVA PERICIAL EM DETRIMENTO DAQUELA SATISFATO-

RIAMENTE PRODUZIDA. MERO INCONFORMISMO COM O SEU RESULTADO DESFAVORÁVEL AOS INTERESSES DA PARTE. HIGIDEZ EVIDENCIADA. PROVA TÉCNICA CONCLUSIVA PELA AUSÊNCIA DE NEXO CAUSAL ENTRE A DOENÇA E O ACIDENTE DE TRABALHO. REQUISITOS DO ART. 86 DA LEI Nº 8.213/91 NÃO PREENCHIDOS. IMPROCEDÊNCIA MANTIDA. APELO DESPROVIDO. 1. Eventuais nulidades da prova pericial realizada devem ser invocadas pela parte prejudicada na primeira oportunidade em que couber falar nos autos, sob pena de preclusão (CPC/73, art. 245, com correspondência no art. 278 do NCPC), de modo que não tendo a parte agravante alegado, na primeira impugnação direcionada ao laudo pericial, que a prova seria nula por não ter sido franqueada a oportunidade do advogado acompanhar a perícia e também pelo fato de não ter o expert examinado o local de trabalho do segurado, deve ser reconhecida a preclusão da matéria. 2. O deferimento da realização de nova perícia exige que a matéria, a critério do juiz, por ser ele o destinatário da prova, não esteja suficientemente esclarecida nos autos, e tem o escopo de corrigir eventual falha da primeira, a teor do que estatui os arts. 437 e 438 do CPC/73 (art. 480 do NCPC). Na espécie, dada a conclusividade da primeira prova pericial, que fora realizada com a devida observância aos princípios da ampla defesa e do contraditório, com elementos e respostas satisfatórias e suficientes para o deslinde das questões postas em Juízo, não há justificativa para determinar a realização de nova prova técnica, circunstância que descaracteriza, ainda, o alegado cerceamento de defesa, notadamente porque o mero descontentamento da parte com o resultado da perícia que lhe foi desfavorável não autoriza a realização de novo exame. 3. Para a concessão de benefício previdenciário de auxílio-acidente vitalício reclamado (Lei nº 8.213/91, art. 86) é de rigor a comprovação: (I) do acidente laboral; (II) da incapacidade, ainda que relativa, mas permanente, para o exercício do labor habitual; e (III) da existência de nexo de causalidade entre o acidente e o fato gerador do benefício, de modo que a ausência de demonstração de quaisquer um deles implica a improcedência da pretensão autoral. 4. Recurso desprovido. (TJES; Apl 0031025-09.2013.8.08.0024; Quarta Câmara Cível; Rel. Des. Jorge do Nascimento Viana; Julg. 15/05/2017; DJES 30/05/2017); APELAÇÃO CÍVEL. Cheque. Embargos à execução. Sentença de procedência. Inconformismo do embargado. Preliminar de cerceamento de defesa não acolhida. Falta de intimação do apelante para a audiência de oitiva de testemunha. Apresentação de memoriais sem arguição da nulidade. Preclusão. Artigo 278 do Código de Processo Civil. Presunção de liquidez, certeza e exigibilidade dos cheques que embasam a execução. Ônus do embargante de produzir provas capazes de desconstituir a força executiva do título. Sentença reformada para julgar os embargos improcedentes, invertendo-se o ônus sucumbencial. Recurso provido. (TJSP; APL 1005721-24.2014.8.26.0066; Ac. 10959524; Barretos; Décima Sexta Câmara de Direito Privado; Relª Desª Daniela Menegatti Milano; Julg. 07/11/2017; DJESP 23/11/2017; Pág. 1985). V. tb.: TJPE; APL 0012997-81.2011.8.17.0001; Rel. Des. Rafael Machado da Cunha Cavalcanti; Julg. 04/08/2017; DJEPE 05/09/2017; TJPR; ApCiv 1702294-5; Curitiba; Décima Terceira Câmara Cível; Rel. Juiz Conv. Humberto Gonçalves Brito; Julg. 06/09/2017; DJPR 02/10/2017; Pág. 250; TJRJ; APL 0008242-36.2009.8.19.0063; Três Rios; Vigésima Sexta Câmara Cível Consumidor; Rel. Des. Wilson do Nascimento Reis; DORJ 06/10/2017; Pág. 695; TJRR; EDcl-AC 0010.16.801206-9; Rel. Desig. Des. Jefferson Fernandes; DJERR 08/05/2017; Pág. 27.

<u>Se o juiz não julga os embargos de declaração, mas a parte nada aponta perante o tribunal, ocorre a preclusão:</u>

✓ EMBARGOS DE DECLARAÇÃO. AÇÃO DE INDENIZAÇÃO POR DANO MORAL. SENTENÇA DE PARCIAL PROCEDÊNCIA CUJA MANUTENÇÃO SE IMPÕE. ALEGAÇÃO DE NULIDADE. PRECLUSÃO. ART. 278 DO NOVO CPC. INCIDÊNCIA. Cabia ao réu alegar a ocorrência da suposta nulidade pela falta de exame dos embargos de declaração manejados contra a sentença de 1ª instância na primeira oportunidade em que lhe coubesse falar nos autos, nos termos do art. 278 do novo CPC. O primeiro momento em que o requerido se manifestou foi nas contrarrazões que apresentou ao apelo da autora. No entanto, nada referiu no tocante ao vício – Só agora invocado -, tratando-se de matéria preclusa, conforme dispositivo legal antes mencionado. Impõe-se o desacolhimento dos embargos de declaração por ausente qualquer hipótese das previstas no artigo 1.022 do CPC/2015, bem assim para o fim de prequestionamento da matéria. Embargos de declaração desacolhidos opostos pelo réu. Unânime. (TJRS; EDcl 0136968-37.2017.8.21.7000; Porto Alegre; Vigésima Terceira Câmara Cível; Rel. Des. Clademir José Ceolin Missaggia; Julg. 27/06/2017; DJERS 06/07/2017); AGRAVO. AGRAVO DE INSTRUMENTO EM RECURSO DE REVISTA. PROCESSO SOB A ÉGIDE DA LEI Nº 13.015/2014. NULIDADE POR CERCEAMENTO DO DIREITO DE DEFESA. NÃO CONFIGURAÇÃO. Nos termos do art. 278 do CPC/2015 (art. 245 do CPC/1973), a nulidade dos atos deve ser alegada na primeira oportunidade em que couber à parte falar nos autos, sob pena de preclusão. Na hipótese, o TRT considerou preclusa a discussão a respeito do não julgamento dos embargos de declaração do Reclamado perante o Juízo de Primeiro Grau, sob o fundamento de que a Parte, em suas contrarrazões ao recurso ordinário do Reclamante, primeira oportunidade que teve para se manifestar nos autos, deixou de alegar a referida nulidade. Registre- se que o Código de Processo Civil, além da possibilidade de consulta aos autos, permite, na hipótese de prazo comum às partes, a retirada dos autos pelos procuradores, em conjunto ou mediante prévio ajuste, por petição nos autos (art. 107, § 2º, do CPC/2015. art. 40, § 2º, do CPC/1973). Não subsiste, portanto, a alegação de que, somente por ocasião da seção de julgamento do recurso ordinário, teve ciência da ausência de julgamento dos seus embargos de declaração. Incólumes, portanto, os dispositivos tidos por violados. Assim sendo, a decisão agravada foi proferida em estrita observância às normas processuais (art. 557, caput, do CPC/1973; arts. 14 e 932, IV, a, do CPC/2015), razão pela qual é insuscetível de reforma ou reconsideração. Agravo desprovido. (TST; Ag-AIRR 0001836-86.2012.5.01.0243; Terceira Turma; Rel. Min. Mauricio Godinho Delgado; DEJT 20/10/2017; Pág. 1651)

Deve a parte impugnar o perito logo após a sua nomeação, sob pena de preclusão:

✓ PREVIDENCIÁRIO. APOSENTADORIA POR INVALIDEZ OU AUXÍLIO DOENÇA. IMPUGNAÇÃO À NOMEAÇÃO DO PERITO PRECLUSA. I. Inicialmente, observo que o laudo médico foi devidamente realizado por perito nomeado pelo Juízo, tendo sido apresentado o parecer técnico a fls. 66/73, motivo pelo qual não merece prosperar o pedido de realização de nova prova pericial. O laudo encontra-se devidamente fundamentado e com respostas claras e objetivas, sendo despicienda a realização do novo exame por novo profissional. Saliento, ainda, que cumpria à parte impugnar a nomeação do perito logo após ter sido intimada da respectiva decisão, e não fazê-lo quando já apresentado o laudo, que lhe foi desfavorável (art. 148, § 1º c/c art. 278, do Código de Processo Civil/15). II- Cumpre ressaltar ainda que, em face do princípio do poder de livre convencimento motivado do juiz quanto à apreciação das provas. expresso no art. 131 do CPC., pode o magistrado, ao analisar o conjunto probatório, concluir pela dispensa de outras provas. Nesse sentido já se pronunciou o C. STJ (AgRg no Ag. nº 554.905/RS, 3ª Turma, Relator Min. Carlos Alberto Menezes Direito; Julg. 25/5/04, V. u., DJ 02/8/04). III- Apelação improvida. (TRF 3ª R.; AC 0021260-94.2017.4.03.9999; Oitava Turma; Rel. Des. Fed. Newton de Lucca; Julg. 04/09/2017; DEJF 21/09/2017)

Vícios nos cálculos não impugnados pelas partes estão sujeitos a preclusão:

✓ AGRAVO. CUMPRIMENTO DE SENTENÇA. EXPURGOS INFLACIONÁRIOS. AÇÃO CIVIL PÚBLICA. HOMOLOGAÇÃO DOS CÁLCULOS. DECISÃO QUE DETERMINA SUA IMPUGNAÇÃO. INTEMPESTIVIDADE. PRECLUSÃO TEMPORAL. REDISCUSSÃO DO MÉRITO. VIA INADEQUADA. MÁ-FÉ. AUSÊNCIA DE PROVAS. 1. O art. 278 do CPC/2015 determina que eventual prejuízo ou nulidade deve ser suscitado pela parte na primeira oportunidade que tiver para se manifestar nos autos, sob pena de preclusão. 1.1. Transcorridos os prazos para o réu/agravante impugnar os cálculos e insurgir-se contra sua homologação, é inviável discutir, nesta via de cognição sumária, matéria de mérito abarcada pela preclusão temporal. 2. Inexistem provas nos autos, tampouco debate suficiente para se concluir que o agravante teria agido com má-fé, sendo inadequado presumi-la pelo manejo equivocado do recurso. Precedentes do STJ. 3. Recurso conhecido e desprovido. (TJDF; AGI 2016.00.2.040453-2; Ac. 988.333; Oitava Turma Cível; Rel. Des. Diaulas Costa Ribeiro; Julg. 14/12/2016; DJDFTE 25/01/2017)

Vício decorrente dos atos processuais praticados após o óbito da parte, que deixou de ser informado no processo, se submete a preclusão:

✓ AGRAVO DE INSTRUMENTO. Processo civil. Óbito do executado. Informação tardia. Suspensão dos autos observada pelo juízo a quo. Pretensão de declaração de nulidade dos atos processuais praticados após o falecimento. Impossibilidade. Nulidade relativa. Manifestação da administradora do espólio que não se deu na primeira oportunidade. Inobservância do artigo 278 do CPC/2015. Ademais, ausência de comprovação de efetivo prejuízo. Validade dos atos praticados. Precedentes do Superior Tribunal de justiça e deste TJPR. Decisão mantida. Recurso desprovido. Agravo de instrumento nº 1.673.073-92 (TJPR; Ag Instr 1673073-9; Londrina; Sexta Câmara Cível; Rel. Des. Roberto Portugal Bacellar; Julg. 29/08/2017; DJPR 15/09/2017; Pág. 150)

Entendendo que a distribuição a desembargador de férias configura nulidade relativa:

✓ EMBARGOS DE DECLARAÇÃO. VÍCIOS. INEXISTÊNCIA. NULIDADE. PRECLUSÃO. PREJUÍZO. DESEMBARGADOR. FÉRIAS. DISTRIBUIÇÃO. 1. A nulidade dos atos deve ser alegada na primeira oportunidade em que couber à parte falar nos autos. Se não alega, a questão torna-se preclusa (art. 278 do CPC). 2. Sem que haja prejuízo não se declara a nulidade de ato processual. 3. Não será feita distribuição a desembargador que se encontra de férias. Se realizada e a parte não impugna, deixando o processo correr até o julgamento, não pode, depois, alegar que nulos os atos processuais desde o momento da distribuição, sobretudo se não alega qualquer prejuízo. 4. Os embargos de declaração servem para aclarar dúvida, obscuridade, afastar contradição, omissão ou erro material, vícios que, se inexistentes, nega-se provimento aos embargos. 5. Embargos não providos. (TJDF; AGI 2016.00.2.043044-4; Ac. 100.9239; Sexta Turma Cível; Rel. Des. Jair Soares; Julg. 05/04/2017; DJDFTE 19/04/2017)

Considerando relativa eventual nulidade decorrente da falta de intimação do cônjuge na execução e de vícios na avaliação do bem alienado judicialmente:

✓ O IMÓVEL ARREMATADO FOI ADQUIRIDO PELO EXECUTADO ANTERIORMENTE AO CASAMENTO ENTRE ESTE E A SUA ESPOSA, PRIMEIRA AGRAVANTE E, POR TAL RAZÃO, INTEGRA O SEU PATRIMÔNIO PARTICULAR. 2. Forçoso concluir, assim, que a primeira agravante não ostenta a qualidade de terceira juridicamente interessada para intervir no feito e, consequentemente, exercer o direito de recorrer. 3. Há certidão cartorária, em que se atestou a regular intimação do executado acerca da realização da penhora via Diário Oficial, nos termos do artigo 652, §4º, do Código de Processo Civil de 1973. 4. Ainda que se pudesse cogitar a nulidade da constrição judicial, por vício decorrente da ausência de intimação da esposa do executado, certo é que esta compareceu espontaneamente aos autos posteriormente e nada disse a respeito. Aplicação do artigo 278 do Código de Processo Civil. 5. A matéria atinente ao preço vil se encontra preclusa, uma vez que a parte, embora intimada, não impugnou tempestivamente a avaliação do imóvel. 6. Frise-se que, inobstante tenham sido adequadamente intimados de todos os atos processuais, o executado não apresentou embargos à execução, tampouco impugnação à penhora. 7. Consigna-se ser ineficaz perante o arrematante o acordo entabulado entre o exequente e o executado, já que posteriormente à arrematação, sendo certo que o artigo 826 do CPC disciplina que "antes de adjudicados ou alienados os bens, o executado pode, a todo tempo, remir a execução, pagando ou consignando a importância atualizada da dívida, acrescida de juros, custas e honorários advocatícios". 8. Uma vez assinado o auto de arrematação, o que já ocorreu, esta "será considerada perfeita, acabada e irretratável", **ex vi** do artigo 903 do Código de Processo Civil. 9. Não conhecimento do primeiro agravo de instrumento e desprovimento do segundo. (TJRJ; AI 0052847-81.2017.8.19.0000; Cabo Frio; Décima Quinta Câmara Cível; Rel. Des. Gilberto Clovis Farias Matos; DORJ 08/11/2017; Pág. 287)

Apontando que eventual vício na citação deve ser alegado na primeira oportunidade, sob pena de preclusão:

✓ AGRAVO DE INSTRUMENTO. CONDOMÍNIO. AÇÃO DE COTAS CONDOMINIAIS. NULIDADE NA CITAÇÃO. A regra do art. 278 do NCPC é clara: A nulidade deve ser alegada na primeira oportunidade, sob pena de preclusão. No caso em pauta, além de evidentemente não haver nulidade propriamente dita, não cabe mais alegá-la, visto que o agravante tomou ciência da relação processual em momento anterior, momento esse em que deveria ter arguido a alegada nulidade. Mantimento da decisão que julgou improcedente a impugnação ao cumprimento de sentença. Negaram provimento ao agravo de instrumento. Unânime. (TJRS; AI 0123114-73.2017.8.21.7000; Porto Alegre; Vigésima Câmara Cível; Rel. Des. Glênio José Wasserstein Hekman; Julg. 26/07/2017; DJERS 10/08/2017). No mesmo sentido, TJRS; AI 0091887-65.2017.8.21.7000; Alvorada; Quarta Câmara Cível; Rel. Des. Alexandre Mussoi Moreira; Julg. 28/06/2017; DJERS 04/07/2017.

Entendendo que a nulidade decorrente de suposta falta de capacidade processual deve ser alegada na primeira oportunidade:

✓ APELAÇÃO CÍVEL. DESTITUIÇÃO DO PODER FAMILIAR. PRELIMINAR DE INCAPACIDADE PROCESSUAL DA GENITORA. NEGLIGÊNCIA E INAPTIDÃO DOS GENITORES PARA O EXERCÍCIO DOS DEVERES INERENTES AO PODER FAMILIAR. PEDIDO DE GUARDA PELA FAMÍLIA EXTENSA. DESCABIMENTO. I - A apelante Priscila não é interditada, sendo pessoa capaz, em que pese seu déficit cognitivo. A par disso, não foi apresentado qualquer documento que possa pelo menos atestar, de forma inicial, a alegada (in) capacidade. Ainda, a nulidade deve ser arguida pela parte na primeira oportunidade que lhe couber falar nos autos, conforme determina o artigo 278 do CPC, sob pena de preclusão. II - Comprovada a violação dos deveres inerentes ao poder familiar, ante a conduta negligente dos genitores, autorizada a destituição do poder familiar. III - Não há como deferir a guarda da menor para a sobrinha paterna e companheiro, uma vez que além de inexistir vínculo afetivo, a família constantemente está em situação de conflito, podendo ser prejudicial à criança. Recursos desprovidos. (TJRS; AC 0099592-17.2017.8.21.7000; Farroupilha; Oitava Câmara Cível; Relª Desª Liselena Schifino Robles Ribeiro; Julg. 11/05/2017; DJERS 16/05/2017)

Nulidades atingidas pela preclusão não ensejam a rescisão de decisão transitada em julgado:

✓ AÇÃO RESCISÓRIA. ERRO DE FATO. VIOLAÇÃO À NORMA JURÍDICA. ART. 966, INCISO VIII DO CPC. INEXISTÊNCIA. MATÉRIAS PRECLUÍDAS. INVERSÃO DO ÔNUS DA PROVA NA SENTENÇA. INEXISTÊNCIA DE ERRO DE FATO. QUESTÃO JURÍDICA. 1. Não há interesse processual quanto a pretensão embasa-se em tese que, se acolhida, não beneficia o autor. 2. Nos termos do art. 278 do CPC, matérias precluídas, que sequer constam do acórdão rescidendo, não podem ser alegadas em ação rescisória, sob pena de configurar supressão de instância e violação dos princípios da segurança jurídica e da efetividade do processo. 3. A inversão do ônus da prova, na sentença, não constitui erro de fato, que ocorre quando há falsa percepção da realidade. Tratando-se de questão exclusivamente jurídica, não cabe aplicar o art. 966, inciso VIII do CPC. 4. No julgamento unânime, que considera inadmissível ou improcedente o pedido formulado em ação rescisória, o depósito compulsório de que trata o art. 968, II do CPC é revertido em favor do réu (CPC, art. 974, parágrafo único). 5. Ação rescisória conhecida. Pedido improcedente. (TJDF; ARC 2016.00.2.043921-9; Ac. 106.2185; Segunda Câmara Cível; Rel. Des. Diaulas Costa Ribeiro; Julg. 13/11/2017; DJDFTE 30/11/2017)

Parágrafo único. Não se aplica o disposto no *caput* às nulidades que o juiz deva decretar de ofício, nem prevalece a preclusão provando a parte legítimo impedimento.

Não pode a nulidade absoluta ser alegada se a matéria já foi rejeitada em decisão anterior:

✓ AGRAVO INTERNO NO AGRAVO EM RECURSO ESPECIAL. AÇÃO DE EXECUÇÃO DE TÍTULO EXTRAJUDICIAL. PENHORA E ARRESTO DE ALUGUÉIS DE IMÓVEIS GRAVADOS COM CLÁUSULAS DE INCOMUNICABILIDADE, INALIENABILIDADE E IMPENHORABILIDADE. ALEGAÇÃO DE NULIDADE ABSOLUTA. QUESTÃO JÁ DECIDIDA PELO JUÍZO A QUO. MATÉRIA PRECLUSA. AGRAVO DESPROVIDO. 1. Na linha da jurisprudência desta Corte Superior, embora a matéria de ordem pública seja passível de arguição em qualquer fase do processo, no caso de haver decisão anterior apreciando a questão, não se revela possível novo exame da matéria, em razão da preclusão consumativa. 2. Agravo interno desprovido. (STJ; AgInt-AREsp 1.054.736; Proc. 2017/0027932-4; SP; Terceira Turma; Rel. Min. Marco Aurélio Bellizze; Julg. 05/12/2017; DJE 19/12/2017; Pág. 3684)

Apontando ser o vício de citação causa de nulidade absoluta, não sujeita à preclusão:

✓ APELAÇÃO CÍVEL. AÇÃO DE OBRIGAÇÃO DE FAZER C/C INDENIZATÓRIA. AUTOR QUE MANTINHA, JUNTO A INSTITUIÇÃO FINANCEIRA 2ª RÉ, CONTA CONJUNTA COM SUA EX-COMPANHEIRA, 4ª RÉ, TAMBÉM SUA SÓCIA NA EMPRESA 3ª RÉ, E SE INSURGE CONTRA TRANSFERÊNCIA DE VALOR, ORIUNDO DE TÍTULO DE CAPITALIZAÇÃO EM PREVIDÊNCIA PRIVADA QUE CONTRATARAM COM A EMPRESA 1ª RÉ. Ausência de citação válida da 4ª ré. Falta de pressuposto de existência da relação processual. **Error in procedendo**. Sentença que se anula, **ex officio**, para que os réus sejam efetivamente citados por oficial de justiça. Prejudicado o exame de mérito do recurso interposto. 1.a ausência de citação é caso de nulidade absoluta do processo, por se tratar de pressuposto de existência da relação processual, podendo ser arguida a qualquer momento e decretada até mesmo de ofício, não gerando, portanto, a preclusão; 2.**in casu**, não houve a efetiva citação da 4ª ré, em afronta ao devido processo legal. **Error in procedendo** evidenciado;3.sentença que se anula, **ex officio**, para que os réus sejam citados por oficial de justiça, restando prejudicado o exame de mérito do recurso interposto. (TJRJ; APL 0036251-39.2010.8.19.0203; Rio de Janeiro; Vigésima Quinta Câmara Cível Consumidor; Rel. Des. Luiz Fernando de Andrade Pinto; DORJ 07/12/2017; Pág. 553)

Considerando a impenhorabilidade da conta salário matéria de ordem pública:

✓ AGRAVO DE INSTRUMENTO. PROCESSUAL CIVIL. AÇÃO CIVIL PÚBLICA. EXECUÇÃO DE JULGADO. MATÉRIAS DE ORDEM PÚBLICA. AUSÊNCIA DE PRECLUSÃO. IMÓVEL BEM DE FAMÍLIA. INDISPONIBILIDADE. POSSIBILIDADE. 1. No tocante à indicação dos nomes e endereços dos advogados constantes dos autos, constato que não houve prejuízos à agravada que foi regularmente intimada e apresentou sua contraminuta normalmente, não se vislumbrando qualquer vulneração ao disposto no art. 1016, VI, do CPC/2015. 2. A documentação colacionada é suficiente para a análise das questões suscitadas nos autos. 3. As matérias de ordem pública podem ser arguidas em qualquer fase do processo, nos termos do disposto no parágrafo único do art. 278 do CPC/2015. A alegada impenhorabilidade da conta salário, com fundamento no art. 833 do CPC/2015, é uma delas. 4. Contudo, no presente caso, deixo de conhecer o pedido de impenhorabilidade/desbloqueio da conta salário, tendo em vista que a questão foi reapreciada pelo r. Juízo a quo, que reconheceu o caráter alimentar da quantia bloqueada pelo sistema BACENJUD, determinando sua devolução ao ora agravante, o que deu ensejo à interposição do AI nº 5002132-61.2016.4.03.0000. 5. Ao que se extrai dos autos, o imóvel de matrícula n. 24583, do 1º Cartório de Registro de Imóveis de São Paulo. que o agravante alega ser bem de família e que, portanto, seria impenhorável., foi declarado indisponível no curso da ação condenatória. 6. A decisão agravada apenas ressaltou que o imóvel continua indisponível, não havendo que se falar, portanto, em possibilidade ou não de penhora sobre referido bem. E o caráter de bem de família de imóvel não tem o condão de obstar a determinação de sua indisponibilidade, uma vez que tal medida não implica a expropriação do bem. 7. Precedentes jurisprudenciais: STJ-RESP nº 200502046314, Primeira Turma, Rel. Min. Luiz Fux, DJE 03/03/2008; TRF-3ª Região, Agravo de Instrumento nº 00005193320124030000, Terceira Turma, Rel. Des. Fed. Carlos Muta, e-DJF3 03/08/2012. 8. Matéria preliminar arguida em contraminuta rejeitada e agravo de instrumento não conhecido de parte e, na parte conhecida, improvido. (TRF 3ª R.; AI 0013986-40.2016.4.03.0000; Sexta Turma; Relª Desª Fed. Consuelo Yatsuda Moromizato Yoshida; Julg. 08/06/2017; DEJF 21/06/2017)

A ausência de intimação pessoal da parte antes que o processo fosse extinto por abandono configura nulidade absoluta:

✓ APELAÇÃO CÍVEL DE SENTENÇA QUE INDEFERIU A PETIÇÃO INICIAL. AUSÊNCIA DE INTIMAÇÃO PESSOAL DA PARTE PARA REGULARIZAÇÃO DO FEITO INOBSTANTE DETERMINAÇÃO JUDICIAL EXPRESSA. NULIDADE ABSOLUTA. VIOLAÇÃO DOS DIREITOS AO CONTRADITÓRIO, AMPLA DEFESA E DEVIDO PROCESSO LEGAL. RECURSO CONHECIDO E PROVIDO I. Deve ser reformada a sentença que indefere a petição inicial se, tendo sido determinada a intimação pessoal da parte para regularizar a representação processual, o Cartório apenas procedeu à intimação de seu advogado. Ou seja, a extinção do processo fundamenta-se na ocorrência de preclusão temporal sem que a parte tenha, de fato, tomado ciência da providência outrora determinada. Trata-se de nulidade que há ser decretada de ofício (art. 245, parágrafo único do CPC/1973, reproduzido no art. 278, parágrafo único do Novo CPC), pois apresenta caráter absoluto, estando relacionada com o direito ao contraditório e à ampla defesa e, em última instância, ao devido processo legal, matéria de ordem pública, de modo que a extinção do processo resultará em evidente prejuízo para a parte. II. Recurso conhecido e provido. (TJMS; APL 0014347-79.2010.8.12.0001; Segunda Câmara Cível; Rel. Des. Alexandre Bastos; DJMS 07/07/2017; Pág. 42)

A falta de intimação pessoal da Defensoria Pública não se submete a preclusão:

✓ DIREITO CIVIL E PROCESSUAL CIVIL. Apelação cível em ação de execução de alimentos. Executante/apelante assistida pela defensoria pública. Intimação publicada em diário. Remessa dos autos inexistente. Violação de prerrogativa da defensoria pública. Inciso I do art. 44 da LC 80/94. Precedentes do Supremo Tribunal Federal. Nulidade insanável. Decretação de ofício. Inteligência do art. 278, I, do CPC/2015. Sentença anulada. Retorno dos autos ao juízo primevo para novo julgamento. Recurso conhecido e provido. (TJPA; APL 0012059-79.2013.8.14.0040; Ac. 180376; Parauapebas; Segunda Turma de Direito Privado; Rel. Des. José Maria Teixeira do Rosário; Julg. 05/09/2017; DJPA 13/09/2017; Pág. 162)

<u>Entendendo que a ausência de intimação dos advogados constituídos nos autos pode ser alegada a qualquer tempo:</u>

✓ AGRAVO DE INSTRUMENTO. CUMPRIMENTO DE SENTENÇA. AUSÊNCIA DE INTIMAÇÃO DOS NOVOS PROCURADORES CONSTITUÍDOS. NULIDADE ABSOLUTA. PREJUÍZO DEMONSTRADO. PRECLUSÃO. NÃO DEMONSTRAÇÃO. Comprovada a ausência da comunicação dos atos processuais aos novos advogados constituídos, evidenciada a nulidade absoluta, a garantir a cassação dos atos processuais posteriores, mormente quando evidenciado o efetivo prejuízo à parte. Não se aplica preclusão quanto às nulidades decretáveis de ofício pelo Juiz. Inteligência do parágrafo único do artigo 278 do CPC/2015. (TJMG; AGIN 1.0145.12.027636-8/002; Relª Desª Mônica Libânio; Julg. 13/12/2017; DJEMG 18/12/2017). V. tb.: APELAÇÃO CÍVEL. DIREITO CIVIL. AÇÃO DE COBRANÇA DE HONORÁRIOS ADVOCATÍCIOS SUCUMBENCIAIS. Sentença de procedência. Inconformismo dos réus e do autor. 1 – Alegação de nulidade da sentença por cerceamento de defesa. 2 – Da análise dos autos, verifica-se que o procurador do 3º réu não recebeu nenhuma intimação até a data de 24/02/2016, apesar de ter juntado procuração aos autos ao apresentar a contestação em fevereiro de 2012.3 – Ademais, observa-se claro prejuízo à defesa do réu, na forma do disposto no artigo 282, § 1º, do Código de Processo Civil, tendo em vista que o mesmo restou impedido de produzir provas e principalmente apresentar resposta ao requerimento do ministério público. Registre-se que a certidão cartorária afirma que não houve manifestação dos réus quanto ao requerimento do ministério público. 4 – Ocorrência de cerceamento de defesa. Afronta ao devido processo legal por violação dos artigos 272, 273 e 274, todos do CPC, que preveem a intimação do advogado acerca de todos os atos do processo, o que acarreta a nulidade absoluta de todos os atos praticados após a sentença de extinção do feito sem julgamento do mérito. 5 – A arguição de nulidade absoluta não encontra a barreira da preclusão. Inteligência do artigo 278, § único, do CPC. 6 – Anulação da sentença. Precedentes do STJ e do TJRJ. Provimento do 3º recurso, tornando prejudicado os demais recursos. (TJRJ; APL 0317033-68.2013.8.19.0001, Rio de Janeiro; Décima Sexta Câmara Cível; Rel. Des. Marco Aurelio Bezerra de Melo; Julg. 20/06/2017; DORJ 23/06/2017; Pág. 469)

<u>Considerando que nulidades absolutas na execução podem ser conhecidas mesmo após o encerramento do prazo para os embargos ou a impugnação ao cumprimento de sentença:</u>

✓ AGRAVO DE INSTRUMENTO. TRIBUTÁRIO. EXECUÇÃO FISCAL. CONTRIBUIÇÃO DE MELHORIA. NULIDADE DO LANÇAMENTO DO TRIBUTO. EXCEÇÃO DE PRÉ-EXECUTIVIDADE. CABIMENTO DA VIA ELEITA. PRECLUSÃO. INOCORRÊNCIA. INEXISTÊNCIA DE LEI ESPECÍFICA INSTITUINDO A CONTRIBUIÇÃO DE MELHORIA. VIOLAÇÃO DO PRINCÍPIO DA LEGALIDADE TRIBUTÁRIA. EXECUÇÃO FISCAL JULGADA EXTINTA. CONDENAÇÃO DO MUNICÍPIO EM HONORÁRIOS ADVOCATÍCIOS. ISENÇÃO DAS CUSTAS PROCESSUAIS. I. O Superior Tribunal de Justiça, por meio da Súmula n. 393, firmou orientação no sentido de que "a exceção de pré-executividade é admissível na execução fiscal relativamente às matérias conhecíveis de ofício que não demandem dilação probatória". Caso concreto, possível a análise, em sede de exceção de pré-executividade, da nulidade do lançamento da contribuição de melhoria por ausência de Lei específica a instituindo, em razão de ser matéria de ordem pública que pode ser reconhecida de ofício pelo juiz e por não necessitar de dilação probatória. II) Não deve ser reconhecida a preclusão da matéria, mesmo que não tenha sido arguida em sede de embargos à execução, justamente por ser questão de ordem pública, cognoscível de ofício pelo magistrado. Aplicação do art. 278 do NCPC. III) Dentre os requisitos autorizadores para a instituição da contribuição de melhoria, está a publicação de Lei específica para a realização da obra publica. Não basta a previsão genérica da instituição do tributo. Se realizada a obra e esta não foi precedida de Lei específica, foi violado o princípio da legalidade tributária, previsto no art. 150, I, da Constituição Federal. Caso em que deve ser anulado o lançamento do tributo e julgada extinta a execução fiscal. IV) pela sucumbência, o município deve ser condenado a arcar com os honorários advocatícios em favor do procurador do excipiente, fixados em 10% sobre o valor atualizado da causa, nos termos do art. 85, § 3º, inciso I do Estatuto Processual vigente. V) o município é isento do pagamento das custas processuais, ressalvadas aquelas eventualmente recolhidas pelo devedor no curso da demanda, nos termos do art. 39 da LEF. Agravo de instrumento provido. Unânime. (TJRS; AI 0067818-66.2017.8.21.7000; Venâncio Aires; Vigésima Segunda Câmara Cível; Rel. Des. Francisco José Moesch; Julg. 13/07/2017; DJERS 19/07/2017); CUMPRIMENTO DE SENTENÇA. DECISÃO QUE AFASTOU A ALEGAÇÃO DE INTEMPESTIVIDADE DA IMPUGNAÇÃO AO CUMPRIMENTO DE SENTENÇA E DETERMINOU A REALIZAÇÃO DE PERÍCIA, CONSIDERANDO A DIVERGÊNCIA DOS VALORES APRESENTADOS PELAS PARTES. NÃO CARACTERIZADA A PRECLUSÃO. Impugnação suscitada após o bloqueio on line. Reconhecida a possibilidade de impugnação relativa ao excesso de execução, nos termos do art. 823, §§ 2º e 3º do CPC. Impugnação que também encontra fundamento no fato de a defesa suscitada se referir à iliquidez do título executivo judicial, vício passível de conhecimento a qualquer tempo, nos termos do parágrafo único do art. 278 do CPC. Recurso desprovido. (TJSP; AI 2124552-13.2017.8.26.0000; Ac. 10730706; Santo Anastácio; Décima Quinta Câmara de Direito Privado; Rel. Des. Coelho Mendes; Julg. 24/08/2017; DJESP 29/08/2017; Pág. 1955)

Art. 279. É nulo o processo quando o membro do Ministério Público não for intimado a acompanhar o feito em que deva intervir.

→ v. Arts. 178, 976, § 2º e 991 do NCPC.
→ v. Arts. 51, § 4º, e 82, I, do CDC.
→ v. Arts. 6º, § 4º e 9º, da Lei 4.717/1965.
→ v. Art. 5º, I, da Lei 7.347/1985.
→ v. Art. 12 da Lei 12.016/2009.
→ v. Arts. 52, V e 99, XIII da Lei 11.101/2005.

Exige-se apenas a intimação do Ministério Público, não sua efetiva manifestação, devendo seu silêncio ser interpretado como concordância tácita com o acordo:

✓ APELAÇÃO CÍVEL. AÇÃO DE DISSOLUÇÃO DE SOCIEDADE DE FATO C/C GUARDA E ALIMENTOS. Acordo judicial firmado entre as partes em audiência. Sentença de homologatória. Recurso da autora/genitora. Alegada nulidade ao argumento de ausência de intervenção do ministério público acerca dos termos do acordo firmado entre as partes. Insubsistência. Regular intimação do órgão ministerial perfectibilizada. Silêncio do parquet que caracteriza concordância tácita. Ausência de prejuízo. Ministério público devidamente intimado, nos termos do artigo 279, do novo Código de Processo Civil. Transação que satisfaz o melhor interesse da criança. Ademais, manifestação ministerial neste grau de jurisdição concordando com os termos do acordo. Sentença mantida. Recurso conhecido e desprovido. (TJSC; AC 0300831-60.2016.8.24.0166; Forquilhinha; Sexta Câmara de Direito Civil; Relª Desª Denise Volpato; DJSC 17/03/2017; Pag. 121)

§ 1º Se o processo tiver tramitado sem conhecimento do membro do Ministério Público, o juiz invalidará os atos praticados a partir do momento em que ele deveria ter sido intimado.

Prejuízo decorrente da ausência de participação do Ministério Público em processo envolvendo interesse de menor:

✓ APELAÇÃO CÍVEL. .AÇÃO DE INDENIZAÇÃO POR DANOS MORAIS. Menor. Intervenção do ministério público. Obrigatória. Ausência de intimação de todos os atos processuais a partir da impugnação à contestação. Prejuízo aos autores, na medida em que a sentença foi improcedente. Parecer em segundo grau, pela nulidade da sentença e dos atos que se seguiram sem a intimação do órgão ministerial. Inteligência dos arts. 179 e 279 do CPC/15. Precedentes desta corte. Sentença nula, de ofício, bem como todos os atos processuais praticados sem a intimação do ministério público. Recurso de apelação não conhecido. (TJPR; ApCiv 1664900-2; Paranacity; Décima Câmara Cível; Relª Desª Ângela Khury Munhoz da Rocha; Julg. 23/11/2017; DJPR 15/12/2017; Pág. 129)

Não se exige a decretação da interdição para que seja necessária a atuação do Ministério Público em processo envolvendo interesse de incapaz:

✓ APELAÇÃO CÍVEL. RESPONSABILIDADE CIVIL EM ACIDENTE DE TRÂNSITO. AÇÃO DE REPARAÇÃO DE DANOS. INCAPACIDADE CIVIL. SENTENÇA EXTINGUINDO O FEITO, COM RESOLUÇÃO DE MÉRITO, COM BASE NO ARTIGO 487, INCISO II, DO CÓDIGO DE PROCESSO CIVIL, EM VIRTUDE DO ADVENTO DA PRESCRIÇÃO TRIENAL. PEDIDO DE PROVAS FEITO PELO AUTOR, PROTESTANDO POR SUA INCAPACIDADE CIVIL, NÃO APRECIADO PELO JUÍZO A QUO. INTERVENÇÃO OBRIGATÓRIA DO MISTÉRIO PÚBLICO EM PRIMEIRO GRAU, NÃO OPORTUNIZADA NA ORIGEM. NULIDADE DO PROCESSO, POR EVIDENTE CERCEAMENTO DO DIREITO À PRODUÇÃO DE PROVA E DECORRENTE NEGATIVA DE PRESTAÇÃO JURISDICIONAL. Não obstante fosse indispensável a intervenção do ministério público dada a alegação de incapacidade do autor, não foi oportunizada a participação ministerial no curso do processo, que foi julgado extinto por força do reconhecimento da prescrição. Evidente, pois, o prejuízo sofrido com o desfecho do processo pela parte que, desde o início da tramitação do feito, alegou sua incapacidade. Compulsando os autos, verifica-se, que, de fato, não há sentença de interdição do autor. No entanto, era indispensável que houvesse sido oportunizada a intervenção do agente ministerial, na origem, que poderia promover a realização de diligências e provas no intuito de bem esclarecer a alegada incapacidade do autor. Note-se que o eventual reconhecimento da incapacidade (e desde quando esta efetivamente se instalou) teria consequência direta na aferição do decurso do lapso prescricional, o qual, conforme é sabido, não corre contra os incapazes (art. 198, I, do CCB). Deve ser salientado que a julgadora a quo acolheu a prefacial de mérito sem permitir a realização de prova, que havia sido expressamente requerida pela parte autora, o que, desta forma, não lhe permitiu comprovar o fato que constitui o seu direito e que teria como possível consequência a interrupção da prescrição, configurando evidente cerceamento do direito à produção de prova. O art. 178, inciso II, do novo Código de Processo Civil reza que é obrigatória a intervenção do ministério público nas causas em que há interesses de incapazes. Já o art. 279 do novo Estatuto Processual comina de nulidade o processo em que o ministério público não foi chamado a acompanhar, quando sua intervenção for obrigatória, ao passo que o parágrafo primeiro do referido dispositivo de Lei determina que os atos processuais sejam invalidados a partir do momento em que deveria ter ocorrido a intervenção ministerial. Trata-se de nulidade absoluta e, portanto, insanável, devendo ser oportunizada, na origem, a manifestação do ministério público. A jurisprudência desta colenda corte é remansosa no sentido da nulidade do processo em que, conquanto obrigatória, não houve a intervenção do ministério público. Posto isso, deve ser decretada a nulidade do feito, com a consequente desconstituição da sentença e o retorno dos autos à origem, a fim de que seja oportunizada a intervenção ministerial. Sentença desconstituída. Apelo provido. (TJRS; AC 0320668-16.2017.8.21.7000; Porto Alegre; Décima Segunda Câmara Cível; Relª Desª Ana Lúcia Carvalho Pinto Vieira Rebout; Julg. 23/11/2017; DJERS 28/11/2017)

Basta haver indícios de incapacidade para que seja necessária a intervenção do Ministério Público, não sendo exigida prova cabal nesse sentido:

✓ AÇÃO RESCISÓRIA. PROCESSO CIVIL. ART. 485, V, DO CPC/73. ART. 487, III, A, DO CPC/73. PRELIMINARES DE INADMISSIBILIDADE DA AÇÃO E DE ILEGITIMIDADE ATIVA DO MINISTÉRIO PÚBLICO FEDERAL. CONFUSÃO COM O MÉRITO. VIOLAÇÃO DO ART. 198, I, DO CC. INEXISTÊNCIA DE PRONUNCIAMENTO JUDICIAL ACERCA DA INCAPACIDADE DO AUTOR PARA OS ATOS DA VIDA CIVIL. PRETENSÃO DE REEXAME DE PROVAS E DE FATOS. IMPROCEDÊNCIA. INDICATIVO DA PRESENÇA DE INTERESSE DE INCAPAZ. OBRIGATORIEDADE DE INTERVENÇÃO DO PARQUET. JULGAMENTO DO AGRAVO DE INSTRUMENTO SEM A PARTICIPAÇÃO DO MPF. RECONHECIMENTO DE PRESCRIÇÃO. PREJUÍZO EFETIVO. OFENSA AO ART. 82, I, DO CPC/73. NULIDADE DO JULGAMENTO. ART. 279, §1º, DO CPC/2015. AÇÃO RESCISÓRIA PARCIALMENTE PROCEDENTE. 1. Ação Rescisória proposta pelo MPF em face de acórdão que teria violado literal disposição do art. 198, I, do CC, e do art. 82, I, do CPC/73, porque (i) declarou prescrita a pretensão executória de obrigação de fazer, a que fora condenada a União, de promover a reforma do autor, sem atentar para a incapacidade dessa pessoa para o exercício de qualquer atividade civil ou militar, por exibir comportamento correspondente à idade mental de sete anos e seis meses, e (ii) não houve a obrigatória participação do parquet no processo já que havia interesse de incapaz. 2. No caso, o autor postulou em Juízo em nome próprio, outorgando procuração particular à advogada, sem a assistência de seus pais. Na inicial, além dos pedidos de reintegração ao serviço militar e de reforma, requereu-se a interdição do autor e a nomeação de curador, referindo-se à incapacidade do autor. Contudo, a sentença limitou-se a deferir o pedido de reforma e de pagamento das parcelas vincendas, que transitou em julgado. 3. Na fase de execução, oposta exceção de pré-executividade pela União, o Juízo reconheceu a prescrição da obrigação de pagar e, interposto agravo de instrumento pela União, a 3ª Turma deste eg. Tribunal reconheceu a prescrição da obrigação de fazer (reforma), sendo este o acórdão rescindendo. Não houve a intervenção do MPF no procedimento executório. 4. No curso do processo originário, houve perícia psiquiátrica judicial e laudo psicológico particular (elaborados com a finalidade de aferir a debilidade mental e a incapacidade para o exercício da atividade militar) que indicavam a possível incapacidade do autor (idade mental correspondente a 07 anos e 06 meses, devido à deficiência intelectual. Oligofrenia leve). 5. Como não houve reconhecimento judicial da incapacidade do autor para os atos da vida civil, mas apenas de continuar na atividade militar, não incumbe a este Tribunal, em sede de ação rescisória, declarar a incapacidade do autor para os atos da vida civil (incompetência material da Justiça Federal). 6. Para se constatar a suposta violação literal à disposição do art. 198, I1, do CC, é necessário reanalisar detidamente os fatos e provas (de modo a perquirir se os citados laudos seriam suficientes. Ou não. Para atestar a incapacidade civil do autor), o que é vedado em ação rescisória ajuizada com fundamento no art. 485, V, do CPC/73. Precedentes do TRF5 e do STJ. 7. Nos termos do art. 82, I, do CPC/73. Vigente à época., é obrigatória a intervenção do Ministério Público em processos que envolvam interesse de incapaz, sob pena de nulidade. Precedentes do TRF5 e do STJ. 8. Para haver a atuação ou intervenção do MPF no feito como custos legis, não é necessária prova cabal da incapacidade do autor, mas apenas a probabilidade (existência de indícios) de que o autor da demanda possa ser incapaz. 9. Ante a presença de interesse de possível incapaz no feito, era obrigatória a participação do MPF, desde a oposição da exceção de pré-executividade, no julgamento do recurso de agravo de instrumento (acórdão rescindendo), que culminaram no reconhecimento da prescrição dos direitos do autor (prejuízo efetivo). 10. Rejeição das preliminares de ilegitimidade ativa do MPF e de inadmissibilidade da ação rescisória. 11. Rescisão do acórdão do AGTR nº 126479/PE, para anular, com fundamento no art. 279, §1º, do CPC/2015, todos os atos do processo (inclusive o julgamento) a partir das contrarrazões apresentadas pelo agravado, visto que, logo após esse ato, os autos deveriam ter ido, com vista, ao MPF para a emissão de parecer como custos legis. 12. Ação rescisória parcialmente procedente. (TRF 5ª R.; AR 0008915-71.2014.4.05.0000; PE; Tribunal Pleno; Rel. Des. Fed. Fernando Braga; DEJF 11/05/2017; Pág. 22)

Apontando que a falta de intervenção do órgão ministerial acarreta nulidade absoluta:

✓ PREVIDENCIÁRIO. APOSENTADORIA POR INVALIDEZ OU AUXÍLIO DOENÇA OU BENEFÍCIO ASSISTENCIAL. SENTENÇA CITRA PETITA. ANULAÇÃO DA SENTENÇA. I. A sentença julgou apenas o pedido de concessão de aposentadoria por invalidez ou auxílio doença, julgando-os improcedentes, sob o fundamento de ausência de qualidade de segurado e incapacidade laborativa. Não houve apreciação do pedido de benefício assistencial na sentença, seja em sua fundamentação ou na parte dispositiva. Portanto, entendo que a sentença de fls. 142/144 não observou o princípio da congruência entre o pedido e a sentença, uma vez que não julgou integralmente o pedido formulado na petição inicial, caracterizando-se, desta forma, julgamento citra petita. II- Conforme dispõe o artigo 141 do Código de Processo Civil/2015, o juiz decidirá a lide nos limites propostos pelas partes. Igualmente, o artigo 492 do mesmo diploma legal trata da correlação entre o pedido e a sentença. Assim sendo, caracterizada a hipótese de julgado citra petita, a teor do disposto nos artigos 141, 282 e 492 do CPC/2015, declaro a nulidade da sentença, determinando o retorno dos autos à Vara de Origem para que se dê regular processamento ao feito, com a produção do estudo social. III- Conforme o disposto nos arts. 178 e 279 do CPC e art. 31 da Lei nº 8.742/93, em casos como este, no qual se pretende a concessão do benefício previsto no art. 203, V, da Constituição Federal e Lei nº 8.742/93, mister se faz a intimação do Ministério Público, sob pena de se fulminar o processo com nulidade absoluta. IV- Apelação parcialmente provida. Sentença anulada. (TRF 3ª R.; AC 0020173-06.2017.4.03.9999; Oitava Turma; Rel. Des. Fed. Newton de Lucca; Julg. 23/10/2017; DEJF 10/11/2017)

§ 2º A nulidade só pode ser decretada após a intimação do Ministério Público, que se manifestará sobre a existência ou a inexistência de prejuízo.

→ v. Súmula 189 do STJ.

Entendendo que a ausência de participação do Ministério Público somente acarreta nulidade se houver prejuízo:

✓ PROCESSUAL CIVIL. AUXÍLIO-DOENÇA. APOSENTADORIA POR INVALIDEZ. AUSÊNCIA DE INTIMAÇÃO DO MINISTÉRIO PÚBLICO EM PRIMEIRA INSTÂNCIA. INTERESSE DE INCAPAZ. RISCO DE PREJUÍZO. PROCESSO ANULADO A PARTIR DA CONTESTAÇÃO. 1. A ausência de intimação do Ministério Público em primeira instância, por si só, não enseja a decretação de nulidade do processo, a não ser que se demonstre o efetivo prejuízo para as partes ou para a apuração da verdade substancial da controvérsia jurídica, à luz do princípio **pás de nullités sans grief**, como ocorre no caso concreto, em que há possibilidade de reforma da sentença, com improcedência do pedido inicial. Precedentes. 2. Declarada, de ofício, a nulidade de todos os atos processuais praticados após a juntada da contestação, conforme o previsto no art. 84 do CPC/1973, então vigente, e atualmente no art. 279, §§ 1º e 2º do NCPC, pois obrigatória, nestes casos que envolvem interesses de incapazes, a integração do Ministério Público na lide, como fiscal da Lei. Apelação do INSS e remessa necessária prejudicadas. (TRF 1ª R.; Ap-RN 0033348-12.2008.4.01.3800; Rel. Juiz Fed. Conv. Rodrigo Rigamonte Fonseca; DJF1 23/08/2017)

Considerando que a intervenção do órgão ministerial em segundo grau apenas supre a ausência de participação no grau inferior se não houver prejuízo:

✓ DIREITO PROCESSUAL CÍVEL. APELAÇÃO. AÇÃO DE REPARAÇÃO POR DANOS MORAIS. SENTENÇA QUE JULGOU IMPROCEDENTE A DEMANDA. PRESENÇA DE INTERESSE DE MENOR. AUSÊNCIA DE INTERVENÇÃO DO MINISTÉRIO PÚBLICO NA ORIGEM. ARTIGOS 178, 179 E 279 DO CPC. NULIDADE RECONHECIDA. RECURSO PREJUDICADO. 1. É cediço que o ministério público, nos termos dos arts. 178, II, 179, I e 279 do Código de Processo Civil, deverá intervir nas demandas que envolvam interesse de incapaz, sob pena de nulidade, tendo vista dos autos após a manifestação das partes. 2. O Superior Tribunal de Justiça entende que a ausência de intervenção ministerial em primeira instância pode ser suprida pela participação do parquet em sede de segundo grau, em atenção ao princípio da instrumentalidade das formas; no entanto, no caso dos autos, o ministério público, em grau recursal, destacando que a situação dos autos configura hipótese de intervenção ministerial, diante da presença de menor no polo ativo da demanda, bem salientando que houve prejuízos à incapaz, opinou pela nulidade da sentença de improcedência. 3. Assim, impõe-se o acolhimento dos argumentos apresentados pelo ministério público de segundo grau, para desconstituir a sentença e declarar nulos os atos processuais ocorridos sem a intervenção do parquet. Sentença desconstituída. 4. Recurso prejudicado. (TJCE; APL 0202328-20.2013.8.06.0001; Segunda Câmara de Direito Privado; Relª Desª Maria de Fátima de Melo Loureiro; DJCE 27/09/2017; Pág. 86). No mesmo sentido: PROCESSUAL CIVIL. AÇÃO DE COBRANÇA. SEGURO DE VIDA. AUTOR MENOR DE 16 ANOS. PESSOA ABSOLUTAMENTE INCAPAZ. INTERVENÇÃO DO MINISTÉRIO PÚBLICO. OBRIGATORIEDADE. ARTS. 176, 178, II, 179 E 279 DO CPC. AUSÊNCIA DE INTIMAÇÃO. NULIDADE. INVALIDADE DOS ATOS PROCESSUAIS POSTERIORES À IRREGULARIDADE. RECURSO CONHECIDO E PROVIDO. SENTENÇA CASSADA. 1. Nos termos do artigo 178, II, inciso I, do Código de Processo Civil é necessária e obrigatória a intervenção do Ministério Público nas causas em que há interesses de incapazes. 2. A intervenção do Ministério Público, nessa hipótese, se justifica em defesa do interesse público de que são manifestações o interesse social e o interesse indisponível. Assim, o Ministério Público participa do processo como fiscal da ordem jurídica, intervindo no processo para velar pela justiça do processo e sua decisão, sendo-lhe assegurada vista dos autos depois das partes e intimação de todos os atos processuais (art. 179, I do CPC). 3. A não intimação do Ministério Público nos casos em que a Lei prevê como obrigatória a sua intervenção implica na nulidade do processo por vício de forma, nos termos do artigo 279 do Código de Processo Civil. 4. A nulidade pela falta de intimação do Ministério Público nos casos em que deva atuar como fiscal da ordem jurídica atinge todos os atos praticados a partir de quando era devida a sua intervenção no processo. 5. **In casu**, embora obrigatória sua intervenção, não houve oportunização ao representante do parquet para falar nos autos anteriormente à prolação da sentença, quando obrigatória sua intervenção, opinando sobre o regular processamento do feito, as provas produzidas e, precipuamente, acerca do mérito da contenda, bem assim tampouco houve sua intimação após a sentença para ciência da decisão, ou mesmo da interposição do recurso dos autores. 6. O ingresso do órgão ministerial quando o feito já se encontra em fase recursal não supre a falta de intervenção no primeiro grau de jurisdição, notadamente diante da expressa manifestação da Procuradoria de Justiça quanto à configuração de prejuízo para o incapaz, havendo, inclusive, julgamento de mérito em seu desfavor. (Acórdão n. 1024734, 20150110622816APC, Relator: Maria IVATÔNIA 5ª TURMA CÍVEL, Data de Julgamento: 14/06/2017, Publicado no DJE: 03/07/2017. Pág. : 469/477) 7. Apelação conhecida e provida. Sentença cassada. (TJDF; APC 2016.01.1.098382-8; Ac. 104.3711; Sexta Turma Cível; Rel. Des. Alfeu Machado; Julg. 30/08/2017; DJDFTE 06/09/2017); APELAÇÃO CIVEL. AÇÃO DE COBRANÇA. POLO PASSIVO. MENOR IMPÚBERE. AUSÊNCIA DE INTERVENÇÃO DO MINISTÉRIO PÚBLICO. PEDIDO INICIAL JULGADO PROCEDENTE. PREJUÍZO PARA O MENOR. SENTENÇA CASSADA. A intervenção do Ministério Público é imprescindível quando há interesse de menor no processo, conforme o disposto no art. 279 do NCPC. Intimada a Procuradoria-Geral de Justiça nesta Instância Revisora, e tendo o referido órgão alegado a existência de prejuízo para o menor, diante da sentença de procedência do pedido inicial, a medida que se impõe é a cassação do referido decisum e a decretação de nulidade de todos os atos decisórios, desde o primeiro momento em que o Ministério Público deveria ter se pronunciado nos autos. (TJMG; APCV 1.0024.13.330164-8/001; Relª Desª Aparecida Grossi; Julg. 06/10/2017; DJEMG 11/10/2017)

<u>A intimação do Ministério Público para tomar ciência de decisão proferida em recurso por ele interposto não supre a falta de intimação para atuar na condição de fiscal da lei:</u>

✓ EMBARGOS DE DECLARAÇÃO. DIREITO CIVIL. DIREITO PROCESSUAL CIVIL. AGRAVO DE INSTRUMENTO. AÇÃO DE PRESTAÇÃO DE CONTAS. INTIMAÇÃO MINISTÉRIO PÚBLICO. FISCAL DA LEI. INOCORRÊNCIA. NULIDADE. ART. 279 DO CPC. RECURSO CONHECIDO E PROVIDO. 1. Analisando os autos, verifica-se que os autos só foram encaminhados ao Ministério Público, na condição de agravante, para tomar ciência da decisão que indeferiu o pedido de antecipação de tutela recursal, não tendo ocorrido nova intimação para atuação na condição de fiscal da Lei. 2. Ante esta clara omissão, necessária a declaração de nulidade processual, nos termos do art. 279 do CPC e da jurisprudência de Corte. Precedentes. 3. Recurso conhecido e provido, com efeito infringente, para declarar a nulidade de todos os atos processuais, a partir da fl. 67. Unânime. (TJDF; AGI 2015.00.2.033452-0; Ac. 101.3919; Primeira Turma Cível; Rel. Des. Rômulo de Araújo Mendes; Julg. 19/04/2017; DJDFTE 23/05/2017)

<u>Entendendo que, para a decretação de nulidade, não basta que o Ministério Público alegue a necessidade de sua intervenção, sendo indispensável demonstrar o efetivo prejuízo:</u>

✓ APELAÇÃO. PRELIMINAR. AUSÊNCIA DE INTERVENÇÃO DO MINISTÉRIO PÚBLICO DE PRIMEIRO GRAU. REJEITADA. PRESCRIÇÃO ÂNUA. INAPLICABILIDADE. APLICÁVEL PRESCRIÇÃO TRIENAL. PRECEDENTE DO STJ. PLANO COLETIVO. REAJUSTE POR FAIXA ETÁRIA. INEXISTÊNCIA DE DANO MORAL. DEVOLUÇÃO SIMPLES, RESPEITANDO APENAS O PRAZO PRESCRICIONAL. RECURSO PARCIALMENTE PROVIDO POR UNANIMIDADE. 1. A nulidade do processo por ausência de intimação do membro do ministério público (em feito que deva intervir) só pode ser decretada após manifestação do parquet sobre a existência ou não de prejuízo, nos termos do art. 279, §2º do CPC/15. No caso, a procuradoria limitou-se a reiterar a necessidade de participação do ministério público de primeiro grau em razão do provimento parcial dos pedidos da inicial, sem contudo demonstrar o efetivo prejuízo ao menor. Preliminar rejeitada. 2. Como no caso, o contrato foi celebrado em 19. 1.2007, incide o prazo prescricional de 3 anos previsto no art. 206, §3º, IV, do CC/2002 em consonância com o entendimento fixado pelo STJ no julgamento do RESP n. 1.361.182. RS. Logo, tendo sido a ação ajuizada em 30.4.15, devem ser considerados prescritos os reajustes anteriores a 30.4.12. 3. Em suas razões recursais a apelante deixou de impugnar especificamente a parte da sentença que determinou a nulidade das cláusulas contratuais n. 13 e n. 15 (estabelecedoras de reajustes por variação de custos médico hospitalares e reajustes por sinistralidade), sendo incabível a manifestação desta corte sobre a nulidade das mencionadas cláusulas e seus respectivos tipos de reajuste, diante da flagrante ofensa ao princípio da dialeticidade. 4. A cláusula contratual estipuladora dos reajustes por faixa etária, não obedeceu aos critérios estabelecidos pela RN 63/2003 da ANS, devendo ser considerada abusiva. No entanto, para evitar o reformatio in pejus, deve ser mantido o entendimento do juiz de piso quanto à possibilidade de aplicação da cláusula estipuladora dos reajustes por faixa etária desde que observada a limitação ao percentual máximo de 30%. 5. É indevida a condenação da seguradora ao pagamento de danos morais, pois a simples cobrança indevida não traduz dor, vexame, sofrimento ou humilhação capaz de afetar profundamente a esfera íntima das partes autoras/apeladas e ensejar reparação. Precedentes do TJPE. 6. Tendo havido cobrança indevida de valores, devem eles ser devolvidos integralmente, respeitados apenas o prazo prescricional. 7. Diante da ocorrência da sucumbência recíproca, deve haver a divisão do pagamento das custas e dos honorários advocatícios, cabendo metade para cada um, nos termos do art. 21 do CPC/73, correspondente ao art. 86 do CPC/15. (TJPE; APL 0024440-87.2015.8.17.0001; Sexta Câmara Cível; Rel. Des. Francisco Eduardo Gonçalves Sertório Canto; Julg. 24/08/2017; DJEPE 11/09/2017)

<u>Se o pedido foi julgado favoravelmente ao menor, não se cogita de prejuízo decorrente da falta de participação do órgão ministerial:</u>

✓ APELAÇÕES CÍVEIS. AÇÃO INDENIZATÓRIA. AUSÊNCIA DE INTERVENÇÃO DO MP EM PRIMEIRA INSTÂNCIA. PREJUÍZO NÃO CARACTERIZADO. CANCELAMENTO UNILATERAL DE PLANO DE SAÚDE COLETIVO SEM PRÉVIO AVISO. RELAÇÃO DE CONSUMO. RESPONSABILIDADE SOLIDÁRIA (ART. 7º, PARÁGRAFO ÚNICO, DO CDC). DANO MORAL. DEVER DE INDENIZAR. MANUTENÇÃO DA SENTENÇA. 1. Por certo, a exigência de intimação do Parquet prevista nos artigos 178, II e 179 do CPC/2015 não se revela como rigorismo formal ou apego à formalidade, mas sim como garantia constitucional corroborada pelos princípios do devido processos legal e da isonomia, na medida em que prevê tratamento desigual proporcionalmente às desigualdades apresentadas, sento ululante que um incapaz não pode ser tratado no mesmo nível de igualdade com outras pessoas plenamente capazes. Não obstante, nos termos do art. 279, §2º do CPC, e em homenagem ao princípio **pas de nullité sans grief**, a nulidade somente será decretada caso haja prejuízo ao menor, o que não ocorreu no caso, uma vez que os pedidos foram julgados procedentes, razão pela qual deve ser negado provimento ao recurso ministerial. 2. No mérito, o princípio da boa-fé objetiva, analisado sob o viés da interpretação dos contratos, ensina que o juiz deve analisar o negócio jurídico de forma global para verificar se, de alguma forma, deliberada ou não, uma das partes teve sua expectativa frustrada, pelo abuso da confiança por ela depositada. 3. O cancelamento do plano de saúde ressai incontroverso dos autos, tendo sido admitido pelas recorrentes, que respondem solidariamente, por força da regra contida no art. 7º, parágrafo único, do CDC. 4. A rescisão do negócio jurídico, sem qualquer aviso prévio, afrontou os princípios da boa-fé objetiva e da função social dos contratos, caracterizando a figura do abuso do direito prevista no art. 187 do Código Civil. 5. Quanto ao pagamento de indenização por danos morais, cumpre ressaltar que a extinção indevida do plano de saúde fez com que o segurado temesse por sua saúde, fato que repercutiu intensamente em sua esfera psicológica e lhe acarretou inegável dano moral indenizável. 6. Mostra-se razoável e proporcional a verba indenizatória arbitrada, valor que atende à finalidade compensatória (art. 944, caput, do Código Civil), bem como ao componente punitivo-pedagógico que visa a impulsionar à sociedade empresária a melhoria de seus serviços. Aplicação do Verbete 343, da Súmula do TJRJ, segundo o qual a verba indenizatória do dano moral somente será modificada se não atendidos pela sentença os princípios da proporcionalidade e da razoabilidade na fixação do valor da condenação. 7. Desprovimento do recurso. (TJRJ; APL 0021142-03.2014.8.19.0087; São Gonçalo; Vigésima Sétima Câmara Cível Consumidor; Rel. Des. Marcos Alcino de Azevedo Torres; DORJ 10/10/2017; Pág. 278)

<u>Se o órgão ministerial, em segundo grau, sequer suscita a nulidade pela falta de sua participação, devem ser mantidos os atos processuais praticados:</u>

✓ AGRAVO INTERNO. DECISÃO MONOCRÁTICA QUE DEU PROVIMENTO AO RECURSO DO ENTE MUNICIPAL E DENEGOU A SEGURANÇA. PRETENSÃO DO MEMBRO DO PARQUET DE SUBMETER O PRESENTE RECURSO À APRECIAÇÃO DO ÓRGÃO COLEGIADO, AGORA COM A PRÉVIA MANIFESTAÇÃO DA PROCURADORIA DE JUSTIÇA, SOB O ARGUMENTO DE QUE O DECISUM AGRAVADO FOI PROFERIDO SEM A PRÉVIA MANIFESTAÇÃO DO REFERIDO ÓRGÃO. Quanto ao mérito do recurso, opinou pela denegação da segurança. Preliminar de nulidade, ora arguida, que não merece prosperar, eis que, conforme orienta o § 2º do artigo 279 do Código de Processo Civil, a nulidade, pela ausência de intimação do Ministério Público, só será reconhecida após a oitiva deste órgão, informando se, concretamente, tal vício processual resultou em prejuízo, ou não. Logo, se, **in casu**, o membro do Parquet opinou pela denegação da segurança, no mesmo sentido do que restou decidiu no decisum ora agravado, inexistiu qualquer prejuízo passível de ensejar a nulidade do aludido ato. Recurso desprovido. (TJRJ; APL 0023792-84.2013.8.19.0078; Armação dos Búzios; Vigésima Câmara Cível; Relª Desª Georgia de Carvalho Lima; Julg. 19/07/2017; DORJ 21/07/2017; Pág. 416)

Art. 280. As citações e as intimações serão nulas quando feitas sem observância das prescrições legais.

→ v. Art. 239 do NCPC.

<u>Nulidade da intimação realizada por falha cartorária em nome de advogado anterior, que não mais representa a parte no processo:</u>

✓ APELAÇÃO CÍVEL. NEGÓCIOS JURÍDICOS BANCÁRIOS. EXPURGOS INFLACIONÁRIOS DA CADERNETA DE POUPANÇA. CUMPRIMENTO INDIVIDUAL DE SENTENÇA COLETIVA. Implica nulidade processual a realização de intimação em nome de advogado que não mais representa a parte no processo, devendo ser a intimação repetida ao novo procurador indicado e que demorou a ser cadastrado por falha cartorária na juntada da petição aos autos, com a reabertura do prazo para sua manifestação, na forma dos arts. 272, § 5º, e 280, do CPC. Apelo provido para declarar a nulidade processual. (TJRS; AC 0345368-56.2017.8.21.7000; Tapejara; Vigésima Quarta Câmara Cível; Rel. Des. Cairo Roberto Rodrigues Madruga; Julg. 13/12/2017; DJERS 18/12/2017)

<u>Ausência de citação implica invalidade de todos os atos do processo subsequentes:</u>

✓ RECURSO INOMINADO. ESTADO DO RIO GRANDE DO SUL. ICMS ENERGIA ELÉTRICA. BASE DE CÁLCULO. AUSÊNCIA DE CITAÇÃO DO RÉU. NULIDADE ABSOLUTA DOS ATOS PROCESSUAIS. SENTENÇA DESCONSTITUÍDA. Compulsando detidamente os autos, verifica-se que o Estado do Rio Grande do Sul não foi citado. Tratando-se a citação regular de ato indispensável à validade do processo, cuja ausência pode ser reconhecida a qualquer momento, deve ser anulado o presente feito a partir da fl. 31, desconstituindo-se a sentença e procedendo-se, então, o correto cumprimento da decisão da fl. 29, a fim de que a ré seja devidamente citada. Inteligência dos artigos 280 e 282 do novo Código de Processo Civil. Desconstituída, de ofício, a sentença. Recurso da autora prejudicado. Unânime. (TJRS; RCív 0063904-08.2017.8.21.9000; São José do Ouro; Segunda Turma Recursal da Fazenda Pública; Rel. Juiz Mauro Caum Gonçalves; Julg. 29/11/2017; DJERS 05/12/2017)

A nulidade de intimação da inclusão do feito em pauta acarreta a nulidade do julgamento:

✓ EMBARGOS DE DECLARAÇÃO. APELAÇÃO CÍVEL. PAUTA PARA JULGAMENTO. PUBLICAÇÃO. NOME DO ADVOGADO. INOBSERVÂNCIA. NULIDADE CARACTERIZADA E DECLARADA. EMBARGOS DE DECLARAÇÃO ACOLHIDOS PARCIALMENTE. É nula a intimação da inclusão do feito em pauta para julgamento da qual não conste o nome do advogado que representa a parte, sendo nulos os atos subsequentes, inclusive o julgamento do apelo. Inteligência dos arts. 272, § § 2º e 5º, e 280 do CPC/2015. Nulidade declarada. Embargos de declaração acolhidos parcialmente. (TJBA; EDcl 0214809-52.2007.8.05.0001/50000; Salvador; Terceira Câmara Cível; Relª Desª Telma Laura Silva Britto; Julg. 13/12/2016; DJBA 24/01/2017; Pág. 279)

Rejeição da alegação de nulidade de citação não consiste em matéria agravável de acordo com os incisos do art. 1.015 do CPC:

✓ AGRAVO DE INSTRUMENTO. Decisão monocrática. Ação indenizatória c/c cobrança de locatícios. Fase de conhecimento. Alegação de nulidade das citações. Art. 280 do CPC/15. Irrecorribilidade mediante agravo de instrumento. Principio da taxatividade das decisões interlocutórias. Art. 1.015 do CPC/15. Inadmissibilidade configurada. Com fundamento no art. 932, inc. III, do CPC/15, recurso não conhecido. (TJRS; AI 0423534-39.2016.8.21.7000; Porto Alegre; Décima Quinta Câmara Cível; Rel. Des. Otávio Augusto de Freitas Barcellos; Julg. 18/01/2017; DJERS 25/01/2017)

Se houve intimações anteriores em relação às quais houve manifestação tempestiva, não se pode alegar em momento posterior a sua nulidade:

✓ AGRAVO DE INSTRUMENTO. AÇÃO DE REINTEGRAÇÃO DE POSSE. CUMPRIMENTO DE SENTENÇA. EXPRESSA INDICAÇÃO, NA PEÇA INICIAL, DO NOME DO ADVOGADO A SER INTIMADO. INOBSERVÂNCIA. Anotação do nome do substabelecido em todas as publicações realizadas nos autos. Arts. 272, §5º e 280 do Código de Processo Civil. Primeiras manifestações, porém, que ocorreram de forma tempestiva. Nulidade alegada apenas na fase de cumprimento de sentença. Hipótese excepcional de preclusão. Nulidade de algibeira. Inadmissibilidade. Decisão mantida. Recurso improvido. (TJSP; AI 2149557-71.2016.8.26.0000; Ac. 10093195; São Paulo; Décima Sexta Câmara de Direito Privado; Rel. Des. Coutinho de Arruda; Julg. 10/01/2017; DJESP 06/02/2017)

Art. 281. Anulado o ato, consideram-se de nenhum efeito todos os subsequentes que dele dependam, todavia, a nulidade de uma parte do ato não prejudicará as outras que dela sejam independentes.

→ *v.* Enunciado 276 do FPPC: Os atos anteriores ao ato defeituoso não são atingidos pela pronúncia de invalidade.

→ *v.* Enunciado 277 do FPPC: Para fins de invalidação, o reconhecimento de que um ato subsequente é dependente de um ato defeituoso deve ser objeto de fundamentação específica à luz de circunstâncias concretas.

→ *v.* Enunciado 278 do FPPC: O CPC adota como princípio a sanabilidade dos atos processuais defeituosos.

Nulidade da intimação acarreta a invalidação dos atos processuais subsequentes:

✓ APELAÇÃO. RELAÇÃO DE CONSUMO. AÇÃO INDENIZATÓRIA. Plano de saúde. Recusa a cobertura de procedimento cirúrgico de emergência sob alegação de que a autora encontrava-se em período de carência. Sentença de parcial procedência. Apelo das partes. Segunda ré que suscita preliminar de nulidade da sentença e dos demais atos processuais posteriores à decisão que deu oportunidade às partes de se manifestarem em provas. Intimações das decisões direcionadas a advogado diverso daquele indicado expressamente nos autos para tanto. Nulidade caracterizada. Inteligência do artigo 272, § 5º do CPC/2015. Decretação da nulidade do processo a partir do ato viciado, bem como de todos os subsequentes. Artigo 281 do CPC/2015. Recurso da segunda ré a que se dá provimento. Recursos da primeira ré e da autora aos quais se nega provimento, eis que restam prejudicados. (TJRJ; APL 0345243-27.2016.8.19.0001; Rio de Janeiro; Vigésima Sétima Câmara Cível Consumidor; Relª Desig. Desª Fernanda Fernandes Coelho Arrabida Paes; DORJ 12/12/2017; Pág. 449)

Nulidade da citação implica invalidação dos atos subsequentes, preservando-se, porém, o ato de reintegração de posse já consumado:

✓ REINTEGRAÇÃO DE POSSE. NULIDADE DA SENTENÇA. Ausência de intimação do advogado. Inequívoco cerceamento do direito de defesa. Ofensa à ampla defesa, ao contraditório e ao devido processo legal. Nulidade caracterizada. Art. 272, § 2º, do NCPC. Anulação da sentença e dos atos subsequentes, ressalvado, ao menos por ora, o ato de reintegração de posse já consumado, por razões de segurança jurídica e estabilidade das relações sociais. Poder geral de cautela (art. 297 do NCPC) e modulação dos efeitos da nulidade (arts. 281 e 282 do NCPC). Decisão parcialmente reformada. Recurso parcialmente provido. (TJSP; AI 2221966-45.2016.8.26.0000; Ac. 10244405; São Paulo; Décima Segunda Câmara de Direito Privado; Rel. Des. Tasso Duarte de Melo; Julg. 14/03/2017; DJESP 22/03/2017)

Em caso de sentença ultra petita, basta a redução aos limites do pedido inicial, não prejudicando a preservação da decisão nas demais questões independentes:

✓ PREVIDENCIÁRIO. JULGAMENTO ULTRA PETITA. REMESSA NECESSÁRIA TIDA POR OCORRIDA. APELAÇÃO PREJUDICADA. APOSENTADORIA POR TEMPO DE SERVIÇO/CONTRIBUIÇÃO. TEMPO URBANO RECONHECIDO ADMINISTRATIVAMENTE. INVERSÃO DO ÔNUS DA SUCUMBÊNCIA. Sentença que julgou além do pedido inicial. Ultra petita. Redução aos limites da exordial, de acordo com os artigos 141, 281 e 492 do CPC/2015. Sentença declaratória e condenatória. Impossibilidade de aferição do valor econômico. Inaplicável o §2º do artigo 475 do CPC/73. Remessa necessária tida por ocorrida. Ausência de interesse processual quanto ao pedido de declaração de período urbano incontroverso. Inversão do ônus da sucumbência. Exigibilidade condicionada à hipótese prevista no artigo 12 da Lei nº 1.060/50. Sentença reduzida de ofício. Remessa necessária, tida por ocorrida, provida. Apelação do INSS prejudicada. (TRF 3ª R.; AC 0007036-42.2006.4.03.6183; Sétima Turma; Rel. Des. Fed. Paulo Domingues; Julg. 27/11/2017; DEJF 11/12/2017). No mesmo sentido: APELAÇÃO CÍVEL. Relação de Consumo. Energia elétrica. Ação de obrigação de fazer c/c pedido de indenização por danos morais. Termo de Ocorrência de Irregularidade. Ausência de perícia. Indenização por danos materiais e morais. Sentença de parcial procedência. Irresignação da parte ré. A sentença com parcial anulação e reforma. A anulação alcança a condenação da concessionária no pagamento de reparação por danos morais, considerando que a autora não formulou tal pedido. Julgamento extra petita, cabendo ressaltar, outrossim, que a nulidade de uma parte do julgado não prejudica o exame das outras questões que sejam independentes (artigo 281 do Código de Processo Civil). Concessionária que não logrou comprovar a irregularidade apontada, fato que poderia ser demonstrado por prova pericial. Termo de Ocorrência de Irregularidade não goza de presunção de veracidade, nos termos da sumula nº 256 deste Tribunal. Responsabilidade objetiva da ré, nos termos do art. 14 do CDC. Evidente abusividade da ré em acrescentar nas faturas da parte autora o parcelamento da dívida, sem que este tenha anuído com tal medida. Cobrança indevida que foi, com acerto reconhecida na sentença, conduzindo à devolução em dobro dos valores pagos, nos termos do artigo 42, parágrafo único da Lei nº 8.078/90. Poder Judiciário do Estado do Rio de Janeiro Vigésima Quarta Câmara Cível Página 2 de 9 05 Condenação da ré ao pagamento integral dos ônus sucumbenciais. ANULA-SE PARCIALMENTE DA SENTENÇA E NEGA- SE PROVIMENTO AO RECURSO. (TJRJ; Ap 0018686-42.2013.8.19.0208; Vigésima Quarta Câmara Cível; Relª Desª Ana Célia Montemor Soares Rios Gonçalves; Julg. 03/05/2017; DORJ 05/05/2017); APELAÇÃO CÍVEL. Prestação de serviços. Ação declaratória de inexigibilidade de débito cumulada com indenizatória por danos materiais e morais. Ausência de comparecimento da parte a audiência, o que enseja a pena de confissão nos termos do artigo 385, § 1º do Código de Processo Civil. Norma que se aplica ao não comparecimento da parte a audiência de instrução e julgamento, e não a audiência de conciliação. Procedimentos administrativos referentes a reclamações da apelante juntados aos autos pela apelada nos limites da Lei, conforme o Decreto nº 6.523/2008. Ausência de comprovação de que os bens da apelante foram furtados por funcionários da apelada. Inversão do ônus da prova nos termos do artigo 6º, inciso VIII do Código de Defesa do Consumidor que não se justifica. Hipossuficiência econômica e técnica da apelante que não guarda correlação com a produção de prova referente à autoria de furto. Dificuldade extrema de produção de prova negativa pela apelada. Dano moral não caracterizado. Alegação de sentença citra petita afastada. Alegação de sentença extra petita acolhida, vez que a apelante requereu a continuidade da prestação dos serviços contratados e a sentença determinou a rescisão do contrato de serviços. Nulidade que alcança apenas parte do ato processual, não prejudicando as demais que dela sejam independentes, nos termos do artigo 281 do Código de Processo Civil. Litigância de má-fé da apelada não caracterizada. Sentença reformada em parte. Recurso provido para os fins de determinar a preservação do negócio jurídico celebrado entre as partes. (TJSP; APL 1008822-97.2013.8.26.0068; Ac. 10636285; Barueri; Décima Sexta Câmara de Direito Privado; Relª Desª Daniela Menegatti Milano; Julg. 25/07/2017; DJESP 04/08/2017; Pág. 1842)

Ausência de citação válida impossibilita que se mantenha a penhora, por ser ato processual logicamente posterior:

✓ AGRAVO DE INSTRUMENTO. LOCAÇÃO. COMPRIMENTO DE SENTENÇA. PRESCRIÇÃO INTERCORRENTE. NECESSIDADE DE PRÉVIA INTIMAÇÃO PESSOAL. NULIDADE DA PENHORA. A declaração da prescrição intercorrente pressupõe a prévia intimação pessoal do credor para dar prosseguimento à execução, situação que não restou perfectibilizada na hipótese. Precedentes do STJ e desta corte. Prescrição afastada. Nulidade da citação por edital que torna igualmente nulos os demais atos subsequentes praticados, entre os quais a decisão que converteu o arresto em penhora. A falta de citação válida inviabiliza a constrição. Art. 281 do CPC/2015. Decisão já lançada na seara recursal, em face à exceção de pré-executividade, ora desconsiderada na origem, quando do julgamento dos embargos. Readequação. Agravo de instrumento provido em parte. (TJRS; AI 0432857-68.2016.8.21.7000; Pelotas; Décima Sexta Câmara Cível; Relª Desª Cláudia Maria Hardt; Julg. 23/03/2017; DJERS 03/04/2017)

Nulidade da audiência de justificação implica invalidação da liminar nela concedida:

✓ AGRAVO DE INSTRUMENTO. REQUISITO ESPECÍFICO DE ADMISSIBILIDADE. INTERPRETAÇÃO DO ART. 1.018, § 2º, DO CPC/15. DISPENSA DE APRESENTAÇÃO DA PETIÇÃO DO RECURSO, COMPROVANTE DE INTERPOSIÇÃO E RELAÇÃO DE DOCUMENTOS QUE O INSTRUÍRAM, NA HIPÓTESE DO PROCESSO PRINCIPAL/ORIGINÁRIO SER ELETRÔNICO. PROVIDÊNCIA EXIGÍVEL APENAS QUANDO A DECISÃO RECORRIDA TIVER SIDO PROFERIDA EM PROCESSO FÍSICO. IRRELEVÂNCIA DA FORMA (FÍSICA OU ELETRÔNICA) PELA QUAL O RECURSO TRAMITA NO

TRIBUNAL. INTERPRETAÇÃO DOS §§ 2º E 3º DO ART. 1.018 DO CPC/15 QUE NÃO PODE SER DISSOCIADA DA NORMA DO *CAPUT* DESSE ARTIGO. ART. 11, III, C, DA LEI COMPLEMENTAR Nº 95/98. PRECEDENTES DO TJPR. ENTENDIMENTO DOUTRINÁRIO. MÉRITO RECURSAL. AÇÃO DE REINTEGRAÇÃO DE POSSE. AUDIÊNCIA DE JUSTIFICAÇÃO REALIZADA SEM A CITAÇÃO DA RÉ. NULIDADE ABSOLUTA. ART. 562 DO CPC/15. DEVIDO PROCESSO LEGAL (ART. 5º, LIV E LV, DA CF). PREJUÍZO CONFIGURADO. RÉ QUE NÃO PÔDE COMPARECER À AUDIÊNCIA, NEM INQUIRIR AS TESTEMUNHAS ARROLADAS PELO AUTOR. NULIDADE POR CONTAMINAÇÃO DA DECISÃO LIMINAR PROFERIDA COM BASE NAS PROVAS TESTEMUNHAIS COLHIDAS NESSA AUDIÊNCIA. ARTS. 281 INSTRUMENTO PROVIDO. DECISÃO ANULADA. 1. O critério a ser observado, a fim de verificar se a juntada da petição do agravo de instrumento, do comprovante de sua interposição e dos documentos complementares nos autos principais é ônus ou faculdade do agravante (art. 1.018 do CPC/15). e se, consequentemente, de sua inobservância pode decorrer o não conhecimento do recurso, desde que alegado e comprovado pelo agravado. é a forma (física ou eletrônica) pela qual tramitam os autos de origem, ou seja, o processo principal, não importando o modo pelo qual tramita o agravo de instrumento (se física ou eletronicamente).2. A audiência de justificação realizada no presente feito deve ser declarada nula por força da ausência de citação prévia da ré. assim como os depoimentos nela tomados, que deverão ser considerados provas ilícitas (pois tomados em desobediência aos ditames legais e constitucionais)., pelo que a decisão liminar agravada também deve ser considerada nula (por derivação ou arrastamento, nos termos dos arts. 281 e 282 do CPC/15), visto que é ato processual subsequente e inteiramente dependente daquele primeiro ato processual inválido. (TJPR; Ag Instr 1626400-3; Curitiba; Décima Sétima Câmara Cível; Rel. Des. Fernando Paulino; Julg. 16/08/2017; DJPR 31/08/2017; Pág. 327)

Art. 282. **Ao pronunciar a nulidade, o juiz declarará que atos são atingidos e ordenará as providências necessárias a fim de que sejam repetidos ou retificados.**

→ *v.* Enunciado 278 do FPPC: O CPC adota como princípio a sanabilidade dos atos processuais defeituosos.

→ *v.* Enunciado 279 do FPPC: Para os fins de alegar e demonstrar prejuízo, não basta a afirmação de tratar-se de violação a norma constitucional.

Equívoco na publicação da sentença configura evidente prejuízo, exigindo a invalidação do ato processual:

✓ PROCESSUAL CIVIL. AÇÃO DE RITO SUMÁRIO. PRELIMINAR EX OFFICIO. PUBLICAÇÃO NO DIÁRIO DE JUSTIÇA DE CONTEÚDO DE SENTENÇA DIVERSO DAQUELE EFETIVAMETNE PROFERIDO PELO JUÍZO SINGULAR NOS AUTOS FÍSICOS. NULIDADE DO ATO DE PUBLICAÇÃO RECONHECIDA E DE TODOS OS ATOS PROCESSUAIS SUBSEQUENTES. PRELIMINAR EX OFFICIO ACOLHIDA. RETORNO DOS AUTOS À ORIGEM PARA NOVA PUBLICAÇÃO. I. Da preliminar ex officio. I.I. Estabelecem os artigos 280 e 281, ambos do Código de Processo Civil de 2015 (correspondentes aos artigos 247 e 248, ambos do Código de Processo Civil de 1973), o seguinte: "artigo 280. As citações e as intimações serão nulas quando feitas sem observância das prescrições legais" e "artigo 281. Anulado o ato, consideram-se de nenhum efeito todos os subsequentes que dele dependam, todavia, a nulidade de uma parte do ato não prejudicará as outras que dela sejam independentes. "I.II. No caso, restou verificada a absoluta divergência entre as conclusões alcançadas no contexto da sentença exarada nos autos do processo físico, pelo juízo de origem, e aquela efetivamente publicada no diário da justiça, ensejando, inclusive, soluções diametralmente opostas, a saber, uma no sentido de acolher a pretensão exordial e outra no sentido de rejeitar os pedidos autorais, cuja improcedência, a propósito, motivou a interposição de recurso de apelação cível pelo recorrente. I.III. Conclui-se, ademais, que, estando a sentença, proferida nos autos do processo físico, devidamente datada e assinada pelo juízo de primeiro grau, o citado decisum prevalece para efeitos de publicação no diário de justiça, devendo ser anulado o ato de publicação formalizado posteriormente, em razão de constar conteúdo diverso daquele externado e subscrito pelo juízo singular, bem como, anulados os demais atos processuais praticados após a respectiva certidão de publicação, conforme prescrevem os artigos 280 e 281, ambos do Código de Processo Civil de 2015. Afastou-se a incidência, in casu, do princípio pas de nullité sans grief, insculpido no artigo 282, § 1º, do Código de Processo Civil de 2015 (correspondente ao artigo 249, § 1º, do Código de Processo Civil de 1973), por evidenciado prejuízo às partes em virtude do equívoco na publicação da sentença noticiado nos autos. I.IV. Preliminar ex officio suscitada e acolhida. Anulação da publicação da sentença, com retorno dos autos à origem. (TJES; APL 0027485-89.2009.8.08.0024; Segunda Câmara Cível; Rel. Des. Namyr Carlos de Souza Filho; Julg. 11/10/2016; DJES 19/10/2016)

§ 1º O ato não será repetido nem sua falta será suprida quando não prejudicar a parte.

Se o parecer sobre o qual não se oportunizou o contraditório não teve nenhuma influência no julgamento, não há prejuízo e, portanto, devem ser mantidos os atos processuais praticados:

✓ DIREITO EMPRESARIAL, CIVIL E PROCESSUAL CIVIL. RECURSO ESPECIAL. RECURSO MANEJADO SOB A ÉGIDE DO CPC/73. ALEGAÇÃO DE OFENSA AO ART. 535, I E II, DO CPC/73. OMISSÃO OU OBSCU-

RIDADE INEXISTENTES. ACÓRDÃO DEVIDAMENTE FUNDAMENTADO. JUNTADA DE PARECER JURÍDICO. ART. 398 DO CPC/73. OFENSA AO PRINCÍPIO DO CONTRADITÓRIO. NULIDADE. NÃO OCORRÊNCIA. PRINCÍPIO PROCESSUAL DA INSTRUMENTALIDADE DAS FORMAS. PAS DE NULLITÉ SANS GRIEF. AUSÊNCIA DE PREJUÍZO CONCRETO. AQUISIÇÃO ACIONÁRIA. PAGAMENTO. AUSÊNCIA DE PROVA. MÁ-FÉ. CONFIGURAÇÃO. REFORMA DO JULGADO. REEXAME DE MATÉRIA FÁTICO-PROBATÓRIA. INCIDÊNCIA DA SÚMULA Nº 7 DO STJ. 1. Inaplicabilidade do NCPC neste julgamento ante os termos do Enunciado Administrativo nº 2 aprovado pelo Plenário do STJ na sessão de 9/3/2016: Aos recursos interpostos com fundamento no CPC/1973 (relativos a decisões publicadas até 17 de março de 2016) devem ser exigidos os requisitos de admissibilidade na forma nele prevista, com as interpretações dadas até então pela jurisprudência do Superior Tribunal de Justiça. 2. Não há ofensa ao art. 535 do CPC/73 porque o Tribunal de origem enfrentou todas as questões postas, não havendo no acórdão recorrido omissão, contradição ou obscuridade. 3. Parecer de jurista não se compreende no conceito de documento novo para os efeitos do art. 398 do CPC/73 porque se trata apenas de reforço de argumentação para apoiar determinada tese jurídica, não sendo, portanto, imperativa a oitiva da parte contrária a seu respeito. 4. Na linha dos precedentes desta Corte, o princípio processual da instrumentalidade das formas, sintetizado pelo brocardo pas de nullité sans grief e positivado nos arts. 249 e 250, ambos do CPC/73 (arts. 282 e 283 do NCPC), impede a anulação de atos inquinados de invalidade quando deles não tenham decorrido prejuízos concretos. 5. Se o parecer jurídico acostado aos autos não teve nenhuma influência no julgamento da controvérsia, não acarretou nenhum prejuízo para a parte. Impossível, assim, declarar a nulidade do processo. 6. Modificar a conclusão acerca da inexistência de provas da aquisição da participação societária da WHEATON, seja pelo pagamento das cautelas ou pela modalidade negocial management buyout, bem como da inocorrência de atos maculados de má-fé praticados pelo controlador a fim de prejudicar um diretor, seria necessário o revolvimento do conjunto fático-probatório, procedimento inviável nesta Corte de Justiça em virtude da vedação contida em sua Súmula nº 7. 7. Quem dirige sociedade empresária de porte, além de cuidar do empreendimento, também precisa saber cuidar dos seus interesses pessoais. Não é crível que um diretor de empresa não saiba guardar documentos reveladores da sua participação acionária nela, através de bonificação pela prestação de serviços. 8. Recurso especial parcialmente conhecido e, nessa extensão, não provido. ACÓRDÃO Prosseguindo no julgamento, após o voto-vista do Sr. Ministro Ricardo Villas Bôas Cueva,. (STJ; REsp 1.641.901; Proc. 2016/0228059-0; SP; Terceira Turma; Rel. Min. Moura Ribeiro; DJE 20/11/2017)

Se houve oposição tempestiva de embargos à execução, não se cogita de prejuízo decorrente da nulidade de citação:

✓ AGRAVO DE INSTRUMENTO. EXECUÇÃO DE TÍTULO EXTRAJUDICIAL. ALEGAÇÃO DE NULIDADE DA CITAÇÃO E DA INTIMAÇÃO DE BLOQUEIO. ORDEM DE DESBLOQUEIO. APRESENTAÇÃO DE EMBARGOS À EXECUÇÃO. AUSÊNCIA DE PREJUÍZO. INSTRUMENTALIDADE DAS FORMAS. DECISÃO MANTIDA. RECURSO IMPROVIDO. I) A assertiva de que a citação por edital foi apressada e, portanto, nula, não merece amparo porquanto o ato não obstou a oposição tempestiva dos embargos à execução, tampouco importou em prejuízo patrimonial. II) Se da nulidade apontada não decorreu prejuízo, aplica-se o artigo 282, § 1º, do Código de Processo Civil em atenção ao princípio pas des nullités sans grief. II) Recurso conhecido e improvido. Decisão mantida. (TJMS; AI 1408030-39.2017.8.12.0000; Quarta Câmara Cível; Rel. Des. Dorival Renato Pavan; DJMS 18/12/2017; Pág. 134)

Não há prejuízo se os novos cálculos não cientificados às partes consistiram em mera atualização monetária, não tendo sido fundamento para o julgamento do litígio:

✓ CIVIL E PROCESSO CIVIL. AÇÃO DE COBRANÇA. NULIDADE DO PROCESSO. NÃO OCORRÊNCIA. AUSÊNCIA DE PREJUÍZO. MÉRITO. INDENIZAÇÃO DO SEGURO DPVAT. VALOR INDEVIDAMENTE RECEBIDO PELO RÉU. EXISTÊNCIA DA DÍVIDA. ÔNUS DA PARTE AUTORA. DEMONSTRAÇÃO. FATO IMPEDITIVO, MODIFICATIVO OU EXTINTIVO DO DIREITO DO AUTOR. ÔNUS DO RÉU. NÃO COMPROVAÇÃO. JUROS DE MORA. 1% A PARTIR DA CITAÇÃO. CORREÇÃO MONETÁRIA. INCIDÊNCIA. DATA DO RECEBIMENTO INDEVIDO. 1. Apesar da ausência da ciência prévia de qualquer das partes sobre o cálculo realizado pela Contadoria Judicial para atualizar o valor pleiteado na petição inicial, não há que se decretar a nulidade do processo por tal fato, pois a mera atualização do valor apresentado na petição inicial, em processo que teve início em 2005, diga-se de passagem, não trouxe qualquer prejuízo ao réu, ora apelante, mormente porque ela não foi fundamento para a procedência parcial da pretensão autoral; devendo-se privilegiar o princípio **pas de nullité sans grief** (não há nulidade sem prejuízo), positivado no art. 282, § 1º, do novo CPC/15 (art. 249, § 1º, do revogado CPC/73). 2. Quanto ao valor inadimplido, trata-se de verdadeira ação de cobrança. E nas ações de cobrança o ônus da prova da existência do seu direito é do credor, enquanto ao réu cabe a prova do pagamento, por exemplo, ou de outro fato impeditivo, modificativo ou extintivo do direito do autor. inteligência dos incisos I e II do art. 373 do novo Código de Processo Civil de 2015. 3. Assim, desincumbindo-se a parte autora da prova do seu crédito perante a parte requerida, a procedência dos pedidos de ressarcimento do valor inadimplido é medida que se impõe. 4. Com efeito, em sede de ação de cobrança de valor indevidamente recebido pelo réu e que pertencia à autora, no que se refere a incidência de juros e correção monetária sobre o débito, temos que a dívida reclamada é líquida e certa, devendo, portanto, a correção monetária ser aplicada desde a data do recebimento indevido, sendo observados os índices da tabela da Corregedoria Geral de Justiça do Estado de Minas Gerais, os quais são suficientes à correção da moeda. 5. No tocante aos juros moratórios, por tratar-se a espécie de ação de cobrança e revelando a citação como o momento hábil para a constituição em mora do devedor, conforme art. 240 do novo CPC/15 (art. 219 CPC/73), somente a partir da regular citação do devedor há que se considerar a incidência dos juros moratórios, em percentual determinado pela lei: 1% ao mês. inteligência do art. 406 do Código Civil de 2002, c/c o § 1º do art. 161 do Código Tributário Nacional. (TJMG; APCV 1.0180.05.028949-5/006; Rel. Des. Otávio Portes; Julg. 03/05/2017; DJEMG 12/05/2017)

Ausência de intimação da penhora dirigida ao cônjuge sanada pela oposição de embargos de terceiro:

✓ EMBARGOS DE TERCEIRO. SENTENÇA DE IMPROCEDÊNCIA. ILEGITIMIDADE ATIVA DO APELANTE PARA POSTULAR COMO TERCEIRO, POR SER EXECUTADO NA AÇÃO PRINCIPAL QUE ORIGINOU OS EMBARGOS E ESTE APELO. Inteligência dos artigos 330, inciso II, e 485, inciso VI, do CPC. Recurso não conhecido. Embargos de terceiro. Alegação de ausência de intimação da apelante acerca da penhora do imóvel do qual é meeira. Nulidade. Inocorrência. Ainda que a apelante não tenha sido intimada da constrição havida, a oposição dos embargos de terceiro supre essa falta. Ausência de prejuízo. Precedentes do STJ. Inteligência do parágrafo 1º do artigo 282 do Código de Processo Civil. Recurso improvido. Embargos de terceiro. Alegação de que o imóvel penhorado é bem de família e está na posse dos apelantes. Matéria decidida anteriormente no recurso de agravo de instrumento nº 2113443-70.2015.8.26.0000, interposto pelo executado Eduardo, oportunidade em que se decidiu pela existência de fraude à execução e pelo afastamento do bem como sendo de família. Preclusão. Vedação à rediscussão da matéria nesta instância. Inteligência do artigo 508 do CPC. Recurso improvido. (TJSP; APL 1024432-04.2016.8.26.0100; Ac. 10929284; São Paulo; Vigésima Segunda Câmara de Direito Privado; Rel. Des. Sérgio Rui; Julg. 26/10/2017; DJESP 07/11/2017; Pág. 2457)

Considerando não haver prejuízo decorrente do julgamento colegiado de embargos de declaração opostos contra decisão monocrática:

✓ EMBARGOS DE DECLARAÇÃO. AUSÊNCIA DE NULIDADE DO JULGAMENTO COLEGIADO DE EMBARGOS DECLARATÓRIOS OPOSTOS CONTRA DECISÃO MONOCRÁTICA. AUSÊNCIA DE PREJUÍZO ÀS PARTES. ARTIGO 282, §1º, DO NOVO CÓDIGO DE PROCESSO CIVIL. INEXISTÊNCIA DOS VÍCIOS DISCRIMINADOS NO ARTIGO 1022, DO NOVO CÓDIGO DE PROCESSO CIVIL. NOVA TENTATIVA DE REDISCUSSÃO DO MÉRITO DA ANTERIOR R. Decisão monocrática proferida para que a mesma lhe seja favorável, o que é inadmissível via embargos declaratórios. Reiteração de oposição de embargos declaratórios com inequívoco intuito protelatório. Abuso de direito. Pena de litigância de má-fé. Imposição, ademais, da penalidade descrita na parte final do §3º do artigo 1026, do Novo Código de Processo Civil. Embargos rejeitados, com observação. (TJSP; EDcl 2109350-30.2016.8.26.0000/50002; Ac. 10113916; São Paulo; Nona Câmara de Direito Privado; Rel. Des. Conti Machado; Julg. 31/01/2017; DJESP 24/02/2017)

Utilização de prova emprestada sem a anuência do demandado não caracteriza prejuízo se a decisão se baseou em outras provas:

✓ I. AGRAVO DE INSTRUMENTO. RECURSO DE REVISTA INTERPOSTO SOB A ÉGIDE DA LEI Nº 13.015/2014. CESTA BÁSICA. NORMA COLETIVA POR VISLUMBRAR VIOLAÇÃO AO ART. 7º, XXVI, DA CONSTITUIÇÃO, DÁ-SE PROVIMENTO AO AGRAVO DE INSTRUMENTO PARA MANDAR PROCESSAR O RECURSO DE REVISTA. II. RECURSO DE REVISTA INTERPOSTO SOB A ÉGIDE DA LEI Nº 13.015/2014. PRELIMINAR DE NULIDADE POR NEGATIVA DE PRESTAÇÃO JURISDICIONAL 1. QUANTO À CESTA BÁSICA, A PREFACIAL NÃO SERÁ ANALISADA, NA FORMA DO ART. 282, § 2º, DO NCPC. 2. Nos demais temas, a simples contrariedade das razões de decidir às pretensões da parte não caracteriza abstenção da atividade julgadora. NULIDADE DO PROCESSO. UTILIZAÇÃO DE PROVA EMPRESTADA SEM ANUÊNCIA DAS PARTES Em que pese ter sido realizada a análise de prova emprestada sem a anuência da Reclamada, verifica-se que o acórdão recorrido baseou-se em outras provas, inclusive, trazidas pela Reclamada, para manter a sentença. Na ausência de prejuízo, não se declara nulidade do julgado, nos termos do art. 794 da CLT. PRÊMIO PRODUTIVIDADE. INTEGRAÇÃO AO SALÁRIO O Eg. TRT consignou que a parcela prêmio produtividade era prevista em norma coletiva e paga habitualmente. Concluiu não haver violação ao art. 7º, XXVI, da Constituição, no ponto, e manteve a sentença, que determinara a integração da parcela à remuneração do Autor. Julgados desta Corte em mesmo sentido. HORAS IN ITINERE. NORMA COLETIVA. NATUREZA JURÍDICA Não têm validade as cláusulas coletivas que alteram a natureza salarial da remuneração das horas de itinerário, de maneira a convertê-las em verbas indenizatórias e excluir os reflexos das horas extras e sobre as demais verbas. DESCONTOS. CONTRIBUIÇÃO ASSISTENCIAL/ CONFEDERATIVA A contribuição confederativa somente pode ser cobrada dos filiados do sindicato. Inteligência do Precedente Normativo nº 119 da Seção Especializada em Dissídios Coletivos e da Súmula nº 666 do E. Supremo Tribunal Federal. CESTA BÁSICA. NORMA COLETIVA As convenções e os acordos coletivos de trabalho têm previsão constitucional, como forma de solução de conflitos entre empregados e empregadores, devendo ser observados, sob pena de desrespeito ao art. 7º, XXVI, da Constituição da República. Recurso de Revista conhecido parcialmente e provido. (TST; RR 0000855-96.2013.5.09.0567; Oitava Turma; Relª Min. Maria Cristina Irigoyen Peduzzi; DEJT 11/11/2016; Pág. 2131)

Não há prejuízo decorrente da falta de intimação da embargada sobre os embargos de declaração se o acolhimento destes importou em modificação que lhe foi favorável:

✓ EMBARGOS DE DECLARAÇÃO. TERMO INICIAL DE CONTAGEM DA CORREÇÃO MONETÁRIA A PARTIR DO EVENTO DANOSO. SÚMULA Nº 43 DO STJ. EMBARGOS ACOLHIDOS COM EFEITOS MODIFICATIVOS. 1. A teor do artigo 1.022 do novel Código de

Processo Civil, os embargos declaratórios têm cabimento quando a decisão embargada registra erro material, obscuridade, omissão ou contradição, requisitos estes necessários para averiguação de sua admissibilidade. 2. Segundo o embargante, o acórdão foi contraditório ao fixar como prazo inicial da correção monetária "a partir desta decisão", quando, em verdade, deveria ser a partir do evento danoso, ou seja, do pagamento a menor em sede administrativa. 3. Tratandose de ação de cobrança que visa o pagamento de indenização securitária do DPVAT, enquadrada, portanto, no conceito de danos materiais, é certo que o termo inicial da contagem da atualização monetária deve ser a partir da data do efetivo prejuízo, ou seja, do evento danoso no qual o ofendido deixou de receber o que lhe era devido. Este entendimento já está devidamente sedimentado na jurisprudência do Superior Tribunal de Justiça, que trata do tema na Súmula nº 43, **in verbis**: "incide correção monetária sobre dívida por ato ilícito a partir da data do efetivo prejuízo. "4. Destarte, tendo a decisão recorrida fixado o termo a quo da correção a partir do arbitramento, o que somente se aplica nos casos de indenização por danos morais (Súmula nº 362 do STJ), é de se reconhecer a procedência destes aclaratórios para operar a devida correção deste ponto. 5. Salientese, por fim, que ausência de intimação da embargada para responder aos termos dos presentes embargos nos quais foram emprestados efeitos infringentes não viola o disposto no § 2º do art. 1.023 e no art. 9º do NCPC, haja vista que embora importem em modificação do julgado, esta se dá em favor da embargada, não havendo vício ou nulidade por ausência de prejuízo, assim como preceitua o § 2º do art. 282 também do NCPC. 6. Embargos declaratórios conhecidos e providos com efeitos modificativos. (TJCE; EDcl 000374451.2009.8.06.0064/50001; Oitava Câmara Cível; Rel. Des. Antônio Pádua Silva; DJCE 31/03/2016; Pág. 39)

<u>Entendendo que a ausência de indicação do valor da causa não acarreta prejuízo às partes:</u>

✓ APELAÇÃO CÍVEL. 1) PRELIMINAR. INÉPCIA DA INICIAL. AUSÊNCIA DE MENÇÃO AO VALOR DA CAUSA (ART. 282, V, CPC/1973). MERA IRREGULARIDADE. INEXISTÊNCIA DE NULIDADE. REJEIÇÃO. 2) PRELIMINAR. VÍCIO DE CITAÇÃO. RÉU CITADO POR HORA CERTA. EVENTUAL VÍCIO QUE FOI SUPRIDO PELO COMPARECIMENTO ESPONTÂNEO. REJEIÇÃO. 3) MÉRITO. AÇÃO DE ALIMENTOS. PRESSUPOSTOS. FIXAÇÃO. OBSERVÂNCIA DA NECESSIDADE DE QUEM OS PLEITEIA E DA POSSIBILIDADE FINANCEIRA DE QUEM OS PAGA. PEDIDO DE REDUÇÃO. DESCABIMENTO. 4) RECURSO DESPROVIDO. 1. A jurisprudência do Superior Tribunal de justiça entende que "a falta de indicação do valor da causa não ofende aos arts. 258 e 282, inc. V, do CPC, ante a ausência de prejuízo às partes, sobressaindo o caráter da instrumentalidade do processo" (ar 4.187/SC, Rel. Ministro Massami Uyeda, segunda seção, Dje de 25/09/2012). Em igual sentido: RESP 826.698/MS, Rel. Ministra Nancy Andrighi, terceira turma, Dje de 23/05/2008. [...]. (STJ, AGRG no ARESP 556.583/SC, Rel. Ministra Assusete Magalhães, segunda turma; Julg. 23/06/2015, Dje 01/07/2015). 2. Não há que se falar em vício de citação quando o réu é citado por hora certa e, mormente, quando depois comparece espontaneamente nos autos, impugnando decisões e fazendo-se presente em audiência. 3. Na fixação da verba alimentar deve-se levar em consideração a proporcionalidade entre a necessidade de quem a reclama e a possibilidade de quem está obrigado a prestar o sustento, nos termos do artigo 1.694 do Código Civil, não merecendo censura o provimento jurisdicional que observa fielmente os vetores da legislação civil no arbitramento dos alimentos. 4. Rejeição das preliminares e desprovimento da apelação. (TJPB; APL 0124462-85.2012.815.0011; Segunda Seção Especializada Cível; Rel. Des. Tercio Chaves de Moura; DJPB 27/06/2016)

<u>Simples alegação de nulidade da sentença proferida dias após o óbito da parte não é capaz de demonstrar prejuízo aos herdeiros:</u>

✓ APELAÇÃO CÍVEL. CONDOMÍNIO. AÇÃO DE ALIENAÇÃO DE COISA COMUM. FALECIMENTO DE UM DOS RÉUS CONDÔMINOS, ANTES DE PROFERIDA SENTENÇA. DESCONSTITUIÇÃO DA DECISÃO PARA HABILITAÇÃO DOS HERDEIROS CORRÉUS. DESNECESSIDADE. AUSÊNCIA DE PREJUÍZO. NULIDADE DA SENTENÇA. NÃO OCORRÊNCIA. LITIGÂNCIA DE MÁ-FÉ NÃO CONFIGURADA. SENTENÇA MANTIDA. I. O erro de forma do processo acarreta a anulação apenas dos atos que não possam ser aproveitados. Em outras palavras, dar-se-á o aproveitamento dos atos praticados no processo, desde que não resulte prejuízo à defesa de qualquer parte – Inteligência do artigo 283 do novo Código de Processo Civil. Caso em que os herdeiros, ao invés de cumprir determinação judicial de habilitação do espólio/sucessão, preferiram interpor recurso de apelação sustentando a nulidade da sentença porque proferida 18 dias após o óbito, sem elencar/especificar qualquer espécie de prejuízo. Sentença de procedência mantida. II. Não reconhecida a litigância de má-fé dos recorrentes porque não caracteriza nenhuma das hipóteses descritas no artigo 80 do Código de Processo Civil. Preliminar contrarrecursal afastada. Apelo desprovido. Unânime. (TJRS; AC 0050226-43.2016.8.21.7000; Taquara; Décima Sétima Câmara Cível; Relª Desª Liege Puricelli Pires; Julg. 14/04/2016; DJERS 20/04/2016)

§ 2º Quando puder decidir o mérito a favor da parte a quem aproveite a decretação da nulidade, o juiz não a pronunciará nem mandará repetir o ato ou suprir-lhe a falta.

Dispensa-se nova perícia se o mérito for favorável a quem aproveitaria a decretação de nulidade:

✓ APELAÇÃO CÍVEL. CONSUMIDOR, CIVIL E PROCESSO CIVIL. PROVA PERICIAL. DESNECESSIDADE. ERRO MÉDICO. EXAME LABORATORIAL. RESPONSABILIDADE OBJETIVA. INDENIZAÇÃO. DANO MORAL. VALOR. REDUÇÃO. 1. As partes possuem direito subjetivo à produção de provas, em atenção aos Princípios do Contraditório, da Ampla Defesa e do Devido Processo Legal, insculpidos no artigo 5º, LIV e LIV, da Constituição Federal. 2. É possível a dispensa da prova pericial quando as partes apresentarem sobre as questões de fato pareceres técnicos ou documentos elucidativos, tidos como suficientes pelo juiz. 3. Desnecessária a realização de nova perícia, nos termos do artigo 282, parágrafo 2º, do Código de Processo Civil, quando o mérito for favorável a quem aproveite a decretação de nulidade. Princípio da Primazia do Mérito. 4. Para caracterização da responsabilidade civil objetiva necessária a demonstração de três requisitos: Conduta (ação ou omissão), dano e nexo de causalidade. 5. Em atenção aos Vetores Principiológicos da Razoabilidade e Proporcionalidade, o arbitramento a título de danos morais deve atender ao caráter compensatório e pedagógico da medida, não sendo fator apto a justificar enriquecimento sem causa do demandante ou tampouco valor inexpressivo capaz de perpetuar o comportamento negativo. 6. Demonstrado, na hipótese, o excesso no valor da fixação da indenização por danos morais, impõe a sua redução. 7. Recurso conhecido e parcialmente provido. (TJDF; APC 2013.04.1.012542-8; Ac. 105.7485; Oitava Turma Cível; Rel. Des. Eustáquio de Castro; Julg. 26/10/2017; DJDFTE 07/11/2017)

Deixando de apreciar a prejudicial de prescrição porque o mérito será favorável à parte a quem aproveitaria o seu pronunciamento:

✓ APELAÇÃO. AÇÃO CIVIL PÚBLICA POR ATO DE IMPROBIDADE ADMINISTRATIVA. IMPROCEDÊNCIA. PRELIMINARES DE DIALETICIDADE E INÉPCIA DA INICIAL. DESNECESSIDADE DE ANÁLISE. MÉRITO DEFERIDO A FAVOR DE QUEM A ARGUIU. INTELIGÊNCIA DO ART. 282, §2º, DO CÓDIGO DE PROCESSO CIVIL. MÉRITO. EX-PREFEITO DO MUNICÍPIO DE NAZAREZINHO. PROCESSO LICITATÓRIO. EMPRESA VENCEDORA PERTENCENTE A PARENTES DO GESTOR MUNICIPAL. IRREGULARIDADES APONTADAS. IMPUTAÇÃO DA CONDUTA DESCRITA NOS ARTS. 10, VIII, E 11, CAPUT, DA LEI Nº 8.429/92. DESCABIMENTO. ATO ÍMPROBO NÃO CARACTERIZADO. MANUTENÇÃO DA SENTENÇA. DESPROVIMENTO. Dispensável a análise da prejudicial de prescrição arguida em contrarrazões, porquanto "quando puder decidir o mérito a favor da parte a quem aproveite a decretação da nulidade, o juiz não a pronunciará nem mandará repetir o ato ou suprir. Lhe a falta" (art. 282, §2º, do novo Código de Processo Civil). Para caracterização do ato de improbidade, previsto no art. 10, VIII, da Lei nº 8.429/1992, é indispensável, além da presença do dolo ou da culpa do agente, a existência do efetivo dano ao erário, e, neste caso, não demonstrada pelo contido no acervo probatório. A caracterização das condutas previstas no 11, caput, da Lei nº 8.429/92 exige a comprovação do dolo por parte do agente público, ou seja, que a conduta dolosa do agente público, decorrente da má-fé e da desonestidade com a coisa pública, tenha violado os princípios constitucionais da Administração Pública. (TJPB; APL 0002549-21.2015.815.0371; Quarta Câmara Especializada Cível; Rel. Des. Tercio Chaves de Moura; DJPB 11/12/2017; Pág. 17)

Considerando o art. 282, § 2º do CPC subsidiariamente aplicável ao processo penal:

✓ APELAÇÃO CRIMINAL. ROUBO DUPLAMENTE MAJORADO TENTADO. PRELIMINAR DE NULIDADE PROCESSUAL. SOLUÇÃO MERITÓRIA FAVORÁVEL À PARTE SUPOSTAMENTE PREJUDICADA. ART. 282, §2º, DO NCPC. APLICAÇÃO SUBSIDIÁRIA. PREAMBULAR AFASTADA. MÉRITO. AUTORIA E MATERIALIDADE COMPROVADAS NO TOCANTE AO RÉU. PALAVRA SEGURA DA VÍTIMA. RESPALDO NOS AUTOS. CONDENAÇÃO DESTE MANTIDA. FRAGILIDADE PROBATÓRIA EM RELAÇÃO À RÉ. RECONHECIMENTO. NECESSIDADE. IN DUBIO PRO REO. ABSOLVIÇÃO DESTA IMPOSTA. DOSIMETRIA. MAJORANTES DO CONCURSO DE PESSOAS E EMPREGO DE ARMA. PROVAS INSUFICIENTES À CONFIGURAÇÃO. DECOTE DE AMBAS IMPOSTO. MINORANTE DA TENTATIVA. AUMENTO DA FRAÇÃO REDUTORA. NECESSIDADE VISLUMBRADA DE OFÍCIO. SURSIS TAMBÉM CONCEDIDO EX OFFICIO. IMPOSIÇÃO DE VALOR MÍNIMO INDENIZATÓRIO. TEMA NÃO DEBATIDO. AUSÊNCIA DE CONTRADITÓRIO. IMPOSSIBILIDADE. AFASTAMENTO IMPOSTO. RECURSO PARCIALMENTE PROVIDO. 1. Mesmo que se considere procedente a alegação preliminar de nulidade processual, tal pleito não deve ser acolhido, tendo em vista que, no mérito, a decisão será benéfica à parte pretensamente prejudicada pela suposta irregularidade (aplicação subsidiária do art. 282, §2º, do NCPC, autorizada pelo art. 3º do CPP). 2. A palavra do ofendido que, além de reconhecer o réu como o autor do delito, ainda narra os fatos com riqueza de detalhes, constitui prova suficiente da autoria deste. Afinal, o único interesse da vítima é apontar o culpado, e, não, prejudicar injustamente pessoas inocentes. 3. Banda outra, não ocorrendo o mesmo em relação à ré, e não se desincumbindo o Parquet do encargo de fazer a prova plena em seu desfavor, não estando, destarte, suficientemente comprovada a participação desta na prática delituosa articulada na denúncia, impossível se confirmar a sentença condenatória em relação a ela, devendo ser reformada para absolvê-la, em respeito ao princípio in dubio pro reo. 4. Concluído que o réu praticou o delito sozinho, bem como ter intimidado o ofendido, segundo ele próprio, tão somente com palavras e simulação de uso de arma, ao colocar uma das mãos debaixo de sua camisa. não se utilizando, contudo, de forma ostensiva, da arma branca que, em tese, possuía em seu poder -, impositivo o decote das majoras previstas nos incisos I e II do §2º do art. 157 do CP. 5. Tendo o agente percorrido apenas o início iter criminis, estando bem distante, por conseguinte, da consumação, a fração de diminuição relativa à tentativa deve ser estabelecida em seu grau máximo. 6. Presentes os requisitos do art. 77 do CP, impõe-se, **ex officio**, a concessão do sursis, direito subjetivo do acusado que preenche as referidas condições. 7. Para que o valor mínimo de indenização seja estabelecido, é preciso que haja amplo debate a respeito do tema, assegurando-se as garantias processuais ao acusado, para que este se defenda também do aspecto cível debatido. Logo, não estabelecido o contraditório sobre a questão, impositivo o decote da reparação mínima imposta na sentença. 8. Recurso provido em parte. (TJMG; APCR 1.0024.15.197661-0/001; Rel. Des. Eduardo Brum; Julg. 18/10/2017; DJEMG 25/10/2017)

Aplicando o dispositivo ao processo do trabalho:

✓ I. AGRAVO DE INSTRUMENTO. RECURSO DE REVISTA. UNIÃO. LEI Nº 13.015/2014. CONTRIBUIÇÃO PREVIDENCIÁRIA. CRÉDITOS TRABALHISTAS RECONHECIDOS EM JUÍZO. MULTA E JUROS DE MORA. FATO GERADOR. CONTRATO DE TRABALHO POSTERIOR A 5/3/2009. 1. O RECURSO DE REVISTA FOI INTERPOSTO NA VIGÊNCIA DA LEI Nº 13.015/2014 E FORAM ATENDIDAS AS EXIGÊNCIAS DO ART. 896, § 1º-A, DA CLT. 2. O TRT, ao reconhecer que o fato gerador da incidência dos juros e multa é o efetivo pagamento nos termos do art. 276 do Decreto nº 3.048/99 (aplicado a período contratual por ele não mais regido), parece ter incorrido em violação do art. 43, § 2º, da Lei nº 8.212/91, com a redação dada pela MP nº 449/2008 (não aplicado ao período contratual por ele regido). 3. Agravo de instrumento a que se dá provimento. II. Recurso de revista. União. Lei nº 13.015/2014. Preliminar de nulidade do acórdão por negativa de prestação jurisdicional. Deixa-se de apreciar a preliminar, nos termos do art. 282, § 2º, do CPC/2015, pois se constata a possibilidade de julgamento do mérito favorável ao recorrente. Preliminar superada. Contribuição previdenciária. Créditos trabalhistas reconhecidos em juízo. Multa e juros de mora. Fato gerador. Contrato de trabalho posterior a 5/3/2009. 1. O recurso de revista interposto foi interposto na vigência da Lei nº 13.015/2014 e foram atendidas as exigências do art. 896, § 1º-a, da CLT. 2. O pleno do TST, no e-rr-1125-36.2010.5.06.0171, decidiu que: a) conforme os julgados do STF, o fato gerador das contribuições previdenciárias é matéria infraconstitucional, ficando afastada a afronta direta ao art. 195 da CF, que dispõe sobre o financiamento das contribuições previdenciárias; b) no período até 4/3/2009, anterior à vigência da MP nº 449/2008, convertida na Lei nº 11.941/2009, que deu nova redação ao art. 43 da Lei nº 8.212/1991, o fato gerador é o efetivo pagamento das parcelas trabalhistas tributáveis, havendo mora, para o fim de pagamento de correção monetária, juros e multa, pelo empregador, somente após o dia dois do mês seguinte à liquidação nos termos do art. 276 do Decreto nº 3.048/1999; c) no período a partir de 5/3/2009, quando passou a viger a MP nº 449/2008, ante o princípio da anterioridade nonagesimal (art. 150, III, a, c/c 195, § 6º, da CF/88), o fato gerador é a prestação de serviços nos termos da atual redação do art. 43 da Lei nº 8.212/1991, com apuração mês a mês, sendo a correção monetária de responsabilidade do empregador e do empregado, enquanto os juros são de responsabilidade apenas do empregador; d) no período a partir de 5/3/2009, a multa moratória, devida somente pelo empregador, incide a partir do exaurimento do prazo de 48h da citação na execução para o pagamento, observado o limite legal de 20%, por aplicação dos arts. 880 da CLT c/c 61 da Lei nº 9.430/1996. 3. No caso dos autos, discute-se período posterior à vigência da MP nº 449/2008, uma vez que a reclamante foi admitida em 2011 e o contrato de trabalho foi extinto em 2013. Assim, o TRT, ao determinar que o fato gerador da incidência dos juros e multa sobre as contribuições previdenciárias é o efetivo pagamento ao credor, ofendeu o art. 43, § 2º, da Lei nº 8.212/91 (com a redação dada pela MP nº 449/2008). 4. Recurso de revista a que se dá provimento. (TST; RR 0010432-37.2014.5.15.0134; Sexta Turma; Relª Min. Kátia Magalhães Arruda; DEJT 02/09/2016; Pág. 2211)

Art. 283. O erro de forma do processo acarreta unicamente a anulação dos atos que não possam ser aproveitados, devendo ser praticados os que forem necessários a fim de se observarem as prescrições legais.

Parágrafo único. Dar-se-á o aproveitamento dos atos praticados desde que não resulte prejuízo à defesa de qualquer parte.

Aproveitamento dos embargos à execução apresentados, que deverão ser considerados tempestivos, diante da nulidade das citações:

✓ APELAÇÃO. EXECUÇÃO DE TÍTULO EXTRAJUDICIAL (LOCAÇÃO). SENTENÇA DE REJEIÇÃO LIMINAR DOS EMBARGOS À EXECUÇÃO, POR INTEMPESTIVIDADE. NULIDADE ABSOLUTA DAS CITAÇÕES. SENTENÇA ANULADA. APROVEITAMENTO DOS ATOS PROCESSUAIS, RECONHECENDO-SE A TEMPESTIVIDADE DOS EMBARGOS OPOSTOS. RECURSO PROVIDO, COM DETERMINAÇÃO. 1. Em ação de execução de título extrajudicial, o ofício judicial expediu cartas de intimações aos executados, estabelecendo forma e prazos diversos para defesa (atinentes ao cumprimento de sentença), acarretando prejuízo aos embargantes (apelantes). Ora, como é cediço, as citações e as intimações serão nulas quando feitas sem observância das prescrições legais (art. 280 do CPC/2015), considerando-se de nenhum efeito todos os atos subsequentes que dele dependam (art. 281 do CPC/2015), dentre os quais, logicamente, a sentença que rejeita liminarmente os embargos à execução por intempestividade. Assim, reconhecida a nulidade das citações, anula-se, por via de consequência, a r. Sentença que reconhece a intempestividade dos embargos. Objetivando o aproveitamento máximo dos atos processuais já praticados, há de ser reconhecida a tempestividade dos embargos à execução opostos pelos executados, com o retorno dos autos à origem para retomada da marcha processual. 2. Removido o óbice em sede recursal, cabe ao juiz natural monocrático analisar o pedido de efeito suspensivo e demais requisitos de admissibilidade da petição inicial, sob pena de supressão de um grau de jurisdição. (TJSP; APL 1007352-62.2017.8.26.0562; Ac. 10551815; Santos; Trigésima Primeira Câmara de Direito Privado; Rel. Des. Adilson de Araujo; Julg. 27/06/2017; DJESP 05/07/2017; Pág. 2310). No mesmo sentido: EMBARGOS À EXECUÇÃO. Nulidade da citação. Inocorrência. Nulidade suprida com a oposição de embargos à execução, considerados tempestivos pelo juízo de origem. Aproveitamento dos atos processuais realizados após a citação, pois ausente prejuízo à defesa. Art. 283 do NCPC. Cerceamento de defesa. Inocorrência. Prova pericial desnecessária. Questões de direito. Demais matérias (ausência de certeza, liquidez e exigibilidade do crédito, abusividade da cobrança de comissão de permanência cumulada com outros encargos e ilegalidade da capitalização de juros e da multa contratual). Ação não instruída com cópias das peças processuais relevantes. Art. 914, § 1º, do NCPC. Inviável a análise das questões devolvidas sem a cópia da inicial da execução, do título executivo e da memória de cálculo do crédito executado. Recurso não conhecido nesses pontos. Recurso conhecido em parte e, na parte conhecida, não provido. (TJSP; APL 1035558-17.2017.8.26.0100; Ac. 11049352; São Paulo; Décima Segunda Câmara de Direito Privado; Rel. Des. Tasso Duarte de Melo; Julg. 07/12/2017; DJESP 14/12/2017; Pág. 2125)

Aproveitamento do mandado de segurança impetrado contra decisão que declinou da competência como agravo de instrumento:

✓ MANDADO DE SEGURANÇA. Impugnação de ato judicial. Decisão que declinou da competência. Interpretação extensiva do inciso III, do art. 1.015, do CPC/15. Possibilidade. Hipóteses semelhantes. Aplicação do princípio da fungibilidade. Cabimento do agravo de instrumento. Observância dos princípios da igualdade (art. 7º, do CPC/15), da instrumentalidade das formas (art. 277, do CPC/15) e do aproveitamento dos atos processuais (art. 283, parágrafo único, do CPC/15). Emenda da inicial. Necessidade de intimação da parte requerente e de reautuação dos autos. Pedido alternativo deferido. (TJPI; MS 2017.0001.001907-0; Primeira Câmara de Direito Público; Rel. Des. Haroldo Oliveira Rehem; DJPI 04/12/2017; Pág. 58)

Impossível o aproveitamento do processo se este já foi extinto por abandono da parte:

✓ APELAÇÃO CÍVEL. BUSCA E APREENSÃO. ABANDONO DA CAUSA POR MAIS DE TRINTA (30) DIAS. OBSERVÂNCIA AO ART. 485, § 1º, DO CPC. EXTINÇÃO DO PROCESSO. PEDIDO DE CONTINUIDADE DO FEITO MOTIVADO NO ART. 283, PARÁGRAFO ÚNICO, DO CPC. DESCABIMENTO. 1. Se o autor remanesceu inerte por mais de trinta (30) dias, bem assim, a despeito de intimado, tanto por meio de publicação no Diário de Justiça Eletrônico, como também pessoalmente, não movimentou o feito, há que ser mantida a sentença que, com fundamento em abandono da causa, extinguiu o processo. 2. O princípio do aproveitamento dos atos processuais, previsto no art. 283, parágrafo único, do CPC, pressupõe a ocorrência de erro de forma e, além disso, que o processo esteja em curso, o que não ocorre no caso dos autos, sendo, portanto, inaplicável tal dispositivo, não justificando a continuidade do feito. 3. Apelação não provida. (TJDF; APC 2016.10.1.005471-3; Ac. 105.0553; Quarta Turma Cível; Rel. Des. Arnoldo Camanho; Julg. 27/09/2017; DJDFTE 05/10/2017)

Aproveitamento da impugnação apresentada, que deve ser recebida e processada como contestação:

✓ AGRAVO DE INSTRUMENTO. NEGÓCIOS JURÍDICOS BANCÁRIOS. CÉDULA DE CRÉDITO RURAL. EXPURGOS. LIQUIDAÇÃO DE SENTENÇA. OFERECIMENTO DE IMPUGNAÇÃO. ERRO MATERIAL. PRINCÍPIO DA INSTRUMENTALIDADE DAS FORMAS. APLICABILIDADE. O novo Código de Processo Civil estabelece um sistema de nulidades fundamentado no princípio do aproveitamento, do qual decorre a regra da sanabilidade das nulidades processuais, ex vi legis dos arts. 277 e 283 do NCPC. Desta forma, a peça apresentada pela parte demandada, embora nominada impropriamente "impugnação", deve ser recebida e processada como "contestação". Não deve, pois, o judiciário esquivar-se de sua análise pelo simples equívoco de nomenclatura, quando nenhum prejuízo redundou à parte adversa. Agravo de instrumento provido. Unânime. (TJRS; AI 0329418-41.2016.8.21.7000; Bagé; Vigésima Terceira Câmara Cível; Rel. Des. Martin Schulze; Julg. 29/11/2016; DJERS 06/12/2016)

TÍTULO IV
Da Distribuição e do Registro

Art. 284. Todos os processos estão sujeitos a registro, devendo ser distribuídos onde houver mais de um juiz.

Art. 285. A distribuição, que poderá ser eletrônica, será alternada e aleatória, obedecendo-se rigorosa igualdade.

→ *v.* Art. 10 da Lei 11.419/2006.

Parágrafo único. A lista de distribuição deverá ser publicada no Diário de Justiça.

Art. 286. Serão distribuídas por dependência as causas de qualquer natureza:

I – quando se relacionarem, por conexão ou continência, com outra já ajuizada;

→ *v.* Arts. 55 e 56 do NCPC.

II – quando, tendo sido extinto o processo sem resolução de mérito, for reiterado o pedido, ainda que em litisconsórcio com outros autores ou que sejam parcialmente alterados os réus da demanda;

→ v. Arts. 485 e 486 do NCPC.

Não se cogita de distribuição por dependência se a primeira ação detinha caráter voluntário e a segunda é de natureza contenciosa:

✓ CONFLITO DE COMPETÊNCIA. PROCESSO CIVIL. AÇÃO DE REVISÃO DE ALIMENTOS. ANTERIOR PEDIDO DE HOMOLOGAÇÃO DE ACORDO CUJO PROCESSO FOI EXTINTO SEM RESOLUÇÃO DO MÉRITO. DEPENDÊNCIA AFASTADA. 1. Se a primeira ação detinha caráter voluntário, ausente parte no polo passivo, e a nova ação apresenta natureza contenciosa, não há distribuição por dependência conforme disciplinado no art. 286, II, do Código de Processo Civil. 2. Conflito conhecido para declarar competente o Juízo suscitado, o da 3ª Vara de Família e de Órfãos e Sucessões de Ceilândia. (TJDF; Proc 0711.79.9.372017-8070000; Ac. 105.8002; Primeira Câmara Cível; Rel. Des. Fábio Eduardo Marques; Julg. 07/11/2017; DJDFTE 16/11/2017)

Alteração substancial do pedido entre uma ação e outra, ainda que entre as mesmas partes, afasta a distribuição por dependência:

✓ CONFLITO DE COMPETÊNCIA. DISTRIBUIÇÃO POR DEPENDÊNCIA. ALTERAÇÃO SUBSTANCIAL DO PEDIDO. Mesmo que idênticas as partes, a alteração substancial de pedidos em relação à reclamação anteriormente ajuizada, extinta sem resolução do mérito, afasta a prevenção prevista no artigo 286, do CPC/15. (TRT 1ª R.; CC 0101218-29.2017.5.01.0000; Órgão Especial; Rel. Des. Marcos de Oliveira Cavalcante; DORJ 29/11/2017)

Não há distribuição por dependência no caso em que a parte primeiro propõe ação no Juizado Especial Cível e depois opta por veicular o pedido na justiça comum:

✓ CONFLITO NEGATIVO DE COMPETÊNCIA. AÇÃO DE OBRIGAÇÃO DE FAZER CUMULADA COM INDENIZAÇÃO POR DANOS MORAIS. AÇÃO PROPOSTA NO JUIZADO ESPECIAL CÍVEL. DESISTÊNCIA. PRETENSÃO DEDUZIDA POSTERIORMENTE NA JUSTIÇA COMUM. DISTRIBUIÇÃO POR DEPENDÊNCIA. ART. 286. DO CPC/2015. INAPLICÁVEL. ÓRGÃOS JURISDICIONAIS DISTINTOS. I. Inaplicável ao caso vertente, a norma do art. 286, inciso II, do CPC/2015, que determina a distribuição por dependência quando, tendo sido extinto o processo, sem julgamento de mérito, for reiterado o pedido, haja vista que aludido preceptivo legal faz referência à prevenção para juízes da mesma competência e, no caso em apreço, os órgãos jurisdicionais são de competências diferentes. II. O mencionado dispositivo legal tem por fito evitar o direcionamento da distribuição e não obsta à parte a faculdade de escolher o rito processual pelo qual pretende ver apreciada a pretensão deduzida em juízo, se o feito comportar a propositura perante o Juizado, nos termos da Lei nº 9.099/95, ou ajuizar a ação na Justiça Estadual, nos termos do Código de Processo Civil/2015. III. Assim, atento ao que dispõe o art. 926 do CPC/2015, filiome ao entendimento, a fim de julgar procedente o presente conflito de competência e declarar competente o Juízo Suscitado, qual seja, a 2ª Vara Cível, Fazendas Públicas, Registros Públicos e Ambiental da Comarca de Quirinópolis. CONFLITO DE COMPETÊNCIA PROCEDENTE. (TJGO; CC 0226264-88.2016.8.09.0000; Quirinópolis; Primeira Seção Cível; Rel. Des. Roberto Horácio de Rezende; DJGO 01/09/2016; Pág. 47)

O fato de ter sido extrapolado o limite de alçada do Juizado Especial Federal entre o primeiro processo e o segundo não afasta a distribuição por dependência:

✓ CONFLITO DE COMPETÊNCIA. PROCESSO CIVIL. JUIZADO ESPECIAL. EXTINÇÃO DO PROCESSO SEM JULGAMENTO DE MÉRITO. REITERAÇÃO DE PEDIDO EM AÇÃO DE PROCEDIMENTO COMUM ORDINÁRIO. DISTRIBUIÇÃO POR DEPENDÊNCIA. 1. Caracteriza hipótese de distribuição por dependência o ajuizamento de ação em que renovado pedido já formulado em processo anteriormente extinto sem resolução de mérito. Inteligência do art. 286, II, do CPC/2015. 2. A circunstância de o valor da causa, por conta do decurso do tempo, ter ultrapassado o teto fixado como limite para os juizados especiais federais cíveis, não tem o condão de afastar a aplicação da norma processual. Precedentes. (TRF 4ª R.; CC 5051157-79.2017.404.0000; Terceira Seção; Rel. Des. Fed. Celso Kipper; Julg. 25/10/2017; DEJF 01/11/2017)

Não há distribuição por dependência se os processos foram ajuizados em ramos distintos da justiça comum:

✓ PROCESSUAL CIVIL. AGRAVO DE INSTRUMENTO. AÇÃO AJUIZADA NA JUSTIÇA FEDERAL. EXTINÇÃO DO FEITO SEM RESOLUÇÃO DO MÉRITO. AUTOR QUE DEIXOU DE COMPARECER À PERÍCIA. AJUIZAMENTO DE NOVA AÇÃO NA JUSTIÇA ESTADUAL. POSSIBILIDADE. INAPLICABILIDADE DO ART. 286, II, DO CPC. COMPETÊNCIAS TERRITORIAIS DISTINTAS. ENTENDIMENTO DO PLENO DESTE TRF5. 1. O agravante interpôs ação ordinária perante o juízo da 15ª Vara Federal de Sousa/PB, objetivando a concessão de benefício previdenciário. O processo foi extinto sem resolução do mérito, na forma do art. 51, I, da Lei nº 9.099/95, tendo em vista que o autor deixou de comparecer à perícia designada pelo juízo. Posteriormente, a parte autora ajuizou ação idêntica perante a 3ª vara da Comarca de catolé do rocha/PB, sob o argumento de não possuir recursos financeiros para se deslocar da cidade onde reside (Jericó/PB) para a cidade de Souza/PB, onde todos os atos processuais serão praticados. 2. Na decisão agravada, a 3ª vara da Comarca de catolé do Rocha/PB declarou a incompetência absoluta daquele juízo e, diante da regra de distribuição do processo por dependência, prevista no art. 286, II, do CPC, determinou a remessa dos autos para a 15ª Vara Federal, com sede em Sousa/PB. 3. De acordo com entendimento firmado pelo pleno deste e. Trf5, a distribuição por prevenção, prevista no art. 286, II, do CPC, não se aplica quando em debate ramos distintos da justiça comum (justiça federal X justiça estadual), como é o caso dos autos, eis que não há identidade territorial que justifique a sua aplicação. (processo: 00031887320154059999, cc3150/CE, desembargador federal Cid Marconi, pleno, julgamento: 28/10/2015, publicação: Dje 23/11/2015. Página 42). 4. Agravo de instrumento provido para reconhecer a competência do juízo da 3ª vara da Comarca de catolé do Rocha/PB para apreciar e julgar a lide. (TRF 5ª R.; AGTR 0001684-61.2017.4.05.9999; PB; Primeira Turma; Rel. Juiz Fed. Conv. Leonardo Resende Martins; DEJF 06/10/2017; Pág. 34)

Não há distribuição por dependência se a nova ação de alimentos é ajuizada anos depois em foro distinto, em decorrência da mudança de domicílio do alimentando:

✓ CONFLITO NEGATIVO DE COMPETÊNCIA. AÇÃO DE ALIMENTOS. PROPOSITURA NA VARA DE FAMÍLIA E DE ÓRFÃOS E SUCESSÕES DE ÁGUAS CLARAS. FORO DO DOMICÍLIO DO ALIMENTANDO. DISTRIBUIÇÃO POR DEPENDÊNCIA. ART. 286, II, DO CPC. PRIMEIRA VARA DE FAMÍLIA E DE ÓRFÃOS E SUCESSÕES DE SAMAMBAIA. FORO DO ANTERIOR DOMICÍLIO. ART. 147, I, DO ECA. PRINCÍPIOS DO JUIZ IMEDIATO E MELHOR INTERESSE DO MENOR. PREVALÊNCIA SOBRE AS DISPOSIÇÕES ORDINÁRIAS DO CPC. CONFLITO NEGATIVO CONHECIDO E DECLARADO COMPETENTE O JUIZO SUSCITADO. 1. Cinge-se a controvérsia a definir a competência para o julgamento de nova ação de alimentos proposta, ajuizada após mais de cinco anos pelo alimentando e em foro diverso daquele que, anteriormente, julgou o processo extinto sem resolução do mérito, envolvendo as mesmas partes. 2. A mens legis do art. 286, inciso II, do CPC é evitar que a parte possa burlar o princípio do juiz natural e escolher o juízo que irá processar sua demanda. Entretanto, não há esquiva ao juiz natural quando a parte, após o decurso de mais de meia década e de mudança em seu domicílio, ajuíza nova ação de alimentos em desfavor de seu genitor no foro do seu endereço atual. 3. Em demandas que tratam dos direitos da criança e do adolescente, a regra que deve prevalecer é a do juiz imediato, consubstanciada no art. 147, inciso I, do ECA, em atenção ao melhor interesse do menor. 4. CONFLITO NEGATIVO CONHECIDO E DECLARADO COMPETENTE A VARA DE FAMÍLIA E DE ÓRFÃOS E SUCESSÕES DE ÁGUAS CLARAS. (TJDF; Proc 0708.25.2.862017-8070000; Ac. 104.3862; Segunda Câmara Cível; Rel. Des. Luís Gustavo Barbosa de Oliveira; Julg. 01/09/2017; DJDFTE 11/09/2017)

Distribuição por dependência de ação condenatória em decorrência de mandado de segurança precedente, ainda que haja redução ou ampliação do pedido:

✓ CONFLITO NEGATIVO DE COMPETÊNCIA. Ação condenatória em obrigação de fazer, visando aprovação definitiva de implantação de loteamento urbano. Existência de Mandado de Segurança precedente, julgado extinto, sem resolução do mérito, pelo juízo suscitado. Distribuição por dependência. Prevenção caracterizada, ainda que haja redução ou ampliação do pedido. Inteligência do disposto no art. 286, II do Código de Processo Civil. Conflito procedente. Competência do Juízo suscitado (1ª Vara da Judicial de Barra Bonita). (TJSP; CC 0015570-70.2016.8.26.0000; Ac. 10779198; Barra Bonita; Câmara Especial; Relª Desª Dora Aparecida Martins; Julg. 04/09/2017; DJESP 27/09/2017; Pág. 2597)

Se a distinção entre as duas ações diz respeito apenas às parcelas referentes à mora, deve ser determinada a distribuição por dependência:

✓ CONFLITO NEGATIVO DE COMPETÊNCIA. Repropositura de ação extinta sem julgamento de mérito. Distribuição por dependência que se impõe, de acordo com o disposto pelo art. 286, inc. II, do CPC e o Prov. CSM 834/2004. Ação posterior envolvendo as mesmas partes, causa de pedir e versando sobre o mesmo contrato, sendo apenas diversas as parcelas referentes à mora. Conflito procedente. Competente o Juízo suscitado, da 8ª Vara Cível do Foro Regional de Santo Amaro. (TJSP; CC 0015680-35.2017.8.26.0000; Ac. 10478950; São Paulo; Câmara Especial; Rel. Des. Salles Abreu; Julg. 29/05/2017; DJESP 19/07/2017; Pág. 2383)

Afastando a distribuição por dependência da ação de divórcio para o mesmo juízo para o qual foram distribuídas ações de separação litigiosa e separação de corpos:

✓ CONFLITO NEGATIVO DE COMPETÊNCIA. AÇÃO DE DIVÓRCIO LITIGIOSO DISTRIBUÍDA INICIALMENTE AO JUÍZO DA 1ª VARA DE FAMÍLIA DA COMARCA DE RIO BRANCO. DECLINAÇÃO DE COMPETÊNCIA COM BASE NO ART. 286, II, DO NCPC, PARA O JUÍZO DA 2ª VARA DE FAMÍLIA DA COMARCA DE RIO BRANCO, ONDE TERIAM TRAMITADO A CAUTELAR DE SEPARAÇÃO DE CORPOS Nº 0014541 90.2007.8.01.0001 E A AÇÃO DE SEPARAÇÃO LITIGIOSA Nº 0017657-07.2007.8.01.0001, QUE FORAM EXTINTAS SEM RESOLUÇÃO DO MÉRITO ANTES DA EMENDA CONSTITUCIONAL N. 66, DE 13 DE JULHO DE 2010. CONFLITO SUSCITADO PELA 2ª VARA DE FAMÍLIA DA COMARCA DE RIO BRANCO INOCORRÊNCIA DE REITERAÇÃO DE PEDIDO FORMULADO EM PROCESSO EXTINTO SEM RESOLUÇÃO DO MÉRITO. NÃO CONFIGURAÇÃO DA SITUAÇÃO PREVISTA NO ART. 286, II, DO NCPC A AUTORIZAR A DISTRIBUIÇÃO POR DEPENDÊNCIA. CONFLITO JULGADO PROCEDENTE. 1. Se a ação de separação litigiosa e a cautelar de separação de corpos, apontadas como motivação para a declinação da competência para julgamento da ação de divórcio, foram extintas sem resolução do mérito antes da Emenda Constitucional n. 66, de 13 de julho de 2010, forçoso concluir que não possuem mesma identidade de pedido ou causa de pedir com a ação de divórcio, já que as referidas ações não objetivavam a dissolução do matrimônio, mas apenas e tão somente a extinção de alguns dos efeitos do casamento, pelo que se deve afastar a declinação de competência com fundamento no art. 286, II, do NCPC. 2. Conflito julgado procedente. (TJAC; CC 0100399-77.2016.8.01.0000; Ac. 3.233; Segunda Câmara Cível; Rel. Des. Júnior Alberto; DJAC 23/06/2016; Pág. 25)

Distribuição por dependência de nova ação para o recebimento do seguro DPVAT, ainda que ajuizada em face de diferente réu:

✓ PROCESSUAL CIVIL. AÇÃO DO PEDIDO EM NOVA AÇÃO. ART. 286, II, DO CÓDIGO DE PROCESSO CIVIL. PREVENÇÃO DO JUÍZO QUE EXTINGUIU SEM RESOLUÇÃO DE MÉRITO A PRIMEIRA AÇÃO. COMPETÊNCIA FUNCIONAL. NULIDADE ABSOLUTA. RECONHECIMENTO DE OFÍCIO. RECURSO PREJUDICADO. 1. O exame detido da ação anterior movida pelo recorrido revelou a existência de vício insanável, relativo à incompetência absoluta do juízo a quo para processar e julgar a presente demanda, violação expressa do quanto disposto no art. 286, inciso II, do Código de Processo Civil. 2. Nestes termos, tendo a primeira demanda tramitado no juízo da 25ª Vara Cível de Fortaleza, deveria a presente demanda correr no mesmo juízo e não no juízo da 29ª cível, por força do dispositivo legal supracitado e em razão do princípio do juiz natural, que orienta a questão em análise. 3. Sobre o tema, vale salientar que o dispositivo de Lei acima mencionado corresponde ipsis litteris ao art. 253, inc. III do CPC/73 (em vigor na data da propositura da demanda), que por sua vez foi acrescentado pela Lei nº 11.280/06, atendendo ao clamor da comunidade jurídica que reivindicava um instrumento capaz de coibir a prática maliciosa de alguns advogados de desistir de uma demanda logo após sua distribuição seja em virtude do indeferimento da liminar requerida, seja em razão do prévio conhecimento da orientação contrária do magistrado acerca da matéria em discussão, ou qualquer outra circunstância que pudesse indiciar o insucesso na causa para, logo em seguida, intentála novamente com o objetivo de chegar a um juiz que, ainda que em tese, lhes fosse mais favorável e/ou conveniente. 4. Restando indene de dúvidas a reiteração do mesmo pedido anteriormente formulado, e ainda que diferente o réu diante da solidariedade prevista para o recebimento do seguro DPVAT, deve ser reconhecida a incompetência absoluta do juízo da 29ª Vara Cível de Fortaleza, dado que a distribuição por dependência estatuída no art. 286, inc. II, do CPC diz respeito à competência funcional ou seja, de natureza absoluta derivada da atuação do juízo na primeira demanda. Precedentes do TJCE e STJ. 5. Recurso prejudicado. (TJCE; APL 001065977.2010.8.06.0001; Oitava Câmara Cível; Rel. Des. Antônio Pádua Silva; DJCE 22/06/2016; Pág. 68)

A criação de novas varas não afasta a distribuição por dependência em caso de reiteração do pedido:

✓ DIREITO PROCESSUAL CIVIL. CONFLITO NEGATIVO DE COMPETÊNCIA. JUÍZO DA 1ª VARA DE FAMÍLIA E DE ÓRFÃOS E SUCESSÕES DE TAGUATINGA. JUÍZO DA VARA DE FAMÍLIA E DE ÓRFÃOS E SUCESSÕES DE ÁGUAS CLARAS. AÇÃO. DIVÓRCIO GUARDA. VISITAS. PROPOSTA DUAS VEZES. INDEFERIMENTO INICIAL. INSTALAÇÃO APÓS A PERPETUAÇÃO DA JURISDIÇÃO. NOVA AÇÃO. DISTRIBUIÇÃO ALEATÓRIA. IMPOSSIBILIDADE. 1. Se houver distribuição por dependência de causas, tendo sido extinto o processo sem resolução de mérito, e for reiterado o pedido, tem-se caracterizada a competência funcional, absoluta e que não pode ser alterada pela vontade das partes. Inteligência do artigo 286, inciso II, do CPC. 2. A criação de novas varas não implica na distribuição dos processos por expressa disposição legal e por observância aos princípios do juiz natural e da perpetuatio jurisdicionis, sobretudo quando se tem processos anteriormente julgados sem análise de mérito na vara anteriormente competente, antes da inauguração do fórum de Águas Claras/DF. 3. A vedação da redistribuição encontra respaldo na regra de perpetuação da jurisdição (art. 43 do Código de Processo Civil de 2015); no princípio do juiz natural; no art. 70 da Lei de Organização Judiciária do Distrito Federal; e no art. 4º da Resolução nº 1/2016 do Tribunal de Justiça que criou a Circunscrição Judiciária de Águas Claras/DF. 4. Conflito negativo de competência conhecido para declarar competente o Juízo Suscitante. 1ª Vara de Família, Órfãos e Sucessões de Taguatinga/DF. (TJDF; CCP 2016.00.2.026190-9; Ac. 982.241; Primeira Câmara Cível; Relª Desª Maria de Lourdes Abreu; Julg. 07/11/2016; DJDFTE 25/11/2016)

III – quando houver ajuizamento de ações nos termos do art. 55, § 3º, ao juízo prevento.

→ v. Art. 337, § 2º do NCPC.
→ v. Art. 28 da Lei 6.830/1980.
→ v. Súmula 235 do STJ.

Ação de reintegração de posse e ação de usucapião devem ser distribuídas por dependência para afastar o risco de decisões contraditórias:

✓ CONFLITO NEGATIVO DE COMPETÊNCIA. AÇÃO DE REINTEGRAÇÃO DE POSSE. CONEXÃO POR PREJUDICIALIDADE COM AÇÃO DE USUCAPIÃO. IDENTIDADE DE OBJETO. NECESSIDADE DE JULGAMENTO CONJUNTO. ARTIGO 55, § 3º, DO CÓDIGO DE PROCESSO CIVIL. IMPOSIÇÃO DE DISTRIBUIÇÃO DA AÇÃO DE REINTEGRAÇÃO DE POSSE POR DEPENDÊNCIA LOGO QUANDO AJUIZADA. INDEFERIMENTO DA PRIMEIRA PETIÇÃO INICIAL DA AÇÃO DE USUCAPIÃO E POSTERIOR REITERAÇÃO DO PEDIDO QUE NÃO É APTO A MODIFICAR COMPETÊNCIA JÁ FIXADA. REUNIÃO DOS FEITOS PERANTE O ÓRGÃO JULGADOR QUE RECEBEU A PRIMEIRA PETIÇÃO INICIAL. DISTRIBUIÇÃO POR DEPENDÊNCIA. ARTIGO 286 DO CÓDIGO DE PROCESSO CIVIL. 1. Ação de reintegração de posse e ação de usucapião que tenham por objeto o mesmo bem imóvel devem ser reunidas para julgamento conjunto a fim de se evitar a prolação de decisões conflitantes conforme artigo 55, § 3º, do Código de Processo Civil. 2. Por força princípio do juiz natural, a competência para julgamento de qualquer ação deve ser aferida quando do seu ajuizamento. Assim, logo de início a ação de reintegração de posse deveria ter sido distribuída por dependência à ação de usucapião, nos termos do artigo 286, III, do Código de Processo Civil. 3. O indeferimento da primeira petição inicial da ação de usucapião (posterior ao ajuizamento da ação de reintegração de posse) e ulterior reiteração não é fundamento apto a modificar a competência já fixada, devendo os feitos serem reunidos perante o órgão julgador que recebeu a primeira das ações por distribuição. CONFLITO DE COMPETÊNCIA IMPROCEDENTE. (TJPR; ConCompCv 1736558-9; Londrina; Décima Sétima Câmara Cível em Composição Integral; Relª Desª Rosana Amara Girardi Fachin; Julg. 22/11/2017; DJPR 05/12/2017; Pág. 286)

Parágrafo único. Havendo intervenção de terceiro, reconvenção ou outra hipótese de ampliação objetiva do processo, o juiz, de ofício, mandará proceder à respectiva anotação pelo distribuidor.

→ *v.* Arts. 119 e ss, 343 e ss e 503, § 1º do NCPC.

Art. 287. A petição inicial deve vir acompanhada de procuração, que conterá os endereços do advogado, eletrônico e não eletrônico.

→ *v.* Enunciado 139 do FPPC: No processo do trabalho, é requisito da petição inicial a indicação do endereço, eletrônico ou não, do advogado, cabendo-lhe atualizá-lo, sempre que houver mudança, sob pena de se considerar válida a intimação encaminhada para o endereço informado nos autos.

Parágrafo único. Dispensa-se a juntada da procuração:

I – no caso previsto no art. 104;

II – se a parte estiver representada pela Defensoria Pública;

III – se a representação decorrer diretamente de norma prevista na Constituição Federal ou em lei.

→ *v.* Súmula 644 do STF.

→ *v.* Art. 44, XI da LC 80/1994.

→ *v.* Art. 9º da Lei 9.469 /1997.

Não se exige apresentação de instrumento de procuração para a defesa em juízo da Administração Pública:

✓ APELAÇÃO. AÇÃO ANULATÓRIA CC. REPARAÇÃO DE DANOS. ATO ADMINISTRATIVO. SERVIDOR PÚBLICO MUNICIPAL. EXONERAÇÃO A PEDIDO. Preliminar: Revelia da Administração Pública por vício de representação. Inocorrência. Dispensa de instrumento de procuração. Inteligência do art. 287, III, do CPC/2015. Mérito: Pretensão inicial do autor, ex-servidor público do Município de Artur Nogueira, voltada à anulação do ato administrativo que culminou em sua exoneração a pedido, em razão de suposto vício de motivo. Alegação no sentido de que, à época do pedido exoneratório, o ex-servidor nao possuía capacidade plena para manifestar validamente sua vontade, viciando o pressuposto fático do ato administrativo. Inadmissibilidade. Elementos de informação coligidos aos autos que não evidenciam a incapacidade absoluta do autor para a prática dos atos da vida civil. Preservação dos princípios da Administração Pública (art. 37, caput, do CPC/2015). Sentença de improcedência da ação mantida. Recurso do autor desprovido. (TJSP; APL 1001238-91.2014.8.26.0666; Ac. 10950992; Artur Nogueira; Quarta Câmara de Direito Público; Rel. Des. Paulo Barcellos Gatti; Julg. 30/10/2017; DJESP 22/11/2017; Pág. 2669)

Não se exige a intimação pessoal da parte para regularizar a procuração apresentada em juízo:

✓ APELAÇÃO. AUSÊNCIA DE PROCURAÇÃO REGULAR. DETERMINAÇÃO JUDICIAL DE EMENDA NÃO ATENDIDA. Sentença mantida. Os pressupostos processuais de existência, como se depreende da própria classificação, são elementos que devem preexistir em relação ao processo, sendo necessária a presença deles para que a relação processual possa ser instaurada, isto é, são os requisitos necessários para a instauração do processo. Já os pressupostos de validade do processo são os pressupostos de desenvolvimento válido e regular do processo, conforme a expressão do texto legal. Isso significa que, uma vez instaurada a relação processual, é necessário que ela esteja revestida de determinados requisitos para atingir seu objetivo, qual seja, o provimento de mérito. In casu, o feito foi extinto, uma vez que, instado a apresentar cópia dos documentos necessários à propositura da ação, a parte autora não cumpriu a diligência. Da análise conjunta dos artigos incidentes na hipótese (arts. 287, 320 e 321, do NCPC), depreende-se que a demanda deve ser ajuizada com a juntada de todos os documentos necessários à sua propositura, devendo o juiz determinar a emenda da inicial em caso de deficiência na instrução da petição inicial, sob pena de seu indeferimento. Com efeito, o juízo, verificando que o instrumento de mandato não cumpria as exigências do art. 287, do NCPC, determinou a regularização da procuração, no prazo legal, sob pena de extinção por ausência de documento essencial à propositura da ação. Contudo, muito embora devidamente intimado, o recorrente não cumpriu a diligência, mesmo ciente das consequências processuais de sua desídia. O argumento colacionado pelo autor, em suas razões, além de não refutar exatamente os fundamentos da sentença, é deveras falacioso, porquanto afirma que o art. 272, §2º, NCPC determina seja realizada a intimação pessoal da parte para cumprimento da diligência, o que não é verdade. O referido dispositivo não traz qualquer determinação de intimação pessoal, sendo certo, ainda, que prevê a intimação via do, apenas quando não se tratar de processo eletrônico, o que não é a hipótese dos autos, em que o autor foi regularmente intimado por meio eletrônico. Ressalte-se, por fim, que a determinação do juízo não é mero formalismo, tendo em vista que o NCPC previu como requisito da procuração a indicação do endereço eletrônico. Apenas se o causídico fundamentasse sua pretensão, alegando não possuir endereço eletrônico ou a desnecessidade de intimação por tal meio, é que seria possível, em tese, mitigar a nova regra processual. Contudo, na hipótese dos autos, os argumentos do apelante limitam-se apenas à necessidade de intimação pessoal, tratando o presente caso como uma sentença de abandono do antigo CPC, o que obviamente não prospera. Sendo assim, mostra-se correta a sentença, diante da desídia da parte em atender ao comando judicial, apesar de alertada da consequência de sua inércia. Desprovimento do recurso. (TJRJ; APL 0006428-66.2016.8.19.0055; São Pedro da Aldeia; Terceira Câmara Cível; Relª Desª Renata Machado Cotta; DORJ 10/11/2017; Pág. 429)

Dispensando excepcionalmente a juntada de procuração pelo Núcleo de Prática Jurídica:

✓ EMBARGOS DE DECLARAÇÃO NO AGRAVO REGIMENTAL NO AGRAVO EM RECURSO ESPECIAL. SÚMULA 115/STJ. NÚCLEO DE PRÁTICA JURÍDICA. DESNECESSIDADE DA JUNTADA DA CADEIA COMPLETA DE SUBSTABELECIMENTO, SE A REPRESENTAÇÃO ESTÁ RECONHECIDA PELAS INSTÂNCIAS ORDINÁRIAS, COMO DEFENSORIA DATIVA (CONVÊNIO OU ATO JUDICIAL). CERTIDÃO CARTORÁRIA DA VARA DE EXECUÇÕES PENAIS ENUNCIATIVA DE ATUAÇÃO DO NPJ-UNICEUB DESDE 2006. EXCEPCIONALIDADE. INTERPRETAÇÃO SISTEMÁTICA DOS ARTS. 263 E 266 DO CPP E 186, § 3º DO NCPC. LIVRAMENTO CONDICIONAL. FALTAS GRAVES. AUSÊNCIA DE REQUISITO SUBJETIVO. SÚMULA 83/STJ. EMBARGOS ACOLHIDOS E AGRAVO DESPROVIDO. 1. Em situações excepcionais, tem-se admitido o acolhimento dos embargos declaratórios, com atribuição de efeitos modificativos, nas hipóteses em que o acórdão embargado destoar do entendimento consolidado posteriormente em recurso repetitivo (EDcl no AgRg no AREsp. 655.033/RJ, Rel. Min. SÉRGIO KUKINA; DJe 28/6/2016), de maneira a não permitir decisões conflitantes, sendo possível adotar-se essa orientação ao caso dos autos, para não prejudicar o apenado e em homenagem ao princípio da efetividade da jurisdição. 2 Na hipótese, foi negado provimento ao regimental ao fundamento de que os Núcleos de Prática jurídica não se equiparam à Defensoria Pública para todos os fins, motivo pelo qual não gozam de todas as prerrogativas a ela concedidas. Nessa linha de raciocínio, aplicou-se a orientação da jurisprudência deste Tribunal Superior no sentido de que o advogado integrante do Núcleo de Prática Jurídica não está dispensado de apresentar a procuração ou ato de nomeação judicial, por ausência de previsão legal. 3. Há, todavia, decisão da Quinta Turma desta Corte, proferida posteriormente ao julgamento do agravo, que, por unanimidade de votos, entendeu desnecessária a juntada da cadeia completa de procuração, quando o recorrente é patrocinado por Núcleo de Prática Jurídica, dada a peculiaridade do caso (AgRg no AREsp. 715.573/DF, Rel. Min. LÁZARO GUIMARÃES (DESEMBARGADOR CONVOCADO DO TRF 5ª REGIÃO), DJE 28/3/2016). 4. Deve prevalecer o posicionamento que alcança a finalidade de proteção dos assistidos pelos Núcleos de Práticas Jurídicas que exercem munus semelhante ao da Defensoria Pública, prestigiando o trabalho que fazem pelos hipossuficientes, quando o próprio Juízo oficiante reconhece, nos autos, a atuação do NPJ como defensoria dativa. (...) 7. Embargos acolhidos, para afastar, excepcionalmente, a incidência da Súmula 115/STJ, diante das peculiaridades do caso e da atuação do NPJ/UNICEUB. Agravo desprovido. (STJ; EDcl no AgRg no AREsp 787.778; DF; Quinta Turma; Rel. Min. Reynaldo Soares da Fonseca; Julg. 20/09/2016; DJe 26/09/2016)

Art. 288. O juiz, de ofício ou a requerimento do interessado, corrigirá o erro ou compensará a falta de distribuição.

O protocolo dos embargos à execução como petição nos autos da execução pode ser corrigido pelo juiz, para que se realize a sua distribuição por dependência:

✓ RECURSO. AGRAVO DE INSTRUMENTO. EMBARGOS À EXECUÇÃO. Insurgência contra a r. Decisão que determinou a serventia tornar sem efeito a petição dos embargos à execução que foram protocolados na execução ao invés de distribuídos como processo autônomo. Admissibilidade. O protocolo dos embargos ao invés de sua distribuição, no prazo legal, deve ser considerado erro escusável. Princípios da instrumentalidade das formas e da economia processual. Inteligência do artigo 288 do CPC/15. Viabilidade do desentranhamento para distribuição por dependência, nos moldes do §1º, do art. 914, do CPC. Recurso provido. (TJSP; AI 2106575-08.2017.8.26.0000; Ac. 10982728; Campinas; Décima Oitava Câmara de Direito Privado; Rel. Des. Roque Antonio Mesquita de Oliveira; Julg. 14/11/2017; DJESP 23/11/2017; Pág. 2009). No mesmo sentido: EMBARGOS DO DEVEDOR. EXECUÇÃO POR QUANTIA CERTA DE TÍTULO EXTRAJUDICIAL. PETIÇÃO INICIAL DOS EMBARGOS PROTOCOLIZADA, AO INVÉS DISTRIBUÍDA POR DEPENDÊNCIA NA FORMA DO ART. 914, § 1º, DO NOVO CPC. Erro de forma sanável. Equívoco do juízo de primeiro grau ao ordenar o desentranhamento da petição inicial e a entrega à executada. Cabimento da correção do erro, de ofício, nos termos do art. 288 do novo CPC e prazo do art. 290 para o pagamento das custas e despesas de ingresso, sob pena, em sendo o caso, de cancelamento da distribuição. Erro de forma que acarreta, segundo o art. 283, o aproveitamento do ato que não traz prejuízo, amoldando-o ao necessário às prescrições legais. Recurso provido, para esse fim. (TJSP; AI 2110928-91.2017.8.26.0000; Ac. 10772277; Martinópolis; Décima Segunda Câmara de Direito Privado; Rel. Des. Cerqueira Leite; Julg. 06/09/2017; DJESP 14/09/2017; Pág. 2510)

Art. 289. A distribuição poderá ser fiscalizada pela parte, por seu procurador, pelo Ministério Público e pela Defensoria Pública.

Art. 290. Será cancelada a distribuição do feito se a parte, intimada na pessoa de seu advogado, não realizar o pagamento das custas e despesas de ingresso em 15 (quinze) dias.

→ *v.* Enunciado 280 do FPPC: O prazo de quinze dias a que se refere o art. 290 conta-se da data da intimação do advogado.

Entendendo aplicável o art. 290 do CPC também ao caso de complementação de custas:

✓ INSURGE-SE O RECORRENTE CONTRA A SENTENÇA QUE DETERMINOU O CANCELAMENTO DA DISTRIBUIÇÃO POR AUSÊNCIA DE RECOLHIMENTO DAS DESPESAS PROCESSUAIS DE INGRESSO, APÓS O INDEFERIMENTO DA GRATUIDADE DE JUSTIÇA PELO JUÍZO SINGULAR. 2. Demandante que busca a concessão da gratuidade de justiça, o deferimento do pagamento ao final ou a intimação para o recolhimento das despesas processuais. 3. Deixou o recorrente de apresentar recurso de agravo de instrumento face à decisão interlocutória que indeferiu a gratuidade, oportunizado em dois momentos o recolhimento das despesas processuais. 4. Não faz jus o recorrente, segundo os documentos acostados aos autos, à gratuidade de justiça, não demonstrada eventual impossibilidade em suportar as despesas do processo. 5. Assevera o art. 290 do CPC que a intimação para determinar a intimação do recolhimento, nos casos de cancelamento da distribuição, seja realizada na pessoa do advogado. 6. O Enunciado nº 23 deste Tribunal de Justiça dirimiu a dúvida quanto à aplicação do referido artigo, abrangendo as hipóteses de ausência total ou parcial de recolhimento das despesas. 7. Desprovimento do recurso. (TJRJ; APL 0130111-11.2016.8.19.0001; Rio de Janeiro; Décima Sétima Câmara Cível; Rel. Des. Elton Martinez Carvalho Leme; DORJ 15/12/2017; Pág. 518)

Aplicando o art. 290 do CPC à hipótese de complementação de custas, desde que haja expressa advertência e seja realizada a intimação pessoal do autor:

✓ APELAÇÃO. CANCELAMENTO DA DISTRIBUIÇÃO. HIPÓTESE NÃO DE AUSÊNCIA, MAS DE INSUFICIÊNCIA DE PREPARO. INOBSERVÂNCIA DOS REQUISITOS NECESSÁRIOS À APLICAÇÃO EXTENSIVA DO ART. 290 DO CPC-2015. SENTENÇA CASSADA. 1. Concebido para enquadrar as hipóteses de ausência absoluta de preparo, o art. 290 do novo Código de Processo Civil deve ser aplicado **cum grano salis**, quando extensivamente à hipótese de mera complementação das custas. Assim como o Estatuto Processual distingue ausência e insuficiência de preparo para fins de deserção (caput e § 2º do art. 511 do NCPC), assim também deve o magistrado distinguir essas situações em relação às custas iniciais. 2. Para aplicação extensiva do art. 290 do NCPC à hipótese de insuficiência de preparo, são imprescindíveis (I) a expressa advertência de que o descumprimento da ordem implicará o cancelamento da distribuição; (II) o escoamento do prazo de 15 dias desde a publicação da ordem de complementação; e (III) a intimação pessoal do autor, na forma da Súmula nº 290 deste Tribunal de Justiça. O terceiro requisito, todavia, não foi observados no caso dos autos. 3. Provimento ao recurso. (TJRJ; APL 0010115-95.2016.8.19.0008; Belford Roxo; Vigésima Sétima Câmara Cível Consumidor; Rel. Des. Marcos Alcino de Azevedo Torres; DORJ 19/12/2017; Pág. 511). No mesmo sentido: TJRJ; APL 0238994-52.2016.8.19.0001; Rio de Janeiro; Vigésima Quarta Câmara Cível Consumidor; Relª Desª Georgia de Carvalho Lima; DORJ 14/12/2017; Pág. 673.

Considerando que o art. 290 do CPC não se aplica à hipótese de complementação de custas:

✓ APELAÇÃO. RELAÇÃO DE CONSUMO. RESPONSABILIDADE CIVIL. Transporte metroviário. Lesões corporais sofridas em decorrência de evento ocorrido na plataforma da estação. Ação indenizatória. Advogados da parte autora que foram intimados pelo portal para procederem à regularização das custas. Pleito de modificação do valor da causa que foi indeferido. Sentença que determinou o cancelamento da distribuição, na forma do artigo 290 do CPC, julgando extinto o processo, sem apreciação do mérito, com fundamento no artigo 485, inciso III, do CPC. Inconformismo da parte autora. Necessidade da intimação pessoal do autor para complementação das custas, uma vez que não se trata de ausência de recolhimento, mas de complementação do valor inicialmente recolhido. Aplicação do enunciado da Súmula nº 290, deste tribunal. Precedentes. Error in procedendo configurado. Anulação da sentença para regular prosseguimento do feito. Recurso conhecido e provido. (TJRJ; APL 0407848-43.2015.8.19.0001; Rio de Janeiro; Vigésima Sexta Câmara Cível Consumidor; Rel. Des. Wilson do Nascimento Reis; DORJ 15/12/2017; Pág. 775). No mesmo sentido: RECURSO DE APELAÇÃO CÍVEL. EXECUÇÃO DE TÍTULO EXTRAJUDICIAL. COMPROVAÇÃO DO PAGAMENTO CUSTAS DE AJUIZAMENTO DO FEITO. PAGAMENTO PARCIAL COMPROVADO CANCELAMENTO DA DISTRIBUIÇÃO ART. 485, IV CPC. INAPLICABILIDADE DO ART. 290 DO CPC. ATRAI INCISO III, C/C §1º, AMBOS DO ART. 485, DO CPC. EXTINÇÃO DO FEITO SEM PRÉVIA INTIMAÇÃO DO EXEQUENTE. EXCEPCIONAL DESCABIMENTO SENTENÇA ANULADA. RECURSO PROVIDO. Excepcionalmente, na eventual necessidade de comprovação do pagamento integral das custas do ajuizamento da ação de execução de título extrajudicial, que restou parcialmente comprovado, atrai a aplicabilidade do art. 485, III c/c § 1º do CPC, que denota a extinção do feito por abandono unilateral e não de cancelamento da distribuição; o que determina a necessidade de intimação pessoal da parte autora para suprir a falta no prazo legal. (TJMT; APL 133707/2017; Diamantino; Rel. Des. Sebastião de Moraes Filho; Julg. 13/12/2017; DJMT 18/12/2017; Pág. 84); APELAÇÃO CÍVEL. AÇÃO DE EXECUÇÃO. RECOLHIMENTO DAS CUSTAS A MENOR. SENTENÇA QUE DETERMINOU O CANCELAMENTO DA DISTRI-

BUIÇÃO NOS TERMOS DO ART. 290 E 485, IV, AMBOS DO CPC. AUSÊNCIA DE INTIMAÇÃO PESSOAL. IMPRESCINDIBILIDADE. APELO PROVIDO. SENTENÇA CASSADA. O art. 290 do CPC deve ser aplicado apenas quando o autor deixar de recolher a integralidade das custas processuais. Em caso de recolhimento a menor, impõe-se, primeiro, intimar a parte para proceder à complementação e, sua intimação pessoal para dar andamento ao processo no prazo de 05 (cinco) dias, sob pena de extinção por abandono se a parte permanecer omissa. Precedente TJTO. Constato, pelos procedimentos praticados nos autos de origem, que a intimação constante do evento 07 foi devidamente cumprida pelo autor, como se segue: Em 04-07-2016, o apelante juntou o comprovante de recolhimento das custas pela diligência do oficial de justiça com data de pagamento em 20-06-2016, conforme evento 09, e com relação ao comprovante de pagamento do complemento das custas esta foi juntada em 19-10-2016, com data de pagamento em 24-06-2016, conforme evento 17 COMP2, desta forma, conclui-se que ocorreu apenas um erro material por parte do autor ao não anexar atempadamente o comprovante de pagamento de complementação das custas nos autos, o que foi corrigido através dos embargos de declaração anexados no evento 17, observo ainda, que os pagamentos foram efetivados dentro das datas acima mencionadas, portanto, tempestivo o preparo. Recurso de apelo provido para cassar a sentença de primeiro grau. (TJTO; AC 0005415-44.2017.827.0000; Araguaína; Segunda Câmara Cível; Rel. Des. Moura Filho; Julg. 25/10/2017; DJTO 07/11/2017; Pág. 55)

<u>Afastando a exigência de intimação pessoal da parte para os fins do art. 290 do CPC:</u>

✓ REVISIONAL DE CONTRATO CUMULADA COM COBRANÇA E INDENIZAÇÃO POR DANOS MORAIS. Cancelamento da distribuição. Insurgência da autora. Descabimento. Demandante que foi intimada em diversas oportunidades, por meio de seu advogado, a recolher o valor das custas, taxas e despesas judiciais iniciais, mas ficou inerte. Possibilidade. Cancelamento da distribuição, com fundamento no art. 290 do CPC/2015. Desnecessidade de intimação pessoal da autora na hipótese. Decisão mantida. Recurso não provido. (TJSP; APL 1000925-67.2017.8.26.0071; Ac. 10983825; Bauru; Décima Oitava Câmara de Direito Privado; Rel. Des. Helio Faria; Julg. 14/11/2017; DJESP 23/11/2017; Pág. 2013); DIREITO DO CONSUMIDOR. AÇÃO DE REVISÃO DE CLÁUSULAS CONTRATUAIS. ALIENAÇÃO FIDUCIÁRIA. Gratuidade de justiça indeferida. Autor não recolheu as custas e não interpôs recurso da decisão de indeferimento. Sentença de cancelamento da distribuição, nos termos do art. 290 do CPC. Certo é que as despesas processuais devem ser pagas quando da propositura da ação ou dentro do prazo estabelecido no artigo 290 do CPC. De efeito, ao contrário do que afirma o apelante, a incidência do artigo 290 do CPC, independe de intimação pessoal, bastando a intimação de seu patrono para recolhimento do valor devido. Conhecimento e desprovimento do recurso. (TJRJ; APL 0000750-73.2017.8.19.0075; Vila Inhomirim; Vigésima Sexta Câmara Cível Consumidor; Rel. Desig. Des. Ricardo Alberto Pereira; DORJ 18/12/2017; Pág. 416). No mesmo sentido: APELAÇÃO CÍVEL. AÇÃO REVISIONAL. Contrato de financiamento de veículo. Sentença que extinguiu o feito com fulcro no art. 290 do CPC/2015. Recurso do autor. Pleito de justiça gratuita. Simples afirmação do estado de miserabilidade que não se mostra suficiente para a outorga da gratuidade. Oportunização para apresentar documentos comprobatórios do estado de miserabilidade do autor. Prazos assinalados que decorreram in albis. Cancelamento da distribuição com fulcro no art. 290 do Código de Processo Civil de 2015.suscitada a nulidade da sentença em razão da inexistência de intimação pessoal da parte autora para recolhimento das custas iniciais. Tese rejeitada. Prescindibilidade da intimação pessoal do requerente. Hipótese que não se enquadra no art. 485, II e III do CPC/2015. Ademais, precedentes do Superior Tribunal de Justiça. Circular n. 100/2015 da CGJ-SC que abona o Decreto extintivo. Insurgência desprovida. Manutenção da sentença de extinção que se impõe. Recurso conhecido e desprovido. (TJSC; AC 0300030-11.2017.8.24.0005; Balneário Camboriú; Segunda Câmara de Direito Comercial; Relª Desª Rejane Andersen; DJSC 18/12/2017; Pag. 444)

<u>Apontando que o CPC de 2015 afastou a possibilidade de cancelamento da distribuição por falta de recolhimento das custas independentemente de prévia intimação:</u>

✓ AGRAVO DE INSTRUMENTO. DIREITO PROCESSUAL CIVIL. IMPUGNAÇÃO AO CUMPRIMENTO DE SENTENÇA. Rejeição liminar em razão do não recolhimento das custas. Irresignação do impugnante pela ausência de intimação prévia. Acolhimento que se impõe. Orientação dada pelo RESP 1.361.811/RS, julgado sob o rito dos recursos repetitivos, baseada no CPC/1973, cujo art. 257 não previa a intimação prévia para o cancelamento da distribuição em razão de ausência de preparo. Inovação do art. 290 do CPC/2015 ao determinar a intimação prévia. Prestígio aos Princípios da Cooperação, da Primazia da Decisão de Mérito e da Boa-fé Processual. Necessário interpretar-se da mesma forma quanto ao incidente de impugnação ao cumprimento de sentença. Cassação da decisão recorrida com a determinação de intimação da parte em sede de primeiro grau que se impõe. Jurisprudência e Precedentes citados: RESP 1361811/RS, Rel. Ministro Paulo DE TARSO SANSEVERINO, CORTE ESPECIAL; Julg. 04/03/2015; DJe 06/05/2015; 0030105-62.2017.8.19.0000- AGRAVO DE INSTRUMENTO. Des(a). Edson AGUIAR DE VASCONCELOS. Julgamento: 23/08/2017. DÉCIMA SÉTIMA Câmara Cível; 0032144-32.2017.8.19.0000. AGRAVO DE INSTRUMENTO Des(a). MYRIAM MEDEIROS DA Fonseca COSTA. Julgamento: 09/08/2017. QUARTA Câmara Cível AGRAVO DE INSTRUMENTO. PROVIMENTO DO RECURSO. (TJRJ; AI 0062961-79.2017.8.19.0000; Rio de Janeiro; Vigésima Primeira Câmara Cível; Relª Desª Regina Lucia Passos; DORJ 15/12/2017; Pág. 572)

TÍTULO V
Do Valor da Causa

Art. 291. A toda causa será atribuído valor certo, ainda que não tenha conteúdo econômico imediatamente aferível.

→ *v.* Súmulas 449 e 667 do STF.
→ *v.* Súmula 14 do STJ.
→ *v.* Art. 3º, I, da Lei 9.099/1995.
→ *v.* Art. 3º da Lei 10.259/2001.
→ *v.* Art. 2º, *caput*, da Lei 12.153/2009.

Mesmo no caso de pedido meramente declaratório, o valor da cauda deve corresponder ao benefício econômico postulado:

✓ RECURSO ESPECIAL. AÇÃO CIVIL PÚBLICA. COMERCIALIZAÇÃO DE UNIDADES IMOBILIÁRIAS. MEMORIAL DE INCORPORAÇÃO. PRÉVIO REGISTRO CARTORÁRIO. EXIGÊNCIA LEGAL. VALOR DA CAUSA. CORRESPONDÊNCIA. CONTEÚDO ECONÔMICO DA DEMANDA. POSSIBILIDADE DE AFERIÇÃO. IMPOSSIBILIDADE DE FIXAÇÃO ALEATÓRIA. 1. No termos dos arts. 258 e 259 do CPC/1973, que encontram correspondência nos arts. 291 e 292 do CPC/2015, o valor da causa deve equivaler, em princípio, ao conteúdo econômico a ser obtido na demanda, ainda que o provimento jurisdicional buscado tenha conteúdo meramente declaratório. 2. Esta Corte tem entendimento consolidado no sentido de que, na impossibilidade de mensuração da expressão econômica da demanda, circunstância não verificada na espécie, admite-se que o valor da causa seja fixado por estimativa, sujeito a posterior adequação ao valor apurado na sentença ou no procedimento de liquidação. 3. O valor atribuído à causa pela associação autora da ação civil pública não se distancia dos princípios da razoabilidade e da proporcionalidade, motivo pelo qual não se justifica a sua alteração em julgamento de incidente de impugnação, principalmente se o magistrado fixa novo valor de forma aleatória, sem correspondência com o proveito econômico da demanda desde logo estimável. 4. Recurso especial parcialmente conhecido e, nessa parte, provido. (STJ; REsp 1.641.888; Proc. 2013/0378684-9; PE; Terceira Turma, Rel. Min. Ricardo Villas Boas Cueva; DJE 14/03/2017)

Eventual dificuldade em apurar o proveito econômico pretendido não autoriza a fixação do valor da causa em quantia irrisória:

✓ ADMINISTRATIVO. AÇÃO RESCISÓRIA. IMPUGNAÇÃO AO VALOR DA CAUSA. 1. A toda causa será atribuído um valor certo (art. 291 do CPC), que deve corresponder ao valor do benefício econômico que a parte autora pretende obter com a demanda. Ainda que seja de difícil objetivação, à míngua de dados mais seguros, dada a eventual dificuldade em se apurar o exato proveito eventualmente percebido com o provimento do pedido, não há autorização, por si só, de fixação de valor em quantia pequena ou mesmo irrisória. 2. Impugnação acolhida para fixar o valor da causa na ação rescisória nº 5023586-07.2015.4.04.0000 em R$ 4.892.232,80. (TRF 4ª R.; IVC 5052250-48.2015.4.04.0000; Segunda Seção; Rel. Des. Fed. Candido Alfredo Silva Leal Junior; Julg. 14/12/2017; DEJF 18/12/2017)

Possibilidade de fixação do valor da causa em caráter estimativo, sujeitando-se a alteração ao final, quando quantificados os valores pretendidos:

✓ AGRAVO DE INSTRUMENTO. AÇÃO DE CONHECIMENTO SOB RITO ORDINÁRIO. DIFERENÇAS SALARIAIS. AGENTES COMUNITÁRIOS DE SAÚDE. PEDIDO GENÉRICO. VALOR DA CAUSA. MANTIDO PROVISORIAMENTE ATÉ SENTENÇA FINAL. 1. Deve ser o valor atribuído à causa mantido como sendo aquele constante da petição inicial, pois atende satisfatoriamente a exigência do artigo 291 do NCPC, sujeitando-se, todavia, os recorrentes a alteração ao final, quando quantificado o valor correspondente às diferenças salariais pretendidas. 2. Em razão de não ser possível calcular, neste momento processual, o proveito econômico que a parte autora pretende auferir com a demanda, correta é a atribuição de um valor de alçada à causa, sem prejuízo de que, ao final, seja determinada a complementação do valor das custas pagas. RECURSO CONHECIDO E PROVIDO. (TJGO; AI 0131533-03.2016.8.09.0000; Alvorada do Norte; Terceira Câmara Cível; Rel. Des. Gerson Santana Cintra; DJGO 30/08/2016; Pág. 127)

Necessidade de razoabilidade na fixação do valor da causa, ainda que esta não tenha conteúdo econômico imediato:

✓ AGRAVO DE INSTRUMENTO. PROCESSUAL CIVIL. AÇÃO COLETIVA. ASSOCIAÇÃO EM SUBSTITUIÇÃO A SERVIDORES PÚBLICOS. VALOR DA CAUSA. CONTEÚDO ECONÔMICO DA DEMANDA. SOMA DAS PRETENSÕES INDIVIDUAIS. 1. Ainda que a causa não tenha conteúdo econômico imediato, é imperioso que o autor atribua-lhe um valor mais próximo da realidade do pedido, na forma do art. 291, do CPC/2015. 2. A jurisprudência do STJ é firme no sentido de que o valor da causa deve refletir o conteúdo econômico da demanda, o que em ações promovidas por Associação em substituição a seus associados importa na soma do valor pleiteado por cada substituído. 3. Agravo de não provido. (TRF 1ª R.; AI 0025734-89.2017.4.01.0000; Primeira Turma; Relª Desª Fed. Gilda Maria Carneiro Sigmaringa Seixas; DJF1 21/09/2017)

Não se admite valor da causa fixado de forma arbitrária para possível reflexo em eventual sucumbência:

✓ EMBARGOS DE DECLARAÇÃO. AGRAVO DE INSTRUMENTO. PEDIDO DE JUSTIÇA GRATUITA. Servidores estaduais do magistério que pedem recálculo de vencimentos com base em suposta diferença de conversão de moeda em URV em 1994. Valor da causa atribuído de forma arbitrária e sem razoabilidade pelos autores, para possível reflexo em eventual sucumbência da parte contrária, em demanda que não tem conteúdo econômico imediatamente aferível (art. 291 do CPC/2015) e passível de correção. De ofício pelo Juízo. Descabimento do pedido de gratuidade a constituir abuso de direito e desvirtuamento do instituto. Possibilidade dos autores de emendarem a petição inicial para atribuir valor certo e meramente para fins fiscais à causa. Professores Estaduais que requerem a concessão de gratuidade da justiça sem qualquer demonstração da alegada hipossuficiência. Apesar da apresentação da declaração de pobreza, não foram preenchidos os requisitos legais para a concessão da benesse. Decisão agravada mantida. Descabimento dos embargos com propósito modificativo do julgado. Recurso reservado para suprir omissão, obscuridade ou contradição, inexistentes no julgado. Embargos de Declaração rejeitados. (TJSP; EDcl 2064843-47.2017.8.26.0000/50000; Ac. 10668203; São Paulo; Oitava Câmara de Direito Público; Rel. Des. Leonel Costa; Julg. 08/08/2017; DJESP 14/08/2017; Pág. 3121)

<u>Valor da causa não é matéria que possa ser objeto de disposição ou transação entre as partes:</u>

✓ PROCESSUAL CIVIL. APELAÇÃO. MANDADO DE SEGURANÇA. VALOR DA CAUSA. BENEFÍCIO ECONÔMICO PRETENDIDO. DESPROVIMENTO DO RECURSO. 1. O valor da causa é um dos requisitos essenciais da inicial, e enseja a possibilidade de indeferimento, com extinção do processo sem julgamento de mérito, caso não promova o autor a sua adequação, segundo os critérios legais fixados (artigos 317 combinado com os artigos 319, V e 321, parágrafo único, ambos do CPC). 2. As partes não podem dispor ou transigir sobre o valor da causa segundo interesses ou critérios pessoais, uma vez que a partir de sua correta fixação são extraídos importantes efeitos processuais, em termos de definição, seja da competência, seja do rito procedimental. 3. O valor da causa é utilizado para o cálculo da verba honorária, em caso de sucumbência, nas mais diversas hipóteses e também é parâmetro de definição do valor das custas judiciais, e deve corresponder ao proveito econômico objetivamente pretendido com a ação, conforme inserido nos artigos 291 e 292 do Código de Processo Civil, de aplicação subsidiária à ação mandamental. 4. O artigo 292, I do Código de Processo Civil atua na definição do valor da causa, particularmente nas ações de cobrança, quando houver pedido de prestações vencidas e vincendas, quando, então, se determina que prevaleça a soma de todas as parcelas vencidas até a data da propositura da ação. 5. A ação mandamental tem como objeto a declaração do direito da impetrante excluir o ICMS da base de cálculo do PIS e da COFINS, bem como o direito de proceder à compensação/restituição dos valores pagos a maior das citadas contribuições. Em se cuidando de compensação ou restituição administrativa de créditos decorrentes de indébito fiscal, o valor da causa deve refletir o proveito econômico da operação almejada. 6. Não assiste razão à apelante ao alegar a não observância ao artigo 317 do CPC, pois concedida à apelante a oportunidade de correção do vício, e a impetrante se manifestou no sentido de discordar da decisão judicial. Diante do despacho de f. 95, interpôs agravo de instrumento, recebido sem efeito suspensivo. Pelas informações constantes no sistema PJ-e, não foi dado efeito suspensivo ao recurso, e em virtude de petição da própria agravante manifestando o desinteresse no prosseguimento do feito, após a prolação de sentença nesses autos, o recurso foi julgado prejudicado. 7. Quanto ao pedido de julgamento do feito nos termos do julgado pelo STF, conforme o artigo 1.040, II, do CPC, diante do julgamento do Tema nº 69 do STF, deixo de apreciar a matéria, uma vez que a análise de tal questão incorreria em supressão de instância, ante a não análise do mérito em primeiro grau de jurisdição. 8. Apelação desprovida. (TRF 3ª R.; AC 0015453-87.2016.4.03.6100; Terceira Turma; Rel. Des. Fed. Carlos Muta; Julg. 04/10/2017; DEJF 10/10/2017)

<u>Possibilidade de o juiz exigir que a parte explicite os critérios pelos quais estimou o valor da causa:</u>

✓ PROCESSUAL CIVIL. VALOR DA CAUSA. ART. 291 DO CPC. VEDAÇÃO À ATRIBUIÇÃO DE VALOR ALEATÓRIO. DEVER DE JUSTIFICAR O VALOR DA CAUSA. MANDADO DE SEGURANÇA. AÇÕES DECLARATÓRIAS. 1. O valor da causa deve traduzir a realidade do pedido, ainda que a demanda não tenha conteúdo econômico imediato. Aplicação do art. 258 do CPC, inclusive em mandado de segurança ou ações meramente declaratórias. 2. Sendo vedado pelo ordenamento a atribuição de valor aleatório, ao acaso, ou sem vinculação com os fatos, impõe-se à parte o dever de indicar o critério adotado. Se a parte não indicar as razões que lhe impulsionaram a atribuir um valor específico à causa, pode o juiz determinar que apresente cálculos ou material comprobatório da coerência do valor atribuído. 3. O valor da causa deve ser compatível com o pedido formulado, ainda que a ação contemple pedido meramente declaratório. (TRF 4ª R.; AG 5017881-57.2017.404.0000; Primeira Turma; Rel. Des. Fed. Amaury Chaves de Athayde; Julg. 24/05/2017; DEJF 31/05/2017)

Art. 292. O valor da causa constará da petição inicial ou da reconvenção e será:

→ *v.* Arts. 319, V e 343 do NCPC.

<u>Possibilidade de fixação do valor da causa em caráter estimativo em mandado de segurança sem conteúdo econômico imediato:</u>

✓ APELAÇÃO CÍVEL. MANDADO DE SEGURANÇA. NULIDADE DE EDITAL DE LICITAÇÃO. VALOR DA CAUSA. AUSÊNCIA DE VANTAGEM ECONÔMICA IMEDIATA. SENTENÇA QUE EXTINGUIU O FEITO POR AUSÊNCIA DE EMENDA À INICIAL. APELO PLEITEANDO A ANULAÇÃO DA SENTENÇA. NÃO HÁ PROVEITO ECONÔMICO IMEDIATO EM MAN-

DADO DE SEGURANÇA QUE BUSCA A NULIDADE DE LICITAÇÃO. ESTIPULAR O VALOR DA CAUSA LEVANDO-SE EM CONTA O VALOR DO CONTRATO A SER CELEBRADO COM A ADMINISTRAÇÃO, SERIA INVIABILIZAR O EMPREGO DESTE ESSENCIAL INSTRUMENTO DE COMBATE À ILEGALIDADE E AO ABUSO DE PODER, SOBRETUDO EM PROCEDIMENTOS LICITATÓRIOS. SENTENÇA ANULADA. RETORNO DOS AUTOS À VARA DE ORIGEM PARA REGULAR PROSSEGUIMENTO. RECURSO CONHECIDO E PROVIDO. Conforme teor dos arts. 291 e 292 do NCPC, em regra, a fixação do valor da causa deve corresponder, na medida do possível, ao benefício econômico pretendido pelo demandante. Tratando-se de mandado de segurança, em que inexiste proveito econômico imediato, não há necessidade de retificação do valor atribuído, na petição inicial. Ademais, considerando que o valor do contrato não vem previamente definido no edital, não é, portanto, possível a sua vinculação ao valor da causa. A sentença vergastada deve ser desconstituída, eis que o valor da causa encontra-se correto, motivo pelo qual não há que se falar em necessidade de retificação do valor da causa e, consequentemente, de emenda à inicial. (TJSE; AC 201600729258; Ac. 8004/2017; Primeira Câmara Cível; Rel. Des. Ruy Pinheiro da Silva; Julg. 24/04/2017; DJSE 27/04/2017)

<u>O valor da causa na ação rescisória, via de regra, corresponde ao valor da lide originária devidamente corrigido:</u>

✓ AGRAVO INTERNO EM SEGUNDA AÇÃO RESCISÓRIA. PRELIMINAR DE NÃO CONHECIMENTO DE PARTE DO RECURSO. ARGUIÇÃO DE OFÍCIO. INDEFERIMENTO DO PEDIDO DE GRATUIDADE DE JUSTIÇA. PRECLUSÃO. MÉRITO. VALOR DA CAUSA NA AÇÃO RECISÓRIA. DEVE CORRESPONDER AO VALOR DA LIDE ORIGINÁRIA, DEVIDAMENTE CORRIGIDO. PROVEITO ECONÔMICO ALMEJADO. RECURSO PARCIALMENTE CONHECIDO E, NESSA PARTE, NÃO PROVIDO. 1. Não pode ser conhecido o recurso no capítulo alusivo a tema sobre o qual operou-se a preclusão. 2. O valor da causa deve corresponder ao proveito econômico almejado pela parte, conforme disposto no art. 291, do NCPC. Na ação rescisória, à míngua de parâmetro legal objetivo, deverá corresponder ao valor da lide originária devidamente corrigido, conforme orientação sedimentada no âmbito da jurisprudência do STJ. 3. Recurso parcialmente conhecido e, nessa parte, não provido. (TJMS; AgRg 1400040-94.2017.8.12.0000; Órgão Especial; Rel. Des. Sideni Soncini Pimentel; DJMS 25/04/2017; Pág. 85)

<u>Contudo, se houve distorção no valor da causa na demanda originária, tal vício não pode ser transposto para a ação rescisória:</u>

✓ AGRAVO INTERNO NA AÇÃO RESCISÓRIA. VALOR DA CAUSA QUE, EM REGRA, EQUIVALE AO VALOR ATRIBUÍDO A AÇÃO ORIGINÁRIA. NO ENTANTO, NO CASO EM TELA, O VALOR ATRIBUÍDO À CAUSA ESTÁ COMPLETAMENTE DISSOCIADO DO BENEFÍCIO ECONÔMICO PRETENDIDO, EM DESATENDIMENTO AO QUE PRECEITUA O ART. 291 DO CPC, NÃO HAVENDO A NECESSÁRIA VINCULAÇÃO ENTRE O VALOR DA CAUSA DA AÇÃO ORIGINÁRIA E DA PRESENTE DEMANDA. Inadmissível que o equivocado valor anteriormente atribuído contamine a presente demanda. Precedentes do STJ. Agravo interno a que se nega provimento. (TJRJ; AR 0019065-83.2017.8.19.0000; Rio de Janeiro; Décima Terceira Câmara Cível; Rel. Des. Fernando Fernandy Fernandes; DORJ 01/09/2017; Pág. 456)

<u>Possibilidade de fixação de valor estimativo da causa em ação cautelar:</u>

✓ SFH. AÇÃO CAUTELAR DE PROTESTO INTERRUPTIVO DA PRESCRIÇÃO. ART. 726 DO CPC. EMENDA À INICIAL. VALOR DA CAUSA. ART. 292 DO CPC. INAPLICABILIDADE. VALOR INESTIMÁVEL NÃO RELACIONADO COM O DIREITO MATERIAL A SER AINDA DISCUTIDO NA AÇÃO PRINCIPAL. PRECEDENTES DO STJ E DESTE TRF1. 1. O Superior Tribunal de Justiça firmou orientação de que o valor da causa na ação cautelar de protesto não corresponde, necessariamente, ao valor do título discutido na ação principal, que objetiva a decretação de nulidade do título, eis que os objetos de cada feito são distintos, não guardando identidade econômica. 2. No caso, a Caixa Seguradora S/A busca a suspensão do curso do prazo prescricional, para que possa exercitar o direito de ação visando o ressarcimento das despesas assumidas na defesa de processo em que se discutiu a revisão de contrato de mútuo habitacional celebrado no âmbito do SFH, inexistindo qualquer discussão sobre "a existência, validade, cumprimento, modificação ou rescisão de negócio jurídico", matéria atinente à ação principal. 3. A questão da existência ou não do direito a crédito relativo ao negócio jurídico firmado entre as partes (autor e réu) não será discutida na cautelar de protesto, mas somente na ação principal, sendo incabível aplicar, no caso, o ditame do art. 292 do CPC, que expressamente correlaciona o valor da causa ao valor do contrato firmado. 4. O baixo valor de R$ 1.000,00 (mil reais) atribuído pela Caixa Seguradora S/A à presente ação cautelar de protesto interruptivo da prescrição não autoriza o cancelamento da distribuição ou a extinção do processo sem o exame de seu mérito, pois o artigo 291 do CPC não fixa parâmetros para a estipulação do valor da causa nas hipóteses que não estão contempladas no artigo 292 do CPC. 5. A jurisprudência pátria tem admitido que a interrupção do prazo prescricional ocorra desde a protocolização da ação cautelar, quando, em face do entraves decorrentes da máquina judiciária, a demora da citação não advenha de culpa do autor. 6. No caso, não tendo havido a devida citação da ré, Caixa Econômica Federal, declara-se, a título de antecipação da tutela recursal, interrompido o prazo prescricional a partir da data do ajuizamento da ação. 7. Apelação da Caixa Seguradora S/A provida para, reformando a sentença apelada, determinar o retorno dos autos ao juízo de origem para o regular prosseguimento do feito. (TRF 1ª R.; AC 0040097-37.2015.4.01.3400; Quinta Turma; Rel. Des. Fed. Néviton Guedes; DJF1 14/03/2017)

Ação destinada a exibição de documentos não possui proveito econômico imediato, comportando o arbitramento de valor da causa estimativo:

✓ APELAÇÃO. Ação de conhecimento com preceito cominatório de obrigação de fazer. Pretensão de exibição de documentos bancários. IMPUGNAÇÃO AO VALOR DA CAUSA. Acolhimento. A ação de cunho exibitório não tem conteúdo econômico imediato, de sorte que o valor da causa deve ser definido por estimativa, a teor do disposto no artigo 291 do CPC/2015, mediante a aplicação dos princípios da proporcionalidade e razoabilidade. Valor atribuído à causa (R$9.000,00) que destoa desses princípios e fica reduzido ao quantum de R$1.000,00. PEDIDO DE ADMINISTRATIVO INVÁLIDO. Ainda que a demanda tenha sido intitulada ação de conhecimento com preceito cominatório de obrigação de fazer, evidente a pretensão de exibição de documentos bancários, daí porque, ao caso em testilha, impõe-se a aplicação do entendimento firmado pelo Superior Tribunal de Justiça, em sede de julgamento de recurso repetitivo (RESP 1.349.453/MS). Ausência de assinatura da autora na missiva endereçada à ré. Inexistência de procuração específica para recebimento da documentação. Indicação do endereço de terceiro para o recebimento dos documentos. Sigilo das informações que deve ser observado pela apelada. Não caracterizada a recusa indevida da ré no fornecimento dos documentos pela via administrativa. Sentença mantida. Recurso desprovido. (TJSP; APL 1029154-27.2016.8.26.0506; Ac. 10753857; Ribeirão Preto; Vigésima Quarta Câmara de Direito Privado; Relª Desª Jonize Sacchi de Oliveira; Julg. 03/08/2017; DJESP 11/09/2017; Pág. 3019)

Apontando que o valor da causa em ação de dissolução parcial de consórcio deve corresponder ao valor da participação:

✓ DIREITO PROCESSUAL CIVIL. AGRAVO DE INSTRUMENTO. VALOR DA CAUSA. AÇÃO DE DISSOLUÇÃO PARCIAL DE CONSÓRCIO DE EMPRESAS. INVIABILIDADE DE AFERIÇÃO DO PROVEITO ECONÔMICO POSTULADO PELA DEMANDANTE. FIXAÇÃO POR ESTIMATIVA. RECURSO PROVIDO. Cuida-se de ação de dissolução parcial de consórcio de empresas em que o magistrado de primeira instância determinou fosse adequado o valor da causa para o montante de R$ 3.797.359,00, referente às transações bancárias realizadas pelo consorcio agravado, as quais estão sendo questionadas em ação de prestação de contas conexa e seria o real aproveitamento financeiro de ambas as demandas. Aplicando-se, com as devidas adaptações, o entendimento jurisprudencial adotado para a atribuição do valor da causa à ação de dissolução parcial de sociedade empresária, tem-se que na dissolutória de consórcio este importe deve corresponder à participação societária da empresa que se pretende retirar. Na hipótese, todavia, o termo de constituição do consórcio agravado não especifica o valor das quotas da agravante, indicando apenas seu percentual de participação, que é de 25%. Assim, inexistindo elementos objetivos para a determinação do valor da causa, ao menos neste momento processual, mostra-se equivocada a decisão recorrida, sendo o caso de se admitir a sua fixação por estimativa, sem prejuízo de posterior adequação ao montante apurado na sentença ou fase liquidatória da demanda originária, observada a participação da agravante na associação empresarial. Inteligência do art. 291 do CPC/2015. Agravo provido. (TJPE; AI 0003034-76.2016.8.17.0000; Rel. Des. Cândido José da Fonte Saraiva de Moraes; Julg. 10/08/2016; DJEPE 19/08/2016)

Os honorários contratuais de advogado não devem ser incluídos na fixação do valor da causa:

✓ AGRAVO INTERNO. AGRAVO DE INSTRUMENTO. VALOR DA CAUSA. HONORÁRIOS ADVOCATÍCIOS CONRATUAIS. PERDAS E DANOS. 1. Diversamente do alegado pelo agravante, a atual jurisprudência é no sentido de que os honorários advocatícios contratuais não integram as perdas e danos devidas pelo devedor ao credor, porquanto a mera contratação de advogado para ajuizamento de ação, por si só, não constitui ilícito capaz de ensejar danos materiais indenizáveis (cf. STJ. AgRg no AREsp 746.234/RS e STJ. AgRg no REsp 1370501/MS). 2. Nessa ótica, para fins de apuração do valor da causa nas ações relativas aos expurgos inflacionários, cuja fixação ocorre de maneira estimativa, indevida a inclusão dos honorários contratuais, que, a princípio, não integram o valor das perdas e danos. 3. Agravo interno desprovido. (TRF 2ª R.; AI 0001183-86.2015.4.02.0000; Sétima Turma Especializada; Rel. Des. Fed. Luiz Paulo S. Araujo Filho; Julg. 07/02/2017; DEJF 21/02/2017)

Em ação revisional, o valor da causa corresponde à diferença entre o valor pretendido e aquele pactuado:

✓ PROCESSO CIVIL. AGRAVO DE INSTRUMENTO. EMENDA DA INICIAL. ATRIBUIÇÃO DO VALOR DA CAUSA. AÇÃO REVISIONAL DE CONTRATO. VALOR DA CAUSA. VANTAGEM ECONÔMICA PRETENDIDA. PRECEDENTES DO STJ. RECURSO CONHECIDO E PROVIDO. 1. O valor da causa deve ser fixado de acordo com os parâmetros estabelecidos no artigo 292 do CPC. 2. Nos casos de revisão de contrato, no qual a parte pretende tão somente restabelecer o equilíbrio econômico e financeiro, o STJ tem entendido como valor da causa a vantagem econômica sobre o qual o autor terá vantagem. 3. Neste sentido, em se tratando de ação revisional, na qual há valor controvertido a ser debatido, o valor da causa deve ser a diferença entre o valor pretendido e aquele pactuado com a instituição financeira. 4. Conhecimento e provimento do presente Agravo de Instrumento, para confirmar, em definitivo a liminar concedida (fls. 113/115). 5. Votação Unânime. (TJPI; AI 2012.0001.001042-1; Segunda Câmara Especializada Cível; Rel. Des. José James Gomes Pereira; DJPI 24/11/2017; Pág. 48). No mesmo sentido: AÇÃO REVISIONAL DE CONTRATO BANCÁRIO. DECISÃO QUE MODIFICA, DE OFÍCIO, O VALOR DA CAUSA, NOS TERMOS DO ART. 292, §3º, CPC/2015. Agravo de instrumento. O valor da causa não deve corresponder à totalidade do valor do contrato, mas sim à estimativa do proveito econômico advindo com a sua eventual revisão. Interpretação do art. 292, inc. II, do CPC/2015. Precedentes do STJ. Valor da causa alterado para o patamar de R$ 106.126,01. Decisão parcialmente reformada. Recurso parcialmente provido. (TJSP; AI 2051843-77.2017.8.26.0000; Ac. 10432297; São Paulo; Vigésima Primeira Câmara de Direito Privado; Rel. Des. Virgilio de Oliveira Junior; Julg. 17/05/2017; DJESP 31/05/2017; Pág. 2055)

I – na ação de cobrança de dívida, a soma monetariamente corrigida do principal, dos juros de mora vencidos e de outras penalidades, se houver, até a data de propositura da ação;

Valor da causa dos embargos que ataquem toda a dívida deve corresponder ao valor total da execução:

✓ EMBARGOS À EXECUÇÃO. Decisão do Juízo a quo que determina ao embargante a correção do valor atribuído a causa. O valor da causa nos Embargos à Execução deve corresponder ao benefício econômico pretendido pelo embargante, tem relação com o conteúdo que busca afastar através dos embargos. Artigo 291 do Código de Processo Civil. Segundo se depreende da exordial dos embargos, o embargante busca afastar a execução por inteiro, razão pela qual o valor da causa também deve corresponder ao valor da execução. Portanto, a Decisão agravada merece ser mantida. Desprovimento do Agravo de Instrumento. (TJRJ; AI 0051062-21.2016.8.19.0000; Rio de Janeiro; Primeira Câmara Cível; Rel. Des. Camilo Ribeiro Ruliere; DORJ 22/06/2017; Pág. 278). V. tb.: RECURSO. Agravo de instrumento. "Impugnação ao valor atribuído à causa". Insurgência contra a r. Decisão que manteve o acolhimento da impugnação, para fixar o valor da causa em R$ 296.337,98 (duzentos e noventa e seis mil, trezentos e trinta e sete reais e noventa e oito centavos). Inadmissibilidade. Benefícios da gratuidade judiciária deferidos, exclusivamente para o processamento deste recurso. Inaplicabilidade das normas do CDC. Valor da causa que deve corresponder ao proveito econômico pretendido. Inteligência do artigo 291 do NCPC. Agravante que pretende a extinção da execução. Valor da causa nos embargos, que deve equivaler ao valor total da execução. Ausência de violação ao disposto no artigo 5º, incisos XXXV e LV, da CF/88. Prequestionamento. Recurso improvido, cassado o efeito suspensivo. (TJSP; AI 2167448-08.2016.8.26.0000; Ac. 10087198; Ribeirão Preto; Décima Oitava Câmara de Direito Privado; Rel. Des. Roque Antonio Mesquita de Oliveira; Julg. 19/12/2016; DJESP 24/01/2017)

II – na ação que tiver por objeto a existência, a validade, o cumprimento, a modificação, a resolução, a resilição ou a rescisão de ato jurídico, o valor do ato ou o de sua parte controvertida;

Se o que se busca é a nulidade da hipoteca, o valor da causa deve corresponder ao valor da garantia real, e não do negócio jurídico que a constituiu:

✓ AÇÃO DECLARATÓRIA DE NULIDADE DE HIPOTECA. IMPUGNAÇÃO AO VALOR DA CAUSA ACOLHIDA. Decisão que determinou a emenda da petição inicial para que o valor dado à causa seja o valor do negócio jurídico que constituiu referida hipoteca. Insurgência. Decisão acertada. Valor da causa que deve corresponder ao valor do contrato que constituiu a hipoteca. Proveito econômico a ser obtido que corresponde ao valor da hipoteca. Inteligência dos arts. 291 e 292, II, do CPC. Recurso improvido. (TJSP; AI 2245054-15.2016.8.26.0000, Ac. 10192919; Campinas; Quarta Câmara de Direito Privado; Rel. Des. Fábio Quadros; Julg. 16/02/2017; DJESP 08/03/2017)

Entendendo que em ação de nulidade de contrato, sem pedido condenatório, o valor da causa não se atrela ao valor do bem:

✓ CIVIL. PROCESSO CIVIL. JUSTIÇA GRATUITA. VALOR DA CAUSA. NULIDADE. NEGÓCIO JURÍDICO. COMPRA E VENDA. MEAÇÃO. RECONHECIMENTO E DISSOLUÇÃO DE UNIÃO ESTÁVEL. USUFRUTO. 1. A necessidade de prova da situação de hipossuficiência econômica emana do art. 5º, inc. LXXIV, da Constituição Federal. 2. A assistência judiciária não se reveste do caráter de benevolência, mas se apresenta como meio necessário à viabilização do acesso igualitário a todos os que buscam a prestação jurisdicional. Por não se tratar de um ato de caridade, deve restar criteriosamente concedido, a fim de evitar o mau uso do benefício por pessoas que têm condições de recolher custas e arcar com verbas de sucumbência. 3. Em ação declaratória de nulidade de contrato de compra e venda, na qual inexiste pedido de condenação em obrigação de pagar quantia certa, o valor da causa não está atrelado ao valor do bem. Incidência do art. 291 do NCPC. 4. É nulo o negócio jurídico de compra e venda na hipótese em que a alienante não observa a meação e adota nome e estado civil diversos do que detém, por ocasião da lavratura da escritura pública. 5. A pretensão deduzida em ação de reconhecimento e dissolução da união estável com partilha de bens tem natureza declaratória, eis que reconhece situação fática já consolidada, razão porque produz efeitos ex tunc. 6. A menção acerca do suposto cometimento de infração penal na fundamentação da sentença, pelo juízo cível, não vincula o Ministério Público, a quem incumbe proceder à classificação dos tipos penais e adotar a medida pertinente, posto que titular de eventual ação penal. 7. O usufruto voluntário deve ser constituído por negócio jurídico realizado entre o nu-proprietário e o usufrutuário, sendo certo que a declaração de nulidade da escritura pública de compra e venda fulmina também o usufruto ali instituído, que se extingue com o cancelamento do registro no Cartório de Registro de Imóveis (art. 1.410 do Código Civil). 8. Recursos dos Réus conhecidos e desprovidos. (TJDF; APC 2014.09.1.022596-5; Ac. 103.1736; Terceira Turma Cível; Rel. Des. Flavio Rostirola; Julg. 12/07/2017; DJDFTE 21/07/2017)

Se houve rescisão extrajudicial do contrato e apenas se discute o pagamento de diferença de valor, o valor da causa deve corresponder a essa diferença:

✓ APELAÇÃO CÍVEL. AÇÃO REVISIONAL DE CLÁUSULA CONTRATUAL. RELAÇÃO DE CONSUMO. Pretensão de devolução da diferença da quantia paga em contrato de compra e venda de imóvel em razão de distrato extrajudicial. Além de pedido de pagamento diferido da taxa judiciária, nos termos do Enunciado nº 27 do FETJ. Sentença de extinção do feito com fulcro no art. 485, incisos III e IV, NCPC, por falta de pagamento integral das custas de ingresso, conforme determina o art. 290 do NCPC. Deferimento do pagamento diferido da taxa judiciária requerida na inicial, determinando o parcelamento em cinco vezes. Magistrado que, após pagamento das custas, verificou inobservância da norma do artigo 291 e seguintes do NCPC, determinando que a Recorrente emendasse a inicial, adequando o valor da causa ao valor do contrato, e a complementação das custas no prazo de 15 dias, sob pena de cancelamento da distribuição, na forma dos arts. 290 c/c 321, NCPC. Apelante que requer a anulação da sentença, tendo em vista que o julgado foi proferido sem que seus embargos de declaração fossem apreciados, bem como requer a apreciação das razões dos embargos, com a manutenção do valor da causa atribuído na inicial. Antes de proferir a sentença, deveria ter sido analisado e julgado os embargos de declaração, a fim de evitar prejuízo à parte. No processo originário a Recorrente informa que houve rescisão extrajudicial do Instrumento Particular de Promessa de Compra e Venda firmado com a parte Ré, tendo a Demandada devolvido parte do valor pago, de modo que a apelante persegue a devolução da diferença. Não se discute nos autos a rescisão do contrato. Discute-se apenas o eventual não pagamento de uma diferença de valor. Forçoso reconhecer que o valor da causa atribuído na inicial, observou os ditames legais expressos no art. 292, II, parte final, do NCPC, já que não se está discutindo a rescisão do contrato. DÁ-SE PROVIMENTO AO RECURSO, anulando-se a sentença. (TJRJ; APL 0032128-43.2015.8.19.0002; Niterói; Vigésima Quarta Câmara Cível Consumidor; Relª Desig. Desª Ana Célia Montemor Soares Rios Gonçalves; DORJ 09/10/2017; Pág. 370)

<u>Possibilidade de fixação do valor da causa em caráter estimativo, se o pedido não se refere à integralidade do contrato:</u>

✓ AGRAVO DE INSTRUMENTO. CONSIGNAÇÃO EM PAGAMENTO. VALOR DA CAUSA. VALOR DIVERSO DO CONTRATO. POSSIBILIDADE. VALOR CERTO E DETERMINADO DA CAUSA ESTIPULADO AO FINAL DA AÇÃO. ADEQUAÇÃO POSTERIOR. CUSTAS PROCESSUAIS AO FINAL DA AÇÃO. INVIÁVEL. NÃO COMPROVAÇÃO DA HIPOSSUFICIÊNCIA MOMENTÂNEA. AGRAVO CONHECIDO E PROVIDO PARCIALMENTE. A indicação do valor da causa é um dos requisitos da petição inicial, o qual não é dispensado mesmo nas demandas em que não haja conteúdo econômico imediato. Art. 291 do CPC/2015. Considerando que o pedido inicial não se refere à integralidade do contrato, e, reconhecida a dificuldade de ser fixado o valor em que se pretende ver expurgado do pacto, há possibilidade de atribuição, na inicial, de valor diverso, visto que apenas no final da cognição, quando do julgamento definitivo, é que se chegará a valor certo e determinado. Mantém-se, pois, o valor atribuído à causa por estimativa do agravante, no importe de R$ 1.000,00 (um mil reais), com a ressalva de que o referido valor poderá adequar-se quando da prolação da sentença. Resta indeferido o pedido de pagamento das custas processuais ao final da ação, porquanto, os documentos acostados não se mostram suficientes para comprovar a hipossuficiência alegada, ainda que momentânea. AGRAVO CONHECIDO E PROVIDO PARCIALMENTE. (TJBA; AI 0003568-19.2017.8.05.0000; Salvador; Terceira Câmara Cível; Relª Desª Rosita Falcão de Almeida Maia; Julg. 08/08/2017; DJBA 16/08/2017; Pág. 329)

<u>Valor da causa em ação destinada a invalidar acordo deve corresponder ao valor do próprio acordo:</u>

✓ AGRAVO DE INSTRUMENTO. IMPUGNAÇÃO AO VALOR DA CAUSA. PRETENSÃO DE ANULAR ACORDO JUDICIAL. VALOR DA CAUSA. PROVEITO ECONÔMICO. Inteligência dos artigos 291 e 292, ambos do CPC/2015. O valor da causa deve corresponder ao proveito econômico esperado pela parte, segundo o disposto nos artigos 291 e 292, ambos do CPC/2015, de modo que, em se tratando de pedido para anulação de acordo, esse deve corresponder à quantia do acordo a ser invalidado. (TJMG; AI 1.0071.13.005518-0/001; Rel. Des. Arnaldo Maciel; Julg. 13/12/2016; DJEMG 16/12/2016)

III – na ação de alimentos, a soma de 12 (doze) prestações mensais pedidas pelo autor;

→ *v.* Lei 5.478/1968 – Dispõe sobre ação de alimentos e dá outras providências.

<u>Em ação de divórcio cumulada com oferta de alimentos, regulamentação de visitas e partilha de bens, o valor da causa deve compreender o rol de bens a serem partilhados, mais doze prestações mensais:</u>

✓ AGRAVO DE INSTRUMENTO. GRATUIDADE JUDICIÁRIA. INDEFERIMENTO. VALOR DA CAUSA. DECLARAÇÃO DE HIPOSSUFICIÊNCIA. PRESUNÇÃO RELATIVA. PRECEDENTES. PRINCÍPIO DA COOPERAÇÃO. APRESENTAÇÃO DE CONJUNTO PROBATÓRIO. COMPROVAÇÃO DA CONDIÇÃO DE HIPOSSUFICIÊNCIA. VALOR DA CAUSA. PEDIDOS CUMULADOS. ART. 292, DA LEI Nº. 13.105/2015. CORREÇÃO DE OFÍCIO DO VALOR DA CAUSA. IMPOSIÇÃO LEGAL. RECURSO CONHECIDO E PARCIALMENTE PROVIDO. 1. Cuidam os presentes autos de agravo de instrumento interposto por p. H. C. V., em face da decisão da mmª. Juíza titular da 10ª vara de família da Comarca de Fortaleza, que indeferiu o pedido de justiça gratuita pleiteado pelo agravante e determinou a correção do valor da causa declinado pela parte. 2. A autoridade judiciária pode, de acordo com o princípio da cooperação, o qual obriga a autoridade judiciária ouvir previamente as partes sobre as questões de fato ou de direito que influenciarão o julgamento da causa, requerer dos postulantes ao benefício da justiça gratuita a apresentação de conjunto probatório apto a conceder a plausibilidade da gratuidade judiciária perquirida em face da presunção relativa de que goza a declaração de hipossuficiência. 3. Ao apresentar documentação suficiente, a parte consegue comprovar a contento a condição de hipossuficiência, devendo lhe ser garantido o deferimento da Assistência Judiciária Gratuita. 4. No que pertine ao valor da causa a ser atribuído pela parte, o art. 292, da Lei nº. 13.105/2015 explicitamente prevê como deverá constar na petição inicial o montante a ser atribuído pela parte. 5. O agravante realizou, cumulativamente, pedidos de divórcio, oferta de alimentos, regulamentação de visitas e partilha de bens. O conteúdo patrimonial em discussão ou o proveito econômico perseguido pelo autor deve ser obtido através do rol de bens a serem objeto da partilha, acrescidos dos alimentos mensais ofertados, calculados pela soma de 12 (doze) prestações mensais. 6. Recurso conhecido e parcialmente provido. Retificação de ofício do valor da causa discriminado pelo agravante, de acordo com o §3º, do art. 292, do novo CPC. (TJCE; AI 0621804¬74.2016.8.06.0000; Segunda Câmara Cível; Relª Desª Maria Nailde Pinheiro Nogueira; DJCE 14/06/2016; Pág. 25)

IV – na ação de divisão, de demarcação e de reivindicação, o valor de avaliação da área ou do bem objeto do pedido;

→ *v.* Art. 569 do NCPC.

Entendendo que o valor da causa na ação possessória não corresponde ao valor da propriedade:

✓ AGRAVO DE INSTRUMENTO. AÇÃO DE REINTEGRAÇÃO POSSE. DETERMINAÇÃO DE RETIFICAÇÃO DO VALOR DA CAUSA PARA ATRIBUIR O VALOR DE MERCADO DO IMÓVEL. Conteúdo econômico indefinido da posse. Valor estimado. Possibilidade. Reforma da decisão interlocutória. Na ação de reintegração de posse o valor da causa não é o valor da propriedade, posto se tratar de ação possessória e não petitória. A atribuição de valor estimativo ao mero direito de posse cumpre o disposto no artigo 291 do CPC. Inaplicabilidade do disposto do artigo 292 do CPC. Reforma da decisão. Conhecimento e provimento do recurso. (TJRJ; AI 0034366-70.2017.8.19.0000; Rio de Janeiro; Vigésima Segunda Câmara Cível; Relª Desª Odete Knaack de Souza; DORJ 06/10/2017; Pág. 527). No mesmo sentido: REINTEGRAÇÃO DE POSSE. Bem imóvel. Valor da causa. Ausência de critério estabelecido no art. 292 do CPC para a hipótese de ação possessória. Circunstância em que se aplica o previsto no artigo 291 do mesmo diploma legal, admitindo-se, em consequência, o valor declinado na exordial. Sentença que indeferiu a petição inicial e julgou extinto o processo, por ausência de emenda alterando o valor da causa para o valor venal do bem anulada. Recurso provido. (TJSP; APL 1000544-72.2017.8.26.0002; Ac. 10782313; São Paulo; Décima Sétima Câmara de Direito Privado; Rel. Des. Paulo Pastore Filho; Julg. 11/09/2017; DJESP 19/09/2017; Pág. 2150)

Contra, aplicando o art. 292, IV do CPC por analogia à ação possessória:

✓ DIREITO CIVIL E PROCESSUAL CIVIL. AÇÃO DE MANUTENÇÃO DE POSSE DE IMÓVEL URBANO. FALTA DE FUNDAMENTAÇÃO DA SENTENÇA. NÃO OCORRÊNCIA. NULIDADE DA SENTENÇA POR ERROR IN PROCEDENDO. OFENSA AOS LIMITES DO PEDIDO CONTRAPOSTO. OCORRÊNCIA. MÉRITO. REQUISITOS. ARTIGOS 560 E 521 DO CÓDIGO DE PROCESSO CIVIL DE 2015. POSSE E TURBAÇÃO. PROVA. INEXISTÊNCIA. VALOR DA CAUSA. PARÂMETRO. VALOR DE AVALIAÇÃO DA ÁREA LITIGIOSA. APLICAÇÃO ANALÓGICA DO ART. 292, IV DO CPC/15. 1. É corolário constitucional que "todos os julgamentos dos órgãos do Poder Judiciário serão públicos, e fundamentadas todas as decisões, sob pena de nulidade, podendo a Lei, se o interesse público o exigir, limitar a presença, em determinados atos, às próprias partes e a seus advogados, ou somente a estes". inteligência do art. art. 93, item IX, da Constituição Federal. 2. Portanto, é nula a sentença que não contém os motivos do convencimento do Juiz. 3. Em razão da força dúplice das ações possessórias, o réu, alegando que foi ofendido em sua posse, poderá ofertar pedido contraposto para demandar a proteção possessória e a indenização pelos prejuízos resultantes da turbação ou do esbulho cometido pelo autor, nos termos do art. 922 do CPC/73, vigente à época da apresentação da contestação no presente processo, cuja redação foi reprisada no art. 556 do novo CPC/15. 4. Dessa forma, é inviável, por inadequação do procedimento, que o réu formule pedido contraposto de indenização por dano moral ou de cancelamento de matrícula do imóvel objeto da lide, incorrendo em **error in procedendo** a sentença que acolhe qualquer pedido contraposto além daqueles legalmente previstos, como no caso dos autos, merecendo a decisão ora recorrida parcial desconstituição, pois deferiu os pedidos contrapostos do réu, ora apelado, para condenar o autor, ora apelante, a pagar indenização por dano moral e para determinar o cancelamento da matrícula nº 87.063. 5. Versa a ação de manutenção de posse exclusivamente quanto à perquirição a respeito da titularidade da posse, sendo imprescindível, portanto, a comprovação pelo requerente não só da qualidade de possuidor do bem objeto da demanda, mas também da suposta turbação, da data de sua efetivação e da continuação da posse, embora turbada, sob pena do indeferimento da pretensão autoral. inteligência dos artigos 560 e 521 do novo Código de Processo Civil de 2015. 6. Na mesma linha, o caput do artigo 1.210 Código Civil dispõe que: "O possuidor tem direito a ser mantido na posse em caso de turbação, restituído no de esbulho, e segurado de violência iminente, se tiver justo receio de ser molestado". 7. A turbação, por definição, consiste em uma conduta espoliativa capaz de obstaculizar o exercício natural e normal dos atos possessórios pelo possuidor, mas não a ponto de privá-lo da totalmente da coisa. Ou seja, cuida-se de ato ou atos que atrapalham, estorvam a posse sobre a coisa. 8. Nas ações de manutenção de posse, não havendo prova da posse pela parte autora e nem da turbação dela pela parte requerida, impõe-se a improcedência dos pedidos iniciais. 9. Por necessidade de segurança jurídica e de um parâmetro preciso, o valor da causa na ação de manutenção de posse deve ser obtido mediante a aplicação analógica do art. 292, VI do CPC, correspondendo ao valor de avaliação da área ou do bem objeto do pedido. (TJMG; APCV 1.0525.14.009138-6/002; Rel. Des. Otávio Portes; Julg. 08/11/2017; DJEMG 22/11/2017)

Valor da causa na ação de adjudicação compulsória corresponde ao valor do contrato:

✓ DIREITO CIVIL E PROCESSUAL CIVIL. APELAÇÃO CIVIL. ADJUDICAÇÃO COMPULSÓRIA. VALOR DA CAUSA. HONORÁRIOS ADVOCATÍCIOS. BASE DE CÁLCULO. CONTRATO. 1. Na adjudicação compulsória, para fins de valor da causa, importa a medida do ato ajustado, nos termos do art. 292, inciso II, do Código de Processo Civil. 2. A base de cálculo dos honorários advocatícios é o proveito econômico obtido, que está determinado expressamente no contrato estabelecido entre as partes. 2. Recurso provido. (TJDF; Proc 0707.69.6.812017-8070001; Ac. 106.2027; Oitava Turma Cível; Rel. Des. Mario-Zam Belmiro; Julg. 23/11/2017; DJDFTE 04/12/2017); AGRAVO DE INSTRUMENTO. Ação de adjudicação compulsória. Decisão agravada determinou que o valor da causa corresponda ao valor venal do bem imóvel. Recurso da autora. Valor da causa que deve corresponder ao valor do contrato. Inteligência do artigo 292, II, do NCPC. Decisão reformada. RECURSO PROVIDO. " (V. 23855). (TJSP; AI 2211307-74.2016.8.26.0000; Ac. 10022013; São Bernardo do Campo; Terceira Câmara de Direito Privado; Rel. Des. Dácio Tadeu Viviani Nicolau; Julg. 28/11/2016; DJESP 12/12/2016)

Valor da causa na ação de usucapião deve corresponder ao valor venal do imóvel:

✓ APELAÇÃO CÍVEL. USUCAPIÃO EXTRAORDINÁRIA. SENTENÇA QUE CORRETAMENTE DECLAROU O DOMÍNIO DO IMÓVEL EM FAVOR DOS APELADOS. Reconhecimento do recurso do lapso temporal necessário à aquisição do imóvel pela usucapião extraordinária. Demonstração suficiente da posse mansa e pacífica, exercida com **animus domini** pelos apelados. Prescrição aquisitiva operada. Redução do prazo para dez anos (art. 1.238, pár. Ún, do CC). Irrelevância da contagem do prazo após a data de vigência do Código Civil. Penhora havida sobre o imóvel que não tem o efeito de impedir a incidência de usucapião. Registro de gravame que, por si só, não altera a qualidade da posse do usucapiente. Recurso, nesta parte, improvido. Impugnação ao valor da causa. Valor da causa na ação de usucapião que deve corresponder ao valor venal constante do lançamento do IPTU. Possibilidade de correção do valor em sede recursal. Imposição de complementação das custas (art. 293, do CPC). Recurso, nesta parte, provido. (TJSP; APL 0003466-39.2014.8.26.0025; Ac. 10680327; Angatuba; Segunda Câmara de Direito Privado; Rel. Des. José Joaquim dos Santos; Julg. 08/08/2017; DJESP 16/08/2017; Pág. 2130)

V – na ação indenizatória, inclusive a fundada em dano moral, o valor pretendido;

Entendendo ser impossível a formulação de pedido genérico de indenização por dano moral:

✓ APELAÇÃO CÍVEL. AÇÃO DE OBRIGAÇÃO DE FAZER CUMULADA COM INDENIZAÇÃO POR DANO MORAL. DANO MORAL QUANTIFICAÇÃO. AUSÊNCIA DO VALOR DA CAUSA. NECESSIDADE DE APONTAMENTO DO PROVEITO ECONÔMICO. PEDIDO GENÉRICO. IMPOSSIBILIDADE. INÉPCIA DA INICIAL. DISPOSIÇÃO DO ARTIGO 292, INCISO V DO CPC/15 EMENDA A INICIAL INVIABILIZADA. ANGULARIZAÇÃO PROCESSUAL. PEDIDO CERTO E DETERMINADO. SENTENÇA MANTIDA. HONORÁRIOS RECURSAIS MAJORADOS. RECURSO DESPROVIDO. O valor da causa é requisito formal da petição inicial, e, consoante artigo 291 do CPC/15, "a toda causa será atribuído valor certo, ainda que não tenha conteúdo econômico imediatamente aferível". Destacado que perfeitamente possível delinear a quantificação do dano moral, tem-se que não se insere o caso na hipótese de impossibilidade de se mensurar consequências do ato ou fato, posto que a negativa de cobertura do plano de saúde por si só já enseja uma afronta a dignidade da pessoa. Nesse passo, a par de tal digressão, tem-se que apesar de haver uma possibilidade de pedido genérico, deve haver atribuição de valor simbólico à causa, portanto, ainda que seja genérico, o pedido deve conter especificações mínimas que permitam ao réu identificar corretamente a pretensão do requerente, garantindo ao requerido seu direito de defesa. "[...] 1. Com o novo Código de Processo Civil em vigor, restou superado o antigo entendimento do Superior Tribunal de justiça, onde era permitida a formulação de pedido genérico da indenização por dano moral, que resultava no afastamento do pedido indenizatório do cálculo do valor da causa; o art. 292, inciso V, do novo CPC esclareceu que até mesmo na ação indenizatória fundada em dano moral deverá o autor especificar o prejuízo que pretende ver ressarcido, permitindo, assim, a observância do real valor econômico almejado pelo autor para o cálculo do valor da causa. 2. Nos termos do art. 292, inciso VI, do novo CPC, existindo pedidos cumulados, estes deverão ser conjuntamente observados para o cálculo do valor da causa". (ai 83154/2016, des. João Ferreira filho, primeira câmara de direito privado; Julg. 21/02/2017, publicado no Dje 24/02/2017) [...]". (TJMT; APL 87998/2017; Tangará da Serra; Relª Desª Nilza Maria Pôssas de Carvalho; Julg. 07/11/2017; DJMT 13/11/2017; Pág. 41); AGRAVO DE INSTRUMENTO. IMPUGNAÇÃO AO VALOR DA CAUSA. MAJORAÇÃO. INCLUSÃO DO DANO MORAL NO CÁLCULO. POSSIBILIDADE. VALOR ECONÔMICO REAL ALMEJADO PELO AUTOR. CUMULAÇÃO DOS PEDIDOS. APLICAÇÃO DO ART. 292, INCISOS V E VI DO NOVO CPC. RECURSO PROVIDO. 1. Com o Novo Código de Processo Civil em vigor, restou superado o antigo entendimento do Superior Tribunal de Justiça, onde era permitida a formulação de pedido genérico da indenização por dano morais, que resultava no afastamento do pedido indenizatório do cálculo do valor da causa; o art. 292, inciso V, do Novo CPC esclareceu que até mesmo na ação indenizatória fundada em dano moral deverá o autor especificar o prejuízo que pretende ver ressarcido, permitindo, assim, a observância do real valor econômico almejado pelo autor para o cálculo do valor da causa. 2. Nos termos do art. 292, inciso VI, do Novo CPC, existindo pedidos cumulados, estes deverão ser conjuntamente observados para o cálculo do valor da causa. (TJMT; AI 83154/2016; Sinop; Rel. Des. João Ferreira Filho; Julg. 21/02/2017; DJMT 24/02/2017; Pág. 46); PROCESSO CIVIL. AÇÃO INDENIZATÓRIA. DETERMINADA A EMENDA DA PETIÇÃO INICIAL PARA CORRETA QUANTIFICAÇÃO DO DANO MORAL. Autor requer a condenação do réu desde que não seja inferior ao patamar de R$ 5.000,00. Sentença de indeferimento da petição inicial. Apelação do autor. Sentença que se mantém. O valor da causa nas ações indenizatórias correspondem ao valor pretendido a título de dano moral. Nova sistemática processual em vigor a partir de março de 2016. Inteligência do art. 292, V do CPC c/c os arts. 322 e 324 do CPC. Pedido incerto impede a defesa do réu e o próprio julgamento do mérito. Circunstâncias dos autos não se inserem nas hipóteses de formulação de pedido genérico. Recurso conhecido e não provido. (TJRJ; APL 0005963-58.2016.8.19.0087; São Gonçalo; Vigésima Sexta Câmara Cível Consumidor; Rel. Desig. Des. Ricardo Alberto Pereira; DORJ 04/08/2017; Pág. 713)

Considerando ainda possível a fixação de valor da causa estimativo em matéria de indenização por dano moral:

✓ APELAÇÃO CÍVEL. PASSAGENS AÉREAS. BILHETES EMITIDOS. NÃO PAGOS. INADIMPLEMENTO CONTRATUAL. INDENIZAÇÃO PELOS DANOS MATERIAIS. DANO MORAL NÃO CONFIGURADO. HONORÁRIOS. SUCUMBÊNCIA. CORREÇÃO DO VALOR DA CAUSA PELO MAGISTRADO. PREVISÃO LEGAL. 1. O dano moral consiste na lesão a um dos direitos da personalidade, gerando constrangimento ou frustração extremamente significativa, capaz de ofender a dignidade da pessoa. 2. É pacífico o entendimento no âmbito dos tribunais pátrios de que os aborrecimentos, percalços, frustrações e vicissitudes ocorridas na vida em sociedade não geram o dever de indenizar, ainda que tenham causado certa dose de desconforto, pois a reparação do dano moral não tem como objetivo amparar sensibilidades ou susceptibilidades exageradas. 3. Julgado improcedente o pedido de indenização por danos morais, aplica-se o disposto no art. 85 do Código de Processo Civil, segundo o qual a sentença condenará o vencido a pagar honorários ao advogado do vencedor. 4. O valor dado à causa relativa aos danos morais é meramente estimativo, sendo que, verificando o Magistrado valor excessivo, cabível, de ofício, a correção, como previsto no art. 292, § 3º, do novo Código de Processo Civil. 5. Recurso parcialmente provido. (TJDF; APC 2015.01.1.123537-7; Ac. 101.4843; Oitava Turma Cível; Rel. Des. Mario-Zam Belmiro Rosa; Julg. 27/04/2017; DJDFTE 23/05/2017); APELAÇÃO CÍVEL. DIREITO DO CONSUMIDOR. DIREITO PROCESSUAL CIVIL. Ação de obrigação de fazer c/c indenizatória. Sentença que decretou a extinção do feito, sem julgamento do mérito, com fulcro no artigo 485, I do CPC/15, por não ter sido feito pedido certo e determinado quanto à indenização de danos morais, nos termos do art. 292, V do CPC/15. Recorre a parte autora requerendo a anulação do julgado, uma vez que todos os requisitos exigidos pelo novo Código de Processo Civil foram preenchidos e que são admitidos pedidos genéricos, em determinadas situações nos termos do art. 324, § 1º, do CPC/2015. Ademais, foi quantificado o valor da indenização por danos morais em verba não inferior a quarenta salários mínimos. Recurso que merece prosperar. Possibilidade de formulação de pedido genérico quanto à indenização por danos morais, em conformidade com o art. 324, §1º, II, do CPC/2015. Matéria objeto do RESP nº 1.534.559 – SP (2015/0116526-2); Julg. 22.11.2016. 3ª turma do STJ cujo entendimento do voto da ministra Nancy Andrighi é o de que são admitidos pedidos genéricos, fazendo expressa correspondência com o art. 324, § 1º, do CPC. Sentença anulada. Recurso a que se dá provimento. (TJRJ; APL 0145539-33.2016.8.19.0001; Rio de Janeiro; Vigésima Quinta Câmara Cível Consumidor; Relª Desig. Desª Cintia Santarem Cardinali; Julg. 28/06/2017; DORJ 30/06/2017; Pág. 608)

VI – na ação em que há cumulação de pedidos, a quantia correspondente à soma dos valores de todos eles;

→ *v.* Art. 327 do NCPC.

VII – na ação em que os pedidos são alternativos, o de maior valor;

→ *v.* Art. 325 do NCPC.

VIII – na ação em que houver pedido subsidiário, o valor do pedido principal.

→ *v.* Art. 326 do NCPC.

§ 1º Quando se pedirem prestações vencidas e vincendas, considerar-se-á o valor de umas e outras.

§ 2º O valor das prestações vincendas será igual a uma prestação anual, se a obrigação for por tempo indeterminado ou por tempo superior a 1 (um) ano, e, se por tempo inferior, será igual à soma das prestações.

→ *v.* Art. 58, III, da Lei 8.245/1991.

§ 3º O juiz corrigirá, de ofício e por arbitramento, o valor da causa quando verificar que não corresponde ao conteúdo patrimonial em discussão ou ao proveito econômico perseguido pelo autor, caso em que se procederá ao recolhimento das custas correspondentes.

Considerando inaplicável o § 3º do art. 292 do CPC se não houver possibilidade de aferição do proveito econômico:

✓ ADMINISTRATIVO E PROCESSUAL CIVIL. CONCURSO PÚBLICO. ANULAÇÃO DE QUESTÃO. VALOR DA CAUSA. ALTERAÇÃO DE OFÍCIO. PROVEITO ECONÔMICO NÃO AFERÍVEL. IMPOSSIBILIDADE. DECISÃO REFORMADA. 1. Nos termos do artigo 291 do Código de Processo Civil, -a toda causa será atribuído valor certo, ainda que não tenha conteúdo econômico imediatamente aferível-. 2. O CPC, em seu art. 292, §3º, autoriza expressamente a alteração do valor da causa de ofício pelo magistrado, ao -verificar que não corresponde ao conteúdo patrimonial em discussão ou ao proveito econômico perseguido pelo autor-. Contudo, tal dispositivo é inaplicável quando não há possibilidade de se aferir o proveito econômico pretendido na demanda. 3. Recurso conhecido e provido. (TJDF; Proc 0706.27.1.222017-8070000; Ac. 104.5793; Quinta Turma Cível; Rel. Des. Sebastião Coelho; Julg. 13/09/2017; DJDFTE 26/09/2017)

Entendendo que, mesmo no caso de retificação do valor da causa pelo juiz, devem ser observados os marcos preclusivos:

✓ EMBARGOS DE DECLARAÇÃO. IMPUGNAÇÃO AO VALOR DA CAUSA. INOCORRÊNCIA. OMISSÃO NO JULGADO. INEXISTÊNCIA. CORREÇÃO DE OFÍCIO. MATÉRIA PRECLUSA. 1. Os embargos de declaração têm como finalidade elucidar obscuridades, afastar contradições, suprir omissões e corrigir erros materiais no julgado, nos termos do artigo 1.022 do CPC/2015. 2. Não encontra respaldo no ordenamento jurídico o raciocínio de que o ataque, em contestação, ao mérito de um pedido indenizatório configuraria, de per si, irresignação quanto ao valor atribuído à ação. Trata-se, é certo, de manifestações processuais que não se confundem. 3. Em não havendo irresignação nos autos quanto à incorreção do valor da causa, não há que se falar em omissão no julgado. 4. Segundo os artigos 292 e 293 do CPC/2015, o valor atribuído à causa pode ser impugnado pela parte ré, ou, então, corrigido de ofício pelo juiz, desde que, em ambos os casos, sejam observados os marcos preclusivos previstos na Lei Processual. 5. Realizado o juízo de admissibilidade da petição inicial, opera-se a preclusão **pro judicato** (CPC, art. 292, §3º), pelo que não é dado ao magistrado, a partir de então, proceder à correção, de ofício, do valor da causa; não prestando, pois, os embargos declaratórios como meio apto a provocar tal fim. 6. Embargos de declaração conhecidos e não providos. (TJDF; APC 2015.01.1.075830-3; Ac. 103.6644; Oitava Turma Cível; Relª Desª Ana Cantarino; Julg. 03/08/2017; DJDFTE 09/08/2017)

Contra, entendendo que a preclusão somente atinge a partes, não impedindo que o juiz retifique o valor atribuído à causa:

✓ PROCESSO CIVIL. RETIFICAÇÃO DE OFÍCIO DO VALOR ATRIBUÍDO À CAUSA. POSSIBILIDADE. EMBARGOS DE TERCEIRO. VALOR DA CAUSA QUE DEVE CORRESPONDER À EXPRESSÃO ECONÔMICA POSTA EM JUÍZO. VALOR DO BEM PENHORADO QUE CONSTA DA PETIÇÃO INICIAL. NECESSIDADE DE COMPLEMENTAÇÃO DAS CUSTAS DE DISTRIBUIÇÃO E DO PREPARO RECURSAL. 1. A preclusão de que cuida o art. 293, do CPC, é restrita à parte, não impedindo que o magistrado retifique de ofício o valor atribuído à causa na forma do artigo 292, §3º, CPC. 2. Por outro lado, o apelante alega não lhe ter sido oportunizado o contraditório, mas sequer questiona especificamente o critério eleito em primeiro grau, que bem observa a expressão econômica posta em juízo, no caso, o valor que o próprio embargante atribui à coisa penhorada na petição inicial dos embargos (fls. 02), caso em que deve prevalecer exegese sedimentado no sentido de que o valor da causa nos embargos de terceiro deve corresponder ao valor do bem penhorado, não podendo exceder o valor do débito. 3. Recurso improvido na parcela conhecida, concedido prazo para complementação das custas de distribuição e preparo recursal. (TJSP; APL 1001128-06.2015.8.26.0554; Ac. 10824510; Santo André; Trigésima Quinta Câmara de Direito Privado; Rel. Des. Artur Marques; Julg. 25/09/2017; DJESP 29/09/2017; Pág. 3094)

Apontando ser excepcional a retificação do valor da causa pelo juiz do trabalho:

✓ VALOR DA CAUSA. ALTERAÇÃO DE OFÍCIO. POSSIBILIDADE. O art. 293 do CPC/2015 trouxe a possibilidade de alteração do valor da causa de ofício, tendo inclusive o Tribunal Superior do Trabalho se pronunciado a respeito da compatibilidade do referido dispositivo ao processo do trabalho, consoante previsão o art. 3º, inciso V da Instrução Normativa nº 39, editada por meio da Resolução nº 203, de 15 de março de 2016. Contudo, embora não haja incompatibilidade, entendo que os dispositivos relacionados devem ser aplicados excepcionalmente, tendo em vista não ser função do Juiz do Trabalho fiscalizar o valor causa. FGTS. RECOLHIMENTO. ÔNUS DE PROVA DO EMPREGADOR. Cabe ao empregador comprovar o recolhimento integral do FGTS quando há alegação da ausência de depósitos na conta vinculada do empregado. (TRT 5ª R.; RO 0000684-84.2013.5.05.0492; Segunda Turma; Relª Desª Margareth Rodrigues Costa; DEJTBA 10/07/2017)

Art. 293. O réu poderá impugnar, em preliminar da contestação, o valor atribuído à causa pelo autor, sob pena de preclusão, e o juiz decidirá a respeito, impondo, se for o caso, a complementação das custas.

→ *v.* Art. 337, III do NCPC.

Impossibilidade de impugnar o valor da causa em apelação ou em contrarrazões, se não foi suscitada a matéria na contestação:

✓ APELAÇÃO. AÇÃO DECLARATÓRIA DE INEXISTÊNCIA DE DÉBITO C.C. INDENIZAÇÃO POR DANOS MORAIS. PRESTAÇÃO DE SERVIÇO. TELEFONIA. Insurgência ao valor da causa em sede de apelação. Impossibilidade. Valor da causa que não foi impugnado em preliminar de contestação, nos termos do art. 293 do CPC/15. Honorários advocatícios fixados sobre o valor da condenação. Falta de interesse recursal da requerida. Recurso não conhecido neste ponto. Autor que apelada buscando afastar a aplicada da Súmula nº 385 do STJ. Dano moral não caracterizado. Existência de apontamentos anteriores ao impugnado nesta ação, que infirmam a tese de ocorrência de danos aos direitos da personalidade do autor. Inteligência da Súmula nº 385, do STJ. RECURSO DA RÉ PARCIALMENTE CONHECIDO E NA PARTE CONHECIDA DESPROVIDO. RECURSO DO AUTOR DESPROVIDO. (TJSP; APL 1042787-65.2016.8.26.0002; Ac. 10940345; São Paulo; Vigésima Sétima Câmara de Direito Privado; Relª Desª Ana Catarina Strauch; Julg. 31/10/2017; DJESP 13/11/2017; Pág. 2835); AÇÃO DE REINTEGRAÇÃO DE POSSE. IMPUGNAÇÃO AO VALOR DA CAUSA. NÃO CONHECIMENTO. PRECLUSÃO. HONORÁRIOS ADVOCATÍCIOS. FIXAÇÃO. EQUIDADE. ART. 85, § 8º DO CPC/15. MAJORAÇÃO. IMPOSSIBILIDADE. 1. A impugnação do valor causa apresentada apenas em contrarrazões não deve ser conhecida, eis que deixou de ser realizada no momento processual adequado (contestação), ensejando a preclusão nos termos do art. 293 do CPC. 2. Nas hipóteses em que a verba honorária revelar-se irrisória ou exorbitante, é cabível o arbitramento mediante apreciação equitativa, com fundamento no art. 85, §8º do CPC/2015, em atenção aos princípios da proporcionalidade e da razoabilidade. Precedentes deste Tribunal. 3. Recurso conhecido e parcialmente provido. Preliminar suscitada em contrarrazões não conhecida. (TJDF; APC 2017.01.1.002074-9; Ac. 106.7941; Oitava Turma Cível; Rel. Des. Diaulas Costa Ribeiro; Julg. 14/12/2017; DJDFTE 19/12/2017)

Apontando a necessidade de intimação prévia para complementação das custas:

✓ AÇÃO DE RESCISÃO DE CONTRATO C.C. INDENIZAÇÃO POR DANOS MORAIS. Acolhimento de impugnação ao valor da causa. Valor que deve corresponder ao benefício patrimonial perseguido pelo requerente (CPC/2015, art. 292, VI. E art. 259, inciso II, do CPC revogado). Extinção do feito por ausência de recolhimento das custas que deve, no entanto, ser afastada. Necessidade de intimação prévia para complementação das custas (art. 293 do NCPC). Indicação pelo magistrado quanto à retificação do valor da causa e complemento das custas que deveria ser precisa (art. 321 do CPC). Ausência de recalcitrância da autora em cumprir a determinação do juízo. Recurso parcialmente provido para, mantido o acolhimento da impugnação ao valor da causa, afastar o Decreto de extinção e determinar o regular prosseguimento do feito. (TJSP; APL 1002960-33.2015.8.26.0309; Ac. 11025614; Jundiaí; Décima Quarta Câmara de Direito Privado; Relª Desª Lígia Araújo Bisogni; Julg. 30/11/2017; DJESP 05/12/2017; Pág. 2653)

Em mandado de segurança, o valor da causa pode ser impugnado nas informações da autoridade coatora:

✓ MANDADO DE SEGURANÇA. Protesto de Certidão de Dívida Ativa. Possibilidade. Artigo 1º, Lei nº 9.492/97, parágrafo único. Constitucionalidade reafirmada pelo E. Órgão Especial deste Tribunal. Precedente do STJ. Recurso desprovido. MANDADO DE SEGURANÇA. Impugnação ao valor da causa. Possibilidade na oportunidade do oferecimento de informações. Inteligência do art. 293 do CPC/2015. Contudo, pretensão que não guarda relação direta com o valor da dívida tributária. Inexistência de benefício econômico. Recurso desprovido, com observação. (TJSP; APL 1014633-86.2016.8.26.0309; Ac. 10701413; Jundiaí; Décima Quarta Câmara de Direito Público; Relª Desª Mônica Serrano; Julg. 10/08/2017; DJESP 23/08/2017; Pág. 2634)

LIVRO V
DA TUTELA PROVISÓRIA

TÍTULO I
Disposições Gerais

Art. 294 A tutela provisória pode fundamentar-se em urgência ou evidência.

- *v.* Art. 84, §§ 3º e 5º, do CDC.
- *v.* Súmula 212 do STJ.
- *v.* Arts. 10, 12-F e 21 da Lei 9.868/1999.
- *v.* Art. 5º da Lei 9.882/1999.
- *v.* Art. 1º da Lei 9494/97 (antecipação de tutela contra a Fazenda Pública) e Lei 8.076/1990 – Estabelece hipóteses nas quais fica suspensa a concessão de medidas liminares.
- *v.* Lei 8.367/1992 – Institui medida cautelar fiscal e dá outras providências.
- *v.* Enunciado 45 do CJF: Aplica-se às tutelas provisórias o princípio da fungibilidade, devendo o juiz esclarecer as partes sobre o regime processual a ser observado.
- *v.* Enunciado 28 do FPPC: Tutela antecipada é uma técnica de julgamento que serve para adiantar efeitos de qualquer tipo de provimento, de natureza cautelar ou satisfativa, de conhecimento ou executiva.
- *v.* Enunciado 418 do FPPC: As tutelas provisórias de urgência e de evidência são admissíveis no sistema dos Juizados Especiais.

→ v. Enunciado 449 do FPPC: O art. 806 do CPC de 1973 aplica-se às cautelares propostas antes da entrada em vigor do CPC de 2015.

Parágrafo único. A tutela provisória de urgência, cautelar ou antecipada, pode ser concedida em caráter antecedente ou incidental.

→ v. Enunciado 496 do FPPC: Preenchidos os pressupostos de lei, o requerimento de tutela provisória incidental pode ser formulado a qualquer tempo, não se submetendo à preclusão temporal.

Apontando ser impossível a concessão de tutela de evidência em caráter antecedente por ausência de previsão legal:

✓ AGRAVO REGIMENTAL EM AGRAVO DE INSTRUMENTO. Impossibilidade de concessão de tutela de evidência em caráter antecedente. Procedimento previsto para a tutela de urgência. Decisão que determina emenda à inicial não indefere qualquer pedido, não havendo prejuízo a ser impugnado por meio de agravo de instrumento. Manutenção da decisão monocrática que não conheceu do recurso. Agravo regimental conhecido e não provido. (TJAM; AG 0004117-90.2016.8.04.0000; Terceira Câmara Cível; Rel. Des. Cláudio César Ramalheira Roessing; DJAM 17/05/2017; Pág. 34)

Art. 295. A tutela provisória requerida em caráter incidental independe do pagamento de custas.

Considerando o art. 295 do CPC subsidiariamente aplicável ao processo do trabalho:

✓ TUTELA PROVISÓRIA CAUTELAR INCIDENTAL. A tutela provisória requerida em caráter incidental independe do pagamento de custas. Exegese do artigo 295 do CPC, de aplicação subsidiária (CLT, artigo 769). Recurso ordinário das reclamadas provido para promover a isenção das custas fixadas na tutela cautelar incidental de arresto. ". (TRT 2ª R.; RO 0000074-92.2016.5.02.0008; Ac. 2017/0516746; Décima Primeira Turma; Rel. Des. Fed. Ricardo Verta Luduvice; DJESP 29/08/2017)

Art. 296. A tutela provisória conserva sua eficácia na pendência do processo, mas pode, a qualquer tempo, ser revogada ou modificada.

→ v. Enunciado 140 do FPPC: A decisão que julga improcedente o pedido final gera a perda de eficácia da tutela antecipada.

Parágrafo único. Salvo decisão judicial em contrário, a tutela provisória conservará a eficácia durante o período de suspensão do processo.

→ v. Arts. 313 e 314 do NCPC.

→ v. Enunciado 26 da ENFAM: Caso a demanda destinada a rever, reformar ou invalidar a tutela antecipada estabilizada seja ajuizada tempestivamente, poderá ser deferida em caráter liminar a antecipação dos efeitos da revisão, reforma ou invalidação pretendida, na forma do art. 296, parágrafo único, do CPC/2015, desde que demonstrada a existência de outros elementos que ilidam os fundamentos da decisão anterior.

Apontando que a revogação da tutela provisória produz efeitos retroativos:

✓ ADMINISTRATIVO. MILITAR. CONCURSO. NÃO CLASSIFICAÇÃO. APLICAÇÃO DE CRITÉRIO DE "DEMÉRITO". REVOGAÇÃO DE MEDIDA LIMINAR. EFEITOS EX TUNC. 1) A tutela provisória, por ser precária, pode ser revogada a qualquer tempo (art. 296 do CPC/2015), e produz seus efeitos enquanto não revogada por decisão de mérito (art. 304, § 3º) como ocorreu, em face da prolação de sentença de improcedência. Portanto em sendo revogada a tutela, desaparece a motivação e a causa antecedente pela qual os autores estavam autorizados a fazer o curso, pouco importando, para fins de revogação de medida liminar, se haviam logrado aprovação ou não, e que aproveitamento tiveram no referido curso. 2) No presente caso, a aprovação do autor em curso de soldado não pode ser considerada como situação consolidada, que não possa sofrer os efeitos da revogação da tutela. 3) O licenciamento **ex officio** será feito na forma da legislação que trata do serviço militar e dos regulamentos específicos de cada Força Armada e se dará, dentre outras hipóteses, por conveniência do serviço (art. 121, §3º, b). Se não atingido o período de estabilidade, o licenciamento de ofício desses militares pela Administração pode ser feito a qualquer tempo, por conveniência e oportunidade, eis que o ato se enquadra dentro da discricionariedade administrativa. 4) Não se considera bis in idem o fato de o autor não ter obtido classificação válida para curso por ter sido aplicado critério de demérito, em face de punições administrativas anteriores. A não classificação, decorrente da aplicação de critérios objetivos não se configura como punição. (TRF 4ª R.; AC 5019008-39.2014.404.7112; RS; Quarta Turma; Rel. Juiz Fed. Eduardo Gomes Philippsen; Julg. 19/07/2017; DEJF 25/07/2017)

Condicionando a revogação ou modificação da tutela provisória à alteração posterior no estado de fato:

✓ AGRAVO DE INSTRUMENTO. PRELIMINAR. IRRECORRIBILIDADE DE DESPACHO. RECURSO DE QUE SE CONHECE APENAS PARCIALMENTE. AÇÃO DE IMISSÃO NA POSSE. TUTELA PROVISÓRIA. REVOGAÇÃO. POSSIBILIDADE. DECISÃO FUNDAMENTADA. CONHECIMENTO DE FATO NOVO. INTELIGÊNCIA DOS ARTS. 296 E 298, DO CPC DE 2015. RECURSO IMPROVIDO. DECISÃO MANTIDA. 1- Por não possuírem caráter decisório e, portanto, serem despidos de carga lesiva, os despachos são pronunciamentos judiciais irrecorríveis (art. 1.001, do CPC de 2015). 2- É facultado ao juiz modificar ou revogar a tutela provisória, de forma fundamentada, a teor do disposto nos arts. 296 e 298, do CPC de 2015. 3- Para a reapreciação da tutela provisória, mister a ocorrência de fato superveniente apto a alterar a cognição sumária do julgador, que, ao sopesar os argumentos expendidos inicialmente e os fatos supervenientes, decide acerca do mesmo pedido, conquanto fundado em argumento diverso. (TJMG; AI 1.0422.15.000954-2/001; Rel. Des. José Marcos Vieira; Julg. 17/11/2016; DJEMG 02/12/2016); AGRAVO DE INSTRUMENTO. NEGÓCIOS JURÍDICOS BANCÁRIOS. TUTELA PROVISÓRIA DE URGÊNCIA. INSCRIÇÃO NO ROL DE INADIMPLENTES. MODIFICAÇÃO DO ESTADO DE PROVA. REVOGAÇÃO DA DECISÃO. Nos termos do art. 296 do NCPC, a tutela provisória pode ser revogada ou modificada a qualquer tempo, em caso de alteração no estado de fato, de direito ou de prova. No caso, a narrativa constante da inicial não encontra amparo nos documentos acostados pelo banco agravado, os quais indicam, em juízo de cognição sumária, que a autora/recorrida assinou o contrato de abertura de conta, possuindo, por conseguinte, relação com a instituição financeira recorrente. Dessa forma, tendo sido demonstrada a insubsistência dos fundamentos utilizados para conceder a tutela de urgência, impõe-se a revogação da decisão que concedeu a tutela provisória, ante a ausência de demonstração da probabilidade do direito alegado pela autora/agravada, requisito previsto no art. 300 do CPC/2015. Agravo de instrumento provido. (TJRS; AI 0331518-66.2016.8.21.7000; Canoas; Décima Segunda Câmara Cível; Rel. Des. Umberto Guaspari Sudbrack; Julg. 24/11/2016; DJERS 29/11/2016); AGRAVO DE INSTRUMENTO. AÇÃO DE RECONHECIMENTO E DISSOLUÇÃO DE UNIÃO ESTÁVEL C/C ALIMENTOS E PARTILHA DE BENS. JUÍZO DE ADMISSIBILIDADE. PEDIDO DE APRECIAÇÃO DE TUTELA DE URGÊNCIA DIRETAMENTE EM SEGUNDO GRAU DE JURISDIÇÃO. INCABÍVEL, SOB PENA DE SUPRESSÃO DE INSTÂNCIA. CONDENAÇÃO EM CUSTAS PROCESSUAIS. MOMENTO INAPROPRIADO. PEDIDOS NÃO CONHECIDOS. APLICAÇÃO DE MULTA POR LITIGÂNCIA DE MÁ-FÉ. PREJUDICADA. MÉRITO RECURSAL. PLEITO DE MODIFICAÇÃO DA TUTELA DE URGÊNCIA EM RAZÃO DA ALTERAÇÃO DO QUADRO FÁTICO PROBATÓRIO. ADMISSIBILIDADE NOS PRÓPRIOS AUTOS, DE FORMA INCIDENTAL. ART. 297, CAPUT, DO CPC/2015. RECURSO CONHECIDO EM PARTE E, NESTE PARTICULAR, PROVIDO. I. Diferentemente do recurso de apelação, onde a jurisdição de primeiro grau já se esgotou com a prolação da sentença e, por isso, plenamente justificável a possibilidade de julgamento per **saltum** de eventual pedido não analisado na origem, tratando-se de pretensão inovadora suscitada diretamente no Tribunal de Justiça no âmbito do agravo de instrumento, evidentemente que tal Corte não pode suprimir a primeira instância. Inaplicável, pois, o art. 1.013, III, do CPC/2015 ao agravo de instrumento. II. Resta prejudicado o exame do pedido feito em contrarrazões, de aplicação de multa por litigância de má-fé ao agravante, se ele estava a pressupor prévia valoração do pedido não conhecido por ser per **saltum**. III. Não se conhece do pedido, concernente à condenação da parte agravada ao pagamento das custas processuais, porque referida matéria haverá de ser deliberada quando da prolação da sentença, momento este apropriado para definir os ônus sucumbenciais, que incluem dispêndios incidentais e intermediários. IV. Havendo alteração das circunstâncias fáticas que deram ensejo à prolação da decisão que concedera tutela provisória, plenamente admissível o aviamento de pedido incidental de reavaliação, com base em quadro probatório novo, ex VI do art. 297, caput, do CPC/2015. (TJMS; AI 1401538-31.2017.8.12.0000; Terceira Câmara Cível; Rel. Des. Marco André Nogueira Hanson; DJMS 08/06/2017; Pág. 60).

<u>Reapreciação de tutela provisória indeferida também exige alteração nos elementos do processo:</u>

✓ AGRAVO DE INSTRUMENTO. CAUTELAR DE SEQUESTRO. PEDIDO DEFERIDO. MODIFICAÇÃO DA TUTELA PROVISÓRIA INDEFERIDA. PEDIDO RENOVADO. POSSIBILIDADE DE NOVA APRECIAÇÃO DESDE QUE ESTEJAM PRESENTES ELEMENTOS QUE JUSTIFIQUEM UM NOVO PRONUNCIAMENTO SOBRE A MATÉRIA. NÃO OCORRÊNCIA. INDEFERIMENTO. DECISÃO MANTIDA. I. Nos termos do art. 296, do CPC: "A tutela provisória conserva sua eficácia na pendência do processo, mas pode, a qualquer tempo, ser revogada ou modificada". II. Não obstante, verificando-se que, no caso em apreço, o pedido de modificação da tutela provisória já foi indeferido em decisão anterior, eventual reapreciação demandaria alteração nos elementos do processo, que justifique um novo pronunciamento sobre a matéria. III. Ausente tal demonstração, correta a decisão que indeferiu o pedido do agravante. (TJMG; AI 1.0702.12.011273-6/005; Rel. Des. João Cancio; Julg. 07/02/2017; DJEMG 10/02/2017)

<u>Se há novos elementos ou fatos, o juiz poderá reapreciar a tutela provisória, ainda que para decidir de forma diversa à instância superior:</u>

✓ RECLAMAÇÃO. ALEGAÇÃO DE AFRONTA À AUTORIDADE DA DECISÃO DESTE RELATOR PROFERIDA EM SEDE DE COGNIÇÃO SUMÁRIA, POSTERIORMENTE CHANCELADA PELO COLEGIADO EM SESSÃO. INOCORRÊNCIA. TUTELA PROVISÓRIA QUE PODE SER MODIFICADA A QUALQUER MOMENTO. ART. 296 DO CPC/2015. MANIFESTA INADMISSIBILIDADE. Não há falar em "coisa julgada" quando a decisão é proferida em sede de tutela provisória e de cognição sumária, pois a decisão é adotada sob o implícito princípio da rebus SIC stantibus (assim permanecendo as coisas). Havendo novos elementos e/ou fatos, poderá o magistrado reapreciar as questões e decidir de forma diversa ao que ele próprio (ou outro julgador, ainda que de instância superior) anteriormente havia determinado, sem que isso importe em afronta à autoridade daquele que proferiu a decisão alegadamente abarcada pela imutabilidade. Essa é exatamente a hipótese dos autos, valendo observar que a decisão supostamente afrontada foi proferida há mais de 2 (dois) anos, quando os elementos constantes dos autos eram outros. Reclamação manifestamente improcedente. Reclamação julgada improcedente, de plano. (TJRS; Rcl 0270469-87.2017.8.21.7000; Passo Fundo; Nona Câmara Cível; Rel. Des. Eugênio Facchini Neto; Julg. 27/09/2017; DJERS 06/10/2017)

Art. 297. O juiz poderá determinar as medidas que considerar adequadas para efetivação da tutela provisória.

Parágrafo único. A efetivação da tutela provisória observará as normas referentes ao cumprimento provisório da sentença, no que couber.

→ *v*. Arts. 139, IV, 520, 536 e 537 do NCPC.

→ *v*. Enunciado 38 do CJF: As medidas adequadas para efetivação da tutela provisória independem do trânsito em julgado, inclusive contra o Poder Público (art. 297 do CPC).

→ *v*. Enunciado 490 do FPPC: São admissíveis os seguintes negócios processuais, entre outros: pacto de inexecução parcial ou total de multa coercitiva; pacto de alteração de ordem de penhora; pré-indicação de bem penhorável preferencial (art. 848, II); pré-fixação de indenização por dano processual prevista nos arts. 81, § 3º, 520, inc. I, 297, parágrafo único (cláusula penal processual); negócio de anuência prévia para aditamento ou alteração do pedido ou da causa de pedir até o saneamento (art. 329, inc. II).

→ *v*. Enunciado 497 do FPPC: As hipóteses de exigência de caução para a concessão de tutela provisória de urgência devem ser definidas à luz do art. 520, IV, CPC.

→ *v*. Enunciado 498 do FPPC: A possibilidade de dispensa de caução para a concessão de tutela provisória de urgência, prevista no art. 300, § 1º, deve ser avaliada à luz das hipóteses do art. 521.

Admitindo o arresto antes da citação do executado, desde que preenchidos os requisitos para a tutela provisória:

✓ PROCESSUAL CIVIL. EXECUÇÃO FISCAL. PENHORA DE DINHEIRO, MEDIANTE BLOQUEIO PELO SISTEMA BACEN JUD, ANTES DA CITAÇÃO. POSSIBILIDADE ANTE A DEMONSTRAÇÃO DE PERIGO DE LESÃO GRAVE OU DE DIFÍCIL REPARAÇÃO. 1. Hipótese em que o Tribunal a quo vedou, de forma absoluta, a possibilidade de arresto de bens do devedor, antes de sua citação em Execução Fiscal. 2. Em sentido contrário, o STJ admite excepcionalmente tal medida, desde que preenchidos os requisitos para o deferimento da tutela provisória fundada no poder geral de cautela do juiz, nos termos do art. 798 do CPC/1973. 3. Desse modo, deve ser acolhida a pretensão recursal tão somente para declarar que é possível a decretação do arresto anterior à citação do devedor, cabendo ao Tribunal a quo, em razão do óbice da Súmula 7/STJ, verificar se, no caso concreto, encontram-se preenchidos seus requisitos. 4. Recurso Especial parcialmente provido. (STJ; REsp 1691715; SP, Segunda Turma; Rel. Min. Herman Benjamin; Julg. 10/10/2017; DJe 23/10/2017)

Possibilidade de se determinar o depósito em juízo das parcelas vincendas:

✓ AGRAVO DE INSTRUMENTO. AÇÃO DE RESCISÃO DE CONTRATO. TUTELA DE URGÊNCIA. INTELIGÊNCIA DO ART. 300, DO NOVO CÓDIGO DE PROCESSO CIVIL. PRESENÇA DOS REQUISITOS AUTORIZADORES. PODER GERAL DE CAUTELA. ART. 297, DO CPC/2015. NECESSIDADE DE DEPÓSITO EM JUÍZO DAS PARCELAS VINCENDAS DO PACTO. Consoante o disposto no art. 300, do CPC/2015, "a tutela de urgência será concedida quando houver elementos que evidenciem a probabilidade do direito e o perigo de dano ou o risco ao resultado útil do processo. ".. Evidenciado em cognição sumária o inadimplemento contratual das Agravadas, mostra-se despropositado compelir o Recorrente ao cumprimento da obrigação, conforme prevê o art. 476, do Código Civil. Nos termos do art. 297, do CPC/2015, "o juiz poderá determinar as medidas que considerar adequadas para efetivação da tutela provisória. ".. Em homenagem ao Poder Geral de Cautela e visando resguardar eventuais direitos de ambas as partes, aconselhável que se determine o depósito em juízo das parcelas vincendas da Avença. (TJMG; AI 1.0319.17.000667-4/001; Rel. Des. Roberto Vasconcellos; Julg. 23/11/2017; DJEMG 05/12/2017)

O poder geral de cautela permite que se determine o depósito judicial das parcelas, sem acréscimo de correção ou juros:

✓ AGRAVO DE INSTRUMENTO. NULIDADE DA DECISÃO POR AUSÊNCIA DE FUNDAMENTAÇÃO E POR VÍCIO EXTRA PETITA. PRELIMINARES REJEITADAS. AÇÃO DECLARATÓRIA. EMPRÉSTIMO BANCÁRIO. EXISTÊNCIA CONTESTADA. VALOR INDEVIDAMENTE CREDITADO EM CONTA-CORRENTE. PRETENSÃO DE DEVOLUÇÃO. RECOLHIMENTO DO RESPECTIVO VALOR EM DEPÓSITO JUDICIAL. DETERMINAÇÃO DE OFÍCIO. POSSIBILIDADE. INCIDÊNCIA DE CORREÇÃO MONETÁRIA E DE JUROS DE MORA. QUESTÃO MERITÓRIA. DECISÃO REFORMADA EM PARTE. Toda decisão deve ser fundamentada, mas para isso ela não precisa ser extensa ou extremamente detalhada, podendo ser sucinta e objetiva, desde que deixe claro qual é seu fundamento e o que é decidido. A correção monetária, assim como os juros moratórios, constituem matéria de ordem pública, podendo ser suscitada a qualquer tempo, inclusive de ofício pelo julgador. A determinação de incidência de tais encargos, ainda que a parte não tenha formulado tal pedido, não configura julgamento extra petita. Em virtude do poder geral de cautela, previsto no art. 297 do CPC/15, o juiz pode, de ofício, determinar as medidas que considerar adequadas para efetivação da tutela provisória. Alegando a parte autora ser indevido o crédito efetuado pelo banco réu em sua conta corrente, afirmando que com ele não contratou o respectivo empréstimo, tem-se por correta a decisão que determinou o recolhimento do valor correspondente em depósito judicial, mas na forma simples, sem o acréscimo relativo à correção monetária e aos juros moratórios, devendo a questão relativa à incidência de tais encargos ser decidida quando da prolação da sentença de mérito. (TJMG; AI 1.0701.15.024113-4/001; Rel. Des. José de Carvalho Barbosa; Julg. 24/08/2017; DJEMG 01/09/2017)

Apontando que a fixação de astreintes se insere na discricionariedade do juiz:

✓ AGRAVO DE INSTRUMENTO. Decisão que defere tutela de urgência mas não fixa astreintes. Arbitramento de multa diária é faculdade e não imposição legal ao juiz. Fixação de multa depende de oportuna análise realizada a prudente juízo do magistrado à luz do caso concreto. Recurso desprovido. 1) em havendo irresignação quanto à ausência de fixação de multa diária pelo juízo a quo, esta não é de prosperar, tendo em vista que a Lei faculta, mas não obriga o magistrado a impor referida multa. Eventual arbitramento de astreintes depende de oportuna análise do juiz, que a imporá se reputá-la conveniente e suficiente para implemento da medida concedida em sede de tutela provisória. Inteligência do artigo 297, do CPC. Precedentes do STJ. 2) recurso conhecido e desprovido. (TJMS; AI 1412412-12.2016.8.12.0000; Terceira Câmara Cível; Rel. Des. Nélio Stábile; DJMS 22/02/2017; Pág. 61)

Não cabe agravo de instrumento na fase de conhecimento contra decisão que trata apenas da efetivação da tutela provisória:

✓ AGRAVO INTERNO. PROCESSO CIVIL. DECISÃO AGRAVADA DE DEFERIMENTO DE SEQUESTRO. Não cabimento. Rol taxativo do art. 1.015 do NCPC. Ausência de fundamentos para reforma da decisão. Inexistência de ilegalidade na decisão recorrida. Não se mostra aplicável o art. 1.015, parágrafo único, do NCPC, que prevê o cabimento do recurso nas execuções, ainda que provisórias. Com efeito, a efetivação da tutela provisória não consiste em execução, sequer provisória, que demanda título executivo. O fato de o art. 297 do NCPC dispor sobre a aplicação das normas da execução provisória no cumprimento da tutela antecipada não o transforma em fase de execução, mas apenas indica procedimento em comum. Portanto, patente a inadmissibilidade do recurso. Desprovimento do recurso. (TJRJ; AI 0014820-29.2017.8.19.0000; Rio de Janeiro; Terceira Câmara Cível; Relª Desª Renata Machado Cotta; Julg. 05/07/2017; DORJ 06/07/2017; Pág. 212)

As medidas adequadas para a efetivação da tutela provisória podem ser determinadas de ofício pelo juiz, inclusive no caso de tutela de evidência:

✓ EMBARGOS DECLARATÓRIOS EM AGRAVO DE INSTRUMENTO EM AÇÃO CIVIL PÚBLICA. DECISÃO DE PRIMEIRA INSTÂNCIA QUE CONDICIONARA A EXISTÊNCIA DA AÇÃO COLETIVA À DEMONSTRAÇÃO DE QUE O ÓRGÃO MINISTERIAL TENTARA ENTABULAR TERMO DE AJUSTE DE CONDUTA COM A MUNICIPALIDADE. POIS EM SUA FALTA, ENTENDIA O JULGADOR SER O MINISTÉRIO PÚBLICO, EM TAL CASO, CARECEDOR DE AÇÃO. DESACERTO. DECISÃO REFORMADA. Agravo ministerial que limitou-se a pleitear a continuidade da demanda, sem referência às medidas de urgência ventiladas na inicial. Omissão no trato de políticas públicas cruciais ao desenvolvimento local, estadual e nacional. Favelização, desordem urbanística e incremento dos índices de violência. Documentos indicativos de que se estava diante de tutela de evidência, de natureza urgente. Poder Geral de Cautela, com liminar concedida **ex officio** por esta Corte, para ordenar à municipalidade uma série de práticas por si olvidadas em temas cruciais à coletividade. Possibilidade. Previsão expressa nos arts. 297 e 311, do CPC. Invocada lesão aos princípios da vedação da decisão surpresa e adstrição ao pedido. Inocorrência. Omissão inexistente, ademais. Embargos rejeitados. No poder geral de cautela, o magistrado está autorizado, até mesmo **ex officio**, a adotar as medidas que "considerar adequadas para efetivação da tutela provisória" de que trata o art. 297, do NCPC, estendendo-se a possibilidade, ainda que de forma excepcional, a todos as formas de tutela provisória, inclusive a de evidência, hipótese que é a dos autos. Por força do art. 9º. Parágrafo Único, do NCPC, a vedação da decisão surpresa é excepcionada nas hipóteses de tutela de urgência e evidência, além do mandado de pagamento próprio das ações monitórias previsto no respectivo art. 701, circunstâncias que foram verificadas na espécie. O magistrado está vinculado ao pedido para decidir a lide em caráter definitivo, como ocorre nas limitações impostas pelo art. 492, CPC, por exemplo, o que não se confunde com as determinações oriundas do poder geral de cautela, em que pode o julgador, até mesmo de ofício, conceder medidas liminares diversas das requeridas. (TJSC; EDcl 0115327-28.2015.8.24.0000/50000; Palhoça; Terceira Câmara de Direito Público; Rel. Des. Pedro Manoel Abreu; DJSC 24/04/2017; Pag. 256)

Possibilidade de medida de arresto, a titulo de tutela provisória, no incidente de desconsideração da personalidade jurídica:

✓ EMBARGOS DE TERCEIRO. DESCONSIDERAÇÃO DA PERSONALIDADE JURÍDICA DA EMPRESA E BLOQUEIO DE VALORES. INVIABILIDADE SEM PRÉVIA CITAÇÃO DAQUELES EVENTUALMENTE ATINGIDOS PELOS EFEITOS DA DECISÃO. INTELIGÊNCIA DOS ARTIGOS 133 A 137 DO CPC. ARRESTO DE VALORES. ADMISSIBILIDADE, NO CASO, A FIM DE EVITAR A OCORRÊNCIA DE DANO IRREPARÁVEL OU DE DIFÍCIL REPARAÇÃO AOS EXEQUENTES, COMO TAMBÉM PARA ASSEGURAR O RESULTADO ÚTIL DO PROCESSO. PODER GERAL DE CAUTELA CONFERIDO AO JUIZ QUE VEM ILUSTRADO NO ARTIGO 297 DO CÓDIGO DE PROCESSO CIVIL (O JUIZ PODERÁ DETERMINAR AS MEDIDAS QUE CONSIDERAR ADEQUADAS PARA EFETIVAÇÃO DA TUTELA PROVISÓRIA). INDISPONIBILIDADE EXCESSIVA DE VALORES. LIBERAÇÃO ATRIBUÍDA À ANÁLISE DO MM. JUIZ DA CAUSA PARA EVITAR. SUPRESSÃO DE UM GRAU DE JURISDIÇÃO. PESSOA JURÍDICA QUE NÃO TEM LEGITIMIDADE PARA INTERPOR RECURSO NO INTERESSE DAS SÓCIAS. AGRAVO NÃO CONHECIDO. É agravável a decisão de mérito proferida no incidente de desconsideração da personalidade jurídica, sendo certo que outras decisões interlocutórias proferidas no curso do procedimento são irrecorríveis, só podendo ser impugnadas juntamente com a decisão final, aplicando-se, por analogia, o disposto nos §§ 1º E 2º, do art. 1.009 do CPC. A pessoa jurídica não tem legitimidade para interpor recurso no interesse do sócio. (TJSP; AI 2154427-28.2017.8.26.0000; Ac. 10898627; Nova Odessa; Vigésima Sexta Câmara de Direito Privado; Rel. Des. Renato Sartorelli; Julg. 19/10/2017; DJESP 06/11/2017; Pág. 2940)

Considerando viável determinar a averbação premonitória de ação de conhecimento, a título de tutela provisória:

✓ AGRAVO DE INSTRUMENTO. ALIENAÇÃO FIDUCIÁRIA DE IMÓVEL. AÇÃO DECLARATÓRIA DE NULIDADE DE ATOS JURÍDICOS. Tutela provisória indeferida em Primeiro Grau. Pretensão à averbação premonitória em fase de conhecimento. Possibilidade. Art. 828, CPC. Aplicação subsidiária das regras que regem o processo de execução. Ausência de incompatibilidade. Decisão reformada. Recurso provido. (TJSP; AI 2089244-13.2017.8.26.0000; Ac. 10542338; São Paulo; Vigésima Sexta Câmara de Direito Privado; Rel. Des. Bonilha Filho; Julg. 22/06/2017; DJESP 05/07/2017; Pág. 2169)

Art. 298. Na decisão que conceder, negar, modificar ou revogar a tutela provisória, o juiz motivará seu convencimento de modo claro e preciso.

→ *v.* Art. 1.015, I do NCPC.

→ *v.* Enunciado 39 do CJF: Cassada ou modificada a tutela de urgência na sentença, a parte poderá, além de interpor recurso, pleitear o respectivo restabelecimento na instância superior, na petição de recurso ou em via autônoma.

→ *v.* Enunciado 70 do CJF: É agravável o pronunciamento judicial que postergar a análise de pedido de tutela provisória ou condicioná-la a qualquer exigência.

→ *v.* Enunciado 29 do FPPC: É agravável o pronunciamento judicial que postergar a análise do pedido de tutela provisória ou condicionar sua apreciação ao

→ pagamento de custas ou a qualquer outra exigência.

→ *v.* Enunciado 30 do FPPC: O juiz deve justificar a postergação da análise liminar da tutela antecipada de urgência sempre que estabelecer a necessidade de contraditório prévio.

→ *v.* Enunciado 141 do FPPC: O disposto no art. 298, CPC, aplica-se igualmente à decisão monocrática ou colegiada do Tribunal.

→ *v.* Enunciado 142 do FPPC: Da decisão monocrática do relator que concede ou nega o efeito suspensivo ao agravo de instrumento ou que concede, nega, modifica ou revoga, no todo ou em parte, a tutela provisória nos casos de competência originária ou recursal, cabe agravo interno nos termos do art. 1.021 do CPC.

→ *v.* Enunciado 497 do FPPC: As hipóteses de exigência de caução para a concessão de tutela provisória de urgência devem ser definidas à luz do art. 520, IV, CPC.

→ *v.* Enunciado 498 do FPPC: A possibilidade de dispensa de caução para a concessão de tutela provisória de urgência, prevista no art. 300, §1º, deve ser avaliada à luz das hipóteses do art. 521.

Nulidade da decisão que não fundamenta de forma concreta a concessão da tutela provisória:

✓ AGRAVO DE INSTRUMENTO. INTERDITO PROIBITÓRIO. NULIDADE DA DECISÃO FUSTIGADA. RECONHECIMENTO DE OFÍCIO. AUSÊNCIA DE FUNDAMENTAÇÃO VÁLIDA. RECURSO PREJUDICADO. 1. O artigo 298 do Código de Processo Civil prevê expressamente a obrigatoriedade de fundamentação da decisão que concede a tutela provisória, devendo o togado motivar seu convencimento de modo claro e preciso. Esse dever de motivação das decisões decorre no mandamento constitucional com sede no artigo 93, IX, da Constituição da República, posteriormente incorporado no §1º do artigo 489 do CPC. 2. Desse modo, impõe-se o reconhecimento da nulidade da decisão agravada, uma vez que não apresentou nenhum argumento concreto de fato ou direito relacionado com a medida deferida, o que impede a análise do mérito do presente instrumento recursal, sob pena de supressão de instância, em atenção ao princípio do duplo grau de jurisdição. 3. Recurso prejudicado. (TJAM; AI 4003337-82.2016.8.04.0000; Segunda Câmara Cível; Relª Desª Maria do Pérpetuo Socorro Guedes Moura; DJAM 15/09/2017; Pág. 27)

Possibilidade de aplicação da teoria da causa madura ao agravo de instrumento para, desde logo, decidir tutela provisória que foi objeto de decisão recorrida sem a devida fundamentação:

✓ AGRAVO INTERNO E AGRAVO DE INSTRUMENTO. JULGAMENTO CONJUNTO NA MESMA SESSÃO. PERDA DO OBJETO DO AGRAVO INTERNO. RECURSO PREJUDICADO. DIREITO PROCESSUAL. INDEFERIMENTO PELO JUÍZO A QUO DO EFEITO SUSPENSIVO AOS EMBARGOS DE TERCEIRO AJUIZADOS PELOS AGRAVANTES. ALEGAÇÃO PELA PARTE AGRAVADA DE NÃO CABIMENTO DO AGRAVO DE INSTRUMENTO. INOCORRÊNCIA. PREVISÃO LEGAL DO CABIMENTO DO RECURSO. ARGUIÇÃO DE INADMISSIBILIDADE DO AGRAVO DE INSTRUMENTO POR AUSÊNCIA DE IMPUGNAÇÃO ESPECÍFICA AOS FUNDAMENTOS DA DECISÃO RECORRIDA. ALEGAÇÃO QUE NÃO PROSPERA. PRELIMINAR DE ILEGITIMIDADE ATIVA AD CAUSAM DOS RECORRENTES PARA FIGURAREM NO POLO ATIVO DOS EMBARGOS. IMPOSSIBILIDADE DE AFERIÇÃO DA LEGITIMIDADE. REJEIÇÃO DA PRELIMINAR. DECISÃO RECORRIDA SEM FUNDAMENTAÇÃO. VIOLAÇÃO AO ART. 93, IX, DA CONSTITUIÇÃO FEDERAL E AOS ARTS. 298 E 489, PARÁGRAFO 1º, DO CPC. NULIDADE MANIFESTA. APLICABILIDADE DO PARÁGRAFO 3º DO ART. 1.013 DO CPC AO AGRAVO DE INSTRUMENTO. 1 – Considerando que o agravo de instrumento que deu origem ao agravo interno está sendo julgado na mesma sessão que este, restou configurada a perda de objeto do segundo agravo. Recurso interno prejudicado. 2 – Não há que se falar em ausência de cabimento do agravo de instrumento por ter sido interposto contra decisão em sede de embargos de terceiro. In casu, o cabimento do recurso sub oculis encontra amparo na natureza do decisum guerreado que se trata de uma tutela provisória e o cabimento está previsto de forma expressa no art. 1.015, I, do CPC. 3 - Da leitura da peça recursal, verifica-se que os recorrentes demonstraram de forma clara as razões recursais, impugnando especificamente os fundamentos da decisão recorrida, em consonância com as normas dos arts. 932, III e 1.016, II e III, do CPC. 4 - Inexiste nos autos elementos probatórios capazes de comprovar se os recorrentes possuem ou não a posse sobre o imóvel em litígio, impossibilitando a aferição, por este sodalício, quanto à legitimidade dos agravantes para ajuizarem os embargos de terceiro. Preliminares rejeitadas. 5 - O magistrado a quo quando proferiu a decisão objurgada se limitou a dizer que não estavam presentes os requisitos necessários à concessão da tutela provisória de urgência prevista no art. 300 do CPC, sem tecer quaisquer comentários quanto ao caso concreto. Resta clarividente, portanto, que o decisum hostilizado não está fundamentado, maculando frontalmente o art. 93, IX, da Constituição Federal, bem como os arts. 298 e 489, parágrafo 1º, do Código de Processo Civil. 6 - A doutrina defende a aplicabilidade do parágrafo 3º do art. 1.013 do CPC ao agravo de instrumento, sob o argumento de que não obstante a norma estar inserida no capítulo atinente à apelação, a regra contida no dispositivo legal se aplica à teoria geral dos recursos, e, dessa forma, é aplicável aos demais recursos. 7 - Agravo interno prejudicado. Agravo de instrumento conhecido e provido para anular a decisão hostilizada ante a ausência de fundamentação e, com esteio no parágrafo 3º, inciso IV, do art. 1.013 do CPC, decidir, desde logo, quanto ao pedido de tutela provisória formulado pelos agravantes ao juízo de piso, consistente na suspensividade dos embargos de terceiro, para indeferi-lo, ante a inexistência dos requisitos exigidos pelo art. 678 e 300 da Lei Processual. (TJCE; AI 0627767-63.2016.8.06.0000; Quarta Câmara de Direito Privado; Relª Desª Maria Gladys Lima Vieira; DJCE 05/06/2017; Pág. 51)

Decisão que fixa alimentos provisórios deve analisar concretamente o binômio necessidade x possibilidade:

✓ AGRAVO DE INSTRUMENTO. AÇÃO DE ALIMENTOS. ALIMENTOS PROVISÓRIOS EM FAVOR DOS FILHOS MENORES. DECISÃO INTERLOCUTÓRIA COM FUNDAMENTAÇÃO GENÉRICA E SEM ENFRENTAMENTO DO CASO CONCRETO. NULIDADE POR FALTA DE FUNDAMENTAÇÃO. NECESSIDADE DE OBSERVÂNCIA AO DISPOSTO NOS ARTIGOS 298 E 489, § 1º DO CPC/15. RECURSO CONHECIDO E PROVIDO. I. Conforme enuncia o art. 298 do CPC/15, "Na decisão que conceder, negar, modificar ou revogar a tutela provisória, o juiz motivará seu convencimento de modo claro e preciso"; II. A decisão que fixou os alimentos provisórios a serem arcados pelo agravante ocorreu pura e simplesmente, sem qualquer fundamentação que depreendesse ter a julgadora de origem analisado o binômio "necessidade X possibilidade" diante da prova produzida pela parte autora, ora agravada; III. Destarte, ausentes os requisitos constitucionais e legais da decisão agravada, a declaração de nulidade é medida impositiva, devendo os autos retornarem imediatamente ao magistrado de primeiro grau, para apreciação do pedido de alimentos provisionais formulado pela parte agravada; IV. Recurso conhecido e provido. (TJSE; AI 201600721649; Ac. 25079/2016; Segunda Câmara Cível; Relª Desª Iolanda Santos Guimarães; Julg. 19/12/2016; DJSE 12/01/2017)

Ausente a fundamentação quanto ao pedido de tutela provisória se o magistrado analisa pedido diverso do formulado:

✓ AGRAVO DE INSTRUMENTO. AÇÃO DECLARATÓRIA. TUTELA DE EVIDÊNCIA. PRELIMINAR DE NULIDADE DA DECISÃO. FALTA DE FUNDAMENTAÇÃO. ANÁLISE DE PEDIDO DIVERSO DO QUE FOI FORMULADO. ART. 93, IX, DA CONSTITUIÇÃO FEDERAL C/C ART. 298 DO NCPC/2015. DECISÃO CASSADA. O art. 93, IX, da Constituição Federal, tem como nulo o provimento jurisdicional proferido sem a devida fundamentação jurídica; o art. 298 do Novo CPC/2015 dispõe que, ao conceder, negar, modificar ou revogar a tutela provisória, o juiz motivará seu convencimento de modo claro e preciso. Resta ausente a fundamentação da decisão quando o magistrado analisa pedido diverso daquele formulado pela parte. Ausência de motivação que enseja a cassação da decisão. (TJMG; AI 1.0023.16.000722-7/001; Rel. Des. Luís Carlos Gambogi, Julg. 10/11/2016; DJEMG 22/11/2016)

Art. 299. A tutela provisória será requerida ao juízo da causa e, quando antecedente, ao juízo competente para conhecer do pedido principal.

Impossibilidade de concessão da tutela provisória de ofício:

✓ AGRAVO DE INSTRUMENTO. Volta-se o agravante contra decisão, proferida de ofício, que, em ação de indenização de fundo de empresa, bloqueou o levantamento de valores depositados nos autos de ação de desapropriação correlata. Não se admite, no ordenamento pátrio, a concessão de tutela provisória **ex officio**. De mais a. A mais, caberá à expropriante, caso se aperceba de parcial coincidência entre valores pagos na desapropriação e reconhecidos na ação ordinária, suscitar, no seu interesse, a questão, não se podendo, no exercício, ex officio, de cautela de amplo espectro, impedir o levantamento de toda e qualquer quantia depositada nos autos da desapropriação. Recurso provido, com observação. (TJSP; AI 2097536-84.2017.8.26.0000; Ac. 11019851; São Paulo; Sétima Câmara de Direito Público; Rel. Des. Luiz Sergio Fernandes de Souza; Julg. 27/11/2017; DJESP 06/12/2017; Pág. 3154). No mesmo sentido: MANDADO DE SEGURANÇA. TUTELA DE URGÊNCIA DE NATUREZA CAUTELAR. (IM) POSSIBILIDADE DE DETERMINAÇÃO DE OFÍCIO PELO JUIZ. DIREITO LÍQUIDO E CERTO. 1. Decisão do magistrado que, de ofício, determina o bloqueio de créditos da empresa Impetrante – arresto de crédito -, sem existir o correspondente pedido da parte autora da reclamação trabalhista. 2. Inexistindo causa de pedir e pedido almejando a obtenção de uma tutela provisória de urgência cautelar, o magistrado não pode determinar, de ofício, o bloqueio de créditos da parte reclamada, já que tal providência, à luz do artigo 299 do NCPC, depende de requerimento da parte. 3. Decisão atacada que padece do vício da extrapetição, devendo, por isso, ser cassada. (TRT 23ª R.; MS 0000044-62.2017.5.23.0000; Tribunal Pleno; Rel. Des. Osmair Couto; Julg. 12/06/2017; DEJTMT 20/06/2017; Pág. 1)

Parágrafo único. Ressalvada disposição especial, na ação de competência originária de tribunal e nos recursos a tutela provisória será requerida ao órgão jurisdicional competente para apreciar o mérito.

→ *v.* Súmulas 634 e 635 do STF.

→ *v.* Arts. 1.012, § 3º, 1.019, I, 1.029, § 5º do NCPC.

Considerando que o pedido de efeito suspensivo do art. 1.012 do CPC não se confunde com o requerimento de tutela provisória, a ser feita no bojo da apelação:

✓ PETIÇÃO. MANDADO DE SEGURANÇA. SENTENÇA QUE INDEFERIU A PETIÇÃO INICIAL DA AÇÃO MANDAMENTAL. Pretensão de antecipação dos efeitos da tutela recursal, com fundamento no artigo 1012, § 3º, do Código de Processo Civil. Insurgência. Descabimento. Artigo 1012, § 3º, do CPC que trata da concessão de efeito suspensivo ao recurso de apelação, e não se confunde com o requerimento de tutela provisória, a ser feita no bojo do recurso de apelação, consoante previsão do artigo 299, parágrafo único, do Código de Processo Civil. Inadequação da via eleita. Aplicação do artigo 932, III, do CPC. Pedido não conhecido. (TJSP; TCA 2098043-45.2017.8.26.0000; Ac. 10967135; Tambaú; Primeira Câmara de Direito Público; Rel. Des. Marcos Pimentel Tamassia; Julg. 11/11/2017; DJESP 23/11/2017; Pág. 2418)

Uma vez interposta a apelação, o tribunal passa a ser competente para a apreciação do pedido de tutela provisória:

✓ ADMINISTRATIVO. AGRAVO REGIMENTAL. PEDIDO DE TUTELA PROVISÓRIA. MANDADO DE SEGURANÇA. ENSINO SUPERIOR. EFETIVAÇÃO DE MATRÍCULA. INADIMPLÊNCIA DA ALUNA. Tendo havido a prolação de sentença e a interposição de apelação na ação originária, a competência para a apreciação de pedido de tutela provisória é do Tribunal, consoante o disposto no art. 299, parágrafo único, do CPC/2015. Os requisitos para a concessão de tutela provisória de urgência são a probabilidade do direito e o perigo de dano ou o risco ao resultado útil do processo, nos termos do art. 300 do CPC/2015. Considerando que não foram apontadas circunstâncias fáticas que afastem o direito da impetrante a manter seu vínculo com a instituição de ensino e realizar as disciplinas do Curso de Medicina, é de se manter o posicionamento adotado por esta Corte no sentido de reconhecer o direito da impetrante a sua rematrícula, independentemente da existência de pendências financeiras pretéritas, uma vez que a sua inscrição no sistema FIES encontra-se regular. (TRF 4ª R.; AGRLEG-TAT 5035912-62.2016.404.0000; Quarta Turma; Relª Desª Fed. Vivian Josete Pantaleão Caminha; Julg. 17/05/2017; DEJF 23/05/2017)

Uma vez proferida sentença, fica exaurida a jurisdição em primeiro grau, devendo o pedido de tutela provisória ser endereçado à instância superior:

✓ DIREITO PROCESSUAL CIVIL. AGRAVO DE INSTRUMENTO. INTERPOSIÇÃO CONTRA DECISÃO QUE NÃO APRECIA TUTELA PROVISÓRIA REQUERIDA APÓS A PROLAÇÃO DA SENTENÇA. RECURSO CABÍVEL. REQUISITOS ATENDIDOS. INCOMPETÊNCIA DO JUÍZO DE PRIMEIRO GRAU PARA O EXAME DA MATÉRIA. LITIGÂNCIA DE MÁ-FÉ NÃO VERIFICADA. DECISÃO MANTIDA. I. De acordo com o artigo 1.015, inciso I, do Código de Processo Civil, cabe agravo de instrumento contra pronunciamento de primeiro grau que deixa de apreciar pedido de tutela provisória sob o fundamento de que, após a prolação da sentença, compete ao tribunal o seu exame. II. Desde que as razões recursais sejam aptas a descortinar o inconformismo do recorrente e a pretensão de reforma da decisão, não deve ser obstado o conhecimento do agravo de instrumento. III. Matéria alheia à decisão agravada não pode ser revista em agravo de instrumento, sob pena de supressão de instância e violação do princípio do duplo grau de jurisdição. IV. A prolação da sentença exaure a jurisdição do juízo de primeiro grau e afasta sua competência para conhecer da tutela provisória de natureza cautelar, a teor do que prescreve o artigo 299, parágrafo único, do Código de Processo Civil. V. A litigância de má-fé não pode passar incólume aos olhos do julgador, porém sua apreciação não pode chegar ao ponto de desestimular a luta pelo direito dentro das raias éticas da legislação processual. VI. Recurso parcialmente conhecido e desprovido. (TJDF; AGI 2016.00.2.016706-7; Ac. 989.607; Quarta Turma Cível; Rel. Des. James Eduardo Oliveira; Julg. 14/12/2016; DJDFTE 01/02/2017). No mesmo sentido: PROCESSUAL CIVIL. SENTENÇA. PUBLICAÇÃO. APELAÇÃO. TUTELA PROVISÓRIA. ÓRGÃO JURISDICIONAOL COMPETENTE. RELATOR DO RECURSO. I. Depois de publicada a sentença resolvendo o mérito da demanda, termina a fase cognitiva do processo, de maneira que questões incidentes, como a tutela antecipada, não podem ser apreciadas, pois a prestação jurisdicional já foi entregue, ainda que a decisão esteja sujeita a reforma. II. O art. 299, parágrafo único, do CPC/2015, estabelece que nos recursos a tutela provisória será requerida ao órgão jurisdicional competente para apreciar o mérito. III. A antecipação da tutela deveria ser apreciada em oportunidade própria pela instância superior incidindo, analogicamente, a regra dos art. 932, II, do CPC/2015, 87 e 251, § 2º, do Regimento Interno. IV. Deu-se provimento ao recurso. (TJDF; AGI 2016.00.2.031993-3; Ac. 982.133; Sexta Turma Cível; Rel. Des. José Divino de Oliveira; Julg. 16/11/2016; DJDFTE 30/11/2016)

Competência do juízo da causa principal para o pedido de tutela provisória destinado a assegurar futuro cumprimento de sentença, ainda que a causa já tenha sido sentenciada:

✓ CÍVEL. Conflito negativo de competência. Pedido incidental de tutela provisória de urgência cautelar visando a resguardar patrimônio do requerido para assegurar eventual e futuro cumprimento de sentença. Feito principal já sentenciado, aguardando julgamento de recurso. Competência do juízo da causa principal para apreciar a tutela provisória incidental requerida. Competência do juízo suscitado, prolator da sentença. Inteligência do art. 299, caput, do NCPC. Conflito de competência procedente. O pedido de tutela provisória incidental deve ser apreciado pelo juiz da causa principal (art. 299, caput, do NCPC), independentemente de esta já ter sido sentenciada. (TJPR; ConCompCv 1630755-2; Londrina; Sexta Câmara Cível em Composição Integral; Relª Desª Lilian Romero; Julg. 25/07/2017; DJPR 16/08/2017; Pág. 714)

Considerando que o tribunal não possui competência para o pedido de tutela provisória formulado fora do âmbito recursal:

✓ RECURSO. EMBARGOS DE DECLARAÇÃO. ALEGAÇÃO DE CONTRADIÇÃO NO V. ACÓRDÃO. ART. 1.022, NCPC. 1. Carece o tribunal de competência para apreciação de pedido de tutela provisória (suspensão de leilão) formulado fora do âmbito recursal, diretamente à Corte, estando os autos em trâmite perante o juízo a quo. Art. 299 do NCPC. 2. Daí o seu pedido ter sido recebido como agravo de instrumento. 3. Embargos acolhidos exclusivamente para prestar esclarecimentos à parte, sem infringência do julgado embargado. (TJSP; EDcl 2222267-89.2016.8.26.0000/50000; Ac. 10256874; Ourinhos; Décima Quarta Câmara de Direito Privado; Rel. Des. Melo Colombi; Julg. 16/03/2017; DJESP 20/03/2017)

TÍTULO II
Da Tutela de Urgência
Capítulo I
DISPOSIÇÕES GERAIS

Art. 300. A tutela de urgência será concedida quando houver elementos que evidenciem a probabilidade do direito e o perigo de dano ou o risco ao resultado útil do processo.

→ v. Súmula 729 do STF.

→ v. Súmulas 405, 414 e 418 do TST.

→ v. Arts. 22-A e 22-B da Lei 9.307/1996 – Lei de Arbitragem.

→ v. Enunciado 42 do CJF: É cabível a concessão de tutela provisória de urgência em incidente de desconsideração da personalidade jurídica.

→ v. Enunciado 4 do CEAPRO: É objetiva a responsabilidade da parte favorecida com a concessão de tutela antecipada, pelos eventuais danos que este evento vier a ocasionar à parte adversa.

→ v. Enunciado 143 do FPPC: A redação do art. 300, *caput*, superou a distinção entre os requisitos da concessão para a tutela cautelar e para a tutela satisfativa de urgência, erigindo a probabilidade e o perigo na demora a requisitos comuns para a prestação de ambas as tutelas de forma antecipada

→ v. Enunciado 496 do FPPC: Preenchidos os pressupostos de lei, o requerimento de tutela provisória incidental pode ser formulado a qualquer tempo, não se submetendo à preclusão temporal.

Apontando a extinção, no CPC/2015, da antiga ação cautelar de exibição de documento:

✓ APELAÇÃO CÍVEL. AÇÃO CAUTELAR DE EXIBIÇÃO DE DOCUMENTO. DISTRIBUIÇÃO NA VIGÊNCIA DO CPC/15 -PROCEDIMENTO AUTÔNOMO EXTINTO. IMPROPRIEDADE DA VIA ELEITA. FALTA DE INTERESSE DE AGIR. 1) A nova Lei Processual revogou o procedimento autônomo e cautelar para a exibição de documento, incorporando-o ao processo de conhecimento, de modo que compete à parte autora, se assim entender, postular a tutela provisória de urgência, cautelar ou antecipada, em caráter antecedente ou incidental (NCPC, art. 294). 2) Com a extinção do Processo Cautelar, carece de interesse de agir a parte que ajuizou, sob a vigência do Novo Código de Processo Civil, a "ação cautelar de exibição de documento", devido à impropriedade do procedimento eleito. (TJMG; APCV 1.0153.16.005386-1/001; Rel. Des. Marcos Lincoln; Julg. 29/11/2017; DJEMG 06/12/2017)

Apontando ser possível a concessão da tutela de urgência nos termos do art. 300 do CPC em ação de despejo:

✓ AGRAVO DE INSTRUMENTO. DIREITO CIVIL E PROCESSUAL CIVIL. AÇÃO DE DESPEJO. TUTELA PROVISÓRIA DEFERIDA. MITIGAÇÃO DOS REQUISITOS DO ART. 59,§1º, IX DA LEI Nº 8.245/91. APLICAÇÃO DO ART. 300 DO CPC/2015. INADIMPLEMENTO RECALCITRANTE DO LOCATÁRIO. RECUPERAÇÃO JUDICIAL. LIMINAR DE DESPEJO. IRRELEVÂNCIA. RECURSO CONHECIDO E IMPROVIDO. 1. Não obstante garantida a locação pela fiança e ausente caução prestada pelo Locador, o rol previsto no art. 59, § 1º, da Lei n. º 8.245/91 não é taxativo, podendo o magistrado acionar o disposto no art. 300 do CPC/2015 para a concessão da tutela provisória em ação de despejo, desde que preenchidos os requisitos para a medida. Precedentes do STJ e do TJES. 2. Na espécie, conquanto causa de pedir da demanda restrinja-se aos débitos referentes aos meses de outubro e novembro de 2016, não se pode renegar para a construção do provimento jurisdicional o fato que a Agravante assinou Termo de Confissão de Dívida, reconhecendo-se devedora das parcelas locatícias vencidas entre abril e agosto de 2016, inexistindo notícia nos autos de seu pagamento, pelo que se ostenta odiosa recalcitrância no inadimplemento dos aluguéis pactuados, razão pela qual inviável conferir a proteção legal e jurisdicional a quem confessa dívida anterior, persiste no inadimplemento e permanece sendo beneficiado em detrimento do proprietário do imóvel, que está impedido de dispor dos direitos inerentes à propriedade. 3. Ademais, é lógica decorrente do princípio da boa-fé objetiva que o Locador mitigue os prejuízos que, caso não cessados pela tutela de urgência, aumentarão mensalmente com o vencimento dos demais encargos locatícios e os decorrentes do desgaste natural da utilização do imóvel. 4. A sujeição dos créditos locatícios aos efeitos da recuperação judicial, advinda do artigo 49 da Lei nº 11.101/2005, afeta o direito de o locador executar os seus haveres, eis que eles deverão ser levados ao concurso universal, mas não o direito de retomar o bem locado por qualquer dos motivos previstos na Lei nº 8.245/91. 5. Recurso conhecido e improvido. (TJES; AI 0004297-86.2017.8.08.0024; Quarta Câmara Cível; Rel. Des. Robson Luiz Albanez; Julg. 19/06/2017; DJES 26/06/2017)

Considerando que a execução provisória de elevado valor, por si só, não caracteriza perigo da demora:

✓ AGRAVO INTERNO EM TUTELA PROVISÓRIA DE URGÊNCIA. REQUISITOS LEGAIS. FUMUS BONI IURIS E PERICULUM IN MORA. AUSÊNCIA. – A concessão de efeito suspensivo ao recurso especial depende do fumus boni juris, consistente na plausibilidade do direito alegado, e do periculum in mora, que se traduz na urgência da prestação jurisdicional. – A execução provisória de elevado valor, por si só, não constitui, isoladamente, o periculum in mora exigido para a concessão de efeito suspensivo ao seu recurso especial, até mesmo porque esse procedimento possui mecanismos próprios para evitar prejuízos ao executado. Precedentes. – Agravo interno a que se nega provimento. (STJ; AgInt no TP 28/SP; Terceira Turma; Rel. Min. Nancy Andrighi; Julg. 16/02/2017; DJe 21/02/2017)

Apontando que a previsão de multa judicial pelo descumprimento, por si só, não autoriza a concessão da tutela de urgência:

✓ AGRAVO INTERNO NA PETIÇÃO DE CONCESSÃO DE EFEITO SUSPENSIVO A RECURSO ESPECIAL. INSURGÊNCIA CONTRA A MULTA JUDICIAL FIXADA EM ANTECIPAÇÃO DE TUTELA CONCEDIDA NA SENTENÇA. AUSÊNCIA DE DEMONSTRAÇÃO DE PERIGO. 1. Para o deferimento do requerimento de tutela provisória fundada na urgência (art. 294 do NCPC), deve o requerente demonstrar de forma concreta a existência de dano irreparável ou de difícil reparação (art. 300, parte final, do NCPC). 2. Simples alegação da existência de multa judicial para hipótese de descumprimento do "decisum" não atende à exigência legal para aplicação da medida de exceção. 3. Insurgência recursal voltada contra multa judicial imposta para hipótese de descumprimento deve ser dirigida ao juízo do cumprimento provisório da sentença, que analisará a razoabilidade e a necessidade da medida. 4. AGRAVO INTERNO DESPROVIDO. (STJ; AgInt na TutPrv no REsp 1591054; SC; Terceira Turma; Rel. Min. Paulo de Tarso Sanseverino; Julg. 18/10/2016; DJe 27/10/2016)

Enumerando os requisitos para, em tutela de urgência, afastar os efeitos da mora:

✓ AGRAVO DE INSTRUMENTO. TUTELA PROVISÓRIA DE URGÊNCIA DE NATUREZA CAUTELAR. INEXISTÊNCIA DE AÇÃO REVISIONAL. CAUTELAR DE MERA APRESENTAÇÃO DE DOCUMENTO. AUSÊNCIA DOS ELEMENTOS ELENCADOS PELO STJ PARA AFASTAMENTO DA MORA. POSSE DO VEÍCULO ALIENADO E EXCLUSÃO OU ABSTENÇÃO DE INCLUSÃO DO NOME DO CONSUMIDOR NOS ÓRGÃOS DE RESTRIÇÃO AO CRÉDITO. REGULARIDADE. CONTRATO ACOSTADO AO FEITO DE ORIGEM. JUÍZO PRÉVIO DOS ENCARGOS. NÃO AFASTAMENTO DOS EFEITOS DA MORA. AUSÊNCIA DE PLAUSIBILIDADE DO DIREITO INVOCADO. RECURSO CONHECIDO E NÃO PROVIDO. Para se ilidir os efeitos da mora, segundo entendimento do STJ, proferido em recurso representativo da controvérsia, AgRg no REsp 1220427/RS, faz-se necessária a acumulação de três elementos: a) que haja ação proposta pelo devedor contestando a existência integral ou parcial do débito; b) que haja efetiva demonstração de que a contestação da cobrança indevida se funda na aparência do bom direito e em jurisprudência consolidada do STF ou do STJ; c) que, sendo a contestação apenas de parte do débito, deposite o valor referente à parte tida por incontroversa, ou preste caução idônea, ao prudente arbítrio do magistrado; sendo que ausente um deles é de rigor indeferir o pleito antecipatório. Não se apresentando, em cognição sumária, um dos requisitos essenciais para a concessão da tutela prevista no art. 300, do CPC/15, é de ser indeferida a medida antecipatória. (TJMS; AI 1411274-73.2017.8.12.0000; Segunda Câmara Cível; Rel. Des. Marcos José de Brito Rodrigues; DJMS 18/12/2017; Pág. 137). No mesmo sentido: AGRAVO DE INSTRUMENTO. AÇÃO REVISIONAL DE CONTRATO BANCÁRIO. DEPÓSITO DO VALOR INCONSTROVERSO. PRESSUPOSTOS PARA ELISÃO DOS EFEITOS DA MORA. NÃO COMPROVAÇÃO. DECISÃO MANTIDA. O Código Processo Civil exige a presença cumulativa da probabilidade do direito alegado e do perigo de dano ou risco ao resultado útil do processo, para concessão de tutelas provisórias de urgência, sejam elas cautelares, sejam elas satisfativas, nos termos do art. 300, do Código de Processo Civil. O Superior Tribunal de Justiça definiu, no julgamento do 1.061.530/RS, submetido ao rito do recurso repetitivo, os pressupostos necessários à concessão de efeitos liberatórios ao depósito do valor incontroverso. Notadamente, estabeleceu que "I) a ação for fundada em questionamento integral ou parcial do débito; II) houver demonstração de que a cobrança indevida se funda na aparência do bom direito e em jurisprudência consolidada do STF ou STJ; III) houver depósito da parcela incontroversa ou for prestada a caução fixada conforme o prudente arbítrio do juiz. ". O preenchimento dos requisitos indicados pelo STJ reflete a matéria de direito aplicável ao caso, razão pela a ausência de qualquer um deles, tal como a ausência de respaldo jurisprudencial das teses deduzidas na inicial da revisional, compromete o implemento do pressuposto relativo à "probabilidade do direito alegado", conduzindo, desse modo, ao indeferimento da tutela provisória. (TJMG; AI 1.0241.16.002809-8/001; Rel. Des. Kildare Gonçalves Carvalho; Julg. 16/02/2017; DJEMG 06/03/2017)

Possibilidade de, mesmo não preenchidos os requisitos para afastar os efeitos da mora, realizar os depósitos de valores incontroversos sem eficácia liberatória:

✓ AGRAVO DE INSTRUMENTO. Ação revisional de contrato de financiamento. Requerimento de tutela provisória para que o réu se abstenha de inscrever o nome do agravante nos órgãos de proteção ao crédito e de retomar o veículo financiado. Pretensão ao depósito judicial das prestações em valor aquém do contratado para afastar os efeitos da mora. Tutela provisória indeferida. Reforma parcial do decisum. A simples propositura da ação revisional não afasta os efeitos da mora (Súmula nº 380, do STJ). Ausência da probabilidade do direito alegado e de perigo de dano (art. 300, do CPC/2015). Segundo orientação n. 4, estabelecida pelo Superior Tribunal de Justiça no RESP n. 1.061.530/RS, a tutela antecipada ou a medida cautelar com o fim de obstar a negativação do nome somente será concedida se, cumulativamente, a ação estiver embasada em discussão total ou parcial do débito, houver depósito do valor incontroverso ou for prestada caução e ficar demonstrado que a cobrança indevida se funda na aparência do bom direito e em jurisprudência consolidada do STF ou do STJ. Alegações genéricas, desacompanhadas de fundamentação suficiente, que, por ora, não autorizam o deferimento da tutela provisória nos termos assentados pelo Superior Tribunal de Justiça. Possibilidade, entretanto, de realização do depósito dos valores incontroversos por conta e risco do autor, sem eficácia liberatória. Aplicação do disposto no art. 330, §3º, do CPC/2015 (art. 285-B, §1º, do CPC/1973). Recurso parcialmente provido para autorizar o depósito das parcelas incontroversas sem efeito liberatório da mora. (TJSP; AI 2144971-54.2017.8.26.0000; Ac. 11007711; Carapicuíba; Vigésima Quarta Câmara de Direito Privado; Relª Desª Jonize Sacchi de Oliveira; Julg. 23/11/2017; DJESP 05/12/2017; Pág. 2882)

§ 1º Para a concessão da tutela de urgência, o juiz pode, conforme o caso, exigir caução real ou fidejussória idônea para ressarcir os danos que a outra parte possa vir a sofrer, podendo a caução ser dispensada se a parte economicamente hipossuficiente não puder oferecê-la.

→ *v.* Súmula 112 do STJ.

→ *v.* Enunciado 497 do FPPC: As hipóteses de exigência de caução para a concessão de tutela provisória de urgência devem ser definidas à luz do art. 520, IV, CPC.

→ *v.* Enunciado 498 do FPPC: A possibilidade de dispensa de caução para a concessão de tutela provisória de urgência, prevista no art. 300, § 1º, deve ser avaliada à luz das hipóteses do art. 521.

Possibilidade de prestação de caução de veículo, desde que esteja em bom estado e possua valor de mercado:

✓ AGRAVO DE INSTRUMENTO. DIREITO PRIVADO NÃO ESPECIFICADO. AÇÃO ANULATORIA DE PROTESTO. TUTELA PROVISÓRIA. SUSTAÇÃO DOS EFEITOS DO PROTESTO. VALOR DAS DUPLICATAS GARANTIDO POR CAUÇÃO. VEÍCULO. DECISÃO REFORMADA. Estando demonstrados os requisitos autorizadores para a concessão da tutela provisória, nos termos do artigo 300, §1º do CPC, deve ser reformada a decisão proferida para permitir a prestação de caução pela parte agravante, através do veículo indicado, uma vez que há demonstração de que está em bom estado e possui valor no mercado de consumo a ressarcir eventuais danos que a outra parte possa vir a sofrer. Agravo de instrumento provido. (TJRS; AI 0240460-45.2017.8.21.7000; Cachoeirinha; Décima Sétima Câmara Cível; Rel. Des. Gelson Rolim Stocker; Julg. 23/11/2017; DJERS 13/12/2017)

Entendendo ser discricionária a decisão do juiz de exigir a prestação de caução em dinheiro:

✓ AGRAVO DE INSTRUMENTO. Ação declaratória de inexigibilidade de débito c/c pedido liminar de tutela provisória de urgência em caráter antecedente. Decisão que deferiu a suspensão ou sustação dos efeitos do protesto do título objeto da ação condicionada à prestação de caução em dinheiro no prazo de 48 horas, sob pena de revogação da tutela. Insurgência. Inadmissibilidade. Súmula nº 16 do TJ/SP. Discricionariedade do magistrado em exigir caução em dinheiro. Vigência do Novo Código de Processo Civil que não mudou o panorama da questão, a teor do art. 300, §1º, do CPC/2015. Não demonstração de hipossuficiência a justificar a dispensa da caução. Decisão mantida. Recurso não provido. (TJSP; AI 2149686-42.2017.8.26.0000; Ac. 10983713; São Paulo; Décima Oitava Câmara de Direito Privado; Rel. Des. Helio Faria; Julg. 14/11/2017; DJESP 23/11/2017; Pág. 2010); TUTELA PROVISÓRIA DE URGÊNCIA CAUTELAR REQUERIDA EM CARÁTER ANTECEDENTE. Sustação de protesto. Fixação da caução em dinheiro, para o deferimento da tutela de urgência. Regularidade. Artigo 300, § 1º, do CPC. Critério discricionário do juiz. Caução em dinheiro que se mostrou a mais adequada no caso concreto. Inviabilidade do oferecimento de bem imóvel como caução. Sentença mantida. RECURSO DESPROVIDO. (TJSP; APL 1001210-48.2017.8.26.0269; Ac. 10663473; Itapetininga; Décima Sétima Câmara de Direito Privado; Rel. Des. Afonso Bráz; Julg. 07/08/2017; DJESP 10/08/2017; Pág. 2100)

Relacionando os requisitos para que seja aceita a caução sobre bens móveis ou imóveis ou a caução fidejussória:

✓ DIREITO CIVIL E PROCESSUAL CIVIL. DECISÃO PROFERIDA SOB A ÉGIDE DO CPC/73. AGRAVO DE INSTRUMENTO EM AÇÃO DECLARATÓRIA DE INEXIGIBILIDADE DE DÍVIDA. PEDIDO DE SUSTAÇÃO DE PROTESTO DE DOIS TÍTULOS DE CRÉDITO. TUTELA DE CUNHO CAUTELAR. NECESSIDADE DE OFERECIMENTO DE CONTRACAUTELA EM VALOR CORRESPONDENTE AOS TÍTULOS PROTESTADOS. PRECEDENTE DO STJ FIRMADO EM SEDE DE RECURSO ESPECIAL REPETITIVO. ART. 330, § 1º, DO CÓDIGO DE PROCESSO CIVIL. POSSIBILIDADE DE CAUÇÃO REAL OU FIDEJUSSÓRIA, DESDE QUE IDÔNEA, SUFICIENTE E DOTADA DE LIQUIDEZ E CERTEZA. RECURSO CONHECIDO E PARCIALMENTE PROVIDO. 1. De acordo com o entendimento do STJ, firmado na sistemática dos recursos repetitivos, firmado nos autos do Recurso Especial nº 1340236/SP, sob a relatoria do ministro Luis Felipe Salomão, "a legislação de regência estabelece que o documento hábil a protesto extrajudicial é aquele que caracteriza prova escrita de obrigação pecuniária líquida, certa e exigível. Portanto, a sustação de protesto de título, por representar restrição a direito do credor, exige prévio oferecimento de contracautela, a ser fixada conforme o prudente arbítrio do magistrado". 2. Registre-se, ainda, que o art. 300, § 1º, do CPC, prevê que para a concessão da tutela de urgência, o juiz pode, conforme o caso, exigir caução real ou fidejussória idônea para ressarcir os danos que a outra parte possa vir a sofrer, podendo a caução ser dispensada se a parte economicamente hipossuficiente não puder oferecê-la. 3. O propósito da caução é resguardar eventual direito do agravado, de maneira a garantir o pagamento do título em discussão, não podendo ser aquém do valor protestado, tampouco em valor excessivo, sob pena de prejudicar uma das partes em detrimento da outra. 4. A necessidade de prestar caução idônea pela parte beneficiada pela tutela provisória visa evitar ou reparar, de maneira célere e eficaz, lesão à parte agravada no tocante aos prejuízos eventualmente advindos da execução da decisão provisória, devendo, por isso, ser suficiente para assegurar a obrigação, em havendo o inadimplemento daquele que presta a garantia. 5. Na espécie, cuida-se a caução de providência que se mostra acertada, pois visa, precipuamente, coibir eventuais abusos no manejo de providências de natureza cautelar, mostrando-se justificável, como no caso dos presentes autos, quando o quadro probatório recomenda um maior acautelamento a fim de não vulnerar direito da parte adversa. 6. Em verdade, o cumprimento, ou não, do objeto contratual é ponto controvertido entre as partes, cuja resolução exige cognição plena e exauriente, própria do processo de conhecimento, motivo pelo qual, ante a situação de incerteza presente nos autos, melhor sorte socorre à exigência da contracautela, tendo em vista ser medida capaz de garantir eventuais prejuízos advindos da modificação do comando decisório provisório. 7. Não obstante, tem-se que, em se tratando de bens móveis e imóveis, é indispensável a demonstração de que o bem oferecido seja idôneo, líquido e suficiente para evitar a lesão ou repará-la integralmente, devendo, ainda, ser facilmente revertido em dinheiro; além disso, admite-se, igualmente, caução fidejussória, desde que se constate a liquidez, solvência e a credibilidade do garantidor. 8. Recurso conhecido e parcialmente provido, para o fim de, reformando apenas parcialmente a decisão recorrida, admitir outros tipos de caução, distintas do depósito em dinheiro, como, por exemplo, a real ou fidejussória, desde que certa, suficiente, idônea, de fácil liquidez e, no caso da última, seja o garantidor pessoa idônea e solvente, tudo a ser prudentemente examinado, em caso de oferta de contracautela, pela instância a quo. (TJCE; AI 0623522-43.2015.8.06.0000; Terceira Câmara de Direito Privado; Relª Desª Lira Ramos de Oliveira; DJCE 07/04/2017; Pág. 58)

<u>Para a sustação de protesto, só é necessária a prestação de caução se assim determinar o juiz:</u>

✓ AGRAVO DE INSTRUMENTO. AÇÃO DE CANCELAMENTO DE PROTESTO C/C INDENIZAÇÃO POR DANOS MORAIS, EXIBIÇÃO DE DOCUMENTOS E PEDIDO DE TUTELA PROVISÓRIA DE URGÊNCIA. PORTESTO. SUSTAÇÃO DOS EFEITOS. ART. 300 DO CPC/2015. POSSIBILIDADE. RECURSO PROVIDO. 1- Demonstrada a presença dos requisitos autorizadores da concessão de tutela antecipada, qual sejam periculum in mora e fumus boni iuris, deve esta ser deferida. 2- Para concessão liminar de sustação de protesto somente é necessária prestação de caução caso assim entenda o Magistrado, sendo esta prescindível. 3- Recurso provido. (TJMG; AI 1.0878.16.002327-0/001; Relª Desª Hilda Teixeira da Costa; Julg. 08/08/2017; DJEMG 18/08/2017)

<u>Dispondo que a suspensão de exigibilidade de crédito tributário está condicionada à prestação de caução em dinheiro:</u>

✓ TUTELA PROVISÓRIA DE URGÊNCIA. AÇÃO ANULATÓRIA DE PROTESTO. Município de São Paulo. Protesto de Certidão de Dívida Ativa. Possibilidade. Inteligência do art. 1º, parágrafo único, da Lei nº 9.492/97. Desatendimento dos requisitos do Art. 300 do NCPC. Agravo não provido. TUTELA PROVISÓRIA DE URGÊNCIA. Pedido subsidiário de oferta de caução real a fim de sustar os títulos protestados. Descabimento. Incidência à espécie da Súmula nº112 do STJ. Depósito em dinheiro que deve corresponder ao valor integral do crédito que se pretende desconstituir. Agravo não provido. (TJSP; AI 2187313-17.2016.8.26.0000; Ac. 10108071; São Paulo; Décima Quinta Câmara de Direito Público; Rel. Des. Erbetta Filho; Julg. 26/01/2017; DJESP 02/02/2017).

<u>Possibilidade de suspensão da exigibilidade de crédito tributário mediante caução idônea, excluído o valor considerado abusivo da multa aplicada:</u>

✓ AGRAVO DE INSTRUMENTO. Ação anulatória de auto de infração. ICMS. Pleito, em tutela provisória de urgência, de que fosse suspensa a exigibilidade do débito tributário proveniente de auto de infração. Decisão agravada que deferiu o pedido, concedendo a tutela provisória de urgência. Reforma parcial. Aferição, de ofício, da abusividade de multa que supera o patamar de 100% do imposto, de acordo com a jurisprudência do STJ. No restante da dívida. Principal, juros de mora e multa limitada a 100% do valor do imposto. É impossível a suspensão da exigibilidade do crédito tributário antes de instaurado o contraditório. Presunção de legitimidade do ato administrativo inquinado. Necessidade de caução em dinheiro, seguro-fiança ou outra caução idônea, no valor do débito, excluído o valor considerado abusivo da multa. Inteligência dos arts. 297 e 300, §1º, do novo CPC, que condicionam a concessão da tutela provisória de urgência, em alguns casos, à determinação de medidas adequadas à sua efetivação, no caso em tela, a exigência de caução em dinheiro, seguro-fiança ou outra caução idônea. Decisão agravada reformada. Agravo parcialmente provido. (TJSP; AI 2209747-97.2016.8.26.0000; Ac. 10044012; São Bernardo do Campo; Décima Câmara de Direito Público; Rel. Des. Marcelo Semer; Julg. 05/12/2016; DJESP 31/01/2017)

Possibilidade de suspensão de exigibilidade de crédito tributário independentemente de caução:

✓ TRIBUTÁRIO. ANULATÓRIA DE AIIM. CONCESSÃO DE TUTELA PROVISÓRIA DE URGÊNCIA PARA SUSPENSÃO DA EXIGIBILIDADE DO CRÉDITO, SEM A RESPECTIVA CAUÇÃO. POSSIBILIDADE. 1. Hipótese de concessão contra a Fazenda, não vedada pelo art. 1.059 do NCPC. 2. Inexistência de incompatibilidade entre o disposto nos incisos II e V, do art. 151 do CTN, ante a presença dos requisitos autorizadores da tutela provisória, especialmente a reversibilidade. 3. Agravo não provido. (TJSP; AI 2118847-68.2016.8.26.0000; Ac. 9727184; São José do Rio Preto; Sétima Câmara de Direito Público; Rel. Des. Coimbra Schmidt; Julg. 22/08/2016; DJESP 19/09/2016); TUTELA PROVISÓRIA. Negada. ICMS sobre tarifas de uso dos sistemas de transmissão e de distribuição de energia elétrica, TUST e TUSD. Afastamento da incidência e repetição do indébito tributário. Legitimidade ativa do consumidor, que suporta o ônus da exação. Não incidência de ICMS sobre os referidos encargos. Precedentes do Superior Tribunal de Justiça. Incide, sim, motivo de urgência, para eximir o contribuinte de continuar fazendo pagamento indevido em favor do fisco, também o cabimento da medida como tutela de evidência, para poupar o contribuinte da contingência do solve et repete, com todos os percalços que isso representa, inclusive a insólita perspectiva de aguardar por anos na fila dos precatórios. Recorde-se que o depósito integral em dinheiro constitui apenas uma das múltiplas possibilidades de suspensão da exigibilidade do crédito tributário relacionadas no artigo 151 do Código Tributário Nacional, cabendo, como na hipótese, a suspensão sem o depósito, conforme previsão específica do inciso V. Não incide perigo de irreversibilidade da medida porque o valor poderá ser cobrado posteriormente, em caso de insucesso desta ação judicial. Recurso provido para conceder a medida. (TJSP; AI 2180088-43.2016.8.26.0000; Ac. 10552372; Santos; Décima Segunda Câmara de Direito Público; Rel. Des. Edson Ferreira; Julg. 27/06/2017; rep. DJESP 05/07/2017; Pág. 2718)

Exigindo que a prestação de caução em dinheiro para a suspensão de exigibilidade de crédito não tributário:

✓ AGRAVO DE INSTRUMENTO E EMBARGOS DE DECLARAÇÃO. EMBARGOS DE DECLARAÇÃO EM FACE DA DECISÃO QUE NEGOU A ANTECIPAÇÃO DE TUTELA RECURSAL. EMBARGOS PREJUDICADOS, UMA VEZ QUE O AGRAVO DE INSTRUMENTO JÁ SE ENCONTRA HÁBIL PARA JULGAMENTO. Ação anulatória. Multa administrativa. PROCON-RJ. Pedido de prestação de caução para suspensão da exigibilidade do crédito em tutela de urgência. Indeferimento. A prestação de caução para a suspensão da exigibilidade de crédito não tributário é possível, seja por analogia com o art. 151, II do CTN, que a prevê para o crédito tributário, seja por aplicação direta do art. 300, § 1º do CPC/15, que estipula a possibilidade de condicionar a prestação de caução ao deferimento da tutela provisória de urgência. Além disso, deve ser conjugada aos dispositivos legais mencionados a Súmula nº 112 do STJ que determina que tal depósito deva ser integral e em dinheiro. Decisão que se reforma para a concessão da tutela de urgência condicionada à prestação da caução do valor atualizado da multa integralmente e em dinheiro. EMBARGOS DE DECLARAÇÃO PREJUDICADOS. PROVIMENTO DO AGRAVO DE INSTRUMENTO. (TJRJ; AI 0049167-88.2017.8.19.0000; Rio de Janeiro; Terceira Câmara Cível; Rel. Des. Peterson Barroso Simão; DORJ 10/11/2017; Pág. 445)

Possibilidade de suspensão da exigibilidade de multa aplicada pelo Procon independentemente de caução:

✓ AGRAVO. AÇÃO ANULATÓRIA. TUTELA PROVISÓRIA. MULTA. PROCON. TELEFONIA. ART. 57 DO CDC. PRINCÍPIOS DA RAZOABILIDADE E PROPORCIONALIDADE. INOBSERVÂNCIA. VEROSSIMILHANÇA. SUSPENSÃO DA EXIGIBILIDADE DO CRÉDITO INDEPENDENTEMENTE DE CAUÇÃO. POSSIBILIDADE. Nos termos do art. 300 do novo CPC, para a concessão da tutela provisória de urgência devem estar presentes dois requisitos não cumulativos: A probabilidade do direito e o perigo de dano ou o risco ao resultado útil do processo. Possível a suspensão da exigibilidade da multa independentemente da prestação de caução quando existentes fundamentos para a concessão de pedido de antecipação de tutela. Caso em que a multa no valor de mais de 128 salários mínimos foi aplicada em razão de reclamação oferecida por um único consumidor, decorrente de contatos de telemarketing após o bloqueio de linha telefônica, revelando-se excessiva e desproporcional. Decisão agravada reformada. Tutela provisória concedida. Agravo de instrumento provido. (TJRS; AI 0041990-68.2017.8.21.7000; Porto Alegre; Vigésima Segunda Câmara Cível; Relª Desª Denise Oliveira Cezar; Julg. 25/05/2017; DJERS 05/06/2017)

Se a medida não é capaz de acarretar danos à parte contrária, não se exige caução:

✓ AGRAVO DE INSTRUMENTO. DIREITO PÚBLICO NÃO ESPECIFICADO. ENERGIA ELÉTRICA. IRREGULARIDADE NA UNIDADE CONSUMIDORA. CONSUMO NÃO FATURADO. PRETENSÃO DE TUTELA PROVISÓRIAPARA VEDAÇÃO DE SUSPENSÃO DO FORNECIMENTO E INSCRIÇÃO EM CADASTROS NEGATIVOS DE CRÉDITO. CONDICIONAMENTO À

PRESTAÇÃO DE CAUÇÃO. DESCABIMENTO. A exigência de caução para a concessão de tutela de urgência tem por finalidade "ressarcir os danos que a outra parte possa vir a sofrer", nos termos do art. 300, § 1º, do CPC. Não há controvérsia acerca do adimplemento de faturas mensais atuais, atacando o autor cobrança de recuperação de consumo não faturado de energia elétrica de período pretérito. Não há razão para a prestação de caução, pois pretende o autor apenas vedação de corte e não inscrição em órgãos negativos de crédito, sem qualquer possibilidade de dano à concessionária, pois as faturas atuais estão em dia. E a medida é reversível a qualquer tempo. Precedentes desta corte. Agravo de instrumento conhecido em parte e provido. (TJRS; AI 0000604-58.2017.8.21.7000; Uruguaiana; Vigésima Primeira Câmara Cível; Rel. Des. Almir Porto da Rocha Filho; Julg. 22/02/2017; DJERS 09/03/2017)

Se revogada a tutela provisória, descabe a manutenção da caução, ainda que realizada em dinheiro:

✓ AGRAVO DE INSTRUMENTO. TUTELA PROVISÓRIA. Declaratória de inexigibilidade de débito. Revogação da tutela provisória, a pedido da autora, noticiando o encerramento de suas atividades comerciais. Pretensão de manutenção da determinação de depósito judicial (caução) de valores incontroversos. Descabimento. Desnecessidade do depósito ante a revogação da tutela provisória. Inteligência do art. 300, §1º, do NCPC. Recurso negado. (TJSP; AI 2125141-05.2017.8.26.0000; Ac. 10670296; Itaquaquecetuba; Décima Terceira Câmara de Direito Privado; Rel. Des. Francisco Giaquinto; Julg. 08/08/2017; DJESP 11/08/2017; Pág. 2072)

Não se deve exigir caução em dinheiro de beneficiário da gratuidade de justiça, mas é possível a prestação de caução real ou fidejussória:

✓ ASSISTÊNCIA JUDICIÁRIA. Pedido de benefício da gratuidade da Justiça. Pessoa natural. Admissibilidade desde que declarada a falta de condições de pagar as custas e despesas processuais. Art. 99, §3º do CPC/2015. Recurso provido. TUTELA PROVISÓRIA. Exigência de caução em dinheiro. Impossibilidade. Previsão legal de apresentação de caução real ou fidejussória. Art. 300, §1º do CPC. Recurso provido. (TJSP; AI 2026428-92.2017.8.26.0000; Ac. 10477737; Jaú; Vigésima Terceira Câmara de Direito Privado; Rel. Des. J.B. Franco de Godoi; Julg. 31/05/2017; DJESP 09/06/2017; Pág. 2157)

§ 2º A tutela de urgência pode ser concedida liminarmente ou após justificação prévia.

→ *v.* Art. 2º da Lei 8.437/1992.

→ *v.* Enunciado 647 do FPPC: A tutela provisória pode ser concedida pelo relator liminarmente ou após justificação prévia.

Em caso de urgência e não havendo ainda provas consistentes, deve ser designada a audiência de justificação:

✓ AGRAVO DE INSTRUMENTO. DIREITO DE VIZINHANÇA. AÇÃO DE OBRIGAÇÃO DE FAZER C.C. PERDAS E DANOS. TUTELA PROVISÓRIA DE URGÊNCIA. AUSÊNCIA DE PROBABILIDADE DO DIREITO. CONTROVÉRSIA SOBRE A CAUSA DA DESESTRUTURAÇÃO DO MURO DIVISÓRIO. JUSTIFICAÇÃO PRÉVIA. NECESSIDADE. EXEGESE DO ART. 300, § 2º, DO NOVO CPC. Se cada uma das partes instrui os autos com laudo técnico que se mostra divergente quanto à causa da desestruturação do muro divisório, não se vislumbra a probabilidade do direito invocado pelas autoras a justificar a concessão liminar da tutela provisória de urgência. Diante do iminente perigo de dano em caso de se aguardar até o julgamento final da demanda, de rigor a designação de audiência de justificação prévia para a colheita de provas. Recurso parcialmente provido. (TJSP; AI 2145124-24.2016.8.26.0000; Ac. 9922334; Botucatu; Trigésima Quinta Câmara de Direito Privado; Rel. Des. Gilberto Leme; Julg. 25/10/2016; DJESP 01/11/2016)

§ 3º A tutela de urgência de natureza antecipada não será concedida quando houver perigo de irreversibilidade dos efeitos da decisão.

→ *v.* Art. 1º da Lei 9.494/1997.

→ *v.* Lei 8.076/1990 – Estabelece hipóteses nas quais fica suspensa a concessão de medidas liminares.

→ *v.* Enunciado 40 do CJF: A irreversibilidade dos efeitos da tutela de urgência não impede sua concessão, em se tratando de direito provável, cuja lesão seja irreversível.

→ *v.* Enunciado 25 da ENFAM: A vedação da concessão de tutela de urgência cujos efeitos possam ser irreversíveis (art. 300, § 3º, do CPC/2015 da ENFAM: pode ser afastada no caso concreto com base na garantia do acesso à Justiça (art. 5º, XXXV, da CRFB).

→ *v.* Enunciado 419 do FPPC: Não é absoluta a regra que proíbe tutela provisória com efeitos irreversíveis.

Se não há motivos plausíveis, notadamente o risco de irreversibilidade, não deve ser exigida a prestação de caução pelo juiz:

✓ AGRAVO DE INSTRUMENTO. CIVIL. PROCESSO CIVIL. TUTELA PROVISÓRIA. CAUÇÃO. PERIGO DE IRREVERSIBILIDADE. INEXISTÊNCIA. RECURSO CONHECIDO E PROVIDO. 1. A tutela de urgência é instrumento processual previsto no artigo 300 do Código de Processo Civil, concedido por meio de cognição sumária, com base na aparência e probabilidade dos argumentos e provas apresentados, até que seja proferido o resultado final da prestação jurisdicional. 2. A determinação de pagamento de caução é uma faculdade concedida ao Magistrado por Lei para conferir maior Segurança Jurídica ao processo quando, no caso concreto, houver indícios de irreversibilidade da decisão ao final do processo. 3. Inexistente motivos plausíveis para a fixação da caução, notadamente o risco de irreversibilidade da medida de urgência, deve a determinação de depósito ser afastada, alcançando-se a máxima eficácia do provimento jurisdicional antecipatório. 4. Agravo de Instrumento conhecido e provido. (TJDF; Proc 0712.44.7.172017-8070000; Ac. 106.5903; Oitava Turma Cível; Rel. Des. Eustáquio de Castro; Julg. 07/12/2017; DJDFTE 15/12/2017). No mesmo sentido: AGRAVO DE INSTRUMENTO. AÇÃO CAUTELAR ANTECEDENTE. SUSTAÇÃO DO PROTESTO. CAUÇÃO FIDEJUSSÓRIA. AUSÊNCIA DE RISCO DE DANO. REFORMA PARCIAL DA DECISÃO AGRAVADA. 1- De acordo com o poder geral de cautela e o princípio da fungibilidade entre as medidas cautelares e as antecipatórias dos efeitos da tutela, o perigo de dano pode ser evitado com a substituição da sustação do protesto pela suspensão dos seus efeitos, se o protesto já tiver sido lavrado. 2. Para deferimento do pedido de tutela antecedente, é imprescindível o preenchimento dos requisitos cumulativos indicados no art. 300, do CPC/15, podendo o juiz, conforme o caso, exigir caução real ou fidejussória idônea para ressarcir os danos que a outra parte possa vir a sofrer (art. 300,§1º). 3- Dispensável a sua exigência, contudo, se a efetivação da tutela provisória não puder causar à parte contrária risco de dano grave ou irreparável. (TJMG; AI 1.0287.17.001415-6/001; Rel. Des. Pedro Aleixo; Julg. 30/08/2017; DJEMG 13/09/2017)

Considerando que se deve flexibilizar o requisito negativo da irreversibilidade em tutelas de caráter protetivo à vida:

✓ AGRAVO DE INSTRUMENTO. AÇÃO COMINATÓRIA COM PEDIDO DE TUTELA ANTECIPADA. OBRIGAÇÃO IMPOSTA AO ESTADO DE SERGIPE. REALIZAÇÃO DE PROCEDIMENTO CIRÚRGICO (CID S22.0). PRESENTES OS REQUISITOS DA PROBABILIDADE DO DIREITO ("FUMUS BONI IURIS") E DO PERIGO DE DANO OU RISCO AO RESULTADO ÚTIL DO PROCESSO ("PERICULUM IN MORA") NECESSÁRIOS À CONCESSÃO DA TUTELA PROVISÓRIA DE URGÊNCIA (ART. 300 DO NOVO CPC). OBRIGAÇÃO DO ENTE ESTATAL. ART. 196 DA CONSTITUIÇÃO FEDERAL. PROTEÇÃO DO DIREITO À VIDA E À SAÚDE. PARECER PELO CONHECIMENTO E IMPROVIMENTO DO RECURSO. PRAZO SUFICIENTE PARA O CUMPRIMENTO DA OBRIGAÇÃO. IMPROVIMENTO DO RECURSO. I. A Constituição Federal, em seu art. 196, estabelece que é dever do estado e direito de todos a garantia à saúde, com medidas que atenuem ou impeçam o risco de doença ou o seu agravamento. Essa disposição está de acordo com a nova ordem constitucional, que erigiu a dignidade humana como autoridade moral devida a todos os cidadãos. II. Sólido entendimento em nosso direito legal, doutrinário e jurisprudencial que, em tutelas de caráter protetivo à vida, mitiga-se o pressuposto negativo do "perigo de irreversibilidade" (Art. 300, §3º) das tutelas urgentes, em razão do princípio maior aqui assegurado (da vida digna) e, especialmente, ante o permissivo processual do Art. 8º do CPC/15. III. Presentes os requisitos autorizadores para concessão da tutela antecipada, probabilidade do direito e risco de lesão grave. IV. Recurso conhecido e improvido. (TJSE; AI 201700816272; Ac. 28161/2017; Segunda Câmara Cível; Rel. Des. Alberto Romeu Gouvei Aleite; Julg. 12/12/2017; DJSE 18/12/2017)

Aplicando o princípio da proporcionalidade para flexibilizar o pressuposto negativo da irreversibilidade;

✓ AGRAVO DE INSTRUMENTO. CONSTITCIONAL. ADMINISTRATIVO. PROCESSUAL CIVIL. TUTELA PROVISÓRIA DE URGÊNCIA. DIREITO À VIDA E A SAÚDE. VACINA CONTRA HPV. HIPOSSUFICIENCIA COMPROVADA. LAUDO MÉDICO ATESTANDO A NECESSIDADE. COMPETÊNCIA CONCORRENTE DOS ENTERS FEDERATIVOS. IRREVERSIBILIDADE DA MEDIDA NÃO OPONÍVEL NA ESPÉCIE. PERICULUM IN DEMNSTRADO. RECURSO CONHECIDO E IMPROVIDO. 1. Nos termos do art. 23, II da Carta Magna, todos os entes federados têm competência comum no que toca à prestação de serviços na área da saúde, neles incluídos o fornecimento de medicamentos e vacinas. 2. Comprovada a sua hipossuficiência e Prescritas por profissional médico doses da vacina contra o HPV, a recusa da Administração em disponibilizá-la à beneficiária, sob a justificativa de que ela estaria fora da faixa etária compreendida na campanha de vacinação não tem o condão de se sobrepor às diretrizes legais que asseguram o direito vindicado, na espécie a concreção do art. 196 da CF. 3. A irreversibilidade dos efeitos da medida não se pode erigir em impedimento inafastável ao deferimento de provimento antecipatório, pois imprescindível se faz a observância do princípio da proporcionalidade, que deve inspirar a prestação jurisdicional, de modo que na colisão de interesses deve o julgador precatar aquele de maior valor, que, **in casu**, a toda evidência, é o que emana de preceito fundamental da Constituição da República (arts. 5º, caput, e 196). (TJES; AI 0000435-47.2017.8.08.0044; Quarta Câmara Cível; Rel. Des. Robson Luiz Albanez; Julg. 25/09/2017; DJES 06/10/2017)

O requisito da ausência de irreversibilidade não se aplica à tutela de evidência:

✓ PROCESSUAL CIVIL. ADMINISTRATIVO. AGRAVO DE INSTRUMENTO. TUTELA DE EVIDÊNCIA. SUSPENSÃO DOS EFEITOS DA HIPOTECA. Na hipótese, em cognição sumária, suficientemente demonstrados os fatos constitutivos do direito do agravado a dar guarida à concessão de tutela de evidência, nos termos do artigo 311, IV, do novo CPC, para a qual não se exige, vale dizer, o requisito da irreversibilidade dos efeitos da decisão (art. 300, §3º, do novo CPC), este próprio das tutelas provisórias fundadas na urgência. (TRF 4ª R.; AG 5046501-79.2017.4.04.0000; Terceira Turma; Rel. Des. Fed. Rogerio Favreto; Julg. 14/11/2017; DEJF 17/11/2017)

Art. 301. A tutela de urgência de natureza cautelar pode ser efetivada mediante arresto, sequestro, arrolamento de bens, registro de protesto contra alienação de bem e qualquer outra medida idônea para asseguração do direito.

→ *v. Enunciado 31 do FPPC: O poder geral de cautela está mantido no CPC.*

Possibilidade de substituição da medida de sustação do protesto pela suspensão dos seus efeitos, se este já foi lavrado:

✓ AGRAVO DE INSTRUMENTO. AÇÃO CAUTELAR ANTECEDENTE. SUSTAÇÃO DO PROTESTO. CAUÇÃO FIDEJUSSÓRIA. AUSÊNCIA DE RISCO DE DANO. REFORMA PARCIAL DA DECISÃO AGRAVADA. 1- De acordo com o poder geral de cautela e o princípio da fungibilidade entre as medidas cautelares e as antecipatórias dos efeitos da tutela, o perigo de dano pode ser evitado com a substituição da sustação do protesto pela suspensão dos seus efeitos, se o protesto já tiver sido lavrado. 2. Para deferimento do pedido de tutela antecedente, é imprescindível o preenchimento dos requisitos cumulativos indicados no art. 300, do CPC/15, podendo o juiz, conforme o caso, exigir caução real ou fidejussória idônea para ressarcir os danos que a outra parte possa vir a sofrer (art. 300, §1º). 3- Dispensável a sua exigência, contudo, se a efetivação da tutela provisória não puder causar à parte contrária risco de dano grave ou irreparável. (TJMG; AI 1.0287.17.001415-6/001; Rel. Des. Pedro Aleixo; Julg. 30/08/2017; DJEMG 13/09/2017)

Possibilidade de concessão de tutela cautelar para impedir o levantamento de depósito judicial:

✓ AGRAVO DE INSTRUMENTO. Ação cautelar em caráter antecedente. Síntese fática. Indeferimento do pedido de urgência. Insurgência das autoras. Tutela cautelar. Suspensão do levantamento de depósito judicial e repasse de valores frutos de bem do espólio. Possibilidade. Indício de dono na confecção de acordo de partilha. Possibilidade de dissipação do patrimônio. Perigo ao resultado útil do processo. Inteligência dos artigos 300 e 301 do código de processo civil de 2015. Recurso conhecido e provido para a concessão da tutela cautelar para a suspensão do levantamento de depósito judiciário e repasse de valores da empresa trattativa e norte fios para a agravada. (TJPR; Ag Instr 1591410-8; Rio Negro; Décima Primeira Câmara Cível; Relª Desª Lenice Bodstein; Julg. 30/08/2017; DJPR 15/09/2017; Pág. 182)

Viabilidade de concessão da tutela de urgência para a averbação de ação de cobrança no Registro de Imóveis:

✓ AGRAVO DE INSTRUMENTO. AÇÃO DE EXECUÇÃO. AUSENCIA DE TRÂNSITO EM JULGADO. AÇÃO DE COBRANÇA -PROTESTO DE ALIENAÇÃO DO BEM. TUTELA DEFERIDA. LITISPENDÊNCIA. INEXISTÊNCIA. Tutela cautelar (art. 300 e 301, do NCPC). Requisitos. Provimento negado. 1. Deve ser concedida a tutela provisória de urgência de natureza cautelar, nos termos do art. 300 do NCPC, caso haja comprovação de elementos que evidenciem a probabilidade do direito, somada ao perigo de dano ou o risco ao resultado útil do processo. 2. Tendo a ação de execução, em sede de apelação, sido julgada extinta por ausência dos requisitos de exigibilidade do título, é possível a propositura da ação de cobrança com pedido de tutela urgente para averbação de registro junto ao cri de protesto contra a alienação do bem (art. 301 do NCPC). 3. Não há falar em litispendência quando os pedidos e as demandas (execução. Embargos. Cobrança) forem diversas. (TJMG; AI 1.0647.16.003599-2/001; Rel. Des. Manoel dos Reis Morais; Julg. 20/09/2016; DJEMG 30/09/2016)

Considerando viável determinar a averbação premonitória de ação de conhecimento, a título de tutela provisória:

✓ AGRAVO DE INSTRUMENTO. ALIENAÇÃO FIDUCIÁRIA DE IMÓVEL. AÇÃO DECLARATÓRIA DE NULIDADE DE ATOS JURÍDICOS. Tutela provisória indeferida em Primeiro Grau. Pretensão à averbação premonitória em fase de conhecimento. Possibilidade. Art. 828, CPC. Aplicação subsidiária das regras que regem o processo de execução. Ausência de incompatibilidade. Decisão reformada. Recurso provido. (TJSP; AI 2089244-13.2017.8.26.0000; Ac. 10542338; São Paulo; Vigésima Sexta Câmara de Direito Privado; Rel. Des. Bonilha Filho; Julg. 22/06/2017; DJESP 05/07/2017; Pág. 2169)

Art. 302. Independentemente da reparação por dano processual, a parte responde pelo prejuízo que a efetivação da tutela de urgência causar à parte adversa, se:

I – a sentença lhe for desfavorável;

II – obtida liminarmente a tutela em caráter antecedente, não fornecer os meios necessários para a citação do requerido no prazo de 5 (cinco) dias;

→ *v.* Arts. 238 e ss. do NCPC.

III – ocorrer a cessação da eficácia da medida em qualquer hipótese legal;

IV – o juiz acolher a alegação de decadência ou prescrição da pretensão do autor.

Parágrafo único. A indenização será liquidada nos autos em que a medida tiver sido concedida, sempre que possível.

→ *v.* Enunciado 499 do FPPC: Efetivada a tutela de urgência e, posteriormente, sendo o processo extinto sem resolução do mérito e sem estabilização da tutela, será possível fase de liquidação para fins de responsabilização civil do requerente da medida e apuração de danos.

Apontando o art. 302 do CPC como caso de responsabilidade objetiva, independentemente de má-fé do requerente da tutela provisória e de pronunciamento judicial nesse sentido:

✓ PROCESSUAL CIVIL. AGRAVO INTERNO. VIOLAÇÃO DO ART. 535 DO CPC/73. AUSÊNCIA. REPARAÇÃO DE DANO, DECORRENTE DE MEDIDA LIMINAR DEFERIDA NOS AUTOS. POSSIBILIDADE. RESPONSABILIDADE PROCESSUAL OBJETIVA. OBRIGAÇÃO DE REPARAR O DANO PROCESSUAL. DECORRE DA LEI, NÃO DEPENDENDO DE PRÉVIOS RECONHECIMENTO JUDICIAL E/OU PEDIDO DO LESADO. POSSIBILIDADE DE DESCONTO, COM ATUALIZAÇÃO MONETÁRIA, DO PERCENTUAL DE 10% DO MONTANTE BRUTO DO BENEFÍCIO SUPLEMENTAR, ATÉ QUE OCORRA A COMPENSAÇÃO DO DANO. UTILIZAÇÃO DE ANALOGIA. LEI N. 8.112/1990. MATÉRIA PACIFICADA NO ÂMBITO DO STJ, EM VISTA DA AFETAÇÃO À SEGUNDA SEÇÃO E JULGAMENTO DO RESP 1.548.749/RS. INCIDÊNCIA DE JUROS DE MORA. INVIABILIDADE. NÃO HÁ COMO RECONHECER FATO OU OMISSÃO IMPUTÁVEL AOS DEVEDORES - AUTORES DA AÇÃO DE REVISÃO DE BENEFÍCIO, ORA RECORRIDOS. A TEOR DO ART. 396 DO CC, NÃO INCORREM EM MORA. CABE À ENTIDADE PREVIDENCIÁRIA PRATICAR OS ATOS NECESSÁRIOS À REPARAÇÃO DO DANO PROCESSUAL. É O PLEITO INFUNDADO, SUSCITADO RECURSO ESPECIAL E NO PRESENTE AGRAVO INTERNO DA ENTIDADE PREVIDENCIÁRIA, QUE RETARDA O TRÂNSITO EM JULGADO. 1. Segundo o entendimento firmado na Segunda Seção desta Corte Superior, "Os danos causados a partir da execução de tutela antecipada (assim também a tutela cautelar e a execução provisória) são disciplinados pelo sistema processual vigente à revelia da indagação acerca da culpa da parte, ou se esta agiu de má-fé ou não. Com efeito, à luz da legislação, cuida-se de responsabilidade processual objetiva, bastando a existência do dano decorrente da pretensão deduzida em juízo para que sejam aplicados os arts. 273, § 3º, 475-O, incisos I e II, e 811 do CPC/1973 (correspondentes aos arts. 297, parágrafo único, 520, I e II, e 302 do novo CPC)". 2. Salientou-se também que "Em linha de princípio, a obrigação de indenizar o dano causado pela execução de tutela antecipada posteriormente revogada é consequência natural da improcedência do pedido, decorrência ex lege da sentença, e, por isso, independe de pronunciamento judicial, dispensando também, por lógica, pedido da parte interessada. A sentença de improcedência, quando revoga tutela antecipadamente concedida, constitui, como efeito secundário, título de certeza da obrigação de o autor indenizar o réu pelos danos eventualmente experimentados, cujo valor exato será posteriormente apurado em liquidação nos próprios autos". 3."O art. 396 do CC estabelece que, não havendo fato ou omissão imputável ao devedor, não incorre este em mora. Dessarte, para caracterização ou permanência em mora, é necessário que haja exigibilidade da prestação e inexecução culposa, vale dizer, "retardamento injustificado da parte de algum dos sujeitos da relação obrigacional", compreendendo os juros moratórios "pena imposta ao devedor em atraso com o cumprimento da obrigação" (PEREIRA, Caio Mário da Silva. Instituições de direito civil: teoria geral das obrigações. 25 ed. Rio de Janeiro: Forense, 2012, p. 119 e 291)". (REsp 1169179/DF, Rel. Ministro LUIS FELIPE SALOMÃO, QUARTA TURMA, julgado em 03/03/2015, DJe 31/03/2015) 4. Com efeito, como cabe à entidade previdenciária requerer nos mesmos autos a liquidação, para apuração do valor exato para reparação do dano processual e, após, promover o desconto mensal de montantes dos benefícios auferidos pelos recorridos – até que ocorra a integral compensação do dano -, não há falar em incidência de juros de mora. 5. Agravo interno não provido. (STJ, AgInt no REsp 1630716/RS, Rel. Ministro LUIS FELIPE SALOMÃO, QUARTA TURMA, julgado em 15/12/2016, DJe 02/02/2017)

A possibilidade de reparação por dano processual afasta o pressuposto negativo da irreversibilidade para fins de fornecimento de medicamentos:

✓ AGRAVO DE INSTRUMENTO. TUTELA DE URGÊNCIA. PRELIMINAR DE ILEGITIMIDADE PASSIVA. ADMINISTRADORA DE BENEFÍCIOS. REJEIÇÃO. FORNECIMENTO DE MEDICAMENTO. SUSPENSÃO. DESCABIMENTO. PERIGO DE DANO INVERSO. ART. 302 DO CPC. 1. Nos termos do artigo 34 do CDC, é solidária a responsabilidade entre a operadora de saúde e a administradora de benefícios, em se tratando de contrato de prestação de serviços de saúde. 2. Não se observa o requisito de risco de dano grave a fim de se conceder efeito suspensivo à decisão que determina fornecimento de medicamento à beneficiária do plano de saúde, tendo em vista do contido no art. 302 do CPC. 3. Recurso conhecido e desprovido. (TJDF; Proc. 0708.58.6.232017-8070000; Ac. 105.5012; Quinta Turma Cível; Rel. Des. Josaphá Francisco dos Santos; Julg. 19/10/2017; DJDFTE 27/10/2017)

Suspensão do leilão extrajudicial não implica dano irreversível para a parte credora, dada a possibilidade de reparação por dano processual:

✓ AGRAVO DE INSTRUMENTO. DIREITO DO CONSUMIDOR. AÇÃO CAUTELAR VISANDO À SUSPENSÃO DO LEILÃO EXTRAJUDICIAL DO IMÓVEL FINANCIADO. Tutela de urgência deferida. Recurso da ré pleiteando a reforma do decisum. Recurso que não merece prosperar. Presentes os pressupostos para concessão da tutela requerida previstos no art. 300 do CPC/15. Parte autora que realizou a portabilidade do seu financiamento, sendo surpreendida com cobrança diversa da informada. Dívida controvertida e discutida judicialmente. Decisão que não se mostra teratológica, nem contrária às provas dos autos. Inteligência da Súmula nº 59 deste TJ. Medida concedida que não acarretará dano reverso de difícil ou impossível reparação, pois a questão será meramente patrimonial, podendo a demandada, se vitoriosa ao final do processo, buscar o ressarcimento, inclusive pelas vias próprias, se necessário. Inteligência do art. 302 do CPC/15. Decisum que merece ser mantido. Recurso ao qual se nega provimento. (TJRJ; AI 0052256-22.2017.8.19.0000; Niterói; Vigésima Quarta Câmara Cível Consumidor; Relª Desª Cintia Santarem Cardinali; Julg. 25/10/2017; DORJ 26/10/2017; Pág. 577)

Possibilidade de o plano de saúde cobrar os valores que pagou a mais, nos autos em que havia sido concedida a tutela de urgência, a qual restou parcialmente reformada:

✓ CUMPRIMENTO DE SENTENÇA. COBRANÇA. TUTELA DE URGÊNCIA REFORMADA EM PARTE NA SENTENÇA. Insurgência contra decisão que rejeitou os embargos, mantendo a improcedência da impugnação ao cumprimento de sentença. Pretensão do agravante para que não seja obrigado a restituir valores ao plano de saúde. Não acolhimento. Tutela de urgência havia obrigado o plano de saúde a custear integralmente mensalidade de clínica não credenciada. Sentença de parcial procedência, que limitou a obrigação da ré aos valores da rede credenciada. Decisão transitada em julgado. Início do cumprimento de sentença. Ré que cobrou a diferença entre a mensalidade da rede credenciada e da clínica utilizada pelo autor. Possibilidade de cobrança decorrente da reforma parcial da tutela de urgência na sentença (art. 302, I e parágrafo único do CPC/2015). Impugnação do autor na origem não tratou das matérias elencadas no art. 525, § 1º do CPC/2015, mas exclusivamente de matérias já decidida em definitivo na sentença. Cobrança legítima. Decisão mantida. Agravo desprovido. (TJSP; AI 2221435-56.2016.8.26.0000; Ac. 10153420; São Bernardo do Campo; Terceira Câmara de Direito Privado; Rel. Des. Carlos Alberto de Salles; Julg. 09/02/2017; DJESP 15/02/2017)

Capítulo II
DO PROCEDIMENTO DA TUTELA ANTECIPADA REQUERIDA EM CARÁTER ANTECEDENTE

Art. 303. Nos casos em que a urgência for contemporânea à propositura da ação, a petição inicial pode limitar-se ao requerimento da tutela antecipada e à indicação do pedido de tutela final, com a exposição da lide, do direito que se busca realizar e do perigo de dano ou do risco ao resultado útil do processo.

→ *v.* Art. 319 do NCPC.

→ *v.* Enunciado 45 do CJF: Aplica-se às tutelas provisórias o princípio da fungibilidade, devendo o juiz esclarecer as partes sobre o regime processual a ser observado.

→ *v.* Enunciado 502 do FPPC: Caso o juiz entenda que o pedido de tutela antecipada em caráter antecedente tenha natureza cautelar, observará o disposto no art. 305 e seguintes.

Possibilidade de pedir tutela antecipada em caráter antecedente contra a Fazenda Pública:

✓ AGRAVO DE INSTRUMENTO. Ação declaratória de inexigibilidade de crédito tributário C.C. Sustação ou anulação de protesto com pedido de tutela antecipada em caráter antecedente. Recurso interposto pela Fazenda Estadual contra decisão que deferiu a tutela antecipada de urgência em caráter antecedente. Presença dos requisitos previstos no art. 303, caput do CPC para concessão. Possibilidade de utilização da medida em face do ente público, considerando não haver qualquer restrição prevista em Lei. Decisão mantida. Recurso desprovido. (TJSP; AI 2090730-33.2017.8.26.0000; Ac. 10668737; Jacareí; Sétima Câmara de Direito Público; Rel. Des. Eduardo Gouvêa; Julg. 07/08/2017; DJESP 14/08/2017; Pág. 3110). V. tb.: AGRAVO DE INSTRUMENTO. PRELIMINAR DE NÃO CABIMENTO DE PEDIDO DE TUTELA ANTECIPADA SATISFATIVA EM CARÁTER ANTECEDENTE. REJEITADA. ART. 303 DO NCPC. PRELIMINAR DE IMPOSSIBILIDADE DE CONCESSÃO DE TUTELA ANTECIPADA CONTRA O PODER PÚBLICO. AFASTADA. PRELIMINAR DE AUSÊNCIA DE RESPONSABILIDADE DO MUNICÍPIO DE LAGOA DA PRATA. NÃO ACOLHIDA. FORNECIMENTO DE INSUMO. FRALDAS. POSSIBILIDADE. DIREITO À SAÚDE E VIDA DIGNA. Em sede de Agravo de Instrumento o julgador deve se ater, num exame sumário do caso, à presença dos requisitos indispensáveis à concessão da medida de urgência pleiteada. O NCPC facultou ao autor, nos casos em que a urgência for contemporânea à propositura da ação, e desde que preenchidos os seus requisitos, a realização do procedimento da tutela antecipada requerida em caráter antecedente, previsto no art. 303. A própria edição da Lei nº 9.494/97, a que se refere o agravante, revela que as antecipações de tutela, como outras liminares, podem perfeitamente ser concedidas contra entidades de direito público. A relação obrigacional que conduz à legitimação do agravante decorre da previsão do art. 23, II, da CF/88, que estabelece a competência comum da União, dos Estados, do Distrito Federal e dos Municípios para cuidar da saúde e da assistência pública. A saúde é direito fundamental para a preservação da vida e cabe ao Estado (sentido amplo) promover meios para sua realização, fornecendo todas as condições necessárias para o seu pleno exercício. Restam presentes os requisitos necessários para a concessão da medida pleiteada e deferida pelo Juízo primevo, não havendo razões para sua reforma. Preliminares rejeitadas. Recurso não provido. (TJMG; AI 1.0372.16.001581-7/001; Relª Desª Heloisa Combat; Julg. 03/11/2016; DJEMG 08/11/2016)

Considerando incompatível a tutela de urgência em caráter antecedente com o sistema dos Juizados Especiais:

✓ CONFLITO DE COMPETÊNCIA. TUTELA DE URGÊNCIA EM CARÁTER ANTECEDENTE. TITULARIDADE DA PERMISSÃO DE TÁXI -INCOMPATIBILIDADE ENTRE A TUTELA DE URGÊNCIA ANTECEDENTE E O MICROSSISTEMA DOS JUIZADOS ESPECIAIS. DESCABIMENTO DO DESLOCAMENTO DA COMPETÊNCIA DOS FEITOS DO JUIZADO ESPECIAL FAZENDÁRIO (DE NATUREZA ABSOLUTA)

PARA A JUSTIÇA COMUM. DESFECHO DO CONFLITO QUE PERPASSA A ANÁLISE DO ART. 2º DA LEI Nº 12.153/2009. VALOR DA CAUSA FIXADO EM MONTANTE ÍNFIMO. CONTEUDO ECONÔMICO SUPERIOR A 60 SALÁRIOS MÍNIMOS. 1. Há incompatibilidade entre o microssistema dos Juizados Especiais e a tutela de urgência em caráter antecedente, uma vez que, em razão da celeridade e da concentração, que determinam a solução de todos os incidentes no curso da audiência ou na própria sentença (art. 29 da Lei nº 9.099/95), não há espaço para o aditamento da inicial previsto no art. 303, §1º, I, do CPC/2015. 2. É também manifestamente incompatível com os procedimentos do Juizado Especial da Fazenda Pública a previsão contida no art. 304, §2º, do CPC, no sentido de que "qualquer das partes poderá demandar a outra com o intuito de rever, reformar ou invalidar a tutela antecipada estabilizada", visto que o ente público não pode demandar, como autor, neste juizado especial (Lei nº 12.153/2009, art. 5º). 3. Circunstâncias que apontam para o descabimento do procedimento da tutela de urgência em caráter antecedente no âmbito do Juizado Especial da Fazenda Pública, mas nunca acarretariam o deslocamento da competência, que é absoluta, dos feitos do Juizado Especial fazendário para a Justiça Comum. 4. A competência do Juizado Especial deve ser afastada em razão do conteúdo econômico do objeto da ação (titularidade de permissão de táxi), que muito se distancia do valor ínfimo de R$1.000,00, não condizente com a remuneração anual mínima do taxista. que supera o limite de 60 salários mínimos, segundo cálculo feito pela Secretaria Municipal de Transportes, com base em critérios dispostos em Decreto. 5. Conflito conhecido, para declarar a competência do juízo suscitado. (TJMG; CONF 1.0000.17.079068-7/000; Relª Desª Áurea Brasil; Julg. 07/12/2017; DJEMG 12/12/2017). No mesmo sentido: APELAÇÃO CÍVEL. TUTELA ANTECIPADA ANTECEDENTE. ARTIGOS 303 E 304 DO CPC/15. JUIZADO ESPECIAL. LEI N. 9.099/95. INCOMPATIBILIDADE DE RITOS. IRRECORRIBILIDADE. INICIAL COM FUNDAMENTAÇÃO MAIS EXTENSA. ESTABILIZAÇÃO. APRESENTAÇÃO DE CONTESTAÇÃO. RESISTÊNCIA MANIFESTADA. RESPEITO À COISA JULGADA. COGNIÇÃO EXAURIENTE. SENTENÇA CASSADA. PROSSEGUIMENTO DO FEITO. A sistemática do Código de Processo Civil de 2015 busca pela estabilização das decisões judiciais, sendo, por essa razão, incompatível com a irrecorribilidade das decisões interlocutórias, atinente ao rito sumaríssimo e consagrada pela Lei nº 9.099/95. Os requisitos previstos no art. 303, caput do CPC/15 constituem o mínimo necessário para que a tutela de urgência em caráter antecedente seja processada, não havendo vedação legal ao acréscimo de elementos na petição inicial, de forma a torná-la mais completa. Já apresentado o pedido de aditamento na própria inicial e apresentada contestação pela parte requerida não há motivos para se manter a decisão que considerou estabilizada a decisão liminar e extinguiu o feito. É necessário realizar uma interpretação teleológica do dispositivo legal, até para que sobre ele não repouse a pecha de inconstitucionalidade, pois é evidente que qualquer tipo de manifestação da parte contrária é apta a evitar que a decisão liminar "sobreviva" independente de confirmação por meio de processo de conhecimento, a dita estabilização. (TJMG; APCV 1.0372.17.000390-2/001; Rel. Des. Darcio Lopardi Mendes; Julg. 30/11/2017; DJEMG 05/12/2017)

<u>Considerando o pedido de tutela antecipada em caráter antecedente de competência do Juizado Especial:</u>

✓ AGRAVO DE INSTRUMENTO. SERVIDOR PÚBLICO. PROCESSO ADMINISTRATIVO DISCIPLINAR. COMARCA DE GRAVATAÍ. COMPETÊNCIA DO JUIZADO ESPECIAL DA FAZENDA PÚBLICA. A competência do juizado especial da Fazenda Pública é absoluta no foro onde tiver sido instalado. Inteligência dos artigos 2º, §4º, e 24 da Lei Federal nº 12.153/09. A competência do JEFP independe da complexidade da matéria. O único critério objetivo para a fixação da competência é o valor atribuído à causa, ressalvadas unicamente as matérias e procedimentos excepcionados pela própria Lei Federal. Na situação dos autos, a petição inicial do pedido de tutela antecipada requerida em caráter antecedente (art. 303 do CPC) foi ajuizada em 11.03.2016 e a parte autora atribuiu à causa o valor de alçada. Inexistindo qualquer das causas excludentes do § 1º do artigo 2º da Lei nº 12.153/09 (em especial, a ação em questão não tem como objeto a impugnação da pena de demissão imposta a servidor público), bem como ausente caráter vinculante no entendimento do Fonaje consubstanciado no enunciado nº 163, é crível reconhecer a incompetência absoluta do juízo cível da Comarca de Gravataí (§ 4º do art. 2º da Lei nº 12.153/09), que pode se dar em qualquer tempo e grau de jurisdição (art. 64, § 1º, do CPC). Precedentes do TJ/RS em casos similares. Incompetência absoluta declarada de ofício. Determinada a remessa dos autos para o juizado especial da Comarca de Gravataí. Recurso prejudicado. (TJRS; AI 0376711-07.2016.8.21.7000; Gravataí; Terceira Câmara Cível; Rel. Des. Leonel Pires Ohlweiler; Julg. 27/10/2016; DJERS 07/11/2016)

<u>Considerando que a exibição de documentos pode ser postulada a título de tutela antecipada requerida em caráter antecedente, mas não como ação de obrigação de fazer:</u>

✓ AÇÃO DE OBRIGAÇÃO DE FAZER C/C PEDIDO DE TUTELA ANTECIPADA. EXIBIÇÃO DE DOCUMENTOS. SENTENÇA. Extinção do processo sem resolução do mérito. Apelação do autor. Na vigência do CPC/2015 são três as formas pelas quais é possível requerer um documento em juízo: (I) tutela antecipada requerida em caráter antecedente. Art. 305 CPC/2015; (II) incidente de exibição de documentos. Art. 396 CPC/2015; (III) produção antecipada de provas. Art. 381, inc. III, CPC/2015. Determinação de emenda a inicial para que se decline o pedido principal nos termos do artigo 303 do CPC. Não atendimento. Eventual ajuizamento de pedido de exibição de documento em juízo sob o nomen iuris de ação de obrigação de fazer que não subsiste, pois se trata, de fato, de um dos três procedimentos supracitados, não sendo hipótese de ação de obrigação de fazer propriamente dita. Impossibilidade de pedido autônomo de exibição de documento na vigência do Novo Código de Processo Civil. Doutrina. Extinção mantida. Recurso desprovido. (TJSP; APL 1024591-87.2016.8.26.0506;

Ac. 10767129; Ribeirão Preto; Vigésima Primeira Câmara de Direito Privado; Rel. Des. Virgilio de Oliveira Junior; Julg. 05/09/2017; DJESP 18/09/2017; Pág. 2893)

Impossibilidade de concessão de tutela antecipada em caráter antecedente se a petição inicial não se limita a tal requerimento:

✓ AGRAVO DE INSTRUMENTO. Obrigação de fazer. Prestação de serviço público. Fornecimento de medicamento para portadora de esclerose múltipla. Juízo singular que concedeu, de ofício, a tutela antecipada em caráter antecedente. Inadmissibilidade, no caso. Necessidade da parte autora requerer expressamente o benefício do art. 303, do CPC, consoante determinado em seu § 5º. Petição inicial que não se limita ao requerimento de antecipação de tutela. Pedido principal, instruído com documentos pertinentes para o deslinde da demanda. De rigor o afastamento das regras dos arts. 303 e 304 do CPC/15, mantido o deferimento da tutela provisória quanto ao fornecimento do medicamento em favor da agravada, cujo fundamento legal fica alterado para o art. 300, do CPC/15. Precedente desta Corte de Justiça. R. Decisão reformada. Recurso provido. (TJSP; AI 2201002-31.2016.8.26.0000; Ac. 9968229; Franco da Rocha; Nona Câmara de Direito Público; Rel. Des. Carlos Eduardo Pachi; Julg. 09/11/2016; DJESP 18/11/2016)

Não se exige que haja impedimento para a apresentação de petição inicial completa para que possa ser admitida a tutela antecipada em caráter antecedente:

✓ AGRAVO DE INSTRUMENTO. TUTELA ANTECIPADA EM CARÁTER ANTECEDENTE. Decisão que deferiu a tutela de urgência para permitir que o agravado prossiga nas demais etapas de admissão no concurso público para Soldado-PM de 2ª classe. Pleito de reforma da decisão diante da ausência dos requisitos necessários da "tutela antecipada em caráter antecedente" e do descabimento da referida medida em face da Fazenda Pública. Inadmissibilidade. O artigo 303 do Código de Processo Civil não exige que na interposição de ação para obtenção de "tutela antecipada de caráter antecedente" deva existir impedimento para a propositura da demanda principal, como no caso de ausência de algum documento imprescindível. Basta que exista urgência em momento contemporâneo ao da propositura da ação, requerimento de tutela antecipada, pedido da tutela final e demonstração do dano ou do risco ao resultado útil do processo. Requisitos presentes no caso dos autos. Possibilidade de utilização em face da agravante, na medida em que o artigo 303 do Código de Processo Civil não impede expressamente que o pedido seja feito em face de ente público. Dispositivo que não pode ser interpretado de maneira restritiva. Desnecessidade de prévia manifestação do representante judicial da pessoa jurídica de direito público para a concessão da tutela de urgência, uma vez que o artigo 2º da Lei nº 8.437, de 30/06/1.992, faz tal exigência somente nas hipóteses de mandado de segurança coletivo e ação civil pública, casos que não se enquadram na presente demanda. Decisão mantida. Recurso não provido. (TJSP; AI 2099187-88.2016.8.26.0000; Ac. 9656716; São Paulo; Terceira Câmara de Direito Público; Rel. Des. Kleber Leyser de Aquino; Julg. 02/08/2016; DJESP 08/08/2016)

§ 1º Concedida a tutela antecipada a que se refere o *caput* deste artigo:

I – o autor deverá aditar a petição inicial, com a complementação de sua argumentação, a juntada de novos documentos e a confirmação do pedido de tutela final, em 15 (quinze) dias ou em outro prazo maior que o juiz fixar;

→ *v.* Arts. 139, VI e 321 do NCPC.

→ *v.* Enunciado 13 do CJF: O art. 139, VI, do CPC autoriza o deslocamento para o futuro do termo inicial do prazo.

→ *v.* Enunciado 581 do FPPC: O poder de dilação do prazo, previsto no inciso VI do art. 139 e no inciso I do §1º do art. 303, abrange a fixação do termo final para aditar o pedido inicial posteriormente ao prazo para recorrer da tutela antecipada antecedente.

II – o réu será citado e intimado para a audiência de conciliação ou de mediação na forma do art. 334;

→ *v.* Arts. 238 e 269 do NCPC.

→ *v.* Enunciado 144 do FPPC: Ocorrendo a hipótese do art. 303, § 1º, II, será designada audiência de conciliação ou mediação e o prazo para a defesa começará a correr na forma do art. 335, I ou II.

III – não havendo autocomposição, o prazo para contestação será contado na forma do art. 335.

§ 2º Não realizado o aditamento a que se refere o inciso I do § 1º deste artigo, o processo será extinto sem resolução do mérito.

→ *v.* Art. 485, I, III e X do NCPC.

§ 3º O aditamento a que se refere o inciso I do § 1º deste artigo dar-se-á nos mesmos autos, sem incidência de novas custas processuais.

§ 4º Na petição inicial a que se refere o caput deste artigo, o autor terá de indicar o valor da causa, que deve levar em consideração o pedido de tutela final.

→ *v.* Art. 291 e ss. do NCPC.

§ 5º O autor indicará na petição inicial, ainda, que pretende valer-se do benefício previsto no *caput* deste artigo.

→ *v.* Art. 319 do NCPC.

§ 6º Caso entenda que não há elementos para a concessão de tutela antecipada, o órgão jurisdicional determinará a emenda da petição inicial em até 5 (cinco) dias, sob pena de ser indeferida e de o processo ser extinto sem resolução de mérito.

→ *v.* Arts. 6º, 321 e 485, I do NCPC.

Não se pode extinguir o pedido de tutela antecipada em caráter antecedente sem a prévia intimação da parte para emendar a petição inicial:

✓ PREVIDENCIÁRIO. PROCESSUAL CIVIL. TUTELA ANTECIPADA EM CARÁTER ANTECEDENTE. EXTINÇÃO PREMATURA. INOBSERVÂNCIA AO DISPOSTO NO § 6º DO ART. 303 DO CPC. SENTENÇA ANULADA. ANTECIPAÇÃO DA TUTELA. IMPOSSIBILIDADE. AUSÊNCIA DOS REQUISITOS. 1. Intentada ação de Tutela Antecipada Requerida em Caráter Antecedente, prematura a extinção do feito, sem a intimação da parte autora para emendar a sua inicial, nos termos do art. 303, § 6º, do NCPC, em 5 (cinco) dias, sob pena de extinção do processo sem resolução do mérito. 2. Ocorre que o exame realizado e a decisão proferida pelo INSS gozam de presunção de legitimidade que somente dever ser elidida mediante fortes indícios. Afigura-se imprescindível, portanto, a complementação da prova com a realização de perícia médica judicial, somente após o que poderá restar demonstrada a alegada incapacidade, conferindo, assim, a necessária verossimilhança das alegações, sem a qual, descabe qualquer juízo acerca da presença do perigo de dano irreparável ou de difícil reparação. 3. Dessa forma, antes da extinção, deve ser possibilitada a emenda da inicial para a realização da complementação da prova. 4. Decorrência do raciocínio ora exposto, improcede o pedido de reforma da sentença no sentido de ser deferida a antecipação da tutela. 5. Provido em parte o apelo para permitir o regular processamento do feito, possibilitando-se a emenda à inicial. (TRF 4ª R.; AC 5017436-15.2017.4.04.9999; Quinta Turma; Rel. Des. Fed. Luiz Carlos Canalli; Julg. 21/11/2017; DEJF 29/11/2017); APELAÇÃO. TUTELA ANTECIPADA REQUERIDA EM CARÁTER ANTECEDENTE. SENTENÇA QUE INDEFERE O PEDIDO DE TUTELA E, POR CONSEQUÊNCIA, INDEFERE A PETIÇÃO INICIAL, JULGANDO EXTINTO O PROCESSO SEM RESOLUÇÃO DO MÉRITO. Tutela bem indeferida. Mero anúncio de ajuizamento de ação revisional de cláusulas financeiras de contrato bancário não autorizando a que se ordene a abstenção das providências voltadas à recuperação do crédito, entre elas a inscrição do nome do mutuário em cadastro restritivo. Denegação da tutela, porém, não justificando o pronto indeferimento da petição inicial. Necessidade de adoção da providência exigida pelo art. 303, §6º, do CPC. Sentença que se anula para que o feito retome seu processamento, como de direito. Dispositivo: Deram parcial provimento à apelação. (TJSP; APL 1006076-93.2016.8.26.0347; Ac. 10827557; Matão; Décima Nona Câmara de Direito Privado; Rel. Des. Ricardo Pessoa de Mello Belli; Julg. 18/09/2017; DJESP 02/10/2017; Pág. 2196); TUTELA ANTECIPADA REQUERIDA EM CARÁTER ANTECEDENTE. Hipótese em que o processo foi, liminarmente, extinto, sem resolução do mérito, nos termos do artigo 485, X, do CPC, por reputar o d. Magistrado ausentes os requisitos à concessão da tutela de urgência. Necessidade de prévia intimação prévia da parte para emendar a petição inicial nos termos do artigo 303, § 6º, do CPC. Consideração, ainda, do que dispõe o artigo 10, do CPC. Decreto de extinção afastado. Sentença anulada. Determinação do retorno dos autos à origem para prosseguimento do feito a fim de que seja concedida à parte ativa oportunidade para aditar a petição inicial. Recurso provido para anular a r. Sentença. Dispositivo: Deram provimento ao recurso para anular a r. Sentença. (TJSP; APL 1002966-86.2016.8.26.0347; Ac. 10148105; Matão; Décima Nona Câmara de Direito Privado; Rel. Des. João Camillo de Almeida Prado Costa; Julg. 06/02/2017; DJESP 20/02/2017)

Apontando que a emenda na forma do art. 303, § 6º do CPC não implica modificação da demanda, disciplinada pelo art. 329 do CPC:

✓ AGRAVO DE INSTRUMENTO. TUTELA ANTECIPADA REQUERIDA EM CARÁTER ANTECEDENTE. Deferimento do pedido. Insurgência dos réus. Preliminares. (1) perda da eficácia da medida pela falta de complementação das custas iniciais. Valor da causa retificado. Despesas recolhidas em consonância com o referido importe. Tese afastada. (2) emenda da inicial, prevista no artigo 303, §1º, inc. I, do CPC, apresentada após a citação de uma das rés. Hipótese que não se amolda ao disposto no art. 329, inc. I, do CPC, justo que não envolve alteração ou aditamento do pedido. Mérito. Agravantes que reconhecem a autorização para uso da água, concedida pelo seu falecido pai/sogro. Termos em que a concessão foi deferida que depende da produção de provas. Fornecimento de água que, em princípio, deve ser mantido, ante a ausência de prova robusta no sentido de que a água proveniente das fontes existentes no imóvel da ré seria potável. Perigo de dano comprovado pela agravada. Decisão mantida. Recurso conhecido e desprovido. (TJSC; AI 4011769-35.2016.8.24.0000; Urubici; Primeira Câmara de Direito Civil; Rel. Des. Jorge Luis Costa Beber; DJSC 28/06/2017; Pag. 122)

Se indeferida a tutela antecipada em caráter antecedente, deve ser reiterado o pedido de tutela antecipada na emenda à petição inicial, sob pena de perda de objeto do agravo de instrumento interposto contra seu indeferimento:

✓ AGRAVO DE INSTRUMENTO. TUTELA ANTECIPADA ANTECEDENTE. ART. 303 DO CPC. EMENDA NO ART. 303 PARÁGRAFO 6º. PEDIDO DE ANTECIPAÇÃO NÃO REITERADO. PERDA SUPERVENIENTE DO OBJETO. RECURSO CONHECIDO E PREJUDICADO. Pedida a tutela antecipada em caráter antecedente (art. 303 do CPC) e determinada a emenda à inicial (art. 303 § 6º do CPC), a não reiteração do pedido antecipatório ocasiona a perda superveniente do agravo que buscava a reforma da decisão que, em caráter antecedente, indeferiu a antecipação de tutela. (TJDF; AGI 2016.00.2.011273-0; Ac. 954.477; Segunda Turma Cível; Relª Desª Carmelita Brasil; Julg. 13/07/2016; DJDFTE 18/07/2016)

Art. 304. A tutela antecipada, concedida nos termos do art. 303, torna-se estável se da decisão que a conceder não for interposto o respectivo recurso.

→ *v.* Enunciado 43 do CJF: Não ocorre a estabilização da tutela antecipada requerida em caráter antecedente, quando deferida em ação rescisória.

→ *v.* Enunciado 18 da ENFAM: Na estabilização da tutela antecipada, o réu ficará isento do pagamento das custas e os honorários deverão ser fixados no percentual de 5% sobre o valor da causa (art. 304, *caput*, c/c o art. 701, *caput*, do CPC/2015).

→ *v.* Enunciado 27 da ENFAM: Não é cabível ação rescisória contra decisão estabilizada na forma do art. 304 do CPC/2015.

→ *v.* Enunciado 28 da ENFAM: Admitido o recurso interposto na forma do art. 304 do CPC/2015, converte-se o rito antecedente em principal para apreciação definitiva do mérito da causa, independentemente do provimento ou não do referido recurso.

→ *v.* Enunciado 32 do FPPC: Além da hipótese prevista no art. 304, é possível a estabilização expressamente negociada da tutela antecipada de urgência satisfativa antecedente.

→ *v.* Enunciado 420 do FPPC: Não cabe estabilização de tutela cautelar.

→ *v.* Enunciado 421 do FPPC: Não cabe estabilização de tutela antecipada em ação rescisória.

→ *v.* Enunciado 500 do FPPC: O regime da estabilização da tutela antecipada antecedente aplica-se aos alimentos provisórios previstos no art. 4º da Lei 5.478/1968, observado o § 1º do art. 13 da mesma lei.

→ *v.* Enunciado 501 do FPPC: A tutela antecipada concedida em caráter antecedente não se estabilizará quando for interposto recurso pelo assistente simples, salvo se houver manifestação expressa do réu em sentido contrário.

→ *v.* Enunciado 582 do FPPC: Cabe estabilização da tutela antecipada antecedente contra a Fazenda Pública.

Considerando que haverá estabilização em caso de dupla inércia – do autor e do réu:

✓ AGRAVO DE INSTRUMENTO. AÇÃO DE OBRIGAÇÃO DE FAZER COM PEDIDO DE TUTELA ANTECIPADA ANTECEDENTE. ART. 303, CPC. TUTELA DE URGÊNCIA DEFERIDA. COMUNICAÇÃO DE CUMPRIMENTO DA ORDEM QUE NÃO AFASTA O DIREITO AO RECURSO DIANTE DA REGRA DO ART. 304 DO CPC, QUE CONFERE ESTABILIZAÇÃO DA TUTELA IRRECORRIDA. PETIÇÃO INICIAL QUE QUANDO COMPLETA NÃO EXIGE ADITAMENTO PREVISTO NO § 1º, I, DO ART. 303 DO CPC. PRESENÇA DA PROBABILIDADE DO DIREITO AFIRMADO E PERIGO DE DANO, REQUISITOS PARA CONCESSÃO DA MEDIDA SATISFATIVA, SENDO A INSURGÊNCIA RECURSAL DE ORDEM MERAMENTE PROCEDIMENTAL SEM CONTRAPOSIÇÃO DOS FATOS. CONSEQUÊNCIAS DA MEDIDA QUE NÃO SÃO IRREVERSÍVEIS (ART. 302, CPC), COM POSSIBILIDADE DE DISPENSA DE CAUÇÃO. RECURSO DESPROVIDO. DIANTE DO PROCEDIMENTO ESCOLHIDO (ART. 303, CPC) E DA REGRA DE ESTABILIZAÇÃO DA DEMANDA PREVISTA NO ART. 304 DO CPC, O CUMPRIMENTO DA TUTELA CONCEDIDA, PELA AGRAVANTE, NÃO IMPEDE A VEICULAÇÃO DO RECURSO, SENDO MECANISMO PARA IMPEDIR A ESTABILIZAÇÃODECORRENTE DA INÉRCIA. Conforme o texto da Lei Processual, a petição inicial pode se limitar a simples requerimento, devendo ser posteriormente aditada (art. 303, CPC) e a questão do aditamento (complementação dos fundamentos e juntada de documentos), para efeito de estabilização, deve ser aferida pelo Magistrado, sendo da essência da estabilização a dupla inércia. A exigência da Lei é no sentido de que o autor declare que pretende adotar o benefício do procedimento antecedente, inclusive pode se beneficiar da inicial incompleta e não da estabilização, sendo ainda possível que esteja completa e o aditamento não seja necessário. Havia, no caso, urgência na medida, restando evidenciado o perigo de dano, sendo a tutela corretamente deferida. Os subsídios ofertados pelo autor demonstram a calçada inacabada após cessado o vazamento e, conforme se depreende das fotografias exibidas, com risco evidente, sem qualquer contraposição da parte adversa nesta sede recursal. No mais, não há irreversibilidade das consequências da medida, sendo assim permitido ao Juiz a valoração dos riscos, inclusive com dispensa de caução, diante da regra do art. 302 do CPC. (TJSP; AI 2010550-30.2017.8.26.0000; Ac. 10203875; Santos; Trigésima Segunda Câmara de Direito Privado; Rel. Des. Kioitsi Chicuta; Julg. 23/02/2017; DJESP 07/03/2017)

Possibilidade de estabilização da tutela contra a Fazenda Pública:

✓ APELAÇÃO CÍVEL. PROCEDIMENTO DE TUTELA ANTECIPADA EM CARÁTER ANTECEDENTE. TUTELA DEFERIDA. INTERPOSIÇÃO DE AGRAVO DE INSTRUMENTO. AUSÊNCIA. ESTABILIZAÇÃO DA TUTELA. 1. O novo Código de Processo Civil, em vigor desde 18.03.2016, trouxe importantes inovações no que diz respeito às tutelas provisórias, dispondo que, em casos de urgência contemporânea à propositura da ação, a parte pode limitar-se a expor sumariamente a lide, requerendo apenas a concessão da tutela antecipada em caráter antecedente, sendo que, caso a mesma seja deferida e não seja interposto recurso de agravo de instrumento, haverá a sua estabilização (artigos 303 e 304 do CPC/2015). 2. A estabilização da tutela antecipada concedida no procedimento em questão ocorre inclusive em face da Fazenda Pública, nos termos do Enunciado nº 21 sobre o NCPC deste egrégio TJMG. 3. Para evitar a estabilização da tutela antecipada e, assim, a extinção da demanda, deve o requerido interpor o recurso cabível contra a decisão antecipatória, qual seja, o recurso de agravo de instrumento, nos termos do inciso I do artigo 1.015 do CPC/2015. (TJMG; APCV 1.0372.16.004575-6/001; Rel. Des. Edilson Olímpio Fernandes; Julg. 28/11/2017; DJEMG 11/12/2017)

Entendendo que a suspensão de exigibilidade de tributo é tutela de natureza cautelar e, portanto, não sujeita a estabilização:

✓ AÇÃO DECLARATÓRIA DE INEXISTÊNCIA DE RELAÇÃO JURÍDICO-TRIBUTÁRIA. Concessão de tutela antecipada para suspender a exigibilidade de ISS, na qual consignada a necessidade de interposição de recurso pela municipalidade para evitar a estabilidade de que trata o art. 304, caput, do CPC/2015. Pretensão à reforma especificamente quanto à estabilização da tutela. Acolhimento. Decisão que concedeu tutela de urgência de natureza cautelar (suspensão da exigibilidade. Art. 151 do CTN), caso em que não há que se falar em estabilização da tutela. Decisão reformada em sua parte final. Recurso provido. (TJSP; AI 2086995-26.2016.8.26.0000; Ac. 9859629; Sorocaba; Décima Oitava Câmara de Direito Público; Rel. Des. Ricardo Chimenti; Julg. 22/09/2016; DJESP 11/10/2016)

Impossibilidade de estabilização da tutela antecipada incidental:

✓ AGRAVO DE INSTRUMENTO. LIMINAR. LEVANTAMENTO DE GRAVAME. ASTREINTES. PRAZO RAZOÁVEL. DILAÇÃO SUPERADA. EFEITO INIBITÓRIO. VALOR RAZOÁVEL. LIMITAÇÃO PECUNIÁRIA. TUTELA DE URGÊNCIA MANTIDA. Recurso adstrito à tutela de urgência, requerida nos termos do artigo 300, do Código de Processo Civil. Suficientes os elementos que denotam a "probabilidade do direito" e o "perigo de dano", ínsito ao gravame imposto (restrição ao direito de propriedade); Tutela antecipada incidental que não se confunde com a tutela antecipada em caráter antecedente, hipótese, portanto, não sujeita à estabilização da tutela de urgência (artigos 303 e 304, do Novo Código de Processo Civil). Singela dilação do prazo, já superada, inclusive;. Multa diária imposta na hipótese do descumprimento de ordem judicial. Valor compatível com a natureza das astreintes, a fim de impor o cumprimento de ordem judicial. Art. 537, NCPC. Limitação no valor do bem, sem prejuízo de eventual revisão (art. 537, §1º, do Novo Código de Processo Civil); AGRAVO DE INSTRUMENTO PARCIALMENTE PROVIDO. (TJSP; AI 2157687-50.2016.8.26.0000; Ac. 10069115; Jundiaí; Trigésima Câmara de Direito Privado; Relª Desª Maria Lúcia Pizzotti; Julg. 14/12/2016; DJESP 26/01/2017).

Incompatibilidade da estabilização da tutela antecipada com o sistema dos Juizados Especiais:

✓ APELAÇÃO CÍVEL. TUTELA ANTECIPADA ANTECEDENTE. ARTIGOS 303 E 304 DO CPC/15. JUIZADO ESPECIAL. LEI N. 9.099/95. IMCOMPATIBILIDADE DE RITOS. IRRECORRIBILIDADE. INICIAL COM FUNDAMENTAÇÃO MAIS EXTENSA. ESTABILIZAÇÃO. APRESENTAÇÃO DE CONTESTAÇÃO. RESISTÊNCIA MANIFESTADA. RESPEITO À COISA JULGADA. COGNIÇÃO EXAURIENTE. SENTENÇA CASSADA. PROSSEGUIMENTO DO FEITO. A sistemática do Código de Processo Civil de 2015 busca pela estabilização das decisões judiciais, sendo, por essa razão, incompatível com a irrecorribilidade das decisões interlocutórias, atinente ao rito sumaríssimo e consagrada pela Lei nº 9.099/95. Os requisitos previstos no art. 303, caput do CPC/15 constituem o mínimo necessário para que a tutela de urgência em caráter antecedente seja processada, não havendo vedação legal ao acréscimo de elementos na petição inicial, de forma a torná-la mais completa. Já apresentado o pedido de aditamento na própria inicial e apresentada contestação pela parte requerida não há motivos para se manter a decisão que considerou estabilizada a decisão liminar e extinguiu o feito. É necessário realizar uma interpretação teleológica do dispositivo legal, até para que sobre ele não repouse a pecha de inconstitucionalidade, pois é evidente que qualquer tipo de manifestação da parte contrária é apta a evitar que a decisão liminar "sobreviva" independente de confirmação por meio de processo de conhecimento, a dita estabilização. (TJMG; APCV 1.0372.17.000390-2/001; Rel. Des. Darcio Lopardi Mendes; Julg. 30/11/2017; DJEMG 05/12/2017); CONFLITO DE COMPETÊNCIA. TUTELA DE URGÊNCIA EM CARÁTER ANTECEDENTE. TITULARIDADE DA PERMISSÃO DE TÁXI -INCOMPATIBILIDADE ENTRE A TUTELA DE URGÊNCIA ANTECEDENTE E O MICROSSISTEMA DOS JUIZADOS ESPECIAIS. DESCABIMENTO DO DESLOCAMENTO DA COMPETÊNCIA DOS FEITOS DO JUIZADO ESPECIAL FAZENDÁRIO (DE NATUREZA ABSOLUTA) PARA A JUSTIÇA COMUM. DESFECHO DO CONFLITO QUE PERPASSA A ANÁLISE DO ART. 2º DA LEI Nº 12.153/2009. VALOR DA CAUSA FIXADO EM MONTANTE ÍNFIMO. CONTEUDO ECONÔMICO SUPERIOR A 60 SALÁRIOS MÍNIMOS. 1. Há incompatibilidade entre o microssistema dos Juizados Especiais e a tutela de urgência em caráter antecedente, uma vez que, em razão da celeridade e da concentração, que determinam a solução de todos os incidentes no curso da audiência ou na própria sentença (art. 29 da Lei nº 9.099/95), não há espaço para o aditamento da inicial previsto no art. 303, §1º, I, do CPC/2015. 2. É também manifestamente incompatível com os procedimentos do Juizado Especial da Fazenda Pública a previsão contida no art. 304, §2º, do CPC, no sentido de que "qualquer das partes poderá demandar a outra com o intuito de rever, reformar ou invalidar a tutela antecipada estabilizada", visto que o ente público não pode demandar, como autor, neste juizado especial (Lei nº 12.153/2009, art. 5º). 3. Circunstâncias que apontam para o descabimento do procedimento da tutela de urgência em caráter antecedente no âmbito do Juizado Especial da Fazenda Pública, mas nunca acarretariam o deslocamento da competência, que é absoluta, dos feitos do Juizado Especial fazendário para a Justiça Comum. 4. A competência do Juizado Especial deve ser afastada em razão do conteúdo econômico do objeto da ação (titularidade de permissão de táxi), que muito se distancia do valor ínfimo de R$1.000,00, não condizente com a remuneração anual mínima do taxista. que supera o limite de 60 salários mínimos, segundo cálculo feito pela Secretaria Municipal de Transportes, com base em critérios dispostos em Decreto. 5. Conflito conhecido, para declarar a competência do juízo suscitado. (TJMG; CONF 1.0000.17.079068-7/000; Relª Desª Áurea Brasil; Julg. 07/12/2017; DJEMG 12/12/2017)

Apontando que o simples oferecimento de contestação, sem que seja interposto recurso, não inibe a estabilização:

✓ EMBARGOS DE DECLARAÇÃO OPOSTOS POR AMBAS AS RÉS. SEM RAZÃO A EMBARGANTE 1, EIS QUE O ARESTO SOB FOCO NÃO PADECE DAS ALEGADAS OMISSÕES. O decisum embargado foi claro ao mencionar expressamente que, conforme entendeu o Juízo a quo, antes da renúncia dos patronos anteriores da ora Recorrente 1, a decisão que havia deferido a tutela de urgência antecedente restou irrecorrida (não foi interposto recurso dentro do prazo legal), pelo que não há que se falar em prejuízo. Isso porque, a tutela de urgência antecedente se estabilizará na hipótese de não interposição de recurso, na forma do caput do art. 304 do CPC/2015, e do Enunciado nº 28 da ENFAM. Dessa forma, só se aprecia o mérito da causa se houver sido interposto o recurso cabível. Na hipótese, considerando a não interposição do recurso cabível (o agravo de instrumento) em face da decisão antecipatória, conforme atestou a certidão cartorária, restou configurada a estabilização da tutela concedida, não tendo a contestação oferecida pela FUNCEF o condão de impedir a estabilização da demanda. Não há, nessa seara, que se discutir o mérito da tutela antecedente deferida e estabilizada, sendo inadequada a via eleita pela Embargante 1, de modo que prejudicadas as demais alegações. Correta, portanto, a sentença que reconheceu a estabilização dos efeitos da tutela antecipada satisfativa e extinguiu o processo sem resolução do mérito, não havendo que se falar em violação, por parte do acórdão embargado, aos dispositivos prequestionados pela ora Recorrente 1.- No que tange ao recurso da ora Embargante 2, a sua contestação foi protocolizada em 15/02/2017, ou seja, após a sentença, que foi assinada digitalmente em 17/01/2017. Além disso, a ora Recorrente 2 não apresentou contrarrazões, conforme certidão cartorária. Ainda que assim não fosse, a contestação oferecida pela ora Embargante 2 também não impediria a estabilização da demanda, pelas razões já expostas, não tendo a parte interposto agravo de instrumento, que era o recurso cabível. REJEIÇÃO DE AMBOS OS RECURSOS. (TJRJ; APL 0023492-56.2016.8.19.0066; Volta Redonda; Décima Quinta Câmara Cível; Relª Desª Maria Regina Fonseca Nova Alves; DORJ 30/11/2017; Pág. 390)

Não se admite interpretação ampliativa do termo "recurso" para que outras formas de impugnação possam afastar a estabilização da tutela antecipada:

✓ APELAÇÃO CÍVEL. PROCEDIMENTO DA TUTELA ANTECIPADA REQUERIDA EM CARÁTER ANTECEDENTE. AUSÊNCIA DE RECURSO. INTERPRETAÇÃO LITERAL DO ART. 304 DO NCPC. ESTABILIZAÇÃO DA TUTELA PROVISÓRIA DE URGÊNCIA ANTECIPATÓRIA. APLICABILIDADE À FAZENDA PÚBLICA. O art. 304 apresenta uma redação clara em relação ao requisito para se tornar estável a tutela de urgência na modalidade antecipada, isto é, a não interposição de recurso contra a decisão que a conceder. O legislador optou por utilizar o termo "recurso" contra a decisão que conceder a tutela de urgência, na modalidade antecipada, não cabendo ao intérprete sua ampliação, no sentido de admitir qualquer impugnação para obstaculizar a estabilização da tutela concedida, com a consequente extinção do processo. Lecionam os Professores Érico Andrade (UFMG) e Dierle Nunes (PUC Minas) que, se obtida a tutela de urgência, no procedimento preparatório da tutela antecipatória (satisfativa), e o réu não impugnar a tutela concedida, mediante recurso de agravo de instrumento (art. 1015, I, novo CPC), o juiz vai extinguir o processo e a medida liminar antecipatória da tutela vai continuar produzindo seus efeitos concretos mesmo na ausência de apresentação do pedido principal (art. 304, §§1º e 3º, novo CPC). A Fazenda Pública se submete ao regime de estabilização da tutela antecipada, por não se tratar de cognição exauriente sujeita a remessa necessária. (Enunciado nº 21 sobre o NCPC do TJMG). -Recurso improvido. (TJMG; APCV 1.0348.16.000489-4/001; Relª Desª Heloisa Combat; Julg. 03/11/2016; DJEMG 08/11/2016)

Reconhecendo a possibilidade de estabilização se a tutela antecipada em caráter antecedente foi concedida em segundo grau de jurisdição:

✓ AÇÃO DE JURISDIÇÃO VOLUNTÁRIA DE CANCELAMENTO DE CLÁUSULAS TESTAMENTÁRIAS DE INALIENABILIDADE, INCOMUNICABILIDADE E IMPENHORABILIDADE, IMPOSTAS POR TESTAMENTO LAVRADO NA VIGÊNCIA DO CÓDIGO CIVIL ANTERIOR, TENDO O TESTADOR FALECIDO ANTES DO ADVENTO DO ATUAL. CABIMENTO, NAS CIRCUNSTÂNCIAS DO CASO CONCRETO. IMÓVEIS ONERADOS POR DÍVIDAS TRIBUTÁRIAS, SEM QUE O PROPRIETÁRIO, QUE O TESTADOR BUSCOU PROTEGER, POSSA PAGÁ-LAS. Cláusulas que esvaziam o conteúdo econômico da propriedade, retirando bens do comércio. Sua inconveniência. Disposições, sobre antieconômicas, contrárias à propriedade privada, alicerce da Ordem Econômica e Financeira pátria (Lei Maior, art. 170, II), bem assim afrontadoras das garantias individuais asseguradas no art. 5º, XXII (direito de propriedade), XXIII (sua função social) e XXX (direito à herança) da Constituição. Ofensa tanto ao aspecto estrutural da propriedade, ao aniquilar o direito de dispor, como ao funcional, pois os gravames transformam-se, com frequência, em estorvo para aquele que se buscava proteger, impedindo que os bens sejam explorados adequadamente. Decisão de primeiro grau, que condicionou a própria apreciação do pedido à apresentação, pelo autor, de bens em que se possam sub-rogar os vínculos. Agravo de instrumento do autor, em busca, desde logo de provisão acerca do mérito da ação. Deferimento tão só de tutela antecipatória, na forma do art. 303 do NCPC. Determinação, todavia, diante aquiescência dos possíveis interessados na sucessão dos agravantes, que, intimados, compareceram aos autos, de que se dê o fenômeno da estabilização da antecipação, na forma do art. 304 seguinte, caso não se venham a interpor recursos contra o acórdão. Lição de ADA PELLEGRINI GRINOVER. O art. 304 em tela desmistificou os dogmas da universalidade do procedimento ordinário de cognição, da sentença e da coisa julgada, que não são mais a única técnica processual para a solução jurisdicional das controvérsias. Interesse da administração da Justiça em que assim seja (economia processual). Princípio da razoável duração do processo. Doutrina de Luiz GULHERME MARINONI e Sérgio CRUZ ARENHART. A novel técnica de otimização da prestação jurisdicional bem pode (e deve) ser usada em situações gerais que revelem a evidência do direito. Possibilidade de que isto se dê em se tratando de provimento, (des) constitutivo. Pressuposição de que, se da antecipação satisfativa não se recorreu, é porque não se tem interesse na discussão da questão, ou preocupação com os efeitos concretos da tutela antecipada. Agravo de instrumento apenas em parte provido, posto que não julgada de pronto a ação de jurisdição voluntária, como pedido no recurso, mas tão só deferida antecipação de tutela, com possibilidade de estabilização, na forma do art. 304 citado. Determinação de que, não interposto recurso, voltem os autos conclusos ao relator, para extinção do processo da ação de cancelamento de cláusulas (art. 932, I, combinado com o § 1º do art. 304, ambos do NCPC). (TJSP; AI 2252486-22.2015.8.26.0000; Ac. 10611813; São Paulo; Décima Câmara de Direito Privado; Rel. Des. Cesar Ciampolini; Julg. 18/07/2017; DJESP 27/07/2017; Pág. 1817)

§ 1º No caso previsto no caput, o processo será extinto.

→ *v.* Art. 487, I e III, "a" do NCPC.

Apontando que a estabilização da tutela antecipada acarreta extinção do processo sem resolução de mérito:

✓ PRESTAÇÃO DE SERVIÇOS. BUSCA E APREENSÃO DE DOCUMENTOS. TUTELA ANTECIPADA CONCEDIDA EM CARÁTER ANTECEDENTE. Recurso não interposto pela ré e não aditada a inicial. Tutela estabilizada. Art. 304, do CPC. Caráter definitivo da tutela mandamental. Desinteresse bilateral. Honorários adequados ao § 8º, do art. 85 do CPC. Recurso parcialmente provido. O autor pleiteou tutela antecipada em caráter antecedente, com liminar concedida e sem recurso da ré, bem como o autor não aditou a inicial, conforme determinação judicial, a manifestar interesse na continuidade do processo, com aplicação do disposto no *caput* e § 1º, do art. 304 do CPC, acarretando a estabilização do processo, com extinção sem resolução de mérito. Vale considerar que a ré sequer se insurgiu da sentença, o que permite inferir seu desinteresse na cognição exauriente, bem como a regra do § 6º, do art. 304 é clara acerca dos efeitos da tutela que só se afasta por nova ação a ser ajuizada. Diante do valor irrisório da causa, os honorários devem ser fixados nos termos do § 8º, do art. 85, do CPC, com arbitramento em R$ 1.000,00. (TJSP; APL 1007839-30.2016.8.26.0477; Ac. 10482924; Praia Grande; Trigésima Segunda Câmara de Direito Privado; Rel. Des. Kioitsi Chicuta; Julg. 01/06/2017; DJESP 08/06/2017; Pág. 2727)

§ 2º Qualquer das partes poderá demandar a outra com o intuito de rever, reformar ou invalidar a tutela antecipada estabilizada nos termos do caput.

§ 3º A tutela antecipada conservará seus efeitos enquanto não revista, reformada ou invalidada por decisão de mérito proferida na ação de que trata o § 2º.

§ 4º Qualquer das partes poderá requerer o desarquivamento dos autos em que foi concedida a medida, para instruir a petição inicial da ação a que se refere o § 2º, prevento o juízo em que a tutela antecipada foi concedida.

§ 5º O direito de rever, reformar ou invalidar a tutela antecipada, previsto no § 2º deste artigo, extingue-se após 2 (dois) anos, contados da ciência da decisão que extinguiu o processo, nos termos do § 1º.

→ *v.* Enunciado 33 do FPPC: Não cabe ação rescisória nos casos de estabilização da tutela antecipada de urgência.

§ 6º A decisão que concede a tutela não fará coisa julgada, mas a estabilidade dos respectivos efeitos só será afastada por decisão que a revir, reformar ou invalidar, proferida em ação ajuizada por uma das partes, nos termos do § 2º deste artigo.

CAPÍTULO III
DO PROCEDIMENTO DA TUTELA CAUTELAR REQUERIDA EM CARÁTER ANTECEDENTE

Art. 305. A petição inicial da ação que visa à prestação de tutela cautelar em caráter antecedente indicará a lide e seu fundamento, a exposição sumária do direito que se objetiva assegurar e o perigo de dano ou o risco ao resultado útil do processo.

→ *v.* Art. 319 do NCPC.

→ *v.* Enunciado 44 do CJF: É requisito da petição inicial da tutela cautelar requerida em caráter antecedente a indicação do valor da causa.

→ *v.* Enunciado 503 do FPPC: O procedimento da tutela cautelar, requerida em caráter antecedente ou incidente, previsto no Código de Processo Civil é compatível com o microssistema do processo coletivo.

Considerando que a exibição de documentos pode ser postulada a titulo de tutela cautelar em caráter antecedente, mas não como ação de obrigação de fazer:

✓ APELAÇÃO CÍVEL. AÇÃO DE OBRIGAÇÃO DE FAZER. EXIBIÇÃO DE CONTRATO. Indeferimento da inicial, com fundamento nos artigos 330, I e III C.C. 485, I, IV e VI, todos do Código de Processo Civil. RECURSO DO AUTOR. Pugna pela reforma da sentença e análise do mérito. Pedido Rejeitado. Em que pese a ação ter sido denominada como ação de obrigação de fazer, verifica-se que se trata de ação de exibição de documento. O Código de Processo Civil de 2015 não prevê procedimento cautelar autônomo para essa finalidade. A pretensão da exibição pode ser formulada por meio de ação autônoma destinada à produção antecipada de prova (art. 381 NCPC), por meio de tutela cautelar requerida em caráter antecedente (art. 305 do NCPC) ou, incidentalmente, em processo de conhecimento (arts. 396 a 404 NCPC). Configurada, portanto, a inadequação da via eleita. Entendimento diverso do ilustre integrante desta Câmara, Desembargador Tasso Duarte de Melo, nos autos da Apelação Nº 1012546-03.2016.8.26.0037, no sentido de ser cabível o recebimento da ação de obrigação de fazer como produção antecipada de provas, ante o princípio da instrumentalidade do processo, de sorte a ficar afastada a extinção pelo fundamento da inadequação da via. Não obstante, ainda que acolhido o entendimento, no caso, o interesse de agir não está presente na modalidade necessidade. Desnecessidade concreta da atividade jurisdicional que igualmente se constata. Irresignação da autora que não merece acolhida. RESP nº 1.349.453-MS. Representativo de recurso repetitivo. Precedentes desta C. Câmara. Apelante não comprovou que realizou pedido administrativo na forma estabelecida pelo recurso repetitivo, requisitos indispensáveis à luz do precedente jurisprudencial do STJ. No mesmo sentido é a declaração de voto supra mencionada: Entretanto, para caracterizar o interesse de agir na modalidade necessidade, também se faz necessária a presença dos requisitos de cabimento do pedido de exibição de contrato bancário fixados pelo C. STJ em julgamento de recursos repetitivos, quais sejam: (a) a prova de existência de relação jurídica entre as partes; (b) a prova de prévio requerimento administrativo enviado à instituição financeira, não atendido em prazo razoável; e (c) o pagamento do custo do serviço previsto contratualmente (RESP nº 1.349.453/MS, Rel. Min. Luis Felipe Salomão, 2ª Seção, j. 10/12/2014). SENTENÇA mantida. Deferimento dos benefícios da justiça gratuita ao autor. RECURSO IMPROVIDO. (TJSP; APL 1095076-69.2016.8.26.0100; Ac. 11075738; São Paulo; Décima Segunda Câmara de Direito Privado; Relª Desª Cristina Medina Mogioni; Julg. 15/12/2017; DJESP 19/12/2017; Pág. 2801); APELAÇÃO CÍVEL. Ação de Obrigação de Fazer. Pretensão de obter suposto Contrato de Empréstimo firmado entre as partes. Não enquadramento em alguma das vias adequadas. Ou através de ação autônoma destinada à produção antecipada de prova (art. 381 do NCPC), ou através de tutela cautelar requerida em caráter antecedente (art. 305 do NCPC) ou, incidentalmente, em processo de conhecimento (arts. 396 a 404 NCPC). Manutenção da extinção do feito. Ainda que se fosse acolher o argumento de aplicação do Princípio da Instrumentalidade das Formas, admitindo-se a Ação de Obrigação de Fazer como Produção Antecipada de Provas, não se verifica o interesse de agir autoral, previsto no art. 17 do NCPC, na modalidade necessidade, diante da inidoneidade do pleito administrativo. In casu, a autora não se desincumbiu do ônus de provar que solicitou ao banco a apresentação do contrato na forma estabelecida pelo STJ, em sede de recurso repetitivo (REsp nº 1.349.453-MS). Em que pese tenham sido acostados à inicial a notificação extrajudicial subscrita pela demandante e o A. R. Enviado à instituição financeira, não houve comprovação do pagamento do custo do serviço, tampouco há esclarecimento sobre o fato de o endereço de entrega da documentação não ser o da contratante, já que não restou comprovado que foi encaminhado instrumento procuratório junto com o requerimento administrativo. Assim, por força do sigilo bancário, a instituição financeira requerida não estava obrigada a encaminhar a documentação a endereço diverso daquele indicado no contrato, sem qualquer esclarecimento adicional, ou envio de procuração específica. Não caracterizado o interesse de agir da requerente, com comprovação de notificação extrajudicial idônea, escorreita a extinção do feito. Precedentes jurisprudenciais. RECURSO CONHECIDO E DESPROVIDO. Honorários advocatícios majorados para R$ 1.200,00, nos termos do art. 85, § 11, do NCPC, mantida a gratuidade concedida à demandante. (TJSE; AC 201700722260; Ac. 26289/2017; Primeira Câmara Cível; Rel. Des. Ruy Pinheiro da Silva; Julg. 27/11/2017; DJSE 30/11/2017). V. tb.: PROCESSUAL CIVIL. AÇÃO CAUTELAR DE EXIBIÇÃO DE DOCUMENTO. CPC/2015. SENTENÇA. NULIDADE. I. A sentença expôs claramente os motivos pelos quais a petição inicial foi indeferida. Rejeitada a alegação de nulidade da sentença por ausência de fundamentação. II. Ainda que o CPC/2015 não mencione, de forma expressa, a ação cautelar de exibição de documento, permanece possível o ajuizamento de demanda com tal finalidade, como tutela cautelar requerida em caráter antecedente, arts. 305 e ss do CPC/2015. III. Apelação provida. Sentença anulada. (TJDF; APC 2016.01.1.064912-8; Ac. 997.008; Sexta Turma Cível; Relª Desª Vera Lúcia Andrighi; Julg. 15/02/2017; DJDFTE 03/03/2017).

Se o pedido é se mera exibição de documentos, que se encerra em si mesmo, descabe o pedido de tutela cautelar:

✓ AÇÃO DE CONHECIMENTO COM PRECEITO COMINATÓRIO DE OBRIGAÇÃO DE FAZER. Ausência de interesse de agir do Autor. Na hipótese dos autos, verifica-se que a pretensão do Autor é meramente de caráter exibitório. CAUTELAR DE EXIBIÇÃO DE DOCUMENTOS. Inteligência do art. 305, do CPC/15, que prevê expressamente a necessidade de. Pedidos de tutela. Cautelar requeridos em caráter antecedente indicar o direito que será objeto de pedido de tutela definitiva. Requisitos não atendidos pelo Autor. Manutenção da r. Sentença. RECURSO DO AUTOR NÃO PROVIDO. (TJSP; APL 1032197-69.2016.8.26.0506; Ac. 10839029; Ribeirão Preto; Vigésima Oitava Câmara de Direito Privado; Relª Desª Berenice Marcondes Cesar; Julg. 29/09/2017; DJESP 04/10/2017; Pág. 2181); TUTELA CAUTELAR EM CARÁTER AN-

TECEDENTE. PRETENSÃO DE EXIBIÇÃO DE DOCUMENTOS. SENTENÇA QUE INDEFERIU A PETIÇÃO INICIAL POR RECONHECER A FALTA DE INTERESSE PROCESSUAL DO AUTOR. Apelação do autor, reiterando sua pretensão inicial e prosseguimento do feito nos moldes já expostos. Impossibilidade. Pedido formulado em caráter antecedente, na forma do art. 305 do CPC. Providência em questão não apresentando feição cautelar, nem envolvendo urgência. Novo Estatuto Processual prevendo instrumento específico para a obtenção forçada da exibição de documentos em caráter incidental (CPC, arts. 381 e segts.). Sentença mantida. Recurso não provido. (TJSP; APL 1022605-24.2017.8.26.0002; Ac. 10808933; São Paulo; Trigésima Oitava Câmara de Direito Privado; Rel. Des. Marcos Gozzo; Julg. 13/09/2017; DJESP 25/09/2017; Pág. 2746)

Considerando possível a tutela cautelar em caráter antecedente no Juizado Especial Federal:

✓ JUIZADO ESPECIAL DA FAZENDA PÚBLICA. CONCURSO PÚBLICO PARA PROVIMENTO DO CARGO DE PROFESSOR DE EDUCAÇÃO BÁSICA DO DISTRITO FEDERAL. AÇÃO DE EXIBIÇÃO DE DOCUMENTO. TUTELA CAUTELARREQUERIDA EM CARÁTER ANTECEDENTE. FOLHA DE RESPOSTA. MENOR COMPLEXIDADE. VALOR DA CAUSA. COMPETÊNCIA. CAUSA MADURA. INAPLICABILIDADE. PROCESSO SEM CONDIÇÕES DE JULGAMENTO. RECURSO CONHECIDO E PROVIDO PARA ANULAR A SENTENÇA. 1. Trata-se de ação de exibição de documento, com pedido de tutela cautelar requerida em caráter de urgência. Relata a autora que no ano de 2013 participou do Concurso Público para provimento do cargo de Professor de Educação Básica do Distrito Federal. Afirma que a 3ª Turma Cível do e. TJDFT, no julgamento da apelação interposta nos autos do processo nº 2014.01.1.054275-7, reconheceu a nulidade das questões nº 32 e 42 da prova objetiva, pois as matérias lá contempladas não estariam no conteúdo programático previsto no edital. Requer sejam as rés condenadas a fornecer sua folha de resposta referente a mencionada etapa do certame. 2. Insurge-se a recorrente contra a sentença que julgou incompetente o Juizado Especial da Fazenda Pública para conhecer da matéria objeto da presente demanda, sob o fundamento que ação cautelar referido no art. 305 do NCPC, na forma de processo preparatório ou autônomo, não se amolda ao rito sumaríssimo regente do microssistema dos Juizados Especiais, e se apresenta incompatível com os princípios que neles se alinhavam, dado que é detentora de rito próprio, não se enquadrando no rol de ações que podem figurar em sede de Juizado. Ademais, os novos enunciados FONAJE aprovados expressam, em face do novo CPC, o entendimento de incompatibilidade normativa do novo diploma processual com a sistemática dos Juizados Especiais, indicando que os procedimentos de tutela de urgência requeridos em caráter antecedente, na forma prevista nos arts. 303 a 310 do CPC/15, são incompatíveis com o Sistema dos Juizados Especiais. E, por fim, a presente ação encontra óbice na aferição do valor da causa, uma vez que não há indícios concretos no sentido de que o proveito econômico a ser buscado na causa principal excederá o valor limite, fato que afasta a competência do Juizado Especial da Fazenda Pública. 3. Assiste razão a recorrente. 4. Pretende a autora medida cautelar de exibição de documento (folha de resposta da fase objetiva de concurso público do qual participou) como procedimento preparatório da ação principal, com finalidade de conhecer, antes da propositura de eventual ação, de documento de seu interesse. 5. Observa-se que as questões atinentes a concursos públicos não se encontram no rol de matérias cuja competência é exclusiva da Vara da Fazenda Pública (art. 2º, § 1º, da Lei nº 12.153/2009). 6. Além disto, a demanda apresentada pela autora não possui nenhuma complexidade a justificar a transferência de seu julgamento para as Varas da Fazenda Pública, tampouco o valor atribuído à causa revela-se superior ao teto estabelecido para a propositura da ação no sistema dos Juizados Especiais Fazendários. 7. Por fim, nos termos do art. 3º, da Lei retro mencionado, poderá o juiz, de ofício ou a requerimento das partes, deferir quaisquer providências cautelares e antecipatórias no curso do processo, para evitar dano de difícil ou de incerta reparação. 8. Por todo exposto, forçoso reconhecer a competência do Juizado da Fazenda Pública para apreciar a presente demanda. (...) 11. Assim, a anulação da sentença e a devolução do processo ao juízo a quo é medida que se impõe, inclusive para que o Magistrado a quo possa avaliar se persiste o interesse de agir em face de documentação juntada aos autos, bem como se a pretensão da autora estará fulminada pela prescrição, em vista do pedido que venha a ser formulado, segundo os ditames do art. 1º da Lei nº 7.515/86. 12. Recurso conhecido e provido para cassar a sentença. 13. Sem condenação em custas ou honorários advocatícios, nos termos do disposto no art. 55 da Lei nº 9.099/95. 14. A Súmula de julgamento servirá de acórdão, conforme inteligência dos artigos 2º e 46 da Lei n. 9.099/95, e em observância aos princípios informadores dos Juizados Especiais. (TJDF; RInom 0708178-81.2017.8.07.0016; Terceira Turma Recursal dos Juizados Especiais; Rel. Juiz Eduardo Henrique Rosas; Julg. 13/06/2017; DJDFTE 20/06/2017; Pág. 440)

Após ajuizada a demanda principal, descabe a propositura de demanda cautelar autônoma:

✓ AGRAVO DE INSTRUMENTO. TUTELA PROVISÓRIA DE URGÊNCIA. AÇÃO CAUTELAR. AJUIZAMENTO APÓS PROFERIDA SENTENÇA NA AÇÃO PRINCIPAL. IMPOSSIBILIDADE. SISTEMÁTICA DO CÓDIGO DE PROCESSO CIVIL DE 2015. 1. – Não é vedada a concessão de tutela de urgência em desfavor da Fazenda Pública quando a lide versar sobre matéria previdenciária. Por sinal, a jurisprudência do colendo Superior Tribunal de Justiça é firme no sentido de ser possível a concessão de medida liminar em ações de natureza previdenciária, na esteira do entendimento do Supremo Tribunal Federal, consubstanciado em sua Súmula nº 729 (AGRG no AREsp 416.017/PR, Relator Ministro Humberto Martins, Segunda Turma, julgado em 26-11-2013, DJe 09-12-2013). 2. – Caso concreto em que foi deferida tutela provisória de urgência nos autos de ação cautelar que objetiva preservar o resultado útil de ação principal já sentenciada ao tempo do ajuizamento da medida cautelar. 3. – A tutela cautelar em caráter antecedente deve ser requerida, por consectário lógico, anteriormente à propositura da demanda principal cujo resultado útil se pretenda preservar, conforme se dessume do artigo 308 do CPC. Em outras palavras, uma vez ajuizada a demanda principal, a tutela provisória de urgência de acordo com os regramentos do Código de Processo Civil deve ser pleiteada incidentalmente e não de forma antecedente como levado a efeito pela agravada. 4. – A propositura de demanda cautelar autônoma após o ajuizamento da ação principal, que no caso vertente encontrava-se inclusive sentenciada, revela, nos termos dos artigos 305 e seguintes do Código de Processo Civil, a inadequação da via processual eleita pela agravada. 5. – Configurada, portanto, a ausência de interesse processual da agravada sob a ótica da adequação em relação ao processo originário, sendo forçosa a extinção do referido feito sem resolução de mérito, por se tratar de matéria de ordem pública e cognoscível em qualquer tempo e grau de jurisdição, a teor do disciplinado no artigo 485, inciso VI, e §3º, do Código de Processo Civil. 6. – Recurso provido. Processo originário extinto sem resolução de mérito. (TJES; AI 0021412-57.2016.8.08.0024; Terceira Câmara Cível; Rel. Des. Dair José Bregunce de Oliveira; Julg. 14/02/2017; DJES 24/02/2017)

Admitindo a aplicação da consequência prevista no art. 400, I do CPC em sede de tutela cautelar, cujos efeitos, todavia, somente serão verificados na ação de conhecimento:

✓ TUTELA CAUTELAR REQUERIDA EM CARÁTER ANTECEDENTE. Pretensão à obtenção de cópias dos contratos que deram origem ao apontamento do nome da autora em cadastros dos órgãos de proteção ao crédito. Consideração de que não se cuida aqui de processo cautelar autônomo, porquanto versam estes autos sobre procedimento de tutela cautelar requerida em caráter antecedente, nos moldes dos artigos 305 e seguintes do Código de Processo Civil, que prevê postulação de pedido de natureza cautelar nos mesmos autos em que se fará o pedido principal. Concessão à autora do prazo de trinta dias para formular o pedido principal nestes próprios autos (CPC, 308). Possibilidade de aplicação da pena a que alude o artigo 400, inciso I, do Código de Processo Civil, conquanto seus efeitos incidam, se o caso, apenas na ação de conhecimento a ser eventualmente intentada nestes próprios autos. Sentença anulada de ofício. Dispositivo: Anularam, de ofício, a r. Sentença. (TJSP; APL 1051726-31.2016.8.26.0100; Ac. 10734392; São Paulo; Décima Nona Câmara de Direito Privado; Rel. Des. João Camillo de Almeida Prado Costa; Julg. 21/08/2017; DJESP 31/08/2017; Pág. 2586)

Diferenciando o pedido de atribuição de efeito suspensivo a recurso do pedido de tutela cautelar em caráter antecedente:

✓ EMBARGOS DE DECLARAÇÃO. Inexistência de contradição na decisão monocrática, que nos termos do art. 995, parágrafo único e art. 1.012, § 4º, ambos do CPC de 2015, deu provimento ao pedido do requerente (tutela recursal de urgência), para o fim de atribuir efeito suspensivo ao recurso de apelação. Medida que não se confunde com a Tutela Cautelar em caráter Antecedente prevista no Capítulo III, do Procedimento da Tutela Cautelar Requerida, arts. 305 e seguintes do CPC de 2015. A prestação jurisdicional foi fundamentada com base nas regras definidas no CPC de 2015, as quais tratam especificamente sobre a possibilidade de atribuição de efeito suspensivo ao recurso de apelação (995, paragrafo único e 1.012, § 4º, ambos do CPC de 2015). Independentemente da nomenclatura que se dê ao pedido do autor, o que interessa, em verdade, é o alcance da norma jurídica utilizada para fundamentar a decisão monocrática. EMBARGOS REJEITADOS. (TJSP; EDcl 2125870-65.2016.8.26.0000/50002; Ac. 9764839; São Paulo; Oitava Câmara de Direito Público; Rel. Des. Antonio Celso Faria; Julg. 31/08/2016; DJESP 03/10/2016)

Parágrafo único. Caso entenda que o pedido a que se refere o *caput* tem natureza antecipada, o juiz observará o disposto no art. 303.

→ *v.* Enunciado 45 do CJF: Aplica-se às tutelas provisórias o princípio da fungibilidade, devendo o juiz esclarecer as partes sobre o regime processual a ser observado.

→ *v.* Enunciado 502 do FPPC: Caso o juiz entenda que o pedido de tutela antecipada em caráter antecedente tenha natureza cautelar, observará o disposto no art. 305 e seguintes.

Aplicação do princípio da fungibilidade entre as tutelas de urgência no caso de pedido liminar de arresto cautelar para garantia de futura execução:

✓ AGRAVO DE INSTRUMENTO. TUTELA CAUTELAR REQUERIDA EM CARÁTER ANTECEDENTE. Decisão que indeferiu o pedido de liminar para arresto cautelar de ativos financeiros e de bens pelos sistemas BACEN-Jud e Renajud, para garantia de futura execução. Elementos que evidenciam a probabilidade do direito não demonstrados de plano. Requisito previsto no art. 305, do novo CPC. Descabimento da concessão da tutela de urgência pretendida. Decisão de indeferimento mantida. Recurso improvido, neste aspecto. MANUTENÇÃO DE CORRÉ NO POLO PASSIVO. Pretensão da autora à manutenção da corré DÁgua na Boca Tapiocas no polo passivo da demanda. Decisão hostilizada que não deliberou a esse respeito, mas determinou apenas, à autora, que esclarecesse a inclusão da aludida empresa no polo passivo. Ausência de lesividade da decisão. Argumentos que não podem ser examinados diretamente em fase recursal, sob pena de supressão de instância. Recurso não conhecido, neste aspecto. EMENDA À PETIÇÃO INICIAL. Decisão que determinou a emenda à inicial, nos termos do art. 303, § 6º, do novo CPC. Possibilidade. Prosseguimento da tutela cautelar antecedente pelo procedimento da tutela antecipada antecedente. Art. 305, parágrafo único, do novo CPC. Aplicação do princípio da fungibilidade entre as tutelas de urgência. Medida que não acarreta prejuízo à autora e assegura a efetividade do processo. Decisão mantida. Recurso improvido, neste aspecto. RECURSO CONHECIDO EM PARTE E IMPROVIDO, NA PARTE CONHECIDA. (TJSP; AI 2100169-68.2017.8.26.0000; Ac. 10574164; São Paulo; Vigésima Quarta Câmara de Direito Privado; Rel. Des. Plinio Novaes de Andrade Júnior; Julg. 29/06/2017; DJESP 12/07/2017; Pág. 1652)

Admitindo a fungibilidade inversa, ou seja, da tutela antecipada para a tutela cautelar:

✓ AGRAVO DE INSTRUMENTO. AÇÃO DE OBRIGAÇÃO DE NÃO FAZER. DEMOLIÇÃO DE IMÓVEL. INTIMAÇÃO VERBAL. PROPRIEDADE EM CONDOMÍNIO PRO INDIVISO ENTRE O PODER PÚBLICO E PARTICULAR. TUTELA CAUTELAR. GARANTIA DO PROCESSO. 1. Estando o loteamento irregular encravado em terras cuja propriedade é exercida em condomínio pro indiviso entre o Poder Público e particular, não é cabível a demolição imediata do imóvel ocupado por adquirente de lote, diante da ausência de divisão e demarcação da área pública e da área particular. 2. Não demonstrada qualquer urgência e necessidade, a demolição do imóvel, mediante notificação verbal, é medida extrema que se mostra desproporcional e desarrazoada, além de contrária ao fim social da propriedade, ao direito social à moradia e à dignidade da pessoa humana. 3. Embora requerida tutela antecipada, aplica-se, no caso, a fungibilidade, a fim de deferir tutela de natureza cautelar, para assegurar o resultado útil do processo (NCPC 300). 4. Deu-se provimento ao agravo de instrumento, para obstar a demolição do imóvel no curso da ação de obrigação de não fazer. (TJDF; AI 2015.00.2.023715-3; Ac. 938071; Quarta Turma Cível; Rel. Des. Sérgio Rocha; DJDFTE 05/05/2016; Pág. 260)

Art. 306. O réu será citado para, no prazo de 5 (cinco) dias, contestar o pedido e indicar as provas que pretende produzir.

→ *v.* Art. 335 do NCPC.

Art. 307. Não sendo contestado o pedido, os fatos alegados pelo autor presumir-se-ão aceitos pelo réu como ocorridos, caso em que o juiz decidirá dentro de 5 (cinco) dias.

→ *v.* Art. 344 do NCPC.

Parágrafo único. Contestado o pedido no prazo legal, observar-se-á o procedimento comum.

→ *v.* Art. 318 do NCPC.

→ *v.* Enunciado 381 do FPPC: É cabível réplica no procedimento de tutela cautelar requerida em caráter antecedente.

Art. 308. Efetivada a tutela cautelar, o pedido principal terá de ser formulado pelo autor no prazo de 30 (trinta) dias, caso em que será apresentado nos mesmos autos em que deduzido o pedido de tutela cautelar, não dependendo do adiantamento de novas custas processuais.

→ *v.* Art. 22-A da Lei 9.307/1996.

§ 1º O pedido principal pode ser formulado conjuntamente com o pedido de tutela cautelar.

§ 2º A causa de pedir poderá ser aditada no momento de formulação do pedido principal.

→ *v.* Art. 321 do NCPC.

§ 3º Apresentado o pedido principal, as partes serão intimadas para a audiência de conciliação ou de mediação, na forma do art. 334, por seus advogados ou pessoalmente, sem necessidade de nova citação do réu.

§ 4º Não havendo autocomposição, o prazo para contestação será contado na forma do art. 335.

Considerando que persiste a autonomia do processo cautelar quando a liminar restar indeferida:

✓ APELAÇÃO CÍVEL. PROCESSUAL CIVIL. TUTELA CAUTELAR ANTECEDENTE. Indeferimento. Ausência de emenda e distribuição de pedido principal de forma autônoma. Extinção do processo. Sentença reformada. Na espécie, cuida-se de pretensão de tutela cautelar antecedente a qual foi indeferida. Posterior distribuição de pedido principal o que levou ao magistrado a extinção do processo, ao fundamento a redação do artigo 308 do CPC/2015. Inegável que o CPC/2015, extinguiu a autonomia do processo cautelar, no entanto, a redaçao dos dispositivos dos artigos 306 e 307 do CPC/2015, levam a conclusão que a mesma restou presente quando ocorrer o indeferimento da tutela cautelar. Ademais, o princípio da instrumentalidade das formas restou preservado no CPC/2015, tendo a sentença pautado por excesso de rigorismo. Inteligência do artigo 188 do CPC/2015. O excessivo rigor na técnica processual não se coaduna com a finalidade do direito processual moderno que homenageia o princípio da instrumentalidade das formas. Recurso conhecido e provido para a anular a sentença, nos termos do voto do desembargador relator. (TJRJ; APL 0003114-68.2017.8.19.0026; Itaperuna; Décima Segunda Câmara Cível; Rel. Des. Cherubin Helcias Schwartz Junior; Julg. 11/07/2017; DORJ 13/07/2017; Pág. 286)

Impossibilidade de conversão, de ofício, do pedido de tutela cautelar em tutela definitiva:

✓ TUTELA CAUTELAR REQUERIDA EM CARÁTER ANTECEDENTE. CONVERSÃO, DE OFÍCIO, DO PROCEDIMENTO PARA O RITO COMUM. Impossibilidade. Hipótese em que não se observou a regra do art. 308 do CPC, que autoriza a formulação do pedido principal, nos mesmos autos da ação cautelar, com nova oportunidade de manifestação para as partes. Sentença nula, pois apreciou a tutela satisfativa (principal) com base nos fatos e fundamentos que embasaram a lide cautelar, sem que, para tanto, tenha havido pedido da autora e resposta da ré. Lide cautelar que não se confunde com a lide satisfativa principal, não podendo ser suprimida das partes a oportunidade de litigar de acordo com as regras do procedimento adequado às suas pretensões. Nulidade do processo reconhecida. Violação ao devido processo legal. Erro de forma do processo, todavia, que acarreta unicamente a anulação dos atos que não possam ser aproveitados. Aplicação do art. 283 do CPC. Processo anulado para, nos termos do art. 308 do CPC, conferir nova oportunidade de formulação do pedido principal pela autora. Recurso provido. (TJSP; APL 1135024-18.2016.8.26.0100; Ac. 11026739; São Paulo; Vigésima Quinta Câmara de Direito Privado; Rel. Des. Edgard Rosa; Julg. 30/11/2017; DJESP 07/12/2017; Pág. 2223)

Considerando que o descumprimento do prazo de trinta dias autoriza a extinção do processo:

✓ APELAÇÃO CÍVEL. AÇÃO CAUTELAR. EXTINÇÃO DO PROCESSO SEM JULGAMENTO DE MÉRITO. AUSÊNCIA DE INTERPOSIÇÃO DA AÇÃO PRINCIPAL NO PRAZO DE 30 DIAS. CPC ARTS. 308 E 309, I. INÉRCIA DA PARTE AUTORA. HONORÁRIOS ADVOCATÍCIOS DEVIDOS. APRECIAÇÃO EQUITATIVA. CPC ART. 85, §8º. MAJORAÇÃO DO VALOR ARBITRADO. DESCABIMENTO. GRATUIDADE JUDICIÁRIA. APELO CONHECIDO E DESPROVIDO. 1. Tendo o processo sido extinto pela inércia da parte autora, a qual descumpriu o prazo de 30 dias, após a efetivação da tutela cautelar, para a interposição da ação principal preconizado pelos artigos 308 e 309, I, do CPC, deve-se atender à dinâmica do princípio da causalidade, respondendo a parte autoral pelas despesas e pelos honorários da parte adversa, porquanto deu causa à instauração do processo e à movimentação do aparato judiciário. 2. Não havendo condenação nem aferimento de qualquer proveito econômico porventura obtido, bem como, sendo ínfimo o valor dado à causa, devem os honorários ser fixados de forma equitativa conforme a norma prevista no art. 85, §8º, do CPC. 3. Não assiste razão ao apelo quanto à majoração do quantum arbitrado para o elevado patamar de r$5.000,00 (cinco mil reais), pois caso este vultoso valor fosse aceito, a real motivação da condenação em honorários em um processo findado sem julgamento de mérito ficaria desfigurada, se convertendo em uma grande punição para a parte autora por ter interposto a ação, bem como em uma remuneração injusta a ser obtida pela procuradoria do estado. 4. Ademais, foi concedido o benefício da gratuidade judiciária aos autores, estando a condenação em honorários advocatícios sob condição suspensiva de exigibilidade, nos termos do §3º do art. 98 do código de processo civil, o que indica os poucos recursos disponíveis da parte autora e torna o pedido de majoração inapropriado e sem efetividade. 5. Face ao exposto, conheço da apelação para negar-lhe provimento. (TJCE; APL 0407222-12.2000.8.06.0001; Segunda Câmara de Direito Público; Relª Desª Maria Iraneide Moura Silva; Julg. 28/06/2017; DJCE 05/07/2017; Pág. 27)

Apontando que, em caso de efetivação parcial da tutela cautelar, o prazo de trinta dias deve ser contado a partir do primeiro ato de constrição:

✓ RECURSO DE APELAÇÃO. AÇÃO DECLARATÓRIA. TUTELA CAUTELAR ANTE CAUSAM. LIMINAR CONCEDIDA. PEDIDO PRINCIPAL NÃO FORMULADO NO PRAZO LEGAL. INTELIGÊNCIA DO ART. 308 DO CPC EXTINÇÃO DO FEITO SEM RESOLUÇÃO DO MÉRITO, COM FULCRO NO ARTIGO 485, VI DO CPC/2015. SÚMULA Nº 482 DO STJ. TERMO INICIAL. EFETIVAÇÃO DA MEDIDA A CONTAR DO PRIMEIRO ATO DE EXECUÇÃO. DECISÃO MANTIDA. RECURSO DESPROVIDO. 1. Nos termos do art. 308 do Código de Processo Civil o prazo para a interposição da ação principal inicia-se da data da efetivação da medida cautelar. 2. Se a medida cautelar deferida nos autos, for executada parcialmente, a contagem do prazo deve corresponder à data da realização do primeiro ato de constrição praticado no processo, precedentes do Superior Tribunal de Justiça (STJ. REsp: 1115370 SP 2009/0086698-1, Relator: Ministro BENEDITO GONÇALVES; Julg.16/03/2010, T1 PRIMEIRA TURMA, Data de Publicação: DJe 30/03/2010). (TJMT; APL 71976/2017; Tangará da Serra; Relª Desª Nilza Maria Pôssas de Carvalho; Julg. 05/09/2017; DJMT 13/09/2017; Pág. 73). No mesmo sentido: APELAÇÃO CÍVEL. Tutela cautelar antecedente. Arresto. Cumprimento parcial da medida cautelar. Início do prazo decadencial para o ajuizamento de ação principal (art. 308, CPC). Inobservância. Perda da eficácia da tutela concedida (art. 309, CPC). Extinção do processo, sem resolução do mérito. Sentença mantida. O prazo decadencial de trinta dias, previsto no caput do artigo 308 do código de processo civil, para o ajuizamento da ação principal é contado a partir da efetivação, ainda que parcial, da tutela cautelar concedida em caráter antecedente. Apelação cível não provida. (TJPR; ApCiv 1731905-8; Astorga; Décima Quinta Câmara Cível; Rel. Des. Jucimar Novochadlo; Julg. 25/10/2017; DJPR 01/11/2017; Pág. 357)

Contra, considerando que o prazo de trinta dias apenas tem início com o cumprimento integral da tutela cautelar:

✓ AGRAVO DE INSTRUMENTO. CONTRATOS AGRÁRIOS. AÇÃO CAUTELAR DE ARRESTO. PARCERIA AGRÍCOLA. SACAS DE ARROZ. DECISÃO NÃO RECORRÍVEL. ART. 1015. ROL TAXATIVO. RECURSO INADMISSÍVEL. CPC/15. A decisão recorrida no tocante à propriedade dos grãos, natureza da execução, ordem de pagamento dos credores e demais tópicos versados nas razões recursais não é agravável, pois não se enquadra em nenhuma das hipóteses previstas no artigo 1.015, caput e parágrafo único, do CPC/15, o que permite não conhecimento do recurso, por manifestamente inadmissível. Medida liminar. Efetivação da tutela cautelar: Tendo em vista que no momento em que houve o aditamento da petição inicial – O que corresponde ao fim e ao cabo, ao ajuizamento da ação principal – Sequer a carta precatória havia sido cumprida junto à cooperja, o prazo previsto no art. 308 do CPC/15 foi respeitado. Pode-se dizer, assim, que a liminar de arresto, ao tempo do ajuizamento da ação de execução (**rectius** aditamento da petição inicial), ainda não havia sido cumprida de forma integral, circunstância que obsta o início da contagem do prazo previsto no art. 308 do CPC/15. Deram provimento ao agravo de instrumento, na parte conhecida. (TJRS; AI 0248740-39.2016.8.21.7000; Camaquã; Décima Nona Câmara Cível; Rel. Des. Eduardo João Lima Costa; Julg. 10/11/2016; DJERS 17/11/2016)

Considerando que o prazo do art. 308 do CPC é decadencial e, portanto, não se suspende nem se interrompe:

✓ APELAÇÃO CÍVEL. TUTELA CAUTELAR. CARÁTER ANTECEDENTE. Pretensão principal. Prazo decadencial. 30 dias. Extinção do processo. O pleito formulado pela parte autora na inicial é de natureza preparatória e tem natureza cautelar. A falta de apresentação de pedido principal, no prazo estabelecido pelo art. 309, II, do CPC, acarreta a perda da eficácia da medida cautelar, e a decretação da extinção do processo pelo juiz, sem julgamento de mérito. O prazo decadencial do art. 308, do CPC não se suspende e não se interrompe. Precedentes. Desprovimento do recurso. (TJRJ; APL 0007636-19.2017.8.19.0001; Rio de Janeiro; Terceira Câmara Cível; Rel. Des. Peterson Barroso Simão; DORJ 26/09/2017; Pág. 175)

Entendendo que o prazo de trinta dias é de direito material e, portanto, se conta em dias corridos:

✓ AGRAVO DE INSTRUMENTO. TUTELA ANTECIPADA REQUERIDA EM CARÁTER ANTECEDENTE. SUSTAÇÃO DE PROTESTOS. ART. 303 DO CÓDIGO DE PROCESSO CIVIL. TUTELA CAUTELAR EFETIVADA. Pedido principal terá de ser formulado pelo autor no prazo de 30 dias. Natureza jurídica do prazo do art. 308 do Código de Processo Civil. Material. Prazo que deve ser contado em dias corridos e não em dias úteis. Decisão mantida. Agravo improvido. (TJSP; AI 2150988-43.2016.8.26.0000; Ac. 9948176; Matão; Décima Sexta Câmara de Direito Privado; Rel. Des. Coutinho de Arruda; Julg. 03/11/2016; DJESP 07/12/2016)

Se indeferida a tutela cautelar, não tem início o prazo de trinta dias para a instauração da arbitragem:

✓ AGRAVO. COMPROVAÇÃO DA INSTAURAÇÃO DE ARBITRAGEM. TUTELA CAUTELAR ANTECEDENTE NÃO DEFERIDA. PRAZO DECADENCIAL CUJO CURSO AINDA NÃO SE INICIOU. 1. O que se verifica, portanto, é que, diante do indeferimento da tutela cautelar antecedente requerida pela agravante, não pode se aperfeiçoar a condição determinante da contagem do prazo decadencial de trinta dias para ajuizamento da ação principal, que somente tem início com a efetivação da medida. 2. O entendimento está em consonância com a mens legis extraída da redação do art. 806 do Código de Processo Civil. Ao qual corresponde o art. 308, caput, do CPC em vigor. Porque, ao limitar a eficácia da medida aos trinta dias subsequentes à sua efetivação, pretende a Lei impedir indevida protelação no ajuizamento da ação principal, em prejuízo do réu, que sofrerá os efeitos da liminar. Não é a situação antevista na hipótese de indeferimento da tutela cautelar antecedente. 3. Embora o entendimento tenha sido formado a luz do disposto no art. 806 do CPC de 73, (art. 308, caput, do CPC de 2015) com relação ao ajuizamento da ação principal, pode ser analogicamente aplicado também para a instauração da arbitragem, em virtude do disposto no art. 22 – A, parágrafo único, da Lei nº 9.307/96. 4. Recurso provido para dispensar a comprovação da instauração da arbitragem. (TJSP; AI 2149495-31.2016.8.26.0000; Ac. 9908309; São Paulo; Segunda Câmara Reservada de Direito Empresarial; Rel. Des. Carlos Alberto Garbi; Julg. 17/10/2016; DJESP 27/10/2016)

Ajuizamento de ação autônoma, em vez de pedido de tutela definitiva nos próprios autos, caracteriza descumprimento ao prazo do art. 308 do CPC, com a consequente extinção do processo, sem resolução do mérito:

✓ APELAÇÃO. Ação declaratória de inexigibilidade de débito C.C. Indenização por danos morais, precedida de pedido de tutela cautelar antecedente de sustação de protesto. Extinção do processo, sem resolução do mérito por não ajuizada ação principal no prazo legal. Decisão que merece subsistir. Ajuizamento de cautelar antecedente de sustação de protesto de CDA, sacado pela PGE, decorrentes de suposto débito tributário referente à inscrição na Dívida Ativa à Multa Fiscal Paulista nº 27619, aplicada pelo PROCON/SP, que a favoreceria na qualidade de suposta credora da autora. Efetivada a tutela cautelar, o pedido principal terá de ser formulado pelo autor no prazo de 30 (trinta) dias, caso em que será apresentado nos mesmos autos em que deduzido o pedido de tutela cautelar. Autor intentou ação autônoma distribuída por dependência na Medida Cautelar. Afronta ao art. 308 do NCPC. Inaplicabilidade do art. 317 do CPC. Sentença mantida. Recurso da autora improvido. (TJSP; APL 1029261-72.2016.8.26.0053; Ac. 10780561; São Paulo; Terceira Câmara de Direito Público; Rel. Des. Maurício Fiorito; Julg. 12/09/2017; DJESP 19/09/2017; Pág. 2576)

Impossibilidade de condenação a título de honorários de sucumbência em sede de concessão de tutela cautelar, pois estes serão fixados ao final da demanda principal:

✓ APELAÇÃO CÍVEL. CAUTELAR DE EXIBIÇÃO DE DOCUMENTO. FALTA DE INTERESSE RECURSAL. NÃO OCORRÊNCIA. SENTENÇA PROFERIDA, APÓS A VIGÊNCIA DO NOVO CÓDIGO DE PROCESSO CIVIL. CONVERSÃO EM CAUTELAR ANTECEDENTE. POSSIBILIDADE. RESSARCIMENTO DE DESPESAS COM ADVOGADO. HONORÁRIOS CONTRATUAIS. IMPOSSIBILIDADE. CONTRATO EXIBIDO. RECONHECIMENTO DO PEDIDO. O interesse recursal decorre do prejuízo que a sentença possa ter acarretado à parte, sendo certo que tal prejuízo se configura no caso de sentença que, apesar de julgar procedente a demanda, deixa de condenar a parte ré nos ônus sucumbenciais. Tendo a sentença sido proferida na vigência do novo Código de Processo Civil, o caso é de conversão da pretensão autoral em tutela cautelar antecedente. A tutela de urgência será concedida quando houver elementos que evidenciem a probabilidade do direito (fumus boni iuris) e o perigo de dano ou de risco ao resultado útil do processo (periculum in mora). Exibido o documento pretendido, resta satisfeita a tutela antecedente, incumbindo à parte autora, no prazo de 30 (trinta) dias, deduzir o pedido principal, consoante determinação do art. 308 do NCPC, não havendo que se falar em condenação de honorários, pois estes somente serão devidos ao final, pela parte vencida. Os honorários decorrentes da contratação, pelo autor, de serviços de advogado não podem ser objeto de reembolso, eis que resultam de ato voluntário do contratante, sem qualquer imposição ou interferência da parte contrária. (TJMG; APCV 1.0394.15.007509-8/001; Relª Desª Shirley Fenzi Bertão; Julg. 27/09/2017; DJEMG 29/09/2017)

Art. 309. Cessa a eficácia da tutela concedida em caráter antecedente, se:

I – o autor não deduzir o pedido principal no prazo legal;

Considerando que a não formulação do pedido principal no prazo legal enseja a extinção do processo, sem resolução de mérito e com a condenação do autor nas verbas sucumbenciais:

✓ APELAÇÃO CÍVEL. AÇÃO CAUTELAR. EXTINÇÃO DO PROCESSO SEM JULGAMENTO DE MÉRITO. AUSÊNCIA DE INTERPOSIÇÃO DA AÇÃO PRINCIPAL NO PRAZO DE 30 DIAS. CPC ARTS. 308 E 309, I. INÉRCIA DA PARTE AUTORA. HONORÁRIOS ADVOCATÍCIOS DEVIDOS. APRECIAÇÃO EQUITATIVA. CPC ART. 85, §8º. MAJORAÇÃO DO VALOR ARBITRADO. DESCABIMENTO. GRATUIDADE JUDICIÁRIA. APELO CONHECIDO E DESPROVIDO. 1. Tendo o processo sido extinto pela inércia da parte autora, a qual descumpriu o prazo de 30 dias, após a efetivação da tutela cautelar, para a interposição da ação principal preconizado pelos artigos 308 e 309, I, do CPC, deve-se atender à dinâmica do princípio da causalidade, respondendo a parte autoral pelas despesas e pelos honorários da parte adversa, porquanto deu causa à instauração do processo e à movimentação do aparato judiciário. 2. Não havendo condenação nem aferimento de qualquer proveito econômico porventura obtido, bem como, sendo ínfimo o valor dado à causa, devem os honorários ser fixados de forma equitativa conforme a norma prevista no art. 85, §8º, do CPC. 3. Não assiste razão ao apelo quanto à majoração do quantum arbitrado para o elevado patamar de r$5.000,00 (cinco mil reais), pois caso este vultoso valor fosse aceito, a real motivação da condenação em honorários em um processo findado sem julgamento de mérito ficaria desfigurada, se convertendo em uma grande punição para a parte autora por ter interposto a ação, bem como em uma remuneração injusta a ser obtida pela procuradoria do estado. 4. Ademais, foi concedido o benefício da gratuidade judiciária aos autores, estando a condenação em honorários advocatícios sob condição suspensiva de exigibilidade, nos termos do §3º do art. 98 do código de processo civil, o que indica os poucos recursos disponíveis da parte autora e torna o pedido de majoração inapropriado e sem efetividade. 5. Face ao exposto, conheço da apelação para negar-lhe provimento. (TJCE; APL 0407222-12.2000.8.06.0001; Segunda Câmara de Direito Público; Relª Desª Maria Iraneide Moura Silva; Julg. 28/06/2017; DJCE 05/07/2017; Pág. 27). V. tb.: APELAÇÃO CÍVEL. TUTELA CAUTELAR. CARÁTER ANTECEDENTE. Pretensão principal. Prazo decadencial. 30 dias. Extinção do processo. O pleito formulado pela parte autora na inicial é de natureza preparatória e tem natureza cautelar. A falta de apresentação de pedido principal, no prazo estabelecido pelo art. 309, II, do CPC, acarreta a perda da eficácia da medida cautelar, e a decretação da extinção do processo pelo juiz, sem julgamento de mérito. O prazo decadencial do art. 308, do CPC não se suspende e não se interrompe. Precedentes. Desprovimento do recurso. (TJRJ; APL 0007636-19.2017.8.19.0001; Rio de Janeiro; Terceira Câmara Cível; Rel. Des. Peterson Barroso Simão; DORJ 26/09/2017; Pág. 175)

Apontando que, embora inaplicável o dispositivo em âmbito penal, não é razoável que as medidas protetivas da Lei Maria da Penha perdurem por quatro anos sem que nenhum processo principal tenha sido ajuizado:

✓ PROCESSUAL PENAL. RECURSO ESPECIAL. MEDIDAS PROTETIVAS DA LEI 11.340/06. LEI MARIA DA PENHA. NÃO PROPOSITURA DA AÇÃO PRINCIPAL. CARÁTER PENAL. LEGALIDADE. DESCABIDAS PROTEÇÕES AMPLIADORAS NÃO ABRANGIDAS TAXATIVAMENTE NA LEI. CAUTELAR QUE NÃO PODE SER ETERNIZADA. RECURSO IMPROVIDO. 1. Embora a Lei Maria da Penha possua incidência no âmbito cível e criminal, ao tratar da violência doméstica e familiar configuradora de crimes acaba por diretamente afetar penas: quando impede pena pecuniária (art. 17) e quando afasta as benesses da Lei nº 9.099/95 (art. 41), assim tornando certo o conteúdo de norma penal e a incidência do princípio da legalidade estrita. 2. Assim é que foi definida a inicial competência das varas criminais (art. 33), o processamento em casos violência doméstica com comunicação à Autoridade Policial e encaminhamento ao juiz (claramente criminal), que poderá fixar medidas protetivas (da vítima, filhos e de bens) e regularmente processar por crime. 3. A intervenção do juiz cível, usando de cautelares previstas ou não na Lei Maria da Penha previstas, se dá por seu poder geral de cautela, ínsito à jurisdição, mas exclusivamente em feitos de sua competência. 4. O relevantíssimo interesse de proteção a toda relação afetiva (mesmo homoafetiva, mesmo em violências que não envolvam o binômio agressor homem e vítima mulher), de valorização do gênero como autocompreensão na sociedade, de evitação a toda forma de violência e de mais forte intervenção estatal em favor do vulnerável, exige ampliações pela via da alteração legislativa. 5. Em feitos criminais de violência doméstica e familiar, não cabe ampliação interpretativa das formas de violência, dos sujeitos protegidos e das penas – mesmo cautelares – incidentes, por afetarem ao fundamental princípio da legalidade. 6. Em direito penal, os interesses sociais somente podem gerar apenamento por prévia alteração legal. É ao legislador e não ao juiz que cabe a ampliação de hipóteses incriminadoras ou alteração de penas. 7. As medidas protetivas são corretamente nominadas de urgentes por sua incidência imediata, mesmo sem contraditório, na proteção da mulher. 8. Se em feito cível a cessação da eficácia de tutela cautelar antecedente dá-se em trinta dias (art. 309 CP), no processo penal a falta da definição do prazo não permite de todo modo a eternização da restrição a direitos individuais – então aferida a cautelar por sua necessidade e adequação, em casuística ponderação. 9. Na espécie, o cautelar impedimento de aproximação e contato com variadas pessoas já perdura há quatro anos e nenhum processo posterior foi ajuizado, cível ou criminal, a demonstrar clara violação da proporcionalidade e da legalidade. 10. Recurso especial improvido, para manter a revogação da medida protetiva indevidamente eternizada. (STJ; REsp 1623144; MG; Sexta Turma; Rel. Min. Nefi Cordeiro; Julg. 17/08/2017; DJe 29/08/2017)

II – não for efetivada dentro de 30 (trinta) dias;

→ *v.* Enunciado 46 do CJF: A cessação da eficácia da tutela cautelar, antecedente ou incidental, pela não efetivação no prazo de 30 dias, só ocorre se caracterizada omissão do requerente.

III – o juiz julgar improcedente o pedido principal formulado pelo autor ou extinguir o processo sem resolução de mérito.

→ *v.* Enunciado 499 do FPPC: Efetivada a tutela de urgência e, posteriormente, sendo o processo extinto sem resolução do mérito e sem estabilização da tutela, será possível fase de liquidação para fins de responsabilização civil do requerente da medida e apuração de danos.

→ *v.* Enunciado 504 do FPPC: Cessa a eficácia da tutela cautelar concedida em caráter antecedente, se a sentença for de procedência do pedido principal, e o direito objeto do pedido foi definitivamente efetivado e satisfeito.

Parágrafo único. Se por qualquer motivo cessar a eficácia da tutela cautelar, é vedado à parte renovar o pedido, salvo sob novo fundamento.

→ *v.* Art. 502 do NCPC.

Considerando que, uma vez cessada a eficácia da tutela cautelar, não se admite a reiteração do pedido, a não ser quando sob novo fundamento:

✓ APELAÇÃO. MEDIDA CAUTELAR. LIMINAR SATISFATIVA. DEFERIMENTO. INTERESSE PROCESSUAL. PERDA SUPERVENIENTE. EXTINÇÃO SEM JULGAMENTO DO MÉRITO. POSSIBILIDADE. CESSAÇÃO DA EFICÁCIA DA LIMINAR. APELAÇÃO À QUAL SE NEGA PROVIMENTO. 1. CESSA A EFICÁCIA DA MEDIDA CAUTELAR COM A PROLAÇÃO DE SENTENÇA, COM OU SEM RESOLUÇÃO DO MÉRITO (ART. 309, DO CÓDIGO DE PROCESSO CIVIL). 2. SE POR QUALQUER MOTIVO CESSAR A EFICÁCIA DA TUTELA CAUTELAR, É VEDADO À PARTE RENOVAR O PEDIDO, SALVO SOB NOVO FUNDAMENTO. 3. Dada a distinção entre os institutos da tutela cautelar requerida em caráter antecedente e a tutela antecipada, no primeiro, não há obrigatoriedade de sentença de mérito, notadamente quando verificada a tutela satisfativa. 4. Possibilidade de extinção por perda superveniente de interesse processual. (TJMG; APCV 1.0338.14.001585-4/001; Rel. Des. Marcelo Rodrigues; Julg. 03/10/2017; DJEMG 11/10/2017)

Art. 310. O indeferimento da tutela cautelar não obsta a que a parte formule o pedido principal, nem influi no julgamento desse, salvo se o motivo do indeferimento for o reconhecimento de decadência ou de prescrição.

→ *v.* Art. 487, II do NCPC.

TÍTULO III
Da Tutela da Evidência

Art. 311. A tutela da evidência será concedida, independentemente da demonstração de perigo de dano ou de risco ao resultado útil do processo, quando:

→ *v.* Art. 7º da Lei 8.429/1992.

→ *v.* Art. 1º da Lei 9.494/1997.

→ *v.* Lei 8.076/1990 – Estabelece hipóteses nas quais fica suspensa a concessão de medidas liminares.

→ *v.* Enunciado 49 do CJF: A tutela da evidência pode ser concedida em mandado de segurança.

→ *v.* Enunciado 35 do FPPC: As vedações à concessão de tutela antecipada contra a Fazenda Pública limitam-se às tutelas de urgência.

→ *v.* Enunciado 217 do FPPC: A apelação contra o capítulo da sentença que concede, confirma ou revoga a tutela antecipada da evidência ou de urgência não terá efeito suspensivo automático.

→ *v.* Enunciado 418 do FPPC: As tutelas provisórias de urgência e de evidência são admissíveis no sistema dos Juizados Especiais.

→ *v.* Enunciado 422 do FPPC: A tutela de evidência é compatível com os procedimentos especiais.

→ *v.* Enunciado 423 do FPPC: Cabe tutela de evidência recursal.

→ *v.* Enunciado 496 do FPPC: Preenchidos os pressupostos de lei, o requerimento de tutela provisória incidental pode ser formulado a qualquer tempo, não se submetendo à preclusão temporal.

Impossibilidade de concessão de tutela de evidência em caráter antecedente:

✓ AGRAVO REGIMENTAL EM AGRAVO DE INSTRUMENTO. Impossibilidade de concessão de tutela de evidência em caráter antecedente. Procedimento previsto para a tutela de urgência. Decisão que determina emenda à inicial não indefere qualquer pedido, não havendo prejuízo a ser impugnado por meio de agravo de instrumento. Manutenção da decisão monocrática que não conheceu do recurso. Agravo regimental conhecido e não provido. (TJAM; AG 0004117-90.2016.8.04.0000; Terceira Câmara Cível; Rel. Des. Cláudio César Ramalheira Roessing; DJAM 17/05/2017; Pág. 34)

Não basta a existência de um titulo executivo com trânsito em julgado para a concessão da tutela de evidencia, sendo necessário enquadrar o caso em uma das hipóteses do art. 311 do CPC:

✓ AGRAVO DE INSTRUMENTO. LIQUIDAÇÃO POR ARBITRAMENTO. TUTELA DE EVIDÊNCIA. ARTIGO

311 DO NOVO CPC. PERICULUM IN MORA. DESNECESSIDADE. TÍTULO EXECUTIVO COM TRÂNSITO EM JULGADO. PEDIDO DE BACENJUD/INDISPONIBILIDADE DE BENS. DILAPIDAÇÃO PATRIMONIAL. NÃO VERIFICADA. 1. Nos termos do art. 311, NCPC, está autorizada a liminar de tutela de evidência quando ficar caracterizado o abuso do direito de defesa ou o manifesto propósito protelatório da parte, houver provas documentais dos fatos, tese já firmada em recursos repetitivos, repercussão geral ou em Súmula vinculante, ou ainda, ser pedido de reivindicação de coisa (ação de depósito). 2. A tutela de evidência não necessita de demonstração do periculum in mora, sendo possível quando se enquadrar nas hipóteses (não cumulativas) previstas no artigo 311 do Novo CPC. 3. Ainda que se possa reconhecer a natureza cautelar em tutelas de evidência (visando proteger, preservar o direito, sem antecipar os efeitos da futura sentença), para o deferimento de bloqueio de ativos financeiros da parte ré, por intermédio do sistema BACENJUD, bem como a indisponibilidade de bens móveis e/ou imóveis, deve haver a incidência em qualquer das hipóteses previstas no artigo 311 do NCPC. Não basta a existência de título executivo com trânsito em julgado. 4. Mesmo o periculum in mora presumido precisa partir de algum dado efetivo de que a parte ré está se desfazendo de seu patrimônio. Verifica-se que não há elementos que evidenciam a probabilidade do direito para concessão da tutela de urgência, porquanto, não há nos autos qualquer indício de que o réu esteja promovendo o levantamento das quantias que porventura possa ter aplicadas junto às instituições financeiras, nem de que está alienando seus bens. (TRF 4ª R.; AG 5023514-49.2017.4.04.0000; Terceira Turma; Relª Desª Fed. Marga Inge Barth Tessler; Julg. 21/11/2017; DEJF 27/11/2017)

Impossibilidade de concessão da tutela de evidência se a demanda se funda em teses contrárias à jurisprudência sumulada:

✓ AGRAVO DE INSTRUMENTO. AÇÃO ORDINÁRIA. REVISÃO DE CLÁUSULAS DE CONTRATO BANCÁRIO. TUTELA PROVISÓRIA. DEPÓSITO JUDICIAL DE PRESTAÇÕES MENSAIS. VALOR INCONTROVERSO. INSCRIÇÃO DE DADOS DO DEVEDOR NOS SERVIÇOS DE PROTEÇÃO AO CRÉDITO. EXERCÍCIO REGULAR DE DIREITO. URGÊNCIA OU EVIDENCIA NÃO IDENTIFICADAS. 1. Deve ser indeferido pedido de tutela de urgência quando inexistir elementos que evidenciem a probabilidade do direito e o perigo de dano ou o risco ao resultado útil do processo, como decorre do disposto no art. 300 do Código de Processo Civil. 2. Já a tutela de evidência não pode ser concedida quando, independentemente da demonstração de perigo de dano ou de risco ao resultado útil do processo, (I) não esteja caracterizado o abuso do direito de defesa ou o manifesto propósito protelatório da parte; (II) a tese firmada em casos repetitivos for contrária à pretensão do autor; 3. Por isso, não é de se admitir o depósito em conta judicial de valores tidos como incontroversos pelo autor na ação de revisão de contrato bancário, quando fundada em teses contrárias à jurisprudência sumulada do STJ. 4. A inscrição do nome do devedor nos cadastros de proteção ao crédito, em caso de inadimplemento, caracteriza exercício regular de direito do credor. (TJMG; AI 1.0702.15.031203-2/001; Rel. Des. José Flávio de Almeida; Julg. 24/05/2017; DJEMG 02/06/2017)

Entendendo que as disposições da Lei n. 12.016/2009 prevalecem sobre as disposições do CPC relativamente à tutela de evidência:

✓ AGRAVO DE INSTRUMENTO EM MANDADO DE SEGURANÇA. REQUISITOS PARA O DEFERIMENTO DA LIMINAR. INAPLICABILIDADE DO CPC. TUTELA DE EVIDÊNCIA. 1. No mandado de segurança os dois pressupostos que autorizam a concessão da medida liminar devem coexistir, ou seja, a relevância dos fundamentos invocados e o risco de ineficácia da medida se concedida somente ao final, conforme prevê o art. 7º, III, da Lei nº 12.016/2009 (...) quando houver fundamento relevante e do ato impugnado puder resultar a ineficácia da medida, caso seja finalmente deferida (...). 2. A Lei nº 12.016/09 (que disciplina o Mandado de Segurança), por se tratar de Lei Especial, prevalece sobre o CPC, de modo que, na espécie, devem ser observados os requisitos previstos no art. 7º, III, da aludida Lei, não sendo o caso de aplicação da tutela de evidência, invocada pela recorrente. 3. Não restou satisfeito em sua integralidade o comando legal pertinente à tutela de evidência (NCPC, art. 311, inciso IV) que impõe, no mínimo, exame ou consideração explícita de eventual oposição, pela parte ré, de prova capaz de gerar dúvida razoável. 4. Agravo desprovido. (TRF 4ª R.; AG 5053163-93.2016.404.0000; Segunda Turma; Rel. Juiz Fed. Roberto Fernandes Júnior; Julg. 04/04/2017; DEJF 06/04/2017)

Considerando subsidiariamente aplicáveis as regras do art. 311 do CPC ao mandado de segurança:

✓ AGRAVO DE INSTRUMENTO EM MANDADO DE SEGURANÇA. REQUISITOS PARA O DEFERIMENTO DA LIMINAR. TUTELA DE EVIDÊNCIA. 1. É possível o deferimento parcial do pedido liminar, com fundamento no art. 311 do CPC (tutela de evidência) desde que a tese pontuada no mandamus esteja sufragada ou no STJ ou no STF. 2. A Lei do mandado de Segurança que é de 2009, explicita a possibilidade de aplicação subsidiária do CPC, sobretudo, quando a sua disposição geral não é afrontosa do seu microssistema 5. Agravo de instrumento provido, em parte. (TRF 4ª R.; AG 5000939-47.2017.404.0000; Segunda Turma; Rel. Juiz Fed. Roberto Fernandes Júnior; Julg. 04/04/2017; DEJF 06/04/2017)

I – ficar caracterizado o abuso do direito de defesa ou o manifesto propósito protelatório da parte;

→ *v.* Enunciado 47 do CJF: A probabilidade do direito constitui requisito para concessão da tutela da evidência fundada em abuso do direito de defesa ou em manifesto propósito protelatório da parte contrária.

→ *v.* Enunciado 34 do FPPC: Considera-se abusiva a defesa da Administração Pública, sempre que contrariar entendimento coincidente com orientação vinculante firmada no âmbito administrativo do próprio ente público, consolidada em manifestação, parecer ou súmula administrativa, salvo se demonstrar a existência de distinção ou da necessidade de superação do entendimento.

Interposição de recurso após o reconhecimento da procedência do pedido caracteriza abuso do direito de defesa, apto a ensejar a tutela de evidência:

✓ PREVIDENCIÁRIO. AUXÍLIO-DOENÇA E APOSENTADORIA POR INVALIDEZ. CARÊNCIA. NÃO COMPROVAÇÃO. AUSÊNCIA DOS REQUISITOS. SENTENÇA DE PROCEDÊNCIA TOTALMENTE REFORMADA. APELAÇÃO DO INSS NÃO CONHECIDA. REMESSA OFICIAL PARCIALMENTE PROVIDA. LITIGÂNCIA DE MÁ-FÉ CARACTERIZADA. CONDENAÇÃO DO INSS. CONCESSÃO DE TUTELA DE EVIDÊNCIA EM FAVOR DO AUTOR (ART. 311, I, NCPC). 1. Trata-se de remessa necessária e de recurso de apelação interposto pelo INSS contra sentença que julgou procedente o pedido inicial para condenar o INSS ao pagamento, em favor do autor, do benefício de aposentadoria por invalidez, desde a data do requerimento administrativo. Em suas razões de apelo, o INSS sustenta que o juízo a quo deixou de verificar se o autor ostentava qualidade de segurado do RGPS ou se possuía carência, afirmando que o conjunto probatório dos autos não comprova o atendimento aos requisitos legais para a concessão de benefício por incapacidade, na condição de segurado especial. Na eventualidade, requer a fixação da DIB na data da juntada aos autos do laudo pericial, bem como a fixação de data limite para a realização de nova perícia médica. Pugna, outrossim, pela redução dos honorários advocatícios para 5% do valor da condenação, observada a Súmula n. 111 do STJ. 2. (...) 7. Todavia, considerando que o autor desistiu da prova apenas porque o INSS reconheceu o pedido autoral, entendo que não pode o feito ser julgado improcedente sem que seja dada oportunidade à parte de produzir as provas que lhe interesse, sob pena de violação aos princípios do contraditório e da ampla defesa e de afronta à legítima expectativa depositada na procedência do pedido. 8. Ante o exposto, voto no sentido de NÃO CONHECER da apelação do INSS e DAR PARCIAL PROVIMENTO à remessa oficial, para ANULAR A SENTENÇA, e determinar o retorno dos autos à origem, para a retomada da instrução processual, devendo ser oportunizada às partes a possibilidade de produção de prova testemunhal, ficando condenado o INSS ao pagamento de multa por litigância de má-fé, em 1% sobre o valor da causa, nos termos do art. 18 do CPC/73. 9. Considerando a comprovação inequívoca da incapacidade do autor, conforme laudo pericial de fls. 90/92, e a verossimilhança das alegações no tocante à qualidade de segurado, reforçada pelos documentos de fls. 10/34, e restando caracterizado, ainda, o abuso do direito de defesa por parte do INSS, que interpôs apelação após ter reconhecido a procedência do pedido, dever ser concedida à parte autora, com fulcro no art. 311, I, do NCPC, a tutela de evidência, a fim de determinar ao INSS que implante, no prazo de 30 dias a contar da intimação da presente decisão, o benefício de aposentadoria por invalidez em favor do autor, até ulterior decisão a ser proferida pelo Juízo a quo. (TRF 1ª R.; Ap -RN 0062061-28.2010.4.01.9199; Primeira Câmara Regional Previdenciária de Juiz de Fora; Relª Juíza Fed. Conv. Silvia Elena Petry Wieser; DJF1 17/05/2017)

Oferecimento abusivo de reconvenção caracteriza abuso do direito de defesa e pode acarretar a concessão de tutela de evidência:

✓ APELAÇÃO CÍVEL. PROMESSA DE COMPRA E VENDA. PRETENSÃO DE RESCISÃO. ÁREA SITUADA EM TODO MAIOR. RECONVENÇÃO. PRETENSÃO DE COMPELIR OS PROMITENTES-VENDEDORES À REALIZAÇÃO DO DESMEMBRAMENTO DO IMÓVEL E TRANSFERÊNCIA DE PROPRIEDADE. VERIFICAÇÃO DO DESCUMPRIMENTO DAS OBRIGAÇÕES ASSUMIDAS PELO PROMITENTE-COMPRADOR. AUSÊNCIA DE PAGAMENTO DO VALOR ACORDADO, CONSISTENTE NO RECOLHIMENTO DE TRIBUTOS INCIDENTES SOBRE O TODO MAIOR. LITIGÂNCIA DE MÁ-FÉ MANTIDA. TUTELA DE EVIDÊNCIA CONFIRMADA. I. Tratando-se de promessa de compra e venda de terreno inserido em todo maior, o descumprimento, pelo promitente-comprador, da obrigação de pagar o valor avençado, consistente no recolhimento dos tributos incidentes sobre todo o imóvel, gera ao promitente-vendedor o direito à rescisão do contrato por inadimplemento, bem como o pagamento das perdas e danos, a serem apuradas em liquidação. Corolário lógico é o descabimento do pedido deduzido em reconvenção, por meio da qual o promitente-vendedor pretendia compelir a parte adversa a realizar o desmembramento do imóvel e transferir a propriedade do bem. II. Evidenciado que o réu se valeu da reconvenção para o fim de obter vantagem indevida, cabível sua condenação por litigância de má-fé, na forma do art. 80, incisos III e VI, do código de processo civil. III. Cabível a concessão da tutela de evidência no caso em exame, haja vista o abuso do direito de defesa por parte do demandado, que se mantém na posse do bem por cerca de nove anos de maneira absolutamente ilegítima. Recurso desprovido à unanimidade. (TJRS; AC 0316990-27.2016.8.21.7000; Santana do Livramento; Décima Sétima Câmara Cível; Relª Desª Liege Puricelli Pires; Julg. 15/12/2016; DJERS 31/01/2017)

II – as alegações de fato puderem ser comprovadas apenas documentalmente e houver tese firmada em julgamento de casos repetitivos ou em súmula vinculante;

→ *v.* Art. 1.032 e ss. do NCPC.

→ *v.* Lei 11.417/2006 – Dispõe sobre a edição, a revisão e o cancelamento de enunciado de súmula vinculante pelo Supremo Tribunal Federal, e dá outras providências.

→ *v.* Enunciado 48 do CJF: É admissível a tutela provisória da evidência, prevista no art. 311, II, do CPC, também em casos de tese firmada em repercussão geral ou em súmulas dos tribunais superiores.

→ *v.* Enunciado 30 da ENFAM: É possível a concessão da tutela de evidência prevista no art. 311, II, do CPC/2015 quando a pretensão autoral estiver de acordo com orientação firmada pelo Supremo Tribunal Federal em sede de controle abstrato de constitucionalidade ou com tese prevista em súmula dos tribunais, independentemente de caráter vinculante.

→ *v.* Enunciado 31 da ENFAM: A concessão da tutela de evidência prevista no art. 311, II, do CPC/2015 independe do trânsito em julgado da decisão paradigma.

Concedendo a tutela de evidência com base em precedente extraído de recurso extraordinário com repercussão geral reconhecida:

✓ AGRAVO DE INSTRUMENTO. MANDADO DE SEGURANÇA. TUTELA PROVISÓRIA. TRIBUTÁRIO. PIS E COFINS. BASE DE CÁLCULO. NÃO INCLUSÃO DO ICMS. PRECEDENTE DO STF EM REPERCUSSÃO GERAL. 1. Cuida-se em essência de agravo de instrumento interposto para reformar decisão sobre pedido de tutela provisória. 2. A tutela de evidência é a tutela provisória concedida sem a exigência da comprovação de dano grave ou de difícil reparação, ou seja, apenas pelo fato de estar evidente o direito postulado, o que significa dizer que a defesa da parte contrária será, de todo modo, inconsistente. 3. Considerando que não se trata de singular entendimento jurisprudencial, mas, sim, de movimentação do Judiciário no sentido da uniformização da jurisprudência, mediante requisitos legais e determinado procedimento, ensejando precedente obrigatório aos demais Tribunais (arts. 926 e 927 do CPC), impende seja concedida a tutela de evidência, conforme acertadamente fez a decisão agravada. 4. A questão controvertida nos autos diz respeito à inclusão do ICMS na base de cálculo do PIS e da COFINS. 5. A matéria já foi amplamente debatida nessa Corte Regional, tanto no âmbito da 4ª Turma Especializada quanto na 2ª Seção Especializada, que, inclusive, decidiu incidente de uniformização de jurisprudência nº 0010664-86.2007.4.02.5001, firmando a tese de que deveria prevalecer o entendimento consolidado no âmbito do STJ, segundo o qual, o ICMS integra a base de cálculo do PIS e da COFINS. 6. Diante disso, e somado ao fato de o Superior Tribunal de Justiça também ter firmado entendimento nesse sentido, em acórdão publicado em 02.12.2016, sob a sistemática dos recursos repetitivos (Tema 313), vinha proferindo decisões adotando a jurisprudência desta Corte, bem como o entendimento vinculante do Tribunal da Cidadania, no sentido de que a parcela relativa ao ICMS compõe a base de cálculo do PIS e da COFINS. 7. Não obstante, o Plenário do Supremo Tribunal Federal, em 15 de março de 2017, por maioria de votos decidiu no julgamento do RE 574.706 que o Imposto Sobre Circulação de Mercadorias e Serviços (ICMS) não integra a base de cálculo das contribuições para o Programa Integração Social (PIS) e a Contribuição para o Financiamento da Seguridade Social (COFINS), em julgamento proferido em Repercussão Geral, de modo que se faz necessário se alinhar ao novel entendimento do Excelso Pretório, sobretudo pelo fato de ter sido exarado em julgamento representativo de controvérsia, de observância obrigatória, portanto. 8. Não há qualquer distinção nos autos que admita o afastamento do entendimento proferido pela Suprema Corte que, em sua função típica, reconheceu a inconstitucionalidade da inclusão do ICMS na base de cálculo do PIS e da COFINS, ao fundamento de que a arrecadação do ICMS não se enquadra entre as fontes de financiamento da seguridade social previstas nas Constituição, pois não representa faturamento ou receita, representando apenas ingresso de caixa ou trânsito contábil a ser totalmente repassado ao fisco estadual. 9. Agravo de instrumento improvido. (TRF 2ª R.; AI 0008584-68.2017.4.02.0000; Quarta Turma Especializada; Rel. Des. Fed. Luiz Antonio Soares; DEJF 10/10/2017)

III – se tratar de pedido reipersecutório fundado em prova documental adequada do contrato de depósito, caso em que será decretada a ordem de entrega do objeto custodiado, sob cominação de multa;

→ v. Enunciado 29 da ENFAM: Para a concessão da tutela de evidência prevista no art. 311, III, do CPC/2015, o pedido reipersecutório deve ser fundado em prova documental do contrato de depósito e também da mora.

IV – a petição inicial for instruída com prova documental suficiente dos fatos constitutivos do direito do autor, a que o réu não oponha prova capaz de gerar dúvida razoável.

Concessão de tutela de evidência para determinar exclusão de negativação decorrente de conta não movimentada há anos pela autora:

✓ AGRAVO DE INSTRUMENTO. NEGÓCIOS JURÍDICOS BANCÁRIOS. AÇÃO DE INDENIZAÇÃO. TUTELA DE EVIDÊNCIA INDEFERIDA. AUSÊNCIA DE MOVIMENTAÇÃO. INCIDÊNCIA DE TAXAS E ENCARGOS CORRESPONDENTES. INSCRIÇÃO DO NOME DA CORRENTISTA NOS CADASTROS DE INADIMPLENTES. PRESENÇA DOS REQUISITOS DO ARTIGO 311 DO CÓDIGO DE PROCESSO CIVIL. DECISÃO AGRAVADA REFORMADA. I. Nos termos do previsto no artigo 311 do código de processo civil a tutela da evidência será concedida, independentemente da demonstração de perigo de dano ou de risco ao resultado útil do processo, quando: I – Ficar caracterizado o abuso do direito de defesa ou o manifesto propósito protelatório da parte; II – As alegações de fato puderem ser comprovadas apenas documentalmente e houver tese firmada em julgamento de casos repetitivos ou em Súmula vinculante; III – Se tratar de pedido reipersecutório fundado em prova documental adequada do contrato de depósito, caso em que será decretada a ordem de entrega do objeto custodiado, sob cominação de multa; IV – A petição inicial for instruída com prova documental suficiente dos fatos constitutivos do direito do autor, a que o réu não oponha prova capaz de gerar dúvida razoável. Parágrafo único. Nas hipóteses dos incisos II e III, o juiz poderá decidir liminarmente. II. No caso, comprovado que desde 2011 a conta não foi movimentada pela autora, vai reformada a decisão agravada para deferir a tutela de evidência e determinar a exclusão do nome da correntista dos cadastros restritivos de crédito por dívida oriunda de taxa de manutenção de conta corrente, porquanto evidente o encerramento tácito. Agravo de instrumento provido. Unânime. (TJRS; AI 0073331-15.2017.8.21.7000; São Leopoldo; Décima Sétima Câmara Cível; Relª Desª Liege Puricelli Pires; Julg. 29/06/2017; DJERS 11/07/2017)

Oferta de composição extrajudicial não autoriza, por si só, a concessão de tutela de evidência:

✓ DIREITO PROCESSUAL CIVIL. AGRAVO DE INSTRUMENTO. TUTELA DE EVIDÊNCIA FUNDADA NO INCISO IV DO ARTIGO 311 DO CPC. DEFERIMENTO LIMINAR PELO MAGISTRADO. IMPOSSIBILIDADE. HIPÓTESE QUE RECLAMA FORMAÇÃO MÍNIMA DE CONTRADITÓRIO. INDEFERIMENTO DA MEDIDA POR FALTA DE APARÊNCIA DO DIREITO. ANÁLISE À LUZ DOS REQUISITOS DA TUTELA DE URGÊNCIA. REQUISITO COMUM A AMBAS. INDEFERIMENTO QUE SE IMPORIA POR QUALQUER FORMA. OFERTA DE ACORDO EXTRAJUDICIAL PELO RÉU. CIRCUNSTÂNCIA QUE NÃO IMPÕE À CONFISSÃO QUANTO AOS FATOS QUE SERÃO OBJETO DO CONTRADITÓRIO. DECISÃO MANTIDA. 1. Sob a regência do CPC/15, as disposições pertinentes à tutela antecipada do extinto artigo 273 foram remanejadas para Título II do Código atual, onde é disciplinado o gênero tutela de urgência. Referidas tutelas provisórias podem fundar-se em urgência ou em evidência, na forma descrita pelo artigo 294 do novo Código, sendo que a primeira, por sua vez, poderá ser das espécies 'antecipada' ou 'cautelar'. 2. O artigo 311 do CPC estatui os requisitos e hipóteses onde a tutela provisória poderá ser deferida à luz da evidência da pretensão. 3. Hipótese em que o pedido de concessão de tutela de evidência da agravante ao que tudo indica estaria amparado no inciso IV do referido dispositivo, onde o juiz não está autorizado a decidir liminarmente (§ único) demandando mínima formação do contraditório para que possa assim fazê-lo. 4. Até a tutela de evidência somente dispensa o requisito demonstração de perigo de dano ou de risco ao resultado útil do processo, mas imprescinde de convencimento quanto juridicidade da pretensão vertida em juízo. Concluindo o juiz pela ausência deste (a), desimportante tenha analisado o pedido sob a ótica dos requisitos da tutela urgência, vez que tal pressuposto é comum a ambas as espécies de tutela provisória. 5. Acrescenta-se que não se pode afirmar que a mera oferta de composição extrajudicial do litígio possa equivaler a "prova documental suficiente dos fatos constitutivos do direito do autor, a que o réu não oponha prova capaz de gerar dúvida razoável". De uma porque se trata de mera liberalidade ofertada ainda no campo das concessões recíprocas de direito privado disponível dos litigantes, não representando confissão quanto aos fatos articulados na inicial. (TJMG; AI 1.0153.16.008925-3/001; Rel. Des. Otávio Portes; Julg. 26/07/2017; DJEMG 04/08/2017)

Parágrafo único. Nas hipóteses dos incisos II e III, o juiz poderá decidir liminarmente.

Considerando que, se houver controvérsia sobre as alegações de fato, a tutela de evidência não deve ser concedida liminarmente:

✓ AGRAVO DE INSTRUMENTO. PROMESSA DE COMPRA E VENDA. AÇÃO DECLARATÓRIA DE RESOLUÇÃO CONTRATUAL CUMULADA COM RESSARCIMENTO DE DANOS MATERIAIS. TUTELA DE EVIDÊNCIA INDEFERIDA. AUSÊNCIA DOS REQUISITOS DO ARTIGO 311 DO CÓDIGO DE PROCESSO CIVIL. DIVERGÊNCIA ENTRE OS VALORES EFETIVAMENTE PAGOS. NECESSIDADE DE INSTAURAÇÃO DO CONTRADITÓRIO. DECISÃO AGRAVADA MANTIDA. NOS TERMOS DO PREVISTO NO ARTIGO 311 DO CÓDIGO DE PROCESSO CIVIL A TUTELA DA EVIDÊNCIA SERÁ CONCEDIDA, INDEPENDENTEMENTE DA DEMONSTRAÇÃO DE PERIGO DE DANO OU DE RISCO AO RESULTADO ÚTIL DO PROCESSO, QUANDO. I – Ficar caracterizado o abuso do direito de defesa ou o manifesto propósito protelatório da parte; II – As alegações de fato puderem ser comprovadas apenas documentalmente e houver tese firmada em julgamento de casos repetitivos ou em Súmula vinculante; III – Se tratar de pedido reipersecutório fundado em prova documental adequada do contrato de depósito, caso em que será decretada a ordem de entrega do objeto custodiado, sob cominação de multa; IV – A petição inicial for instruída com prova documental suficiente dos fatos constitutivos do direito do autor, a que o réu não oponha prova capaz de gerar dúvida razoável. Parágrafo único. Nas hipóteses dos incisos II e III, o juiz poderá decidir liminarmente. No caso, embora comprovada a existência de Súmula vinculante, há divergência entre os valores tidos como pagos pelos agravantes e àqueles constantes das planilhas confeccionadas pelas construtoras, razão pela qual deixo de conceder, sem instauração do contraditório, a tutela de evidência requerida ante a ausência dos seus requisitos. Agravo de instrumento desprovido, com base no artigo 932, IV e VIII, do código de processo civil e artigo 169, XXXIX, do regimento interno desta corte. (TJRS; AI 0431431-21.2016.8.21.7000; Porto Alegre; Décima Sétima Câmara Cível; Relª Desª Liege Puricelli Pires; Julg. 25/04/2017; DJERS 09/05/2017)

LIVRO VI
DA FORMAÇÃO, DA SUSPENSÃO E DA EXTINÇÃO DO PROCESSO

TÍTULO I
Da Formação do Processo

Art. 312. Considera-se proposta a ação quando a petição inicial for protocolada, todavia, a propositura da ação só produz quanto ao réu os efeitos mencionados no art. 240 depois que for validamente citado.

→ v. Súmula 309 do STJ.

→ v. Enunciado 117 do FPPC: Em caso de desmembramento do litisconsórcio multitudinário ativo, os efeitos mencionados no art. 240 são considerados produzidos desde o protocolo originário da petição inicial.

TÍTULO II
Da Suspensão do Processo

Art. 313. Suspende-se o processo:

I – pela morte ou pela perda da capacidade processual de qualquer das partes, de seu representante legal ou de seu procurador;

→ v. Art. 687 do NCPC.

Nulidade dos atos processuais praticados após o falecimento da parte:

✓ DIANTE DO FALECIMENTO DE UMA DAS PARTES, O PROCESSO DEVE SER SUSPENSO, NOS TERMOS DO 313, I, DO NOVO CÓDIGO DE PROCESSO CIVIL, PARA A HABILITAÇÃO DOS HERDEIROS OU SUCESSORES ATRAVÉS DE PROCESSO INCIDENTAL, CONFORME DISPÕE OS ARTIGOS 687 E SEGUINTES, DA LEGISLAÇÃO INSTRUMENTAL. 2. A orientação jurisprudencial do C. Superior Tribunal de Justiça é no sentido de que a suspensão do processo ocorre imediatamente ao falecimento da parte, ainda que a informação do fato ao juízo da causa ocorra posteriormente, ante a eficácia declaratória do ato de suspensão do processo. Precedentes do C. STJ e deste E. TJRJ. 3. Vedação à prática de qualquer ato processual durante a suspensão do feito, salvo os atos urgentes a fim de evitar dano irreparável, nos termos do artigo 314 do NCPC. 4. Ausência de capacidade postulatória da parte diante da extinção do mandato por ocasião de seu óbito, de forma que o indigitado patrono não tem poderes para apelar ou contra-arrazoar. 5. Declaração, de ofício, da nulidade dos atos processuais praticados após o óbito do autor/apelado, cujo juízo quanto à eventual convalidação dos atos decisórios deverá ser exercido pelo juízo a quo. 6. Anulação da R. Sentença. Suspensão do processo, para que seja ultimada a habilitação para a sucessão processual do autor falecido. 7. Apelação prejudicada. (TJRJ; APL 0000502-88.2003.8.19.0046; Rio Bonito; Décima Quinta Câmara Cível; Rel. Des. Gilberto Clovis Farias Matos; Julg. 18/07/2017; DORJ 20/07/2017; Pág. 367). V. tb.: PROCESSO CIVIL. CUMPRIMENTO DE SENTENÇA. LOCAÇÃO. NOTÍCIA DO FALECIMENTO DO COEXECUTADO. FATO QUE DETERMINA A SUSPENSÃO DO PROCESSO PARA POSSIBILITAR A REGULARIZAÇÃO RESPECTIVA. NULIDADE DOS ATOS PRATICADOS NESSE PERÍODO RECONHECIDA DE OFÍCIO. RECURSO PREJUDICADO. A morte constitui um fato jurídico processual que determina, de pronto, a suspensão do processo, tornando defesa a prática de quaisquer atos processuais (artigo 313, I, do CPC). Assim, impõe-se declarar a nulidade do processo a partir da verificação do óbito, de modo a possibilitar a sucessão processual. (TJSP; AI 2189539-58.2017.8.26.0000; Ac. 10981559; Porto Feliz; Trigésima Primeira Câmara de Direito Privado; Rel. Des. Antonio Rigolin; Julg. 16/11/2017; DJESP 22/11/2017; Pág. 2513)

Se não houve prejuízo, não se desfaz ato processual praticado após o falecimento da parte:

✓ EMBARGOS DE DECLARAÇÃO NO AGRAVO REGIMENTAL NO AGRAVO EM RECURSO ESPECIAL. INEXISTÊNCIA DOS REQUISITOS DO ART. 1.022 E INCISOS DO CPC DE 2015. EMBARGOS DE DECLARAÇÃO REJEITADOS. 1. Depreende-se do artigo 1.022, e seus incisos, do novo código de processo civil que os embargos de declaração são cabíveis quando constar, na decisão recorrida, obscuridade, contradição, omissão em ponto sobre o qual deveria ter se pronunciado o julgador, ou até mesmo as condutas descritas no artigo 489, parágrafo 1º, que configurariam a carência de fundamentação válida. Não se prestam os aclaratórios ao simples reexame de questões já analisadas, com o intuito de meramente dar efeito modificativo ao recurso. 2. No caso dos autos não ocorre nenhuma das hipóteses previstas no artigo 1.022 do novo CPC, pois o acórdão embargado apreciou as teses relevantes para o deslinde do caso e fundamentou sua conclusão. 3. O entendimento jurisprudencial deste Superior Tribunal de justiça prevê que em observância ao princípio da instrumentalidade das formas os atos judiciais não devem ser anulados, salvo quando comprovado o prejuízo. A eventual falta de observância da regra prevista no art. 265, I, do CPC de 1973 (art. 313, I do nCPC) que determina a suspensão do processo com a morte de qualquer das partes, enseja apenas nulidade relativa, sendo válidos os atos praticados, desde que não haja prejuízo para os interessados. Na presente hipótese, não vislumbro a ocorrência de prejuízo às partes e muito menos o embargante demonstrou a existência de dano. Precedentes. 4. Embargos de declaração rejeitados. (STJ; EDcl-AgRg-AREsp 823.796; Proc. 2015/0307111-1; PR; Quarta Turma; Rel. Min. Luis Felipe Salomão; DJE 24/06/2016). V. tb.: PROCESSUAL CIVIL. SUSPENSÃO DO PROCESSO. COMUNICAÇÃO DE FALECIMENTO APÓS PUBLICAÇÃO DO ACÓRDÃO IMPUGNADO POR MEIO DE EMBARGOS DE DECLARAÇÃO. OMISSÃO, CONTRADIÇÃO OU OBSCURIDADE. NÃO CONFIGURAÇÃO. NÃO CABIMENTO. PRECEDENTES. ADMINISTRATIVO. RESPONSABILIDADE CIVIL. APELAÇÕES CÍVEIS E REMESSA NECESSÁRIA. INDENIZAÇÃO POR DANOS MORAIS E MATERIAIS. NAUFRÁGIO DA EMBARCAÇÃO BATEAU MOUCHE COM O ÓBITO DE 55 PASSAGEIROS. DESCONSIDERAÇÃO DA PERSONALIDADE JURÍDICA. CARACTERIZADA A RESPONSABILIDADE SOLIDÁRIA DOS DEMANDA-

DOS. VERIFICADA A CONDUTA NEGLIGENTE DA UNIÃO NO DEVER DE FISCALIZAÇÃO. NEXO CAUSAL CONFIGURADO. CORREÇÃO MONETÁRIA. JUROS DE MORA. HONORÁRIOS ADVOCATÍCIOS. 1. A suspensão do processo em razão de falecimento de qualquer das partes tem por objetivo garantir a observância do princípio do devido processo legal. Assim sendo, inexistindo violação a esse direito, os atos processuais praticados no processo devem ser considerados válidos e eficazes. 2. A jurisprudência do E. STJ tem se orientado no sentido de que a falta de suspensão do processo a partir da morte da parte só pode ocasionar nulidade dos atos processuais se demonstrada a existência de prejuízo para a parte interessada. Precedente: STJ, EDcl no AgRg no AREsp 823.796, Rel. Min. LUIS FELIPE SALOMÃO, DJE 24.6.2016. 3. Considerando que os embargos de declaração tem por finalidade esclarecer, completar e aperfeiçoar as decisões judiciais, prestando-se apenas a corrigir eventuais distorções do ato judicial que podem comprometer sua utilidade e que eventual não provimento desse recurso, por consequência, apenas mantém a decisão impugnada e, ainda, que na forma do disposto na letra "b" do §1º do art. 265 do CPC/73, em vigor à época em que opostos os embargos de declaração, a suspensão do processo ocorre a partir da publicação do acórdão, não se vislumbra qualquer impedimento para que sejam os embargos de declaração julgados, mesmo existindo pedido de suspensão do processo em razão de falecimento de dois réus, fato comunicado após a publicação do acórdão impugnado. Contudo, a partir da publicação do acórdão dos presentes embargos de declaração, deve o feito ser suspenso. 4. (...). 7. Embargos de declaração não providos. Suspensão do processo, a partir da publicação do presente acórdão, por 3 meses, para que os demandantes, nos termos do art. 313, §2º, I, do CPC/2015, promovam a sucessão dos réus falecidos. (TRF 2ª R.; EDcl-Ap-RN 0028586-93.1991.4.02.5101; Quinta Turma Especializada; Rel. Des. Fed. Ricardo Perlingeiro; Julg. 24/01/2017; DEJF 28/03/2017). No mesmo sentido, STJ, AgInt na PET no AREsp 713.560/RN, Rel. Ministro MOURA RIBEIRO, TERCEIRA TURMA, julgado em 17/10/2017, DJe 30/10/2017.

Considerando que, se o óbito ocorreu antes da citação do executado, descabe redirecionar o feito em face dos sucessores:

✓ EXECUÇÃO FISCAL. TRIBUTÁRIO. EMBARGOS DE DECLARAÇÃO EM APELAÇÃO CÍVEL. EXECUTADO FALECIDO APÓS O AJUIZAMENTO DA DEMANDA E ANTERIORMENTE À EFETIVAÇÃO DA CITAÇÃO VÁLIDA. IMPOSSIBILIDADE DE REDIRECIONAMENTO. PRECEDENTE. RECURSO DESPROVIDO. 1. Trata-se de embargos de declaração, opostos pela UNIÃO/FAZENDA NACIONAL, com fundamento no artigo 1022, inciso I e III, do Novo Código de Processo Civil, objetivando suprir omissão que entende existente no acórdão às fls. 58/59. 2. Na hipótese, a ação foi ajuizada em 20/10/2004. Observe-se que, efetuada a consulta à RFB, veio a informação, à fl. 33, que o executado falecera em 2015, portanto, em data posterior ao ajuizamento da ação (20/10/2004). 3. Em que pese o fato de a demanda ter sido ajuizada em data anterior ao falecimento do devedor, quando de seu falecimento, a citação ainda não havia se positivado. Como cediço, o STJ assentou o entendimento no sentido de que, falecido o executado antes da citação válida, não se admite o redirecionamento do feito executivo contra o espólio. 4. É sabido que, via de regra, nos casos em que ocorre o óbito do executado no curso da demanda executiva, responde pelo crédito tributário o seu espólio. até a conclusão do inventário., ao qual, ainda que não tenha personalidade jurídica, a Lei atribui capacidade para ser parte no processo, sendo representado em juízo, ativa e passivamente, pelo inventariante (NCPC, art. 75, VII). E, também, os seus herdeiros e/ou sucessores. estes últimos na hipótese de não ter havido ainda a partilha., sendo perfeitamente cabível o redirecionamento da execução em face deles. 5. Entretanto, a hipótese de suspensão do processo prevista no art. 313, I, do NCPC/1973 pressupõe relação jurídica validamente instaurada, através da citação da parte, o que, no caso presente, não ocorreu. Percebe-se que o óbito se deu antes da efetiva citação do executado, motivo pelo qual se torna impossível o redirecionamento do feito aos sucessores. 6. Nesse sentido, diante da impossibilidade de se redirecionar a demanda, permanece a ilegitimidade de parte. 7. Embargos de declaração desprovidos. (TRF 2ª R.; AC 0531010-94.2004.4.02.5101; Quarta Turma Especializada; Rel. Des. Fed. Luiz Antonio Soares; Julg. 15/08/2017; DEJF 31/08/2017)

II – pela convenção das partes;

→ *v.* Enunciado 21 da I Jornada de Prevenção e Solução Extrajudicial de Litígios: É facultado ao magistrado, em colaboração com as partes, suspender o processo judicial enquanto é realizada a mediação, conforme o art. 313, II, do Código de Processo Civil, salvo se houver previsão contratual de cláusula de mediação com termo ou condição, situação em que o processo deverá permanecer suspenso pelo prazo previamente acordado ou até o implemento da condição, nos termos do art. 23 da Lei n.13.140/2015.

→ *v.* Enunciado 580 do FPPC: É admissível o negócio processual estabelecendo que a alegação de existência de convenção de arbitragem será feita por simples petição, com a interrupção ou suspensão do prazo para contestação.

Celebração de acordo extrajudicial antes da citação do réu não implica suspensão do processo, mas sim extinção sem resolução de mérito:

✓ PROCESSO CIVIL. BUSCA E APREENSÃO. ACORDO CELEBRADO ANTES DA CITAÇÃO. PEDIDO DE SUSPENSÃO. EXTINÇÃO DA PRETENSÃO SEM ANÁLISE DO MÉRITO. AUSÊNCIA DE INTERESSE DE AGIR. SÚMULA Nº 240 DO STJ. INAPLICÁVEL. SENTENÇA MANTIDA. 1. A celebração de acordo extrajudicial de composição da dívida antes da citação do executado não impõe a suspensão do processo nos termos do art. 313, II do NCPC, pois a relação jurídica não se aperfeiçoou, caracterizando assim, a falta de interesse processual. 2. Para a Teoria Geral do Processo, este somente tem existência a partir da angularização da relação jurídica processual na sua estrutura tríplice (autor/juiz-Estado/réu) por meio da citação válida. Daí porque, sem olvidar do conceito abstrato que o processo traz em si mesmo, descabe extinguir ou suspender o que ainda não existe no mundo jurídico-processual, razão pela qual a pretensão deduzida será indeferida pelo juiz por meio da sentença que apenas põe termo prematuro à pretensão. 3. Cuidando-se de processo em que não se aperfeiçoou a relação, inaplicável o enunciado sumular 240 do STJ. 4. Recurso conhecido e desprovido. (TJDF; APC 2016.01.1.117001-0; Ac. 106.2761; Sexta Turma Cível; Rel. Des. Carlos Rodrigues; Julg. 18/10/2017; DJDFTE 29/11/2017)

Não pode o juiz extinguir o processo se as partes convencionaram sua suspensão no acordo até o cumprimento das obrigações:

✓ APELAÇÃO CÍVEL. AÇÃO DE BUSCA E APREENSÃO. CÉDULA DE CRÉDITO BANCÁRIO. FINANCIAMENTO DE VEÍCULO. LITIGANTES QUE INFORMARAM AO JUÍZO SINGULAR A REALIZAÇÃO DE COMPOSIÇÃO. SENTENÇA QUE HOMOLOGOU O ACORDO FIRMADO E, EM CONSEQUÊNCIA, EXTINGUIU O FEITO, NOS TERMOS DO ART. 487, III, "B", DO CPC/2015. INSURGÊNCIA DA INSTITUIÇÃO FINANCEIRA DEMANDANTE. ALEGAÇÃO DE NECESSIDADE DE SOBRESTAMENTO DO FEITO ATÉ O CUMPRIMENTO INTEGRAL DOS TERMOS DO ACORDO, ANTES DE DECRETAR A EXTINÇÃO DA ACTIO. TESE ACOLHIDA. HIPÓTESE EM QUE A COMPOSIÇÃO REALIZADA ENTRE AS PARTES PREVÊ O PAGAMENTO PARCELADO DA DÍVIDA E A SUSPENSÃO DO FEITO ATÉ O CUMPRIMENTO DA OBRIGAÇÃO. DEFERIMENTO DA SUSPENSÃO DA DEMANDA ATÉ A SATISFAÇÃO INTEGRAL DO ACORDO. EXEGESE DO ART. 313, II, DO CPC/2015. PRECEDENTES DESTA CORTE. SENTENÇA CASSADA. RECURSO CONHECIDO E PROVIDO. O requerimento, em petição conjunta, de suspensão do processo até o cumprimento do acordo celebrado entre as partes, não faculta ao juiz a extinção do feito, mas enseja a suspensão [...]" (STJ, RESP 332.230/RO, Relator: Min. Sálvio de Figueiredo Teixeira, 4ª Turma, j. 27/11/2001) (Apelação Cível n. 0301153-72.2016.8.24.0007, de Biguaçu, Rel. Des. Paulo Ricardo Bruschi, j. 11-5-2017). (TJSC; AC 0300707-71.2017.8.24.0092; Florianópolis; Segunda Câmara de Direito Comercial; Relª Desª Rejane Andersen; DJSC 28/11/2017; Pag. 200)

Possibilidade de suspensão de ação coletiva, tendo em vista a probabilidade de celebração de termo de ajustamento de conduta:

✓ AGRAVO DE INSTRUMENTO. ADMINISTRATIVO. AÇÃO CIVIL PÚBLICA. ECT. POLÍTICAS PÚBLICAS. ACESSIBILIDADE E MOBILIDADE. ADAPTAÇÃO DE AGÊNCIAS. ANTECIPAÇÃO DE TUTELA. REQUISITOS. NÃO PREENCHIMENTO. SUSPENSÃO DO PROCESSO. MANUTENÇÃO. 1. Ainda que a probabilidade de celebração de termo de ajustamento de conduta não esteja prevista nas hipóteses do art. 313 do Código de Processo Civil, os elementos presentes nos autos indicam que a medida adotada pelo Magistrado a quo, consistente na suspensão do processo pelo prazo de 60 dias, converge para a viabilização de uma solução eficiente da lide, tendo em vista a efetiva probabilidade de conciliação entre as partes e a inexistência de qualquer prejuízo grave e de difícil reparação. 2. Segundo o conjunto probatório acostado ao processo, os prédios objeto da lide encontram-se na situação contestada pelo autor ao menos desde o ano de 2013, sem que este tenha buscado, anteriormente, a tutela do direito alegado na via judicial ou administrativa. 3. Considerando-se que a parte recorrente não logrou trazer aos autos qualquer elemento capaz de demonstrar de forma inequívoca a existência do perigo da demora e da verossimilhança do direito alegado e, havendo a necessidade de um exame minudente da causa, à luz do contraditório e da ampla defesa, durante o curso do devido processo legal, deve ser mantida a decisão que indeferiu o pedido liminar. (TRF 4ª R.; AG 5044945-76.2016.404.0000; Terceira Turma; Rel. Des. Fed. Fernando Quadros da Silva; Julg. 25/04/2017; DEJF 27/04/2017)

III – pela arguição de impedimento ou de suspeição;

→ *v.* Arts. 144 e 145 do NCPC.

IV – pela admissão de incidente de resolução de demandas repetitivas;

→ *v.* Art. 976 do NCPC.

→ *v.* Enunciado 92 do FPPC: A suspensão de processos prevista neste dispositivo é consequência da admissão do incidente de resolução de demandas repetitivas e não depende da demonstração dos requisitos para a tutela de urgência.

→ *v.* Enunciado 93 do FPPC: Admitido o incidente de resolução de demandas repetitivas, também devem ficar suspensos os processos que versem sobre a mesma questão objeto do incidente e que tramitem perante os juizados especiais no mesmo estado ou região.

V – quando a sentença de mérito:

→ *v.* Art. 487 do NCPC.

a) depender do julgamento de outra causa ou da declaração de existência ou de inexistência de relação jurídica que constitua o objeto principal de outro processo pendente;

Determinando a suspensão do leilão em execução trabalhista para aguardar o resultado de ação de usucapião na justiça comum:

✓ CONFLITO POSITIVO DE COMPETÊNCIA. EXECUÇÃO TRABALHISTA. DESIGNAÇÃO DE LEILÃO PARA VENDA DE IMÓVEL QUE É OBJETO DE AÇÃO DE USUCAPIÃO PROPOSTA POR TERCEIROS EM DESFAVOR DA EMPRESA QUE INTEGRA O POLO PASSIVO NA DEMANDA PERANTE A JUSTIÇA DO TRABALHO. PREJUDICIALIDADE HETEROGÊNEA. COMPETÊNCIA DOS JUÍZOS SUSCITADOS PARA O JULGAMENTO DAS RESPECTIVAS DEMANDAS. DETERMINAÇÃO DE SUSPENSÃO DA EXECUÇÃO ATÉ O JULGAMENTO FINAL DA AÇÃO USUCAPIENDA. 1. Os elementos constantes dos autos sinalizam a existência de relação de prejudicialidade entre as demandas, pois a eventual procedência da ação de usucapião proposta pelos suscitantes influenciará diretamente no desfecho da execução da sentença proferida pela justiça trabalhista, notadamente no que se refere à possibilidade de prosseguimento dos atos de alienação do imóvel constrito. 2. Havendo conflito positivo de competência entre duas ações que versam sobre a mesma relação jurídica e tramitam em juízos diferentes, a existência de prejudicialidade heterogênea conduz à suspensão de um dos feitos. 3. Conflito de competência conhecido para manter a competência dos Juízos suscitados para o julgamento das respectivas demandas, determinando a suspensão da realização do leilão pela Justiça do Trabalho até o julgamento final da ação de usucapião em trâmite perante o Juízo de Direito da Vara de Registros Públicos de Porto Alegre-RS. (STJ; CC 140.817; RS; Segunda Seção; Rel. Min. Marco Aurélio Bellizze; Julg. 25/10/2017, DJe 06/11/2017). No mesmo sentido, STJ, AgInt no CC 145.359; RS; Segunda Seção; Rel. Min. Moura Ribeiro; Julg. 13/09/2017, DJe 15/09/2017.

Admitindo a suspensão do processo para aguardar a definição da tomada de contas no TCU:

✓ ADMINISTRATIVO. PROCESSUAL CIVIL. AÇÃO CIVIL PÚBLICA. IMPROBIDADE ADMINISTRATIVA. TOMADA DE CONTAS ESPECIAL EM PROCESSAMENTO. SUSPENSÃODO PROCESSO POR 6 (SEIS) MESES. ART. 313, DO CPC/2015. 1. Apelação do prefeito do Município de Ouricuri-PE, em face da sentença que o condenou às penas do art. 12, da LIA, por dano ao erário e ausência de prestação de contas do Convênio nº 192/2009, que tem por objeto a construção de cisternas de placas para armazenamento de água de chuva, firmado entre o Ministério do Desenvolvimento Social e Combate à Fome e o Município de Ouricuri-PE. 2. Em consulta ao site do TCU (www.TCU.Gov.Br), verifica-se que está em processamento no Tribunal de Contas da União-TCU a Tomada de Contas Especial nº 029.198/2015-1, iniciada em 22/10/2015, para analisar e julgar as contas do Convênio 192/2009, objeto dos autos. Observa-se, ainda, que não houve julgamento pela Corte de Contas do referido processo, o qual se encontra em fase de instrução. 3. Apesar de se reconhecer a independência das instâncias cível, penal e administrativa, deve-se levar em conta as peculiaridades do caso concreto. Assim, a prova a ser produzida pelo TCU, na Tomada de Contas Especial, é altamente relevante para o deslinde da presente ação judicial (tais como a regularidade das contas, a existência do dano e a sua extensão), ainda que seja para verificação da dosimetria da pena a ser aplicada. 4. Suspensão da presente ação de improbidade administrativa, pelo prazo de 6 (seis) meses, aguardando-se o resultado do julgamento do processo TC 029.198/2015-1, devendo ser aplicado o disposto no art. 313, do CPC/2015. Após o transcurso do referido prazo, a questão deverá ser reavaliada. (TRF 5ª R.; AC 0000348-87.2013.4.05.8309; PE; Primeira Turma; Rel. Des. Fed. Alexandre Luna Freire; DEJF 20/12/2017; Pág. 40)

Entendendo que a suspensão somente se aplica a processo judicial em relação a outro processo judicial pendente, em que haja questão prejudicial, não quando esta questão foi objeto de processo administrativo:

✓ PROCESSO CIVIL. TRIBUTÁRIO. AGRAVO DE INSTRUMENTO. EXECUÇÃO FISCAL. EXCEÇÃO DE PRÉ- EXECUTIVIDADE. ALEGAÇÃO DE COMPENSAÇÃO NO EXTERIOR. PROCESSO ADMINISTRATIVO PENDENTE DE ANÁLISE. PEDIDO DE INTIMAÇÃO DA FAZENDA NACIONAL PARA JULGAMENTO. MANEJO POR AÇÃO PRÓPRIA. SUSPENSÃO DA EXECUÇÃO FISCAL. IMPOSSIBILIDADE. RECURSO DESPROVIDO. 1. Sob o argumento de que o débito com relação ao qual o magistrado a quo determinou o prosseguimento da ação já foi devidamente adimplido mediante a compensação do imposto pago nos EUA, pretende o agravante seja determinado, no prazo de 30 (trinta) dias, o julgamento de processo administrativo que se encontra há tempo pendente de análise pelo Fisco e a suspensão da execução fiscal até o deslinde da controvérsia. 2. Primeiramente, é de se destacar que a alegação de pagamento por compensação no exterior não foi suficientemente corroborada por ocasião da exceção de pré-executividade, via que, como sabido, não admite dilação probatória. 3. A suspensão da execução fiscal não se justifica pelo teor do art. 313, V, a, do CPC/15, invocado pelo agravante em suas razões recursais, visto que tal dispositivo legal é aplicável quando da existência de outro processo judicial e não administrativo. 4. Ademais, com relação ao requerimento de intimação da Fazenda Nacional para que esta promova, dentro do prazo de 30 (trinta) dias, a apreciação definitiva do processo administrativo em que se discute o pedido de revisão de débito formulado pelo recorrente e o seu direito à alegada compensação, é de se frisar que, como bem destacado pelo magistrado a quo, o mesmo deve ser formulado em ação própria. 5. Agravo de instrumento conhecido e desprovido. (TRF 2ª R.; AI 0009887-54.2016.4.02.0000; Segunda Turma Especializada; Relª Desª Fed. Cláudia Maria Pereira Bastos Neiva; Julg. 28/03/2017; DEJF 10/04/2017)

Impossibilidade de suspensão de processo administrativo com fundamento no art. 313 do CPC:

✓ ASSUNTO. PROCESSO ADMINISTRATIVO FISCAL. ANO-CALENDÁRIO. 2005. CONCORRÊNCIA DE PROCESSOS ADMINISTRATIVO E JUDICIAL COM O

MESMO OBJETO. CONCOMITÂNCIA. CONFIGURAÇÃO. A propositura pelo contribuinte de ação judicial onde se alterca a mesma matéria veiculada em processo administrativo, a qualquer tempo, antes ou após a inauguração da fase litigiosa administrativa, conforme o caso, importa em renúncia ao direito de recorrer ou desistência do recurso interposto. COMPENSAÇÃO. SUSPENSÃO DA EXIGIBILIDADE DO CRÉDITO TRIBUTÁRIO. AFERIÇÃO. Não compete às instâncias julgadoras administrativas o acompanhamento e a aferição das causas de suspensão da exigibilidade do crédito tributário, cabendo esta atribuição à unidade da RFB que jurisdiciona o sujeito passivo. CONCOMITÂNCIA. SOBRESTAMENTO. IMPOSSIBILIDADE. O sobrestamento do processo administrativo até o trânsito em julgado da decisão judicial, na hipótese de concomitância, não conta com respaldo legal ou regimental, não se lhe aplicando o disposto no art. 313 do Código de Processo Civil. Recurso voluntário negado. (CARF; RVol 19679.006470/2005-55; Ac. 3401-003.471; Rel. Cons. Robson José Bayerl; Julg. 24/04/2017; DOU 11/05/2017)

Se a ação de usucapião foi ajuizada após a adjudicação do imóvel, descabe a suspensão da execução:

✓ AGRAVO DE INSTRUMENTO. LOCAÇÃO. EXECUÇÃO DE TÍTULO EXTRAJUDICIAL. IMÓVEL ADJUDICADO. AÇÃO DE USUCAPIÃO AJUIZADA APÓS A ADJUDICAÇÃO DO IMÓVEL. SUSPENSÃO DA EXECUÇÃO ATÉ O JULGAMENTO DA AÇÃO DE USUCAPIÃO. DESCABIMENTO. A ação de usucapião foi ajuizada não somente após a constrição do imóvel, mas em momento posterior à própria adjudicação, e pelo filho e nora do devedor, impossibilitando a suspensão da execução, sendo inaplicáveis as disposições do artigo 313, alínea "a", do novo código de processo civil. A perda da posse nos autos da ação de despejo já foi determinada em dois graus de jurisdição, e ação de usucapião, ao que consta, está efetivamente sendo utilizada como expediente destinado a obstar o cumprimento das decisões judiciais. Litigância de má-fé. Descabimento. Inexistência de dolo processual no agir da parte recorrente capaz de ensejar a aplicação da penalidade por litigância de má-fé. Agravo de instrumento desprovido. (TJRS; AI 0260256-22.2017.8.21.7000; Pelotas; Décima Quinta Câmara Cível; Relª Desª Ana Beatriz Iser; Julg. 06/12/2017; DJERS 19/12/2017)

Se há conexão, mas as causas tramitam em ramos distintos da justiça, impossibilitando a reunião, deve ser determinada a suspensão de um dos processos:

✓ PROCESSUAL CIVIL. Conflito positivo de competência. Justiça comum e justiça federal. Ação de imissão na posse e ação anulatória de propriedade/leilão judicial. Competência absoluta da justiça federal em apenas uma das ações. Conexão. Impossibilidade. Reconhecimento de prejudicialidade externa heterogênea. Necessidade de suspensão do processo. Art. 313, V, "a ", do CPC/2015. (STJ; CC 144.103; Proc. 2015/0290748-7; RJ; Segunda Seção; Rel. Min. João Otávio de Noronha; DJE 29/04/2016). V. tb.: AGRAVO DE INSTRUMENTO. PREVIDENCIÁRIO. PROCESSUAL CIVIL. AUXÍLIO-DOENÇA. AÇÃO ACIDENTÁRIA EM CURSO. CONEXÃO. SUSPENSÃO DO PROCESSO. Verifica-se a ocorrência de conexão entre as duas ações, pois a causa de pedir lhes é comum. a suposta doença que incapacita a parte autora é a mesma em ambos os processos. Essa conexão não permite a reunião de processos, tendo em vista a competência ser distinta para ambos e contém uma característica especial: pedidos mutuamente excludentes, pois, eventualmente reconhecida a relação de causalidade entre o trabalho e a incapacidade, prejudicado estaria o pedido contido nesta ação. Para evitar a possibilidade de decisões conflitantes nas esferas estadual e federal, mister se faz a suspensão do processo originário deste agravo, com fulcro no art. 313, V, a, do CPC, até o julgamento definitivo do processo em curso na Justiça Estadual, suspendendo-se, inclusive, a decisão que determinou a implantação do benefício de auxílio-doença. Agravo de instrumento parcialmente provido. Agravo regimental prejudicado. (TRF 3ª R.; AI 0000167-02.2017.4.03.0000; Sétima Turma; Rel. Des. Fed. Paulo Domingues; Julg. 02/10/2017; DEJF 20/10/2017)

Se os processos são conexos, mas estão em fases distintas, inviabilizando a reunião, é cabível a suspensão para aguardar a solução da questão prejudicial externa:

✓ APELAÇÃO. AÇÃO DE BUSCA E APREENSÃO. CONEXÃO. CONCEITO AMPLO. DECISÕES CONFLITANTES. LIMITE TEMPORAL. PREJUDICIALIDADE EXTERNA. SUSPENSÃO DO FEITO. Novo Código de Processo Civil que admite a conexão entre a execução ou busca e apreensão e a revisional, em virtude da possibilidade de "decisões conflitantes". Art. 55, §2º e §3º, do NCPC. Reunião de processos, contudo, que encontra limite temporal. Julgamento de qualquer das demandas. Inteligência da Súmula nº 235, do STJ, e do artigo 55, §1º, do NCPC. Inviável reunião de processos em fases distintas. Evidente prejudicialidade externa, impositiva a suspensão do feito até o julgamento da ação revisional em que foi deferida liminar para o pagamento. Art. 313, inciso V, alínea 'a', do NCPC; SUSPENDERAM O PROCESSO (art. 313, V, do NCPC). (TJSP; APL 0006222-47.2014.8.26.0372; Ac. 9978698; Monte Mor; Trigésima Câmara de Direito Privado; Relª Desª Maria Lúcia Pizzotti; Julg. 09/11/2016; DJESP 01/12/2016)

Possibilidade de suspensão dos embargos de terceiro enquanto não se define o incidente de desconsideração da personalidade jurídica:

✓ AGRAVO DE PETIÇÃO. EMBARGOS DE TERCEIRO. SUSPENSÃO DO FEITO. Situação em que a verificação da condição do autor dos embargos de terceiro – se parte no processo principal, como executado, ou efetivo terceiro – depende da decisão a ser proferida no incidente de desconsideração de pessoa jurídica. Equivocada a decisão que extinguiu o processo sem resolução do mérito por carência do direito da ação, devendo o processo ser suspenso, nos termos do artigo 313, V, alínea "a", do CPC/2015. Agravo de petição interposto pelo exequente a que se dá provimento parcial, no item. (TRT 4ª R.; AP 0010006-93.2016.5.04.0511; Rel. Des. João Alfredo Borges Antunes de Miranda; DEJTRS 19/12/2017; Pág. 1140)

Incidente de remoção de inventariança não autoriza a suspensão do inventário:

✓ AGRAVO DE INSTRUMENTO. Inventário e cumprimento de testamento público. Tramitação conjunta. Interposição do incidente de remoção de inventariante. Determinação judicial de suspensão de tramitação do inventário para se aguardar o julgamento do incidente processual. Irresignação de herdeira. Sequência de decisões judiciais remissivas à suspensão determinada. Ocorrência de revogação expressa em outra decisão posterior. Decisão que também se fundamenta na indispensabilidade da inventariante à administração do inventário. Inexistência de dependência jurídica. Não enquadramento da hipótese na previsão da alínea. A. Do inciso V do artigo 313 do CPC/2015. Continuidade do exercício do múnus pela inventariante no processo de inventário até o julgamento definitivo do incidente de remoção. Excepcionalidade não configurada. Impropriedade da suspensão do inventário. Decisão reformada. Agravo de instrumento conhecido e provido. - a determinação de suspensão do processo de inventário é medida excepcional. A interposição do incidente de remoção de inventariante não possui o condão de paralisar a tramitação do processo de inventário, sobretudo quando não verificada qualquer dependência jurídica entre as causas, nos termos da alínea. A. Do inciso V do artigo 313 do CPC/2015. (TJPR; Ag Instr 1686658-7; Londrina; Décima Segunda Câmara Cível; Rel. Des. Roberto Antônio Massaro; Julg. 18/10/2017; DJPR 20/11/2017; Pág. 281)

O ajuizamento de ação de cobrança fundada no mesmo contrato não implica suspensão da ação de busca e apreensão decorrente da alienação fiduciária:

✓ AGRAVO DE INSTRUMENTO. AÇÃO DE BUSCA E APREENSÃO. SUSPENSÃO DO PROCESSO. ART. 313, V, DO CÓDIGO DE PROCESSO CIVIL. INAPLICABILIDADE. RESTITUIÇÃO DO VEÍCULO. POSSIBILIDADE. MORA NÃO COMPROVADA. DECISÃO REFORMADA. RECURSO PROVIDO. O ajuizamento de Ação de Cobrança, mesmo fundada no contrato de seguro sub judice, não obsta o credor fiduciário de ajuizar ou prosseguir a ação de busca e apreensão, sob pena de afronta o disposto no art. 3º do Decreto-Lei nº 911/69. Ausentes elementos suficientes a comprovar que o devedor fora constituído em mora, não há que se falar na concessão de liminar de busca e apreensão. (TJMG; AI 1.0701.15.017596-9/001; Relª Desª Mariângela Meyer; Julg. 08/11/2016; DJEMG 25/11/2016)

Possibilidade de suspensão da ação de busca e apreensao se houve decisão na ação declaratória suspendendo a exigibilidade das parcelas:

✓ AGRAVO DE INSTRUMENTO. BUSCA E APREENSÃO. AÇÃO DECLARATÓRIA. PREJUDICIALIDADE. SUSPENSÃO DA EXIGIBILIDADE DO DÉBITO. AUSÊNCIA DE MORA. ACUIDADE DA SUSPENSÃO DA AÇÃO. Prejudicialidade externa fundada no artigo 313, do Novo Código de Processo Civil. Pendência de ação que versa sobre o mesmo contrato, na qual houve decisão provisória de suspensão da exigibilidade das parcelas do contrato de financiamento (art. 300, do CPC15). Hipótese que esvazia a mora e impede a efetivação da busca e apreensão; AGRAVO DE INSTRUMENTO NÃO PROVIDO. (TJSP; AI 2125031-40.2016.8.26.0000; Ac. 9888687; São Paulo; Trigésima Câmara de Direito Privado; Relª Desª Maria Lúcia Pizzotti; Julg. 05/10/2016; DJESP 18/10/2016)

Entendendo que a ação revisional pode ensejar a suspensão da ação de busca e apreensão, desde que aquela seja preexistente:

✓ AGRAVO DE INSTRUMENTO. AÇÕES DE BUSCA E APREENSÃO E REVISIONAL DE CONTRATO. RELAÇÃO DE PREJUDICIALIDADE EXTERNA. SUSPENSÃODO PROCESSO. ART. 313, V, DO CPC. Por força da relação de prejudicialidade externa, a busca e apreensão pode ser suspensa até o julgamento da preexistente ação revisional, nos termos do art. 313, V, a, do CPC, que reproduz o art. 265, IV, a, do CPC/73. No caso concreto, a ação revisional é preexistente, fundada no mesmo contrato, tramitando no Juízo da 7ª Vara de Rel. De Cons. Cível e Comerciais de Feira de Santana, tendo sido deferido parcialmente o pleito liminar para assegurar ao autor/agravado o depósito judicial das parcelas vencidas e vincendas. Contudo, a suspensão do processo por prejudicialidade externa não tem efeito retroativo, razão pela qual não é possível revogar a liminar deferida no feito suspenso, mas sobrestar seus efeitos. AGRAVO DE INSTRUMENTO PROVIDO EM PARTE PARA AFASTAR A REVOGAÇÃO DA LIMINAR, CUJOS EFEITOS FICARÃO SOBRESTADOS ENQUANTO SUSPENSO O PROCESSO. (TJBA; AI 0011956-08.2017.8.05.0000; Salvador; Primeira Câmara Cível; Relª Desª Silvia Carneiro Santos Zarif; Julg. 07/08/2017; DJBA 16/08/2017; Pág. 201); PROCESSO CIVIL. AGRAVO DE INSTRUMENTO. AÇÃO DE BUSCA E APREENSÃO. Direito do consumidor. Decisão agravada que deferiu a liminar de busca e apreensão. Existência de questão prejudicial externa recomendando a suspensão do processo, evidenciada pela natural influência do julgamento da ação de revisão contratual sobre o julgamento da ação de busca e apreensão, cujo objeto consiste na constituição da plena propriedade do bem pelo credor fiduciário. Em relação à suspensão, o STJ firmou entendimento no sentido de haver uma prejudicialidade externa que demandaria a suspensão da demanda de busca e apreensão se esta for distribuída após a demanda revisional do mesmo contrato, hipótese em que se resume à solução inserta no artigo 313, V, -a-, do CPC/2015. Recurso que se da provimento. (TJRJ; AI 0023062-74.2017.8.19.0000; São João da Barra; Vigésima Quarta Câmara Cível Consumidor; Relª Desª Andrea Fortuna Teixeira; DORJ 16/10/2017; Pág. 501)

Considerando que o simples ajuizamento da ação revisional, sem a concessão de tutela provisória, não acarreta a suspensão da ação de busca e apreensão;

✓ DIREITO PROCESSUAL CIVIL E DIREITO CIVIL. Agravo de instrumento. Pedido de suspensão da ação de busca e apreensão em razão de precedente = anterior ajuizamento de ação revisional. Não obstante a vigência do novo código de processo civil Lei nº 13.105, de 16.03.2015 em 18.03.2016, em respeito aos atos praticados sob a vigília do CPC revogado Lei nº 5.869, de 11.01.1973, a dizer da obediência ao princípio do **tempus regis actum**, urge assinalar a aplicabilidade do art. 522 do código de processo civil/73, no que diz com os pressupostos exigidos à interposição do recurso de agravo de instrumento, tal qual o entendimento definido pelo Superior Tribunal de justiça no enunciado administrativo nº 2.2. Teoria da causa madura. Ausência de prejudicialidade externa entre as ações, nos termos do art. 313, inciso V, alínea a, do NCPC, face à inexistência de decisão liminar favorável ao agravante = recorrente na ação revisional. Demais disso, a propositura da ação revisional de contrato de per si et por si só não tem o condão de elidir a mora e nem impede o prosseguimento da ação de busca e apreensão, a teor do enunciado da Súmula nº 380 do Superior Tribunal de justiça. Manutenção da liminar de busca e apreensão que se impõe. Recurso conhecido e não provido. Doutrina e jurisprudência. (TJAL; AI 0802601-90.2015.8.02.0000; Rel. Des. Paulo Barros da Silva Lima; DJAL 01/12/2016; Pág. 23). V. tb.: DIREITO PROCESSUAL CIVIL. AGRAVO DE INSTRUMENTO. AÇÃO DE BUSCA E APREENSÃO. MORA NÃO CONFIGURADA. PRÉVIO AJUIZAMENTO DE AÇÃO DE CONSIGNAÇÃO EM PAGAMENTO C/C REVISIONAL. DEPÓSITO DAS PARCELAS INCONTROVERSAS. RELAÇÃO DE PREJUDICIALIDADE ENTRE AS DEMANDAS. SOBRESTAMENTO DA BUSCA E APREENSÃO PELO PRAZO DE 01 (UM) ANO. INCIDÊNCIA DO ART. 313, V, A C/C ART. 313, §4º, AMBOS DO NCPC. PRECEDENTES DO STJ. RECURSO PROVIDO. Não há conexão, e sim relação de prejudicialidade externa entre as ações de busca e apreensão e consignação com pedido revisional de cláusulas contratuais quando ambas discutem o mesmo contrato de alienação fiduciária. Precedentes do STJ. Interpretação que deve ser entendida de forma razoável, sob pena de invalidação dos dispositivos do Decreto-Lei nº 911/69. A melhor solução para o caso reside em determinar a suspensão do feito, nos termos do artigo 313, inciso V, alínea a, do código de processo civil/2015 (art. 265, IV, a, do CPC/73). Precedentes do STJ. Caso em análise que traz hipótese de distinguishing em relação à Súmula nº 380 do STJ, pois não se trata de mera propositura de ação revisional, tendo em vista que há autorização judicial para o devedor consignar as parcelas incontroversas, afastando, em princípio, a mora e descaracterizando o inadimplemento. Resta evidenciado o perigo de dano caso cumprido o mandado, pois o veículo constitui instrumento de trabalho do agravante (permissionário do serviço de transporte público complementar) e a sua busca e apreensão ocasionará perda de seu sustento.. Agravo provido para determinar a suspensão da ação de busca e apreensão originária até julgamento da ação de consignação em pagamento pelo prazo máximo de 01 (um) ano, consoante o §4º do artigo 313 do NCPC. (TJPE; AI 0004595-38.2016.8.17.0000; Rel. Des. Cândido José da Fonte Saraiva de Moraes; Julg. 22/06/2016; DJEPE 13/07/2016)

<u>Ação declaratória atacando os títulos executivos e anterior à execução pode acarretar a suspensão desta, se concedida tutela de urgência:</u>

✓ AGRAVO DE INSTRUMENTO. Execução de título extrajudicial. Decisão que indefere o pedido de suspensão do feito executivo. Ação declaratória, anteriormente oposta pelo devedor, tendo como objeto os títulos que ora se executam, cuja tutela de urgência fora deferida em razão da constatação da verossimilhança das alegações. Possibilidade da execução vir a ser declarada nula. Prejudicialidade externa verificada, nos termos do art. 315, IV, a, do código de processo civil. Juízo garantido. Possibilidade de suspensão da execução. Precedentes desta corte. Decisão reformada. Reunião dos feitos para julgamento conjunto. Desnecessidade, in casu. Ausência de risco de decisões conflitantes. Recurso conhecido e parcialmente provido. (TJPR; Ag Instr 1652875-3; Cascavel; Décima Sexta Câmara Cível; Relª Juíza Conv. Vania Maria da S. Kramer; Julg. 07/06/2017; DJPR 28/06/2017; Pág. 286)

b) tiver de ser proferida somente após a verificação de determinado fato ou a produção de certa prova, requisitada a outro juízo;

VI – por motivo de força maior;

VII – quando se discutir em juízo questão decorrente de acidentes e fatos da navegação de competência do Tribunal Marítimo;

VIII – nos demais casos que este Código regula.

→ *v.* Arts. 76, 134, § 3º, 678, 919, § 1º, 921, 922 e 955 do NCPC.

→ *v.* Art. 20 da Lei 11.481/2007.

→ *v.* Art. 23 da Lei 13.140/2015 – Dispõe sobre a mediação entre particulares como meio de solução de controvérsias e sobre a autocomposição de conflitos no âmbito da administração pública.

<u>Impossibilidade de suspensão do processo para aguardar que a parte cumpra o parcelamento das custas:</u>

✓ RECLAMAÇÃO (ART. 243 DO RITJSC). MAGISTRADO QUE, COM APOIO NO ART. 98, § 6º, DO CPC, DEFERE O PARCELAMENTO DAS CUSTAS INICIAIS DA AÇÃO DE ORIGEM, MAS DETERMINA O SEU SOBRESTAMENTO ATÉ O IMPLEMENTO TOTAL DAS ALUDIDAS DESPESAS. Ausência de hipótese legal de suspensão do processo, seja pelo dispositivo que prevê a possibilidade de parcelamento de custas, seja pelo dispositivo que regula especificamente o sobrestamento da ação (art. 313 do CPC). Inversão da ordem legal do processo evidenciada. Prosseguimento da ação de origem que se impõe. Pedido julgado procedente. (TJSC; RCL 4020880-09.2017.8.24.0000; Blumenau; Terceira Câmara de Direito Civil; Rel. Des. Saul Steil; DJSC 27/11/2017; Pag. 123)

IX – pelo parto ou pela concessão de adoção, quando a advogada responsável pelo processo constituir a única patrona da causa; (Incluído pela Lei nº 13.363, de 2016)

X – quando o advogado responsável pelo processo constituir o único patrono da causa e tornar-se pai. (Incluído pela Lei nº 13.363, de 2016)

§ 1º Na hipótese do inciso I, o juiz suspenderá o processo, nos termos do art. 689.

§ 2º Não ajuizada ação de habilitação, ao tomar conhecimento da morte, o juiz determinará a suspensão do processo e observará o seguinte:

→ *V.* Art. 687 do NCPC.

I – falecido o réu, ordenará a intimação do autor para que promova a citação do respectivo espólio, de quem for o sucessor ou, se for o caso, dos herdeiros, no prazo que designar, de no mínimo 2 (dois) e no máximo 6 (seis) meses;

Ainda que o endereço dos sucessores seja indicado após o prazo de suspensão, descabe a extinção do processo sem resolução de mérito:

✓ APELAÇÃO CÍVEL. PROCESSO CIVIL. COBRANÇA CONDOMÍNIO. EXTINÇÃO SEM RESOLUÇÃO DE MÉRITO. FALECIMENTO DO RÉU. INDICAÇÃO DOS HERDEIROS. CITAÇÃO. POSSIBILIDADE (ARTIGO 313, § 2º, INCISO I, CPC). 1. Apelação interposta da sentença que julgou extinto o processo, sem resolução de mérito, com fundamento no art. 485, inc. IV, do CPC/2015, por não ter o autor promovido a regularização do polo passivo da demanda, haja vista a informação de que o réu teria falecido. 2. Restando induvidoso o falecimento da parte ré e de sua esposa, tendo o autor indicado os herdeiros e fornecido os respectivos endereços, ainda que posteriormente ao prazo de suspensão do processo, cabível a citação destes, nos termos do artigo 313, § 2º, inciso I, do Código de Processo Civil, e não extinção do processo, sem resolução do mérito, por falta de pressuposto processual. 3. Apelo conhecido e provido. (TJDF; APC 2015.09.1.019198-4; Ac. 105.9416; Segunda Turma Cível; Rel. Des. César Loyola; Julg. 08/11/2017; DJDFTE 01/12/2017)

II – falecido o autor e sendo transmissível o direito em litígio, determinará a intimação de seu espólio, de quem for o sucessor ou, se for o caso, dos herdeiros, pelos meios de divulgação que reputar mais adequados, para que manifestem interesse na sucessão processual e promovam a respectiva habilitação no prazo designado, sob pena de extinção do processo sem resolução de mérito.

Apontando que a intimação aos herdeiros necessita ser pessoal, pois com a morte da parte cessa o mandato conferido ao advogado:

✓ APELAÇÃO CÍVEL. NEGÓCIOS JURÍDICOS BANCÁRIOS. CADERNETA DE POUPANÇA. EXPURGOS INFLACIONÁRIOS. AÇÃO DE COBRANÇA. EXTINÇÃO DO PROCESSO. FALECIMENTO DO AUTOR. REGULARIZAÇÃO PROCESSUAL. NECESSIDADE DE INTIMAÇÃO PESSOAL DOS HERDEIROS/SUCESSORES. No caso de falecimento da parte autora/exequente, necessária a suspensão do feito e a intimação pessoal dos herdeiros/sucessores para a regularização processual, consoante o disposto nos arts. 110 e 313, §2º, II, do NCPC. Ocorre que com a morte do mandante cessa o mandato e, em consequência, os poderes nele conferidos, sendo, portanto, insuficiente apenas a intimação em nome do procurador do de cujus para dar prosseguimento ao feito. Na hipótese dos autos, noticiado o falecimento do autor por seu procurador, foi suspenso o processo a fim de habilitar os sucessores. Em seguida, deferido novo prazo com intimação apenas do procurador cadastrado para dar prosseguimento ao feito. Na sequência sem que houvesse qualquer determinação judicial de intimação pessoal dos herdeiros/sucessores do autor, o feito foi julgado extinto, sem resolução do mérito, nos termos do artigo 485, IV, do NCPC. Assim, diante da ausência de intimação pessoal dos herdeiros/sucessores para regularizar a representação no feito, tendo em vista que somente intimado o mandatário, o qual já não possuía poderes para atuar no feito, impõe-se a desconstituição da sentença recorrida. Apelação provida. Sentença desconstituída. (TJRS; AC 0333919-04.2017.8.21.7000; Passo Fundo; Vigésima Quarta Câmara Cível; Rel. Des. Jorge Maraschin dos Santos; Julg. 29/11/2017; DJERS 04/12/2017)

§ 3º No caso de morte do procurador de qualquer das partes, ainda que iniciada a audiência de instrução e julgamento, o juiz determinará que a parte constitua novo mandatário, no prazo de 15 (quinze) dias, ao final do qual extinguirá o processo sem resolução de mérito, se o autor não nomear novo mandatário, ou ordenará o prosseguimento do processo à revelia do réu, se falecido o procurador deste.

§ 4º O prazo de suspensão do processo nunca poderá exceder 1 (um) ano nas hipóteses do inciso V e 6 (seis) meses naquela prevista no inciso II.

Possibilidade de limitação da suspensão dos processos na origem determinada pelos tribunais superiores a um ano com base no art. 313, § 4º do CPC:

✓ AGRAVO DE INSTRUMENTO. EXCEÇÃO DE PRÉ-EXECUTIVIDADE. SOBRESTAMENTO DO FEITO. IMPOSSIBILIDADE. SUSPENSÃO QUE NÃO PODE EXTRAPOLAR O PRAZO DE UM ANO. ARTIGO 313, §4º DO CPC. PRELIMINAR AFASTADA. DECISÃO PROFERIDA EM OUTRO ESTADO DA FEDERAÇÃO NOS AUTOS DE AÇÃO CIVIL PÚBLICA. LIMITE TERRITORIAL DOS EFEITOS DA SENTENÇA. POSSIBILIDADE DE AJUIZAMENTO NO DOMICÍLIO DO CONSUMIDOR. RECURSO REPETITIVO NO STJ. NECESSIDADE PRÉVIA LIQUIDAÇÃO DE SENTENÇA. ORIENTAÇÃO FIRMADA NO STJ E PELA SEÇÃO ESPECIAL DE UNIFORMIZAÇÃO DE JURISPRUDÊNCIA DO TJMS. CONVERSÃO DO PROCEDIMENTO. APROVEITAMENTO DOS ATOS. INSTRUMENTALIDADE DAS FORMAS. RECURSO CONHECIDO E PARCIALMENTE PROVIDO. 1. A decisão de suspensão de julgamento dos recursos que se referem aos expurgos inflacionários do Plano Bresser e Verão, proferida no RE n. 626.307, deu-se há mais de um ano. Assim, considerando o disposto no § 5. º, artigo 265, do CPC c/c o artigo 5. º, inciso LXXVIII, da CF, direito a razoável duração do processo, bem como as metas impostas pelo CNJ e, finalmente, que não consta a ocorrência de qualquer outro pronunciamento da Suprema Corte a respeito, o prosseguimento do presente recurso é medida de rigor e de Justiça. Outrossim, o intuito do art. 1.036 do CPC não será prejudicado, ante a possibilidade de retenção de eventual Recurso Especial ou extraordinário no órgão de admissibilidade. 2. Ao apreciar o Recurso Especial n. 1.243.887-PR, julgado sob o rito do artigo 1.036 do Código de Processo Civil (recurso repetitivo), a Corte Especial do Superior Tribunal de Justiça, pondo fim a controvérsia anteriormente existente, definiu que os efeitos da sentença proferida em ação civil pública não estão limitados à competência territorial do órgão prolator e, ainda, que o cumprimento da referida sentença pode ser ajuizado no foro do domicílio do beneficiário. 3. Assim, é possível o ajuizamento, nas comarcas deste Estado, de liquidação e execução de sentença proferida por juízo de outra unidade da federação quando esta tiver decidido a questão com abrangência nacional. 4. Conforme entendimento fixado pelo Superior Tribunal de Justiça, a sentença genérica prolatada no âmbito da ação civil coletiva, por si, não confere ao vencido o atributo de devedor de "quantia certa ou já fixada em liquidação", porquanto, "em caso de procedência do pedido, a condenação será genérica", apenas "fixando a responsabilidade do réu pelos danos causados" (art. 95 do CDC). Desse modo, a condenação não se reveste de liquidez necessária ao cumprimento espontâneo do comando sentencial, sendo necessária a liquidação da sentença genérica proferida em ação civil pública para a definição da titularidade do crédito e do valor devido. 5. O mesmo entendimento foi firmado no Incidente de Uniformização de Jurisprudência, autos nº 1404510-42.2015.8.12.0000/50000, consoante rito do CPC/73, julgado no Órgão Especial deste Sodalício: "Na execução individual de sentença genérica proferida em ação civil pública é necessária a liquidação para definir a titularidade do crédito e do valor devido. " 6. A necessidade de prévia liquidação enseja a conversão da fase de cumprimento de sentença para liquidação, e não a extinção do processo, em face dos princípios da instrumentalidade das formas materializado pelo aproveitamento do feito de origem e dos atos já praticados. 7. Recurso conhecido e parcialmente provido. (TJMS; AI 1411356-41.2016.8.12.0000; Rel. Des. Vladimir Abreu da Silva; DJMS 13/12/2017; Pág. 100)

Impossibilidade de suspensão do processo por tempo superior ao limite de seus meses previsto no art. 313, § 4º do CPC, ainda que em decorrência de transação:

✓ APELAÇÃO CÍVEL. Homologação de transação. Suspensão do feito. Impossibilidade. A transação entre as partes põe fim ao litígio, extinguindo o processo com resolução do mérito, nos termos do art. 487, III, b do CPC. Impossibilidade de suspensão do processo até integral cumprimento da avença, diante do disposto no art. 313, §4º do CPC. Ausência de prejuízo ao autor, que na hipótese de inadimplemento poderá se valer do título executivo judicial para recuperar seu crédito. Sentença mantida. Recurso improvido. Decisão unânime. (TJSE; AC 201700816804; Ac. 26602/2017; Segunda Câmara Cível; Rel. Des. José dos Anjos; DJSE 01/12/2017)

§ 5º O juiz determinará o prosseguimento do processo assim que esgotados os prazos previstos no § 4º.

§ 6º No caso do inciso IX, o período de suspensão será de 30 (trinta) dias, contado a partir da data do parto ou da concessão da adoção, mediante apresentação de certidão de nascimento ou documento similar que comprove a realização do parto, ou de termo judicial que tenha concedido a adoção, desde que haja notificação ao cliente. (Incluído pela Lei nº 13.363, de 2016)

Impossibilidade de suspensão do processo decorrente de gravidez da advogada se o pedido veio a destempo e sem o devido atestado médico:

✓ NULIDADE DO PROCESSADO POR CERCEAMENTO DE DEFESA. ADIAMENTO DA AUDIÊNCIA EM DECORRÊNCIA DE PARTO DA CAUSÍDICA. É garantida a suspensão do processo por 30 dias, a contar da data do parto, quando a advogada responsável pelo processo for a única patrona constituída nos autos, conforme art. 313, inciso IX e §6º, do CPC c/c art. 7º-A, inciso IV e § 3º, do Estatuto da OAB. In casu, porém, a causídica requereu o adiamento da audiência em prosseguimento quando já transcorridos mais de 30 dias do parto, sendo que o requerimento sequer veio acompanhado de atestado comprovando sua impossibilidade de locomoção. Ademais, mesmo que se considere justificável a ausência da patrona, tal fato não afasta o dever da autora de se fazer presente à audiência. Com efeito, a pena de confissão é aplicada à parte, ausente à audiência em que deveria depor, e não a seu patrono. Preliminar não acolhida. (TRT 23ª R.; RO 0000774-92.2016.5.23.0005; Segunda Turma; Rel. Des. João Carlos; Julg. 25/10/2017; DEJTMT 17/11/2017; Pág. 1298)

§ 7º No caso do inciso X, o período de suspensão será de 8 (oito) dias, contado a partir da data do parto ou da concessão da adoção, mediante apresentação de certidão de nascimento ou documento similar que comprove a realização do parto, ou de termo judicial que tenha concedido a adoção, desde que haja notificação ao cliente. (Incluído pela Lei nº 13.363, de 2016)

Art. 314. Durante a suspensão é vedado praticar qualquer ato processual, podendo o juiz, todavia, determinar a realização de atos urgentes a fim de evitar dano irreparável, salvo no caso de arguição de impedimento e de suspeição.

→ *V.* Arts. 144, 145, 300 e ss., 982, § 2º do NCPC.

Possibilidade de apreciar pedido de tutela provisória em processo suspenso por decisão do STF ou do STJ:

✓ TRATA-SE DE (1) OFÍCIO ENCAMINHADO PELOS JUÍZES DE DIREITO DAS VARAS DA FAZENDA PÚBLICA DO ESTADO DE SÃO PAULO (FLS. 369-370, E-STJ). (2) CORREIO ELETRÔNICO ENVIADO PELO JUIZ DE DIREITO DA COMARCA DE SÃO VICENTE DO SUL (SC) AO NÚCLEO DE GERENCIAMENTO DE PRECEDENTES DO STJ. NUGEP. (3) PETIÇÃO DE N. 233.613/2017 (FLS. 369-370, E-STJ), PROTOCOLIZADA PELO RECORRENTE ESTADO DO RIO DE JANEIRO. SOLICITAM-SE ESCLARECIMENTOS SOBRE A EXTENSÃO DA SUSPENSÃO DO PROCESSAMENTO DOS FEITOS QUE VERSEM SOBRE A CONTROVÉRSIA DO RECURSO ESPECIAL REPETITIVO EM EPÍGRAFE. ALÉM DISSO, O ENTE PÚBLICO APONTA A EXISTÊNCIA DE ERRO MATERIAL NO ACÓRDÃO DE FLS. 326-330, E-STJ), TENDO EM VISTA O EQUÍVOCO NA PORTARIA INDICADA. DEFENDE, CONTUDO, QUE HAJA A ALTERAÇÃO DA DELIMITAÇÃO DA TESE A SER DISCUTIDA NO PRESENTE RECURSO REPETITIVO, POIS "ENTENDE QUE O MAIS ADEQUADO SERIA A SUPERAÇÃO DA DELIMITAÇÃO DA CONTROVÉRSIA COM BASE NAS PORTARIAS ACIMA APONTADAS PARA QUE PASSE A SER VINCULADA AOS TERMOS DO DISPOSTO NOS ARTIGOS 19 - M, I, 19 - P, 19 - Q E 19 - R DA LEI FEDERAL 8.080/1990, COM A REDAÇÃO CONFERIDA PELA LEI FEDERAL N. 12.401/2011, DE MODO QUE A DELIMITAÇÃO DA MATÉRIA PASSE A SER "A OBRIGAÇÃO DO PODER PÚBLICO DE FORNECER MEDICAMENTOS E TRATAMENTOS TERAPÊUTICOS NÃO INCORPORADOS AO SISTEMA ÚNICO DE SAÚDE" (FL. 378, E-STJ). É O BREVE RELATO. SEGUEM AS CONSIDERAÇÕES SOBRE AS QUESTÕES APRESENTADAS. 1.) Suspensão do processamento do feito, nos termos do art. 1.037, II, do CPC/2015, e sua extensão. Não obstante o inciso II do art. 1.037 do CPC/2015 preceituar que o relator "determinará a suspensão do processamento de todos os processos pendentes, individuais ou coletivos, que versem sobre a questão e tramitem no território nacional ", sem explicitar o alcance dessa suspensão, deve-se fazer uma leitura sistemática do diploma processual vigente. Assim, as normas que tratam da suspensão dos processos, constantes do art. 313 combinado com o art. 314 do CPC/215, bem como do art. 982, § 2º, do CPC/2015, que cuida da suspensão dos feitos no incidente de resolução de demandas repetitivas. IRDR, devem também ser aplicadas aos recursos repetitivos, tendo em vista que ambos compõem um mesmo microssistema (de julgamento de casos repetitivos), conforme se depreende do art. 928 do CPC/2015. (...) Dos dispositivos transcritos, torna-se patente que a suspensão do processamento dos processos pendentes, determinada no art. 1.037, II, do CPC/2015, não impede que os juízos concedam, em qualquer fase do processo, tutela provisória de urgência, desde que satisfeitos os requisitos contidos no art. 300 do CPC/2015, e deem cumprimento àquelas que já foram deferidas. (...) É o que se propõe. Comunique-se aos senhores ministros integrantes da primeira seção e aos presidentes dos Tribunais Regionais Federais e dos tribunais de justiça. Vista ao ministério público federal, pelo prazo de 15 (quinze) dias (art. 1.038, inciso III e § 1º, do CPC/2015). (STJ; QO-ProAfR-REsp 1.657.156; Proc. 2017/0025629-7; RJ; Primeira Seção; Rel. Min. Benedito Gonçalves; DJE 31/05/2017). No mesmo sentido: AGRAVO DE INSTRUMENTO. Decisão do Supremo Tribunal Federal no RE 970.821. Suspensão do feito. Análise da tutela de urgência. Possibilidade de julgamento do presente recurso. Inteligência art. 314 do código de processo civil. Antecipação da diferença da alíquota do ICMS. Empresa optante pelo simples. Reconhecimento da possibilidade por este tribunal de justiça quando reconheceu a constitucionalidade do art. 1º da Lei estadual nº 6.476/04. Precedentes desta 1ª Câmara Cível. Recurso conhecido e provido. Decisão unânime. (TJAL; AI 9000056-53.2017.8.02.0000; Primeira Câmara Cível; Rel. Des. Fernando Tourinho de Omena Souza; DJAL 04/01/2018; Pág. 112); DECISÃO MONOCRÁTICA. Medicamento não incorporado no Sistema Único de Saúde. Decisão de afetação. RESP nº 1.657.156-RJ. Suspensão do processo. Tutela provisória de urgência. Art. 314 do CPC/15. (TJRS; RCív 0030961-35.2017.8.21.9000; Lagoa Vermelha; Segunda Turma Recursal da Fazenda Pública; Relª Juíza Rosane Ramos de Oliveira Michels; Julg. 09/07/2017; DJERS 05/12/2017)

Suspensão do processo não traz qualquer consequência para tutela de urgência previamente concedida:

✓ AGRAVO DE INSTRUMENTO CONTRA A DECISÃO QUE DEFERIU A TUTELA PROVISÓRIA DE URGÊNCIA PARA SUSPENDER A EXIGIBILIDADE DO ICMS SOBRE AS TARIFAS DE USO DO SISTEMA DE TRANSMISSÃO (TUST) OU DISTRIBUIÇÃO (TUSD) E ENCAR-

GOS SETORIAIS COBRADAS NAS FATURAS DE ENERGIA ELÉTRICA DA PARTE AUTORA. 2. Atual posição da Primeira Turma do Superior Tribunal de Justiça, no julgamento dos RESP 1.163.020/RS, RESP 1.161.717/MG e RESP 1.223.298/GO, que reviu seu entendimento para afirmar que incide ICMS sobre todo o processo de fornecimento de energia elétrica, inclusive sobre os valores correspondentes a custos tarifários. Precedentes jurisprudenciais desta Corte. 3. Questão submetida a Incidente de Resolução de Demandas Repetitivas, cujo processamento foi admitido em julgamento proferido pela Seção Cível Comum deste Tribunal (proc. Nº 0045980-72.2017.8.19.0000). Suspensão do processo que não é capaz de acarretar qualquer consequência na decisão liminar proferida pelo Juízo de primeiro grau, à luz do disposto nos artigos 314 e 982, §2º, do CPC/2015. 4. Probabilidade do direito, requisito obrigatório para a concessão da tutela de urgência, que não mais se evidencia. Perigo de dano ou qualquer risco ao resultado útil do processo que não se vislumbra. Reforma da decisão que concedeu a tutela de urgência. 5. Processo que não versa sobre demanda contratada e não consumida. Inaplicabilidade do decidido no RE 593.824.6. Recurso conhecido a que se dá provimento. (TJRJ; AI 0029339-09.2017.8.19.0000; Petrópolis; Sétima Câmara Cível; Rel. Des. Ricardo Couto de Castro; DORJ 18/12/2017; Pág. 261)

<u>Não se permite que o magistrado apontado como suspeito aprecie tutela de urgência:</u>

✓ DIREITO PROCESSUAL CIVIL. AGRAVO INTERNO. INTERPOSIÇÃO CONTRA LIMINAR DEFERIDA EM MANDADO DE SEGURANÇA. EXCEÇÃO DE SUSPEIÇÃO. ART 314 DO CPC. SUSPENSÃO DO PROCESSO. DECISÃO PROFERIDA APÓS O AJUIZAMENTO DA EXCEÇÃO DE SUSPEIÇÃO. MANIFESTA ILEGALIDADE. ARGUMENTAÇÃO RECURSAL INSUFICIENTE PARA REFORMAR A DECISÃO AGRAVADA. AGRAVO IMPROVIDO. I. Com o ajuizamento da Exceção de Suspeição ocorre à suspensão do processo (CPC/2015, art. 313, inciso III), sendo que ao magistrado tido como suspeito é concedido as seguintes alternativas: Ou reconhece a suspeição e declina da competência para o substituto legal; ou a nega e determina o encaminhamento do incidente ao tribunal, órgão competente para julgá-la. II. Desta maneira, ainda que o magistrado se depare com situação tida como urgente, hipótese esta não presente no caso em espécie, não será permitido a realização de nenhum ato processual durante o período de suspensão do processo. Essa é uma inovação do Novo Código de Processo Civil com a finalidade de proteger aquele direito pleiteado, evitando que eventual situação de urgência se sobreponha a imprescindível imparcialidade dos magistrados para a análise de toda e qualquer demanda. III. Não há falar em negativa de prestação jurisdicional se o tribunal de origem motiva adequadamente sua decisão, solucionando a controvérsia com a aplicação do direito que entende cabível à hipótese, apenas não no sentido pretendido pela parte. (STJ, AgInt no AREsp 856.180/SP, Rel. Ministro RICARDO VILLAS BÔAS CUEVA, TERCEIRA TURMA, julgado em 02/08/2016, DJe 09/08/2016) IV. Agravo Interno improvido. (TJMA; Rec 040948/2016; Primeiras Câmaras Cíveis Reunidas; Rel. Des. Antonio Guerreiro Júnior; Julg. 03/02/2017; DJEMA 13/02/2017)

<u>Atos praticados durante a suspensão processual devem ser reputados nulos:</u>

✓ AGRAVO DE INSTRUMENTO. AÇÃO DE EXECUÇÃO DE TÍTULO EXTRAJUDICIAL. EMBARGOS DO DEVEDOR APENSADOS. PROPOSITURA ANTERIOR DE AÇÃO DE RESCISÃO DO CONTRATO EXEQUENDO. RELAÇÃO DE PREJUDICIALIDADE RECONHECIDA EM RECURSO ANTERIOR. SUSPENSÃO DO PROCEDIMENTO EXECUTIVO DETERMINADA. NULIDADE DOS ATOS PRATICADOS DURANTE O PERÍODO DE SOBRESTAMENTO. INTELIGÊNCIA DO ART. 314 DO CPC. A existência de ação de rescisão tendo por objeto o contrato no qual se funda o crédito, ajuizada anteriormente à propositura da respectiva ação de execução, pode justificar a suspensão deste, nos termos do art. 921, inciso I, c/c art. 313, inciso V, alínea "a", ambos do CPC. Segundo o art. 314 do CPC, "durante a suspensão é vedado praticar qualquer ato processual, podendo o juiz, todavia, determinar a realização de atos urgentes a fim de evitar dano irreparável, salvo no caso de arguição de impedimento e de suspeição". Assim sendo, atos praticados durante a suspensão do processo, em inobservância do que foi decido por esta instância ad quem em recurso anterior, devem ser reputados nulos, notadamente as inserções de restrições em veículos de propriedade da parte executada e de bloqueio "on-line" de valores custodiados em contas bancárias de titularidade desta. (TJMG; AI 1.0027.14.024435-4/001; Rel. Des. Mota e Silva; Julg. 04/07/2017; DJEMG 10/07/2017)

Art. 315. Se o conhecimento do mérito depender de verificação da existência de fato delituoso, o juiz pode determinar a suspensão do processo até que se pronuncie a justiça criminal.

<u>Apontando que a suspensão decorrente da pendencia de ação penal consiste em mera faculdade do juiz:</u>

✓ PREVIDENCIÁRIO. DEVOLUÇÃO DE VALORES RECEBIDOS INDEVIDAMENTE. SUSPENSÃO DO PROCESSO. FACULDADE. MÁ-FÉ COMPROVADA. 1. A suspensão do processo cível em virtude de pendência de ação penal constitui mera faculdade do julgador, nos termos do art. 315, caput, do CPC. 2. Evidenciada a má-fé do segurado, com provas apuradas no âmbito da Operação Psicose que superam a dúvida razoável, é devida a restituição dos valores pagos indevidamente a título de auxílio-doença. (TRF 4ª R.; AC 5017979-66.2014.404.7204; SC; Quinta Turma; Rel. Des. Fed. Paulo Afonso Brum Vaz; Julg. 21/03/2017; DEJF 23/03/2017); PROCESSUAL CIVIL. IMPROBIDADE ADMINISTRATIVA. AGRAVO DE INSTRUMENTO. INDISPONIBILIDADE DE BENS. DESBLOQUEIO. OFERECIMENTO DE BEM EM GA-

RANTIA. NÃO OBJETO DA DECISÃO AGRAVADA. SUPRESSÃO DE INSTÂNCIA. SUSPENSÃO ATÉ JULGAMENTO DA AÇÃO PENAL. DESNECESSIDADE. INDEPENDÊNCIA DE INSTÂNCIAS. FUNDAMENTAÇÃO. FUMUS BONI IURIS. INDÍCIOS DA PRÁTICA DE ATO DE IMPROBIDADE. PERICULUM IN MORA IMPLÍCITO (ART. 7º, LEI Nº 8.429/92). LIMITAÇÃO DA MEDIDA. VERBAS ALIMENTÍCIAS. AGRAVO PARCIALMENTE PROVIDO. EMBARDOS DE DECLARAÇÃO PREJUDICADOS. 1. A pretensão do agravante (a qual inclusive motivou os embargos de declaração opostos em face da decisão que deferiu em parte o efeito suspensivo), de ter seus bens desbloqueados ante o oferecimento de bem imóvel em garantia a eventual ressarcimento integral do dano, não foi objeto da decisão agravada, razão pela qual tal pleito não é passível de análise por esta Corte Regional, sob pena de supressão de instância. 2. Consoante o disposto no art. 12 da Lei nº 8.429/92, as esferas civis, penais e administrativas são independentes entre si, ou seja, um mesmo fato pode ensejar uma condenação penal, civil e administrativa, de sorte que o fato de a conduta imputada ao agravante também ser considerada como crime tipificado em norma penal, tal circunstância não impede o ajuizamento e a regular tramitação da ação de improbidade administrativa. 3. As instâncias administrativa, judicial e penal são independentes, assim, não há impedimento para a apreciação do fato pelo Poder Judiciário, não havendo necessidade de aguardar o desfecho de processo penal para, somente depois, dar prosseguimento à ação de improbidade administrativa interposta judicialmente. Precedentes do STJ e desta Corte. 4. A hipótese de sobrestamento previsto no art. 315 do Código de Processo Civil é faculdade do magistrado, não se justificando, no presente caso, a paralisação da ação de improbidade administrativa, a qual pode prosseguir normalmente. Precedente do STJ. 5. (...). 12. Agravo de instrumento parcialmente provido. Embargos de declaração prejudicados. (TRF 1ª R.; AI 0012288-19.2017.4.01.0000; Terceira Turma; Rel. Juiz Fed. Conv. Leão Aparecido Alves; DJF1 19/12/2017)

<u>Entendendo que a suspensão prevista no art. 315 do CPC não se aplica aos Juizados Especiais Cíveis:</u>

✓ JUIZADO ESPECIAL CÍVEL. FRAUDE. LIBERAÇÃO DE VALORES. DEPENDÊNCIA. VERIFICAÇÃO DA EXISTÊNCIA DE FATO DELITUOSO. ARTIGO 315 DO CPC. SUSPENSÃO. IMPOSSIBILIDADE. RECURSO CONHECIDO E IMPROVIDO. SENTENÇA MANTIDA. 1. O conhecimento da matéria de mérito depende da verificação dos fatos delituosos narrados pelo autor. Nesse passo, a liberação dos valores objeto do negócio jurídico que o autor alega ter ocorrido mediante fraude deve aguardar o esclarecimento dos fatos na esfera criminal, a fim de resguardar o direito do terceiro (até a comprovação efetiva de culpa) e também da instituição financeira. 2. A situação que se apresenta encontra previsão no ordenamento jurídico, conforme disposto no artigo 315 do Código de Processo Civil, mas que não se aplica aos Juizados Especiais Cíveis, em razão de seus princípios informadores, especialmente o princípio da celeridade processual. 3. As provas produzidas pelo autor são insuficientes para confirmar a alegada fraude, que não foi confirmada pela recorrida. 4. Recurso CONHECIDO e IMPROVIDO. Condeno o recorrente vencido ao pagamento das custas processuais e honorários advocatícios fixados em 10% sobre o valor da causa, conforme art. 55, Lei nº. 9.099/95. (TJDF; RInom 0704722-26.2017.8.07.0016; Primeira Turma Recursal dos Juizados Especiais; Relª Juíza Mara Silda Nunes de Almeida; Julg. 03/08/2017; DJDFTE 17/08/2017; Pág. 713)

<u>Considerando a regra aplicável também ao processo do trabalho:</u>

✓ AGRAVO DE INSTRUMENTO. Recurso de revista. Processo sob a égide da Lei nº 13.015/2014. Nulidade. Cerceamento de defesa. Sobrestamento do feito. Instauração de processo criminal. Faculdade do juiz. Art. 315 do CPC/15 (art. 110 do CPC/73). O art. 315 do CPC/15 (art. 110 do CPC/73) preceitua que: se o conhecimento do mérito depender de verificação da existência de fato delituoso, o juiz pode determinar a suspensão do processo até que se pronuncie a justiça criminal. Ao utilizar a expressão pode, o referido dispositivo legal apenas concede a faculdade ao juiz de determinar o sobrestamento do feito até o pronunciamento definitivo da justiça criminal. No caso dos autos, ao indeferir o pleito de sobrestamento da demanda trabalhista, o TRT decidiu em conformidade com a regra processual que disciplina a matéria, não havendo, portanto que se falar em cerceamento de defesa. Ademais, é importante registrar que o regional consignou que os fatos delituosos investigados não são imprescindíveis para o deslinde da presente demanda. Agravo de instrumento desprovido. (TST; AIRR 0002413-50.2014.5.02.0022; Terceira Turma; Rel. Min. Mauricio Godinho Delgado; DEJT 03/03/2017; Pág. 1034)

§ 1º Se a ação penal não for proposta no prazo de 3 (três) meses, contado da intimação do ato de suspensão, cessará o efeito desse, incumbindo ao juiz cível examinar incidentemente a questão prévia.

§ 2º Proposta a ação penal, o processo ficará suspenso pelo prazo máximo de 1 (um) ano, ao final do qual aplicar-se-á o disposto na parte final do § 1º.

<u>O prazo de um ano de suspensão não pode ser ultrapassado, ainda que pendente a ação penal:</u>

✓ AGRAVO DE INSTRUMENTO. AÇÃO DE REPARAÇÃO CIVIL DECORRENTE DE MORTE EM ACIDENTE DE TRÂNSITO. DESPACHO QUE DETERMINA A PRORROGAÇÃO DA SUSPENSÃO DA AÇÃO CIVIL ATÉ O TRÂNSITO EM JULGADO DA AÇÃO PENAL. IMPOSSIBILIDADE. PRAZO MÁXIMO DE SUSPENSÃO QUE NÃO PODE EXCEDER 01 (UM) ANO. PARECER DA PROCURADORIA DE JUSTIÇA FAVORÁVEL

À PRETENSÃO RECURSAL. RECURSO CONHECIDO E PROVIDO. É facultado ao Magistrado da Ação de Reparação Civil suspender o curso do processo civil pelo prazo máximo de 01 (Um) ano, nos termos do §2º do art. 315 do Código de Processo Civil, sem que haja qualquer exceção que prorrogue ou vincule o prazo ao trânsito em julgado da Ação Penal. (TJSE; AI 201700701143; Ac. 21879/2017; Primeira Câmara Cível; Rel. Des. Ruy Pinheiro da Silva; Julg. 06/10/2017; DJSE 11/10/2017)

Determinação de suspensão pela pendência de ação penal não consiste em matéria agravável, nos termos dos incisos do art. 1.015 do CPC:

✓ AÇÃO MONITÓRIA. AGRAVO DE INSTRUMENTO INTERPOSTO CONTRA DECISÃO QUE DETERMINOU A SUSPENSÃO DO ANDAMENTO DO PROCESSO NOS MOLDES DO § 1º DO ARTIGO 315 DO NCPC. QUESTÃO NÃO ELENCADA NO ROL DO ARTIGO 1015 DO CPC/2015. RECURSO NÃO CONHECIDO. A questão suscitada pela agravante não pode ser dirimida por meio dessa via recursal. E isso porque, a matéria sub judice não se enquadra em nenhuma das hipóteses previstas no artigo 1.015 do CPC/2015, o que torna inadmissível a interposição do presente recurso. Recurso não conhecido. (TJSP; AI 2141062-04.2017.8.26.0000; Ac. 10707155; São Paulo; Décima Segunda Câmara de Direito Privado; Relª Desª Sandra Galhardo Esteves; Julg. 17/08/2017; DJESP 31/08/2017; Pág. 2488)

TÍTULO III
Da Extinção do Processo

Art. 316. A extinção do processo dar-se-á por sentença.

→ v. Arts. 485 e 487 do NCPC.

Art. 317. Antes de proferir decisão sem resolução de mérito, o juiz deverá conceder à parte oportunidade para, se possível, corrigir o vício.

→ v. Arts. 4º, 321 e 488 do NCPC.

→ v. Enunciado 657 do FPPC: O relator, antes de considerar inadmissível o incidente de resolução de demandas repetitivas, oportunizará a correção de vícios ou a complementação de informações.

→ v. Enunciado 666 do FPPC: O processo coletivo não deve ser extinto por falta de legitimidade quando um legitimado adequado assumir o polo ativo ou passivo da demanda.

Se o réu optou por ajuizar ações separadas, o juiz pode tentar reuni-las, mas não extinguir o processo sem resolução de mérito:

✓ AÇÃO DECLARATÓRIA E INDENIZATÓRIA. Relação de consumo. Apontamento. Declaração de inexistência de relação jurídica e baixa de apontamento, além de indenização por dano moral. Sentença de extinção sem resolução do mérito, por litispendência. Art. 485, V, do CPC. Contudo, não se verifica o vício processual afirmado, já que a ação anteriormente ajuizada pela autora, contra o mesmo réu, com o mesmo pedido, tem objeto distinto. Contratos e apontamentos distintos. Inexistência de óbice legal ao ajuizamento de ações diversas. Art. 327 do CPC. Faculdade do demandante. Juíza de Direito que agiu bem ao tentar concentrar as ações, para economia e celeridade do processo. Contudo, a extinção não foi correta, já que não existe mesmo impedimento legal ao procedimento adotado pela autora. Art. 317 do CPC que não foi observado, não tendo sido conferida a oportunidade de emenda. Anulação da sentença que é necessária, retornando à origem para prosseguimento. Recurso provido. DISPOSITIVO. Recurso provido, com determinação. (TJSP; APL 1013805-28.2017.8.26.0577; Ac. 11067126; São José dos Campos; Trigésima Oitava Câmara de Direito Privado; Rel. Des. Achile Alesina; Julg. 13/12/2017; DJESP 18/12/2017; Pág. 3288)

Se a determinação de emenda da petição inicial foi parcialmente cumprida, deve ser dada nova oportunidade para sanar o vício:

✓ AÇÃO DE USUCAPIÃO. EXTINÇÃO DO FEITO SEM JULGAMENTO DE MÉRITO. DETERMINAÇÃO DE EMENDA DA INICIAL QUE FOI PARCIALMENTE CUMPRIDA PELOS AUTORES. Impossibilidade de extinção sem que fosse disponibilizada outra oportunidade para sanar o vício. Inteligência do Artigo 317 do Código de Processo Civil. Descumprimento da determinação imposta pelo Artigo 139, IX do Código de Processo Civil. Sentença de extinção afastada. Prosseguimento do feito. Recurso provido. (TJSP; APL 1003787-30.2015.8.26.0637; Ac. 10946174; Tupã; Terceira Câmara de Direito Privado; Relª Desª Marcia Dalla Déa Barone; Julg. 06/11/2017; rep. DJESP 06/12/2017; Pág. 2505)

Não se deve extinguir o processo por ausência de condições da ação se é possível suprir a falha:

✓ DIREITO PROCESSUAL CIVIL. APELAÇÃO CÍVEL. RESTAURAÇÃO DE AUTOS. EXTINÇÃO DO FEITO EM RAZÃO DA AUSÊNCIA DE INTERESSE. PRIMAZIA DA DECISÃO DE MÉRITO. VIOLAÇÃO AO DISPOSTO NO ART. 317 DO CPC/2015. 1. A extinção do feito por ausência de condições da ação, na forma do disposto no art. 485, VI, do Código de Processo Civil, não se aplica quando há possibilidade de ser suprida a falta da prática de ato processual. 2. O CPC/2015 consagrou o princípio da primazia da decisão de mérito no art. 317. 3. É dever de cooperação dos agentes processuais a persecução da possibilidade de se proferir decisão de mérito, sendo nula a sentença terminativa proferida em hipótese na qual era possível intimação da parte incumbida da prática de determinado ato processual. 4. Deu-se provimento ao apelo. (TJDF; APC 2010.01.1.049872-9; Ac. 104.1992; Primeira Turma Cível; Rel. Des. Roberto Freitas; Julg. 09/08/2017; DJDFTE 04/09/2017). V. tb.: APELAÇÃO CÍVEL. AÇÃO DE INDENIZAÇÃO. ILEGITIMIDADE ATIVA. EXTINÇÃO DO PROCESSO SEM RESOLUÇÃO DE MÉRITO. INTIMAÇÃO PARA CORREÇÃO DE VÍCIO SANÁVEL. INOCORRÊNCIA. PRINCÍPIO DA PRIMAZIA DA DECISÃO DE MÉRITO, DO CONTRADITÓRIO E DA COOPERAÇÃO. CASSAÇÃO DA SENTENÇA. A decisão que extingue o processo sem exame do mérito por ilegitimidade ativa, sem que ao autor tenha sido previamente apontado o defeito e propiciada a oportunidade de saná-lo, viola não apenas a literalidade dos artigos 10 e 317 do CPC/2015, mas um conjunto de princípios de capital importância no sistema do CPC/2015, que conformam um modelo processual de índole marcadamente colaborativa. O vértice teleológico do novo modelo processual civil brasileiro é a "decisão de mérito justa e efetiva" (artigo 6º, CPC/2015), para a qual é de vital importância a observância do princípio da cooperação, que vincula todos os sujeitos do processo, impondo ao órgão jurisdicional, especificamente, os deveres de consulta e prevenção, cuja inobservância acarreta nulidade da sentença terminativa. (TJMG; APCV 1.0570.11.001384-6/001; Rel. Des. Vasconcelos Lins; Julg. 25/04/2017; DJEMG 27/04/2017)

<u>O julgamento por insuficiência de provas acarreta a improcedência do pedido, o que afasta a aplicação do art. 317 do CPC:</u>

✓ PROCESSUAL CIVIL. EMBARGOS DE DECLARAÇÃO. CONTRADIÇÃO. INEXISTÊNCIA. TRIBUTÁRIO. MANDADO DE SEGURANÇA. COMPENSAÇÃO DOS VALORES RECOLHIDOS INDEVIDAMENTE ANTERIORES À IMPETRAÇÃO. AUSÊNCIA DE COMPROVAÇÃO DE CONDIÇÃO DE CREDOR. ACÓRDÃO LIVRE DE OMISSÃO, OBSCURIDADE E CONTRADIÇÃO. 1. A falta de comprovação da situação de credor pelo impetrante, acarreta na extinção do feito com resolução do mérito em relação ao pedido de compensação dos valores recolhidos indevidamente nos 5 (cinco) anos anteriores à impetração. Precedentes do e. STJ. 2. In casu, não se trata de inviabilidade do mandado de segurança para reconhecer o direito à compensação, mas de ausência de provas que delimitem a condição de credor do contribuinte para que possa pleitear a repetição dos valores recolhidos indevidamente anteriores ao ajuizamento. 3. A contradição que dá ensejo a embargos de declaração é apenas a "interna ", vale dizer, a que resulta do conflito entre duas orações lançadas no ato decisório, de sorte a comprometer a sua inteligência. 4. A jurisprudência deste e. Tribunal é pacífica em reconhecer que o julgamento por ausência de provas acarreta na extinção do feito com resolução do mérito e, portanto, inaplicável o quanto disposto no artigo 317, do Código de Processo Civil de 2015. 5. Devem ser rejeitados os embargos de declaração opostos contra acórdão proferido a salvo de omissão, contradição ou obscuridade. (TRF 3ª R.; ED-cl-Ap-Rem 0014669-91.2008.4.03.6100; Terceira Turma; Rel. Des. Fed. Nelton Agnaldo Moraes dos Santos; Julg. 10/11/2016; DEJF 28/11/2016)

PARTE ESPECIAL

LIVRO I
DO PROCESSO DE CONHECIMENTO E DO CUMPRIMENTO DE SENTENÇA

TÍTULO I
Do Procedimento Comum

Capítulo I
DISPOSIÇÕES GERAIS

Art. 318. Aplica-se a todas as causas o procedimento comum, salvo disposição em contrário deste Código ou de lei.

→ *v.* Art. 24, XI, da CF/1988.

Parágrafo único. O procedimento comum aplica-se subsidiariamente aos demais procedimentos especiais e ao processo de execução.

Aplicabilidade subsidiária do art. 323 do CPC ao processo de execução:

✓ AGRAVO DE INSTRUMENTO. AÇÃO DE EXECUÇÃO DE TÍTULO EXTRAJUDICIAL (COTAS DE CONDOMÍNIO EDILÍCIO). DECISÃO AGRAVADA QUE DETERMINOU A EMENDA DA INICIAL PARA A EXCLUSÃO DAS PARCELAS VINCENDAS. O CPC/2015 inovou, ao incluir no rol dos títulos executivos extrajudiciais, o crédito referente às contribuições ordinárias e extraordinárias de condomínio edilício, consoante inciso X, do art. 784 CPC/2015. Possibilidade de inclusão das cotas condominiais vincendas no pedido inicial, com base no art. 323 e art. 318, § único, ambos do CPC/2015. Tal providência evita o ajuizamento de novas execuções entre as mesmas partes, fundada na mesma relação jurídica, bem como prestigia os princípios da efetividade da economia processual e efetividade da prestação jurisdicional. Precedentes do e. STJ e desta e. Corte. Decisão reformada. Provimento do agravo. -. (TJRJ; AI 0048455-98.2017.8.19.0000; Rio de Janeiro; Vigésima Câmara Cível; Relª Desª Maria Inês da Penha Gaspar; DORJ 12/12/2017; Pág. 352). No mesmo sentido: AGRAVO DE INSTRUMENTO. Condomínio. Execução de título extrajudicial. Pedido de inclusão das cotas vincendas. Admissibilidade. Artigos 318, 323 e 771 do Novo Código de Processo Civil. Decisão reformada. Agravo provido. (TJSP; AI 2199729-80.2017.8.26.0000; Ac. 10976014; São Paulo; Trigésima Terceira Câmara de Direito Privado; Rel. Des. Sá Moreira de Oliveira; Julg. 13/11/2017; DJESP 21/11/2017; Pág. 3142) e DESPESAS CONDOMINIAIS. AÇÃO DE EXECUÇÃO DE TÍTULO EXTRAJUDICIAL. INCLUSÃO DAS PARCELAS VINCENDAS E INADIMPLIDAS NO DECORRER DO PROCESSO. ADMISSIBILIDADE. EXEGESE DO ART. 323 C.C. ARTS. 318 E 771, PAR. ÚN., DO CPC. Conquanto o demandante tenha optado pelo processo executório para a cobrança das despesas condominiais em atraso, considerando se tratar de relação jurídica de trato sucessivo e em observância aos princípios da economia processual e da efetividade vigentes no atual CPC, cabível a inclusão de prestações vencidas e não pagas no decorrer da execução. Inteligência do disposto nos art. 318, 323 e 771, par. Ún., do NCPC. Recurso provido. (TJSP; AI 2121454-20.2017.8.26.0000; Ac. 10666560; Guarulhos; Trigésima Quinta Câmara de Direito Privado; Rel. Des. Gilberto Leme; Julg. 31/07/2017; DJESP 10/08/2017; Pág. 2368)

Capítulo II
DA PETIÇÃO INICIAL

Seção I
Dos Requisitos da Petição Inicial

Art. 319. A petição inicial indicará:

→ *v.* Súmula 558 do STJ.

→ *v.* Art. 2º da Lei 5.741/1971.

→ *v.* Art. 37 da Lei 9.307/1996.

→ *v.* Art. 14 da Lei 9.099/1995.

→ *v.* Art. 2º-A da Lei 9.494/1997.

→ *v.* Arts. 106, 287, 303, 305 e 798 do NCPC.

→ *v.* Enunciado 145 do FPPC: No processo do trabalho, é requisito da inicial a indicação do número no cadastro de pessoas físicas ou no cadastro nacional de pessoas jurídicas, bem como os endereços eletrônicos do autor e do réu, aplicando-se as regras do novo Código de Processo Civil a respeito da falta de informações pertinentes ou quando elas tornarem impossível ou excessivamente oneroso o acesso à justiça.

→ *v.* Enunciado 424 do FPPC: Os parágrafos do art. 319 devem ser aplicados imediatamente, inclusive para as petições iniciais apresentadas na vigência do CPC/1973.

I – o juízo a que é dirigida;

II – os nomes, os prenomes, o estado civil, a existência de união estável, a profissão, o número de inscrição no Cadastro de Pessoas Físicas ou no Cadastro Nacional da Pessoa Jurídica, o endereço eletrônico, o domicílio e a residência do autor e do réu;

→ *v.* Art. 246, § 1°, do NCPC.

Possibilidade de recebimento da petição inicial mesmo sem o endereço eletrônico do autor:

✓ APELAÇÃO CÍVEL. AÇÃO DECLARATÓRIA DE INEXISTÊNCIA DE DÉBITO C/C INDENIZAÇÃO POR DANOS MORAIS. INDEFERIMENTO DA PETIÇÃO INICIAL. AUSÊNCIA DE INDICAÇÃO DE ENDEREÇO ELETRÔNICO DO AUTOR. REFORMA DA SENTENÇA. POSSIBILIDADE DE CITAÇÃO DO RÉU. APLICAÇÃO DO DISPOSTO NO § 2°, DO ART. 319 DO CPC. ENFRENTAMENTO MERITÓRIO. 1. O art. 319, II do CPC, traz como um dos principais requisitos da petição inicial a individualização precisa do demandante e demandado, devendo haver o nome, prenome, profissão, estado civil, endereço, inclusive eletrônico. 2. O cerne do recurso é saber se a ausência de indicação de endereço da parte autora, consiste em não atendimento aos requisitos exigidos no art. 319 do CPC, devendo a falta de um deles ser hipótese de indeferimento da petição inicial, sendo o processo extinto sem resolução do mérito. 3. É cediço que o art. 319, mais precisamente em seu inciso II, traz como um dos principais requisitos da petição inicial a individualização das partes, tendo inclusive, requerido a indicação do endereço eletrônico, sendo uma forma de adequar a legislação aos avanços tecnológicos. Analisando o mencionado artigo, em seu § 2°, foi visto que a petição inicial não será indeferida se, a despeito da falta de informações a que se refere o inciso II, for possível a citação do réu. Vê-se que a preocupação é a citabilidade. É fato que o endereço eletrônico das partes é um requisito exigido pelo CPC quando da interposição da petição inicial, porém tal requisito não deve ser visto com rigidez, de tal forma que sua ausência, importe no indeferimento da inicial. 4. Observando que consta nos autos o endereço do demandado, inclusive o eletrônico, exigir que a parte autora, por sua vez, analfabeta, tenha endereço eletrônico para deferir a petição inicial, viola o princípio inafastabilidade da jurisdição. Além do mais, foi indicado o endereço de seu advogado, como o apto para receber qualquer comunicação e as informações contidas na inicial possibilita a citação do réu, sem maiores dificuldades. 5. Com essas considerações, entendo que a peça inicial em questão deve ser recebida, privilegiando-se a instrução do presente feito e o enfretamento do seu mérito, por ser essa a medida que melhor se adequa à nossa atual sistemática processual. 6. Recurso provido. (TJPE; APL 0000640-62.2016.8.17.1240; Rel. Des. José Viana Ulisses Filho; DJEPE 20/12/2017); APELAÇÃO CÍVEL. INDEFERIMENTO DA INICIAL. NÃO FORNECIMENTO DE ENDEREÇO ELETRÔNICO. IMPOSSIBILIDADE DE ACESSO À INTERNET. § 3°, DO ART. 319, DO CPC. RECURSO PROVIDO. 1. A petição inicial não será indeferida pelo não fornecimento de endereço eletrônico (inciso II, do art. 319, do CPC) se a parte não tiver acesso à internet, pois tal exigência tornaria praticamente impossível o acesso à justiça. 2. Recurso provido. (TJRR; AC 0010.16.824554-5; Relª Desª Tânia Vasconcelos; DJERR 03/05/2017; Pág. 13); PROCESSUAL CIVIL. REQUISITOS DA PETIÇÃO INICIAL. CPC, ART. 319, II. ENDEREÇO ELETRÔNICO. AUSÊNCIA JUSTIFICADA. NÃO OBRIGATORIEDADE – Em homenagem à garantia do acesso à justiça, e em interpretação da previsão constante no art. 319, § 3°, do Código de Processo Civil, a peça preambular não deve ser indeferida pela ausência justificada da indicação do endereço eletrônico das partes. JUSTIÇA GRATUITA – DECLARAÇÃO DE HIPOSSUFICIÊNCIA – CF, ART. 5°, INC. LXXIV – CPC/2015, ARTS. 98 E 99, § 3° – DEFERIMENTO. Na dicção do art. 98 do Código de Processo Civil de 2015, a pessoa natural ou jurídica, brasileira ou estrangeira, com insuficiência de recursos para pagar as custas, as despesas processuais e os honorários advocatícios tem direito à gratuidade da justiça. (TJSC; AI 4008719-64.2017.8.24.0000; Itajaí; Quinta Câmara de Direito Civil; Rel. Des. Luiz Cézar Medeiros; DJSC 28/07/2017; Pag. 128). V. tb.: TJSE; AC 201700812319; Ac. 18662/2017; Segunda Câmara Cível; Rel. Des. Luiz Antônio Araújo Mendonça; Julg. 29/08/2017; DJSE 04/09/2017.

Desnecessidade de apresentação de comprovante de residência com a petição inicial, podendo o juiz, contudo, exigir tal documento quando suspeitar de alguma irregularidade:

✓ APELAÇÃO. AÇÃO DECLARATÓRIA. INDEFERIMENTO DA INICIAL. COMPROVANTE DE RESIDÊNCIA EM NOME DO APELANTE. IMPOSSIBILIDADE. Com efeito, o artigo 319 do Código de Processo Civil exige apenas a indicação de endereço pelo autor na petição inicial, não havendo que se falar em obrigatoriedade de comprovação por meio de documento emitido por concessionária de serviços públicos. Destaco, porém, que o magistrado pode exigir a exibição do comprovante de endereço quando suspeitar de alguma irregularidade. Anoto que o Apelante não se insurgiu em face da decisão de fl. 22 que determinou que o mesmo colacionasse aos autos o mencionado comprovante, tanto no sentido de não possuir comprovante em seu nome quanto em não ser obrigatória a sua juntada, ou seja, quedou-se inerte (fl. 24). Destarte, por não ter cumprido a determinação de fl. 22, bem como, por não ter se insurgido em face da mencionada decisão, era mesmo caso de extinção do processo, porém, por falta de diligência. SENTENÇA MANTIDA POR FUNDAMENTO DIVERSO. RECURSO IMPROVIDO. (TJSP; APL 1000154-50.2017.8.26.0666; Ac. 11055312; Artur Nogueira; Trigésima Oitava Câmara de Direito Privado; Rel. Des. Eduardo Siqueira; Julg. 11/12/2017; DJESP 18/12/2017; Pág. 3249); PROCESSUAL CIVIL. PREVIDENCIÁRIO. APOSENTADORIA POR INVALIDEZ. AUXÍLIO-ACIDENTÁRIO. TRABALHADOR URBANO. AUSÊNCIA DA COMPROVAÇÃO DE ENDEREÇO. INDEFERIMENTO DA INICIAL, IM-

POSSIBILIDADE. SENTENÇA ANULADA. 1. Nos termos do art. 319 do Código de Processo Civil/2015, a petição inicial indicará o domicílio e a residência do autor e réu, não sendo indispensável à propositura da ação a juntada do comprovante de residência. 2. Inexistindo na petição inicial qualquer defeito ou irregularidades capazes de dificultar ou impedir o julgamento do mérito, deve ser anulada sentença. Não estando a causa madura para julgamento, resta determinado o retorno dos autos ao Juízo de origem para regular processamento e julgamento do feito. 3. Apelação provida. Retorno dos autos à origem. (TRF 1ª R.; AC 0037624-73.2017.4.01.9199; Primeira Turma; Rel. Des. Fed. Carlos Augusto Pires Brandão; DJF1 25/10/2017). V. tb.: TJPE; APL 0000258-77.2017.8.17.1420; Quinta Câmara Cível; Rel. Des. Agenor Ferreira de Lima; Julg. 16/08/2017; DJEPE 05/09/2017; TJRS; AC 0095739-97.2017.8.21.7000; Porto Alegre; Décima Sétima Câmara Cível; Relª Desª Marta Borges Ortiz; Julg. 26/10/2017; DJERS 13/11/2017.

Sequer a determinação da competência territorial é motivo para se exigir a juntada do comprovante de residência, uma vez que o juiz não pode se dar por incompetente de ofício:

✓ INDEFERIMENTO DA PETIÇÃO INICIAL. Extinção do Processo. Ausência de comprovante de residência. Inicial apta a produzir seus regulares efeitos: Presentes o pedido e a causa de pedir. Artigo 319, inc. II, do CPC/2015 não prevê a necessidade de juntada de comprovante de residência a fim de averiguar a competência territorial relativa. Não cabimento. Não é cabível o indeferimento de petição inicial por ausência de comprovante de residência, apto a verificar a competência territorial relativa, porquanto não é dado ao juiz declná-la de ofício. RECURSO PROVIDO. (TJSP; APL 1002233-71.2016.8.26.0428; Ac. 10696876; Paulínia; Décima Terceira Câmara de Direito Privado; Relª Desª Ana de Lourdes Coutinho Silva da Fonseca; Julg. 14/08/2017; DJESP 17/08/2017; Pág. 2295)

III – o fato e os fundamentos jurídicos do pedido;

→ *v.* Enunciado 281 do FPPC: O enquadramento normativo dos fatos não é requisito da petição inicial e, uma vez existente, não vincula o órgão julgador.

→ *v.* Enunciado 282 do FPPC: Para julgar com base em enquadramento normativo diverso daquele invocado pelas partes, ao juiz cabe observar o dever de consulta, previsto no art. 10.

→ *v.* Enunciado 283 do FPPC: Aplicam-se os arts. 319, § 1º, 396 a 404 também quando o autor não dispuser de documentos indispensáveis à propositura da ação.

IV – o pedido com as suas especificações;

Impossibilidade de se conhecer de pedido genérico de revisão contratual:

✓ APELAÇÃO CÍVEL. CONTRATOS DE CARTÃO DE CRÉDITO. AÇÃO ORDINÁRIA DE DESCONSTITUIÇÃO DE DÉBITO C/C INDENIZAÇÃO POR DANOS MORAIS. 1. Duplicidade de recursos. Princípio da unirrecorribilidade. A parte não pode oferecer dois recursos contra a mesma decisão, como no caso em apreço, sob pena de afronta ao princípio da unirrecorribilidade, pois é vedada a interposição simultânea ou cumulativa de mais de um recurso visando à impugnação do mesmo ato ou manifestação judicial. Não conhecida a segunda apelação interposta pela autora. 2. Preliminar contrarrecursal. Inépcia da petição inicial. A petição inicial não é inepta quando atende aos requisitos do art. 319 do código de processo civil e possibilita a compreensão do pedido e de seus fundamentos de fato e de direito, permitindo a ampla defesa e o contraditório. No caso dos autos, embora a petição inicial não exiba a melhor técnica, possibilitou a compreensão do pedido e seus fundamentos de fato e de direito, permitindo se extrair que a parte autora nega a existência do débito que ensejou a inscrição do seu nome nos cadastros de inadimplentes e, em decorrência disso, postula a desconstituição da dívida e a condenação do réu ao pagamento de indenização por danos morais. Caso concreto que não se enquadra em nenhuma das hipóteses de inépcia da petição inicial. Preliminar afastada. 3. Revisão do contrato. Pedido genérico. Cabe à parte autora indicar na petição inicial, de forma suficientemente fundamentada, as cláusulas que pretende revisar, especificando claramente quais as taxas e tarifas que entende ser abusivas, porquanto é vedada a revisão de ofício, a teor da Súmula nº 381 do STJ. Ausente especificação na inicial, como no caso, não pode ser conhecido o pedido genérico de revisão contratual. Recurso não conhecido no ponto. 4. Responsabilidade civil das instituições financeiras nas relações de consumo. Falha na prestação do serviço. Inocorrência. Contratação e débito comprovados. Inscrição nos cadastros de inadimplentes. Exercício regular de um direito. Dano moral não configurado. A parte ré comprovou a existência da contratação, a utilização do cartão de crédito e o débito inadimplido, objeto da inscrição negativa. Destarte, a inscrição do nome da parte autora nos cadastros de inadimplentes é exercício regular de um direito, de modo que não há falar em desconstituição do débito, cancelamento da inscrição e indenização por danos morais, porquanto não há como imputar qualquer falha na prestação dos serviços à parte demandada. Ademais, estando a autora prévia e legitimamente inscrita em cadastros restritivos de crédito, descabida é a indenização por danos morais, os termos da Súmula nº 385 do STJ. Apelação das fls. 120/130 não conhecida. Preliminar contrarrecursal desacolhida. Apelação das fls. 103/112 conhecida em parte e, na parte conhecida, desprovida. (TJRS; AC 0323305-37.2017.8.21.7000; Porto Alegre; Vigésima Quarta Câmara Cível; Rel. Des. Fernando Flores Cabral Junior; Julg. 13/12/2017; DJERS 18/12/2017)

V – o valor da causa;

→ v. Art. 58, III, da Lei 8.245/1991.

→ v. Arts. 291 e seguintes e 303, § 4º, do NCPC.

VI – as provas com que o autor pretende demonstrar a verdade dos fatos alegados;

VII – a opção do autor pela realização ou não de audiência de conciliação ou de mediação.

→ v. Arts. 334, §§ 4º e 5º, do NCPC.

§ 1º Caso não disponha das informações previstas no inciso II, poderá o autor, na petição inicial, requerer ao juiz diligências necessárias a sua obtenção.

→ v. Enunciado 519 do FPPC: Em caso de impossibilidade de obtenção ou de desconhecimento das informações relativas à qualificação da testemunha, a parte poderá requerer ao juiz providências necessárias para a sua obtenção, salvo em casos de inadmissibilidade da prova ou de abuso de direito.

Não pode a petição inicial ser indeferida se a parte justificou que não possui todos os dados de identificação do réu, requerendo a realização de diligências para descobri-los:

✓ DIREITO PROCESSUAL CIVIL. AÇÃO DE ALIMENTOS. AUSÊNCIA DE INDICAÇÃO DO ENDEREÇO COMPLETO DO RÉU. REQUERIMENTO EXPRESSO NA PETIÇÃO INICIAL DE DILIGÊNCIA PARA COMPLEMENTAÇÃO DAS INFORMAÇÕES NOS TERMOS DO ART. 319, §1º DO CPC/2015. EXTINÇÃO DO PROCESSO SEM RESOLUÇÃO DE MÉRITO POR ABANDONO DE CAUSA, NOS TERMOS DO ART. 485, III, DO CPC/2015. IMPOSSIBILIDADE. AUSÊNCIA DE INTIMAÇÃO PESSOAL DA PARTE NOS TERMOS DO ART. §1º DO ART. 319 DO CPC/2015. RECURSO CONHECIDO E PROVIDO. SENTENÇA ANULADA. RETORNO DOS AUTOS À ORIGEM PARA REGULAR PROCESSAMENTO DO FEITO. 1 – Cuida-se de apelação cível adversando sentença proferida pelo MM. Juiz de direito da 2ª vara da Comarca de Quixeramobim, nos autos da ação de alimentos aforada em desfavor do Francisco Ribeiro Sales, que extinguiu o processo sem resolução de mérito, com fulcro no art. 485, III do NCPC, por falta das condições da ação. 2 – No despacho inaugural, o douto julgador de piso determinou a intimação da parte autora para no prazo de 10(dez) dias, retificar o informe contido na inicial fazendo constar o endereço correto do requerido, no entanto, devidamente intimada, quedou-se inerte, razão pela qual o processo foi extinto sem resolução de mérito, nos termos do art. 485, III, do NCPC, por faltar-lhe uma das condições da ação legalmente exigida para a sua apreciação. 3 – Observa-se que na exordial de fls. 02/09, a requerente, ao qualificar a parte ré, asseverou expressamente não dispor "de todas as informações acerca da parte adversa", requerendo que fossem oficiados ao INSS para informar o cadastro nacional de informações sociais, Receita Federal, justiça eleitoral-siel, além dos próprios sistemas de justiça, nos termos do art. 319, § 1º do CPC. 4 – O art. 319 do NCPC, estabelece os requisitos da petição inicial, os quais não sendo devidamente cumpridos, poderá acarretar a extinção do processo sem resolução de mérito, nos termos do art. 485, inciso I do CPC/2015. 5 – Ocorre que, o próprio art. 319, em seus §§ 1º a 3º traz algumas situações em que, mesmo a parte não cumprindo imediatamente o disposto no II, ainda assim a petição inicial não poderá ser indeferida. 6 – Observa-se, in casu, que no despacho inicial, o magistrado de planície determinou a intimação da parte autora para informar o endereço completo do requerido, sem, contudo, levar em consideração que esta já tinha expressamente mencionado em sua exordial, que não dispunha de todas as informações acerca do mesmo, requerendo diligências nos termos do art. 319, do CPC. 7 – Frise-se, por oportuno, que o douto julgador singular, extinguiu o feito, sem resolução de mérito por ausência de interesse processual, nos termos do art. 485, inciso III do CPC/2015, no entanto, para a extinção do feito por abandono de causa por mais de 30 dias, a parte também deveria ser intimada pessoalmente para no prazo de 05 (cinco) dias, suprir a falta, o que também não ocorreu no caso em liça, existindo nos autos apenas despacho inicial para a parte apresentar o endereço completo do suplicado. 8 – Desta feita, a sentença objurgada deverá ser anulada com o retorno dos autos à origem para seu regular prosseguimento, cumprindo o disposto no art. 319, §1º do CPC/2015, tendo em vista ter a parte expressado em sua exordial não possuir os dados completos da parte adversa. 9 – Apelação cível conhecida e provida. Sentença anulada. (TJCE; APL 0015262-15.2016.8.06.0154; Quarta Câmara de Direito Privado; Relª Desª Helena Lúcia Soares; Julg. 05/12/2017; DJCE 11/12/2017; Pág. 96)

§ 2º A petição inicial não será indeferida se, a despeito da falta de informações a que se refere o inciso II, for possível a citação do réu.

A falta de indicação do endereço eletrônico não prejudica a citação do réu e, portanto, a petição inicial não pode ser indeferida por ausência de tal dado:

✓ APELAÇÃO CÍVEL. AÇÃO DE COBRANÇA. CONDOMÍNIO. REQUISITOS DA PETIÇÃO INICIAL. INDEFERIMENTO. CITAÇÃO. ELEMENTOS NECESSÁRIOS PRESENTES. SENTENÇA DESCONSTITUÍDA. A ausência de indicação do endereço eletrônico da parte demandada na peça inicial, por si só, não importa no indeferimento da inicial, havendo outros elementos que possibilitam a citação, disposição do art. 319, §2º, do NCPC. Sentença desconstituída. Apelação provida. Unânime. (TJRS; AC 0185995-86.2017.8.21.7000; Porto Alegre; Décima Sétima Câmara Cível; Rel. Des. Giovanni Conti; Julg. 20/07/2017; DJERS 26/07/2017); PROCESSUAL CI-

VIL. RECURSO DE APELAÇÃO. INDEFERIMENTO DA PETIÇÃO INICIAL. AUSÊNCIA DE ENDEREÇO ELETRÔNICO. DESCABIMENTO. INTELIGÊNCIA DO ART. 319 DO CPC/2015. Malgrado o CPC/2015, em seu artigo 319, tenha discriminado as exigências que deverão constar na petição inicial, incluindo o endereço eletrônico das partes, o mesmo dispositivo legal, em seu § 2º, prevê que "a petição inicial não será indeferida se, a despeito da falta de informações a que se refere o inciso II, for possível a citação do réu". – Com efeito, a falta de endereço eletrônico na inicial, por si só, não enseja o indeferimento da petição inicial, já que a sua ausência não impede a citação da parte demandada. – Apelo conhecido e provido. (TJAM; APL 0626010-85.2016.8.04.0001; Segunda Câmara Cível; Rel. Des. Wellington José de Araújo; DJAM 05/12/2016; Pág. 27)

§ 3º A petição inicial não será indeferida, pelo não atendimento ao disposto no inciso II deste artigo se a obtenção de tais informações tornar impossível ou excessivamente oneroso o acesso à justiça.

Art. 320. A petição inicial será instruída com os documentos indispensáveis à propositura da ação.

→ *v.* Art. 46 da Lei 6.766/1979.

→ *v.* Arts. 434, 435, 439, 550, § 1º, 677, 720, 767, 953, e 977, parágrafo único, do NCPC.

→ *v.* Enunciado 283 do FPPC: Aplicam-se os arts. 319, § 1º, 396 a 404 também quando o autor não dispuser de documentos indispensáveis à propositura da ação.

<u>Considerando possível determinar que o réu exiba documentos relativos a contas de energia elétrica, quando não for razoável se exigir que o autor tenha guardado todas elas:</u>

✓ PROCESSUAL CIVIL. AGRAVO INTERNO NO AGRAVO EM RECURSO ESPECIAL. EMPRÉSTIMO COMPULSÓRIO SOBRE ENERGIA ELÉTRICA. INTIMAÇÃO PARA EMENDA DA PETIÇÃO INICIAL PARA APRESENTAÇÃO DE DOCUMENTOS COM A FINALIDADE DE VERIFICAÇÃO DOS VALORES RECOLHIDOS NAS CONTAS DE ENERGIA ELÉTRICA. RESPONSABILIDADE DA ELETROBRÁS. (...) II – Recurso especial interposto contra acórdão proferido em agravo de instrumento, que confirmou decisão do juiz singular, a qual determinou a emenda da petição inicial para apresentação de faturas/contas de energia elétrica pela parte autora. III – Cabe ao autor instruir a petição inicial com os documentos indispensáveis à propositura da ação (art. 283, do CPC/73, atual 320 do CPC/15). Entretanto, o Superior Tribunal de Justiça já decidiu no sentido de que não há ilegalidade na determinação de que a Eletrobrás forneça documentos (em matéria de exibição de documentos referentes a empréstimo compulsório), não sendo razoável exigir do contribuinte que guarde todas as suas contas mensais de energia elétrica, a fim de calcular o valor devido. Também é entendimento desta Corte no sentido de que o fornecimento dos documentos pode ser determinado em liquidação de sentença. Precedentes: AgRg no AREsp 216.315/RS, Rel. Ministro MAURO CAMPBELL MARQUES, SEGUNDA TURMA, julgado em 23/10/2012, DJe 06/11/2012; AgRg no AREsp 844.281/DF, Rel. Ministro HERMAN BENJAMIN, SEGUNDA TURMA, julgado em 19/04/2016, DJe 27/05/2016; REsp 1294587/SC, Rel. Ministro MAURO CAMPBELL MARQUES, SEGUNDA TURMA, julgado em 27/03/2012, DJe 10/04/2012) IV – Deve ser dado provimento ao recurso especial para determinar o prosseguimento da ação. V – Agravo interno provido. (STJ; AgInt no AREsp 953.514; SP; Segunda Turma; Rel. Min. Francisco Falcão; Julg. 20/06/2017, DJe 23/06/2017)

<u>A juntada de original ou cópia da sentença homologanda estrangeira é documento indispensável à propositura da demanda destinada à sua homologação no Brasil:</u>

✓ PROCESSUAL CIVIL. SENTENÇA ESTRANGEIRA CONTESTADA. DOCUMENTO INDISPENSÁVEL À PROPOSITURA DA DEMANDA. AUSÊNCIA. 1. Nos termos do artigo 320 do Código de Processo Civil de 2015, a inicial deve ser instruída com os documentos indispensáveis à propositura da demanda. 2. É indispensável ao exame do pleito de homologação de sentença estrangeira a juntada de original ou cópia da sentença homologanda, consoante disciplina do art. 216 – C do RISTJ. 3. Caso em que a requerida foi intimada a proceder à juntada do documento, sob pena de extinção do feito sem apreciação do mérito, deixando, não obstante, de trazê-lo aos autos. 4. Sentença estrangeira extinção sem apreciação do mérito. (STJ; SEC 7.204; Proc. 2011/0168130-1; EX; Corte Especial; Rel. Min. Benedito Gonçalves; DJE 21/02/2017)

<u>Ausência de início de prova material do tempo de serviço é considerado documento indispensável e sua falta pode conduzir à extinção do processo sem resolução de mérito:</u>

✓ PREVIDENCIÁRIO. PROCESSO CIVIL. BENEFÍCIO DE SALÁRIO MATERNIDADE. AUSÊNCIA DE INÍCIO DE PROVA MATERIAL DO EXERCÍCIO DE ATIVIDADE RURAL. EXTINÇÃO DO FEITO SEM RESOLUÇÃO DO MÉRITO. I. O entendimento majoritário nesta Décima Turma é o de ser juridicamente adequado, em grau de apelação, a extinção do processo sem resolução do mérito, por falta de apresentação de documento indispensável ao ajuizamento da ação (art. 320 do Novo CPC). II. A interpretação teleológica dos dispositivos legais que versam sobre a questão em exame leva à conclusão que a ausência nos autos de documento tido por início de prova material é causa de extinção do feito sem resolução do mérito, com base no art. 485, inciso IV, do Novo CPC, pois o art. 55, § 3º, da Lei n. 8.213/91 e a Súmula nº 149 do E. STJ, ao vedarem a prova exclusivamente testemunhal em tais casos, criaram um óbice de procedibilidade nos processos que envolvam o reconhecimento de tempo de serviço, que a rigor acarretaria o indeferimento da inicial, nos termos dos arts. 320 e 321 do atual CPC. III. Nesse sentido, entendeu o E. Superior Tribunal de Justiça no julgamento do Recurso Especial n. 1.352.721/SP, Rel. Min. Napoleão Nunes Maia Filho, Representativo de Controvérsia (decisão proferida em 16.12.2015). IV. Extinção do feito sem resolução do mérito, nos termos do artigo 485, IV, do atual CPC. Apelação da parte autora prejudicada. (TRF 3ª R.; AC 0033337-38.2017.4.03.9999; Décima Turma; Rel. Des. Fed. Sérgio do Nascimento; Julg. 12/12/2017; DEJF 08/01/2018)

Considerando que a prova da contratação que ensejou o débito objeto da cobrança é indispensável à propositura da ação:

✓ APELAÇÃO CÍVEL. AÇÃO DE COBRANÇA. CARTÃO DE CRÉDITO. INÉPCIA DA INICIAL. AUSÊNCIA DE DOCUMENTO INDISPENSÁVEL. EFEITO TRANSLATIVO. Nos termos do art. 320 do NCPC, a petição inicial será instruída com os documentos indispensáveis à propositura da ação. Inexistindo nos autos prova da contratação que ensejou o débito objeto da ação, a inicial deve ser indeferida por ausência de documento indispensável, aplicando-se ao caso o efeito translativo do recurso para extinguir a ação originária sem resolução do mérito. (TJMG; APCV 1.0384.14.008919-2/001; Rel. Des. Alexandre Santiago; Julg. 13/12/2017; DJEMG 18/12/2017)

Entendendo ser indispensável a juntada do contrato de alienação fiduciária objeto de pleito revisional, sem prejuízo da possibilidade de se pedir a exibição incidental à outra parte:

✓ CIVIL E PROCESSO CIVIL. APELAÇÃO EM AÇÃO ORDINÁRIA DE REVISÃO DE CONTRATO DE ALIENAÇÃO FIDUCIÁRIA. APLICAÇÃO DO ART. 285 - A. SENTENÇA DE IMPROCEDÊNCIA PRIMA FACIE DO PEDIDO. AUSÊNCIA DE DOCUMENTO ESSENCIAL À PROPOSITURA DA DEMANDA. INVIABILIDADE DE APLICAÇÃO DO ART. 285 - A SEM TOMAR CONHECIMENTO DAS CLÁUSULAS IMPUGNADAS. SENTENÇA QUE MERECE SER ANULADA. RETORNO DOS AUTOS À ORIGEM PARA ADEQUAÇÃO AO DEVIDO PROCESSO LEGAL. RECURSO PROCEDENTE. Nas ações que visam à revisão do contrato de alienação fiduciária, o instrumento contratual é documento indispensável à propositura da demanda, constituindo dever do autor anexá-lo à inicial, por expressa determinação do artigo 283 do CPC/73 (Correspondente do Art. 320 do NCPC) ou, na impossibilidade de fazê-lo, requerer que tal documento seja exibido incidentalmente pela parte Requerida, aplicando-se analogicamente os arts. 355 e seguintes do CPC/73(Correspondentes dos Arts. 396 e seguintes do NPCC); - ainda que o Autor não decline o porquê da não juntada do contrato e não formule pedido de exibição incidental, compete ao magistrado, antes de realizar qualquer juízo sobre a causa, determinar sua intimação para emendar a inicial, seja para juntar cópia do contrato e readequar os termos da petição, seja para fins de apresentar justificativa idônea e requerer a apresentação do instrumento particular pela parte requerida, nos termos da Lei processual; - essa providência tem por finalidade evitar ou reprimir a proliferação de petições iniciais genéricas, pois referido mal atenta contra a boa técnica processual e dificulta sobremaneira o exercício da função jurisdicional pelo julgador; - tendo o magistrado de piso desprezado o dever de dialogar com o Autor e ordenar que emendasse a inicial, inviável a aplicação do art. 285 - A do CPC/73, pois a existência ou não de irregularidades no contrato, a priori, só poderia ser certificada por meio da apreciação do mesmo, revelando-se incongruente realizar um julgamento liminar sem tomar conhecimento de fato sobre as questões controvertidas; - recurso conhecido e provido. Sentença anulada. (TJAM; APL 0622131-41.2014.8.04.0001; Primeira Câmara Cível; Rel. Des. Paulo Cesar Caminha e Lima; DJAM 27/01/2017; Pág. 34)

Considerando a notificação do devedor para comprovação da mora documentos indispensável para a propositura de ação de busca e apreensão decorrente de alienação fiduciária:

✓ ALIENAÇÃO FIDUCIÁRIA. BUSCA E APREENSÃO. DESPACHO DETERMINANDO A EMENDA DA INICIAL PARA COMPROVAÇÃO DA MORA. DESATENDIMENTO À DETERMINAÇÃO JUDICIAL. REQUISITO INDISPENSÁVEL PARA O AJUIZAMENTO DA AÇÃO DE BUSCA E APREENSÃO. INÉRCIA DA PARTE. EXTINÇÃO. ART. 321, PARÁGRAFO ÚNICO DO NCPC. Sendo a notificação do devedor para comprovação da mora requisito indispensável para o ajuizamento da ação de busca e apreensão, deve acompanhar a petição inicial (art. 330 do NCPC). Assim, o descumprimento da determinação judicial no prazo concedido para a comprovação de que o devedor foi devidamente notificado conforme contratado, implica indeferimento da inicial, nos termos do disposto no Parágrafo único, do art. 321 do CPC. Se a petição inicial não preenche os requisitos do art. 330 do CPC e a parte não cumpre a determinação de emendá-la no prazo concedido, é caso de indeferimento da inicial e consequente extinção do feito. Recurso desprovido. (TJSP; APL 1021701-23.2016.8.26.0007; Ac. 11015696; São Paulo; Trigésima Quinta Câmara de Direito Privado; Rel. Des. Gilberto Leme; Julg. 27/11/2017; DJESP 04/12/2017; Pág. 2505)

Planilha de débitos é considerada documento essencial para a ação de busca e apreensão decorrente de alienação fiduciária:

✓ PROCESSUAL CIVIL. AÇÃO DE BUSCA E APREENSÃO. DECRETO-LEI Nº 911/69. AUSÊNCIA DE PLANILHA DISCRIMINADA COM PARCELAS VENCIDAS E VINCENDAS E DESCONTOS DOS JUROS. EMENDA À INICIAL. DESCUMPRIMENTO. EXTINÇÃO DO PROCESSO SEM RESOLUÇÃO DO MÉRITO. RECURSO CONHECIDO E DESPROVIDO. 1. Se o autor não responde ao claro comando judicial de emenda à inicial a fim de juntar aos autos planilha com discriminação das parcelas vencidas e vincendas, deduzindo-se os juros fixados em contrato das últimas, em observância aos art. 321 e 330, IV, CPC, revela-se acertada a sentença que extingue o processo sem resolução do mérito com fundamento no arts. 485, I, do CPC, em virtude da ausência de documento indispensável à propositura da ação, nos termos do art. 320 do CPC. 2. Recurso conhecido e desprovido. Sem honorários advocatícios em razão da ausência de sucumbência. (TJDF; APC 2016.05.1.005879-9; Ac. 100.3166; Segunda Turma Cível; Relª Desª Sandra Reves; Julg. 15/03/2017; DJDFTE 21/03/2017)

Não é considerado indispensável a juntada do contrato de prestação de serviços advocatícios em ação de arbitramento de honorários se o autor alega que a contratação foi verbal:

✓ APELAÇÃO CÍVEL. AÇÃO DE COBRANÇA. HONORÁRIOS ADVOCATÍCIOS. INÉPCIA DA INICIAL, POR AUSÊNCIA DE DOCUMENTOINDISPENSÁVEL À PROPOSITURA DA AÇÃO. INOCORRÊNCIA. CONTRATAÇÃO VERBAL DEMONSTRADA. PRESCRIÇÃO DA PRETENSÃO INICIAL. ART. 206, § 5º, II, DO CC/02. NÃO VERIFICAÇÃO. Conforme dispõe o art. 320 do CPC/2015, a petição inicial deve ser instruída com os documentos indispensáveis à propositura da ação. Em ação de cobrança de honorários advocatícios, não deve ser considerada imprescindível a juntada do contrato de prestação de serviços advocatícios se o autor, na petição inicial, alega que a contratação se deu verbalmente. Na ação de cobrança de honorários advocatícios, fundada em contrato verbal, o indispensável é a comprovação da contratação, que deve ocorrer no curso do processo, demonstrando o advogado a sua atuação na causa em que patrocinou os interesses da parte ré e que ensejou a propositura da ação de cobrança. No caso, isso ocorreu. Nos termos do art. 206, § 5º, II, do CC/02, o prazo prescricional de cinco anos, para que os profissionais liberais cobrem os seus honorários, é contado a partir da conclusão dos serviços contratados. Assim, não cabe falar em prescrição da pretensão inicial de cobrança de honorários advocatícios, se a ação foi ajuizada em menos de um ano depois do trânsito em julgado da decisão que pôs fim ao processo. (TJMG; APCV 1.0024.12.225151-5/001; Rel. Des. Ramom Tácio; Julg. 30/08/2017; DJEMG 13/09/2017)

Considerando que a prova de fato constitutivo do direito não se confunde com a exigência de juntada de documento indispensável à propositura da ação:

✓ DIREITO CIVIL. OBRIGAÇÕES. RESPONSABILIDADE CIVIL. ACIDENTE AMBIENTAL. INCÊNDIO. COMBUSTÃO DE FERTILIZANTES. FUMAÇA. SITUAÇÃO DE EMERGÊNCIA. DANOS MORAIS. IMPROCEDÊNCIA. 1. Cerceamento de defesa pelo julgamento antecipado do feito. Inacolhimento. Requerimento de prova. Ausência. Incumbência do autor. Fato constitutivo do direito. Providência da parte. Preliminar afastada. 2. Nulidade da sentença. Descumprimento do art. 321 do CPC. Inocorrência. Fato constitutivo de direito. Desnecessidade de emenda à inicial. Nulidade afastada. 3. Residência comprovada pela procuração ad judicia. Inacolhimento. Presunção relativa. Necessidade de comprovação em juízo. Autor que não demonstra residir em área atingida por acidente ambiental. Recurso desprovido. Sentença mantida. 1. Se oportunizado ao autor a produção das provas do fato constitutivo de seu direito, e mesmo assim ele mantém inerte, não pode, posteriormente, em grau recursal, requerer a nulidade da sentença por cerceamento de defesa. 2. A emenda à inicial, baseada no art. 320 do CPC, somente se justifica quando a parte não traz documento indispensável ao ajuizamento da ação, o qual não se confunde com prova de fato constitutivo de direito. 3. Incomprovado que o autor residia em um dos bairros atingidos pelo acidente ambiental, improcede indenizatória por danos morais decorrentes desse evento. (TJSC; AC 2015.091983-9; São Francisco do Sul; Sexta Câmara de Direito Civil; Rel. Des. Antônio do Rêgo Monteiro Rocha; Julg. 29/03/2016; DJSC 08/04/2016; Pág. 245)

Art. 321. O juiz, ao verificar que a petição inicial não preenche os requisitos dos arts. 319 e 320 ou que apresenta defeitos e irregularidades capazes de dificultar o julgamento de mérito, determinará que o autor, no prazo de 15 (quinze) dias, a emende ou a complete, indicando com precisão o que deve ser corrigido ou completado.

- *v.* Art. 801 do NCPC.
- *v.* Art. 106 da Lei 11.101/2005.
- *v.* Art. 216-A, § 10º, da Lei 6.015/1975.
- *v.* Arts. 6º, 76, 106, § 1º, 139, IX, 303, § 6º, 700, § 5º e 801 do NCPC.
- *v.* Enunciado 284 do FPPC: Aplica-se à ação rescisória o disposto no art. 321.
- *v.* Enunciado 292 do FPPC: Antes de indeferir a petição inicial, o juiz deve aplicar o disposto no art. 321.
- *v.* Enunciado 296 do FPPC: Verificando liminarmente a ilegitimidade passiva, o juiz facultará ao autor a alteração da petição inicial, para substituição do réu sem ônus sucumbenciais.
- *v.* Enunciado 425 do FPPC: Ocorrendo simultaneamente as hipóteses dos art. 106, § 1º, e art. 321, *caput*, o prazo de emenda será único e de quinze dias.

Antes de indeferir a petição inicial, deve o juiz oportunizar a sua correção:

✓ APELAÇÃO CÍVEL. AÇÃO CIVIL PÚBLICA. PEDIDO GENÉRICO. INDEFERIMENTO DA PETIÇÃO INICIAL. PRAZO PARA EMENDA NÃO CONCEDIDO. SENTENÇA ANULADA DE OFÍCIO. RECURSO PREJUDICADO. Antes de indeferir a petição inicial, o juiz deve facultar sua correção, a teor do que dispõe o art. 321 do CPC. (TJRR; AC 0010.12.712097-9; Rel. Des. Mozarildo Cavalcanti; DJERR 19/12/2017; Pág. 53)

Considerando dilatório o prazo do art. 321 do CPC:

✓ APELAÇÃO CÍVEL. PROCESSUAL CIVIL. EMENDA À PETIÇÃO INICIAL. REQUERIMENTO DE DILAÇÃO DE PRAZO. EXTINÇÃO SEM RESOLUÇÃO DO MÉRITO. DESCABIMENTO. APELAÇÃO CONHECIDA E PROVIDA. SENTENÇA CASSADA. 1. Incabível a extinção processual, quando a parte requer, tempestivamente, a prorrogação do lapso temporal para o cumprimento do despacho judicial, a fim de sanar as irregularidades apontadas pelo julgador. 2. O prazo legal do art. 321 do Código de Processo Civil é dilatório e não peremptório (STJ/RESP, RESP 1133689/PE). Ainda que isso implique em reconhecer como discricionário o ato judicial de conceder ou não mais prazo à parte para o cumprimento do despacho de emenda ou complementação à inicial (STJ/RESP, AGRG no AG 1.423.164/SC), não pode o Juiz indeferir a peça vestibular e extinguir o processo sem resolução do mérito, sem antes apreciar o pedido prévio e tempestivo formulado pela parte, para sua dilação ou prorrogação. Precedentes deste Tribunal. 3. O ato judicial que não observa essas diretrizes, atenta contra os princípios instrumentalidade, da razoabilidade, da celeridade e da economia processual, porque ao indeferir a petição inicial e extinguir o processo, não evitará a propositura de nova demanda, estando o mesmo juízo igualmente prevento para seu conhecimento, na esteira da nova Lei adjetiva. 4. APELAÇÃO CONHECIDA E PROVIDA. SENTENÇA CASSADA. (TJDF; Proc 0702.16.4.112017-8070007; Ac. 106.4360; Quarta Turma Cível; Rel. Des. Luís Gustavo Barbosa de Oliveira; Julg. 30/11/2017; DJDFTE 11/12/2017). V. tb.: USUCAPIÃO. Extinção do processo sem resolução do mérito. Indeferimento da inicial. Havendo requerimento do promovente solicitando a dilação do prazo para emenda da petição inicial, diante da pendência de expedição certidão de objeto e pé em outro processo, para instrução deste feito, revela-se inadmissível a extinção do processo. Prazo do parágrafo único do art. 321 do CPC que é dilatório e não peremptório, podendo ser prorrogado. Ausência de indispensável intimação pessoal do autor. Inteligência do artigo 485, inciso III, § 1º, do CPC. Sentença anulada. Recurso provido. (TJSP; APL 1009890-26.2015.8.26.0161; Ac. 10725874; Diadema; Décima Câmara de Direito Privado; Rel. Des. J.B. Paula Lima; Julg. 22/08/2017; DJESP 12/09/2017; Pág. 2038).

Ressalvando que, embora não peremptório, o pedido de dilação do prazo para a emenda deve ser apresentado dentro do prazo inicialmente fixado:

✓ DIREITO PRIVADO NÃO ESPECIFICADO. APELAÇÃO CÍVEL. AÇÃO DE CANCELAMENTO DE REGISTRO. INDEFERIMENTO DA PETIÇÃO INICIAL. EMENDA. PRAZO DILATÓRIO DO ART. 321 DO CPC/15. DILAÇÃO DE PRAZO POSTULADA APÓS O PRAZO INICIALMENTE CONCEDIDO PELO JUÍZO A QUO. EXTINÇÃO DO PROCESSO, COM FUNDAMENTO NO ART. 485, INCISO I, DO CPC, MANTIDA. Apesar de não ser peremptório o prazo do art. 321 do CPC/15, o pedido de dilação, contudo, deve ser formulado dentro do prazo inicialmente fixado pelo juízo. No caso sub judice, levando em conta que isso não foi observado pela parte-autora, impõe-se manter a sentença que indeferiu a petição inicial, julgando extinto o processo, na forma do artigo 485, inciso I, do CPC/15. Apelação desprovida. (TJRS; AC 0140716-77.2017.8.21.7000; Sapiranga; Décima Nona Câmara Cível; Rel. Des. Voltaire de Lima Moraes; Julg. 31/08/2017; DJERS 06/09/2017)

Dispensando a intimação pessoal da parte em caso de determinação para emenda da petição inicial:

✓ APELAÇÃO CÍVEL. DETERMINAÇÃO DE EMENDA À INICIAL. INÉRCIA. INDEFERIMENTO DA INICIAL. EXTINÇÃO SEM RESOLUÇÃO DO MÉRITO. DESNECESSIDADE DE INTIMAÇÃO PESSOAL. 1. A petição inicial é indeferida e o processo é extinto sem resolução do mérito se o autor não supre a irregularidade no prazo de 15 dias, quando intimado para tanto, nos termos do art. 321 e parágrafo único do CPC. 2. É prescindível a intimação pessoal do autor por não se tratar de abandono da causa, não se aplicando o art. 485, §1º, do CPC. 3. Recurso conhecido e improvido. (TJDF; APC 2015.12.1.001446-7; Ac. 106.0786; Oitava Turma Cível; Relª Desª Ana Cantarino; Julg. 16/11/2017; DJDFTE 24/11/2017)

Permitindo a emenda da petição inicial em ação coletiva mesmo após o prazo da contestação:

✓ RECURSO ESPECIAL. VIOLAÇÃO AO ART. 535 DO CPC/1973. AÇÃO CIVIL PÚBLICA. PETIÇÃO INICIAL INEPTA. PEDIDO GENÉRICO. EMENDA APÓS A CONSTATAÇÃO. AÇÕES INDIVIDUAIS. JURISPRUDÊNCIA VACILANTE. AÇÕES COLETIVAS. POSSIBILIDADE. PRINCÍPIO DA EFETIVIDADE. INSTRUMENTO DE ELIMINAÇÃO DA LITIGIOSIDADE DE MASSA. 1. Não há falar em ofensa ao art. 535 do CPC/1973, se a matéria em exame foi devidamente enfrentada pelo Tribunal de origem, que emitiu pronunciamento de forma fundamentada, ainda que em sentido contrário à pretensão da parte recorrente. 2. No que se refere às ações individuais, a jurisprudência do Superior Tribunal de Justiça diverge sobre a possibilidade de, após a contestação, emendar-se a petição inicial, quando detectados defeitos e irregularidades relacionados ao pedido, num momento entendendo pela extinção do processo, sem julgamento do mérito (REsp 650.936/RJ, Rel. Ministra ELIANA CALMON, SEGUNDA TURMA, julgado em 21/3/2006, DJ 10/5/2006) em outro, afirmando a possibilidade da determinação judicial de emenda à inicial, mesmo após a contestação do réu (REsp 1229296/SP, Rel. Ministro MARCO BUZZI, QUARTA TURMA, julgado em 10/11/2016, DJe 18/11/2016). 3. A ação civil pública é instrumento processual de ordem constitucional, destinado à defesa de interesses transindividuais, difusos, coletivos ou individuais homogêneos e a relevância dos interesses tutelados, de natureza social, imprime ao direito processual civil, na tutela destes bens, a adoção de princípios distintos dos adotados pelo Código de Processo Civil, tais como o da efetividade. 4. O princípio da efetividade está intimamente ligado ao valor social e deve ser utilizado pelo juiz da causa para abrandar os rigores da intelecção vinculada exclusivamente ao Código de Processo Civil - desconsiderando as especificidades do microssistema regente das ações civis -, dado seu escopo de servir à solução de litígios de caráter individual. 5. Deveras, a ação civil constitui instrumento de eliminação da litigiosidade de massa, capaz de dissipar infindos processos individuais, evitando, ademais, a existência de diversidade de entendimentos sobre o mesmo caso, possuindo, ademais, expressivo papel no aperfeiçoamento da prestação jurisdicional, diante de sua vocação inata de proteger um número elevado de pessoas mediante um único processo. 6. A orientação que recomenda o suprimento de eventual irregularidade na instrução da exordial por meio de diligência consistente em sua emenda, prestigia a função instrumental do processo, segundo a qual a forma deve servir ao processo e a consecução de seu fim. A técnica processual deve ser observada não como um fim em si mesmo, mas para possibilitar que os objetivos, em função dos quais ela se justifica, sejam alcançados. 7. Recurso especial a que se nega provimento. (STJ, REsp 1279586/PR, Rel. Ministro LUIS FELIPE SALOMÃO, QUARTA TURMA, julgado em 03/10/2017, DJe 17/11/2017)

Parágrafo único. Se o autor não cumprir a diligência, o juiz indeferirá a petição inicial.

→ v. Art. 330 do NCPC.

Desnecessidade de cominar na decisão que manda emendar a inicial a possibilidade de seu indeferimento, caso não atendida a determinação:

✓ AÇÃO COMINATÓRIA C/C PEDIDO LIMINAR. EMENDA À INICIAL. REFORMULAÇÃO DOS PEDIDOS. DESATENDIMENTO. INDEFERIMENTO DA INICIAL. EXTINÇÃO DO PROCESSO. ARTS. 321 E 485, I DO CPC/2015. 1. O não atendimento a contento de determinação judicial para emendar a inicial tem por consequência a extinção do processo sem resolução do mérito. 2. A decisão que determina a emenda da inicial é destinada ao advogado, que conhece ou deveria conhecer o direito. Assim, a ausência de previsão expressa de que o não atendimento à emenda determinada leva ao indeferimento da inicial, não tem o condão de invalidá-la. 3. Recurso conhecido e desprovido. (TJDF; APC 2017.01.1.000435-6; Ac. 106.2187; Oitava Turma Cível; Rel. Des. Diaulas Costa Ribeiro; Julg. 23/11/2017; DJDFTE 29/11/2017)

Entendendo que o atendimento parcial à determinação de emenda autoriza o indeferimento da petição inicial:

✓ APELAÇÃO. PROCESSUAL CIVIL. AÇÃO DE BUSCA E APREENSÃO. DETERMINAÇÃO DE EMENDA À INICIAL. DESCUMPRIMENTO. EXTINÇÃO DO PROCESSO SEM RESOLUÇÃO DO MÉRITO. RECURSO CONHECIDO E DESPROVIDO. 1. De acordo com o art. 321 do CPC, caso o juiz verifique que a petição apresenta defeitos e irregularidades, determinará que o autor, no prazo de 15 (quinze) dias, a emende ou a complete, sob pena de indeferimento da inicial. 2. Se o autor responde apenas parcialmente ao claro comando judicial de emenda à inicial, revela-se acertada a sentença que indefere a petição inicial com fundamento nos arts. 321, 330, IV, e 485, I, todos do CPC. 3. Recurso conhecido e desprovido. (TJDF; APC 2017.09.1.004720-4; Ac. 106.5316; Segunda Turma Cível; Relª Desª Sandra Reves; Julg. 29/11/2017; DJDFTE 13/12/2017)

Contra, considerando que, se a determinação de emenda da petição inicial foi parcialmente cumprida, deve ser dada nova oportunidade para sanar o vício:

✓ AÇÃO DE USUCAPIÃO. EXTINÇÃO DO FEITO SEM JULGAMENTO DE MÉRITO. DETERMINAÇÃO DE EMENDA DA INICIAL QUE FOI PARCIALMENTE CUMPRIDA PELOS AUTORES. Impossibilidade de extinção sem que fosse disponibilizada outra oportunidade para sanar o vício. Inteligência do Artigo 317 do Código de Processo Civil. Descumprimento da determinação imposta pelo Artigo 139, IX do Código de Processo Civil. Sentença de extinção afastada. Prosseguimento do feito. Recurso provido. (TJSP; APL 1003787-30.2015.8.26.0637; Ac. 10946174; Tupã; Terceira Câmara de Direito Privado; Relª Desª Marcia Dalla Déa Barone; Julg. 06/11/2017; rep. DJESP 06/12/2017; Pág. 2505); PROCESSO CIVIL. APELAÇÃO CÍVEL. AÇÃO DE EXECUÇÃO. INDEFERIMENTO DA PETIÇÃO INICIAL. DESIDIA DA PARTE NÃO COMPROVADA. PRINCIPIO DA INSTRUMENTALIDADE E DA COOPERAÇÃO. 1. O Direito Processual Civil, em seu artigo 283, consagra o princípio da instrumentalidade das formas, segundo o qual o julgador deve tentar, antes de decretar a invalidade, aproveitar os atos processuais ou procedimentos defeituosos já realizados. Dessa forma, deve-se buscar a validade dos atos processuais, mesmo quando realizados de modo diverso, a fim de alcançar o objetivo almejado. 2. O CPC de 2015 prestigia o princípio da cooperação das partes, cujas premissas já estão delineadas no artigo 339 do presente CPC de 1973. Enquanto o juiz coopera com as partes, na prestação adequada e efetiva da tutela jurisdicional, aquelas colaboram na condução processual, de maneira a não obstar o regular curso da demanda. Democratiza-se o processo, em que todos os envolvidos influem em sua condução. Esse é o espírito do novel CPC. 3. Ocorrendo o cumprimento, ainda que parcial, da determinação de emenda à inicial, torna-se evidente o interesse da parte em continuar com o prosseguimento da demanda, revelando-se inadequada a extinção prematura do feito. 4. Deu-se provimento ao recurso de apelação para determinar o retorno dos autos à instância de origem para regular processamento. (TJDF; APC 2017.09.1.001181-2; Ac. 103.1726; Terceira Turma Cível; Rel. Des. Flavio Rostirola; Julg. 12/07/2017; DJDFTE 20/07/2017)

Se a segunda determinação de emenda não é simples reiteração da anterior, deve ser concedida nova oportunidade e no prazo legal de quinze dias, sem possibilidade de redução:

✓ PROCESSUAL CIVIL. EMENDA À PETIÇÃO INICIAL. REDUÇÃO DO PRAZO PEREMPTÓRIO DE 15 DIAS. ERROR IN PROCEDENDO. ARTS. 222, §1º E 321 DO CPC. RECURSO CONHECIDO E PROVIDO. SENTENÇA CASSADA. 1. O art. 321 do CPC estabelece que se o juiz verificar que a petição apresenta defeitos e irregularidades capazes de dificultar o julgamento de mérito, determinará que o autor, no prazo de 15 (quinze) dias, a emende ou a complete, indicando com precisão o que deve ser corrigido ou completado, sob pena de indeferimento da inicial. 2. Se a segunda determinação de emenda à inicial não é mera reiteração da primeira, que teria, inclusive, se revelado fruto de equívoco judicial em razão do descompasso com a hipótese fática apresentada pela parte, e possui, desse modo e nessa medida, razão distinta, a redução do prazo é causa de nulidade, por preterição à expressa disposição do art. 222, §1º, do Código de Processo Civil, que veda ao juiz a redução de prazos peremptórios, ou prazos próprios cuja inobservância gera preclusão. 3. Recurso conhecido e provido. Sentença cassada. (TJDF; APC 2016.06.1.008670-8; Ac. 976.562; Segunda Turma Cível; Relª Desª Sandra Tonussi; Julg. 26/10/2016; DJDFTE 04/11/2016)

Considerando não agravável a decisão que determina a emenda da petição inicial:

✓ AGRAVO INTERNO NO AGRAVO DE INSTRUMENTO. NÃO CABIMENTO DE AGRAVO DE INSTRUMENTO CONTRA DECISÃO QUE DETERMINA EMENDA DA INICIAL. AUSÊNCIA DAS HIPÓTESES TAXATIVAS DO ART. 1.015 DO CPC/2015. RECURSO CONHECIDO E DESPROVIDO. 1. O Código de Processo Civil de 2015 prevê hipóteses específicas de cabimento do agravo de instrumento contra decisões interlocutórias (art. 1.015). 2. Não há previsão no rol taxativo do novo CPC (ou em qualquer outro dispositivo legal, a que ele remete) de cabimento do agravo de instrumento contra a decisão que determina a emenda da petição inicial. 3. O parágrafo único do art. 354, do CPC, estabelece que a decisão a que se refere o caput (relativa às hipóteses de extinção do processo com base no art. 485 e 487, II e III) Pode dizer respeito a apenas parcela do processo, caso em que será impugnável por agravo de instrumento. Porém, no caso concreto, não houve acolhimento de quaisquer dessas matérias, não houve extinção ou julgamento parcial do processo ou do mérito – não houve indeferimento ainda que parcial de qualquer pretensão inicial, mas apenas determinação de emenda. Já a hipótese do art. 356, §5º, diz respeito ao julgamento antecipado parcial do mérito, hipótese também do art. 1.015, II, do CPC/2015, também inocorrente no caso concreto. 4. A matéria ora atacada (concernente à emenda da inicial), segundo a nova sistemática processual, deverá ser suscitada em preliminar de apelação eventualmente interposta contra a decisão final, nos moldes do art. 1.009, §1º, do CPC/2015. 5. Nelson Nery Junior e Rosa Maria de Andrade Nery, na obra Código de processo civil comentado, 16ª edição, Revista dos Tribunais, página 2.233, assinalam que o art. 1.015 do CPC/2015 prevê, em numerus clausus, os casos em que a decisão interlocutória pode ser impugnada pelo recurso de agravo de instrumento. As interlocutórias que não se encontram no rol do CPC 1015 não são recorríveis pelo agravo, mas sim como preliminar de razões ou contrarrazões de apelação (CPC 1009 §1º). Pode-se dizer que o sistema abarca o princípio da irrecorribilidade em separado das interlocutórias como regra. Não se trata de irrecorribilidade da interlocutória que não se encontra no rol do CPC 1015, mas de recorribilidade diferida, exercitável em futura e eventual apelação (razões ou contrarrazões). 6. Recurso conhecido e desprovido. (TJES; AG-AI 0002505-28.2017.8.08.0047; Segunda Câmara Cível; Rel. Des. Des. Subst. Délio José Rocha Sobrinho; Julg. 01/08/2017; DJES 08/08/2017)

Seção II
Do Pedido

Art. 322. O pedido deve ser certo.

→ v. Súmulas 254 e 412 do STF.

→ v. Súmulas 318 e 326 do STJ.

§ 1º Compreendem-se no principal os juros legais, a correção monetária e as verbas de sucumbência, inclusive os honorários advocatícios.

→ v. Arts. 389, 404 e 406 do CC/2002.

→ v. Súmulas 254 e 256 do STF

→ v. Súmulas 453 e 551 do STJ.

Possibilidade de correção de ofício do termo inicial dos juros de mora em sede recursal, por se tratar de pedido implícito:

✓ APELAÇÃO. ACIDENTE DE TRÂNSITO. SEGURO DPVAT. 1. A comprovação de prévio pedido na esfera administrativa e eventual recusa de pagamento não são condições para o exercício do direito de ação. 2. O pagamento extemporâneo do prêmio do Seguro DPVAT não tem o condão de eximir a apelante da cobertura securitária. Precedente do TJSP. Inteligência da Súmula nº 257, do C. STJ. 3. Correção de ofício do termo inicial dos juros de mora. Possibilidade, por se tratar de pedido implícito, nos termos do artigo 322, § 1º, do CPC. Em se tratando de indenização do seguro DPVAT, os juros moratórios deverão incidir a partir da data da citação, nos termos da Súmula nº 426, do C. STJ. Recurso não provido. (TJSP; APL 1100207-30.2013.8.26.0100; Ac. 9899218; São Paulo; Trigésima Quarta Câmara de Direito Privado; Rel. Des. Kenarik Boujikian; Julg. 18/10/2016; DJESP 17/11/2016)

§ 2º A interpretação do pedido considerará o conjunto da postulação e observará o princípio da boa-fé.

→ v. Art. 5º do NCPC.

→ *v.* Enunciado 285 do FPPC: A interpretação do pedido e dos atos postulatórios em geral deve levar em consideração a vontade da parte, aplicando-se o art. 112 do Código Civil.

→ *v.* Enunciado 286 do FPPC: Aplica-se o § 2º do art. 322 à interpretação de todos os atos postulatórios, inclusive da contestação e do recurso.

→ *v.* Enunciado 378 do FPPC: A boa-fé processual orienta a interpretação da postulação e da sentença, permite a reprimenda do abuso de direito processual e das condutas dolosas de todos os sujeitos processuais e veda seus comportamentos contraditórios.

Para se interpretar a extensão do pedido, deve ser analisada a petição inicial em seu conjunto, não se limitando ao item final da peça em que consta a sua formulação:

✓ CIVIL E PROCESSUAL CIVIL. EMBARGOS À EXECUÇÃO DE TÍTULO EXTRAJUDICIAL. PRELIMINAR DE NÃO CONHECIMENTO DO RECURSO QUANTO AO PEDIDO DE CONDENAÇÃO DO EMBARGADO AO PAGAMENTO DE INDENIZAÇÃO POR DANOS MORAIS. INOVAÇÃO RECURSAL. INOCORRÊNCIA. PEDIDO IMPLÍCITO EXTRAÍDO DA LEITURA DA CAUSA DE PEDIR. POSSIBILIDADE DE CONHECIMENTO DO PLEITO. INTELIGÊNCIA DO ART. 322, § 2º, DO CPC. REJEIÇÃO. SENTENÇA CITRA PETITA. PRESCINDIBILIDADE DE CASSAÇÃO. ANÁLISE DA POSTULAÇÃO COM BASE NO ART. 1.013, § 3º, INCISO II, DO CPC. IMPOSSIBILIDADE DE FORMULAÇÃO DE PEDIDO DE DANOS MORAIS EM SEDE DE EMBARGOS À EXECUÇÃO. GRATUIDADE DE JUSTIÇA. CONDENAÇÃO AO PAGAMENTO DE VERBAS SUCUMBENCIAIS. POSSIBILIDADE. SUSPENSÃO DA EXIGIBILIDADE POR CINCO ANOS. 1. Segundo o § 2º do art. 322 do CPC, a interpretação do pedido considerará o conjunto da postulação e observará o princípio da boa-fé. Dessa forma, para que se identifique com precisão aquilo que foi postulado pelo autor não se deve analisar apenas o pedido contido ao final da petição inicial. Este deve ser examinado em conjunto com a causa de pedir para se que compreenda aquilo que o autor efetivamente pretende obter do Poder Judiciário. No caso, embora não tenha sido postulada expressamente a condenação da embargada ao pagamento de indenização por danos morais, é possível inferir tal postulação do conjunto da petição inicial, pois a alegação de danos morais decorrentes da conduta da embargada integrou a causa de pedir. 2. A sentença que não analisa todas as postulações da parte autora, ainda que implicitamente deduzidas, é citra petita. Todavia, nos termos do art. 1.013, inciso II, do CPC, a falta de congruência parcial entre a sentença e a petição inicial não implica a anulação do decisum quando a causa está em condições de imediato julgamento, podendo o pedido ser apreciado pelo Tribunal de 2º Grau. 3. A ação de embargos à execução é de cognição restrita, limitada às matérias enumeradas nos incisos do art. 917 do CPC, entre as quais não se insere a formulação de pedido condenatório contra a parte embargada. 4. A gratuidade de justiça concede ao seu beneficiário apenas o direito de ver suspenso o pagamento das verbas sucumbenciais pelo período de cinco anos, com a possibilidade de estas virem a ser exigidas durante o período referido no caso de o credor demonstrar que a situação de hipossuficiência econômica do devedor não persiste. 5. Apelo não provido. (TJDF; APC 2016.01.1.042416-3; Ac. 104.6517; Quarta Turma Cível; Rel. Des. Arnoldo Camanho de Assis; Julg. 13/09/2017; DJDFTE 19/09/2017). No mesmo sentido: PROCESSUAL CIVIL E TRIBUTÁRIO. AGRAVO DE INSTRUMENTO. EXECUÇÃO FISCAL. EXCEÇÃO DE PRÉ-EXECUTIVIDADE. ALEGAÇÃO DE DECISÃO EXTRA PETITA. NÃO CARACTERIZAÇÃO. INTERPRETAÇÃO LÓGICO- SISTEMÁTICA DO PEDIDO. PRECEDENTES DO STJ. FORMAÇÃO DE GRUPO ECONÔMICO. INCLUSÃO NO POLO PASSIVO. POSSIBILIDADE. PRESCRIÇÃO. INOCORRÊNCIA. PRECEDENTE DESTA CORTE REGIONAL. DECISÃO MANTIDA. RECURSO DESPROVIDO. 1. Agravo de instrumento interposto contra decisão que rejeitou a exceção de pré-executividade oposta nos autos da execução fiscal origem, pleiteando seja declarada a nulidade da decisão recorrida, por ser extra petita ou, alternativamente, reconhecida a prescrição da pretensão executória em desfavor da agravante. 2. Nos termos do § 2º do art. 322 do CPC, a interpretação do pedido deve considerar o conjunto da postulação e observar o princípio da boa-fé. No caso, observa-se que a exequente, ao pleitear a desconsideração da personalidade jurídica, em razão da formação de grupo econômico de fato, deixou clara a sua pretensão de inclusão da empresa ora agravante no polo passivo da demanda. 3. O STJ já se manifestou reiteradas vezes no sentido de que o pedido deve ser extraído a partir de uma interpretação lógico-sistemática de toda a petição inicial, de modo que sejam considerados todos os requerimentos feitos ao longo da peça inaugural, ainda que implícitos, não podendo ficar restrito somente ao capítulo especial que contenha a denominação dos pedidos. Precedentes: AgRg no REsp nº 1251517/SE, Rel. Min. Maria Isabel Gallotti, Quarta Turma, DJe de 21/09/2016; REsp nº 1.263.234/TO, Rel. Min. (a) Nancy Andrighi, Terceira Turma, DJE de 01/07/2013. 4. Relativamente à tese de reconhecimento da prescrição, cumpre observar que o fundamento da inclusão da empresa agravante no polo passivo da execução foi o reconhecimento da formação de grupo econômico de fato, incidindo na responsabilidade tributária solidária, na forma do art. 124, II, do CTN, combinado com o art. 30, IX, da Lei nº 8.212/1991. 5. Desse modo, ao contrário do que defende a recorrente, o prazo prescricional quinquenal não poderia ter como marco inicial a data da citação da executada originária, mas o momento em que se tornou conhecida, pelo ente fazendário, aquela situação fática de configuração do grupo econômico (princípio da actio nata), que, no caso, ocorreu em 01/12/2015. Incabível, portanto, o reconhecimento da prescrição sustentada pela agravante. 6. Nesse sentido, precedente da Terceira Turma desta Corte Regional, nos autos do AGTR nº 145422/PB, Rel. Des. Fed. Carlos Rebêlo Júnior, publicada no DJE de 01/08/2017, que tratou de situação idêntica à dos presentes autos. 7. Agravo de instrumento improvido. (TRF 5ª R.; AGTR 0000419-48.2017.4.05.0000; PB; Primeira Turma; Rel. Des. Fed. Roberto Machado; DEJF 07/12/2017; Pág. 49). V. tb.: TJDF; Proc 0706.37.9.512017-8070000; Ac. 104.1795; Quinta Turma Cível; Rel. Des. Josaphá Francisco dos Santos; Julg. 23/08/2017; DJDFTE 30/08/2017.

Se é postulado o recebimento de multa rescisória, pressupõe-se ter sido formulado o pleito de rescisão contratual:

✓ JUIZADOS ESPECIAIS CÍVEIS. DIREITO CIVIL. COBRANÇA DE ALUGUÉIS E DEMAIS ENCARGOS EM ATRASO. PEDIDO DE RESCISÃO CONTRATUAL IMPLÍCITO. DEVIDO O PAGAMENTO DE MULTA RESCISÓRIA. RECURSO CONHECIDO E PROVIDO. 1. O pedido inicial veiculado pelo autor, ora recorrente, de que fosse aplicada a multa rescisória de R$ 6.000,00 (seis mil reais) pressupõe o pleito de rescisão contratual, eis que tal penalidade só tem espaço partindo-se do pressuposto de que se pretende rescindir a avença entabulada entre as partes. 2. Sabe-se que o processo nos Juizados Especiais se orienta pelos critérios da oralidade, simplicidade, informalidade, economia processual e celeridade. A instrumentalidade das formas é princípio que informa o processo civil moderno e ganha especial relevância no âmbito dos Juizados Especiais. 3. Sendo evidente a alegação de que o locatário deu causa à rescisão do contrato, em razão do não pagamento pontual do aluguel, além do pedido que engloba a multa prevista na cláusula décima segunda, § 1º, do instrumento contratual, utilizar ou não a expressão rescisão não influi na regularidade do processo ou na solução da controvérsia. Assim, deve o juiz considerar a resolução do contrato como pedido consectário lógico do pedido de multa. É o mesmo que ocorre com os pedidos de despejo que possuem a rescisão contratual logicamente implícita. 4. Ademais, conforme artigo 322, § 2º, do CPC, o pedido além de certo é passível de interpretação pelo julgador, que considerará o conjunto da postulação, observando o princípio da boa-fé. 5. Desse modo, ante o exposto, entendo pela necessidade de apreciação do pedido de rescisão contratual, com a consequente aplicação da multa rescisória, razão pela qual o recurso merece ser CONHECIDO e PROVIDO para condenar o recorrido ao pagamento de R$ 6.000,00 (seis mil reais), a título de multa. (TJDF; Proc. 0701.66.5.552016-8070009; Ac. 104.6029; 2ª Turma Recursal dos Juizados Especiais Cíveis e Criminais; Rel. Juiz João Fischer; Julg. 13/09/2017; DJDFTE 06/11/2017)

Não viola os limites do pedido sentença que anula contratos dos quais se pediu a restituição das quantias pagas, sob o fundamento de abuso e ilegalidade:

✓ APELAÇÃO CÍVEL. NULIDADE POR VÍCIO DE JULGAMENTO ULTRA PETITA. REJEIÇÃO. REPETIÇÃO DE INDÉBITO E NULIDADE DE CONTRATOS DE MÚTUO. EMPRÉSTIMOS CONSIGNADOS E IMEDIATA APLICAÇÃO EM ESQUEMA FRAUDULENTO DE PIRÂMIDE FINANCEIRA. AÇÃO ENGENDRADA POR CORRESPONDENTE BANCÁRIO DAS APELANTES. LIAME DE CAUSALIDADE. CADEIA DE CONSUMO. RESPONSABILIDADE SOLIDÁRIA DA CORREPONDENTE E DAS INSTITUIÇÕES FINANCEIRAS. MANUTENÇÃO DA SENTENÇA. 1. Segundo o art. 322, §2º do CPC/15, "A interpretação do pedido considerará o conjunto da postulação e observará o princípio da boa-fé". Não contém vício de julgamento ultra petita sentença que anula contratos dos quais se pediu a restituição integral das quantias pagas, consectário lógico do reconhecimento do abuso e da ilegalidade. 2. Aferido o liame de causalidade e a cadeia de consumo havida entre o representante bancário e as instituições financeiras representadas, com o fomento à aplicação dos recursos levantados em esquema de pirâmide financeira que veio ruir, só resta manter a sentença que as condenou solidariamente a ressarcir ao mutuário os empréstimos a ele concedidos para tal fim. Era dever in vigilando das apeladas acompanhar de perto a atuação de sua correspondente, de modo a evitar abusos e ilegalidades, como a que de fato ocorreu e lesou o consumidor. (TJMG; APCV 1.0148.12.002419-2/001; Rel. Des. Sérgio André da Fonseca Xavier; Julg. 26/09/2017; DJEMG 28/09/2017)

Impossibilidade de, em sede de ação judicial questionando uma fase do processo extrajudicial de consolidação da propriedade fiduciária, formular novas demandas relativas a desdobramentos desse procedimento:

✓ AGRAVO DE INSTRUMENTO. TUTELA DE URGÊNCIA INCIDENTAL. INDEFERIMENTO. IRREGULARIDADES NO PROCESSO EXTRAJUDICIAL DE CONSOLIDAÇÃO DA PROPRIEDADE FIDUCIÁRIA (LEI Nº 9.514/1997). NULIDADE DA INTIMAÇÃO PARA CONSTITUIÇÃO EM MORA. QUESTÃO JÁ APRECIADA. AUSÊNCIA DE INTIMAÇÃO QUANTO À REALIZAÇÃO DO LEILÃO. PROPOSITURA DE AÇÃO DE REINTEGRAÇÃO DE POSSE. FATOS NOVOS, SEM LIGAÇÃO COM O PEDIDO PRINCIPAL. NÃO PASSÍVEIS DE CONHECIMENTO. CERTEZA DO PEDIDO E PRINCÍPIO DA ADSTRIÇÃO (ART. 322 E 492 DO NOVO CPC). OBEDIÊNCIA. DECISÃO MANTIDA. 1. A propositura de ação judicial para questionar uma fase do processo extrajudicial de consolidação da propriedade fiduciária, previsto na Lei nº 9.514/1997, não constitui autorização para a parte apresentar, a cada vício no procedimento, novas demandas e novos pleitos de tutela de urgência, mesmo que se tratem de desdobramentos do pedido principal. 2. Nos termos do artigo 322, caput, do Novo CPC, o pedido deve ser certo e expresso, a indicar de forma clara e precisa qual a espécie de tutela jurisdicional pretendida, visto ser ele o responsável por balizar a atuação do Juízo, bem como da defesa da parte contrária. 3. Apesar de o Novo CPC prever que -a interpretação do pedido considerará o conjunto da postulação e observará o princípio da boa-fé- (artigo 322, § 2º), a certeza como exigência do pedido se mantém, sendo vedado ao magistrado conceder aquilo que não tenha sido expressamente requerido pelo autor na inicial (artigo 492, caput). 4. Agravo de instrumento conhecido e não provido. (TJDF; Proc. 0710.54.3.592017-8070000; Ac. 105.6450; Primeira Turma Cível; Relª Desª Simone Lucindo; Julg. 26/10/2017; DJDFTE 13/11/2017)

Art. 323. Na ação que tiver por objeto cumprimento de obrigação em prestações sucessivas, essas serão consideradas incluídas no pedido, independentemente de declaração expressa do autor, e serão incluídas na condenação, enquanto durar a obrigação, se o devedor, no curso do processo, deixar de pagá-las ou de consigná-las.

→ *v.* Art. 541 do NCPC.

→ *v.* Enunciado 505 do FPPC: Na ação de despejo cumulada com cobrança, julgados procedentes ambos os pedidos, são passíveis de execução, além das parcelas vencidas indicadas na petição inicial, as que se tornaram exigíveis entre a data de propositura da ação e a efetiva desocupação do imóvel locado.

Reconhecendo a aplicabilidade do dispositivo à execução de título extrajudicial:

✓ CONDOMÍNIO. DECISÃO QUE INDEFERIU PEDIDO DO EXEQUENTE PARA QUE SEJAM INCLUÍDAS NA EXECUÇÃO AS COTAS CONDOMINIAIS VINCENDAS. Aplicação subsidiária do art. 323 do CPC por se tratar de obrigação a ser cumprida em prestações sucessivas. Princípios da efetividade e da celeridade processual. Decisão reformada. Agravo de instrumento provido. (TJSP; AI 2218131-15.2017.8.26.0000; Ac. 11058905; São Caetano do Sul; Trigésima Terceira Câmara de Direito Privado; Rel. Des. Eros Piceli; Julg. 11/12/2017; DJESP 15/12/2017; Pág. 2366); DESPESAS CONDOMINIAIS. EXECUÇÃO DE TÍTULO EXTRAJUDICIAL. INCLUSÃO DE QUOTAS VINCENDAS NO CURSO DO PROCESSO, COM FUNDAMENTO NOS ARTIGOS 323 E 771, PAR. ÚNICO, DO CPC/2015. ADMISSIBILIDADE. POSSIBILIDADE DE SE UTILIZAR O PROCESSO EXECUTIVO PARA SATISFAÇÃO DE CRÉDITO DECORRENTE DE OBRIGAÇÃO DE TRATO SUCESSIVO. OBSERVÂNCIA DOS PRINCÍPIOS DA EFETIVIDADE E ECONOMIA PROCESSUAL. DESPESAS NÃO PAGAS PELO CONDÔMINO QUE DISPENSAM NOVO PROCESSO DE EXECUÇÃO. RECURSO PROVIDO. Em que pese não haver previsão legal expressa acerca da inclusão das prestações vincendas no curso do processo executivo, não se pode olvidar que o novo Código de Processo Civil tem como norte os princípios da economia processual e da efetividade. Assim, cuidando-se de relação jurídica decorrente de trato sucessivo, não se mostra razoável obrigar o credor a manejar várias demandas executivas fundadas na mesma relação de direito material. Além do mais, o art. 323 do NCPC, que autoriza a inclusão das parcelas vincendas no caso de cobrança de obrigação em prestações sucessivas, encontra aplicabilidade subsidiária ao caso, a teor do que dispõe o art. 771, par. único, do NCPC. (TJSP; AI 2131663-82.2016.8.26.0000; Ac. 9614911; São Paulo; Trigésima Segunda Câmara de Direito Privado; Rel. Des. Kioitsi Chicuta; Julg. 21/07/2016; DJESP 28/07/2016); AGRAVO DE INSTRUMENTO. EXECUÇÃO DE TÍTULO EXECUTIVO. INCLUSÃO DE PARCELAS VINCENDAS NO CURSO DA EXECUÇAO. NÃO CABIMENTO. Dispõe o art. 323 do NCPC: "na ação que tiver por objeto cumprimento de obrigação em prestações sucessivas, essas serão consideradas incluídas no pedido, independentemente de declaração expressa do autor, e serão incluídas na condenação, enquanto durar a obrigação, se o devedor, no curso do processo, deixar de pagá-las ou de consigná-las". Tal artigo deve ser interpretado de modo a englobar na condenação o pagamento das prestações vincendas até o trânsito em julgado da sentença, e não aquelas vincendas no curso da execução, como forma de atender o requisito da liquidez e da exigibilidade do título. A expressão "enquanto durar a obrigação" deve observar o princípio da razoabilidade, sob pena de perpetuação da ação e ofensa ao direito contraditório e da ampla defesa do devedor. Agravo de instrumento desprovido. (TJRS; AI 0093018-75.2017.8.21.7000; Porto Alegre; Décima Oitava Câmara Cível; Rel. Des. Heleno Tregnago Saraiva; Julg. 29/06/2017; DJERS 06/07/2017)

Entendendo que não é possível a inclusão de parcelas vencidas após o início do cumprimento de sentença:

✓ AGRAVO DE INSTRUMENTO. CUMPRIMENTO DE SENTENÇA. COTAS CONDOMINIAIS. PARCELAS VINCENDAS. ART. 323 DO CPC. HONORÁRIOS ADVOCATÍCIOS. 1. A teor do disposto no art. 323 do CPC as prestações sucessivas devem ser incluídas na condenação enquanto durar a obrigação, não estando limitadas ao trânsito em julgado da ação. No caso, todavia, o Condomínio pretende a inclusão de cotas condominiais vencidas após o início da fase de cumprimento de sentença, o que não se mostra possível. Logo, deve ser mantida a decisão agravada no ponto em que determinou o prosseguimento do cumprimento de sentença de acordo com a planilha apresentada pelo Condomínio em 02/05/2014, na qual foram incluídas as cotas condominiais relativas ao período de novembro/1998 até abril/2014. 2. A Corte Especial do Superior Tribunal de Justiça, no julgamento de recurso repetitivo, pacificou entendimento no sentido de que são devidos honorários advocatícios no cumprimento de sentença, haja ou não impugnação, depois de escoado o prazo para pagamento voluntário. 3. No caso, intimada para efetuar o pagamento voluntário no débito em 07/10/2014, a EMGEA em 15/10/2014 realizou o depósito no valor de R$ 195.626,82, relativo à parcela incontroversa do débito e do valor de R$ 78.861,54 para garantia do juízo. Logo, comprovado o pagamento da parcela incontroversa dentro do prazo, são devidos honorários advocatícios relativos à fase de cumprimento de sentença tão somente em relação à parcela controvertida. 4. Logo, sobre a diferença devida (R$ 218.645,97 – R$ 195.626,82 = R$ 23.019,15) incide honorários advocatícios de 10%, a teor do disposto no art. 523, § 1º do CPC/2015. Por outro lado, como a parte exequente postulou pagamento superior ao valor devido deve ser condenada ao pagamento de honorários advocatícios em favor do patrono da EMGEA fixados em 10% sobre o valor excluído do débito (R$ 274.488,36 – R$ 218.645,97 = R$ 55.842,39). 5. Muito embora tenha sido alterado o percentual devido a título de honorários advocatícios, a fixação em 10% sobre o valor excluído do cálculo não resulta em reformatio in pejus, na media em que restou alterada a base de cálculo. (TRF 4ª R.; AG 5032086-28.2016.404.0000; Terceira Turma; Relª Desª Fed. Marga Inge Barth Tessler; Julg. 14/03/2017; DEJF 15/03/2017)

Apontando a impossibilidade de se limitar a condenação nas parcelas vincendas até o trânsito em julgado da sentença proferida na fase de conhecimento:

✓ APELAÇÃO CÍVEL. AÇÃO DE COBRANÇA DE COTAS CONDOMINIAIS. SENTENÇA DE PROCEDÊNCIA, QUE CONDENA OS RÉUS AO PAGAMENTO DAS COTAS DE CONDOMÍNIO, VENCIDAS ATÉ O TRÂNSITO EM JULGADO, ACRESCIDAS DE CORREÇÃO MONETÁRIA E JUROS DE MORA DE 1% (UM POR CENTO) AO MÊS, CONTADOS DE CADA VENCIMENTO. Irresignação do condomínio autor quanto à não inclusão na condenação das cotas vincendas. Obrigação em prestações sucessivas. Condenação que deve englobar as prestações vencidas e inadimplidas, bem como, das prestações que se vencerem posteriormente, até o momento em que durar a obrigação. Inteligência do artigo 323, do CPC/15. Cotas condominiais que possuem exigibilidade imediata. Certeza e liquidez. Mora ex re. Artigo 397, do Código Civil. Incidência da atualização monetária e dos juros de mora desde o vencimento de cada parcela. Conhecimento e provimento do recurso, para condenar os réus ao pagamento das cotas condominiais vincendas até o efetivo pagamento. (TJRJ; APL 0003781-89.2014.8.19.0210; Sexta Câmara Cível; Relª Desª Cláudia Pires dos Satos Ferreira; DORJ 11/12/2017; Pág. 322)

Aplicando subsidiariamente o dispositivo ao processo do trabalho:

✓ RECURSO DE REVISTA REGIDO PELA LEI Nº 13.015/2014. ADICIONAL DE INSALUBRIDADE E HORAS EXTRAS. PARCELAS VINCENDAS. Nos termos do art. 323 do NCPC (art. 290 do CPC/1973), devem ser incluídas na condenação o pagamento do adicional de insalubridade e das horas extras vincendas, prestações sucessivas, enquanto permanecem inalteradas as condições garantidoras das referidas prestações. Recurso de revista não conhecido. (TST; RR 0001021-50.2014.5.04.0271; Segunda Turma; Relª Min. Delaide Miranda Arantes; DEJT 17/02/2017; Pág. 840)

Art. 324. O pedido deve ser determinado.

Impossibilidade de formulação de pedido genérico de revisão contratual, sem indicação das cláusulas a serem revistas:

✓ APELAÇÃO CÍVEL. BUSCA E APREENSÃO. REVISÃO CONTRATUAL. PEDIDO GENÉRICO. SENTENÇA MANTIDA. Inaceitável a revisão de um contrato sem se saber se existe realmente a suposta abusividade alegada pela parte, já que não houve individualização das cláusulas que se pretende revisar. O pedido inicial deverá ser, em regra, certo e determinado, conforme determina o artigo 324 do NCPC. (TJMG; APCV 1.0439.15.004679-5/001; Rel. Des. Alberto Diniz Junior; Julg. 29/11/2017; DJEMG 06/12/2017)

Pedido genérico de pagamento de gratificações não atende ao disposto no art. 322 do CPC, a ensejar a inépcia da petição inicial:

✓ ADMINISTRATIVO. PEDIDO GENÉRICO DE PAGAMENTO DE GRATIFICAÇÕES DE DESEMPENHO EM IGUALDADE DE CONDIÇÕES COM OS SERVIDORES ATIVOS. GRATIFICAÇÕES COM LEGISLAÇÃO PRÓPRIA E CRITÉRIOS E PROCEDIMENTOS ESPECÍFICOS PARA AVALIAÇÃO INDIVIDUAL E INSTITUCIONAL. IMPOSSIBILIDADE DE EXAME DA MATÉRIA. AUSÊNCIA DE PEDIDO CERTO E DETERMINADO. ARTS. 330, 322 E 324 DO CPC/2015. EXTINÇÃO DO PROCESSO SEM JULGAMENTO DO MÉRITO. 1. A identificação da gratificação de desempenho da qual se pretende o reajuste é condição indispensável para a apreciação do pedido, uma vez que cada vantagem tem como fundamento uma legislação própria, com critérios, datas e procedimentos específicos para a avaliação de desempenho individual e institucional. Somente com a análise concreta das normas concernentes a uma determinada gratificação é que se pode concluir se ela teria ou não caráter genérico, de modo a justificar o direito à paridade dos inativos com os servidores em atividade. 2. Por sua vez, ainda que se pudesse admitir, em sede de apelação, uma modificação do pedido, o que não se revela cabível, observa-se que o autor, mesmo nas razões recursais, limitou-se a relacionar, "a título de exemplo ", algumas gratificações, sem apresentar a respectiva fundamentação ou ao menos apontar os períodos em que pretendia a majoração dos valores, a fim de permitir a análise da matéria. 3. Não havendo o autor, portanto, indicado, de modo específico, em relação a quais gratificações pretendiam os servidores substituídos receber o pagamento em paridade com os servidores ativos, o Juízo proferiu sentença julgando improcedente o pedido. 4. Sendo assim, por força do efeito devolutivo do recurso, devem ser examinados os pressupostos processuais e condições da ação. No presente caso, observa-se que não foi formulado pelo autor pedido certo e determinado, nos termos dos arts. 322 e 324 do CPC/2015, o que configura a inépcia da inicial, a acarretar o seu indeferimento, conforme o previsto no art. 330, I, combinado com o § 1º, II, do mesmo dispositivo, do CPC/2015. Dessa forma, não havendo sido preenchidas as condições para o desenvolvimento regular do feito, verifica-se que a hipótese é de extinção do processo, sem julgamento do mérito, por inépcia da inicial, nos termos do art. 485, I e IV, do CPC/2015. 5. Apelação parcialmente provida. (TRF 2ª R.; AC 0063273-56.2015.4.02.5101; Quinta Turma Especializada; Rel. Des. Fed. Aluísio Gonçalves de Castro Mendes; Julg. 06/06/2017; DEJF 13/06/2017)

Considerando impossível a formulação de pedido genérico de indenização por dano moral:

✓ PROCESSO CIVIL. AÇÃO DECLARATÓRIA E INDENIZATÓRIA. REAJUSTE DE PLANO DE SAÚDE POR MUDANÇA DE FAIXA ETÁRIA. Autor requer indenização por dano moral em valor a ser arbitrado pelo juízo. Determinada a emenda da petição inicial para correta quantificação do dano moral. Autor reafirma sua impossibilidade de quantificar o dano. Sentença indeferindo a petição inicial e julgado o feito extinto sem análise do mérito. Apelação da parte autora. Sentença que se mantém. O valor da causa nas ações indenizatórias corresponde ao valor pretendido a título de dano moral e havendo cumulação de pedidos, o valor da causa é correspondente à soma de todos eles. Nova sistemática processual em vigor a partir de março de 2016. Inteligência do art. 292, V e VII do CPC c/c os arts. 322 e 324 do CPC. Pedido incerto impede a defesa do réu e o próprio julgamento do mérito. Circunstâncias dos autos não se inserem nas hipóteses de formulação de pedido genérico. Recurso conhecido e não provido. (TJRJ; APL 0211860-50.2016.8.19.0001; Rio de Janeiro; Vigésima Sexta Câmara Cível Consumidor; Rel. Desig. Des. Ricardo Alberto Pereira; DORJ 18/12/2017; Pág. 422).

Contra, entendendo possível a formulação de pedido genérico de indenização por danos morais:

✓ APELAÇÃO CÍVEL. DIREITO DO CONSUMIDOR. DIREITO PROCESSUAL CIVIL. Ação de obrigação de fazer c/c indenizatória. Sentença que decretou a extinção do feito, sem julgamento do mérito, com fulcro no artigo 485, I do CPC/15, por não ter sido feito pedido certo e determinado quanto à indenização de danos morais, nos termos do art. 292, V do CPC/15. Recorre a parte autora requerendo a anulação do julgado, uma vez que todos os requisitos exigidos pelo novo código de processo civil foram preenchidos e que são admitidos pedidos genéricos, em determinadas situações nos termos do art. 324, § 1º, do CPC/2015. Ademais, foi quantificado o valor da indenização por danos morais em verba não inferior a quarenta salários mínimos. Recurso que merece prosperar. Possibilidade de formulação de pedido genérico quanto à indenização por danos morais, em conformidade com o art. 324, §1º, II, do CPC/2015. Matéria objeto do RESP nº 1.534.559 – SP (2015/0116526-2), julgado em 22.11.2016. 3ª turma do STJ cujo entendimento do voto da ministra Nancy Andrighi é o de que são admitidos pedidos genéricos, fazendo expressa correspondência com o art. 324, § 1º, do CPC. Sentença anulada. Recurso a que se dá provimento. (TJRJ; APL 0145539-33.2016.8.19.0001; Rio de Janeiro; Vigésima Quinta Câmara Cível Consumidor; Relª Desig. Desª Cintia Santarem Cardinali; Julg. 28/06/2017; DORJ 30/06/2017; Pág. 608)

Impossibilidade de pedido genérico de exclusão de taxas e tarifas bancárias:

✓ APELAÇÃO CÍVEL. NEGÓCIOS JURÍDICOS. AÇÃO REVISIONAL. CONTRATOS BANCÁRIOS. PESSOA JURÍDICA. POSSIBILIDADE DE REVISAR CONTRATAÇÕES BANCÁRIAS COM BASE NO CDC. Aplicabilidade do CDC. Juros remuneratórios. Limitação com base na taxa média de mercado. Entendimento sedimentado no STJ. Precedentes da câmara. Abusividade existente em alguns dos contratos firmados pelas partes. São considerados abusivos os juros remuneratórios que excedem uma vez e meia o percentual da taxa média dos juros praticada no mercado conforme tabelas divulgadas pelo BACEN para o período e relativas a operações da mesma natureza. Capitalização mensal dos juros. Orientação sobre a possibilidade da capitalização dos juros em periodicidade inferior a anual firmada pelo STF em repercussão geral reconhecida – Tema 33 (re 592.377). Admitida a capitalização anual com relação aos contratos que não foram juntados aos autos. Possível a capitalização mensal de juros em contratos bancários celebrados após o advento da medida provisória nº 1.963-17/2000, de 31.03.2000, desde que expressamente prevista no contrato. Consoante definido pelo egrégio STJ no julgamento do RESP n. 973.827/RS, mostra-se suficiente a indicação de juros anuais em índice inferior ao duodécuplo da taxa mensal. Recente edição de verbetes pelo STJ. Súmulas nº 539 e 541. Comissão de permanência. Estando contratada, admite-se a cobrança da comissão de permanência de forma exclusiva para o período de inadimplência, desde que não cumulada com juros moratórios, multa ou correção monetária, calculada pela taxa média de mercado, não podendo o valor ultrapassar a soma dos encargos moratórios previstos no contrato. Observância das Súmulas nºs 30, 294, 296 e 472, todas do STJ. Pedido genérico de exclusão das taxas e tarifas bancárias. O artigo 324 do CPC/2015- aplicável à espécie – Veda a formulação de pedido genérico. Sucumbência redimensionada. Apelação parcialmente provida. (TJRS; AC 0257708-24.2017.8.21.7000; Garibaldi; Décima Segunda Câmara Cível; Rel. Des. Guinther Spode; Julg. 23/11/2017; DJERS 28/11/2017)

Impossibilidade de formulação de pedido genérico de prestação de contas, sem a especificação dos lançamentos duvidosos:

✓ CIVIL. Processual civil. Agravo em Recurso Especial. Recurso manejado sob a égide do NCPC. Bancário. Ação de prestação de contas. Primeira fase. Pedido genérico. Ocorrência. Carência de ação. Falta de interesse processual configurado. Precedentes. Agravo conhecido. Recurso Especial conhecido em parte e, nesta extensão, provido. (STJ; AREsp 1.198.948; Proc. 2017/0286135-6; SP; Terceira Turma; Rel. Min. Moura Ribeiro; DJE 07/12/2017). No mesmo sentido: AÇÃO DE PRESTAÇÃO DE CONTAS. PRIMEIRA FASE. SENTENÇA PARCIALMENTE PROCEDENTE. INSURGÊNCIA DA INSTITUIÇÃO FINANCEIRA RÉ. ALEGAÇÃO DE PEDIDO GENÉRICO. OCORRÊNCIA. AUSÊNCIA DE APONTAMENTO EXPRESSO DE DÚVIDAS NOS LANÇAMENTOS. IMPOSSIBILIDADE. INFRINGÊNCIA AO ART. 324 DO CPC. INTERESSE DE AGIR NÃO DEMONSTRADO. CARÊNCIA DA AÇÃO RECONHECIDA. EXTINÇÃO DO PROCESSO COM FUNDAMENTO NO ART. 485, VI, DO CÓDIGO DE PROCESSO CIVIL. Recurso Conhecido e Provido. (TJPR; ApCiv 1544333-3; Francisco Beltrão; Décima Quarta Câmara Cível; Relª Desª Themis Furquim Cortes; Julg. 17/08/2016; DJPR 24/08/2016; Pág. 517); APELAÇÃO. RETRAÇÃO. AÇÃO DE PRESTAÇÃO DE CONTAS. LANÇAMENTOS PRATICADOS EM CONTA CORRENTE. PEDIDO GENÉRICO. INTERESSE PROCESSUAL. AUSÊNCIA. Em autos de ação de prestação de contas, que tem por alvo tornar conhecidos lançamentos praticados pela instituição financeira em conta corrente durante todo o interregno contratual, a extinção do processo, sem resolução de mérito, por ausência de interesse processual, é providência que se impõe (artigo 267, VI, do CPC/73, atual artigo 485, VI), quando não declinados pela parte autora os motivos consistentes para a busca de tais esclarecimentos e as efetivas ocorrências duvidosas em sua conta corrente. (TJMG; APCV 1.0188.13.010652-2/001; Rel. Des. Newton Teixeira Carvalho; Julg. 30/11/2017; DJEMG 13/12/2017)

§ 1º É lícito, porém, formular pedido genérico:

→ v. Art. 14, § 2º da Lei 9.099/1995.

I – nas ações universais, se o autor não puder individuar os bens demandados;

II – quando não for possível determinar, desde logo, as consequências do ato ou do fato;

→ v. Art. 491 do NCPC.

Considerando admissível a formulação de pedido genérico se o cálculo dos danos materiais for extremamente complexo:

✓ DIREITO PROCESSUAL CIVIL. RECURSO ESPECIAL. APLICAÇÃO DO CPC/1973. AÇÃO DE INDENIZAÇÃO POR DANO MATERIAL E COMPENSAÇÃO POR DANO MORAL. COBRANÇAS INDEVIDAS. INSCRIÇÃO EM CADASTRO DE INADIMPLENTES. PEDIDO GENÉRICO. POSSIBILIDADE. INDIVIDUALIZAÇÃO DA PRETENSÃO AUTORAL. VALOR DA CAUSA. QUANTIA SIMBÓLICA E PROVISÓRIA. 1. Ação ajuizada em 16/12/2013. Recurso especial interposto em 14/05/2014. Autos atribuídos a esta Relatora em 25/08/2016. 2. Aplicação do CPC/73, a teor do Enunciado Administrativo n. 2/STJ. 3. É pacífica a jurisprudência desta Corte quanto à possibilidade de formulação de pedido genérico de compensação por dano moral, cujo arbitramento compete exclusivamente ao juiz, mediante o seu prudente arbítrio. 4. Na hipótese em que for extremamente difícil a imediata mensuração do quantum devido a título de dano material - por depender de complexos cálculos contábeis -, admite-se a formulação de pedido genérico, desde que a pretensão autoral esteja corretamente individualizada, constando na inicial elementos que permitam, no decorrer do processo, a adequada quantificação do prejuízo patrimonial. 5. Em se tratando de pedido genérico, o valor da causa pode ser estimado em quantia simbólica e provisória, passível de posterior adequação ao valor apurado na sentença ou no procedimento de liquidação. 6. Recurso especial parcialmente provido. (STJ; REsp 1534559; SP; Terceira Turma; Rel. Min. Nancy Andrighi; Julg. 22/11/2016, DJe 01/12/2016)

Possibilidade de formulação de pedido genérico de indenização se ainda não se sabe quais foram os danos causados ao imóvel objeto de reintegração:

✓ APELAÇÃO CÍVEL. AÇÃO DE REINTEGRAÇÃO DE POSSE C/C PEDIDO INDENIZATÓRIO. JUÍZO A QUO QUE DETERMINA A EMENDA DA INICIAL EM RELAÇÃO A DIVERSOS PONTOS, DENTRE ELES O PEDIDO INDENIZATÓRIO. Autor que justifica a indeterminação do valor pleiteado na peça inicial em razão do desconhecimento dos reais prejuízos causados pelo réu. Nova ordem de emenda, para cumprimento no prazo de 48 horas, não atendida. Sentença que indefere a inicial e julga extinto o feito, sem análise do mérito, na forma do artigo 485, I, do CPC/15. Inconformismo do autor que prospera. Possibilidade de formulação de pedido genérico quando não for possível, desde logo, mensurar as consequências do ato ou do fato. Inteligência do artigo 324, § 1º, inciso II, do CPC/15. Prejuízos ignorados pelo autor. Recurso conhecido e provido para cassar a sentença combatida. (TJRJ; APL 0293139-58.2016.8.19.0001; Rio de Janeiro; Décima Sexta Câmara Cível; Rel. Des. Eduardo Gusmão Alves de Brito Neto; DORJ 25/08/2017; Pág. 516)

Possibilidade de formulação de pedido genérico de restituição se as cobranças ainda estão em curso:

✓ APELAÇÃO. AÇÃO DECLARATÓRIA CC. REPETIÇÃO DE INDÉBITO TRIBUTÁRIO. ICMS. INCIDÊNCIA SOBRE AS TARIFAS DE USO DO SISTEMA DE DISTRIBUIÇÃO E TRANSMISSÃO. PETIÇÃO INICIAL. REQUISITOS. Pretensão inicial da autora-contribuinte voltada à declaração de inexigibilidade do ICMS exigido pelo Fisco Estadual sobre as chamadas Tarifas de Uso do Sistema de Transmissão (TUST) e Distribuição (TUSD), cumulada com pedido de repetição do indébito tributário não atingido pela prescrição quinquenal. Sentença terminativa proferida pelo Juízo a quo. Indeferimento da petição inicial por descumprimento da determinação de emenda, nos termos do parágrafo único, do art. 321, do CPC/2015. Desacerto. Na hipótese sub examine, observado que a real extensão do indébito dependerá do momento em que cessada eventual cobrança indevida, cabível a formulação de pedido genérico, à luz do quanto disposto no inciso II, do §1º, do art. 324, do CPC/2015. Admissibilidade da atribuição de valor da causa por estimativa nos casos em que o exato conteúdo econômico da demanda não for imediatamente aferível. Ausência de prejuízo à defesa ou à delimitação objetiva da demanda. Precedentes deste Tribunal de Justiça. Sentença reformada. Retorno dos autos à origem para formalização do contraditório e regular prosseguimento do feito até seus ulteriores termos (art. 331, §2º, do CPC/2015). Recurso da autora provido, com determinação. (TJSP; APL 1011571-65.2017.8.26.0224; Ac. 11022556; Guarulhos; Quarta Câmara de Direito Público; Rel. Des. Paulo Barcellos Gatti; Julg. 27/11/2017; DJESP 12/12/2017; Pág. 2752)

Entendendo possível a formulação de pedido genérico de condenação do Estado a fornecer todo tipo de tratamento de saúde:

✓ APELAÇÃO. DIREITO A SAÚDE. RESPONSABILIDADE SOLIDÁRIA DOS ENTES FEDERADOS. INSUMO. OMISSÃO ADMINISTRATIVA. RESERVA DO POSSÍVEL. ÔNUS DE PROVA. PRETENSÃO VOLTADA À DETERMINADA MARCA. VEDAÇÃO. MULTA COERCITIVA. APLICABILIDADE. PEDIDO GENÉRICO. EXTINÇÃO SEM ANÁLISE DE MÉRITO. 1. Segundo posicionamento pacífico do Supremo Tribunal Federal, tratamentos médicos adequados aos necessitados se inserem no rol dos deveres do Estado, porquanto responsabilidade solidária dos entes federados, podendo o polo passivo de ações pleiteando prestações à satisfação do direito à saúde ser composto por qualquer um deles, isoladamente ou conjuntamente. 2. Considerando essa existência de obrigação solidária entre os Entes Federados, nos termos da jurisprudência do STF, não há que se falar em desobediência às diretivas do SUS quanto à distribuição das competências para fornecimento de fármacos/insumos. 3. Comprovada a necessidade de determinado medicamento/insumo, verificada a omissão administrativa acerca da possibilidade de inclusão de tal produto em lista padronizada para a moléstia que acomete o paciente, é dever do ente público o seu fornecimento, importando a negativa em ofensa ao direito à saúde garantido constitucionalmente, sendo prudente condicionar o fornecimento à retenção de receita. 4. A tese defensiva da reserva do possível impõe o ônus de prova a quem a alega quanto aos seus elementos. 5. A pretensão de fornecimento de insumo não pode se voltar à marca específica, mas ao princípio ativo que lhe trará o mesmo resultado prático e observará os princípios da isonomia e da eficiência. 6. As cominações impostas pelo descumprimento da obrigação de fazer ou não fazer, denominadas de astreintes, são dotadas de coercibilidade e tem por finalidade o cumprimento da obrigação imposta. Ainda que em desfavor da Fazenda Pública, esta é devida. Precedentes STJ. 7. Nos termos do art. 324, do CPC, não é possível a formulação de pedido genérico consistente na condenação de Ente Público ao fornecimento de todo tipo de tratamento de saúde (consultas, remédios, exames, internações, transporte, alimentação e equipamentos) de que necessitar o paciente. (TJMG; APCV 1.0223.16.007115-3/002; Rel. Des. Jair Varão; Julg. 09/11/2017; DJEMG 05/12/2017); APELAÇÃO CÍVEL. FORNECIMENTO DE TRATAMENTO MÉDICO. POSSIBILIDADE DE PEDIDO GENÉRICO. ART. 324, § 1º, II, DO CÓDIGO DE PROCESSO CIVIL. DEVER DO ESTADO DE ASSEGURAR A SAÚDE PÚBLICA. ART. 196 DA CONSTITUIÇÃO FEDERAL. ABSOLUTA PRIORIDADE PARA EFETIVAÇÃO DO DIREITO À SAÚDE. 01. É possível a formulação de pedido genérico nos casos de impossibilidade de determinação, desde logo, das consequências do ato ou do fato, conforme art. 324, § 1º, II, do Código de Processo Civil. 02. O Estado tem o dever de assegurar a saúde do cidadão, garantida pela Constituição Federal, em seu art. 196. Recurso conhecido e não provido. (TJMS; APL 0804279-64.2016.8.12.0021; Segunda Câmara Cível; Rel. Des. Vilson Bertelli; DJMS 15/08/2017; Pág. 87). No mesmo sentido: APELAÇÃO CÍVEL. DIREITO PÚBLICO NÃO ESPECIFICADO. REMESSA NECESSÁRIA. SENTENÇA ILÍQUIDA. CONHECIMENTO. Sentença ilíquida condenatória em face da Fazenda Pública sujeita ao reexame necessário, conforme Súmula nº 490 do STJ. Preliminar. Condenação genérica. Art. 324, §1º, II, do CPC/15. Rejeição. – O art. 324, §1º, II, do CPC/15 dispõe a licitude de formulação de pedido genérico quando o autor não puder individuar os bens demandados. Situação dos autos que não se pode prever todos os procedimentos necessários para a fixação das vértebras cervicais e nem mesmo qual o exato tratamento posteriormente ministrado. Mérito. Estado. Saúde. Transferência hospitalar e tratamento não disponibilizados pelo SUS. Direito à saúde. Garantia constitucional. Provas da necessidade e da inexistência de condições financeiras para custeio. – O direito à saúde e a solidariedade dos entes públicos na sua garantia é matéria já pacificada tanto neste tribunal de justiça quanto nas cortes superiores. Trata-se de interpretação sistemática da legislação infraconstitucional com os arts. 196 e 198 da Constituição Federal, não sendo oponível ao cidadão qualquer regulamentação que tolha seus direitos fundamentais à saúde e à dignidade. Preliminar rejeitada. Apelação desprovida. Sentença mantida em remessa necessária. (TJRS; AC 0050617-61.2017.8.21.7000; Bagé; Vigésima Segunda Câmara Cível; Relª Desª Marilene Bonzanini Bernardi; Julg. 06/04/2017; DJERS 12/04/2017)

III – quando a determinação do objeto ou do valor da condenação depender de ato que deva ser praticado pelo réu.

→ *v.* Art. 14, § 2º, da Lei 9.099/1995.

→ *v.* Arts. 509 a 512 do NCPC.

§ 2º O disposto neste artigo aplica-se à reconvenção.

→ *v.* Art. 343 do NCPC.

Art. 325. O pedido será alternativo quando, pela natureza da obrigação, o devedor puder cumprir a prestação de mais de um modo.

Parágrafo único. Quando, pela lei ou pelo contrato, a escolha couber ao devedor, o juiz lhe assegurará o direito de cumprir a prestação de um ou de outro modo, ainda que o autor não tenha formulado pedido alternativo.

→ *v.* Art. 252 e seguintes do CC/2002.

→ *v.* Art. 543 do NCPC.

Art. 326. É lícito formular mais de um pedido em ordem subsidiária, a fim de que o juiz conheça do posterior, quando não acolher o anterior.

→ *v.* Enunciado 102 do FPPC: O pedido subsidiário ou alternativo não apreciado pelo juiz é devolvido ao tribunal com a apelação.

→ *v.* Enunciado 287 do FPPC: O pedido subsidiário somente pode ser apreciado se o juiz não puder examinar ou expressamente rejeitar o principal.

→ *v.* Enunciado 288 do FPPC: Quando acolhido o pedido subsidiário, o autor tem interesse de recorrer em relação ao principal.

Apontando existir sucumbência recíproca se apenas o pedido subsidiário é concedido:

✓ APELAÇÃO CÍVEL. FAMÍLIA. AÇÃO DE EXONERAÇÃO E REVISÃO DE ALIMENTOS. FILHO MAIOR DE IDADE. 1. O pedido alternativo é aquele que, pela natureza da obrigação, pode ser cumprido por mais de um modo, o que, inclusive, consta expressamente do art. 325 do CPC. O art. 326, por sua vez, traz a possibilidade de formulação de pedidos sucessivos para que o juiz conheça do posterior caso não possa acolher o anterior. 2. Verifica-se que, no caso, os pedidos formulados na exordial não são alternativos, pois não trazem opção de adimplemento. São sucessivos, haja vista a eventualidade que os justifica, pois a rejeição do pedido principal possibilitou a acolhida do pedido sucessivo, para houvesse redução do quantum alimentar. 3. Sucumbência recíproca na improcedência de pedido principal com acolhimento de pedido sucessivo. Precedentes do STJ e deste tribunal de justiça. Recurso desprovido. (TJRS; AC 0312361-10.2016.8.21.7000; Porto Alegre; Sétima Câmara Cível; Relª Desª Liselena Schifino Robles Ribeiro; Julg. 09/11/2016; DJERS 14/11/2016); APELAÇÃO. REVISIONAL. CONTRATO BANCÁRIO. DISTRIBUIÇÃO DOS ÔNUS SUCUMBENCIAIS. PEDIDO SUBSIDIÁRIO. CUMULAÇÃO ALTERNATIVA. JUSTIÇA GRATUITA. SUSPENSÃO DA EXIGIBILIDADE. REGRA DO ART. 98, §3º, NCPC. Na hipótese de pedido subsidiário formulado por meio de cumulação alternativa (art. 326, do NCPC), sobrevém sucumbência recíproca ainda que o autor saia vencedor do pleito subsidiário, já que se viu perdedor do requerimento principal. Deferida à parte o benefício da gratuidade de justiça, impositiva a suspensão da exigibilidade da obrigação decorrente de sua sucumbência, na forma prevista no art. 98, §3º, NCPC. (TJMG; APCV 1.0024.12.136872-4/001; Relª Desª Cláudia Maia; Julg. 08/09/2016; DJEMG 16/09/2016)

Se o pedido principal é acolhido, não há sucumbência pela rejeição dos subsidiários:

✓ APELAÇÃO CÍVEL. EMPRESARIAL E PROCESSUAL CIVIL. RECONHECIMENTO E DISSOLUÇÃO DE SOCIEDADE COMERCIAL DE FATO. APURAÇÃO DE HAVERES. PERÍCIA CONTÁBIL. HONORÁRIOS PERICIAIS. CUMULAÇÃOALTERNATIVA DE PEDIDOS. ACOLHIMENTO DO PEDIDO PRINCIPAL E REJEIÇÃO DOS PEDIDOS SUBSIDIÁRIOS. AUSÊNCIA DE SUCUMBÊNCIA. 1. Considerando que a apuração de haveres é de interesse de todos os sócios, a perícia contábil destinada à liquidação da quota do sócio retirante, deve ser custeada por todos eles. 2. Se o pedido principal é acolhido, não há sucumbência em razão da rejeição dos pedidos subsidiários, pois a improcedência destes decorre logicamente do acolhimento daquele. 3. Deu-se provimento parcial ao apelo dos réus. (TJDF; EDcl-APL 2015.01.1.031844-9; Ac. 942690; Quarta Turma Cível; Rel. Des. Sérgio Rocha; DJDFTE 25/05/2016; Pág. 283)

Parágrafo único. É lícito formular mais de um pedido, alternativamente, para que o juiz acolha um deles.

→ *v.* Arts. 547 e 548 do NCPC.

Diferenciando a cumulação alternativa da subsidiária:

✓ APELAÇÃO CÍVEL. PROCESSO CIVIL. ÔNUS SUCUMBENCIAL. HONORÁRIOS ADVOCATÍCIOS. CUMULAÇÃO IMPRÓPRIA DE PEDIDOS. INDEFERIMENTO DO PEDIDO PRINCIPAL. DEFERIMENTO DO PEDIDO SUBSIDIÁRIO. SUCUMBÊNCIA MÚTUA. 1. Trata-se de apelação contra a decisão que julgou improcedente o pedido de aposentadoria por invalidez com proventos integrais, e procedente o pedido subsidiário de readaptação, condenando o Distrito Federal ao pagamento de honorários advocatícios fixados em 10% (dez por cento) do valor atualizado da causa. 2. Acumulação dos pedidos pode ser classificada como própria, quando for possível a procedência simultânea de todos os pedidos, ou imprópria, quando, apesar de formulados mais de um pedido, somente um deles puder ser concedido. 3. São duas as modalidades de cumulação imprópria: A cumulação alternativa, na qual o autor, sem estabelecer um pedido prioritário e sem condicionar o julgamento de um deles ao indeferimento do outro, permite que o juiz decida pela concessão de qualquer deles; e a cumulação subsidiária, em que a prioridade de um dos pedidos é revelada pelo fato de que o autor condiciona a análise de um dos pedidos à eventualidade do não atendimento do outro. 4. Na forma em que foram deduzidos na inicial, é inegável que existe a prevalência do pedido de aposentadoria por invalidez, em detrimento do pleito de readaptação, restando clara a sucumbência mútua, a ensejar a redistribuição do ônus sucumbencial. 5. Recurso conhecido e parcialmente provido. (TJDF; APC 2008.01.1.080932-3; Ac. 102.7476; Segunda Turma Cível; Rel. Des. Sandoval Oliveira; Julg. 28/06/2017, DJDFTE 03/07/2017)

Art. 327. É lícita a cumulação, em um único processo, contra o mesmo réu, de vários pedidos, ainda que entre eles não haja conexão.

→ *v.* Súmula 170 do STJ.

§ 1º São requisitos de admissibilidade da cumulação que:

I – os pedidos sejam compatíveis entre si;

→ *v.* Súmula 387 do STJ.

Se impossível a cumulação de pedidos por serem diversas as competências absolutas, o juiz deve conhecer apenas dos pedidos abarcados pela sua jurisdição:

✓ APELAÇÃO CÍVEL. AÇÃO DENOMINADA PETIÇÃO DE HERANÇA E SONEGADOS. PRETENSÃO ANULATÓRIA DE NEGÓCIO JURÍDICO DOAÇÃO. CUMULAÇÃO COM PEDIDOS DE PARTILHA E APLICAÇÃO DE PENA DE SONEGADOS. IMPOSSIBILIDADE. COMPETÊNCIA ABSOLUTA DO JUÍZO DAS SUCESSÕES. Sentença anulada. 1. É vedada a cumulação de pedidos quando o mesmo juízo não for absolutamente competente para o julgamento de todos eles. 2. A cumulação indevida de pedidos não acarreta a extinção do processo por inépcia da inicial, devendo o magistrado conhecer apenas dos pedidos abarcados pela sua jurisdição. (TJMG; APCV 1.0024.07.404823-2/001; Rel. Des. Marcelo Rodrigues; Julg. 22/08/2017; DJEMG 01/09/2017)

Inviabilidade de cumulação de pleitos de jurisdição voluntária e contenciosa:

✓ APELAÇÃO CÍVEL. JURISDIÇÃO VOLUNTÁRIA. AÇÃO DE RETIFICAÇÃO DE MATRÍCULA E EXTINÇÃO DE CONDOMÍNIO. RETIFICAÇÃO DE ÁREA. REDUÇÃO. JURISDIÇÃO VOLUNTÁRIA. POSSIBILIDADE. DIVISÃO DE TERRAS. JURISDIÇÃO CONTENCIOSA. RITO. CUMULAÇÃOINCOMPATÍVEL. A providência para alterações de registros ou averbações no ofício de imóveis pode ser administrativa, facultado ao interessado valer-se do procedimento judicial de jurisdição voluntária, segundo a Lei de registros públicos. – O CPC/73 estabelece procedimentos cognitivos comuns e especiais; e estes podem ser de jurisdição contenciosa ou voluntária. A cumulação de pedidos autoriza que num mesmo processo se postule o que poderia ensejar ações autônomas, mas sob condições. A cumulação de ações requisita compatibilidade de pedidos, identidade de juízo e adequação ou mesmo tipo de procedimento. Não é possível cumularem-se pleitos de jurisdição voluntária e de contenciosa. – Circunstância dos autos em que se impõe conceder a tutela jurisdicional para retificar para menos a área do autor; e manter a extinção do processo quanto ao pedido de divisão da área, abertura de novas matrículas e averbação de medidas e confrontações. Recurso parcialmente provido. (TJRS; AC 0056507-78.2017.8.21.7000; Estância Velha; Décima Oitava Câmara Cível; Rel. Des. João Moreno Pomar; Julg. 27/04/2017; DJERS 08/05/2017)

II – seja competente para conhecer deles o mesmo juízo;

→ *v.* Súmula 170 do STJ.

→ *v.* Enunciado 289 do FPPC: Se houver conexão entre pedidos cumulados, a incompetência relativa não impedirá a cumulação, em razão da modificação legal da competência.

III – seja adequado para todos os pedidos o tipo de procedimento.

§ 2º Quando, para cada pedido, corresponder tipo diverso de procedimento, será admitida a cumulação se o autor empregar o procedimento comum, sem prejuízo do emprego das técnicas processuais diferenciadas previstas nos procedimentos especiais a que se sujeitam um ou mais pedidos cumulados, que não forem incompatíveis com as disposições sobre o procedimento comum.

→ *v.* Enunciado 506 do FPPC: A expressão "procedimentos especiais" a que alude o § 2º do art. 327 engloba aqueles previstos na legislação especial.

→ *v.* Enunciado 672 do FPPC: É admissível a cumulação do pedido de alimentos com os pedidos relativos às ações de família, valendo-se o autor desse procedimento especial, sem prejuízo da utilização da técnica específica para concessão de tutela provisória prevista na Lei de Alimentos.

Considerando possível a cumulação dos pedidos de indenização e consignação das parcelas:

✓ CIVIL E PROCESSUAL CIVIL. Agravo de instrumento. Ação de indenização por danos morais c/c consignação. Decisão a quo que autorizou a consignação da parcela vencida e das parcelas vincendas nos valores contratados até a data dos respectivos vencimentos, sob pena de revogação da medida. Possibilidade de cumulação dos pedidos de indenizatória e de consignação das parcelas do financiamento. Adoção do procedimento comum. Art. 327, § 2º, do CPC. Decisão mantida. Conhecido e desprovido. (TJRN; AI 2017.003766-9; Natal; Primeira Câmara Cível; Rel. Des. Dilermando Mota; DJRN 17/11/2017)

Possibilidade de cumulação dos pedidos de divórcio, alimentos e partilha de bens:

✓ PROCESSUAL CIVIL E FAMÍLIA. APELAÇÃO CÍVEL. AÇÃO DE DIVÓRCIO C/C ALIMENTOS, PRESTAÇÃO DE CONTAS E PARTILHA DE BENS. POSSIBILIDADE. PRECEDENTES DO STJ, DO TJCE E DEMAIS TRIBUNAIS. APELO PROVIDO. SENTENÇA ANULADA. 1. Cuidam os presentes autos de apelação cível interposta por Casthia Kaline Bezerra Cardoso contra sentença oriunda do juízo da 7ª vara de família da Comarca de Fortaleza/CE, a qual decretou o divórcio do casal, bem como determinou que todas as outras questões sejam discutidas e decididas em processos próprios (fl. 762). 2. Com efeito, o artigo 327 do código de processo civil estabelece as condições para cumulação dos pedidos, senão vejamos:

Art. 327. É lícita a cumulação, em um único processo, contra o mesmo réu, de vários pedidos, ainda que entre eles não haja conexão. [...]2º quando, para cada pedido, corresponder tipo diverso de procedimento, será admitida a cumulação se o autor empregar o procedimento comum, sem prejuízo do emprego das técnicas processuais diferenciadas previstas nos procedimentos especiais a que se sujeitam um ou mais pedidos cumulados, que não forem incompatíveis com as disposições sobre o procedimento comum. 3. Assim, como bem destacado pelo douto procurador de justiça, a cumulação dos pedidos de divórcio, alimentos e partilha de bens é devida, na medida em que o procedimento escolhido foi o ordinário. 4. Dessa maneira, como o julgador deve ficar adstrito aos pedidos formulados pelo autor e pelo réu no desenrolar da relação processual, devendo enfrentar todos eles, sob pena de proferir sentença citra petita, a decisão atacada deve ser cassada. 5. Precedentes. 6. Apelo conhecido e provido. (TJCE; APL 0201098-40.2013.8.06.0001; Segunda Câmara de Direito Privado; Rel. Des. Carlos Alberto Mendes Forte; Julg. 25/10/2017; DJCE 31/10/2017; Pág. 34). V. tb.: AGRAVO DE INSTRUMENTO. CUMULAÇÃO DE PEDIDOS DE DIVÓRCIO C/C ALIMENTOS. POSSIBILIDADE EFETIVIDADE E CELERIDADE PROCESSUAL. ALIMENTOS FIXADOS EM 30% (TRINTA POR CENTO) DO SALÁRIO MÍNIMO, CUJO VALOR SE AFIGURA RAZOÁVEL, DIANTE DAS NECESSIDADES DO FILHO, SEM QUE DEMONSTRADA A INCAPACIDADE DO AGRAVANTE PARA ASSUMIR TAL ENCARGO. Os pedidos de divórcio e alimentos são compatíveis entre si (inciso I, do § 1º, do art. 327, do CPC); o Juízo de família é o competente para conhecer dos referidos pedidos (inciso II, do § 1º, do art. 327, do CPC) e, por fim, o procedimento ordinário é adequado para ambas as pretensões (CPC, 327 § 2º). Em atenção aos princípios da efetividade e celeridade processual, é possível a cumulação dos pedidos de divórcio, guarda e alimentos de menores. A verba fixada, à base de 30% (trinta por cento) do salário mínimo, se afigura revestida da proporcionalidade e razoabilidade necessárias. Agravo improvido. (TJBA; AI 0019131-87.2016.8.05.0000; Salvador; Segunda Câmara Cível; Rel. Des. Maurício Kertzman Szporer; Julg. 24/01/2017; DJBA 06/02/2017; Pág. 287)

Não se admite cumulação do pedido de prestação de contas com a pretensão de revisão/anulação de cláusulas contratuais:

✓ APELAÇÃO CÍVEL. AÇÃO DE PRESTAÇÃO DE CONTAS. LAUDO PERICIAL QUE EXCEDE SUA FUNÇÃO. JULGAMENTO EM DESCONFORMIDADE COM OS CÁLCULOS DO PERITO. ACOLHIMENTO CONTAS APRESENTADAS PELA PARTE RÉ. POSSIBILIDADE. NÃO CABIMENTO DE PRETENSÃO REVISIONAL EM AÇÃO DE PRESTAÇÃO DE CONTAS. ENTENDIMENTO FIRMADO PELO STJ EM JULGAMENTO DE RECURSO REPETITIVO. CONSTATAÇÃO. Tendo o laudo pericial excedido sua função de levantar as contas prestadas e apurar a existência de débito/crédito em favor da requerente, efetuando na verdade verdadeira revisão dos encargos, juros e taxas cobradas pela instituição financeira, devem ser julgadas boas as contas apresentadas pela parte ré, desde que retratem corretamente a movimentação realizada na conta da correntista. Não é cabível, em sede de ação de prestação de contas, a pretensão pela parte requerente de revisão/anulação das cláusulas pactuadas, por tramitar a ação ajuizada sob o rito do procedimento especial, não havendo em que se falar em sobre a possibilidade de tal cumulação de pedidos, considerando o posicionamento firmado pelo STJ quando do julgamento do RESP nº 1.497.831, bem como o disposto no §2º do art. 327 do CPC/2015. (TJMG; APCV 1.0390.10.001041-7/002; Rel. Des. Arnaldo Maciel; Julg. 28/03/2017; DJEMG 31/03/2017). V. tb.: TJRJ; APL 0099328-83.2011.8.19.0042; Petrópolis; Vigésima Sexta Câmara Cível Consumidor; Rel. Des. Wilson do Nascimento Reis; DORJ 15/12/2017; Pág. 768.

§ 3º O inciso I do § 1º não se aplica às cumulações de pedidos de que trata o art. 326.

Se a cumulação é imprópria, não há necessidade de que os pedidos cumulados sejam compatíveis:

✓ PETIÇÃO INICIAL. PEDIDOS. CUMULAÇÃO. BENEFÍCIO ASSISTENCIAL E PREVIDENCIÁRIO. POSSIBILIDADE. I. A cumulação sucessiva de pedidos é classificada como imprópria exatamente porque de cumulação não se trata, já que a parte pede ao juiz que acolha apenas um dos pedidos formulados, respeitada a preferência apontada na petição inicial. II. É a identificação do tipo de cumulação deduzida pelo autor que define a necessidade ou não de haver compatibilidade entre os pedidos. A regra geral é a de que o processo não comporta pedidos inconciliáveis (art. 292, §1º, inc. I, do CPC/73, mantido pelo art. 327, §1º, inc. I, do CPC/2015). III. Em se tratando de cumulação imprópria (pedidos sucessivo/subsidiário ou alternativo), descarta-se a exigência de compatibilidade entre os pedidos, tendo em vista que a pretensão do autor não é a do acolhimento simultâneo de ambos. IV. Embora o benefício de prestação continuada/LOAS e a aposentadoria por invalidez/auxílio-doença sejam benefícios de naturezas diversas (assistencial o primeiro e previdenciários os últimos), nada impede que sejam deduzidos na mesma petição inicial, de forma subsidiária. V. Os demais requisitos impostos no então vigente art. 292, incs. II e III, do CPC/73 (atual art. 327, incs. II e III, do CPC/2015) também estão cumpridos, de forma a não haver nenhum óbice quanto ao recebimento da petição inicial, relativamente a este aspecto. VI. Agravo de instrumento provido. (TRF 3ª R.; AI 0028595-62.2015.4.03.0000; Oitava Turma; Rel. Des. Fed. Newton de Lucca; Julg. 03/04/2017; DEJF 24/04/2017)

Art. 328. Na obrigação indivisível com pluralidade de credores, aquele que não participou do processo receberá sua parte, deduzidas as despesas na proporção de seu crédito.

→ *v.* Arts. 257 e seguintes do CC/2002.

Art. 329. O autor poderá:

I – até a citação, aditar ou alterar o pedido ou a causa de pedir, independentemente de consentimento do réu;

Possibilidade de alteração do polo passivo antes da citação do demandado:

✓ AGRAVO DE INSTRUMENTO. AÇÃO CAUTELAR DE SUSTAÇÃO DE PROTESTO. Emenda da inicial. Alteração do polo passivo. Decisão de indeferimento. Pedido formalizado antes da citação do demandado e, portanto, anterior à estabilização subjetiva da lide. Possibilidade. Artigo 329, inciso I, do CPC/2015. Recurso conhecido e provido. (TJSC; AI 0033202-66.2016.8.24.0000; Blumenau; Terceira Câmara de Direito Comercial; Rel. Des. Jaime Machado Junior; DJSC 15/12/2017; Pag. 321)

Possibilidade de alteração do rito processual antes da citação do réu:

✓ AGRAVO DE INSTRUMENTO. REINTEGRAÇÃO DE POSSE. ARRENDAMENTO MERCANTIL. CONVERSÃO EM AÇÃO DE EXECUÇÃO. ADMISSIBILIDADE. PARTE RÉ NÃO CITADA. CONTRADITÓRIO AINDA NÃO INSTALADO. MODIFICAÇÃO NO PEDIDO E NA CAUSA DE PEDIR. POSSIBILIDADE. RECURSO CONHECIDO E PROVIDO. Não tendo havido a citação da parte requerida, é cabível a modificação do pedido e da causa de pedir, nos termos do artigo 329 do CPC, ainda que isso implique em alteração do rito processual, correndo às expensas da parte autora as custas acrescidas em razão da iniciativa tomada. (TJMS; AI 1409254-46.2016.8.12.0000; Terceira Câmara Cível; Rel. Des. Marco André Nogueira Hanson; DJMS 16/05/2017; Pág. 107)

Possibilidade de inclusão de novos executados após a citação de alguns litisconsortes passivos:

✓ PETIÇÃO INICIAL. EMENDA. LITISCONSÓRCIO. LIDE NÃO ESTABILIZADA, AUSENTE A CITAÇÃO DE UM DOS EXECUTADOS. ART. 329, CPC. 1. O art. 329 do CPC autoriza que o autor emende a petição inicial de sua ação, sem que seja necessário o consentimento do réu, antes da citação. 2. No caso, a demanda ainda não estabilizou porquanto há litisconsórcio passivo e nem todos os executados foram citados. 3. De mais a mais, a emenda visa apenas inclusão dos avalistas no polo passivo da execução. O que, na verdade, não representa alteração do pedido e nem traz prejuízos aos executados já citados. 4. Recurso não provido. (TJSP; AI 2116668-30.2017.8.26.0000; Ac. 10698994; São Paulo; Décima Quarta Câmara de Direito Privado; Rel. Des. Melo Colombi; Julg. 16/08/2017; DJESP 18/08/2017; Pág. 2232)

II – até o saneamento do processo, aditar ou alterar o pedido e a causa de pedir, com consentimento do réu, assegurado o contraditório mediante a possibilidade de manifestação deste no prazo mínimo de 15 (quinze) dias, facultado o requerimento de prova suplementar.

→ *v.* Art. 2º, § 8º, da Lei 6.830/1980.

→ *v.* Enunciado 428 do FPPC: A integração e o esclarecimento das alegações nos termos do art. 357, §3°, não se confundem com o aditamento do ato postulatório previsto no art. 329.

→ *v.* Enunciado 490 do FPPC: São admissíveis os seguintes negócios processuais, entre outros: pacto de inexecução parcial ou total de multa coercitiva; pacto de alteração de ordem de penhora; pré-indicação de bem penhorável preferencial (art. 848, II); pré-fixação de indenização por dano processual prevista nos arts. 81, § 3º, 520, inc. I, 297, parágrafo único (cláusula penal processual); negócio de anuência prévia para aditamento ou alteração do pedido ou da causa de pedir até o saneamento (art. 329, inc. II).

Entendendo que, se o réu não se insurge expressamente contra a alteração da causa de pedir após a sua citação, configura-se sua concordância tácita:

✓ APELAÇÃO CÍVEL. AÇÃO DECLARATÓRIA C/C COBRANÇA. SEGURO DE VIDA. INEXISTÊNCIA DE INOVAÇÃO RECURSAL. ARGUMENTAÇÃO EXPOSTA NAS RAZÕES RECURSAIS FOI APRESENTADA PELAS APELANTES DURANTE TRAMITAÇÃO DO FEITO. ALTERAÇÃO CAUSA DE PEDIR ANTES DO SANEAMENTO DO PROCESSO. OBSERVÂNCIA DO CONTRADITÓRIO. AUSÊNCIA DE EXPRESSA IMPUGNAÇÃO DA APELADA. CONSENTIMENTO TÁCITO. ART. 329, II DO CPC/2015. CANCELAMENTO UNILATERAL DA APÓLICE POR INADIMPLÊNCIA. IMPOSSIBILIDADE. APLICAÇÃO CLÁUSULA DE RENOVAÇÃO AUTOMÁTICA DO CONTRATO. RENOVAÇÃO POR UM ANO. INTERPRETAÇÃO MAIS FAVORÁVEL AO CONSUMIDOR DAS CLÁUSULAS CONTRATUAIS. ART. 47 DO CDC. CONTRATO VIGENTE POR OCASIÃO DO FALECIMENTO DO SEGURADO. INDENIZAÇÃO DO VALOR DA COBERTURA SECURITÁRIA DEVIDA PELA SEGURADORA. ART. 757 DO CÓDIGO CIVIL. PAGAMENTO DE EVENTUAL SALDO DEVEDOR CONTRATUAL PELAS APELANTES. DESDOBRAMENTO LÓGICO. INEXISTÊNCIA DANO MORAL. RECURSO CONHECIDO E PARCIALMENTE PROVIDO PARA REFORMAR A SENTENÇA E JULGAR PARCIALMENTE PROCEDENTE A PRETENSÃO INICIAL. INVERSÃO ÔNUS DE SUCUMBÊNCIA FIXA-

DOS NA SENTENÇA. Inexistência de inovação recursal. Argumentação exposta nas razões recursais foi apresentada pelas apelantes durante tramitação do feito, pela primeira vez na impugnação à contestação e, após, no pedido de julgamento antecipado do processo e nos embargos de declaração. Alteração da parte da causa de pedir, consistente no fundamento da existência de apólice vigente por ocasião do falecimento do segurado, está abarcada pela disposição do inciso II do art. 329 do CPC/2015. Foi realizada antes do saneamento do processo e com observância do contraditório, pois foi rebatida pela apelada, a qual não se insurgiu expressamente em desfavor da alteração, fato que configura consentimento tácito. Cartão Porto Seguro Seguros Vida e Previdência emitido com validade de dois anos para apólice de um ano confunde consumidor e viola dever de informação (art. 6º, III do CDC). Cancelamento unilateral da apólice por inadimplência. Cláusula 12. A constatação de ausência de pagamento implica necessidade de constituição em mora do segurado pela seguradora. Cláusula nula (art. 51, IV e XI do CDC). Não constituição em mora. Manutenção da apólice. Aplicação cláusula de renovação automática do contrato. Diferentemente do mencionado na sentença, existe cláusula de renovação automática no contrato de seguro. Cláusula 9. Inexistência de renovação anterior e de comprovação de expressa desistência de renovação no prazo de 60 dias, prevista no pacto. Interpretação mais favorável ao consumidor das cláusulas contratuais, art. 47 do CDC. Contrato vigente por ocasião do falecimento do segurado. Indenização do valor da cobertura securitária devida pela seguradora, art. 757 do Código Civil. Pagamento, pelas apelantes/autoras de eventual saldo devedor. Desdobramento lógico, não configura julgamento extra petita. Determinação de pagamento do seguro de vida desacompanhada da quitação do valor da contrapartida contratualmente estipulada configuraria enriquecimento ilícito. Dano moral. Descumprimento contratual, em regra, não gera dever de indenizar, por caracterizar mero aborrecimento, dissabor. Ausência de demonstração de efetivo desequilíbrio psicológico ocasionado pela negativa de pagamento do seguro de vida. (TJMS; APL 0800988-76.2013.8.12.0016; Quinta Câmara Cível; Rel. Des. Júlio Roberto Siqueira Cardoso; DJMS 27/06/2017; Pág. 49)

Impossibilidade de conversão da execução em ação de cobrança após a citação do réu e sem a sua concordância:

✓ EXECUÇÃO. EMBARGOS Á EXECUÇÃO. CHEQUES PRESCRITOS. CONVERSÃO DA EXECUÇÃO EM AÇÃO DE CONHECIMENTO CONDENATÓRIA. INADMISSIBILIDADE. De regra, já tendo sido citado o executado, afigura-se inadmissível a conversão da execução em ação de conhecimento condenatória, mormente se com isso não concorda o devedor (art. 329, I e II, do CPC/2015). Afora isso, tal conversão acarretaria a alteração do pedido e da causa de pedir que somente pode ser feita até a fase do saneamento do processo (princípio da estabilização objetiva da demanda), o que inocorreu no caso sub judice. Apelação improvida. (TJRS; AC 0166850-44.2017.8.21.7000; Gravataí; Décima Nona Câmara Cível; Rel. Des. Voltaire de Lima Moraes; Julg. 14/09/2017; DJERS 21/09/2017)

Parágrafo único. Aplica-se o disposto neste artigo à reconvenção e à respectiva causa de pedir.

→ *v.* Art. 343 e seguintes do NCPC.

Correção de erro material na petição inicial não implica modificação da demanda:

✓ APELAÇÃO CÍVEL. AÇÃO DE COBRANÇA DE ALUGUÉIS E ENCARGOS DA LOCAÇÃO. NULIDADE DA CITAÇÃO. INOCORRÊNCIA. A alteração ou aditamento do pedido, na forma do art. 329, inc. I, do CPC/15, depois de angularizada a relação processual, não implica na nulidade da citação, mas na prejudicialidade da modificação do pedido. Todavia, no caso concreto, inexistiu emenda, alteração ou aditamento do pedido inicial, tendo em vista que o autor postulou, tão somente, a correção de erro material existente na exordial. Gratuidade da justiça concedida. Deram provimento, em parte, ao recurso. Unânime. (TJRS; AC 0262655-24.2017.8.21.7000; Caxias do Sul; Décima Quinta Câmara Cível; Rel. Des. Otávio Augusto de Freitas Barcellos; Julg. 06/12/2017; DJERS 19/12/2017)

Impossibilidade de reversão da execução em busca e apreensão, especialmente se já ocorrida a citação:

✓ AGRAVO DE INSTRUMENTO. AÇÃO DE BUSCA E APREENSÃO CONVERTIDA EM EXECUÇÃO. ART. 4º DO DECRETO-LEI Nº 911/69. REVERSÃO DA AÇÃO EXECUTIVA EM BUSCA E APREENSÃO. IMPOSSIBILIDADE. AUSÊNCIA DE PREVISÃO LEGAL. VEDAÇÃO DE ALTERAÇÃO DOS ELEMENTOS OBJETIVOS DA DEMANDA. ART. 329, I, DO CPC. RECURSO CONHECIDO E DESPROVIDO. A conversão da ação de busca e apreensão em execução encontra respaldo no art. 4º, do Decreto-Lei nº 911/69, desde que preenchidos os requisitos legais. Referido dispositivo legal não contempla a reversão desse procedimento para possibilitar a retomada do curso daquela ação. De acordo com o art. 329, I, do Código de Processo Civil a alteração dos elementos objetivos da demanda (pedido ou da causa e pedir) somente é permitida até a citação do devedor. Efetuada a conversão da ação de busca e apreensão em execução não é mais possível revertê-la, especialmente quando já realizada a citação no feito executivo. (TJMS; AI 1412351-54.2016.8.12.0000; Terceira Câmara Cível; Rel. Des. Eduardo Machado Rocha; DJMS 20/04/2017; Pág. 102)

Alteração dos medicamentos a serem fornecidos pelo Estado para o mesmo tratamento de saúde não implica violação ao art. 329 do CPC:

✓ TRATAMENTO DE SAÚDE. PEDIDO DE BLOQUEIO DE VERBA, EM SEDE DE CUMPRIMENTO DE

SENTENÇA, PARA TRATAMENTO PSIQUIÁTRICO. LIMITES DA COISA JULGADA. Ato atentatório contra a dignidade da Justiça. Inexistência. Nas demandas que visam garantir à população o direito à saúde, é possível a alteração da medicação e dos procedimentos a serem disponibilizados ao paciente, desde que se refiram ao tratamento da mesma moléstia e sejam prescritos por profissional habilitado. Com isso, evita-se a propositura de sucessivas demandas judiciais pelo mesmo requerente. De fato, é bastante comum a alteração dos fármacos durante o tratamento médico, o que não implica em ofensa ao artigo 329 do Código de Processo Civil, pois o pedido inicial se fundamenta no artigo 196 da Constituição da República, que garante à população o direito à saúde. (...) Assim, é certo que muitas vezes o ente municipal não cumpre as determinações, vendo-se o paciente, que já suporta os males de uma enfermidade gravíssima, obrigado a requerer a busca e apreensão dos insumos ou o bloqueio de verba para custear o tratamento. Desse modo, tenho que o pedido de bloqueio de verbas para o tratamento psiquiátrico nada mais é do que um simples requerimento, certamente justificado, conforme salientado pela Procuradoria de Justiça em seu parecer, o qual, de forma alguma, causa tumulto processual ou induz a uma litigância temerária. Recurso a que se dá parcial provimento. (TJRJ; AI 0021254-34.2017.8.19.0000; Nova Friburgo; Terceira Câmara Cível; Rel. Des. Mario Assis Goncalves; DORJ 17/10/2017; Pág. 196). No mesmo sentido: AGRAVO DE INSTRUMENTO. AÇÃO PARA FORNECIMENTO DE FÁRMACO. AMPLIAÇÃO DO ROL DE MEDICAMENTOS PLEITEADOS EM RAZÃO DE MUDANÇA NO QUADRO CLÍNICO DA AGRAVADA. POSSIBILIDADE. INOCORRÊNCIA DE VIOLAÇÃO DO DISPOSTO NO ART. 329 DO CÓDIGO DE PROCESSO CIVIL. DECISÃO INTERLOCUTÓRIA MANTIDA. RECURSO DESPROVIDO. A ampliação ou substituição do rol de fármacos pleiteados, no decorrer da lide, mercê de nova prescrição médica, não configura, a rigor, modificação do pedido vulneratória ao comando do art. 329 do Código de Processo Civil, tratando-se, antes, em razão de fato superveniente, de mera adequação, voltada a conferir eficácia e instrumentalidade à prestação jurisdicional, dada a relevância do pleito, que envolve direito inalienável, assegurado pela Carta Magna da República, a teor do disposto no seu art. 196, além do que refugiria à lógica do razoável exigir-se, a cada novo medicamento que se mostre necessário, ou à vista da alteração daquele prescrito, o ajuizamento de nova ação. (TJSC; AI 4012107-09.2016.8.24.0000; Joinville; Segunda Câmara de Direito Público; Rel. Des. João Henrique Blasi; DJSC 10/03/2017; Pag. 255); RECURSO DE AGRAVO DE INSTRUMENTO. MANDADO DE SEGURANÇA. DIREITO CONSTITUCIONAL. MEDICAMENTOS. INCLUSÃO DE NOVOS FÁRMACOS APÓS A PROLAÇÃO DA SENTENÇA. IMPOSSIBILIDADE. PRETENSÃO À REVOGAÇÃO. POSSIBILIDADE. 1. A inclusão de medicamentos, após a citação, ainda que desprovida do consentimento da parte ré, não caracteriza violação ao artigo 329, II, do NCPC (artigo 264 do CPC/73). 2. Contudo, é impossível a substituição de medicamentos, na hipótese de alteração do pedido inicial ou da causa de pedir. 3. Precedentes da jurisprudência do C. Superior Tribunal de Justiça e desta E. Corte de Justiça. 4. Decisão agravada, reformada. 5. Recurso de agravo de instrumento, apresentado pela parte ré, provido. (TJSP; AI 2064887-66.2017.8.26.0000; Ac. 10760179; Santo André; Quinta Câmara de Direito Público; Rel. Des. Francisco Bianco; Julg. 01/09/2017; DJESP 27/09/2017; Pág. 2332)

Apontando que o aditamento à petição inicial em sede de tutela antecipada em caráter antecedente não implica modificação da demanda vedada pelo art. 329 do CPC:

✓ AGRAVO DE INSTRUMENTO. TUTELA ANTECIPADA REQUERIDA EM CARÁTER ANTECEDENTE. Deferimento do pedido. Insurgência dos réus. Preliminares. (1) perda da eficácia da medida pela falta de complementação das custas iniciais. Valor da causa retificado. Despesas recolhidas em consonância com o referido importe. Tese afastada. (2) emenda da inicial, prevista no artigo 303, §1º, inc. I, do CPC, apresentada após a citação de uma das rés. Hipótese que não se amolda ao disposto no art. 329, inc. I, do CPC, justo que não envolve alteração ou aditamento do pedido. Mérito. Agravantes que reconhecem a autorização para uso da água, concedida pelo seu falecido pai/sogro. Termos em que a concessão foi deferida que depende da produção de provas. Fornecimento de água que, em princípio, deve ser mantido, ante a ausência de prova robusta no sentido de que a água proveniente das fontes existentes no imóvel da ré seria potável. Perigo de dano comprovado pela agravada. Decisão mantida. Recurso conhecido e desprovido. (TJSC; AI 4011769-35.2016.8.24.0000; Urubici; Primeira Câmara de Direito Civil; Rel. Des. Jorge Luis Costa Beber; DJSC 28/06/2017; Pag. 122)

Impossibilidade de inclusão de contas de água e esgoto após a citação do réu em ação de despejo cumulada com cobrança:

✓ AÇÃO DE DESPEJO CUMULADA COM COBRANÇA. Débitos relacionados com aluguéis em atraso e contas de energia elétrica. Posterior inclusão de contas de água e esgoto após a citação do réu. Impossibilidade. Alteração do pedido ou da causa de pedir que exigia o consentimento do réu. Inteligência do art. 329 do CPC (art. 264 do CPC/73). Condenação que deve se limitar aos pedidos formulados na petição inicial. Recurso parcialmente provido. (TJSP; APL 1013901-27.2014.8.26.0196; Ac. 10877182; Franca; Trigésima Oitava Câmara Extraordinária de Direito Privado; Rel. Des. Milton Carvalho; Julg. 10/10/2017; DJESP 18/10/2017; Pág. 2363)

Seção III
Do Indeferimento da Petição Inicial

Art. 330. A petição inicial será indeferida quando:

→ *v.* Arts. 321 e 801 do NCPC.

→ *v.* Art. 10 da Lei 12.016/2009.
→ *v.* Art. 17, § 8º, da Lei 8.429/1992.
→ *v.* Enunciado 292 do FPPC: Antes de indeferir a petição inicial, o juiz deve aplicar o disposto no art. 321.

Emenda à petição inicial, ainda que extemporânea, afasta o seu indeferimento:

✓ APELAÇÃO CÍVEL. AÇÃO DECLARATÓRIA C/C COBRANÇA C/C REPETIÇÃO DE INDÉBITO C/C INDENIZAÇÃO POR DANOS MORAIS. Determinação de emenda à exordial pela magistrada a quo. Emenda extemporânea. Indeferimento da petição inicial. Extinção do feito sem resolução de mérito, a teor do art. 485, I, e art. 330, ambos do código de processo civil. Inépcia não verificada. Autor que atendeu à emenda da peça exordial. Protocolo extemporâneo. Prazo de caráter dilatório e não peremptório. Observância dos princípios da instrumentalidade das formas e da economia processual. Aplicabilidade em consonância com entendimento proferido pelo Superior Tribunal de Justiça. Ausência de prejuízo à parte requerida. Prosseguimento do feito que se mostra adequado ao caso. Anulação da sentença e provimento do recurso é medida que se impõe. Recurso conhecido e provido. (TJSC; AC 0307678-31.2016.8.24.0020; Criciúma; Quarta Câmara de Direito Civil; Rel. Des. Rodolfo C. R. S. Tridapalli; DJSC 14/12/2017; Pag. 173)

Considerando que a falta de juntada de documentos com a petição inicial não constitui causa para seu indeferimento:

✓ APELAÇÃO CÍVEL. DIREITO DO CONSUMIDOR. PRELIMINAR DE INÉPCIA DA INICIAL REJEITADA. EMPRESA DE TELEFONIA. AUSÊNCIA DE SINAL. FALHA NA PRESTAÇÃO DO SERVIÇO. RESPONSABILIDADE OBJETIV A DA CONCESSIONÁRIA. ART. 14, § 1º DO CDC. DANO MORAL CONFIGURADO. DEVER DE INDENIZAR. QUANTUM INDENIZATÓRIO FIXADO DE ACORDO COM OS CRITÉRIOS DE RAZOABILIDADE E PROPORCIONALIDADE 1. A ausência de juntada de documentos com a petição inicial não constitui causa para o seu indeferimento, notadamente porque inconfundível a produção da prova documental com juízo de admissibilidade da ação. Inteligência do art. 320, do CPC. 2. In casu, resta incontroverso que a concessionária de telefonia, ora apelada, não conseguiu demonstrar a regularidade na prestação do serviço no período informado na exordial, dando ensejo a reparação da ofensa moral causada a autora/apelada. 3. A apelante não se desincumbiu de comprovar a regularidade da prestação do serviço nos termos do art. 373, II, do Código de Processo Civil. 4. Com efeito, a concessionária de telefonia responde objetivamente pelos defeitos relativos à prestação de serviço (art. 14, § 1º, do CDC), somente se eximindo da responsabilidade se comprovar que inexistiu o defeito ou na hipótese de culpa exclusiva do consumidor ou de terceiro, o que, porém, não restou demonstrado no feito. 5. Logo, provado o evento danoso, é de se reconhecer a ocorrência de dano moral in re ipsa, independentemente da comprovação da culpa, em consonância com o disposto no art. 14 do CDC. Precedentes. 6. Analisando as peculiaridades do caso concreto, tais como a gravidade e a repercussão da lesão, a imprudência da requerida, o potencial punitivo em razão da sua capacidade econômica e a extensão do dano, se apresenta razoável e proporcional a fixação do quantum indenizatório no valor de R$1.000,00 (um mil reais). 7. RECURSO IMPROVIDO. SENTENÇA MANTIDA PELOS SEUS PRÓPRIOS FUNDAMENTOS. (TJBA; AP0000474-90.2015.8.05.0240; Salvador; Quinta Câmara Cível; Relª Desª Ilona Márcia Reis; Julg. 18/12/2017; DJBA 21/12/2017; Pág. 845)

I – for inepta;

Ausência de indicação expressa da pessoa jurídica de direito público na petição inicial do mandado de segurança configura mera irregularidade, se esta apresentou informações:

✓ RECURSO DE APELAÇÃO. MANDADO DE SEGURANÇA. PRELIMINAR DE INÉPCIA DA INICIAL SUSCITADA PELO MUNICÍPIO. REJEIÇÃO. MÉRITO. AUTO DE INFRAÇÃO. MULTA AMBIENTAL. DESCUMPRIMENTO DA LEGISLAÇÃO DE REGÊNCIA. CERCEAMENTO DE DEFESADESCARACTERIZADA. IMPOSSIBILIDADE DE ANULAÇÃO DO ATO ADMINISTRATIVO. NECESSIDADE DE DILAÇÃO PROBATÓRIA. RECURSO CONHECIDO E DESPROVIDO. SENTENÇA MANTIDA. Configura-se mera irregularidade sanável, que não resulta prejuízo, a ausência de indicação expressa da Pessoa Jurídica de Direito Público Interno na petição inicial do writ, quando esta, intimada através de despacho inicial, nos termos do art. 7º, II, da Lei nº. 12.016/2009, apresenta informaçoes pertinentes ao caso. Precedentes do STJ e deste Sodalício. A manutenção de terreno sujo configura uma conduta omissiva do seu proprietário, contrária à higiene da habitação, cuja consequência é a aplicação de multa administrativa ambiental, nos casos de inobservância ao prazo legal para a respectiva regularização. Inteligência do parágrafo único do art. 33 c/c art. 6º do Código de Postura do Município de Mirassol D'Oeste (Lei Complementar nº. 001/1990). Impossível à anulação do auto de infração na via estreita do mandamus, seja em virtude da inexistência de demonstração por parte da apelante de qualquer irregularidade na fiscalização, seja em razão da barreira da dilação probatória. (TJMT; APL 138368/2016; Mirassol D´Oeste; Relª Desª Antônia Siqueira Gonçalves Rodrigues; Julg. 29/08/2017; DJMT 18/09/2017; Pág. 99)

II – a parte for manifestamente ilegítima;

III – o autor carecer de interesse processual;

IV – não atendidas as prescrições dos arts. 106 e 321.

§ 1º Considera-se inepta a petição inicial quando:

I – lhe faltar pedido ou causa de pedir;

Petição inicial que permite a compreensão dos fatos, fundamentos jurídicos e pedido para a defesa não é inepta, ainda que contenha alguma deficiência:

✓ APELAÇÃO CÍVEL. DIREITO PRIVADO NÃO ESPECIFICADO. CONTRATO DE PARTICIPAÇÃO. AÇÕES DA CTMR/TELEBRÁS. AGRAVO RETIDO INTERPOSTO PELO RÉU. NÃO CONHECIMENTO. INOBSERVÂNCIA AO DISPOSTO NO ARTIGO 523, §1º, DO CPC/1973. Não tendo havido requerimento nesse sentido, nos termos do artigo 523, §1º, do CPC/73, dispositivo vigente à época da interposição do recurso, deixa-se de conhecer do agravo retido interposto pelo réu. Cassação da sentença. Não ocorrência. A apelante pretende a cassação da sentença sob o argumento de que, em que pese embargada a decisão, a alegação de ilegitimidade passiva não foi analisada pela sentença. Da legitimidade passiva da Telebrás e ilegitimidade passiva da Brasil telecom. Nas demandas que objetivam complementação de ações em razão de contrato firmado com a CTMR – Companhia telefônica melhoramento e resistência, a Telebras – Telecomunicações brasileiras s. A. É parte legitima para figurar no polo passivo, sendo a Brasil Telecom s/a parte ilegítima para figurar em tal polo. Inépcia da petição inicial. Não é inepta a petição inicial que indica suficientemente os fatos, os fundamentos jurídicos e o pedido, ainda que presente eventual deficiência incapaz de causar prejuízo à defesa. Apenas os documentos indispensáveis devem acompanhar a petição inicial. Complementação acionária. Não comprovado o adimplemento parcial do contrato de participação financeira torna-se inviável a procedência da postulação. Sucumbência. Redimensionamento. O resultado do julgamento impõe redimensionamento da verba honorária. Honorários recursais. Agravo retido do apelante não conhecido. Apelação provida. (TJRS; AC 0312720-23.2017.8.21.7000; Pelotas; Vigésima Quarta Câmara Cível; Rel. Des. Jorge Maraschin dos Santos; Julg. 29/11/2017; DJERS 04/12/2017); PETIÇÃO INICIAL. Indeferimento. Causa de pedir. A petição inicial permite a perfeita identificação do pedido e da causa de pedir, não podendo assim ser considerada inepta, até porque a inépcia pressupõe impossibilidade absoluta de compreensão dos objetivos e fundamentos, não bastando deficiências técnicas. RECURSO PROVIDO. (TJSP; APL 4001766-14.2013.8.26.0568; Ac. 7765075; São João da Boa Vista; Oitava Câmara de Direito Público; Rel. Des. Antonio Celso Faria; Julg. 13/08/2014; DJESP 05/10/2017; Pág. 2805)

Inépcia da inicial que se limita a impugnar um débito e pedir indenização, sem qualquer fundamentação:

✓ INDEFERIMENTO DA PETIÇÃO INICIAL. INÉPCIA. AUSÊNCIA DE CAUSA DE PEDIR. MANUTENÇÃO. Obstáculo ao processamento e integral compreensão da demanda é inepta a petição inicial por meio da qual o. Autor se limita a pugnar pela declaração de inexistência de um débito e pela condenação da ré ao pagamento de indenização, sem qualquer outro esclarecimento fático. Determinada a emenda da inicial. Por duas vezes. O demandante se limitou a afirmar que não pretende discutir a relação entre as partes, sem esclarecer, contudo, qual a origem fática de seu pedido. Ausência de informação que cria obstáculo para a defesa e para a própria prolação da sentença, sendo vedada a distribuição de demandas alicerçadas em argumentos e teses genéricas. Dever de especificação. Indeferimento da inicial mantido. Recurso improvido. (TJSP; APL 1018750-37.2017.8.26.0002; Ac. 10792145; São Paulo; Trigésima Câmara de Direito Privado; Relª Desª Maria Lúcia Pizzotti; Julg. 06/09/2017; DJESP 20/09/2017; Pág. 2524)

II – o pedido for indeterminado, ressalvadas as hipóteses legais em que se permite o pedido genérico;

→ v. Art. 324 do NCPC.

III – da narração dos fatos não decorrer logicamente a conclusão;

Considerando inepta a petição do advogado que se diz credor de verba sucumbencial, mas ajuíza ação de execução de título extrajudicial:

✓ APELAÇÃO CÍVEL. DIREITO PRIVADO NÃO ESPECIFICADO. AÇÃO DE COBRANÇA. VERBA DE SUCUMBÊNCIA. AJUIZAMENTO DE EXECUÇÃO. INDEFERIMENTO DA PETIÇÃO INICIAL. Considera-se inepta a petição inicial quando da narração dos fatos não decorrer logicamente a conclusão (art. 330, §1º, III do CPC/2015). No caso, embora o autor tenha narrado na inicial ser credor de verba sucumbencial decorrente de ação de cobrança em que atuou como procurador do vencedor, ajuizou ação autônoma de execução de título extrajudicial, o que é flagrantemente incabível, mormente por se tratar de título judicial, o qual é passível de cumprimento da sentença (art. 523 e seguintes do CPC/15). A incompatibilidade da norma com a fase de cumprimento da sentença inviabiliza o prosseguimento da execução. Manutenção da inépcia da petição inicial. Apelação desprovida. (TJRS; AC 0248707-15.2017.8.21.7000; Estrela; Décima Nona Câmara Cível; Rel. Des. Marco Antonio Angelo; Julg. 14/12/2017; DJERS 18/12/2017)

Petição inicial que apresenta uma ação de cobrança, mas com antecipação de tutela para tornar exequíveis os títulos apresentados, com requerimento de citação do réu para pagamento em três dias, é inepta:

✓ PROCESSUAL CIVIL. AÇÃO EXTINTA POR INÉPCIA DA INICIAL. INCONFORMISMO. Extinção por inépcia da inicial, porquanto o autor apresentou uma inicial de cobrança com pedidos de execução de título executivo extrajudicial. Narrativa dos fatos constante da petição inicial que não conduz de forma lógica aos pedidos deduzidos, pois apresenta uma ação de cobrança e requer a antecipação de tutela para que se torne exequível os títulos apresentados, requerendo a citação para pagamento em 3 dias. Confusão de procedimentos. Prejuízo para a defesa do réu, que não saberia se deveria apresentar contestação ou embargos à execução. Juízo a quo que, diante da incerteza acerca da identificação da natureza da pretensão autoral, se cognitiva ou executiva, corretamente determinou a regularização, indicando de forma clara o que deveria ser corrigido (art. 321, do CPC/2015). Autor que, embora devidamente intimado (art. 5º, § 3º, da Lei nº 11.419/2006) quedou-se inerte. Descumprimento da determinação de emenda à inicial (art. 321 do CPC) que acarreta o indeferimento da exordial, situação que dispensa a exigência da intimação pessoal. Jurisprudência pacífica do STJ. SENTENÇA QUE SE MANTÉM. RECURSO A QUE SE NEGA PROVIMENTO. (TJRJ; APL 0240354-22.2016.8.19.0001; Rio de Janeiro; Vigésima Primeira Câmara Cível; Rel. Des. André Emilio Ribeiro Von Melentovytch; DORJ 21/09/2017; Pág. 405)

IV – contiver pedidos incompatíveis entre si.

§ 2º Nas ações que tenham por objeto a revisão de obrigação decorrente de empréstimo, de financiamento ou de alienação de bens, o autor terá de, sob pena de inépcia, discriminar na petição inicial, dentre as obrigações contratuais, aquelas que pretende controverter, além de quantificar o valor incontroverso do débito.

→ *v.* Enunciado 290 do FPPC: A enumeração das espécies de contrato previstas no § 2º do art. 330 é exemplificativa.

Se o autor não especifica quais clausulas pretende a revisão, deve o juiz oportunizar a emenda da petição inicial:

✓ RECURSO DE APELAÇÃO. AÇÃO DE REVISÃO E ANULAÇÃO DE CLÁUSULAS CONTRATUAIS COM PEDIDO DE REPETIÇÃO DE INDÉBITO. EXTINÇÃO DO PROCESSO, SEM RESOLUÇÃO DO MÉRITO, COM ARRIMO NO ART. 330 §2º DO CPC/15. AUSÊNCIA DE OPORTUNIDADE DE EMENDA. NULIDADE DA SENTENÇA POR ERROR IN PROCEDENDO RECONHECIDA DE OFÍCIO. APELO PREJUDICADO. DECISÃO UNÂNIME. 1. Em se tratando de ação de revisão e anulação de cláusulas contratuais, afigura-se imprescindível a discriminação, pelo autor, de quais as cláusulas que se pretende submeter à revisão através do Poder Judiciário, haja vista a impossibilidade de constatação da presença de cláusulas abusivas ou ilegais. Precedentes. 2. Uma vez não indicadas pelo autor quais as cláusulas consideradas abusivas ou ilegais, não caberia a extinção do processo sem a resolução do mérito pelo juízo de 1º grau. Seria o caso, em verdade, de o magistrado a quo, verificando a ausência de discriminação, na petição inicial, de quais as obrigações contratuais que o autor pretende controverter (art. 330, §2º, do CPC), determinar a emenda à inicial, nos termos do art. 321 do CPC. 3. Demais disso, é nula a decisao que extingue o processo sem apreciação do mérito, fundamentado no art. 330 §2º, quando sequer foi oportunizada qualquer instrução. Precedentes STJ. 4. Nulidade da sentença reconhecida de ofício. Apelo conhecido e, no mérito, julgado prejudicado. Decisão Unânime. (TJPE; APL 0065808-47.2013.8.17.0001; Quarta Câmara Cível; Rel. Des. Jones Figueirêdo Alves; Julg. 07/12/2017; DJEPE 08/01/2018)

Apontando que a indicação do valor incontroverso em ação revisional não pode ser aleatória, devendo estar amparada em algum demonstrativo:

✓ APELAÇÃO CÍVEL. CONTRATOS DE CARTÃO DE CRÉDITO. AÇÃO REVISIONAL. RECONVENÇÃO. DECISÃO RECORRIDA PUBLICADA NA VIGÊNCIA DO NCPC/2015. No ajuizamento da ação revisional cabe, obrigatoriamente, a parte autora especificar as cláusulas que pretende revisar e quantificar o valor incontroverso. O valor incontroverso não pode ser um valor aleatório. A indicação deste valor, de acordo com o entendimento majoritário do STJ acerca da questão, deve ser feita na inicial de modo contábil, indicando o valor do débito e sobre ele aplicando as taxas e valores que defende na ação revisional. No caso concreto, restou descumprido o disposto no art. 330, § 2º, do CPC/2015. Outrossim, diante da autonomia da reconvenção, nos termos do art. 343, § 2º, do CPC/2015, desconstitui-se parcialmente a sentença. Necessária apenas a adequação da reconvenção às eventuais modificações impostas pela ação revisional. De ofício, sentença desconstituída parcialmente. Apelação prejudicada. (TJRS; AC 0325962-83.2016.8.21.7000; Cachoeirinha; Vigésima Quarta Câmara Cível; Rel. Des. Altair de Lemos Junior; Julg. 14/12/2016; DJERS 23/01/2017)

§ 3º Na hipótese do § 2º, o valor incontroverso deverá continuar a ser pago no tempo e modo contratados.

→ *v.* Art. 1.055 do NCPC.

Entendendo que a falta de pagamento do valor incontroverso em ação revisional acarreta o indeferimento da petição inicial:

✓ AGRAVO DE INSTRUMENTO. DEPÓSITO DO VALOR INCONTROVERSO. NECESSIDADE. RECURSO CONHECIDO E IMPROVIDO. 1. Cinge-se a presente lide em saber se é obrigatório ao autor informar as obrigações que pretende controverter, se o pagamento do valor incontroverso deve continuar a ser adimplido no mesmo modo e tempo contratados. 2. O simples ajuizamento de ação revisional, com a alegação da abusividade das cláusulas contratadas, não é capaz de inibir a caracterização da mora do devedor, sendo indispensável que o devedor demonstre a verossimilhança das alegações de abusividade das cláusulas contratuais e dos encargos financeiros capazes de elidir a mora, bem como deposite o valor incontroverso da dívida ou preste caução idônea. 3. Assim, verifica-se que não merece acolhida o pleito do presente recurso, eis que a legislação civil adjetiva é clara ao afirmar que o autor da demanda deve indicar os pontos controvertidos, bem como quantificar o valor incontroverso e depositá-lo no tempo e modo contratado, conforme preceitua o art. 330 do CPC. 4. É importante ressalvar que a ausência do pagamento do valor incontroverso implica no indeferimento da petição inicial, sendo este um requisito legal, além do pagamento ser necessário para o afastamento da mora do devedor em eventual requerimento de tutela antecipada. De acordo com a Súmula no 380 do Superior Tribunal de Justiça, "a simples propositura da ação de revisão de contrato não inibe a caracterização da mora do autor". Logo, a mora só é elidida nesses casos por meio do pagamento do valor incontroverso e do depósito em juízo do valor controvertido. 5. Recurso conhecido e improvido. (TJCE; AI 0624356-75.2017.8.06.0000; Segunda Câmara de Direito Privado; Rel. Des. Carlos Alberto Mendes Forte; Julg. 08/11/2017; DJCE 16/11/2017; Pág. 53)

Art. 331. Indeferida a petição inicial, o autor poderá apelar, facultado ao juiz, no prazo de 5 (cinco) dias, retratar-se.

→ *v.* Art. 198, VII, do ECA.

→ *v.* Art. 332, §§ 3º e 4º, e 485, § 7º, do NCPC.

→ *v.* Enunciado 43 da ENFAM: O art. 332 do CPC/2015 se aplica ao sistema de juizados especiais e o inciso IV também abrange os enunciados e súmulas dos seus órgãos colegiados competentes.

→ *v.* Enunciado 291 do FPPC: Aplicam-se ao procedimento do mandado de segurança os arts. 331 e parágrafos e 332, § 3º do CPC.

→ *v.* Enunciado 293 do FPPC: O juízo de retratação, quando permitido, somente poderá ser exercido se a apelação for tempestiva.

Não conhecendo de agravo que indefere liminarmente parte dos pedidos formulados:

✓ AGRAVO DE INSTRUMENTO. AÇÃO DECLARATÓRIA DE INEXISTÊNCIA DE DÉBITO CUMULADA COM INDENIZATÓRIA. INDEFERIMENTO PARCIAL DA INICIAL, COM FULCRO NO ART. 485, INC. I, DO CPC/2015. REJEIÇÃO LIMINAR DO PEDIDO DE INDENIZAÇÃO POR DANOS MORAIS. JULGAMENTO DE IMPROCEDÊNCIA PARCIAL DA AÇÃO EXARADO DE PLANO. CONSTITUCIONALIDADE E LEGALIDADE DISCUTÍVEL. RECURSO DE AGRAVO INCABÍVEL. ARTIGO 331 DO CPC/2015. ROL TAXATIVO DAS DECISÕES SUSCETÍVEIS DE IMPUGNAÇÃO POR AGRAVO DE INSTRUMENTO. Segundo a sistemática adotada pelo NCPC o elenco de decisões suscetíveis de impugnação por agravo de instrumento é restritivo (art. 1.015 do CPC/2015). A decisão que indefere em parte a petição inicial, rejeitando (=indeferindo) liminarmente o pedido de reparação de danos morais deduzido de forma cumulada (=cúmulo de ações admissível segundo o NCPC), não se amolda às hipóteses taxativas de cabimento desse recurso previstas no NCPC. Agravo de instrumento não conhecido. Decisão monocrática amparada no artigo 932, inciso III, do CPC/2015. (TJRS; AI 0260037-43.2016.8.21.7000; Santa Rosa; Nona Câmara Cível; Rel. Des. Miguel Ângelo da Silva; Julg. 28/07/2016; DJERS 03/08/2016)

Entendendo cabível o recurso de apelação ainda que o indeferimento da petição inicial se limite a um dos pedidos:

✓ AGRAVO INTERNO. PREVIDENCIÁRIO. PROCESSUAL CIVIL. PEDIDO DE CONCESSÃO DE APOSENTADORIA CUMULADO COM DANOS MORAIS. INDEFERIMENTO DA INICIAL EM RELAÇÃO AO PEDIDO DE INDENIZAÇÃO. IMPUGNAÇÃO VIA APELAÇÃO. ARTIGOS 331 E 485, § 7º, DO CÓDIGO DE PROCESSO CIVIL. ARTIGO 1.015 DO CPC. HIPÓTESE TAXATIVA. 1. Nos termos do artigo 485, I, do Código de Processo Civil a decisão que indefere a petição inicial, em relação ao pedido de danos morais, não resolve o mérito e, portanto, é impugnável via apelação, a teor dos artigos 331 e 485, § 7º, da Lei Processual vigente. 2. A decisão agravada, que declara inepta a inicial, não se insere nas hipóteses taxativas previstas no artigo 1.015 do Código de Processo Civil. 4. Conferir interpretação extensiva ao artigo 1.015 do CPC contraria a nova sistemática processual de limitação dos recursos contra as decisões interlocutórias. (TRF 4ª R.; AGInt-AG 5049502-09.2016.404.0000; Sexta Turma; Relª Desª Fed. Salise Monteiro Sanchotene; Julg. 25/01/2017; DEJF 27/01/2017)

§ 1º Se não houver retratação, o juiz mandará citar o réu para responder ao recurso.

Não se verificam os efeitos da revelia, caso o réu não responda ao recurso:

✓ APELAÇÃO. CÉDULA DE CRÉDITO BANCÁRIO. AÇÃO REVISIONAL C.C. CONSIGNAÇÃO EM PAGAMENTO. Sentença de indeferimento da petição inicial. Desacerto. Circunstância de a autora se encontrar em mora não a impedindo de empregar a ação de consignação em pagamento para a satisfação forçada da obrigação. Suposta inviabilidade do pleito consignatório que, de todo modo, não dispensaria a análise do pedido cumulado, de caráter revisional. Incabível, porém, o pronto julgamento do litígio, a pretexto da regra do art. 1.013, §3º, do CPC, apesar de o réu, citado, não ter apresentado contrarrazões. Citação prevista no art. 331, §1º, do CPC, da mesma forma que a do art. 332, §4º, do mesmo estatuto, não tendo o condão de positivar os efeitos da revelia (art. 344), se o réu não responder ao recurso. Em tal momento, com efeito, não há que se exigir do réu resposta à demanda, o que representa ato diverso e muito mais amplo que o de responder ao recurso, tanto que a resposta propriamente dita à demanda envolve a apresentação de contestação, reconvenção e/ou exceções. Doutrina em tal sentido. Cenário em que se impõe afastar a sentença apelada, para que o processo retome seu curso em primeiro grau, também com a concessão de oportunidade para o réu se defender. Dispositivo: Deram provimento à apelação. (TJSP; APL 1000420-71.2016.8.26.0084; Ac. 10794368; Campinas; Décima Nona Câmara de Direito Privado; Rel. Des. Ricardo Pessoa de Mello Belli; Julg. 04/09/2017; DJESP 22/09/2017; Pág. 2321)

Entendendo que não há necessidade de citação do réu se a apelação atacar sentença de extinção do processo por outro motivo, que não o indeferimento da petição inicial:

✓ BANCÁRIOS. Ação de obrigação de fazer. Apelante que teve indeferido o pedido de gratuidade da justiça. Determinação para recolhimento das custas iniciais. Inércia. Sentença de extinção com base no art. 485, inciso IV, do CPC/2015. Preliminar. Desnecessidade de citação do apelado. Extinção sem resolução de mérito (ausência de pressupostos processuais). Aplicabilidade do art. 331, § 1º, do CPC/2015 exigível apenas em caso de indeferimento da petição inicial. Justiça gratuita/diferimento. Requerimento de benefício nas razões recursais. Intuito de substituir recurso cabível de anterior indeferimento. Ausência de prova da mudança da situação econômico-financeira no curso do processo. Mera alegação genérica da impossibilidade de custear custas e despesas processuais. Impossibilidade da concessão do benefício e de eventual diferimento no recolhimento. Concessão da gratuidade da justiça que na hipótese gera efeitos **ex nunc**. Precedentes STF, STJ e TJ. Preparo indispensável. Ausência. Deserção reconhecida (art. 1.007, caput, do CPC/2015). Recurso não conhecido. (TJSP; APL 1061336-23.2016.8.26.0100; Ac. 10177118; São Paulo; Décima Quinta Câmara de Direito Privado; Rel. Des. José Wagner de Oliveira Melatto Peixoto; Julg. 16/02/2017; DJESP 21/02/2017)

Caso mantida a sentença de indeferimento e tendo o réu apresentado contrarrazões, deve haver a condenação do autor em honorários advocatícios:

✓ APELAÇÃO. Ação de cobrança. Assistência Judiciária Gratuita. Pessoa jurídica. Inviável a concessão do benefício ante a ausência de efetiva comprovação da impossibilidade de arcar com as custas e despesas processuais. Inteligência dos arts. 5º, inciso LXXIV, da Constituição Federal, 98, caput e 99, § 3º, do Novo Código de Processo Civil e da Súmula nº 481 do C. Superior Tribunal de Justiça. Precedentes. Quedando-se inerte a autora em comprovar a sua situação de hipossuficiência ou providenciar o recolhimento da taxa judiciária, correto o indeferimento da petição inicial e a consequente extinção do feito, sem resolução do mérito. Honorários advocatícios. Devidos após a apelada, regularmente citada nos termos do art. 331, § 1º do Novo Código de Processo Civil, ter apresentado contrarrazões, ocasião em que se operou a triangulação da relação jurídico-processual. Sentença mantida. Apelo desprovido. (TJSP; APL 1004231-66.2016.8.26.0269; Ac. 10101734; Itapetininga; Segunda Câmara de Direito Público; Rel. Des. Renato Delbianco; Julg. 18/01/2017; DJESP 24/01/2017)

§ 2º Sendo a sentença reformada pelo tribunal, o prazo para a contestação começará a correr da intimação do retorno dos autos, observado o disposto no art. 334.

Impossibilidade de apreciação de matérias relativas ao mérito da causa em apelação contra indeferimento da petição inicial:

✓ PROCESSO. Como (a) a juntada de comprovante de residência não constitui requisito essencial para a propositura da demanda, nos termos do art. 319, II, do CPC/2015, bastando à parte autora a indicação do seu endereço, de rigor, (b) a sua falta não autoriza o julgamento de indeferimento da inicial, por inépcia, com base no art. 330, I, do CPC, ou por não atendimento de determinação de emenda, na forma do art. 321, § único, do CPC, nem o julgamento de extinção do processo, sem resolução do mérito, com base no art. 485, I, do CPC. PROCESSO. A aferição do interesse processual e da legitimidade deve ser realizada de acordo com a teoria da asserção, ou seja, considerando as afirmações, no recebimento da inicial, constantes da petição inicial, e, em momento processual posterior, deduzidas pelas partes. Em ações objetivando condenação em reparação de danos. Caso dos autos., é desnecessário prévio pedido administrativo e/ou esgotamento administrativo, porque o art. 5º, XXXV, da CF, que assegura acesso irrestrito ao Poder Judiciário, sendo, a propósito, relevante salientar que: (a) mero reconhecimento administrativo do direito, sem a demonstração do efetivo cumprimento da decisão, não resulta em falta de interesse de agir capaz de obstar o prosseguimento do pleito judicial; e (b) o interesse processual fica evidenciado, com o oferecimento de contestação, buscando a rejeição constante da petição inicial. (...) Incabível o conhecimento das alegações, que compreendem matéria própria de contestação, constante das contrarrazões deduzidas pela parte apelada, na atual situação processual, por se tratar de apelação contra sentença de indeferimento de petição inicial proferida antes da antes da citação da parte integrante do polo passivo, cujo conhecimento é limitado à matéria objeto do recurso, nos termos do art. 331, § 2º, do CPC/2015. Recurso provido. (TJSP; APL 1003468-73.2016.8.26.0428; Ac. 10911978; Paulínia; Vigésima Câmara de Direito Privado; Rel. Des. Rebello Pinho; Julg. 23/10/2017; DJESP 01/11/2017; Pág. 2534)

§ 3º Não interposta a apelação, o réu será intimado do trânsito em julgado da sentença.

Capítulo III
DA IMPROCEDÊNCIA LIMINAR DO PEDIDO

Art. 332. Nas causas que dispensem a fase instrutória, o juiz, independentemente da citação do réu, julgará liminarmente improcedente o pedido que contrariar:

→ *v.* Art. 17, § 8º, da Lei 8.429/1992.

→ *v.* Enunciado 22 do CJF: Em causas que dispensem a fase instrutória, é possível o julgamento de improcedência liminar do pedido que contrariar decisão do Supremo Tribunal Federal em controle concentrado de constitucionalidade ou enunciado de súmula vinculante.

→ *v.* Enunciado 36 do FPPC: As hipóteses de impossibilidade jurídica do pedido ensejam a improcedência liminar do pedido.

→ *v.* Enunciado 507 do FPPC: O art. 332 aplica-se ao sistema de Juizados Especiais.

<u>Considerando impossível o julgamento liminar de improcedência quanto a apenas parte dos pedidos:</u>

✓ MONITÓRIA. PRESCRIÇÃO. INCOMPATIBILIDADE ENTRE O JULGAMENTO LIMINAR DE IMPROCEDÊNCIA E O JULGAMENTO ANTECIPADO PARCIAL DO MÉRITO. 1. Nas causas que dispensem fase instrutória, o juiz, independentemente de citação do réu, poderá julgar liminarmente improcedente o pedido se verificar, desde logo, a ocorrência de decadência ou de prescrição (CPC/15, art. 332, § 1º). 2. Trata-se de instituto que busca a celeridade e economia processual, o que não ocorrerá se o julgamento for parcial, pois a ação deverá prosseguir em relação ao pedido que não foi julgado. 3. Inviável o julgamento liminar de parcial improcedência ante a incompatibilidade dos institutos do julgamento liminar de improcedência (art. 332 do CPC/15) e do julgamento antecipado parcial do mérito (art. 356 do CPC/15). O primeiro impugnável por apelação, e o segundo, por agravo de instrumento. 4. Apelação provida. (TJDF; APC 2016.06.1.002374-3; Ac. 946.711; Sexta Turma Cível; Rel. Des. Jair Oliveira Soares; Julg. 08/06/2016; DJDFTE 15/06/2016). V. tb.: DIREITO PROCESSUAL CIVIL. IMPROCEDÊNCIALIMINAR PARCIAL DO PEDIDO. DECISÃO INTERLOCUTÓRIA. JULGAMENTO ANTECIPADO PARCIAL DO MÉRITO. SENTENÇA. ERROR IN PROCEDENDO. ANULAÇÃO. I. As hipóteses do art. 332 do CPC equivalem a indeferimento da inicial, somente se admitindo o sentenciamento do processo caso a improcedência liminar do pedido seja total. II. No caso de somente parte do mérito ser julgado com fundamento no art. 332, o magistrado deverá fazê-lo por decisão interlocutória (art. 356 do CPC), e não por sentença. III. Deu-se provimento ao recurso. (TJDF; APC 2016.06.1.013022-9; Ac. 103.1569; Sexta Turma Cível; Rel. Des. José Divino; Julg. 12/07/2017; DJDFTE 19/07/2017)

<u>Reconhecendo a improcedência liminar do pedido em relação a apenas uma das autoridades impetradas em mandado de segurança:</u>

✓ MANDADO DE SEGURANÇA PREVENTIVO. SINDALERJ. SINDICATO DOS SERVIDORES DO PODER LEGISLATIVO DO ESTADO DO RIO DE JANEIRO. Servidores inativos da Alerj. Writ em que se pleiteia o pagamento do 13º salário de 2016 até o dia 20 de dezembro. Compete ao rioprevidência o pagamento dos proventos de aposentadoria dos servidores públicos estatutários estaduais, incluindo-se o abono natalino, a teor do disposto no art. 1º, § 1º, da Lei nº 3.189/99, que institui o fundo único de previdência social do Estado do Rio de Janeiro. Ilegitimidade passiva do primeiro impetrado. Súmula nº 510 do STF e Súmula nº 114 desta corte. Improcedência liminar do pedido em relação à primeira autoridade impetrada, nos termos do art. 332, I, do CPC/2015.declínio de competência para uma das varas de Fazenda Pública da Comarca da capital. (TJRJ; MS 0065234-65.2016.8.19.0000; Rio de Janeiro; Tribunal Pleno e Órgão Especial; Rel. Des. Antonio Carlos Nascimento Amado; DORJ 13/12/2017; Pág. 141)

<u>Aplicando o instituto da sentença de improcedência liminar do pedido para extinguir o processo sem resolução do mérito:</u>

✓ APELAÇÃO. AÇÃO COM PEDIDO DE OBRIGAÇÃO DE FAZER. IMPROCEDÊNCIA LIMINAR DO PEDIDO. Pedido de anulação da r. Sentença para que seja julgado o mérito em primeiro grau. Descabimento. Sentença que julgou improcedente a demanda, com fundamento no artigo 332 do CPC. Hipótese em que o Colendo Superior Tribunal de Justiça fixou entendimento de que a ausência de prévio pedido administrativo configura falta de interesse de agir. Notificação extrajudicial enviada por e-mail apenas dois dias antes da propositura da ação que não pode ser tida como válida. Autor que deu causa ao ajuizamento da demanda. Extinção do processo que deve ser mantida, mas sem julgamento do mérito (CPC, art. 485, VI). RECURSO DESPROVIDO. (TJSP; APL 1007273-14.2017.8.26.0003; Ac. 11024609; São Paulo; Décima Terceira Câmara de Direito Privado; Relª Desª Ana de Lourdes Coutinho Silva da Fonseca; Julg. 30/11/2017; DJESP 05/12/2017; Pág. 2623)

<u>Apontando que não basta a causa dispensar dilação probatória para que seja proferida sentença liminar de impro-</u>

cedência, devendo estar configurada alguma das situações previstas nos incisos do art. 332:

✓ DIREITO PROCESSUAL CIVIL. JULGAMENTO LIMINAR DE IMPROCEDÊNCIA DO PEDIDO. REQUISITOS DO ART. 332 DO CPC. O art. 332 do atual Código de Processo Civil traz a possibilidade de o juiz resolver desde logo o mérito contra o autor, com base em precedentes do Supremo Tribunal Federal, do Superior Tribunal de Justiça e do Tribunal de Justiça local, ou quando constatar a ocorrência de prescrição ou de decadência. Todavia, sistemática do julgamento liminar de improcedência do pedido requer a combinação do caput e dos incisos do art. 332 do Código de Processo Civil. Em outras palavras, além da dispensa de fase instrutória, é necessária a ocorrência de um dos requisitos descritos nos incisos daquele dispositivo. Apelação provida. Sentença anulada. (TJDF; APC 2016.01.1.103510-2; Ac. 101.9678; Primeira Turma Cível; Rel. Des. Hector Valverde Santana; Julg. 24/05/2017; DJDFTE 07/07/2017)

Se a hipótese exige dilação probatória ou esclarecimentos, não cabe sentença liminar de improcedência:

✓ EXECUÇÃO DE TÍTULO EXTRAJUDICIAL. DECISÃO QUE EXTINGUIU PARCIALMENTE A AÇÃO, ANTE O RECONHECIMENTO DE EXCESSO DE EXECUÇÃO, NOS TERMOS DO ARTIGO 332, I DO NOVO CPC E DETERMINOU A EMENDA DA PETIÇÃO INICIAL, SOB PENA DE EXTINÇÃO. JULGAMENTO LIMINAR DE IMPROCEDÊNCIA QUE NÃO SE ADEQUA À HIPÓTESE DE EXTINÇÃO PARCIAL. Matéria conhecida de ofício pelo juízo a quo que não dispensava instrução ou, ao menos, esclarecimentos do exequente, uma vez que não se sabe ao certo os encargos utilizados para obter o valor executado. Decisão afastada. Recurso provido. (TJSP; AI 2104941-11.2016.8.26.0000; Ac. 9763778; Lençóis Paulista; Décima Quinta Câmara de Direito Privado; Rel. Des. Coelho Mendes; Julg. 30/08/2016; DJESP 15/09/2016)

Considerando viável a improcedência liminar do pedido por impossibilidade jurídica:

✓ APELAÇÃO CÍVEL. AÇÃO DE USUCAPIÃO. SENTENÇA DE EXTINÇÃO POR FALTA DE INTERESSE DE AGIR. CASSADA. RECURSO CONHECIDO E PROVIDO. CAUSA MADURA. USUCAPIÃO DE BEM PÚBLICO. PEDIDO JURIDICAMENTE IMPOSSÍVEL. ART. 332 DO NCPC C/C SÚMULA Nº 340 DO STF. IMPROCEDÊNCIA LIMINAR DO PEDIDO. 1. Na hipótese, está presente o interesse de agir, pois evidenciada a necessidade, utilidade e adequação da demanda para a solução da lide. 2. Porém, a pretensão de usucapião de bem público na forma proposta, por encontrar vedação constitucional, consiste em pedido juridicamente impossível, o que, segundo a nova sistemática processual, inaugurada pelo Código de Processo Civil de 2015, enseja extinção do processo, com resolução do mérito, por improcedência liminar do pedido. (TJMS; APL 0800645-20.2016.8.12.0002; Quinta Câmara Cível; Rel. Des. Júlio Roberto Siqueira Cardoso; DJMS 08/03/2017; Pág. 61)

Apontando que a sentença liminar de improcedência não configura violação ao contraditório para o autor, que poderá se manifestar em sede de apelação:

✓ APELAÇÃO CÍVEL. DIREITO PROCESSUAL. IMPROCEDÊNCIA LIMINAR DO PEDIDO. ART. 332 DO CPC/15. VIOLAÇÃO À GARANTIA DO CONTRADITÓRIO. NEGATIVA DE PRESTAÇÃO JURISDICIONAL. NÃO OCORRÊNCIA. UTILIDADE E NECESSIDADE. INTERESSE PROCESSUAL CONFIGURADO. PRESCRIÇÃO DE FUNDO DE DIREITO. INEXISTÊNCIA. RELAÇÃO DE TRATO SUCESSIVO. PEDIDO DE INDENIZAÇÃO POR DANOS MORAIS. JULGAMENTO COM BASE NO ART. 487, I, DO NOVO CÓDIGO. RELAÇÃO PROCESSUAL NÃO FORMADA. IMPOSSIBILIDADE. O julgamento liminar de improcedência, nos termos do art. 332 do CPC/15, não implica violação ao princípio do contraditório, uma vez que o Autor pode apresentar elementos que contrariem a conclusão do Magistrado, opondo apelação, que abre a possibilidade de retratação, e, não havendo retratação, o Réu é citado para apresentar contrarrazões, oportunidade em que poderá se manifestar sobre o direito em debate. A extinção do feito sem julgamento de mérito ou o julgamento preliminar de improcedência, em decisão fundamentada, não importam em negativa de prestação jurisdicional. Demonstrada a utilidade e necessidade do provimento judicial pleiteado, bem como a adequação da via eleita pela parte, descabido o indeferimento da petição inicial com fulcro no art. 330 do CPC/15. Sendo de trato sucessivo a relação entre as partes, a prescrição incide apenas sobre as parcelas vencidas antes do quinquênio que precedeu a propositura da ação, nos termos da Súmula nº 85 do STJ. Afigura-se contraditória a sentença que promove o julgamento liminar de improcedência nos termos do art. 332, I, do CPC/15, invocando a Súmula nº 85 do STJ para, numa relação de trato sucessivo, decretar a prescrição do fundo de direito. O julgamento liminar de improcedência, ou seja, aquele realizado antes da formação da relação processual, somente pode se efetivar nas hipóteses expressamente delineadas no art. 332 do CPC/15, sendo descabida a extinção liminar do processo nas hipóteses do art. 487 do mesmo diploma legal. Sentença reformada para determinar o retorno dos autos ao Juízo Singular para regular prosseguimento. (TJMG; APCV 1.0352.16.001728-6/001; Relª Desª Ana Paula Caixeta; Julg. 10/11/2016; DJEMG 22/11/2016)

I – enunciado de súmula do Supremo Tribunal Federal ou do Superior Tribunal de Justiça;

→ *v.* Enunciado 146 do FPPC: Na aplicação do inciso I do art. 332, o juiz observará o inciso IV do caput do art. 927.

II – acórdão proferido pelo Supremo Tribunal Federal ou pelo Superior Tribunal de Justiça em julgamento de recursos repetitivos;

III – entendimento firmado em incidente de resolução de demandas repetitivas ou de assunção de competência;

IV – enunciado de súmula de tribunal de justiça sobre direito local.

§ 1º O juiz também poderá julgar liminarmente improcedente o pedido se verificar, desde logo, a ocorrência de decadência ou de prescrição.

→ v. Art. 10, 302, IV, 310, 487, II e parágrafo único, e 1.013, § 4º, do NCPC.

→ v. Enunciado 294 do FPPC: O julgamento liminar de improcedência, disciplinado no art. 333, salvo com relação ao § 1º, se aplica ao processo do trabalho quando contrariar: a) enunciado de súmula ou de Orientação Jurisprudencial do TST; b) acórdão proferido pelo TST em julgamento de recursos de revista repetitivos; c) entendimento firmado em resolução de demandas repetitivas.

Dispensando a oitiva do exequente em caso de pronunciamento liminar de prescrição e decadência:

✓ APELAÇÃO CÍVEL. EXECUÇÃO FISCAL. MULTA VENCIDA EM 24/10/2002. Demanda ajuizada somente em dezembro de 2007. Sentença a quo que reconheceu de ofício a prescrição do crédito não tributário, julgando extinto o processo. Apelo do município exequente. Manutenção do decisum. O exequente tinha de 24/10/2002 até 24/10/2007 para perseguir seus créditos, porém, além de ajuizar a presente demanda a destempo, quando já ultrapassado o prazo prescricional de 5 anos do art. 174 do CTN, até a presente data o recorrido sequer foi citado, pelo que, mostra-se inafastável a prescrição pura e simples. Possibilidade de o magistrado reconhecer de ofício a prescrição nos moldes do art. 219, §5º do CPC/73, eis que a prescrição pura e simples ocorreu antes da propositura da demanda. Inteligência contida na Súmula nº 409 do STJ. Ademais, o artigo 332, § 1º, do novo Código de Processo Civil, autoriza a improcedência liminar do pedido, independentemente da citação do réu, quando verificada a ocorrência da prescrição ou da decadência, ou seja, independente da oitiva da Fazenda Pública, excepcionando a regra do parágrafo único do art. 487 do NCPC que exige a prévia manifestação das partes nas hipóteses de prescrição e decadência. Não aplicação da regra interruptiva do art. 174, parágrafo único, inciso I, do CTN, com a nova redação que lhe foi dada pela Lei Complementar nº 118/2005 (prescrição interrompida com o despacho do juiz que ordenar a citação), a uma, porque a prescrição ocorreu antes do ajuizamento da demanda, a duas, porque a norma alteradora de 09/02/2005 é posterior ao vencimento do débito ocorrido em 2002, não podendo retroagir, portanto, para o fim de atingir fatos geradores que lhe são anteriores. No mais, até a presente data o recorrido sequer integra a presente relação jurídica de direito processual. Prevalência da regra anterior que exigia a citação válida do devedor para interromper o prazo prescricional. Incabível a suspensão do feito em razão do RESP 1.340.553/RS, submetido a sistemática dos recursos repetitivos no STJ, uma vez que a matéria afetada (prescrição intercorrente em execução fiscal) não possui qualquer similitude à questão dos autos (prescrição simples, não intercorrente). APELO CONHECIDO E DESPROVIDO. (TJRJ; APL 0253186-05.2007.8.19.0001; Rio de Janeiro; Décima Nona Câmara Cível; Rel. Des. Ferdinaldo do Nascimento; DORJ 15/12/2017; Pág. 542). No mesmo sentido: TJDF; APC 2013.01.1.123350-2; Ac. 984.675; Quarta Turma Cível; Rel. Des. Arnoldo Camanho de Assis; Julg. 10/11/2016; DJDFTE 06/12/2016; TRT 17ª R.; Rec. 0000406-66.2016.5.17.0000; Rel. Des. José Luiz Serafini; DOES 22/11/2016; Pág. 121.

Contra, entendendo que mesmo no caso de improcedência liminar, deve o exequente ser ouvido sobre eventual prescrição:

✓ PROCESSUAL CIVIL. DIREITO TRIBUTÁRIO. DECRETAÇÃO DE PRESCRIÇÃO. AUSÊNCIA DE OITIVA DO EXEQUENTE. NULIDADE. VIOLAÇÃO À GARANTIA DO CONTRADITÓRIO. AGRAVO DE INSTRUMENTO PROVIDO. I. A decretação da prescrição não seguiu o devido processo legal, especificamente a garantia do contraditório. II. O CPC de 2015 exige que as partes sejam ouvidas antes de qualquer decisão que venha a adotar fundamento novo, indisponível nos autos. A exigência se aplica, inclusive, às matérias de ordem pública (artigo 10), cuja compreensão pode ser influenciada pela manifestação dos interessados. III. Segundo os autos da execução fiscal, o Juízo de Origem, logo após a distribuição da ação, considerou prescrita a pretensão de recebimento da anuidade correspondente a 2009. Não conferiu oportunidade de defesa ao Conselho Regional de Contabilidade/SP, que ficou impossibilitado de interferir no provimento judicial, trazendo eventualmente causas suspensivas ou interruptivas do prazo prescricional. IV. A possibilidade de improcedência liminar do pedido não autoriza o sacrifício do contraditório. A designação do instituto encontra justificativa na dispensa de citação do réu (artigo 332 do CPC), sem que tenha qualquer relação com os direitos da parte prejudicada. V. Até porque a oitiva prévia decorre de garantia constitucional e é prevista no capítulo "Das Normas Fundamentais do Processo Civil" do CPC de 2015, que fundamenta a interpretação de todos os artigos espalhados pelo texto. VI. Agravo de instrumento a que se dá provimento. (TRF 3ª R.; AI 0000201-74.2017.4.03.0000; Terceira Turma; Rel. Des. Fed. Antonio Carlos Cedenho; Julg. 22/11/2017; DEJF 29/11/2017)

§ 2º Não interposta a apelação, o réu será intimado do trânsito em julgado da sentença, nos termos do art. 241.

§ 3º Interposta a apelação, o juiz poderá retratar-se em 5 (cinco) dias.

→ v. Art. 331 do NCPC.

→ v. Enunciado 291 do FPPC: Aplicam-se ao procedimento do mandado de segurança os arts. 331 e parágrafos e 332, § 3º do CPC.

→ v. Enunciado 293 do FPPC: O juízo de retratação, quando permitido, somente poderá ser exercido se a apelação for tempestiva.

→ v. Enunciado 508 do FPPC: Interposto recurso inominado contra sentença que julga liminarmente improcedente o pedido, o juiz pode retratar-se em cinco dias.

§ 4º Se houver retratação, o juiz determinará o prosseguimento do processo, com a citação do réu, e, se não houver retratação, determinará a citação do réu para apresentar contrarrazões, no prazo de 15 (quinze) dias.

Capítulo IV
DA CONVERSÃO DA AÇÃO INDIVIDUAL EM AÇÃO COLETIVA

Art. 333. (**Vetado**).

→ *v.* Redação vetada: "Art. 333. Atendidos os pressupostos da relevância social e da dificuldade de formação do litisconsórcio, o juiz, a requerimento do Ministério Público ou da Defensoria Pública, ouvido o autor, poderá converter em coletiva a ação individual que veicule pedido que:

I – tenha alcance coletivo, em razão da tutela de bem jurídico difuso ou coletivo, assim entendidos aqueles definidos pelo art. 81, parágrafo único, incisos I e II, da Lei 8.078, de 11 de setembro de 1990 (Código de Defesa do Consumidor), e cuja ofensa afete, a um só tempo, as esferas jurídicas do indivíduo e da coletividade;

II – tenha por objetivo a solução de conflito de interesse relativo a uma mesma relação jurídica plurilateral, cuja solução, por sua natureza ou por disposição de lei, deva ser necessariamente uniforme, assegurando-se tratamento isonômico para todos os membros do grupo.

§ 1º Além do Ministério Público e da Defensoria Pública, podem requerer a conversão os legitimados referidos no art. 5º da Lei 7.347, de 24 de julho de 1985, e no art. 82 da Lei 8.078, de 11 de setembro de 1990 (Código de Defesa do Consumidor).

§ 2º A conversão não pode implicar a formação de processo coletivo para a tutela de direitos individuais homogêneos.

§ 3º Não se admite a conversão, ainda, se:

I – já iniciada, no processo individual, a audiência de instrução e julgamento; ou

II – houver processo coletivo pendente com o mesmo objeto; ou

III – o juízo não tiver competência para o processo coletivo que seria formado.

§ 4º Determinada a conversão, o juiz intimará o autor do requerimento para que, no prazo fixado, adite ou emende a petição inicial, para adaptá-la à tutela coletiva.

§ 5º Havendo aditamento ou emenda da petição inicial, o juiz determinará a intimação do réu para, querendo, manifestar-se no prazo de 15 (quinze) dias.

§ 6º O autor originário da ação individual atuará na condição de litisconsorte unitário do legitimado para condução do processo coletivo.

§ 7º O autor originário não é responsável por nenhuma despesa processual decorrente da conversão do processo individual em coletivo.

§ 8º Após a conversão, observar-se-ão as regras do processo coletivo.

§ 9º A conversão poderá ocorrer mesmo que o autor tenha cumulado pedido de natureza estritamente individual, hipótese em que o processamento desse pedido dar-se-á em autos apartados.

§ 10. O Ministério Público deverá ser ouvido sobre o requerimento previsto no caput, salvo quando ele próprio o houver formulado."

→ *v.* Razões de veto.

Capítulo V
DA AUDIÊNCIA DE CONCILIAÇÃO OU DE MEDIAÇÃO

Art. 334. Se a petição inicial preencher os requisitos essenciais e não for o caso de improcedência liminar do pedido, o juiz designará audiência de conciliação ou de mediação com antecedência mínima de 30 (trinta) dias, devendo ser citado o réu com pelo menos 20 (vinte) dias de antecedência.

→ *v.* Arts. 3º, §§ 2º e 3º e 165 a 175, e 694, do NCPC.

→ *v.* Resolução 125 do CNJ – Dispõe sobre a Política Judiciária Nacional de tratamento adequado dos conflitos de interesses no âmbito do Poder Judiciário.

→ *v.* Lei 13.140/2015 – Dispõe sobre a mediação entre particulares como meio de solução de controvérsias e sobre a autocomposição de conflitos no âmbito da administração pública.

→ *v.* Enunciado 25 do CJF: As audiências de conciliação ou mediação, inclusive dos juizados especiais, poderão ser realizadas por videoconferência, áudio, sistemas de troca de mensagens, conversa on-line, conversa escrita, eletrônica, telefônica e telemática ou outros mecanismos que estejam à disposição dos profissionais da autocomposição para estabelecer a comunicação entre as partes.

→ *v.* Enunciado 20 da I Jornada de Prevenção e Solução Extrajudicial de Litígios: Enquanto não for instalado o Centro Judiciário de Solução de Conflitos e Cidadania (Cejusc), as sessões de mediação e conciliação processuais e pré-processuais poderão ser realizadas por meio audiovisual, em módulo itinerante do Poder Judiciário ou em entidades credenciadas pelo Núcleo Permanente de Métodos Consensuais de Solução de Conflitos (Nupemec), no foro em que tramitar o processo ou no foro competente para o conhecimento da causa, no caso de mediação e conciliação pré-processuais.

→ *v.* Enunciado 56 da ENFAM: Nas atas das sessões de conciliação e mediação, somente serão registradas as informações expressamente autorizadas por todas as partes.

→ *v.* Enunciado 57 da ENFAM: O cadastro dos conciliadores, mediadores e câmaras privadas deve ser realizado nos núcleos estaduais ou regionais de conciliação (Núcleos Permanentes de Métodos Consensuais de Solução de Conflitos – NUPEMEC), que atuarão como órgãos de gestão do sistema de autocomposição.

→ v. Enunciado 58 da ENFAM: As escolas judiciais e da magistratura têm autonomia para formação de conciliadores e mediadores, observados os requisitos mínimos estabelecidos pelo CNJ.

→ v. Enunciado 59 da ENFAM: O conciliador ou mediador não cadastrado no tribunal, escolhido na forma do § 1º do art. 168 do CPC/2015, deverá preencher o requisito de capacitação mínima previsto no § 1º do art. 167.

→ v. Enunciado 61 da ENFAM: Somente a recusa expressa de ambas as partes impedirá a realização da audiência de conciliação ou mediação prevista no art. 334 do CPC/2015, não sendo a manifestação de desinteresse externada por uma das partes justificativa para afastar a multa de que trata o art. 334, § 8º.

→ v. Enunciado 62 da ENFAM: O conciliador e o mediador deverão advertir os presentes, no início da sessão ou audiência, da extensão do princípio da confidencialidade a todos os participantes do ato.

→ v. Enunciado 19 do FPPC: São admissíveis os seguintes negócios processuais, dentre outros: pacto de impenhorabilidade, acordo de ampliação de prazos das partes de qualquer natureza, acordo de rateio de despesas processuais, dispensa consensual de assistente técnico, acordo para retirar o efeito suspensivo de recurso14, acordo para não promover execução provisória; pacto de mediação ou conciliação extrajudicial prévia obrigatória, inclusive com a correlata previsão de exclusão da audiência de conciliação ou de mediação prevista no art. 334; pacto de exclusão contratual da audiência de conciliação ou de mediação prevista no art. 334; pacto de disponibilização prévia de documentação (pacto de **disclosure**), inclusive com estipulação de sanção negocial, sem prejuízo de medidas coercitivas, mandamentais, sub-rogatórias ou indutivas; previsão de meios alternativos de comunicação das partes entre si; acordo de produção antecipada de prova; a escolha consensual de depositário-administrador no caso do art. 866; convenção que permita a presença da parte contrária no decorrer da colheita de depoimento pessoal.

→ v. Enunciado 509 do FPPC: Sem prejuízo da adoção das técnicas de conciliação e mediação, não se aplicam no âmbito dos juizados especiais os prazos previstos no art. 334.

→ v. Enunciado 624 do FPPC: As regras que dispõem sobre a gratuidade da justiça e sua impugnação são aplicáveis ao procedimento de mediação e conciliação judicial.

Considerando correta a não designação da audiência quando a autocomposição se demonstrar improvável:

✓ APELAÇÃO CÍVEL. COBRANÇA. PRESTAÇÃO DE SERVIÇOS EDUCACIONAIS. NÃO REALIZAÇÃO DE AUDIÊNCIA DE CONCILIAÇÃO OU DE MEDIAÇÃO. ERRO IN PROCEDENDO NÃO CONFIGURADO. INADIMPLÊNCIA. DESCONTO DE PONTUALIDADE. CUMULAÇÃO COM MULTAMORATÓRIA. LEGALIDADE. Não configura erro in procedendo a ausência designação de audiência de conciliação ou de mediação, nos moldes do art. 334, do CPC, quanto for hipóteses de julgamento antecipado ou de improvável composição. É legítima a cláusula que prevê o desconto de pontualidade inserido nos contratos de prestação de serviços educacionais, o qual não se confunde com acréscimos decorrentes da mora, razão pela qual a cumulação não configura bis in idem. Precedentes. (TJDF; APC 2016.16.1.010820-7; Ac. 105.7137; Segunda Turma Cível; Relª Desª Carmelita Brasil; Julg. 25/10/2017; DJDFTE 03/11/2017)

A falta de realização da audiência preliminar não configura causa de nulidade da sentença:

✓ APELAÇÃO. PROCESSUAL CIVIL. AÇÃO DE COBRANÇA. SERVIÇOS EDUCACIONAIS (MENSALIDADE ESCOLAR). PROVA TESTEMUNHAL INDEFERIDA. NÃO REALIZAÇÃO DE AUDIÊNCIA DE CONCILIAÇÃO. NULIDADE DA SENTENÇA NÃO CONFIGURADA. CONCESSÃO DE DESCONTO DE PONTUALIDADE ATÉ A DATA DE VENCIMENTO DA OBRIGAÇÃO. POSSIBILIDADE. MULTA DISFARÇADA NÃO CARACTERIZADA. 1. Apelação contra sentença que julgou procedente o pedido de condenação do réu ao pagamento das prestações de serviços educacionais (mensalidade escolar). 2. Não configura cerceamento de defesa, ocasionando a nulidade da sentença, o indeferimento de produção de prova oral quando a matéria tratada é eminentemente de direito e inexistem questões fáticas incidentes. Ademais, o Juiz é o destinatário da prova e a quem cabe indeferir aquelas que se mostrem inúteis e procrastinatórias (art. 370, parágrafo único, do CPC/2015). Preliminar rejeitada. 3. Em que pese as disposições do art. 3º, §§ 2º e 3º, e 334, do CPC/2015, a não realização da audiência de conciliação, por si só, não é motivo para se anular a sentença. Preliminar rejeitada. 4. Conforme pronunciamento do Superior Tribunal de Justiça no RESP 1.424.814/SP, em se tratando da prestação de serviços educacionais, regulados que são pelas regras civis ordinárias e consumeristas, a política de concessão de desconto de pontualidade até justamente o dia do vencimento da obrigação não significa a incidência de multa disfarçada, pois o que faz é estimular que o dever seja honrado em dia, premiando o bom pagador. 5. Apelação conhecida, preliminares rejeitadas e, no mérito, negado provimento. (TJDF; APC 2013.07.1.005079-4; Ac. 103.2315; Segunda Turma Cível; Rel. Des. César Loyola; Julg. 19/07/2017; DJDFTE 25/07/2017). V. tb.: TJES; Apl 0005687-53.2016.8.08.0048; Quarta Câmara Cível; Rel. Des. Manoel Alves Rabelo; Julg. 15/05/2017; DJES 23/05/2017; TJPR; ApCiv 1692751-0; Londrina; Décima Primeira Câmara Cível; Rel. Des. Dalla Vecchia; Julg. 19/07/2017; DJPR 08/08/2017; Pág. 210.

A falta de realização da audiência preliminar não causa prejuízo, já que possível a transação a qualquer momento:

✓ EXECUÇÃO. Duplicatas de serviço por indicação. Audiência de conciliação. Inteligência do art. 334 do NCPC. Hipótese em que a dispensa da audiência não caracterizou prejuízo. Ausência de nulidade. Cerceamento de defesa. Inocorrência. Questão puramente de direito. Julgamento antecipado. Possibilidade. Recurso não provido, nestes pontos. Ausência de prova. "A transação pode ocorrer em qualquer fase processual, não havendo nulidade sem a demonstração inequívoca da existência de prejuízo." (TJSP. Apelação nº 1001000-04.2016.8.26.0472. Relator (a): Tasso Duarte de Melo; Órgão Julgador: 12ª Câmara de Direito Privado; Data do Julgamento: 27/11/2017

Considerando que a simples apresentação de contestação anteriormente à audiência não configura manifestação tácita de desinteresse na sua realização:

✓ DIREITO CIVIL. PROCESSUAL CIVIL. ADJUDICAÇÃO COMPULSÓRIA. PRELIMINAR DE ILEGITIMIDADE ATIVA. SENTENÇA RESOLUTIVA CONDENANDO A RÉ/APELANTE. MULTA POR AUSÊNCIA NA AUDIÊNCIA DE CONCILIAÇÃO. RECURSO DA AUTORA/APELANTE NÃO CONHECIDO. RECURSO DA RÉ/APELANTE CONHECIDO E DESPROVIDO. 1. A ação de adjudicação compulsória é o instrumento jurídico voltado para a obtenção de escritura pública do indivíduo que detenha direito real sobre o imóvel, observados os requisitos formais da ação. 2. Preliminarmente, a autora/apelante busca justificar sua legitimidade para promover a ação que originou o presente recurso por meio de um substabelecimento de procuração. Tal instrumento não é suficiente para legitimar que a autora ocupe o polo ativo da presente demanda. Isso porque o instrumento utilizado produz efeitos restritos às partes que o compõem, não há que se falar aqui em direito real da autora/apelante de aquisição do imóvel em controvérsia. 3. Resta evidente que não houve celebração de negócio jurídico entre a autora/apelante e a empresa ré. Dessa maneira, não há motivos para que esta lhe outorgue escritura pública do imóvel, uma vez que o documento utilizado pela apelante para justificar sua legitimidade produz efeitos inter partes, não vinculando também a empresa requerida. Acatar a preliminar de ilegitimidade ativa é a medida que se impõe. 4. O art. 334 do Novo Código de Processo Civil dispõe que a realização da audiência de conciliação é obrigatória nos procedimentos judiciais. 5. Não há outra maneira de se interpretar o texto normativo senão pelo método gramático/literal. Dessa forma, é evidente a necessidade de se manifestar expressamente o desinteresse na realização da audiência de conciliação, sob pena de sofrer a represália do § 8º do mesmo artigo. 6. Apresentar contestação, ainda que antes da data marcada para a audiência, mas que não trata expressamente do desinteresse na realização da audiência, não é suficiente para configurar uma renúncia tácita de realizá-la. 7. Preliminar de ilegitimidade ativa acolhida, recurso da autora/apelante NÃO CONHECIDO. Recurso da ré/apelante CONHECIDO e DESPROVIDO. Sentença mantida. (TJDF; APC 2016.01.1.050149-9; Ac. 102.3956; Quinta Turma Cível; Rel. Des. Robson Barbosa de Azevedo; Julg. 07/06/2017; DJDFTE 26/06/2017)

Considerando nula a audiência realizada sem a presença do réu, citado sem a antecedência mínima exigida em lei:

✓ MANDADO DE SEGURANÇA. PRELIMINAR DA INADEQUAÇÃO DA VIA ELEITA. AFASTADA. ANTECEDÊNCIA ENTRE A CITAÇÃO E A AUDIÊNCIA DE INSTRUÇÃO E JULGAMENTO. ORDEM CONHECIDA E CONCEDIDA, PARA ANULAR O PROCESSO DE ORIGEM, A PARTIR DA AUDIÊNCIA DE CONCILIAÇÃO, DEVENDO O JUÍZO DE ORIGEM PROCEDER COM O REGULAR PROCESSAMENTO DO FEITO. 1. Cumpre registrar que o novo CPC, em seu artigo1.015, dispõe, taxativamente, das hipóteses em que é cabível a interposição do recurso de agravo de instrumento. No entanto, a situação em deslinde não se encontra arrolada em tais hipóteses. Dessa forma, tem-se que é inadmissível a interposição de agravo de instrumento para atacar decisão interlocutória que não consta do rol das decisões passíveis de serem revistas ou modificadas mediante agravo de instrumento. 2. Dessa forma, ao contrário do que afirma o impetrado, a decisão impugnada não está sujeita a recurso. Pelo exposto, considerando a ausência de previsão legal para atacar a decisão impetrada, e caracterizado o prejuízo à parte, que alega violação a direito líquido e certo, entendo cabível a ação mandamental. 3. Conforme relatado, na impetração, o impetrante alega cerceamento de defesa, uma vez que, embora citado e intimado para comparecer à audiência de conciliação, não lhe foi possível comparecer ao referido ato, dada a exiguidade de tempo para produzir sua defesa. 4. O caput do art. 334do NCPC dispõe que se a petição inicial preencher os requisitos essenciais e não for o caso de improcedência liminar do pedido, o juiz designará audiência de conciliação ou de mediação com antecedência mínima de 30 (trinta) dias, devendo ser citado o réu com pelo menos 20 (vinte) dias de antecedência. 5. Na espécie, observa-se que a aludida audiência de conciliação fora designada para o dia 06/02/2017, tendo o réu, ora impetrante, sido citado, por carta precatória no Município de Matias Olímpio, apenas no dia 30/01/2017 (fls. 44), portanto, o juízo a quo deixou de observar o disposto no art. 334, caput, do CPC, ou seja, o prazo de 20 (vinte) dias de antecedência, ferindo ao direito de defesa do impetrante. Dessa forma, é ilegal a multa aplicada pelo não comparecimento à mencionada audiência. 6. De fato, a observância dos vinte dias de antecedência à audiência de conciliação, como tempo necessário à preparação da parte acionada para se defender, é de rigor. 7. Concedo a segurança pleiteada, para anular o processo de origem, a partir da audiência de conciliação, devendo o juízo de origem proceder com o regular processamento do feito. (TJPI; MS 2017.0001.006707-6; Quinta Câmara de Direito Público; Rel. Des. Francisco Antônio Paes Landim Filho; DJPI 12/12/2017; Pág. 78)

Considerando que determinar a presença obrigatória das partes em audiência de conciliação em ação de execução depende de pedido de ambas nesse sentido:

✓ AGRAVO DE INSTRUMENTO. Execução de título extrajudicial. Verbas condominiais. Artigo 523 do Código de Processo Civil. Multa e honorários. Previsão expressa para a fase de cumprimento de sentença, inaplicáveis às execuções de título extrajudicial, devendo ser observado o disposto no artigo 827 do Código de Processo Civil. Disposição expressa de incidência de honorários advocatícios de 10%, reduzidos pela metade em caso de pagamento em três dias. Dispositivos legais em substituição ao artigo 652 – A do Código de 1973, que determinava o arbitramento da verba fundada no artigo 20, §4º, quando era também inaplicável o artigo 475 – J em casos semelhantes. Decisão mantida nesse ponto. Audiência de conciliação prevista no artigo 334 do Código de Processo Civil, que trata do processo de conhecimento. Determinação de presença obrigatória sob pena de a ausência ser considerada ato atentatório à dignidade da justiça. Faculdade de designar audiência prevista no artigo 139 do Código de Processo Civil. Impossibilidade de impor às partes comparecimento em audiência em processo de execução sem pedido de ambas nesse sentido. Possibilidade de autocomposição a qualquer tempo. Decisão reformada nesse ponto. Litigância de má-fé não caracterizada. Agravo parcialmente provido. (TJSP; AI 2121371-04.2017.8.26.0000; Ac. 10765330; São Bernardo do Campo; Trigésima Terceira Câmara de Direito Privado; Rel. Des. Sá Moreira de Oliveira; Julg. 04/09/2017; DJESP 12/09/2017; Pág. 2303)

§ 1º O conciliador ou mediador, onde houver, atuará necessariamente na audiência de conciliação ou de mediação, observando o disposto neste Código, bem como as disposições da lei de organização judiciária.

→ *v.* Enunciado 23 do CJF: Na ausência de auxiliares da justiça, o juiz poderá realizar a audiência inaugural do art. 334 do CPC, especialmente se a hipótese for de conciliação.

→ *v.* Enunciado 46 da I Jornada de Prevenção e Solução Extrajudicial de Litígios: Os mediadores e conciliadores devem respeitar os padrões éticos de confidencialidade na mediação e conciliação, não levando aos magistrados dos seus respectivos feitos o conteúdo das sessões, com exceção dos termos de acordo, adesão, desistência e solicitação de encaminhamentos, para fins de ofícios.

Considerando que, se o magistrado preside a audiência de conciliação ou mediação, fica impedido para julgar o feito, a não ser para homologar a autocomposição:

✓ ESTABELECE O ART. 334 DO CPC-15 QUE, OBSERVADOS OS REQUISITOS ESSENCIAIS NA PETIÇÃO INICIAL, E NÃO SENDO O CASO DE IMPROCEDÊNCIA LIMINAR DO PEDIDO, O JUIZ DESIGNARÁ AUDIÊNCIA DE CONCILIAÇÃO OU DE MEDIAÇÃO, EXCETO SE QUALQUER DAS PARTES MANIFESTAREM EXPRESSO DESINTERESSE NA COMPOSIÇÃO CONSENSUAL OU, AINDA, QUANDO A LIDE NÃO ADMITIR A AUTOCOMPOSIÇÃO (ART. 334, § 4º, I E II). 2. Audiência de conciliação ou de mediação que não pode ser presidida pelo magistrado da causa, mas por conciliador ou mediador, sob pena de ofensa ao princípio da confidencialidade (art. 334, §1º; art. 165, §2º e 3º e art. 166 § 2º, todos do CPC-15). Excepcionalmente, caso isso ocorra, o magistrado não poderá julgar o feito, salvo para homologar a autocomposição obtida, nos termos do art. 334, §11, da Lei Processual. 3. No caso em tela, verifica-se que os réus foram citados para oferecimento de contestação e intimados para comparecimento à audiência inaugural de conciliação, presidida pelo próprio magistrado da causa, com depoimento pessoal das partes, sob pena de confissão e aplicação da multa prevista no art. 334, § 8º do CPC-15, concluída com o proferimento de sentença de procedência do pedido autoral, configurando evidente violação ao princípio do devido processo legal, por inobservância de diversos dispositivos legais que orientam o procedimento comum. 4. Anulação da sentença ex officio que se impõe, por error in procedendo, com retorno dos autos à origem para regular prosseguimento, a partir das providências preliminares e saneamento (art. 347). Recursos prejudicados. (TJRJ; APL 0248819-20.2016.8.19.0001; Rio de Janeiro; Sétima Câmara Cível; Rel. Des. Luciano Sabóia Rinaldi de Carvalho; Julg. 26/07/2017; DORJ 31/07/2017; Pág. 210)

§ 2º Poderá haver mais de uma sessão destinada à conciliação e à mediação, não podendo exceder a 2 (dois) meses da data de realização da primeira sessão, desde que necessárias à composição das partes.

→ *v.* Enunciado 39 da I Jornada de Prevenção e Solução Extrajudicial de Litígios: A previsão de suspensão do processo para que as partes se submetam à mediação extrajudicial deverá atender ao disposto no § 2º do art. 334 da Lei Processual, podendo o prazo ser prorrogado no caso de consenso das partes.

§ 3º A intimação do autor para a audiência será feita na pessoa de seu advogado.

→ *v.* Art. 250, IV, do NCPC.

§ 4º A audiência não será realizada:

Entendendo que a decisão que dispensa a audiência prevista no art. 334 do CPC não pode ser atacada nem por agravo de instrumento, nem por mandado de segurança:

✓ AGRAVO INTERNO. MANDADO DE SEGURANÇA. INDEFERIMENTO DA INICIAL. DECISÃO INTERLOCUTÓRIA. DISPENSA DA AUDIÊNCIA DO ART. 334 DO CPC/2015. HIPÓTESE DE NÃO CABIMENTO DE AGRAVO DE INSTRUMENTO. Decisão interlocutória que dispensa a audiência prevista no art. 334 do CPC/2015 não pode ser atacada por meio de mandado de segurança tão somente porque não prevista entre as hipóteses autorizadoras de interposição de agravo de instrumento, constantes do rol taxativo do art. 1.015 do CPC/2015. A uma, porque a decisão do juízo a quo não se reveste de caráter manifestamente ilegal, abusivo ou teratológico. A duas, porque admitir o cabimento da ação constitucional em todas as hipóteses não enquadradas em referido rol desvirtuaria por completo o objetivo do novo CPC, qual seja, a redução das hipóteses de recorribilidade em face de decisão interlocutória. Negaram provimento. Unânime. (TJRS; AG 0019779-38.2017.8.21.7000; Porto Alegre; Oitava Câmara Cível; Rel. Des. Luiz Felipe Brasil Santos; Julg. 09/03/2017; DJERS 15/03/2017)

I – se ambas as partes manifestarem, expressamente, desinteresse na composição consensual;

→ v. Enunciado 29 da I Jornada de Prevenção e Solução Extrajudicial de Litígios: Caso qualquer das partes comprove a realização de mediação ou conciliação antecedente à propositura da demanda, o magistrado poderá dispensar a audiência inicial de mediação ou conciliação, desde que tenha tratado da questão objeto da ação e tenha sido conduzida por mediador ou conciliador capacitado.

Considerando que o desinteresse de uma das partes não afasta a realização da audiência de conciliação:

✓ AGRAVO DE INSTRUMENTO. CONTRATO DE MÚTUO COM ALIENAÇÃO FIDUCIÁRIA. INADIMPLÊNCIA. CONSOLIÇÃO DA PROPRIEDADE. SUSPENSÃO DE MEDIDAS EXECUTIVAS. 1. O agravante, na petição inicial do processo originário, manifestou expressamente o interesse na realização da audiência de conciliação, logo, ainda que a Caixa tenha externado desinteresse, descabida sua dispensa, eis que não configurada qualquer das hipóteses contempladas no § 4º do art. 334 do CPC. (...) 4. Não demonstrado que esteja em curso negociação de acordo no processo nº 0025007-72.2016.4.02.5001 (imissão na posse), eis que após a Caixa recusar a oferta do agravante e oferecer uma contraproposta, restou assentada a impossibilidade da realização de acordo em audiência realizada em 16/08/2017. 5. Agravo de instrumento parcialmente provido, para que seja determinada a realização de audiência de conciliação, nos termos do art. 334 do CPC. (TRF 2ª R.; AI 0007685-70.2017.4.02.0000; Sétima Turma Especializada; Rel. Des. Fed. Luiz Paulo S. Araujo Filho; Julg. 29/11/2017; DEJF 15/12/2017)

Contra, entendendo que o desinteresse manifestado por uma das partes justifica a não designação da audiência:

✓ AGRAVO DE INSTRUMENTO. DECISÃO INTERLOCUTÓRIA QUE DECRETA A REVELIA DO RÉU, O QUAL SUSTENTA NÃO TER APRESENTADO CONTESTAÇÃO PORQUE APENAS SERIA OBRIGADO A FAZÊ-LO APÓS A AUDIÊNCIA DE CONCILIAÇÃO. AUTOR QUE, DESDE A PETIÇÃO INICIAL, HAVIA DECLARADO NÃO TER INTERESSE NA COMPOSIÇÃO CONSENSUAL. Interpretação literal dos arts. 334 e 335 do NCPC que deve ser afastada, tendo em vista que basta a uma das partes declarar seu desinteresse na composição consensual para que não se realize a audiência de conciliação, hipótese em que o prazo para contestação deve ser contado a partir da juntada do aviso de recebimento da citação aos autos. Revelia efetivamente verificada. RECURSO NÃO PROVIDO. (TJRJ; AI 0031307-74.2017.8.19.0000; Niterói; Vigésima Terceira Câmara Cível Consumidor; Rel. Des. Celso Silva Filho; DORJ 28/07/2017; Pág. 521)

II – quando não se admitir a autocomposição.

→ v. Enunciado 24 do CJF: Havendo a Fazenda Pública publicizado ampla e previamente as hipóteses em que está autorizada a transigir, pode o juiz dispensar a realização da audiência de mediação e conciliação, com base no art. 334, § 4º, II, do CPC, quando o direito discutido na ação não se enquadrar em tais situações.

→ v. Enunciado 32 da I Jornada de Prevenção e Solução Extrajudicial de Litígios: A ausência da regulamentação prevista no art. 1º da Lei n. 9.469/1997 não obsta a autocomposição por parte de integrante da Advocacia-Geral da União e dirigentes máximos das empresas públicas federais nem, por si só, torna-a inadmissível para efeito do inc. II do § 4º do art. 334 do CPC/2015.

→ v. Enunciado 45 da I Jornada de Prevenção e Solução Extrajudicial de Litígios: A mediação e conciliação são compatíveis com a recuperação judicial, a extrajudicial e a falência do empresário e da sociedade empresária, bem como em casos de superendividamento, observadas as restrições legais.

→ v. Enunciado 573 do FPPC: As Fazendas Públicas devem dar publicidade às hipóteses em que seus órgãos de Advocacia Pública estão autorizados a aceitar autocomposição.

→ v. Enunciado 639 do FPPC: O juiz poderá, excepcionalmente, dispensar a audiência de mediação ou conciliação nas ações em que uma das partes estiver amparada por medida protetiva.

→ v. Enunciado 673 do FPPC: A presença do ente público em juízo não impede, por si, a designação da audiência do art. 334.

§ 5º O autor deverá indicar, na petição inicial, seu desinteresse na autocomposição, e o réu deverá fazê-lo, por petição, apresentada com 10 (dez) dias de antecedência, contados da data da audiência.

Entendendo que, se a resposta foi apresentada pelo réu dez dias antes da audiência, descabe a imposição de multa pela sua ausência.

✓ CONDOMÍNIO. Ação de cobrança. Sem ciência do condomínio a respeito da cessão de direitos sobre o imóvel. Legitimidade do cedente. Negócio que não pode ser oposto à coletividade. Obrigação propter rem. Aplicação do Recurso Repetitivo nº 1.345.331. Débito comprovado. Sem prova de pagamento. Pedido julgado procedente. Ausência em audiência de conciliação. Resposta apresentada dez dias antes do ato, com indicação de visar evitar a inutilidade da providência. Arguição de ilegitimidade. Sem hipótese para aplicação do artigo 334, § 8º, do Novo Código de Processo Civil. Multa afastada. Apelação parcialmente provida. (TJSP; APL 1009702-57.2017.8.26.0001; Ac. 10800075; São Paulo; Trigésima Terceira Câmara de Direito Privado; Rel. Des. Sá Moreira de Oliveira; Julg. 18/09/2017; DJESP 22/09/2017; Pág. 2421)

§ 6º Havendo litisconsórcio, o desinteresse na realização da audiência deve ser manifestado por todos os litisconsortes.

§ 7º A audiência de conciliação ou de mediação pode realizar-se por meio eletrônico, nos termos da lei.

§ 8º O não comparecimento injustificado do autor ou do réu à audiência de conciliação é considerado ato atentatório à dignidade da justiça e será sancionado com multa de até dois por cento da vantagem econômica pretendida ou do valor da causa, revertida em favor da União ou do Estado.

→ *v.* Enunciado 26 do CJF: A multa do § 8º do art. 334 do CPC não incide no caso de não comparecimento do réu intimado por edital.

→ *v.* Enunciado 273 do FPPC: Ao ser citado, o réu deverá ser advertido de que sua ausência injustificada à audiência de conciliação ou mediação configura ato atentatório à dignidade da justiça, punível com a multa do art. 334, § 8º, sob pena de sua inaplicabilidade.

Considerando que não cabe agravo de instrumento contra a decisão que aplica multa pelo não comparecimento a audiência de conciliação:

✓ AGRAVO INTERNO. AGRAVO DE INSTRUMENTO. AÇÃO DE INEXIGIBILIDADE DE DÉBITO CUMULADA COM INDENIZAÇÃO POR DANOS MORAIS E CANCELAMENTO DE REGISTRO NEGATIVO. DESIGNAÇÃO DE AUDIÊNCIA PRELIMINAR. NÃO COMPARECIMENTO INJUSTIFICADO DA AUTORA À AUDIÊNCIA DE CONCILIAÇÃO. ATO ATENTATÓRIO À DIGNIDADE DA JUSTIÇA. APLICAÇÃO DE MULTA. ART. 334, §8º, DO CPC/2015. ROL TAXATIVO DAS DECISÕES SUSCETÍVEIS DE IMPUGNAÇÃO POR AGRAVO DE INSTRUMENTO. Segundo a sistemática adotada pelo NCPC, o elenco de decisões suscetíveis de impugnação por agravo de instrumento é restritivo (art. 1.015 do CPC/2015). A decisão que aplica multa ante o não comparecimento injustificado da autora à audiência conciliatória não se amolda a nenhuma das hipóteses de cabimento desse recurso previstas no NCPC. Ratificação, pelo colegiado, da decisão monocrática impugnada. Agravo interno desprovido. (TJRS; AG 0292955-03.2016.8.21.7000; Porto Alegre; Nona Câmara Cível; Rel. Des. Miguel Ângelo da Silva; Julg. 19/10/2016; DJERS 25/10/2016); DIREITO PROCESSUAL CIVIL. DECISÃO QUE APLICOU A MULTA PREVISTA NO ART. 334, § 8º, DO CPC, PORQUE A AUTORA/AGRAVANTE NÃO COMPARECEU À AUDIÊNCIA DE CONCILIAÇÃO. MATÉRIA EXCLUÍDA DO ROL DO ART. 1.015 DO CÓDIGO DE PROCESSO CIVIL. Não cabimento do recurso de agravo de instrumento. Recurso não conhecido. (TJRJ; AI 0050444-42.2017.8.19.0000; Rio de Janeiro; Vigésima Sexta Câmara Cível Consumidor; Rel. Desig. Des. Ricardo Alberto Pereira; Julg. 19/10/2017; DORJ 20/10/2017; Pág. 714)

Entendendo incabível o mandando de segurança para questionar a aplicação da multa, uma vez que não cabe agravo de instrumento, mas é possível a revisão da matéria em julgamento de apelação:

✓ MANDADO DE SEGURANÇA. ATO JUDICIAL QUE APLICOU A MULTA PREVISTA NO ART. 334, § 8º, DO NCPC, ANTE AUSÊNCIA DA AUTORA EM AUDIÊNCIA. INDEFERIMENTO DA INICIAL, NOS TERMOS DO ARTIGO 10, CAPUT, DA LEI Nº 12.016/2009. Extinção do processo sem apreciação do mérito. Não obstante as razões declinadas pelo impetrante, certo é que a via escolhida não se afigura adequada para seu objetivo. O mandado de segurança visa proteger direito líquido e certo de violação concreta ou perigo de violação, ilegalmente ou com abuso de poder, por parte de autoridade. Ressalte-se que o remédio processual não poderá ser impetrado quando da decisão judicial couber recurso com efeito suspensivo. Entendimento consolidado pelo verbete nº 267, da Súmula do Supremo Tribunal Federal, ao estabelecer que -não cabe mandado de segurança contra ato judicial passível de recurso ou correição-. Frise-se que, por se tratar de ato judicial, o cabimento do mandado de segurança tem caráter excepcional, exigindo a ausência de recurso hábil a impugnar a decisão combatida. No caso em exame, em que pese ser incabível a interposição de agravo de instrumento, há previsão legal para reavaliação judicial da matéria. Neste caso, há remédio jurídico próprio, previsto na legislação processual para combater a decisão vergastada, qual seja, preliminar de apelação, de acordo com o artigo 1.009, §1º do CPC/15. Ademais, a nova Lei Processual Civil prevê, como regra geral, a irrecorribilidade das decisões interlocutórias, em atenção aos princípios da celeridade da prestação jurisdicional e da efetividade do processo. Sendo assim, no caso em apreço, não incabível a utilização do mandado de segurança como sucedâneo recursal. Desta forma, sem razão o impetrante, não se justificando a utilização da via mandamental para discussão de tema reservado para outras vias. (TJRJ; MS 0040177-11.2017.8.19.0000; Rio de Janeiro; Vigésima Sexta Câmara Cível Consumidor; Rel. Des. Arthur Narciso de Oliveira Neto; DORJ 11/12/2017; Pág. 655)

Inaplicabilidade da multa do § 8º por ausência a tentativa de composição entre as partes em fase posterior à audiência preliminar do art. 334:

✓ APELAÇÃO CÍVEL. AÇÃO DECLARATÓRIA DE INEXISTÊNCIA DE DÉBITO C/C INDENIZAÇÃO POR DANOS MORAIS. INSCRIÇÃO INDEVIDA DO NOME DO CONSUMIDOR NOS ÓRGÃOS DE RESTRIÇÃO AO CRÉDITO. DANOS MORAIS NÃO CONFIGURADOS. DEVEDOR CONTUMAZ. MULTA DO ARTIGO 334, §8º DO CPC. IMPOSSIBILIDADE. A inclusão do nome da parte no cadastro restritivo ao crédito, sem que comprovada a contratação, atesta a ilicitude da conduta perpetrada pela empresa. Pratica ato ilícito a parte que inscreve o nome do consumidor no serviço de proteção ao crédito, por dívida não reconhecida e não comprovada. Entretanto, tal ato ilícito não dá direito ao ressarcimento por danos morais, se este possui outras inscrições em órgãos de proteção ao crédito. Não há que se falar em aplicação da multa do artigo 334, §8º do CPC, uma vez que a audiência de conciliação prevista em referido artigo, diz respeito à audiência preliminar à própria citação do réu. Já o ato designado pela douta magistrada, trata-se de simples tentativa de composição entre as partes, não se sujeitando à multa pelo não comparecimento. (TJMG; APCV 1.0567.15.010398-2/001; Relª Desª Shirley Fenzi Bertão; Julg. 22/11/2017; DJEMG 30/11/2017)

Inaplicabilidade da multa por não comparecimento em tentativa de conciliação realizada em sede de apelação:

✓ APELAÇÃO CÍVEL. PROMESSA DE COMPRA E VENDA. AÇÃO DE INDENIZAÇÃO POR DANOS MORAIS E MATERIAIS. MULTA POR NÃO COMPARECIMENTO EM CONCILIAÇÃO. CLÁUSULA DE TOLERÂNCIA. DEVOLUÇÃO DE VALORES. REQUERIMENTO DE APLICAÇÃO DE MULTA POR NÃO COMPARECIMENTO A AUDIÊNCIA. A multa por não comparecimento à audiência de conciliação (art. § 8 do art. 334 do CPC/15) não incide em mera tentativa de conciliação perante o núcleo de conciliação deste TJ/RS, especialmente por já haver sentença proferida mediante cognição exauriente e, principalmente, pelo fato de pender de julgamento apelo manejado por ambas as partes. Pedido de aplicação de multa afastado. (...). Sucumbência recursal reconhecida e honorários fixados em prol do procurador da parte demandada majorados. Deram parcial provimento ao apelo da parte demandada. Negaram provimento ao apelo da parte autora. (TJRS; AC 0358134-78.2016.8.21.7000; Porto Alegre; Décima Nona Câmara Cível; Rel. Des. Eduardo João Lima Costa; Julg. 17/08/2017; DJERS 24/08/2017)

Mantendo a aplicação da multa, ainda que a audiência de conciliação tenha sido designada em ação de execução:

✓ AGRAVO DE INSTRUMENTO. Ação de execução. Decisão que aplicou ao exequente, ora agravante, multa por ato atentatório à dignidade da justiça, com base no inciso III, art. 77, do NCPC. Insurgência. Ausência injustificada a audiência de conciliação requerida pelo próprio exequente. Aplicação do art. 334, §8º, do NCPC. Decisão mantida. Efeito suspensivo cassado. Recurso não provido. (TJSP; AI 2084093-66.2017.8.26.0000; Ac. 10725164; São Paulo; Décima Oitava Câmara de Direito Privado; Rel. Des. Helio Faria; Julg. 22/08/2017; DJESP 29/08/2017; Pág. 2043)

Possibilidade de designação de audiência de conciliação em ação de busca e apreensão, com advertência de que a ausência acarretará imposição de multa:

✓ PROCESSUAL CIVIL. AGRAVO DE INSTRUMENTO. AÇÃO DE BUSCA E APREENSÃO. MULTA DO ARTIGO 443, § 8º, DO CPC/2015. APLICAÇÃO. POSSIBILIDADE. MULTA DIÁRIA PELO DESCUMPRIMENTO DE OBRIGAÇÃO DE FAZER. APLICAÇÃO. POSSIBILIDADE. Embora o DL 911/67 não preveja a realização de audiência de conciliação, nada impede que, consideradas as peculiaridades do caso concreto, o julgador designe audiência na tentativa de realizar conciliação. Designada a audiência, o não comparecimento injustificado da parte autoriza a aplicação da multa prevista no artigo 334, § 8º, do CPC/2015. Quando a parte desobedece determinação judicial consistente em obrigação de fazer, é cabível a fixação de multa periódica para compelir a parte ao cumprimento específico da determinação. Recurso desprovido. (TJES; AI 0008827-09.2016.8.08.0012; Rel. Des. Samuel Meira Brasil Junior; Julg. 13/12/2016; DJES 27/01/2017)

Entendendo que não é preciso expressa advertência de que a ausência à audiência de conciliação implicará a imposição de multa – mesmo em ação de execução de título extrajudicial:

✓ AGRAVO DE INSTRUMENTO. AÇÃO DE EXECUÇÃO POR TÍTULO EXTRAJUDICIAL. EMBARGANTE QUE NÃO COMPARECE À AUDIÊNCIA DE TENTATIVA DE CONCILIAÇÃO. IMPOSIÇÃO DA MULTA DE QUE TRATA O ART. 334, § 8º, DO CPC. PRETENDIDO CANCELAMENTO. PLEITO IMPROCEDENTE. AUSÊNCIA NÃO JUSTIFICADA. Desnecessidade de advertência sobre a incidência da multa no ato da intimação, tanto porque a intimação dirigida ao autor se faz por intermédio do advogado (§ 3º), profissional que, cabe presumir, conhece o teor da Lei. Sanção, aliás, insignificante no caso dos autos, uma vez que diminuto o valor da causa. Dispositivo: Negaram provimento ao agravo. (TJSP; AI 2129690-92.2016.8.26.0000; Ac. 9746198; São Paulo; Décima Nona Câmara de Direito Privado; Rel. Des. Ricardo Pessoa de Mello Belli; Julg. 22/08/2016; DJESP 02/09/2016)

Considerando que a ausência de advertência sobre a aplicabilidade da multa na carta de citação afasta a penalidade:

✓ RECURSO. Agravo de Instrumento. "Ação de execução por quantia certa contra devedor solvente". Insurgência contra o respeitável decisum que condenou a executada ao pagamento de multa de 2% (dois por cento) do valor da causa atualizado em favor do Estado de São Paulo, com fundamento no artigo 334, § 8º do CPC/15. Admissibilidade. Carta de intimação. A executada não foi regularmente cientificada da designação da audiência de conciliação. O aviso de recebimento (AR) foi recebido por terceira pessoa. Ausência de advertência sobre a aplicabilidade da multa. Penalidade afastada. Inteligência do Enunciado Nº 273 do Fórum Permanente de Processualistas Civis (FPPC). Recurso provido. (TJSP; AI 2145373-72.2016.8.26.0000; Ac. 10086823; São Paulo; Décima Oitava Câmara de Direito Privado; Rel. Des. Roque Antonio Mesquita de Oliveira; Julg. 19/12/2016; DJESP 24/01/2017). No mesmo sentido: RESCISÃO DE COMPROMISSO DE COMPRA E VENDA DE IMÓVEL POR CULPA EXCLUSIVA DAS RÉS. ATRASO NA ENTREGA DA OBRA. PEDIDO DE RESTITUIÇÃO DE VALORES PAGOS. Comprovado o atraso na entrega das chaves, inafastável a mora das rés após a data de entrega prevista no contrato. Prazo de tolerância extrapolado. Abusividade que ensejou o pedido de rescisão contratual e de restituição dos valores pagos. Cabimento. Devolução integral das parcelas pagas pelos compradores, sem direito à retenção, diante da culpa exclusiva das rés pela rescisão. Súmula 03 – TJSP e Súmula nº 543 – STJ. Condenação mantida. Multa processual aplicada às rés em razão do não comparecimento à audiência de conciliação, conforme art. 334, § 8º, CPC. Descabimento. No caso dos autos, além de a intimação ter sido realizada em prazo inferior a 20 dias da data da audiência, conforme determina o art. 334, caput, do CPC, os mandados de intimação não mencionaram qualquer advertência à parte com relação à penalidade prevista para a hipótese de não comparecimento. Afronta ao disposto no art. 250, inciso III, do CPC. Sentença reformada apenas para afastar a multa imposta às rés. Considerando o desprovimento do recurso quanto ao mérito propriamente dito, fica mantida a sucumbência a cargo das rés. Honorários recursais devidos na espécie. RECURSO PARCIALMENTE PROVIDO. (TJSP; APL 1006291-65.2016.8.26.0704; Ac. 10562771; São Paulo; Nona Câmara de Direito Privado; Relª Desª Angela Lopes; Julg. 27/06/2017; DJESP 04/07/2017; Pág. 1736)

Afastando a aplicação de multa porque o autor informou expressamente do seu desinteresse na realização da audiência:

✓ APELAÇÃO CIVEL. DIREITO PRIVADO NÃO ESPECIFICADO. AÇÃO DE OBRIGAÇÃO DE FAZER. I. Afastada a multa prevista no art. 334, § 8º do CPC, uma vez que houve, por parte da autora, requerimento expresso acerca do desinteresse de realização de audiência de conciliação/autocomposição. II. Mantida a multa determinada pela sentença para o caso de descumprimento de ordem judicial, nos termos do art. 536, § 1º, do CPC, para o fim de viabilizar a aplicação do princípio da efetividade das decisões judiciais. III. Para fins de evitar que a astreinte alcance valor exagerado, o que destoaria dos patamares balizados por esta câmara, deve ser mantida a multa nos exatos termos em que fixada pelo juízo singular. lV. Sucumbência majorada. Negaram provimento ao recurso da ré e deram parcial provimento ao apelo da autora. Unanime. (TJRS; AC 0329639-87.2017.8.21.7000; Porto Alegre; Décima Sexta Câmara Cível; Rel. Des. Ergio Roque Menine; Julg. 23/11/2017; DJERS 30/11/2017); PROCESSUAL CIVIL. AGRAVO DE INSTRUMENTO. AUDIÊNCIA DE CONCILIAÇÃO. NÃO COMPARECIMENTO. MULTA PREVISTA NO ART. 334, § 8º DO CPC. NÃO APLICAÇÃO. AUSÊNCIA DE RAZOABILIDADE. RECURSO PROVIDO. 1. Cuida-se de agravo de instrumento no qual pretende a agravante a reforma da decisão recorrida, para que seja afastada a aplicação de multa de 1% (um por cento) do valor da causa em seu desfavor, ante sua ausência em audiência de conciliação anteriormente designada. 2. Não há fundamento legítimo em proceder-se à designação de audiência em que, expressamente, uma das partes em litígio se manifestou, com antecedência, no sentido de não possuir interesse na conciliação, não se configurando o "não comparecimento injustificado" previsto no artigo 334, § 8º, do CPC. 3. Nessa linha, forçoso concluir que a norma que estipula o pagamento de multa por ato atentatório à dignidade da justiça extravasa os limites da razoabilidade, ao forçar uma das partes do processo a praticar, sem possibilidade de recusa, ato processual ao qual se opõe frontalmente. 4. Agravo de instrumento provido. (TRF 2ª R.; AI 0001074-04.2017.4.02.0000; Quinta Turma Especializada; Rel. Des. Fed. Aluísio Gonçalves de Castro Mendes; Julg. 09/05/2017; DEJF 24/05/2017)

Contra, mantendo a multa mesmo tendo o réu expressamente manifestado seu desinteresse na audiência:

✓ DIREITO PROCESSUAL CIVIL. AGRAVO DE INSTRUMENTO. AÇÃO ORDINÁRIA. AUDIÊNCIA DE CONCILIAÇÃO. NÃO COMPARECIMENTO PELO INSS. APLICAÇÃO DE MULTA DE 2% SOBRE O VALOR DA CAUSA. ART. 334, §8º, DO CPC. VIABILIDADE NA ESPÉCIE. AUSÊNCIA DE MANIFESTAÇÃO DO DESINTERESSE NA REALIZAÇÃO DA AUDIÊNCIA POR AMBAS AS PARTES. AGRAVO DE INSTRUMENTO IMPROVIDO. Da análise do art. 334 do CPC é possível extrair que eventual desinteresse na autocomposição deve ser indicado por ambas as partes, pelo autor, na petição inicial, e pelo réu, por petição, com no mínimo dez dias de antecedência da data da audiência designada (§ 5º). É possível extrair também que a ausência injustificada de quaisquer das partes à audiência de conciliação deve ser sancionada com multa de até 2% do valor da causa por ser considerado ato atentatório à dignidade da justiça (§ 8º). No caso dos autos, observo que em 10.10.2016 o juízo de origem proferiu decisão deferindo o pedido de tutela de urgência requerido pelo agravado e designando a realização de audiência de conciliação para 30.11.2016. Intimado desta decisão em 26.10.2016, o INSS manifestou seu desinteresse na realização da referida audiência dentro do prazo previsto pelo artigo 334, § 5º do CPC. O Novo CPC veio a instituir, em verdade, a indispensabilidade da audiência prévia de conciliação ou autocomposição, só não ocorrendo quando o autor da ação manifestar, expressamente, em sua inicial, o desinteresse e o réu também manifestar o desinteresse no prazo de 10 dias anteriores à audiência. Caso contrário, ou seja, não havendo manifestação de ambas as partes (334, § 4ª, I), a audiência será levada a termo e, na ausência de uma das partes, ou de ambas, injustificadamente, o ato torna legítima a imposição da multa (§ 8º). Agravo de instrumento a que se nega provimento. (TRF 3ª R.; AI 0000773-30.2017.4.03.0000; Primeira Turma; Rel. Des. Fed. Wilson Zauhy; Julg. 27/06/2017; DEJF 11/07/2017); APELAÇÃO CÍVEL. RECURSO ADESIVO. DIREITO PRIVADO NÃO ESPECIFICADO. AÇÃO REVISIONAL DE EMPRESTIMO CONSIGNADO. Recurso adesivo interposto na mesma peça das contrarrazões. Não conhecimento, uma vez que se aplicam ao recurso adesivo as mesmas regras dos recursos em geral, devendo, portanto, ser interposto em peça independente (§2º do artigo 997 do NCPC). Multa por ato atentatório à dignidade da justiça. Manutenção. A petição apresentada pela ré apenas aduzindo não ter interesse na composição consensual não atendo ao disposto no § 8º do art. 334 do NCPC, porquanto a Lei exige uma justificativa plausível para o não comparecimento e não o mero desinteresse na composição consensual. O desinteresse de apenas uma das partes não é suficiente para a não realização da audiência, conforme disposto no § 4º, do mencionado artigo. Opção do legislador que deve ser observada. Juros remuneratórios. As entidades abertas de previdência privada, ao realizarem operações financeiras de empréstimo a seus participantes, são equiparadas às instituições financeiras. Desse modo, em se tratando a ré de entidade aberta de previdência privada não há como limitar os juros remuneratórios em 12% ao ano, mas sim à taxa média de mercado divulgada pelo BACEN, considerado o período da contratação. Abusividade configurada. Recurso adesivo não conhecido e desprovida a apelação. (TJRS; AC 0197896-51.2017.8.21.7000; Porto Alegre; Décima Oitava Câmara Cível; Rel. Des. Heleno Tregnago Saraiva; Julg. 14/09/2017; DJERS 21/09/2017)

Afastamento da multa quando o procurador da parte informa a impossibilidade de autocomposição por se tratar de direito indisponível:

✓ PROCESSUAL CIVIL E PREVIDENCIÁRIO. AUDIÊNCIA DE CONCILIAÇÃO. ART. 334 DO NCPC. AUSÊNCIA JUSTIFICADA. ALEGAÇÃO DE INDISPONIBILIDADE DO INTERESSE PÚBLICO. EXCEÇÃO PREVISTA NO ART. 334, §4º, II, DO NCPC. MULTA. INAPLICABILIDADE. DECISÃO REFORMADA. 1. O artigo 334 do NCPC determina ao magistrado a designação de audiência de conciliação ou mediação, estipulando a incidência de multa em caso de não comparecimento injustificado de umas das partes, em respeito à dignidade da justiça. 2. A mens legis da citada multa é exatamente coibir a ausência injustificada nas audiências de conciliação, de forma a estimular, ao máximo possível, a solução consensual dos conflitos. 3. Não há como se acolher como injustificada a ausência quando o procurador da parte requerida informar, nos autos, a impossibilidade de comparecimento com fulcro na exceção prevista no art. 334, §4º, II, do CPC, sob o argumento de que se trata de direito indisponível. Configurar-se-ia, em tese, ausência injustificada nos casos em que, intimado para audiência, o réu quedar-se inerte, sem justificar impossibilidade de comparecimento, o que não se amolda ao caso dos autos. 4. Assim, há que se evitar a aplicação indiscriminada da multa, o que acabaria não por estimular, mas verdadeiramente enterrar o instituto da conciliação e mediação. 5. Agravo de instrumento provido. (TRF 1ª R.; AI 0014328-71.2017.4.01.0000; Primeira Turma; Rel. Des. Fed. Carlos Augusto Pires Brandão; DJF1 14/09/2017)

Afastando a imposição de multa por ter o autor comunicado que houve acordo extrajudicial entre as partes:

✓ AGRAVO DE INSTRUMENTO. BUSCA E APREENSÃO. ACORDO EXTRAJUDICIAL. AUDIÊNCIA DE CONCILIAÇÃO DESIGNADA. NÃO COMPARECIMENTO DA PARTE AUTORA. IMPOSIÇÃO DE MULTA. ATO ATENTATÓRIO A DIGNIDADE DA JUSTIÇA. INOCORRÊNCIA. RECURSO CONHECIDO E PROVIDO. 1. A parte autora, ora agravante, colaciona aos autos minuta de acordo firmado extrajudicialmente com o réu, que prevê a quitação do débito e liberação do veículo apreendido. Ato seguinte, o magistrado a quo profere despacho designando audiência de conciliação. 2. Ante o não comparecimento da parte autora à audiência designada, o magistrado a quo aplicou a multa prevista no artigo 334, § 8º do CPC. Entretanto, o dispositivo qualifica como ato atentatório à dignidade da justiça o não comparecimento injustificado de alguma das partes à audiência de conciliação para que possa ser aplicada a multa descrita. 3. Na espécie, o agravante peticiona pugnando pela desnecessidade da realização da audiência de conciliação, tendo em vista a autocomposição extrajudicial realizada entre as partes, o que faz presumir a superveniente inexistência de pretensão resistida. Revelou-se assim, prescindível a realização da audiência designada, não havendo que se falar em ato atentatório à dignidade da justiça já que houve comunicação prévia da parte autora. 4. Recurso conhecido e provido. (TJES; AI 0021200-72.2016.8.08.0012; Segunda Câmara Cível; Rel. Des. Fernando Estevam Bravin Ruy; Julg. 13/06/2017; DJES 22/06/2017)

Inaplicabilidade da multa em caso de ausência a audiência de mediação:

✓ AGRAVO INTERNO NO AGRAVO DE INSTRUMENTO. DECISÃO AGRAVADA QUE, EM AÇÃO DE COBRANÇA, APLICOU MULTA PROCESSUAL DE 2% (DOIS POR CENTO) SOBRE O VALOR CORRIGIDO DA CAUSA, EM DESFAVOR DO AGRAVANTE, NA FORMA DO ARTIGO 334, §8º DO CPC A SER RECOLHIDA AO FETJ. DECISÃO MONOCRÁTICA QUE DEU PROVIMENTO AO RECURSO, AFASTANDO A MULTA PROCESSUAL APLICADA, DIANTE DA FALTA DE PREVISÃO LEGAL. Agravo Interno que alega a necessidade de manutenção da multa aplicada. Pretensão que não merece prosperar. As medidas de caráter sancionatório devem ser interpretadas de forma restritiva, sob pena de violação dos princípios da segurança jurídica e da legalidade. A multa processual prevista no artigo 334, §8º do CPC somente pode ser aplicada nas hipóteses de ausência injustificada em audiência de conciliação. O ato processual originador da medida sancionatória configura-se audiência de mediação. Afastamento da multa por falta de previsão legal. Recorrente que não traz argumentos suficientes para alterar a decisão ora agravada. Manutenção da decisão. Improvimento do agravo interno. (TJRJ; AI 0039185-50.2017.8.19.0000; Rio de Janeiro; Décima Câmara Cível; Rel. Des. Celso Luiz de Matos Peres; DORJ 27/11/2017; Pág. 313)

Contra, entendendo possível a imposição de multa por ausência à audiência de mediação, ainda que uma das partes manifeste desinteresse na sua realização:

✓ APELAÇÃO CÍVEL. AÇÃO DECLARATÓRIA DE INEXISTÊNCIA DE DÉBITO CUMULADA COM INDENIZAÇÃO POR DANOS MORAIS. PRELIMINAR PARA AFASTAR MULTA COMINATÓRIA POR NÃO COMPARECIMENTO EM AUDIÊNCIA CONCILIAÇÃO. AFASTADA. ART. 334, § 4. º, I, DO CPC. DESINTERESSE NA REALIZAÇÃO DA AUDIÊNCIA MANIFESTADO SOMENTE PELO AUTOR. MULTA APLICÁVEL. SERVIÇOS EDUCACIONAIS. INVERSÃO DOS ÔNUS DA PROVA INDEVIDA. AUSÊNCIA DE REQUISITOS LEGAIS. DESISTÊNCIA DO CURSO. AUSÊNCIA DE PROVA DA REALIZAÇÃO DE MATRÍCULA. COBRANÇA INDEVIDA DE MENSALIDADE. DÉBITO DECLARADO INEXISTENTE. DANO MORAL NÃO CONFIGURADO. MERO DISSABOR. RECURSO PROVIDO PARCIALMENTE. 1. A audiência de mediação somente não se realizará quando todas as partes envolvidas no processo manifestarem desinteresse na composição consensual, conforme dispõe o art. 334, § 4. º, I, do Código Processual Civil. A imposição da multa será devida quando somente o autor manifestar tal desinteresse e deixar de comparecer ao ato judicial designado. (...) Inobstante não se negue os possíveis transtornos sofridos por aquele que se vê frustrado em razão da cobrança indevida, conclui-se que tal situação não configura ofensa anormal à personalidade, não configurando dano extrapatrimonial, pressuposto necessário à percepção de indenização, pois a simples irritação ou aborrecimento não devem ser compensados pecuniariamente, sob pena de banalização do instituto. (TJMS; APL 0800499-41.2016.8.12.0046; Terceira Câmara Cível; Rel. Des. Fernando Mauro Moreira Marinho; DJMS 04/05/2017; Pág. 47)

Impossibilidade de extinção do processo em virtude da ausência do autor à audiência:

✓ PROCESSUAL CIVIL. Recurso de apelação. Cobrança de seguro obrigatório DPVAT. Ausência da autora à audiência de conciliação. Extinção do feito por abandono de causa. Impossibilidade. Sentença anulada. Recurso conhecido e provido, em consonância com o parecer ministerial. – a ausência da autora, ora apelante, à audiência de conciliação não importa na automática extinção do feito sem resolução de mérito, podendo, no máximo, ensejar a aplicação da multa a que alude o art. 334, §8º, do CPC/2015.- apelo conhecido e provido para anular a sentença objeto do recurso, determinando-se o retorno dos autos à origem para regular prosseguimento do feito. (TJAM; APL 0610250-96.2016.8.04.0001; Primeira Câmara Cível; Rel. Des. Ernesto Anselmo Queiroz Chíxaro; DJAM 13/11/2017; Pág. 22); APELAÇÃO. AÇÃO DE COBRANÇA. PROCEDIMENTO COMUM. AUDIÊNCIA DE CONCILIAÇÃO. NÃO COMPARECIMENTO DO AUTOR. AUSÊNCIA DE INTIMAÇÃO PESSOAL E DE REQUERIMENTO DO RÉU. EXTINÇÃO DO PROCESSO SOB O RITO DO JUIZADO ESPECIAL. NULIDADE. 1) No procedimento comum, a falta à audiência de conciliação não autoriza a conclusão de que o autor abandonou o processo. 2) Por mais que o autor fique inerte por tempo superior a 30 (trinta) dias, ele ainda deverá ser intimado pessoalmente a se manifestar no prazo de 05 (cinco) dias, devendo o réu, se já houver contestado, requerer a extinção do processo por abandono da causa. 3) A causa que tramita sob o procedimento comum não deve ser extinta com fundamento na Lei dos Juizados Especiais, principalmente se o valor superar o teto dessa Lei. 4) Ocorrendo ausência injustificada à audiência de conciliação, o juízo de origem deve adotar a medida prevista no art. 334, § 8º, do CPC, isto é, impor multa por ato atentatório à dignidade da justiça. 5) Apelo provido. (TJAP; APL 0000472-63.2016.8.03.0007; Câmara Única; Rel. Des. Carmo Antônio; Julg. 01/08/2017; DJEAP 29/08/2017; Pág. 31)

Impossibilidade de julgamento antecipado do mérito decorrente da ausência de uma das partes à audiência:

✓ APELAÇÃO CÍVEL. APELAÇÃO ADESIVA. OBRIGAÇÃO DE FAZER C/C INDENIZAÇÃO POR DANOS MORAIS. INTERRUPÇÃO DE FORNECIMENTO DE ÁGUA. SENTENÇA PROFERIDA EM AUDIÊNCIA DE CONCILIAÇÃO. PARTE AUSENTE. DEFESA APRESENTADA. AUSÊNCIA DE MANIFESTAÇÃO DO JUÍZO SOBRE PEDIDO DE PRODUÇAO DE PROVAS. JULGAMENTO ANTECIPADO DA LIDE. NÃO CABIMENTO. NULIDADE. PROSSEGUIMENTO DO FEITO. Só é permitido o julgamento antecipado da lide nas hipóteses taxativamente estabelecidas na Lei Processual. É nula a sentença de mérito proferida em audiência de conciliação quando ausente uma parte, sobretudo se houve pedido de produção de provas. Não pode o magistrado sancionar a parte ausente à audiência de conciliação com uma sentença de mérito em seu desfavor, havendo, para tanto, previsão de estabelecimento de multa, cujos limites encontram-se previstos no art. 334, §8º, do CPC/15. (TJMG; APCV 1.0086.16.002126-6/001; Relª Desª Alice Birchal; Julg. 11/07/2017; DJEMG 18/07/2017)

§ 9º As partes devem estar acompanhadas por seus advogados ou defensores públicos.

Impossibilidade de aplicação da multa se a parte compareceu à audiência, ainda que sem o seu patrono:

✓ APELAÇÃO CÍVEL. PROCESSO CIVIL. AÇÃO ANULATÓRIA DE NEGÓCIO JURÍDICO C/C RESTITUIÇÃO DE QUANTIAS PAGAS E INDENIZAÇÃO POR DANOS MORAIS. Sentença que julgou procedente o pedido autoral, bem como aplicou, contra o autor, multa de 2% sobre o valor da causa, a ser revertida em favor do fetj, ante o não comparecimento do defensor do autor à audiência preliminar, a teor do artigo 334, §8º, do NCPC. Inconformismo do autor tão somente quanto à aplicação da multa pelo não comparecimento do defensor público à audiência de conciliação. Recurso provido. 1. A sanção prevista no § 8º do art. 334 do NCPC se refere tão somente à ausência das partes e não à ausência do patrono das partes. No caso em tela, em que pese a ausência do defensor público que assiste o autor, este compareceu devidamente à audiência, sendo certo que o magistrado, inclusive, proferiu sentença de mérito na referida audiência. 2. É verdade que o art. 334, § 9º, do CPC dispõe que -as partes devem estar acompanhadas por seus advogados ou defensores públicos-, no entanto, a ausência do advogado não impedirá a realização da audiência de conciliação e mediação, a teor do que dispõe o enunciado nº 48 do fonamec (fórum nacional da mediação e conciliação), que diz: -nos procedimentos processuais (mediação e conciliação judiciais), quando o advogado ou defensor público, devidamente intimado, não comparecer à audiência injustificadamente, o ato poderá ser realizado sem a sua presença se o cliente/assistido concordar expressamente. 3. Quanto aos enunciados do fórum nacional da mediação e conciliação (fonamec), é oportuno dizer que, após aprovação pela comissão permanente de acesso à justiça e cidadania do CNJ, os mesmos passam a integrar a resolução nº 125/CNJ, para fins de vinculatividade, no que diz respeito à Justiça Estadual, a teor do art. 12 – A e §§ da referida resolução. 4. Ainda que assim não fosse, no caso dos autos, não se observou o devido processo legal, tendo em vista que a defensoria pública não foi intimada a tempo sobre a audiência de conciliação, pois o despacho que designou a audiência para o dia 07/02/17 foi proferido em 30/11/2016, no entanto, a intimação eletrônica da defensoria só ocorreu 6 dias antes, qual seja, no dia 01/02/2017. Ocorre que o caput do art. 334 do NCPC dispõe que -se a petição inicial preencher os requisitos essenciais e não for o caso de improcedência liminar do pedido, o juiz designará audiência de conciliação ou de mediação com antecedência mínima de 30 (trinta) dias, devendo ser citado o réu com pelo menos 20 (vinte) dias de antecedência. -. Como visto, em relação à parte autora, o referido prazo não foi cumprido. 5. Sentença que se reforma em parte para excluir a condenação do autor ao pagamento da multa prevista no art. 334, §8º, do NCPC. 6. Apelação a que se dá provimento. (TJRJ; APL 0308618-91.2016.8.19.0001; Rio de Janeiro; Décima Nona Câmara Cível; Rel. Des. Juarez Fernandes Folhes; Julg. 25/07/2017; DORJ 31/07/2017; Pág. 305)

§ 10. A parte poderá constituir representante, por meio de procuração específica, com poderes para negociar e transigir.

→ *v.* Art. 661 do CC/2002.

Se a parte esteve representada por advogados com poderes específicos para transigir, afasta-se a multa do § 8º:

✓ APELAÇÃO CÍVEL. RELAÇÃO DE CONSUMO. AÇÃO DE RESCISÃO CONTRATUAL CUMULADO COM PEDIDO DE INDENIZAÇÃO. Empreendimento imobiliário. Resolução contratual que deve prosperar. Reconhecimento do direito de retenção do promitente vendedor. Irrevogabilidade e irretratabilidade do contrato que configuram abusividade e denotam vantagem exagerada do promitente vendedor. Percentual de retenção fixado em 10%, em conformidade com os critérios norteadores de razoabilidade e proporcionalidade. Súmula nº 543 do STJ. Recurso da parte ré pretendendo a integral reforma da sentença. Exclusão da multa do artigo 334, § 8º do CPC/2015. Réus representados na audiência de conciliação por advogado com poderes específicos para transigir nos termos do artigo 334, § 10º do CPC/2015. Condenação da parte apelante ao pagamento de honorários recursais, de acordo com o artigo 85, §§ 2º e 11 do CPC/2015. Recurso da parte ré ao qual se dá parcial provimento. (TJRJ; APL 0017467-02.2016.8.19.0042; Petrópolis; Vigésima Sétima Câmara Cível Consumidor; Relª Desig. Desª Fernanda Fernandes Coelho Arrabida Paes; DORJ 19/12/2017; Pág. 520); DIREITO PROCESSUAL CIVIL. APELAÇÃO CÍVEL. AÇÃO DE IMISSÃO DE POSSE. IMÓVEL ADQUIRIDO PERANTE A CAIXA ECONÔMICA FEDERAL, ENQUANTO OCUPADO POR ANTERIOR MUTUÁRIO. PRELIMINAR DE CARÊNCIA DE AÇÃO AFASTADA. IMÓVEL ADQUIRIDO PELO SISTEMA FINANCEIRO DE HABIT AÇÃO. ALEGAÇÃO DE QUE A AUSÊNCIA À AUDIÊNCIA DE CONCILIAÇÃO ENSEJA A MULTAE EXTINÇÃO DO FEITO. INVIABILIDADE. TESE DE MANEJO DE AÇÃO INADEQUADA, POR TRATAR-SE DE HIPÓTESE A ENSEJAR POSSESSÓRIA. INOCORRÊNCIA. APELO IMPROVIDO. 1. Deve ser afastada a preliminar de carência de ação, desde quando a discussão sobre qual o tipo de procedimento cabível, se possessória ou reivindicatória, é no presente caso afeta ao próprio mérito da Demanda. 2. De igual modo, constata-se pelos elementos informativos dos autos que o imóvel foi adquirido com recursos do Sistema Financeiro de Habitação. SFH, não sendo passível de aquisição por usucapião. 3. Quanto a tese de necessidade de extinção e aplicação de multa em razão do não comparecimento da parte Acionada à audiência de conciliação pré-processual (art. 334, § 8º, do NCPC), deve ser mantido o entendimento já exposto pelo Juízo a quo, de que o Réu se fez representar por advogado com poderes para transigir e negociar, não sendo necessária, no caso concreto, a aplicação de qualquer penalidade. 4. Quanto ao procedimento, tratando-se da hipótese de pessoa que nunca deteve a posse do bem adquirido, por encontrar-se ocupado por terceiro, a Ação correta é a de Imissão de Posse, estando o Julgado monocrático acertado neste aspecto. 5. Apelo ao qual nega-se provimento. (TJBA; AP 0511459-22.2016.8.05.0080; Salvador; Quinta Câmara Cível; Rel. Des. Raimundo Sérgio Sales Cafezeiro; Julg. 12/12/2017; DJBA 18/12/2017; Pág. 387). V. tb.: TJRJ; APL 0427960-96.2016.8.19.0001; Rio de Janeiro; Vigésima Quinta Câmara Cível Consumidor; Rel. Des. Sergio Seabra Varella; DORJ 07/12/2017; Pág. 585.

§ 11. A autocomposição obtida será reduzida a termo e homologada por sentença.

→ *v.* Art. 487, III, do NCPC.

→ *v.* Enunciado 576 do FPPC: Admite-se a solução parcial do conflito em audiência de conciliação ou mediação.

→ *v.* Enunciado 628 do FPPC: As partes podem celebrar negócios jurídicos processuais na audiência de conciliação ou mediação.

§ 12. A pauta das audiências de conciliação ou de mediação será organizada de modo a respeitar o intervalo mínimo de 20 (vinte) minutos entre o início de uma e o início da seguinte.

→ *v.* Enunciado 151 do FPPC: Na Justiça do Trabalho, as pautas devem ser preparadas com intervalo mínimo de uma hora entre as audiências designadas para instrução do feito. Para as audiências para simples tentativa de conciliação, deve ser respeitado o intervalo mínimo de vinte minutos.

→ *v.* Enunciado 295 do FPPC: As regras sobre intervalo mínimo entre as audiências do CPC só se aplicam aos processos em que o ato for designado após sua vigência.

→ *v.* Enunciado 583 do FPPC: O intervalo mínimo entre as audiências de mediação ou de conciliação não se confunde com o tempo de duração da sessão.

Capítulo VI
DA CONTESTAÇÃO

Art. 335. O réu poderá oferecer contestação, por petição, no prazo de 15 (quinze) dias, cujo termo inicial será a data:

→ *v.* Enunciado 510 do FPPC: Frustrada a tentativa de autocomposição na audiência referida no art. 21 da Lei 9.099/1995, configura prejuízo para a defesa a realização imediata da instrução quando a citação não tenha ocorrido com a antecedência mínima de quinze dias.

I – da audiência de conciliação ou de mediação, ou da última sessão de conciliação, quando qualquer parte não comparecer ou, comparecendo, não houver autocomposição;

Apontando que a justificativa para a ausência na audiência preliminar afasta a imposição de multa, mas não altera o termo inicial do prazo para contestar:

✓ APELAÇÃO CÍVEL. AÇÃO DE RESCISÃO DE CONTRATO. RÉU CITADO NA VIGÊNCIA DO NOVO CPC. PRAZO PARA CONTESTAÇÃO A CONTAR DA AUDIÊNCIA DE CONCILIAÇÃO. AR QUE TEM INÍCIO DA DATA DA AUDIÊNCIA. INTELIGÊNCIA DO ART. 335, I, DO CPC. REVELIA. RECURSO CONHECIDO E IMPROVIDO. 1. Compulsando os autos, observa-se que o réu, ora recorrente, foi citado para apresentar defesa e intimado acerca da audiência de conciliação designada para o dia 26 de outubro de 2016, com a advertência que o prazo de quinze dias para apresentar contrarrazões seria contado a partir da referida audiência ou do protocolo do pedido de seu cancelamento (fl. 28). 2. O art. 335, I, do CPC determina que: O réu poderá oferecer contestação, por petição, no prazo de 15 (quinze) dias, cujo termo inicial será a data: I – da audiência de conciliação ou de mediação, ou da última sessão de conciliação, quando qualquer parte não compareceu ou, comparecendo, não houver autocomposição;3. Assim, caberia ao apelante apresentar defesa, contrapondo-se ao pleito, dentro do prazo ofertado, capaz de elidir os argumentos trazidos na inicial, o que de fato não ocorreu. 4. Ademais, o atestado médico juntado pelo recorrente à fl. 34, somente se presta a afastar a aplicação da multa prevista no §8º do art. 334 do CPC. 5. Dessa maneira, resta caracterizada a preclusão consumativa, que consiste na perda da faculdade de praticar ato processual posterior pela falta de um outro anterior que o autorize. 6. A par disso, o juízo a quo analisou, de forma acurada os argumentos expostos na exordial, bem como as provas dos autos demonstram a inadimplência do recorrente junto ao bando que financiou a compra do veículo, bem como a negativação do nome da apelada em razão do referido atraso. 7. Recurso conhecido e improvido. (TJCE; APL 0000706-94.2016.8.06.0190; Segunda Câmara de Direito Privado; Rel. Des. Carlos Alberto Mendes Forte; Julg. 06/12/2017; DJCE 13/12/2017; Pág. 67)

Impossibilidade de alteração pelo juiz do termo inicial do prazo para a contestação, uma vez designada a audiência preliminar:

✓ APELAÇÃO CÍVEL. PROCESSUAL CIVIL. AÇÃO INDENIZATÓRIA COM PEDIDO DE TUTELA ANTECIPADA. Magistrado que designou audiência de conciliação, contudo fixou a data do cumprimento do mandado de citação como início do prazo para oferecimento de contestação. Impossibilidade. Decretação de revelia. Sentença julgando procedente em parte o pedido autoral. Error in procedendo, de acordo com o artigo 335, I, do NCPC. Anulação da sentença de conhecimento com o regular prosseguimento do feito. Recurso a que se dá parcial provimento. (TJRJ; APL 0178619-85.2016.8.19.0001; Rio de Janeiro; Vigésima Sétima Câmara Cível Consumidor; Relª Desª Tereza Cristina Sobral Bittencourt Sampaio; DORJ 12/12/2017; Pág. 443). V. tb.: PROCESSUAL CIVIL. AÇÃO DE COBRANÇA. AUDIÊNCIA DE CONCILIAÇÃO. AUSÊNCIA DE CITAÇÃO DE REQUERIDO. PEDIDO DE NOVA AUDIÊNCIA. DEFERIMENTO. ACORDO EXTRAJUDICIAL. AUSÊNCIA DE REQUISITOS. IMPOSSIBILIDADE DE HOMOLOGAÇÃO. PROSSEGUIMENTO DO FEITO. CONTAGEM DO PRAZO PARA APRESENTAÇÃO DE CONTESTAÇÃO A PARTIR DA JUNTADA DO MANDADO. INOBSERVÂNCIA DO RITO PROCESSUAL. REVELIA. INOCORRÊNCIA. É cediço que as partes podem transacionar a qualquer tempo e grau de jurisdição, de modo que a ausência de designação de audiência de conciliação, não constitui óbice para que as partes possam, eventualmente, por fim ao litígio mediante concessões mútuas. No entanto, em caso de deferimento do pedido de nova realização de audiência de conciliação, não podem as partes ser surpreendidas com rito processual diverso do esperado, com a contagem do prazo para apresentação da peça defensiva a partir da juntada aos autos do mandado de citação, nos termos do art. 231, I e §1º do CPC/2015, devendo prevalecer a regra prevista no art. 335, I do CPC/2015, que determina o prazo de 15 (quinze) dias a partir da audiência de conciliação. (TJDF; APC 2016.01.1.054366-8; Ac. 100.3903; Segunda Turma Cível; Relª Desª Carmelita Brasil; Julg. 15/03/2017; DJDFTE 21/03/2017)

A celebração de autocomposição parcial na audiência preliminar não modifica o prazo para a contestação:

✓ APELAÇÃO CÍVEL. DIVÓRCIO LITIGIOSO. PARTILHA DE BENS. PATRIMÔNIO COMUM DO CASAL. AUDIÊNCIA DE CONCILIAÇÃO. AUTOCOMPOSIÇÃO PARCIAL. NÃO APRESENTAÇÃO DE CONTESTAÇÃO. REVELIA. CERCEAMENTO DE DEFESA. INOCORRÊNCIA. 1. Apelação contra sentença que, considerando a revelia da apelante, julgou procedente em parte de partilha dos bens, direitos e obrigações pertencentes ao ex casal. 2. Realizada audiência de conciliação com autocomposição parcial, porquanto apenas em relação ao divórcio, prosseguindo o feito quanto à partilha de bens, tem-se tal data como termo inicial do prazo quinzenal para oferecimento de contestação (inciso I do art. 335 do CPC/15), sem a qual se configura a revelia (art. 344 do CPC/15). 3. Recurso conhecido e desprovido. (TJDF; APC 2015.07.1.031061-4; Ac. 990.024; Segunda Turma Cível; Rel. Des. César Laboissiere Loyola; Julg. 25/01/2017; DJDFTE 31/01/2017)

II – do protocolo do pedido de cancelamento da audiência de conciliação ou de mediação apresentado pelo réu, quando ocorrer a hipótese do art. 334, § 4º, inciso I;

III – prevista no art. 231, de acordo com o modo como foi feita a citação, nos demais casos.

Apontando que o termo inicial do prazo para purga da mora não se confunde com o termo inicial do prazo para contestar, que se dá com a juntada do mandado de citação aos autos:

✓ ALIENAÇÃO FIDUCIÁRIA. BUSCA E APREENSÃO. LIMINAR DEFERIDA. Termo inicial para pagamento da dívida nos termos do artigo 3º, §2º, do Decreto-Lei nº 911/69. Data de execução da liminar. Prazo para contestação que, no entanto, tem início apenas com a juntada do mandado de citação aos autos. Artigo 3º, §3º, do Decreto-Lei nº 911/1969 que deve ser interpretado em conjunto com os artigos 335 e 231, II, do Código de Processo Civil. Precedentes do STJ. Decisão mantida. Recurso improvido. (TJSP; AI 2191021-41.2017.8.26.0000; Ac. 10907192; São Paulo; Trigésima Segunda Câmara de Direito Privado; Rel. Des. Ruy Coppola; Julg. 24/10/2017; DJESP 06/11/2017; Pág. 3117)

Apontando que a falta de expressa indicação no mandado de citação do inicio do prazo para contestar acarreta a sua restituição:

✓ AGRAVO DE INSTRUMENTO. DECISÃO QUE INDEFERE O PEDIDO DE QUE O PRAZO PARA CONTESTAR SE INICIE COM A DESIGNAÇÃO DE AUDIÊNCIA CONCILIATÓRIA. IRRESIGNAÇÃO. Acolhimento. Audiência de conciliação não designada. Multiplicidade de critérios legais de contagem. Prazo de resposta regido pelo disposto no art. 231 do CPC, cujo início se verifica com a juntada do mandado citatório aos autos (art. 335 do CPC). Determinação, contudo, que se afigura genérica. Falta de expressa advertência no conteúdo da ordem citatória quanto ao início de fluência do prazo de defesa. Decisão que causa surpresa à parte. Potencial lesão aos princípios da ampla defesa e do contraditório que deve ser evitada. Restituição do prazo para a apresentação da contestação que espelha providência que melhor acomoda a prestação jurisdicional. Decisão reformada. Agravo provido. (TJSP; AI 2123901-78.2017.8.26.0000; Ac. 10877351; Salto; Sétima Câmara de Direito Privado; Rel. Des. Rômolo Russo; Julg. 11/10/2017; DJESP 18/10/2017; Pág. 2008)

§ 1º No caso de litisconsórcio passivo, ocorrendo a hipótese do art. 334, § 6º, o termo inicial previsto no inciso II será, para cada um dos réus, a data de apresentação de seu respectivo pedido de cancelamento da audiência.

§ 2º Quando ocorrer a hipótese do art. 334, § 4º, inciso II, havendo litisconsórcio passivo e o autor desistir da ação em relação a réu ainda não citado, o prazo para resposta correrá da data de intimação da decisão que homologar a desistência.

Art. 336. Incumbe ao réu alegar, na contestação, toda a matéria de defesa, expondo as razões de fato e de direito com que impugna o pedido do autor e especificando as provas que pretende produzir.

→ *v.* Arts. 155, IV, 434, 435, 544 e 556 do NCPC.

→ *v.* Enunciado 248 do FPPC: Quando a desconsideração da personalidade jurídica for requerida na petição inicial, constitui ônus do sócio ou da pessoa jurídica, na contestação, impugnar não somente a própria desconsideração, mas também os demais pontos da causa.

→ *v.* Enunciado 1 do CEAPRO: A aceitação pelo autor da indicação do sujeito passivo pelo réu com a alteração da petição inicial, não está submetida ao prévio controle judicial.

→ *v.* Enunciado 2 do CEAPRO: A alegação da ilegitimidade com a indicação do correto sujeito passivo da relação jurídica deve ser feita pelo réu em contestação.

→ *v.* Enunciado 3 do CEAPRO: A aceitação do autor, após a alegação da ilegitimidade com a indicação do correto sujeito passivo da relação jurídica, deve ser feita no prazo de 15 dias após a intimação para se manifestar sobre a contestação ou sobre essa alegação do réu.

Impossibilidade de trazer novos argumentos em sede de razões recursais, ante o fenômeno da preclusão:

✓ APELAÇÃO CÍVEL. BUSCA E APREENSÃO. Razões recursais não arguidas em sede de contestação, mas, tão somente, em petição intermediária. Vedação de análise. Inteligência do artigo 342 do código de processo civil. Preclusão consumativa configurada. Recurso não conhecido. Adição de honorários recursais. (TJSC; AC 0300872-34.2015.8.24.0078; Meleiro; Quinta Câmara de Direito Comercial; Rel. Des. Cláudio Barreto Dutra; DJSC 06/12/2017; Pag. 173); DIREITO PROCESSUAL CIVIL.

APELAÇÃO. RAZÕES DISSOCIADAS. REVELIA. JUNTADA DE DOCUMENTOS. INOVAÇÃO RECURSAL. NÃO CONHECIMENTO DO RECURSO. I. Não se conhece de apelação cujas razões estejam dissociadas dos fundamentos da sentença, por ausência da regularidade formal prevista nos incisos II e III do art. 1.010 do CPC. II. O réu revel somente pode deduzir as matérias de defesa elencadas no art. 342 do CPC, quais sejam, relativas a direito ou fato superveniente, conhecíveis de ofício pelo juiz e aquelas que, por expressa autorização legal, possam ser formuladas em qualquer tempo e grau de jurisdição, não podendo alegar em apelação questões de fato que deveriam ter sido arguidas na contestação, pois a seu respeito operou-se a preclusão e a sua análise implicaria supressão de instância. Também não pode juntar documentos antigos sem justificar o impedimento para sua apresentação no momento oportuno. III. Não se conheceu do recurso. (TJDF; APC 2015.07.1.029538-8; Ac. 103.8916; Sexta Turma Cível; Rel. Des. José Divino; Julg. 09/08/2017; DJDFTE 23/08/2017); APELAÇÃO E RECURSO ADESIVO. DIREITO PRIVADO NÃO ESPECIFICADO. AÇÃO DE COBRANÇA. INOVAÇÃO RECURSAL. NÃO CONHECIMENTO. 1. A modificação da tese defensiva, após a apresentação da contestação, acarreta o não conhecimento do apelo, por absoluta inovação recursal. Exegese do art. 303 do CPC/73, correspondente ao art. 342 do novo CPC. 2. Considerando que o recurso de apelação não foi conhecido, não deve ser conhecido do recurso adesivo, na medida em que este segue o principal. Apelação e recurso adesivo não conhecidos. Unânime. (TJRS; AC 0110351-74.2016.8.21.7000; Porto Alegre; Décima Sétima Câmara Cível; Relª Desª Liege Puricelli Pires; Julg. 30/06/2016; DJERS 07/07/2016)

Considerando que não cabe rediscutir cláusulas contratuais em sede de ação de busca e apreensão:

✓ APELAÇÃO CÍVEL. ALIENAÇÃO FIDUCIÁRIA. AÇÃO DE BUSCA E APREENSÃO. 1. A prova da mora é imprescindível à busca e apreensão (Súmula nº 72, STJ), e deve dar-se via notificação cartorária, na forma do artigo 2º, § 2º, do DL 911/69. Presume-se a validade e efetividade da notificação quando remetida ao endereço do devedor. 2. Em sede de ação de busca e apreensão resta incabível a análise das cláusulas contratuais como matéria de defesa em contestação. Afronta aos arts. 336 e 337, ambos do CPC. 3. Na ação de busca e apreensão é possível apreciar cláusulas contratuais pelo pedido expresso da parte tão somente para constatar a presença, ou não, de abusividades contratuais. Ausente a abusividade contratual, a mora não é afastada. 4. Mantida a sentença de improcedência ante o adimplemento substancial do contrato. 5. Improcedente a ação de busca e apreensão e sendo impossível a restituição do veículo, é cabível a condenação do banco ao pagamento de multa, em favor do devedor fiduciante, equivalente a cinquenta por cento do valor originalmente financiado, devidamente atualizado, nos termos do parágrafo 6º, do artigo 3º, do Decreto-Lei nº 911/69 e conversão em perdas e danos. Preliminar contrarrecursal rejeitada e apelos parcialmente providos. (TJRS; AC 0170329-79.2016.8.21.7000; Caxias do Sul; Décima Quarta Câmara Cível; Rel. Des. Roberto Sbravati; Julg. 25/08/2016; DJERS 10/11/2016)

Aproveitamento da impugnação apresentada, que deve ser recebida e processada como contestação:

✓ AGRAVO DE INSTRUMENTO. NEGÓCIOS JURÍDICOS BANCÁRIOS. CÉDULA DE CRÉDITO RURAL. EXPURGOS. LIQUIDAÇÃO DE SENTENÇA. OFERECIMENTO DE IMPUGNAÇÃO. ERRO MATERIAL. PRINCÍPIO DA INSTRUMENTALIDADE DAS FORMAS. APLICABILIDADE. O novo código de processo civil estabelece um sistema de nulidades fundamentado no princípio do aproveitamento, do qual decorre a regra da sanabilidade das nulidades processuais, ex vi legis dos arts. 277 e 283 do NCPC. Desta forma, a peça apresentada pela parte demandada, embora nominada impropriamente "impugnação", deve ser recebida e processada como "contestação". Não deve, pois, o judiciário esquivar-se de sua análise pelo simples equívoco de nomenclatura, quando nenhum prejuízo redundou à parte adversa. Agravo de instrumento provido. Unânime. (TJRS; AI 0329418-41.2016.8.21.7000; Bagé; Vigésima Terceira Câmara Cível; Rel. Des. Martin Schulze; Julg. 29/11/2016; DJERS 06/12/2016)

Art. 337. Incumbe ao réu, antes de discutir o mérito, alegar:

I – inexistência ou nulidade da citação;

→ *v.* Art. 238 e seguintes do NCPC.

II – incompetência absoluta e relativa;

→ *v.* Art. 64 e seguintes do NCPC.

III – incorreção do valor da causa;

→ *v.* Art. 291 e seguintes do NCPC.

IV – inépcia da petição inicial;

→ *v.* Art. 330, I, do NCPC.

V – perempção;

→ *v.* Art. 486, § 3º, do NCPC.

VI – litispendência;

VII – coisa julgada;

VIII – conexão;

→ *v.* Art. 55 do NCPC.

IX – incapacidade da parte, defeito de representação ou falta de autorização;

→ v. Art. 76 do NCPC.

X – convenção de arbitragem;

→ v. Art. 3º da Lei 9.307/1996.

→ v. Enunciado 5 da I Jornada de Prevenção e Solução Extrajudicial de Litígios: A arguição de convenção de arbitragem pode ser promovida por petição simples, a qualquer momento antes do término do prazo da contestação, sem caracterizar preclusão das matérias de defesa, permitido ao magistrado suspender o processo até a resolução da questão.

→ v. Enunciado 580 do FPPC: É admissível o negócio processual estabelecendo que a alegação de existência de convenção de arbitragem será feita por simples petição, com a interrupção ou suspensão do prazo para contestação.

→ v. Enunciado 668 do FPPC: A convenção de arbitragem e a cláusula de eleição de foro para os atos que necessitem da participação do Poder Judiciário não se excluem, ainda que inseridas em um mesmo instrumento contratual.

XI – ausência de legitimidade ou de interesse processual;

XII – falta de caução ou de outra prestação que a lei exige como preliminar;

→ v. Art. 83 do NCPC.

XIII – indevida concessão do benefício de gratuidade de justiça.

→ v. Art. 1º e seguintes da Lei 1.060/1950.

→ v. Arts. 99 a 102, e 1.072, III, do NCPC.

§ 1º Verifica-se a litispendência ou a coisa julgada quando se reproduz ação anteriormente ajuizada.

§ 2º Uma ação é idêntica a outra quando possui as mesmas partes, a mesma causa de pedir e o mesmo pedido.

§ 3º Há litispendência quando se repete ação que está em curso.

Considerando haver litispendência entre mandado de segurança e ação pelas vias ordinárias, ainda que o primeiro tenha sido impetrado contra determinada autoridade coatora e a última tenha sido proposta em face da pessoa jurídica de direito público:

✓ PROCESSUAL CIVIL. MANDADO DE SEGURANÇA. ADMINISTRAÇÃO PÚBLICA. SANÇÃO DE IMPEDIMENTO DE LICITAR E CONTRATAR. LITISPENDÊNCIA. RECONHECIMENTO. 1. Ocorre litispendência quando existem dois processos em curso com identidade de partes, pedido e causa de pedir (CPC/1973, art. 301, III, §§ 1º a 3º, e CPC/2015, art. 337, VI, §§ 1º a 3º) e se reconhece tal fenômeno "ainda que o polo passivo seja constituído de pessoas distintas; em um pedido mandamental, a autoridade administrativa, e, no outro, a própria entidade de Direito Público" (AgRg no MS 18.759/DF, Rel. Ministro NAPOLEÃO NUNES MAIA FILHO, PRIMEIRA SEÇÃO, julgado em 27/04/2016, DJe 10/05/2016). 2. Caso em que se constata a tríade de identidade a configurar a litispendência, porquanto impetrado **mandamus** com o mesmo desiderato de ação declaratória ajuizada: a suspensão dos efeitos de portaria que impôs à impetrante a pena de impedimento de licitar e contratar com a União pelo prazo de 3 (três) anos. 3. Verificado que a providência requerida na ação mandamental e aquela pleiteada em anterior ação ordinária convergem, ao final, para o mesmo resultado prático pretendido e sob a mesma causa petendi, há pressuposto processual negativo apto a obstar o regular processamento deste segundo feito. 4. Mandamus extinto, sem resolução do mérito. Liminar cassada. Agravo regimental prejudicado. (STJ, MS 21.734/DF, Rel. Ministro GURGEL DE FARIA, PRIMEIRA SEÇÃO, julgado em 23/11/2016, DJe 09/12/2016)

Entendendo que a litispendência nas ações coletivas deve ser examinada tendo por perspectiva os beneficiários dos efeitos da sentença:

✓ PROCESSUAL CIVIL. RECURSO ORDINÁRIO. AÇÃO COLETIVA DE INDENIZAÇÃO. VIOLAÇÃO DE DIREITOS HUMANOS. ATOS ILÍCITOS DE RESPONSABILIDADE INTERNACIONAL. LITISPENDÊNCIA EM DEMANDA COLETIVA. INEXISTÊNCIA. DÚVIDA SOBRE COINCIDÊNCIA DE BENEFICIÁRIOS. PRIMEIRA DEMANDA EXTINTA SEM APRECIAÇÃO DO MÉRITO. 1. Na origem, a ação ordinária foi ajuizada pela Associação dos Soldados da Borracha, Seringueiros e Familiares do Estado de Rondônia – ASBORON contra a União Federal e os Estados Unidos da América do Norte, visando pagamento de indenização, a titulo de danos morais e materiais, em virtude de suposta violação aos direitos humanos, decorrente da exploração de mão de obra, nos moldes de trabalho escravo, nos seringais da Amazônia Brasileira, durante o ano de 1944. 2. Contra a sentença que indeferiu a inicial, julgando extinto o processo, sem resolução do mérito, nos termos do art. 295, III, e art. 267, § 3º, I e V, do CPC, (existência de litispendência com ação proposta pelo sindicato da mesma categoria) a referida Associação apelou, ocasião em que o Tribunal Regional Federal da 1ª Região, reconheceu sua incompetência para julgá-lo, determinando a remessa dos autos a esta Corte Superior, por tratar de ação proposta contra Estado estrangeiro por pessoa estabelecida em território nacional. 3. A litispendência constitui pressuposto processual negativo, o qual obsta a repropositura de demanda anteriormente ajuizada, ainda pendente de análise, com o objetivo de assegurar a segurança das relações jurídicas, evitando julgamentos contraditórios. 4. O mesmo raciocínio é aplicado no caso das ações coletivas, sendo que, em relação à identidade das partes, a litispendência deve ser aferida através dos beneficiários dos efeitos da sentença, e não pelo exame dos autores da demanda, os quais podem ser diferentes. 5. No caso dos autos, a causa de pedir e o pedido são idênticos, porém não há elementos para se afirmar peremptoriamente a exata coincidência entre os substituídos pelo Sindicato (todos os integrantes da categoria) e os associados substituídos nestes autos pela Associação autora. 6. Não obstante, o processo ajuizado anteriormente foi extinto sem julgamento do mérito em razão da ilegitimidade ativa do Sindicato dos Soldados da Borracha e Seringueiros do Estado de Rondônia – SINDISBOR, uma vez não comprovado o seu registro no Ministério do Trabalho e Emprego. Embora ainda não tenha havido o trânsito em julgado, o recurso especial pendente de juízo de admissibilidade não tem efeito suspensivo. 7. Recurso ordinário provido, para, reformando a sentença, determinar o retorno dos autos ao Juiz de 1º grau, o qual deverá prosseguir no julgamento da causa. (STJ; RO 164; RO; Primeira Turma; Rel. Min. Benedito Gonçalves; Julg. 13/09/2016; DJe 23/09/2016)

§ 4º Há coisa julgada quando se repete ação que já foi decidida por decisão transitada em julgado.

§ 5º Excetuadas a convenção de arbitragem e a incompetência relativa, o juiz conhecerá de ofício das matérias enumeradas neste artigo.

Apontando que as condições da ação consistem em matéria de ordem pública:

✓ APELAÇÃO CÍVEL. AÇÃO CAUTELAR. EXIBIÇÃO DE DOCUMENTOS. AUSÊNCIA DE INTERESSE DE AGIR. EXTINÇÃO DE OFÍCIO DA AÇÃO. Para a obtenção de um documento real, próprio ou comum às partes litigantes, depende-se de uma manifestação ativa do interessado legitimado em solicitar tal documento administrativamente, e, a necessidade do ajuizamento de uma demanda judicial, só nasce depois da negativa, expressa ou tácita, pelo decurso de um lapso de tempo razoável entre o pedido administrativo regularmente formulado e a não obtenção do documento. – A ausência de qualquer desses requisitos enseja o reconhecimento da carência de ação, podendo ser decretada de ofício, em qualquer tempo ou grau de jurisdição, uma vez que se refere às condições da ação, questão ordem pública. Extinção da ação de ofício. Apelo prejudicado. (TJRS; AC 0320224-80.2017.8.21.7000; Canoas; Décima Sétima Câmara Cível; Rel. Des. Gelson Rolim Stocker; Julg. 14/12/2017; DJERS 23/01/2018); APELAÇÃO CÍVEL. DIREITO PROCESSUAL CIVIL. CONDIÇÕES DA AÇÃO. PRECLUSÃO TEMPORAL. INEXISTÊNCIA. LEGITIMIDADE PASSIVA. TEORIA DA ASSERÇÃO. AÇÃO DECLARATÓRIA DE INEXISTÊNCIA DE DÉBITO C/C REPARAÇÃO DE DANOS MORAIS. MANUTENÇÃO INDEVIDA DE GRAVAME DE ALIENAÇÃO FIDUCIÁRIA JUNTO AOS REGISTROS DO DETRAN. DANOS NÃO CONFIGURADOS. MULTA POR DESCUMPRIMENTO DA OBRIGAÇÃO DE FAZER. VALOR RAZOÁVEL E PROPORCIONAL. INTIMAÇÃO PESSOAL REALIZADA. MORA NO CUMPRIMENTO DA OBRIGAÇÃO. MULTA DEVIDA. I. Não há preclusão temporal para matéria de ordem pública, como é o caso da legitimidade processual, conforme se infere do art. 337, inc. XI e § 5º, do Código de Processo Civil de 2015. II. Segundo a teoria da asserção, o juiz verifica as condições da ação apenas com base nas afirmações realizadas pelo autor em sua petição inicial, presumindo-as verdadeiras. As provas produzidas no processo não são analisadas para apuração das condições da ação, mas para a resolução do mérito. III. A Resolução do CONTRAN nº. 320/2009, ao disciplinar os procedimentos para inclusão e liberação de gravame nos veículos automotores, dispõe que, após o cumprimento das obrigações por parte do devedor, a instituição credora providenciará, automática e eletronicamente, a informação da baixa do gravame junto ao órgão de trânsito, no prazo máximo de 10 (dez) dias. lV. A Lei Processual permite expressamente a modificação para aumentar ou reduzir o valor das astreintes, mas somente daquelas vincendas. Inteligência dos arts. 536, § 1º, e 537, § 1º, I e II, ambos do novo Código de Processo Civil. V. Mostrando-se equânime a quantia fixada a título de multa, como também seu limite, deve ser mantido o valor, tornando-se devida após o vencimento do prazo estipulado para o cumprimento da obrigação de fazer. VI. Meros dissabores, aborrecimentos e contrariedades decorrentes de manutenção indevida de gravame de alienação fiduciária no registro do veículo perante o Detran não geram danos morais. (TJMG; APCV 1.0012.12.000224-6/001; Rel. Des. Vicente de Oliveira Silva; Julg. 07/02/2017; DJEMG 17/02/2017)

Considerando que mesmo matérias de ordem pública não podem ser reapreciadas se já rejeitadas por decisão transitada em julgado:

✓ PROCESSUAL CIVIL. AÇÃO DE COBRANÇA DE SEGURO OBRIGATÓRIO. DPVAT. EXTINÇÃO DO PROCESSO ANTE A FALTA DE RECOLHIMENTO DAS CUSTAS JUDICIAIS. PRECLUSÃO. RECURSO NÃO CONHECIDO. As matérias de ordem pública (e.g., prescrição, decadência, condições da ação, pressupostos processuais, consectários legais, incompetência absoluta, impenhorabilidade, etc.) não se sujeitam à preclusão, podendo ser apreciadas a qualquer momento nas instâncias ordinárias' (AgRgAREsp n. 223.196, Min. Humberto Martins), salvo se rejeitadas anteriormente em decisão interlocutória transitada em julgado (AgRgAI n. 1.395.964, Min. Benedito Gonçalves; RESP n. 1.267.614, Min. Mauro Campbell Marques; AgRgREsp n. 1.098.487, Min. Sidnei Beneti)" (AC n. 2012.024676-8, Des. Newton Trisotto). Impõe-se o não conhecimento da apelação se a matéria nela suscitada já se encontra atingida pela preclusão. (TJSC; AC 0302200-91.2016.8.24.0036; Jaraguá do Sul; Segunda Câmara de Direito Civil; Rel. Des. Newton Trisotto; DJSC 19/01/2018; Pag. 61)

Ressaltando que, em sede recursal, matérias de ordem pública somente podem ser conhecidas se preenchidos os requisitos de admissibilidade recursais:

✓ ILEGITIMIDADE DOS SÓCIOS DE EMPRESA EM LIQUIDAÇÃO EXTRAJUDICIAL. MATÉRIA DE ORDEM PÚBLICA. APELAÇÃO INTEMPESTIVA. CONHECIMENTO DE OFÍCIO DA MATÉRIA. IMPOSSIBILIDADE. I. O Recurso Especial tem como único fundamento a alegada impossibilidade de conhecimento de ofício da afirmada ilegitimidade dos sócios, tendo em vista a intempestividade da apelação que serviu de instrumento para a apreciação da questão. II. Ainda que as matérias de ordem púbica, notadamente as condições da ação e os pressupostos processuais, possam ser conhecidas de ofício no segundo grau de jurisdição em decorrência do aspecto da profundidade do efeito devolutivo, esse conhecimento está vinculado à presença dos pressupostos de admissibilidade do recurso. III. Ausente o pressuposto extrínseco da tempestividade do recurso de apelação, a matéria de ordem pública nele alegada pela parte apelante não poderia ser conhecida, porque não se ultrapassou sequer a fase de admissibilidade do recurso de apelação. IV. Recurso especial provido. (STJ; REsp 1.633.948; Proc. 2016/0279553-9; RS; Segunda Turma; Rel. Min. Francisco Falcão; DJE 12/12/2017)

Entendendo que mesmo matérias de ordem pública se sujeitam ao requisito do prequestionamento para serem conhecidas pelos tribunais superiores:

✓ PROCESSUAL CIVIL. AGRAVO INTERNO NO RECURSO ESPECIAL. CONDIÇÕES DA AÇÃO. MATÉRIA DE ORDEM PÚBLICA EXAME PELAS INSTÂNCIAS ORDINÁRIAS. OBRIGATORIEDADE. 1. A corte de origem, embora instada a se manifestar, alegou que o tema da ilegitimidade ativa do agravante seria inovação recursal. Dessa forma, uma vez preenchidos os pressupostos de admissibilidade do apelo extremo e estando o aresto combatido em confronto com a jurisprudência deste tribunal superior, é de rigor o provimento do Recurso Especial para que a corte a quo verse sobre o tema aventado por se tratar de questão relativa às condições da ação, sendo, portanto, matéria de ordem pública. 2. Inviável o exame por esta casa de justiça de tema que, mesmo de ordem pública, não tenha sido objeto de manifestação pelo tribunal de origem. Incidência da Súmula nº 282/STF. 3. Agravo interno a que se nega provimento. (STJ; AgInt-REsp 1.579.946; Proc. 2016/0020754-9; SP; Segunda Turma; Rel. Min. Og Fernandes; DJE 11/10/2017)

Entendendo que a alegação de falta de interesse em agir se submete à preclusão:

✓ AÇÃO DE CANCELAMENTO DOS REGISTROS E AVERBAÇÕES DE ÔNUS REAIS. PENHORAS E HIPOTECAS JUNTO AO REGISTRO DE IMÓVEIS DE AMAMBAI/MS. IMÓVEL ARREMATADO. ART. 849, INCISO VII, DO CÓDIGO CIVIL DE 1916. SENTENÇA MANTIDA. I. Cuida-se de sentença que julgou procedente o pedido de Luiz Carlos da Silva Vieira e Cilda Vieira em face de HSBC Bamerindus, Caixa Econômica Federal, Domar Pereira dos Santos e Fernando Jorge Albuquerque Pissini, determinando o cancelamento dos registros e averbações de ônus reais. penhoras e hipotecas. junto ao Registro de Imóveis de Amambai/MS, referente às matrículas especificadas na decisão de fls. 213/v dos presentes autos. II. Preambularmente, deixo de conhecer a preliminar suscitada pela Apelante quanto à falta de interesse de agir dos autores, pela preclusão, por não ter sido alegada no momento processual adequado, à luz do art. 342 do CPC/2015. III. No mérito, é de se constatar que o feito se processou com absoluta observância do contraditório e ampla defesa, ainda que os corréus Domar Pereira e Fernando Jorge tenham sido declarado revéis por falta de contestação. IV. No caso em comento, houve arrematação dos bens imóveis de matrículas nº 8.182 e 8.448 pelos autores, por força de dívida trabalhista, e não há, nesta circunstância, que se considerar a prioridade de outras inscrições reais hipotecárias pendentes sobre tais bens, tendo ocorrido uma adjudicação aos apelados pela Justiça do Trabalho, operando-se, em verdade, aquisição de natureza originária, tal como se dá na usucapião. V. Aplicando-se a regra do tempus regit actum, e aplicando-se a regra do art. 849, inciso VII, do Código Civil então vigente, é certo concluirmos que o ato de arrematação extinguirá quaisquer inscrições reais porventura existentes até então. VI. O próprio Código atual também é claro neste sentido, fazendo-se extinguir a hipoteca na arrematação, desde que os credores tenham sido notificados (art. 1501). VII. Desta maneira, há de prevalecer o correto entendimento exposto pela sentença recorrida, a fim de que seja mantido o cancelamento dos registros e averbações junto ao Registro de Imóveis de Amambai-MS, em relação às matrículas mencionadas nas fls. 213/v da decisão recorrida. VIII. Recurso de Apelação da Caixa Econômica Federal desprovido. (TRF 3ª R.; AC 0000294-69.2000.4.03.6002; Segunda Turma; Rel. Des. Fed. Luís Paulo Cotrim Guimarães; Julg. 06/06/2017; DEJF 14/06/2017)

§ 6º A ausência de alegação da existência de convenção de arbitragem, na forma prevista neste Capítulo, implica aceitação da jurisdição estatal e renúncia ao juízo arbitral.

Art. 338. Alegando o réu, na contestação, ser parte ilegítima ou não ser o responsável pelo prejuízo invocado, o juiz facultará ao autor, em 15 (quinze) dias, a alteração da petição inicial para substituição do réu.

→ *v.* Enunciado 152 do FPPC: O autor terá prazo único para requerer a substituição ou inclusão de réu (arts. 338, *caput*, 339, §§ 1º e 2º), bem como para a manifestação sobre a resposta (arts. 350 e 351).

→ *v.* Enunciado 296 do FPPC: Verificando liminarmente a ilegitimidade passiva, o juiz facultará ao autor a alteração da petição inicial, para substituição do réu sem ônus sucumbenciais.

→ v. Enunciado 510 do FPPC: Frustrada a tentativa de autocomposição na audiência referida no art. 21 da Lei 9.099/1995, configura prejuízo para a defesa a realização imediata da instrução quando a citação não tenha ocorrido com a antecedência mínima de quinze dias.

→ v. Enunciado 511 do FPPC: A técnica processual prevista nos arts. 338 e 339 pode ser usada, no que couber, para possibilitar a correção da autoridade coatora, bem como da pessoa jurídica, no processo de mandado de segurança.

Eventual descuido do autor na indicação do réu não afasta a faculdade prevista no art. 338 do CPC, caso alegada a ilegitimidade passiva pelo réu:

✓ APELAÇÕES CÍVEIS. AÇÃO DE INDENIZAÇÃO. ILEGITIMIDADE PASSIVA ARGUIDA EM CONTESTAÇÃO. ANUÊNCIA DO AUTOR, COM PEDIDO DE TROCA NO POLO PASSIVO. ADMISSIBILIDADE. ARTIGO 338 DO CPC/2015. EXTINÇÃO DO FEITO SEM RESOLUÇÃO DE MÉRITO. DESCABIMENTO. SENTENÇA CASSADA. Ainda que se possa imputar descuido ao autor no ajuizamento da ação contra pessoa sem legitimidade passiva, se o réu argui sua ilegitimidade em contestação e o autor, no prazo de 15 (quinze) dias, pleiteia a alteração no polo passivo, indicando o novo sujeito a ser citado, cumpre deferir a troca, nos termos do artigo 338 do CPC/2015, evitando, assim, a extinção do processo sem resolução de mérito. V.V. APELAÇÃO CÍVEL. OBRIGAÇÃO DE FAZER. TRANSFERÊNCIA DE VEÍCULO. ILEGITIMIDADE PASSIVA RECONHECIDA. SUBSTITUIÇÃO DO POLO PASSIVO. ART. 338 DO CPC/15. INAPLICABILIDADE. LITIGÂNCIA DE MÁ-FÉ. NÃO CONFIGURAÇÃO. No que se refere ao pedido de substituição do polo passivo, nos termos do art. 338 do CPC/15, impõe-se a manutenção da extinção do feito, sem resolução do mérito, devendo o autor, antes de acionar o judiciário, cumprir as diligências que somente a ele incumbe. "A tipificação como ato de litigância de má-fé exige que a conduta seja dolosa, manifestada de forma intencional e temerária em clara e indiscutível violação dos princípios da boa-fé e da lealdade processual". Não cabe a condenação solidária dos procuradores do autor, embora possam ser responsabilizados após apuração em ação própria, haja vista o disposto no art. 32, parágrafo único da Lei nº 8.906/94. Precedentes do STJ. (TJMG; APCV 1.0476.12.000009-8/001; Rel. Des. Sérgio André da Fonseca Xavier; Julg. 12/12/2017; DJEMG 18/12/2017)

Se o autor, em réplica, ataca a preliminar de ilegitimidade, pressupõe-se que não quis fazer uso da faculdade do art. 338:

✓ APELAÇÃO CÍVEL. AÇÃO REGRESSIVA. CONSTRUTORA E PROMISSÁRIO COMPRADOR. TAXAS CONDOMINIAIS. ERROR IN PROCEDENDO. PRELIMINAR REJEITADA. ARTIGOS 338 E 339 CPC. PRAZO DE 15 DIAS. CONCESSÃO. PRAZO ESPECÍFICO. DESNECESSÁRIO. MANIFESTA INTENÇÃO EM NÃO ALTERAR O POLO PASSIVO. PRECLUSÃO. ILEGITIMIDADE AD CAUSAM. TEORIA DA ASSERÇÃO. CONTRATO DE PROMESSA DE COMPRA E VENDA DE IMÓVEL. CESSÃO DE DIREITOS POSTERIOR. NÃO VINCULAÇÃO DE EFEITOS. DENUNCIAÇÃO À LIDE. AUSENTE APRECIAÇÃO PELO JUÍZO DE ORIGEM. SENTENÇA TORNADA SEM EFEITO. 1. Inexiste error in procedendo por violação aos artigos 338 e 339 do CPC, quando conferido prazo de 15 dias para o autor manifestar-se sobre a contestação na qual o réu alega ilegitimidade passiva, ocasião em que poderia exercer as faculdades de substituição ou inclusão de réus, não necessitando de prazo específico para tal finalidade. 2. Manifestando-se o autor, em réplica, quanto ao descabimento da ilegitimidade passiva, extrai-se sua manifesta intenção em não alterar o polo passivo, acarretando preclusão consumativa quanto às faculdades conferidas pelos artigos 338 e 339 do CPC. 3. À luz da teoria da asserção, a legitimidade ad causam deve ser aferida, abstratamente, com base nas afirmações contidas na inicial. 4. Residindo a pretensão autoral no direito de regresso atinente ao ressarcimento de taxas condominiais inadimplidas após a entrega das chaves do imóvel, assim como no registro junto ao Cartório de Imóveis e à Secretaria de Fazenda do Distrito Federal, vislumbra-se a legitimidade passiva da pessoa que firmou o contrato original de promessa de compra e venda de unidade imobiliária. 5. As obrigações constantes de contrato posterior de cessão de direitos vinculam apenas o réu-cedente e os cessionários -adquirentes, não incidindo efeitos quanto à construtora em relação ao anterior contrato originário de promessa de compra e venda, ainda mais quando não comprovada, de plano, a ocorrência de expressa anuência por esta. 6. Havendo pedido de denunciação à lide pendente de apreciação, bem como de dilação procedimental específica, deve o feito retornar à origem para regular processamento, impedindo-se a imediata análise de mérito da demanda por não encontrar-se a causa madura para julgamento, sob pena de violação ao duplo grau de jurisdição. 7. Recurso conhecido e parcialmente provido. Preliminar rejeitada. (TJDF; APC 2016.06.1.013667-0; Ac. 106.4722; Oitava Turma Cível; Relª Desª Ana Cantarino; Julg. 30/11/2017; DJDFTE 07/12/2017). V. tb.: REVISIONAL. Sentença de extinção. Ilegitimidade passiva ad causam. Recurso dos autores. Insurgência. Impossibilidade. Preliminar rejeitada. Os autores, em réplica à contestação, afirmaram pela legitimidade passiva da empresa ré. Inaplicabilidade do art. 338 do CPC/15. Empresa ré atua como custodiante da cédula de crédito imobiliário. Inexistência de cessão de crédito. Empresa ré é parte ilegítima da demanda. Sentença mantida. Art. 252 do RITJSP Recurso não provido. (TJSP; APL 1018015-15.2015.8.26.0506; Ac. 9882177; Ribeirão Preto; Trigésima Oitava Câmara de Direito Privado; Rel. Des. Achile Alesina; Julg. 05/10/2016; DJESP 17/10/2016)

Não pode o juiz extinguir o processo por ilegitimidade passiva sem antes abrir a oportunidade para o autor se valer da faculdade do art. 338 do CPC:

✓ DIREITO PROCESSUAL CIVIL. AÇÃO DE COBRANÇA. ALEGAÇÃO DE ILEGITIMIDADE PASSIVA AD CAUSAM. CONCESSÃO DE PRAZO PARA ALTERAÇÃO DO POLO PASSIVO. NECESSIDADE. ART. 338

DO CPC. DESPESAS E HONORÁRIOS ADVOCATÍCIOS. FIXAÇÃO. DESCABIMENTO. SENTENÇA CASSADA. 1. - Nos termos do art. 338 do Código de Processo Civil, -Alegando o réu, na contestação, ser parte ilegítima ou não ser o responsável pelo prejuízo invocado, o juiz facultará ao autor, em 15 (quinze) dias, a alteração da petição inicial para substituição do réu-. Nesses termos, não pode o Juiz extinguir o Feito, sem resolução do mérito (artigo 485, VI, CPC), em razão de ilegitimidade passiva ad causam alegada em contestação, sem antes oportunizar ao Autor a retificação do polo passivo, no prazo de 15 (quinze) dias. Assim, se o Magistrado extingue o Feito sem oportunizar à parte Autora o prazo para substituir o Réu na petição inicial, impõe-se a cassação da sentença proferida, a fim de que a demanda obtenha regular prosseguimento 2 - Na espécie, não há que se falar em aplicação do artigo 338, parágrafo único, do CPC. Trata-se de situação fática não prevista expressamente pela Lei, pois, **in casu**, sequer é possível falar que o caso dos autos é de substituição do réu, tendo em vista que o Espólio é figura que não mais existe com a extinção do Inventário. Por isso, não deve haver reembolso de despesas processuais e de honorários advocatícios nesse momento processual, pois, da providência jurisdicional que ora se concede, apenas decorre a necessidade de prosseguimento do Feito, com determinação de retificação do polo passivo da demanda. Apelação Cível provida. (TJDF; Proc 0709.50.1.692017-8070001; Ac. 106.1622; Quinta Turma Cível; Rel. Des. Ângelo Passareli; Julg. 23/11/2017; DJDFTE 01/12/2017)

<u>Possibilidade de redirecionamento da ação indenizatória que havia ficado suspensa contra os verdadeiros responsáveis pelo dano, conforme apurado em outra demanda judicial:</u>

✓ RECURSO ESPECIAL SUBMETIDO AO CPC/73. DIREITO PROCESSUAL CIVIL. AÇÃO DE INDENIZAÇÃO PROPOSTA CONTRA O ESPÓLIO DOS PRETENSOS CAUSADORES DO ACIDENTE DE TRÂNSITO, QUE FALECERAM EM RAZÃO DO INFORTÚNIO. RECONHECIMENTO JUDICIAL DE QUE O EVENTO DANOSO ACONTECEU POR DEFEITO NA FABRICAÇÃO DO PNEU DO VEÍCULO. REDIRECIONAMENTO DO FEITO AO FABRICANTE DO PRODUTO. ALTERAÇÃO SUBJETIVA E OBJETIVA DA LIDE APÓS A CITAÇÃO. POSSIBILIDADE. RECURSO ESPECIAL NÃO PROVIDO. 1. Discute-se nos autos a possibilidade de redirecionar ação indenizatória ao fabricante do pneu defeituoso causador do acidente de trânsito, após a demanda inicialmente proposta contra os pretensos responsáveis, haver permanecido suspensa aguardando o desfecho do processo conexo em que justamente foi reconhecida a verdadeira causa do evento. 2. A jurisprudência desta Corte, na linha dos arts. 41 e 264 do CPC/73, ressalta a impossibilidade de alteração subjetiva da lide após a citação. 3. Válida, contudo, a extinção da lide em relação aos réus originários, com sua condenação ao pagamento de custas processuais e honorários advocatícios, e concomitante determinação de citação de um novo réu, indicado pelo autor, nos autos do mesmo processo. 4. Orientação corroborada pelo art. 338 do NCPC. 5. Também é válido, por isso, o aditamento do pedido formulado em relação aos réus originários, porque agora direcionado contra outra pessoa, ainda não citada. 6. Na linha dos precedentes desta Corte, o princípio processual da instrumentalidade das formas, sintetizado pelo brocardo **pas de nullité sans grief** e positivado nos arts. 249 e 250 do CPC/73 (arts. 282 e 283 do NCPC), impede a anulação de atos inquinados de invalidade quando deles não tenham decorrido prejuízos concretos. 7. Recurso especial não provido. (STJ; REsp 1443735; SC; Terceira Turma; Rel. Min. Moura Ribeiro; Julg. 13/06/2017; DJe 22/06/2017)

<u>Aplicando o art. 338 do CPC ao processo nos Juizados Especiais:</u>

✓ JUIZADOS ESPECIAIS. DIREITO CIVIL, PROCESSUAL CIVIL E DO CONSUMIDOR. INCORPORAÇÃO IMOBILIÁRIA. SOCIEDADE DE PROPÓSITO ESPECÍFICO. SOCIEDADES PERTENCENTES AO MESMO CONGLOMERADO ECONÔMICO. RELAÇÃO DE CONSUMO. TEORIA DA APARÊNCIA. APLICAÇÃO. LEGITIMIDADE PASSIVA CONFIGURADA. PRETENSÃO DE REPETIÇÃO DE INDÉBITO DA DIFERENÇA PAGA EM RAZÃO DA UTILIZAÇÃO DO IGPM APÓS A EXPEDIÇÃO DE HABITE-SE. PLEITO DE VALOR CERTO E DETERMINADO. COMPLEXIDADE DA CAUSA INEXISTENTE. TAXAS CONDOMINIAIS. PAGAMENTO ANTES DA ENTREGA DAS CHAVES. DEMORA A QUE O CONSUMIDOR NÃO DEU CAUSA. RESSARCIMENTO PELO FORNECEDOR. CORREÇÃO MONETÁRIA DO CONTRATO. IGP-M. APLICAÇÃO A PARTIR DA EXPEDIÇÃO DO HABITE-SE. LEGALIDADE. REJEIÇÃO DAS PRELIMINARES ALEGADAS EM CONTESTAÇÃO. RECURSO CONHECIDO E PROVIDO. SENTENÇA ANULADA. CAUSA MADURA. PEDIDOS DA PARTE AUTORA JULGADOS PARCIALMENTE PROCEDENTES. 1. Não prospera a preliminar de ilegitimidade passiva ad causam quando demandada determinada Sociedade de Propósito Específico, pertencente ao mesmo conglomerado que a incorporadora com quem o consumidor contratou, "sob pena de desvirtuamento do instituto jurídico criado para aumentar a segurança do consumidor, e não esvaziar a responsabilidade da incorporadora. Ademais, pela ótica do Código de Defesa do Consumidor, em vista da teoria da aparência, é evidente a responsabilidade da incorporadora que instituiu a SPE, integrante do mesmo grupo econômico, não podendo se valer da legislação que dispõe sobre tais entidades para afastar-se da responsabilidade assumida na relação de consumo". (Acórdão n. 927855, 20150710110913APC, Relator: ALFEU MACHADO, Revisor: ROMULO DE ARAUJO Mendes, 1ª TURMA CÍVEL; Julg.17/03/2016, Publicado no DJE: 14/04/2016. Pág. 141-171). 2. Ademais, quando a parte ré alega a ilegitimidade passiva, os princípios norteadores dos Juizados Especiais (Lei nº 9.099/95, art. 2º) permitem a correção do polo passivo, ante o estatuído no art. 338 do CPC ("Alegando o réu, na contestação, ser parte ilegítima ou não ser o responsável pelo prejuízo invocado, o juiz facultará ao autor, em 15 (quinze) dias, a alteração da petição inicial para substituição pelo réu"). Portanto, ainda que não fosse pela teoria da aparência, não seria de se admitir a extinção do processo sem apreciação de mérito pela ilegitimidade passiva ad causam sem antes se facultar ao autor a correção do polo passivo. (...) 7. RECURSO CONHECIDO E PROVIDO. Sentença anulada. No mérito, julgados parcialmente procedentes os pedidos formulados na inicial, para condenar o réu/recorrido ao ressarcimento das taxas condominiais pagas pelo autor/recorrente. 8. Sem condenação em custas processuais e honorários advocatícios, ante a ausência de recorrente vencido. (TJDF; RInom 0701545-76.2016.8.07.0020; Primeira Turma Recursal dos Juizados Especiais; Relª Juíza Marilia de Ávila e Silva Sampaio; Julg. 01/12/2016; DJDFTE 06/12/2016; Pág. 581)

Parágrafo único. Realizada a substituição, o autor reembolsará as despesas e pagará os honorários ao procurador do réu excluído, que serão fixados entre três e cinco por cento do valor da causa ou, sendo este irrisório, nos termos do art. 85, § 8º.

Não pode o juiz determinar a correção do polo passivo sem condenar o autor em honorários sucumbenciais:

✓ AGRAVO DE INSTRUMENTO. Interlocutória que diante da inexistência de espólio, em razão de os bens do de cujus já terem sido partilhados entre os herdeiros, determinou a correção do polo passivo para inclusão de herdeiros, sem fixação de honorários sucumbenciais. Incorreção. Decisão recorrida que contraria o parágrafo único do art. 338 do CPC. Substituição da parte ilegítima após a contestação que determina o reembolso das despesas e o pagamento de honorários ao procurador do réu excluído que serão fixados entre três e cinco por cento do valor da causa ou, sendo este irrisório, nos termos do art. 85, § 8º do CPC. Precedentes. Caso em que o arbitramento dos honorários deve ser feito por equidade, ante a baixa expressividade do valor atribuído à causa. RECURSO PROVIDO. (TJSP; AI 2093300-89.2017.8.26.0000; Ac. 10839111; São Paulo; Vigésima Quinta Câmara de Direito Privado; Rel. Des. Azuma Nishi; Julg. 28/09/2017; DJESP 05/10/2017; Pág. 2473)

Se o autor resiste à preliminar de ilegitimidade passiva, não tem direito à redução dos honorários sucumbenciais prevista no art. 338, parágrafo único do CPC:

✓ PROCESSUAL CIVIL E ADMINISTRATIVO. AÇÃO INDENIZATÓRIA. DESAPROPRIAÇÃO. IMÓVEIS RURAIS. CRIAÇÃO DE PARQUE. EXCLUSÃO DO IBAMA DA LIDE. ILEGITIMIDADE PASSIVA. FIXAÇÃO DE HONORÁRIOS. AGRAVO DE INSTRUMENTO. PROVIMENTO. INAPLICABILIDADE DO ART. 338, PARÁGRAFO ÚNICO, CPC/2015. NÃO HOUVE SUBSTITUIÇÃO DE RÉU. MANIFESTAÇÃO DA RECORRIDA PELA LEGITIMIDADE EM RÉPLICA APRESENTADA NO PRIMEIRO GRAU. ALTERAÇÃO DOS HONORÁRIOS PARA 10% SOBRE O VALOR DA CAUSA. APLICAÇÃO DO ART. 85, § 3º, I, DO CPC/2015 EM DETRIMENTO DO ART. 338, PARÁGRAFO ÚNICO, DO MESMO DIPLOMA LEGAL. HONORÁRIOS RECURSAIS. CABIMENTO. FIXAÇÃO FINAL EM 12% SOBRE O VALOR DA CAUSA. I – Em autos de ação indenizatória ajuizada pela recorrida, com o objetivo de receber indenização decorrente da criação de Parque abrangendo lotes rurais de sua propriedade, o recorrente foi excluído da lide, em razão de sua ilegitimidade passiva. II – Fixação dos honorários com base no art. 338, parágrafo único, do CPC/2015, em 3% (três por cento) sobre o valor da causa, de forma indevida. Não se trata de substituição do réu, mas somente exclusão de um dos três apontados. Além disso, na primeira oportunidade em que se manifestou sobre a alegação de ilegitimidade do recorrente, a recorrida insistiu na legitimidade. III – Como o valor da causa é menor do que 200 salários mínimos, aplica-se o art. 85, § 3º, inc. I, do CPC/2015, com a fixação dos honorários em 10% (dez por cento) sobre essa base de cálculo. IV – Em face do sucesso parcial obtido pelo recorrente no julgamento do agravo de instrumento no Tribunal a quo e o sucesso total obtido no presente julgamento, esses honorários devem ser majorados para quantia equivalente a 12% (doze por cento) do valor da causa, nos termos do art. 85, §11, do CPC/2015. V – Recurso conhecido e provido. (STJ; REsp 1671940; RS; Segunda Turma; Rel. Min. Francisco Falcão; Julg. 24/10/2017; Julg. DJe 31/10/2017)

Art. 339. Quando alegar sua ilegitimidade, incumbe ao réu indicar o sujeito passivo da relação jurídica discutida sempre que tiver conhecimento, sob pena de arcar com as despesas processuais e de indenizar o autor pelos prejuízos decorrentes da falta de indicação.

→ *v.* Enunciado 42 do FPPC: O dispositivo aplica-se mesmo a procedimentos especiais que não admitem intervenção de terceiros, bem como aos juizados especiais cíveis, pois se trata de mecanismo saneador, que excepciona a estabilização do processo.

→ *v.* Enunciado 44 do FPPC: A responsabilidade a que se refere o art. 339 é subjetiva.

→ *v.* Enunciado 296 do FPPC: Verificando liminarmente a ilegitimidade passiva, o juiz facultará ao autor a alteração da petição inicial, para substituição do réu sem ônus sucumbenciais.

→ *v.* Enunciado 511 do FPPC: A técnica processual prevista nos arts. 338 e 339 pode ser usada, no que couber, para possibilitar a correção da autoridade coatora, bem como da pessoa jurídica, no processo de mandado de segurança.

§ 1º O autor, ao aceitar a indicação, procederá, no prazo de 15 (quinze) dias, à alteração da petição inicial para a substituição do réu, observando-se, ainda, o parágrafo único do art. 338.

§ 2º No prazo de 15 (quinze) dias, o autor pode optar por alterar a petição inicial para incluir, como litisconsorte passivo, o sujeito indicado pelo réu.

→ *v.* Enunciado 152 do FPPC: O autor terá prazo único para requerer a substituição ou inclusão de réu (arts. 338, *caput*, 339, §§ 1º e 2º), bem como para a manifestação sobre a resposta (arts. 350 e 351).

Aplicando o art. 339 do CPC para permitir a correção da autoridade coatora no mandado de segurança:

✓ MANDADO DE SEGURANÇA. ILEGITIMIDADE PASSIVA DO GOVERNADOR DO ESTADO DE GOIÁS E DO PRESIDENTE DO DEPARTAMENTO ESTADUAL DE TRÂNSITO. DETRAN/GO. INTIMAÇÃO. AUSÊNCIA DE INDICAÇÃO DE OUTRA AUTORIDADE COATORA. EXTINÇÃO DO FEITO, SEM RESOLUÇÃO DO MÉRITO. Excluídas as autoridades apontadas como coatoras (governador do estado de Goiás e do presidente do departamento de trânsito-Detran/go), para figurarem no polo passivo do presente mandado de segurança e, em seguida, oportunizado o impetrante para a indicação correta da autoridade coatora, consoante o art. 339 do CPC/2015, e permanecendo ele inerte, impõe-se a extinção da ação mandamental, de acordo com o artigo 485, inciso VI, do CPC c/c artigo 6º, §§3º e 5º, da Lei nº 12.016/2009. Processo extinto, sem resolução do mérito. Segurança denegada (TJGO; MS 0145847-51.2016.8.09.0000; Goiânia; Corte Especial; Rel. Des. Amaral Wilson de Oliveira; DJGO 27/07/2017; Pág. 10); APELAÇÃO. MANDADO DE SEGURANÇA. SENTENÇA PROCESSUAL. EXTINÇÃO DO PROCESSO SEM RESOLUÇÃO DO MÉRITO. ILEGITMIDADE PASSIVA. INDEFERIMENTO DE REQUERIMENTO DE EMENDA À PETIÇÃO INICIAL. AUSÊNCIA DE OPORTUNIDADE PARA EMENDA. DIREITO DA PARTE. PODER-DEVER DO JUIZ. É direito subjetivo da parte que seja franqueada oportunidade para emendar a petição inicial quando indicada erroneamente a autoridade coatora. Hipótese em que a autoridade indicada, parte ilegítima, identificou a pessoa correta apta a anular o ato administrativo impugnado. Requerimento de emenda para alteração do polo passivo. Indeferimento e prolação de sentença de mérito. Inteligência dos artigos 321 e 339 do Código de Processo Civil. A possibilidade de sanação do vício obriga o juiz a atribuir oportunidade para a emenda e corrigir o vício da petição inicial. Incumbe ao juiz o poder-dever para viabilizar a correção do defeito e especificar a providência a ser adotada pela parte. Prevalência do princípio da cooperação entre os protagonistas do processo. O novo CPC reúne normas vocacionadas para fazer o processo render. Sempre que houver a possibilidade de sanar o defeito certamente incumbirá ao juiz oportunizar à parte exercer o direito de emenda. Princípios que se coadunam com o regramento envolvendo o mandado de segurança. Jurisprudência que viabiliza a emenda em sede de mandado de segurança, inclusive para retificação da autoridade coatora. Anulação da sentença processual, para viabilizar a emenda do libelo e determinar a retomada da marcha processual. RECURSO PROVIDO. (TJSP; APL 1017340-19.2016.8.26.0053; Ac. 10224092; São Paulo; Nona Câmara de Direito Público; Rel. Des. José Maria Câmara Junior; Julg. 07/03/2017; DJESP 21/03/2017)

Art. 340. Havendo alegação de incompetência relativa ou absoluta, a contestação poderá ser protocolada no foro de domicílio do réu, fato que será imediatamente comunicado ao juiz da causa, preferencialmente por meio eletrônico.

→ *v.* Art. 64 e seguintes do NCPC.

→ *v.* Enunciado 426 do FPPC: O juízo para o qual foi distribuída a contestação ou a carta precatória só será considerado prevento se o foro competente for o local onde foi citado.

§ 1º A contestação será submetida a livre distribuição ou, se o réu houver sido citado por meio de carta precatória, juntada aos autos dessa carta, seguindo-se a sua imediata remessa para o juízo da causa.

§ 2º Reconhecida a competência do foro indicado pelo réu, o juízo para o qual for distribuída a contestação ou a carta precatória será considerado prevento.

§ 3º Alegada a incompetência nos termos do *caput*, será suspensa a realização da audiência de conciliação ou de mediação, se tiver sido designada.

§ 4º Definida a competência, o juízo competente designará nova data para a audiência de conciliação ou de mediação.

→ *v.* Art. 334 e seguintes do NCPC.

Art. 341. Incumbe também ao réu manifestar-se precisamente sobre as alegações de fato constantes da petição inicial, presumindo-se verdadeiras as não impugnadas, salvo se:

I – não for admissível, a seu respeito, a confissão;

→ *v.* Art. 213 do CC/2002.

→ *v.* Art. 391 do NCPC.

II – a petição inicial não estiver acompanhada de instrumento que a lei considerar da substância do ato;

→ *v.* Art. 108 do CC/2002.

→ *v.* Art. 406 do NCPC.

III – estiverem em contradição com a defesa, considerada em seu conjunto.

Parágrafo único. O ônus da impugnação especificada dos fatos não se aplica ao defensor público, ao advogado dativo e ao curador especial.

→ *v.* Arts. 72, 185 e 186 do NCPC.

Considerando que a impugnação por negativa geral somente se aplica à contestação, mas não à apelação:

✓ APELAÇÃO CÍVEL. ADJUDICAÇÃO COMPULSÓRIA. CURADOR ESPECIAL. DEFENSORIA PÚBLICA. CITAÇÃO POR EDITAL. IMPUGNAÇÃO POR NEGATIVA GERAL. GRATUIDADE DA JUSTIÇA. I. Em que pese a impugnação por negativa geral seja uma prerrogativa do curador especial, conforme redação do § único, do art. 341, do NCPC, esta é limitada à contestação, não se estendendo ao recurso de apelação cível. Recuso não conhecido no ponto, forte no art. 1.010, II e III, do NCPC, porquanto ausente ataque aos fundamentos da sentença. Precedentes desta corte. II. O fato de os apelantes serem representados pela defensoria pública, na condição de curadora especial, não tem o condão, por si só, de ensejar o deferimento da gratuidade da justiça, uma vez que não faz presumir a hipossuficiência econômico-financeira. Assim, impossibilitada a concessão do beneplácito perquirido pelos demandados, porquanto inexistem elementos probatórios que denotem sua hipossuficiência econômico-financeira. III. Os honorários advocatícios devidos aos procuradores dos autores serão majorados, com fulcro no art. 85, § 11, do NCPC. Conheceram em parte do apelo, negandolhe provimento na parte conhecida. Unânime. (TJRS; AC 0352065-93.2017.8.21.7000; Viamão; Vigésima Câmara Cível; Rel. Des. Dilso Domingos Pereira; Julg. 29/11/2017; DJERS 13/12/2017); AÇÃO MONITÓRIA. PRESTAÇÃO DE SERVIÇOS EDUCACIONAIS. INADIMPLÊNCIA DA RÉ RECONHECIDA NA SENTENÇA. APELAÇÃO OFERECIDA POR CURADOR ESPECIAL. NEGATIVA GERAL. IMPOSSIBILIDADE. ARTIGO 341 DO CPC QUE É APLICÁVEL SOMENTE À CONTESTAÇÃO. RECURSO NÃO CONHECIDO. A parte representada por curador especial não está dispensada de fundamentar adequadamente seu recurso, já que o artigo 341 do CPC, que prevê a possibilidade de defesa por negativa geral, não se estende à fase recursal, limitando-se, na verdade, à contestação. (TJSP; APL 1000171-89.2014.8.26.0602; Ac. 11017708; Sorocaba; Vigésima Sexta Câmara de Direito Privado; Rel. Des. Renato Sartorelli; Julg. 29/11/2017; DJESP 07/12/2017; Pág. 2265). V. tb.: TJRS; AC 0285673-74.2017.8.21.7000; Viamão; Décima Terceira Câmara Cível; Rel. Des. André Luiz Planella Villarinho; Julg. 30/11/2017; DJERS 07/12/2017.

Inaplicabilidade dos efeitos materiais da revelia em ação rescisória:

✓ PROCESSO CIVIL. 1. Ação rescisória embasada no art. 485, inciso V, do CPC de 1973 (correspondente ao art. 966, inciso V, do novo CPC). 2. Alegação de ofensa à literal disposição de Lei. 3. Sentença rescindenda que, no bojo de ação exoneratória de alimentos, aplicou os efeitos da revelia contra a ré. 4. Natureza indisponível do direito em questão que impede a incidência dos referidos efeitos. Inteligência do art. 320, inciso II, do CPC de 1973 (correspondente ao art. 345, inciso II, do novo CPC). 5. Observância do binômio possibilidade-necessidade. 6. Ausência de provas acerca de mudança na situação financeira da alimentanda. 7. Sentença rescindida. 8. Ação rescisória julgada procedente. (TJBA; AR 0014201-36.2010.8.05.0000; Salvador; Primeira Câmara Cível; Relª Desª Maria de Lourdes Pinho Medauar; Julg. 11/12/2017; DJBA 22/12/2017; Pág. 112)

Art. 342. Depois da contestação, só é lícito ao réu deduzir novas alegações quando:

Impossibilidade de trazer novos argumentos em sede de razões recursais, ante o fenômeno da preclusão:

✓ APELAÇÃO CÍVEL. BUSCA E APREENSÃO. Razões recursais não arguidas em sede de contestação, mas, tão somente, em petição intermediária. Vedação de análise. Inteligência do artigo 342 do código de processo civil. Preclusão consumativa configurada. Recurso não conhecido. Adição de honorários recursais. (TJSC; AC 0300872-34.2015.8.24.0078; Meleiro; Quinta Câmara de Direito Comercial; Rel. Des. Cláudio Barreto Dutra; DJSC 06/12/2017; Pag. 173); DIREITO PROCESSUAL CIVIL. APELAÇÃO. RAZÕES DISSOCIADAS. REVELIA. JUNTADA DE DOCUMENTOS. INOVAÇÃO RECURSAL. NÃO CONHECIMENTO DO RECURSO. I. Não se conhece de apelação cujas razões estejam dissociadas dos fundamentos da sentença, por ausência da regularidade formal prevista nos incisos II e III do art. 1.010 do CPC. II. O réu revel somente pode deduzir as matérias de defesa elencadas no art. 342 do CPC, quais sejam, relativas a direito ou fato superveniente, conhecíveis de ofício pelo juiz e aquelas que, por expressa autorização legal, possam ser formuladas em qualquer tempo e grau de jurisdição, não podendo alegar em apelação questões de fato que deveriam ter sido arguidas na contestação, pois a seu respeito operou-se a preclusão e a sua análise implicaria supressão de instância. Também não pode juntar documentos antigos sem justificar o impedimento para sua apresentação no momento oportuno. III. Não se conheceu do recurso. (TJDF; APC 2015.07.1.029538-8; Ac. 103.8916; Sexta Turma Cível; Rel. Des. José Divino; Julg. 09/08/2017; DJDFTE 23/08/2017); APELAÇÃO E RECURSO ADESIVO. DIREITO PRIVADO NÃO ESPECIFICADO. AÇÃO DE COBRANÇA. INOVAÇÃO RECURSAL. NÃO CONHECIMENTO. 1. A modificação da tese defensiva, após a apresentação da contestação, acarreta o não conhecimento do apelo, por absoluta inovação recursal. Exegese do art. 303 do CPC/73, correspondente ao art. 342 do novo CPC. 2. Considerando que o recurso de apelação não foi conhecido, não deve ser conhecido do recurso adesivo, na medida em que este segue o principal. Apelação e recurso adesivo não conhecidos. Unânime. (TJRS; AC 0110351-74.2016.8.21.7000; Porto Alegre; Décima Sétima Câmara Cível; Relª Desª Liege Puricelli Pires; Julg. 30/06/2016; DJERS 07/07/2016)

I – relativas a direito ou a fato superveniente;

II – competir ao juiz conhecer delas de ofício;

→ v. Art. 337, § 5º do NCPC.

Apontando que as condições da ação consistem em matéria de ordem pública:

✓ APELAÇÃO CÍVEL. AÇÃO CAUTELAR. EXIBIÇÃO DE DOCUMENTOS. AUSÊNCIA DE INTERESSE DE AGIR. EXTINÇÃO DE OFÍCIO DA AÇÃO. Para a obtenção de um documento real, próprio ou comum às partes litigantes, depende-se de uma manifestação ativa do interessado legitimado em solicitar tal documento administrativamente, e, a necessidade do ajuizamento de uma demanda judicial, só nasce depois da negativa, expressa ou tácita, pelo decurso de um lapso de tempo razoável entre o pedido administrativo regularmente formulado e a não obtenção do documento. – A ausência de qualquer desses requisitos enseja o reconhecimento da carência de ação, podendo ser decretada de ofício, em qualquer tempo ou grau de jurisdição, uma vez que se refere às condições da ação, questão ordem pública. Extinção da ação de ofício. Apelo prejudicado. (TJRS; AC 0320224-80.2017.8.21.7000; Canoas; Décima Sétima Câmara Cível; Rel. Des. Gelson Rolim Stocker; Julg. 14/12/2017; DJERS 23/01/2018); APELAÇÃO CÍVEL. DIREITO PROCESSUAL CIVIL. CONDIÇÕES DA AÇÃO. PRECLUSÃO TEMPORAL. INEXISTÊNCIA. LEGITIMIDADE PASSIVA. TEORIA DA ASSERÇÃO. AÇÃO DECLARATÓRIA DE INEXISTÊNCIA DE DÉBITO C/C REPARAÇÃO DE DANOS MORAIS. MANUTENÇÃO INDEVIDA DE GRAVAME DE ALIENAÇÃO FIDUCIÁRIA JUNTO AOS REGISTROS DO DETRAN. DANOS NÃO CONFIGURADOS. MULTA POR DESCUMPRIMENTO DA OBRIGAÇÃO DE FAZER. VALOR RAZOÁVEL E PROPORCIONAL. INTIMAÇÃO PESSOAL REALIZADA. MORA NO CUMPRIMENTO DA OBRIGAÇÃO. MULTA DEVIDA. I. Não há preclusão temporal para matéria de ordem pública, como é o caso da legitimidade processual, conforme se infere do art. 337, inc. XI e § 5º, do Código de Processo Civil de 2015. II. Segundo a teoria da asserção, o juiz verifica as condições da ação apenas com base nas afirmações realizadas pelo autor em sua petição inicial, presumindo-as verdadeiras. As provas produzidas no processo não são analisadas para apuração das condições da ação, mas para a resolução do mérito. III. A Resolução do CONTRAN nº. 320/2009, ao disciplinar os procedimentos para inclusão e liberação de gravame nos veículos automotores, dispõe que, após o cumprimento das obrigações por parte do devedor, a instituição credora providenciará, automática e eletronicamente, a informação da baixa do gravame junto ao órgão de trânsito, no prazo máximo de 10 (dez) dias. IV. A Lei Processual permite expressamente a modificação para aumentar ou reduzir o valor das astreintes, mas somente daquelas vincendas. Inteligência dos arts. 536, § 1º, e 537, § 1º, I e II, ambos do novo Código de Processo Civil. V. Mostrando-se equânime a quantia fixada a título de multa, como também seu limite, deve ser mantido o valor, tornando-se devida após o vencimento do prazo estipulado para o cumprimento da obrigação de fazer. VI. Meros dissabores, aborrecimentos e contrariedades decorrentes de manutenção indevida de gravame de alienação fiduciária no registro do veículo perante o Detran não geram danos morais. (TJMG; APCV 1.0012.12.000224-6/001; Rel. Des. Vicente de Oliveira Silva; Julg. 07/02/2017; DJEMG 17/02/2017)

Considerando que mesmo matérias de ordem pública não podem ser reapreciadas se já rejeitadas por decisão transitada em julgado:

✓ PROCESSUAL CIVIL. AÇÃO DE COBRANÇA DE SEGURO OBRIGATÓRIO. DPVAT. EXTINÇÃO DO PROCESSO ANTE A FALTA DE RECOLHIMENTO DAS CUSTAS JUDICIAIS. PRECLUSÃO. RECURSO NÃO CONHECIDO. As matérias de ordem pública (e.g., prescrição, decadência, condições da ação, pressupostos processuais, consectários legais, incompetência absoluta, impenhorabilidade, etc.) não se sujeitam à preclusão, podendo ser apreciadas a qualquer momento nas instâncias ordinárias' (AgRgAREsp n. 223.196, Min. Humberto Martins), salvo se rejeitadas anteriormente em decisão interlocutória transitada em julgado (AgRgAI n. 1.395.964, Min. Benedito Gonçalves; RESP n. 1.267.614, Min. Mauro Campbell Marques; AgRgREsp n. 1.098.487, Min. Sidnei Beneti)" (AC n. 2012.024676-8, Des. Newton Trisotto). Impõe-se o não conhecimento da apelação se a matéria nela suscitada já se encontra atingida pela preclusão. (TJSC; AC 0302200-91.2016.8.24.0036; Jaraguá do Sul; Segunda Câmara de Direito Civil; Rel. Des. Newton Trisotto; DJSC 19/01/2018; Pag. 61)

Ressaltando que, em sede recursal, matérias de ordem pública somente podem ser conhecidas se preenchidos os requisitos de admissibilidade recursais:

✓ ILEGITIMIDADE DOS SÓCIOS DE EMPRESA EM LIQUIDAÇÃO EXTRAJUDICIAL. MATÉRIA DE ORDEM PÚBLICA. APELAÇÃO INTEMPESTIVA. CONHECIMENTO DE OFÍCIO DA MATÉRIA. IMPOSSIBILIDADE. I. O Recurso Especial tem como único fundamento a alegada impossibilidade de conhecimento de ofício da afirmada ilegitimidade dos sócios, tendo em vista a intempestividade da apelação que serviu de instrumento para a apreciação da questão. II. Ainda que as matérias de ordem púbica, notadamente as condições da ação e os pressupostos processuais, possam ser conhecidas de ofício no segundo grau de jurisdição em decorrência do aspecto da profundidade do efeito devolutivo, esse conhecimento está vinculado à presença dos pressupostos de admissibilidade do recurso. III. Ausente o pressuposto extrínseco da tempestividade do recurso de apelação, a matéria de ordem pública nele alegada pela parte apelante não poderia ser conhecida, porque não se ultrapassou sequer a fase de admissibilidade do recurso de apelação. IV. Recurso especial provido. (STJ; REsp 1.633.948; Proc. 2016/0279553-9; RS; Segunda Turma; Rel. Min. Francisco Falcão; DJE 12/12/2017)

Entendendo que mesmo matérias de ordem pública se sujeitam ao requisito do prequestionamento para serem conhecidas pelos tribunais superiores:

✓ PROCESSUAL CIVIL. AGRAVO INTERNO NO RECURSO ESPECIAL. CONDIÇÕES DA AÇÃO. MATÉRIA DE ORDEM PÚBLICA EXAME PELAS INSTÂNCIAS ORDINÁRIAS. OBRIGATORIEDADE. 1. A corte de origem, embora instada a se manifestar, alegou que o tema da ilegitimidade ativa do agravante seria inovação recursal. Dessa forma, uma vez preenchidos os pressupostos de admissibilidade do apelo extremo e estando o aresto combatido em confronto com a jurisprudência deste tribunal superior, é de rigor o provimento do Recurso Especial para que a corte a quo verse sobre o tema aventado por se tratar de questão relativa às condições da ação, sendo, portanto, matéria de ordem pública. 2. Inviável o exame por esta casa de justiça de tema que, mesmo de ordem pública, não tenha sido objeto de manifestação pelo tribunal de origem. Incidência da Súmula nº 282/STF. 3. Agravo interno a que se nega provimento. (STJ; AgInt-REsp 1.579.946; Proc. 2016/0020754-9; SP; Segunda Turma; Rel. Min. Og Fernandes; DJE 11/10/2017)

Entendendo que a alegação de falta de interesse em agir se submete à preclusão:

✓ AÇÃO DE CANCELAMENTO DOS REGISTROS E AVERBAÇÕES DE ÔNUS REAIS. PENHORAS E HIPOTECAS JUNTO AO REGISTRO DE IMÓVEIS DE AMAMBAI/MS. IMÓVEL ARREMATADO. ART. 849, INCISO VII, DO CÓDIGO CIVIL DE 1916. SENTENÇA MANTIDA. I. Cuida-se de sentença que julgou procedente o pedido de Luiz Carlos da Silva Vieira e Cilda Vieira em face de HSBC Bamerindus, Caixa Econômica Federal, Domar Pereira dos Santos e Fernando Jorge Albuquerque Pissini, determinando o cancelamento dos registros e averbações de ônus reais. penhoras e hipotecas. junto ao Registro de Imóveis de Amambai/MS, referente às matrículas especificadas na decisão de fls. 213/v dos presentes autos. II. Preambularmente, deixo de conhecer a preliminar suscitada pela Apelante quanto à falta de interesse de agir dos autores, pela preclusão, por não ter sido alegada no momento processual adequado, à luz do art. 342 do CPC/2015. III. No mérito, é de se constatar que o feito se processou com absoluta observância do contraditório e ampla defesa, ainda que os corréus Domar Pereira e Fernando Jorge tenham sido declarado revéis por falta de contestação. lV. No caso em comento, houve arrematação dos bens imóveis de matrículas nº 8.182 e 8.448 pelos autores, por força de dívida trabalhista, e não há, nesta circunstância, que se considerar a prioridade de outras inscrições reais hipotecárias pendentes sobre tais bens, tendo ocorrido uma adjudicação aos apelados pela Justiça do Trabalho, operando-se, em verdade, aquisição de natureza originária, tal como se dá na usucapião. V. Aplicando-se a regra do tempus regit actum, e aplicando-se a regra do art. 849, inciso VII, do Código Civil então vigente, é certo concluirmos que o ato de arrematação extinguirá quaisquer inscrições reais porventura existentes até então. VI. O próprio Código atual também é claro neste sentido, fazendo-se extinguir a hipoteca na arrematação, desde que os credores tenham sido notificados (art. 1501). VII. Desta maneira, há de prevalecer o correto entendimento exposto pela sentença recorrida, a fim de que seja mantido o cancelamento dos registros e averbações junto ao Registro de Imóveis de Amambai-MS, em relação às matrículas mencionadas nas fls. 213/v da decisão recorrida. VIII. Recurso de Apelação da Caixa Econômica Federal desprovido. (TRF 3ª R.; AC 0000294-69.2000.4.03.6002; Segunda Turma; Rel. Des. Fed. Luís Paulo Cotrim Guimarães; Julg. 06/06/2017; DEJF 14/06/2017)

III – por expressa autorização legal, puderem ser formuladas em qualquer tempo e grau de jurisdição.

→ *v.* Arts. 193, 210 e 211 do CC/2002.

Apontando a prescrição e a decadência como matérias que podem ser conhecidas a qualquer tempo:

✓ PROCESSUAL CIVIL. AGRAVO INTERNO NO RECURSO ESPECIAL. CÓDIGO DE PROCESSO CIVIL DE 2015. APLICABILIDADE. RECURSO ESPECIAL PARCIALMENTE PROVIDO. MATÉRIA DE ORDEM PÚBLICA. PRESCRIÇÃO. RECONHECIMENTO A QUALQUER TEMPO. ARGUMENTOS INSUFICIENTES PARA DESCONSTITUIR A DECISÃO ATACADA. I. Consoante o decidido pelo Plenário desta Corte na sessão realizada em 09.03.2016, o regime recursal será determinado pela data da publicação do provimento jurisdicional impugnado. In casu, aplica-se o Código de Processo Civil1 de 2015. II. É pacífico o entendimento no Superior Tribunal de Justiça segundo o qual matérias de ordem pública, tal como a prescrição, nas instâncias ordinárias, podem ser reconhecidas a qualquer tempo, inclusive de ofício, não estando sujeitas à preclusão. III. A Agravante não apresenta, no agravo, argumentos suficientes para desconstituir a decisão recorrida. lV. Agravo Interno improvido. (STJ; AgInt-REsp 1.637.832; Proc. 2016/0297123-1; DF; Primeira Turma; Relª Minª Regina Helena Costa; DJE 03/08/2017); AGRAVO INTERNO EM RECURSO ESPECIAL. PROCESSUAL CIVIL. PRESCRIÇÃO. MATÉRIA DE ORDEM PÚBLICA. AUSÊNCIA DE PRECLUSÃO. SÚMULA Nº 83/STJ. OFENSA AO ART. 32 DO CTN. SÚMULA Nº 7/STJ. 1. A jurisprudência do STJ firmou-se no sentido de que as matérias de ordem pública, tais como prescrição e decadência, nas instâncias ordinárias, podem ser reconhecidas a qualquer tempo, não estando sujeitas à preclusão. 2. No que concerne à citada afronta ao art. 32 do CTN, sob o argumento de que o IPTU não seria devido em virtude de ter ocorrido o esvaziamento econômico integral do imóvel, aplica-se o óbice da Súmula nº 7/STJ. Isso porque, ao decidir a controvérsia, o tribunal a quo consignou que não houve a desapropriação indireta. É inarredável a revisão do conjunto probatório dos autos para afastar as premissas fáticas estabelecidas pelo acórdão recorrido. 3. Agravo interno desprovido. (STJ; AgInt-AREsp 786.109; Proc. 2015/0239790-4; RJ; Segunda Turma; Rel. Min. Herman Benjamin; DJE 06/03/2017). V. tb.: TJSC; AC 0004565-17.2017.8.24.0018; Chapecó; Quinta Câmara de Direito Civil; Rel. Des. Luiz Cézar Medeiros; DJSC 15/12/2017; Pag. 180.

Capítulo VII
DA RECONVENÇÃO

Art. 343. Na contestação, é lícito ao réu propor reconvenção para manifestar pretensão própria, conexa com a ação principal ou com o fundamento da defesa.

→ *v.* Súmulas 237 e 258 do STF.

→ *v.* Súmula 292 do STJ.

→ *v.* Arts. 85, § 1º, 286, parágrafo único, 292, 324, § 2º, 329, parágrafo único e 702, § 6º do NCPC.

→ *v.* Art. 31 da Lei 9.099/1995.

→ *v.* Art. 36 da Lei 6.515/1977.

→ *v.* Art. 16, § 3º, da Lei 6.830/1980.

→ *v.* Enunciado 45 do FPPC: Para que se considere proposta a reconvenção, não há necessidade de uso desse **nomen iuris**, ou dedução de um capítulo próprio. Contudo, o réu deve manifestar inequivocamente o pedido de tutela jurisdicional qualitativa ou quantitativamente maior que a simples improcedência da demanda inicial.

Reconhecendo a preclusão consumativa para a reconvenção se a contestação foi apresentada no dia anterior:

✓ AGRAVO DE INSTRUMENTO. COMPROMISSO DE COMPRA E VENDA DE QUOTAS SOCIAIS E TRANSFERÊNCIA DE DIREITOS DE PERMISSÃO DE CASA LOTÉRICA. RECONVENÇÃO. Alegação de que a reconvenção é tempestiva quando apresentada dentro do prazo e ainda que no dia seguinte ao do protocolo da contestação. Regra do art. 343 do CPC/15. Inadmissibilidade. Precedentes. Mesmo adotando posicionamento flexível com vistas à efetividade do processo, contribuindo para o julgamento conjuntos das ações, o caso dos autos, entretanto, não permite a admissibilidade da reconvenção do agravante em virtude do retrocesso provocado à marcha processual, contrariando, com isso, a própria finalidade dessa modalidade de resposta do réu. Recurso improvido. (TJSP; AI 2011729-96.2017.8.26.0000; Ac. 10200781; São Paulo; Primeira Câmara Reservada de Direito Empresarial; Rel. Des. Hamid Bdine; Julg. 22/02/2017; DJESP 07/03/2017)

A apresentação de reconvenção em peça autônoma consiste em mera irregularidade, que não prejudica o seu conhecimento:

✓ AGRAVO DE INSTRUMENTO. AÇÃO INDENIZATÓRIA. RECONVENÇÃO. Reconvenção ofertada em peça autônoma, apesar do art. 343 do NCPC determinar sua apresentação na própria contestação. Possibilidade. Mera irregularidade formal. Precedentes deste Tribunal. Princípios da economia e celeridade processual e da segurança jurídica que devem ser prestigiados em detrimento do excesso de formalismo. Recurso provido. (TJSP; AI 2155171-57.2016.8.26.0000; Ac. 9935069; São Paulo; Vigésima Quinta Câmara de Direito Privado; Rel. Des. Hugo Crepaldi; Julg. 27/10/2016; DJESP 10/11/2016); RECURSO. AGRAVO DE INSTRUMENTO. PRESTAÇÃO DE SERVIÇOS. AÇÃO DE REPETIÇÃO DE INDÉBITO. RECONVENÇÃO. REJEIÇÃO LIMINAR. Insurgência contra a respeitável decisão que não conheceu a reconvenção protocolada em petição apartada, em razão da nova sistemática processual civil, que determina que o pedido reconvencional deve ser formulado no bojo da contestação. Reconvenção tempestiva, porém, apresentada de forma inadequada. Irregularidade sanável, que não acarreta prejuízo às partes. Aplicação do princípio da instrumentalidade das formas, previsto nos artigos 277 e 283, parágrafo único, do novo Código de Processo Civil. Concessão de prazo para que os recorrentes regularizem a propositura da reconvenção, nos moldes do artigo 343 do novo Código de Processo Civil. Decisão reformada. Recurso de agravo provido. (TJSP; AI 2135853-88.2016.8.26.0000; Ac. 9908217; São Paulo; Vigésima Quinta Câmara de Direito Privado; Rel. Des. Marcondes D' Ângelo; Julg. 20/10/2016; DJESP 27/10/2016)

Admitindo a reconvenção em ação rescisória:

✓ PROCESSUAL CIVIL E ADMINISTRATIVO. AÇÃO RESCISÓRIA E RECONVENÇÃO. AUTORA BENEFICIÁRIA DA JUSTIÇA GRATUITA. DISPENSA DE EFETIVAÇÃO DO DEPÓSITO PRÉVIO. PRELIMINARES REJEITADAS. PENSÃO ESPECIAL POR MORTE DE EX-COMBATENTE. FILHA. ART. 53, II, DO ADCT, DA CF/88. LEI Nº 8.069/90. INADMISSIBILIDADE DE ACUMULAÇÃO COM BENEFÍCIO PREVIDENCIÁRIO PAGO EM FUNÇÃO DA MESMA CONDIÇÃO OSTENTADA PELO INSTITUIDOR (MESMO FATO GERADOR). INCIDÊNCIA DA LEI VIGENTE À ÉPOCA DO ÓBITO DO EX-COMBATENTE. LEIS Nº 4.242/63 (ART. 30) E Nº 3.765/60 (ART. 26). INCAPACIDADE E IMPOSSIBILIDADE DE PROVER A PRÓPRIA SUBSISTÊNCIA NÃO DEMONSTRADAS. PERCEPÇÃO DE IMPORTÂNCIAS DOS COFRES PÚBLICOS (PENSÃO PREVIDENCIÁRIA DAS LEIS Nº 1.756/52 E 4.297/63). AUSÊNCIA DE DIREITO À PENSÃO ESPECIAL DO ADCT, DA CF/88. IMPROCEDÊNCIA DA AÇÃO RESCISÓRIA. PROCEDÊNCIA DA RECONVENÇÃO. 1. Ação rescisória, fundada no art. 966, V, do CPC/2015, através da qual a autora objetiva a desconstituição parcial de acórdão da Segunda Turma desta Corte Regional, que lhe reconheceu, na condição de filha de ex-combatente falecido, o direito à percepção de pensão especial, no valor do soldo de Segundo-Tenente das Forças Armadas, com base no art. 53, do ADCT, da CF/88, obstando-lhe, entretanto, a percepção cumulada desse benefício com a pensão por morte previdenciária de ex-combatente marítimo, que lhe fora deferida, com base nas Leis nº 1.756/52 e nº 4.297/63, também em razão do falecimento do seu genitor, permitindo-lhe a opção. (...) 7. É possível o manejo de reconvenção em ação rescisória, haja vista que o art. 343, do CPC/2015, não trouxe limitação a esse cabimento, tratando-se a reconvenção de ação invertida da parte ré contra a parte autora. 8.

Observa-se que a reconvenção foi deduzida na forma legal, dentro das razões da contestação da UNIÃO. Além de ter preenchido as condições específicas para a sua admissibilidade (existência de conexão entre as causas e de processo pendente, mesma competência e identidade de procedimento para ambas), a reconvenção também atendeu às exigências previstas na Lei para a formulação de pretensões rescisórias (art. 968, do CPC/2015), tendo sido respeitado o prazo decadencial para o ajuizamento da ação rescisória: o trânsito em julgado do processo originário ocorreu em 14.11.2014, ao passo que a reconvenção foi protocolizada em 25.07.2016. 9. Em sua reconvenção, a UNIÃO pretende desconstituir o acórdão, na parte em que reconheceu à autora, na condição de filha, a pensão especial por morte de ex-combatente, no valor do soldo de Segundo-Tenente das Forças Armadas, regulada pelo art. 53, II, do ADCT, da CF/88, e pela Lei nº 8.059/90. Alega, para tanto, que o acórdão violou a norma do art. 30, da Lei nº 4.242/63, aplicável à hipótese, considerando-se a data do óbito do instituidor, ocorrida em 1968. (...) 14. IMPROCEDÊNCIA do pedido da ação rescisória e PROCEDÊNCIA do pedido da reconvenção, desconstituindo-se o acórdão da AC nº 477789/RN e, em novo julgamento da demanda originária, conclui-se pela improcedência do pedido da autora. 15. Condenação da autora-reconvinda em honorários advocatícios, arbitrados em 10% (dez por cento) do valor atualizado da causa, de acordo com o § 2º, do art. 85, do CPC/2015, devendo dele a execução permanecer suspensa, enquanto persistir a situação de hipossuficiência econômica, segundo o art. 98, §§ 2º e 3º, do CPC/2015. (TRF 5ª R.; AR 0001158-55.2016.4.05.0000; RN; Tribunal Pleno; Rel. Des. Fed. Élio Wanderley de Siqueira Filho; DEJF 10/03/2017; Pág. 60)

Admitindo a reconvenção da reconvenção, desde que preenchidos os requisitos do art. 343 do CPC:

✓ AGRAVO DE INSTRUMENTO. RECONVENÇÃO DA RECONVENÇÃO. DISCUSSÃO DOUTRINÁRIA. POSSIBILIDADE. CONFIGURADA NO CASO CONCRETO. FUNDAMENTOS CONEXOS A MATÉRIA DE DEFESA. DECISÃO REFORMADA. 1. Nos termos do que determinar o art. 343 do CPC, na contestação, é lícito ao réu propor reconvenção para manifestar pretensão própria, conexa com a ação principal ou com o fundamento da defesa. 2. Em sendo a parte demandada incluída no feito, na qualidade litisconsorte passivo da ação, possibilitada está manejo dos meios de defesa previstos na norma processual civil. 3. Ao se tratar de reconvenção da reconvenção, ainda que se verifique a enorme discussão doutrinária sobre o tema, parte da doutrina entende pelo seu cabimento, quando condicionado às situações de reconvenção com fundamento na conexão com os fundamentos de defesa. 4. Em existindo conexão entre a causa principal e a reconvencional ou com os fundamentos da defesa, permitida, no caso concreto, o recebimento da reconvenção proposta pelo recorrente. 5. Recurso conhecido e provido. (TJDF; AGI 2016.00.2.035017-4; Ac. 980.772; Sétima Turma Cível; Relª Desª Gislene Pinheiro; Julg. 16/11/2016; DJDFTE 22/11/2016)

Entendendo que a deserção da reconvenção não é capaz de ensejar a sua nulidade:

✓ AÇÃO ANULATÓRIA CUMULADA COM INDENIZAÇÃO POR DANOS MORAIS. RECONVENÇÃO. RESPONSABILIDADE CIVIL. INSCRIÇÃO NEGATIVA. RELAÇÃO CONTRATUAL. COMPROVAÇÃO. ALTERAÇÃO DA VERDADE DOS FATOS. MULTA POR LITIGÂNCIA DE MÁ-FÉ. MANUTENÇÃO. HONORÁRIOS RECURSAIS. I. No caso, a sentença julgou improcedente a ação e procedente a reconvenção, sendo que a insurgência da parte autora cinge-se à litigância de má-fé, bem como em relação ao não conhecimento da reconvenção, cabendo a análise de tais questões, somente. II. Quanto à alegação de nulidade da reconvenção em razão de a reconvinte não ter recolhido as custas no momento oportuno, não assiste razão à requerente. Isso porque, o fato de a reconvenção estar deserta é incapaz, por si só, de gerar a nulidade pretendida, tratando-se de irregularidade que pode ser suprida ao final da lide, com o pagamento das custas pendentes. Ademais, tal arguição sequer foi aventada no momento apropriado, pois a contestação à reconvenção é completamente intempestiva. No caso, a autora-reconvinda apresentou contestação à reconvenção fora do prazo legal de 15 dias, previsto no art. 343, § 1º, do CPC. III. Outrossim, restou demonstrado que a autora não só detinha plena ciência da contratação, referente ao serviço de tratamento ortodôntico prestado pela ré, como também deixou de quitar grande parte do débito. Portanto, deve ser mantida a multa imposta pelo juízo a quo, tendo em vista estar caracterizado o dolo processual, ou seja, a intenção deliberada de alterar a verdade dos fatos, de acordo com o art. 80, II, do CPC. IV. De acordo com o art. 85, § 11, do CPC, ao julgar recurso, o tribunal deve majorar os honorários fixados anteriormente ao advogado vencedor, levando em conta o trabalho adicional realizado em grau recursal, observados os limites estabelecidos nos §§ 2º e 3º para a fase de conhecimento. Apelação desprovida. (TJRS; AC 0122553-49.2017.8.21.7000; Porto Alegre; Quinta Câmara Cível; Rel. Des. Jorge André Pereira Gailhard; Julg. 30/08/2017; DJERS 08/09/2017)

A falta de apreciação da reconvenção na sentença acarreta a nulidade da decisão:

✓ ALIENAÇÃO FIDUCIÁRIA REFERENTE A FIAT UNO, ANO 13. PURGA DA MORA NÃO EFETIVADA. R. SENTENÇA DE PROCEDÊNCIA. Apelo só da demandada. Incabível, observados os limites estreitos da ação de busca e apreensão, a revisão das cláusulas contratuais, ou mesmo de seus encargos, sendo certo que tais questões deveriam ser objeto de discussão em ação própria. Plena aplicação do CDC. Inteleção do art. 252 do Regimento Interno deste Tribunal. Negou-se provimento ao apelo da requerida. Embargos declaratórios opostos apenas pela requerida. De serem acolhidos os declaratórios da demandada, e isso a fim de dar provimento ao seu apelo, com o fito de anular a r. Sentença, que fora proferida sem a apreciação da reconvenção, tempestivamente. Ajuizada, com observância ao art. 343 do NCPC. (TJSP; EDcl 1002269-07.2017.8.26.0161/50000; Ac. 10850080; Diadema; Vigésima Sétima Câmara de Direito Privado; Rel. Des. Campos

Petroni; Julg. 03/10/2017; DJESP 16/10/2017; Pág. 3002); APELAÇÃO CÍVEL. ALIENAÇÃO FIDUCIÁRIA. AÇÃO DE BUSCA E APREENSÃO E RECONVENÇÃO. 1. Segundo o § 2º do artigo 343 do CPC/2015, a "desistência da ação ou a ocorrência de causa extintiva que impeça o exame de seu mérito não obsta ao prosseguimento do processo quanto à reconvenção". 2. Não tendo sido apreciada, pelo magistrado a quo, a reconvenção manejada pelo consumidor, impõe-se a desconstituição da sentença e a remessa dos autos à instância de origem para o saneamento da nulidade. Sentença desconstituída, de ofício. Apelação prejudicada. (TJRS; AC 0439750-75.2016.8.21.7000; Viamão; Décima Quarta Câmara Cível; Rel. Des. Mario Crespo Brum; Julg. 30/03/2017; DJERS 06/04/2017)

Impossibilidade de reconvenção versando sobre revisão contratual em sede de ação de busca e apreensão:

✓ ALIENAÇÃO FIDUCIÁRIA. AÇÃO DE BUSCA E APREENSÃO. ALEGAÇÕES VOLTADAS A QUESTIONAR ENCARGOS CONTRATUAIS. MATÉRIA ESTRANHA AO ÂMBITO DA LIDE, A SER OBJETO DE AÇÃO AUTÔNOMA. RECONVENÇÃO INCABÍVEL, POR INEXISTÊNCIA DE CONEXÃO COM A AÇÃO PRINCIPAL E COM A DEFESA POSSÍVEL (ART. 343 DO CPC). INADMISSÍVEL, PORTANTO, A ALEGAÇÃO DE CERCEAMENTO DE DEFESA. CARÊNCIA RECONHECIDA DE OFÍCIO, PREJUDICADO EM PARTE O RECURSO, QUE É IMPROVIDO QUANTO AO MAIS. 1. A ação de busca e apreensão objetiva possibilitar ao credor fiduciário consolidar o domínio e posse do bem. Qualquer discussão a respeito de temas relacionados à afirmação de cobrança de encargos excessivos, juros compostos ou quaisquer outras relacionadas às cláusulas, inclusive quanto à aplicabilidade das normas do Código de Defesa do Consumidor, é estranha a essa demanda, cabendo à parte, se o caso, a propositura de ação específica para a discussão do tema, o que efetivamente ocorreu. 2. Fixada essa premissa, incabível se apresenta o pleito reconvencional objetivando discutir exatamente esses temas, pois inadmissíveis na açao principal e defesa. 3. Diante desse contexto, nenhum fundamento existe para cogitar de cerceamento de defesa, ausente que estava a necessidade de dilação probatória, o que bem justificou a realização do julgamento antecipado. ALIENAÇÃO FIDUCIÁRIA. AÇÃO DE BUSCA E APREENSÃO. PEDIDO DE PRESTAÇÃO DE CONTAS APÓS A VENDA DO VEÍCULO. INADMISSIBILIDADE. POSSIBILIDADE DE QUESTIONAMENTO APENAS POR AÇÃO AUTÔNOMA. RECURSO IMPROVIDO. Alcançando a credora fiduciária a consolidação do domínio e posse do bem, como decorrência de sua recuperação após a resolução do contrato de alienação fiduciária, tem a possibilidade de realizar a venda extrajudicial sem prévio conhecimento da devedora fiduciante, a quem cabe ampla possibilidade de questionamento por ação autônoma. (TJSP; APL 1005337-98.2016.8.26.0322; Ac. 10656176; Lins; Trigésima Primeira Câmara de Direito Privado; Rel. Des. Antonio Rigolin; Julg. 03/08/2017; DJESP 07/08/2017; Pág. 2511)

Possibilidade de reconvenção em ação declaratória de inexigibilidade de titulo de crédito visando à sua cobrança:

✓ TÍTULOS DE CRÉDITO. AÇÃO DECLARATÓRIA DE INEXIGIBILIDADE DE DÉBITO E RECONVENÇÃO. DUPLICATAS. Cerceamento do direito de produzir provas não configurado. O julgamento antecipado da lide não implicou cerceamento do direito de produzir provas. A análise da tese e da antítese, em cotejo com as provas documentais acostadas aos autos, já permite a formação do livre convencimento motivado para solução da controvérsia. Reconvenção em ação declaratória de inexigibilidade de título de crédito. Conexão com o fundamento da defesa. Interesse processual presente. Admissível a reconvenção oferecida por réu em ação declaratória de inexigibilidade de título, ante a conexão com a ação principal e o fundamento de defesa apresentado na contestação, como exigido pelo art. 343 do Código de Processo Civil. No caso concreto, a ação principal tem por objeto dívida referente a duplicatas que a autora/reconvinda busca ver declaradas inexigíveis. Dívida esta que é cobrada pela ré/reconvinte, com fundamento na exigibilidade do referido crédito. Exigibilidade do débito estampado nas duplicatas. Há farta prova documental comprovando a compra e venda e a entrega da mercadoria à autora/reconvinda. De outro lado, não há nem um mínimo de prova da alegada discrepância da mercadoria entregue, nem de sua devolução. Apelação não provida. (TJSP; APL 0000561-06.2016.8.26.0635; Ac. 10477192; São Paulo; Décima Segunda Câmara de Direito Privado; Relª Desª Sandra Galhardo Esteves; Julg. 31/05/2017; DJESP 08/06/2017; Pág. 2493)

Inadmitindo a reconvenção para regulamentação de visitas em ação de alimentos por ausência de conexão:

✓ AGRAVO DE INSTRUMENTO. AÇÃO DE ALIMENTOS. RECONVENÇÃO PARA REGULAMENTAÇÃO DE VISITAS PATERNAS. NÃO RECEBIMENTO. AUSÊNCIA DE CONEXÃO. MANUTENÇÃO. Caso em que o recebimento da reconvenção, cujo objeto é a regulamentação de visitas paternas, esbarra na ausência de conexão com a ação principal, cujo objeto é a fixação de alimentos em favor das filhas menores, estando a decisão questionada amparada no art. 343 do NCPC. Agravo de instrumento desprovido. (TJRS; AI 0108532-05.2016.8.21.7000; Ivoti; Oitava Câmara Cível; Rel. Des. Ricardo Moreira Lins Pastl; Julg. 02/06/2016; DJERS 07/06/2016)

§ 1º Proposta a reconvenção, o autor será intimado, na pessoa de seu advogado, para apresentar resposta no prazo de 15 (quinze) dias.

§ 2º A desistência da ação ou a ocorrência de causa extintiva que impeça o exame de seu mérito não obsta ao prosseguimento do processo quanto à reconvenção.

→ V. Súmula 240 do STJ.

§ 3º A reconvenção pode ser proposta contra o autor e terceiro.

v. Enunciado 674 do FPPC. A admissibilidade da reconvenção com ampliação subjetiva não se restringe às hipóteses de litisconsórcio necessário.

A reconvenção pode ser proposta contra terceiro, mas apenas se este estiver em litisconsórcio com o autor da demanda principal:

✓ APELAÇÕES CÍVEIS. DIREITO PRIVADO NÃO ESPECIFICADO. AÇÃO DE OBRIGAÇÃO DE FAZER E RECONVENÇÃO. APELO DA AUTORA NÃO CONHECIDO POR AUSÊNCIA DE INTERESSE RECURSAL. INDEFERIMENTO DA PETIÇÃO INICIAL DA AÇÃO PRINCIPAL, DE OFÍCIO. APELO DAS RECONVINDAS PROVIDO. EXTINÇÃO DA DEMANDA RECONVENCIONAL POR AUSÊNCIA DE PRESSUPOSTOS DE CONSTITUIÇÃO E DE DESENVOLVIMENTO VÁLIDO E REGULAR DO PROCESSO. I. Apelo da autora da ação principal não conhecido por ausência de interesse recursal. Caso em que postulada, pela própria autora da ação principal, o acolhimento da preliminar de inépcia da petição inicial formulada pela parte adversa. II. Deve ser reconhecida a inépcia da petição inicial quando da narração dos fatos narrados não decorre lógica conclusão. Indeferimento da petição inicial da ação principal reconhecida de ofício, fulcro no inciso III do §1º do artigo 330 do CPC. Caso em que deduzido pedido contra pessoa que não integra polo passivo da demanda. III. É possível a propositura de reconvenção contra terceiro que não faz parte da lide, desde que em litisconsórcio passivo com o autor da ação principal – Exegese do §3º do artigo 343 do código de processo civil. **In casu**, proposta demanda reconvencional de forma exclusiva contra terceiro que não integra a lide principal, deve ser extinta a ação autônoma por ausência de pressupostos de constituição e de desenvolvimento válido e regular do processo. Apelo da autora não conhecido. Apelo das reconvindas provido. (TJRS; AC 0278256-70.2017.8.21.7000; Ijuí; Décima Sétima Câmara Cível; Relª Desª Liege Puricelli Pires; Julg. 23/11/2017; DJERS 01/12/2017)

Admitindo a reconvenção contra o franqueado e o seu fiador para demandar o adimplemento de obrigação cobrada pelo réu (franqueador) da demanda originária:

✓ CIVIL E PROCESSUAL CIVIL. AGRAVO DE INSTRUMENTO. AÇÃO DE RESCISÃO DE CONTRATO DE FRANQUIA. RECONVENÇÃO DA FRANQUEADORA. COBRANÇA DE DIVIDAS DERIVADAS DO MESMO CONTRATO. PEDIDO DE CITAÇÃO DOS FIADORES NA RECONVENÇÃO. INDEFERIMENTO. DECISÃO CONTRARIA AO TEXTO NORMATIVO VIGENTE. ARTIGO 343, §3º. PREVISÃO LEGAL QUE ADMITE A INCLUSÃO DE TERCEIRO ESTRANHO À RELAÇÃO PROCESSUAL NO PEDIDO DE RECONVENÇÃO. RESPONSABILIDADE DOS FIADORES PELA DÍVIDA DESCRITA NO CONTRATO. LITISCONSÓRCIO COM O DEVEDOR PRINCIPAL. ARTIGO 113, INCISO I, DO CPC. RECURSO CONHECIDO E PROVIDO. DECISÃO REFORMADA. 1. Merece reforma a decisão que indefere o ajuizamento de pedido reconvencional contra terceiro que fiador da parte autora e, portanto, responsável pelo adimplemento da obrigação postulada na reconvenção, pois o artigo 343, §3º, do Novo Código de Processo Civil, admite, de forma literal e expressa, a inclusão de litisconsorte passivo em sede de reconvenção, dispondo que "A reconvenção pode ser proposta contra o autor e terceiro". 2. Considerando que, nos temos do artigo 818 do Código de Civil, ?pelo contrato de fiança, uma pessoa garante satisfazer ao credor uma obrigação assumida pelo devedor, caso este não a cumpra?, os fiadores da agravada são, em tese, corresponsáveis pelo pagamento do suposto débito objeto do pedido reconvencional da agravante, legitimando sua inclusão no polo passivo da reconvenção, como litisconsortes, nos moldes do artigo 113, inciso I, do Código de Processo Civil. 3. Recurso conhecido e provido. Decisão reformada. (TJDF; Proc. 0705.50.5.662017-8070000; Ac. 104.4103; Sexta Turma Cível; Rel. Des. Alfeu Machado; Julg. 04/09/2017; DJDFTE 20/09/2017)

Limitando o terceiro referido no § 3º ao litisconsorte necessário ou, desde que haja pelo menos conexão, ao litisconsorte facultativo:

✓ AGRAVO DE INSTRUMENTO. COBRANÇA. PRESTAÇÃO DE SERVIÇO MÉDICO-HOSPITALARES EM ESTABELECIMENTO PARTICULAR. RECONVENÇÃO. PRETENSÃO DOS RECONVINTES EM RESPONSABILIZAR O ESTADO. INADEQUAÇÃO DA VIA ELEITA. § 3º DO ART. 343 DO CPC. IMPOSSIBILIDADE, ADEMAIS, DE RECEBIMENTO NA FORMA DE DENUNCIAÇÃO À LIDE. FATO NOVO (RECUSA DE ATENDIMENTO NA REDE PÚBLICA) DEPENDENTE DE INSTRUÇÃO. OFENSA À ECONOMIA E CELERIDADE PROCESSUAIS. RECURSO IMPROVIDO. O termo "terceiro" citado no § 3º do art. 343 do código de processo civil, é "aplicável aos casos de litisconsórcio necessário (simples ou unitário) entre o autor reconvindo e um terceiro. e sua aplicabilidade ao litisconsórcio facultativo só se justifica quando se der, no mínimo, por conexão. senão decorrer de um caso de colegitimação (unitariedade)" (DIDIER JUNIOR, Fredie. Curso de Direito Processual Civil. v. 1. Juspodivm, 2015, p. 659). não comprovada de plano a recusa de atendimento de paciente hipossuficiente pela rede pública, indefere-se a denunciação à lide dos entes estatais em ação de cobrança proposta por hospital particular pela prestação de serviços médico-hospitalares, tendo em vista a necessidade de se perquirir fato novo, dependente de instrução, com franco prejuízo ao regular andamento da ação proposta pelo autor e, por conseguinte, aos princípios da celeridade e da efetividade. recurso improvido. (TJMS; AI 1408402-85.2017.8.12.0000; Quarta Câmara Cível; Rel. Des. Dorival Renato Pavan; DJMS 07/11/2017; Pág. 80)

§ 4º A reconvenção pode ser proposta pelo réu em litisconsórcio com terceiro.

→ *v.* Enunciado 46 do FPPC: A reconvenção pode veicular pedido de declaração de usucapião, ampliando subjetivamente o processo, desde que se observem os arts. 259, I, e 327, § 1º, II.

→ *v.* Enunciado 629 do FPPC: Se o réu reconvier contra o autor e terceiro, o prazo de contestação à reconvenção, para ambos, iniciar-se-á após a citação do terceiro.

§ 5º Se o autor for substituto processual, o reconvinte deverá afirmar ser titular de direito em face do substituído, e a reconvenção deverá ser proposta em face do autor, também na qualidade de substituto processual.

§ 6º O réu pode propor reconvenção independentemente de oferecer contestação.

Capítulo VIII
DA REVELIA

Art. 344. Se o réu não contestar a ação, será considerado revel e presumir-se-ão verdadeiras as alegações de fato formuladas pelo autor.

→ *v.* Art. 20 da Lei 9.099/1995.

→ *v.* Arts. 72, II, 503, § 1º, II 525, § 1º, I, e 963, II, do NCPC.

Apontando que a presunção decorrente da revelia é relativa:

✓ APELAÇÃO DO RÉU. NÃO CONHECIMENTO. PROTOCOLO DE FOTOCÓPIA. APRESENTAÇÃO POSTERIOR DO ORIGINAL. IRREGULARIDADE FORMAL DO RECURSO. APELAÇÃO AUTORAL. DIREITO DO CONSUMIDOR. INSCRIÇÃO EM CADASTRO RESTRITÍCIO. REVELIA. DANO MORAL CONFIGURADO. ADEQUAÇÃO DO QUANTUM INDENIZATÓRIO. APELO PROVIDO PARCIALMENTE. O recurso do Réu carece de pressuposto extrínseco de admissibilidade posto que foi apresentado através de fotocópia. A jurisprudência consolidada do Superior Tribunal de Justiça aponta para a impossibilidade de apresentação de recurso cujas respectivas petições de interposição e razões não estejam subscritas de forma direta pelo advogado ou procurador judicial. Ainda que se admita, por analogia, a aplicação da Lei nº 9.800/90, é necessário que os originais sejam apresentados nos autos, necessariamente, no prazo legal de 05 (cinco) dias. Nos termos do art. 2ª da referida Lei. A decretação da revelia pelo Julgador primevo, gera a presunção relativa de veracidade dos fatos alegados pelo Autor na exordial, conforme disposto no artigo 344 do CPC, devendo referidas alegações fáticas serem consideradas verdadeiras caso o conjunto probatório não traga elementos aptos a contraditá-las. Danos morais que se dá in re ipsa, ou seja, prescindindo da efetiva comprovação de sua existência. Logo, por conseguinte, devida a indenização. Valor da indenização que deve proporcionar à vítima satisfação na justa medida do abalo sofrido, produzindo no agente do ilícito impacto suficiente para dissuadi-lo de igual procedimento, forçando-o a adotar cautela maior em situações como a descrita nestes autos. Adequação do valor arbitrado no 1º Grau (R$3.000,00. Três mil reais). Termo inicial dos juros moratórios deslocados de ofício para a data do evento danoso. Súmula nº 54 do c. STJ. Apelação parcialmente provida. (TJPE; APL 0097851-37.2013.8.17.0001; Rel. Des. Cândido José da Fonte Saraiva de Moraes; Julg. 13/12/2017; DJEPE 05/01/2018); APELAÇÃO CÍVEL. OUTORGA DE ESCRITURA PÚBLICA. REVELIA. PRESUNÇÃO RELATIVA DE VERACIDADE. PREVALÊNCIA DA OBRIGAÇÃO DA PARTE AUTORA DE COMPROVAR OS FATOS CONSTITUTIVOS DO DIREITO PRETENDIDO. CONTRATO DE COMPRA E VENDA DE IMÓVEL. AUSÊNCIA DE PROVAS DA QUITAÇÃO. OUTORGA INDEFERIDA. A teor do art. 344 do Código de Processo Civil de 2015, sendo o réu revel, reputam-se verdadeiras as alegações de fatos formuladas na inicial. Contudo, trata-se de presunção relativa, que não exime a parte autora da obrigação instituída no art. 373, I, do CPC/2015, de comprovar os fatos constitutivos do direito pretendido. Não tendo a parte autora conseguido comprovar, efetivamente, a quitação das parcelas do contrato de compra e venda firmado entre as partes, não há como ser deferida em seu favor a outorga da escritura pública do imóvel objeto da avença. (TJMG; APCV 1.0394.13.001513-1/001; Rel. Des. Arnaldo Maciel; Julg. 12/09/2017; DJEMG 15/09/2017)

Ressaltando que a revelia não acarreta a automática procedência do pedido:

✓ APELAÇÃO CÍVEL. AÇÃO INDENIZATÓRIA. DANO MORAL. OFENSAS PELA INTERNET. REVELIA. PRESUNÇÃO RELATIVA DE VERACIDADE. DOCUMENTOS JUNTADOS COM CONTESTAÇÃO E RECONVENÇÃO INTEMPESTIVAS. PROVAS CONTRAPOSTAS ÀS ALEGAÇÕES DO AUTOR PRODUZIDAS A TEMPO. AUSÊNCIA DE IRREGULARIDADE. IMPROCEDÊNCIA DO PEDIDO. ÔNUS DA SUCUMBÊNCIA. DISTRIBUIÇÃO. 1. Apelação interposta da r. Sentença, que, em ação de indenização por dano moral, julgou improcedente o pedido inicial e condenou o autor ao pagamento dos ônus da sucumbência. 2. A presunção de veracidade advinda da decretação da revelia não é absoluta nem enseja a automática procedência do pedido inicial, artigos 344 e 345 do CPC/2015. Além disso, a medida não impede o réu de produzir provas contrapostas às alegações do autor. Desde que se faça representar nos autos a tempo de praticar os atos processuais indispensáveis a essa produção. , tampouco obsta a iniciativa probatória do Juiz, na tentativa de busca da verdade real, artigos 349 e 370 do CPC/2015. 3. No presente caso, não se verifica irregularidade no julgamento de improcedência do pedido inicial pelo simples fato de estar fundado em documentos juntados com a contestação e a reconvenção intempestivas. Isso porque tais documentos foram produzidos no momento processual adequado, ou seja, durante a fase postulatória, na qual é dado ao autor e ao réu a produção de prova documental. 4. O autor responde sozinho pelos ônus da sucumbência, haja vista que o pedido inicial foi julgado improcedente e a reconvenção sequer foi processada. 5. Apelação do autor conhecida e desprovida. (TJDF; APC 2015.01.1.033145-6; Ac. 106.6016; Segunda Turma Cível; Rel. Des. César Loyola; Julg. 06/12/2017; DJDFTE 20/12/2017); ARBITRAMENTO DE HONORÁRIOS ADVOCATÍCIOS. REVELIA DECRETADA. PRESUNÇÃO RELATIVA. CONTRATAÇÃO DE ADVOGADO. NEGATIVA DE PAGAMENTO SEM JUSTA CAUSA. VALOR FIXADO DE ACORDO COM O TRABALHO DESEMPENHADO PELO CAUSÍDICO. INAPLICABILIDADE DO ART. 85, §2º, DO CPC/15. SENTENÇA MANTIDA. RECURSO DESPROVIDO. No caso, sendo o réu revel, é certo que deve militar a presunção relativa de veracidade dos fatos narrados na inicial, tal como preconizado no art. 344, do CPC/15, não havendo que se falar em procedência total da demanda apenas em função da revelia decretada. Na falta de estipulação ou de acordo, os honorários são fixados por arbitramento judicial, em remuneração compatível com o trabalho e o valor econômico da questão. Inteligência do art. 22, §2º, do Estatuto da OAB. Nas hipóteses de ação de arbitramento de honorários não se aplica a regra de percentual sobre o valor da causa ou condenação disposta no §2º, do art. 85, do CPC/15, devendo o magistrado se ater aos critérios qualitativos do causídico durante a sua participação no feito, a fim de arbitrar os honorários de forma justa, razoável e proporcional, consoante se observou na espécie. (TJMT; APL 127173/2017; Capital; Rel. Des. Carlos Alberto Alves da Rocha; Julg. 13/12/2017; DJMT 18/12/2017; Pág. 179)

<u>Apontando que o pedido contra o revel pode ser julgado improcedente se os fatos presumidos conduzirem a consequências jurídicas diversas das pretendidas pelo autor:</u>

✓ EMBARGOS DE DECLARAÇÃO. EXISTÊNCIA DE OMISSÃO. VÍCIO SANADO. Os embargos de declaração possuem a finalidade de esclarecer obscuridade, eliminar contradição, suprir omissão ou corrigir erro material existente na decisão judicial. No caso concreto, houve omissão, vício que deve ser sanado. Revelia. A revelia induz presunção de veracidade dos fatos articulados na petição inicial (art. 344 do CPC/15), mas não implica necessariamente a procedência do pedido. Isso porque os fatos fictamente provados podem conduzir a consequências jurídicas distintas daquelas pretendidas pelo autor ou pode existir algum fato capaz de obstar os efeitos da revelia. Enfrentamento de todos os argumentos deduzidos no processo. O julgador não precisa rebater todos os argumentos deduzidos pelas partes, sendo obrigado a analisar apenas aqueles que são relevantes, ou seja, os argumentos capazes de alterar a conclusão da decisão judicial. Inteligência do art. 489, § 1º, IV, do CPC/2015. Embargos de declaração parcialmente acolhidos. (TJRS; EDcl 0321582-80.2017.8.21.7000; São Leopoldo; Décima Nona Câmara Cível; Rel. Des. Marco Antonio Angelo; Julg. 14/12/2017; DJERS 18/12/2017)

<u>Considerando que, mesmo com a decretação da revelia, o juiz pode se convencer de forma distinta daquele pretendida pelo autor:</u>

✓ APELAÇÃO CÍVEL. DIVÓRCIO. PARTILHA. INSUFICIÊNCIA DE ELEMENTOS DE CONVENCIMENTO. REVELIA. PRESUNÇÃO RELATIVA DE VERACIDADE DOS FATOS AFIRMADOS PELA PARTE AUTORA. A precariedade probatória acerca da existência da edificação (casa) tal como afirmada pela autora, bem como a ausência de elementos de convencimento de que tenha sido realizada a expensas dos litigantes durante o casamento, em que pese sobre terreno alheio, resulta que nenhum direito de meação pode ser a ela concedido. A circunstância de o demandado não ter apresentado contestação, não significa, ipso facto, a procedência dos pedidos da parte autora, porquanto nos termos do art. 344 do CPC a revelia faz presumir verdadeiras as alegações de fato formuladas pelo autor, de modo que pode o julgador se convencer em sentido diverso, como é o caso, não significando que esteja forçado a, impositivamente, proferir sentença de procedência do pedido. Negaram provimento. Unânime. (TJRS; AC 0294215-81.2017.8.21.7000; Porto Alegre; Oitava Câmara Cível; Rel. Des. Luiz Felipe Brasil Santos; Julg. 07/12/2017; DJERS 14/12/2017)

<u>Ressalvando as questões de direito e de ordem pública dos efeitos materiais da revelia:</u>

✓ APELAÇÃO CÍVEL. CONTESTAÇÃO INTEMPESTIVA. REVELIA CONFIGURADA. LIBERDADE DE MANIFESTAÇÃO DO PENSAMENTO E EXPRESSÃO. DANO MORAL. NÃO CONFIGURADO. MAJORAÇÃO DE HONORÁRIOS, ARTIGO 85, § 11, DO CPC. RECURSO DESPROVIDO. 1. A presunção de veracidade dos fatos disciplinada no artigo 344 do CPC é relativa, devendo ser cotejada com elementos de prova constantes nos autos. 2. Não há óbice legal para que referida peça e os documentos que a acompanham sejam mantidos nos autos. A ocorrência da revelia induz a veracidade da matéria fática, no entanto, não alcança as questões de direito de ordem pública. 3. A liberdade de pensamento e de expressão, prevista nos artigos 5º, incisos IV, IX, e XIV e 220 da Constituição Federal, devem ser exercidas sem lesionar os direitos da personalidade, previsto no inciso X, também do artigo 5º da Constituição, sob pena de cometimento de ato ilícito, cuja indenização cabível também é garantida pela Constituição Federal, em seu artigo 5º, inciso V, e pelo Código Civil, em seus artigos 186 e 927. 4. À luz dos fundamentos apresentados, não houve, no caso vertente, exercício abusivo da liberdade de manifestação do pensamento e de expressão, motivo pelo qual inexiste conduta ilícita imputável à requerida. Não há falar, portanto, em responsabilização civil, porquanto ausente o requisito previsto nos artigos 186 e 927 do Código Civil. 5. Recurso conhecido e desprovido. Sentença mantida. (TJDF; APC 2016.01.1.012190-4; Ac. 101.0969; Quinta Turma Cível; Rel. Des. Silva Lemos; Julg. 05/04/2017; DJDFTE 09/05/2017)

<u>Exigindo suporte probatório mínimo para que se opere a presunção decorrente da revelia:</u>

✓ APELAÇÃO CÍVEL. AÇÃO DE COBRANÇA. CONTRATO DE PRESTAÇÃO DE SERVIÇOS DE EMPREI-

TADA. ILEGITIMIDADE ATIVA. REJEIÇÃO. NULIDADE CITAÇÃO. QUESTÃO JÁ DECIDIDA. REVELIA. PRESUNÇÃO RELATIVA DE VERACIDADE. ÔNUS DA PROVA DO AUTOR. INADIMPLENCIA CONTRATUAL. COMPROVAÇÃO. DANOS MATERIAIS PARCIALMENTE DEVIDOS". Uma vez comprovada a relação jurídica existente entre as partes, clara está a legitimidade ativa da apelada. É defeso à parte rediscutir no curso do processo as questões já decididas por acórdão dessa corte, a cujo respeito não foi interposto recurso a tempo e modo. Tratando-se de revelia, o artigo 344 do CPC/15 dispõe que presumem-se verdadeiras as alegações de fato afirmados pelo autor, mas, desde que as provas ora produzidas estejam aptas a comprovar o que foi por ele alegado. Nos termos do art. 373 do CPC/15, tratando-se de distribuição do ônus da prova, compete ao autor provar os fatos constitutivos do seu direito e ao réu, os fatos modificativos, extintivos ou impeditivos do direito do autor. (TJMG; APCV 1.0525.12.020526-1/003; Rel. Des. Pedro Aleixo; Julg. 01/11/2017; DJEMG 10/11/2017); APELAÇÃO CÍVEL. AÇÃO DE COBRANÇA. EXPURGOS. REVELIA. EFEITOS. ÔNUS DA PROVA. AUSÊNCIA DE COMPROVAÇÃO DA EXISTÊNCIA DA CONTA À ÉPOCA. COMPROMETIMENTO DA PRESTAÇÃO JURISDICIONAL. SENTENÇA MANTIDA. O efeito previsto no art. 344, do CPC, não é absoluto e tampouco importa na procedência automática do pedido, já que pode ceder diante dos elementos presentes nos autos. Assim sendo, não se reputa cabível a aplicação da presunção de veracidade prevista no art. 344 do CPC, quando se tratar de ação de cobrança de expurgos inflacionários, e for inexistente qualquer indício de prova da existência da conta poupança à época, já que o julgamento depende da prova da existência da conta e de seus dados, para que a partir de então seja analisada a possível incidência o expurgo reclamado. Não se desincumbindo o autor de provar os fatos constitutivos do seu direito, afasta-se a responsabilidade da parte requerida, já que não há falar em inversão do ônus da prova para compelir o réu à apresentação de extrato de conta poupança à época dos expurgos inflacionários, uma vez ter restado comprovado que a abertura da conta ocorreu somente em 1995. (TJMG; APCV 1.0027.09.177838-4/001; Rel. Des. Alberto Henrique; Julg. 26/10/2017; DJEMG 10/11/2017)

<u>Reconhecendo que, mesmo em ação monitória, a revelia não impede o juiz de avaliar as condições da ação:</u>

✓ MONITÓRIA. PRESTAÇÃO DE SERVIÇOS EDUCACIONAIS. Caracterizada a revelia. Prova escrita que possibilita o pedido monitório. SENTENÇA DE PROCEDÊNCIA, "reconhecendo como título executivo o contrato que segue com a inicial, convertendo-se o mandado e o rito para execução". Presunção que decorre do disposto no artigo 344 do Código de Processo Civil que não impede o Magistrado de apreciar as condições da ação. Ausente prova escrita que possibilite o pedido monitório. Documentos não subscritos pelas Requeridas. Ausente o interesse processual. RECURSO DAS REQUERIDAS PROVIDO, PARA JULGAR EXTINTO O PROCESSO, COM FULCRO NO ARTIGO 267, INCISO VI, DO ANTIGO CÓDIGO DE PROCESSO CIVIL, E PARA CONCEDER O BENEFÍCIO DA GRATUIDADE PROCESSUAL ÀS REQUERIDAS. (TJSP; APL 1037943-74.2013.8.26.0100; Ac. 10220784; São Paulo; Trigésima Quinta Câmara de Direito Privado; Rel. Des. Flavio Abramovici; Julg. 06/03/2017; DJESP 10/03/2017)

<u>Ausência de amparo legal para se determinar o desentranhamento da contestação do réu revel:</u>

✓ APELAÇÃO CÍVEL. AÇÃO DE PRESTAÇÃO DE CONTAS. CONTESTAÇÃO INTEMPESTIVA. REVELIA. DESENTRANHAMENTO DA CONTESTAÇÃO E DOCUMENTOS. DESNECESSIDADE. RECURSO NÃO PROVIDO. A prestação de contas cabe a todos aqueles que administram bens e patrimônio de terceiros e mesmo bens comuns, não sendo exigível aos bens particulares. Inexistindo irregularidades na citação pessoal da parte, por meio de Oficial de Justiça, deve ser reconhecida a intempestividade da contestação apresentada fora prazo legal. Os efeitos da revelia, previstos no art. 344, do CPC, não induzem à procedência dos pedidos formulados na inicial e nem impedem o exame de outras circunstâncias constantes dos autos, conforme o princípio do livre convencimento do juiz. A manutenção da contestação nos autos não prejudica a parte autora, haja vista que tal peça será apreciada apenas quanto às questões de direito, não sendo possível ao demandado a produção de prova a respeito dos fatos por ele alegados. Os documentos que instruem a contestação também devem permanecer nos autos já que é lícito às partes juntar documentos novos a qualquer momento, conforme preceitua o art. 435 do CPC. (TJMG; APCV 1.0080.14.002231-2/001; Rel. Des. Belizário Antônio de Lacerda; Julg. 02/05/2017; DJEMG 10/05/2017). No mesmo sentido: AGRAVO DE INSTRUMENTO. REVELIA. JUNTADA DO CONTRATO SOCIAL. DÚVIDAS QUANTO À REPRESENTAÇÃO DA PESSOA JURÍDICA. POSSIBILIDADE. DETERMINAÇÃO DE DESENTRANHAMENTO DA CONTESTAÇÃO, RECONVENÇÃO E DOCUMENTOS ACOSTADOS QUE FOGE DOS EFEITOS DA REVELIA. REFORMA PARCIAL1. Corriqueiramente, não é imprescindível, porém é prudente, a juntada do contrato social da pessoa jurídica que outorga a procuração, sendo, apenas, indispensável quando há dúvida acerca do credenciamento da pessoa que outorgou o mandato de procuração. 2 no caso dos autos, em razão das dúvidas suscitadas pela parte autora da ação original e, em face da inércia da empresa ré em não ter sanado o questionamento promovido, mesmo após efetiva intimação com esta finalidade, deve ser mantido o comando oriundo do 1º grau de jurisdição. 3. A decretação da revelia não implica na necessidade de desentranhamento das peças e documentos acostados pela parte ré, até porque, como se sabe, o réu revel pode ingressar nos autos a qualquer tempo, recebendo-o no estado em que se encontra, podendo, inclusive, promover a produção de provas. Recurso conhecido e parcialmente provido. Decisão unânime. (TJAL; AI 0803049-63.2015.8.02.0000; Primeira Câmara Cível; Rel. Des. Fernando Tourinho de Omena Souza; DJAL 01/04/2016; Pág. 116); CIVIL E PROCESSUAL CIVIL. APELAÇÃO. PRELIMINAR DE INTEMPESTIVIDADE DA CONTESTAÇÃO. DESENTRANHAMENTO DA PETIÇÃO. DESNECESSÁRIO. REVELIA. PRESUNÇÃO RELATIVA. ENERGIA ELÉTRICA. AÇÃO CIVIL PÚBLICA. PROIBIÇÃO DE COBRANÇA DE FATURAS.

INEXISTÊNCIA DE PROVA DE QUITAÇÃO. REPETIÇÃO DE INDÉBITO INDEVIDA. DANOS MORAIS. MERO ABORRECIMENTO. INEXISTÊNCIA DO DEVER DE INDENIZAR. RECURSO CONHECIDO E NÃO PROVIDO 1. Desnecessário o desentranhamento de contestação protocolada fora do prazo, posto que a revelia importa tão-somente na presunção relativa de veracidade dos fatos alegados, sendo certo que as questões de direito podem e devem ser analisadas, independentemente de sua apresentação e o réu revel pode intervir no processo em qualquer fase, recebendo-o no estado em que se encontra, nos termos do disposto no art. 322doCPC/73 (art. 346, do CPC/2015). 2. Existência de sentença proferida na Ação Civil Pública. Proc. n. 1452007 proibindo a cobrança de faturas de energia elétrica referente ao ano de 2008 aos consumidores dos municípios de Arraial e de Francisco Ayres. 3. Incabível a repetição em dobro do valor despendido posto não haver provas nos autos do efetivo pagamento de contas de energia elétrica. 4. Pedido de indenização por danos morais incabível, pois inexistentes os requisitos ensejadores do dever de indenizar. Mero aborrecimento pela cobrança indevida e ameaça de inclusão no SPC/SERASA. 5. Recurso conhecido e não provido à unanimidade. (TJPI; AC 2015.0001.011193-7; Quarta Câmara Especializada Cível; Rel. Des. Raimundo Nonato da Costa Alencar; DJPI 31/03/2017; Pág. 55)

<u>Contra, entendendo ser possível determinar o desentranhamento da contestação do réu revel:</u>

✓ APELAÇÃO CÍVEL. AÇÃO DE NUNCIAÇÃO DE OBRA NOVA. REVELIA. DESENTRANHAMENTO DA CONTESTAÇÃO. POSSIBILIDADE. REQUERIMENTO DE PRODUÇÃO DE PROVAS FORMULADO NA PETIÇÃO DESENTRANHADA. NÃO APRECIAÇÃO. CONSTRUÇÃO PRÓXIMA AO MURO VIZINHO. IRREGULARIDADES. RECURSO DESPROVIDO. SENTENÇA MANTIDA. I – O c. STJ manifesta o entendimento de que a contestação protocolada intempestivamente pode ser desentranhada dos autos, face à decretação da revelia; II – Ainda que o réu possa produzir provas antes do final da fase instrutória, tem-se que sendo intempestiva a sua contestação, não deve ser apreciado o requerimento de provas nela contido; III – Mantém-se inalterado o comando exarado pela Magistrada a quo que determinou o desentranhamento da contestação apresentada pelo Apelante e rejeita-se a alegação de violações ao devido processo legal e à igualdade das partes, eis que reconhecida a sua revelia, não havendo que se falar em anulação da sentença e na determinação de retorno dos autos para a reabertura da fase instrutória. IV – No tocante ao mérito, verifica-se que o Município de Guarapari, através da sua Secretaria de Fiscalização, em resposta ao ofício expedido pela Magistrada a quo, informou que a construção erigida pelo Apelante seria irregular, motivo pelo qual destacou que ingressaria com a competente ação demolitória, circunstância que demonstra que a construção do Apelante não fora devidamente licenciada, dando azo para que as irregularidades verificadas quanto ao direito de vizinhança ganhassem força, sobretudo quando se observa as imagens constantes às fls. 19/24, as quais demonstram que o Apelante teria sustentado as telhas da sua garagem no muro divisório já existente, infringindo o quanto disposto nos artigos 1.305, parágrafo único e 1.306 do Código Civil. Ademais, tais imagens, aliadas àquelas juntadas às fls. 62/66, demonstram que a construção erigida pelo Apelante não observou o distanciamento mínimo obrigatório, conforme estatuído no art. 1.301 do Código Civil; V – Recurso conhecido e desprovido. (TJES; APL 0006043-37.2013.8.08.0021; Quarta Câmara Cível; Rel. Des. Jorge do Nascimento Viana; Julg. 30/01/2017; DJES 14/02/2017); AGRAVO DE INSTRUMENTO. AÇÃO DE COBRANÇA. CONTESTAÇÃO APRESENTADA A DESTEMPO. REVELIA. DESENTRANHAMENTO DA PEÇA CONTESTATÓRIA. POSSIBILIDADE. RECURSO CONHECIDO E IMPROVIDO. Inexiste óbice para o desentranhamento da contestação apresentada de forma extemporânea, mormente porque tal procedimento não faz com que o réu não possa mais interferir no feito, produzindo provas, nem que os fatos alegados pelo autor sejam considerados verdadeiros. (TJMS; AI 1402449-43.2017.8.12.0000; Segunda Câmara Cível; Rel. Des. Marcos José de Brito Rodrigues; DJMS 22/05/2017; Pág. 96).

Art. 345. A revelia não produz o efeito mencionado no art. 344 se:
I – havendo pluralidade de réus, algum deles contestar a ação;

<u>Apontando que a contestação do litisconsorte apenas afasta os efeitos da revelia se disser respeito a fatos comuns do réu que deixou de se defender:</u>

✓ APELAÇÃO. Ação ordinária cumulada com pedido de indenização por dano moral. Cessão de crédito supostamente irregular. Pagamento ao cedente. Protesto realizado pela cessionária, a despeito do pagamento. Pedidos improcedentes. Pleito de reforma da r. Sentença proferida. Possibilidade em parte. Cedente regularmente citada. Ausência de contestação. Incidência dos efeitos da revelia. Inteligência do art. 344 C.C 345, I do Código de Processo Civil. Contestação da cessionária que não diz respeito a fatos comuns. Inexistência, ademais, de litisconsórcio unitário. Presunção de veracidade dos fatos alegados. Cedente que deve restituir o montante recebido, sob pena de enriquecimento sem causa. Sentença reformada neste aspecto. Cessão de crédito. Cedente que não tomou conhecimento da cláusula ajustada junto ao sacado. Efeitos do contrato que não atingem o terceiro de boa-fé. Cessão válida. Prévia notificação realizada. Pagamento ao credor originário após a comunicação da cessão. Protesto que decorre do exercício regular do direito do credor. Inteligência do artigo 293, do Código Civil. Ausência do dever de indenizar. Sentença mantida neste ponto. Recurso parcialmente provido. (TJSP; APL 1034616-69.2015.8.26.0224; Ac. 10814330; Guarulhos; Décima Nona Câmara de Direito Privado; Relª Desª Claudia Grieco Tabosa Pessoa; Julg. 18/09/2017; DJESP 26/09/2017; Pág. 2201)

II – o litígio versar sobre direitos indisponíveis;

→ v. Art. 213 do CC/2002.

→ v. Art. 392 do NCPC.

Considerando que não se operam os efeitos da revelia em ação rescisória ante a indisponibilidade do direito:

✓ PROCESSO CIVIL. 1. Ação rescisória embasada no art. 485, inciso V, do CPC de 1973 (correspondente ao art. 966, inciso V, do novo CPC). 2. Alegação de ofensa à literal disposição de Lei. 3. Sentença rescindenda que, no bojo de ação exoneratória de alimentos, aplicou os efeitos da revelia contra a ré. 4. Natureza indisponível do direito em questão que impede a incidência dos referidos efeitos. Inteligência do art. 320, inciso II, do CPC de 1973 (correspondente ao art. 345, inciso II, do novo CPC). 5. Observância do binômio possibilidade-necessidade. 6. Ausência de provas acerca de mudança na situação financeira da alimentanda. 7. Sentença rescindida. 8. Ação rescisória julgada procedente. (TJBA; AR 0014201-36.2010.8.05.0000; Salvador; Primeira Câmara Cível; Relª Desª Maria de Lourdes Pinho Medauar; Julg. 11/12/2017; DJBA 22/12/2017; Pág. 112); AÇÃO RESCISÓRIA. PREVIDÊNCIA PRIVADA. REVELIA. AUXÍLIO CESTA-ALIMENTAÇÃO. MUDANÇA DE INTERPRETAÇÃO JURISPRUDENCIAL. IMPOSSIBILIDADE DE RESCISÃO. OFENSA À COISA JULGADA. I. Primeiramente, deve ser reconhecida a ilegitimidade da ré que atuou na condição de advogada da autora na ação rescindenda. Tratando-se de matéria de ordem pública, a ilegitimidade passiva pode ser reconhecida inclusive de ofício, sem implicar reformatio in pejus ou decisão extra petita. Precedentes deste tribunal. II. Outrossim, apesar de citadas, a requerida não contestou a presente ação. No entanto, a natureza jurídica da ação rescisória impede a concretização dos efeitos da revelia, por conta do interesse público, diante da possibilidade de manutenção ou desconstituição da coisa julgada. Assim, aplica-se ao caso o art. 345, II, do CPC/2015 (art. 320, II, do CPC/1973). (...) Ação rescisória julgada improcedente quanto à requerida sucessão de Carmem Regina Pereira Rapetto. (TJRS; AR 0396884-86.2015.8.21.7000; Pelotas; Terceiro Grupo de Câmaras Cíveis; Rel. Des. Jorge André Pereira Gailhard; Julg. 02/06/2017; DJERS 16/06/2017)

Entendendo que contra a Fazenda Pública não se operam os efeitos materiais da revelia:

✓ APELAÇÃO CÍVEL. AÇÃO DE COBRANÇA. LEGITIMIDADE PASSIVA DO MUNICÍPIO. REVELIA CONTRA A FAZENDA PÚBLICA. IMPOSSIBILIDADE. NULIDADE DA SENTENÇA. Contra a Fazenda Pública não há a presunção de veracidade dos fatos narrados pelo autor. efeito material da revelia. pois seus direitos são indisponíveis, atraindo, assim, a aplicação do artigo 345, II do CPC/15. Constatada a legitimidade passiva do Município, anula-se a sentença para novo julgamento do feito, com sua manutenção no polo passivo. Recurso de apelação conhecido e parcialmente provido. Sentença anulada. (TJMG; APCV 1.0024.13.169736-9/001; Relª Desª Albergaria Costa; Julg. 16/11/2017; DJEMG 15/12/2017); APELAÇÃO CÍVEL. ANULATÓRIA DE DÉBITO FISCAL. IPTU. Exercícios fiscais de 2007 a 2012. Alegação da contribuinte de que os débitos se encontram quitados. Efeitos da revelia que não se aplicam à Fazenda Pública. Inteligência do art. 345, II, do novo CPC. Certidão da dívida ativa que goza de presunção de legalidade, somente afastada se comprovado o contrário pelo contribuinte. Inexistência de prova concreta de que os débitos fiscais se encontram integralmente quitados. Sentença de improcedência mantida. Preliminar de impossibilidade jurídica do pedido corretamente afastada. Pedido de cancelamento de protestos que jamais existiram. Questão invocada como preliminar que se confunde com o mérito e com ele deverá ser decidida. Revelia do município decretada. O direito da Fazenda Pública é indisponível, diante da supremacia no interesse público, não se sujeitando aos efeitos da revelia. Artigo 345, II, do novo CPC. Certidões da dívida ativa que gozam de presunção de veracidade e somente poderá ser desconstituída mediante prova inquestionável, produzida pelo contribuinte. Ausência de comprovação dos fatos constitutivos do direito autoral, a justificar a anulação e desconstituição dos débitos já inscritos em dívida ativa e cobrados judicialmente através de execuções fiscais. Recurso conhecido e desprovido. (TJRJ; APL 0013648-57.2015.8.19.0021; Duque de Caxias; Quarta Câmara Cível; Relª Desª Maria Helena Pinto Machado; DORJ 12/12/2017; Pág. 250)

Contra, entendendo que é possível aplicar os efeitos materiais da revelia contra a Fazenda Pública, desde que se trata de matéria relativa ao interesse público secundário:

✓ REVELIA. ENTE PÚBLICO. APLICABILIDADE. A pessoa jurídica de direito público sujeita-se à revelia prevista no artigo 844, da CLT. Inteligência da OJ nº 152, da SDI-I, do TST. O direito indisponível capaz de atrair a exceção estabelecida pelo artigo 345, II, do CPC/15 concerne ao interesse público da coletividade (primário) e não ao interesse administrativo (secundário) do Ente Público. Logo, não há que se falar em nulidade da decisão de mérito que declarou a revelia e aplicou a confissão ficta ao Estado, em virtude de sua ausência injustificada à audiência, pois em perfeita consonância com a legislação vigente na data em que foi exarada. REVELIA. MATÉRIA FÁTICA. INOVAÇÃO RECURSAL. CONHECIMENTO PARCIAL. É defeso à parte ventilar, em sede de recurso, matéria fática não deduzida na instância ordinária, por configurar-se inovação recursal. Não se conhece de recurso cujos fundamentos contêm tese inovadora, pois não apresentada no momento oportuno. Uma vez declarada a revelia do Litisconsorte, tem-se que não foi examinada a matéria fática, abordada nas razões recursais, pelo juízo a quo. A confissão ficta derivada da revelia, no entanto, não impede a interposição de recurso, que aborde eventual matéria jurídica pertinente à causa. (...) Recurso Ordinário do Litisconsorte Parcialmente Conhecido e Não Provido. (TRT 11ª R.; RO 0000498-54.2017.5.11.0007; Terceira Turma; Rel. Des. José Dantas de Góes; DOJTAM 29/11/2017; Pág. 295)

Afastando os efeitos materiais da revelia em ações de família e envolvendo interesses indisponíveis de incapazes:

✓ APELAÇÃO CÍVEL. PRELIMINAR. INÉPCIA RECURSAL. REJEITADA. MÉRITO. DIVÓRCIO DIRETO. INTERESSE DE INCAPAZES. REVELIA. EFEITOS MATERIAIS NÃO APLICÁVEIS. AUSÊNCIA DE INSTRUÇÃO PROCESSUAL. NULIDADE DA SENTENÇA. RECURSO CONHECIDO E PROVIDO. 1. Preliminar: inépcia recursal. O recurso trata de error in procedendo praticado pelo d. juízo de 1º grau, qual seja o fato de não ter designado audiência de instrução e julgamento para avaliar a situação dos filhos do casal divorciando (interesses de incapazes). Não há que se falar, portanto, em inépcia recursal. Preliminar rejeitada. 2. Em ações de família e que, ainda, envolvem interesses indisponíveis de incapazes, os efeitos da revelia não são aplicados (art. 345, II, do NCPC). 3. O membro do Ministério Público em ofício no 1º grau de jurisdição, ao verificar a presença de incapazes no feito e com objetivo de resguardar direitos indisponíveis (alimentos, guarda, direito de visitas etc.), requisitou fosse designada audiência de conciliação, instrução e julgamento. Entretanto, o d. juízo a quo silenciou-se a respeito e, considerando a revelia e ausência de bens a partilhar, julgou procedente a ação ao decretar o divórcio do casal. 4. Nesse contexto, conclui-se que o d. juízo de 1º grau incidiu em error in procedendo, impondo-se a nulidade da sentença e o retorno dos autos à origem. 5. Recurso conhecido e provido. (TJPI; AC 2017.0001.007121-3; Quarta Câmara Especializada Cível; Rel. Des. Oton Mário José Lustosa Torres; DJPI 13/12/2017; Pág. 87)

Considerando que não se aplicam os efeitos da revelia nos embargos à execução:

✓ APELAÇÃO CÍVEL. EMBARGOS À EXECUÇÃO. PRELIMINAR. ILEGITIMIDADE PASSIVA. REJEIÇÃO. REVELIA. NÃO APLICAÇÃO. INSTRUMENTO PARTICULAR DE CONFISSÃO DE DÍVIDA. TÍTULO EXECUTIVO EXTRAJUDICIAL. REGULARIDADE. AUSÊNCIA DE COMPROVAÇÃO DE VÍCIOS A ENSEJAR NULIDADE E DE EXCESSO DE EXECUÇÃO. 1- A legitimidade é a pertinência subjetiva da demanda, a qual deve ser aferida de acordo com o objeto do litígio. Tem legitimidade passiva, na execução, a empresa individual devedora do título executivo extrajudicial. 2- Não se aplicam os efeitos da revelia nos embargos à execução, uma vez que o título executivo tem presunção de veracidade, incumbindo à parte embargante o ônus da prova que possa desconstituí-lo. 3- Ausente comprovação de vícios no instrumento particular de confissão de dívida, bem como de excesso de execução, deve ser mantida a improcedência dos embargos à execução. (TJMG; APCV 1.0567.15.010177-0/001; Rel. Des. Octávio de Almeida Neves; Julg. 23/11/2017; DJEMG 01/12/2017); APELAÇÃO E RECURSO ADESIVO. EMBARGOS DO DEVEDOR. EXCESSO DE EXECUÇÃO. CONTRATO BANCÁRIO. COMISSÃO DE PERMANÊNCIA. CUMULAÇÃO COM DEMAIS ENCARGOS MORATÓRIOS. IMPOSSIBILIDADE. ABATIMENTO DE VALOR. COMPROVAÇÃO. AUSÊNCIA. EFEITOS DA REVELIA. IMPOSSIBILIDADE. HONORÁRIOS ADVOCATÍCIOS. SENTENÇA PROFERIDA NA VIGÊNCIA DO CPC/2015. FIXAÇÃO SOBRE O VALOR ATRIBUÍDO À CAUSA. 1. A cobrança da comissão de permanência é admitida no período de inadimplência, desde que não cumulada com correção monetária, juros moratórios ou multa contratual, e desde que limitada às taxas do contrato, sob pena de ocorrência de dupla valoração, conforme dispõem as Súmulas de números 30, 294, 296 e 472 do Superior Tribunal de Justiça. 2. Conforme entendimento consolidado no âmbito do STJ, nos embargos à execução, não se aplica os efeitos da revelia relativos à presunção de veracidade dos fatos alegados pelo devedor, pois a execução pressupõe certeza, liquidez e exigibilidade da dívida, cabendo ao devedor o ônus de desconstituir o título ou demonstrar possível excesso cobrado. 3. Logo, não há que se falar em abatimento de valor estampado em depósito bancário realizado em favor de terceira pessoa, sem a devida comprovação de que tenha ocorrido o efetivo pagamento. 4. Afasta-se a condenação do embargante em honorários advocatícios no período em que o feito tramitou na primeira instância se não houve atuação do advogado do embargado no feito, o qual deixou escoar o prazo para impugnar os embargos. 5. Assim, a condenação em honorários deverá se restringir ao trabalho exercido pelo causídico em segundo grau de jurisdição. 6. Deu-se parcial provimento aos recursos para reformar a sentença tão somente em relação aos honorários advocatícios. (TJDF; APC 2015.01.1.066172-9; Ac. 101.6464; Quinta Turma Cível; Rel. Des. Josaphá Francisco dos Santos; Julg. 10/05/2017; DJDFTE 22/05/2017)

III – a petição inicial não estiver acompanhada de instrumento que a lei considere indispensável à prova do ato;

→ *v.* Art. 108 do CC/2002.

→ *v.* Art. 341 e 406 do NCPC.

IV – as alegações de fato formuladas pelo autor forem inverossímeis ou estiverem em contradição com prova constante dos autos.

Alegações genéricas de abusividades em contrato bancário não induzem à presunção decorrente da revelia:

✓ APELAÇÃO. Ação revisional de contrato bancário. Conta corrente. Sentença de improcedência. Natureza da relação contratual que exclui a incidência das regras do Código de Defesa do Consumidor. Crédito destinado ao fomento de atividade empresarial. Vulnerabilidade não manifesta. Pleito de reforma. Inadmissibilidade. Revelia do banco réu que, diante das circunstâncias retratadas nos autos não produz efeito. Abordagem genérica acerca de eventuais ilegalidades e abusividades. Ausência de condições mínimas para o acolhimento dos pedidos ventilados na exordial. Teses inverossímeis. Inteligência do artigo 345, inc. IV do CPC. Sentença mantida. Recurso ao qual se nega provimento. (TJSP; APL 1003588-93.2016.8.26.0274; Ac. 11039341; Itápolis; Décima Nona Câmara de Direito Privado; Relª Desª Claudia Grieco Tabosa Pessoa; Julg. 27/11/2017; DJESP 15/12/2017; Pág. 2239)

Art. 346. Os prazos contra o revel que não tenha patrono nos autos fluirão da data de publicação do ato decisório no órgão oficial.

→ *v.* Súmula 196 do STJ.

→ *v.* Art. 357, II, 513, § 2º, IV, e 889, parágrafo único, do NCPC.

Considerando que o efeito processual da revelia se entende à fase de cumprimento de sentença:

✓ AGRAVO DE INSTRUMENTO. Ação de indenização por danos materiais e morais, ora em fase de cumprimento de sentença. Réu revel, citado pessoalmente na fase de conhecimento. Intimação pessoal para pagamento voluntário em 15 dias. Desnecessidade. Aplicação do efeito processual da revelia que se estende à fase de cumprimento de sentença, mero desdobramento da fase de conhecimento. Aplicação do art. 346 do CPC. Precedentes do c. STJ. Incidência da multa de 10% e dos honorários advocatícios ante a falta de pagamento voluntário no prazo legal. Possibilidade. Prosseguimento dos atos constritivos e expropriatórios do patrimônio do devedor. Cabimento. Decisão reformada. Recurso provido. (TJSP; AI 2173781-39.2017.8.26.0000; Ac. 11026835; Taubaté; Vigésima Quinta Câmara de Direito Privado; Rel. Des. Edgard Rosa; Julg. 30/11/2017; DJESP 07/12/2017; Pág. 2228); AGRAVO DE INSTRUMENTO. Réu que foi citado pessoalmente por oficial de justiça na fase de conhecimento. Revelia. Desnecessidade de nova intimação para o início da fase de cumprimento de sentença. Inteligência do art. 346 do CPC. Precedentes do TJSP e STJ. Decisão reformada. Recurso provido para determinar o prosseguimento da fase de cumprimento de sentença sem a intimação pessoal do executado. (TJSP; AI 2193207-37.2017.8.26.0000; Ac. 10986656; São Paulo; Décima Quinta Câmara de Direito Privado; Rel. Des. Mendes Pereira; Julg. 21/11/2017; DJESP 29/11/2017; Pág. 2122); AGRAVO DE INSTRUMENTO. FASE DE CUMPRIMENTO DE SENTENÇA. RÉU REVEL NA FASE DE CONHECIMENTO. DESNECESSIDADE DE INTIMAÇÃO PARA CUMPRIR O COMANDO SENTENCIAL. ART. 346 DO CPC. DEFERIMETO DO LEVANTAMENTO DOS VALORES BLOQUEADOS EM CONTA DE TITULARIDADE DO REVEL. RECURSO IMPROVIDO. 1. Segundo o art. 346 do CPC, os prazos contra o revel que não constituiu advogado nos autos fluem da data de publicação do ato decisório no órgão oficial, podendo aquele intervir no processo em qualquer fase, recebendo-o no estado em que se encontrar. 2. A execução por quantia fundada em título judicial desenvolve-se no mesmo processo em que o direito subjetivo foi certificado, de forma que a revelia decretada na fase anterior, ante a inércia do réu que fora citado pessoalmente, dispensa sua intimação pessoal para dar cumprimento à sentença. 3. O não oferecimento de impugnação na fase de cumprimento da sentença pelo devedor autoriza o levantamento pelo credor das quantias encontradas em conta de titularidade daquele. 4. Recurso improvido. (TJES; AI 0024542-55.2016.8.08.0024; Segunda Câmara Cível; Rel. Des. Subst. Ubiratan Almeida Azevedo; Julg. 31/01/2017; DJES 15/02/2017); AGRAVO DE INSTRUMENTO. AÇÃO DE EXECUÇÃO. REVELIA. INTIMAÇÃO DOS EXECUTADOS ACERCA DE PENHORA RELIZADA. DESNECESSIDADE. 1. Nos moldes do artigo 346 do CPC, revela-se desnecessária a prévia intimação dos executados revéis acerca da penhora realizada para que se proceda à alienação judicial do bem penhorado. (TJMG; AI 1.0134.15.006178-3/001; Rel. Des. Alberto Diniz Junior; Julg. 05/04/2017; DJEMG 10/04/2017). V. tb.: TJMS; AI 1403907-95.2017.8.12.0000; Quinta Câmara Cível; Rel. Des. Júlio Roberto Siqueira Cardoso; DJMS 22/06/2017; Pág. 125

Contra, entendendo que, para deflagrar a fase de cumprimento de sentença, mesmo o revel deve ser intimado pessoalmente:

✓ AGRAVO DE INSTRUMENTO. CUMPRIMENTO DE SENTENÇA. RÉU REVEL. PEDIDO DE DISPENSA DA INTIMAÇÃO PESSOAL DO DEVEDOR. NECESSIDADE DE INTIMAÇÃO DO RÉU POR CARTA QUANDO ESTE NÃO TIVER ADVOGADO NOS AUTOS. INTELIGÊNCIA DO ART. 513, §2º, INCISO II, DO CPC. RECURSO CONHECIDO E IMPROVIDO. DECISÃO UNÂNIME. No decorrer da fase de conhecimento, uma vez decretada a revelia os prazos fluem normalmente para o revel a partir da publicação de cada ato processual, podendo este intervir no feito e recebê-lo no estado em que se encontra (art. 346 do CPC). Ocorre que para a fase de cumprimento de sentença, o novo CPC trouxe previsão expressa, no seu art. 513, §2º, inciso II, da necessidade de intimação do devedor por carta com aviso de recebimento quando este for revel e não possuir advogado nos autos. (TJSE; AI 201700826219; Ac. 27205/2017; Segunda Câmara Cível; Rel. Des. José dos Anjos; Julg. 05/12/2017; DJSE 11/12/2017)

Parágrafo único. O revel poderá intervir no processo em qualquer fase, recebendo-o no estado em que se encontrar.

→ *v.* Súmula 231 do STF.

→ *v.* Art. 349 do NCPC.

Capítulo IX
DAS PROVIDÊNCIAS PRELIMINARES E DO SANEAMENTO

Art. 347. Findo o prazo para a contestação, o juiz tomará, conforme o caso, as providências preliminares constantes das seções deste Capítulo.

Seção I
Da Não Incidência dos Efeitos da Revelia

Art. 348. Se o réu não contestar a ação, o juiz, verificando a inocorrência do efeito da revelia previsto no art. 344, ordenará que o autor especifique as provas que pretenda produzir, se ainda não as tiver indicado.

Considerando que o juiz está dispensado da providência prevista no art. 348 do CPC se o autor já tiver especificado as provas que pretende produzir na petição inicial:

✓ APELAÇÃO CÍVEL. AÇÃO DE COBRANÇA DE ALUGUEIS. PRELIMINAR DE CERCEAMENTO DE DEFESA. AFASTADA. MÉRITO. RESTITUIÇÃO DO VALOR GASTO PARA CONSERTO E PINTURA DO IMÓVEL. CABÍVEL. PEDIDO DE AFASTAMENTO DA MULTA APLICADA EM SEDE DE EMBARGOS DE DECLARAÇÃO. ATENDIDO. RECURSO CONHECIDO E PROVIDO. Nos termos do art. 348 do CPC, o juiz, verificando a inocorrência do efeito da revelia previsto no art. 344, somente ordenará que o autor especifique as outras provas que pretende produzir se ainda não as tiver indicado, o que não se verificou na espécie, visto que o autor já havia indicado na inicial as provas que pretendia produzir, de modo que não há falar em cerceamento de defesa. Havendo previsão contratual para a pintura e reparo no imóvel após o término do contrato de aluguel e, não tendo o locatário cumprido a obrigação, porquanto entregou o imóvel antes do término do prazo da locação, sem prévia notificação da imobiliária, é devida a restituição, ao locador, dos valores despendidos para a pintura e conserto do imóvel. Hipótese em que, na vistoria final do imóvel, foram apontados os itens em desacordo com a vistoria inicial, de modo que os danos existentes no imóvel foram provados, não tendo o apelado/fiador tomado ciência do laudo de vistoria final porque é revel no processo. Não verificado intuito protelatório na oposição dos embargos de declaração em face da sentença, afasta-se a multa aplicada. (TJMS; APL 0801525-17.2013.8.12.0002; Quarta Câmara Cível; Rel. Des. Dorival Renato Pavan; DJMS 21/03/2017; Pág. 69)

Art. 349. Ao réu revel será lícita a produção de provas, contrapostas às alegações do autor, desde que se faça representar nos autos a tempo de praticar os atos processuais indispensáveis a essa produção.

→ *v.* Súmula 231 do STF.

→ *v.* Art. 346, parágrafo único, do NCPC.

Reconhecendo a aplicação subsidiária do art. 349 do CPC ao processo do trabalho:

✓ REVELIA. PRODUÇÃO DE PROVA TESTEMUNHAL E COLHEITA DE DEPOIMENTO PESSOAL PELA PARTE REVEL. INTELIGÊNCIA DO ART. 349 DO CPC. COMPARECIMENTO APENAS DO ADVOGADO DA PARTE IMPOSSIBILIDADE. Na audiência trabalhista, a partes devem comparecer pessoalmente, facultando-se ao empregador fazer-se representar por preposto, nos termos do art. 843, caput e § 1º, da CLT, logo, a presença apenas do advogado da parte recorrente não é suficiente para autorizar que ela produza contraprovas (oitiva do autor e de testemunhas) em juízo às alegações do reclamante, tendo em vista que não se fazia representar regularmente nos autos a tempo de praticar os atos processuais indispensáveis a essa produção, como exigido na parte final do art. 349 do CPC/2015. (TRT 3ª R.; RO 0010455-16.2016.5.03.0176; Rel. Des. Rodrigo Ribeiro Bueno; DJEMG 24/10/2016)

Seção II
Do Fato Impeditivo, Modificativo ou Extintivo do Direito do Autor

Art. 350. Se o réu alegar fato impeditivo, modificativo ou extintivo do direito do autor, este será ouvido no prazo de 15 (quinze) dias, permitindo-lhe o juiz a produção de prova.

→ *v.* Enunciado 152 do FPPC: O autor terá prazo único para requerer a substituição ou inclusão de réu (arts. 338, *caput*; 339, §§ 1º e 2º), bem como para a manifestação sobre a resposta (arts. 350 e 351).

→ *v.* Enunciado 381 do FPPC: É cabível réplica no procedimento de tutela cautelar requerida em caráter antecedente.

→ *v.* Enunciado 629 do FPPC: Se o réu reconvier contra o autor e terceiro, o prazo de contestação à reconvenção, para ambos, iniciar-se-á após a citação do terceiro.

Se a contestação suscita fatos impeditivos, modificativos ou extintivos, a falta de intimação do autor para se manifestar em réplica caracteriza cerceamento de defesa:

✓ APELAÇÃO CÍVEL. AÇÃO REVISIONAL. CONTRATO DE FINANCIAMENTO. PRELIMINAR DE NULIDADE PROCESSUAL ACOLHIDA. JULGAMENTO ANTECIPADO. AUSÊNCIA DE INTIMAÇÃO VALIDA PARA RÉPLICA. SENTENÇA ANULADA. APELAÇÃO CONHECIDA E PROVIDA. 1 - Despacho determinando a manifestação das partes sobre provas e réplica do autor à contestação que não foi publicada. 2 - A contestação suscita fato impeditivo do direito dos autores e juntou documentos. A falta de intimação para replicar e especificar as provas pretendidas caracteriza cerceamento de defesa. Artigos 350 e 437 do CPC/2015. 3 - Sentença anulada. Apelação conhecida e provida. (TJCE; APL 0517575-36.2011.8.06.0001; Segunda Câmara de Direito Privado; Rel. Des. Teodoro Silva Santos; Julg. 13/12/2017; DJCE 19/12/2017; Pág. 115); APELAÇÃO CÍVEL. ADMINISTRATIVO. AÇÃO DE OBRIGAÇÃO DE FAZER. Concurso público. Petrobrás. Técnico de segurança do trabalho. Alegação de fato extintivo do direito do autor em contestação. Ausência de intimação para apresentação de réplica. Artigos 350 e 351 do CPC. Nulidade. Cerceamento de defesa. Necessidade de informação e amplo debate no processo. Precedentes desta corte. Sentença que deve ser anulada. Recurso parcialmente provido. (TJRJ; APL 0354691-58.2015.8.19.0001; Rio de Janeiro; Vigésima Segunda Câmara Cível; Relª Desª Odete Knaack de Souza; DORJ 22/11/2017; Pág. 398)

Entendendo que a falta de intimação para apresentação de réplica não configura nulidade se não verificado prejuízo:

✓ APELAÇÃO. DIREITO PÚBLICO NÃO ESPECIFICADO. FORNECIMENTO DE MEDICAMENTOS. AUSÊNCIA DE INTIMAÇÃO PARA APRESENTAÇÃO DA RÉPLICA. INEXISTÊNCIA DE PREJUÍZO. NULIDADE. NÃO OCORRÊNCIA. A ausência de intimação para apresentação de réplica à contestação não configura nulidade se não verificado qualquer prejuízo à parte, sobretudo quando ausente as hipóteses previstas nos artigos 327 CPC/1973 e 351 do CPC/20115. A própria parte autora requereu o julgamento antecipado da lide, com fulcro no art. 330, inciso I, do CPC, assinalando, na oportunidade, que a lide versava unicamente sobre questões de direito, o que evidencia a ausência de prejuízo e, consequentemente, a inexistência de nulidade na espécie. Embora se reconheça que o acréscimo de medicamentos quando comprovado o agravamento do quadro clínico da parte autora nao configure alteração do pedido, não é dado à parte deduzir tal pretensão após a prolação da sentença. Preliminar rejeitada. Legitimidade passiva. Solidariedade dos entes federativos. A Constituição da República prevê o dever de prestar os serviços de saúde de forma solidária aos entes federativos, de modo que qualquer deles tem legitimidade para responder às demandas que visam ao fornecimento gratuito de medicamento, exame ou procedimento. A divisão de competências no âmbito da gestão interna do Sistema Único de Saúde não é oponível ao particular. Precedentes do STJ. Acesso à saúde. Proteção suficiente. O acesso à saúde é direito fundamental e as políticas públicas que o concretizam devem gerar proteção suficiente ao direito garantido, sendo passíveis de revisão judicial, sem que isso implique ofensa aos princípios da divisão de poderes, da reserva do possível ou da isonomia e impessoalidade. O fato de os fármacos pleiteados não integrarem as listas públicas de dispensação não exclui a responsabilidade solidária dos entes federativos pelo atendimento dos serviços de saúde, porquanto os atos normativos do SUS não se sobrepõem aos dispositivos constitucionais. Sentença reformada. Ação julgada procedente. Inversão do ônus de sucumbência. Apelação provida. Unânime. (TJRS; AC 0112597-09.2017.8.21.7000; Parobé; Vigésima Segunda Câmara Cível; Relª Desª Denise Oliveira Cezar; Julg. 24/08/2017; DJERS 31/08/2017)

Considerando que a ausência de réplica não implica presunção de veracidade das alegações articuladas na contestação:

✓ AUSÊNCIA DE IMPUGNAÇÃO À CONTESTAÇÃO. IMPOSSIBILIDADE DA PRESUNÇÃO DE VERACIDADE DAS ALEGAÇÕES FORMULADAS NA DEFESA OU DOS DOCUMENTOS QUE A TENHAM ACOMPANHADO. A impugnação à contestação ou réplica é prevista exclusivamente nas hipóteses dos artigos 350, 351 e 437, do CPC/2015. Mesmo nestes casos, sua ausência não resulta na presunção de veracidade das alegações formuladas na defesa ou dos documentos que a tenham acompanhado, uma vez que as disposições do art. 344, do CPC/2015, aplicam-se estritamente aos episódios em que a contestação não tenha sido apresentada. (TRT 3ª R.; RO 0011918-88.2016.5.03.0015; Relª Desª Taísa Maria Macena de Lima; DJEMG 11/07/2017)

Entendendo que também na réplica se aplica o ônus da impugnação especificada:

✓ REPETIÇÃO DE INDÉBITO. Pagamento de parcelas de forma desordenada. Aplicação de cláusula contratual em caso de inversão no pagamento de parcelas. Contrato firmado em 24 (vinte e quatro) parcelas. Inadimplemento da parcela 20ª, inscrita no cadastro de inadimplentes ao término do contrato. Aplicação do ônus da impugnação especificada em réplica. Recurso provido para julgar improcedente a ação. (TJSP; APL 1026650-31.2014.8.26.0405; Ac. 9549133; Osasco; Vigésima Primeira Câmara de Direito Privado; Rel. Des. Silveira Paulilo; Julg. 23/06/2016; DJESP 12/07/2016)

Seção III

Das Alegações do Réu

Art. 351. Se o réu alegar qualquer das matérias enumeradas no art. 337, o juiz determinará a oitiva do autor no prazo de 15 (quinze) dias, permitindo-lhe a produção de prova.

→ *v.* Enunciado 152 do FPPC: O autor terá prazo único para requerer a substituição ou inclusão de réu (arts. 338, *caput*, 339, §§ 1º e 2º), bem como para a manifestação sobre a resposta (arts. 350 e 351).
→ *v.* Enunciado 381 do FPPC: É cabível réplica no procedimento de tutela cautelar requerida em caráter antecedente.

Configura cerceamento de defesa a falta de intimação do autor para se manifestar em réplica sobre preliminar suscitada na contestação:

✓ APELAÇÃO CÍVEL. AÇÃO DECLARATÓRIA DE INEXISTÊNCIA DE NEGÓCIO JURÍDICO CUMULADA COM REPETIÇÃO DE INDÉBITO E INDENIZAÇÃO POR DANOS MORAIS. CONTRATO DE EMPRÉSTIMO CONSIGNADO. CERCEAMENTO DE DEFESA COMPROVADO. NULIDADE DA SENTENÇA. TEORIA DA CAUSA MADURA. JULGAMENTO DE MÉRITO DA DEMANDA. AUSÊNCIA DE FRAUDE COMPROVADA PELO DEMANDADO. INEXISTÊNCIA DAS FORMALIDADES NECESSÁRIAS PARA A CONTRATAÇÃO COM PESSOA ANALFABETA. ANULAÇÃO DO INSTRUMENTO CONTRATUAL. RESTITUIÇÃO SIMPLES DOS VALORES INDEVIDAMENTE DESCONTADOS. DANOS MORAIS CONFIGURADOS. Recurso parcialmente provido restou comprovado o cerceamento de defesa uma vez que não houve a devida intimação da parte autora para que se manifestasse acerca da preliminar arguida em sede de contestação, bem como acerca dos documentos acostados pela instituição financeira. Inteligência dos arts. 437 e 351 do código de processo civil (2015). teoria da causa madura que torna apta o julgamento de mérito da demanda conforme proposta nos termos da exordial. Aplicação dos arts. 282, §2º c/c art. 1.013, §3º. 4. Contudo, embora o analfabetismo, de fato, não constitua, por si só, causa de incapacidade para a prática dos atos da vida civil, a jurisprudência pátria entende majoritariamente que a celebração de contrato por pessoa analfabeta deve ser realizada através de instrumento público ou, se por instrumento particular, através de procurador constituído por procuração pública, o que não ocorreu no caso sub judice, sob pena de nulidade dos negócios jurídicos. 5. Os valores indevidamente descontados nos proventos da recorrente, devem ser restituídos na forma simples, uma vez que não restou comprovada a má-fé da instituição financeira. 6. Restando comprovada a ocorrência do dano moral, que possui característica in re ipsa, é dever da instituição bancária recorrida repará-la, devendo ser enfatizado que o valor da indenização deve ser estipulado observado os princípios da proporcionalidade e razoabilidade, observadas as características do caso concreto, mostrando-se o valor de R$ 5.000,00 (cinco mil reais), razoável e condizente com a realidade dos fatos tratados nos presentes autos. 7. Apelação conhecida e parcialmente provida. (TJCE; APL 0012551-18.2016.8.06.0128; Segunda Câmara de Direito Privado; Rel. Des. Teodoro Silva Santos; Julg. 21/06/2017; DJCE 28/06/2017; Pág. 41). V. tb.: APELAÇÃO CÍVEL. AÇÃO DE COBRANÇA SECURITÁRIA DO SEGURO DPVAT. INTIMAÇÃO DO AUTOR PARA APRESENTAR IMPUGNAÇÃO À CONTESTAÇÃO. AUSÊNCIA. CERCEAMENTO DE DEFESA. CONFIGURAÇÃO NO CASO CONCRETO. PERÍCIA DESIGNADA. INTIMAÇÃO PESSOAL DO PERICIANDO. NECESSIDADE. SENTENÇA CASSADA. Nos termos do artigo 351 do CPC/15, se o réu alegar qualquer das matérias enumeradas no art. 337, o juiz determinará a oitiva do autor no prazo de 15 (quinze) dias, permitindo-lhe a produção de prova. No caso concreto, tendo em vista que o réu arguiu falta de interesse processual e carência de ação (matérias previstas no mencionado art. 337 do CPC/15), denota-se imprescindível, portanto, a intimação da parte autora para que apresente eventual impugnação. É indispensável a intimação pessoal da parte para a realização de perícia médica judicial, em se tratando de ação de cobrança de DPVAT, porquanto se trata de ato que deve ser praticado pessoalmente, não suprindo a irregularidade com a intimação do procurador do periciando. Sentença cassada. (TJMG; APCV 1.0702.15.060318-2/001; Rel. Des. Ramom Tácio; Julg. 19/04/2017; DJEMG 28/04/2017).

Entendendo que mesmo em mandado de segurança deve o autor ser intimado para se manifestar em réplica, caso alegada a ilegitimidade passiva:

✓ PROCESSUAL CIVIL. MANDADO DE SEGURANÇA. LEGITIMIDADE PASSIVA. AUSÊNCIA DE INTIMAÇÃO DA PARTE CONTRÁRIA. NULIDADE. RETORNO DOS AUTOS À ORIGEM PARA FINS DE INTIMAÇÃO. Se o réu arguir, na contestação, sua ilegitimidade passiva ad causam (CPC, inciso XI do 337), o juiz determinará a oitiva do autor para se manifestar no prazo de 15 dias (art. 351 do CPC/2015). A ausência da intimação do autor é vício que ofende o princípio do contraditório, ensejando na anulação da sentença. Apelo provido para anular a sentença e determinar o retorno dos autos ao Juízo a quo para regular prosseguimento do feito, com a intimação do autor. (TRF 4ª R.; AC 5006341-77.2016.404.7200; SC; Segunda Turma; Relª Juíza Fed. Cláudia Maria Dadico; Julg. 27/09/2016; DEJF 29/09/2016)

Art. 352. Verificando a existência de irregularidades ou de vícios sanáveis, o juiz determinará sua correção em prazo nunca superior a 30 (trinta) dias.

→ *v.* Arts. 282 e 283 do NCPC.

Entendendo que a inépcia da inicial pode ser regularizada na forma do art. 352 do CPC:

✓ PROCESSUAL CIVIL. AÇÃO DE COBRANÇA. ARGUIÇÃO DE INÉPCIA DA INICIAL. PLANILHA DE CÁLCULO INCOMPLETA. ARTIGOS 351 E 352 DO CPC/2015. NECESSIDADE DE CONCESSÃO DE PRAZO PARA REGULARIZAÇAO DA PLANILHA DE CÁLCULOS. CASSAÇÃO DA SENTENÇA. 1. De acordo com o artigo 352 do Código de Processo Civil, Verificando a existência de irregularidades ou de vícios sanáveis, o juiz determinará sua correção em prazo nunca superior a 30 (trinta) dias, nas hipóteses em que o réu tenha alegado qualquer das matérias enumeradas no art. 337, do mesmo diploma legal, dentre as quais encontra-se inserida a inépcia da inicial. 2. Tendo em vista que a parte ré, ao ofertar contestação, arguiu preliminar de inépcia da inicial, ante a existência de quebra de sequência na planilha de cálculos apresentada pela parte autora, e tratando-se de vício sanável, mostra-se impositiva a cassação da r. Sentença, para que seja observada a regra inserta nos artigos 351 e 352 do Código de Processo Civil. 3. Constatada a existência de quebra na sequência dos cálculos que fundamentam a Ação de cobrança, faz-se necessária a correção do vicio, mediante a apresentação de nova planilha. 4. Recurso de Apelação conhecido e provido. Sentença cassada. (TJDF; APC 2015.07.1.017453-6; Ac. 105.1637; Oitava Turma Cível; Relª Desª Nídia Corrêa Lima; Julg. 28/09/2017; DJDFTE 11/10/2017)

Permitindo que o autor seja intimado para sanar vício decorrente de documentação anexada de forma desordenada, dificultando a análise do processo:

✓ AÇÃO DE BUSCA E APREENSÃO. Indeferimento da inicial. Documentação processual anexada no sistema de forma desordenada. Inserção que não implica prejuízo ao contraditório. Princípio da cooperação. Recurso provido 1. O fato do advogado ter inserido documentos em pastas erradas não implica qualquer prejuízo ao exercício do contraditório, pois tanto a inicial como os documentos que a instruem são de fácil compreensão para análise da ação proposta. 2 – Nos termos do art. 6º do código de processo civil de 2015: todos os sujeitos do processo devem cooperar entre si para que se obtenha, em tempo razoável, decisão de mérito justa e efetiva. 3 – Segundo o art. 352 do CPC: sendo verificada irregularidade que impeça ou dificulte a análise do processo cabe ao juiz determinar que o autor promova as alterações necessárias. 4. Recurso provido. (TJPE; APL 0025106-05.2015.8.17.2001; Rel. Des. Bartolomeu Bueno de Freitas Morais; Julg. 06/07/2017; DJEPE 15/08/2017)

Art. 353. Cumpridas as providências preliminares ou não havendo necessidade delas, o juiz proferirá julgamento conforme o estado do processo, observando o que dispõe o Capítulo X.

Capítulo X
DO JULGAMENTO CONFORME O ESTADO DO PROCESSO

Seção I
Da Extinção do Processo

Art. 354. Ocorrendo qualquer das hipóteses previstas nos arts. 485 e 487, incisos II e III, o juiz proferirá sentença.

Parágrafo único. A decisão a que se refere o *caput* pode dizer respeito a apenas parcela do processo, caso em que será impugnável por agravo de instrumento.

- *v.* Arts. 90, § 1º, 356, 966, § 3º, 1.015 a 1.020, do NCPC.
- *v.* Enunciado 103 do FPPC: A decisão parcial proferida no curso do processo com fundamento no art. 487, I, sujeita-se a recurso de agravo de instrumento.
- *v.* Enunciado 154 do FPPC: É cabível agravo de instrumento contra ato decisório que indefere parcialmente a petição inicial ou a reconvenção.
- *v.* Enunciado 576 do FPPC: Admite-se a solução parcial do conflito em audiência de conciliação ou mediação.
- *v.* Enunciado 611 do FPPC: Na hipótese de decisão parcial com fundamento no art. 485 ou no art. 487, as questões exclusivamente a ela relacionadas e resolvidas anteriormente, quando não recorríveis de imediato, devem ser impugnadas em preliminar do agravo de instrumento ou nas contrarrazões.

Entendendo que a decisão que exclui um dos réus do processo deve ser impugnada mediante agravo de instrumento:

✓ PROCESSUAL CIVIL. APELAÇÃO. DECISÃO QUE DETERMINOU A EXCLUSÃO DE UMA DAS PARTES DO POLO PASSIVO DA DEMANDA. RECURSO CABÍVEL. AGRAVO DE INSTRUMENTO. PREVISÃO LEGAL EXPRESSA. ART. 354, PARÁGRAFO ÚNICO, DO CPC/2015. INAPLICABILIDADE DO PRINCÍPIO DA FUNGIBILIDADE RECURSAL. RECURSO NÃO CONHECIDO. 1. O decisum que determina a exclusão de uma das partes do polo passivo da demanda tem natureza jurídica de decisão interlocutória, de modo que o recurso cabível é o de agravo de instrumento, consoante inteligência dos artigos 354, parágrafo único, 203, §2º e 1.015, XIII, todos do Código de Processo Civil/2015. 2. Diante da inexistência de dúvida quanto ao recurso cabível, não há que se falar em aplicação do princípio da fungibilidade recursal. 3. Ainda que fosse manejado o recurso adequado, qual seja, o agravo de instrumento, o mesmo não seria conhecido, pois a apelante, em suas razões, não atacou a decisão em seus fundamentos. Limitou-se apenas a tecer alegações genéricas que não impugnam especificamente o decisum proferido pelo Juízo a quo. 4. Recurso de apelação não conhecido. (TRF 2ª R.; AC 0000727-45.2009.4.02.5110; Quinta Turma Especializada; Rel. Des. Fed. Aluísio Gonçalves de Castro Mendes; Julg. 13/12/2016; DEJF 11/01/2017)

Contra, considerando não agravável a decisão que extingue o processo em face de apenas um dos réus:

✓ AGRAVO DE INSTRUMENTO. DECISÃO SANEADORA QUE ACOLHEU PRELIMINAR DE ILEGITIMIDADE PASSIVA AD CAUSAM E EXTINGUIU O PROCESSO COM RELAÇÃO A UM DOS RÉUS. RECURSO INTERPOSTO SOB A ÉGIDE DO NOVO CPC. Decisão agravada que acolhe preliminar de ilegitimidade passiva e extingue o feito sem análise do mérito em face do segundo réu. Decisão esta que não se reveste, em seu aspecto formal, da natureza de sentença, da qual o recurso cabível seria a apelação, nem tampouco hipótese de julgamento parcial de mérito previsto nos artigos 356 e parágrafo único do artigo 354, ambos do CPC/2015, na qual o recurso cabível é o agravo de instrumento. Conteúdo da decisão agravada que não foi contemplado no rol taxativo do art. 1.015 do NCPC. Matéria impugnada que não restará preclusa, podendo ser impugnada posteriormente, em sede de apelação ou contrarrazões, conforme preceitua o Art. 1009, §1º, do novo CPC. Não conhecimento do recurso, em razão de manifesta inadmissibilidade. RECURSO NÃO CONHECIDO. (TJRJ; AI 0055442-53.2017.8.19.0000; São Gonçalo; Vigésima Terceira Câmara Cível Consumidor; Relª Desª Sônia de Fátima Dias; DORJ 15/12/2017; Pág. 648)

Considerando agravável a decisão que extingue o processo em relação a somente um dos pedidos:

✓ APELAÇÃO. PROCESSO CIVIL. PROVIMENTO JUDICIAL QUE JULGA EXTINTO O PROCESSO EM RELAÇÃO A UM DOS PEDIDOS FORMULADOS NA INICIAL, E DETERMINA O PROSSEGUIMENTO DO FEITO EM RELAÇÃO AOS DEMAIS. Extinção parcial do feito. Ato judicial com natureza de decisão interlocutória, atacável por agravo de instrumento. Inteligência dos artigos 203, § 1º, e 354, parágrafo único, ambos do Código de Processo Civil. Princípio da correspondência. Interposição de recurso de apelação que configura erro grosseiro, e não autoriza a aplicação do princípio da fungibilidade. Recurso não conhecido. (TJRJ; APL 0060639-20.2016.8.19.0001; Rio de Janeiro; Vigésima Sétima Câmara Cível Consumidor; Rel. Des. Marcos Alcino de Azevedo Torres; DORJ 12/12/2017; Pág. 437)

Contra decisão que extingue apenas a reconvenção, deve ser interposto agravo de instrumento, sendo descabida a aplicação do princípio da fungibilidade:

✓ APELAÇÃO. PROCESSUAL CIVIL. DECISÃO QUE JULGA EXTINTA A RECONVENÇÃO. Prosseguimento do feito. Descabimento do recurso de apelação. O recurso não preenche o requisito de admissibilidade do cabimento. De acordo com José Carlos Barbosa Moreira, o objeto do juízo de admissibilidade "são os requisitos necessários para que se possa legitimamente apreciar o mérito do recurso, dando-lhe ou negando-lhe provimento". Dentre estes requisitos, também chamados pela doutrina de pressupostos de admissibilidade recursal, está o cabimento. Logo, para que seja cabível o recurso, é preciso que o ato impugnado seja, em tese, suscetível de ataque por meio dele. A apelação é o recurso apropriado para atacar decisão que põe fim ao processo. **In casu**, o autor interpôs recurso de apelação em face do decisum que extinguiu, sem resolução de mérito, a reconvenção apresentada pelo apelante, por considerar inepta a inicial. Tal julgado, embora possua natureza jurídica de sentença, nos termos do artigo 354 do NCPC, é impugnável por agravo de instrumento em atenção ao parágrafo único do referido dispositivo. É preciso ter em mente que a reconvenção, embora seja demanda autônoma, não faz surgir um novo processo. O processo é único e nele se inclui a demanda original e a demanda reconvencional. Precedentes do c. STJ. Com efeito, descabe a aplicação do princípio da fungibilidade na hipótese, por se tratar de erro grosseiro. Ademais, não se verifica a existência de dúvida objetiva quanto ao recurso cabível no caso, em razão da expressa previsão legal. Recurso não conhecido. (TJRJ; APL 0018795-53.2013.8.19.0209; Rio de Janeiro; Terceira Câmara Cível; Relª Desª Renata Machado Cotta; Julg. 13/06/2017; DORJ 19/06/2017; Pág. 206)

Apontando que a decisão que extingue a demanda principal e determina o prosseguimento da reconvenção deve ser atacada por agravo de instrumento:

✓ APELAÇÃO CÍVEL. RESPONSABILIDADE CIVIL EM ACIDENTE DE TRÂNSITO. AÇÃO DE INDENIZAÇÃO POR DANOS MATERIAIS. NÃO RECOLHIMENTO DAS CUSTAS PROCESSUAIS PELO AUTOR. EXTINÇÃO DO PROCESSO APENAS EM RELAÇÃO À AÇÃO. PROSSEGUIMENTO DA RECONVENÇÃO. DECISÃO INTERLOCUTÓRIA. RECURSO CABÍVEL É O AGRAVO DE INSTRUMENTO. ERRO GROSSEIRO. É o agravo de instrumento, e não a apelação, o recurso adequado contra decisão que extingue apenas a ação, prosseguindo-se com a reconvenção, uma vez que não se trata de decisão extintiva do processo, mas de interlocutória. Inteligência do artigo 354, parágrafo único, do código de processo civil atual. Precedentes. Apelação não conhecida. (TJRS; AC 0348657-94.2017.8.21.7000; Pelotas; Décima Segunda Câmara Cível; Relª Desª Ana Lúcia Carvalho Pinto Vieira Rebout; Julg. 27/11/2017; DJERS 30/11/2017)

Declaração parcial de prescrição deve ser questionada mediante agravo de instrumento:

✓ EMBARGOS DE DECLARAÇÃO. Ação de cobrança. Decisão monocrática que negou seguimento ao recurso interposto pelos embargantes sob o argumento de que o decisum não se enquadra nas hipóteses de cabimento previstas no art. 1.015 do CPC/2015. Declaração parcial de prescrição da pretensão autoral. Decisão impugnável por agravo de instrumento (art. 354, parágrafo único, do CPC/2015). Recurso recebido com efeito suspensivo. Existência de erro material. Exclusão do parágrafo que não guarda relação com os autos. Embargos conhecidos e acolhidos, com a atribuição de efeito infringente. (TJPR; EmbDecCv 1593000-0/01; Guarapuava; Sexta Câmara Cível; Rel. Des. Carlos Eduardo A. Espínola; Julg. 21/03/2017; DJPR 06/04/2017; Pág. 239)

Seção II
Do Julgamento Antecipado do Mérito

Art. 355. O juiz julgará antecipadamente o pedido, proferindo sentença com resolução de mérito, quando:

→ *v.* Enunciado 297 do FPPC: O juiz que promove julgamento antecipado do mérito por desnecessidade de outras provas não pode proferir sentença de improcedência por insuficiência de provas.

→ *v.* Enunciado 27 do CJF: Não é necessário o anúncio prévio do julgamento do pedido nas situações do art. 355 do CPC.

I – não houver necessidade de produção de outras provas;

→ *v.* Art. 37 da Lei 6.515/1977.

→ *v.* Art. 87, § 3º, da Lei 11.101/2005.

Se as provas constantes dos autos são consideradas suficientes, inexiste cerceamento de defesa decorrente do julgamento antecipado do mérito:

✓ INDEFERIMENTO DA PRODUÇÃO DE PROVA ORAL REQUERIDA PELA APELANTE QUE SE DEU EM RAZÃO DE AS PROVAS CONSTANTES NOS AUTOS SE REVELARAM SUFICIENTES PARA O JULGAMENTO ANTECIPADO DO PEDIDO, NOS TERMOS DO ART. 355, I DO CPC. AUSÊNCIA DE CERCEAMENTO DE DEFESA. Rejeitada a preliminar de nulidade. 2. Embargante que não demonstra a existência de contrato de locação com o de cujus e demonstra o pagamento de alugueres a pessoa sem poderes de administração sobre o imóvel dos espólios/apelados. Manutenção da sentença de improcedência. NEGATIVA DE PROVIMENTO AO RECURSO. (TJRJ; APL 0166344-07.2016.8.19.0001; Rio de Janeiro; Vigésima Câmara Cível; Relª Desª Mônica de Faria Sardas; DORJ 09/01/2018; Pág. 653). No mesmo sentido: CERCEAMENTO DE DEFESA. Tese que depende de prova documental. Provas suficientes nos autos. Ocorrência. Desnecessidade de outras provas. Convencimento do Magistrado. Julgamento Antecipado. Aplicação do artigo 355, inciso I, do CPC/2015. Possibilidade: Não se admite o alegado cerceamento de defesa ante a suposta necessidade de realização de outras provas, se elas são suficientes para o livre convencimento do Magistrado, sendo permitido o julgamento antecipado, nos termos do artigo 355, inciso I, do Código de Processo Civil/2015. ÔNUS DA PROVA. Relação de Consumo. Responsabilidade do autor. Não afastamento. Fato constitutivo do seu direito. Prova cabe ao autor. Inteligência do artigo 373, inc. I, do CPC/2015. Ônus da prova eventualmente imputado ao réu, segundo a legislação consumerista, não afasta a responsabilidade da parte autora de demonstrar seu direito, nos termos do artigo 373, inciso I, do novo Código de Processo Civil. COBRANÇA. Contrato de Cartão de Credito. Faturas em aberto. Cobrança. Exercício Regular de Direito. Possibilidade. Abusividade. Não Ocorrência. É cabível a cobrança de débitos em aberto decorrente do uso de cartão de crédito regularmente contratado, tratando-se de exercício regular de direito credora. HONORÁRIOS RECURSAIS. Sentença proferida sob a égide do CPC/2015. Recurso não provido. Majoração necessária, com fulcro no art. 85, §11º, do CPC/2015. Em se tratando de sentença proferida sob a égide do CPC/2015, mostra-se necessária a majoração de honorários devidos ao patrono do apelado, em virtude do não provimento do recurso, com fulcro no §11º do mesmo artigo. RECURSO NÃO PROVIDO. (TJSP; APL 1027981-49.2016.8.26.0576; Ac. 11004773; São José do Rio Preto; Décima Terceira Câmara de Direito Privado; Rel. Des. Nelson Jorge Júnior; Julg. 22/11/2017; DJESP 07/12/2017; Pág. 2014). V. tb.: TJDF; APC 2016.10.1.005288-6; Ac. 105.2533; Oitava Turma Cível; Relª Desª Ana Cantarino; Julg. 05/10/2017; DJDFTE 13/10/2017

Não pode o juiz indeferir as provas requeridas, julgar antecipadamente o mérito e concluir pela improcedência do pedido por falta de prova:

✓ AGRAVO INTERNO NO RECURSO ESPECIAL. JULGAMENTO ANTECIPADO DA LIDE. IMPROCEDÊNCIA POR FALTA DE PROVAS. NÃO CABIMENTO. CERCEAMENTO DE DEFESA. OCORRÊNCIA. 1. O enunciado nº 7/STJ, apenas tem incidência quando as instâncias de origem amparam seu julgamento nas provas constantes dos autos e a parte alega cerceamento de defesa pelo indeferimento de prova, o que não ocorreu na hipótese dos autos. 2. O Superior Tribunal de Justiça já decidiu que há cerceamento de defesa quando o tribunal julga improcedente o pedido por ausência de provas cuja produção foi indeferida no curso do processo. 3. Agravo interno desprovido. (STJ; AgInt-REsp 1.493.745; Proc. 2014/0287420-7; SC; Terceira Turma; Rel. Min. Paulo de Tarso Sanseverino; DJE 01/09/2017); AGRAVO INTERNO NO AGRAVO EM RECURSO ESPECIAL. ENUNCIADO ADMINISTRATIVO N. 3 DO STJ. SERVIDOR PÚBLICO. PENSÃO POR MORTE. AFERIÇÃO DA RELAÇÃO DE DEPENDÊNCIA. ANÁLISE DA CAPACIDADE ECONÔMICA DE FILHA INVÁLIDA PARA O TRABALHO. JULGAMENTO ANTECIPADO DO MÉRITO. IMPROVIMENTO DA INICIAL POR FALTA DE PROVAS. CERCEAMENTO DE DEFESA CARACTERIZADO. ANULAÇÃO DA SENTENÇA E DO ACÓRDÃO A QUO. AGRAVO INTERNO NÃO PROVIDO. 1. Na origem, o pedido à pensão por morte não foi provido por falta de provas de dependência econômica da ora recorrida em juízo antecipado de mérito. Porém, a recorrida pugnou a realização de provas em atendimento a despacho do próprio juízo sentenciante. 2. A jurisprudência do STJ admite a anulação do acórdão e da sentença que julga improcedente os pedidos contidos na inicial apesar do requerimento da parte requerente pela produção de provas. 3. Agravo interno não provido. (STJ; AgInt-AREsp 1.013.734; Proc. 2016/0295172-0; SP; Segunda Turma;

Rel. Min. Mauro Campbell Marques; DJE 03/04/2017). V. tb.: EMBARGOS DE DECLARAÇÃO. IMPROBIDADE ADMINISTRATIVA. DANO AO ERÁRIO. NECESSIDADE DE DILAÇÃO PROBATÓRIA. CERCEAMENTO DE DEFESA. Ato de improbidade consistente em direcionamento de licitação e superfaturamento de produtos alimentícios adquiridos pelo Município de Jundiaí para merenda escolar. JULGAMENTO ANTECIPADO DA LIDE. CERCEAMENTO DE DEFESA. RECONHECIMENTO. É defeso ao juiz conhecer diretamente da lide, sem abrir às partes oportunidade para a produção de provas, e, ao mesmo tempo, afastar a tese da parte autora por falta de provas. Cerceamento de defesa reconhecido. Precedentes no Colendo STJ. Desconstituição da sentença é medida que se impõe. Preliminar acolhida, com anulação do julgado. OMISSÃO, CONTRADIÇÃO OU OBSCURIDADE. INOCORRÊNCIA. PREQUESTIONAMENTO. Acórdão combatido que não apresenta omissão, contradição ou obscuridade para o acolhimento dos embargos. Propósito de modificação do julgado. Inviabilidade. Prequestionamento. Desnecessidade de manifestação expressa à Lei ou dispositivos constitucionais nos fundamentos do acórdão a viabilizar a interposição de recurso aos Tribunais Superiores. Decisão deve conter fundamentos jurídicos. Prescindível a menção de dispositivos legais. Decisão mantida. Embargos rejeitados. (TJSP; EDcl 0021851-90.2013.8.26.0309/50000; Ac. 10702105; Jundiaí; Oitava Câmara de Direito Público; Rel. Des. Leonel Costa; Julg. 16/08/2017; DJESP 19/09/2017; Pág. 2658). V. tb.: TJRN; AC 2017.010392-0; Natal; Terceira Câmara Cível; Rel. Des. João Rebouças; DJRN 05/12/2017; TJRR; AC 0010.10.914488-0; Rel. Des. Jefferson Fernandes; DJERR 10/01/2018; Pág. 57.

Deve o juiz, para promover o julgamento antecipado do mérito, fundamentar por que não realiza o saneamento:

✓ RECURSO DE APELAÇÃO CÍVEL. TELEFONIA. PAGAMENTO DE SERVIÇO NÃO CONTRATADO. PRELIMINAR. CERCEAMENTO DE AMPLA DEFESA E CONTRADITÓRIO. SOLICITAÇÃO DAS GRAVAÇÕES DE CONVERSA REALIZADAS NA CENTRAL DE ATENDIMENTO AO CONSUMIDOR NÃO APRECIADA. OMISSÃO. DISTRIBUIÇÃO DAS PROVAS. INEXISTÊNCIA DE DESPACHO SANEADOR. ART. 357 DO CPC. SEM FUNDAMENTAÇÃO QUANTO AO JULGAMENTO ANTECIPADO DA LIDE. NULIDADE. ART. 92, IX DA CF. ART. 489, II DO CPC. SENTENÇA SEM FUNDAMENTAÇÃO QUANTO AO JULGAMENTO ANTECIPADO DA LIDE. VIOLAÇÃO AO CONTRADITÓRIO. DECISÃO SURPRESA. VEDAÇÃO. SENTENÇA NULA. RECURSO PROVIDO. Incide em erro o magistrado que não observa o contraditório, sentenciando o processo sem a devida apreciação das provas requeridas nos autos, as quais sendo legítimas poderão interferir no decisum. Há o direito fundamental à produção de prova, desde que lícita. O julgamento antecipado da lide, sem a devida fundamentação das razões da não realização do despacho saneador ou mesmo omissa quanto este ponto, fere preceito constitucional de que todas as decisões do Poder Judiciário são devidamente fundamentadas. Sentença declarada nula, por violação a preceito constitucional (contraditório e cerceamento de defesa). (TJMT; APL 27817/2017; Pontes e Lacerda; Relª Desª Nilza Maria Pôssas de Carvalho; Julg. 13/06/2017; DJMT 20/06/2017; Pág. 54)

II – o réu for revel, ocorrer o efeito previsto no art. 344 e não houver requerimento de prova, na forma do art. 349.

→ *v.* Arts. 344 a 346 do NCPC.

Configura cerceamento de defesa o julgamento antecipado do mérito sem apreciação do requerimento de prova formulado pelo réu, ainda que revel:

✓ APELAÇÃO CÍVEL. RÉU REVEL. PEDIDO DE PRODUÇÃO DE PROVA. NÃO APRECIAÇÃO. OFENSA AOS ARTS. 349 E 355, INCISO II, DO CPC. ERROR IN PROCEDENDO. NULIDADE. O julgamento antecipado da causa sem que tenha sido apreciado o pedido de prova por réu revel, formulado oportunamente, enseja erro in procedendo, por violação aos artigos 349 e 355, inciso II, do Código de Processo Civil. É lícito ao réu revel a produção de provas contrapostas às alegações realizadas na petição inicial, ou seja, que digam respeito às alegações autorais. (TJDF; APC 2016.01.1.041865-5; Ac. 105.4017; Sexta Turma Cível; Rel. Des. Esdras Neves; Julg. 11/10/2017; DJDFTE 18/10/2017)

Seção III
Do Julgamento Antecipado Parcial do Mérito

Art. 356. O juiz decidirá parcialmente o mérito quando um ou mais dos pedidos formulados ou parcela deles:

→ *v.* Art. 354, parágrafo único, e 966, § 3º, do NCPC.

→ *v.* Enunciado 513 do FPPC: Postulado o despejo em cumulação com outro(s) pedido(s), e estando presentes os requisitos exigidos pelo art. 356, o juiz deve julgar parcialmente o mérito de forma antecipada, para determinar a desocupação do imóvel locado.

→ *v.* Enunciado 611 do FPPC: Na hipótese de decisão parcial com fundamento no art. 485 ou no art. 487, as questões exclusivamente a ela relacionadas e resolvidas anteriormente, quando não recorríveis de imediato, devem ser impugnadas em preliminar do agravo de instrumento ou nas contrarrazões.

→ v. Enunciado 630 do FPPC: A necessidade de julgamento simultâneo de causas conexas ou em que há continência não impede a prolação de decisões parciais.

→ v. Enunciado 13 do CEAPRO: O efeito suspensivo automático do recurso de apelação, aplica-se ao agravo de instrumento interposto contra a decisão parcial do mérito prevista no art. 356.

Admitindo o julgamento antecipado parcial do mérito no Juizado Especial Federal:

✓ JUIZADO ESPECIAL. FAZENDA PÚBLICA. DECISÃO PARCIAL DE MÉRITO. ADICIONAL DE UM TERÇO DE FÉRIAS. IMPOSTO DE RENDA. RESTITUIÇÃO INDEVIDA. INCIDÊNCIA DE CONTRIBUIÇÃO PREVIDENCIÁRIA. REPERCUSSÃO GERAL. SUSPENSÃO. 1. Cuida-se de Agravo de Instrumento interposto contra decisão que promoveu o julgamento antecipado parcial de mérito, nos termos do art. 356, II, do CPC e julgou improcedente o pedido de restituição de parcelas relativas ao imposto de renda incidente sobre o terço constitucional de férias dos agravantes, bem como acatou a suspensão do processo, quanto ao pedido de não incidência de desconto de contribuição previdenciária sobre um terço de férias, ante a existência de questão constitucional controvertida reconhecida em sede de repercussão geral pelo STF (RE 593068). 2. (...). 6. AGRAVO DE INSTRUMENTO CONHECIDO e NÃO PROVIDO. Sem custas e honorários advocatícios. 7. A ementa servirá de acórdão, conforme art. 46 da Lei n. 9.099/95. (TJDF; Proc. 0700.91.0.872017-8079000; Ac. 106.6670; Primeira Turma Recursal dos Juizados Especiais Cíveis e Criminais; Relª Juíza Soníria Rocha Campos Dassunção; Julg. 12/12/2017; DJDFTE 20/12/2017)

Considerando nula a decisão de julgamento antecipado parcial do mérito sem relatório:

✓ AGRAVO DE INSTRUMENTO. JULGAMENTO PARCIAL DO MÉRITO. ART. 356, INCISO II, DO CPC. Ausência de relatório. Ato processual submetido às exigências do art. 489 do CPC. Decisão anulada de ofício. Recurso da autora prejudicado. (TJSP; AI 2186278-85.2017.8.26.0000; Ac. 10946004; Rio Claro; Quarta Câmara de Direito Público; Rel. Des. Luis Fernando Camargo de Barros Vidal; Julg. 30/10/2017; DJESP 22/11/2017; Pág. 2676)

Entendendo que não cabe o julgamento antecipado parcial de mérito em grau recursal:

✓ CONVERSÃO DE EMBARGOS DE DECLARAÇÃO EM AGRAVO INTERNO. POSSIBILIDADE. JULGAMENTO PARCIAL DE RECURSO. NÃO CABIMENTO. Nos termos do art. 1.024, §3º, do CPC, é cabível a conversão dos embargos de declaração em agravo interno, quando o recurso é oposto com o propósito único de ver reformada a decisão embargada por meio de tal instrumento. O art. 356, do CPC, não deve ser aplicado em grau recursal, pois o julgamento parcial do mérito é realizado por meio de decisão interlocutória contra a qual será cabível recurso de agravo de instrumento, além de não haver previsão de julgamento parcial de recurso. (TJMG; AG 1.0145.13.071985-2/003; Rel. Des. Marco Aurelio Ferenzini; Julg. 27/04/2017; DJEMG 05/05/2017)

Aplicando subsidiariamente o art. 356 do CPC ao processo do trabalho:

✓ NOVO CPC. JULGAMENTO ANTECIPADO PARCIAL DO MÉRITO. RECURSO ORDINÁRIO DE IMEDIATO. PRECLUSÃO. Tendo em vista a aplicabilidade do art. 356 do NCPC ao Processo do Trabalho, em caso de julgamento antecipado parcial do mérito, cabe à parte interpor recurso ordinário de imediato, e não apenas quando do julgamento final da lide, sob pena de preclusão. (TRT 4ª R.; RO 0021834-89.2015.5.04.0004; Rel. Des. Cláudio Antônio Cassou Barbosa; DEJTRS 11/07/2017; Pág. 371); PRELIMINAR DE INTEMPESTIVIDADE DO RECURSO ORDINÁRIO. SENTENÇA PARCIAL DE MÉRITO. Previsto no art. 356 do Novo Código de Processo Civil, o Julgamento Antecipado Parcial de Mérito tem sua aplicabilidade referendada pela IN n. 39/2016 do C. TST, cujo artigo 5º prevê ser necessário a imediata interposição de recurso ordinário pela parte, para impugnar o julgamento antecipado parcial de mérito, como medida a afastar o trânsito em julgado da decisão e da própria execução definitiva (NCPC/15, artigo 356, § 3º). Não tendo a parte, recorrido da parcela já julgada antecipadamente, encontram-se estes pleitos fulminados pela preclusão, posto que deveriam ter sido vergastados dentro do octídio legal imediato à sentença proferida. DOENÇA OCUPACIONAL. PERÍCIA TÉCNICA JUDICIAL. AUSÊNCIA DE NEXO CAUSAL/CONCAUSAL COM O LABOR DA RECLAMANTE. INDENIZAÇÕES INDEVIDAS. Considerando que a perícia realizada no processo foi clara e incisiva, ao demonstrar que as enfermidades alegadas pela reclamante não consistem em doença ocupacional, visto que inexiste nexo de causalidade ou de concausalidade entre a mesma e o trabalho por ela prestado, não há como acatar os pedidos de indenizações por danos morais e materiais relacionadas a tal fato. Recurso ordinário a que se nega provimento. (TRT 13ª R.; RO 0131920-15.2015.5.13.0025; Primeira Turma; Rel. Des. Paulo Maia Filho; DEJTPB 09/05/2017; Pág. 84)

I – mostrar-se incontroverso;

→ v. Arts. 374, II e III, do NCPC.

II – estiver em condições de imediato julgamento, nos termos do art. 355.

Possibilidade de julgamento antecipado parcial do mérito se parte dos pedidos está suspensa aguardando o julgamento de recurso repetitivo:

✓ AGRAVO DE INSTRUMENTO. AÇÃO RESCISÓRIA DE CONTRATO DE ARRENDAMENTO MERCANTIL C.C. PEDIDO REVISIONAL E DE REPETIÇÃO DE INDÉBITO. SOBRESTAMENTO DO FEITO DETERMINADO PELO JUÍZO A QUO EM RAZÃO DA SUSPENSÃO DETERMINADA NO RESP REPETITIVO Nº 1.578.526. Insurgência da ré/agravante contra a paralisação total do feito, uma vez que o Recurso Especial mencionado apenas afetou parte dos temas tratados. Possibilidade de tramitação do processo em relação aos demais temas. Inteligência do art. 356 do CPC/15, que admite o julgamento parcial do mérito. Agravo provido. (TJSP; AI 2183181-77.2017.8.26.0000; Ac. 11054224; Franca; Trigésima Quarta Câmara de Direito Privado; Rel. Des. Soares Levada; Julg. 06/12/2017; DJESP 19/12/2017; Pág. 3386). V. tb.: DIREITO PREVIDENCIÁRIO. Apelação cível e reexame necessário. Pleito de restabelecimento de pensão por morte e devolução dos valores descontados a título de ressarcimento ao erário do benefício pago. Sentença de parcial procedência. Apelação (1). Autor. Pleito de restabelecimento do benefício de pensão por morte. Impossibilidade. Constituição de união estável informada ao órgão previdenciário. Perda da qualidade de dependente da instituidora da pensão. Hipótese de cancelamento do benefício. Art. 61, § 1º, da Lei nº. 12.398/1998. Princípio da legalidade. Garantia do administrado. Sumula 170 TRF. Inaplicabilidade. Existência de previsão expressa de causa extintiva do benefício. Modificação da situação econômica. Irrelevância. Sentença mantida. Apelação (2) e (3) paranaprevidencia e estado do Paraná. (1) desconto dos proventos de aposentadoria a título de ressarcimento da pensão indevidamente paga. Devolução dos valores descontados. Benefício previdenciário. Matéria afetada para julgamento no repetitivo nº 1.578.526/ SP. Sobrestamento parcial do feito. Suspensão apenas nessa parte. Concretização do princípio constitucional da duração razoável do processo. Aplicação analógica do art. 356 e seguintes do CPC/2015. (4) honorários devidos pelo autor. Observância ao art. 85, § 2º. Fixação em percentual. Sentença reformada. Honorários recursais. Majoração dos honorários advocatícios. Inteligência do §11 do art. 85 do CPC/2015. Recursos de apelação 01 (autor) conhecido e não provido. Recurso de apelação 02 (paranaprevidência) conhecido e sobrestado parcialmente. Recurso de apelação 03 (estado do paraná) conhecido e sobrestado. (TJPR; ApCiv 1716278-0; Londrina; Sexta Câmara Cível; Rel. Des. Renato Lopes de Paiva; Julg. 28/11/2017; DJPR 12/12/2017; Pág. 247). V. tb.: TJMS; AI 1407283-89.2017.8.12.0000; Quinta Câmara Cível; Rel. Des. Vladimir Abreu da Silva; DJMS 06/09/2017; Pág. 173.

Possibilidade de julgamento antecipado parcial do mérito para decretar o divórcio, prosseguindo o feito para discutir questões relativas ao filho menor e a eventual partilha de bens:

✓ RAC. AÇÃO DE DIVÓRCIO LITIGIOSO UNILATERAL- JULGAMENTO ANTECIPADO DA LIDE. INADEQUAÇÃO. AUSÊNCIA DOS REQUISITOS AUTORIZADORES CONSTANTES NO ARTIGO 355 CPC/15 PARA EXTINÇÃO DO PROCESSO. APLICAÇÃO DO JULGAMENTO PARCIAL DO MÉRITO. MANUTENÇÃO DA DECRETAÇÃO DO DIVÓRCIO E SEGUIMENTO DA AÇÃO PARA RESGUARDAR OS INTERESSES DO FILHO MENOR DE IDADE. RECURSO CONHECIDO E PARCIALMENTE PROVIDO. 1. O julgamento antecipado da lide não se mostra adequado ao caso, uma vez não preenchidos os requisitos ao artigo 355 do CPC/15; 2. Na hipótese, conveniente seria a aplicação do julgamento parcial do mérito, conforme preconiza o artigo 356 do CPC/15, sendo possível ao caso em tela a dissolução do casamento, seguindo a ação no debate das questões que ainda pendem de julgamento acerca do filho menor púbere e eventual partilha de bens. (TJMT; APL 20483/2017; Várzea Grande; Relª Desª Clarice Claudino da Silva; Julg. 21/06/2017; DJMT 26/06/2017; Pág. 33). No mesmo sentido: AGRAVO DE INSTRUMENTO. DECRETAÇÃO DE DIVÓRCIO EM JULGAMENTO ANTECIPADO PARCIAL DE MÉRITO. POSSIBILIDADE. EXEGESE DO ART. 356 DO CPC/15. PROSSEGUIMENTO DA AÇÃO QUANTO AOS INTERESSES DOS FILHOS MENORES. DESPROVIMENTO. De acordo com o art. 356, I, do CPC, se um dos pedidos for incontroverso, é possível o julgamento antecipado parcial de mérito. Tal disposição é aplicável às ações que envolvem direito de família, podendo, nesses termos, ser decretado o divórcio sem prejuízo do prosseguimento da ação para o debate das demais questões, tal como guarda dos filhos e alimentos. (TJSC; AI 4016783-97.2016.8.24.0000; Criciúma; Primeira Câmara de Direito Civil; Rel. Des. Domingos Paludo; DJSC 23/03/2017; Pag. 83)

§ 1º A decisão que julgar parcialmente o mérito poderá reconhecer a existência de obrigação líquida ou ilíquida.

→ *v.* Enunciado 512 do FPPC: A decisão ilíquida referida no § 1º do art. 356 somente é permitida nos casos em que a sentença também puder sê-la.

§ 2º A parte poderá liquidar ou executar, desde logo, a obrigação reconhecida na decisão que julgar parcialmente o mérito, independentemente de caução, ainda que haja recurso contra essa interposto.

→ *v.* Enunciado 49 da ENFAM: No julgamento antecipado parcial de mérito, o cumprimento provisório da decisão inicia-se independentemente de caução (art. 356, § 2º, do CPC/2015), sendo aplicável, todavia, a regra do art. 520, IV.

§ 3º Na hipótese do § 2º, se houver trânsito em julgado da decisão, a execução será definitiva.

§ 4º A liquidação e o cumprimento da decisão que julgar parcialmente o mérito poderão ser processados em autos suplementares, a requerimento da parte ou a critério do juiz.

→ *v.* Art. 509, § 1º, do NCPC.

§ 5º A decisão proferida com base neste artigo é impugnável por agravo de instrumento.

→ *v.* Art. 1.015 a 1.020 do NCPC.

→ *v.* Enunciado 103 do FPPC: A decisão parcial proferida no curso do processo com fundamento no art. 487, I, sujeita-se a recurso de agravo de instrumento.

→ *v.* Enunciado 154 do FPPC: É cabível agravo de instrumento contra ato decisório que indefere parcialmente a petição inicial ou a reconvenção.

Caracteriza erro grosseiro a interposição de apelação contra decisão de julgamento antecipado parcial do mérito:

✓ APELAÇÃO CÍVEL. AÇÃO INDENIZATÓRIA. CONTRATO DE COMPRA E VENDA. ATRASO NA ENTREGA DA OBRA. APELO NÃO CONHECIDO. ERRO GROSSEIRO. Tratando-se de sentença que julga parcialmente o mérito, cabível a interposição de agravo de instrumento e não de recurso de apelação. Inteligência do artigo 356, do novo código de processo civil. Há evidente inadequação da via recursal. Erro grosseiro que autoriza o desconhecimento do recurso de apelação, pois inaplicável o princípio da fungibilidade. Acolheram a preliminar contrarrecursal e não conheceram do recurso de apelação. (TJRS; AC 0087567-69.2017.8.21.7000; Porto Alegre; Décima Nona Câmara Cível; Rel. Des. Eduardo João Lima Costa; Julg. 14/12/2017; DJERS 18/12/2017); AÇÃO REVISIONAL DE CONTRATO BANCÁRIO. JULGAMENTO ANTECIPADO PARCIAL DE MÉRITO, PROFERIDA NOS TERMOS DO ART. 356, II, DO CPC. INTERPOSIÇÃO DE RECURSO DE APELAÇÃO. Descabimento. A decisão que aprecia parcialmente o **meritum** causae e posterga para momento processual oportuno a apreciação de outros temas é impugnável por agravo de instrumento. Inteligência do art. 356, §5º, do CPC C.C. Art. 1.015, II e XIII, do CPC. Hipótese de erro inescusável, insuscetível de correção por meio da aplicação do princípio da fungibilidade. Recurso não conhecido. (TJSP; APL 1032706-23.2017.8.26.0002; Ac. 11049591; São Paulo; Décima Terceira Câmara de Direito Privado; Rel. Des. Francisco Giaquinto; Julg. 07/12/2017; DJESP 15/12/2017; Pág. 2182). V. tb.. TJPR; Ag Instr 1741077 2; Curitiba; Décima Quinta Câmara Cível; Rel. Des. Shiroshi Yendo; Julg. 29/11/2017; DJPR 07/12/2017; Pág. 244.

Apontando a formação de coisa julgada na decisão de julgamento antecipado parcial de mérito não recorrida:

✓ DIREITO CIVIL. AÇÃO DE INDENIZAÇÃO. CONTRATO DE TRANSPORTE RODOVIÁRIO DE COISAS. PRELIMINAR. INCOMPETÊNCIA. REJEIÇÃO. PRESCRIÇÃO. PRECLUSÃO DA MATÉRIA. TRANSPORTE DE ANIMAL (CAVALO). ACIDENTE DE TRÂNSITO. MORTE DO SEMOVENTE. RESPONSABILIDADE OBJETIVA DO TRANSPORTADOR. VALOR DA INDENIZAÇÃO. INCIDÊNCIA DO ART. 750 DO CÓDIGO CIVIL E DO ART. 14 DA LEI Nº 11.422/2007. LIMITAÇÃO AO VALOR DECLARADO. SENTENÇA PARCIALMENTE REFORMADA. 1. Nos termos do art. 100, parágrafo único, do CPC de 1973, é competente para processar e julgar a Ação de Indenização por dano sofrido em razão de acidente de veículo o foro do domicílio do Autor. 2. O provimento judicial que não põe fim à controvérsia e examina a prescrição da pretensão condenatória, que faz parte do mérito da demanda nos termos do art. 487 do CPC de 2015, possui natureza jurídica de decisão interlocutória definitiva de mérito e desafia a interposição de Agravo de Instrumento (art. 356, § 5º, do CPC). Não interposto o recurso, forma-se coisa julgada material em torno da questão e, em razão de sua eficácia preclusiva, não é possível reexaminar o tema em sede Apelação. 3. O transportador responde de forma objetiva pelos danos causados à carga transportada, sendo despicienda a verificação da culpa. 4. Não caracterizada a força maior ou o caso fortuito alegado pelo transportador, não há que se falar em exclusão da responsabilidade. 5. Nos termos do arts. 750 do Código Civil e 14 da Lei nº 11.442/2007, a responsabilidade do transportador se limita ao valor do bem a ele informado, podendo-se considerar, ainda, o valor do frete e de eventual seguro, caso haja prova nos autos das respectivas quantias. 6. Quando a nota fiscal é entregue ao transportador para ser utilizada como conhecimento de carga, é o valor contido na nota que deve servir de parâmetro para a fixação do valor indenização por dano material. Preliminar rejeitada. Apelação Cível parcialmente provida. (TJDF; APC 2015.01.1.122130-8; Ac. 104.1970; Quinta Turma Cível; Rel. Des. Ângelo Passareli; Julg. 23/08/2017; DJDFTE 11/09/2017)

Seção IV
Do Saneamento e da Organização do Processo

Art. 357. Não ocorrendo nenhuma das hipóteses deste Capítulo, deverá o juiz, em decisão de saneamento e de organização do processo:

→ *v.* Enunciado 28 do CJF: Os incisos do art. 357 do CPC não exaurem o conteúdo possível da decisão de saneamento e organização do processo.

Configura cerceamento de defesa se o juiz deixa de promover o saneamento e julga antecipadamente o feito sem apontar alguma das hipóteses do art. 355 do CPC:

✓ PROCESSUAL CIVIL. APELAÇÃO CÍVEL. AÇÃO ORDINÁRIA. CONCURSO PÚBLICO. TESTE DE APTIDÃO FÍSICA. JULGAMENTO CONFORME O ESTADO DO PROCESSO. SANEAMENTO. INOCORRÊNCIA. PEDIDO DE PRODUÇÃO DE PROVA NÃO APRECIADO PELO JUÍZO SENTENCIANTE. OPORTUNIZAÇÃO ÀS PARTES. NÃO VERIFICAÇÃO. CERCEAMENTO DE DEFESA CONFIGURADO. PRECEDENTES DO STJ. PRELIMINAR ACOLHIDA. SENTENÇA ANULADA. RETORNO DOS AUTOS À ORIGEM. 1. Cuida-se de recurso voluntário de apelação cível adversando sentença proferida pelo juízo da 1ª vara da Comarca de Eusébio/CE que, nos autos da ação ordinária autuada sob o nº. 0012214-96.2013.8.06.0075, julgou improcedente o requesto autoral (art. 487, I, CPC/2015), a pretexto de que não restou demonstrada nenhuma irregularidade na execução do concurso público realizado pela municipalidade em referência. 2. Pois bem. De pronto, assevero que a preliminar de cerceamento de defesa aventada pela parte apelante merece acolhimento, devendo o comando sentencial em referência ser tido como nulo. Isso porque a decisão que julga antecipadamente a lide, sem se pronunciar acerca de direito de prova, não justificando, ainda, a realização deste julgamento antecipado, que ademais, ocorreu em fase prematura do procedimento é contrária ao ordenamento jurídico, não merecendo, nessa medida, prosperar. 3. Como se sabe, deve o juiz dirigir o processo conforme os regramentos do código de processo civil, incumbindo-lhe, na fase de saneamento, caso verifique a ocorrência de elemento relevante para o direito discutido nos autos, apontá-lo, delimitando "as questões de fato sobre as quais recairá a atividade probatória", bem como especificando "os meios de prova admitidos", consoante previsão do artigo 357 do CPC/2015. 4. Na hipótese vertente, contudo, infere-se que não foi aberta a fase de saneamento nem de instrução probatória, tendo o magistrado sentenciado o feito com base no art. 487, I, do CPC/2015, sem demonstrar a configuração de umas das hipóteses de julgamento antecipado de mérito previstas na legislação processual emergente (art. 355, CPC/2015). 5. Data vênia, há mesmo cerceamento de defesa no caso em exame, porquanto sequer foi oportunizada às partes a produção de provas, o que se agrava quando presente nos autos pedidos nesse sentido. Em verdade, o julgador de planície simplesmente ignorou tais requisitos, isto é, promanou sentença sem enfrentar os pleitos, ainda que para indeferi-los. Assim, em se considerando a ocorrência de cerceamento de defesa, pertinente e insuperável a anulação do comando sentencial adversado. 6. Ademais, como sabido, o magistrado tem o dever de consultar as partes e lhes informar, previamente os fatos, antes de decidir as questões, sendo-lhe vedada a adoção de medidas sem que as partes tenham ciência, especificamente quando tal medida importar na decisão final do feito. Referido preceito denomina-se princípio da cooperação; preceito exponencial do processo civil, que tem como norte propiciar que as partes e o juiz cooperem entre si, a fim de se alcançar uma prestação jurisdicional efetiva, com a justiça do caso concreto. 7. Recurso conhecido, para acolher a preliminar de cerceamento de defesa. Sentença anulada. Retorno dos autos à origem para regular processamento do feito. Apelação prejudicada nos demais pontos. (TJCE; APL 0012214-96.2013.8.06.0075; Primeira Câmara de Direito Público; Relª Desª Lisete de Sousa Gadelha; DJCE 11/01/2018; Pág. 11)

Considerando incabível rediscutir a decisão de saneamento em mandado de segurança, ressalvados casos excepcionais de ilegalidade patente e risco de perecimento do direito:

✓ MANDADO DE SEGURANÇA. Impetração em face de decisão interlocutória insuscetível de questionamento através de agravo de instrumento. Rol taxativo do art. 1.015 do NCPC. Limitação recursal que não implica em falta de acesso ao Judiciário, mas em nova sistemática recursal. Utilização do mandado de segurança que só seria admissível em casos. Absolutamente excepcionais de ilegalidade patente ou flagrante do ato judicial e efetivo risco de perecimento do direito. Hipótese dos autos que não retrata tal situação. Inexistência de direito líquido e certo. Situação que reclama o uso de petição prevista em Lei (art. 357, § 1º do NCPC) ou de embargos de declaração (art. 1.022 do NCPC). Falta de interesse evidenciada. Petição inicial indeferida, nos termos dos arts. 5º, II e 10 da Lei nº 12.016/09 e art. 330, III do NCPC. Extinção da ação. (TJSP; MS 2156424-46.2017.8.26.0000; Ac. 10715593; Itapetininga; Segunda Câmara de Direito Público; Rel. Des. Claudio Augusto Pedrassi; Julg. 21/08/2017; DJESP 23/08/2017; Pág. 2498)

Entendendo incompatível a etapa de saneamento com o procedimento dos Juizados Especiais:

✓ EMBARGOS DE DECLARAÇÃO. JUIZADOS ESPECIAIS CÍVEIS. DIREITO PROCESSUAL CIVIL E DO CONSUMIDOR. REVELIA. PRESUNÇÃO RELATIVA DE VERACIDADE DOS FATOS. COMPRA DE PASSAGEM AÉREA. CANCELAMENTO DE VOO. ÔNUS DA PROVA DA PARTE AUTORA. DANOS MORAIS NÃO CARACTERIZADOS. PEDIDO DE NULIDADE DA SENTENÇA NÃO ANALISADO. OMISSÃO CONFIGURADA. EMBARGOS CONHECIDOS. NO MÉRITO, NÃO ACOLHIDOS. 1. Trata-se de Embargos de Declaração interpostos pela parte autora/recorrente afirmando haver omissão no acordão ora impugnado, porque não manifestou sobre a nulidade da sentença. Argumenta que não houve saneamento do processo, para a determinação de produção de provas, na forma prescrita pelo CPC. Pediu o acolhimento dos embargos para anular a sentença. 2. Recurso próprio, regular e tempestivo. Acórdão lavrado na forma do art. 46 da Lei n. 9.099/95. 3. Assiste razão à embargante apenas no que se refere à omissão no acórdão quanto ao pedido de nulidade da sentença, o que se analisa. 4. No mérito, sem razão a embargante. O art. 357, III, do CPC, que dispõe sobre a fase de saneamento do processo, é disciplina estranha ao rito sumaríssimo previsto na Lei n. 9.099/95, marcado pela celeridade e simplicidade, motivo pelo qual não há que se cogitar de nulidade decorrente da ausência dessa etapa processual. É de se ver, ainda, que após a conciliação, houve intimação da embargante para a produção de provas que entendesse necessárias (I.d. 1664052), do que não se desincumbiu (I.d. 1664053). 5. Não obstante a revelia do réu, era obrigação da autora comprovar os fatos alegados na inicial, uma vez que a revelia não tem o condão de provocar a presunção absoluta de veracidade. 6. Embargos conhecidos para sanar a omissão no julgado e, no mérito, rejeitados. (TJDF; EDcl 0726509-48.2016.8.07.0016; Segunda Turma Recursal dos Juizados Especiais; Rel. Juiz Arnaldo Corrêa Silva; Julg. 04/10/2017; DJDFTE 10/10/2017; Pág. 703). No mesmo sentido: JUIZADOS ESPECIAIS CÍVEIS. PROCESSUAL CIVIL E CONSUMIDOR. ERROR IN PROCEDENDO INEXISTENTE. AUSÊNCIA DE NULIDADE. MÉRITO. ALEGAÇÃO DE TROCA DE CARTÃO DE DÉBITO POR CARTÃO RELIGIOSO. SAQUES REALIZADOS. INVERSÃO DO ÔNUS DA PROVA DESCABIDA. AUTOR QUE NÃO COMPROVOU OS FATOS CONSTITUTIVOS DE SEU DIREITO (ART. 373, I, CPC). IMPROCEDÊNCIA DOS PLEITOS FORMULADOS NA INICIAL. RECURSO CONHECIDO. PRELIMINARES REJEITADAS. DESPROVIDO. SENTENÇA MANTIDA PELOS SEUS PRÓPRIOS FUNDAMENTOS. 1. O art. 357, III, do CPC, que dispõe acerca da fase de saneamento do processo, é disciplina estranha ao rito sumaríssimo previsto na Lei n. 9.099/95, marcado pela celeridade e simplicidade, motivo pelo qual não há que se cogitar de nulidade decorrente da ausência dessa etapa processual. (...) 7. Recurso conhecido. Preliminares rejeitadas. Desprovido. Sentença mantida por seus próprios fundamentos. A Súmula de julgamento servirá de acórdão, conforme art. 46 da Lei n. 9.099/1995. Condenado o recorrente vencido ao pagamento das custas processuais e honorários advocatícios fixados em 10% (dez por cento) do valor atualizado da causa, o qual resta sobrestado por litigar o autor sob o pálio da justiça gratuita. (TJDF; ACJ 2016.06.1.001064-6; Ac. 951.044; Terceira Turma Recursal dos Juizados Especiais; Rel. Des. Flávio Fernando Almeida da Fonseca; Julg. 28/06/2016; DJDFTE 04/07/2016)

<u>Apontando ser a decisão de saneamento incompatível com o processo do trabalho:</u>

✓ ÔNUS DA PROVA. INVERSÃO PRÉVIA À SENTENÇA. PROCESSO DO TRABALHO. O art. 357 do CPC/2015 não é compatível com o processo do trabalho, por contrariar os princípios da celeridade, da efetividade e da informalidade. O despacho de saneamento não se coaduna com a realidade da Justiça do Trabalho, em que os processos, no geral, envolvem numerosos pedidos, o que inviabiliza a prévia fixação do ônus de prova, quanto a cada tema, assim como a delimitação de todas as matérias de direito relevantes. Tanto é assim que o C. TST, ao editar a Instrução Normativa 39/2016, não incluiu o art. 357 do CPC/2015 entre aqueles aplicáveis subsidiariamente ao processo do trabalho. (TRT 3ª R.; RO 0010624-21.2015.5.03.0149; Rel. Des. Milton Vasques Thibau de Almeida; DJEMG 23/08/2017)

I – resolver as questões processuais pendentes, se houver;

II – delimitar as questões de fato sobre as quais recairá a atividade probatória, especificando os meios de prova admitidos;

<u>Configura causa de nulidade o não enfrentamento de requerimentos de produção de prova, mesmo após apresentado pedido de esclarecimentos:</u>

✓ APELAÇÃO CÍVEL. PRETENSÃO DE RECEBIMENTO DE INDENIZAÇÃO POR DANO MATERIAL E MORAL. ACIDENTE OCORRIDO NO CLUBE NÁUTICO DE SEPETIBA. Cabo de âncora da embarcação de propriedade do réu que prendeu no motor da lancha do autor, ocasionando a quebra da peça denominada rabeta. Decisão saneadora que não apreciou o pedido de produção de provas documental, testemunhal e depoimento pessoal postulado pelo réu, ora apelante. Solicitação de ajuste, na forma do art. 357, § 1º, do CPC. Juízo a quo que não enfrentou a questão. Nova sistemática processual que confere às partes o direito de pedir esclarecimentos e solicitar ajustes na decisão de saneamento. **Error in procedendo.** Provimento jurisdicional não fundamentado. Art. 93, inciso IX, da CRFB. Precedente. Provimento do recurso, para cassar a sentença e determinar a apreciação da petição que solicitou o ajuste, com o prosseguimento do feito. (TJRJ; APL 0008992-26.2011.8.19.0206; Rio de Janeiro; Sétima Câmara Cível; Rel. Des. André Gustavo Corrêa de Andrade; DORJ 25/08/2017; Pág. 385)

III – definir a distribuição do ônus da prova, observado o art. 373;

<u>Descabimento da inversão do ônus da prova por ocasião da decisão que aprecia pedido de tutela antecipada ou no despacho inicial:</u>

✓ AGRAVO DE INSTRUMENTO INTERPOSTO CONTRA R. DECISÃO PELA QUAL FOI INDEFERIDO PEDIDO DE ANTECIPAÇÃO DE TUTELA COMO DEDUZIDO PELA AGRAVANTE. ALEGAÇÃO DE QUE SE FAZEM PRESENTES OS REQUISITOS AUTORIZADORES PARA CONCESSÃO DA TUTELA DE URGÊNCIA. IMPOSSIBILIDADE DE CONCESSÃO DA MEDIDA COMO PRETENDIDA, AO MENOS NO PRESENTE MOMENTO PROCESSUAL. Inexistência de prova inequívoca apta a demonstrar a probabilidade do direito que se diz violado, como também de perigo de dano, ou risco ao resultado útil do processo. Momento inadequado para inversão dos ônus da prova, ademais. Inteligência do art. 357, III, do CPC/2015. Acerto da r. Decisão atacada. Recurso não provido. (TJSP; AI 2171921-03.2017.8.26.0000; Ac. 10963482; Catanduva; Décima Sexta Câmara de Direito Privado; Rel. Des. Simões de Vergueiro; Julg. 10/11/2017; DJESP 27/11/2017; Pág. 2425); AGRAVO DE INSTRUMENTO.

AÇÃO ORDINÁRIA. DECISÃO QUE INDEFERIU O PEDIDO DE TUTELA PROVISÓRIA DE URGÊNCIA. MANUTENÇÃO. AUSÊNCIA DE PREENCHIMENTO DOS REQUISITOS INDISPENSÁVEIS PARA SUA CONCESSÃO, MORMENTE O FUMUS BONI IURIS. TUTELA PROVISÓRIA QUE PODERÁ SER DEFERIDA APÓS O ESTABELECIMENTO DO CONTRADITÓRIO. I. Preliminar de inobservância da regra prevista no art. 1.018, §2º do CPC. Rejeitada. II. Agiu com acerto o Magistrado a quo, quando, às fls. 59/66, indeferiu liminarmente o pedido de tutela provisória de urgência, "sem prejuízo do reexame do pedido após estabelecido o contraditório", tendo em vista que os Agravantes não acostaram aos autos elementos probatórios suficientes para evidenciar a probabilidade do direito afirmado. III. Ainda que se trate de relação consumerista e que, por isso, seja aplicável o princípio da inversão do ônus da prova, esta somente poderá ser promovida na fase processual pertinente, à luz do art. 357, III do CPC em vigor. lV. Deve ser mantida a decisão recorrida também no tocante à exclusão da Sra. Veraílde Guilherme Ramos do polo ativo da lide. Como consignou o Juiz a quo "eventual direito à meação da companheira, desde que comprovada sua condição e eventual direito patrimonial sobre o referido imóvel, há de ser objeto de debate em autos próprios, por meio de embargos de terceiros". PRELIMINAR REJEITADA AGRAVO DE INSTRUMENTO CONHECIDO E IMPROVIDO. (TJBA; AI 0000620-07.2017.8.05.0000; Salvador; Quinta Câmara Cível; Relª Desª Carmem Lucia Santos Pinheiro; Julg. 06/06/2017; DJBA 12/06/2017; Pág. 362). V. tb.: AGRAVO DE INSTRUMENTO. AÇÃO REVISIONAL. CONTA CORRENTE. Inversão do ônus da prova com base no CDC. despacho inicial. error in procedendo. momento procedimental inadequadado para deliberação acerca da distribuição do ônus probatório. matéria a ser decidida na fase de saneamento e organização do processo. inteligência do art. 357, iii, do CPC/2015. decisão anulada em relação à inversão do ônus probatório. recurso conhecido e provido. (TJPR; Ag Instr 1574566-1; Londrina; Décima Quarta Câmara Cível; Rel. Des. Themis Furquim; Julg. 01/11/2017; DJPR 13/11/2017; Pág. 247). No mesmo sentido: TJRS; AI 0245365-93.2017.8.21.7000; Porto Alegre; Nona Câmara Cível; Rel. Des. Eduardo Kraemer; Julg. 11/10/2017; DJERS 18/10/2017.

<u>Entendendo que apenas após a resolução das questões processuais pendentes e da definição das questões de fato sobre a qual recairá a atividade probatória é que pode o juiz apreciar a distribuição dinâmica do ônus da prova:</u>

✓ DIREITO DO CONSUMIDOR. DIREITO PROCESSUAL CIVIL. AGRAVO DE INSTRUMENTO. INVERSÃO DO ÔNUS DA PROVA. NECESSIDADE DE OBSERVAR A ORDEM DE MATÉRIAS CONTIDAS NO ARTIGO 357 DO ATUAL CÓDIGO DE PROCESSO CIVIL. AGRAVO PROVIDO. 1. A decisão de saneamento e organização do processo constitui um marco de estabilização do feito que deve ser prestigiado. Cuida-se de fase de organização e saneamento estabelecida pelo artigo 357 do atual CPC, em que. Ainda que o magistrado não tenha elementos que lhe permita resolver o objeto litigioso. Terá de preparar o processo para a atividade instrutória (DIDIER Júnior, Fredie. Curso de Direito Processual Civil. Vol. 1. 18. ED. Salvador: JusPodivm, 2016, p. 701 e 704). 2. O ponto da discussão do presente agravo cinge-se a saber se é possível realizar a inversão do ônus da prova. Com sua distribuição, previsto no inciso III do artigo 357 do CPC. Sem antes examinar questões processuais pendentes (inciso I) Ou a delimitação das questões de fato sobre as quais recairá a atividade probatória (inciso II). 3. Os incisos I e II do artigo 357 do atual CPC cuidam da organização retrospectiva do processo, em que o magistrado irá examinar as questões processuais pendentes com o fim de saneá-las, vez que o ideal é examinar todas as questões processuais sejam examinadas e resolvidas com o saneamento (MARINONI, Luiz Guilherme; ARENHARTE, Sergio Cruz; MITIDIERO, Daniel. Curso de Processo Civil. Vol. 2. 2. ED. São Paulo: Revista dos Tribunais, 2016, p. 241). 4. Apenas após a resolução das questões processuais pendentes e da delimitação das questões de fato sobre as quais recairá a atividade probatória é que caberá ao magistrado. Caso acolha os pedidos de dilação probatória. Especificar quais serão os meios de prova a serem utilizados e delimitar a distribuição do ônus da prova entre as partes. 5. Agravo conhecido e provido. Decisão cassada. (TJDF; AGI 2016.00.2.026313-5; Ac. 988.120; Quinta Turma Cível; Relª Desª Maria Ivatônia; Julg. 14/12/2016; DJDFTE 09/02/2017)

<u>Impossibilidade de inversão do ônus da prova na sentença:</u>

✓ APELAÇÃO CÍVEL. AÇÃO DE OBRIGAÇÃO DE FAZER, C/C INDENIZAÇÃO POR DANO MORAL. IMPOSSIBILIDADE DE MATRÍCULA EM INSTITUIÇÃO DE ENSINO. INVERSÃO DO ÔNUS DA PROVA REALIZADA EM SENTENÇA. INDEVIDA. AUSÊNCIA DE VEROSSIMILHANÇA OU HIPOSSUFICIÊNCIA PARA A PRODUÇÃO DA PROVA. MOMENTO INOPORTUNO. AUSÊNCIA DE PROVAS ACERCA DO FATO CONSTITUTIVO DO DIREITO DA AUTORA. IMPROCEDÊNCIA. RECURSO CONHECIDO E PROVIDO. 1. A inversão da regra do ônus probatório em favor do consumidor demanda a existência, alternativamente, de verossimilhança das alegações, ou hipossuficiência do demandante, ocorrendo esta última no momento em que o consumidor não tem como provar processualmente, pelos seus próprios meios, os fatos alegados. 2. A inversão do ônus da prova é regra de instrução, devendo ser efetuada quando da decisão saneadora, nos expressos termos do art. 357, III, do Código de Processo Civil. 3. Compete, em princípio, ao autor, o ônus da prova do fato constitutivo de seu direito. Não provados os fatos alegados, a improcedência do pedido é medida que se impõe. 4. Recurso conhecido e provido. (TJMS; APL 0800420-85.2016.8.12.0006; Quinta Câmara Cível; Rel. Des. Sideni Soncini Pimentel; DJMS 28/08/2017; Pág. 165)

IV – delimitar as questões de direito relevantes para a decisão do mérito;

V – designar, se necessário, audiência de instrução e julgamento.

§ 1º Realizado o saneamento, as partes têm o direito de pedir esclarecimentos ou solicitar ajustes, no prazo comum de 5 (cinco) dias, findo o qual a decisão se torna estável.

→ *v.* Enunciado 29 do CJF: A estabilidade do saneamento não impede a produção de outras provas, cuja necessidade se origine de circunstâncias ou fatos apurados na instrução.

→ *v.* Enunciado 675 do FPPC: O assistente e o **amicus curiae** têm direito de pedir esclarecimentos ou solicitar ajustes na decisão de saneamento e organização do processo, nos limites dos seus poderes e interesse processual.

Apontando que o pedido de esclarecimentos do art. 357, § 1º não possui natureza recursal e, portanto, não interrompe o prazo para o agravo de instrumento:

✓ PROCESSO CIVIL. INVERSÃO. ÔNUS. PROVA. PEDIDO DE ESCLARECIMENTOS. ART. 357, § 1º, CPC/15. NATUREZA RECURSAL. INEXISTÊNCIA. PRINCÍPIO DA TAXATIVIDADE DOS RECURSOS. EFEITO INTERRUPTIVO. INEXISTÊNCIA. 1. O pedido de esclarecimentos e ajustes previsto no § 1º do art. 357 do CPC/15 não possui natureza recursal, pois só são recursos aqueles taxativamente previstos como tal na Lei Processual. 2. Não há se falar em extensão do efeito interruptivo. Previsto apenas para os embargos declaração (art. 1.026, caput, do CPC/15) e para os embargos de divergência (art. 1.044, § 1º, CPC), não incidindo em nenhuma outra modalidade recursal. Ao pedido de esclarecimentos e ajustes em questão, que sequer recurso é. 3. Recurso conhecido e desprovido. (TJDF; AGI 2016.00.2.032565-9; Ac. 994.288; Terceira Turma Cível; Relª Desª Maria de Lourdes Abreu; Julg. 08/02/2017; DJDFTE 21/02/2017)

Possibilidade de novos requerimentos de prova por ocasião do pedido de esclarecimentos:

✓ AGRAVO DE INSTRUMENTO. DIVÓRCIO LITIGIOSO. PERÍCIA. APURAÇÃO DE HAVERES. PEDIDO REALIZADO APÓS SANEADOR. PRECLUSÃO. NÃO OCORRÊNCIA. PLEITO FORMALIZADO DENTRO DO PRAZO ASSINALADO NO ART. 357, §1º DO NCPC. Decisão que ainda não era estável. Pertinência da prova evidenciada. Eventual nulidade do pacto antenupcial que imporá a divisão do patrimônio amealhado na constância do matrimônio, incluindo-se aí, a empresa objeto da lide. Decisão mantida. Recurso improvido. (TJSP; AI 2175526-88.2016.8.26.0000; Ac. 10265378; São Paulo; Nona Câmara de Direito Privado; Rel. Des. Mauro Conti Machado; Julg. 20/03/2017; rep. DJESP 06/06/2017; Pág. 1956)

§ 2º As partes podem apresentar ao juiz, para homologação, delimitação consensual das questões de fato e de direito a que se referem os incisos II e IV, a qual, se homologada, vincula as partes e o juiz.

→ *v.* Arts. 190 e 191 do NCPC.

→ *v.* Enunciado 427 do FPPC: A proposta de saneamento consensual feita pelas partes pode agregar questões de fato até então não deduzidas.

→ *v.* Enunciado 631 do FPPC: A existência de saneamento negocial ou compartilhado não afasta a incidência do art. 493.

§ 3º Se a causa apresentar complexidade em matéria de fato ou de direito, deverá o juiz designar audiência para que o saneamento seja feito em cooperação com as partes, oportunidade em que o juiz, se for o caso, convidará as partes a integrar ou esclarecer suas alegações.

→ *v.* Art. 6º do NCPC.

→ *v.* Enunciado 298 do FPPC: A audiência de saneamento e organização do processo em cooperação com as partes poderá ocorrer independentemente de a causa ser complexa.

→ *v.* Enunciado 299 do FPPC: O juiz pode designar audiência também (ou só) com objetivo de ajustar com as partes a fixação de calendário para fase de instrução e decisão.

→ *v.* Enunciado 428 do FPPC: A integração e o esclarecimento das alegações nos termos do art. 357, § 3º, não se confundem com o aditamento do ato postulatório previsto no art. 329.

→ *v.* Enunciado 676 do FPPC: A audiência de saneamento compartilhado é momento adequado para que o juiz e as partes deliberem sobre as especificidades do litígio coletivo, as questões fáticas e jurídicas controvertidas, as provas necessárias e as medidas que incrementem a representação dos membros do grupo.

Considerando estar inserida na discricionariedade do juiz designar ou não o saneamento em audiência:

✓ AGRAVO DE INSTRUMENTO. DIREITO PROCESSUAL CIVIL. ACIDENTE DE ÔNIBUS. DENUNCIAÇÃO DA LIDE DA SEGURADORA. NÃO OBRIGATORIEDADE. PERDA DO DIREITO DE REGRESSO. INEXISTÊNCIA. DESPACHO SANEADOR. NÃO OBRIGATORIEDADE DE SER REALIZADO EM AUDIÊNCIA COM A PRESENÇA DAS PARTES. AGRAVO NÃO PROVIDO. AGRAVO INTERNO PREJUDICADO. 1. A denunciação da lide só é obrigatória em relação ao denunciante que, não denunciando, perderá o direito de regresso. Contudo, não está o julgador obrigado a processá-la, se concluir que a tramitação de duas ações em uma só onerará em demasia uma das partes, ferindo os princípios da economia e da celeridade na prestação jurisdicional. Como a agravante não perderá o direito de regresso contra a seguradora, não existe obrigatoriedade na denunciação da lide; 2. Quanto ao pedido de nulidade do despacho saneador porque não o foi feito em audiência e com a participação das partes, consoante dispõe o §3º, do art. 357, do CPC-2015, entendeu-se que também não mereceu prosperar o argumento trazido pela agravante. A nova sistemática do CPC estabelece a possibilidade de cooperação das partes, contudo, deixa essa hipótese sob a análise do magistrado, que ao entender pela complexidade das questões de fato e/ou de direito, pode recorrer às partes para tanto. Ocorre que essa possibilidade não é uma obrigação, mas sim uma opção dada ao juiz que, em sua discricionariedade, vai analisar caso a caso, e aplicar o dispositivo invocado quando entender necessário. Sendo assim, o despacho saneador agravado não enseja a nulidade invocada pela agravante; 3. Recurso de agravo de instrumento não provido; 4. Com relação ao agravo interno interposto da decisão interlocutória, este perde o objeto em face do julgamento do agravo de instrumento, pelo que resta prejudicado. (TJPE; Rec. 0007938-42.2016.8.17.0000; Quarta Câmara Cível; Rel. Des. Tenório dos Santos; Julg. 13/10/2016; DJEPE 03/11/2016)

Entendendo haver prejuízo se a parte faltou à audiência de saneamento, mas havia sido intimada para comparecer a uma audiência preliminar:

✓ AÇÃO DE INDENIZAÇÃO POR DANOS PATRIMONIAIS E MORAIS. APELAÇÃO CÍVEL. ACIDENTE EM PONTE. OMISSÃO DO MUNICÍPIO. FALTA DE FISCALIZAÇÃO E DE MANUTENÇAO. PONTE ROMPIDA. DANO MATERIAL E MORAL. JULGAMENTO ANTECIPADO DA LIDE. AUSENCIA DA PARTE EM AUDIENCIA DE SANEAMENTO. PUBLICAÇÃO ERRONEA. CERCEAMENTO DE DEFESA CONFIGURADO. ANULAÇÃO DA SENTENÇA. A ausência de uma das partes à audiência saneadora do art. 357 do CPC/15 implicará, em princípio, a presunção de que a parte ausente não tem provas a serem produzidas, o que tornará preclusa essa faculdade quanto ao seu ônus probatório. Contudo, existindo erro na publicação da referida audiência, como sendo de sessão de conciliação prevista no art. 334 do CPC/15, indubitável que a parte ausente teve prejuízo processual, na medida em que a única sanção prevista pela ausência a essa audiência trata-se da multa do §8º daquele dispositivo e não a perda da faculdade de provar os fatos alegados. Evidenciado o erro in procedendo e não sendo o caso de aplicação da teoria da causa madura, a sentença deve ser cassada para regular instrução do feito. Recurso ao qual se dá provimento. (TJMG; APCV 1.0134.14.016169-3/001; Relª Desª Lílian Maciel Santos; Julg. 26/10/2017; DJEMG 07/11/2017)

§ 4º Caso tenha sido determinada a produção de prova testemunhal, o juiz fixará prazo comum não superior a 15 (quinze) dias para que as partes apresentem rol de testemunhas.

Considerando preclusivo o prazo para apresentação do rol de testemunhas:

✓ DIREITO PROCESSUAL CIVIL. APRESENTAÇÃO EXTEMPORÂNEA DO ROL DE TESTEMUNHAS. PRECLUSÃO. HONORÁRIOS. I. O prazo previsto no art. 357, § 4º, do CPC/15 é preclusivo, de modo que se a parte não apresenta o rol de testemunhas no termo fixado, perde a oportunidade de produzir a prova oral, não havendo se falar em cerceamento de defesa. II. Sendo os vencedores representados pelo mesmo advogado, são lhes devidos única verba honorária, ainda que a ação tenha sido extinta com relação a um dos corréus e improcedente quanto aos demais. III. Dispõe o art. 87 do CPC/15, que, concorrendo diversos autores ou diversos réus, os vencidos respondem proporcionalmente pelas despesas e pelos honorários. lV. Negou-se provimento aos recursos. (TJDF; APC 2016.12.1.001320-4; Ac. 101.3202; Sexta Turma Cível; Rel. Des. José Divino de Oliveira; Julg. 26/04/2017; DJDFTE 03/05/2017). No mesmo sentido: APELAÇÃO CÍVEL. AÇÃO DE RESPONSABILIDADE. PROVA TESTEMUNHAL. FIXAÇÃO DE PRAZO. APRESENTAÇÃO DO ROL. ART. 357, § 4º, DO CPC/2015. DESCUMPRIMENTO. INTEMPESTIVIDADE RECONHECIDA. PRECLUSÃO. SENTENÇA MANTIDA. RECURSO DESPROVIDO. Na atual sistemática, o rol de testemunhas deve ser apresentado tão logo seja determinado pelo juiz, após ter determinado, no saneamento do processo, a produção dessa prova (CPC 357 § 4º) e com a contestação (CPC 335), caso as partes queiram se valer dessa modalidade de prova" (Nery Júnior, Nelson E Nery, ROSA Maria DE ANDRADE. Comentários ao Código de Processo Civil. São Paulo: Revista dos Tribunais, 2015. P. 1070). (TJSC; AC 0300394-62.2014.8.24.0045; Palhoça; Terceira Câmara de Direito Civil; Rel. Des. Fernando Carioni; DJSC 07/04/2017; Pag. 152); AÇÃO DE COBRANÇA. PROCEDÊNCIA. CERCEAMENTO DE DEFESA. Inocorrência. Pedido de dilação de prazo para apresentação do rol de testemunhas pelas rés. Indeferimento. Prazo para apresentação de testemunhas que é preclusivo. Art. 357, § 4º do CPC. Sentença mantida. Recurso improvido. (TJSP; APL 1012224-73.2016.8.26.0007; Ac. 10787760; São Paulo; Décima Quarta Câmara de Direito Privado; Rel. Des. Thiago de Siqueira; Julg. 14/09/2017; DJESP 19/09/2017; Pág. 2104)

§ 5º Na hipótese do § 3º, as partes devem levar, para a audiência prevista, o respectivo rol de testemunhas.

§ 6º O número de testemunhas arroladas não pode ser superior a 10 (dez), sendo 3 (três), no máximo, para a prova de cada fato.

§ 7º O juiz poderá limitar o número de testemunhas levando em conta a complexidade da causa e dos fatos individualmente considerados.

→ *v.* Enunciado 300 do FPPC: O juiz poderá ampliar ou restringir o número de testemunhas a depender da complexidade da causa e dos fatos individualmente considerados.

→ *v.* Enunciado 677 do FPPC: É possível a ampliação do número de testemunhas, em razão da complexidade da causa e dos fatos individualmente considerados.

§ 8º Caso tenha sido determinada a produção de prova pericial, o juiz deve observar o disposto no art. 465 e, se possível, estabelecer, desde logo, calendário para sua realização.

§ 9º As pautas deverão ser preparadas com intervalo mínimo de 1 (uma) hora entre as audiências.

→ *v.* Enunciado 151 do FPPC: Na Justiça do Trabalho, as pautas devem ser preparadas com intervalo mínimo de uma hora entre as audiências designadas para instrução do feito. Para as audiências para simples tentativa de conciliação, deve ser respeitado o intervalo mínimo de vinte minutos.

→ *v.* Enunciado 295 do FPPC: As regras sobre intervalo mínimo entre as audiências do CPC só se aplicam aos processos em que o ato for designado após sua vigência.

Capítulo XI

Da Audiência de Instrução e Julgamento

Art. 358. No dia e na hora designados, o juiz declarará aberta a audiência de instrução e julgamento e mandará apregoar as partes e os respectivos advogados, bem como outras pessoas que dela devam participar.

Intimação para comparecimento em audiência através de advogado:

✓ Apelação. Ação de reintegração de posse. Propriedade do autor alegadamente cercada. Alegação de esbulho praticado pelos réus. Sentença de procedência. Processual Civil. Nulidade da sentença. Alegação de falta de intimação das partes para a audiência de instrução e julgamento. Intimação que ocorreu por meio de advogado regularmente constituído. Mérito. Juízo possessório que não analisa o domínio. Interpretação do artigo 1210, § 2º, do Código Civil. Contratos de comodatos juntados pelos réus que sequer individualizam a área ocupada. Testemunha ouvida como informante que nada acrescenta em relação à posse em discussão. Alegação de usucapião, em defesa, desacolhida. O usucapiente precisa possuir o bem com convicção e intenção de se tornar o proprietário ("animus domini ou animus rem sibi habendi"). Não ocorrência. Preliminar rejeitada. Recursos não providos. (TJ-SP; APL: 00065240620148260266; SP; 18ª Câmara de Direito Privado; Rel. Edson Luiz de Queiróz; Julg. 02/05/2017; Data de Publicação: 04/05/2017)

Art. 359. Instalada a audiência, o juiz tentará conciliar as partes, independentemente do emprego anterior de outros métodos de solução consensual de conflitos, como a mediação e a arbitragem.

→ *v.* Arts. 139, V, 165 a 175 do NCPC.

→ *v.* Enunciado 429 do FPPC: A arbitragem a que se refere o art. 359 é aquela regida pela Lei 9.307/1996 do FPPC.

Art. 360. O juiz exerce o poder de polícia, incumbindo-lhe:

I – manter a ordem e o decoro na audiência;

Limites ao exercício do poder/dever do juiz:

✓ ADMINISTRATIVO. ANTERIOR CONDENAÇÃO DA UNIÃO AO PAGAMENTO DE DANOS MORAIS DECORRENTES DE ADIAMENTO DE AUDIÊNCIA NA JUSTIÇA LABORAL. MOTIVO INJUSTIFICADO. PROCEDÊNCIA DA AÇÃO REGRESSIVA CONTRA O AGENTE CAUSADOR DO DANO. – Colhe-se dos autos ser previsível que a conduta do réu (juiz do trabalho) fosse gerar abalo moral ao autor da anterior demanda (trabalhador rural, com escassos recursos financeiros). Era natural que o depoente viesse a se sentir moralmente ofendido com o adiamento da audiência pelo simples fato de não vestir sapato fechado, em região com grande quantidade de trabalhadores rurais de escassos recursos financeiros. – Assim, tendo em mente a natureza administrativa do ato praticado pelo réu (adiamento de audiência por motivo banal), e presente conduta culposa do magistrado, impõe-se a obrigação de ressarcimento à União, em caráter regressivo, nos termos do art. 37, § 6º, da CF/88. – Apelação improvida. (TRF-4; AC: 50006221620134047008; PR; Terceira Turma; Rel. Maria Isabel Pezzi Klein; Julg. 06/06/2017)

II – ordenar que se retirem da sala de audiência os que se comportarem inconvenientemente;

→ *v.* Art. 459, § 2º, do NCPC.

III – requisitar, quando necessário, força policial;

→ *v.* Art. 139, VII, do NCPC.

Requisito de força policial para cumprimento de decisão judicial:

✓ AGRAVO DE INSTRUMENTO. AÇÃO CAUTELAR INOMINADA. DECISÃO AGRAVADA QUE DETERMINOU A MAJORAÇÃO DA ASTREINTE PARA R$ 30.000,00 POR DESCUMPRIMENTO DA DECISÃO ANTERIOR QUE DETERMINOU O LIVRE E IRRESTRITO ACESSO DOS AUTORES ÀS INSTALAÇÕES DO ESCRITÓRIO TANTO NA CIDADE DO RIO DE JANEIRO, QUANTO NA CIDADE DE SÃO SAULO, COM DIREITO DE USO DE TODOS OS MEIOS INDISPENSÁVEIS PARA O EXERCÍCIO PLENO DE SUAS FUNÇÕES, SOB PENA DE MULTA DE R$ 10.000,00, PARA CADA DIA DE DESCUMPRIMENTO, DEVIDAMENTE COMPROVADO, ATÉ A DECISÃO CONTRÁRIA DESSE JUÍZO, PODENDO SER REQUISITADO USO DE FORÇA POLICIAL, CASO NECESSÁRIO, PARA O CUMPRIMENTO INTEGRAL DA PRESENTE DECISÃO. INCONFORMISMO. 1- Perda do objeto. Decisão proferida na ação de dissolução parcial de sociedade, registrada sob o nº 0225129-59.2016.8.19.0001, mantida através do agravo de instrumento nº 0040330-78.2016.8.19.0000, determinando a exclusão dos réus dos quadros da sociedade objeto da lide, não sendo permitido aos mesmos frequentar as dependências físicas do escritório após tal prazo sem o consentimento dos autores, lhes sendo facultado apenas a retirada de seus pertences de uso pessoal e o pagamento do valor mensal de retirada de R$ 15.000,00 para cada um dos sócios, além do recebido com os clientes individuais, sendo certo que tal valor será posteriormente compensado na apuração dos haveres. 2- Pedido recursal que se limita ao requerimento de redução da multa diária aplicada por descumprimento. Recurso não conhecido. (TJ-RJ; AI 00045516220168190000; Rio de Janeiro; 7 Vara Empresarial; Décima Sexta Câmara Cível; Rel. Marco Aurélio Bezerra de Melo; Julg.20/06/2017; Data de Publicação: 23/06/2017)

IV – tratar com urbanidade as partes, os advogados, os membros do Ministério Público e da Defensoria Pública e qualquer pessoa que participe do processo;

→ *v.* Art. 78 do NCPC.

V – registrar em ata, com exatidão, todos os requerimentos apresentados em audiência.

Art. 361. As provas orais serão produzidas em audiência, ouvindo-se nesta ordem, preferencialmente:

→ *v.* Art. 139, VI, do NCPC.

→ *v.* Enunciado 430 do FPPC: A necessidade de licença concedida pelo juiz, prevista no parágrafo único do art. 361, é aplicável também aos Defensores Públicos.

Inversão de ordem na produção de prova e nulidade do ato:

✓ RECURSO DE REVISTA DA RECLAMADA. PRELIMINAR DE NULIDADE POR CERCEAMENTO DO DIREITO DE DEFESA. INVERSÃO DA ORDEM DE PRODUÇÃO DAS PROVAS. PREJUÍZO NÃO DEMONSTRADO. O processo do trabalho é informado pelos princípios da celeridade e da simplicidade, e a princípio, a inobservância da ordem de produção das provas de que trata o art. 452 do CPC/73 (art. 361 do CPC/2015) não implica nulidade dos atos, salvo se demonstrado o efetivo prejuízo para a parte. Conforme consignado pelo TRT, não foi demonstrado prejuízo à parte, e não se justifica a declaração de nulidade (art. 794 da CLT). Constou no acórdão recorrido o seguinte: "a reclamada não comprova que o fato de uma testemunha ter sido ouvida em Teófilo Otoni (...) antes da produção a prova pericial (...), tenha prejudicado seu direito à ampla defesa. Registre-se que duas outras testemunhas foram ouvidas a seu rogo em Belo Horizonte (...) e mais duas ouvidas a rogo do reclamante na Vara de origem (...). Ainda que se admitisse a veracidade da afirmação lançada em recurso de que a perícia não apurou fatos referentes às atividades dos representantes comerciais (...), isso não caracteriza prejuízo à reclamada, seja porque cinco testemunhas, além do reclamante, foram ouvidos para elaboração do laudo, na forma do art. 429 do CPC (...), seja porque as cinco testemunhas ouvidas em juízo depuseram acerca desses mesmos fatos, especialmente acerca da venda das vacinas antiaftosa" . Recurso de revista de que não se conhece. PRELIMINAR DE NULIDADE POR CERCEAMENTO DO DIREITO DE DEFESA. INTIMAÇÃO DA PARTE PARA A AUDIÊNCIA DE OITIVA DE TESTEMUNHAS POR CARTA PRECATÓRIA. PREJUÍZO NÃO DEMONSTRADO. Conforme consignado pelo Regional, não houve prejuízo à parte, razão por que não se cogita da declaração de nulidade do acórdão regional, nos termos do artigo 794 da CLT. Recurso de revista de que não se conhece. COMISSÕES SOBRE VENDAS. REPRESENTAÇÃO COMERCIAL. MATÉRIA PROBATÓRIA. Constou no acórdão recorrido que: "há prova de que no início do contrato de trabalho do reclamante, admitido em 15.8.00, ele recebia porcentagem de 1% sobre a venda de vacina antiaftosa e que houve participação sua na intermediação da venda direta via telefone, após a mudança da logística empresarial"; "a reclamada, ao contratar vendedor, exigia a formação na área superior de veterinária, zootecnia ou agronomia (...), valendo-se de sua consultoria para a venda dos produtos, pelo que o profissional deve ser remunerado pela venda da vacina, ainda que haja necessidade de contato direto com a reclamada para tanto"; "comprovada, também, a exclusividade da zona de representação, na forma do art. 31 da Lei 4.886/65, sendo devida a comissão na área respectiva" . Infere-se ainda do acórdão recorrido que, mesmo que houvesse a necessidade de contato direto com a reclamada para a venda da vacina antiaftosa a partir de 2003, também havia a participação do reclamante para tanto, o que enseja o pagamento das comissões sobre vendas. Decisão diversa demandaria o reexame de matéria fático-probatória, o que é vedado nesta instância extraordinária pela Súmula nº 126 do TST. Recurso de revista que não se conhece. (TST; RR: 97200172008503009 9; 6ª Turma; Rel. Kátia Magalhães Arruda; Julg. 15/06/2016; Data de Publicação 17/06/2016)

I – o perito e os assistentes técnicos, que responderão aos quesitos de esclarecimentos requeridos no prazo e na forma do art. 477, caso não respondidos anteriormente por escrito;

II – o autor e, em seguida, o réu, que prestarão depoimentos pessoais;

III – as testemunhas arroladas pelo autor e pelo réu, que serão inquiridas.

→ v. Art. 434, parágrafo único, do NCPC.

Parágrafo único. Enquanto depuserem o perito, os assistentes técnicos, as partes e as testemunhas, não poderão os advogados e o Ministério Público intervir ou apartear, sem licença do juiz.

→ v. Enunciado 430 do FPPC: A necessidade de licença concedida pelo juiz, prevista no parágrafo único do art. 361, é aplicável também aos Defensores Públicos.

Art. 362. A audiência poderá ser adiada:

I – por convenção das partes;

II – se não puder comparecer, por motivo justificado, qualquer pessoa que dela deva necessariamente participar;

Adiamento da audiência por impossibilidade de comparecimento do advogado:

✓ RECURSO ORDINÁRIO DO RECLAMANTE. AUDIÊNCIA DE INSTRUÇÃO. IMPOSSIBILIDADE DE COMPARECIMENTO DO ADVOGADO DO RECLAMANTE. PEDIDO DE ADIAMENTO DO ATO PROCESSUAL. DEFERIMENTO A participação do Advogado em todos os atos processuais é garantia de exercício da ampla defesa das partes e não pode ser obstada pelo Magistrado, cabendo ser acolhido o pedido de adiamento de audiência, desde que suficientemente justificado. O acometimento de doença pelo Advogado do reclamante, devidamente comprovado mediante atestado médico, deve ser visto como um impeditivo à presença do procurador judicial, restando nítida a necessidade de reaprazamento do ato audiencial. Recurso Ordinário do reclamante conhecido e parcialmente provido. Prejudicado o exame do mérito dos recursos. (TRT-7; RO: 00009271620145070014; Rel. Regina Glaucia Cavalcante Nepomuceno; Julg.17/08/2016; Data de Publicação: 17/08/2016)

III – por atraso injustificado de seu início em tempo superior a 30 (trinta) minutos do horário marcado.

§ 1º O impedimento deverá ser comprovado até a abertura da audiência, e, não o sendo, o juiz procederá à instrução.

Comprovação de impossibilidade de comparecimento e necessidade de adiamento da audiência:

✓ AÇÃO DECLARATÓRIA DE NULIDADE DE NEGÓCIO JURÍDICO. RECURSO DO RÉU. IMPOSSIBILIDADE DE COMPARECIMENTO À AUDIÊNCIA DE INSTRUÇÃO E JULGAMENTO. FALTA JUSTIFICADA. PEDIDO INDEFERIDO EM AUDIÊNCIA. EVIDENTE CERCEAMENTO DE DEFESA. SENTENÇA ANULADA. REMESSA DOS AUTOS À COMARCA DE ORIGEM PARA REALIZAÇÃO DE AUDIÊNCIA DE INSTRUÇÃO E JULGAMENTO. PREJUDICADA A ANÁLISES DAS DEMAIS TESES RECURSAIS. (TJ-SC; AC 20140314081 Ascurra; Primeira Câmara de Direito Civil; Rel. Saul Steil; Julg. 28/04/2016,)

Ausência de comprovação da impossibilidade de comparecimento na audiência:

✓ APELAÇÃO CÍVEL. EMBARGOS À EXECUÇÃO. CONTRATO PARTICULAR DE CONFISSÃO DE DÍVIDA. 1. NÃO COMPARECIMENTO DA EMBARGANTE NA AUDIÊNCIA DE INSTRUÇÃO E JULGAMENTO.APRESENTAÇÃO DE ATESTADO MÉDICO APÓS A SENTENÇA. JUSTIFICAÇÃO TARDIA E LACÔNICA.VIOLAÇÃO DO ART. 453, II, § 1º, DO CPC. INEXISTÊNCIA DE NULIDADE NA SENTENÇA. 2.AUSÊNCIA DE IMPUGNAÇÃO AOS EMBARGOS. DECRETAÇÃO DA REVELIA. IMPOSSIBILIDADE. DIREITO DO CREDOR LASTREADO EM TÍTULO EXECUTIVO EXTRAJUDICIAL. PRESUNÇÃO DE VERACIDADE. ÔNUS DO DEVEDOR DE COMPROVAR FATO IMPEDITIVO, EXTINTIVO OU MODIFICATIVO DO DIREITO DO EXEQUENTE. SENTENÇA MANTIDA. 3.PRINCÍPIO DA SUCUMBÊNCIA. MANUTENÇÃO DO ÔNUS.1. Nos termos do art. 453 do CPC, incumbe ao advogado provar o impedimento do comparecimento da parte até a abertura da audiência; não o fazendo, o juiz procederá à instrução.2. A ausência de impugnação aos embargos à execução não gera os efeitos da revelia, tendo em vista que a pretensão do credor restou deduzida na petição inicial, sendo ônus do devedor comprovar fato impeditivo, extintivo ou modificativo do direito do exequente.3. O ônus de sucumbência deve ser distribuído considerando o aspecto quantitativo e o jurídico em que cada parte decai de suas pretensões. Recurso de apelação desprovido. (TJPR - 15ª C. Cível - AC - 1386208-1 - Região Metropolitana de Londrina - Foro Central de Londrina - Rel.: Jucimar Novochadlo - Unânime - - J. 15.07.2015) (TJ-PR; APL 13862081; 15ª Câmara Cível; Rel. Jucimar Novochadlo; Julg.15/07/2015; Data de Publicação: DJ: 1615 28/07/2015)

§ 2º O juiz poderá dispensar a produção das provas requeridas pela parte cujo advogado ou defensor público não tenha comparecido à audiência, aplicando-se a mesma regra ao Ministério Público.

Impossibilidade de dispensa da produção de prova quando comparece uma parte:

✓ PROCESSO CIVIL. SALÁRIO MATERNIDADE A TRABALHADORA RURAL. PROVA TESTEMUNHAL. 1. De acordo com o Art. 362, § 2º, do CPC "O juiz poderá dispensar a produção das provas requeridas pela parte cujo advogado ou defensor público não tenha comparecido à audiência, aplicando-se a mesma regra ao Ministério Público.". Tendo o advogado da autora comparecido à audiência acompanhado da sua testemunha, o Juiz não pode dispensar a produção de prova oral. 2. Não basta a prova oral, se não for corroborada pela documentação trazida como início de prova material. De igual modo, sem a prova oral fica comprometida toda a documentação que se presta a servir de início de prova material. 3. Ao Tribunal, por também ser destinatário da prova, é permitido o reexame de questões pertinentes à instrução probatória, não sendo alcançado pela preclusão. Precedentes do e. STJ. 4. É de se oportunizar a realização de prova oral com oitiva de testemunhas, resguardando-se à autoria produzir as provas constitutivas de seu direito – o que a põe no processo em idêntico patamar da ampla defesa assegurada ao réu, e o devido processo legal, a rechaçar qualquer nulidade processual, assegurando-se desta forma eventual direito. 5. Apelação provida. (TRF-3; AC 00363030820164039999 SP; Décima Turma; Rel. Desembargador Federal Baptista Pereira; Julg.07/02/2017; Data de Publicação: e-DJF3 Judicial 1 DATA:15/02/2017)

Dispensa da produção de prova em audiência pela ausência de comparecimento:

✓ EXTINÇÃO DE CONDOMÍNIO – Encerramento da instrução processual sem oitiva das testemunhas arroladas pela autora – Ausência do defensor dativo ao ato, embora pessoalmente intimado – Decisão mantida – Aplicação do art. 453, II, § 2º, CPC/73 (art. 362, II, § 2º, NCPC – Nomeação de advogado ad hoc que não tem previsão legal no juízo cível – Nulidade inexistente – Recurso desprovido. (TJ-SP; AI 22538433720158260000 SP; 9ª Câmara de Direito Privado; Rel. Galdino Toledo Júnior; Julg. 25/10/2016; Data de Publicação: 26/10/2016)

§ 3º Quem der causa ao adiamento responderá pelas despesas acrescidas.

Art. 363. Havendo antecipação ou adiamento da audiência, o juiz, de ofício ou a requerimento da parte, determinará a intimação dos advogados ou da sociedade de advogados para ciência da nova designação.

Art. 364. Finda a instrução, o juiz dará a palavra ao advogado do autor e do réu, bem como ao membro do Ministério Público, se for o caso de sua intervenção, sucessivamente, pelo prazo de 20 (vinte) minutos para cada um, prorrogável por 10 (dez) minutos, a critério do juiz.

Necessidade se se oportunizar a apresentação de razões finais:

✓ APELAÇÃO CÍVEL. RESPONSABILIDADE CIVIL EM ACIDENTE DE TRÂNSITO. Não oportunizada a apresentação de memoriais. Cerceamento de defesa. Necessidade de desconstituição da sentença. Prejudicado o exame dos demais pontos do apelo. SENTENÇA DESCONSTITUÍDA. UNÂNIME. (Apelação Cível Nº 70072119084, Décima Primeira Câmara Cível, Tribunal de Justiça do RS, Relator: Antônio Maria Rodrigues de Freitas Iserhard, Julgado em 26/07/2017). (TJ-RS; AC 70072119084 RS; Décima Primeira Câmara Cível; Rel. Antônio Maria Rodrigues de Freitas Iserhard; Julg. 26/07/2017; Data de Publicação: 31/07/2017)

✓ APELAÇÃO CÍVEL. RESPONSABILIDADE CIVIL EM ACIDENTE DE TRÂNSITO. Não oportunizada a apresentação de memoriais. Cerceamento de defesa. Necessidade de desconstituição da sentença. Prejudicado o exame dos demais pontos do apelo. SENTENÇA DESCONSTITUÍDA. UNÂNIME. (Apelação Cível Nº 70072119019, Décima Primeira Câmara Cível, Tribunal de Justiça do RS, Relator: Antônio Maria Rodrigues de Freitas Iserhard, Julgado em 26/07/2017). (TJ-RS; AC 70072119019 RS; Décima Primeira Câmara Cível; Rel. Antônio Maria Rodrigues de Freitas Iserhard; Julg. 26/07/2017; Data de Publicação: 31/07/2017)

✓ APELAÇÃO CÍVEL. LICITAÇÕES E CONTRATOS ADMINISTRATIVOS. PROVAS ORAL E PERICIAL. SENTENÇA SEM OPORTUNIZAÇÃO DE DEBATES ORAIS OU MEMORIAIS. IMPRESCINDIBILIDADE EM CASOS COMPLEXOS. NULIDADE. PRLIMINAR DE CONTRARRAZÕES AFASTADA. Os embargos declaratórios deixaram de ser conhecidos indevidamente, pois atacavam adequadamente a sentença, de acordo com o entendimento da autora, sem configuração do alegado erro grosseiro, o que acabou sendo reconhecido por este Tribunal, com determinação de processamento da apelação. NULIDADE DA SENTENÇA. Configura-se nulidade da sentença, por ter sido proferida sem a realização de debates orais, ou oportunização de apresentação de memoriais, apesar da existência de provas oral e pericial, não tendo sido observado o disposto nos arts. 454 e 456 do CPC de 1973, à época vigente. Imprescindibilidade em casos complexos, caracterizando-se cerceamento de defesa. APELAÇÃO PROVIDA. (Apelação Cível Nº 70068994078, Vigésima Primeira Câmara Cível, Tribunal de Justiça do RS, Relator: Almir Porto da Rocha Filho, Julgado em 28/09/2016). (TJ-RS; AC 70068994078 RS; Vigésima Primeira Câmara Cível; Rel. Almir Porto da Rocha Filho; Julg. 28/09/2016; Data de Publicação: 06/10/2016).

A apresentação de memoriais como faculdade do juiz:

✓ DIREITO PREVIDENCIÁRIO. BENEFÍCIO DE AUXÍLIO-DOENÇA/APOSENTADORIA POR INVALIDEZ. CERCEAMENTO DE DEFESA. INOCORRÊNCIA. PRESENÇA DOS REQUISITOS LEGAIS. CONSECTÁRIOS. - Prescindível a prova oral e não se tratando de causa complexa, o magistrado, desde que não haja prejuízo às partes, tem a faculdade de abrir ou não prazo para a apresentação de memoriais. - Considerando a decisão que traçou as diretrizes para prosseguimento e saneou o feito e a abertura de vista às partes do laudo pericial, oportunidade em que fora trazida à lume toda a argumentação concernente às matérias de fato e de direito relativas ao caso, não se verifica a ocorrência de prejuízo às partes, pelo que fica rejeitada a matéria preliminar. - É certo que o art. 43, § 1º, da Lei de Benefícios disciplina que a concessão da aposentadoria depende da comprovação da incapacidade total e definitiva mediante exame médico-pericial a cargo da Previdência Social. O entendimento jurisprudencial, no entanto, firmou-se no sentido de que também gera direito ao benefício a incapacidade parcial e definitiva para o trabalho, atestada por perícia médica, a qual inabilite o segurado de exercer sua ocupação habitual, tornando inviável a sua readaptação. Tal entendimento traduz, da melhor forma, o princípio da universalidade da cobertura e do atendimento da Seguridade Social. - Presentes os requisitos indispensáveis à concessão do benefício de auxílio-doença ou aposentadoria por invalidez, quais sejam, a comprovação da incapacidade laborativa, da carência e da qualidade de segurado, o pedido é procedente. - Não merece prosperar o pedido de indenização por danos morais, pois a reparação em questão pressupõe a prática inequívoca de ato ilícito que implique diretamente lesão de caráter não patrimonial a outrem, inocorrente nos casos de indeferimento ou cassação de benefício, tendo a Autarquia Previdenciária agido nos limites de seu poder discricionário e da legalidade, mediante regular procedimento administrativo, o que, por si só, não estabelece qualquer nexo causal entre o ato e os supostos prejuízos sofridos pelo segurado. - Por se tratar de período pretérito a que faz jus a parte autora, ausentes os requisitos à concessão da tutela de urgência pleiteada no apelo. - Os honorários advocatícios deverão ser fixados na liquidação do julgado, nos termos do inciso II, do § 4º, c.c. § 11, do artigo 85, do CPC/2015. - Matéria preliminar rejeitada. Apelações desprovidas. (TRF-3; AC 00000040820124036140 SP; Nona Turma; Rel. Desembargador Federal Gilberto Jordan; Julg.17/07/2017; Data de Publicação: e-DJF3 Judicial 131/07/2017)

§ 1º Havendo litisconsorte ou terceiro interveniente, o prazo, que formará com o da prorrogação um só todo, dividir-se-á entre os do mesmo grupo, se não convencionarem de modo diverso.

§ 2º Quando a causa apresentar questões complexas de fato ou de direito, o debate oral poderá ser substituído por razões finais escritas, que serão apresentadas pelo autor e pelo réu, bem como pelo Ministério Público, se for o caso de sua intervenção, em prazos sucessivos de 15 (quinze) dias, assegurada vista dos autos.

→ *v.* Art. 139, VI, do NCPC.

Art. 365. A audiência é una e contínua, podendo ser excepcional e justificadamente cindida na ausência de perito ou de testemunha, desde que haja concordância das partes.

Parágrafo único. Diante da impossibilidade de realização da instrução, do debate e do julgamento no mesmo dia, o juiz marcará seu prosseguimento para a data mais próxima possível, em pauta preferencial.

Possibilidade de fracionamento da audiência:

✓ APELAÇÃO CÍVEL. AÇÃO DE INDENIZAÇÃO. PRELIMINAR DE CERCEAMENTO DE DEFESA E DE NULIDADE DA AUDIÊNCIA DE INSTRUÇÃO REJEITADAS. MÉRITO. ABANDONO AFETIVO NÃO COMPROVADO. DANO MORAL NÃO CONFIGURADO. SENTENÇA CONFIRMADA. 1) Não há cerceamento de defesa se a prova pretendida mostra-se despicienda para a solução da demanda. 2) O Parágrafo único do artigo 365 do Novo CPC possibilita ao julgador a interrupção da audiência de instrução, em casos excepcionais, com designação de nova data para prosseguimento dos atos instrutórios. 3) Não havendo comprovação dos elementos caracterizadores da responsabilidade civil, quais sejam: o dano, a culpa do agente e o nexo de causalidade, a parte não fará jus ao recebimento de indenização por dano moral. (TJ-MG; AC 10521120164251002 MG; 11ª Câmara Cível; Rel. Marcos Lincoln; Julg. 02/08/2017; Data de Publicação: 08/08/2017)

✓ Dano moral e material. Cirurgia. Erro. Operadora do plano de saúde. Solidariedade. Valor da indenização. Juros de mora. Correção monetária. Impedimento do juiz. Preservação dos atos praticados. Audiência de instrução e julgamento. Fracionamento. Exceção de suspeição do juiz. Suspensão do processo. 1 Verificada uma das hipóteses de impedimento, o juiz deve ser afastado de suas funções naquele processo. Não se anulam, contudo, os atos praticados por juiz impedido se verificado que a imparcialidade foi preservada. 2 A audiência de instrução e julgamento é una e contínua. Contudo, não sendo possível concluir, num só dia, a instrução, o debate e o julgamento, o juiz marcará o seu prosseguimento para dia próximo (CPC, art.

455). 3 - O mero fracionamento da audiência de instrução e julgamento não causa nulidade do processo. Necessário a prova de que trouxe efetivo prejuízo às partes. 4 - Somente quando recebida a exceção de suspeição do juiz é que há suspensão do processo (CPC, art. 306). 5 A negativa do juiz em consignar na ata da audiência relato de experiência pessoal vivida pela testemunha, que em nada altera os fatos, nem influencia no julgamento, não é causa de nulidade do processo. 6 Questão alegada e decidida de forma definitiva em exceção de suspeição, preclusa, não pode novamente ser examinada em agravo retido. 7 As operadoras do plano de saúde, na qualidade de fornecedoras de serviço, respondem perante o consumidor pelos defeitos em sua prestação, seja quando os fornece por meio de hospital próprio e médicos contratados ou por meio de médicos e hospitais credenciados (CDC, arts. 2º, 3º, 14 e 34). A responsabilidade é objetiva e solidária. 8 - O hospital, como fornecedor de serviços médicos, responde, objetivamente, por erro médico ocorrido durante cirurgia realizada em suas dependências. E os médicos, responsáveis pela cirurgia, respondem mediante demonstração de culpa. 9 - A falha na prestação de serviços médicos e hospitalares morte de paciente que teve órgãos perfurados durante cirurgia de videolaparoscopia e laparoscopia aberta - torna o médico, o hospital e o plano de saúde que custeou o procedimento obrigados a reparar os danos morais e materiais causados às filhas da vítima. 10 - O valor de indenização pelo dano moral deve ser fixado prudente e moderadamente, levando em conta critérios de proporcionalidade e razoabilidade e atendendo às condições do ofensor, do ofendido e do bem jurídico lesado. Fixado em patamar elevado, deve ser reduzido. 11 - Tratando-se de responsabilidade contratual, os juros de mora são devidos da citação (art. 405, CC) e a correção monetária, a partir da decisão que fixa a indenização (súmula 362, STJ). 12 - Apelações providas em parte. (TJ-DF; APC 20110111351003; 6ª Turma Cível; Rel. Jair Soares; Julg.16/03/2016; Data de Publicação: DJE : 31/03/2016; Pág.: 439)

Art. 366. Encerrado o debate ou oferecidas as razões finais, o juiz proferirá sentença em audiência ou no prazo de 30 (trinta) dias.

→ *v.* Art. 226, III, do NCPC.

<u>Ausência de identidade física do juiz e possibilidade de prolação da decisão no prazo de trinta dias:</u>

✓ INCIDENTE DE CONFLITO DE JURISDIÇÃO. PRINCÍPIO DA IDENTIDADE FÍSICA DO JUIZ. APLICAÇÃO DO ARTIGO 399, § 2º, DO CPP, COM AS EXCEÇÕES QUE ERAM PREVISTAS NO ANTIGO 132, DO CPP/1973, EM PROL DO JUIZ NATURAL. Conflito de Jurisdição instaurado pela Juíza de Direito da 10ª Vara Criminal da Comarca da Capital, em face da Juiza de Direito da 1ª Vara Criminal da Comarca de Niterói. Instrução realizada pela Juíza em exercício na 1ª Vara Criminal da Comarca de Niterói, que passou a atuar na 10ª Vara Criminal da Comarca da Capital. A regra legal prevista no artigo 399, § 2º, do CPP, que se refere ao princípio da identidade física do Juiz, não é absoluta, não podendo prevalecer sobre princípios constitucionais, como o do Juiz natural. Uma vez que o magistrado está afastado, legalmente, por qualquer motivo, deixa de ser competente para o julgamento da causa, de forma que, impor a aplicação da identidade física do juiz, em casos como tais, de maneira irrestrita, importaria na prevalência de um princípio legal (artigo 399, § 2º, do CPP) sobre um constitucional (artigo 5º, XXXVII e LIII, da CRFB/88). Assim, ainda que tenha havido a revogação do artigo 132, do CPC/73, mantem-se a orientação no sentido de que o afastamento do magistrado, por qualquer motivo, excepciona o princípio da identidade física do juiz. Aplicação, ademais, por analogia, da regra do artigo 366, do atual CPC, segundo o qual encerrado o debate ou oferecidas as razões finais, o juiz proferirá sentença em audiência, ou no prazo de 30 (trinta) dias, situação esta na qual não importa se o juiz presidiu a audiência ou não. PROCEDÊNCIA do conflito. Unânime. (TJ-RJ; CJ 00230280220178190000 Rio de Janeiro, Niterói; 1ª Vara Criminal; Terceira Câmara Criminal; Rel. Antonio Carlos Nascimento Amado; Julg. 27/06/2017; Data de Publicação: 07/07/2017)

✓ CONFLITO NEGATIVO DE JURISDIÇÃO. SUSCITADA QUE PRESIDIU A AUDIÊNCIA DE INSTRUÇÃO E JULGAMENTO, COM COLHEITA DE PROVA ORAL, SENDO, A POSTERIORI, PROMOVIDA. RELATIVIZAÇÃO DO PRINCÍPIO DA IDENTIDADE FÍSICA DO JUIZ. IMPROCEDÊNCIA DO CONFLITO. 1. Com o advento da Lei 11.719/08, o sistema processual penal passou a adotar expressamente o princípio da identidade física do juiz no § 2º do art. 399 do Código de Processo Penal. Contudo, o diploma legal em tela não disciplinou sua aplicação em casos excepcionais, razão pela qual a jurisprudência, amplamente, aplicava a inteligência do art. 132 do Código de Processo Civil de 1973, que assim dispunha, verbis: O juiz, titular ou substituto, que concluir a audiência julgará a lide, salvo se estiver convocado, licenciado, afastado por qualquer motivo, promovido ou aposentado, caso em que passará os autos ao seu sucessor. 2. Elaborado o novo Código de Processo Civil, a norma em questão não foi reproduzida pela Lei 11.105, de 16 de março de 2015, deixando o novel diploma processual de prever expressamente o princípio da identidade física do juiz, muito embora se possa extraí-lo, ainda que de forma tímida, do disposto no artigo 366 do atual CPC, que assim dispõe: Encerrado o debate ou oferecidas as razões finais, o juiz proferirá sentença em audiência ou no prazo de 30 (trinta) dias. 3. O princípio da identidade física do juiz preconiza que o magistrado que presidiu e concluiu a instrução criminal seja o mesmo a proferir a sentença, pois a oralidade da fase processual antecedente o permitiu avaliar direta e pessoalmente os fatos e ter o contato imediato com as partes. 4. Todavia, tal regra não é absoluta, considerando que a atividade do Juiz no processo está sujeita a interrupções, sejam temporárias, como férias, licença, ou mesmo definitivas, como promoção, remoção, aposentadoria, situações estas que não podem prejudicar o andamento regular do feito. 5. In casu, a magistrada que presidiu a audiência de instrução e julgamento, colhendo a prova oral, veio a ser promovida para o III Juizado Especial Cível da Comarca de Nova Iguaçu/Mesquita, o que afasta a sua vinculação com o feito (indexador 000002 - fls. 07). 6. Ressalte-se que a jurisprudência dominante, adotada por este Órgão Fracionário, posiciona-se no sentido de que a remoção é causa de cessação da competência do magistrado que presidiu a A.I.J. Em se tratando de promoção, a solução é a mesma, ainda mais considerando os termos do artigo 132 da Lei 5.869, de 11/01/1973, que a previa como motivo para afastar a competência do juiz que concluiu a instrução. 7. No caso em apreço, tem-se que a Juíza Suscitada, embora tenha presidido a instrução criminal realizada, deixou de proferir a sentença em audiência. No entanto, foi, posteriormente, promovida para o III Juizado Especial Cível da Comarca de Nova Iguaçu/Mesquita, afastando-se, com efeito, a sua competência para julgar o feito. 8. Desta forma, é de se reconhecer cessada a vinculação e, por via de consequência, que a sentença deverá ser prolatada pela Juíza de direito Suscitante. 9. CONFLITO JULGADO IMPROCEDENTE PARA DECLARAR A COMPETÊNCIA DA JUÍZA DE DIREITO SUSCITANTE. (TJ-RJ - CJ: 00282785020168190000; Rio de Janeiro; 41º Vara Criminal; Oitava Câmara Criminal, Rel. Adriana Lopes Moutinho; Julg.20/07/2016; Data de Publicação: 22/07/2016)

Art. 367. O servidor lavrará, sob ditado do juiz, termo que conterá, em resumo, o ocorrido na audiência, bem como, por extenso, os despachos, as decisões e a sentença, se proferida no ato.

→ *v.* Enunciado 7 do CEAPRO: O NCPC estabelece um dever-poder instrutório do magistrado

Registros das ocorrências na audiência:

✓ APELAÇÃO. DIREITO PÚBLICO NÃO ESPECIFICADO. REGISTRO CUMPRIMENTO DA LIMINAR. PERDA DO OBJETO. INOCORRÊNCIA. O cumprimento da medida liminar não implica a perda superveniente do objeto do mandado de segurança, sobretudo no caso em apreço, pois o pedido era de que fosse assegurado o registro fonográfico tanto das audiências aprazadas, quanto das futuras, nos termos em que autoriza o art. 367, §§ 5º e 6º do CPC/2015. CUSTAS PROCESSUAIS. MUNICÍPIO. ISENÇÃO. TAXA ÚNICA. No caso dos autos, o mandado de segurança foi impetrado após a vigência da Lei Estadual nº 14.634/2014, portanto, isento o Município do pagamento da taxa de serviços forenses, consoante o disposto nos arts. 1º, caput e inciso II, e 5º, I da Lei Estadual. RECURSO PARCIALMENTE PROVIDO. UNÂNIME. (Apelação e Reexame Necessário Nº 70074426503, Vigésima Segunda Câmara Cível, Tribunal de Justiça do RS, Relator: Denise Oliveira Cezar, Julgado em 26/10/2017). (TJ-RS; REEX: 70074426503 RS, Vigésima Segunda Câmara Cível; Rel. Denise Oliveira Cezar; Julg. 26/10/2017; Data de Publicação 01/11/2017)

§ 1º Quando o termo não for registrado em meio eletrônico, o juiz rubricar-lhe-á as folhas, que serão encadernadas em volume próprio.

§ 2º Subscreverão o termo o juiz, os advogados, o membro do Ministério Público e o escrivão ou chefe de secretaria, dispensadas as partes, exceto quando houver ato de disposição para cuja prática os advogados não tenham poderes.

§ 3º O escrivão ou chefe de secretaria trasladará para os autos cópia autêntica do termo de audiência.

§ 4º Tratando-se de autos eletrônicos, observar-se-á o disposto neste Código, em legislação específica e nas normas internas dos tribunais.

§ 5º A audiência poderá ser integralmente gravada em imagem e em áudio, em meio digital ou analógico, desde que assegure o rápido acesso das partes e dos órgãos julgadores, observada a legislação específica.

§ 6º A gravação a que se refere o § 5º também pode ser realizada diretamente por qualquer das partes, independentemente de autorização judicial.

Proibição da gravação audiovisual da audiência:

✓ MANDADO DE SEGURANÇA. DECISÃO QUE PROIBIU A GRAVAÇÃO E A UTILIZAÇÃO DE TELEFONES CELULARES EM AUDIÊNCIA. SIGILO DO ATO JUSTIFICADAMENTE DECRETADO. LEGALIDADE DA DECISÃO. INEXISTÊNCIA DE DIREITO LÍQUIDO E CERTO À GRAVAÇÃO E UTILIZAÇÃO DE APARELHOS CELULARES EM TODAS AS DEMAIS AUDIÊNCIAS. DENEGAÇÃO DA ORDEM. 1. Mandado de segurança impetrado contra decisão que proibiu a gravação audiovisual do ato e determinou que todos os telefones celulares permanecessem desligados durante sua realização. 2. Da leitura da ata da audiência e das informações prestadas pelo juízo, observa-se que foi decretado o sigilo da audiência, em sua primeira etapa, a fim de preservar as partes e as testemunhas do assédio da imprensa, e estas últimas também de qualquer constrangimento ou coação, tendo em vista as notícias de que algumas testemunhas teriam sido ameaçadas e coagidas a alterarem seus depoimentos. 3. A proibição da gravação audiovisual e a ordem para que os telefones fossem desligados estão em consonância com a decisão que decretou o sigilo do ato, sendo certo que a utilização de aparelhos celulares possibilitaria, em razão dos vários recursos tecnológicos hoje disponíveis, não só a gravação da audiência, mas também o envio imediato de arquivos de áudio e vídeo a pessoas que não participavam do ato. 4. A publicidade dos atos processuais é regra que, como qualquer outra, admite exceções, já vislumbradas pelo próprio constituinte ao prever tal garantia fundamental nos arts. 5º, LX, e 93, IX, da Carta Magna. No âmbito do processo penal, a restrição à publicidade da audiência é disciplinada pelo art. 792 do CPP. 5. Caso fosse permitida a gravação dos depoimentos, restaria fragilizada, ainda, a incomunicabilidade das testemunhas, exigida pelo art. 210, caput e parágrafo único, do CPP, uma vez que os respectivos arquivos de áudio ou vídeo poderiam, em tese, ser enviados às testemunhas que ainda não haviam sido ouvidas. 6. É conferido ao magistrado, como condutor da audiência, o poder de assegurar o bom andamento do ato processual, tomando as medidas que entender cabíveis para o caso, conforme art. 251 do CPP. 7. Ausência de violação às prerrogativas dos advogados. Tais prerrogativas destinam-se a assegurar o livre exercício da advocacia, o qual, no caso, não foi de forma alguma obstaculizado. Ademais, o direito das partes e seus patronos de gravar a audiência não pode se sobrepor ao direito das testemunhas à intimidade e à integridade física e mental, bem como ao direito de todos à regularidade do processo, pela qual incumbe ao magistrado velar. 8. Inexistência de ilegalidade na decisão proferida pelo juízo impetrado e de direito líquido e certo dos impetrantes à gravação e à utilização de aparelhos celulares em todas as demais audiências a serem realizadas, sendo certo que qualquer nova proibição deverá ser igualmente motivada e fundamentada. 9. Denegação da ordem. (TRE-RJ; MS 7779 Campos Dos Goytacazes – RJ; Rel. Cristina Serra Feijó; Julg.17/07/2017; Data de Publicação 1/07/2017; Pág. 26/29).

Art. 368. A audiência será pública, ressalvadas as exceções legais.

→ v. Arts. 11 e 189 do NCPC.

CAPÍTULO XII
DAS PROVAS

Seção I
Disposições Gerais

Art. 369. As partes têm o direito de empregar todos os meios legais, bem como os moralmente legítimos, ainda que não especificados neste Código, para provar a verdade dos fatos em que se funda o pedido ou a defesa e influir eficazmente na convicção do juiz.

→ v. Art. 5º, LVI, da CF/1988.

→ v. Arts. 212 a 232 do CC/2002.

→ v. Art. 155 do CPP.

→ v. Arts. 5º, 32 a 37 da Lei 9.099/1995.

→ v. Enunciado 50 do FPPC: Os destinatários da prova são aqueles que dela poderão fazer uso, sejam juízes, partes ou demais interessados, não sendo a única função influir eficazmente na convicção do juiz.

→ v. Enunciado 301 do FPPC: Aplicam-se ao processo civil, por analogia, as exceções previstas nos §§1º e 2º do art. 157 do Código de Processo Penal, afastando a ilicitude da prova.

→ v. Enunciado 516 do FPPC: Para que se considere fundamentada a decisão sobre os fatos, o juiz deverá analisar todas as provas capazes, em tese, de infirmar a conclusão adotada.

→ v. Enunciado 636 do FPPC: As conversas registradas por aplicativos de mensagens instantâneas e redes sociais podem ser admitidas no processo como prova, independentemente de ata notarial.

Direito à prova:

✓ RECURSO INOMINADO. AÇÃO DE COBRANÇA. CONTRATO DE SEGURO DE VIDA. AUTORA QUE TOMOU CONHECIMENTO QUANDO DA MORTE DE SEU MARIDO. REVELIA. DISPENSA DA AUDIÊNCIA DE INSTRUÇÃO. SENTENÇA DE IMPROCEDÊNCIA POR AUSÊNCIA DE PROVA DO PAGAMENTO DO PRÊMIO. CERCEAMENTO DE DEFESA. NULIDADE RECONHECIDA. RETORNO DOS AUTOS À ORIGEM PARA REALIZAÇÃO DE INSTRUÇÃO. SENTENÇA DESCONSTITUÍDA. RECURSO PROVIDO. (Recurso Cível Nº 71006827786, Quarta Turma Recursal Cível, Turmas Recursais, Relator: Luis Antonio Behrensdorf Gomes da Silva, Julgado em 14/09/2017). (TJ-RS; Recurso Cível 71006827786 RS; Quarta Turma Recursal Cível; Rel. Luis Antonio Behrensdorf Gomes da Silva; Julg.14/09/2017; Data de Publicação: 15/09/2017)

✓ RECURSO INOMINADO. AÇÃO DE COBRANÇA. CONTRATO PARTICULAR DE INTERMEDIAÇÃO DE COTAS DE SEGURO. REVELIA. SENTENÇA QUE DECLAROU A NULIDADE DO CONTRATO E DETERMINOU O RETORNO DAS PARTES AO STATUS QUO ANTE, MAS JULGOU IMPROCEDENTE O PEDIDO DE RESTITUIÇÃO DE VALORES POR AUSÊNCIA DE PROVAS DO PAGAMENTO. CONTRADIÇÃO EVIDENCIADA. CERCEAMENTO DE DEFESA. NULIDADE RECONHECIDA. RETORNO DOS AUTOS À ORIGEM PARA REALIZAÇÃO DE INSTRUÇÃO COM A JUNTADA DAS PROVAS PERTINENTES, ESPECIALMENTE O CONTRATO E A PROVA DO PAGAMENTO. SENTENÇA DESCONSTITUÍDA, DE OFÍCIO. RECURSO PREJUDICADO. (Recurso Cível Nº 71007140593, Quarta Turma Recursal Cível, Turmas Recursais, Relator: Luis Antonio Behrensdorf Gomes da Silva, Julgado em 20/10/2017). (TJ-RS; Recurso Cível 71007140593 RS;

Quarta Turma Recursal Cível; Rel. Luis Antonio Behrensdorf Gomes da Silva; Julg.20/10/2017; Data de Publicação: 24/10/2017)

✓ PROCESSUAL CIVIL. EMBARGOS DE DECLARAÇÃO. RECONHECIMENTO DE OMISSÃO QUANTO ANÁLISE DE DISPOSITIVOS. OMISSÃO SANADA EMBARGOS DE DECLARAÇÃO CONHECIDOS E PARCIALMENTE PROVIDOS, SEM EFEITOS INFRINGENTES. 1- Os embargos de declaração constituem recurso de rígidos contornos processuais, possuindo âmbito de cognição restrito, nele vedada a rediscussão da causa para a reforma do julgado. É cediço que os pressupostos de admissibilidade dos embargos de declaração são a existência de obscuridade, contradição ou omissão na decisão recorrida, devendo ser ressaltado que esse rol determinado pelo artigo 1022, do novo Código de Processo Civil, é taxativo, não permitindo, assim, interpretação extensiva. 2 – A embargante alega que o acórdão recorrido foi omisso em relação à documentação que comprova que houve compensação, não se manifestando sobre os artigos que dispõem sobre a extinção da execução pela compensação. Alega, ainda, que houve omissão quanto ao pleito de suspensão com fundamento na Portaria Conjunta SRF/PGFN nº 1, de 12 de maio de 1999) e do Parecer Normativo COSIT nº 08/2014. Por fim, requer que haja manifestação expressa sobre a violação ao art. 369 do CPC. 3 – No que se refere à documentação relativa à compensação, em que pese os argumento dos embargos, não há que se falar em omissão, posto que o acórdão recorrido foi enfático ao fundamentar a análise da documentação juntada, bem como o exercício do contraditório, e eventual perícia contábil, a fim de verificar, de forma efetiva, sua possibilidade ou não, necessita ser realizada mediante cognição ampla, não cabível via exceção de pré-executividade. A decisão embargada ressaltou, ainda, ressaltar que, ainda que fosse possível aferir de plano que a compensação é possível, não haveria como se verificar, de ofício, o valor do crédito a ser compensado e se é superior ao débito inscrito em dívida ativa, questões que dependem, invariavelmente, de dilação probatória. 4 – Os artigos 156, II, do CTN e no art. 170 do CTN, tratam da compensação e da extinção do crédito tributário pelo reconhecimento da mesma. Ocorre que este Juízo reconhece a possibilidade de extinção do crédito tributário pela compensação, mas entende que é preciso realizar uma análise documental, ou mesmo a realização de perícia, para que se efetue o "encontro de contas", sendo necessária a dilação probatória possível via embargos da execução. 5 – No que se refere à violação do art. 369 do CPC, que dispõe ter as partes o "direito de empregar todos os meios legais, bem como os moralmente legítimos, ainda que não especificados neste Código, para provar a verdade dos fatos em que se funda o pedido ou a 1 defesa e influir eficazmente na convicção do juiz", em que pese a omissão a da decisão tal dispositivo, o mesmo não é aplicável ao caso. Isso porque não se está restringindo o direito da parte influir eficazmente na convicção do julgador, mas sim aplicando as regras cabíveis a cada um dos institutos colocados a disposição da parte. 6 – É preciso considerar que o art. 369, do CPC está inserido no capítulo que trata das provas, devendo ser interpretado sistematicamente, no sentido de ser possível a utilização de qualquer meio de prova, em harmonia com o modelo constitucional do direito processual civil e o princípio da atipicidade da prova. Desta feita, não há que se falar em violação ao art. 369 do CPC, eis que a parte interessada poderá se utilizar dos embargos à execução, ação autônoma, eis que se poderá produzir qualquer dos meios de prova admissíveis. 7 – Por fim, quanto ao pleito de suspensão da execução com fundamento na Portaria Conjunta SRF/PGFN nº. 1, de 12 de maio de 1999 e do Parecer Normativo COSIT nº 08/2014, em que pese a ausência de manifestação no acórdão, entendo que o mesmo não poderia ser efetivamente apreciado, uma vez que não há qualquer manifestação na decisão agravada a respeito de tal requerimento de suspensão. Há que se considerar que a concessão do provimento pleiteado nessa ocasião (suspensão da execução) sem a manifestação do Juízo monocrático (positiva ou negativa), implicaria em inadmissível supressão de instância, além de malferir o princípio do Juiz natural, já que as alegações trazidas no agravo de instrumento não foram apreciadas em primeira instância. 8 – Ora, os Tribunais, Órgãos Colegiados, possuem, de maneira predominante, a função de instância revisora das decisões prolatadas pelos juízes. O Agravo de Instrumento, assim como os demais recursos, são instrumentos colocados à disposição das partes para o reexame da decisão. Destarte, pressuposto para o seu manejo, assim como para a competência funcional dos Tribunais, é que as questões recorridas tenham sido arguidas e decididas em primeira instância. 9 – Embargos de declaração parcialmente provimento aos embargos de declaração, para sanar a omissão apontada, afastando, contudo, a aplicação dos dispositivos mencionados, ou seja, sem efeitos infringentes, nos termos da fundamentação. (TRF-2; AG 00033686320164020000 RJ; 4ª Turma Especializada; Rel. Luiz Antonio Soares; Julg. 28/11/2016)

✓ RECURSO DO RECLAMANTE. PROVA TESTEMUNHAL EMPRESTADA. VALIDADE. Nada obstante o silêncio do Juízo de piso, tenho que o art. 369 do NCPC, de aplicação subsidiária ao Processo do Trabalho, estabelece que: "As partes têm o direito de empregar todos os meios legais, bem como os moralmente legítimos, ainda que não especificados neste Código, para provar a verdade dos fatos em que se funda o pedido ou a defesa e influir eficazmente na convicção do juiz". A prova emprestada, quando colhida em caráter contraditório e, sobretudo, com a participação da parte contra quem deve operar seus efeitos, é juridicamente válida – hipótese dos presentes autos, considerando que a prova emprestada apresentada pelo demandante foi colhida em processo em que figura como demandada a empresa ora reclamada. Como se não bastasse, a prova emprestada é amplamente utilizada e estimulada pelo Judiciário Trabalhista, inclusive em observância ao princípio da celeridade processual. De resto, o reclamante do processo em que produzida a prova emprestada exerceu atividades semelhantes às do ora recorrente. Assim, acolhe-se a prova emprestada do autor nesta instância ad quem. Recurso do reclamante a que se dá provimento. (Processo: RO – 0000766-18.2015.5.06.0331; Quarta Turma; Rel. Jose Luciano Alexo da Silva; Data de julgamento: 28/09/2016; Data da assinatura: 30/09/2016) (TRT-6; RO 00007661820155060331; Quarta Turma; Julg. 28/09/2016,)

Art. 370. Caberá ao juiz, de ofício ou a requerimento da parte, determinar as provas necessárias ao julgamento do mérito.

→ *v.* Enunciado 6 do CEAPRO: A hipossuficiência justificadora da atribuição do ônus da prova é a informativa e não a econômica.

→ *v.* Enunciado 50 do FPPC: Os destinatários da prova são aqueles que dela poderão fazer uso, sejam juízes, partes ou demais interessados, não sendo a única função influir eficazmente na convicção do juiz.

→ *v.* Enunciado 514 do FPPC: O juiz não poderá revogar a decisão que determinou a produção de prova de ofício sem que consulte as partes a respeito.

Instrução processual e deferimento de provas:

✓ PROCESSUAL CIVIL E ENERGIA ELÉTRICA. LINHA DE TRANSMISSÃO. DESLOCAMENTO DE POSTES. REQUERIMENTO DE PROVAS E INDEFERIMENTO. ARTIGO 130, CPC/73 (ATUAL ARTIGO 370, CPC/15). Com base no artigo 130, CPC/73 (atual artigo 370, CPC/15), cabível a produção das provas requeridas pela concessionária, quais sejam, a tomada do depoimento pessoal da autora e de prova testemunhal, além daquela pericial, indispensável para elucidação de questão técnica, consistente na possibilidade ou não da alteração do traçado da linha de transmissão objeto da controvérsia. (Agravo de Instrumento Nº 70068680255, Vigésima Primeira Câmara Cível, Tribunal de Justiça do RS, Relator: Armínio José Abreu Lima da Rosa, Julgado em 11/05/2016). (TJ-RS; AI 70068680255 RS; Vigésima Primeira Câmara Cível; Rel. Armínio José Abreu Lima da Rosa; Julg.11/05/2016; Data de Publicação: 17/05/2016)

✓ PREVIDENCIÁRIO. BENEFÍCIO DE SALÁRIO MATERNIDADE. LAUDO. TRABALHADOR RURAL. PROVA TESTEMUNHAL. INDISPENSÁVEL. ART. 370 CPC/2015. I- A produção de prova testemunhal, a qual foi requerida na inicial, é indispensável para esclarecer a questão acerca do exercício de atividade rural. II – Cabe ao Juízo, até mesmo de ofício, determinar a produção da prova oral, tendo em vista a falta de elementos probatórios aptos a substituí-la. III- Apelação da autora provida para declarar a nulidade da sentença, determinando-se o retorno dos autos ao Juízo de origem para regular instrução do feito e novo julgamento. (TRF-3; AC 00281456120164039999 SP; Décima Turma; Rel. Desembargador Federal Sergio Nascimento; Julg.18/10/2016; Data de Publicação: e-DJF3 Judicial 1:26/10/2016)

✓ PREVIDENCIÁRIO. BENEFÍCIO DE INCAPACIDADE. LAUDO. PROVA PERICIAL. INDISPENSÁVEL. ART. 370 CPC/2015. NULIDADE DA SENTENÇA. I- A produção de prova pericial, a qual foi requerida na inicial, é indispensável para esclarecer a questão acerca da incapacidade da parte autora. II – Cabe ao Juízo, até mesmo de ofício, determinar a produção da prova pericial, tendo em vista a falta de elementos probatórios aptos a substituí-la. III- Apelação da parte autora provida para declarar a nulidade da sentença, determinando-se o retorno dos autos ao Juízo de origem para regular instrução do feito e novo julgamento. (TRF-3; AC 00226390720164039999 SP; Décima Turma; Rel. Desembargador Federal Sergio Nascimento; Julg.11/10/2016; Data de Publicação: e-DJF3 Judicial 1:19/10/2016)

Sobre a persuasão racional:

✓ PROCESSUAL CIVIL E ADMINISTRATIVO. CONCURSO PÚBLICO. LAUDO PERICIAL. COMPROVAÇÃO DE APTIDÃO PARA O EXERCÍCIO DE ATIVIDADE LABORATIVA. VIOLAÇÃO DOS ARTIGOS 489 E 1.022 DO CPC/2015. INOCORRÊNCIA. ACÓRDÃO RECORRIDO QUE POSSUI FUNDAMENTO CONSTITUCIONAL E INFRACONSTITUCIONAL. SÚMULA 126/STJ. CERCEAMENTO DE DEFESA. PERÍCIA. QUESITOS. NECESSIDADE DE REEXAME DO CONJUNTO FÁTICO. IMPOSSIBILIDADE. SUMULA 7/STJ. 1. Inicialmente, constata-se que não se configura a ofensa aos arts. 489 e 1.022 do Código de Processo Civil/2015, uma vez que a Corte a quo julgou integralmente a lide e solucionou a controvérsia, tal como lhe foi apresentada. 2. No enfrentamento da matéria, o Tribunal de origem lançou os seguintes fundamentos (fls. 279-280, e-STJ): "Contudo, diante do Parecer Cardiológico elaborado pelo Instituto Nacional de Cardiologia, tendo como médica signatária a Drª Clara Weksler, CRM 5216780-0, o autor encontra-se apto para exercer a atividade laborativa proposta pelo certame. Destarte, partindo-se da premissa de que o requisito de aptidão constante do edital é aquele que permite ao agente cumprir a missão conferida pela norma legal, e considerando que o autor está apto a exercer o trabalho pretendido pelo concurso que prestou, a reprovação, nos moldes estabelecidos pela Urbe, destoa do princípio da razoabilidade, além de não conter motivação pautada em critério objetivo, pois, como já mencionado, baseia-se apenas na alegada impossibilidade de cumprir o múnus, o que foi rechaçado pelo parecer médico. A tese aventada pela Urbe de que seus quesitos não foram respondidos não merece guarida, visto que, todos que interessavam ao deslinde da causa o foram. Passo a enumerá-los, com a indicação das respectivas respostas, as quais se encontram à pasta nº 000234, fl. 02:" 3. Já no julgamento dos Embargos de Declaração, o Tribunal de origem esclareceu que não houve o alegado cerceamento de defesa, porquanto o recorrente foi intimado de todas as decisões proferidas nos presentes autos (fl. 315, e-STJ). 4. Da leitura do acórdão recorrido depreende-se que foram assentados fundamentos constitucional e infraconstitucional. No entanto, a parte recorrente interpôs apenas o Recurso Especial, sem discutir a matéria constitucional, em Recurso Extraordinário, no excelso Supremo Tribunal Federal. 5. Assim, aplica-se na espécie o teor da Súmula 126/STJ: "É inadmissível Recurso Especial, quando o acórdão recorrido assenta em fundamentos constitucional e infraconstitucional, qualquer deles suficiente, por si só, para mantê-lo, e a parte vencida não manifesta Recurso Extraordinário." 6. Ainda que fossem superados tais óbices, a irresignação não mereceria prosperar, porquanto o art. 370 do CPC/2015 (art. 130 do CPC/1973) consagra o princípio da persuasão racional, habilitando o magistrado a valer-se do seu convencimento, à luz das provas constantes dos autos que entender aplicáveis ao caso concreto. 7. Além disso, tem-se que, "no sistema de persuasão racional adotado pelo Código de Processo Civil nos arts. 130 e 131, em regra, não cabe compelir o magistrado a autorizar a produção desta ou daquela prova, se por outros meios estiver convencido da verdade dos fatos, tendo em vista que o juiz é o destinatário final da prova, a quem cabe a análise da conveniência e necessidade da sua produção" (REsp 1.175.616/MT, Relator Ministro Luis Felipe Salomão, Quarta Turma, julgado em 1º/3/2011, DJe 4/3/2011). 8. Não obstante, a aferição acerca da necessidade de produção de prova pericial e/ou de quesitos impõe o reexame do conjunto fático-probatório encartado nos autos, o que é defeso ao STJ, ante o óbice erigido pela Súmula 7/STJ. 9. Recurso Especial não conhecido. (REsp 1689978; RJ; Segunda Turma; Rel. Min. Herman Benjamin; Julg. 19/09/2017; DJe 10/10/2017)

Parágrafo único. O juiz indeferirá, em decisão fundamentada, as diligências inúteis ou meramente protelatórias.

→ *v.* Art. 139, III, do NCPC.

→ *v.* Enunciado 514 do FPPC: O juiz não poderá revogar a decisão que determinou a produção de prova de ofício sem que consulte as partes a respeito.

Indeferimento de provas desnecessárias:

✓ ADMINISTRATIVO E PROCESSUAL CIVIL. AGRAVO REGIMENTAL NO RECURSO ESPECIAL. DIVULGAÇÃO DE MEDICAMENTO PROIBIDO. NECESSIDADE DE OBSERVÂNCIA DAS PENALIDADES APLICADAS AOS DEMAIS INFRATORES PELO MESMO FATO. PENA DE ADVERTÊNCIA. IMPOSSIBILIDADE DE ALTERAÇÃO DO ENTENDIMENTO FIRMADO PELA CORTE DE ORIGEM SEM O REEXAME DO CONTEXTO FÁTICO-PROBATÓRIO DOS AUTOS. SÚMULA 7/STJ. AGRAVO REGIMENTAL DA ANVISA DESPROVIDO. 1. O acolhimento das alegações deduzidas no Apelo Nobre para alterar a conclusão a que chegou a Corte de origem demandaria o reexame do contexto fático-probatório dos autos, circunstância que redundaria na formação de novo juízo acerca dos fatos, e não de valoração dos critérios jurídicos concernentes à utilização da prova e à formação da convicção. 2. Conforme jurisprudência sedimentada neste Tribunal, o juízo de pertinência das provas produzidas nos autos compete às vias ordinárias. O art. 370 do Novo Código de Processo Civil (art. 130 do CPC/1973) consagra o princípio do livre convencimento motivado, segundo o qual o magistrado fica habilitado a valorar, livremente, as provas trazidas à demanda. 3. Em observância aos princípios da razoabilidade e da proporcionalidade, compete ao julgador, dentro do seu livre convencimento e de acordo com as peculiaridades do caso, adequar a penalidade. 4. Agravo Regimental da ANVISA desprovido. (AgRg no REsp 1169112; SC; Primeira Turma; Rel. Min. Napoleão Nunes Maia Filho; Julg. 27/06/2017; DJe 02/08/2017)

✓ APELAÇÃO CÍVEL. ADMINISTRATIVO. PROCESSUAL CIVIL. AÇÃO COMINATÓRIA. TRANSFERÊNCIA DE IMÓVEL. PROGRAMA HABITACIONAL. IMPOSSIBILIDADE. PROVA ORAL. DESNECESSIDADE. NEGOU PROVIMENTO. 1. Ao juiz cabe indeferir a produção de prova desnecessária ou protelatória, conforme previsão expressa do parágrafo único do art. 370 do CPC, que assim dispõe: O juiz indeferirá, em decisão fundamentada, as diligências inúteis ou meramente protelatórias 2. A transferência de imóveis de programa habitacional está condicionada a atendimento de condições específicas, não demonstradas no caso em apreço. 3. Apelo conhecido e não provido. (TJ-DF; 07061668820178070018; 7ª Turma Cível; Rel. Leila Arlanch; Julg.18/10/2017; Data de Publicação: Publicado no DJE : 27/10/2017)

✓ APELAÇÃO CÍVEL. PRELIMINAR DE CERCEAMENTO DE DEFESA: REJEIÇÃO. PREVIDENCIÁRIO. PENSÃO POR MORTE. FILHO QUE COMPLETA 21 ANOS. CESSAÇÃO DO BENEFÍCIO. PRINCÍPIO DA LEGALIDADE ESTRITA. RECURSO DESPROVIDO. – Nos termos do art. 370 do CPC/15: "caberá ao juiz, de ofício ou a requerimento da parte, determinar as provas necessárias ao julgamento do mérito". O parágrafo único do referido dispositivo estabelece que "o juiz indeferirá, em decisão fundamentada, as diligências inúteis ou meramente protelatórias". – A Administração rege-se pelo princípio da legalidade estrita e, não havendo lei que autorize o pagamento de pensão a maiores de 21 anos, não pode ser o benefício deferido pelo Judiciário. – Se a lei estabelece que a perda da qualidade de dependente ocorre para o filho que completa 21 anos de idade, salvo se inválido, o fato de estar ele cursando curso superior não produz consequências legais. – O pagamento de pensão alimentícia ao credor maior de idade, até 24 anos, é, de fato, criação da jurisprudência, já consolidada, mas esta regra não é aqui aplicável. (TJ-MG; AC 10396140004203001 MG; 5ª Câmara Cível; Rel. Wander Marotta; Julg.10/08/2017; Data de Publicação: 22/08/2017)

✓ DIREITO ADMINISTRATIVO. DIREITO PROCESSUAL CIVIL. CERCEAMENTO DE DEFESA. INEXISTÊNCIA. INSCRIÇÃO DO MUNICÍPIO NO SISTEMA CAUC/SIAFI. PEDIDO DE EXCLUSÃO. DEFERIMENTO. PRECEDENTES. . Conforme o artigo 370 do Código de Processo Civil, caberá ao juiz, de ofício ou a requerimento da parte, determinar as provas necessárias ao julgamento do mérito. O juiz indeferirá, em decisão fundamentada, as diligências inúteis ou meramente protelatórias. Portanto, o deferimento da prova vai depender da avaliação do magistrado quanto à necessidade dela, diante da matéria controversa e do confronto com as provas já existentes. Dessa forma, não se configura cerceamento de defesa quando o conjunto probatório dos autos é suficiente para formação da convicção do magistrado; . Na hipótese, não há falar em cerceamento de defesa haja vista que o conjunto probatório que instruiu o presente feito é suficiente para a formação da convicção do julgador. Ademais, o juízo de origem está próximo das partes e dos fatos, devendo ser prestigiada sua apreciação dos fatos da causa, uma vez não havendo nos autos situação que justifique alteração do que foi decidido; . Os Tribunais Superiores, seguidos por esta Corte, firmaram entendimento de que ente municipal não pode ser prejudicado pela ineficiência do administrador anterior, quando o atual administrador já adotou as medidas cabíveis visando à reparação dos prejuízos decorrentes daquela gestão. (TRF-4; AC 50059573020154047110 RS; Quarta Turma; Rel. Candido Alfredo Silva Leal Junior; Julg.23/11/2016;)

Art. 371. O juiz apreciará a prova constante dos autos, independentemente do sujeito que a tiver promovido, e indicará na decisão as razões da formação de seu convencimento.

→ *v.* Arts. 11 e 489, § 1º, do NCPC.

→ *v.* Enunciado 50 do FPPC: Os destinatários da prova são aqueles que dela poderão fazer uso, sejam juízes, partes ou demais interessados, não sendo a única função influir eficazmente na convicção do juiz.

→ *v.* Enunciado 515 do FPPC: Aplica-se o disposto no art. 489, § 1º, também em relação às questões fáticas da demanda.

→ *v.* Enunciado 516 do FPPC: Para que se considere fundamentada a decisão sobre os fatos, o juiz deverá analisar todas as provas capazes, em tese, de infirmar a conclusão adotada

Apreciação das provas por parte do juiz:

✓ DIREITO CIVIL. PROCESSUAL CIVIL. LITÍGIO RESULTANTE DE CONTRATO DE CRÉDITO IMOBILIÁRIO. AÇÃO DE REPARAÇÃO DE DANOS MATERIAIS PROPOSTA POR MUTUÁRIO CONTRA SEGURADORA. CERCEAMENTO DO DIREITO DE DEFESA INOCORRENTE. LITIGÂNCIA DE MÁ-FÉ. INEXISTÊNCIA. RECURSO PARCIALMENTE PROVIDO. 01. Conforme o Código de Processo Civil, "o juiz será assistido por perito quando a prova do fato depender de conhecimento técnico ou científico" (art. 156). É certo que o magistrado "apreciará a prova constante dos autos, independentemente do sujeito que a tiver promovido, e indicará na decisão as razões da formação de seu convencimento" (CPC, art. 371). A absoluta submissão do juiz ao laudo do perito importaria em transmudar este em julgador. Porém, quando a prova técnica for essencial para a resolução do litígio, somente poderá desprezá-la se nos autos houver outras provas com força suficiente para derruir as conclusões nele lançadas. Se para tanto não se prestaria a prova oral, a sua dispensa não importa em cerceio do direito de defesa. 02. "No contrato de seguro habitacional, vige o princípio do risco integral. Desta forma, a existência de cláusula que particulariza os riscos cobertos não deve ser considerada exaustiva, mas meramente exemplificativa, cedendo lugar ao interesse maior que é o do privilégio da segurança, razão de ser do próprio seguro. Além do mais, por ser típico contrato de adesão, o seguro habitacional é simplesmente imposto ao mutuário do Sistema Financeiro de Habitação, sem qualquer discussão sobre suas cláusulas e condições, merecendo, em hipótese de dúvida sobre seu alcance, interpretação mais favorável à parte que ao pacto adere" (AC n. 2004.002746-0, Des. Salete Silva Sommariva; AC n. 2002.027287-1, Des. Luiz Carlos Freyesleben). 03. A multa decendial (Lei n. 4.380/1964)é devida independentemente de ter havido requerimento na seara administrativa se, "ajuizada a demanda pelo segurado e decorridos trinta dias da citação da seguradora sem que esta efetue a quitação da indenização" (TJ-SC; AC: 20100572825 São José 2010.057282-5; Segunda Câmara de Direito Civil; Rel. Newton Trisotto; Julg. 28/04/2016,)

✓ APELAÇÃO CÍVEL. EMBARGOS À EXECUÇÃO. PEDIDO JULGADO IMPROCEDENTE PELO JUÍZO A QUO. INCONFORMISMO DA EMBARGANTE. ALEGAÇÃO DE CERCEAMENTO DE DEFESA ANTE O JULGAMENTO ANTECIPADO DA LIDE. PRETENSA PRODUÇÃO DE PROVAS. AFASTAMENTO. ELEMENTOS SUFICIENTES PARA O CONVENCIMENTO DO JULGADOR. RECURSO DESPROVIDO. (TJ-SC; AC 20140355283; Blumenau; Quarta Câmara de Direito Comercial; Rel. José Everaldo Silva; Julg. 29/03/2016,)

✓ EMENTA APELAÇÃO CÍVEL. FABRICANTE. COMERCIANTE. NÃO APLICAÇÃO DO CDC. AUSÊNCIA DE PROVAS DOS FATOS CONSTITUTIVOS DO DIREITO AUTORAL. RECURSO CONHECIDO. PARCIALMENTE PROVIDO. SENTENÇA REFORMADA. 1. Consumidor é toda pessoa física ou jurídica que adquire ou utiliza produto ou serviço como destinatário final. No caso dos autos, inexiste relação consumerista entre a fabricante e o comerciante. 2. Aos litigantes são oportunizados o contraditório e a ampla defesa, o que lhes permite impugnar todas as provas acostadas aos autos. 3. O juiz apreciará a prova constante dos autos, independentemente do sujeito que a tiver promovido, e indicará na decisão as razões da formação de seu convencimento. 4. O autor não comprovou a integralidade dos fatos constitutivos de seu direito, o que lhe competia por força do artigo 373 do CPC/15. 5. Recurso conhecido e parcialmente provido. 6. Sentença reformada. ACÓRDÃO Vistos, relatados e discutidos estes autos, acordam os Desembargadores da Primeira Câmara Cível, à unanimidade, CONHECER e DAR PARCIAL PROVIMENTO ao recurso, para reformar a sentença e julgar parcialmente procedente os pedidos iniciais, condenando o réu ao reembolso do valor de R$ 1.900,00 (hum mil e novecentos reais), nos termos do voto do relator. Vitória/ES, de de 2017. PRESIDENTE RELATOR (TJ-ES; APL 00013198220168080021; Primeira Câmara Cível; Rel. Jorge Henrique Valle dos Santos; Julg. 30/05/2017; Data de Publicação: 08/06/2017)

✓ EMBARGOS DE DECLARAÇÃO. APELAÇÃO CÍVEL. RESPONSABILIDADE CIVIL EM ACIDENTE DE TRÂN-

SITO. COLISÃO DE MOTOCICLETA COM ÔNIBUS. MANOBRA DE INFLEXÃO À ESQUERDA. RESPONSABILIDADE OBJETIVA. JUROS DE MORA. CONTRADIÇÃO E OMISSÃO NA VALORAÇÃO DA PROVA. 1. JUROS DE MORA. SÚMULA N. 54 DO STJ. Não houve contradição no acórdão ao serem fixados os juros de mora a contar do evento danoso. Embora a responsabilidade da ré seja objetiva, isso em nada se reflete na contagem dos juros de mora, como pretende a embargante, pois o ilícito permanece sendo extracontratual (não houve contrato de transporte entre a vítima, ora embargada, e a empresa de ônibus). 2. CONTRADIÇÃO E OMISSÃO NA VALORAÇÃO DA PROVA. A prova testemunhal foi valorada segundo a apreciação da Relatora, que expôs os motivos do seu convencimento, cumprindo a regra do art. 489, § 1º, da novel legislação processual. Ademais, persiste, no novo diploma, o princípio da livre valoração da prova pelo julgador, desde que motivadamente, como se confere do art. 371 do Novo Código de Processo Civil: O juiz apreciará a prova constante dos autos, independentemente do sujeito que a tiver promovido, e indicará na decisão as razões da formação de seu convencimento. Embargos de declaração em que não se constatam os vícios que dariam ensejo à interposição do recurso, segundo disposto pelo art. 1.022, incisos e Parágrafo único, da Lei n. 13.105/2015 (Novo Código de Processo Civil). Desacolhimento. EMBARGOS DE DECLARAÇÃO DESACOLHIDOS. (TJ-RS; Embargos de Declaração 70068571298; Décima Segunda Câmara Cível; Rel. Ana Lúcia Carvalho Pinto Vieira Rebout; Julg. 29/03/2016).

✓ AGRAVO DE INSTRUMENTO. RECURSO DE REVISTA INTERPOSTO SOB A ÉGIDE DAS LEIS NOS 13.015/2014 E 13.105/2015 E ANTES DA VIGÊNCIA DA LEI Nº 13.467/2017. DESCABIMENTO. 1. Nulidade do despacho denegatório. Cerceamento do direito de defesa. Nulidade não configurada. O trancamento do recurso, na origem, nenhum preceito viola, na medida em que exercitado o juízo de admissibilidade dentro dos limites da Lei (CLT, art. 896, § 1º). O despacho agravado, no precário exame da admissibilidade recursal, não impede a devolução à corte superior da análise de todos os pressupostos de cabimento do apelo. Assim, decai a tese de nulidade do despacho agravado. 2. Salário extrafolha. Diferenças de adicional de periculosidade. Apreciação da prova. Nos termos do art. 371 do CPC, o juiz apreciará a prova constante dos autos, independentemente do sujeito que a tiver promovido, e indicará na decisão as razões da formação de seu convencimento. Na hipótese, o regional, pelo exame da prova documental e testemunhal, concluiu que a autora desvencilhou-se satisfatoriamente do ônus da prova que lhe competia. Não há elementos que indiquem que houve má apreciação da prova. Incidência da Súmula nº 126/TST. Agravo de instrumento conhecido e desprovido. (TST; AIRR 0012084-89.2013.5.03.0027; Terceira Turma; Rel. Min. Alberto Bresciani; DEJT 11/12/2017; Pág. 862)

Art. 372. O juiz poderá admitir a utilização de prova produzida em outro processo, atribuindo-lhe o valor que considerar adequado, observado o contraditório.

→ *v.* Enunciado 30 do CJF: É admissível a prova emprestada, ainda que não haja identidade de partes, nos termos do art. 372 do CPC.

→ *v.* Enunciado 52 do FPPC: Para a utilização da prova emprestada, faz-se necessária a observância do contraditório no processo de origem, assim como no processo de destino, considerando-se que, neste último, a prova mantenha a sua natureza originária.

Possibilidade do empréstimo da prova:

✓ AGRAVO DE INSTRUMENTO. EXECUÇÃO DE TÍTULO EXTRAJUDICIAL. DECISÃO INTERLOCUTÓRIA QUE INDEFERIU A JUNTADA DE PROVA EMPRESTADA. INSURGÊNCIA DA PARTE EXEQUENTE. MÉRITO. PEDIDO PARA ACOSTAR DUAS DECISÕES JUDICIAIS, TRANSITADAS EM JULGADO, EM QUE A PERSONALIDADE JURÍDICA DA EXECUTADA FOI DESCONSIDERADA INDIRETAMENTE, RESPONSABILIZANDO-SE O GRUPO ECONÔMICO QUE INTEGRA. PROVA EMPRESTADA. POSSIBILIDADE. EXEGESE DOS PRINCÍPIOS DA ECONOMIA PROCESSUAL E BUSCA DA VERDADE REAL. INTELIGÊNCIA DO ARTIGO 332 DO CÓDIGO DE PROCESSO CIVIL DE 1973. ADMISSÃO PREVISTA NO ARTIGO 372 DO NOVO CÓDIGO DE PROCESSO CIVIL (LEI 13.105/2015). DESNECESSIDADE DA PARTE EXEQUENTE PARTICIPAR DAQUELA DEMANDA PARA TRANSPORTAR SUAS PROVAS PARA O PRESENTE FEITO. PRECEDENTE DO SUPERIOR TRIBUNAL DE JUSTIÇA. "Em vista das reconhecidas vantagens da prova emprestada no processo civil, é recomendável que essa seja utilizada sempre que possível, desde que se mantenha hígida a garantia do contraditório. No entanto, a prova emprestada não pode se restringir a processos em que figurem partes idênticas, sob pena de se reduzir excessivamente sua aplicabilidade, sem justificativa razoável para tanto. [...] Independentemente de haver identidade de partes, o contraditório é o requisito primordial para o aproveitamento da prova emprestada, de maneira que, assegurado às partes o contraditório sobre a prova, isto é, o direito de se insurgir contra a prova e de refutá-la adequadamente, afigura-se válido o empréstimo. (STJ, EREsp 617.428/SP, Rel. Ministra NANCY ANDRIGHI, CORTE ESPECIAL, julgado em 04/06/2014, DJe 17/06/2014). PEDIDO DE DESCONSIDERAÇÃO DA PERSONALIDADE JURÍDICA DE MODO INDIRETO EDIFICADO EM PROVA EMPRESTADA. NECESSIDADE DE GARANTIR O CONTRADITÓRIO ANTES DA ANÁLISE DO PEDIDO, SOB PENA DE SURPREENDER A PARTE E SUPRIMIR O JUÍZO A QUO. PEDIDO NÃO ANALISADO. RECURSO PARCIALMENTE PROVIDO. (TJ-SC; AI 20150672481; Trombudo Central; Quinta Câmara de Direito Comercial; Rel. Guilherme Nunes Born; Julg.17/03/2016)

✓ ADMINISTRATIVO. AÇÃO DE IMPROBIDADE ADMINISTRATIVA. POLICIAL MILITAR. PROCEDIMENTO DE SINDICÂNCIA. DOCUMENTO FALSO. AGRAVO RETIDO IMPROVIDO. POSSIBILIDADE DE PROVA EMPRESTADA. DESCUMPRIMENTO DOS DEVERES FUNCIONAIS. MÁ-FÉ. CONFIGURADO ATO DE IMPROBIDADE. RECURSO IMPROVIDO. SENTENÇA MANTIDA. 1. A respeito do tema concernente à "prova emprestada", de acordo com o art. 372 do Código de Processo Civil, "o juiz poderá admitir a utilização de prova produzida em outro processo, atribuindo-lhe o valor que considerar adequado, observado o contraditório". 2. A ocorrência, ou não, de ato de improbidade, é passível de verificação em consonância com os elementos constantes do processo criminal que tramitou na Auditoria Militar do Distrito Federal, não se vislumbrando qualquer empecilho ao uso de provas colhidas no juízo criminal, a despeito da independência entre os juízos cível e criminal. 3. Ao magistrado incumbe apreciar os elementos constantes nos autos, podendo prolatar decisão de acordo com o que já consta no processo ou determinar a produção da prova que considerar necessária. Logo, vislumbrando-se que a causa está madura, pode dispensar a realização da prova, uma vez que dela é destinatário, sem que isso signifique cerceamento de defesa ou a nulidade do decisum, desde que fundamente sua decisão, o que ocorreu nos autos. Portanto, não se constata qualquer cerceamento de defesa ou violação aos princípios do devido processo legal, da ampla defesa e do contraditório. 4. Essa ação é a via adequada para a apuração e condenação pelos atos de improbidade praticados por qualquer agente público, servidor ou não, contra a administração direta, indireta ou fundacional de qualquer dos Poderes da União, dos Estados, do Distrito Federal, dos Municípios, de Território, de empresa incorporada ao patrimônio público ou de entidade para cuja criação ou custeio o erário haja concorrido ou concorra com mais de cinquenta por cento do patrimônio ou da receita anual. 5. A participação em procedimento de sindicância para apurar fatos em que o apelante esteve presente e a comprovada falsidade do documento anexado aos autos demonstram suficientemente a prática de improbidade administrativa, o que denota claramente inserir-se a conduta na disposição contida no art. 11, inc. II, da Lei nº 8.429/1992. 6. Mostra-se irretocável a sentença proferida pelo Juízo a quo, inclusive na dosimetria das reprimendas aplicada ao réu, que observou os critérios da razoabilidade e proporcionalidade. 7. Agravo retido improvido. 8. Recurso desprovido. (TJ-DF; 20140111953867; Segredo de Justiça; 3ª Turma Cível; Rel. Alvaro Ciarlini; Julg.08/02/2017; Data de Publicação: DJE: 14/02/2017; Pág. 241/250)

✓ ACÓRDÃO EMENTA: AGRAVO DE INSTRUMENTO – AÇÃO DE CONCESSÃO DE BENEFÍCIO PREVIDENCIÁRIO – INVALIDEZ PERMANENTE – PROVA EMPRESTADA – NECESSIDADE DE OBSERVAR PREVIAMENTE O CONTRADITÓRIO E A AMPLA DEFESA – NEXO DE CAUSALIDADE – NÃO DEMONSTRADO CABALMENTE – RECURSO CONHECIDO MAS DESPROVIDO. 1. Dispõe o art. 372 do Código de Processo Civil que é o juiz poderá admitir a utilização de prova produzida em outro processo, atribuindo-lhe o valor que considerar adequado, observado o contraditório. 2. Por mais que não seja necessária a identidade de partes nos processos em que se pretende utilizar a prova emprestada, é imprescindível a prévia manifestação daquele que não participou do processo originário, sob pena de violação aos princípios do contraditório e da ampla defesa. 3. A existência ou não do nexo de causalidade acidentário, requisito essencial para a concessão do pleito autoral, somente poderá ser aferida no curso da demanda, sendo imprescindível a instrução do feito com a produção das provas pertinentes. 4. Recurso conhecido mas desprovido. (TJ-ES; AI 00069359220178080024; Segunda Câmara Cível; Rel. Fernando Estevam Bravin Ruy; Julg.10/10/2017; Data de Publicação: 18/10/2017)

✓ RECURSO DO RECLAMANTE. PROVA TESTEMUNHAL EMPRESTADA. VALIDADE. Nada obstante o silêncio do Juízo de piso, tenho que o art. 369 do NCPC, de aplicação subsidiária ao Processo do Trabalho, estabelece que: "As partes têm o direito de empregar todos os meios legais, bem como os moralmente legítimos, ainda que não especificados neste Código, para provar a verdade dos fatos em que se funda o pedido ou a defesa e influir eficazmente na convicção do juiz". A prova emprestada, quando colhida em caráter contraditório e, sobretudo, com a participação da parte contra quem deve operar seus efeitos, é juridicamente válida – hipótese dos presentes autos, considerando que a prova emprestada apresentada pelo demandante foi colhida em processo em que figura como demandada a empresa ora reclamada. Como se não bastasse, a prova emprestada é amplamente utilizada e estimulada pelo Judiciário Trabalhista, inclusive em observância ao princípio da celeridade processual. De resto, o reclamante do processo em que produzida a prova emprestada exerceu atividades semelhantes às do ora recorrente. Assim, acolhe-se a prova emprestada do autor nesta instância ad quem. Recurso do reclamante a que se dá provimento. (Processo: RO – 0000766-18.2015.5.06.0331, Redator: Jose Luciano Alexo da Silva, Data de julgamento: 28/09/2016, Quarta Turma, Data da assinatura: 30/09/2016) (TRT-6; RO 00007661820155060331; Quarta Turma; Julg. 28/09/2016)

✓ AÇÃO DECLARATÓRIA DE NULIDADE CUMULADA COM OBRIGAÇÃO DE FAZER E INDENIZAÇÃO POR DANOS MORAIS. ALTERAÇÕES CONTRATUAIS DE SOCIEDADES EMPRESÁRIAS REGISTRADAS NA JUNTA COMERCIAL DO ESTADO DE SANTA CATARINA EM NOME DO AUTOR. LEGITIMIDADE PASSIVA DA JUCESC. TEORIA DA ASSERÇÃO. PRECEDENTES DO STJ. ATOS COMERCIAIS INDICANDO O INGRESSO/RETIRADA DO POSTULANTE EM DUAS SOCIEDADES COMERCIAIS DO RAMO DE CONFECÇÕES. ATUAÇÃO DE FALSÁRIO. INIDONEIDADE DAS ASSINATURAS LANÇADAS NAS ALTERAÇÕES SOCIETÁRIAS CONSTATADA POR EXAME GRAFOTÉCNICO EM AÇÃO PENAL. PROVA EMPRESTADA. ADMISSIBILIDADE. INTELIGÊNCIA DO ART. 372 DO CPC/2015. ATRIBUIÇÃO LEGAL DA JUNTA RESTRITA À ANÁLISE FORMAL DOS DOCUMENTOS LEVA-

DOS A REGISTRO. AUSÊNCIA DE CONTRIBUIÇÃO DA ENTIDADE AUTÁRQUICA PARA O DANO. INEXISTÊNCIA DE RESPONSABILIDADE NO CASO. INDENIZAÇÃO MORAL DESCABIDA. PRECEDENTES DESTA CORTE. OBRIGAÇÃO DA RÉ, NO ENTANTO, DE PROCEDER AO CANCELAMENTO DOS ATOS REGISTRAIS, DIANTE DA COMPROVADA FALSIFICAÇÃO (ART. 40, §2º, DECRETO N. 1.800/1996). SENTENÇA REFORMADA. RECURSO CONHECIDO E PARCIALMENTE PROVIDO. (TJSC; Apelação 0500402-23.2011.8.24.0025; Terceira Câmara de Direito Público; Gaspar; Rel. Des. Ronei Danielli; Julg. 20/09/2016).

Art. 373. O ônus da prova incumbe:

I – ao autor, quanto ao fato constitutivo de seu direito;

Sobre a comprovação do fato constitutivo do direito:

✓ RESPONSABILIDADE CIVIL. PEDIDO DE INDENIZAÇÃO POR DANOS MORAIS E MATERIAIS. PRISÃO ILEGAL E ERRO JUDICIÁRIO. SENTENÇA DE IMPROCEDÊNCIA DOS PEDIDOS INICIAIS. APELAÇÃO DA PARTE AUTORA. APONTADA ILEGALIDADE DO ESTADO NA PRISÃO EM FLAGRANTE DELITO E NA MANUTENÇÃO DA PRISÃO, EM RAZÃO DE POSTERIOR SENTENÇA ABSOLUTÓRIA POR AUSÊNCIA DE PROVAS DA AUTORIA DO DELITO. PARTE AUTORA QUE NÃO ACOSTOU NENHUM MEIO DE PROVA CAPAZ DE COMPROVAR O FATO CONSTITUTIVO DO DIREITO ALEGADO. ÔNUS QUE A INCUMBIA POR FORÇA DO ART. 373, I, DO CÓDIGO DE PROCESSO CIVIL DE 1973. APLICAÇÃO DA TEORIA OBJETIVA. INTELIGÊNCIA DO ART. 37, § 6º, DA CONSTITUIÇÃO FEDERAL. AUSÊNCIA DE PROVA DOS REQUISITOS PARA A CONFIGURAÇÃO DA RESPONSABILIDADE CIVIL. INEXISTÊNCIA DE ERRO JUDICIÁRIO. APLICAÇÃO DA TEORIA OBJETIVA. INTELIGÊNCIA DO ART. 37, § 6º, DA CONSTITUIÇÃO FEDERAL. AUSÊNCIA DOS REQUISITOS PARA A CONFIGURAÇÃO DA RESPONSABILIDADE CIVIL. LEGALIDADE DA SEGREGAÇÃO. Incumbe à parte autora a comprovação do fato constitutivo de seu direito, nos termos do art. 373, I, do Código de Processo Civil de 2015, sob pena de rejeição do pleito inicial. "A prisão em flagrante, quando obediente aos pressupostos que a autorizam, não se confunde com o erro judiciário a que alude o inc. LXXV do art. 5º da Constituição da República, mesmo que o réu ao final do processo venha a ser absolvido, tenha sua sentença condenatória reformada na instância superior ou fique preso cautelarmente por tempo superior à sua condenação" (TJ-SC; AC 03072868220168240023 Capital; Segunda Câmara de Direito Público; Rel. Francisco Oliveira Neto; Julg.10/10/2017)

✓ APELAÇÃO CÍVEL. RELAÇÃO DE CONSUMO. PARCELAMENTO EM CARTÃO DE CRÉDITO NÃO ACEITO. AUTOR EFETUOU DOIS PAGAMENTOS DIFERENTES DO INDICADO APÓS O VENCIMENTO DA FATURA. SENTENÇA DE IMPROCEDÊNCIA DO PEDIDO AUTORAL, ANTE A AUSÊNCIA DE COMPROVAÇÃO DO FATO CONSTITUTIVO DO DIREITO ALEGADO. AUSÊNCIA DE CONDUTA ILÍCITA DO BANCO. AUTORA QUE NÃO LOGROU ÊXITO EM DEMONSTRAR OS FATOS CONSTITUTIVOS DO SEU DIREITO, ÔNUS QUE LHE COMPETIA A TEOR DO ART. 373, INCISO I DO NOVO CPC. SÚMULA 330 DO TJRJ. NEGADO PROVIMENTO AO RECURSO E MAJORADOS OS HONORÁRIOS. 1- Autora que não logrou êxito em demonstrar os fatos constitutivos do seu direito, ônus que lhe competia a teor do art. 373, inciso I do Novo CPC. SÚMULA 330 do TJRJ. "Art. 373. O ônus da prova incumbe: I – ao autor, quanto ao fato constitutivo de seu direito;". (Art. 373, I do CPC); 2- Parte ré logrou êxito em demonstrar que prestou o serviço de forma correta, inexistindo qualquer defeito, tudo conforme dispõe o art. 14, § 3º, I DO CDC. 3- Trata-se de ação indenizatória moral, com pedido de antecipação de tutela, pleiteando a parte autora a retirada da negativação creditícia, cancelamento da cobrança indevida, restabelecimento do valor inicial acordado, abatimento dos valores já pagos e ser indenização moral, por ter pago na segunda feira fatura com acordo parcelado vencida no final de semana que não foi aceito pela parte ré. 4- Comprova o banco réu que foram feitos pela parte autora 02 pagamentos, após o vencimento, com valores diferentes do indicado para o parcelamento, não aceitos pelo seu sistema. 5- 0046630-63.2015.8.19.0203 – APELAÇÃO – Des (a). MARIANNA FUX – Julgamento: 28/06/2017 – VIGÉSIMA QUINTA CÂMARA CÍVEL CONSUMIDOR0012511-72.2014.8.19.0054 – APELAÇÃO – Des (a). LUIZ ROBERTO AYOUB – Julgamento: 04/05/2017 – VIGÉSIMA SEXTA CÂMARA CÍVEL CONSUMIDOR 6- Majoração dos honorários advocatícios para 15%, nos termos do artigo 85, § 11º do CPC, observada a gratuidade de justiça deferida à parte autora; 7- Negado provimento ao recurso e majorados os honorários. (TJ-RJ; APL 00407521220148190004; Rio de Janeiro Sao Gonçalo; 2ª Vara Cível; Vigésima Quinta Câmara Cível Consumidor; Rel. JDS Isabela Pessanha Chagas; Julg. 01/11/2017,)

✓ APELAÇÃO CÍVEL. AÇÃO DE INDENIZAÇÃO POR DANOS MATERIAIS, MORAIS E LUCROS CESSANTES. ALEGAÇÃO DE OCORRÊNCIA DE INCÊNDIO EM VEÍCULO. IMPOSIÇÃO DE RESPONSABILIDADE À DEMANDADA POR APROVAÇÃO EM VISTORIA DE SEGURANÇA. SENTENÇA DE IMPROCEDÊNCIA. ANEMIA PROBATÓRIA. AUSÊNCIA DE COMPROVAÇÃO DA OCORRÊNCIA DO PRÓPRIO DANO. PRETENSÃO DE INVERSÃO DO ÔNUS DA PROVA. IMPOSSIBILIDADE. PROVIDÊNCIA QUE NÃO AFASTA A NECESSIDADE DA PRESENÇA DA PROVA DO FATO CONSTITUTIVO DO DIREITO DO AUTOR. ÔNUS DA PROVA DESATENDIDO. INEXISTÊNCIA DA OBRIGAÇÃO DE INDENIZAR. INTELIGÊNCIA DO ART. 373, I, DO CPC. SENTENÇA MANTIDA. Eventual operacionalização de inversão do ônus da prova não tem o condão de retirar dos ombros do autor a obrigação de provar o mínimo, a saber, o fato que constitui o seu direito. Ausente prova da existência mesma do dano afirmado, não se há falar em responsabilidade civil. RECURSO CONHECIDO E DESPROVIDO. (TJSC; Apelação Cível 0007893-16.2014.8.24.0064; São José; Terceira Câmara de Direito Civil; Rel. Des. Saul Steil; Julg. 19/12/2017).

✓ APELAÇÃO CÍVEL. AÇÃO INDENIZATÓRIA. SENTENÇA DE IMPROCEDÊNCIA. ALEGAÇÃO DE CERCEAMENTO DE DEFESA EM PROCESSO ADMINISTRATIVO INSTAURADO PELA INSTITUIÇÃO DE ENSINO RÉ. IMPOSSIBILIDADE DE RENOVAÇÃO DE MATRÍCULA. FALHA NA PRESTAÇÃO DO SERVIÇO NÃO CONFIGURADA. AUTORA QUE ESTAVA CIENTE DO PROCEDIMENTO, TENDO INCLUSIVE PRESTADO DEPOIMENTO E RECEBIDO NOTIFICAÇÃO. SENTENÇA QUE SE MANTÉM. NEGADO PROVIMENTO AO RECURSO. 1- "Art. 373. O ônus da prova incumbe: I – ao autor, quanto ao fato constitutivo de seu direito;"- CPC/15; 2- In casu, alega a parte autora que sofreu um procedimento administrativo junto à ré, que culminou em seu desligamento da instituição, e que não lhe foi oportunizada defesa; 3- A sentença recorrida e os documentos acostados aos autos são bastante claros ao demonstrar que a autora não foi surpreendida com o procedimento administrativo instaurado em razão do seu comportamento acadêmico. A requerente estava ciente de tal processo, tendo sido intimada inclusive para prestar depoimento, conforme se extrai às fls. 192 e tendo efetivamente prestado às fls. 193/199; 4- Ausência de ilegalidade no procedimento administrativo. Cerceamento de defesa que não restou comprovado; 5- Falha na prestação do serviço não configurada; 6- Ausência de danos morais; 7- Majoração dos honorários advocatícios, nos termos do artigo 85, § 11º do CPC/15; 8- Precedente: 0126879-64.2011.8.19.0001 – APELAÇÃO Des (a). CHERUBIN HELCIAS SCHWARTZ JÚNIOR – Julgamento: 19/05/2014 – DÉCIMA SEGUNDA CÂMARA CÍVEL; 9- Negado provimento ao recurso. (TJ-RJ; APL: 00007229720148190047; Rio de Janeiro, Rio Claro, Vara Única; Vigésima Quinta Câmara Cível Consumidor; Rel. JDS Isabela Pessanha Chagas; Julg.09/08/2017; Data de Publicação: 10/08/2017)

II – ao réu, quanto à existência de fato impeditivo, modificativo ou extintivo do direito do autor.

<u>Sobre a comprovação do fato impeditivo, modificativo ou extintivo do direito do autor:</u>

✓ APELAÇÃO CÍVEL. AÇÃO DE RECONHECIMENTO E DISSOLUÇÃO DE UNIÃO ESTÁVEL C/C PARTILHA DE BENS. AUSÊNCIA DE ACORDO NO TOCANTE À DIVISÃO DO PATRIMÔNIO. SENTENÇA DE PARCIAL PROCEDÊNCIA. RECURSO DO REQUERIDO. PEDIDO DE REVISÃO DA PARTILHA DOS BENS MÓVEIS QUE GUARNECIAM A RESIDÊNCIA DO CASAL AO ARGUMENTO DE TEREM SIDO, EM SUA MAIORIA, LEVADOS PELA AUTORA AO DEIXAR O LAR CONJUGAL. INSUBSISTÊNCIA. DEMANDADO QUE NÃO LOGROU COMPROVAR OS FATOS DESCONSTITUTIVOS DO DIREITO DA AUTORA, COMO LHE INCUMBIA. EXGESE DO ART. 333, INCISO II, DO CPC (ART. 373, II, DO NOVO CPC). APLICAÇÃO DO PRINCÍPIO DA CONFIANÇA NO JUIZ DA CAUSA, PORQUANTO OBSERVADA A IDENTIDADE FÍSICA. SENTENÇA MANTIDA. PEDIDO DE REVISÃO DAS PROVIDÊNCIAS DETERMINADAS PELO JUÍZO ACERCA DA SUPOSTA PRÁTICA DE CRIME DE FALSO TESTEMUNHO POR TESTIGO ARROLADO PELO REQUERIDO. INSUBSISTÊNCIA. DETERMINAÇÃO DE EXTRAÇÃO DE CÓPIAS DOS AUTOS E ENCAMINHAMENTO AO MINISTÉRIO PÚBLICO MANTIDA. EXEGESE DO ARTIGO 40, DO CÓDIGO DE PROCESSO PENAL. RECURSO ADESIVO DA AUTORA. PEDIDO DE PARTILHA DAS BENFEITORIAS REALIZADAS NA CONSTÂNCIA DA UNIÃO ESTÁVEL EM IMÓVEL QUE SERVIU DE MORADIA ÀS PARTES. IMPOSSIBILIDADE. EDIFICAÇÃO EM TERRENO ALHEIO. INCABÍVEL A PARTILHA PRETENDIDA. RECONHECIDO, EM SENTENÇA, O DIREITO DA AUTORA À INDENIZAÇÃO DA METADE DAS MELHORIAS REALIZADAS NO IMÓVEL. POSSÍVEL AÇÃO DE INDENIZAÇÃO POR ACESSÃO, A SER MOVIDA DIRETAMENTE EM FACE DOS EFETIVOS PROPRIETÁRIOS DO IMÓVEL. RECURSO DE APELAÇÃO DO REQUERIDO CONHECIDO E DESPROVIDO E RECURSO ADESIVO DA AUTORA CONHECIDO E DESPROVIDO. (TJ-SC; AC 20140019693 Tubarão; Sexta Câmara de Direito Civil; Rel. Denise Volpato; Julg.22/03/2016,)

✓ APELAÇÃO CÍVEL. PLANO DE SAÚDE. ATRASO NO PAGAMENTO DAS MENSALIDADES. RESCISÃO CONTRATUAL. NOTIFICAÇÃO EFETIVADA CONFORME ART. 13, PARÁGRAFO ÚNICO, INC. II, DA LEI 9.656/98. CONSUMIDORA QUE, POR SUA VEZ, NÃO PRODUZIU PROVA DE AVISO, POR QUALQUER MEIO, NOTICIANDO O ALEGADO INTUITO DE PÔR FIM À AVENÇA EM PERÍODO ANTERIOR. INCUMBÊNCIA QUE LHE COMPETIA, A TEOR DO QUE PRESCREVEM OS ARTIGOS 373, INCISO II, E 434, AMBOS DO NOVO CÓDIGO DE PROCESSO CIVIL. MANUTENÇÃO DO DEVER DE HONRAR O DÉBITO DECORRENTE DO PERÍODO DE INADIMPLÊNCIA. RECURSO DESPROVIDO. (TJ-SC; AC 20120604977 Gaspar; Primeira Câmara de Direito Civil; Rel. Domingos Paludo; Julg.31/03/2016,)

✓ APELAÇÃO CÍVEL. AÇÃO DE INDENIZAÇÃO POR DANOS MORAIS. CASAN. SUSPENSÃO DO FORNECIMENTO ÁGUA NA UNIDADE CONSUMIDORA DO DEMANDANTE. FATURA QUITADA. CULPA ATRIBUÍDA A TERCEIRO (AGENTE ARRECADADOR). RESPONSABILIDADE CIVIL EVIDENCIADA. CONCESSIONÁRIA DE SERVIÇO PÚBLICO. RELAÇÃO CONSUMERISTA. SUSPENSÃO TEMPORÁRIA DE-

MONSTRADA NOS AUTOS. AUSÊNCIA DE PROVAS ACERCA DA LICITUDE DA CONDUTA. ÔNUS QUE COMPETIA À RÉ (ART. 333, II, DO CPC/1973 - ART. 373, II, DO NCPC/2015). ABALO ANÍMICO CONFIGURADO. DEVER DE INDENIZAR INARREDÁVEL. SENTENÇA REFORMADA. [. . .] As Câmaras de Direito Público têm decidido que eventual equívoco na digitação do código de barras da fatura pelo agente arrecadador não pode ser atribuído ao consumidor - que quitou a dívida em tempo hábil e, mesmo assim, sofreu a negativação por culpa do preposto da concessionária. Se for o caso, a Celesc deve buscar a responsabilização de terceiros em demanda regressiva [...] (Apelação Cível nº 2014.083328-2, de Jaguaruna. Rel. Des. Subst. Paulo Henrique Moritz Martiins da Silva. J. em 05/05/2015). QUANTUM COMPENSATÓRIO. FIXAÇÃO EM R$ 5.000,00 (CINCO MIL REAIS). VALOR EM OBSERVÂNCIA AOS PRINCÍPIOS DA RAZOABILIDADE E DA PROPORCIONALIDADE, BEM COMO AOS PARÂMETROS DESTA CORTE. O quantum indenizatório arbitrado deve traduzir-se em montante que, por um lado, sirva de atenuante ao dano moral sofrido, sem importar em enriquecimento sem causa do ofendido; e, por outro lado, represente advertência ao ofensor e à sociedade de que não se aceita a conduta assumida, ou a lesão dela proveniente. CONSECTÁRIOS LEGAIS. TERMO INICIAL DOS JUROS DE MORA. INAPLICABILIDADE DA SÚMULA 54 DO STJ. ENCARGO MORATÓRIO QUE INCIDE A PARTIR DA DATA DA CITAÇÃO. RELAÇÃO CONTRATUAL. EXEGESE DO ART. 405 DO CÓDIGO CIVIL. PRECEDENTES. MARCO INICIAL DA CORREÇÃO MONETÁRIA. DATA DO PRESENTE ARBITRAMENTO. SÚMULA 362 DO SUPERIOR TRIBUNAL DE JUSTIÇA. INVERSÃO DOS ÔNUS SUCUMBENCIAIS. HONORÁRIOS ADVOCATÍCIOS FIXADOS EM 15% SOBRE O VALOR DA CONDENAÇÃO. PERCENTUAL CONDIZENTE COM OS CRITÉRIOS NORTEADORES DOS § 3º, ART. 20, CPC/1973 (§ 2º, ART. 85, NCPC/2015), E TAMBÉM EM HOMENAGEM À JUSTA REMUNERAÇÃO DO TRABALHO PROFISSIONAL. RECURSO CONHECIDO E PROVIDO. (TJ-SC; AC 20140944671 Taió; Primeira Câmara de Direito Público; Rel. Carlos Adilson Silva; Julg. 29/03/2016,)

✓ APELAÇÃO CÍVEL. AÇÃO DE RESPONSABILIDADE CIVIL POR DANOS MATERIAIS. JUÍZO DA ORIGEM QUE JULGA PROCEDENTES OS PEDIDOS CONSTANTES NA EXORDIAL. INSURGÊNCIA DA RÉ. TEMA AFETO À PROVA QUE FOI UNIFORMIZADO POR ESTA CORTE. ENUNCIADO VIII DO GRUPO DE CÂMARAS DE DIREITO PÚBLICO. "Nas ações em que a Celesc for demandada por eventuais prejuízos causados ao fumicultor em decorrência da interrupção do fornecimento de energia elétrica, somente será admissível o julgamento antecipado quando a concessionária não oferecer defesa, ou apresentar contestação genérica, sem contestar, pontual e objetivamente, o laudo técnico extrajudicial elaborado pelo autor da ação ou, ainda, quando não formular a produção de provas de forma específica e com dedução expressa da finalidade. A dilação probatória, quando pertinente, deverá ser realizada na fase de conhecimento, para prolação de sentença líquida". AVALIAÇÃO TÉCNICA DE ESPECIALISTA QUE APONTOU A OCORRÊNCIA DE CESSAÇÃO DE FORNECIMENTO DE ENERGIA ELÉTRICA À UNIDADE CONSUMIDORA DO AUTOR E, AINDA, DESTACOU QUE OS DANOS NA SAFRA DO FUMO DECORRERAM EXCLUSIVAMENTE DA INTERRUPÇÃO DO PROCESSO DE SECAGEM, O QUAL É DEPENDENTE DE ELETRICIDADE. ESPECIALISTA QUE, INCLUSIVE, APUROU O VALOR DA PERDA ECONÔMICA DAS FOLHAS DE FUMO. RÉ QUE, TANTO EM SUA CONTESTAÇÃO, QUANTO EM SEDE RECURSAL, NÃO IMPUGNOU A PROVA PRODUZIDA EM JUÍZO, QUEDANDO-SE EM LANÇAR ARGUMENTOS GENÉRICOS, DIVORCIADOS DE QUALQUER INDÍCIO. TESE DE OCORRÊNCIA DE FATORES EXTERNOS PARA A QUEDA DO FORNECIMENTO DE ENERGIA ELÉTRICA QUE NÃO POSSUI AMPARO PROBATÓRIO. ÔNUS QUE INCUMBIA À DEMANDADA. EXEGESE DO ART. 373, INCISO II, DO CÓDIGO DE PROCESSO CIVIL. RESPONSABILIDADE OBJETIVA DA RÉ. DANO EXPERIMENTADO PELO AUTOR QUE DECORREU EXCLUSIVAMENTE DA CESSAÇÃO DO FORNECIMENTO DE ELETRICIDADE. REPARAÇÃO DEVIDA. SENTENÇA QUE DEVE SER MANTIDA NO PONTO.TOGADO DE ORIGEM QUE FIXOU O EVENTO DANOSO COMO MARCO INICIAL DO ADITAMENTO SOBRE O MONTANTE INDENITÁRIO. VALOR DO PREJUÍZO QUE DEVERÁ SER ACRESCIDO DE CORREÇÃO MONETÁRIA PELO INPC DESDE A CONFECÇÃO DO LAUDO TÉCNICO, E JUROS DE MORA A CONTAR DA CITAÇÃO. ALTERAÇÃO DA SENTENÇA NESSE VIÉS.SUCUMBÊNCIA. MODIFICAÇÃO EM SEDE RECURSAL QUE SE DEU DE FORMA APEQUENADA. ÔNUS QUE PERMANECE CONFORME LANÇADO NA ORIGEM. HONORÁRIOS RECURSAIS. VERBA DEVIDA AO CAUSÍDICO DO AUTOR. MAJORAÇÃO. ART. 85, §11, DO CÓDIGO DE PROCESSO CIVIL. RECURSO CONHECIDO E PROVIDO EM PARTE. (TJSC; Apelação Cível 0300232-93.2016.8.24.0143; Rio do Campo; Quarta Câmara de Direito Civil; Rel. Des. Rosane Portella Wolff; Julg. 14/12/2017).

✓ APELAÇÃO - AÇÃO DE DESPEJO C\C COBRANÇA DE ALUGUEL - ÔNUS DA PROVA - AUTOR - FATOS CONSTITUTIVOS DE SEU DIREITO - RÉU - PROVA FATO IMPEDITIVO DO DIREITO DO AUTOR - IMPROCEDÊNCIA DO PEDIDO - SENTENÇA MANTIDA Impõe-se a manutenção da sentença que julga improcedente o pedido formulado em ação de despejo c/c cobrança de aluguel quando a parte requerida logra êxito em comprovar fato impeditivo do direito do autor. Recurso não provido. (TJ-MG; AC 10005140016717001 MG; 16ª Câmara Cível; Rel. Kildare Carvalho; Julg.28/06/2017; Data de Publicação: 07/07/2017)

§ 1º Nos casos previstos em lei ou diante de peculiaridades da causa relacionadas à impossibilidade ou à excessiva dificuldade de cumprir o encargo nos termos do caput ou à maior facilidade de obtenção da prova do fato contrário, poderá o juiz atribuir o ônus da prova de modo diverso, desde que o faça por decisão fundamentada, caso em que deverá dar à parte a oportunidade de se desincumbir do ônus que lhe foi atribuído.

→ *v.* Arts. 6º, VIII, e 51, VI, do CDC.

→ *v.* Art. 927, parágrafo único, do CC/2002.

→ *v.* Enunciado 72 do CJF: É admissível a interposição de agravo de instrumento tanto para a decisão interlocutória que rejeita a inversão do ônus da prova, como para a que a defere.

→ *v.* Enunciado 302 do FPPC: Aplica-se o art. 373, §§ 1º e 2º, ao processo do trabalho, autorizando a distribuição dinâmica do ônus da prova diante de peculiaridades da causa relacionadas à impossibilidade ou à excessiva dificuldade da parte de cumprir o seu encargo probatório, ou, ainda, à maior facilidade de obtenção da prova do fato contrário. O juiz poderá, assim, atribuir o ônus da prova de modo diverso, desde que de forma fundamentada, preferencialmente antes da instrução e necessariamente antes da sentença, permitindo à parte se desincumbir do ônus que lhe foi atribuído.

→ *v.* Enunciado 632 do FPPC: A redistribuição de ofício do ônus de prova deve ser precedida de contraditório.

→ *v.* Enunciado 18 do CEAPRO: A Súmula 375 do STJ não impede a atribuição diversa do ônus da prova, de que tratam os § 1º e 2º do art. 373.

Quanto à inversão do ônus da prova:

✓ AGRAVO DE INSTRUMENTO. AÇÃO DE INDENIZAÇÃO POR DANO MORAL C/C DANO MATERIAL. DESPACHO SANEADOR QUE AFASTOU AS PRELIMINARES AVENTADAS E DETERMINOU A INVERSÃO DO ÔNUS DA PROVA. INSURGÊNCIA DA REQUERIDA QUANTO À DISTRIBUIÇÃO DO ENCARGO PROBATÓRIO. DISTRIBUIÇÃO DINÂMICA DA PROVA. HIPÓTESE QUE AUTORIZA A INVERSÃO DO ÔNUS PROBANTE, NOS TERMOS DO ART. 6º, VIII do CÓDIGO DE DEFESA DO CONSUMIDOR E ART. 373 DO CÓDIGO DE PROCESSO CIVIL/2015. FACILIDADE DE PRODUÇÃO PELA PARTE REQUERIDA. RECURSO CONHECIDO E DESPROVIDO. Não obstante a lei processual civil adote a distribuição estática do ônus da prova, o mesmo diploma processual reconhece a necessidade de, em determinadas situações, afastar-se a rigidez estática do encargo probatório, adotando critério mais flexível, a que a doutrina denomina ônus dinâmico da prova, atribuindo-o, de maneira diversa do sistema ordinário da lei, à parte que realmente esteja em condições de melhor esclarecer os fatos relevantes da demanda (CPC/2015, art. 373, § 1º), ou seja, cabe o ônus da prova a parte que apresentar maior facilidade em produzi-la. (TJSC; Agravo de Instrumento 0031921-75.2016.8.24.0000; Fraiburgo; Quarta Câmara de Direito Civil; Rel. Des. Rodolfo Cezar Ribeiro Da Silva Tridapalli; Julg. 29/06/2017).

✓ AGRAVO DE INSTRUMENTO. SERVIDORA PÚBLICA MUNICIPAL. ADIMPLEMENTO DE ADICIONAL DE INSALUBRIDADE. IRRESIGNAÇÃO QUANTO À INVERSÃO DO ÔNUS DA PROVA E IMPUTAÇÃO DE PAGAMENTO DE HONORÁRIOS PERICIAIS AO ENTE FEDERADO. APLICAÇÃO DA TEORIA DA CARGA DINÂMICA DA PROVA. INVIABILIDADE. AUSÊNCIA DE PREVISÃO LEGAL E CIRCUNSTÂNCIA EXCEPCIONAL A LEGITIMAR A INAPLICABILIDADE DO ART. 33 DO CÂNONE PROCESSUAL. ONUS PROBANDI QUE RECAI SOBRE QUEM PRETENDE PRODUZIR A PROVA. HONORÁRIOS DE PERITO PAGOS AO FINAL, PELO ESTADO OU PELO VENCIDO, EM RAZÃO DA CONCESSÃO DA GRATUIDADE DA JUSTIÇA À DEMANDANTE. PRECEDENTES DESTE SODALÍCIO. "A parte autora tem o ônus de comprovar os fatos constitutivos do direito que alega possuir. A inversão do ônus da prova em ação proposta por servidor contra ente público, com base na "teoria da distribuição dinâmica da prova", além de não contar com previsão legal no Código de Processo Civil vigente, só estaria autorizada, excepcionalmente, nos casos em que for manifesta a excessiva dificuldade de produção da prova pela parte a quem compete o ônus probatório. "Os honorários do perito judicial devem ser adiantados pela parte autora quando for ela a requerente ou, ainda, quando a prova é determinada de ofício pelo Juiz. Porém, se a parte autora é beneficiária da justiça gratuita, o perito deverá receber seus honorários a cargo da parte vencida, somente ao final" (AI n. 2015.041100-3, de Laguna, rel. Des. Jaime Ramos, Julg. 17-9-2015). RECURSO CONHECIDO E PROVIDO. (TJ-SC; AI 20150751639 Laguna; Primeira Câmara de Direito Público; Rel. Jorge Luiz de Borba; Julg.15/03/2016,)

✓ AGRAVO DE INSTRUMENTO – AÇÃO CIVIL PÚBLICA – INVERSÃO DO ÔNUS DA PROVA – PRELIMINAR DE NULIDADE DA DECISÃO RECORRIDA – AUSÊNCIA DE FUNDAMENTAÇÃO – ACOLHIMENTO. 1. Consoante o disposto no art. 93, inciso X, da Constituição Federal, as decisões judiciais devem ser, necessariamente, fundamentadas. 2. Concernente à inversão do ônus probante, dispõe o art. 373 do Código de Processo Civil, em especial o seu § 1º, que nos casos previstos em lei ou diante de peculiaridades da causa relacionadas à impossibilidade ou à excessiva dificuldade de cumprir o encargo nos termos do caput ou à maior facilidade de obtenção da prova do fato contrário, poderá o juiz atribuir o ônus da prova de modo diverso, desde que o faça por decisão fundamentada, caso em que deverá dar à parte a oportunidade de se desincumbir do ônus que lhe foi atribuído. 3. No caso, verifica-se que o magistrado de piso incorreu na hipótese do inciso Ido § 1º do art. 489 do CPC, visto que, ao deferir a inversão do ônus probatório, limitou-se apenas a fazer menção aos artigos 224 do Estatuto da Criança e do Adolescente, art. 21 da Lei 7.347/85 e art. 6º do Código de Defesa do Consumidor, sem apresentar qualquer justificativa do porquê de tal deferimento. 4. Acolhimento da preliminar de nulidade da decisão recorrida por ausência de fundamentação. 5. Recurso provido. (TJ-AC; AI 10008005120168010000 AC; Segunda Câmara Cível; Rel. Des. Júnior Alberto; Julg.12/08/2016; Data de Publicação: 15/08/2016)

✓ CIVIL. LOCAÇÃO RESIDENCIAL. VALORES DEVIDOS. REDISTRIBUIÇÃO DO ÔNUS PROBATÓRIO. INADIMPLÊNCIA DA LOCATÁRIA. PROVA. Dispõe o art. 373, § 1º, do CPC, que, nos casos previstos em lei ou diante de peculiaridades da causa relacionadas à impossibilidade ou à excessiva dificuldade de cumprir o encargo nos termos do caput ou à maior facilidade de obtenção da prova do fato contrário, poderá o juiz atribuir o ônus da prova de modo diverso, desde que o faça por decisão fundamentada, caso em que deverá dar à parte a oportunidade de se desincumbir do ônus que lhe foi atribuído. Desincumbindo-se o autor do ônus probatório a ele imposto, logrando êxito em demonstrar a inexistência de depósito, por parte da requerida, da parcela do aluguel em discussão, tem-se por acertada a sentença que reconhece a inadimplência. (TJ-DF 20140910278945; 6ª Turma Cível; Rel. Esdras Neves; Julg. 26/10/2016; Data de Publicação: DJE: 08/11/2016; Pág.: 193/208)

✓ AGRAVO DE INSTRUMENTO. AGENTE COMUNITÁRIA DE SAÚDE. PRETENSÃO DE RECONHECIMENTO DE INSALUBRIDADE. SANEADOR QUE INVERTEU O ÔNUS PROBATÓRIO E IMPUTOU AO MUNICÍPIO DEMANDADO A OBRIGAÇÃO DE ADIANTAR OS HONORÁRIOS DO PERITO JUDICIAL. INCONFORMISMO A QUE SE DÁ PROVIMENTO. INVIABILIDADE DE APLICAÇÃO DA TEORIA DA CARGA DINÂMICA DA PROVA, NA ESPÉCIE. AUSÊNCIA DE PREVISÃO LEGAL OU PECULIARIDADE DO CASO A JUSTIFICAR A INVERSÃO PREVISTA NO ARTIGO 373 DO CÓDIGO DE PROCESSO CIVIL DE 2015 ONUS PROBANDI QUE RECAI SOBRE QUEM REQUER A PRODUÇÃO DA PROVA. REMUNERAÇÃO DO EXPERT A SER PAGA CONFORME AS DIRETRIZES DO ARTIGO 95 DO CÓDIGO DE PROCESSO CIVIL DE 2015. "A parte autora tem o ônus de comprovar os fatos constitutivos do direito que alega possuir. A inversão do ônus da prova em ação proposta por servidor contra ente público, com base na 'teoria da distribuição dinâmica da prova', além de não contar com previsão legal no Código de Processo Civil vigente, só estaria autorizada, excepcionalmente, nos casos em que for manifesta a excessiva dificuldade de produção da prova pela parte a quem compete o ônus probatório" (Agravo de Instrumento n. 2015.041100-3, de Laguna, rel. Des. Jaime Ramos, Julg. 17.09.2015). '"Estabelece o artigo 33 do Código de Processo Civil que o dever de arcar com a remuneração do expert é de quem pleiteia a produção da prova pericial e, caso pretendida por ambas as partes, os honorários periciais devem ser suportados pela parte autora. 'Todavia, como esta é beneficiária da Justiça Gratuita, por isso isenta do pagamento de custas e despesas processuais, os honorários periciais deverão ser pagos ao final pelo não beneficiário, se vencido, ou pelo Estado, a quem incumbe a prestação de assistência' (Agravo de Instrumento n. 2009.047628-2, de Chapecó, Relator Des. Ricardo Roesler, 2ª Câm. Dir. Púb., j. 20/07/2010)." (Agravo de Instrumento n. 2014.068002-1, de Jaraguá do Sul, rel. Des. Paulo Ricardo Bruschi, j. 10.03.2015). (TJSC, Agravo de Instrumento n. 0137882-39.2015.8.24.0000, de Laguna, rel. Des. Cid Goulart, j. 09-05-2017). RECURSO PROVIDO. (TJSC; Agravo de Instrumento 0136820-61.2015.8.24.0000; Laguna; Quarta Câmara de Direito Público; Rel. Des. Vera Lúcia Ferreira Copetti; Julg. 28-09-2017).

<u>Decisão que nega o cabimento do agravo de instrumento quando o juiz mantém o regramento legal relativamente ao ônus da comprovação:</u>

✓ PROCESSUAL CIVIL E ADMINISTRATIVO. INVERSÃO DO ÔNUS DA PROVA. ART. 373, § 1º, CPC/2015. INAPLICABILIDADE AO CASO. PRETENSÃO DE DISTRIBUIÇÃO DO ENCARGO PROBATÓRIO JÁ ENQUADRADA NA REGRA DO ART. 373, I E II, DO CÓDIGO INSTRUMENTAL. RECURSO DE AGRAVO DE INSTRUMENTO INCABÍVEL POR FALTA DE ADEQUAÇÃO TÍPICA E CARÊNCIA DE INTERESSE RECURSAL. 1. A ação, na origem, objetiva anular multa aplicada pela ANS por ter a recorrente deixado de enviar periodicamente informações obrigatórias pela Lei 9.656/1998. 2. De acordo com a recorrente, a ANS alega na contestação que o não envio das informações teria causado prejuízos ao bem jurídico tutelado pela norma. Daí a necessidade de demonstração, pela ré, dos prejuízos causados aos consumidores pela recorrente, pois, mesmo que as informações tivessem sido enviadas pelo registro ativo, porém inoperante, elas teriam sido enviadas em branco, já que não havia beneficiários ou produtos cadastrados. 3. Caberia à ANS, segundo a empresa apenada, comprovar os prejuízos causados, por ser a única parte que dispõe dos meios para demonstrar como o não envio de informações periódicas de uma operadora que não atuava no mercado de saúde suplementar pode ter causado algum tipo de dano. 4. Requereu a recorrente ao juízo de primeira instância a inversão do ônus da prova, que teria a "finalidade de impor à parte que sustenta a existência de danos o dever de comprová-los, ou seja, sendo a existência de prejuízos ao bem jurídico tutelado um pressuposto da sanção, nada mais justo que a própria ANS, responsável pela regulação da atividade, esclareça tal ponto controvertido." 5. O juízo monocrático indeferiu o pleito, por entender prejudicado o pedido de inversão, na medida em que o CPC já prevê que o ônus da prova incumbe ao autor quanto ao fato constitutivo do seu direito, e ao réu quanto à existência de fato impeditivo, modificativo ou extintivo do direito do autor. 6. Dessa decisão a recorrente interpôs Agravo de Instrumento, de que não conheceu o relator nos seguintes termos (fls. 627-628, e-STJ): "Não houve, na decisão agravada, uma redistribuição do ônus da prova, mas sim sua manutenção como previsto no caput do art. 373 do CPC, ou seja, incumbe ao autor o ônus da prova quanto ao fato constitutivo de seu direito, e ao réu quanto à existência de fato impeditivo, modificativo ou extintivo do direito do autor. Tenho que as hipóteses de cabimento do Agravo de Instrumento são taxativas e que, no caso específico, sequer se cogita de eventual impossibilidade de produção da prova em momento posterior, caso venha a ser determinada a inversão do ônus probante no ponto, já que a teor do disposto no art. 1.019, §1º do CPC 'As questões resolvidas na fase de conhecimento, se a decisão a seu respeito não comportar agravo de instrumento, não são cobertas pela preclusão e devem ser suscitadas em preliminar de apelação, eventualmente interposta contra a decisão final, ou nas contrarrazões'. Nesse contexto, tenho que o recurso é inadmissível.". 7. A decisão do Relator foi mantida pelo colegiado em Agravo Interno (fls. 651-653, e-STJ). Insurge-se agora a recorrente mediante Recurso Especial contra a decisão do Tribunal a quo, que não conheceu do Agravo de Instrumento. 8. Assevera ser cabível Agravo de Instrumento tanto de decisão que defere como de decisão que indefere o pedido de redistribuição do ônus da prova, razão pela qual o acórdão impugnado deve ser anulado, para que o recurso interposto na origem seja apreciado em seu mérito. 9. Não prospera a irresignação. 10. Extrai-se dos autos que as instâncias de origem entenderam impróprio o pedido de inversão não por falta dos pressupostos legais, mas por considerarem que a finalidade pretendida pela parte já se encontrava albergada pela própria distribuição ordinária do ônus da prova prevista no art. 373 do CPC/2015. A hipótese, portanto, não seria de inversão, seja para deferir, seja para indeferir, mas de aplicação pura e simples das regras ordinárias que atribuem o ônus da prova a quem alega, o que torna prejudicado o pleito da parte. 11 A recorrente invoca, indevidamente, o art. 373, § 1º, do CPC/2015, quando a situação se enquadra diretamente nos incisos do art. 373 do mesmo Diploma Legal.12. Não sendo o caso de deferimento ou indeferimento da inversão contida no § 1º do art. 373 do CPC/2015, mas de inaplicabilidade do dispositivo a situação já compreendida na regra comum de encargo probatório, o Agravo de Instrumento se mostra incabível por falta de adequação típica e carência de interesse recursal. 13. Recurso Especial não provido. (REsp 1684452; PR; Segunda Turma; Rel. Min. Herman Benjamin; Julg. 05/10/2017; DJe 16/10/2017)

✓ AGRAVO DE INSTRUMENTO. AÇÃO INDENIZATÓRIA. INVERSÃO DO ÔNUS DA PROVA. CABIMENTO. Incidente, ao caso em concreto, os dispositivos contidos no Código de Defesa do Consumidor, uma vez que a relação é de consumo. É cabível a inversão do ônus da prova, nos termos do que dispõe o artigo 373, inciso II, do Código de Processo Civil, recaindo sobre a demandada o dever de comprovar o alegado em defesa. NEGARAM PROVIMENTO AO AGRAVO DE INSTRUMENTO. (TJ-RS; Agravo de Instrumento 70074367525; Décima Nona Câmara Cível; Rel. Eduardo João Lima Costa, Julg. 17/08/2017

§ 2º A decisão prevista no § 1º deste artigo não pode gerar situação em que a desincumbência do encargo pela parte seja impossível ou excessivamente difícil.

Quanto a inviabilidade de inversão do ônus prova:

✓ AÇÃO DECLARATÓRIA DE INEXIGIBILIDADE DE DÉBITO C.C. REPARAÇÃO DE DANOS. TELEFONIA. Petição inicial que não foi aparelhada com provas mínimas das alegações do Autor. Ausência de verossimilhança das alegações. Inadmissibilidade de inversão do ônus da prova, pena de se imputar prova de fato negativo à concessionária Ré. Inteligência do art. 373, § 2º, do NCPC. Autor não que provou os fatos constitutivos do seu direito. Sentença reformada, com o julgamento de improcedência dos pedidos iniciais. Sucumbência integral do Autor, ressalvado o benefício da justiça gratuita. Recurso da Ré provido. Recurso do Autor prejudicado. (TJ-SP; 10009359320168260541 SP; 12ª Câmara de Direito Privado; Rel. Tasso Duarte de Melo; Julg. 23/08/2017; Data de Publicação: 23/08/2017)

✓ Trata-se de agravo de instrumento interposto contra decisão que, em sede de ação ajuizada com a finalidade de obter a anulação de decisões administrativas prolatadas por representantes da CONAB, determinou a intimação da CONAB para, no prazo de 30 dias, juntar aos autos a íntegra dos processos administrativos nº 15/0387/2008 e nº 15/0386/2008. Alega a parte agravante que, no caso em tela, o ônus da prova foi indevidamente invertido. Refere jurisprudência desta Corte no sentido da impossibilidade de instar a Fazenda Pública a fazer prova contra si mesma. Sustenta que não há qualquer justificativa que demonstre a impossibilidade de a parte autora comprovar o seu direito por outros meios, de modo que a imputação de tal encargo à parte adversa importaria em encargo excessivamente oneroso e desproporcional. Assevera que a decisão recorrida não observou o disposto no art. 373, § 1º do CPC. Requer a atribuição de efeito suspensivo ao agravo de instrumento. É o relatório. Passo a decidir. No caso dos autos, tenho que não merece prosperar a irresignação manifestada pela parte agravante. Com efeito, embora o art. 373, I do CPC atribua o ônus da prova ao autor, em regra, quanto ao fato constitutivo do seu direito, o § 1º do referido dispositivo legal traz exceções à regra geral de distribuição da responsabilidade pela produção probatória. Entre tais exceções, encontram-se os casos em que verificadas peculiaridades da causa que importem em impossibilidade ou excessiva dificuldade de cumprir o encargo, ou, ainda, nas hipóteses de maior facilidade de obtenção da prova do fato contrário. É o que se vê da transcrição a seguir: Art. 373. O ônus da prova incumbe: I – ao autor, quanto ao fato constitutivo de seu direito; II – ao réu, quanto à existência de fato impeditivo, modificativo ou extintivo do direito do autor. § 1o Nos casos previstos em lei ou diante de peculiaridades da causa relacionadas à impossibilidade ou à excessiva dificuldade de cumprir o encargo nos termos do caput ou à maior facilidade de obtenção da prova do fato contrário, poderá o juiz atribuir o ônus da prova de modo diverso, desde que o faça por decisão fundamentada, caso em que deverá dar à parte a oportunidade de se desincumbir do ônus que lhe foi atribuído. § 2o A decisão prevista no § 1o deste artigo não pode gerar situação em que a desincumbência do encargo pela parte seja impossível ou excessivamente difícil. § 3o A distribuição diversa do ônus da prova também pode ocorrer por convenção das partes, salvo quando: I – recair sobre direito indisponível da parte; II – tornar excessivamente difícil a uma parte o exercício do direito. § 4o A convenção de que trata o § 3o pode ser celebrada antes ou durante o processo. No caso dos autos, os processos administrativos em questão foram instaurados e tramitaram junto à empresa pública ora agravante. Dessa forma, verifica-se que a demandada tem não apenas maior facilidade de acesso, mas detém em seus arquivos os documentos em questão. De outro lado, a interposição do presente agravo de instrumento contra a decisão que determinou a intimação para a juntada dos processos administrativos tem o condão de caracterizar a resistência da parte agravante à pretensão do autor em relação à entrega dos documentos. Ressalto, ainda, que a CONAB alega em petição juntada no Evento 10 do processo originário a ocorrência de coisa julgada em relação à matéria discutida na demanda de origem, sendo necessário para o exame de tal alegação, além de outros elementos, a análise dos processos administrativos em comento, incidindo na hipótese o disposto no inciso II do citado art. 373 do CPC. Destaco, por fim, que a parte agravante, na condição de responsável pela instauração e trâmite dos processos administrativos em comento, não trouxe aos autos qualquer elemento capaz de corroborar as suas alegações no sentido da onerosidade e da desproporcionalidade do encargo em questão. Ante o exposto, indefiro o pedido de atribuição de efeito suspensivo ao agravo de instrumento. Intimem-se. A parte agravada, para os fins do disposto no art. 1.019, II do CPC. Após, retornem conclusos. (TRF-4; AG 50261311620164040000; Terceira Turma; Rel. Fernando Quadros Da Silva; Julg. 24/06/2016)

✓ AGRAVO DE INSTRUMENTO. PROCESSUAL. INVENTÁRIO. IMÓVEIS TRAZIDOS À COLAÇÃO EM RAZÃO DE SUPOSTO ADIANTAMENTO DE LEGÍTIMA. ALEGAÇÃO DE TEREM SIDO OS BENS ADQUIRIDOS COM RECURSOS FINANCEIROS DO INVENTARIADO. INVERSÃO DO ÔNUS DA PROVA. ENCARGO EXCESSIVAMENTE DIFÍCIL DE SER CUMPRIDO PELOS AGRAVANTES. A regra geral em nosso ordenamento jurídico impõe à parte autora o encargo de juntar os documentos indispensáveis ao ajuizamento da ação e de demonstrar o fato constitutivo de seu direito, nos termos do que prevê o inciso I, do artigo 373, do CPC/2015. A inversão do ônus da prova, in casu, tem o condão de gerar encargo excessivamente difícil de ser cumprido pelos agravantes, vez que transfere aos mesmos o ônus de comprovar que tinham condições de adquirir os imóveis com recursos próprios, mediante a apresentação de documentos, que não se encontram em seu poder, não sendo possível afirmar que as instituições financeiras com quem tiveram vínculo ou a própria Receita Federal os possuam. Por outro lado, caso o Juízo a quo entenda necessário, poderá requerer às instituições financeiras e à Receita Federal tais informações sigilosas, assim como os documentos que possam comprovar que os recursos financeiros tenham advindo do patrimônio do inventariado, sem que a ausência delas implique, necessariamente, o reconhecimento da alegada doação simulada. Provimento do recurso. (TJ-RJ; AI 00408061920168190000; Rio de Janeiro; 4ª Vara Órfãos Suc; Vigésima Primeira Câmara Cível ; Rel. Denise Levy Tredler; Julg.09/02/2017; Data de Publicação: 14/02/2017)

✓ DECISÃO: ACORDAM os Desembargadores integrantes da Oitava Câmara Cível do Tribunal de Justiça do Estado do Paraná, por unanimidade de votos, em conhecer e dar parcial provimento ao agravo de instrumento, a fim de afastar a distribuição dinâmica do ônus da prova relativa à ré/agravante, bem como a responsabilidade desta pelo pagamento dos honorários periciais, conforme fundamentação supra. EMENTA: DIREITO PROCESSUAL CIVIL – AGRAVO DE INSTRUMENTO – AÇÃO DE PRODUÇÃO ANTECIPADA DE PROVAS (CPC, ART. 381. INCISO I) – DISTRIBUIÇÃO DINÂMICA DO ÔNUS DA PROVA – AUSÊNCIA DE FUNDAMENTAÇÃO E DE CONCESSÃO DE PRAZO PARA A PARTE SE DESINCUMBIR DO ÔNUS ATRIBUÍDO – UTILIZAÇÃO INADEQUADA DO INSTITUTO – PAGAMENTO DOS HONORÁRIOS PERICIAIS – APLICAÇÃO DA REGRA GERAL PREVISTA NO ART. 95 DO CPC – ÔNUS QUE DEVE SER ATRIBUÍDO EXCLUSIVAMENTE AOS AUTORES – DECISÃO RECORRIDA, NESTAS DUAS QUESTÕES, REFORMADA – INCIDÊNCIA DO CÓDIGO DE DEFESA DO CONSUMIDOR AO CASO – PONTO A SER DIRIMIDO NA VIA ADEQUADA, E NÃO NA AÇÃO QUE VERSA SOMENTE A PRODUÇÃO ANTECIPADA DA PROVA – RECURSO CONHECIDO E PARCIALMENTE PROVIDO. (TJPR; AI 1601049-4 Pontal do Paraná; 8ª C.Cível; Rel. Ademir Ribeiro Richter; Unânime; Julg. 23/03/2017)

§ 3º A distribuição diversa do ônus da prova também pode ocorrer por convenção das partes, salvo quando:

I – recair sobre direito indisponível da parte;

→ *V.* Art. 841 do CC/2002.

→ *V.* Art. 190 do NCPC.

II – tornar excessivamente difícil a uma parte o exercício do direito.

→ *V.* Art. 190, parágrafo único, do NCPC.

§ 4º A convenção de que trata o § 3º pode ser celebrada antes ou durante o processo.

Art. 374. Não dependem de prova os fatos:

→ *V.* Súmula 403 do STJ.

I – notórios;

Relativamente aos fatos notórios:

✓ PODER JUDICIÁRIO DO ESTADO DO PARANÁ 3ª TURMA RECURSAL - DM92 - PROJUDI Rua Mauá, 920 - 28º Andar - Alto da Glória - Curitiba/PR - CEP: 80.030-200 - Fone: 3017-2568 Autos nº. 0013237-70.2016.8.16.0018/0 Recurso: Classe Processual: Assunto Principal: (s): (s): Com arrimo no artigo 557 do Código de Processo Civil e em liame com o Enunciado sob o nº 13.17 das Turmas Recursais dos Juizados Especiais Cíveis do Paraná, passo a julgar monocraticamente o caso abordado nos autos. Trata-se de demanda de indenização por danos morais aforada em face de Companhia De Saneamento Do , em razão de interrupção do fornecimento de água, por longo interregno temporal. Paraná Sanepar Aduz o reclamante que na data de 12 de janeiro de 2016 teve o abastecimento de água interrompido, sem prévia notificação. Pontua que, embora a reclamada tenha anunciado medidas para o imediato restabelecimento do serviço, somente regularizou o abastecimento após aproximadamente 10 (dez) dias. Pleiteia a compensação pelos danos morais suportados. Sobreveio sentença de procedência do pedido inicial para o fim de condenar a reclamada ao pagamento de R$ 4.000,00, a título de indenização por danos morais. Descontente, a reclamada manejou Recurso Inominado em que pugnou primeiramente pela suspensão do feito em razão da existência de Ação Civil Pública em trâmite perante a 2ª Vara da Fazenda Pública de Maringá, autuada sob o nº 0003981-72.2016.8.16.0190, cuja causa de pedir é a mesma dos presentes autos. Outrossim, sustentou a nulidade da sentença por cerceamento de defesa diante do indeferimento do pedido de audiência de instrução, e arguiu preliminar de ilegitimidade ativa, bem como incompetência dos Juizados Cíveis em razão da necessidade de produção de prova complexa. No mérito, alegou inaplicabilidade do Código de Defesa do Consumidor sob o argumento de que a matéria é regida por legislação específica (Lei nº 11.445/2007 ? Lei de Diretrizes do Saneamento Básico), além de repisar as questões suscitadas em defesa. Satisfeitos os pressupostos processuais viabilizadores da admissibilidade deste recurso, tanto os objetivos quanto os subjetivos, deve ser ele conhecido. Esquadrinhando os autos vislumbra-se que a sentença exarada pelo d. magistrado a bem analisou os fatos em consonância com o material probatório, não havendo necessidade de quo reforma. Senão vejamos. Da suspensão do feito Primeiramente, cumpre consignar que a mera existência de Ação Civil Pública, não suspende o processo individual, tendo em vista que é facultado ao consumidor requerer, ou não, a suspensão do seu processo em razão de demanda coletiva, a teor do artigo 104, do Código de Defesa do Consumidor, o qual dispõe: ?Art. 104. As ações coletivas, previstas nos incisos I e II e do parágrafo único do art. 81, não induzem litispendência para as ações individuais, mas os efeitos da coisa julgada erga omnes ou ultra partes a que aludem os incisos II e III do artigo anterior não beneficiarão os autores das ações individuais, se não for requerida sua suspensão no prazo de trinta dias, a contar da ciência nos autos do ajuizamento da ação coletiva.? Por esta razão, indefiro o pedido de suspensão do feito. Da legitimidade ativa Sustenta o recorrente pela ilegitimidade ativa do reclamante, entretanto a parte reclamante apresentou prova mínima de que é consumidor dos serviços prestados pela reclamada. Outrossim, considerando o caso concreto narrado na inicial, vislumbra-se verossimilhança nas alegações da reclamante ao pleitear o dano moral sofrido. Deste modo, rejeitada a preliminar de ilegitimidade ativa. Do cerceamento de defesa Perpassando os argumentos laborados pelas partes, interligando-os com o conjunto probatórios carreado nos autos, depreende-se que a sentença proferida pelo d. magistrado não se a quo encontra eivada de nulidade, em virtude do indeferimento do pedido de audiência de instrução para produção de prova testemunhal. Veja-se que o fato discutido na lide, qual seja, a interrupção de abastecimento de água no período de 11 de janeiro de 2016 à 22 de janeiro de 2016 no município de Maringá trata-se de fato notório. As demais questões aventadas nos autos versam sobre matéria de direito, as quais prescindem de dilação probatória, consoante artigo 374, inciso I, do Código de Processo Civil: ?Art. 374. Não dependem de prova os fatos: I - notórios; [...] Neste palmilhar, não prospera a arguição manejada. Da Competência do Juizado Especial Cível A reclamada pretende obter reforma da sentença monocrática defendendo a incompetência do Juízo em razão da complexidade da causa que necessita de realização de prova a quo pericial. Prescreve o art. 3º da Lei nº 9.099/95 que ?O Juizado Especial Cível tem .competência para conciliação, processo e julgamento das causas cíveis de menor complexidade? Nesse mesmo sentido, é o entendimento desta Turma Recursal: Enunciado N.º 13.6 ? Complexidade da causa: Simples afirmação da necessidade de realizar prova complexa não afasta a competência do Juizado Especial, mormente quando não exauridos os instrumentos de investigação abarcados pela Lei n.º 9.099/95. Além do caso em tela se tratar de fato notório, que independe de prova, a incompetência dos Juizados Especiais somente se verifica quando a prova pericial é a única forma suficiente do deslinde do feito, o que não é o caso dos autos. Preliminares rejeitadas. Do Mérito Preambularmente, insta observar que a relação estabelecida entre as partes é tipicamente de consumo, enquadrando-se nos artigos 2º e 3º do Código de Defesa do Consumidor, e assim sendo, perfeitamente aplicável o artigo 6º, em especial o inciso VIII, o qual estabelece a inversão do ônus probatório, desde que verossímil a alegação ou verificada a hipossuficiência do consumidor, hipótese vertente. Incontroverso nos autos que ocorreu a interrupção de água em janeiro de 2016, por período superior à 10 (dez) dias. A reclamada, em razão de sua condição de concessionária de serviços públicos, por força do art. 37, § 6º, da Constituição Federal, possui responsabilidade objetiva, vale dizer, demonstrado pela parte reclamante o nexo de causalidade entre a falha da concessionária e o dano sofrido, passa esta a ter o dever de indenizar. Na vertência em exame, fulgurou comprovada a falha na prestação de serviços da reclamada, em razão da interrupção do fornecimento de água, por longo interregno temporal, nos termos do artigo 14 do Código de Defesa do Consumidor: ?Art. 14. O fornecedor de serviços responde, independentemente da existência de culpa, pela reparação dos danos causados aos consumidores por defeitos relativos à prestação dos serviços, bem como por informações insuficientes ou inadequadas sobre sua fruição e riscos.? Assim, cabia à fornecedora do serviço proceder com conduta proativa visando a manutenção de alternativas que possibilitem a continuidade da prestação do serviço, ante a singularidade e essencialidade do respectivo serviço. Embora a atuação da reclamada, os procedimentos realizados não foram suficientes para evitar o dano, não obstante se tratar de situações previsíveis, posto que diversos são os mecanismos tecnológicos que possibilitam a previsão do volume de chuvas. Nesse sentido, a obrigatoriedade da reclamada em prestar serviços adequados, eficientes, seguros e contínuos é prevista no artigo 22 do Código de Defesa do Consumidor: ?Art. 22. Os órgãos públicos, por si ou suas empresas, concessionárias, permissionárias ou sob qualquer outra forma de empreendimento, são obrigados a fornecer serviços adequados, eficientes, seguros e, quanto aos essenciais, contínuos.? É cediço que a responsabilidade da reclamada, na condição de prestadora de serviço público, é objetiva, bastando a comprovação de nexo de causalidade entre a conduta da reclamada e o dano auferido pelo usuário, o que restou claramente comprovado nos autos. Ainda mais, no caso dos autos, há de se considerar que se trata de serviço essencial, em que não houve a solução do problema em lapso temporal razoável, além da existência da responsabilidade objetiva da reclamada perante o consumidor, por se tratarem de situações inerentes a prestação do serviço em alusão. Assim, a TRU/PR já consolidou entendimento: Enunciado N.º 8.4 ? Concessionárias de serviço público ? responsabilidade objetiva: Nas relações de consumo, a responsabilidade dos concessionários de serviço público é objetiva, mesmo quando fundada em ato omissivo. Veja-se que, no caso em tela, não restam configuradas excludentes de responsabilidade da reclamada, ao passo que o caso fortuito ou força maior não são contemplados pelo art. 14, § 3.º do Código de Defesa do Consumidor como excludentes. Desta forma, sendo o consumidor privado da utilização de serviço essencial e verificada sua patente vulnerabilidade, principalmente frente à concessionária de serviço público, resta evidenciado o dever de indenizar, pois a situação vivenciada ultrapassa o mero dissabor cotidiano, já que é inconcebível que o consumidor seja privado por período superior à 10 (dez) dias dos serviços, sem que a reclamada tenha procedido de forma satisfatória a fim de evitar e solucionar, os danos causados pelo evento natural. Patente que a parte reclamada violou o , da Constituição Federal, , do Código art. 5º, X arts. 186 e 927 Civil, ao abalar psicologicamente a honra e a dignidade do reclamante. O dano moral nada mais é do que: ?É a privação ou diminuição daqueles bens que têm um valor precípuo na vida do homem e que são a paz, a tranquilidade de espírito, a liberdade individual, a integridade física, a honra e os demais sagrados afetos, classificando-se desse modo, em dano que afeta a parte social do patrimônio moral (honra, reputação, etc.), dano moral que provoca direta ou indiretamente dano patrimonial (cicatriz deformante etc.) e dano moral puro (dor, tristeza etc.) (DANO MORAL, 2, editora RT, 1998). É certo que o dano moral implica, substancialmente, a uma relação de dano à personalidade, em relação ao mundo externo, em que a imagem é arduamente atingida. O intuito do legislador, nada mais é do que impor uma dor semelhante ao ofensor, exteriorizada no valor de uma indenização pecuniária que não extingue o sofrimento percebido na data do caso concreto, mas que minimiza de alguma forma o desgosto, a angústia, a dor. Outrossim, conforme entendimento do STJ, por voto do rel. Min. César Asfor Rocha da 4ª Turma no REsp 196.024-MG: ?A jurisprudência desta Corte está consolidada no sentido de que na concepção moderna de reparação do dano moral prevalece a orientação de que a responsabilização do agente se opera por força do simples fato da violação, de modo a tornar-se desnecessária a prova do prejuízo em concreto. Ainda, nos termos do art. 186 do Código Civil, aquele que, por ação ou omissão voluntária, negligência ou imprudência, violar direito e causar dano a outrem, ainda que exclusivamente moral, comete ato ilícito. Ainda, o art. 927 do mesmo diploma legal dispõe que: aquele que, por ato ilícito (arts. 186 e 187), causar dano a outrem, fica obrigado a repará-lo. Quanto à necessidade de comprovação, importante notar que a caracterização do dano moral decorre da própria conduta lesiva, sendo aferido segundo o senso comum do homem médio, conforme leciona Carlos Alberto Bittar: ?(...) na concepção moderna da teoria da reparação dos danos morais prevalece, de início, a orientação de que a responsabilização do agente se opera por força do simples fato da violação (...) o dano existe no próprio fato violador, impondo a necessidade de resposta, que na reparação se efetiva. Surge **ex facto** ao atingir a esfera do lesado, provocando-lhe as reações negativas já apontadas. Nesse sentido é que se fala em **damnum in re ipsa**. Ora, trata-se de presunção absoluta ou **iure et de iure**, como a qualifica a doutrina. Dispensa, portanto, prova em contrário. Com efeito corolário da orientação traçada é o entendimento de que não há que se cogitar de prova de dano moral.? (in **Reparação Civil por Danos Morais**, Editora Revista dos Tribunais, 2ª Ed., pp. 202/204) Além disso, a existência do dano moral caracterizada pela suspensão de serviço essencial, é explicitada pelo Enunciado 12.11 desta Turma Recursal: Enunciado N.º 12.11 – Suspensão do fornecimento de serviço essencial: O corte indevido de serviço essencial pela concessionária de serviço público enseja a reparação por dano moral. Dessa forma, comprovado o nexo de causalidade e o dano moral por parte da reclamada, em face do reclamante, impõe-se a condenação. No que tange ao indenizatório, a dificuldade inerente a tal questão reside no fato da lesão a bens quantum meramente extrapatrimoniais não ser passível de exata quantificação monetária, vez que impossível seria determinar o exato valor da honra, do bem estar, do bom nome ou da dor suportada pelo ser humano. Não trazendo a legislação pátria critérios objetivos a serem adotados, a doutrina e a jurisprudência apontam para a necessidade de cuidado, devendo o valor estipulado atender de forma justa e eficiente a todas as funções atribuídas à indenização: ressarcir a vítima pelo abalo sofrido (função satisfativa) e punir o agressor de forma a não encorajar novas práticas lesivas (função pedagógica). Tomando-se por base aspectos do caso concreto, extensão do dano, condições socioeconômicas e culturais das partes, condições psicológicas e grau de culpa dos envolvidos, o valor deve ser arbitrado de maneira que atinja de forma relevante o patrimônio do ofensor, porém sem ensejar enriquecimento ilícito da vítima. Seguindo essa premissa, tem-se que o valor indenizatório de R$ 4.000,00 (quatro mil reais), se mostra adequado à solução da controvérsia e coaduna com precedentes desta Turma Recursal, restando incabível a minoração pleiteada. Em observância ao Enunciado nº 12.13, ?A?, do TRU/PR, por se tratar de relação contratual, a correção monetária incidirá a partir da decisão condenatória, corrigidos pelo INPC IGP/DI, e os juros moratórios, desde a citação, na razão de 1% ao mês. Dito isso, o recurso da reclamada, devendo a sentença ser mantida por seus não merece provimento próprios e jurídicos fundamentos (artigo 46 da LJE). Considerando o insucesso recursal, deve o recorrente arcar com as custas processuais e honorários advocatícios, no percentual de 20% sobre o valor da condenação, com base no art. 55 da LJE. Diligências necessárias. Intimem-se as partes. Curitiba, 03 de Março de 2017. Marco Vinícius Schiebel Juiz Relator (TJPR; DM92 - 0013237-70.2016.8.16.0018/0 - Maringá; 3ª Turma Recursal; Rel. Marco Vinicius Schiebel; Julg. 03/03/2017)

✓ PROCESSUAL CIVIL - AÇÃO DE INDENIZAÇÃO POR DANOS MORAIS E MATERIAIS - VAZAMENTO DE ÓLEO DOS TRANSFORMADORES DA SUBESTAÇÃO DA CELESC - CERCEAMENTO DE DEFESA ALEGADO PELA CELESC - INOCORRÊNCIA - CPC/1973, ART. 427 (NCPC, ART. 472) 1 Sob a égide do CPC/1973, "não configura cerceamento de defesa quando o magistrado, destinatário final da prova, verificando suficientemente instruído o processo e embasando-se em elementos de prova e fundamentação bastantes, ante os princípios da livre admissibilidade da prova e do livre convencimento motivado, corolários do princípio da persuasão racional, entende desnecessária a dilação probatória e julga antecipadamente a lide" (AC n. 2016.016237-8, Des. Henry Petry Junior). 2 Dispensável a produção de prova testemunhal ou técnica pretendida no caso concreto, por não ser crucial para subsidiar a decisão ou demonstrar a ausência do nexo causal, seja em razão da falta de interesse da parte, que obteve a reforma da sentença em seu favor, ou da existência de suficientes evidências, no caso, fatos notórios e incontroversos (NCPC, art. 374; CPC/1973, art. 334). DANOS EMERGENTES E LUCROS CESSANTES - ADIMPLEMENTO ADMINISTRATIVO - AUSÊNCIA DE COMPROVAÇÃO DOS PREJUÍZOS EXCEDENTES - ÔNUS QUE INCUMBIA À AUTORA, A TEOR DO ART. 333, I, DO CPC/1973 (NCPC, ART. 373, I) - REFORMA DA SENTENÇA 1 A inexistência de documento indispensável à propositura da ação que evidencie concretamente os prejuízos sofridos pela autora impõe a improcedência do pedido de indenização a título de danos materiais, mormente porque já adimplida pela demandada administrativamente. 2 A prova testemunhal, ademais, em casos semelhantes, somente seria admissível se houvesse início de prova documental, pois inviável a produção exclusiva de prova testemunhal para evidenciar ou mensurar os danos materiais sofridos, mormente em se tratando de lucros cessantes. DANOS MORAIS - CABIMENTO - REDUÇÃO DO QUANTUM 1 O Superior Tribunal de Justiça já sufragou o entendimento de que o desassossego intenso de pescador profissional artesanal, o que inclui os maricultores produtores ou extrativistas, causado pela privação das condições de trabalho, em consequência de dano ambiental, justifica a indenização por dano moral (REsp n. 1.114.398/PR, 2ª Seção, Min. Sidnei Beneti). 2 No caso dos autos, como a angústia pelo receio da privação do meio de subsistência decorreu não propriamente da toxicidade do material despejado no mar, mas sim do embargo preventivo determinado pelas autoridades administrativas, aliada à ausência de consequências mais gravosas ou imprevisíveis, o correspondente valor compensatório deve obedecer rigorosamente aos princípios da razoabilidade e proporcionalidade. RESPONSABILIDADE POR DANO PROCESSUAL - LITIGÂNCIA DE MÁ-FÉ - NCPC, ARTS. 79 A 81 - IMPOSIÇÃO DA MULTA DE OFÍCIO Conforme o art. 81 do Código de Processo Civil de 2015, o juiz condenará o litigante de má-fé, **ex officio** ou a requerimento, ao pagamento de multa entre um e dez por cento do valor corrigido da causa, para indenizar a parte contrária pelos prejuízos sofridos. (TJSC; Apelação Cível 0017628-36.2013.8.24.0023; Capital; Quinta Câmara de Direito Civil; Rel. Des. Luiz Cézar Medeiros; Julg. 12/12/2017).

II – afirmados por uma parte e confessados pela parte contrária;

<u>Dispensa da prova pela existência de fatos confessados:</u>

✓ RECURSO INOMINADO. AÇÃO DE COBRANÇA. PARTE AUTORA ALEGA SER CREDORA DO RÉ NA IMPORTÂNCIA DE R$ 9.364,49, REFERENTE A VALORES EMPRESTADO PARA PAGAMENTO DE CONDOMÍNIOS EM ATRASO. SENTENÇA DE PROCEDÊNCIA. INSURGÊNCIA RECURSAL DA RECLAMADA. PRELIMINARES DE NULIDADE DA SENTENÇA POR CERCEAMENTO DE DEFESA ANTE A NÃO OITIVA DAS TESTEMUNHAS ARROLADAS E ILEGITIMIDADE ATIVA. CERCEAMENTO DE DEFESA NÃO CONFIGURADO, JÁ QUE O JUIZ, AO ANALISAR A PRETENSÃO, VERIFICOU QUE AS PROVAS CONSTANTES NOS AUTOS SERIAM SUFICIENTES PARA PROFERIR SUA DECISÃO, ATRAVÉS DO SEU LIVRE CONVENCIMENTO. ALÉM DISSO, O JUIZ É O DESTINATÁRIO DA PROVA E ESTÁ AUTORIZADO A DISPENSAR A PRODUÇÃO DE QUAISQUER OUTRAS PROVAS, PODENDO ATÉ JULGAR ANTECIPADAMENTE A LIDE, COM BASE NO ART. 355, I, DO CPC. ILEGITIMIDADE ATIVA SOB O ARGUMENTO DE QUE A SUPOSTA DÍVIDA É DEVIDA AO CONDOMÍNIO, NÃO ASSISTE RAZÃO, TENDO EM VISTA QUE O AUTOR NÃO ESTÁ COBRANDO A DÍVIDA COMO SÍNDICO DO CONDOMÍNIO E SIM DE VALOR QUE AFIRMA TER PESSOALMENTE EMPRESTADO A ORA RECORRENTE. PRELIMINARES AFASTADAS. NO MÉRITO, TESE DE INEXIGIBILIDADE DO DÉBITO. SEM RAZÃO. COMO BEM DEMONSTRADO PELO JUIZ, EM QUE PESE AS ALEGAÇÕES DAA QUO RECORRENTE, EM SEU DEPOIMENTO PESSOAL CONFESSOU QUE O E QUE AUTOR

PAGOU OS CONDOMÍNIOS? PRETENDE DEVOLVER O , PORTANTO, ,DINHEIRO DO AUTOR, MAS NÃO TEM CONDIÇÕES? IN CASU APLICA-SE O ART. 374, II DO CPC, ONDE DISPÕE QUE: NÃO DEPENDEM DE PROVA OS FATOS: II -AFIRMADOS POR UMA PARTE E CONFESSADOS PELA PARTE CONTRÁRIA, JÁ QUE HOUVE A CONFISSÃO PREVISTA NO ARTIGO 389 DO MESMO DIPLOMA LEGAL.NESTE SENTIDO, ESCORREITO É O INDEFERIMENTO DA INQUIRIÇÃO DAS TESTEMUNHAS, POSTO QUE NO ART. 443, I DO CPC: O JUIZ INDEFERIRÁ A INQUIRIÇÃO DE TESTEMUNHAS SOBRE FATOS: I JÁ PROVADOS POR DOCUMENTOS OU CONFISSÃO DA SENTENÇA MANTIDA PELOS PRÓPRIOS FUNDAMENTOS.PARTE APLICABILIDADE DO ART. 46 DA LEI Nº 9099/95. Recurso conhecido e desprovido. Ante o exposto, esta 1ª Turma Recursal resolve, por unanimidade dos votos, em relação ao recurso de TANYA MARA PALHARES RAYMUNDO DE ARAUJO COSTA, julgar pelo (a) Com Resolução do Mérito - Não-Provimento nos exatos termos do voto (TJPR; 0035341-83.2015.8.16.0182/0; Curitiba; 1ª Turma Recursal; Rel. Leo Henrique Furtado Araújo; Julg. 25/04/2017)

✓ APELAÇÃO CÍVEL. AÇÃO DE COBRANÇA DE SEGURO DPVAT. RECIBO - DOCUMENTO EMITIDO ATRAVÉS DO SISTEMA MEGADATA - PAGAMENTO CONFIRMADO PELO AUTOR - COMPLEMENTAÇÃO - IMPROCEDÊNCIA. - O documento emitido eletrônica e unilateralmente pelo credor, sem assinatura do beneficiário, não faz prova de pagamento e não pode ser admitido como recibo. - Havendo manifestação do beneficiário confirmando o recebimento da quantia apontada pelo documento eletrônico, e não sendo reconhecido na ação o direito ao recebimento do seguro em grau diverso do que foi quitado extrajudicialmente, deve ser reformada a sentença e julgada improcedente a pretensão de complementação deduzida na inicial. (TJ-MG; AC 10702140871998001 MG; 9ª Câmara Cível; Rel. Pedro Bernardes; Julg.01/08/2017; Data de Publicação: 11/08/2017)

III – admitidos no processo como incontroversos;

Fatos incontroversos:

✓ APELAÇÃO. CONSUMIDOR. PEDIDO DE PROVA TESTEMUNHAL. INDEFERIDO. CERCEAMENTO DE DEFESA. FATO INCONTROVERSO. DESNECESSIDADE DE PROVA. PRELIMINAR REJEITADA.PLANO DE SAÚDE. NEGATIVA DE COBERTURA. ATENDIMENTO EMERGENCIAL. URGÊNCIA. INADIMPLEMENTO CONTRATUAL. DANO MORAL. NÃO CABIMENTO. OFENSA AOS ATRIBUTOS DA PERSONALIDADE. NÃO VERIFICADO. HONORÁRIOS RECURSAIS. MAJORADOS. ART. 85, § 11º, CPC/2015. 1. Afasta-se a preliminar de cerceamento de defesa quando o que se pretende provar encontra-se de forma nítida nos autos, pois, não dependem de prova os fatos admitidos no processo como incontroversos (art. 374, inciso II, do CPC/2015). 2. Em se tratando de plano de saúde, incide o Código de Defesa do Consumidor (Lei n. 8.078/90), consoante consolidado pelo Superior Tribunal de Justiça na súmula 469. 3. A negativa de cobertura contratual pelo plano de saúde não ensejou maiores prejuízos à consumidora que retornou para sua residência sem maiores problemas. 4. O inadimplemento contratual não enseja, por si só, a indenização por danos morais. 5. Diante da sucumbência recursal, devem os honorários advocatícios serem majorados nos termos do art. 85, § 11 do CPC/2015. 6. Recurso conhecido. Preliminar rejeitada. Apelação não provida. (TJ-DF; 20151010070915 0007020-21.2015.8.07.0010; 8ª Turma Cível; Rel. Ana Cantarino; Julg. 01/12/2016; Data de Publicação: DJE: 16/12/2016; Pág.: 998/999)

✓ PROCESSUAL CIVIL. ADMINISTRATIVO. CERCEAMENTO DE DEFESA. FATO INCONTROVERSO. PRELIMINAR REJEITADA. APOSENTADORIA POR INVALIDEZ. PROVENTOS PROPORCIONAIS. DOENÇA GRAVE. LEI COMPLEMENTAR DISTRITAL Nº 769/2008. ROL TAXATIVO. HONORÁRIOS ADVOCATÍCIOS. REDUÇÃO. NÃO CABIMENTO. 01. O art. 374, III, do CPC/2015, dispõe que não dependem de prova os fatos admitidos no processo como incontroversos. Repele-se a arguição de cerceamento de defesa se o fato que a parte pretendia demonstrar através da produção de prova pericial afigura-se incontroverso nos autos. 02. O artigo 18, § 5º, da Lei Complementar Distrital nº 769/2008, estabelece que o servidor público distrital será aposentado por invalidez permanente, com proventos integrais, no caso de doença grave ali relacionada. 03. O Supremo Tribunal Federal, ao analisar o Recurso Extraordinário nº 656860/MT, afeto ao regime processual de repercussão geral decidiu que a expressão "na forma da lei" constante do artigo 40, § 1º, inciso I, da Constituição Federal, demanda interpretação taxativa do rol legal de doenças capazes de ensejar a aposentadoria por invalidez com proventos integrais. 04. Impossível a interpretação pela ampliação do rol de doenças, além daquelas previstas no artigo 18, § 5º, da Lei Complementar Distrital nº 769/2008, para justificar concessão de aposentadoria por invalidez com proventos integrais. 05. A valoração do trabalho empreendido na causa deve guardar relação de proporcionalidade com o momento, a natureza, a importância, o tempo, além de outros requisitos que possam ser determinantes ao estabelecer o quantum devido a título de honorários advocatícios. O arbitramento dos honorários advocatícios em patamar irrisório mostra-se aviltante e atenta contra o exercício profissional. 06. Honorários recursais devidos e fixados, mas com exigibilidade suspensa, conforme inteligência do art. 98, § 3º, do CPC/2015. 07. Rejeitou-se a preliminar e, no mérito, negou-se provimento ao apelo. (TJ-DF; 20160110182246 DF; 3ª Turma Cível; Rel. Flavio Rostirola; Julg.13/09/2017; Data de Publicação: Publicado no DJE: 21/09/2017; Pág.: 138/144)

IV – em cujo favor milita presunção legal de existência ou de veracidade.

→ v. Súmula 301 do STJ.

→ v. Arts. 231 e 231 do CC/2002.

Provas prescindíveis frente à presunção legal:

✓ DIREITO CONSTITUCIONAL. AÇÃO CIVIL PÚBLICA. OBRIGAÇÃO DE FAZER. DEFENSORIA PÚBLICA DO ESTADO. GARANTIAS FUNDAMENTAIS. ASSISTÊNCIA JURÍDICA INTEGRAL E GRATUITA AOS NECESSITADOS. ACESSO À JUSTIÇA. IMPOSIÇÃO DE MEDIDAS RAZOÁVEIS, PERIÓDICAS E ALTERNADAS COM O ESCOPO DE VIABILIZAR O ATENDIMENTO PELA DEFENSORIA PÚBLICA NOS MUNICÍPIOS DE MANOEL URBANO E SANTA ROSA DO PURUS. AUSÊNCIA DE PRESTAÇÃO DO SERVIÇO NAS REFERIDAS LOCALIDADES. ALEGADA OFENSA AO PRINCÍPIO DA SEPARAÇÃO DOS PODERES. INOCORRÊNCIA. INTERVENÇÃO JUDICIAL QUE SE MOSTRA NECESSÁRIA E ADEQUADA. SENTENÇA MANTIDA. APELAÇÃO DESPROVIDA. 1. A Constituição Federal impõe ao Estado o dever de prestar assistência jurídica integral e gratuita àqueles que comprovarem insuficiência de recursos (art. 5º, inciso LXXIV), outorgando à Defensoria Pública (art. 134), instituição essencial à função jurisdicional do Estado, a orientação jurídica e a defesa, em todos os graus, dos necessitados. 2. É fato público e notório que no Estado do Acre, notadamente em municípios do interior, a Defensoria Pública funciona em condições insatisfatórias, sem a plenitude do atendimento de suas importantes funções institucionais, ante o número deficitário de Defensores Públicos para o atendimento das demandas. Na espécie, tal fato é corroborado pelas informações prestadas pelo Defensor Público-Geral do Estado no Ofício n.º 289/GAB/DPE-AC, juntado aos autos pelo próprio ente público em sede de defesa, no qual assevera que a despeito de haver dois Defensores Públicos lotados em Sena Madureira com competência prorrogada para Manoel Urbano e Santa Rosa do Purus, os mesmos não estão se deslocando às referidas localidades, o que demonstra que o atendimento nos referidos municípios não vem sendo sequer prestado, em descumprimento ao art. 2º, da Instrução Normativa n. 004/2013/DPE-AC e à própria ordem constitucional. 3. De acordo com o princípio da comunhão das provas (art. 371, do CPC/2015), consectário lógico dos princípios da verdade real e da igualdade das partes na relação jurídico-processual, os elementos de prova carreados aos autos pertencem a todos os sujeitos do processo, haja vista que o que interessa na valoração da prova é o seu resultado e não o responsável pela sua promoção. Ademais, nos termos do art. 374, I, do CPC/2015, não dependem de prova os fatos notórios; os afirmados por uma parte e confessados pela parte contrária; os admitidos no processo como incontroversos; e aqueles em cujo favor milita presunção legal de existência ou de veracidade. 4. A Emenda Constitucional n.º 80/2014, que acresceu o art. 98 ao ADCT, estabeleceu o prazo de 08 (oito) anos, a partir da sua promulgação, para provimento pela União, Estados e Distrito Federal de Defensores Públicos para atuar em todas as unidades jurisdicionais. Todavia, no caso dos autos, a sentença recorrida não foi no sentido de imediata instalação e estruturação da instituição, tampouco de nomeação ou lotação definitiva de Defensores Públicos, mas sim de imposição de medidas razoáveis com o escopo de viabilizar, de forma mínima, periódica ou alternada, o atendimento nos municípios em questão, com o deslocamento de defensores, mediante a concessão de diárias. 5. O Supremo Tribunal Federal firmou entendimento no sentido de que é lícito, ao Poder Judiciário, em face do princípio da supremacia da Constituição, adotar, em sede jurisdicional, medidas destinadas a tornar efetiva a implementação de políticas públicas, se e quando se registrar situação configuradora de inescusável omissão estatal, sem que isso importe em violação ao princípio da separação dos poderes. Precedentes do STF e desta Corte de Justiça. 6. A alegação genérica de que o cumprimento da obrigação imposta implicará liberação de recursos capazes de comprometer o orçamento público é inadmissível. 7. Sentença que levou em consideração o panorama deficitário de defensores nos quadros da instituição e a questão orçamentária, sem olvidar da garantia fundamental ao serviço jurídico prestado pela Defensoria Pública que é universal e gratuito, dotado de eficácia plena e imediata. 8. Apelo desprovido. Vistos, relatados e discutidos estes autos de Apelação n. 0800016-90.2014.8.01.0012, ACORDAM os Senhores Desembargadores da Primeira Câmara Cível do Tribunal de Justiça do Estado do Acre, à unanimidade, negar provimento ao Apelo, nos termos do voto da Relatora e das mídias digitais arquivadas. (TJ-AC; APL: 08000169020148010012 AC; Rel. Desª. Cezarinete Angelim; Primeira Câmara Cível; Julg.10/10/2017; Data de Publicação: 18/10/2017)

✓ DEPOIMENTO PESSOAL X PROVA TESTEMUNHAL. PREVALÊNCIA DA CONFISSÃO. A teor do art. 374 do novo Código de Processo Civil – CPC, "Não dependem de prova os fatos: I – notórios; II – afirmados por uma parte e confessados pela parte contrária; III – admitidos no processo como incontroversos; IV – em cujo favor milita presunção legal de existência ou de veracidade." Considerando que foi informado pelo perito oficial que o reclamante admitiu ter usufruído regularmente do "descanso térmico de 30 minutos para 30 minutos de trabalho", não há como se dar credibilidade à informação em sentido contrário, prestada pela testemunha inquirida a rogo do autor. (TRT-3; RO; Quinta Turma; Rel. Manoel Barbosa da Silva; Data de Publicação: 19/12/2016)

Art. 375. O juiz aplicará as regras de experiência comum subministradas pela observação do que ordinariamente acontece e, ainda, as regras de experiência técnica, ressalvado, quanto a estas, o exame pericial.

→ v. Enunciado 517 do FPPC: A decisão judicial que empregar regras de experiência comum, sem indicar os motivos pelos quais a conclusão adotada decorre daquilo que ordinariamente acontece, considera-se não fundamentada.

<u>Possibilidade de aplicação de regra de experiência para o juiz determine a comprovação da hipossuficiência financeira:</u>

✓ RECURSO ESPECIAL. GRATUIDADE DE JUSTIÇA. NECESSIDADE DE RECOLHIMENTO PRÉVIO DO PREPARO OU DE RENOVAÇÃO DO PEDIDO PARA MANEJO DE RECURSO EM QUE SE DISCUTE O DIREITO AO BENEFÍCIO. DESNECESSIDADE. AFERIR CONCRETAMENTE, SE O REQUERENTE FAZ JUS À GRATUIDADE DE JUSTIÇA. DEVER DA MAGISTRATURA NACIONAL. INDÍCIO DE CAPACIDADE ECONÔMICO-FINANCEIRA DO REQUERENTE. INDEFERIMENTO, DE OFÍCIO, COM PRÉVIA OPORTUNIDADE DE DEMONSTRAÇÃO DO DIREITO À BENESSE. POSSIBILIDADE. REEXAME DO INDEFERIMENTO DO PEDIDO. ÓBICE IMPOSTO PELA SÚMULA 7/STJ. 1. Por ocasião do julgamento do AgRg nos EREsp 1.222.355/MG, relator Ministro Raul Araújo, a Corte Especial pacificou, no âmbito do STJ, o entendimento de que "[é] desnecessário o preparo do recurso cujo mérito discute o próprio direito ao benefício da assistência judiciária gratuita". 2. Consoante a firme jurisprudência do STJ, a afirmação de pobreza, para fins de obtenção da gratuidade de justiça, goza de presunção relativa de veracidade. Por isso, por ocasião da análise do pedido, o magistrado deverá investigar a real condição econômico-financeira do requerente, devendo, em caso de indício de haver suficiência de recursos para fazer frente às despesas, determinar seja demonstrada a hipossuficiência. 3. Nos recentes julgamentos de leading cases pelo Plenário do STF - RE 249003 ED/RS, RE 249277 ED/RS E RE 284729 AgR/MG -, relatados pelo Ministro Edson Fachin, aquele Órgão intérprete Maior da Constituição Federal definiu o alcance e conteúdo do direito fundamental à assistência jurídica integral e gratuita prestada pelo Estado, previsto no art. 5º, LXXIV, da CF, conferindo interpretação extensiva ao dispositivo, para considerar que abrange a gratuidade de justiça. 4. Por um lado, à luz da norma fundamental a reger a gratuidade de justiça e do art. 5º, caput, da Lei n. 1.060/1950 - não revogado pelo CPC/2015 -, tem o juiz o poder-dever de indeferir, de ofício, o pedido, caso tenha fundada razão e propicie previamente à parte demonstrar sua incapacidade econômico-financeira de fazer frente às custas e/ou despesas processuais. Por outro lado, é dever do magistrado, na direção do processo, prevenir o abuso de direito e garantir às partes igualdade de tratamento. 5. É incontroverso que o recorrente tem renda significativa e também aposentadoria oriunda de duas fontes diversas (previdências oficial e privada). Tal fato já configuraria, com base em regra de experiência (arts. 335 do CPC/1973 e 375 do novo CPC), indício de capacidade financeira para fazer frente às despesas do processo, a justificar a determinação de demonstrar-se a incapacidade financeira. Como não há também apuração de nenhuma circunstância excepcional a justificar o deferimento da benesse, é descabido, em sede de recurso especial, o reexame do indeferimento do pedido. 6. Recurso especial não provido. (REsp 1584130; RS; Quarta Turma; Rel. Min. Luis Felipe Salomão; Julg. 07/06/2016; DJe 17/08/2016)

<u>Aplicação de regra de experiência pelo juiz:</u>

✓ APELAÇÃO CÍVEL. AÇÃO MONITÓRIA. CHEQUE PRESCRITO. SENTENÇA DE PROCEDÊNCIA PROLATADA SOB A VIGÊNCIA DO CÓDIGO DE PROCESSO CIVIL DE 2015. CHEQUE ASSINADO EM BRANCO. BOLETIM DE OCORRÊNCIA QUE REGISTRA O EXTRAVIO DA CÁRTULA. REGISTRO FEITO MUITO ANTES DA DATA DE EMISSÃO CONSTANTE DO TÍTULO. DISCUSSÃO ACERCA DA CAUSA DEBENDI. VIABILIDADE. ELEMENTOS DE CONVICÇÃO QUE DÃO SUPORTE À TESE DA RÉ. APLICAÇÃO DE REGRAS DE EXPERIÊNCIA COMUM SUBMINISTRADAS PELA OBSERVAÇÃO DO QUE ORDINARIAMENTE ACONTECE. ARTIGO 375 DO CPC/2015. PROVIMENTO DO RECURSO. INVERSÃO DOS ÔNUS SUCUMBENCIAIS. HONORÁRIOS RECURSAIS. SENTENÇA PUBLICADA NA VIGÊNCIA DO NOVO CPC. CABIMENTO. Se a decisão recorrida foi prolatada sob a vigência do CPC/2015 e nela foram arbitrados honorários advocatícios, o Tribunal, ao julgar o recurso, deve majorar aqueles honorários levando em conta o trabalho adicional em grau recursal. (TJSC; Apelação Cível 0004774-49.2013.8.24.0010; Braço do Norte; Quarta Câmara de Direito Comercial; Rel. Des. Janice Goulart Garcia Ubialli; Julg. 24/10/2017).

✓ PROMESSA DE COMPRA E VENDA DE IMÓVEL - PRAZO DE ENTREGA - CLÁUSULA DE TOLERÂNCIA - PREVISÃO NO AJUSTE - ADIMPLEMENTO CONTRATUAL - DANOS MORAIS E MATERIAIS - SENTENÇA DE IMPROCEDÊNCIA CONFIRMADA 1 Nos contratos de compra e venda de bens imóveis, desde que expressamente prevista e com prazo pautado na razoabilidade, é válida a cláusula que estende o lapso de entrega além do ajustado pelas partes contratantes. 2 Verificada essa previsão e entregue o bem no prazo contratualmente estipulado, não há que se falar em indenização pelos prejuízos suportados pelo adquirente consumidor. 3 Conquanto a efetiva entrega das chaves tenha se dado depois do prazo previsto na cláusula de tolerância, diante das peculiaridades do caso e do fato de as partes não terem apresentado as razões pelas quais a vistoria do bem ocorreu meses após a concessão do "habite-se", considera-se, pelas regras da experiência, a data de expedição deste como sendo a de entrega do apartamento (NCPC, art. 375). (TJSC; Apelação Cível 0320219-76.2015.8.24.0038; Joinville; Quinta Câmara de Direito Civil; Rel. Des. Luiz Cézar Medeiros; Julg. 22/08/2017).

✓ PREVIDENCIÁRIO. APOSENTADORIA POR INVALIDEZ, AUXÍLIO-DOENÇA OU AUXÍLIO-ACIDENTE. AUSÊNCIA DE INAPTIDÃO TOTAL AO TRABALHO. COMPROVAÇÃO POR PERÍCIA JUDICIAL, A QUAL, TODAVIA, ATESTOU A REDUÇÃO DA CAPACIDADE AO LABOR HABITUAL. VIABILIDADE DE REVERSÃO MEDIANTE CIRURGIA. CIRCUNSTÂNCIA INCAPAZ DE DESCARACTERIZAR A DEFINITIVIDADE DA LESÃO. IMPOSSIBILIDADE DE OBRIGAR O SEGURADO A SUBMETER-SE AO ALUDIDO PROCEDIMENTO. PRECEDENTES DESTA CORTE. NEXO ETIOLÓGICO

RECONHECIDO PREVIAMENTE PELO ENTE ANCILAR, CORROBORADO PELAS REGRAS DE EXPERIÊNCIA APLICÁVEIS À ESPÉCIE (ART. 375 NCPC) E PELO PRINCÍPIO IN DUBIO PRO MISERO. HIPÓTESE DE AUXÍLIO-ACIDENTE. PRESSUPOSTOS LEGAIS AUTORIZADORES DA CONCESSÃO DEMONSTRADOS, CONSOANTE RESP REPETITIVO N. 1108298/SC. TERMO INICIAL. DIA SEGUINTE À CESSAÇÃO DO AUXÍLIO-DOENÇA. EXEGESE DO ART. 86, § 2º, DA LEI N. 8.213/91. CONSECTÁRIOS LEGAIS. INCIDÊNCIA DO ART. 1º-F DA LEI N. 9.494/97, COM REDAÇÃO DADA PELA LEI N. 11.960/09. RECURSO PARCIALMENTE PROVIDO. (TJSC; Apelação Cível 0116211-31.2014.8.24.0020; Criciúma; Terceira Câmara de Direito Público; Rel. Des. Ronei Danielli; Julg. 09/05/2017).

✓ APELAÇÃO CÍVEL. RESPONSABILIDADE CIVIL E PROCESSUAL CIVIL. AÇÃO DECLARATÓRIA E CONDENATÓRIA. DANOS MORAIS. NEGATIVAÇÃO INDEVIDA. – PROCEDÊNCIA NA ORIGEM. RECURSO DO RÉU. (1) NEGÓCIO JURÍDICO INDEMOSTRADO. INEXIGIBILIDADE DO DÉBITO. NEGATIVAÇÃO INDEVIDA. ILÍCITO. DEVER DE INDENIZAR. – Se não comprovada pelo credor a pactuação do negócio jurídico, faz-se inexigível o débito, a ensejar a irregularidade da inscrição do nome do devedor no cadastro dos órgãos de proteção ao crédito e, como tal, configurar o ato ilícito e um consequente dever de indenizar. Inteligência dos arts. 6º, incs. VI e VII, 14, caput e §§ 1º e 3º, e 43 do CDC; e 186, 187 e 188, inc. I, e 927 do CC; e 373 do CPC/2015. (2) ABALO. CONFIGURAÇÃO. QUANTUM. PARÂMETROS. ARBITRAMENTO. IMPORTE ADEQUADO. MANUTENÇÃO. – Consolidado que o protesto indevido de título ou inscrição irregular nos órgãos de proteção ao crédito geram presumíveis danos morais, independente de comprovação, por presunção de prejuízo à honra, direito da personalidade, em suas feições objetiva e/ou subjetiva, por regras de experiência comum, ensejando o dever de indenizar. Inteligência dos arts. 12, caput, do CC; 375 do CPC/2015; e 1º, inc. III, e 5º, incs. V e X, da CRFB. – O arbitramento do importe indenizatório a título de danos morais, atendendo às peculiaridades do caso concreto, à extensão dos danos perpetrados e ao grau de culpa dos envolvidos, levará em conta os critérios de proporcionalidade e razoabilidade, com observância das características do bem jurídico tutelado e das condições socioeconômico-financeiras do ofensor. Deve-se atentar, ainda, às suas feições reparatória e compensatória, punitiva e dissuasória, bem como exemplar e pedagógica, não devendo ser excessivo nem irrisório, pena de ofensa à regra constitucional da justa indenização e ao fim social da norma. Inteligência dos arts. 5º da LINDB; 884, 944, caput, e 945 do CC; 1º, 8º e 375 do CPC/2015; e 1º, caput e inc. III, 5º, incs. V, X, XXIV e LIV, 182, § 3º, e 184, caput, da CRFB. Observadas tais premissas, faz-se devida a manutenção do montante arbitrado em primeiro grau. (3) HONORÁRIOS RECURSAIS. PRESSUPOSTOS PRESENTES. CABIMENTO. – Os honorários advocatícios recursais têm 3 (três) pressupostos: 1) sentença publicada na vigência do Código de Processo Civil de 2015; 2) prévia fixação ou arbitramento de verba honorária na decisão recorrida; e 3) trabalho adicional realizado em grau recursal, com valoração entre os limites quantitativos de 10% (dez por cento) e, na soma com o percentual estabelecido na decisão recorrida, de 20% (vinte por cento), à luz dos critérios qualitativos. Sob esse prisma, a distribuição deverá se embasar na sucumbência em grau recursal, com incidência, sucessiva e subsidiariamente, sobre: a) o valor atualizado da condenação; b) o valor atualizado do proveito econômico obtido; ou, não sendo possível mensurá-lo, c) o valor atualizado da causa. Porém, sendo referidos parâmetros inestimáveis, nas perspectivas da não quantificabilidade ou da exorbitância, ou irrisórios, cumpre arbitrar a verba honorária mediante apreciação equitativa. Inteligência dos arts. 4º e 5º da LINDB; 1º, caput, da Lei n. 6.899/1981; 884 do CC; 1º, 8º, 14, 85, § 2º, 6º, 8º e 11, 322, § 1º, e 1.046 do CPC/2015; 1º, caput, e 5º, caput e incs. XXXVI e LIV, da CRFB. Presentes os pressupostos, aplica-se a verba recursal. SENTENÇA MANTIDA. RECURSO DESPROVIDO. (TJSC; Apelação 0300030-47.2015.8.24.0242; Ipumirim; Quinta Câmara de Direito Civil; Rel. Des. Henry Petry Junior; Julg. 19/09/2016).

✓ ELEIÇÕES 2016. RECURSO ELEITORAL. PRESTAÇÃO DE CONTAS. DOAÇÕES QUE AFETAM A CONFIABILIDADE DAS CONTAS. RECURSO DESPROVIDO. 1. A Justiça Eleitoral vem aprimorando os sistemas fiscalizatórios e incrementando a possibilidade de batimentos de dados, tudo a permitir, ao julgador, uma gama maior de elementos para melhor subsidiar o exame da prestação de contas, pelo que, munir o Judiciário de todos esses mecanismos e, ao mesmo tempo, tolher a possibilidade do exame material dos dados obtidos, esvaziaria por completo a evolução pela qual vem passando esta Especializada em seu ofício fiscalizador. 2. Por regra de hermenêutica o juiz, ao aplicar a norma e os fatos que lhes são subjacentes, não deve se afastar daquilo que ensina a experiência comum, daquilo que normalmente ocorre, da conduta e do critério do homem médio, cujo paradigma se pode extrair do conceito de bônus pater familiae herdado do direito romano. É o que preceitua, aliás, o CPC, quando estabelece critérios para valoração probatória, verbis: "Art. 375. O juiz aplicará as regras de experiência comum subministradas pela observação do que ordinariamente acontece e, ainda, as regras de experiência técnica, ressalvado, quanto a estas, o exame pericial." 3. Caso em que, das 12 (doze) doações em dinheiro recebidas pelo candidato, 09 (nove) foram feitas de forma padronizada pelo mesmo tipo de servidores – faxineiros -, em valores entre R$ 1.200,00 e R$ 3.000,00. 4. Não há como supor que servidor que perceba a média salarial de um salário mínimo realize doações que atingem o patamar de R$ 3.000,00 (três mil reais), colocando em risco a sua subsistência e a de seus familiares, pelo que há se de considerar que a realidade formalmente apresentada na prestação de contas pelo candidato não se mostra verossímil. O fato de a prática formalmente encontrar brechas legais não nos permite fechar os olhos para a realidade fática, que há de se impor. O raciocínio há de caminhar em sentido oposto. Por se tratar de prática até corriqueira, fundada em mera aparência de regularidade, baseada em simulação, há de ser afastada com maior veemência, vez que denota maior culpabilidade (dolo) por parte de quem adota tal método. 5. Caso em que do ponto de vista quantitativo a irregularidade alcança 51,79% do total de recursos arrecadados (incluídos os estimáveis) e sob o aspecto qualitativo envolve questão grave atinente à simulação, o que permite inferir que o desvalor da conduta (culpabilidade) é tão significativo que macula a confiabilidade das contas apresentadas, constituindo fator suficiente para ensejar a reprovação das contas do candidato. 6. Recurso conhecido e desprovido. (TRE-PA; RE 28129 Marabá; Rel. Altemar da Silva Paes; Julg. 01/08/2017; Data de Publicação: DJE 10/08/2017; Pág. 3)

✓ ANULATÓRIA DE TÍTULO DE CRÉDITO. CHEQUE. EMISSÃO DO TÍTULO EM NEGÓCIO JURÍDICO POSTERIORMENTE DESFEITO. EXECUÇÃO DO TÍTULO QUE NÃO CIRCULOU POR ENDOSSO. APRESENTAÇÃO DE DEFESA, SEM QUE FOSSE ESCLARECIDO POR QUE OS RÉUS SE ENCONTRAVAM NA POSSE DOS CHEQUES. DISCUSSÃO DA CAUSA DEBENDI. POSSIBILIDADE, DIANTE DA AUSÊNCIA DE CIRCULAÇÃO POR ENDOSSO E DE INDÍCIOS DE MÁ-FÉ. INSTRUÇÃO PROBATÓRIA QUE DEMONSTRA A POSSIBILIDADE DE ENRIQUECIMENTO ILÍCITO DOS RÉUS. SENTENÇA REFORMADA PARA JULGAR PROCEDENTE O PEDIDO, TORNANDO INEXIGÍVEIS OS TÍTULOS. – Um título de crédito é autônomo, não em relação à sua causa, e sim porque o possuidor de boa-fé exercita um direito próprio, que não pode ser restringido ou destruído em virtude das relações existentes entre os anteriores possuidores e o devedor. – As obrigações contraídas no cheque são abstratas, desconsiderando-se o negócio subjacente, não sendo possível a investigação sobre a causa debendi. No entanto, excetuam-se desta regra as controvérsias estabelecidas diretamente entre o emitente e o portador, por relações pessoais havidas entre si, bem como, em relação ao terceiro, quando tenha recebido o título de má-fé, ou seja, tendo conhecimento de defeito existente no negócio fundamental. – O julgador, na árdua função de tentar alcançar a justiça das decisões, utiliza-se de indícios e máximas de experiência para valoração da prova, apuração dos fatos e formação de seu convencimento. – As máximas de experiência se caracterizam como juízos formados na observação do que comumente acontece, nos termos do artigo 375 do Código de Processo Civil. – Resta evidente que os títulos estão na posse dos réus por razões que os mesmos não podem ou não querem declinar, evidenciando que o pagamento gerará enriquecimento sem causa dos mesmos. RECURSO AO QUAL SE DÁ PROVIMENTO. (TJ-RJ; APL 00317340620108190004 Rio de Janeiro; São Gonçalo; 6ª Vara Cível; Décima Sétima Câmara Cível; Rel. Flávia Romano de Rezende; Julg.01/06/2016; Data de Publicação: 03/06/2016)

Art. 376. A parte que alegar direito municipal, estadual, estrangeiro ou consuetudinário provar-lhe-á o teor e a vigência, se assim o juiz determinar.

→ *v.* Art. 14 da LINDB.

Ônus de comprovação sobre o teor vigência do direito municipal, estadual, estrangeiro ou consuetudinário:

✓ APELAÇÃO CÍVEL - AÇÃO ORDINÁRIA - SERVIDOR PÚBLICO MUNICIPAL - DIFERENÇAS REMUNERATÓRIAS - DETERMINAÇÃO JUDICIAL PARA COMPROVAÇÃO DO DIREITO MUNICIPAL - CPC/2015, ART. 376 - ÔNUS PROBATÓRIO DO AUTOR - NÃO CUMPRIMENTO 1. A parte que alegar direito municipal, estadual, estrangeiro ou consuetudinário provar-lhe-á o teor e a vigência, se assim o juiz determinar (CPC/2015, art. 376). 2. Não cumprimento, pelo autor, da ordem de comprovação, no prazo assinalado, do conteúdo da legislação municipal que respaldaria o direito vindicado. 3. Inobservância do ônus probatório. Manutenção da improcedência do pedido de recebimento de diferenças remuneratórias, decorrentes de progressão vertical e do adicional por tempo de serviço. 4. Recurso não provido. (TJ-MG; AC 10243130004688001 MG; 5ª Câmara Cível; Rel. Áurea Brasil; Julg. 24/10/0017; Data de Publicação: 07/11/2017)

✓ SERVIDORAS PÚBLICAS MUNICIPAIS. Professoras. Adicional referente à progressão funcional nível VI. Lei Municipal nº 1623/2002. Pedido expresso na petição inicial, ao contrário da alegação do Município. Apresentada cópia do texto da legislação municipal pertinente, em cumprimento de determinação judicial, nos termos do artigo 337 do Código de Processo Civil anterior, artigo 376 do atual. Foram respeitadas as garantias do devido processo legal, do contraditório e da ampla defesa, por isso sem motivo de nulidade da sentença. Portarias expedidas conferem às autoras direito à progressão funcional nível VI, mas os demonstrativos de pagamento não acusam pagamento dos correspondentes valores, de acordo com o Anexo I da Lei Municipal nº 1623/2002. Determinado o pagamento, respeitada a prescrição quinquenal. Recurso e reexame necessário a que se nega provimento. (TJ-SP; APL 00006395120148260382 SP; 12ª Câmara de Direito Público; Rel. Edson Ferreira; Julg.13/09/2016; Data de Publicação: 13/09/2016)

Art. 377. A carta precatória, a carta rogatória e o auxílio direto suspenderão o julgamento da causa no caso previsto no art. 313, inciso V, alínea "**b**", quando, tendo sido requeridos antes da decisão de saneamento, a prova neles solicitada for imprescindível.

Parágrafo único. A carta precatória e a carta rogatória não devolvidas no prazo ou concedidas sem efeito suspensivo poderão ser juntadas aos autos a qualquer momento.

→ *v.* Arts. 69 e 260 a 268 do NCPC.

Art. 378. Ninguém se exime do dever de colaborar com o Poder Judiciário para o descobrimento da verdade.

→ *v.* Art. 6º do NCPC.

→ v. Art. 6º do NCPC.

→ v. Enunciado 51 do FPPC: A compatibilização do disposto nestes dispositivos c/c o art. 5º, LXIII, da CF/1988, assegura à parte, exclusivamente, o direito de não produzir prova contra si em razão de reflexos no ambiente penal.

→ v. Enunciado 31 do CJF: – A compatibilização do disposto nos arts. 378 e 379 do CPC com o art. 5º, LXIII, da CF/1988, assegura à parte, exclusivamente, o direito de não produzir prova contra si quando houver reflexos no ambiente penal.

Necessidade de indicação pelo devedor da localização do bem:

✓ AÇÃO DE BUSCA E APREENSÃO. CONTRATO DE FINANCIAMENTO COM CLÁUSULA DE ALIENAÇÃO FIDUCIÁRIA EM GARANTIA. Decisão que, renovando o mandado de busca e apreensão anteriormente expedido, de pronto, determinou que, em caso de frustração de seu cumprimento, seja o devedor intimado para informar a localização do veículo, sob pena de se caracterizar litigância de má-fé. Agravante que se insurge apenas contra a sinalização de uma possível aplicação de multa, na hipótese de descumprimento de futura e eventual determinação do juízo. Não constatação de efetiva lesividade aos interesses da parte. De outro modo, a negativa do devedor fiduciante em informar a localização do bem, nesse cenário, caracterizaria realmente deslealdade processual, a teor do art. 422 do Código Civil c. c. os arts. 77, IV e 378, ambos do Código de Processo Civil/2015. Aplicabilidade do princípio da boa-fé objetiva. Ausente interesse recursal. Recurso não conhecido. (TJ-SP; AI 21579314220178260000 SP; 28ª Câmara de Direito Privado; Rel. Dimas Rubens Fonseca; Julg.13/09/2017; Data de Publicação: 13/09/2017)

Art. 379. Preservado o direito de não produzir prova contra si própria, incumbe à parte:

→ *v.* Art. 5º, LXIII, da CF/1988.

→ *v.* Art. 231 e 232 do CC/2002.

→ *v.* Enunciado 51 do FPPC: A compatibilização do disposto nestes dispositivos c/c o art. 5º, LXIII, da CF/1988, assegura à parte, exclusivamente, o direito de não produzir prova contra si em razão de reflexos no ambiente penal.

→ v. Enunciado 31 do CJF: – A compatibilização do disposto nos arts. 378 e 379 do CPC com o art. 5º, LXIII, da CF/1988, assegura à parte, exclusivamente, o direito de não produzir prova contra si quando houver reflexos no ambiente penal.

Impossibilidade de produção contra si mesmo:

✓ AGRAVO DE INSTRUMENTO – Monitória – Decisão saneadora indeferiu pedido da ré para produção de prova para que a autora exiba documentos que, em tese, comprovariam o pagamento da dívida objeto da monitória – O pagamento se comprova com regular quitação, ônus que incumbe ao autor (art. 373 do CPC), além do que vedada a determinação para que a parte faça prova contra si mesma – Inteligência do art. 379 do NCPC – Recurso negado.* (TJ -SP; AI 20182202220178260000 SP; 13ª Câmara de Direito Privado; Rel. Francisco Giaquinto; Julg.24/03/2017; Data de Publicação: 24/03/2017)

✓ Agravo de instrumento. Propriedade industrial e intelectual. Ação fundada em alegado uso indevido de imagem de projeto arquitetônico em material de divulgação de produtos em drywall e de construção a seco. Pedido de antecipação de tutela para juntada de documentos que demonstrem médias de venda de produtos, tiragem e tempo de divulgação do material. Ausência de vinculação entre o faturamento da agravante à eventual dano material dos agravados. Quantificação de eventual indenização que poderá ser apurada em sede de liquidação de sentença. Agravo de instrumento provido. (TJ-RS; Agravo de Instrumento 70070741046; Sexta Câmara Cível; Rel. Ney Wiedemann Neto; Julg. 27/10/2016).

✓ DECISÃO: Acordam os Desembargadores (Juízes de Direito Substitutos em 2º Grau) integrantes da 9ª Câmara Cível do Tribunal de Justiça do 3 Idem. p. 514. Estado do Paraná, por unanimidade de votos, em dar provimento ao recurso. EMENTA: AGRAVO DE INSTRUMENTO. AÇÃO DE INDENIZAÇÃO POR DANOS MATERIAIS. – ACIDENTE EM RODOVIA. ALEGAÇÃO DE DEFEITO DE SINALIZAÇÃO EM TRECHO EM OBRAS. LITISDENUNCIAÇÃO PELA CONCESSIONÁRIA À EMPRESA RESPONSÁVEL PELA OBRA. ÔNUS DE PROVAR A REGULARIDADE DA SINALIZAÇÃO E A CULPA EXCLUSIVA DA VÍTIMA ATRIBUÍDO ÀS REQUERIDAS (DENUNCIANTE E DENUNCIADA). IMPOSSIBILIDADE DE IMPUTAR À DENUNCIANTE, NA LIDE SECUNDÁRIA, O ÔNUS DE PROVAR QUE A SINALIZAÇÃO ERA DEFEITUOSA. PARTE QUE NÃO PODE SER OBRIGADA A PRODUZIR PROVA CONTRA SI. – RECURSO CONHECIDO E PROVIDO. (TJPR; AI – 1553406-0 – Guarapuava; 9ª C. Cível; Rel.: Rafael Vieira de Vasconcellos Pedroso; Unânime; Julg. 15/09/2016)

Determinação para que a parte exiba documento:

✓ AGRAVO INTERNO NA CARTA ROGATÓRIA. INTIMAÇÃO DA PARTE INTERESSADA PARA EXIBIÇÃO DE DOCUMENTO. CONCESSÃO DE EXEQUATUR. VIOLAÇÃO DA ORDEM PÚBLICA. INOCORRÊNCIA. AGRAVO INTERNO DESPROVIDO. 1. A comissão tem por finalidade a intimação da parte Interessada para a exibição de documento, diligência que não traduz violação da ordem pública, de modo que não se observa óbice ao seu cumprimento. 2. Cabe ao Superior Tribunal de Justiça emitir juízo meramente delibatório acerca da concessão do exequatur nas cartas rogatórias, sendo competência da Justiça rogante a análise de alegações relacionadas ao mérito da causa. 3. Agravo interno desprovido. (AgRg na CR 10.605/EX; Corte Especial; Rel. Min. Laurita Vaz; Julg. 06/09/2017, DJe 14/09/2017)

I – comparecer em juízo, respondendo ao que lhe for interrogado;

II – colaborar com o juízo na realização de inspeção judicial que for considerada necessária;

III – praticar o ato que lhe for determinado.

→ v. Art. 5º, II, da CF/1988.

Art. 380. Incumbe ao terceiro, em relação a qualquer causa:

I – informar ao juiz os fatos e as circunstâncias de que tenha conhecimento;

II – exibir coisa ou documento que esteja em seu poder.

Vedação à determinação de exibição de documentos sigilosos de terceiro:

✓ RECURSO ORDINÁRIO EM MANDADO DE SEGURANÇA. ATO JUDICIAL. EXCEPCIONALIDADE CONFIGURADA. MANIFESTA ILEGALIDADE. DESNECESSIDADE DE INTERPOSIÇÃO, POR TERCEIRO PREJUDICADO, DO RECURSO CABÍVEL. SÚMULA 202/STJ. MITIGAÇÃO DOS SIGILOS BANCÁRIO E FISCAL DE TERCEIRO ESTRANHO À LIDE. RECURSO PROVIDO. SEGURANÇA CONCEDIDA. 1. Fora das circunstâncias normais, a doutrina e a jurisprudência majoritárias admitem a impetração de mandado de segurança contra ato judicial, ao menos nas seguintes hipóteses excepcionais: a) decisão judicial manifestamente ilegal ou teratológica; b) decisão judicial contra a qual não caiba recurso; c) para imprimir efeito suspensivo a recurso desprovido de tal atributo; e d) quando impetrado por terceiro prejudicado por decisão judicial. 2. Consoante entendimento cristalizado na Súmula 202/STJ: "A impetração de segurança por terceiro, contra ato judicial, não se condiciona a interposição de recurso." 3. Na espécie, o ato judicial apontado como coator mostra-se manifestamente equivocado, uma vez que, à revelia do devido processo legal, determinou a mitigação dos sigilos bancário e fiscal da impetrante em processo judicial civil em que nem sequer é parte. 4. Recurso provido para conceder a segurança, cassando-se o ato judicial apontado como coator. (STJ; RMS 49035; SP; 2015/0200302-2; Quarta Turma; Rel. Min. Raul Araújo; Julg. 12/09/2017; Data de Publicação: DJe 19/10/2017)

Parágrafo único. Poderá o juiz, em caso de descumprimento, determinar, além da imposição de multa, outras medidas indutivas, coercitivas, mandamentais ou sub-rogatórias.

→ v. Art. 77, I e IV, do NCPC.

→ v. Enunciado 678 do FPPC: É lícita a imposição de multa por ato atentatório à dignidade da justiça, em caso de descumprimento injustificado por terceiro da ordem de informar ao juiz os fatos e as circunstâncias de que tenha conhecimento ou de exibir coisa ou documento que esteja em seu poder.

Inviabilidade de aplicação de multa cominatória para parte na exibição de documentos:

✓ RECURSO – Rejeitada a preliminar de não conhecimento do recurso, por falta de peças obrigatórias, elencadas no art. 1.017, CPC/2015. CUMPRIMENTO DE SENTENÇA – Multa diária – Multa cominatória pelo descumprimento de decisão judicial de exibição de documentos, incidental ou autônoma, deve ser afastada, uma vez que não é exigível, porque: (a) é descabida sua aplicação, a teor da Súmula 372/STJ, que subsiste, para pedido de exibição de documentos contra parte, envolvendo direitos disponíveis, nos termos do julgado no Recurso Repetitivo 13333988/SP, mesmo após o advento do CPC/2015, dado que a multa não expressamente mencionada como medida no § único, do art. 400, no pedido de exibição contra parte, como acontece no § único, dos arts. 380 e 403, para o pedido contra terceiro; e (b) a questão relativa à multa cominatória, ainda que imposta por r. ato judicial irrecorrível, por força do art. 537, § 1º, CPC/2015, não está sujeita à incidência da coisa julgada, nem da preclusão em recurso objetivando alterar deliberação judicial admitindo a cobrança – Na espécie, nos termos da orientação supra, de rigor a reforma da r. decisão agravada, determinando-se o afastamento da incidência de multa diária pelo descumprimento de determinação de exibição de documentos referentes a contrato de abertura de conta corrente firmado entre as partes e extratos bancários. Recurso provido. (TJ-SP; 20779600820178260000 SP; 20ª Câmara de Direito Privado; Rel. Rebello Pinho; Julg. 04/09/2017; Data de Publicação: 06/09/2017)

Sobre o arbitramento da multa:

✓ APELAÇÕES CÍVEIS. Propriedade. Ação Regressiva de Obrigação de Fazer cumulada com Indenização por Danos Materiais e Morais e Tutela antecipada. Sentença de Parcial Procedência. RECURSO DO RÉU. Não acolhimento. Descumprimento de obrigação de cancelar o gravame sobre o veículo no prazo estabelecido no artigo 9º, da Resolução nº 320/09 do COTRAN. Dano material patente. Astreintes mantidas. O arbitramento do valor da multa deve ser suficiente a coibir o descumprimento das Decisões Judiciais. Valor razoável e proporcional. RECURSO ADESIVO DO AUTOR. Não acolhimento. Majoração do valor da Condenação descabida. Decisão de Primeiro Grau mantida. Ratificação nos termos do artigo 252, do Regimento Interno. RECURSOS NÃO PROVIDOS. (TJ-SP; APL 00006118120158260242 SP; 30ª Câmara de Direito Privado; Rel. Penna Machado; Julg. 05/07/2017; Data de Publicação: 06/07/2017)

Seção II
Da Produção Antecipada da Prova

Art. 381. A produção antecipada da prova será admitida nos casos em que:

→ *v.* Enunciado 633 do FPPC: Admite-se a produção antecipada de prova proposta pelos legitimados ao ajuizamento das ações coletivas, inclusive para facilitar a autocomposição ou permitir a decisão sobre o ajuizamento ou não da demanda.

→ *v.* Enunciado 634 do FPPC: Se, na pendência do processo, ocorrer a hipótese do art. 381, I ou II, poderá ser antecipado o momento procedimental de produção da prova, seguindo-se o regramento próprio do meio de prova requerido e não o procedimento dos arts. 381 a 383.

Direito autônomo à prova:

✓ CIVIL. PROCESSUAL CIVIL. FAMÍLIA. INVESTIGAÇÃO DE PATERNIDADE. PROTEÇÃO À DIGNIDADE DA PESSOA HUMANA E TUTELA DO DIREITO À FILIAÇÃO, À IDENTIDADE GENÉTICA E À BUSCA PELA ANCESTRALIDADE. REALIZAÇÃO DE NOVO EXAME DE DNA FACE A SUSPEITA DE FRAUDE NO TESTE ANTERIORMENTE REALIZADO. POSSIBILIDADE. PROVA IRREFUTÁVEL DA FRAUDE. REDUÇÃO DA EXIGÊNCIA PROBATÓRIA, REVALORAÇÃO DAS PROVAS PRODUZIDAS E NECESSIDADE DE EXAURIMENTO DA ATIVIDADE INSTRUTÓRIA. INÉRCIA PROBATÓRIA DA PARTE ADVERSA. VALORAÇÃO DA CONDUTA NA FORMAÇÃO DO CONVENCIMENTO JUDICIAL. POSSIBILIDADE. TESTE DE DNA. VALOR PROBANTE RELATIVO, A SER EXAMINADO EM CONJUNTO COM OS DEMAIS ELEMENTOS DE PROVA. COISA JULGADA. AFASTAMENTO NA HIPÓTESE. 1- Ação distribuída em 11/8/2008. Recurso especial interposto em 16/6/2015. 2- O propósito recursal é definir se é possível o afastamento da coisa julgada material formada em ação investigatória de paternidade cujo resultado foi negativo, na hipótese em que a parte interessada produz prova indiciária acerca de possível ocorrência de fraude no exame de DNA inicialmente realizado. 3- Os direitos à filiação, à identidade genética e à busca pela ancestralidade integram uma parcela significativa dos direitos da personalidade e são elementos indissociáveis do conceito de dignidade da pessoa humana, impondo ao Estado o dever de tutelá-los e de salvaguardá-los de forma integral e especial, a fim de que todos, indistintamente, possuam o direito de ter esclarecida a sua verdade biológica. 4- Atualmente se reconhece a existência de um direito autônomo à prova, assentado na possibilidade de a pessoa requerer o esclarecimento sobre fatos que a ela digam respeito independentemente da existência de um litígio potencial ou iminente, alterando-se o protagonismo da atividade instrutória, que passa a não ser mais apenas do Poder Judiciário, mas também das partes, a quem a prova efetivamente serve. 5- A existência de dúvida razoável sobre possível fraude em teste de DNA anteriormente realizado é suficiente para reabrir a discussão acerca da filiação biológica, admitindo-se a redução das exigências probatórias quando, não sendo possível a prova irrefutável da fraude desde logo, houver a produção de prova indiciária apta a incutir incerteza no julgador, aliada a possibilidade de exaurimento da atividade instrutória no grau de jurisdição originário. 6- A inércia probatória de uma das partes somada a atividade instrutória da outra deve ser levada em consideração na escolha do standard probatório mais adequado à hipótese e na valoração das provas então produzidas, pois as partes, em um processo civil norteado pela cooperação, têm o dever de colaborar com o Poder Judiciário para o descobrimento da verdade. 7- Embora de valiosa importância para as ações investigatórias ou negatórias de paternidade, o exame de DNA, por se tratar de prova técnica suscetível a falhas ou vícios, não pode ser considerado como o único meio de prova apto a atestar a existência ou não de vínculo paterno-filial, devendo o seu resultado ser cotejado com as demais provas produzidas ou suscetíveis de produção, sobretudo diante da célere e constante evolução científica e tecnológica. 8- Em situações excepcionais, é possível o afastamento da coisa julgada material formada nas ações investigatórias ou negatórias de paternidade, a fim de que seja exaustivamente apurada a existência da relação paterno-filial e, ainda, elucidadas as causas de eventuais vícios porventura existentes no exame de DNA inicialmente realizado. 9- Recurso especial provido. (REsp 1632750; SP; Terceira Turma; Rel. Min. Moura Ribeiro, Rel. p/ Acórdão Min. Nancy Andrighi; Julg. 24/10/2017, DJe 13/11/2017)

✓ APELAÇÃO. AÇÃO DE PRODUÇÃO ANTECIPADA DE PROVA. PEDIDO DE EXIBIÇÃO DA DOCUMENTAÇÃO QUE EMBASA SUPOSTO DÉBITO. INEXISTÊNCIA DE REGULAR PEDIDO ADMINISTRATIVO. NOTIFICAÇÃO APRESENTADA INEFICAZ. SITUAÇÃO TÍPICA DE CARÊNCIA DE AÇÃO POR FALTA DE INTERESSE PROCESSUAL, SEGUNDO A TESE SUFRAGADA NO JULGAMENTO DO RE Nº 631.240-MG PELO COLENDO SUPREMO TRIBUNAL FEDERAL (STF) E JULGAMENTO DO RESP Nº 1.349.453-MS DO COLENDO SUPERIOR TRIBUNAL DE JUSTIÇA (STJ), AMBOS COM REPERCUSSÃO GERAL (ART. 543-C, DO CPC/1973). RECURSO IMPROVIDO. Julgado, pelo C. STF, o Recurso Extraordinário 631.240-MG, corroborado pelo C. STJ (RESP 1.349.453-MS), com repercussão geral, ficou expressa a instituição de condições para o regular exercício do direito de ação compatível com o art. 5º, XXXV, da Constituição Federal. Para se caracterizar a presença de interesse em agir, é exigida, porém, a comprovação do prévio pedido administrativo não atendido. No caso, a notificação apresentada pela parte autora é ineficaz para o fim de ser reconhecido seu interesse de agir, porque não atendeu exigências mínimas e que visam garantir sigilo e segurança das informações dos consumidores. Decorre, naturalmente, a falta de interesse processual da parte autora. (TJ-SP; 10512661020178260100 SP; 31ª

Câmara de Direito Privado; Rel. Adilson de Araujo; Julg. 23/11/2017; Data de Publicação: 23/11/2017)

✓ APELAÇÃO. AÇÃO DE PRODUÇÃO ANTECIPADA DE PROVA. PEDIDO DE EXIBIÇÃO DA DOCUMENTAÇÃO QUE EMBASA SUPOSTO DÉBITO. INEXISTÊNCIA DE REGULAR PEDIDO ADMINISTRATIVO. NOTIFICAÇÃO APRESENTADA INEFICAZ. SITUAÇÃO TÍPICA DE CARÊNCIA DE AÇÃO POR FALTA DE INTERESSE PROCESSUAL, SEGUNDO A TESE SUFRAGADA NO JULGAMENTO DO RE Nº 631.240-MG PELO COLENDO SUPREMO TRIBUNAL FEDERAL (STF) E JULGAMENTO DO RESP Nº 1.349.453-MS DO COLENDO SUPERIOR TRIBUNAL DE JUSTIÇA (STJ), AMBOS COM REPERCUSSÃO GERAL (ART. 543-C, DO CPC/1973). RECURSO IMPROVIDO. Julgado, pelo C. STF, o Recurso Extraordinário 631.240-MG, corroborado pelo C. STJ (RESP 1.349.453-MS), com repercussão geral, ficou expressa a instituição de condições para o regular exercício do direito de ação compatível com o art. 5º, XXXV, da Constituição Federal. Para se caracterizar a presença de interesse em agir, é exigida, porém, a comprovação do prévio pedido administrativo não atendido. No caso, a notificação apresentada pela parte autora é ineficaz para o fim de ser reconhecido seu interesse de agir, porque não atendeu exigências mínimas e que visam garantir sigilo e segurança das informações dos consumidores. Decorre, naturalmente, a falta de interesse processual da parte autora. (TJ-SP; 10443323920178260002 SP; 31ª Câmara de Direito Privado; Rel. Adilson de Araujo; Julg. 13/11/2017; Data de Publicação: 13/11/2017)

I – haja fundado receio de que venha a tornar-se impossível ou muito difícil a verificação de certos fatos na pendência da ação;

Cabimento exibição de documentos:

✓ APELAÇÃO CÍVEL. PRODUÇÃO ANTECIPADA DE PROVAS. EXIBIÇÃO DE DOCUMENTOS. CONTRATO DE TELEFONIA. SENTENÇA QUE HOMOLOGOU A PROVA E DEIXOU DE FIXAR HONORÁRIOS ADVOCATÍCIOS. RECURSO DO PATRONO DO AUTOR. PEDIDO DE CONCESSÃO DA JUSTIÇA GRATUITA. POSSIBILIDADE. PRESUNÇÃO DE HIPOSSUFICIÊNCIA FINANCEIRA DECORRENTE DE DECLARAÇÃO FIRMADA. PREVALÊNCIA DA GARANTIA FUNDAMENTAL DO AMPLO ACESSO À JUSTIÇA. INTELIGÊNCIA DO ARTIGO 5º, XXXV E LXXV, DA CONSTITUIÇÃO FEDERAL. BENEFÍCIO DA JUSTIÇA GRATUITA DEFERIDO. PLEITO DE CONDENAÇÃO DA REQUERIDA AO PAGAMENTO DE HONORÁRIOS ADVOCATÍCIOS. POSSIBILIDADE. REQUERIDA QUE SE MANTEVE INERTE AO PEDIDO ADMINISTRATIVO. PRETENSÃO RESISTIDA CONFIGURADA. HONORÁRIOS ADVOCATÍCIOS A SEREM SUPORTADOS PELA PARTE DEMANDADA. INTELIGÊNCIA DO PRINCÍPIO DA SUCUMBÊNCIA E DA CAUSALIDADE. VERBA HONORÁRIA FIXADA EM R$ 1.000,00 (MIL REAIS). OBSERVÂNCIA DOS CRITÉRIOS DO ARTIGO 85, §§ 2º E 8º, DO NOVO CÓDIGO DE PROCESSO CIVIL. RECURSO CONHECIDO E PROVIDO. (TJ-SC; AC 03024058620168240015 Canoinhas; Sexta Câmara de Direito Civil; Rel. Denise Volpato; Julg.29/08/2017)

✓ AGRAVO DE INSTRUMENTO – AÇÃO DE INDENIZAÇÃO POR DANOS MORAIS – PRODUÇÃO ANTECIPADA DE PROVAS – DEMONSTRAÇÃO DE RISCO – DEFERIMENTO. Havendo demonstração de que há riscos de que a prova, a qual pretende seja antecipadamente exibida pela parte autora, irá se perder ou se deteriorar antes da fase de instrução processual, impõe-se o seu deferimento. (TJ-MG; AI 10000170525752001 MG; 17ª Câmara Cível; Rel. Luciano Pinto; Julg. 07/11/0017; Data de Publicação: 10/11/2017)

✓ INTERESSE PROCESSUAL – PRODUÇÃO ANTECIPADA DE PROVA – AUSÊNCIA DO PRESSUPOSTO – PRETENSÃO À JUSTIFICAÇÃO DA ALEGADA POSSE DA AUTORA SOBRE UM IMÓVEL, A FIM DE INSTRUIR FUTURA AÇÃO DE USUCAPIÃO, A DESPEITO DE NÃO HAVER TRANSCORRIDO O PRAZO PRESCRICIONAL AQUISITIVO DESSE INSTITUTO – AUSÊNCIA DE MENÇÃO ACERCA DOS FATOS SOBRE OS QUAIS A PROVA DEVERIA RECAIR, SEGUNDO DICÇÃO DO ART. 382 DO CPC/15, BEM COMO DE INDICAÇÃO DE QUALQUER RISCO DE PERECIMENTO DA PROVA REQUERIDA, NOS MOLDES DO ART. 381, I, DESSE DIPLOMA PROCESSUAL – RECURSO IMPROVIDO. (TJ-SP; APL 10038125520168260266 SP; 23ª Câmara de Direito Privado; Rel. Paulo Roberto de Santana; Julg.27/03/2017; Data de Publicação: 27/03/2017)

✓ PROCESSUAL CIVIL – PRODUÇÃO ANTECIPADA DE PROVA – SERVIÇOS DE TELEFONIA – EXIBIÇÃO DO CONTRATO – TERMO PADRÃO DE ADESÃO – CLÁUSULAS GENÉRICAS – INTERESSE PROCESSUAL – AUSÊNCIA – DOCUMENTO DISPONIBILIZADO VIA INTERNET – IMPROPRIEDADE DO AJUIZAMENTO DA AÇÃO – PRETENSÃO AFASTADA 1 Não há fundamento que enseje a procedência da ação de produção antecipada de prova para exibição de documentos quando não demonstrada a finalidade a ser obtida com o instrumento contratual almejado. Mormente ao se tratar de contrato de prestação de serviços padrão, com cláusulas genéricas, cujo teor pode ser facilmente acessado no sítio eletrônico da empresa de telefonia. 2 É legal e elogiável o ato judicial que obsta demandas de massa, com intuito de mera obtenção de vantagem sem nenhuma razoabilidade, como o ganho de verba honorária sucumbencial até então tida como certa, como nas ações de exibição de documento sem nenhum fundamento, nas quais se confia que a simples indicação de existência de relação jurídica entre as partes já é o bastante para a procedência da demanda. (TJ-SC; AC 03049208520178240039 Lages; Quinta Câmara de Direito Civil; Rel. Luiz Cézar Medeiros; Julg.12/09/2017)

✓ PRESTAÇÃO DE SERVIÇOS. PRODUÇÃO ANTECIPADA DE PROVAS. Plenamente cabível o manejo da produção antecipada de provas visando a obtenção de documentos que se encontram na posse da parte interessada, nos termos do art. 381 do CPC. Sentença anulada. Recurso provido. (TJ-SP; 10051312220168260084 SP; 26ª Câmara de Direito Privado; Rel. Felipe Ferreira; Julg. 24/08/2017; Data de Publicação: 25/08/2017)

✓ PRODUÇÃO ANTECIPADA DE PROVAS – Exibição de documentos – Nome da autora inscrito em rol de inadimplentes por dívida contraída junto à ré – Pretensão à exibição do contrato que ensejou o apontamento levado a cabo – Extinção do feito, por ausência de interesse processual – Hipótese em que a autora, instada a manifestar-se, informou tratar-se a presente demanda de produção antecipada de provas – Demandante que preencheu os requisitos exigidos para a propositura da referida ação – Desnecessária a verificação dos pressupostos exigidos no recurso repetitivo REsp. 1.349.453-MS – Interesse de agir configurado – Sentença anulada – Recurso provido. (TJ -SP; 10013932720178260040 SP; 13ª Câmara de Direito Privado; Rel. Heraldo de Oliveira; Julg. 17/11/2017; Data de Publicação: 17/11/2017)

II – a prova a ser produzida seja suscetível de viabilizar a autocomposição ou outro meio adequado de solução de conflito;

Possibilidade de utilização da exibição de documentos para viabilizar soluções alternativas de composição do litígio:

✓ DECISÃO: ACORDAM os Senhores Desembargadores integrantes do 16ª Câmara Cível por unanimidade, em conhecer e dar provimento ao recurso, nos termos do voto do Relator. EMENTA: APELAÇÃO CÍVEL. AÇÃO DE PRODUÇÃO ANTECIPADA DE PROVA – CONTRATO BANCÁRIO – DETERMINAÇÃO DE EMENDA À PETIÇÃO INICIAL.DESCUMPRIMENTO. INDEFERIMENTO DA PETIÇÃO INICIAL – SENTENÇA ANULADA. 1. De acordo com o novo Código de Processo Civil, a produção antecipada de prova é via adequada para a exibição de contrato bancário, mormente quando visa a solução amigável de conflito ou instruir eventual ação principal. 2. Apelação Cível conhecida e provida. (TJPR; AC – 1634156-5 – Porecatu; 16ª C. Cível; Rel.: Luiz Fernando Tomasi Keppen; Unânime; Julg. 12.04.2017)

III – o prévio conhecimento dos fatos possa justificar ou evitar o ajuizamento de ação.

→ *v.* Súmula 455 do STF.

→ *v.* Enunciado 602 do FPPC: A prova nova apta a embasar ação rescisória pode ser produzida ou documentada por meio do procedimento de produção antecipada de provas.

Produção antecipada de provas para permitir o conhecimento prévio dos fatos:

✓ PRODUÇÃO ANTECIPADA DE PROVA. Exibição de documentos. Contrato bancário. Possibilidade. Inteligência do art. 381, III, do CPC. Interesse se agir configurado. Indeferimento da petição inicial afastado. Indeferimento afastado. RECURSO PROVIDO. (TJ-SP; 10057547320168260347 SP; Sexta Câmara de Direito Civil; Rel. Fernando Sastre Redondo; Julg. 09/08/2017; Data de Publicação: 10/08/2017)

✓ APELAÇÃO CÍVEL. PRODUÇÃO ANTECIPADA DE PROVAS. EXIBIÇÃO DE DOCUMENTOS. CONTRATO DE TELEFONIA. SENTENÇA QUE HOMOLOGOU A PROVA E DEIXOU DE FIXAR HONORÁRIOS ADVOCATÍCIOS. RECURSO DO PATRONO DO AUTOR. PEDIDO DE CONCESSÃO DA JUSTIÇA GRATUITA. POSSIBILIDADE. PRESUNÇÃO DE HIPOSSUFICIÊNCIA FINANCEIRA DECORRENTE DE DECLARAÇÃO FIRMADA. PREVALÊNCIA DA GARANTIA FUNDAMENTAL DO AMPLO ACESSO À JUSTIÇA. INTELIGÊNCIA DO ARTIGO 5º, XXXV E LXXV, DA CONSTITUIÇÃO FEDERAL. BENEFÍCIO DA JUSTIÇA GRATUITA DEFERIDO. PLEITO DE CONDENAÇÃO DA REQUERIDA AO PAGAMENTO DE HONORÁRIOS ADVOCATÍCIOS. POSSIBILIDADE. REQUERIDA QUE SE MANTEVE INERTE AO PEDIDO ADMINISTRATIVO. PRETENSÃO RESISTIDA CONFIGURADA. HONORÁRIOS ADVOCATÍCIOS A SEREM SUPORTADOS PELA PARTE DEMANDADA. INTELIGÊNCIA DO PRINCÍPIO DA SUCUMBÊNCIA E DA CAUSALIDADE. VERBA HONORÁRIA FIXADA EM R$ 1.000,00 (MIL REAIS). OBSERVÂNCIA DOS CRITÉRIOS DO ARTIGO 85, §§ 2º E 8º, DO NOVO CÓDIGO DE PROCESSO CIVIL. RECURSO CONHECIDO E PROVIDO. (TJ-SC; AC 03024101120168240015 Canoinhas; Sexta Câmara de Direito Civil; Rel. Denise Volpato; Julg. 29/08/2017)

✓ DECISÃO: ACORDAM os Excelentíssimos Senhores Desembargadores Integrantes da Décima Quinta Câmara Cível do Tribunal de Justiça do Estado do Paraná, por unanimidade de votos, em conhecer do recurso de apelação interposto por Aline Gonçalves Marques, e dar-lhe provimento, para anular a sentença de f. 39-mídia e determinar o regular processamento da demanda. EMENTA: APELAÇÃO CÍVEL. AÇÃO DE EXIBIÇÃO DE DOCUMENTOS. AJUIZAMENTO SOB A ÉGIDE DO CÓDIGO DE PROCESSO CIVIL DE 2015.PRODUÇÃO ANTECIPADA DE PROVAS. ART. 381, III, DO CÓDIGO DE PROCESSO CIVIL DE 2015. CABIMENTO. 1. Nos termos do art. 381, III, do Código de Processo Civil de 2015, admite-se a produção antecipada de provas para exibição de documentos relativos a contratos bancários. 2. Apelação cível conhecida e provida. (TJPR; AC – 1611457-9 Foz do Iguaçu; 15ª C. Cível; Rel.: Luiz Carlos Gabardo; Unânime; Julg. 22.03.2017)

✓ APELAÇÃO CÍVEL - AÇÃO DE PRODUÇÃO ANTECIPADA DE PROVAS - PRETENSÃO DE EXIBIÇÃO DE DOCUMENTO - EMPRESA DE TELEFONIA - FALTA INTERESSE DE AGIR - CARÊNCIA DA AÇÃO CONFIGURADA - EXTINÇÃO DO PROCESSO - MANUTENÇÃO - Tendo em vista que após a vigência do Código de Processo Civil de 2015, não há mais previsão da ação cautelar de exibição de documentos, é possível que a exibição do documento se dê na forma de produção antecipada de provas prevista nos arts. 381, III, e § 5º, do novo Código de Processo Civil de 2015, desde que preenchidos os requisitos legais. - Não tem interesse de agir a parte autora que pretende obter o contrato celebrado com a empresa de telefonia por meio da ação de produção antecipada de provas, porque é possível seu acesso via internet, nos termos do art. 22 da Resolução nº 632/2014 da ANATEL. (TJ-MG; AC 10000170575898001 MG; 17ª Câmara Cível; Rel. Evandro Lopes da Costa Teixeira; Julg. 24/10/0017; Data de Publicação: 27/10/2017)

§ 1º O arrolamento de bens observará o disposto nesta Seção quando tiver por finalidade apenas a realização de documentação e não a prática de atos de apreensão.

Produção antecipada de provas para arrolamento de bens:

✓ AGRAVO DE INSTRUMENTO. FAMÍLIA E PROCESSUAL CIVIL. AÇÃO DE DIVÓRCIO. ANTECIPAÇÃO DOS EFEITOS DA TUTELA. - INDEFERIMENTO NA ORIGEM. (1) ADMISSIBILIDADE. DOCUMENTOS NOVOS. GRAU RECURSAL. POSSIBILIDADE. LEALDADE PROCESSUAL. OBSERVAÇÃO. - Uma vez "inexistentes o espírito de ocultação premeditada e o propósito de surpreender o juízo, verificada a necessidade, ou a conveniência, da juntada do documento, ao magistrado cumpre admiti-la" (SANTOS, Moacyr Amaral apud DIDIER JR., Fredie; BRAGA, Paula Sarno; OLIVEIRA, Rafael Alexandria de. Curso de direito processual civil: teoria da prova, direito probatório, ações probatórias, decisão, precedente, coisa julgada e antecipação da tutela. 8. ed. rev., ampl. e atual. Salvador: JusPodivm, 2013. v. 2. p. 193). MÉRITO. (2) ALIMENTOS SOLIDÁRIOS. BINÔMIO. NECESSIDADES. NÃO DEMONSTRAÇÃO. ÔNUS PROBATÓRIO DO AUTOR (ART. 373, I, CPC/215) - A ruptura do matrimônio ou da união estável traz inexorável diminuição das condições sociais das partes, não sendo razoável exigir que um dos companheiros tenha que manter o outro nos mesmos moldes de como viviam em conjunto, mormente quando considerado o amplo lapso temporal entre o fim da união e o ajuizamento do pleito alimentar. In casu, os elementos probatórios não demonstram a necessidade de pensionamento. (3) ANTECIPAÇÃO DOS EFEITOS DA TUTELA. ARROLAMENTO DE BENS. REQUISITOS. AUSÊNCIA. LUCROS. DIVISÃO IMEDIATA. INVIABILIDADE. AUDITORIA. PLEITO PREJUDICADO. - A natureza dos bens partilháveis, por si só, não preenche o "fundado receio" exigido pelo inciso I do artigo 381 do Código de Processo Civil de 2015, na medida em que o ordenamento jurídico presume a boa-fé. Assim sendo, na ausência de indícios de dilapidação patrimonial, incabível o deferimento da medida. DECISÃO MANTIDA. RECURSO DESPROVIDO. (TJ-SC; AI 40120245620178240000 Itajaí; Quinta Câmara de Direito Civil; Rel. Henry Petry Junior; Julg. 05/12/2017)

§ 2º A produção antecipada da prova é da competência do juízo do foro onde esta deva ser produzida ou do foro de domicílio do réu.

§ 3º A produção antecipada da prova não previne a competência do juízo para a ação que venha a ser proposta.

Produção antecipada de prova e ausência de prevenção:

✓ Conflito Negativo de Competência - ação ordinária de cobrança de seguro por morte natural e devolução de indébito remetida ao juízo suscitante, sob o argumento de que lá tramitou ação cautelar de exibição de documentos - tutela de urgência que não previne competência para ulterior ação cognitiva ou de execução - inteligência do artigo 381, § 3º, do Novo Código de Processo Civil - precedente - conflito procedente - competência do juízo suscitado. (TJ-SP; 00276321120178260000 SP; Câmara Especial; Rel. Ademir Benedito (Vice Presidente); Julg.21/08/2017; Data de Publicação: 29/08/2017)

✓ CONFLITO NEGATIVO DE COMPETÊNCIA - CAUTELAR DE PRODUÇÃO ANTECIPADA DE PROVAS - INEXISTÊNCIA DE PREVENÇÃO PARA A AÇÃO DECORRENTE - INTELIGÊNCIA DO ART. 381, § 1º, CPC - COMPETÊNCIA ATRIBUÍDA PELA DISTRIBUIÇÃO LIVRE DA AÇÃO ORDINÁRIA - CONFLITO CONHECIDO PARA DECLARA A COMPETÊNCIA DO JUÍZO SUSCITADO. (TJ-SP; CC 00103306620178260000 SP; Câmara Especial; Rel. Salles Abreu (Pres. Seção de Direito Criminal); Julg. 27/03/2017; Data de Publicação: 28/03/2017)

✓ CONFLITO NEGATIVO DE COMPETÊNCIA. EXIBIÇÃO DE DOCUMENTOS. RECLAMAÇÃO TRABALHISTA. PREVENÇÃO. INOCORRÊNCIA. "A produção antecipada da prova não previne a competência do juízo para a ação que venha a ser proposta" (NCPC, art. 381, § 3º; CPC/73, art. 800). Cuida-se de norma processual aplicável ao processo do trabalho, cujo procedimento, na seara juslaborista, é regido pelos arts. 668/669 da CLT. No magistério de Manoel Antônio Teixeira Filho, "a prova poderá ser produzida sem que seja para instruir processo futuro, mas para simples documentação. Esse era o procedimento da justificação (medida cautelar específica) prevista no art. 862 do CPC revogado". Nessa ordem de ideias, a exibição de documentos consiste em medida de caráter satisfativo, conservativo de direito, não ensejando a prevenção do juízo. (TRT-10; CC 00001672320175100000 DF; Rel. Ricardo Alencar Machado; Julg. 30/05/2017)

§ 4º O juízo estadual tem competência para produção antecipada de prova requerida em face da União, de entidade autárquica ou de empresa pública federal se, na localidade, não houver vara federal.

→ *v.* Art. 109, § 3º, da CF/1988.

Competência da Justiça Estadual para análise de produção antecipada de prova relativo a feito que tramitará na Justiça Federal:

✓ CONFLITO DE COMPETÊNCIA Nº 152.287 - SP (2017/0108016-6) RELATOR : MINISTRO MARCO AURÉLIO BELLIZZE SUSCITANTE : JUÍZO DE DIREITO DA 2A VARA CÍVEL DE PRAIA GRANDE - SP SUSCITADO : JUÍZO FEDERAL DA 1A VARA DE SÃO VICENTE - SJ/SP INTERES. : MARCO MAURICIO DE SOUZA ADVOGADOS : SAMUEL LEONARDO FRANCISCO ALVES SOARES - SP311668 THIEGO SANTOS DE SOUZA - SP334297 JOÃO BARBOSA MOREIRA - SP326232 INTERES. : CAIXA ECONÔMICA FEDERAL INTERES. : CAIXA SEGURADORA S/A INTERES. : JOSE APARECIDO PEREIRA INTERES. : LUCIA ROSA DE SOUZA PEREIRA CONFLITO NEGATIVO DE COMPETÊNCIA. 1. AÇÃO DE PRODUÇÃO ANTECIPADA DE PROVA EM FACE DE EMPRESA PÚBLICA FEDERAL PROMOVIDA PERANTE A JUSTIÇA FEDERAL. DECLÍNIO DA COMPETÊNCIA, COM BASE NO ART. 381, § 4º, DO CPC. JUÍZO ESTADUAL, INVESTIDO, POR DELEGAÇÃO, DE JURISDIÇÃO FEDERAL QUE SUSCITA O PRESENTE CONFLITO DE COMPETÊNCIA. COMPETÊNCIA DO RESPECTIVO TRIBUNAL REGIONAL FEDERAL PARA DIRIMÍ-LO, A TEOR DO ENUNCIADO N. 3 DA SÚMULA DO STJ. 2. CONFLITO DE COMPETÊNCIA NÃO CONHECIDO, DETERMINANDO-SE A REMESSA DOS AUTOS, COM URGÊNCIA, AO RESPECTIVO TRF. 1. O presente conflito negativo de competência envolve, de um lado, o Juízo federal, competente originariamente para conhecer e julgar ação em que conste como parte a União, entidade autárquica ou empresa pública federal, e, de outro, o Juízo estadual, investido, por delegação, de jurisdição federal, a ser dirimido pelo respectivo Tribunal Regional Federal, a teor do enunciado n. 3 da Súmula do STJ. 2. Conflito de competência não conhecido, com determinação, com urgência a considerar o nítido viés acautelatório da ação de produção antecipada de provas, a remessa dos autos ao Tribunal Regional Federa da 3ª Região. DECISÃO Cuida-se de conflito de competência negativo instaurado entre o Juízo de Direito da 2ª Vara Cível de Praia Grande/SP, como suscitante, e o Juízo Federal da 1ª Vara de São Vicente - SJ/SP, como suscitado, no bojo de ação de produção antecipada de provas, promovida por Marco Maurício de Souza contra Caixa Econômica Federal, Caixa de Seguros S/A, José Aparecido Pereira e Lúcia Rosa de Souza Pereira, tendo por propósito obter o provimento jurisdicional destinado à realização de perícia técnica em imóvel de sua propriedade, situado no município de Praia Grande/SP, objeto de financiamento imobiliário firmado com a primeira ré, bem como à oitiva de testemunhas e à requisição de documentos aos réus e à Prefeitura Municipal. A referida ação de produção antecipada de provas foi promovida perante o Juízo Federal da 1ª Vara de São Vicente - SJ/SP, que declinou de sua competência, sob os seguintes fundamentos: [...] não vislumbro, no presente caso, razões que justifiquem a competência desta vara para o processamento e julgamento da presente ação. Isto porque o artigo 381 do Código de Processo Civil, invocado pelo autor, diz que (g.n.): Art. 381. A produção antecipada da prova será admitida nos casos em que: (...) § 2º A produção antecipada da prova é da competência do juízo do foro onde esta deve ser produzia ou do foro de domicílio do réu. § 3º A produção antecipada da prova não previne a competência do juízo para a ação que venha a ser proposta. § 4º O Juízo estadual tem competência para produção antecipada de prova requerida em face da União, de entidade autárquica ou de empresa pública federal, se, na localidade, não houver vara federal (...) Tal dispositivo cuida, inclusive, de competência delegada à Justiça Estadual com o fito de facilitar o acesso das partes ao Judiciário. Destarte, em municípios onde não há varas federais, a produção antecipada de provas há de ser ajuizada e processada perante o Juízo de Direito do foro onde devam ser produzidas. Mesmo com a existência de vara federal com jurisdição sobre esse município, isso não tem o condão de modificar a competência fixada pela novel legislação processual. No caso dos autos, a prova pericial requerida, bem como a testemunhal, será produzida em Praia Grande. Por isso, determino a remessa dos autos ao Juízo Estadual de Praia Grande, com a respectiva baixa, ressaltando que, consoante disposto no § 3º do artigo 381 acima transcrito, a produção antecipada da prova sob comando da Justiça Estadual não previne aquele Juízo. (e-STJ, fls. 99-100) Distribuído o feito ao Juízo da 2ª Vara Cível da Comarca de Praia Grande/SP, este reconheceu a sua incompetência e suscitou o presente conflito de competência, sob os seguintes fundamentos: [...] No caso em análise, o polo passivo também é ocupado por empresa pública federal, sendo certo nos termos do art. 109, inciso I, da Constituição Federal, firma-se a competência absoluta da Justiça Federal, competência esta prevista em norma constitucional e que não poder ser alterada por mera legislação adjetiva. Ademais, ainda que se aceitasse a alteração/ampliação de competência sem mudança no texto constitucional, por simples legislação ordinária, a regra do artigo 381, par.4º, do Código de Processo Civil jamais poderia ser interpretada como mitigação da competência da Justiça Federal, mas mera faculdade do jurisdicionado que poderia optar por demanda perante a Justiça Estadual, se na localidade não houvesse Vara Federal instalada. Oportuno salientar que a intenção do legislador (ainda que em violação de regra constitucional) parece ter sido foi facilitar o acesso à justiça de jurisdicionados que se encontram instalados em regiões longínquas , que distam vários quilômetros das sedes de Varas Federais, o que não se verifica no presente caso, vez que as cidades da Baixada Santista estão integradas em região metropolitana e se desenvolveram uma ao lado da outra, de tal modo que acabaram se unindo como se fosse uma, formando uma conurbação. Ademais, o fórum da Comarca de Praia Grande dista pouco mais de 10 km do fórum da sede da Justiça Federal de São Vicente, sendo certo que as cidades da região são servidas com rede regular de transporte urbano intermunicipal. Deste modo, não havendo competência absoluta da Justiça Estadual para o processamento da produção antecipada de provas, não poderia o juízo suscitado declinar de ofício e determinar a remessa dos autos ao juízo que entende competente, supondo dificuldades que o autor não vislumbrou na propositura da ação, escorando-se em regra que viola texto constitucional, sendo certo que o feito pode ter seu curso normal na Vara Federal de São Vicente, onde deverá ser proposta a ação principal, que tem competência jurisdicional sobre o município de Praia Grande para questões afetas à área federal, inclusive para produção da prova postulada nos limites de sua área de atuação jurisdicional. (e-STJ, fls. 1-3) O demandante da ação subjacente ao presente conflito de competência requereu, em tutela de urgência, seja determinado "um juízo (estadual ou federal) para tomar as medidas urgentes que o caso requer, especialmente a nomeação do perito e designação urgente da perícia in limine litis e inaudita altera pars, até que o presente conflito de competência seja julgado, em respeito ao princípio da dignidade da pessoa humana" (e-STJ, fls. 109-113). Brevemente relatado, decido. O presente conflito de competência não pode ser conhecido pelo Superior Tribunal de Justiça, a teor do enunciado n. 3 da Súmula do STJ. A definição da competência para conhecer e julgar a subjacente ação de produção antecipada de prova perpassa pela interpretação do art. 381, §§ 3º e 4º - disposição legal inédita -, que encerra hipótese de competência delegada, admitida pela Constituição Federal, em seu art. 109, § 3º, parte final, com o nítido escopo de viabilizar o acesso à Jurisdição, indiscutivelmente. Como se constata, o presente conflito negativo de competência envolve, de um lado, o Juízo federal, competente originariamente para conhecer e julgar ação em que conste como parte a União, entidade autárquica ou empresa pública federal, e, de outro, o Juízo estadual, investido, por delegação, de jurisdição federal, a ser dirimido pelo respectivo Tribunal Regional Federal. Por conseguinte, o presente incidente não comporta conhecimento por parte do Superior Tribunal de Justiça. Em arremate, na esteira dos fundamentos acima delineados, não conheço do presente conflito de competência, determinando-se, com urgência a considerar o nítido viés acautelatório da ação de produção antecipada de provas, a remessa dos autos ao Tribunal Regional Federa da 3ª Região. Publique-se. Brasília (DF), 29 de junho de 2017. MINISTRO MARCO AURÉLIO BELLIZZE, Relator (STJ; CC 152287 SP 2017/0108016-6; Rel. Ministro Marco Aurélio Bellizze, Data de Publicação: DJ 01/08/2017)

§ 5º Aplica-se o disposto nesta Seção àquele que pretender justificar a existência de algum fato ou relação jurídica para simples documento e sem caráter contencioso, que exporá, em petição circunstanciada, a sua intenção.

→ *v.* Súmula 32 do STJ.

→ *v.* Arts. 46, § 3º, 69, § 2º, 89, e 113 da Lei 6.015/1973.

Justificação por meio da produção antecipada de provas:

✓ APELAÇÃO CÍVEL. AÇÃO DE PRODUÇÃO ANTECIPADA DE PROVA POR MEIO DE JUSTIFICAÇÃO. AQUISIÇÃO DE VEÍCULO AUTOMOTOR. PROBLEMAS DE PERDA DE POTÊNCIA. PEDIDO DE PRODUÇÃO DE PARECER TÉCNICO VIA PERÍCIA MINUCIOSA PELA CONCESSIONÁRIA COM DETALHAMENTO DOS MOTIVOS DA FALHA NO MOTOR. PROVA REQUERIDA PARA SUBSIDIAR FUTURA AÇAO CONTRA O SUPOSTO CAUSADOR DO DANO (POSTO DE GASOLINA QUE COMERCIALIZAVA COMBUSTÍVEL ADULTERADO). AUSÊNCIA DE OBRIGAÇÃO LEGAL DA CONCESSIONÁRIA. VEÍCULO CONSERTADO. OBRIGAÇÃO CUMPRIDA. OBSERVÂNCIA AO PRINCÍPIO DO CONTRADITÓRIO E DA AMPLA DEFESA. SENTENÇA MANTIDA. RECURSO DESPROVIDO. (TJ-SC; AC 03017624520168240075 Tubarão; Terceira Câmara de Direito Civil; Rel. Fernando Carioni; Julg. 05/12/2017)

Art. 382. Na petição, o requerente apresentará as razões que justificam a necessidade de antecipação da prova e mencionará com precisão os fatos sobre os quais a prova há de recair.

§ 1º O juiz determinará, de ofício ou a requerimento da parte, a citação de interessados na produção da prova ou no fato a ser provado, salvo se inexistente caráter contencioso.

Citação dos interessados:

✓ Agravo de Instrumento – Ação de obrigação de fazer cumulada com pedido de indenização – Inicial recebida como pedido de produção antecipada de prova, determinando-se, com fulcro no art. 382, § 1º, do CPC, a citação do réu para, no prazo de 15 dias, exibir o documento solicitado – Inadmissibilidade, tendo-se em vista o caráter contencioso da presente medida – Citação que deve ser feita para apresentação de defesa, no prazo de quinze dias – Determinação para exibição do documento solicitado que deve ser afastada – Matérias deduzidas na defesa que ainda deverão ser apreciadas pelo douto Magistrado, após a oitiva do autor – Recurso do réu provido, com observação. (TJ-SP; 21090763220178260000 SP; 14ª Câmara de Direito Privado; Rel. Thiago de Siqueira; Julg. 14/08/2017; Data de Publicação: 14/08/2017)

§ 2º O juiz não se pronunciará sobre a ocorrência ou a inocorrência do fato, nem sobre as respectivas consequências jurídicas.

→ *v.* Enunciado 5 do CEAPRO: No depoimento pessoal, a parte contrária deve ter o mesmo tratamento da parte depoente, ou seja, cabe ao magistrado a definição prévia acerca da permanência das partes quando do depoimento da parte contrária.

Limites à cognição do juiz:

✓ APELAÇÃO. Da produção antecipada da prova. Art. 381 e seguintes do CPC/2015. Pretensão da autora que revela nítida intenção de inversão do ônus da prova. Inadmissibilidade, no caso concreto. Art. 382, § 2º, do CPC/2015: "O juiz não se pronunciará sobre a ocorrência ou a inocorrência do fato, nem sobre as respectivas consequências jurídicas." Sentença mantida por seus próprios fundamentos, nos termos do art. 252 do Regimento Interno do Tribunal de Justiça do Estado de São Paulo. Recurso desprovido. (TJ-SP; 10025565220168260242 SP; 38ª Câmara de Direito Privado; Rel. Flávio Cunha da Silva; Julg. 27/09/2017; Data de Publicação: 28/09/2017)

✓ APELAÇÃO CÍVEL – AÇÃO DE PRODUÇÃO ANTECIPADA DE PROVAS – DECISÃO QUE EXTINGUIU O FEITO SEM RESOLUÇÃO DE MÉRITO – FORO PRIVILEGIADO POR PRERROGATIVA DE FUNÇÃO – IMPOSSIBILIDADE DE PRONUNCIAMENTO DO MAGISTRADO ACERCA DAS CONSEQUÊNCIAS JURÍDICAS DA PRODUÇÃO DA PROVA – ART. 382, § 2º, DO CPC – NULIDADE DA SENTENÇA. – Na ação de produção antecipada de provas não cabe ao juiz se pronunciar acerca das consequências jurídicas da produção da prova pleiteada, cumprindo ao magistrado tão somente viabilizar que a prova seja produzida. (TJ-MG; AC 10280160043798001 MG; 3ª Câmara Cível; Rel. Jair Varão; Julg. 23/03/2017; Data de Publicação: 11/04/2017)

§ 3º Os interessados poderão requerer a produção de qualquer prova no mesmo procedimento, desde que relacionada ao mesmo fato, salvo se a sua produção conjunta acarretar excessiva demora.

§ 4º Neste procedimento, não se admitirá defesa ou recurso, salvo contra decisão que indeferir totalmente a produção da prova pleiteada pelo requerente originário.

v. Enunciado 32 do CJF: – A vedação à apresentação de defesa prevista no art. 382, § 4º, do CPC, não impede a alegação pelo réu de matérias defensivas conhecíveis de ofício.

Apresentação de defesa e interposição de recurso na produção antecipada de provas:

✓ PROCESSUAL CIVIL. MEDIDA CAUTELAR DE PRODUÇÃO ANTECIPADA DE PROVA. PERÍCIA EM EDIFÍCIO RESIDENCIAL PARA AVERIGUAÇÃO DE VÍCIOS CONSTRUTIVOS. PROVA PRODUZIDA. SENTENÇA HOMOLOGATÓRIA. INSURGÊNCIA DA REQUERIDA. PEDIDO DE NÃO CONHECIMENTO DO RECURSO EM CONTRARRAZÕES, POR FALTA DE DIALETICIDADE. INSUBSISTÊNCIA. CLAREZA DAS RAZÕES E EXISTÊNCIA DE IMPUGNAÇÕES ESPECÍFICAS À SENTENÇA. APLICAÇÃO DO ART. 382, § 4º, DO NOVO CPC. VERIFICAÇÃO DO CABIMENTO DO RECURSO. CONTRADITÓRIO E AMPLA DEFESA DIFERIDOS NO PROCEDIMENTO CAUTELAR. RECURSO CABÍVEL APENAS PARA DISCUSSÃO DE QUESTÕES PROCESSUAIS COGENTES (DE ORDEM PÚBLICA), CONFORME INTERPRETAÇÃO DOUTRINÁRIA. CONSIDERAÇÕES DA REQUERIDA ACERCA DO CONTEÚDO E DA ADEQUAÇÃO METODOLÓGICA DO LAUDO PERICIAL. RECURSO NÃO CONHECIDO NO PONTO. NATUREZA MERAMENTE HOMOLOGATÓRIA DA MEDIDA CAUTELAR. INVIABILIDADE DE VALORAÇÃO DA PROVA. LAUDO TÉCNICO, ADEMAIS, PRODUZIDO COM PLENO RESPEITO ÀS NORMAS PROCESSUAIS, POIS PREENCHIDOS OS REQUISITOS DO ART. 473 DO CPC. VERBAS SUCUMBENCIAIS. RESISTÊNCIA À PRETENSÃO CAUTELAR SUFICIENTEMENTE CARACTERIZADA PELA APRESENTAÇÃO DE CONTESTAÇÃO E IMPUGNAÇÃO. RESPONSABILIDADE DA PARTE VENCIDA PELAS CUSTAS PROCESSUAIS E HONORÁRIOS, TANTO OS PERICIAIS COMO OS ADVOCATÍCIOS. PRECEDENTE DO STJ. SENTENÇA MANTIDA. FIXAÇÃO DE HONORÁRIOS RECURSAIS. RECURSO CONHECIDO EM PARTE E, NESTA EXTENSÃO, DESPROVIDO. 1. "O momento próprio para impugnar a higidez do laudo pericial produzido através de medida cautelar de produção antecipada de provas é no curso normal da ação cognitiva, até porque os estreitos limites daquela natureza processual conservativa não admitem impugnações ou contraditas" (TJ-SC; AC 03051461620158240054 Rio do Sul; Terceira Câmara de Direito Civil; Rel. Marcus Tulio Sartorato; Julg. 04/07/2017)

✓ VISTOS. 1. Trata-se de agravo de instrumento interposto por Banco Itaucard S/A da decisão de fls. 66/67, proferida na "ação de produção antecipada de provas" ajuizada por Maria Leocidia Veneski, que determinou a apresentação do contrato de financiamento atrelado ao CPF da autora em 15 (quinze) dias, sob pena de multa diária de R$1.000,00 (mil reais). Sustenta o agravante que o não cumprimento voluntário da obrigação de exibir documentos não pode ensejar a cominação de multa diária, na medida em que as consequências do desatendimento da determinação já vêm estabelecidas pelo legislador, passando-se a admitir como verdadeiros os fatos que pelo documento se pretendia provar na ação ordinária. Considera que o juiz deve avaliar a utilidade e efetividade da medida coercitiva a ser aplicada e que o valor arbitrado é excessivo, especialmente porque as astreintes não têm função reparatória ou indenizatória. Destaca que não foi demonstrada a existência de eventual relação jurídica entre as partes e requer o provimento do recurso, com o afastamento da multa aplicada, que estaria contrariando a Súmula 372, do Superior Tribunal de Justiça, ou, alternativamente, sua redução. O efeito suspensivo postulado foi indeferido às fls. 78/79-verso e a agravada, apesar de intimada, não apresentou contrarrazões (fl.82). 2. A decisão recorrida foi proferida quando já em vigor o Novo Código de Processo Civil, de modo que deve ser observada a nova legislação, conforme enunciado administrativo nº 3, do e. Superior Tribunal de Justiça: "Aos recursos interpostos com fundamento no CPC/2015 (relativos a decisões publicadas a partir de 18 de março de 2016) serão exigidos os requisitos de admissibilidade recursal na forma do novo CPC." Maria Leocidia Veneski propôs "ação de produção antecipada de prova", em julho de 2016, quando já em vigor o Novo Código de Processo Civil, requerendo fosse determinada ao Banco Itaucard S/A a apresentação do contrato de financiamento que teria sido firmado mediante o uso indevido de seu CPF. O Juízo a quo, ao receber a petição inicial, determinou que o requerido, em 15 (quinze) dias, apresentasse "os documentos solicitados (contratos firmados e extratos da conta), sob pena de incidir em multa diária no valor de R$1.000,00 (mil reais)". Considerando que referida decisão poderia importar em lesão de difícil reparação, em razão da multa arbitrada, o Banco Itaucard S/A interpôs o presente agravo de instrumento. Inobstante o indeferimento do efeito suspensivo postulado e a determinação de processamento do recurso, o agravo de instrumento não comporta conhecimento. De acordo com o artigo 1015, inciso VI, do NCPC, é cabível agravo de instrumento contra decisão interlocutória que versar sobre "exibição ou posse de documento ou coisa". Todavia, trata-se de procedimento de produção antecipada de provas, formulado com base nos artigos 381 e seguintes do NCPC, e não de ação de exibição de documento (arts. 396 e ss., NCPC). O § 4º do artigo 382 do NCPC expressamente veda a interposição de recurso no procedimento de produção antecipada de provas, salvo em caso de uma única exceção, que não se amolda à presente hipótese: "Art. 382. (...) § 4º. Neste procedimento, não se admitirá defesa ou recurso, salvo contra decisão que indeferir totalmente a produção da prova pleiteada pelo requerente originário." Deste modo, diante da expressa vedação legal (art. 382, § 4º. NCPC), nego seguimento ao agravo de instrumento, com fulcro no artigo 932, inciso III, do Novo Código de Processo Civil, porque manifestamente inadmissível. Intimem-se. Em 08 de fevereiro de 2017 Desª ÂNGELA KHURY – Relatora (TJ-PR; AI 15790351 PR 1579035-1 (Decisão Monocrática); 10ª Câmara Cível; Rel. Ângela Khury; Julg. 10/02/2017; Data de Publicação: DJ: 1986 10/03/2017)

✓ VOTO Nº 25421 AÇÃO AUTÔNOMA DE EXIBIÇÃO DE DOCUMENTOS. Admissibilidade como produção antecipada de provas. Incidência do regramento previsto nos arts. 381 e seguintes do NCPC. Recurso cabível somente quando indeferida a produção da prova pleiteada. Inteligência do art. 382, § 4º, do NCPC. Sentença que homologou a produção antecipada de provas. Sentença irrecorrível. Recurso não conhecido. (TJ-SP; 10087309720178260224 SP; 12ª Câmara de Direito Privado; Rel. Tasso Duarte de Melo; Julg.24/11/2017; Data de Publicação: 24/11/2017)

✓ Apelação. Produção antecipada de provas. Faturas de energia elétrica apresentadas nos autos pela concessionária. Impossibilidade de interposição de apelo. Art. 382, § 4º, do CPC. Recurso não conhecido. (TJ-SP; 10284168620178260576 SP; 4ª Câmara de Direito Público; Rel. Luis Fernando Camargo de Barros Vidal; Julg.13/11/2017; Data de Publicação: 14/11/2017)

Art. 383. Os autos permanecerão em cartório durante 1 (um) mês para extração de cópias e certidões pelos interessados.

Parágrafo único. Findo o prazo, os autos serão entregues ao promovente da medida.

→ V. Art. 112 da Lei 6.015/1973.

Autos em cartório e posterior entrega aos interessados:

✓ RECURSO ELEITORAL. AÇÃO CAUTELAR. QUEBRA DO SIGILO BANCÁRIO. EXTINÇÃO SEM APRECIAÇÃO DO MÉRITO. PERDA DO OBJETO. IMPOSSIBILIDADE DE AJUIZAMENTO DE AÇÕES CIVEÍS -ELEITORAIS. AFERIÇÃO DE EVENTUAL PRÁTICA DE CRIME DO ART. 350 DO CÓDIGO ELEITORAL. MEIO INIDÔNEO. DESENTRANHAMENTO DE PEÇAS PARA ADOÇÃO DE EVENTUAL INVESTIGAÇÃO POR ILÍCITO PENAL. RECURSO DESPROVIDO. I – Recurso interposto em face de decisão que extinguiu, sem apreciação do mérito, ação cautelar que visava à quebra do sigilo bancário dos ora recorridos, diante de indícios de fraude no financiamento de campanha eleitoral. II – O Parquet, por meio de dados disponibilizados pelo sistema Sisconta, averiguou que os três recorridos teriam supostamente realizado doações vultosas em favor do candidato eleito ao cargo de vereador, ora 1º recorrido, ainda que sua renda formal declarada fosse incompatível com os valores doados. III – Verifica-se na fundamentação da peça exordial a intenção do Parquet de utilizar-se da presente ação cautelar para subsidiar possível oferecimento de representação por excesso de doação, ação de natureza cível-eleitoral, fundamento igualmente utilizado pelo Juízo a quo para a concessão da medida cautelar. IV – Despicienda a análise da questão relativa ao não cumprimento da determinação judicial para apresentação dos extratos bancários do 1º recorrido. O descumprimento parcial da medida requerida não tem o condão de manter o prosseguimento do feito, quando o interesse na esfera cível não mais subsiste. V – No que se refere à alegação de que a presente demanda teria também por objetivo a análise de crime prevista no art. 350 do Código Eleitoral, em nenhum momento a peça inicial do presente feito faz referência à matéria criminal, motivo pelo qual o juízo sentenciante, quando deferiu o pedido de quebra de sigilo, sequer fez menção a tal questão. VI – A Ação Cautelar não se apresenta como meio idôneo a dar prosseguimento a uma eventual investigação penal, a qual possui o inquérito criminal como instrumento adequado e previsto em lei para sua concretização. VII – Viável o prosseguimento da investigação em sede criminal, inclusive com a restante da quebra de sigilo não ocorrida, em procedimento próprio de persecução criminal, a fim de assim complementar a obtenção de dados para averiguação de eventual ilícito penal. VIII – Uma vez transitada em julgado a decisão proferida na prestação de contas e não havendo a possibilidade de oferecimento das demais ações cíveis-eleitorais, a ação cautelar, ao contrário do que decidido pelo Juízo processante, não deve ser extinta, nos termos do art. 485, VI, do CPC, por ausência de interesse processual. IX – Tão logo satisfeito o pedido formulado, deve o magistrado em sua decisão tão somente homologar as provas produzidas, confirmando a regularidade de sua produção. X – Indeferimento do requerimento formulado pela Procuradoria Regional Eleitoral de desentranhamento dos extratos bancários originais destes autos, para encaminhamento à Promotoria Eleitoral com atribuição perante a 147ª Zona Eleitoral. XI – Aplicação do regramento contido no art. 383 e parágrafo único do CPC, segundo o qual os autos permanecerão em cartório durante um mês para extração de cópias e certidões pelos interessados, sendo posteriormente entregues ao promovente da ação cautelar. DESPROVIMENTO DO RECURSO, alterando, ex officio, a decisão proferida pelo Juízo de 1º grau, HOMOLOGANDO A PRODUÇÃO DAS PROVAS COLIGIDAS NOS AUTOS, MERAMENTE SOB O ASPECTO FORMAL DE SUA REGULARIDADE. (TRE-RJ; RE 39895 Angra dos Reis – RJ; Rel. Luiz Antonio Soares; Julg.02/10/2017, Data de Publicação: DJERJ 10/10/2017; Pág. 10/14)

✓ Apelação. Produção antecipada de provas fundada no art. 381 do Código de Processo Civil/2015. Ação objetivando a exibição de documentos. Contrato exibido com a contestação. Resistência caracterizada. Necessidade de pagamento das verbas de sucumbência. Observação quanto à aplicação do art. 383 do NCPC. Recurso parcialmente provido. (TJ-SP; APL 10210681420168260071 SP; 38ª Câmara de Direito Privado; Rel. Flávio Cunha da Silva; Julg. 24/05/2017; Data de Publicação: 26/05/2017)

Seção III
Da Ata Notarial

→ *v.* Lei 8.935/1994 – Regulamenta o art. 236 da Constituição Federal, dispondo sobre serviços notariais e de registro (Lei dos cartórios).

Art. 384. A existência e o modo de existir de algum fato podem ser atestados ou documentados, a requerimento do interessado, mediante ata lavrada por tabelião.

Parágrafo único. Dados representados por imagem ou som gravados em arquivos eletrônicos poderão constar da ata notarial.

Ata notarial como meio de prova:

✓ APELAÇÃO CÍVEL. INDENIZAÇÃO POR DANOS MORAIS. INCÊNDIO OCORRIDO EM DEPÓSITO DE FERTILIZANTES RESULTANDO EM FUMAÇA TÓXICA E ATINGINDO DIVERSAS LOCALIDADES DO MUNICÍPIO DE SÃO FRANCISCO DO SUL. SENTENÇA DE IMPROCEDÊNCIA. INSURGÊNCIA DA AUTORA. PRELIMINAR DE CERCEAMENTO DE DEFESA PELO JULGAMENTO ANTECIPADO DA LIDE. INCONSISTÊNCIA. INEXISTÊNCIA DE PLEITO DE PRODUÇÃO DE PROVAS NA PETIÇÃO INICIAL. PREFACIAL RECHAÇADA. PREFACIAL DE AUSÊNCIA DE FUNDAMENTAÇÃO NO VEREDITO. INSUBSISTÊNCIA. JUÍZO QUE PORMENORIZOU OS FATOS E FUNDAMENTOS DE FORMA SATISFATÓRIA. MÉRITO. ALEGADA JUNTADA DE DOCUMENTOS SUFICIENTES A COMPROVAR O PREJUÍZO SOFRIDO. INOCORRÊNCIA. COMPROVANTE HÍGIDO DE RESIDÊNCIA NÃO COLACIONADO NO FEITO. CAPTURA DE TELA DE SITE ELETRÔNICO QUE, MESMO CONTENDO DADOS DO LOGRADOURO DA PARTE, NÃO POSSUI AUTENTICIDADE, TAMPOUCO PRESUNÇÃO DE VERACIDADE. INFORMAÇÕES ALIMENTADAS PELOS USUÁRIOS. NECESSIDADE DE REGISTRO EM ATA NOTARIAL. NÃO OCORRÊNCIA. DECLARAÇÃO DE RESIDÊNCIA PELO PROCURADOR QUE TAMBÉM POSSUI PRESUNÇÃO RELATIVA. IMPOSSIBILIDADE DE RECONHECIMENTO DO SUPOSTO DANO SUPORTADO PELA APELANTE. REQUISITO INDISPENSÁVEL PARA CARACTERIZAR O DEVER DE INDENIZAR. SENTENÇA MANTIDA. RECURSO CONHECIDO E DESPROVIDO. (TJ-SC; AC 05013871020138240061 São Francisco do Sul; Sexta Câmara de Direito Civil; Rel. André Luiz Dacol; Julg. 27/06/2017,)

✓ JUIZADO ESPECIAL CÍVEL. DIREITO AUTORAL E PROCESSUAL CIVIL. PERÍCIA TÉCNICA. DESNECESSIDADE. SUFICIÊNCIA DA PROVA DOCUMENTAL. INOCORRÊNCIA DE CERCEAMENTO DE DEFESA. TEORIA DA ASSERÇÃO. ILEGITIMIDADE ATIVA E PASSIVA. REJEIÇÃO. OBRA FOTOGRÁFICA. UTILIZAÇÃO DESAUTORIZADA EM PUBLICAÇÃO JORNALÍSTICA. DANO MATERIAL E MORAL CONFIGURADOS. NECESSIDADE DE REDUÇÃO DO QUANTUM. RECURSO CONHECIDO. PRELIMINARES REJEITADAS. PROVIDO EM PARTE. I. Trata-se de recurso inominado interposto pela parte ré em face da sentença que julgou procedentes os pedidos iniciais para condená-la ao pagamento de indenização, no valor de R$ 4.500,00 (quatro mil e quinhentos reais) por dano material em virtude do uso não autorizado de fotografia de autoria da parte recorrida, além de R$ 3.000,00 (três mil reais) a título de compensação por dano moral. A parte recorrente suscita a preliminar de ilegitimidade ativa, ao argumento de que a parte recorrida não comprovou ser a autora da fotografia. Argui, também, sua ilegitimidade passiva, porque obteve a imagem no site de busca Google, bem como pelo fato de que outros sítios eletrônicos teriam utilizado a mesma obra sem mencionar a autoria. Suscita, ainda, preliminar de cerceamento de defesa, porque não realizada prova pericial. No mérito, sustenta que não houve violação a direito autoral porque a fotografia constava na rede mundial de computadores sem menção ao autor da obra. Alega que não restou comprovada a ocorrência de dano material, tampouco de dano moral. Sustenta que não obteve lucro direto com a divulgação da imagem, pois a publicação possuía somente fim jornalístico. Subsidiariamente, pugna pela redução tanto do dano material, que entende deva ser fixado por arbitramento, quanto do dano moral, cuja fixação deve ser feita segundo o princípio da razoabilidade. II. Recurso próprio, tempestivo e com preparo regular (ID 1639503 e 1639502). Contrarrazões apresentadas (ID 1639512). III. À luz da teoria da asserção, as condições da ação, dentre elas a legitimidade ad causam, devem ser apreciadas conforme a exposição na petição inicial. No caso, a parte recorrida afirma-se autora de obra intelectual utilizada sem autorização pela parte ré, de forma que ambas são partes legítimas para figurarem como partes na demanda. Por conseguinte, rejeito as preliminares de ilegitimidade ativa e passiva. IV. Desnecessária a realização de prova pericial, porquanto a prova documental se revela suficiente para a solução da demanda, em especial em razão da ata notarial juntada pela parte recorrida (ID 1639471), a qual não restou especificamente impugnada pela parte recorrente. Acerca da ata notarial, dispõe o Estatuto Processual Civil: Art. 384. A existência e o modo de existir de algum fato podem ser atestados ou documentados, a requerimento do interessado, mediante ata lavrada por tabelião. Parágrafo único. Dados representados por imagem ou som gravados em arquivos eletrônicos poderão constar da ata notarial. Rejeita-se, portanto, a preliminar de cerceamento de defesa. V. O art. 5.º, XXII da Constituição da República assegura aos autores de produção intelectual o direito exclusivo de utilização, publicação ou reprodução de suas obras. Na mesma esteira, a Lei 9.610/98 estatui que cabe ao autor de obra literária, artística ou científica o direito exclusivo de utilizar, fruir e dispor da obra, cuja utilização, por qualquer modalidade, depende de sua autorização prévia e expressa (artigos 28 e 29). VI. Na situação dos autos, restou efetivamente demonstrada a autoria da fotografia (ID 1639476, p. 1-2; 5), bem como a utilização desta no sítio eletrônico da parte recorrida, em matéria jornalística (ID 1639471, p. 1-10). A inexistência de autorização para a utilização da foto foi reconhecida pela parte recorrente, que justifica sua conduta no fato de ter obtido a imagem por meio de consulta realizada na internet. A escusa, todavia, não lhe aproveita, mormente porque se trata de pessoa jurídica voltada a publicações jornalísticas, a quem cumpre ter conhecimento das normas para utilização de imagens fotográficas, bem como da possibilidade de violação de direitos autorais em relação àquelas obtidas sem cautela na rede mundial de computadores, sendo certo que o art. 7.º da Lei 9.610/98 assegura a proteção autoral às obras ?expressas por qualquer meio ou fixadas em qualquer suporte, tangível ou intangível?, o que alcança as fotografias que possam ser encontradas no meio eletrônico. De igual sorte, a utilização de fotografias da parte recorrida por terceiros, com ou sem violação de direito autoral, também não socorre a parte recorrente, pois a defesa do seu direito de autor é faculdade da parte recorrida, cujo não exercício em relação a determinada violação não impede que busque a proteção jurídica frente a outra. VII. O uso indevido da obra fotográfica, sem a autorização expressa do autor, gera o dever de indenizar materialmente, uma vez que a parte recorrente deixou de receber a pecúnia condizente com a utilização das fotos. Quanto ao valor do dano material, em que pese a demonstração da comercialização das fotografias em moeda estrangeira (ID 1639475, p. 11; ID 1639468, p. 18), o montante deve ser reduzido para R$ 2.000,00. VIII. A utilização não autorizada das fotografias, ainda que para a ilustração de matéria jornalística, aliada à ausência de identificação do autor da obra, configura violação ao disposto no artigo 79, § 1º, da lei 9.610/98 e caracteriza dano moral, que decorre da própria violação do direito de autor e dispensa prova do reflexo em outras órbitas do direito de personalidade da parte afetada. Por consequência, impõe-se a compensação do dano moral perpetrado. O valor da reparação deve guardar correspondência com o gravame sofrido, devendo o juiz pautar-se nos princípios da proporcionalidade e da razoabilidade, sopesar as circunstâncias do fato e as condições pessoais e econômicas das partes envolvidas, assim como o grau da ofensa moral e sua repercussão. Atento às diretrizes acima elencadas, entende-se o montante deve ser reduzido de R$ 3.000,00 para R$ 2.000,00, como suficiente para, com razoabilidade e proporcionalidade, compensar os danos sofridos pela parte recorrida, sem, contudo, implicar enriquecimento sem causa. IX. Recurso conhecido. Preliminares rejeitadas. Provido em parte para reduzir os valores fixados a título de indenização por danos materiais para R$ 2.000,00 e a título de danos morais, igualmente, para R$ 2.000,00. Mantidos os demais termos da sentença. Custas recolhidas. Sem condenação de honorários advocatícios ante a ausência de recorrente vencido. X. A súmula de julgamento servirá de acórdão, consoante disposto no artigo 46 da Lei nº 9.099/95. (TJ-DF; 07072119720168070007 DF; 2ª Turma Recursal dos Juizados Especiais Cíveis e Criminais do DF; Rel. Almir Andrade de Freitas; Julg.28/06/2017;

Data de Publicação: Publicado no DJE : 07/08/2017; Pág.: Sem Página Cadastrada.)

✓ TRIBUTÁRIO - APELAÇÃO - EMBARGOS À EXECUÇÃO FISCAL - ISS - EXERCÍCIOS DE 2009 E 2010 - MUNICÍPIO DE CACHOEIRA PAULISTA - Sentença que julgou improcedentes os embargos - Apelo da executada. CERTIDÃO DE DÍVIDA ATIVA - PRESUNÇÃO RELATIVA DE LEGALIDADE E VERACIDADE - LANÇAMENTO POR HOMOLOGAÇÃO - LANÇAMENTO DE OFÍCIO. O lançamento por homologação extingue o crédito, só se justificando uma execução fiscal se houve omissão ou inexatidão, caso em que um lançamento de ofício é obrigatório. Mesmo um lançamento por homologação exige alguma documentação física ou digital, cuja posse deveria ter o sujeito ativo. CERTIDÃO DE DÍVIDA ATIVA - PRESUNÇÃO RELATIVA DE LEGALIDADE E VERACIDADE - Presunção ilidida por meio de ata notarial - ATA NOTARIAL. Instrumento por meio do qual o notário atesta a existência e o modo de existir de algum fato - Documento dotado de fé pública - Inteligência do art. 364 do Código de Processo Civil de 1973, do art. 384 do Código de Processo Civil de 2015, do art. 7º, III, da Lei Federal nº 8.935/1994 e dos itens 137 e seguintes do Capítulo XIV das Normas de Serviço da Corregedoria Geral de Justiça do TJ/SP (Tomo II) - Ata que pode ser utilizada para diligências de constatação, equiparando-se, em valor probatório, à certidão do Oficial de Justiça, conforme entendimento doutrinário - No caso, foi juntada Ata Notarial de Constatação lavrada pela Titular do Tabelionato de Notas do Município, na qual se constata que o contribuinte se dirigiu até a Secretaria de Finanças e a Procuradoria do Município, locais onde lhe foi informado não existir qualquer documento a respeito do débito que se cobra, e que houve perda de dados em razão da alteração do sistema eletrônico da municipalidade. PROCESSO ADMINISTRATIVO CORRESPONDENTE À INSCRIÇÃO DE DÍVIDA ATIVA, À EXECUÇÃO FISCAL OU À AÇÃO PROPOSTA CONTRA A FAZENDA PÚBLICA. Obrigatoriedade de sua manutenção na repartição competente e apresentação aos interessados e ao juízo. - Violação ao art. 41 da Lei de Execuções Fiscais. Sentença reformada - Recurso provido. (TJ-SP; APL 10000287720168260102 SP; 15ª Câmara de Direito Público; Rel. Eurípedes Faim; Julg. 18/05/2017; Data de Publicação: 19/05/2017)

Seção IV
Do Depoimento Pessoal

Art. 385. Cabe à parte requerer o depoimento pessoal da outra parte, a fim de que esta seja interrogada na audiência de instrução e julgamento, sem prejuízo do poder do juiz de ordená-lo de ofício.

→ *v.* Enunciado 584 do FPPC: É possível que um litisconsorte requeira o depoimento pessoal do outro.

→ *v.* Enunciado 33 do CJF: No depoimento pessoal, o advogado da contraparte formulará as perguntas diretamente ao depoente.

§ 1º Se a parte, pessoalmente intimada para prestar depoimento pessoal e advertida da pena de confesso, não comparecer ou, comparecendo, se recusar a depor, o juiz aplicar-lhe-á a pena.

→ *v.* Súmula 74 do TST.

Depoimento pessoal e sanção de confesso:

✓ DECLARATÓRIA DE INEXISTÊNCIA DE DÉBITO - FATOS CONTRARIADOS PELA DEFESA - DESIGNAÇÃO DE AUDIÊNCIA PARA COLHEITA DE DEPOIMENTO PESSOAL - DETERMINAÇÃO DE OFÍCIO - POSSIBILIDADE - PENA DE CONFISSÃO Nos termos do art. 385 do CPC, cabe à parte requerer o depoimento pessoal da outra parte, a fim de que esta seja interrogada na audiência de instrução e julgamento, sem prejuízo do poder do juiz de ordená-lo de ofício, de modo que o julgador pode determinar a colheita do depoimento independentemente de pedido. E prossegue o § 1o do mesmo dispositivo que, se a parte, pessoalmente intimada para prestar depoimento pessoal e advertida da pena de confesso, não comparecer ou, comparecendo, se recusar a depor, o juiz aplicar-lhe-á a pena de confesso. Apelante devidamente intimada do ato, com as advertências respectivas. Penalidade devidamente aplicada. RECURSO IMPROVIDO. (TJ-SP; 10294193220168260602 SP; 30ª Câmara de Direito Privado; Rel. Maria Lúcia Pizzotti; Julg. 04/10/2017; Data de Publicação: 09/10/2017)

✓ Nulidade. Confissão. Alteração de endereço do Fórum. Intimação à parte. Ciência à parte feita em audiência anterior, de que deveria comparecer à próxima audiência sem que houvesse qualquer referência à alteração do local. Mudança do lugar do Fórum que constitui alteração substancial nas condições em que a ciência foi tomada. Portaria GP/CR nº 50/2014 que determina a nova intimação das partes, bem como dos advogados, em relação às audiências redesignadas. Intimação pessoal da autora que deveria ter sido realizada, por expressa imposição legal, na forma estabelecida pelo Código de Processo Civil atual (art. 343, parágrafo1º e parágrafo 2º) e em conformidade com o texto do Novo Código de Processo Civil (art. 385, parágrafo 1º). Sentença que indefere a maior parte dos pedidos, fundamentando-se na confissão aplicada. Nulidade configurada. (TRT-2; RO 00011573420145020261 SP; 00011573420145020261 A28; 6ª Turma; Rel. Edilson Soares de Lima; Julg. 26/05/2015; Data de Publicação: 01/06/2015)

✓ MASSA FALIDA. REVELIA E CONFISSÃO FICTA. POSSIBILIDADE. Há possibilidade de declaração da revelia e da aplicação dos efeitos da confissão ficta as empresas que tiveram decretada a falência, quando devidamente intimadas não comparecem à audiência em que deveriam prestar depoimento, considerando que a CLT regula inteiramente a matéria, em seu art. 843, § 1º, não havendo lacuna a autorizar a aplicação subsidiária do Código de Processo Civil. Demais disso, o art. 843 da CLT não traz qualquer exceção à aplicação desta penalidade, sendo certo que consubstancia-se em ônus do síndico da massa falida diligenciar quanto às demandas judiciais em que é parte. FRAUDE À RELAÇÃO DE EMPREGO. INDÍCIOS DE RELAÇÃO DE EMPREGO CONSOANTE RECOMENDAÇÃO Nº 198 DA OIT. VÍNCULO EMPREGATÍCIO CONFIGURADO. Na contratação de pessoa física na qualidade de prestador de serviços autônomo, para laborar em serviços enquadrados na atividade essencial da tomadora, com pessoalidade e subordinação, presume-se a fraude, formando-se o vínculo direto com a reclamada. As normas que versam sobre a relação de emprego e sua correspondência obrigatória com o contrato de trabalho têm natureza cogente e se impõem independentemente da vontade das partes. O princípio da primazia da realidade que informa o Direito do Trabalho prestigia a realidade dos fatos em detrimento das formas contratuais. Por outro lado, são nulos de pleno direito todos os atos tendentes a fraudar ou impedir a aplicação dos preceitos da Consolidação das Leis do Trabalho. Diante do princípio da primazia da realidade e do que dispõe o artigo 9º da CLT, a celebração de contrato de natureza civil é nula quando a realidade da prestação demonstra o exercício subordinado de atividades e de disponibilidade da força de trabalho e da energia humana do contratado. A relação fática de emprego corresponde à forma jurídica do contrato de trabalho, consoante regra expressa no artigo 442 da CLT, que precede a todas as outras e afasta as demais formas contratuais civis e societárias. Recurso do reclamante conhecido e provido no particular. (TRT-1; RO 00014621920115010045; Sétima Turma; Rel. Sayonara Grillo Coutinho Leonardo da Silva; Julg. 30/01/2017; Data de Publicação: 13/03/2017)

Interrogatório como direito da parte adversa:

✓ RECURSO ESPECIAL. PROCESSO CIVIL. DIREITO DE FAMÍLIA. LITISCONSÓRCIO. DEPOIMENTO PESSOAL. PARTE CONTRÁRIA. INCIDÊNCIA DO ARTIGO 343 DO CPC/1973. ATUAL ART. 385 DO NCPC/2015. AUSÊNCIA DE PREJUÍZO. NULIDADE AFASTADA. PAS DE NULLITÈ SANS GRIEF. PRINCÍPIO DA INSTRUMENTALIDADE DAS FORMAS. 1. Nos termos do art. 343 do CPC/1973 (atual artigo 385 do NCPC/2015), o depoimento pessoal é um direito conferido ao adversário, seja autor ou réu. 2. Não cabe à parte requerer seu próprio depoimento, bem assim dos seus litisconsortes, que desfrutam de idêntica situação na relação processual. 3. O sistema das nulidades processuais é informado pela máxima "pas de nullité sans grief", segundo a qual não se decreta nulidade sem prejuízo 4. Recurso especial não provido. (REsp 1291096; SP; Terceira Turma; Rel. Min. Ricardo Villas Bôas Cueva; Julg. 02/06/2016; DJe 07/06/2016)

§ 2º É vedado a quem ainda não depôs assistir ao interrogatório da outra parte.

§ 3º O depoimento pessoal da parte que residir em comarca, seção ou subseção judiciária diversa daquela onde tramita o processo poderá ser colhido por meio de videoconferência ou outro recurso tecnológico de transmissão de sons e imagens em tempo real, o que poderá ocorrer, inclusive, durante a realização da audiência de instrução e julgamento.

→ *v.* Arts. 236, § 3º, 453, § 1º, 461, § 2º, 937, § 4º, do NCPC.

Depoimento pessoal realizado via precatória:

✓ MANDADO DE SEGURANÇA- AÇÃO INDENIZATÓRIA POR DANOS MORAIS- DETERMINAÇÃO DE OUVIDA DAS REQUERIDAS NA COMARCA ONDE TRAMITA A DEMANDA- CORREQUERIDOS QUE TÊM DOMICÍLIO E ATIVIDADES EM COMARCA DIVERSA- INVOCAÇÃO DO DIREITO DE SER OUVIDO POR PRECATÓRIA- POSSIBILIDADE QUE SE DEVE RECONHECER- PRECEDENTES DO STJ E DESTA CORTE- ALTERNATIVA DE OUVIDAS POR TELECONFERÊNCIA OU OUTROS MEIOS RESSALVADA- SEGURANÇA CONCEDIDA, COM OBSERVAÇÃO. (TJ -SP; MS: 21122785120168260000 SP; 7ª Câmara de Direito Privado; Rel. Miguel Brandi; Julg. 22/03/2017; Data de Publicação: 23/03/2017)

Art. 386. Quando a parte, sem motivo justificado, deixar de responder ao que lhe for perguntado ou empregar evasivas, o juiz, apreciando as demais circunstâncias e os elementos de prova, declarará, na sentença, se houve recusa de depor.

→ *v.* Enunciado 635 do FPPC: Antes de decidir sobre a conduta da parte no depoimento pessoal, deverá o magistrado submeter o tema a contraditório para evitar decisão surpresa.

Recusa de depoimento:

✓ DECISÃO: ACORDAM os Senhores Desembargadores integrantes desta Sétima Câmara Cível do Tribunal de Justiça do Estado do Paraná, por unanimidade de votos, em NEGAR PROVIMENTO ao apelo, nos termos do voto do Relator. EMENTA: AÇÃO DE INDENIZAÇÃO. JULGADA IMPROCEDENTE.APELAÇÃO CÍVEL – PRELIMINAR DE NULIDADE DA SENTENÇA POR FALTA DE FUNDAMENTAÇÃO – AFASTADA – ALEGAÇÃO DE PROPAGANDA ENGANOSA REFUTADA COM O ACOLHIMENTO DOS EMBARGOS SEM EFEITOS INFRINGENTES – INSCRI-

ÇÃO NO SERASA – AUSÊNCIA DE PLEITO DE INDENIZAÇÃO NESTE SENTIDO MÉRITO – COMPROMISSO DE COMPRA E VENDA – DEPOIMENTO DO PREPOSTO DA MRV – INAPLICABILIDADE DO ART. 386 DO NCPC (ANTIGO 345 DO CPC/73)- DESCUMPRIMENTO DO PRAZO ENTREGA DO IMÓVEL – NÃO OCORRÊNCIA – BLOCO 3 COM "HABITE-SE" AVERBADO DESDE 2010 – CONTRATO CELEBRADO EM 2012 – DEMANDA INDENIZATÓRIA IMPROCEDENTE POR OUTRO FUNDAMENTO – RECURSO DESPROVIDO. APELAÇÃO CÍVEL DESPROVIDA. (TJPR – 7ª C.Cível – AC – 1615159-4 – Região Metropolitana de Londrina – Foro Central de Londrina – Rel.: Luiz Antônio Barry – Unânime – - J. 07.02.2017) (TJ-PR; APL 16151594 PR 1615159-4 (Acórdão); 7ª Câmara Cível; Rel. Luiz Antônio Barry; Julg. 07/02/2017; Data de Publicação: DJ: 1977 23/02/2017)

✓ APELAÇÃO. Ação de indenização por danos materiais e morais – Transporte aéreo internacional – Falha no atendimento de pessoa com deficiência e avaria de sua cadeira de rodas, despachada como bagagem, em três viagens realizadas – Autores: a criança com deficiência e seus genitores – Sentença de parcial procedência – Apelo do réu. AGRAVO RETIDO – Não conhecimento – Falta de requerimento para a apreciação pelos autores nas contrarrazões apresentadas. FALHA NO SERVIÇO – Ocorrência – Afastamento da pena de confissão ficta aplicada devido ao amplo desconhecimento do preposto do réu – Inexistência de recusa da parte em prestar o depoimento – Resultado inalterado, porque o réu não logrou produzir prova acerca da regularidade de seus procedimentos no caso concreto, o que lhe incumbia, diante da verossimilhança das alegações dos autores e das provas por eles produzidas – Responsabilidade objetiva do fornecedor de produtos ou serviços, que se amolda à Teoria do Risco Profissional – Inexistência das excludentes de culpa exclusiva do consumidor, de terceiros, de inexistência do defeito ou ocorrência de caso fortuito ou força maior – Soluções oferecidas pela empresa mostraram-se inefetivas para reparar os danos. DANO MATERIAL – Reforma parcial, limitando-se aos danos de ocorrência comprovada – Aquisição de encosto para cadeira de rodas – Diária de estadia em hotel e aluguel de carro pelo atraso na locação provisória de equipamento – Desconto de 80% nas passagens da acompanhante, tratando-se de menor portador de deficiência física e mental. DANO MORAL – Limitação da locomoção de pessoa com deficiência, prejuízo no acompanhamento escolar e regressão no tratamento clínico – Excessivo o valor fixado pelo juízo de origem, devendo ser reduzido para não ensejar enriquecimento sem causa – Arbitramento razoável às circunstâncias do caso para R$ 8.000,00 a cada um dos litigantes – Sucumbência mantida. Recurso parcialmente provido. (TJ-SP; APL 00299414120138260001 SP; 18ª Câmara de Direito Privado; Rel. Helio Faria; Julg. 27/06/2017; Data de Publicação: 28/06/2017)

Art. 387. A parte responderá pessoalmente sobre os fatos articulados, não podendo servir-se de escritos anteriormente preparados, permitindo-lhe o juiz, todavia, a consulta a notas breves, desde que objetivem completar esclarecimentos.

Art. 388. A parte não é obrigada a depor sobre fatos:

I – criminosos ou torpes que lhe forem imputados;

II – a cujo respeito, por estado ou profissão, deva guardar sigilo;

III – acerca dos quais não possa responder sem desonra própria, de seu cônjuge, de seu companheiro ou de parente em grau sucessível;

IV – que coloquem em perigo a vida do depoente ou das pessoas referidas no inciso III.

Parágrafo único. Esta disposição não se aplica às ações de estado e de família.

Seção V
Da Confissão

Art. 389. Há confissão, judicial ou extrajudicial, quando a parte admite a verdade de fato contrário ao seu interesse e favorável ao do adversário.

→ *v.* Arts. 167, § 1º, II, e 212, I, do CC/2002.

Confissão:

✓ EMBARGOS DE DECLARAÇÃO. CONTRADIÇÃO CONFIGURADA. CONFISSÃO FICTA EM AUDIÊNCIA DE INSTRUÇÃO. PRINCÍPIO DA IMEDIATIDADE E INTELIGÊNCIA DO ART. 356 DO NCPC. ADMISSÃO QUANTO AO RECEBIMENTO DA CAUÇÃO. PRESUNÇÃO RELATIVA. AUSENTE PROVA EM SENTIDO CONTRÁRIO. DEVOLUÇÃO DOS VALORES PAGOS, EIS QUE AUSENTE PREVISÃO DE MULTA CONTRATUAL. ACOLHIMENTO DOS EMBARGOS COM EFEITOS INFRINGENTES. (Embargos de Declaração 71006299275; Quarta Turma Recursal Cível, Turmas Recursais; Rel. Gisele Anne Vieira de Azambuja; Julg. 11/11/2016).

✓ APELAÇÃO CÍVEL – AÇÃO DECLARATÓRIA DE INEXISTÊNCIA DE DÉBITO C/C INDENIZATÓRIA POR DANOS MORAIS – INSCRIÇÃO EM CADASTRO DE PROTEÇÃO AO CRÉDITO – COMPROVAÇÃO DA DÍVIDA – CONFISSÃO – DANO E ILICITUDE NÃO CONFIGURADOS – LITIGÂNCIA DE MÁ-FÉ APLICADA AO ADVOGADO – IMPOSSIBILIDADE – Se o credor demonstra a existência do débito, o que se confirma pela confissão manifestada pelo autor em depoimento pessoal, reputa-se regular a negativação, pois representa exercício regular de direito (art. 188, I, CC). – A atribuição das penas da litigância de má-fé ao patrono da parte é medida vedada pelas normas procedimentais que, apoiadas na garantia constitucional da inviolabilidade da atuação advogado, restringem as consequências patrimoniais da lide às partes, devendo eventual prejuízo decorrente da atuação técnica ser apurada por meio apartado e adequado. (TJ-MG; AC 10707140201468001 MG; 18ª Câmara Cível; Rel. Vasconcelos Lins; Julg. 28/11/2017; Data de Publicação: 30/11/2017)

Art. 390. A confissão judicial pode ser espontânea ou provocada.

§ 1º A confissão espontânea pode ser feita pela própria parte ou por representante com poder especial.

§ 2º A confissão provocada constará do termo de depoimento pessoal.

→ *v.* Art. 385 do NCPC.

Art. 391. A confissão judicial faz prova contra o confitente, não prejudicando, todavia, os litisconsortes.

Eficácia da confissão quanto aos litisconsortes e validade da prova:

✓ DECISÃO: ACORDAM os Desembargadores integrantes da Décima Sétima Câmara Cível do Tribunal de Justiça do Estado do Paraná, por unanimidade de votos, em conhecer e negar provimento ao Recuso de Apelação, nos termos do voto acima relatado. EMENTA: APELAÇÃO CÍVEL – AÇÃO DE COBRANÇA COM PEDIDO DE DESCONSIDERAÇÃO DA PERSONALIDADE JURÍDICA – CONFISSÃO DE LITISCONSORTE – LIMITAÇÃO DA EFICÁCIA – ART. 391 DO CPC/15 – PRINCÍPIO DA PERSUASÃO RACIONAL – CONJUGAÇÃO DAS PROVAS DO PROCESSO – ALEGAÇÃO DE AGIOTAGEM PELA DEFESA – PEDIDO DE DEMONSTRAÇÃO DO NEGÓCIO QUE DÁ ORIGEM À CÁRTULA – INOCUIDADE – DEVER LEGAL DE REGISTRO DE ATIVIDADE OBRIGATÓRIO ÀS EMPRESAS DE FOMENTO MERCANTIL (FACTORING) – DESCONSIDERAÇÃO DA PERSONALIDADE JURÍDICA – ACOLHIMENTO – PEDIDO FORMULADO E ANALISADO SOB À ÉGIDE DO CÓDIGO DE PROCESSO CIVIL DE 1973 AFASTAMENTO DA TEORIA MENOR DESCARACTERIZAÇÃO DE RELAÇÃO CONSUMERISTA – CONTRATANTE QUE ASSUME RISCO DE INVESTIMENTO INCOMPATÍVEL COM O OBJETO SOCIAL DA INVESTIDA – TEORIA MAIOR – ABUSO DE PERSONALIDADE JURÍDICA – DESVIO DE FINALIDADE – ART. 50 DO CÓDIGO CIVIL – LIMITAÇÃO SUBJETIVA DA DESCONSIDERAÇÃO DA PESSOA JURÍDICA – IMPOSSIBILIDADE NO CASO CONCRETO – SENTENÇA MANTIDA. 1. Nos termos do art. 391 do CPC/15, correspondente ao art. 350 do CPC/73, "A confissão judicial faz prova contra o confitente, não prejudicando, todavia, os litisconsortes." Não obstante, a limitação da eficácia probatória não se confunde com a invalidade da prova. 2. O princípio da persuasão racional confere ao Magistrado da prerrogativa do livre convencimento motivado sobre o acervo probatório. 3. No caso dos autos, o desvio de finalidade não foi corroborado exclusivamente pela confissão de um dos litisconsortes. 4. A Lei nº 9.3613/98 impõe às empresas de fomento mercantil (leasing) o dever de manter registro de suas operações, razão pela qual a suspeição sobre a origem da dívida é inócua. 5. No ordenamento jurídico brasileiro há dois sistemas harmônicos por meio do qual se sistematiza a desconsideração da personalidade jurídica: são as Teorias Maior e Menor. 6. Inaplicabilidade da teoria menor no caso concreto, ante a inaplicabilidade de normas protecionistas, tais como a do consumidor. 7. Consoante a teoria maior, evidenciado o abuso da personalidade jurídica, seja por confusão patrimonial, ou por desvio de finalidade, deve ser aplicada a disregard doctrine, a fim de que os sócios sejam responsabilizados pelas dívidas da sociedade. 8. À luz da teoria da aparência e do primado da boa-fé objetiva, a solidariedade dos sócios é regra que admite exceção mediante elevado temperamento e concreta demonstração de que a irregularidade que motiva a medida de exceção da personalidade foi praticada por específicos sócios ou administradores, assegurado o direito de terceiros de boa-fé e a segurança do tráfego negocial. RECURSO CONHECIDO E NÃO PROVIDO. (TJPR; AC 1587753-9; Cianorte; 17ª C. Cível; Rel. Rosana Amara Girardi Fachin; Unânime; Julg. 30/11/2016)

✓ APELAÇÃO CÍVEL. AÇÃO ANULATÓRIA. CONFISSÃO JUDICIAL. LITISCONSORTE. NÃO EXTENSÃO DOS EFEITOS. ART. 391 DO CPC. AUSÊNCIA DE REALIZAÇÃO DE PROVA PERICIAL. PEDIDO EXPRESSO APELAÇÃO PROVIDA. 1. Com a inicial o autor da ação deve expor de forma clara as razões fáticas que ensejam o ajuizamento da demanda, além da motivação jurídica para seu adequado processamento. Nesse sentido o artigo 319, inciso III, do CPC estabelece que: A petição inicial indicará: III – o fato e os fundamentos jurídicos do pedido. 2. Dessa maneira, o efeito jurídico perquirido deve corresponder ao fato que serve de base à pretensão de fundo. 3. De fato, havendo contradição entre os fatos expostos na inicial e os apurados em sede de instrução probatória, o pleito deve ser afastado, sobretudo por que é ônus do autor a prova do fato constitutivo do seu direito, nos termos do artigo 373, inciso I, do CPC. 4. Contudo, esse não é o entendimento a ser aplicado à questão trazida à baila. É que a suposta confissão de um dos promoventes, ora apelante, não é suficiente para afastar a causa de pedir apresentada na exordial, a uma por que a confissão judicial faz prova apenas contra o confitente, não prejudicando os litisconsortes, conforme art. 391 do CPC, abaixo transcrito; a duas por que o encerramento precoce da fase instrutória, enseja o reconhecimento de cerceamento do devido processo legal, sobretudo quando há pedido expresso de realização de prova pericial para se aferir a autenticidade das assinaturas apostas em contrato. Art. 391. A confissão judicial faz prova contra o confitente, não prejudicando, todavia, os litisconsortes. 5. Apelo conhecido e provido. ACÓRDÃO: Vistos, relatados e discutidos estes autos, acorda a 2ª Câmara Direito Privado do Tribunal de Justiça do Estado do Ceará, por votação unânime, em conhecer do recurso interposto, para dar-lhe provimento, em conformidade com o voto do eminente relator. Fortaleza, 21 de junho de 2017 CARLOS ALBERTO MENDES FORTE Presidente do Órgão Julgador DESEMBARGADOR CARLOS ALBERTO MENDES FORTE Relator (TJ-CE; APL 00055558620118060028; 2ª Câmara Direito Privado; Rel. Carlos Alberto Mendes Forte; Data de Publicação: 21/06/2017)

Parágrafo único. Nas ações que versarem sobre bens imóveis ou direitos reais sobre imóveis alheios, a confissão de um cônjuge ou companheiro não valerá sem a do outro, salvo se o regime de casamento for o de separação absoluta de bens.

→ *v.* Art. 1.647, I, do CC/2002.

Art. 392. Não vale como confissão a admissão, em juízo, de fatos relativos a direitos indisponíveis.

→ *v.* Art. 213 do CC/2002.

Desvalia da confissão relativamente a direitos indisponíveis:

✓ APELAÇÃO CÍVEL. AÇÃO DENOMINADA COMO "NEGATÓRIA DE PATERNIDADE". ACORDO. DIREITO INDISPONÍVEL. AUSÊNCIA DE PERÍCIA GENÉTICA. VÍCIO DE CONSENTIMENTO. NECESSIDADE DE APURAÇÃO. DESCONSTITUIÇÃO DA SENTENÇA HOMOLOGATÓRIA, PARA REABERTURA DA FASE INSTRUTÓRIA. 1. Tratando-se de direito indisponível, é inválido o acordo entabulado entre os genitores acerca do estado de filiação do infante (art. 104, II, do CCB). Matéria que sequer não comporta confissão, na esteira do art. 392 do CPC. 2. Considerando que o ordenamento jurídico protege a posição do incapaz, autorizando a desconstituição do vínculo paternal somente em casos específicos, elencados pela lei (vício de consentimento ou falsidade no registro), os quais não foram prontamente comprovados, valendo destacar que sequer há prova acerca da indigitada inexistência de liame biológico, pois não produzida a prova pericial (exame de DNA), a desconstituição da sentença para fins de reabertura da fase instrutória é medida que se impõe. APELO PROVIDO. (TJ-RS; Apelação Cível 70073975518; Oitava Câmara Cível; Rel. Ricardo Moreira Lins Pastl; Julg. 28/09/2017).

§ 1º A confissão será ineficaz se feita por quem não for capaz de dispor do direito a que se referem os fatos confessados.

§ 2º A confissão feita por um representante somente é eficaz nos limites em que este pode vincular o representado.

→ *v.* Art. 1.602 do CC/2002.

Eficácia da confissão pela ausência do representante legal em audiência:

✓ MASSA FALIDA. REVELIA E CONFISSÃO FICTA. POSSIBILIDADE. Há possibilidade de declaração da revelia e da aplicação dos efeitos da confissão ficta as empresas que tiveram decretada a falência, quando devidamente intimadas não comparecem à audiência em que deveriam prestar depoimento, considerando que a CLT regula inteiramente a matéria, em seu art. 843, § 1º, não havendo lacuna a autorizar a aplicação subsidiária do Código de Processo Civil. Demais disso, o art. 843 da CLT não traz qualquer exceção à aplicação desta penalidade, sendo certo que consubstancia-se em ônus do síndico da massa falida diligenciar quanto às demandas judiciais em que é parte. FRAUDE À RELAÇÃO DE EMPREGO. INDÍCIOS DE RELAÇÃO DE EMPREGO CONSOANTE RECOMENDAÇÃO Nº 198 DA OIT. VÍNCULO EMPREGATÍCIO CONFIGURADO. Na contratação de pessoa física na qualidade de prestador de serviços autônomo, para laborar em serviços enquadrados na atividade essencial da tomadora, com pessoalidade e subordinação, presume-se a fraude, formando-se o vínculo direto com a reclamada. As normas que versam sobre a relação de emprego e sua correspondência obrigatória com o contrato de trabalho têm natureza cogente e se impõem independentemente da vontade das partes. O princípio da primazia da realidade que informa o Direito do Trabalho prestigia a realidade dos fatos em detrimento das formas contratuais. Por outro lado, são nulos de pleno direito todos os atos tendentes a fraudar ou impedir a aplicação dos preceitos da Consolidação das Leis do Trabalho. Diante do princípio da primazia da realidade e do que dispõe o artigo 9º da CLT, a celebração de contrato de natureza civil é nula quando a realidade da prestação demonstra o exercício subordinado de atividades e de disponibilidade da força de trabalho e da energia humana do contratado. A relação fática de emprego corresponde à forma jurídica do contrato de trabalho, consoante regra expressa no artigo 442 da CLT, que precede a todas as outras e afasta as demais formas contratuais civis e societárias. Recurso do reclamante conhecido e provido no particular. (TRT-1; RO 00014621920115010045; Sétima Turma; Rel. Sayonara Grillo Coutinho Leonardo da Silva; Julg.30/01/2017; Data de Publicação: 13/03/2017)

Art. 393. A confissão é irrevogável, mas pode ser anulada se decorreu de erro de fato ou de coação.

- v. Art. 214 do CC/2002.
- v. Art. 966, § 4º, do NCPC.

Parágrafo único. A legitimidade para a ação prevista no *caput* é exclusiva do confitente e pode ser transferida a seus herdeiros se ele falecer após a propositura.

Anulação da confissão:

✓ APELAÇÃO CÍVEL. AÇÃO ANULATÓRIA DE CONFISSÃO. DECLARAÇÃO REALIZADA PELA PARTE PARA ELABORAÇÃO DE LAUDO PERICIAL NOS AUTOS DE AÇÃO DE DESPEJO. ALEGAÇÃO DE ERRO DE FATO. INDEFERIMENTO DE PRODUÇÃO DE PROVAS. JULGAMENTO ANTECIPADO DA LIDE. INOCORRÊNCIA DE CERCEAMENTO DE DEFESA. POR SER DESTINATÁRIO DAS PROVAS PRODUZIDAS NOS AUTOS, CABE AO JUIZ VALORAR A NECESSIDADE DE SUA PRODUÇÃO À INSTRUÇÃO DO PROCESSO, INDEFERINDO AS DILIGÊNCIAS INÚTEIS OU MERAMENTE PROTELATÓRIAS (ARTIGO 370 DO NCPC). NA FORMAÇÃO DO LIVRE CONVENCIMENTO, PODE O JUIZ ENTENDER PELA DESNECESSIDADE DAS PROVAS REQUERIDAS. INEXISTÊNCIA DE QUALQUER ELEMENTO OU INDÍCIO QUE IDENTIFIQUE ERRO DE FATO OU COAÇÃO NAS DECLARAÇÕES DO LAUDO PERICIAL. ARTIGO 393 DO NOVO CÓDIGO DE PROCESSO CIVIL. MANIFESTA CONCORDÂNCIA DA PARTE COM O REFERIDO LAUDO NOS RESPECTIVOS AUTOS. DEMANDA QUE TRANSITOU EM JULGADO. INCABÍVEL NA AÇÃO ANULATÓRIA DE CONFISSÃO. CABIMENTO DE AÇÃO RESCISÓRIA NOS TERMOS DO ARTIGO 966 DO NOVO CÓDIGO DE PROCESSO CIVIL. SENTENÇA DE IMPROCEDÊNCIA MANTIDA. DESPROVIMENTO DO RECURSO. (TJ-RJ; APL 00052931820128190036 Rio de Janeiro; Nilópolis; 1ª Vara Cível; Décima Nona Câmara Cível; Rel. Guaraci de Campos Vianna; Julg.19/04/2016; Data de Publicação: 25/04/2016)

Art. 394. A confissão extrajudicial, quando feita oralmente, só terá eficácia nos casos em que a lei não exija prova literal.

Art. 395. A confissão é, em regra, indivisível, não podendo a parte que a quiser invocar como prova aceitá-la no tópico que a beneficiar e rejeitá-la no que lhe for desfavorável, porém cindir-se-á quando o confitente a ela aduzir fatos novos, capazes de constituir fundamento de defesa de direito material ou de reconvenção.

Seção VI
Da Exibição de Documento ou Coisa

Art. 396. O juiz pode ordenar que a parte exiba documento ou coisa que se encontre em seu poder.

- v. Súmulas 260 e 390 do STF.
- v. Súmula 372 do STJ.
- v. Art. 1.191 do CC/2002.
- v. Art. 41, parágrafo único, da Lei 6.830/1980.
- v. Enunciado 53 do FPPC: Na ação de exibição não cabe a fixação, nem a manutenção de multa quando a exibição for reconhecida como impossível.
- v. Enunciado 283 do FPPC: Aplicam-se os arts. 319, § 1º, 396 a 404 também quando o autor não dispuser de documentos indispensáveis à propositura da ação.
- v. Enunciado 518 do FPPC: Em caso de exibição de documento ou coisa em caráter antecedente, a fim de que seja autorizada a produção, tem a parte autora o ônus de adiantar os gastos necessários, salvo hipóteses em que o custeio incumbir ao réu.

Viabilidade da determinação de exibição:

✓ APELAÇÃO CÍVEL. AÇÃO REVISIONAL. CONTRATO DE EMPRÉSTIMO PESSOAL. SENTENÇA QUE, APÓS OPORTUNIZADA A EMENDA, INDEFERIU A INICIAL, EM RAZÃO DE A AUTORA NÃO TER APRESENTADO CÓPIA DA AVENÇA EM DISCUSSÃO NOS AUTOS, BEM COMO NÃO TER ADEQUADO O VALOR DA CAUSA À PRETENSÃO ECONÔMICA ALMEJADA. RECURSO DA DEMANDANTE. REQUERIDA CONCESSÃO DA JUSTIÇA GRATUITA. ACOLHIMENTO. INCAPACIDADE FINANCEIRA EXTRAÍDA DA DOCUMENTAÇÃO ACOSTADA AOS AUTOS. DEFERIMENTO DA BENESSE QUE SE IMPÕE. PRETENDIDA CASSAÇÃO DA DECISÃO EXTINTIVA. VIABILIDADE. VALOR DA CAUSA EM AÇÕES REVISIONAIS. ARBITRAMENTO QUE DEVE SE PAUTAR NO PROVEITO ECONÔMICO PRETENDIDO. HIPÓTESE, CONTUDO, EM QUE NÃO É POSSÍVEL AFERIR O VALOR EXATO DO BENEFÍCIO FINANCEIRO PERSEGUIDO, EM RAZÃO DE A AUTORA NÃO POSSUIR CÓPIA DO CONTRATO EM DEBATE NA LIDE. DEMANDANTE, ADE-

MAIS, BENEFICIÁRIA DA JUSTIÇA GRATUITA, O QUE TORNA A DISCUSSÃO DE SOMENOS IMPORTÂNCIA. CONSERVAÇÃO, POR ORA, DO IMPORTE ESTIMADO NA PEÇA DE ENTRADA QUE SE IMPÕE. INVERSÃO DO ÔNUS DA PROVA, DE OUTRA BANDA, QUE SE FAZ NECESSÁRIA NO CASO. VIABILIDADE DE SE ATRIBUIR À CASA BANCÁRIA RÉ A OBRIGAÇÃO DE EXIBIR O CONTRATO EM DEBATE NOS AUTOS, HAJA VISTA A HIPOSSUFICIÊNCIA DA CONSUMIDORA DEMANDANTE. RECURSO CONHECIDO E PROVIDO. (TJ-SC; AC 20150768892 Criciúma; Terceira Câmara de Direito Comercial; Rel. Tulio Pinheiro; Julg.31/03/2016,)

✓ EXIBIÇÃO INCIDENTAL. CONTRATO. Dever de apresentação pelo banco dos documentos comuns entre as partes. Inteligência dos artigos 396 e 399, inciso III, ambos do CPC/15. DECISÃO REFORMADA. RECURSO PROVIDO. (TJ-SP; AI 22414590820168260000; 38ª Câmara de Direito Privado; Rel. Fernando Sastre Redondo; Julg.08/02/2017; Data de Publicação: 10/02/2017)

✓ AÇÃO DE EXIBIÇÃO DE DOCUMENTOS Ajuizada pelo Município de Leme pretendendo o fornecimento de cópia de contratos bancários e documentos para apuração da prestação de serviços de determinada empresa sujeita ao ISSQN. Ação extinta sem julgamento de mérito, por inadequação da via eleita. Inadmissibilidade. Procedimento subsistiu às novas disposições legais (art. 396 e seguintes do CPC). Extinção afastada. Prosseguimento do feito. Recurso provido, com determinação. (TJ-SP; 10016961720168260318 SP; 6ª Câmara de Direito Público; Rel. Evaristo dos Santos; Julg.18/09/2017; Data de Publicação: 21/09/2017)

✓ APELAÇÃO CÍVEL. DEMANDA REVISIONAL DE CONTRATOS BANCÁRIOS. MAGISTRADO QUE INDEFERE A INICIAL, EXTINGUINDO O PROCESSO SEM RESOLUÇÃO DO MÉRITO, NA FORMA DO ART. 485, INCISO I, DO NOVO CPC. IRRESIGNAÇÃO DOS AUTORES. DIREITO INTERTEMPORAL. DECISÃO PUBLICADA EM CARTÓRIO EM 21-07-17. APLICAÇÃO DOS ENUNCIADOS ADMINISTRATIVOS N. 2, 3 E 7 DO STJ. INCIDÊNCIA DO CÓDIGO DE PROCESSO CIVIL DE 2015. PROCESSUAL CIVIL. VENTILADA DESNECESSIDADE DA DETERMINAÇÃO DE EMENDA À EXORDIAL PARA QUE OS DEMANDANTES (A) EXIBISSEM TODOS OS CONTRATOS QUE PRETENDEM REVISAR; (B) ESPECIFICASSEM OS ENCARGOS QUE CONSIDERAM ABUSIVOS OU ILEGAIS; (C) APONTASSEM O VALOR DO EXCESSO E A QUANTIA INCONTROVERSA DEVIDAMENTE CONSIGNADA; E (D) RETIFICASSEM O VALOR ATRIBUÍDO À CAUSA. ESPECIFICAÇÃO DAS CLÁUSULAS QUE OS AUTORES PRETENDEM REVISAR NAS AVENÇAS. COMANDO INÓCUO. INÉPCIA DA EXORDIAL NÃO VISLUMBRADA. DEMANDANTES QUE EXTERNARAM AS SUAS RAZÕES DE FATO E DE DIREITO E APONTARAM OS ENCARGOS CONTRATUAIS QUE PRETENDEM REVISAR EM TODOS OS CONTRATOS FIRMADOS COM O RÉU, POSSIBILITANDO A APRESENTAÇÃO DE DEFESA PELO ENTE FINANCEIRO. EXIBIÇÃO DE DOCUMENTOS INCIDENTAL À AÇÃO ORDINÁRIA DE REVISÃO CONTRATUAL. MAGISTRADO QUE ORDENA AOS AUTORES A JUNTADA AOS AUTOS DOS CONTRATOS SOBRE OS QUAIS RECAI O PLEITO REVISIONAL. INCORREÇÃO DA MEDIDA. POSSIBILIDADE DE OS DEMANDANTES PUGNAREM PELA EXIBIÇÃO INCIDENTAL, NA FORMA DO ART. 396 DO NOVO CPC. DESNECESSIDADE, INCLUSIVE, DE INGRESSO DE FEITO PRÓPRIO. INVERSÃO DO ÔNUS DA PROVA. DEMANDA ENVOLVENDO CORRENTISTAS E INSTITUIÇÃO FINANCEIRA. INCIDÊNCIA DO CÓDIGO DE DEFESA DO CONSUMIDOR. EXEGESE DA SÚMULA 297 DO SUPERIOR TRIBUNAL DE JUSTIÇA. DEVER DO BANCO DE EXIBIR A DOCUMENTAÇÃO RELACIONADA PELOS CLIENTES NA INICIAL DA AÇÃO REVISIONAL. OBRIGAÇÃO DECORRENTE DA GARANTIA CONSTITUCIONAL DE INFORMAÇÃO, REPETIDA NO ART. 6º, INCISO VIII, DA LEI 8.078/90, NA RESOLUÇÃO 913/84 DO BACEN E NO ART. 399, INCISO III, DO NOVO CPC. COMANDO EXIBITÓRIO DIRIGIDO AOS DEMANDANTES QUE SE AFIGURA EQUIVOCADO. QUANTIFICAÇÃO DOS VALORES QUE OS REQUERENTES REPUTAM INCONTROVERSOS. INVIABILIDADE NA ATUAL FASE DO PROCESSO EM RAZÃO DO GRANDE NÚMERO DE CONTRATOS A SEREM REVISADOS. DÍVIDA QUE SERÁ APURADA NA FASE DE CUMPRIMENTO DE SENTENÇA. COMANDO DE RETIFICAÇÃO DO VALOR ATRIBUÍDO À DEMANDA. PROVIMENTO DESNECESSÁRIO. VALORAÇÃO DA CAUSA POR ESTIMATIVA. POSSIBILIDADE. INCIDÊNCIA DO ART. 291 DO NOVO CPC. DEMANDANTES QUE ALMEJAM A REVISÃO DE PARTE DAS CLÁUSULAS DISPOSTAS EM TODOS OS CONTRATOS FIRMADOS COM O REQUERIDO. VALOR DA CAUSA QUE EQUIVALE AO PROVEITO ECONÔMICO QUE A PARTE AUTORA VISA OBTER COM A PRESTAÇÃO DA TUTELA JURISDICIONAL. QUANTUM ATRIBUÍDO NA PEÇA VESTIBULAR SATISFATÓRIO, TENDO EM VISTA O NÚMERO VULTOSO DE CONTRATOS A SEREM REVISADOS E A IMPOSSIBILIDADE MATERIAL DE FIXAÇÃO SEGURA DO MONTANTE A SER REVERTIDO EM FAVOR DOS AUTORES NESTA FASE PROCESSUAL. MANUTENÇÃO, POR ORA, DO VALOR ESTIMADO NO PÓRTICO INAUGURAL, SEM PREJUÍZO DE MODIFICAÇÃO AO FINAL DA DEMANDA. SENTENÇA EXTINTIVA CASSADA, COM DETERMINAÇÃO DO PROSSEGUIMENTO REGULAR DA ACTIO. HONORÁRIOS SUCUMBENCIAIS RECURSAIS. INTELIGÊNCIA DO ART. 85, §§ 1º E 11, DO CÓDIGO FUX. INVIABILIDADE DE IMPOSIÇÃO. VERBA QUE PRESSUPÕE A EXISTÊNCIA DE DECISÃO FINAL ANTERIOR. COMANDO QUE RESTOU ANULADO NESTE GRAU DE JURISDIÇÃO. POSICIONAMENTO EXPOSTO PELO SUPERIOR TRIBUNAL DE JUSTIÇA. REBELDIA PROVIDA. (TJ-SC; AC 03001937320178240010 Braço do Norte; Quarta Câmara de Direito Comercial; Rel. José Carlos Carstens Köhler; Julg.19/09/2017,)

Determinação de exibição de forma incidental:

✓ REVISIONAL. Contrato bancário. Pedido incidental de exibição do instrumento. Dever de apresentação pelo banco dos documentos comuns entre as partes. Inteligência dos artigos 396 e 399, III, ambos do CPC/15. Decisão mantida. RECURSO NÃO PROVIDO. (TJ-SP; AI 21710735020168260000 SP; 38ª Câmara de Direito Privado; Rel. Fernando Sastre Redondo; Julg. 21/09/2016; Data de Publicação: 22/09/2016)

Exibição e exigência de prévio requerimento:

✓ PROCESSUAL CIVIL. CAUTELAR DE EXIBIÇÃO DE DOCUMENTOS. INDEFERIMENTO DA INICIAL POR FALTA DE INTERESSE DE AGIR. AUSÊNCIA DE REQUERIMENTO ADMINISTRATIVO PRÉVIO. DOCUMENTOS APRESENTADOS COM A INICIAL. DEMONSTRAÇÃO TEMPESTIVA DA TENTATIVA DE EXIBIÇÃO PELA VIA ADMINISTRATIVA. SENTENÇA CASSADA. RECURSO PROVIDO. (TJ-SC; AC 03114581920168240039 Lages; Terceira Câmara de Direito Civil; Rel. Marcus Tulio Sartorato; Julg.10/10/2017,)

✓ RECURSO – Apelação – Benefícios da justiça gratuita – Pleito indeferido pelo juiz da causa quando proferida a r. sentença recorrida – Preliminar acolhida. MEDIDA CAUTELAR – Exibição de documentos – Empresa de Telefonia – Sentença que indeferiu a inicial, com base no art. 330, incisos I e III, do NCPC, julgando extinto o processo, sem resolução do mérito – Falta de interesse de agir demonstrada, ante a não comprovação de que se trata de documento comum às partes – Ausência de comprovação de envio de requerimento administrativo prévio e idôneo – Desatendimento dos requisitos indispensáveis à propositura da ação, nos termos do novo entendimento do C. STJ – Sentença mantida – Recurso improvido. (TJ-SP; APL 10478195120168260002 SP; 14ª Câmara de Direito Privado; Rel. Lígia Araújo Bisogni, Julg. 08/02/2017; Data de Publicação: 08/02/2017)

✓ APELAÇÃO CÍVEL. AÇÃO DE EXIBIÇÃO DE DOCUMENTO OU COISA. CÓPIAS DE GRAVAÇÃO DE LIGAÇÕES TELEFÔNICAS. SENTENÇA DE IMPROCEDÊNCIA. RECURSO INTERPOSTO PELA AUTORA. PROTOCOLOS E PERÍODO FORNECIDOS. AUSÊNCIA DE IMPUGNAÇÃO ESPECÍFICA. RESISTÊNCIA COMPROVADA. RECURSO PROVIDO. 1- Demanda que visa a obtenção de cópias de gravações telefônicas realizadas em dezembro de 2015 e janeiro de 2016, referentes aos protocolos nºs 111705613718, 11308872383, 112252385221 e 111647125528. 2- Demonstrada a existência de relação jurídica entre as partes e o devido requerimento prévio de apresentação da cópia da gravação telefônica. 3- A Operadora ré tem o dever legal de manter as gravações telefônicas, pelo prazo mínimo de 90 (noventa dias) – artigo 15, § 3º do Decreto nº 6.523/2008. 4- Não há qualquer exigência legal para o requerimento da cópia de gravação telefônica, uma vez que poderá ser requerida durante o atendimento telefônico ou mesmo em ocasião posterior, em contado com o SAC, fornecendo-se tão somente o número do protocolo correspondente ao contato telefônico que se pretende a cópia da gravação. 5- Apresentação dos nºs de protocolos, bem como a informação referente aos meses em que foram gerados, são suficientes para comprovar o requerimento prévio à Operadora ré. Prazo de 10 dias para entregar as gravações requeridas por meio eletrônico, por correspondência ou pessoalmente, a critério do solicitante – artigo 1º e parágrafo único da Portaria nº 49/2009 da Secretaria de Direito Econômico. 6- Demanda ajuizada dentro do prazo mínimo de 90 dias para de manutenção das gravações telefônicas por parte da Operadora. 7- Citação tardia que não justifica a ausência de apresentação das cópias de gravações requeridas. Parte autora que não deu causa à demora. 8- Parte ré que não impugnou os protocolos apresentados. 9- Ligações telefônicas se mostram úteis à comprovação do que poderia constituir, eventualmente, falha da prestação do serviço. 10- Atendidos os requisitos autorizadores da presente demanda – artigo 397 do CPC e artigo 15, § 3º do Decreto nº 6.523/08. 11- Recusa na apresentação das gravações que dá ensejo às medidas previstas no artigo 400 do CPC. 12- Comprovada a resistência da ré quanto a apresentação do material requerido pela autora, incumbe à Operadora ré o pagamento das despesas processuais e honorários advocatícios. 13- Precedente: 0005106-45.2017.8.19.0000 – AGRAVO DE INSTRUMENTO – Relator: Des (a). MAURO DICKSTEIN – Julgamento: 10/04/2017 – DÉCIMA SEXTA CÂMARA CÍVEL. 0002968-12.2012.8.19.0023 – APELAÇÃO – Relator: Des (a). ALEXANDRE ANTÔNIO FRANCO FREITAS CÂMARA – Julgamento: 08/03/2017 – SEGUNDA CÂMARA CÍVEL. 0038932-96.2016.8.19.0000 – AGRAVO DE INSTRUMENTO – Relator: Des (a). MARÍLIA DE CASTRO NEVES VIEIRA – Julgamento: 09/11/2016 – VIGÉSIMA CÂMARA CÍVEL. 0108093-59.2015.8.19.0001 – APELACAO – Relator: DES. SANDRA CARDINALI – Julgamento: 12/05/2016 – VIGESIMA SEXTA CAMARA CIVEL CONSUMIDOR. 0374543-73.2012.8.19.0001 – APELACAO – Relator: DES. CELSO SILVA FILHO – Julgamento: 11/05/2016 – VIGESIMA TERCEIRA CÂMARA CIVEL CONSUMIDOR. 14- Recurso conhecido e provido, para determinar a Operadora ré que exiba, no prazo de 15 (quinze) dias, sob pena de busca e apreensão, as cópias das gravações telefônicas referentes aos protocolos nºs 111705613718, 11308872383, 112252385221 e 111647125528, realizadas no período de dezembro de 2015 e janeiro de 2016, sob as penas previstas no artigo 400 do CPC, e, por fim, inverto os ônus sucumbenciais. (TJ-RJ; APL: 00038061520168190087 Rio De Janeiro, Alcântara, Regional São Gonçalo; 3ª Vara Cível; Vigésima Quinta Câmara Cível Consumidor; Rel. JDS Isabela Pessanha Chagas; Julg.23/08/2017; Data de Publicação: 24/08/2017)

Art. 397. O pedido formulado pela parte conterá:

Requisitos para formulação do pedido de exibição:

✓ AGRAVO DE INSTRUMENTO. AÇÃO ORDINÁRIA. CONCURSO PÚBLICO. DIREITO À NOMEAÇÃO. PEDIDO DE EXIBIÇÃO INCIDENTAL DO QUADRO DE VAGAS EM RELAÇÃO AO CARGO ALMEJADO. POSSIBILIDADE. RECURSO PROVIDO. 1. A possibilidade de exibição incidental de documento ou coisa encontra previsão no art. 396 do Novo CPC. Para tanto, o pedido formulado pela parte interessada deverá conter (art. 397): I – a individuação, tão completa quanto possível, do documento ou da coisa; II – a finalidade da prova, indicando os fatos que se relacionam com o documento ou com a coisa; e III – as circunstâncias em que se funda o requerente para afirmar que o documento ou a coisa existe e se acha em poder da parte contrária. 2. A exibição incidental do documento consistente no "quadro de vagas" relativo ao cargo para o qual o candidato, aprovado além do número de vagas previsto no edital, almeja provimento, em razão de supostamente haver a preterição pela contratação indevida de temporários para o exercício das respectivas funções, há de ser deferida, porquanto especificado, de natureza pública e inequivocamente necessário para o deslinde da controvérsia. (TJ-MG; AI 10000150339158002 MG; 1ª Câmara Cível; Rel. Bitencourt Marcondes; Julg.22/01/0017; Data de Publicação: 25/01/2017)

I – a individuação, tão completa quanto possível, do documento ou da coisa;

Necessidade de individuação do objeto da exibição:

✓ APELAÇÃO CÍVEL. MEDIDA CAUTELAR DE EXIBIÇÃO DE DOCUMENTOS. CONTRATO DE COMPRA E VENDA DE BEM IMÓVEL. DOCUMENTO APRESENTADO PELO RÉU EM AÇÃO DE MANUTENÇÃO DE POSSE COMO FORMA DE SE APODERAR DO PATRIMÔNIO. ALEGAÇÃO DE FALSIDADE IDEOLÓGICA. EXIBIÇÃO. PERÍCIA GRAFOTÉCNICA. INDIVIDUAÇÃO DO OBJETO. FINALIDADE DA PROVA. PRESSUPOSTOS DO ART. 397 DO CÓDIGO DE PROCESSO CIVIL PREENCHIDOS. SENTENÇA MANTIDA. RECURSO DESPROVIDO. (TJ-SC; AC 00662837320128240023 Capital; Terceira Câmara de Direito Civil; Rel. Fernando Carioni; Julg.28/11/2017)

✓ AGRAVO DE INSTRUMENTO – AÇÃO ORDINÁRIA – DIREITO ADMINISTRATIVO E PROCESSUAL CIVIL – PRETENSÃO DE RECEBIMENTO DE FUNDO DE GARANTIA POR TEMPO DE SERVIÇO – EXIBIÇÃO DE DOCUMENTOS – ARTS. 397 E SEGUINTES DO CÓDIGO DE PROCESSO CIVIL DE 2015 – APRESENTAÇÃO DE CONTRACHEQUES PELA PARTE CONTRÁRIA – DISPONIBILIZAÇÃO EM PORTAL ELETRÔNICO DO SERVIDOR – CÓPIAS DOS INSTRUMENTOS CONTRATUAIS – ASSINATURA DO DOCUMENTO EM DUAS VIAS – DESACOLHIMENTO DA PRETENSÃO. 1. O procedimento para obtenção de documentos de interesse para a solução da lide que esteja em poder da outra parte tem amparo no art. 396 do CPC/15, cuja sistemática desafia o atendimento dos requisitos previstos no art. 397 do mesmo diploma. 2. Em ação ordinária proposta por contratada temporária estadual para recebimento de parcela referentes ao Fundo de Garantia por Tempo de Serviço – FGTS, não é de se compelir o ente estadual a exibir os instrumentos contratuais e os contracheques da autora, os primeiros por ficarem em poder da contratada e os últimos pelo fato de serem disponibilizados no portal do servidor na internet. (TJ-MG; AI 10024143064483001 MG; 1ª Câmara Cível; Rel. Edgard Penna Amorim; Julg.22/08/0016; Data de Publicação: 24/08/2016)

II – a finalidade da prova, indicando os fatos que se relacionam com o documento ou com a coisa;

III – as circunstâncias em que se funda o requerente para afirmar que o documento ou a coisa existe e se acha em poder da parte contrária.

Indispensabilidade de demonstração sumária de que o objeto da exibição está em poder da parte adversa:

✓ DECISÃO: Acordam os Integrantes da 6ª Câmara Cível do Tribunal de Justiça do Estado do Paraná, por unanimidade de votos, em (a) não conhecer do agravo retido interposto pela empresa de telefonia; (b) conhecer e dar provimento ao apelo de Oi S/A para julgar improcedente o pedido inicial; (c) inverter os ônus da sucumbência, nos termos do voto do Relator. EMENTA: DIREITO PROCESSUAL CIVIL. "AÇÃO PARA ADIMPLEMENTO CONTRATUAL C/C PEDIDO LIMINAR DE EXIBIÇÃO DE DOCUMENTOS" – SENTENÇA DE PROCEDÊNCIA DO PEDIDO DE RETRIBUIÇÃO ACIONÁRIA.AGRAVO RETIDO – CONVERSÃO DE AGRAVO DE INSTRUMENTO EM AGRAVO RETIDO QUANDO EM VIGOR O CPC/1973 – RECURSO QUE DEIXOU DE EXISTIR COM A REDAÇÃO DO CPC/2015 – SUPRESSÃO DO RECURSO, PELA NOVA SISTEMÁTICA PROCESSUAL, QUE NÃO OBSTA O REEXAME DA MATÉRIA NELE VEICULADA. NÃO REITERAÇÃO DO AGRAVO RETIDO EM RAZÕES DE APELAÇÃO.APELAÇÃO DA EMPRESA DE TELEFONIA. LEGITIMIDADE PASSIVA – SE EXISTE CLÁUSULA DO EDITAL QUE DEU INÍCIO AO PROCESSO DE PRIVATIZAÇÃO, DISPONDO QUE A EVENTUAL ADQUIRENTE NÃO TERIA RESPONSABILIDADE COM AS OBRIGAÇÕES PRETÉRITAS DA EMPRESA PÚBLICA POSTA À VENDA, DE

MODO ALGUM, ISSO AFETA OU ATINGE A ESFERA DE DIREITOS DE TERCEIROS, NO CASO, OS Apelação Cível nº 1.494.668-4 f. 2DIREITOS PELOS QUAIS A REQUERENTE PLEITEIA. INTERESSE PROCESSUAL - O CONTRATO É MEIO PARA A PROVA DE FATO QUE INTERESSA À COMPOSIÇÃO DEFINITIVA (NÃO CAUTELAR) DA LIDE - NÃO SE TRATA DE EXIBITÓRIA TÍPICA EM QUE A AÇÃO SERVE, APENAS, PARA OBTER DETERMINADO DOCUMENTO. NÃO OBSERVÂNCIA, PELA AUTORA, DA DESCRIÇÃO EXIGIDA PELO ARTIGO 397 E INCISOS, DO CPC. AUSÊNCIA DE PROVA MÍNIMA ACERCA DO FATO CONSTITUTIVO DO DIREITO DA REQUERENTE - NÃO COMPROVAÇÃO DA CESSÃO DE DIREITOS ACIONÁRIOS - CESSIONÁRIOS DO DIREITO DE USO DE LINHA TELEFÔNICA QUE NÃO POSSUEM LEGITIMIDADE PARA PLEITEAR COMPLEMENTAÇÃO DE SUBSCRIÇÃO DE AÇÕES, "EXCETO NA HIPÓTESE DE CONSTAR DO CONTRATO A CESSÃO DE TODOS OS DIREITOS E OBRIGAÇÕES CONTRATUAIS AO CESSIONÁRIO" - PRECEDENTES DO STJ. IMPOSSIBILIDADE DE COMETER À REQUERIDA A PROVA DE FATO CONSTITUTIVO NEGATIVO, NA FORMA DO ARTIGO 357 DO CPC. INVERSÃO DOS ÔNUS DA SUCUMBÊNCIA, COM FIXAÇÃO DE NOVA VERBA HONORÁRIA ADVOCATÍCIA, PORQUE INEXISTE CONDENAÇÃO. NÃO APLICAÇÃO DO ARTIGO 85, § 1º, PARTE FINAL DO NOVO CPC, DIANTE DA NATUREZA DA NORMA. AGRAVO RETIDO NÃO CONHECIDO. RECURSO CONHECIDO E PROVIDO PARA JULGAR IMPROCEDENTE O PEDIDO INICIAL. Apelação Cível nº 1.494.668-4 f. 3 (TJPR; AC - 1494668-4; Xambrê; 6ª C. Cível; Rel. Renato Lopes de Paiva; Unânime; Julg. 05/04/2016)

✓ DIREITO PROCESSUAL CIVIL E DEFESA DO CONSUMIDOR. APELAÇÃO CÍVEL. AÇÃO CAUTELAR DE EXIBIÇÃO DE DOCUMENTOS. CONTRATO DE SERVIÇOS. RELAÇÃO JURÍDICA NÃO AFIRMADA PELA PRÓPRIA REQUERENTE. DEVER DE COMPROVAR QUE A COISA EXISTE E ENCONTRA-SE EM PODER DA PARTE CONTRÁRIA. REQUERIMENTO ADMINISTRATIVO. AUSÊNCIA DE DEMONSTRAÇÃO. ÔNUS QUE A PARTE AUTORA NÃO SE DESINCUMBIU. ART. 397, INCISO III, NCPC. INCIDÊNCIA. EXTINÇÃO DO FEITO. ART. 485, VI, DO CPC. APLICAÇÃO. ÔNUS SUCUMBENCIAL PELA REQUERENTE. HONORÁRIOS ADVOCATÍCIOS. ART. 85, 2º, DO CPC/2015. BENEFICIÁRIA DA GRATUIDADE DA JUSTIÇA. SUSPENSÃO DA EXIGIBILIDADE. INCIDÊNCIA DO ARTIGO 12, DA LEI Nº 1.060/50. MANUTENÇÃO DA SENTENÇA. I- O contratante tem o direito de exigir a exibição de cópia do contrato de serviços e documentos que estão em poder da parte contrária, por se tratar de documento comum às partes, indispensável à propositura da ação ordinária a ser intentada. Não apresentados os documentos especificados, possui interesse de buscá-los em juízo, pois a sua recusa é ilegítima. II- Nos termos do artigo 396, do Código de Processo Civil/2015, "o juiz pode ordenar que a parte exiba documento ou coisa que se encontre em seu poder" e o art. 397, III, diz que o Autor trará no pedido "as circunstâncias em que se funda o requerente para afirmar que o documento ou a coisa existe e se acha em poder da parte contrária", ônus este que não se desincumbiu a parte Autora. III- In casu, a própria parte autora não afirma qualquer contratação com a parte contrária, portanto, não demonstrada a existência documento assinado por ele em poder do Réu. IV- Não comprovada a relação jurídica entre as partes nem o prévio pedido à instituição financeira não atendido em prazo razoável, a extinção do pedido de exibição de documentos é medida que se impõe, razão pela qual se mantém intacta a sentença, conforme precedentes do STJ. V- O ônus sucumbencial deve ser suportado com exclusividade pela Autora, sendo os honorários advocatícios arbitrados em obediência aos parâmetros do artigo 85, § 2º, do Código de Processo Civil/2015. Contudo, restou suspensa a sua exigibilidade, em razão desta ser beneficiária da gratuidade da justiça, nos termos do art. 12, da Lei 1060/50, impondo-se a manutenção. RECURSO CONHECIDO E NÃO PROVIDO. (Apelação, Número do Processo: 0512856-96.2015.8.05.0001; Quarta Câmara Cível; Rel. Roberto Maynard Frank; Publicado em: 30/11/2016)

Art. 398. O requerido dará sua resposta nos 5 (cinco) dias subsequentes à sua intimação.
Parágrafo único. Se o requerido afirmar que não possui o documento ou a coisa, o juiz permitirá que o requerente prove, por qualquer meio, que a declaração não corresponde à verdade.

Apresentação de defesa pelo demandado na exibição:

✓ APELAÇÃO CIVEL. AÇÃO CAUTELAR DE EXIBIÇÃO DE DOCUMENTOS. SENTENÇA DE IMPROCEDÊNCIA. PARTE AUTORA QUE NÃO SE DESINCUMBIU DO ÔNUS DE PROVAR QUE OS DOCUMENTOS SE ENCONTRAM NA POSSE DA RÉ. ARTIGO 398, PARÁGRAFO ÚNICO DO CPC/15. NEGADO PROVIMENTO AO RECURSO. 1- "Art. 398 do CPC: O requerido dará sua resposta nos 5 (cinco) dias subsequentes à sua intimação. Parágrafo único. Se o requerido afirmar que não possui o documento ou a coisa, o juiz permitirá que o requerente prove, por qualquer meio, que a declaração não corresponde à verdade."; 2- In casu, trata-se de Ação Cautelar de Exibição de Documentos na qual alegam os autores que contrataram a empresa ré para prestação do serviço de assessoria de financiamento, referente ao imóvel situado na Rua Rodrigues Alves, na Taquara. Afirmam que, em decorrência de um erro cometido pela ré, solicitaram a prestação de contas das despesas relativas ao registro do imóvel, sendo que a demandada informou que lhes seria restituída a quantia de R$ 1.562,85. Requerem que a ré exiba em juízo todos os documentos que foram necessários para o registro do imóvel, com a devida comprovação dos gastos necessários, relativos às certidões, ônus reais, cópia da escritura definitiva e demais documentos; 3- Sustenta a parte ré, em contestação, não possuir a documentação requerida pelos autores, afirmando que todas as certidões estão retidas junto ao RGI. Assim, afirmando a ré que não possui o documento solicitado, caberia à autora a comprovação, por qualquer meio, de que a declaração não corresponde à verdade, na forma do art. 398, parágrafo único do NCPC, o que não ocorreu nos autos; 4- Precedentes: 0239825-08.2013.8.19.0001 – APELAÇÃO Des (a). CINTIA SANTAREM CARDINALI – Julgamento: 19/04/2017 – VIGÉSIMA QUARTA CÂMARA CÍVEL CONSUMIDOR e 0015991-50.2015.8.19.0207 – APELAÇÃO Des (a). JDS MARIA CELESTE PINTO DE CASTRO JATAHY – Julgamento: 23/11/2016 – VIGÉSIMA TERCEIRA CÂMARA CÍVEL CONSUMIDOR; 5- Negado provimento ao recurso. (TJ-RJ; APL: 00432795320138190203 Rio de Janeiro, Jacarepaguá, Regional. 2ª Vara Cível; Vigésima Quinta Câmara Cível Consumidor; Rel. JDS Isabela Pessanha Chagas; Julg. 01/11/2017)

Resistência na exibição e honorários advocatícios:

✓ AÇÃO CAUTELAR DE EXIBIÇÃO DE DOCUMENTOS. Prestação de serviço de telefonia. Pleito de exibição atendido com o oferecimento de resposta. Documento apresentado pela concessionária que indica não existir contratação de Plano de Expansão (PEX) ou participação em Programa Comunitário de Telefonia (PCT). Apelante que não comprovou que o contrato existe, o que afasta a pretensão de sua exibição. Dicção do art. 357 do CPC/1973 – art. 398, parágrafo único, do CPC/2015. Ausência de resistência da apelada que impede a sua condenação exclusiva ao pagamento das coimas da sucumbência. Repartição dos encargos processuais que deve ser mantida. Em se considerando que o art. 85, § 14, do CPC/2015 veda a compensação, cada parte arcará com a metade das custas e despesas, além dos honorários ora fixados em R$300,00 (trezentos reais). Recurso provido em parte. (TJ-SP; APL 10011047220168260576; 28ª Câmara de Direito Privado; Rel. Dimas Rubens Fonseca; Julg.06/12/2016; Data de Publicação: 09/12/2016)

Art. 399. O juiz não admitirá a recusa se:

Ausência de comprovação de justo motivo para não exibição:

✓ APELAÇÕES CÍVEIS. CIVIL E PROCESSUAL CIVIL. AÇÃO MANDAMENTAL. EXIBIÇÃO DE DOCUMENTO. CONTRATOS DE TRANSMISSÃO DE ESPETÁCULOS DESPORTIVOS. – PROCEDÊNCIA NA ORIGEM. (1) PRELIMINARES. CONFUSÃO COM O MÉRITO. PREFERÊNCIA DE EXAME CONJUNTO COM ESTE. – As preliminares, quando se confundirem e cederem face ao mérito, devem ser com este conjuntamente examinadas, em homenagem ao princípio da primazia do julgamento do mérito, de forma integral, justa e efetiva, bem como aos princípios da eficiência ou da economia processual e da razoável duração do processo. (2) LEGITIMIDADE ATIVA. SINDICATO. LEGITIMAÇÃO EXTRAORDINÁRIA. PRESENÇA. – Os sindicatos possuem legitimação extraordinária, à luz dos arts. 5º, inc. LXX, alínea b, e 8º, inc. III, da Constituição, para a defesa dos direitos e dos interesses coletivos ou individuais da categoria que representam, independentemente de autorização dos filiados substituídos. – Os sindicatos de atletas profissionais possuem legitimação extraordinária para defender direitos e interesses relativos à participação de seus filiados nos contratos de transmissão de espetáculos desportivos assegurada pelo art. 42, § 1º, da Lei n. 9.615/1998. (3) LEGITIMIDADE PASSIVA. AFILIADA DE EMISSORA DE TELEVISÃO. TEORIA DA APARÊNCIA. PRESENÇA. – As afiliadas das emissoras de televisão, ainda que apenas retransmitam a programação, sem ingerência na elaboração, ao fazê-lo, passam a se apresentar, aos olhos da sociedade, como a própria emissora ou, ao menos, uma extensão desta, de modo a serem legitimadas a responder perante terceiros, à luz da teoria da aparência, como se as emissoras fossem, nos limites, por certo, da programação por si retransmitida, sem prejuízo de eventual direito de regresso. (4) MÉRITO. EXIBIÇÃO. PEDIDO EXTRAJUDICIAL PRÉVIO. DESNECESSIDADE. CONTRATOS DE TRANSMISSÃO DE ESPETÁCULOS DESPORTIVOS. RECUSA DO PORTADOR. ILEGITIMIDADE. AUSÊNCIA DE LASTRO. OBRIGAÇÃO LEGAL. CONTEÚDO DO DOCUMENTO COMUM ÀS PARTES. DEVER DE EXIBIR. – O pedido de exibição de documento ou coisa, antecedente ou incidental, enquanto meio de prova, independe de prévia tentativa extrajudicial frustrada de obtenção, à luz dos princípios do contraditório e da ampla defesa, corolários do princípio do devido processo legal. – O portador do documento cuja exibição se pretende pode apresentar recusa, que somente será admitida, expurgando-lhe do dever de exibição, se for legítima, porquanto dotada de justo motivo, o que, porém, não prevalece se a alegação vem desprovida de qualquer lastro, bem como se o portador tiver obrigação legal de exibir ou, ainda, o documento, por seu conteúdo, for comum às partes. SENTENÇA MANTIDA. RECURSOS DESPROVIDOS. (TJ-SC; AC 05001165120118240023 Capital; Quinta Câmara de Direito Civil; Rel. Henry Petry Junior; Julg. 06/06/2017,)

I – o requerido tiver obrigação legal de exibir;

→ *v.* Art. 5º, II, da CF/1988.

→ *v.* Art. 195 do CTN.

Obrigação de exibir documentos relativos ao desempenho de atividades próprias:

✓ AGRAVO DE INSTRUMENTO. REVISIONAL. EXIBIÇÃO DE DOCUMENTOS. OBRIGAÇÃO DO BANCO. MEDIDA LIMINAR. CONCESSÃO. MULTA. COMINAÇÃO. IMPOSSIBILIDADE. "O banco tem a obrigação de exibir em juízo a documentação que deve guardar, relacionada com o desempenho de sua atividade" (REsp 473122/MG, rel. Ministro Ruy Rosado de Aguiar, DJ de 15-12-2003, p. 315). A admissão da veracidade dos fatos que se pretende provar através da documentação a ser exibida (art. 359, CPC) é a sanção cabível para os casos de descumprimento de ordem de exibição de documentos em processo de conhecimento. (TJ-SC; AI 312865 SC 2007.031286-5; Primeira Câmara de Direito Comercial; Rel. Salim Schead dos Santos; Julg.13/12/2007)

✓ AGRAVO DE INSTRUMENTO - AÇÃO REVISIONAL - INVERSÃO DO ÔNUS DA PROVA - DECISÃO QUE DETERMINOU AO RÉU A APRESENTAÇÃO DOS DOCUMENTOS ESSENCIAIS AO EXAME DA LIDE - FIXAÇÃO DA MULTA DIÁRIA POR DESCUMPRIMENTO DA ORDEM JUDICIAL - INVIABILIDADE - APLICABILIDADE DO ARTIGO 359, I, DO CPC - RECURSO CONHECIDO E PARCIALMENTE PROVIDO PARA DESCONSTITUIR A MULTA. A norma esculpida nos artigos 355 e seguintes do Código de Processo Civil autoriza a determinação de exibição incidental dos contratos, na existência de relação jurídica entre os litigantes não só em razão do conteúdo comum, mas por ser dever das partes em colaborar com o Poder Judiciário (artigos 339 a 341 do CPC). No caso de descumprimento de decisão judicial de exibição no prazo legal, o juiz poderá admitir como verdadeiros os fatos que, por meio do documento, a parte pretendia provar (art. 359, CPC). Descabe, porém, a imposição de multa em caso de recalcitrância à determinação judicial, pois não se trata de obrigação de fazer ou não fazer, nem para entrega da coisa. (TJ-SC; AI 112334 SC 2006.011233-4; Terceira Câmara de Direito Comercial; Rel. Alcides Aguiar; Julg. 24/05/2007)

✓ AGRAVO DE INSTRUMENTO. AÇÃO DE COBRANÇA. DECISÃO QUE DETERMINOU A APRESENTAÇÃO, PELA CASA BANCÁRIA RÉ, DE DOCUMENTOS QUE DEMONSTREM A SITUAÇÃO ATUAL DAS AÇÕES REPORTADAS NA EXORDIAL, SOB PENA DE MULTA DIÁRIA DE R$ 200,00 (DUZENTOS REAIS). RECURSO DA INSTITUIÇÃO FINANCEIRA. ALMEJADA SUPRESSÃO DA PENALIDADE. ACOLHIMENTO. ORDEM DE EXIBIÇÃO DE DOCUMENTOS QUE POSSUI, A TEOR DO ART. 400 DO ATUAL CÓDIGO DE PROCESSO CIVIL, SANÇÃO ESPECÍFICA PARA O CASO DE DESCUMPRIMENTO. PENALIDADE EXPUNGIDA. PRECEDENTES. RECLAMO CONHECIDO E PROVIDO. (TJ-SC; AI 40027272520178240000 Lauro; Terceira Câmara de Direito Comercial; Rel. Tulio Pinheiro; Julg.01/06/2017,)

II – o requerido tiver aludido ao documento ou à coisa, no processo, com o intuito de constituir prova;

III – o documento, por seu conteúdo, for comum às partes.

Documentos comuns às partes:

✓ APELAÇÃO CÍVEL. "PRODUÇÃO ANTECIPADA DE PROVAS (ART. 381 SS DO NCPC) COM EXIBIÇÃO DE DOCUMENTO". IMPROCEDÊNCIA NA ORIGEM, AO FUNDAMENTO DE QUE O AUTOR NÃO TERIA COMPROVADO A EXISTÊNCIA FÍSICA DO DOCUMENTO PLEITEADO. IRRESIGNAÇÃO. VÍNCULO ENTRE AS PARTES DEVIDAMENTE DEMONSTRADO MEDIANTE A JUNTADA DE FATURA REFERENTE AO CONTRATO DE PRESTAÇÃO DE SERVIÇOS DE TELEFONIA DO QUAL SE ALMEJA A EXIBIÇÃO. DEVER DE EXIBIÇÃO DE DOCUMENTO COMUM (ART. 399, III, CPC/2015). CONTRATO DE ADESÃO DISPONÍVEL NA INTERNET. IRRELEVÂNCIA. EXEGESE DO ART. 6º DO CDC E ARTS. 22 E 35 DA RESOLUÇÃO Nº 632/2014 DA ANATEL. NECESSIDADE DE EXIBIÇÃO DO DOCUMENTO QUE SE IMPÕE. CONTRATO ACOSTADO EM CONTESTAÇÃO QUE TEM COMO CONTRATADA A EMPRESA TELEMAR, ALHEIA À LIDE. IRRELEVÂNCIA. ELEMENTOS EVIDENCIADORES DE QUE REFERIDA EMPRESA FOI INCORPORADA PELA OI S/A. HOMOLOGAÇÃO DO CONTRATO ACOSTADO AOS AUTOS. INVERSÃO DOS ÔNUS SUCUMBENCIAIS. FIXAÇÃO DE HONORÁRIOS A SEREM PAGOS PELA APELADA AO CAUSÍDICO DO APELANTE. ""pela conjugação dos princípios da causalidade e da sucumbência, em sede de ação cautelar de exibição de documentos, somente se perfaz legítima a imposição de verba honorária em desfavor da parte ré se configurada sua resistência injustificada em apresentar os escritos pleiteados, seja a oposição externada no âmbito administrativo ou no próprio processo judicial". (TJ-SC - AC: 03068836520168240039 Lages 0306883-65.2016.8.24.0039; Rel. André Carvalho; Julg.23/11/2017, Primeira Câmara de Direito Civil)

✓ REVISIONAL. Contrato bancário. Pedido incidental de exibição. Dever de apresentação pelo banco dos documentos comuns entre as partes. Inteligência dos artigos 396 e 399, III, ambos do CPC/15. Decisão mantida. RECURSO NÃO PROVIDO. (TJ-SP - AI 21795679820168260000 SP 2179567-98.2016.8.26.0000; Rel. Fernando Sastre Redondo; Julg.28/09/2016, 38ª Câmara de Direito Privado, Data de Publicação: 29/09/2016)

✓ PROCESSUAL CIVIL. AÇÃO CAUTELAR DE EXIBIÇÃO DE DOCUMENTOS. SENTENÇA DE PROCEDÊNCIA. APELAÇÃO CÍVEL. ILEGITIMIDADE DA RECUSA DE EXIBIÇÃO DOS DOCUMENTOS COMUNS ÀS PARTES. APRESENTAÇÃO DE TELAS DE SISTEMA QUE VIOLA O ART. 399, III, DO CPC/2015. DOCU-

MENTO ELETRÔNICO QUE PRECISA SER IMPRESSO E AUTÊNTICO. OS FATOS NARRADOS SERÃO ADMITIDOS COMO VERDADEIROS. INTELIGÊNCIA DO ART. 400 DO CPC/2015. APELO CONHECIDO E DESPROVIDO. 1. Não deve ser admitida a recusa à exibição de documento comum às partes (art. 399, III, CPC/2015), razão pela qual a mera exibição da cópia do contrato e um CD em que consta os projetos gravado por meio do programa AUTOCAD, não atende plenamente a pretensão autoral. 2. Precedente do TJRN (AC nº 2017.001971-9, Rel.º Desembargador Amaury Moura Sobrinho, 3ª Câmara Cível, j. 05/09/2017) 3. Apelo conhecido e desprovido. (TJ-RN – AC: 20160206591 RN; Rel. Desembargador Virgílio Macêdo Jr.; Julg.17/10/2017, 2ª Câmara Cível)

✓ DIREITO PROCESSUAL CIVIL E DEFESA DO CONSUMIDOR. APELAÇÃO CÍVEL. AÇÃO CAUTELAR DE EXIBIÇÃO DE DOCUMENTOS. CONTRATO DE SERVIÇOS BANCÁRIOS. DEVER DE INFORMAR ADEQUADAMENTE SOBRE OS SERVIÇOS PRESTADOS. PROCEDÊNCIA. HONORÁRIOS ADVOCATÍCIOS. 15% VALOR DA CAUSA (R$ 40.000,00). R$ 6.000,00. REDUÇÃO DO VALOR DA CAUSA PARA R$ 10.000,00. ART. 20, § 4º DO CPC/73. RECEPCIONADO PELO ARTIGO 85, § 8º, DO NCPC. APLICAÇÃO. SENTENÇA REFORMADA PARCIALMENTE. I- O contratante tem o direito de exigir a exibição de cópia do contrato de serviços e documentos que estão em poder da Instituição Financeira, por se tratar de documento comum às partes, indispensável à propositura da ação ordinária a ser intentada. Não apresentado os documentos especificados, possui interesse de buscá-los em juízo, pois a sua recusa é ilegítima. II- O direito à informação, a par de decorrer diretamente do princípio da defesa do consumidor, previsto em nível constitucional e na legislação específica, não pode ter seu conteúdo restringido, uma vez que a informação constitui dever a ser cumprido por qualquer fornecedor, ensejando a procedência do pedido, como na espécie. III- Em ação cautelar de exibição de documentos, os honorários do advogado da parte vencedora serão fixados na forma do artigo 20, § 4º, do Código de Processo Civil/73, recepcionado pelo artigo 85, § 8º, do Novo Código de Processo Civil, consideradas as circunstâncias mencionadas no seu parágrafo, como critérios equitativos empregados pelo juiz, de modo que sejam condizentes com a atuação dos procuradores e a natureza da causa. IV- Os honorários sucumbenciais foram fixados em 15%, sobre o valor da causa (R$ 40.000,00), equivalente a R$ 6.000,00, ensejando a redução do valor da causa para R$ 10.000,00 (dez mil reais), por ser mais adequado para a remuneração do trabalho desempenhado pelo advogado da parte contrária. RECURSO CONHECIDO E PARCIALMENTE PROVIDO. (Classe: Apelação, Número do Processo: 0546909-06.2015.8.05.0001, Rel. Roberto Maynard Frank; Quarta Câmara Cível; Publicado em: 27/09/2017)

Art. 400. Ao decidir o pedido, o juiz admitirá como verdadeiros os fatos que, por meio do documento ou da coisa, a parte pretendia provar se:

I – o requerido não efetuar a exibição nem fizer nenhuma declaração no prazo do art. 398;

Admissão da veracidade dos fatos pela não apresentação dos documentos:

✓ RECURSO ESPECIAL REPRESENTATIVO DE CONTROVÉRSIA - ARTIGO 1036 E SEGUINTES DO CPC/2015 – AÇÃO REVISIONAL DE CONTRATOS BANCÁRIOS - PROCEDÊNCIA DA DEMANDA ANTE A ABUSIVIDADE DE COBRANÇA DE ENCARGOS - INSURGÊNCIA DA CASA BANCÁRIA VOLTADA À PRETENSÃO DE COBRANÇA DA CAPITALIZAÇÃO DE JUROS 1. Para fins dos arts. 1036 e seguintes do CPC/2015. 1.1 A cobrança de juros capitalizados nos contratos de mútuo é permitida quando houver expressa pactuação. 2. Caso concreto: 2.1 Quanto aos contratos exibidos, a inversão da premissa firmada no acórdão atacado acerca da ausência de pactuação do encargo capitalização de juros em qualquer periodicidade demandaria a reanálise de matéria fática e dos termos dos contratos, providências vedadas nesta esfera recursal extraordinária, em virtude dos óbices contidos nos Enunciados 5 e 7 da Súmula do Superior Tribunal de Justiça. 2.2 Relativamente aos pactos não exibidos, verifica-se ter o Tribunal a quo determinado a sua apresentação, tendo o banco-réu, ora insurgente, deixado de colacionar aos autos os contratos, motivo pelo qual lhe foi aplicada a penalidade constante do artigo 359 do CPC/73 (atual 400 do NCPC), sendo tido como verdadeiros os fatos que a autora pretendia provar com a referida documentação, qual seja, não pactuação dos encargos cobrados. 2.3 Segundo a jurisprudência do Superior Tribunal de Justiça, é possível tanto a compensação de créditos quanto a devolução da quantia paga indevidamente, independentemente de comprovação de erro no pagamento, em obediência ao princípio que veda o enriquecimento ilícito. Inteligência da Súmula 322/STJ. 2.4 Embargos de declaração manifestados com notório propósito de prequestionamento não tem caráter protelatório. Inteligência da súmula 98/STJ. 2.5 Recurso especial parcialmente provido apenas ara afastar a multa imposta pelo Tribunal a quo. (REsp 1388972/SC, Rel. Ministro MARCO BUZZI, SEGUNDA SEÇÃO, julgado em 08/02/2017, DJe 13/03/2017)

✓ PROCESSUAL CIVIL. ACORDO EXTRAJUDICIAL HOMOLOGADO EM JUÍZO. ANULATÓRIA. VÍCIO NO AJUSTE. DEMONSTRAÇÃO. EXIBIÇÃO DOCUMENTAL. RECUSA NÃO VERIFICADA. PRESUNÇÃO DE VERACIDADE DOS FATOS. SANÇÃO. DESCABIMENTO. 1. O art. 359, I, do CPC/1973 (CPC/2015, art. 400) sanciona com a presunção de veracidade os fatos que se pretendia provar com o documento ou coisa cuja exibição foi recusada pelo requerido. 2. Hipótese em que se postula a aplicação daquela sanção processual em ação anulatória de acordo extrajudicial homologado judicialmente, alegando-se recusa da parte em apresentar os extratos bancários que comprovariam o vício apto a anular o ajuste.

3. O julgado que determinou a exibição dos documentos requeridos, com a ressalva de que "a sanção para a recusa à exibição é a presunção de veracidade", foi proferido em sede de juízo antecipatório da tutela, de modo a não poder se falar em coisa julgada material. 4. Ao apreciar a questão no julgamento do apelo, a Corte de origem entendeu não ser possível afirmar que o requerido descumpriu a obrigação exibitória, pelo que não há como, no âmbito do especial, reconhecer a inexistência de "justificativa plausível" e sufragar a presunção ficta de veracidade afirmada no recurso. 5. Em face do quadro probatório "duvidoso e inconcluso", como assinalado no acórdão recorrido, e em prestígio à estabilidade da decisão homologatória anterior já passada em julgado, mostra-se mais adequada ao caso a solução encontrada naquele aresto (devolução do feito ao primeiro grau para produção probatória). 6. Recurso especial desprovido. (REsp 1646836/MA, Rel. Ministro NAPOLEÃO NUNES MAIA FILHO, Rel. p/ Acórdão Ministro GURGEL DE FARIA, PRIMEIRA TURMA, julgado em 02/05/2017, DJe 30/05/2017)

✓ RECURSO ESPECIAL - AÇÃO DE PRESTAÇÃO DE CONTAS - SEGUNDA FASE - INSTITUIÇÃO FINANCEIRA QUE NÃO PRESTOU AS CONTAS NA FORMA MERCANTIL, BEM AINDA, DEIXOU DE JUNTAR AOS AUTOS O CONTRATO BANCÁRIO CONFORME DETERMINADO NO ARTIGO 917 DO CPC/73 - PARTE AUTORA QUE APRESENTOU OS CÁLCULOS QUE ENTENDEU PERTINENTES - TRIBUNAL A QUO QUE JULGOU PROCEDENTE O PEDIDO COM A DECLARAÇÃO DE SALDO CREDOR A FAVOR DO DEMANDANTE - INSURGÊNCIA DA CASA BANCÁRIA VOLTADA À PRETENSÃO DE COBRANÇA DA CAPITALIZAÇÃO ANUAL DE JUROS E TARIFAS BANCÁRIAS. 1. Na hipótese, não há pleito recursal formulado pela casa bancária objetivando a manifestação desta Corte Superior acerca do cabimento da ação de prestação de constas, sendo inviável a declaração de ofício de eventual vício nessa esfera recursal extraordinária. A despeito de a demanda ter se iniciado como ação de prestação de contas, o feito está na segunda fase do procedimento, momento no qual ocorre a efetiva apuração do saldo credor e devedor. 2. O Superior Tribunal de Justiça, no bojo do Resp nº 1.388.972/SC, julgado em 08/02/2017, assentou entendimento nos moldes do artigo 1036 e seguintes do NCPC, no sentido de que a cobrança de juros capitalizados nos contratos de mútuo é permitida quando houver expressa pactuação. 2.1 Inviável a cobrança de capitalização anual de juros na hipótese. Uma vez determinada, pelo Tribunal a quo, a apresentação do contrato firmado entre as partes para possibilitar a apuração/verificação das contas, tendo o banco-réu, ora insurgente, deixado de colacionar aos autos o aludido ajuste, correta a aplicação da penalidade constante do artigo 359 do CPC/73 (atual 400 do NCPC), considerando-se verdadeiro o fato que a autora pretendia provar com a referida documentação, qual seja, a não pactuação dos encargos cobrados. 3. Quanto à impossibilidade de cobrança das tarifas bancárias, as razões recursais não combatem a argumentação da Corte local, o que atrai a incidência dos óbices das súmulas 283/STJ e 284/STF, pois deficientes as razões recursais que não atacam fundamento suficiente do acórdão recorrido apto por si só a mantê-lo. 4. Recurso especial desprovido. (REsp 1593858/PR, Rel. Ministro MARCO BUZZI, QUARTA TURMA, julgado em 21/03/2017, DJe 25/04/2017)

✓ AGRAVO DE INSTRUMENTO. AÇÃO DE COBRANÇA. EXPURGOS INFLACIONÁRIOS. DECISÃO QUE DETERMINOU A APRESENTAÇÃO DOS EXTRATOS BANCÁRIOS REFERENTES AOS MESES DE ABRIL E MAIO DE 1990, SOB PENA DE MULTA DIÁRIA DE R$ 200,00 (DUZENTOS REAIS), LIMITADO AO VALOR DE R$ 10.000,00 (DEZ MIL REAIS). INSURGÊNCIA DA INSTITUIÇÃO FINANCEIRA. ARGUIDA INVIABILIDADE DE COMINAÇÃO DE ASTREINTE PARA ASSEGURAR O CUMPRIMENTO DA ORDEM DE EXIBIÇÃO DOS DOCUMENTOS SOLICITADOS. ACOLHIMENTO. PREVISÃO DE SANÇÃO PROCESSUAL ESPECÍFICA À ESPÉCIE. PRESUNÇÃO DE VERACIDADE CONTIDA NO ART. 359 DO CÓDIGO DE PROCESSO CIVIL DE 1973 (ART. 400 DO NCPC). PRECEDENTES DESTA CÂMARA E DO SUPERIOR TRIBUNAL DE JUSTIÇA. DESNECESSIDADE DE ANALISAR O PLEITO DE PREQUESTIONAMENTO. RECURSO CONHECIDO E PROVIDO. (TJ-SC – AI 01823635820138240000 Criciúma 0182363-58.2013.8.24.0000; Rel. Newton Varella Júnior; Julg.25/07/2017, Segunda Câmara de Direito Comercial)

II – a recusa for havida por ilegítima.

Recusa ilegítima na apresentação do objeto da exibição:

✓ AGRAVO DE INSTRUMENTO. AÇÃO DE COBRANÇA. EXIBIÇÃO INCIDENTAL DE DOCUMENTOS. INCIDÊNCIA DO ART. 400, II, NCPC, AFASTADA. DEMONSTRAÇÃO DA INEXISTÊNCIA DO DOCUMENTO. - Ao decidir o pedido, o juiz admitirá como verdadeiros os fatos que, por meio do documento ou da coisa, a parte pretendia provar se a recusa da parte contrária for havida por ilegítima (art. 400, II, NCPC). - Demonstrada a inexistência do documento, a penalidade prevista pelo caput do art. 400 do CPC/2015 não se aplica. (TJ-MG - AI 10024075959932001 MG; Rel. Cláudia Maia; Julg.29/08/0017, Câmaras Cíveis / 14ª CÂMARA CÍVEL, Data de Publicação: 01/09/2017)

Parágrafo único. Sendo necessário, o juiz pode adotar medidas indutivas, coercitivas, mandamentais ou sub-rogatórias para que o documento seja exibido.

→ *v.* Súmula 372 do STJ.

→ *v.* Enunciado 54 do FPPC: Fica superado o enunciado 372 da súmula do STJ ("Na ação de exibição de documentos, não cabe a aplicação de multa cominatória") após a entrada em vigor do NCPC, pela expressa possibilidade de fixação de multa de natureza coercitiva na ação de exibição de documento.

→ *v.* Enunciado 53 do FPPC: Na ação de exibição não cabe a fixação, nem a manutenção de multa quando a exibição for reconhecida como impossível.

Sanção pela não apresentação do objeto da exibição:

✓ AGRAVO DE INSTRUMENTO. AÇÃO DE COBRANÇA. DECISÃO QUE DETERMINOU A APRESENTAÇÃO, PELA CASA BANCÁRIA RÉ, DE DOCUMENTOS QUE DEMONSTREM A SITUAÇÃO ATUAL DAS AÇÕES REPORTADAS NA EXORDIAL, SOB PENA DE MULTA DIÁRIA DE R$ 200,00 (DUZENTOS REAIS). RECURSO DA INSTITUIÇÃO FINANCEIRA. ALMEJADA SUPRESSÃO DA PENALIDADE. ACOLHIMENTO. ORDEM DE EXIBIÇÃO DE DOCUMENTOS QUE POSSUI, A TEOR DO ART. 400 DO ATUAL CÓDIGO DE PROCESSO CIVIL, SANÇÃO ESPECÍFICA PARA O CASO DE DESCUMPRIMENTO. PENALIDADE EXPUNGIDA. PRECEDENTES. RECLAMO CONHECIDO E PROVIDO. (TJ-SC – AI 40027272520178240000 Lauro Müller 4002727-25.2017.8.24.0000; Rel. Tulio Pinheiro; Julg.01/06/2017, Terceira Câmara de Direito Comercial)

✓ AGRAVO DE INSTRUMENTO EXPURGOS INFLACIONÁRIOS PLANO VERÃO – CUMPRIMENTO DE SENTENÇA Decisão que determinou ao banco informasse quem eram os titulares das contas poupanças descritas nos autos, na primeira quinze de janeiro de 1989, no prazo de 30 dias, sob pena de pagamento de multa diária de um salário mínimo por dia de atraso – Cabimento – Inegável a necessidade de que traga o agravante ao processo informações precisas a respeito das contas questionadas – Decisão mantida nesta parte. AGRAVO DE INSTRUMENTO – EXPURGOS INFLACIONÁRIOS – PLANO VERÃO – CUMPRIMENTO DE SENTENÇA – Multa diária – Descabimento – Sanção imposta que deve ser afastada – Provimento do agravo neste aspecto. Agravo provido em parte. (TJ-SP 22067423320178260000 SP 2206742-33.2017.8.26.0000; Rel. João Batista Vilhena; Julg. 27/11/2017, 17ª Câmara de Direito Privado, Data de Publicação: 27/11/2017)

✓ AGRAVO DE INSTRUMENTO. AÇÃO DE EXIBIÇÃO DE DOCUMENTO. DESCUMPRIMENTO DA OBRIGAÇÃO. INTIMAÇÃO PARA CUMPRIMENTO SOB PENA DE MULTA DIÁRIA DE R$ 200,00. ALEGAÇÃO DE NÃO CABIMENTO DE MULTA COMINATÓRIA. SÚMULA 372 DO STJ. IRRESIGNAÇÃO DA PARTE RÉ. COM O ADVENTO DO NOVO CÓDIGO DE PROCESSO CIVIL O LEGISLADOR ESTABELECEU A POSSIBILIDADE DE SEREM ADOTADAS MEDIDAS INDUTIVAS, COERCITIVAS, MANDAMENTAIS E SUB-ROGATÓRIAS, VIABILIZANDO ASSIM, A EXIBIÇÃO DOS DOCUMENTOS. ENUNCIADO Nº. 54 DO FÓRUM PERMANENTE DE PROCESSUALISTAS CIVIS: "FICA SUPERADO O ENUNCIADO 372 DA SÚMULA DO STJ APÓS A ENTRADA EM VIGOR DO CPC, PELA EXPRESSA POSSIBILIDADE DE FIXAÇÃO DE MULTA DE NATUREZA COERCITIVA NA AÇÃO DE EXIBIÇÃO DE DOCUMENTO" DESPROVIMENTO AO RECURSO. (TJ-RJ – AI 00493846820168190000; Rio de Janeiro; 45 VARA CIVEL; Rel. JOÃO BATISTA DAMASCENO; Julg. 14/12/2016, VIGÉSIMA SÉTIMA CÂMARA CÍVEL CONSUMIDOR, Data de Publicação: 19/12/2016)

✓ DECISÃO: ACORDAM OS DESEMBARGADORES E JUÍZES SUBSTITUTOS DA DÉCIMA OITAVA CÂMARA CÍVEL DO TRIBUNAL DE JUSTIÇA DO ESTADO DO PARANÁ, POR UNANIMIDADE DE VOTOS, EM CONHECER, E DAR PARCIAL PROVIMENTO AO PRESENTE RECURSO DE AGRAVO DE INSTRUMENTO. EMENTA: AGRAVO DE INSTRUMENTO. AÇÃO REVISIONAL DE CONTRATO.DETERMINAÇÃO DE EXIBIÇÃO INCIDENTAL DE TODOS OS CONTRATOS A SEREM REVISADOS. FIXAÇÃO DE MULTA DIÁRIA. CABIMENTO. INTELIGÊNCIA DO ART. 400, PARÁGRAFO ÚNICO, DO CPC/15. POSSIBILIDADE DE EXIBIR DOS DOCUMENTOS E CUMPRIR A OBRIGAÇÃO IMPOSTA. REDUÇÃO. DESNECESSIDADE. VALOR RAZOÁVEL. MULTA POR ATO ATENTATÓRIO À DIGNIDADE DA JUSTIÇA. IMPOSSIBILIDADE. NÃO CONSTATAÇÃO DE MÁ-FÉ NA CONDUTA DO BANCO.RECURSO PARCIALMENTE PROVIDO. (TJPR; AI – 1569670-7; Cianorte; 18ª C. Cível; Rel. Denise Antunes; Unânime; Julg. 14/12/2016)

✓ AGRAVO DE INSTRUMENTO – AÇÃO REVISIONAL DE CONTRATO – EXIBIÇÃO DE DOCUMENTOS – MULTA DIÁRIA – FIXAÇÃO – POSSIBILIDADE. A exibição de documentos pode ocorrer de forma incidente, nos termos dos artigos 396 e seguintes do CPC. A resistência ao cumprimento da ordem de exibição acarreta a adoção de medidas indutivas, coercitivas, mandamentais ou sub-rogatórias, dentre elas inclusive a fixação de multa diária. (TJ-MG; AI 10024123220253001 MG; 12ª Câmera Cível; Rel. Saldanha da Fonseca; Julg. 06/07/2017; Data de Publicação: 11/07/2017)

Art. 401. Quando o documento ou a coisa estiver em poder de terceiro, o juiz ordenará sua citação para responder no prazo de 15 (quinze) dias.

Citação de terceiro para exibição de documento ou coisa:

✓ AÇÃO DE EXIBIÇÃO DE DOCUMENTO. SENTENÇA QUE JULGOU PROCEDENTE O PEDIDO E CONDENOU A RÉ AO PAGAMENTO DAS CUSTAS, DESPESAS PROCESSUAIS E HONORÁRIOS ADVOCATÍCIOS. AUSÊNCIA DE PRETENSÃO RESISTIDA. APLICAÇÃO DO PRINCÍPIO DA CAUSALIDADE. AFASTAMENTO DA CONDENAÇÃO QUE SE IMPÕE. Dispõe o artigo 401 do atual Código de Processo Civil: "quando o documento ou a coisa estiver em poder de terceiro, o juiz ordenará sua citação para responder no prazo de 15 (quinze) dias". O interesse de agir da autora restou evidenciado com a necessidade de obtenção do prontuário médico e demais documentos relativos à internação de sua filha nas dependências da ré. Sucede que a ré, após ser citada dos termos da ação, apresentou os documentos requeridos em cartório, satisfazendo, portanto, o pedido formulado pela autora. Assim, não obstante, a parte não esteja obrigada a requerer a exibição dos documentos de seu interesse pela via administrativa, não há dúvidas de que o pronto atendimento do pedido, na qual a parte adversa não apresenta resistência e exibe voluntariamente o documento pretendido, obsta o arbitramento de honorários advocatícios em favor do patrono do requerente. Sentença reformada. Recurso provido. (TJ-SP; APL 10099627720148260248; SP; 10ª Câmara de Direito Privado; Rel. Carlos Alberto Garbi; Julg. 16/05/2017; Data de Publicação: 18/05/2017)

Art. 402. Se o terceiro negar a obrigação de exibir ou a posse do documento ou da coisa, o juiz designará audiência especial, tomando-lhe o depoimento, bem como o das partes e, se necessário, o de testemunhas, e em seguida proferirá decisão.

Exibição em desfavor de terceiro:

✓ AGRAVO DE INSTRUMENTO - TRIBUTÁRIO - AÇÃO DECLARATÓRIA C.C. REPETIÇÃO DE INDÉBITO - ICMS - TARIFAS "TUST" E "TUSD" - ENERGIA ELÉTRICA - PEDIDO INCIDENTAL DE EXIBIÇÃO DE DOCUMENTOS - Agravo cabível nos termos do art. 1015, VI do NCPC - Decisão agravada que determinou a inclusão da CPFL no polo passivo da lide principal - Decisão que merece reforma - Ilegitimidade passiva da concessionária de energia elétrica para figurar no polo passivo das ações em que se discute a possibilidade de incidência de ICMS sobre os valores pagos a título de Tarifa de Uso do Sistema de Transmissão (TUST) e Distribuição (TUSD) destacados na conta de energia elétrica - Precedentes do STJ - Nada obstante, a concessionária pode ser citada para compor a lide acessória de exibição de documentos - Relação processual paralela, com partes diferentes, e objeto próprio - Recurso provido. (TJ-SP; AI 20901881520178260000; SP; 8ª Câmara de Direito Público; Rel. Ponte Neto; Julg. 14/06/2017; Data de Publicação: 14/06/2017)

Art. 403. Se o terceiro, sem justo motivo, se recusar a efetuar a exibição, o juiz ordenar-lhe-á que proceda ao respectivo depósito em cartório ou em outro lugar designado, no prazo de 5 (cinco) dias, impondo ao requerente que o ressarça pelas despesas que tiver.

Parágrafo único. Se o terceiro descumprir a ordem, o juiz expedirá mandado de apreensão, requisitando, se necessário, força policial, sem prejuízo da responsabilidade por crime de desobediência, pagamento de multa e outras medidas indutivas, coercitivas, mandamentais ou sub-rogatórias necessárias para assegurar a efetivação da decisão.

→ *v.* Enunciado 53 do FPPC: Na ação de exibição não cabe a fixação, nem a manutenção de multa quando a exibição for reconhecida como impossível.

v. Enunciado 54 do FPPC: Fica superado o enunciado 372 da súmula do STJ ("Na ação de exibição de documentos, não cabe a aplicação de multa cominatória") após a entrada em vigor do CPC, pela expressa possibilidade de fixação de multa de natureza coercitiva na ação de exibição de documento.

Possibilidade de fixação de multa coercitiva para viabilizar a exibição de documentos:

✓ EXIBIÇÃO DE DOCUMENTOS. MULTA COMINATÓRIA. POSSIBILIDADE. CPC/2015. SUPERAÇÃO DA SÚMULA 372 DO STJ. SENTENÇA MANTIDA. - O NCPC prevê, expressamente, a possibilidade de aplicação de medidas coercitivas para que o documento seja exibido, dentre as quais se inclui a fixação de multa. - Segundo o enunciado 54, do Fórum Permanente de Processualistas Civis, fica superado "o enunciado 372 da súmula do STJ (" Na ação de exibição de documentos, não cabe a aplicação de multa cominatória ") após a entrada em vigor do CPC, pela expressa possibilidade de fixação de multa de natureza coercitiva na ação de exibição de documento". - Recurso a que se nega provimento. (TJ-MG; AC 10693160011211001 MG; 5ª Câmara Cível; Rel. Wander Marotta; Julg. 11/10/0016; Data de Publicação: 25/10/2016)

✓ AGRAVO DE INSTRUMENTO – Medida cautelar exibitória de documentos, em fase de cumprimento de sentença – Decisão que deferiu o pedido de busca e apreensão – Possibilidade da constrição (artigo 403, par. ún., do CPC) – Recurso desprovido. (TJ-SP 21182523520178260000; SP; 20ª Câmara de Direito Privado; Rel. Correia Lima; Julg. 07/08/2017; Data de Publicação: 10/08/2017)

✓ APELAÇÃO CÍVEL. AÇÃO CAUTELAR DE EXIBIÇÃO DE DOCUMENTOS. PRETENSÃO ATINENTE A CONTRATOS DE ABERTURA DE CRÉDITO. REQUERIMENTO ADMINISTRATIVO DEVIDAMENTE FORMULADO PELA PARTE AUTORA. AUSÊNCIA DE PROVA DA EXIGÊNCIA DO CUSTO DO SERVIÇO. INTERESSE DE AGIR DEMONSTRADO. PRETENSÃO RESISTIDA. CONTENCIOSIDADE INSTAURADA. MEDIDA PARA O CASO DE DESCUMPRIMENTO DA ORDEM JUDICIAL. ASTREINTES. CABIMENTO. FACULDADE CONFERIDA AO MAGISTRADO. LIMITAÇÃO DOS VALORES. POSSIBILIDADE. COMINAÇÃO QUE DEVE CONSIDERAR O BEM DA VIDA TUTELADO. ÔNUS SUCUMBENCIAIS MANTIDOS. HONORÁRIOS RECURSAIS. SENTENÇA PUBLICADA NA VIGÊNCIA DO CPC/2015. ARBITRAMENTO EX OFFICIO. EXEGESE DO ART. 85, § 11, DO CÓDIGO DE RITOS. RECURSO CONHECIDO E PARCIALMENTE PROVIDO. "O valor a ser fixado a título de astreinte fica a critério do magistrado, o qual, em que pese a discricionariedade na fixação, deve levar em consideração as peculiaridades do caso concreto, a capacidade econômica das partes e a natureza da obrigação a ser cumprida." (Agravo de Instrumento n. 2012.022574-0, de Santa Rosa do Sul, rel. Des. Jairo Fernandes Gonçalves; Julg. 31-8-2012) [...] (Apelação Cível n. 0001565-14.2012.8.24.0073, de Timbó, Rel. Des. Rubens Schulz; Julg. 22/11/2016). (TJ-SC; AC 03018068620158240079; Videira; Primeira Câmara de Direito Comercial; Rel. Paulo Ricardo Bruschi; Julg. 06/07/2017)

Art. 404. A parte e o terceiro se escusam de exibir, em juízo, o documento ou a coisa se:

<u>Hipóteses para recusa legítima na apresentação dos documentos:</u>

✓ APELAÇÃO CÍVEL. MEDIDA CAUTELAR DE EXIBIÇÃO DE DOCUMENTO. PROCEDIMENTO ADMINISTRATIVO DE REFORMA DE BOMBEIRO MILITAR. SENTENÇA DE PROCEDÊNCIA. 1.Art. 37 caput, incisos I e II, conjugado com o artigo 5º inciso XXX, CF. 2. Exibição de documento que não está condicionado à recusa na via administrativa, conforme jurisprudência assente nos nossos tribunais, sendo certo que, no caso concreto, há prova da recusa do réu em fornecer os documentos relativos ao processo administrativo de reforma do autor. 3.Evidenciado o interesse do autor na exibição do procedimento administrativo cuja apresentação em juízo cabe ao réu. 4.Caso que não se insere em nenhuma das exclusões do art. 404 do CPC/15. 5.Sentença mantida. RECURSO CONHECIDO E DESPROVIDO. (TJ-RJ; APL 04221663120158190001; Rio de Janeiro; 9 Vara Faz Publica; 11ª Câmara Cível; Rel. Fernando Cerqueira Chagas; Julg. 28/09/2016; Data de Publicação: 30/09/2016)

✓ Apelação cível. Ação cautelar incidental de exibição de documentos. Pretensão de apresentação de notas fiscais relativas ao fornecimento de gás pela ré-apelante a seus clientes e que, segundo a autora-apelada, comprovariam sua prestação do serviço de transporte àquela. Documentos de interesse comum que se encontram em posse da ré-apelante. Argumentos de recusa da apresentação que não encontram respaldo legal. Propositura da ação e apresentação de defesa que ocorreram antes do decurso do prazo de guarda previsto na Lei Municipal/DC nº 1664/02 (Código Tributário do Município de Duque de Caxias). Descumprimento do dever de boa-fé da ré-apelante quanto à manutenção dos documentos durante o curso da lide por se tratar do objeto do litígio. Manutenção da sentença de procedência. Honorários recursais fixados na forma do art. 85, §§ 2º e 11 do CPC/15. Desprovimento do recurso. (TJ-RJ; APL 00614869820128190021; Duque de Caxias/RJ; 6ª Vara Cível; Quinta Câmara Cível; Rel. Cristina Tereza Gaulia; Julg. 28/03/2017; Data de Publicação: 30/03/2017)

✓ AGRAVO DE INSTRUMENTO. PROCESSUAL CIVIL. ASSISTÊNCIA JUDICIÁRIA. NÃO COMPROVAÇÃO DO ESTADO DE HIPOSSUFICIÊNCIA. DOCUMENTOS EM PODER DE TERCEIRO. INTIMAÇÃO INDEFERIDA. AÇÃO PRÓPRIA DE EXIBIÇÃO DE DOCUMENTOS. RECURSO DESPROVIDO. 1. Não merece acolhida o pleito da parte agravada no que toca ao não conhecimento do recurso, sob a alegação de que o caso em tela não se adéqua às estritas hipóteses de cabimento da nova sistemática prevista no Novo Código de Processo Civil para o recurso de Agravo de Instrumento, porquanto a decisão interlocutória cuidou de matéria afeta à exibição ou posse de documento ou coisa, hipótese passível de interposição desse recurso, uma vez que prevista no inciso VI do artigo 1.015 do Novo CPC. 2. Cinge-se a controvérsia em perquirir se correta a decisão vergastada que indeferiu a intimação de terceiro para apresentação de documentação exigida para instrução do requerimento do benefício da gratuidade de justiça, uma vez que competiria a parte autora a prova do fato constitutivo de seu direito. 3. A Lei nº 1.060/50 estabelece que a parte gozará dos benefícios da assistência judiciária mediante simples afirmação, na própria petição inicial, de que não está em condições de pagar as custas processuais e os honorários advocatícios, sem prejuízo próprio ou de sua família, consoante seu artigo 4º. Tratando-se de presunção relativa de miserabilidade, pode ser contrariada tanto pela parte adversa quanto pelo juiz, de ofício, desde que seja feito de forma fundamentada. 4. Desse modo, o magistrado deve investigar sobre a real condição econômico-financeira do requerente, podendo ordenar que comprove nos autos que não pode arcar com as despesas processuais e com os honorários de sucumbência. 5. Preleciona o artigo 373 do Novo CPC que o ônus da prova incumbe ao autor quanto ao fato constitutivo de seu direito. Assim, cabe à parte requerente produzir as provas pertinentes para formar a convicção do magistrado a respeito de sua hipossuficiência financeira. 6. Havendo escusas por terceiro de exibir documentos alheios sob a sua posse, cabível o ajuizamento de ação própria de exibição de documentos, ensejando, desse modo, uma nova relação processual, tendo como sujeito passivo terceiro alheio à causa principal. 7. Agravo de instrumento desprovido. (TRF-2; AG 00038978220164020000; RJ; 5ª Turma Especializada; Rel. Aluisio Gonçalves de Castro Mendes; Julg. 03/06/2016)

✓ AÇÃO EXIBIÇÃO DE DOCUMENTOS. SEGURO DE VIDA COLETIVO. ESTIPULAÇÃO FEITA POR EMPRESA PRIVADA EM FAVOR DE SEUS FUNCIONÁRIOS. NECESSÁRIA EXIBIÇÃO DE APÓLICE E CERTIFICADO CORRELATO. DOCUMENTOS ESSENCIAIS PARA QUE O BENEFICIÁRIO DE EX-SEGURADA POSSA VINDICAR SEUS DIREITOS JUNTO À SEGURADORA. DECLARAÇÃO APRESENTADA QUE NÃO ATENDE AO INTENTO DO AUTOR. INSUSTENTÁVEL RECUSA. SENTENÇA DE PROCEDÊNCIA. CORREÇÃO. INOCORRÊNCIA DE JULGAMENTO EXTRA PETITA. POSSIBILIDADE DE APLICAÇÃO DE MULTA EM CASO DE DESCUMPRIMENTO. INTELIGÊNCIA DO PARÁGRAFO ÚNICO DO ARTIGO 400 DO CPC/2015. INAPLICABILIDADE DA SÚMULA Nº 372 DO STJ. VALOR DA ASTREINTE DEVIDAMENTE ARBITRADO. MANUTENÇÃO DO DECISUM QUE SE IMPÕE. DESPROVIMENTO DO APELO. (TJ-RJ; APL 00168061020168190014; Campos dos Goytacazes/RJ; 2ª Vara Cível; Primeira Câmara Cível; Rel. Sergio Ricardo de Arruda Fernandes; Julg. 27/06/2017; Data de Publicação: 29/06/2017)

✓ EMBARGOS DE DECLARAÇÃO. APELAÇÃO CÍVEL. DIREITO PRIVADO NÃO ESPECIFICADO. AÇÃO CAUTELAR DE EXIBIÇÃO DE DOCUMENTOS E ENTREGA DE COISA. GRAVAÇÕES E DOCUMENTOS CONTRATUAIS. EXTINÇÃO DO PROCESSO SEM JULGAMENTO DE MÉRITO POR FALTA DO INTERESSE DE AGIR. SENTENÇA DESCONSTITUÍDA. MÉRITO. JULGAMENTO NA FORMA DO ARTIGO 1.013, § 3º, INCISO I, DO CÓDIGO DE PROCESSO CIVIL. REDISCUSSÃO. PRÉ-QUESTIONAMENTO. 1. Embargos de declaração em que não se constatam os vícios que dariam ensejo à oposição do recurso, segundo disposto pelo art. 1.022, incisos e Parágrafo único, da Lei n. 13.105/2015 (Novo Código de Processo Civil). 2. No que toca o pré-questionamento da matéria legal versada nos embargos, não está o órgão julgador obrigado a se manifestar expressamente sobre todos os dispositivos de lei invocados pela parte, cumprindo-lhe resolver o litígio em sua complexidade e extensão, como procedido. Ademais, pela redação do art. 1.025 do novel diploma, tem-se superada a celeuma suscitada pelas recorrentes. EMBARGOS DE DECLARAÇÃO DESACOLHIDOS. (TJ-RS; Embargos de Declaração 70073311391; Décima Segunda Câmara Cível; Rel. Ana Lúcia Carvalho Pinto Vieira Rebout; Julg. 27/07/2017).

✓ IMPUGNAÇÃO – Ação de obrigação de fazer, c/c. indenização ora em fase de cumprimento de sentença – Sentença que determinou exibição de cópia de contrato, e rejeitou pedido indenizatório – Impugnação – Ação originária entre apelada e Intercap – Cessão de crédito efetivada e comprovada entre Intercap e o Itaú, ora apelante – Legitimidade passiva do cessionário válida para cumprimento na fase executiva – Conversão da obrigação de fazer (exibir) em perdas e danos – Inviabilidade – Documento consumido em incêndio – Excludente caracterizada – Efeitos da falta de exibição a ser tratado em eventual outra ação entre as partes – Conversão desconstituída – Sentença modificada, sem alteração dos encargos sucumbenciais – Recurso parcialmente provido. (TJ-SP; APL 40059399320138260079; SP; 15ª Câmara de Direito Privado; Rel. José Wagner de Oliveira Melatto Peixoto; Julg. 23/02/2017; Data de Publicação: 23/02/2017)

✓ VOTO DO RELATOR EMENTA – CONDOMÍNIO – INDENIZAÇÃO E LUCROS CESSANTES – FASE DE CUMPRIMENTO DE SENTENÇA – Decisão que, diante da conclusão pericial (no tocante à apuração dos lucros cessantes, fixados em 8% do rendimento médio do autor, auferido como acupunturista e declarados à Receita Federal), determinou a produção de prova documental para que o autor demonstre que os valores declarados ao fisco se referem à atividade de acupunturista – Inadmissibilidade – Descabido exigir da parte a guarda/posse de livros fiscais que ultrapassam o lapso prescricional legal (hipótese dos autos, aonde é exigida a exibição de tais documentos, relativos ao período de 2001 a 2002) – Inteligência dos arts. 195 do CTN e 363 do CPC então vigente (redação mantida pelo art. 404, V, do Novo CPC) – Decisão reformada – Recurso provido. (TJ-SP ; AI 20114609120168260000; SP; 8ª Câmara de Direito Privado; Rel. Salles Rossi; Julg. 29/06/2016; Data de Publicação: 29/06/2016)

✓ APELAÇÃO – COBRANÇA – Julgamento de extinção do processo – Prescindível análise do mérito – Reconhecimento da falta de pressuposto de constituição e desenvolvimento válido e regular – Pedido de reforma do autor – Cabimento – Provocação para a indicação do juízo no qual tramita o inventário e seu representante – Apresentação de certidão negativa de distribuição – Impossibilidade de fato de exibir documento – Escusa justificável – Descumprimento que não implica em sanção imediata de término do feito – Exigência que não constitui irregularidade capaz de dificultar a prestação jurisdicional – Solução prematura que afronta o devido processo legal – Pedido suficientemente instruído – Autorização de seguimento imperativo – Chamamento dos herdeiros como habilitados a substituir o espólio – Sentença anulada – Recurso provido (TJ-SP 10009435420158260008; SP; 20ª Câmara Extraordinária de Direito Privado; Rel. Salles Rossi; Julg. 24/10/2017; Data de Publicação: 24/10/2017)

✓ APELAÇÃO – EXIBIÇÃO DE DOCUMENTOS – Decreto de procedência – Pedido de reforma do réu A) Apresentação do instrumento particular do contrato de compra e venda do imóvel – Pretensão satisfativa do próprio objeto da demanda - Inconcebível justa causa à recusa - Impossibilidade de fato não configurada B) Afastamento das preliminares - Presença de possibilidade jurídica do pedido, de interesse de agir e de legitimidade passiva "ad causam" - Pronunciamento aquém do requerimento não demonstrado - Indeferimento contido em fase de encerramento - Ato judicial do juiz natural da causa originária suficientemente fundamentado sobre a descaracterização de carência da ação - Inexistência de defeito sujeito à decretação de nulidade - Falta de prejuízo concreto - Ausência de irregularidades capazes de dificultar o julgamento de mérito - Rejeição de cerceamento de defesa - Indicação expressa da ação principal de rescisão contratual cumulada com indenização por danos materiais - Prescindível propositura no prazo de trinta dias - Natureza satisfativa do pleito C) Sentença mantida - Recurso improvido (TJ-SP 10014408320148260079; SP; 20ª Câmara Extraordinária de Direito Privado; Rel. Salles Rossi; Julg. 24/10/2017; Data de Publicação: 24/10/2017)

✓ EMBARGOS DE DECLARAÇÃO. APELAÇÃO CÍVEL. DIREITO PRIVADO NÃO ESPECIFICADO. AÇÃO CAUTELAR DE EXIBIÇÃO DE DOCUMENTOS E ENTREGA DE COISA. GRAVAÇÕES E DOCUMENTOS CONTRATUAIS. EXTINÇÃO DO PROCESSO SEM JULGAMENTO DE MÉRITO POR FALTA DO INTERESSE DE AGIR. SENTENÇA DESCONSTITUÍDA. MÉRITO. JULGAMENTO NA FORMA DO ARTIGO 1.013, § 3º, INCISO I, DO CÓDIGO DE PROCESSO CIVIL. REDISCUSSÃO. PRÉ-QUESTIONAMENTO. 1. Embargos de declaração em que não se constatam os vícios que dariam ensejo à oposição do recurso, segundo disposto pelo art. 1.022, incisos e Parágrafo único, da Lei n. 13.105/2015 (Novo Código de Processo Civil). 2. No que toca o préquestionamento da matéria legal versada nos embargos, não está o órgão julgador obrigado a se manifestar expressamente sobre todos os dispositivos de lei invocados pela parte, cumprindo-lhe resolver o litígio em sua complexidade e extensão, como procedido. Ademais, pela redação do art. 1.025 do novel diploma, tem-se superada a celeuma suscitada pelas recorrentes. EMBARGOS DE DECLARAÇÃO DESACOLHIDOS. (TJ-RS; Embargos de Declaração 70073311391; Décima Segunda Câmara Cível; Rel. Ana Lúcia Carvalho Pinto Vieira Rebout; Julg. 27/07/2017).

I – concernente a negócios da própria vida da família;

II – sua apresentação puder violar dever de honra;

III – sua publicidade redundar em desonra à parte ou ao terceiro, bem como a seus parentes consanguíneos ou afins até o terceiro grau, ou lhes representar perigo de ação penal;

IV – sua exibição acarretar a divulgação de fatos a cujo respeito, por estado ou profissão, devam guardar segredo;

→ *v.* Art. 5º, XIV, da CF/1988.

→ *v.* Art. 34, VII, da Lei 8.906/1994.

V – subsistirem outros motivos graves que, segundo o prudente arbítrio do juiz, justifiquem a recusa da exibição;

VI – houver disposição legal que justifique a recusa da exibição.

Parágrafo único. Se os motivos de que tratam os incisos I a VI do *caput* disserem respeito a apenas uma parcela do documento, a parte ou o terceiro exibirá a outra em cartório, para dela ser extraída cópia reprográfica, de tudo sendo lavrado auto circunstanciado.

Seção VII
Da Prova Documental

Subseção I
Da Força Probante dos Documentos

Art. 405. O documento público faz prova não só da sua formação, mas também dos fatos que o escrivão, o chefe de secretaria, o tabelião ou o servidor declarar que ocorreram em sua presença.

Fé pública do documento público:

✓ DECISAO: ACORDAM os Senhores Desembargadores e o Juiz de Direito Substituto de 2º grau integrantes da Terceira Câmara Cível do Tribunal de Justiça do Estado do Paraná, por unanimidade de votos, por CONHECER do recurso e NEGAR-LHE PROVIMENTO, nos termos do voto do Relator. EMENTA: EXECUÇÃO FISCAL - APELAÇÃO CÍVEL- ISS - EXTINÇÃO DA EXECUÇÃO EM RAZÃO DA PRECRIÇÃO. CARIMBO DE CARGA ANTES DA DECISÃO DE CITAÇÃO- FÉ PÚBLICA DO DOCUMENTO- INEXISTÊNCIA DE PROVA EM CONTRÁRIO. AUSÊNCIA DE PRÉVIA INTIMAÇÃO PESSOAL DO AUTOR- INOCORRÊNCIA- REPRESENTANTE JUDICIAL DO MUNICÍPIO INTIMADO MEDIANTE A CARGA DOS AUTOS DE MODO DIRETO EM CARTÓRIO - INTIMAÇÃO PESSOAL EFETIVADA EM CONFORMIDADE COM O ART. 25, PARÁGRAFO ÚNICO, DA LEI DE EXECUÇÃO FISCAL. DEVOLUÇÃO DOS AUTOS EM CARTÓRIO SEM MANIFESTAÇÃO APÓS O PRAZO PRESCRICIONAL DE 5 ANOS- PRESCRIÇÃO VERIFICADA. DEMORA QUE NÃO PODE SER IMPUTADA AOS MECANISMOS DO JUDICIÁRIO- INAPLICABILIDADE DA SÚMULA 106 STJ. RECURSO CO-

NHECIDO E DESPROVIDO. Vistos, relatados e discutidos estes autos de Apelação Cível nº 1527600-5 de Irati em que é apelante Munícipio de Irati e apelado Maria Roseli Adamowicz. RELATÓRIO 1. Munícipio de Irati propôs Execução Fiscal de autos nº 1402-61.2009.8.16.0095 contra Maria Roseli Adamowicz em razão de débitos de ISS, conforme certidão de dívida ativa de número 507/2009. Requereu-se a citação do executado e penhora de bens, respeitada a ordem do artigo 11 da Lei 6830/80 (fl. 02). O Juiz da causa intimou o exequente para depositar antecipadamente as despesas de condução do Oficial de Justiça em 06/04/2010 (fl. 05); em 12 de agosto de 2010 Silmar Dietrich fez carga dos autos, devolvendo-os ao cartório, sem manifestação, em 29/07/2011 (fl. 05 verso). O Juiz da causa julgou extinta a execução fiscal em razão da prescrição dos créditos tributários, nos termos do artigo 174 do CTN. Condenou-se o exequente no pagamento das custas processuais (fls. 09). Munícipio de Irati interpôs recurso de Apelação Cível para sustentar, (a) em preliminar, que a sentença deve ser anulada por erro do aparelho judiciário, uma vez que não consta a assinatura do seu procurador no carimbo de retirada dos autos do cartório; (b) é necessária a intimação pessoal do procurador, nos termos do artigo 25 da Lei 6.830/80; (c) o ato citatório é obrigatório após a distribuição do processo, devendo ser aplicado ao caso a Súmula 106 do STJ; (d) da certidão de dívida ativa infere-se que o fato gerador ocorreu no ano de 2004 e a inscrição em 2005, logo o início do prazo prescricional começou a correr em 2006, assim a prescrição teria ocorrido em dezembro de 2010, porém deve-se considerar que o processo ficou parado no judiciário até agosto de 2010 e foi entregue em carga em julho de 2011; tratando-se de tributo sujeito a homologação e inexistindo pagamento, o prazo passa a ser de 10 anos após a ocorrência do fato gerador. Requereu-se o provimento do recurso, anulando-se a sentença e, subsidiariamente, o reconhecimento da não configuração da prescrição (fls. 11-17). O recurso foi recebido em seu duplo efeito (fl. 39). ADMISSIBILIDADE 2. O recurso é tempestivo conforme o que se observa do cotejo entre a certidão de fl. 10 verso e o protocolo de interposição do recurso de fl. 11. A ausência de preparo se justifica em virtude da isenção conferida à Fazenda Pública pelo art. 511, § 1º, do Código de Processo Civil em vigor quando da apresentação do recurso. Presentes os demais pressupostos recursais, intrínsecos e extrínsecos, conheço o recurso. VOTO 3. Trata-se de recurso de Apelação Cível em que é apelante Munícipio de Irati e apelado Maria Roseli Adamowicz. 3.1. Munícipio de Irati afirma, preliminarmente, que a sentença deve ser anulada por erro do aparelho judiciário, uma vez que não consta a assinatura do seu procurador no carimbo de retirada dos autos do cartório. Sustenta-se, ainda, que o ato citatório é obrigatório após a distribuição do processo, devendo ser aplicado ao caso a Súmula 106 do STJ. Verifica-se da inicial que o Procurador Geral do Município, Silmar Ferreira Ditrich, subscreve a ação de execução fiscal oposta por Município de Irati, ora apelante (fl. 02). Denota-se que consta no carimbo de fl. 05-verso, que o procurador do apelante retirou os autos em carga em 12 de agosto de 2010, devolvendo-os apenas em 29 de julho de 2011 sem manifestação, o que comprova a ausência de impulso processual por parte da apelante, sendo que competia ao procurador municipal promover a citação do devedor, conforme disposição contida no artigo 240, § 2º, do Código de Processo Civil em vigor 1 . Outrossim, desprovida de qualquer prova sobre a autenticidade ou erro da certidão lavrada pelo funcionário juramentado, que registrou a carga dos autos ao procurador do apelante, a mera alegação não tem o condão de alterar o seu conteúdo, pois o ato goza de fé pública, nos termos do artigo 405 do Código de Processo Civil em vigor 2 . Assim, não houve nenhuma falha por parte do mecanismo judiciário, eis que os autos foram retirados com carga pelo próprio procurador municipal antes mesmo do despacho do ato 1 Art. 240 § 2 o Incumbe ao autor adotar, no prazo de 10 (dez) dias, as providências necessárias para viabilizar a citação, sob pena de não se aplicar o disposto no § 1º. 2 Art. 405. O documento público faz prova não só da sua formação, mas também dos fatos que o escrivão, o chefe de secretaria, o tabelião ou o servidor declarar que ocorreram em sua presença. citatório, o que afasta a aplicação da Súmula 106 do Superior Tribunal de Justiça. Ocorreu falha da Procuradoria Municipal que não observou a passagem do tempo e a manutenção da carga dos autos. Deste modo, o apelo deve ser desprovido neste ponto. 3.2. Afirma-se que é necessária a intimação pessoal do procurador, nos termos do artigo 25 da Lei 6.830/80 e, portanto não se pode computar para fins de prescrição, o período em que o processo estava com carga, sem a intimação pessoal do procurador do apelante. Verifica-se dos autos que proposta a ação de exceção fiscal em 28 de dezembro de 2009 (fl. 02), o Juiz da causa intimou o exequente para depositar antecipadamente as custas de condução do oficial, no prazo de 10 dias, em 06/04/2010 (fl. 05); o apelante, representado por seu procurador, retirou os autos em carga em 12/08/2010 (fl. 05 verso). Deste modo, ainda que o apelante alegue que não foi intimado desta decisão, vislumbra-se que ele fez carga dos autos no dia 12/08/2010, conforme a certidão de fl. 05-verso, que tem fé pública, tomando assim o Município recorrente, ciência da decisão de fl. 05. Ademais, o parágrafo único do artigo 25 da Lei nº 6.830/80 dispõe que a intimação do representante da Fazenda Pública poderá ser feita mediante vista dos autos, veja-se: "A intimação de que trata este artigo poderá ser feita mediante vista dos autos, com imediata remessa ao representante judicial da Fazenda Pública, pelo cartório ou secretaria." Em se tratando de execução fiscal, tendo o procurador do Município intimado da decisão na data da carga dos autos (12/08/2010), o recurso deve ser desprovido neste ponto. 3.3. Afirma-se que da certidão de dívida ativa infere- se que o fato gerador ocorreu no ano de 2004 e a inscrição em 2005, logo o início do prazo prescricional começou a correr em 2006, assim a prescrição teria ocorrido em dezembro de 2010, porém deve-se considerar que o processo ficou parado no judiciário até agosto de 2010 e foi entregue com carga em julho de 2011; tratando-se de tributo sujeito a homologação e inexistindo pagamento, o prazo passa a ser de 10 anos após a ocorrência do fato gerador. O Juiz da causa julgou extinta a execução fiscal em razão da prescrição dos créditos tributários, nos termos do artigo 174 do CTN (fls. 09). O imposto sobre serviços – ISS está sujeito ao lançamento por homologação. Desse modo, a prescrição da pretensão executória para este tributo conta-se a partir da data de vencimento da obrigação ou da entrega da declaração, pois a partir desses momentos são exigíveis os citados créditos tributários. Nesse sentido, é o entendimento desta Câmara, veja-se: APELAÇÃO CÍVEL - TRIBUTÁRIO E PROCESSUAL CIVIL - EXECUÇÃO FISCAL - ISS - IMPOSTO SUJEITO À LANÇAMENTO POR HOMOLOGAÇÃO - TERMO INICIAL DA CONTAGEM DO PRAZO QUINQUENAL (ART. 174, DO CTN): DATA DA DECLARAÇÃO DO CONTRIBUINTE OU DO VENCIMENTO DA OBRIGAÇÃO - FEITO AJUIZADO ANTES DO ADVENTO DA LC Nº 118/2005, DE MODO QUE SOMENTE A CITAÇÃO TERIA O CONDÃO DE INTERROMPER A PRESCRIÇÃO (ART. 174 DO CTN, EM SUA REDAÇÃO ORIGINAL)- CARTA CITATÓRIA ENTREGUE NO ENDEREÇO DO EXECUTADO - CITAÇÃO VÁLIDA (ART. 8º, II, DA LEF)- INTERRUPÇÃO DO PRAZO PRESCRICIONAL - PRESCRIÇÃO AFASTADA - PRESCRIÇÃO INTERCORRENTE TAMBÉM NÃO VERIFICADA - PROCESSO QUE NÃO FICOU PARALISADO SEM MANIFESTAÇÃO OU PRÁTICA DE ALGUM ATO TENDENTE À SATISFAÇÃO DO CRÉDITO - SENTENÇA REFORMADA.RECURSO CONHECIDO E PROVIDO. (TJPR - 2ª C. Cível - AC - 949570-3 - Londrina - Rel. Josély Dittrich Ribas; Unânime; Julg.19.03.2013). Verifica-se da certidão de dívida ativa que a inscrição da dívida ativa ocorreu nas seguintes datas: 31/12/2004; 23/05/2005 e 18/11/2005 (fl. 03); a partir de então, tinha o apelante, nos termos do artigo 174, caput, do Código Tributário Nacional, cinco anos para a cobrança do tributo. Nos termos do artigo 174, parágrafo único, inciso I do CTN, a prescrição se interrompe pelo despacho do juiz que ordenar a citação em execução fiscal; o despacho que ordenou a citação foi proferido em 01/08/2011 (fl. 06), após a devolução dos autos da carga realizada pelo procurador da parte em 29/07/2011 (fl. 05-verso). Considerando que a devolução dos autos ocorreu em 29/07/2011 (fl. 05-verso), já havia decorrido mais de 05 (cinco) anos da constituição do crédito tributário; logo, não se há falar em afastamento da prescrição. A conclusão final que se impõe é que o recurso de apelação cível articulado não se viabiliza. Vota-se, portanto, para CONHECER do recurso de apelação do Município de Irati e NEGAR-LHE PROVIMENTO. ACORDAM os Senhores Desembargadores e o Juiz de Direito Substituto de 2º grau integrantes da Terceira Câmara Cível do Tribunal de Justiça do Estado do Paraná, por unanimidade de votos, por CONHECER do recurso e NEGAR-LHE PROVIMENTO, nos termos do voto do Relator. (TJPR; AC - 1527600-5; Irati; 3ª C. Cível; Rel. Francisco Cardozo Oliveira; Unânime; Julg. 14/06/2016)

✓ Ementa: Apelação Cível. Ação de obrigação de fazer c/c indenizatória por danos morais e materiais com pedido de tutela antecipada. Superendividamento. Contratos de empréstimo consignado. Pretensão de limitação de descontos a 30% dos rendimentos. Sentença de extinção com fulcro no artigo 485, VI, do CPC. Apelo do autor. Preliminar de ilegitimidade passiva suscitada pelo 2º réu (POUPEX) em suas contrarrazões que não prospera, visto que em nosso ordenamento jurídico é a parte autora que escolhe contra quem vai litigar. Se tiver ou não direito, trata-se de matéria de prova ligada ao mérito da causa, implicando na procedência ou não do pedido. A Fundação Habitacional do Exército junta petição de indexador 000353. No entanto, ela não será considerada para fins de julgamento deste recurso, uma vez que ela não é parte do processo. Autos paralisados. Expedição de mandado de intimação pessoal para cumprimento por oficial de justiça, a fim de que o autor promovesse o regular andamento ao feito. Diligência efetivada no endereço do autor, resultando negativa, visto que ele não foi encontrado. Cunhado do autor que declara para o OJA que o intimando não mais reside no imóvel. Ausência de informação do novo local de seu endereço. Comprovantes de residência juntados aos autos pelo apelante que não são idôneas a desconstituir, no caso, a certidão negativa do meirinho. Descumprimento do autor do disposto no artigo 77, V, do CPC. Sentença que se mantém. RECURSO CONHECIDO E DESPROVIDO. (TJ-RJ; APL 04585632620148190001; Rio de Janeiro; 18ª Vara Cível; 23ª Câmara Cível do Consumidor; Rel. Murilo André Kieling Cardona Pereira; Julg. 27/09/2017; Data de Publicação: 29/09/2017)

Art. 406. Quando a lei exigir instrumento público como da substância do ato, nenhuma outra prova, por mais especial que seja, pode suprir-lhe a falta.

→ *v.* Arts. 108 e 215 do CC/2002.

Indispensabilidade do instrumento público:

✓ APELAÇÃO CÍVEL - AÇÃO CIVIL PÚBLICA - OBRIGAÇÃO DE FAZER - CONSTRUÇÃO DE CALÇADAS NA TESTADA DE IMÓVEL - ENCARGO DE INCUMBÊNCIA DO PROPRIETÁRIO - ESCRITURA PÚBLICA NÃO ACOSTADA AO FEITO - ILEGITIMIDADE PASSIVA AD CAUSAM DO RÉU. Furtando-se o autor de apresentar a escritura pública do imóvel objeto da controvérsia, documento esse indispensável para atestar o domínio do bem, e sendo a construção dos passeios na testada do imóvel um encargo de incumbência exclusiva do proprietário, não é o réu legitimado para compor o polo passivo da lide, motivo pelo qual, com supedâneo no art. 267, VI, do CPC, a extinção do feito sem resolução do mérito se impõe. (TJ-SC; AC 265858 SC 2007.026585-8; Primeira Câmara de Direito Público; Rel. Volnei Carlin; Julg. 06/12/2007)

✓ AGRAVO EM RECURSO ESPECIAL Nº 1.140.782 - PE (2017/0180671-4) RELATORA: MINISTRA MARIA ISABEL GALLOTTI AGRAVANTE: IRENILDA CAMELO FELIX ADVOGADO: MOISÉS JOSÉ DA SILVA JUNIOR - PE029990 AGRAVADO: ERONIDES GOMES TAVARES JUNIOR AGRAVADO: TACIANA SALES SOUZA TAVARES ADVOGADO: MARCUS ANDRÉ ALMEIDA LINS - PE016844 DECISÃO Trata-se de agravo manifestado contra decisão que inadmitiu recurso especial interposto com fundamento na alínea a do inciso III do artigo 105 da Constituição Federal, em face de acórdão proferido pelo Tribunal de Justiça do Estado de Pernambuco, assim ementado: APELAÇÃO CÍVEL. CIVIL. DIREITOS REAIS. USUCAPIÃO ESPECIAL URBANO. NÃO CONFIGURAÇÃO DO LAPSO TEMPORAL CONSTITUCIONAL. IMISSÃO NA POSSE. RECURSO NÃO PROVIDO. A usucapião especial urbana tem como condições, além da posse mansa e pacífica, o dever do requerente comprovar um lapso temporal de 05 (cinco) ocupando o imóvel com ânimo de dono. No processo em tela, a apelante não trouxe provas suficientes para demonstrar a posse com animus domni por um prazo de 05 (cinco) anos exigidos pela Constituição Federal, uma vez que, durante o período de ocupação do imóvel, a propriedade era de outrem, pois o bem era objeto de financiamento. Apesar da recorrente afirmar que a adjudicação ocorreu em 2007, ela não juntou provas que confirmassem o alegado, existindo no processo, apenas, carta de adjudicação datada de 21/06/2012, sendo esse o prazo inicial da prescrição aquisitiva. Desta forma, não resta configurado o usucapião especial urbano. Recurso de IRENILDA CAMELO FÉLIX não provido. Nas razões do recurso especial, alega a recorrente violação ao artigo 1.240 do Código Civil. Assim delimitada a controvérsia, passo à análise do recurso. O Tribunal de origem, com base nos fatos e provas dos autos, concluiu que o lapso temporal constitucional para a prescrição aquisitiva não foi atingido, assim se pronunciando (fls. 424/426): Depreende-se do conjunto fático-probatório existente no processo que a apelante possuía precariamente imóvel até o ano de 2012, já que incidia sobre o imóvel um financiamento bancário, ausente, desta forma, o animus domini exigido pela legislação. Assim, verifica-se que o lapso temporal constitucional para a prescrição aquisitiva não foi atingido, pois a apelante ocupava o bem com a ciência de que existiam obrigações a serem quitadas, posto que, conforme já citado pelo juízo de 1º grau, havia averbação no registro do imóvel informando o gravame. [...] Em consonância com o disposto no art. 373, II, deveria a ré, ora apelante, ter provado algum fato impeditivo, modificativo ou extintivo do direito do autor. Porém, em sua defesa, limitou-se a recorrente a alegar a usucapião especial urbana, sem comprovar o preenchimento de seus requisitos, nao havendo razão, deste modo, para a reforma da sentença. Ainda que afirme ter sido efetuada a adjudicação no ano de 2007 e que a Caixa Econômica Federal se manteve inerte durante esse tempo, iniciando, portanto, neste ano, o prazo para a prescrição aquisitiva, a apelante não colacionou aos autos nenhum documento que possa comprovar tal fato. A alegação da apelante de que a adjudicação foi realizada em momento anterior e somente registrada anos depois não há de prosperar, uma vez que o referido ato executório somente se considera perfeito e acabado com a lavratura e a assinatura do auto pelo juiz, escrivão e adjudicante, resultando na expedição da carta de adjudicação, conforme o art. 685-B do CPC/73 (referente ao art. 877, § 1º do CPC/15). A única carta de adjudicação existente nos autos é a juntada pela recorrida em sua inicial (fl. 56), lavrada no dia 21 de junho de 2012. Ressalta-se, ainda, que o fato da Caixa Econômica ter alegado, em outro processo, que a adjudicação ocorreu em 2007 não torna o fato incontroverso. O art. 366 do CPC de 1973 (referente ao art. 406 CPC/15) dispõe o seguinte: "quando a lei exigir, como da substância do ato, o instrumento público, nenhuma outra prova, por mais especial que seja, pode suprir-lhe a falta". Portanto, uma simples alegação constante em processo anterior informando suposta data de adjudicação não é prova suficiente para comprovar sua existência e não se sobrepõe, nem substitui um documento público oficial, como o carreado aos autos às fls. 56. Conforme asseverou o juízo de 1º grau, o marco inicial para a contagem da prescrição aquisitiva é 21 de junho de 2012, data em que foi expedida a certidão de averbação, não perfazendo, portanto, o prazo legal da usucapião especial urbana. Desse modo, a desconstituição da conclusão do acórdão recorrido, na forma pretendida, demandaria o reexame do acervo fático, procedimento que, em sede especial, encontra óbice no enunciado n. 7 da Súmula do STJ. Em face do exposto, nego provimento ao agravo. Intimem-se. Brasília (DF), 13 de outubro de 2017. MINISTRA MARIA ISABEL GALLOTTI Relatora (STJ; AREsp: 1140782 PE 2017/0180671-4; Rel. Ministra Maria Isabel Gallotti; Data de Publicação: DJ 20/10/2017)

✓ AGRAVO DE INSTRUMENTO. RELAÇÃO DE CONSUMO. ACÃO DE OBRIGAÇÃO DE FAZER C/C INDENIZAÇÃO POR DANO MORAL E MATERIAL. AUTORA ANALFABETA. NECESSIDADE DE PROCURAÇÃO POR INSTRUMENTO PÚBLICO. O ANALFABETO SUBMETE-SE A DETERMINADAS FORMALIDADES PARA SUA PRÓPRIA PROTEÇÃO. INTELIGÊNCIA DOS ARTIGOS 654 DO CÓDIGO CIVIL E 406 DO NOVO CÓDIGO DE PROCESSO CIVIL. BASTA A APRESENTAÇÃO DA DECISÃO DE PRIMEIRO GRAU QUE CONCEDEU O BENEFÍCIO DA GRATUIDADE DE JUSTIÇA E A DEMONSTRAÇÃO DE QUE O ATO NOTARIAL E/OU DE REGISTRO SEJA CORRELATO AO PROCESSO JUDICIAL PARA A OBTENÇÃO DA GRATUIDADE DE JUSTIÇA TAMBÉM REFERENTE AOS SERVIÇOS NO TARIAIS E DE REGISTRO. ARTIGO 98, PARÁGRAFO 1º, INCISO IX DO CPC-2015. GARANTIAS DO ACESSO À JUSTIÇA DEMOCRÁTICO (ARTIGO 5º, INCISO XXXV, CRFB-1988) E DA ASSISTÊNCIA JURÍDICA INTEGRAL E GRATUITA (ARTIGO 5º, INCISO LXXIV, CRFB-1988). RECURSO DA AUTORA A QUE SE NEGA PROVIMENTO. (TJ-RJ; AI 00113465020178190000; Duque de Caxias/RJ; 1ª Vara Cível, Vigésima Sexta Câmara Cível Consumidor; Rel. Luiz Roberto Ayoub; Julg. 15/03/2017; Data de Publicação: 16/03/2017)

Art. 407. O documento feito por oficial público incompetente ou sem a observância das formalidades legais, sendo subscrito pelas partes, tem a mesma eficácia probatória do documento particular.

Imprestabilidade do documento sem autenticação:

✓ AGRAVO DE INSTRUMENTO. RECURSO DE REVISTA. TRASLADO DE PEÇA SEM AUTENTICAÇÃO. INSTRUMENTO INCOMPLETO. Não se conhece do agravo para subida do recurso de revista quando o agravante realiza o traslado de peças obrigatórias sem a devida autenticação, exigida por força dos artigos 830 da CLT e 384 do CPC, bem como, quando faltarem peças necessárias à sua formação (Instrução Normativa nº 16/99 e § 5º do artigo 897 da CLT). (TST; AIRR: 1509400520015180005 150940-05.2001.5.18.0005; 2ª Turma; Rel. Renato de Lacerda Paiva; Julg. 06/08/2003; Data de Publicação: DJ 29/08/2003.)

Art. 408. As declarações constantes do documento particular escrito e assinado ou somente assinado presumem-se verdadeiras em relação ao signatário.

→ v. Art. 219 do CC/2002.

Eficácia das declarações constantes de documento particular:

✓ APELAÇÃO CÍVEL. EMBARGOS MONITÓRIOS. AUSÊNCIA DE ASSINATURA DO CREDOR NO CONTRATO DE QUE DETÉM POSSE. DESNECESSIDADE. DOCUMENTOS QUE FUNDAMENTAM A DÍVIDA ASSINADOS PELO DEVEDOR. EXEGESE DO DISPOSTO NO ARTIGO 408 DO CÓDIGO DE PROCESSO CIVIL DE 2015. SENTENÇA MANTIDA. CONDENAÇÃO EM LITIGÂNCIA DE MÁ-FÉ. HONORÁRIOS RECURSAIS. RECURSO DESPROVIDO. (TJ-SC; AC 03027624620168240054 Rio do Sul; Quinta Câmara de Direito Comercial; Rel. Cláudio Barreto Dutra; Julg. 20/07/2017,)

✓ EMBARGOS DE DECLARAÇÃO. Alegação de erro material na descrição da ação principal. Lapso que deve ser corrigido. Tese de nulidade do instrumento particular de partilha por ter atribuído a totalidade dos bens ao agravante, de modo que deve ser mantida a liminar de arrolamento de bens. Acordo por meio do qual a agravante declarou que os bens cuja partilha requer, constituíam bens particulares do réu. Presume-se verdadeira, em relação a seu signatário, a declaração constante do documento particular, consoante exegese do art. 408 do CPC. Instrumento particular que previu, ainda, a partilha entre as partes do imóvel adquirido pelo casal, bem como declarou pertencerem exclusivamente à autora diversas aplicações financeiras, ações, cotas de fundo imobiliário, fundo de previdência e automóvel. Circunstância da qual resulta não ser verossímil a afirmação de que a integralidade dos bens adquirida na constância da união estável fora atribuída ao réu. Embargos parcialmente acolhidos sem efeitos modificativos. (TJ-SP; ED 20574691420168260000; SP; 7ª Câmara de Direito Privado; Rel. Rômolo Russo; Julg. 30/01/2017; Data de Publicação: 30/01/2017)

✓ APELAÇÃO CÍVEL. ALIENAÇÃO FIDUCIÁRIA. DIREITO CIVIL/OBRIGAÇÕES. ADOÇÃO DOS PARADIGMAS DO NOVO CPC – LEI 13.105/2015. BUSCA E APREENSÃO. CASO CONCRETO. CONVERSÃO EM AÇÃO DE DEPÓSITO. CONTESTAÇÃO. NEGATIVA DE PACTUAÇÃO DO CONTRATO. EXEGESE DOS ART. 375 E 408 DO NCPC. PRESUNÇÃO DE VERACIDADE DA ASSINATURA APOSTA NO DOCUMENTO PARTICULAR – CONTRATO DE FINANCIAMENTO DE VEÍCULO. SENTENÇA DE PROCEDÊNCIA MANTIDA NESTE GRAU RECURSAL. APELO DESPROVIDO. (TJ/RS; Apelação Cível 70069287886; Décima Terceira Câmara Cível; Rel. Angela Terezinha de Oliveira Brito; Julg. 28/07/2016).

Parágrafo único. Quando, todavia, contiver declaração de ciência de determinado fato, o documento particular prova a ciência, mas não o fato em si, incumbindo o ônus de prová-lo ao interessado em sua veracidade.

Art. 409. A data do documento particular, quando a seu respeito surgir dúvida ou impugnação entre os litigantes, provar-se-á por todos os meios de direito.

Possibilidade de comprovação sobre a data do documento particular:

✓ Locação. Embargos de terceiro. O ordenamento jurídico não exige o reconhecimento de firma dos contratantes como condição de validade do compromisso de compra e venda de bem imóvel. Considerando que o documento tem data anterior à própria celebração do contrato de locação que deu origem à ação judicial, e que não constavam restrições na matrícula imobiliária em 2009, em princípio não há elementos que infirmem a boa-fé do embargante. Se o magistrado tem dúvida se a data de celebração do negócio realmente é aquela estampada no instrumento particular, deveria ter dado àquele que produziu o documento a oportunidade de comprová-la. Julgamento antecipado da lide que se revelou prematuro. Cerceamento de defesa caracterizado. Sentença anulada. Recurso provido. (TJ-SP; APL 10041233120168260077; SP; 34ª Câmara de Direito Privado; Rel. Gomes Varjão; Julg. 22/05/2017; Data de Publicação: 22/05/2017)

Parágrafo único. Em relação a terceiros, considerar-se-á datado o documento particular:

I – no dia em que foi registrado;

Data do registro como prova do tempo em que realizado o documento particular:

✓ ACIDENTE DE TRÂNSITO. COLISÃO TRASEIRA. VEÍCULO CAUSADOR DO SINISTRO SUPOSTAMENE VENDIDO EM DATA ANTERIOR AO ACIDENTE. INCIDÊNCIA DO ART. 370 DO CPC/73, REPRODUZIDO NO ART. 409 DO CPC/2015. AUSÊNCIA DE PROVA CONCRETA DA VENDA REALIZADA. ILEGITIMIDADE PASSIVA AFASTADA. PRESUNÇÃO DE CULPA NÃO ELIDIDA. DEVER DE REPARAR OS DANOS. ORÇAMENTOS CONDIZENTES COM OS DANOS. VALOR DA INDENIZAÇÃO CORRETAMENTE FIXADO. I - A ré, proprietária registral do caminhão que colidiu na traseira do automóvel de propriedade do autor, apresentou contrato de compra e venda do caminhão datado em 25/11/2013. Num primeiro momento, considerando que o acidente ocorreu em 26/01/2015, não seria ela parte legítima para responder à lide. Nesse sentido, a Súmula 132 do STJ. II - No entanto, o conjunto probatório não confere verossimilhança à tese da ré. Peculiaridades do caso concreto que colocam em dúvida a alienação do caminhão. Observa-se que o preço da venda foi de R$110.000,00, mas a ré não se acautelou em reconhecer a firma, pelo menos, do comprador, quiçá registrar o instrumento em cartório ou no órgão de trânsito, não obstante o preço ser pago em prestações, cujos recibos também não vieram aos autos. Dúvida, inclusive, se o preço foi pago, pois o parcelamento encerraria em 25/01/2015 e, em 20/11/2015 o caminhão ainda estava registrado em nome da ré. Incidência da regra que estabelece a eficácia probatória da data do documento particular, em relação a terceiros, quando a seu respeito surgir dúvida... ou impugnação (art. 370 do CPC/73, reproduzido no art. 409 do CPC/2015). Ilegitimidade passiva afastada. Precedentes das Turmas Recursais. III - Culpa presumida em razão da colisão traseira não elidida pela parte ré, ônus probatório que lhe competia, a teor do art. 373, II, do NCPC. Dever de reparar os prejuízos causados ao autor. IV - Orçamentos condizentes com os danos no automóvel. Condenação pelo de menor valor, acrescido de correção monetária pelo IGP-M, a partir da data de elaboração do orçamento, e juros moratórios de 1% ao mês, a contar do evento danoso, fulcro nas Súmulas 43 e 54 do STJ. Sentença reformada. Recurso provido. (Recurso Cível 71006184360; Quarta Turma Recursal Cível, Turmas Recursais; Rel. Ricardo Pippi Schmidt; Julg. 26/08/2016).

II – desde a morte de algum dos signatários;

III – a partir da impossibilidade física que sobreveio a qualquer dos signatários;

IV – da sua apresentação em repartição pública ou em juízo;

V – do ato ou do fato que estabeleça, de modo certo, a anterioridade da formação do documento.

Art. 410. Considera-se autor do documento particular:

I – aquele que o fez e o assinou;

Assinatura do documento particular para atribuição de sua autoria:

✓ HORAS EXTRAS. CONTROLES DE FREQUÊNCIA NÃO ASSINADOS. INIDONEIDADE. Cartões de ponto não assinados são imprestáveis como meio prova já que não se submetem ao crivo do empregado, além de poderem ser manipulados pela empregadora a qualquer tempo. Desprovimento do recurso da Ré. (TRT-1; RO 00106527120135010033 RJ; Sétima Turma; Rel. Giselle Bondim Lopes Ribeiro; Data de Publicação: 03/04/2017)

✓ HORAS EXTRAS. CONTROLES DE FREQUÊNCIA NÃO ASSINADOS. INIDONEIDADE. Cartões de ponto não assinados são imprestáveis como meio prova já que não se submetem ao crivo do empregado, além de poderem ser manipulados pela empregadora a qualquer tempo. Desprovimento do recurso da Ré. (TRT-1; RO 00106527120135010033; Sétima Turma; Rel. Giselle Bondim Lopes Ribeiro; Julg. 22/03/2017; Data de Publicação: 03/04/2017)

II – aquele por conta de quem ele foi feito, estando assinado;

III – aquele que, mandando compô-lo, não o firmou porque, conforme a experiência comum, não se costuma assinar, como livros empresariais e assentos domésticos.

E-mail com versão de contrato não assinado como prova:

✓ A) AGRAVO DE INSTRUMENTO. RECURSO DE REVISTA. PROCESSO SOB A ÉGIDE DA LEI 13.015/2014. 1. PRELIMINAR DE NULIDADE POR NEGATIVA DE PRESTAÇÃO JURISDICIONAL. NÃO CONFIGURAÇÃO. 2. VÍNCULO EMPREGATÍCIO. MATÉRIA FÁTICA. SÚMULA 126/TST. ÔNUS DA PROVA. O objeto de irresignação das Reclamadas está assente no conjunto probatório dos autos e a sua análise se esgota nas instâncias ordinárias. Diante da adequada distribuição do ônus da prova, pela Corte Regional, e do correto enquadramento jurídico à luz das premissas fáticas que evidenciam a presença de vínculo empregatício, extrai-se que, para se chegar à conclusão pretendida pelas Reclamadas e afastar a configuração do liame laboral, somente seria possível mediante revolvimento de fatos e provas, o que é inadmissível nesta instância de natureza extraordinária, diante do óbice da Súmula 126/TST. 3. RESCISÃO CONTRATUAL. DESCONTOS. OBSERVÂNCIA AOS LIMITES DA LIDE. Quanto ao tema "descontos efetuados na rescisão contratual", é relevante ressaltar que a Corte Regional assentou que "inexiste este pedido na defesa e não há qualquer apreciação e julgamento na sentença de primeiro grau, pelo que estão as empresas a inovar a matéria em grau de recurso, o que não é possível". Logo, depreende-se que a Corte de origem proferiu sua decisão levando em consideração os limites da lide, uma vez que concluiu que esse pedido das Reclamadas, no sentido de que fosse efetuado o desconto do "valor do contrato de financiamento de leasing de veículo pelo Reclamante", foi formulado em inovação recursal – porquanto não teria sido deduzido oportunamente, na contestação, – estando configurada a preclusão. 4. PARTICIPAÇÃO NOS LUCROS E RESULTADOS. DOCUMENTO SEM ASSINATURA. TRATATIVAS VEICULADAS POR E-MAIL. VALIDADE COMO MEIO DE PROVA. PRINCÍPIO DO CONVENCIMENTO MOTIVADO. No caso em exame, a Corte Regional assentou que o Reclamante juntou aos autos os documentos intitulados "contrato de participação em lucros", salientando que esse instrumento não estava devidamente ratificado por nenhuma das partes. O Tribunal de origem, não obstante conferisse validade a esse instrumento, afastou a base de cálculo nele prevista para a verba. Assim, o Colegiado "a quo" entendeu que não deveria tomar por base "o capital social da empresa, como quer o Reclamante, até porque isto não existe nesta parcela, eis que da sua própria denominação se extrai que o cálculo é sobre o ' lucro'". Com efeito, para dirimir a presente controvérsia – relativa à admissibilidade de um documento sem assinatura como meio de prova dos critérios de cálculo da verba "Participação nos Lucros e Resultados" -, tem-se que, não se trata de conferir validade ao referido instrumento ajustado como se possuísse natureza de contrato, uma vez que não se revestiu das formalidades a ele inerentes, dentre as quais, por exemplo, a assinatura dos contratantes. Cuida-se, em verdade, nos moldes delineados pelo Tribunal Regional, de documento particular, que deve ser considerado como meio de prova legítimo, embora sem o caráter de prova absoluta, mas relativa. Ademais, extrai-se do acórdão regional que a própria Reclamada impugnou o documento afirmando tratar-se de e-mail, contendo a primeira versão de uma série de tratativas de negociações. A esse respeito, tem-se como certa a validade do e-mail (mensagem eletrônica) como meio de prova para fins processuais. Por fim, extrai-se que o Tribunal Regional, valorando fatos e provas, à luz do princípio do convencimento motivado (art. 131 do CPC/73 – correspondente ao art. 371 do CPC/2015), firmou sua convicção no sentido de entender, "assim como o ilustre Juiz ' a quo' , que tais documentos são norte para a tratativa da PL, que existiu entre as partes, mas não tomando por base o capital social da empresa, como quer o Reclamante, até porque isto não existe nesta parcela, eis que da sua própria denominação se extrai que o cálculo é sobre o ' lucro'". Dessarte, considerando o contexto fático insuscetível de reexame, delineado no acórdão regional, e ponderando que a mensagem eletrônica trocada entre as partes é válida como meio de prova – competindo às instâncias ordinárias proceder à sua valoração -, extrai-se a correção do enquadramento jurídico procedido pelo TRT, de modo que, para se chegar à conclusão pretendida pelas Reclamadas, somente seria possível mediante o revolvimento de fatos e provas, procedimento que encontra óbice na Súmula 126 do TST. Não se divisa, portanto, violação aos indicados arts. 121, 131, 368, 458, II, 460 do CPC/73, 219 do Código Civil, 2º da Lei nº 10.101/2000. Agravo de instrumento desprovido. B) PEDIDO DE OBTENÇÃO DE TUTELA PROVISÓRIA DE URGÊNCIA EM CARÁTER INCIDENTAL. FUNDAMENTO NO ART. 294 DO CPC/2015. PRETENSÃO DE SUSPENSÃO DA EXECUÇÃO PROVISÓRIA ATÉ O JULGAMENTO DO PRESENTE AGRAVO DE INSTRUMENTO. PREJUDICIALIDADE. Por meio de pedido de tutela provisória de urgência, em caráter incidental, as Reclamadas pretenderam obter "efeito suspensivo ao Agravo de Instrumento em Recurso de Revista interposto, determinando-se a imediata e urgente suspensão da execução provisória promovida no Juízo da 16ª Vara do Trabalho de Salvador/BA, no âmbito da reclamação trabalhista n.º 1123-05.2012.5.05.0016, até o julgamento do recurso principal em curso perante esta ínclita Corte". Diante do presente julgamento do agravo de instrumento, resta prejudicada a pretensão deduzida, por perda do objeto. Pedido de tutela provisória que se julga prejudicado. (TST; AIRR 11230520125050016; 3ª Turma; Rel. Mauricio Godinho Delgado; Julg. 30/11/2016; Data de Publicação: DEJT 02/12/2016)

Art. 411. Considera-se autêntico o documento quando:

I – o tabelião reconhecer a firma do signatário;

<u>Autenticidade do documento pelo reconhecimento de firma pelo tabelião:</u>

✓ Processo nº 0019106-73.2016.8.19.0036 RECORRENTE (S): CRED-SYSTEM ADMINISTRADORA DE CARTÕES DE CRÉDITO RECORRIDO (S): ADRIANO FERREIRA DE MACEDO VOTO Cuido de ação em que o autor narra que recebeu em sua residência o cartão de crédito denominado MAIS, sem ter jamais solicitado. A parte autora pleiteia a abstenção da demandada em enviar cartões de crédito sem solicitação e indenização por danos morais. Em sede de contestação, a parte ré alega que inexiste conduta ilícita indenizável, uma vez que o autor assinou proposta de adesão ao crédito. Pugna pela improcedência dos pedidos. Junta documentos A Sentença de fls. 74/7 julgou procedentes os pedidos autorais, condenando o réu ao pagamento de mil reais a título de danos morais, bem como a abstenção do réu em enviar novos cartões sem anuência do autor. O réu interpôs recurso inominado ressaltando os termos de sua defesa, em especial o termo de adesão assinado pelo autor. É o relatório. Decido. Assiste razão ao recorrente. A reforma da sentença se faz necessária, uma vez que compulsando os autos verifica-se que o autor, de fato, subscreveu contrato de adesão ao cartão de crédito emitido pelo réu. Prevê o Código de Processo Civil que: Art. 411. Considera-se autêntico o documento quando: I – o tabelião reconhecer a firma do signatário; II – a autoria estiver identificada por qualquer outro meio legal de certificação, inclusive eletrônico, nos termos da lei; III – não houver impugnação da parte contra quem foi produzido o documento. Art. 412. O documento particular de cuja autenticidade não se duvida prova que o seu autor fez a declaração que lhe é atribuída. O autor, durante toda a marcha processual, em momento algum impugna a autenticidade do documento juntado pelo réu. Desta forma, desnecessária a prova pericial para verificar autenticidade de documento particular considerado autêntico pela lei. Com efeito, nenhuma conduta ilícita pode ser atribuída ao réu, descabendo, assim, a condenação por danos morais. Noutro giro, ao deduzir pretensão que sabe ser improcedente, alterando a verdade dos fatos através da alegação de desconhecimento de documento que depois se demonstrou devidamente subscrito, cuja autenticidade, por não ser negada, decorre de lei, o autor é considerado litigante de má-fé. Assim a Lei Adjetiva: Art. 80. Considera-se litigante de má-fé aquele que: (...) II – alterar a verdade dos fatos; (...) Art. 81. De ofício ou a requerimento, o juiz condenará o litigante de má-fé a pagar multa, que deverá ser superior a um por cento e inferior a dez por cento do valor corrigido da causa, a indenizar a parte contrária pelos prejuízos que esta sofreu e a arcar com os honorários advocatícios e com todas as despesas que efetuou. Impõe-se, assim, a improcedência dos pedidos e o reconhecimento da litigância de má-fé. À conta de tais fundamentos, conheço do recurso acima referenciado e VOTO no sentido de dar-lhe provimento para JULGAR IMPROCEDENTES OS PEDIDOS, nos termos do art. 487, I, CPC, condenando o autor na multa de 5% (cinco por cento) sobre o valor da causa, bem como nas custas e honorários advocatícios, que arbitro em 10% (dez por cento) sobre o valor da condenação, tendo em vista a litigância de má-fé identificada, a teor do disposto no art. 81, CPC, ressaltando que as penalidade processuais não são abrangidas pela gratuidade de justiça (Em. 16, Aviso Conjunto TJ/COJES 15/2016). Luciana da Cunha Martins Oliveira JUÍZA RELATORA (TJ-RJ; RI 00191067320168190036 Rio de Janeiro, Nilópolis; I Juizado Especial Cível; Rel. Luciana da Cunha Martins Oliveira; Julg. 30/10/2017)

✓ E M E N T A -APELAÇÃO CÍVEL – EXECUÇÃO DE TÍTULO EXTRAJUDICIAL – CONTRATOS DE PARTICIPAÇÃO EM GRUPO DE CONSÓRCIO, CESSÃO E ALIENAÇÃO FIDUCIÁRIA EM GARANTIA – AUSÊNCIA DE ASSINATURA DE DUAS TESTEMUNHAS – DOCUMENTOS PARTICULARES – RECONHECIMENTO DE FIRMA – IRRELEVÂNCIA – LEI 11.795/2008 – ATRIBUIÇÃO DE EFICÁCIA EXECUTIVA AO CONTRATO DE PARTICIPAÇÃO EM GRUPO DE CONSÓRCIO – IRRETROATIVIDADE – ATO JURÍDICO PERFEITO – PROTEÇÃO AO CONSUMIDOR – JURISPRUDÊNCIA DO STJ QUE INFORMAVA A ILIQUIDEZ DE TAL ESPÉCIE CONTRATUAL – FATO AGRAVADO PELA TENTATIVA DE EXECUÇÃO DE TRÊS CONTRATOS EM CONJUNTO – VALORES DISTINTOS ENTRE SI E ENTRE O CONSTANTE DA EXECUÇÃO – AUSÊNCIA DE TÍTULO EXECUTIVO E ILIQUIDEZ – MANUTENÇÃO DA SENTENÇA QUE INDEFERE A PETIÇÃO INICIAL – RECURSO CONHECIDO E DESPROVIDO. Para que se constitua título executivo extrajudicial, o documento particular deve estar assinado pelo devedor e por duas testemunhas. O reconhecimento de firma certifica a autenticidade do documento, isto é, torna certo o fato de que a assinatura existente no documento exibido pertence à pessoa a quem é atribuída, não sendo apta a alterar a natureza particular do documento. O art. 10, § 6º, da Lei 11.795/2008, que confere ao contrato de adesão em grupo de consórcio natureza de titulo executivo extrajudicial, não pode retroagir para alcançar os contratos celebrados anteriormente, quer porque se trata de ato jurídico perfeito, quer ainda porque viola as normas de proteção ao consumidor, instituindo contra este obrigação sem seu anterior conhecimento. A iliquidez do contrato de adesão a grupo de consórcio, anteriormente reconhecida pela jurisprudência do Superior Tribunal de Justiça, é mais patente quando o exequente pretende cobrar não os valores constantes do contrato inicial, mas valor unilateralmente fixado que leva em consideração três contratos acerca do mesmo objeto com valores distintos entre si, e diferentes daquele cobrado na execução. Ante a inexistência de título executivo extrajudicial, e, ainda, diante da ausência de liquidez do valor cobrado, impõe-se o indeferimento da petição inicial da execução. 6. Recurso conhecido e desprovido. (TJ-MS; 08034909320148120002 MS; Câmara Cível I; Rel. Des. Sideni Soncini Pimentel; Julg. 11/05/2017)

II – a autoria estiver identificada por qualquer outro meio legal de certificação, inclusive eletrônico, nos termos da lei;

III – não houver impugnação da parte contra quem foi produzido o documento.

<u>Autenticidade do documento pela ausência de sua impugnação:</u>

✓ Apelação Cível. Relação de Consumo. Ação Cautelar de Exibição de Documentos. Instituição Financeira. Recusa do Banco em fornecer os documentos, espontaneamente. Prova da existência de relação jurídica. Dever de cooperação e informação, a teor do art. 6º do CDC. Condenação ao pagamento de ônus sucumbenciais. Sentença de procedência. Condenação da autora ao pagamento das despesas processuais. Sem condenação em honorários sucumbenciais. Recurso. Reforma. Prestígio ao Princípio da Causalidade. Ainda que a instituição financeira exiba os documentos com a contestação, por si só, não afasta a sucumbência. Ausência de impugnação de documento anexado com a inicial comprovando a notificação na via administrativa. Parte ré que deu causa à instauração da demanda, devendo arcar com as despesas dela decorrentes, bem como honorários sucumbenciais. Jurisprudência e Precedentes citados: AgRg no AREsp 448.844/MG; Terceira Turma; Rel. Nancy Andrighi; Julg. 18/02/2014; DJe 28/02/2014;0193331-85.2013.8.19.0001 – APELAÇÃO DES. PETERSON BARROSO SIMAO – Julgamento: 20/05/2014 – VIGÉSIMA QUARTA CÂMARA CÍVEL CONSUMIDOR; 0192952-81.2012.8.19.0001 – APELAÇÃO DES. FLAVIO MARCELO DE A. HORTA FERNANDES – Julgamento: 30/05/2014 – VIGÉSIMA QUARTA CÂMARA CÍVEL CONSUMIDOR; 0014035-62.2012.8.19.0026 – APELAÇÃO DES. CARLOS AZEREDO DE ARAUJO – Julgamento: 29/09/2014 – NONA CÂMARA CÍVEL. PROVIMENTO PARCIAL DO RECURSO. (TJ-RJ; APL 00158061120138190036 Rio de Janeiro, Nilópolis; 1ª Vara Cível, Vigésima Quarta Câmara Cível; Rel. REGINA LUCIA PASSOS; Julg. 07/06/2017; Data de Publicação: 08/06/2017)

✓ RECURSO N. 0005595-95.2017.8.19.0208. RECORRENTE: AGUIMAR SILVEIRA GARCIA E ROSEMARY APARECIDA FIACA GARCIA. RECORRIDO: AGRELL CONSTUÇÕES LTDA. Cuido de ação indenizatória cumulada com obrigação de fazer proposta por AGUIMAR SILVEIRA GARCIA e ROSEMARY APARECIDA FRIACA GARCIA em face de AGRELL CONSTRUÇÃO LTDA, em que se objetiva o cancelamento da negativação promovida pelo réu, bem como a condenação em danos morais. Narram os autores que adquiriram junto ao réu um imóvel do empreendimento Arena Park Emp. Imobiliários, em 16/05/2012, sendo informados no ato da celebração da vença que arcariam com R$ 3.000,00 referente às despesas em RGI, cobrado através e boleto bancário pelo réu. Foram gerados dois boletos: um de R$ 60,00 e outro de R$ 2.940,00, com vencimento em 16/06/2012 e solvidos pelos autores. Aduzem que o registro apenas ocorreu em 2014, ocasião em que foram novamente cobrados pelo réu, dessa vez em R$ 4.0290,88, referente à "diferenças de valores a título de emolumentos do RGI". Relatam que foram negativados por força dessa dívida e atribuem a demora no registro exclusivamente ao réu. O réu, mesmo devidamente citado, não ofereceu contestação, tampouco compareceu à audiência de conciliação, tendo a sua revelia decretada em sentença. A r. sentença julgou improcedentes os pedidos autorais, sob o argumento de que não foi comprovado o pagamento de taxas em momento pretérito, tal como alegado pelos autores. É o relato do necessário. Decido. Assiste razão ao recorrente. Merece reforma a sentença de primeiro grau. Compulsando os autos, verifica-se que a documentação carreada aos autos é apta a comprovar as alegações do autor. Chega-se a tal conclusão quando se analisa o documento acostado às fls. 29, onde há uma declaração do réu apontando a importância como paga em 18/05/2012, sob a rubrica de "compromissos pagos; tipo: registro". Muito embora o comprovante esteja de fato ilegível, a informação é suprida pela declaração de pagamento emitida pelo réu. Diz o Código de Processo Civil que: Art. 411. Considera-se autêntico o documento quando: (...) III – não houver impugnação da parte contra quem foi produzido o documento. Art. 412. O documento particular de cuja autenticidade não se duvida prova que o seu autor fez a declaração que lhe é atribuída. Por tal razão, revela-se indevida a negativação ocorrida em nome do primeiro autor e, assim, passível de reparação extrapatrimonial. Noutro giro, não subsiste qualquer dever de indenizar em favor da segunda autora, que não experimentou lesão à sua esfera de direitos da personalidade, sendo certo que a negativação ocorreu apenas em desfavor do primeiro autor. O fato de serem cônjuges não garante, por si, a extensão das lesões sofridas pelo outro. No que tange ao quantum indenizatório, tal medida deve ser balizada pela proporcionalidade e razoabilidade, a fim de conferir o caráter punitivo-pedagógico para o réu, sem negligenciar, contudo, a possibilidade de enriquecimento sem causa do consumidor. Entendo ser o valor de R$ 8.000,00 adequado à hipótese. À conta de tais fundamentos, VOTO no sentido de conhecer do recurso e dar-lhe provimento, para JULGAR PROCEDENTES os pedidos autorais, condenando o réu ao pagamento de R$ 8.000,00 (oito mil reais) a título de danos morais, bem como para cancelar o registro desabonador pela dívida objeto da lide. Ressalvando, apenas, que a obrigação de fazer relativa à exclusão do nome da autora dos cadastros restritivos de crédito deverá ser cumprida na forma do enunciado 144 da Súmula do TJERJ, através da expedição de ofícios. Luciana da Cunha Martins Oliveira. JUÍZA RELATORA. (TJ-RJ; RI 00055995520178190208 Rio de Janeiro, Méier; Regional XII Juizado Especial Cível; Rel. Luciana da Cunha Martins Oliveira; Julg. 05/09/2017; Data de Publicação: 11/09/2017)

✓ APELAÇÃO CÍVEL. PROCESSUAL CIVIL. AÇÃO DE CONSIGNAÇÃO EM PAGAMENTO. PRODUÇÃO DE PROVAS. AUSÊNCIA DE ESPECIFICAÇÃO NO MOMENTO OPORTUNO. JULGAMENTO ANTECIPADO DO MÉRITO. CERCEAMENTO DE DEFESA. NÃO OCORRÊNCIA. 1. O oferecimento da defesa é o momento processual adequado para o réu requerer e especificar as provas que pretende produzir, bem como apresentar os documentos aptos a demonstrar suas alegações, nos termos dos artigos 336 e 434 do Código de Processo Civil. 2. O julgamento antecipado do mérito não configura cerceamento de defesa quando o processo está devidamente instruído com elementos probatórios e as partes não apresentam requerimento para produção de provas. 3. Recurso conhecido e desprovido. (TJ-DF; 20160110780268 DF 0022092-41.2016.8.07.0001; 8ª Turma Cível; Rel. Eustáquio de Castro; Julg. 20/07/2017; Data de Publicação: Publicado no DJE: 25/07/2017; Pág. 572/579)

✓ APELAÇÃO CÍVEL – AÇÃO DE CANCELAMENTO DE REGISTRO – EMISSÃO DE CHEQUES SEM PROVISÃO DE FUNDOS – ÔNUS DA PROVA – CÓPIA DOS TÍTULOS – AUTENTICIDADE NÃO IMPUGNADA PELA PARTE AUTORA – LEGALIDADE – EXERCÍCIO REGULAR DE DIREITO – NOTIFICAÇÃO PRÉVIA – RESPONSABILIDADE DA EMPRESA MANTENEDORA DO CADASTRO – LITIGÂNCIA DE MÁ-FÉ – CONDENAÇÃO. Considera-se autêntico o documento quando não impugnado pela parte contra quem foi produzido (art. 411, III e art. 436, parágrafo único do CPC/15). O lançamento de informação pertinente à emissão de cheques sem provisão de fundos em cadastro restritivo constitui exercício regular do direito e não causa danos morais indenizáveis. Age de má-fé o consumidor que altera a verdade dos fatos e nega intencionalmente a emissão de cheques sem fundos com o intuito de obter vantagem indevida. (TJ-MG; AC 10707150026755001 MG; 10ª Câmara Cível; Rel. Manoel dos Reis Morais; Julg. 03/10/2017; Data de Publicação: 13/10/2017)

✓ OBRIGAÇÕES. RESSARCIMENTO. DANO MATERIAL. YMPACTUS COMERCIAL. TELEXFREE. PROMESSA ENGANOSA DE GANHOS RÁPIDOS E DE BAIXO INVESTIMENTO. SUSPEITA DE PRÁTICA DE PIRÂMIDE FINANCEIRA. RESCISÃO DO PACTO E DEVOLUÇÃO DE VALORES AO AUTOR. AUSÊNCIA DE DOCUMENTAÇÃO DOS PAGAMENTOS REALIZADOS PELO AUTOR, A TÍTULO DE INVESTIMENTO, QUE PODE SER SUPRIDA PELOS RELATÓRIOS APRESENTADOS PELA PRÓPRIA DEMANDADA. SENTENÇA QUE DEVE SER MODIFICADA APENAS QUANTO AO MONTANTE A SER DEVOLVIDO PELA RÉ ANTE A NECESSIDADE DE AMORTIZAÇÃO DO MONTANTE JÁ RECEBIDO PELO AUTOR, CONFORME RELATÓRIOS JUNTADOS E QUE NÃO FORAM ESPECIFICAMENTE IMPUGNADOS PELA PARTE CONTRÁRIA. SENTENÇA REFORMADA EM PARTE. RECURSO PROVIDO PARCIALMENTE. (Recurso Cível 71005813704; Quarta Turma Recursal Cível, Turmas Recursais; Rel. Ricardo Pippi Schmidt; Julg. 30/09/2016).

✓ APELAÇÃO CÍVEL. NEGÓCIOS JURÍDICOS BANCÁRIOS. ACORDO ACOSTADO AOS AUTOS. CÓPIA. PETIÇÃO. VALIDADE DO ACORDO. ACORDO HOMOLOGADO. RECURSO ADESIVO PROVIDO. APELO PREJUDICADO. Ainda que o acordo acostado aos autos seja cópia reprográfica, a petição que o acostou aos autos possui a assinatura dos procuradores de ambas as partes, tendo o do apelante o ratificado na petição de fl. 164, não pairando duvidas acerca da veracidade dos termos da cópia acostada aos autos. Acordo homologado. Sentença desconstituída. APELO ADESIVO PROVIDO. APELO PREJUDICADO. (TJ-RS; Apelação Cível 70070007380; Décima Segunda Câmara Cível; Rel. Pedro Luiz Pozza; Julg. 29/06/2016).

Art. 412. O documento particular de cuja autenticidade não se duvida prova que o seu autor fez a declaração que lhe é atribuída.

Eficácia da declaração de documento particular reconhecido como autêntico:

✓ RECURSO N. 0005595-95.2017.8.19.0208. RECORRENTE: AGUIMAR SILVEIRA GARCIA E ROSEMARY APARECIDA FIACA GARCIA. RECORRIDO: AGRELL CONSTUÇÕES LTDA. Cuido de ação indenizatória cumulada com obrigação de fazer proposta por AGUIMAR SILVEIRA GARCIA e ROSEMARY APARECIDA FRIACA GARCIA em face de AGRELL CONSTRUÇÃO LTDA, em que se objetiva o cancelamento da negativação promovida pelo réu, bem como a condenação em danos morais. Narram os autores que adquiriram junto ao réu um imóvel do empreendimento Arena Park Emp. Imobiliários, em 16/05/2012, sendo informados no ato da celebração da vença que arcariam com R$ 3.000,00 referente às despesas em RGI, cobrado através e boleto bancário pelo réu. Foram gerados dois boletos: um de R$ 60,00 e outro de R$ 2.940,00, com vencimento em 16/06/2012 e solvidos pelos autores. Aduzem que o registro apenas ocorreu em 2014, ocasião em que foram novamente cobrados pelo réu, dessa vez em R$ 4.0290,88, referente à "diferenças de valores a título de emolumentos do RGI". Relatam que foram negativados por força dessa dívida e atribuem a demora no registro exclusivamente ao réu. O réu, mesmo devidamente citado, não ofereceu contestação, tampouco compareceu à audiência de conciliação, tendo a sua revelia decretada em sentença. A r. sentença julgou improcedentes os pedidos autorais, sob o argumento de que não foi comprovado o pagamento de taxas em momento pretérito, tal como alegado pelos autores. É o relato do necessário. Decido. Assiste razão ao recorrente. Merece reforma a sentença de primeiro grau. Compulsando os autos, verifica-se que a documentação carreada aos autos é apta a comprovar as alegações do autor. Chega-se a tal conclusão quando se analisa o documento acostado às fls. 29, onde há uma declaração do réu apontando a importância como paga em 18/05/2012, sob a rubrica de "compromissos pagos; tipo: registro". Muito embora o comprovante esteja de fato ilegível, a informação é suprida pela declaração de pagamento emitida pelo réu. Diz o Código de Processo Civil que: Art. 411. Considera-se autêntico o documento quando: (...) III – não houver impugnação da parte contra quem foi produzido o documento. Art. 412. O documento particular de cuja autenticidade não se duvida prova que o seu autor fez a declaração que lhe é atribuída. Por tal razão, revela-se indevida a negativação ocorrida em nome do primeiro autor e, assim, passível de reparação extrapatrimonial. Noutro giro, não subsiste qualquer dever de indenizar em favor da segunda autora, que não experimentou lesão à sua esfera de direitos da personalidade, sendo certo que a negativação ocorreu apenas em desfavor do primeiro autor. O fato de serem cônjuges não garante, por si, a extensão das lesões sofridas pelo outro. No que tange ao quantum indenizatório, tal medida deve ser balizada pela proporcionalidade e razoabilidade, a fim de conferir o caráter punitivo-pedagógico para o réu, sem negligenciar, contudo, a possibilidade de enriquecimento sem causa do consumidor. Entendo ser o valor de R$ 8.000,00 adequado à hipótese. À conta de tais fundamentos, VOTO no sentido de conhecer do recurso e dar-lhe provimento, para JULGAR PROCEDENTES os pedidos autorais, condenando o réu ao pagamento de R$ 8.000,00 (oito mil reais) a título de danos morais, bem como para cancelar o registro desabonador pela dívida objeto da lide. Ressalvando, apenas, que a obrigação de fazer relativa à exclusão do nome da autora dos cadastros restritivos de crédito deverá ser cumprida na forma do enunciado 144 da Súmula do TJERJ, através da expedição de ofícios. Luciana da Cunha Martins Oliveira. JUÍZA RELATORA. (TJ-RJ; RI 00055599520178190208 Rio de Janeiro, Méier; Regional XII Juizado Especial Cível; Rel. Luciana da Cunha Martins Oliveira; Julg. 05/09/2017; Data de Publicação: 11/09/2017)

Parágrafo único. O documento particular admitido expressa ou tacitamente é indivisível, sendo vedado à parte que pretende utilizar-se dele aceitar os fatos que lhe são favoráveis e recusar os que são contrários ao seu interesse, salvo se provar que estes não ocorreram.

Art. 413. O telegrama, o radiograma ou qualquer outro meio de transmissão tem a mesma força probatória do documento particular se o original constante da estação expedidora tiver sido assinado pelo remetente.

Parágrafo único. A firma do remetente poderá ser reconhecida pelo tabelião, declarando-se essa circunstância no original depositado na estação expedidora.

Possibilidade de comprovação de atos jurídicos por todos os meios em direito admitidos:

✓ AÇÃO CAUTELAR Exibição de documentos relacionados a contrato bancário - Alegação do réu a respeito da existência de empréstimo concedido ao correntista via internet - A inexistência de contrato físico não exime a instituição financeira de exibir à consumidora documentos que comprovem a efetiva pactuação e em que condições disponibilizou o crédito à correntista em razão do mútuo realizado por via eletrônica Dever legal da instituição financeira e inerente à relação obrigacional apresentar o contrato padrão e a proposta de adesão firmado por meio da internet que devem conter o valor do empréstimo, data de vencimento, detalhamento dos encargos financeiros contratados vigentes no período, as condições para o caso de mora, tarifas bancárias, IOF e o número de parcelas do contrato de empréstimo - O contrato físico não é o único instrumento capaz de comprovar a existência de uma relação jurídica e a validade negocial existente entre as partes - Possibilidade de se utilizar de todos meios de provas previstos no Código Civil e no Código de Processo Civil - Honorários advocatícios Princípio da causalidade Autora que precisou ajuizar demanda para ter acesso aos documentos que estavam na posse do réu Caso concreto em que se evidenciou a resistência do réu na apresentação do documento que até o momento não foi exibido - Ônus da sucumbência corretamente carreado ao banco réu Sentença mantida Recurso do réu não provido. HONORÁRIOS ADVOCATÍCIOS SUCUMBENCIAIS Recurso da autora postulando a majoração dos honorários advocatícios - Cabimento - Sentença de procedência que condenou o requerido no pagamento das custas, despesas processuais e honorários advocatícios arbitrados em R$ 500,00 (quinhentos reais) - Valor desproporcional ao trabalho desenvolvido pelo causídico - Fixação de acordo com os critérios de razoabilidade e proporcionalidade, além de remunerar com dignidade o trabalho desenvolvido - Verba majorada para R$ 1.400,00 (mil e quatrocentos reais) Sentença parcialmente reformada - Apelação da autora provida. RECURSO DO RÉU NÃO PROVIDO E RECURSO DE APELAÇÃO DA AUTORA PROVIDO. (TJ-SP; APL 00278333620138260196; SP; 38ª Câmara de Direito Privado; Rel. Spencer Almeida Ferreira; Julg. 28/05/2014; Data de Publicação: 28/05/2014)

✓ AÇÃO CAUTELAR DE EXIBIÇÃO DE DOCUMENTOS. Documentos comuns às partes Cabe ao banco, fornecedor de serviços, informar adequadamente seus clientes - Aplicação do artigo 355 e seguintes do CPC Presente o interesse de agir em Juízo para se obter da instituição financeira cópia dos documentos pretendidos, que são comuns às partes Pedido expresso para demonstração de documento específico - Contrato de adesão que não satisfaz o pleito da requerente, tendo em vista a falta de individuação prevista no artigo 356, inciso I, do CPC A inexistência de contrato físico assinado pela parte não exime a instituição financeira de exibir à consumidora documentos que comprovem a efetiva pactuação e em que condições disponibilizou o crédito à cliente usuária do cartão de crédito Dever legal da instituição financeira e inerente à relação obrigacional apresentar o contrato padrão e a proposta de adesão firmado entre as partes que devem conter o valor do crédito, data de vencimento, detalhamento dos encargos financeiros contratados vigentes no período, as condições para o caso de mora, tarifas bancárias - O contrato físico assinado não é o único instrumento capaz de comprovar a existência de uma relação jurídica e a validade negocial existente entre as partes - Possibilidade de se utilizar de todos meios de provas previstos no Código Civil e no Código de Processo Civil - Presunção de veracidade decorrente da não exibição dos documentos Impossibilidade Inaplicabilidade do art. 359 do CPC, em sede de ação preparatória ou satisfativa Não se presume o teor de documento não exibido em ação cautelar, nem há confissão ficta quanto ao alegado, posto que não há ação principal em andamento - Em caso de negativa do apelante em cumprir a decisão de exibição, a medida processual adequada é a busca e apreensão - Decisão reformada apenas para afastar a penalidade de presunção de veracidade RECURSO PARCIALMENTE PROVIDO. (TJ-SP; APL 00392478920128260576; SP; 38ª Câmara de Direito Privado; Rel. Spencer Almeida Ferreira; Julg. 21/08/2013; Data de Publicação: 27/08/2013)

✓ AÇÃO CAUTELAR Exibição de documentos relacionados a contrato bancário - Alegação de existência de empréstimo concedido ao correntista por meio de terminal eletrônico com a utilização de cartão magnético e o emprego da senha eletrônica - A inexistência de contrato físico não exime a instituição financeira de exibir à consumidora documentos que comprovem a efetiva pactuação e em que condições disponibilizou o crédito à correntista em razão do mútuo realizado por via eletrônica Dever legal da instituição financeira e inerente à relação obrigacional apresentar o contrato padrão e a proposta de adesão firmado através do sistema eletrônico que devem conter o valor do empréstimo, data de vencimento, detalhamento dos encargos financeiros contratados vigentes no período, as condições para o caso de mora, tarifas bancárias, IOF e o número de parcelas do contrato de empréstimo - O contrato físico não é o único instrumento capaz de comprovar a existência de uma relação jurídica e a validade negocial existente entre as partes - Possibilidade de se utilizar de todos meios de provas previstos no Código Civil e no Código de Processo Civil - Honorários advocatícios Princípio da causalidade Autora que precisou ajuizar demanda para ter acesso aos documentos que estavam na posse do réu Ônus da sucumbência corretamente carreado ao banco réu - Honorários advocatícios adequadamente fixados - Valor que remunera suficientemente o trabalho desenvolvido pelo causídico da parte vencedora, que, aliás, não recorreu Recurso não provido. (TJ-SP; APL 00552244720118260224; SP; 38ª Câmara de Direito Privado; Rel. Spencer Almeida Ferreira; Julg. 14/08/2013; Data de Publicação: 16/08/2013)

Art. 414. O telegrama ou o radiograma presume-se conforme com o original, provando as datas de sua expedição e de seu recebimento pelo destinatário.

Art. 415. As cartas e os registros domésticos provam contra quem os escreveu quando:

I – enunciam o recebimento de um crédito;

II – contêm anotação que visa a suprir a falta de título em favor de quem é apontado como credor;

III – expressam conhecimento de fatos para os quais não se exija determinada prova.

Art. 416. A nota escrita pelo credor em qualquer parte de documento representativo de obrigação, ainda que não assinada, faz prova em benefício do devedor.

Registros em nota fiscal:

✓ Ação monitória - Prestação de serviços e venda de mercadorias - Notas fiscais com assinatura de recebimento - Embargos monitórios, impugnando, parcialmente, as notas fiscais - Afirmação de que não houve a efetiva entrega de mercadorias e prestação de serviços - Prova pericial contábil na escrituração da ré - Ação julgada procedente para constituir título executivo - Apelo da ré - Preliminar de cerceamento de defesa rejeitada - Sentença confirmada, adotando-se os fundamentos nos moldes do art. 252 do RITJ - Provas dos autos que robustecem o direito de crédito cobrado pela autora, especialmente a perícia contábil realizada na escrita da ré - Acerto da sentença quanto ao termo inicial dos juros de mora e da correção monetária - Recurso desprovido. (TJ-SP; APL 10011425220168260037; SP; 24ª Câmara de Direito Privado; Rel. Jonize Sacchi de Oliveira; Julg. 26/05/2017; Data de Publicação: 26/05/2017)

Registros em nota promissória:

✓ AGRAVO DE INSTRUMENTO AÇÃO DECLARATÓRIA NEGATIVA DE DÉBITO C.C. DANOS MORAIS NOTA PROMISSÓRIA PERÍCIA GRAFOTÉCNICA PROVA ORAL DESNECESSIDADE - CERCEAMENTO DE DEFESA INOCORRÊNCIA Tratando-se de ação negativa de débito, em que a autora alega inexistir débitos em aberto perante a empresa ré, e esta, por sua vez, tendo apresentado nos autos nota promissória, comprovando a aquisição de mercadorias, suficiente a realização de prova pericial grafotécnica, sobre a nota promissória, a fim de se verificar a autenticidade da assinatura - Desnecessária a produção de prova oral para o deslinde da questão Inteligência dos arts. 400, II c.c. 333, II e 377, todos do CPC Inocorrência de cerceamento de defesa Decisão mantida Agravo improvido. (TJ-SP; AI 21369872420148260000; SP; 24ª Câmara de Direito Privado; Rel. Salles Vieira; Julg. 27/11/2014; Data de Publicação: 28/11/2014)

Parágrafo único. Aplica-se essa regra tanto para o documento que o credor conservar em seu poder quanto para aquele que se achar em poder do devedor ou de terceiro.

Art. 417. Os livros empresariais provam contra seu autor, sendo lícito ao empresário, todavia, demonstrar, por todos os meios permitidos em direito, que os lançamentos não correspondem à verdade dos fatos.

Prova e livros empresariais:

✓ APELAÇÃO CÍVEL. AÇÃO DE DISSOLUÇÃO DE SOCIEDADE DE FATO. SENTENÇA PROCEDENTE. INSURGÊNCIA DE AMBAS AS PARTES. RESTITUIÇÃO DE VALORES. ALEGAÇÃO DE QUE HOUVE O REEMBOLSO DOS VALORES. INOVAÇÃO RECURSAL. IMPOSSIBILIDADE DE ALEGAÇÃO. COMPROVAÇÃO AUSENTE. MENÇÃO DE QUE OS DOCUMENTOS APRESENTADOS PELA AUTORA NÃO CONTÊM INDICAÇÃO. PARTE APELADA QUE NÃO APRESENTOU OS LIVROS CONTÁBEIS, INVIABILIZANDO A REALIZAÇÃO DE PROVA PERICIAL PARA APURAÇÃO DE HAVERES. ANÁLISE DOS DOCUMENTOS APRESENTADOS PELA AUTORA, QUE SÃO CONDIZENTES COM O CASO APRESENTADO E DEVEM SER LEVADOS EM CONSIDERAÇÃO PARA REEMBOLSO PARA VERIFICAÇÃO DO MONTANTE INVESTIDO. DANOS MORAIS. TROCA DE FECHADURA DO ESTABELECIMENTO COMERCIAL. CONDUTA ILÍCITA VERIFICADA. SÓCIA QUE POSSUI DIREITO DE ENTRAR NO ESTABELECIMENTO E DE CONFERIR OS LIVROS E DOCUMENTOS PERTENCENTES À SOCIEDADE. EXCESSO VERIFICADO. ABALO MORAL EVIDENTE. QUANTUM INDENIZATÓRIO. MINORAÇÃO E MAJORAÇÃO. VALOR ARBITRADO. RESPEITO AOS PRINCÍPIOS DA RAZOABILIDADE E PROPORCIONALIDADE. "O valor da indenização do dano moral deve ser arbitrado pelo juiz com base nas peculiaridades da espécie e razoabilidade, de maneira a servir, por um lado, de lenitivo para a dor psíquica sofrida pelo lesado, sem importar a ele enriquecimento sem causa ou estímulo ao abalo suportado; e, por outro lado, deve desempenhar uma função pedagógica e uma séria reprimenda ao ofensor, a fim de evitar a recidiva." (Apelação cível n. 2006.024252-7, da Capital. Rel. Des. Luiz Carlos Freyesleben). HONORÁRIOS ADVOCATÍCIOS. MAJORAÇÃO DA VERBA. DESNECESSIDADE. VALOR SUFICIENTE A VALORIZAÇÃO DO TRABALHO DESENVOLVIMENTO PELO CAUSÍDICO. HONORÁRIOS RECURSAIS MAJORADOS. Recursos conhecidos e improvidos. (TJ-SC; AC 00386333720018240023 Capital; Primeira Câmara de Direito Comercial; Rel. Guilherme Nunes Born; Julg. 28/09/2017)

✓ APELAÇÃO - EMBARGOS À EXECUÇÃO FISCAL - ICMS - OPERAÇÃO DE SAÍDA DE ÁLCOOL ETÍLICO HIDRATADO - DIVERGÊNCIA NOS REGISTROS DE ESTOQUE E DE SAÍDA DA MERCADORIA - Preliminar: Cerceamento do direito de defesa da embargante (art. 5º, LV, da CF/88)- inocorrência - documentos colacionados aos autos que se mostram suficientes à formação do convencimento juridicamente motivado do magistrado (art. 371, do CPC/2015)- imprestabilidade da prova pericial requerida (art. 370, do CPC/2015). Mérito: Pretensão inicial da empresa-embargante voltada à desconstituição de título executivo fiscal, decorrente de recolhimento do ICMS em montante inferior ao efetivamente devido na operação de saída de álcool etílico hidratado - regularidade formal e material da autuação fiscal - na hipótese, a CDA que serve de título executivo preencheu todos os requisitos previstos no § 5º, do art. 2º, da LF nº 6.830/80 - uma vez não comprovado, por meio de singela prova documental, o pagamento do imposto proporcional à quantidade de álcool etílico efetivamente comercializado, deve a contribuinte arcar com a diferença do tributo daí decorrente - ônus da embargante de demonstrar o singelo erro material no preenchimento de seus livros de registro - inaplicabilidade, ao caso, do art. 112, do CTN - ENCARGOS MORATÓRIOS - falta de interesse recursal - decisum de primeiro grau que já admitiu a validade e a aplicabilidade da taxa SELIC sobre o débito fiscal sub executio - inexistência de elementos de informação que indiquem a cobrança de encargos moratórios em índices superiores - auto de infração lavrado antes da LE nº 13.918/2009 e que conferiu nova redação ao art. 96, da LE nº 9.374/89 - sentença de improcedência do incidente mantida. Recurso conhecido em parte e, nesta, desprovido. (TJ-SP 00025972520128260291; SP; 4ª Câmara de Direito Público; Rel. Paulo Barcellos Gatti; Julg. 28/08/2017; Data de Publicação: 12/09/2017)

Art. 418. Os livros empresariais que preencham os requisitos exigidos por lei provam a favor de seu autor no litígio entre empresários.

Livros empresariais e sua eficácia probatória:

✓ AGRAVO REGIMENTAL. Prejudicado em razão da análise do mérito do agravo de instrumento. AGRAVO DE INSTRUMENTO. APURAÇÃO DE HAVERES. Decisão que julga liquidação por arbitramento em sede de apuração de haveres de sócio excluído da sociedade. Manutenção. Perícia contábil. Laudo pericial homologado pelo Juízo de primeiro grau. Contabilização de valor atinente a "adiantamento para sócio" como receita para que o outro sócio não sofra dano injusto. Laudo pericial que apurou corretamente o valor a ser pago ao sócio retirante por seus haveres sociais. Recurso não provido. (TJ-SP; AI 21175659220168260000; SP; 1ª Câmara Reservada de Direito Empresarial; Rel. Francisco Loureiro; Julg. 10/08/2016; Data de Publicação: 11/08/2016)

✓ EMBARGOS À EXECUÇÃO FISCAL. SUBSTITUIÇÃO TRIBUTÁRIA. RETENÇÃO DE IMPOSTO PELO TOMADOR DOS SERVIÇOS. COMPROVAÇÃO. AUSÊNCIA DE COMPROVANTE DE RETENÇÃO EMITIDO PELAS FONTES PAGADORAS. ESCRITA CONTÁBIL E NOTAS FISCAIS DO CONTRIBUINTE. Estando regular a escrita contábil do contribuinte, e sendo ela corroborada pelas notas fiscais/faturas de prestação de serviços, é plenamente cabível que seja utilizada para demonstrar o montante do imposto retido na fonte pelos tomadores de serviço que não apresentaram DIRF ou comprovante de retenção. (TRF-4; AC 50119584520124047107 RS; Segunda Turma; Rel. Rômulo Pizzolatti; Julg. 16/05/2017)

Art. 419. A escrituração contábil é indivisível, e, se dos fatos que resultam dos lançamentos, uns são favoráveis ao interesse de seu autor e outros lhe são contrários, ambos serão considerados em conjunto, como unidade.

Art. 420. O juiz pode ordenar, a requerimento da parte, a exibição integral dos livros empresariais e dos documentos do arquivo:

→ *v.* Súmula 260 do STF.

→ *v.* Art. 194 do CTN.

→ *v.* Art. 1º, I, da Lei 8.137/1990.

→ *v.* Art. 105 da Lei 6.404/1976.

I – na liquidação de sociedade;
II – na sucessão por morte de sócio;
III – quando e como determinar a lei.

Exibição de livros e o sigilo fiscal:

✓ AGRAVO DE INSTRUMENTO. AÇÃO INDENIZATÓRIA EM FASE DE CUMPRIMENTO DE SENTENÇA. PENHORA DE RENDA. DECISÃO AGRAVADA QUE DETERMINA A INTIMAÇÃO DO DEPOSITÁRIO, NA FORMA DO § 2º DO ART. 866 DO CPC/2015, PARA PRESTAR CONTAS E ENTREGAR AO JUÍZO A QUANTIA DEVIDA PELA EXECUTADA, SENDO QUE EM CASO DE DESCUMPRIMENTO SERÁ NOMEADO PERITO ARRECADADOR COM LIVRE ACESSO AOS LIVROS FISCAIS E CONTÁBEIS DA EMPRESA. IMPOSSIBILIDADE. QUEBRA DE SIGILO. HIPÓTESE DOS AUTOS (EFETIVAÇÃO DA PENHORA DE RENDA) QUE NÃO ESTÁ ELENCADA NO ROL DOS ARTIGOS 420 DO CPC/2015 E 1191 DO CC/02 QUE AUTORIZAM A EXIBIÇÃO DE LIVROS FISCAIS E CONTÁBEIS. INCIDÊNCIA DA SÚMULA 260 DO STF. PRECEDENTE DESTA E. CÂMARA. DECISÃO REFORMADA, EM PARTE. PROVIMENTO DO AGRAVO. (TJ-RJ; AI 00394834220178190000 Rio de Janeiro, Ilha Do Governador, Regional; 3ª Vara Cível, Vigésima Câmara Cível; Rel. Maria Inês da Penha Gaspar; Julg. 30/08/2017; Data de Publicação: 01/09/2017)

✓ AGRAVO DE INSTRUMENTO – PRESTAÇÃO DE CONTAS – Indeferimento de apensamento aos autos da ação da herança jacente – Pedido de reforma do Curador Especial – Cabimento – Existência de norma expressa autorizando a reunião de processos – Conteúdo sujeito a exame pericial – Permissão à feitura de inspeção judicial – Discricionariedade à exibição de documento – Resultado obtido por desarquivamento – Garantia de ampla defesa – Decisão interlocutória modificada – Recurso provido (TJ-SP; AI 20456759320168260000; SP; 8ª Câmara de Direito Privado; Rel. Salles Rossi; Julg. 30/08/2016; Data de Publicação: 30/08/2016)

✓ AGRAVO DE INSTRUMENTO – EXECUÇÃO- PENHORA ON LINE PELO SISTEMA BACEN-JUD – Reiteração do pedido – Possibilidade – Princípio da razoabilidade – Última pesquisa realizada há mais de um ano de forma que há a possibilidade de alteração da situação econômico financeira da agravada-Decisão reformada – Recurso provido nesta parte. AGRAVO DE INSTRUMENTO-EXECUÇÃO- LIVROS CONTÁBEIS PEDIDO de exibição para aferição da situação financeira da agravada a fim de possibilitar futura penhora- Inadmissibilidade – Questão que envolve sigilo fiscal e não se insere nas hipóteses dos art. 1191 do CCB e 420 do CPC- Medida, sobretudo, inócua por se tratar a agravada de sociedade sem fins lucrativos. – Recurso não provido nesta parte. Recurso provido em parte. (TJ-SP 20524941220178260000; SP; 24ª Câmara de Direito Privado; Rel. Denise Andréa Martins Retamero; Julg. 07/12/2017; Data de Publicação: 07/12/2017)

Art. 421. O juiz pode, de ofício, ordenar à parte a exibição parcial dos livros e dos documentos, extraindo-se deles a suma que interessar ao litígio, bem como reproduções autenticadas.

Exibição parcial dos livros e dos documentos:

✓ EXIBIÇÃO DE DOCUMENTOS Direito da parte que tem interesse em conferir o pagamento das comissões que lhe eram devidas, mas que não implica em exibição integral da escrituração contábil ou revelação dos segredos comerciais da representada, cingindo-se o interesse da agravada apenas na exibição daqueles necessários à demonstração dos negócios jurídicos que lhe são pertinentes – Decisão reformada em parte – Agravo de instrumento parcialmente provido. (TJ-SP; AI 22498837320158260000; SP; 15ª Câmara de Direito Privado; Rel. Mendes Pereira; Julg. 06/06/2016; Data de Publicação: 06/06/2016)

Art. 422. Qualquer reprodução mecânica, como a fotográfica, a cinematográfica, a fonográfica ou de outra espécie, tem aptidão para fazer prova dos fatos ou das coisas representadas, se a sua conformidade com o documento original não for impugnada por aquele contra quem foi produzida.

→ v. Lei 5.433/1968 – Regula a microfilmagem de documentos oficiais.

Eficácia probatória da reprodução do documento quando não impugnada:

✓ AGRAVO DE INSTRUMENTO. NEGÓCIO JURÍDICO BANCÁRIO. AÇÃO DE EXECUÇÃO DE TÍTULO EXTRAJUDICIAL. EXCEÇÃO DE PRÉ-EXECUTIVIDADE. Em não se tratando de execução de título de crédito, em que vige o princípio da cartularidade, possível aparelhar a execução extrajudicial com cópia simples do título executivo. Não se faz necessária a juntada da via original do título executivo se a conformidade da cópia que instrui a inicial não for impugnada pela parte executada. AGRAVO DE INSTRUMENTO DESPROVIDO. (TJ-RS; Agravo de Instrumento 70074047101; Décima Nona Câmara Cível; Rel. Mylene Maria Michel; Julg. 09/11/2017).

✓ EXTINÇÃO DO PROCESSO – Ação declaratória de inexigibilidade do débito – Determinação de emenda da inicial para apresentar originais da documentação juntada com a exordial, bem como para esclarecer a fundamentação do pedido – Prescindibilidade – Petição inicial que preenche o disposto nos arts. 319 e 320 do NCPC e presunção de autenticidade dos documentos colacionados – Sentença anulada para que o processo tenha seu curso regular – Apelação provida para esse fim* (TJ-SP; APL 10071641120168260625; SP; 21ª Câmara de Direito Privado; Rel. Maia da Rocha; Julg. 27/10/2016; Data de Publicação: 27/10/2016)

Impugnação da fotocópia:

✓ PROCESSUAL CIVIL. AGRAVO DE INSTRUMENTO. DECISÃO QUE RECONHECE A AUSÊNCIA DE INTERESSE DE AGIR NA INSTAURAÇÃO DE INCIDENTE DE FALSIDADE POR FALTA DE OPOSIÇÃO DA PARTE CONTRÁRIA. INSURGÊNCIA DO AGRAVANTE. ALEGADA FALSIDADE MATERIAL NOS EMAILS COLACIONADOS PELO AUTOR. INCLUSÃO E SUPRESSÃO DE TRECHOS DA CONVERSA REALIZADA ENTRE AS PARTES ATRAVÉS DE MENSAGENS ELETRÔNICAS. ATA NOTARIAL LAVRADA EM TABELIONATO COMPETENTE QUE DEMONSTRA AS ALTERAÇÕES. NÃO INSURGÊNCIA EXPRESSA DO AGRAVADO. DESNECESSIDADE DA INSTAURAÇÃO DO INCIDENTE. FALSIDADE MATERIAL QUE SERÁ DEVIDAMENTE ANALISADA COM O MÉRITO DA QUAESTIO. DECISÃO MANTIDA. RECURSO DESPROVIDO. (TJ-SC; AI 40170218220178240000 São Francisco do Sul 4017021-82.2017.8.24.0000, Rel. Marcus Tulio Sartorato; Julg. 28/11/2017, Terceira Câmara de Direito Civil)

§ 1º As fotografias digitais e as extraídas da rede mundial de computadores fazem prova das imagens que reproduzem, devendo, se impugnadas, ser apresentada a respectiva autenticação eletrônica ou, não sendo possível, realizada perícia.

→ v. Lei 12.960/2014 – Estabelece princípios, garantias, direitos e deveres para o uso da Internet no Brasil (Marco Civil da Internet).

Fotografias retiradas do facebook:

✓ Agravo. Recurso eleitoral. Decisão que não conheceu do recurso pela intempestividade. Tempestividade na interposição recursal comprovada. Intimação pessoal da sentença efetuada após a publicação desta no DJE. Agravo conhecido e provido. Divulgação de pesquisa eleitoral sem o prévio registro. Provas idôneas. Fotografias de página do Facebook do agravante. Não impugnação no momento adequado. Aplicação de multa. Previsão contida no art. 17 da Res. TSE nº 23.453/2015. Desprovimento do recurso. 1. Constata-se, na hipótese, que o cartório eleitoral, mesmo após haver publicado a sentença no DJE, intimou o agravante de seu teor, motivo pelo qual a contagem do prazo recursal tem-se por iniciada na data da intimação efetiva na respectiva serventia judicial; 2. Agravo provido para reconhecer a tempestividade do recurso eleitoral; 3. O agravante deixou escoar o prazo de defesa sem manifestação, não cabendo ao mesmo, neste momento processual, impugnar as provas coligadas aos autos; 4. As fotografias trazidas aos fólios, extraídas da rede mundial de computadores, fazem prova das imagens que reproduzem, nos exatos termos do que dita o art. 422, § 1º do NCPC; 5. Não restando dúvidas de que a pesquisa foi divulgada sem o prévio registro das informações na Justiça Eleitoral, como exige o art. 2º da Res. TSE nº 23.453/2015, tem-se que a sentença vergastada que condenou o agravante ao pagamento de multa prevista no art. 17 da citada legislação prescinde de retoques; 6. Recurso eleitoral a que se nega provimento. (TRE-BA; RE 29902 Jequié – BA; Rel. Fábio Alexsandro Costa Bastos; Julg. 03/04/2017; Data de Publicação: DJE 10/04/2017)

§ 2º Se se tratar de fotografia publicada em jornal ou revista, será exigido um exemplar original do periódico, caso impugnada a veracidade pela outra parte.

§ 3º Aplica-se o disposto neste artigo à forma impressa de mensagem eletrônica.

Eficácia probatória das mensagens eletrônicas:

✓ AÇÃO DE COBRANÇA – PRESTAÇÃO DE SERVIÇOS – PROVA DOCUMENTAL – MENSAGENS ELETRÔNICAS – VALIDADE – INADIMPLÊNCIA CONFESSA 1 – É válida a juntada aos autos de mensagens eletrônicas (e-mail) trocadas entre as partes acerca da contratação e débitos pendentes entre elas a fim de fazer prova documental. Código de Processo Civil de 2015 que possui dispositivo expresso nesse sentido, aceitando tal prova, mormente quando sua autoria e seu conteúdo não forem impugnados pela parte contrária, como no caso em estudo. Desnecessidade de juntada de notas fiscais ou duplicatas em ação de simples cobrança, que não se confunde com execução; 2 – Devedora que confessa estar inadimplente com relação a algumas parcelas, formulando oferta de parcelamento que não foi aceita pelo credor, que paralisou a prestação dos serviços e passou a cobrar as quantias referentes aos serviços já prestados e não pagos. Sentença que deve ser mantida. RECURSO IMPROVIDO. (TJ-SP; APL 10079890820158260554; SP; 30ª Câmara de Direito Privado; Rel. Maria Lúcia Pizzotti; Julg. 06/07/2016; Data de Publicação: 15/07/2016)

Art. 423. As reproduções dos documentos particulares, fotográficas ou obtidas por outros processos de repetição, valem como certidões sempre que o escrivão ou o chefe de secretaria certificar sua conformidade com o original.

Autenticação de documentos particulares:

✓ APELAÇÃO CÍVEL - AÇÃO ANULATÓRIA DE NEGÓCIO JURÍDICO - COMPRA E VENDA DE IMÓVEL - DIREITO DE PREFERÊNCIA - CONTRATO DE PROMESSA DE COMPRA E VENDA - AUSÊNCIA DE INTERESSE DE AGIR. 1. Os coproprietários do imóvel litigado têm legitimidade ativa para o exercício do direito de preferência na aquisição das quotas-partes dos demais condôminos. 2. A cópia de documento autenticada por cartório de registro de notas deve ser considerada como existente e verdadeira em virtude da fé pública que detém o Tabelião, conforme os artigos 423, 424 e 425, III, todos do CPC/2015. 3.Comprovado que a autora alienou o bem comum antes do seu ex-cônjuge, ora réu, patente a ausência de seu interesse de agir. (TJ-MG; AC 10080100017617001 MG; 18ª Câmara Cível; Rel. Vasconcelos Lins; Julg. 13/06/2017; Data de Publicação: 20/06/2017)

Art. 424. A cópia de documento particular tem o mesmo valor probante que o original, cabendo ao escrivão, intimadas as partes, proceder à conferência e certificar a conformidade entre a cópia e o original.

Autenticação do documento particular - título de crédito:

✓ AGRAVO DE INSTRUMENTO. NEGÓCIOS JURÍDICOS BANCÁRIOS. EXECUÇÃO DE TÍTULO EXTRAJUDICIAL. JUNTADA DE DOCUMENTO ORIGINAL OU CÓPIA AUTENTICADA. É desnecessária a instrução da execução com o original do título executivo extrajudicial, consubstanciado em Cédula de Crédito Bancário, sendo, contudo, imprescindível a juntada ao menos da cópia autenticada, ao efeito de conferir o requisito da certeza, ínsito à regularidade da execução. Inteligência do art. 424 do CPC/15. Precedentes desta Corte. Exceção parcialmente acolhida, ao efeito de oportunizar ao credor seja sanado o vício. AGRAVO DE INSTRUMENTO PARCIALMENTE PROVIDO. (TJ-RS; Agravo de Instrumento 70074020231; Vigésima Terceira Câmara Cível; Rel. Ana Paula Dalbosco; Julg. 26/09/2017).

✓ AGRAVO DE INSTRUMENTO. NEGÓCIOS JURÍDICOS BANCÁRIOS. EXECUÇÃO DE TÍTULO EXTRAJUDICIAL. CÉDULA DE CRÉDITO BANCÁRIO. EXCEÇÃO DE PRÉ-EXECUTIVIDADE. ORIGINAL DO TÍTULO. DESNECESSIDADE. Cumpre ao credor instruir a petição inicial com o título executivo extrajudicial (artigo 798, I, a, do NCPC) e, considerada a cédula de crédito bancário como título de crédito, possui as características gerais atinentes à literalidade, cartularidade, autonomia, abstração, independência e circulação. Assim, mostra-se imprescindível o seu encarte aos autos de demandas judiciais que objetivem a sua cobrança ou o exercício de direitos dele decorrentes. No entanto, mostra-se desnecessária a apresentação da via original do título executivo objeto da presente demanda, porquanto tal obrigação somente é exigível quando a ação executiva versar sobre títulos cambiais circuláveis, como medida de segurança jurídica, dada a possibilidade de circulação destes. Em que pese não se faça necessária a apresentação da via original do título, é indispensável a juntada da cópia autenticada para embasar o pleito executório, ao efeito de conferir o requisito da certeza, ínsito à regularidade da execução. AGRAVO DE INSTRUMENTO PARCIALMENTE PROVIDO. UNÂNIME. (TJ-RS; Agravo de Instrumento 70075168633; Vigésima Terceira Câmara Cível; Rel. Martin Schulze; Julg. 28/11/2017).

✓ PROCESSO CIVIL. APELAÇÃO CÍVEL. AÇÃO DE EXECUÇÃO. CÉDULA DE CRÉDITO BANCÁRIO. JUNTADA DE CÓPIA SMPLES. DETERMINAÇÃO DE EMENDA À INICIAL PARA APRESENTAÇÃO DO TÍTULO ORIGINAL. NECESSIDADE. INDEFERIMENTO DA INICIAL. ART. 485, I, CPC/2015. POSSIBILIDADE. SENTENÇA MANTIDA. 1. O artigo 217 do Código Civil e 425, incisos II, IV e § 2º, e 424, ambos do Código de Processo Civil de 2015, preveem que os documentos registrados e autenticados possuem a mesma força probante do que os documentos originais. 2. Em que pese a cédula de crédito bancário ser regida pelo sistema cambiário, ela somente é passível de circulação por endosso em preto, nos termos do artigo 29, § 1º, da Lei 10.931/2004. 3. Não estando revestida da livre-circulação, atributo genérico dos títulos cambias, podendo circular somente sob a forma de endosso em preto, a jurisprudência, inclusive desta Corte e do egrégio Superior Tribunal de Justiça, vem mitigando as regras do direito cambiário, para admitir a execução de cédula de crédito bancário representada por cópia, desde que autenticada. 4. A juntada de cópia simples, não autenticada, não constitui documento hábil a aparelhar o feito executivo. Portanto, se a emenda à inicial era necessária, impõe-se a manutenção da sentença e o não provimento da apelação. 5. Recurso conhecido e não provido. Sentença mantida. (TJ-DF; 20160310176410 DF; 6ª Turma Cível; Rel. Alfeu Machado; Julg. 06/12/2017, Data de Publicação: DJE: 12/12/2017; Pág. 417/440)

✓ EMBARGOS À EXECUÇÃO - CONTRATO DE EMPRÉSTIMO - CÉDULA DE CRÉDITO BANCÁRIO - SENTENÇA DE IMPROCEDÊNCIA - PRETENSÃO DE EXTINÇÃO DA EXECUÇÃO NÃO INSTRUÍDA COM VIA ORIGINAL DO CONTRATO - SUBSISTÊNCIA DA PRESUNÇÃO DE AUTENTICIDADE DA CÓPIA DIGI-

TAL JUNTADA PELO BANCO - EXEGESE DO ART. 372 DO CPC - DESNECESSIDADE DE JUNTADA AOS AUTOS DA VIA ORIGINAL DO TÍTULO EXEQUENDO ANTE A FORÇA PROBANTE DA CÓPIA DIGITALIZADA - PRECEDENTES - EXISTÊNCIA DE MERO ERRO MATERIAL NA PEÇA INICIAL QUE APONTOU NÚMERO DE CONTRATO DIVERSO DO EXECUTADO - MANUTENÇÃO DA DECISÃO. Seguimento negado. Vistos e examinados estes autos de Apelação Cível nº 1409327-1, da 19ª Vara Cível do Foro Central da Comarca da Região Metropolitana de Curitiba, em que figuram, como Apelante, Christofer Gabriel Surf Wear Ltda. e, como Apelado, Banco Santander (Brasil) S/A. TRIBUNAL DE JUSTIÇA ESTADO DO PARANÁ Apelação Cível nº 1409327-1 1. Trata-se de apelação cível interposta por Christofer Gabriel Surf Wear Ltda., da sentença que julgou improcedentes os embargos à execução movida por Banco Santander (Brasil) S/A, condenando o Embargante ao pagamento das custas processuais e honorários advocatícios fixados em R$ 1.000,00 (mil reais), ressalvado o disposto no artigo 12 da Lei 1.060/50. Em suas razões recursais, o Embargante insurge-se contra a sentença, alegando, em síntese, a necessidade de indeferimento da petição inicial da execução diante da ausência do título original executado nos autos, bem como da divergência entre o esse título e aquele juntado aos autos. Recebido o recurso e apresentadas as contrarrazões, os autos foram remetidos a este Tribunal. 2. Desmerece acolhimento a pretensão manejada pelo Apelante, sendo aplicável o contido no caput do artigo 557 do Código de Processo Civil. Esse dispositivo confere poder ao relator para negar seguimento a recurso manifestamente inadmissível, improcedente, prejudicado ou em confronto com súmula ou com jurisprudência dominante do respectivo tribunal, do Supremo Tribunal Federal, ou de Tribunal Superior. Primeiramente, não assiste razão ao Apelante, no que se refere à sua alegação de que a inicial deveria ser indeferida diante da ausência do título original nos autos. Extrai-se do art. 283 do Código de Processo Civil, que a petição inicial deve ser instruída com os documentos indispensáveis à propositura da ação. De tal dispositivo, portanto, não se extrai a necessidade de serem colacionados aos autos os documentos originais ou cópias autenticadas. Consoante já destacou o Excelentíssimo Desembargador Hamilton Mussi Corrêa, quando da apreciação de caso análogo1, "as cópias juntadas presumem-se verdadeiras, tendo eficácia probatória do original, mormente quando não impugnada a sua fidedignidade em relação à via original, de modo que não haveria, em princípio, motivo para que o magistrado singular determinasse, por 1 TJPR - decisão monocrática, Agr. Instr. nº 696.925-5, Rel. Hamilton Mussi Corrêa, J. 06/08/2010. TRIBUNAL DE JUSTIÇA ESTADO DO PARANÁ Apelação Cível nº 1409327-1 ocasião do recebimento da petição inicial, que os documentos fossem autenticados ou viessem os originais aos autos. Ademais, a autenticação das peças não configura requisito indispensável à petição inicial". Nesse mesmo sentido, aliás, já decidiu o Superior Tribunal de Justiça, ilustrando-se com os seguintes julgados: "EMBARGOS DE DECLARAÇÃO NO AGRAVO REGIMENTAL. SUBSTABELECIMENTO. FOTOCÓPIA NÃO AUTENTICADA. PRESUNÇÃO JURIS TANTUM DE AUTENTICIDADE. AUSÊNCIA DE IMPUGNAÇÃO OPORTUNA. MATÉRIA PRECLUSA. 1."A autenticação de cópia de procuração e de substabelecimento é desnecessária, porquanto presumem-se verdadeiros os documentos juntados aos autos pelo autor, cabendo à parte contrária arguir-lhe a falsidade. Inaplicabilidade da Súmula n. 115/STJ. Precedente: (EREsp 898510/RS, Rel. Ministro TEORI ALBINO ZAVASCKI, CORTE ESPECIAL; Julg. 19/11/2008, DJ. 05/02/2009; EREsp 881170/RS, Rel. Ministro ARI PARGENDLER, CORTE ESPECIAL; Julg. 03/12/2008, DJ. 30/03/2009)." 2. Não é cabível a oposição de aclaratórios com a finalidade de suscitar matéria preclusa.3. Embargos de declaração não conhecidos." (3ª Turma do STJ, EDcl no AgRg nos EDcl no REsp. nº 1029652/RS, Rel. Paulo de Tarso Sanseverino, J. 04/11/2010) "PROCESSO CIVIL. MANDADO DE SEGURANÇA. AUTENTICAÇÃO. DOCUMENTOS. PETIÇÃO INICIAL. DESNECESSIDADE. PRESUNÇÃO DE VERACIDADE, SE A PARTE CONTRÁRIA NÃO IMPUGNA SUA AUTENTICIDADE. PRINCÍPIO DA BOA-FÉ DAS PARTES LITIGANTES. 1. É desnecessária a autenticação dos documentos juntados à petição inicial, seja em ação ordinária seja em mandado de segurança, porque prevalece o princípio da boa-fé das partes litigantes - presunção júris tantum de veracidade. TRIBUNAL DE JUSTIÇA ESTADO DO PARANÁ Apelação Cível nº 1409327-1 Precedentes.2. Agravo regimental não provido" (2ª Turma do STJ, AgRg no REsp. nº 1085728/SP, Rel. Castro Meira, J. 03/09/2009) Tal entendimento, salienta-se, também é perfilhado por este Tribunal de Justiça: "APELAÇÃO CÍVEL. AÇÃO DE COBRANÇA. POUPANÇA. PLANO VERÃO. JUROS REMUNERATÓRIOS. AÇÃO CIVIL PÚBLICA N.º 14.552/93. APADECO. 13ª VARA CÍVEL. CURITIBA. AUSÊNCIA DE DOCUMENTOS ESSENCIAIS. PROCURAÇÃO. FOTOCÓPIA. AUSÊNCIA DE IMPUGNAÇÃO OPORTUNA. PRECLUSÃO. PLANO BRESSER. JUROS REMUNERATÓRIOS. PEDIDO. INEXISTÊNCIA. PRESCRIÇÃO. ALEGAÇÃO. NÃO CONHECIMENTO. HONORÁRIOS ADVOCATÍCIOS. VALOR FIXADO. ADEQUAÇÃO. 1. É desnecessária a autenticação de cópia de procuração ou juntada do original, visto que o documento acostado à inicial se presume verdadeiro, cabendo à parte ré arguir a falsidade no prazo dos artigos 372 e 390, do Código de Processo Civil, sob pena de preclusão, caso em que não é possível o conhecimento da matéria em sede de apelação. [...]." (15ª Câm. Cív. do TJPR, Apel. Cív. nº 725901-2, Rel. Luiz Carlos Gabardo, J. 19/01/2011). "[...] Cediço que a petição inicial deve ser instruída com os documentos indispensáveis à propositura da ação, não dispondo o art. 283, do CPC, acerca da necessidade da juntada de documentos autenticados ou originais aos autos." (TJPR - Decisão monocrática, Agr. Instr. nº 665860-6, Rel. Jurandyr Souza Junior. J. 05/04/2010)"[...] No que tange à questão da necessidade de que os documentos de fls. 12/13 sejam declarados autênticos, referido tópico merece ser revisto, pois ao contrário do decidido, o art. 283 e 284 do Código de TRIBUNAL DE JUSTIÇA ESTADO DO PARANÁ Apelação Cível nº 1409327-1 Processo Civil não impõe à parte autora o dever de que sejam autenticados. Ademais, o art. 225 do Código Civil é claro ao dotá-los como meio de prova válido, cumprindo serem impugnados em sua veracidade pela parte adversa, veja-se" (TJPR, Decisão monocrática, Agr. Instr. nº 636120-2, Rel. Jurandyr Reis Junior. J. 24/11/2009) Com efeito, seria necessária a juntada da via original do título em execução, somente caso o feito se tratasse de execução de título cambial, uma vez que este, por sua própria natureza, está sujeito à livre circulação. Ademais, conforme prescreve o art. 365 do Código de Processo Civil: "Art. 365. Fazem a mesma prova que os originais: II - os traslados e as certidões extraídas por oficial público, de instrumentos ou documentos lançados em suas notas; III - as reproduções dos documentos públicos, desde que autenticadas por oficial público ou conferidas em cartório, com os respectivos originais. V - os extratos digitais de bancos de dados, públicos e privados, desde que atestado pelo seu emitente, sob as penas da lei, que as informações conferem com o que consta na origem; VI - as reproduções digitalizadas de qualquer documento, público ou particular, quando juntados aos autos pelos órgãos da Justiça e seus auxiliares, pelo Ministério Público e seus auxiliares, pelas procuradorias, pelas repartições públicas em geral e por advogados públicos ou privados, ressalvada a alegação motivada e fundamentada de adulteração antes ou durante o processo de digitalização." Sobre o tema, percuciente a reprodução das seguintes ementas: "DIREITO CIVIL. RECURSO ESPECIAL. LOCAÇÃO. FIANÇA. PENHORA. BEM DE FAMÍLIA. POSSIBILIDADE. PRECEDENTES DO SUPREMO TRIBUNAL FEDERAL E DO SUPERIOR TRIBUNAL DE TRIBUNAL DE JUSTIÇA ESTADO DO PARANÁ Apelação Cível nº 1409327-1 JUSTIÇA. EXECUÇÃO. INSTRUÇÃO. CÓPIA DO CONTRATO. ADMISSIBILIDADE. TESTEMUNHAS. ASSINATURA. DESNECESSIDADE. LIQUIDEZ E CERTEZA DO DIREITO. EXAME. IMPOSSIBILIDADE. MATÉRIA FÁTICO-PROBATÓRIA. SÚMULA 7/STJ. PRORROGAÇÃO LEGAL POR PRAZO INDETERMINADO. EXONERAÇÃO AUTOMÁTICA DA FIANÇA. IMPOSSIBILIDADE. PRECEDENTES. DIVERGÊNCIA JURISPRUDENCIAL. INEXISTÊNCIA. SÚMULA 83/STJ. RECURSO ESPECIAL CONHECIDO E IMPROVIDO. [...] 2. Basta, para instrução da inicial, a juntada de cópia do contrato do qual se originou o crédito pleiteado, quanto não se tratar de ação de execução fundada em título cambial, ainda que deste não conste a assinatura de duas testemunhas. [...]."(5ª Turma do STJ, REsp. nº 951649/SP, Rel. Arnaldo Esteves Lima, J. 17/12/2007)."PROCESSUAL CIVIL. RECURSO ESPECIAL. VIOLAÇÃO AO ART. 535. OMISSÃO. INOCORRÊNCIA. LOCAÇÃO. EXECUÇÃO. INSTRUÇÃO. CÓPIA DO CONTRATO. POSSIBILIDADE. EXECUÇÃO. EXCESSO NA APLICAÇÃO DOS JUROS. ERRO DE CÁLCULO. RETIFICAÇÃO. PENHORA. BEM DE FAMÍLIA. LEI 8.245/91. VIABILIDADE. FIANÇA. RESPONSABILIDADE DO FIADOR. CLÁUSULA CONTRATUAL. ENTREGA DAS CHAVES. SÚMULA 214/STJ. II - E suficiente, para instruir a inicial de execução, a cópia do contrato de locação, visto que a necessidade de juntar o original cabe às execuções fundadas em título cambial. Precedentes. [...]." (5ª Turma do STJ, REsp. nº 543102/SP, Rel. Felix Fischer, J. 07/08/2003). "PROCESSUAL CIVIL. RECURSO ESPECIAL. PREQUESTIONAMENTO DEFICIENTE. SÚMULAS NS. 282 E 356- STF. MATÉRIA DE PROVA. SÚMULA N. 7-STJ. EXECUÇÃO. TRIBUNAL DE JUSTIÇA ESTADO DO PARANÁ Apelação Cível nº 1409327-1 CONTRATO. CÓPIA. SUFICIÊNCIA. [...] III. Suficiente a instrução da execução por cópia de contrato de financiamento, mormente quando não impugnada a sua fidedignidade em relação à via original. Precedentes. IV. Agravo improvido." (4ª Turma do STJ, AgRg no Ag. nº 124454/RJ, Rel. Aldir Passarinho Junior, J. 06/12/2001). Ademais, em consulta aos autos da ação de execução, via sistema PROJUDI, é possível perceber que os valores apresentados pelo Exequente em sua petição inicial, tanto na planilha de cálculo e como no contrato, são os mesmos, de modo que fica claro que houve equívoco apenas no que se refere ao número do contrato declinado, erro que não macula a execução. Desse modo, tendo em vista a presença dos pressupostos de constituição e de desenvolvimento válido e regular do processo, não merece reparo a sentença neste tópico. Por conseguinte, sendo mantida a sentença de improcedência, não há que se falar em inversão do ônus sucumbencial. 3. Portanto, com substrato no que dispõe o caput do artigo 557 do Código de Processo Civil, nego seguimento ao presente recurso. Publique-se e intimem-se. Curitiba, 12 de agosto de 2015. Elizabeth M. F. Rocha, Juíza de Direito Substituta em Segundo Grau (TJ-PR; APL 14093271 PR 1409327-1 (Decisão Monocrática); 15ª Câmara Cível; Rel. Elizabeth M F Rocha; Julg. 13/08/2015; Data de Publicação: DJ: 1631 19/08/2015)

Art. 425. Fazem a mesma prova que os originais:

I – as certidões textuais de qualquer peça dos autos, do protocolo das audiências ou de outro livro a cargo do escrivão ou do chefe de secretaria, se extraídas por ele ou sob sua vigilância e por ele subscritas;

Eficácia probatória das certidões de dívida ativa:

✓ AGRAVO DE INSTRUMENTO - Execução Fiscal - IPTU - Exercícios de 2002 a 2005 - Decisão que deixou de receber a apelação interposta pelo Município de Itapuí por intempestiva - Pretensão à reforma - Inadmissibilidade - Certidão nos autos a demonstrar ter sido realizada carga ao Procurador Municipal em 25/11/2015, com interposição do apelo apenas em 15/04/2016 - Intempestividade do recurso configurada - Decisão agravada mantida - Agravo desprovido. (TJ-SP; AI 21372135820168260000; SP; 18ª Câmara de Direito Público; Rel. Roberto Martins de Souza; Julg. 25/08/2016; Data de Publicação: 29/08/2016)

II – os traslados e as certidões extraídas por oficial público de instrumentos ou documentos lançados em suas notas;

Eficácia probatória das certidões extraídas por oficial público:

✓ APELAÇÃO CÍVEL. EMBARGOS À EXECUÇÃO. CÓPIA DE NOTA PROMISSÓRIA VINCULADA AO CONTRATO. TÍTULO REVESTIDO DOS REQUISITOS ESSENCIAIS PARA PROPOSITURA DA EXECUÇÃO. VALOR CORRETAMENTE A SER EXECUTADO. MANUTENÇÃO DA SENTENÇA. Sentença atacada que julgou improcedentes os embargos à execução com base nas provas dos autos que demonstraram a inexistência de excesso na execução e a validade e exigibilidade do título. Documento que se pretende executar no presente feito é a escritura de promessa de compra e venda, o qual constitui título executivo extrajudicial, na forma do art. 585, II, do CPC. O fato de possuir notas promissórias vinculadas à aludida escritura não retira deste documento a liquidez, certeza e exigibilidade, requisitos essenciais para propositura da execução. Além disso, a cópia da nota promissória referente à parcela anual de 2006 (fls. 23 dos autos da execução) foi autenticada pelo cartório do 1º Ofício de protesto do Rio de Janeiro e acompanhada da certidão de protesto (fls.26 dos autos da execução), o que lhe confere fé pública e supre a necessidade de juntada do original, conforme dispõe o artigo 425, II 1do Novo Código de Processo Civil. Desse modo, a certeza, liquidez e exigibilidade do documento que instrui a via de ingresso da ação de execução não será afastada por estar sustentada em cópia autenticada do título e não a via original deste. Valores corretamente cobrados nos autos da execução em apenso conforme expressamente determinado nas cláusulas quarta, item f e sexta da escritura de promessa de compra e venda celebrada entre as partes. Desprovimento do recurso. (TJ-RJ; APL 00137890220128190209 Rio de Janeiro, Barra da Tijuca, Regional; 3ª Vara Cível, Vigésima Câmara Cível; Rel. Alcides da Fonseca Neto; Julg. 30/08/2017; Data de Publicação: 01/09/2017)

III – as reproduções dos documentos públicos, desde que autenticadas por oficial público ou conferidas em cartório com os respectivos originais;

Reprodução de documentos públicos autenticadas:

✓ AGRAVO DE INSTRUMENTO DOCUMENTO REQUISITOS DE VALIDADE Desapropriação Carta de sentença destinada a fazer prova no Registro de Imóveis Cópias reprográficas de peças necessárias à formação do instrumento Autenticação Necessidade Inteligência do art. 216 do Código Civil, art. 365, III, do Código de Processo Civil e Normas de Serviço para os Ofícios da Justiça expedidas pela Corregedoria Geral da Justiça do Estado de São Paulo Decisão mantida. Recurso desprovido. (TJ-SP; AI 00112126720138260000; SP; 8ª Câmara de Direito Público; Rel. João Carlos Garcia; Julg. 24/04/2013; Data de Publicação: 24/04/2013)

✓ PREVIDENCIÁRIO. AGRAVO DE INSTRUMENTO. RETIFICAÇÃO DO VALOR DA CAUSA. AUTENTICAÇÃO DOS DOCUMENTOS. DESNECESSIDADE. I- A recorrente propôs ação previdenciária visando à "concessão da aposentadoria por invalidez ou sucessivamente auxílio-doença, consoante o grau de incapacidade constatado, retroativo a data de sua indevida suspensão 14/09/2006, devendo as parcelas em atraso até a liquidação da sentença, serem atualizadas monetariamente, mais juros de mora, despesas processuais e honorários advocatícios,..." (fls. 09), dando à causa o valor de R$ 4.560,00. Considerando-se que a autora recebia a título de auxílio-doença o valor de um salário-mínimo (fls. 30), e que a ação foi ajuizada em julho/2007 (fls. 06), afigura-se adequado o valor dado à causa, nos termos do art. 260, do CPC. Ademais, nos termos do art. 261, do CPC, "O réu poderá impugnar, no prazo da contestação, o valor atribuído à causa pelo autor". II- Quanto à autenticação dos documentos, não obstante o teor do art. 365, inc. III, do CPC, in verbis: "Fazem a mesma prova que os originais: ... III – as reproduções dos documentos públicos, desde que autenticadas por oficial público ou conferidas em cartório, com os respectivos originais", cumpre anotar que essa disposição não pode ser interpretada de forma unívoca e isolada posto que, mesmo estando autenticada, é possível desfazer a presunção de veracidade que a autenticação confere à cópia, por meio de arguição de falsidade do documento. Há que se observar, ainda, o disposto no art. 385, do CPC, que prescreve ter a cópia do documento particular o mesmo valor probante do original se não impugnada a sua veracidade (ônus da parte adversa, CPC, art. 372). III- Recurso provido. (TRF-3; AG 8820; SP; 2008.03.00.008820-9; Oitava Turma; Rel. Desembargador Federal Newton de Lucca; Julg. 21/07/2008)

IV – as cópias reprográficas de peças do próprio processo judicial declaradas autênticas pelo advogado, sob sua responsabilidade pessoal, se não lhes for impugnada a autenticidade;

Cópia de peças processuais autenticadas pelo advogado:

✓ PROCESSUAL CIVIL. EXECUÇÃO. CONTRATO DE PRESTAÇÃO DE SERVIÇOS ADVOCATÍCIOS. CÓPIA. DECLARAÇÃO DE AUTENTICIDADE POR PARTE DO ADVOGADO. JUNTADA DO ORIGINAL. DESNECESSIDADE. SENTENÇA CASSADA. 1.NOS TERMOS DO ARTIGO 365, INCISO IV, DO CÓDIGO DE PROCESSO CIVIL, FAZEM A MESMA PROVA QUE O ORIGINAL "AS CÓPIAS REPROGRÁFICAS DE PEÇAS DO PRÓPRIO PROCESSO JUDICIAL DECLARADAS AUTÊNTICAS PELO PRÓPRIO ADVOGADO SOB SUA RESPONSABILIDADE PESSOAL, SE NÃO LHES FOR IMPUGNADA A AUTENTICIDADE". 2.AAPRESENTAÇÃO DE CÓPIA DO CONTRATO DE PRESTAÇÃO DE SERVIÇOS ADVOCATÍCIOS COM AUTENTICIDADE DECLARADA PELO ADVOGADO DISPENSA A JUNTADA DO DOCUMENTO ORIGINAL. PRECEDENTES DO COLENDO SUPERIOR TRIBUNAL DE JUSTIÇA. 3.RECURSO CONHECIDO E PROVIDO. SENTENÇA CASSADA. (TJ-DF; APC: 20130111283396 DF; 3ª Turma Cível; Rel. Nídia Corrêa Lima; Julg. 12/03/2014; Data de Publicação: Publicado no DJE: 25/03/2014; Pág. 241)

✓ PROCESSUAL CIVIL. EXECUÇÃO. CONTRATO DE LOCAÇÃO. CÓPIA. DECLARAÇÃO DE AUTENTICIDADE POR PARTE DO ADVOGADO. JUNTADA DO ORIGINAL. DESNECESSIDADE. SENTENÇA CASSADA. 1. NOS TERMOS DO ARTIGO 365, INCISO IV, DO CÓDIGO DE PROCESSO CIVIL, FAZEM A MESMA PROVA QUE O ORIGINAL "AS CÓPIAS REPROGRÁFICAS DE PEÇAS DO PRÓPRIO PROCESSO JUDICIAL DECLARADAS AUTÊNTICAS PELO PRÓPRIO ADVOGADO SOB SUA RESPONSABILIDADE PESSOAL, SE NÃO LHES FOR IMPUGNADA A AUTENTICIDADE". 2. A APRESENTAÇÃO DE CÓPIA DO CONTRATO DE LOCAÇÃO COM AUTENTICIDADE DECLARADA PELO ADVOGADO DISPENSA A JUNTADA DO DOCUMENTO ORIGINAL. PRECEDENTES DO COLENDO SUPERIOR TRIBUNAL DE JUSTIÇA. 3. RECURSO CONHECIDO E PROVIDO. SENTENÇA CASSADA. (TJ-DF; APC: 20120710323758 DF 0031240-97.2012.8.07.0007; 3ª Turma Cível; Rel. Nídia Corrêa Lima; Julg. 21/08/2013; Data de Publicação: Publicado no DJE: 02/09/2013; Pág. 83)

✓ Vistos. Consoante decisão da fl. 240, o recurso ordinário interposto pela reclamada não foi recebido, por deserto. Inconformada interpôs agravo de instrumento, pleiteando o seguimento do recurso. Todavia, não merece ser conhecido o agravo de instrumento, porquanto manifestamente inadmissível. Não foram observados os requisitos previstos nos artigos 830 da CLT e 364 e 365, III e IV, do CPC, aplicados subsidiariamente nos termos do artigo 769 da CLT: Art. 830. O documento em cópia oferecido para prova poderá ser declarado autêntico pelo próprio advogado, sob sua responsabilidade pessoal. Art. 364. O documento público faz prova não só da sua formação, mas também dos fatos que o escrivão, o tabelião, ou o funcionário declarar que ocorreram em sua presença. Art. 365. Fazem a mesma prova que os originais: (...) III – as reproduções dos documentos públicos, desde que autenticadas por oficial público ou conferidas em cartório, com os respectivos originais. IV – as cópias reprográficas de peças do próprio processo judicial declaradas autênticas pelo próprio advogado sob sua responsabilidade pessoal, se não lhes for impugnada a autenticidade. As cópias mencionadas no artigo 897, § 5º, I, da CLT, foram juntadas sem autenticação. Dessa forma, com fundamento no disposto pelo artigo 557, caput, do CPC, aplicável subsidiariamente ao Processo do Trabalho, por força do artigo 769 da CLT, não conheço do agravo de instrumento, porquanto manifestamente inadmissível. Intimem-se as partes. (TRT-4; AIRO 00112544320135040271 RS; Vara do Trabalho de Osório; Rel. Rejane Souza Pedra; Julg. 29/11/2013)

V – os extratos digitais de bancos de dados públicos e privados, desde que atestado pelo seu emitente, sob as penas da lei, que as informações conferem com o que consta na origem;

Extratos digitais de bancos de dados:

✓ DECISÃO: ACORDAM os Senhores Desembargadores integrantes da Sexta Câmara Cível do Tribunal de Justiça do Estado do Paraná, por unanimidade de votos, em dar provimento ao recurso, nos termos do voto do Relator. EMENTA: APELAÇÃO CÍVEL – AÇÃO DE ADIMPLEMENTO CONTRATUAL – CONTRATO DE PARTICIPAÇÃO FINANCEIRA EM INVESTIMENTOS DO SISTEMA TELEFÔNICO – PROCESSO EXTINTO, PELA AUSÊNCIA DE COMPROVAÇÃO DE EXISTÊNCIA DA RELAÇÃO JURÍDICA ENTRE AS PARTES – INOCORRÊNCIA – FATURA TELEFÔNICA CORROBORADA PELAS RADIOGRAFIAS ACEITAS COMO LASTRO PROBATÓRIO MÍNIMO – APRECIAÇÃO PELO TRIBUNAL, QUANTO AOS DEMAIS TEMAS AVENTADOS, NOS TERMOS DO ART. 515, § 3º DO CPC – PRETENSÃO DO AUTOR/ACIONISTA AO RECEBIMENTO DE DIFERENÇA DE AÇÕES A QUE TERIA DIREITO – PROCEDÊNCIA DA AÇÃO – APLICAÇÃO DO CÓDIGO DE DEFESA DO CONSUMIDOR – INVERSÃO DO ÔNUS DA PROVA PARA DETERMINAR A EXIBIÇÃO DOS DOCUMENTOS PELA RÉ – IMPOSSIBILIDADE DE O AUTOR APRESENTAR O CONTRATO DE FINANCIAMENTO – VERIFICAÇÃO DO VALOR DAS AÇÕES PELO VALOR DE SUA COTAÇÃO NA BOLSA DE VALORES, VIGENTE NO DIA DO TRÂNSITO EM JULGADO DA SENTENÇA – SENTENÇA REFORMADA – RECURSO PROVIDO. (TJPR; AC – 1441284-1 – Pato Branco; 6ª C. Cível; Rel. Prestes Mattar; Unânime; Julg.02.02.2016)

VI – as reproduções digitalizadas de qualquer documento público ou particular, quando juntadas aos autos pelos órgãos da justiça e seus auxiliares, pelo Ministério Público e seus auxiliares, pela Defensoria Pública e seus auxiliares, pelas procuradorias, pelas repartições públicas em geral e por advogados, ressalvada a alegação motivada e fundamentada de adulteração.

Reproduções digitalizadas juntadas aos autos pelos órgãos da justiça e seus auxiliares:

✓ PROCESSUAL CIVIL. AGRAVO DE INSTRUMENTO. MÍDIA DIGITAL (DVD-R) CONTENDO CÓPIA INTEGRAL DOS AUTOS, INCLUÍDAS AS PEÇAS OBRIGATÓRIAS. INTELIGÊNCIA DO ART. 365, VI, DO CPC/1973 (REPRODUZIDO NO ART. 425, VI, DO CPC/2015). 1. O apelo nobre tem por objeto acórdão que não conheceu do Agravo de Instrumento porque desacompanhado das peças obrigatórias em sua forma física (papel), não sendo considerada válida a suposta cópia integral fornecida em mídia digital (dvd). 2. Prescreve o art. 365, VI, do CPC/1973: "Art. 365. Fazem a mesma prova que os originais: (...) VI – as reproduções digitalizadas de qualquer documento, público ou particular, quando juntados aos autos pelos órgãos da Justiça e seus auxiliares, pelo Ministério Público e seus auxiliares, pelas procuradorias, pelas repartições públicas em geral e por advogados públicos ou privados, ressalvada a alegação motivada e fundamentada de adulteração antes ou durante o processo de digitalização". 3. A norma acima foi reproduzida no art. 425, VI, do CPC/2015. 4. Não há precedentes no STJ contendo questão absolutamente idêntica à debatida nos autos. Não obstante, já em outras ocasiões, o STJ reconheceu a força probante dos documentos digitalizados, excepcionando apenas a hipótese em que sobrevém fundada dúvida ou impugnação à sua validade. Cuida-se de situações em que, por exemplo, foi juntado documento em papel (cópia simples de decisão judicial) extraído da internet, digitalizado, cuja autenticidade não foi questionada. 5. Idêntico raciocínio deve ser aqui apresentado. Com a dispensa da juntada das peças originais, a apresentação em forma física (papel por cópia ou reprodução simples) ou eletrônica (mídia contendo imagens), acompanhada da declaração de autenticidade pelo advogado e não impugnada pela parte adversária, deve ser considerada válida. 6. Isso, evidentemente, não significa que o Tribunal de origem deva examinar o mérito do Agravo de Instrumento. 7. A acolhida da pretensão veiculada neste Recurso Especial apenas supera o fundamento adotado na Corte local – suposta invalidade da mídia digital (dvd) contendo cópia integral dos autos –, razão pela qual, com o retorno dos autos à origem, caberá ao órgão fracionário examinar se o arquivo digitalizado efetivamente contém as peças obrigatórias para, aí sim, decidir se é ou não caso de examinar o mérito do recurso a ele dirigido. 8. Recurso Especial provido. (REsp 1608298; SP, Segunda Turma; Rel. Herman Benjamin; Julg. 01/09/2016; DJe 06/10/2016)

✓ AGRAVO DE INSTRUMENTO. NEGÓCIOS JURÍDICOS BANCÁRIOS. AÇÃO DE EXECUÇÃO POR QUANTIA CERTA. CÉDULA DE CRÉDITO BANCÁRIO. JUNTADA DO CONTRATO ORIGINAL. DESNECESSIDADE. Desnecessária a determinação de juntada do instrumento contratual original, bastando a cópia da cédula de crédito bancária já acostada ao processo. Eventual exigência do contrato original somente terá utilidade caso haja dúvida quanto à adulteração do documento, nos termos do artigo 425, inciso VI, do Código de Processo Civil, que não é a situação em apreço. AGRAVO DE INSTRUMENTO PROVIDO. (TJ-RS; Agravo de Instrumento 70074632324; Décima Segunda Câmara Cível; Rel. Ana Lúcia Carvalho Pinto Vieira Rebout; Julg. 19/10/2017).

§ 1º Os originais dos documentos digitalizados mencionados no inciso VI deverão ser preservados pelo seu detentor até o final do prazo para propositura de ação rescisória.

§ 2º Tratando-se de cópia digital de título executivo extrajudicial ou de documento relevante à instrução do processo, o juiz poderá determinar seu depósito em cartório ou secretaria.

Título executivo extrajudicial, original e sua reprodução:

✓ AGRAVO DE INSTRUMENTO. AÇÃO DE EXECUÇÃO. CEDULA DE PRODUTO RURAL FINANCEIRA. LEI N. 8.929 DE 1994. ORDEM PARA EXIBIÇÃO DA VIA ORIGINAL DO CONTRATO EM CARTÓRIO. DECISÃO PROLATADA SOB A VIGÊNCIA DO CÓDIGO DE PROCESSO CIVIL DE 1973. TÍTULO PASSÍVEL DE CIRCULAÇÃO POR ENDOSSO. ARTIGO 10, I, DA LEI N. 8.929/1994. PRINCÍPIO DA CARTULARIDADE. NECESSÁRIA APRESENTAÇÃO DO CONTRATO ORIGINAL. A cédula de produto rural financeira, regida pela Lei n. 8.929/1994, é transferível por endosso (art. 10, I), o que impõe o reconhecimento da aplicação do princípio da cartularidade ao título, e, por isso, independente da força probante concedida às cópias de títulos de crédito extrajudicial pelos incisos do art. 425 do CPC/2015, o título original deve ser apresentado em cartório (§ 2º do art. 425 do CPC/2015). (TJ-SC; AI 40130924120178240000 Dionísio Cerqueira; Quarta Câmara de Direito Comercial; Rel. Janice Goulart Garcia Ubialli; Julg. 10/10/2017)

✓ AGRAVO DE INSTRUMENTO. AÇÃO DE EXECUÇÃO. CEDULA DE PRODUTO RURAL FINANCEIRA. LEI N. 8.929 DE 1994. ORDEM PARA EXIBIÇÃO DA VIA ORIGINAL DO CONTRATO EM CARTÓRIO. DECISÃO PROLATADA SOB A VIGÊNCIA DO CÓDIGO DE PROCESSO CIVIL DE 1973. TÍTULO PASSÍVEL DE CIRCULAÇÃO POR ENDOSSO. ARTIGO 10, I, DA LEI N. 8.929/1994. PRINCÍPIO DA CARTULARIDADE. NECESSÁRIA APRESENTAÇÃO DO CONTRATO ORIGI-

NAL. A cédula de produto rural financeira, regida pela Lei n. 8.929/1994, é transferível por endosso (art. 10, I), o que impõe o reconhecimento da aplicação do princípio da cartularidade ao título, e, por isso, independente da força probante concedida às cópias de títulos de crédito extrajudicial pelos incisos do art. 425 do CPC/2015, o título original deve ser apresentado em cartório (§ 2º do art. 425 do CPC/2015). (TJ-SC; AI 40130924120178240000 Dionísio Cerqueira 4013092-41.2017.8.24.0000, Rel. Janice Goulart Garcia Ubialli; Julg. 10/10/2017, Quarta Câmara de Direito Comercial)

✓ AGRAVO DE INSTRUMENTO. BUSCA E APREENSÃO. AUTOS DIGITAIS. ORDEM PARA DEPÓSITO DA CÉDULA DE CRÉDITO BANCÁRIO ORIGINAL EM CARTÓRIO. TÍTULO EXECUTIVO EXTRAJUDICIAL. INTELIGÊNCIA DO ARTIGO 425, § 2º, DO CÓDIGO DE PROCESSO CIVIL DE 2015. POSSIBILIDADE DE CIRCULAÇÃO DO TÍTULO VIA ENDOSSO. INDISPENSABILIDADE DE SEU DEPÓSITO EM JUÍZO. INAPLICABILIDADE DO INCISO III DO ART. 425 DO CPC/2015. (TJ-SC; AI 40053271920178240000 Itapoá; Quarta Câmara de Direito Comercial; Rel. Janice Goulart Garcia Ubialli; Julg. 26/09/2017)

✓ AGRAVO DE INSTRUMENTO. Execução por quantia certa contra devedor solvente. Decisão agravada que determinou a juntada do título executivo original (cédula de crédito bancário), no prazo de 10 dias, sob pena de indeferimento da inicial. Inconformismo do requerente. Pretensão de reforma da decisão. Não acolhimento. Cédula de crédito bancário que, conforme a regra do artigo 29, § 1º, da Lei nº 10.931/04, tem natureza cambiária, portando a característica da circulação mediante endosso. Assim, é título executivo extrajudicial que deve ser apresentado juntamente com a inicial da execução (art. 798, I, a do CPC). Em se tratando de processo eletrônico, a possibilidade de o magistrado determinar o depósito do título original em cartório conta com expressa disciplina legal (artigo 425, § 2º, do NCPC) e administrativa (artigo 1.260 das Normas de Serviço da CGJTJSP). Decisão recorrida mantida. Recurso não provido. (TJ-SP; AI 21636313320168260000; SP; 20ª Câmara de Direito Privado; Rel. Roberto Maia; Julg. 26/09/2016; Data de Publicação: 29/09/2016)

✓ AGRAVO DE INSTRUMENTO. AÇÃO DE EXECUÇÃO. CEDULA DE PRODUTO RURAL FINANCEIRA. LEI N. 8.929 DE 1994. ORDEM PARA EXIBIÇÃO DA VIA ORIGINAL DO CONTRATO EM CARTÓRIO. DECISÃO PROLATADA SOB A VIGÊNCIA DO CÓDIGO DE PROCESSO CIVIL DE 1973. TÍTULO PASSÍVEL DE CIRCULAÇÃO POR ENDOSSO. ARTIGO 10, I, DA LEI N. 8.929/1994. PRINCÍPIO DA CARTULARIDADE. NECESSÁRIA APRESENTAÇÃO DO CONTRATO ORIGINAL. A cédula de produto rural financeira, regida pela Lei n. 8.929/1994, é transferível por endosso (art. 10, I), o que impõe o reconhecimento da aplicação do princípio da cartularidade ao título, e, por isso, independente da força probante concedida às cópias de títulos de crédito extrajudicial pelos incisos do art. 425 do CPC/2015, o título original deve ser apresentado em cartório (§ 2º do art. 425 do CPC/2015). (TJ-SC; AI 40130924120178240000 Dionísio Cerqueira 4013092-41.2017.8.24.0000, Rel. Janice Goulart Garcia Ubialli; Julg. 10/10/2017, Quarta Câmara de Direito Comercial)

✓ AGRAVO DE INSTRUMENTO. EXCEÇÃO DE PRÉ-EXECUTIVIDADE. REJEIÇÃO. EXECUÇÃO DE TÍTULO EXTRAJUDICIAL. INSURGÊNCIA DO DEVEDOR. ALEGADA INEXIGIBILIDADE DA CÁRTULA POR SE TRATAR DE CÓPIA. DOCUMENTO INDISPENSÁVEL AO AJUIZAMENTO DA AÇÃO. EMENDA DA INICIAL DETERMINADA E ATENDIDA A TEMPO E MODO PELO EXEQUENTE. AUSÊNCIA DE IRREGULARIDADE. TÍTULO EXIGÍVEL. RECURSO CONHECIDO E NÃO PROVIDO. (TJ-SC; AI 01578903720158240000 Indaial; Terceira Câmara de Direito Comercial; Rel. Jaime Machado Junior; Julg. 16/11/2017)

✓ EMBARGOS DE DECLARAÇÃO. EXECUÇÃO DE TÍTULO EXTRAJUDICIAL. CÉDULA DE CRÉDITO BANCÁRIO. JUNTADA DA VIA ORIGINAL DO TÍTULO EXECUTIVO. Descabe o acolhimento dos embargos de declaração por ausentes as hipóteses de omissão e contradição alegadas pelo embargante, com relação a juntada da cédula de crédito bancário original. Outrossim, o artigo 425 do CPC/2015, assim como o art. 365 do CPC/1973, dispõe as cópias e reproduções que fazem a mesma prova que os originais e a Medida Provisória nº 2.200/01 traz a presunção de veracidade em relação aos signatários na certificação eletrônica. EMBARGOS DE DECLARAÇÃO DESACOLHIDOS. UNÂNIME. (TJ-RS; Embargos de Declaração 70069846392; Vigésima Terceira Câmara Cível; Rel. Clademir José Ceolin Missaggia; Julg. 23/08/2016).

Art. 426. O juiz apreciará fundamentadamente a fé que deva merecer o documento, quando em ponto substancial e sem ressalva contiver entrelinha, emenda, borrão ou cancelamento.

→ v. Art. 489, § 1º, NCPC.

Art. 427. Cessa a fé do documento público ou particular sendo-lhe declarada judicialmente a falsidade.

Ausência de prova da falsidade do documento:

✓ APELAÇÃO - INDENIZAÇÃO POR DANOS MORAIS - Decreto de improcedência - Pedido de reforma do autor - Descabimento - Inexistência de prova da falsidade material de ficha cadastral de empresa da Junta Comercial do Estado de São Paulo - Falta de volição dolosa à provocação de autoridade judiciária - Exercício regular do direito subjetivo - Materialidade de ato ilícito não configurada - Imperfeição de nexo causal entre a iniciativa e nocivo resultado moral - Deficitária concorrência dos elementos da responsabilidade civil aquiliana - Indenização incabível - Sentença mantida - Recurso improvido (TJ-SP 00203261820128260565; SP; 8ª Câmara de Direito Privado; Rel. Salles Rossi; Julg. 27/07/2017; Data de Publicação: 27/07/2017)

✓ APELAÇÃO CÍVEL. DIREITO PRIVADO NÃO ESPECIFICADO. AÇÃO DECLARATÓRIA DE INEXISTÊNCIA DE DÉBITO CUMULADA COM PEDIDO DE REPARAÇÃO DE DANOS. DOCUMENTO. FALSIDADE. ÔNUS DA PROVA. A ré/apelada, confrontada com alegação do autor de inexistência de relação jurídica entre as partes que amparasse a emissão das duplicatas mercantis protestadas, juntou ao processo cópia de nota fiscal de prestação de serviços, acompanhada do aceite da duplicata. Assim, o ônus da prova quanto à alegação de falsidade da nota fiscal de prestação de serviço que embasou a emissão da duplicata era de incumbência da parte que a arguiu. Inteligência do art. 389, I, do CPC/1973 - legislação vigente durante o trâmite da ação em primeiro grau. Falsidade que não restou minimamente comprovada. Sentença confirmada. Verba honorária recursal arbitrada. NEGARAM PROVIMENTO AO RECURSO. UNÂNIME. (TJ-RS; Apelação Cível 70075371005; Décima Oitava Câmara Cível; Rel. Marlene Marlei de Souza; Julg. 07/12/2017).

✓ EMENTA: DIREITO ADMINISTRATIVO. AÇÃO DE OBRIGAÇÃO DE FAZER. APELAÇÃO VOLUNTÁRIA ACOMPANHADA DE REMESSA EX OFFICIO. CONTRATO ADMINISTRATIVO. ORDEM CRONOLÓGICA DE PAGAMENTO. ARTIGO 5º, DA LEI 8.666⁄93. OBRIGATORIEDADE. COMPROVAÇÃO DA PRESTAÇÃO DO SERVIÇO. ALTERAÇÃO DA ORDEM DE PAGAMENTO. RAZÕES RELEVANTES DE INTERESSE PÚBLICO. INEXISTÊNCIA. RECURSO CONHECIDO E IMPROVIDO. REMESSA EX OFFICIO. SUBMISSÃO DA OBRIGAÇÃO AO RITO DOS PRECATÓRIOS. IMPOSSIBILIDADE. SENTENÇA MANTIDA NA SUA INTEGRALIDADE. I. O artigo 5º, da Lei nº 8.666⁄93 estabelece que ¿ Todos os valores, preços e custos utilizados nas licitações terão como expressão monetária a moeda corrente nacional, ressalvado o disposto no art. 42 desta Lei, devendo cada unidade da Administração, no pagamento das obrigações relativas ao fornecimento de bens, locações, realização de obras e prestação de serviços, obedecer, para cada fonte diferenciada de recursos, a estrita ordem cronológica das datas de suas exigibilidades, salvo quando presentes relevantes razões de interesse público e mediante prévia justificativa da autoridade competente, devidamente publicada¿. II. Na hipótese vertente, restou devidamente comprovada a regular prestação dos serviços, bem como a ausência de inclusão das respectivas dívidas contraídas pela Administração Municipal na ordem cronológica de pagamento das obrigações fazendárias em relação ao Contrato administrativo firmado com a empresa Recorrida. III. Inexistindo razões relevantes de interesse público capazes de ensejar a inversão da ordem de pagamento das obrigações da Administração Pública Municipal, é impositiva a fiel observância da ordem cronológica de pagamento prevista no artigo 5º da Lei nº 8.666⁄93, cuja obrigação não se submete ao regime de precatórios. IV. Em se tratando de desrespeito à ordem cronológica de pagamento do artigo 5º, da Lei nº 8.666⁄93, inexiste falar-se em submissão do crédito ao regime de precatórios, porquanto incompatível com a origem da obrigação, a qual era precedida de empenho e liquidação, constituindo, portanto, verba existente e comprometida com a despesa a ser efetuada pela Administração Pública. V. Recurso conhecido e improvido, à unanimidade. Sentença confirmada em sede de Remessa Ex Officio, por maioria de votos. ACORDA a Egrégia Segunda Câmara Cível, em conformidade da Ata e Notas Taquigráficas da Sessão, que integram este julgado, à unanimidade, conhecer e negar provimento à Apelação Voluntária, confirmando, outrossim, a Sentença recorrida em sede de Remessa Ex Officio, por maioria de votos. Vencido o Voto proferido pelo Eminente Desembargador FERNANDO ESTEVAN BRAVIN RUY. (TJ-ES; APL 00153258120148080048; Segunda Câmara Cível; Rel. Namyr Carlos de Souza Filho; Julg. 09/05/2017; Data de Publicação: 07/06/2017)

Parágrafo único. A falsidade consiste em:
I – formar documento não verdadeiro;

Documento não verdadeiro:

✓ APELAÇÃO - DECLARATÓRIA DE NULIDADE DE NEGÓCIO JURÍDICO - Reconhecimento de decadência - Pedido de reforma do autor - Cabimento - Suscitação de falsidade ideológica e material do instrumento particular de compra e venda de bem imóvel - Perda imediata da fé à disposição do documento - Existência de requerimento expresso de produção de prova oral - Controvérsia reclama conhecimento de fato sobre a configuração da verdadeira intenção dos contratantes à formação do tipo de convenção - Julgamento antecipado da lide - Configuração de cerceamento - Necessidade de oitiva de testemunhas em audiência de instrução e julgamento - Concreto prejuízo adjetivo - Preterição de ato capaz de influenciar a convicção decisória - Presença de defeito insanável - Obrigação de respeito ao devido processo legal - Dever de ofertar faculdade à plena disponibilidade de meios à demonstração da alegação - Sentença anulada - Recurso provido (TJ-SP; APL 00047106020148260491; SP; 8ª Câmara de Direito Privado; Rel. Salles Rossi; Julg. 29/06/2016; Data de Publicação: 29/06/2016)

II – alterar documento verdadeiro.

Art. 428. Cessa a fé do documento particular quando:

I – for impugnada sua autenticidade e enquanto não se comprovar sua veracidade;

Impugnação a autenticidade dos documentos e ônus da prova:

✓ APELAÇÃO CÍVEL. NEGÓCIOS JURÍDICOS BANCÁRIOS. EMBARGOS DE TERCEIRO. CERCEAMENTO DE DEFESA. As partes devem ter a oportunidade de produzir as provas que entenderem necessárias para o reconhecimento de seu direito, sob pena de cerceamento de defesa. Na hipótese dos autos, houve expressa impugnação à autenticidade das assinaturas no título objeto de execução, razão pela qual inviável o julgamento antecipado do feito sem oportunização das partes acerca da produção de provas. Sentença desconstituída. APELAÇÃO PROVIDA. (TJ -RS; Apelação Cível 70073595266; Décima Nona Câmara Cível; Rel. Marco Antonio Angelo; Julg. 23/11/2017).

✓ Responsabilidade civil - Contrato de administração de cartão de crédito - Ação declaratória de inexigibilidade de débito, c.c. indenização por dano moral - Inclusão da autora como usuária de cartão de crédito em cadastros de inadimplentes - Exibição pelo réu de proposta de adesão e faturas mensais - Contratação negada e assinaturas contestadas pela autora - Perícia grafotécnica não requerida pelo réu - Preclusão - Art. 429, inciso II, do CPC de 2015 - Regra de distribuição do "onus probandi" - Réu que não se desincumbiu de provar a idoneidade das assinaturas na proposta de adesão - Restrições ao crédito indevidas - Responsabilidade do réu que emana do risco profissional - Súmula n. 479 do Col. STJ - Inexigibilidade do débito - Abalo ao crédito que ocorreria, não fosse a existência de restrições anteriores, de iniciativa de outros credores - Inteligência da Súmula n. 385 do Col. STJ - Ônus da prova a cargo da autora - Inexistência de prova de controvérsia acerca das outras restrições - Consumidora que não pode alegar situação vexatória se o desabono já lhe era comum - Dano moral não tipificado - Parcial procedência da pretensão - Sucumbência recíproca - Recurso provido em parte. (TJ-SP 10288028120168260405; SP; 12ª Câmara de Direito Privado; Rel. Cerqueira Leite; Julg. 01/12/2017; Data de Publicação: 01/12/2017)

✓ APELAÇÃO CÍVEL - AÇÃO DECLARATÓRA DE INEXISTÊNCIA DE DÉBITO C/C INDENIZAÇÃO POR DANOS MORAIS - NEGATIVAÇÃO PERANTE CADASTROS DE INADIMPLENTES - CONTRATO DE FINANCIAMENTO - IMPUGNAÇÃO DE ASSINATURA - ÔNUS DO CREDOR QUE APRESENTOU O DOCUMENTO - RELAÇÃO JURÍDICA E DÍVIDA - AUSÊNCIA DE COMPROVAÇÃO - DANO MORAL CONFIGURAÇÃO - DIREITO À INDENIZAÇÃO - QUANTUM - MANUTENÇÃO. I- Uma vez arguida pelo devedor a falsidade da assinatura lançada em seu nome em contrato apresentado pelo credor, surge para este o dever de provar a autenticidade e titularidade da firma (arts. 428/429 CPC/15). II- Não tendo restado comprovado pelas rés a existência da relação jurídica entre as partes nem a dívida inscrita, impõe-se o reconhecimento da ilegitimidade da negativação feita do nome da autora nos cadastros de inadimplentes. III- A inscrição em cadastros de proteção ao crédito com base em dívida não comprovada constitui ato ilícito cujos efeitos danosos podem ser facilmente presumidos, ensejando reparação por danos morais, sendo que a entidade que a promove responde, independentemente da verificação de culpa, pelos danos causados, em vista da responsabilidade objetiva prevista no art. 14 do CDC. IV- O valor da indenização por danos morais deve ser suficiente e adequado para compensação dos prejuízos experimentados pela vítima do ilícito e para desestimular-se a prática reiterada da conduta lesiva pelo ofensor. (TJ-MG; AC 10249160005149001 MG; 18ª Câmara Cível; Rel. João Cancio; Julg. 24/10/2017; Data de Publicação: 26/10/2017)

✓ Agravo de instrumento - Ação ordinária de anulatória e revisional de cláusula contratual - Contrato de prestação de serviços advocatícios - Perícia grafotécnica - Determinação de apresentação de documento pelo autor para perícia - Decisão mantida. No caso ora sob exame, à vista de tais considerações, não vejo motivo para alterar a r. decisão agravada, a qual deve ser mantida, uma vez que não há, nos autos deste agravo, elementos suficientes à constatação de equívoco da decisão agravada, que manteve a perícia grafotécnica no contrato porque o ônus da prova é do autor, ora agravante, tendo sido determinado que o autor apresente sua via original para a perícia. Agravo desprovido. (TJ-SP 21736064520178260000; SP; 30ª Câmara de Direito Privado; Rel. Lino Machado; Julg. 29/11/2017; Data de Publicação: 30/11/2017)

II – assinado em branco, for impugnado seu conteúdo, por preenchimento abusivo.

Impugnação ao conteúdo do documento:

✓ AGRAVO DE INSTRUMENTO – Ação de obrigação de fazer cumulada com declaração de inexistência de relação jurídica e reparação por danos morais – Alegação de falsidade de assinatura em contrato – Decisão que reconhece relação de consumo existente entre as partes e determina a realização de perícia judicial, nomeia perito e determina que a parte ré deposite a verba honorária pericial – Como o contrato a ser periciado foi juntado pelo agravante, incide a regra estabelecida pelo inciso II do art. 429 do Novo CPC, incumbindo-lhe o custeio da prova, sendo sua a obrigação de pagar os honorários do perito – Precedentes desta Corte de Justiça – Decisão mantida – Recurso desprovido. (TJ-SP 21903597720178260000; SP; 15ª Câmara de Direito Privado; Rel. José Wagner de Oliveira Melatto Peixoto; Julg. 28/11/2017; Data de Publicação: 28/11/2017)

✓ Apelação cível. Relação de consumo. Dívida não reconhecida pela autora. Alegação de negativação indevida. Sentença de improcedência. Irresignação da parte autora. 1. Réu que juntou aos autos contrato de financiamento assinado. A autora contesta a existência de relação jurídica, afirmando que desconhece a assinatura aposta no contrato. 2. Réu que não logrou êxito em comprovar a autenticidade do contrato, ônus que lhe incumbia, independente da inversão do ônus da prova. Art. 429, II, do CPC/2015 (correspondente ao art. 389, II, do CPC/1973). Contestada a assinatura do documento particular, cessa-lhe a fé, independentemente de arguição de falsidade, cabendo o ônus da prova à parte que o produziu. Precedentes do STJ e do TJRJ. 3. Inclusão do nome da autora nos cadastros de inadimplentes por contrato pelo qual não é responsável. Falha na prestação dos serviços do réu reconhecida. 4. Dano moral configurado. No caso em exame o dano moral emerge in re ipsa, não demandando prova da sua ocorrência, mas apenas da existência do fato lesivo, que é o próprio apontamento indevido nos bancos de proteção ao crédito. Dano consistente, sobretudo, na dor e angústia sofridas pelo autor, ao se deparar com a negativação indevida de seu nome. Ofensa à dignidade e à honra. Incidência do enunciado 89 da Súmula do TJRJ. Quantum indenizatório fixado de acordo com as peculiaridades do caso concreto. 5. Reforma de sentença. 6. DÁ-SE PROVIMENTO AO RECURSO. (TJ-RJ; APL 00006479520138190046 Rio de Janeiro, Rio Bonito; 1ª Vara, Vigésima Quinta Câmara Cível Consumidor; Rel. Sérgio Seabra Varella; Julg. 18/10/2017; Data de Publicação: 20/10/2017)

✓ CONTRATO DE SEGURO DE REEMBOLSO DE DESPESAS DE ASSISTÊNCIA MÉDICO-HOSPITALAR. DOCUMENTO PARTICULAR NÃO IMPUGNADO. PRECLUSÃO. RESCISÃO CONTRATUAL PRECOCE. INADIMPLEMENTO. MULTA RESCISÓRIA LIVREMENTE PACTUADA. MANUTENÇÃO. 1. Cessa a fé do documento particular quando for impugnada sua autenticidade e enquanto não se comprovar sua veracidade. Inteligência do art. 428, I, do CPC. 1.1. O ônus da prova quanto à falsidade ou preenchimento abusivo de documento particular incumbe à parte que o arguir, e deve ser feita na contestação, na réplica ou no prazo de 15 dias, contados da intimação da juntada dos documentos aos autos, sob pena de preclusão. Inteligência dos arts. 429 e 430 do CPC. 2. Segundo o Princípio do Livre Convencimento Motivado, o magistrado, a partir dos fatos narrados pelas partes e da legislação aplicável ao caso, atribuirá à prova o valor que julgar pertinente, desde que o faça de forma proporcional, razoável e fundamentada. 3. A multa decorrente da rescisão prematura do contrato não é abusiva em relação à parte que livremente a pactuou. 4. Ao autor incumbe demonstrar os fatos constitutivos do seu direito e ao réu arguir todos os fatos impeditivos, modificativos ou extintivos da pretensão autoral. 5.Recurso conhecido e desprovido. (TJ-DF; 20160110626142 DF; 8ª Turma Cível; Rel. Diaulas Costa Ribeiro; Julg. 09/11/2017; Data de Publicação: DJE: 16/11/2017; Pág. 586/598)

Parágrafo único. Dar-se-á abuso quando aquele que recebeu documento assinado com texto não escrito no todo ou em parte formá-lo ou completá-lo por si ou por meio de outrem, violando o pacto feito com o signatário.

Art. 429. Incumbe o ônus da prova quando:

I – se tratar de falsidade de documento ou de preenchimento abusivo, à parte que a arguir;

Ônus da prova quanto à falsidade do documento ou seu preenchimento abusivo:

✓ DIREITO CIVIL, CAMBIÁRIO E PROCESSUAL CIVIL. MONITÓRIA. CHEQUE PRESCRITO E SUSTADO POR ALEGAÇÃO DE EXTRAVIO/FURTO (MOTIVO 20). PROVA ESCRITA. EMBARGOS À MONITÓRIA. VÍCIO DE ILICITUDE. ALEGAÇÃO DE EXTRAVIO E FURTO DA CÁRTULA. IMPRECAÇÃO DE ILICITUDE AO TÍTULO E AO DÉBITO QUE ESPELHA. ÔNUS PROBATÓRIO AFETADO AO EMITENTE (CPC. ARTS. 373, II e 429, I). PROVA. INEXISTÊNCIA. ASSINATURA. LEGITIMIDADE. CIRCULAÇÃO DO TÍTULO.DESPRENDIMENTO DA CAUSA ORIGINÁRIA DA EMISSÃO. PRINCÍPIO DA AUTONOMIA. ABSTRAÇÃO E INOPONIBILIDADE EM RELAÇÃO A TERCEIROS DE BOA-FÉ. DESTINATÁRIA E PORTADORA ATUAL. MÁ-FÉ NO RECEBIMENTO DO TÍTULO. ALEGAÇÃO E PROVA. INEXISTÊNCIA. TÍTULO IDÔNEO. CONVOLAÇÃO EM TÍTULO EXECUTIVO. JUROS DE MORA. TERMO INICIAL. DATA DA PRIMEIRA APRESENTAÇÃO DO CHEQUE. OBRIGAÇÃO EX RE. CERCEAMENTO DE DEFESA. PROVAS ORAIS. DESNECESSIDADE. FATOS RELEVANTES INCONTROVEROS. INOCORRÊNCIA. APELO DESPROVIDO. SENTENÇA MANTIDA. HONORÁRIOS RECURSAIS. MAJORAÇÃO DA VERBA ORIGINALMENTE FIXADA. SENTENÇA E APELO FORMULADOS SOB A ÉGIDE DA NOVA CODIFICAÇÃO PROCESSUAL CIVIL (NCPC, ART. 85, §§ 2º E 11). CONTRARRAZÕES. AUSÊNCIA. IRRELEVÂNCIA. 1. Emergindo dos elementos coligidos a certeza de que o processo restara devidamente guarnecido do aparato material indispensável à elucidação da matéria de fato controversa, o indeferimento de provas orais desprovidas de qualquer utilidade, porquanto inaptas a subsidiarem a elucidação da controvérsia, ainda que postuladas tempestivamente, se conforma com o devido processo legal, obstando que seja qualificado como cerceamento de defesa. 2. Ao Juiz, como destinatário final da prova, é assegurado o poder de dispensar as provas reputadas desnecessárias por já estarem os fatos devidamente aparelhados, consubstanciando o indeferimento de medidas ou dilação probatória inúteis ao desate da lide sob essa moldura expressão do princípio da livre convicção e da autoridade que lhe é resguardada pelo legislador processual, não encerando cerceamento de defesa se qualificado que a dilação postulada não era apta a irradiar qualquer subsídio material relevante para o desate do litígio (CPC, 370, parágrafo único). 3. Conquanto a escolha do legislador pela ausência de individualização dos instrumentos aptos a aparelharem a pretensão injuntiva e até mesmo de estabelecer forma rígida a ser suprida como premissa para a obtenção do atributo traduza pragmatismo e opção pela celeridade e instrumentalidade do processo, da modulação conferida ao procedimento monitório escrito emerge a inexorável certeza de que a documentação passível de lastreá-lo, além de desprovida de eficácia executiva, deve traduzir obrigação de pagar quantia certa, de entrega de coisa fungível ou de determinado bem móvel (CPC, art. 700). 4. O cheque prescrito encerra substancial prova documental, consubstanciando aparato material apto a aparelhar pretensão de cobrança sob o procedimento monitório, estando o portador, inclusive, desobrigado de comprovar a gênese obrigacional da qual germinara (STJ, súmulas 299 e 531), ficando o emitente, em optando por manejar embargos, deflagrado o contraditório pleno, alcançado pelo ônus de evidenciar que solvera a obrigação ou desqualificar a higidez formal do título por encerrarem fatos constitutivos e extintivos do direito invocado em seu desfavor (CPC, art. 373, II). 5. Assumindo a emissão do título, não negando que a chancela nele aposta é legítima, o emitente, ao aviar embargos alegando que a cártula fora extraviada/furtada, atrai para si o ônus de forrar o que aduzido com lastro probatório e, sobretudo, evidenciar que a atual portadora o recebera ciente da sua gênese ilegítima, derivando da ausência de comprovação do fato ilícito e, principalmente, que a portadora atual o recebera de má-fé, tornando legítima a oposição da exceção em seu desfavor, porquanto fatos extintivos do direito invocado pela parte autora, a constatação de que não safara-se do encargo, ensejando a rejeição dos embargos que formulara (CPC, arts. 373, II, e 429, II). 6. Ao circular, o cheque, na expressão dos atributos da autonomia e abstração que lhe são inerentes, desprende-se da causa que determinara sua emissão, tornando inviável a investigação da causa debendi e a oposição das exceções pessoais que detinha o emitente em face do credor originário ao terceiro de boa-fé ao qual fora transmitido (Lei do Cheque, art. 25; CC, art. 916), ficando-lhe imputado o encargo de, ao aventar que o destinatário da cambial a recebera desprovido desse predicado, evidenciar o ventilado, pois a má-fé é impassível de ser presumida, sobejando, ausente qualquer prova da sua ocorrência, a presunção legal de que a recebera imbuído de boa-fé. 7. O cheque prescrito encerra substancial prova documental, consubstanciando aparato material apto a aparelhar pretensão de cobrança sob o procedimento monitório, estando o portador, inclusive, desobrigado de comprovar a gênese obrigacional da qual germinara (STJ, súmulas 299 e 531), ficando o emitente, em optando por manejar embargos, alcançado pelo ônus de evidenciar que solvera a obrigação ou desqualificar a higidez formal do título por encerrarem fatos constitutivos e extintivos do direito invocado em seu desfavor (CPC, art. 373, I e II). 8. Conquanto descaracterizado como título de crédito por ter sido alcançado pela prescrição, deixando-o desguarnecido de exigibilidade, em tendo circulado quando ostentava aludidos predicados na expressão dos atributos inerentes à autonomia, abstração e circulação que lhe eram inerentes como título cambial ressoa inviável que, na contramão do sistema e do havido, o emitente, demandado pela obrigação retratada na cártula que subscrevera, oponha ao atual portador as exceções pessoais que detinha contra o destinatário originário (Lei nº 7.357/85, art. 25; CC, art. 916; STJ, súmulas 299 e 531). 9. Conquanto desprovido o título da qualidade cambiariforme que lhe era inerente em razão do implemento da prescrição, o fenômeno, afetando somente sua exigibilidade, não afeta a natureza de obrigação líquida e certa que ostenta a dívida retratada na cártula, sujeitando-se, pois, ao regramento específico que pauta o termo inicial da mora no dia de vencimento da obrigação, que, em se tratando de cheque, é a data da primeira apresentação da cártula ao banco sacado. 10. Os comandos insculpidos nos artigos 405 do Código Civil e 240 do NCPC, que orientam que os juros de mora incidem a partir da citação, só se aplicam nos casos em que há necessidade de interpelação do devedor para que seja constituído em mora, se esta não tiver sido promovida de forma extrajudicial, ou nos casos em que, mesmo havendo prazo estipulado para o pagamento, a obrigação seja ilíquida, inclusive porque a subversão dessa apreensão consubstanciaria verdadeiro incentivo à inadimplência das obrigações em afronta ao princípio que pauta o direito obrigacional, segundo o qual as obrigações licitamente assumidas devem ser cumpridas no molde avençado. 11. Editada a sentença e aviado o apelo sob a égide da nova codificação civil, o desprovimento do recurso implica a majoração dos honorários advocatícios imputados ao recorrente, porquanto o novo estatuto processual contemplara o instituto dos honorários recursais, devendo a majoração ser levada a efeito mediante ponderação dos serviços executados na fase recursal pelos patronos da parte exitosa e guardar observância à limitação da verba honorária estabelecida para a fase de conhecimento (NCPC, arts. 85, §§ 2º e 11). 12. Apelação conhecida e desprovida. Preliminar rejeitada. Majorados os honorários advocatícios imputados à apelante. Unânime. (TJ-DF; 20170310000935 DF 0000088-67.2017.8.07.0003; 1ª Turma Cível; Rel. Teófilo Caetano; Julg. 22/11/2017; Data de Publicação: DJE: 05/12/2017; Pág. 187-205)

✓ RECURSO ORDINÁRIO. PARTICIPAÇÃO NOS LUCROS. ÔNUS DA PROVA. PROVA DOCUMENTAL IMPUGNADA. A participação nos lucros é parcela de pagamento não obrigatório pelo empregador, desvinculada da remuneração, podendo ser concedida através de norma coletiva, regulamento da empresa ou norma contratual. Está disciplinada no art. 7º, XI, da CRFB, e regulamentada pela Lei 10.101/00. Portanto, não há necessidade de que seja instituída exclusivamente através de norma coletiva. Demonstrado pelo reclamante o direito à parcela através de prova documental impugnada, cabia ao reclamado o ônus da prova, a teor do art. 373, II, do NCPC. Ademais, a teor do art. 429, I, do NCPC, o ônus da prova, quando se tratar de falsidade de documento ou de preenchimento abusivo, incumbe à parte que a arguir. (TRT-1; RO 00116003420155010068 RJ; Sexta Turma; Rel. Claudia Regina Vianna Marques Barrozo; Data de Publicação: 07/03/2017)

✓ AGRAVO DE INSTRUMENTO. EMBARGOS À EXECUÇÃO. DECISÃO QUE INDEFERIU A INVERSÃO DO ÔNUS DA PROVA. CONTROVÉRSIA AFETA À VALI-

DADE DE RECIBO REFERENTE AO PAGAMENTO PARCIAL DA DÍVIDA EXEQUENDA. ALEGADA A NECESSIDADE DE SUSCITAÇÃO DE INCIDENTE DE FALSIDADE. QUESTÃO NÃO ENFRENTADA NO JUÍZO A QUO. ANÁLISE INVIABILIZADA, SOB PENA DE SUPRESSÃO DE INSTÂNCIA. RECLAMO NÃO CONHECIDO NO PONTO. CREDORA/EMBARGADA QUE IMPUGNOU A VALIDADE DO RECIBO APRESENTADO PELO DEVEDOR/EMBARGANTE, ALEGANDO QUE NÃO O FIRMOU. ÔNUS DA PROVA QUE LHE COMPETE, NOS TERMOS DO ART. 489, I, DO CPC. "O ônus da prova é de quem alega a falsidade (art. 429, I, do Novo CPC), mesmo tratando-se de falsidade de assinatura, aplicando-se o art. 429, II, do Novo CPC, somente quando existente presunção de veracidade da assinatura porque presenciada por tabelião (411, I, do Novo CPC). É possível a redistribuição do ônus da prova, nos termos do art. 373 do Novo CPC." (In: Manual de Direito Processual Civil. 8. ed. Salvador: Juspodivm, 2016, p. 1306). PROVA DA FALSIDADE DOCUMENTAL QUE SE SUBSUME ÀS REGRAS ORDINÁRIAS PREVISTAS NO CPC. INAPLICABILIDADE DA DINÂMICA PRECONIZADA PELO CÓDIGO DE DEFESA DO CONSUMIDOR. RECURSO CONHECIDO EM PARTE E, NESSA EXTENSÃO, PROVIDO. Ainda que a relação entabulada pelas partes submeta-se aos ditames do regramento consumerista, se o consumidor trás aos autos documento inquinado de falso pelo prestador de serviços, é de todo inadequado o pleito de inversão do ônus da prova, para que aquele que não apresentou o escrito demonstre a sua falsidade. A dinâmica probatória, nesta hipótese, prescinde de qualquer inversão, justo que obedece ao comando adjetivo previsto no art. 429, I, do CPC, impondo-se à parte que arguir a inveracidade o ônus de fazer a respectiva prova. (TJSC; Agravo de Instrumento 4013349-03.2016.8.24.0000; Araranguá; Primeira Câmara de Direito Civil; Rel. Des. Jorge Luis Costa Beber; Julg. 22-06-2017).

II – se tratar de impugnação da autenticidade, à parte que produziu o documento.

<u>Ônus da prova quanto à autenticidade do documento:</u>

✓ NULIDADE DE TÍTULO E INDENIZAÇÃO – Confissão de dívida – Impugnação de assinatura – O ônus da prova da autenticidade cabe a quem produziu o documento – Reconhecimento da inexistência de relação contratual entre as partes – Protesto irregular – Ato ilícito configurado – Danos morais – Pessoa jurídica – Ofensa à honra objetiva – Caracterização – Indenização devida – Arbitramento em R$50.000,00 – Repetição de indébito – Ausência de valores a serem restituídos – Sucumbência recíproca – Fixação dos honorários em R$ 5.000,00 a cada parte – Limite mínimo de 10% (NCPC, art. 85, § 2º) não aplicado em função da proporcionalidade e razoabilidade – Sentença reformada – Recurso provido, em parte. (TJ-SP 00053156120148260505; SP;0005315-61.2014.8.26.0505, Rel. Mario de Oliveira; Julg. 27/11/2017, 19ª Câmara de Direito Privado, Data de Publicação: 01/12/2017)

✓ PROVA – Perícia – Determinação de recolhimento dos honorários a cargo do banco requerido – Possibilidade – Contestação de assinatura em documento particular, cabendo o ônus da prova à parte que produziu o documento cuja autenticidade é contestada – Aplicação do disposto no artigo 429, II, do Código de Processo Civil – Decisão mantida – Recurso não provido.(TJ-SP; AI 20984058120168260000; SP; 13ª Câmara de Direito Privado; Rel. Heraldo de Oliveira; Julg. 27/06/2016; Data de Publicação: 27/06/2016)

✓ RESPONSABILIDADE CIVIL. AÇÃO INDENIZATÓRIA. PROVA DA CONTRATAÇÃO. INSCRIÇÃO INDEVIDA EM ÓRGÃOS DE PROTEÇÃO AO CRÉDITO. DANO MORAL IN RE IPSA. QUANTUM. 1. Caso em que a instituição financeira ré não demonstrou a regularidade da inscrição do nome da autora em órgãos de proteção ao crédito. Impugnação às assinaturas lançadas em contrato. Ônus da prova da regularidade das firmas que era dirigido à requerida. Art. 429, II do novo CPC. 2. Inscrição indevida em órgãos de proteção ao crédito. Dano moral in re ipsa. Precedente do STJ. Inexistindo critérios objetivos de fixação do valor para indenização por dano moral, cabe ao magistrado arbitrar as quantias de acordo com o caso concreto. Valor fixado em R$ 5.000,00 (cinco mil reais). DERAM PROVIMENTO À APELAÇÃO. UNÂNIME. (TJ-RS; Apelação Cível 70074741844; Décima Câmara Cível; Rel. Jorge Alberto Schreiner Pestana; Julg. 30/11/2017).

✓ APELAÇÃO – Embargos à execução – Duplicatas sem aceite e desacompanhadas do comprovante de entrega das mercadorias – Embargos procedentes para extinguir a execução – Pleito de reforma – Impossibilidade – Duplicatas sem aceite – Necessidade de comprovação da entrega dos produtos – Fato não comprovado – E-mails coligidos aos autos impugnados pela embargante – Ônus de comprovar a autenticidade dos documentos coligidos aos autos que incumbe à parte que os produziu quando houver impugnação – Inteligência do art. 429, II, do CPC – Sem a prova da entrega, as duplicatas são inexequíveis – Lei nº 5.474/68, II, b – Inexistência de óbice à cobrança pelas vias ordinárias – Extinção mantida – Honorários advocatícios – Valor da causa que impede a fixação nos termos do art. 85, § 8º, do CPC – Recurso ao qual se nega provimento. (TJ-SP 10250233520168260562; SP; 19ª Câmara de Direito Privado; Rel. Claudia Grieco Tabosa Pessoa; Julg. 27/11/2017; Data de Publicação: 05/12/2017)

✓ AÇÃO DECLARATÓRIA DE INEXIGIBILIDADE DE DÉBITO – Pedido de exclusão do nome da recorrente de rol de maus pagadores – Alegação de falsidade de assinatura – Divergência visível com a firma utilizada por ela – Documento em poder dos agravados – Impossibilidade de se exigir prévia demonstração da falsidade pela agravante – Atribuição do ônus da prova à parte que produziu o documento e que com base nele sustenta alegado direito subjetivo - Inteligência do disposto no artigo 429, II, do CPC de 2015 - Verossimilhança das alegações, probabilidade do direito e perigo da demora suficientes para concessão da medida - Ausente manifestação do recorrido acerca do cumprimento da decisão - Cabimento de astreintes - Decisão reformada - Agravo de instrumento provido para que seja retirado o nome da agravante dos órgãos de proteção ao crédito em 10 (dez), sob pena de multa diária de R$ 500,00, limitada ao valor da dívida. (TJ-SP 21517719820178260000; SP; 15ª Câmara de Direito Privado; Rel. Mendes Pereira; Julg. 04/12/2017; Data de Publicação: 04/12/2017)

Subseção II
Da Arguição de Falsidade

Art. 430. A falsidade deve ser suscitada na contestação, na réplica ou no prazo de 15 (quinze) dias, contado a partir da intimação da juntada do documento aos autos.

Incidente de falsidade:

✓ REINTEGRAÇÃO DE POSSE - ARGUIÇÃO DE FALSIDADE - ERROR IN PROCEDENDO. O error in procedendo, ou erro de procedimento, é um vício de atividade, de natureza formal, que invalida o ato judicial em face da infração da norma processual pelo julgador e causa a nulidade da decisão. Na nova legislação processual, há previsão específica para o procedimento de arguição de falsidade, conforme o art. 430 a 433, do NCPC. (TJ-MG; AC 10000170879217001 MG; 14ª Câmara Cível; Rel. Evangelina Castilho Duarte; Julg. 07/12/2017; Data de Publicação: 07/12/2017)

✓ APELAÇÃO CÍVEL. RESPONSABILIDADE CIVIL. AÇÃO DECLARATÓRIA CUMULADA COM PEDIDO DE INDENIZAÇÃO POR DANO MORAL. CONTRATO DE FINANCIAMENTO DE VEÍCULO. FRAUDE. CONTESTAÇÃO DE AUTENTICIDADE DE ASSINATURA. ÔNUS DA PARTE RÉ. DANO MORAL NÃO CONFIGURADO. MERA COBRANÇA. Trata-se de recurso de apelação interposto contra a sentença de improcedência de ação declaratória cumulada com pedido de indenização por dano moral envolvendo contrato fraudulento de financiamento de veículo. Consoante a exordial, a parte ré vem efetuando a cobrança de parcelas de financiamento de veículo, contrato que a parte autora não reconhece, pois inexiste relação jurídica entre os litigantes. INCIDENTE DE FALSIDADE - Mostra-se intempestivo o incidente de falsidade apresentado após a sentença, em inobservância ao disposto no art. 430 do CPC. NULIDADE DO CONTRATO - A relação jurídica em liça está submetida às regras do Estatuto Consumerista, enquadrando-se o demandante no conceito de consumidor por equiparação, sendo vítima do fato do serviço, nos termos do art. 17 do CDC. Assim, a partir da afirmação da parte autora de que não reconhece o contrato de financiamento de veículo, incumbia à parte ré demonstrar a regularidade da anotação. Frise-se que, em se tratando de impugnação de autenticidade de assinatura, o... ônus da prova incumbe a quem produziu o documento, nos termos do inc. II do art. 429 do CPC. In casu, a parte ré não manifestou desinteresse na dilação probatória, não logrando se desincumbir do encargo que lhe era imposto. DANO MORAL - Não há, nos autos, elementos indicativos de que a cobrança de parcelas de financiamento de contrato fraudulento tenha causado maiores transtornos à parte autora, não ultrapassando a condição de mero aborrecimento ou dissabor. Por outro lado, em que pese não se desconsidere os transtornos que a parte autora enfrentou, não se constitui em ato ilícito para a configuração do dano moral. Ação julgada procedente em parte. Ônus sucumbenciais redimensionados. APELAÇÃO PARCIALMENTE PROVIDA. (TJ-RS; Apelação Cível 70075404921; Sexta Câmara Cível; Rel. Sylvio José Costa da Silva Tavares; Julg. 23/11/2017).

Parágrafo único. Uma vez arguida, a falsidade será resolvida como questão incidental, salvo se a parte requerer que o juiz a decida como questão principal, nos termos do inciso II do art. 19.

Recurso no incidente de falsidade:

✓ AGRAVO INTERNO. AÇÃO DE DESPEJO. SUPOSTA ARGUIÇÃO DE INCIDENTE DE FALSIDADE. VIOLAÇÃO DOS ARTS. 430 E 431 DO CPC. MERA ALEGAÇÃO DE SER INVERÍDICO O DOCUMENTO. AUSÊNCIA DE CABIMENTO NAS HIPÓTESES DO ART. 1.015 DO CPC. ROL TAXATIVO. IMPOSSIBILIDADE DE APLICAÇÃO DO PRINCÍPIO DA FUNGIBILIDADE. NEGADO PROVIMENTO. (Classe: Agravo, Número do Processo: 0013164-27.2017.8.05.0000/50000, Relator (a): Raimundo Sérgio Sales Cafezeiro; Quinta Câmara Cível; Publicado em: 29/11/2017)

Art. 431. A parte arguirá a falsidade expondo os motivos em que funda a sua pretensão e os meios com que provará o alegado.

Arguição da falsidade:

✓ AGRAVO INTERNO. AÇÃO DE DESPEJO. SUPOSTA ARGUIÇÃO DE INCIDENTE DE FALSIDADE. VIOLAÇÃO DOS ARTS. 430 E 431 DO CPC. MERA ALEGAÇÃO DE SER INVERÍDICO O DOCUMENTO. AUSÊNCIA DE CABIMENTO NAS HIPÓTESES DO ART. 1.015 DO CPC. ROL TAXATIVO. IMPOSSIBILIDADE DE APLICAÇÃO DO PRINCÍPIO DA FUNGIBILIDADE. NEGADO PROVIMENTO. (Classe: Agravo, Número do Processo: 0013164-27.2017.8.05.0000/50000, Relator (a): Raimundo Sérgio Sales Cafezeiro; Quinta Câmara Cível; Publicado em: 29/11/2017)

Art. 432. Depois de ouvida a outra parte no prazo de 15 (quinze) dias, será realizado o exame pericial.

Contraditório no incidente de falsidade:

✓ PROCESSUAL CIVIL. AGRAVO DE INSTRUMENTO. DECISÃO QUE RECONHECE A AUSÊNCIA DE INTERESSE DE AGIR NA INSTAURAÇÃO DE INCIDENTE DE FALSIDADE POR FALTA DE OPOSIÇÃO DA PARTE CONTRÁRIA. INSURGÊNCIA DO AGRAVANTE. ALEGADA FALSIDADE MATERIAL NOS EMAILS COLACIONADOS PELO AUTOR. INCLUSÃO E SUPRESSÃO DE TRECHOS DA CONVERSA REALIZADA ENTRE AS PARTES ATRAVÉS DE MENSAGENS ELETRÔNICAS. ATA NOTARIAL LAVRADA EM TABELIONATO COMPETENTE QUE DEMONSTRA AS ALTERAÇÕES. NÃO INSURGÊNCIA EXPRESSA DO AGRAVADO. DESNECESSIDADE DA INSTAURAÇÃO DO INCIDENTE. FALSIDADE MATERIAL QUE SERÁ DEVIDAMENTE ANALISADA COM O MÉRITO DA QUAESTIO. DECISÃO MANTIDA. RECURSO DESPROVIDO. (TJ-SC; AI 40170218220178240000 São Francisco do Sul; Terceira Câmara de Direito Civil; Rel. Marcus Tulio Sartorato; Julg. 28/11/2017)

Parágrafo único. Não se procederá ao exame pericial se a parte que produziu o documento concordar em retirá-lo.

Ausência de interesse na continuidade do incidente quando a parte que produziu o documento pretendo sua retirada:

✓ AGRAVO DE INSTRUMENTO. INCIDENTE DE FALSIDADE. DOCUMENTO PARTICULAR. ACORDO IMPUGNADO. DESENTRANHAMENTO DO DOCUMENTO REQUERIDO PELA PARTE ADVERSA. OPOSIÇÃO INJUSTIFICADA DA REQUERENTE. AUSÊNCIA DE INTERESSE DE AGIR. 1. Trata-se de um incidente de falsidade instaurado no bojo da execução extrajudicial pela parte exequente, sob a alegação de que a assinatura constante no acordo apresentado pelo executado é falsa. 2. Inobstante o pedido de desentranhamento do documento impugnado, formulado pelo executado, o juízo a quo determinou a produção de perícia já que a parte requerente não consentiu com o desentranhamento, pois pretende apurar eventual prática de conduta ilícita penal. 3. O documento rechaçado consiste em um instrumento particular que versa sobre direitos de crédito e, portanto, perfeitamente disponíveis por seus respectivos titulares. 4. Nessa esteira, se o exequente afirma que não consentiu com o aludido pacto e o executado não refuta tal afirmação e concorda em tornar inválida e ineficaz a suposta avença, tem-se para fins endoprocessuais os mesmos efeitos de um distrato. 5. Desta forma, faz-se irrelevante para o deslinde da causa examinada, reconhecer se o novo acordo fora firmado por sujeitos legítimos. 6. A mera oposição da requerente quanto ao desentranhamento do acordo impugnado sem qualquer demonstração da existência de um interesse ao pedido de desentranhamento e relevante à presente execução, capaz de caracterizar a manutenção do interesse de agir, não tem o condão de induzir o prosseguimento do incidente de falsidade. 7. Ora, ao contrário do que expressamente pretende a exequente, a responsabilidade em razão de eventual prática de ato ilícito penal deve ser apurada na seara criminal e não justifica a interposição do aludido incidente. 8. Diante da ausência de interesse de agir, deve-se extinguir o aludido incidente. 9. Dá-se provimento ao recurso. (TJ-RJ; AI 00106452620168190000 Rio de Janeiro Cabo Frio; 1ª Vara Cível, Décima Quinta Câmara Cível; Rel. Gilberto Clóvis farias matos; Julg. 24/05/2016; Data de Publicação: 30/05/2016)

Art. 433. A declaração sobre a falsidade do documento, quando suscitada como questão principal, constará da parte dispositiva da sentença e sobre ela incidirá também a autoridade da coisa julgada.

→ *v.* Arts. 19, II, e 503, § 1º, do NCPC.

Instauração do incidente de falsidade:

✓ PROCESSO CIVIL. APELAÇÃO CÍVEL. AÇÃO REIVINDICATÓRIA. DOMÍNIO. USUCAPIÃO ESPECIAL RURAL. RECONHECIMENTO. POSSE INJUSTA. INTERESSE SOCIAL. REQUISITOS DA USUCAPIÃO. ART. 1.239 DO CÓDIGO CIVIL. ÔNUS DA PROVA. SUBSTITUIÇÃO DE TESTEMUNHA. POSSIBILIDADE. OITIVA DE TESTEMUNHA QUE NÃO FOI ARROLADA. TESTEMUNHA NÃO IDENTIFICADA REGULARMENTE. INEXISTÊNCIA DE CONTRADITA DA TESTEMUNHA ANTES DA OITIVA. PRECLUSÃO CONSUMATIVA. ALEGAÇÃO DE INEXISTÊNCIA DE PROVAS NO TOCANTE À RESIDÊNCIA NA ÁREA OBJETO DE USU-

CAPIÃO. ABANDONO DA ÁREA PELO PROPRIETÁRIO (05 ANOS). INEXISTÊNCIA DE ESBULHO. JUNTADA DE DOCUMENTO FALSIFICADO. ALEGAÇÃO DE FALSIDADE DOCUMENTAL APRESENTADA NAS ALEGAÇÕES FINAIS. MEIO PROCESSUAL INADEQUADO. (EXIGÊNCIA DO ARTIGO 430 E SEGUINTES DO NCPC/2015). INTEMPESTIVIDADE E PRECLUSÃO. INEXISTÊNCIA DE REQUISITOS DA USUCAPIÃO ESPECIAL RURAL (TRABALHO RURAL E RESIDÊNCIA NA TERRA). MATÉRIA NÃO SUSCITADA NA 1ª INSTÂNCIA. INOVAÇÃO RECURSAL. ARTIGO 1.013 DO CPC). RECURSO CONHECIDO E NÃO-PROVIDO. SENTENÇA MANTIDA. 1. De acordo com o artigo 1.239 do Código Civil Brasileiro, possui direito à usucapião especial rural (aquisição da propriedade) todo aquele que não sendo proprietário de imóvel rural ou urbano, possua como sua, por 05 anos, sem oposição, área de terra em zona rural não superior a 50 hectares, tornando-a produtiva por seu trabalho ou de sua família, tendo nela sua moradia. 2. Nos termos do art. 373 do NCPC/2015, é ônus do autor/apelante (proprietário), comprovar que os requeridos/apelados não possuem os requisitos exigidos no artigo 1.239 do Código Civil Brasileiro (usucapião especial rural), ou seja, que os réus não residem no local (área rural) com sua família; que a área ocupada por cada requerido seria maior que 50 hectares; que o período de ocupação é inferior a 05 anos e, ainda, que a terra estaria improdutiva ou que os beneficiários possuem outros imóveis na região ou fora dela. 3. O usucapião especial rural não comporta discussão sobre a posse justa ou injusta, o que se perquire é apenas os requisitos exigidos no art. 1.239 do Código Civil. Neste tipo de usucapião, prestigia-se o trabalho do agricultor, garantindo a função social da terra, transferindo a propriedade daquele que a deixou inerte para o possuidor que a tornou produtiva. 4. O magistrado de 1ª instância poderá autorizar, a pedido de qualquer das partes, a substituição de testemunha anteriormente arrolada, conforme faculta o art. 451 do CPC. 4.1. Se no momento da audiência uma das partes (autor ou réu) requerer a substituição de testemunha, deve o magistrado ouvir a parte contrária sobre o pedido de substituição. Não havendo insurgência ou impugnação da parte adversa, é perfeitamente possível a substituição e, consequente oitiva da testemunha na audiência de instrução, tudo em face do princípio da celeridade e economia processual e, ainda, razão do princípio do contraditório e da ampla defesa. 4.2. Compete à parte prejudicada com a substituição da testemunha, apresentar seu inconformismo no momento da audiência, fazendo constar na ata a sua insurgência para, posteriormente, manejar o recurso cabível. 4.3. Se o apelante não se insurgiu contra a substituição nem mesmo quanto à falta de identificação (RG e CPF) da testemunha substituída no momento da audiência e, ainda, não interpôs, no prazo legal, o recurso cabível contra este ato do magistrado, não poderá alegar, em sede de recurso de apelação, ilegalidade na substituição e identificação da testemunha ouvida, tendo em vista que o ato já se consumou, ocorrendo a preclusão consumativa. 5. Não é possível considerar como esbulhado um bem que não recebe destinação econômica ou mesmo sirva de moradia para o autor/apelante, principalmente se este confessou no processo que os apelados passaram a ocupar o imóvel em 22/09/2002 e a ação reivindicatória somente foi protocolada no dia 19/06/2012, dez anos depois. No caso, caracterizado restou o abandono da área pelo autor/proprietário, não havendo que se falar em esbulho praticado pelos ocupantes da área abandonada. 6. A arguição de falsidade deve ser suscitada na contestação, réplica ou no prazo de 15 (quinze) dias, contados a partir da intimação da juntada do documento falso aos autos, ou, ainda, poderá ser alegada como matéria principal em ação de conhecimento, tudo em conformidade com o art. 430 ao 433, c/c art. 19, inciso II, todos do CPC. 6.1. Se o apelante somente alegou a falsidade do documento nas alegações finais, apresentada 07 (sete) meses depois da juntada do documento indicado como falso, deve ser considerado precluso o direito de insurgir-se contra o documento. 6.2. O pedido de arguição de falsidade deve ser formulado de forma clara e expressa, tendo em vista que o magistrado está adstrito ao pedido formulado pela parte. Não havendo pedido expresso para reconhecimento e declaração de falsidade de documento nos autos, não há como ser reconhecida a impugnação ao documento apontado como falso. 6.3. Se o apelante formula a arguição de falsidade de forma inadequada e intempestiva, vez que não utilizou o meio adequado e muito menos observou o prazo processual para tal arguição, por consequência, precluso o seu direito de levantar o problema. 7. Instado a falar em réplica sobre a contestação e reconvenção apresentada, onde os requeridos/apelados formularam pedido para o reconhecimento da usucapião, não tendo o apelado se manifestado, não poderá insurgir-se contra o reconhecimento da usucapião, alegando que não foi atendido aos requisitos para concessão do benefício. 7.1. O efeito devolutivo previsto no artigo 1.013 do CPC/2015 exige o contraditório e/ou julgamento prévio, não podendo abarcar discussão apresentada somente em sede recursal por configurar típica inovação processual. 8. Recurso Conhecido e improvido. Sentença mantida. (TJ-DF; 20120510069463 DF; 6ª Turma Cível; Rel. Alfeu Machado; Julg. 08/11/2017, Data de Publicação: DJE: 14/11/2017; Pág. 588/608)

Subseção III
Da Produção da Prova Documental

Art. 434. Incumbe à parte instruir a petição inicial ou a contestação com os documentos destinados a provar suas alegações.

→ *V.* Arts. 320 e 336 do NCPC.

Oportunidade para apresentação dos documentos:

✓ APELAÇÃO CÍVEL. PRESTAÇÃO DE CONTAS. 2ª FASE. CRÉDITO DECORRENTE DE CONTRATO DE PRESTAÇÃO DE SERVIÇOS ADUANEIROS. REALIZAÇÃO DE PROVA PERICIAL. AUSÊNCIA DE COMPROVAÇÃO DA EFETIVA PRESTAÇÃO DO SERVIÇO. EXISTÊNCIA DE CRÉDITO EM FAVOR DO CONTRATANTE. AUDIÊNCIA DE CONCILIAÇÃO NÃO REALIZADA. INEXISTÊNCIA DE PREJUÍZO. PROVA DOCUMENTAL EXTEMPORÂNEA, EM VIOLAÇÃO AOS ARTIGOS 397 DO CPC/1973 E 435 DO CPC/2015. MANUTENÇÃO DA SENTENÇA. A não realização da audiência do art. 331 do CPC não invalida o processo, podendo o juiz dispensá-la, caso o direito tutelado não admita transação ou se as circunstâncias da causa evidenciarem ser improvável sua obtenção. Perícia judicial que conclui que o recorrente não comprovou a efetiva prestação dos serviços contratados pela parte e apurado, ainda, a existência de crédito em favor da autora. Apresentação extemporânea de documentos. Conforme previsão do art. 396 do CPC/1973, mantida pelo CPC/2015, nos termos do art. 434, incumbe à parte instruir a petição inicial ou a contestação com os documentos destinados a provar suas alegações. A juntada extemporânea de prova documental somente é permitida para demonstrar fatos supervenientes ou quando se tratar de documento novo, sendo ainda admitida, segundo a jurisprudência, nos casos em que a apresentação anterior dos documentos não se fez possível por motivo de força maior, devidamente justificado. Conhecimento e desprovimento do recurso. (TJ-RJ; APL 00796888620128190001 Rio de Janeiro; 51ª Vara Cível, Vigésima Segunda Câmara Cível; Rel. Rogério de Oliveira Souza; Julg. 06/09/2016; Data de Publicação: 09/09/2016)

✓ APELAÇÃO CÍVEL. PROCESSUAL CIVIL. AÇÃO DE CONSIGNAÇÃO EM PAGAMENTO. PRODUÇÃO DE PROVAS. AUSÊNCIA DE ESPECIFICAÇÃO NO MOMENTO OPORTUNO. JULGAMENTO ANTECIPADO DO MÉRITO. CERCEAMENTO DE DEFESA. NÃO OCORRÊNCIA. 1. O oferecimento da defesa é o momento processual adequado para o réu requerer e especificar as provas que pretende produzir, bem como apresentar os documentos aptos a demonstrar suas alegações, nos termos dos artigos 336 e 434 do Código de Processo Civil. 2. O julgamento antecipado do mérito não configura cerceamento de defesa quando o processo está devidamente instruído com elementos probatórios e as partes não apresentam requerimento para produção de provas. 3. Recurso conhecido e desprovido. (TJ-DF; 20160110780268 DF; 8ª Turma Cível; Rel. Eustáquio de Castro; Julg. 20/07/2017; Data de Publicação: DJE: 25/07/2017; Pág. 572/579)

Parágrafo único. Quando o documento consistir em reprodução cinematográfica ou fonográfica, a parte deverá trazê-lo nos termos do *caput*, mas sua exposição será realizada em audiência, intimando-se previamente as partes.

→ v. Art. 361 do NCPC.

Produção de documentos que consistem em reprodução cinematográfica ou fonográfica:

✓ APELAÇÃO - EMBARGOS À EXECUÇÃO - DOCUMENTOS JUNTADOS NO RECURSO - CD - REPRODUÇÃO SOMENTE EM AUDIÊNCIA - NÃO CONHECIMENTO - ALEGAÇÃO DE QUITAÇÃO DE DÍVIDA - ACORDO SEM ASSINATURA DAS PATES - INEFICÁCIA - PROSSEGUIMENTO DA EXECUÇÃO. - Tratandose de reprodução fonográfica, a sua apresentação só pode ser feita em audiência, não podendo ser considerado para análise em sede de apelação, conforme artigo 434 do CPC/2015. - Não tem eficácia acordo assinado por apenas uma das partes, devendo prosseguir a execução da dívida. (TJ-MG; AC 10569160006270001 MG; 12ª Câmara Cível; Rel. Juliana Campos Horta; Julg. 28/06/2017; Data de Publicação: 05/07/2017)

Necessidade de reprodução cinematográfica ou fonográfica que não se supre pela prova testemunhal:

✓ JUSTA CAUSA. IMPROBIDADE. NÃO RECONHECIMENTO. AUSÊNCIA DE PROVA CABAL. O reconhecimento do justo motivo demissório, por seus danosos efeitos sobre a reputação pessoal, social e profissional do empregado, demanda prova robusta, a cargo do empregador. "In casu", a empresa recorrente não se desincumbiu de seu encargo processual, porquanto se limitara a apresentar depoimento de uma testemunha que não presenciara os fatos que narra, relatando-os a partir do que assistira em uma filmagem de circuito interno que não integra o acervo processual. (TRT-7; RO 00014810620135070007; Rel. Antonio Marques Cavalcante Filho; Julg. 24/07/2017; Data de Publicação: 24/07/2017)

Art. 435. É lícito às partes, em qualquer tempo, juntar aos autos documentos novos, quando destinados a fazer prova de fatos ocorridos depois dos articulados ou para contrapô-los aos que foram produzidos nos autos.

Emenda a inicial versus documentos novos:

✓ DIREITO CIVIL - OBRIGAÇÕES - RESPONSABILIDADE CIVIL - ACIDENTE AMBIENTAL - INCÊNDIO PROVOCADO PELA COMBUSTÃO DE FERTILIZANTES - FUMAÇA - DECRETO MUNICIPAL INSTAURANDO SITUAÇÃO DE EMERGÊNCIA - DANOS MORAIS - IMPROCEDÊNCIA - 1. CERCEAMENTO DE DEFESA PELO JULGAMENTO ANTECIPADO DO FEITO - INACOLHIMENTO - AUSÊNCIA DE REQUERIMENTO DE PROVA - INCUMBÊNCIA DA AUTORA - FATO CONSTITUTIVO DO DIREITO - PROVIDÊN-

CIA QUE COMPETE À PARTE - PRELIMINAR AFASTADA - 2. NULIDADE DA SENTENÇA - DESCUMPRIMENTO DO ART. 321 DO CPC - INOCORRÊNCIA - FATO CONSTITUTIVO DE DIREITO - DESNECESSIDADE DE EMENDA À INICIAL - NULIDADE AFASTADA - 3. RESIDÊNCIA COMPROVADA PELA PROCURAÇÃO AD JUDICIA - INACOLHIMENTO - PRESUNÇÃO RELATIVA - NECESSIDADE DE COMPROVAÇÃO EM JUÍZO - PARTE AUTORA QUE NÃO DEMONSTRA QUE RESIDIA EM UMA DAS ÁREAS ATINGIDAS PELA FUMAÇA - RECURSO DESPROVIDO - SENTENÇA MANTIDA. 1. Se oportunizado à autora postular a produção das provas necessárias à comprovação do fato constitutivo de seu direito, e ele se mantém inerte, não pode, posteriormente, em grau recursal, requerer a nulidade da sentença por cerceamento de defesa, em nítido comportamento contraditório, vedado pelo ordenamento jurídico vigente. 2. A de emenda à inicial, baseada no art. 320 do CPC, somente se justifica quando a parte não traz documento indispensável ao ajuizamento da ação, o qual não se confunde com prova de fato constitutivo de direito. 3. Incomprovado nos autos que a autora residia em local atingido pela fumaça, improcede indenizatória fundamentada em danos morais decorrentes desse evento. (TJ-SC; AC 20160045010 São Francisco do Sul; Sexta Câmara de Direito Civil; Rel. Monteiro Rocha; Julg. 22/03/2016)

<u>Documentos novos na fase recursal:</u>

✓ APELAÇÕES CÍVEIS. RECURSO ADESIVO. CIVIL E PROCESSUAL CIVIL. AÇÃO DE COBRANÇA POR LOCUPLETAMENTO ILÍCITO C/C PERDAS E DANOS E LUCROS CESSANTES. INTERPOSIÇÃO DE APELAÇÃO E RECURSO ADESIVO PELA MESMA PARTE. PRINCÍPIO DA UNICIDADE RECURSAL. NÃO CONHECIMENTO DO APELO ADESIVO. AGRAVO RETIDO. FALTA DE INTERESSE RECURSAL. NÃO CONHECIMENTO. ADITAMENTO DAS CONTRARRAZÕES. PRECLUSÃO CONSUMATIVA. NÃO APRECIAÇÃO. DOCUMENTOS NOVOS. APRESENTAÇÃO NA FASE RECURSAL (CONTRARRAZÕES). POSSIBILIDADE. MÉRITO DOS APELOS. OMISSÃO DO SENTENCIANTE, EM AÇÃO DIVERSA, QUANTO AO APERFEIÇOAMENTO DA USUCAPIÃO. IMÓVEL PÚBLICO. IMPOSSIBILIDADE DE AQUISIÇÃO PELA USUCAPIÃO. TRANSFERÊNCIA A PARTICULAR. MARCO INICIAL PARA A PRESCRIÇÃO AQUISITIVA. PERDA DA POSSE EM MOMENTO POSTERIOR À CELEBRAÇÃO DO NEGÓCIO. EVICÇÃO NÃO CARACTERIZADA. LITIGÂNCIA DE MÁ-FÉ. RECONHECIMENTO. POSTURA TEMERÁRIA. 1. O regime processual pátrio prestigia o sistema da singularidade recursal, segundo o qual somente é admissível a interposição de um único recurso em face da decisão objeto da insurgência, razão pela qual, na hipótese de interposição de apelação e recurso adesivo contra a mesma sentença de mérito, apenas um dos recursos manejados poderá ser conhecido em sede de juízo de admissibilidade. 2. O interesse recursal é condição do recurso consubstanciada na utilidade do provimento pleiteado, que se caracteriza pela demonstração da necessidade de interposição do recurso, bem como da sua adequação. 3. Carece a parte autora de interesse recursal quando pleiteia a complementação da perícia que sequer foi considerada pelo sentenciante, o qual deixou para apurar o valor indenizatório na fase de liquidação da sentença, mediante realização de nova perícia. Agravo retido não conhecido. 4. Não se mostra cabível a complementação das contrarrazões recursais ainda que se encontre dentro do prazo legal. Ou seja, praticado o ato, a parte fica obstada de apresentar argumentos adicionais, ante a preclusão consumativa. 5. Segundo o disposto no art. 397 do Código de Processo Civil de 1973 (CPC/2015, art. 435), "é lícito às partes, em qualquer tempo, juntar aos autos documentos novos, quando destinados a fazer prova de fatos ocorridos depois dos articulados, ou para contrapô-los aos que foram produzidos nos autos". 6. É admitida a juntada de documento novo nos autos, na fase de apelação, quando não forem contrariados os seguintes requisitos: i) não se tratar de documento indispensável à propositura da ação; não existir indícios de má-fé na conduta da parte que pleiteia a sua juntada; e iii) quando oportunizado o contraditório e a ampla defesa à parte contrária. Precedente do STJ. (REsp 1.176.440/RO, Rel. Ministro NAPOLEÃO NUNES MAIA FILHO; Julg. 17/09/2013, T1 - PRIMEIRA TURMA, DJe: 04/10/2013). 7. O imóvel de propriedade da NOVACAP afigura-se como bem público e, portanto, insuscetível de ser adquirido por usucapião, por expressa vedação constitucional (arts. 183, § 3º e 191, parágrafo único). Assim, o marco inicial para a prescrição aquisitiva do imóvel é a data em que ocorre a transferência do bem ao particular, quando efetivamente poderá ser exercida a posse sobre ele. 8. O direito de demandar pela evicção exige a perda da posse ou da propriedade do bem, por sentença judicial ou ato administrativo, derivada de fato anterior à realização do negócio jurídico. Portanto, demonstrado que a alienação do bem é anterior à sua aquisição por terceiros pela usucapião, fica descaracterizada a evicção. 9. Configura-se a litigância de má-fé quando a parte procede de modo temerário (CPC/2015, art. 80, V), adotando postura contrária ao princípio da boa-fé processual (CPC/2015, art. 5º) e da cooperação, segundo o qual, "todos os sujeitos do processo devem cooperar entre si para que se obtenha, em tempo razoável, decisão de mérito justa e efetiva." (CPC/2015, art. 6º) 10. A postura da parte que se vale de recursos e pedidos infundados, expõe alegações mal articuladas em gigantescas peças processuais e extensa documentação, sem qualquer utilidade, dificultando a compreensão da controvérsia e causando nítido tumulto processual, além de dificultar o exercício do contraditório pelas partes adversas, impõe a incidência do regramento previsto no artigo 80, inciso V c/c o artigo 81 do novo CPC. 11. Recurso adesivo e agravo retido dos autores não conhecidos. Apelação dos réus conhecida e provida. Apelação dos autores prejudicada. (TJ-DF; 20050111176306 DF; 1ª Turma Cível; Rel. Simone Lucindo; Julg. 24/05/2017; Data de Publicação: DJE: 27/06/2017; Pág. 173-192)

✓ APELAÇÃO CÍVEL. AÇÃO DE INDENIZAÇÃO POR DANOS MORAIS. LIBERAÇÃO DE FUMAÇA TÓXICA DECORRENTE DE REAÇÃO QUÍMICA OCASIONADA POR ARMAZENAMENTO DE FERTILIZAN-

TES. IMPROCEDÊNCIA NA ORIGEM EM FACE DA INEXISTÊNCIA DE COMPROVANTE IDÔNEO DO DOMICÍLIO DA AUTORA. INSURGÊNCIA DESTA. 1. PRELIMINARES DE NULIDADE DA SENTENÇA: (A) ALEGAÇÃO DE QUE O JULGAMENTO ANTECIPADO DA LIDE CERCEOU SEU DIREITO DE DEFESA, TENDO EM VISTA A NÃO CONCESSÃO DE PRAZO PARA COMPLEMENTAÇÃO DE DOCUMENTOS ESSENCIAIS E DE INSTRUÇÃO PROBATÓRIA. INSUBSISTÊNCIA. COMPROVANTE DE DOMICÍLIO INDISPENSÁVEL PARA DEMONSTRAR O NEXO DE CAUSALIDADE ENTRE O ATO ILÍCITO E O SUPOSTO DANO DELE ADVINDO. FATO CONSTITUTIVO DO DIREITO DA AUTORA (ART. 373, I, DO NCPC E ART. 333, I, DO CPC/1973) A SER DEMONSTRADO POR PROVA EMINENTEMENTE DOCUMENTAL DE FÁCIL CONFECÇÃO, DEVENDO SER APRESENTADA COM A PETIÇÃO INICIAL OU COM A RÉPLICA, SOB PENA DE PRECLUSÃO, POR NÃO SER CONSIDERADO DOCUMENTO NOVO, CONSOANTE ARTIGOS 434 E 435 DO NCPC (ARTIGOS 396 E 397 DO CPC/1973). AUSÊNCIA DE PEDIDO DE PRODUÇÃO DE PROVAS NA PETIÇÃO INICIAL E NA RÉPLICA. POSSIBILIDADE DE JULGAMENTO ANTECIPADO DA LIDE, EM CONSONÂNCIA COM O LIVRE CONVENCIMENTO MOTIVADO DO JULGADOR E DA LIVRE ADMISSIBILIDADE DA PROVA (ARTS. 370 E 371 DO NCPC), POIS ULTRAPASSADA A FASE EM QUE DEVERIAM SER JUNTADOS OS DOCUMENTOS. – "[...] 1 Descabe determinação de emenda à inicial, porque "a prova do domicílio caracteriza-se como fato constitutivo do direito da parte autora, não basta para tanto a mera declaração por si subscrita, sendo necessário que a petição inicial acompanhe documento idôneo destinado a tal finalidade (conta de água, luz, ou telefone; cadastro em banco ou loja; certidão eleitoral). Isso porque, à luz do art. 396 do CPC/73, 'compete à parte instruir a petição inicial (art. 283), ou a resposta (art. 297), com os documentos destinados a provar-lhe as alegações'. A juntada posterior somente é permitida em caso de documento novo (art. 397, CPC/73)" (AC n. 0600350-19.2014.8.24.0061, Des. Marcus Tulio Sartorato). Mormente quando a angularização processual já foi atingida. 2 Não há que se falar em cerceamento de defesa quando a produção de provas se mostra absolutamente inócua, notadamente quando a parte, para se eximir do ônus, deveria apresentar documentos com a inicial. [...] (TJSC, Apelação Cível n. 0501159-35.2013.8.24.0061, de São Francisco do Sul, rel. Des. Luiz Cézar Medeiros; Julg. 25-04-2017). (B) ALEGAÇÃO DE QUE A NÃO COMPROVAÇÃO DA RESIDÊNCIA ENSEJA A EXTINÇÃO DA DEMANDA SEM O JULGAMENTO DO MÉRITO. TESE AFASTADA. – O comprovante de residência não é tido como documento indispensável à propositura da ação, não se aplicando as disposições dos artigos 283 e 284 do CPC/1973 (arts. 320 e 321 do NCPC), mas, sim, à prova de fato constitutivo do direito da parte autora relacionado ao mérito da demanda. – Justamente pelo motivo elencado, a ausência do comprovante aqui discutido não gera o julgamento do feito, sem resolução do mérito, por indeferimento da petição inicial (art. 267, I, do CPC/1973 e art. 485, I, do NCPC). Acarreta, na verdade, a improcedência do pedido da requerente, nos termos do art. 269, I, do CPC/1973 (art. 487, I, do NCPC). 2. MÉRITO. DANO MORAL. RESPONSABILIDADE OBJETIVA DAS RÉS. AUSENTE, PORÉM, PROVA IDÔNEA DE QUE A REQUERENTE RESIDIA EM UM DOS BAIRROS AFETADOS PELA FUMAÇA TÓXICA. SIMPLES DECLARAÇÃO DE RESIDÊNCIA NA PROCURAÇÃO QUE TAMBÉM NÃO É CONSIDERADA PROVA APTA DO SEU DOMICÍLIO, CRUCIAL AO ACOLHIMENTO DE SUA PRETENSÃO, ATÉ PORQUE NÃO MENCIONA EXPRESSAMENTE A RESPONSABILIDADE DA DECLARANTE, NOS TERMOS DA LEI Nº 7.115/1983. NEXO DE CAUSALIDADE NÃO CONFIGURADO. DEVER DE INDENIZAR AUSENTE. SENTENÇA MANTIDA. RECURSO CONHECIDO E DESPROVIDO. (TJSC; Apelação Cível 0501307-46.2013.8.24.0061; São Francisco do Sul; Quinta Câmara de Direito Civil; Rel. Des. Cláudia Lambert de Faria; Julg. 12-12-2017).

✓ PROCESSUAL CIVIL – JUNTADA DE DOCUMENTO EM SEDE DE EMBARGOS DE DECLARAÇÃO – NÃO CONHECIMENTO – DOCUMENTAÇÃO EXISTENTE À ÉPOCA DE INTERPOSIÇÃO DO AGRAVO 1 O documento novo, cuja juntada e conhecimento são autorizados pelo Código de Processo Civil (art. 435), é aquele ignorado pela parte, seja porque não sabia de sua existência, seja porque não era possível dele fazer uso durante o trâmite do processo. 2 Se já existente e de conhecimento da parte, sua juntada tardia não autoriza que seja conhecido, sobretudo em sede de embargos de declaração em que há a finalidade equivocada de reformar o acórdão para adaptá-lo às convicções do recorrente. OBSCURIDADE E OMISSÃO – INOCORRÊNCIA – ACÓRDÃO DEVIDAMENTE FUNDAMENTADO (CPC, ART. 489, § 1º) – REDISCUSSÃO – DESCABIMENTO 1 Os embargos de declaração não têm a finalidade de restaurar a discussão da matéria decidida com o propósito de ajustar o decisum ao entendimento sustentado pelo embargante. 2 A essência desse procedimento recursal é a correção de obscuridade, contradição ou omissão do julgado, não se prestando à nova análise do acerto ou justiça deste, mesmo que a pretexto de prequestionamento. (TJSC; Embargos de Declaração 4017543-46.2016.8.24.0000; Joinville; Quinta Câmara de Direito Civil; Rel. Des. Luiz Cézar Medeiros; Julg. 11-07-2017).

✓ VOTO Na origem, cuidam os autos de inscrição indevida nos cadastros de inadimplentes. Narra a parte autora que era beneficiária de plano de saúde coletivo administrado pela ré; salientando, em seguida, que não mais satisfeita com o plano, requereu, em 14/10/2016, a rescisão contratual; esclarecendo, ainda, que o cancelamento ocorreu via contato telefônico, onde a preposta da ré foi enfática em afirmar que não havia débito contratual a quitar. Enumerou o protocolo de atendimento, requerendo, ao final, a inversão do ônus probatório a fim de que a parte ré traga aos autos a tratativa feita no contato mencionado na inicial; busca, ainda, a exclusão de seu nome dos cadastros de inadimplência, a repetição do indébito e indenização por danos morais. Citada, a recorrente apresentou a contestação alegando que o autor efetuou o pedido de cancelamento fora do prazo contratual e, como a prestação é a vencer, ou seja, o pagamento se dá no mês de cobertura, o plano estava vigendo e, por consequência, a mensalidade era devida. A sentença julgou procedentes os pedidos, acolhendo o argumento de que houve restrição indevida do nome do autor. A ora recorrente interpôs o presente recurso, cujas razões vieram acompanhadas de documentos. Seguiram-se as contrarrazões, onde, preliminarmente, o recorrido pugna pelo desentranhamento dos documentos, considerando que os mesmos foram apresentados de forma extemporânea. No mérito, prestigia a sentença e pugna pela manutenção do julgado. É o relatório. Passo ao voto. Encontram-se presentes os pressupostos recursais, razão pela qual o recurso deve ser conhecido. Antes de analisar o mérito recursal, analiso a questão da juntada dos documentos em sede recursal. Cabe consignar que a lei 9099/95 tem como bases principiológicas a informalidade, celeridade e oralidade; sendo certo que tais peculiaridades devem estar sempre compatibilizadas com o postulado maior da ampla defesa e o devido processo legal substancial. Dentro deste contexto, o artigo 33 da lei especial exige, por regra, que todas as provas sejam produzidas no momento da audiência de instrução e julgamento; previu o legislador, portanto, a concentração dos atos instrutórios em audiência. Decerto, portanto, que a rigor não se admite a juntada de documentos após o encerramento da audiência de instrução e julgamento. Isso nada obstante, não obsta que em hipóteses excepcionais, a produção da prova seja feita após a realização do ato, e até mesmo em sede recursal, a fim de atender ao postulado maior do contraditório e da ampla defesa. Não é outa a inteligência do artigo 435 do novo CPC, in verbis: "Art. 435. É lícito às partes, em qualquer tempo, juntar aos autos documentos novos, quando destinados a fazer prova de fatos ocorridos depois dos articulados ou para contrapô-los aos que foram produzidos nos autos. Parágrafo único. Admite-se também a juntada posterior de documentos formados após a petição inicial ou a contestação, bem como dos que se tornaram conhecidos, acessíveis ou disponíveis após esses atos, cabendo à parte que os produzir comprovar o motivo que a impediu de juntá-los anteriormente e incumbindo ao juiz, em qualquer caso, avaliar a conduta da parte de acordo com o art. 5o. Nessa linha intelectiva, a jurisprudência do STJ é firme em admitir a juntada posterior de documentos, desde que não sejam essenciais à propositura da ação (hipótese em que deveriam ser juntados no primeiro momento, isto é, com a petição inicial ou com a contestação, conforme a posição do sujeito processual) e respeitado o contraditório. Veja-se: PROCESSO CIVIL. AÇÃO POSSESSÓRIA. JUNTADA EXTEMPORÂNEA DE DOCUMENTOS. DETERMINAÇÃO DE DESENTRANHAMENTO. PODERES INSTRUTÓRIOS DO JUÍZO. RELATIVIZAÇÃO. NECESSIDADE DE CONTRADITÓRIO. 1. É admitida a juntada de documentos novos após a petição inicial e a contestação desde que: (i) (art. 398 do CPC). Precedentes. 2. Dessarte, a mera declaração de intempestividade não tem, por si só, o condão de provocar o desentranhamento do documento dos autos, impedindo o seu conhecimento pelo Tribunal a quo, mormente tendo em vista a maior amplitude, no processo civil moderno, dos poderes instrutórios do juiz, ao qual cabe determinar, até mesmo de ofício, a produção de provas necessárias à instrução do processo (art. 130 do CPC). 3. De fato, o processo civil contemporâneo encontra-se marcado inexoravelmente pela maior participação do órgão jurisdicional na construção do conjunto probatório, o que, no caso em apreço, autorizaria o Juízo a determinar a produção da prova consubstanciada em documento público, tornando irrelevante o fato de ela ter permanecido acostada aos autos a despeito da ordem para seu desentranhamento. 4. Nada obstante, essa certidão foi objeto de incidente de falsidade, o qual foi extinto pelo Juízo singular, em virtude da perda superveniente do interesse de agir decorrente da determinação de desentranhamento dos documentos impugnados dos autos. Assim, verifica-se que o contraditório não foi devidamente exercido, sendo tal cerceamento contrário à norma insculpida no art. 398 do CPC. 5. Recurso especial parcialmente provido (REsp 1.072.276 / RN, STJ, 4ª Turma, Relator Ministro Luis Felipe Salomão; Julg. 21/2/2013). Nesta perspectiva, a juntada a qualquer tempo de documentos somente é possível quando: (i) não se trate de documento indispensável à propositura da ação; (ii) não haja má fé na ocultação do documento; (iii) seja ouvida a parte contrária. Dessa forma, a produção da prova documental – ainda que posterior a primeira manifestação das partes no processo – isto é, com a petição inicial e a contestação – somente é admitida quando não se tratar documento essencial; vale dizer, não seja ele fundamental, assim entendido como destinado a comprovar os fatos que compõe a causa de pedir, tanto em relação a petição inicial quanto a contestação. Esclarecedoras as palavras do professor Moacir Amaral Santos: "São fundamentais os documentos que se tornam indispensáveis porque o autor a eles se referiu na petição inicial, como fundamento do pedido. (Santos, Moacir Amaral, Primeiras Linhas de Direito Processual Civil. 20 ed. São Paulo. Saraiva, 1990. V2, pag. 138). No caso dos autos, os documentos juntados com as razões recursais – sobretudo, o instrumento contratual e a tela que supostamente reproduz o contato telefônico – foram referidos pela parte ré em sua contestação, mas com ela não se fez acompanhar. São documentos essenciais e não foram apresentados na fase instrutória, sendo certo que não houve por parte da recorrente qualquer justificativa para a apresentaçao extemporânea. Portanto, ainda que seja prescindível o desentranhamento, tais provas não podem ser levadas em consideração para efeitos do julgamento deste recurso. Superada a preliminar, avanço na direção do mérito recursal. Nesta quadra, convém consignar que o recorrido escuda sua pretensão no fato de que não havia inadimplência a justificar a restrição que lhe foi imposta. É de conhecimento ordinário que a obrigação assumida pelos beneficiários de um plano de saúde é, por regra, similar a um prêmio de seguro, vale dizer, paga-se o mês em curso para ter direito as coberturas contratuais dentro daquele ciclo contratual. Todavia, esta regra pode ser alterada pelas partes, antes ou durante a execução do contrato, bastando a administradora do plano informar adequadamente o consumidor, como exige a norma do artigo 6º do CDC. De toda a sorte, a conduta das partes, com a modificação das cláusulas contratuais ou a simples concessão de algum direito, deve estar sempre pautada pela boa-fé, evitando-se, com isso, surpresa, dissabores e, sobretudo, o inadimplemento contratual. Não por outra razão que aos contratantes foram impostos deveres anexos ao cumprimento da obrigação principal; a boa-fé objetiva, o que se traduz em transparência, eticidade e lealdade na relação contratual. O descumprimento de tais comportamentos induz mora e, por conseguinte, inadimplemento. Vale lembrar ainda, que a conduta de qualquer preposto vincula o fornecedor, sendo ambos solidariamente responsáveis pelos seus atos perante o Consumidor. Deste modo, o autor afirma que o preposto da ré, no momento da rescisão contratual, afirmou não existir dívida contratual, ainda que, pelo ajuste inicial, houvesse a obrigação de pagar a parcela do mês em curso. A par desta premissa, as tratativas feitas pelas partes, naquele momento, tem crucial importância no julgamento desta demanda, afinal, se a informação foi clara e adequada no sentido de que ao recorrente caberia pagar a mensalidade, a sua mora está caracterizada, e, portanto, não haveria qualquer irregularidade no apontamento restritivo. É importante deixar consignado a singularidade da importância desta prova, pois o recorrido, de forma taxativa, solicitou a produção de tal prova já na inicial, reforçando sua importância na sua contrariedade ao recurso apresentado. Todavia, a transcrição das tratativas não foi objeto do contraditório, pois sequer veio aos autos em momento oportuno. Por outro lado, cumpre observar que mesmo admitida a juntada de documentos nesta sede recursal, a reprodução da tela sistêmica apresentada nas razões do recurso não se presta a comprovar a obrigação do recorrido, pois, além de unilateralmente produzida pela recorrente, foi devidamente impugnada nas contrarrazões. A conta do exposto, entendo que a restrição é indevida e deve ser excluída; e, bem assim, declarada a inexigibilidade da dívida contratual. O dano moral está presente, pois é entendimento pacífico das Turmas Recursais de que a inclusão indevida do nome do consumidor nos cadastros restritivos ao crédito gera danos morais, sendo certo que tal entendimento está de pleno acordo com os dispositivos constitucionais vigentes. O arbitramento do dano moral deve levar em conta a proporcionalidade ao agravo. Não pode ser excessivo, enriquecendo sem causa o ofendido. Tampouco irrisório, amesquinhando o instituto e estimulando o ofensor à reincidência. E tem de considerar os aspectos indenizatório e punitivo da verba. Inteligência do artigo 5º, V, de nossa Carta Política. Com isto em mente entendo que o arbitramento feito pelo juiz de primeiro grau está em conformidade com as decisões desta Turma, razão pela qual a sentença não merece qualquer censura. Por tais fundamentos, voto pelo conhecimento e desprovimento do recurso, condenando o recorrente nas custas e honorários advocatícios de 20% do valor da condenação, conforme o disposto no art. 55 da Lei 9099/95. É como voto. Poder Judiciário do Estado do Rio de Janeiro 3ª Turma Recursal Cível Recurso Inominado nº 0053240-03.2017.8.19.0001 Recorrente: ALIANÇA ADMINISTRADORA DE BENEFÍCIOS DE SAÚDE SA Recorrido: DANIEL SOTO LOPES Rel. Juiz Marcos Antônio Ribeiro de Moura Brito Sessão: 27/09/2017 Palácio da Justiça do Estado do Rio de Janeiro – Lâmina V Avenida Erasmo Braga nº 115 – Centro – Rio de Janeiro – RJ (TJ-RJ; RI 00532400320178190001 Rio de Janeiro; IX Juizado Especial Cível/Univ. Veiga de Almeida; Capital 3a. Turma Recursal dos Juizados Especiais Cíveis; Rel. Marcos Antonio Ribeiro de Moura Brito; Julg. 02/10/2017; Data de Publicação: 04/10/2017)

Parágrafo único. Admite-se também a juntada posterior de documentos formados após a petição inicial ou a contestação, bem como dos que se tornaram conhecidos, acessíveis ou disponíveis após esses atos, cabendo à parte que os produzir comprovar o motivo que a impediu de juntá-los anteriormente e incumbindo ao juiz, em qualquer caso, avaliar a conduta da parte de acordo com o art. 5º.

→ *v.* Art. 1.014 do NCPC.

Impossibilidade de anexação extemporânea de documento:

✓ AÇÃO DECLARATÓRIA DE INEXIGIBILIDADE DE DÉBITO. Negativação. Legitimidade do débito não provada pelo Apelante. Art. 333, inc. II, CPC. Juntada de documento novo indispensável depois de proferida a sentença. Inadmissibilidade no caso concreto. Documento que deveria ter sido juntado com a contestação, pena de surpresa à parte contrária e ao órgão julgador, além de ofensa ao contraditório e à lealdade processual. Inteligência do art. 397 do CPC/73, à luz do entendimento C. STJ (REsp nº 1.072.276-RN), e do par. único do art. 435 do NCPC. Documento não admitido. Sentença mantida. Recurso não provido. (TJ-SP; APL 10210948020158260577; SP; 12ª Câmara de Direito Privado; Rel. Tasso Duarte de Melo; Julg. 06/06/2016; Data de Publicação: 06/06/2016)

✓ AÇÃO DECLARATÓRIA C.C. REPARAÇÃO DE DANOS MORAIS. Documentos novos juntados com o recurso de apelação. Inadmissibilidade. Surpresa à parte contrária e ao órgão julgador, além de ofensa ao contraditório e à lealdade processual. Inteligência do par. único do art. 435 do NCPC (art. 397 do CPC/73), à luz do entendimento C. STJ (REsp nº 1.072.276-RN). Discussão sobre a exigibilidade de conta de consumo de energia elétrica. Apelante que alega ter deixado o imóvel em abril de 2012, decorrência de ação de reintegração de posse promovida por terceiro. Fato não provado. Também não provada eventual comunicação de saída do imóvel à concessionária que presta o serviço público. Art. 373, inc. I, do NCPC. Sentença mantida íntegra, com determinação de desentranhamento dos documentos novos de fls. 158/173. Recurso não provido, com determinação. (TJ-SP; APL 10039158020148260606; SP; 12ª Câmara de Direito Privado; Rel. Tasso Duarte de Melo; Julg. 14/09/2016; Data de Publicação: 20/09/2016)

✓ AGRAVO EM RECURSO ESPECIAL Nº 1.126.150 – RJ (2017/0154771-2) RELATORA: MINISTRA MARIA ISABEL GALLOTTI AGRAVANTE: COMPANHIA MUTUAL DE SEGUROS – EM LIQUIDAÇÃO REPR. POR: MAR-

CIA REGINA CALVANO MACHADO - LIQUIDANTE ADVOGADO: THATYANA FLAVIA GUIMARÃES PRADO VASQUES E OUTRO (S) - RJ189750 AGRAVADO: MARIA DA CONCEICAO FELIS DE SOUZA ADVOGADO: MARIZA SILVA SANTOS - RJ080032 INTERES.: VIAÇÃO SUL FLUMINENSE TRANSPORTES E TURISMO LTDA ADVOGADO: AURA MEDEIROS DE PAIVA LIMA E OUTRO (S) - RJ049533 DECISÃO Trata-se de agravo manifestado pela Companhia Mutual de Seguros - Em Liquidação, representada por Márcia Regina Calvano Machado - Liquidante contra decisão que negou seguimento ao recurso especial, no qual se alega violação dos arts. 98, 99, § 2º, 489, § 1º, IV e 1.022, II, do Código de Processo Civil de 2015, além de dissídio jurisprudencial. O acórdão recorrido está retratado na seguinte ementa (fls. 65/66): AGRAVO DE INSTRUMENTO. DIREITO CIVIL. AÇÃO ORDINÁRIA DE INDENIZAÇÃO EM FACE DA VIAÇÃO SUL FLUMINENSE TRANSPORTES E TURISMO LTDA. CHAMAMENTO AO PROCESSO DA COMPANHIA MUTUAL DE SEGUROS, QUE REQUEREU GRATUIDADE DE JUSTIÇA ALEGANDO ESTAR EM LIQUIDAÇÃO EXTRAJUDICIAL. DECISÃO DO JUÍZO A QUO INDEFERINDO O BENEFÍCIO, ENTENDENDO QUE A CHAMADA NÃO DEMONSTROU COMO O RECOLHIMENTO DAS CUSTAS PODERIA ABALAR O SEU PLANO DE RECUPERAÇÃO. AGRAVO DE INSTRUMENTO INTERPOSTO PELA SEGURADORA. O SUPERIOR TRIBUNAL DE JUSTIÇA JÁ DECIDIU QUE A DECRETAÇÃO DE FALÊNCIA OU RECUPERAÇÃO JUDICIAL DA PESSOA JURÍDICA, POR SI SÓ, NÃO É SUFICIENTE PARA REPUTÁ-LA HIPOSSUFICIENTE. (AGRG NO AG 1292537 / MG, MINISTRO LUIZ FUX, 1ª TURMA, J. 18/08/2010). AUSÊNCIA DE PROVA, NO CASO CONCRETO, DA HIPOSSUFICIÊNCIA. NÃO PROVIMENTO DO AGRAVO DE INSTRUMENTO. "Ação ordinária de Indenização" ajuizada por Maria da Conceição Felis de Souza contra a Viação Sul Fluminense Transportes e Turismo Ltda. Chamamento ao processo da Companhia Mutual de Seguros - em Liquidação Extrajudicial, a qual requereu gratuidade de justiça. Decisão do juízo a quo indeferindo a gratuidade, sob o entendimento de que a chamada não demonstrou concretamente como o recolhimento das custas poderia abalar seu plano de recuperação. Agravo de instrumento interposto pela seguradora chamada ao processo. Preliminar de cerceamento de defesa em função do indeferimento do pleito. No mérito, pleiteia a reforma da decisão. Não assiste razão à agravante. Decisão publicada sob a égide do NCPC. Preliminarmente, cabe esclarecer que não se verifica na presente hipótese qualquer violação aos art. 11 e 489, § 1º, do CPC, e 93, IX, da CRFB, inexistindo a propalada nulidade e qualquer inobservância ao devido processo legal. O indeferimento da gratuidade requerida pela agravante só importaria em nulidade caso fosse imotivado, o que claramente não ocorreu, visto que o juízo a quo considerou, dentre outras questões, que "...a Chamada não demonstrou, concretamente, como o recolhimento das custas processuais poderia abalar o seu plano de recuperação, limitando-se a dissertar sobre a possibilidade do benefício da gratuidade de justiça à pessoa jurídica com fins lucrativos.", tendo, assim, explicado didaticamente as razões que o levaram a entender pelo indeferimento do solicitado. A Constituição Federal assegura a todos que comprovarem insuficiência de recursos a assistência jurídica integral e gratuita, mesmo em se tratando de pessoa jurídica, segundo se extrai dos incisos XXXIV e LXXIV, de seu art. 5º. Enquanto para a pessoa física milita a presunção de veracidade da afirmação de pobreza, no tocante às pessoas jurídicas já se encontra sedimentado o entendimento de que a concessão da gratuidade de justiça depende da comprovação da impossibilidade de arcar com os encargos processuais. Inteligência das súmulas nº 121, desta Corte, e 481, do STJ. O fato de estar a empresa em liquidação extrajudicial, por si só, não implica no direito ao benefício da gratuidade de justiça. O Superior Tribunal de Justiça já decidiu que apenas a decretação de falência ou recuperação judicial da pessoa jurídica não são suficientes para reputá-la hipossuficiente. A ora agravante não demonstrou, concretamente, a verossimilhança dos fatos alegados, qual seja, sua hipossuficiência econômica com a impossibilidade de recolher as custas processuais, não se prestando para tal apenas a juntada do relatório de direção fiscal elaborado em 2015 pela então liquidante judicial. Precedentes jurisprudenciais do STJ e desta Corte. AGRAVO DE INSTRUMENTO AO QUAL SE NEGA PROVIMENTO. Sustenta a agravante que a pessoa jurídica com insuficiência de recursos tem direito aos benefícios da justiça gratuita, na forma dos arts. 98 e 99 do Código de Processo Civil. Afirma que o relatório fiscal e o relatório elaborado pela liquidante atestam a situação de insolvência da empresa. Argumenta que antes do indeferimento do benefício da justiça gratuita, deve o julgador oportunizar ao requerente a juntada de novos documentos. Assim delimitada a controvérsia, passo a decidir. Inicialmente, em relação à suposta ofensa aos arts. 489 e 1.022 do CPC/2015, verifico que inexiste omissão ou ausência de fundamentação na apreciação das questões suscitadas. Ademais, não se exige do julgador a análise de todos os argumentos das partes, a fim de expressar o seu convencimento. O pronunciamento acerca dos fatos controvertidos, a que está o magistrado obrigado, encontra-se objetivamente fixado nas razões do acórdão recorrido. No mérito, observo que é pacífica a jurisprudência desta Corte no sentido de que é possível a concessão dos benefícios da justiça gratuita à pessoa jurídica, desde que seja comprovada a precariedade de sua situação financeira, já que é relativa a presunção de miserabilidade. Nesse sentido, confira-se: AGRAVO REGIMENTAL NO AGRAVO EM RECURSO ESPECIAL. ASSISTÊNCIA JUDICIÁRIA GRATUITA. PESSOA JURÍDICA EM REGIME DE LIQUIDAÇÃO EXTRAJUDICIAL. HIPOSSUFICIÊNCIA NÃO COMPROVADA. REVISÃO. SÚMULA 7/STJ. RECURSO NÃO PROVIDO. 1. A jurisprudência desta eg. Corte entende que é possível a concessão do benefício da assistência judiciária gratuita à pessoa jurídica somente quando comprovada a precariedade de sua situação financeira, não havendo falar em presunção de miserabilidade. 2. A concessão do benefício da assistência judiciária à pessoa jurídica em regime de liquidação extrajudicial ou de falência depende de demonstração de sua impossibilidade de arcar com os encargos processuais. 3. Na espécie, foi consignado que, a despeito de se encontrar em regime de liquidação extrajudicial, o recorrente é empresa de grande porte que não logrou êxito em demonstrar, concretamente, situação de hipossuficiência para o fim de concessão do benefício da assistência judiciária. 4. Neste contexto, a modificação de tal entendimento lançado no v. acórdão recorrido, como ora perseguida, demandaria a análise do acervo fático-probatório dos autos, o que é vedado pela Súmula 7 do STJ. 5. Agravo regimental a que se nega provimento. (AgRg no AREsp 576.348/RJ; Quarta Turma; Rel. Raul Araújo; DJe de 23.4.2015) Na presente hipótese, o Tribunal de origem manteve o indeferimento da gratuidade de justiça à empresa agravante, assim discorrendo (fls. 69 e 135/136): (...) Contudo, o fato de estar a empresa em liquidação extrajudicial, por si só, não implica no direito ao benefício da gratuidade de justiça. Veja-se que o Superior Tribunal de Justiça já decidiu que apenas a decretação de falência ou recuperação judicial da pessoa jurídica não são suficientes para reputá-la hipossuficiente. Confira-se: (...) No caso em tela a ora agravante não demonstrou, concretamente, a verossimilhança dos fatos alegados, qual seja, sua hipossuficiência econômica com a impossibilidade de recolher as custas processuais, não se prestando para tal apenas a juntada do relatório de direção fiscal elaborado em 2015 pela então liquidante judicial. (...) Quanto ao "Relatório do Liquidante" (índice 000103), documento novo através do qual a embargante pretende comprovar sua hipossuficiência, o art. 435 do NCPC expressa que "É licito às partes, em qualquer tempo, juntar aos autos documentos novos, quando destinados a fazer prova de fatos ocorridos depois dos articulados ou para contrapô-los aos que foram produzidos aos autos.". Entretanto, verifica-se que o referido documento foi produzido em 03/03/2016, anteriormente, portanto, ao agravo de instrumento, datado de 18/05/2016 e protocolado em 27/05/2016 (fls. 02/16 – índice 000002), não havendo nos embargos de declaração qualquer prova de que o Relatório lhe fosse inacessível por ocasião do recurso, de forma a incidir a exegese do parágrafo único do art. 435: "Parágrafo único. Admite-se também a juntada posterior de documentos formados após a petição inicial ou a contestação, bem como dos que se tornaram conhecidos, acessíveis ou disponíveis após esses atos, cabendo à parte que os produzir comprovar o motivo que a impediu de juntá-los anteriormente e incumbindo ao juiz, em qualquer caso, avaliar a conduta da parte de acordo com o art. 5º.". Ressalte-se que, apesar de não se vislumbrar ausência de boa-fé na juntada do Relatório (art. 5º, NCPC), vê-se que o mesmo, por si só, não se prestaria ao deferimento do benefício, posto que denota ambiguidade ao concluir que "Diante do exposto acima, em que pese, a princípio, não estar configurada a hipótese de pedido de falência, solicitamos um prazo de seis meses para prosseguimento dos trabalhos necessários com o intuito de apresentar a situação econômico-financeira mais fidedigna com a realidade da massa liquidanda." (índice 000103) Gize-se, por derradeiro, que ficou evidenciado que o juízo a quo oportunizou ao ora embargante a possibilidade de comprovação do preenchimento dos pressupostos da gratuidade antes do seu indeferimento, nos termos do art. 99, § 2º, do NCPC, como se infere do seguinte trecho da decisão agravada: "Na hipótese "sub judice", regularmente intimado para recolher a verba honorária através do despacho de fls. 318, a chamada COMPANHIA MUTUAL DE SEGUROS sustentou que se encontra em liquidação extrajudicial..." (fls. 08/09 – índice 000008 – anexo 1). (...) Com efeito, anoto que a desconstituição da referida conclusão demandaria o reexame do acervo fático dos autos, procedimento que, em sede especial, encontra óbice na Súmula n. 7/STJ. Em face do exposto, nego provimento ao agravo. Intimem-se. Brasília (DF), 29 de agosto de 2017. STJ; AREsp: 1126150 RJ 2017/0154771-2; Rel. Min. Maria Isabel Gallotti; Data de Publicação: DJ 08/09/2017

Art. 436. A parte, intimada a falar sobre documento constante dos autos, poderá:

<u>Possibilidade de a parte impugnar o documento:</u>

✓ PROCESSO CIVIL. AÇÃO DE DESPEJO C/C COBRANÇA DE ALUGUÉIS E DEMAIS DESPESAS. PRELIMINAR DE NULIDADE DA JUNTADA DO MANDADO DE CITAÇÃO COM PEDIDO DE AFASTAMENTO DA REVELIA REJEITADA. PRELIMINAR DE NULIDADE DO PROCESSO POR CERCEAMENTO DE DEFESA POR AUSÊNCIA DE INTIMAÇÃO DO ADVOGADO PARA MANIFESTAÇÃO ACOLHIDA. SENTENÇA CASSADA. 1- Sendo o réu regularmente citado e não havendo defeito na juntada do mandado aos autos, não há razão para afastar a sua revelia diante da apresentação da contestação fora do prazo legal. Preliminar de nulidade do mandado rejeitada. 2- Nos termos do art. 437, § 1º, do CPC, sempre que uma das partes requerer a juntada de documento aos autos, o juiz ouvirá, a seu respeito, a outra parte, que disporá do prazo de 15 (quinze) dias para adotar qualquer das posturas indicadas no art. 436 (I – impugnar a admissibilidade da prova documental; II – impugnar sua autenticidade; III – suscitar sua falsidade, com ou sem deflagração do incidente de arguição de falsidade; IV – manifestar-se sobre seu conteúdo). 3- Ausente a intimação do réu para se manifestar a respeito dos documentos juntados à réplica, que fundamentaram o julgamento de parcial procedência do pedido inicial, perdeu a possibilidade de influenciar o julgador na formação de seu convencimento acerca de pontos controvertidos da lide, razão pela qual a sentença deverá ser cassada, retornando os autos à instância de origem para que seja regularmente oportunizada a manifestação sobre os documentos acostados pelo autor em réplica. Preliminar de cerceamento de defesa acolhida. 4- Preliminar acolhida. Sentença cassada. (TJ-DF; 20150110593096 0016934-39.2015.8.07.0001; 5ª Turma Cível; Rel. Josapha Francisco dos Santos; Julg. 10/05/2017; Data de Publicação: DJE: 23/05/2017; Pág. 846/849)

✓ APELAÇÃO CÍVEL – AÇÃO DE COBRANÇA – RECONVENÇÃO – SENTENÇA PROFERIDA SEM DAR VISTA DE DOCUMENTO TRAZIDO PELA PARTE CONTRÁRIA E SEM INTIMAR AS PARTES PARA INFORMAR SE PRETENDIAM PRODUZIR ALGUM TIPO DE PROVA – CERCEAMENTO DE DEFESA CONFIGU-

RADO - SENTENÇA ANULADA. O julgamento antecipado da lide, sem dar oportunidade de produção de provas configura inequívoco cerceamento do direito constitucional à ampla defesa e ao contraditório, delineado no art. 5º, inciso LV, da CR/88, mormente quando o Magistrado se baseia em documentos dos quais não teve vista a parte contrária. (TJ-MG; AC 10701150161175001 MG; 16ª Câmara Cível; Rel. Marcos Henrique Caldeira Brant; Julg. 01/11/2017; Data de Publicação: 10/11/2017)

✓ MONITÓRIA. CHEQUE. Interrupção do prazo prescricional pelo ajuizamento de demanda pelo devedor, em que discutida a relação jurídica que fundamenta o saque do título de crédito objeto do pedido monitório. Prazo prescricional quinquenal não ultrapassado. Nulidade processual não verificada. Intimação das partes para especificação de provas. Ciência dos atos e termos do processo. Autenticidade da prova documental acostada aos autos não impugnada. Incidente de falsidade não suscitado. Prejuízo ao recorrente não evidenciado. Demonstração da causa debendi. Pagamento da obrigação não comprovado. Exigibilidade do débito configurada. Sentença mantida. RECURSO DESPROVIDO. (TJ-SP 10082209620158260566; SP; 35ª Câmara Extraordinária de Direito Privado; Rel. Afonso Bráz; Julg. 29/09/2017; Data de Publicação: 29/09/2017)

✓ APELAÇÃO CÍVEL - DIREITO CIVIL - DIREITO DE PREFERÊNCIA - CESSÃO DIREITOS ANTES AJUIZAMENTO AÇÃO - DOCUMENTO NOVO - JUNTADA - AUSÊNCIA DE VISTA - ILEGITIMIDADE ATIVA - EXTINÇÃO PROCESSO - INEXISTÊNCIA DE CERCEAMENTO - AUSÊNCIA DE ALEGAÇÃO DE QUALQUER FATO MODIFICADOR DA SITUAÇÃO OU EM RELAÇÃO AO DOCUMENTO - MANUTENÇÃO SENTENÇA. - É cediço que do documento novo carreado aos autos pela parte deve ser dada vista a parte contrária para se manifestar, sob pena de se apurar cerceamento de defesa. - Não há que se falar em cerceamento de defesa quando o documento novo juntado não tenha sido em momento algum impugnado pela parte contrária, ainda que em sede de recurso de apelação, quando a parte se limita a questionar o cerceamento de defesa, não trazendo qualquer fato que pudesse alterar o resultado do processo, caracterizando por possível tentativa de procrastinar o final do processo. - É ilegítima a parte que demanda por direito que considera ter se ao tempo do ajuizamento da ação já havia sido cedido a outrem. (TJ-MG; AC 10005100031789001 MG; 11ª Câmara Cível; Rel. Alexandre Santiago; Julg. 25/01/2017; Data de Publicação: 31/01/2017)

I – impugnar a admissibilidade da prova documental;

II – impugnar sua autenticidade;

III – suscitar sua falsidade, com ou sem deflagração do incidente de arguição de falsidade;

IV – manifestar-se sobre seu conteúdo.

Parágrafo único. Nas hipóteses dos incisos II e III, a impugnação deverá basear-se em argumentação específica, não se admitindo alegação genérica de falsidade.

Art. 437. O réu manifestar-se-á na contestação sobre os documentos anexados à inicial, e o autor manifestar-se-á na réplica sobre os documentos anexados à contestação.

Cientificação da parte para se manifestar sobre documentos encartados:

✓ E M E N T A - RECURSO DE APELAÇÃO - DECLARATÓRIA DE INEXISTÊNCIA DE DÉBITO CUMULADA COM COMPENSAÇÃO POR DANOS MATERIAIS E MORAIS - AUSÊNCIA DE INTIMAÇÃO DA AUTORA PARA IMPUGNAR CONTESTAÇÃO - NECESSIDADE DE PROVA PERICIAL - SENTENÇA ANULADA - RECURSO PREJUDICADO. 1. É imprescindível a intimação da autora para impugnar as alegações do réu em sede de contestação (art. 437 do CPC), bem como é necessária a intimação da autora para se manifestar sobre os fatos extintivos de seu direito suscitados pelo réu (art. 350 do CPC). 2. Inexistência de elementos para manutenção ou reforma da sentença, ante a ausência de prova pericial para o deslinde da controvérsia sobre a veracidade da assinatura contida no comprovante de débito apresentado. Sentença anulada, de ofício. Recurso prejudicado. (TJ-MS; APL: 08253658820158120001 MS; 2ª Câmara Cível; Rel. Des. Vilson Bertelli; Julg. 14/12/2016; Data de Publicação: 15/12/2016)

✓ CARTÃO DE CRÉDITO CONSIGNADO - Ação visando à desconstituição do ajuste, além de indenização por danos materiais e morais - Sentença de improcedência - Recurso do autor - ERROR IN PROCEDENDO - A parte deve ser intimada para manifestar-se sobre novo documento juntado aos autos - A prolação de sentença sem a intimação da parte para tal manifestação, com relação a documento relevante para o deslinde do feito, constitui cerceamento de defesa - Anulação da sentença que se impõe - Sentença anulada - RECURSO PROVIDO. (TJ-SP 10006400720178260352; SP; 38ª Câmara de Direito Privado; Rel. Spencer Almeida Ferreira; Julg. 17/11/2017; Data de Publicação: 17/11/2017)

§ 1º Sempre que uma das partes requerer a juntada de documento aos autos, o juiz ouvirá, a seu respeito, a outra parte, que disporá do prazo de 15 (quinze) dias para adotar qualquer das posturas indicadas no art. 436.

Quanto a necessidade de cientificação da parte para se manifestar sobre documento anexado ao processo:

✓ APEÇÃO CÍVEL – AÇÃO DECLARATÓRIA DE INEXISTÊNCIA DE NEGÓCIO C/C REPETIÇÃO DE INDÉBITO E INDENIZAÇÃO POR DANOS MORAIS – DOCUMENTO NOVO JUNTADO PELA PARTE RÉ – AUSÊNCIA DE OITIVA DA PARTE AUTORA E DE OPORTUNIDADE PARA PRODUÇÃO DE CONTRAPROVA – PREJUÍZO AO CONTRADITÓRIO. Apresentados novos documentos, considerados determinantes na sentença para o desfecho do processo, é imperioso o contraditório prévio, dando-se oportunidade para manifestação/impugnação e, caso requerido, produção de contraprova a respeito, sob pena de nulidade. (TJ-MG; AC 10394130069138001 MG; 12ª Câmara Cível; Rel. José Augusto Lourenço dos Santos; Julg. 22/06/2017; Data de Publicação: 28/06/2017)

✓ APELAÇÃO – AÇÃO DECLARATÓRIA DE INEXIGIBILIDADE DE DÉBITO c/c INDENIZATÓRIA – CERCEAMENTO DE DEFESA – Ocorrência – Descabimento do julgamento antecipado da lide – Apresentação de novos documentos com a réplica – Necessidade de observância do contraditório, nos termos do art. 437, § 1º do CPC – Por não ter sido oportunizada à parte contrária a possibilidade de se manifestar sobre estes documentos, impõe-se a nulidade da r. sentença – Restituição dos autos à Vara de origem – Recurso provido. (TJ-SP; 10539803220168260114; SP; 25ª Câmara de Direito Privado; Rel. Hugo Crepaldi; Julg. 11/12/2017; Data de Publicação: 11/12/2017)

✓ APELAÇÃO CÍVEL. DIREITO PRIVADO NÃO ESPECIFICADO. AÇÃO MONITÓRIA. CERCEAMENTO DE DEFESA. CONFIGURAÇÃO. Julgamento de procedência da lide fundamentado com base em documentos em relação aos quais não foi oportunizada a manifestação da apelante. Violação do artigo 437, § 1º, do NCPC. Cerceamento de defesa caracterizado. Sentença desconstituída. DERAM PROVIMENTO AO RECURSO. UNÂNIME. (TJ-RS; Apelação Cível 70073515991; Décima Oitava Câmara Cível; Rel. Marlene Marlei de Souza; Julg. 29/08/2017).

✓ APELAÇÃO CÍVEL. AÇÃO CONDENATÓRIA. PEDIDO DE DEVOLUÇÃO DE NUMERÁRIO INVESTIDO NA TELEXFREE. SENTENÇA TERMINATIVA. RECONHECIMENTO DA LITISPENDÊNCIA. RECURSO DO AUTOR. ALEGADA NÃO CONFIGURAÇÃO DA LITISPENDÊNCIA. SUBSISTÊNCIA. AUSÊNCIA DE PROVAS DA IDENTIDADE DA CAUSA DE PEDIR. COLACIONADA AOS AUTOS TÃO SOMENTE A INICIAL DESACOMPANHADA DE DOCUMENTAÇÃO DO FEITO PRETÉRITO. PEDIDOS CONDENATÓRIOS DE VALORES DISTINTOS. IMPOSSIBILIDADE DE AFERIÇÃO CONCRETA, POR ORA, DA TRÍPLICE IDENTIDADE DAS DEMANDAS. NÃO RESPEITADO, OUTROSSIM, O PRINCÍPIO DO CONTRADITÓRIO SUBSTANCIAL. EXTINÇÃO DO FEITO SEM PRÉVIA OITIVA DA PARTE AUTORA ACERCA DO CONTEÚDO DOS DOCUMENTOS JUNTADOS APÓS A CONTESTAÇÃO. SENTENÇA CASSADA. RECURSO CONHECIDO E PROVIDO. (TJ-SC; AC 03021066020158240075 Tubarão; Sexta Câmara de Direito Civil; Rel. Denise Volpato; Julg. 31/10/2017,)

✓ APELAÇÃO CÍVEL. EMBARGOS À EXECUÇÃO. CERCEAMENTO DE DEFESA. CONFIGURAÇÃO. Ordenada a remessa de documentos ao Ministério Público para apuração de eventual crime de falso testemunho quando do julgamento de improcedência dos embargos à execução. Em razão de não ter sido oportunizada ao apelante a manifestação acerca dos referidos documentos, juntados pela recorrida em sede de memoriais, resta caracterizado o cerceamento de defesa. Violação do artigo 437, § 1º, do NCPC. Sentença desconstituída. DERAM PROVIMENTO AO RECURSO. UNÂNIME (TJ-RS; Apelação Cível 70074287061; Décima Oitava Câmara Cível; Rel. Marlene Marlei de Souza; Julg. 23/11/2017).

✓ APELAÇÃO CÍVEL E RECURSO ADESIVO. AÇÃO DE OBRIGAÇÃO DE FAZER CUMULADA COM PEDIDO DE INDENIZAÇÃO POR DANOS MORAIS. PROCEDENTE NA ORIGEM. INSURGÊNCIA DO BANCO. ADESÃO DA PARTE AUTORA. PRELIMINAR. NULIDADE PROCESSUAL. DANOS MORAIS EDIFICADOS NA PEÇA PORTAL EM COBRANÇA VEXATÓRIA E MENSAGENS DE CELULAR INOPORTUNAS. CONDENAÇÃO EM RAZÃO DA INSCRIÇÃO DO NOME DA PARTE EM CADASTRO DE RESTRIÇÃO DE CRÉDITO, COM BASE EM DOCUMENTOS ACOSTADOS ANTES DA SENTENÇA, OS QUAIS SEQUER FORA OPORTUNIZADO AO BANCO PRAZO PARA MANIFESTAÇÃO. OFENSA AO PRINCÍPIO DA CONGRUÊNCIA, DO CONTRADITÓRIO E DA AMPLA DEFESA. PROCESSO NULO DESDE O ATO COMPOSITIVO DA LIDE. PREJUÍZO LATENTE. NULIDADE INSANÁVEL. RECURSO PROVIDO. (TJ-SC; AC 03045753820168240045 Palhoça; Primeira Câmara de Direito Comercial; Rel. Guilherme Nunes Born; Julg. 05/10/2017)

✓ APELAÇÃO CÍVEL. AÇÃO REVISIONAL DE ALIMENTOS. INSURGÊNCIA DA AUTORA. ALEGADO CERCEAMENTO DE DEFESA. OCORRÊNCIA. AUSÊNCIA DE INTIMAÇÃO QUANTO AOS DOCUMENTOS JUNTADOS EM IMPUGNAÇÃO À CONTESTAÇÃO. INTELIGÊNCIA DO ARTIGO 437, § 1º, DO CÓDIGO DE PROCESSO CIVIL/2015. DECISÃO QUE, POR SE BASEAR EM PROVA ACERCA DA QUAL A RECORRENTE NÃO FOI INTIMADA A SE MANIFESTAR, CARACTERIZA OFENSA AO PRINCÍPIO DO CONTRADITÓRIO SUBSTANCIAL (ARTS. 9º E 10º DO CPC/2015). ADEMAIS, RECORRENTE QUE POSTULOU A PRODUÇÃO DE TODOS OS MEIOS DE PROVA, OITIVA DE TESTEMUNHAS E DEPOIMENTO PESSOAL DO REQUERIDO. NECESSIDADE DE INSTRUÇÃO DO FEITO QUE SE IMPÕE. GARANTIA DO ACESSO À JUSTIÇA. DIREITO À AMPLA DEFESA E AO CONTRADITÓRIO. SENTENÇA CASSADA. RECURSO PROVIDO. (TJ-SC; AC 03015541520168240058 São Bento do Sul; Sexta Câmara de Direito Civil; Rel. André Luiz Dacol; Julg. 07/11/2017,)

✓ APELAÇÃO CÍVEL E RECURSO ADESIVO. AÇÃO DE OBRIGAÇÃO DE FAZER CUMULADA COM PEDIDO DE INDENIZAÇÃO POR DANOS MORAIS. PROCEDENTE NA ORIGEM. INSURGÊNCIA DO BANCO. ADESÃO DA PARTE AUTORA. PRELIMINAR. NULIDADE PROCESSUAL. DANOS MORAIS EDIFICADOS NA PEÇA PORTAL EM COBRANÇA VEXATÓRIA E MENSAGENS DE CELULAR INOPORTUNAS. CONDENAÇÃO EM RAZÃO DA INSCRIÇÃO DO NOME DA PARTE EM CADASTRO DE RESTRIÇÃO DE CRÉDITO, COM BASE EM DOCUMENTOS ACOSTADOS ANTES DA SENTENÇA, OS QUAIS SEQUER FORA OPORTUNIZADO AO BANCO PRAZO PARA MANIFESTAÇÃO. OFENSA AO PRINCÍPIO DA CONGRUÊNCIA, DO CONTRADITÓRIO E DA AMPLA DEFESA. PROCESSO NULO DESDE O ATO COMPOSITIVO DA LIDE. PREJUÍZO LATENTE. NULIDADE INSANÁVEL. RECURSO PROVIDO. (TJ-SC; AC 03045753820168240045 Palhoça 0304575-38.2016.8.24.0045; Primeira Câmara de Direito Comercial; Rel. Guilherme Nunes Born; Julg. 05/10/2017)

✓ APELAÇÃO CÍVEL. NEGÓCIOS JURÍDICOS BANCÁRIOS. AÇÃO DE INDENIZAÇÃO. NULIDADE DA SENTENÇA. Não configurada a nulidade da sentença, por violação ao art. 398 do CPC/1973, pois a autora teve a oportunidade de se manifestar sobre os documentos apresentados pelo réu na contestação, deixando transcorrer in albis o prazo para manifestação. Ademais, não demonstrou interesse na produção de provas, mesmo intimada para tanto. APELAÇÃO IMPROVIDA. (TJ-RS; Apelação Cível 70066922790; Décima Primeira Câmara Cível; Rel. Luiz Roberto Imperatore de Assis Brasil; Julg. 18/05/2016).

✓ AGRAVO DE INSTRUMENTO. Determinada a sujeição do crédito à recuperação judicial da empresa agravada. Não oportunizada a manifestação da agravante quanto aos documentos que fundamentaram a decisão. Decisão anulada. Recurso provido. (TJ-SP; AI 21285470520158260000; SP; 2ª Câmara de Direito Privado; Rel. José Joaquim dos Santos; Julg. 05/04/2016, , Data de Publicação: 07/04/2016)

§ 2º Poderá o juiz, a requerimento da parte, dilatar o prazo para manifestação sobre a prova documental produzida, levando em consideração a quantidade e a complexidade da documentação.

→ *v.* Art. 139, VI, do NCPC.

→ *v.* Enunciado 107 do FPPC: O juiz pode, de ofício, dilatar o prazo para a parte se manifestar sobre a prova documental produzida.

Art. 438. O juiz requisitará às repartições públicas, em qualquer tempo ou grau de jurisdição:

I – as certidões necessárias à prova das alegações das partes;

→ *v.* Art. 5º, XXXIV, **b**, da CF/1988.

Possibilidade de o juízo requisitar informações:

✓ AGRAVO DE INSTRUMENTO. REVISIONAL DE ALIMENTOS C/C REGULAMENTAÇÃO DE VISITAS. DECISÃO INTERLOCUTÓRIA QUE INDEFERE AS TUTELAS DE URGÊNCIA PLEITEADAS E A EXPEDIÇÃO DE OFÍCIO À JUCESC, DEFERINDO APENAS EM PARTE A GRATUIDADE JUDICIÁRIA AO AUTOR. I. ALIMENTOS. MAJORAÇÃO PERTINENTE. AUMENTO PRESUMIDO DAS NECESSIDADES ANTE O TRANSCURSO DE LONGO LAPSO TEMPORAL DESDE A PRIMITIVA FIXAÇÃO DO ENCARGO. PROVAS JÁ PRODUZIDAS QUE DENOTAM A CAPACIDADE ECONÔMICA DO ALIMENTANTE, AINDA QUE DESCONHECIDOS, POR ORA, A TOTALIDADE DOS SEUS RENDIMENTOS. EXASPERAÇÃO AGASALHADA EM EXTENSÃO MENOR DO QUE A REQUERIDA. II. VISITAS. REGULAMENTAÇÃO NECESSÁRIA. DIREITO DO MENOR DE CONVIVER COM O ASCENDENTE, AINDA QUE TENHA SIDO ELE RECONHECIDO COMO TAL EM INVESTIGASTÓRIA DE PATERNIDADE. INTERESSE, ADEMAIS, MANIFESTADO RECIPROCAMENTE PELAS PARTES. INSTITUIÇÃO DO REGIME DE VISITAÇÃO QUE É, SOBRETUDO, FORMA DE ESTIMULAR O DESENVOLVIMENTO DOS LAÇOS PATERNO-FILIAIS. III. EXPEDIÇÃO DE OFÍCIO À JUNTA COMERCIAL. PERTINÊNCIA. IMPOSSIBILIDADE MATERIAL DO AUTOR EM OBTER A PROVA DE FORMA ADMINISTRATIVA. VULTOSIDADE DAS DESPESAS ORIUNDAS DO REQUERIMENTO DOS DOCUMENTOS, FRENTE AO VALOR DOS ALIMENTOS PERCEBIDOS, QUE JUSTIFICA O ACOLHIMENTO DA PRETENSÃO. INCIDÊNCIA DO ART. 438, I, DA LEI PROCESSUAL CIVIL. IV. GRATUIDADE JUDICIÁRIA. DEFERIMENTO APENAS PARCIAL. POSSIBILIDADE ESTEADA NO ART. 98, § 5º, CPC/15. MAJORAÇÃO DO ENCARGO ALIMENTAR QUE POSSIBILITA AO AUTOR FAZER FRENTE À PARTE DAS DESPESAS PROCESSUAIS. RECURSO CONHECIDO E PARCIALMENTE PROVIDO. (TJ-SC; AI 40116082520168240000 Gaspar; Primeira Câmara de Direito Civil; Rel. Jorge Luis Costa Beber; Julg. 21/09/2017)

✓ GRATUITA DA JUSTIÇA. Benefício que abrange também as custas extrajudiciais para obtenção de certidões. Art. 9º II, Lei Estadual 11.331/02. Precedentes. Art. 98 § 1º IX e 438 I CPC/15. O Juízo deverá determinar a expedição dos ofícios requeridos, sem custos para o inventariante ou espólio. Recurso provido. (TJ-SP 21909662720168260000; SP; 4ª Câmara de Direito Privado; Rel. Teixeira Leite; Julg. 10/08/2017; Data de Publicação: 10/08/2017)

✓ Agravo de Instrumento. Insurgência contra decisão que determinou a citação por edital Citação editalícia que deve ser precedida do esgotamento dos meios de localização do réu. Informações do oficial de justiça de que a localização do réu é certa, atualmente residindo com seus genitores. É admissível ao magistrado a requisição às repartições públicas de informações necessárias à instrução processual (art. 438 do CPC/15). Agravo provido. (TJ-SP; AI

20186437920178260000; SP; 7ª Câmara de Direito Privado; Rel. Rômolo Russo; Julg. 26/04/2017; Data de Publicação: 26/04/2017)

✓ DECISÃO: ACORDAM os Senhores Desembargadores integrantes da Quinta Câmara Cível do Tribunal de Justiça do Estado do Paraná, por unanimidade de votos, em não acolher os Embargos de Declaração opostos por JULIANA GUIMARÃES PIMENTEL. EMENTA: EMBARGOS DE DECLARAÇÃO. AGRAVO DE INSTRUMENTO. AÇÃO CIVIL PÚBLICA POR ATO DE IMPROBIDADE ADMINISTRATIVA.ELEMENTOS DOS AUTOS QUE INDICAM A NECESSIDADE DE AFASTAMENTO DA SERVIDORA. TENTATIVA DA ADMINISTRAÇÃO DE NOMEÁ-LA EM OUTRO CARGO. PETIÇÃO DA PREFEITA MUNICIPAL DEFENDENDO A ATUAÇÃO DA SERVIDORA. CLARA POSSIBILDADE DE INFLUÊNCIA DA AGRAVADA NO ÂMBITO ADMINISTRATIVO. PROVA DOCUMENTAL QUE PODE SER OBTIDA NO CURSO DO PROCESSO, TANTO PELAS PARTES OU PELO PRÓPRIO JUIZ (ART. 435 C/C438, AMBOS DO CPC), O QUE DEMONSTRA A NECESSIDADE DE MANUTENÇÃO DO AFASTAMENTO. AUSÊNCIA DAS HIPÓTESES PREVISTAS NO ART. 1.022 E SEGUINTES DO CPC PARA OPOSIÇÃO DOS EMBARGOS DE DECLARAÇÃO. NÍTIDA TENTATIVA DE REDISCUSSÃO DA MATÉRIA. 1. Como frisado no voto embargado, a servidora possui clara influência no âmbito administrativo municipal, pois mesmo tendo sido determinado seu afastamento das funções relacionadas com licitações, em ação judicial paralela, houve tentativa da municipalidade de mantê-la na administração, só que agora em outro cargo com status administrativo equivalente.3. A influência da servidora também pode ser constatada pela petição da Exma. Sr.ª Prefeita, em que a Mandatária ressalta as qualidades da agravada e seu conhecimento na área, na tentativa de justificar sua manutenção na administração municipal.4. Mesmo que a embargante afirme que eventual influência na coleta de testemunho pode ocorrer independentemente do exercício da função pública, certamente o alto nível hierárquico do cargo investigado repercute na prova testemunhal, o que reforça a manutenção de seu afastamento.5. Portanto, como já consignado no voto recorrido, o afastamento da servidora faz-se necessário no caso em tela diante dos fatos e ações da agravada, pois como já decidiu o STJ: "(...) A situação de excepcionalidade não se configura sem a demonstração de um comportamento do agente público que importe efetiva ameaça à instrução do processo." (STJ; REsp 993065; ES; Primeira Turma; Rel. Teori Albino Zavascki; Julg. 26/02/2008; DJe 12/03/2008) EMBARGOS DE DECLARAÇÃO NÃO ACOLHIDOS. (TJPR; EDC 1422085-6/01 - Marmeleiro; - 5ª C. Cível; Rel. Nilson Mizuta; Unânime; Julg.11.10.2016)

✓ AGRAVO DE INSTRUMENTO. DIREITO TRIBUTÁRIO. IMPOSTOS. IPTU. EXECUÇÃO FISCAL. CONSULTA DE SISTEMAS DO INFOJUD E RENAJUD PARA OBTENÇÃO DE DADOS RELACIONADOS AO ÓBITO DA EXECUTADA. EXCEPCIONALIDADE DEMONSTRADA. A expedição de ofício aos órgãos de praxe e utilização dos sistemas judiciais colocados à disposição como Infodud e Renajud é medida excepcional. Hipótese em que o credor comprovou ter esgotado as diligências possíveis no sentido de identificar maiores informações relacionadas ao óbito da executada, viabilizando o deferimento da medida. AGRAVO DE INSTRUMENTO PROVIDO. (TJ-RS; Agravo de Instrumento 70074430398; Primeira Câmara Cível; Rel. Newton Luís Medeiros Fabrício; Julg. 13/09/2017).

✓ EMENTA - AGRAVO DE INSTRUMENTO. CUMPRIMENTO DE SENTENÇA. DECISÃO QUE NEGOU A EXPEDIÇÃO DE OFÍCIO À RECEITA FEDERAL POR MEIO DO SISTEMA INFOJUD - ESGOTAMENTO DE DILIGÊNCIAS CABÍVEIS - POSSIBILIDADE. RECURSO CONHECIDO E PROVIDO. Consoante entendimento no Superior Tribunal de Justiça, é possível a realização de consulta ao sistema Infojud, desde que comprovado o esgotamento de tentativas de obtenção dos dados na via extrajudicial. (TJ-MS; AI 14042139820168120000 MS; 4ª Câmara Cível; Rel. Des. Odemilson Roberto Castro Fassa; Julg. 10/08/2016; Data de Publicação: 15/08/2016)

✓ AGRAVO DE INSTRUMENTO - AÇÃO DE COBRANÇA - Fase de cumprimento de sentença. Pretensão de determinar a realização de pesquisa de bens via Infojud. ADMISSIBILIDADE: A pesquisa de bens pelo sistema Infojud é diligência que deve ser determinada pelo Poder Judiciário diante da impossibilidade de obtenção de informações pelas vias administrativas em razão do sigilo fiscal. Decisão reformada. RECURSO PROVIDO. (TJ-SP; AI 20556544520178260000; SP; 37ª Câmara de Direito Privado; Rel. Israel Góes dos Anjos; Julg. 25/04/2017; Data de Publicação: 27/04/2017)

✓ AGRAVO DE INSTRUMENTO - CUMPRIMENTO DE SENTENÇA -Reiteração do pedido de bloqueio de valores pelo sistema "Bacenjud". - ADMISSIBILIDADE: Medida cabível considerando-se o lapso de tempo decorrido da primeira tentativa de bloqueio. Decisão reformada. RECURSO PROVIDO. (TJ-SP; AI 21451329820168260000; SP; 37ª Câmara de Direito Privado; Rel. Israel Góes dos Anjos; Julg. 20/09/2016; Data de Publicação: 20/09/2016)

✓ AGRAVO DE INSTRUMENTO - EXECUÇÃO DE TÍTULO EXTRAJUDICIAL - BACENJUD - Pedido de arresto "on line". INADMISSIBILIDADE: Ausência dos requisitos necessários - Artigo 830 do novo CPC. Não comprovação da tentativa frustrada de citação. AGRAVO DE INSTRUMENTO -Pedido de pesquisa de bens via "Infojud". ADMISSIBILIDADE: Trata-se de diligência que deve ser determinada pelo Poder Judiciário diante da impossibilidade de obtenção de informações pelas vias administrativas em razão do sigilo fiscal e bancário. Pedido inserido no poder instrutório do magistrado. SISTEMA RENAJUD - Pedido de pesquisa de bens via "Renajud" - NÃO CONHECIMENTO: A pretensão recursal não merece ser conhecida nessa parte, devido à ausência de interesse, porque o nobre magistrado já decidiu a questão em favor do banco agravante. RECURSO

PARCIALMENTE PROVIDO NA PARTE CONHECIDA. (TJ-SP; AI 21738787320168260000; SP; 37ª Câmara de Direito Privado; Rel. Israel Góes dos Anjos; Julg. 20/09/2016; Data de Publicação: 20/09/2016)

Providências a cargo da parte que não podem ser solicitadas pelo juízo:

✓ Agravo de instrumento. Monitória. Decisão que indeferiu requerimento do Município autor para oficiar aos órgãos mantenedores dos cadastros de inadimplentes para incluir o nome da devedora. Providência de interesse da parte e que a ela compete, não estando entre as previstas no art. 438 e seus incisos do novo C.P.C. Precedente deste Tribunal de Justiça. Desprovimento do recurso. (TJ-RJ; AI 00615348120168190000 Rio de Janeiro, Angra Dos Reis; 2ª Vara Cível; Nona Câmara Cível; Rel. Gilberto Dutra Moreira; Julg. 28/03/2017; Data de Publicação: 30/03/2017)

II – os procedimentos administrativos nas causas em que forem interessados a União, os Estados, o Distrito Federal, os Municípios ou entidades da administração indireta.

→ *v.* Art. 41, parágrafo único, da Lei 6.830/1980.

→ *v.* Decreto 70.235/1972 – Dispõe sobre o processo administrativo fiscal.

§ 1º Recebidos os autos, o juiz mandará extrair, no prazo máximo e improrrogável de 1 (um) mês, certidões ou reproduções fotográficas das peças que indicar e das que forem indicadas pelas partes, e, em seguida, devolverá os autos à repartição de origem.

§ 2º As repartições públicas poderão fornecer todos os documentos em meio eletrônico, conforme disposto em lei, certificando, pelo mesmo meio, que se trata de extrato fiel do que consta em seu banco de dados ou no documento digitalizado.

Seção VIII
Dos Documentos Eletrônicos

Art. 439. A utilização de documentos eletrônicos no processo convencional dependerá de sua conversão à forma impressa e da verificação de sua autenticidade, na forma da lei.

v. Enunciado 636 do FPPC: As conversas registradas por aplicativos de mensagens instantâneas e redes sociais podem ser admitidas no processo como prova, independentemente de ata notarial.

Sobre a utilização de documentos eletrônicos:

✓ EMBARGOS DE DECLARAÇÃO. PRESTAÇÃO DE CONTAS DE CANDIDATO. PRELIMINAR DE INTEMPESTIVIDADE. ASSINATURA DIGITAL EM DOCUMENTO FÍSICO. IMPOSSIBILIDADE DE VERIFICAÇÃO DE SUA AUTENTICIDADE. APLICAÇÃO DO ART. 932, PARÁGRAFO ÚNICO DO CPC. 1. O Recurso foi protocolado pessoalmente de forma física, mas com assinatura digital, cuja autenticidade não pode ser aferida após a impressão. 2. Considerando que o recurso foi protocolado dentro do prazo, deve ser aplicado o art. 932, parágrafo único, do NCPC a fim de que o Embargante seja intimado para apresentar a peça recursal devidamente assinada, evitando-se o que outrora se denominava de jurisprudência defensiva, muito criticada, data venia, pelos grandes processualistas modernos, ensejando um efetivo acesso à ordem jurídica justa através do respeito ao duplo grau de jurisdição. (TRE-TO; RE 40646 NATIVIDADE; Rel. Agenor Alexandre da Silva; Julg. 22/05/2017, Data de Publicação: DJE 24/05/2017; Pág. 3)

✓ APELAÇÃO CÍVEL. EMBARGOS À EXECUÇÃO DE TÍTULO EXTRAJUDICIAL. CONTRATO DE LOCAÇÃO. RUPTURA AMIGÁVEL DO CONTRATO, COM EXCLUSÃO DA MULTA PELA EMBARGADA, ORA APELANTE, AJUSTADA POR MEIO DE CORREIO ELETRÔNICO. IRRESIGNAÇÃO DA EMBARGADA. 1. Ao contrário do defendido pela Embargada, ora Apelante, a sentença não desconsiderou o contrato de locação como título executivo extrajudicial, tanto que fixou o valor da Execução em R$ 1.523,26, correspondentes ao saldo de 14 dias de aluguel inadimplido. 2. No mundo altamente conectado e virtual em que hoje nos encontramos, as mensagens eletrônicas alçaram valor probante, consoante farta jurisprudência pátria nessa direção, tanto que o tema foi objeto de disposição normativa no novo CPC. 3. Art. 425, inc. V, 439, 440 e 441 da Lei nº 13.105, de 16/03/15. 4. A Embargada, ora Apelante, não nega a existência dos e-mails acostados aos autos, embora a eles empreste valor de mera tratativa. 5. Infere-se do teor das mensagens eletrônicas que a pintura do imóvel a cargo dos Embargantes, ora Apelados, não foi contrapartida à renúncia da multa pela Embargada, ora Apelante. Na realidade, os Embargantes, ora Apelados, pretendiam compensar despesas referentes a benfeitorias no imóvel com a pintura exigida pela Embargada, ora Apelante. 6. Correta a sentença ao decotar a multa contratual do valor exequendo, visto que a renúncia àquela parcela já havia sido ajustada entre as partes na ruptura amigável do contrato de locação. 7. A irresignação dos Embargantes quanto ao saldo de 14 dias correspondentes ao aluguel inadimplido e ao quantum devido a título de honorários de sucumbência não podem ser apreciadas, visto que deveriam ter sido deduzidas em Apelação, recurso próprio para tanto. 8. Sentença mantida. NEGADO PROVIMENTO AO RECURSO. (TJ-RJ; APL 00232052820118190209 Rio de Janeiro, Barra da Tijuca, Regional; 7ª Vara Cível, Décima Primeira Câmara Cível; Rel. Fernando Cerqueira Chagas; Julg. 24/06/2015; Data de Publicação: 29/06/2015)

Art. 440. O juiz apreciará o valor probante do documento eletrônico não convertido, assegurado às partes o acesso ao seu teor.

→ v. Enunciado 636 do FPPC: As conversas registradas por aplicativos de mensagens instantâneas e redes sociais podem ser admitidas no processo como prova, independentemente de ata notarial.

Eficácia probatória dos documentos eletrônicos:

✓ DECISÃO: ACORDAM os integrantes da Décima Oitava Câmara Cível do Tribunal de Justiça do Paraná, por unanimidade, em negar provimento ao agravo de instrumento, nos termos do voto do relator. EMENTA: AGRAVO DE INSTRUMENTO. FASE DE CUMPRIMENTO DE SENTENÇA. PRELIMINAR. INTERPOSIÇÃO DE RECURSO CONTRA DECISÃO INTERLOCUTÓRIA. CABIMENTO. ART. 203, § 2º DO CPC.PRECLUSÃO CONSUMATIVA. INOCORRÊNCIA. QUESTÃO A SER APURADA EM SEDE DE LIQUIDAÇÃO DE SENTENÇA. Ausente a preclusão consumativa, pois disposto em acórdão que a exibição do documento de venda do bem ocorreria em sede de liquidação de sentença. PRECLUSÃO PRO JUDICATO. INOCORRÊNCIA. QUESTÃO PROBATÓRIA. DOCUMENTO. AUTÊNTICO E COM FORÇA PROBATÓRIA. ART. 440, DO CPC. PROVA DA ALIENAÇÃO DO VEÍCULO. VALOR REAL. INAPLICABILIDADE DA TABELA FIPE. Desnecessário o reconhecimento da firma do signatário por tabelião, quando possibilitada a prova da autenticidade por outros meios. Cabe ao juiz apreciar o valor probante do documento eletrônico não convertido, assegurado às partes o acesso ao seu teor, nos termos do art. 440, do CPC. Recurso não provido. (TJPR - 18ª C. Cível - AI - 1585520-2 - Região Metropolitana de Maringá - Foro Central de Maringá - Rel. Pericles Bellusci de Batista Pereira; Unânime; Julg.14.12.2016)

✓ APELAÇÃO CÍVEL. EMBARGOS À EXECUÇÃO DE TÍTULO EXTRAJUDICIAL. CONTRATO DE LOCAÇÃO. RUPTURA AMIGÁVEL DO CONTRATO, COM EXCLUSÃO DA MULTA PELA EMBARGADA, ORA APELANTE, AJUSTADA POR MEIO DE CORREIO ELETRÔNICO. IRRESIGNAÇÃO DA EMBARGADA. 1. Ao contrário do defendido pela Embargada, ora Apelante, a sentença não desconsiderou o contrato de locação como título executivo extrajudicial, tanto que fixou o valor da Execução em R$ 1.523,26, correspondentes ao saldo de 14 dias de aluguel inadimplido. 2. No mundo altamente conectado e virtual em que hoje nos encontramos, as mensagens eletrônicas alçaram valor probante, consoante farta jurisprudência pátria nessa direção, tanto que o tema foi objeto de disposição normativa no novo CPC. 3. Art. 425, inc. V, 439, 440 e 441 da Lei nº 13.105, de 16/03/15. 4. A Embargada, ora Apelante, não nega a existência dos e-mails acostados aos autos, embora a eles empreste valor de mera tratativa. 5. Infere-se do teor das mensagens eletrônicas que a pintura do imóvel a cargo dos Embargantes, ora Apelados, não foi contrapartida à renúncia da multa pela Embargada, ora Apelante. Na realidade, os Embargantes, ora Apelados, pretendiam compensar despesas referentes a benfeitorias no imóvel com a pintura exigida pela Embargada, ora Apelante. 6. Correta a sentença ao decotar a multa contratual do valor exequendo, visto que a renúncia àquela parcela já havia sido ajustada entre as partes na ruptura amigável do contrato de locação. 7. A irresignação dos Embargantes quanto ao saldo de 14 dias correspondentes ao aluguel inadimplido e ao quantum devido a título de honorários de sucumbência não podem ser apreciadas, visto que deveriam ter sido deduzidas em Apelação, recurso próprio para tanto. 8. Sentença mantida. NEGADO PROVIMENTO AO RECURSO. (TJ-RJ; APL 00232052820118190209 Rio de Janeiro, Barra da Tijuca, Regional; 7ª Vara Cível, Décima Primeira Câmara Cível; Rel. Fernando Cerqueira Chagas; Julg. 24/06/2015; Data de Publicação: 29/06/2015)

✓ DIREITO DO CONSUMIDOR. AÇÃO DE COBRANÇA. CONTRATO ELETRÔNICO. ALEGADA AUSÊNCIA DOS TERMOS DO CONTRATO DE ADESÃO. ÔNUS DA PROVA. INVERSÃO. POSSIBILIDADE TECNOLÓGICA DE COMPROVAÇÃO. CONFIGURADA. NÃO IMPLEMENTADA. TERMO GERAL DO CONTRATO DE MÚTUO. INEXISTÊNCIA. ELEMENTOS PROBANTES. AUSÊNCIA. DEVER DE REGISTRO DOS ATOS PRATICADOS. COMPROMISSO DE TRANSPARÊNCIA E DE INFORMAÇÃO. INCIDÊNCIA. CAPITALIZAÇÃO MENSAL DE JUROS. AUSÊNCIA DE PACTUAÇÃO EXPRESSA. VEDADA. SENTENÇA REFORMADA. MAJORAÇÃO DA SUCUMBÊNCIA. 1. Serviços prestados por instituição bancária estão sob guarda do Código de Defesa do Consumidor, Súmula n. 297 do STJ. 2. O contrato eletrônico é de mesma espécie do contrato tradicional, não se tratando de uma nova modalidade de contratação, divergindo apenas em sua forma, pois possui os mesmos requisitos para a sua validade jurídica. 3. O documento digital deve atender aos requisitos de identificação, autenticação, impedimento de rejeição, verificação e integridade, privacidade e aos princípios da neutralidade e da perenidade das normas reguladoras do ambiente digital, conservação e aplicação das normas jurídicas existentes aos contratos eletrônicos, boa fé objetiva e figura do iniciador. 4. O contrato celebrado eletronicamente de forma interativa é de adesão, mesmo que possua lacunas e opções sistêmicas de adequação aos requisitos do aderente, pois não lhe é ofertado a possibilidade de alteração daquilo que já fora previamente concebido. Como tal, o pacto digital deve ser moldado pelos limites consumeristas específicos. 5. A instituição bancária dispõe de alto poder financeiro e tecnológico, suficientes para implementar mecanismos de auditoria, preservação de registros digitais, recuperação de informações, disponibilização de acesso e transparência dos atos praticados, segurança e autenticidade dos documentos eletrônicos, a ponto de não ser razoável a argumentação de que não havendo assinatura em documento físico, não haveria possibilidade de comprovação de autoria e consentimento dos pactos firmados digitalmente. 6. Comprovando-se o crédito do empréstimo em conta corrente do consumidor, mas não havendo evidências das taxas de juros e demais termos pactuados, nem tampouco da anuência do consumidor para a capitalização dos juros, aplica-se de maneira simples a taxa média de juros do mercado praticada no período. 7. Nos termos do art. 85, §§ 2º e 11 do CPC/2015, o tribunal, ao julgar o recurso, deve elevar o valor dos honorários fixados no 1º grau, a que fica condenada a parte vencida, levando em consideração o zelo profissional, o lugar do serviço, natureza e importância da causa, trabalho e tempo exigido do advogado. 8. Recurso conhecido. Preliminar de gratuidade de Justiça acatada. Apelo provido. Em vista do trabalho adicional realizado em grau de recurso, foi majorada a verba honorária de sucumbência. Unânime. (TJ-DF; 20120111804179 DF; 7ª Turma Cível; Rel. Romeu Gonzaga Neiva; Julg. 19/07/2017; Data de Publicação: DJE: 25/07/2017; Pág. 500-508)

Art. 441. Serão admitidos documentos eletrônicos produzidos e conservados com a observância da legislação específica.

→ *v.* Art. 11 da Lei 11.419/2006.

Admissibilidade dos documentos eletrônicos:

✓ APELAÇÃO CÍVEL. EMBARGOS À EXECUÇÃO DE TÍTULO EXTRAJUDICIAL. CONTRATO DE LOCAÇÃO. RUPTURA AMIGÁVEL DO CONTRATO, COM EXCLUSÃO DA MULTA PELA EMBARGADA, ORA APELANTE, AJUSTADA POR MEIO DE CORREIO ELETRÔNICO. IRRESIGNAÇÃO DA EMBARGADA. 1. Ao contrário do defendido pela Embargada, ora Apelante, a sentença não desconsiderou o contrato de locação como título executivo extrajudicial, tanto que fixou o valor da Execução em R$ 1.523,26, correspondentes ao saldo de 14 dias de aluguel inadimplido. 2. No mundo altamente conectado e virtual em que hoje nos encontramos, as mensagens eletrônicas alçaram valor probante, consoante farta jurisprudência pátria nessa direção, tanto que o tema foi objeto de disposição normativa no novo CPC. 3. Art. 425, inc. V, 439, 440 e 441 da Lei nº 13.105, de 16/03/15. 4. A Embargada, ora Apelante, não nega a existência dos e-mails acostados aos autos, embora a eles empreste valor de mera tratativa. 5. Infere-se do teor das mensagens eletrônicas que a pintura do imóvel a cargo dos Embargantes, ora Apelados, não foi contrapartida à renúncia da multa pela Embargada, ora Apelante. Na realidade, os Embargantes, ora Apelados, pretendiam compensar despesas referentes a benfeitorias no imóvel com a pintura exigida pela Embargada, ora Apelante. 6. Correta a sentença ao decotar a multa contratual do valor exequendo, visto que a renúncia àquela parcela já havia sido ajustada entre as partes na ruptura amigável do contrato de locação. 7. A irresignação dos Embargantes quanto ao saldo de 14 dias correspondentes ao aluguel inadimplido e ao quantum devido a título de honorários de sucumbência não podem ser apreciadas, visto que deveriam ter sido deduzidas em Apelação, recurso próprio para tanto. 8. Sentença mantida. NEGADO PROVIMENTO AO RECURSO. (TJ-RJ; APL 00232052820118190209 Rio de Janeiro, Barra da Tijuca, Regional; 7ª Vara Cível, Décima Primeira Câmara Cível; Rel. Fernando Cerqueira Chagas; Julg. 24/06/2015; Data de Publicação: 29/06/2015)

✓ DIREITO DO CONSUMIDOR. AÇÃO DE COBRANÇA. CONTRATO ELETRÔNICO. ALEGADA AUSÊNCIA DOS TERMOS DO CONTRATO DE ADESÃO. ÔNUS DA PROVA. INVERSÃO. POSSIBILIDADE TECNOLÓGICA DE COMPROVAÇÃO. CONFIGURADA. NÃO IMPLEMENTADA. TERMO GERAL DO CONTRATO DE MÚTUO. INEXISTÊNCIA. ELEMENTOS PROBANTES. AUSÊNCIA. DEVER DE REGISTRO DOS ATOS PRATICADOS. COMPROMISSO DE TRANSPARÊNCIA E DE INFORMAÇÃO. INCIDÊNCIA. CAPITALIZAÇÃO MENSAL DE JUROS. AUSÊNCIA DE PACTUAÇÃO EXPRESSA. VEDADA. SENTENÇA REFORMADA. MAJORAÇÃO DA SUCUMBÊNCIA. 1. Serviços prestados por instituição bancária estão sob guarda do Código de Defesa do Consumidor, Súmula n. 297 do STJ. 2. O contrato eletrônico é de mesma espécie do contrato tradicional, não se tratando de uma nova modalidade de contratação, divergindo apenas em sua forma, pois possui os mesmos requisitos para a sua validade jurídica. 3. O documento digital deve atender aos requisitos de identificação, autenticação, impedimento de rejeição, verificação e integridade, privacidade e aos princípios da neutralidade e da perenidade das normas reguladoras do ambiente digital, conservação e aplicação das normas jurídicas existentes aos contratos eletrônicos, boa fé objetiva e figura do iniciador. 4. O contrato celebrado eletronicamente de forma interativa é de adesão, mesmo que possua lacunas e opções sistêmicas de adequação aos requisitos do aderente, pois não lhe é ofertado a possibilidade de alteração daquilo que já fora previamente concebido. Como tal, o pacto digital deve ser moldado pelos limites consumeristas específicos. 5. A instituição bancária dispõe de alto poder financeiro e tecnológico, suficientes para implementar mecanismos de auditoria, preservação de registros digitais, recuperação de informações, disponibilização de acesso e transparência dos atos praticados, segurança e autenticidade dos documentos eletrônicos, a ponto de não ser razoável a argumentação de que não havendo assinatura em documento físico, não haveria possibilidade de comprovação de autoria e consentimento dos pactos firmados digitalmente. 6. Comprovando-se o crédito do empréstimo em conta corrente do consumidor, mas não havendo evidências das taxas de juros e demais termos pactuados, nem tampouco da anuência do consumidor para a capitalização dos juros, aplica-se de maneira simples a taxa média de juros do mercado praticada no período. 7. Nos termos do art. 85, §§ 2º e 11 do CPC/2015, o tribunal, ao julgar o recurso, deve elevar o valor dos honorários fixados no 1º grau, a que fica condenada a parte vencida, levando em consideração o zelo profissional, o lugar do serviço, natureza e importância da causa, trabalho e tempo exigido do advogado. 8. Recurso conhecido. Preliminar de gratuidade de Justiça acatada. Apelo provido. Em vista do trabalho adicional realizado em grau de recurso, foi majorada a verba honorária de sucumbência. Unânime. (TJ-DF; 20120111804179 DF 0049568-93.2012.8.07.0001; 7ª Turma Cível; Rel. Romeu Gonzaga Neiva; Julg. 19/07/2017; Data de Publicação: Publicado no DJE: 25/07/2017; Pág. 500-508)

Seção IX
Da Prova Testemunhal

Subseção I
Da Admissibilidade e do Valor da Prova Testemunhal

Art. 442. A prova testemunhal é sempre admissível, não dispondo a lei de modo diverso.

→ *v.* Art. 1.543 e parágrafo único, do CC/2002.

Admissibilidade da prova testemunhal:

✓ APELAÇÃO CÍVEL. AÇÃO DE COBRANÇA. CHEQUES. SENTENÇA DE PROCEDÊNCIA. RECURSO DA PARTE RÉ, VIGENTE O CPC/15. INCONFORMISMO QUANTO À PROVA DA EXISTÊNCIA DA DÍVIDA. PROVA DOCUMENTAL E TESTEMUNHAL APTAS E SUFICIENTES PARA COMPROVAR O DÉBITO (ARTIGOS 227 DO CC E 442 DO NCPC). DEVER DO RÉU DE IMPUGNAR ESPECIFICAMENTE TODAS AS ALEGAÇÕES DE FATO CONTIDAS NA INICIAL. ENCARGOS SUCUMBENCIAIS. CONSECUTIVA DECAÍDA DA RECORRENTE. HONORÁRIOS RECURSAIS. VERBA FIXADA NA ORIGEM NO PERCENTUAL DE 20% SOBRE O VALOR DA CONDENAÇÃO, PERCENTUAL MÁXIMO PERMITIDO PELO ART. 85, § 2º, DO CPC/2015, ASSIM MANTIDO. RECURSO CONHECIDO E DESPROVIDO. (TJ-SC; AC 00349861920108240023 Capital; Primeira Câmara de Direito Comercial; Rel. Luiz Zanelato; Julg. 28/09/2017)

✓ PROCESSO CIVIL. AÇÃO CIVIL PÚBLICA DE IMPROBIDADE ADMINISTRATIVA. INDEFERIMENTO DE PROVAS. AGRAVO DE INSTRUMENTO. PLEITO DE PRODUÇÃO DE PROVA TESTEMUNHAL. ACOLHIMENTO. PROVA QUE É SEMPRE ADMISSÍVEL, NÃO DISPONDO A LEI DE MODO DIVERSO. DECISÃO QUE NÃO SE FUNDAMENTOU EM HIPÓTESES PREVISTAS NO ART. 400, INCISOS I E II, DO CÓDIGO DE PROCESSO CIVIL VIGENTE À ÉPOCA (ARTS. 442 E 443, INCISOS I E II DO NOVO CÓDIGO DE PROCESSO CIVIL). PRINCÍPIOS CONSTITUCIONAIS DA AMPLA DEFESA E DO CONTRADITÓRIO, NO DEVIDO PROCESSO LEGAL. NECESSIDADE DEMONSTRADA. REQUISIÇÃO DE DOCUMENTOS PELO JUDICIÁRIO. AUSÊNCIA DE DEMONSTRAÇÃO DA INDISPENSABILIDADE DA INTERVENÇÃO DO PODER JUDICIÁRIO PARA A OBTENÇÃO DOS DOCUMENTOS QUE AFASTA A NECESSIDADE DE SUA ATUAÇÃO. LEI DE ACESSO A INFORMACAO. CONHECIMENTO E PROVIMENTO PARCIAL DO RECURSO. 1. Em face dos princípios constitucionais da ampla defesa e do contraditório, no devido processo legal, deve-se garantir a produção da prova testemunhal, que é sempre admissível, não dispondo a lei de modo diverso. 2. A requisição de documentos às repartições públicas pelo magistrado, prevista no art. 399 do Código de Processo Civil de 1973 (art. 438 do NCPC), encontra amparo quando a parte demonstra a impossibilidade de obter, pessoalmente, a informação cuja requisição pleiteia. 3. A Lei de Acesso a Informação concretizou o direito fundamental à informação junto ao Poder Público, sem que seja necessária a transferência do encargo das partes ao Poder Judiciário. 4. Julgados do STJ (AgRg no REsp 1506037/RS, Rel. Ministro Herman Benjamin, Segunda Turma; Julg. em 16/06/2015; REsp 834.297/PR, Rel. Ministro Luiz Fux, Primeira Turma; Julg. em 18/09/2008). 5. Agravo conhecido e parcialmente provido. (TJ-RN; AI 20150073786 RN; 2ª Câmara Cível; Rel. Juíza Sandra Elali (convocada); Julg. 12/04/2016,)

Art. 443. O juiz indeferirá a inquirição de testemunhas sobre fatos:
I – já provados por documento ou confissão da parte;

Afastamento da prova testemunhal pela existência de documento comprovando o fato:

✓ APELAÇÃO CÍVEL. AÇÃO DE DECLARAÇÃO DE INEXISTÊNCIA DE DÉBITO C/C COM INDENIZAÇÃO POR DANOS MORAIS E PEDIDO DE TUTELA ANTECIPADA. PRELIMINARES. NULIDADE POR CERCEAMENTO DEFESA. JULGAMENTO ANTECIPADO DA LIDE. PRETENDIDA PRODUÇÃO DE PROVA TESTEMUNHAL. REJEIÇÃO. INTELIGÊNCIA DO ART. 442 E ART. 443, I, AMBOS DO CPC/2015. INADMISSIBILIDADE QUANDO O FATO JÁ ESTIVER PROVADO POR DOCUMENTO ENCARTADO AOS AUTOS. CARÊNCIA DE AÇÃO POR FALTA DE INTERESSE DE AGIR AFASTADA. DISCUSSÃO QUE INDEPENDE DO FATO PERDURAR AO TEMPO DA PROPOSITURA DA DEMANDA. MÉRITO. DÉBITO VENCIDO E INADIMPLIDO. DIVERSAS TENTATIVAS ADMINISTRATIVAS DE COBRANÇA DA DÍVIDA INEXITOSAS. INCLUSÃO DO NOME DA DEVEDORA NOS CADASTROS DE RESTRIÇÃO AO CRÉDITO. EXERCÍCIO REGULAR DO DIREITO. ALEGADA MANUTENÇÃO DO REGISTRO APÓS O ADIMPLEMENTO DA DÍVIDA. LAPSO DE 12 (DOZE) DIAS QUE NÃO SE REVELA ABUSIVO. EXISTÊNCIA DE OITO INSCRIÇÕES ANTERIORES NO ROL DOS MAUS PAGADORES. ATO ILÍCITO NÃO CONFIGURADO. DEVER DE INDENIZAR AFASTADO. DECISÃO DE PROCEDÊNCIA REFORMADA. PLEITO DE AFASTAMENTO DA MULTA DE 1% (UM POR CENTO) SOBRE O VALOR DA CAUSA PELA REJEIÇÃO DOS EMBARGOS DE DECLARAÇÃO OPOSTOS. ACOLHIMENTO. ATUAÇÃO DOLOSA NÃO CARACTERIZADA. INVERSÃO DOS ÔNUS DE SUCUM-

BÊNCIA. EXIGÊNCIA SUSPENSA, FRENTE À GRATUIDADE DA JUSTIÇA CONCEDIDA. RECURSO CONHECIDO E PROVIDO. (TJ-SC; AC 20140515566 Campos Novos; Quarta Câmara de Direito Comercial; Rel. José Everaldo Silva; Julg. 12/04/2016,)

✓ APELAÇÃO CÍVEL. AÇÃO MONITÓRIA. CHEQUES. PROCEDÊNCIA DO PEDIDO. IRRESIGNAÇÃO DO RÉU. NULIDADE DA DECISÃO POR CERCEAMENTO DEFESA. JULGAMENTO ANTECIPADO DA LIDE. PRETENDIDA PRODUÇÃO DE PROVA TESTEMUNHAL. REJEIÇÃO. INTELIGÊNCIA DOS ARTS. 442 C/C 443, I, DO CPC/2015 (CORRESPONDENTE AO ART. 400, I, DO CPC/1973). INADMISSIBILIDADE QUANDO O FATO JÁ ESTIVER PROVADO POR DOCUMENTOS ENCARTADOS AOS AUTOS. RECURSO CONHECIDO E NÃO PROVIDO. (TJ-SC; AC 20150797501 Taió 2015.079750-1; Quarta Câmara de Direito Comercial; Rel. José Everaldo Silva; Julg. 19/04/2016)

✓ CIVIL E PROCESSUAL CIVIL. AÇÃO DE RESSARCIMENTO. SEGURADORA. ACIDENTE DE VEÍCULO. CONFISSÃO DA PARTE RÉ. RESPONSABILIDADE CIVIL COMPROVADA. PROVA TESTEMUNHAL INDEFERIDA. AUSÊNCIA DE VIOLAÇÃO AO CONTRADITÓRIO. SENTENÇA MANTIDA. 1. Eventual violação ao contraditório deve ser alegada de modo principal, em preliminar, e não em caráter subsidiário, consoante o disposto no art. 1.009 do CPC. 2. O magistrado indeferirá a inquirição de testemunhas sobre fatos já provados por documento ou confissão da parte, nos termos do art. 443, inciso I, do CPC. 3. Comprovados os requisitos da responsabilidade civil, quais sejam, a conduta do agente, o dano e o nexo de causalidade entre eles, como no caso, impõe-se a procedência do pedido de ressarcimento. 4. Recurso conhecido e desprovido. (TJ-DF; 20160111111732 DF 0031865-13.2016.8.07.0001; 5ª Turma Cível; Rel. Sebastião Coelho; Julg. 18/10/2017; Data de Publicação: Publicado no DJE: 13/11/2017; Pág. 331/337)

II – que só por documento ou por exame pericial puderem ser provados.

Dispensa da prova testemunhal pela existência de perícia comprovando o fato:

✓ AGRAVO DE INSTRUMENTO. Medida cautelar de produção antecipada de prova. Indeferimento de oitiva de testemunhas. Prova desnecessária, eis que o laudo pericial de engenharia elucidou as controvérsias. Aplicação do art. 443, I e II do CPC/2015. O Juiz é o destinatário da prova e cabe a ele determinar aquelas necessárias ao julgamento do mérito, conforme Art. 370 do CPC/2015. Segundo a Súmula 156 do TJRJ "a decisão que defere ou indefere a produção de determinada prova só será reformada se teratológica." Decisão mantida. RECURSO A QUE SE NEGA PROVIMENTO, na forma do art. 932, IV, a do CPC/2015. (TJ-RJ; AI 00430952220168190000 RIO DE JANEIRO MEIER REGIONAL 1 Vara Cível, Rel. PEDRO SARAIVA DE ANDRADE LEMOS; Julg. 05/09/2016, DÉCIMA Câmara Cível, Data de Publicação: 08/09/2016)

✓ FALTA DE INTERESSE DE AGIR E INÉPCIA DA INICIAL – Inocorrência – Princípio da inafastabilidade da jurisdição – Art. 5º, XXXV, CF. APELAÇÃO CÍVEL – Concurso público para a investidura no cargo de Oficial de Saúde – Candidato considerado inapto no exame médico admissional complementar, por possuir histórico de problemas psiquiátricos relacionados à depressão – Alegação de se encontra apto para o cargo, havendo atestado médico que comprove tal condição – Sentença de improcedência – Admissibilidade – Perícia médica complementar efetuada pelo órgão oficial (DPME) que concluiu pela incapacidade do apelante para o exercício do cargo – Ademais, instado a requerer provas, limitou-se a sustentar a sua plena capacidade com base unicamente em atestado médico particular que, ainda assim, ressalvou tal condição, diante do exame clínico e do histórico da doença – Precedentes – Preliminar afastada – Recurso improvido. (TJ-SP 10005774020168260053; SP; 6ª Câmara de Direito Público; Rel. Silvia Meirelles; Julg. 30/10/2017; Data de Publicação: 31/10/2017)

Art. 444. Nos casos em que a lei exigir prova escrita da obrigação, é admissível a prova testemunhal quando houver começo de prova por escrito, emanado da parte contra a qual se pretende produzir a prova.

→ *v.* Súmula 149 do STJ.

Exigência de prova mínima para admissão de prova testemunhal nos casos em que indispensável prova documental:

✓ APELAÇÃO CÍVEL. AÇÃO MONITÓRIA FUNDADA EM CHEQUE. SENTENÇA QUE REJEITOU OS EMBARGOS MONITÓRIOS E JULGOU PROCEDENTE O PLEITO INICIAL. RECURSO DO EMBARGANTE. PRELIMINAR. CERCEAMENTO DE DEFESA. INOCORRÊNCIA. AUSÊNCIA DE ELEMENTO PROBATÓRIO MÍNIMO A DEMONSTRAR A VERACIDADE DA ASSERTIVA LEVANTADA. "À ausência do mínimo de prova acerca da ilicitude na emissão dos cheques, somam-se os princípios da literalidade e da autonomia, segundo os quais a apresentação física das cambiais é suficiente para o exercício do direito ao recebimento das quantias por eles representadas." (Apelação Cível n. 2012.064880-7, de Imbituba, rel. Des. Robson Luz Varella; Julg. 6-10-2015). MÉRITO. PRÉVIA APRESENTAÇÃO DOS CHEQUES AO BANCO SACADO PARA MANEJO DA AÇÃO MONITÓRIA. IRRELEVÂNCIA. O CHEQUE AFETADO PELA PRESCRIÇÃO NÃO PERDE A SUA EFICÁCIA DE TÍTULO EXECUTIVO. "A não apresentação do cheque ao sacado para compensação, embora possa obstar à caracterização da cártula como título executivo, não impede seja ela utilizada como "prova escrita" apta a instruir ação monitória." (Apelação Cível n. 2009.059432-2, de Blumenau, rel. Des. Jorge Luiz de Borba; Julg. 2-8-2010). RECURSO CONHECIDO E DESPROVIDO. (TJ-SC; AC 00033483720128240042 Maravilha; Câmara Especial Regional de Chapecó; Rel. José Maurício Lisboa; Julg. 03/07/2017)

✓ APELAÇÃO CÍVEL. AÇÃO DE COBRANÇA C/C INDENIZAÇÃO POR DANOS MORAIS. SENTENÇA DE IMPROCEDÊNCIA. INCONFORMISMO DO AUTOR. CONTRATO VERBAL DE PRESTAÇÃO DE SERVIÇOS. SUBEMPREITADA. AUSÊNCIA DE INÍCIO DE PROVA ESCRITA A RESPEITO DO NEGÓCIO. DEPOIMENTOS QUE NADA ESCLARECEM SOBRE A EXISTÊNCIA DA RELAÇÃO CONTRATUAL. IMPOSSIBILIDADE, ADEMAIS, DE UTILIZAÇÃO DA PROVA EXCLUSIVAMENTE TESTEMUNHAL. PREÇO DO AJUSTE QUE SUPERA EM MUITO O VALOR DO DÉCUPLO DO SALÁRIO MÍNIMO VIGENTE À ÉPOCA. EXEGESE DO ART. 401 DO CPC/73. AUTOR QUE NÃO SE DESINCUMBIU DE DEMONSTRAR OS FATOS CONSTITUTIVOS DO SEU DIREITO, NOS TERMOS DO ART. 373, I, DO CPC. SENTENÇA MANTIDA. RECURSO CONHECIDO E DESPROVIDO. – Provar, sabidamente, é indispensável para o êxito da causa. Se aquele que tem o ônus de demonstrar o fato constitutivo do seu direito não consegue se desincumbir satisfatoriamente de tal encargo, e se a prova atinente aos seus interesses não vem aos autos por qualquer outro meio, não há como proclamar um édito de procedência em seu favor. – A lei adjetiva codificada não permite a produção de prova exclusivamente testemunhal para comprovar a existência de negócio cujo valor supera o décuplo do salário mínimo à época da sua celebração (art. 401 do CPC), mitigando-se esse entendimento quando apresentado começo de prova escrita passível de ser complementado, com a necessária segurança, pelos testigos arrolados, o que não se verifica na hipótese. (TJ-SC; AC 00118317020128240005 Balneário Camboriú; Primeira Câmara de Direito Civil; Rel. Jorge Luis Costa Beber; Julg. 22/06/2017)

✓ APELAÇÃO CÍVEL. DIREITO PRIVADO NÃO ESPECIFICADO. EMBARGOS À EXECUÇÃO. Inviável a pretensão do embargante em comprovar o pagamento da dívida mediante prova exclusivamente testemunhal. Inteligência do artigo 444 do Código de Processo Civil e dos artigos 319 e 320 do Código Civil. Hipótese em que o embargante não se desincumbiu de seu ônus probatório – art. 373, I, do Código de Processo Civil. APELO NÃO PROVIDO. UNÂNIME. (Apelação Cível Nº 70072133606, Décima Primeira Câmara Cível, Tribunal de Justiça do RS, Rel. Antônio Maria Rodrigues de Freitas Iserhard; Julg. 05/07/2017). (TJ-RS; AC 70072133606 RS; Décima Primeira Câmara Cível; Rel. Antônio Maria Rodrigues de Freitas Iserhard; Julg. 05/07/2017; Data de Publicação: 10/07/2017)

Art. 445. Também se admite a prova testemunhal quando o credor não pode ou não podia, moral ou materialmente, obter a prova escrita da obrigação, em casos como o de parentesco, de depósito necessário ou de hospedagem em hotel ou em razão das práticas comerciais do local onde contraída a obrigação.

Admissão da prova testemunhal quando a prova escrita é dispensada pelas práticas comerciais:

✓ APELAÇÃO CÍVEL Nº 000576-22.2015.8.08.0049 APELANTE: PARAISO TURISMO LTDA. ME APELADO: AUTO POSTO FALQUETO LTDA. RELATOR: DES. CARLOS SIMÕES FONSECA EMENTA APELAÇÃO CÍVEL – EMBARGOS MONITÓRIOS – NOTAS DE ABASTECIMENTO – PRESUNÇÃO DA EXISTÊNCIA DO CRÉDITO E DO SEU QUANTUM – ALEGAÇÃO DE QUE OS ABASTECIMENTOS NÃO FORAM AUTORIZADOS – ÔNUS DA PROVA DO EMBARGANTE – TESTEMUNHAS NÃO CONTRADITADAS – PRECLUSÃO – VIOLAÇÃO AOS ARTS. 401 E 402 DO CPC NÃO CARACTERIZADA – RECURSO DESPROVIDO. 1.Tratando-se de embargos à ação monitória, e em razão da presunção da existência do crédito e de seu quantum decorrentes da força probante dos documentos imprescindíveis ao ajuizamento da demanda embargada, é do embargante, o ônus de provar os fatos desconstitutivos do direito de crédito presumido em favor do autor/embargado. 2.O recurso de apelo se insurge contra as conclusões alcançadas pela sentença com fundamento, unicamente, na desqualificação das testemunhas ouvidas e na alegação de violação aos arts. 401 e 402 do CPC. 3.Quanto ao primeiro depoimento que se pretendeu desqualificar, vê-se que as informações por ele prestadas são e devem ser consideradas de suma importância para o deslinde da quaestio, já que, como gerente do posto de gasolina apelado à época dos fatos, presenciou e participou diretamente de todas as negociações envolvendo as partes em relação ao crédito que se busca satisfazer por meio da ação monitória, sendo que as questões relativas ao impedimento ou à suspeição de qualquer testemunha devem ser alegadas por meio da chamada contradita e no momento próprio para tanto, qual seja, quando da sua qualificação do depoente, a teor do que dispõe o § 1º do art. 414 do CPC. 4.Não realizada a contradita no momento adequado, opera-se a preclusão, o que impossibilita a sua discussão em grau de recurso de apelo, conforme já restou sedimentado pela jurisprudência pátria. 5.Em relação à segunda testemunha que se pretende desqualificar, a oitiva da gravação de sua inquirição é clara ao indicar que ele, como mecânico e motorista, entende que foi contratado pela apelante, PARAISO TURISMO LTDA., por seus administradores e para ela prestava serviços, conduzindo veículos de sua propriedade – da PARAISO TURISMO LTDA. – no transporte de pessoas, confirmando as conclusões alcançadas pelo juízo a quo. 6.O convencimento do juízo não se baseou somente na prova oral produzida, pois os documentos que acompanham a petição inicial da ação monitória - capazes de convencer que a apelante abastecia seus veículos no posto de gasolina apelado - somente foram confirmados pela prova testemunhal, que deu conta de que a apelante autorizou tal prática, na medida em que efetuava periodicamente o pagamento dos abastecimentos - com exceção, por certo, dos que compõem o crédito que aqui se discute. 7.Descabe a alegação de que tal prova documental não pode ser utilizada na forma do art. 402, I, do CPC, porque as assinaturas de prepostos - assim entendidos por força da aplicação da teoria da aparência - nas notas de abastecimento caracterizam que tais documentos foram, sim, emanados da sociedade apelante. 8.Por fim, a título de **obiter dictum**, devo ressaltar que as disposições legais utilizadas pelo apelante para desqualificar a sentença recorrida já foram extirpadas do nosso ordenamento jurídico, tendo o Novo CPC, acertadamente, banido a limitação de valores para a utilização da prova exclusivamente testemunhal, especialmente em casos - como o que se analisa - em que, em razão das práticas comerciais do local onde contraída a obrigação, não são exigidas provas escritas da obrigação (arts. 444 e 445). 9.Recurso desprovido. ACÓRDÃO Vistos, relatados e discutidos estes autos, ACORDA a Colenda Segunda Câmara Cível, na conformidade da ata da sessão, à unanimidade de votos, NEGAR PROVIMENTO ao recurso, nos termos do voto do relator. Vitória (ES), 12 de julho de 2016. DES. PRESIDENTE DES. RELATOR (TJ -ES; APL 00005762220158080049; Segunda Câmara Cível; Rel. Carlos Simões Fonseca; Julg. 12/07/2016; Data de Publicação: 19/07/2016)

Art. 446. É lícito à parte provar com testemunhas:

I – nos contratos simulados, a divergência entre a vontade real e a vontade declarada;

Viabilidade da prova testemunhal para comprovação de simulação:

✓ DECISÃO: Acordam os Desembargadores da 18ª Câmara Cível do Tribunal de Justiça do Estado do Paraná, por unanimidade de votos, em conhecer e negar provimento ao recurso, nos termos da fundamentação. EMENTA: APELAÇÃO CÍVEL - AÇÃO DECLARATÓRIA DE ANULAÇÃO DE NEGÓCIO JURÍDICO - NEGÓCIO SIMULADO - SISTEMÁTICA PROCESSUAL QUE PERMITE PROVA ESTRITAMENTE TESTEMUNHAL - ART. 446, I DO NCPC. 1. O Juiz é livre para formar seu convencimento e não há uma hierarquia preestabelecida da valoração dos meios de provas, pelo que, o Magistrado dará a carga probatória que entender cabível, desde que fundamente sua decisão. 2. A sistemática do atual Código de Processo Civil, em seu art. 446, inciso I, deixa claro que é lícito a prova testemunhal quando há simulação. 3. No contrato simulado há uma discrepância entre a vontade e a declaração, sendo perfeitamente possível a prova exclusivamente testemunhal para provar a divergência entre a vontade real e a vontade declarada. 4. Sentença que não se baseou apenas em prova testemunhal, com análise em conjunto dos depoimentos, da prova documental e dos fatos narrados. 5. RECURSO IMPROVIDO. (TJPR; AC - 1607158-2 - Guarapuava; 18ª C. Cível; Rel. Marcelo Gobbo Dalla Dea; Unânime; Julg.08.03.2017)

II – nos contratos em geral, os vícios de consentimento.

→ *v.* Arts. 138 a 155, 166, VII, e 167 do CC/2002.

Viabilidade da prova testemunhal para comprovação de vício de consentimento:

✓ DECISÃO: ACORDAM os Magistrados integrantes da 7ª Câmara Cível do Tribunal de Justiça do Estado do Paraná, por unanimidade de votos, em CONHECER e DAR PROVIMENTO ao recurso de apelação. EMENTA: APELAÇÃO CÍVEL - AÇÃO DE ANULAÇÃO DE CONTRATO COM GARANTIA DE ALIENAÇÃO FIDUCIÁRIA - SENTENÇA QUE JULGOU IMPROCEDENTE A PRETENSÃO INICIAL - RECURSO DO AUTOR - CERCEAMENTO DE DEFESA - ALEGAÇÃO DE OCORRÊNCIA DE COAÇÃO NA FORMAÇÃO DO CONTRATO - PRETENSÃO DE PRODUÇÃO DE PROVA TESTEMUNHAL - JULGAMENTO ANTECIPADO DA LIDE - DESCABIMENTO - PROVA TÍPICA PREVISTA NO ARTIGO 446, INCISO II, DO CÓDIGO DE PROCESSO CIVIL - SENTENÇA QUE FUNDAMENTA INOCORRÊNCIA DE VÍCIO DE CONSENTIMENTO NA AUSÊNCIA DE COMPROVAÇÃO DO ALEGADO, QUANDO A PRODUÇÃO DA PROVA ORAL NÃO FOI OPORTUNIZADA - CERCEAMENTO DE DEFESA CONFIGURADO - SENTENÇA ANULADA - RECURSO CONHECIDO E PROVIDO. (TJPR; AC 1398249-3 - União da Vitória; 7ª C. Cível; Rel. Clayton Camargo; Unânime; Julg.28.06.2016)

✓ APELAÇÃO CÍVEL. AÇÃO DE RESCISÃO CONTRATUAL CUMULADA COM INDENIZATÓRIA POR DANOS MORAIS. SENTENÇA QUE JULGOU PARCIALMENTE PROCEDENTES OS PEDIDOS DA AÇÃO. RECURSO DO AUTOR, NA VIGÊNCIA DO CPC/15. ALEGAÇÃO DE CERCEAMENTO DE DEFESA. PEDIDO DE PRODUÇÃO DE PROVA TESTEMUNHAL DEFERIDO PELO JUÍZO "A QUO". OITIVA DE TESTEMUNHAS NÃO REALIZADA. JULGAMENTO ANTECIPADO DO MÉRITO COM BASE NA ALEGAÇÃO DE SUFICIÊNCIA DE PROVA DOCUMENTAL PARA A FORMAÇÃO DO CONVENCIMENTO DO JULGADOR. IMPOSSIBILIDADE. NECESSIDADE DE REALIZAÇÃO DA PROVA TESTEMUNHAL PARA COMPROVAÇÃO DO ALEGADO ERRO DE CONSENTIMENTO. CERCEAMENTO DE DEFESA CARACTERIZADO. SENTENÇA ANULADA. RETORNO DOS AUTOS À ORIGEM PARA REALIZAÇÃO DE AUDIÊNCIA DE INSTRUÇÃO E JULGAMENTO. RECURSO CONHECIDO E PROVIDO. 1.

"Há cerceamento de defesa quando o magistrado julga a lide antecipadamente, a despeito de a parte ter especificado as provas que pretendia produzir, sobre questões fáticas relevantes, atinentes ao mérito da causa, e sobre as quais as partes controvertem." (TJ-SC; AC 00015825820138240059 São Carlos; Primeira Câmara de Direito Comercial; Rel. Luiz Zanelato; Julg. 30/11/2017)

✓ DECISÃO: ACORDAM os Magistrados integrantes da 7ª Câmara Cível do Tribunal de Justiça do Estado do Paraná, por unanimidade de votos, em CONHECER e DAR PROVIMENTO ao recurso de apelação. EMENTA: APELAÇÃO CÍVEL – AÇÃO DE ANULAÇÃO DE CONTRATO COM GARANTIA DE ALIENAÇÃO FIDUCIÁRIA – SENTENÇA QUE JULGOU IMPROCEDENTE A PRETENSÃO INICIAL – RECURSO DO AUTOR – CERCEAMENTO DE DEFESA – ALEGAÇÃO DE OCORRÊNCIA DE COAÇÃO NA FORMAÇÃO DO CONTRATO – PRETENSÃO DE PRODUÇÃO DE PROVA TESTEMUNHAL – JULGAMENTO ANTECIPADO DA LIDE – DESCABIMENTO – PROVA TÍPICA PREVISTA NO ARTIGO 446, INCISO II, DO CÓDIGO DE PROCESSO CIVIL – SENTENÇA QUE FUNDAMENTA INOCORRÊNCIA DE VÍCIO DE CONSENTIMENTO NA AUSÊNCIA DE COMPROVAÇÃO DO ALEGADO, QUANDO A PRODUÇÃO DA PROVA ORAL NÃO FOI OPORTUNIZADA – CERCEAMENTO DE DEFESA CONFIGURADO – SENTENÇA ANULADA – RECURSO CONHECIDO E PROVIDO. (TJPR; AC 1398249-3 – União da Vitória; 7ª C. Cível; Rel. Clayton Camargo; Unânime; Julg.28.06.2016)

✓ Anulação de ato jurídico. Defeito do negócio. Prova documental. Indícios suficientes corroborados por prova testemunhal. Validade. Apelo não provido. Deve ser mantida a sentença que decretou a nulidade do ato jurídico, ante a existência de prova documental suficiente a comprovar o defeito no negócio jurídico, corroborado pela produção de prova testemunhal. (TJ-RO; Apelação Processo 0007487-75.2013.822.0002; 1ª Câmara Cível, Rel. do Acórdão: Des. Rowilson Teixeira; Data de julgamento: 31/08/2016)

Art. 447. Podem depor como testemunhas todas as pessoas, exceto as incapazes, impedidas ou suspeitas.

→ *v.* Art. 228 do CC/2002.

Aptidão para prestar testemunho:

✓ AGRAVO DE INSTRUMENTO. AÇÃO DECLARATÓRIA DE RECONHECIMENTO E DISSOLUÇÃO DE SOCIEDADE DE FATO C/C APURAÇÃO DE HAVERES E PARTILHA. DECISÃO QUE ACOLHEU A CONTRADITA DE TESTEMUNHA. ALEGAÇÃO DE EXISTÊNCIA DE AÇÃO TRABALHISTA CONTRA A RÉ E INQUÉRITO PENAL MÚTUO. INCONFORMISMO DA PARTE AUTORA. DECISÃO QUE MERECE REFORMA. – A demanda originária nada tem a ver com o objeto da reclamação trabalhista ajuizada pela testemunha ora contraditada, e mais, esta foi arrolada pelo Agravante que se apresenta como sendo um dos sócios da Agravada, cujo reconhecimento e dissolução está a se discutir judicialmente. Aplicação do Enunciado da Súmula nº 357 do TST. – Outrossim, o que se verifica, apenas, é a existência de um termo circunstanciado onde constam a testemunha em questão e o patrono do Agravado, relatando ameaças recíprocas, sendo que tal fato não justifica o acolhimento da contradita em questão. -Ausência das hipóteses previstas no artigo 447 do novo Código de Processo Civil. Decisão que deve ser reformada para que o Juízo de 1ª instância agende nova audiência de instrução e julgamento para a realização da oitiva da referida testemunha. – RECURSO CONHECIDO E PROVIDO. (TJ-RJ; AI 00584073820168190000 Rio de Janeiro Volta Redonda; 1ª Vara Cível; Décima Quinta Câmara Cível; Rel. Maria Regina Fonseca Nova Alves; Julg. 31/01/2017; Data de Publicação: 02/02/2017)

✓ DANOS MORAIS. Indenização. Agressões físicas. Conduta ilícita geradora de danos morais. Testemunha isenta. Depoimento na fase de investigação policial e em juízo que se confirmam. Contradita rejeitada com acerto. Valor de indenização arbitrada que não se mostra excessivo e deve ser mantido, posto que se coaduna com as peculiaridades do caso concreto. Precedentes desta C. Câmara. Não caracterizada hipótese de litigância de má-fé. RECURSO NÃO PROVIDO. (TJ-SP; APL 10010801220168260037; SP; 6ª Câmara de Direito Privado; Rel. Ana Maria Baldy; Julg. 09/03/2017; Data de Publicação: 10/03/2017)

✓ CERCEAMENTO DE DEFESA. INDEFERIMENTO DA OITIVA DE TESTEMUNHA. Configura cerceamento de defesa o indeferimento da oitiva de testemunha convidada pelo reclamante, destinada a comprovar as circunstâncias dos fatos sobre os quais se fundam a pretensão inicial. O fato de a testemunha ter ajuizado reclamatória trabalhista contra o mesmo empregador não caracteriza, por si só, suspeição, nos termos da Súmula nº 357 do TST, ainda que se trate de pedidos idênticos ou análogos. (TRT-4; RO 00202983020155040752; 9ª Turma; Julg. 31/03/2017,)

✓ DANOS MORAIS. Indenização. Agressões físicas. Conduta ilícita geradora de danos morais. Testemunha isenta. Depoimento na fase de investigação policial e em juízo que se confirmam. Contradita rejeitada com acerto. Valor de indenização arbitrada que não se mostra excessivo e deve ser mantido, posto que se coaduna com as peculiaridades do caso concreto. Precedentes desta C. Câmara. Não caracterizada hipótese de litigância de má-fé. RECURSO NÃO PROVIDO. (TJ-SP; APL 10010801220168260037; SP; 6ª Câmara de Direito Privado; Rel. Ana Maria Baldy; Julg. 09/03/2017; Data de Publicação: 10/03/2017)

§ 1º São incapazes:

→ *v.* Art. 6º da Lei 13.146/2015.

I – o interdito por enfermidade ou deficiência mental;

II – o que, acometido por enfermidade ou retardamento mental, ao tempo em que ocorreram os fatos, não podia discerni-los, ou, ao tempo em que deve depor, não está habilitado a transmitir as percepções;

→ *v.* Art. 3º do CC/2002.

III – o que tiver menos de 16 (dezesseis) anos;

IV – o cego e o surdo, quando a ciência do fato depender dos sentidos que lhes faltam.

§ 2º São impedidos:

I – o cônjuge, o companheiro, o ascendente e o descendente em qualquer grau e o colateral, até o terceiro grau, de alguma das partes, por consanguinidade ou afinidade, salvo se o exigir o interesse público ou, tratando-se de causa relativa ao estado da pessoa, não se puder obter de outro modo a prova que o juiz repute necessária ao julgamento do mérito;

Impedimento para ser testemunha pelo parentesco:

✓ APELAÇÃO. POSSE. COMPRA E VENDA DE VEÍCULO USADO, ALIENADO FIDUCIARIAMENTE ANTERIORMENTE PELO VENDEDOR COMO GARANTIA DO FINANCIAMENTO OBTIDO PARA SUA AQUISIÇÃO. MORTE DO VENDEDOR SEIS MESES DEPOIS. VEÍCULO QUE NÃO FOI INCLUÍDO PELOS FAMILIARES NO INVENTÁRIO. PRETENSÃO DO AUTOR DE SER INDENIZADO POR SUPOSTOS DANOS MATERIAL E MORAL EM RAZÃO DA CONDUTA OMISSIVA QUE ORIGINOU PROBLEMAS NA DOCUMENTAÇÃO DO VEÍCULO. ALEGAÇÃO DE CERCEAMENTO DE DEFESA. TESTEMUNHA ARROLADA PELO AUTOR QUE NÃO FOI OUVIDA. INTELIGÊNCIA DO § 2º, I, DO ART. 447, DO CPC/2015. AUSÊNCIA DE NULIDADE. RECURSO IMPROVIDO. O art. 447, § 2º, I, do CPC/2015, estabelece que podem depor como testemunhas todas as pessoas, exceto as incapazes, impedidas ou suspeitas e que são impedidos o cônjuge, o companheiro, o ascendente e o descendente em qualquer grau e o colateral, até o terceiro grau, de alguma das partes, por consanguinidade ou afinidade, salvo se o exigir o interesse público ou, tratando se de causa relativa ao estado da pessoa, não se puder obter de outro modo a prova que o juiz repute necessária ao julgamento do mérito. NO caso, a pessoa que foi impedida de testemunhar é irmã do apelante. Logo, está impedida de testemunhar. Não existe qualquer disposição no CPC que determine que apenas à parte adversa é possibilitado contraditar testemunha. Aliás, muito pelo contrário, pois o § 1º, do art. 457, do CPC/2015, dispõe que é lícito à parte contraditar a testemunha. Desse modo, é permitido à parte contraditar testemunha, mas esse não é um ato reservado somente aos litigantes. O juiz preside o processo e, se o interesse público não exigir, não se tratar de causa relativa ao estado da pessoa ou podendo obter de outro modo a prova que repute necessária ao julgamento do mérito, não deve ouvir a testemunha impedida. Os §§ 4º e 5º do art. 447, do mesmo diploma, estabelecem que, sendo necessário, pode o juiz admitir o depoimento das testemunhas menores, impedidas ou suspeitas, mas esses depoimentos serão prestados independentemente de compromisso, e o juiz lhes atribuirá o valor que possam merecer. Também no caso, outras testemunhas foram ouvidas e forneceram elementos suficientes para o desfecho da controvérsia. O depoimento de uma testemunha impedida não alteraria o resultado do julgamento, mesmo confirmando tudo o que alega o apelante. (TJ-SP; APL 10002140820168260553; SP; 31ª Câmara de Direito Privado; Rel. Adilson de Araujo; Julg. 14/03/2017; Data de Publicação: 14/03/2017)

✓ FAMÍLIA. AGRAVO DE INSTRUMENTO. AÇÃO DE ALIMENTOS. PEDIDO PARA EX-COMPANHEIRA. PROVA TESTEMUNHAL. ARROLAMENTO DOS FILHOS DO CASAL. IMPOSSIBILIDADE. DECISÃO MANTIDA. 1. O ordenamento jurídico proíbe o depoimento, como testemunha, dos descendentes, relativizando se estritamente necessário, para a prova de fatos que só elas conheçam, que não é a hipótese dos autos. 2. Não se trata de demanda que envolva relevante interesse público ou estado de pessoas, impossibilitando, por esta razão, a oitiva dos descendentes dos litigantes. 3. Por outro lado, as testemunhas arroladas são descendentes dos litigantes, não se mostrando sensato, pois poderá implicar em desarmonia às relações familiares. 4. Agravo de Instrumento não provido. (Classe: Agravo de Instrumento, Número do Processo: 0025899-63.2015.8.05.0000; Rel. Pilar Celia Tobio de Claro; Primeira Câmara Cível; Publicado em: 26/04/2016)

✓ APELAÇÃO CÍVEL – Ação Monitória – Preliminar de Suspeição da testemunha – Inocorrência – Não há que se falar em suspeiçao ou impedimento por razão de parentesco, eis que a ré se trata de pessoa jurídica – Preliminar Rejeitada – Inexistência de comprovação de pedido e recebimento das mercadorias, cujo valor se pretende receber – Sentença mantida – Sucumbência majorada nos termos do art. 85, 11º do CPC – Apelo desprovido. (TJ-SP 10029096420158260004; SP; 34ª Câmara Extraordinária de Direito Privado; Rel. Jacob Valente; Julg. 14/11/2017; Data de Publicação: 14/11/2017)

II – o que é parte na causa;

Testemunha que é parte na causa:

✓ AGRAVO DE INSTRUMENTO. AÇÃO DE IMPROBIDADE. DEPOIMENTO PESSOAL. AUSÊNCIA DE REQUERIMENTO DO AUTOR. VIOLAÇÃO AO ART. 5º, LXIII, CF. DIREITO AO SILÊNCIO. NÃO PROCEDÊNCIA. ROL DE TESTEMUNHAS. OITIVA DE MAGISTRADO E MEMBRO DO MP. IMPEDIMENTO. ART. 405, § 2º, III, do CPC/73 [ART. 447, § 2º, III, NCPC]. SUBSTITUIÇÃO DE TESTEMUNHAS. PRINCÍPIO DA AMPLA DEFESA. ACOLHIMENTO. PROVIMENTO PARCIAL DO AGRAVO. 1) Não se mostra suficiente para impedir seu interrogatório, figurar o réu em ação penal que apura o mesmo fato a si imputado em ação de improbidade, pois poderá se recusar a responder a perguntas que guardem relação com o fato criminoso; 2) Em não tendo conhecimento de fatos que possam influir na decisão, pode o juiz mandar excluir seu nome do rol de testemunhas, caso contrário, deverá declarar-se impedido para julgar o feito; 3) O promotor que subscreve petição inicial de ação de improbidade atua na qualidade de representante do Ministério Público, estando, por isso, legalmente impedido de depor como testemunha, por força do art. 405, § 2º, III, do CPC/73 [art. 447, § 2º, III, NCPC]; 4) Em obediência ao princípio da ampla defesa, deve-se oportunizar ao réu a substituição das testemunhas por si arroladas, a fim de prestigiar a garantia constitucional do art. 5º, LV; 5) Agravo parcialmente provido. (TJ-AP; 00017185220158030000 AP; Câmara Única; Rel. Desembargador Raimundo Vales; Julg. 31/05/2016)

III – o que intervém em nome de uma parte, como o tutor, o representante legal da pessoa jurídica, o juiz, o advogado e outros que assistam ou tenham assistido as partes.

Testemunho por parte do advogado:

✓ E M E N T A – MANDADO DE SEGURANÇA – DECISÃO QUE DESTITUI ADVOGADO CONSTITUÍDO POR RÉU EM AÇÃO PENAL PARA ARROLÁ-LO COMO TESTEMUNHA DO JUÍZO – DEVER DE RECUSAR-SE A DEPOR E DE GUARDAR SIGILO PROFISSIONAL – ARTIGOS 7º, XIX, DA LEI 8.906/94 E 207 DO CPP – RECUSA JUSTIFICADA – SEGURANÇA CONCEDIDA. É ilegítima a decisão judicial que, nos autos de ação penal, destituiu o impetrante da condição de advogado do réu para arrolá-lo como testemunha do juízo, sob a justificativa de que ele "era o responsável pelo setor jurídico do Município de Deodápolis e encarregado de comunicar eventuais pagamentos e/ou compensações de créditos". Ora, a recusa do impetrante em prestar depoimento na qualidade de testemunha do juízo na supracitada ação penal ampara-se na sua condição de advogado do acusado, tanto no respectivo processo crime, como também nos autos da Ação Civil Pública por Improbidade Administrativa n.º 0800601-76.2014.8.12.0032, relacionada exatamente aos mesmos fatos. Dessa forma, não deve prevalecer a decisão proferida pela autoridade apontada como coatora, na medida em que a lei estabelece como justa a recusa do advogado de prestar depoimento como testemunha em demanda na qual tenha atuado, sobre fato relacionado com pessoa de quem seja advogado ou, ainda, sobre aquilo que saiba em razão do seu ofício, exatamente como ocorre na hipótese dos autos (Inteligência do artigo 7º, inciso XIX da Lei n. 8.906/94, artigo 207 do CPP e artigo 405, § 2º, inciso III do CPC/73 correspondente ao artigo 447, § 2º, inciso III, do Novo CPC). Segurança concedida. CONTRA O PARECER (TJ-MS; MS 14094106820158120000; Seção Criminal; Rel. Des. Francisco Gerardo de Sousa; Julg. 08/02/2017; Data de Publicação: 20/02/2017)

§ 3º São suspeitos:

I – o inimigo da parte ou o seu amigo íntimo;

Amizade ou inimizade da testemunha:

✓ TESTEMUNHA IMPEDIDA. AMIGA ÍNTIMA. LICITUDE DO ACOLHIMENTO DA CONTRADITA. ART. 473, § 3º, I, CPC/15. Veda a lei, por presunção de suspeição, o deferimento do compromisso de depor para aquele que é amigo íntimo de qualquer das partes, e a amizade íntima envolve análise de circunstâncias de índole subjetiva. Todavia, componentes objetivos são relevantes para a sua definição. Assim é que o relacionamento estreito pode ser traduzido, entre outras ocorrências, por visitas à residência, compartilhamento de atividades de lazer, laços de solidariedade, dívidas de gratidão, troca de confidências, etc. Na hipótese, a testemunha se disse amiga da recorrente, pelo sentido de gratidão a ela, perfazendo-se a previsão contida no referido art. 447, § 3º, I, do CPC/15. Claramente caracterizado o comprometimento da isenção de ânimo, correto o acolhimento da contradita. Recurso ordinário a que se nega provimento. (RO – 0000392-13.2016.5.06.0413, Primeira Turma; Redator: Eduardo Pugliesi; Data de julgamento: 20/10/2016; Data da assinatura: 26/10/2016)

✓ RECURSO ORDINÁRIO. PROVA DOCUMENTAL PRECLUSA. DANOS MORAIS. NÃO CONFIGURADO. A parte obreira não conseguiu provar que se encontrava em licença para tratamento de saúde no dia de sua dispensa, uma vez que juntou aos autos atestado médico após o fim da instrução processual, isto é, de forma preclusa nos termos do art. 852 – H, da CLT, que regulamenta o Procedimento Sumaríssimo. Ademais, a prova testemunhal produzida pela obreira configurou-se suspeita nos termos do art. 829, da CLT, c/c o art. 447, § 3.º, I, do CPC/2015. Desta forma, não se verificou o requisito do dano moral relativo à culpa da reclamada, uma vez que esta agiu dentro dos limites legais ao dispensar a obreira sem justa causa. Sentença confirmada neste ponto. (TRT-7; RO 00013742120165070018; Rel. Francisco José Gomes da Silva; Julg. 20/03/2017; Data de Publicação: 21/03/2017)

II – o que tiver interesse no litígio.

Interesse no litígio por parte da testemunha:

✓ EMENTA: APELAÇÕES CÍVEIS. AÇÃO ORDINÁRIA. RECURSO INTERPOSTO POR JOSIAS SOARES DIAS. NULIDADE DA SENTENÇA. CERCEAMENTO DE DEFESA. INOCORRÊNCIA. SUSPEIÇÃO DE TESTEMUNHA RECONHECIDA CORRETAMENTE. INTERESSE NO LITÍGIO. SERVIDOR PÚBLICO. DESVIO DE FUNÇÃO. AUXILIAR E TÉCNICO DE ENFERMAGEM. AUSÊNCIA DE PROVA DO EXERCÍCIO HABITUAL DE ATRIBUIÇÕES DO CARGO DE TÉCNICO DE ENFERMAGEM. REENQUADRAMENTO. VEDAÇÃO EXPRESSA POR FORÇA DA SÚMULA VINCULANTE Nº 43 DO STF. RECEBIMENTO DAS DIFERENÇAS REMUNERATÓRIAS ENTRE OS CARGOS (SÚMULA Nº 378 DO STJ). IMPOSSIBILIDADE. RECURSO DESPROVIDO. RECURSO INTERPOSTO PELO ESTADO DO ESPÍRITO SANTO. HONORÁRIOS ADVOCATÍCIOS SUCUMBENCIAIS DEVIDOS À FAZENDA PÚBLICA ESTADUAL. VERBA QUE INTEGRA O PATRIMÔNIO PÚBLICO. DEPÓSITO DIRETO NA CONTA BANCÁRIA TITULARIZADA PELA ASSOCIAÇÃO DE PROCURADORES DO ESTADO DO ESPÍRITO SANTO. IMPOSSIBILIDADE. INEXISTÊNCIA DE LEGISLAÇÃO ESTADUAL. LEI ESTADUAL Nº 4.708⁄92 REVOGADA. RECURSO DESPROVIDO. 1) Se o juiz condutor do processo, como destinatário da prova e com base no seu critério discricionário, reduz o valor probatório de depoimento prestado por pessoa que constata possuir interesse no litígio, ouvindo-a na qualidade de informante, não há que se falar em cerceamento de defesa, na medida em que sua atitude encontra amparo no disposto no art. 405, § 3º, in ciso IV, e § 4º, do CPC⁄197 Art. 405. Podem depor como testemunhas todas as pessoas, exceto as incapazes, impedidas ou suspeitas. (¿). § 3º São suspeitas: (¿); IV ¿ o que tiver interesse no litígio. § 4º Sendo estritamente necessário, o juiz ouvirá testemunhas impedidas ou suspeitas; mas os seus depoimentos serão prestados independentemente de compromisso (art. 415) e o juiz lhes atribuirá o valor que possam merecer, vigente à época da instrução processual e que foi reproduzido no art. 447, § 3º, inciso II, e §§ 4º e 5º, do CPC/2015. 2) Embora não seja lícito ao Poder Judiciário realizar o reenquadramento do servidor público que atua em desvio de função, uma vez que tal provimento configuraria verdadeira burla à regra de acesso a cargo público mediante concurso (art. 37, inciso II, da CF⁄88), é perfeitamente possível o pagamento, a título indenizatório, das diferenças remuneratórias entre os cargos ao servidor, a fim de evitar indevido locupletamento da Administração Pública. Posicionamento sedimentado por meio da Súmula Vinculante nº 43 do Supremo Tribunal Federal e da Súmula nº 378 do Superior Tribunal de Justiça. 3) O desvio de função ocorre quando o servidor é compelido a realizar, de modo permanente e habitual, atividades privativas de cargo público diverso do por ele exercido. 4) Na hipótese vertente, o autor não se desincumbiu do ônus probatório de comprovar o fato constitutivo de seu direito, a teor do artigo 333, inciso I, do CPC⁄1973, vigente à época da prolação da sentença, porquanto não logrou êxito em demonstrar o alegado desvio de função, visto que é imprescindível a prova robusta de que o auxiliar de enfermagem tenha desempenhado as atividades típicas do cargo de técnico de enfermagem, de maneira que não faz jus ao recebimento das diferenças remuneratórias entre os aludidos cargos públicos, quiçá o reenquadramento almejado. 5) A prova testemunhal produzida no feito demonstra sua fragilidade para o convencimento de que o apelante laborou em desvio de função, visto que não foi clarificado que este exercia, com habitualidade, funções atribuídas unicamente ao cargo de técnico de enfermagem. Ao contrário, o que se extrai das manifestações, inclusive das informantes reconhecidamente suspeitas, é que as atividades desenvolvidas rotineiramente pelo recorrente são compatíveis com o cargo público que ocupa (auxiliar de enfermagem) e as eventuais práticas de poucas e esporádicas funções do cargo de técnico de enfermagem, que sequer foram esclarecidas e demonstradas, não possibilitam o reconhecimento do desvio de função. 6) Recurso interposto por Josias Soares Dias conhecido e desprovido. 7) Consoante construção pretoriana, o titular da verba honorária sucumbencial quando vencedora em processo judicial é a Fazenda Pública; no entanto, longe de se desgarrar do interesse público, poderá o ente federado respectivo estabelecer a destinação da cifra dentro da política que reputar conveniente, restando assim imperiosa uma clara normatização a respeito. 8) Os advogados públicos fazem jus ao recebimento dos honorários sucumbenciais, entretanto, por ser esta verba de titularidade do ente estatal, a sua transferência somente pode se dar por meio de autorização legislativa, a qual regulamentará a questão, em consonância com o disposto no art. 85, § 19, do Código de Processo Civil de 2015. 9) Se tanto a jurisprudência dos Tribunais Superiores quanto o Novo Código de Processo Civil estabelecem que o recebimento dos honorários sucumbenciais diretamente pelos advogados públicos está condicionado a existência de legislação disciplinando a matéria, não há como reconhecer este direito em benefício dos Procuradores do Estado do Espírito Santo, tendo em vista que inexiste lei em sentido formal no ordenamento jurídico capixaba tratando da questão, ante a revogação expressa da Lei Estadual nº 4.708⁄92. 10) Recursos interposto pelo Estado do Espírito Santo conhecido e desprovido. (TJ-ES; APL 00022559420148080048; Terceira Câmara Cível; Rel. Eliana Junqueira Munhos Ferreira; Julg. 09/05/2017; Data de Publicação: 19/05/2017)

§ 4º Sendo necessário, pode o juiz admitir o depoimento das testemunhas menores, impedidas ou suspeitas.

<u>Admissão na oitiva de testemunhas menores, impedidas ou suspeitas:</u>

✓ Ação declaratória de inexigibilidade de débito cumulada com indenização por danos morais e materiais – Prestação de serviços água – Alegação de desvio de água em razão de irregularidade constatada no hidrômetro – Sentença de parcial procedência. AGRAVO RETIDO – Pedido de acareação de testemunhas indeferido – Testemunhas que foram exaustivamente questionadas na audiência de instrução e julgamento, de modo que a acareação restaria inócua – Inquirição de testemunha como informante – Agravo retido desprovido. APELAÇÕES – Apelo da requerida para afastar a declaração de inexigibilidade do débito e a condenação ao pagamento de indenização por danos morais – Recurso da autora para majorar o quantum fixado a título de danos morais e dar provimento do pleito relativo à indenização por danos materiais – Ausência de fé pública da SABESP, mera pessoa jurídica de direito privado, a quem cabe ônus probatório como qualquer outra empresa – Ônus da prova era da ré, haja vista que, após constatar a suposta irregularidade no hidrômetro, assumiu o dever de guarda e vigilância do objeto que deveria ser periciado – Necessidade de perícia para comprovar a violação do hidrômetro – Prova pericial inviabilizada em razão da perda do objeto – O desvio de água no hidrômetro não ficou demonstrado nos autos – Ré não se desincumbiu do seu ônus da prova, nos termos do art. 373, II, do CPC/2015 – Corte no fornecimento de água enseja dano moral, mesmo sendo a autora pessoa jurídica – Súmula 227 do STJ – Ofensa à honra objetiva – Abalo da sua credibilidade perante terceiros, prejudicando sua imagem no mercado – Quantum indenizatório que merece ser mantido – Danos materiais não comprovados – Sucumbência mínima da autora – Requerida deverá enfrentar de forma integral as verbas sucumbenciais relativas à ação principal – Recurso da requerida desprovido – Recurso da requerente parcialmente provido. (TJ-SP 10000724520148260562; SP; 24ª Câmara de Direito Privado; Rel. Jonize Sacchi de Oliveira; Julg. 31/08/2017; Data de Publicação: 04/09/2017)

✓ APELAÇÃO. POSSE. COMPRA E VENDA DE VEÍCULO USADO, ALIENADO FIDUCIARIAMENTE ANTERIORMENTE PELO VENDEDOR COMO GARANTIA DO FINANCIAMENTO OBTIDO PARA SUA AQUISIÇÃO. MORTE DO VENDEDOR SEIS MESES DEPOIS. VEÍCULO QUE NÃO FOI INCLUÍDO PELOS FAMILIARES NO INVENTÁRIO. PRETENSÃO DO AUTOR DE SER INDENIZADO POR SUPOSTOS DANOS MATERIAL E MORAL EM RAZÃO DA CONDUTA OMISSIVA QUE ORIGINOU PROBLEMAS NA DOCUMENTAÇÃO DO VEÍCULO. ALEGAÇÃO DE CERCEAMENTO DE DEFESA. TESTEMUNHA ARROLADA PELO AUTOR QUE NÃO FOI OUVIDA. INTELIGÊNCIA DO § 2º, I, DO ART. 447, DO CPC/2015. AUSÊNCIA DE NULIDADE. RECURSO IMPROVIDO. O art. 447, § 2º, I, do CPC/2015, estabelece que podem depor como testemunhas todas as pessoas, exceto as incapazes, impedidas ou suspeitas e que são impedidos o cônjuge, o companheiro, o ascendente e o descendente em qualquer grau e o colateral, até o terceiro grau, de alguma das partes, por consanguinidade ou afinidade, salvo se o exigir o interesse público ou, tratando-se de causa relativa ao estado da pessoa, não se puder obter de outro modo a prova que o juiz repute necessária ao julgamento do mérito. NO caso, a pessoa que foi impedida de testemunhar é irmã do apelante. Logo, está impedida de testemunhar. Não existe qualquer disposição no CPC que determine que apenas à parte adversa é possibilitado contraditar testemunha. Aliás, muito pelo contrário, pois o § 1º, do art. 457, do CPC/2015, dispõe que é lícito à parte contraditar a testemunha. Desse modo, é permitido à parte contraditar testemunha, mas esse não é um ato reservado somente aos litigantes. O juiz preside o processo e, se o interesse público não exigir, não se tratar de causa relativa ao estado da pessoa ou podendo obter de outro modo a prova que repute necessária ao julgamento do mérito, não deve ouvir a testemunha impedida. Os §§ 4º e 5º do art. 447, do mesmo diploma, estabelecem que, sendo necessário, pode o juiz admitir o depoimento das testemunhas menores, impedidas ou suspeitas, mas esses depoimentos serão prestados independentemente de compromisso, e o juiz lhes atribuirá o valor que possam merecer. Também no caso, outras testemunhas foram ouvidas e forneceram elementos suficientes para o desfecho da controvérsia. O depoimento de uma testemunha impedida não alteraria o resultado do julgamento, mesmo confirmando tudo o que alega o apelante. (TJ-SP; APL 10002140820168260553; SP; 31ª Câmara de Direito Privado; Rel. Adilson de Araujo; Julg. 14/03/2017; Data de Publicação: 14/03/2017)

§ 5º Os depoimentos referidos no § 4º serão prestados independentemente de compromisso, e o juiz lhes atribuirá o valor que possam merecer.

Art. 448. A testemunha não é obrigada a depor sobre fatos:

I – que lhe acarretem grave dano, bem como ao seu cônjuge ou companheiro e aos seus parentes consanguíneos ou afins, em linha reta ou colateral, até o terceiro grau;

Possibilidade da testemunha ser ouvida como informante:

✓ APELAÇÃO CÍVEL. PRELIMINAR DE CERCEAMENTO DE DEFESA REJEITADA. ALIMENTOS AVOENGOS. OBRIGAÇÃO RESIDUAL. AUSÊNCIA DE PROVA ACERCA DA INCAPACIDADE OU IMPOSSIBILIDADE DOS GENITORES. DEVER DE SUSTENTO DOS PAIS NÃO AFASTADO. INTELIGÊNCIA DOS ARTS. 1.694, CAPUT, 1.697 E 1.698 DO CCB. PRECEDENTES. SENTENÇA DE IMPROCEDÊNCIA CONFIRMADA. Não há falar em cerceamento de defesa em razão do indeferimento do pedido de substituição das testemunhas, tendo em vista a inobservância das disposições insertas nos artigos 451 e 370, § único, do CPC. Igualmente inexiste violação às disposições contidas nos artigos 447, § 2º, e 448, inciso I, do CPC, pois cabe ao julgador determinar a realização das provas necessárias à instrução do feito, inclusive admitir o depoimento das testemunhas impedidas na condição de informantes. A obrigação de alimentos somente será repassada a outros parentes, incluindo os avós, excepcionalmente, quando comprovada a incapacidade dos genitores, a quem incumbe primeiramente esse dever, decorrente do poder familiar, e independentemente da eventual circunstância de os avós desfrutarem de melhores condições financeiras, sob pena de subversão do princípio da solidariedade familiar. PRELIMINAR REJEITADA. APELO DESPROVIDO. (TJ-RS; Apelação Cível 70075384560; Sétima Câmara Cível; Rel. Sandra Brisolara Medeiros; Julg. 22/11/2017).

II – a cujo respeito, por estado ou profissão, deva guardar sigilo.

→ *v.* Art. 7º, XIX, da Lei 8.906/1994.

Sigilo profissional e testemunho:

✓ AGRAVO DE INSTRUMENTO. PROCESSO CIVIL. ANULAÇÃO DE TESTAMENTO. FASE DE PROVAS. PROVA PERICIAL GRAFOTÉCNICA. INDEFERIMENTO. PRECLUSÃO. MATÉRIA JÁ DECIDIDA NO SANEADOR QUE RESTOU IRRECORRIDO. PRECLUSA A OPORTUNIDADE DE DISCUSSÃO SOBRE A PRODUÇÃO DE PROVA PERICIAL GRAFOTÉCNICA, SENDO VEDADO DISCUTIR-SE NOVAMENTE QUESTÃO JÁ DECIDIDA. PRONTUÁRIO MÉDICO. APRESENTAÇÃO. INTIMAÇÃO DOS PROFISSIONAIS QUE TRATARAM O DE CUJUS. POSSIBILIDADE. QUEBRA DE SIGILO PROFISSIONAL. NÃO VERIFICAÇÃO. SIGILO PROFISSIONAL QUE NÃO É ABSOLUTO. HIPÓTESE DOS AUTOS EM QUE O PEDIDO NÃO ENSEJA QUEBRA DE SIGILO PROFISSIONAL, PORQUE PEDIDO O PRONTUÁRIO PARA SABER DO ESTADO DE SAÚDE DE PACIENTE, VISANDO APURAR POSSÍVEL PRÁTICA DE FRAUDE. PRECEDENTES DO SUPERIOR TRIBUNAL DE JUSTIÇA. PARCIAL PROVIMENTO DO RECURSO. (TJ-RJ; AI 00152735820168190000 Rio de Janeiro; 3ª Vara Órfãos Sucessões; Vigésima Câmara Cível; Rel. Marília De Castro Neves Vieira; Julg. 08/06/2016; Data de Publicação: 15/06/2016)

Art. 449. Salvo disposição especial em contrário, as testemunhas devem ser ouvidas na sede do juízo.

→ *v.* Art. 454 do NCPC.

Possibilidade de colheita da prova em local diverso da sede do juízo:

✓ CORREIÇÃO PARCIAL. CURATELA. DESIGNAÇÃO DE DIVERSAS AUDIÊNCIAS DE ENTREVISTA, EM DILIGÊNCIA EXTERNA. DESNECESSIDADE DE PRÉVIA DEFINIÇÃO DO HORÁRIO DE CADA AUDIÊNCIA. Não caracteriza tumulto processual a designação de diversas audiências de entrevista com demandados em ações de curatela, em diligência externa, desde que o Ministério Público seja intimado da pauta e dos endereços em que serão realizadas as audiências, não sendo necessário, porém, a prévia definição do horário de cada audiência, porquanto isso se mostraria impraticável uma vez que duração de cada oitiva pode variar – e ainda implicaria severo comprometimento ao rendimento do trabalho, por não permitir a otimização do tempo de acordo com o andamento das entrevistas, o que não consulta o melhor interesse público. POR MAIORIA, REJEITARAM A CORREIÇÃO PARCIAL. (TJ-RS; Correição Parcial 70071281547; Oitava Câmara Cível; Rel. Ivan Leomar Bruxel; Julg. 10/11/2016).

Parágrafo único. Quando a parte ou a testemunha, por enfermidade ou por outro motivo relevante, estiver impossibilitada de comparecer, mas não de prestar depoimento, o juiz designará, conforme as circunstâncias, dia, hora e lugar para inquiri-la.

Subseção II
Da Produção da Prova Testemunhal

Art. 450. O rol de testemunhas conterá, sempre que possível, o nome, a profissão, o estado civil, a idade, o número de inscrição no Cadastro de Pessoas Físicas, o número de registro de identidade e o endereço completo da residência e do local de trabalho.

→ v. Enunciado 519 do FPPC: Em caso de impossibilidade de obtenção ou de desconhecimento das informações relativas à qualificação da testemunha, a parte poderá requerer ao juiz providências necessárias para a sua obtenção, salvo em casos de inadmissibilidade da prova ou de abuso de direito.

→ v. Enunciado 34 do CJF: A qualificação incompleta da testemunha só impede a sua inquirição se houver demonstração de efetivo prejuízo.

Necessidade de apresentação do rol de testemunhas:

✓ APELAÇÃO CÍVEL. DIREITO PRIVADO NÃO ESPECIFICADO. PRESTAÇÃO DE SERVIÇOS. VALOR ALEGADAMENTE CONTRATADO NÃO COMPROVADO. AUSÊNCIA DE PROVA DA PRETENSÃO DEDUZIDA NA INICIAL. SENTENÇA MANTIDA POR SEUS PRÓPRIOS FUNDAMENTOS. Cerceamento de defesa inexistente. Parte que anuncia pretensão de produzir prova oral, mas não apresenta o rol no prazo estipulado pelo juiz. Consoante a orientação jurisprudencial desta Corte o prazo fixado pelo Julgador é preclusivo. Não é crível que a parte tenha obtido o deferimento do seu pedido para produção de prova testemunhal e, cerca de quatro meses após, ainda não tenha conseguido apresentar rol de testemunhas. Alegação da parte de que levaria as testemunhas independentemente de intimação que não a desobriga de apresentar o rol, porque a parte adversa, até mesmo para preparar eventual contradita, tem o direito de saber quais as testemunhas que se pretende ouvir. Princípio de isonomia. APELO IMPROVIDO. (TJ-RS; Apelação Cível 70066504986; Décima Segunda Câmara Cível; Rel. Guinther Spode; Julg. 16/06/2016).

✓ Agravo de instrumento. Deferimento em audiência de substituição de testemunha que não havia sido arrolada ou substituída anteriormente. Substituição que fere o princípio do contraditório e da ampla defesa já que o agravante não teve conhecimento prévio acerca da pessoa que seria ouvida em Juízo. Previsão constitucional de contraditório pleno e ampla defesa desrespeitada. Incidência do art. 7º CPC/15. Vedação à surpresa processual. Impossibilidade de se proceder o agravante à contradita da testemunha. Inteligência do art. 407 CPC/73, atual 357, § 4º CPC/15. Agravado que traz testemunha em audiência cujo prenome confessa que desconhecia. Cerceamento de defesa configurado. Inexistência de atos atentatórios à justiça a autorizar a incidência de multa. Parcial provimento do recurso para determinar a nulidade do depoimento. (TJ-RJ; AI 00069332820168190000 Rio de Janeiro, Itaperuna; 1ª Vara; Quinta Câmara Cível; Rel. Cristina Tereza Gaulia; Julg. 12/04/2016; Data de Publicação: 14/04/2016)

✓ RECURSO DE REVISTA NÃO REGIDO PELA LEI 13.015/2014. INDEFERIMENTO DO PEDIDO DE ADIAMENTO DE AUDIÊNCIA PARA PRODUÇÃO DE PROVA ORAL. AUSÊNCIA DE TESTEMUNHA CONVIDADA. MOTIVO JUSTIFICADO. CERCEAMENTO DO DIREITO DE PRODUÇÃO DE PROVA. CONFIGURAÇÃO. VIOLAÇÃO DO ART. 5º, LV, DA CF/88. A Reclamante, consoante exposto no acórdão regional, pretendeu o adiamento da audiência para a produção de prova oral. No que concerne à prova testemunhal no processo do trabalho, o art. 825 da CLT, embora lacônico, é categórico ao pontuar que as testemunhas devem comparecer à audiência independentemente de intimação, acrescentando o seu parágrafo único que as testemunhas ausentes serão intimadas e se, ainda assim, faltarem à audiência em prosseguimento, serão conduzidas coercitivamente, além de sofrerem, se não houver justificativa razoável para a ausência, a sanção de que trata o art. 730 da CLT. Não há, entretanto, no conjunto das regras que disciplinam os ritos trabalhistas qualquer norma que preveja a necessidade de prévio depósito do rol de testemunhas, nos moldes do art. 450 do CPC/2015 (407 do CPC/73). Essa situação, não raras vezes, pode acarretar prejuízos para eventual instrução dos incidentes de que trata o § 1º do art. 457 do CPC/2015 (§ 1º do art. 414 do CPC/73), na medida em que as partes podem ser surpreendidas com a presença de testemunhas suspeitas ou impedidas, sem que disponham, já naquele instante da audiência, dos elementos de convicção necessários para subsidiar as impugnações às oitivas respectivas (CLT, art. 818), com risco de comprometimento da idoneidade do acervo probatório testemunhal e do próprio direito de defesa (CF, art. 5º, LV). Em tais situações, entretanto, caberá ao magistrado, no exercício prudente da jurisdição, resguardar posições e faculdades jurídico-processuais aos litigantes, postergando eventual instrução dos incidentes para momento ulterior, mas respeitando a unicidade da audiência e a própria regra da incomunicabilidade das testemunhas (CPC/2015, art. 456 c/c o art. 824 da CLT). Mas, para além desses aspectos, fato é que as normas processuais trabalhistas foram idealizadas para ensejar procedimentos céleres, simples e desburocratizados, em face da própria natureza alimentar dos créditos debatidos no âmbito desta jurisdição especializada. No caso dos autos, as premissas fáticas inscritas no acórdão regional indicam que a parte requereu o adiamento da audiência para oitiva de testemunha devidamente convidada, mas que não pode comparecer por motivo justificado. Assim, dispondo o art. 825 da CLT que as testemunhas devem comparecer à audiência independentemente de intimação, sem qualquer alusão à necessidade de apresentação de rol prévio, a adoção da sistemática processual comum, particularmente do art. 451 do CPC/2015 (408 do CPC/73), denota, com a vênia devida, inescusável "error in procedendo", circunstância que autoriza o conhecimento do recurso de revista, com base no permissivo inscrito no art. 896, c, da CLT. Recurso de revista conhecido e provido para determinar o retorno dos autos à origem, a fim de que seja reaberta a instrução processual para a produção de prova oral pela Autora e prolação de nova sentença, prosseguindo-se o feito como entender de direito o d. Juízo de primeiro grau. Recurso de revista conhecido e provido. (TST; RR 14090520105040008; 7ª Turma; Rel. Douglas Alencar Rodrigues; Julg. 05/04/2017; Data de Publicação: DEJT 11/04/2017)

Art. 451. Depois de apresentado o rol de que tratam os §§ 4º e 5º do art. 357, a parte só pode substituir a testemunha:

Impossibilidade de substituição das testemunhas sem que se apresente as hipóteses legais:

✓ MANDADO DE SEGURANÇA. ATAQUE À DECISÃO DE JUIZ DE PRIMEIRO GRAU PROFERIDA EM SEDE DE AIJE. INDEFERIMENTO DE SUBSTITUIÇÃO DE TESTEMUNHAS A SEREM OUVIDAS EM AUDIÊNCIA. AUSÊNCIA DE SITUAÇÃO EXCEPCIONAL A JUSTIFICAR O AFASTAMENTO DA REGRA CONTIDA NO ART. 451 DO CPC. EVIDENTE PROPÓSITO DE TUMULTUAR E PROCRASTINAR O FEITO CONEXO A OUTRAS TRINTA AÇÕES. PRIMAZIA DO PRINCÍPIO DA CELERIDADE, DURAÇÃO RAZOÁVEL DO PROCESSO E DEVER DE COOPERAÇÃO DAS PARTES. AUSÊNCIA DE DIREITO LÍQUIDO E CERTO A SER TUTELADO. DENEGAÇÃO DA ORDEM. AGRAVO REGIMENTAL PREJUDICADO. I – O presente writ tem como fundamento atacar decisão proferida pelo Juízo de primeiro grau em sede de Ação de Investigação Judicial Eleitoral, cujo objeto de fundo versa sobre suposta utilização indevida do programa denominado "Cheque Cidadão" para fins eleitorais, na municipalidade de Campos dos Goytacazes. II – A decisão vergastada, em síntese, teve por objeto indeferir o pedido de substituição de testemunhas a serem ouvidas em audiência, uma vez que não configurada quaisquer das situações ressalvadas no art. 451 do novo CPC. III – Não se desconhece a jurisprudência desta Corte acerca da pretensão do impetrante, ainda que fora do elenco constante do diploma processual civil. Todavia, não se pode olvidar que a regra, ainda assim, permanece sendo aquela segundo a qual a testemunha somente pode ser substituída após a apresentação do rol pelas partes, nos casos de falecimento, enfermidade ou quando não localizada no endereço indicado. Admite-se a excepcionalidade da norma apenas quando se vislumbrar eventual prejuízo ou cerceamento à tese defensiva, o que não se afigura na situação dos autos. IV – Como bem ressaltou o magistrado impetrado, a substituição pretendida seria elemento de prova que em nada acresceria à sua convicção, na medida em que objetivava abordar suposta extrapolação aos limites de cumprimento do mandado de busca e apreensão, cuja nulidade sequer fora arguida anteriormente na peça defensiva e que facilmente poderia ser verificada da mera leitura do próprio documento. V – Na condição de destinatário da prova, ao condutor do processo é dado o direito de coordenar a instrução probatória de acordo com o que julgar necessário à formação de seu livre convencimento, nos termos do art. 370 do novo CPC. VI – Tramita sob esta relatoria outro mandado de segurança impetrado pelo demandante, insurgindo-se contra atos anteriormente praticados pelo Juízo impetrado, pertinente às mesmas AIJE's de origem, bem como diversas outras ações mandamentais objetivando atacar qualquer mínimo ato emanado pelo magistrado, todos patrocinados pelos mesmos causídicos. VII – Possível entrever, portanto, a tentativa de utilizarem-se de tais remédios constitucionais como sucedâneo recursal, bem como o aparente animus de tumultuar e procrastinar o andamento das referidas ações judiciais eleitorais, cujo resultado pode lhes ser desfavorável, a resultar na cassação de seus diplomas e declaração de inelegibilidade. VIII- Esta Justiça especializada não pode tolerar condutas que venham a evidenciar embaraço ao deslinde do feito, de modo que primar-se, in casu, pela celeridade e dever de cooperação das partes para que se obtenha, em tempo razoável, decisão de mérito justa e efetiva, nos moldes do art. 6º do novo CPC. O raciocínio, aliás, reforça os fundamentos destacados pela autoridade impetrada, no sentido de que admitir a exceção à regra a um dos investigados significa abrir precedente aos demais e trazer consequências danosas à solução do litígio. Ausência de direito líquido e certo a ser tutelado, a impor a denegação da ordem. Agravo Regimental prejudicado. (TRE-RJ; MS 46783 Campos dos Goytacazes – RJ, Rel. Andre Ricardo Cruz Fontes; Julg. 01/02/2017; Data de Publicação: DJERJ 08/02/2017; Pág. 18/25)

✓ Agravo de instrumento. Deferimento em audiência de substituição de testemunha que não havia sido arrolada ou substituída anteriormente. Substituição que fere o princípio do contraditório e da ampla defesa já que o agravante não teve conhecimento prévio acerca da pessoa que seria ouvida em Juízo. Previsão constitucional de contraditório pleno e ampla defesa desrespeitada. Incidência do art. 7º CPC/15. Vedação à surpresa processual. Impossibilidade de se proceder o agravante à contradita da testemunha. Inteligência do art. 407 CPC/73, atual 357, § 4º CPC/15. Agravado que traz testemunha em audiência cujo prenome confessa que desconhecia. Cerceamento de defesa configurado. Inexistência de atos atentatórios à justiça a autorizar a incidência de multa. Parcial provimento do recurso para determinar a nulidade do depoimento. (TJ-RJ; AI 00069332820168190000 Rio de Janeiro, Itaperuna; 1ª Vara; Quinta Câmara Cível; Rel. Cristina Tereza Gaulia; Julg. 12/04/2016; Data de Publicação: 14/04/2016)

✓ PROCESSUAL PENAL. RECURSO ORDINÁRIO EM HABEAS CORPUS. NULIDADE. INDEFERIMENTO DE SUBSTITUIÇÃO DE TESTEMUNHAS PREVIAMENTE ARROLADAS NA RESPOSTA À ACUSAÇÃO. INOCORRÊNCIA. NÃO PREENCHIMENTO DAS HIPÓTESES LEGAIS. RECURSO ORDINÁRIO DESPROVIDO. A jurisprudência predominante nesta Corte Superior de Justiça entende só ser possível a substituição de testemunhas previamente arroladas em sede de resposta à acusação nas hipóteses de sua não localização, enfermidade ou falecimento, não verificadas no caso, tudo nos termos do novel art. 451, do CPC/2015, aplicado ao processo penal por força do art. 3º, do CPP. Recurso ordinário desprovido. (RHC 67.589; PA; Quinta Turma; Rel. Min. Felix Fischer; Julg. 09/08/2016; DJe 22/08/2016)

I – que falecer;

II – que, por enfermidade, não estiver em condições de depor;

III – que, tendo mudado de residência ou de local de trabalho, não for encontrada.

Art. 452. Quando for arrolado como testemunha, o juiz da causa:

I – declarar-se-á impedido, se tiver conhecimento de fatos que possam influir na decisão, caso em que será vedado à parte que o incluiu no rol desistir de seu depoimento;

→ *v.* Art. 144, I, do NCPC.

II – se nada souber, mandará excluir o seu nome.

Art. 453. As testemunhas depõem, na audiência de instrução e julgamento, perante o juiz da causa, exceto:

I – as que prestam depoimento antecipadamente;

→ *v.* Arts. 381 a 383 do NCPC.

II – as que são inquiridas por carta.

→ *v.* Art. 260 e seguintes do NCPC.

§ 1º A oitiva de testemunha que residir em comarca, seção ou subseção judiciária diversa daquela onde tramita o processo poderá ser realizada por meio de videoconferência ou outro recurso tecnológico de transmissão e recepção de sons e imagens em tempo real, o que poderá ocorrer, inclusive, durante a audiência de instrução e julgamento.

→ *v.* Arts. 236, § 3º, 385, § 3º, 461, § 2º, e 937, § 4º, do NCPC.

§ 2º Os juízos deverão manter equipamento para a transmissão e recepção de sons e imagens a que se refere o § 1º.

Possibilidade de colheita da prova em local diverso da sede do juízo:

✓ CORREIÇÃO PARCIAL. CURATELA. DESIGNAÇÃO DE DIVERSAS AUDIÊNCIAS DE ENTREVISTA, EM DILIGÊNCIA EXTERNA. DESNECESSIDADE DE PRÉVIA DEFINIÇÃO DO HORÁRIO DE CADA AUDIÊNCIA. Não caracteriza tumulto processual a designação de diversas audiências de entrevista com demandados em ações de curatela, em diligência externa, desde que o Ministério Público seja intimado da pauta e dos endereços em que serão realizadas as audiências, não sendo necessário, porém, a prévia definição do horário de cada audiência, porquanto isso se mostraria impraticável – uma vez que duração de cada oitiva pode variar – e ainda implicaria severo comprometimento ao rendimento do trabalho, por não permitir a otimização do tempo de acordo com o andamento das entrevistas, o que não consulta o melhor interesse público. POR MAIORIA, REJEITARAM A CORREIÇÃO PARCIAL. (TJ-RS; Correição Parcial 70071281547; Oitava Câmara Cível; Rel. Ivan Leomar Bruxel; Julg. 10/11/2016).

Art. 454. São inquiridos em sua residência ou onde exercem sua função:

→ *v.* Art. 33, I, da LC 35/1979.

→ *v.* Art. 40, I, Lei 8.625/1993.

I – o presidente e o vice-presidente da República;

II – os ministros de Estado;

III – os ministros do Supremo Tribunal Federal, os conselheiros do Conselho Nacional de Justiça e os ministros do Superior Tribunal de Justiça, do Superior Tribunal Militar, do Tribunal Superior Eleitoral, do Tribunal Superior do Trabalho e do Tribunal de Contas da União;

IV – o procurador-geral da República e os conselheiros do Conselho Nacional do Ministério Público;

V – o advogado-geral da União, o procurador-geral do Estado, o procurador-geral do Município, o defensor público-geral federal e o defensor público-geral do Estado;

VI – os senadores e os deputados federais;

VII – os governadores dos Estados e do Distrito Federal;

VIII – o prefeito;

IX – os deputados estaduais e distritais;

X – os desembargadores dos Tribunais de Justiça, dos Tribunais Regionais Federais, dos Tribunais Regionais do Trabalho e dos Tribunais Regionais Eleitorais e os conselheiros dos Tribunais de Contas dos Estados e do Distrito Federal;

XI – o procurador-geral de justiça;

XII – o embaixador de país que, por lei ou tratado, concede idêntica prerrogativa a agente diplomático do Brasil.

§ 1º O juiz solicitará à autoridade que indique dia, hora e local a fim de ser inquirida, remetendo-lhe cópia da petição inicial ou da defesa oferecida pela parte que a arrolou como testemunha.

§ 2º Passado 1 (um) mês sem manifestação da autoridade, o juiz designará dia, hora e local para o depoimento, preferencialmente na sede do juízo.

§ 3º O juiz também designará dia, hora e local para o depoimento, quando a autoridade não comparecer, injustificadamente, à sessão agendada para a colheita de seu testemunho no dia, hora e local por ela mesma indicados.

Art. 455. Cabe ao advogado da parte informar ou intimar a testemunha por ele arrolada do dia, da hora e do local da audiência designada, dispensando-se a intimação do juízo.

Incumbência do advogado cientificar as testemunhas arroladas sobre a audiência:

✓ AGRAVO DE INSTRUMENTO - PRODUÇÃO DE PROVA ORAL - OITIVA DE TESTEMUNHAS - INTIMAÇÃO - RESPONSABILIDADE DO ADVOGADO - JUDICIÁRIO QUE ATUA APENAS EXCEPCIONALMENTE Prescreve o art. 455 do novo Código de Processo Civil que cabe ao advogado da parte informar ou intimar a testemunha por ele arrolada do dia, da hora e do local da audiência designada, dispensando-se a intimação do juízo, que apenas ocorrerá em casos excepcionais. Caso em estudo no qual o pedido de intimação pelo juízo se sustenta apenas na tese de que a parte é beneficiária da gratuidade, exceção não prevista pelo legislador como autorizadora da intimação pelo Judiciário. Advogados da seguradora que tem condições de efetuar a intimação das testemunhas e dar cumprimento às regras do NCPC. RECURSO IMPROVIDO. (TJ-SP; AI 20455603820178260000; SP; 30ª Câmara de Direito Privado; Rel. Maria Lúcia Pizzotti; Julg. 24/05/2017; Data de Publicação: 26/05/2017)

§ 1º A intimação deverá ser realizada por carta com aviso de recebimento, cumprindo ao advogado juntar aos autos, com antecedência de pelo menos 3 (três) dias da data da audiência, cópia da correspondência de intimação e do comprovante de recebimento.

§ 2º A parte pode comprometer-se a levar a testemunha à audiência, independentemente da intimação de que trata o § 1º, presumindo-se, caso a testemunha não compareça, que a parte desistiu de sua inquirição.

Desistência presumida da testemunha que não comparece, quando a parte se comprometeu em levá-la à audiência:

✓ AGRAVO DE INSTRUMENTO. LOCAÇÃO DE BEM MÓVEL. EXECUÇÃO DE TÍTULO EXTRAJUDICIAL. EMBARGOS À EXECUÇÃO. AUSÊNCIA DE TESTEMUNHA. COMPROMISSO DE SUA APRESENTAÇÃO EM AUDIÊNCIA. Se a embargante arrola testemunha assumindo o ônus de apresentá-la em audiência, e esta não comparece, verifica-se a desistência de sua inquirição, por expressa presunção legal, do art. 455, § 2º, do CPC. Decisão mantida. Recurso desprovido. (TJ-SP 20989233720178260000; SP; 26ª Câmara de Direito Privado; Rel. Felipe Ferreira; Julg. 14/09/2017; Data de Publicação: 15/09/2017)

✓ CIVIL E PROCESSUAL CIVIL. APELAÇÃO. AÇÃO DE INDENIZAÇÃO. OFENSAS FÍSICAS E VERBAIS. CERCEAMENTO DE DEFESA. COMPROMETIMENTO DA PARTE EM LEVAR AS TESTEMUNHAS ESPONTANEAMENTE PARA SEREM OUVIDAS EM AUDIÊNCIA. ALEGAÇÃO DE SUSPEIÇÃO DE TESTEMUNHAS. PRELIMINARES AFASTADAS. ART. 186 DO CÓDIGO CIVIL. DANO MORAL CONFIGURADO. RECURSO PARCIALMENTE PROVIDO. 1.Apelação interposta contra a sentença que julgou procedentes os pedidos formulados na inicial para condenar as rés, ao pagamento de danos morais, em razão de ofensas físicas e verbais perpetradas pelas requeridas. 2. Nos termos do § 2º do art. 455 do CPC/2015, "a parte pode comprometer-se a levar a testemunha à audiência, independentemente da intimação de que trata o § 1o, presumindo-se, caso a testemunha não compareça, que a parte desistiu de sua inquirição". 2.1 Não tendo a testemunha comparecido à audiência, nem a parte apresentado qualquer justificativa para a sua ausência, passado o momento oportuno para reverter essa decisão, preclusa está a matéria. 3. À luz da hipótese do art. 485, VII, do CPC, é documento novo aquele preexistente ao processo cuja juntada não ocorreu, oportunamente, porque a parte desconhecia a sua existência ou porque, embora sabendo, esteve impossibilitada de juntá-lo por justa causa ou força maior. 3.1. Como os documentos apresentados pelas rés consistem em atestados médicos datados do ano de 2012 e os fatos discutidos na presente ação datam de 2014 e, ainda considerando-se que referidos atestados já foram juntados aos autos, não há razão para o deferimento da juntada dos documentos. 4. As partes podem contraditar a testemunha, desde que seja após a sua qualificação ou no curso do depoimento, não sendo cabível a impugnação da testemunha sob a alegação de suspeição por amizade íntima em sede de apelação, porque se operou a preclusão (§ 1º do art. 457 do CPC/2015). 5. O conjunto probatório indica que as rés agrediram o requerente física e verbalmente, além de terem mandado uma carta aos condôminos e colado cartazes nas áreas do condomínio, ofendendo a honra e a moral do autor. 5.1. Neste contexto, considerando-se a prova produzida, com ampla repercussão sobre a imagem do autor, outra conclusão não se chega senão a de que as rés, ao assim procederem, atraíram o dever de ressarcimento, nos moldes do artigo 186, do Código Civil atual. 6. Levando-se em conta as circunstâncias do caso concreto, os critérios de proporcionalidade e razoabilidade, bem como a capacidade econômica das partes envolvidas, urge reduzir-se o valor dos danos morais antes fixados em R$ 21.720,00 (vinte e hum mil setecentos e vinte reais), para R$ 10.000,00 (dez mil reais), por comparecer o necessário e suficiente para a prevenção e reparação do dano. Alterado o quantum indenizatório, este passa ser o marco inicial para a incidência de correção monetária. 7. Recurso parcialmente provido. (TJ-DF; 20140710267159 0026077-68.2014.8.07.0007; 2ª Turma Cível; Rel. João Egmont; Julg. 30/11/2016; Data de Publicação: Publicado no DJE: 13/12/2016; Pág. 201/228)

✓ RECURSO DE REVISTA DA RECLAMADA. PROCESSO SOB A ÉGIDE DA LEI 13.015/2014. 1. HORAS EXTRAS. MOTORISTA CARRETEIRO. ATIVIDADE EXTERNA. POSSIBILIDADE DE CONTROLE DE JORNADA. AFERIÇÃO A PARTIR DA MATÉRIA FÁTICO -PROBATÓRIA. SÚMULA 126 DO TST. A inclusão do empregado na hipótese prevista no art. 62, I, da CLT não se dá por mera previsão em norma coletiva, mas em conformidade com a realidade fática que circunda a prestação de serviço do empregado, em respeito a um dos princípios basilares do Direito do Trabalho, que é o princípio da primazia da realidade (art. 9º da CLT). Com efeito, constatada a real possibilidade de controle de jornada pela empresa empregadora, não há como enquadrar o Obreiro na hipótese do art. 62, I, da CLT. Recurso de revista não conhecido no aspecto. 2. JORNADA ARBITRADA. APELO DESFUNDAMENTADO. AUSÊNCIA DE INDICAÇÃO DOS PRESSUPOSTOS DO ART. 896 DA CLT. Desfundamentado o apelo em que o Reclamado não indica, validamente, nenhum dos pressupostos intrínsecos de admissibilidade previstos no art. 896, a, b ou c, da CLT. Recurso de revista não conhecido no tema. B) RECURSO DE REVISTA DO RECLAMANTE. PROCESSO SOB A ÉGIDE DA LEI 13.015/2014. NULIDADE. CERCEAMENTO DE DEFESA. COMPROMISSO DA PARTE NO COMPARECIMENTO ESPONTÂNEO DA TESTEMUNHA. DENECESSIDADE DE INTIMAÇÃO. AUSÊNCIA POSTERIOR. PRESUNÇÃO DE DESISTÊNCIA. ART. 412, § 1º, CPC/1973 (ART. 455, § 2º, CPC/2015). Comprometendo-se a parte a levar a testemunha à audiência de instrução, independentemente de intimação, o não comparecimento da testemunha presume sua desistência em depor, aplicando-se ao caso o art. 455, § 2º, do CPC/2015 (art. 412, § 1º, do CPC/1973). Recurso de revista não conhecido. (TST; RR 203569620135040204; 3ª Turma; Rel. Mauricio Godinho Delgado; Julg. 25/05/2016; Data de Publicação: DEJT 03/06/2016)

✓ PROCESSUAL CIVIL. COBRANÇA DE ALUGUEIS E ACESSÓRIOS DA LOCAÇÃO. INDEFERIMENTO DE OITIVA DE TESTEMUNHA. CERCEAMENTO AO DIREITO DE DEFESA. NÃO OCORRÊNCIA. COMPROMISSO DE COMPARECIMENTO ESPONTANEO. FALTA NÃO JUSTIFICADA. PRESUNÇÃO DE DESISTÊNCIA DA OITIVA. 1. O art. 455, § 2º, do CPC estabelece que a parte pode comprometer-se a levar a testemunha à audiência, independentemente da intimação por carta com aviso de recebimento, presumindo-se, caso a testemunha não compareça, que a parte desistiu de sua inquirição. 2. Não há cerceamento ao direito de defesa se a parte firmou compromisso perante o Juízo a quo de que as testemunhas arroladas compareceriam espontaneamente à audiência de instrução, deixando estas, contudo, de se fazerem presentes, sem justificativa plausível, situação que, na estrita aplicação da norma, enseja a presunção de que a parte desistiu da oitiva. 3. A alegação recursal no sentido de que a morosidade no trâmite processual teria possibilitado que a testemunha mudasse de endereço, inviabilizando, em tempo hábil, o empreendimento de novas diligências e contatos, não configura justificativa plausível para que seja afastada a presunção legal de desistência da inquirição. 4. Os réus/apelantes não produziram (art. 373, II, CPC), portanto, prova de que a parte autora teria anuído com a transferência do contrato de locação em favor do 4º réu/apelado. Logo, ainda que se cogite, em tese, da importância da prova em questão, o ônus de sua realização incumbia aos réus/apelantes, que deixaram de assim proceder na forma do que previsto na legislação de regência. 5. Aliás, na espécie, os apelantes não enfrentam, em caráter eventual, qualquer outro dos fundamentos de mérito da r. sentença ora combatida, limitando-se a arguirem suposta nulidade do julgado, por cerceamento ao direito de defesa, o que, nas linhas dos fundamentos acima expostos, não ocorreu. 6. Recurso conhecido e desprovido. (TJ-DF; 00225350820158070007 DF; 7ª Turma Cível; Rel. Gislene Pinheiro; Julg. 08/11/2017; Data de Publicação: Publicado no DJE: 16/11/2017)

§ 3º A inércia na realização da intimação a que se refere o § 1º importa desistência da inquirição da testemunha.

§ 4º A intimação será feita pela via judicial quando:

→ *V.* Enunciado 155 do FPPC: No processo do trabalho, as testemunhas somente serão intimadas judicialmente nas hipóteses mencionadas no § 4º do art. 455 cabendo à parte informar ou intimar as testemunhas da data da audiência.

I – for frustrada a intimação prevista no § 1º deste artigo;

II – sua necessidade for devidamente demonstrada pela parte ao juiz;

III – figurar no rol de testemunhas servidor público ou militar, hipótese em que o juiz o requisitará ao chefe da repartição ou ao comando do corpo em que servir;

IV – a testemunha houver sido arrolada pelo Ministério Público ou pela Defensoria Pública;

→ *v.* Enunciado 15 do CJF: Aplicam-se às entidades referidas no § 3º do art. 186 do CPC as regras sobre intimação pessoal das partes e suas testemunhas (art. 186, § 2º; art. 455, § 4º, IV; art. 513, § 2º, II e art. 876, § 1º, II, todos do CPC).

Testemunha arrolada pela Defensoria Pública:

✓ APELAÇÃO CÍVEL. REVISIONAL DE ALIMENTOS. AUSÊNCIA DE INTIMAÇÃO JUDICIAL DA TESTEMUNHA ARROLADA PELA DEFENSORIA PÚBLICA. NULIDADE. Tratando-se de testemunha arrolada pela Defensoria Pública, a intimação deve feita pela via judicial (art. 455, § 4º, IV, do CPC). A ausência de tal providência, aliada ao não comparecimento das testemunhas à audiência de instrução e julgamento implica nulidade por cerceamento de defesa. Sentença desconstituída. DERAM PROVIMENTO AO APELO. (TJ-RS; Apelação Cível 70074239104; Oitava Câmara Cível; Rel. Rui Portanova; Julg. 17/08/2017).

V – a testemunha for uma daquelas previstas no art. 454.

§ 5º A testemunha que, intimada na forma do § 1º ou do § 4º, deixar de comparecer sem motivo justificado será conduzida e responderá pelas despesas do adiamento.

Condução coercitiva das testemunhas:

✓ Apelação Cível. Ação indenizatória por danos morais. Transporte realizado pelo Município de São Pedro da Aldeia de pacientes para tratamento de câncer no Município do Rio de Janeiro. Alegação autoral de que o ônibus destinado ao transporte teria retornado ao município de origem sem aguardar o fim do seu tratamento, deixando-o à sua própria sorte, em município distante, sem dinheiro ou meios para regressar para a sua residência, tendo que pedir dinheiro a transeuntes para conseguir comprar uma passagem de volta. Pedido julgado improcedente diante da não realização de prova testemunhal imprescindível. Error in procedendo. O Autor postulou a produção da prova testemunhal e arrolou adequadamente as testemunhas que foram intimadas e compareceram à primeira audiência. Inquirição não realizada em razão da ausência das testemunhas do Réu, obrigando a designação de nova data, com a intimação de todos os presentes, inclusive as testemunhas do Autor, em audiência. Nova audiência infrutífera porquanto não estavam presentes o Autor e as suas testemunhas. Apresentação de atestado médico indicando a impossibilidade de comparecimento do Autor ao ato em razão de tratamento de saúde. Ausência de comparecimento das suas testemunhas que, à exemplo da audiência anterior, deveria ter motivado a remarcação do ato com a renovação das intimações ou mesmo condução coercitiva. Inobservância das normas processuais pertinentes e ao princípio que garante tratamento isonômico entre as partes. Anulação da sentença recorrida. Inteligência do art. art. 412, parte final, do CPC/73, então vigente, correspondente ao art. 455, § 5º do CPC/2015. Recurso ao qual se dá provimento. (TJ-RJ; APL 00009461120148190055 Rio de Janeiro, São Pedro da Aldeia; 2ª Vara, Sétima Câmara Cível; Rel. Luciano Sabóia Rinaldi de Carvalho; Julg. 14/12/2016; Data de Publicação: 16/12/2016)

Art. 456. O juiz inquirirá as testemunhas separada e sucessivamente, primeiro as do autor e depois as do réu, e providenciará para que uma não ouça o depoimento das outras.

Procedimento para colheita da prova testemunhal:

✓ PREVIDENCIÁRIO E PROCESSUAL CIVIL. AUDIÊNCIA DE INSTRUÇÃO E JULGAMENTO. OITIVA CONJUNTA DAS TESTEMUNHAS. NULIDADE. 1. Por expressa disposição legal, a oitiva das testemunhas deve se dar separadamente e sucessivamente, de modo que uma não ouça o depoimento das outras. 2. Não tendo sido observadas as formalidades previstas no artigo 456 do CPC/2015 (com correspondente no artigo 413 do CPC/1973) restou violada a autonomia dos depoimentos, padecendo de nulidade a audiência de instrução e julgamento e, por via de consequência, os atos processuais subsequentes. Precedentes desta Corte. (TRF-4; AC 230127920144049999; Quinta Turma; Rel. Roger Raupp Rios; Julg. 28/03/2017,)

✓ PREVIDENCIÁRIO E PROCESSUAL CIVIL. AUDIÊNCIA DE INSTRUÇÃO E JULGAMENTO. OITIVA CONJUNTA DAS TESTEMUNHAS. NULIDADE. 1. Por expressa disposição legal, a oitiva das testemunhas deve se dar separadamente e sucessivamente, de modo que uma não ouça o depoimento das outras. 2. Não tendo sido observadas as formalidades previstas no artigo 456 do CPC/2015 (com correspondente no artigo 413 do CPC/1973) restou violada a autonomia dos depoimentos, padecendo de nulidade a audiência de instrução e julgamento e, por via de consequência, os atos processuais subsequentes. Precedentes desta Corte. (TRF-4; AC 151401820114049999 RS 0015140-18.2011.404.9999, Rel. ROGER RAUPP RIOS; Julg. 23/08/2016, QUINTA TURMA)

Parágrafo único. O juiz poderá alterar a ordem estabelecida no *caput* se as partes concordarem.

→ *v.* Art. 139, VI, do NCPC.

Art. 457. Antes de depor, a testemunha será qualificada, declarará ou confirmará seus dados e informará se tem relações de parentesco com a parte ou interesse no objeto do processo.

§ 1º É lícito à parte contraditar a testemunha, arguindo-lhe a incapacidade, o impedimento ou a suspeição, bem como, caso a testemunha negue os fatos que lhe são imputados, provar a contradita com documentos ou com testemunhas, até 3 (três), apresentadas no ato e inquiridas em separado.

Contradita da testemunha:

✓ APELAÇÕES CÍVEIS. CIVIL E PROCESSUAL CIVIL. AÇÃO DE INDENIZAÇÃO POR DANOS MATERIAIS C/C COMPENSAÇÃO POR DANOS MORAIS E ESTÉTICOS. TESTEMUNHA. CONTRADITA. PRECLUSÃO. CONHECIMENTO PARCIAL. PRELIMINAR. INÉPCIA DA INICIAL. PEDIDO. DANO MORAL. VALOR. SALÁRIOS MÍNIMOS. POSSIBILIDADE. REJEIÇÃO. MÉRITO. RESPONSABILIDADE CIVIL EXTRACONTRATUAL. ACIDENTE AUTOMOBILÍSTICO. SEQUELAS PERMANENTES. ATO ILÍCITO. CONDUTA CULPOSA. DESATENÇÃO, NEGLIGÊNCIA E IMPERÍCIA. CULPA EXCLUSIVA DA VÍTIMA. NÃO COMPROVAÇÃO. DANOS MATERIAIS. TRATAMENTO MÉDICO. PLANO DE SAÚDE. USO PARCIAL. TRATAMENTO PARTICULAR. FACULDADE. CABIMENTO. DANOS MORAIS. ABALOS PSÍCOLÓGICOS. DEMONSTRAÇÃO. QUANTUM. PROPORCIONALIDADE E RAZOABILIDADE. DANOS ESTÉTICOS. DEFORMIDADE FÍSICA. AUSÊNCIA DE PROVA. LUCROS CESSANTES. PISO SALARIAL. PRESUNÇÃO. IMPOSSIBILIDADE. INEXISTÊNCIA DE ELEMENTOS PROBATÓRIOS. SENTENÇA MANTIDA. 1. Nos termos do art. 457, § 1º, do Código de Processo Civil, "é lícito à parte contraditar a testemunha, arguindo-lhe a incapacidade, o impedimento ou a suspeição, bem como, caso a testemunha negue os fatos que lhe são imputados, provar a contradita com documentos ou com testemunhas, até 3 (três), apresentadas no ato e inquiridas em separado", não sendo possível, em razão da preclusão da matéria, a prova da impugnação apenas em alegações finais, restando superada a questão. Conhecimento parcial. 2. É inepta a petição inicial quando o pedido for indeterminado, ressalvadas as hipóteses legais em que se permite o pedido genérico (art. 330, § 1º, II, CPC), não havendo que se falar em indeterminação quando os pedidos de compensação por danos morais e estéticos são feitos com base em salários mínimos, já que, por simples conta aritmética, é possível se alcançar o montante pleiteado pela parte. 3. A vinculação do valor que se pede na inicial ao salário mínimo a título de compensação por danos morais e estéticos é mero parâmetro norteador do quantum pretendido pela parte, até porque, em razão da natureza personalíssima dos institutos, não é possível aferir, ou mesmo expressar, com exatidão, os valores efetivamente devidos, sendo a análise do julgador verdadeiro exercício de ponderação entre a razoabilidade e proporcionalidade em cada caso concreto. 4. Efetivamente provados nos autos o dano, a conduta ilícita culposa e o nexo causal entre ambos apontando para a responsabilidade civil extracontratual do réu, a este cumpre demonstrar a culpa exclusiva da vítima pelo acidente, ônus do qual não se desincumbiu (art. 373, II, CPC). 5. O fato de a parte possuir plano de saúde não afasta o dever de ressarcimento quanto aos gastos médicos sustentados, visto que não há qualquer imposição legal no sentido de obrigá-la a utilizar o contrato mencionado, desde que respeitado o princípio da boa-fé. 6. Conforme sedimentado pela doutrina e jurisprudência, configura-se o dano moral quando violado o bem-estar, a saúde, ou a incolumidade física e psicológica da pessoa, que é justamente o reflexo do direito à vida e a manifestação da personalidade. 7. Em que pese a falta de critérios objetivos sobre os valores das compensações por danos morais, sua fixação deve ser pautada pela proporcionalidade e razoabilidade, de sorte que a quantia definida, além de servir como forma de compensação pelo dano sofrido, deve ter caráter sancionatório e inibidor da conduta praticada, levando-se em consideração as circunstâncias de cada caso concreto, como a capacidade econômica do ofensor e ofendido. 8. O dano estético figura como categoria autônoma em relação ao dano moral (Súmula nº 387 do e. STJ), ficando caracterizado diante de um efeito particular de um dano físico, a saber, a exteriorização de um "enfeiamento", por exemplo, em decorrência de deformidades, repercutindo de maneira negativa na imagem do ofendido. 9. Ausente nos autos prova efetiva de qualquer deformidade sofrida pela vítima de acidente, não há que se falar em danos estéticos indenizáveis, em razão do ônus probatório imposto pelo art. 373, I, CPC. 10. Os lucros cessantes, que correspondem a tudo aquilo que o credor razoavelmente deixou de lucrar, reclamam prova inequívoca do prejuízo efetivo, não sendo possível admiti-los com base em mera presunção. 11.Apelação do réu parcialmente conhecida, preliminar rejeitada e, na extensão, não provida. Apelação autoral conhecida e não provida. (TJ-DF; 20160110929574; Segredo de Justiça 0026361-26.2016.8.07.0001; 1ª Turma Cível; Rel. Simone Lucindo; Julg. 22/11/2017; Data de Publicação: Publicado no DJE: 05/12/2017; Pág. 187-205)

§ 2º Sendo provados ou confessados os fatos a que se refere o § 1º, o juiz dispensará a testemunha ou lhe tomará o depoimento como informante.

Ausência de comprovação da contradita:

✓ APELAÇÃO - Preliminar de cerceamento de defesa afastada - Possibilidade de indeferimento de testemunha contraditada, sob fundamento de sua impertinência - Agente de Vigilância e Recepção - Servidor da UNESP, submetido a regime estatutário - Inaplicabilidade das regras previstas na CLT - Inexistência do direito às verbas decorrentes de supressão de intervalo intrajornadas - Direito ao descanso semanal remunerado assegurado - Ausência de provas acerca do trabalho em feriados - Sentença de improcedência mantida - Preliminar afastada e recurso desprovido. (TJ-SP; APL 10011457720158260510; SP; 9ª Câmara de Direito Público; Rel. Moreira de Carvalho; Julg. 30/06/2016; Data de Publicação: 30/06/2016)

✓ APELAÇÃO - AÇÃO DE INDENIZAÇÃO POR DANOS - ACIDENTE AUTOMOBILÍSTICO - INVASÃO DA CONTRAMÃO DE DIREÇÃO - RESPONSABILIDADE DO RÉU PELOS DANOS CAUSADOS. Diante da prova carreada aos autos, que confirmou a versão apresentada no pelo autor e em face da ausência de prova por parte do apelante que demonstre a culpa do apelado pelo sinistro, conclui-se que o apelante deve ser responsabilizado exclusivamente pelos danos causados. Não demonstrada a inimizade do autor com a testemunha, imperiosa a manutenção da rejeição da contradita. (TJ-MG; AC 10143150002572001 MG; 13ª Câmara Cível; Rel. Alberto Henrique; Julg. 19/10/2017; Data de Publicação: 27/10/2017)

§ 3º A testemunha pode requerer ao juiz que a escuse de depor, alegando os motivos previstos neste Código, decidindo o juiz de plano após ouvidas as partes.

→ v. Art. 388 do NCPC.

Art. 458. Ao início da inquirição, a testemunha prestará o compromisso de dizer a verdade do que souber e lhe for perguntado.

Parágrafo único. O juiz advertirá à testemunha que incorre em sanção penal quem faz afirmação falsa, cala ou oculta a verdade.

→ v. Art. 342 do CP.

Art. 459. As perguntas serão formuladas pelas partes diretamente à testemunha, começando pela que a arrolou, não admitindo o juiz aquelas que puderem induzir a resposta, não tiverem relação com as questões de fato objeto da atividade probatória ou importarem repetição de outra já respondida.

→ v. Art. 212 do CPP.

→ v. Enunciado 156 do FPPC: Não configura induzimento, constante do art. 459, caput, a utilização de técnica de arguição direta no exercício regular de direito.

Possibilidade de o juiz indeferir perguntas que possam induzir a resposta:

✓ APELAÇÃO CÍVEL. AÇÃO DE INDENIZAÇÃO. ACIDENTE DE TRÂNSITO. PERDA DE ENTE QUERIDO. DANOS MORAIS. VÍTIMA ACIDENTADA DURANTE FUGA, EM MOTOCICLETA, APÓS BATIDA POLICIAL. VÍTIMA SEM CAPACETE E EM ALTA VELOCIDADE. SENTENÇA QUE RECONHECEU A CONCORRÊNCIA DE CAUSA. PRELIMINAR DE CERCEAMENTO DE DEFESA. INDEFERIMENTO DE PERGUNTAS NA OITIVA DE TESTEMUNHAS. POSSIBILIDADE. INTELIGÊNCIA DO ART. 459 DO CPC/15 (ART. 416, § 1º, DO CPC/73). AGRAVO RETIDO DESPROVIDO. MÉRITO. ALEGAÇÃO DE FATO OU CULPA EXCLUSIVA DA VÍTIMA. FALTA DE PROVA DE QUE A RÉ TENHA CONTRIBUÍDO DE MODO DIREITO E IMEDIATO PARA A CAUSAÇÃO DO DANO. PROVIMENTO DO APELO. 1 - Age dentro dos limites de seu poder de controle sobre a condução das audiências, e a inquirição das testemunhas, o juiz que indefere perguntas que possam induzir a resposta, ou que não tenha relação com a questão de fato vivenciada pela testemunha. Preliminar de cerceamento de defesa afastada. 2 - Sabe-se que o sistema brasileiro de responsabilidade civil, ao reverso do que se optou na responsabilidade penal, adotou a teoria da causa direta e imediata (art. 403 do CC), no sentido de que apenas a causa mais próxima e necessária ao dano deve ser considerada para fins de imputação do vínculo de causalidade, em seu sentido jurídico. Entender do modo diverso, é ampliar arbitrariamente a responsabilidade, sobretudo nos sistemas de responsabilidade objetiva, àqueles que participaram do evento, mas não contribuíram decisivamente para ele. São essas as razões para se refutar as teorias da equivalência dos antecedentes e as chamadas teorias da causalidade adequada e causalidade eficiente. 3 - O regime da responsabilidade objetiva das concessionárias de serviço público (art. 37, § 6º, da CF) não induz presunção de existência de nexo causal em desfavor do agente. Ao autor recai o ônus da prova sobre os fatos constitutivos de seu direito, especialmente no sentido de comprovar que a concessionária causou, direta e imediatamente, o dano sofrido. 4 - A prova produzida nos autos caminha em via de mão única, apenas no sentido de que a vítima foi aquela que contribuiu decisivamente, direta e imediatamente, à causação de seu próprio dano, o que juridicamente se denomina de "fato exclusivo da vítima". A vítima fugia de um comando de parada da Polícia Militar, sem capacete e sem carteira de habilitação, em alta velocidade, havendo depoimento nos autos no sentido que "provavelmente" foi ela quem cortou a frente do veículo da ré 5 - Não se nega que a parte ré esteve envolvida no acidente, mas não consta qualquer indício probatório de que tenha atuado no sentido de causar o dano. São fatos provados que o veículo de propriedade da concessionária de serviço público trafegava em velocidade normal, com cautela e sem qualquer indício de trafegar na contramão (fls. 134/139 e 248/250). Não se pode, desde modo, pura e simplesmente, presumir que tenha ela contribuído de maneira decisiva, direta e imediata, para a ocorrência do dano. Afinal, cabe à parte autora se desincumbir do ônus da prova dos fatos constitutivos de seu direito (art. 373, I, do CPC/15). Aplicar a presunção de nexo causal em hipótese de responsabilidade objetiva, em que já não se analisa o elemento "culpa", é aproximar a solução jurídica da perigosa doutrina do risco integral. RECURSO CONHECIDO E PROVIDO. (TJ-RJ; APL 00117011420148190211; Rio de Janeiro, Pavuna Regional; 1ª Vara Cível; Décima Sétima Câmara Cível; Rel. Marcia Ferreira Alvarenga; Julg. 31/05/2017; Data de Publicação: 02/06/2017)

§ 1º O juiz poderá inquirir a testemunha tanto antes quanto depois da inquirição feita pelas partes.

→ *v.* Enunciado 157 do FPPC: Deverá ser facultada às partes a formulação de perguntas de esclarecimento ou complementação decorrentes da inquirição do juiz.

§ 2º As testemunhas devem ser tratadas com urbanidade, não se lhes fazendo perguntas ou considerações impertinentes, capciosas ou vexatórias.

§ 3º As perguntas que o juiz indeferir serão transcritas no termo, se a parte o requerer.

→ *v.* Enunciado 158 do FPPC: Constitui direito da parte a transcrição de perguntas indeferidas pelo juiz.

Art. 460. O depoimento poderá ser documentado por meio de gravação.

Depoimentos registrados por gravação:

✓ REITEGRAÇÃO DE POSSE. Falta de impugnação específica. Recurso que não impugna a r. sentença. Violação ao art. 1.010, II e IV, do NCPC. Requerimento de transcrição dos depoimentos das testemunhas. Impossibilidade. Depoimentos gravados em mídia digital, nos termos do art. 460 do NCPC. Recurso não conhecido. (TJ-SP 10138615920168260007; SP; 12ª Câmara de Direito Privado; Rel. Tasso Duarte de Melo; Julg. 19/10/2017; Data de Publicação: 19/10/2017)

§ 1º Quando digitado ou registrado por taquigrafia, estenotipia ou outro método idôneo de documentação, o depoimento será assinado pelo juiz, pelo depoente e pelos procuradores.

§ 2º Se houver recurso em processo em autos não eletrônicos, o depoimento somente será digitado quando for impossível o envio de sua documentação eletrônica.

§ 3º Tratando-se de autos eletrônicos, observar-se-á o disposto neste Código e na legislação específica sobre a prática eletrônica de atos processuais.

→ *v.* Lei 11.419/2006 – Dispõe sobre a informatização do processo judicial.

Art. 461. O juiz pode ordenar, de ofício ou a requerimento da parte:

→ *v.* Art.370 do NCPC.

I – a inquirição de testemunhas referidas nas declarações da parte ou das testemunhas;

Inquirição de testemunhas referidas:

✓ PROCESSO CIVIL. CIVIL. AÇÃO DE DESPEJO. ARGUIÇÃO DE EXCEÇÃO DE USUCAPIÃO COMO TESE DEFENSIVA. SENTENÇA EXTRA PETITA. NULIDADE CONFIGURADA. JULGAMENTO PREMATURO. INSUFICIÊNCIA DE PROVAS. NECESSÁRIA A CASSAÇÃO DA SENTENÇA PARA SANEAMENTO DO PROCESSO E INQUIRIÇÃO DE TESTEMUNHAS INDISPENSÁVEIS À LIDE. APLICAÇÃO DA REGRA DA TESTEMUNHA REFERIDA. INTELIGÊNCIA DO ARTIGO 461 DO CPC/2015. APELO CONHECIDO E PROVIDO. 1. Trata-se de Apelação Cível interposta em face de sentença que julgou procedente o pleito formulado em ação de despejo, meio pelo qual o recurso indica a necessidade de anulação do decisum pela existência de nulidades que maculam o feito. 2. Constata-se a existencial de prejudicial de mérito de nulidade, tendo em vista que a sentença julgou matéria alheia à lide, pois, ao analisar os pedidos da petição inicial verifica-se unicamente o pedido de despejo da parte promovida. Contudo, na sentença, há condenação da parte promovida ao pagamento de "alugueis vencidos e demais encargos". Sentença extra petita. Nulidade configurada. Ofensa aos artigos 141 e 492 do CPC/2015. 3. Na análise da sentença constata-se a existência de contradição interna, pois, no capítulo da fundamentação o juízo decide pela inexistência de contrato locatício por não haver comprovação de pagamento de alugueis e entende haver na prática existência de contrato de comodato (empréstimo gratuito), ao passo que no capítulo destinado ao dispositivo julga procedente a demanda de despejo, em total contradição ao que determinou na fundamentação. Nulidade configurada. Precedentes. 4. No mérito, verifica-se que a sentença julgou a demanda de forma inadequada, sem as provas necessárias ao desfecho da lide. Encerrou a fase instrutória de forma prematura o que impossibilitou esclarecer a matéria fática da lide. Com isso, remeteu os autos á presente instância carente de provas e esclarecimentos, o que também acarreta sua nulidade. Insuficiência de provas a fundamentar a decisão. Violação ao artigo 93, inciso IX da CF/88. Precedentes. 5. O contexto fático e probatório da lide, bem como pela regra da testemunha referida (citadas nos depoimentos das testemunhas já ouvidas pelo juízo a quo), resta necessária a aplicação do disposto no artigo 461 do CPC/2015 a fim de que sejam inquiridas como testemunhas João Felinto Castro Silva (pai da parte promovida) e Enio (filho da parte promovente), a esclarecer os fatos narrados na demanda. 6. Vê-se logo que a sentença é nula, porque malfere tanto a garantia constitucional de acesso à Justiça, o princípio da busca da verdade, devido processo legal, e a garantia do contraditório e da ampla defesa. In casu, tem-se a incidência do artigo 93, inciso IX, da CF/88; artigos 141, 357, 461, 492, todos do CPC/2015; bem como violação ao artigo 355, inciso I c/c artigo 370, ambos do CPC/2015. 7. Recurso conhecido e provido. Sentença cassada. Necessário o retorno dos autos à origem para realização do saneamento processual e reabertura da fase instrutória. ACÓRDÃO: Vistos, relatados e discutidos estes autos, acorda a 2ª Câmara Direito Privado do Tribunal de Justiça do Estado do Ceará, por unanimidade, em conhecer para dar provimento ao recurso, nos termos do voto do Relator. Fortaleza, 19 de outubro de 2016. FRANCISCO BARBOSA FILHO Presidente do Órgão Julgador DESEMBARGADOR TEODORO SILVA SANTOS Relator PROCURADOR (A) DE JUSTIÇA (TJ-CE; APL 00421373520128060001 CE; 2ª Câmara Direito Privado; Rel. Teodoro Silva Santos; Data de Publicação: 19/10/2016)

✓ DECISÃO: ACORDAM os Desembargadores integrantes da Quinta Câmara Cível do Tribunal de Justiça do Estado do Paraná, por unanimidade de votos, em conhecer do recurso de apelação e lhe negar provimento, nos termos do voto. EMENTA: APELAÇÃO CÍVEL. AÇÃO DECLARATÓRIA DE NULIDADE DE ATO ADMINISTRATIVO.APELANTES SUBMETIDOS A CONSELHO DISCIPLINAR E EXCLUÍDOS DA CORPORAÇÃO. ALEGAÇÃO DE ABSORÇÃO DA TRANSGRESSÃO MILITAR PELO CRIME NOS TERMOS DO ARTIGO 14, § 4º DO DECRETO FEDERAL Nº 4346/2002. COISA JULGADA. TESE JÁ APRECIADA EM AÇÃO DIVERSA TRANSITADA EM JULGADO.GRAVAÇÃO AMBIENTAL E CAPTAÇÃO DE CONVERSA TELEFÔNICA POR UM DOS INTERLOCUTORES. AUSÊNCIA DE ILEGALIDADE. PRECEDENTES DO STJ E STF.APELANTE COM MENOS DE 10 ANOS DE SERVIÇO EFETIVO SUBMETIDO AO CONSELHO DE DISCIPLINA. AUSÊNCIA DE NULIDADE. PROCEDIMENTO QUE PREVÊ MAIS GARANTIAS AO ACUSADO. OITIVA DE TESTEMUNHAS NÃO ARROLADAS.POSSIBILIDADE. ARTIGO 461, INCISO I DO NCPC. BUSCA DA VERDADE REAL.ALEGAÇÃO DE AUSÊNCIA DE PROVAS DO COMETIMENTO DO ATO ILEGAL PELOS RECORRENTES. MÉRITO ADMINISTRATIVO.DECISÃO ADMINISTRATIVA DEVIDAMENTE FUNDAMENTADA. HONORÁRIOS ADVOCATÍCIOS MAJORADOS CONFORME ARTIGO 85, § 8º, INCISO III E § 11º DO CPC/2015. RECURSO CONHECIDO E DESPROVIDO. Não cabe a alteração do julgado após o seu trânsito em julgado, sob pena de ofensa à coisa julgada e ao que está expresso no art. 502 e no art. 505 do NCPC, tendo havido preclusão da pretensão dos recorrentes quanto a matéria relativa a absorção da transgressão militar pelo crime, visto que poderiam no momento oportuno ter se insurgido, o que não o fizeram. A falta de autorização judicial para gravação ambiental do discurso, bem como a captação de conversa telefônica por um de seus interlocutores sem o conhecimento do outro, não invalida o conteúdo da prova colhida, pois tal exigência constitucional refere-se, tão somente, às interceptações telefônicas, não havendo falar em nulidade no caso em comento. Ainda que um dos apelantes tenha sido submetido ao Conselho de Disciplina com menos de dez anos de serviço efetivo, diversamente do que prevê o artigo 4º, inciso I da Lei nº 16.544/2010, vê-se que o procedimento ao qual o mesmo foi submetido prevê mais garantias ao acusado quando comparado com a Apuração Disciplinar de Licenciamento (Artigos 23 e seguintes).O artigo 461, inciso I do NCPC (antigo 418 do CPC/73), autoriza a oitiva de testemunhas, de ofício, pelo condutor do processo quando esse entenda necessária para a busca da verdade real. Não cabe ao Poder Judiciário a análise do mérito da decisão administrativa que ensejou a exclusão dos recorrentes das fileiras da Polícia Militar do Paraná, mas sim, a análise da legalidade do procedimento disciplinar e não da conveniência, oportunidade, eficiência ou justiça das medidas de competência da Administração Pública, sob pena de invadir sua esfera de competência. (TJPR; AC – 1620561-7 – Curitiba; 5ª C. Cível; Rel. Luiz Mateus de Lima; Unânime; Julg.14.03.2017)

✓ DECISÃO: ACORDAM os Desembargadores integrantes da 8ª Câmara Cível do Tribunal de Justiça do Estado do Paraná, por unanimidade de votos, em conhecer e negar provimento ao recurso de Apelação, nos termos do voto do Desembargador Relator. EMENTA: AÇÃO DE INDENIZAÇÃO POR DANOS MATERIAIS C/C LUCROS CESSANTES.SENTENÇA QUE JULGOU IMPROCEDENTE O PEDIDO INICIAL. 1. CÓDIGO DE PROCESSO CIVIL DE 2015.APLICABILIDADE. 2. PRESSUPOSTOS RECURSAIS. JUSTIÇA GRATUITA DEFERIDA À AUTORA.IMPUGNAÇÃO EM CONTRARRAZÕES PELO RÉU. NÃO ACOLHIMENTO. ELEMENTOS EXISTENTES NOS AUTOS QUE DEMONSTRAM QUE A AUTORA FAZ JUS À CONCESSÃO DA GRATUIDADE DE JUSTIÇA.BENEFÍCIO QUE ABRANGE TODOS OS GRAUS DE JURISDIÇÃO. DESNECESSIDADE DE PREPARO. PRELIMINAR AFASTADA. 3. PRELIMINAR DE CERCEAMENTO DE DEFESA. INOCORRÊNCIA. SENTENÇA PROFERIDA COM BASE NO CONJUNTO PROBATÓRIO CARREADO AOS AUTOS.APRESENTAÇÃO INTEMPESTIVA DO ROL DE TESTEMUNHAS PELO RÉU. PRECLUSÃO. POSSIBILIDADE DE OITIVA COMO TESTEMUNHA DO JUÍZO. INTELIGÊNCIA DO ARTIGO 461, I, NCPC. 4. MÉRITO. PLANTAÇÃO DE LEGUMES DA AUTORA AFETADA PELO EMPREGO DE HERBICIDA EM PROPRIEDADE VIZINHA.AUSÊNCIA DE PROVAS CONTUNDENTES DE QUE A DISPERSÃO DO VENENO FOI PROVENIENTE DO TERRENO DO RÉU.IMPOSSIBILIDADE DE ACOLHIMENTO DA PRETENSÃO INDENIZATÓRIA.TESTEMUNHAS ARROLADAS PELA AUTORA QUE NÃO PRESENCIARAM O SUPOSTO ATO ILÍCITO. PREVALÊNCIA DO RELATO DA ENGENHEIRA AGRÔNOMA DA ADEPAR (AGÊNCIA DE DEFESA AGROPECUÁRIA DO PARANÁ) QUE REALIZOU A FISCALIZAÇÃO NO LOCAL. SENTENÇA DE IMPROCEDÊNCIA MANTIDA. 5. HONORÁRIOS ADVOCATÍCIOS RECURSAIS. FIXAÇÃO. POSSIBILIDADE ARTIGO 82, § 11, NCPC.RECURSO DE APELAÇÃO CONHECIDO E DESPROVIDO. (TJPR; AC – 1618481-3 – Andirá; 8ª C. Cível; Rel. Luis Sérgio Swiech; Unânime; Julg.23.03.2017)

II – a acareação de 2 (duas) ou mais testemunhas ou de alguma delas com a parte, quando, sobre fato determinado que possa influir na decisão da causa, divergirem as suas declarações.

Possibilidade de acareação:

✓ APELAÇÃO. RESPONSABILIDADE CIVIL DO ESTADO. DANOS MATERIAIS E MORAIS. ERRO MÉDICO. DIAGNÓSTICO TARDIO. INOCORRÊNCIA. AUSÊNCIA DE NEXO DE CAUSALIDADE. Preliminar. Cerceamento de defesa. Inocorrência. Impossibilidade de acolhimento do pedido de acareação entre testemunha e perito judicial. Acareação que só ser realizada entre testemunhas ou entre estas e as partes, não sendo possível estendê-la ao perito. Inteligência do art. 461, II, do CPCl. Desnecessidade de produção de outras provas. Preliminar rejeitada. Mérito. Pretensão de reparação de danos morais e materiais, por suposta negligência ou imperícia na prestação de serviços médicos e hospitalares, que levaram o paciente a óbito. Conjunto probatório insuficiente para evidenciar o nexo de causalidade. Inocorrência de diagnóstico tardio, diante do contexto apresentado, visto que todo o atendimento médico possível foi concedido ao paciente. Laudo pericial atestando que não houve falha na prestação do serviço. Sentença de improcedência do pedido mantida. Honorários advocatícios majorados, nos termos do art. 85, § 11, do CPC/2015. Recurso não provido. (TJ-SP 40018008420138260019; SP; 13ª Câmara de Direito Público; Rel. Djalma Lofrano Filho; Julg. 25/10/2017; Data de Publicação: 26/10/2017)

§ 1º Os acareados serão reperguntados para que expliquem os pontos de divergência, reduzindo-se a termo o ato de acareação.

§ 2º A acareação pode ser realizada por videoconferência ou por outro recurso tecnológico de transmissão de sons e imagens em tempo real.

→ *v.* Arts. 236, § 3º, 385, § 3º, 453, § 1º, 937, § 4º, do NCPC.

Art. 462. A testemunha pode requerer ao juiz o pagamento da despesa que efetuou para comparecimento à audiência, devendo a parte pagá-la logo que arbitrada ou depositá-la em cartório dentro de 3 (três) dias.

Art. 463. O depoimento prestado em juízo é considerado serviço público.

Depoimento prestado em juízo e abono de faltas:

✓ REEXAME NECESSÁRIO E APELAÇÃO CÍVEL – MANDADO DE SEGURANÇA – DIREITO ADMINISTRATIVO – ABONO DE FALTAS EM DISCIPLINA MINISTRADA POR INSTITUIÇÃO DE ENSINO SUPERIOR – IMPOSSIBILIDADE JURÍDICA DO PEDIDO – SUPERAÇÃO – LANÇAMENTO DE FALTAS RETROATIVO AO PERÍODO EM QUE O ALUNO AINDA NÃO ESTAVA MATRICULADO NA MATÉRIA – AUSÊNCIA DE INFORMAÇÃO CLARA SOBRE O INÍCIO DAS AULAS DA DISCIPLINA EM MOMENTO ANTERIOR AO INÍCIO DO PERÍODO LETIVO – DUAS MATÉRIA NA MESMA SITUAÇÃO – ABONO DE FALTAS EM UMA DAS MATÉRIAS E NA OUTRA NÃO – FALTAS LANÇADAS EM DIAS QUE O IMPETRANTE FOI INTIMADO A COMPARECER EM JUÍZO – INDEFERIMENTO DO PEDIDO DE ABONO DAS FALTAS – AUSÊNCIA DE RAZOABILIDADE DO ATO COATOR – CONCESSÃO DA SEGURANÇA. 1. Não há falar em impossibilidade jurídica do pedido se a pretensão relativa ao abono de faltas referentes à disciplina ministrada por instituição de ensino superior não está vedada, em tese, pelo ordenamento jurídico. 2. O indeferimento do pedido de abono de faltas em disciplina ministrada por instituição de ensino superior referente a período anterior à matrícula do aluno na matéria cujas aulas tiveram início antes mesmo da data marcada como início do período letivo, bem como aos dias em que o impetrante foi intimado a comparecer em juízo na qualidade de autor e de testemunha, revela-se incompatível com o princípio da razoabilidade, assim impositiva a concessão da segurança para assegurar o abono das faltas pretendido. (TJ-MG; AC 10024143059079001 MG; 8ª Câmara Cível; Rel. Edgard Penna Amorim; Julg. 14/05/2017; Data de Publicação: 25/05/2017)

Parágrafo único. A testemunha, quando sujeita ao regime da legislação trabalhista, não sofre, por comparecer à audiência, perda de salário nem desconto no tempo de serviço.

Seção X
Da Prova Pericial

Art. 464. A prova pericial consiste em exame, vistoria ou avaliação.

→ *v.* Art. 231 do CC/2002.

→ *v.* Art. 3º, VI, da Lei 1.060/1950.

→ *v.* Arts. 422, § 1º e 872, do NCPC.

Sobre a prova pericial:

✓ APELAÇÃO CÍVEL - AÇÃO INDENIZATÓRIA - PRELIMINAR - CERCEAMENTO DE DEFESA - OCORRÊNCIA - PROVA REQUERIDA NA INICIAL - RESPONSABILIDADE POR QUEDA DE MURO - PROVA TÉCNICA NECESSÁRIA PARA A BUSCA DA VERDADE. 1 - Há cerceamento de defesa se a parte requer a produção de prova pericial na inicial e esta prova se revela necessária para a busca de verdade na resolução da demanda; 2 - A omissão na especificação de provas é irrelevante quando a prova foi requerida expressamente na inicial; 3 - O processo civil adota o princípio da verdade formal, mas tem o compromisso com a verdade real, devendo o magistrado orientar a sua atuação na busca de uma decisão justa, não se revelando alinhado com o modelo constitucional vigente a análise da atividade probatória de forma isolada, desconsiderando-se o dever de cooperação entres os sujeitos do processo. (TJ-MG; AC 10194140086589001 MG; 4ª Câmara Cível; Rel. Renato Dresch; Julg. 02/03/2017; Data de Publicação: 07/03/2017)

✓ AGRAVO DE INSTRUMENTO. AÇÃO DE EXECUÇÃO POR TÍTULO EXTRAJUDICIAL. ALEGAÇÃO DE INTEMPESTIVIDADE TRAZIDA NAS CONTRARRAZÕES. INTERPOSIÇÃO DE EMBARGOS DE DECLARAÇÃO QUE RESTARAM CONHECIDOS E REJEITADOS PELO MAGISTRADO DE PISO. IMPOSSIBILIDADE DE CONSIDERAR AQUELE RECURSO COMO MERO PEDIDO DE RECONSIDERAÇÃO. PRECEDENTE DA CORTE ESPECIAL DO STJ. REQUISITOS DE ADMISSIBILIDADE PRESENTES. INSURGÊNCIA COM DECISÃO QUE HOMOLOGOU LAUDO DE AVALIAÇÃO DE BEM PENHORADO. PRIMEIRA IMPUGNAÇÃO ACOLHIDA EM PRIMEIRO GRAU DIANTE DA DISCREPÂNCIA DE VALORES INDICADOS POR OFICIAL DE JUSTIÇA E POR LAUDO PRODUZIDO POR EMPRESA CONTRATADA PELA AGRAVANTE. DILIGÊNCIA NÃO CUMPRIDA A CONTENTO. MERA ATUALIZAÇÃO MONETÁRIA DA PRIMEIRA AVALIAÇÃO QUE LEVOU O MAGISTRADO A ACOLHER SEGUNDA IMPUGNAÇÃO. APRESENTAÇÃO DE NOVO LAUDO DE AVALIAÇÃO POR OFICIALA DE JUSTIÇA EM VALOR PRÓXIMO AO INICIALMENTE LANÇADO. INCONFORMISMO. AGRAVANTE QUE BUSCA NOVA AVALIAÇÃO MEDIANTE NOMEAÇÃO DE PERITO JUDICIAL. POSSIBILIDADE DE ERRO NA INDICAÇÃO DO VALOR. FALTA DE MENÇÃO ACERCA DOS ELEMENTOS INDICADOS PELA PROPRIETÁRIA DO BEM COMO FUNDAMENTAIS PARA A VALORIZAÇÃO DO IMÓVEL. NECESSIDADE DE NOVA AVALIAÇÃO RECONHECIDA. ANÁLISE DAS DEMAIS IMPLICAÇÕES DA DECISÃO PREJUDICADA, POR DECORRÊNCIA LÓGICA, RESTANDO POR ÓBVIO AFASTADAS. RECURSO CONHECIDO E PROVIDO. (TJ-SC; AI 20160098107 Criciúma; Primeira Câmara de Direito Comercial; Rel. Cinthia Beatriz da S. Bittencourt Schaefer; Julg. 28/04/2016,)

✓ CONFLITO DE COMPETÊNCIA. JUIZADO ESPECIAL. PERÍCIA COMPLEXA. Pretensão ao pagamento das diferenças de Adicional por Tempo de Serviço. Redistribuição dos autos à Vara Comum. Desnecessidade de perícia complexa. Controvérsia que exige, essencialmente, simples cálculo aritmético. Competência do Juizado Especial. COMPETÊNCIA DO JUÍZO SUSCITADO (TJ-SP; CC 00131924420168260000; SP; Câmara Especial; Rel. Alves Braga Junior; Julg. 19/09/2016, Data de Publicação: 20/09/2016)

✓ CONFLITO NEGATIVO DE COMPETÊNCIA. JUIZADO ESPECIAL. PERÍCIA COMPLEXA. Pretensão à admissão e posse em concurso público, que foi indeferida por inaptidão ao trabalho. Redistribuição dos autos ao Juizado Especial Cível. Inadmissibilidade. Prova da aptidão física. Necessidade de perícia complexa. Incompatibilidade com o rito dos Juizados Especiais. CONFLITO PROCEDENTE. COMPETÊNCIA DO JUÍZO SUSCITADO. (TJ -SP; CC 00049725720168260000; SP; Câmara Especial; Rel. Alves Braga Junior; Julg. 01/08/2016; Data de Publicação: 01/08/2016)

✓ Trata-se de agravo de instrumento interposto contra decisão proferida nos seguintes termos: Examinando a nova impugnação apresentada pela exequente, quanto ao cálculo elaborado pela Contadoria, verifico que a impugnante reitera as razões já anteriormente apresentadas, além de requer a nomeação de perito contábil. Decido. O art. 464 do CPC, quanto à prova pericial, assim dispõe: "Art. 464. A prova pericial consiste em exame, vistoria ou avaliação. § 1o O juiz indeferirá a perícia quando: I - a prova do fato não depender de conhecimento especial de técnico; II - for desnecessária em vista de outras provas produzidas; III - a verificação for impraticável. § 2o De ofício ou a requerimento das partes, o juiz poderá, em substituição à perícia, determinar a produção de prova técnica simplificada, quando o ponto controvertido for de menor complexidade. (...)" No presente caso, o pedido de prova é firmado na discordância da exequente com a forma do cálculo elaborado pela Contadoria Judicial. A Contadoria Judicial é órgão auxiliar do Juízo e não possui interesse no deslinde do feito, e o julgador pauta-se pelo livre convencimento. Ademais, a prova pericial deve ser deferida em questões que dependam de conhecimentos técnicos não disponíveis no Juízo, o que não é o caso. Diante do exposto, e por entender que nos autos constam os elementos de convicção necessários para o julgamento da impugnação, indefiro o pedido de perícia requerido pela exequente. Intimem-se; nada mais sendo requerido, no prazo de 15 (quinze) dias, venham os autos conclusos para que seja proferida decisão nesta Impugnação ao Cumprimento de Sentença. Requer a parte agravante seja deferida a nomeação de perito para realização dos cálculos de liquidação em conformidade com as decisões proferidas no processo e transitada em julgado. Requer a atribuição de efeito suspensivo ao recurso. É o breve relato. Decido. Inicialmente, impõe-se o exame do cabimento da espécie recursal para o ato impugnado. Com as alterações promovidas pelo novo Código de Processo Civil, a interposição de agravo de instrumento será admissível somente nas hipóteses elencadas nos incisos I a XIII, do artigo 1.015 e seu parágrafo único, que assim determina: Art. 1.015. Cabe agravo de instrumento contra as decisões interlocutórias que versarem sobre: I - tutelas provisórias; II - mérito do processo; III - rejeição da alegação de convenção de arbitragem; IV - incidente de desconsideração da personalidade jurídica; V - rejeição do pedido de gratuidade da justiça ou acolhimento do pedido de sua revogação; VI - exibição ou posse de documento ou coisa; VII - exclusão de litisconsorte; VIII - rejeição do pedido de limitação do litisconsórcio; IX - admissão ou inadmissão de intervenção de terceiros; X - concessão, modificação ou revogação do efeito suspensivo aos embargos à execução; XI - redistribuição do ônus da prova nos termos do art. 373, § 1º. XII - (VETADO); XIII - outros casos expressamente referidos em lei. Parágrafo único. Também caberá agravo de instrumento contra decisões interlocutórias proferidas na fase de liquidação de sentença ou de cumprimento de sentença, no processo de execução e no processo de inventário. Por expressa previsão do artigo 1.009, § 1º, do CPC/2015, as decisões interlocutórias não abrangidas no rol do artigo 1.015 e seu parágrafo único, do mesmo diploma legal, somente poderão ser questionadas como preliminar de eventual recurso de apelação ou suscitadas nas respectivas contrarrazões. Vale dizer que as hipóteses não previstas no rol taxativo imposto no art. 1.015 deverão aguardar a prolação de sentença para serem impugnáveis, tendo sido alterado o sistema de preclusões. Com efeito, o rol previsto no artigo 1.015, do CPC/2015, tem natureza taxativa, de forma a delimitar o enquadramento das decisões interlocutórias passíveis de serem recorridas imediatamente na fase de conhecimento. Se detivesse caráter meramente exemplificativo, despicienda a enumeração trazida pelo legislador. Sobre a questão preleciona a doutrina de Luiz Guilherme Marinoni, Sergio Cruz Arenhart e Daniel Mitidiero (Novo Código de Processo Civil Comentado, 1ª Ed. São Paulo: RT, 201, p.939-940): No novo Código, além do recurso de apelação servir para atacar a sentença, ele também visa a impugnar todas as questões decididas ao longo do procedimento que não comportem recurso de agravo de instrumento (art. 1.009, § 1º, CPC). Com isso, ao limitar a recorribilidade das decisões interlocutórias em separado a hipóteses taxativas (art. 1.015, CPC), o novo processo civil brasileiro procura acentuar a oralidade do procedimento comum, aproximando-se da regra da **final decision** do direito estadunidense (pela qual apenas a sentença final é apelável, nada obstante as várias exceções existentes), cuja proximidade com o processo civil romano clássico é notória. Todas as decisões interlocutórias não passíveis de imediata recorribilidade mediante agravo de instrumento (art. 1.015, CPC) são infensas à preclusão e podem ser debatidas como preliminar de apelação ou de contrarrazões (art. 1.015, §§ 1º e 2º, CPC). Impugnadas nas contrarrazões, a parte contrária será intimada para contrarrazoar no prazo legal (art. 1.015, § 2º, CPC). No caso em exame, o agravo de instrumento ataca decisão que indeferiu produção de prova pericial, não se enquadrando na previsão numerus clausus do novo Código de Processo Civil. Nestes termos, com fulcro no disposto no artigo 932, inciso III, do CPC/2015, não conheço do recurso por manifesta inadmissibilidade. Intimem-se. Oportunamente, dê-se baixa. (TRF-4; AG 50056422120174040000; Primeira Turma; Rel. Maria de Fátima Freitas Labarrère; Julg. 17/02/2017,)

✓ CONFLITO NEGATIVO DE COMPETÊNCIA. JUIZADO ESPECIAL. PERÍCIA COMPLEXA. Pretensão à admissão e posse em concurso público, que foi indeferida por inaptidão ao trabalho. Redistribuição dos autos ao Juizado Especial Cível. Inadmissibilidade. Prova da aptidão física. Necessidade de perícia complexa. Incompatibilidade com o rito dos Juizados Especiais. CONFLITO PROCEDENTE. COMPETÊNCIA DO JUÍZO SUSCITADO. (TJ-SP; CC 00049725720168260000; SP; Câmara Especial; Rel. Alves Braga Junior; Julg. 01/08/2016; Data de Publicação: 01/08/2016)

§ 1º O juiz indeferirá a perícia quando:

I – a prova do fato não depender de conhecimento especial de técnico;

<u>Indeferimento da perícia pela prova do fato não depender de conhecimento especializado:</u>

✓ PRELIMINAR. NULIDADE DA SENTENÇA. CERCEAMENTO DE DEFESA. PROVA. PERÍCIA GRAFOTÉCNICA. NÃO OCORRÊNCIA. ART. 464, § 1. º, I e II CPC. O juiz indeferirá a perícia quando a prova do fato não depender do conhecimento especial de técnico e for desnecessária em vista de outras provas produzidas, o que não implica em cerceamento de defesa. Rejeita-se a preliminar. Recurso improvido. (TRT-7; RO 00002861720175070016; Rel. Francisco José Gomes da Silva; Julg. 07/08/2017; Data de Publicação: 08/08/2017)

II – for desnecessária em vista de outras provas produzidas;

<u>Indeferimento da perícia pela prova do fato ser desnecessária pelo contexto probatório:</u>

✓ PRELIMINAR. NULIDADE DA SENTENÇA. CERCEAMENTO DE DEFESA. PROVA. PERÍCIA GRAFOTÉCNICA. NÃO OCORRÊNCIA. ART. 464, § 1. º, I e II CPC. O juiz indeferirá a perícia quando a prova do fato não depender do conhecimento especial de técnico e for desnecessária em vista de outras provas produzidas, o que não implica em cerceamento de defesa. Rejeita-se a preliminar. Recurso improvido. (TRT-7; RO 00002861720175070016; Rel. Francisco José Gomes da Silva; Julg. 07/08/2017, Data de Publicação: 08/08/2017)

III – a verificação for impraticável.

§ 2º De ofício ou a requerimento das partes, o juiz poderá, em substituição à perícia, determinar a produção de prova técnica simplificada, quando o ponto controvertido for de menor complexidade.

§ 3º A prova técnica simplificada consistirá apenas na inquirição de especialista, pelo juiz, sobre ponto controvertido da causa que demande especial conhecimento científico ou técnico.

→ v. Art. 35 da Lei 9.099/1995.

§ 4º Durante a arguição, o especialista, que deverá ter formação acadêmica específica na área objeto de seu depoimento, poderá valer-se de qualquer recurso tecnológico de transmissão de sons e imagens com o fim de esclarecer os pontos controvertidos da causa.

Art. 465. O juiz nomeará perito especializado no objeto da perícia e fixará de imediato o prazo para a entrega do laudo.

→ v. Art. 10 da Lei 12.153/2009.

→ v. Art. 12 da Lei 10.259/2001.

→ v. Arts. 156, 157, 579 a 587, 595 a 597, 604, III, e 756, § 2º, do NCPC.

§ 1º Incumbe às partes, dentro de 15 (quinze) dias contados da intimação do despacho de nomeação do perito:

→ v. Art. 163, II, do NCPC.

I – arguir o impedimento ou a suspeição do perito, se for o caso;

Oportunidade para arguição do impedimento ou da suspeição do perito:

✓ AGRAVO DE INSTRUMENTO - PERÍCIA TÉCNICA - ARGUIÇÃO DE SUSPEIÇÃO DO PERITO APÓS ELABORAÇÃO DO LAUDO PERICIAL - PRECLUSÃO. - De acordo com o art. 465, § 1º, I, do CPC A arguição de suspeição e impedimento de perito técnico deve ser realizada no prazo de 15 (quinze) dias a partir do despacho de nomeação. Não obstante, referida regra deve ser relativizada nos casos em que o interessado não possui as informações ensejadoras da arguição de suspeição ou impedimento na ocasião da nomeação. - Considerando que o agravante já tinha ciência do vínculo entre o expert designado e o Município agravante na ocasião da nomeação, resta preclusa a alegação de suspeição apresentada após a elaboração do laudo pericial e, por conseguinte, deve ser mantida a decisão agravada. (TJ-MG; AI 10702062964250001 MG; 6ª Câmara Cível; Rel. Yeda Athias; Julg. 25/07/2017; Data de Publicação: 04/08/2017)

✓ AGRAVO DE INSTRUMENTO. NEGÓCIOS JURÍDICOS BANCÁRIOS AÇÃO REVISIONAL DE CONTRATO. LIQUIDAÇÃO DE SENTENÇA POR ARBITRAMENTO. LAUDO PERICIAL. AUSÊNCIA DE INTIMAÇÃO PARA OFERTA DE QUESITOS E INDICAÇÃO DE ASSISTENTES TÉCNICOS. HOMOLOGAÇÃO HAVIDA. APLICAÇÃO DOS PRINCÍPIOS DA AMPLA DEFESA E DO CONTRADITÓRIO. NULIDADE DA PERÍCIA, A SER RENOVADA, E DOS ATOS POSTERIORES A ELA RELATIVOS. AGRAVO DE INSTRUMENTO PROVIDO. (TJ-RS; Agravo de Instrumento 70069516409; Décima Sexta Câmara Cível; Rel. Cláudia Maria Hardt; Julg. 13/10/2016).

✓ AGRAVO DE INSTRUMENTO. EXECUÇÃO. ALIENAÇÃO JUDICIAL. HASTA PÚBLICA. AUSÊNCIA DE INTIMAÇÃO DAS PARTES QUANDO DA NOMEAÇÃO DO PERITO AVALIADOR. OFENSA AO ART. 465, § 1º, NCPC/2015 (ART. 421, § 1 º, CPC/73). NULIDADE. RECURSO CONHECIDO E PROVIDO. DECISÃO UNÂNIME. (TJ AL; AI 08050944020158020000 AL; 2ª Câmara Cível; Rel. Desa. Elisabeth Carvalho Nascimento; Julg. 07/04/2016; Data de Publicação: 11/04/2016)

II – indicar assistente técnico;

Momento para indicação de assistente técnico:

✓ AGRAVO DE INSTRUMENTO. PROVA PERICIAL. NOMEAÇÃO DE PERITO. PRAZO PARA INDICAÇÃO DE ASSISTENTE TÉCNICO E APRESENTAÇÃO DE QUESITOS. ÔNUS DAS PARTES, QUE DISPENSA A INTIMAÇÃO ESPECÍFICA. 1. Decisão que, nos autos de "ação inibitória cumulada com indenização" ajuizada pela ora agravada, em fase de liquidação de sentença, indeferiu o pedido de abertura de prazo para apresentação de quesitos e indicação de assistentes técnicos pelas partes quanto à realização da perícia contábil. 2. Cumpre ao magistrado a nomeação de perito e fixação de prazo para entrega de respectivo laudo, sendo ônus das partes indicar assistente técnico e apresentar quesitos, se assim desejarem, no prazo de quinze dias a contar da nomeação do perito, o que independe de intimação para este fim específico. Aplicação do artigo 465, § 1º, II e III do CPC/2015. 3. Hipótese em que não se verifica na decisão agravada óbice ao exercício do referido direito. Prazo nao peremptório, que permite a parte exercê-lo enquanto não iniciado os trabalhos periciais. Precedentes do Superior Tribunal de Justiça. 4. Decisão mantida. 5. Agravo de instrumento não provido. (TJ-SP 21584219820168260000; SP; 9ª Câmara de Direito Privado; Rel. Alexandre Lazzarini; Julg. 29/08/2017; Data de Publicação: 29/08/2017)

✓ AGRAVO DE INSTRUMENTO. PROVA PERICIAL. DECISÃO QUE NOMEIA PERITO JUDICIAL. DECISÃO QUE DETERMINA PAGAMENTO DE HONORÁRIOS PERICIAIS. AUSÊNCIA DE INTIMAÇÃO DA PARTE. VIOLAÇÃO DA AMPLA DEFESA E CONTRADITÓRIO. NULIDADE. ÔNUS PELO PAGAMENTO PARTE QUE REQUER A PROVA. BENEFICIÁRIO DA JUSTIÇA GRATUITA. 1. A ausência de intimação da parte agravante quanto à nomeação da perita indicada pela parte adversa configura cerceamento de defesa por ofensa aos princípios do contraditório e da ampla defesa, ocasionando, via de consequência, a nulidade da decisão. 2. Quando o autor requer produção de prova pericial, ele deve arcar com o ônus da produção, salvo quando beneficiário da Justiça Gratuita, hipótese em que cabe ao Estado a responsabilidade pelo pagamento dos honorários da parte hipossuficiente. 3. Agravo de Instrumento conhecido e provido. (TJ-AM; 40010329120178040000 AM; Terceira Câmara Cível; Rel. Airton Luís Corrêa Gentil; Julg. 08/10/2017)

III – apresentar quesitos.

Formulação de quesitos:

✓ Agravo de Instrumento. Prova pericial. Não acolhimento de quesitos que deve ser mantido. Prova deferida que não tem relação com os pontos nele relacionados. Necessidade de deferimento de perícia relacionada ao valor do passivo ambiental. Montante que integrará o valor indenizatório. Decisão parcialmente reformada. Recurso parcialmente provido. (TJ-SP; AI 21648719120158260000; SP; 2ª Câmara de Direito Privado; Rel. José Joaquim dos Santos; Julg. 05/04/2016; Data de Publicação: 07/04/2016)

✓ DECISÃO: Acordam os integrantes da Quarta Câmara Cível do Tribunal de Justiça do Estado do Paraná, por unanimidade de votos, em dar provimento ao recurso, nos termos do voto do Relator. EMENTA: AGRAVO DE INSTRUMENTO. AÇÃO DE DESAPROPRIAÇÃO. PROVA PERICIAL. AUSÊNCIA DE PRECLUSÃO. POSSIBILIDADE DA INDICAÇÃO DE ASSISTENTE TÉCNICO E APRESENTAÇÃO DE QUESITOS, DESDE QUE NÃO INICIADOS OS TRABALHOS PERICIAIS PELO EXPERT.RECURSO PROVIDO. (TJPR; AI 1480549-5; Fazenda Rio Grande; 4ª C. Cível; Rel. Luiz Taro Oyama; Unânime; Julg.15.07.2016)

✓ AGRAVO DE INSTRUMENTO – LIQUIDAÇÃO DE SENTENÇA POR ARBITRAMENTO – RESPOSTA AOS QUESITOS DE ESCLARECIMENTOS – NECESSIDADE – ART. 477 DO CPC/15 – DIREITO AO CONTRADITÓRIO E A AMPLA DEFESA – PRELIMINAR DE INÉPCIA DA PEÇA RECURSAL – NÃO OCORRÊNCIA. 1. Demonstrado nas razões recursais o alegado equívoco da decisão agravada, não há o que se falar no desrespeito ao art. 1.016, II, do CPC/15. 2. Não tendo sido proferida sentença líquida, sua liquidação poderá ser feita por arbitramento quando for indispensável à nomeação de profissional técnico especializado para apuração do débito exequendo. 3. Assim, na forma do art. 510 do CPC/15, a liquidação da sentença e a apresentação do laudo técnico deverá observar o procedimento da prova pericial, a qual dispõe sobre a necessidade de se garantir a resposta aos quesitos de esclarecimentos que objetivam sanar divergências apresentadas pelas partes ou no parecer de seus assistentes técnicos, antes da homologação do laudo (art. 477, § 2º e incisos do CPC/15). 4. Recurso conhecido e provido. (TJ-MG; AI 10024028416592001 MG; 11ª Câmara Cível; Rel. Shirley Fenzi Bertão; Julg. 02/10/0017; Data de Publicação: 04/10/2017)

§ 2º Ciente da nomeação, o perito apresentará em 5 (cinco) dias:

I – proposta de honorários;

Honorários periciais:

✓ ACÓRDÃO EMENTA: AGRAVO DE INSTRUMENTO – PROCESSO CIVIL – HONORÁRIOS PERICIAIS – INTIMAÇÃO DAS PARTES PARA IMPUGNAR VALOR. 1 – Antes de determinar o pagamento dos honorários pleiteados pelo perito, deve o magistrado intimar as partes para se manifestar sobre o valor, sob pena de afronta ao princípio do contraditório e da ampla defesa. 2 – O CPC/2015 estabelece expressamente o procedimento acerca da fixação de honorários periciais, em respeito aos direitos de defesa. 3 – Recurso conhecido e parcialmente provido. VISTOS, relatados e discutidos os presentes autos, em que são partes os acima mencionados. Acorda a Egrégia Terceira Câmara Cível, na conformidade da ata e notas taquigráficas da sessão que integram este julgado, à unanimidade, conhecer do recurso e dar parcial provimento ao mesmo, nos termos do Relator. Vitória, ES, em ______________________________. PRESIDENTE RELATORA (TJ-ES; AI 00043151120168080035; Terceira Câmara Cível; Rel. Elisabeth Lordes; Julg. 26/04/2016; Data de Publicação: 06/05/2016)

✓ Agravo de Instrumento. Ordem de adiantamento dos honorários periciais pela ré. Prova técnica requerida por ambas as partes. Respectivo custeio que deve ser rateado, consoante incidência do art. 95 do CPC. Autores que são beneficiários da assistência judiciária gratuita. Pagamento da fração devida pelos autores que deve se dar na forma do art. 95, § 3º, do CPC e da Resolução CNJ 232, de 13 de julho de 2016. Agravo parcialmente provido. (TJ-SP; AI 21019202720168260000; SP; 7ª Câmara de Direito Privado; Rel. Rômolo Russo; Julg. 02/12/2016; Data de Publicação: 02/12/2016)

✓ PROCESSO CIVIL. AGRAVO DE INSTRUMENTO. AGRAVO INTERNO. HONORÁRIOS PERICIAIS. RAZOABILIDADE. PROPORCIONALIDADE. SUBSTITUIÇÃO DO PERITO. IMPOSSIBILIDADE. 1. Não obstante a existência de regulamentação aos honorários periciais, a Legislação Processual é omissa quanto à forma de realização do arbitramento dos honorários. Deve-se, portanto, observar a razoabilidade e a proporcionalidade, a fim de que a remuneração do profissional seja compatível ao trabalho a ser por ele realizado. 2. Leva-se em consideração para a fixação do quantum dos honorários periciais: a complexidade da prova técnica, o tempo e o lugar de execução, a natureza econômica da demanda e o trabalho a ser realizado. 3. A Legislação pátria no artigo 468 do Código de Processo Civil descreve as hipóteses de substituição do perito, quais sejam, falta de conhecimento técnico e ausência de cumprimento de encargo por parte do perito. 4. Deu-se parcial provimento ao Agravo de Instrumento para reduzir o valor de honorários periciais e julgou-se prejudicado o Agravo Interno. (TJ-DF; 20160020365517 DF 0038909-86.2016.8.07.0000; 3ª Turma Cível; Rel. Flavio Rostirola; Julg. 06/09/2017; Data de Publicação: DJE: 19/09/2017; Pág. 176/185)

✓ AGRAVO DE INSTRUMENTO. HONORÁRIOS DE PROFISSIONAIS LIBERAIS. LIQUIDAÇÃO DE SENTENÇA POR ARBITRAMENTO. HONORÁRIOS PERÍCIAIS. MANUTENÇÃO DA DECISÃO QUE AFASTOU A REDUÇÃO DOS HONORÁRIOS PERICIAIS. Inaplicabilidade das hipóteses dos artigos 465, § 5º, e 468, § 2º, do novo Código de Processo Civil, inexistindo motivos que justifique a redução dos honorários inicialmente arbitrados. A nomeação do engenheiro ocorreu única e exclusivamente para a realização de uma avaliação técnica dos bens imóveis, fins de complementação do laudo contábil apresentado pela expert - homologado em juízo. JUROS DE MORA. NÃO CONHECIMENTO. AUSÊNCIA DE MANIFESTAÇÃO PELO JUÍZO DE ORIGEM EM RELAÇÃO AO PONTO. AGRAVO DE INSTRUMENTO CONHECIDO EM PARTE E DESPROVIDO. (TJ-RS; Agravo de Instrumento 70073671885; Décima Quinta Câmara Cível; Rel. Ana Beatriz Iser; Julg. 23/08/2017).

✓ COMPRA E VENDA. DEFEITO DO PRODUTO. INDENIZAÇÃO POR DANOS MATERIAIS E MORAIS. SENTENÇA QUE DECLAROU PRECLUSA A PROVA PERICIAL E JULGOU IMPROCEDENTE O PEDIDO POR FALTA DE PROVAS. CERCEAMENTO DE DEFESA. PRECLUSÃO DA PROVA PERICIAL DECLARADA DE FORMA PREMATURA. AUSÊNCIA DE INTIMAÇÃO DAS PARTES PARA SE MANIFESTAR ACERCA DOS HONORÁRIOS PERICIAIS. AUSÊNCIA DE INTIMAÇÃO DO PERITO PARA SE MANIFESTAR ACERCA DA PROPOSTA DE HONORÁRIOS. OCORRÊNCIA DE CERCEAMENTO DE DEFESA. ÔNUS DA PROVA QUE DEVE SER DEFINIDO POR OCASIÃO DO SANEAMENTO DO PROCESSO, E NÃO O FOI (CPC, ART. 357). QUESTÃO NÃO DEVOLVIDA AO TRIBUNAL E AINDA NÃO DISCUTIDA NO PROCESSO. NULIDADE DECLARADA A PARTIR DA DECISÃO SANEADORA, INCLUSIVE. MANTIDA, NO MAIS, A GRATUIDADE DA JUSTIÇA JÁ DEFERIDA AOS AUTORES. Recurso PROVIDO. (TJ-SP; APL 10136161120158260451; SP; 25ª Câmara de Direito Privado; Rel. Edgard Rosa; Julg. 09/03/2017; Data de Publicação: 14/03/2017)

✓ PERÍCIA - Honorários do perito - Perícia grafotécnica - Adiantamento do custeio da prova que deve ser rateado entre as partes - Não se há confundir o ônus da prova com a responsabilidade pelo adiantamento das despesas processuais - Do ônus da prova cuida, em linhas gerais, o art. 373 do CPC (e especificamente em relação ao caso dos autos o art. 429, II), mas da antecipação das despesas com os atos processuais tratam os arts. 82 e 95 - Proposta de honorários - Determinação de depósito imediato - Inadmissibilidade - Necessidade de abertura de prazo para manifestação das partes - Inteligência do art. 465, § 3º do CPC/2015 - Sendo o autor beneficiário da gratuidade processual, cabe ao juiz da causa nomear perito que aceite desempenhar o mister apenas com metade da verba necessária a cobrir as despesas iniciais e receber o que lhe é devido somente no final da lide, daquele que restar vencido, ou oficiar ao Estado para que este arque com o pagamento - Aplicação do inciso VI, do § 1º, do art. 98 e art. 95 do CPC/2015 - Recurso parcialmente provido. (TJ-SP; AI 20434783420178260000; SP; 20ª Câmara de Direito Privado; Rel. Álvaro Torres Júnior; Julg. 26/06/2017; Data de Publicação: 04/07/2017)

✓ DECISÃO: ACORDAM os integrantes da Décima Câmara Cível do Tribunal de Justiça do Estado do Paraná, por unanimidade de votos, em dar parcial provimento ao recurso. EMENTA: CÍVEL. AGRAVO DE INSTRUMENTO. AÇÃO DE COMPLEMENTAÇÃO DO SEGURO DPVAT. INVERSÃO DO ÔNUS DA PROVA. TEORIA DO ÔNUS DINÂMICO DA PROVA. INAPLICABILIDADE NO CASO CONCRETO. MERA SUJEIÇÃO A EXAME MÉDICO PARA ATESTAR OCORRÊNCIA DA INVALIDEZ PERMANENTE, BEM COMO SUA EXTENSÃO E NEXO CAUSAL COM O ACIDENTE DE TRÂNSITO. IMPOSSIBILIDADE OU EXCESSIVA DIFICULDADE NA PRODUÇÃO DA PROVA NÃO CARACTERIZADA. INTELIGÊNCIA DO ART. 373, § 1º DO CPC/2015. DISTRIBUIÇÃO DOS ÔNUS DA PROVA CONFORME O DISPOSTO NO ART. 333, I E II DO CPC/73, C.C. ART. 1047 DO NCPC. HONORÁRIOS PERICIAIS.DECISÃO AGRAVADA QUE FIXOU OS HONORÁRIOS PERICIAIS NO VALOR DE R$ 1.000,00, SEM PRÉVIA MANIFESTAÇAO DAS PARTES. CERCEAMENTO NÃO CONFIGURADO. POSSIBILIDADE DE INSURGÊNCIA PELA VIA RECURSAL. ANULAÇÃO DISPENSÁVEL. VERBA HONORÁRIA. REDUÇÃO NECESSÁRIA. VALOR EXCESSIVO, TENDO EM VISTA A REDUZIDA COMPLEXIDADE E PECULIARIDADES DA PERÍCIA.PRECEDENTES. DECISÃO REFORMADA PARA READEQUAR O VALOR DOS HONORÁRIOS PARA R$ 500,00. RECURSO CONHECIDO E PARCIALMENTE PROVIDO.A inversão do ônus da prova, fundada na Teoria da Distribuição Dinâmica somente se justifica se a produção dela mostrar-se impossível ou de difícil consecução a quem incumbia produzi-la ordinariamente (art. 333, I e II, CPC/1973 PODER JUDICIÁRIO TRIBUNAL DE JUSTIÇA Agravo de Instrumento nº 1.444.009-0 – p. 2- e art. 373, I e II, CPC/2015) ou se houver maior facilidade para a parte adversa. (TJPR; AI 1444009-0 – Região Metropolitana de Londrina, Foro Central de Londrina; 10ª C. Cível; Rel. Lilian Romero; Unânime; Julg.14.04.2016)

II – currículo, com comprovação de especialização;

Qualificação do expert:

✓ MANDADO DE SEGURANÇA. AÇÃO INDENIZATÓRIA. PROVA PERICIAL. INSURGÊNCIA EM RELAÇÃO À NOMEAÇÃO DE PERITO. QUALIFICAÇÃO DO EXPERT QUE ATENDE AO DISPOSTO NO ARTIGO 465 DO CPC. IMPETRAÇÃO DO MANDAMUS COMO SUCEDÂNEO RECURSAL. DESCABIMENTO. SÚMULA 267 DO STF. INOCORRÊNCIA DE ILEGALIDADE OU DE ABUSO DE PODER. Existindo recurso hábil a desafiar a decisão impugnada, inviável a impetração do mandado de segurança (art. 1.009, § 1º, CPC e art. 5º, II, Lei nº 12.016/2009). Não demonstrado direito líquido e certo, nem a ilegalidade ou abuso do ato da autoridade apontada como coatora. Súmula 267 do STF. Precedentes deste Tribunal. – INDEFERIMENTO DE PLANO DA PETIÇÃO INICIAL, COM EXTINÇÃO DO MANDAMUS SEM JULGAMENTO DO MÉRITO (TJ-RS; Mandado de Segurança 70074888728; Quinta Câmara Cível; Rel. Lusmary Fatima Turelly da Silva; Julg. 31/08/2017).

III – contatos profissionais, em especial o endereço eletrônico, para onde serão dirigidas as intimações pessoais.

§ 3º As partes serão intimadas da proposta de honorários para, querendo, manifestar-se no prazo comum de 5 (cinco) dias, após o que o juiz arbitrará o valor, intimando- se as partes para os fins do art. 95.

→ V. Arts. 91, § 1º e 95, do NCPC.

Intimação para manifestação prévia sobre a proposta de honorários:

✓ AGRAVO DE INSTRUMENTO - EMBARGOS À EXECUÇÃO FISCAL - PRECLUSÃO DA PROVA PERICIAL - AUSÊNCIA DE DECISÃO ARBITRANDO OS HONORÁRIOS DO PERITO E DETERMINANDO À PARTE O SEU DEPÓSITO - IMPOSSIBILIDADE - REDAÇÃO EXPRESSA DO ART. 465, § 3º, DO CPC - DECISÃO ANULADA - RECURSO PROVIDO COM DETERMINAÇÃO. (TJ-SP; AI 21189117820168260000; SP; 14ª Câmara de Direito Público; Rel. Henrique Harris Júnior; Julg. 15/09/2016; Data de Publicação: 20/09/2016)

✓ AGRAVO DE INSTRUMENTO - EXECUÇÃO - PERÍCIA - AVALIAÇÃO DE QUOTAS SOCIETÁRIAS - HONORÁRIOS PERICIAIS -AUSÊNCIA DE PRÉVIA INTIMAÇÃO DO CREDOR - DISCORDÂNCIA - PRINCÍPIO DO RESULTADO. 1 - O § 3º do art. 465 do NCPC determina que "as partes serão intimadas da proposta de honorários para, querendo, manifestar-se no prazo comum de 5 (cinco) dias, após o que o juiz arbitrará o valor, intimando-se as partes para os fins do art. 95". 2 - A execução deve se pautar pelo princípio do resultado, pelo qual o processo executivo deve atingir o resultado esperado, ou seja, a satisfação do crédito. 3 - A determinação de pagamento de honorários periciais em valor que vai de encontro aos interesses do exequente, sem que lhe seja oportunizada a indicação de outro profissional, ou, ainda, o requerimento de redução do valor, mostra-se incompatível com a sistemática processual aplicável às execuções (TJ-MG; AI 10471130097820001 MG; 15ª Câmara Cível; Rel. Claret de Moraes (JD Convocado); Julg. 08/09/2016; Data de Publicação: 16/09/2016)

✓ AGRAVO DE INSTRUMENTO – Ação revisional de contrato bancário – Prova pericial requerida pelos autores – Decisão saneadora – Deferimento da perícia e definição de que será suportada pelo réu em razão da inversão do ônus da prova – Ausência de recurso oportuno pelo réu – Preclusão – Agravo não conhecido nessa parte – Proposta de honorários apresentada pelo perito (R$ 85.000,00) – Decisão agravada que facultou às partes apresentarem manifestação e determinou o depósito pelo réu em dez dias – Acolhimento na parte em que o agravante se insurge contra a não apreciação, pelo juízo a quo, da impugnação apresentada quanto ao valor dos honorários e a inobservância do art. 465, § 3º, do CPC/2015 – Recurso não conhecido em parte e, na parte conhecida, provido para anular a decisão agravada, com determinação. (TJ-SP; AI 20841589520168260000; SP; 24ª Câmara de Direito Privado; Rel. Jonize Sacchi de Oliveira; Julg. 22/09/2016; Data de Publicação: 28/09/2016)

✓ Locação de imóvel não residencial. Ação renovatória. Insurgência contra a determinação de antecipação dos honorários do novo perito, ante o falecimento do anterior. Nulidade reconhecida. Decisão que se fundou em impugnação, supostamente, apresentada pelos agravantes ao laudo pericial anterior. Impugnação inexistente. Decisão proferida em evidente equívoco. Impossibilidade de, por ora, carrear-se o ônus de custeio de nova perícia a qualquer das partes. Necessidade de observância ao procedimento previsto no art. 465, §§ 2º e 3º c/c art. 95, do CPC/2015. Decisão anulada, ex officio, prejudicada a análise das demais questões arguidas no recurso. (TJ-SP; AI 22595071520168260000; SP;2259507-15.2016.8.26.0000, Rel. Bonilha Filho; Julg. 22/06/2017, 26ª Câmara de Direito Privado, Data de Publicação: 23/06/2017)

§ 4º O juiz poderá autorizar o pagamento de até cinquenta por cento dos honorários arbitrados a favor do perito no início dos trabalhos, devendo o remanescente ser pago apenas ao final, depois de entregue o laudo e prestados todos os esclarecimentos necessários.

Antecipação dos honorários periciais:

✓ PROCESSO CIVIL. AGRAVO DE INSTRUMENTO. HONORÁRIOS PERICIAIS. OBRIGAÇÃO DE PAGAMENTO APÓS REALIZADA A PERÍCIA E APRESENTADO O RESPECTIVO LAUDO. INTELIGÊNCIA DO ART. 95 C/C ART. 465, § 4º, CPC/15. FIXAÇÃO EM SALÁRIOS MÍNIMOS. CONVERSÃO COM BASE NO SALÁRIO VIGENTE À ÉPOCA DO ARBITRAMENTO. PRECEDENTES DO STJ. 1. Concluídos os trabalhos e apresentado o competente laudo pericial, devem ser liberados/pagos, imediatamente, os honorários do perito, considerando o efetivo cumprimento do munus. Inteligência do art. 95, c/c art. 465, § 4º, do novo CPC (Lei nº 13.105/15). 2. Quando a fixação dos honorários do perito é feita com base em salários mínimos, deve se considerar aquele vigente à época do arbitramento, e não o valor vigente quando do efetivo pagamento. Precedentes do STJ. 3. Agravo parcialmente provido. (TJ-PE; AI 2958594 PE; 2ª Câmara Cível; Rel. Roberto da Silva Maia; Julg. 23/03/2016; Data de Publicação: 12/04/2016)

§ 5º Quando a perícia for inconclusiva ou deficiente, o juiz poderá reduzir a remuneração inicialmente arbitrada para o trabalho.

Redução da remuneração do expert:

✓ AÇÃO REVISIONAL - LOCAÇÃO - PROVA PERICIAL - FIXAÇÃO DOS HONORÁRIOS PERICIAIS DEFINITIVOS ANTES DA MANIFESTAÇÃO DAS PARTES ACERCA DOS ESCLARECIMENTOS TÉCNICOS COMPLEMENTARES PRESTADOS PELO EXPERT - AUSÊNCIA DE IRREGULARIDADE DA FIXAÇÃO NESTE MOMENTO PROCESSUAL, PORQUANTO A PROVA PERICIAL ESTÁ EM VIA DE SER ENCERRADA - POSSIBILIDADE, CONTUDO, DE REDUÇÃO DO MONTANTE FIXADO, CASO OCORRA A HIPÓTESE PREVISTA NO ART. 465, § 5º, DO CPC - PAGAMENTO DO VALOR REMANESCENTE RELEGADA AO COMPLETO ENCERRAMENTO DA PROVA - EXEGESE DO § 4º DO REFERIDO DISPOSITIVO LEGAL - DECISÃO REFORMADA EM PARTE AGRAVO PARCIALMENTE PROVIDO (TJ-SP 21441557220178260000; SP; 30ª Câmara de Direito Privado; Rel. Andrade Neto; Julg. 27/09/2017; Data de Publicação: 28/09/2017)

✓ AGRAVO DE INSTRUMENTO. HONORÁRIOS DE PROFISSIONAIS LIBERAIS. LIQUIDAÇÃO DE SENTENÇA POR ARBITRAMENTO. HONORÁRIOS PERÍCIAIS. MANUTENÇÃO DA DECISÃO QUE AFASTOU A REDUÇÃO DOS HONORÁRIOS PERICIAIS. Inaplicabilidade das hipóteses dos artigos 465, § 5º, e 468, § 2º, do novo Código de Processo Civil, inexistindo motivos que justifique a redução dos honorários inicialmente arbitrados. A nomeação do engenheiro ocorreu única e exclusivamente para a realização de uma avaliação técnica dos bens imóveis, fins de complementação do laudo contábil apresentado pela expert - homologado em juízo. JUROS DE MORA. NÃO CONHECIMENTO. AUSÊNCIA DE MANIFESTAÇÃO PELO JUÍZO DE ORIGEM EM RELAÇÃO AO PONTO. AGRAVO DE INSTRUMENTO CONHECIDO EM PARTE E DESPROVIDO. (TJ-RS; Agravo de Instrumento 70073671885; Décima Quinta Câmara Cível; Rel. Ana Beatriz Iser; Julg. 23/08/2017).

✓ AÇÃO REVISIONAL - LOCAÇÃO - PROVA PERICIAL - FIXAÇÃO DOS HONORÁRIOS PERICIAIS DEFINITIVOS ANTES DA MANIFESTAÇÃO DAS PARTES ACERCA DOS ESCLARECIMENTOS TÉCNICOS COMPLEMENTARES PRESTADOS PELO EXPERT - AUSÊNCIA DE IRREGULARIDADE DA FIXAÇÃO NESTE MOMENTO PROCESSUAL, PORQUANTO A PROVA PERICIAL ESTÁ EM VIA DE SER ENCERRADA - POSSIBILIDADE, CONTUDO, DE REDUÇÃO DO MONTANTE FIXADO, CASO OCORRA A HIPÓTESE PREVISTA NO ART. 465, § 5º, DO CPC - PAGAMENTO DO VALOR REMANESCENTE RELEGADA AO COMPLETO ENCERRAMENTO DA PROVA - EXEGESE DO § 4º DO REFERIDO DISPOSITIVO LEGAL - DECISÃO REFORMADA EM PARTE AGRAVO PARCIALMENTE PROVIDO (TJ-SP 21441557220178260000; SP; 30ª Câmara de Direito Privado; Rel. Andrade Neto; Julg. 27/09/2017; Data de Publicação: 28/09/2017)

§ 6º Quando tiver de realizar-se por carta, poder-se-á proceder à nomeação de perito e à indicação de assistentes técnicos no juízo ao qual se requisitar a perícia.

Perícia realizada por deprecação:

✓ AGRAVO DE INSTRUMENTO. AÇÃO RENOVATÓRIA DE ALUGUEL. CARTA PRECATÓRIA. NOMEAÇÃO DE PERITO. 1. O perito nomeado pelo juízo deprecado declarou não estar apto a realizar a perícia. 2. Conforme o art. 468 do NCPC, deve ser feita nova nomeação. 3. Incide ainda o art. 465, § 6º, do NCPC, devendo a nomeação ser feita pelo juízo deprecado. DECISÃO REFORMADA. RECURSO CONHECIDO E PROVIDO. (TJ-RJ; AI 00102434220168190000 Rio de Janeiro, São João De Meriti; 4ª Vara Cível; Décima Primeira Câmara Cível; Rel.

Fernando Cerqueira Chagas; Julg. 20/07/2016; Data de Publicação: 21/07/2016)

✓ COMPRA E VENDA - INDENIZAÇÃO - PROVA PERICIAL - EXECUÇÃO POR CARTA PRECATÓRIA - HONORÁRIOS VULTOSOS - PEDIDO DE NOMEAÇÃO/SUBSTITUIÇÃO DOS PERITOS - COMPETÊNCIA DO JUÍZO DEPRECADO. A teor do artigo 428 do Código de Processo Civil, "quando a prova tiver de realizar-se por carta, poderá proceder-se à nomeação de perito e indicação de assistentes técnicos no juízo, ao qual se requisitar a perícia". Nesse raciocínio, compete ao Juízo deprecado a apreciação dos incidentes relacionados à prova a ser colhida, verificando a pertinência ou não da substituição dos peritos, cujo pleito da autora, responsável pelo adiantamento dos honorários, apenas se deu pelo fato de entender vultoso o valor estimado para as perícias. Recurso improvido. (TJ-SP; AI 20493081520168260000; SP; 31ª Câmara de Direito Privado; Rel. Carlos Nunes; Julg. 05/04/2016; Data de Publicação: 05/04/2016)

Art. 466. O perito cumprirá escrupulosamente o encargo que lhe foi cometido, independentemente de termo de compromisso.

Sobre o perito e os assistentes técnicos:

✓ AGRAVO DE INSTRUMENTO - AÇÃO DE COBRANÇA - REALIZAÇÃO DE PROVA PERICIAL PARA AFERIÇÃO DE INVALIDEZ - Parte beneficiária da Justiça Gratuita - Designação de perícia pelo IMESC - Possibilidade - Órgão de confiança do Juízo - Nomeação do perito se baseia em relação de confiança, inexistindo obrigatoriedade na designação de "expert" atuante na Comarca - Negado provimento. (TJ-SP; AI 21411758920168260000; SP; 25ª Câmara de Direito Privado; Rel. Hugo Crepaldi; Julg. 18/08/2016; Data de Publicação: 18/08/2016)

✓ Agravo de instrumento. Ação declaratória de nulidade de cláusula contratual c.c. rescisão contratual e perdas e danos. Inconformidade com o resultado da perícia que não justifica a substituição para nova perícia. Perito habitual que goza da confiança do juízo. Às partes é facultada a indicação de assistentes técnicos para acompanhar o trabalho pericial, oferecendo parecer técnico no sentido de confirmar o laudo ou impugná-lo. A mera inconformidade da agravante ou impugnações leigas não justifica a realização de nova perícia. Agravo desprovido. (TJ-SP; AI 20409428420168260000; SP; 8ª Câmara de Direito Privado; Rel. Silvério da Silva; Julg. 13/10/2016; Data de Publicação: 13/10/2016)

§ 1º Os assistentes técnicos são de confiança da parte e não estão sujeitos a impedimento ou suspeição.

→ v. Art. 95 do NCPC.

Condição processual dos assistentes técnicos:

✓ APELAÇÃO CÍVEL. ADMINISTRATIVO. CONCURSO PÚBLICO PARA PROVIMENTO DE VAGAS AO CARGO DE SOLDADO DA POLÍCIA MILITAR. EDITAL N. 014/CESIEP/2015. PRELIMINAR DE NULIDADE DA SENTENÇA POR VÍCIO PROCESSUAL AFASTADA. DESNECESSIDADE DE INTIMAÇÃO DO ASSISTENTE TÉCNICO. PREJUÍZO NÃO DEMONSTRADO. "Os assistentes técnicos são de confiança da parte, sendo dispensável a intimação daqueles para a realização da prova pericial" (TJRS, Agravo de Instrumento n. 70058099300, rel. Des. Paulo Roberto Lessa Franz). MÉRITO. CANDIDATO CONSIDERADO INAPTO PELA BANCA EXAMINADORA NA AVALIAÇÃO PSICOLÓGICA. PERÍCIA JUDICIAL QUE REITERA A SUA INCAPACIDADE. IMPUGNAÇÃO DO EXAME. CRITÉRIOS OBJETIVOS PREVIAMENTE DEFINIDOS NO EDITAL DE REGÊNCIA E NA LEGISLAÇÃO SOBRE O INGRESSO NA CARREIRA MILITAR. DECISÃO MANTIDA. RECURSO DESPROVIDO. "[...] 02. Os tribunais admitem que os resultados dos exames de capacitação física e de aptidão psicológica realizados pela 'Comissão Avaliadora' possam ser questionados em juízo. (...) (2ª CDP, AC n. 2009.016970-3, Des. Newton Janke; 3ª CDP, AC n. 2011.103046-2, Des. Carlos Adilson Silva). Todavia, 'eventual contrariedade ao resultado da avaliação [...] pela comissão técnico-psicológica do concurso somente poderia ser analisada à vista de outro exame psicológico, realizado dentro do contraditório, por conta e risco do candidato, que pudesse evidenciar erro naquela avaliação' (Mandado de Segurança n. 2011.056577-5, da Capital, rel. Des. Jaime Ramos)" (GCDP, MS n. 2013.057914-1, Des. Cid Goulart). Não há como antecipar os efeitos da tutela de modo a permitir o 'ingresso nas carreiras das instituições militares' de candidato que, em exame psicológico, não seja considerado "apto" para o exercício da atividade de policial militar." (TJ -SC; AC 00297042420158240023 Capital; Quarta Câmara de Direito Público; Rel. Vera Lúcia Ferreira Copetti; Julg. 06/07/2017,)

✓ CONSTITUCIONAL. ADMINISTRATIVO. PROCESSUAL CIVIL. REMESSA NECESSÁRIA. DESAPROPRIAÇÃO DIRETA. INDENIZAÇÃO JUSTA. POSSIBILIDADE DE UTILIZAÇÃO DE LAUDO DE AVALIAÇÃO DO IMÓVEL ELABORADO POR ASSISTENTE TÉCNICO. CONVENCIMENTO MOTIVADO DO MAGISTRADO. ADEQUAÇÃO DO MÉTODO COMPARATIVO. APURAÇÃO DO VALOR DE MERCADO DO BEM NA DATA DA AVALIAÇÃO. NATUREZA RURAL OU URBANA DO TERRENO NOS CADASTROS OFICIAIS. IRRELEVÂNCIA. OMISSÃO DA SENTENÇA NO TOCANTE AOS JUROS E CORREÇÃO MONETÁRIA. REEXAME OBRIGATÓRIO PARCIALMENTE PROVIDO. 1- O laudo de avaliação elaborado por engenheiro civil a pedido da promovida pode ser utilizado como elemento para a formação da convicção do Juízo, ainda que o referido profissional seja amigo íntimo da família da expropriada. Isso porque, segundo prescreve o art. 422, caput, do CPC/1973, correspondente ao art. 466, § 1º, do CPC/2015, os assistentes técnicos são de confiança da parte e não estão sujeitos a impedimento ou suspeição. 2- A justa indenização do imóvel desapropriado, nos termos do art. 5º, XXIV, da CF/88, deve refletir o valor real do bem, sob pena de enriquecimento ilícito do expropriante, e engloba os danos emergentes, os lucros cessantes, os juros compensatórios e moratórios, despesas judiciais, honorários advocatícios e atualização monetária. 3- In casu, o engenheiro empregou o método comparativo para a avaliação, isto é, fixou o valor do imóvel com base na comparação direta com outros ofertados ou transacionados no mercado da região, de acordo com norma técnica da ABNT (NB-502/89). 4- Segundo o firme entendimento do Superior Tribunal de Justiça, o art. 26 do Decreto-Lei 3.365/41 atribui à justa indenização a contemporaneidade da avaliação judicial, e não do laudo elaborado pelo ente expropriante, para a aferição desse requisito (cf. AgRg no REsp 1428357/PE, Rel. Napoleão Nunes Maia Filho, T1; DJe 28/03/16). Precedentes do STJ. 5- A controvérsia instaurada acerca da natureza do terreno rural ou urbano perde importância diante da metodologia adotada, que leva em conta a realidade local e o valor de mercado de imóveis similares, pouco importando a classificação indicada no cadastro oficial do Município. 6- Reexame necessário conhecido e parcialmente provido apenas para suprir a omissão da sentença no tocante aos índices de juros e correção monetária incidentes à hipótese. ACÓRDÃO Acordam os Desembargadores integrantes da Primeira Câmara de Direito Público do Tribunal de Justiça do Estado do Ceará, por julgamento de Turma, unanimemente, em conhecer da remessa necessária e dar-lhe parcial provimento, nos termos do voto do Relator. Fortaleza, 14 de novembro de 2016. Desembargador Fernando Luiz Ximenes Rocha Relator (TJ-CE; Remessa Necessária: 00030031620008060035 CE; 1ª Câmara Direito Público; Rel. Fernando Luiz Ximenes Rocha; Data de Publicação: 14/11/2016)

§ 2º O perito deve assegurar aos assistentes das partes o acesso e o acompanhamento das diligências e dos exames que realizar, com prévia comunicação, comprovada nos autos, com antecedência mínima de 5 (cinco) dias.

Participação dos assistentes técnicos durante a realização da perícia:

✓ APELAÇÕES - DESAPROPRIAÇÃO DIRETA - IMPLANTAÇÃO DE ESTAÇÃO DE TRATAMENTO DE ÁGUA DE PARANAPIACABA - Sentença de procedência - Pleito de reforma da sentença - Cabimento - PRELIMINAR - Cerceamento de Defesa - Acolhimento - Alteração da área expropriada que demandou a realização de novo laudo definitivo pelo perito judicial, com a realização de novas diligências - Ausência de comunicação ao assistente técnico do apelante sobre a realização de nova vistoria no local - Dever do perito de assegurar aos assistentes técnicos o acesso e acompanhamento das diligências, nos termos dos arts. 466, § 2º, e 474, ambos do CPC - Ausência de comprovação da comunicação do assistente técnico do apelante - Violação do direito de defesa configurada - Anulação da sentença para realização de nova perícia - APELAÇÃO provida para anular a sentença e determinar a produção de nova perícia técnica. (TJ-SP 00410343020098260554; SP; 3ª Câmara de Direito Público; Rel. Kleber Leyser de Aquino; Julg. 28/11/2017; Data de Publicação: 30/11/2017)

✓ RECURSO ORDINÁRIO. CERCEAMENTO DO DIREITO DE DEFESA. REALIZAÇÃO DE PROVA PERICIAL. NECESSIDADE DE CIÊNCIA INEQUÍVOCA DOS LITIGANTES, CAPAZ DE SER PROVADA. ARTS. 466, § 2º; 474; 477, § 1º, TODOS DO CPC. NOVO CONTORNO DA FÉ DE OFÍCIO. LIMITES DA ATUAÇÃO JUDICIAL. FORNECIMENTO DE ENDEREÇO ELETRÔNICO. DIREITOS CONSTITUCIONAIS E LEGAIS A PRESERVAR. I- Nos termos do disposto no artigo 466, § 2º, do CPC, "O perito deve assegurar aos assistentes das partes o acesso e o acompanhamento das diligências e dos exames que realizar, com prévia comunicação, comprovada nos autos, com antecedência mínima de 5 (cinco) dias." Nesses termos, não é bastante que o profissional saiba aos números de telefones dos litigantes. Necessário seria algo mais, capaz de permitir a formalização que a legislação processual exige, a exemplo do endereço da rede mundial de computadores, pois que, nos dias atuais, não é de se exigir comunicação escrita para tanto. No ordenando jurídico pátrio, o perito constituído pelo Juízo goza de fé de ofício, porém seu caráter foi alterado, de modo a não mais ser suficiente a simples afirmação do fato específico, qual seja, ter cientificado os interessados da data da realização da visita técnica, bem assim da antecedência positivada, de cinco dias. II- Ao § 2º, do Art. 466, do CPC também é de ser combinado o art. 474, do mesmo Código, que menciona que "As partes terão ciência da data e local designados pelo juiz ou indicados pelo perito para ter início a produção da prova." E a ambos se ajusta, ainda, o disposto no § 1º do art. 477 do CPC, que positiva que "As partes serão intimadas para, querendo, manifestar-se sobre o laudo do perito do juízo no prazo comum de 15 (quinze) dias, podendo o assistente técnico de cada uma das partes, em igual prazo, apresentar seu respectivo parecer." III- Admissível que o Juiz transfira o ônus da busca do conhecimento da data, hora e local da avaliação judicial para os litigantes, se assim não discordarem e lhes parecer seguro, mas a materialidade da ciência é incumbência do perito, é dele o dever de prová-la, sempre que questionada, não sendo possível ao Juízo afastá-lo desse encargo. IV- Recurso provido para declarar a ocorrência de cerceamento do direito de defesa, cuja preservação tem origem constitucional. (RO 0000637-30.2015.5.06.0002; Primeira Turma; Redator: Valeria Gondim Sampaio; Data de julgamento: 02/02/2017; Data da assinatura: 07/02/2017)

Art. 467. O perito pode escusar-se ou ser recusado por impedimento ou suspeição.

→ *v.* Art. 163, II, do NCPC.

Parágrafo único. O juiz, ao aceitar a escusa ou ao julgar procedente a impugnação, nomeará novo perito.

→ *v.* Art. 148 e §§ do NCPC.

Art. 468. O perito pode ser substituído quando:

I – faltar-lhe conhecimento técnico ou científico;

Necessidade de conhecimento técnico para realização da perícia e substituição do perito:

✓ AGRAVO DE INSTRUMENTO. ENERGIA ELÉTRICA. IMPUGNAÇÃO AO CUMPRIMENTO DE SENTENÇA. REALIZAÇÃO DE PERÍCIA TÉCNICA A SER REALIZADA POR ENGENHEIRO ELÉTRICO COM CONHECIMENTO EM QUESTÕES TARIFÁRIAS, COM CAPACIDADE PARA ANALISAR O PERFIL DE CONSUMO PRETÉRITO DA UNIDADE CONSUMIDORA. Considerando-se a complexidade da discussão e a necessidade de conhecimento técnico na área para a estipulação do valor devido, deve ser realizada perícia técnica por engenheiro elétrico com conhecimento em questões tarifárias, com capacidade para analisar o perfil de consumo pretérito da unidade consumidora. Inteligência dos artigos 468, 475 e 480, todos do CPC. Agravo provido. (TJ-RS; Agravo de Instrumento 70074924523; Vigésima Primeira Câmara Cível; Rel. Marco Aurélio Heinz; Julg. 11/10/2017).

✓ AGRAVO DE INSTRUMENTO. Pedido de desconsideração do laudo pericial, porque falta ao perito conhecimento técnico ou científico e pedido de substituição do perito contábil porque emitiu opiniões pessoais que excederam o exame técnico ou científico do objeto da perícia. Inadmissibilidade do conhecimento do recurso por analogia ou interpretação extensiva não prevista expressamente no art. 1.015 do CPC. Inocorrência de preclusão. Possibilidade de rediscutir essas questões em preliminar de apelação ou nas contrarrazões. Inteligência do art. 1.009, § 1º, do CPC/2015. Precedente deste E. TJSP. RECURSO NÃO CONHECIDO. (TJ-SP 21446874620178260000; SP; 8ª Câmara de Direito Público; Rel. Antonio Celso Faria; Julg. 08/11/2017; Data de Publicação: 08/11/2017)

✓ AGRAVO DE INSTRUMENTO – Execução de título extrajudicial – Decisão homologou o laudo de avaliação de cotas sociais indeferindo a substituição do perito – Inadmissibilidade – Ausentes quaisquer das hipóteses do art. 468 do CPC, a justificar a substituição do perito – Recurso negado. (TJ-SP; AI 20680679020178260000; SP; 13ª Câmara de Direito Privado; Rel. Francisco Giaquinto; Julg. 31/05/2017; Data de Publicação: 31/05/2017)

II – sem motivo legítimo, deixar de cumprir o encargo no prazo que lhe foi assinado.

Substituição do perito pelo descumprimento do encargo:

✓ RECLAMAÇÃO CONTRA MAGISTRADO DE PRIMEIRO GRAU – ALEGAÇÃO DE DESCUMPRIMENTO DE ORDEM JUDICIAL DESTA 5ª CÂMARA DE DIREITO PRIVADO DO TRIBUNAL DE JUSTIÇA DE SÃO PAULO – AS INFORMAÇÕES PRESTADAS DENOTAM O CUMPRIMENTO DA ORDEM – PORÉM NÃO HÁ COMO OBRIGAR O CUMPRIMENTO DA DETERMINAÇÃO PELO SERVENTUARIO DA JUSTIÇA – APLICAÇÃO DO DISPOSTO NO ART. 468, II E § 3º DO CPC– RECLAMAÇÃO NÃO PROVIDA. (TJ-SP; RCL 21845089120168260000; SP; 5ª Câmara de Direito Privado; Rel. Moreira Viegas; Julg. 08/03/2017; Data de Publicação: 08/03/2017)

✓ AGRAVO DE INSTRUMENTO. AÇÃO DE PRESTAÇÃO DE CONTAS. DEFERIMENTO DO PEDIDO DE NOMEAÇÃO DE EXPERT PARA REALIZAÇÃO DE NOVA PERÍCIA TÉCNICA. SUBSTITUIÇÃO POR DESCUMPRIMENTO DO ENCARGO. PERITO DESTITUÍDO QUE LEVANTOU A QUANTIA DEPOSITADA PELA PARTE RÉ. DETERMINAÇÃO DE ADIANTAMENTO DE NOVOS HONORÁRIOS PERICIAIS PELO AUTOR/AGRAVADO FACE A ALEGAÇÃO DE IMPRESTABILIDADE DO LAUDO. IRRESIGNAÇÃO. NOVO CPC QUE DETERMINA A RESTITUIÇÃO DOS VALORES RECEBIDOS PELO TRABALHO NÃO REALIZADO. INTELIGÊNCIA DO ART. 468, II, § 2º, DO CPC/15. REFORMA DA DECISÃO PARA DISPENSAR O AGRAVANTE DO ADIANTAMENTO DOS HONORÁRIOS PERICIAIS, CABENDO AO JULGADOR DE 1º GRAU APLICAR A COMINAÇÃO DO CITADO DISPOSTIVO LEGAL NO QUE CONCERNE À DEVOLUÇÃO DA QUANTIA PELO EXPERT DESTITUÍDO, NO PRAZO DE 15 (QUINZE) DIAS, SOB PENA DE FICAR IMPEDIDO DE ATUAR COMO PERITO JUDICIAL, PELO LAPSO DE 5 (CINCO) ANOS. RECURSO CONHECIDO, AO QUAL SE DÁ PROVIMENTO. (TJ-RJ; AI 00462693920168190000 Rio de Janeiro; 49 Vara Cível, Décima Sexta Câmara Cível; Rel. Mauro Dickstein; Julg. 06/12/2016; Data de Publicação: 16/12/2016)

✓ DECISÃO: ACORDAM os Magistrados, integrantes da Sétima Câmara Cível do Tribunal de Justiça do Paraná, por unanimidade de votos, em conhecer do Recurso de Agravo retido e, no mérito, negar provimento e conhecer e dar parcial provimento ao recurso de apelação, para o fim de determinar que se apure o valor da indenização dos danos materiais na fase de liquidação de sentença, no montante do exato lucro obtido pela ré com a venda dos ferros e, reduzir o valor do dano moral para R$ 300.000,00 (trezentos mil reais), nos termos do voto do Relator. EMENTA: APELAÇÃO CÍVEL - DIREITO CIVIL E PROCESSUAL CIVIL - AÇÃO DE OBRIGAÇÃO DE FAZER C/C INDENIZAÇÃO POR DANO MATERIAL E MORAL - AGRAVO RETIDO - IRRESIGNAÇÃO CONTRA DESPACHO QUE INADMITIU PRODUÇÃO DE NOVA PROVA PERICIAL COM NOMEAÇÃO DE NOVO EXPERT - REJEIÇÃO - JURISPERITO QUE ATENDE ÀS EXIGÊNCIAS DO ART. 145 DO CPC - INADEQUAÇÕES NAS RESPOSTAS QUE NÃO VICIAM O RESULTADO DA PERÍCIA - RESPOSTAS ESSAS REALIZADAS A CONTENTO COM TODOS OS QUESTIONAMENTOS APRECIADOS - RECURSO DE AGRAVO A QUE SE NEGA PROVIMENTO - IMPOSSIBILIDADE DE AVALIAÇÃO DOS PRODUTOS EM RELAÇÃO À PARTE SUPERIOR DO FERRO, EIS QUE AUSENTE CAUSA DE PEDIR E PEDIDO QUANTO A ESTE TOCANTE - IRREPREENSIBILIDADE DO DECISUM QUE NÃO TECEU DIGRESSÕES SOBRE A VALIDADE OU NÃO DO REGISTRO, QUANTO ÀS ALEGAÇÕES DE ESTAR ELE NO ESTADO DA TÉCNICA, POR RESTAR MANTIDA A SUA VALIDADE NO PROCESSO ADMINISTRATIVO DE NULIDADE NO INPI E POR RESTAREM REFUTADOS OS PLEITOS ANTECIPATÓRIOS DE NULIDADE NA JUSTIÇA FEDERAL - REQUISITOS DA ORIGINALIDADE E NOVIDADE QUE NÃO DEVEM SER AQUI DISCUTIDOS PORQUANTO A MANUTENÇÃO DA VALIDADE DO REGISTRO PERMANECE INALTERADA - ANÁLISE SOMENTE QUANTO À SIMILITUDE DOS OBJETOS - DESENHO INDUSTRIAL - TRADE DRESS - ALEGAÇÃO DE INEXISTÊNCIA DE IMITAÇÃO DO PRODUTO - APRECIAÇÃO DAS IMAGENS DOS FERROS DE PASSAR ROUPA - IMITAÇÃO FLAGRANTEMENTE CARACTERIZADA - SEMELHANÇAS QUE INDUZEM EM ERRO OS CONSUMIDORES - DANO MATERIAL A SER AUFERIDO EM LIQUIDAÇÃO DE SENTENÇA LEVANDO-SE EM CONTA OS LUCROS AUFERIDOS PELA APELANTE COM A VENDA DO PRODUTO - INTELIGÊNCIA DO ART. 210, INCISO II DA LEI Nº 9.279/96 - MINORAÇÃO DOS DANOS MORAIS DE R$ 500.000,00 (QUINHENTOS MIL REAIS) PARA R$ 300.000,00 (TREZENTOS MIL REAIS) - AGRAVO CONHECIDO E NÃO PROVIDO - APELAÇÃO CONHECIDA E PARCIALMENTE PROVIDA (TJPR; AC 1003518-0 - Curitiba; 7ª C. Cível; Rel. Luiz Sérgio Neiva de Lima Vieira; Unânime; Julg.10.02.2015)

§ 1º No caso previsto no inciso II, o juiz comunicará a ocorrência à corporação profissional respectiva, podendo, ainda, impor multa ao perito, fixada tendo em vista o valor da causa e o possível prejuízo decorrente do atraso no processo.

Responsabilidade do perito pelo descumprimento do encargo:

✓ Agravo de instrumento. Ação de usucapião ordinária de terras rurais. Decisão recorrida destitui perito e nomeia outro em substituição para realização de trabalhos periciais de levantamento topográfico e memorial descritivo, com a finalidade de cumprimento das exigências para registro imobiliário de área usucapienda. Inconformismo do autor. Não provimento. Decisão mantida. 1. Como o perito nomeado, embora engenheiro, salientou não portar especialidade na realização dos trabalhos de agrimensura e topografia que serão necessários para a complementação do laudo pericial, acertada a decisão do juízo de primeiro grau que o destitui e nomeia outro perito em lugar para o fiel cumprimento do encargo, arcado o adiantamento dos honorários deste novo perito pela parte autora. 2. A questão atinente à responsabilização do perito destituído pode ser oportunamente examinada por ocasião da sentença, quando já tiverem sido processados tanto a apuração da responsabilidade do perito destituído, quanto a realização dos novos trabalhos periciais. 3. Recurso desprovido. (TJ -SP; AI 22276720920168260000; SP; 9ª Câmara de Direito Privado, Rel. Piva Rodrigues; Julg. 26/05/2017; Data de Publicação: 26/05/2017)

§ 2º O perito substituído restituirá, no prazo de 15 (quinze) dias, os valores recebidos pelo trabalho não realizado, sob pena de ficar impedido de atuar como perito judicial pelo prazo de 5 (cinco) anos.

§ 3º Não ocorrendo a restituição voluntária de que trata o § 2º, a parte que tiver realizado o adiantamento dos honorários poderá promover execução contra o perito, na forma dos arts. 513 e seguintes deste Código, com fundamento na decisão que determinar a devolução do numerário.

Art. 469. As partes poderão apresentar quesitos suplementares durante a diligência, que poderão ser respondidos pelo perito previamente ou na audiência de instrução e julgamento.

Parágrafo único. O escrivão dará à parte contrária ciência da juntada dos quesitos aos autos.

Apresentação de quesitos suplementares:

✓ Agravo de Instrumento - Execução - Determinação de realização de perícia para avaliação do imóvel penhorado, visando seu praceamento, sem intimação dos executados - Descabimento - Não é o caso, contudo, atento aos princípios da instrumentalidade das formas e da economia processual, de ser anulada a perícia realizada, mas sim de facultar aos devedores apresentarem quesitos suplementares a serem respondidos pelo perito nomeado e de apresentarem laudo crítico divergente, por assistente técnico que indicarem, no prazo de 30 dias - Praceamento que somente poderá ser determinado uma vez complementada a perícia – Recurso provido para tanto. (TJ-SP; AI 20849423820178260000; SP; 14ª Câmara de Direito Privado; Rel. Thiago de Siqueira; Julg. 06/07/2017; Data de Publicação: 06/07/2017)

✓ AGRAVO DE INSTRUMENTO. AÇÃO ACIDENTÁRIA. INDEFERIMENTO A QUESITOS SUPLEMENTARES. CERCEAMENTO DE DEFESA INEXISTENTE, NA ESPÉCIE. 1. Perícia ortopédica suficiente para esclarecer o Juízo quanto ao objeto daquela prova técnica. 2. Os quesitos suplementares cabem apenas durante a realização da prova, e não após apresentado o laudo, quando se permite apenas esclarecimentos. Inteligência dos arts. 469, 477, § 3º, ambos do CPC/2015. 3. O magistrado é o destinatário das provas. O parágrafo único do art. 370 do CPC autoriza ao juiz indeferir diligência que não acrescente à cognição processual, sendo tal valoração submetida ao princípio do livre convencimento motivado do julgador. AGRAVO DE INSTRUMENTO IMPROVIDO. DECISÃO MONOCRÁTICA. (TJ-RS; Agravo de Instrumento 70069956969; Décima Câmara Cível; Rel. Jorge Alberto Schreiner Pestana; Julg. 01/07/2016).

✓ DECISÃO: ACORDAM os integrantes da Décima Câmara Cível do Tribunal de Justiça do Estado do Paraná, por unanimidade de votos, em dar provimento ao recurso, nos termos do voto da Relatora. EMENTA: AGRAVO DE INSTRUMENTO. AÇÃO DE INDENIZAÇÃO POR SUPOSTO ERRO NA EXECUÇÃO DE TRATAMENTO DENTÁRIO (IMPLANTE DE PRÓTESES DENTÁRIAS). REALIZAÇÃO DE PERÍCIA INDIRETA. JUÍZO A QUO QUE REPUTOU INSUFICIENTE O LAUDO PERICIAL E DETERMINOU A PRODUÇÃO DE NOVA PERÍCIA, NOMEANDO NOVO EXPERT E IMPUTANDO À AUTORA AGRAVANTE O ÔNUS FINANCEIRO DA PROVA. LAUDO JÁ CONFECCIONADO QUE PODE SER INTEGRADO POR MEIO DE QUESITOS SUPLEMENTARES. PRINCÍPIOS DA ECONOMIA E CELERIDADE PROCESSUAL.POSSIBILIDADE DE COMPLEMENTAÇÃO IGNORADA PELO JUÍZO A QUO. NOVA PERÍCIA QUE DEVE SER DETERMINADA APENAS NA HIPÓTESE DE O LAUDO JÁ PRODUZIDO RESULTAR INSUFICIENTE MESMO APÓS A RESPOSTA AOS QUESITOS SUPLEMENTARES.DECISÃO REFORMADA. RECURSO PROVIDO. (TJPR; AI - 1450278-2; Região Metropolitana de Maringá, Foro Central de Maringá; 10ª C. Cível; Rel. Lilian Romero; Unânime; Julg.14.04.2016)

✓ DECISÃO: ACORDAM os integrantes da Décima Câmara Cível do Tribunal de Justiça do Estado do Paraná, por unanimidade de votos, em dar provimento ao recurso, nos termos do voto da Relatora. EMENTA: AGRAVO DE INSTRUMENTO. AÇÃO DE INDENIZAÇÃO POR SUPOSTO ERRO NA EXECUÇÃO DE TRATAMENTO DENTÁRIO (IMPLANTE DE PRÓTESES DENTÁRIAS). REALIZAÇÃO DE PERÍCIA INDIRETA. JUÍZO A QUO QUE REPUTOU INSUFICIENTE O LAUDO PERICIAL E DETERMINOU A PRODUÇÃO DE NOVA PERÍCIA, NOMEANDO NOVO EXPERT E IMPUTANDO À AUTORA AGRAVANTE O ÔNUS FINANCEIRO DA PROVA. LAUDO JÁ CONFECCIONADO QUE PODE SER INTEGRADO POR MEIO DE QUESITOS SUPLEMENTARES. PRINCÍPIOS DA ECONOMIA E CELERIDADE PROCESSUAL.POSSIBILIDADE DE COMPLEMENTAÇÃO IGNORADA PELO JUÍZO A QUO. NOVA PERÍCIA QUE DEVE SER DETERMINADA APENAS NA HIPÓTESE DE O LAUDO JÁ PRODUZIDO RESULTAR INSUFICIENTE MESMO APÓS A RESPOSTA AOS QUESITOS SUPLEMENTARES.DECISÃO REFORMADA. RECURSO PROVIDO. (TJPR; AI 1450278-2; Região Metropolitana de Maringá, Foro Central de Maringá; 10ª C. Cível; Rel. Lilian Romero; Unânime; Julg.14.04.2016)

Art. 470. Incumbe ao juiz:

I – indeferir quesitos impertinentes;

Indeferimento de quesitos impertinentes:

✓ Agravo de Instrumento. Prova pericial. Não acolhimento de quesitos que deve ser mantido. Prova deferida que não tem relação com os pontos nele relacionados. Necessidade de deferimento de perícia relacionada ao valor do passivo ambiental. Montante que integrará o valor indenizatório. Decisão parcialmente reformada. Recurso parcialmente provido. (TJ-SP; AI 21648719120158260000; SP; 2ª Câmara de Direito Privado; Rel. José Joaquim dos Santos; Julg. 05/04/2016; Data de Publicação: 07/04/2016)

✓ APELAÇÃO CÍVEL. AÇÃO REVISIONAL DE ALUGUEIS. MAGISTRADO A QUO QUE JULGOU PROCEDENTE EM PARTE O PEDIDO EXORDIAL PARA MAJORAR O VALOR DA LOCAÇÃO EM CONSONÂNCIA COM A PROVA JUDICIAL. INCONFORMISMO DA LOCATÁRIA. CERCEAMENTO DE DEFESA. MAGISTRADO DE ORIGEM QUE NÃO TERIA ANALISADO QUESITOS COMPLEMENTARES SOBRE QUEM SERIA O RESPONSÁVEL PELO PAGAMENTO DE IPTU E PELO CUSTEAMENTO DAS REFORMAS NO IMÓVEL. CERCEAMENTO DE DEFESA NÃO OCORRIDO. QUESTIONAMENTOS ADICIONAIS IRRELEVANTES PARA A SOLUÇÃO DO FEITO. PERÍCIA FAVORÁVEL AO AUMENTO DO ALUGUEL. VALOR DEVIDO DESDE A DATA DA CITAÇÃO, CONFORME ART. 69 DA LEI N. 8.245/91. REFORMAS NO CURSO DA LIDE QUE JUSTIFICAM ACRÉSCIMO AO VALOR DO ALUGUEL. MAJORAÇÃO, NO ENTANTO, É DEVIDA APENAS A PARTIR DO TÉRMINO DAS OBRAS, SOB PENA DE ENRIQUECIMENTO SEM CAUSA. REFORMA DA SENTENÇA NESTE PONTO. JUROS MORATÓRIOS QUE DEVERÃO INCIDIR DESDE A CITAÇÃO. SUCUMBÊNCIA. SENTENÇA QUE TEVE ALTERAÇÃO APEQUENADA. MANUTENÇÃO DO ÔNUS JÁ ESTABELECIDO

NA ORIGEM. RECURSO CONHECIDO E PARCIALMENTE PROVIDO. (TJ-SC; AC 00072696020148240033 Itajaí; Quarta Câmara de Direito Civil; Rel. Rosane Portella Wolff; Julg. 16/11/2017)

✓ AGRAVO DE INSTRUMENTO - AÇÃO COMINATÓRIA CUMULADA COM PEDIDO INDENIZATÓRIO - REALIZAÇÃO DE CIRURGIA - PATOLOGIA EM MEMBRO - REALIZAÇÃO DE PERÍCIA E CUSTOS, A DESPEITO DA CONCESSÃO DOS BENEFÍCIOS DA GRATUIDADE PROCESSUAL. Recurso em face de decisão saneadora que, acolhendo pedido de produção de prova pericial de corré, beneficiária da Justiça Gratuita, assinalou a possibilidade de pagamento de honorários para subsidiar a realização da prova, se ofertados quesitos complexos, em razão da nomeação de expert - Pretensão à reforma da decisão, sem qualquer óbice no exercício do direito da parte em indicar quesitos - Prova pericial, em casos tais, onde requerida por quem detém a gratuidade processual, que deve ser realizada pelo IMESC, ao encontro do disposto no artigo 95, § 3º, inciso I, 98, § 1º, inciso VI, E Lei estadual nº 16.428/2017, que criou o Fundo Especial de Custeio de Perícias/FEP - Prova a cargo do Estado, sem prejuízo da poder do magistrado, condutor do feito, em indeferir quesitos impertinentes - Posterior decisão judicial que determinou a realização da prova pelo órgão conveniado, a esvaziar o objeto recursal. Recurso não conhecido. (TJ-SP; 20208358220178260000; SP; 9ª Câmara de Direito Privado; Rel. Costa Netto; Julg. 29/08/2017; Data de Publicação: 31/08/2017)

✓ Agravo de instrumento. Ação de revisão de cláusulas contratuais. Contrato de financiamento imobiliário. Liquidação de sentença. Homologação do laudo pericial. Inconformismo da ré. Entendimento desta Relatora quanto à manutenção da decisão vergastada. Com efeito, esta Relatora compartilha com o entendimento adotado pelo Juízo Singular que homologou o laudo pericial de fls. 1.040/1.052. Ressalte-se que o artigo 370 do CPC/15 (artigo 130 do CPC/73) confere ao magistrado o poder de indeferir provas desnecessárias ou protelatórias, e estabelece que cabe ao juiz determinar a produção de provas necessárias não mais à instrução do processo, mas sim ao julgamento de mérito. Por sua vez, o artigo 470, inciso I, do mesmo diploma legal (artigo 426, inciso I, do CPC/73), autoriza o juiz a indeferir quesitos que se revelarem impertinentes ou despropositados. O magistrado é o destinatário final da prova, baseando-se no seu livre convencimento e na busca da verdade real, pode indeferir os quesitos considerados impertinentes para a formação da sua convicção, não havendo que se falar em cerceamento de defesa. Ressalte-se que o Acórdão supracitado já transitou em julgado inclusive quanto aos critérios de correção e juros, tendo o Expert do Juízo, nos exatos termos do referido julgado e de forma acurada (Anexo 1/000158), encontrado significante redução do saldo indevidamente cobrado do autor após anos de pagamento. Com efeito, não cabe a modificação de matéria de mérito, após o trânsito em julgado do Acórdão, em perícia realizada em fase de liquidação de sentença. Ademais, como bem ressaltado pelo Juízo de primeiro grau, "a própria Agravante indicou como assiste a Dra. Roberta Beck Ramos, assim impertinente a impugnação apresentada pelo Dr. Luiz Claudio Alves Gonçalves, pessoa estranha aos autos". Precedentes do TJERJ. DESPROVIMENTO DO RECURSO. (TJ-RJ; AI 00536786620168190000 Rio de Janeiro; 49ª Vara Cível, Vigésima Câmara Cível; Rel. Conceição Aparecida Mousnier Teixeira de Guimarães Pena; Julg. 14/06/2017; Data de Publicação: 20/06/2017)

II – formular os quesitos que entender necessários ao esclarecimento da causa.

→ *v.* Art. 370, parágrafo único, do NCPC.

Formulação de quesitos pelo juiz:

✓ Agravo de instrumento. Ação Civil Pública em que se discute os efeitos que obras realizadas pela agravante teriam exercido sobre o meio ambiente de Itaboraí. Decisão que determinou a produção de prova pericial ambiental, rejeitando o laudo pericial que havia sido produzido em sede de agravo de instrumento julgado por esta Câmara Cível, sob o fundamento de o perito não ser da confiança do magistrado de primeiro grau e de se tratar de prova emprestada. Perito que possui incontestável competência na matéria, conforme art. 465 do novo C.P.C. Ausência de impugnação por qualquer das partes quanto à qualificação do profissional. Inocorrência das condições previstas no art. 468 do referido Código. Laudo apresentado que se mostrou extremamente detalhado e criterioso. Advento do novo Código de Processo Civil que prestigiou o entendimento defendido por doutrinadores e que se firmara na jurisprudência, em particular, do Colendo Superior Tribunal de Justiça, no sentido da possibilidade de uso de prova emprestada desde que respeitado o contraditório e a livre defesa. Prova que, na presente hipótese, sequer pode ser considerada emprestada, já que produzida no mesmo feito, em mero recurso incidental, com relação ao mesmo pedido e com a participação das mesmas partes. Possibilidade de eventual complementação do laudo com a apresentação de esclarecimentos e de depoimento do perito em audiência, na presença do Juízo a quo, conforme previsão dos arts. 470, II e 477, § 3º, do mesmo diploma legal. Desnecessária repetição de prova que somente imporia ônus financeiro ao Estado, como pretende o Ministério Público, e causaria maior demora à solução da lide. Provimento do recurso. (TJ-RJ; AI 00156209120168190000 Rio de Janeiro, Itaboraí; 1ª Vara Cível, Nona Câmara Cível; Rel. Gilberto Dutra Moreira; Julg. 07/06/2016; Data de Publicação: 10/06/2016)

✓ ESTADO DO PARANÁ AGRAVO INTERNO Nº 1.544.023-2/01 DA COMARCA DE APUCARANA - 2ª VARA CÍVEL E DA FAZENDA PÚBLICA Agravante: Associação Brasileira da Indústria de Iluminação Agravado: Ministério Público do Estado do Paraná Município de Apucarana Relatora: Desembargadora Maria Aparecida Blanco de Lima. DECISÃO MONOCRÁTICA. AGRAVO INTERNO. AGRAVO DE INSTRUMENTO. AÇÃO CAUTELAR DE PRODUÇÃO ANTECIPADA DE PROVA. FATOS SUPERVENIENTES QUE DEMONSTRAM A APARENTE VIABILIDADE TÉCNICA DE REALIZAÇÃO DA PERÍCIA EM TEMPO RAZOÁVEL NA FORMA PRETENDIDA PELA AGRAVANTE. JUÍZO DE RETRATAÇÃO.CONCESSÃO DA ANTECIPAÇÃO DA TUTELA RECURSAL. Vistos e examinados. Trata-se de Agravo Interno interposto pela ABILUX em face da decisão monocrática de fls. 452-457/TJ, pela qual esta Relatora indeferiu o pedido de antecipação dos efeitos da tutela recursal formulado em Agravo de Instrumento. Alega o Recorrente que o Agravo de Instrumento é originário de Ação Cautelar ajuizada pela ABILUX incidentalmente à Ação Civil Pública nº 0008147-71.2014.8.16.0044, objetivando a antecipação de produção de prova pericial de engenharia ambiental nos locais onde foram irregularmente armazenadas lâmpadas inservíveis no Município de Apucarana. Agravo Interno nº 1.544.023-2/01 Menciona que o juízo a quo deferiu a medida liminar e determinou a realização da perícia técnica, mas formulou quesito que abre margem para que o Perito analise as lâmpadas apenas com base em estimativas e probabilidades, consignando a desnecessidade de uma análise individualizada das lâmpadas objeto da perícia. Informa que, interposto o Agravo de Instrumento, foi indeferida a pretendida antecipação dos efeitos da tutela recursal, aos fundamentos de que (i) nos autos de ação civil pública em trâmite perante a Comarca de Ibiporã mencionada no Agravo de Instrumento, a petição inicial mencionaria apenas 470 lâmpadas a serem periciadas, de modo que tal caso não poderia ser tido como evidência da possibilidade de inventário das lâmpadas armazenadas em Apucarana, estimadas em 135.000; (ii) a Agravante teve a oportunidade de apresentar seus quesitos na petição inicial; e (iii) o Juiz tem prerrogativa de elaborar os seus quesitos. Aponta o fato superveniente de que a Perita na Comarca de Ibiporã apresentou manifestação requerendo a complementação dos seus honorários, consignando ter periciado 8.500 lâmpadas individualmente em apenas 8 dias. Alude, ainda, aos autos de Ação Cautelar nº 0031598-69.2015.8.16.0019, da Comarca de Ponta Grossa, nos quais foi intimada da juntada do laudo pericial, em que o Perito realizou inventário individualizado das lâmpadas inservíveis, contabilizando 49.896 lâmpadas no período de 23 de março a 15 de abril de 2016. Com base nesses fatos, argumenta ser improcedente a afirmação de que uma análise individualizada prolongaria indefinidamente a duração da perícia. Defende a necessidade de priorização do seu direito ao Agravo Interno nº 1.544.023-2/01 contraditório e à ampla defesa em detrimento da celeridade processual. Assevera que a análise individualizada das lâmpadas permitirá definir responsabilidades, bem como o planejamento seguro da logística de recolhimento das lâmpadas. Requer a apreciação dos fatos novos apontados com base no art. 493 do CP/2015. De outro norte, alega que, em observância ao princípio da cooperação processual (art. 6º do CPC/2015), o quesito formulado pelo magistrado não pode impedir que a perícia venha a analisar todas as questões que interessam para elucidar os pontos controvertidos da demanda. Argumenta que, por meio da decisão agravada, impede-se que a perícia se torne completa – violando os artigos 332, 422, 425, 435, 437 e 438 do CPC/2015 e o art. 5º, LIV e LV, da Constituição Federal -, o que poderá dar azo a necessidade de nova perícia técnica. Afirma que não cabe ao Juízo emitir juízo de valor sobre a viabilidade da realização de análise individualizada de lâmpadas inservíveis, pois tal questão é eminentemente técnica. Salienta que a metodologia empregada por Peritos em processos semelhantes indica a viabilidade da análise individualizada das lâmpadas em tempo razoável. Pugna pelo provimento do Agravo Interno, para que seja concedida a antecipação dos efeitos da tutela recursal, determinando que a perícia técnica abranja a análise individualizada das lâmpadas inservíveis em Apucarana, com a respectiva identificação da marca, modelo, procedência (se doméstica ou de uso industrial/público) e ano de fabricação. Agravo Interno nº 1.544.023-2/01 O Ministério Público do Estado do Paraná apresentou contrarrazões às fls. 489-496/TJ, protestando pelo não conhecimento do recurso, ou, no mérito, pelo desprovimento. É o relatório. Decido. Observados os pressupostos de admissibilidade, conheço do recurso. Insurge-se a Agravante contra a decisão monocrática que indeferiu o pedido de antecipação de tutela recursal ao seu Agravo de Instrumento, sob os seguintes fundamentos: "Em que pesem as razões da Agravante, não vislumbro elementos suficientes que constituam a probabilidade do direito apta a autorizar a antecipação dos efeitos da tutela recursal, nos termos do art. 1.019, I, do CPC/20151. Ao menos neste juízo de cognição sumária, não se vislumbra o alegado error in judicando na decisão agravada, pois o juízo a quo parece ter bem fundamentado a quesitação judicial solicitando uma estimativa da quantidade de lâmpadas irregularmente armazenadas no Município de Apucarana ao invés de um inventário individualizado de todas as lâmpadas. Sobre o argumento de que em casos semelhantes Peritos já teriam admitido a possibilidade de realizar tal inventário em tempo razoável, aparentemente o caso apontado pela Agravante em muito difere do ora em exame. Isso porque, em consulta aos autos eletrônicos nº 0006666-32.2014.8.16.0090, verifica-se que a ABILUX, naquela ação, postulou a produção antecipada de prova pericial sobre as lâmpadas inservíveis irregularmente armazenadas no Município de Ibiporã, que, segundo a petição inicial da Ação Civil Pública (mov. 1.5 daqueles autos eletrônicos), eram estimadas na quantidade de 470 (quatrocentos e setenta). 1 Art. 1.019. Recebido o agravo de instrumento no tribunal e distribuído imediatamente, se não for o caso de aplicação do art. 932, incisos III e IV, o relator, no prazo de 5 (cinco) dias: I – poderá atribuir efeito suspensivo ao recurso ou deferir, em antecipação de tutela, total ou parcialmente, a pretensão recursal, comunicando ao juiz sua decisão; Agravo Interno nº 1.544.023-2/01 A afirmação da Perita daqueles autos de que seria tecnicamente possível a realização de análise individualizada das aproximadamente 470 (quatrocentos e setenta) lâmpadas de Ibiporã não parece constituir evidência de que tal providência seria igualmente viável em tempo razoável no caso em apreço, visto que o número de lâmpadas irregularmente armazenadas em Apucarana foi estimado em 135.000 (cento e trinta e cinco mil), conforme afirmado na petição inicial da Ação Civil Pública (fls. 165/TJ). Ademais, como pontuou o magistrado de origem na decisão dos Embargos de Declaração, a própria Agravante teve a oportunidade e apresentou seus quesitos na petição inicial da Ação Cautelar. O juízo tem a prerrogativa de elaborar seus quesitos, consoante o art. 426, II, do CPC/19732 e o art. 470, II, do CPC/20153, sendo limitada a possibilidade de interferência da parte no mérito dos quesitos judiciais. O quesito judicial impugnado não parece extrapolar os limites da lide nem ofender a razoabilidade e a proporcionalidade, razão pela qual não se anteviu, ao menos por ora, obstáculo à realização da prova técnica nos moldes determinados pela decisão agravada. "Atenta às razões expostas no Agravo Interno, entendo necessária a realização de juízo de retratação, consoante autoriza o art. 1.021, § 2º, do CPC/2015: Art. 1.021. Contra decisão proferida pelo relator caberá agravo interno para o respectivo órgão colegiado, observadas, quanto ao processamento, as regras do regimento interno do tribunal. § 1º Na petição de agravo interno, o recorrente impugnará especificadamente os fundamentos da decisão agravada. § 2º O agravo será dirigido ao relator, que intimará o agravado para manifestar-se sobre o recurso no prazo de 15 (quinze) dias, ao final do qual, não havendo retratação, o relator levá-lo-á a julgamento pelo órgão colegiado, com inclusão em pauta. Inicialmente, consigne-se que, embora a Agravante pudesse ter deduzido os fatos supervenientes na primeira instância – consoante 2 Art. 426. Compete ao juiz: (...) II – formular os que entender necessários ao esclarecimento da causa. 3 Art. 470. Incumbe ao juiz: (...) II – formular os quesitos que entender necessários ao esclarecimento da causa. Agravo Interno nº 1.544.023-2/01 defendido pelo Ministério Público em sua resposta ao Agravo Interno -, não parece ser razoável deixar de conhecer de tais fatos no presente momento – o que é autorizado pelo art. 493 do CPC/20154 -, pois a perícia requerida está em vias de realização, e seria prejudicial à celeridade processual postergar a decisão sobre o modo de realização da perícia para momento posterior à sua efetivação. Ainda que, de fato, a perícia poderia vir a ser complementada posteriormente, acaso se deixasse para outro momento o exame da questão ora em debate, tal providência parece contrária ao interesse de ambas partes, pois atrasaria a conclusão da prova pretendida pela ABILUX e também, por outro lado, o cumprimento da medida de recolhimento das lâmpadas inservíveis pelo Parquet. Sendo oportuna a discussão, no presente momento e na presente instância, sobre o modo de contagem das lâmpadas – por estimativa ou por inventário individualizado -, constato que os documentos trazidos pela Recorrente neste Agravo Interno parecem sinalizar a viabilidade técnica da contagem individualizada das lâmpadas inservíveis armazenadas no Município de Apucarana em tempo razoável. Em caso similar processado na Comarca de Ponta Grossa, o Perito aparentemente logrou fazer o inventário individualizado de cerca de 50 mil lâmpadas em tempo inferior a um mês. Assim, não parece ser mais possível afirmar que a providência requerida pela Agravante seja prejudicial à economia e celeridade processuais, não parecendo subsistir os motivos que levaram ao seu indeferimento. 4 Art. 493. Se, depois da propositura da ação, algum fato constitutivo, modificativo ou extintivo do direito influir no julgamento do mérito, caberá ao juiz tomá-lo em consideração, de ofício ou a requerimento da parte, no momento de proferir a decisão. Parágrafo único. Se constatar de ofício o fato novo, o juiz ouvirá as partes sobre ele antes de decidir. Agravo Interno nº 1.544.023-2/01 Em homenagem ao princípio da ampla defesa, portanto, deve ser autorizada a pretendida "análise individualizada das lâmpadas inservíveis em Apucarana, com a respectiva identificação da marca, modelo, procedência (se doméstica ou de uso industrial/público) e ano de fabricação", ressalvada impossibilidade técnica justificada pelo Perito, eventualidade na qual será adotado o método de quantificação que reputar tecnicamente adequado. Diante do exposto, retrato-me da decisão agravada e defiro a antecipação da tutela recursal pleiteada, para o fim de determinar que, na perícia a ser realizada nos autos de origem, o Expert faça análise individualizada das lâmpadas inservíveis em Apucarana, com a respectiva identificação da marca, modelo, procedência (se doméstica ou de uso industrial/público) e ano de fabricação, ressalvada impossibilidade técnica devidamente justificada. Comunique-se o juízo a quo, na forma do art. 1.019, I, do CPC/2015. Cumpra-se a parte final da decisão de fls. 452-457/TJ, intimando-se o Ministério Público do Estado do Paraná, mediante vista pessoal dos autos, para apresentar contrarrazões ao Agravo de Instrumento. Após, à douta Procuradoria de Justiça. Publique-se e intime-se. Curitiba, 20 de março de 2017. MARIA APARECIDA BLANCO DE LIMA Desembargadora Relatora (TJ-PR; AGV 1544023201 PR (Decisão Monocrática); 4ª Câmara Cível; Rel. Maria Aparecida Blanco de Lima; Julg. 21/03/2017; Data de Publicação: DJ: 1998 28/03/2017)

Art. 471. As partes podem, de comum acordo, escolher o perito, indicando-o mediante requerimento, desde que:

I – sejam plenamente capazes;

II – a causa possa ser resolvida por autocomposição.

→ *v.* Art. 190 do NCPC.

§ 1º As partes, ao escolher o perito, já devem indicar os respectivos assistentes técnicos para acompanhar a realização da perícia, que se realizará em data e local previamente anunciados.

§ 2º O perito e os assistentes técnicos devem entregar, respectivamente, laudo c pareceres em prazo fixado pelo juiz.

§ 3º A perícia consensual substitui, para todos os efeitos, a que seria realizada por perito nomeado pelo juiz.

Art. 472. O juiz poderá dispensar prova pericial quando as partes, na inicial e na contestação, apresentarem, sobre as questões de fato, pareceres técnicos ou documentos elucidativos que considerar suficientes.

→ *v.* Art. 370, parágrafo único, do NCPC.

Dispensa da prova pericial pela existência de documentos elucidativos:

✓ Apelação Cível. Seguros. DPVAT. Ação de Complementação de indenização. Preliminar de cerceamento de defesa acolhida. Necessidade de realização de perícia designada em juízo. Malgrado existam pareceres juntados pela parte ré, estes não se consideram unilaterais, posto isso, não possuem a faculdade de afastar a prova pericial designada em juízo, sendo necessária a mesma para que se possam graduar as lesões obtidas e aferir a necessidade ou não de complementação de indenização. Sentença desconstituída. À unanimidade, deram provimento ao apelo. (TJ-RS; Apelação Cível 70069798288; Sexta Câmara Cível; Rel. Luís Augusto Coelho Braga; Julg. 25/08/2016).

Art. 473. O laudo pericial deverá conter:

Requisitos do laudo pericial:

✓ Apelação – Posse e exercício de função pública – Perícia médica do DPME aferindo inaptidão de concursando para o exercício da função de professor de educação básica II – Perícia médica inconsistente e em desacordo com os requisitos legais estipulados pelos artigos art. 473 do CPC – Ilegalidade do ato administrativo que negou ingresso de concursando na atividade laborativa (Lei Estadual nº 10.177/98)– Ato administrativo passível de controle jurisdicional – Novo laudo pericial apresentado pelo IMESC – Competência e livre convencimento do juiz – Sentença mantida – Recurso improvido. (TJ-SP 10261289020148260053; SP; 7ª Câmara de Direito Público; Rel. Fernão Borba Franco; Julg. 13/11/2017; Data de Publicação: 14/11/2017)

I – a exposição do objeto da perícia;

II – a análise técnica ou científica realizada pelo perito;

III – a indicação do método utilizado, esclarecendo-o e demonstrando ser predominantemente aceito pelos especialistas da área do conhecimento da qual se originou;

Necessidade de esclarecimento sobre o método adotado no laudo pericial:

✓ AGRAVO DE INSTRUMENTO – PROVA PERICIAL – AVALIAÇÃO DE BENS PENHORADOS – Agravante que questiona o método adotado pelo perito avaliador, bem como alega a nulidade da decisão que homologou o laudo pericial, por ausência de fundamentação – Decisão que deve ser mantida – Alegação de nulidade que não procede – Decisão que, embora sucinta, se mostra apta a indicar as razões pelas quais o juízo a quo não acolheu as impugnações ao laudo pericial – Quanto à prova pericial, propriamente dita, inexistem vícios aptos a torná-la imprestável – Requisitos dos art. 473 e 872 do CPC/15 devidamente atendidos – bem como, inexistem nos autos razões fundamentadas e capazes de por em dúvida o método adotado pelo expert de confiança do juízo a quo – Recurso improvido. (TJ-SP; AI 22316197120168260000; SP; 1ª Câmara de Direito Público; Rel. Rubens Rihl; Julg. 05/04/2017; Data de Publicação: 05/04/2017)

IV – resposta conclusiva a todos os quesitos apresentados pelo juiz, pelas partes e pelo órgão do Ministério Público.

Laudo pericial que deve apontar respostas conclusivas:

✓ APELAÇÃO CIVIL. DIREITO CIVIL. AÇÃO DE INDENIZAÇÃO POR DANOS MORAIS E MATERIAIS COM PEDIDO DE ANTECIPAÇÃO DE TUTELA.INSTALAÇÃO DE COMPRESSOR EM POSTO DE GASOLINA VIZINHO TERIA CAUSADO DANOS AO IMÓVEL DO AUTOR. LAUDO PERICIAL CONCLUSIVO. INEXISTÊNCIA DE NEXO DE CAUSALIDADE ENTRE EVENTO E DANO. DESNECESSIDADE DE LAUDO PERICIAL SUPLEMENTAR. SENTENÇA DE IMPROCEDÊNCIA QUE SE MANTÉM. Trata-se de ação de indenização por danos morais e materiais com pedido de tutela antecipada em que o Autor, proprietário de um imóvel vizinho ao posto de gasolina Réu, alega ter sofrido danos materiais e extrapatrimoniais em razão da instalação de um compressor no posto. Requer a anulação da sentença e a elaboração de um laudo pericial suplementar. No caso, o laudo pericial mostra-se conclusivo no sentido da inexistência de nexo causal entre instalação do compressor e os danos ocorridos nos imóveis do Autor. RECURSO DESPROVIDO. (TJ-RJ; APL 00019251620078190023 Rio de Janeiro, Itaboraí; 1ª Vara Cível, Quinta Câmara Cível; Rel. Denise Nicoll Simões; Julg. 11/07/2017; Data de Publicação: 17/07/2017)

✓ PROVA – Perícia – Avaliação do valor de imóvel para fins de execução – Laudo pericial que não considerou o valor do fundo de comércio – Laudo pericial que não respondeu aos quesitos formulados – Decisão reformada – Recurso provido (TJ-SP; AI 21523663420168260000; SP; 21ª Câmara de Direito Privado; Rel. Maia da Rocha; Julg. 19/10/2016; Data de Publicação: 19/10/2016)

✓ PROCESSUAL CIVIL E ADMINISTRATIVO. SERVIDOR PÚBLICO. APOSENTADORIA POR INVALIDEZ COM PROVENTIOS PROPORCIONAIS. CONVERSÃO

EM APOSENTAFORIA COM PROVENTOS INTEGRAIS. DOENÇA ESPECIFICA EM LEI. ALIENAÇÃO MENTAL (LEI Nº 8.112/90, ART. 186, I e § 1º). PERÍCIA TÉCNICA. NULIDADE DO LAUDO PERICIAL. AUSÊNCIA DE RESPOSTAS AOS QUESITOS FORMULADOS PELAS PARTES E PELO MINISTÉRIO PÚBLICO. IRREGULARIDADE. AUSÊNCIA DE PREJUÍZO. APONTAMENTO. DESQUALIFICAÇÃO DA PERÍCIA E DAS RESPOSTAS APRESENTADAS. INEXISTÊNCIA. PERÍCIA REALIZADA SOB A ÉGIDE DO ESTATUTO PROCESSUAL DERROGADO. INSTRUMENTALIDADE DAS FORMAS. APLICAÇÃO. APELO DESPROVIDO. HONORÁRIOS RECURSAIS. MAJORAÇÃO DA VERBA ORIGINALMENTE FIXADA. SENTENÇA E APELO FORMULADOS SOB A ÉGIDE DA NOVA CODIFICAÇÃO PROCESSUAL CIVIL (NCPC, ART. 85, §§ 2º E 11). CONTRARRAZÕES. OMISSÃO DA PARTE. ELISÃO DA VERBA SUCUMBENCIAL RECURSAL. IMPOSSIBILIDADE. PONDERAÇÃO NA MENSURAÇÃO DO ACESSÓRIO. 1. Conquanto o estatuto processual derrogado não indicasse como pressuposto de eficácia do laudo pericial a consignação das respostas aos requisitos formulados pelas partes, conforme expressamente consignara a nova legislação processual (CPC/15, art. 473, IV), essa inferência emerge da simples constatação de que, resguardada às partes a faculdade de formularem quesitos, inexoravelmente deviam ser respondidos na esteira do devido processo legal substancial (CPC/73, arts. 421, § 1º, II, 425, 426). 2. A despeito de constatado que o laudo pericial fora omisso ao deixar de responder aos quesitos formulados pelas partes, encartando as respostas que empreendera o indispensável à elucidação da matéria controversa – aferição se o servidor público aposentado era portador de doença que ensejava alienação mental -, afirmando a subsistência das enfermidades mentais que afetaram o periciando e que implicavam alienação mental, doença especificada em lei que enseja aposentadoria com proventos integrais, não se divisa prejuízo apto a ensejar a invalidação da prova pericial, com a consequente cassação ou reforma da sentença que nela se pautara. 3. A despeito de encerrar prática processual desconforme com a ortodoxia procedimental deixar o perito judicial de responder aos quesitos formulados e, ao invés de ser determinado o complemento do laudo, se proceder ao julgamento da lide, se fora assegurada oportunidade à parte para se pronunciar sobre o laudo e não impugnara as conclusões que estampara, cingindo-se a alegar a deficiência formal sem desqualificar tecnicamente o atestado e denunciar o prejuízo que a omissão lhe impregnara, não subsiste lastro para que a perícia seja reputada nula e a sentença que nela se pautara anulada, pois não evidenciado o prejuízo efetivo que a lacuna irradiara e, sem a demonstração de prejuízo real, não se proclama nulidade, conforme orientam os princípios informadores do processo, notadamente o princípio da instrumentalidade das formas (CPC/1973, arts. 277 e 283; NPC, arts. 244 e 250). 4. O perito atua no assessoramento do Juiz em matéria que demanda conhecimento sobre área específica, e, derivando do acervo técnico que ostenta e da equidistância que guarda das divergências estabelecidas entre os litigantes, a imparcialidade e higidez do que apura, devem as conclusões que atestara, se consoantes e corroboradas pelos demais elementos materiais coligidos, ser acolhidas, porquanto, a despeito de o juiz não estar vinculado às conclusões periciais, podendo formar sua convicção de forma dissonante, deve derivar de elementos probatórios suficientes a infirmarem o atestado pelo experto na expressão do princípio da persuasão racional ou da convicção motivada. 5. Editada a sentença e aviado o apelo sob a égide da nova codificação processual civil, o desprovimento do recurso implica a majoração dos honorários advocatícios originalmente imputados à parte recorrente, porquanto o novo estatuto processual contemplara o instituto dos honorários sucumbenciais recursais, devendo a majoração ser levada a efeito mediante ponderação dos serviços executados na fase recursal pelos patronos da parte exitosa e guardar observância à limitação da verba honorária estabelecida para a fase de conhecimento (NCPC, arts. 85, §§ 2º e 11). 6. O fato de a parte recorrida não ter contrariado o recurso não ilide a fixação dos honorários sucumbenciais recursais em seu favor, devendo a omissão ser levada em ponderação somente para fins de mensuração da verba, à medida em que seus patronos atuaram no trânsito processual, desenvolvendo os serviços que lhes estavam reservados na defesa dos direitos que restaram preservados pelo julgado colegiado, legitimando a fixação ou incremento da verba remuneratória que lhes é assegurada (STF. 1ª Turma. AI 864689 AgR/MS e ARE 951257 AgR/RJ, rel. orig. Min. Marco Aurélio, red. p/ o ac. Min. Edson Fachin; Julg. 27/09/2016 (Info 841). 7. Apelação conhecida e desprovida. Honorários advocatícios impostos ao apelante majorados. Unânime. (TJ-DF; 20040110871196 DF 0022451-11.2004.8.07.0001; 1ª Turma Cível; Rel. Teófilo Caetano; Julg. 31/05/2017; Data de Publicação: DJE: 20/06/2017; Pág. 185/202)

✓ DPVAT. PRETENSÃO INDENIZATÓRIA COMPLEMENTAR. SENTENÇA DE IMPROCEDÊNCIA. RECURSO DA AUTORA PLEITEANDO A ANULAÇÃO DO JULGADO POR INADEQUAÇÃO DO LAUDO PERICIAL PRODUZIDO. SUBSISTÊNCIA. PERÍCIA INCONCLUSIVA. CARACTERÍSTICAS E DESDOBRAMENTOS DAS LESÕES DISCRIMINADAS DE MODO INSUFICIENTE. APARENTE CONTRADIÇÃO NAS CONCLUSÕES DO PERITO. CERCEAMENTO DE DEFESA CONFIGURADO. NECESSÁRIA SEGUNDA PERÍCIA PARA O PLENO ESCLARECIMENTO DO GRAU DE INVALIDEZ DA AUTORA. APLICAÇÃO DO ART. 480 DO CPC. NOVO EXAME A SER REALIZADO POR OUTRO PERITO. PRECEDENTES. SENTENÇA ANULADA. RECURSO PARCIALMENTE PROVIDO. (TJ-SC; AC 03005237820148240009 Bom Retiro; Quarta Câmara de Direito Civil; Rel. Cesar Abreu; Julg. 17/08/2017)

§ 1º No laudo, o perito deve apresentar sua fundamentação em linguagem simples e com coerência lógica, indicando como alcançou suas conclusões.

§ 2º É vedado ao perito ultrapassar os limites de sua designação, bem como emitir opiniões pessoais que excedam o exame técnico ou científico do objeto da perícia.

§ 3º Para o desempenho de sua função, o perito e os assistentes técnicos podem valer-se de todos os meios necessários, ouvindo testemunhas, obtendo informações, solicitando documentos que estejam em poder da parte, de terceiros ou em repartições públicas, bem como instruir o laudo com planilhas, mapas, plantas, desenhos, fotografias ou outros elementos necessários ao esclarecimento do objeto da perícia.

Possibilidade de solicitação de elementos pelo perito para terceiros:

✓ AGRAVO DE INSTRUMENTO. CONTRATO DE PARCERIA AGRÍCOLA. EXPLORAÇÃO RURAL. EXIBIÇÃO DE DOCUMENTOS. COMPLEMENTAÇÃO DO LAUDO PERICIAL. Sendo o Juiz o destinatário da prova, a ele compete a faculdade de determinar ou indeferir a produção de provas que julgue necessárias à segura apreciação da lide. A decisão recorrida respeitou o art. 473, § 3º, do CPC, ao solicitar documentos que estejam em poder da parte e de terceiros. AGRAVO DE INSTRUMENTO DESPROVIDO. (TJ-RS; Agravo de Instrumento 70073408791; Vigésima Câmara Cível; Rel. Glênio José Wasserstein Hekman; Julg. 14/06/2017).

✓ DECISÃO: Acordam os Desembargadores da 16ª Câmara Cível do Tribunal de Justiça do Estado do Paraná, por unanimidade de votos, em conhecer e negar provimento ao Agravo de Instrumento, mantendo-se inalterada a decisão recorrida. EMENTA: AGRAVO DE INSTRUMENTO. AÇÃO REVISIONAL DE CONTRATO C/C PEDIDO DE REPETIÇÃO DO INDÉBITO. PRETENSÃO RECURSAL PARA QUE NÃO SE CONSIDERE DOCUMENTOS ACOSTADOS SUPOSTAMENTE ATINGIDOS PELO INSTITUTO DA PRECLUSÃO EM DESFAVOR DA INSTITUIÇÃO FINANCEIRA AGRAVADA. INOCORRÊNCIA. JUÍZO QUE APENAS ATENDE REQUERIMENTO DO PERITO, A FIM DE DISPONIBILIZAR TODOS OS DOCUMENTOS HÁBEIS PARA O INTEGRAL DESEMPENHO DE SUAS ATRIBUIÇÕES, NA FORMA DO ARTIGO 429 DO CPC/73 (VIGENTE À ÉPOCA), COM REDAÇÃO CORRESPONDENTE DO ART. 473, § 3º DO CPC/2015.ADEQUADA PRESTAÇÃO JURISDICIONAL. DECISÃO MANTIDA.AGRAVO DE INSTRUMENTO CONHECIDO E NEGADO PROVIMENTO. (TJPR; AI 1575172-3; Região Metropolitana de Londrina, Foro Central de Londrina; 16ª C. Cível; Rel. Astrid Maranhão de Carvalho Ruthes; Unânime; Julg.23.11.2016)

Art. 474. As partes terão ciência da data e do local designados pelo juiz ou indicados pelo perito para ter início a produção da prova.

Necessidade de ciência das partes sobre o início da produção da prova pericial:

✓ APELAÇÃO CÍVEL. AÇÃO DE COBRANÇA. SEGURO OBRIGATÓRIO DE DANOS PESSOAIS. SENTENÇA DE IMPROCEDÊNCIA. RECURSO DA AUTORA. ALEGADO CERCEAMENTO DE DEFESA, ANTE A AUSÊNCIA DE INTIMAÇÃO PESSOAL PARA COMPARECIMENTO Á AUDIÊNCIA DE REALIZAÇÃO DE PERÍCIA MÉDICA. SUBSISTÊNCIA. INTIMAÇÃO REALIZADA APENAS NA PESSOA DO PROCURADOR CONSTITUÍDO. ATO PERSONALÍSSIMO DA PARTE. INDISPENSÁVEL INTIMAÇÃO PESSOAL. ART. 474 DO CPC/2015. NULIDADE CONFIGURADA. PREJUÍZO AO CONTRADITÓRIO E À AMPLA DEFESA. ANULAÇÃO DO PROCESSO, COM RETORNO DOS AUTOS À ORIGEM. SENTENÇA CASSADA. RECURSO CONHECIDO E PROVIDO. (TJ-SC; AC 03094328520158240038 Joinville 0309432-85.2015.8.24.0038; Sexta Câmara de Direito Civil; Rel. Stanley da Silva Braga; Julg. 20/06/2017)

✓ APELAÇÃO CÍVEL – AÇÃO DE COBRANÇA – DPVAT – PROVA PERICIAL MÉDICA – INTIMAÇÃO PESSOAL DO AUTOR – NÃO OCORRÊNCIA – NÃO COMPARECIMENTO DA PARTE AUTORA – CERCEAMENTO DE DEFESA – CONFIGURAÇÃO – SENTENÇA CASSADA. Determinada a realização de prova pericial médica, diante da natureza personalíssima do ato, é imprescindível a intimação pessoal da parte para comparecer ao exame agendado. Diante do não comparecimento da parte e a ausência de intimação pessoal, restou configurado o cerceamento de defesa, o que impõe a cassação da sentença. (TJ-MG; AC 10024143112639002 MG; 15ª Câmara Cível; Rel. Antônio Bispo; Julg. 20/07/2017; Data de Publicação: 28/07/2017)

✓ APELAÇÃO CÍVEL. AÇÃO ORDINÁRIA. SERVIDORA PÚBLICA ESTADUAL. ASSISTENTE SOCIAL. ADICIONAL DE INSALUBRIDADE. LAUDO PERICIAL REALIZADO PELA COMISSÃO PERMANENTE DE AVALIAÇÃO PERICIAL – COMPAPE. AUSÊNCIA DE INTIMAÇÃO PRÉVIA ACERCA DA DATA E DO LOCAL DE REALIZAÇÃO DA PERÍCIA. INOBSERVÂNCIA DO ARTIGO 431-A DO CÓDIGO DE PROCESSO CIVIL DE 1973 (ARTIGO 474 DO NOVO CÓDIGO DE PROCESSO CIVIL). ERROR IN PROCEDENDO. CERCEAMENTO DE DEFESA CONFIGURADO. PREJUÍZO. NULIDADE DA SENTENÇA QUE SE IMPÕE. RETORNO DOS AUTOS AO JUÍZO DE ORIGEM PARA REALIZAÇÃO DE NOVA PERÍCIA. Apelo conhecido e provido. R E L A T Ó R I O (TJ-RN; AC: 20120061816 RN; 2ª Câmara Cível; Rel. Luiz Alberto Dantas Filho (juiz Convocado); Julg. 19/04/2016,)

Art. 475. Tratando-se de perícia complexa que abranja mais de uma área de conhecimento especializado, o juiz poderá nomear mais de um perito, e a parte, indicar mais de um assistente técnico.

Perícia complexa e nomeação de mais de um expert:

✓ AGRAVO DE INSTRUMENTO. DISSOLUÇÃO E LIQUIDAÇÃO DE SOCIEDADE. CUMPRIMENTO DE SENTENÇA. PROVA PERICIAL. COMPLEXIDADE. NOMEAÇÃO DE MAIS DE UM PERITO. POSSIBILIDADE. 1. Preliminar de intempestividade rejeitada. Ausência de comprovação de ciência inequívoca dos procuradores constituídos pela parte agravante. 2. Em se tratando de perícia complexa, que exige conhecimentos em mais de uma área, é possível a nomeação de mais de um perito. 3. A nomeação de perito é prerrogativa exclusiva do magistrado, nos termos do art. 465 do NCPC. 4. Litigância de má-fé. Conduta que não se reconhece PRELIMINAR REJEITADA. RECURSO DESPROVIDO. (TJ-RS; Agravo de Instrumento 70070566542; Quinta Câmara Cível; Rel. Isabel Dias Almeida; Julg. 26/10/2016).

✓ PREVIDENCIÁRIO. AUXÍLIO-DOENÇA/APOSENTADORIA POR INVALIDEZ. NECESSIDADE DE REALIZAÇÃO DE PERÍCIA COMPLEMENTAR. APLICAÇÃO DO ARTIGO 475 DO NOVO CPC. ANULAÇÃO DA SENTENÇA. MANUTENÇÃO DA TUTELA ANTECIPADA (ARTIGO 300 DO NOVO CPC). RECURSO DA PARTE AUTORA PROVIDO EM PARTE. RECURSO DO INSS E REMESSA NECESSÁRIA PREJUDICADOS. (TRF-2; APELREEX: 00125501320134025001 ES; 2ª Turma Especializada; Rel. Messod Azulay Neto; Julg. 20/04/2016,)

Art. 476. Se o perito, por motivo justificado, não puder apresentar o laudo dentro do prazo, o juiz poderá conceder-lhe, por uma vez, prorrogação pela metade do prazo originalmente fixado.

Prazo suplementar para realização da perícia:

✓ AGRAVO DE INSTRUMENTO – Direito autoral – Perícia – Insurgência contra decisão que concedeu prazo suplementar que merece acolhimento – Redução do prazo da perícia – No mais, demais matérias que reclamam prévia análise pelo Juízo de piso, após a vinda de maiores elementos, sendo inviável o pleito de extinção do feito de origem, por ora – Decisão reformada em parte – Recurso parcialmente provido. (TJ-SP 21954834120178260000; SP; 2ª Câmara de Direito Privado; Rel. José Carlos Ferreira Alves; Julg. 06/12/2017; Data de Publicação: 06/12/2017)

Art. 477. O perito protocolará o laudo em juízo, no prazo fixado pelo juiz, pelo menos 20 (vinte) dias antes da audiência de instrução e julgamento.

§ 1º As partes serão intimadas para, querendo, manifestar-se sobre o laudo do perito do juízo no prazo comum de 15 (quinze) dias, podendo o assistente técnico de cada uma das partes, em igual prazo, apresentar seu respectivo parecer.

Contraditório sobre o laudo pericial e pedido de esclarecimentos:

✓ AGRAVO INTERNO. RECURSO ESPECIAL. PROCESSUAL CIVIL. IMPUGNAÇÃO AO CUMPRIMENTO DE SENTENÇA. PROVA PERICIAL. CRITÉRIOS ESTABELECIDOS PELO JUÍZO. PRECLUSÃO. INOCORRÊNCIA. ALEGAÇÃO DE OFENSA À COISA JULGADA ANTES DA ELABORAÇÃO DO LAUDO. DESCABIMENTO. 1. "O juiz não está adstrito ao laudo pericial, podendo formar a sua convicção com outros elementos ou fatos provados nos autos" (art. 436 do CPC/1973). 2. Ausência de caráter preclusivo da decisão que encaminha os autos ao perito e estabelece os critérios para a realização da prova pericial, pois o laudo não vincula o juízo, conforme jurisprudência pacífica desta Corte Superior, quanto a esse ponto. 3. Possibilidade de a parte discordante solicitar esclarecimentos ao perito após a elaboração do laudo (cf. art. 477 do CPC/2015), bem como de interpor recurso contra a decisão do juízo que vier a encampar as conclusões do 'expert'. 4. Prematuridade da alegação de ofensa à coisa julgada antes da elaboração do laudo pericial. 5. AGRAVO INTERNO DESPROVIDO. (AgInt no REsp 1557353/RS; Terceira Turma; Rel. Paulo de Tarso Sanseverino; Julg. 17/11/2016; DJe 22/11/2016)

✓ ESTADO DE SANTA CATARINA TRIBUNAL DE JUSTIÇA Apelação Cível n. 0302490-65.2015.8.24.0061 ESTADO DE SANTA CATARINA TRIBUNAL DE JUSTIÇA. Apelação Cível n. 0302490-65.2015.8.24.0061, de São Francisco do Sul. Rel. Desembargador Sérgio Roberto Baasch Luz PREVIDENCIÁRIO. PEDIDO DE CONCESSÃO DE BENEFÍCIO JULGADO IMPROCEDENTE. IRRESIGNAÇÃO DO SEGURADO. LAUDO PERICIAL INAUDÍVEL. AUSÊNCIA DE INTIMAÇÃO DAS PARTES PARA MANIFESTAÇÃO. PREJUÍZO EVIDENCIADO. SENTENÇA ANULADA. RECURSO PROVIDO. "Não tendo se oportunizado ao INSS manifestação sobre o resultado do laudo pericial, mormente por não ter sido aberto prazo para alegações finais, forçosa a anulação da sentença em razão do cerceamento de defesa." (TJ-SC; AC 03024906520158240061 São Francisco do Sul; Segunda Câmara de Direito Público; Rel. Sérgio Roberto Baasch Luz; Julg. 17/10/2017)

✓ Agravo de instrumento. Ação indenizatória. Pedido de nova perícia fundado na existência de divergências entre a conclusão apontada pelo perito judicial e àquela aferida pelo assistente técnico. Incidência do art. 477 do NCPC, o qual determina que em hipóteses tais o perito judicial preste esclarecimentos sobre o ponto divergente. Agravo parcialmente provido. (TJ-SP; AI 21879229720168260000; SP; 7ª Câmara de Direito Privado; Rel. Rômolo Russo; Julg. 01/02/2017, Data de Publicação: 01/02/2017)

§ 2º O perito do juízo tem o dever de, no prazo de 15 (quinze) dias, esclarecer ponto:

I – sobre o qual exista divergência ou dúvida de qualquer das partes, do juiz ou do órgão do Ministério Público;

Dever do perito esclarecer pontos de divergência ou dúvida:

✓ AGRAVO DE INSTRUMENTO. ARRENDAMENTO MERCANTIL. AÇÃO REVISIONAL. LIQUIDAÇÃO DE SENTENÇA. Na forma do disposto no inciso II do § 2º do artigo 477 do NCPC, o perito do juízo tem o dever de esclarecer os pontos divergentes apresentados no parecer do assistente técnico da parte, o que não foi observado na origem. Ausência de concordância da parte agravante com o laudo pericial. Decisão desconstituída. RECURSO PROVIDO. (TJ-RS; Agravo de Instrumento 70073887739; Décima Quarta Câmara Cível; Rel. Judith dos Santos Mottecy; Julg. 27/07/2017).

✓ APELAÇÃO CÍVEL. AÇÃO DE COBRANÇA DE SEGURO OBRIGATÓRIO (DPVAT). SENTENÇA DE IMPROCEDÊNCIA. APELO DO AUTOR. SUSCITADA AFRONTA AO DIREITO DE DEFESA ANTE A INEXISTÊNCIA DE MANIFESTAÇÃO PELO TOGADO DE PRIMEIRO GRAU, ACERCA DO PLEITO DE ESCLARECIMENTOS PELO PERITO JUDICIAL. ACOLHIMENTO. IMPUGNAÇÃO DE FORMA EXPRESSA PELO DEMANDANTE ALEGANDO A CONTRADIÇÃO DA CONCLUSÃO DO EXPERT. SENTENÇA PROFERIDA SEM EXAME DO PLEITO. VIOLAÇÃO AO ART. 477 DO CÓDIGO DE PROCESSO CIVIL. AFRONTA AO PRINCÍPIO DO CONTRADITÓRIO E AMPLA DEFESA EVIDENCIADOS. SENTENÇA CASSADA. RECURSO PROVIDO. Configura cerceamento de defesa o julgamento da demanda sem a observância do pleito de complementação/esclarecimentos acerca do laudo pericial, quando formulado a tempo e modo e impugna de forma expressa e específica a prova elaborada pelo perito judicial, revelando-se pertinentes os informes adicionais para a solução do litígio. (TJ-SC; AC 03003764020158240034 Itapiranga; Câmara Especial Regional de Chapecó; Rel. Luiz Felipe Schuch; Julg. 11/12/2017,)

✓ AGRAVO DE INSTRUMENTO. ARRENDAMENTO MERCANTIL. AÇÃO REVISIONAL. LIQUIDAÇÃO DE SENTENÇA. Na forma do disposto no inciso II do § 2º do artigo 477 do NCPC, o perito do juízo tem o dever de esclarecer os pontos divergentes apresentados no parecer do assistente técnico da parte, o que não foi observado na origem. Ausência de concordância da parte agravante com o laudo pericial. Decisão desconstituída. RECURSO PROVIDO. (TJ-RS; Agravo de Instrumento 70073887739; Décima Quarta Câmara Cível; Rel. Judith dos Santos Mottecy; Julg. 27/07/2017).

✓ IMPUGNAÇÃO DA RECLAMADA SOBRE LAUDO PERICIAL. NÃO ACOLHIMENTO PELO JUÍZO. FORMA NÃO PRESCRITA EM LEI. SENTENÇA FUNDAMENTADA NO COM BASE NO LAUDO PERICIAL. NULIDADE DA SENTENÇA. NEGATIVA DE PRESTAÇÃO JURISDICIONAL. Apresentado o laudo pericial no prazo fixado pelo juízo, as partes deverão ser intimadas para se manifestarem a respeito e uma vez apresentado impugnação, o perito tem o dever de se manifestar e só após, caso persista a dúvida ou a divergência, deverá o juiz, de ofício ou a requerimento, determinar o comparecimento do perito e do assistente técnico à audiência de instrução e julgamento, momento em que caberá a parte formular suas perguntas, sob forma de quesitos. In casu, o MM Juiz não acolheu a impugnação ao laudo pericial apresentada pela reclamada, sob o fundamento de que não formulada através de quesitos, o que viola o disposto no art. 477, do NCPC (art. 769, da CLT). (TRT-7; RO 00021198720155070033; Rel. Francisco José Gomes da Silva; Julg. 20/03/2017; Data de Publicação: 21/03/2017)

✓ PERÍCIA – Prestação de contas, segunda fase – Decisão judicial que determinou ciência às partes sobre as manifestações a respeito do laudo pericial, declarou encerrada a instrução e facultou às partes a apresentação de memoriais finais escritos – Alegação de que a instrução foi encerrada sem a intimação do perito para os esclarecimentos, tendo discordado expressamente dos cálculos elaborados na perícia – Cabimento – Antes de ser decretado o encerramento da instrução, deve o perito se manifestar sobre os pontos divergentes apresentados não só no parecer da casa bancária, mas também quanto aos pontos apresentados pelo recorrido, de modo a ficar claro os motivos que levaram o Sr. perito a chegar às conclusões apresentadas – Inteligência do § 2º do art. 477 do CPC/15 – Decisão reformada – Agravo de instrumento provido. Dispositivo: Deram provimento ao recurso. (TJ-SP; AI 20128921420178260000; SP; 19ª Câmara de Direito Privado; Rel. Ricardo Negrão; Julg. 26/06/2017; Data de Publicação: 29/06/2017)

✓ AGRAVO DE INSTRUMENTO – LIQUIDAÇÃO DE SENTENÇA POR ARBITRAMENTO – RESPOSTA AOS QUESITOS DE ESCLARECIMENTOS – NECESSIDADE – ART. 477 DO CPC/15 – DIREITO AO CONTRADITÓRIO E A AMPLA DEFESA – PRELIMINAR DE NÃO CABIMENTO DO RECURSO – NÃO OCORRÊNCIA. 1. Tratando-se de decisão interlocutória proferida em sede de liquidação de sentença que homologou o laudo pericial, sem decidir acerca do pedido de esclarecimentos, cabível o recurso de agravo de instrumento. 2. Não tendo sido proferida sentença líquida, sua liquidação poderá ser feita por arbitramento quando for indispensável à nomeação de profissional técnico especializado para apuração do débito exequendo. 3. Assim, na forma do art. 510 do CPC/15, a liquidação da sentença e a apresentação do laudo técnico deverá observar o procedimento da prova pericial, a qual dispõe sobre a necessidade de se garantir a resposta aos quesitos de esclarecimentos que objetivam sanar divergências apresentadas pelas partes ou no parecer de seus assistentes técnicos, antes da homologação do laudo (art. 477, § 2º e incisos do CPC/15). 4. Recurso conhecido e provido. (TJ-MG; AI 10024028416592002 MG; 11ª Câmara Cível; Rel. Shirley Fenzi Bertão; Julg. 02/10/0017; Data de Publicação: 04/10/2017)

II – divergente apresentado no parecer do assistente técnico da parte.

<u>Esclarecimento pelo perito de divergência com os trabalhos realizados pelo assistente técnico:</u>

✓ AGRAVO DE INSTRUMENTO. ARRENDAMENTO MERCANTIL. AÇÃO REVISIONAL. LIQUIDAÇÃO DE SENTENÇA. Na forma do disposto no inciso II do § 2º do artigo 477 do NCPC, o perito do juízo tem o dever de esclarecer os pontos divergentes apresentados no parecer do assistente técnico da parte, o que não foi observado na origem. Decisão desconstituída. RECURSO PROVIDO. (TJ-RS; Agravo de Instrumento 70074654948, Décima Quarta Câmara Cível; Rel. Judith dos Santos Mottecy; Julg. 31/08/2017).

✓ AGRAVO DE INSTRUMENTO – LIQUIDAÇÃO DE SENTENÇA POR ARBITRAMENTO – RESPOSTA AOS QUESITOS DE ESCLARECIMENTOS – NECESSIDADE – ART. 477 DO CPC/15 – DIREITO AO CONTRADITÓRIO E A AMPLA DEFESA – PRELIMINAR DE NÃO CABIMENTO DO RECURSO – NÃO OCORRÊNCIA. 1. Tratando-se de decisão interlocutória proferida em sede de liquidação de sentença que homologou o laudo pericial, sem decidir acerca do pedido de esclarecimentos, cabível o recurso de agravo de instrumento. 2. Não tendo sido proferida sentença líquida, sua liquidação poderá ser feita por arbitramento quando for indispensável à nomeação de profissional técnico especializado para apuração do débito exequendo. 3. Assim, na forma do art. 510 do CPC/15, a liquidação da sentença e a apresentação do laudo técnico deverá observar o procedimento da prova pericial, a qual dispõe sobre a necessidade de se garantir a resposta aos quesitos de esclarecimentos que objetivam sanar divergências apresentadas pelas partes ou no parecer de seus assistentes técnicos, antes da homologação do laudo (art. 477, § 2º e incisos do CPC/15). 4. Recurso conhecido e provido. (TJ-MG; AI: 10024028416592002 MG; 11ª Câmara Cível; Rel. Shirley Fenzi Bertão; Julg. 02/10/0017; Data de Publicação: 04/10/2017)

§ 3º Se ainda houver necessidade de esclarecimentos, a parte requererá ao juiz que mande intimar o perito ou o assistente técnico a comparecer à audiência de instrução e julgamento, formulando, desde logo, as perguntas, sob forma de quesitos.

→ *v.* Arts. 361, I, e 365, do NCPC.

<u>Esclarecimento pelo perito em audiência sobre o laudo pericial:</u>

✓ APELAÇÃO CÍVEL. AÇÃO DE COBRANÇA. SEGURO DE VIDA EM GRUPO. INDENIZAÇÃO POR INVALIDEZ PERMANENTE. SENTENÇA DE IMPROCEDÊNCIA. RECURSO DA PARTE AUTORA. ALEGADO CERCEAMENTO DE DEFESA. LAUDO PERICIAL INCOMPATÍVEL COM OS EXAMES MÉDICOS ACOSTADOS AOS AUTOS PELO AUTOR. PEDIDO DE COMPLEMENTAÇÃO DA PERÍCIA, FORMULADO A TEMPO E MODO, NÃO ACOLHIDO PELO SENTENCIANTE. FUNDAMENTAÇÃO DO JULGADOR INSUBSISTENTE. PREJUÍZO VERIFICADO. SENTENÇA DESCONSTITUÍDA. NECESSIDADE DE REALIZAÇÃO DE NOVA PERÍCIA. RECURSO CONHECIDO E PROVIDO. "O laudo pericial médico é elemento imprescindível para formação da convicção do Julgador, de modo que, se o documento não foi satisfatoriamente fundamentado pelo expert, faz-se mister a anulação do decisum para elaboração de nova prova técnica, mormente quando o pedido da parte autora para esclarecimentos pelo perito judicial foi, de forma infundada, obstado pelo magistrado a quo" (Apelação Cível 0027640-27.2013.8.24.0018; Chapecó; Quarta Câmara de Direito Civil; Rel. Des. Gilberto Gomes de Oliveira; Julg. 01/06/2017).

✓ SERVIDÃO ADMINISTRATIVA – Sentença – Anulação – Avaliação prévia – Feito julgado logo após, sem a realização de perícia definitiva e sem audiência, para eventuais ouvidas dos técnicos, de testemunhas e alegações finais – Matéria que necessita dilação probatória diante da peculiaridade da servidão administrativa – Recurso da demandante parcialmente provido para anular a sentença – Não há como se evitar anulação de sentença lavrada em pleito de servidão administrativa, sem a realização de perícia definitiva, pleiteada pela parte acionante, e mesmo dar oportunidade às partes para apresentação de alegações finais. (TJ-SP; APL 10013065020168260123; SP; 11ª Câmara de Direito Público; Rel. Luis Ganzerla; Julg. 16/05/2017; Data de Publicação: 22/05/2017)

✓ SERVIDÃO ADMINISTRATIVA – Sentença – Anulação – Cerceamento de defesa – Perícia – Feito julgado logo após, sem enfrentar questões levantadas pela expropriada em sua impugnação ao laudo pericial e sem a realização de audiência, para ouvida do perito judicial, técnicos, testemunhas e possibilitar a apresentação de alegações finais – Matéria que necessita dilação probatória diante da peculiaridade da servidão administrativa – Recurso da demandada provido para anular a sentença. (TJ-SP 00009273820158260390; SP; 11ª Câmara de Direito Público; Rel. Jarbas Gomes; Julg. 03/10/2017; Data de Publicação: 04/10/2017)

✓ REINTEGRAÇÃO DE POSSE – Demandante empresa concessionária de serviços públicos – Alegação de ausência de intimação da data da realização da perícia – Feito julgado logo após a apresentação do labor do expert judicial, sem audiência, para eventuais esclarecimento pelo perito, ouvidas dos técnicos, de testemunhas e alegações finais – Cerceamento de defesa – Ocorrência – Sentença anulada – Agravo retido prejudicado – Processo sem condições de julgamento imediato, nos termos do art. 1.013, § 3º, do novo Cod. Proc. Civil – Recurso provido (TJ-SP; APL 10005491220148260322; SP; 11ª Câmara de Direito Público; Rel. Luis Ganzerla; Julg. 06/12/2016; Data de Publicação: 12/12/2016)

§ 4º O perito ou o assistente técnico será intimado por meio eletrônico, com pelo menos 10 (dez) dias de antecedência da audiência.

Art. 478. Quando o exame tiver por objeto a autenticidade ou a falsidade de documento ou for de natureza médico-legal, o perito será escolhido, de preferência, entre os técnicos dos estabelecimentos oficiais especializados, a cujos diretores o juiz autorizará a remessa dos autos, bem como do material sujeito a exame.

→ *v.* Arts. 430 a 433, 753 e §§, e 756 e §§, do NCPC.

§ 1º Nas hipóteses de gratuidade de justiça, os órgãos e as repartições oficiais deverão cumprir a determinação judicial com preferência, no prazo estabelecido.

→ *v.* Art. 95, §§ 3º a 5º, do NCPC.

§ 2º A prorrogação do prazo referido no § 1º pode ser requerida motivadamente.

§ 3º Quando o exame tiver por objeto a autenticidade da letra e da firma, o perito poderá requisitar, para efeito de comparação, documentos existentes em repartições públicas e, na falta destes, poderá requerer ao juiz que a pessoa a quem se atribuir a autoria do documento lance em folha de papel, por cópia ou sob ditado, dizeres diferentes, para fins de comparação.

Laudo pericial grafotécnico e colheita de assinaturas para exame:

✓ EMBARGOS ACOLHIDOS, COM O SOBRESTAMENTO DEFINITIVO DA EXECUÇÃO – CERCEAMENTO DE DEFESA – OCORRÊNCIA – execução aparelhada por nota promissória – questionamento do apelado quanto à legitimidade da assinatura atribuída a si no referido título de crédito – laudo pericial grafotécnico no qual exarou-se conclusão no sentido da falsidade da assinatura atribuída ao apelado na nota promissória – hipótese, contudo, em que o cotejo entre assinaturas se deu entre o mencionado título e a procuração e a declaração de pobreza que acompanharam a inicial dos embargos – documentos que não podem ser admitidos como paradigmas revestidos de presunção de veracidade com força suficiente para possibilitar a elaboração de laudo pericial grafotécnico, com a segurança exigida pelo ordenamento jurídico – coleta de material grafotécnico que tem previsão no parágrafo único do artigo 434 do CPC de 1973 e no § 3º do artigo 478 do CPC de 2015 – expediente que tem por escopo resguardar os postulados do contraditório, da ampla defesa e da paridade de armas, ínsitos à atividade probatória – preliminar acolhida para o fim de ser anulada a sentença, determinada a produção de nova prova pericial – prejudicado o conhecimento das demais questões alinhavadas no apelo – recurso provido, com determinação. (TJ-SP; APL 00277671820118260005; SP; 12ª Câmara de Direito Privado; Rel. Castro Figliolia; Julg. 28/09/2016; Data de Publicação: 28/09/2016)

Art. 479. O juiz apreciará a prova pericial de acordo com o disposto no art. 371, indicando na sentença os motivos que o levaram a considerar ou a deixar de considerar as conclusões do laudo, levando em conta o método utilizado pelo perito.

Apreciação do laudo pericial por parte do juiz:

✓ RESPONSABILIDADE CIVIL. DOENÇA PSÍQUICA. DANOS MORAIS NEXO DE CAUSALIDADE. AUSÊNCIA. Danos morais "são lesões sofridas pelo sujeito físico ou pessoa natural de direito em seu patrimônio ideal, entendendo-se por patrimônio ideal, em contraposição a patrimônio material, o conjunto de tudo aquilo que não seja suscetível de valor econômico"(SILVA, Wilson Melo da. O dano moral e sua reparação, Rio de Janeiro: Forense, 1969. p. 13). o juiz não está adstrito ao laudo apresentado pelo perito (NCPC, Art. 479. O juiz apreciará a prova pericial de acordo com o disposto no art. 371, indicando na sentença os motivos que o levaram a considerar ou a deixar de considerar as conclusões do laudo, levando em conta o método utilizado pelo perito."), podendo desconsiderar suas conclusões, total ou parcialmente, quando se deparar com a presença de elementos suasórios capazes de justificar a adoção de decisão contrária à indicada pela prova técnica. Caso em que a prova afasta o nexo de causalidade entre a doença e o ambiente laboral. PRESCRIÇÃO E INTERRUPÇÃO. Não tendo verbas condenatórias atingidas pela prescrição quinquenal, de interesse recursal não se pode cogitar. MUDANÇA DE HORÁRIO. ACORDO COLETIVO DE TRABALHO. AUSÊNCIA DE ALTERAÇÃO LESIVA. Não há falar em violação do artigo 468 da CLT, na hipótese em que a parte não demonstra que a alteração em seu horário de trabalho, realizada dentro dos limites do poder diretivo do empregador, ocasionou-lhe prejuízos. ACÚMULO DE FUNÇÕES. AUSÊNCIA DE PROVA. A Lei nº 6.615/78, art. 13, explicita que as cumulações dentro do mesmo setor, que a norma divide em três setores (art. 4º), saber, administração, produção e técnica, somente sendo devido quando exercido cumuladamente, e não nos casos de exercício sucessivo de uma ou mais funções relacionadas ao mesmo setor. SOBREAVISO. Não se identificando, na prova oral, qualquer menção capaz de referendar a pretensão, a técnica de solução da lide impõe que se atribua o ônus, relativamente aos fatos constitutivos do direito, ao autor. LITIGÂNCIA DE MÁ-FÉ. Comprovado, nos autos, que o autor tergiversou, apontando duas versões para o mesmo fato, umas das quais necessariamente inverídica, de manter-se a condenação. HONORÁRIOS ADVOCATÍCIOS. Não preenchidos os requisitos encartados nas Súmulas 219 e 329 do TST, não há que se falar em condenação em verba honorária. Recurso conhecido e desprovido. (TRT-7; RO 00007446720135070018; Rel. Maria Roseli Mendes Alencar; Julg. 15/02/2017; Data de Publicação: 15/02/2017)

Art. 480. O juiz determinará, de ofício ou a requerimento da parte, a realização de nova perícia quando a matéria não estiver suficientemente esclarecida.

→ *v.* Art. 715, § 2º, do NCPC.

Realização de nova perícia:

✓ DIREITO PROCESSUAL CIVIL. CUMPRIMENTO DE SENTENÇA. PERÍCIA. REPETIÇÃO O art. 480 e seus parágrafos do Código de Processo Civil prevê a possibilidade de realização de nova perícia quando a matéria não foi suficientemente esclarecida na anterior, que se regerá pelas disposições estabelecidas para a primeira, permitindo que o julgador aprecie o valor de uma e de outra ao proferir a sua decisão. II Deu-se provimento ao recurso. (TJ-DF; 07103227620178070000 DF; 6ª Turma Cível; Rel. José Divino; Julg. 18/10/2017; Data de Publicação: Publicado DJE: 30/10/2017)

✓ APELAÇÃO CÍVEL. ACIDENTE DO TRABALHO. REALIZAÇÃO DA PERÍCIA MÉDICA JUDICIAL. LAUDO MÉDICO JUDICIAL REALIZADA POR PROFISSIONAL COM ESPECIALIZAÇÃO EM OFTALMOLOGIA. AUTOR PORTADOR DE ENFERMIDADE DE NATUREZA ORTOPÉDICA. NECESSIDADE DE REALIZAÇÃO DE NOVA PERÍCIA MÉDICA JUDICIAL POR EXPERT COM ESPECIALIDADE COMPATÍVEL COM A LIMITAÇÃO ORTOPÉDICA APRESENTADA PELO SEGURADO. SENTENÇA ANULADA. 1. Compulsando os autos, verifica-se que apesar do laudo pericial afastar a incapacidade alegada pelo autor, tendo sido realizado por profissional não especializado nas patologias apresentadas configura, a meu sentir, cerceamento de defesa do jurisdicionado. 2. Em que pese o julgador na qualidade de destinatário da prova deva indicar um perito de sua confiança, não se pode olvidar a finalidade da prova pericial em esclarecer questões específicas de ordem técnica e científica, razão pela qual deve ser realizada por profissional que detenha especialidade na área. 3. Nesse contexto, a designação de um único perito com especialidade em oftalmologia não foi suficiente para esclarecer a existência de incapacidade laborativa (parcial ou total) em relação a patologia do requerente. Nesse caso, seria necessária a determinação de nova perícia, com designação de perito especialista em ortopedia. 4. Sobre a possibilidade de nova perícia, assim dispõe o artigo 480, do CPC: "Art. 480. O juiz determinará, de ofício ou a requerimento da parte, a realização de nova perícia quando a matéria não estiver suficientemente esclarecida." 5. Apelação provida. (Classe: Apelação, Número do Processo: 0301657-95.2014.8.05.0001; Quinta Câmara Cível; Rel. Ilona Márcia Reis; Publicado em: 23/11/2017)

✓ Agravo de instrumento. Pedido de nova avaliação do imóvel. Agravante que argui "fundamentadamente, a ocorrência de erro na avaliação". Admissibilidade. Exegese do art. 873 do NCPC. Avaliação do metro quadrado de apartamento de alto padrão na orla da praia em valor inferior ao praticado pelo mercado que resulta em dúvida sobre o valor atribuído ao bem. Segunda perícia que não se destina a substituir a primeira, mas sim a oferecer maior substrato probatório, consoante exegese do art. 480 do NCPC. Agravo provido. (TJ-SP; AI 21050571720168260000; SP; 7ª Câmara de Direito Privado; Rel. Rômolo Russo; Julg. 10/08/2016; Data de Publicação: 10/08/2016)

✓ Apelação cível. Sociedade limitada. Falecimento de sócio. Apuração de haveres requerida pela cônjuge-meeira, inventariante dos bens deixados pelo de cujus. Contrato social que estabelece para o caso de morte de sócio, a continuidade da sociedade com o sócio remanescente, procedendo-se à apuração de haveres. Laudo pericial elaborado de acordo com os atos constitutivos e o distrato social, considerando o valor das cotas na data do óbito e o balanço final da sociedade. Segunda perícia que ratifica a primeira, atualizando seus valores. Inteligência dos arts. 437 e seguintes do CPC/73 vigente à época, normas atualmente dispostas no art. 480 e seus parágrafos do CPC/15. Aplicação da Súmula 155 TJRJ. Sentença mantida. Recurso desprovido. (TJ-RJ; APL 00476785819908190001 Rio de Janeiro; 3ª Vara Órfãos Sucessões, Quinta Câmara Cível; Rel. Cristina Tereza Gaulia; Julg. 15/08/2017; Data de Publicação: 17/08/2017)

Desnecessidade de nova perícia:

✓ CIVIL E PROCESSUAL CIVIL - SEGURO DPVAT - EXAME PERICIAL - OMISSÃO - INOCORRÊNCIA - NOVA PERÍCIA - DESNECESSIDADE - PRETENDIDA COMPLEMENTAÇÃO - CONSTATAÇÃO DE LESÃO INFERIOR À RECONHECIDA ADMINISTRATIVAMENTE - DESCABIMENTO DA PRETENSÃO 1 "De acordo com o disposto no artigo 480, do Código de Processo Civil de 2015, o juiz poderá, de ofício ou a requerimento da parte, determinar a realização de nova perícia. Todavia, se, aos olhos da autoridade judiciária, a providência é desnecessária, pelo fato de a matéria estar suficientemente esclarecida, não há falar em complementação da prova colhida" (AC n. 0300743-66.2016.8.24.0022, Des. Henry Petry Júnior). 2 Constatado em exame médico realizado sob o crivo do contraditório, que em observância à tabela prevista na norma o valor adimplido pela seguradora é superior à extensão das perdas anatômicas e funcionais decorrentes do sinistro automobilístico, não há falar em complementação da quantia. HONORÁRIOS PERICIAIS - LEVANTAMENTO - LAUDO ENTREGUE - SERVIÇO PRESTADO - CPC, ARTS. 95, § 1º, E 465, § 4º - DECISÃO MANTIDA Independentemente de a parte vencida ser beneficiária de gratuidade da justiça, mesmo na sentença cabe a determinação de levantamento de quantias adiantadas pelo litigante vencedor, uma vez que o pagamento do perito pode ser feito após apresentado o laudo e prestados todos os esclarecimentos necessários (CPC, art. 465, § 4º). (TJ-SC; AC 03119207320158240018 Chapecó; Quinta Câmara de Direito Civil; Rel. Luiz Cézar Medeiros; Julg. 19/09/2017)

§ 1º A segunda perícia tem por objeto os mesmos fatos sobre os quais recaiu a primeira e destina-se a corrigir eventual omissão ou inexatidão dos resultados a que esta conduziu.

§ 2º A segunda perícia rege-se pelas disposições estabelecidas para a primeira.

§ 3º A segunda perícia não substitui a primeira, cabendo ao juiz apreciar o valor de uma e de outra.

Livre apreciação das perícias por parte do juiz:

✓ DECISÃO: ACORDAM os Excelentíssimos Senhores Desembargadores integrantes da Décima Oitava Câmara Cível do Egrégio Tribunal de Justiça do Paraná, por unanimidade de votos, em dar provimento ao recurso, nos termos do voto do Relator. EMENTA: AGRAVO DE INSTRUMENTO. AÇÃO DE DISSOLUÇÃO PARCIAL DE SOCIEDADE. LIQUIDAÇÃO PROVISÓRIA DA SENTENÇA POR ARBITRAMENTO PARA FINS DE APURAÇÃO DE HAVERES A SEREM PAGOS AO SÓCIO RETIRANTE. INSURGÊNCIA EM FACE DA DECISÃO QUE SUBSTITUI DE OFÍCIO O PERITO CONTÁBIL DESIGNADO, DETERMINANDO O DESENTRANHAMENTO DO LAUDO COMPLEMENTAR POR ELE ELABORADO E A NOMEAÇÃO DE NOVO PERITO PARA CONCLUSÃO DA PERÍCIA.RECURSO DO SÓCIO REMANESCENTE E DAS SOCIEDADES EMPRESÁRIAS OBJETO DA DISSOLUÇÃO.PRETENSÃO RECURSAL DE MANUTENÇÃO DO LAUDO COMPLEMENTAR NOS AUTOS. AUSÊNCIA DE COMPROVAÇÃO DE UMA ILICITUDE PROPRIAMENTE DITA CAPAZ DE JUSTIFICAR O DESENTRANHAMENTO DA PROVA. EVENTUAIS IRREGULARIDADES DE NATUREZA Agravo de Instrumento nº 1.531.189-0 - fl. 2PROCEDIMENTAL QUE NÃO SÃO HÁBEIS A CAUSAR PREJUÍZOS ÀS PARTES. MESMO PORQUE O MAGISTRADO NÃO ESTÁ ADSTRITO AO REFERIDO LAUDO COMPLEMENTAR, PODENDO FORMAR SUA CONVICÇÃO COM BASE EM OUTROS ELEMENTOS PROBATÓRIOS EXISTENTES NOS AUTOS. INTELIGÊNCIA DO ART. 436 DO CPC/73. SE NÃO BASTASSE, FOI NOMEADO UM NOVO PERITO RESPONSÁVEL PELA CONCLUSÃO DOS TRABALHOS PERICIAIS CONTÁBEIS E ELUCIDAÇÃO DOS PONTOS QUE AINDA NÃO PARECEM SUFICIENTEMENTE ESCLARECIDOS PELAS PROVAS JÁ EXISTENTES. CONSIDERANDO A ENORME LITIGIOSIDADE DAS PARTES E A COMPLEXIDADE DA PROVA É MELHOR PARA OS LITIGANTES QUE TODAS AS PROVAS JÁ PRODUZIDAS PERMANEÇAM NOS AUTOS, A FIM DE VIABILIZAR A COMPREENSÃO DAS CONTROVÉRSIAS AINDA PENDENTES. APLICAÇÃO, POR ANALOGIA, DAS NORMAS DO ART. 437, ART. 438 E ART. 439 DO CPC/73. RECURSO PROVIDO. (TJPR; AI 1531189-0, Curitiba; 18ª C. Cível; Rel. Luis Espíndola; Unânime; Julg. 08/03/2017)

Seção XI
Da Inspeção Judicial

Art. 481. O juiz, de ofício ou a requerimento da parte, pode, em qualquer fase do processo, inspecionar pessoas ou coisas, a fim de se esclarecer sobre fato que interesse à decisão da causa.

→ *v.* Art. 35, parágrafo único, da Lei 9.099/1995.

Realização de inspeção judicial:

✓ AÇÃO RESCISÓRIA - Rescisão Contratual cumulada com Reintegração de Posse - Sentença de procedência - Pretensão de terceiro interessado A) Faculdade discricionária auferida ao julgador para exigir prévios elementos de instrução à avaliação da condição de necessitado - Permissão à feitura de inspeção judicial - Declaração de pobreza detém caráter relativo de presunção de veracidade - Admissão à impugnação em contrário - Distribuição do ônus da produção da prova para o postulante - Carência de escusa justificável à exibição de documentos B) Balizamento da expectativa passiva da dimensão pecuniária representada pelas custas processuais - Obrigação solidária de pagar despesas com citação, garantia (R$ 500,00), taxa judiciária pertinente à distribuição da petição inicial (R$ 200,00) e de recurso especial e/ou extraordinário - Eventuais honorários advocatícios decorrentes dos ônus da sucumbência (R$ 1.000,00) - Dever da contribuição previdenciária da advocacia C) Mensuração do contrabalanço ao poder aquisitivo da pessoa física - Percepção salarial de R$ 1.200,00 - Necessidade de gastos rotineiros com o sustento familiar D) Apresentação convincente de falta de receita superavitária - Configuração de impossibilidade financeira momentânea de arcar com a exação do feito - Suscetível desfalque à sobrevivência - Inexistência de fatos adjacentes que provoquem inferência de obtenção informal de rendimentos relevantes - Modesto padrão de estilo de vida - Patrimônio que não reflete riqueza - Deferimento de isenção integral E) Verificação de defeito capaz de dificultar o julgamento de mérito - Provocação à instrução documental do processo de conhecimento - Suspensão anual para obtenção de tutela jurídica do estado de convivente - Contumácia ao regular andamento do feito - Frustradas tentativas de intimação pessoal do autor - Diligências feitas pelo correio em locais indicados na petição inicial e na procuração - Validade do ato jurídico F) Julgamento de extinção do feito - Prescindível análise de mérito - Fundamento em abandono da causa (TJ-SP; AR: 20430327020138260000; SP; 4º Grupo de Direito Privado; Rel. Salles Rossi; Julg. 17/08/2016; Data de Publicação: 18/08/2016)

Art. 482. Ao realizar a inspeção, o juiz poderá ser assistido por um ou mais peritos.

Art. 483. O juiz irá ao local onde se encontre a pessoa ou a coisa quando:

I – julgar necessário para a melhor verificação ou interpretação dos fatos que deva observar;

II – a coisa não puder ser apresentada em juízo sem consideráveis despesas ou graves dificuldades;

III – determinar a reconstituição dos fatos.

Parágrafo único. As partes têm sempre direito a assistir à inspeção, prestando esclarecimentos e fazendo observações que considerem de interesse para a causa.

Direito das partes acompanharem a inspeção judicial:

✓ RECURSO ORDINÁRIO DO RÉU. CERCEAMENTO DE DEFESA. CONFIGURAÇÃO. Nos termos do art. 483, p. único do CPC, as partes têm o direito de acompanhar a inspeção judicial, devendo ainda ser intimadas para se manifestarem acerca do laudo após sua juntada aos autos. A ausência de intimação para acompanhar a diligência e para manifestação viola os princípios da ampla defesa, contraditório e não surpresa, configurando cerceamento de defesa. (TRT 17ª R., RO 0129300-79.2010.5.17.0191; Rel. Desembargador José Carlos Rizk; DEJT 29/05/2017).

Art. 484. Concluída a diligência, o juiz mandará lavrar auto circunstanciado, mencionando nele tudo quanto for útil ao julgamento da causa.

Inspeção judicial que deve ser secundada por auto circunstanciado:

✓ AGRAVO DE INSTRUMENTO. MEDIDA CAUTELAR. INSPEÇÃO JUDICIAL REALIZADA POR MAGISTRADO SUBSTITUTO. PRINCÍPIO DA IDENTIDADE FÍSICA DO JUIZ AFASTADO PELO NCPC. APRECIAÇÃO DO RECURSO POR JUIZ DIVERSO. POSSIBILIDADE. LAVRATURA DO AUTO CIRCUNSTANCIADO. UTILIDADE PARA O JULGAMENTO DA CAUSA. PARCIAL PROVIMENTO DO RECURSO. 1. Trata-se de agravo de instrumento em face da decisão singular que deixou de reconhecer a prevenção do magistrado que supostamente realizou inspeção judicial nos autos da ação cautelar. 2. O novo Código de Processo Civil afastou o princípio da identidade física do juiz, possibilitando, na hipótese, o julgamento por juiz diverso daquele que tenha realizado inspeção judicial. 3. Reconhecido por ambas as partes o comparecimento do magistrado no local para inspeção, deve o mesmo, concluída a diligência, lavrar auto circunstanciado, mencionando nele tudo quanto for útil ao julgamento da causa. 5. Recurso parcialmente provido. (TJ-RJ; AI 00066751820168190000 Rio de Janeiro; 42ª Vara Cível, Décima Sétima Câmara Cível; Rel. Elton Martinez Carvalho Leme; Julg. 18/05/2016; Data de Publicação: 20/05/2016)

Parágrafo único. O auto poderá ser instruído com desenho, gráfico ou fotografia.

Capítulo XIII
DA SENTENÇA E DA COISA JULGADA

Seção I
Disposições Gerais

Art. 485. O juiz não resolverá o mérito quando:

→ *v.* Enunciado 611 do FPPC: Na hipótese de decisão parcial com fundamento no art. 485 ou no art. 487, as questões exclusivamente a ela relacionadas e resolvidas anteriormente, quando não recorríveis de imediato, devem ser impugnadas em preliminar do agravo de instrumento ou nas contrarrazões.

→ v. Enunciado 5 do CJF: Ao proferir decisão parcial de mérito ou decisão parcial fundada no art. 485 do CPC, condenar-se-á proporcionalmente o vencido a pagar honorários ao advogado do vencedor, nos termos do art. 85 do CPC.

I – indeferir a petição inicial;

→ v. Art. 330 do NCPC.

Extinção sem resolução de mérito pelo indeferimento da inicial:

✓ VOTO Trata-se de mandado de segurança impetrado por AURILENE FURTADO DA SILVA por alegado ato ilegal imputado ao Juiz do 21ºJuizado Especial Cível da Comarca da Capital. Insurge-se o impetrante em face da r. decisão do juízo que determinou a baixa e arquivamento dos autos, que se encontravam em fase de execução. DECIDO. Na falta de previsão de recurso próprio para os atos processuais decisórios destoantes de sentença no microssistema dos Juizados Especiais, viável é a utilização do mandado de segurança como instrumento hábil a impedir a ocorrência de qualquer lesão, já que afronta ao critério de justiça que as ofensas a bem jurídico permaneçam sem remédio processual. No presente caso, contudo, incabível o mandado de segurança. Foi proferido pelo juízo singular fundamentada decisão acerca da execução, na qual resolveu todas as questões discutidas pelas partes. Naquela oportunidade foi determinado apenas que o réu comprovasse o cumprimento da obrigação de fazer. Diante da comprovação feita pelo réu, o Juízo considerou cumpridas as obrigações e determinou o arquivamento, conforme se vê às fls. 135. Portanto, o provimento jurisdicional resolveu de forma definitiva todas as questões suscitadas pelas partes. Deveria, assim, a parte autora ter se insurgido contra a decisão através de recurso inominado, no prazo previsto em lei. Ausente tal recurso no prazo legal, não pode a parte pretender impor ao juiz que repita o ato jurisdicional com conteúdo de sentença e dê a ela tal nome para que a parte autora tenha em seu favor novo prazo recursal. Não importa o nome dado ao ato praticado pelo juiz e sim a sua natureza jurídica. Se a continuação da execução já não era mais possível para a parte autora em razão do provimento jurisdicional que considerou cumpridas todas as obrigações impostas ao réu na sentença, estando para ela fechada a porta do prosseguimento da execução, evidente que era cabível o recurso inominado, no prazo previsto em lei, para discutir as questões que obstaram tal prosseguimento. Nesse sentido, a jurisprudência do E. TJRJ: 0045976-06.2015.8.19.0000 – AGRAVO DE INSTRUMENTO – DES. MILTON FERNANDES DE SOUZA – Julgamento: 19/10/2015 – QUINTA CÂMARA CIVEL. CUMPRIMENTO DE SENTENÇA. DETERMINAÇÃO DE BAIXA E ARQUIVAMENTO. EXTINÇÃO DA EXECUÇÃO. NATUREZA DE SENTENÇA. CABIMENTO DE RECURSO DE APELAÇÃO. RECURSO DE AGRAVO DE INSTRUMENTO. FUNGIBILIDADE. DESCABIMENTO. O ato judicial que determina a baixa e arquivamento do feito, independente da denominação que lhe é atribuído, possui natureza jurídica de sentença e atrai, portanto, o manejo do recurso de apelação (CPC, artigo 475-M, § 3º). 0014844-91.2016.8.19.0000 – AGRAVO DE INSTRUMENTO – DES. MONICA COSTA DI PIERO – Julgamento: 25/05/2016 – OITAVA CÂMARA CIVEL – AGRAVO DE INSTRUMENTO. CUMPRIMENTO DE SENTENÇA. INERCIA DO EXEQUENTE. DECISÃO DE BAIXA E ARQUIVAMENTO. EXTINÇÃO. NATUREZA JURÍDICA. SENTENÇA. ART. 267, III, DO CPC/73. CABIMENTO DO RECURSO DE APELAÇÃO. PRINCÍPIO DA FUNGIBILIDADE NÃO APLICÁVEL. ERRO GROSSEIRO. PRINCÍPIO DA UNIRRECORRIBILIDADE DAS DECISÕES DESCABIMENTO. O ato judicial que determina a baixa e arquivamento do feito, independente da denominação que lhe é atribuído, possui natureza jurídica de sentença e atrai, portanto, o manejo do recurso de apelação (CPC, artigo 475-M, § 3º). 0014844-91.2016.8.19.0000 – AGRAVO DE INSTRUMENTO – DES. MONICA COSTA DI PIERO – Julgamento: 25/05/2016 – OITAVA CÂMARA CIVEL – AGRAVO DE INSTRUMENTO. CUMPRIMENTO DE SENTENÇA. INERCIA DO EXEQUENTE. DECISÃO DE BAIXA E ARQUIVAMENTO. EXTINÇÃO. NATUREZA JURÍDICA. SENTENÇA. ART. 267, III, DO CPC/73. CABIMENTO DO RECURSO DE APELAÇÃO. PRINCÍPIO DA FUNGIBILIDADE NÃO APLICÁVEL. ERRO GROSSEIRO. PRINCÍPIO DA UNIRRECORRIBILIDADE DAS DECISÕES. 1. Cuida-se de agravo de instrumento interposto contra decisão que, em ação em fase de execução, determinou a baixa e o arquivamento dos autos, diante da inércia do exequente. 2. Conteúdo decisório que se amolda perfeitamente ao previsto no art. 267, III, do CPC/73 (Art. 485, III do CPC/15), o qual trata de extinção do processo, sem resolução do mérito, quando, por não promover os atos e diligências que lhe competir, o autor abandonar a causa por mais de 30 dias. Decisão que desafia, na verdade, o recurso de apelação, nos termos do art. 513 do CPC/73 (Art. 1.009 do CPC/15). 3. O princípio da unirrecorribilidade consagra a premissa de que, para cada decisão impugnada, há um recurso adequado previsto no ordenamento jurídico. 4. O recurso cabível é a apelação, uma vez que a decisão recorrida extinguiu a execução por inércia do exequente. 5. Impossibilidade de aplicação do princípio da fungibilidade diante da ocorrência de erro grosseiro. Precedentes do STJ. 6. RECURSO NÃO CONHECIDO. Deste modo, a hipótese não é de mandado de segurança, merecendo a inicial ser indeferida, na forma do art. 10 da Lei 12016/09. Nos termos da Resolução 07/2006, independe de inclusão em pauta a análise do indeferimento da inicial (Parágrafo Único, g do Artigo 6º). Ante o exposto, VOTO PELO INDEFERIMENTO DA PETIÇÃO INICIAL DO MANDADO DE SEGURANÇA, com fulcro no artigo 10, da lei 12.016/09. Custas pelo impetrante, devendo, contudo, ser observada a suspensão prevista no artigo 98, § 3º, do CPC, em virtude da gratuidade de justiça que ora defiro ao impetrante. Dê-se ciência ao Ministério Público. Preclusas as vias impugnativas, oficie-se à autoridade apontada como coatora para ciência da decisão, com cópia deste. P.R.I. Rio de Janeiro, 27 de junho de 2017. ANA PAULA CABO CHINI JUÍZA DE DIREITO PODER JUDICIÁRIO DO ESTADO DO RIO DE JANEIRO Segunda Turma RECURSAL Processo nº 001253-91.2017.8.19.9000 IMPETRANTE: AURILENE FURTADO DA SILVA (TJ-RJ; MS 00012539120178199000 Rio de Janeiro; XXI Juizado Especial Cível, , Capital 2a. Turma Recursal Dos Jui Esp Cíveis; Rel. Ana Paula Cabo Chini; Julg. 12/07/2017; Data de Publicação: 14/07/2017)

Indeferimento da inicial pela não realização de emenda:

✓ PROCESSO CIVIL. APELAÇÃO CÍVEL. EXECUÇÃO. AUSÊNCIA DE TÍTULO EXECUTIVO EXTRAJUDICIAL. CÉDULA DE CRÉDITO. DETERMINAÇÃO DE EMENDA. NÃO CUMPRIMENTO. INDEFERIMENTO DA PETIÇÃO INICIAL. EXTINÇÃO. ART. 485, I, NCPC. 1. A ausência de título executivo apto a aparelhar a execução ocasiona sua extinção. 2. Correta a decisão que determina a instrução do feito com o original da cédula de crédito bancário, haja vista a possibilidade de circulação, com o endosso em preto do documento. 3. Não merece reparo a sentença que após determinação de emenda da petição inicial, não atendida pelo autor, extingue o feito sem resolução do mérito. 4. O art. 485, I, do NCPC dispõe que o juiz não resolverá o mérito quando indeferir a petição inicial. 5. Recurso desprovido. (TJ-DF; 20160110111559 0003531-66.2016.8.07.0001; 2ª Turma Cível; Rel. Mario-Zam Belmiro; Julg. 03/08/2016; Data de Publicação: DJE: 15/08/2016; Pág. 98/125)

✓ PROCESSUAL CIVIL. TRIBUTÁRIO. EMBARGOS À EXECUÇÃO. INDEFERIMENTO DA INICIAL. INÉPCIA. INTIMAÇÃO PARA EMENDA. INÉRCIA DA PARTE. DESNECESSIDADE DE INTIMAÇÃO PESSOAL. APELAÇÃO DESPROVIDA. 1. A questão posta nos autos diz respeito à regularidade de intimação realizada para emenda da inicial, e indeferimento da exordial em embargos à execução. 2. Prescreve o artigo 485, I, do novo Código de Processo Civil: Art. 485. O juiz não resolverá o mérito quando: I - indeferir a petição inicial; Como se verifica, não existe nenhuma determinação no sentido da intimação pessoal da parte. Ao contrário, o artigo 458, § 1º do diploma legal menciona a necessidade de intimação pessoal apenas para as hipóteses previstas nos incisos II e III do dispositivo. Verbis: Art. 485. O juiz não resolverá o mérito quando: II - o processo ficar parado durante mais de 1 (um) ano por negligência das partes; III - por não promover os atos e as diligências que lhe incumbir, o autor abandonar a causa por mais de 30 (trinta) dias; § 1o Nas hipóteses descritas nos incisos II e III, a parte será intimada pessoalmente para suprir a falta no prazo de 5 (cinco) dias. 3. O caso concreto não se adequa nos campos de incidência da norma que prevê a necessidade de intimação pessoal. Portanto, não há que se falar em justificativa para a inércia da parte diante da intimação para regularização da inicial. 4. Assim, agiu com acerto o Juiz sentenciante ao extinguir o feito, nos termos do artigo 321 do novo Código de Processo Civil: Art. 321. O juiz, ao verificar que a petição inicial não preenche os requisitos dos arts. 319 e 320 ou que apresenta defeitos e irregularidades capazes de dificultar o julgamento de mérito, determinará que o autor, no prazo de 15 (quinze) dias, a emende ou a complete, indicando com precisão o que deve ser corrigido ou completado. Parágrafo único. Se o autor não cumprir a diligência, o juiz indeferirá a petição inicial. 5. É de ser mantida a r. sentença que extinguiu o feito sem resolução do mérito. 6. Apelação desprovida. (TRF-3; AC: 00338192020164039999 SP; Terceira Turma; Rel. Desembargador Federal Antonio Cedenho; Julg. 19/04/2017; Data de Publicação: e-DJF3 03/05/2017)

II – o processo ficar parado durante mais de 1 (um) ano por negligência das partes;

Extinção pelo abandono do processo pelas partes:

✓ APELAÇÃO CÍVEL. AÇÃO DE GUARDA E ALIMENTOS. SENTENÇA DE EXTINÇÃO DA CAUSA POR NEGLIGÊNCIA DA PARTE AUTORA OU ABANDONO DA CAUSA. PRECEDENTES. DESCONSTITUIÇÃO. PROSSEGUIMENTO DO FEITO. INTELIGÊNCIA DO ART. 485, II E III, § 1º, DO NOVO CPC. Para a extinção do processo por negligência da parte autora ou abandono da causa é indispensável a prévia intimação pessoal válida da parte autora. APELO PROVIDO. (TJ-RS; Apelação Cível 70070864897; Sétima Câmara Cível; Rel. Liselena Schifino Robles Ribeiro; Julg. 30/08/2016)

III – por não promover os atos e as diligências que lhe incumbir, o autor abandonar a causa por mais de 30 (trinta) dias;

→ *v.* Súmula 631 do STF.
→ *v.* Súmula 240 do STJ.

Extinção pelo abandono do processo pelo autor:

✓ APELAÇÃO CÍVEL. AÇÃO DE BUSCA E APREENSÃO. SENTENÇA DE EXTINÇÃO COM FULCRO NO ART. 485, III DO CPC. INSURGÊNCIA DA PARTE AUTORA. AUSÊNCIA DE ATENDIMENTO ÀS INTIMAÇÕES, INCLUSIVE PESSOAL, PARA PROMOVER O ANDAMENTO DO FEITO. ABANDONO DE CAUSA EVIDENCIADO. HONORÁRIOS ADVOCATÍCIOS RECURSAIS. IMPOSSIBILIDADE DE FIXAÇÃO. RECURSO CONHECIDO E DESPROVIDO. (TJ-SC; AC 05004622320138240058 São Bento do Sul; Quarta Câmara de Direito Comercial; Rel. Lédio Rosa de Andrade; Julg. 05/09/2017)

✓ APELAÇÃO CÍVEL. AÇÃO DE BUSCA E APREENSÃO. SENTENÇA DE EXTINÇÃO COM FULCRO NO ART. 485, III DO CPC. INSURGÊNCIA DA PARTE AUTORA. ABANDONO DE CAUSA. CONFIGURAÇÃO. RECURSO CONHECIDO E DESPROVIDO. (TJ-SC; AC 03004481420168240027 Ibirama; Quarta Câmara de Direito Comercial; Rel. Lédio Rosa de Andrade; Julg. 01/08/2017)

✓ RECURSO INOMINADO. AÇÃO DE EXECUÇÃO POR QUANTIA CERTA. ABANDONO DA CAUSA. EXTINÇÃO SEM JULGAMENTO DO MÉRITO. ART. 267, III, DO CPC/1973 (ART. 485, III, DO CPC/2015). NÃO OBSERVÂNCIA DA EXIGÊNCIA DA DUPLA INTIMAÇÃO – DO PROCURADOR DO AUTOR, POR PUBLICAÇÃO NO DIÁRIO OFICIAL, E DO PRÓPRIO AUTOR, PESSOALMENTE. FORMALIDADE INDISPENSÁVEL À EXTINÇÃO DO PROCESSO COM BASE NO FUNDAMENTO ADOTADO PELO JUÍZO A QUO, NOS TERMOS DO ART. 267, § 1º, DO CPC/73 (ART. 485, § 1º, DO NCPC). NULIDADE INSANÁVEL. ANULAÇÃO DA SENTENÇA QUE SE IMPÕE. RECURSO CONHECIDO E PROVIDO. (TJ-SC; RI 00007892320078240159 Armazém; Quarta Turma de Recursos – Criciúma; Rel. Maurício Fabiano Mortari; Julg. 12/09/2017)

✓ PROCESSUAL CIVIL. AÇÃO DE EXECUÇÃO DE TÍTULO EXTRAJUDICIAL. ABANDONO DA CAUSA POR MAIS DE 30 DIAS. INTIMAÇÃO PESSOAL PARA DAR ANDAMENTO AO FEITO. INÉRCIA DO EXEQUENTE. EXTINÇÃO DO FEITO SEM RESOLUÇÃO DO MÉRITO. ART. 485, III, DO CPC. RECURSO CONHECIDO E DESPROVIDO. 1. O inciso III do art. 485 do Código de Processo Civil preceitua que o juiz não resolverá o mérito da causa quando, por não promover os atos e as diligências que lhe incumbir, o autor abandonar a causa por mais de 30 (trinta) dias. 2. Se o exequente, regularmente intimado por meio de seu patrono e pessoalmente, sob pena de extinção do feito, deixa de atender à específica determinação judicial, correta a sentença de extinção do processo por abandono da causa. 3. Recurso conhecido e desprovido. (TJ-DF; 20160111236144 0014682-30.1996.8.07.0001; 2ª Turma Cível; Rel. Sandra Reves; Julg. 15/02/2017; Data de Publicação: DJE: 23/02/2017; Pág. 526/561)

✓ APELAÇÃO CÍVEL. AÇÃO DE COBRANÇA. SENTENÇA DE EXTINÇÃO COM FULCRO NO ART. 485, III DO CPC. INSURGÊNCIA DA PARTE AUTORA. ABANDONO DE CAUSA. CONFIGURAÇÃO. RECURSO IMPROVIDO. (TJ-SC; AC 00466794720138240038 Joinville; Quarta Câmara de Direito Comercial; Rel. Lédio Rosa de Andrade; Julg. 11/07/2017)

IV – verificar a ausência de pressupostos de constituição e de desenvolvimento válido e regular do processo;

<u>Extinção do processo pela ausência de pressuposto processual:</u>

✓ APELAÇÃO CÍVEL. BUSCA E APREENSÃO. SENTENÇA DE EXTINÇÃO DO FEITO COM FULCRO NO ARTIGO 485, INCISO IV, DO CÓDIGO DE PROCESSO CIVIL. FALTA DE CITAÇÃO. ALEGAÇÃO DE QUE SERIA HIPÓTESE DE EXTINÇÃO DO PROCESSO POR ABANDONO E NÃO POR AUSÊNCIA DE PRESSUPOSTO PROCESSUAL. INSUBSISTÊNCIA. DESNECESSIDADE DE PRÉVIA INTIMAÇÃO DO AUTOR PARA EXTINGUIR O FEITO. SENTENÇA MANTIDA. RECURSO DESPROVIDO. (TJ-SC; AC 03008981520168240040 Laguna 0300898-15.2016.8.24.0040, Rel. Cláudio Barreto Dutra; Julg. 03/08/2017, Quinta Câmara de Direito Comercial)

✓ APELAÇÃO CÍVEL – AÇÃO DE COBRANÇA – SENTENÇA DE EXTINÇÃO, COM FULCRO NO ART. 485, IV, DO CPC/2015 – INSURGÊNCIA DA PARTE AUTORA. ALEGADO O INTERESSE EM DAR ANDAMENTO AO FEITO E NECESSIDADE DE PRÉVIA INTIMAÇÃO PESSOAL ANTES DA EXTINÇÃO – REJEIÇÃO – INÉRCIA DA DEMANDANTE EM DAR EFETIVIDADE À CITAÇÃO – INAPLICABILIDADE DO ART. 485, § 1º, DO CPC/2015 – SENTENÇA MANTIDA. RECURSO CONHECIDO E DESPROVIDO. (TJ-SC; AC 05013911020128240020 Criciúma; Quinta Câmara de Direito Comercial; Rel. Cláudio Valdyr Helfenstein; Julg. 28/09/2017)

✓ APELAÇÃO CÍVEL – AÇÃO DE BUSCA E APREENSÃO – CÉDULA DE CRÉDITO BANCÁRIO PARA FINS DE AQUISIÇÃO DE VEÍCULO AUTOMOTOR – SENTENÇA DE EXTINÇÃO DO FEITO, SEM RESOLUÇÃO DO MÉRITO, POR AUSÊNCIA DE PRESSUPOSTOS DE CONSTITUIÇÃO E DE DESENVOLVIMENTO VÁLIDO E REGULAR DO PROCESSO (ART. 485, INC. IV, DO CÓDIGO DE PROCESSO CIVIL)- RECURSO INTERPOSTO PELA AUTORA – CIRCUNSTÂNCIA EM DEBATE (INÉRCIA DA PARTE EM PROMOVER A CITAÇÃO DO ADVERSO) QUE CARACTERIZA HIPÓTESE DE ABANDONO DE CAUSA (CPC, ART. 485, III)- CAUSA EXTINTIVA, TODAVIA, NÃO CONFIGURADA – ATO CITATÓRIO EFETIVADO – IMPRESCINDIBILIDADE, POR CONSECTÁRIO, DE REQUERIMENTO DE EXTINÇÃO FORMULADO PELO RÉU CITADO – SÚMULA 240 DO SUPERIOR TRIBUNAL DE JUSTIÇA – FORMALIDADE NÃO OBSERVADA "IN CASU" – "DECISUM" CASSADO – DETERMINAÇÃO DE RETORNO DOS AUTOS À ORIGEM PARA O REGULAR PROCESSAMENTO – RECLAMO PROVIDO. A inércia da parte autora em promover a citação do adverso pode até ocasionar a extinção do processo, sem resolução de mérito, mas não por ausência de pressuposto de constituição e desenvolvimento válido e regular do processo, e sim por deixar de impulsionar o feito, promovendo os atos e diligências que lhe incumbir, com amparo no art. 485, III, § 1º, da Lei Processual Civil. Dessarte, tendo em vista que o instituto do abandono de causa constitui verdadeira sanção ao autor negligente, que deixa de praticar os atos processuais que lhe competem para o processo ter regular seguimento, uma vez que angularizada a relação processual, "a extinção do processo, por abandono da causa pelo autor, depende de requerimento do réu" (Súmula 240 do Superior Tribunal de Justiça), quando citado. Na hipótese "in concreto", verificou-se que, intimada a parte autora, na pessoa de seu procurador, mediante publicação no Diário da Justiça Eletrônico, para promover a citação do adverso, a mesma veio aos autos para informar que o ato citatório já teria sido efetivado, o que de fato ocorreu. Nesse viés, inexistente pedido do réu, de extinção da demanda, porquanto formada a relação tripartite, deve ser afastado o decreto de abandono da causa, impondo-se a desconstituição do "decisum" profligado e o prosseguimento do feito. (TJ-SC; AC 06012399620148240020 Criciúma; Segunda Câmara de Direito Comercial; Rel. Robson Luz Varella; Julg. 11/07/2017)

✓ APELAÇÃO CÍVEL. AÇÃO DE BUSCA E APREENSÃO. TOGADO DE ORIGEM QUE JULGA EXTINTO O PROCESSO, SEM RESOLUÇÃO DE MÉRITO, COM FULCRO NO ART. 485, INCISO IV, DO NCPC. RECURSO DO AUTOR. DIREITO INTERTEMPORAL. DECISÃO PUBLICADA EM CARTÓRIO EM 23-1-17. APLICAÇÃO DOS ENUNCIADOS ADMINISTRATIVOS N. 2, 3 E 7 DO STJ. INCIDÊNCIA DO CÓDIGO DE PROCESSO CIVIL DE 2015. ALEGAÇÃO DE QUE NÃO HOUVE INTIMAÇÃO PARA IMPULSIONAR O FEITO ANTES DE SE DECRETAR A EXTINÇÃO, CONFORME COMANDOS DOS ARTS. 4º E 139, INCISO IX, DO CÓDIGO FUX. TESE DE EXISTÊNCIA DE NULIDADE ABSOLUTA. DISPOSITIVOS QUE DIZEM RESPEITO AO PRINCÍPIO DA RAZOÁVEL DURAÇÃO DO PROCESSO E DA PRIMAZIA DO EXAME DO MÉRITO, BEM COMO DISCIPLINAM OS PODERES, DEVERES E RESPONSABILIDADES DO JUIZ DE FORMA AMPLA. HIPÓTESE SUB EXAMINE QUE PRESCINDE DE INTIMAÇÃO PESSOAL PARA A EXTINÇÃO DO PROCESSO SEM RESOLUÇÃO DE MÉRITO, VEZ QUE TAL PROVIDÊNCIA SE APLICA APENAS ÀS SITUAÇÕES DO ART. 485, INCISOS II E III, DO CÓDIGO FUX. EXTINÇÃO, NO CASO CONCRETO, QUE RESTOU OPERADA EM RAZÃO DA AUSÊNCIA DE COMPROVAÇÃO DE REGULAR CONSTITUIÇÃO EM MORA, PRESSUPOSTO INDISPENSÁVEL ANTES DO AJUIZAMENTO DA AÇÃO, NA FORMA DO ART. 485, INCISO IV, DO NCPC. INAPLICABILIDADE DO § 1º DO ART. 485 DO CITADO DIPLOMA NORMATIVO. PRECEDENTES DESTA CORTE E DO SUPERIOR TRIBUNAL DE JUSTIÇA. ARGUMENTAÇÃO DEFENESTRADA. SUSTENTADO AFASTAMENTO OU REDUÇÃO DA MULTA DIÁRIA IMPINGIDA EM CASO DE DESCUMPRIMENTO DA DETERMINAÇÃO JUDICIAL DE DEVOLUÇÃO DO VEÍCULO. ALMEJADO ELASTECIMENTO DO PRAZO PARA SATISFAÇÃO DA OBRIGAÇÃO. BANCO QUE, EMPÓS A INTERPOSIÇÃO DO APELO, JÁ PROCEDEU À RESTITUIÇÃO DO VEÍCULO OBJETO DA PRESENTE ACTIO AO DEMANDADO. CIRCUNSTÂNCIA CONFIRMADA EM SEDE DE CONTRARRAZÕES. INESCONDÍVEL PERDA SUPERVENIENTE DO OBJETO RECURSAL NESTE PARTICULAR. ESMIUÇAMENTO VEDADO. HONORÁRIOS SUCUMBENCIAIS RECURSAIS. INTELIGÊNCIA DO ART. 85, §§ 1º E 11, DO CÓDIGO FUX. POSSIBILIDADE DE FIXAÇÃO DE OFÍCIO EM RAZÃO DA EXISTÊNCIA DE CONDENAÇÃO AO PAGAMENTO DA VERBA PROFISSIONAL NA ORIGEM. IMPROVIMENTO DO RECURSO QUE NÃO IMPEDE A FIXAÇÃO DO ESTIPÊNDIO EM FAVOR DA ADVOGADA DO RECORRIDO. ENTENDIMENTO SEDIMENTADO PELA "CORTE DA CIDADANIA" REBELDIA CONHECIDA EM PARTE E IMPROVIDA. (TJ-SC; AC 03093155120158240020 Criciúma; Quarta Câmara de Direito Comercial; Rel. José Carlos Carstens Köhler; Julg. 22/08/2017)

V – reconhecer a existência de perempção, de litispendência ou de coisa julgada;

→ *v.* Art. 5º, XXXVI, da CF/1988.

→ *v.* Art. 337, §§ 1º a 4º, do NCPC.

<u>Extinção do processo pela repetição de processo pendente (litispendência):</u>

✓ AGRAVO DE INSTRUMENTO. VAGA EM CRECHE. LITISPENDÊNCIA. NÃO CONHECIMENTO. A litispendência ocorre quando há duas ações idênticas tramitando simultaneamente, ou seja, com mesmas partes, mesma causa de pedir e mesmo pedido. Dessa forma, o não conhecimento da causa é a solução. NEGADO SEGUIMENTO AO AGRAVO. (TJ-RS; Agravo de Instrumento 70070176037; Oitava Câmara Cível; Rel. Ivan Leomar Bruxel; Julg. 01/09/2016).

✓ Trata-se de habeas corpus impetrado em favor de José Vonaldo Gregório, contra decisão do relator do ARESP 926.894/PB e do HC 344.503/PB, Ministro Jorge Mussi do Superior Tribunal de Justiça. Verifico que o presente writ foi impetrado em favor do mesmo paciente do HC 136.720/PB, assim como são idênticos em relação ao objeto e a causa de pedir. O HC 136.720/PB já teve o pedido de liminar deferido e retornou da Procuradoria-Geral da República com parecer. Assim, encontra-se concluso para julgamento de mérito pelo órgão colegiado. Dessa forma, verifico a ocorrência de litispendência, nos termos do art. 337, § 3º, do Código de Processo Civil, litteris: "Art. 337 § 3º Há litispendência quando se repete ação que está em curso." A norma procedimental preceitua, ainda, que o reconhecimento da existência da litispendência acarreta a extinção do processo sem resolução do mérito, nos termos do art. 485, V, do CPC, vejamos: "Art. 485. O juiz não resolverá o mérito quando: V – reconhecer a existência de perempção, de litispendência ou de coisa julgada." Isso posto, extingo o presente writ, sem julgamento do mérito, nos termos do art. 485, V, do CPC. Publique-se. Arquive-se. Brasília, 13 de dezembro de 2016. Ministro Ricardo Lewandowski Relator (STF; HC 136703; PB; 0054739-72.2016.1.00.0000, Rel. Min. Ricardo Lewandowski; Julg. 13/12/2016; Data de Publicação: DJe-266 15/12/2016)

✓ LITISPENDÊNCIA – Repetição de recurso anteriormente interposto – Exegese do artigo 337, VI, § 3º, do Código de Processo Civil – Extinção do processo sem resolução do mérito – Aplicação do disposto no artigo 485, inciso V, do Código de Processo Civil. (TJ-SP; AI 21717265220168260000; SP; 5ª Câmara de Direito Público; Rel. Fermino Magnani Filho; Julg. 08/02/2017; Data de Publicação: 08/02/2017)

Extinção do processo pela existência de coisa julgada:

✓ EMBARGOS DE DECLARAÇÃO. EFICÁCIA PRECLUSIVA DA COISA JULGADA. RECONHECIMENTO DE OFÍCIO. MATÉRIA DE ORDEM PÚBLICA. QUESTÃO EXAURIDA NO JULGAMENTO. AUSÊNCIA DAS HIPÓTESES PREVISTAS NO ART. 48 DA LEI 9.099/95. REDISCUSSÃO DO JULGADO E REVERSÃO DO RESULTADO. DESCABIMENTO. 1. O acórdão reconheceu, de ofício, a eficácia preclusiva da coisa julgada, resultado contra o qual se irresigna o embargante. 2. Inexistência das hipóteses permissivas do manejo dos aclaratórios. Aplicação do art. 48 da Lei 9099/95. Embargos de declaração desacolhidos (Embargos de Declaração 71006120885; Primeira Turma Recursal Cível, Turmas Recursais; Rel. José Ricardo de Bem Sanhudo; Julg. 28/06/2016).

✓ PREVIDENCIÁRIO. APOSENTADORIA POR IDADE RURAL. CONDIÇÃO DE SEGURADO ESPECIAL NÃO RECONHECIDA EM AÇÃO PRETÉRITA. COISA JULGADA. EXTINÇÃO. Extinção do processo por coisa julgada, com fundamento no art. 485, V, do CPC de 2015, tendo em vista que a condição de segurado especial foi afastada em ação anterior em razão da impossibilidade de cumulação com pensão por morte. (TRF-4; AC 142114320154049999 SC; Sexta Turma; Rel. Vânia Hack de Almeida; Julg. 10/08/2016,)

Não reconhecimento da litispendência pela ausência da tríplice identidade:

✓ AGRAVO INTERNO NO MANDADO DE SEGURANÇA. PROCESSUAL CIVIL. NOVO CÓDIGO DE PROCESSO CIVIL. LITISPENDÊNCIA. TRÍPLICE IDENTIDADE NÃO CONFIGURADA. AGRAVO PROVIDO PARA AFASTAR A EXTINÇÃO DO FEITO. 1. O Novo Código de Processo Civil filiou-se à corrente tradicional, processual, que exige, para que duas ações sejam consideradas idênticas, a chamada tríplice identidade (causa de pedir, pedido e partes), a tria eadem. 2. Do exame do caso concreto, nota-se que, no primeiro Mandado de Segurança, a parte fundou-se na alegação de prescrição, a qual foi afastada pelo eminente Relator. Na segunda ação, no entanto, sustentou-se a desproporcionalidade entre a infração e a sanção, bem como a má composição da comissão processante. 3. Diante da adoção de dois fundamentos absolutamente independentes, não se entende configurada a litispendência. 4. Agravo Interno do particular provido. (AgInt no MS 22.573; DF; Primeira Seção; Rel. Min. Humberto Martins, Rel. p/ Acórdão Min. Napoleão Nunes Maia Filho; Julg. 24/08/2016; DJe 02/02/2017)

VI – verificar ausência de legitimidade ou de interesse processual;

→ *v.* Arts. 17 e 18 do NCPC.

Extinção do processo por falta de legitimação passiva:

✓ PROCESSUAL CIVIL. RECURSO ORDINÁRIO EM MANDADO DE SEGURANÇA. REDUÇÃO DA BASE DE CÁLCULO DO ICMS. SECRETÁRIO DA FAZENDA APONTADO COMO AUTORIDADE COATORA. ILEGITIMIDADE. EXTINÇÃO DO PROCESSO, SEM RESOLUÇÃO DO MÉRITO. 1. O Superior Tribunal de Justiça tem se pronunciado no sentido de que o Secretário de Fazenda de Estado não é parte legítima para figurar como autoridade coatora em mandados de segurança em que se discute a exigibilidade de tributos, não havendo falar, de outro lado, na possibilidade de encampação nem em eventual poder hierárquico sobre seus subordinados, uma vez que sua presença indevida no mandamus altera a competência para o julgamento da ação mandamental. 2. Na hipótese dos autos, porque a autoridade indicada pelo impetrante não detém poderes para alterar as normas impugnadas, por força do art. 6º, §§ 3º e 5º, da Lei n. 12.016/2009, c/c com os arts. 330 e 485, VI e § 3º, do CPC/2015, o mandado de segurança deve ser denegado, com a extinção do processo, sem resolução do mérito. 3. Mandado de segurança denegado. Recurso ordinário prejudicado. (RMS 43.239/GO; Primeira Turma; Rel. Gurgel de Faria; Julg. 26/04/2016; DJe 11/05/2016)

✓ APELAÇÃO CÍVEL. AÇÃO DE COBRANÇA DE ALUGUÉIS. SENTENÇA DE PARCIAL PROCEDÊNCIA. RECURSO DA RÉ. PRELIMINAR DE ILEGITIMIDADE PASSIVA. DEMANDA AJUIZADA PELO LOCADOR DIRETAMENTE CONTRA O SUBLOCATÁRIO DO BEM. INEXISTÊNCIA DE RELAÇÃO JURÍDICA ENTRE AS PARTES. RESPONSABILIDADE DO SUBLOCATÁRIO ADMITIDA SOMENTE SUBSIDIARIAMENTE. EXEGESE DO ART. 16 DA LEI N. 8.245/91. ILEGITIMIDADE PASSIVA EVIDENTE. IMPERIOSA EXTINÇÃO DO FEITO SEM RESOLUÇÃO DO MÉRITO COM FULCRO NO ART. 485, VI, DO CÓDIGO DE PROCESSO CIVIL. APELO CONHECIDO E PROVIDO. Consoante disposição contida no art. 16 da Lei n. 8.245/91, o sublocatário responde subsidiariamente ao locador pela importância que dever ao sublocador, quando este for demandado. Nessa senda, tendo em vista que a sublocação não estabelece direitos e deveres entre o locador primitivo e o subinquilino, o manejo de ação diretamente por aquele contra o sublocatário evidencia a ilegitimidade deste para figurar no polo passivo da demanda, razão pela qual a extinção do feito é medida que se impõe. (TJSC, Apelação Cível 0001020-20.2006.8.24.0051; Ponte Serrada; Câmara Especial Regional de Chapecó; Rel. Des. Luiz Felipe Schuch; Julg. 17/07/2017).

✓ RECURSO N. 0000491-53.2017.8.19.0051. RECORRENTE: MATHEUS CATRINCK ALVES DA COSTA. RECORRIDO: PRIME MULTIMARCAS LTDA. Trata-se de recurso inominado interposto pelo autor em face de sentença que julgou procedente o pedido de dano material formulado pelo autor e improcedente o pleito de danos morais, de ação que versa sobre a responsabilidade do réu enquanto revendedor de veículo que apresentou defeito 30 dias após a venda ao autor. Inconformado, o autor em sede recursal requer o reconhecimento de danos morais na hipótese narrada. Compulsando os autos, verifico que a pessoa jurídica demandada é diversa daquela indicada como revendedora do veículo ao autor. O autor ingressou com a presente demanda em face de PRIME CAR VEÍCULOS AUTOMOTORES EIRELI – ME, atribuindo-lhe responsabilidade civil por força da alienação de veículo defeituoso. Contudo, a documentação acostada pelo próprio autor às fls. 18/19 demonstra que a pessoa jurídica que de fato alienou o veículo foi a AW COMÉRCIO DE VEÍCULOS LTDA (XANDY MULTIMARCAS), com endereço e CNPJ diversos do demandado. Patente, assim, a ilegitimidade passiva ad causam do demandado. Diz o Código de Processo Civil que: Art. 485. O juiz não resolverá o mérito quando:(...) VI – verificar ausência de legitimidade ou de interesse processual;(...) § 3o O juiz conhecerá de ofício da matéria constante dos incisos IV, V, VI e IX, em qualquer tempo e grau de jurisdição, enquanto não ocorrer o trânsito em julgado. Impõe-se, pois, a extinção anômala do processo, pela ilegitimidade passiva. À conta de tais fundamentos, voto no sentido de EXTINGUIR O PROCESSO SEM RESOLUÇÃO DO MÉRITO, ante a ilegitimidade passiva identificada, na forma do art. 485, VI, CPC, ficando, assim, prejudicado o recurso inominado interposto. Sem ônus sucumbenciais, face à revelia do demandado. Luciana da Cunha Martins Oliveira. JUÍZA RELATORA. (TJ RJ; RI 00004915320178190051 Rio de Janeiro, São Fidelis, Capital 5 Turma Recursal Dos Jui Esp Cíveis; Rel. Luciana da Cunha Martins Oliveira; Julg. 05/09/2017; Data de Publicação: 11/09/2017)

Extinção do processo por falta de interesse processual:

✓ Impetrante: Nayr Yared. Autoridade Coatora: Juíza de Direito do 1º Juizado Especial Cível de Balneário Camboriú. MANDADO DE SEGURANÇA. REALIZAÇÃO DE ACORDO JUDICIAL NO PROCESSO QUE DEU ORIGEM AO ATO COATOR QUE ACARRETA A PERDA DO OBJETO DO WRIT. SUPERVENIENTE PERDA DO INTERESSE DE AGIR. EXTINÇÃO DO FEITO SEM RESOLUÇÃO DO MÉRITO. (TJ-SC; MS 40000332820178249007 Balneário Camboriú; Sétima Turma de Recursos – Itajaí; Rel. Sônia Maria Mazzetto Moroso Terres; Julg. 16/10/2017)

✓ MANDADO DE SEGURANÇA – DECISÃO INTERLOCUTÓRIA QUE NÃO RECEBEU O RECURSO INOMINADO – DEFERIMENTO DA LIMINAR REQUERIDA – PARTES QUE REALIZARAM ACORDO NOS AUTOS ORIGINAIS – AUSÊNCIA DE INTERESSE PROCESSUAL DO IMPETRANTE – PERDA SUPERVENIENTE DO OBJETO – EXTINÇÃO DO WRIT SEM RESOLUÇÃO OD MÉRITO – CONDENAÇÃO AO PAGAMENTO DE CUSTAS – AUSÊNCIA DE CONDENAÇÃO AO PAGAMENTO DE HONORÁRIOS – INTERPRETAÇÃO DA SÚMULA 512 DO SUPREMO TRIBUNAL FEDERAL. (TJ-SC; MS: 40001765720168249005 São Bento do Sul; Quinta Turma de Recursos – Joinville; Rel. Gustavo Marcos de Farias; Julg. 06/09/2017)

Decisão que reconhece a impossibilidade jurídica do pedido como hipótese de improcedência:

✓ TRIBUTÁRIO E PROCESSUAL CIVIL. RESCISÓRIA. PRESCRIÇÃO. IMPOSTO DE RENDA. CINCO MAIS CINCO. MATÉRIA NÃO TANGENCIADA PELO ACÓRDÃO. AUSÊNCIA DE IMPUGNAÇÃO DOS FUNDAMENTOS DO ACÓRDÃO RESCINDENDO. RESCISÓRIA JULGADA IMPROCEDENTE. 1. A rescisória por violação de direito federal exige que a tese prestigiada no acórdão seja atacada de forma direta e específica. 2. Hipótese em que a rescisória, fundada em alegação de violação de literal dispositivo de lei, refere-se à questão diversa daquela que foi apreciada pelo acórdão rescindendo. Caso de absoluta assimetria entre o que julgou a Corte e o que alega o autor como causa de rescisão. É inviável pretender rescindir o que não declarou o acórdão, o que nele não se contém. 3. No regime do CPC de 2015, em que as condições da ação não mais configuram categoria processual autônoma, diversa dos pressupostos processuais e do mérito, a possibilidade jurídica do pedido deixou de ser questão relativa à admissibilidade e passou a ser mérito. Afirma a Exposição de motivos do Anteprojeto do Novo CPC que "a sentença que, à luz da lei revogada seria de carência da ação, à luz do Novo CPC é de improcedência e resolve definitivamente a controvérsia". 4. Nos termos do parágrafo único do art. 974 do CPC, a conversão em multa do depósito do art. 488, II, do CPC/1973 (atual 968, II) pressupõe ser a rescisória julgada improcedente ou inadmissível por unanimidade, razão pela qual a decisão quanto ao destino do depósito somente poderá ser tomada após a conclusão do julgamento. Ação rescisória julgada improcedente. (AR 3.667/DF; Primeira Seção; Rel. Humberto Martins; Julg. 27/04/2016; DJe 23/05/2016)

VII – acolher a alegação de existência de convenção de arbitragem ou quando o juízo arbitral reconhecer sua competência;

→ *v.* Art. 3º e 8º, da Lei 9.307/1996.

→ *v.* Enunciado 47 do FPPC: A competência do juízo estatal deverá ser analisada previamente à alegação de convenção de arbitragem.

→ *v.* Enunciado 48 do FPPC: A alegação de convenção de arbitragem deverá ser examinada à luz do princípio da competência-competência.

→ *v.* Enunciado 136 do FPPC: A citação válida no processo judicial interrompe a prescrição, ainda que o processo seja extinto em decorrência do acolhimento da alegação de convenção de arbitragem.

→ *v.* Enunciado 153 do FPPC: A superveniente instauração de procedimento arbitral, se ainda não decidida a alegação de convenção de arbitragem, também implicará a suspensão do processo, à espera da decisão do juízo arbitral sobre a sua própria competência.

→ *v.* Enunciado 434 do FPPC: O reconhecimento da competência pelo juízo arbitral é causa para a extinção do processo judicial sem resolução de mérito.

→ *v.* Enunciado 435 do FPPC: Cabe agravo de instrumento contra a decisão do juiz que, diante do reconhecimento de competência pelo juízo arbitral, se recusar a extinguir o processo judicial sem resolução de mérito.

Acórdão que atesta a competência do juiz arbitral frente ao estatal quando existente cláusula compromissória cheia:

✓ AGRAVO DE INSTRUMENTO. AÇÃO DE RITO ORDINÁRIO. RESOLUÇÃO DE PARTE REMANESCENTE DE CONTRATO. ANTECIPAÇÃO DOS EFEITOS DA TUTELA. PEDIDO DE SUSPENSÃO DE IMISSÃO NA POSSE DE IMÓVEIS FUNDADO EM SENTENÇA ARBITRAL. INDEFERIMENTO DO PLEITO DE URGÊNCIA. RECURSO DOS AUTORES. ANÁLISE DA EFICÁCIA E ALCANCE DE CLÁUSULA COMPROMISSÓRIA CHEIA. PRINCÍPIO DO KOMPETENZ-KOMPETENZ. COMPETÊNCIA EXCLUSIVA DO JUÍZO CONVENCIONAL NA FASE INICIAL DO PROCEDIMENTO ARBITRAL. POSSIBILIDADE DE EXAME PELO JUDICIÁRIO APÓS SENTENÇA ARBITRAL. "(.) 2. AGRAVO DE INSTRUMENTO. AÇÃO DE RITO ORDINÁRIO. RESOLUÇÃO DE PARTE REMANESCENTE DE CONTRATO. ANTECIPAÇÃO DOS EFEITOS DA TUTELA. PEDIDO DE SUSPENSÃO DE IMISSÃO NA POSSE DE IMÓVEIS FUNDADO EM SENTENÇA ARBITRAL. INDEFERIMENTO DO PLEITO DE URGÊNCIA. RECURSO DOS AUTORES. ANÁLISE DA EFICÁCIA E ALCANCE DE CLÁUSULA COMPROMISSÓRIA CHEIA. PRINCÍPIO DO KOMPETENZ-KOMPETENZ. COMPETÊNCIA EXCLUSIVA DO JUÍZO CONVENCIONAL NA FASE INICIAL DO PROCEDIMENTO ARBITRAL. POSSIBILIDADE DE EXAME PELO JUDICIÁRIO APÓS SENTENÇA ARBITRAL." (.) 2. AGRAVO DE INSTRUMENTO. AÇÃO DE RITO ORDINÁRIO. RESOLUÇÃO DE PARTE REMANESCENTE DE CONTRATO. ANTECIPAÇÃO DOS EFEITOS DA TUTELA. PEDIDO DE SUSPENSÃO DE IMISSÃO NA POSSE DE IMÓVEIS FUNDADO EM SENTENÇA ARBITRAL. INDEFERIMENTO DO PLEITO DE URGÊNCIA. RECURSO DOS AUTORES. ANÁLISE DA EFICÁCIA E ALCANCE DE CLÁUSULA COMPROMISSÓRIA CHEIA. PRINCÍPIO DO KOMPETENZ-KOMPETENZ. COMPETÊNCIA EXCLUSIVA DO JUÍZO CONVENCIONAL NA FASE INICIAL DO PROCEDIMENTO ARBITRAL. POSSIBILIDADE DE EXAME PELO JUDICIÁRIO APÓS SENTENÇA ARBITRAL. "(.) 2. AGRAVO DE INSTRUMENTO. AÇÃO DE RITO ORDINÁRIO. RESOLUÇÃO DE PARTE REMANESCENTE DE CONTRATO. ANTECIPAÇÃO DOS EFEITOS DA TUTELA. PEDIDO DE SUSPENSÃO DE IMISSÃO NA POSSE DE IMÓVEIS FUNDADO EM SENTENÇA ARBITRAL. INDEFERIMENTO DO PLEITO DE URGÊNCIA. RECURSO DOS AUTORES. ANÁLISE DA EFICÁCIA E ALCANCE DE CLÁUSULA COMPROMISSÓRIA CHEIA. PRINCÍPIO DO KOMPETENZ-KOMPETENZ. COMPETÊNCIA EXCLUSIVA DO JUÍZO CONVENCIONAL NA FASE INICIAL DO PROCEDIMENTO ARBITRAL. POSSIBILIDADE DE EXAME PELO JUDICIÁRIO APÓS SENTENÇA ARBITRAL." (...) 2. A cláusula compromissória "cheia", ou seja, aquela que contém, como elemento mínimo a eleição do órgão convencional de solução de conflitos, tem o condão de afastar a competência estatal para apreciar a questão relativa à validade da cláusula arbitral na fase inicial do procedimento (parágrafo único do art. 8º, c/c o art. 20 da LArb). 3. De fato, é certa a coexistência das competências dos juízos arbitral e togado relativamente às questões inerentes à existência, validade, extensão e eficácia da convenção de arbitragem. Em verdade – excluindo-se a hipótese de cláusula compromissória patológica ("em branco") -, o que se nota é uma alternância de competência entre os referidos órgãos, porquanto a ostentam em momentos procedimentais distintos, ou seja, a possibilidade de atuação do Poder Judiciário é possível tão somente após a prolação da sentença arbitral, nos termos dos arts. 32, I e 33 da Lei de Arbitragem."(REsp 1278852/MG; Quarta Turma; Rel. Luis Felipe Salomão; Julg. 21/05/2013; DJe 19/06/2013) NECESSIDADE DE ANÁLISE DA QUESTÃO PELO JUÍZO CONVENCIONAL, DIANTE DA NEGATIVA DE PROCESSAMENTO DE PLEITO RECONVENCIONAL EM PROCEDIMENTO ARBITRAL ANTERIOR. LIMITE OBJETIVO DA SENTENÇA ARBITRAL. AUSÊNCIA DE COISA JULGADA. INTELIGÊNCIA DO ARTIGO 469 DO CÓDIGO DE PROCESSO CIVIL. NOVO PROCEDIMENTO ARBITRAL JÁ INSTAURADO. "Dispõe o art. 469, III, do Código de Processo Civil que não faz coisa julgada a apreciação de questão prejudicial, decidida incidentemente no processo"(sic), pelo que tais questões são decididas com eficácia interna (preclusão), como o são de resto, todas as questões emergentes no processo, mas nunca julgadas com eficácia externa (coisa julgada material), que garante às decisões arbitrais autoridade além do processo em que são proferidas. Se pretenderem as partes, na arbitragem, que a questão prejudicial faça coisa julgada, com o alcance do art. 470 do Código de Processo Civil, devem convencioná-lo, e, se não o fizerem originariamente, devem fazê-lo por aditamento ao compromisso, no curso da demanda arbitral. Havendo resistência de qualquer das partes à celebração do aditamento, fica excluída qualquer possibilidade de ação declaratória incidental, em sede arbitral, permanecendo a questão prejudicial em residência periférica, sem condições de residir no núcleo da demanda principal; será apreciada, mas não julgada." (CARREIRA ALVIM, J. E. Direito Arbitral. 2 ed. Rio de Janeiro: Forense, 2007) p. 377-9) op. cit. 299). ACOLHIMENTO DE CONTRARRAZÃO ERIGIDA PELO AGRAVADO. EFEITO TRANSLATIVO DO RECURSO. EXTINÇÃO DA AÇÃO ORIGINÁRIA. RECURSO NÃO CONHECIDO. (TJ-SC; AI 20140065463 São José 2014.006546-3; Quarta Câmara de Direito Comercial; Rel. Altamiro de Oliveira; Julg. 15/07/2014)

Extinção do processo quando existente cláusula compromissória cheia:

✓ APELAÇÃO CÍVEL. EMBARGOS À EXECUÇÃO. CLÁUSULA DE CONVENÇÃO DE ARBITRAGEM. INCOMPETÊNCIA DO JUÍZO ESTATAL. SENTENÇA DE PROCEDÊNCIA. MAGISTRADA A QUO ACOLHEU A PRELIMINAR DE INCOMPETÊNCIA E EXTINGUIU O FEITO SEM RESOLUÇÃO DO MÉRITO, COM BASE NO ARTIGO 485, INCISO VII DO CÓDIGO DE PROCESSO CIVIL. RECURSO DO EMBARGADO/EXEQUENTE. 1. ALEGADA COMPETÊNCIA DO PODER JUDICIÁRIO, PORQUANTO O ÁRBITRO NÃO POSSUI FORÇA COERCITIVA PARA ATOS EXECUTIVOS. EMBARGOS QUE NÃO VERSAM EXCLUSIVAMENTE SOBRE QUESTÕES FORMAIS ATINENTES AOS ATOS EXECUTÓRIOS. COMPETÊNCIA DO JUÍZO ARBITRAL CONFIRMADA. SENTENÇA MANTIDA. 2. HONORÁRIOS SUCUMBENCIAIS RECURSAIS DEVIDOS, NOS TERMOS DO ARTIGO 85, §§ 1º E 11, DO NOVO CÓDIGO DE PROCESSO CIVIL. 3. RECURSO CONHECIDO E DESPROVIDO (TJ-SC; AC 05016864020138240011 Brusque; Primeira Câmara de Direito Civil; Rel. Raulino Jacó Brüning; Julg. 30/11/2017)

VIII – homologar a desistência da ação;

→ v. Art. 200, parágrafo único, do NCPC.

Extinção do processo pela desistência:

✓ MANDADO DE SEGURANÇA. DESISTÊNCIA. HOMOLOGAÇÃO DO PEDIDO COM A EXTINÇÃO DO WRIT SEM JULGAMENTO DE MÉRITO. APLICABILIDADE DO ART. 485, INC. VIII, DO CÓDIGO DE PROCESSO CIVIL. "Manifestada pelo impetrante a intenção de desistir do mandamus, homologa-se o pedido, restando extinto o processo [...]" (STJ – MS n. 5.957/DF, rel. Min. Félix Fischer). (TJ-SC; MS: 40086884420178240000 Capital; Grupo de Câmaras de Direito Público; Rel. João Henrique Blasi; Julg. 27/09/2017)

✓ DECISÃO: ACORDAM os integrantes da Quinta Câmara Cível do TRIBUNAL DE JUSTIÇA DO ESTADO DO PARANÁ, por unanimidade de votos, em negar provimento ao Apelo. EMENTA: EMENTA1) DIREITO PROCESSUAL CIVIL. APLICABILIDADE DO ARTIGO 485 DO CPC DE 2015. REQUERIMENTO DE DESISTÊNCIA DA AÇÃO ANTES DA CONTESTAÇÃO.AUSÊNCIA DA NECESSIDADE DE CONSENTIMENTO DO RÉU. EXTINÇÃO DO PROCESSO SEM RESOLUÇÃO DO MÉRITO. a) O Código de Processo Civil de 2015, aplicável ao caso, preceitua que: "Art. 485. O juiz não resolverá o mérito quando: (...) VIII – homologar a desistência da ação, (...) § 4º Oferecida a contestação, o autor não poderá, sem o consentimento do réu, desistir da ação. § 5º A desistência da ação pode ser apresentada até a sentença. Apelação Cível nº 1611515-6 b) No caso, não houve oferecimento de contestação pelo Apelante, motivo pelo qual o Impetrante pode desistir da ação, sem o seu consentimento, devendo o processo ser extinto sem resolução de mérito. c) Nessas condições, não incide, no caso, o disposto no art. 3º da Lei nº 9.469/97, segundo o qual:"Art. 3º As autoridades indicadas no caput do art. 1º poderão concordar com pedido de desistência da ação, nas causas de quaisquer valores desde que o autor renuncie expressamente ao direito sobre que se funda a ação (art. 269, inciso V, do Código de Processo Civil)", porquanto o Impetrante desistiu da ação antes do oferecimento da contestação, de modo que não é necessário o consentimento do Apelante.2) APELO A QUE SE NEGA PROVIMENTO. (TJPR; AC 1611515-6, Curitiba; 5ª C. Cível; Rel. Leonel Cunha; Unânime; Julg.13.12.2016) I. Junte-se a Petição de protocolo nº 0060957/2016. II. Para que sejam produzidos seus devidos efeitos jurídicos e legais, homologo o pedido de desistência formulado pela parte recorrente e julgo extinto o processo sem resolução de mérito, com fulcro no art. 485, VIII1, CPC, art. 9982, CPC e art. 200, XVI3 do Regimento Interno deste Tribunal de Justiça. 1 Art. 485 – O juiz não resolverá o mérito quando: VIII – homologar a desistência da ação; 2 Art. 998 – O recorrente poderá, a qualquer tempo, sem a anuência do recorrido ou dos litisconsortes, desistir do recurso. 3 Art. 200 – Compete ao Rel. XVI. homologar desistências e transações e decidir, nos casos de impugnação, o valor da causa, III. Intime-se, na forma do art. 1019, II, do CPC. IV. Oportunamente, arquivem-se os autos. Curitiba, 21 de março de 2016. Gil Francisco de Paula Xavier Fernandes Guerra Juiz Relator (TJ-PR; APL 14823924 PR 1482392-4 (Decisão Monocrática); 11ª Câmara Cível; Rel. Gil Francisco de Paula Xavier F Guerra; Julg. 22/03/2016; Data de Publicação: DJ: 1774 06/04/2016)

IX – em caso de morte da parte, a ação for considerada intransmissível por disposição legal; e

Extinção do processo pelo falecimento da parte:

✓ APELAÇÃO CÍVEL. AÇÃO DE OBRIGAÇÃO DE FAZER COM PEDIDO DE ANTECIPAÇÃO DE TUTELA. FORNECIMENTO DE MEDICAMENTOS PELO ESTADO. DIREITO À SAÚDE ASSEGURADO PELA CONSTITUIÇÃO FEDERAL. OBRIGAÇÃO DO PODER PÚBLICO. FALECIMENTO DA DEMANDANTE INFORMADO EM MOMENTO ANTERIOR À PROLAÇÃO DA SENTENÇA. EXTINÇÃO DO FEITO SEM RESOLUÇÃO DO MÉRITO QUE SE IMPÕE. HONORÁRIOS ADVOCATÍCIOS. PLEITO DE REDUÇÃO. PERTINÊNCIA. VERBA HONORÁRIA QUE SE MOSTRA EXORBITANTE. APELO CONHECIDO E PROVIDO. (TJ-SC; AC 03006048020168240001 Abelardo Luz 0300604-80.2016.8.24.0001; Terceira Câmara de Direito Público; Rel. Júlio César Knoll; Julg. 31/10/2017)

✓ REEXAME NECESSÁRIO. AÇÃO DE OBRIGAÇÃO DE FAZER COM PEDIDO DE ANTECIPAÇÃO DE TUTELA. FORNECIMENTO DE MEDICAMENTOS PELO MUNICÍPIO. DIREITO À SAÚDE ASSEGURADO PELA CONSTITUIÇÃO FEDERAL. OBRIGAÇÃO DO PODER PÚBLICO. FALECIMENTO DA DEMANDANTE INFORMADO APÓS A PROLAÇÃO DA SENTENÇA. EXTINÇÃO DO FEITO SEM RESOLUÇÃO DO MÉRITO QUE SE IMPÕE. HONORÁRIOS ADVOCATÍCIOS. CABIMENTO. PRINCÍPIO DA CAUSALIDADE. REMESSA NECESSÁRIA PARCIALMENTE PROVIDA. (TJ-SC; REEX: 00239979620108240008 Blumenau; Terceira Câmara de Direito Público; Rel. Júlio César Knoll; Julg. 12/09/2017)

X – nos demais casos prescritos neste Código.

Extinção do processo pelo não recolhimento das custas (cancelamento da distribuição):

✓ APELAÇÃO CÍVEL. AÇÃO MONITÓRIA. SENTENÇA QUE EXTINGUIU O PROCESSO E DETERMINOU O CANCELAMENTO DA DISTRIBUIÇÃO. IRRESIGNAÇÃO DA AUTORA. ALEGAÇÃO DA NECESSIDADE DA DUPLA INTIMAÇÃO DA PARTE AUTORA. PROCESSO EXTINTO ANTE O NÃO RECOLHIMENTO DAS CUSTAS INICIAIS. HIPÓTESE QUE NÃO SE CONFUNDE COM A DUPLA INTIMAÇÃO ESSENCIAL PARA A CONFIGURAÇÃO DO ABANDONO DE CAUSA. SENTENÇA MANTIDA, PORÉM, POR FUNDAMENTO DIVERSO. "A extinção do feito decorrente do não recolhimento, pela parte autora, das custas e despesas de ingresso (art. 290 do Código de Processo Civil de 2015) prescinde de intimação pessoal da parte, uma vez que não se inclui entre aquelas causas extintivas cujo reconhecimento exige a prévia intimação pessoal da parte, nos termos da norma contida no art. 485, § 1º, do CPC/2015" (Apelação Cível n. 0307659-07.2015.8.24.0005, de Balneário Camboriú, rela. Desa. Janice Goulart Garcia Ubialli; Julg. em 16-5-2017). POSTULADO O AFASTAMENTO DA MULTA PREVISTA NO ART. 1.026, § 2º DO CPC/2015. EMBARGOS DE DECLARAÇÃO CONSIDERADOS PROTELATÓRIOS PELO MAGISTRADO A QUO DIANTE DA AUSÊNCIA DOS REQUISITOS PARA A SUA OPOSIÇÃO. CARÁTER PROTELATÓRIO NÃO EVIDENCIADO. AFASTAMENTO DA SANÇÃO QUE SE IMPÕE. PROVIMENTO. LITIGÂNCIA DE MÁ-FÉ. TENTATIVA DA APELANTE EM ALTERAR A REALIDADE DOS FATOS. CONDENAÇÃO, DE OFÍCIO, AO PAGAMENTO DE MULTA DE 5% (CINCO POR CENTO) SOBRE O VALOR CORRIGIDO DA CAUSA. INTELIGÊNCIA DOS ARTS. 80, INC. II E 81, CAPUT DO CPC/2015. RECURSO CONHECIDO E PARCIALMENTE PROVIDO. (TJ-SC; AC 03007635420168240023 Capital; Quarta Câmara de Direito Comercial; Rel. Altamiro de Oliveira; Julg. 11/07/2017)

§ 1º Nas hipóteses descritas nos incisos II e III, a parte será intimada pessoalmente para suprir a falta no prazo de 5 (cinco) dias.

Cientificação prévia da parte para promover o andamento processual sob pena de extinção:

✓ AÇÃO DE ALIMENTOS. EXTINÇÃO DO FEITO, SEM RESOLUÇÃO DO MÉRITO, COM BASE NO ART. 485, III, DO CPC. DESÍDIA REITERADA DA AUTORA EM APRESENTAR DOCUMENTAÇÃO NECESSÁRIA À ANÁLISE DO MÉRITO DA DEMANDA. CERTIDÃO DE NASCIMENTO. RECURSO DESPROVIDO. SENTENÇA EXTINTIVA MANTIDA. Conforme regência legal, em suma, se o autor não promover o que lhe incumbe no processo, abandonando a causa, deverá ser intimado, pessoalmente, para suprir a falta e dar andamento ao feito, compreendendo-se como válida a intimação pessoal dirigida ao endereço constante nos autos, ainda que não recebida pessoalmente pelo interessado. Tomadas tais providências e não se obtendo resposta por parte do autor no prazo legal, mediante requerimento do réu (art. 485, § 6º, CPC), extingue-se o processo sem resolução do mérito. (TJ-SC; AC 03001325720158240052 Porto União; Terceira Câmara de Direito Civil; Rel. Maria do Rocio Luz Santa Ritta; Julg. 04/07/2017)

✓ AÇÃO DE BUSCA E APREENSÃO. APELAÇÃO CÍVEL. SENTENÇA QUE EXTINGUIU O FEITO SEM RESOLUÇÃO DO MÉRITO, COM FULCRO NO ART. 485, INCISO III, DO CÓDIGO DE PROCESSO CIVIL DE 2015. INSURGÊNCIA DA INSTITUIÇÃO FINANCEIRA AUTORA. ALEGAÇÃO DE NULIDADE DA SENTENÇA POR INOBSERVÂNCIA ÀS REGRAS PROCESSUAIS CONTIDAS NOS § 1º E § 6º DO ART. 485 DO

CPC/2015. CASO EM CONCRETO EM QUE A PARTE AUTORA FOI INTIMADA, POR SEU PROCURADOR E PESSOALMENTE, A IMPULSIONAR O FEITO, CONTUDO, MANTEVE-SE INERTE. PARTE RÉ QUE FOI INSTADA SOBRE A EXTINÇÃO DO PROCESSO E NÃO APRESENTOU OPOSIÇÃO. REGRAS PROCESSUAIS OBSERVADAS. NULIDADES AFASTADAS. SENTENÇA MANTIDA. RECURSO CONHECIDO E DESPROVIDO. (TJ-SC; AC 05008582320138240018 Chapecó; Quinta Câmara de Direito Comercial; Rel. Soraya Nunes Lins; Julg. 29/06/2017)

✓ APELAÇÃO CÍVEL. AÇÃO DE BUSCA E APREENSÃO. EXTINÇÃO DO PROCESSO POR ABANDONO DA CAUSA (ART. 485, III, E § 1º, DO CPC). RECURSO DO BANCO AUTOR. SUSCITADA AUSÊNCIA DE INTIMAÇÃO PESSOAL DO ADVOGADO. NÃO ACOLHIMENTO. APLICAÇÃO DO ART. 485, III, E § 1º, DO CPC. EXIGÊNCIA DESTINADA SOMENTE AO AUTOR, SUJEITO ATIVO DA AÇÃO. ENCERRAMENTO DO FEITO QUE SE OPEROU APÓS DUPLA INTIMAÇÃO (A DO PROCURADOR VIA IMPRENSA OFICIAL E A PESSOAL DA PARTE COM O ENVIO DE CORRESPONDÊNCIA COM AVISO DE RECEBIMENTO). RECURSO CONHECIDO E DESPROVIDO. (TJ-SC; AC 03016267220168240067 São Miguel do Oeste; Segunda Câmara de Direito Comercial; Rel. Newton Varella Júnior; Julg. 29/08/2017)

✓ AÇÃO DE BUSCA E APREENSÃO. APELAÇÃO CÍVEL. SENTENÇA QUE EXTINGUIU O FEITO SEM RESOLUÇÃO DO MÉRITO, COM FULCRO NO ART. 485, INCISO III, DO CÓDIGO DE PROCESSO CIVIL DE 2015. INSURGÊNCIA DA INSTITUIÇÃO FINANCEIRA AUTORA. ALEGAÇÃO DE NULIDADE DA SENTENÇA POR INOBSERVÂNCIA ÀS REGRAS PROCESSUAIS CONTIDAS NOS § 1º E § 6º DO ART. 485 DO CPC/2015. CASO EM CONCRETO EM QUE A PARTE AUTORA FOI INTIMADA, POR SEU PROCURADOR E PESSOALMENTE, A IMPULSIONAR O FEITO, CONTUDO, MANTEVE-SE INERTE. PARTE RÉ QUE FOI INSTADA SOBRE A EXTINÇÃO DO PROCESSO E NÃO APRESENTOU OPOSIÇÃO. REGRAS PROCESSUAIS OBSERVADAS. NULIDADES AFASTADAS. SENTENÇA MANTIDA. RECURSO CONHECIDO E DESPROVIDO. (TJ-SC; AC 05008582320138240018 Chapecó; Quinta Câmara de Direito Comercial; Rel. Soraya Nunes Lins; Julg. 29/06/2017,)

§ 2º No caso do § 1º, quanto ao inciso II, as partes pagarão proporcionalmente as custas, e, quanto ao inciso III, o autor será condenado ao pagamento das despesas e dos honorários de advogado.

Distribuição da sucumbência na extinção processual por abandono:

✓ APELAÇÃO CÍVEL. AÇÃO DE EXECUÇÃO POR QUANTIA CERTA CONTRA DEVEDOR SOLVENTE. SENTENÇA DE EXTINÇÃO DO FEITO COM FUNDAMENTO NO ARTIGO 485, INCISO III, DO CÓDIGO DE PROCESSO CIVIL DE 2015. PAGAMENTO DE HONORÁRIOS ADVOCATÍCIOS. ÔNUS QUE COMPETE À APELADA. ARTIGO 485, § 2º, DO CÓDIGO DE PROCESSO CIVIL DE 2015. APLICAÇÃO DO PRINCÍPIO DA CAUSALIDADE. PRECEDENTES DA CORTE E DA CÂMARA. ARBITRAMENTO QUE SE FAZ POR EQUIDADE. ARTIGO 85, § 8º, DO CÓDIGO DE PROCESSO CIVIL DE 2015. PRETENSÃO DE AFASTAMENTO DO DISPOSTO NA SÚMULA N. 306 DO SUPERIOR TRIBUNAL DE JUSTIÇA. IMPOSSIBILIDADE. COMPENSAÇÃO DE HONORÁRIOS ADVOCATÍCIOS QUE NUNCA FOI DETERMINADA NA SENTENÇA COMBATIDA. ALÉM DO MAIS, AUTORIZAÇÃO PARA COMPENSAÇÃO DE VALORES QUE SOMENTE SE FEZ NA SENTENÇA PROFERIDA NOS EMBARGOS DO DEVEDOR, ESTA QUE JÁ TRANSITOU EM JULGADO, OPERANDO-SE OS EFEITOS DA COISA JULGADA MATERIAL. MAJORAÇÃO DOS HONORÁRIOS ADVOCATÍCIOS EM RAZÃO DO TRABALHO REALIZADO EM GRAU DE RECURSO PELO ADVOGADO DA APELANTE. ARTIGO 85, § 11, DO CÓDIGO DE PROCESSO CIVIL DE 2015. RECURSO PARCIALMENTE PROVIDO. (TJ-SC; AC 00034324920098240040 Laguna; Quinta Câmara de Direito Comercial; Rel. Jânio Machado; Julg. 27/07/2017)

✓ AÇÃO DE BUSCA E APREENSÃO. APELAÇÃO CÍVEL. SENTENÇA QUE EXTINGUIU O FEITO SEM RESOLUÇÃO DO MÉRITO, COM FULCRO NO ART. 485, INCISO III, DO CÓDIGO DE PROCESSO CIVIL DE 2015. INSURGÊNCIA DA INSTITUIÇÃO FINANCEIRA AUTORA. ALEGAÇÃO DE NULIDADE DA SENTENÇA POR INOBSERVÂNCIA ÀS REGRAS PROCESSUAIS CONTIDAS NOS § 1º E § 6º DO ART. 485 DO CPC/2015. CASO EM CONCRETO EM QUE A PARTE AUTORA FOI INTIMADA, POR SEU PROCURADOR E PESSOALMENTE, A IMPULSIONAR O FEITO, CONTUDO, MANTEVE-SE INERTE. PARTE RÉ QUE FOI INSTADA SOBRE A EXTINÇÃO DO PROCESSO E NÃO APRESENTOU OPOSIÇÃO. REGRAS PROCESSUAIS OBSERVADAS. NULIDADES AFASTADAS. SENTENÇA MANTIDA. RECURSO CONHECIDO E DESPROVIDO. (TJ-SC; AC 05008582320138240018 Chapecó; Quinta Câmara de Direito Comercial; Rel. Soraya Nunes Lins; Julg. 29/06/2017)

§ 3º O juiz conhecerá de ofício da matéria constante dos incisos IV, V, VI e IX, em qualquer tempo e grau de jurisdição, enquanto não ocorrer o trânsito em julgado.

→ *v.* Art. 10 do NCPC.

Possibilidade de exame de ofício das questões relativas à ordem pública:

✓ AÇÃO DECLARATÓRIA COM DANOS MORAIS – Pretensão à declaração de inexigibilidade da dívida – R. sentença de improcedência – Recurso do autor – Impossibilidade – Termo de acordo apresentado nos autos que demonstra como credor Credicard Financiamentos e não o Banco Citibank, ora apelado – Demonstração que o Banco Itaú posteriormente comprou a Credicard, sendo portanto, o legítimo credor – Ausência de comprovação de relação jurídica entre o requerente e o requerido – Ilegitimidade passiva – R. sentença que julgou o feito com análise de mérito – "Erro in procedendo" – Feito que deve ser extinto, sem resolução do mérito, nos termos do artigo 485, VI do NCPC, por ausência de legitimidade de parte – Condição de ação – Matéria de ordem pública, podendo ser analisada de ofício – Artigo 485, § 3º do NCPC – Alteração de ofício, com extinção do feito, sem resolução do mérito – Recurso não provido, com observação. (TJ-SP 10190399820168260100; SP; 38ª Câmara de Direito Privado; Rel. Achile Alesina; Julg. 23/08/2017; Data de Publicação: 24/08/2017)

§ 4º Oferecida a contestação, o autor não poderá, sem o consentimento do réu, desistir da ação.

Indispensabilidade do consentimento do réu para deferimento da desistência do processo:

✓ ACIDENTE DE TRÂNSITO. DPVAT. SEGURO OBRIGATÓRIO. COBRANÇA. Tendo sido apresentada a contestação, o autor só poderá requerer a desistência da ação com o consentimento do réu, nos termos do art. 485, § 4º, do CPC. Sentença homologatória anulada. Recurso provido para determinar o regular prosseguimento da ação no juízo de origem. (TJ-SP 10718293020148260100; SP; 26ª Câmara de Direito Privado; Rel. Felipe Ferreira; Julg. 10/08/2017; Data de Publicação: 11/08/2017)

✓ APELAÇÃO. ADMINISTRATIVO. REINTEGRAÇÃO DE POSSE. FALECIMENTO DA PARTE RÉ. DESISTÊNCIA DA AÇÃO. AUSÊNCIA DE INTIMAÇÃO. ARTIGO 267, § 4º, DO CPC/1973. DOCUMENTO NOVO. PROSSEGUIMENTO DO FEITO. 1. Trata-se de conhecida questão acerca da Aldeia do Forte do Imbuhy, área situada em Jurujuba, na cidade de Niterói, cuja posse os moradores e Exército disputam desde a década de 80. 2. A Primeira Seção do STJ, sob o regime do art. 543-C do CPC (REsp 1.267.995/PB, Relator para Acórdão Min. Mauro Campbell), firmou o entendimento de que, nos termos do artigo 267, § 4º, do CPC/1973, a desistência da ação, após o decurso do prazo para a resposta, somente poderá ser homologada com o consentimento do réu. 3. No caso, ao tomar conhecimento do óbito da ré, a UNIÃO requereu a extinção do feito, o que foi deferido de imediato pelo juiz, em sentença terminativa de desistência da ação, nos termos do art. 267, VIII do CPC/73, inobservando o § 4º desse mesmo dispositivo legal, cuja mens legis vem reproduzida no art. 485, § 4º ("Oferecida a contestação, o autor não poderá, sem o consentimento do réu, desistir da ação"). Assim, promovida a habilitação dos sucessores, deve o feito prosseguir. 4. Não se mostra viável o imediato julgamento do feito, nos termos do artigo 1.013, § 3º, I do CPC/2015. Tendo em vista a juntada, pela UNIÃO, de documento novo que parece servir à elucidação acerca da localização do imóvel (fl. 318) sem que seja necessária a realização de perícia, e o óbito da moradora em momento seguinte sem que fosse oportunizada a manifestação dos sucessores processuais, devem ser os mesmos, agora habilitados nos autos, intimados a tanto. 5. O recurso de apelação deve ser provido para anular a sentença e determinar o retorno dos autos à Vara de origem, com regular processamento do feito. 6. Recurso de apelação provido. (TRF-2; AC 00332430219964025102 RJ; 5ª Turma Especializada; Rel. Aluisio Gonçalves De Castro Mendes; Julg. 20/10/2017)

§ 5º A desistência da ação pode ser apresentada até a sentença.

Sentença como limite para realização da desistência do processo:

✓ APELAÇÃO – DECLARATÓRIA DE INEXISTÊNCIA DE DÉBITO, COM PLEITO INDENIZATÓRIO CUMULADO – INDEFERIMENTO DA INICIAL. Autora, ora recorrente, que atravessou petição desistindo da ação – Desistência da ação que não tem lugar após a publicação da sentença – NCPC, art. 485, § 5º – Contudo, a manifestação em testilha consiste em aceitação tácita do julgamento, ato incompatível com a vontade de recorrer, de modo que resta prejudicada a análise do recurso. RECURSO PREJUDICADO. (TJ-SP 10421892720168260224; SP; 37ª Câmara de Direito Privado; Rel. Sergio Gomes; Julg. 21/08/2017; Data de Publicação: 21/08/2017)

✓ Apelação cível. Ação de dissolução parcial de sociedade. Indeferimento da inicial. Desistência da ação e do recurso pelo autor-apelante. Homologação da desistência do recurso. Prolação da sentença que impede o autor de desistir da ação. Honorários advocatícios. Contraditório recursal que impõe a fixação de verba honorária em favor do patrono dos réus-apelados, observada a gratuidade judiciária do autor. Não conhecimento do recurso. Rejeição da desistência da ação. (TJ-RJ; APL 00023609820168190079 Rio de Janeiro, Itaipava, Regional Petrópolis; 1ª Vara Cível, Quinta Câmara Cível; Rel. Cristina Tereza Gaulia; Julg. 20/09/2017; Data de Publicação: 22/09/2017)

✓ APELAÇÃO CÍVEL. NEGÓCIOS JURÍDICOS BANCÁRIOS. AÇÃO REVISIONAL DE CONTRATO BANCÁRIO. EXTINÇÃO DA AÇÃO POR DESISTÊNCIA. Pedido indeferido por ter sido feito após a prolação da sentença e por não haver concordância do réu (Código de Processo Civil, artigo 485, §§ 4º e 5º). JUROS REMUNERATÓRIOS. Devidos conforme contratados quando adequados à taxa média de mercado apurada pelo BACEN. Quando pactuados em percentual bem superior ou não demonstrada a taxa contratada, devem ser com base nela limitados. CAPITALIZAÇÃO. Permitida a pactuação de periodicidade inferior à anual nos contratos posteriores a 31-3-2000 por força da Medida Provisória nº 2.170-36. Aplicação das Súmulas 539 e 541 do Superior Tribunal de Justiça. ENCARGOS DE INADIMPLÊNCIA. Aplicação da Súmula 296 do Superior Tribunal de Justiça. Limitados os juros remuneratórios por inadimplência contratados com base na taxa média de mercado apurada pelo BACEN. Possível a cumulação com juros moratórios e multa por não se tratar de comissão de permanência. REPETIÇÃO DE INDÉBITO E COMPENSAÇÃO DE VALORES. Permitidas na forma simples. Desnecessidade de comprovação do erro para a repetição de indébito, com o fim de evitar o enriquecimento sem causa do credor. MORA. Evidenciada se a obrigação vencer sem o devido pagamento, na... ausência de encargos remuneratórios abusivos. Nos contratos em que houve limitação desses encargos, deve ser descaracterizada (REsp 1061530/RS). INSCRIÇÃO EM ÓRGÃOS RESTRITIVOS DE CRÉDITO. Vedada quando afastada a mora pela verificação de cobrança de encargos remuneratórios abusivos (REsp 1061530/RS). EXTINÇÃO DA AÇÃO INDEFERIDA. APELO DO AUTOR CONHECIDO EM PARTE E PARCIALMENTE PROVIDO. APELO DO RÉU PARCIALMENTE PROVIDO. UNÂNIME. (TJ-RS; Apelação Cível 70073595134; Décima Primeira Câmara Cível; Rel. Antônio Maria Rodrigues de Freitas Iserhard; Julg. 25/10/2017).

§ 6º Oferecida a contestação, a extinção do processo por abandono da causa pelo autor depende de requerimento do réu.

Extinção do processo por abandono do autor mediante requerimento do réu:

✓ RECURSO ESPECIAL. AÇÃO DE APURAÇÃO DE HAVERES DE QUOTAS DE SÓCIO EXCLUÍDO. EXTINÇÃO DE OFÍCIO DO PROCESSO SEM RESOLUÇÃO DE MÉRITO. ABANDONO DA CAUSA. ART. 267, INCISO III, § 1º, CPC/1973. REQUERIMENTO DA PARTE RÉ. NECESSIDADE. SÚMULA Nº 240/STJ. INTIMAÇÃO PESSOAL FRUSTRADA. ENDEREÇO ESTRANHO AOS AUTOS. INTIMAÇÃO POR EDITAL. NECESSIDADE. 1. O recurso especial tem origem em ação de apuração de haveres de quotas de sócio excluído, que foi extinta sem resolução do mérito por abandono da causa pelo autor. 2. Segundo a jurisprudência desta Corte, consolidada na Súmula nº 240/STJ, é defeso ao juiz extinguir o processo por abandono da causa de ofício, sendo imprescindível o requerimento do réu, pois, de um lado, não é dado presumir desinteresse da parte contrária já citada no prosseguimento e solução da causa e, de outro, ao autor não poderia ser imposta tal sanção sem o requerimento prévio da parte ré, pois sua inércia, nesse caso, não estaria suficientemente evidenciada. 3. Vale ressaltar que a inteligência da Súmula nº 240/STJ foi incorporada ao Código de Processo Civil de 2015 que passou a prever, em seu artigo 485, § 6º, que, oferecida a contestação, a extinção do processo por abandono da causa pelo autor depende de requerimento do réu. 4. A extinção do processo por abandono da causa pelo autor pressupõe a sua intimação pessoal que, se for frustrada por falta de endereço correto, deve se perfectibilizar por edital. Precedentes. 5. Recurso especial provido. (REsp 1596446/SC; Terceira Turma; Rel. Ricardo Villas Boas Cueva; Julg. 14/06/2016; DJe 20/06/2016)

✓ APELAÇÃO CÍVEL. AÇÃO DE EXECUÇÃO DE TÍTULO EXTRAJUDICIAL. SENTENÇA QUE EXTINGUIU O PROCESSO POR ABANDONO DE CAUSA. IRRESIGNAÇÃO DO EXEQUENTE. ABANDONO DA CAUSA. NÃO CARACTERIZAÇÃO. AUSÊNCIA DE REQUERIMENTO EXPRESSO DA EXECUTADA. INTELIGÊNCIA DA SÚMULA N. 240 DO SUPERIOR TRIBUNAL DE JUSTIÇA. DESCONSTITUIÇÃO DA SENTENÇA QUE SE MOSTRA NECESSÁRIA. RETORNO DOS AUTOS À ORIGEM PARA O SEU REGULAR PROCESSAMENTO. "Segundo a jurisprudência desta Corte, consolidada na Súmula nº 240/STJ, é defeso ao juiz extinguir o processo por abandono da causa de ofício, sendo imprescindível o requerimento do réu, pois, de um lado, não é dado presumir desinteresse da parte contrária já citada no prosseguimento e solução da causa e, de outro, ao autor não poderia ser imposta tal sanção sem o requerimento prévio da parte ré, pois sua inércia, nesse caso, não estaria suficientemente evidenciada." "Vale ressaltar que a inteligência da Súmula nº 240/STJ foi incorporada ao Código de Processo Civil de 2015 que passou a prever, em seu artigo 485, § 6º, que, oferecida a contestação, a extinção do processo por abandono da causa pelo autor depende de requerimento do réu" (Recurso Especial n. 1.596.446/SC, rel. Min. Ricardo Villas Bôas Cueva; Julg. em 14-6-2016). RECURSO CONHECIDO E PROVIDO. (TJ-SC; AC 05004787420138240058 São Bento do Sul; Quarta Câmara de Direito Comercial; Rel. Altamiro de Oliveira; Julg. 22/08/2017)

✓ DIREITO DO CONSUMIDOR. APELAÇÃO. AÇÃO DE REINTEGRAÇÃO DE POSSE. SENTENÇA DE EXTINÇÃO DO PROCESSO SEM RESOLUÇÃO DE MÉRITO, COM BASE NO ARTIGO 485, III, DO CPC. INÉRCIA. FEITO CONTESTADO. NECESSIDADE DE PEDIDO DE EXTINÇÃO FORMULADO PELO RÉU. APLICAÇÃO DO ARTIGO 485, § 6º DO CPC. SÚMULA Nº 240 DO STJ. IMPOSSIBILIDADE. INTIMAÇÃO REALIZADA NA PESSOA DO ANTIGO ADMINISTRADOR DA MASSA FALIDA. INTELIGÊNCIA DO ARTIGO 485, II E III E § 6º DO CPC. MINISTÉRIO PÚBLICO QUE NÃO FOI INTIMADO ANTES DA PROLAÇÃO DA SEN-

TENÇA. PROVIMENTO AO RECURSO. ANULAÇÃO DA SENTENÇA. (TJ-RJ; APL 00218229820098190204 Rio de Janeiro, Bangu, Regional; 4ª Vara Cível, Vigésima Terceira Câmara Cível Consumidor; Rel. Antônio Carlos Arrabida Paes; Julg. 14/12/2016; Data de Publicação: 19/12/2016)

✓ APELAÇÃO CÍVEL. FAMÍLIA. AÇÃO DE ALIMENTOS. EXTINÇÃO DA AÇÃO. DESCABIMENTO. NECESSIDADE DE NOMEAÇÃO DE CURADOR ESPECIAL PARA PROTEGER OS INTERESSES DOS MENORES. PROSSEGUIMENTO DO FEITO. 1. A inércia processual de representante legal dos menores, tratando-se de conduta que conflita diretamente com os seus interesses, exige a nomeação de curador especial nos autos. 2. Para que seja extinta a ação por abandono da causa, deve haver o requerimento do réu, o que no caso não ocorreu, conforme Súmula 240 STJ e art. 485, § 6º do NCPC RECURSO PROVIDO. (TJ-RS; Apelação Cível 70075749333; Sétima Câmara Cível; Rel. Liselena Schifino Robles Ribeiro; Julg. 17/11/2017).

✓ DECISÃO: ACORDAM os Excelentíssimos Senhores Desembargadores integrantes da Décima Oitava Câmara Cível do Egrégio Tribunal de Justiça do Paraná, por unanimidade de votos, em negar provimento ao recurso, nos termos do voto do Relator. EMENTA: APELAÇÃO CÍVEL. REVISIONAL DE CONTRATO EM FASE DE CUMPRIMENTO DE SENTENÇA. EXTINÇÃO DO FEITO POR ABANDONO DA CAUSA, COM FULCRO NO ART. 485, III DO CPC. ABANDONO CARACTERIZADO. AUTOR-EXECUTADO, QUE MESMO INTIMADO POR MEIO DE SEU ADVOGADO, E PESSOALMENTE, SOB PENA DE EXTINÇÃO, MANTEVE-SE INERTE. ÚLTIMA MANIFESTAÇÃO DA PARTE EXEQUENTE OCORRIDA EM 16 DE DEZEMBRO DE 2013. DESNECESSIDADE DE REQUERIMENTO DO EXECUTADO, ANTE A AUSÊNCIA DE IMPUGNAÇÃO AO CUMPRIMENTO DE SENTENÇA.INAPLICABILIDADE DO § 6º DO ART. 485 DO CPC E DA SÚMULA 240 DO STJ, SENTENÇA MANTIDA. RECURSO DESPROVIDO. (TJPR; AC 1616763-2, Curitiba; 18ª C. Cível; Rel. Luis Espíndola; Unânime; Julg. 08/03/2017)

§ 7º Interposta a apelação em qualquer dos casos de que tratam os incisos deste artigo, o juiz terá 5 (cinco) dias para retratar-se.

→ *v.* Art. 198, VII, do ECA.

→ *v.* Arts. 331, 332, §§ 3º e 4º, e 485, § 7º, do NCPC.

→ *v.* Enunciado 159 do FPPC: No processo do trabalho, o juiz pode retratar-se no prazo de cinco dias, após a interposição do recurso contra sentença que extingue o processo sem resolução do mérito.

→ *v.* Enunciado 293 do FPPC: O juízo de retratação, quando permitido, somente poderá ser exercido se a apelação for tempestiva.

→ *v.* Enunciado 520 do FPPC: Interposto recurso inominado contra sentença sem resolução de mérito, o juiz pode se retratar em cinco dias.

Art. 486. O pronunciamento judicial que não resolve o mérito não obsta a que a parte proponha de novo a ação.

Extinção do processo sem resolução de mérito e possibilidade de sua repropositura:

✓ APELAÇÃO CÍVEL – AÇÃO DE BUSCA E APREENSÃO – CONTRATO DE FINANCIAMENTO – SENTENÇA DE EXTINÇÃO DO FEITO, SEM RESOLUÇÃO DE MÉRITO, COM FULCRO NO ART. 485, V, DO HODIERNO REGRAMENTO PROCESSUAL – RECURSO DA INSTITUIÇÃO FINANCEIRA. DEFENDIDA A NÃO CARACTERIZAÇÃO DA LITISPENDÊNCIA – FEITO REIPERSECUTÓRIO AUTUADO SOB N. 0301504-17.2017.8.24.0005 QUE, EMBORA POSSUA AS MESMAS PARTES E CONTRATO OBJETO DA PRESENTE DEMANDA, CULMINOU POR SER EXTINTO, SEM RESOLUÇÃO DE MÉRITO, CONSOANTE ART. 485, VIII, DO DIPLOMA FUX – PEDIDO DE DESISTÊNCIA FORMULADO PELA PRÓPRIA INSTITUIÇÃO FINANCEIRA ANTERIORMENTE AO AJUIZAMENTO DESTE FEITO – EXEGESE DO ART. 486 DO CÓDIGO DE PROCESSO CIVIL – LIDE ANTECEDENTE QUE, INCLUSIVE, JÁ SE ENCONTRA ARQUIVADA DEFINITIVAMENTE, INEXISTINDO QUALQUER DISPUTA RELATIVA ÀS CUSTAS PROCESSUAIS – AÇÕES, ADEMAIS, FUNDADAS NO INADIMPLEMENTO DE PARCELAS DIVERSAS – LITISPENDÊNCIA INEXISTENTE – INVIABILIDADE, PORÉM, DE JULGAMENTO DO PLEITO REIPERSECUTÓRIO NESTA OPORTUNIDADE, HAJA VISTA A NECESSIDADE DE SANEAMENTO DO FEITO EM PRIMEIRO GRAU – CASSAÇÃO DA SENTENÇA E RETORNO DOS AUTOS À ORIGEM PARA PROSSEGUIMENTO DO FEITO, QUE SE IMPÕE – INSURGÊNCIA PARCIALMENTE PROVIDA. Há litispendência quando se reproduz ação idêntica anteriormente ajuizada, possuindo identidade de partes, pedido e causa de pedir (art. 337, §§ 1º, 2º e 3º, do NCPC). O art. 486 do Código Fux faculta ao postulante, cujo processo fora extinto nos termos do art. 485 do mesmo ordenamento, a propositura de nova ação, ainda que idêntica à anterior, objetivando a prestação jurisdicional não materialmente atingida em ocasião pretérita. Na hipótese "sub judice", ainda que ambos os litígios consistam em ações de busca e apreensão ajuizadas por Banco Itaucard S/A contra Alexandre Kretzer, com fulcro no Contrato de Financiamento n. 57601325, com o mesmo pedido, verifica-se que a reipersecutória (n. 0301504-17.2017.8.24.0005), foi extinta, sem resolução de mérito, conforme o art. 485, VIII, da Lei Adjetiva Civil, em decorrência de pedido de desistência, formulado pela instituição financeira anteriormente ao ajuizamento da presente "actio". Ademais, constata-se que a pretérita demanda encontra-se definitivamente arquivada, inexistindo qualquer disputa com relação às custas processuais. Não bastasse, compulsando as peças vestibulares, extrai-se que as demandas, embora possuam as mesmas partes, objeto e pedido, detém causas de pedir diversas, haja vista a presente ter como fundamento o inadimplemento da parcela n. 21, a precedente se escora na mora da prestação n. 18. Destaque-se, contudo, a impossibilidade de apreciação do pleito reipersecutório nesta oportunidade, haja vista a ausência de saneamento do feito em Primeiro Grau. Assim, entende-se pela necessidade de cassação da sentença e retorno dos autos à origem para prosseguimento da lide. PREQUESTIONAMENTO - PEDIDO GENÉRICO E DESPIDO DE FUNDAMENTAÇÃO - EXEGESE DO ART. 1.010, II E III, DO CÓDIGO DE PROCESSO CIVIL - NÃO CONHECIMENTO DO INCONFORMISMO NO PARTICULAR. Conforme disposição do art. 1.010, II e III, do Código de Processo Civil, o recurso de apelação deve, obrigatoriamente, conter os fundamentos de fato e de direito com base nos quais o recorrente pretende a reforma da decisão. (TJ-SC; AC 03037586020178240005 Balneário Camboriú; Segunda Câmara de Direito Comercial; Rel. Robson Luz Varella; Julg. 07/11/2017)

✓ APELAÇÃO CÍVEL. AÇÃO DE BUSCA E APREENSÃO. ALIENAÇÃO FIDUCIÁRIA. EXTINÇÃO DO PROCESSO, SEM RESOLUÇÃO DO MÉRITO, COM FUNDAMENTO NO ARTIGO 485, INCISO V, DO CÓDIGO DE PROCESSO CIVIL DE 2015. ANTERIOR AJUIZAMENTO DE AÇÃO COM IDÊNTICOS PEDIDOS, MESMA CAUSA DE PEDIR E IDENTIDADE DE PARTES. REPETIÇÃO DE AÇÃO EM CURSO. LITISPENDÊNCIA CARACTERIZADA. CONTUDO, AÇÃO PREVIAMENTE AJUIZADA QUE JÁ TRANSITOU EM JULGADO E NÃO FEZ COISA JULGADA MATERIAL. FATO SUPERVENIENTE QUE NÃO PODE SER IGNORADO PELA CÂMARA. ARTIGO 493 DO CÓDIGO DE PROCESSO CIVIL DE 2015. SENTENÇA TERMINATIVA QUE NÃO IMPEDE A REPROPOSITURA DA AÇÃO, NOS TERMOS DO ARTIGO 486 DO CÓDIGO DE PROCESSO CIVIL DE 2015. EXTINÇÃO DO FEITO QUE NÃO SE MOSTRA RAZOÁVEL. PROVIDÊNCIA QUE IMPORTARIA EM FORMALISMO EXACERBADO. PREVALÊNCIA DOS PRINCÍPIOS DA CELERIDADE E DA ECONOMIA PROCESSUAL. PEDIDO DE BUSCA E APREENSÃO FORMULADO NAS RAZÕES DE RECURSO. REQUISITOS LEGAIS PRESENTES. INSERÇÃO DA RESTRIÇÃO DE CIRCULAÇÃO DO VEÍCULO, VIA SISTEMA RENAJUD, QUE SE MOSTRA POSSÍVEL PARA DAR MAIOR EFETIVIDADE À DETERMINAÇÃO JUDICIAL. REFORMA DA SENTENÇA E CONCESSÃO DA MEDIDA LIMINAR, COM DETERMINAÇÃO DE RETORNO DOS AUTOS À ORIGEM PARA O REGULAR PROCESSAMENTO. RECURSO PROVIDO. (TJSC, Apelação Cível 0309818-87.2016.8.24.0036; Jaraguá do Sul; Quinta Câmara de Direito Comercial; Rel. Des. Jânio Machado; Julg. 04/05/2017).

§ 1º No caso de extinção em razão de litispendência e nos casos dos incisos I, IV, VI e VII do art. 485, a propositura da nova ação depende da correção do vício que levou à sentença sem resolução do mérito.

Extinção do processo sem resolução de mérito e impossibilidade de sua repropositura:

✓ APELAÇÃO CÍVEL. CRIANÇA E ADOLESCENTE. VAGA EM CRECHE. LITISPENDÊNCIA. INOCORRÊNCIA. DEMANDA ANTERIOR EXTINTA SEM RESOLUÇÃO DE MÉRITO. INTELIGÊNCIA DO ART. 486 DO NCPC. SENTENÇA DESCONSTITUÍDA. Não há falar em extinção do feito por litispendência se a anterior ação proposta foi igualmente extinta sem resolução de mérito. Caso concreto em que se faz necessária a desconstituição da sentença por força do disposto no art. 486 do NCPC. APELAÇÃO PROVIDA. (TJ-RS; Apelação Cível 70074819939; Sétima Câmara Cível; Rel. Sandra Brisolara Medeiros; Julg. 22/11/2017).

✓ APELAÇÃO CÍVEL. AÇÃO DE REPARAÇÃO POR DANOS MATERIAIS DECORRENTES DE ACIDENTE DE TRÂNSITO. INDEFERIMENTO DA INICIAL POR EXISTÊNCIA DE COISA JULGADA MATERIAL. INCONFORMISMO DOS AUTORES. RAZÃO QUE, PORÉM, NÃO LHES ASSISTE. EM AÇÃO ANTERIOR, PROPOSTA PELA PARTE RÉ, FOI JULGADO IMPROCEDENTE O PEDIDO CONTRAPOSTO DOS APELANTES. SENTENÇA QUE TRANSITOU EM JULGADO. REITERAÇÃO DA PRETENSÃO ATRAVÉS DE NOVA DEMANDA. IMPOSSIBILIDADE. EXTINÇÃO DO NOVO PROCESSO, SEM RESOLUÇÃO DO MÉRITO, DIANTE DA CONFIGURAÇÃO DA COISA JULGADA MATERIAL. INTELIGÊNCIA DO ART. 485, V, DO CPC/2015. SENTENÇA MANTIDA. RECURSO CONHECIDO E DESPROVIDO. (TJ-SC; AC 03023531820168240039 Lages; Quinta Câmara de Direito Civil; Rel. Cláudia Lambert de Faria; Julg. 06/06/2017)

✓ APELAÇÃO CÍVEL - AÇÃO DE BUSCA E APREENSÃO - CÉDULA DE CRÉDITO BANCÁRIO - SENTENÇA DE EXTINÇÃO DO FEITO, SEM RESOLUÇÃO DE MÉRITO, PUBLICADA SOB A ÉGIDE DO REGRAMENTO PROCESSUAL DE 1973 - RECURSO DA INSTITUIÇÃO FINANCEIRA. DEFENDIDA A NÃO CARACTERIZAÇÃO DA LITISPENDÊNCIA - FEITO REIPERSECUTÓRIO AUTUADO SOB N. 0300378-31.2014.8.24.0006 QUE, EMBORA POSSUA AS MESMAS PARTES E CONTRATO OBJETO DA PRESENTE DEMANDA, CULMINOU POR SER EXTINTO, SEM RESOLUÇÃO DE MÉRITO, CONSOANTE ART. 267, VIII, DO DIPLOMA BUZAID ANTERIORMENTE AO AJUIZAMENTO DA PRESENTE DEMANDA - PEDIDO DE DESISTÊNCIA FORMULADO PELA PRÓPRIA INSTITUIÇÃO FINANCEIRA - EXEGESE DO ART. 268 DO REVOGADO CÓDIGO DE PROCESSO CIVIL (CPC/2015, ART. 486)- LIDE ANTERIOR QUE, INCLUSIVE, JÁ SE ENCONTRA ARQUIVADA DEFINITIVAMENTE, INE-

XISTINDO QUALQUER DISPUTA RELATIVA ÀS CUSTAS PROCESSUAIS – LITISPENDÊNCIA INEXISTENTE – CASSAÇÃO DA SENTENÇA E RETORNO DOS AUTOS À ORIGEM PARA PROSSEGUIMENTO DO FEITO, QUE SE IMPÕE – INSURGÊNCIA PROVIDA. Há litispendência quando se reproduz ação idêntica anteriormente ajuizada, possuindo identidade de partes, pedido e causa de pedir (art. 301, §§ 1º, 2º e 3º, do CPC/1973; art. 337, §§ 1º, 2º e 3º, do NCPC). O art. 268 do Código Buzaid (CPC/2015, 486) faculta ao postulante, cujo processo fora extinto nos termos do art. 267 do mesmo ordenamento (CPC/2015, art. 485), a propositura de nova ação, ainda que idêntica à anterior, objetivando a prestação jurisdicional não materialmente atingida em ocasião pretérita. Na hipótese "sub judice", ainda que ambos os litígios consistam em ações de busca e apreensão ajuizadas por Aymoré Crédito, Financiamento e Investimento S/A contra Alessandra Leonardo, com fulcro na Cédula de Crédito Bancário n. 20020600687, com o mesmo pedido, verifica-se que a reipersecutória (n. 0300378-31.2014.8.24.0006) foi extinta, sem resolução de mérito, conforme o art. 267, VIII, do Diploma Buzaid, anteriormente ao ajuizamento da presente "actio", em resposta a pedido de desistência formulado pela própria instituição financeira. Ademais, constata-se que a pretérita demanda encontra-se definitivamente arquivada, inexistindo qualquer disputa com relação às custas processuais. Assim, entende-se pela necessidade de cassação da sentença e retorno dos autos à origem para prosseguimento da lide. (TJ-SC; AC 03013471220158240006 Barra Velha; Segunda Câmara de Direito Comercial; Rel. Robson Luz Varella; Julg. 07/11/2017)

✓ APELAÇÃO CÍVEL. RESPONSABILIDADE CIVIL. AÇÃO DECLARATÓRIA DE INEXISTÊNCIA DE DÉBITO C/C INDENIZAÇÃO POR DANOS MORAIS. INEXIGIBILIDADE DO DÉBITO COBRADO. INSCRIÇÃO INDEVIDA EM ÓRGÃO DE PROTEÇÃO AO CRÉDITO. LITISPENDÊNCIA VERIFICADA. 1. A pretensão da parte autora é a declaração de inexistência de débito perante os réus e o arbitramento de indenização por danos morais pelos prejuízos decorrentes de inscrição desabonatória em cadastro de proteção ao crédito. 2. A litispendência ocasiona impedimento para a distribuição de uma segunda ação igual à outra já proposta, isto é, com as mesmas partes, causa de pedir e pedido. 3. Comparando-se as informações constantes no documento de fl. 234, percebe-se que a inscrição de R$ 308,89 (débito de 11/05/2015, incluída 29/05/2015, disponibilizada 11/06/2015 e excluída 12/06/2015) refere-se ao mesmo número de contrato do débito discutido no processo 001/1.15.01189705-9 (igual número de contrato, 5140871400450000, fls. 235 e 273), sendo, portanto, iguais os objetos, partes e causa de pedir desta e daquela ação. 4. Em consulta ao site do TJ-RS percebe-se que, no processo de n. 011/1.15.0118696-6, as partes são as mesmas deste feito e tinha como pedido a declaração de inexistência de dívida, a qual, assim como a inscrição de R$ 182,52... constante à fl. 234, foi incluída no cadastro de proteção ao crédito no dia 27/05/2015 e seria disponibilizada em 09/06/2015, mas foi excluída 03/06/2015. Evidente, portanto, a identidade de objeto. 5. Sendo idênticas as partes, a causa de pedir (as mesmas inscrições desabonatórias) e o pedido (exclusão da inscrição e fixação de indenização por dano moral), caracterizada a litispendência ao caso. 6. Em atenção ao disposto no artigo 85, § 11, majora-se os honorários advocatícios devidos ao procurador dos réus. SENTENÇA MANTIDA. APELAÇÃO DESPROVIDA. (TJ-RS; Apelação Cível 70074428947; Quinta Câmara Cível; Rel. Lusmary Fatima Turelly da Silva; Julg. 25/10/2017).

✓ APELAÇÃO CÍVEL. EXECUÇÃO POR TÍTULO EXECUTIVO EXTRAJUDICIAL. FEITO REDISTRIBUÍDO AO JUÍZO A QUO EM VIRTUDE DE DECLÍNIO DE COMPETÊNCIA PROMOVIDO PELA JUSTIÇA ESTADUAL DO ESTADO DE SÃO PAULO. AUSÊNCIA DO RECOLHIMENTO DAS CUSTAS PERANTE ESTE TRIBUNAL. INTIMAÇÃO DO EXEQUENTE. INÉRCIA. ALEGAÇÃO AUTORAL DE INEXEGIBILIDADE DE NOVO PREPARO, TENDO EM VISTA O PAGAMENTO DE CUSTAS PERANTE O TJ/SP, QUANDO DA PROPOSITURA DA PRESENTE EXECUÇÃO. SENTENÇA DE EXTINÇÃO DO FEITO, SEM RESOLUÇÃO DO MÉRITO, COM BASE NO ART. 485, X, DO CPC, DETERMINANDO-SE O CANCELAMENTO DA DISTRIBUIÇÃO, COM BASE NO ART. 290 DO CPC. APELO INSISTINDO NA DESNECESSIDADE DO PREPARO. DESCABIMENTO. CUSTAS E EMOLUMENTOS QUE SÃO DESTINADOS, EXCLUSIVAMENTE, AO CUSTEIO DOS SERVIÇOS AFETOS ÀS ATIVIDADES ESPECÍFICAS DA JUSTIÇA. TAXA JUDICIÁRIA QUE TEM COMO FATO GERADOR A UTILIZAÇÃO EFETIVA OU POTENCIAL DA PRESTAÇÃO JURISDICIONAL. INCIDÊNCIA DO § 2º DO ART. 98 DA CF/88 E ART. 77 DO CTN. OCORRÊNCIA DE NOVO FATO GERADOR DA EXAÇÃO COM A REDISTRIBUIÇÃO DO FEITO PELO DECLÍNIO. INEXISTÊNCIA DE BIS IN IDEM TRIBUTÁRIO. CORRETA A IMPOSIÇÃO AO PAGAMENTO DAS CUSTAS PERTINENTES. PRECEDENTES JURIPRUDENCIAIS NO MESMO SENTIDO. CORRETA EXTINÇÃO DO FEITO, SEM RESOLUÇÃO DO MÉRITO, COM O CANCELAMENTO DA DISTRIBUIÇÃO NA FORMA DO ART. 290 DO CPC. INAPLICABILIDADE DO § 2º DO ART. 486 DO CPC, IN CASU, POSTO QUE SE RELACIONA AOS CASOS DE EXTINÇÃO EM RAZÃO DE LITISPENDÊNCIA E AOS CASOS DOS INCISOS I, IV, VI E VII DO ART. 485 DO CPC. DESPROVIMENTO DO RECURSO. (TJ-RJ; APL 00343686320158190209 Rio de Janeiro, Barra da Tijuca, Regional; 2ª Vara Cível, Sexta Câmara Cível; Rel. Inês Da Trindade Chaves de Melo; Julg. 30/08/2017; Data de Publicação: 11/09/2017)

§ 2º A petição inicial, todavia, não será despachada sem a prova do pagamento ou do depósito das custas e dos honorários de advogado.

Repropositura da demanda que exige o prévio recolhimento de custas:

✓ Ação rescisória. Ajuizamento anterior de outras duas ações rescisórias. Indeferimento, na primeira delas, do benefício da gratuidade de justiça. Custas não recolhidas. Cancelamento da distribuição. Propositura de nova ação que fica condicionada ao pagamento das custas iniciais a que foram os autores condenados na primeira ação. Inteligência do artigo 486, § 2º, do CPC/15. Inobservância. Cancelamento da distribuição, na forma do artigo 290 do CPC/15. (TJ-RJ; AR: 00156113220168190000 Rio de Janeiro, Tribunal de Justiça, Seção Cível Comum; Rel. Eduardo Gusmão Alves de Brito Neto; Julg. 19/05/2016; Data de Publicação: 24/05/2016)

✓ Mandado de segurança ajuizado em face do Exmo. Sr. Prefeito de Campos dos Goytacazes. Pretensão à investidura no cargo de Fisioterapeuta. Demanda idêntica a postulação anterior que foi extinta sem resolução do mérito, após indeferimento do pedido de gratuidade de justiça e inércia da parte em cumprir determinação de recolhimento de custas. Inviabilidade de prosseguimento em razão da não comprovação do recolhimento das custas da ação anterior pela Impetrante no prazo fixado pelo Juízo. Inteligência do art. 486, § 2º, do CPC. Ausência de pressuposto de constituição e desenvolvimento válido do processo. Indeferimento liminar da inicial e extinção do feito nos termos do art. 10 e 6º, § 5º da Lei nº. 12.016/2010 e art. 485, I do CPC. Aplicação das penas da litigância de má-fé. (TJ-RJ; MS 00493618820178190000 Rio de Janeiro, Tribunal de Justiça, Vigésima Primeira Câmara Cível; Rel. Pedro Freire Raguenet; Julg. 16/10/2017; Data de Publicação: 18/10/2017)

✓ Agravo de Instrumento - Decisão que condicionou o recebimento da petição inicial à comprovação de recolhimento das custas iniciais, nos termos do art. 486, § 2º, do CPC - Pleito de reforma que versa sobre o preenchimento dos requisitos necessários à obtenção dos benefícios da gratuidade judiciária - Impertinência das razões recursais - Argumentos que não enfrentam os fundamentos da r. decisão combatida - Inobservância ao disposto no art. 1.016, incisos II e III, do CPC/2015 - Precedentes jurisprudenciais - Recurso não conhecido. Ante o exposto, por meu voto, não conheço do recurso. (TJ-SP; AI 21643683620168260000; SP; 19ª Câmara de Direito Privado; Rel. Claudia Grieco Tabosa Pessoa; Julg. 12/09/2016; Data de Publicação: 15/09/2016)

§ 3º Se o autor der causa, por 3 (três) vezes, a sentença fundada em abandono da causa, não poderá propor nova ação contra o réu com o mesmo objeto, ficando-lhe ressalvada, entretanto, a possibilidade de alegar em defesa o seu direito.

Art. 487. Haverá resolução de mérito quando o juiz:

→ *v.* Enunciado 611 do FPPC: Na hipótese de decisão parcial com fundamento no art. 485 ou no art. 487, as questões exclusivamente a ela relacionadas e resolvidas anteriormente, quando não recorríveis de imediato, devem ser impugnadas em preliminar do agravo de instrumento ou nas contrarrazões.

I – acolher ou rejeitar o pedido formulado na ação ou na reconvenção;

→ *v.* Enunciado 160 do FPPC: A sentença que reconhece a extinção da obrigação pela confusão é de mérito.

Decisão que reconhece a impossibilidade jurídica do pedido como hipótese de improcedência:

✓ TRIBUTÁRIO E PROCESSUAL CIVIL. RESCISÓRIA. PRESCRIÇÃO. IMPOSTO DE RENDA. CINCO MAIS CINCO. MATÉRIA NÃO TANGENCIADA PELO ACÓRDÃO. AUSÊNCIA DE IMPUGNAÇÃO DOS FUNDAMENTOS DO ACÓRDÃO RESCINDENDO. RESCISÓRIA JULGADA IMPROCEDENTE. 1. A rescisória por violação de direito federal exige que a tese prestigiada no acórdão seja atacada de forma direta e específica. 2. Hipótese em que a rescisória, fundada em alegação de violação de literal dispositivo de lei, refere-se à questão diversa da quela que foi apreciada pelo acórdão rescindendo. Caso de absoluta assimetria entre o que julgou a Corte e o que alega o autor como causa de rescisão. É inviável pretender rescindir o que não declarou o acórdão, o que nele não se contém. 3. No regime do CPC de 2015, em que as condições da ação não mais configuram categoria processual autônoma, diversa dos pressupostos processuais e do mérito, a possibilidade jurídica do pedido deixou de ser questão relativa à admissibilidade e passou a ser mérito. Afirma a Exposição de motivos do Anteprojeto do Novo CPC que "a sentença que, à luz da lei revogada seria de carência da ação, à luz do Novo CPC é de improcedência e resolve definitivamente a controvérsia". 4. Nos termos do parágrafo único do art. 974 do CPC, a conversão em multa do depósito do art. 488, II, do CPC/1973 (atual 968, II) pressupõe ser a rescisória julgada improcedente ou inadmissível por unanimidade, razão pela qual a decisão quanto ao destino do depósito somente poderá ser tomada após a conclusão do julgamento. Ação rescisória julgada improcedente. (AR 3.667/DF; Primeira Seção; Rel. Humberto Martins; Julg. 27/04/2016; DJe 23/05/2016)

II – decidir, de ofício ou a requerimento, sobre a ocorrência de decadência ou prescrição;

→ *v.* Arts. 302, IV, 310, e 332, § 1º, do NCPC.

→ *v.* Enunciado 161 do FPPC: É de mérito a decisão que rejeita a alegação de prescrição ou de decadência.

Extinção do processo pela ocorrência da prescrição ou decadência:

✓ MANDADO DE SEGURANÇA – DECADÊNCIA – Impetração após 120 dias da ciência pelo impetrante do ato impugnado (artigo 23 da Lei Federal 12.016/2009) – Processo extinto, com resolução do mérito, nos termos do artigo 487, inciso I, do CPC – Adequação do fundamento legal da decisão, pois, no caso, aplicável o disposto no inciso II, do mesmo dispositivo – Reforma da r. sentença, nesse ponto. Apelo parcialmente provido. (TJ-SP 10050815520178260053; SP; 13ª Câmara de Direito Público; Rel. Spoladore Dominguez; Julg. 25/10/2017; Data de Publicação: 26/10/2017)

✓ RECURSO INOMINADO. EXECUÇÃO DE TÍTULO EXECUTIVO EXTRAJUDICIAL. NOTA PROMISSÓRIA QUE TEVE ORIGEM HÁ MAIS DE 05 ANOS. PRESCRIÇÃO RECONHECIDA. SENTENÇA REFORMADA. RECURSO PROVIDO EM PARTE. (Recurso Cível 71006096077, Primeira Turma Recursal Cível, Turmas Recursais; Rel. Fabiana Zilles; Julg. 28/06/2016).

✓ Ação monitória. Cheque. Sentença de improcedência. Apelação. Manutenção da sentença. Prazo prescricional de 5 anos. Súmula 503, STJ. Cheques emitidos em maio de 2009. Demanda ajuizada em junho de 2014. Prescrição verificada. Possibilidade de reconhecimento de ofício. Arts. 332, § 1º e 487, II, CPC. Renúncia não caracterizada. Recurso desprovido. (TJ-SP; APL 10039175420148260152; SP; 21ª Câmara de Direito Privado; Rel. Virgilio de Oliveira Junior; Julg. 06/07/2017; Data de Publicação: 06/07/2017)

III – homologar:

a) o reconhecimento da procedência do pedido formulado na ação ou na reconvenção;

Homologação de reconhecimento da procedência do pedido:

✓ PROCESSUAL CIVIL E ADMINISTRATIVO. AÇÃO RESCISÓRIA. DESAPROPRIAÇÃO. INTERESSE SOCIAL. REFORMA AGRÁRIA. DECISÃO RESCINDENDA. ART. 10 DA LC 76/1993. NATUREZA MERITÓRIA. CABIMENTO. SÍNTESE DA CONTROVÉRSIA 1. Trata-se, na origem, de Ação Recisória de sentença homologatória (art. 10 da Lei Complementar 76/1993) proferida nos autos da ação promovida pelo INCRA visando à expropriação por interesse social para fins de reforma agrária do imóvel rural denominado "Fazenda Gameleira", com área de 9.218,9522ha, localizada nos municípios de Figueirópolis e Formoso do Araguaia-TO. 2. Narra a autarquia que, em 28.3.1996, ajuizou Ação de Desapropriação do mencionado imóvel propondo o valor indenizatório total de R$ 1.440.239,22, com o qual o réu concordou, resultando em sentença de resolução de mérito e no efetivo pagamento do débito. Após várias denúncias de irregularidades, a autarquia refez as avaliações e constatou como quantia indenizatória devida R$ 432.176, 38, resultando em sobrepreço de R$ 1.008.062,84. Esse valor, atualizado monetariamente pela Tabela Prática do TJ/SP (disponível no site: www.tjsp.jus.br), monta atualmente R$ 3.874.127,18, aproximadamente, sendo esse, em síntese, o objeto do litígio da presente ação. 3. A recorrente Ipê Agroindustrial de Sementes Ltda. se insurge contra o valor dos honorários advocatícios. RECURSO ESPECIAL DO INCRA 4. Não se constata a alegada nulidade por violação do art. 535 do CPC/1973. 5. No tocante à violação dos arts. 6º, §§ 1º a 3º, da LICC, 473, 474 do CPC/1973, sob o argumento de que as decisões subsequentes à de fls. 504/511 seriam nulas por ofenderem os princípios da coisa julgada e da preclusão, é inviável analisar a tese defendida no Recurso Especial. 6. Para acolher a tese de que somente a ré Ipê Agroindustrial foi sucumbente, é inarredável a revisão do conjunto probatório dos autos a fim de afastar as premissas fáticas estabelecidas pelo acórdão recorrido. Aplica-se, portanto, o óbice da Súmula 7/STJ. 7. O acórdão recorrido entendeu que a decisão rescindenda não examinou o mérito por ter natureza meramente homologatória do preço ofertado, não constituindo sentença de mérito impugnável por Ação Rescisória, mas sim por Ação Anulatória. 8. O acórdão recorrido assentou que o INCRA apresentou a Ação de Desapropriação e posteriormente houve concordância do réu com os valores ofertados na inicial, o que resultou em sentença homologatória do juiz de primeiro grau com a consolidação da transferência da propriedade. 9. Como é apontado pela Corte Regional, a sentença, após a concordância do réu, homologou o preço oferecido, o que tomou por base a expressa determinação do caput do art. 10 da Lei Complementar 76/1993 ("Havendo acordo sobre o preço, este será homologado por sentença"). 10. Resta, pois, definir a natureza jurídica da sentença homologatória na Ação de Desapropriação, mas o INCRA entende que ela configura como sentença de resolução de mérito por reconhecimento do pedido. 11. A Ação de Desapropriação é um procedimento constitutivo da propriedade em favor do ente público mediante efetivação da justa indenização. Para isso, o juiz atua, com ampla liberdade instrutória, para a persecução da apuração do valor indenizatório justo, o que inclui a possibilidade, como já manifestado no STJ, de ele não homologar o acordo a que chegaram as partes e determinar a realização de perícia judicial. 12. A propósito: "a ação de desapropriação dispensa a elaboração da prova pericial, quando houver acordo entre as partes, sendo certo que esta prescindibilidade deve ser analisada cum granu salis, porquanto a indenização deve buscar sempre o princípio constitucional da justa indenização (CF, art. 5º, XXIV)." (REsp 886.672/RO, Rel. Ministro Luiz Fux, Primeira Turma, DJ 22.11.2007). 13. Mesmo que haja concordância expressa ou tácita do réu com o valor ofertado, o juiz deve observar a razoabilidade da indenização, notadamente para garantir a observância do interesse público e da justa indenização, o que leva à conclusão de que a decisão homologatória do valor ofertado se reveste de conteúdo meritório. 14. Além disso, como consta no acórdão recorrido, assim foi exarado o dispositivo da sentença rescindenda: "Tais as razões, HOMOLOGO o preço oferecido, ficando o imóvel descrito no decreto presidencial acima aludido incorporado ao patrimônio do INCRA (art. 10 da LC - 76/93)". 15. Como consequência da natureza jurídica da Ação de Desapropriação, o juiz constatou a regularidade formal do procedimento, acolheu o preço ofertado e declarou a transferência da propriedade em favor do INCRA (fls. 94-98), o que ressalta o evidente caráter meritório da decisão rescindenda. 16. Por fim, o art. 269, II, do CPC/1973, vigente à época da decisão rescindenda, estabelecia que há resolução de mérito quando o réu reconhecer a procedência do pedido. 17. Sendo o objeto da Ação de Desapropriação o pagamento da justa indenização pelo bem expropriado, a aceitação, pelo réu, do valor ofertado pelo autor indica o reconhecimento do pedido, e a sentença homologatória, por conseguinte, se enquadra na hipótese do art. 269, II, do CPC/1973. 18. O Código de Processo Civil de 2015, em seu art. 487, III, "a", deixa mais clara essa situação ao estabelecer que haverá resolução de mérito quando o juiz "homologar" o reconhecimento da procedência do pedido formulado na ação. 19. Recurso Especial do INCRA provido para que seja dado prosseguimento ao julgamento da Ação Rescisória na origem. Recurso Especial de Ipê Agroindustrial Ltda. prejudicado. (REsp 1295181/TO, Segunda Turma; Rel. Herman Benjamin; Julg. 13/12/2016; DJe 19/12/2016)

b) a transação;

Homologação de transação pelo Tribunal:

✓ APELAÇÃO CÍVEL Nº 1591475-9 APELANTE: EMPREENDIMENTOS IMOBILIÁRIOS PARAÍSO LTDA APELADO: NARCISO ANTÔNIO DE OLIVEIRA RELATORA: DESª DENISE KRÜGER PEREIRA I - Versando a causa sobre direitos patrimoniais, caracterizados pela disponibilidade das partes, e observando que o instrumento de acordo juntado aos autos está assinado pelo Requerente/Apelante, por seu procurador e pelo advogado da Requerida/Apelada, valho-me da prerrogativa prevista no art. 200, XVI, do Regimento Interno deste e. Tribunal de Justiça1 para homologar a transação apresentada, extinguindo o feito, com resolução do mérito, nos termos do art. 487, inciso III, alínea 'b' do Código de Processo Civil/20152, restando prejudicada a análise do Recurso de Apelação interposto. II - Por fim, junte-se aos autos a petição de acordo (PJPR 0295079/2016) em anexo. Curitiba, 03 de novembro de 2016. Desª DENISE KRÜGER PEREIRA Relatora 1 Art. 200. Compete ao Rel. (...) XVI - homologar desistências e transações e decidir, nos casos de impugnação, o valor da causa; 2 Art. 487. Haverá resolução de mérito quando o juiz: I - acolher ou rejeitar o pedido formulado na ação ou na reconvenção; II - decidir, de ofício ou a requerimento, sobre a ocorrência de decadência ou prescrição; III - homologar: (...) b) a transação; (TJ-PR; APL 15914759 PR 1591475-9 (Decisão Monocrática); 12ª Câmara Cível; Rel. Denise Kruger Pereira; Julg. 16/11/2016; Data de Publicação: DJ: 1925 21/11/2016)

c) a renúncia à pretensão formulada na ação ou na reconvenção.

Homologação de renúncia à pretensão:

✓ AÇÃO RESCISÓRIA. PEDIDO DE RENÚNCIA AO DIREITO EM QUE SE FUNDA A AÇÃO. EXISTENCIA DE PROCURAÇÃO COM PODERES ESPECÍFICO. HOMOLOGAÇÃO DO PEDIDO. ART. 487, III, 'C', DO CPC/2015. PROCESSO EXTINTO COM RESOLUÇÃO DO MÉRITO. Decisão: Trata-se de petição apresentada por Enio Marques Gualda (Petição STF nº 2.114/2017), por advogado constituído com poderes especiais para tanto, em que se manifesta o interesse em "renunciar ao direito que se funda a ação em comento, requerendo seja o processo extinto, com resolução do mérito, nos termos do art. 487, III, alínea 'c' do CPC" É o relatório. Decido. Tratando das hipóteses em que cabe ao juiz resolver o mérito do processo, o art. 487 do Código de Processo Civil de 2015 assim dispõe em seu inciso III: "Art. 487. Haverá resolução de mérito quando o juiz: [...] III - homologar: [...] c) a renúncia à pretensão formulada na ação ou na reconvenção." Ademais, apresentou-se procuração com poderes específicos "para renunciar ao direito sobre o qual se funda a ação (CPC, art. 487, III. 'c') nos autos de Ação Rescisória nº. 2562, em trâmite perante o Supremo Tribunal Federal", em atendimento às exigências do art. 105 do CPC/2015. Ex positis, homologo a renúncia e extingo o processo com resolução de mérito, nos termos do art. 487, III, 'c', do CPC/2015 Publique-se. Int. Brasília, 2 de fevereiro de 2017. Ministro Luiz Fux Relator Documento assinado digitalmente (STF; AR: 2562; DF - DISTRITO FEDERAL; 0057169-94.2016.1.00.0000; Rel. Min. Luiz Fux; Julg. 02/02/2017; Data de Publicação: DJe-030 15/02/2017)

✓ O art. 487, inciso III, alínea c, do CPC/15, dispõe que "Haverá resolução de mérito quando o juiz: (...) III - homologar: c) a renúncia à pretensão formulada na ação ou na reconvenção". Com efeito, "A renúncia é ato privativo do autor, que pode ser exercido em qualquer tempo ou grau de jurisdição, independentemente da anuência da parte contrária, ensejando a extinção do feito com julgamento do mérito, o que impede a propositura de qualquer outra ação sobre o mesmo direito. É instituto de natureza material, cujos efeitos equivalem aos da improcedência da ação e, às avessas, ao reconhecimento do pedido pelo réu." (REsp 555.139/CE; Julg. 12/05/2005, DJ 13/06/2005, p. 240) Nessa linha: PROCESSO CIVIL - PEDIDO DE DESISTÊNCIA DA AÇÃO FORMULADO APÓS A PROLAÇÃO DA SENTENÇA - IMPOSSIBILIDADE - DISTINÇÃO DOS INSTITUTOS: DESISTÊNCIA DA AÇÃO, DESISTÊNCIA DO RECURSO E RENÚNCIA. 1. A desistência da ação é instituto de natureza eminentemente processual, que possibilita a extinção do processo, sem julgamento do mérito, até a prolação da sentença. Após a citação, o pedido somente pode ser deferido com a anuência do réu ou, a critério do magistrado, se a parte contrária deixar de anuir sem motivo justificado. A demanda poderá ser proposta novamente e se existirem depósitos judiciais, estes poderão ser levantados pela parte autora. Antes da citação o autor somente responde pelas despesas processuais e, tendo sido a mesma efetuada, deve arcar com os honorários do advogado do réu. 2. A desistência do recurso, nos termos do art. 501 do CPC, independe da concordância do recorrido ou dos litisconsortes e somente pode ser formulado até o julgamento do recurso. Neste caso, há extinção do processo com julgamento do mérito, prevalecendo a decisão imediatamente anterior, inclusive no que diz respeito a custas e honorários advocatícios. 3. A renúncia é ato privativo do autor, que pode ser exercido em qualquer tempo ou grau de jurisdição, independentemente da anuência da parte contrária, ensejando a extinção do feito com julgamento do mérito, o que impede a propositura de qualquer outra ação sobre o mesmo direito. É instituto de natureza material, cujos efeitos equivalem aos da improcedência da ação e, às avessas, ao reconhecimento do pedido pelo réu. Havendo depósitos judiciais, estes deverão ser convertidos em renda da União. O autor deve arcar com as despesas processuais e honorários advocatícios, a serem arbitrados de acordo com o art. 20, § 4º do CPC ("causas em que não houver condenação"). 4. Hipótese em que, apesar de formulado o pleito antes do julgamento da apelação pelo Tribunal, impossível a homologação do pedido de desistência da ação. 5. Recurso especial provido. (STJ, 2ª Turma, REsp 555.139/CE, Rel. Ministra ELIANA CALMON; Julg. 12/05/2005, DJ 13/06/2005, p. 240) Assim, considerando a manifestação do autor, representado por procurador com poderes específicos, na petição do evento 02, HOMOLOGO a renúncia ao direto sobre o qual se funda a ação e extingo o processo com julgamento do mérito, nos termos do art. 487, III, c, do CPC/15. O autor deverá arcar com o pagamento das custas processuais e honorários advocatícios, os quais fixo em 1.000,00 (mil reais). Transitada em julgado a presente decisão, dê-se baixa na distribuição. Intimem-se. (TRF-4; AC 50154971520134047000 PR; Quarta Turma; Rel. Vivian Josete Pantaleão Caminha; Julg. 28/03/2017)

Parágrafo único. Ressalvada a hipótese do § 1º do art. 332, a prescrição e a decadência não serão reconhecidas sem que antes seja dada às partes oportunidade de manifestar-se.

→ *v.* Art. 10 do NCPC.

→ *v.* Enunciado 521 do FPPC: Apenas a decadência fixada em lei pode ser conhecida de ofício pelo juiz.

Necessidade de cientificação prévia das partes antes da decisão sobre prescrição ou decadência:

✓ APELAÇÃO CÍVEL. AÇÃO MONITÓRIA CONVERTIDA EM EXECUÇÃO. FEITO ARQUIVADO ADMINISTRATIVAMENTE EM RAZÃO DA AUSÊNCIA DE BENS PENHORÁVEIS. DECURSO, A PARTIR DO TÉRMINO DA SUSPENSÃO (DE UM ANO, ART. 921, § 4º, DO CPC/2015), DE PERÍODO SUPERIOR AO PRAZO PRESCRICIONAL DE CINCO ANOS (ART. 206, § 5º, I, DO CÓDIGO CIVIL. DESNECESSIDADE DE INTIMAÇÃO PESSOAL DA PARTE. AUSÊNCIA, POR OUTRO LADO, DE INTIMAÇÃO DO PROCURADOR DA PARTE EXEQUENTE. INOBSERVÂNCIA AO DISPOSTO NO ART. 487, PARÁGRAFO ÚNICO, DO CPC/2015. NULIDADE DECRETADA. Muito embora prescinda de intimação pessoal da parte, a decretação da prescrição intercorrente deve ser precedida, necessariamente, de intimação de seu procurador, na forma do art. 487, parágrafo único, do CPC/2015, a fim de que lhe seja franqueado o exercício do contraditório em relação àquela causa extintiva. A possibilidade de a prescrição ser decretada de ofício não elide a necessidade da intimação prévia ao seu reconhecimento. HONORÁRIOS RECURSAIS. AUSÊNCIA DE FIXAÇÃO DE VERBA ADVOCATÍCIA EM PRIMEIRO GRAU. INVIABILIDADE. É inviável a fixação de honorários recursais, a despeito do labor adicional em grau recursal e de a prolação da sentença ter se dado já sob a égide do CPC/2015, se não houve, porque não cabia, a fixação de verba advocatícia em primeiro grau. (TJ-SC; AC 00034629719988240031 Indaial; Quarta Câmara de Direito Comercial; Rel. Janice Goulart Garcia Ubialli; Julg. 10/10/2017)

✓ DECISÃO: ACORDAM os integrantes da Décima Primeira Câmara Cível do Tribunal de Justiça do Estado do Paraná, por unanimidade de votos, em conhecer e acolher os Embargos de Declaração. EMENTA: EMBARGOS DE DECLARAÇÃO EM AGRAVO DE INSTRUMENTO. AÇÃO DE ADIMPLEMENTO CONTRATUAL. CONTRATO DE PARTICIPAÇÃO FINANCEIRA EM COMPANHIA TELEFÔNICA.PRESCRIÇÃO. RECONHECIMENTO. MATÉRIA DE ORDEM PÚBLICA. POSSIBILIDADE DE CONHECIMENTO A QUALQUER TEMPO E DE OFÍCIO. INTELIGÊNCIA DO ARTIGO 1.022, INCISO II. DO NOVO CÓDIGO DE PROCESSO CIVIL. PROVOCAÇÃO PELA PARTE QUE NÃO PODE SER OMITIDA. CUMPRIMENTO AO ARTIGO 487, PARÁGRAFO ÚNICO, DO NCPC. NATUREZA DE DIREITO PESSOAL. ENTENDIMENTO FIRMADO NO RESP 1.033.241/RS (REPRESENTATIVO DE CONTROVÉRSIA). PARTE EMBARGANTE QUE TRAZ AOS AUTOS A RADIOGRAFIA DO CONTRATO FIRMADO. TERMO A QUO. DATA DA INTEGRALIZAÇÃO DEFICITÁRIA DAS AÇÕES. APLICAÇÃO DO PRAZO PRESCRICIONAL VINTENÁRIO DO ARTIGO 177 DO CÓDIGO CIVIL DE 1.916. Estado do Paraná. PODER JUDICIÁRIO TRIBUNAL DE JUSTIÇA Embargos de Declaração Cível nº 1.379.382-1/01 – fls. 2EMBARGOS DE DECLARAÇÃO CONHECIDOS E ACOLHIDOS PARA RECONHECER A PRESCRIÇÃO E JULGAR O FEITO DE ORIGEM EXTINTO COM RESOLUÇÃO DE MÉRITO, CONDENANDO A PARTE AUTORA/EMBARGADA NO ÔNUS SUCUMBENCIAL, RESTANDO PREJUDICADAS AS DEMAIS MATÉRIAS. (TJPR; EDC 1379382-1/01, Cascavel; 11ª C. Cível; Rel. Lenice Bodstein; Unânime; Julg.13/07/2016)

Art. 488. Desde que possível, o juiz resolverá o mérito sempre que a decisão for favorável à parte a quem aproveitaria eventual pronunciamento nos termos do art. 485.

→ *v.* Art. 282, § 2º, do NCPC.

→ *v.* Enunciado 666 do FPPC: O processo coletivo não deve ser extinto por falta de legitimidade quando um legitimado adequado assumir o polo ativo ou passivo da demanda.

Aplicação do princípio da preponderância no exame do mérito (primazia do mérito):

✓ APELAÇÃO CÍVEL EM MANDADO DE SEGURANÇA. ADMINISTRATIVO. JUÍZO DE ADEQUAÇÃO. PENSÃO POR MORTE. ÓBITO DO INSTITUIDOR APÓS A EMENDA CONSTITUCIONAL N. 41/2003. BASE DE CÁLCULO DA PENSÃO. INEXISTÊNCIA DO DIREITO À INTEGRALIDADE. DIREITO À PARIDADE COM SERVIDORES EM ATIVIDADE APENAS PARA OS QUE SE ENQUADRAM NA REGRA DE TRANSIÇÃO FIXADA PELO ART. 3º DA EMENDA CONSTITUCIONAL N. 47/2005. NÃO-SATISFAÇÃO DE TAL CONDIÇÃO PELO INSTITUIDOR DA PENSÃO. MATÉRIA DECIDIDA PELO PLENÁRIO DO SUPREMO TRIBUNAL FEDERAL EM SEDE DE REPERCUSSÃO GERAL DO RE 603.580/RJ (TEMA 396/STF). PRECEDENTES DA CORTE. A teor da intelecção firmada pelo Supremo Tribunal Federal (Recurso Extraordinário n. 603.580/RJ - Tema n. 396), os pensionistas de servidor falecido ulteriormente à EC n. 41/ 2003 têm direito à paridade com servidores em atividade (art. 7º), desde que enquadrados na regra de transição fixada no art. 3º da EC n. 47/2005. (TJSC, Des. João Henrique Blasi). PENSÃO SUBMETIDA AO TETO FIXADO PARA OS BENEFÍCIOS DO REGIME GERAL DA PREVIDÊNCIA SOCIAL ACRESCIDO DE 70% (SETENTA POR CENTO) DO QUE EXCEDÊ-LO (CF, ART. 40, § 7º) E AO LIMITE LEGAL DE REMUNERAÇÃO DOS SERVIDORES ESTADUAIS (CF, ART. 37, INC. XI). INTIMAÇÃO DAS PARTES PARA ACOSTAREM DOCUMENTOS. APLICAÇÃO DO PRINCÍPIO DA PRIMAZIA DA RESOLUÇÃO DE MÉRITO. ART. 488, CPC/2015. SENTENÇA PARCIALMENTE REFORMADA. AGRAVO PARCIALMENTE PROVIDO. JUÍZO DE RETRATAÇÃO POSITIVO PARA JULGAR PARCIALMENTE PROCEDENTES OS PEDIDOS INICIAIS. Sentença ou decisão que não resolve, quiçá devolvendo o problema para o futuro, não é produto a ser almejado por quem quer que seja, principalmente quando considerado o tempo e os recursos despendidos durante o andamento processual (Zulmar Duarte de Oliveira Jr.) (TJSC, Apelação Cível 0502897-46.2011.8.24.0023; Capital; Terceira Câmara de Direito Público; Rel. Des. Pedro Manoel Abreu; Julg. 31/10/2017).

✓ APELAÇÃO CÍVEL. CONTRATOS E PROCESSUAL CIVIL. AÇÃO DE COBRANÇA C/C INDENIZATÓRIA. - IMPROCEDÊNCIA NA ORIGEM. (1) PRELIMINAR. EXAME DESNECESSIDADE. DECISÃO FAVORÁVEL À PARTE. - O exame da preliminar pelo julgador, em sentido amplo, a incluir a prejudicial de mérito, é dispensável quando se puder decidir o mérito em favor da parte a quem aproveitaria o acolhimento daquelas, à luz dos arts. 282, § 2º, e 488 do Código de Processo Civil de 2015, em homenagem ao princípio da primazia do julgamento do mérito, de forma integral, justa e efetiva. (2) QUITAÇÃO. LIMITAÇÃO AO VALOR CONSIGNADO. COMPLEMENTAÇÃO CABÍVEL. REPARAÇÃO INTEGRAL DOS PREJUÍZOS. DESCONSTITUIÇÃO DA SENTENÇA. - A declaração de quitação, ainda que dada de forma plena, geral, irrevogável e irretratável, deve receber interpretação restritiva, limitando-se ao valor nela consignado. Assim, entendendo-se referir a apenas parte do direito legalmente assegurado, à luz do princípio da relativização do recibo de quitação, ela não traduzirá renúncia ou extinção da obrigação, sendo possível, com escorço na vedação ao enriquecimento sem causa e nos princípios da probidade e da boa-fé, a propositura de ação para alcançar a almejada complementação, a fim de obter uma reparação integral dos eventuais prejuízos sofridos. (3) CAUSA NÃO MADURA. JULGAMENTO PELO TRIBUNAL. IMPOSSIBILIDADE. - Se o processo não estiver em condições de imediato julgamento, é inviável ao Tribunal, desde logo, decidir o mérito. SENTENÇA DESCONSTITUÍDA. RECURSO PROVIDO. (TJ -SC; AC 03107898220148240023 Capital; Quinta Câmara de Direito Civil; Rel. Henry Petry Junior; Julg. 06/06/2017)

✓ Cível. Ação monitória. Contrato de compra e venda inadimplido. Sentença de improcedência. Apelo da parte autora. Demandante que adquiriu equipamento industrial. Alegação de pagamento do valor do bem e de não entrega do mesmo pela parte ré. Pretensão de ressarcimento dos valores pagos, que vem ventilada sob a forma de ação monitória. Rito monitório que é destinado àqueles que, com base em prova escrita sem eficácia de título executivo, tem direito de exigir do devedor o pagamento de quantia em dinheiro. Art. 700, I, do CPC/2015. Contrato que tinha por objeto entrega de coisa mediante paga, sendo certo que o autor não é credor da obrigação de pagar, mas, sim, da de entrega do bem adquirido. Inexistência de título executivo. Interesse processual que não se verifica, por ofensa ao princípio da adequação, ante a adoção de via processual inadequada aos fins almejados pela parte. Aplicação do art. 485, VI, do CPC/2015. Superação da preliminar e apreciação do mérito, nos termos da vênia insculpida no art. 488 do CPC/2015. Prescrição do crédito que o autor busca ver ressarcido. Precedente do E. STJ. Desprovimento do recurso. Manutenção da sentença. (TJ-RJ; APL 00028761120168190050 Rio de Janeiro, Santo Antônio de Pádua; 2ª Vara; Vigésima Primeira Câmara Cível; Rel. Pedro Freire Raguenet; Julg. 13/06/2017; Data de Publicação: 20/06/2017)

Seção II
Dos Elementos e dos Efeitos da Sentença

Art. 489. São elementos essenciais da sentença:

→ *v.* Art. 93, IX, da CF/1988.
→ *v.* Art. 99 da Lei 11.101/2005.
→ *v.* Art. 38 da Lei 9.099/1995.
→ *v.* Enunciado 37 do CJF: Aplica-se aos juizados especiais o disposto nos parágrafos do art. 489 do CPC.
→ *v.* Enunciado 47 da ENFAM: O art. 489 do CPC/2015 não se aplica ao sistema de juizados especiais.
→ *v.* Enunciado 304 do FPPC: As decisões judiciais trabalhistas, sejam elas interlocutórias, sentenças ou acórdãos, devem observar integralmente o disposto no art. 489, sobretudo o seu § 1º, sob pena de se reputarem não fundamentadas e, por conseguinte, nulas.
→ *v.* Enunciado 304 do FPPC: As decisões judiciais trabalhistas, sejam elas interlocutórias, sentenças ou acórdãos, devem observar integralmente o disposto no art. 499, sobretudo o seu §1º, sob pena de se reputarem não fundamentadas e, por conseguinte, nulas.
→ *v.* Enunciado 309 do FPPC: O disposto no § 1º do art. 489 do CPC é aplicável no âmbito dos Juizados Especiais.
→ *v.* Enunciado 486 do FPPC: A inobservância da ordem cronológica dos julgamentos não implica, por si, a invalidade do ato decisório.
→ *v.* Enunciado 640 do FPPC: O disposto no parágrafo único do art. 723 não exime o juiz de observar o disposto nos §§ 1º e 2º do art. 489.

Necessidade de serem observados os requisitos do artigo 489 do CPC:

✓ Apelação Cível. Execução Fiscal. Extinção da execução. Apelo do exequente invocando preliminar de nulidade absoluta. Autos digitalizados sem a cópia da sentença recorrida, existindo apenas certidão fazendo referência de que ela fora prolatada em lote, constando a original vinculada a outro processo. Sentença em conjunto com outros feitos e que não menciona o número do processo e os nomes das partes. Violação ao art. 489 do CPC. Nulidade absoluta. Óbice insanável a impedir apreciação do presente apelo. Preliminar que ora se acolhe. Provimento ao recurso para, acolhendo a preliminar suscitada, anular a sentença, determinando-se o prosseguimento do feito. (TJ-RJ; APL 00607986120078190038 Rio de Janeiro, Nova Iguaçu Central de Divida Ativa; Nona Câmara Cível; Rel. Gilberto Dutra Moreira; Julg. 29/11/2016; Data de Publicação: 01/12/2016)

I – o relatório, que conterá os nomes das partes, a identificação do caso, com a suma do pedido e da contestação, e o registro das principais ocorrências havidas no andamento do processo;

→ *v.* Enunciado 522 do FPPC: O relatório nos julgamentos colegiados tem função preparatória e deverá indicar as questões de fato e de direito relevantes para o julgamento e já submetidas ao contraditório.

II – os fundamentos, em que o juiz analisará as questões de fato e de direito;

Fundamentação como requisito da sentença:

✓ PROCESSUAL CIVIL E ADMINISTRATIVO. AGRAVO INTERNO NO RECURSO ESPECIAL. OMISSÃO NO ACÓRDÃO RECORRIDO. VÍCIO NÃO CONFIGURADO. ART. 489, § 1º, DO CPC/2015. FUNDAMENTAÇÃO DEFICIENTE. NÃO OCORRÊNCIA. SERVIDOR PÚBLICO. REAJUSTE SALARIAL. PRESCRIÇÃO DA PRETENSÃO REMUNERATÓRIA. REVISÃO DO JULGADO. IMPOSSIBILIDADE. CONTROVÉRSIA DECIDIDA PELA CORTE DE ORIGEM COM BASE NA LEI LOCAL E NAS PROVAS DOS AUTOS. INCIDÊNCIA DAS SÚMULAS 280 DO STF E 7 DO STJ. DIVERGÊNCIA JURISPRUDENCIAL. ANÁLISE PREJUDICADA. 1. Não há falar em omissão existente no acórdão quando o Tribunal local julga integralmente a lide, apenas não adotando a tese defendida pelos recorrentes. Não se pode confundir julgamento desfavorável ao interesse da parte com negativa ou ausência de prestação jurisdicional. 2. Afasta-se a tese de fundamentação deficiente do aresto combatido (art. 489, § 1º, III, IV e VI, do CPC/2015), pois esta Corte Superior possui precedente de que, "se os fundamentos do acórdão recorrido não se mostram suficientes ou corretos na opinião do recorrente, não quer dizer que eles não existam. Não se pode confundir ausência de motivação com fundamentação contrária aos interesses da parte, como ocorreu na espécie. Violação do art. 489, § 1º, do CPC/2015 não configurada" (AgInt no REsp 1.584.831/CE, Rel. Ministro Humberto Martins, Segunda Turma; Julg. 14/6/2016; DJe 21/6/2016). 3. Verifica-se, do exame da controvérsia posta em juízo, a presença dos impeditivos descritos nas Súmulas 7/STJ e 280/STF, porquanto a fundamentação do aresto impugnado encontra-se ancorada em legislação local e nas provas dos autos. 4. A presença de óbices sumulares impede o conhecimento do recurso especial pela alínea "c" do permissivo constitucional. Precedentes. 5. Agravo interno a que se nega provimento. (AgInt no REsp 1649443/RO; Segunda Turma; Rel. Og Fernandes; Julg. 26/09/2017; DJe 29/09/2017)

✓ AGRAVO DE INSTRUMENTO. DIREITO PRIVADO NÃO ESPECIFICADO. AUSÊNCIA DE FUNDAMENTAÇÃO. NULIDADE. A decisão agravada não foi fundamentada, contrariando o disposto pelo art. art. 93, inc. IX, da Constituição Federal, e art. 489, inc. II, do Código de Processo Civil, sendo, portanto, nula. DECISÃO AGRAVADA DESCONSTITUÍDA, DE PLANO. (TJ-RS; Agravo de Instrumento 70074861162; Décima Primeira Câmara Cível; Rel. Antônio Maria Rodrigues de Freitas Iserhard; Julg. 25/08/2017).

✓ APELAÇÃO CÍVEL. AÇÃO DE COBRANÇA CUMULADA COM EXIBIÇÃO DE DOCUMENTO. OFENSA AO DISPOSTO NO PARÁGRAFO PRIMEIRO DO ARTIGO 489 DO CÓDIGO DE PROCESSO CIVIL. DECISÃO DEVIDAMENTE FUNDAMENTADA. SEGURO DE VIDA EM GRUPO. PRETENSÃO AO RECEBIMENTO DE INDENIZAÇÃO POR INVALIDEZ PERMANENTE TOTAL OU PARCIAL POR ACIDENTE. INVALIDEZ DECORRENTE DE DOENÇA PROFISSIONAL. MOLÉSTIA NÃO EQUIPARADA A ACIDENTE PESSOAL. RISCO EXCLUÍDO DA APÓLICE. INTERPRETAÇÃO RESTRITIVA DO CONTRATO. PRETENSÃO INDENIZATÓRIA NEGADA. SENTENÇA MANTIDA. RECURSO DESPROVIDO. "Não há falar em nulidade da decisão por ausência de fundamentação se o julgador 'a quo', ainda que de forma sucinta, expôs o direito aplicável ao caso" (TJSC, Apelação Cível n. 0500113-66.2012.8.24.0054, de Rio do Sul, rel. Des. Gilberto Gomes de Oliveira; Julg. em 27-4-2017). "À luz das resoluções aplicáveis do CNSP e da SUSEP, e em atenção ao disposto no contrato, a doença ocupacional não pode ser equiparada ao conceito de 'acidente pessoal' previsto nos contratos de seguro de pessoas. A essência do contrato de seguro é a predeterminação dos riscos (art. 757 do Código Civil). Logo, estes devem ser interpretados de modo restritivo, uma vez que ampliá-los pela via interpretativa seria o mesmo que indeterminá-los, o que resultaria na deturpação da essência do contrato e no desequilíbrio da delicada relação risco-prêmio que se encontra no fundamento do pacto securitário" (TJSC, Apelação Cível n. 0800984-77.2013.8.24.0057, de Santo Amaro da Imperatriz, rel. Des. Marcus Tulio Sartorato; Julg. em 4-4-2017). (TJSC; Apelação Cível 0003017 59.2014.8.24.0018; Chapecó; Terceira Câmara de Direito Civil; Rel. Des. Fernando Carioni; Julg. 28-11-2017).

✓ APELAÇÕES CÍVEIS. AÇÃO DE COBRANÇA. CONTRATO DE ABERTURA DE CRÉDITO (CHEQUE ESPECIAL E CAPITAL DE GIRO). SENTENÇA DE PARCIAL PROCEDÊNCIA. RECURSO DOS DEMANDADOS. PEDIDO DE CONCESSÃO DA JUSTIÇA GRATUITA. CIRCUNSTÂNCIAS DO CASO CONCRETO QUE AUTORIZAM A OUTORGA DA BENESSE NESTE GRAU DE JURISDIÇÃO. DEFERIMENTO DA GRATUITADE QUE SE IMPÕE. Na dicção do art. 98 do Novo Código de Processo Civil, a pessoa natural ou jurídica, brasileira ou estrangeira, com insuficiência de recursos para pagar as custas, as despesas processuais e os honorários advocatícios tem direito à gratuidade da justiça (Agravo de Instrumento n. 4012104-54.2016.8.24.0000, de Lages, Quinta Câmara de Direito Civil, rel. Des. Luiz Cézar Medeiros; Julg. 6-2-2017). PRELIMINARES. SUSCITADA A NULIDADE DO DECISUM AO ARGUMENTO DE AUSÊNCIA DE FUNDAMENTAÇÃO. TESE REJEITADA. MAGISTRADO SINGULAR QUE APRECIOU TODA A MATÉRIA AVOCADA AOS AUTOS E PROFERIU JULGAMENTO DE FORMA AMPLAMENTE FUNDAMENTADA. REQUISITOS DO ART. 489 DO CPC/2015 ATENDIDOS. INEXISTÊNCIA DE QUALQUER MÁCULA A ENSEJAR A MENCIONADA NULIDADE. As decisões podem ser exteriorizadas por meio de fundamentação concisa, que significa explanação breve, sucinta. O juiz não está autorizado a decidir sem fundamentar (CF, art. 93, IX). Contudo, concisão e brevidade não significam ausência de fundamentação' (AC, n. 2010.056606-6, rel. Des. Joel Figueira Júnior; Julg. em 18.4.2013)" (AI n. 2011.009031-9, de Correia Pinto, rel. Des. Jaime Ramos; Julg. em 7.8.2014). [...] (Apelação Cível n. 2010.003169-7, de Chapecó, Câmara Especial Regional de Chapecó, rel. Des. Hildemar Meneguzzi de Carvalho; Julg. 25-4-2016). ALEGAÇÃO DE CERCEAMENTO DE DEFESA ANTE O JULGAMENTO ANTECIPADO DA LIDE. TESE REJEITADA. ELEMENTOS DOS AUTOS SUFICIENTES PARA FORMAR O CONVENCIMENTO DO MAGISTRADO. PRELIMINAR REJEITADA. Não caracteriza cerceamento de defesa o julgamento antecipado da lide sem a produção das provas que a parte pretendia produzir – no caso, pericial e oral – quando o Magistrado entender que o feito está adequadamente instruído com os elementos indispensáveis à formação de seu convencimento. [...] (Apelação Cível n. 2016.020955-9, de Balneário Camboriú, Segunda Câmara de Direito Comercial, rel. Des. Robson Luz Varella; Julg. 26-4-2016). ARGUIDA A CARÊNCIA DE AÇÃO POR AUSÊNCIA DE DOCUMENTO ESSENCIAL À PROPOSITURA DA ACTIO. NÃO OCORRÊNCIA. DOCUMENTOS ACOSTADOS AO CADERNO PROCESSUAL QUE DEMONSTRAM CABALMENTE AS OPERAÇÕES DE CRÉDITO FIRMADAS ENTRE AS PARTES E TODAS AS CLÁUSULAS QUE LHES SÃO INERENTES. PREFACIAL QUE SE REJEITA. MÉRITO. ILEGALIDADE DA COMISSÃO DE PERMANÊNCIA. EXPRESSA PACTUAÇÃO. POSSIBILIDADE DA COBRANÇA NO PERÍODO DA INADIMPLÊNCIA, LIMITADA À SOMA DOS ENCARGOS REMUNERATÓRIOS E MORATÓRIOS ADMITIDOS NO CONTRATO, SEM CORREÇÃO MONETÁRIA. PRETENSÃO DE LIMITAÇÃO DOS JUROS REMUNERATÓRIOS AO PERCENTUAL DE 12% AO ANO. DESPROVIMENTO. MANUTENÇÃO DA DECISÃO QUE DETERMINOU A LIMITAÇÃO DO ENCARGO À TAXA MÉDIA DE MERCADO DIVULGADA PELO BANCO CENTRAL DO BRASIL. PLEITO DE REDISTRIBUIÇÃO DOS ÔNUS SUCUMBENCIAIS. IMPOSSIBILIDADE. MANUTENÇÃO DO DECISUM QUE RECONHECEU A SUCUMBÊNCIA RECÍPROCA. RECURSO DA CASA BANCÁRIA DEMANDANTE. REQUERIMENTO DE MANUTENÇÃO DAS TAXAS DE JUROS REMUNERATÓRIOS EXPRESSAMENTE PACTUADAS. NÃO ACOLHIMENTO. CONTRATO DE ADESÃO A PRODUTOS – PESSOA JURÍDICA, QUE NÃO ESPECIFICA A TAXA DE JUROS REMUNERATÓRIOS PARA CADA OPERAÇÃO. HIPÓTESE EM QUE DEVE SER MANTIDA A SENTENÇA QUE DETERMINOU A LIMITAÇÃO DO ENCARGO À MÉDIA DE MERCADO, EXCETO SE A TAXA CONTRATADA FOR MAIS FAVORÁVEL

AO CONSUMIDOR. ENTENDIMENTO PACIFICADO PELO GRUPO DE CÂMARAS DE DIREITO COMERCIAL. INTELIGÊNCIA DA SÚMULA 530 DO TRIBUNAL DA CIDADANIA. Nos contratos bancários, na impossibilidade de comprovar a taxa de juros efetivamente contratada – por ausência de pactuação ou pela falta de juntada do instrumento aos autos -, aplica-se a taxa média de mercado, divulgada pelo Bacen, praticada nas operações da mesma espécie, salvo se a taxa cobrada for mais vantajosa para o devedor." Súmula n. 530 do STJ. "Prestigiando a decisão do Grupo de Câmaras de Direito Comercial desta Corte proferida em 8/9/2015 e o posicionamento do Superior Tribunal de Justiça (Súmula n. 530), este Órgão Fracionário passou a adotar o entendimento de que, na impossibilidade de aferição do percentual cobrado a título de juros remuneratórios, seja pela falta de pactuação ou pela ausência do contrato, deve-se aplicar a taxa média divulgada pelo Banco Central, para contratos da mesma espécie, exceto se a taxa cobrada mostrar-se mais vantajosa para o devedor. [...] (Apelação Cível n. 0010837-71.2011.8.24.0039, de Lages, rel. Des. Robson Luz Varella; Julg. 13-12-2016). [...] (Apelação Cível n. 0007244-68.2013.8.24.0005, de Balneário Camboriú, Segunda Câmara de Direito Comercial, rel. Des. Dinart Francisco Machado; Julg. 28-3-2017). CAPITALIZAÇÃO DE JUROS. IMPOSSIBILIDADE DE VERIFICAR A EXPRESSA PACTUAÇÃO DO ANATOCISMO. AFASTAMENTO MANTIDO. ALEGADA INVIABILIDADE DA DESCARACTERIZAÇÃO DA MORA NA HIPÓTESE. TESE REJEITADA. DESCARACTERIZAÇÃO DA MORA QUE É CONSECTÁRIO DA LIMITAÇÃO DOS JUROS REMUNERATÓRIOS À MÉDIA DE MERCADO E DO AFASTAMENTO DA CAPITALIZAÇÃO DE JUROS. RECURSO DOS DEMANDADOS CONHECIDO E PARCIALMENTE PROVIDO. APELO DA CASA BANCÁRIA REQUERENTE QUE SE CONHECE E SE NEGA PROVIMENTO. (TJSC; Apelação Cível 0500323-30.2011.8.24.0062; São João Batista; Segunda Câmara de Direito Comercial; Rel. Des. Rejane Andersen; Julg. 09-05-2017).

III – o dispositivo, em que o juiz resolverá as questões principais que as partes lhe submeterem.

Indispensabilidade do dispositivo na sentença:

✓ AGRAVO DE INSTRUMENTO. PROCESSUAL CIVIL. EXCEÇÃO DE PRÉ-EXECUTIVIDADE. PRETENSÃO DE RECONHECIMENTO DE PRESCRIÇÃO DE DÍVIDA TRIBUTÁRIA. DECISÃO CARENTE DE FUNDAMENTAÇÃO SUFICIENTE. AUSÊNCIA DE DISPOSITIVO. INFRINGÊNCIA A ELEMENTO ESSENCIAL DA DECISÃO. NULIDADE ABSOLUTA. DECLARAÇÃO DE OFÍCIO. AGRAVO DE INSTRUMENTO CONHECIDO E PROVIDO. AGRAVO INTERNO PREJUDICADO. (TJ-RJ; AI 00184188820178190000 Duque de Caxias/RJ; Central de Divida Ativa; Décima Sétima Câmara Cível; Rel. Marcia Ferreira Alvarenga; Julg. 07/06/2017; Data de Publicação: 09/06/2017)

§ 1º Não se considera fundamentada qualquer decisão judicial, seja ela interlocutória, sentença ou acórdão, que:

- *v.* Enunciado 162 do FPPC: Para identificação do precedente, no processo do trabalho, a decisão deve conter a identificação do caso, a suma do pedido, as alegações das partes e os fundamentos determinantes adotados pela maioria dos membros do colegiado, cujo entendimento tenha ou não sido sumulado.
- *v.* Enunciado 303 do FPPC: As hipóteses descritas nos incisos do § 1º do art. 489 são exemplificativas.
- *v.* Enunciado 307 do FPPC: Reconhecida a insuficiência da sua fundamentação, o tribunal decretará a nulidade da sentença e, preenchidos os pressupostos do § 3º do art. 1.013, decidirá desde logo o mérito da causa.
- *v.* Enunciado 308 do FPPC: Aplica-se o art. 489, § 1º, a todos os processos pendentes de decisão ao tempo da entrada em vigor do CPC.
- *v.* Enunciado 431 do FPPC: O julgador, que aderir aos fundamentos do voto vencedor do relator, há de seguir, por coerência, o precedente que ajudou a construir no julgamento da mesma questão em processos subsequentes, salvo se demonstrar a existência de distinção ou superação.
- *v.* Enunciado 462 do FPPC: É nula, por usurpação de competência funcional do órgão colegiado, a decisão do relator que julgar monocraticamente o mérito do recurso, sem demonstrar o alinhamento de seu pronunciamento judicial com um dos padrões decisórios descritos no art. 932 do FPPC.
- *v.* Enunciado 515 do FPPC: Aplica-se o disposto no art. 489, § 1°, também em relação às questões fáticas da demanda.
- *v.* Enunciado 516 do FPPC: Para que se considere fundamentada a decisão sobre os fatos, o juiz deverá analisar todas as provas capazes, em tese, de infirmar a conclusão adotada.
- *v.* Enunciado 517 do FPPC: A decisão judicial que empregar regras de experiência comum, sem indicar os motivos pelos quais a conclusão adotada decorre daquilo que ordinariamente acontece, considera-se não fundamentada.
- *v.* Enunciado 665 do FPPC: A negativa de seguimento ou sobrestamento de recurso especial ou extraordinário, ao fundamento de que a questão de direito já foi ou está selecionada para julgamento de recursos sob o rito dos repetitivos, não pode ser feita via carimbo ou outra forma automatizada nem por pessoa não investida no cargo de magistrado.

I – se limitar à indicação, à reprodução ou à paráfrase de ato normativo, sem explicar sua relação com a causa ou a questão decidida;

Fundamentação deficiente da decisão que se limita a reprodução de ato normativo:

✓ Agravo de instrumento - execução de título extrajudicial - determinação de nova penhora - ausência de fundamentação - art. 489, § 1º, I e III do Código de Processo Civil - art. 93, IX da Constituição Federal - decisão anulada, de ofício. (TJ-SP; AI 21791374920168260000; SP; 16ª Câmara de Direito Privado; Rel. Coutinho de Arruda; Julg. 02/02/2017; Data de Publicação: 02/02/2017)

✓ Vistos, etc. I - A agravante, inconformada com a decisão deste Relator que deixou de conhecer seu agravo de instrumento em razão de sua manifesta inadmissibilidade, opôs estes embargos de declaração, sob o fundamento de que "...o E. Relator deixou de apreciar a exata subsunção das razões recursais ao conteúdo do art. 1.015, inciso X, do CPC...". II - Não há qualquer omissão na decisão agravada. Primeiro que, para que seja omissa, a decisão deve, conforme o teor do art. 1.022 do CPC/15: Art. 1.022. Cabem embargos de declaração contra qualquer decisão judicial para: TRIBUNAL DE JUSTIÇA I - esclarecer obscuridade ou eliminar contradição; II - suprir omissão de ponto ou questão sobre o qual devia se pronunciar o juiz de ofício ou a requerimento; III - corrigir erro material. Parágrafo único. Considera-se omissa a decisão que: I - deixe de se manifestar sobre tese firmada em julgamento de casos repetitivos ou em incidente de assunção de competência aplicável ao caso sob julgamento; II - incorra em qualquer das condutas descritas no art. 489, § 1o. E complementa o § 1º do art. 489 do CPC/15: Art. 489. (...) § 1o Não se considera fundamentada qualquer decisão judicial, seja ela interlocutória, sentença ou acórdão, que: I - se limitar à indicação, à reprodução ou à paráfrase de ato normativo, sem explicar sua relação com a causa ou a questão decidida; II - empregar conceitos jurídicos indeterminados, sem explicar o motivo concreto de sua incidência no caso; III - invocar motivos que se prestariam a justificar qualquer outra decisão; IV - não enfrentar todos os argumentos deduzidos no processo capazes de, em tese, infirmar a conclusão adotada pelo julgador; V - se limitar a invocar precedente ou enunciado de súmula, sem identificar seus fundamentos determinantes nem demonstrar que o caso sob julgamento se ajusta àqueles fundamentos; VI - deixar de seguir enunciado de súmula, jurisprudência ou precedente invocado pela parte, sem demonstrar a existência de TRIBUNAL DE JUSTIÇA distinção no caso em julgamento ou a superação do entendimento. A decisão embargada, diferentemente do que menciona a embargante, não incorreu em qualquer dessas hipóteses, porquanto, como lá constou: "No caso, o agravante pretende a reforma de decisão do juízo singular que negou a concessão de efeito suspensivo aos seus embargos à execução. Ocorre que essa decisão judicial não está contida no rol taxativo do art. 1015 do NCPC/2015, como se pode ver: Art. 1.015. Cabe agravo de instrumento contra as decisões interlocutórias que versarem sobre: I - tutelas provisórias; II - mérito do processo; III - rejeição da alegação de convenção de arbitragem; IV - incidente de desconsideração da personalidade jurídica; V - rejeição do pedido de gratuidade da justiça ou acolhimento do pedido de sua revogação; VI - exibição ou posse de documento ou coisa; VII - exclusão de litisconsorte; VIII - rejeição do pedido de limitação do litisconsórcio; IX - admissão ou inadmissão de intervenção de terceiros; X - concessão, modificação ou revogação do efeito suspensivo aos embargos à execução; XI - redistribuição do ônus da prova nos termos do art. 373, § 1o; XII - (VETADO); TRIBUNAL DE JUSTIÇA XIII - outros casos expressamente referidos em lei. Parágrafo único. Também caberá agravo de instrumento contra decisões interlocutórias proferidas na fase de liquidação de sentença ou de cumprimento de sentença, no processo de execução e no processo de inventário. E tratando-se de rol taxativo (compreensão esta da ampla maioria da doutrina), não há como se estender suas hipóteses para a situação ora em discussão. Assim, claro está que a decisão ora embargada realizou a exata subsunção da questão aqui discutida com o art. 1.015, X, do CPC/15, não tendo se limitado à mera reprodução do artigo, mas cotejando-o com a pretensão recursal. Ademais, houve também a menção expressa ao art. 1.015 e ao seu inciso X, não sendo nem mesmo o caso de prequestionamento do dispositivo legal. Destarte, por tais motivos, rejeito os embargos de declaração. II - Oportunamente, baixem à origem. III - Intimem-se. Curitiba, 16 de janeiro de 2017. Fernando Prazeres Desembargador (TJ-PR; ED 1612703001 PR (Decisão Monocrática); 14ª Câmara Cível; Rel. Fernando Antonio Prazeres; Julg. 19/01/2017; Data de Publicação: DJ: 001 24/01/2017)

II – empregar conceitos jurídicos indeterminados, sem explicar o motivo concreto de sua incidência no caso;

Fundamentação deficiente da decisão que se limita ao emprego de conceitos jurídicos indeterminados:

✓ HABEAS CORPUS. ROUBO TENTADO. PRISÃO PREVENTIVA. ART. 312 DO CPP. PERICULUM LIBERTATIS. INDICAÇÃO NECESSÁRIA. FUNDAMENTAÇÃO INSUFICIENTE. ORDEM CONCEDIDA. 1. A jurisprudência desta Corte Superior é firme em assinalar que a determinação de segregar cautelarmente o réu deve efetivar-se apenas se indicada, em dados concretos dos autos, a necessidade da prisão (**periculum libertatis**), à luz do disposto no art. 312 do CPP. 2. O Juízo de primeiro grau entendeu devida a prisão preventiva do paciente, com base tão somente na gravidade abstrata do delito, sem, no entanto, ter apontado nenhum elemento concreto que, efetivamente, evidenciasse que o paciente, solto, pudesse colocar em risco a ordem pública ou aplicação da lei penal. 3. A par de utilizar conceitos jurídicos indeterminados, sem a necessária densificação ao caso examinado, e repetir palavras do texto normativo de regência, empregou motivação que se ajusta a qualquer caso de tráfico de entorpecentes, incorrendo nos vícios de fundamentação a que alude o § 1º do art. 489 do Código de Processo Civil, aplicável ao processo penal por força do art. 3º do CPP. A prevalecer a argumentação da decisão, todos os crimes de roubo ensejariam a prisão cautelar de seus respectivos autores, o que não se coaduna com a excepcionalidade da prisão preventiva, princípio que há de ser observado para a convivência harmônica da cautela pessoal extrema com a presunção de não culpabilidade. 4. Habeas corpus concedido, para que o paciente possa responder a ação penal em liberdade, se por outro motivo não estiver preso, sem prejuízo da possibilidade de nova decretação da prisão preventiva, se concretamente demonstrada sua necessidade cautelar, ou de imposição de medida alternativa, nos termos do art. 319 do CPP. (HC 402.190; SP; Sexta Turma; Rel. Min. Rogerio Schietti Cruz; Julg. 26/09/2017; DJe 02/10/2017)

✓ AGRAVO INTERNO – r. decisão que indeferiu antecipação da tutela recursal – ausência de nulidade ou de falta de fundamentação – Art. 489, § 1º, do CPC, que demanda apenas a demonstração do motivo concreto de incidência de conceitos jurídicos indeterminados, o que ocorreu na hipótese dos autos, quando se aduziu que não estavam presentes os requisitos para antecipação de tutela, precipuamente a probabilidade do direito alegado nas razões de agravo de instrumento da Ré – impossibilidade de antecipação de considerações sobre o mérito do recurso de agravo de instrumento, sob pena de ferimento do devido processo legal, principalmente quanto ao contraditório. RECURSO DA AGRAVANTE NÃO PROVIDO. (TJ-SP; AGV 20092572520178260000; SP; 28ª Câmara de Direito Privado; Rel. Berenice Marcondes Cesar; Julg. 28/03/2017; Data de Publicação: 30/03/2017)

✓ AGRAVO DE INSTRUMENTO. AÇÃO INDENIZATÓRIA. ACIDENTE AUTOMOBILÍSTICO. DECISÃO DO JUÍZO A QUO QUE INDEFERIU A GRATUIDADE DE JUSTIÇA PLEITEADA PELA COMPANHIA DE SEGUROS DENUNCIADA – EM LIQUIDAÇÃO EXTRAJUDICIAL. INCONFOMISMO DA SEGURADORA. NULIDADE DA DECISÃO POR AUSENCIA DE FUNDAMENTAÇÃO. INOCORRÊNCIA. DECISÃO DEVIDAMENTE FUNDAMENTADA, EIS QUE, APESAR DE SUCINTA, AS QUESTÕES DA LIDE FORAM DECLINADAS, E CORRETAMENTE ASSENTADAS E COERENTES COM O DISPOSITIVO DA DECISÃO JUDICIAL. AUSÊNCIA DE PROVA DO EFEITO PREJUÍZO Á DEFESA E DE AFRONTA AO ARTIGO 93, IX, DA CR/88. DIFICULDADE MOMENTÂNEA – POSSIBILIDADE DE RECOLHIMENTO AO FINAL – A AGRAVANTE JUNTOU AOS AUTOS O RELATÓRIO DA SUSEP NO QUAL É POSSÍVEL VERIFICAR QUE NO ANO DE 2015 A SEGURADORA PASSOU POR GRAVE CRISE ECONÔMICA, TANTO QUE FOI DECRETADA SUA LIQUIDAÇÃO EXTRAJUDICIAL. CONTUDO, NO RELATÓRIO APRESENTADO PELA LIQUIDANTE É POSSÍVEL VERIFICAR A EXISTÊNCIA DE TÍTULOS E CRÉDITOS A RECEBER CUJO MONTANTE POSSIBILITARÁ O PAGAMENTO DOS CREDORES DA MASSA LIQUIDANDA, INCLUSIVE OS CRÉDITOS ORIUNDOS DE DESPESAS JUDICIAIS, SE AS FORÇAS DA MASSA COMPORTAREM – ART. 34 DA LEI Nº 6.024/74 C/C ART. 84 DA LEI Nº 11.101/2005 – CRÉDITOS DE NATUREZA EXTRACONCURSAL – PRECEDÊNCIA SOBRE OS CRÉDITOS PREVISTOS NO ART. 83 DA LEI DE FALENCIAS. COM EFEITO, NÃO RESTOU DEMONSTRADA A CARÊNCIA DE RECURSOS FINANCEIROS QUE AUTORIZE A GRATUIDADE POSTULADA, MAS APENAS UMA DIFICULDADE MOMENTÂNEA, REVERSÍVEL, À MEDIDA QUE O RECORRENTE OBTIVER ÊXITO NO RECEBIMENTO DE CRÉDITOS E TÍTULOS A QUE FAZ JUS. ASSIM, A FIM DE EVITAR A VIOLAÇÃO AO PRINCÍPIO CONSTITUCIONAL DO ACESSO À JUSTIÇA, IMPÕE-SE O DEFERIMENTO DO RECOLHIMENTO DAS CUSTAS AO FINAL DO PROCESSO, CONSOANTE O DISPOSTO NO ENUNCIADO ADMINISTRATIVO Nº 27 DO FUNDO ESPECIAL DO TRIBUNAL DE JUSTIÇA. PRECEDENTES JURISPRUDENCIAIS. RECURSO PROVIDO COM BASE NO ART. 932, V, DO CÓDIGO DE PROCESSO CIVIL. (TJ-RJ; AI 00351715720168190000 Rio de Janeiro, Nova Iguaçu; 6ª Vara Cível, Sexta Câmara Cível; Rel. Inês da Trindade Chaves de Melo; Julg. 01/08/2016; Data de Publicação: 03/08/2016)

III – invocar motivos que se prestariam a justificar qualquer outra decisão;

Fundamentação que não se pode limitar a invocação genérica de motivos:

✓ PROCESSUAL CIVIL. EMBARGOS DE DECLARAÇÃO. OMISSÃO. INOCORRÊNCIA. 1. Os embargos de declaração têm por escopo sanar decisão judicial eivada de obscuridade, contradição, omissão ou erro material. 2. À luz dos incisos III e IV do § 1º do art. 489 do CPC/2015, o órgão julgador não necessita construir textos individuados para cada um dos casos analisados, quando é possível aferir, sem qualquer esforço, que a fundamentação não é genérica. 3. Hipótese em que não há omissão quanto à fundamentação utilizada para afastar as preliminares de não conhecimento do recurso especial. 4. Embargos de declaração rejeitados. (EDcl no REsp 1322791/DF; Primeira Turma; Rel. Gurgel de Faria; Julg. 15/12/2016; DJe 20/02/2017)

✓ Agravo de instrumento – execução – embargos – concessão de efeito suspensivo – requisitos do art. 919 do Código de Processo Civil – ausência de fundamentação – art. 489, § 1º III e IV do Código de Processo Civil – art. 93, IX da Constituição Federal – decisão anulada, de ofício. (TJ-SP 21214013920178260000; SP; 16ª Câmara de Direito Privado; Rel. Coutinho de Arruda; Julg. 14/11/2017; Data de Publicação: 14/11/2017)

✓ ACÓRDÃO Agravo de Instrumento. Relação de Consumo. Decisão agravada que adotou a técnica de fundamentação genérica. Nulidade flagrante. A Carta Política em vigor veda expressamente a ausência de fundamentação nas decisões judiciais: "todos os julgamentos dos órgãos do Poder Judiciário serão públicos, e fundamentadas todas as decisões, sob pena de nulidade" (art. 93, inciso IX). A nova legislação adjetiva dispõe, no art. 489, § 1º, III, que: "o juiz ao proferir um provimento jurisdicional, seja qual for, não poderá fazer uso de tese de fundamentação genérica, que por ventura possam embasar qualquer outra decisão". Decisão que deve ser extirpada do mundo jurídico. Reconhecimento de ofício da nulidade. Recurso prejudicado. Precedente citado: 0034098-50.2016.8.19.0000 - AGRAVO DE INSTRUMENTO - DES. REGINA LUCIA PASSOS - Julgamento: 31/08/2016 - VIGÉSIMA QUARTA Câmara Cível CONSUMIDOR. NULIDADE DA DECISÃO, DE OFÍCIO. (TJ-RJ; AI 00356297420168190000 Rio de Janeiro, Rio Bonito; 1ª Vara, Vigésima Quarta Câmara Cível; Rel. Regina Lucia Passos; Julg. 26/10/2016; Data de Publicação: 31/10/2016)

✓ AGRAVO DE INSTRUMENTO. AÇÃO DE DISSOLUÇÃO DE UNIÃO ESTÁVEL. ALIMENTOS PROVISÓRIOS. FIXAÇÃO. FUNDAMENTAÇÃO DA DECISÃO. A decisão atacada deferiu o pedido de alimentos provisórios indicando, como razão de decidir, tão somente, a existência de "documentos acostados com a inicial". Contudo, não especificou quais os documentos que comprovam a necessidade do autor, tampouco quais os que demonstram ter a agravante condições de pagar o valor estipulado. Na realidade, utilizou motivo que se presta, em tese, a justificar qualquer outra decisão que aprecie pedido de fixação de alimentos provisórios. Ao assim decidir, afrontou o art. 93, inciso IX, da Constituição Federal, que determina ser nula toda e qualquer decisão que não contenha fundamentação, enquadrando-se na hipótese prevista no art. 489, § 1º, III, do CPC. Entretanto, em face do princípio da "causa madura", previsto no art. 1.013, § 3º, inc. IV, do CPC, aprecia-se o mérito da decisão que fixou os alimentos provisórios. É verdade que o dispositivo mencionado está na parte do julgamento da apelação. Contudo, não há lógica em não aplicá-lo também ao agravo de instrumento... Afinal, se podemos o mais, podemos o menos.... Considerando que é incontroversa a união estável entre os litigantes, presumida a necessidade do beneficiário, que vive em estado vegetativo, e o fato de que a agravante admite já custear tratamento fonoaudiológico e fisioterápico para ele, com custo até mesmo superior... aos alimentos provisórios fixados, censura alguma merece a decisão atacada. ACOLHERAM A PRELIMINAR DE NULIDADE DA DECISÃO AGRAVADA SUSCITADA PELO MINISTÉRIO PÚBLICO E, ESTANDO A "CAUSA MADURA", NEGARAM PROVIMENTO. UNÂNIME. (TJ-RS; Agravo de Instrumento 70070012554; Oitava Câmara Cível; Rel. Luiz Felipe Brasil Santos; Julg. 25/08/2016).

IV – não enfrentar todos os argumentos deduzidos no processo capazes de, em tese, infirmar a conclusão adotada pelo julgador;

→ *v.* Enunciado 9 da ENFAM: É ônus da parte, para os fins do disposto no art. 489, § 1º, V e VI, do CPC/2015, identificar os fundamentos determinantes ou demonstrar a existência de distinção no caso em julgamento ou a superação do entendimento, sempre que invocar jurisprudência, precedente ou Enunciado de súmula.

→ *v.* Enunciado 11 da ENFAM: Os precedentes a que se referem os incisos V e VI do § 1º do art. 489 do CPC/2015 são apenas os mencionados no art. 927 e no inciso IV do art. 332.

→ *v.* Enunciado 12 da ENFAM: Não ofende a norma extraível do inciso IV do § 1º do art. 489 do CPC/2015 a decisão que deixar de apreciar questões cujo exame tenha ficado prejudicado em razão da análise anterior de questão subordinante.

→ *v.* Enunciado 13 da ENFAM: O art. 489, § 1º, IV, do CPC/2015 não obriga o juiz a enfrentar os fundamentos jurídicos invocados pela parte, quando já tenham sido enfrentados na formação dos precedentes obrigatórios.

→ *v.* Enunciado 19 da ENFAM: A decisão que aplica a tese jurídica firmada em julgamento de casos repetitivos não precisa enfrentar os fundamentos já analisados na decisão paradigma, sendo suficiente, para fins de atendimento das exigências constantes no art. 489, § 1º, do CPC/2015, a correlação fática e jurídica entre o caso concreto e aquele apreciado no incidente de solução concentrada.

→ *v.* Enunciado 128 do FPPC: No processo em que há intervenção do amicus curiae, a decisão deve enfrentar as alegações por ele apresentadas, nos termos do inciso IV do § 1º do art. 489.

→ *v.* Enunciado 305 do FPPC: No julgamento de casos repetitivos, o tribunal deverá enfrentar todos os argumentos contrários e favoráveis à tese jurídica discutida.

→ *v.* Enunciado 523 do FPPC: O juiz é obrigado a enfrentar todas as alegações deduzidas pelas partes capazes, em tese, de infirmar a decisão, não sendo suficiente apresentar apenas os fundamentos que a sustentam.

→ *v.* Enunciado 524 do FPPC: O art. 489, § 1º, IV, não obriga o órgão julgador a enfrentar os fundamentos jurídicos deduzidos no processo e já enfrentados na formação da decisão paradigma, sendo necessário demonstrar a correlação fática e jurídica entre o caso concreto e aquele já apreciado.

→ *v.* Enunciado 391 do FPPC: As partes podem opor embargos de declaração para corrigir vício da decisão relativo aos argumentos trazidos pelo amicus curiae.

→ *v.* Enunciado 585 do FPPC: Não se considera fundamentada a decisão que, ao fixar tese em recurso especial ou extraordinário repetitivo, não abranger a análise de todos os fundamentos, favoráveis ou contrários, à tese jurídica discutida.

Fundamentação que exige o enfrentamento de todas as questões submetidas pelas partes:

✓ Ementa: Direito administrativo e constitucional. Agravo interno em mandado de segurança. CNJ. Correição. Identificação de pagamento da comissão de 5% a leiloeiros integrantes do quadro de servidores do TJ/AM. 1. Como regra geral, o controle dos atos do CNJ pelo STF somente se justifica nas hipóteses de (i) inobservância do devido processo legal; (ii) exorbitância das competências do Conselho; e (iii) injuridicidade ou manifesta irrazoabilidade do ato impugnado, inocorrentes na espécie. 2. O impedimento para a percepção da comissão reside na excepcional circunstância de que os leiloeiros atuantes no TJ/AM são servidores concursados e, por essa razão, já recebem a devida remuneração para o exercício do cargo, diferentemente do que ocorre com os demais leiloeiros públicos, cuja remuneração depende inteiramente do seu êxito. Tal entendimento prejudica a argumentação desenvolvida pela parte, o que desobriga a análise de fundo quanto às normas legais invocadas pelo agravante, por serem incapazes, em tese, de alterar as conclusões do julgado (art. 489, § 1º, IV, do CPC). 3. A tese relativa à analogia com os advogados públicos não fez parte das razões da inicial, sendo aduzida somente nesta via recursal. Constitui-se, portanto, em inovação insuscetível de apreciação neste momento processual. 4. Agravo a que se nega provimento. (MS 33327 AgR; Primeira Turma; Rel. Roberto Barroso; Julg. 24/02/2017; Processo Eletrônico DJe-048 DIVULG 13-03-2017 PUBLIC 14-03-2017)

✓ Ementa: AGRAVO REGIMENTAL NO RECURSO EXTRAORDINÁRIO COM AGRAVO. ADMINISTRATIVO. INCLUSÃO DE VANTAGENS PESSOAIS NO TETO REMUNERATÓRIO ESTADUAL. EMENDA CONSTITUCIONAL N. 41/2003. PRECEDENTES. VIOLAÇÃO AO ART. 489, § 1º, IV, CPC/2015. NÃO CONFIGURADA. VIOLAÇÃO AO ARTIGO 5º, INCISOS XXXV E XXXVI. AUSÊNCIA DE REPERCUSSÃO GERAL. AGRAVO REGIMENTAL A QUE SE NEGA PROVIMENTO, COM APLICAÇÃO DE MULTA. I – Repercussão geral do tema reconhecida no Recurso Extraordinário n. 606.358. II – Esta Corte rejeitou a repercussão geral na hipótese de alegação de ofensa aos princípios do contraditório, da ampla defesa, dos limites da coisa julgada e do devido processo legal. O julgamento da causa dependeria de prévia análise da adequada aplicação das normas infraconstitucionais (ARE nº 748.371-RG/MT, Rel. Gilmar Mendes). III – A falta de fundamentação a que se refere o inciso IV do § 1º do artigo 489 do CPC/2015, não se configura quando a decisão recorrida estiver fundamentada na jurisprudência consolidada do Supremo Tribunal Federal. IV – Nos termos do art. 85, § 11, do CPC, deixo de majorar os honorários advocatícios, pois já fixados no limite legal. IV- Agravo regimental a que se nega provimento, com aplicação da multa prevista no art. 1.021, § 4º do CPC. (ARE 974499 AgR; Segunda Turma; Rel. Ricardo Lewandowski; Julg. 02/12/2016; Processo Eletrônico DJe-266 DIVULG 14-12-2016 PUBLIC 15-12-2016)

✓ PROCESSO CIVIL. RECURSO ESPECIAL. GRATUIDADE DE JUSTIÇA. IMPUGNAÇÃO ACOLHIDA. APELAÇÃO. QUESTÕES PERTINENTES E RELEVANTES NÃO APRECIADAS. AGRAVO INTERNO. REPRODUÇÃO DA DECISÃO AGRAVADA. ACÓRDÃO NÃO FUNDAMENTADO. VIOLAÇÃO DO ART. 489, § 1º, IV, DO CPC/15. 1. Impugnação à gratuidade de justiça oferecida em 20/10/2014. Recurso especial interposto em 02/06/2016, concluso ao gabinete em 30/09/2016. 2. Aplicação do CPC/15, a teor do enunciado administrativo nº 3/STJ. 3. Cinge-se a controvérsia a decidir sobre a invalidade do julgamento proferido, por ausência de fundamentação, a caracterizar violação do art. 489, § 1º, IV, do CPC/2015. 4. Conquanto o julgador não esteja obrigado a rebater, com minúcias, cada um dos argumentos deduzidos pelas partes, o novo Código de Processo Civil, exaltando os princípios da cooperação e do contraditório, lhe impõe o dever, dentre outros, de enfrentar todas as questões pertinentes e relevantes, capazes de, por si sós e em tese, infirmar a sua conclusão sobre os pedidos formulados, sob pena de se reputar não fundamentada a decisão proferida. 5. Na hipótese, mostra-se deficiente a fundamentação do acórdão, no qual é confirmado o indeferimento da gratuidade de justiça, sem a apreciação das questões suscitadas no recurso, as quais indicam que a recorrente – diferentemente dos recorridos, que foram agraciados com o benefício – não possui recursos suficientes para arcar com as despesas do processo e honorários advocatícios. 6. É vedado ao relator limitar-se a reproduzir a decisão agravada para julgar improcedente o agravo interno. 7. Recurso especial conhecido e provido. (REsp 1622386/MT; Terceira Turma; Rel. Nancy Andrighi; Julg. 20/10/2016; DJe 25/10/2016)

✓ PROCESSUAL CIVIL. AGRAVO INTERNO NO RECURSO ESPECIAL. CÓDIGO DE PROCESSO CIVIL DE 2015. APLICABILIDADE. OFENSA AO ART. 489 DO CPC/2015. AUSENTE. HONORÁRIOS. REVISÃO. IMPOSSIBILIDADE. SÚMULA N. 7/STJ. INCIDÊNCIA. ARGUMENTOS INSUFICIENTES PARA DESCONSTITUIR A DECISÃO ATACADA. I – Consoante o decidido pelo Plenário desta Corte na sessão realizada em 09.03.2016, o regime recursal será determinado pela data da publicação do provimento jurisdicional impugnado. In casu, aplica-se o Código de Processo Civil de 2015. II – O art. 489 do Código de Processo Civil de 2015 impõe a necessidade de enfrentamento dos argumentos que possuam aptidão, em tese, para infirmar a fundamentação do julgado, não estando o julgador obrigado a responder a todas as questões suscitadas pelas partes, quando já tenha encontrado motivo suficiente para proferir a decisão. Precedentes. III – In casu, rever o entendimento do Tribunal de origem, o qual consignou que, em virtude de o contribuinte ter decaído de parte mínima do pedido, o município réu deve arcar com os honorários advocatícios em 10% sobre o valor dado à causa, demandaria necessário revolvimento de matéria fática, o que é inviável em sede de recurso especial, à luz do óbice contido na Súmula n. 7/STJ. IV – O Agravante não apresenta, no agravo, argumentos suficientes para desconstituir a decisão recorrida. V – Agravo Interno improvido. (AgInt no REsp 1662345/RJ; Primeira Turma; Rel. Regina Helena Costa; Julg. 13/06/2017; DJe 21/06/2017)

✓ Agravo de instrumento – ação monitória – pedido de concessão de tutela de urgência e tutela de evidência – irreversibilidade da medida – requisito aplicável à tutela de urgência – ausência de fundamentação quanto ao pleito de tutela de evidência – art. 489, § 1º IV do Código de Processo Civil – art. 93, IX da Constituição Federal – decisão anulada, de ofício. (TJ-SP 21068903620178260000; SP;2106890-36.2017.8.26.0000, Rel. Coutinho de Arruda; Julg. 14/11/2017, 16ª Câmara de Direito Privado, Data de Publicação: 14/11/2017)

✓ RECURSO INOMINADO. MUNICÍPIO DE ALEGRETE. COBRANÇA. CONSTRUÇÃO DE CAIXAS E

CASA DE MÁQUINAS DO ELEVADOR. Cinge-se a controvérsia recursal à pretensão de ter reconhecido o cerceamento de defesa e desconstituída a sentença e, no mérito, seja reformada a sentença. Não é caso de desconstituição da sentença, pelo simples fato de não ter o sentenciante se reportado aos argumentos da peça contestacional, consoante já restou enfrentado em sede de embargos declaratórios. Ocorre que, a par desse dispositivo, o STJ já decidiu que o julgador não está obrigado a responder a todas as questões suscitadas pelas partes, quando já tenha encontrado motivo suficiente para proferir a decisão. O julgador possui o dever de enfrentar apenas as questões capazes de infirmar, de enfraquecer, a conclusão adotada na decisão recorrida. Afasto, pois, a alegação preliminar de cerceamento de defesa. No mérito, entendo, contrariamente, que a sentença do Magistrado a quo esgotou corretamente a questão controvertida, pelo que deve ser mantida PRELIMNAR DE CERCEAMENTO DE DEFESA AFASTADA. SENTENÇA MANTIDA. RECURSO INOMINADO DESPROVIDO. (Recurso Cível 71006717920; Segunda Turma Recursal da Fazenda Pública, Turmas Recursais; Rel. Rosane Ramos de Oliveira Michels; Julg. 29/11/2017).

✓ AÇÃO ANULATÓRIA DE DÉBITO FISCAL. PEDIDOS SUBSIDIÁRIOS. NÃO ENFRENTAMENTO, PELO MAGISTRADO A QUO, DOS ARGUMENTOS ATINENTES AO PEDIDO SUBSIDIÁRIO. AUSÊNCIA DE FUNDAMENTAÇÃO DO DECISUM, À LUZ DO DISPOSTO NO ART. 489, § 1º, IV, DO NCPC. SENTENÇA ANULADA DE OFÍCIO. (TJ-RR; AC 0010148367872 0010.14.836787-2, Rel. Des. Elaine Cristina Bianchi; Data de Publicação: DJe 20/06/2016)

V – se limitar a invocar precedente ou enunciado de súmula, sem identificar seus fundamentos determinantes nem demonstrar que o caso sob julgamento se ajusta àqueles fundamentos;

→ *v.* Enunciado 162 do FPPC: Para identificação do precedente, no processo do trabalho, a decisão deve conter a identificação do caso, a suma do pedido, as alegações das partes e os fundamentos determinantes adotados pela maioria dos membros do colegiado, cujo entendimento tenha ou não sido sumulado.

→ *v.* Enunciado 166 do FPPC: A aplicação dos enunciados das súmulas deve ser realizada a partir dos precedentes que os formaram e dos que os aplicaram posteriormente.

→ *v.* Enunciado 459 do FPPC: As normas sobre fundamentação adequada quanto à distinção e superação e sobre a observância somente dos argumentos submetidos ao contraditório são aplicáveis a todo o microssistema de formação dos precedentes.

→ *v.* Enunciado 462 do FPPC: É nula, por usurpação de competência funcional do órgão colegiado, a decisão do relator que julgar monocraticamente o mérito do recurso, sem demonstrar o alinhamento de seu pronunciamento judicial com um dos padrões decisórios descritos no art. 932.

<u>Fundamentação que não pode se limitar a invocação de precedente ou enunciado de súmula:</u>

✓ ADMINISTRATIVO E PROCESSUAL CIVIL. AGRAVO INTERNO NO AGRAVO EM RECURSO ESPECIAL. AUXILIARES DE SERVIÇOS GERAIS DO MUNICÍPIO (COZINHEIRAS E FAXINEIRAS). PRETENSÃO DE PAGAMENTO DE ADICIONAL DE INSALUBRIDADE. LAUDOS DE CONDIÇÕES DE TRABALHO CONFLITANTES. NECESSIDADE DE REALIZAÇÃO DE PROVA PERICIAL. ALEGAÇÃO DE CERCEAMENTO DE DEFESA ACOLHIDA, PELO TRIBUNAL DE ORIGEM, DIANTE DO ACERVO FÁTICO DA CAUSA. REVISÃO. IMPOSSIBILIDADE. SÚMULA 7/STJ. AGRAVO INTERNO IMPROVIDO. I. Agravo interno interposto contra decisão monocrática publicada em 1º/08/2016, que, por sua vez, julgara recurso interposto contra decisão que inadmitira o Recurso Especial, publicada na vigência do CPC/73. II. Não há que se falar em nulidade da decisão ora agravada, "por ofensa ao art. 489, §1º, V, do Novo Código de Processo Civil, quando o julgador decidiu de forma fundamentada, identificando de forma clara e objetiva as teses adotadas, e ainda amparado em precedentes que se ajustam ao caso concreto" (STJ, AgInt no REsp 1.624.685/MG; Primeira Turma; Rel. Sérgio Kukina; DJe de 16/12/2016). III. Na origem, trata-se de demanda proposta por auxiliares de serviços gerais (cozinheiras e faxineiras) contra o Município de Santo Amaro da Imperatriz, objetivando a condenação do réu ao pagamento do adicional de insalubridade. IV. O acórdão recorrido, à luz da prova constante do processo, concluiu pela imprescindibilidade da "produção da perícia técnica judicial para avaliar as reais condições do trabalho realizado pelas autoras, uma vez que os laudos de condições ambientais do trabalho produzidos pelo município apresentam conclusões conflitantes, suscitando fundadas dúvidas sobre a salubridade ou insalubridade dos serviços prestados", e, assim, anulou a sentença de improcedência, que julgara antecipadamente a lide, permitindo a instrução probatória, requerida pela parte autora. V. Consoante a jurisprudência desta Corte, "no sistema de persuasão racional adotado pelo Código de Processo Civil nos arts. 130 e 131, em regra, não cabe compelir o magistrado a autorizar a produção desta ou daquela prova, se por outros meios estiver convencido da verdade dos fatos, tendo em vista que o juiz é o destinatário final da prova, a quem cabe a análise da conveniência e necessidade de sua produção. Com efeito, entendendo o Tribunal recorrido que ao deslinde da controvérsia seriam desnecessárias as provas cuja produção o recorrente buscava, tal conclusão não se desfaz sem o revolvimento de provas, o que é vedado pela Súmula 7/STJ" (STJ, AgRg no Ag 1.406.633/RS; Quarta Turma; Rel. Luis Felipe Salomão; DJe de 17/02/2014). No caso, a modificação das conclusões a que chegou o Tribunal a quo – que anulou a sentença, para permitir a instrução probatória, ante a insuficiência dos elementos constantes dos autos -, de modo a acolher a tese da parte ora recorrente, demandaria, inarredavelmente, o revolvimento do acervo fático-probatório dos autos, o que é inviável, em sede de Recurso Especial, em face da Súmula 7 desta Corte. VI. Agravo interno improvido. (AgInt no AREsp 933.697/SC; Segunda Turma; Rel. Assusete Magalhães; Julg. 21/03/2017; DJe 06/04/2017)

✓ AGRAVO INTERNO NO AGRAVO EM RECURSO ESPECIAL. PLANO DE SAÚDE. TRATAMENTO. NEGATIVA. DOENÇA COBERTA. ALEGAÇÃO. VIOLAÇÃO À LEI. SÚMULA N. 83 DO STJ. APLICABILIDADE. FUNDAMENTAÇÃO. DEFICIÊNCIA. ARTIGO 489, § 1º, DO CPC. NÃO OCORRÊNCIA. AGRAVO NÃO PROVIDO. 1. Uma vez coberto o mal de que acometido o segurado, cabe ao médico especialista a opção da técnica a ser utilizada para a realização do tratamento. 2. O enunciado n. 83 da Súmula do Superior Tribunal de Justiça aplica-se indistintamente aos recursos especiais interpostos pela violação à lei ou por divergência jurisprudencial. 3. Não é deficiente a fundamentação do julgado que elenca suficientemente as razões pelas quais fez incidir os enunciados sumulares cabíveis na hipótese. 4. Agravo interno a que se nega provimento. (AgInt no AREsp 911.502/SP; Quarta Turma; Rel. Maria Isabel Galotti; Julg. 01/12/2016; DJe 07/12/2016)

✓ PROCESSUAL CIVIL. PRINCÍPIO DO COLEGIADO. AFRONTA. AUSÊNCIA. FUNDAMENTAÇÃO VÁLIDA. EXISTÊNCIA. FAZENDA PÚBLICA. CUSTAS. REEMBOLSO. RECURSO REPETITIVO. APLICAÇÃO ANALÓGICA. PRINCÍPIO DA CAUSALIDADE. INCIDÊNCIA. LITIGÂNCIA DE MÁ-FÉ. CONDUTA NÃO CONSTATADA. 1. O Plenário do STJ decidiu que "aos recursos interpostos com fundamento no CPC/1973 (relativos a decisões publicadas até 17 de março de 2016) devem ser exigidos os requisitos de admissibilidade na forma nele prevista, com as interpretações dadas até então pela jurisprudência do Superior Tribunal de Justiça" (Enunciado Administrativo n. 2). 2. O art. 932, IV, "b", do Código de Processo Civil de 2015, reproduzido no art. 255, § 4º, II, do RISTJ, autoriza o relator a negar provimento a recurso que for contrário a tese fixada sob o rito dos recursos repetitivos. 3. Não carece de fundamentação válida, a respaldar o enquadramento no art. 489, § 1º, V, do referido diploma legal, a decisão que explicita amoldar-se o caso à orientação firmada por este Tribunal em precedente paradigma. 4. Caso em que a tese firmada em recurso representativo da controvérsia – "a Fazenda Pública, se vencida, é obrigada a reembolsar a parte vencedora no que houver adiantado a título de custas, o que se coaduna com o art. 27, do Código de Processo Civil" (REsp 1.107.543/SP, Rel. Ministro Luiz Fux, Primeira Seção; DJe 26/04/2010) – tem aplicação analógica ao caso em que o ente público, embora não vencido na demanda, deu causa à impetração e posterior extinção por perda de objeto de mandado de segurança e, por isso, deve suportar o encargo de reembolsar as custas adiantadas pela parte impetrante. 5. Ainda que se afastasse aquele precedente, subsiste a manutenção do referido ônus por força do princípio da causalidade, segundo o qual aquele que deu causa à instauração do processo deve arcar com as despesas dele decorrentes, preceito também aplicado à Fazenda Pública. Precedentes. 6. Admite-se a imposição de multa por litigância de má-fé quando a parte "se vale do direito de recorrer, não para ver a reforma, invalidação ou integração da decisão impugnada, mas para postergar ou perturbar o resultado do processo" (REsp 1381655/SC, Rel. Ministra NANCY ANDRIGHI, TERCEIRA TURMA; Julg. 13/08/2013; DJe 06/11/2013) 7. In casu, não ficou delineada, em princípio, a situação prevista no art. 80, VII, do CPC/2015 (art. 17, VI, do CPC/1973). 8. Agravo interno desprovido. (AgInt no AgRg no AREsp 793.589/SP; Primeira Turma; Rel. Gurgel de Faria; Julg. 27/10/2016; DJe 02/12/2016)

✓ DECISÃO: ACORDAM os Senhores Desembargadores integrantes da Seção Cível do Tribunal de Justiça do Estado do Paraná, por unanimidade de votos, em julgar improcedentes os pedidos formulados na presente Reclamação promovida por BANCO COOPERATIVO SICREDI S.A. EMENTA: RECLAMAÇÃO. JUIZADO ESPECIAL CÍVEL.AÇÃO DECLARATÓRIA DE INEXIGIBILIDADE DE DÍVIDA CUMULADA COM INDENIZAÇÃO POR DANOS MORAIS. PROTESTO DE TÍTULO. ENDOSSO -MANDATO. AUSÊNCIA DE PROVA.ATRIBUIÇÃO DE RESPONSABILIDADE À INSTITUIÇÃO FINANCEIRA. NEGLIGÊNCIA CONFIGURADA. DECISÃO RECLAMADA PROFERIDA À LUZ DO ÔNUS DA PROVA. SÚMULA 476 DO SUPERIOR TRIBUNAL DE JUSTIÇA. INAPLICABILIDADE. DISTINÇÃO DO CASO CONCRETO. 1. Caberia à Reclamante comprovar a modalidade de endosso, se mandato ou translativo. Ao deixar de fazê-lo, sob a ótica do Código de Defesa do Consumidor, responde, juntamente com a suposta credora da duplicata, pelos prejuízos causados à consumidora. 2. Os enunciados de súmulas não são estanques nem dissociados dos fatos inerentes ao caso concreto, devendo sua aplicação adequar-se ao caso concreto. RECLAMAÇÃO IMPROCEDENTE. (TJPR; Seção Cível Ordinária; R 1586484-5, Campo Mourão; Rel. Nilson Mizuta; Unânime; Julg.17/03/2017)

✓ APELAÇÃO CÍVEL. SERVIDOR PÚBLICO. GRATIFICAÇÃO POR DEDICAÇÃO EXCLUSIVA. SUCUMBÊNCIA. HONORÁRIOS ADVOCATÍCIOS. REDUÇÃO. – Preliminar – O CPC de 2015, ao tratar das normas fundamentais do processo civil, estabeleceu no seu artigo 11 que: "Todos os julgamentos dos órgãos do Poder Judiciário serão públicos, e fundamentadas todas as decisões, sob pena de nulidade". E para fins de fundamentação, o § 1º do artigo 489 do CPC diz o seguinte: "Não se considera fundamentada qualquer decisão judicial, seja ela interlocutória, sentença ou acórdão, que: I – se limitar à indicação, à reprodução ou à paráfrase de ato normativo, sem explicar sua relação com a causa ou a questão decidida; II – empregar conceitos jurídicos indeterminados, sem explicar o motivo concreto de sua incidência no caso; III – invocar motivos que se prestariam a justificar qualquer outra decisão; (...) V – se limitar a invocar precedente ou enunciado de súmula, sem identificar seus fundamentos determinantes nem demonstrar que o caso sob julgamento se ajusta àqueles fundamentos". No caso, a sentença julgou improcedente o pleito exordial e condenou a parte autora ao pagamento dos ônus sucumbenciais, fixando a verba honorária em 20% sobre o valor da causa, com fulcro no art. 85, § 3.º, inciso I do CPC/2015, que determina expressamente a forma de fixação da verba honorária nas causas em que a Fazenda Pública for parte, sendo exatamente a hipótese dos autos. Preliminar rejeitada. – Honorários Advocatícios – Como se trata de aplicação do novo Código de Processo

Civil, os honorários devem ser arbitrados de acordo com o art. 85, conforme alegado nas razões de apelo. Na situação, considerando que não há condenação principal, correta a fixação da verba honorária sobre o valor atualizado da causa (art. 85, § 4º, inc. III, do CPC). Todavia, levando-se em consideração os critérios do art. 85, § 4º, III do CPC, a verba honorária deve ser reduzida para 10% do valor atualizado da causa. APELO PARCIALMENTE PROVIDO (ARTIGO 932, INC. V, DO CPC E ARTIGO 169, XXXIX, DO REGIMENTO INTERNO DESTE TRIBUNAL). (TJ-RS; Apelação Cível 70074077215; Terceira Câmara Cível; Rel. Leonel Pires Ohlweiler; Julg. 02/08/2017).

✓ PROCESSUAL CIVIL. EMBARGOS DE DECLARAÇÃO. ADMINISTRATIVO. SERVIDOR PÚBLICO. PROVENTOS DE APOSENTADORIA OU PENSÃO. GDAPEC. APLICAÇÃO DA TR. ALEGAÇÃO DE OMISSÕES. INOCORRÊNCIA. REDISCUSSÃO. EMBARGOS CONHECIDOS E IMPROVIDOS. 1. Embargos de declaração opostos pela UNIÃO FEDERAL em face de acórdão que negou provimento às apelações e à remessa, tida por interposta, mantendo a sentença que determinou a implantação, no benefício da autora, dos padrões remuneratórios instituídos pela Lei 11.171/2005, com o pagamento das respectivas diferenças, a serem apuradas em liquidação de sentença, respeitada a prescrição quinquenal, além de declarar prescrita a pretensão de recebimento da diferença de pontuação em relação aos valores pagos aos servidores ativos do DNIT a título de GDAPEC, no período de 2005 a novembro/2010. 2. Sustenta a embargante que o acórdão omitiu-se quanto ao art. 27 da lei 9.868/99 e 1º-F da Lei 9.494/97, aduzindo que as ADIs 4357 e 442, bem como o RE 870.947 não se aplicam ao caso em exame. Requer, por fim, que a TR seja utilizada como forma de atualização da dívida, atribuindo ao recurso fins de prequestionamento. 3. Dispõe o art. 1.022 do Código de Processo Civil que cabem embargos de declaração "contra qualquer decisão judicial para esclarecer obscuridade ou eliminar contradição; suprir omissão de ponto ou questão sobre o qual devia se pronunciar o juiz de ofício ou a requerimento; e/ou corrigir erro material". 4. De acordo com o parágrafo único do referido artigo, considera-se omissa a decisão que "deixe de se manifestar sobre tese firmada em julgamento de casos repetitivos ou em incidente de assunção de competência aplicável ao caso sob julgamento; e incorra em qualquer das condutas descritas no art. 489, parágrafo 1º". Este dispositivo, por seu turno, não considera fundamentada qualquer decisão judicial, seja ela interlocutória, sentença ou acórdão, que: "I – se limitar à indicação, à reprodução ou à paráfrase de ato normativo, sem explicar sua relação com a causa ou a questão decidida; II – empregar conceitos jurídicos indeterminados, sem explicar o motivo concreto de sua incidência no caso; III – invocar motivos que se prestariam a justificar qualquer outra decisão; IV – não enfrentar todos os argumentos deduzidos no processo capazes de, em tese, infirmar a conclusão adotada pelo julgador; V – se limitar a invocar precedente ou enunciado de súmula, sem identificar seus fundamentos determinantes nem demonstrar que o caso sob julgamento se ajusta àqueles fundamentos; VI – deixar de seguir enunciado de súmula, jurisprudência ou precedente invocado pela parte, sem demonstrar a existência de distinção no caso em julgamento ou a superação do entendimento". 5. Inexistem as omissões apontadas pela embargante, não se subsumindo o objeto dos presentes embargos a nenhuma das hipóteses previstas no sobredito dispositivo legal. Em verdade, o embargante se limitou a manifestar inconformismo com a conclusão apresentada no acórdão recorrido, reiterando argumentos já sustentados em sua apelação e devidamente analisados por esta e. Terceira Turma. 6. Da simples leitura da ementa do acórdão embargado, verifica-se que as omissões mencionadas pelo embargante não existiram. Isto porque os itens 9 a 11 da referida ementa deixam claro que o colegiado julgador já analisou todos os argumentos reiterados, embora concluindo de maneira diversa da que pretendia o embargante, de modo que os embargos declaratórios visam, tão somente, a rediscussão da matéria. 7. O juiz, ao proferir a decisão, não está obrigado a mencionar todos os dispositivos legais trazidos para discussão, cumprindo-lhe entregar a prestação jurisdicional, levando em consideração as teses discutidas no processo, o que foi feito no caso em análise. (STJ – EDcl no AgRg no REsp nº 517632 / PB – Órgão Julgador: Quinta Turma – Rel. Ministro José Arnaldo da Fonseca – DJ de 22/03/2004 – Decisão: Unânime; STJ, EDcl no MS 21.315/DF, Rel. Ministra Diva Malerbi (Desembargadora Convocada TRF 3ª Região), Primeira Seção; Julg. 08/06/2016; DJe 15/06/2016). 8. As alegações trazidas nos embargos não infirmam a conclusão adotada no julgado. A embargante, alegando que houve violação a dispositivos legais e constitucionais, pretende rediscutir a causa, cujas questoes foram integralmente apreciadas no julgamento pelo colegiado. Frise-se, entretanto, que os embargos de declaração, ainda que opostos para fins de prequestionamento, não se prestam a este fim. 9. Embargos de declaração conhecidos e improvidos. (TRF-5; EDAC: 08051592520154058200 PB; Rel. Desembargador Federal Rogério Fialho Moreira; Julg. 28/09/2017, 3ª Turma)

VI – deixar de seguir enunciado de súmula, jurisprudência ou precedente invocado pela parte, sem demonstrar a existência de distinção no caso em julgamento ou a superação do entendimento.

→ *v.* Enunciado 306 do FPPC: O precedente vinculante não será seguido quando o juiz ou tribunal distinguir o caso sob julgamento, demonstrando, fundamentadamente, tratar-se de situação particularizada por hipótese fática distinta, a impor solução jurídica diversa.

→ *v.* Enunciado 431 do FPPC: O julgador, que aderir aos fundamentos do voto vencedor do relator, há de seguir, por coerência, o precedente que ajudou a construir no julgamento da mesma questão em processos subsequentes, salvo se demonstrar a existência de distinção ou superação.

→ *v.* Enunciado 459 do FPPC: As normas sobre fundamentação adequada quanto à distinção e superação e sobre a observância somente dos argumentos submetidos ao contraditório são aplicáveis a todo o microssistema de formação dos precedentes.

→ *v.* Enunciado 462 do FPPC: É nula, por usurpação de competência funcional do órgão colegiado, a decisão do relator que julgar monocraticamente o mérito do recurso, sem demonstrar o alinhamento de seu pronunciamento judicial com um dos padrões decisórios descritos no art. 932.

Fundamentação deficiente pela não aplicação de precedente qualificado invocado sem apontar as razões de sua não incidência:

✓ Embargos de declaração. Omissão e obscuridade. Inocorrência. Por definição, não é omisso nem obscuro o acórdão que deixa de abordar precedentes jurisprudenciais que não se aplicam ao caso concreto. Distinção evidente. Inteligência do art. 489, § 1º, inciso VI, in fine, do CPC-2015. Os embargos declaratórios não se prestam ao reexame da matéria já enfrentada e decidida, mas sim a provocar o pronunciamento integrativo-retificador, na hipótese de ocorrência de omissão, obscuridade, contradição, ou erro material, a teor do rol exaustivo do art. 1.022 do CPC-2015. Desprovimento do recurso. (TJ-RJ; APL 00330871420118190209 Rio de Janeiro, Barra da Tijuca, Regional; 5ª Vara Cível, Vigésima Sétima Câmara Cível Consumidor; Rel. Marcos Alcino de Azevedo Torres; Julg. 27/04/2016,; Data de Publicação: 02/05/2016)

§ 2º No caso de colisão entre normas, o juiz deve justificar o objeto e os critérios gerais da ponderação efetuada, enunciando as razões que autorizam a interferência na norma afastada e as premissas fáticas que fundamentam a conclusão.

→ v. Enunciado 562 do FPPC: Considera-se omissa a decisão que não justifica o objeto e os critérios de ponderação do conflito entre normas.

Dever do juiz, ocorrendo colisão entre normas, justificar os critérios para sua ponderação:

✓ PROCESSO CIVIL. AGRAVO INTERNO NO MANDADO DE SEGURANÇA. INDEFERIMENTO DA INICIAL. PONDERAÇÃO A SER REALIZADA ENTRE: DE UM LADO A INVIOLABILIDADE DA "HONRA E A IMAGEM DAS PESSOAS" (ART. 5º, IX, DA CF) E, DE OUTRO, O EXERCÍCIO DA LIBERDADE DE EXPRESSÃO (ART. 5º, IX, DA CF). LEI DO SOPESAMENTO. ROBERT ALEXY. AÇÃO DOCUMENTAL. DIREITO LÍQUIDO E CERTO. INADEQUAÇÃO DA VIA ELEITA. 1. O direito líquido e certo alegado pela impetrante somente pode ser aferido a partir das máximas parciais da adequação e necessidade as quais, segundo a melhor doutrina, passam por possibilidades fáticas e não meramente jurídicas (como assinala Robert Alexy). 2. Inviável refazer-se, no campo de conhecimento limitado do mandado de segurança, a dinâmica relativa às premissas fáticas que fundamenta qualquer conclusão a que se chegar a partir da ponderação a ser realizada entre: de um lado a inviolabilidade da "honra e a imagem das pessoas" (art. 5º, IX, da CF) retratadas e, de outro, o exercício da liberdade de expressão (art. 5º, IX, da CF). 3. O próprio CPC/2015, ao disciplinar a utilização da lei do sopesamento alexyano, destaca o aspecto fático das duas primeiras máximas parciais: no art. 489, § 2º: "No caso de colisão entre normas, o juiz deve justificar o objeto e os critérios gerais da ponderação efetuada, enunciando as razões que autorizam a interferência na norma afastada e as premissas fáticas que fundamentam a conclusão". 4. Decidir sobre as condições da ação não significa parcialidade do órgão jurisdicional. 5. Negou-se provimento ao Agravo Interno. (TJ-DF; 07054926720178070000 DF; 1ª Câmara Cível; Rel. Flavio Rostirola; Julg. 20/07/2017; Data de Publicação: Publicado no DJE: 28/07/2017; Pág. Sem Página Cadastrada.)

✓ Apelação cível. Execução de título extrajudicial. Sentença de extinção sem mérito por abandono da causa. Recurso da parte ré requerendo condenação do autor ao pagamento de honorários advocatícios. Ação executiva que perdurou cerca de 14 anos, sem satisfação do crédito. Apelante-executado, que originariamente deu causa à propositura da ação, em razão de seu inescusável inadimplemento, não faz jus a honorários sucumbenciais a seu favor. Partes que devem comporta-se com boa-fé no curso do processo visando o resultado útil do processo, este que é o alcance da solução integral satisfativa do mérito. Inteligência dos arts. 4º//5º//6º CPC/2015. Ponderação de valores por aplicação do § 2º do art. 489 CPC/2015. Sentença mantida. Recurso desprovido. (TJ-RJ; APL 00433661920028190001 Rio de Janeiro; 3ª Vara Cível, Quinta Câmara Cível; Rel. Cristina Tereza Gaulia; Julg. 20/06/2017; Data de Publicação: 26/06/2017)

§ 3º A decisão judicial deve ser interpretada a partir da conjugação de todos os seus elementos e em conformidade com o princípio da boa-fé.

→ v. Art. 5º do NCPC.

→ v. Enunciado 378 do FPPC: A boa fé processual orienta a interpretação da postulação e da sentença, permite a reprimenda do abuso de direito processual e das condutas dolosas de todos os sujeitos processuais e veda seus comportamentos contraditórios.

Art. 490. O juiz resolverá o mérito acolhendo ou rejeitando, no todo ou em parte, os pedidos formulados pelas partes.

→ v. Art. 487 do NCPC.

Necessidade de a sentença resolver todos os pedidos formulados pelas partes:

✓ APELAÇÃO CÍVEL. ALVARÁ. SENTENÇA CITRA PETITA. DESCONSTITUIÇÃO. O art. 490 do CPC determina a apreciação correlata do julgador com todos os pedidos formulados no processo. Estabelece comando imperativo pelo qual não pode o juiz se eximir de resolver o mérito, acolhendo ou rejeitando, no todo ou em parte, os pedidos formulados pelos litigantes. No caso, a sentença deferiu a expedição de alvará em favor das autoras, herdeiras, quanto aos valores de FGTS/PIS, negou o pleito em relação a quantias em conta corrente em instituição bancária, mas nada deliberou acerca do pedido de diferenças de valores a serem prestadas pelo INSS e 13º salário proporcional. Ao assim proceder, a sentença caracteriza-se como citra petita, e, portanto, nula. DADO PROVIMENTO, EM DECISÃO MONOCRÁTICA. (TJ-RS; Apelação Cível 70074768102; Oitava Câmara Cível; Rel. Luiz Felipe Brasil Santos; Julg. 19/09/2017).

✓ COMPRA E VENDA - Sentença de procedência - APELO DOS RÉUS - Alegada nulidade da sentença - Admissibilidade, por fundamento diverso - Decisão que foi ultra e extra petita - Incidência dos artigos 490 e 492, do CPC/2015. Sentença anulada - RECURSO PROVIDO, para esse fim. (TJ-SP; APL 10057558420148260361; SP; 5ª Câmara de Direito Privado; Rel. Fábio Podestá; Julg. 25/05/2017; Data de Publicação: 25/05/2017)

Art. 491. Na ação relativa à obrigação de pagar quantia, ainda que formulado pedido genérico, a decisão definirá desde logo a extensão da obrigação, o índice de correção monetária, a taxa de juros, o termo inicial de ambos e a periodicidade da capitalização dos juros, se for o caso, salvo quando:

Vedação de decisão ilíquida:

✓ RECURSO ESPECIAL. CIVIL. REVISIONAL DE ALIMENTOS. ANTECIPAÇÃO DE TUTELA. ALTERAÇÃO PARA VALOR ILÍQUIDO. DESCABIMENTO. SUBTRAÇÃO DA EFICÁCIA DA OBRIGAÇÃO DE ALIMENTOS. CONTRARIEDADE AO INTERESSE DO MENOR ALIMENTANTE. 1. Controvérsia acerca do cabimento da revisão da obrigação de alimentos, estabelecida em valor fixo, para uma quantia ilíquida. 2. Fixação pelo acórdão recorrido do percentual de 30% sobre os rendimentos do alimentante, conforme ficar comprovado no curso do processo, por não ser o alimentante assalariado. 3. Existência de regra processual vedando a prolação de sentença ou decisão ilíquida no processo civil (art. 459, p. u., CPC/1973, atual art. 491 do CPC/2015), quando se tratar de obrigação de pagar quantia. 4. Previsão na Lei de Alimentos de que o juiz fixará os alimentos provisórios no limiar do processo, antes da instrução processual (art. 4º da Lei 5.478/1968). 5. Necessidade de se proferir decisões e sentenças líquidas nas ações de alimentos, para se atender às necessidades prementes do alimentando, principalmente quando se trata de menor. 6. Nulidade do acórdão recorrido, em razão da iliquidez da obrigação nele estabelecida. 7. RECURSO ESPECIAL PROVIDO, PREJUDICADAS AS DEMAIS QUESTÕES. (REsp 1442975/PR; Terceira Turma; Rel. Paulo de Tarso Sanseverino; Julg. 27/06/2017; DJe 01/08/2017)

✓ APELAÇÃO CIVEL. PROMESSA DE COMPRA E VENDA. AÇÃO DE OBRIGAÇÃO DE FAZER C/C MULTA CONTRATUAL. INADIMPLEMENTO CONTRATUAL. APLICAÇÃO DE CLÁUSULA CONTRATUAL. PRAZO PARA O PAGAMENTO NÃO CUMPRIDO. MANUTENÇÃO DA SENTENÇA. É faculdade do vendedor, que adimpliu com sua obrigação contratual, exigir o cumprimento do que fora ajustado pelas partes, na forma do art. 475 do CC, sendo cabível a condenação ao pagamento do valor devido e aplicada a multa nos moldes do art. 491, do CPC. No caso, o comprador não nega o inadimplemento da parcela contratada, mas se defende afirmando que não merece ser aplicada a multa contratual. NEGARAM PROVIMENTO AO APELO. UNÂNIME. (TJ-RS; Apelação Cível 70070160767; Vigésima Câmara Cível; Rel. Glênio José Wasserstein Hekman; Julg. 26/07/2017).

✓ APELAÇÃO. Ação declaratória de ato ilícito e indenização por danos materiais. Compra e venda de imóvel. Pagamento de tributos fiscais, inadimplidos pelos vendedores e objeto de execução fiscal onde foi reconhecida a fraude à execução. Sentença de parcial procedência. PROCESSUAL CIVIL. Apelação interposta pelo réu. Deserção. Ocorrência. Determinação para complementação do preparo não atendida. Inteligência do artigo 1007, § 2º do CPC. MÉRITO. Apelação dos autores. Pretensão de condenação ao pagamento de todos os valores desembolsados, referente ao imóvel em discussão. Impossibilidade de sentença genérica e incerta. Necessidade de definir-se a extensão da obrigação a ser cumprida. Aplicação do artigo 491 do CPC. Decisão mantida. HONORÁRIOS RECURSAIS. Fixação em atendimento ao disposto no artigo 85, § 11 do CPC, em 15% sobre o valor da condenação. Recurso do corréu Roberto César Garcia não conhecido, não provido o apelo dos autores. (TJ-SP 10385891620158260100; SP; 9ª Câmara de Direito Privado; Rel. Edson Luiz de Queiróz; Julg. 12/12/2017; Data de Publicação: 14/12/2017)

I – não for possível determinar, de modo definitivo, o montante devido;

II – a apuração do valor devido depender da produção de prova de realização demorada ou excessivamente dispendiosa, assim reconhecida na sentença.

→ *v.* Art. 38, parágrafo único, da Lei 9.099/1995.

Possibilidade de sentença genérica quando o valor depende da produção de prova de realização demorada ou excessivamente dispendiosa:

✓ APELAÇÃO. CONSUMIDOR. DESÍDIA DA INSTITUIÇÃO DE ENSINO EM FORNECER DIPLOMA DE GRADUAÇÃO. DESCUMPRIMENTO DO DEVER DE INFORMAÇÃO. FALHA NA PRESTAÇÃO DO SERVIÇO. SENTENÇA CONDENATÓRIA. DANOS MORAIS ARBITRADOS NO VALOR DE R$ 6.000,00. OBRIGAÇÃO DE FAZER CONSISTENTE NA ENTREGA DO DIPLOMA SOB PENA DE MULTA. RECURSO DO FORNECEDOR DO SERVIÇO IMPUGNANDO A OBRIGAÇÃO DE FAZER. IMPOSSIBILIDADE PRÁTICA DE CUMPRIMENTO DA DECISÃO. ENCERRAMENTO DAS ATIVIDADES DO CURSO. TUTELA INÚTIL. CONVERSÃO EM PERDAS E DANOS. APLICAÇÃO DO ARTIGO 491, II, § 2º DO CPC. RESOLUÇÃO EM PERDAS E DANOS. REFORMA PARCIAL DO DECISUM. RECURSO CONHECIDO E PARCIALMENTE PROVIDO. (TJ-RJ; APL 00012483820158190206 Rio de Janeiro, Santa Cruz Regional; 2ª Vara Cível, Vigésima Quinta Câmara Cível Consumidor; Rel. Des. Francisco de Assis Pessanha Filho; Julg. 13/07/2016; Data de Publicação: 15/07/2016)

✓ AGRAVO DE INSTRUMENTO. RESPONSABILIDADE CIVIL. CUMPRIMENTO DE SENTENÇA. DESNECESSIDADE DE LIQUIDAÇÃO. 1. Nos termos do art. 491 do CPC/2015, a liquidação da sentença tem lugar quando "não for possível determinar, de modo definitivo, o montante devido" e quando "a apuração do valor devido depender da produção de prova de realização demorada ou excessivamente dispendiosa, assim reconhecida na sentença". 2. No caso, considerando que todas as verbas indenizatórias foram quantificadas, bem como houve determinação expressa dos consectários legais incidentes, não há iliquidez na sentença, nem há motivo para não se proceder à apuração do valor da condenação por simples cálculo aritmético, nos termos do § 2º do art. 509 e do art. 524 do CPC/2015. Agravo de instrumento provido. (TJ-RS; Agravo de Instrumento 70069627024; Nona Câmara Cível; Rel. Eugênio Facchini Neto; Julg. 27/07/2016).

§ 1º Nos casos previstos neste artigo, seguir-se-á a apuração do valor devido por liquidação.

→ *v.* Arts. 509 e seguintes do NCPC.

§ 2º O disposto no *caput* também se aplica quando o acórdão alterar a sentença.

Aplicação aos acórdãos do artigo 491 do CPC:

✓ REEXAME NECESSÁRIO. ARTIGO 475, I, DO CPC. SERVIDORES PÚBLICOS MUNICIPAIS. AGENTES COMUNITÁRIOS DE SAÚDE. SENTENÇA QUE JULGOU PROCEDENTE A PRETENSÃO AUTORAL, CONDENANDO O MUNICÍPIO DE LAGOA DA CANOA AO PAGAMENTO DO ADICIONAL DE INSALUBRIDADE SOBRE O VENCIMENTO BÁSICO, INCIDENTE NO 13º SALÁRIO E NO TERÇO CONSTITUCIONAL DE FÉRIAS, BEM COMO DO INCENTIVO DE CUSTEIO E DO INCENTIVO ADICIONAL. PORTARIA N.º 674 MS/GM, QUE CRIOU O INCENTIVO DE CUSTEIO E O INCENTIVO ADICIONAL, VINCULADOS À ATUAÇÃO DOS AGENTES COMUNITÁRIOS DE SAÚDE. INCENTIVOS QUE NÃO SE DESTINAM DIRETAMENTE AOS REFERIDOS SERVIDORES COMO VANTAGEM PECUNIÁRIA, TENDO EM VISTA A NECESSIDADE DE PREVISÃO EM LEI ESPECÍFICA (ART. 37, X, DA CF/88). INTUITO DE CUSTEAR O PROGRAMA DE AGENTES COMUNITÁRIOS DE SAÚDE COMO UM TODO. BASE DE CÁLCULO DO ADICIONAL DE INSALUBRIDADE. LEI MUNICIPAL N.º 349/2003 QUE PREVÊ O PAGAMENTO DA REFERIDA VANTAGEM PECUNIÁRIA SOBRE O VENCIMENTO DO CARGO EFETIVO, QUE CORRESPONDE AO VENCIMENTO BÁSICO DOS AGENTES COMUNITÁRIOS DE SAÚDE. REFLEXOS DO PAGAMENTO RETROATIVO DO ADICIONAL DE INSALUBRIDADE NAS FÉRIAS E NO 13º SALÁRIO DEVIDOS. REFORMA PARCIAL DA SENTENÇA, TÃO SOMENTE, PARA EXCLUIR A CONDENAÇÃO IMPOSTA AO RÉU AO PAGAMENTO DO INCENTIVO ADICIONAL E AO INCENTIVO DE CUSTEIO. FIXAÇÃO DOS JUROS DE MORA E DA CORREÇÃO MONETÁRIA, POR SE TRATAREM DE CONSECTÁRIOS LEGAIS. PREVISÃO CONTIDA NOS ARTS. 322, § 1º E 491, § 2º, DO NCPC. REMESSA EX OFFICIO CONHECIDA. SENTENÇA PARCIALMENTE REFORMADA. DECISÃO POR MAIORIA. (TJ-AL; REEX: 00009028220138020060 AL; 1ª Câmara Cível; Rel. Des. Fábio José Bittencourt Araújo; Julg. 25/10/2017; Data de Publicação: 25/10/2017)

✓ DIREITO DO CONSUMIDOR. AÇÃO DE OBRIGAÇÃO DE FAZER COM PEDIDO DE TUTELA ANTECIPADA. CONTRATO DE SEGURO. CAPOTAMENTO DE VEÍCULO. PERDA TOTAL. NEGATIVA DE COBERTURA SOB A ALEGAÇÃO DE FRAUDE. INSUBSISTÊNCIA. AUSÊNCIA DE PROVA ACERCA DA FRAUDE. ÔNUS PROBATÓRIO QUE INCUMBIA À RÉ. EXEGESE DO ART. 373, II, DO NOVO CÓDIGO DE PROCESSO CIVIL. EXIGIBILIDADE DA APRESENTAÇÃO DO BOLETIM DE OCORRÊNCIA PARA RECEBIMENTO DA INDENIZAÇÃO. AFASTADA. BOA-FÉ DO SEGURADO PRESUMIDA. DEVER DE INDENIZAR INAFASTÁVEL. DANOS MATERIAIS. VALOR MÁXIMO FIXADO NA APÓLICE DE ACORDO COM A TABELA FIPE. DANOS MORAIS CONFIGURADOS. MANTIDO O QUANTUM INDENIZATÓRIO EM R$10.000,00 (DEZ MIL REAIS). SENTENÇA RETIFICADA, TÃO SOMENTE, QUANTO AOS CONSECTÁRIOS LEGAIS. PREVISÃO CONTIDA NO ART. 491, § 2º, DO NCPC. RECURSO CONHECIDO E NÃO PROVIDO. DECISÃO UNÂNIME. (TJ-AL; APL 00487268820118020001 AL; 1ª Câmara Cível; Rel. Des. Fábio José Bittencourt Araújo; Julg. 05/10/2016; Data de Publicação: 05/10/2016)

Art. 492. É vedado ao juiz proferir decisão de natureza diversa da pedida, bem como condenar a parte em quantidade superior ou em objeto diverso do que lhe foi demandado.

→ *v.* Arts. 2º e 141 do NCPC.

→ *v.* Enunciado 525 do FPPC: A produção do resultado prático equivalente pode ser determinada por decisão proferida na fase de conhecimento.

Sentença que deve se correlacionar ao pedido:

✓ AGRAVO INTERNO NO AGRAVO EM RECURSO ESPECIAL. RELAÇÃO DE CONSUMO. MATÉRIA QUE DEMANDA REEXAME DE FATOS E PROVAS. SUMULAS 5 E 7 DO STJ. ACÓRDÃO EM SINTONIA COM O ENTENDIMENTO FIRMADO NO STJ. AGRAVO INTERNO NÃO PROVIDO. 1. À luz dos artigos 128 e 460 do CPC/73, atuais, 141 e 492 do NCPC/15, o vício de julgamento extra petita não se vislumbra na hipótese do juízo a quo, adstrito às circunstâncias fáticas (causa de pedir remota) e ao pedido constante nos autos, proceder à subsunção normativa com amparo em fundamentos jurídicos diversos dos esposados pelo autor e refutados pelo réu. 2. O Tribunal de origem concluiu que a sentença não foi citra petita, pois decidiu sobre a causa de pedir do autor; e que foi correta a decisão que condenou o réu ao pagamento da multa de 2% sobre o valor do contrato "já incluído o prazo de prorrogação de 180 dias previsto no contrato, devidamente atualizado, em consonância com a equidade de aplicação de cláusula penal contratual à ambas as partes, posto que se fosse o caso de mora do comprador, este seria incorreria na mesma cláusula penal.". Alterar o entendimento do acórdão recorrido não é possível, em sede de recurso especial, pois demandaria reexame do conjunto fático-probatório dos autos, e reinterpretação de cláusula contratual, o que é vedado em razão dos óbices das Súmulas 5 e 7 do STJ. 3. O entendimento do STJ é no sentido de que é possível a inversão da cláusula penal moratória em favor do consumidor, em caso de inadimplemento do promitente vendedor, consubstanciado no atraso da entrega do imóvel no prazo estipulado pelas partes. 4. Agravo interno não provido. (AgInt nos EDcl no AREsp 1010004/RJ; Quarta Turma; Rel. Luis Felipe Salomão; Julg. 03/10/2017; DJe 05/10/2017) PROCESSUAL CIVIL. PREVIDENCIÁRIO. AÇÃO RESCISÓRIA. CABIMENTO. JULGAMENTO COM FUNDAMENTAÇÃO DIVERSA DO PEDIDO INICIAL. POSSIBILIDADE. JULGAMENTO AQUÉM DO PEDIDO (CITRA PETITA). ALEGAÇÃO DE INEXISTÊNCIA. REEXAME DE PROVAS. SÚMULA 7/STJ. 1. Não há que se falar em violação do art. 460 do CPC/1973, equivalente ao art. 492 do CPC/2015, na hipótese de julgamento que apenas adota fundamentação diversa das alegações do autor, sem extrapolar os limites em que foi proposta a lide. 2. Verificada a ocorrência de julgamento aquém do pedido (citra petita) pelo juízo ordinário com base no contexto fático-probatório dos autos, descabe a este Superior Tribunal de Justiça o reexame da matéria, em recurso especial. Incidência da Súmula 7/STJ. 3. Se a alegação da violação de literal disposição de lei pressupõe a superação anterior do óbice da Súmula 7/STJ, inviável sua análise nesta sede. Precedentes. 4. Recurso especial parcialmente conhecido e, nessa extensão, não provido. (REsp 1494427/RS; Segunda Turma; Rel. Og Fernandes; Julg. 19/09/2017; DJe 22/09/2017)

✓ AGRAVO INTERNO NO AGRAVO EM RECURSO ESPECIAL. AÇÃO REVISIONAL DE CONTRATO. CERCEAMENTO DE DEFESA. MATÉRIA QUE DEMANDA REEXAME DO CONJUNTO FÁTICO – PROBATÓRIO DOS AUTOS. SUMULA 7 DO STJ. JULGAMENTO EXTRA PETITA . NÃO OCORRÊNCIA. AGRAVO INTERNO NÃO PROVIDO. 1. O Tribunal de origem concluiu, após análise do conjunto fático – probatório dos autos, que: I) não houve cerceamento de defesa, uma vez que haviam elementos suficientes para o julgamento da lide; II) a tese relativa à abusividade de cláusula mandato não foi suscitada nos autos; III) não consta no contrato de arrendamento mercantil a previsão de cobrança de juros remuneratórios, e capitalização mensal de juros; IV) deve ser afastada a abusividade da cobrança da TAC e TEC apenas nos contratos celebrados até 30.04.2008, sendo que o contrato em questão foi celebrado após esta data, e não consta previsão expressa de cobrança da tarifa de abertura de crédito (TAC). 2. À luz dos artigos 128 e 460 do CPC/73, atuais, 141 e 492 do NCPC/15, o vício de julgamento extra petita não se vislumbra na hipótese do juízo a quo, adstrito às circunstâncias fáticas (causa de pedir remota) e ao pedido constante nos autos, procede à subsunção normativa com amparo em fundamentos jurídicos diversos dos esposados pelo autor e refutados pelo réu. 3. Não há falar em violação do artigo 1.022 do NCPC, tendo em vista que, embora rejeitados os embargos de declaração, a matéria em exame foi devidamente enfrentada pelo Tribunal de origem, que emitiu pronunciamento de forma fundamentada, ainda que em sentido contrário à pretensão da parte recorrente. 4. Agravo interno não provido. (AgInt no AREsp 1054721/MS; Quarta Turma; Rel. Luis Felipe Salomão; Julg. 09/05/2017; DJe 17/05/2017)

✓ ASSISTÊNCIA À SAÚDE. ACIDENTE VASCULAR CEREBRAL. MEDICAMENTOS: VENALOT, CILOSTAZOL E CYMBALTA. 1) APELAÇÃO DO ESTADO. CONDENAÇÃO QUE INCLUI O DEVER DE ENTREGAR MEDICAMENTOS "QUE VIEREM A SUBSISTIR OU ALTERAR TAL MEDICAÇÃO PARA TRATAMENTO". SENTENÇA GENÉRICA. INVIABILIDADE. VEDAÇÃO LEGAL (CPC/1973, ART. 460; CPC/2015, ART. 492). ALTERNATIVAS TERAPÊUTICAS. SUBSTITUIÇÃO DO MEDICAMENTO NÃO PADRONIZADO POR OUTRO FORNECIDO PELO SUS. POSSIBILIDADE DESDE QUE NÃO AFETE A SAÚDE DA PARTE. A substituição do medicamento requerido por fármaco da mesma eficácia disponibilizado pelo SUS é cabível uma vez "comprovada essa situação por meio da perícia judicial, o direito à saúde do cidadão não restou abalado' (TJ-SC; AC 20140860337 São João Batista; Primeira Câmara de Direito Público; Rel. Paulo Henrique Moritz Martins da Silva; Julg. 22/03/2016)

✓ AÇÃO DE COBRANÇA - SEGURO DPVAT - COMPLEMENTAÇÃO DA QUANTIA PAGA ADMINISTRATIVAMENTE - INOVAÇÃO RECURSAL O art. 141 do NCPC dispõe: "O juiz decidirá o mérito nos limites propostos pelas partes, sendo-lhe vedado conhecer de questões não suscitadas a cujo respeito a lei exige iniciativa da parte." Por sua vez, reza o art. 492: "É vedado ao juiz proferir decisão de natureza diversa da pedida, bem como condenar a parte em quantidade superior ou em objeto diverso do que lhe foi demandado.". Dispositivos que estabelecem o princípio da correlação da sentença à demanda, restringindo a atuação do julgador e vinculando a entrega da prestação jurisdicional estritamente aos requerimentos formulados pelo autor, sendo vedado decidir além, aquém ou diversamente do pedido. Inovação recursal descabida, ventilando pedido não formulado na inicial. RECURSO NÃO CONHECIDO. (TJ-SP; APL 10364798120148260002; SP; 30ª Câmara de Direito Privado; Rel. Maria Lúcia Pizzotti; Julg. 22/03/2017; Data de Publicação: 23/03/2017)

✓ COMPRA E VENDA – Sentença de procedência – APELO DOS RÉUS – Alegada nulidade da sentença – Admissibilidade, por fundamento diverso – Decisão que foi ultra e extra petita – Incidência dos artigos 490 e 492, do CPC/2015. Sentença anulada – RECURSO PROVIDO, para esse fim. (TJ-SP; APL 10057558420148260361; SP; 5ª Câmara de Direito Privado; Rel. Fábio Podestá; Julg. 25/05/2017; Data de Publicação: 25/05/2017)

✓ APELAÇÃO CÍVEL – AÇÃO REVISIONAL – CÉDULA DE CRÉDITO BANCÁRIO PARA FINANCIAMENTO DE VEÍCULO - SENTENÇA DE PARCIAL PROCEDÊNCIA PUBLICADA SOB A ÉGIDE DO REGRAMENTO PROCESSUAL DE 1973 - RECURSO DA INSTITUIÇÃO FINANCEIRA. PRELIMINAR DE JULGAMENTO "EXTRA PETITA" COM RELAÇÃO ÀS TARIFAS ADMINISTRATIVAS - AUSÊNCIA DE PEDIDO EXPRESSO NA PEÇA INICIAL EM RELAÇÃO AO TÓPICO - EXEGESE DOS ARTS. 128 E 460 DO CÓDIGO DE PROCESSO CIVIL DE 1973 (CPC/2015, ARTS. 141 E 492)- VIOLAÇÃO À SÚMULA 381 DO SUPERIOR TRIBUNAL DE JUSTIÇA - NULIDADE PARCIAL DA SENTENÇA - PREFACIAL ACOLHIDA. Sabe-se que ao Magistrado é defeso acolher pretensão diversa das deduzidas nos autos ou deferir pleito em proporção maior ou menor que a postulada pelo demandante, sob pena de incorrer em julgamento "extra", "ultra" ou "citra"/"infra" "petita", respectivamente, bem como considerar questões não levantadas pelas partes, exceto se constituírem matéria de ordem pública. Ademais, em se tratando de demanda revisional de ajuste bancário, o julgador deve observar ainda o teor da Súmula 381 do Superior Tribunal de Justiça, que veda o conhecimento de ofício de abusividades nas cláusulas contratuais. Na hipótese, incidiu em julgamento "extra petita" a decisão que, embora ausente requerimento na inicial acerca das tarifas administrativas, procedeu à análise e revisão do ajuste nesse tocante. Não obstante, a despeito da constatação da mácula quanto ao julgamento, não se mostra necessário o retorno dos autos à origem, pois plenamente viável o decote do excesso em Segundo Grau de Jurisdição. PROEMIAL DE INCERTEZA DO COMANDO JUDICIAL - ARGUIDA AUSÊNCIA DE CONGRUÊNCIA DA TESE DE ILEGITIMIDADE PASSIVA "AD CAUSAM", EXAMINADA PELA SENTENÇA, COM A REALIDADE DOS AUTOS - RAZÃO QUE LHE ASSISTE - BANCO ITAÚ S/A E BANCO ITAUCARD S/A QUE SEQUER FIGURAM COMO PARTES NO PRESENTE FEITO - AFRONTA AO PARÁGRAFO ÚNICO DO ART. 460 DO CÓDIGO BUZAID (CPC/2015, ART. 492, PARÁGRAFO ÚNICO)- NECESSIDADE DE EXCLUSÃO DO TÓPICO NO "DECISUM" OBJURGADO - PREAMBULAR ALBERGADA. Consoante o art. 460, parágrafo único, do Código Buzaid, correspondente ao art. 492, parágrafo único, do Código de Processo Civil de 2015, "a decisão deve ser certa, ainda que resolva relação jurídica condicional". No cenário dos autos, verifica-se que, embora os Bancos Itaú S/A e Itaucard S/A sequer figurem como litigantes no presente feito, o Magistrado "a quo" procedeu ao exame da tese de ilegitimidade passiva "ad causam" de referidas instituições financeiras, a qual, destaque-se, sequer foi suscitada na exordial. Portanto, é medida impositiva extirpar da sentença o capítulo que versa sobre a questão. CERCEAMENTO DE DEFESA EM DECORRÊNCIA DA INEXISTÊNCIA DE CORRETO EXAME DA CÉDULA DE CRÉDITO BANCÁRIO "SUB JUDICE" - TAXA DE JUROS REMUNERATÓRIOS CONTRATADA APONTADA NA SENTENÇA QUE, DE FATO, NÃO CORRESPONDE COM A AQUELA CONSTANTE DO INSTRUMENTO FIRMADO ENTRE AS PARTES - VICISSITUDE CONSTATADA - DESNECESSIDADE, PORÉM, DE RETORNO DOS AUTOS À ORIGEM PARA RETIFICAÇÃO - VIABILIDADE DE EXAME DA "QUAESTIO" PELO ÓRGÃO "AD QUEM", HAJA VISTA O FEITO ENCONTRAR-SE SUFICIENTEMENTE SANEADO - MATÉRIA EXCLUSIVAMENTE DE DIREITO, COGNOSCÍVEL, PORTANTO, PELO SIMPLES EXAME DAS CLÁUSULAS CONTRATUAIS - PRELIMINAR AFASTADA. Em que pese constatado equívoco na sentença quando do exame da taxa de juros remuneratórios avençada, haja vista a decisão objurgada ter considerado contratado o percentual de 28,16%, enquanto, na realidade, a cártula firmada entre os litigantes prevê o índice de 16,63%, encontrando-se o feito suficientemente saneado, deve-se prosseguir ao julgamento da "quaestio" nesta instância. Ademais, conforme consabido "a decisão a respeito da legalidade de cláusulas de contratos bancários se profere mediante o simples exame do pacto, bastando, para tanto, a juntada da sua cópia" (Apelação Cível n. 2015.023201-2, Rel. Des. Tulio Pinheiro; Julg. em 14/5/2015), tornando desnecessária a realização de prova pericial. CÓDIGO DE DEFESA DO CONSUMIDOR - APLICABILIDADE - REVISÃO CONTRATUAL - POSSIBILIDADE - MITIGAÇÃO DO PRINCÍPIO DO "PACTA SUNT SERVANDA" - INEXISTÊNCIA DE AFRONTA À BOA-FÉ OBJETIVA. "O Código de Defesa do Consumidor é aplicável às instituições financeiras." (Súmula n. 297 do Superior Tribunal de Justiça). Estando a relação negocial salvaguardada pelos ditames desta norma, mitiga-se a aplicabilidade do princípio do "pacta sunt servanda", viabilizando a revisão dos termos pactuados, uma vez que a alteração das cláusulas contratuais que estabeleçam prestações desproporcionais, ou até mesmo as que se tornem excessivamente onerosas em decorrência de fato superveniente à assinatura do instrumento, configura direito básico do consumidor, nos moldes do inc. V do art. 6º da Lei n. 8.078/1990. JUROS REMUNERATÓRIOS – AJUSTE QUE OSTENTA PERCENTUAL INFERIOR À MÉDIA DE MERCADO PARA A ESPÉCIE E PERÍODO DA CONTRATAÇÃO – ABUSIVIDADE INEXISTENTE – APLICAÇÃO DA TAXA CONVENCIONADA, PORQUANTO MAIS BENÉFICA AO CONSUMIDOR – INCONFORMISMO ACOLHIDO NO PONTO. É válida a taxa de juros livremente pactuada nos contratos bancários, desde que em percentual inferior à média de mercado divulgada pelo Bacen. No caso, tratando-se de cédula de crédito bancário para financiamento de veículo, em que o patamar exigido a título de juros remuneratórios (1,29% ao mês; 16,63% ao ano) é inferior à taxa média de mercado para a espécie e período de contratação (1,87% ao mês; 24,94% ao ano), imperativa a manutenção do encargo nos moldes convencionados, porque mais benéfico ao consumidor. COMISSÃO DE PERMANÊNCIA – PRETENDIDA CUMULAÇÃO COM OS DEMAIS ENCARGOS MORATÓRIOS – IMPOSSIBILIDADE – COBRANÇA VIABILIZADA APENAS SE EXPRESSAMENTE PREVISTA E EXIGIDA DE FORMA ISOLADA – SÚMULA 472 DO SUPERIOR TRIBUNAL DE JUSTIÇA E ENUNCIADO N. III DO GRUPO DE CÂMARAS DE DIREITO COMERCIAL DESTA CORTE – RECLAMO DESAGASALHADO. Nos termos da Súmula 472 do Superior Tribunal de Justiça e do Enunciado III do Grupo de Câmaras de Direito Comercial desta Corte, é legal a cobrança da comissão de permanência desde que convencionada e que não ultrapasse a soma dos importes previstos para os períodos da normalidade e da inadimplência, proibida sua cumulação com outros encargos. "In casu", embora tenham as partes expressamente avençado a incidência, durante o inadimplemento contratual, de comissão de permanência, juros de mora e multa contratual (cláusula 5), não se admite a incidência concomitante das rubricas, sendo cabível, portanto, tão somente a exigência isolada da comissão de permanência. "MORA DEBITORIS" – NECESSIDADE DE AFERIÇÃO DE ABUSIVIDADES NO PERÍODO DA NORMALIDADE CONTRATUAL – ORIENTAÇÃO DO SUPERIOR TRIBUNAL DE JUSTIÇA – NOVO ENTENDIMENTO DA CÂMARA NO SENTIDO DE NÃO MAIS EXAMINAR A PRESENÇA DE ADIMPLEMENTO SUBSTANCIAL DA DÍVIDA – CASO CONCRETO EM QUE SE MANTIVERAM OS JUROS COMPENSATÓRIOS AVENÇADOS E PERMITIU-SE A INCIDÊNCIA DE ANATOCISMO EM PERIODICIDADE MENSAL – CARACTERIZAÇÃO – INEXISTÊNCIA DE ÓBICE À EXIGÊNCIA DOS ENCARGOS ORIUNDOS DA IMPONTUALIDADE E DE INCLUSÃO DO NOME DO DEVEDOR EM CADASTROS DE RESTRIÇÃO CREDITÍCIA – RECURSO PROVIDO QUANTO À TEMÁTICA. A descaracterização da mora tem como pressuposto assente no Superior Tribunal de Justiça a abusividade dos encargos no período de normalidade contratual (juros remuneratórios e anatocismo). Ainda quanto ao tema, por muito, permanecera firme o entendimento nesta Segunda Câmara de Direito Comercial de que, além das ilegalidades no período da normalidade contratual, deveriam ser examinadas as peculiaridades de cada situação submetida à apreciação jurisdicional, ponderando-se a ocorrência, ou não, de adimplemento substancial da dívida, tanto pelo pagamento extrajudicial das prestações, como pela consignação de valores em Juízo. Não obstante, após intensos debates na sessão de julgamento de 21/7/2015, este Colegiado, de forma unânime, deliberou pela supressão de exame do segundo pressuposto (adimplemento substancial) em hipóteses desse jaez, passando a ser sopesada apenas a presença de exigências ilegais na normalidade contratual. Mesmo porque, coincidentes os efeitos práticos da descaracterização da mora e da suspensão desta (impossibilidade de exigência de encargos oriundos da impontualidade, inscrição em róis de inadimplentes, eventual manutenção na posse de bens), havendo a necessidade, em ambos os casos, de proceder-se à intimação da parte devedora após a apuração do montante devido, mediante o recálculo do débito. "In casu", verifica-se que, ao apreciar os encargos da normalidade, foram mantidas as taxas de juros remuneratórios contratadas e a admitida incidência do anatocismo em periodicidade mensal, de forma que se considera configurada a "mora debitoris". Por consectário, possibilita-se a exigência de encargos oriundos da impontualidade e a inclusão do nome da parte autora em cadastros de restrição creditícia. COMPENSAÇÃO OU RESTITUIÇÃO DOS VALORES PAGOS A MAIOR – POSSIBILIDADE NA FORMA SIMPLES DESDE QUE VERIFICADO O PAGAMENTO INDEVIDO – RECONHECIMENTO DE ABUSIVIDADES NA AVENÇA – INTELIGÊNCIA DA SÚMULA 322 DO SUPERIOR TRIBUNAL DE JUSTIÇA – INSURGÊNCIA REJEITADA NO TÓPICO – SILÊNCIO DO JULGADOR MONOCRÁTICO ACERCA DOS CONSECTÁRIOS INCIDENTES SOBRE OS VALORES PAGOS A MAIOR (CORREÇÃO MONETÁRIA E JUROS MORATÓRIOS) – ANÁLISE, DE OFÍCIO, PERMITIDA, POR SE TRATAR DE PEDIDO IMPLÍCITO, DECORRENTE DE LEI (CPC/1973, ART. 293 E CPC/2015, ART. 322, § 1º). À luz do princípio que veda o enriquecimento sem causa do credor, havendo quitação indevida, admite-se a compensação ou repetição do indébito na forma simples em favor do adimplente, independentemente da comprovação do erro. Na hipótese de existir saldo a devolver ou a compensar em favor da parte autora, o respectivo montante deve ser atualizado monetariamente pelo INPC, desde a data de cada pagamento indevido, mais juros de mora no patamar de 1% ao mês a contar da citação (CPC/1973, art. 219,"caput"e CPC/2015, art. 240), a despeito do silêncio do julgador singular a respeito, por se tratar de consectário lógico da condenação, na forma do revogado Código de Processo Civil (CPC/2015, art. 322, § 1º). SUCUMBÊNCIA – PEDIDO DE INVERSÃO PARA QUE O ADIMPLEMENTO RECAIA TÃO SOMENTE SOBRE A PARTE ADVERSA – RECIPROCIDADE CONFIGURADA – ART. 21, "CAPUT", DO CÓDIGO DE PROCESSO CIVIL DE 1973 (CPC/2015, ART. 86,"CAPUT")- NECESSIDADE DE REDISTRIBUIÇÃO DOS ÔNUS SUCUMBENCIAIS PARA QUE SEJAM SUPORTADOS NA RAZÃO DE 70% (SETENTA POR CENTO) PELO CONSUMIDOR E 30% (TRINTA POR CENTO) PELA INSTITUIÇÃO FINANCEIRA – PROPORÇÃO QUE REFLETE A PARCELA DE ÊXITO E DERROTA DOS LITIGANTES – OBSTADA A

EXIGIBILIDADE QUANTO AO CONSUMIDOR, POR TER SIDO CONTEMPLADO COM A JUSTIÇA GRATUITA (ART. 12 DA LEI N. 1.060/1950 E ART. 98 CPC/2015)- MANUTENÇÃO, ADEMAIS, DO "QUANTUM" DO ESTIPÊNDIO PATRONAL, POR NÃO FIGURAR COMO OBJETO DE INSURGÊNCIA NESTA INSTÂNCIA - COMPENSAÇÃO DA VERBA HONORÁRIA VEDADA - INTELIGÊNCIA DO ART. 23 DA LEI N. 8.906/94 - ENTENDIMENTO PARTILHADO PELO GRUPO DE CÂMARAS DE DIREITO COMERCIAL DESTA CORTE DE JUSTIÇA. Constatando-se a parcial procedência dos pedidos exordiais formulados, há que se aquinhoar os ônus sucumbenciais de forma a refletir o resultado da lide. No caso, foram acolhidos tão somente os pleitos portais relativos à inviabilidade da comissão de permanência e à repetição do indébito. Por seu turno, a instituição financeira obteve sucesso quanto às teses defensivas referentes aos juros remuneratórios, capitalização, Imposto sobre Operações Financeiras (IOF), comissão de permanência e caracterização da "mora debitoris". Assim, condenam-se ambas as partes ao pagamento da sucumbência processual na razão de 30% (trinta por cento) pela instituição financeira e 70% (setenta por cento) pelo consumidor, suspensa a exigibilidade em relação a este, nos termos do art. 12 da Lei n. 1.060/1950 e 98 do Código de Processo Civil. Não obstante o Superior Tribunal de Justiça, por sua Corte Especial, tenha entendido ser possível a compensação dos honorários advocatícios (Súmula 306 daquele Órgão e REsp n. 963.528/PR, submetido ao processo de uniformização de jurisprudência previsto no art. 543-C do Código de Processo Civil), ainda persiste firme este Órgão Julgador na compreensão de que deve prevalecer o disposto no artigo 23 da Lei n. 8.906/94, que garante ao advogado direito autônomo em relação à sua remuneração, por se tratar de verba alimentar. "Com o advento da Lei n.8.906, em 4 de julho de 1994, os honorários incluídos na condenação, por arbitramento ou sucumbência, passaram a pertencer ao advogado, como direito autônomo. Em virtude disso, por força do princípio da especialidade, a regra estabelecida pelo Estatuto da Advocacia prevalece sobre o quanto disposto no caput do art. 21 do Código Processo Civil e, inclusive, sobre a Súmula n. 306 do STJ e intelecção formada em recurso repetitivo. 'Art. 85. A sentença condenará o vencido a pagar honorários ao advogado do vencedor. [...] § 14. Os honorários constituem direito do advogado e têm natureza alimentar, com os mesmos privilégios dos créditos oriundos da legislação do trabalho, sendo vedada a compensação em caso de sucumbência parcial' (CPC/2015)" (Grupo de Câmaras de Direito Comercial, Embargos Infringentes n. 2014.089719-0, Rel. Des. Altamiro de Oliveira; Julg. em 10/6/2015). Referido posicionamento encontra-se em sintonia com o § 14 do art. 85 do atual Diploma Processual, que prevê: "Os honorários constituem direito do advogado e têm natureza alimentar, com os mesmos privilégios dos créditos oriundos da legislação do trabalho, sendo vedada a compensação em caso de sucumbência parcial". Destaque-se que, não tendo quaisquer das partes se insurgido contra o "quantum" dos honorários advocatícios, conserva-se a condenação na forma arbitrada pela sentença. (TJ-SC; AC 00311469320138240023 Capital; Segunda Câmara de Direito Comercial; Rel. Robson Luz Varella; Julg. 06/06/2017,)

Parágrafo único. A decisão deve ser certa, ainda que resolva relação jurídica condicional.

Vedação de sentença condicional:

✓ DECISÃO: ACORDAM os integrantes da Décima Câmara Cível do Tribunal de Justiça do Estado do Paraná, por unanimidade de votos, em conhecer e dar parcial provimento ao recurso de Apelação Cível interposto por UNIMED CURITIBA - SOCIEDADE COOPERATIVA DE MÉDICOS, nos termos da fundamentação. EMENTA: APELAÇÃO CÍVEL. PLANO DE SAÚDE. PACIENTE DIAGNOSTICADO COM SUBOCLUSÃO/OCLUSÃO INTESTINAL POR CARCINOMATOSE SECUNDÁRIA A CARCINOMA NEUROENDÓCRINO.NÃO ACOLHIDA A PRELIMINAR DE AUSÊNCIA DE INTERESSE PROCESSUAL EM RAZÃO DA FORMULAÇÃO DO PEDIDO GENÉRICO. REQUERIMENTO AUTORIZADO PELO ART. 286, II, DO CPC/1973, REPRODUZIDO NO ART. 324, § 1º, II, DO CPC/2015. PECULIARIDADES DA PATOLOGIA APRESENTADA. CARCINOMATOSE. DISSEMINAÇÃO DO CÂNCER PRIMÁRIO PARA OUTROS ÓRGÃOS. IMPOSSIBILIDADE DE DETERMINAÇÃO, DESDE LOGO, DAS CONSEQUÊNCIAS DO FATO. EXAME PET-CT. PREVISÃO NO ROL DA ANS COM DIRETRIZ DE UTILIZAÇÃO - DUT. ALEGAÇÃO DE NÃO SATISFAÇÃO. IRRELEVÂNCIA. ROL EXEMPLIFICATIVO E QUE TRAZ UM CONTEÚDO MÍNIMO DE COBERTURA OBRIGATÓRIA. PREVISÃO CONTRATUAL DE "COBERTURA DE SERVIÇOS DE APOIO DIAGNÓSTICO, TRATAMENTOS E DEMAIS PROCEDIMENTOS AMBULATORIAIS INCLUINDO PROCEDIMENTOS CIRÚRGICOS AMBULATORIAIS, SOLICITADOS PELO MÉDICO ASSISTENTE". REQUERIMENTO MÉDICO. COBERTURA DEVIDA.SENTENÇA QUE CONDENOU A RÉ AO FORNECIMENTO DE TODOS OS PROCEDIMENTOS QUE SE FIZEREM NECESSÁRIOS PARA O TRATAMENTO DA DOENÇA DO AUTOR. VEDAÇÃO À SENTENÇA CONDICIONAL. ART. 460, PARÁGRAFO ÚNICO, DO CPC/1973, REPRODUZIDO NO ART. 492, PARÁGRAFO ÚNICO, DO CPC/2015. IMPOSSIBILIDADE DE VINCULAÇÃO DA CONDENAÇÃO EVENTO FUTURO E INCERTO. REFORMA DA SENTENÇA PARA RESTRINGIR A CONDENAÇÃO AO FORNECIMENTO DO EXAME PET-CT, CONFORME SOLICITAÇÃO MÉDICA.DANO MORAL CONFIGURADO. INADIMPLEMENTO CONTRATUAL QUE EXCEDE OS LIMITES DO MERO DISSABOR OU ABORRECIMENTO. RECUSA DO PLANO DE SAÚDE PASSÍVEL DE CAUSAR O ABALO MORAL. PACIENTE IDOSO E ACOMETIDO DE DENÇA GRAVE, EXTREMAMENTE DEBILITADO NA ÉPOCA DOS FATOS.INDENIZAÇÃO DEVIDA. APELAÇÃO CÍVEL CONHECIDA E PARCIALMENTE PROVIDA. (TJPR; AC 1513308-7 – Curitiba; 10ª C. Cível; Rel. Guilherme Freire de Barros Teixeira; Unânime; Julg.09.06.2016)

Art. 493. Se, depois da propositura da ação, algum fato constitutivo, modificativo ou extintivo do direito influir no julgamento do mérito, caberá ao juiz tomá-lo em consideração, de ofício ou a requerimento da parte, no momento de proferir a decisão.

→ *v.* Súmula 394 do TST.

→ *v.* Enunciado 631 do FPPC: A existência de saneamento negocial ou compartilhado não afasta a incidência do art. 493.

Fato superveniente que pode ser considerado pela decisão:

✓ AGRAVO EM RECURSO ESPECIAL. PROCESSO CIVIL E ADMINISTRATIVO. IMPROBIDADE ADMINISTRATIVA. LITISCONSÓRCIO PASSIVO. COMPETÊNCIA. SUJEITO PASSIVO ORIGINARIAMENTE DEPUTADO FEDERAL. POSTERIOR REASSUNÇÃO DO CARGO DE PREFEITO. INEXISTÊNCIA ATUAL DE QUALQUER VÍNCULO COM CARGO POLÍTICO. FATO NOVO SUPERVENIENTE. ART. 462 DO CPC/73 E ART. 493 DO CPC/15. QUESTÃO APRECIÁVEL DE OFÍCIO. ESVAZIAMENTO DO DEBATE A RESPEITO DE PRERROGATIVA DE FORO. COMPETÊNCIA DO JUÍZO DE PRIMEIRO GRAU DA JUSTIÇA ESTADUAL DO RIO DE JANEIRO. I - Na origem, trata-se de ação civil pública proposta em face, dentre outros, da recorrida e de pessoa física que exercia o cargo de Deputado Federal. II - Fato novo conhecido de ofício. Inexistência atual de qualquer vínculo do ex-Deputado Federal a cargo político. Arts. 462 do CPC/73 e 493 do CPC/15. III - Prejudicada a discussão acerca da competência para o processamento de ação civil pública por ato de improbidade administrativa, sob a perspectiva de prerrogativa de foro de natureza política. IV - Juízo de primeiro grau da Justiça Estadual do Rio de Janeiro competente para conhecer, processar e julgar a ação de improbidade administrativa. V - Agravo conhecido para o fim de dar provimento ao recurso especial. (AREsp 829.314/RJ; Segunda Turma; Rel. Francisco Falcão; Julg. 19/09/2017; DJe 25/09/2017)

✓ AGRAVO INTERNO NOS EMBARGOS DE DECLARAÇÃO NO RECURSO ESPECIAL. DIREITO COMERCIAL. PROPRIEDADE INDUSTRIAL. MARCAS. AÇÃO ANULATÓRIA DE REGISTRO. ANULAÇÃO DE ALGUNS DOS REGISTROS DA MARCA "TRUSSARDI" REALIZADOS PELAS AGRAVANTES. POSSIBILIDADE DE CONSIDERAÇÃO DESSE FATO NO JULGAMENTO DO RECURSO ESPECIAL INTERPOSTO NO CURSO DA AÇÃO COMINATÓRIA CUMULADA COM INDENIZATÓRIA POR USO INDEVIDO DE MARCA. APLICABILIDADE DO ART. 462 DO CPC/73 (ART. 493 DO CPC/15). APLICAÇÃO DO DIREITO À ESPÉCIE. 1.Conhecido o recurso especial, esta Corte detém cognição ampla para o julgamento da lide, podendo, ao aplicar o direito à espécie, levar em consideração fatos novos, extintivos do direito de uma das partes, ocorridos posteriormente ao ajuizamento da ação, nos termos do art. 462 do CPC/73 (art. 493 do CPC/15). 3. Caso concreto em que a ação anulatória de registro de marca, julgada parcialmente procedente, teve efeito direto sobre o resultado da presente ação cominatória pelo uso indevido de marca, cuja relação de prejudicialidade foi considerada no momento do julgamento do presente recurso. 4. Anulados alguns dos registros da marca "Trussardi" realizados pelas agravantes, deve-se reconhecer o direito das agravadas, como titulares de marca notoriamente conhecida em território brasileiro, à sua utilização exclusiva, julgando-se parcialmente procedentes os pedidos formulados na reconvenção. 5. AGRAVO INTERNO DESPROVIDO. (AgInt nos EDcl no REsp 1327956/SP; Terceira Turma; Rel. Paulo de Tarso Sanseverino; Julg. 27/06/2017; DJe 03/08/2017)

✓ SEGUNDOS EMBARGOS DE DECLARAÇÃO EM RECURSO ESPECIAL. PEDIDO DE APLICAÇÃO DE LEGISLAÇÃO SUPERVENIENTE QUE NÃO HAVIA ENTRADO EM VIGOR NA DATA DA INTERPOSIÇÃO DO RECURSO: POSSIBILIDADE. INCIDÊNCIA NÃO RETROATIVA E IMEDIATA ÀS AÇÕES EM CURSO DO PERCENTUAL DE JUROS DE MORA (OS APLICADOS À POUPANÇA) DA LEI 11.960/2009 QUE, NO PONTO, ALTEROU O ART. 1º-F DA LEI 9.94/1997: OMISSÃO QUE SE SUPRE. 1. Não constitui inovação no pedido a solicitação de aplicação, ao caso concreto, de legislação superveniente que não havia entrado em vigor na data da interposição do recurso, amoldando-se a hipótese à previsão contida no art. 462 do CPC/1973 (mantida em sua integralidade no art. 493 do novo CPC - Lei 13.105/2015). 2. Configura omissão a ausência de manifestação no acórdão embargado a respeito de pedido de aplicação de legislação superveniente ao caso concreto, pedido esse formulado pela parte na primeira oportunidade em que lhe coube falar nos autos após a entrada em vigor da nova norma. 3. A Corte Especial deste Tribunal Superior, no julgamento do REsp n. 1.205.946/SP, sob o rito do art. 543-C do CPC/1973, assentou que "a Lei 11.960/2009, a qual traz novo regramento concernente à atualização monetária e aos juros de mora devidos pela Fazenda Pública, deve ser aplicada, de imediato, aos processos em andamento, sem, contudo, retroagir a período anterior à sua vigência". Lembrou, na mesma ocasião, que o Supremo Tribunal Federal já tinha tido oportunidade de decidir no mesmo sentido. 4. Segundos embargos de declaração da União acolhidos, para suprir omissão no tocante à possibilidade de aplicação ao caso concreto dos juros moratórios previstos na Lei 11.960/2009, sem alteração do resultado do julgamento, visto que apenas se dá parcial provimento ao recurso especial da União em maior extensão. (EDcl nos EDcl no REsp 998.428/PR; Quinta Turma; Rel. Reynaldo Soares da Fonseca; Julg. 09/08/2016; DJe 17/08/2016)

✓ PROCESSUAL CIVIL. AÇÃO ORDINÁRIA. COMDUSA. CANCELAMENTO DO RIP. AUSÊNCIA DE INTERESSE RECURSAL. -O interesse de agir surge da necessidade de obter através do processo a tutela e proteção ao interesse substancial (ou primário). Como a doutrina processual civil tem considerado, "localiza-se o interesse processual não apenas na utilidade, mas especificamente na necessidade do processo como remédio apto à aplicação do direito objetivo no caso concreto, pois a tutela jurisdicional não é jamais outorgado em uma necessidade" (Curso de Direito Processual Civil, Humberto Theodoro Júnior, v. 1, Rio de Janeiro, ed. Forense, p. 59). "Existe interesse processual quando a parte tem necessidade de ir a juízo para alcançar a tutela pretendida e, ainda, quando essa tutela jurisdicional pode trazer-lhe alguma utilidade do ponto de vista prático"(Código de Processo Civil Comentado e Legislação Processual Civil Extravagante em Vigor, Nelson Nery Junior e Rosa Maria Andrade Nery, ed. RT, pp.728/729). -Restando ausente o interesse jurídico, também chamado de interesse de agir, que deve estar presente durante todo o curso do processo, não mais terá utilidade a prestação jurisdicional, circunstância que atrai a norma do art. 493 do Novo Digesto Processual Civil que dispõe, verbis: "Art. 493. Se, depois da propositura da ação, algum fato constitutivo, modificativo ou extintivo do direito influir no julgamento do mérito, caberá ao juiz tomá-lo em consideração, de ofício ou a requerimento da parte, no momento de proferir a decisão". -É a ocorrência do chamado direito superveniente – jus superveniens -, que, na lição de Nelson Nery Junior e Rosa Maria Andrade Nery, "pode consistir no advento de fato ou direito que possa influir no julgamento da lide. Deve ser levado em consideração pelo juiz, de ofício ou a requerimento da parte ou interessado, independentemente de quem possa ser com ele beneficiado no processo. Não se pode, a pretexto de pretender a incidência do jus superveniens, alterar a causa de 1 pedir ou o pedido", sendo certo que o Juiz, a que alude o texto legal, pode ser tanto o de primeira, quanto o de segunda instância, pelo que, ocorrendo fato superveniente no correr da ação, após prolação da sentença, que possa influir na solução da lide, é dever do Tribunal apreciá-lo, uma vez que deve a prestação jurisdicional ser exercida em conformidade com a situação dos fatos no momento do seu julgamento. -No caso, considerando que o Registro Imobiliário Patrimonial – RIP, referente ao imóvel objeto da presente ação, foi cancelado por "inconsistências cadastrais" e, tendo em conta que a presente demanda envolve a declaração de nulidade das cobranças decorrentes do aludido registro, evidencia-se que não mais subsiste o interesse processual da demandante, circunstância que enseja a extinção do presente feito. -Processo extinto, sem resolução de mérito, com fulcro no art. 485, inciso VI, do Novo Código de Processo Civil, restando, por conseguinte, prejudicado o recurso de apelação. -Condenada a parte ré em custas processuais e honorários advocatícios, fixados em 10% (dez por cento) do valor da causa (R$ 11.597,19), na forma do disposto no § 10 c/c § 3º, I, do art. 85 do Novo Código de Processo Civil. (TRF-2; AC 00120111820114025001 ES; 8ª Turma Especializada; Rel. Vera Lúcia Lima; Julg. 17/10/2016)

✓ APELAÇÕES CÍVEIS – AÇÃO DE RESCISÃO CONTRATUAL PROPOSTA PELA REVENDEDORA DE COMBUSTÍVEIS E AÇÃO COMINATÓRIA AJUIZADA PELA DISTRIBUIDORA – CONTRATO DE CESSÃO DE USO DE MARCA, FORNECIMENTO DE PRODUTOS E COMODATO DE EQUIPAMENTOS – SENTENÇA ÚNICA DE IMPROCEDÊNCIA DAQUELA DEMANDA E PARCIAL PROCEDÊNCIA DESTA – INSURGÊNCIA DE AMBAS AS PARTES. APELO DA REVENDEDORA DE COMBUSTÍVEIS ALEGADA A OCORRÊNCIA DE JULGAMENTO EXTRA PETITA EM VIRTUDE DA ORDEM DE RESCISÃO DO CONTRATO NA LIDE COMINATÓRIA – TESE AFASTADA – VENCIMENTO DO PRAZO DE DURAÇÃO DO AJUSTE QUE IMPOSSIBILITA A DETERMINAÇÃO DE SEU CUMPRIMENTO – FATO SUPERVENIENTE QUE INFLUI NO JULGAMENTO DA CAUSA – OBTENÇÃO DA TUTELA PELO RESULTADO EQUIVALENTE – INTELIGÊNCIA DOS ARTS. 493 E 497 DO CPC/2015. SUSCITADO O DESCUMPRIMENTO CONTRATUAL PELA AUSÊNCIA DE FORNECIMENTO DE PRODUTOS E ESTIPULAÇÃO UNILATERAL DE PREÇOS E PRAZOS – CONDIÇÕES INERENTES AO NEGÓCIO – EXPRESSA PREVISÃO NO CONTRATO – INEXISTÊNCIA DE VÍCIO NO AJUSTE DE VONTADES – COMERCIANTE QUE PODERIA ATUAR COM "BANDEIRA BRANCA", MAS PREFERIU O PRESTÍGIO DA MARCA E O COMODATO DOS EQUIPAMENTOS PARA VIABILIZAR SUAS ATIVIDADES – RISCO DO NEGÓCIO – DESCARACTERIZAÇÃO DA MARCA E COMPRA DE PRODUTOS DE CONCORRENTES INCONTROVERSAS – SENTENÇA MANTIDA. RECLAMO DA DISTRIBUIDORA POSTULADA A CONDENAÇÃO DA REVENDEDORA AO PAGAMENTO DA MULTA FIXADA PARA O CASO DE DESCUMPRIMENTO DA DECISÃO QUE ANTECIPOU OS EFEITOS DA TUTELA – PLEITO REJEITADO – ATENDIMENTO SUPERVENIENTE DA OBRIGAÇÃO QUE AUTORIZA O AFASTAMENTO DA ASTREINTE – EXEGESE DO ART. 537, § 1º, INCISO II, DO CPC/2015 – ACOLHIMENTO DA PRETENSÃO QUE TAMBÉM CARACTERIZARIA ENRIQUECIMENTO INDEVIDO. ÔNUS SUCUMBENCIAIS – JULGADO MANTIDO. HONORÁRIOS ADVOCATÍCIOS RECURSAIS – FIXAÇÃO EM FAVOR DOS ADVOGADOS DE AMBAS AS PARTES – COMPENSAÇÃO VEDADA. RECURSOS CONHECIDOS E DESPROVIDOS. (TJSC; Apelação Cível 0008478-14.2011.8.24.0019; Concórdia; Rel. Des. Cláudio Valdyr Helfenstein; Quinta Câmara de Direito Comercial; Julg. 07/12/2017).

✓ AGRAVO DE INSTRUMENTO. LIMINAR/TUTELA ANTECIPADA PARCIALMENTE DEFERIDA EM FEITO QUE TEM POR OBJETO O ATENDIMENTO DE CRIANÇA EM CRECHE OU PRÉ-ESCOLA. PROLAÇÃO DE SENTENÇA. FATO NOVO QUE DEVE SER LEVADO EM CONSIDERAÇÃO PELO COLEGIADO. ART. 493 DO NOVO CÓDIGO DE PROCESSO CIVIL. AUSÊNCIA SUPERVENIENTE DE INTERESSE PROCESSUAL. PERDA DO OBJETO. RECURSO NÃO CONHECIDO, POR PREJUDICADO. "Tendo o juízo singular decidido o feito originário, substituindo, com a sentença, a interlocutória agravada, não há mais sentido para o exame do agravo de instrumento contra ela manejado, que, inobjetavelmente, remanesce prejudicado" (Agravo de Instrumento n.

2012.031739-7, de Joinville, Rel. Des. João Henrique Blasi; Julg. 16-4-2013). (TJSC; Agravo de Instrumento 8000324-15.2017.8.24.0000; Capital; Rel. Des. Cid Goulart; Segunda Câmara de Direito Público; Julg. 26-09-2017).

Fato superveniente que para ser considerado deve estar relacionado à causa de pedir e ao pedido:

✓ PROCESSUAL CIVIL E PREVIDENCIÁRIO. TEMPO DE CONTRIBUIÇÃO FATO SUPERVENIENTE. ART. 493 DO CPC/2015. AUSÊNCIA DE UTILIDADE NO PROVIMENTO DO RECURSO. REQUISITOS PARA APOSENTADORIA NÃO PREENCHIDOS QUANDO DA PROLAÇÃO DA SENTENÇA DE 1º GRAU. 1. Na hipótese dos autos, o recorrente pugna para que sejam computadas as contribuições vertidas após o requerimento administrativo, sob a alegação de que, no curso da ação, teria completado os requisitos para a concessão da aposentadoria. 2. A Corte a quo entendeu que não é possível a aplicação do art. 493 do CPC/2015, uma vez que o fato superveniente deve guardar pertinência com a causa de pedir e com o pedido inicial. 3. Complementarmente, o Tribunal Regional asseverou que, "por ocasião da prolação da sentença de primeiro grau (18/08/2014 – fls. 202/210), o autor computava o total de 34 anos, 9 meses e 10 dias de tempo de contribuição, sendo insuficientes à concessão da aposentadoria por tempo de serviço integral". 4. Percebe-se, portanto, que, mesmo que houvesse o acatamento da tese proposta pelo recorrente (de que seria possível o cômputo do tempo de contribuição após o requerimento administrativo), não prosperaria o pleito, porquanto não preenchidos os requisitos para concessão da aposentadoria por tempo de serviço integral quando da prolação da sentença. 5. Nota-se a ausência de utilidade do provimento pretendido no presente Recurso Especial, sendo o caso de se reconhecer a falta de interesse recursal da parte. 6. Recurso Especial do qual não se conhece. (REsp 1694987/SP, Segunda Turma; Rel. Herman Benjamin; Julg. 03/10/2017; DJe 11/10/2017)

Parágrafo único. Se constatar de ofício o fato novo, o juiz ouvirá as partes sobre ele antes de decidir.

→ *v.* Art. 10 do NCPC.

Fato novo que deve ser submetido ao contraditório prévio:

✓ QUARTA TURMA RECURSAL CÍVEL MANDADO DE SEGURANÇA: 0001873-40.2016.8.19.9000 IMPETRANTE: CASABELLA CARIOCA COOPERATIVA HABITACIONAL IMPETRADO: II JEC DA COMARCA DA CAPITAL DESCONSIDERAÇÃO DA PERSONALIDADE JURÍDICA. JUIZADO ESPECIAL CÍVEL. FORMAÇÃO DE INCIDENTE EM APARTADO. INCOMPATIBILIDADE COM O PROCEDIMENTO ESTABELECIDO PELA LEI 9.099/95. CONVERSÃO DA PENHORA EM ARRESTO. POSSIBILIDADE. Os incidentes processuais praticamente não são admitidos no Sistema dos Juizados, com exceção da arguição de suspeição e impedimento do juiz, que são processadas em autos apartados. Todas as demais matérias de defesa devem ser arguidas nos próprios autos, quando não forem dispensadas na forma do art. 16 da Lei 9.099/95 (dispensa a distribuição e autuação do pedido inicial), tudo em atenção à simplicidade e informalidade do Sistema dos Juizados. O rito da desconsideração da personalidade jurídica previsto nos art. 133 a 137 do Código de Processo Civil deve ser flexibilizado para compatibilizar-se com os princípios reitores da Lei 9.099/95, ou seja, sem a suspensão da execução e sem a instauração de um processo em apartado (incidente), garantindo aos sócios ou diretores (terceiros), nos próprios autos da execução, o exercício do direito de defesa. Penhora deve ser convertida em arresto (art. 139, IV c/c art. 301, todos do CPC). Procedência parcial do writ. VOTO Cuida-se de MANDADO DE SEGURANÇA impetrado por CASABELLA CARIOCA COOPERATIVA HABITACIONAL contra ato praticado pelo Juiz de Direito em exercício no II Juizado Especial da Comarca da Capital, objetivando a anulação da decisão que determinou a desconsideração da personalidade jurídica da impetrante e a inclusão dos sócios no polo passivo da execução. Para tanto, sustenta o impetrante, em resumo, que o juízo a quo, na fase de cumprimento do título executivo judicial, determinou a desconsideração de sua personalidade jurídica, com a inclusão de seus sócios no polo passivo da execução, sem a observância do procedimento estabelecido no art. 133 e seguintes do Código de Processo Civil, que instituiu um incidente de desconsideração, que prescinde da citação dos sócios e da suspensão da execução. Alega, ainda, que a impetrante é uma associação (cooperativa habitacional) sem fins lucrativos, verdadeiro mutualismo, o que impediria a inclusão dos sócios administradores no polo passivo da execução. É o relatório. Decido. Inicialmente, enfrentaremos o primeiro ponto abordado pelo impetrante, qual seja, a violação à regra procedimental estabelecida pelo novo Código de Processo Civil que, em seu art. 1.062, determina a aplicação do procedimento estabelecido pelo art. 133 aos processos de competência dos Juizados Especiais. Pois bem, a desconsideração da personalidade jurídica já tinha previsão no direito material, mas carecia de regulamentação no direito processual. O Código de Processo Civil prevê, no Capítulo IV do Título III (Da intervenção de terceiros), arts. 133 a 137, a desconsideração da personalidade jurídica que passa a ser processada por meio de um incidente processual, cujo objetivo é assegurar a ampla defesa e o contraditório. Antes do Novo Código de Processo Civil, a desconsideração era requerida pela parte ou pelo Ministério Público nos próprios autos da ação principal, sem que fosse dada à parte contrária a oportunidade de se manifestar, uma vez que o Código de Processo Civil de 1973 não regulamentava tal procedimento. A nova liturgia processual adequa o instituto da desconsideração aos princípios constitucionais do contraditório e da ampla defesa. Por outro lado, quanto aos requisitos ensejadores da desconsideração, deve-se continuar aplicando os pressupostos elencados na teoria maior e menor, haja vista o Novo Código tratar apenas da parte processual (§ 1º, do art. 133, do NCPC). Conforme o parágrafo 4º do art. 795, do NCPC, para a desconsideração da personalidade jurídica, é obrigatória a observância do incidente processual. Entretanto, tal disposição legal não é absoluta, pois a lei dispensa a instauração do referido incidente quando a desconsideração for requerida na petição inicial, devendo ser citado o sócio ou a pessoa jurídica (§ 2º, art. 134, do NCPC) para, nos termos do art. 135 do NCPC, manifestar- se e requerer provas cabíveis, no prazo de 15 dias. Com efeito, uma vez instaurado o incidente, suspende-se o curso da ação principal (§ 3º, art. 134, do NCPC), exceto quando aquela for requerida na petição inicial. Após a apresentação das provas e estando o incidente saneado, o magistrado formará seu juízo de convencimento e deferirá ou não a desconsideração, através de uma decisão interlocutória recorrível por meio de agravo de instrumento, nos termos do art. 1.015, IV, do NCPC. Outrossim, esclarece o art. 1.062 do NCPC que o incidente de desconsideração da personalidade jurídica pode ser aplicável também nos processos de competência do Juizado Especial. Discorrendo sobre o tema, Elpídio Donizetti,1 afirma que: "a aplicação ou não de determinada regra ou princípio constante no novo CPC, aos juizados especiais vai depender do confronto das respectivas normas. A principiologia dos juizados guarda relação com as fontes materiais – no caso, as razões históricas – que determinaram a sua criação. Dessa forma, ainda que uma regra do Código prescreva que este ou aquele instituto aplica-se aos juizados especiais. Em se verificando que esse instituto vai de encontro a tal conjunto de princípios, a aplicação da regra deve ser afastada." É por isso que qualquer diálogo das fontes deve ser formulado observando os princípios da oralidade, simplicidade, informalidade, não se podendo permitir um monólogo das fontes em detrimento do Sistema estabelecido pela Lei 9.099/95, até porque o devido procedimento legal a que faz referência o art. 98, I da Constituição Federal (oral e sumariíssimo) nada mais é do que um devido procedimento legal simples e simplificado, que atenda à sua finalidade de forma célere e econômica, se possível através da conciliação ou da transação. Por sua vez, é por isso que, nas hipóteses de divergências, de natureza processual, entre o Código de Processo Civil e a Lei 9.099/95, a autonomia dos Juizados Especiais para regular o seu procedimento deve ser preservada, devendo a interpretação ser realizada à luz dos princípios reitores do Sistema dos Juizados Especiais Cíveis2. Claro que, com isso, não queremos dizer que os princípios mencionados são os únicos a serem observados: as normas Constitucionais, assim como os princípios da ampla defesa, do devido processo legal, do contraditório, e da fundamentação substancial, dentre outros, são a sustentação do Sistema dos Juizados. Contudo, por força do art. 98, I da Constituição Federal, o devido processo legal nos Juizados Especiais é sumariíssimo e oral, e que, em razão disso, o princípio do contraditório e da ampla defesa encontram restrições sistêmicas significativas se comparadas às possibilidades existentes no modelo processual estabelecido pelo CPC. Por exemplo, no Sistema dos Juizados, o número de testemunhas é limitado a três para cada parte3, já no CPC/2015, o número de testemunhas arroladas pelas partes é de dez, sendo três para a prova de cada fato4. Existe, ainda, restrição à realização de prova pericial complexa, além de o rito ser concentrado5 e só existir a possibilidade de se utilizar do Recurso Inominado6 ou dos Embargos de Declaração7. Nesse contexto, os incidentes processuais praticamente não são admitidos, com exceção da arguição de suspeição e impedimento do juiz, que são processadas em autos apartados e observado o rito do Código de Processo Civil. Todas as demais matérias de defesa devem ser arguidas na contestação (art. 30 da lei 9.099/95). Mas não é só, o art. 16 da Lei 9.099/95 dispensa a distribuição e a autuação do pedido inicial, tudo em atenção à simplicidade e à informalidade do Sistema dos Juizados, sem falar na irrecorribilidade das decisões interlocutórias. Assim, se o legislador de 2015 visou instituir mais uma exceção ao disposto nos arts. 10, 16 e 30 da Lei dos Juizados, ao prever a aplicabilidade, ao procedimento sumaríssimo, do incidente de desconsideração da personalidade jurídica previsto nos art. 133 a 137 do CPC. A referida exceção deve ser compatibilizada com os princípios do Sistema, ou seja, sem a suspenção da execução, sem instauração de um processo próprio (incidente), garantindo aos sócios ou diretores (terceiros), nos próprios autos da execução, o exercício do direito de defesa. O art. 5º da Constituição Federal, ao tratar dos direitos e garantias fundamentais, dispõe, no inciso LV, expressamente que: "aos litigantes, em processo judicial ou administrativo, e aos acusados em geral são assegurados o contraditório e ampla defesa, com os meios e recursos a ela inerentes". É, portanto, garantia de índole constitucional, dotado daquilo que a doutrina chama de eficácia plena, constituindo-se em vetor indicativo da conduta a ser observada tanto pelo legislador quanto pelo juiz ou por quem tenha poderes decisórios, no plano administrativo, público ou privado.8 Por isso, tanto a legislação constitucional quanto a infraconstitucional contêm dispositivos destinados a nivelar o contraditório nos casos em que não há essa igualdade substancial. É caso da assistência jurídica aos que dela necessitem; da nomeação de curador especial para o revel; da dilação dos prazos processuais quando, por exemplo, uma das partes apresentar um vasto número de documentos, tornando-se impossível para a parte contrária sobre eles se manifestar no exíguo prazo legal; da distribuição dinâmica do ônus da prova; da nomeação de intérprete para o depoimento da parte com deficiência auditiva que se comunique por meio da Língua Brasileira de Sinais etc. Nesse passo, oportuno a lição de Luiz Rodrigues Wambier: "Em suma, contraditório quer dizer que há, para os envolvidos no processo judicial ou administrativo, direito a dialogar com quem vá decidir, com o objetivo de efetivamente influir na construção do processo mental de tomada da decisão. E esse diálogo compreende também o dever de ciência e o correspondente direito de reação, tanto no que diz respeito ao pedido inicial quanto no que se refere aos atos do procedimento que ocorram em seguida. Além do dever de dar ao réu ciência da existência da ação contra si ajuizada, deve-se dar ciência de todos os atos processuais que se seguirem a todos os envolvidos no processo, i.e., partes, assistentes simples e litisconsorcial, Ministério Público etc., concedendo-lhes a oportunidade de manifestação e de produção de prova e de contraprova. Apesar do iuria novit curia, a garantia do contraditório implica não apenas a oportunidade de se alegar questões de fato, mas também dar às partes condições de influenciar o convencimento do juiz quanto às questões de direito. Esse" dever de diálogo "do juiz com as partes é enfatizado no art. 10 do CPC/2015. Trata-se de regra que assimila o que parte da doutrina e setores da jurisprudência preconizam já há algum tempo. Prevê o dispositivo que nenhum órgão jurisdicional poderá decidir com base em fundamento de que não se tenha dado às partes conhecimento (direito à informação) e oportunidade de manifestação, mesmo que de matéria de ordem pública se trate. Ou seja, mesmo em matérias de que o juiz pode conhecer de ofício, a decisão somente poderá ocorrer posteriormente à informação para as partes e à abertura de prazo para eventual manifestação. Essa regra é novidade, pois até recentemente se considerava inexistir qualquer necessidade de o juiz oportunizar o contraditório quando de decisão relativa a matéria de ordem pública. De fato, o processo civil não deve admitir mecanismos com potencialidade de surpreender a parte e a garantia do contraditório, como barreira que permite às partes se proteger contra qualquer decisão surpresa, alcança inclusive as questões que possam ser conhecidas de ofício pelo juiz.9 Atos praticados sorrateiramente constituem verdadeira afronta ao art. 5.º, LV, da CF, e acarretam nulidade. Tanto é assim, que até mesmo o segredo de justiça não pode alcançar aqueles que integram a relação jurídica processual. Às partes e a seus procuradores é assegurado o acesso aos autos, inclusive obtendo certidões. A rigor, poder o juiz decidir de ofício não implica dizer que possa ele decidir sem conceder a oportunidade de prévia manifestação às partes. Nesse sentido, além da regra geral da parte final do art. 10 do CPC, o parágrafo único do art. 493 determina que, se o juiz constatar de ofício algum fato novo que possa influir no julgamento do mérito, antes de decidir, deverá a respeito desse fato ouvir as partes. Essa mesma orientação aplica-se na instância recursal. Conforme dispõe o art. 933, se o relator constatar a ocorrência de fato posterior à decisão recorrida ou a existência de questão que possa ser apreciada de ofício, deverá intimar as partes para que sobre isso se manifestem no prazo de cinco dias. Se antes o juiz assumia posição passiva em relação às partes, exige-se, agora, que ele aja ativamente para que o processo cumpra adequadamente sua função instrumental.10 É possível dizer que contraditório é a garantia de que haverá, entre juiz e partes, efetiva cooperação para que o processo alcance seus próprios objetivos, dentre os quais o da efetividade da jurisdição. Embora não se possa afirmar que a cooperação integra o contraditório, pode-se dizer, sem medo de errar, que se trata de princípios 'coirmãos'". (Revista Direito em Movimento no Sistema dos Juizados Especiais Cíveis, EMERJ, volume n. 26, 2016, pag. 37) Assim, a desconsideração da personalidade jurídica só deve ser deferida - ou não - após a intimação ou citação das partes, sem a suspensão do processo ou formação de incidente, facultando ao juízo o deferimento de ofício das medidas necessárias à garantia da efetividade da execução como, por exemplo, o deferimento de arresto ou outras medidas cautelares aplicáveis ao caso concreto. No sentido do texto, confira o seguinte julgado de Relatoria da Eminente Magistrada ISABELLE DA SILVA SCISINIO DIAS, Ref. Processo nº: 0001731-36.2016.8.19.9000, verbis: "Pois bem, o Novo Código de Processo Civil de fato, inovou ao tratar sobre o incidente de desconsideração da personalidade jurídica em seus arts. 133 a 137, e foi além ao definir em seu art. 1.062 a aplicação deste procedimento no âmbito dos Juizados Especiais. Com efeito, a Lei 9.099/95, que disciplina o procedimento nos Juizados Especiais, concretiza a terceira onda renovatória de Cappeletti e Garth a fim de garantir o acesso à Justiça de forma simplificada e célere. A promoção do acesso à Justiça por meio dos Juizados Especiais atende ao princípio da inafastabilidade do Poder Judiciário, consagrado no art. 5º, XXXV da CRFB e no art. 3º, caput do CPC/15. A nova sistemática relativa a desconsideração da personalidade jurídica, no que se refere a formação de incidente, colide com os postulados da Lei 9.099/95, sobretudo com os princípios estabelecidos no art. 2º. Neste sentido, destaco a lição do Eminente Magistrado Alexandre Chini in Revista Luso - Brasileira de Direito do Consumo fls. 45: 'Assim, assegurar a celeridade, a qualidade técnica das decisões, bem como a segurança do sistema não é tarefa que se execute sem considerar fatores externos e internos que possam elevar o número de processos tombados ou a taxa de recorribilidade.' Assim, o rito da desconsideração da personalidade jurídica deve ser adequado, visto que o Código de Processo Civil é uma lei geral sobre as normas de processo, enquanto a Lei 9.099/95 é uma lei especial que deve prevalecer em relação à lei geral, de aplicação supletiva (art. 1046 § 2º). Portanto, a Lei 9.099/95 deve se sobrepor ao Novo Código de Processo Civil para afastar a utilização, na fase de execução, da formação do incidente de desconsideração da personalidade jurídica. A solução obtida preserva a finalidade dos Juizados Especiais, qual seja proporcionar acesso à justiça sem formalidades desnecessárias, sempre primando pela simplicidade e pela celeridade, sem perder de vista a prestação jurisdicional justa e adequada. Isso não significa dizer que nos Juizados Especiais não se respeitara o contraditório e a ampla defesa dos sócios, que necessariamente devem ser ouvidos antes da decisão que reverte ou não a desconsideração da personalidade jurídica. A interpretação sistemática do art. 1.062 do CPC indica aos Juizados Especiais buscar maior satisfatividade quando houver uso da teoria da desconsideração da personalidade jurídica. Por sua vez, a interpretação sistemática permite a aplicação do art. 134, § 2º do CPC para dispensar, na fase de execução, da formação do incidente de desconsideração na esfera dos Juizados Especiais, devendo o requerimento ser processado nos próprios autos da execução, como ocorre quando o requerimento de desconsideração é feito na fase de conhecimento. Esta ideia se compatibiliza com o princípio da informalidade, orientador da Lei 9.099/95. O referido princípio pugna por uma Jurisdição de alcance integral, ainda que a lide seja reputada de menor complexidade, mas por meio de instrumentos simples, sem rebuscamento, sem formalidades desnecessárias, de maneira que a palavra da Justiça seja compreendida pela sociedade. Portanto, o emprego da teoria da desconsideração da personalidade jurídica nos Juizados Especiais é essencial para alcançar uma prestação jurisdicional satisfativa. No entanto, é necessário amoldar o procedimento a ser seguido conforme os princípios da informalidade, celeridade, economia processual, simplicidade, já que a formação de incidentes é inadmissível no contexto dos Juizados Especiais. A desconsideração da personalidade jurídica pode ocorrer em todas as fases do processo, ou seja, na fase de conhecimento e na fase executiva, conforme inteligência do art. 134, caput do CPC. Desse modo, o autor ou exequente fará solicitação de desconsideração da personalidade jurídica ao órgão jurisdicional no bojo da petição inicial, ou da petição de requerimento para iniciar a execução compulsória (art. 52, IV da Lei 9.099/95), ou em petição simples nos autos do processo quando já em curso a fase de conhecimento ou a fase executiva. Caso a solicitação para desconsideração da personalidade jurídica se der no bojo da petição inicial ou na petição de instauração da fase executiva haverá a citação do réu ou executado para integrar a relação processual. Por outro viés, se a solicitação de desconsideração ocorrer em petição simples no curso da fase de conhecimento ou da fase executiva haverá a intimação dos sócios da ré ou da executada para dar ciência sobre o ato praticado e apresentar impugnação. Neste ponto, incide o princípio do contraditório, disposto no art. 5º, LV da CRFB e nos arts. 9º e 10, ambos do CPC, para que os sujeitos do processo tenham ciência dos atos praticados e possibilidade de manifestação sobre estes atos. Além disso, contemporaneamente desenvolveu-se a ideia do contraditório influente em que o órgão jurisdicional abre espaço para os argumentos das partes e a tomada de decisão é construída em conjunto, evitando a decisão surpresa. (WAMBIER, 2016). Desse modo, após a citação ou intimação, a depender do caso, há a possibilidade de manifestação do réu ou executado sobre a aplicação da teoria de desconsideração da personalidade jurídica. Posteriormente, o órgão jurisdicional, observando os argumentos apresentados pelas partes, decidirá a matéria por intermédio de decisão interlocutória, visto que é um pronunciamento com teor decisório, mas não encerra etapa procedimental. Por fim, importante salientar que nos Juizados Especiais a decisão interlocutória não pode ser atacada por agravo de instrumento (Enunciado 11.5 TJRJ SN23/2008) ou mandado de segurança (RE 576.847-BA). Porém, a matéria tratada em decisão interlocutória não preclui podendo ser impugnada em sede de recurso inominado ou embargos. O certo é que não há a formação de um incidente, se mostra absolutamente possível o deferimento de medidas de urgência, como arresto na conta dos sócios, sequestro, arrolamento de bens ou outra medida necessária que visem garantir o pagamento da dívida (art. 301 do CPC). Isto posto, acolho os embargos, tão-somente, para reformar a decisão atacada pera determinar que o juízo a quo, possibilite ao impetrante o exercício da ampla defesa nos próprios autos da execução, sem formação de incidente. Por fim, converto na forma do art. 139, IV c/c art. 301 todos do Código de Processo Civil, a penhora realizada em arresto." Por fim, rejeito a alegação da impetrante no sentido de ser inviável a desconsideração da personalidade jurídica de associação (cooperativa habitacional) sem fins lucrativos. O Superior Tribunal de Justiça já estendeu a desconsideração da personalidade jurídica às associações (Superior Tribunal de Justiça. REsp 797.999-SP. Rel. Luiz Fux. j. 24.04.2007. DJ04.06.2007). No Tribunal de Justiça do Estado de São Paulo, em acórdão relatado pelo Des. Rizzatto Nunes, o tema é enfrentado em sua essência: "Comprovado o encerramento irregular da executada, somado à inexistência de patrimônio penhorável (conforme se depreende dos autos, a exequente, ora agravante, tomou todas as providências razoáveis para obter dos devedores a garantia da execução, mas sem lograr êxito), legitima a desconsideração da personalidade da associação filantrópica, não para atingir seus associados, mas para atingir seus dirigentes, que a representam na forma dos estatutos" (Tribunal de Justiça de São Paulo. Ag 0271266-83.2011.8.26.0000). Cite-se, ainda, julgado do Tribunal de Justiça do Rio Grande do Sul em que se decidiu pela desconsideração da pessoa jurídica para a imputação de responsabilidade patrimonial ao tesoureiro de uma associação por débitos tributários (Tribunal de Justiça do Rio Grande do Sul. AgIn 70040551327.j. 06.04.2011. Rel. Des. Marco Aurélio Heinz). POR TODO O EXPOSTO, voto no sentido de reformar a decisão atacada para determinar que o juízo a quo possibilite à impetrante o exercício da ampla defesa nos autos da execução, sem a suspensão da execução e sem a formação de incidente. Por fim, converto, na forma do art. 139, IV c/c art. 301 todos do Código de Processo Civil, a penhora deferida em arresto. Rio de Janeiro, 12 de abril de 2017. ALEXANDRE CHINI Juiz Relator 1 Coleção repercussões do novo CPC, Coordenador geral, Fredie Didier Jr, Ed. JusPodium, pag. 89, 2015. 2"AGRAVO REGIMENTAL. RECLAMAÇÃO. CABIMENTO. COMPLEMENTAÇÃO DO PREPARO RECURSAL NO PROCEDIMENTO DOS JUIZADOS ESPECIAIS CÍVEIS. LEI 9.099/95. RESOLUÇÃO Nº 12/2009. 1. O Superior Tribunal de Justiça, desde a decisão do STF nos Edcl no RE 571.572-8/BA, Rel. Ellen Gracie, passou a admitir o uso da reclamação para 'dirimir divergência entre acórdão prolatado por turma recursal estadual e a [sua] jurisprudência...' (art. 1º da Resolução n.º 12/2009, do STJ). 2. A divergência exigida, nos termos do art. 1º da Resolução n.º 12, deve ser verificada em face de jurisprudência consolidada do STJ, hábil a proporcionar ao jurisdicionado confiança de que a legislação federal será interpretada e aplicada em um mesmo sentido. Precedente. 3. A expressão 'jurisprudência consolidada' abrange apenas temas de direito material, excluindo questões processuais, em face da autonomia dos Juizados Especiais para regular o seu procedimento (art. 14, caput e § 4º da LF n.10.249/01). 4. Necessidade, ainda, que a decisão do Juizado Especial Cível tenha contrariado (a) súmula do STJ, (b) decisão proferida em sede de recursos repetitivos ou (c) jurisprudência consolidada desta Corte. 5. O preparo recursal no âmbito do procedimento dos Juizados Especiais Estaduais (Lei n.º 9.099/95), além de se tratar de questão processual, é regulado por norma especial, não tendo aplicação a jurisprudência desta Corte relativa à regra geral do art. 511, § 2º, do CPC. 6. Interpretação da questão à luz dos princípios reitores do Sistema dos Juizados Especiais Cíveis. NEGATIVA DE SEGUIMENTO À RECLAMAÇÃO MANTIDA. AGRAVO REGIMENTAL DESPROVIDO."(AgRg na Rcl 4312/RJ, Rel. Paulo de Tarso Sanseverino; DJe 25/10/2010) 3 Art. 34 da Lei 9.099/95. As testemunhas, até o máximo de três para cada parte, comparecerão à audiência de instrução e julgamento levadas pela parte que as tenha arrolado, independentemente de intimação, ou mediante esta, se assim for requerido. 4 Art. 357 ,§ 6º do novo CPC. 5 "Diante dos princípios da celeridade (art. 2º da Lei n. 9.099/95) e da concentração, que determinam a solução de todos os incidentes no curso da audiência ou na própria sentença (art. 29), a quase totalidade da doutrina sustenta a irrecorribilidade das decisões interlocutórias proferidas na fase de conhecimento do processo. Como decorrência, tais decisões não transitam em julgado e poderão ser impugnadas no próprio recurso interposto contra a sentença, sendo por isso incabível o agravo de instrumento."(Sinopses Jurídicas, Juizados Especiais Cíveis e Criminais Federais e Estaduais, Marisa Ferreira dos Santos, Ricardo Cunha Chimenti, Editora Saraiva, 10ª Edição, 2012, pág. 31). 6 Art. 41 da Lei 9.099/95. Da sentença, excetuada a homologatória de conciliação ou laudo arbitral, caberá recurso para o próprio Juizado. 7 Art. 48 da Lei 9099/95. Caberão embargos de declaração quando, na sentença ou acórdão, houver obscuridade, contradição, omissão ou dúvida. 8 Para Antonio Carlos de Araújo Cintra, Ada Pellegrini Grinover e Cândido Rangel Dinamarco, o princípio do contraditório "também indica garantia fundamental de justiça: absolutamente inseparável da distribuição da justiça organizada, o princípio da audiência bilateral encontra expressão no brocardo romano audiatur et altera pars. Ele é tão intimamente ligado ao exercício do poder, sempre influente sobre a esfera jurídica das pessoas, que a doutrina moderna o considera inerente mesmo à própria noção de processo" (Teoria geral do processo. 31. ed. São Paulo: Malheiros, 2015, p. 79). No mesmo sentido, Leonardo Carneiro da Cunha sustenta que "o princípio do contraditório constitui uma necessidade inerente ao procedimento, ostentando a natureza de direito inviolável em todos os seus estágios e graus, como condição de paridade entre as partes. Um procedimento em que não se assegure o contraditório não é um procedimento jurisdicional; poderá ser uma sequência de atos, mas não um procedimento jurisdicional, nem mesmo um processo" (A atendibilidade dos fatos supervenientes no Processo Civil: uma análise comparativa entre o sistema português e o brasileiro. Coimbra: Almedina, 2012, p. 59). Ainda, no entender de Fredie Didier Jr., "o princípio do contraditório é reflexo do princípio democrático na estruturação do processo. Democracia é participação, e a participação no processo opera-se pela efetivação da garantia do contraditório. O princípio do contraditório deve ser visto como exigência para o exercício democrático de um poder" (Curso de Direito Processual Civil. 18. ed. Salvador: JusPodivm, 2016, v. 1, p. 81). 9 Humberto Theodoro Júnior assevera que "o contraditório do processo justo vai além da bilateralidade e da igualdade de oportunidades proporcionadas aos litigantes, para instaurar um diálogo entre o juiz e as partes, garantindo ao processo 'uma atividade verdadeiramente dialética', em proporções que possam redundar não só em um procedimento justo, mas também em uma decisão justa, quanto possível" (Curso de Direito Processual Civil. 56. ed. Rio de Janeiro: Forense, 2015, v.1, p. 86). 10 Para Cândido Rangel Dinamarco, a garantia do contraditório "significa em primeiro lugar que a lei deve instituir meios para a participação dos litigantes no processo e o juiz deve franquear-lhes esses meios, Significa também que o próprio juiz deve participar da preparação do julgamento a ser feito, exercendo ele próprio o contraditório. A garantia deste resolve-se portanto em um direito das partes e uma série de deveres do juiz. É do passado a afirmação do contraditório exclusivamente como abertura para as partes, desconsiderada a participação do juiz" (Instituições de Direito Processual Civil. 8. ed. São Paulo: Malheiros, 2016, v. 1, p. 344). (TJ-RJ; MS 00018734020168199000 Rio de Janeiro; Capital 4a. Turma Recursal dos Juizados Especiais Cíveis; Rel. Alexandre Chini Neto; Julg. 25/04/2017; Data de Publicação: 28/04/2017)

Art. 494. Publicada a sentença, o juiz só poderá alterá-la:

I – para corrigir-lhe, de ofício ou a requerimento da parte, inexatidões materiais ou erros de cálculo;

→ *v.* Enunciado 654 do FPPC: Erro material identificado na ementa, inclusive decorrente de divergência com o acórdão, é corrigível a qualquer tempo, de ofício ou mediante requerimento.

Erro material da sentença que pode ser corrigido de ofício:

✓ PROCESSUAL CIVIL. AGRAVO INTERNO NO RECURSO ESPECIAL. CÓDIGO DE PROCESSO CIVIL DE 2015. APLICABILIDADE. EXECUÇÃO DE SENTENÇA. VIOLAÇÃO AO ART. 1.022 DO CPC. INOCORRÊNCIA. AUSÊNCIA DE PREQUESTIONAMENTO. INCIDÊNCIA DA SÚMULA N. 211/STJ. ERRO MATERIAL. CORREÇÃO DE OFÍCIO A QUALQUER TEMPO. POSSIBILIDADE. SÚMULA 568/STJ. INCIDÊNCIA. HONORÁRIOS RECURSAIS. NÃO CABIMENTO. ARGUMENTOS INSUFICIENTES PARA DESCONSTITUIR A DECISÃO ATACADA. APLICAÇÃO DE MULTA. ART. 1.021, § 4º, DO CÓDIGO DE PROCESSO CIVIL DE 2015. DESCABIMENTO. I – Consoante o decidido pelo Plenário desta Corte na sessão realizada em 09.03.2016, o regime recursal será determinado pela data da publicação do provimento jurisdicional impugnado. In casu, aplica-se o Código de Processo Civil de 2015. II – A Corte de origem apreciou todas as questões relevantes apresentadas com fundamentos suficientes, mediante apreciação da disciplina normativa e cotejo ao posicionamento jurisprudencial aplicável à hipótese. Inexistência de omissão, contradição, obscuridade ou erro material. III – A ausência de enfrentamento da questão objeto da controvérsia pelo Tribunal a quo, não obstante oposição de Embargos de Declaração, impede o acesso à instância especial, porquanto não preenchido o requisito constitucional do prequestionamento, nos termos da Súmula n. 211/STJ. IV – O relator poderá, monocraticamente, dar ou negar provimento ao recurso quando houver entendimento dominante acerca do tema, a teor da Súmula n. 568/STJ. V – É pacífico o entendimento no Superior Tribunal de Justiça segundo o qual o erro material previsto no inciso I do art. 463 do Código de Processo Civil de 1973 e no inciso I do art. 494 do Código de Processo Civil de 2015 pode ser corrigido de ofício, a qualquer tempo. VI – Honorários recursais. Não cabimento. VII – Os Agravantes não apresentam, no agravo, argumentos suficientes para desconstituir a decisão recorrida. VIII – Em regra, descabe a imposição da multa prevista no art. 1.021, § 4º, do Código de Processo Civil de 2015 em razão do mero desprovimento do Agravo Interno em votação unânime, sendo necessária a configuração da manifesta inadmissibilidade ou improcedência do recurso a autorizar sua aplicação, o que não ocorreu no caso. IX – Agravo Interno improvido.

(AgInt no REsp 1643728/PR; Primeira Turma; Rel. Regina Helena Costa; Julg. 10/10/2017; DJe 26/10/2017)

✓ PREVIDENCIÁRIO E PROCESSUAL CIVIL. AGRAVO INTERNO NO AGRAVO EM RECURSO ESPECIAL. APRECIAÇÃO DE ALEGADA VIOLAÇÃO A DISPOSITIVOS CONSTITUCIONAIS. INVIABILIDADE, NA VIA DE RECURSO ESPECIAL. TEMPO DE SERVIÇO COMUM E ESPECIAL. POSSIBILIDADE DE CONVERSÃO. LEI APLICÁVEL. CRITÉRIO. LEGISLAÇÃO VIGENTE QUANDO PREENCHIDOS OS REQUISITOS PARA A APOSENTADORIA. MATÉRIA DECIDIDA SOB O RITO DO ART. 543-C DO CPC/73. APLICAÇÃO DE MULTA E MAJORAÇÃO DE HONORÁRIOS ADVOCATÍCIOS, NO AGRAVO INTERNO. DESCABIMENTO. AGRAVO INTERNO IMPROVIDO. RETIFICAÇÃO, DE OFÍCIO, DE ERRO MATERIAL, NA DECISÃO AGRAVADA. ART. 494, I, DO CPC/2015. I. Agravo interno interposto contra decisão monocrática publicada em 15/06/2016, que, por sua vez, julgara recurso interposto contra decisão que inadmitira o Recurso Especial, publicada na vigência do CPC/73. II. A análise de suposta ofensa a dispositivos constitucionais compete exclusivamente ao Supremo Tribunal Federal, nos termos do art. 102, inciso III, da Constituição da República, sendo defeso o seu exame, no âmbito do Recurso Especial, ainda que para fins de prequestionamento, conforme pacífica jurisprudência do STJ. III. Conforme decidido pela Primeira Seção desta Corte, no julgamento do Recurso Especial 1.310.034/PR, submetido ao rito do art. 543-C do CPC/73, "a configuração do tempo especial é de acordo com a lei vigente no momento do labor", ao passo que "a lei vigente por ocasião da aposentadoria é a aplicável ao direito à conversão entre tempos de serviço especial e comum, independentemente do regime jurídico à época da prestação do serviço" (STJ, REsp 1.310.034/PR; Primeira Seção; Rel. Herman Benjamin ; DJe de 19/12/2012, julgado sob o rito do art. 543-C do CPC/73). IV. Por sua vez, o art. 57, § 5º, da Lei 8.213/91, na redação da Lei 9.032/95, "suprimiu a possibilidade de conversão de tempo comum em especial, mantendo apenas a hipótese de conversão de tempo especial em comum ('§ 5º O tempo de trabalho exercido sob condições especiais que sejam ou venham a ser consideradas prejudiciais à saúde ou à integridade física será somado, após a respectiva conversão ao tempo de trabalho exercido em atividade comum, segundo critérios estabelecidos pelo Ministério da Previdência e Assistência Social, para efeito de concessão de qualquer benefício.')" (STJ, EDcl no REsp 1.310.034/PR; Primeira Seção; Rel. Herman Benjamin ; DJe de 02/02/2015). V. No julgamento dos EDcl nos EDcl no REsp 1.310.034/PR, ficou esclarecido que a tese adotada no julgamento do repetitivo em tela "não viola o direito adquirido, pois o direito à conversão é expectativa que somente se incorpora ao patrimônio jurídico do segurado quando feita a proporção temporal, no momento do jubilamento, entre aposentadoria especial (25 anos) e aposentadoria por tempo de contribuição (30 anos, se mulher, e 35 anos, se homem)". VI. Ressalva-se a possibilidade de conversão do tempo comum em especial, para fins de concessão de aposentadoria especial, nos casos em que os requisitos para o benefício tenham sido adimplidos antes da vigência da Lei 9.032, de 28/04/95, pois, "segundo as premissas estabelecidas, para que o segurado faça jus à conversão de tempo de serviço comum em especial, é necessário que ele tenha reunido os requisitos para o benefício pretendido antes da Lei n. 9.032/95, de 28/4/95, independentemente do momento em que foi prestado o serviço ou realizado o requerimento" (STJ AgRg no REsp 1.399.678/PR; Primeira Turma; Rel. Sérgio Kukina; DJe de 25/06/2015). VII. O mero inconformismo com a decisão agravada não enseja a necessária imposição da multa, prevista no § 4º do art. 1.021 do CPC/2015, quando não configurada a manifesta inadmissibilidade ou improcedência do recurso, por decisão unânime do colegiado. VIII. Na linha do decidido pelo STJ, "deixa-se de aplicar honorários sucumbenciais recursais nos termos do enunciado 16 da ENFAM: 'Não é possível majorar os honorários na hipótese de interposição de recurso no mesmo grau de jurisdição (art. 85, § 11, do CPC/2015)' (...)" (STJ, AgInt no AgRg no REsp 1.200.271/RS; Quarta Turma; Rel. Marco Buzzi; DJe de 17/05/2016). IX. Agravo interno improvido. Retificação, de ofício, de erro material constante da decisão agravada, nos termos do art. 494, I, do CPC/2015. (AgInt no AREsp 513.691/PR; Segunda Turma; Rel. Assusete Magalhães; Julg. 02/02/2017; DJe 13/02/2017)

✓ PROCESSUAL CIVIL. PETIÇÃO. ALEGAÇÃO DE ERRO MATERIAL E CONTRARIEDADE A ORIENTAÇÃO FIRMADA EM RECURSO REPETITIVO. RECEBIMENTO COMO EMBARGOS DE DECLARAÇÃO. IMPOSSIBILIDADE. ERRO MATERIAL QUE SE CORRIGE. NÃO CONHECIMENTO DA ARGUIÇÃO DE DESRESPEITO A PRECEDENTE JULGADO PELO RITO DO ART. 543-C DO CÓDIGO DE PROCESSO CIVIL. IMPROPRIEDADE DA VIA ELEITA. I – Consoante o decidido pelo Plenário desta Corte na sessão realizada em 09.03.2016, o regime recursal será determinado pela data da publicação do provimento jurisdicional impugnado. Assim sendo, in casu, aplica-se o Código de Processo Civil de 2015. II – Petição na qual se argui a existência de erro material e contrariedade a entendimento firmado em recurso repetitivo. III – Impossibilidade de recebimento da petição como Embargos de Declaração para correção de erro material, no caso, por inobservância do prazo de 5 (cinco) dias previsto no art. 1023, caput, do Código de Processo Civil de 2015. IV – Erro material caracterizado e passível de correção, com amparo no art. 494, I, do Código de Processo Civil de 2015, porquanto, não obstante tenha sido analisada a tese referente à compensação, houve errônea menção a "prescrição" em trecho do voto condutor do julgado. Erro material que se corrige. V – Não conhecimento da alegação de desrespeito a orientação firmada em recurso repetitivo, porquanto formulada em via imprópria. VI – Pedido procedente em parte apenas para correção de erro material. (PET no REsp 1251120/RJ; Primeira Turma; Rel. Regina Helena Costa; Julg. 08/11/2016; DJe 29/11/2016)

✓ PROCESSUAL CIVIL. SENTENÇA ESTRANGEIRA CONTESTADA. DIVÓRCIO CONSENSUAL. ERRO MATERIAL NO ACÓRDÃO HOMOLOGATÓRIO. CORREÇÃO DE OFÍCIO. DEFERIMENTO DO PEDIDO. 1. O peticionário indicou erro material no acórdão homologatório quanto à data do divórcio consensual, afirmação que restou comprovada pela documentação dos autos. 2. Segundo a pacífica jurisprudência deste Tribunal, o erro material previsto no inciso I do artigo 463 do CPC/1973 e no inciso I do artigo 494 do CPC/2015 pode ser corrigido de ofício a qualquer tempo. Precedente da Corte Especial: SEC 6.499/ EX, relatada pelo Excelentíssimo Ministro Humberto Martins; DJe de 26/09/2013. 3. Deferimento do pedido, para corrigir-se o erro material apontado, explicitando-se que o processo de divórcio consensual foi julgado no Tribunal de Primeira Instância de Vanda - Finlândia em 21 de fevereiro de 2002. (PET na SEC 6.310/EX; Corte Especial; Rel. Min. Jorge Mussi; Julg. 15/06/2016; DJe 29/06/2016)

✓ PROCESSUAL CIVIL. EMBARGOS DECLARATÓRIOS NO AGRAVO REGIMENTAL NO RECURSO ESPECIAL. SERVIDOR PÚBLICO FEDERAL. RECONHECIMENTO ADMINISTRATIVO DO DIREITO. INTERRUPÇÃO DO PRAZO PRESCRICIONAL. AÇÃO DE COBRANÇA EM QUE SE BUSCA APENAS O PAGAMENTO DAS PARCELAS RETROATIVAS, AINDA NÃO PAGAS. PROCESSO ADMINISTRATIVO NÃO ENCERRADO. SUSPENSÃO DO PRAZO PRESCRICIONAL. OCORRÊNCIA. INEXISTÊNCIA DE NEGATIVA DO DIREITO PLEITEADO. PRECEDENTE DA PRIMEIRA SEÇÃO, EM JULGAMENTO REALIZADO SOB A SISTEMÁTICA DO ART. 543-C DO CPC. AGRAVO REGIMENTAL IMPROVIDO. ALEGADA VIOLAÇÃO AO ART. 535 DO CPC/73. VÍCIOS INEXISTENTES. INCONFORMISMO. REJEIÇÃO DOS EMBARGOS DE DECLARAÇÃO. CORREÇÃO DE ERRO MATERIAL, DE OFÍCIO, NA EMENTA DO JULGADO. ART. 494, I, DO CPC/2015. I. Embargos de Declaração opostos em 22/03/2016, a acórdão prolatado pela Segunda Turma do Superior Tribunal de Justiça, publicado em 09/03/2016, na vigência do CPC/73. II. O voto condutor do acórdão embargado apreciou fundamentadamente, de modo coerente e completo, todas as questões necessárias à solução da controvérsia, no sentido de que, não obstante a discussão sobre a incidência ou não da Súmula 85/STJ, no caso, restou reconhecido, pelo Tribunal de origem, que o direito pleiteado pela parte autora, ora agravada, foi reconhecido, pela Administração, não se tendo encerrado, todavia, o respectivo processo administrativo, restando, assim, suspenso o prazo prescricional. Desse modo, embora o reconhecimento administrativo do pedido importe na interrupção do prazo prescricional, este somente se reiniciará, pela metade, quando a Administração praticar algum ato incompatível com o interesse de saldar a dívida, ou seja, quando se tornar inequívoca a sua mora, o que não ocorre, quando o processo administrativo não houver sido concluído, hipótese em que o prazo prescricional permanecerá suspenso. III. Inexistindo, no acórdão embargado, omissão, contradição, obscuridade ou erro material - seja à luz do art. 535 do CPC/73 ou do art. 1.022 do CPC vigente -, não merecem ser acolhidos os Embargos de Declaração, que, em verdade, revelam o inconformismo da parte embargante com as conclusões do decisum. IV. Correção, de ofício, de erro material, na forma do art. 494, I, do CPC/2015, para excluir, da ementa do acórdão embargado, o seu item IV, que com ele não guarda pertinência. V. Embargos de Declaração rejeitados. (EDcl no AgRg no REsp 1304517/SC; Segunda Turma; Rel. Assusete Magalhães; Julg. 10/05/2016; DJe 19/05/2016)

✓ DESPACHO 1. Em 16.12.16, julguei procedente a reclamação constitucional em epígrafe para manter a suspensão do processo na origem, até o julgamento de mérito da matéria por esta Suprema Corte. 2. Verifico, contudo, indicada na referida decisão a 1ª Vara do Juizado Especial Cível da Comarca de São Paulo, quando o feito originário nº 533/2008 tramita na 7ª Vara Cível da Comarca de Ribeirão Preto (Recurso nº 0225937-48.2011.8.26.0000/50002 - 33ª Câmara de Direito Privado TJ/SP). 3. Nesse contexto, forte no art. 494, I, do CPC (Art. 494. Publicada a sentença, o juiz só poderá alterá-la: I - para corrigir-lhe, de ofício ou a requerimento da parte, inexatidões materiais ou erros de cálculo;), de rigor sanar a inexatidão material constante da parte final da decisão por mim proferida, bem como determinar sejam expedidas as comunicações de estilo ao juízo da 7ª Vara Cível da Comarca de Ribeirão Preto. À Secretaria Judiciária para as providências cabíveis. Publique-se. Brasília, 13 de fevereiro de 2017. Ministra Rosa Weber Relatora (STF; Rcl 13240; SP; São Paulo 9929336-59.2012.1.00.0000; Rel. Min. Rosa Weber; Julg. 13/02/2017, Data de Publicação: DJe-031 16/02/2017)

✓ RECURSO ESPECIAL Nº 1.643.197 - RS (2016/0325913-2) RELATOR: MINISTRO FELIX FISCHER RECORRENTE: MINISTÉRIO PÚBLICO DO ESTADO DO RIO GRANDE DO SUL RECORRIDO: MARCELO CHAVARRIA RODRIGUES ADVOGADO: DEFENSORIA PÚBLICA DO ESTADO DO RIO GRANDE DO SUL DECISÃO Chamo o feito à ordem. Dispõe o art. 494 do Código de Processo Civil. "Art. 494. Publicada a sentença, o juiz só poderá alterá-la: I - para corrigir-lhe, de ofício ou a requerimento da parte, inexatidões materiais ou erros de cálculo;" Compulsando os autos, verifico constar, à fl. 451, certidão de óbito, informando o falecimento do ora recorrido. Assim, torno sem efeito a decisão de fls. 458-463 e julgo extinta a punibilidade do recorrido, ex vi do art. 107, inciso I, do CP. P. e I. Brasília (DF), 09 de junho de 2017. Ministro Felix Fischer Relator (STJ; REsp: 1643197 RS 2016/0325913-2; Rel. Min. Felix Fischer; Data de Publicação: DJ 16/06/2017)

✓ APELAÇÃO CÍVEL. AÇÃO DE BUSCA E APREENSÃO. SENTENÇA PUBLICADA NA VIGÊNCIA DO NOVO CÓDIGO DE PROCESSO CIVIL. RECURSO COM FINALIDADE EXCLUSIVA DE CORRIGIR ERRO MATERIAL DA SENTENÇA. EQUIVOCADA INDICAÇÃO DO NOME DAS PARTES. INEXATIDÃO MATERIAL PASSÍVEL DE CORREÇÃO PELO JUIZ DE PRIMEIRO GRAU. ARTIGO 494, INCISO I, DO CÓDIGO DE PROCESSO CIVIL. CARÊNCIA DE INTERESSE RECURSAL. Porque o art. 494, I, do CPC/2015, atribui ao juiz o poder-dever de, mesmo após publicada a sentença, alterá-la "para corrigir-lhe, de ofício ou a requerimento da parte, inexatidões materiais", não comporta conhecimento o recurso que almeja exclusivamente a correção de inexatidão material constante da sentença. (TJ-SC; AC 03025948820168240007 Biguaçu; Quarta Câmara de Direito Comercial; Rel. Janice Goulart Garcia Ubialli; Julg. 05/12/2017,)

✓ EMBARGOS DE DECLARAÇÃO EM APELAÇÃO CÍVEL. AÇÃO DE COBRANÇA DE SEGURO OBRIGATÓRIO (DPVAT). ERRO MATERIAL VERIFICADO NA FUNDAMENTAÇÃO DO DECISUM. EQUÍVOCO NA MENÇÃO À DATA DO ACIDENTE. RELEVÂNCIA. TERMO INICIAL DA CORREÇÃO MONETÁRIA. CORREÇÃO. ART. 494 DO CÓDIGO DE PROCESSO CIVIL/2015. ACOLHIMENTO. Nos termos do art. 494 do Código de Processo Civil/2015, admite-se a alteração no acórdão, até mesmo de ofício, para corrigir manifesto erro material, atribuindo-lhe efeito modificativo tão somente para sanar o equívoco constatado. (TJ-SC; ED 05001638720138240012 Caçador; Quarta Câmara de Direito Civil; Rel. Rodolfo Cezar Ribeiro Da Silva Tridapalli; Julg. 10/08/2017)

✓ EMBARGOS DE DECLARAÇÃO EM AGRAVO INTERNO EM AGRAVO DE INSTRUMENTO – AÇÃO DE BUSCA E APREENSÃO – SUSCITADA A EXISTÊNCIA DE ERRO MATERIAL NA PARTE DISPOSITIVA DO JULGADO – EQUÍVOCO EVIDENCIADO QUE NÃO COMPROMETE A INTEGRIDADE DO JULGAMENTO – INTELIGÊNCIA DOS ARTS. 1.022 E 494 DO CPC/2015 – EMBARGOS CONHECIDOS E PROVIDOS EM PARTE, SEM EFEITOS INFRINGENTES. (TJ-SC; ED 40065322020168240000 Içara; Câmara Civil Especial; Rel. José Agenor de Aragão; Julg. 30/11/2017)

✓ EMBARGOS DE DECLARAÇÃO EM APELAÇÃO CÍVEL. OPOSIÇÃO POR AMBAS AS PARTES. AÇÃO DE COBRANÇA. SEGURO DPVAT. ERRO MATERIAL VERIFICADO NO CORPO DO ACÓRDÃO. EXEGESE DO ART. 1.022 E 494 DO CPC/2015. PLEITO DE REDISTRIBUIÇÃO DOS ÔNUS SUCUMBENCIAIS. INEXISTÊNCIA DE CONTRADIÇÃO, OMISSÃO OU OBSCURIDADE. ACÓRDÃO DEVIDAMENTE FUNDAMENTADO. EMBARGOS DO AUTOR ACOLHIDOS. EMBARGOS DA RÉ PARCIALMENTE ACOLHIDOS. Em regra, não têm os embargos de declaração por objetivo a alteração ou a invalidação do julgado, mas apenas o seu esclarecimento ou complementação, sendo inadmissível a rediscussão de questão já decidida. Nada obstante, consoante o art. 494 do novo Diploma Processual Civil, admite-se a alteração no acórdão, até mesmo de ofício, para corrigir inexatidões materiais ou erros de cálculo, atribuindo-lhe efeito modificativo tão somente para expungir o equívoco. Sendo assim, verificada a existência de erro material na decisão ora combatida – no tocante à data do sinistro e aos honorários advocatícios -, devem ser parcialmente acolhidos os recursos, tão somente, para corrigir os vícios apontados. (TJSC; Embargos de Declaração 0003748-98.2014.8.24.0036; Jaraguá do Sul; Quarta Câmara de Direito Civil; Rel. Des. Joel Figueira Júnior; Julg. 14/12/2017).

II – por meio de embargos de declaração.

→ v. Art. 1.022 do NCPC.

<u>Alteração da sentença por intermédio de embargos de declaração:</u>

✓ EMBARGOS DE DECLARAÇÃO EM APELAÇÃO CÍVEL. ALEGADA OMISSÃO NO ACÓRDÃO. AUSÊNCIA DE FIXAÇÃO DOS HONORÁRIOS RECURSAIS. SENTENÇA PUBLICADA SOB A ÉGIDE DO NOVO CÓDIGO DE PROCESSO CIVIL. OMISSÃO VERIFICADA. HONORÁRIOS MAJORADOS. EMBARGOS ACOLHIDOS. (TJ-SC; ED 03022536520158240082 Capital; Quarta Câmara de Direito Civil; Rel. Rodolfo Cezar Ribeiro da Silva Tridapalli; Julg. 24/08/2017)

✓ EMBARGOS DE DECLARAÇÃO. OMISSÃO NÃO CARACTERIZADA. AUSÊNCIA DOS REQUISITOS DO ARTIGO 1.022 DO CÓDIGO DE PROCESSO CIVIL DE 2015. REJEIÇÃO. (TJ-SC; ED 00116262120078240036 Jaraguá do Sul; Quinta Câmara de Direito Comercial; Rel. Jânio Machado; Julg. 26/10/2017)

✓ AGRAVO DE INSTRUMENTO. NEGÓCIOS JURÍDICOS BANCÁRIOS. IMPUGNAÇÃO AO CUMPRIMENTO DE SENTENÇA. OPOSIÇÃO DE EMBARGOS DE DECLARAÇÃO. ERRO MATERIAL. O Código de Processo Civil de 2015 incluiu dentre as hipóteses passíveis de serem opostos embargos de declaração a ocorrência de erro material, conforme previsão expressa contida no artigo 1.022, III, do CPC. Portanto, como o juízo se deparou com erro material ao apreciar os embargos, possível a sua correção. AGRAVO DE INSTRUMENTO DESPROVIDO. UNÂNIME. (TJ-RS; Agravo de Instrumento 70073846552, Décima Primeira Câmara Cível; Rel. Antônio Maria Rodrigues de Freitas Iserhard; Julg. 27/09/2017).

Art. 495. A decisão que condenar o réu ao pagamento de prestação consistente em dinheiro e a que determinar a conversão de prestação de fazer, de não fazer ou de dar coisa em prestação pecuniária valerão como título constitutivo de hipoteca judiciária.

→ v. Art. 167, I, **2**, da Lei 6.015/1975.

→ v. Art. 1.473 e seguintes do CC/2002.

→ v. Enunciado 310 do FPPC: Não é título constitutivo de hipoteca judiciária a decisão judicial que condena à entrega de coisa distinta de dinheiro.

Constituição de hipoteca judiciária:

✓ Agravo instrumental. Cobrança. Imóveis em condomínio. Locação imobiliária de terrenos, havendo alegação de que não teriam sido repassadas à autora as quantias referentes a seu quinhão. R. sentença de procedência em relação aos Srs. José Carlos e Carlos Antonio, excluída da lide a empresa Acqua (inquilina). Apelos das partes já julgados, pendente ainda julgamento de embargos declaratórios, opostos só pelo demandado José Carlos. Decisão atacada consistente em deferimento de inscrição de hipoteca judiciária. Manutenção, mesmo diante de apelação interposta pelos agravantes, recebida no duplo efeito, já que tal não configura óbice para a inscrição da garantia. Hipoteca judiciária que, nos termos do art. 466 do antigo CPC (495 e §§ do CPC/15), consiste em efeito secundário da sentença, podendo ser constituída a despeito de apelo pendente de julgamento. Desprovimento, mantendo-se integralmente a decisão monocrática, por seus próprios fundamentos. (TJ -SP; AI 21552890420148260000; SP; 27ª Câmara de Direito Privado; Rel. Campos Petroni; Julg. 19/07/2016; Data de Publicação: 20/07/2016)

✓ HIPOTECA JUDICIÁRIA. A hipoteca judiciária independe do trânsito em julgado ou de pedido das partes, sendo efeito anexo da sentença condenatória que a constitui. Trata-se de mecanismo que tem demonstrado intensa relevância na busca da razoável duração do processo como garantia de efetividade dos direitos trabalhistas judicialmente reconhecidos. Entendimento firmado na Súmula 57 deste Regional. Recurso da reclamada a que se nega provimento, no aspecto. (TRT-4; RO 00009000720135040352 RS; 6a. Turma; Rel. Roberto Antonio Carvalho Zonta; Julg. 28/10/2015)

✓ AÇÃO CAUTELAR. EFEITO SUSPENSIVO A RECURSO. HIPOTECA JUDICIÁRIA. A hipoteca judiciária é um dos efeitos anexos da sentença condenatória que visa assegurar ao titular do direito a eficácia da decisão, em caso de execução, independente de pedido expresso e do trânsito em julgado da decisão. (TRT-4; Cauinom 00212361620165040000; 1ª Turma; Julg. 25/08/2016)

✓ HIPOTECA JUDICIÁRIA. AUSÊNCIA DE INTERESSE RECURSAL. Falece ao exequente interesse recursal, quanto ao indeferimento de sua pretensão de inscrição de hipoteca judiciária sobre imóvel do executado. Isso porque, segundo o novo regramento do art. 495 do CPC/2015, a sentença condenatória vale como título constitutivo de hipoteca judiciária, a qual, a teor do § 2º desse dispositivo, "poderá ser realizada mediante apresentação de cópia da sentença perante o cartório de registro imobiliário, independentemente de ordem judicial, de declaração expressa do juiz ou de demonstração de urgência". Logo, trata-se de ato da parte, que não está sujeito a prévia autorização judicial. (TRT-3; AP 004162015099030099; Nona Turma; Rel. Convocada Olivia Figueiredo Pinto Coelho; Data de Publicação: 12/07/2017)

✓ AÇÃO CAUTELAR. HIPOTECA JUDICIÁRIA. RECURSO ORDINÁRIO. EFEITO SUSPENSIVO. NÃO CONCESSÃO. Não se verifica a existência de "periculum in mora" e "fumus boni iuris", suficientes para a concessão de efeito suspensivo ao recurso ordinário, com o registro da sentença como hipoteca judiciária, por não se tratar de ato expropriatório, mas apenas de averbação da indisponibilidade de negociação de um bem, como objeto de futura execução definitiva. (TRT-15; CauInom 00064981720165150000; 9ª Câmara; Rel. Luiz Antonio Lazarim; Data de Publicação: 27/10/2016)

§ 1º A decisão produz a hipoteca judiciária:

I – embora a condenação seja genérica;

II – ainda que o credor possa promover o cumprimento provisório da sentença ou esteja pendente arresto sobre bem do devedor;

III – mesmo que impugnada por recurso dotado de efeito suspensivo.

§ 2º A hipoteca judiciária poderá ser realizada mediante apresentação de cópia da sentença perante o cartório de registro imobiliário, independentemente de ordem judicial, de declaração expressa do juiz ou de demonstração de urgência.

Hipoteca judiciária mediante registro no cartório de registro imobiliário:

✓ HIPOTECA JUDICIÁRIA. Ao teor do disposto no § 2º, do art. 495 do CPC atual, A hipoteca judiciária poderá ser realizada mediante apresentação de cópia da sentença perante o cartório de registro imobiliário, independentemente de ordem judicial, de declaração expressa do juiz ou de demonstração de urgência. Assim, a providência de averbação da hipoteca judiciária prescinde da existência de comando judicial. (TRT-4; RO 00203940620165040204; 11ª Turma; Julg. 11/12/2017)

§ 3º No prazo de até 15 (quinze) dias da data de realização da hipoteca, a parte informá-la-á ao juízo da causa, que determinará a intimação da outra parte para que tome ciência do ato.

§ 4º A hipoteca judiciária, uma vez constituída, implicará, para o credor hipotecário, o direito de preferência, quanto ao pagamento, em relação a outros credores, observada a prioridade no registro.

Hipoteca judiciária e o direito de preferência:

✓ AGRAVO DE INSTRUMENTO. CUMPRIMENTO DE SENTENÇA. HIPOTECA JUDICIAL. ANÁLISE DE ALEGAÇÃO DE IMPENHORABILIDADE. POSSIBILIDADE. I. Recurso apenas em relação ao agravante Evandro, que litiga sob o benefício da gratuidade judiciária. Quanto aos demais recorrentes, não cabe conhecer do recurso, em vista da deserção. II. A hipoteca judiciária é meio hábil para garantir pagamento de cumprimento de sentença, pois, uma vez constituída, implicará, para o credor hipotecário, o direito de preferência, quanto ao pagamento, em relação a outros credores, observada a prioridade no registro (art. 495, § 4º, do CPC). Desse modo, é perfeitamente possível a análise, no presente momento, do pedido de abrangência ao imóvel, da proteção conferida aos bens de família. Isso se justifica até mesmo para que o credor possa diligenciar na busca de bens que efetivamente irão satisfazer o seu crédito. RECURSO PARCIALMENTE CONHECIDO E PROVIDO. UNÂNIME. (TJ-RS; Agravo de Instrumento 70074876210; Décima Sexta Câmara Cível; Rel. Ergio Roque Menine; Julg. 23/11/2017).

§ 5º Sobrevindo a reforma ou a invalidação da decisão que impôs o pagamento de quantia, a parte responderá, independentemente de culpa, pelos danos que a outra parte tiver sofrido em razão da constituição da garantia, devendo o valor da indenização ser liquidado e executado nos próprios autos.

Seção III

Da Remessa Necessária

Art. 496. Está sujeita ao duplo grau de jurisdição, não produzindo efeito senão depois de confirmada pelo tribunal, a sentença:

→ *v.* Súmula 620 do STF.

→ *v.* Súmulas 45, 253, 325, 390 e 490 do STJ.

→ *v.* Art. 13 da Lei 10.259/2001.

→ *v.* Art. 11 da Lei 12.153/2009.

→ *v.* Art. 19 da Lei 4.717/1965.

→ *v.* Art. 14, § 3º, da Lei 12.016/2009.

→ *v.* Art. 28, § 1º, do Dec.-lei 3.365/1941.

→ *v.* Enunciado 164 do FPPC: A sentença arbitral contra a Fazenda não está sujeita à remessa necessária.

→ *v.* Enunciado 311 do FPPC: A regra sobre remessa necessária é aquela vigente ao tempo da prolação da sentença, de modo que a limitação de seu cabimento no CPC não prejudica os reexames estabelecidos no regime do art. 475 CPC/1973.

→ *v.* Enunciado 312 do FPPC: O inciso IV do §4º do art. 496 do CPC aplica-se ao procedimento do mandado de segurança.

Sobre a remessa necessária:

✓ PROCESSUAL CIVIL E CONSUMIDOR. RECURSO ESPECIAL. PLANOS DE SAÚDE. REAJUSTES DO "PROGRAMA DE READEQUAÇÃO". OMISSÃO, CONTRADIÇÃO OU ERRO MATERIAL. AUSÊNCIA. REMESSA NECESSÁRIA. AÇÃO COLETIVA. DIREITO INDIVIDUAIS HOMOGÊNEOS. NÃO CABIMENTO. 1. Ação ajuizada em 16/07/2007. Recurso especial interposto em 27/03/2012 e atribuído a este gabinete em 25/08/2016. 2. O não acolhimento das teses contidas no recurso não implica obscuridade, contradição ou omissão, pois ao julgador cabe apreciar a questão conforme o que ele entender relevante à lide. 3. O fundamento da remessa ou reexame necessário consiste em uma precaução com litígios que envolvam bens jurídicos relevantes, de forma a impor o duplo grau de jurisdição independentemente da vontade das partes. 4. Ações coletivas que versam direitos individuais homogêneos integram subsistema processual com um conjunto de regras, modos e instrumento próprios, por tutelarem situação jurídica heterogênea em relação aos direitos transindividuais. 5. Limites à aplicação analógica do instituto da remessa necessária, pois a coletivização dos direitos individuais homogêneos tem um sentido meramente instrumental, com a finalidade de permitir uma tutela mais efetiva em juízo, não se deve admitir, portanto, o cabimento da remessa necessária, tal como prevista no art. 19 da Lei 4.717/65. 6. Recurso especial conhecido e provido. (REsp 1374232/ES; Terceira Turma; Rel. Nancy Andrighi; Julg. 26/09/2017; DJe 02/10/2017)

Remessa necessária e indeterminação do valor condenatório:

✓ ASSISTÊNCIA À SAÚDE. DIABETES MELLITUS TIPO 1. MEDICAMENTOS: BOMBA DE INSULINA E INSUMOS. 1) APELAÇÃO DO ESTADO. EQUIPAMENTO DE ALTO CUSTO. EXISTÊNCIA DE TRATAMENTO ALTERNATIVO GRATUITO PELO SUS, PORÉM INEFICAZ PARA A SAÚDE DO PACIENTE. RECURSO DESPROVIDO. "A assistência à saúde prevista no art. 196 da Constituição Federal, e repetida na legislação infraconstitucional, não implica no dever de custeio, pelo

Estado, de todo e qualquer serviço de saúde. O acesso universal e igualitário deve se dar em relação àqueles procedimentos, remédios e tratamentos eleitos pelo Poder Público como indispensáveis, escolhas estas realizadas tendo em vista os problemas de saúde que a população enfrenta e os recursos disponíveis. Tratando-se de pedido que não consta dos procedimentos padronizados, a análise deve se dar caso a caso, com profunda perquirição acerca dos fatos, da moléstia, da oferta de tratamentos alternativos e de sua (in) eficácia – a necessidade, no sentido amplo do termo, deve estar comprovada. O tratamento do diabetes mellitus no âmbito do SUS está previsto na Lei Federal n. 11.347/2006 e na portaria do Ministério da Saúde n. 2.583/2007. A inobservância da lei referida e da portaria disciplinadora só se justifica em casos excepcionais, mediante comprovação inquestionável de que o tratamento diferenciado é o mais adequado". (AI n. 2011.048804-0, de Blumenau, rel. Des. Paulo Henrique Moritz Martins da Silva; Julg. 8-11-2011) 2) REEXAME NECESSÁRIO. DIREITO INTERTEMPORAL. CÓDIGO DE PROCESSO CIVIL DE 2015. INCIDÊNCIA DAS NOVAS REGRAS PARA AS SENTENÇAS PUBLICADAS A PARTIR DE 18 DE MARÇO DE 2016. HIPÓTESE CONCRETA, TODAVIA, EM QUE NÃO É POSSÍVEL AFERIR O VALOR DE ALÇADA, DE MODO QUE SE MOSTRA INDIFERENTE APLICAR, OU NÃO, O ART. 475 DO CPC DE 1973. "A regra sobre remessa necessária é aquela vigente ao tempo da publicação em cartório ou disponibilização nos autos eletrônicos da sentença, de modo que a limitação de seu cabimento no CPC não prejudica os reexames estabelecidos no regime do artigo 475 do CPC de 1973" (Enunciado n. 311 do Fórum Permanente de Processualistas Civis – FPPC) SENTENÇA MANTIDA em reexame. (TJ-SC; AC 20140612080 Itaiópolis 2014.061208-0; Primeira Câmara de Direito Público; Rel. Paulo Henrique Moritz Martins da Silva; Julg. 22/03/2016,)

Remessa necessária e direito intertemporal:

✓ ASSISTÊNCIA À SAÚDE. EPILEPSIA. MEDICAMENTO: KEPPRA. 1) APELAÇÃO DO ESTADO. FÁRMACO SEM REGISTRO NA ANVISA. PERDA SUPERVENIENTE DO INTERESSE RECURSAL, POIS HOUVE REGISTRO POSTERIOR NAQUELA AGÊNCIA. RECURSO NÃO CONHECIDO NO PONTO. NECESSIDADE E UTILIDADE ATESTADAS PELO PERITO. DEVER DE FORNECIMENTO INDEPENDENTEMENTE DA PADRONIZAÇÃO DO FÁRMACO. "'O medicamento, ainda que não padronizado, uma vez demonstrada a necessidade do paciente, deve ser fornecido gratuitamente pelo Estado, entendendo-se este em todos os seus níveis – federal, estadual e municipal. (Ap. Cível nº 2005.000306-3, rel. Des. Luiz Cezar Medeiros).' (Agravo de Instrumento n. 2009.021000-0, rel. Des. Pedro Manoel Abreu; Julg. em 19/07/2011). [...]." (AC n. 2014.083114-7, de Xanxerê, rel. Des. Carlos Adilson Silva; Julg. 27-1-2016) COMPROVAÇÃO DA HIPOSSUFICIÊNCIA FINANCEIRA DA REQUERENTE. DESNECESSIDADE, PORQUE A CONDIÇÃO ECONÔMICA NÃO É REQUISITO PARA O ACESSO AO SISTEMA UNIVERSAL DE SAÚDE. MINORAÇÃO DO PRAZO DE CONTRACAUTELA DE 6 MESES PARA 1 MÊS. INDEFERIMENTO. COMPROVAÇÃO SEMESTRAL RECONHECIDO COMO PRAZO RAZOÁVEL. ENFERMIDADE QUE NÃO TEM CURA. HONORÁRIOS ADVOCATÍCIOS. PRETENDIDA REDUÇÃO. MANUTENÇÃO, PORQUE ARBITRADOS EM PATAMAR ATÉ INFERIOR AO USUALMENTE FIXADO EM DEMANDAS DE TAL NATUREZA. 2) REEXAME NECESSÁRIO. DIREITO INTERTEMPORAL. CÓDIGO DE PROCESSO CIVIL DE 2015. INCIDÊNCIA DAS NOVAS REGRAS PARA AS SENTENÇAS PUBLICADAS A PARTIR DE 18 DE MARÇO DE 2016. HIPÓTESE CONCRETA, TODAVIA, EM QUE NÃO É POSSÍVEL AFERIR O VALOR DE ALÇADA, DE MODO QUE SE MOSTRA INDIFERENTE APLICAR, OU NÃO, O ART. 475 DO CPC DE 1973. "A regra sobre remessa necessária é aquela vigente ao tempo da publicação em cartório ou disponibilização nos autos eletrônicos da sentença, de modo que a limitação de seu cabimento no CPC não prejudica os reexames estabelecidos no regime do artigo 475 do CPC de 1973" (Enunciado n. 311 do Fórum Permanente de Processualistas Civis – FPPC) SENTENÇA MANTIDA EM REEXAME. (TJ-SC; AC 20140132441 Criciúma 2014.013244-1; Primeira Câmara de Direito Público; Rel. Paulo Henrique Moritz Martins da Silva; Julg. 22/03/2016)

I – proferida contra a União, os Estados, o Distrito Federal, os Municípios e suas respectivas autarquias e fundações de direito público;

II – que julgar procedentes, no todo ou em parte, os embargos à execução fiscal.

§ 1º Nos casos previstos neste artigo, não interposta a apelação no prazo legal, o juiz ordenará a remessa dos autos ao tribunal, e, se não o fizer, o presidente do respectivo tribunal avocá-los-á.

→ v. Enunciado 432 do FPPC: A interposição de apelação parcial não impede a remessa necessária.

Trânsito em julgado pressupõe a realização da remessa necessária:

✓ PROCESSUAL CIVIL. AÇÃO RESCISÓRIA. EXTINÇÃO SEM JULGAMENTO DE MÉRITO. FALTA DE SENTENÇA TRANSITADA EM JULGADO. SÚMULA 423/STF. SENTENÇA OMISSA QUANTO À REMESSA NECESSÁRIA. NOTIFICAÇÃO PARA AVOCAÇÃO DO FEITO. CABIMENTO. 1. Mesmo que a sentença seja omissa quanto ao reexame necessário, não ocorre o trânsito em julgado da decisão antes do julgamento do referido feito pelo tribunal, conforme a Súmula 423/STF, de aplicação corrente nesta Corte Superior: "Não transita em julgado a sentença por haver omitido o recurso ex officio, que se considera interposto ex lege". 2. Na hipótese, correta a ciência ao Presidente do Tribunal de origem para avocação do feito, conforme disposto no art. 475, § 1º, do CPC/1973, reproduzido no art. 496, § 1º, do CPC/2015. 3. Não cabe ação rescisória contra sentença contrária à Fazenda Pública não confirmada pelo Tribunal, por falta do requisito do trânsito em julgado. 4. Recurso especial a que se nega provimento. (REsp 1677671/SP; Segunda Turma; Rel. Og Fernandes; Julg. 19/09/2017; DJe 25/09/2017)

Inexistência da remessa quando interposta apelação:

✓ Apelação cível e remessa necessária – ação indenizatória – ocupação urbana – competência do Município – omissão – loteamento e construções – área de risco – deslizamento de terras – prejuízo aos moradores – responsabilidade civil – ocorrência – remessa necessária – não conhecimento – apelação à qual se dá parcial provimento. 1. Na dicção do art. 496, § 1º do Código de Processo Civil de 2015, havendo recurso de apelação por parte da Fazenda Pública, não se conhece da remessa necessária. 2. A responsabilidade civil das pessoas jurídicas de direito público, via de regra, é objetiva. Tratando-se de omissão, aplica-se a teoria da responsabilidade subjetiva. 3. Dado ser do Município a competência para regular e fiscalizar a ocupação urbana de maneira ordenada e segura, a omissão neste dever acarreta responsabilidade. 4. A doação de lotes pelo poder público municipal, seguida da autorização de desenvolvimento de loteamento e construções em áreas de risco conhecido, implica ato omissivo que enseja o dever de reparação no caso de ocorrência de danos aos imóveis dos adquirentes, decorrentes do deslizamento de terras. (TJ-MG; AC 10549080109339001 MG; 2ª Câmara Cível; Rel. Marcelo Rodrigues; Julg. 14/11/2017; Data de Publicação: 23/11/2017)

§ 2º Em qualquer dos casos referidos no § 1º, o tribunal julgará a remessa necessária.

§ 3º Não se aplica o disposto neste artigo quando a condenação ou o proveito econômico obtido na causa for de valor certo e líquido inferior a:

Remessa necessária e valor condenatório:

✓ REEXAME NECESSÁRIO – AÇÃO DE OBRIGAÇÃO DE FAZER C/C ANTECIPAÇÃO DE TUTELA EM FACE DO ESTADO DE SANTA CATARINA – FORNECIMENTO DE MEDICAMENTOS – VALOR DA CONDENAÇÃO INFERIOR AO LIMITE ESTABELECIDO NO § 3º DO ART. 496 DO CÓDIGO DE PROCESSO CIVIL/2015 – NÃO CONHECIMENTO DA REMESSA NECESSÁRIA. (TJ-SC; REEX 00012620220128240040 Laguna; Segunda Câmara de Direito Público; Rel. Cid Goulart; Julg. 19/09/2017,)

I – 1.000 (mil) salários mínimos para a União e as respectivas autarquias e fundações de direito público;

Dispensa da remessa pelo valor condenatório:

✓ REEXAME NECESSÁRIO. ACIDENTÁRIO. AUXÍLIO-ACIDENTE. CONDENAÇÃO INFERIOR AO VALOR DE ALÇADA DE 1.000 (UM MIL) SALÁRIOS MÍNIMOS (ART. 496, § 3º, INC. I, DO CPC). NÃO-CONHECIMENTO DA REMESSA OFICIAL. "[. . .] O novo Código de Processo Civil limitou o reexame obrigatório às condenações de autarquias federais que superem 1000 (mil) salários mínimos (art. 496, § 3º, I). No entanto, a concessão de qualquer benesse previdenciária, em razão do teto do valor dos benefícios aliado ao prazo prescricional, jamais suplantará referida quantia, razão pela qual não se sujeitam à remessa necessária" (TJ-SC; REEX 03014154620158240075 Tubarão; Segunda Câmara de Direito Público; Rel. Cid Goulart; Julg. 17/10/2017)

II – 500 (quinhentos) salários mínimos para os Estados, o Distrito Federal, as respectivas autarquias e fundações de direito público e os Municípios que constituam capitais dos Estados;

Dispensa da remessa pelo valor condenatório:

✓ REMESSA NECESSÁRIA. DESCABIMENTO, NO CASO. INEXISTÊNCIA DE SENTENÇA ILÍQUIDA. DEMANDA CUJO VALOR É INFERIOR A 500SM. ART. 496, § 3, II, CÓDIGO DE PROCESSO CIVIL. DETERMINADO O CANCELAMENTO DA REMESSA. (TJ-RS; Reexame Necessário 70074030248; Décima Sexta Câmara Cível; Rel. Paulo Sérgio Scarparo; Julg. 14/06/2017).

III – 100 (cem) salários mínimos para todos os demais Municípios e respectivas autarquias e fundações de direito público.

Dispensa da remessa pelo valor condenatório:

✓ TRIBUTÁRIO. APELAÇÕES CÍVEIS E REEXAME NECESSÁRIO. AÇÃO ANULATÓRIA DE DÉBITO FISCAL. CONTRIBUIÇÃO DE MELHORIA DECORRENTE DE OBRA DE PAVIMENTAÇÃO ASFÁLTICA. AUSÊNCIA DE LEI ESPECÍFICA AUTORIZANDO A COBRANÇA DO TRIBUTO. EDITAL QUE NÃO PREENCHE OS REQUISITOS NECESSÁRIOS À SUA INSTITUIÇÃO. VÍCIO, ADEMAIS, NA BASE DE CÁLCULO DO TRIBUTO. CONSIDERAÇÃO DO CUSTO DA OBRA SEM LEVAR EM CONTA A EFETIVA VALORIZAÇÃO DO IMÓVEL. INEXIGIBILIDADE. PRECEDENTES DO SUPERIOR TRIBUNAL DE JUSTIÇA E DESTA CORTE ESTADUAL. "A contribuição de melhoria é tributo cujo fato imponível decorre da valorização imobiliária que se segue a uma obra pública, ressoando inequívoca a necessidade de sua instituição por lei específica, emanada do Poder Público construtor, obra por obra, nos termos do art. 150, I, da CF/88 c/c art. 82 do CTN, uma vez que a legalidade estrita é incompatível com qualquer cláusula genérica de tributação. (Precedentes: REsp 739.342/RS, Rel. Ministro FRANCISCO FALCÃO, PRIMEIRA TURMA; Julg. 04/04/2006, DJ 04/05/2006; REsp 444.873/RS, Rel. Ministro CASTRO MEIRA, Segunda Turma; Julg. 23/08/2005, DJ 03/10/2005)" (REsp 927.846/RS, rel. Min. Luiz Fux, Primeira Turma; Julg. em 03/08/2010; DJe 20/08/2010). COMPENSAÇÃO DOS HONORÁRIOS ADVOCATÍCIOS. IMPOSSIBILIDADE. EXEGESE DO ART. 85, § 14, DO NOVO CÓDIGO DE PROCESSO CIVIL (LEI N. 13.105/2015). INOVAÇÃO NORMATIVA QUE SUPEROU O ENTENDIMENTO ATÉ ENTÃO CONSOLIDADO NO ENUNCIADO 306 DA SÚMULA DO SUPERIOR TRIBUNAL DE JUSTIÇA. Ao inadmitir a compensação dos honorários advocatícios, o art. 85, § 14, do novo Código de Processo Civil (Lei n. 13.105/2015) materializou significativa inovação normativa, superando o entendimento consolidado no enunciado 306 da Súmula do Superior Tribunal de Justiça e que havia sido recentemente reafirmado pela Corte Superior quando do julgamento do REsp 963.528/PR. O legislador incorporou a crítica de grande parte da doutrina, que há muito tempo já vinha questionando a compensação dos honorários advocatícios com base no que dispõe o próprio art. 23 da Lei n. 8.906/1994. ALTERAÇÃO DE OFÍCIO QUANTO AO TERMO INICIAL DE INCIDÊNCIA DE JUROS MORATÓRIOS. TRÂNSITO EM JULGADO, A TEOR DO ENTENDIMENTO CONSOLIDADO NA SÚMULA N. 188 DO SUPERIOR TRIBUNAL DE JUSTIÇA. "À restituição do indébito tributário serão aplicados os juros de mora aplicáveis à caderneta de poupança. Todavia, somente terão início a partir do trânsito em julgado da decisão, a teor do que estabelece o enunciado de Súmula n. 188 do Superior Tribunal de Justiça" (Apelação Cível n. 2011.037851-2, da Capital, rel. Des. Francisco Oliveira Neto; Julg. em 09/04/2013). PROCESSUAL CIVIL. CONTEÚDO ECONÔMICO DA CONDENAÇÃO INFERIOR AO VALOR DE ALÇADA. REEXAME NECESSÁRIO NÃO CONHECIDO. RECURSO INTERPOSTO PELO MUNICÍPIO DE BRAÇO DO NORTE DESPROVIDO. APELO DO AUTOR PROVIDO. ALTERAÇÃO EX OFFICIO DO TERMO INICIAL DOS JUROS MORATÓRIOS. (TJ-SC; AC 20150584863 Braço do Norte 2015.058486-3; Primeira Câmara de Direito Público; Rel. Carlos Adilson Silva; Julg. 29/03/2016,)

✓ REMESSSA NECESSÁRIA. AÇÃO DE INDENIZAÇÃO POR DANOS MORAIS E ESTÉTICOS. PROCEDÊNCIA DO PEDIDO. SENTENÇA LÍQUIDA, VALOR INFERIOR A 100 SALÁRIOS MÍNIMOS. DESNECESSIDADE DA REMESSA NECESSÁRIA. INTELIGÊNCIA DO ART. 496, § 3.º, III, DO CPC/2015. DECISÃO MONOCRÁTICA. HIPÓTESE DO ART. 1. 011, I c/c 932, III, do CPC. NÃO CONHECIMENTO DA REMESSA NECESSÁRIA. - Art. 496 Está sujeita ao duplo grau de jurisdição, não produzindo efeito senão depois de confirmada pelo tribunal, a sentença: (...) § 3o Não se aplica o disposto neste artigo quando a condenação ou o proveito econômico obtido na causa for de valor certo e líquido inferior a: (...) III - 100 (cem) salários-mínimos para todos os demais Municípios e respectivas autarquias e fundações de direito público. (TJPB; Processo 00005416820118150191; Rel. Des. Leandro dos santos; Julg. 17/11/2016)

§ 4º Também não se aplica o disposto neste artigo quando a sentença estiver fundada em:

I – súmula de tribunal superior;

Dispensa da remessa pelo teor do pronunciamento:

✓ SERVIDOR PÚBLICO. MUNICÍPIO DE PELOTAS. PISO NACIONAL DO MAGISTÉRIO. REEXAME NECESSÁRIO OU REMESSA OBRIGATÓRIA. LEI NACIONAL. EXAME PELO SUPREMO TRIBUNAL FEDERAL EM AÇÃO DIRETA DE INCONSTITUCIONAILIDADE. BALIZAMENTO DOS EFEITOS. POSSIBILIDADE. HONORÁRIOS ADVOCATÍCIOS. CRITÉRIOS DE ATUALIZAÇÃO MONETÁRIA E COMPENSAÇÃO DA MORA DO ENTE PÚBLICO. 1. A remessa necessária não tem cabimento nos casos em que a sentença estiver em conformidade com jurisprudência do plenário do Supremo Tribunal Federal. Inteligência do art. 496, § 2º, do CPC. A sentença está baseada no entendimento firmado pelo Supremo Tribunal Federal no julgamento da ADI nº 4167-DF. 2. A Lei nº 11.738/08, que instituiu o piso salarial profissional nacional para os profissionais do magistério público da educação básica, tem caráter nacional e independe de regulamentação por lei local para ser aplicada. Competência da União para a edição da lei que é prevista expressamente na Constituição Federal. 3. O termo inicial para a execução da referida lei é 27 de abril de 2011, data do julgamento do mérito da ADI nº 4.167, consoante ficou expresso no acórdão em que julgados os embargos de declaração. Sentença mantida no ponto. 4. Decaimento mínimo da autora reafirmado. Fixação da verba honorária, tratando-se de condenação... ilíquida, na fase de liquidação (art. 85, § 4º, II, do CPC). APELAÇÃO IMPROVIDA. REMESSA

OBRIGATÓRIA NÃO-CONHECIDA. DECISÃO MONOCRÁTICA. (TJ-RS; Apelação e Reexame Necessário 70075718809; Terceira Câmara Cível; Rel. Nelson Antônio Monteiro Pacheco; Julg. 14/11/2017).

✓ REMESSA EX OFFICIO. CIVIL. PROCESSUAL CIVIL. AÇÃO COMINATÓRIA COM PEDIDO DE TUTELA ANTECIPADA. TUTELA DO DIREITO À SAÚDE. NÃO CABIMENTO DO REEXAME DA SENTENÇA DE PRIMEIRO GRAU. ENTENDIMENTO COINCIDENTE AO CONSOLIDADO NESTA CORTE DE JUSTIÇA. INCIDÊNCIA DO ART. 496, § 4º DO NCPC. REMESSA EX OFFICIO NÃO CONHECIDA. (TJ-AL; REEX: 00003509820148020055 AL; 1ª Câmara Cível; Rel. Des. Tutmés Airan de Albuquerque Melo; Julg. 29/03/2017; Data de Publicação: 31/03/2017)

II – acórdão proferido pelo Supremo Tribunal Federal ou pelo Superior Tribunal de Justiça em julgamento de recursos repetitivos;

→ *v.* Arts. 1.036 e seguintes do NCPC.

Dispensa da remessa pelo teor do pronunciamento:

✓ SERVIDOR PÚBLICO. MUNICÍPIO DE ALEGRETE. PISO NACIONAL DO MAGISTÉRIO. REMESSA NECESSÁIRA. DISPENSA. LEI NACIONAL. EXAME PELO SUPREMO TRIBUNAL FEDERAL EM AÇÃO DIRETA DE INCONSTITUCIONAILIDADE. BALIZAMENTO DOS EFEITOS. POSSIBILIDADE. 1. A remessa necessária não tem cabimento nos casos em que a sentença estiver em conformidade com jurisprudência do plenário do Supremo Tribunal Federal. Inteligência do art. 496, § 4º, II, do CPC. A sentença está baseada no entendimento firmado pelo Supremo Tribunal Federal no julgamento da ADI nº 4167-DF. 2. A Lei nº 11.738/08, que instituiu o piso salarial profissional nacional para os profissionais do magistério público da educação básica, tem caráter nacional e independe de regulamentação por lei local para ser aplicada. Competência da União para a edição da lei que é prevista expressamente na Constituição Federal. 3. O termo inicial para a execução da referida lei é 27 de abril de 2011, data do julgamento do mérito da ADI nº 4.167, consoante ficou expresso no acórdão. APELAÇÃO PARCIALMENTE PROVIDA. REEXAME NECESSÁRIO NÃO CONHECIDO. DECISÃO MONOCRÁTICA. (TJ-RS; Apelação e Reexame Necessário 70075197590; Terceira Câmara Cível; Rel. Nelson Antônio Monteiro Pacheco; Julg. 23/10/2017).

III – entendimento firmado em incidente de resolução de demandas repetitivas ou de assunção de competência;

→ *v.* Arts. 976 e seguintes do NCPC.

→ *v.* Arts. 947 e seguintes do NCPC.

Dispensa da remessa pelo teor do pronunciamento:

✓ REEXAME NECESSÁRIO. ECA. EDUCAÇÃO INFANTIL. DIREITO FUNDAMENTAL. GARANTIA CONSTITUCIONAL. MATÉRIA DE DIREITO JULGADA PELO STF EM CARÁTER DE REPERCUSSÃO GERAL. JURISPRUDÊNCIA SENDIMENTADA NO ÂMBITO DESTA CORTE. INCIDÊNCIA DA REGRA DE EXCEÇÃO À REVISÃO OBRIGATÓRIA DA SENTENÇA PREVISTA NO § 4º DO ART. 496 DO CPC/2015. REEXAME NECESSÁRIO NÃO CONHECIDO. (TJ-RS; Reexame Necessário 70068779917; Sétima Câmara Cível; Rel. Liselena Schifino Robles Ribeiro; Julg. 11/04/2016).

✓ REMESSA NECESSÁRIA. SAÚDE. DIREITO FUNDAMENTAL. FORNECIMENTO DE SERVIÇOS E PRODUTOS FARMACÊUTICOS, MÉDICOS, HOSPITALARES E AFINS. MATÉRIA DE DIREITO JULGADA PELO STF EM CARÁTER DE REPERCUSSÃO GERAL. JURISPRUDÊNCIA SENDIMENTADA NO ÂMBITO DESTA CORTE. INCIDÊNCIA DA REGRA DE EXCEÇÃO À REVISÃO OBRIGATÓRIA DA SENTENÇA PREVISTA NO § 4º DO ART. 496 DO CPC/2015. REMESSA NECESSÁRIA NÃO CONHECIDA. (TJ-RS; Reexame Necessário 70069683555; Sétima Câmara Cível; Rel. Liselena Schifino Robles Ribeiro; Julg. 30/05/2016).

✓ REMESSA NECESSÁRIA. SAÚDE. DIREITO FUNDAMENTAL. FORNECIMENTO DE SERVIÇOS E PRODUTOS FARMACÊUTICOS, MÉDICOS, HOSPITALARES E AFINS. MATÉRIA DE DIREITO JULGADA PELO STF EM CARÁTER DE REPERCUSSÃO GERAL. JURISPRUDÊNCIA SENDIMENTADA NO ÂMBITO DESTA CORTE. INCIDÊNCIA DA REGRA DE EXCEÇÃO À REVISÃO OBRIGATÓRIA DA SENTENÇA PREVISTA NO § 4º DO ART. 496 DO CPC/2015. REMESSA NECESSÁRIA NÃO CONHECIDA. (TJ-RS; Reexame Necessário 70070938758; Sétima Câmara Cível; Rel. Liselena Schifino Robles Ribeiro; Julg. 29/08/2016).

IV – entendimento coincidente com orientação vinculante firmada no âmbito administrativo do próprio ente público, consolidada em manifestação, parecer ou súmula administrativa.

→ *v.* Enunciado 312 do FPPC: O inciso IV do § 4º do art. 496 do CPC aplica-se ao procedimento do mandado de segurança.

→ *v.* Enunciado 432 do FPPC: A interposição de apelação parcial não impede a remessa necessária.

→ *v.* Enunciado 433 do FPPC: Cabe à Administração Pública dar publicidade às suas orientações vinculantes, preferencialmente pela rede mundial de computadores.

Dispensa da remessa pelo teor do pronunciamento:

✓ TRIBUTÁRIO. REMESSA NECESSÁRIA. MATÉRIA CONSOLIDADA JUDICIAL E ADMINISTRATIVAMENTE. DISPENSA PARA RECORRER. ART. 496, § 4º CPC. DESCABIMENTO. 1 - Indevido o duplo grau obrigatório, já que se trata de matéria consolidada, não só judicialmente, como administrativamente, estando inclusive a ré dispensada de recorrer em tais feitos, por força da orientação firmada em Ato Declaratório da Fazenda Nacional. 2 - É isso o que determina o art. 496, § 4º, inciso IV do CPC/15, segundo o qual não haverá remessa necessária quando a sentença estiver fundada em "entendimento coincidente com orientação vinculante firmada no âmbito administrativo do próprio ente público, consolidada em manifestação, parecer ou súmula administrativa". 3 - Assim, mostra-se descabida a remessa dos autos ao Tribunal pelo Juízo a quo, devendo ser restituídos à Vara de origem para a certificação do trânsito em julgado e o prosseguimento do feito. 4 - Negado seguimento à remessa necessária. (TRF-2; REOAC 00061244420114025101 RJ; 4ª Turma Especializada; Rel. Luiz Antonio Soares; Julg. 13/06/2017)

✓ REMESSA NECESSÁRIA Nº 0002040-56.2014.8.08.0004. REMETENTE: JUÍZO DA 1ª VARA DE ANCHIETA. REQUERENTE: MINISTÉRIO PÚBLICO ESTADUAL. REQUERIDO: ESTADO DO ESPÍRITO SANTO. RELATOR: DES. SUBST. DÉLIO JOSÉ ROCHA SOBRINHO. ACÓRDÃO REMESSA NECESSÁRIA - AÇÃO CIVIL PÚBLICA - DEFESA DE INTERESSES INDIVIDUAIS INDISPONÍVEIS - DIREITO À VIDA E À SAÚDE - DISPONIBILIZAÇÃO DE VAGA EM LEITO HOSPITALAR À PACIENTE EM ESTADO GRAVE JÁ INTERNADO POR LONGO PERÍODO - DEVER DO ESTADO - RECONHECIMENTO JURÍDICO DO PEDIDO COM BASE EM ENUNCIADO ADMINISTRATIVO - MATÉRIA EM CONFORMIDADE COM ENTENDIMENTO DO STF EM REPERCUSSÃO GERAL - REMESSA NÃO CONHECIDA. 1 - O Ministério Público Estadual, em defesa de interesses individuais indisponíveis (art. 127 da Constituição de 1988), dentre os quais, inquestionavelmente, estão o direito à vida e à saúde, ingressou com ação civil pública, objetivando a disponibilização de vaga em leito de internação para paciente em estado grave de saúde, já internado por longo período. 2 - O Estado reconheceu juridicamente o pedido com base no Enunciado CPGE nº 22, que diz: ¿Fica dispensada a interposição de recurso ou defesa, nas ações que versem sobre a garantia individual do direito à saúde. Tal dispensa não abarca os casos em que a Secretaria Estadual de Saúde indicar estar havendo pedido desarrazoado, assim entendidos aqueles em que se requer medicamento não autorizados/registrados pela ANVISA, o tratamento requerido seja ineficaz ou não recomendado pelos órgãos competentes, entre outras situações justificadas¿. 3 - O pedido autoral foi acolhido em razão do dever do ente público de garantir a saúde a todos, submetendo-se a sentença ao duplo grau de jurisdição nos moldes do art. 475, I, do CPC/1973, vigente à época. 4 - Segundo já decidiu o STJ, o ¿não depende o reconhecimento de aceitação da parte contrária, nem de sentença homologatória, o que equivale a dizer (...) que o ato surte seus efeitos e é irretratável, a partir do momento em que é produzido" (trecho extraído do voto condutor dos EDcl nos EDcl no REsp 1317749/SP, Rel. Ministro JOÃO OTÁVIO DE NORONHA, TERCEIRA TURMA; Julg. 04/09/2014; DJe 11/09/2014). 5 - Leciona abalizada doutrina que não cabe remessa necessária das sentenças de mérito que homologam reconhecimento jurídico do pedido procedido pela Fazenda. 6 - Assim, ainda que o julgador de origem não tenha homologado o reconhecimento, como ele surte efeito imediato, não cabe remessa necessária. 7 - Ainda que se pondere que o reconhecimento jurídico do pedido só é possível quando se tratar de direito disponível, na hipótese, a ação versa sobre disponibilização de vaga em leito hospitalar, o que, conforme já definiu o Pretório Excelso, ¿se insere no rol dos deveres do Estado, porquanto responsabilidade solidária dos entes federados¿ (RE 855178 RG, Relator (a): Min. LUIZ FUX; Julg. 05/03/2015, Processo Eletrônico REPERCUSSÃO GERAL - MÉRITO DJe-050 DIVULG 13-03-2015 PUBLIC 16-03-2015). 8 - De acordo com a primeira parte do § 3º, do art. 475, do CPC/1973, aplicável ao caso, não cabe remessa necessária quando a ¿sentença estiver fundada em jurisprudência do plenário do Supremo Tribunal Federal¿. 9 - Atualmente, o CPC/2015, além de dispor sobre o não cabimento da remessa no caso de sentença fundada em acórdão proferido pelo STF em julgamento de recurso repetitivo, também afasta a remessa necessária no caso de sentença ¿fundada em entendimento coincidente com orientação vinculante firmada no âmbito administrativo do próprio ente público, consolidada em manifestação, parecer ou súmula administrativa¿ (art. 496, § 4º, IV). 10 - No caso, a vaga foi disponibilizada, o Estado reconheceu o pedido fundado em enunciado administrativo sobre a matéria, em estrita conformidade com o entendimento do Supremo Tribunal Federal em sede de repercussão geral, e sequer houve condenação a qualquer título. 11 - Remessa necessária não conhecida. VISTOS, relatados e discutidos, estes autos em que estao as partes acima indicadas. ACORDA a Egrégia Segunda Câmara Cível, na conformidade da ata e notas taquigráficas que integram este julgado, à unanimidade de votos, NÃO CONHECER DA REMESSA NECESSÁRIA, nos termos do voto proferido pelo E. Relator. Vitória (ES), 07 de março de 2017. DES. PRESIDENTE DES. RELATOR (TJ-ES; Remessa Necessária 00020405620148080004; Segunda Câmara Cível; Rel. Álvaro Manoel Rosindo Bourguignon; Julg. 07/03/2017; Data de Publicação: 16/03/2017)

Seção IV

Do Julgamento das Ações Relativas às Prestações de Fazer, de Não Fazer e de Entregar Coisa

Art. 497. Na ação que tenha por objeto a prestação de fazer ou de não fazer, o juiz, se procedente o pedido, concederá a tutela específica ou determinará providências que assegurem a obtenção de tutela pelo resultado prático equivalente.

→ *v.* Súmula 410 do STJ.

→ v. Art. 247 a 249 do CC/2002.
→ v. Art. 84 do CDC.
→ v. Art. 213 do ECA.
→ v. Art. 52, V, da Lei 9.099/1995.
→ v. Art. 11 da Lei 7.347/1985.
→ v. Enunciado 525 do FPPC: A produção do resultado prático equivalente pode ser determinada por decisão proferida na fase de conhecimento.
→ v. Enunciado 526 do FPPC: A multa aplicada por descumprimento de ordem protetiva, baseada no art. 22, incisos I a V, da Lei 11.340/2006 (Lei Maria da Penha), é passível de cumprimento provisório, nos termos do art. 537, § 3º.

Parágrafo único. Para a concessão da tutela específica destinada a inibir a prática, a reiteração ou a continuação de um ilícito, ou a sua remoção, é irrelevante a demonstração da ocorrência de dano ou da existência de culpa ou dolo.

Prestação de (não) fazer, tutela específica e fixação de astreintes:

✓ AGRAVO DE INSTRUMENTO. AÇÃO DECLARATÓRIA DE INEXISTÊNCIA DE DÉBITO. ANTECIPAÇÃO DE TUTELA DEFERIDA NA ORIGEM PARA OBSTAR DESCONTOS SOB O BENEFÍCIO PREVIDENCIÁRIO. INSURGÊNCIA DO BANCO. MÉRITO. ANTECIPAÇÃO DE TUTELA. DISCUSSÃO SOBRE A CONTRATAÇÃO DE EMPRÉSTIMO BANCÁRIO MEDIANTE FRAUDE. PROBABILIDADE DO DIREITO DEMONSTRADA. PERIGO DA DEMORA LATENTE. PRESSUPOSTOS DO ART. 300 DO CPC PREENCHIDOS. MULTA DIÁRIA FIXADA PARA OBRIGAÇÃO DE NÃO FAZER (NÃO PROMOVER NOVOS DESCONTOS). LEGALIDADE ESTAMPADA NOS ARTIGOS 497 E 537 DO CÓDIGO DE PROCESSO CIVIL. VALOR DE QUINHENTOS REAIS, LIMITADO A QUINZE MIL REAIS QUE NÃO EXTRAPOLA A RAZOABILIDADE E PROPORCIONALIDADE. DECISÃO MANTIDA. RECURSO IMPROVIDO. (TJ-SC; AI 40102014720178240000 Araranguá; Primeira Câmara de Direito Comercial; Rel. Guilherme Nunes Born; Julg. 13/07/2017)

✓ AGRAVO DE INSTRUMENTO. AÇÃO REVISIONAL DE CONTRATO BANCÁRIO. TUTELA DE URGÊNCIA DEFERIDA NA ORIGEM. INSURGÊNCIA DO BANCO. MÉRITO. TUTELA DE URGÊNCIA. PEDIDO PARA IMPEDIR A INSERÇÃO DE NOME EM CADASTRO DE RESTRIÇÃO DE CRÉDITO E MANTER NA POSSE DO BEM. DISCUSSÃO DO DÉBITO DEMONSTRADA. JUROS REMUNERATÓRIOS CONTRATADOS ACIMA DA TAXA MÉDIA DE MERCADO. ABUSIVIDADE APARENTE. PRESSUPOSTOS DA ORIENTAÇÃO DO SUPERIOR TRIBUNAL DE JUSTIÇA SATISFEITOS. DECISÃO MANTIDA. FIXAÇÃO DE ASTREINTES PARA O CUMPRIMENTO DE OBRIGAÇÃO DE FAZER. LEGALIDADE. AMPARO NOS ARTIGOS 497 E 537 DO CÓDIGO DE PROCESSO CIVIL E DO ARTIGO 84 DO CÓDIGO DE DEFESA DO CONSUMIDOR. NORMA FACULTATIVA AO MAGISTRADO. RECURSO QUE APRECIA O ACERTO OU DESACERTO DA DECISÃO. POSSIBILIDADE DE FIXAÇÃO DE MULTA DIÁRIA. VALOR ARBITRADO EM R$ 500,00 AO DIA QUE SE MOSTRA, DE INÍCIO, COERENTE COM A SITUAÇÃO. MINORAÇÃO INDEVIDA. LIMITAÇÃO QUE SE IMPÕE NO MONTANTE DE R$ 20.000,00. RECURSO PARCIALMENTE PROVIDO. (TJ-SC; AI 40137229720178240000 Blumenau; Primeira Câmara de Direito Comercial; Rel. Guilherme Nunes Born; Julg. 26/10/2017,)

✓ AGRAVO DE INSTRUMENTO. AÇÃO DECLARATÓRIA DE INEXISTÊNCIA DE DÉBITO CUMULADA COM PEDIDO DE INDENIZAÇÃO POR DANOS MORAIS. TUTELA DE URGÊNCIA DEFERIDA NA ORIGEM. INSURGÊNCIA DO BANCO. MÉRITO. MULTA DIÁRIA FIXADA PARA OBRIGAÇÃO DE NÃO FAZER (NÃO PROMOVER NOVOS DESCONTOS). LEGALIDADE ESTAMPADA NOS ARTIGOS 497 E 537 DO CÓDIGO DE PROCESSO CIVIL. VALOR DE CEM REAIS, LIMITADO A DEZ MIL REAIS QUE NÃO EXTRAPOLA A RAZOABILIDADE E PROPORCIONALIDADE. PRAZO DE CINCO DIAS SUFICIENTES. DECISÃO MANTIDA. RECURSO IMPROVIDO. (TJ-SC; AI 40071173820178240000 Pinhalzinho; Primeira Câmara de Direito Comercial; Rel. Guilherme Nunes Born; Julg. 19/10/2017)

Art. 498. Na ação que tenha por objeto a entrega de coisa, o juiz, ao conceder a tutela específica, fixará o prazo para o cumprimento da obrigação.

→ v. Art. 311, III, do NCPC.

Parágrafo único. Tratando-se de entrega de coisa determinada pelo gênero e pela quantidade, o autor individualizá-la-á na petição inicial, se lhe couber a escolha, ou, se a escolha couber ao réu, este a entregará individualizada, no prazo fixado pelo juiz.

Sobre a tutela específica:

✓ DECISÃO MONOCRÁTICA Trata-se de AGRAVO DE INSTRUMENTO, com pedido de Efeito Suspensivo, interposto pelo ESTADO DO PARÁ contra decisão interlocutória proferida pelo MM. Juiz da Vara Única da Comarca de Novo Progresso, que deferiu liminar em sede de Ação Civil Pública para determinar que o Ente Estatal, o Município de Novo Progresso e de sua respectiva Secretaria de Saúde realizem a internação de paciente recém-nascido em UTI Neonatal, no prazo de 24 (vinte e quatro) horas, bem como disponibilize o tratamento médico adequado, sob pena de multa diária no valor de R$ 10.000,00 (dez mil reais). Em suas razões (fls. 02/05), o ente estatal agravante, após breve exposição dos fatos, sustenta tese acerca da exorbitância da fixação de multa diária no valor de R$ 10.000,00 (dez mil reais). Argumenta acerca do cabimento do agravo de instrumento, bem como a respeito da necessidade de concessão de efeito suspensivo ao recurso. Defende a redução da multa coercitiva, arbitrando-se novo valor com observância a razoabilidade e proporcionalidade. Sustenta a presença dos requisitos necessários para a concessão do efeito suspensivo, requerendo, ao final, o conhecimento e provimento do recurso. Acostoua1 documentos (fls. 06/32). Inicialmente os autos foram distribuídos a Exma. Desa. Célia Regina de Lima Pinheiro (fl. 33), em seguida, os autos me foram redistribuídos (fl. 35), considerando-se o art. 2° da Portaria n° 3542/2016-GP e caput do art. 112 do RI deste Eg. TJ/PA (fl. 34). É breve o relatório. DECIDO. Presentes os pressupostos de admissibilidade, conheço do presente recurso pelo que passo a apreciar suas razões. Pela análise das razões recursais, constata-se que o presente agravo de instrumento ataca especificamente o ponto da decisão judicial que fixou multa diária no valor de R$ 10.000,00 (dez mil reais), na hipótese de descumprimento pelo Estado do Pará, pelo Município de Novo Progresso e de sua respectiva Secretaria de Saúde da ordem de internação de paciente recém-nascido em UTI Neonatal, bem como da disponibilização de tratamento médico adequado, no prazo de 24 (vinte e quatro) horas, diante do nascimento de forma prematura de Davi Duarte de Souza. Primeiramente, registro que, conforme entendimento pacífico da Jurisprudência dos tribunais superiores pátrios, os direitos fundamentais à vida e à saúde são direitos subjetivos inalienáveis, constitucionalmente consagrados, cujo primado, ema2 um Estado Democrático de Direito, que reserva especial proteção à dignidade da pessoa humana, há de superar quaisquer espécies de restrições legais. Ademais, ademais não pairam dúvidas quanto à possibilidade de fixação de medidas coercitivas à Fazenda Pública, como instrumento de efetividade da regra constitucional que consagra o direito à saúde. Importa ressaltar que a adoção da multa, nos casos de prestação de fazer ou de não fazer, tem em vista conferir efetividade às decisões que decorrem desses feitos, encontrando respaldo nos artigos 497 e 498 do NCPC, que tratou da chamada tutela específica da obrigação e a tutela pelo equivalente. Eis o que dizem as normas referidas: ¿Art. 497. Na ação que tenha por objeto a prestação de fazer ou de não fazer, o juiz, se procedente o pedido, concederá a tutela específica ou determinará providências que assegurem a obtenção de tutela pelo resultado prático equivalente. Parágrafo único. Para a concessão da tutela específica destinada a inibir a prática, a reiteração ou a continuação de um ilícito, ou a sua remoção, é irrelevante a demonstração da ocorrência de dano ou da existência de culpa ou dolo. Art. 498. Na ação que tenha por objeto a entrega de coisa, o juiz, ao conceder a tutelaa3 específica, fixará o prazo para o cumprimento da obrigação. Parágrafo único. Tratando-se de entrega de coisa determinada pelo gênero e pela quantidade, o autor individualizá-la-á na petição inicial, se lhe couber a escolha, ou, se a escolha couber ao réu, este a entregará individualizada, no prazo fixado pelo juiz.¿ Portanto, previstas as possibilidades de concessão da tutela específica e da tutela pelo equivalente, a norma adjetiva dispôs ao julgador uma série de medidas coercitivas, descritas pela lei de ¿medidas necessárias¿, as quais tem por função viabilizar o cumprimento daquelas tutelas, dentre elas a imposição de multa mesmo que seja contra a Fazenda Pública. Por outro lado, entendo assistir razão ao agravante quanto à exorbitância do valor da multa diária fixada pelo juiz singular. Quanto à insurgência do agravante no que concerne à fixação de astreintes pelo juízo ¿a quo¿, ressalta-se que o objetivo preponderante do valor da multa é a coerção, razão pela qual tenho por abusivo o valor de R$ 10.000,00 (dez mil reais) de multa diária imposta pelo magistrado singular, representando a mesma fonte de enriquecimento sem causa, já que estabelecida sem a observância dos parâmetros de razoabilidade e proporcionalidade, em que pese o fato da multaa4 somente ser aplicada em hipótese de descumprimento da decisão. No tocante a questão da multa dispõe o art. 537 do NCPC, **verbis**: Art. 537. A multa independe de requerimento da parte e poderá ser aplicada na fase de conhecimento, em tutela provisória ou na sentença, ou na fase de execução, desde que seja suficiente e compatível com a obrigação e que se determine prazo razoável para cumprimento do preceito.¿ § 1o O juiz poderá, de ofício ou a requerimento, modificar o valor ou a periodicidade da multa vincenda ou excluí-la, caso verifique que: I – se tornou insuficiente ou excessiva; II – o obrigado demonstrou cumprimento parcial superveniente da obrigação ou justa causa para o descumprimento. § 2o O valor da multa será devido ao exequente. § 3° A decisão que fixa a multa é passível de cumprimento provisório, devendo ser depositada em juízo, permitido o levantamento do valor após o trânsito em julgado da sentença favorável à parte. § 4o A multa será devida desde o dia em que se configurar o descumprimento da decisão e incidirá enquanto não for cumprida a decisão que a tiver cominado. § 5o O disposto neste artigo aplica-se, no que couber, ao cumprimento de sentença que reconheça deveres de fazer e de não fazer de natureza não obrigacional. (grifei) a5 Pelo exposto, as astreintes podem ser alteradas a qualquer tempo, podendo ser majoradas ou reduzidas em relação ao seu valor. No caso, verifico que a multa, aplicada originalmente no importe de R$ 10.000,00 (dez mil reais), mostra-se excessiva, principalmente quando se tem em conta o prazo de 24 (vinte e quatro) horas fixado pelo Juízo ¿a quo¿ para cumprimento da prestação de fazer de internação o recém-nascido para a UTI Neonatal. Diante dessa circunstância, tem pertinência a sua redução, principalmente quando se tem em vista que a multa tem o propósito compelir a parte ao cumprimento da determinação judicial e não ao enriquecimento de uma delas. Assim, a partir do momento em que a multa arbitrada deixa de ter o seu caráter coercitivo e passa a ensejar o locupletamento da parte, deve ter seu valor controlado pelo Judiciário, na forma, como recomendada pelo art. 537, § 1º, inciso I do CPC/2015, anteriormente citado. No sentido do explanado, cito os precedentes seguintes, todos oriundos deste TJ/PA: ¿AGRAVO DE INSTRUMENTO. DECISÃO AGRAVADA MAJOROU A MULTA PELO NÃO CUMPRIMENTO DE DECISÃO PARA R$ 100.000,00 (CEM MIL REAIS) POR DIA. VALOR FIXADO DEVE SER REDUZIDO, A FIM DE NÃO ONERAR DEMASIADAMENTE O ORÇAMENTO PÚBLICO. RECURSOa6 CONHECIDO E PARCIALMENTE PROVIDO, APENAS PARA REDUZIR A MULTA DIÁRIA PARA O VALOR DE R$40.000,00 (QUARENTA MIL REAIS), À UNANIMIDADE (2016.02892729-75, 162.329, Rel. RICARDO FERREIRA NUNES, Órgão Julgador 4ª CÂMARA CIVEL ISOLADA; Julg. 2016-07-18, Publicado em 2016-07-21) (grifei) AGRAVO DE INSTRUMENTO. AÇÃO POR DANOS MORAIS. REFORMA DA RECISÃO QUE FIXOU A MULTA. DESCABIMENTO. IMPUGNAÇÃO À PENHORA. EXCESSO DE DO VALOR DA ASTREINTE. POSSIBILIDADE DE REDUÇÃO. RECURSO PARCIALMENTE PROVIDO. 1. Ante o disposto no art. 14, do CPC/2015, tem-se que a norma processual não retroagirá, de maneira que devem ser respeitados os atos processuais e as situações jurídicas consolidadas sob a vigência da lei revogada. Desse modo, hão de ser aplicados os comandos insertos no CPC/1973, vigente por ocasião da publicação e da intimação da decisão agravada. 2. Cabível a aplicação da multa questionada se, deferida a tutela antecipada para que fosse procedida a retirada ou para que não se incluísse o nome da parte em cadastro de órgão de proteção ao crédito, há recalcitrância no cumprimento da ordem. 3. O valor da astreinte pode ser reduzida quando se revela excessivo diante das circunstâncias retratadas nos autos. 4. Recurso conhecido e provido parcialmente. (2016.02686895-75, 161.949, Rel. ROBERTO GONCALVES DE MOURA, Órgão Julgador 2ª CÂMARAa7 CÍVEL ISOLADA; Julg. 2016-07-04, Publicado em 2016-07-07) (grifei) Sobre o tema, colaciono jurisprudência do Superior Tribunal de Justiça: AGRAVO INTERNO INTERPOSTO SOB A ÉGIDE DO NOVO CÓDIGO DE PROCESSO CIVIL. AGRAVO EM RECURSO ESPECIAL. COMPROVAÇÃO DA TEMPESTIVIDADE DO RECURSO ESPECIAL EM AGRAVO REGIMENTAL. SUSPENSÃO DO EXPEDIENTE FORENSE. POSSIBILIDADE. AGRAVO DE INSTRUMENTO. CUMPRIMENTO DE SENTENÇA. EXCEÇÃO DE PRÉ-EXECUTIVIDADE. ASTREINTES. REVISÃO DO VALOR. NÃO CABIMENTO. SÚMULA N. 7 DO STJ. 1. A comprovação da tempestividade do agravo em recurso especial em decorrência de suspensão de expediente forense no Tribunal de origem pode ser feita posteriormente, em agravo regimental, desde que por meio de documento idôneo capaz de evidenciar a prorrogação do prazo do recurso cujo conhecimento pelo STJ é pretendido. 2. É possível a redução das astreintes fixadas fora dos parâmetros da razoabilidade, devendo-se ter como referência o valor da obrigação principal. 3. Rever entendimento acerca da fixação da multa cominatória e a respectiva redução das astreintes demanda revisão do conjunto fático-probatório dos autos. Incidência da Súmula n. 7 do STJ. 4. Agravo interno desprovido. (AgInt no AREsp 886.256/SC, Rel. Ministro JOÃO OTÁVIO DE NORONHA, TERCEIRA TURMA, julgado ema8 16/08/2016; DJe 31/08/2016) AGRAVO REGIMENTAL. AGRAVO EM RECURSO ESPECIAL. ASTREINTES. REDUÇÃO. POSSIBILIDADE. VALOR ARBITRADO. REVISÃO. REEXAME DE PROVAS. SÚMULA N. 7/STJ. DIVERGÊNCIA JURISPRUDENCIAL. INEXISTÊNCIA DE SIMILITUDE FÁTICA. 1. É possível a redução das astreintes a qualquer tempo, quando fixadas fora dos parâmetros da razoabilidade. 2. A revisão do valor fixado a título de astreintes encontra óbice na Súmula n. 7/STJ. O valor somente comporta alteração nos casos em que for irrisório ou exorbitante. 3. Não se conhece da divergência jurisprudencial quando os julgados dissidentes tratam de situações fáticas diversas. 4. Agravo regimental desprovido. (AgRg no AREsp 335.969/MG; Rel. Ministro JOÃO OTÁVIO DE NORONHA, TERCEIRA TURMA; Julg. 19/03/2015; DJe 27/03/2015) AGRAVO REGIMENTAL NOS EMBARGOS DE DECLARAÇÃO NO RECURSO ESPECIAL – EMBARGOS À EXECUÇÃO HIPOTECÁRIA – OBRIGAÇÃO DE FAZER CONSISTENTE NA SUSPENSÃO DE ATOS EXECUTÓRIOS – DECISÃO MONOCRÁTICA QUE DEU PARCIAL PROVIMENTO AO RECURSO ESPECIAL DA CASA BANCÁRIA PARA REDUZIR O VALOR DA MULTA DIÁRIA, VISTO QUE FIXADA EM QUANTIA TERATOLÓGICA PELAS INSTÂNCIAS ORDINÁRIAS. INSURGÊNCIA DO MUTUÁRIO. 1. Esta Corte já decidiu que o artigo 461, § 6º, do Código de Processo Civil permite ao magistrado alterar o valor da multa quando este se tornara9 insuficiente ou excessivo, mesmo depois de transitada em julgado a sentença. Precedentes. 2. É possível a redução das astreintes fixadas fora dos parâmetros de razoabilidade e proporcionalidade, determinada a sua limitação ao valor do bem da obrigação principal, evitando-se o enriquecimento sem causa. Precedentes. 3. Agravo regimental desprovido. (AgRg nos EDcl no REsp 1099928/PR; Quarta Turma; Rel. Marco Buzzi; Julg. 11/11/2014; DJe 17/11/2014) No mais, considerando tratar-se de matéria já sedimentada no âmbito da jurisprudência deste E. Tribunal e do STJ, procedo ao julgamento monocrático em conformidade com o art. 932, VIII, do CPC/2015 c/c art. 133, XII, alínea ¿d¿, do Regimento Interno deste E. TJPA1. Pelo exposto, considerando-se presentes os requisitos legais da relevância da fundamentação e do perigo da demora, bem como constatada a excessividade da multa fixada, admite-se a sua redução em atendimento ao princípio da razoabilidade e da proporcionalidade, desse modo, entendo que o valor da multa diária deve ser reduzido para R$ 5.000,00 (cinco mil reais), limitada ao montante de R$ 50.000,00 (cinquenta mil reais), com o fim de evitar o enriquecimento sem causa e a penalização em excesso do ente público estadual. Posto isto, DOU PROVIMENTO aob0 Agravo de Instrumento para reformar a decisão agravada apenas para reduzir o valor da multa diária para o montante de R$ 5.000,00 (cinco mil reais), limitada ao montante de R$ 50.000,00 (cinquenta mil reais), mantendo o decisum a quo quanto aos demais termos. Comunique-se ao juízo ¿a quo¿. À Secretaria para as providências cabíveis. Após a preclusão, arquive-se. Servirá a presente decisão como mandado/ofício, nos termos da Portaria nº 3731/2015 - GP. P.R.I. Belém, 16 de setembro de 2016. Desa. EZILDA PASTANA MUTRAN Relatora 1 Art. 932, NCPC. Incumbe ao relator: VIII - exercer outras atribuições estabelecidas no regimento interno do tribunal.¿ Art. 133, RI TJ/PA. Compete ao relator: XII - dar provimento ao recurso se a decisão recorrida for contrária: (...) d) à jurisprudência dominante desta e. Corte (TJ-PA; AI 00107625520168140000 Belém; 2ª Câmara Cível Isolada; Rel. Ezilda Pastana Mutran; Julg. 26/09/2016; Data de Publicação: 26/09/2016)

Art. 499. A obrigação somente será convertida em perdas e danos se o autor o requerer ou se impossível a tutela específica ou a obtenção de tutela pelo resultado prático equivalente.

Conversão da obrigação em perdas e danos quando inviável a obtenção da tutela específica ou resultado prático equivalente:

✓ AGRAVO DE INSTRUMENTO. OBRIGAÇÃO DE ENTREGA DE SOJA. PAGAMENTO DE CONTRATO DE COMPRA E VENDA. DECISÃO QUE CONVERTEU A OBRIGAÇÃO EM PERDAS E DANOS. INEXISTÊNCIA DE ANÁLISE SOBRE EXCESSO DE EXECUÇÃO, MORA ACCIPIENDI, DENTRE OUTRAS QUESTÕES. SITUAÇÕES QUE PODERÃO SER ARGUIDAS EM IMPUGNAÇÃO. OBEDIÊNCIA AO DEVIDO PROCESSO LEGAL. DECISÃO MANTIDA. - Não merece ser reformada a decisão do Juízo de 1º Grau que apenas liberou a restrição sobre soja penhorada em favor de terceiro e acolheu o pedido de conversão da obrigação de entrega para cumprimento de título, obedecendo a disposição contida no art. 499 do CPC, sem qualquer análise sobre alegado excesso de execução, existência de mora accipiendi, posse injusta de terceiros sobre a área adquirida, dentre outras questões, uma vez que deverão ser alegadas em impugnação, meio processual adequado. - Não pode o Tribunal de Justiça analisar tais questões de ofício, sob pena de ferir o Princípio do Devido Processo Legal, suprindo Instâncias, além do contraditório e da ampla defesa. AGRAVO DE INSTRUMENTO DESPROVIDO. (TJ-RS; Agravo de Instrumento 70074675810; Décima Sétima Câmara Cível; Rel. Gelson Rolim Stocker; Julg. 26/09/2017).

✓ APELAÇÃO CÍVEL. AÇÃO DE RESCISÃO CONTRATUAL C/C REINTEGRAÇÃO DE POSSE E INDENIZAÇÃO POR DANOS MORAIS. CONTRATO VERBAL DE COMPRA E VENDA DE VEÍCULO. INADIMPLEMENTO DAS PARCELAS POR PARTE DO ADQUIRENTE. AUTOMÓVEL QUE É REPASSADO A TERCEIRO. SENTENÇA DE PARCIAL PROCEDÊNCIA. IMPOSSIBILIDADE DE RESTITUIÇÃO DO BEM. CONVERSÃO DA OBRIGAÇÃO EM PERDAS E DANOS. INSURGÊNCIA DE AMBAS AS PARTES. ILEGITIMIDADE PASSIVA. INSUBSISTÊNCIA. RÉU QUE ENTABULOU O CONTRATO COM O AUTOR, COMPROMETENDO-SE COM O PAGAMENTO DAS PARCELAS, AINDA QUE TENHA EFETUADO O REGISTRO DO VEÍCULO EM NOME DE SUA GENITORA. TESE RECHAÇADA. CONVERSÃO DO PLEITO REINTEGRATÓRIO EM INDENIZAÇÃO PECUNIÁRIA. AUTOR QUE APELA ALEGANDO QUE O VEÍCULO ENCONTRA-SE REGISTRADO EM NOME DA GENITORA DO RÉU, VIABILIZANDO A EFETIVA DEVOLUÇÃO. DESCABIMENTO. BEM MÓVEL REPASSADO A TERCEIRO, CONFORME SE VERIFICA JUNTO AO SÍTIO ELETRÔNICO DO DETRAN/SC. IMPOSSIBILIDADE DE RESTITUIÇÃO AO STATUS QUO ANTE. INTELIGÊNCIA DOS ARTIGOS 497 E 499, DO ATUAL CÓDIGO DE PROCESSO CIVIL (CORRESPONDENTES AO ART. 461, E § 1º, DO CPC/1973). CONVERSÃO EM PERDAS E DANOS QUE SE AFIGURA ADEQUADA AO CASO EM CONCRETO. MANUTENÇÃO DO DECISUM. "Na impossibilidade material de ser cumprida a obrigação de forma específica, o juiz deverá, de ofício ou a requerimento da parte, determinar providências que assegurem o resultado prático equivalente ao adimplemento da obrigação" (Nelson Nery Júnior e Rosa Maria de Andrade Nery). RÉU QUE ADUZ A QUITADO O DÉBITO, MEDIANTE PAGAMENTO EM ESPÉCIE, SEM A OBTENÇÃO DE RECIBO. PROVA DO PAGAMENTO QUE INCUMBE AO DEVEDOR. NECESSIDADE DE APRESENTAÇÃO DOS RECIBOS OU PROVA DA QUITAÇÃO PELO ACIONADO. EXEGESE DO ART. 320, DO CÓDIGO CIVIL. AUTOR QUE OBJETIVA, A TÍTULO DE PERDAS E DANOS, O ARBITRAMENTO DE ALUGUEL PELO TEMPO DE UTILIZAÇÃO DO VEÍCULO PELO ACIONADO. INVIABILIDADE. AUSÊNCIA DE COMPROVAÇÃO DO PREJUÍZO SOFRIDO (ART. 302, DO CÓDIGO CIVIL). ADEMAIS, IMPOSSIBILIDADE DE DEVOLUÇÃO DO BEM E DE RETORNO AO STATUS QUO ANTE, COM A CONSEQUENTE CONVERSÃO EM PERDAS E DANOS, QUE AFASTA O ARBITRAMENTO DA INDENIZAÇÃO PRETENDIDA. DANO MORAL. DESCABIMENTO. MERO INADIMPLEMENTO CONTRATUAL. AUSÊNCIA DE COMPROVAÇÃO DE OUTRA CIRCUNSTÂNCIA CAUSADORA DE ABALO ANIMICO. PLEITO DESPROVIDO. PEDIDO DE CONDENAÇÃO DO AUTOR ÀS PENAS DA LITIGÂNCIA DE MÁ FÉ. PRETENSÃO REFUTADA. AUSÊNCIA DE QUAISQUER DAS HIPÓTESES DO ART. 80, DO ATUAL CPC (CORRESPONDENTE AO ART. 17 DO CPC/1973). SENTENÇA MANTIDA. RECURSOS CONHECIDOS E DESPROVIDOS. (TJ-SC; AC 20110788854 Itajaí; Segunda Câmara de Direito Civil; Rel. Jorge Luis Costa Beber; Julg. 28/04/2016)

✓ DECISÃO: Acordam os Desembargadores da 18ª Câmara Cível do Tribunal de Justiça do Estado do Paraná, por unanimidade de votos, em conhecer e rejeitar os Embargos de Declaração nº 1.536.683-3/01 e conhecer e acolher os Embargos de Declaração nº 1.536.683-3/02, nos termos da fundamentação supra. EMENTA: EMBARGOS DE DECLRAÇÃO. AÇÃO DE OBRIGAÇÃO DE FAZER. RECURSO OPOSTO POR AMBAS AS PARTES.EMBARGOS DE DECLRAÇÃO Nº 1536683-3/01: AUSÊNCIA DE CONTRADIÇÃO, OBSCURIDADE, OMISSÃO OU ERRO MATE-

RIAL NO ACÓRDÃO. QUESTÕES JÁ DEVIDAMENTE ANALISADAS. MERO INCONFORMISMO. ALEGAÇÕES QUE NÃO SE ENQUADRAM EM QUALQUER DAS HIPÓTESES DO ART. 1.022 DO CPC/15. EMBARGOS CONHECIDOS E REJEITADOS.EMBARGOS DE DECLRAÇÃO Nº 1536683-3/02: EXISTÊNCIA DE OMISSÃO. AUSÊNCIA DE ANÁLISE QUANTO A HIPÓTESE DE IMPOSSIBILIDADE DE CUMPRIR A OBRIGAÇÃO DE FAZER.VÍCIO SANADO. 1. A demanda originária corresponde à obrigação de fazer, cuja impossibilidade de fazer, ou havendo interesse do autor, poderá ser convertida em perdas e danos, nos termos do artigo 499 do Código de Processo Civil: "Art. 499.A obrigação somente será convertida em perdas e danos se o autor o requerer ou se impossível a tutela específica ou a obtenção de tutela pelo resultado prático equivalente". 2. No caso, sendo impossível a obrigação de fazer, deverá a parte demonstrá-la em cumprimento de sentença. 3. RECURSO CONHECIDO E ACOLHIDO. (TJPR – 18ª C. Cível – EDC – 1536683-3/02 – Região Metropolitana de Londrina – Foro Central de Londrina – Rel. Marcelo Gobbo Dalla Des; Unânime; Julg.05.04.2017) (TJ -PR; ED 1536683302 PR (Acórdão); 18ª Câmara Cível; Rel. Marcelo Gobbo Dalla Dea; Julg. 05/04/2017; Data de Publicação: DJ: 2013 20/04/2017)

Art. 500. A indenização por perdas e danos dar-se-á sem prejuízo da multa fixada periodicamente para compelir o réu ao cumprimento específico da obrigação.

Perdas e danos sem prejuízo da multa cominatória:

✓ APELAÇÃO CÍVEL. AÇÃO DECLARATÓRIA C/C INDENIZAÇÃO POR DANOS MORAIS E REPETIÇÃO DE INDÉBITO. COBRANÇAS INDEVIDAS EM FATURAS TELEFÔNICAS. SENTENÇA DE PARCIAL PROCEDÊNCIA. RECURSO DA AUTORA. APLICABILIDADE DO CÓDIGO DE DEFESA DO CONSUMIDOR. PLEITO DE DECLARAÇÃO DE INEXISTÊNCIA DE DÉBITOS QUE FUTURAMENTE POSSAM SER COBRADOS. INSUBSISTÊNCIA. PEDIDO GENÉRICO. AUSÊNCIA DOS REQUISITOS AUTORIZADORES DO ARTIGO 324, § 1º DO NOVO CÓDIGO DE PROCESSO CIVIL. PEDIDO DE FIXAÇÃO DE MULTA COMINATÓRIA (ASTREINTES). CABIMENTO. FACULDADE CONFERIDA AO MAGISTRADO NA FORMA DOS ARTIGOS 497, 500, 536 e 537, DO NOVO CÓDIGO DE PROCESSO CIVIL. FIXAÇÃO DA MULTA DIÁRIA EM R$ 100,00 (CEM REAIS) EM CASO DE DESCUMPRIMENTO DA ORDEM JUDICIAL. PLEITO DE APRESENTAÇÃO DAS FATURAS DE TELEFONIA. SUBSISTÊNCIA. DOCUMENTOS COMUNS ÀS PARTES. AUTORA QUE POSSUI O DIREITO DE CONHECER TODAS AS COBRANÇAS REALIZADAS. DEVER DE EXIBIÇÃO RECONHECIDO. PEDIDO DE CONDENAÇÃO DA REQUERIDA À DEVOLUÇÃO EM DOBRO DOS VALORES DEBITADOS INDEVIDAMENTE. SUBSISTÊNCIA. DÉBITO INDEVIDO. AUSÊNCIA DE PROVA DE ENGANO JUSTIFICÁVEL. EXEGESE DO ARTIGO 42 DO CÓDIGO DE DEFESA DO CONSUMIDOR. PLEITO VISANDO A CONDENAÇÃO DA DEMANDADA AO PAGAMENTO DE INDENIZAÇÃO POR DANOS MORAIS. INSUBSISTÊNCIA. AUSÊNCIA DE COMPROVAÇÃO DE SOFRIMENTO EXTRAORDINÁRIO. ÔNUS QUE INCUMBIA À AUTORA (ART. 371, I DO NCPC). ADEMAIS, AUSÊNCIA DE INSCRIÇÃO NO ROL DE INADIMPLENTES OU SUSPENSÃO DO SERVIÇO DE TELEFONIA. ABALO ANÍMICO NÃO CONFIGURADO. RECURSO CONHECIDO E PARCIALMENTE PROVIDO. (TJ-SC; AC 00013673920148240062 São João Batista; Sexta Câmara de Direito Civil; Rel. Denise Volpato; Julg. 10/10/2017)

✓ PROCESSUAL CIVIL. DESCUMPRIMENTO DE DECISÃO PROFERIDA EM OUTRO PROCESSO. PEDIDO DE INDENIZAÇÃO POR DANOS MORAIS DECORRENTES DO NÃO CUMPRIMENTO DA ORDEM QUE PROIBIU A SUSPENSÃO DO FORNECIMENTO DE ENERGIA ELÉTRICA. PRETENSÃO A SER DEDUZIDA NO ÂMBITO DO FEITO EM QUE DESRESPEITADA A DECISÃO JUDICIAL. IMPOSSIBILIDADE DE AJUIZAMENTO DE NOVA DEMANDA. PERDAS E DANOS. ARTS. 497 A 500 DO NCPC. EXTINÇÃO SEM RESOLUÇÃO DE MÉRITO. AUSÊNCIA DE REFORMATIO IN PEJUS. POSSIBILIDADE DE DEDUÇÃO DE IDÊNTICO PEDIDO NOS AUTOS DO PROCESSO EM QUE EXARADA A DECISÃO DESRESPEITADA. Sentença desconstituída de ofício. Recurso prejudicado. (Recurso Cível 71006375810; Quarta Turma Recursal Cível, Turmas Recursais; Rel. Ricardo Pippi Schmidt; Julg. 11/11/2016).

Art. 501. Na ação que tenha por objeto a emissão de declaração de vontade, a sentença que julgar procedente o pedido, uma vez transitada em julgado, produzirá todos os efeitos da declaração não emitida.

→ *v.* Art. 16 do Dec.-Lei 58/1937.

Seção V
Da Coisa Julgada

Art. 502. Denomina-se coisa julgada material a autoridade que torna imutável e indiscutível a decisão de mérito não mais sujeita a recurso.

→ *v.* Súmula 423 do STF.

→ *v.* Art. 5º, XXXVI, da CF/1988.

→ v. Art. 6º, § 3º, da LINDB.
→ v. Art. 103 do CDC.
→ v. Art. 16 da Lei 7.347/1985.
→ v. Art. 337, §§ 1º a 4º, do NCPC.
→ v. Enunciado 436 do FPPC: Preenchidos os demais pressupostos, a decisão interlocutória e a decisão unipessoal (monocrática) são suscetíveis de fazer coisa julgada.

Coisa julgada – imutabilidade e indiscutibilidade da decisão de mérito:

✓ APELAÇÃO. CUMPRIMENTO DE SENTENÇA. PRESTAÇÃO DE SERVIÇOS EDUCACIONAIS. EXCEÇÃO DE PRÉ-EXECUTIVIDADE ACOLHIDA. RECONHECIMENTO DA PRESCRIÇÃO. APELO DA UNIVERSIDADE. ADUZIDA OCORRÊNCIA DE COISA JULGADA. TESE PROFÍCUA. EXISTÊNCIA DE SENTENÇA TRANSITADA EM JULGADO PROFERIDA NA AÇÃO DE COBRANÇA, DECLARANDO JUSTAMENTE QUAIS AS PARCELAS ESTARIAM PRESCRITAS. IMPOSSIBILIDADE DE REDISCUSSÃO. EXEGESE DO ART. 502 E 508 DO NCPC. VEREDITO CASSADO. IMEDIATO RETORNO DO FEITO À ORIGEM, PARA RETOMADA DO ITER PROCESSUAL. RECURSO CONHECIDO E PROVIDO. (TJ-S; AC 00011580720118240020; Criciúma; Primeira Câmara de Direito Público; Rel. Luiz Fernando Boller; Julg. 20/06/2017,)

✓ AGRAVO DE INSTRUMENTO. NEGÓCIOS JURÍDICOS BANCÁRIOS. EXPURGOS INFLACIONÁRIOS EM CADERNETA DE POUPANÇA. PEDIDO DE FIXAÇÃO DE HONORÁRIOS PARA O CUMPRIMENTO DE SENTENÇA E PAGAMENTO DE SALDO REMANESCENTE. IMPOSSIBILIDADE. COISA JULGADA. Descabida a rediscussão acerca da fixação dos honorários advocatícios, em respeito à coisa julgada, conforme o disposto no art. 502 do NCPC. AGRAVO DE INSTRUMENTO DESPROVIDO. (TJ/RS; Agravo de Instrumento 70075111278; Vigésima Quarta Câmara Cível; Rel. Altair de Lemos Junior; Julg. 25/10/2017).

✓ EMBARGOS DE DECLARAÇÃO. PREVIDENCIÁRIO E PROCESSUAL CIVIL. PEDIDO DE BENEFÍCIO JÁ ANALISADO PELA JUSTIÇA FEDERAL. RECONHECIMENTO DA NATUREZA NÃO ACIDENTÁRIA DAS LESÕES. COISA JULGADA QUE IMPEDE A REANÁLISE DA PRETENSÃO SOB O PRETEXTO DE SE TRATAR DE DOENÇAS ADQUIRIDAS NO TRABALHO. AUSÊNCIA DE OMISSÃO, CONTRADIÇÃO, OBSCURIDADE OU ERRO MATERIAL. RECURSO REJEITADO. (TJ-SC; ED: 03022111420158240018; Chapecó; Terceira Câmara de Direito Público; Rel. Pedro Manoel Abreu; Julg. 08/08/2017)

✓ AGRAVO DE INSTRUMENTO. DECISÃO MONOCRÁTICA. ART. 932, CPC. PEDIDO DE FALÊNCIA. PROCESSUAL CIVIL. DEVOLUÇÃO DE VALOR ORIUNDO DE DEPÓSITO ELISIVO LEVANTADO INDEVIDAMENTE. REDISCUSSÃO DA MATÉRIA. IMPOSSIBILIDADE. PRECLUSÃO. COISA JULGADA MATERIAL. OFENSA AOS ARTS. 502, 503, 507 E 508, CPC. NEGADO PROVIMENTO AO AGRAVO DE INSTRUMENTO. (TJ/RS; Agravo de Instrumento 70069742666; Sexta Câmara Cível; Rel. Luís Augusto Coelho Braga; Julg. 07/10/2016).

Art. 503. A decisão que julgar total ou parcialmente o mérito tem força de lei nos limites da questão principal expressamente decidida.

→ v. Enunciado 338 do FPPC: Cabe ação rescisória para desconstituir a coisa julgada formada sobre a resolução expressa da questão prejudicial incidental.
→ v. Enunciado 367 do FPPC: Para fins de interpretação do art. 1.054, entende-se como início do processo a data do protocolo da petição inicial.

Limites da coisa julgada:

✓ AGRAVO INTERNO. POSSE. BENS IMÓVEIS. IMPUGNAÇÃO AO CUMPRIMENTO DE SENTENÇA. RECURSO CONTRA DECISÃO DO RELATOR. APLICAÇÃO DO ART. 932 DO CPC/15. COISA JULGADA. ALUGUEL INDENIZATÓRIO. CÁLCULO. A coisa julgada tem força de lei nos limites da lide e das questões decididas (art. 503 do CPC/15) e não pode ser revista em pretensão renovada. – Não merece provimento agravo interno que ataca decisão do relator em adequada aplicação da regra contida no art. 932 do CPC/15. RECURSO DESPROVIDO. (TJ/RS; Agravo 70074879818; Décima Oitava Câmara Cível; Rel. João Moreno Pomar; Julg. 24/10/2017).

✓ DECISÃO: Acordam os Senhores julgadores integrantes da Décima Sexta Câmara Cível do Tribunal de Justiça do Paraná, por unanimidade de votos, em conhecer e negar provimento ao recurso, nos termos do voto e fundamentação. EMENTA: AGRAVO DE INSTRUMENTO. REVISIONAL DE CONTRATO.CUMPRIMENTO DE SENTENÇA. SENTENÇA QUE DETERMINOU A COBRANÇA ISOLADA DE COMISSÃO DE PERMANÊNCIA, MAS NADA MENCIONOU ACERCA DO PERCENTUAL JÁ FIXADO NO CONTRATO. LIMITES DA COISA JULGADA. DECISÃO EM CUMPRIMENTO DE SENTENÇA QUE NÃO PODE EXTRAPOLAR O QUE JÁ RESTOU DECIDIDO. ART. 503 DO CPC/15. RECURSO CONHECIDO E NÃO PROVIDO. (TJPR; AI – 1607195; Curitiba; 16ª C. Cível; Rel. Vania Maria da S Kramer; Unânime; Julg. 12/04/2017)

§ 1º O disposto no *caput* aplica-se à resolução de questão prejudicial, decidida expressa e incidentemente no processo, se:

→ *v.* Enunciado 111 do FPPC: Persiste o interesse no ajuizamento de ação declaratória quanto à questão prejudicial incidental.

→ *v.* Enunciado 35 do CJF: Considerando os princípios do acesso à justiça e da segurança jurídica, persiste o interesse de agir na propositura de ação declaratória a respeito da questão prejudicial incidental, a ser distribuída por dependência da ação preexistente, inexistindo litispendência entre ambas as demandas (arts. 329 e 503, § 1º, do CPC).

→ *v.* Enunciado 8 do CEAPRO: Deve o julgador enunciar expressamente no dispositivo quais questões prejudiciais serão acobertadas pela coisa julgada material, até por conta do disposto no inciso I do art. 505.

→ *v.* Enunciado 165 do FPPC: A análise de questão prejudicial incidental, desde que preencha os pressupostos dos parágrafos do art. 503, está sujeita à coisa julgada, independentemente de provocação específica para o seu reconhecimento.

→ *v.* Enunciado 313 do FPPC: São cumulativos os pressupostos previstos nos §1º e seus incisos, observado o §2º do art. 503.

→ *v.* Enunciado 338 do FPPC: Cabe ação rescisória para desconstituir a coisa julgada formada sobre a resolução expressa da questão prejudicial incidental.

→ *v.* Enunciado 437 do FPPC: A coisa julgada sobre a questão prejudicial incidental se limita à existência, inexistência ou modo de ser de situação jurídica, e à autenticidade ou falsidade de documento.

→ *v.* Enunciado 438 do FPPC: É desnecessário que a resolução expressa da questão prejudicial incidental esteja no dispositivo da decisão para ter aptidão de fazer coisa julgada.

→ *v.* Enunciado 439 do FPPC: Nas causas contra a Fazenda Pública, além do preenchimento dos pressupostos previstos no art. 503, §§ 1º e 2º, a coisa julgada sobre a questão prejudicial incidental depende de remessa necessária, quando for o caso.

→ *v.* Enunciado 638 do FPPC: A formação de coisa julgada sobre questão prejudicial incidental, cuja resolução como principal exigiria a formação de litisconsórcio necessário unitário, pressupõe contraditório efetivo por todos os legitimados, observada a parte final do art. 506.

I – dessa resolução depender o julgamento do mérito;

II – a seu respeito tiver havido contraditório prévio e efetivo, não se aplicando no caso de revelia;

III – o juízo tiver competência em razão da matéria e da pessoa para resolvê-la como questão principal.

→ *v.* Enunciado 313 do FPPC: São cumulativos os pressupostos previstos nos § 1º e seus incisos, observado o § 2º do art. 503.

<u>Coisa julgada sobre a questão prejudicial que exige competência do juízo sentenciante em razão da matéria ou da pessoa:</u>

✓ PLANO DE SAÚDE – Coisa Julgada – Inexistência – Não apreciação do mérito – Decisão proferida pelo Colégio Recursal de Taubaté que restringe-se ao reconhecimento da incompetência absoluta do Juizado Especial Cível para conhecer da matéria, uma vez que não poderia estabelecer a competência da Justiça do Trabalho, por extrapolar os limites de sua competência jurisdicional, como deflui da Súmula n. 150 do STJ, e nem excluir o direito da parte em renovar o pedido perante a Justiça Comum Estadual, uma vez que não foi apreciado o mérito, como dessume do art. 268 do CPC/1973, vigente à época, do que não destoa o art. 486, caput, do CPC/2015- Inteligência do art. 503, § 1º, III, do CPC/2015 - Recurso provido. (TJ-SP; APL: 10027477020168260445; SP; 1ª Câmara de Direito Privado; Rel. Alcides Leopoldo e Silva Júnior; Julg. 06/10/2016; Data de Publicação: 06/10/2016)

§ 2º A hipótese do § 1º não se aplica se no processo houver restrições probatórias ou limitações à cognição que impeçam o aprofundamento da análise da questão prejudicial.

→ *v.* Enunciado 165 do FPPC: A análise de questão prejudicial incidental, desde que preencha os pressupostos dos parágrafos do art. 503, está sujeita à coisa julgada, independentemente de provocação específica para o seu reconhecimento.

→ *v.* Enunciado 313 do FPPC: São cumulativos os pressupostos previstos nos §1º e seus incisos, observado o §2º do art. 503.

<u>Inexistência da coisa julgada sobre a questão prejudicial por limitação probatória ou a cognição do juiz:</u>

✓ RESOLUÇÃO INCIDENTAL DE QUESTÃO PREJUDICIAL. Conforme o § 2º do art. 503 do CPC/15, a hipótese do § 1º (resolução incidental de questão prejudicial)"não se aplica se no processo houver restrições probatórias ou limitações à cognição que impeçam o aprofundamento da análise da questão prejudicial". Hipótese em que a parte autora não questionou na inicial os motivos da sua despedida, deixando de vincular seu pedido à resolução de tal questão, pelo que a reclamada sequer produziu prova a respeito. Recurso do reclamante não provido. (TRT-4; RO: 00103610320145040761; 6ª Turma; Julg. 08/03/2017)

Art. 504. Não fazem coisa julgada:

→ *v.* Súmulas 239 e 304 do STF.

→ *v.* Súmula 344 do STJ.

I – os motivos, ainda que importantes para determinar o alcance da parte dispositiva da sentença;

II – a verdade dos fatos, estabelecida como fundamento da sentença.

Art. 505. Nenhum juiz decidirá novamente as questões já decididas relativas à mesma lide, salvo:

Impossibilidade de rediscussão da coisa julgada:

✓ AGRAVO DE INSTRUMENTO. CUMPRIMENTO DE SENTENÇA PROFERIDA EM AÇÃO CIVIL PÚBLICA. DECISÃO HOSTILIZADA QUE DETERMINA A EXPEDIÇÃO DE ALVARÁ EM FAVOR DOS CREDORES. INSURGÊNCIA DA INSTITUIÇÃO FINANCEIRA DEVEDORA. ALEGAÇÃO DE PRECLUSÃO PRO JUDICATO. DECISÃO QUE REJEITOU O INCIDENTE DA IMPUGNAÇÃO, CONDICIONOU A LIBERAÇÃO DE VALORES AOS CREDORES À PRECLUSÃO DO MESMO PRONUNCIAMENTO JUDICIAL. DELIBERAÇÃO NÃO IMPUGNADA NO CAPÍTULO REFERENTE À EXPEDIÇÃO DE ALVARÁ. TESE ACOLHIDA. IMPOSSIBILIDADE DO JUÍZO REVER QUESTÃO SOBRE A QUAL SE OPEROU A PRECLUSÃO. INTELIGÊNCIA DO ART. 471, DO CÓDIGO DE PROCESSO CIVIL DE 1973, ATUAL ART. 505, DO NOVO CÓDIGO DE PROCESSO CIVIL. RECURSO CONHECIDO E PROVIDO. (TJ-SC; AI 01507651820158240000; São Miguel do Oeste; Câmara Especial Regional de Chapecó; Rel. José Maurício Lisboa; Julg. 04/12/2017)

I – se, tratando-se de relação jurídica de trato continuado, sobreveio modificação no estado de fato ou de direito, caso em que poderá a parte pedir a revisão do que foi estatuído na sentença;

→ *V.* Art. 15 da Lei 5.478/1968.

Relativização da coisa julgada:

✓ RECURSO ESPECIAL. CIVIL E PROCESSO CIVIL. INVESTIGAÇÃO DE PATERNIDADE. REPETIÇÃO DE AÇÃO ANTERIORMENTE AJUIZADA. PEDIDO JULGADO IMPROCEDENTE POR AUSÊNCIA DE PROVAS. EXAME DE DNA NÃO REALIZADO. COISA JULGADA. RELATIVIZAÇÃO. AÇÃO DE ESTADO. PREVALÊNCIA DA VERDADE REAL. JURISPRUDÊNCIA CONSOLIDADA. RECURSO PROVIDO. 1. A relativização da coisa julgada nas ações de investigação de paternidade anteriores à universalização do exame de DNA encontra-se consolidada no eg. Supremo Tribunal Federal (RE 363.889/MG, Rel. Ministro DIAS TOFFOLI) e também no âmbito do Superior Tribunal de Justiça (AgRg nos EREsp 1.202.791/SP, SEGUNDA SEÇÃO, Rel. Min. RICARDO VILLAS BÔAS CUEVA). 2. A necessidade de prevalência da verdade real no reconhecimento das relações de parentesco, amparadas em ações de estado (CPC/1973, arts. 469, II, e 471, I; CPC/2015, arts. 504, I, e 505, I), tem ensejado, ante as novas descobertas científicas, discussão acerca da relativização da coisa julgada. O Poder Judiciário não pode, sob a justificativa de impedir ofensa à coisa julgada, desconsiderar os avanços técnico-científicos inerentes à sociedade moderna, os quais possibilitam, por meio de exame genético, o conhecimento da verdade real, delineando, praticamente sem margem de erro, o estado de filiação ou parentesco de uma pessoa. Com a utilização desse meio de determinação genética, tornou-se possível uma certeza científica (quase absoluta) na determinação da filiação, enfim, das relações de ancestralidade e descendência, inerentes à identidade da pessoa e sua dignidade. 3. Deve ser relativizada a coisa julgada firmada em ação de investigação de paternidade julgada improcedente por insuficiência de provas, na qual o exame hematológico determinado pelo juízo deixou de ser realizado, no entender do Tribunal de origem, por desídia da parte autora. Fundamento que não pode servir de obstáculo ao conhecimento da verdade real, uma vez que a autora, à época da primeira ação, era menor impúbere, e o direito à paternidade, sendo personalíssimo, irrenunciável e imprescritível, não pode ser obstado por ato atribuível exclusivamente à representante legal da parte, máxime considerando-se que anterior à universalização do exame de DNA. 4. Recurso especial provido. (REsp 1071458; MG; Quarta Turma; Rel. Min. Raul Araújo; Julg. 07/03/2017; DJe 15/03/2017)

II – nos demais casos prescritos em lei.

→ *V.* Arts. 304, § 6º, e 310, do NCPC.

Possibilidades de rediscussão da coisa julgada:

✓ DECISÃO: ACORDAM os integrantes da Décima Sexta Câmara Cível do Tribunal de Justiça do Estado do Paraná, por unanimidade de votos, em dar provimento ao recurso, nos termos do voto. EMENTA: Apelação cível. Cumprimento individual de sentença proferida em Ação Civil Pública ajuizada pela APADECO em face do Banco Itaú Unibanco S/A (sucessor do Banco Banestado S/A) Prescrição quinquenal. Preclusão pro judicato. Configurada. Demais alegações prejudicadas. Recurso provido." Art. 505. Nenhum juiz decidirá novamente as questões já decididas relativas à mesma lide, salvo. I – se, tratando se de relação jurídica de trato continuado, sobreveio modificação no estado de fato ou de direito, caso em que poderá a parte pedir a revisão do que foi estatuído na sentença; II – nos demais casos prescritos em lei."- Código de Processo Civil de 2015. (TJPR; AC 1544039-0; Cascavel; 16ª C. Cível; Rel. Hélio Henrique Lopes Fernandes Lima; Unânime; Julg. 17.08.2016)

Art. 506. A sentença faz coisa julgada às partes entre as quais é dada, não prejudicando terceiros.

→ *v.* Art. 103 do CDC.

→ *v.* Art. 16 da Lei 7.347/1985.

→ *v.* Enunciado 36 do CJF: O disposto no art. 506 do CPC não permite que se incluam, dentre os beneficiados pela coisa julgada, litigantes de outras demandas em que se discuta a mesma tese jurídica.

→ *v.* Enunciado 234 do FPPC: A decisão de improcedência na ação proposta pelo credor beneficia todos os devedores solidários, mesmo os que não foram partes no processo, exceto se fundada em defesa pessoal.

→ *v.* Enunciado 436 do FPPC: Preenchidos os demais pressupostos, a decisão interlocutória e a decisão unipessoal (monocrática) são suscetíveis de fazer coisa julgada.

→ *v.* Enunciado 638 do FPPC: A formação de coisa julgada sobre questão prejudicial incidental, cuja resolução como principal exigiria a formação de litisconsórcio necessário unitário, pressupõe contraditório efetivo por todos os legitimados, observada a parte final do art. 506.

Impossibilidade de a sentença prejudicar terceiros:

✓ AGRAVO DE INSTRUMENTO. PROCESSO CIVIL. INDENIZATÓRIA. DANOS EM RESIDÊNCIA DECORRENTES DA COLISÃO COM VEÍCULO AUTOMOTOR. ATRIBUIÇÃO, PELO RÉU, DE RESPONSABILIDADE AO CONDUTOR DE OUTRO VEÍCULO ENVOLVIDO NO EVENTO. DENUNCIAÇÃO DA LIDE. HIPÓTESE FACULTATIVA DE INTERVENÇÃO DE TERCEIROS (CPC, ART. 125, II). OBRIGAÇÃO DE INDENIZAR REGRESSIVAMENTE QUE NÃO DECORRE DIRETAMENTE DA LEI OU DE CONTRATO, MAS DE REGRAS GENÉRICAS DE RESPONSABILIDADE CIVIL. PROCESSO EM FASE DE ALEGAÇÕES FINAIS. INTERVENÇÃO DE TERCEIRO INADMISSÍVEL, NA ESPÉCIE. SENTENÇA PROFERIDA EM AÇÃO CONEXA. LIMITES OBJETIVOS E SUBJETIVOS DA COISA JULGADA. EXISTÊNCIA DE EVENTUAL DIREITO DE REGRESSO OU ATRIBUIÇÃO DE RESPONSABILIDADE DE TERCEIRO QUE DEVERÁ SER ABORDADA NA ORIGEM, QUANDO DA PROLAÇÃO DA SENTENÇA. RECURSO CONHECIDO E NÃO PROVIDO. Nos termos do artigo 70, III, do revogado codex, hipótese tratada atualmente no NCPC, no inc. II do art. 125, é admissível a denunciação da lide nos casos em que haja previsão legal ou contratual para que o denunciado, de forma regressiva, indenize o denunciante, caso venha este a sair vencido no processo, não servindo o instituto para a transferência de responsabilidade ao terceiro denunciado. As regras genéricas de responsabilidade civil não implicam o reconhecimento automático do direito de regresso, para efeitos de admissão do pedido de denunciação da lide. "A denunciação da lide, como modalidade de intervenção de terceiros, busca atender aos princípios da economia e da presteza na entrega da prestação jurisdicional, não devendo ser prestigiada quando susceptível de pôr em risco tais princípios" (REsp n. 216.657/SP, rel. Min. Sálvio de Figueiredo Teixeira, Terceira Turma). A coisa julgada, em obediência aos seus limites objetivos e subjetivos, restringe-se ao dispositivo da sentença, não prejudicando terceiros. Inteligência dos artigos 504 e 506 do CPC/15. Em sede de agravo de instrumento, discute-se apenas o acerto ou o desacerto da decisão atacada, o que se faz a partir de um exame superficial, devendo o mérito da causa ser analisado, com profundidade, na origem. Caso contrário, haveria indevido e despropositado julgamento antecipado da lide principal e, pior, com base em instrução inacabada. (TJSC; Agravo de Instrumento 4010904-12.2016.8.24.0000; Joinville; Segunda Câmara de Direito Civil; Rel. Des. Sebastião César Evangelista; Julg. 30-03-2017).

✓ APELAÇÃO CÍVEL. Ação de cobrança. Locação de maquinário para construção civil. Autor que formula pedido de desistência da ação com relação ao 1º réu à fl. 218. Homologação à fl. 231. Magistrado que reconheceu a ilegitimidade passiva de todos os demais réus, condenando exclusivamente a parte que não mais integra o polo passivo da demanda. "A sentença faz coisa julgada às partes entre as quais é dada, não prejudicando terceiros." Art. 506 NCPC. Sentença que anulada pela violação dos arts. 141 e 492 do NCPC. RECURSO PREJUDICADO NOS TERMOS DO ART. 932, III DO NOVO CÓDIGO DE PROCESSO CIVIL. (TJ-RJ; APL 00026266620088190079; Itaipava, Regional Petrópolis; 1ª Vara Cível; Décima Câmara Cível; Rel. Pedro Saraiva De Andrade Lemos; Julg. 04/10/2016; Data de Publicação: 06/10/2016)

✓ AGRAVO DE INSTRUMENTO – Decisão que indefere penhora sobre fração de imóvel pertencente ao cônjuge da ré – Pretensão à sua reforma – Inadmissibilidade – Cônjuge que não fez parte da lide – Inteligência do art. 506, do CPC/2015 – Decisão mantida – AGRAVO DESPROVIDO. (TJ-SP; 21126939720178260000; SP; 5ª Câmara de Direito Privado; Rel. Fábio Podestá; Julg. 14/11/2017; Data de Publicação: 14/11/2017)

Art. 507. É vedado à parte discutir no curso do processo as questões já decididas a cujo respeito se operou a preclusão.

→ *v.* Arts. 63, § 4º, 209, § 2º, 278, 293 e 1.009, § 1º, do NCPC.

Preclusão das decisões e impossibilidade de rediscussão:

✓ AGRAVO INTERNO NO AGRAVO DE INSTRUMENTO - IMPUGNAÇÃO AO CUMPRIMENTO DE SENTENÇA - DECISÃO MONOCRÁTICA DA LAVRA DESTE SIGNATÁRIO QUE ACOLHEU O AGRAVO PARA CONHECER EM PARTE DO RECURSO ESPECIAL E, NESSA EXTENSÃO, NEGOU-LHE PROVIMENTO. IRRESIGNAÇÃO DA EXECUTADA. 1. Segundo a reiterada jurisprudência deste Superior Tribunal de Justiça, não há que se confundir decisão contrária aos interesses da parte com negativa de prestação jurisdicional, nem fundamentação sucinta com ausência de undamentação. Precedentes. 2. A ratio essendi da norma prevista no art. 475-L, VI, do CPC/1973 (art. 525, VII, do CPC/2015) é viabilizar ao executado a discussão de causas impeditivas, modificativas e extintivas que, além de supervenientes a sentença, ainda não foram objeto de decisão por parte do órgão jurisdicional, sendo necessário compatibilizar a referida regra com o art. 473 do CPC/1973 (atual 507 do CPC/2015), no qual prevê ser vedado à parte discutir no curso do processo as questões já decididas a cujo respeito se operou a preclusão. 2.1. Na espécie, embora a transação tenha ocorrido após a fase de conhecimento da demanda, a questão afeta à sua validade foi objeto de decisão não recorrida no tempo oportuno, de modo que, à luz do art. 473 do CPC/1973 (atual 507 do CPC/2015), não poderia a insurgente rediscutir a questão em sede de impugnação ao cumprimento de sentença. 3. Tendo em vista a manutenção da preclusão reconhecida pelas instâncias ordinárias, mostra-se prejudicado o exame da alegada validade da transação entabulada entre as partes. 4. Agravo interno desprovido. (AgInt no Ag 1400631;PR; Quarta Turma; Rel. Min. Marco Buzzi; Julg. 07/06/2016; DJe 17/06/2016)

✓ AGRAVO. PROCESSUAL CIVIL. AÇÃO INDENIZATÓRIA. SEGURO HABITACIONAL. JULGAMENTO DO APELO. CHAMAMENTO DO FEITO À ORDEM. PLEITO POSTERIOR. - DECISÃO DE INDEFERIMENTO. PRESCRIÇÃO E REMESSA À JUSTIÇA FEDERAL. PRECLUSÃO. ADEMAIS, REFORMATIO IN PEJUS INVIÁVEL. - Por força do disposto no art. 505, do Código de Processo Civil de 2015, tirante exceções à regra não verificadas na espécie, "Nenhum juiz decidirá novamente as questões já decididas relativas à mesma lide", assim como nos moldes do art. 507 do mesmo Diploma "É vedado à parte discutir no curso do processo as questões já decididas a cujo respeito se operou a preclusão". A impossibilidade de reanálise de temáticas, em razão da preclusão, aplica-se, também, às matérias de ordem pública. - In casu, inviável a apreciação de matérias suscitadas em pleito de 'chamamento do feito à ordem' formulado posteriormente à análise de recurso por colegiado, se as matérias já foram alcançadas pela preclusão, não foram alvo de deliberação no decisum de primeiro grau impugnado e o seu acolhimento resultar em reformatio in pejus. DECISÃO MANTIDA. RECURSO DESPROVIDO. (TJ-SC; AGV: 00161694820138240039; Lages; Quinta Câmara de Direito Civil; Rel. Henry Petry Junior; Julg. 12/12/2017,)

✓ APELAÇÃO CÍVEL. CIVIL E PROCESSUAL CIVIL. AÇÃO DE COBRANÇA DE INDENIZAÇÃO SECURITÁRIA. SEGURO OBRIGATÓRIO. DPVAT. - PROCEDÊNCIA NA ORIGEM. (1) PRELIMINAR. ILEGITIMIDADE ATIVA AD CAUSAM. PRECLUSÃO CONSUMATIVA. MATÉRIA JÁ DECIDIDA. CPC/2015, ART. 507. NÃO CONHECIMENTO. - De acordo com o disposto no art. 507 do Código de Processo Civil de 2015, "é vedado à parte discutir no curso do processo as questões já decididas a cujo respeito se operou a preclusão". (2) MÉRITO. PROVA PERICIAL INDIRETA. INTERPRETAÇÃO. INVALIDEZ DEMONSTRADA. - O artigo 479, do Código de Processo Civil de 2015, prestigia o 'livre convencimento motivado' mesmo nas demandas em que produzida prova pericial, de sorte que não está o julgador adstrito às conclusões do laudo, podendo até mesmo deixar de considerá-las ou decidir de modo antagônico a elas, desde que o faça de maneira fundamentada. - In casu, extraindo-se do laudo pericial informações bastantes para o deslinde da quaestio, com possibilidade de conclusão acerca da existência da invalidez, superveniente a acidente de trânsito, sua classificação e grau, a condenação da ré ao pagamento de indenização do seguro obrigatório DPVAT é medida impositiva. SENTENÇA MANTIDA. RECURSO PARCIALMENTE CONHECIDO E DESPROVIDO. (TJ-SC; AC 03035884120158240011; Brusque; Quinta Câmara de Direito Civil; Rel. Henry Petry Junior; Julg. 03/10/2017)

✓ AGRAVO DE INSTRUMENTO - AÇÃO ORDINÁRIA DE REPARAÇÃO DE DANOS DECORRENTES DE VÍCIOS CONSTRUTIVOS - PROVA PERICIAL REALIZADA EM AÇÃO CAUTELAR DE ANTECIPAÇÃO DE PROVAS - REGULARIDADE - PEDIDO DE NOVA PERÍCIA NOS AUTOS PRINCIPAIS - PRECLUSÃO - DECLARAÇÃO DE NULIDADE POR FALTA DE CONTRADITÓRIO DE UM DOS CÓRREUS - AUSÊNCIA DE PREJUÍZO - IMPOSSIBILIDADE. - Tendo a prova pericial, produzida em sede de Ação Cautelar de Antecipação de Provas, sido homologada, após todas as oportunidades de manifestação das partes, descabe o pedido de nova prova técnica, já que preclusa sua pretensão. - Não se declara a nulidade de qualquer ato processual sem a prova de efetivo prejuízo à parte. (TJ-MG; AI 10024142916733001; MG; 18ª Câmara Cível; Rel. Roberto Vasconcellos; Julg. 22/03/2016; Data de Publicação: 22/03/2016)

✓ APELAÇÃO CÍVEL - AÇÃO REVISIONAL - CONTRATOS VINCULADOS A CONTA-CORRENTE - SENTENÇA DE INDEFERIMENTO DA INICIAL - RECURSO DA AUTORA. EMENDA DA EXORDIAL - ALEGADA DESNECESSIDADE DE APRESENTAÇÃO DOS CONTRATOS FIRMADOS PELOS LITIGANTES E ESPECIFICAÇÃO DAS CLÁUSULAS QUE CONSIDERA ABUSIVAS - TODAVIA, AUSÊNCIA DE INSURGÊNCIA OPORTUNA CONTRA A DECISÃO INTERLOCUTÓRIA QUE DETERMINOU A RETIFICAÇÃO DA PEÇA VESTIBULAR, SOB PENA DE INDEFERIMENTO - PRECLUSÃO TEMPORAL CONFIGURADA - EXEGESE DOS ARTS. 223 E 507 DO DIPLOMA PROCESSUAL - IMPOSSIBILIDADE DE CONHECIMENTO DO APELO

NA "QUAESTIO". Consoante disposto no art. 223 do Código de Processo Civil, decorrido o prazo para a manifestação da parte, resta obstada, independentemente de declaração judicial, a pratica de determinado ato, a cujo respeito se operou a preclusão, excetuadas as hipóteses de impossibilidade por justa causa. Ademais, o art. 507 da Lei Adjetiva Civil revogada determina que "é vedado à parte discutir, no curso do processo as questões já decididas a cujo respeito se operou a preclusão". Não tendo sido interposto recurso oportuno contra a decisão interlocutória que determinou a emenda da inicial para apresentação dos contratos firmados pelos litigantes e especificação das cláusulas que consideravam abusivas, dentre outras medidas, entende-se por preclusa a matéria, de modo a estar impossibilitada a discussão acerca do tema apenas em sede de apelação. HONORÁRIOS ADVOCATÍCIOS RECURSAIS – EXEGESE DO ART. 85, § 1º, DA LEI ADJETIVA CIVIL – DESPROVIMENTO DO RECLAMO DA PARTE AUTORA E APRESENTAÇÃO DE CONTRARRAZÕES PELA ADVERSÁRIA – INEXISTÊNCIA, PORÉM, DE ARBITRAMENTO DA VERBA PATRONAL NA SENTENÇA – FIXAÇÃO DESCABIDA NA ESPÉCIE. Sob a premissa de que o estipêndio patronal sucumbencial é devido em função do trabalho realizado pelos causídicos, prevê a legislação processual civil a possibilidade de arbitramento de honorários por ocasião do julgamento do recurso (art. 85, § 1º, do CPC). Nada obstante, a sucumbência só ocorrerá nos casos de recursos provenientes de sentença em que tenha ocorrido arbitramento da verba patronal, por exegese do §11 do art. 85 da Lei Processual Civil. Nesse viés, na situação dos presentes autos, embora tenha a parte recorrida apresentado contrarrazões nesta Instância, há evidente óbice à fixação de honorários advocatícios recursais, diante da inexistência de arbitramento do estipêndio pelo Juízo "a quo". (TJSC; Apelação Cível 0312224-12.2015.8.24.0038; Segunda Câmara de Direito Comercial; Rel. Des. Robson Luz Varella; Julg. 28-11-2017).

Art. 508. **Transitada em julgado a decisão de mérito, considerar-se-ão deduzidas e repelidas todas as alegações e as defesas que a parte poderia opor tanto ao acolhimento quanto à rejeição do pedido.**

Eficácia preclusiva da coisa julgada:

✓ AGRAVO REGIMENTAL NO RECURSO ESPECIAL – AÇÃO DECLARATÓRIA – DECISÃO MONOCRÁTICA QUE DEU PROVIMENTO AO APELO EXTREMO PARA JULGAR EXTINTO O PROCESSO, SEM RESOLUÇÃO DO MÉRITO – OCORRÊNCIA DA COISA JULGADA – IRRESIGNAÇÃO DA AUTORA – VISTA REGIMENTAL – MANUTENÇÃO DO VOTO – AGRAVO DESPROVIDO. 1. Na hipótese, para o deslinde da controvérsia, dispensa-se a reapreciação do conjunto fático-probatório, bastando a valoração do conteúdo inserto nas petições iniciais e respectivas sentenças, atribuindo-lhes o correto valor jurídico, portanto, descabida a incidência do óbice da Súmula 7 do STJ. 2. Nos termos do art. 474 do CPC/1973 (art. 508, CPC/2015): "Passada em julgado a sentença de mérito, reputar-se-ão deduzidas e repelidas todas as alegações e defesas, que a parte poderia opor assim ao acolhimento como à rejeição do pedido". 3. Destaca-se ser a coisa julgada tutelada pelo ordenamento jurídico não só pelo impedimento à repropositura de ação idêntica após o trânsito em julgado da decisão, mas também por força da denominada "eficácia preclusiva do julgado", que impede seja infirmado o resultado a que se chegou em processo anterior com decisão transitada em julgado, ainda que a ação repetida seja outra, mas que, por via oblíqua, desrespeita o julgado adredemente proferido. (REsp 1.039.079/MG, Rel. Min. Luiz Fux, DJe de 17.12.2010). 4. Infere-se que em ambas as demandas, além da coincidência das partes, há identidade no pedido e na causa de pedir. Evidencia-se, portanto, a tríplice identidade entre as demandas, estando a pretensão da autora acobertada pela coisa julgada, em razão da decisão proferida no âmbito do juizado especial, que julgou improcedente o pedido. 5. Agravo regimental desprovido. (AgRg no REsp 1204324; RJ; Quarta Turma; Rel. Min. Marco Buzzi; Julg. 15/09/2016; DJe 28/11/2016)

✓ APELAÇÃO CÍVEL. AÇÃO INDENIZATÓRIA. PEDIDO DE CONDENAÇÃO DA REQUERIDA AO PAGAMENTO DA DIFERENÇA ENTRE O VALOR DE MERCADO DA MEAÇÃO DE IMÓVEL E O FIXADO EM SENTENÇA TRANSITADA EM JULGADO NO BOJO DE PRETÉRITA AÇÃO DE DIVÓRCIO E PARTILHA. PROCESSO EXTINTO SEM ANÁLISE DO MÉRITO. SENTENÇA TERMINATIVA. RECONHECIMENTO DA COISA JULGADA. RECURSO DO AUTOR. ALEGADA AUSÊNCIA DE IDENTIDADE DE AÇÕES. INSUBSISTÊNCIA. REPETIÇÃO DE AÇÕES. DISCUSSÃO REFERENTE A MESMA RELAÇÃO JURÍDICA. EFICÁCIA PRECLUSIVA DA COISA JULGADA. EXEGESE DO ARTIGO 508, DO NOVO CÓDIGO DE PROCESSO CIVIL. RECURSO CONHECIDO E DESPROVIDO. (TJ-SC; AC 00149311620138240064; São José; Sexta Câmara de Direito Civil; Rel. Denise Volpato; Julg. 31/10/2017)

✓ PROCESSUAL CIVIL E FAMÍLIA. AÇÃO REVISIONAL DE ALIMENTOS. SENTENÇA DE PARCIAL PROCEDÊNCIA. APELO DA ALIMENTANDA. SUSCITADO O CERCEAMENTO DE DEFESA EM RAZÃO DO JULGAMENTO ANTECIPADO DA LIDE. PRETENDIDA A QUEBRA DE SIGILO BANCÁRIO. MEDIDA EXCEPCIONAL. RESTRIÇÃO AO DIREITO FUNDAMENTAL DO ALIMENTANTE INJUSTIFICÁVEL NA HIPÓTESE. NÃO VERIFICAÇÃO DE INDÍCIOS DE QUE O ALIMENTANTE AUFIRA RENDA SUPERIOR ÀQUELA DEMONSTRADA NOS CONTRACHEQUES JUNTADOS AOS AUTOS. NULIDADE AFASTADA. AVENTADA A EXISTÊNCIA DE COISA JULGADA EM RAZÃO DO AJUIZAMENTO DE OUTRA AÇÃO REVISIONAL PELO ALIMENTANTE CERCA DE UM ANO ANTES DA PROPOSITURA DESTA. SUBSISTÊNCIA EM PARTE. PARCELA DOS ARGUMENTOS INVOCADOS PELO ALIMENTANTE NESTA AÇÃO

ATINGIDOS PELA EFICÁCIA PRECLUSIVA DA COISA JULGADA. POSSIBILIDADE, CONTUDO, DE AVERIGUAR A MODIFICAÇÃO DO BINÔMIO POSSIBILIDADE/NECESSIDADE COM BASE NOS FATOS OCORRIDOS APÓS O TRÂNSITO EM JULGADO DA ÚLTIMA REVISIONAL. CONSTATAÇÃO DE QUE, DESDE AQUELA ÉPOCA, O SALÁRIO DO ALIMENTANTE VEM SENDO REAJUSTADO EM PROPORÇÃO INFERIOR À PENSÃO. REVISÃO AUTORIZADA. INTELIGÊNCIA DO ART. 1.699 DO CC. FIXAÇÃO DA PENSÃO PELO MAGISTRADO SINGULAR NOVAMENTE EM SALÁRIO MÍNIMO. MEDIDA NÃO RECOMENDÁVEL. ALIMENTANTE QUE POSSUI VÍNCULO DE EMPREGO. ALTERAÇÃO EX OFFICIO DO PARÂMETRO DA VERBA ALIMENTÍCIA. FIXAÇÃO DE HONORÁRIOS ADVOCATÍCIOS RECURSAIS. SENTENÇA MANTIDA. RECURSO DESPROVIDO. 1. O sigilo bancário, inserido no âmbito de proteção do direito à privacidade (CF, art. 5º, X), constitui um direito fundamental do cidadão. A sua quebra, em razão disso, representa medida excepcional no ordenamento jurídico, a qual somente pode ser adotada para garantir a preservação de outro direito constitucional cuja proteção não possa ser garantida por outros meios menos gravosos. Em outras palavras, a intervenção nesse direito fundamental somente pode ser autorizada caso passe pelo teste da proporcionalidade. 2. Em ações de alimentos, é comum a formulação de pedido de quebra de sigilo para se comprovar as possibilidades do alimentante. Essa medida, todavia, somente pode ser deferida, nessas hipóteses, caso tenha sido demonstrado nos autos que as possibilidades do alimentante não podem ser demonstradas pelas vias ordinárias, sob pena de se banalizar a quebra do sigilo bancário e de se transferir ao Judiciário um ônus probatório que é, na verdade, das partes. 3. De acordo com o art. 508 do Código de Processo Civil: "Transitada em julgado a decisão de mérito, considerar-se-ão deduzidas e repelidas todas as alegações e as defesas que a parte poderia opor tanto ao acolhimento quanto à rejeição do pedido". 4. Em ação revisional de alimentos, compete à parte autora deduzir todos os argumentos capazes de justificar a revisão da obrigação alimentar, já que não poderá, posteriormente, ventilá-los em outra demanda (CPC, art. 508). 5. A parte pode, contudo, propor nova demanda embasada em fatos posteriores ao trânsito em julgado da primeira, pois estes constituem uma nova causa de pedir e não são, consequentemente, atingidos pela eficácia preclusiva da coisa julgada. (TJ-SC; AC 03003543420168240070; Terceira Câmara de Direito Civil; Rel. Marcus Tulio Sartorato; Julg. 28/11/2017)

✓ APELAÇÃO. AÇÃO REVISIONAL DE PENSÃO GRACIOSA. REPETIÇÃO DE DEMANDA ANTERIOR. ALTERAÇÃO TÃO SOMENTE DA LINHA ARGUMENTATIVA. RECONHECIMENTO DA EFICÁCIA PRECLUSIVA DA COISA JULGADA. EXEGESE DO ART. 508 DO CPC/15. SENTENÇA MANTIDA. RECURSO DESPROVIDO. (TJ-SC; AC 05002932020128240010; Braço do Norte; Terceira Câmara de Direito Público; Rel. Ricardo Roesler; Julg. 05/12/2017)

✓ APELAÇÃO CÍVEL. CUMPRIMENTO INDIVIDUAL DE SENTENÇA DE AÇÃO CIVIL PÚBLICA. EXPURGOS INFLACIONÁRIOS EM CADERNETA DE POUPANÇA. SENTENÇA DE EXTINÇÃO DO PROCESSO EM DECORRÊNCIA DO ADIMPLEMENTO DO DÉBITO, NOS TERMOS DO ART. 924, INCISO II, DO CÓDIGO DE PROCESSO CIVIL. INSURGÊNCIA DO EXECUTADO. TESES SUSCITADAS NAS RAZÕES RECURSAIS JÁ EXAMINADAS NO AGRAVO DE INSTRUMENTO Nº 2015.035754-1 INTERPOSTO CONTRA A DECISÃO QUE REJEITOU A IMPUGNAÇÃO AO CUMPRIMENTO DE SENTENÇA OU DEIXARAM DE SER SUSCITADAS A TEMPO E MODO. DISCUSSÃO QUE NÃO É MAIS POSSÍVEL, EM RAZÃO DA PRECLUSÃO. INTELIGÊNCIA DOS ARTIGOS 507 E 508, AMBOS DO CPC. RECURSO NÃO CONHECIDO. (TJ-SC; AC 00000584420138240053; Quilombo; Quinta Câmara de Direito Comercial; Rel. Soraya Nunes Lins; Julg. 09/11/2017,)

✓ AGRAVO DE INSTRUMENTO. AÇÃO CIVIL PÚBLICA. Construções em Área de Preservação Permanente. CUMPRIMENTO DE SENTENÇA. Insurgência contra decisão que determinou o cumprimento das obrigações e pagamento de multa IMPOSSIBILIDADE. Sentença passada em julgado, inviável rediscutir matérias de mérito já decididas. Inteligência dos artigos 507 e 508 do CPC. PRECLUSÃO. Tenta o agravante convencer tratar-se de nova decisão quando, de fato, nada mais é do que ratificação da decisão que fixou a multa, que não foi objeto de recurso. RECURSO NÃO CONHECIDO. (TJ-SP; AI 22614856120158260000; SP; 1ª Câmara Reservada ao Meio Ambiente; Rel. Ruy Alberto Leme Cavalheiro; Julg. 09/06/2016; Data de Publicação: 10/06/2016)

Capítulo XIV
DA LIQUIDAÇÃO DE SENTENÇA

Art. 509. Quando a sentença condenar ao pagamento de quantia ilíquida, proceder-se-á à sua liquidação, a requerimento do credor ou do devedor:

→ *V.* Súmulas 344 e 453 do STJ.

→ *V.* Art. 234, § 1º, do NCPC.

→ *V.* Enunciado 485 do FPPC: É cabível conciliação ou mediação no processo de execução, no cumprimento de sentença e na liquidação de sentença, em que será admissível a apresentação de plano de cumprimento da prestação.

I – por arbitramento, quando determinado pela sentença, convencionado pelas partes ou exigido pela natureza do objeto da liquidação;

Liquidação por arbitramento:

✓ ADMINISTRATIVO E PROCESSUAL CIVIL. RECURSO ESPECIAL. AÇÃO DE INDENIZAÇÃO POR DANOS DECORRENTES DA QUEBRA DO EQUILÍBRIO ECONÔMICO-FINANCEIRO DE CONTRATO DE CONCESSÃO. TRANSPORTE AÉREO. CONGELAMENTO TARIFÁRIO. VULTOSOS PREJUÍZOS CAUSADOS À CONCESSIONÁRIA. EVIDENTE RUPTURA DA EQUAÇÃO FINANCEIRA ORIGINALMENTE PACTUADA. DIREITO À RECOMPOSIÇÃO DO EQUILÍBRIO ECONÔMICO ORIGINAL. ATENÇÃO AOS PRINCÍPIOS DA CONFIANÇA E DA SEGURANÇA JURÍDICA. INDENIZAÇÃO DEVIDA. RECURSO ESPECIAL PROVIDO PARA RECONHECER O DEVER DA UNIÃO DE INDENIZAR A AUTORA, EM MONTANTE A SER APURADO EM FUTURA LIQUIDAÇÃO. EMBARGOS DE DECLARAÇÃO DA UNIÃO. INEXISTE A CONTRADIÇÃO ALEGADA, PORQUANTO AS FUNDAMENTAÇÕES TIDAS POR CONTRADITÓRIAS PELA PARTE EMBARGANTE, NA VERDADE, SÃO ELUCIDATIVAS, POIS AO SE RECONHECER A NECESSIDADE DE REVALORAÇÃO PROBATÓRIA DOS AUTOS, OBVIAMENTE DEVE O STJ, NO EXERCÍCIO DESSE MISTER EXCEPCIONALÍSSIMO, VALORÁ-LAS ADEQUADAMENTE, CHEGANDO, INCLUSIVE, A CONCLUSÕES DIVERSAS DAS QUE FORAM PROCLAMADAS PELO ACÓRDÃO RECORRIDO. É FIRME O ENTENDIMENTO DESTA CORTE DE QUE, EM SEDE DE RECURSO ESPECIAL, AINDA QUE EM EMBARGOS DE DECLARAÇÃO, A ANÁLISE DE MATÉRIA CONSTITUCIONAL CARACTERIZA USURPAÇÃO DA COMPETÊNCIA DO STF. PRECEDENTES: AGRG NO RESP 1.553.289/RN, REL. MIN. SÉRGIO KUKINA, DJE 1o.4.2016 E EDCL NO AGRG NOS ERESP 1.243.830/GO, REL. MIN. ASSUSETE MAGALHÃES, DJE 3.9.2015. ACLARATÓRIOS DA VASP-MASSA FALIDA. ALEGAÇÃO DE ERRO MATERIAL NO TOCANTE À FIXAÇÃO DA VERBA HONORÁRIA TENDO COMO BASE O VALOR DA CAUSA. APLICAÇÃO DE ENTENDIMENTO DO STJ FIRMADO EM RECURSO ESPECIAL REPETITIVO: RESP 1.155.125/MG, REL. MIN. CASTRO MEIRA, DJE 6.4.2010. INEXISTÊNCIA DE ERRO MATERIAL. MANUTENÇÃO DA SUCUMBÊNCIA TAL COMO FIXADA NO ACÓRDÃO EMBARGADO. ALEGAÇÃO COMUM DAS PARTES REFERENTES À OMISSÃO DO JULGADO NA ESTIPULAÇÃO DO PROCEDIMENTO EM QUE SE DARÁ A LIQUIDAÇÃO DO JULGADO. DESNECESSIDADE DE ALEGAÇÃO E PROVA ACERCA DE FATO NOVO. HIPÓTESE DE LIQUIDAÇÃO POR ARBITRAMENTO. ARTS. 475-C DO CPC/73 E 509, I E 510 DO CPC/2015. EMBARGOS DECLARATÓRIOS DE AMBAS AS PARTES PROVIDOS SEM EFEITOS INFRINGENTES, APENAS PARA DETERMINAR SEJA REALIZADA A LIQUIDAÇÃO POR ARBITRAMENTO. 1. Inexiste a contradição alegada pela União, porquanto as fundamentações tidas por contraditórias pela parte embargante, na verdade, são elucidativas, pois, ao se reconhecer a necessidade de revaloração probatória dos autos, obviamente deve o STJ, no exercício desse mister excepcionalíssimo, valorá-las adequadamente, chegando, inclusive, a conclusões diversas das quais foram proclamadas pelo acórdão recorrido. 2. O STJ firmou entendimento de que, em sede de Recurso Especial, ainda que em Aclaratórios, a análise de dispositivo constitucional constitui usurpação da competência do STF. 3. A verba honorária foi fixada com base no valor da causa, dada a condenação ilíquida, conforme o Recurso Especial repetitivo REsp. 1.155.125/MG, Rel. Min. CASTRO MEIRA, DJe 6.4.2010, não se podendo falar em erro material. 4. A alegada omissão, por ambas as partes, da não estipulação do procedimento pelo qual deverá se fazer a liquidação do julgado é procedente e, por inexistir a necessidade de se alegar e provar fato novo, deverá seguir o rito do arbitramento, nos termos dos arts. 475-C do CPC/73 e 509, I e 510 do CPC/2015.5. Embargos de Declaração de ambas as partes providos, sem efeitos infringentes, apenas para se determinar a realização da liquidação por arbitramento, nos termos da fundamentação. (EDcl no REsp 1248237/DF; Primeira Turma; Rel. Min. Napoleão Nunes Maia Filho; Julg. 02/02/2017; DJe 15/03/2017)

✓ AGRAVO DE INSTRUMENTO (ART. 1.015, PARÁGRAFO ÚNICO, DO CPC/2015). AÇÃO DE ADIMPLEMENTO CONTRATUAL EM FASE DE CUMPRIMENTO DE SENTENÇA. DECISÃO INTERLOCUTÓRIA QUE REJEITOU A IMPUGNAÇÃO. RECURSO DO IMPUGNANTE. ARGUIÇÃO DE ILIQUIDEZ DO TÍTULO EXECUTIVO JUDICIAL E DE EXCESSO DE EXECUÇÃO. TESES CONTRADITÓRIAS. DESNECESSIDADE DE LIQUIDAÇÃO POR ARBITRAMENTO. CUMPRIMENTO DE SENTENÇA POR SIMPLES CÁLCULOS ARITMÉTICOS, NA FORMA DO ART. 509 DO CPC/15. PRECEDENTES DESTA PRIMEIRA CÂMARA DE DIREITO COMERCIAL. DECISÃO MANTIDA RECURSO CONHECIDO E DESPROVIDO. 1. Já sob a égide o Código anterior, foi abolida a judicialidade da liquidação por simples cálculos, para as hipóteses em que a apuração do quantum debeatur se fazia por meio de operações aritméticas sobre dados já conhecidos no processo (juros, gêneros e títulos cotados em bolsa). O critério foi conservado pelo novo Código que, em seu art. 509, § 2º, dispõe que o próprio credor promova, desde logo, o cumprimento da sentença. (THEODORO JÚNIOR, Humberto. Curso de direito processual civil. Vol. 1. 57.Ed. Rio de Janeiro: Forense, 2016, p. 1174) 2. Quando a determinação do valor da condenação depender apenas de cálculo aritmético, o cumprimento de sentença poderá se dar sem a fase de liquidação, bastando ao credor instruir o pedido com a memória discriminada e atualizada do cálculo. Ademais, não havendo a necessidade de perícia ou de se alegar ou produzir fato novo, não há falar em liquidação por arbitramento ou por artigos, mesmo porque a natureza do objeto do procedimento não o exige. Caso se mostrar mais adequada à apuração do quantum debeatur, pode-se optar pelo cumprimento de sentença já por cálculos aritméticos sem se proceder à passagem pela fase de liquidação, sobretudo porque, consoante jurisprudência pacífica deste Tribunal Superior. (STJ. AgRg no AREsp 805.648/RS, Rel. Min. RICARDO VILLAS BÔAS CUEVA; Julg. 01/03/2016, Dje 08/03/2016) (TJ-SC; AI 40046598220168240000 Blumenau; Primeira Câmara de Direito Comercial; Rel. Luiz Zanelato; Julg. 05/10/2017)

✓ AGRAVO DE INSTRUMENTO. CUMPRIMENTO DE SENTENÇA. AÇÃO DE COBRANÇA DE CONTRATO VINCULADO A CONTA CORRENTE REVISADO. DECISÃO QUE REJEITOU LIMINARMENTE A IMPUGNAÇÃO. RECURSO DA PARTE DEVEDORA. EXISTÊNCIA, TODAVIA, DE QUESTÃO PREJUDICIAL AO EXAME DO AGRAVO. PROCEDIMENTO EXPROPRIATÓRIO QUE FOI APLICADO DE FORMA DIVERSA DA PREVISTA EM LEI. NECESSIDADE DE LIQUIDAÇÃO POR ARBITRAMENTO. COMPLEXIDADE E EXTENSÃO DOS CÁLCULOS A SEREM CONFECCIONADOS QUE RECLAMAM CONHECIMENTO TÉCNICO PARA APURAÇÃO DO QUANTUM DEVIDO. ERROR IN PROCEDENDO EVIDENCIADO. PRECEDENTES. ANULAÇÃO, DE OFÍCIO, DO PROCESSO, DESDE O TRÂNSITO EM JULGADO DA SENTENÇA DA AÇÃO DE CONHECIMENTO, A FIM DE DETERMINAR A PRÉVIA LIQUIDAÇÃO DA SENTENÇA POR ARBITRAMENTO. RECURSO PREJUDICADO. (TJ-SC; AI 40011354320178240000 Capital; Terceira Câmara de Direito Comercial; Rel. Tulio Pinheiro; Julg. 09/11/2017)

✓ AGRAVO DE INSTRUMENTO. AÇÃO REVISIONAL DE CONTRATOS EM FASE DE IMPUGNAÇÃO AO CUMPRIMENTO DE SENTENÇA. REJEIÇÃO LIMINAR, COM FULCRO NO ART. 475-L, § 2º DO CPC/1973. DECISÃO AGRAVADA QUE REJEITOU OS EMBARGOS DE DECLARAÇÃO OPOSTOS PELO BANCO IMPUGNANTE. INSURGÊNCIA DO IMPUGNANTE. 1 - PRELIMINAR EM CONTRAMINUTA. ALEGADO O DESCUMPRIMENTO DO ART. 1.018, § 2º DO CPC/2015. TODAVIA, CONSTATAÇÃO DE QUE O AGRAVANTE INFORMOU, A TEMPO E MODO, A INTERPOSIÇÃO DO AGRAVO PERANTE O JUÍZO DE ORIGEM. CERTIDÃO CARTORÁRIA QUE SE MOSTRA EQUIVOCADA, FRENTE ÀS INFORMAÇÕES CONSTANTES NO SISTEMA DE AUTOMAÇÃO DO JUDICIÁRIO - SAJ. PRELIMINAR AFASTADA. CONHECIMENTO DO AGRAVO QUE SE IMPÕE. 2 - ALEGADA A NECESSIDADE DE LIQUIDAÇÃO POR ARBITRAMENTO. PECULIARIDADES DO CASO CONCRETO. AÇÃO REVISIONAL QUE TEM POR OBJETO DEZENAS DE CONTRATOS, DE NATUREZAS DIVERSAS. CONTRATOS DE CÂMBIO, ABERTURA DE CRÉDITO FIXO E ROTATIVO EM CONTA-CORRENTE, ARRENDAMENTO MERCANTIL E OUTROS. RELAÇÃO JURÍDICA QUE REMONTA AOS IDOS DE 1986. MEMÓRIA DE CÁLCULO DOS AGRAVADOS QUE CONTÉM MAIS DE 200 (DUZENTAS) LAUDAS. NECESSIDADE DE ELABORAÇÃO DE PERÍCIA, ANTE A COMPLEXIDADE DOS CÁLCULOS. ADEMAIS, ACÓRDÃO QUE DETERMINOU A APURAÇÃO DO DÉBITO POR MEIO DE LIQUIDAÇÃO DE SENTENÇA. EXEGESE DO ART. 509, I, DO CPC/2015. ANULAÇÃO DO FEITO, DESDE O DESPACHO PARA PAGAMENTO NO INÍCIO DO CUMPRIMENTO DE SENTENÇA, INCLUSIVE, PARA PROSSEGUIMENTO NA FORMA DO ART. 510 DO CPC/2015. RECURSO PROVIDO NO PONTO. '"Na demanda cognitiva em referência, cujo objeto era a revisão do contrato de abertura de crédito em conta corrente e de outras avenças firmadas entre as Partes, procedeu-se à análise de encargos contratuais, que se viram expurgados, como a capitalização mensal de juros, a cobrança cumulada de juros de mora e de multa contratual, sendo esta última reduzida ao patamar de 2% sobre o total do débito. Esses aspectos, à primeira vista, poderiam sugerir a viabilidade de simples apresentação de cálculo aritmético. Contudo, observa-se que, pende grande complexidade em face até mesmo da espécie dos contratos objetos da revisional, haja vista a oscilação dos saldos credor e devedor durante vários momentos da contratualidade, como deixam claro os extratos acostados (fls. 41-42), o que implica em efetiva necessidade de perícia contábil a depurar o valor do débito, sendo acertada a determinação na r. sentença da ação cognitiva da realização de liquidação por arbitramento" (Agravo de Instrumento 2009.069959-8, de Araranguá; Rel. Des. José Carlos Carstens Köhler; Julg. 30-3-2010).' (Agravo de Instrumento 2013.045972-2, de Tubarão, rela. Desa. Rejane Andersen; Julg. 12-8-2014). 3 - PEDIDO DE CONDENAÇÃO DOS AGRAVADOS AO PAGAMENTO DE HONORÁRIOS ADVOCATÍCIOS. IMPOSSIBILIDADE. AUSÊNCIA DE CONTRADITÓRIO. IMPUGNAÇÃO QUE FOI FULMINADA NA FASE DE RECEBIMENTO. IMPOSSIBILIDADE DE PROSSEGUIMENTO DA IMPUGNAÇÃO, ANTE A ANULAÇÃO DOS ATOS PROCESSUAIS. ERROR IN PROCEDENDO. RECURSO DESPROVIDO. RECURSO CONHECIDO E PARCIALMENTE PROVIDO. (TJ-SC; AI 40068673920168240000 Lages; Segunda Câmara de Direito Comercial; Rel. Dinart Francisco Machado; Julg. 19/09/2017)

II – pelo procedimento comum, quando houver necessidade de alegar e provar fato novo.

<u>Liquidação pelo procedimento comum (fato novo):</u>

✓ APELAÇÃO CÍVEL, AGRAVO RETIDO E RECURSO ADESIVO. DIREITO CIVIL. ACIDENTE DE TRÂNSITO ENVOLVENDO DOIS CAMINHÕES. ABALROAMENTO LONGITUDINAL. AÇÃO DE INDENIZAÇÃO POR DANOS MORAIS E MATERIAIS. ACTIO AJUIZADA EM FACE DA TRANSPORTADORA PROPRIETÁRIA DO VEÍCULO SEMIRREBOQUE E CONTRA A EMPRESA PROPRIETÁRIA DO CAMINHÃO-TRATOR (CAVALO MECÂNICO), AMBOS CONDUZIDOS PELO CAUSADOR DO ACIDENTE. SENTENÇA DE PARCIAL PROCEDÊNCIA. INSURGÊNCIA DA RÉ CATTALINI TRANSPORTES LTDA., DONA DO SEMIRREBOQUE. 1) AGRAVO RETIDO. ALEGADO CERCEAMENTO DE DEFESA PELA INOBSERVÂNCIA DO PEDIDO DE INTIMAÇÃO VIA POSTAL DOS CAUSÍDICOS RESIDENTES EM OUTRO ESTADO DA FEDERAÇÃO. IN-

SUBSISTÊNCIA. NOTIFICAÇÃO QUE DEVE OCORRER POR MEIO DO DIÁRIO DA JUSTIÇA, SALVO EXPRESSA DISPOSIÇÃO EM CONTRÁRIO. EXEGESE DO ART. 237 DO REVOGADO CÓDIGO DE PROCESSO CIVIL E ART. 440 DO CÓDIGO DE NORMAS DA CORREGEDORIA-GERAL DA JUSTIÇA DE SANTA CATARINA, AMBOS VIGENTES À ÉPOCA DA DECISÃO OBJURGADA. IRREGULARIDADE NÃO CONSTATADA. AGRAVO DESPROVIDO. 2) APELAÇÃO CÍVEL. PRELIMINAR DE ILEGITIMIDADE PASSIVA AD CAUSAM. DEFENDIDA A AUSÊNCIA DE CULPA PELA OCORRÊNCIA DO SINISTRO DIANTE DA FALTA DE AUTONOMIA LOCOMOTIVA DO SEMIRREBOQUE, QUE, POR VIA DE CONSEQUÊNCIA, NÃO PODERIA PRODUZIR O RESULTADO DANOSO. TESE RECHAÇADA. RESPONSABILIDADE CIVIL SOLIDÁRIA ENTRE A PROPRIETÁRIA DO VEÍCULO TRACIONADO E A DONA DO CAMINHÃO-TRATOR. VEÍCULOS QUE, EM CONJUNTO, CONSTITUEM UMA UNIDADE PARA DESEMPENHO DA ATIVIDADE DE TRANSPORTE. IRRELEVÂNCIA DA FINALIDADE LUCRATIVA, OU NÃO, DO TRANSLADO. RÉ/RECORRENTE QUE ASSUMIU O RISCO PELO "FATO DA COISA" EM RAZÃO DA FRUIÇÃO DO SERVIÇO PRESTADO PELO CAMINHÃO-TRATOR. VIOLAÇÃO AO DEVER DE CUIDADO. ESCOLHA DESACERTADA DAQUELE A QUEM SE CONFIOU A PRÁTICA DO ATO ("CAVALO MECÂNICO"). OBRIGAÇÃO DE NÃO LESAR O DIREITO DE OUTREM (NEMINEM LAEDERE). CULPA IN ELIGENDO OU IN VIGILANDO. PRECEDENTES DO SUPERIOR TRIBUNAL DE JUSTIÇA E DESTA CORTE. DEVER DE INDENIZAR CONFIGURADO. PREFACIAL AFASTADA. RECURSO ADESIVO MANEJADO PELOS AUTORES. 1) PEDIDO DE CONDENAÇÃO DAS RÉS AO PAGAMENTO DE INDENIZAÇÃO POR DANOS MATERIAIS (LUCROS CESSANTES). VIABILIDADE. RECORRENTE Adriano Honório Pasierppski QUE EXERCE ATIVIDADE PROFISSIONAL DE MOTORISTA. CAMINHÃO DE SUA PROPRIEDADE DESTINADO À TRANSPORTE E FRETE DE CARGAS. VEÍCULO UTILIZADO COMO FERRAMENTA DE TRABALHO E, PORTANTO, IMPRESCINDÍVEL AO LABOR DO INSURGENTE. PREJUÍZOS QUE ACARRETARAM DIMINUIÇÃO DO FATURAMENTO. LUCROS CESSANTES DEVIDOS PELO LAPSO TEMPORAL EM QUE O AUTOMÓVEL QUEDOU INUTILIZADO E/OU À DISPOSIÇÃO DE OFICINA MECÂNICA PARA REPAROS. APURAÇÃO DOS VALORES POSTERGADA À FASE DE LIQUIDAÇÃO DE SENTENÇA (ART. 509, II, CPC/2015), COM OBSERVÂNCIA DO TETO MÁXIMO INDICADO NO RECURSO, SOB PENA DE VIOLAÇÃO AO PRINCÍPIO DA ADSTRIÇÃO (OU CONGRUÊNCIA). RECURSO ACOLHIDO NESTA PARTE. 2) PRESTAÇÃO DE ALIMENTOS. VÍTIMA FATAL QUE AUXILIAVA DE MANEIRA EXPRESSIVA NA FORMAÇÃO DA RENDA FAMILIAR, COABITANDO COM FILHO (PRIMEIRO AUTOR) E COMPANHEIRA. EXEGESE DO ART. 948, II, DO CÓDIGO CIVIL. VALOR RAZOÁVEL ESTABELECIDO NO PRIMEIRO GRAU À LUZ DOS ELEMENTOS DE CONVICÇÃO AMEALHADOS. DEMANDANTE QUE ERA CRIANÇA (DE TENRA IDADE) AO TEMPO DO SINISTRO QUE CEIFOU A VIDA DO GENITOR. DEPENDÊNCIA PRESUMIDA. VERBA ESTABILIZADA NO PATAMAR FIXADO DENTRO DAS BALIZAS DA RAZOABILIDADE E DA PROPORCIONALIDADE, COM ADOÇÃO DE CRITÉRIO AMPLAMENTE ACEITO NA JURISPRUDÊNCIA. SENTENÇA MANTIDA NO TÓPICO. 3) DANOS MORAIS. REPARAÇÃO DEVIDA COM FUNDAMENTO NO ART. 5º, V E X, DA CARTA DA REPUBLICA, E NOS ARTS. 186, 944 E 948, TODOS DO CÓDIGO CIVIL BRASILEIRO. QUANTUM INDENIZATÓRIO ESTABELECIDO NA ORIGEM EM ATENÇÃO ÀS PARTICULARIDADES DO CASO CONCRETO. VALOR DA INDENIZAÇÃO QUE NÃO SE REVELA EXORBITANTE, TAMPOUCO DESPROPORCIONAL À OFENSA SOFRIDA POR QUEM PERDEU O GENITOR TÃO PRECOCEMENTE, NÃO MERECENDO INTERVENÇÃO, NESTE TOCANTE, DO TRIBUNAL AD QUEM. APELO DESPROVIDO NO PONTO. RECURSO DE APELAÇÃO E AGRAVO RETIDO DA RÉ CATTALINI TRANSPORTES LTDA. CONHECIDOS E DESPROVIDOS. RECURSO ADESIVO DOS AUTORES CONHECIDO E PARCIALMENTE PROVIDO. 1. A intimação do ato judicial será realizada por meio de publicação no Diário da Justiça de Santa Catarina nas comarcas onde há órgão de publicação dos atos oficiais, ainda que a sede profissional do causídico situe-se em outro Estado, não havendo que se falar em intimação por carta registrada, nos termos do art. 237 do revogado Código de Processo Civil e art. 440 do Código de Normas da Corregedoria-Geral de Justiça de Santa Catarina. 2. É cediço que o reboque (veículo destinado a ser engatado atrás de um automotor) ou semirreboque (veículo de um ou mais eixos que se apoia na unidade tratora ou a ela está ligado por meio de articulação) não possuem força motriz independente, isto é, não detém autonomia locomotiva. Entretanto, viável a atribuição de responsabilidade jurídica ao proprietário deste veículo por acidente automobilístico causado por condutor de caminhão-trator, no qual se encontrava acoplado, em razão da existência de culpa in eligendo ou in vigilando, porquanto assume-se o risco do "fato da coisa" pela má escolha daquele a quem se confia a prática de um ato – in casu, outorga do semirreboque à preposto de empresa proprietária de "cavalo mecânico". Logo, a empresa dona do veículo tracionado por caminhão-trator envolvido em acidente detém legitimidade para compor o polo passivo de ação de indenização em razão dos prejuízos advindos daquele evento, ainda que o dano não decorra de sua conduta direta ou da conduta de seus prepostos. 3. A indenização por lucros cessantes é devida ao proprietário de veículo explorador de atividade de transporte de cargas, diante da presunção de perda econômica pelo lapso temporal em que o automotor – seu instrumento de trabalho (caminhão) – queda-se inutilizado ou à disposição de oficina/mecânica para reparos, por avarias decorrentes do evento danoso sofrido. Nos casos em que inviável a imediata determinação do quantum devido, a apuração deverá ser remetida à fase de liquidação de sentença, nos termos do art. 509, II, do Código de Processo Civil ("quando a sentença condenar ao pagamento de quantia ilíquida, proceder-se-á à sua liquidação, a requerimento do credor ou do devedor: [...] II – pelo procedimento comum, quando houver necessidade de alegar e provar fato novo"). 4. Nas hipóteses de condenação ao pagamento de pensão vitalícia advinda de sinistro automobilístico em que não há comprovação acerca dos rendimentos da vítima fatal, ou de que o valor auferido por esta com a atividade laboral era superior a um salário mínimo, este último deve ser o paradigma adotado para fins de pensionamento. Com relação ao quantum da pensão, o Tribunal catarinense vem decidindo que "descontado 1/3 da remuneração mensal recebida pelo de cujus, a qual presumidamente seria utilizada com despesas pessoais, o restante (2/3) deve ser pago à família como forma de compensação pela perda aquisitiva representada pela morte do arrimo" (Apelação Cível n. 2013.054300-5, de rela. Desa. Rosane Portella Wolff, Quinta Câmara de Direito Civil; Julg. 14-3-2016). 5. O valor devido a título de abalo anímico deve ser arbitrado pelo Magistrado a partir das peculiaridades do caso concreto, atentando-se aos princípios da proporcionalidade e razoabilidade, de modo que a indenização sirva tanto de lenitivo à dor suportada pelo lesado, sem importar em enriquecimento ilícito ou estímulo ao abalo sofrido, quanto desempenhe uma função pedagógica e de reprimenda ao ofensor, objetivando-se evitar a recidiva. (TJ-SC; AC 00151918620038240018 Chapecó; Câmara Especial Regional de Chapecó; Rel. Luiz Felipe Schuch; Julg. 11/12/2017)

✓ APELAÇÃO CÍVEL. CUMPRIMENTO DE SENTENÇA. AÇÃO DECLARATÓRIA E CONDENATÓRIA. REVISÃO DE CONTRATO DE COMPRA E VENDA DE IMÓVEL. - EXTINÇÃO NA ORIGEM. ILIQUIDEZ DA SENTENÇA. MERO CÁLCULO. INSUFICIÊNCIA. PRÉVIA LIQUIDAÇÃO. NECESSIDADE. PAGAMENTO IMEDIATO INVIÁVEL. - O processamento do cumprimento de sentença com intimação para pagamento é inadmissível quando exigida prévia liquidação de sentença por arbitramento ou pelo procedimento comum, não dependendo apenas de cálculo aritmético, pois ausente a liquidez necessária à exequibilidade do título executivo judicial. SENTENÇA MANTIDA. RECURSO DESPROVIDO. (TJ -SC; AC 00204987220068240064 São José; Quinta Câmara de Direito Civil; Rel. Henry Petry Junior; Julg. 11/07/2017)

§ 1º Quando na sentença houver uma parte líquida e outra ilíquida, ao credor é lícito promover simultaneamente a execução daquela e, em autos apartados, a liquidação desta.

Liquidação em autos apartados:

✓ APELAÇÃO CÍVEL. CUMPRIMENTO DE SENTENÇA. ASTREINTES. VALORES DECORRENTES DE SUPOSTO DESCUMPRIMENTO DE DECISÃO MANDAMENTAL DE EXCLUSÃO DO NOME DA AUTORA DE QUALQUER CADASTRO RESTRITIVO DE CRÉDITO, INCLUSIVE DE ORIGEM INTERNA, SOB PENA DE MULTA DIÁRIA. SENTENÇA QUE ACOLHEU A IMPUGNAÇÃO E EXTINGUIU O FEITO, PELO PAGAMENTO DA OBRIGAÇÃO PRINCIPAL (INDENIZAÇÃO POR DANOS MORAIS E HONORÁRIOS ADVOCATÍCIOS). ART. 924, II, DO NCPC. RECURSO DA EXEQUENTE. PLEITO DE REFORMA DA SENTENÇA AO ARGUMENTO DE SER DEVIDO O PAGAMENTO DE ASTREINTES. ALEGAÇÃO DE A REQUERIDA TER MANTIDO RESTRIÇÕES INTERNAS QUE IMPEDIAM DE CONSEGUIR CARTÕES DE CRÉDITO EM OUTRAS INSTITUIÇÕES. INVIABILIDADE DE CUMPRIMENTO DE SENTENÇA NESTE PONTO. NECESSIDADE DE PRÉVIA LIQUIDAÇÃO, A FIM DE APURAR EVENTUAL DESCUMPRIMENTO DA OBRIGAÇÃO. AUSÊNCIA DA LIQUIDEZ ESSENCIAL À EXEQUIBILIDADE DO TÍTULO. NECESSIDADE DE LIQUIDAÇÃO EM AUTOS APARTADOS (ART. 509, § 1º, DO NCPC). SENTENÇA MANTIDA SOB FUNDAMENTO DIVERSO. HONORÁRIOS RECURSAIS. MAJORAÇÃO DA VERBA HONORÁRIA, EX VI DO ART. 85, § 11, DO NCPC. SOBRESTADA, CONDUTO, A EXIGIBILIDADE POR SER A REQUERENTE BENEFICIÁRIA DA JUSTIÇA GRATUITA. RECURSO CONHECIDO E DESPROVIDO. (TJ-SC; AC 00223162120118240020 Criciúma; Sexta Câmara de Direito Civil; Rel. Denise Volpato; Julg. 10/10/2017)

✓ AGRAVO DE INSTRUMENTO. CUMPRIMENTO DE SENTENÇA. AÇÃO REVISIONAL DE CONTRATO BANCÁRIO. DECISÃO INTERLOCUTÓRIA QUE REJEITOU A IMPUGNAÇÃO AO CUMPRIMENTO DE SENTENÇA. RECURSO DA INSTITUIÇÃO FINANCEIRA IMPUGNANTE. 1 - ALEGADA NULIDADE DA DECISÃO INTERLOCUTÓRIA. FUNDAMENTAÇÃO SUSCINTA. POSSIBILIDADE. PRELIMINAR RECHAÇADA. DESPROVIDO O AGRAVO NESTE PONTO. "A nulidade, no plano das decisões interlocutórias, é gerada pela absoluta ausência de fundamentação, a qual não se equipara à escassez ou à brevidade. Sucinta ou mesmo escassa, a motivação existe e afasta qualquer vulneração ao artigo 93, IX, da Constituição Federal" [...] (Agravo de Instrumento 2012.047736-3, de Curitibanos; Rel. Des. Guilherme Nunes Born; Julg. 24-4-2014). 2 - ALEGAÇÃO DE NECESSIDADE DE PRÉVIA LIQUIDAÇÃO. INEXIGIBILIDADE DO TÍTULO. TESES ARREDADAS. POSSIBILIDADE DE LIQUIDAÇÃO POR CÁLCULO ARITMÉTICO. EXEGESE DOS ARTS. 509, § 2º, E 523, DO NOVO CÓDIGO DE PROCESSO CIVIL (CORRESPONDENTES AOS ARTS. 475-A, CAPUT, E 475-b, CAPUT, DO CPC/1973). ELEMENTOS NECESSÁRIOS DEFINIDOS NO TÍTULO E PRESENTES NOS AUTOS. RECURSO DESPROVIDO NO PONTO. "Não é necessária prévia liquidação de sentença, por arbitramento (art. 475-C do CPC) ou por artigos (art. 475-E do CPC), quando a apuração quantitativa do valor devido pode ser feita mediante a elaboração de simples cálculo aritmético, na forma do art. 475-B do CPC" (Agravo de Instrumento 2012.026214-0, de Blumenau; Rel. Des. Robson Luz Varella; Julg. 19-9-2012). AGRAVO DE INSTRUMENTO CONHECIDO E DESPROVIDO. (TJ-SC; AI 20150679801 Capital - Bancário; Segunda Câmara de Direito Comercial; Rel. Dinart Francisco Machado; Julg. 05/04/2016)

§ 2º Quando a apuração do valor depender apenas de cálculo aritmético, o credor poderá promover, desde logo, o cumprimento da sentença.

Cumprimento da sentença e cálculo aritmético:

✓ APELAÇÃO CÍVEL. CUMPRIMENTO DE SENTENÇA. HONORÁRIOS ADVOCATÍCIOS SUCUMBENCIAIS. SENTENÇA EXTINTIVA. INSURGÊNCIA DO EXEQUENTE. CUMPRIMENTO DE SENTENÇA EM AÇÃO MONITÓRIA. CONTRATO DE ABERTURA DE CRÉDITO. CLÁUSULAS REVISADAS. LIQUIDAÇÃO DA SENTENÇA. DESNECESSIDADE. SIMPLES CÁLCULO ARITMÉTICO. ENQUADRAMENTO DO FEITO AO CONTEÚDO NORMATIVO DO ART. 509, § 2º, DO ATUAL CÓDIGO DE PROCESSO CIVIL. RECURSO CONHECIDO E PROVIDO PARCIALMENTE. (TJ-SC; AC 05008403620138240039 Lages; Quarta Câmara de Direito Comercial; Rel. Altamiro de Oliveira; Julg. 01/08/2017)

§ 3º O Conselho Nacional de Justiça desenvolverá e colocará à disposição dos interessados programa de atualização financeira.

Cálculo aritmético:

✓ EMBARGOS DE DECLARAÇÃO. CONTRADIÇÃO, OBSCURIDADE OU OMISSÃO NÃO VERIFICADAS. DECISÃO QUE DEFINE CRITÉRIOS DE APURAÇÃO DO VALOR DO DÉBITO. PRETENSÃO À ENTREGA DE CÁLCULO ATUALIZADO. ÔNUS DO CREDOR. CPC, ART. 509, § 3º. RECURSO CONHECIDO E NÃO PROVIDO. Os embargos de declaração prestam-se a esclarecer o conteúdo do julgamento, corrigindo omissão, contradição ou obscuridade, e não à reforma do decisório embargado (CPC/2015, art. 1.022, incisos I e II). "Quando a determinação do valor da condenação depender apenas de cálculo aritmético, o cumprimento de sentença poderá se dar sem a fase de liquidação, bastando ao credor instruir o pedido com a memória discriminada e atualizada do cálculo." (STJ, Terceira Turma, REsp 1634854/DF, rel. Min. Ricardo Villas Bôas Cueva; Julg. 12.9.2017) Nos moldes do § 3º do art. 509 do Código de Processo Civil, tem-se condenação em valor certo quando se estipulam o principal e os critérios de atualização, cumprindo ao credor, em fase de cumprimento de sentença, apresentar cálculo aritmético do valor total devido, para o que se pode valer do auxílio de ferramenta a ser disponibilizada pelo CNJ (CPC, art. 509, § 4º), ou, no caso do Estado de Santa Catarina, do programa de livre acesso disponibilizado pela Corregedoria-Geral da Justiça (http://cgjweb.tjsc.jus.br/AtualizacaoMonetaria/). (TJ-SC; ED 00006416620118240031 Indaial; Segunda Câmara de Direito Civil; Rel. Sebastião César Evangelista; Julg. 05/10/2017)

✓ AGRAVO DE INSTRUMENTO. LIQUIDAÇÃO DE SENTENÇA. REVISÃO DE BENEFÍCIO ASSISTENCIAL DENOMINADA PENSÃO GRACIOSA. APRESENTAÇÃO DA MEMÓRIA DISCRIMINADA E ATUALIZADA DO CÁLCULO. INCUMBÊNCIA DO CREDOR. CASO CONCRETO QUE REFOGE AO CONCEITO DE "MEROS CÁLCULOS ARITMÉTICOS". RELATIVIZAÇÃO QUE SE IMPÕE PARA QUE SEJAM EXIBIDOS PELO ENTE ESTATAL. DECISÃO SINGULAR REFORMADA. "Embora a regra adjetiva seja clara no sentido de que o cálculo deverá ser elaborado pelo credor, em hipóteses excepcionais, principalmente nas execuções contra a Fazenda Pública, demonstrada a impossibilidade do credor efetuar os cálculos, permite-se que sejam apresentados pelo próprio ente público devedor ou que sejam apurados através de contador judicial" (TJ-SC; AI 00312505220168240000 Garopaba; Quarta Câmara de Direito Público; Rel. Vera Lúcia Ferreira Copetti; Julg. 30/11/2017)

§ 4º Na liquidação é vedado discutir de novo a lide ou modificar a sentença que a julgou.

→ *v.* Súmula 551 do STJ.

Vedação de discussão na liquidação da sentença:

✓ AGRAVO DE INSTRUMENTO. AÇÃO DE REPETIÇÃO DO INDÉBITO. URV. IMPOSTO DE RENDA. CÁLCULO DE LIQUIDAÇÃO. CRITÉRIOS. Conforme estabelecido na sentença e no acórdão, a retenção do imposto de renda sobre valores pagos pela Fazenda Pública em decorrência de decisão judicial não pode ocorrer sobre o montante acumulado, quando corresponder ele ao somatório de parcelas, por causar prejuízo à credora. A incidência do imposto, se houver, deve ser calculada mês a mês, conforme as alíquotas vigentes à época em que deveria ter ocorrido o pagamento. Regime de competência. É defeso na liquidação discutir de novo a lide ou modificar a sentença (art. 509, § 4º, do CPC). Agravo desprovido. (TJ-RS; Agravo de Instrumento 70073366064; Vigésima Primeira Câmara Cível; Rel. Marco Aurélio Heinz; Julg. 12/07/2017).

Art. 510. Na liquidação por arbitramento, o juiz intimará as partes para a apresentação de pareceres ou documentos elucidativos, no prazo que fixar, e caso não possa decidir de plano, nomeará perito, observando-se, no que couber, o procedimento da prova pericial.

→ *v.* Arts 464 a 480 do NCPC.

Apresentação de pareceres ou documentos elucidativos pelas partes:

✓ AGRAVO DE INSTRUMENTO – EMBARGOS À EXECUÇÃO DE SENTENÇA PROMOVIDA EM AÇÃO DE RESTITUIÇÃO (PROCEDIMENTO DE LIQUIDAÇÃO ANTERIOR À VIGÊNCIA DAS LEIS NS. 11.232/2005 E 11.382/2006) - FASE DE LIQUIDAÇÃO - INTERLOCUTÓRIA ATRAVÉS DA QUAL FOI DETERMINADO ÀS PARTES A REALIZAÇÃO DE NOVOS CÁLCULOS COM OBSERVÂNCIA AOS CRITÉRIOS DELINEADOS NO "DECISUM" - RECURSO INTERPOSTO PELA EMPRESA EXEQUENTE. SUSCITADA A INTEMPESTIVIDADE DA CONTESTAÇÃO - PRELIMINAR AFASTADA - PEÇA DE DEFESA APRESENTADA APÓS INTIMAÇÃO DO ADVOGADO DA CASA BANCÁRIA QUANTO AO DESPACHO QUE DETERMINOU O PROCESSAMENTO DO PEDIDO DE LIQUIDAÇÃO. Prevê o art. 511 do Código de Processo Civil que, "na liquidação pelo procedimento comum, o juiz determinará a intimação do requerido, na pessoa de seu advogado ou da sociedade de advogados a que estiver vinculado, para, querendo, apresentar contestação no prazo de 15 (quinze) dias, observando-se, a seguir, no que couber, o disposto no Livro I da Parte Especial deste Código". No presente caso, protocolizado pedido de liquidação de sentença (17/3/2016), a Magistrada de Primeiro Grau determinou que a exequente colacionasse cópias de algumas peças necessárias ao início do procedimento. Antes mesmo da manifestação da parte, a casa bancária promoveu a juntada de procuração e substabelecimento no dia 6/7/2016. Todavia, nessa data, o processamento da liquidação ainda não tinha sido deferido, o que veio a se efetivar através do despacho datado de 12/9/2016, momento em que a instituição financeira foi intimada para apresentar defesa. Dessarte, tendo em vista que o prazo teve início em 14/10/2016 e término em 7/11/2016, tem-se por tempestiva a contestação protocolada na data de 7/11/2016. ALEGADA INCORREÇÃO QUANTO AO APONTAMENTO DA QUANTIA INICIAL EXEQUENDA (Cr$6.061.333,74) - POSTULADA A ADEQUAÇÃO - VIABILIDADE - PEDIDO DE RESTITUIÇÃO VALORADO EM Cr$3.494.684,88 (TRÊS MILHÕES E QUATROCENTOS E NOVENTA E QUATRO MIL E SEISCENTOS E OITENTA E QUATRO CRUZEIROS E OITENTA E OITO CENTAVOS) - PLEITO ATENDIDO. Evidenciado que o valor originalmente atribuído pela casa bancária no pedido de restituição é de Cr$3.494.684,88 (três milhões e quatrocentos e noventa e quatro mil e seiscentos e oitenta e quatro cruzeiros e oitenta e oito centavos), deve ser este o montante inicial a ser considerado para o cálculo de liquidação. ASSERTIVA DE QUE OS PARÂMETROS DEFINIDOS NO "DECISUM" AGRAVADO CONTÊM EQUÍVOCOS NO QUE PERTINE À FALTA DE SUPRESSÃO, DO "QUANTUM DEBEATUR", DOS VALORES REFERIDOS NOS RECIBOS COLACIONADOS ÀS FLS. 31/61 DOS EMBARGOS - ACOLHIMENTO - NECESSIDADE DE OBSERVÂNCIA À COISA JULGADA - INSURGÊNCIA PROVIDA NESTE CAPÍTULO. Verificando-se que o "decisum" exequendo (proferido nos Embargos Declaratórios nos Embargos em Apelação n. 2001.001120-0/0001.01), definiu que os valores referidos nos recibos de fls. 31/61 dos embargos à execução de sentença devem ser integralmente suprimidos do montante exigido pela casa bancária, tal critério deve ser observado, sob pena de violação à coisa julgada. RAZÕES RECURSAIS QUE DEFENDEM A POSSIBILIDADE DE INCLUSÃO NOS CÁLCULOS DE SUPOSTOS CRÉDITOS REPRESENTADOS PELAS QUANTIAS INDICADAS NOS DIAS 7/12/1991, 3/11/1992, 19/1/1993, 28/4/1993, 3/2/1994 E 8/3/1994, EM PLANILHAS COLACIONADAS PELA CASA BANCÁRIA ÀS FLS. 75/78 E 89/91 DOS AUTOS DO PEDIDO DE RESTITUIÇÃO - AUSÊNCIA, TODAVIA, DE DELIBERAÇÃO, NESSE SENTIDO, NO TÍTULO JUDICIAL EXEQUENDO - REBELDIA DESAGASALHADA QUANTO A ESTE ASPECTO. Inexistindo determinação específica no título exequendo no sentido de que os montantes indicados nas datas de 7/12/1991, 3/11/1992, 19/1/1993, 28/4/1993, 3/2/1994 e 8/3/1994, em planilhas colacionadas pela casa bancária às fls. 75/78 e 89/91 dos autos do pedido de restituição, deveriam ser suprimidos – até porque a empresa recorrente objetivava, por intermédio de seus embargos, apenas o abatimento, da dívida executada, das quantias constantes nos recibos de fls. 31/61 -, inviável a inclusão dos respectivos valores nos cálculos da liquidação, em observância à coisa julgada. CORREÇÃO MONETÁRIA E JUROS DE MORA - AUSÊNCIA DE INTERESSE RECURSAL NESTES PONTOS, DIANTE DA MANIFESTA CONCORDÂNCIA DO RECORRENTE QUANTO AOS PARÂMETROS DE ATUALIZAÇÃO ADOTADOS PELO JUÍZO "A QUO" - NÃO CONHECIMENTO DO AGRAVO NO TOCANTE À "QUESTIONE". Constitui-se o interesse recursal pressuposto geral de admissibilidade de todo recurso, de maneira que, para requerer a reforma do "decisum" atacado, deve o insurgente demonstrar o prejuízo advindo da manutenção judicial atacada. Uma vez que, no que tange aos parâmetros de atualização do "quantum debeatur", a empresa agravante afirma concordar com os termos do decisório recorrido, carece de interesse recursal quanto a essa temática, o que implica no não conhecimento da insurgência no ponto. NECESSIDADE DE DETERMINAÇÃO DE PERÍCIA DIANTE DAS PARTICULARIDADES DO CASO CONCRETO - EXEGESE DO ART. 510 DO CÓDIGO DE PROCESSO CIVIL - CRITÉRIOS DE CÁLCULO DA EXEQUENTE E DIVERGÊNCIAS APONTADAS PELO JUÍZO "A QUO" EM DISSONÂNCIA COM A DECISÃO EXEQUENDA, OFENDENDO A COISA JULGADA - LIQUIDAÇÃO DE SENTENÇA QUE DEVE SER GUIADA PELO PRINCÍPIO DA FIDELIDADE DO TÍTULO EXECUTIVO JUDICIAL. De acordo com o enunciado pelo art. 510 do Código de Processo Civil, "na liquidação por arbitramento, o juiz intimará as partes para a apresentação de pareceres ou documentos elucidativos, no prazo que fixar, e, caso não possa decidir de plano, nomeará perito, observando-se, no que couber, o procedimento da prova pericial". Na hipótese telada, ficou constatado que parte dos critérios de cálculo realizado pela exequente e das divergências apontadas pela Togada Singular não estão em consonância com o título judicial e ofendem a coisa julgada. E, a lei processual é clara ao especificar que as deliberações a serem proferidas em sede de liquidação ou cumprimento de sentença devem observar estritamente os contornos alinhavados no título judicial, sob pena de afronta à coisa julgada. Trata-se do princípio da fidelidade ao título que, dentre outros dispositivos legais, é expressamente contemplado pelo art. 509 da Lei Processual Civil. Portanto, a fim de dar concretude ao título judicial e dirimir as controvérsias existentes, permitindo o julgamento seguro da causa, impõe-se a realização de perícia. (TJ-SC; AI 40198287520178240000 Itajaí; Segunda Câmara de Direito Comercial; Rel. Robson Luz Varella; Julg. 28/11/2017)

✓ APELAÇÕES CÍVEIS – AÇÃO COMINATÓRIA C/C INDENIZAÇÃO POR PERDAS E DANOS E DANOS MORAIS – SENTENÇA DE PARCIAL PROCEDÊNCIA – RECURSOS INTERPOSTOS PELOS AUTORES E RÉ. IRRESIGNAÇÃO DA DEMANDADA. INVENÇÃO – CONCESSÃO DE PATENTE NO INPI QUE GARANTE A EXCLUSIVIDADE, EM ÂMBITO NACIONAL, DE PRODUÇÃO, UTILIZAÇÃO E COLOCAÇÃO À VENDA DO PRODUTO – AMPARO CONFERIDO PELO ART. 42 DA LEI N. 9.279/1996 – AUTORES QUE POSSUEM A TITULARIDADE DA PATENTE DA "MESA TÉRMICA PARA ESTAMPAS POR SERIGRAFIA" – PERÍCIA JUDICIAL QUE CONSTATOU CONTRAFAÇÃO MEDIANTE A FABRICAÇÃO E COMERCIALIZAÇÃO DA DENOMINADA "MESA TÉRMICA COM BERÇOS DE FERRO PS-700" PELA REQUERIDA – TESE DESAGASALHADA. A Constituição da Republica Federativa do Brasil de 1988, em seu art. 5º, XXIX, assegura aos autores de inventos, mediante lei específica, privilégio temporário para sua utilização. Outrossim, a Lei n. 9.279/1996 estabelece que "ao autor de invenção ou modelo de utilidade será assegurado o direito de obter a patente que lhe garanta a propriedade, nas condições estabelecidas nesta Lei" (art. 6º, "caput"). A Lei de Propriedade Industrial garante, ainda, em seu art. 42, o direito do titular da patente de impedir que terceiro produza, utilize ou comercialize, sem seu consentimento, o produto. No caso concreto, a perícia judicial realizada na medida cautelar antecipada de provas (n. 008.11.009710-3) foi conclusiva acerca da ocorrência de violação ao direito de patente, tendo em vista que a "mesa térmica com berços de ferro PS 700" da ré é formada com os mesmos componentes e método de utilização da invenção dos autores, denominada "mesa térmica para estampas por serigrafia". PERDIMENTO DOS BENS OBJETO DE BUSCA E APREENSÃO NA "ACTIO" ACAUTELATÓRIA – POSSIBILIDADE – CONTRAFAÇÃO DO PRODUTO PATENTEADO DEVIDAMENTE DEMONSTRADA – SENTENÇA DAQUELE FEITO QUE APENAS HOMOLOGOU A INSTRUÇÃO PROBATÓRIA – OCORRÊNCIA DE TRÂNSITO EM JULGADO – INCONFORMISMO DESPROVIDO NO CAPÍTULO. O artigo 201 da Lei n. 9.279/1996 possibilita a diligência de busca e apreensão em casos de ofensa à patente, podendo o juiz determinar a apreensão dos objetos contrafeitos. "In casu", diante do julgamento definitivo da acautelatória e, uma vez reconhecida a violação do direito de patente dos autores, mostra-se viável a determinação de perda dos bens objeto daquela "actio". APELO DOS AUTORES DANOS MORAIS – "DECISUM" COMBATIDO QUE AFASTOU O DEVER RESSARCITÓRIO PELA AUSÊNCIA DE PROVA DE OFENSA À HONRA OBJETIVA – DANO "IN RE IPSA" QUE ADVÉM DO PRÓPRIO ATO ILÍCITO – PRESCINDIBILIDADE DE COMPROVAÇÃO DA LESÃO SUPORTADA – ENTENDIMENTO EMANADO DO SUPERIOR TRIBUNAL DE JUSTIÇA E COMUNGADO POR ESTE PRETÓRIO – INCONFORMISMO ACOLHIDO NO PONTO. De acordo com o entendimento da Corte Superior e já expresso neste Areópago, a ocorrência de violação ao direito de propriedade industrial figura dano "in re ipsa", sendo desnecessária, porquanto presumido, a produção de provas acerca do abalo suportado pela parte lesada. Na hipótese, tratando-se de exercício abusivo do direito de fabricar e disponibilizar à venda objeto patenteado, não há falar em ausência de prova quanto a ofensa à honra objetiva, porquanto presumida em casos como o presente. MONTANTE INDENIZATÓRIO – INEXISTÊNCIA DE CRITÉRIOS OBJETIVOS PARA A FIXAÇÃO – ANÁLISE DO CASO CONCRETO – PARTES LESADAS E RESPONSÁVEL PELA REPARAÇÃO QUE FIGURAM, RESPECTIVAMENTE, COMO PESSOA FÍSICA INVENTORA DO OBJETO PATENTEADO, PESSOA JURÍDICA DETENTORA DOS DIREITOS RELATIVOS AO PRODUTO (AUTORES) E SOCIEDADE EMPRESÁRIA COM PARCO CAPITAL SOCIAL (DEMANDADA) – PERMANÊNCIA DE PRODUÇÃO E COMERCIALIZAÇÃO DA CHAMADA "MESA TÉRMICA COM BERÇOS DE FERRO PS-700", AO MENOS, DESDE 2011 – ARBITRAMENTO EM R$ 10.000,00 (DEZ MIL REAIS). Inexistindo critérios objetivos para a fixação do "quantum" indenizatório, cabe ao Magistrado examinar as peculiaridades do caso concreto, ponderando, dentre outros fatores, a capacidade financeira/econômica das partes e o lapso temporal de permanência do ilícito. Na espécie, o autor é o titular da patente concedida pelo INPI, tendo cedido seus direitos à sociedade empresária autora, a qual atua no ramo de máquinas e acessórios para indústria têxtil. Por outro lado, a responsável pela reparação é empresa dedicada à comercialização de acessórios para estamparias, comercializando seu produto em valor inferior ao dos requerentes. Ponderando, portanto, esses fatores, entende-se adequado o estabelecimento do montante reparatório em R$ 10.000,00 (dez mil reais). JUROS DE MORA E CORREÇÃO MONETÁRIA – TERMO INICIAL – RESPONSABILIDADE EXTRACONTRATUAL – FLUÊNCIA A PARTIR DO EVENTO DANOSO (DATA DA BUSCA E APREENSÃO) E DO ARBITRAMENTO, RESPECTIVAMENTE – INTELIGÊNCIA DAS SÚMULAS 54 E 362 DO SUPERIOR TRIBUNAL DE JUSTIÇA. O valor da condenação por danos morais, em caso de responsabilidade extracontratual, deve ser acrescido de juros de mora de 1% (um por cento) ao mês, a contar do evento danoso, ou seja, da data da busca e apreensão dos bens da requerida, e de correção monetária, pelo INPC, a partir do arbitramento, nos moldes das súmulas 54 e 362 do Superior Tribunal de Justiça. ESTIPÊNDIO PATRONAL – PLEITO DE MAJORAÇÃO – NECESSIDADE DE OBSERVÂNCIA AOS PARÂMETROS BALIZADORES ESTATUÍDOS NO § 2º DO ART. 85 DO CÓDIGO DE PROCESSO CIVIL – DEMANDA EM TRÂMITE HÁ APROXIMADAMENTE 5 (CINCO) ANOS, COM ATUAÇÃO QUE DEMONSTRA ZELO DOS PROFISSIONAIS – MANUTENÇÃO DO VALOR FIXADO NA ORIGEM,

EM 15% (QUINZE POR CENTO) DO VALOR DA CONDENAÇÃO - INSURGÊNCIA DESPROVIDA. Para a fixação dos honorários de sucumbência, deve-se estar atento ao trabalho desempenhado, ao zelo na defesa e exposição jurídica do advogado e à natureza da demanda, de modo que a verba honorária remunere de forma apropriada o profissional, sob pena de desprestígio ao exercício de uma das funções essenciais à justiça. Na hipótese sub judice, embora tenha a causa apresentado médio grau de complexidade, considerando-se as particularidades do caso concreto, as manifestações dos patronos das partes durante o trâmite processual que chegou a quase 5 (cinco) anos, mantém-se os honorários de advogado em 15% (quinze por cento) do valor da condenação. INSURGÊNCIA COMUM DAS PARTES DANOS MATERIAIS - ACIONADA QUE ALEGA AUSÊNCIA DE COMPROVAÇÃO DO PREJUÍZO ECONÔMICO SUPORTADO PELA EMPRESA AUTORA - PRESCINDIBILIDADE - DANOS MATERIAIS QUE PODEM SER PRESUMIDOS - LESÃO À ATIVIDADE EMPRESARIAL - PRECEDENTES DO SUPERIOR TRIBUNAL DE JUSTIÇA - QUANTIFICAÇÃO DO DANO RELEGADA À LIQUIDAÇÃO DE SENTENÇA - IMPOSSIBILIDADE, TODAVIA, DE DETERMINAÇÃO, NESTE MOMENTO PROCESSUAL, DE APRESENTAÇÃO DE DOCUMENTOS NAQUELA FASE PROCESSUAL - PROCEDIMENTO DIVERSO E AUTÔNOMO, QUE POSSUI REGULAÇÃO PRÓPRIA - DESPROVIMENTO DE AMBOS OS RECURSOS, NO PONTO. A liquidação de sentença constitui procedimento diverso e autônomo da fase cognitiva e é regida pelos arts. 509 a 512 do atual Regramento Processual Civil. Assim é que o art. 510 expõe que "na liquidação por arbitramento, o juiz intimará as partes para a apresentação de pareceres ou documentos elucidativos, no prazo que fixar, e, caso não possa decidir de plano, nomeará perito, observando-se, no que couber, o procedimento da prova pericial." Destarte, no momento oportuno será determinada a juntada dos documentos necessários para averiguar o montante devido aos autores, razão pela qual, agora, deve-se apenas manter a sentença no tocante à postergação da resolução do "quantum" devido a título de perdas e danos/lucros cessantes. SUCUMBÊNCIA - PRETENSÃO DOS LITIGANTES DE ADEQUAÇÃO PARA QUE O ADIMPLEMENTO RECAIA SOMENTE SOBRE A PARTE ADVERSA - ÔNUS ATRELADO AO ÊXITO DOS LITIGANTES - PROCEDÊNCIA TOTAL DOS PLEITOS EXORDIAIS - ATRIBUIÇÃO INTEGRAL À DEMANDADA - PROVIMENTO DO RECLAMO DOS ACIONANTES NESTE TOCANTE. A imposição do pagamento dos ônus sucumbenciais deve considerar o êxito de cada um dos contendores no litígio. De tal sorte, vislumbrando-se total acolhimento dos pleitos formulados pelos autores, há de se atribuir à demandada o adimplemento da totalidade dos estipêndios decorrentes de sua derrota. HONORÁRIOS ADVOCATÍCIOS RECURSAIS - EXEGESE DO ART. 85, § 11, DA LEI ADJETIVA CIVIL - PROVIMENTO PARCIAL DO APELO DOS ACIONANTES E DESPROVIMENTO DO RECLAMO DA RÉ - MAJORAÇÃO CABÍVEL NA ESPÉCIE, EM PROL DO CAUSÍDICO DOS AUTORES. Sob a premissa de que o estipêndio patronal sucumbencial é devido em função do trabalho realizado pelos causídicos, prevê a legislação processual civil a possibilidade de majoração dos honorários por ocasião do julgamento do recurso (art. 85, § 11). Nesse viés, na situação dos presentes autos, o parcial provimento do recurso manejado pelos autores aliado à apresentação de contrarrazões ao apelo desprovido da ré justificam a majoração dos honorários no percentual de 5% (cinco por cento) sobre o valor da condenação em favor de seu procurador. (TJ-SC; AC 00256567220128240008 Blumenau; Segunda Câmara de Direito Comercial; Rel. Robson Luz Varella; Julg. 24/10/2017)

Art. 511. Na liquidação pelo procedimento comum, o juiz determinará a intimação do requerido, na pessoa de seu advogado ou da sociedade de advogados a que estiver vinculado, para, querendo, apresentar contestação no prazo de 15 (quinze) dias, observando-se, a seguir, no que couber, o disposto no Livro I da Parte Especial deste Código.

<u>Cientificação do requerido para apresentar contestação no procedimento de liquidação:</u>

✓ AGRAVO DE INSTRUMENTO - EMBARGOS À EXECUÇÃO DE SENTENÇA PROMOVIDA EM AÇÃO DE RESTITUIÇÃO (PROCEDIMENTO DE LIQUIDAÇÃO ANTERIOR À VIGÊNCIA DAS LEIS NS. 11.232/2005 E 11.382/2006) - FASE DE LIQUIDAÇÃO - INTERLOCUTÓRIA ATRAVÉS DA QUAL FOI DETERMINADO ÀS PARTES A REALIZAÇÃO DE NOVOS CÁLCULOS COM OBSERVÂNCIA AOS CRITÉRIOS DELINEADOS NO "DECISUM" - RECURSO INTERPOSTO PELA EMPRESA EXEQUENTE. SUSCITADA A INTEMPESTIVIDADE DA CONTESTAÇÃO - PRELIMINAR AFASTADA - PEÇA DE DEFESA APRESENTADA APÓS INTIMAÇÃO DO ADVOGADO DA CASA BANCÁRIA QUANTO AO DESPACHO QUE DETERMINOU O PROCESSAMENTO DO PEDIDO DE LIQUIDAÇÃO. Prevê o art. 511 do Código de Processo Civil que, "na liquidação pelo procedimento comum, o juiz determinará a intimação do requerido, na pessoa de seu advogado ou da sociedade de advogados a que estiver vinculado, para, querendo, apresentar contestação no prazo de 15 (quinze) dias, observando-se, a seguir, no que couber, o disposto no Livro I da Parte Especial deste Código". No presente caso, protocolizado pedido de liquidação de sentença (17/3/2016), a Magistrada de Primeiro Grau determinou que a exequente colacionasse cópias de algumas peças necessárias ao início do procedimento. Antes mesmo da manifestação da parte, a casa bancária promoveu a juntada de procuração e substabelecimento no dia 6/7/2016. Todavia, nessa data, o processamento da liquidação ainda não tinha sido deferido, o que veio a se efetivar através do despacho datado de 12/9/2016, momento em que a instituição financeira foi intimada para apresentar defesa. Dessarte, tendo em vista que o prazo teve início em 14/10/2016 e término em 7/11/2016, tem-se por tempestiva a contestação protocolada na data de 7/11/2016. ALEGADA INCORREÇÃO QUANTO AO APONTAMENTO DA QUANTIA INICIAL EXEQUENDA (Cr$6.061.333,74) - POSTULADA A ADEQUAÇÃO - VIABILIDADE - PEDIDO DE RESTITUIÇÃO VALORADO EM Cr$3.494.684,88 (TRÊS MILHÕES E QUATROCENTOS E NOVENTA E QUATRO MIL E SEISCENTOS E OITENTA E QUATRO CRUZEIROS E OITENTA E OITO CENTAVOS) - PLEITO ATENDIDO. Evidenciado que o valor originalmente atribuído pela casa bancária no pedido de restituição é de Cr$3.494.684,88 (três milhões e quatrocentos e noventa e quatro mil e seiscentos e oitenta e quatro cruzeiros e oitenta e oito centavos), deve ser este o montante inicial a ser considerado para o cálculo de liquidação. ASSERTIVA DE QUE OS PARÂMETROS DEFINIDOS NO "DECISUM" AGRAVADO CONTÊM EQUÍVOCOS NO QUE PERTINE À FALTA DE SUPRESSÃO, DO "QUANTUM DEBEATUR", DOS VALORES REFERIDOS NOS RECIBOS COLACIONADOS ÀS FLS. 31/61 DOS EMBARGOS - ACOLHIMENTO - NECESSIDADE DE OBSERVÂNCIA À COISA JULGADA - INSURGÊNCIA PROVIDA NESTE CAPÍTULO. Verificando-se que o "decisum" exequendo (proferido nos Embargos Declaratórios nos Embargos em Apelação n. 2001.001120-0/0001.01), definiu que os valores referidos nos recibos de fls. 31/61 dos embargos à execução de sentença devem ser integralmente suprimidos do montante exigido pela casa bancária, tal critério deve ser observado, sob pena de violação à coisa julgada. RAZÕES RECURSAIS QUE DEFENDEM A POSSIBILIDADE DE INCLUSÃO NOS CÁLCULOS DE SUPOSTOS CRÉDITOS REPRESENTADOS PELAS QUANTIAS INDICADAS NOS DIAS 7/12/1991, 3/11/1992, 19/1/1993, 28/4/1993, 3/2/1994 E 8/3/1994, EM PLANILHAS COLACIONADAS PELA CASA BANCÁRIA ÀS FLS. 75/78 E 89/91 DOS AUTOS DO PEDIDO DE RESTITUIÇÃO - AUSÊNCIA, TODAVIA, DE DELIBERAÇÃO, NESSE SENTIDO, NO TÍTULO JUDICIAL EXEQUENDO - REBELDIA DESAGASALHADA QUANTO A ESTE ASPECTO. Inexistindo determinação específica no título exequendo no sentido de que os montantes indicados nas datas de 7/12/1991, 3/11/1992, 19/1/1993, 28/4/1993, 3/2/1994 e 8/3/1994, em planilhas colacionadas pela casa bancária às fls. 75/78 e 89/91 dos autos do pedido de restituição, deveriam ser suprimidos - até porque a empresa recorrente objetivava, por intermédio de seus embargos, apenas o abatimento, da dívida executada, das quantias constantes nos recibos de fls. 31/61 -, inviável a inclusão dos respectivos valores nos cálculos da liquidação, em observância à coisa julgada. CORREÇÃO MONETÁRIA E JUROS DE MORA - AUSÊNCIA DE INTERESSE RECURSAL NESTES PONTOS, DIANTE DA MANIFESTA CONCORDÂNCIA DO RECORRENTE QUANTO AOS PARÂMETROS DE ATUALIZAÇÃO ADOTADOS PELO JUÍZO "A QUO" - NÃO CONHECIMENTO DO AGRAVO NO TOCANTE À "QUESTIONE". Constitui-se o interesse recursal pressuposto geral de admissibilidade de todo recurso, de maneira que, para requerer a reforma do "decisum" atacado, deve o insurgente demonstrar o prejuízo advindo da manutenção judicial atacada. Uma vez que, no que tange aos parâmetros de atualização do "quantum debeatur", a empresa agravante afirma concordar com os termos do decisório recorrido, carece de interesse recursal quanto a essa temática, o que implica no não conhecimento da insurgência no ponto. NECESSIDADE DE DETERMINAÇÃO DE PERÍCIA DIANTE DAS PARTICULARIDADES DO CASO CONCRETO - EXEGESE DO ART. 510 DO CÓDIGO DE PROCESSO CIVIL - CRITÉRIOS DE CÁLCULO DA EXEQUENTE E DIVERGÊNCIAS APONTADAS PELO JUÍZO "A QUO" EM DISSONÂNCIA COM A DECISÃO EXEQUENDA, OFENDENDO A COISA JULGADA - LIQUIDAÇÃO DE SENTENÇA QUE DEVE SER GUIADA PELO PRINCÍPIO DA FIDELIDADE DO TÍTULO EXECUTIVO JUDICIAL. De acordo com o enunciado pelo art. 510 do Código de Processo Civil, "na liquidação por arbitramento, o juiz intimará as partes para a apresentação de pareceres ou documentos elucidativos, no prazo que fixar, e, caso não possa decidir de plano, nomeará perito, observando-se, no que couber, o procedimento da prova pericial". Na hipótese telada, ficou constatado que parte dos critérios de cálculo realizado pela exequente e das divergências apontadas pela Togada Singular não estão em consonância com o título judicial e ofendem a coisa julgada. E, a lei processual é clara ao especificar que as deliberações a serem proferidas em sede de liquidação ou cumprimento de sentença devem observar estritamente os contornos alinhavados no título judicial, sob pena de afronta à coisa julgada. Trata-se do princípio da fidelidade ao título que, dentre outros dispositivos legais, é expressamente contemplado pelo art. 509 da Lei Processual Civil. Portanto, a fim de dar concretude ao título judicial e dirimir as controvérsias existentes, permitindo o julgamento seguro da causa, impõe-se a realização de perícia. (TJ-SC; AI 40198287520178240000 Itajaí; Segunda Câmara de Direito Comercial; Rel. Robson Luz Varella; Julg. 28/11/2017)

Art. 512. A liquidação poderá ser realizada na pendência de recurso, processando-se em autos apartados no juízo de origem, cumprindo ao liquidante instruir o pedido com cópias das peças processuais pertinentes.

<u>Liquidação da decisão e a pendência do recurso:</u>

✓ AGRAVO DE INSTRUMENTO. NEGÓCIOS JURÍDICOS BANCÁRIOS. CÉDULA DE CRÉDITO RURAL. LIQUIDAÇÃO INDIVIDUAL DE SENTENÇA COLETIVA. SUSPENSÃO. DESCABIMENTO. O art. 512 do NCPC autoriza a liquidação de sentença na hipótese de pendência de recurso, inexistindo ressalva acerca da limitação da disposição aos recursos recebidos apenas no efeito devolutivo. Assim, a concessão de tutela provisória para recebimento dos embargos de divergência em REsp nº 1.319.232 com efeito suspensivo não importa na suspensão da liquidação. AGRAVO DE INSTRUMENTO PROVIDO. (TJ-RS; Agravo de Instrumento 70074194093;

Décima Sétima Câmara Cível; Rel. Marta Borges Ortiz; Julg. 26/09/2017).

✓ AGRAVO DE INSTRUMENTO. NEGÓCIOS JURÍDICOS BANCÁRIOS. CÉDULA DE CRÉDITO RURAL. LIQUIDAÇÃO INDIVIDUAL DE SENTENÇA COLETIVA. SUSPENSÃO. DESCABIMENTO. O art. 512 do NCPC autoriza a liquidação de sentença na hipótese de pendência de recurso, inexistindo ressalva acerca da limitação da disposição aos recursos recebidos apenas no efeito devolutivo. Assim, a concessão de tutela provisória para recebimento dos embargos de divergência em REsp nº 1.319.232 com efeito suspensivo não importa na suspensão da liquidação. AGRAVO DE INSTRUMENTO PROVIDO. (TJ-RS; Agravo de Instrumento 70075281402; Décima Sétima Câmara Cível; Rel. Marta Borges Ortiz; Julg. 30/11/2017).

✓ APELAÇÃO – AÇÃO DE LIQUIDAÇÃO PROVISÓRIA DE SENTENÇA – EXTINÇÃO POR FALTA DE INTERESSE DE AGIR – DECISÃO ILÍQUIDA PENDENTE DE RECURSO AOS TRIBUNAIS SUPERIORES – Ausência de qualquer ressalva quanto à possibilidade de manejo do pedido na lei processual – Art. 475-A, § 2º, do CPC ainda em vigor (inteligência dos artigos 509 e 512 do novo CPC) – Recurso provido. (TJ-SP; APL 00224450820158260577 SP; 25ª Câmara de Direito Privado; Rel. Hugo Crepaldi; Julg. 06/04/2016; Data de Publicação: 07/04/2016)

TÍTULO II
Do Cumprimento da Sentença

Capítulo I
DISPOSIÇÕES GERAIS

Art. 513. O cumprimento da sentença será feito segundo as regras deste Título, observando-se, no que couber e conforme a natureza da obrigação, o disposto no Livro II da Parte Especial deste Código.

→ *v.* Enunciado 485 do FPPC: É cabível conciliação ou mediação no processo de execução, no cumprimento de sentença e na liquidação de sentença, em que será admissível a apresentação de plano de cumprimento da prestação.

§ 1º O cumprimento da sentença que reconhece o dever de pagar quantia, provisório ou definitivo, far-se-á a requerimento do exequente.

Necessidade do requerimento do exequente:

✓ AGRAVO DE INSTRUMENTO. AÇÃO CIVIL PÚBLICA. CUMPRIMENTO DE SENTENÇA. INVIABILIDADE DE CUMULAÇÃO DE EXECUÇÃO DE OBRIGAÇÃO DE FAZER COM DE PAGAR QUANTIA CERTA. A viabilidade de cumulação, na fase de conhecimento, de pedidos de obrigações de pagar quantia certa e de fazer, não significa que se possa, em nível de cumprimento de sentença, cumular as execuções dessas obrigações. De efeito, a cumulação de execuções pressupõe identidade de procedimentos (art. 513, caput, c/c art. 780, ambos, do NCPC – art. 475-R c/c art. 573, ambos, do NCPC), o que não se verifica entre os cumprimentos de sentença de obrigação de pagar quantia certa (art. 523 e segs. do NCPC – art. 461 do CPC/73) e de fazer (art. 536 e segs. do NCPC – art. 475-J e segs. do CPC/73). De fato, em se tratando obrigação de pagar quantia certa constituída em título executivo judicial, a fase executiva só se inicia, mediante expresso requerimento do credor (art. 523, caput, NCPC), veiculada em petição inicial executiva, que deve observar os requisitos do art. 524, I a VII, do NCPC. In casu, o autor, transitada em julgada a sentença, atravessou petição, que não observa os requisitos do art. 524, I a VII, do NCPC, requerendo, no aspecto, unicamente, a intimação do réu para que, no prazo de 15 dias, comprove o pagamento da indenização, conforme fixado na sentença, sob pena de multa prevista no artigo 523 do NCPC. Conseguinte, caracterizada está, na espécie, a inépcia da veiculada pretensão executiva quanto à obrigação de pagar quantia certa, no que prospera a irresignação recursal. Isso, por certo, não impede o autor de veicular, em apartado, a competente pretensão executiva, quanto à obrigação de pagar quantia certa, em petição inicial que observe os requisitos da legislação de regência. Já no que tange ao cumprimento sentença da obrigação de fazer, mesma sorte não tem a irresignação recursal, pois, nos termos do art. 536, § 1º, do NCPC, o juiz pode, de ofício ou a requerimento, para a efetivação da tutela específica, determinar, entre outras medidas, a imposição de multa. No caso em foco, pois, em atendimento a requerimento do autor, o réu restou intimado a, no prazo de 90 dias, comprovar o cumprimento da obrigação de fazer fixada na sentença, sob pena de fixação de multa diária não inferior a R$100,00 (cem reais). Com relação à suscitada inexigibilidade do título executivo, em razão (i) tanto da possibilidade, nos termos da Lei 11.428/2006, de aproveitamento de espécies nativas da Mata Atlântica, para fins de manutenção da propriedade rural, (i) quanto do caso fortuito e força maior que ocasionaram a queda das árvores objetos da condenação, diz, na realidade, com a questão de fundo subjacente à constituição do título judicial exequendo, que, ante a coisa julgada, não há como ser revolvida nessa fase processual. No mais, o só fato da hipossuficiência econômica arguida pelo réu, que lhe rendeu a concessão da gratuidade da justiça, não afasta o interesse processual na instauração da fase de cumprimento de sentença, podendo, quando muito, conduzir à suspensão da execução, em não se logrando identificar bens penhoráveis, na forma do disposto no art. 513 combinado com o art. 921, III, ambos do NCPC RECURSO PROVIDO EM PARTE. UNÂNIME. (TJ-RS; Agravo de Instrumento 70071282545; Terceira Câmara Cível; Rel. Ricardo Bernd; Julg. 29/06/2017)

§ 2º O devedor será intimado para cumprir a sentença:

I – pelo Diário da Justiça, na pessoa de seu advogado constituído nos autos;

Intimação do cumprimento na pessoa do advogado

✓ AGRAVO DE INSTRUMENTO. CUMPRIMENTO DE SENTENÇA. DECISÃO AGRAVADA QUE REJEITOU LIMINARMENTE A IMPUGNAÇÃO EM RAZÃO DA INTEMPESTIVIDADE. RECURSO DO IMPUGNANTE. PLEITO DE REFORMA DA DECISÃO AO ARGUMENTO DE SER TEMPESTIVA A SUA IMPUGNAÇÃO. INSUBSISTÊNCIA. EXECUTADO QUE FOI INTIMADO PARA CUMPRIMENTO DA OBRIGAÇÃO PELO DIÁRIO DE JUSTIÇA NA PESSOA DO SEU ADVOGADO (ART. 513, § 2º, I, DO NCPC). FATO DE O EXECUTADO RECEBER INTIMAÇÃO PESSOAL POSTERIORMENTE QUE NÃO SE MOSTRA CAPAZ DE RENOVAR O PRAZO PARA O PAGAMENTO DA OBRIGAÇÃO OU PARA APRESENTAÇÃO DA IMPUGNAÇÃO AO CUMPRIMENTO DA SENTENÇA. PRAZO DE 15 (QUINZE) DIAS PARA IMPUGNAÇÃO QUE TEM INÍCIO APÓS O ENCERRAMENTO DO PRAZO DE 15 (QUINZE) DIAS PREVISTO PARA O PAGAMENTO DA OBRIGAÇÃO. EXEGESE DO ART. 525, DO NCPC. TÉRMINO DO PRAZO PARA APRESENTAÇÃO DA IMPUGNAÇÃO EM 01/09/2016. PROTOCOLO DATADO DE 17/11/2016. INTEMPESTIVIDADE VERIFICADA. DECISÃO MANTIDA. RECURSO CONHECIDO E DESPROVIDO. (TJSC; Agravo de Instrumento 4007357-27.2017.8.24.0000; Caçador; Sexta Câmara de Direito Civil; Rel. Des. Denise Volpato; Julg. 15/08/2017).

✓ AGRAVO DE INSTRUMENTO. CUMPRIMENTO DE SENTENÇA. MANDADO DE PENHORA. 1. O devedor será intimado para cumprir a sentença pelo Diário da Justiça, na pessoa de seu advogado constituído nos autos (art. 513, §2º, inc. I do CPC). 2. Não efetuado tempestivamente o pagamento voluntário, será expedido, desde logo, mandado de penhora e avaliação, seguindo-se os atos de expropriação (art. 523, §3º do CPC). 3. No caso dos autos, o agravante (parte executada) foi intimado na pessoa de seu procurador e, como não houve resposta, foi expedido mandado de penhora, tudo conforme os dispositivos acima citados. (TRF4; AG 5012261-64.2017.4.04.0000; Quarta Turma; Rel. Luís Alberto D'azevedo Aurvalle; Julg. 06/07/2017)

Validade da intimação do advogado constituído na demanda conexa:

✓ AGRAVO DE INSTRUMENTO. DPVAT. Ação de Cobrança. Cumprimento de Sentença. Ausência de Representação Processual da Ré. Inocorrência. Ação conexa e apensada à Demanda Principal, na qual houve a apresentação de Procuração. Representação Processual que se aproveita aos Autos apensados, ainda que desapensados posteriormente. Alegação da própria torpeza. Intimação para pagamento devidamente efetuada na pessoa do Advogado da Agravante. Inteligência do art. 513, §2º, I, CPC. Não pagamento voluntário no prazo legal. Incidência de multa e honorários advocatícios. Cabimento. Exegese do art. 523, §1º, CPC. Plausibilidade de apresentação de nova Planilha de Cálculo. Planilha anteriormente apresentada que já continha valores referentes à multa e honorários. Ato Atentatório à Dignidade da Justiça. Não caracterização. RECURSO PARCIALMENTE PROVIDO apenas para que se exclua a determinação de apresentação de nova Planilha de Cálculo para inclusão de multa de 10% (dez por cento) e honorários advocatícios. (TJSP; Agravo de Instrumento 2154391-83.2017.8.26.0000; Rel. Penna Machado; Órgão Julgador: 30ª Câmara de Direito Privado; Foro de Mogi Guaçu; 3ª V. Cível; Data do Julgamento: 18/10/2017; Data de Registro: 19/10/2017)

Superação da súmula 410-STJ:

✓ AÇÃO DE OBRIGAÇÃO DE FAZER – EXIBIÇÃO DE PLANILHA DE CÁLCULOS – MULTA DIÁRIA – INTIMAÇÃO PESSOAL – Desnecessidade – A intimação da ré para o cumprimento de obrigação de fazer, sob pena de multa diária, pode ser realizada na pessoa do seu advogado, via Diário da Justiça, nos termos do art. 513, § 2º, I, CPC/2015 – Inaplicabilidade da Súmula 410-STJ – Inexistência de dispositivo legal, determinando que o devedor seja intimado pessoalmente, quando haja previsão de imposição de multa coercitiva – RECURSO DESPROVIDO NESTE TÓPICO. AÇÃO DE OBRIGAÇÃO DE FAZER – EXIBIÇÃO DE PLANILHA DE CÁLCULOS – MULTA DIÁRIA – Fixação de multa diária para apresentar a planilha de cálculos da dívida – Cabimento – Valor da multa diária de R$ 500,00, que se mostra razoável, não configurando ônus excessivo à ré agravante, nem enriquecimento sem causa do autor – Descumprimento da ordem de exibição de documento que autoriza a incidência de multa coercitiva – Arts. 139, IV, 400, parágrafo único, e 403, parágrafo único, CPC/2015 – A multa (astreinte) constitui medida coercitiva tendente a induzir a parte a, ela própria, atender ao comando judicial – Serve como fator desestimulante à recalcitrância e tem por objetivo conferir efetividade à tutela jurisdicional, podendo ser fixada até de ofício, cujo montante deve ser suficiente a inibir ou forçar a conduta da parte, evitando que se subtraia ao comando jurisdicional – Incumbe ao juiz prevenir ou reprimir qualquer ato contrário à dignidade da justiça, determinando todas as medidas indutivas, coercitivas, mandamentais ou sub-rogatórias necessárias para assegurar o cumprimento de ordem judicial, inclusive nas ações que tenham por objeto prestação pecuniária (art. 139, III e IV, CPC/2015) – Decisão mantida – RECURSO DESPROVIDO NESTE TÓPICO. (TJSP; Agravo de Instrumento 2180211-41.2016.8.26.0000; Rel. Sérgio Shimura; Órgão Julgador: 23ª Câmara de Direito Privado; Foro de Araraquara; 4ª Vara Cível; Data do Julgamento: 30/11/2016; Data de Registro: 06/12/2016)

II – por carta com aviso de recebimento, quando representado pela Defensoria Pública ou quando não tiver procurador constituído nos autos, ressalvada a hipótese do inciso IV;

→ v. Sumula 410 do STJ.

→ v. Enunciado 15 do CJF: Aplicam-se às entidades referidas no § 3º do art. 186 do CPC as regras sobre intimação pessoal das partes e suas testemunhas (art. 186, § 2º; art. 455, § 4º, IV; art. 513, § 2º, II e art. 876, § 1º, II, todos do CPC).

Necessidade intimação da parte sem advogado constituído nos autos:

✓ AGRAVO DE INSTRUMENTO. Cumprimento de sentença. Executado revel na fase de conhecimento. Ausência de advogado constituído nos autos. Necessidade de intimação pessoal para início do cumprimento da sentença. Inteligência do art. 513, §2º, II, do CPC. Regra do art. 346, do CPC, expressamente excepcionada. Ausência de intimação pessoal. Descabimento de multa e honorários advocatícios pelo não cumprimento voluntário da condenação. Recurso provido. (TJSP; Agravo de Instrumento 2173935-57.2017.8.26.0000; Rel. Milton Carvalho; Órgão Julgador: 36ª Câmara de Direito Privado; Foro de São Vicente ; 4ª Vara Cível; Data do Julgamento: 11/10/2017; Data de Registro: 11/10/2017)

✓ AGRAVO DE INSTRUMENTO – Cumprimento de sentença – Executada citada por carta – AR recebido por terceira pessoa – Decisão posterior que reconhece equívoco e considera intimada a devedora – Inadmissibilidade – Hipótese em que o recebimento de AR por terceira pessoa não pode ser considerado intimação válida – Intimação que deve ser refeita de acordo com o art. 513, §2º, I, do CPC – Recurso provido. (TJSP; Agravo de Instrumento 2114888-55.2017.8.26.0000; Rel. José Carlos Ferreira Alves; Órgão Julgador: 2ª Câmara de Direito Privado; Foro Regional II – Santo Amaro; 3ª Vara da Família e Sucessões; Data do Julgamento: 18/09/2017; Data de Registro: 18/09/2017)

III – por meio eletrônico, quando, no caso do § 1º do art. 246, não tiver procurador constituído nos autos;

IV – por edital, quando, citado na forma do art. 256, tiver sido revel na fase de conhecimento.

→ v. Art. 346 do NCPC.

Necessidade de nova intimação do réu revel:

✓ AGRAVO DE INSTRUMENTO – CUMPRIMENTO DE SENTENÇA – INTIMAÇÃO – Ré revel – Pretensão à validação de intimação pessoal frustrada, com base no art. 513, §3º, do CPC – Impossibilidade – Agravada que não intervém no processo nem mesmo para se defender – Descabimento de fixação do ônus de informar novo endereço – Necessidade de intimação do revel sobre os atos executórios – Exegese do art. 513, §2º, IV, do CPC – Interpretação que prestigia o contraditório e a ampla defesa – Recurso não provido. (TJSP; Agravo de Instrumento 2094195-50.2017.8.26.0000; Rel. Reinaldo Miluzzi; Órgão Julgador: 6ª Câmara de Direito Público; Foro Central – Fazenda Pública/Acidentes ; 4ª Vara de Fazenda Pública; Data do Julgamento: 06/11/2017; Data de Registro: 09/11/2017)

✓ AGRAVO DE INSTRUMENTO – CUMPRIMENTO DEFINITIVO DA SENTENÇA QUE RECONHECE A EXIGIBILIDADE DE OBRIGAÇÃO DE PAGAR QUANTIA CERTA – Interposição contra decisão que determinou ao exequente, ora agravante, a comprovação do recolhimento das custas para a intimação do executado, ora agravado, por via postal, para, no prazo de quinze (15) dias, querendo, cumprir voluntariamente a obrigação, sob pena de multa de 10% do valor da condenação e honorários, nos termos do artigo 523 e parágrafos do novo Código de Processo Civil e, apenas após, expedição de mandado de penhora – Executado que não está representado, nos autos, por advogado – Artigo 513, §2º, II do novo CPC – Necessidade de intimação pessoal do devedor, que foi revel na fase de conhecimento, para pagamento do débito discriminado na memória descritiva de cálculo apresentada pelo exequente – Precedentes do TJ-SP – A revelia, na fase de conhecimento, não afasta a necessidade de intimação pessoal para os mencionados fins – Decisão mantida – Recurso improvido. (TJSP; Agravo de Instrumento 2188934-15.2017.8.26.0000; Rel. Plinio Novaes de Andrade Júnior; Órgão Julgador: 24ª Câmara de Direito Privado; Foro de Rio Claro; 4ª. Vara Cível; Data do Julgamento: 26/10/2017; Data de Registro: 29/10/2017)

§ 3º Na hipótese do § 2º, incisos II e III, considera-se realizada a intimação quando o devedor houver mudado de endereço sem prévia comunicação ao juízo, observado o disposto no parágrafo único do art. 274.

Validade da intimação enviada ao endereço constante dos autos:

✓ DESPEJO POR FALTA DE PAGAMENTO CUMULADO COM COBRANÇA – FASE DE CUMPRIMENTO DE SENTENÇA – INTIMAÇÃO PESSOAL DO DEVEDOR CITADO POR HORA CERTA E DEFENDIDO PELA DEFENSORIA PÚBLICA – DESNECESSIDADE – NOVA RESIDÊNCIA NÃO INFORMADA AO JUÍZO – INCIDÊNCIA DO §3º DO ARTIGO 513 DO CPC. RECURSO DESPROVIDO (TJSP; Agravo de Instrumento 2197686-73.2017.8.26.0000; Rel. Andrade Neto; Órgão Julgador: 30ª Câmara de Direito Privado; Foro Regional I – Santana; 9ª Vara Cível; Data do Julgamento: 08/11/2017; Data de Registro: 10/11/2017)

§ 4º Se o requerimento a que alude o § 1º for formulado após 1 (um) ano do trânsito em julgado da sentença, a intimação será feita na pessoa do devedor, por meio de carta com aviso de recebimento encaminhada ao endereço constante dos autos, observado o disposto no parágrafo único do art. 274 e no § 3º deste artigo.

Necessidade de intimação do devedor após um ano do trânsito em julgado da sentença:

✓ AGRAVO DE INSTRUMENTO. HONORÁRIOS DE PROFISSIONAIS LIBERAIS. CUMPRIMENTO DE SENTENÇA. NECESSIDADE DE INTIMAÇÃO PESSOAL DO DEVEDOR. Ainda que o devedor tenha advogado constituído nos autos, a intimação do executado para cumprimento voluntário da obrigação será obrigatoriamente feita por meio de carta, com aviso de recebimento, nos termos do §4º do art. 513 do CPC, hipótese em que o requerimento para início da fase de cumprimento de sentença ocorre após um ano do trânsito em julgado. A intimação pessoal do executado visa evitar prejuízo a ambas partes. AGRAVO DE INSTRUMENTO PROVIDO. (TJ-RS; Agravo de Instrumento 70074807157; Décima Quinta Câmara Cível; Rel. Ana Beatriz Iser; Julg. 27/09/2017)

Validade da intimação realizada mesmo após transcorrido um ano do trânsito em julgado da sentença:

✓ AGRAVO DE INSTRUMENTO. CUMPRIMENTO DE SENTENÇA. AÇÃO COMINATÓRIA. Preliminar de intempestividade. Não ocorrência. Recurso interposto contra decisão que considerou válida a intimação da executada realizada na pessoa de seu advogado via Diário de Justiça Eletrônico. Recurso tempestivo. Pretensão de decreto de nulidade da intimação, com fundamento no art. 513, § 4º, do CPC. Inviabilidade. Procuração ad judicia que confere poderes para a fase de cumprimento de sentença. Art. 105, § 4º, do CPC. Embora tenha transcorrido mais de um ano entre o trânsito em julgado da sentença e o início de seu cumprimento, os elementos dos autos indicam que o patrono continua mantendo relacionamento com a representada, denotando a vigência dos poderes outorgados por meio do instrumento de procuração constante nos autos. Validade da intimação realizada na pessoa do advogado. Decisão mantida. AGRAVO DESPROVIDO. (TJSP; Agravo de Instrumento 2145883-51.2017.8.26.0000; Rel. Donegá Morandini; Órgão Julgador: 3ª Câmara de Direito Privado; Foro Central Cível; 31ª Vara Cível; Data do Julgamento: 18/09/2017; Data de Registro: 18/09/2017)

§ 5º O cumprimento da sentença não poderá ser promovido em face do fiador, do coobrigado ou do corresponsável que não tiver participado da fase de conhecimento.

Impossibilidade do cumprimento de sentença contra fiador que não participou da fase de conhecimento:

✓ AGRAVO DE INSTRUMENTO -- AÇÃO RENAVOTÁRIA DE LOCAÇÃO - CUMPRIMENTO DE SENTENÇA - Insurgência contra decisão que indeferiu a inclusão dos fiadores no polo passivo da fase de cumprimento de sentença – Fiadores que não fizeram parte da fase de conhecimento da ação renovatória de aluguel – Inteligência do artigo 513, § 5º, do CPC e da Súmula 268, do STJ, esta última aplicável também às ações de cunho renovatório – Decisão mantida – RECURSO DESPROVIDO (TJSP; Agravo de Instrumento 2098967-56.2017.8.26.0000; Rel. Ana Catarina Strauch; Órgão Julgador: 27ª Câmara de Direito Privado; Foro Central Cível; 6ª Vara Cível; Data do Julgamento: 06/09/2017; Data de Registro: 06/09/2017)

Art. 514. Quando o juiz decidir relação jurídica sujeita a condição ou termo, o cumprimento da sentença dependerá de demonstração de que se realizou a condição ou de que ocorreu o termo.

→ *v.* Art. 798, I, "c", do NCPC.

Art. 515. São títulos executivos judiciais, cujo cumprimento dar-se-á de acordo com os artigos previstos neste Título:

I – as decisões proferidas no processo civil que reconheçam a exigibilidade de obrigação de pagar quantia, de fazer, de não fazer ou de entregar coisa;

→ *v.* Enunciado 642 do FPPC: A decisão do juiz que reconhecer o direito a indenização, decorrente de indevida averbação prevista no art. 828 ou do não cancelamento das averbações excessivas, é apta a ensejar a liquidação e o posterior cumprimento da sentença, sem necessidade de propositura de ação de conhecimento.

Decisão como título executivo judicial:

✓ AGRAVO DE INSTRUMENTO. DIREITO PÚBLICO NÃO ESPECIFICADO. AÇÃO DECLARATÓRIA DE INEXISTÊNCIA DE DÉBITO. IMPROCEDÊNCIA DA PRETENSÃO. RECONHECIMENTO DA OBRIGAÇÃO DE PAGAR EM FAVOR DA DEMANDADA. EFICÁCIA EXECUTIVA DA DECISÃO. ART. 515, INCISO, I, DO CPC/2015. A decisão que reconhece a exigibilidade do débito relativo à recuperação de consumo, e, portanto, a existência de obrigação do demandante de pagar quantia certa, é título executivo judicial, constituído em favor da ré/concessionária, nos termos do art. 515, inciso I, do CPC/2015. RESP representativo da controvérsia nº 1.261.888/RS. AGRAVO DE INSTRUMENTO PROVIDO. (TJ-RS; Agravo de Instrumento 70074036492; Quarta Câmara Cível; Rel. Eduardo Uhlein; Julg. 25/10/2017)

✓ CUMPRIMENTO DE SENTENÇA DECORRENTE DE AÇÃO REVISIONAL - POSSIBILIDADE DE EXECUÇÃO NOS MESMOS AUTOS - EFICÁCIA EXECUTIVA DE SENTENÇA QUE RECONHECE A EXISTÊNCIA DE OBRIGAÇÃO DE PAGAR QUANTIA - NECESSIDADE DE REFAZIMENTO DOS CÁLCULOS - A sentença, qualquer que seja sua natureza, de procedência ou improcedência do pedido, constitui título executivo judicial, desde que reconheça a existência de obrigação de pagar quantia, admitida sua liquidação e execução nos próprios autos - Leitura do art. 475-N, CPC de 1973 (art. 515, I, CPC/2015) - Tese fixada em Recurso Repetitivo - Assim, impõe-se o refazimento dos cálculos, com a posterior dedução dos valores já pagos no "Contrato de Confissão de Dívida" - RECURSO PROVIDO. (TJSP; Agravo de Instrumento 2076999-67.2017.8.26.0000; Rel. Sérgio Shimura; Órgão Julgador: 23ª Câmara de Direito Privado; Foro de Suzano; 2ª. Vara Cível; Data do Julgamento: 27/09/2017; Data de Registro: 03/10/2017)

II – a decisão homologatória de autocomposição judicial;

→ *v.* Arts. 22, parágrafo único, e 74, da Lei 9.099/1995.

→ *v.* Arts. 3º, §§ 2º e 3º, 334, § 11, e 487, III, do NCPC.

Sentença homologatória de acordo como título executivo:

✓ IMPUGNAÇÃO AO CUMPRIMENTO DE SENTENÇA HOMOLOGATÓRIA DE ACORDO JUDICIAL – PRETENSO ACOLHIMENTO BASEADO EM ALEGADA "INÉPCIA" POR AUSÊNCIA DO TÍTULO EXECUTIVO E DEMONSTRATIVO DE DÉBITO, ALÉM DE SUPOSTA INEXIGIBILIDADE DA OBRIGAÇÃO, A PRETEXTO DA EXISTÊNCIA DE "CLÁUSULA DE TOLERÂNCIA" PACTUADA NO ACORDO HOMOLOGADO ENTRE AS PARTES - DESCABIMENTO - TÍTULO EXECUTIVO CONSUBSTANCIADO NA PRÓPRIA SENTENÇA HOMOLOGATÓRIA DO ACORDO (ART. 515, II, DO CÓDIGO DE PROCESSO CIVIL), CUJO SALDO DEVEDOR RESULTA DE MERA OPERAÇÃO ARITMÉTICA DECORRENTE DO DÉBITO CONFESSADO, SUBTRAÍDO DOS VALORES DEPOSITADOS EM JUÍZO, E ACRESCIDO DOS ENCARGOS DE INADIMPLÊNCIA PREVISTOS NO PRÓPRIO TÍTULO - VÍCIOS, ADEMAIS, SANADOS COM A POSTERIOR JUNTADA DAS CITADAS PEÇAS (ARTS. 318 E PARÁGRAFO ÚNICO, E 321, 'CAPUT', DO CPC), SOBRE AS QUAIS O AGRAVANTE OPTARA POR NÃO SE MANIFESTAR, APESAR DE INSTADO A FAZÊ-LO - SUPOSTO "DIREITO DE TOLERÂNCIA" DE 30 DIAS PREVISTO NA CLÁUSULA 6ª DO ACORDO QUE SE REFERIA CLARAMENTE À INSTAURAÇÃO DO CUMPRIMENTO DE SENTENÇA APÓS O VENCIMENTO ANTECIPADO DA OBRIGAÇÃO, E NÃO À DATA DE VENCIMENTO DAS PRESTAÇÕES MENSAIS - POSTURA PROCESSUAL DA AGRAVANTE QUE EVIDENCIA CLARA INTENÇÃO PROCRASTINATÓRIA E INFUNDADA, INCOMPATÍVEL COM A BOA-FÉ PROCESSUAL, TUDO A CARACTERIZAR O CABIMENTO DA PENA QUE NESSE SENTIDO LHE FORA IMPOSTA – DECISÃO MANTIDA - RECURSO IMPROVIDO. (TJSP; Agravo de Instrumento 2153019-02.2017.8.26.0000; Rel. Paulo Roberto de Santana; Órgão Julgador: 23ª Câmara de Direito Privado; Foro de Itapetininga; 4ª Vara Cível; Data do Julgamento: 25/10/2017; Data de Registro: 30/10/2017)

✓ LOCAÇÃO. AÇÃO DE DESPEJO POR FALTA DE PAGAMENTO CUMULADA COM COBRANÇA DE ALUGUÉIS. ACORDO JUDICIALMENTE HOMOLOGADO. CUMPRIMENTO DE SENTENÇA. IMPUGNAÇÃO. AFIRMATIVA DE EXCESSO DE EXECUÇÃO PORQUE NÃO INCIDE A MULTA DE 10% E NEM SÃO DEVIDOS OS HONORÁRIOS ADVOCATÍCIOS. DESACOLHIMENTO. ALEGAÇÃO DE QUE NÃO É POSSÍVEL DAR O MESMO TRATAMENTO DE SENTENÇA CONDENATÓRIA AO ACORDO. DESACOLHIMENTO. AGRAVO IMPROVIDO. O acordo judicialmente homologado tem eficácia de sentença transitada em julgado, ensejando a instauração da atividade executória mediante cumprimento de sentença. Não há diversidade de tratamento em relação à sentença condenatória, de modo que não encontra sentido o argumento de que não poderia haver incidência da multa de 10% e de honorários advocatícios. O artigo 515 do CPC, que contém a enumeração dos títulos executivos judiciais, deixa claro que todos eles possibilitam a instauração do cumprimento de sentença, com a aplicação de todas as normas que lhe são inerentes. RECURSO. AGRAVO DE INSTRUMENTO. ALEGAÇÃO DE IRREGULARIDADE FORMAL. PRELIMINAR REJEITADA. AGRAVO CONHECIDO. Nos termos do artigo 1.017, § 5º, do CPC, somente em caso de autos físicos se faz presente a obrigatoriedade de o recurso ser instruído com as peças obrigatórias elencadas nos incisos I e II do referido artigo. (TJSP; Agravo de Instrumento 2168015-05.2017.8.26.0000; Rel. Antonio Rigolin; Órgão Julgador: 31ª Câmara de Direito Privado; Foro Regional V - São Miguel Paulista; 2ª Vara Cível; Data do Julgamento: 14/09/2017; Data de Registro: 14/09/2017)

III – a decisão homologatória de autocomposição extrajudicial de qualquer natureza;

→ *v.* Art. 57, *caput*, da Lei 9.099/1995.

Sentença homologatória em procedimento de jurisdição voluntária:

✓ APELAÇÃO CÍVEL. PROCEDIMENTO DE JURISDIÇÃO VOLUNTÁRIA, OBJETIVANDO A HOMOLOGAÇÃO DE ACORDO EXTRAJUDICIAL. SENTENÇA QUE HOMOLOGOU A AUTOCOMPOSIÇÃO E DECRETOU A EXTINÇÃO DO FEITO, COM FULCRO NO ART. 487, INC. III, "B", DO CÓDIGO DE PROCESSO CIVIL DE 2015. RECURSO DA CASA BANCÁRIA AUTORA. PRETENDIDA REFORMA DA SENTENÇA EXTINTIVA. REQUERIDA SUSPENSÃO DO PROCESSO ATÉ O EFETIVO CUMPRIMENTO DA TRANSAÇÃO, COM LASTRO NO ART. 313, INC. II, DO ATUAL ESTATUTO PROCESSUAL CIVIL. ACOLHIMENTO INVIÁVEL, AINDA QUE HAJA PEDIDO EXPRESSO DAS PARTES NESTE SENTIDO. PARALISAÇÃO DO FEITO INCOMPATÍVEL COM O PROCEDIMENTO DE JURISDIÇÃO VOLUNTÁRIA. SENTENÇA HOMOLOGATÓRIA DE ACORDO QUE É O PRÓPRIO FIM DO PRESENTE PROCEDIMENTO. FORMAÇÃO DE TÍTULO EXECUTIVO JUDICIAL (ART. 515, INC. III, DO CPC/2015). EVENTUAL DESCUMPRIMENTO DA TRANSAÇÃO, ADEMAIS, QUE REDUNDARÁ EM REQUERIMENTO DE CUMPRIMENTO DE SENTENÇA, NOS TERMOS DO ART. 513 E SEGUINTES DA NOVA LEGISLAÇÃO PROCESSUAL CIVILISTA. RECLAMO CONHECIDO E NÃO PROVIDO. HONORÁRIOS ADVOCATÍCIOS RECURSAIS. VERBA INCABÍVEL NA PRESENTE DEMANDA, DIANTE DA INEXISTÊNCIA DE ARBITRAMENTO DE HONORÁRIOS ADVOCATÍCIOS NA SENTENÇA. (TJSC; Apelação Cível 0318640-59.2016.8.24.0038; Joinville; Terceira Câmara de Direito Comercial; Rel. Des. Tulio Pinheiro; Julg. 16/11/2017).

✓ APELAÇÃO CÍVEL. PROCEDIMENTO DE JURISDIÇÃO VOLUNTÁRIA. HOMOLOGAÇÃO DE AUTOCOMPOSIÇÃO EXTRAJUDICIAL. EXEGESE DO ART. 725, VIII, DO CPC/2015. FORMAÇÃO DE TÍTULO EXECUTIVO JUDICIAL (ART. 515, III, DO CPC/2015). SUSPENSÃO DO PROCEDIMENTO INCOMPATÍVEL. INAPLICABILIDADE DO ART. 922 DO CPC/2015 POR NÃO SE TRATAR DE EXECUÇÃO. SENTENÇA HOMOLOGATÓRIA QUE É O FIM DO PROCEDIMENTO, NÃO SE JUSTIFICANDO A SUSPENSÃO E POSTERIOR PROSSEGUIMENTO. NECESSIDADE DE REQUERER O CUMPRIMENTO DE SENTENÇA SE OCORRER O INADIMPLEMENTO. RECURSO CONHECIDO E DESPROVIDO. (TJSC; Apelação Cível 0306655-72.2016.8.24.0045; Palhoça; Rel. Des. Dinart Francisco Machado, Segunda Câmara de Direito Comercial; Julg. 12/09/2017).

IV – o formal e a certidão de partilha, exclusivamente em relação ao inventariante, aos herdeiros e aos sucessores a título singular ou universal;

→ *v.* Art. 655 e parágrafo único, do NCPC.

V – o crédito de auxiliar da justiça, quando as custas, emolumentos ou honorários tiverem sido aprovados por decisão judicial;

→ *v.* Enunciado 527 do FPPC: Os créditos referidos no art. 515, inc. V, e no art. 784, inc. X e XI do CPC/2015 constituídos ao tempo do CPC/1973 são passíveis de execução de título judicial e extrajudicial, respectivamente.

Crédito de auxiliar da justiça como título executivo:

✓ CUMPRIMENTO DE SENTENÇA. Crédito de auxiliar da justiça. Executada que foi intimada para realizar complementação dos honorários do perito e deixou de realizar o pagamento devido. Perito que iniciou cumprimento de sentença. Adequação da via eleita. Decisão que aprova honorários periciais constitui título executivo judicial. Inovação prevista no art. 515, V, do CPC/15. Desnecessidade de o perito aguardar o trânsito em julgado. As partes devem antecipar as despesas do processo. Decisão que fixa os honorários definitivos torna-os exigíveis. Vencido que posteriormente será condenado pela sentença ao pagamento das despesas que o vencedor antecipou. Recurso provido para determinar o processamento do cumprimento de sentença. (TJSP; Apelação 0008208-41.2016.8.26.0477; Rel. Milton Carvalho; Órgão Julgador: 36ª Câmara de Direito Privado; Foro de Praia Grande; 3ª Vara Cível; Data do Julgamento: 07/02/2017; Data de Registro: 07/02/2017)

VI – a sentença penal condenatória transitada em julgado;

→ *v.* Art. 387 do CPP.

Sentença penal condenatória como título executivo judicial:

✓ REPARAÇÃO DE DANOS – ACIDENTE DE TRÂNSITO – AÇÃO CIVIL EX DELICTO – SENTENÇA CONDENATÓRIA CRIMINAL – DISPENSADO NOVO DEBATE ACERCA DOS FATOS JÁ RESOLVIDOS POR SENTENÇA COM TRÂNSITO – VALOR DA INDENIZAÇÃO 1 – O reconhecimento dos fatos, da materialidade e da autoria na esfera penal impõe a procedência da demanda indenizatória – efeito genérico da condenação, artigo 91, I, do Código Penal; 2 – Demanda fundada em sentença penal condenatória com trânsito em julgado, de modo que é absolutamente dispensável o debate acerca dos fatos e das provas, pois já consignada a culpa do réu em sede criminal. Tanto é assim que o próprio ordenamento prevê a sentença penal condenatória como título executivo judicial (art. 515, VI, NCPC). Juízo criminal que já reconheceu a culpa do recorrente pelo acidente, afastando a tese de culpa exclusiva ou concorrente da vítima; 3 - Acidente de trânsito que do qual resultou amputação de dois dedos do pé da vítima, restando evidente o dano moral e material causado. Valor fixado pelo magistrado sentenciante - de R$ 22.000,00 - que não comporta redução, inexistindo recurso da parte interessada no aumento. RECURSO IMPROVIDO. (TJSP; Apelação 0006860-89.2013.8.26.0445; Rel. Maria Lúcia Pizzotti; Órgão Julgador: 37ª Câmara Extraordinária de Direito Privado; Foro de Pindamonhangaba; 1ª Vara Cível; Data do Julgamento: 21/09/2017; Data de Registro: 26/09/2017)

VII – a sentença arbitral;

→ v. Art. 31 da Lei 9.307/1996.

Sentença arbitral como título executivo:

✓ COMPETÊNCIA RECURSAL - Competência recursal deste Eg. Tribunal de Justiça, em relação a ações envolvendo sentença arbitral, é dada pela competência em razão da matéria, fixada pela Resolução nº 623/2013 - Ações "que versem sobre a posse, domínio ou negócio jurídico que tenha por objeto coisas móveis, corpóreas e semoventes", dentre as quais se inclui a presente ação de execução de sentença arbitral, título executivo judicial (CPC/2015, art. 515, VII), que tem por objeto a devolução de valores entregues em contrato de mútuo de dinheiro entre particulares, sem envolvimento de instituição de crédito, a caracterizar contrato bancário, ou configuração de título executivo extrajudicial, são de competência das Egs. 25ª a 36ª Câmaras de Direito Privado, nos termos do art. 5º, III, III.14, da Resolução nº 623/2013, deste Eg. Tribunal de Justiça - Recurso não conhecido, determinada a remessa dos autos. (TJSP; Agravo de Instrumento 2138753-10.2017.8.26.0000; Rel. Rebello Pinho; Órgão Julgador: 20ª Câmara de Direito Privado; Foro Regional I - Santana; 7ª Vara Cível; Data do Julgamento: 04/09/2017; Data de Registro: 06/09/2017)

✓ LOCAÇÃO DE IMÓVEIS - Ação de execução de sentença arbitral - Acordo Homologado perante Tribunal arbitral, em função de cláusula compromissória inserida no contrato de locação de imóvel avençado - Decisão de Primeiro Grau que rejeitou a impugnação - Posicionamento 'a quo' correto - Acordo homologado por sentença arbitral - Título executivo judicial, a teor do art. 515, VII, do NCPC - Alegação de cerceamento de defesa por ausência de dilação probatória - Via processual que não comporta produção das provas requeridas - Recurso improvido. (TJSP; Agravo de Instrumento 2073101-46.2017.8.26.0000; Rel. Carlos Nunes; Órgão Julgador: 31ª Câmara de Direito Privado; Foro de São Bernardo do Campo; 7ª Vara Cível; Data do Julgamento: 09/05/2017; Data de Registro: 09/05/2017)

✓ APELAÇÃO CÍVEL - INOVAÇÃO RECURSAL - NÃO OCORRÊNCIA - PRELIMINAR DE CONTRARRAZÕES REJEITADA - DISSOLUÇÃO DE SOCIEDADE - CLÁUSULA ARBITRAL INSTITUÍDA NO CONTRATO SOCIAL - CAUSA DE PEDIR ASSENTADA EM DIREITOS DISPONÍVEIS E CORRELATA COM A MÁ GESTÃO DA EMPRESA - EXTINÇÃO DA AÇÃO ARTIGO 485, VII, DO CÓDIGO DE PROCESSO CIVIL - SENTENÇA CONFIRMADA. - Não vislumbrando a ocorrência de inovação recursal no recurso proposto, impõe-se a rejeição da preliminar de contrarrazões. - Verificando que a ação de dissolução parcial da sociedade foi proposta com base em direitos disponíveis e com base em questões afetas à gestão empresarial, impõe-se a validação da cláusula de arbitragem instituída no contrato social, ainda que a ação tenha sido proposta pelos sucessores de um dos sócios falecidos. (TJ-MG; AC 10000160737565001 MG; 13ª Câmara Cível; Rel. Luiz Carlos Gomes da Mata; Julg. 15/12/2016; Data de Publicação: 15/12/2016)

VIII – a sentença estrangeira homologada pelo Superior Tribunal de Justiça;

→ v. Art. 105, I, "i", da CF/1988.

→ v. Art. 960 a 965 do NCPC.

IX – a decisão interlocutória estrangeira, após a concessão do **exequatur** à carta rogatória pelo Superior Tribunal de Justiça;

→ v. Arts. 35 e 960, § 1º, do NCPC.

→ v. Enunciado 440 do FPPC: O art. 516, III e o seu parágrafo único aplicam-se à execução de decisão interlocutória estrangeira, após a concessão do **exequatur** à carta rogatória.

X – (**Vetado**).

→ v. Redação vetada: "X – o acórdão proferido pelo Tribunal Marítimo quando do julgamento de acidentes e fatos da navegação."

→ v. Razões de veto.

§ 1º Nos casos dos incisos VI a IX, o devedor será citado no juízo cível para o cumprimento da sentença ou para a liquidação no prazo de 15 (quinze) dias.

→ v. Enunciado 85 do CJF: Na execução de título extrajudicial ou judicial (art. 515, § 1º, do CPC) é cabível a citação postal.

§ 2º A autocomposição judicial pode envolver sujeito estranho ao processo e versar sobre relação jurídica que não tenha sido deduzida em juízo.

Art. 516. O cumprimento da sentença efetuar-se-á perante:

I – os tribunais, nas causas de sua competência originária;

Incompetência do STF para execução individual de sentenças genéricas de perfil coletivo:

✓ EMENTA Questão de ordem em cumprimento de sentença em mandado de segurança. Artigo 102, I, m, da CF/88. Interpretação teleológica. Ausência de competência, no caso, para processar a demanda. Questão de ordem resolvida pela incompetência da Corte. 1. Para atração da competência da Corte com base na alínea m do art. 102, I, da CF/88 (execução de seus julgados), se faz necessário perquirir sobre a manutenção da ratio que justificou, até a prolação da sentença, o exame da demanda pela Corte. 2. Questão de ordem resolvida no sentido de que não compete originariamente ao STF a execução individual de sentenças genéricas de perfil coletivo, inclusive aquelas proferidas em sede mandamental coletiva, cabendo essa atribuição aos órgãos competentes de primeira instância. 3. Aplicação do entendimento, no caso, da remessa dos autos ao juízo federal de primeira instância. (Pet 6076 QO; Segunda Turma; Rel. Min. Dias Toffoli; Julg. 25/04/2017, PROCESSO ELETRÔNICO DJe-111 DIVULG 25-05-2017 PUBLIC 26-05-2017)

II – o juízo que decidiu a causa no primeiro grau de jurisdição;

Cumprimento de sentença perante o juízo que formou o título no primeiro grau:

✓ CONFLITO NEGATIVO DE COMPETÊNCIA. CUMPRIMENTO DE SENTENÇA. HONORÁRIOS SUCUMBENCIAIS DESTINADOS AO FADEP. FUNDO DE APARELHAMENTO DA DEFENSORIA PÚBLICA DO ESTADO. COMPETÊNCIA DO JUÍZO QUE PROCESSOU E JULGOU O PROCESSO DE CONHECIMENTO. PRECEDENTES DESTA CORTE. CASO CONCRETO. MATÉRIA DE FATO. A competência para processar e julgar o pedido de cumprimento de sentença, em que se busca o pagamento dos honorários sucumbenciais em favor do FADEP, é do juízo que formou o título no primeiro grau, nos exatos termos do art. 516, II, do CPC. Conflito Negativo de Competência julgado procedente. (TJ-RS; Conflito de Competência 70075675231; Décima Quinta Câmara Cível; Rel. Vicente Barrôco de Vasconcellos; Julg. 30/10/2017).

✓ APELAÇÃO CÍVEL. Direito Processual Civil. Ação de execução por título judicial com pedido de tutela de evidência fundamentada em acordo homologado por sentença em outra ação judicial. Sentença de indeferimento da inicial por entender que o pedido de tutela de evidência é incompatível com o pedido de execução. A tutela antecipada provisória de urgência ou de evidência é atualmente título executivo judicial no atual CPC, pois possui estabilidade independente da coisa julgada, razão pela qual o pedido não é incompatível com o processo de execução. Inépcia da inicial que se afasta. Entretanto, deveria a parte autora ter ingressado com o pedido de cumprimento de sentença nos próprios autos da ação originária em que foi homologado judicialmente o acordo, conforme art. 516, II do CPC/15. Sentença que se anula e que passa a ter outro fundamento que é o de ausência de pressuposto de constituição e de desenvolvimento válido e regular do processo. Quanto à gratuidade de justiça, fica mantido o indeferimento uma vez que não demonstrada a miserabilidade econômica alegada, como já alertado pelo magistrado sentenciante. Sentença que se anula, porém é substituída por haver outro fundamento para a extinção do processo. PROVIMENTO PARCIAL DO RECURSO. (TJ-RJ; APL 00016882320168190069 Rio de Janeiro, Iguaba Grande, Vara Única, Terceira Câmara Cível; Rel. PETERSON BARROSO SIMÃO; Julg. 11/10/2017; Data de Publicação: 18/10/2017)

✓ AGRAVO DE INSTRUMENTO. NEGÓCIOS JURÍDICOS BANCÁRIOS. EXPURGOS INFLACIONÁRIOS. CÉDULA RURAL PIGNORATÍCIA. CUMPRIMENTO DE SENTENÇA. INDEFERIDO PEDIDO DE SUSPENSÃO DO FEITO. CONDENAÇÃO SOLIDÁRIA DO BANCO DO BRASIL, DO BACEN E DA UNIÃO. EXECUÇÃO APENAS CONTRA O BANCO DO BRASIL. COMPETÊNCIA. Embora o cumprimento de sentença tenha sido proposto apenas contra Banco do Brasil S/A, o título executivo é originário da Justiça Federal, devendo lá ser processado e julgado o cumprimento de sentença. Inteligência do artigo 516, inciso I, do Novo CPC. RECONHECERAM A INCOMPETÊNCIA DO JUÍZO ESTADUAL E DETERMINARAM A REMESSA DOS AUTOS À JUSTIÇA FEDERAL, DE OFÍCIO. AGRAVO DE INSTRUMENTO PREJUIDICADO, POR MAIORIA, VENCIDO O DESEMBARGADOR ALBERTO DELGADO NETO. (TJ-RS; Agravo de Instrumento 70075215145; Vigésima Terceira Câmara Cível; Rel. Clademir José Ceolin Missaggia; Julg. 28/11/2017).

Inaplicabilidade das regras para as ações coletivas:

✓ CONFLITO NEGATIVO DE COMPETÊNCIA – CUMPRIMENTO DE SENTENÇA PROLATADA EM SEDE DE AÇÃO CIVIL PÚBLICA PROMOVIDA PELA ASSOCIAÇÃO DAS DONAS DE CASA, DOS CONSUMIDORES E DA CIDADANIA DE SANTA CATARINA (ADOCON). DEMANDA INTERPOSTA PERANTE A QUARTA VARA CÍVEL DE CRICIÚMA – REMESSA DOS AUTOS À UNIDADE REGIONAL DE DIREITO BANCÁRIO DO LITORAL SUL CATARINENSE (MELEIRO) – COMPETÊNCIA DECLINADA PELO MAGISTRADO DESTA COMARCA – RETORNO DO FEITO À COMARCA DE CRICIÚMA POR ENTENDER O TOGADO SINGULAR QUE A SITUAÇÃO ESTAMPADA NO FEITO AFASTARIA A COMPETÊNCIA DA REFERIDA UNIDADE REGIONAL – CASO CONCRETO QUE ENVOLVE CUMPRIMENTO DE SENTENÇA PROLATADA EM SEDE DE AÇÃO COLETIVA, A QUAL NÃO SE SUJEITA A REGRA PREVISTA NO ART. 516, II, DO CÓDIGO BUZAID – INAPLICABILIDADE, PORTANTO, DA EXCEÇÃO PREVISTA NO ART. 3º, § 1º, II, C, DA RESOLUÇÃO N. 2/2017-TJ – PROCEDÊNCIA PARA DECLARAR COMPETENTE A UNIDADE REGIONAL DE DIREITO BANCÁRIO DO LITORAL SUL

CATARINENSE (MELEIRO), ORA SUSCITADA. Consoante disposto no art. 516, II, da Lei Adjetiva Civil, "o cumprimento da sentença efetuar-se-á perante: [...] II – o juízo que decidiu a causa no primeiro grau de jurisdição". Além disso, através da Resolução n. 2/2017-TJ, o Tribunal de Justiça de Santa Catarina instituiu à Vara Única da comarca de Meleiro, a Unidade Regional de Direito Bancário do Litoral Sul Catarinense, a qual, segundo estabelece o art. 2º, I, compete processar e julgar "as ações de direito bancário e de contratos com alienação fiduciária em garantia (Decreto-Lei n. 911, de 1º de outubro de 1969), incluídas aquelas decorrentes de cessão civil de crédito, originárias das comarcas de Criciúma, Forquilhinha, Içara, Meleiro e Urussanga, que envolvam as instituições financeiras subordinadas à fiscalização do Banco Central do Brasil (arts. 17 e 18 da Lei n. 4.595, de 31 de dezembro de 1964) e as empresas de factoring; [...]". Prevê também a aludida norma que "não serão redistribuídos os processos: [...] c) em fase de liquidação e/ou de cumprimento de sentença (art. 3º, II). Na espécie, o feito objetiva o cumprimento de sentença proferida em sede de ação coletiva, razão pela qual inaplicável a regra prevista no art. 516 da Lei Adjetiva Civil. Assim, viável que a demanda seja processada e julgada pela Unidade Regional de Direito Bancário do Litoral Sul Catarinense (Meleiro), nos moldes da Resolução n. 2/2017-TJ. (TJ-SC; CC 00010320720178240000 Criciúma; Segunda Câmara de Direito Comercial; Rel. Robson Luz Varella; Julg. 01/08/2017)

✓ CONFLITO NEGATIVO DE COMPETÊNCIA – CUMPRIMENTO DE SENTENÇA PROLATADA EM SEDE DE AÇÃO CIVIL PÚBLICA PROMOVIDA PELO INSTITUTO DE DEFESA DO CONSUMIDOR (IDEC). DEMANDA AJUIZADA PERANTE A SEGUNDA VARA CÍVEL DE IÇARA – REMESSA DOS AUTOS À UNIDADE REGIONAL DE DIREITO BANCÁRIO DO LITORAL SUL CATARINENSE (MELEIRO) EM VIRTUDE DE SUA INSTITUIÇÃO – COMPETÊNCIA DECLINADA PELO MAGISTRADO DESTA UNIDADE JURISDICIONAL – RETORNO DO FEITO – CONFLITO SUSCITADO – CASO CONCRETO QUE ENVOLVE CUMPRIMENTO DE SENTENÇA PROLATADA EM SEDE DE AÇÃO COLETIVA, A QUAL NÃO SE SUJEITA A REGRA PREVISTA NO ART. 516, II, DO CÓDIGO DE RITOS – INAPLICABILIDADE, PORTANTO, DA EXCEÇÃO PREVISTA NO ART. 3º, § 1º, II, C, DA RESOLUÇÃO N. 2/2017-TJ – PRECEDENTES DESTE SODALÍCIO EM SITUAÇÕES IDÊNTICAS – PROCEDÊNCIA PARA DECLARAR COMPETENTE A UNIDADE REGIONAL DE DIREITO BANCÁRIO DO LITORAL SUL CATARINENSE (MELEIRO), ORA SUSCITADA. Consoante disposto no art. 516, II, da Lei Adjetiva Civil, "o cumprimento da sentença efetuar-se-á perante: [...] II – o juízo que decidiu a causa no primeiro grau de jurisdição". Além disso, através da Resolução n. 2/2017-TJ, o Tribunal de Justiça de Santa Catarina instituiu à Vara Única da comarca de Meleiro, a Unidade Regional de Direito Bancário do Litoral Sul Catarinense, a qual, segundo estabelece o art. 2º, I, compete processar e julgar "as ações de direito bancário e de contratos com alienação fiduciária em garantia (Decreto-Lei n. 911, de 1º de outubro de 1969), incluídas aquelas decorrentes de cessão civil de crédito, originárias das comarcas de Criciúma, Forquilhinha, Içara, Meleiro e Urussanga, que envolvam as instituições financeiras subordinadas à fiscalização do Banco Central do Brasil (arts. 17 e 18 da Lei n. 4.595, de 31 de dezembro de 1964) e as empresas de factoring; [...]". Prevê também a aludida norma que "não serão redistribuídos os processos: [...] c) em fase de liquidação e/ou de cumprimento de sentença (art. 3º, II). Na espécie, o feito objetiva o cumprimento de sentença proferida em sede de ação coletiva, razão pela qual inaplicável a regra prevista no art. 516 da Lei Adjetiva Civil. Assim, viável que a demanda seja processada e julgada pela Unidade Regional de Direito Bancário do Litoral Sul Catarinense (Meleiro), nos moldes da Resolução n. 2/2017-TJ. (TJ-SC; CC 00013741820178240000 Içara; Segunda Câmara de Direito Comercial; Rel. Robson Luz Varella; Julg. 17/10/2017)

III – o juízo cível competente, quando se tratar de sentença penal condenatória, de sentença arbitral, de sentença estrangeira ou de acórdão proferido pelo Tribunal Marítimo.

→ *v.* Enunciado 440 do FPPC: O art. 516, III e o seu parágrafo único aplicam-se à execução de decisão interlocutória estrangeira, após a concessão do **exequatur** à carta rogatória.

Juízo competente para cumprimento de sentença:

✓ CONFLITO NEGATIVO DE COMPETÊNCIA – CUMPRIMENTO DE SENTENÇA – JUIZADO ESPECIAL CRIMINAL – COMPOSIÇÃO CIVIL – LIVRE DISTRIBUIÇÃO PARA JUÍZO CÍVEL. – Título que deve ser executado no juízo cível e não pelo juiz prolator da decisão no juizado especial. – 1ª e 2ª Varas da Comarca de Rio das Ostras com competência cível. – Competência do juízo da 1ª Vara que recebeu o processo por livre distribuição. – Procedência do Conflito. (TJ-RJ; CC 00349703120178190000 Rio de Janeiro, Rio das Ostras, 2ª Vara, Sétima Câmara Cível; Rel. Caetano Ernesto da Fonseca Costa; Julg. 13/09/2017; Data de Publicação: 15/09/2017)

Parágrafo único. Nas hipóteses dos incisos II e III, o exequente poderá optar pelo juízo do atual domicílio do executado, pelo juízo do local onde se encontrem os bens sujeitos à execução ou pelo juízo do local onde deva ser executada a obrigação de fazer ou de não fazer, casos em que a remessa dos autos do processo será solicitada ao juízo de origem.

→ *v.* Art. 54 do NCPC.

Art. 517. A decisão judicial transitada em julgado poderá ser levada a protesto, nos termos da lei, depois de transcorrido o prazo para pagamento voluntário previsto no art. 523.

→ *v.* Lei 9.492/1997 – Regulamenta os serviços concernentes ao protesto de títulos e outros documentos de dívida.

Protesto da decisão transitada em julgado:

✓ AGRAVO DE INSTRUMENTO. ADMINISTRATIVO. AÇÃO DECLARATÓRIA. CONCESSIONÁRIA PÚBLICA. PRESTAÇÃO DE SERVIÇOS DE ENGENHARIA SANITÁRIA DE LIMPEZA PÚBLICA NO MUNICÍPIO DE BALNEÁRIO CAMBORIÚ. PRETENSÃO DE IMPEDIR OS AGRAVADOS DE FAZEREM NOVOS PROTESTOS EM SEU DESFAVOR, PORQUANTO JÁ EXISTENTE CUMPRIMENTO DE SENTENÇA GARANTIDO POR PENHORA. IMPOSSIBILIDADE DIANTE DA REGRA CONTIDA NO ART. 517 DO CPC/2015. DECISÃO MANTIDA. RECURSO DESPROVIDO. (TJ-SC; AI 40170142720168240000 Balneário Camboriú; Segunda Câmara de Direito Público; Rel. Sérgio Roberto Baasch Luz; Julg. 04/07/2017)

✓ PODER JUDICIÁRIO DO ESTADO DO Rio de Janeiro SEGUNDA TURMA RECURSAL CÍVEL Mandado de Segurança nº.: 0001694-72.2017.8.19.9000 Impetrante: BENEDITO JORDÃO FILHO Impetrado: JEC DA COMARCA DE ANGRA DOS REIS-RJ VOTO Insurge-se o impetrante contra decisão do Juízo do Juizado Especial Cível da Comarca de Angra dos Reis, que, na fase executória, indeferiu o pedido de expedição de certidão de crédito para protesto. Informações prestadas pelo Juízo impetrado às fls. 26-30, mantendo a decisão atacada, ao argumento de que indeferiu o pedido de expedição de certidão de crédito, por ter sido formulado simultaneamente com o pedido de penhora de um bem. Manifestação do Ministério Público pela concessão da segurança pretendida (fls. 32-35). O novo Código de Processo Civil admite a expedição de certidão de crédito para protesto, sem prejuízo do prosseguimento da execução judicial, conferindo-se ao credor a ampliação de mecanismos para satisfação do crédito. A disciplina insculpida no art. 517 da legislação processual, não condiciona a expedição da certidão de crédito à inexistência de bens penhoráveis ou à prévia frustração da execução, limitando-se tão somente a exigir o transcurso in albis do prazo para pagamento voluntário, verbis: "art. 517. A decisão judicial transitada em julgado poderá ser levada a protesto, nos termos da lei, depois de transcorrido o prazo para pagamento voluntário previsto no art. 523". Na mesma linha de raciocínio, o Aviso 14/2017 do Tribunal de Justiça do Rio de Janeiro, recomenda aos magistrados a intimação do credor, alertando-o da possibilidade de expedição de certidão de crédito para protesto, sem prejuízo da execução; "(...) Avisa aos Senhores Magistrados que, uma vez escoado o prazo de 15 dias a que se refere o art. 523 do NCPC e antes da prática de qualquer ato executivo, em especial a expedição de mandado de penhora e avaliação, PROMOVAMA INTIMAÇÃO da parte credora, alertando-a sobre a eficiência e utilidade da adoção do procedimento do protesto do título judicial definitivo, determinando que se manifeste expressamente, no prazo de 5 (cinco) dias, quanto ao seu efetivo interesse na utilização do instrumento, na conformidade do art. 517, do NCPC e do Ato Executivo Conjunto TJ/CGJ nº. 7/2014, alterado pelo Ato Executivo Conjunto TJ/CGJ 18/2016, publicado no D.J.E. em 11.11.2016." Assim, não é possível vislumbrar óbice à expedição de certidão de credito no processo originário, ainda que estejam pendentes novas medidas de constrição, conforme informado pela autoridade tida como coatora. Portanto, a expedição da certidão requerida não é incompatível com o prosseguimento da execução, sendo legítima a pretensão mandamental, conforme já decidiu o Tribunal de Justiça fluminense, verbis: "AGRAVO DE INSTRUMENTO. PROCESSO CIVIL. IMPUGNAÇÃO AO CUMPRIMENTO DE SENTENÇA. CUMULAÇÃO DE PENHORA DE BEM IMÓVEL E PROTESTO DE SENTENÇA. POSSIBILIDADE. AUSÊNCIA DE VEDAÇÃO LEGAL. INTELIGÊNCIA DO ART. 517 DO CPC/15. ATO EXECUTIVO CONJUNTO TJ/CGJ N. 18/2016 QUE ALTEROU A REDAÇÃO DO ART. 2º DO ATO EXECUTIVO TJ/CGJ N. 07/2014, ADEQUANDO-SE AO NOVO CÓDIGO DE PROCESSO CIVIL. A EMISSÃO DE CERTIDÃO DE CRÉDITO SOMENTE RESULTA NO ARQUIVAMENTO DEFINITIVO DA EXECUÇÃO, COM BAIXA NA DISTRIBUIÇÃO, QUANDO TRANSCORRIDOS 60 (SESSENTA DIAS), NA FORMA DO ART. 2º, § 9º, DO ATO EXECUTIVO CONJUNTO N. 07/2014, E NA AUSÊNCIA DE BENS PASSÍVEIS DE EXCUSSÃO. A PENHORA E O PROTESTO DE SENTENÇA SÃO MEDIDAS EXECUTIVAS QUE CUMPREM FINALIDADES DIVERSAS. NA PENHORA, BUSCA-SE A GARANTIA DA EXECUÇÃO (VISANDO À EXCUSSÃO COATIVA DO BEM). NO PROTESTO DE SENTENÇA, PRETENDE-SE PROVAR E TORNAR PÚBLICA A INADIMPLÊNCIA (COMO MEIO TÍPICO DE COERÇÃO INDIRETA PARA A CONCRETIZAÇÃO DO PAGAMENTO). MEDIDAS QUE NÃO SE EXCLUEM, MAS SE COMPLEMENTAM. PRINCÍPIO DA EFETIVIDADE DO PROCESSO. RECURSO CONHECIDO, AO QUAL SE NEGA PROVIMENTO". (Des (a). MARCIA FERREIRA ALVARENGA) – Julgamento: 02/08/2017 – DÉCIMA SÉTIMA Câmara Cível. Ante o exposto, JULGO PROCEDENTE o pedido formulado na inicial para CONCEDER A ORDEM e anular a decisão objeto deste mandamus, determinando a expedição da certidão de crédito requerida e as providências cabíveis por parte do credor para a nova tentativa de constrição noticiada pelo Juízo a quo, com o regular prosseguimento da execução. Sem honorários advocatícios, na forma das Súmulas 512, do STF e da 105 do STJ. Intimem-se os interessados. Oficie-se ao Juízo Impetrado. Rio de Janeiro, 19 de setembro de 2017. Marcia de Andrade Pumar Juíza Relatora (TJ-RJ; MS 00016947220178199000 Rio de Janeiro, Angra dos Reis, Capital 2a. Turma Recursal dos Juizados Especiais Cíveis; Rel. Marcia de Andrade Pumar; Julg. 21/09/2017; Data de Publicação: 25/09/2017)

✓ AGRAVO DE INSTRUMENTO. RESPONSABILIDADE CIVIL. CUMPRIMENTO DE SENTENÇA. EXPEDIÇÃO DE CERTIDÃO PARA FIM DE PROTESTO DE SENTENÇA JUDICIAL TRANSITADA EM JULGADO. CABIMENTO. Transitada em julgado decisão condenatória e ausente pagamento voluntário, cabível a expedição de certidão para protesto de título executivo judicial, consoante disposto no art. 517 do CPC. AGRAVO DE INSTRUMENTO PROVIDO. (TJ-RS; Agravo de Instrumento 70073372880; Décima Câmara Cível; Rel. Túlio de Oliveira Martins; Julg. 13/09/2017).

✓ AGRAVO DE INSTRUMENTO. AÇÃO DE COBRANÇA. CUMPRIMENTO DE SENTENÇA. CERTIDÃO DE CRÉDITO PARA PROTESTO. MEDIDAS COERCITIVAS. POSSIBILIDADE. DIREITO SUBJETIVO FUNDAMENTAL. Nos termos do artigo 139, inciso IV, do Código de Processo Civil, incumbe ao Juiz determinar todas as medidas indutivas, coercitivas, mandamentais ou sub-rogatórias para assegurar o cumprimento de ordem judicial, inclusive nas ações que tenham por objeto prestação pecuniária. É cabível a expedição de certidão de crédito para protesto como medida coercitiva para o cumprimento de obrigação pecuniária. O direito de se obter certidão, previsto no artigo 5º, inciso XXXIV, da Constituição Federal de 1988, constitui direito subjetivo fundamental, para o qual não se exige demonstração de procedência ou finalidade indicada pelo requerente no pedido de emissão. O legislador ordinário cuidou de especificar esse direito, ao autorizar a expedição de certidões para protesto, a exemplo da certidão de teor da decisão judicial transitada em julgado prevista no art. 517, do Código de Processo Civil. Recurso provido. (TJ-DF 07133591420178070000 DF; 6ª Turma Cível; Rel. Esdras Neves; Julg. 22/11/2017, Data de Publicação: Publicado no PJe: 04/12/2017)

✓ AGRAVO DE INSTRUMENTO. DISSOLUÇÃO DE SOCIEDADE. CUMPRIMENTO DE SENTENÇA. RESERVA DA MEAÇÃO DO CÔNJUGE. INEXISTÊNCIA DE VIOLAÇÃO À COISA JULGADA. PENHORA SOBRE VEÍCULOS. IMPOSSIBILIDADE. ALIENAÇÃO FIDUCIÁRIA ATIVA. EXPEDIÇÃO DE CERTIDÃO PARA FINS DE PROTESTO. ART. 517, CPC. À UNANIMIDADE, DERAM PARCIAL PROVIMENTO AO RECURSO. (TJ-RS; Agravo de Instrumento 70069561207; Sexta Câmara Cível; Rel. Luís Augusto Coelho Braga; Julg. 25/08/2016).

<u>Possibilidade de expedição da certidão em nome dos sócios na hipótese de desconsideração da personalidade jurídica:</u>

✓ AGRAVO DE INSTRUMENTO. AÇÃO DECLARATÓRIA DE INEXIGIBILIDADE DE DÉBITO CUMULADA COM PEDIDO INDENIZATÓRIO. FASE DE CUMPRIMENTO DE SENTENÇA. EXPEDIÇÃO DE CERTIDÃO DO TEOR DA DECISÃO TRANSITADA EM JULGADO (ART. 517 DO CPC/2015) TAMBÉM EM NOME DOS SÓCIOS DA PESSOA JURÍDICA EXECUTADA. POSSIBILIDADE. SÓCIOS INSERIDOS NO POLO PASSIVO DA EXECUÇÃO POR FORÇA DE DESCONSIDERAÇÃO DA PERSONALIDADE JURÍDICA. DECISÃO REFORMADA. RECURSO PROVIDO. Em havendo a desconsideração da personalidade da pessoa jurídica executada, é possível a inserção do nome dos seus sócios na certidão a ser expedida nos termos do art. 517 do CPC/2015. (TJ-SP; AI 20129199420178260000 SP; 31ª Câmara de Direito Privado; Rel. Adilson de Araujo; Julg. 21/02/2017; Data de Publicação: 21/02/2017)

✓ AGRAVO DE INSTRUMENTO. PROCESSO CIVIL. CUMPRIMENTO DE SENTENÇA. EXECUÇÃO DE TÍTULO JUDICIAL. EXPEDIÇÃO DE CERTIDÃO DE CRÉDITO PARA FINS DE PROTESTO. POSSIBILIDADE. DECISÃO REFORMADA. 1. É possível a utilização do protesto como meio de execução indireta, visando dar maior efetividade ao cumprimento da decisão, uma vez que abala o acesso ao crédito do devedor que se encontra inadimplente. 2. Não há falar-se em pedido de extinção da execução, pois o art. 517 do CPC permite a expedição da certidão de crédito exclusivamente com o objetivo de protestar o título executivo judicial, sendo uma forma de compelir o devedor inadimplente a cumprir a obrigação fixada em sentença transitada em julgado. 3. Agravo conhecido e provido. (TJ-DF 07093466920178070000 DF; 7ª Turma Cível; Rel. Fábio Eduardo Marques; Julg. 08/11/2017; Data de Publicação: Publicado no DJE: 16/11/2017)

✓ APELAÇÃO CÍVEL. PROCESSO CIVIL. EXECUÇÃO POR QUANTIA CERTA. SENTENÇA DE EXTINÇÃO COM DETERMINAÇÃO DE EXPEDIÇÃO DE CERTIDÃO DE CRÉDITO. INCONFORMISMO MANIFESTADO PELO EXEQUENTE. 1- Com o advento do CPC/2015, a possibilidade da decisão judicial ser levada a protesto ganhou previsão legal. Art. 517 do novel diploma processual; 2- Esta norma, contudo, traz ao credor uma faculdade, e não uma imposição. Desta forma, não pode o juízo, de ofício, determinar a extinção da execução com a extração de certidão de crédito. Tal procedimento será possível apenas quando houver a requisição pelo exequente, o que não foi o caso dos autos. Precedente deste Tribunal de Justiça; 3- Diante da ausência de bens penhoráveis, deverá o feito ser suspenso pelo prazo de um ano, na forma do art. 921, inciso III e § 1º do CPC; 4- Sentença reformada. Provimento do recurso. (TJ-RJ; APL 00101387220068190014 Rio de Janeiro, Campos dos Goytacazes; 2ª Vara Cível, Décima Sexta Câmara Cível; Rel. Marco Aurélio Bezerra de Melo; Julg. 05/09/2017; Data de Publicação: 15/09/2017)

<u>Não aplicação do dispositivo para execução de título executivo extrajudicial:</u>

✓ Agravo de instrumento. Mandato. Execução de título extrajudicial. Pedido de certidão de teor da decisão, nos termos do disposto no art. 517 do NCPC, para fins de protesto extrajudicial. Indeferimento. Não cabimento da postulação, no caso, tendo em vista a natureza da ação. Manutenção. Recurso a que se nega provimento. (TJ-SP; AI 22426880320168260000 SP; 32ª Câmara de Direito Privado; Rel. Francisco Occhiuto Júnior; Julg. 02/02/2017; Data de Publicação: 03/02/2017)

✓ EXECUÇÃO DE TÍTULO EXTRAJUDICIAL – Pedido de expedição de certidão para protesto, nos termos do art. 517, § 2º, do CPC/2015 – Impossibilidade – Observância de que o protesto judicial se aplica apenas à sentença transitada em julgado – Decisão mantida – Recurso não provido. (TJ-SP; 21612199520178260000; 17ª Câmara de Direito Privado; Rel. Paulo Pastore Filho; Julg. 27/11/2017; Data de Publicação: 27/11/2017)

§ 1º Para efetivar o protesto, incumbe ao exequente apresentar certidão de teor da decisão.

§ 2º A certidão de teor da decisão deverá ser fornecida no prazo de 3 (três) dias e indicará o nome e a qualificação do exequente e do executado, o número do processo, o valor da dívida e a data de decurso do prazo para pagamento voluntário.

§ 3º O executado que tiver proposto ação rescisória para impugnar a decisão exequenda pode requerer, a suas expensas e sob sua responsabilidade, a anotação da propositura da ação à margem do título protestado.

→ *v.* Arts. 966 a 975 do NCPC.

→ v. Enunciado 679 do FPPC: A anotação da propositura da ação à margem do título protestado não se restringe à ação rescisória, podendo abranger outros meios de desfazimento da coisa julgada.

§ 4º A requerimento do executado, o protesto será cancelado por determinação do juiz, mediante ofício a ser expedido ao cartório, no prazo de 3 (três) dias, contado da data de protocolo do requerimento, desde que comprovada a satisfação integral da obrigação.

→ *v.* Art. 26 da Lei 9.492/1997.

→ *v.* Enunciado 538 do FPPC: Aplica-se o procedimento do § 4º do art. 517 ao cancelamento da inscrição de cadastro de inadimplentes do § 4º do art. 782 do FPPC.

Cancelamento do protesto judicial:

✓ DIREITO PROCESSUAL CIVIL. CUMPRIMENTO DE SENTENÇA. PROTESTO DO TÍTULO JUDICIAL. CANCELAMENTO. SATISFAÇÃO INTEGRAL DA OBRIGAÇÃO. REGRA EXPRESSA DO ARTIGO 517 DO CPC. APLICAÇÃO SUBSIDIÁRIA DO ART. 782, § 4º, DESCABIDA. I. De acordo com o artigo 517, § 4º, do Código de Processo Civil, o cancelamento do protesto da "decisão judicial transitada em julgado" pressupõe a "satisfação integral da obrigação". II. À vista de regramento legal específico, a garantia da execução, conquanto baste para o cancelamento da inscrição do nome do executado em cadastro de inadimplentes na forma do artigo 782, § 4º, do Código de Processo Civil, não autoriza o cancelamento do protesto do título judicial. III. As normas do processo de execução aplicam-se apenas subsidiariamente ao procedimento de cumprimento de sentença, isto é, na hipótese de vazio normativo, conforme prescrevem os artigos 513 e 771 do Código de Processo Civil. IV. Recurso conhecido e desprovido. (TJ-DF 20160020340670 DF; 4ª Turma Cível; Rel. James Eduardo Oliveira; Julg. 07/06/2017; Data de Publicação: Publicado no DJE: 21/06/2017. Pág.: 249/254)

✓ CUMPRIMENTO DE SENTENÇA – Protesto de título judicial – Pedido de sustação – Inadmissibilidade – Soma dos valores dos bens imóveis penhorados aquém do montante da condenação – Aplicação da regra do artigo 517, § 4º, do Código de Processo Civil – Agravo de instrumento não provido. (TJ-SP 21143091020178260000 SP; 5ª Câmara de Direito Público; Rel. Fermino Magnani Filho; Julg. 06/12/2017; Data de Publicação: 06/12/2017)

Art. 518. Todas as questões relativas à validade do procedimento de cumprimento da sentença e dos atos executivos subsequentes poderão ser arguidas pelo executado nos próprios autos e nestes serão decididas pelo juiz.

→ *v.* Art. 277 do NCPC.

Possibilidade das questões relativas à validade do procedimento de cumprimento da sentença e dos atos executivos serem suscitados nos próprios autos (exceção de pré-executividade):

✓ AGRAVO DE INSTRUMENTO. PREVIDÊNCIA PRIVADA E PROCESSUAL CIVIL. FUSESC. CUMPRIMENTO DE SENTENÇA. AÇÃO CONDENATÓRIA. REVISÃO DE BENEFÍCIO. EXPURGOS. ADMISSIBILIDADE E PAGAMENTO. – INTERLOCUTÓRIO POSITIVO NA ORIGEM. CUMPRIMENTO DE SENTENÇA. ADMISSIBILIDADE. CONTRAPOSIÇÃO. IMPUGNAÇÃO. AGRAVO. NÃO CABIMENTO. NÃO CONHECIMENTO. – O ato judicial que recebe o pedido de cumprimento de sentença apresentado pelo exequente e determina a intimação do executado para pagamento tem sua via processual de contraposição, em regra, na impugnação ao cumprimento de sentença, ou, excepcionalmente, na exceção de pré-executividade, não sendo cabível a interposição de agravo de instrumento, sob pena de não conhecimento, de modo a não se poder falar em preclusão temporal. RECURSO NÃO CONHECIDO. (TJ-SC; AI 40030125220168240000 Capital 4003012-52.2016.8.24.0000; Quinta Câmara de Direito Civil; Rel. Henry Petry Junior; Julg. 11/07/2017,)

✓ ESTADO DO Rio de Janeiro PODER JUDICIÁRIO 4ªTURMA RECURSAL MANDADO DE SEGURANÇA N? 0000178 -17 RELATÓRIO Trata-se de mandado de segurança impetrado contra ato do I JUIZADO ESPECIAL CÍVEL DE DUQUE DE CAXIAAS que permitiu o prosseguimento da execução, quando se tinha nos autos dois acórdãos contraditórios. Colhido o parecer do Ministério Público pela denegação da ordem. VOTO Realmente, compulsando os autos, estamos diante de duas súmulas conflitantes. A primeira dando provimento ao recurso e extinguindo o feito sem exame de mérito e uma segunda. Como bem ressaltou o integrante do Ministério Público, deveria a parte impetrante opor embargos de declaração. Não o fez. A segunda súmula passou a valer e foi que embasou a execução. Assim, o procedimento de cumprimento de sentença não possui qualquer vício, não podendo ser invocado o art. 518 do CPC: Art. 518. Todas as questões relativas à validade do procedimento de cumprimento da sentença e dos atos executivos subsequentes poderão ser arguidas pelo executado nos próprios autos e nestes serão decididas pelo juiz. Ante o exposto, em face da inexistência de direito subjetivo líquido e certo do impetrante, voto pela denegação da segurança. Custas pela impetrante. Acordam os Juízes que integram a Turma Recursal dos Juizados Especiais Cíveis, por unanimidade, em denegar a segurança, tendo sido todas as questões apreciadas, não sendo transcritas as conclusões em homenagem aos princípios informativos previstos no art. 2 da Lei 9.099/95, frisando-se, outrossim, que a motivação concisa atende à exigência do art. 93 da Constituição Federal de 1988. Custas pela impetrante. Valendo esta súmula como acórdão, conforme o disposto no art. 46 da Lei 9099/95. Juiz Relator (TJ-RJ; MS 00001781720178199000 Rio de Janeiro, Duque de Caxias; Capital 4a. Turma Recursal dos Juizados Especiais Cíveis; Rel. Luiz Alfredo Carvalho Junior; Julg. 29/03/2017; Data de Publicação: 30/03/2017)

✓ Honorários advocatícios – Ação de cobrança – Fase de cumprimento de sentença – Decisão que, ante a desconstituição da penhora ocorrida nos autos do processo nº 0000059-11.1997.8.26.0093, em trâmite perante a 3ª Vara Cível da Comarca do Guarujá, determinou que eventual pedido de reconsideração deverá ser formulado diretamente ao Juízo que proferiu a decisão – Manutenção – Necessidade – Ainda que caiba ao Juízo onde tramita a execução decidir "todas as questões relativas à validade do procedimento de cumprimento da sentença e dos atos executivos subsequentes" (art. 518, do CPC), sua jurisdição não possibilita desconstituir decisão proferida por outro Juízo, em processo diverso. Recurso do exequente desprovido. (TJ-SP 21333618920178260000 SP; 30ª Câmara de Direito Privado; Rel. Marcos Ramos; Julg. 27/09/2017; Data de Publicação: 28/09/2017)

Art. 519. Aplicam-se as disposições relativas ao cumprimento da sentença, provisório ou definitivo, e à liquidação, no que couber, às decisões que concederem tutela provisória.

→ *v.* Arts. 294 a 311 do NCPC.

Aplicação das regras de tutela provisória:

✓ EMBARGOS DE DECLARAÇÃO. APELAÇÃO CÍVEL. PLANO DE SAÚDE. ALEGAÇÃO DE OMISSÃO NO TOCANTE À REVOGAÇÃO DOS EFEITOS DA DECISÃO QUE ANTECIPOU A TUTELA E QUANTO À POSSIBILIDADE DE RESSARCIMENTO DAS DESPESAS REALIZADAS EM RAZÃO DO CUMPRIMENTO DA MESMA. ACÓRDÃO ATACADO QUE REFORMOU TOTALMENTE A SENTENÇA, AFASTANDO A CONDENAÇÃO DA RÉ AO PAGAMENTO DE INDENIZAÇÃO POR DANOS MORAIS, DEIXANDO, NO ENTANTO, DE SE MANIFESTAR QUANTO À TUTELA DEFERIDA NOS AUTOS. RECURSO QUE MERECE PROVIMENTO. A IMPROCEDÊNCIA DO PEDIDO GERA A REVOGAÇÃO DOS EFEITOS DA ANTECIPAÇÃO DA TUTELA E, CONSEQUENTEMENTE, RESTITUI AS PARTES AO ESTADO ANTERIOR, PERMITINDO-SE QUE EVENTUAIS PREJUÍZOS SEJAM LIQUIDADOS NOS PRÓPRIOS AUTOS. INTELIGÊNCIA DOS ARTIGOS 519 E 520, II, DO NCPC. PRECEDENTES DO ESTJ. DECLARATÓRIOS ACOLHIDOS PARA SANAR O VÍCIO APONTADO. (TJ-RJ; APL 01325653720118190001 Rio de Janeiro Capital 27 Vara Cível, Vigésima Terceira Câmara Cível Consumidor; Rel. Maria da Gloria Oliveira Bandeira de Mello; Julg. 21/06/2017; Data de Publicação: 26/06/2017)

Capítulo II
DO CUMPRIMENTO PROVISÓRIO DA SENTENÇA QUE RECONHECE A EXIGIBILIDADE DE OBRIGAÇÃO DE PAGAR QUANTIA CERTA

Art. 520. O cumprimento provisório da sentença impugnada por recurso desprovido de efeito suspensivo será realizado da mesma forma que o cumprimento definitivo, sujeitando-se ao seguinte regime:

→ *v.* Art. 14, § 3º, da Lei 12.016/2009.

→ *v.* Art. 14 da Lei 7.347/1985.

→ *v.* Art. 58, V, da Lei 8.245/1991.

→ *v.* Art. 43 da Lei 9.099/1995.

→ *v.* Arts. 702, § 4º, 995, 1.012, § 1º, e 1.026, do NCPC.

Possibilidade da realização de execução provisória:

✓ AGRAVO INTERNO. PEDIDO DE AGREGAÇÃO DE EFEITO SUSPENSIVO A RECURSO ESPECIAL. PROCESSUAL CIVIL. CPC/2015. EXECUÇÃO PROVISÓRIA. AUSÊNCIA DE ATOS CONSTRITIVOS. SEGURO GARANTIA JUDICIAL. INOCORRÊNCIA DE 'PERICULUM IN MORA'. JULGADOS DESTA CORTE SUPERIOR.

✓ 1. Existência de norma expressa no CPC/2015, a exemplo do CPC/1973, conferindo ao vencedor (provisório) da demanda o direito de promover a execução provisória da sentença sujeita a recurso sem efeito suspensivo (art. 520 do CPC/2015). 2. Inocorrência de 'periculum in mora' em razão do mero processamento da execução provisória no juízo de origem. Julgados desta Corte Superior. 3. Caso concreto em que o juízo está garantido por seguro garantia judicial, o que por si só impede a prática de atos constritivos (cf. art. 835, § 2º, do CPC/2015). 4. Aplicação da multa do art. 1.021, § 4º, do CPC/2015 ao agravo interno, por se tratar de recuso manifestamente improcedente. 5. AGRAVO INTERNO DESPROVIDO, COM APLICAÇÃO DE MULTA. (AgInt na PET no AREsp 1057682/SP; Terceira Turma; Rel. Min. Paulo de Tarso Sanseverino; Julg. 03/10/2017, DJe 19/10/2017)

✓ AGRAVO DE INSTRUMENTO. NEGÓCIOS JURÍDICOS BANCÁRIOS. CUMPRIMENTO PROVISÓRIO INDIVIDUAL DE SENTENÇA COLETIVA. IMPUGNAÇÃO AO CUMPRIMENTO DE SENTENÇA. CUMPRIMENTO DE SENTENÇA. COISA JULGADA PARCIAL. CAUÇÃO. O cumprimento provisório de sentença corre por iniciativa e responsabilidade do exequente, que se obriga, se a sentença for reformada, a reparar os danos que o executado haja sofrido. O levantamento de depósito em dinheiro e a prática de atos que importem transferência de posse ou alienação de propriedade ou de outro direito real dependem de caução suficiente e idônea; e sua dispensa é possível, nos termos do art. 521 do CPC/15, se não resultar em manifesto risco de grave dano de difícil ou incerta reparação. - Circunstância dos autos em que no ponto a sentença transitou em julgado e o cumprimento é definitivo; os embargos de divergência no recurso especial versam apenas sobre a sucumbência; e se impõe reparo na decisão que condiciona o levantamento de valores à prestação de caução. RECURSO PROVIDO. (TJ-RS; Agravo de Instrumento 70075774554; Décima Oitava Câmara Cível; Rel. João Moreno Pomar; Julg. 29/11/2017).

✓ AGRAVO DE INSTRUMENTO - Cumprimento provisório de sentença - Rejeição à impugnação ao cumprimento de sentença - Alegada impossibilidade de prosseguimento da execução por haver pendência de recurso especial, não tendo havido, por isso, trânsito em julgado da decisão formadora do título - Desacolhimento da arguição - Notícia de pendência de Recurso Especial - Recurso, entretanto, passível tão somente de efeito devolutivo - Admissibilidade do início da execução provisória, em instância singular, na pendência de recurso não contemplado com efeito suspensivo, uma vez preenchidos os requisitos legais - Inteligência dos artigos 520 a 522 do atual Código de Processo Civil - Decisão mantida - Recurso improvido. (TJ-SP; AI 20669125220178260000 SP 2066912-52.2017.8.26.0000; 20ª Câmara de Direito Privado; Rel. Correia Lima; Julg. 22/05/2017; Data de Publicação: 25/05/2017)

✓ AGRAVO DE INSTRUMENTO - EXECUÇÃO PROVISÓRIA - Insurgência o agravante sob a alegação da existência de recurso pendente de julgamento - Irrelevância - Circunstância que não obsta a execução provisória da sentença - Ausência de violação ao princípio da presunção de inocência - Decisão mantida - Recurso improvido. (TJ -SP; AI 22470192820168260000 SP; 6ª Câmara de Direito Público; Rel. Leme de Campos; Julg. 08/05/2017; Data de Publicação: 12/05/2017)

<u>Impossibilidade da execução provisória - recurso com efeito suspensivo:</u>

✓ Agravo de Instrumento - Execução provisória - Impossibilidade de início da execução provisória quando o recurso foi recebido no duplo efeito - Inteligência do artigo 520 do novo Código de Processo Civil - Decisão mantida - Recurso a que se nega provimento. (TJ-SP; AI 20075355320178260000 SP; 7ª Câmara de Direito Privado; Rel. Luis Mario Galbetti; Julg. 03/05/2017; Data de Publicação: 03/05/2017)

I – corre por iniciativa e responsabilidade do exequente, que se obriga, se a sentença for reformada, a reparar os danos que o executado haja sofrido;

→ *v.* Arts. 402 a 405 do CC/2002.

→ *v.* Enunciado 490 do FPPC: São admissíveis os seguintes negócios processuais, entre outros: pacto de inexecução parcial ou total de multa coercitiva; pacto de alteração de ordem de penhora; pré-indicação de bem penhorável preferencial (art. 848, II); pré-fixação de indenização por dano processual prevista nos arts. 81, § 3º, 520, inc. I, 297, parágrafo único (cláusula penal processual); negócio de anuência prévia para aditamento ou alteração do pedido ou da causa de pedir até o saneamento (art. 329, inc. II).

<u>Execução provisória que se realize por conta e risco do exequente:</u>

✓ EXECUÇÃO PROVISÓRIA. LEVANTAMENTO DE IMPORTÂNCIA DEPOSITADA NOS AUTOS PELA DEVEDORA. POSSIBILIDADE. PENDÊNCIA APENAS DE AGRAVO DA DENEGAÇÃO DE RECURSO ESPECIAL. AUSÊNCIA DE MANIFESTO RISCO DE GRAVE DANO DE DIFÍCIL OU INCERTA REPARAÇÃO. 1. Nos termos do art. 520, e inciso I, do NCPC, a execução provisória corre por conta e risco do exequente, que se obriga a reparar eventuais danos causados ao executado, caso a decisão exequenda venha a ser reformada na instância superior. 2. Assim, pendente apenas agravo de instrumento contra a decisão denegatória de seguimento do Recurso Especial, possível a execução provisória do julgado. Art. 520, CPC. 3. No caso, não tendo a agravada ao menos alegado situação financeira desfavorável da exequente ou outra circunstância que representasse manifesto risco de grave e difícil ou incerta reparação, possível o levantamento das importâncias depositadas. Art. 521, III, CPC. 3. Recurso provido. (TJ-SP 21101640820178260000 SP; 14ª Câmara de Direito Privado; Rel. Melo Colombi; Julg. 09/08/2017; Data de Publicação: 14/08/2017)

II – fica sem efeito, sobrevindo decisão que modifique ou anule a sentença objeto da execução, restituindo-se as partes ao estado anterior e liquidando-se eventuais prejuízos nos mesmos autos;

Execução provisória a alteração da decisão exequenda:

✓ APELAÇÃO CÍVEL. CUMPRIMENTO PROVISÓRIO DE DECISÃO. ACIDENTE DE TRÂNSITO. PENSÃO MENSAL CONCEDIDA EM SEDE DE ANTECIPAÇÃO DE TUTELA RECURSAL (AGRAVO DE INSTRUMENTO). MODIFICAÇÃO POSTERIOR DO TÍTULO JUDICIAL EXECUTADO, EXCLUINDO-SE O BENEFÍCIO. EXTINÇÃO DA LIDE SEM RESOLUÇÃO DE MÉRITO. RECURSO DO EXEQUENTE. 1. PLEITO DE PROSSEGUIMENTO DO FEITO, PARA COBRANÇA DOS VALORES REFERENTES AO PERÍODO EM QUE ESTEVE EM VIGÊNCIA A DECISÃO EXECUTADA. IMPOSSIBILIDADE. CUMPRIMENTO PROVISÓRIO QUE FICA SEM EFEITO EM RAZÃO DE MODIFICAÇÃO DO DECISUM OBJETO DA EXECUÇÃO, DETERMINANDO-SE O RETORNO DAS PARTES AO STATUS QUO ANTE. INTELIGÊNCIA DO ARTIGO 520, II, DO CÓDIGO DE PROCESSO CIVIL DE 2015. 2. RECURSO CONHECIDO E DESPROVIDO. (TJ-SC; AC 03006021920158240075 Tubarão; Primeira Câmara de Direito Civil; Rel. Raulino Jacó Bruning; Julg. 16/11/2017,)

✓ DECISÃO: ACORDAM os integrantes da 15ª Câmara Cível do Tribunal de Justiça do Estado do Paraná, por unanimidade, em dar provimento ao recurso para julgar extinto o cumprimento provisório de sentença, nos termos do voto do Relator. EMENTA: Agravo de instrumento. Revisional. Execução provisória. Sentença de parcial procedência anulada em sede de recurso. Ausência de título executivo judicial. Extinção do procedimento de cumprimento de sentença. A execução provisória fica sem efeito na hipótese de sobrevir acórdão que modifique ou anule a sentença objeto do cumprimento, restituindo-se as partes ao estado anterior, a teor do art. 520, II do CPC/2015. Recurso provido. (TJPR; AI 1639721-2 – Barracão; 15ª C. Cível; Rel. Hamilton Mussi Correa; Unânime; Julg. 19.04.2017) (TJ-PR; AI 16397212 PR 1639721-2 (Acórdão); 15ª Câmara Cível; Rel. Hamilton Mussi Correa; Julg. 19/04/2017; Data de Publicação: DJ: 2016 26/04/2017)

III – se a sentença objeto de cumprimento provisório for modificada ou anulada apenas em parte, somente nesta ficará sem efeito a execução;

IV – o levantamento de depósito em dinheiro e a prática de atos que importem transferência de posse ou alienação de propriedade ou de outro direito real, ou dos quais possa resultar grave dano ao executado, dependem de caução suficiente e idônea, arbitrada de plano pelo juiz e prestada nos próprios autos.

→ v. Enunciado 262 do FPPC: É admissível negócio processual para dispensar caução no cumprimento provisório de sentença.

→ v. Enunciado 497 do FPPC: As hipóteses de exigência de caução para a concessão de tutela provisória de urgência devem ser definidas à luz do art. 520, IV, CPC.

→ v. Enunciado 88 do CJF: A caução prevista no inc. IV do art. 520 do CPC não pode ser exigida em cumprimento definitivo de sentença. Considera-se como tal o cumprimento de sentença transitada em julgado no processo que deu origem ao crédito executado, ainda que sobre ela penda impugnação destituída de efeito suspensivo.

Caução idônea:

✓ PROCESSUAL CIVIL. AGRAVO INTERNO NOS EMBARGOS DE DIVERGÊNCIA EM RECURSO ESPECIAL. PROCESSAMENTO DOS EMBARGOS COM INDEFERIMENTO DO PEDIDO LIMINAR. ALEGAÇÕES RELATIVAS À CAUÇÃO E AOS LIMITES DA DECISÃO JUDICIAL. SUPRESSÃO DE INSTÂNCIA. 1. A mera existência de cumprimento provisório de sentença não é razão, por si só, para a concessão de efeito suspensivo a recurso perante o Superior Tribunal de Justiça. 2. O questionamento e a análise de idoneidade da caução prestada perante o juízo de origem, bem como dos limites da decisão judicial devem ser submetidos às instâncias de origem, sob pena de indevida supressão e ofensa ao devido processo legal. 3. Agravo interno a que se nega provimento. (STJ; AgInt nos EREsp: 1447082 TO 2014/0078043-1; Segunda Seção; Rel. Min. Maria Isabel Gallotti, Julg. 28/06/2017; Data de Publicação: DJe 01/08/2017)

✓ Trata-se de agravo de instrumento interposto contra a seguinte decisão, no que importa ao julgamento do presente recurso: ... 7. Satisfeito o crédito, ressalto que o valor em questão somente será liberado após o trânsito em julgado da Ação Civil Pública em questão ou mediante caução, se for o caso. ... Requer a parte agravante, em síntese: ... a reforma da decisão de evento 31 os autos origem, para permitir o levantamento das quantias, evidente depois de homologado os cálculos na execução provisória com dispensa de caução antes do trânsito em julgado da ação principal. Pois em confronto com o IV do art. 521 do CPC. Ou ainda em sede de DECISÃO MONOCRÁTICA. Requer para tanto a intimação do agravado para querendo contrarrazoar, no prazo legal. (...) Esta a suma. Decido. Inicialmente, verifico que a decisão agravada foi publicada posteriormente a 17/03/2016. Assim, ao presente agravo serão exigidos os requisitos de admissibilidade previstos no novo CPC (Lei nº 13.105/2015), consoante orientação dos Enunciados Administrativos nºs 2 e 3 do STJ. A decisão agravada determinou que o levantamento do depósito a ser realizado pelo executado fique condicionado à comprovação do trânsito em julgado da sentença em execução provisória ou, alternativamente, à prestação da caução do art. 520, IV, do novo CPC. Acerca do cumprimento provisório de obrigação de pagar quantia certa, dispõe o novo CPC (sem negrito no original): Art. 520. O cumprimento provisório da sentença impugnada por recurso desprovido de efeito suspensivo será realizado da mesma forma que o cumprimento definitivo, sujeitando-se ao seguinte regime: I – corre por iniciativa e responsabilidade do exequente, que se obriga, se a sentença for reformada, a reparar os danos que o executado haja sofrido; II – fica sem efeito, sobrevindo decisão que modifique ou anule a sentença objeto da execução, restituindo-se as partes ao estado anterior e liquidando-se eventuais prejuízos nos mesmos autos; III – se a sentença objeto de cumprimento provisório for modificada ou anulada apenas em parte, somente nesta ficará sem efeito a execução; IV – o levantamento de depósito em dinheiro e a prática de atos que importem transferência de posse ou alienação de propriedade ou de outro direito real, ou dos quais possa resultar grave dano ao executado, dependem de caução suficiente e idônea, arbitrada de plano pelo juiz e prestada nos próprios autos. § 4º. A restituição ao estado anterior a que se refere o inciso II não implica o desfazimento da transferência de posse ou da alienação de propriedade ou de outro direito real eventualmente já realizada, ressalvado, sempre, o direito à reparação dos prejuízos causados ao executado. ... Art. 521. A caução prevista no inciso IV do art. 520 poderá ser dispensada nos casos em que: I – o crédito for de natureza alimentar, independentemente de sua origem; II – o credor demonstrar situação de necessidade; III – pender o agravo do art. 1.042; IV – a sentença a ser provisoriamente cumprida estiver em consonância com súmula da jurisprudência do Supremo Tribunal Federal ou do Superior Tribunal de Justiça ou em conformidade com acórdão proferido no julgamento de casos repetitivos. Parágrafo único. A exigência de caução será mantida quando da dispensa possa resultar manifesto risco de grave dano de difícil ou incerta reparação. Veja-se, portanto, que, em princípio, deve o Juiz arbitrar de plano "caução suficiente e idônea" na execução provisória de pagar quantia certa, da qual depende o levantamento do depósito em dinheiro. Assim, apesar de assistir razão ao agravante de que não cabe condicionar o levantamento de valores ao trânsito em julgado da sentença exequenda, decorre de expressa disposição legal o arbitramento e a consequente oferta de caução. E ainda, ao contrário do alegado nas razões da parte agravante, não vislumbro, num juízo de cognição sumária, a hipótese de dispensa prevista no inciso IV do art. 521, uma vez que o entendimento adotado na sentença exequenda não se trata de matéria sumulada no âmbito das Cortes Superiores, e nem foi objeto de acórdão em julgamento de casos repetitivos. Ante o exposto, defiro parcialmente o pedido de antecipação da pretensão recursal apenas para afastar a determinação de comprovação do trânsito em julgado da sentença em execução provisória para fins de levantamento do depósito em dinheiro, mantida a exigência de prestação de caução, a qual depende de manifestação da parte. Intimem-se. A parte agravada, para os fins do disposto no art. 1.019, II, do novo CPC. Publique-se. Comunique-se. (TRF-4; AG 50285787420164040000 5028578-74.2016.404.0000; Terceira Turma; Rel. Ricardo Teixeira do Valle Pereira; Julg. 30/06/2016)

§ 1º No cumprimento provisório da sentença, o executado poderá apresentar impugnação, se quiser, nos termos do art. 525.

§ 2º A multa e os honorários a que se refere o § 1º do art. 523 são devidos no cumprimento provisório de sentença condenatória ao pagamento de quantia certa.

→ *v.* Enunciado 528 do FPPC: No cumprimento provisório de sentença por quantia certa iniciado na vigência do CPC-1973, sem garantia da execução, deve o juiz, após o início de vigência do CPC-2015 e a requerimento do exequente, intimar o executado nos termos dos arts. 520, § 2º, 523, § 1º e 525, *caput*.

<u>Aplicação de multa e honorários na execução provisória:</u>

✓ AGRAVO DE INSTRUMENTO – CUMPRIMENTO PROVISÓRIO DE SENTENÇA – APLICAÇÃO DA MULTA PREVISTA NO ARTIGO 523, § 1º, DO CÓDIGO DE PROCESSO CIVIL – INTELIGÊNCIA DO ARTIGO 520, § 2º, DO CPC – DECISÃO MANTIDA – RECURSO NÃO PROVIDO. (TJ-SP; AI 20807717220168260000 SP; 2ª Câmara de Direito Privado; Rel. Giffoni Ferreira; Julg. 19/05/2016; Data de Publicação: 19/05/2016)

✓ DECISÃO: Acordam os integrantes da 1ª Câmara Cível do Tribunal de Justiça do Estado do Paraná, por unanimidade de votos, em julgar pelo parcial conhecimento e, nesta parte, não provimento do recurso. EMENTA: ESTADO DO PARANÁAGRAVO DE INSTRUMENTO Nº 1.575.499-9, DA REGIÃO METROPOLITANA DE LONDRINA – FORO CENTRAL DE LONDRINA – 1ª VARA DA FAZENDA PÚBLICA.RELATOR: DES. RUY CUNHA SOBRINHO AGRAVANTE: LUIZ LOPES BARRETO AGRAVADO: RAFAEL AUGUSTO SILVA DOMINGUES-PROCESSUAL CIVIL. AGRAVO DE INSTRUMENTO. Impugnação ao cumprimento de sentença. CABIMENTO DE MULTA E HONORÁRIOS ADVOCATÍCIOS. Art. 523, § 1º, NCPC. Matéria já decidida em recurso anteriormente interposto. Preclusão consumativa. EXCESSO DE EXECUÇÃO. Inocorrência. Multa de 10% que deve incidir sobre o valor integral do débito, que compreende o valor principal acrescido de correção monetária, juros moratórios e honorários advocatícios. Decisão mantida. Recurso parcialmente conhecido, e, nesta parte, não provido. (TJPR; AI 1575499-9, Região Metropolitana de Londrina, Foro Central de Londrina; 1ª C. Cível; Rel. Ruy Cunha Sobrinho; Unânime; Julg. 25/10/2016)

✓ DECISÃO: Acordam os integrantes da 1ª Câmara Cível do Tribunal de Justiça do Estado do Paraná, por unanimidade de votos, em julgar pelo não provimento do recurso. EMENTA: ESTADO DO PARANÁAGRAVO DE INSTRUMENTO Nº 1.550.797-4, DA REGIÃO METROPOLITANA DE LONDRINA – FORO CENTRAL DE LON-

DRINA - 1ª VARA DA FAZENDA PÚBLICA.RELATOR: DES. RUY CUNHA SOBRINHO AGRAVANTE: LUIZ LOPES BARRETO AGRAVADO: RAFAEL AUGUSTO SILVA DOMINGUESPROCESSUAL CIVIL. AGRAVO DE INSTRUMENTO. Decisão proferida em sede de cumprimento de sentença. Determinação da execução provisória do débito e intimação do devedor para pagar em 15 dias. Possibilidade. Art. 520, NCPC. Medida que não equivale à conversão de execução definitiva em execução provisória. Cabimento da imposição de multa e da condenação em honorários advocatícios em caso de não pagamento. Arts. 520, § 2º e 523, § 1º, NCPC. MULTA POR LITIGÂNCIA DE MÁ-FÉ. Pedido formulado em contrarrazões. Não cabimento. Ausência de prova de dolo. Art. 77, NCPC. Recurso não provido. (TJPR; AI 1550797-4; Região Metropolitana de Londrina, Foro Central de Londrina; 1ª C. Cível; Rel. Ruy Cunha Sobrinho; Unânime; Julg. 23/08/2016)

§ 3º Se o executado comparecer tempestivamente e depositar o valor, com a finalidade de isentar-se da multa, o ato não será havido como incompatível com o recurso por ele interposto.

→ *V.* Art. 1.000 do NCPC.

Multa pela não depósito do valor exequendo:

✓ Poder Judiciário da União TRIBUNAL DE JUSTIÇA DO DISTRITO FEDERAL E DOS TERRITÓRIOS Gabinete do Des. Rômulo de Araújo Mendes Número do processo: 0701610-97.2017.8.07.0000 Classe judicial: AGRAVO DE INSTRUMENTO (202) AGRAVANTE: BRASILIA PARQUE CONSTRUÇÃO E INCORPORACAO S/A AGRAVADO: RAPHAEL VILELA WAHRENDORFF, YTALA GLADYS TORRES PERPETUO WAHRENDORFF EMENTA PROCESSO CIVIL. AGRAVO DE INSTRUMENTO. JULGAMENTO CONJUNTO. PREJUDICIALIDADE. CUMPRIMENTO DE SENTENÇA. CABIMENTO DO RECURSO. ARTIGO 1.015, PARÁGRAFO ÚNICO, DO CPC. PRELIMINAR DE AUSÊNCIA DE INTERESSE RECURSAL. REJEIÇÃO. MÉRITO. INTIMAÇÃO DO EXECUTADO PARA PAGAR O DÉBITO. AUSÊNCIA DE PAGAMENTO VOLUNTÁRIO NO PRAZO DE QUINZE DIAS. INCIDÊNCIA DE MULTA DE DEZ POR CENTO E HONORÁRIOS ADVOCATÍCIOS DE DEZ POR CENTO. INTELIGÊNCIA DO ARTIGO 523, § 1º, DO CPC. PRESENTES OS REQUISITOS DE LIQUIDEZ E EXIGIBILIDADE DO TÍTULO JUDICIAL. PAGAMENTO DOS VALORES PELO EXECUTADO APÓS A IMPUGNAÇÃO. PRECLUSÃO LÓGICA PARA IMPUGNAR O TERMO FINAL DA OBRIGAÇÃO. BLOQUEIO DO VALOR REMANESCENTE. CABIMENTO. INTELIGÊNCIA DO ARTIGO 523, § 3º, DO CPC. RECURSOS CONHECIDOS E DESPROVIDOS. DECISÕES MANTIDAS. 1. Em atendimento aos princípios da eficiência, economia processual e duração razoável do processo, entre outros, procede-se ao julgamento conjunto dos presentes recursos, tendo em vista a relação de prejudicialidade entre eles. 2. Na sistemática do Novo Código de Processo Civil de 2015, tem-se que rol de decisões agraváveis, prevista no mencionado art. 1.015 do CPC/15, refere-se tão somente ao processo de conhecimento, pois, consoante inteligência do seu parágrafo único, todas as decisões interlocutórias proferidas na fase de liquidação de sentença, cumprimento de sentença, processo de execução e inventário são passíveis de impugnação por meio de agravo de instrumento. 3. Rejeita-se a preliminar de ausência de interesse recursal arguida pelos agravados em contraminuta, visto que as questões suscitadas são atinentes ao próprio mérito do recurso, e serão analisadas como tal. 4. Ainda que se alegue que a rescisão extracontratual operada pelas partes inviabilizou a entrega do imóvel, é patente que a condenação ao pagamento dos lucros cessantes e da cláusula penal moratória seriam devidos até o momento do distrato. Fixadas tais premissas, não há como se considerar ilíquido ou inexigível o título judicial. 5. Conforme inteligência do artigo 523, § 1º do CPC, apenas o pagamento da condenação evita a aplicação da multa e dos honorários. 6. Se quisesse evitar a incidência da multa e dos honorários advocatícios no cumprimento de sentença, deveria o devedor realizar o depósito do valor pedido pelo exequente, o que não ocorreu no caso dos autos. 7. Conforme disposto no § 3º do artigo 520 do CPC, se o executado comparecer tempestivamente e depositar o valor, com a finalidade de isentar-se da multa, o ato não será havido como incompatível com o recurso por ele interposto. 8. Não pode a agravante alegar que o termo final da obrigação fixada na sentença seria a data da notificação encaminhada pelos agravados em 16/07/2015, em face da preclusão lógica, visto que pela petição de fls. 280/281 dos autos originários, a parte anuiu tacitamente com a fixação do marco final em 31/05/2016, quando realizou o depósito considerando tal período. 9. A preclusão lógica consiste na perda de uma faculdade processual por se ter praticado ato incompatível com seu exercício. 10. Com o julgamento do AGI nº. 0700836-67.2017.8.07.0000, mantendo a incidência da multa e dos honorários, conforme previsto no § 1º do artigo 523 do CPC, e que o pagamento realizado pelo executado não abarcou tais valores, mostra-se correta a decisão que efetuou, via BacenJud, o bloqueio do saldo remanescente e promoveu a transferência do valor bloqueado para conta à disposição do Juízo. 11. Nos termos do artigo 523, § 3º, do CPC, não efetuado tempestivamente o pagamento voluntário, será expedido, desde logo, mandado de penhora e avaliação, seguindo-se os atos de expropriação. 12. Recursos conhecidos e desprovidos. Decisão mantida. Unânime. (TJ-DF; 07016109720178070000 DF; 1ª Turma Cível; Rel. Romulo de Araujo Mendes; Julg. 08/06/2017; Data de Publicação: Publicado no DJE: 16/06/2017)

✓ Poder Judiciário da União TRIBUNAL DE JUSTIÇA DO DISTRITO FEDERAL E DOS TERRITÓRIOS Gabinete do Des. Rômulo de Araújo Mendes Número do processo: 0700836-67.2017.8.07.0000 Classe judicial: AGRAVO DE INSTRUMENTO (202) AGRAVANTE: BRASILIA PARQUE CONSTRUÇÃO E INCORPORACAO S/A AGRAVADO: RAPHAEL VILELA WAHRENDORFF, YTALA GLADYS TORRES PERPETUO WAH-

RENDORFF EMENTA PROCESSO CIVIL. AGRAVO DE INSTRUMENTO. JULGAMENTO CONJUNTO. PREJUDICIALIDADE. CUMPRIMENTO DE SENTENÇA. CABIMENTO DO RECURSO. ARTIGO 1.015, PARÁGRAFO ÚNICO, DO CPC. PRELIMINAR DE AUSÊNCIA DE INTERESSE RECURSAL. REJEIÇÃO. MÉRITO. INTIMAÇÃO DO EXECUTADO PARA PAGAR O DÉBITO. AUSÊNCIA DE PAGAMENTO VOLUNTÁRIO NO PRAZO DE QUINZE DIAS. INCIDÊNCIA DE MULTA DE DEZ POR CENTO E HONORÁRIOS ADVOCATÍCIOS DE DEZ POR CENTO. INTELIGÊNCIA DO ARTIGO 523, § 1º, DO CPC. PRESENTES OS REQUISITOS DE LIQUIDEZ E EXIGIBILIDADE DO TÍTULO JUDICIAL. PAGAMENTO DOS VALORES PELO EXECUTADO APÓS A IMPUGNAÇÃO. PRECLUSÃO LÓGICA PARA IMPUGNAR O TERMO FINAL DA OBRIGAÇÃO. BLOQUEIO DO VALOR REMANESCENTE. CABIMENTO. INTELIGÊNCIA DO ARTIGO 523, § 3º, DO CPC. RECURSOS CONHECIDOS E DESPROVIDOS. DECISÕES MANTIDAS. 1. Em atendimento aos princípios da eficiência, economia processual e duração razoável do processo, entre outros, procede-se ao julgamento conjunto dos presentes recursos, tendo em vista a relação de prejudicialidade entre eles. 2. Na sistemática do Novo Código de Processo Civil de 2015, tem-se que rol de decisões agraváveis, prevista no mencionado art. 1.015 do CPC/15, refere-se tão somente ao processo de conhecimento, pois, consoante inteligência do seu parágrafo único, todas as decisões interlocutórias proferidas na fase de liquidação de sentença, cumprimento de sentença, processo de execução e inventário são passíveis de impugnação por meio de agravo de instrumento. 3. Rejeita-se a preliminar de ausência de interesse recursal arguida pelos agravados em contraminuta, visto que as questões suscitadas são atinentes ao próprio mérito do recurso, e serão analisadas como tal. 4. Ainda que se alegue que a rescisão extracontratual operada pelas partes inviabilizou a entrega do imóvel, é patente que a condenação ao pagamento dos lucros cessantes e da cláusula penal moratória seriam devidos até o momento do distrato. Fixadas tais premissas, não há como se considerar ilíquido ou inexigível o título judicial. 5. Conforme inteligência do artigo 523, § 1º do CPC, apenas o pagamento da condenação evita a aplicação da multa e dos honorários. 6. Se quisesse evitar a incidência da multa e dos honorários advocatícios no cumprimento de sentença, deveria o devedor realizar o depósito do valor pedido pelo exequente, o que não ocorreu no caso dos autos. 7. Conforme disposto no § 3º do artigo 520 do CPC, se o executado comparecer tempestivamente e depositar o valor, com a finalidade de isentar-se da multa, o ato não será havido como incompatível com o recurso por ele interposto. 8. Não pode a agravante alegar que o termo final da obrigação fixada na sentença seria a data da notificação encaminhada pelos agravados em 16/07/2015, em face da preclusão lógica, visto que pela petição de fls. 280/281 dos autos originários, a parte anuiu tacitamente com a fixação do marco final em 31/05/2016, quando realizou o depósito considerando tal período. 9. A preclusão lógica consiste na perda de uma faculdade processual por se ter praticado ato incompatível com seu exercício. 10. Com o julgamento do AGI nº. 0700836-67.2017.8.07.0000, mantendo a incidência da multa e dos honorários, conforme previsto no § 1º do artigo 523 do CPC, e que o pagamento realizado pelo executado não abarcou tais valores, mostra-se correta a decisão que efetuou, via BacenJud, o bloqueio do saldo remanescente e promoveu a transferência do valor bloqueado para conta à disposição do Juízo. 11. Nos termos do artigo 523, § 3º, do CPC, não efetuado tempestivamente o pagamento voluntário, será expedido, desde logo, mandado de penhora e avaliação, seguindo-se os atos de expropriação. 12. Recursos conhecidos e desprovidos. Decisão mantida. Unânime. (TJ-DF; 07008366720178070000 DF; 1ª Turma Cível; Rel. Romulo de Araujo Mendes; Julg. 26/05/2017; Data de Publicação: Publicado no DJE: 09/06/2017)

Carta de fiança que não exclui a multa:

✓ DECISÃO: Acordam os Desembargadores (Juízes de Direito Substitutos em 2º Grau) integrantes da 9ª Câmara Cível do Tribunal de Justiça do Estado do Paraná, por unanimidade de votos, em dar parcial provimento ao recurso. EMENTA: AGRAVO DE INSTRUMENTO. DIREITO PROCESSUAL CIVIL. IMPUGNAÇÃO AO CUMPRIMENTO PROVISÓRIO DE SENTENÇA. – MULTA DECORRENTE DE EMBARGOS DECLARATÓRIOS PROTELATÓRIOS. SANÇÃO IMPOSTA AOS AUTORES. EXCLUSÃO DO CÁLCULO DA EXECUÇÃO PROVISÓRIA. – CUMPRIMENTO PROVISÓRIO DE SENTENÇA. AUSÊNCIA DE DEPÓSITO EM DINHEIRO. CARTA DE FIANÇA QUE SE EQUIPARA Á PENHORA.MULTA E HONORÁRIOS ADVOCATÍCIOS DEVIDOS. – RECURSO CONHECIDO E PARCIALMENTE PROVIDO. – A pena de multa por embargos declaratórios protelatórios interpostos pelos autores deve ser excluída do cálculo do cumprimento provisório da sentença, pois não é devida pelo executado. – A carta de fiança não equivale ao depósito do valor, pois é uma modalidade de garantia do juízo, de modo que não tem o condão de afastar a multa do art. 520, § 2º do CPC. (TJPR; AI 1624589-1; Região Metropolitana de Londrina, Foro Central de Londrina; 9ª C. Cível; Rel. Rafael Vieira de Vasconcellos Pedroso; Unânime; Julg. 06/04/2017)

§ 4º A restituição ao estado anterior a que se refere o inciso II não implica o desfazimento da transferência de posse ou da alienação de propriedade ou de outro direito real eventualmente já realizada, ressalvado, sempre, o direito à reparação dos prejuízos causados ao executado.

§ 5º Ao cumprimento provisório de sentença que reconheça obrigação de fazer, de não fazer ou de dar coisa aplica-se, no que couber, o disposto neste Capítulo.

→ *v.* Art. 536 a 538 do NCPC.

Art. 521. A caução prevista no inciso IV do art. 520 poderá ser dispensada nos casos em que:

→ *v.* Enunciado 262 do FPPC: É admissível negócio processual para dispensar caução no cumprimento provisório de sentença.

→ v. Enunciado 498 do FPPC: A possibilidade de dispensa de caução para a concessão de tutela provisória de urgência, prevista no art. 300, § 1º, deve ser avaliada à luz das hipóteses do art. 521 do FPPC.

I – o crédito for de natureza alimentar, independentemente de sua origem;

Dispensa de caução pela natureza alimentar do crédito:

✓ EXECUÇÃO PROVISÓRIA. HONORÁRIOS ADVOCATÍCIOS. PEDIDO DE LEVANTAMENTO DO VALOR INCONTROVERSO. CRÉDITO DE NATUREZA ALIMENTAR. PENDÊNCIA DE RECURSO ESPECIAL QUE NÃO IMPEDE O LEVANTAMENTO DO VALOR PELO EXEQUENTE. Ainda que do eventual provimento do Recurso Especial possa advir alteração do valor apresentado para pagamento, tal recurso é dotado, em regra, apenas de efeito devolutivo, e não foi comprovada a excepcional concessão do efeito suspensivo a justificar a paralisação da execução e a satisfação do crédito do agravante, que, em parte, corresponde aos honorários advocatícios fixados pela sentença em favor dos seus patronos, de incontroversa natureza alimentar. A Lei processual autoriza a execução provisória da sentença mesmo na pendência de agravo de instrumento contra despacho denegatório de recurso especial (arts. 475-I, § 1º, e art. 475-O, § 2º, inc. II, do antigo Código de Processo Civil), Ademais, o artigo 521, inc. I, do antigo Código de Processo Civil, de maneira expressa dispensa a prestação de caução, nos casos em que o crédito for de natureza alimentar, independentemente de sua origem. Decisão reformada. Recurso provido. (TJ-SP; AI 20941049120168260000 SP; 10ª Câmara de Direito Privado; Rel. Carlos Alberto Garbi; Julg. 29/11/2016; Data de Publicação: 30/11/2016)

Estabelecimento de caução por decisão judicial em crédito de natureza alimentar:

✓ AGRAVO DE INSTRUMENTO. AÇÃO DE COBRANÇA. CUMPRIMENTO DE SENTENÇA PROVISÓRIO. PEDIDO DE LEVANTAMENTO DE PARTE DA VERBA PENHORADA REFERENTE AOS HONORÁRIOS ADVOCATÍCIOS DO PATRONO DO EXEQUENTE. VERBA ALIMENTAR. SEM CAUÇÃO. VULTOSA QUANTIA. LIBERAÇÃO DE APENAS 10% (DEZ POR CENTO) DA IMPORTÂNCIA COM VISTAS A EVITAR POSSÍVEIS DANOS À AGRAVADA. DECISÃO MANTIDA. 1- Não obstante o fato de que os honorários advocatícios consubstanciam verba de natureza alimentar, e que, de acordo o art. 521, inciso I, do novo Código de Processo Civil, o crédito que se pretende levantar possa ser levantado sem caução, é temerário o levantamento, in totum, do importe penhorado, tendo em vista a vultosa quantia em apreço, qual seja, R$964.980,781 (novecentos e sessenta e quatro mil, novecentos e oitenta reais e setenta e oito centavos). 2- Na hipótese de eventual alteração do decisum exequendo que modifique o importe da condenação, caberá ao aludido patrono a respectiva responsabilização, já que o cumprimento de sentença provisório, nos termos do art. 520, inciso I, do referido Diploma Legal, corre por iniciativa e responsabilidade do exequente, que se obriga, se a sentença for reformada, a reparar os danos que a executada houver sofrido, a qual, frise-se, encontra-se em processo de privatização. 3- Faz-se prudente a liberação, sem caução, e ao menos por ora, tão somente do valor correspondente a 10% (dez por cento) do importe efetivamente penhorado, e que seja de titularidade do patrono do agravante. AGRAVO DE INSTRUMENTO CONHECIDO DESPROVIDO. (TJ-GO; AI 01566292020168090000; 6ª Câmara Cível; Rel. Des. Sandra Regina Teodoro Reis; Julg. 23/08/2016; Data de Publicação: DJ 2101 de 31/08/2016)

II – o credor demonstrar situação de necessidade;

Dispensa de caução pelo estado de necessidade do credor:

✓ AGRAVO DE INSTRUMENTO. AÇÃO DE INDENIZAÇÃO SECURITÁRIA. CUMPRIMENTO PROVISÓRIO DE SENTENÇA. LEVANTAMENTO DE VALORES DEPOSITADOS NOS AUTOS DE ORIGEM. PENDÊNCIA DE RECURSO ESPECIAL, SEM EXCEPCIONAL EFEITO SUSPENSIVO. SITUAÇÃO DE NECESSIDADE POR PARTE DO CREDOR. CAUÇÃO. NÃO EVIDENCIADO RISCO DE DANO DE DIFÍCIL E INCERTA REPARAÇÃO. DECISÃO MANTIDA. RECURSO NÃO PROVIDO. 1.Decisão que, nos autos de "ação ordinária de indenização" proposta pelo ora agravado, em fase de cumprimento provisório de sentença, autorizou o levantamento de quantia depositada pela seguradora executada a título de garantia, independentemente da prestação de caução. 2.Pendência de recurso especial, sem excepcional atribuição de efeito suspensivo. Levantamento admissível. 3.Prestação de caução. Dispensabilidade. Evidenciada a necessidade do credor. Art. 521, II, do CPC/2015. Não demonstrado o risco de grave dano de difícil ou incerta reparação. Eventual prejuízo material e econômico suportado pela agravante pode ser discutido em momento oportuno. Decisão mantida. 4.Agravo de instrumento não provido. (TJ-SP 20806389320178260000 SP; 9ª Câmara de Direito Privado; Rel. Alexandre Lazzarini; Julg. 28/11/2017; Data de Publicação: 06/12/2017)

III – pender o agravo do art. 1.042;

→ Inciso III com redação alterada pela Lei 13.256/2016, em vigor no início da vigência da Lei 13.105/2015 – Novo CPC (v. art. 4º da Lei 13.256/2016).

→ Anterior redação: III – pender o agravo fundado nos incisos II e III do art. 1.042; (...).

Dispensa de caução pelo fato da submissão do agravo do artigo 1.042 do CPC:

✓ AGRAVO DE INSTRUMENTO - AÇÃO DEMOLITÓRIA - CUMPRIMENTO PROVISÓRIO DE SENTENÇA - DECISÃO QUE REJEITOU A IMPUGNAÇÃO - PRETENSÃO DA AGRAVANTE À SUSPENSÃO DO PROCESSO ATÉ O TRÂNSITO EM JULGADO OU, SUBSIDIARIAMENTE, QUE SEU PROSSEGUIMENTO SEJA CONDICIONADO À PRESTAÇÃO DE CAUÇÃO - CAUÇÃO QUE PODE SER DISPENSADA QUANDO PENDER O AGRAVO DO ART. 1.042, CPC, NOS TERMOS DO ART. 521, III, CPC - EXEQUENTE E CONDÔMINOS QUE CORREM MAIOR RISCO DE GRAVE DANO DE DIFÍCIL OU INCERTA REPARAÇÃO DIANTE DA CONSTRUÇÃO IRREGULAR DE OUTRO PAVIMENTO EM EDIFÍCIO, CUJA PERÍCIA NO PROCESSO PRINCIPAL CONSTATOU A SOBRECARGA E A INSEGURANÇA DOS DEMAIS MORADORES - APLICAÇÃO DO PRINCÍPIO DA PROPORCIONALIDADE - DECISÃO MANTIDA. - Recurso desprovido. (TJ-SP 21578716920178260000 SP; 25ª Câmara de Direito Privado; Rel. Edgard Rosa; Julg. 19/10/2017; Data de Publicação: 24/10/2017)

✓ DECISÃO: ACORDAM OS MAGISTRADOS INTEGRANTES DA NONA Câmara Cível DO TRIBUNAL DE JUSTIÇA DO ESTADO DO PARANÁ, POR UNANIMIDADE DE VOTOS, EM CONHECER DO RECURSO DE AGRAVO DE INSTRUMENTO E DAR-LHE PROVIMENTO, NOS TERMOS DO VOTO DO RELATOR. EMENTA: DIREITO PROCESSUAL CIVIL. AGRAVO DE INSTRUMENTO.CUMPRIMENTO DE SENTENÇA PROVISÓRIO. PEDIDO DE LEVANTAMENTO DE VALORES. PRESTAÇÃO DE CAUÇÃO.EXIGÊNCIA LEGAL (ART. 520, INCISO IV DO CPC/2015 - ANTIGO ART. 475-0, § 2º, I DO CPC/73). DISPENSABILIDADE NOS CASOS ARROLADOS NOS INCISOS DO ART. 521 E, AINDA, ASSIM, DESDE QUE DEMONSTRADA QUE NÃO HAVERÁ DANO DE DIFÍCIL E INCERTA REPARAÇÃO. HIPÓTESE QUE SE AMOLDA AO INCISO III, DO ART. 521 DO CPC (PENDER AGRAVO DO ART. 1042 DO CPC/2015). AUSÊNCIA DE RISCOS DE MODIFICAÇÃO DA CONDENAÇÃO DIANTE DE ARGUIÇÕES PERTINENTES A MATÉRIA DE PROVA QUE PROVAVELMENTE ESBARRARÃO NA SÚMULA 7 DO STJ.POSSIBILIDADE DE DISPENSA DA CAUÇÃO. DECISÃO REFORMADA. 1. Apesar da previsão legal art. 520, inciso IV do Novo Código de Processo Civil criar importante Agravo de Instrumento nº 1.548.378-8 fls. 2ESTADO DO PARANÁ PODER JUDICIÁRIO TRIBUNAL DE JUSTIÇA; mecanismo pelo qual se previu a necessidade expressa da prestação de caução nos casos em que se pretenda o levantamento dos valores da condenação, necessário observar que arrolou nos incisos do art. 521 hipóteses de dispensabilidade de tal requisito, ainda, assim, desde que não fica cabalmente demonstrada que ao levantamento dos valores poderá ensejar riscos de grave e difícil reparação. 2. No caso em comento, pendendo agravo do art. 1042 ao Superior Tribunal de Justiça autoriza-se, no inciso III, do art. 521 o levantamento do valor pretendido, máxime porque as matérias aventadas no recurso especial aparentemente se restringem a cunho probatório, o que leva a crer que o recurso possivelmente será desprovido, sob a égide da Súmula 7 daquela Corte Superior, de modo a não se vislumbrar dano de difícil e incerta reparação a obstar a pretensão recursal, havendo, por conseguinte, de se reformar a decisão singular para possibilitar o levantamento dos valores. AGRAVO DE INSTRUMENTO CONHECIDO E PROVIDO. (TJPR; AI 1548378-8, Curitiba; 9ª C. Cível; Rel. Coimbra de Moura; Unânime; Julg. 29/09/2016)

✓ AGRAVO DE INSTRUMENTO. AÇÃO REIVINDICATÓRIA. CUMPRIMENTO PROVISÓRIO DE SENTENÇA. CAUÇÃO. AGRAVO DE INSTRUMENTO NO STJ. DISPENSA. 1. Nos termos do art. 521, III do CPC, é dispensada a caução nos casos de execução provisória de sentença em que penda agravo perante o Supremo Tribunal Federal ou o Superior Tribunal de Justiça (art. 1.042), salvo quando da dispensa possa manifestamente resultar risco de grave dano, de difícil ou incerta reparação, o que não se subsume à hipótese dos autos. 2. Quanto ao pedido da agravante acerca da liberação do restante do valor constrito, à míngua da manifestação dos exequentes, nos termos determinados no juízo de origem, e a consequente ausência de pronunciamento definitivo do magistrado singular acerca da aludida pretensão, resta vedado a esta Corte de Justiça, neste momento processual, emitir pronunciamento sobre a questão, sob pena de suprimir grau de jurisdição. AGRAVO PARCIALMENTE CONHECIDO E, NESSA PARTE, DESPROVIDO. DECISÃO MANTIDA. (TJ-GO; AI 02560334420168090000; 4ª Câmara Cível; Rel. Dr(a). Sebastiao Luiz Fleury; Julg. 17/11/2016; Data de Publicação: DJ 2157 de 28/11/2016)

✓ AGRAVO DE INSTRUMENTO. CUMPRIMENTO DE SENTENÇA. EXECUÇÃO PROVISÓRIA. DEPÓSITO EFETUADO PELA EXECUTADA. INDEFERIMENTO DO PEDIDO DE LEVANTAMENTO FUNDAMENTADO NO PARÁGRAFO ÚNICO DO ART. 521 DO CPC/2015. REFORMA DA DECISÃO AGRAVADA. - Cumprimento da antecipação da tutela recursal que por si só não gera perda superveniente do objeto. Interesse recursal que perdura. Provimento final de mérito necessário. Precedentes jurisprudenciais. - O Código de Processo Civil não impede a execução de sentença quando dela pender recurso desprovido de efeito suspensivo, na forma do artigo 520 do CPC/2015. Entretanto, eventual levantamento de quantias depositadas pelo executado, depende de prestação de caução. - Outrossim, é dispensada a caução em casos nos quais resta pendente tão somente agravo em recurso especial. Art. 521, III, do CPC/2015. - Por sua vez, o parágrafo único do referido art. 521, do Codex Processual, prevê que a exigência de caução será mantida quando da dispensa possa resultar manifesto risco de grave dano de difícil ou incerta reparação. - No caso em concreto, o levantamento da quantia depositada não impostará risco grave ou de difícil reparação para a agravada, empresa de grande porte. - E, ao revés, a não autorização do levantamento, pode implicar em mácula ao credor, que é pessoa de idade avançada. RECURSO PROVIDO. (TJ-RJ; AI 00443698420178190000 Rio de Janeiro, Capital; 16 Vara Cível, Quarta Câmara Cível; Rel. Maria Helena Pinto Machado; Julg. 03/10/2017; Data de Publicação: 05/10/2017)

✓ AGRAVO DE INSTRUMENTO. DIREITO PRIVADO NÃO ESPECIFICADO. EXECUÇÃO PROVISÓRIA. NA PENDÊNCIA DE AGRAVO EM RECURSO ESPECIAL A CAUÇÃO PODERÁ SER DISPENSADA. AUSÊNCIA DE RISCO DE GRAVE DANO DE DIFÍCIL REPARAÇÃO OU INCERTA REPARAÇÃO. CAUÇÃO DISPENSADA. DECISÃO AGRAVADA MANTIDA. A caução pode ser dispensada na pendência de julgamento de agravo em recurso especial (art. 521, III do CPC/15. No caso, a dispensa da caução não indica risco de grave dano de difícil ou incerta reparação, até porque noticiam os autos inexistência de interesse em levantamento de valores. Decisão mantida. AGRAVO DE INSTRUMENTO DESPROVIDO, COM BASE NO ARTIGO 932, IV, DO NOVO CÓDIGO DE PROCESSO CIVIL E ARTIGO 169, XXXIX, DO REGIMENTO INTERNO DO TJRS. (TJ-RS; Agravo de Instrumento 70074275579; Décima Sétima Câmara Cível; Rel. Liege Puricelli Pires; Julg. 03/07/2017).

IV – a sentença a ser provisoriamente cumprida estiver em consonância com súmula da jurisprudência do Supremo Tribunal Federal ou do Superior Tribunal de Justiça ou em conformidade com acórdão proferido no julgamento de casos repetitivos.

Dispensa de caução pela decisão estar em consonância com súmula da jurisprudência do Supremo Tribunal Federal ou do Superior Tribunal de Justiça ou em conformidade com acórdão proferido no julgamento de casos repetitivos:

✓ EMENTA: AGRAVO DE INSTRUMENTO - RESCISÃO CONTRATUAL C/C RESTITUIÇÃO - EXECUÇÃO PROVISÓRIA - LEVANTAMENTO DE VALORES INCONTROVERSOS - POSSIBILIDADE - RECURSO PARCIALMENTE PROVIDO. 1 - Prevê o artigo 520, IV, do CPC, que o cumprimento provisório da sentença impugnada por recurso desprovido de efeito suspensivo será realizado da mesma forma que o cumprimento definitivo, sendo que o levantamento de depósito em dinheiro e a prática de atos que importem transferência de posse ou alienação de propriedade ou de outro direito real, ou dos quais possa resultar grave dano ao executado, dependem de caução suficiente e idônea, arbitrada de plano pelo juiz e prestada nos próprios autos. 2 - Excepcionando a regra, o art. 521, IV, prevê a possibilidade de dispensa da caução quando a sentença a ser provisoriamente cumprida estiver em consonância com súmula da jurisprudência do Supremo Tribunal Federal ou do Superior Tribunal de Justiça ou em conformidade com acórdão proferido no julgamento de casos repetitivos. 3 - Desfeito o contrato, retornam as partes ao status quo ante com a imediata restituição ao comprador dos valores pagos, pendendo discussão tão somente sobre o quantum passível de retenção pela construtora, a título de despesas administrativas. 4 - Para os casos em que a rescisão da avença decorre de iniciativa do credor, firmou se a jurisprudência do Tribunal da Cidadania no sentido de ser possível a flutuação do percentual de retenção pelo vendedor entre 10% a 25% do total da quantia paga. 5 - Levando em consideração o depósito realizado pelas agravadas e de acordo com o entendimento sumulado pelo STJ, cabível a imediata restituição ao comprador de 75% (setenta e cinco) por cento do aludido valor, sem necessidade de caução, permanecendo os demais 25% (vinte e cinco por cento) depositados até que se decida o percentual de retenção cabível no presente caso, de acordo com o responsável pela rescisão. 6 - Recurso parcialmente provido (TJ-ES; AI 00024228120178080024; Quarta Câmara Cível; Rel. Manoel Alves Rabelo; Julg. 17/07/2017; Data de Publicação: 31/07/2017)

✓ Este agravo de instrumento ataca decisão que determinou que o levantamento da quantia depositada nestes autos ficará condicionada à prestação de caução suficiente e idônea (evento 32 do processo originário), proferida pelo juiz federal Paulo Vieira Aveline, que está assim fundamentada: Importante salientar, inicialmente, que o levantamento da quantia depositada nestes autos ficará condicionada à prestação de caução suficiente e idônea, nos termos do art. 520, IV, do CPC, já que se trata de cumprimento provisório de sentença. Assim, considerando que o exequente nada ofereceu como caução, nos termos da norma referida, bem como nada alegou quanto à eventual hipótese legal de sua dispensa, suspendo o processo até oportuno julgamento definitivo da demanda nº 94.00.08514-1. Alega a parte agravante que: (a) o recurso interposto pelos executados nos autos da Ação Civil Pública não tem qualquer efeito suspensivo; (b) qualquer outro recurso manejado contra a decisão do STJ só será recebido, como de fato o foi, no seu efeito devolutivo; (c) a decisão exequenda passou por todas as esferas do Judiciário, não havendo qualquer risco no prosseguimento do cumprimento de sentença; (d) a liberação do valor exequendo não depende de caução; (e) a situação dos autos também se enquadra na hipótese do inciso IV, do art. 521, do nCPC, uma vez que a jurisprudência do STJ é tranquila em possibilitar o cumprimento individual da sentença nos caso de financiamento rural. Pede a atribuição de efeito suspensivo para reforma da decisão agravada. Relatei. Decido. O que foi determinado na decisão decorre de expressa previsão legal. Assim dispõe o artigo 520, inciso IV, do nCPC (grifei): Art. 520. O cumprimento provisório da sentença impugnada por recurso desprovido de efeito suspensivo será realizado da mesma forma que o cumprimento definitivo, sujeitando-se ao seguinte regime: (...) IV – o levantamento de depósito em dinheiro e a prática de atos que importem transferência de posse ou alienação de propriedade ou de outro direito real, ou dos quais possa resultar grave dano ao executado, dependem de caução suficiente e idônea, arbitrada de plano pelo juiz e prestada nos próprios autos. Por certo que há hipóteses de dispensa da referida caução. A utilizada como fundamento do presente recurso é a prevista no artigo 521, inciso IV, do nCPC, que assim dispõe: Art. 521. A caução prevista no inciso IV do art. 520 poderá ser dispensada nos casos em que: (...) IV – a sentença a ser provisoriamente cumprida estiver em consonância com súmula da jurisprudência do Supremo Tribunal Federal ou do Superior Tribunal de Justiça ou em conformidade com acórdão proferido no julgamento de casos repetitivos. Ocorre que o fundamento alegado, quanto à incidência de tal hipótese de dispensa no caso dos autos, sequer chegou a ser submetido ao juízo originário, não tendo sido objeto da decisão agravada. A decisão agravada expressamente aduz que a exequente "nada alegou quanto à eventual hipótese legal de sua dispensa". Dessa forma, discutível, inclusive, se caberia tal apreciação em grau recursal, em razão da supressão de instância e violação ao princípio do duplo grau de jurisdição. De qualquer forma, observo que o parágrafo único do artigo 521 do nCPC, prevê que, mesmo dentro das hipóteses de dispensa, é possível a manutenção da exigência de caução, quando da dispensa possa resultar manifesto risco de grave dano de difícil ou incerta reparação. Além disso, a parte agravante pretende a aplicação de dispensa prevista no artigo 521, inciso IV, alegando simplesmente que "a jurisprudência do STJ é tranquila em possibilitar o cumprimento individual da sentença nos casos de financiamento rural." Entretanto, não apresenta qualquer julgado que se enquadre como 'acórdão proferido no julgamento de casos repetitivos' ou súmula sobre o assunto, de modo a comprovar a possibilidade de incidência da hipótese legal de dispensa ao caso concreto. Assim, considerando que há previsão legal para a exigência da caução, que a hipótese de dispensa alegada não foi objeto da decisão agravada, a possibilidade de manutenção da exigência, conforme o artigo 521, parágrafo único, do nCPC, bem como a ausência de fundamentação específica a demonstrar a incidência da hipótese legal de dispensa ao caso concreto, entendo que não merece prosperar o recurso. Ante o exposto, indefiro o pedido de efeito suspensivo. Intimem-se as partes, inclusive a parte agravada para contrarrazões. Após, venham conclusos para julgamento. (TRF-4; AG 50556209820164040000; Quarta Turma; Rel. Sérgio Renato Tejada Garcia; Julg. 26/01/2017)

Parágrafo único. A exigência de caução será mantida quando da dispensa possa resultar manifesto risco de grave dano de difícil ou incerta reparação.

<u>Liberação das quantias depositadas quando inocorrente risco de lesão grave e de difícil reparação:</u>

✓ AGRAVO DE INSTRUMENTO – EXECUÇÃO PROVISÓRIA DE SENTENÇA – DISPENSA DA CAUÇÃO – ART. 521 DO CPC/15 – MANIFESTO RISCO DE LESÃO GRAVE E DE DIFÍCIL REPARAÇÃO – NÃO CONFIGURADO – RECURSO PROVIDO. Em se tratando de execução provisória de sentença, deve ser autorizada a liberação de quantia depositada em juízo a título de condenação quando configurada as hipóteses do art. 521 do CPC/15 e inexistir manifesto risco de lesão grave e de difícil reparação. Recurso provido. (TJ-MG; AI 10024081677049005 MG; 9ª Câmara Cível; Rel. Amorim Siqueira; Julg. 14/03/2017; Data de Publicação: 28/03/2017)

Art. 522. O cumprimento provisório da sentença será requerido por petição dirigida ao juízo competente.

<u>Competência para o processamento do cumprimento provisório:</u>

✓ PROCESSUAL CIVIL E PREVIDENCIÁRIO. APOSENTADORIA POR INVALIDEZ. REQUISITOS. AUSÊNCIA. AUXÍLIO-DOENÇA. INCAPACIDADE TEMPORÁRIA. CONCLUSÕES DO LAUDO. SÚMULA 7 DO STJ. CUMPRIMENTO DE SENTENÇA. JUÍZO DA EXECUÇÃO. COMPETÊNCIA. 1. O Tribunal de origem concluiu pela incapacidade temporária da recorrente para o exercício de suas atividades a partir de 01/08/2011, afastando, assim, o direito à aposentadoria por invalidez, mas concedendo-lhe o auxílio-doença, de modo que a inversão do julgado demandaria o reexame de prova, inviável em sede de recurso especial, nos termos da Súmula 7 do STJ. 2. Não se conhece de pedido de imediato restabelecimento de benefício, porquanto, nos termos do art. 522 do CPC/2015, o cumprimento provisório da sentença será requerido ao juízo da execução. 3. Agravo interno a que se nega provimento. Pedido de tutela provisória incidental não conhecido. (AgInt no AREsp 533.282; SP; Primeira Turma; Rel. Min. Gurgel de Faria; Julg. 08/06/2017; DJe 07/08/2017)

Parágrafo único. Não sendo eletrônicos os autos, a petição será acompanhada de cópias das seguintes peças do processo, cuja autenticidade poderá ser certificada pelo próprio advogado, sob sua responsabilidade pessoal:

<u>Formação de autos apartados:</u>

✓ AGRAVO DE INSTRUMENTO. PROCESSO CIVIL. EXECUÇÃO DEFINITIVA. DETERMINAÇÃO DE FORMAÇÃO DE AUTOS SUPLEMENTARES. DESCABIMENTO. INAPLICABILIDADE DO ART. 522 DO NCPC. ARTIGO QUE VERSA SOBRE EXECUÇÃO PROVISÓRIA. REFORMA DA DECISÃO. A decisão agravada indeferiu o pedido de busca e apreensão de medicamentos, tendo em vista a necessidade de formação de autos suplementares, na forma do art. 522, do NCPC. No entanto, o referido dispositivo legal prevê expressamente sua incidência para a execução provisória de processos físicos. Isso porque, nesse caso, como os autos estão em grau recursal, há a necessidade de reunião dos documentos para apreciação do juízo de origem, demandando a formação de autos suplementares. Todavia, com o trânsito em julgado da sentença, o processo é remetido de volta ao juízo a quo, que poderá, assim, consultar qualquer peça dos autos, não havendo necessidade de autos suplementares. In casu, trata-se de execução definitiva, sendo inaplicável o art. 522, do NCPC. Recurso provido. Ratificação do efeito suspensivo. (TJ-RJ; AI 00127062020178190000 Rio de Janeiro, São Francisco Do Itabapoana; Vara Única, Terceira Câmara Cível; Rel. Renata Machado Cotta; Julg. 13/06/2017; Data de Publicação: 19/06/2017)

✓ LOCAÇÃO. DESPEJO POR FALTA DE PAGAMENTO. CUMPRIMENTO PROVISÓRIO DE SENTENÇA. Caso em que a prestação de caução para o cumprimento provisório da sentença de despejo por falta de pagamento foi estabelecida na sentença. Ausência de recurso de apelação pela parte autora. Mantida a decisão interlocutória que, observando o comando sentencial, determinou a prestação de caução. Formação de autos apartados para o cumprimento de sentença provisório. Art. 522 do Código de Processo Civil. Ausência de prejuízo à parte exequente. AGRAVO DESPROVIDO. (TJ-RS; Agravo de Instrumento 70069611036; Décima Sexta Câmara Cível; Rel. Paulo Sérgio Scarparo; Julg. 01/09/2016).

✓ Agravo de instrumento - Inventário e partilha - Fase de cumprimento de sentença - homologação de partilha condicionada ao pagamento do crédito - determinação para que a petição de cumprimento de sentença seja eletronicamente - processo principal físico - cumprimento de sentença no próprio processo exegese do parágrafo único do artigo 522 CPC/2015 - possibilidade de formação de autos suplementares ante a necessidade de remessa dos autos ao Tribunal para julgamento de apelação - decisão reformada - Recurso provido. (TJ-SP; AI 20724037420168260000 SP; 5ª Câmara de Direito Privado; Rel. Moreira Viegas; Julg. 15/06/2016; Data de Publicação: 29/06/2016)

I – decisão exequenda;

II – certidão de interposição do recurso não dotado de efeito suspensivo;

→ *v.* Arts. 995, 1.012, § 1º, e 1.026, do NCPC.

III – procurações outorgadas pelas partes;

IV – decisão de habilitação, se for o caso;

→ *v.* Arts. 995, 1.012, § 1º, e 1.026, do NCPC.

V – facultativamente, outras peças processuais consideradas necessárias para demonstrar a existência do crédito.

Capítulo III
DO CUMPRIMENTO DEFINITIVO DA SENTENÇA QUE RECONHECE A EXIGIBILIDADE DE OBRIGAÇÃO DE PAGAR QUANTIA CERTA

Art. 523. No caso de condenação em quantia certa, ou já fixada em liquidação, e no caso de decisão sobre parcela incontroversa, o cumprimento definitivo da sentença far-se-á a requerimento do exequente, sendo o executado intimado para pagar o débito, no prazo de 15 (quinze) dias, acrescido de custas, se houver.

→ *v.* Enunciado 12 do FPPC: A aplicação das medidas atípicas sub-rogatórias e coercitivas é cabível em qualquer obrigação no cumprimento de sentença ou execução de título executivo extrajudicial. Essas medidas, contudo, serão aplicadas de forma subsidiária às medidas tipificadas, com observação do contraditório, ainda que diferido, e por meio de decisão à luz do art. 489, § 1º, I e II.

→ *v.* Enunciado 450 do FPPC: Aplica-se a regra decorrente do art. 827, §2º, ao cumprimento de sentença.

→ *v.* Enunciado 529 do FPPC: As averbações previstas nos arts. 799, IX e 828 são aplicáveis ao cumprimento de sentença.

→ *v.* Enunciado 642 do FPPC: A decisão do juiz que reconhecer o direito a indenização, decorrente de indevida averbação prevista no art. 828 ou do não cancelamento das averbações excessivas, é apta a ensejar a liquidação e o posterior cumprimento da sentença, sem necessidade de propositura de ação de conhecimento.

→ *v.* Enunciado 84 do CJF: O comparecimento espontâneo da parte constitui termo inicial dos prazos para pagamento e, sucessivamente, impugnação ao cumprimento de sentença.

→ *v.* Enunciado 89 do CJF: Conta-se em dias úteis o prazo do caput do art. 523 do CPC.

→ *v.* Enunciado 92 do CJF: A intimação prevista no caput do art. 523 do CPC deve contemplar, expressamente, o prazo sucessivo para impugnar o cumprimento de sentença.

Cumprimento de sentença mediante requerimento do exequente:

✓ Cumprimento de sentença. Requerimento do exequente. Honorários. Multa. 1 - No caso de condenação em quantia certa, ou já fixada em liquidação, e no caso de decisão sobre parcela incontroversa, o cumprimento definitivo da sentença far-se-á a requerimento do exequente, sendo o executado intimado para pagar o débito, no prazo de 15 (quinze) dias, acrescido de custas, se houver (CPC/15, art. 523). 2 - Não se fixa honorários e nem incide multa na fase de cumprimento de sentença, se o início dessa não é requerido pelo credor. 3 - Agravo provido. (TJ-DF; 20160020233614 0025136-71.2016.8.07.0000; 6ª Turma Cível; Rel. Jair Soares; Julg. 24/08/2016; Data de Publicação: Publicado no DJE: 30/08/2016; Pág. 267/324)

✓ AGRAVO DE INSTRUMENTO. PROCESSUAL CIVIL. IMPUGNAÇÃO AO CUMPRIMENTO DE SENTENÇA. AÇÃO DECLARATÓRIA E CONDENATÓRIA. DANOS MORAIS. NEGATIVAÇÃO INDEVIDA. EXCESSO DE EXECUÇÃO. – INTERLOCUTÓRIO DE INDEFERIMENTO NA ORIGEM. (1) CUMPRIMENTO. CONTRAPOSIÇÃO: IMPUGNAÇÃO. AGRAVO. AUSÊNCIA. PRECLUSÃO. NÃO OCORRÊNCIA. – O ato judicial que recebe o pedido de cumprimento de sentença apresentado pelo exequente e determina a intimação do executado para pagamento tem sua via processual de contraposição, por alegado excesso de execução, em regra, na impugnação ao cumprimento de sentença, ou, excepcionalmente, na exceção de pré-executividade, não sendo cabível a interposição de agravo de instrumento, de modo a não se poder falar em preclusão temporal. (2) CUMPRIMENTO DE SENTENÇA. INCIDÊNCIA DA MULTA. NECESSIDADE DE PRÉVIA INTIMAÇÃO DO EXECUTADO PARA PAGAMENTO VOLUNTÁRIO. INEXIGIBILIDADE DE PLANO. – Na vigência dos Códigos de Processo Civil tanto de 1973 quanto de 2015, o cumprimento de sentença que reconhece a exigibilidade de obrigação de pagar quantia certa faz-se a requerimento do exequente, sendo que, após a liquidação, se necessária, ou de plano, se suficiente mero cálculo aritmético, intimar-se-á o executado, em regra, na pessoa de seu advogado, para que, no prazo de 15 (quinze) dias, pague, voluntariamente, o débito, sob pena de incidência, então, de multa e de honorários advocatícios, cada um em 10% (dez por cento). DECISÃO REFORMADA. RECURSO PROVIDO. (TJ-SC; AI 40063061520168240000, Capital; Quinta Câmara de Direito Civil; Rel. Henry Petry Junior; Julg. 11/07/2017)

<u>Cientificação do executado para o cumprimento de sentença:</u>

✓ AGRAVO DE INSTRUMENTO. CUMPRIMENTO DE SENTENÇA. DECISÃO AGRAVADA QUE REJEITOU LIMINARMENTE A IMPUGNAÇÃO EM RAZÃO DA INTEMPESTIVIDADE. RECURSO DO IMPUGNANTE. PLEITO DE REFORMA DA DECISÃO AO ARGUMENTO DE SER TEMPESTIVA A SUA IMPUGNAÇÃO. INSUBSISTÊNCIA. EXECUTADO QUE FOI INTIMADO PARA CUMPRIMENTO DA OBRIGAÇÃO PELO DIÁRIO DE JUSTIÇA NA PESSOA DO SEU ADVOGADO (ART. 513, § 2º, I, DO NCPC). FATO DE O EXECUTADO RECEBER INTIMAÇÃO PESSOAL POSTERIORMENTE QUE NÃO SE MOSTRA CAPAZ DE RENOVAR O PRAZO PARA O PAGAMENTO DA OBRIGAÇÃO OU PARA APRESENTAÇÃO DA IMPUGNAÇÃO AO CUMPRIMENTO DA SENTENÇA. PRAZO DE 15 (QUINZE) DIAS PARA IMPUGNAÇÃO QUE TEM INÍCIO APÓS O ENCERRAMENTO DO PRAZO DE 15 (QUINZE) DIAS PREVISTO PARA O PAGAMENTO DA OBRIGAÇÃO. EXEGESE DO ART. 525, DO NCPC. TÉRMINO DO PRAZO PARA APRESENTAÇÃO DA IMPUGNAÇÃO EM 01/09/2016. PROTOCOLO DATADO DE 17/11/2016. INTEMPESTIVIDADE VERIFICADA. DECISÃO MANTIDA. RECURSO CONHECIDO E DESPROVIDO. (TJ-SC; AI 40073572720178240000 Caçador; Sexta Câmara de Direito Civil; Rel. Denise Volpato; Julg. 15/08/2017)

<u>Honorários advocatícios no cumprimento de sentença:</u>

✓ PROCESSUAL CIVIL – CUMPRIMENTO DE SENTENÇA – INTIMAÇÃO – PAGAMENTO TEMPESTIVO – HONORÁRIOS – CPC/2015, ART. 523, § 1º – NÃO CABIMENTO 1 De acordo com o art. 523, § 1º, do Código de Processo Civil de 2015, são cabíveis honorários advocatícios na fase de cumprimento da sentença somente quando o pagamento voluntário não for realizado dentro do prazo de 15 dias contados da respectiva intimação. 2 Trata-se de entendimento pacificado no Superior Tribunal de Justiça (Súm. 517), o qual entende que "São devidos honorários advocatícios no cumprimento de sentença, haja ou não impugnação, depois de escoado o prazo para pagamento voluntário, que se inicia após a intimação do advogado da parte Executada". (TJ-SC; AC 00003913220148240062 São João Batista; Quinta Câmara de Direito Civil; Rel. Luiz Cézar Medeiros; Julg. 06/06/2017)

<u>Multa inaplicável à Fazenda Pública:</u>

✓ Trata-se de agravo de instrumento contra decisão que, em sede de cumprimento de sentença, determinou ao INSS que apresente os cálculos de liquidação. Insurge-se a autarquia, em síntese, ao argumento de que a apresentação dos cálculos é ônus do credor, o qual, se litigar sob o pálio da AJG, pode requerer a elaboração da conta pela contadoria do Juízo. Aponta violação ao artigo 509, § 2º do CPC, bem como do artigo 5º, LIV da CF/88 (devido processo legal). Requer a atribuição de efeito suspensivo ao recurso. Decido. No caso, a norma de regência é o artigo 534 do CPC. Confira-se: Art. 534. No cumprimento de sentença que impuser à Fazenda Pública o dever de pagar quantia certa, o exequente apresentará demonstrativo discriminado e atualizado do crédito contendo: I – o nome completo e o número de inscrição no Cadastro de Pessoas Físicas ou no Cadastro Nacional da Pessoa Jurídica do exequente; II – o índice de correção monetária adotado; III – os juros aplicados e as respectivas taxas; IV – o termo inicial e o termo final dos juros e da correção monetária utilizados; V – a periodicidade da capitalização dos juros, se for o caso; VI – a especificação dos eventuais descontos obrigatórios realizados. § 1º Havendo pluralidade de exequentes, cada um deverá apresentar o seu próprio demonstrativo, aplicando-se à hipótese, se for o caso, o disposto nos §§ 1º e 2º do art. 113. § 2º A multa prevista no § 1º do art. 523 não se aplica à Fazenda Pública. O que se deve oportunizar ao INSS é o cumprimento voluntário do julgado – o que se dá com a implantação do benefício no prazo de 15 dias a contar da intimação e apresentação dos cálculos para execução, caso em que não será onerado com honorários na fase de cumprimento da sentença. Poder-se-ia cogitar, em se revelando realmente necessário, da realização da liquidação pela contadoria do juízo. No caso em tela, porém, sequer se evidencia essa necessidade porque se trata de benefício no valor mínimo, estando disponíveis no portal da Justiça Federal da 4ª Região, diversos programas de cálculo com vistas a facilitar a liquidação dos julgados. Pelo exposto, defiro o efeito suspensivo requerido. Comunique-se o Juízo. Intimem-se, sendo a parte agravada para responder. (TRF-4; AG 50312938920164040000; Quinta Turma; Rel. Taís Schilling Ferraz; Julg. 27/07/2016)

Considerando que o prazo para pagamento espontâneo deve ser computado em dias úteis, bem como se sujeita à dobra, se preenchidos os requisitos do art. 229 do CPC:

✓ RECURSO ESPECIAL. CUMPRIMENTO DE SENTENÇA. PRAZO PARA PAGAMENTO VOLUNTÁRIO. CÔMPUTO EM DOBRO EM CASO DE LITISCONSORTES COM PROCURADORES DISTINTOS. 1. O artigo 229 do CPC de 2015, aprimorando a norma disposta no artigo 191 do código revogado, determina que, apenas nos processos físicos, os litisconsortes que tiverem diferentes procuradores, de escritórios de advocacia distintos, terão prazos contados em dobro para todas as suas manifestações, em qualquer juízo ou tribunal, independentemente de requerimento. 2. A impossibilidade de acesso simultâneo aos autos físicos constitui a ratio essendi do prazo diferenciado para litisconsortes com procuradores distintos, tratando-se de norma processual que consagra o direito fundamental do acesso à justiça. 3. Tal regra de cômputo em dobro deve incidir, inclusive, no prazo de quinze dias úteis para o cumprimento voluntário da sentença, previsto no artigo 523 do CPC de 2015, cuja natureza é dúplice: cuida-se de ato a ser praticado pela própria parte, mas a fluência do lapso para pagamento inicia-se com a intimação do advogado pela imprensa oficial (inciso I do § 2º do artigo 513 do atual Codex), o que impõe ônus ao patrono, qual seja o dever de comunicar o devedor do desfecho desfavorável da demanda, alertando-o das consequências jurídicas da ausência do cumprimento voluntário. 4. Assim, uma vez constatada a hipótese de incidência da norma disposta no artigo 229 do Novo CPC (litisconsortes com procuradores diferentes), o prazo comum para pagamento espontâneo deverá ser computado em dobro, ou seja, trinta dias úteis. 5. No caso dos autos, o cumprimento de sentença tramita em autos físicos, revelando-se incontroverso que as sociedades empresárias executadas são representadas por patronos de escritórios de advocacia diversos, razão pela qual deveria ter sido computado em dobro o prazo para o cumprimento voluntário da obrigação pecuniária certificada na sentença transitada em julgado. 6. Ocorrido o pagamento tempestivo, porém parcial, da dívida executada, incide, à espécie, o § 2º do artigo 523 do CPC de 2015, devendo incidir a multa de dez por cento e os honorários advocatícios (no mesmo percentual) tão somente sobre o valor remanescente a ser pago por qualquer dos litisconsortes. 7. Recurso especial provido para, considerando tempestivo o depósito judicial realizado a menor por um dos litisconsortes passivos, determinar que a multa de dez por cento e os honorários advocatícios incidam apenas sobre o valor remanescente a ser pago. (STJ, REsp 1693784; DF; Quarta Turma; Rel. Min. Luis Felipe Salomão; Julg. 28/11/2017; DJe 05/02/2018)

§ 1º Não ocorrendo pagamento voluntário no prazo do *caput*, o débito será acrescido de multa de dez por cento e, também, de honorários de advogado de dez por cento.

→ *v.* Enunciado 528 do FPPC: No cumprimento provisório de sentença por quantia certa iniciado na vigência do CPC-1973, sem garantia da execução, deve o juiz, após o início de vigência do CPC-2015 e a requerimento do exequente, intimar o executado nos termos dos arts. 520, § 2º, 523, § 1º e 525, *caput*.

Pagamento realizado à destempo e honorários advocatícios:

✓ AGRAVO DE INSTRUMENTO. CUMPRIMENTO DE SENTENÇA. HONORÁRIOS ADVOCATÍCIOS FIXADOS PARA A HIPÓTESE DE NÃO HAVER PAGAMENTO VOLUNTÁRIO. DEPÓSITO REALIZADO COM O PROPÓSITO DE GARANTIR O JUÍZO. PAGAMENTO NÃO OCORRIDO NO PRAZO. HONORÁRIOS ADVOCATÍCIOS DEVIDOS. RECURSO PROVIDO. (TJ-SC; AI 40172420220168240000 Joaçaba; Quinta Câmara de Direito Comercial; Rel. Cláudio Barreto Dutra; Julg. 22/06/2017)

✓ PROCESSUAL CIVIL - ACORDO HOMOLOGADO - CUMPRIMENTO DE SENTENÇA - EXIGIBILIDADE DO TÍTULO - AUSÊNCIA DE CONDIÇÃO SUSPENSIVA Não há falar em inexigibilidade de acordo homologado judicialmente quando não caracterizada qualquer hipótese que afaste a certeza e exigência do título, sobretudo quando a parte exequente tiver promovido a notificação extrajudicial dos executados comprovando, documentalmente, a inexistência de condição suspensiva pendente de implementação capaz de obstaculizar o cumprimento do pacto. CLÁUSULA PENAL E MULTA COERCITIVA - COBRANÇA - POSSIBILIDADE - HONORÁRIOS ADVOCATÍCIOS - CABIMENTO - PERCENTUAL LIMITADO AO TETO LEGAL 1 Reconhecido o descumprimento total do ajuste, é indesviável a aplicação da cláusula penal estipulada pelas partes em valor fixo, cuja incidência ocorreria caso, notificada para o cumprimento do pacto, a contraente responsável permanecesse inerte. 2 Na dicção do art. 523, § 1º, do Código de Processo Civil, se intimada a executada para o pagamento de quantia certa, no prazo de 15 dias, esta não pagar voluntariamente o valor, "o débito será acrescido de multa de dez por cento e, também, de honorários de advogado de dez por cento" (CPC, art. 523, § 1º). 3 Não há abusividade, nem ilegalidade, na aplicação e posterior cobrança de multa coercitiva por descumprimento de obrigação, estabelecida em percentual conforme o determinado estritamente na legislação processual vigente. 4 A incidência de honorários de advogado sobre o valor atualizado do débito é cabível quando a obrigação não for cumprida voluntariamente no prazo de 15 dias após a intimação, devendo, no entanto, limitarem-se a 10%, conforme determina o art. 523, § 1º, do Código de Processo Civil. ATO ATENTATÓRIO À DIGNIDADE DA JUSTIÇA - OPOSIÇÃO MALICIOSA À EXECUÇÃO E RESISTÊNCIA INJUSTIFICADA - CPC, ART. 774, INC. II E IV - OCORRÊNCIA As partes têm o dever de cooperar na prestação jurisdicional, mesmo em cumprimento de sentença/execução forçada. Agir em contradição à realidade fática e jurídica, com intuito meramente procrastinatório, opondo-se sem fundamento às ordens judiciais e à efetividade da execução, caracteriza ato atentatório à dignidade da justiça que deve ser penalizado. (TJ-SC; AI 40175434620168240000 Joinville; Quinta Câmara de Direito Civil; Rel. Luiz Cézar Medeiros; Julg. 27/06/2017,)

§ 2º Efetuado o pagamento parcial no prazo previsto no *caput*, a multa e os honorários previstos no § 1º incidirão sobre o restante.

§ 3º Não efetuado tempestivamente o pagamento voluntário, será expedido, desde logo, mandado de penhora e avaliação, seguindo-se os atos de expropriação.

Continuidade do cumprimento quando não realizado o pagamento voluntário:

✓ AGRAVO DE INSTRUMENTO. AÇÃO DE REVISÃO DE CONTRATO DE ARRENDAMENTO MERCANTIL EM FASE DE CUMPRIMENTO DA SENTENÇA. DECISÃO QUE HOMOLOGOU O CÁLCULO ELABORADO PELO PERITO JUDICIAL DIANTE DA INÉRCIA DA EXECUTADA PARA SE MANIFESTAR A RESPEITO. APURAÇÃO DO VALOR DEVIDO QUE SE FEZ POR MEIO DE PERÍCIA CONTÁBIL. ÚLTIMOS ESCLARECIMENTOS DO PERITO QUE NÃO FORAM, A TEMPO E MODO, IMPUGNADOS. PRECLUSÃO TEMPORAL CARACTERIZADA. ARTIGO 507 DO CÓDIGO DE PROCESSO CIVIL DE 2015. ERRO DE CÁLCULO NÃO VERIFICADO. PREVALÊNCIA DO LAUDO PERICIAL, CUJA ELABORAÇÃO FOI REALIZADA POR PROFISSIONAL HABILITADO E IMPARCIAL. PRECEDENTES DA CÂMARA. MANUTENÇÃO DA DETERMINAÇÃO PARA EFETUAR O PAGAMENTO DO DÉBITO, NO PRAZO DA LEI, "SOB PENA DE CONSTRIÇÃO DE TANTOS BENS QUANTOS BASTEM PARA GARANTIA DA EXECUÇÃO". ARTIGO 523, "CAPUT" E § 3º, DO CÓDIGO DE PROCESSO CIVIL DE 2015. RECURSO DESPROVIDO. (TJ-SC; AI 40126285120168240000 Joinville; Quinta Câmara de Direito Comercial; Rel. Jânio Machado; Julg. 27/07/2017,)

Art. 524. O requerimento previsto no art. 523 será instruído com demonstrativo discriminado e atualizado do crédito, devendo a petição conter:

→ *v.* Enunciado 91 do CJF: Interpreta-se o art. 524 do CPC e seus parágrafos no sentido de permitir que a parte patrocinada pela Defensoria Pública continue a valer-se da contadoria judicial para elaborar cálculos para execução ou cumprimento de sentença.

I – o nome completo, o número de inscrição no Cadastro de Pessoas Físicas ou no Cadastro Nacional da Pessoa Jurídica do exequente e do executado, observado o disposto no art. 319, §§ 1º a 3º;

II – o índice de correção monetária adotado;

III – os juros aplicados e as respectivas taxas;

IV – o termo inicial e o termo final dos juros e da correção monetária utilizados;

V – a periodicidade da capitalização dos juros, se for o caso;

VI – especificação dos eventuais descontos obrigatórios realizados;

VII – indicação dos bens passíveis de penhora, sempre que possível.

§ 1º Quando o valor apontado no demonstrativo aparentemente exceder os limites da condenação, a execução será iniciada pelo valor pretendido, mas a penhora terá por base a importância que o juiz entender adequada.

Quantia aparentemente excessiva da execução e limitação da penhora:

✓ Agravo de instrumento. Ação de adimplemento contratual. Complementação de ações emitidas mediante contrato de participação financeira celebrado para a aquisição de linha telefônica. Procedência. Fase de cumprimento de sentença. Decisum impugnado que determina a intimação da ré para efetuar o pagamento voluntário do valor devido (art. 475-J do Código de Processo Civil de 1973). Insurgência da empresa de telefonia. Alegado excesso de execução e necessidade de refazimento do cálculo pelo contabilista do Juízo. Verificação do "aparente excesso" por esta Corte de Justiça que não causa supressão de instância. Tema suscitado na 1ª instância por meio de embargos declaratórios. Quantia apontada pela credora que, em exame sumário, se mostra exorbitante (art. 475-B, §§ 3º e 4º, do CPC/1973, atual art. 524, §§ 1º e 2º, CPC/2015). Equívoco, a princípio, verificado. Imprescindibilidade de encaminhamento do feito à Contadoria Judicial. Precedentes. Cientificação para o cumprimento da obrigação postergada até a indicação do quantum exequendo. Recurso conhecido e acolhido. (TJ-SC; AI 01468583520158240000 Lages; Terceira Câmara de Direito Comercial; Rel. Ronaldo Moritz Martins da Silva; Julg. 13/07/2017)

✓ Agravo de instrumento. Ação de adimplemento contratual. Complementação de ações emitidas mediante contrato de participação financeira celebrado para a aquisição de linha telefônica. Procedência. Fase de cumprimento de sentença. Decisum impugnado que determina a intimação da ré para efetuar o pagamento voluntário do valor devido (art. 475-J do Código de Processo Civil de 1973, vigente à época dos fatos). Embargos declaratórios rejeitados. Insurgência da empresa de telefonia. Alegado excesso de execução e necessidade de refazimento dos cálculos pelo contabilista do Juízo. Verificação do "aparente excesso" por esta Corte de Justiça que não causa supressão de instância. Quantia apontada pelo credor que, em exame sumário, se mostra exorbitante (art. 475-B, §§ 3º e 4º, do CPC/1973, atual art. 524, §§ 1º e 2º, CPC/2015). Equívoco, a princípio, verificado. Imprescindibilidade de encaminhamento do feito à Contadoria Judicial. Precedentes. Cientificação para o cumprimento da obrigação postergada até a indicação do quantum exequendo. Prejudicada as demais alegações relacionadas aos critérios de cálculo. Recurso conhecido e acolhido. (TJ-SC; AI 01426466820158240000 Capital; Terceira Câmara de Direito Comercial; Rel. Ronaldo Moritz Martins da Silva; Julg. 06/07/2017)

§ 2º Para a verificação dos cálculos, o juiz poderá valer-se de contabilista do juízo, que terá o prazo máximo de 30 (trinta) dias para efetuá-la, exceto se outro lhe for determinado.

Verificação dos cálculos pelo contador do juízo:

✓ Agravo de instrumento. Ação de adimplemento contratual. Complementação de ações emitidas mediante contrato de participação financeira celebrado para a aquisição de linha telefônica. Procedência. Fase de cumprimento de sentença. Decisum impugnado que determina a intimação da ré para efetuar o pagamento voluntário do valor devido (art. 475-J do Código de Processo Civil de 1973). Insurgência da empresa de telefonia. Alegado excesso de execução e necessidade de refazimento do cálculo pelo contabilista do Juízo. Verificação do "aparente excesso" por esta Corte de Justiça que não causa supressão de instância. Tema suscitado na 1ª instância por meio de embargos declaratórios. Quantia apontada pela credora que, em exame sumário, se mostra exorbitante (art. 475-B, §§ 3º e 4º, do CPC/1973, atual art. 524, §§ 1º e 2º, CPC/2015). Equívoco, a princípio, verificado. Imprescindibilidade de encaminhamento do feito à Contadoria Judicial. Precedentes. Cientificação para o cumprimento da obrigação postergada até a indicação do quantum exequendo. Recurso conhecido e acolhido. (TJ-SC; AI 01468583520158240000 Lages; Terceira Câmara de Direito Comercial; Rel. Ronaldo Moritz Martins da Silva; Julg. 13/07/2017)

✓ AGRAVO DE INSTRUMENTO – AÇÃO DE ADIMPLEMENTO CONTRATUAL – DECISÃO QUE DETERMINOU O ENVIO DOS AUTOS AO CONTADOR JUDICIAL – RECURSO INTERPOSTO PELO EXEQUENTE. ALEGAÇÃO DE ERRO DE PROCEDIMENTO, EM VIRTUDE DA ADOÇÃO DA LIQUIDAÇÃO POR ARBITRAMENTO – INOCORRÊNCIA – COMANDO DECISÓRIO QUE, APÓS A CONSTATAÇÃO DA DIVERGÊNCIA ENTRE OS VALORES APRESENTADOS PELAS PARTES, DETERMINOU A REMESSA DO FEITO À CONTADORIA DO JUÍZO, A QUAL É TERCEIRIZADA NA COMARCA DE ORIGEM – OBSERVÂNCIA DAS PRESCRIÇÕES CONTIDAS NOS ARTS. 475-B E 475-J DO REVOGADO CÓDIGO DE PROCESSO CIVIL (EQUIVALENTES AOS ARTS. 509, § 2º, E 523 DO CPC/2015) – INSURGÊNCIA DESPROVIDA. De acordo com reiterada orientação jurisprudencial da Corte Superior e deste Tribunal de Justiça, em demandas como a presente, o cumprimento de sentença é submetido à regra do art. 475-B do revogado Código de Processo Civil (correspondente ao art. 509, § 2º, do CPC/2015), segundo o qual, a depender a determinação do valor da condenação apenas de cálculo aritmético, o credor requererá o cumprimento da sentença na forma do art. 475-J do mesmo Diploma Legal (com equivalência no art. 523 do Novo Código), instruindo o pedido com a memória discriminada e atualizada do cálculo. Consoante dispõe o art. 523, § 2º, do Código de Processo Civil, é dado ao Magistrado, para a verificação dos cálculos do cumprimento de sentença, valer-se de contabilista do juízo. Assim, denota-se estar em consonância com a legislação processual pátria a decisão que determina o envio do feito à contadoria do juízo – ainda que essa seja terceirizada na Comarca de origem -, após vislumbrar haver divergência entre os valores apontados pelos litigantes. (TJ-SC; AI 10012358320168240000; Segunda Câmara de Direito Comercial; Rel. Robson Luz Varella; Julg. 22/08/2017)

§ 3º Quando a elaboração do demonstrativo depender de dados em poder de terceiros ou do executado, o juiz poderá requisitá-los, sob cominação do crime de desobediência.

➔ V. Arts. 401 a 403 do NCPC.

Determinação judicial para apresentação de dados para realização do cálculo da execução:

✓ AGRAVO DE INSTRUMENTO. CONTRATO DE PARTICIPAÇÃO FINANCEIRA FIRMADO COM COMPANHIA DE TELEFONIA. CUMPRIMENTO DE SENTENÇA. DECISÃO QUE DETERMINOU À CONCESSIONÁRIA DE TELEFONIA A EXIBIÇÃO DE DOCUMENTOS NECESSÁRIOS À LIQUIDAÇÃO DE SENTENÇA, SOB PENA DE COMINAÇÃO DO CRIME DE DESOBEDIÊNCIA E PRESUNÇÃO DE VERACIDADE DA CONTA APRESENTADA PELO CREDOR. RECURSO DA DEMANDADA. JUÍZO DE ADMISSIBILIDADE. ALEGADA INCONSISTÊNCIA DO PEDIDO DE EXIBIÇÃO DE DOCUMENTOS. ARGUIÇÕES DE QUE A DOCUMENTAÇÃO REQUESTADA ESTARIA EM PODER DE TERCEIROS E DE AUSÊNCIA DE PEDIDO NA ESFERA ADMINISTRATIVA. TESES AVENTADAS NA ETAPA COGNITIVA. DECISÃO TRANSITADA EM JULGADO. IMPOSSIBILIDADE DE REDISCUSSÃO DA LIDE. OBSERVÂNCIA DO ART. 509, § 4º, NOVO DO CÓDIGO DE PROCESSO CIVIL. NÃO CONHECIMENTO DO RECLAMO NO PONTO. QUESTÕES REMANESCENTES. DEFENDIDO DESCABIMENTO DO COMANDO EXIBITÓRIO DO CONTRATO, AO ARGUMENTO DE QUE SUFICIENTE A RADIOGRAFIA PARA A CONFECÇÃO DO CÁLCULO. INACOLHIMENTO. RADIOGRAFIA AINDA NÃO JUNTADA AOS AUTOS. AUSÊNCIA DO REFERIDO DOCUMENTO QUE INVIABILIZA O EXAME ACERCA DA NECESSIDADE OU NÃO DE APRESENTAÇÃO DA AVENÇA FIRMADA ENTRE AS PARTES PARA FINS DE CONFECÇÃO DOS CÔMPUTOS EXORDIAIS. CRIME DE DESOBEDIÊNCIA. ALMEJADA SUPRESSÃO DA REFERIDA SANÇÃO. INVIABILIDADE. EXPRESSA PREVISÃO DE SUA COMINAÇÃO NO ART. 524, § 3º, DO ATUAL CÓDIGO DE PROCESSO CIVIL QUANDO HOUVER RECUSA DE TERCEIRO OU DO DEVEDOR NA APRESENTAÇÃO DE DOCUMENTAÇÃO ESSENCIAL À ELABORAÇÃO DO DEMONSTRATIVO DE DÉBITO. PROCESSADO EM QUE NEM SEQUER FOI APRESEN-

TADA A RADIOGRAFIA DO CONTRATO. MANUTENÇÃO DA PENALIDADE QUE SE IMPÕE PARA O CASO DE DESCUMPRIMENTO DO COMANDO EXIBITÓRIO. RECURSO CONHECIDO, EM PARTE, E NÃO PROVIDO. PEDIDO DE CONDENAÇÃO POR LITIGÂNCIA DE MÁ-FÉ OFERTADO EM SEDE DE CONTRARRAZÕES PELA PARTE RECORRIDA. VERIFICADA INTENÇÃO DA PARTE RECORRENTE, NO PRESENTE RECURSO, DE PROCRASTINAR O ANDAMENTO DA EXECUÇÃO. MALFERIMENTO AOS DEVERES DE LEALDADE E BOA-FÉ PROCESSUAL. CONDENAÇÃO IMPERATIVA. (TJ-SC; AI 40190596720178240000 Biguaçu; Terceira Câmara de Direito Comercial; Rel. Tulio Pinheiro; Julg. 30/11/2017)

✓ AGRAVO DE INSTRUMENTO (ART. 1.015, PARÁGRAFO ÚNICO, DO CPC/2015). AÇÃO DE ADIMPLEMENTO CONTRATUAL. FASE DE LIQUIDAÇÃO DE SENTENÇA. DECISÃO QUE HOMOLOGOU OS CÁLCULOS DA PARTE CREDORA, EM RAZÃO DA RECALCITRÂNCIA DA DEVEDORA EM ATENDER A ORDEM DE EXIBIÇÃO DO CONTRATO. RECURSO DA EXECUTADA. PENALIDADE DO ART. 524, § 5º, DO CPC/15 (ART. 475-B, § 2º, DO CPC/73). OBRIGAÇÃO LEGAL DE A SOCIEDADE EMPRESÁRIA EXIBIR O CONTRATO. SANÇÃO PROCESSUAL QUE SOMENTE INCIDE NA HIPÓTESE DE DESCUMPRIMENTO DA ORDEM. RESISTÊNCIA INJUSTIFICADA. PRINCÍPIO DA LEALDADE PROCESSUAL. INSURGÊNCIA DESARRAZOADA. DECISÃO MANTIDA. RECURSO CONHECIDO E DESPROVIDO. Nada justifica a reiterada recusa da empresa ré para exibir, nos autos, o contrato de participação financeira firmado entre as partes, como acontecido no processo de conhecimento. E na medida em que a recorrente prefere discutir as consequências decorrentes da não exibição do contrato, fica evidenciada a manifestada violação do princípio da lealdade processual com a intenção de descumprir o comando judicial imposto no acórdão desta Corte de Justiça, sujeitando-se às consequências legais. (TJ-SC; AI 40034030720168240000 Joinville; Primeira Câmara de Direito Comercial; Rel. Luiz Zanelato; Julg. 19/10/2017)

✓ APELAÇÃO CÍVEL. CONTRATO DE PARTICIPAÇÃO FINANCEIRA FIRMADO COM COMPANHIA DE TELEFONIA. DECISÃO QUE, APÓS A PARTE CREDORA REQUERER A EXIBIÇÃO DE DOCUMENTAÇÃO ESSENCIAL À ELABORAÇÃO DE SUA CONTA, JULGOU EXTINTA, SEM RESOLUÇÃO DO MÉRITO, A FASE EXECUTÓRIA, NOS TERMOS DO ART. 485, INC. IV, DO CÓDIGO DE PROCESSO CIVIL DE 2015, POR AUSÊNCIA DE LIQUIDEZ DA SENTENÇA. RECURSO DA PARTE AUTORA. PRETENDIDO PROSSEGUIMENTO DO CUMPRIMENTO DE SENTENÇA. ADMISSIBILIDADE. LIQUIDAÇÃO POR MEROS CÁLCULOS DO CREDOR. CONSTATAÇÃO PELO AUTOR DE CARÊNCIA DE DADOS ESSENCIAIS, QUE ESTÃO EM PODER DA DEVEDORA, À CONFECÇÃO DE SUA MEMÓRIA DE CÁLCULO. DEVER DO MAGISTRADO DE DECIDIR SOBRE A REQUISIÇÃO DE TAIS INFORMAÇÕES À PARTE REQUERIDA, A TEOR DO ART. 524, § 3º, DO NOVO CÓDIGO DE PROCESSO CIVIL, E NÃO SIMPLESMENTE JULGAR EXTINTO O CUMPRIMENTO DE SENTENÇA SOB O FUNDAMENTO DE QUE A PARTE CREDORA NÃO CONFECCIONOU SEU DEMONSTRATIVO DE DÉBITO. OBEDIÊNCIA DO EXEQUENTE AOS COMANDOS NORMATIVOS REFERENTES À LIQUIDAÇÃO POR CÁLCULOS DO CREDOR. ENTENDIMENTO EXARADO NA DECISÃO RECORRIDA QUE, ALIÁS, INVIABILIZARIA A PRÓPRIA LIQUIDAÇÃO, CONSIDERANDO A ALEGAÇÃO DO CREDOR DE QUE, SEM A OBTENÇÃO DE INFORMES QUE ESTÃO EM PODER DA RÉ, ESTARIA IMPOSSIBILITADO DE CONFECCIONAR O INSTRUMENTO DA PRÓPRIA LIQUIDAÇÃO POR MEIO DE CÁLCULOS DO CREDOR. FLAGRANTE OFENSA AOS PRINCÍPIOS DA MÁXIMA UTILIDADE DA EXECUÇÃO AO CREDOR, DA ECONOMIA PROCESSUAL, DA CELERIDADE DA JUSTIÇA E DO DEVIDO PROCESSO LEGAL. DECISÃO CASSADA. REGULAR PROSSEGUIMENTO DA EXECUÇÃO IMPERATIVO. RECURSO CONHECIDO E PROVIDO. (TJ-SC; AC 00010906520098240040 Laguna; Terceira Câmara de Direito Comercial; Rel. Tulio Pinheiro; Julg. 30/11/2017)

§ 4º Quando a complementação do demonstrativo depender de dados adicionais em poder do executado, o juiz poderá, a requerimento do exequente, requisitá-los, fixando prazo de até 30 (trinta) dias para o cumprimento da diligência.

<u>Determinação judicial para apresentação de dados pelo executado para realização do cálculo da execução:</u>

✓ AGRAVO DE INSTRUMENTO – AÇÃO DE ADIMPLEMENTO CONTRATUAL – CUMPRIMENTO DE SENTENÇA – INTERLOCUTÓRIA QUE DETERMINOU A APLICAÇÃO DA PRESUNÇÃO DE VERACIDADE DOS CÁLCULOS DOS EXEQUENTES – RECURSO INTERPOSTO PELA EMPRESA DE TELEFONIA CONTRA DECISÃO PROFERIDA SOB A ÉGIDE DO REGRAMENTO PROCESSUAL DE 1973. EXIBIÇÃO DOS CONTRATOS DE PARTICIPAÇÃO FINANCEIRA CELEBRADOS ENTRE AS PARTES – INSURGÊNCIA DA EMPRESA DE TELEFONIA – ALEGADA SUFICIÊNCIA DAS RADIOGRAFIAS PRESENTES NOS AUTOS PARA ELABORAÇÃO DO CÁLCULO EXEQUENDO – DOCUMENTO HÁBIL PARA INSTRUIR A AÇÃO DE ADIMPLEMENTO, MAS NÃO PARA PERMITIR A EXATA APURAÇÃO DO MONTANTE DEVIDO – POSSIBILIDADE DE DIVERGÊNCIA ENTRE O VALOR INTEGRALIZADO E O EFETIVAMENTE CAPITALIZADO – IMPERATIVIDADE DA APRESENTAÇÃO DAS AVENÇAS – RECURSO DESPROVIDO. Esta Câmara de Direito Comercial pacificou o entendimento de que a "radiografia" do contrato de participação financeira é documento apto e suficiente para instruir a ação de adimplemento contratual. No entanto, aquela passa a ser, na fase de cumprimento de sentença, apenas um dos documentos dos quais se extraem dados necessários à realização dos cálculos do montante exequendo, haja vista que somente por meio da análise do contrato de participação financeira é possível verificar com clareza o valor efetivamente pago pelo contratante quando da assinatura da avença. PRESUNÇÃO DE VERACIDADE DOS CÁLCULOS DOS AUTORES - APLICAÇÃO DO DISPOSTO NO ART. 475-B, § 2º, DO CPC/1973 (EQUIVALENTE AO ART. 524, §§ 4º e 5º, DO CPC/2015) - PLEITO DE LIMITAÇÃO DA PENALIDADE - INTENTO JÁ ATINGIDO ANTERIORMENTE À INTERPOSIÇÃO DO PRESENTE INCONFORMISMO - COMANDO AGRAVADO QUE RESTRINGIU A SANÇÃO AOS DADOS RETIRADOS DOS CONTRATOS INDISPENSÁVEIS À APURAÇÃO DO MONTANTE DEVIDO - AUSÊNCIA DE INTERESSE RECURSAL - NÃO CONHECIMENTO DA INSURGÊNCIA NESSE TOCANTE. Constitui-se o interesse recursal pressuposto geral de admissibilidade de todo recurso, de maneira que, para requerer a reforma da decisão, deve o recorrente demonstrar o prejuízo advindo da manutenção judicial atacada. Tendo em vista que o comando agravado limitou a presunção de veracidade dos cálculos dos exequentes aos dados retirados dos instrumentos contratuais que se mostrarem necessários à apuração do "quantum" devido, sem estipular a ocorrência de presunção absoluta quanto à totalidade do apurado, não há interesse recursal que justifique a análise da temática nesta ocasião. (TJ-SC; AI 00353089820168240000 Canoinhas; Segunda Câmara de Direito Comercial; Rel. Robson Luz Varella; Julg. 11/07/2017)

✓ AGRAVO DE INSTRUMENTO. PARTICIPAÇÃO ACIONÁRIA DA TELEFONIA. CUMPRIMENTO DE SENTENÇA. DECISÃO QUE DETERMINOU A EXIBIÇÃO DE DOCUMENTOS, SOB PENA DE INCIDÊNCIA DO CRIME DE DESOBEDIÊNCIA. INSURGÊNCIA DA EMPRESA DE TELEFONIA. EXIBIÇÃO DE DOCUMENTOS. PRESENÇA DOS DADOS NECESSÁRIOS PARA REALIZAÇÃO DO DEMONSTRATIVO DE DÉBITO. CONTRATO DE PARTICIPAÇÃO FINANCEIRA (PEX) E INFORMAÇÃO SOCIETÁRIA PRESENTE NOS AUTOS. DESNECESSIDADE DE INTIMAÇÃO DA PARTE AGRAVANTE, SOB PENA DE CONFIGURAÇÃO DO CRIME DE DESOBEDIÊNCIA (ARTIGO 524, § 3º E § 4º, DO CPC). MEDIDA DESPROPORCIONAL. EXISTÊNCIA DE PENALIDADE ESPECÍFICA EM LEI, QUAL SEJA, VERACIDADE DOS VALORES INDICADOS PELO CREDOR (ARTIGO 524, § 5º, DO CPC). SANÇÃO AFASTADA. Recurso conhecido e provido. (TJ -SC; AI 40127280620168240000 Blumenau; Primeira Câmara de Direito Comercial; Rel. Guilherme Nunes Born; Julg. 14/09/2017)

§ 5º Se os dados adicionais a que se refere o § 4º não forem apresentados pelo executado, sem justificativa, no prazo designado, reputar-se-ão corretos os cálculos apresentados pelo exequente apenas com base nos dados de que dispõe.

→ *v.* Arts. 396 a 400 do NCPC.

Penalidade pela não apresentação dos dados solicitados:

✓ AGRAVO DE INSTRUMENTO (ART. 1.015, PARÁGRAFO ÚNICO, DO CPC/2015). AÇÃO DE COBRANÇA. FASE DE LIQUIDAÇÃO DE SENTENÇA. DECISÃO QUE HOMOLOGOU OS CÁLCULOS DA PARTE CREDORA, EM RAZÃO DA INÉRCIA DA DEVEDORA QUANTO À ORDEM DE EXIBIÇÃO DOS EXTRATOS BANCÁRIOS. PENALIDADE DO ART. 524, § 5º, DO CPC/15 (ART. 475-B, § 2º, DO CPC/73). OBRIGAÇÃO LEGAL DA INSTITUIÇÃO FINANCEIRA DE EXIBIR OS DOCUMENTOS. SANÇÃO PROCESSUAL QUE INCIDE NA HIPÓTESE DE DESCUMPRIMENTO DA ORDEM. RESISTÊNCIA INJUSTIFICADA. PRINCÍPIO DA LEALDADE PROCESSUAL. INSURGÊNCIA DESARRAZOADA. DECISÃO MANTIDA. RECURSO CONHECIDO E DESPROVIDO. Nada justifica a reiterada recusa da instituição financeira ré para exibir, nos autos, os extratos das contas bancárias de titularidade da parte autora, como aconteceido no processo de conhecimento. E na medida em que a recorrente prefere discutir as consequências decorrentes da não exibição do contrato, fica evidenciada a manifestada violação do princípio da lealdade processual com a intenção de descumprir o comando judicial imposto no acórdão desta Corte de Justiça, sujeitando-se às consequências legais. (TJ-SC; AI 40110107120168240000 Capital - Continente; Primeira Câmara de Direito Comercial; Rel. Luiz Zanelato; Julg. 19/10/2017)

Art. 525. Transcorrido o prazo previsto no art. 523 sem o pagamento voluntário, inicia-se o prazo de 15 (quinze) dias para que o executado, independentemente de penhora ou nova intimação, apresente, nos próprios autos, sua impugnação.

→ *v.* Enunciado 450 do FPPC: Aplica-se a regra decorrente do art. 827, §2º, ao cumprimento de sentença.

→ *v.* Enunciado 528 do FPPC: No cumprimento provisório de sentença por quantia certa iniciado na vigência do CPC-1973, sem garantia da execução, deve o juiz, após o início de vigência do CPC-2015 e a requerimento do exequente, intimar o executado nos termos dos arts. 520, § 2º, 523, § 1º e 525, caput.

→ *v.* Enunciado 530 do FPPC: Após a entrada em vigor do CPC-2015, o juiz deve intimar o executado para apresentar impugnação ao cumprimento de sentença, em quinze dias, ainda que sem depósito, penhora ou caução, caso tenha transcorrido o prazo para cumprimento espontâneo da obrigação na vigência do CPC-1973 e não tenha àquele tempo garantido o juízo.

→ *v.* Enunciado 545 do FPPC: Aplicam-se à impugnação, no que couber, as hipóteses previstas nos incisos I e III do art. 918 e no seu parágrafo único.

→ *v.* Enunciado 586 do FPPC: O oferecimento de impugnação manifestamente protelatória é ato atentatório à dignidade da justiça que enseja a aplicação da multa prevista no parágrafo único do art. 774 do CPC.

→ *v.* Enunciado 90 do CJF: Conta-se em dobro o prazo do art. 525 do CPC nos casos em que o devedor é assistido pela Defensoria Pública.

→ *v.* Enunciado 93 do CJF: Da decisão que julga a impugnação ao cumprimento de sentença cabe apelação, se extinguir o processo, ou agravo de instrumento, se não o fizer.

Início do prazo para apresentação da impugnação:

✓ APELAÇÃO CÍVEL. AUSÊNCIA DE IMPUGNAÇÃO AO CUMPRIMENTO DE SENTENÇA. PENHORA VIA SISTEMA BACEN JUD. AÇÃO EXTINTA COM FULCRO NO ARTIGO 924, INCISO II DO NOVO CÓDIGO DE PROCESSO CIVIL. RECURSO DA EXECUTADA. PREFACIAL DE CERCEAMENTO DE DEFESA. ALEGADA DESCONSIDERAÇÃO DO PRAZO PARA APRESENTAÇÃO DA IMPUGNAÇÃO A PARTIR DA PENHORA. INSUBSISTÊNCIA. PRAZO QUE SE INICIA INDEPENDENTEMENTE DE PENHORA OU NOVA INTIMAÇÃO. INTELIGÊNCIA DO ARTIGO 525, CAPUT, DO NCPC. PREFACIAL RECHAÇADA. MÉRITO. EXCESSO DE EXECUÇÃO. PRECLUSÃO. ANÁLISE DA INSURGÊNCIA PREJUDICADA. RECURSO NÃO CONHECIDO NO PONTO. SENTENÇA MANTIDA. RECURSO CONHECIDO EM PARTE E, NESTA EXTENSÃO, DESPROVIDO. (TJ-SC; AC 00567487520128240038 Joinville; Sexta Câmara de Direito Civil; Rel. Denise Volpato; Julg. 15/08/2017)

§ 1º Na impugnação, o executado poderá alegar:

Questões de ordem pública passíveis de serem reconhecidas em sede de impugnação:

✓ APELAÇÃO CÍVEL. IMPUGNAÇÃO AO CUMPRIMENTO DE SENTENÇA. REVELIA NA FASE DE CONHECIMENTO. ILEGITIMIDADE PASSIVA RECONHECIDA NA ETAPA EXECUTIVA. INSURGÊNCIA OFERTADA PELO EXEQUENTE/IMPUGNADO. ALEGADA OFENSA À COISA JULGADA. INSUBSISTÊNCIA. MATÉRIA DE ORDEM PÚBLICA, QUE NÃO FOI DEBATIDA EM MOMENTO ANTERIOR. POSSIBILIDADE DE CONHECIMENTO, ATÉ MESMO DE OFÍCIO. AUSÊNCIA DE PRECLUSÃO. CONTRATO VERBAL DE COMPRA E VENDA DE VEÍCULO CELEBRADO COM EMPRESA DIVERSA DA EXECUTADA, A QUAL REALMENTE NÃO DETÉM LEGITIMIDADE PARA RESPONDER PELOS PREJUÍZOS SOFRIDOS PELO AUTOR/IMPUGNADO. SENTENÇA MANTIDA. RECURSO CONHECIDO E DESPROVIDO. (TJ-SC; AC 00212126220098240020 Criciúma; Segunda Câmara de Direito Civil; Rel. Rubens Schulz; Julg. 14/09/2017)

✓ AGRAVO DE INSTRUMENTO. DIREITO PROCESSUAL CIVIL. CUMPRIMENTO DE SENTENÇA. DECISÃO QUE REJEITOU A IMPUGNAÇÃO, DIMINUIU O VALOR DAS ASTREINTES ACUMULADAS E INDEFERIU O PEDIDO DE JUSTIÇA GRATUITA FORMULADO PELO EXECUTADO. INSURGÊNCIA DO DEMANDADO. JUSTIÇA GRATUITA CABÍVEL. DIFICULDADES FINANCEIRAS COMPROVADAS NOS AUTOS. HIPOSSUFICIÊNCIA VERIFICADA. BENEFÍCIO CONCEDIDO. REJEIÇÃO DA IMPUGNAÇÃO AO CUMPRIMENTO DE SENTENÇA. DECISÃO ACERTADA. TESE DEFENSIVA QUE NÃO SE ENQUADRA NAS HIPÓTESES ADMITIDAS PARA A IMPUGNAÇÃO. EXEGESE DO ARTIGO 525, PARÁGRAFO PRIMEIRO, DO CÓDIGO DE PROCESSO CIVIL. DIMINUIÇÃO DO VALOR DA MULTA DIÁRIA ACUMULADA. AFASTAMENTO DO PEDIDO. QUANTIA QUE JÁ FOI SUBSTANCIALMENTE REDUZIDA PELO MAGISTRADO SINGULAR. NECESSÁRIA MANUTENÇÃO DA FORÇA COERCITIVA DO INSTITUTO. DECISÃO MANTIDA NO PONTO. RECURSO CONHECIDO E PARCIALMENTE PROVIDO. (TJ-SC; AI 40098146620168240000 Blumenau; Quinta Câmara de Direito Civil; Rel. Jairo Fernandes Gonçalves; Julg. 30/05/2017)

Matérias que não podem ser conhecidas em sede de impugnação:

✓ AGRAVO DE INSTRUMENTO. DIREITO PROCESSUAL CIVIL. CUMPRIMENTO DE SENTENÇA. DECISÃO QUE REJEITOU A IMPUGNAÇÃO, DIMINUIU O VALOR DAS ASTREINTES ACUMULADAS E INDEFERIU O PEDIDO DE JUSTIÇA GRATUITA FORMULADO PELO EXECUTADO. INSURGÊNCIA DO DEMANDADO. JUSTIÇA GRATUITA CABÍVEL. DIFICULDADES FINANCEIRAS COMPROVADAS NOS AUTOS. HIPOSSUFICIÊNCIA VERIFICADA. BENEFÍCIO CONCEDIDO. REJEIÇÃO DA IMPUGNAÇÃO AO CUMPRIMENTO DE SENTENÇA. DECISÃO ACERTADA. TESE DEFENSIVA QUE NÃO SE ENQUADRA NAS HIPÓTESES ADMITIDAS PARA A IMPUGNAÇÃO. EXEGESE DO ARTIGO 525, PARÁGRAFO PRIMEIRO, DO CÓDIGO DE PROCESSO CIVIL. DIMINUIÇÃO DO VALOR DA MULTA DIÁRIA ACUMULADA. AFASTAMENTO DO PEDIDO. QUANTIA QUE JÁ FOI SUBSTANCIALMENTE REDUZIDA PELO MAGISTRADO SINGULAR. NECESSÁRIA MANUTENÇÃO DA FORÇA COERCITIVA DO INSTITUTO. DECISÃO MANTIDA NO PONTO. RECURSO CONHECIDO E PARCIALMENTE PROVIDO. (TJ-SC; AI 40098146620168240000 Blumenau; Quinta Câmara de Direito Civil; Rel. Jairo Fernandes Gonçalves; Julg. 30/05/2017)

✓ AGRAVO DE INSTRUMENTO. IMPUGNAÇÃO AO CUMPRIMENTO DE SENTENÇA. AÇÃO DE INVENTÁRIO. ACORDO HOMOLOGADO. INADIMPLEMENTO. ONEROSIDADE EXCESSIVA. JUSTIFICATIVA. – INTERLOCUTÓRIO NEGATIVO NA ORIGEM. RECURSO DOS EXECUTADOS. (1) PRELIMINAR. JULGAMENTO ANTECIPADO DO MÉRITO. CERCEAMENTO. NÃO

CONFIGURAÇÃO. DILAÇÃO DESNECESSÁRIA. - Não configura cerceamento de defesa quando o magistrado, destinatário final da prova, verificando suficientemente instruído o processo e embasando-se em elementos de prova e fundamentação bastantes, ante os princípios da admissibilidade motivada da prova e do convencimento motivado, corolários do princípio da persuasão racional, entende desnecessária a dilação probatória e julga antecipadamente o mérito. (2) MÉRITO. ACORDO. INADIMPLEMENTO. ONEROSIDADE EXCESSIVA. JUSTIFICATIVA. IMPUGNAÇÃO. ROL TAXATIVO. NÃO CABIMENTO. ACERTO. - A impugnação ao cumprimento de sentença não comporta alegação defensiva, como justificativa ao descumprimento do acordo homologado judicialmente, a fim de afastar os encargos da mora, com base na cláusula rebus sic stantibus e na teoria da onerosidade excessiva, porquanto matérias próprias da fase de conhecimento e não elencadas no rol taxativo do art. 525, § 1º, do Código de Processo Civil. DECISÃO MANTIDA. RECURSO DESPROVIDO. (TJ-SC; AI 40018022920178240000 Balneário Camboriú; Quinta Câmara de Direito Civil; Rel. Henry Petry Junior; Julg. 26/09/2017)

I – falta ou nulidade da citação se, na fase de conhecimento, o processo correu à revelia;

II – ilegitimidade de parte;

III – inexequibilidade do título ou inexigibilidade da obrigação;

Inexigibilidade do título:

✓ AGRAVOS DE INSTRUMENTO NS. 4005203-70.2016.8.24.0000 E 4005228-83.2016.8.24.0000 - AÇÃO REVISIONAL - CUMPRIMENTO PROVISÓRIO DE ASTREINTE FIXADA EM SEDE DE ANTECIPAÇÃO DE TUTELA - INTERLOCUTÓRIA QUE REJEITOU A PEÇA DE IMPUGNAÇÃO - INSURGÊNCIA DA INSTITUIÇÃO FINANCEIRA/EXECUTADA. OPOSIÇÃO DE DOIS RECLAMOS PELA MESMA PARTE E CONTRA O MESMO ATO DECISÓRIO - CONHECIMENTO APENAS DO AGRAVO PROCESSADO SOB N. 4005203-70.2016.8.24.0000, PORQUANTO PROTOCOLIZADO PRIMEIRAMENTE - OBSERVÂNCIA DO PRINCÍPIO DA UNIRRECORRIBILIDADE RECURSAL - NÃO CONHECIMENTO DO SEGUNDO RECURSO (AGRAVO N. 4005228-83.2016.8.24.0000). Em atenção ao princípio da singularidade, unirrecorribilidade ou unicidade recursal, não é dado à parte ingressar com mais de um recurso contra a mesma decisão judicial, de modo que sobre àquele manejado posteriormente resta configurada a preclusão consumativa. RECLAMO N. 4005203-70.2016.8.24.0000 - INEXIGIBILIDADE DO TÍTULO - INACOLHIMENTO - TESE FIXADA EM SEDE DE RECURSO ESPECIAL N. 1.200.856/RS REPRESENTATIVO DE CONTROVÉRSIA SUPERADA COM A REFORMA PROMOVIDA PELA LEI N. 13.256/2016 - INTELIGÊNCIA DO ART. 537, § 3º, DO CÓDIGO FUX - EXCESSO DE EXECUÇÃO - ASSERTIVA DA RECORRENTE DE QUE O VALOR EXEQUENDO (R$30.000,00) SUPERA EM MUITO A QUANTIA FIRMADA NO CONTRATO DE FINANCIAMENTO AJUSTADO ENTRE OS LITIGANTES - IMPUGNAÇÃO GENÉRICA - INEXISTÊNCIA DE INDICAÇÃO DO MONTANTE INCONTROVERSO E DE DEMONSTRAÇÃO ESPECÍFICA ACERCA DE EVENTUAL DESACERTO NA PLANILHA APRESENTADA PELA PARTE EXEQUENTE - DESCUMPRIMENTO DO DISPOSTO NO ART. 525, §§ 4º e 5º, DA LEI ADJETIVA CIVIL - MANUTENÇÃO DA REJEIÇÃO DA PEÇA IMPUGNATÓRIA POR FUNDAMENTO DIVERSO - IRRESIGNAÇÃO DESPROVIDA. Não se desconhece tese do Superior Tribunal de Justiça, proferida no Recurso Especial n. 1.200.856/RS, representativo de controvérsia (Tema 743), no sentido de que "a multa diária prevista no § 4º do art. 461 do CPC, devida desde o dia em que configurado o descumprimento, quando fixada em antecipação de tutela, somente poderá ser objeto de execução provisória após a sua confirmação pela sentença de mérito e desde que o recurso eventualmente interposto não seja recebido com efeito suspensivo" (rel. Ministro Sidnei Benetti; Julg. em 1º/7/2014). Entretanto, no caso dos autos, embora as "astreintes" fixadas em sede de antecipação de tutela ainda não tenham sido confirmadas, porque sequer sentenciada a demanda revisional até o presente momento, tal entendimento se mostra inaplicável, tendo em vista que, ao tempo em que proferida a decisão agravada (13/4/2016), já estava em vigor a Lei n. 13.105/2015, que introduziu o novo Código de Processo Civil. E, de acordo com o art. 537, § 3º, do referido regramento, com redação dada pela Lei n. 13.256/2016, "a decisão que fixa a multa é passível de cumprimento provisório, devendo ser depositada em juízo, permitindo o levantamento do valor após o trânsito em julgado da sentença favorável à parte". Nesse viés, não há falar na inexigibilidade do título, já que a execução das "astreintes" é possível antes mesmo do julgamento de mérito; conquanto, em razão do caráter provisório, o levantamento da quantia depositada só será admitido com o trânsito em julgado de decisão favorável à parte. Por outro lado, nos termos do art. 525, §§ 4º e 5º, do Código Fux, quando o executado alegar excesso de execução, compete-lhe declarar o valor que entende devido, apresentando a respectiva memória de cálculo, e apontar especificamente onde estariam as aventadas máculas na planilha exibida pela parte adversa, sob pena de rejeição da peça de defesa. Na hipótese "sub judice", além de a casa bancária ter deixado de apontar a quantia que entendia correta, a insurgência manifestada quanto ao alegado excesso de execução (multa diária maior que o valor do contrato) se mostra genérica, uma vez que desacompanhada de demonstração das supostas incorreções presentes nos cálculos do acionante/exequente, de modo que a manutenção da decisão agravada de rejeição da impugnação ao cumprimento provisório das "astreintes" é impositiva. (TJ-SC; AI 40052288320168240000 Imbituba; Segunda Câmara de Direito Comercial; Rel. Robson Luz Varella; Julg. 21/11/2017)

IV – penhora incorreta ou avaliação errônea;

→ v. Art. 831 e seguintes do NCPC.

V – excesso de execução ou cumulação indevida de execuções;

→ v. Arts. 917, § 2º e 780 do NCPC.

Excesso de execução:

✓ AGRAVO DE INSTRUMENTO. CUMPRIMENTO DE SENTENÇA DE AÇÃO REVISIONAL. DECISÃO QUE REJEITOU A IMPUGNAÇÃO. INCONFORMISMO DO BANCO IMPUGNANTE. EXCESSO DE EXECUÇÃO. ALEGADA AUSÊNCIA DE ESPECIFICAÇÃO DOS CRITÉRIOS UTILIZADOS PARA O CÁLCULO APRESENTADO PELO CONTADOR JUDICIAL. PLEITO DE ABERTURA DE PRAZO PARA APRESENTAÇÃO DO CÁLCULO DO VALOR QUE ENTENDE DEVIDO. IMPOSSIBILIDADE. IMPUGNAÇÃO QUE DEVE TRAZER O VALOR ENTENDIDO COMO DEVIDO E O DEMONSTRATIVO DO ERRO NO CÔMPUTO APRESENTADO. ALEGAÇÃO GENÉRICA. RAZÃO NÃO PROVIDA. RECURSO CONHECIDO E DESPROVIDO. (TJ-SC; AI 40018716120178240000 Lages; Quarta Câmara de Direito Comercial; Rel. Altamiro de Oliveira; Julg. 28/11/2017)

VI – incompetência absoluta ou relativa do juízo da execução;

→ v. Art. 516 do NCPC.

VII – qualquer causa modificativa ou extintiva da obrigação, como pagamento, novação, compensação, transação ou prescrição, desde que supervenientes à sentença.

→ v. Enunciado 56 do FPPC: É cabível alegação de causa modificativa ou extintiva da obrigação na impugnação de executado, desde que tenha ocorrido após o início do julgamento da apelação, e, uma vez alegada pela parte, tenha o tribunal superior se recusado ou omitido de apreciá-la.

→ v. Enunciado 57 do FPPC: A prescrição prevista nos arts. 525 § 1º, VII e 535, VI, é exclusivamente da pretensão executiva.

Causas impeditivas, modificativas ou extintivas supervenientes à sentença:

✓ AGRAVO INTERNO NO AGRAVO DE INSTRUMENTO - IMPUGNAÇÃO AO CUMPRIMENTO DE SENTENÇA - DECISÃO MONOCRÁTICA DA LAVRA DESTE SIGNATÁRIO QUE ACOLHEU O AGRAVO PARA CONHECER EM PARTE DO RECURSO ESPECIAL E, NESSA EXTENSÃO, NEGOU-LHE PROVIMENTO. IRRESIGNAÇÃO DA EXECUTADA. 1. Segundo a reiterada jurisprudência deste Superior Tribunal de Justiça, não há que se confundir decisão contrária aos interesses da parte com negativa de prestação jurisdicional, nem fundamentação sucinta com ausência de fundamentação. Precedentes. 2. A ratio essendi da norma prevista no art. 475-L, VI, do CPC/1973 (art. 525, VII, do CPC/2015) é viabilizar ao executado a discussão de causas impeditivas, modificativas e extintivas que, além de supervenientes a sentença, ainda não foram objeto de decisão por parte do órgão jurisdicional, sendo necessário compatibilizar a referida regra com o art. 473 do CPC/1973 (atual 507 do CPC/2015), no qual prevê ser vedado à parte discutir no curso do processo as questões já decididas a cujo respeito se operou a preclusão. 2.1. Na espécie, embora a transação tenha ocorrido após a fase de conhecimento da demanda, a questão afeta à sua validade foi objeto de decisão não recorrida no tempo oportuno, de modo que, à luz do art. 473 do CPC/1973 (atual 507 do CPC/2015), não poderia a insurgente rediscutir a questão em sede de impugnação ao cumprimento de sentença. 3. Tendo em vista a manutenção da preclusão reconhecida pelas instâncias ordinárias, mostra-se prejudicado o exame da alegada validade da transação entabulada entre as partes. 4. Agravo interno desprovido. (AgInt no Ag 1400631; PR; Quarta Turma; Rel. Min. Marco Buzzi; Julg. 07/06/2016, DJe 17/06/2016)

§ 2º A alegação de impedimento ou suspeição observará o disposto nos arts. 146 e 148.

§ 3º Aplica-se à impugnação o disposto no art. 229.

§ 4º Quando o executado alegar que o exequente, em excesso de execução, pleiteia quantia superior à resultante da sentença, cumprir-lhe-á declarar de imediato o valor que entende correto, apresentando demonstrativo discriminado e atualizado de seu cálculo.

✓ Enunciado 590 do FPPC: Na impugnação ao cumprimento de sentença e nos embargos à execução, o executado que alegar excesso de execução deverá elaborar demonstrativo de débito em conformidade com os incisos do art. 524 e do parágrafo único do art. 798, respectivamente.

Impugnação suscitando o excesso de execução que deve apresentar o valor correto:

✓ AGRAVO DE INSTRUMENTO. CUMPRIMENTO DE SENTENÇA EM AÇÃO REVISIONAL. DECISÃO INTERLOCUTÓRIA QUE REJEITA LIMINARMENTE A IMPUGNAÇÃO OFERTADA PELA CASA BANCÁRIA RÉ. INSURGÊNCIA DESTA PAUTADA NA TESE DE QUE HÁ EXCESSO DE EXECUÇÃO NOS CÁLCULOS PRODUZIDOS PELO AUTOR E QUE HÁ NECESSIDADE DE CONVERSÃO DO CUMPRIMENTO EM LIQUIDAÇÃO DE SENTENÇA. TESES RECHAÇADAS. INSTITUIÇÃO FINANCEIRA QUE, QUANDO DA OPOSIÇÃO DA PEÇA DEFENSIVA, DEIXOU DE APONTAR O QUANTUM DEBEATUR QUE ENTENDE DEVIDO,

BEM COMO NÃO APRESENTOU MEMÓRIA DE CÁLCULO COM ESTE FIM. ALEGAÇÃO QUE, ACERTADAMENTE, NÃO FOI EXAMINADA PELO JUÍZO A QUO. EXEGESE DO ART. 525, §§ 4º E 5º, DO NCPC. ADEMAIS, PLEITO SUCESSIVO PELA CONVERSÃO DO CUMPRIMENTO DE SENTENÇA EM LIQUIDAÇÃO INSUBSISTENTE. LIQUIDAÇÃO POR ARBITRAMENTO QUE SE MOSTRA DESNECESSÁRIA, POIS VIÁVEL POR MERO CÁLCULO ARITMÉTICO. PRECEDENTES DESTA CORTE. "Não é necessária prévia perícia quando a apuração quantitativa do valor devido pode ser feita mediante a elaboração de cálculos aritméticos, a partir de elementos e critérios definidos na demanda revisional" (Agravo de Instrumento 0008822-76.2016.8.24.0000, da Capital; Rel. Des. Robson Luz Varella; Julg. 24-1-2017) [...]" (TJ-SC; AI 40157780620178240000 Criciúma; Primeira Câmara de Direito Comercial; Rel. Rogério Mariano do Nascimento; Julg. 16/11/2017)

✓ APELAÇÃO CÍVEL. EXECUÇÃO DE ALIMENTOS FUNDADA EM TÍTULO JUDICIAL. DEFESA APRESENTADA E RECEBIDA SOB O RITO DOS EMBARGOS DO DEVEDOR (ART. 914 C/C 917 DO CÓDIGO DE PROCESSO CIVIL VIGENTE). REJEIÇÃO POR SENTENÇA. CABIMENTO DO APELO, À LUZ DA INSTRUMENTALIDADE. AUSÊNCIA DE PREJUÍZO PARA AS PARTES. PRIMAZIA DO JULGAMENTO DE MÉRITO. JUSTIÇA GRATUITA. BENESSE CONCEDIDA AO APELANTE NO FEITO PRINCIPAL (AÇÃO DE ALIMENTOS). EFEITOS QUE ALCANÇAM OS PROCESSOS DEPENDENTES E TAMBÉM OS SEUS RECURSOS, NESTA INSTÂNCIA. GRATUIDADE MANTIDA. PRELIMINAR DE NULIDADE DA EXECUÇÃO POR INADEQUAÇÃO DA MEMÓRIA DO DÉBITO. PETIÇÃO INICIAL QUE APRESENTA A EVOLUÇÃO DE CADA PRESTAÇÃO INADIMPLIDA E O MONTANTE TOTAL DA DÍVIDA, COM ESPECIFICAÇÃO DOS PARÂMETROS DE ATUALIZAÇÃO. LIQUIDEZ QUE PERMITE O PROCESSAMENTO DA DEMANDA. ARGUIÇÃO DE CERCEAMENTO DE DEFESA A RESPEITO DO CÁLCULO APRESENTADO PELA CREDORA. DEVEDOR CITADO, QUE TEVE CIÊNCIA PLENA DOS TERMOS DA INICIAL. ALEGAÇÃO DE EXCESSO QUE É CONDICIONADA À DECLARAÇÃO DO QUANTO ENTENDE DEVIDO E À APRESENTAÇÃO DO RESPECTIVO CÁLCULO, SOB PENA DE REJEIÇÃO DA DEFESA (ARTS. 525, §§ 4º e 5º e 917, §§ 3º e 4º, I e II, DO CPC/2015). NULIDADE AFASTADA. MÉRITO. INSURGÊNCIA CONTRA O VALOR DOS ALIMENTOS. VIOLAÇÃO DO TRINÔMIO NECESSIDADE, POSSIBILIDADE E PROPORCIONALIDADE. MATÉRIAS JÁ APRECIADAS NA FASE DE CONHECIMENTO. PRECLUSÃO. REVISÃO QUE DEVE SER OBJETO DE AÇÃO PRÓPRIA. SENTENÇA MANTIDA. ÔNUS SUCUMBENCIAIS CONFORME FIXADOS NA ORIGEM. RECURSO CONHECIDO E DESPROVIDO. (TJ-SC; AC 03045385820178240018 Chapecó; Sexta Câmara de Direito Civil; Rel. Stanley da Silva Braga; Julg. 12/12/2017)

✓ AGRAVO DE INSTRUMENTO. AÇÃO REVISIONAL DE CONTRATO. CUMPRIMENTO DE SENTENÇA. DECISÃO QUE REJEITOU A IMPUGNAÇÃO. INCONFORMISMO DA INSTITUIÇÃO FINANCEIRA EXECUTADA. EXCESSO DE EXECUÇÃO. IMPUGNAÇÃO QUE TRAZ O VALOR ENTENDIDO COMO DEVIDO. PLANILHA DE CÁLCULO ACOSTADA AOS AUTOS. DEMONSTRADO ERRO NO CÔMPUTO APRESENTADO PELO EXEQUENTE. REQUISITOS PREENCHIDOS. EXEGESE DO § 4º DO ARTIGO 525, DO CÓDIGO DE PROCESSO CIVIL DE 2015. ENTENDIMENTO CONSOLIDADO NA CORTE SUPERIOR E NESTE TRIBUNAL. REFORMA DA INTERLOCUTÓRIA COM O PROSSEGUIMENTO DA IMPUGNAÇÃO QUE SE IMPÕE. "Na hipótese do art. 475-L, § 2º, do CPC, é indispensável apontar, na petição de impugnação ao cumprimento de sentença, a parcela incontroversa do débito, bem como as incorreções encontradas nos cálculos do credor, sob pena de rejeição liminar da petição, não se admitindo emenda à inicial". [...] (REsp n. 1.387.248/SC, Rel. Min. Paulo de Tarso Sanseverino; Julg. 7-5-2014). RECURSO CONHECIDO E DESPROVIDO. (TJ-SC; AI 40172706720168240000 Criciúma; Quarta Câmara de Direito Comercial; Rel. Altamiro de Oliveira; Julg. 10/10/2017)

✓ AGRAVO DE INSTRUMENTO. CUMPRIMENTO DE SENTENÇA DE AÇÃO REVISIONAL. DECISÃO QUE REJEITOU A IMPUGNAÇÃO. INCONFORMISMO DO BANCO IMPUGNANTE. EXCESSO DE EXECUÇÃO. ALEGADA AUSÊNCIA DE ESPECIFICAÇÃO DOS CRITÉRIOS UTILIZADOS PARA O CÁLCULO APRESENTADO PELO CONTADOR JUDICIAL. PLEITO DE ABERTURA DE PRAZO PARA APRESENTAÇÃO DO CÁLCULO DO VALOR QUE ENTENDE DEVIDO. IMPOSSIBILIDADE. IMPUGNAÇÃO QUE DEVE TRAZER O VALOR ENTENDIDO COMO DEVIDO E O DEMONSTRATIVO DO ERRO NO CÔMPUTO APRESENTADO. ALEGAÇÃO GENÉRICA. RAZÃO NÃO PROVIDA. RECURSO CONHECIDO E DESPROVIDO. (TJ-SC; AI 40018716120178240000 Lages; Quarta Câmara de Direito Comercial; Rel. Altamiro de Oliveira; Julg. 28/11/2017)

§ 5º Na hipótese do § 4º, não apontado o valor correto ou não apresentado o demonstrativo, a impugnação será liminarmente rejeitada, se o excesso de execução for o seu único fundamento, ou, se houver outro, a impugnação será processada, mas o juiz não examinará a alegação de excesso de execução.

→ *v.* Art. 917, § 2º, do NCPC.

→ *v.* Enunciado 55 da ENFAM: Às hipóteses de rejeição liminar a que se referem os arts. 525, § 5º, 535, § 2º, e 917 do CPC/2015 (excesso de execução) não se aplicam os arts. 9º e 10 desse código.

→ *v.* Enunciado 94 do CJF: Aplica-se o procedimento do art. 920 do CPC à impugnação ao cumprimento de sentença, com possibilidade de rejeição liminar nas hipóteses dos arts. 525, § 5º, e 918 do CPC.

→ v. Enunciado 95 do CJF: O juiz, antes de rejeitar liminarmente a impugnação ao cumprimento de sentença (art. 525, § 5º, do CPC), deve intimar o impugnante para sanar eventual vício, em observância ao dever processual de cooperação (art. 6º do CPC).

§ 6º A apresentação de impugnação não impede a prática dos atos executivos, inclusive os de expropriação, podendo o juiz, a requerimento do executado e desde que garantido o juízo com penhora, caução ou depósito suficientes, atribuir-lhe efeito suspensivo, se seus fundamentos forem relevantes e se o prosseguimento da execução for manifestamente suscetível de causar ao executado grave dano de difícil ou incerta reparação.

→ v. Enunciado 531 do FPPC: É possível, presentes os pressupostos do § 6º do art. 525, a concessão de efeito suspensivo à simples petição em que se alega fato superveniente ao término do prazo de oferecimento da impugnação ao cumprimento de sentença.

→ v. Enunciado 546 do FPPC: O efeito suspensivo dos embargos à execução e da impugnação ao cumprimento de sentença pode ser requerido e deferido a qualquer momento do seu trâmite, observados os pressupostos legais.

Impugnação e pedido de efeito suspensivo:

✓ AGRAVO DE INSTRUMENTO. IMPUGNAÇÃO AO CUMPRIMENTO DE SENTENÇA. INTERLOCUTÓRIA QUE DETERMINA AO IMPUGNANTE O DEPÓSITO DA GARANTIA DO JUÍZO, SOB PENA DE REJEIÇÃO SUMÁRIA DO INCIDENTE DEFENSIVO. INCONFORMISMO DO IMPUGNANTE. DIREITO INTERTEMPORAL. MATÉRIA QUE SE CONFUNDE COM O MÉRITO RECURSAL. DECISÃO AGRAVADA PUBLICADA EM CARTÓRIO EM 22-05-17. APLICAÇÃO DOS ENUNCIADOS ADMINISTRATIVOS N. 2, 3 E 7 DO STJ. INCIDÊNCIA DO CÓDIGO DE PROCESSO CIVIL DE 2015. PROCESSUAL CIVIL. CUMPRIMENTO DE SENTENÇA INAUGURADO NA VIGÊNCIA DO CÓDIGO BUZAID. COMANDO NORMATIVO QUE EXIGIA A PENHORA OU O DEPÓSITO DO QUANTUM DEBEATUR COMO PRESSUPOSTO PARA A OFERTA DA IMPUGNAÇÃO. INTIMAÇÃO DO DEVEDOR PARA A APRESENTAÇÃO DO INCIDENTE DEFENSIVO ANTES DA PERFECTIBILIZAÇÃO A GARANTIA DO JUÍZO. COMANDO EQUIVOCADO. PRAZO PARA A IMPUGNAÇÃO QUE SEQUER INICIOU NA VIGÊNCIA DO CPC/73. INCIDENTE MANEJADO VOLUNTARIAMENTE PELO EXECUTADO NA VIGÊNCIA DO NOVEL CODEX INSTRUMENTAL. PENHORA E DEPÓSITO DA GARANTIA DO JUÍZO QUE DEIXARAM DE SER REQUISITOS PARA A INTERPOSIÇÃO DA IMPUGNAÇÃO AO CUMPRIMENTO DE SENTENÇA. EXEGESE DO ART. 525, CAPUT, DO CÓDIGO FUX. REVOGAÇÃO DA INTERLOCUTÓRIA. MEDIDA QUE SE DESNUDA IMPERATIVA. RECEBIMENTO E PROCESSAMENTO DA IMPUGNAÇÃO AUTORIZADOS. INVIABILIDADE DE CONCESSÃO DO EFEITO SUSPENSIVO, FACE A AUSÊNCIA DE GARANTIA DO JUÍZO. INTELIGÊNCIA DO § 6º DO ART. 525 DO CPC/2015. HONORÁRIOS SUCUMBENCIAIS RECURSAIS. INTELIGÊNCIA DO ART. 85, §§ 1º E 11, DO CÓDIGO FUX. IMPOSSIBILIDADE DE FIXAÇÃO DE OFÍCIO EM RAZÃO DA AUSÊNCIA DE CONDENAÇÃO DA VERBA PROFISSIONAL NA ORIGEM. ENTENDIMENTO SEDIMENTADO PELA "CORTE DA CIDADANIA". REBELDIA PROVIDA. (TJ-SC; AI 40124073420178240000 Capital; Quarta Câmara de Direito Comercial; Rel. José Carlos Carstens Köhler; Julg. 26/09/2017)

✓ AGRAVO INTERNO (ARTIGO 1.021 DO NOVO CÓDIGO DE PROCESSO CIVIL) EM AGRAVO DE INSTRUMENTO. CUMPRIMENTO DE SENTENÇA. DECISÃO MONOCRÁTICA QUE MANTEVE O INDEFERIMENTO DO PLEITO LIMINAR. IMPUGNAÇÃO NÃO GARANTIDA PELO AGRAVANTE, CONFORME PRECONIZA O DISPOSTO NO ART. 525, § 6º, DO CPC. IMPOSSIBILIDADE DE CONCESSÃO DO EFEITO SUSPENSIVO DIANTE DA AUSÊNCIA DA PROBABILIDADE DE PROVIMENTO DO RECURSO. INTERLOCUTÓRIA MANTIDA. RECURSO CONHECIDO E DESPROVIDO. (TJ-SC; AGV: 40147711320168240000 São José; Câmara Civil Especial; Rel. Hildemar Meneguzzi de Carvalho; Julg. 26/10/2017)

✓ AGRAVO DE INSTRUMENTO. IMPUGNAÇÃO AO CUMPRIMENTO DE SENTENÇA. INTERLOCUTÓRIA QUE DETERMINA AO IMPUGNANTE O DEPÓSITO DA GARANTIA DO JUÍZO, SOB PENA DE REJEIÇÃO SUMÁRIA DO INCIDENTE DEFENSIVO. INCONFORMISMO DO IMPUGNANTE. DIREITO INTERTEMPORAL. MATÉRIA QUE SE CONFUNDE COM O MÉRITO RECURSAL. DECISÃO AGRAVADA PUBLICADA EM CARTÓRIO EM 22-05-17. APLICAÇÃO DOS ENUNCIADOS ADMINISTRATIVOS N. 2, 3 E 7 DO STJ. INCIDÊNCIA DO CÓDIGO DE PROCESSO CIVIL DE 2015. PROCESSUAL CIVIL. CUMPRIMENTO DE SENTENÇA INAUGURADO NA VIGÊNCIA DO CÓDIGO BUZAID. COMANDO NORMATIVO QUE EXIGIA A PENHORA OU O DEPÓSITO DO QUANTUM DEBEATUR COMO PRESSUPOSTO PARA A OFERTA DA IMPUGNAÇÃO. INTIMAÇÃO DO DEVEDOR PARA A APRESENTAÇÃO DO INCIDENTE DEFENSIVO ANTES DA PERFECTIBILIZAÇÃO A GARANTIA DO JUÍZO. COMANDO EQUIVOCADO. PRAZO PARA A IMPUGNAÇÃO QUE SEQUER INICIOU NA VIGÊNCIA DO CPC/73. INCIDENTE MANEJADO VOLUNTARIAMENTE PELO EXECUTADO NA VIGÊNCIA DO NOVEL CODEX INSTRUMENTAL. PENHORA E DEPÓSITO DA GARANTIA DO JUÍZO QUE DEIXARAM DE SER REQUISITOS PARA A INTERPOSIÇÃO DA IMPUGNAÇÃO AO CUMPRIMENTO DE SENTENÇA. EXEGESE DO ART. 525, CAPUT, DO CÓDIGO FUX. REVOGAÇÃO DA INTERLOCUTÓRIA. MEDIDA QUE SE DESNUDA IMPERATIVA. RECEBIMENTO E PROCESSAMENTO DA IMPUGNAÇÃO AUTORIZADOS. INVIABILIDADE DE CONCESSÃO DO EFEITO SUSPENSIVO, FACE A AUSÊNCIA DE GARANTIA DO JUÍZO. INTELIGÊNCIA DO § 6º DO ART. 525 DO CPC/2015. HONORÁRIOS SU-

CUMBENCIAIS RECURSAIS. INTELIGÊNCIA DO ART. 85, §§ 1º E 11, DO CÓDIGO FUX. IMPOSSIBILIDADE DE FIXAÇÃO DE OFÍCIO EM RAZÃO DA AUSÊNCIA DE CONDENAÇÃO DA VERBA PROFISSIONAL NA ORIGEM. ENTENDIMENTO SEDIMENTADO PELA "CORTE DA CIDADANIA". REBELDIA PROVIDA. (TJ -SC; AI 40124073420178240000 Capital; Quarta Câmara de Direito Comercial; Rel. José Carlos Carstens Köhler; Julg. 26/09/2017)

✓ PROCESSO CIVIL. CONDENAÇÃO EM AÇÃO INDENIZATÓRIA. IMPUGNAÇÃO AO CUMPRIMENTO DE SENTENÇA. PEDIDO DE EFEITO SUSPENSIVO. AUSÊNCIA DE CARACTERIZAÇÃO DO ART. 525, § 6º DO CPC. EXISTÊNCIA DE VALOR INCONTROVERSO. POSSIBILIDADE DE PRÁTICA DE ATOS EXECUTIVOS. RECURSO DESPROVIDO. 1. Diante de condenação expressa em sentença, como é o presente caso, não há que se falar em inexistência de valor incontroverso. A apresentação da impugnação ao cumprimento de sentença não implica na produção de efeito suspensivo, já que o magistrado poderá suspender o procedimento somente quando demonstrada a relevância dos fundamentos do devedor e o perigo de dano grave de difícil ou incerta reparação, desde que garantido o juízo. A ausência de efeito suspensivo ao cumprimento de sentença torna perfeitamente possível a prática dos atos executivos praticados pelo juízo de primeiro grau. (TJ-AL; AI 08034919220168020000 AL; 3ª Câmara Cível; Rel. Des. Celyrio Adamastor Tenório Accioly; Julg. 19/06/2017; Data de Publicação: 22/06/2017)

✓ EMENTA - AGRAVO DE INSTRUMENTO - CUMPRIMENTO PROVISÓRIO DE SENTENÇA - PRELIMINARES - INDICAÇÃO INCOMPLETA DO NOME DAS PARTES - AUSÊNCIA DE PREJUÍZO - OFENSA AO PRINCÍPIO DA DIALETICIDADE NÃO VERIFICADA - PRESENÇA DO PEDIDO DE REFORMA - PRELIMINARES AFASTADAS - MÉRITO - EFEITOS SUSPENSIVO À IMPUGNAÇÃO AO CUMPRIMENTO PROVISÓRIO DE SENTENÇA - REQUISITOS DO ART. 525, § 6º, CPC/2015. 1. Discute-se no presente recurso, preliminarmente: a) a ofensa aos requisitos formais da peça recursal (identificação das partes; ofensa ao princípio da dialeticidade e ausência do pedido de reforma ou de nulidade da decisão; e, no mérito, b) a concessão do efeito suspensivo à Impugnação ao Cumprimento Provisório de Sentença. 2. No tocante a identificação das partes no recurso de Agravo de Instrumento, deve-se aplicar o princípio manifesto na expressão francesa "pás de nullité sans grief", segundo o qual, sem prejuízo não há nulidade, sobretudo considerando o disposto no art. 1.017, § 5º, CPC/2015, o qual dispensa da juntada de peças no instrumento do agravo nos processos eletrônicos. 3. Por força do princípio da dialeticidade, ao recorrente cabe apontar, de maneira objetiva e fundamentada, as razões pelas quais entende deva ser reformado o pronunciamento judicial recorrido, sob pena de não conhecimento de seu recurso. 4. Não há que se falar em ausência de pedido recursal certo e determinado, se o mesmo está transcrito nas razões recursais. 5. A impugnação não tem efeito suspensivo, podendo o juiz atribuir-lhe tal efeito desde que relevantes seus fundamentos e o prosseguimento da execução seja manifestamente suscetível de causar ao executado grave dano de difícil ou incerta reparação (art. 525, § 6º, CPC/2015). 6. Agravo de Instrumento conhecido em parte e não provido. (TJ-MS; 14071261920178120000; 2ª Câmara Cível; Rel. Des. Paulo Alberto de Oliveira; Julg. 30/08/2017,)

§ 7º A concessão de efeito suspensivo a que se refere o § 6º não impedirá a efetivação dos atos de substituição, de reforço ou de redução da penhora e de avaliação dos bens.

§ 8º Quando o efeito suspensivo atribuído à impugnação disser respeito apenas a parte do objeto da execução, esta prosseguirá quanto à parte restante.

→ v. Enunciado 547 do FPPC: O efeito suspensivo dos embargos à execução e da impugnação ao cumprimento de sentença pode ser parcial, limitando-se ao impedimento ou à suspensão de um único ou de apenas alguns atos executivos.

§ 9º A concessão de efeito suspensivo à impugnação deduzida por um dos executados não suspenderá a execução contra os que não impugnaram, quando o respectivo fundamento disser respeito exclusivamente ao impugnante.

§ 10. Ainda que atribuído efeito suspensivo à impugnação, é lícito ao exequente requerer o prosseguimento da execução, oferecendo e prestando, nos próprios autos, caução suficiente e idônea a ser arbitrada pelo juiz.

Efeito suspensivo e continuidade no cumprimento de sentença:

✓ DECISÃO: Acordam os Integrantes da 6ª Câmara Cível do Tribunal de Justiça do Estado do Paraná, por unanimidade de votos, em rejeitar os embargos declaratórios, nos termos do voto do relator. EMENTA: EMBARGOS DE DECLARAÇÃO. PROCESSO CIVIL. CIVIL. AGRAVO DE INSTRUMENTO. AÇÃO DE RESCISÃO DE CONTRATO C/C INDENIZAÇÃO POR PERDAS E DANOS, EM FASE DE CUMPRIMENTO DE SENTENÇA. ALEGAÇÃO DE CONTRADIÇÃO SOBRE O EFEITO SUSPENSIVO DEFERIDO ÀS IMPUGNAÇÕES AO CUMPRIMENTO DE SENTENÇA DOS DEMAIS EXECUTADOS - REJEIÇÃO - FUNDAMENTAÇÃO SUFICIENTE E CLARA SOBRE A POSSIBILIDADE DE LEVANTAMENTO DO VALOR INCONTROVERSO DA DÍVIDA, INDEPENDENTEMENTE DE CAUÇÃO E QUANTO AO VALOR CONTROVERSO MEDIANTE A PRESTAÇÃO DE CAUÇÃO REAL IDÔNEA, NOS TERMOS DO ART. 525, § 10 DO CPC/2015.ACÓRDÃO MANTIDO. EMBARGOS REJEITADOS. 1. Na ausência de obscuridade, contradição ou omissão, os embargos de declaração não Embargos de Declaração Cível nº 1.563.977-7/01 fl. 2constituem sede própria para reexame do que foi decidido. 2. Os embargos declaratórios não se prestam a rediscutir matéria que fora devidamente abordada na decisão embargada. (TJPR; EDC 1563977-7/01, Curitiba; 6ª C. Cível; Rel. Roberto Portugal Bacellar; Unânime; Julg. 04.04.2017)

✓ AGRAVO DE INSTRUMENTO. RESPONSABILIDADE CIVIL EM ACIDENTE DE TRÂNSITO. IMPUGNAÇÃO À FASE DE CUMPRIMENTO DE SENTENÇA. EFEITO SUSPENSIVO. I. A regra – tal como ocorria na vigência do CPC/1973 – continua sendo a ausência de suspensão da execução pela apresentação de impugnação. Para que a execução seja suspensa deve a) haver pedido formulado pelo devedor/impugnante; b) estar demonstrada a relevância dos fundamentos; c) conforme dicção legal, que o prosseguimento da execução seja manifestamente suscetível de causar ao executado grave dano de difícil ou incerta reparação; e e) que exista garantia do juízo com penhora, caução ou depósito suficientes. Doutrina e jurisprudência. II. Requisitos autorizadores presentes, no caso concreto. O juízo está garantido por veículos e valores, e está demonstrada a relevância dos fundamentos e demonstrado que o prosseguimento da execução é manifestamente suscetível de causar à executada grave dano de difícil ou incerta reparação. Embora a ausência de fixação de juros e correção monetária não impeça sejam exigidos, porque sobre qualquer débito decorrente de decisão judicial incidem juros de mora, ainda que omisso o pedido inicial ou a sentença, verifica-se dos cálculos apresentados pela parte exequente que a mesma aplica juros compostos ao... invés de juros simples, elevando o valor efetivamente devido no feito. AGRAVO DE INSTRUMENTO PROVIDO. (TJ-RS; Agravo de Instrumento 70074483660; Décima Primeira Câmara Cível; Rel. Luiz Roberto Imperatore de Assis Brasil; Julg. 13/09/2017).

§ 11. As questões relativas a fato superveniente ao término do prazo para apresentação da impugnação, assim como aquelas relativas à validade e à adequação da penhora, da avaliação e dos atos executivos subsequentes, podem ser arguidas por simples petição, tendo o executado, em qualquer dos casos, o prazo de 15 (quinze) dias para formular esta arguição, contado da comprovada ciência do fato ou da intimação do ato.

→ *v.* Enunciado 531 do FPPC: É possível, presentes os pressupostos do § 6º do art. 525, a concessão de efeito suspensivo à simples petição em que se alega fato superveniente ao término do prazo de oferecimento da impugnação ao cumprimento de sentença.

§ 12. Para efeito do disposto no inciso III do § 1º deste artigo, considera-se também inexigível a obrigação reconhecida em título executivo judicial fundado em lei ou ato normativo considerado inconstitucional pelo Supremo Tribunal Federal, ou fundado em aplicação ou interpretação da lei ou do ato normativo tido pelo Supremo Tribunal Federal como incompatível com a Constituição Federal, em controle de constitucionalidade concentrado ou difuso.

→ *v.* Enunciado 58 do FPPC: As decisões de inconstitucionalidade a que se referem os art. 525 §§ 12 e 13 e art. 535 §§ 5º e 6º devem ser proferidas pelo plenário do STF.

<u>Inexigibilidade do título fundado em ato normativo inconstitucional:</u>

✓ AGRAVO REGIMENTAL EM RECURSO EXTRAORDINÁRIO. DIREITO TRIBUTÁRIO. CONTRIBUIÇÕES SOSICIAS. SISTEMA S. MP 1.715/1998. 1. Acórdão proferido pelo Plenário do Supremo Tribunal Federal, ainda que sede de medida cautelar em ação direta de inconstitucionalidade, possibilita a formação de diretriz jurisprudencial dominante idônea a autorizar negativa de seguimento de recurso extraordinário por decisão monocrática. Art. 21, §1º, RISTF. 2. O fato do mérito da ADI não ter sido ainda definitivamente julgado não se mostra impeditivo do julgamento da matéria. Embora seja possível em posterior julgamento a alteração da compreensão jurisprudencial, vige no direito brasileiro o postulado de que lei formal goza de presunção de constitucionalidade até declaração em contrário. Art. 525, §§12, 14 e 15 do CPC/15. 3. Agravo regimental a que se nega provimento, com aplicação de multa, nos termos do art. 1.021, §4º, do CPC. (RE 1039886 AgR; Segunda Turma; Rel. Min. Edson Fachin; Julg. 06/10/2017; PROCESSO ELETRÔNICO DJe-244 DIVULG 24/10/2017 PUBLIC 25/10/2017)

✓ AGRAVO REGIMENTAL EM RECURSO EXTRAORDINÁRIO. DIREITO TRIBUTÁRIO. CONTRIBUIÇÃO SOCIAL SOBRE LUCRO LÍQUIDO. MP 413/2008 E REEDIÇÕES. ANTERIORIDADE NONAGESIMAL. JURISPRUDÊNCIA DOMINANTE. ISONOMIA TRIBUTÁRIA. 1. A existência de ação de controle objetivo pendente de julgamento não infirma a formação de jurisprudência dominante para os fins do art. 21, §1º, do RISTF, com esteio tão somente na expectativa de mudança jurisprudencial. Embora seja possível em posterior julgamento a alteração da compreensão jurisprudencial, vige no direito brasileiro o postulado de que lei formal goza de presunção de constitucionalidade até declaração em sentido contrário. Art. 525, §§12, 14 e 15 do CPC/15. 2. A atribuição de alíquota diferenciada a determinada atividade econômica (instituições financeiras) não viola o princípio da igualdade, assim como não é dado o Poder Judiciário, por não dispor de função legislativa, equiparar cargas tributárias entre contribuintes distintos, com base no referido princípio. Precedentes. 3. A reedição da MP 413/2008 e posterior conversão em lei não violou o princípio da anterioridade nonagesimal, por expressa dicção legal e como atesta o Tribunal de origem. Precedente: RE-AgR 528.160, de relatoria da Ministra Cármen Lúcia, Segunda Turma, DJe 12.06.2013. 4. A majoração de alíquota de CSLL por medida provisória não atrai a aplicação obstativa do art. 246 da Constituição da República. Precedentes. 4. Agravo regimental a que se nega provimento, com aplicação de multa, nos termos do art. 1.021, §4º, do CPC. (RE 659534 AgR; Segunda Turma; Rel. Min. Edson Fachin; Julg. 22/09/2017; ACÓRDÃO ELETRÔNICO DJe-227 DIVULG 03/10/2017 PUBLIC 04/10/2017)

✓ Ementa: CONSTITUCIONAL. LEGITIMIDADE DAS NORMAS ESTABELECENDO PRAZO DE TRINTA DIAS PARA EMBARGOS À EXECUÇÃO CONTRA A FAZENDA PÚBLICA (ART. 1º-B DA LEI 9.494/97) E PRAZO PRESCRICIONAL DE CINCO ANOS PARA AÇÕES DE INDENIZAÇÃO CONTRA PESSOAS DE DIREITO PÚBLICO E PRESTADORAS DE SERVIÇOS PÚBLICOS (ART. 1º-C DA LEI 9.494/97). LEGITIMIDADE DA NORMA PROCESSUAL QUE INSTITUI HIPÓTESE DE INEXIGIBILIDADE DE TÍTULO EXECUTIVO JUDICIAL EIVADO DE INCONSTITUCIONALIDADE QUALIFICADA (ART. 741, PARÁGRAFO ÚNICO E ART. 475-L, § 1º DO CPC/73; ART. 525, § 1º, III E §§ 12 E 14 E ART. 535, III, § 5º DO CPC/15). 1. É constitucional a norma decorrente do art. 1º-B da Lei 9.494/97, que fixa em trinta dias o prazo para a propositura de embargos à execução de título judicial contra a Fazenda Pública. 2. É constitucional a norma decorrente do art. 1º-C da Lei 9.494/97, que fixa em cinco anos o prazo prescricional para as ações de indenização por danos causados por agentes de pessoas jurídicas de direito público e de pessoas jurídicas de direito privado prestadoras de serviços públicos, reproduzindo a regra já estabelecida, para a União, os Estados e os Municípios, no art. 1º do Decreto 20.910/32. 3. São constitucionais as disposições normativas do parágrafo único do art. 741 do CPC, do § 1º do art. 475-L, ambos do CPC/73, bem como os correspondentes dispositivos do CPC/15, o art. 525, § 1º, III e §§ 12 e 14, o art. 535, § 5º. São dispositivos que, buscando harmonizar a garantia da coisa julgada com o primado da Constituição, vieram agregar ao sistema processual brasileiro um mecanismo com eficácia rescisória de sentenças revestidas de vício de inconstitucionalidade qualificado, assim caracterizado nas hipóteses em que (a) a sentença exequenda esteja fundada em norma reconhecidamente inconstitucional – seja por aplicar norma inconstitucional, seja por aplicar norma em situação ou com um sentido inconstitucionais; ou (b) a sentença exequenda tenha deixado de aplicar norma reconhecidamente constitucional; e (c) desde que, em qualquer dos casos, o reconhecimento dessa constitucionalidade ou a inconstitucionalidade tenha decorrido de julgamento do STF realizado em data anterior ao trânsito em julgado da sentença exequenda. 4. Ação julgada improcedente. (ADI 2418; Tribunal Pleno; Rel. Min. Teori Zavascki; Julg. 04/05/2016; ACÓRDÃO ELETRÔNICO DJe-243 DIVULG 16/11/2016 PUBLIC 17/11/2016)

✓ Ementa: CONSTITUCIONAL E PROCESSUAL CIVIL. DECLARAÇÃO DE INCONSTITUCIONALIDADE DE PRECEITO NORMATIVO PELO SUPREMO TRIBUNAL FEDERAL. EFICÁCIA NORMATIVA E EFICÁCIA EXECUTIVA DA DECISÃO: DISTINÇÕES. INEXISTÊNCIA DE EFEITOS AUTOMÁTICOS SOBRE AS SENTENÇAS JUDICIAIS ANTERIORMENTE PROFERIDAS EM SENTIDO CONTRÁRIO. INDISPENSABILIDADE DE INTERPOSIÇÃO DE RECURSO OU PROPOSITURA DE AÇÃO RESCISÓRIA PARA SUA REFORMA OU DESFAZIMENTO. 1. A sentença do Supremo Tribunal Federal que afirma a constitucionalidade ou a inconstitucionalidade de preceito normativo gera, no plano do ordenamento jurídico, a consequência (= eficácia normativa) de manter ou excluir a referida norma do sistema de direito. 2. Dessa sentença decorre também o efeito vinculante, consistente em atribuir ao julgado uma qualificada força impositiva e obrigatória em relação a supervenientes atos administrativos ou judiciais (= eficácia executiva ou instrumental), que, para viabilizar-se, tem como instrumento próprio, embora não único, o da reclamação prevista no art. 102, I, "l", da Carta Constitucional. 3. A eficácia executiva, por decorrer da sentença (e não da vigência da norma examinada), tem como termo inicial a data da publicação do acórdão do Supremo no Diário Oficial (art. 28 da Lei 9.868/1999). É, consequentemente, eficácia que atinge atos administrativos e decisões judiciais supervenientes a essa publicação, não os pretéritos, ainda que formados com suporte em norma posteriormente declarada inconstitucional. 4. Afirma-se, portanto, como tese de repercussão geral que a decisão do Supremo Tribunal Federal declarando a constitucionalidade ou a inconstitucionalidade de preceito normativo não produz a automática reforma ou rescisão das sentenças anteriores que tenham adotado entendimento diferente; para que tal ocorra, será indispensável a interposição do recurso próprio ou, se for o caso, a propositura da ação rescisória própria, nos termos do art. 485, V, do CPC, observado o respectivo prazo decadencial (CPC, art. 495). Ressalva-se desse entendimento, quanto à indispensabilidade da ação rescisória, a questão relacionada à execução de efeitos futuros da sentença proferida em caso concreto sobre relações jurídicas de trato continuado. 5. No caso, mais de dois anos se passaram entre o trânsito em julgado da sentença no caso concreto reconhecendo, incidentalmente, a constitucionalidade do artigo 9º da Medida Provisória 2.164-41 (que acrescentou o artigo 29-C na Lei 8.036/90) e a superveniente decisão do STF que, em controle concentrado, declarou a inconstitucionalidade daquele preceito normativo, a significar, portanto, que aquela sentença é insuscetível de rescisão. 6. Recurso extraordinário a que se nega provimento. (RE 730462; Tribunal Pleno; Rel. Min. Teori Zavascki; Julg. 28/05/2015; ACÓRDÃO ELETRÔNICO REPERCUSSÃO GERAL – MÉRITO DJe-177 DIVULG 08/09/2015 PUBLIC 09/09/2015)

✓ AGRAVO DE INSTRUMENTO – EXECUÇÃO FISCAL – EXCEÇÃO DE PRÉ-EXECUTIVIDADE – REJEIÇÃO – ART. 525, § 12, DO NCPC – INAPLICABILIDADE NO CASO EM EXAME – LITERALIDADE DO DISPOSITIVO LEGAL – RESPEITO À COISA JULGADA – MANUTENÇÃO DOS EFEITOS JURÍDICOS DA DECISÃO TRANSITADA EM JULGADO – VEDAÇÃO DE REDISCUSSÃO DA MATÉRIA – RECURSO CONHECIDO E NÃO PROVIDO. 1. O art. 525, § 12, do NCPC, autoriza aos executados suscitar o reconhecimento da nulidade do título ou da obrigação com base em inconstitucionalidade da norma embasadora de sua existência, reconhecida por decisão do excelso STF, anteriormente à decisão exequenda. 2. Invocada pelos agravantes a ilegitimidade ativa do Ministério Público para promover a execução, não é de se autorizar a aplicação do art. 525, § 12, do NCPC, pois tal matéria não se confunde, tampouco se relaciona, com a invalidade do objeto do feito executivo (título ou obrigação nele contida). 3. Considerada a fundamental relevância da coisa julgada, que se encontra prevista no 5º, inciso XXXVI, da Constituição da República, e tem como principal objetivo a garantia de segurança jurídica à prestação da tutela jurisdicional, faz-se imperiosa a observância à literalidade do art. 525, § 12, do NCPC. 4. Recurso não provido. (TJ-MG; AI 10461050262496007 MG; 6ª Câmara Cível; Rel. Corrêa Junior; Julg. 21/03/2017; Data de Publicação: 31/03/2017)

✓ APELAÇÃO CÍVEL – EMBARGOS À EXECUÇÃO CONTRA A FAZENDA PÚBLICA – IPSEMG – CONTRIBUIÇÃO PREVIDENCIÁRIA DE ASSISTÊNCIA À SAÚDE – RELATIVIZAÇÃO DA COSIA JULGADA – CPC/15 ART. 525 – INAPLICABILIDADADE – CONSTITUIÇÃO DO TÍTULO EXECUTIVO ANTES DA DECLARAÇÃO DA INCOSTITUCIONALIDADE PELO STF – IMPOSSIBILIDADE DE REDISCUSSÃO EM SEDE DE DEFESA DA EXECUÇÃO – ESTABILIZAÇÃO E IMUTABILIDAE COM A COISA JULGADA – DESCONTITUIÇÃO DA COISA JULGADA SOMENTE ATRAVÉS DE AÇÃO RESCISÓRIA – INOCORRÊNCIA DE LITIGÂNCIA DE MÁ-FÉ. 1- A relativização da coisa julgada prevista no art. 525, do CPC/15, somente pode ser invocada em sede de defesa interna ou embargos à execução de sentença, quando a inconstitucionalidade tiver sido declarada antes do trânsito em julgado da sentença exequenda; 2- A sentença transitada em julgado antes do pronunciamento da inconstitucionalidade pelo STF somente pode ser desconstituída por ação rescisória; 3- A condenação por litigância de má-fé pressupõe a ocorrência de alguma das hipóteses previstas nos artigos 80 e 81, do CPC/2015. (TJ-MG; AC 10024150005007001 MG; 4ª Câmara Cível; Rel. Renato Dresch; Julg. 09/05/0017; Data de Publicação: 16/05/2017)

§ 13. No caso do § 12, os efeitos da decisão do Supremo Tribunal Federal poderão ser modulados no tempo, em atenção à segurança jurídica.

→ *v.* Arts. 11, § 1º, e 27, da Lei 9.868/1999.

→ *v.* Enunciado 58 do FPPC: As decisões de inconstitucionalidade a que se referem os art. 525 §§ 12 e 13 e art. 535 §§ 5º e 6º devem ser proferidas pelo plenário do STF.

→ *v.* Enunciado 176 do FPPC: Compete exclusivamente ao Supremo Tribunal Federal modular os efeitos da decisão prevista no § 13 do art. 525.

§ 14. A decisão do Supremo Tribunal Federal referida no § 12 deve ser anterior ao trânsito em julgado da decisão exequenda.

Necessidade da decisão do STF ser anterior ao trânsito em julgado:

✓ PROCESSUAL CIVIL. AGTR. ALEGAÇÃO DE INCONSTITUCIONALIDADE EM SEDE DE IMPUGNAÇÃO AO CUMPRIMENTO DE SENTENÇA. ACÓRDÃO DO STF POSTERIOR AO TRÂNSITO EM JULGADO DA DECISÃO EXEQUENDA. NECESSIDADE DE PROPOSITURA DE AÇÃO RESCISÓRIA. ART. 525, PARÁGRAFOS 14 E 15 DO NCPC. RECURSO IMPROVIDO. 1. O STF reconheceu repercussão geral em recurso extraordinário que versava sobre a incorporação de quintos decorrente do exercício de funções comissionadas no período compreendido entre a edição da Lei nº 9.624/98 e a MP nº 2.225-48/2001. 2. Naquela ocasião, o Pretório Excelso deu provimento ao RE nº 638.115 (julgamento em 19.03.2015, com publicação do acórdão no DJE de 03.08.2015), nos termos do voto do Relator Ministro Gilmar Mendes, o qual fixou a tese de que ofenderia o princípio da legalidade a decisão que concedia a incorporação de quintos pelo exercício de função comissionada no período entre 08.04.1998 e 04.09.2001, ante a carência de fundamento legal. 3. A decisão agravada, considerando que o acórdão do Supremo Tribunal Federal proferido no RE nº 638.115 foi posterior ao trânsito em julgado da decisão exequenda, ocorrido em 25.08.2014, entendeu que não haveria como desconstituí-lo pela via da impugnação ao cumprimento de sentença, sendo imperioso o ajuizamento de ação rescisória para tal finalidade. 4. O NCPC, no art. 525, parágrafo 1º, inciso III, preceitua que o executado poderá alegar na impugnação a inexequibilidade do título ou a inexigibilidade da obrigação, acrescentando o parágrafo 12 do mesmo artigo que "para efeito do disposto no inciso III do parágrafo 1º deste artigo, considera-se também inexigível a obrigação reconhecida em título executivo judicial fundado em lei ou ato normativo considerado inconstitucional pelo Supremo Tribunal Federal, ou fundado em aplicação ou interpretação da lei ou do ato normativo tido pelo Supremo Tribunal Federal como incompatível com a CF/88, em controle de constitucionalidade concentrado ou difuso". 5. Preveem os parágrafos 14 e 15 do mesmo artigo, respectivamente, que "a decisão do Supremo Tribunal Federal referida no § 12 deve ser anterior ao trânsito em julgado da decisão exequenda" e que "se a decisão referida no parágrafo 12 for proferida após o trânsito em julgado da decisão exequenda, caberá ação rescisória, cujo prazo será contado do trânsito em julgado da decisão proferida pelo Supremo Tribunal Federal". 6. A decisão exequenda, acórdão oriundo desta Corte Regional, o qual concedeu à parte agravada o direito à incorporação dos quintos até a edição da Medida Provisória nº 2.225-45/2001, transitou em julgado em 25.08.2014, e o acórdão do Pretório Excelso foi proferido em 19.03.2015, com publicação no DJE de 03.08.2015, donde se infirma que a agravante deveria ter ingressado com a correspondente ação rescisória, não podendo alegar a inconstitucionalidade da pretensão em sede de impugnação de sentença. 7. Agravo de instrumento improvido. (TRF-5; AG 08037807420164050000 SE; 1ª Turma; Rel. Desembargador Federal Manoel Erhardt; Julg. 21/08/2016)

§ 15. Se a decisão referida no § 12 for proferida após o trânsito em julgado da decisão exequenda, caberá ação rescisória, cujo prazo será contado do trânsito em julgado da decisão proferida pelo Supremo Tribunal Federal.

Necessidade de ação rescisória para desconstituição de decisão judicial transitada em julgado:

✓ PROCESSUAL CIVIL. AGRAVO INTERNO EM EMBARGOS DE DIVERGÊNCIA EM AGRAVO EM RECURSO ESPECIAL. SUPERVENIÊNCIA DE DECISÃO EM CONTROLE CONCENTRADO PELO SUPREMO TRIBUNAL FEDERAL. INADMISSIBILIDADE DE AÇÃO DE QUERELA NULLITATIS PARA DESCONSTITUIR COISA JULGADA. APLICAÇÃO DO ENTENDIMENTO FIRMADO NO RE N. 730.462/SP. AGRAVO DESPROVIDO. I - A coisa julgada não poderá ser desconstituída através de querela nulitatis, mesmo após julgamento do Supremo Tribunal Federal que reconhece a inconstitucionalidade da lei que fundamentou a sentença que se pretende desconstituir, conforme entendimento exposto no RE 730.462/SP, com repercussão geral, que concluiu ser cabível apenas ação rescisória. II - A decisão se harmoniza perfeitamente com o disposto no artigo 525, §15, do Novo Código de Processo Civil, que permite tão somente o ajuizamento de ação rescisória. Agravo interno desprovido. (AgInt nos EAREsp 44.901; PR; Corte Especial; Rel. Min. Felix Fischer; Julg. 07/12/2016; DJe 15/12/2016)

Art. 526. É lícito ao réu, antes de ser intimado para o cumprimento da sentença, comparecer em juízo e oferecer em pagamento o valor que entender devido, apresentando memória discriminada do cálculo.

Possibilidade do executado dar início ao cumprimento da decisão:

✓ OBRIGAÇÃO DE FAZER - Fase de cumprimento de sentença - Decisão que determinou à exequente a apresentação do débito atualizado sem a incidência de multa e honorários advocatícios - Inconformismo da exequente - Acolhimento - Coexecutado que procedeu ao pagamento voluntário da condenação antes da intimação do início da fase de cumprimento de sentença - Demonstração pela exequente de pagamento em valor inferior ao da condenação - Necessidade de intimação do coexecutado para pagamento do valor remanescente acrescido de multa e honorários advocatícios, sem prejuízo de levantamento desde logo da quantia incontroversa - Inteligência do art. 526 do Código de Processo Civil - Decisão reformada - Recurso provido. (TJ-SP 21027340520178260000 SP; 5ª Câmara de Direito Privado; Rel. J.L. Mônaco da Silva; Julg. 09/08/2017; Data de Publicação: 11/08/2017)

✓ CUMPRIMENTO VOLUNTÁRIO DE SENTENÇA - Impugnação do executado - Discussão quanto ao "quantum debeatur" - Preclusão - Inocorrência - Hipótese em que o executado deu início ao cumprimento de sentença, depositando o valor que entendeu devido - Discordando o exequente quanto à quantia depositada, deve o magistrado proferir decisão acerca da suficiência do depósito, definindo o "quantum debeatur" - Inadequação da impugnação ofertada pelo executado, pois inaplicável o art. 525 do CPC/2015 ao cumprimento voluntário de sentença - Ausência de manifestação do executado, porém, que não acarreta aquiescência ao valor defendido pelo exequente em sua impugnação, não se configurando preclusão do tema, que deve ser objeto de apreciação pelo juiz da causa - Insubsistência da ordem de penhora de ativos financeiros, cuja revogação fica mantida - Exegese do art. 526 do CPC/2015 - Recurso parcialmente provido, com observação. (TJ-SP 21340824120178260000 SP; 20ª Câmara de Direito Privado; Rel. Álvaro Torres Júnior; Julg. 06/11/2017; Data de Publicação: 09/11/2017)

§ 1º O autor será ouvido no prazo de 5 (cinco) dias, podendo impugnar o valor depositado, sem prejuízo do levantamento do depósito a título de parcela incontroversa.

Levantamento de valores:

✓ AGRAVO DE INSTRUMENTO. Processual civil. Cumprimento da sentença. Depósito da quantia incontroversa. Cabimento de seu imediato levantamento. Inexistência de óbice legal. Providência de acordo com os princípios da celeridade e efetividade da tutela jurisdicional. Recurso provido. (TJ-RJ; AI 00307282920178190000 Rio de Janeiro, Capital; 11ª Vara Cível, Décima Oitava Câmara Cível; Rel. Carlos Eduardo da Rosa da Fonseca Passos; Julg. 26/07/2017; Data de Publicação: 27/07/2017)

✓ AGRAVO DE INSTRUMENTO - Pretensão de reforma de r. decisão que postergou, para depois do trânsito em julgado de decisório que julgou Impugnação, a análise de pedido de levantamento de valores incontroversos, depositados nos autos a favor do agravante - Admissibilidade - Possibilidade de liberação do montante incontroverso depositado nos autos - Instituição financeira agravada que, em sede de impugnação, alegou excesso de execução, apresentando cálculo no importe de R$ 22.091,85 - Ausência, nesse passo, de insurgência quanto a tal quantia - Inteligência do § 1º, do art. 526, do CPC - Decisão reformada – Recurso provido. Aplicável, in casu, o disposto no § 1º, do art. 526, do Código de Processo Civil, in verbis: Destarte, comporta reparos a r. decisão agravada, para autorizar o pronto levantamento, pelo recorrente, do montante incontroverso da dívida. Ante o exposto, por meu voto, dou provimento ao recurso, nos termos da fundamentação supra. (TJ-SP; AI 22514925720168260000 SP; 19ª Câmara de Direito Privado; Rel. Claudia Grieco Tabosa Pessoa; Julg. 20/02/2017; Data de Publicação: 23/02/2017)

§ 2º Concluindo o juiz pela insuficiência do depósito, sobre a diferença incidirão multa de dez por cento e honorários advocatícios, também fixados em dez por cento, seguindo-se a execução com penhora e atos subsequentes.

Incidência de multa e honorários advocatícios sobre os valores não pagos:

✓ AGRAVO DE INSTRUMENTO. RELAÇÃO DE CONSUMO. CUMPRIMENTO DE SENTENÇA. DEVEDOR QUE DEPOSITA, ESPONTANEAMENTE, VALOR QUE ENTENDE DEVIDO. ALEGAÇÃO DE INSUFICIÊNCIA DA QUANTIA. DECISÃO QUE REJEITA O REQUERIMENTO DE APLICAÇÃO DE MULTA E HONORÁRIOS ADVOCATÍCIOS, COM FUNDAMENTO NO ARTIGO 526, § 2º DO CPC. AS SANÇÕES DO CITADO DISPOSITIVO LEGAL SOMENTE SÃO APLICÁVEIS ÀS EXECUÇÕES POR QUANTIA CERTA. SENTENÇA DE CONDENAÇÃO DO RÉU QUE POSSUI PARTE LÍQUIDA E PARTE ILÍQUIDA. IMPOSSIBILIDADE DE APLICAÇÃO DE MULTA PELA INSUFICIÊNCIA DO DEPÓSITO NO QUE TOCA À PARTE ILÍQUIDA DA SENTENÇA. RECURSO DESPROVIDO. (TJ-RJ; AI 00425432320178190000 Rio de Janeiro, Alcantara Regional São Gonçalo, 3ª Vara Cível; Vigésima Sexta Câmara Cível Consumidor; Rel. Sandra Santarém Cardinali; Julg. 28/09/2017; Data de Publicação: 02/10/2017)

✓ AGRAVO DE INSTRUMENTO – Compra e venda de imóvel – Ação de anulatória c/c indenização – Fase de cumprimento de sentença – Executada que depositou o valor que entendia devido – Após manifestação dos autores, o MM Juiz a quo entendeu ser insuficiente o valor depositado e determinou a intimação para pagamento da diferença – Incidência de multa e honorários advocatícios de 10 % sobre a diferença – Art. 526, § 2º do CPC – Decisão modificada – Recurso provido. (TJ-SP; 21296828120178260000 SP; 3ª Câmara de Direito Privado; Rel. Egidio Giacoia; Julg. 29/11/2017, , Data de Publicação: 29/11/2017)

§ 3º Se o autor não se opuser, o juiz declarará satisfeita a obrigação e extinguirá o processo.

Art. 527. Aplicam-se as disposições deste Capítulo ao cumprimento provisório da sentença, no que couber.

→ *v.* Arts. 520 a 522 do NCPC.

Capítulo IV
DO CUMPRIMENTO DE SENTENÇA QUE RECONHEÇA A EXIGIBILIDADE DE OBRIGAÇÃO DE PRESTAR ALIMENTOS

→ *v.* Arts. 1.694 a 1.710 do CC/2002.

→ *v.* Lei 5.478/1968 – Dispõe sobre ação de alimentos e dá outras providências.

→ *v.* Lei 11.804/2008 – Disciplina o direito a alimentos gravídicos e a forma como ele será exercido e dá outras providências.

Art. 528. No cumprimento de sentença que condene ao pagamento de prestação alimentícia ou de decisão interlocutória que fixe alimentos, o juiz, a requerimento do exequente, mandará intimar o executado pessoalmente para, em 3 (três) dias, pagar o débito, provar que o fez ou justificar a impossibilidade de efetuá-lo.

§ 1º Caso o executado, no prazo referido no *caput*, não efetue o pagamento, não prove que o efetuou ou não apresente justificativa da impossibilidade de efetuá-lo, o juiz mandará protestar o pronunciamento judicial, aplicando-se, no que couber, o disposto no art. 517.

Protesto da dívida alimentar:

✓ RECURSO ESPECIAL. DIREITO DE FAMÍLIA. PROCESSUAL CIVIL. ALIMENTOS. EXECUÇÃO. DEVEDOR. INSCRIÇÃO EM CADASTROS DE RESTRIÇÃO AO CRÉDITO. INSCRIÇÃO. POSSIBILIDADE. DIREITO À VIDA DIGNA. AUSÊNCIA DE IMPEDIMENTO LEGAL. COERÇÃO INDIRETA. MELHOR INTERESSE DO ALIMENTANDO. INOVAÇÃO LEGISLATIVA. ARTIGOS 528 E 782 DO NOVO CÓDIGO DE PROCESSO CIVIL. 1. É possível, à luz do melhor interesse do alimentando, na execução de alimentos de filho menor, o protesto e a inscrição do nome do devedor de alimentos nos cadastros de proteção ao crédito. 2. Não há impedimento legal para que se determine a negativação do nome de contumaz devedor de alimentos no ordenamento pátrio. 3. O mecanismo de proteção que visa salvaguardar interesses bancários e empresariais em geral (art. 43 da Lei nº 8.078/90) pode garantir direito ainda mais essencial relacionado ao risco de vida, que violenta a própria dignidade da pessoa humana e compromete valores superiores a mera higidez das atividades comerciais. 4. O legislador ordinário incluiu a previsão de tal mecanismo no Novo Código de Processo Civil, como se afere da literalidade dos artigos 528 e 782. 5. Recurso especial provido. (REsp 1469102; SP; Terceira Turma; Rel. Min. Ricardo Villas Bôas Cueva; Julg. 08/03/2016; DJe 15/03/2016)

✓ AGRAVO DE INSTRUMENTO. EXECUÇÃO DE ALIMENTOS. DECISÃO AGRAVADA QUE INDEFERIU O PEDIDO DOS AUTORES DE SUSPENSÃO DO DIREITO DE DIRIGIR, BLOQUEIO DOS CARTÕES DE CRÉDITO E DE CHEQUES DO EXECUTADO E RECONHECEU A AUSÊNCIA DE INTERESSE DE AGIR DOS MESMOS NO QUE SE REFERE AO PEDIDO DE INCLUSÃO DO NOME DO DEVEDOR NOS ÓRGÃOS DE PROTEÇÃO AO CRÉDITO. RECURSO DOS AUTORES. PROTESTO. INÉRCIA DO EXECUTADO EM CUMPRIR A DETERMINAÇÃO DE PAGAMENTO DO DÉBITO NO PRAZO LEGAL. EXEGESE DO ART. 528, §§ 1º E 3º, DO CPC/2015. DISPOSITIVO LEGAL E NATUREZA DO CRÉDITO QUE AUTORIZAM A UTILIZAÇÃO DO PROTESTO COMO MEDIDA PARA SATISFAÇÃO DA OBRIGAÇÃO DECORRENTE DE VERBA ALIMENTAR. PLEITO ACOLHIDO. INSERÇÃO DO NOME DO DEVEDOR NOS ÓRGÃOS DE PROTEÇÃO AO CRÉDITO. POSSIBILIDADE. INTELIGÊNCIA DO ART. 782, § 3º, DO CPC/2015. MEIO DE COERÇÃO JÁ ADMITIDO PELO SUPERIOR TRIBUNAL DE JUSTIÇA ANTES MESMO DA ENTRADA EM VIGOR DO NOVO CÓDIGO DE PROCESSO CIVIL. TESE ACOLHIDA NO PONTO. INSURGÊNCIA REFERENTE À SUSPENSÃO DO DIREITO DE DIRIGIR E O BLOQUEIO DE CARTÕES DE CRÉDITO E DE CHEQUES. MEDIDAS ATÍPICAS QUE EXTRAPOLAM OS LIMITES DA RAZOABILIDADE. INACOLHIMENTO. PLEITO PELA FIXAÇÃO DA PRISÃO CIVIL POR NO MÍNIMO 2 (DOIS) MESES. DECISÃO AGRAVADA QUE NADA DECIDIU SOBRE A SEGREGAÇÃO DO DEVEDOR. RECURSO NÃO CONHECIDO NO PONTO. RECURSO CONHECIDO EM PARTE E PARCIALMENTE ACOLHIDO. (TJ SC; AI 40108227820168240000 Concórdia, Primeira Câmara de Direito Civil; Rel. André Carvalho; Julg. 08/06/2017)

<u>Prisão pelo descumprimento de acordo celebrado em execução de alimentos:</u>

✓ PROCESSUAL CIVIL. AGRAVO INTERNO NO HABEAS CORPUS. PRISÃO CIVIL. ALIMENTOS. IMPETRAÇÃO CONTRA DECISÃO LIMINAR PROFERIDA NA INSTÂNCIA ORDINÁRIA. INADMISSIBILIDADE. SÚMULA N. 691/STF. DECISÃO MANTIDA. 1. É inadmissível a impetração de habeas corpus contra decisão monocrática que indefere liminar, da mesma natureza, na instância de origem, salvo em situação de flagrante ilegalidade ou teratologia, o que não se verifica no caso concreto. Aplicação, por analogia, da súmula n. 691/STF. 2. Acordo celebrado em ação de execução de alimentos, se descumprido, pode ensejar a prisão civil do devedor, por ser a dívida pactuada débito em atraso, e não dívida pretérita. Precedentes. 3. Não se detecta ilegalidade ou abuso de poder por parte do magistrado que fixa, desde o início, a prisão do paciente pelo prazo máximo legal, atento às peculiaridades do caso, cujo exame não se ajusta aos estritos limites do Habeas Corpus. 4. Agravo interno a que se nega provimento. (AgInt no HC 380.656; RO; Quarta Turma; Rel. Min. Antonio Carlos Ferreira; Julg. 29/08/2017; DJe 05/09/2017)

<u>Prisão civil como medida de exceção, podendo ser afastada pelas peculiaridades do caso:</u>

✓ PROCESSUAL CIVIL. HABEAS CORPUS. ALIMENTOS DEVIDOS A EX-CÔNJUGE. INADIMPLEMENTO. PRISÃO CIVIL. POSSIBILIDADE. O texto constitucional e os comandos infraconstitucionais que lhe detalham, somente admitem a prisão civil de devedor de alimentos quando o inadimplemento colocar em risco a própria vida do credor-alimentado. A prisão civil por dívida de alimentos não está atrelada a uma possível punição por inadimplemento, ou mesmo à forma de remição da dívida alimentar, mas tem como primário, ou mesmo único escopo, coagir o devedor a pagar o quanto deve ao alimentado, preservando, assim a sobrevida deste, ou em termos menos drásticos, a qualidade de vida do alimentado. Se não há risco iminente à vida do credor de alimentos, ou mesmo, se ele pode, por meio de seu esforço próprio, afastar esse risco, não se pode aplicar a restrita e excepcional opção constitucional, porque não mais se discute a sublimação da dignidade da pessoa humana, em face da preponderância do direito à vida. Seguindo a linha desse entendimento, a prisão civil só se justifica se: i) for indispensável à consecução dos alimentos inadimplidos; ii) atingir o objetivo teleológico perseguido pela prisão civil – garantir, pela coação extrema da prisão do devedor, a sobrevida do alimentado – e; iii) for a fórmula que espelhe a máxima efetividade com a mínima restrição aos direitos do devedor. Em se tratando de prole menor ou incapaz, a iminência e impossibilidade de superação do risco alimentar é presunção que raramente pode ser desafiada. No entanto, quando o credor de débito alimentar for maior e capaz, e a dívida se prolongar no tempo, atingido altos valores, exigir o pagamento de todo o montante, sob pena de prisão civil, é excesso gravoso que refoge aos estreitos e justificados objetivos da prisão civil por dívida alimentar, para desbordar e se transmudar em sanção por inadimplemento, patrocinada pelo Estado, mormente na hipótese, quando é sabido que o alimentante tem patrimônio passível de expropriação, fórmula até hoje não cogitada para a satisfação do crédito perseguido. Ordem concedida para restringir o decreto prisional ao inadimplemento das três últimas parcelas do débito alimentar. (HC 392.521; SP; Terceira Turma; Rel. Min. Nancy Andrighi; Julg. 27/06/2017; DJe 01/08/2017)

✓ RECURSO ORDINÁRIO EM HABEAS CORPUS. EXECUÇÃO DE ALIMENTOS. AÇÃO DE EXONERAÇÃO DE ALIMENTOS JULGADA PROCEDENTE. POSTERIOR DECRETO DE PRISÃO. EFEITO RETROATIVO DA SENTENÇA DE EXONERAÇÃO. DÍVIDA DE DUVIDOSA EXISTÊNCIA E LIQUIDEZ. VERBA ALIMENTAR SEM CARÁTER DE URGÊNCIA. RECURSO PROVIDO. 1. A sentença de procedência de ação de exoneração de alimentos retroage à data da citação (EREsp 1.181.119/RJ,

Rel. Min. ISABEL GALLOTTI, SEGUNDA SEÇÃO, DJe de 20/6/2014). 2. O recorrente ajuizou, em 2011, ação de exoneração de alimentos, a qual foi julgada procedente e transitou em julgado em 8/10/2014. A dívida a que se refere a ordem de prisão ora examinada, nos termos do consignado no acórdão recorrido, corresponde ao período de 2011 a 2014, razão pela qual é forçoso reconhecer, na hipótese, a repercussão da sentença de exoneração no valor do débito que fundamenta o decreto prisional, tornando duvidosa a existência e liquidez da dívida. 3. Tratando-se de dívida relativa, em sua quase totalidade, a valor acumulado durante o trâmite de ação exoneratória decidida em favor do alimentante, bem como considerando o lapso entre a data da sentença de exoneração e o decreto de prisão, não se justifica a cobrança pelo rito do art. 733 do CPC/73 (CPC/2015, art. 528), na medida em que a verba discutida aproxima-se mais de uma dívida de valor do que de uma verba alimentar, na real acepção do termo. 4. Recurso ordinário provido. Ordem concedida. (RHC 79.489; MT; Quarta Turma; Rel. Min. Raul Araújo; Julg. 16/02/2017; DJe 06/03/2017)

✓ AGRAVO DE INSTRUMENTO. EXECUÇÃO DE ALIMENTOS PELO RITO DO ARTIGO 528 DO CÓDIGO DE PROCESSO CIVIL/2015. JUIZ QUE ENTENDE POR DETERMINAR A REALIZAÇÃO DE AUDIÊNCIA DE MEDIAÇÃO, INDEFERINDO A PRETENSÃO DE PRISÃO CIVIL. IRRESIGNAÇÃO DO EXEQUENTE. ADMISSIBILIDADE. AUDIÊNCIA DE MEDIAÇÃO JÁ REALIZADA NA ORIGEM. SUPERVENIENTE PERDA PARCIAL DO OBJETO. FALTA DE INTERESSE RECURSAL QUANTO AO CANCELAMENTO DO ATO. NÃO CONHECIMENTO NESTE TOCANTE. MÉRITO. INVIABILIDADE DE DEFERIMENTO DA SEGREGAÇÃO, SOB PENA DE TRANSFORMÁ-LA EM PUNIÇÃO. INADIMPLEMENTO DO DÉBITO QUE PERDURA POR DEZ ANOS. INÉRCIA DO ALIMENTANDO DURANTE ESSE LAPSO TEMPORAL. ADEMAIS, FILHO MAIOR DE IDADE QUE ATUALMENTE POSSUI RENDA PRÓPRIA. AUSÊNCIA DOS REQUISITOS DE URGÊNCIA E NECESSIDADE. ALEGAÇÃO DE INEXISTÊNCIA DE RELAÇÃO ENTRE PAI E FILHO, CARACTERIZANDO ABANDONO MORAL E MATERIAL. PRISÃO CIVIL QUE NÃO PODE SER TRANSFORMADA EM MERA SANÇÃO. MEIO COERCITIVO PARA FORÇAR O ADIMPLEMENTO DA OBRIGAÇÃO ALIMENTAR QUE SE JUSTIFICA APENAS DIANTE DA URGÊNCIA E NECESSIDADE DA PRESTAÇÃO ALIMENTAR. DECISÃO MANTIDA. RECURSO PARCIALMENTE CONHECIDO E DESPROVIDO. (TJ-SC; AI 40092436120178240000 Joinville 4009243-61.2017.8.24.0000; Sexta Câmara de Direito Civil; Rel. André Luiz Dacol; Julg. 26/09/2017)

<u>Obrigação alimentar personalíssima e a impossibilidade de prisão dos sucessores do alimentante:</u>

✓ HABEAS CORPUS PREVENTIVO. DIREITO DE FAMÍLIA. EXECUÇÃO DE ALIMENTOS PROMOVIDA CONTRA O ESPÓLIO. RITO DO ARTIGO 528 DO NCPC. JUSTIFICATIVA APRESENTADA PELA INVENTARIANTE. NÃO ACOLHIMENTO. DECRETO DE PRISÃO CIVIL DA INVENTARIANTE PELO PRAZO DE 30 (TRINTA) DIAS. IMPOSSIBILIDADE. DÉBITO ALIMENTAR DO FALECIDO. OBRIGAÇÃO PERSONALÍSSIMA QUE NÃO PODE SER TRANSMITIDA A TERCEIRO. INVENTARIANTE QUE NÃO É DEVEDORA DOS VALORES DEVIDOS PELO FALECIDO. PACIENTE QUE EXERCE O MUNUS DA INVENTARIANÇA, MAS NÃO DETÉM A LIVRE DISPONIBILIDADE DOS BENS DO ESPÓLIO. MANIFESTA ILEGALIDADE DA ORDEM DE PRISÃO. CONSTRANGIMENTO ILEGAL CONFIGURADO. LIMINAR DEFERIDA PARA SUSPENDER A ORDEM DE PRISÃO. RATIFICAÇÃO DA LIMINAR PARA CONCEDER A ORDEM EM DEFINITIVO. RECURSO CONHECIDO E PROVIDO. (TJ-SC; HC: 40165393720178240000 Concórdia; Terceira Câmara de Direito Civil; Rel. Saul Steil; Julg. 29/08/2017)

§ 2º Somente a comprovação de fato que gere a impossibilidade absoluta de pagar justificará o inadimplemento.

<u>Necessidade de comprovação da impossibilidade para arcar com a verba alimentar para se afastar o decreto de prisão civil:</u>

✓ HABEAS CORPUS. PRISÃO CIVIL. EXECUÇÃO DE ALIMENTOS. IMPOSSIBILIDADE DE ARCAR COM O QUANTUM ALIMENTAR. DESEMPREGO E PROBLEMAS DE SAÚDE. MATÉRIA FÁTICA. IMPOSSIBILIDADE DE EXAME PELA VIA ESTREITA DO WRIT. MAIORIDADE CIVIL DE DOIS DOS EXEQUENTES. FATO QUE PROVOCA A EXTINÇÃO AUTOMÁTICA DA OBRIGAÇÃO ALIMENTAR DE DÍVIDA PRETÉRITA. PROPOSTA DE ACORDO NÃO ACEITA PELOS CREDORES. MATÉRIA NÃO EXAMINADA NA DECISÃO IMPUGNADA E SEM INDÍCIO PROBATÓRIO. PRISÃO CIVIL MANTIDA. ORDEM DENEGADA. O habeas corpus, remédio heroico com previsão constitucional, encontra amparo sempre que alguém sofrer ou se achar ameaçado de sofrer violência ou coação em sua liberdade de locomoção, por ilegalidade ou abuso de poder. Não podem ser apreciadas questões fáticas, acerca das condições financeiras do Alimentante/Paciente, na sede restrita do writ, haja vista a necessidade de ampla dilação probatória em ação própria para tal fim, não servindo de justificativa à revogação do decreto prisional a alegação de desemprego e problemas de saúde, mesmo porque eventual ação revisional de alimentos que minore do quantum alimentar aos filhos, somente terá efeito em relação às prestações futuras, não atingindo o débito das parcelas anteriores, alvo do procedimento executório. Na mesma direção, o fato de dois filhos credores terem atingido a maioridade civil não respalda a extinção automática do dever alimentar, especialmente de dívida pretérita. (TJ-SC; HC 40090383220178240000; Segunda Câmara de Direito Civil; Rel. João Batista Góes Ulysséa; Julg. 01/06/2017)

✓ AGRAVO DE INSTRUMENTO. EXECUÇÃO DE ALIMENTOS PELO RITO DO ART. 528 DO CPC/2015. INDEFERIMENTO DE MANUTENÇÃO DO PROCEDIMENTO COERCITIVO PELA PRISÃO CIVIL. IRRESIGNAÇÃO DOS EXEQUENTES. PRELIMINAR DE NULIDADE DO VEREDITO POR AUSÊNCIA DE FUNDAMENTAÇÃO. ARGUMENTOS EXPLANADOS PELO JUÍZO DE FORMA CONCISA, PORÉM SATISFATÓRIA. TESE RECHAÇADA. MÉRITO. AGRAVADO QUE CUMPRIU PRISÃO CIVIL ATÉ MEROS 20 DIAS ANTES DO NOVO PEDIDO SEGREGACIONAL. INVIABILIDADE DE DEFERIMENTO DA MEDIDA, SOB PENA DE TRANSFORMA-LA EM PUNIÇÃO. ADIMPLEMENTO DO DÉBITO A SER BUSCADO PELA VIA DA EXPROPRIAÇÃO. PRETENSÃO DE SEGREGAÇÃO, ADEMAIS, FULCRADA EM DÉBITOS JÁ UTILIZADOS NO PRIMEIRO PLEITO DE CONFINAMENTO. DECISÃO MANTIDA. RECURSO CONHECIDO E DESPROVIDO. A prisão civil não é pena; antes, é meio de coerção. Seu intuito não é, por isso, punir o devedor inadimplente mas fazê-lo se defrontar com possível restrição de sua liberdade que o faça abandonar a inércia e efetuar o pagamento do débito. De nada adianta, portanto, prendê-lo seguidamente, sem viabilizar tempo para que possa arregimentar a quantia necessária a fazer frente aos alimentos. (TJ-SC; AI 40055766720178240000 Brusque; Sexta Câmara de Direito Civil; Rel. André Luiz Dacol; Julg. 18/07/2017)

✓ HABEAS CORPUS. EXECUÇÃO DE ALIMENTOS. ART. 733 DO CPC. NULIDADE DO TÍTULO EXECUTIVO. ILEGALIDADE NÃO APURADA. INADIMPLEMENTO VOLUNTÁRIO. SALVO-CONDUTO. INVIABILIDADE. – Não verificada a existência de eiva a macular o título judicial – que fixa obrigação alimentar decorrente de poder familiar em benefício de menor impúbere – objeto de ação de execução de alimentos com potencial risco de decretação de prisão civil por inadimplemento voluntário do pensionamento, inviável, sob esse justificativa, o deferimento de salvo-conduto em favor do paciente/executado. ORDEM DENEGADA. (TJ-SC; HC 20160167835 Blumenau; Quinta Câmara de Direito Civil; Rel. Henry Petry Junior; Julg. 04/04/2016)

§ 3º Se o executado não pagar ou se a justificativa apresentada não for aceita, o juiz, além de mandar protestar o pronunciamento judicial na forma do § 1º, decretar-lhe-á a prisão pelo prazo de 1 (um) a 3 (três) meses.

→ *v.* Art. 5º, LXVII, da CF/1988.

Ausência de comprovação das justificativas e ordem de prisão pelo prazo de três meses:

✓ Habeas Corpus (cível) n. 0001520-59.2017.8.24.0000 ESTADO DE SANTA CATARINA TRIBUNAL DE JUSTIÇA. Habeas Corpus (cível) n. 0001520-59.2017.8.24.0000, Sombrio. Relator: Desembargador Raulino Jacó Bruning HABEAS CORPUS. EXECUÇÃO DE ALIMENTOS. DECRETADA PRISÃO CIVIL DO ALIMENTANTE PELO PRAZO DE 3 MESES, NOS TERMOS DO ARTIGO 528, § 3º, DO CÓDIGO DE PROCESSO CIVIL. 1. WRIT IMPETRADO COM O OBJETIVO DE REDUZIR O INTERREGNO DO ENCARCERAMENTO PARA 60 DIAS, A TEOR DO DISPOSTO NA LEI DE ALIMENTOS. 2. PACIENTE QUE NÃO ESCLARECE A RAZÃO DO INADIMPLEMENTO DO ENCARGO, TAMPOUCO CONTESTA A LEGALIDADE DA COBRANÇA OU DA PRISÃO, APENAS TENCIONA A ABREVIAÇÃO DO PRAZO. 3. MATÉRIA CONTROVERTIDA. ANTINOMIA DE NORMAS. 4. ENTENDIMENTO DESTA CORTE DE JUSTIÇA CONSOLIDADO NO SENTIDO DE QUE, NO CONFRONTO ENTRE O DISPOSTO NA LEI 5.478/68 E NA LEI PROCESSUAL CIVIL, PREVALECE A LEI DE ALIMENTOS. 5. REDUÇÃO DO DECRETO SEGREGATÓRIO DE 90 PARA 60 DIAS. 6. LIMINAR CONFIRMADA. ORDEM CONCEDIDA. V (TJ-SC; HC 00015205920178240000 Sombrio; Primeira Câmara de Direito Civil; Rel. Raulino Jacó Bruning; Julg. 14/09/2017)

§ 4º A prisão será cumprida em regime fechado, devendo o preso ficar separado dos presos comuns.

Inviabilidade de prisões sucessivas que impeçam o cumprimento do encargo:

✓ AGRAVO DE INSTRUMENTO. EXECUÇÃO DE ALIMENTOS PELO RITO DO ART. 528 DO CPC/2015. INDEFERIMENTO DE MANUTENÇÃO DO PROCEDIMENTO COERCITIVO PELA PRISÃO CIVIL. IRRESIGNAÇÃO DOS EXEQUENTES. PRELIMINAR DE NULIDADE DO VEREDITO POR AUSÊNCIA DE FUNDAMENTAÇÃO. ARGUMENTOS EXPLANADOS PELO JUÍZO DE FORMA CONCISA, PORÉM SATISFATÓRIA. TESE RECHAÇADA. MÉRITO. AGRAVADO QUE CUMPRIU PRISÃO CIVIL ATÉ MEROS 20 DIAS ANTES DO NOVO PEDIDO SEGREGACIONAL. INVIABILIDADE DE DEFERIMENTO DA MEDIDA, SOB PENA DE TRANSFORMA-LA EM PUNIÇÃO. ADIMPLEMENTO DO DÉBITO A SER BUSCADO PELA VIA DA EXPROPRIAÇÃO. PRETENSÃO DE SEGREGAÇÃO, ADEMAIS, FULCRADA EM DÉBITOS JÁ UTILIZADOS NO PRIMEIRO PLEITO DE CONFINAMENTO. DECISÃO MANTIDA. RECURSO CONHECIDO E DESPROVIDO. A prisão civil não é pena; antes, é meio de coerção. Seu intuito não é, por isso, punir o devedor inadimplente mas fazê-lo se defrontar com possível restrição de sua liberdade que o faça abandonar a inércia e efetuar o pagamento do débito. De nada adianta, portanto, prendê-lo seguidamente, sem viabilizar tempo para que possa arregimentar a quantia necessária a fazer frente aos alimentos. (TJ-SC; AI 40055766720178240000 Brusque; Sexta Câmara de Direito Civil; Rel. André Luiz Dacol; Julg. 18/07/2017)

§ 5º O cumprimento da pena não exime o executado do pagamento das prestações vencidas e vincendas.

Encargo que abrange as prestações vencidas no curso do processo:

✓ APELAÇÃO CÍVEL. AÇÃO DE EXECUÇÃO DE ALIMENTOS. PRISÃO CIVIL. EXTINÇÃO DO PROCESSO, SEM RESOLUÇÃO DE MÉRITO, COM FULCRO NO ART. 485, INCISO VI, DO CÓDIGO DE PROCESSO CIVIL. DÉBITO ALIMENTAR VINCENDO INCLUÍDO NA EXECUÇÃO EM ANDAMENTO. DESNECESSIDADE DO AJUIZAMENTO DE OUTRA. NATUREZA SUCESSIVA DA OBRIGAÇÃO ALIMENTAR. LITISPENDÊNCIA CARACTERIZADA. MANUTENÇÃO DA SENTENÇA, COM FUNDAMENTO LEGAL DIVERSO. ART. 485, INCISO V, DO CPC. RECURSO IMPROVIDO. Caracteriza litispendência o ajuizamento de nova ação de execução de alimentos em relação ao débito alimentar vencido no transcurso da demanda executória, ante a natureza sucessiva da obrigação alimentar, inclusive permitindo nova prisão civil sustentada nesta dívida. (TJ-SC; AC 03074452920168240054 Rio do Sul; Segunda Câmara de Direito Civil; Rel. João Batista Góes Ulysséa; Julg. 06/07/2017)

§ 6º Paga a prestação alimentícia, o juiz suspenderá o cumprimento da ordem de prisão.

Pagamento das prestações alimentícias:

✓ AGRAVO DE INSTRUMENTO. EXECUÇÃO DE ALIMENTOS. ORDEM DE PRISÃO. No curso do processo de execução, o pagamento da prestação alimentícia passou a ser feito por desconto junto à fonte pagadora. Assim, o débito anterior perdeu a atualidade, ensejando a revogação da ordem de prisão. No mesmo sentido, o rito deve ser o expropriatório. AGRAVO PROVIDO, EM PARTE. UNÂNIME. (TJ-RS; Agravo de Instrumento 70069903037; Oitava Câmara Cível; Rel. Ivan Leomar Bruxel; Julg. 08/09/2016).

§ 7º O débito alimentar que autoriza a prisão civil do alimentante é o que compreende até as 3 (três) prestações anteriores ao ajuizamento da execução e as que se vencerem no curso do processo.

→ v. Súmula 309 do STJ.

Prestações alimentares passíveis de serem buscadas através da prisão civil:

✓ HABEAS CORPUS – EXECUÇÃO DE ALIMENTOS -PRISÃO CIVIL IMINENTE – PROVA DE REGULAR PAGAMENTO – AUSÊNCIA DE DÉBITO RECENTE – PERDA DA NATUREZA ESTRITAMENTE ALIMENTAR, A AUTORIZAR PRISÃO – VERBETE Nº 309 DA SÚMULA DO STJ – ART. 528 E §§ DO NOVO CPC (LEI Nº 13.105/2015): "O DÉBITO ALIMENTAR QUE AUTORIZA A PRISÃO CIVIL DO ALIMENTANTE É O QUE COMPREENDE ATÉ AS 3 (TRÊS) PRESTAÇÕES ANTERIORES AO AJUIZAMENTO DA EXECUÇÃO E AS QUE SE VENCEREM NO CURSO DO PROCESSO" CONCESSÃO DA ORDEM. (TJ-RJ; HC 00209835920168190000 Rio de Janeiro Capital, 2ª Vara de Família, Vigésima Segunda Câmara Cível; Rel. Marcelo Lima Buhatem; Julg. 24/05/2016;Data de Publicação: 30/05/2016)

§ 8º O exequente pode optar por promover o cumprimento da sentença ou decisão desde logo, nos termos do disposto neste Livro, Título II, Capítulo III, caso em que não será admissível a prisão do executado, e, recaindo a penhora em dinheiro, a concessão de efeito suspensivo à impugnação não obsta a que o exequente levante mensalmente a importância da prestação.

→ v. Enunciado 587 do FPPC: A limitação de que trata o §3º do art. 529 não se aplica à execução de dívida não alimentar.

Possibilidade de conversão do rito de procedimento alimentar:

✓ AGRAVO DE INSTRUMENTO. EXECUÇÃO DE ALIMENTOS. DECISÃO QUE DECRETOU A PRISÃO CIVIL DO ALIMENTANTE. JUSTIFICATIVA EMBASADA NA IMPOSSIBILIDADE FINANCEIRA DO DEVEDOR PARA ARCAR COM A VERBA ALIMENTÍCIA. INSUBSISTÊNCIA. MATÉRIA A SER DISCUTIDA EM AÇÃO PRÓPRIA. IMPOSSIBILIDADE DE ATRIBUIR AO CREDOR A PROVA DO INADIMPLEMENTO. CONVERSÃO DE RITO INVIÁVEL, POIS A SUA ESCOLHA COMPETE AO EXEQUENTE, NOS TERMOS DO ART. 528, § 8º, DO NCPC. RECURSO CONHECIDO E DESPROVIDO. (TJ-SC; AI 40066306820178240000 Concórdia; Quinta Câmara de Direito Civil; Rel. Cláudia Lambert de Faria; Julg. 15/08/2017)

✓ AGRAVO DE INSTRUMENTO. CUMPRIMENTO DE SENTENÇA QUE RECONHECE A EXIGIBILIDADE DE OBRIGAÇÃO DE PRESTAR ALIMENTOS. INSURGÊNCIA CONTRA A DECISÃO PELA QUAL O JUÍZO ORI-

GINÁRIO DETERMINOU QUE A RECORRENTE ADEQUASSE A PRETENSÃO, SE PELO PROCEDIMENTO DO § 3º DO ARTIGO 528, OU PELO DO ARTIGO 523, AMBOS DO CÓDIGO DE PROCESSO CIVIL VIGENTE. ALMEJADA A CUMULAÇÃO DE RITOS. IMPOSSIBILIDADE. PRECEDENTES DESTA CORTE. Muito embora fundamentado nos ditames do Código Buzaid, o entendimento majoritário desta Corte, no sentido de ser inviável a cumulação de ritos na persecução de dívida de alimentos, segue hígido. Conquanto tenha o Diploma Processual Civil atual inovado em inúmeras questões relativas à execução da prestação de alimentos, nesse particular, o legislador não deixou margem para interpretação diversa daquela dada ao Codex anterior; ao revés, o Texto Legal se apresenta suficientemente claro quanto aos alternativos procedimentos dispostos ao credor. Conservou-se as mesmas intenções despendidas na Lei antecessora. RECURSO DESPROVIDO. (TJ-SC; AI 40046181820168240000 Videira; Primeira Câmara de Direito Civil; Rel. Eduardo Mattos Gallo Júnior; Julg. 23/11/2017)

§ 9º Além das opções previstas no art. 516, parágrafo único, o exequente pode promover o cumprimento da sentença ou decisão que condena ao pagamento de prestação alimentícia no juízo de seu domicílio.

Art. 529. Quando o executado for funcionário público, militar, diretor ou gerente de empresa ou empregado sujeito à legislação do trabalho, o exequente poderá requerer o desconto em folha de pagamento da importância da prestação alimentícia.

§ 1º Ao proferir a decisão, o juiz oficiará à autoridade, à empresa ou ao empregador, determinando, sob pena de crime de desobediência, o desconto a partir da primeira remuneração posterior do executado, a contar do protocolo do ofício.

§ 2º O ofício conterá o nome e o número de inscrição no Cadastro de Pessoas Físicas do exequente e do executado, a importância a ser descontada mensalmente, o tempo de sua duração e a conta na qual deve ser feito o depósito.

§ 3º Sem prejuízo do pagamento dos alimentos vincendos, o débito objeto de execução pode ser descontado dos rendimentos ou rendas do executado, de forma parcelada, nos termos do *caput* deste artigo, contanto que, somado à parcela devida, não ultrapasse cinquenta por cento de seus ganhos líquidos.

→ *v.* Art. 833, § 2º, do NCPC.

→ v. Enunciado 587 do FPPC: A limitação de que trata o §3º do art. 529 não se aplica à execução de dívida não alimentar.

Possibilidade do juiz flexibilizar o parâmetro legal:

✓ AGRAVO DE INSTRUMENTO. FAMÍLIA E PROCESSUAL CIVIL. EXECUÇÃO DE ALIMENTOS. – PARCELAMENTO DEFERIDO NA ORIGEM. RECURSO DO EXEQUENTE. MAJORAÇÃO. INVIABILIDADE. POSSIBILIDADES DO EXECUTADO NÃO COMPROVADAS. MANUTENÇÃO DEVIDA. – O § 3º do artigo 529 do Código de Processo Civil de 2015 estabelece um parâmetro máximo de 50% (cinquenta por cento) dos rendimentos líquidos do executado para o parcelamento de seu quantum debeatur alimentar. Não está o magistrado, contudo, vinculado a esse teto, podendo fixar o parcelamento do débito em fração inferior, de acordo com as circunstâncias do caso concreto, evitando que a restrição importe em risco a subsistência do executado. Na espécie, a prova constante nos autos não recomenda a majoração da constrição. DECISÃO MANTIDA. RECURSO DESPROVIDO. (TJ-SC; AI 40003931820178240000 Capital; Quinta Câmara de Direito Civil; Rel. Henry Petry Junior; Julg. 30/05/2017)

Não aplicação para alimentos indenizatórios:

✓ AGRAVO DE INSTRUMENTO. CUMPRIMENTO DE SENTENÇA. DECISÃO QUE INDEFERIU A PENHORA SOBRE OS VENCIMENTOS DA DEVEDORA. PEDIDO DE APLICAÇÃO DOS ARTIGOS 833, § 2º e 529, § 3º, DO CÓDIGO DE PROCESSO CIVIL. IMPOSSIBILIDADE. CASO CONCRETO QUE NÃO SE AMOLDA À EXCEÇÃO LEGAL. HIPÓTESE PREVISTA APENAS QUANDO SE TRATAR DE EXECUÇÃO DE VERBA ALIMENTAR. CRÉDITO EMINENTEMENTE INDENIZATÓRIO. DECISÃO MANTIDA. RECURSO CONHECIDO E DESPROVIDO. (TJ-SC; AI 40146808320178240000 Santo Amaro da Imperatriz; Quinta Câmara de Direito Civil; Rel. Jairo Fernandes Gonçalves; Julg. 12/09/2017)

Art. 530. Não cumprida a obrigação, observar-se-á o disposto nos arts. 831 e seguintes

Art. 531. O disposto neste Capítulo aplica-se aos alimentos definitivos ou provisórios.

§ 1º A execução dos alimentos provisórios, bem como a dos alimentos fixados em sentença ainda não transitada em julgado, se processa em autos apartados.

Execução de alimentos provisórios:

✓ APELAÇÕES CÍVEIS. AÇÃO DE REGULAMENTAÇÃO DE DIREITO DE VISITA C/C ALIMENTOS. SENTENÇA DE PARCIAL PROCEDÊNCIA. APELO DAS PARTES. PLEITO DA AUTORA PARA JUNTADA DE CONTRACHEQUES DO REQUERIDO E OUTROS DOCUMENTOS. INADMISSIBILIDADE. ARTIGOS 434 E 435 DO CPC. REQUERIMENTO DO RÉU PARA QUE OCORRA PRÉVIO AVISO DAS VISITAS DA FILHA. TESE PREJUDICADA. AUSÊNCIA DE RECURSO. PRECLUSÃO DOS PEDIDOS. NÃO CONHECIMENTO. A prova documental deve ser produzida no tempo certo, sendo possível a juntada de novos documentos, após a peça inicial ou a contestação, desde que destinados a fazer prova de fatos ocorridos após os articulados, ou para contrapor aos já produzidos, o que não ocorre na hipótese. Resta configurada a preclusão quando, ciente de determinada decisão, a parte deixa de exercer o seu direito de recorrer no momento oportuno. EXECUÇÃO DE ALIMENTOS PROVISÓRIOS E FIXADOS EM SENTENÇA AINDA NÃO TRANSITADA EM JULGADO NO PROCESSO. IMPOSSIBILIDADE. PRESTAÇÃO ALIMENTAR QUE DEVE SER EXECUTADA EM AUTOS APARTADOS. ART. 531, § 1º, DO CPC. VIA PROCESSUAL INADEQUADA. NÃO CONHECIMENTO. A execução de obrigação alimentar provisória e fixada em sentença, ainda não transitada em julgado, deve ocorrer em autos apartados, consoante o art. 521, § 1º, do CPC, não merecendo ser conhecido pleito objetivando executar referida obrigação nos mesmos autos. JULGAMENTO EXTRA PETITA. PENSÃO ALIMENTÍCIA FIXADA DE ACORDO COM O BINÔMIO NECESSIDADE-POSSIBILIDADE, A CRITÉRIO DO JULGADOR. DIREITO DE VISITAS DO NÃO-GUARDIÃO, AJUSTADO AO MELHOR INTERESSE DA CRIANÇA. VÍCIO NÃO CONFIGURADO. A fixação do quantum alimentar além do postulado, não resulta em julgamento extra petita, já que a verba alimentar indicada é meramente estimativa, ficando ao arbítrio do Juiz verificar a quantia mais adequada, em conformidade com o binômio necessidade-possibilidade. Também não há irregularidade na sentença que fixa o direito de visitas de modo diverso do postulado pelo não-guardião, desde que resguarde o melhor interesse da criança. DIREITO DE VISITAS. GUARDA UNILATERAL DA MÃE. PRETENSÃO DE QUE AS VISITAS SEJAM REDUZIDAS. AUSÊNCIA DE PROVA QUE JUSTIFIQUE ESSA MEDIDA. PRESERVAÇÃO DO MELHOR INTERESSE DA CRIANÇA. SENTENÇA MANTIDA. Regulamentado o direito de visitas do genitor à sua filha, além de inexistir provas que justifiquem a redução das visitas, salutar a manutenção do direito de convivência entre filha e pai, resguardando o princípio do melhor interesse da criança. PLEITO DE MAJORAÇÃO DA VERBA ALIMENTAR. MONTANTE ARBITRADO QUE NÃO SUPRE ÀS NECESSIDADES DA INFANTE. AUSÊNCIA DE COMPROVAÇÃO DE DESPESAS EXTRAORDINÁRIAS. QUANTUM ESTABELECIDO NA SENTENÇA QUE ATENDE AO BINÔMIO NECESSIDADE X POSSIBILIDADE. SENTENÇA CONFIRMADA. Inexistindo provas de que o Alimentante possa arcar com valor mais elevado do que o quantum fixado no comando sentencial, como ausente comprovação de que a Alimentanda, com onze anos de idade, possua despesas extraordinárias, deve ser mantida a decisão que fixou os alimentos de forma proporcional e em observância ao binômio necessidade/possibilidade. LITIGÂNCIA DE MÁ-FÉ IMPUTADA AO RÉU. NÃO OCORRÊNCIA. REQUISITOS DO ART. 80 DO CÓDIGO DE PROCESSO CIVIL NÃO CARACTERIZADOS. Para a caracterização da litigância de má-fé, é necessária a presença concomitante dos requisitos objetivo e subjetivo do tipo, ou seja, o dano processual e o dolo ou a culpa grave da parte maliciosa, sem os quais a pretensão condenatória não prospera. HONORÁRIOS ADVOCATÍCIOS DE SUCUMBÊNCIA. PLEITO DE REDUÇÃO PELA PARTE RÉ. INVIABILIDADE. PEDIDO DE MINORAÇÃO PELA AUTORA. POSSIBILIDADE. ARBITRAMENTOS CONDIZENTES COM O ART. 85, § 2º DO CÓDIGO DE PROCESSO CIVIL. Os honorários advocatícios devem ser arbitrados pelo grau de zelo do profissional, o lugar de prestação do serviço, a natureza e a importância da causa, o trabalho realizado pelo advogado e o tempo exigido para o seu serviço. RECURSO DA AUTORA CONHECIDO EM PARTE E, NESTA FRAÇÃO, PARCIALMENTE PROVIDO. APELO DO RÉU PARCIALMENTE CONHECIDO E, NA PARTE CONHECIDA, IMPROVIDO. (TJ-SC; AC 00001289820158240018 Chapecó; Segunda Câmara de Direito Civil; Rel. João Batista Góes Ulysséa; Julg. 31/08/2017)

§ 2º O cumprimento definitivo da obrigação de prestar alimentos será processado nos mesmos autos em que tenha sido proferida a sentença.

→ *v.* Art. 516, II, do NCPC.

Execução definitiva que se processa nos mesmos autos:

✓ APELAÇÃO CÍVEL. FASE DE CUMPRIMENTO DE SENTENÇA. PROCESSUAL CIVIL. EXTINÇÃO MANTIDA. Irretocável a sentença vergastada, que extinguiu a fase de cumprimento de sentença, pois deve ser processada nos mesmos autos em que proferida a sentença, nos termos do art. 531, § 2º, do CPC. APELAÇÃO DESPROVIDA. (Apelação Cível 70075296574, Oitava Câmara Cível, Tribunal de Justiça do RS; Rel. Ricardo Moreira Lins Pastl; Julg. 30/11/2017). (TJ-RS; AC 70075296574 RS; Oitava Câmara Cível; Rel. Ricardo Moreira Lins Pastl; Julg. 30/11/2017; Data de Publicação: Diário da Justiça do dia 06/12/2017)

✓ AGRAVO DE INSTRUMENTO. AÇÃO DE ALIMENTOS. CUMPRIMENTO DEFINITIVO DE SENTENÇA. PROCESSAMENTO NOS AUTOS EM QUE PROFERIDA A SENTENÇA. ART. 531, § 2º CPC/2015. Decisão agravada determinou distribuição autônoma da execução de alimentos com fundamento no art. 528 do CPC. Pedido de cumprimento de sentença de pensão alimentícia nos próprios autos. Acordo homologado por sentença com trânsito em julgado desde julho de 2012. Cumprimento da obrigação de prestar alimentos é processado nos autos da ação em que foi proferida a sentença como prevê o § 2º do art. 531 do CPC/2015. Precedentes desta Corte. Reforma da decisão. PROVIMENTO DO RECURSO. (TJ-RJ; AI 00346363120168190000 Rio de Janeiro Rio Claro, Vara Única; Rel. Teresa de Andrade Castro Neves; Julg. 12/07/2017, Sexta Câmara Cível; Data de Publicação: 18/07/2017)

✓ AGRAVO DE INSTRUMENTO. CUMPRIMENTO DE SENTENÇA. DISSOLUÇÃO DE UNIÃO ESTÁVEL. ALIMENTOS EM FAVOR DA FILHA MENOR. REVOGAÇÃO DA DECISÃO DE BLOQUEIO VIA BACEN JUD NA CONTA DE TITULARIDADE DO ALIMENTANTE. NULIDADES PROCESSUAIS 1. Havendo menção expressa no acordo celebrado nos autos da ação de dissolução de união estável, acerca do pagamento pelo executado, de 50% das despesas extraordinárias da filha, que configura obrigação alimentar in natura, é insuficiente o mero cálculo aritmético, pois o quantum debeatur depende da apuração de fatos supervenientes ao estabelecimento da obrigação, como a existência de prévia anuência do executado relativamente às despesas. 2. A superveniência do Novo Código de Processo Civil remete ao procedimento comum a liquidação de sentença sempre que houver necessidade de alegar e provar fato novo. Inteligência do art. 509, inc. II do NCPC. 3. O cumprimento de obrigação de prestar alimentos pode ser processado nos mesmos autos em que tenha sido proferida a sentença, motivo pelo qual não se vislumbra a impropriedade de rito. Inteligência do art. 531, § 2º, do NCPC. 4. A genitora da menor não possui legitimidade para postular o cumprimento de sentença que fixa a obrigação alimentar em favor da filha, pois, sendo esta relativamente incapaz, deve... figurar no polo ativo, devidamente assistida pela mãe. 5. Desnecessária a intimação pessoal do executado no cumprimento de sentença, quando possui advogado constituído nos autos e apresentou impugnação. Inteligência do art. Do art. 513, § 2º, inc. I, do NCPC. Preliminares acolhidas. Decisão desconstituída. (TJ-RS; Agravo de Instrumento 70073400574; Sétima Câmara Cível; Rel. Sérgio Fernando de Vasconcellos Chaves; Julg. 26/07/2017).

Art. 532. Verificada a conduta procrastinatória do executado, o juiz deverá, se for o caso, dar ciência ao Ministério Público dos indícios da prática do crime de abandono material.

→ *v.* Art. 244 do Código Penal.

Art. 533. Quando a indenização por ato ilícito incluir prestação de alimentos, caberá ao executado, a requerimento do exequente, constituir capital cuja renda assegure o pagamento do valor mensal da pensão.

Constituição de capital para prestação de alimentos de natureza indenizatória:

✓ RESPONSABILIDADE CIVIL. CUMPRIMENTO DE SENTENÇA. CONSTITUIÇÃO DE CAPITAL. ART. 533 DO NCPC. PENHORA DE DINHEIRO PARA SER INVESTIDO EM CADERNETA DE POUPANÇA. SUBSTITUIÇÃO DA APLICAÇÃO FINANCEIRA POR IMÓVEL INDICADO PELO CREDOR. CABIMENTO. Conforme art. 533 do NCPC, cabe ao executado constituir capital cuja renda assegure pagamento do valor mensal da pensão alimentícia. Este capital pode ser representado tanto por imóveis como por aplicações financeiras. No caso, o imóvel ofertado pela executada Ergo S/A está avaliado em R$1.750.000,00, e foi dado em caução para garantia de débitos tributários cujo total não compromete a idoneidade do bem que serve, portanto, para a finalidade a que ora se propõe – qual seja, a constituição de capital cuja renda assegurará satisfação de futura pensão alimentícia. Deferido pedido de substituição do bem objeto de constituição de capital. AGRAVO DE INSTRUMENTO PROVIDO. (TJ-RS; Agravo de Instrumento 70074176330; Décima Câmara Cível; Rel. Túlio de Oliveira Martins; Julg. 26/10/2017).

✓ PROCESSUAL CIVIL – RESPONSABILIDADE CIVIL – ACIDENTE DE TRÂNSITO – PRESCRIÇÃO – PRAZO TRIENAL – CC, ART. 206, § 3º, V – TERMO INICIAL – DATA DO EVENTO DANOSO – PREJUDICIAL AFASTADA 1 O prazo prescricional para a ação de reparação de danos por ato ilícito é de três anos, de acordo com o art. 206, § 3º, V, do Código Civil de 2002, respeitado também o marco inicial previsto no art. 200 do mesmo Diploma. 2 Tratando-se de pretensão de reparação civil extracontratual oriunda de acidente de trânsito, inicia-se a contagem do prazo prescricional da data do acidente. CERCEAMENTO DE DEFESA – INOCORRÊNCIA – JULGAMENTO ANTECIPADO – POSSIBILIDADE "Não há cerceamento de defesa quando o magistrado, destinatário final da prova, verificando suficientemente instruído o processo e embasando-se em elementos de prova e fundamentaçao bastantes, ante o princípio da persuasão racional, entende desnecessária a dilação probatória e julga antecipadamente a lide" (AC n. 2013.0688602-0, Des. Henry Petry Junior). SENTENÇA EXTRA PETITA – CONSTITUIÇÃO DE CAPITAL – AFASTAMENTO – CPC, ART. 533 1 Fundamentado no art. 533 do Código de Processo Civil, é permitido ao autor requerer seja ao réu determinado que constitua capital para garantir o adimplemento de pensão mensal fixada em ação de indenização por ato ilícito. 2 Essa providência deve ser mantida independentemente de outras medidas assecuratórias terem sido deferidas em processos autônomos, de forma a, em observância ao próprio espírito da norma, dar maior prevalência ao credor de alimentos e assegurar a consecução do propósito da disposição legal. RESPONSABILIDADE CIVIL – ACIDENTE DE TRÂNSITO – ATROPELAMENTO DE CICLISTA – SENTENÇA PENAL CONDENATÓRIA TRANSITADA EM JULGADO – CULPA EXCLUSIVA DA VÍTIMA – RE-

DISCUSSÃO NA ESFERA CÍVEL 1 "Com a condenação da parte no âmbito criminal, não mais se discute sobre sua responsabilidade pelo sinistro na esfera cível, conforme determina o art. 935 do Código Civil de 2002. Não obstante, nada impede a análise de questões outras, como a extensão do dano e a verificação de eventual culpa concorrente [...]"(AC n. 2012.074923-3, Des. Henry Petry Junior). 2 Nos termos do art. 935 do Código Civil, a responsabilidade civil é independente da criminal, não se podendo questionar mais sobre a existência do fato, ou sobre quem seja o seu autor, quando estas questões se acharem decididas no juízo criminal. CULPA CONCORRENTE - DISCUSSÃO - CABIMENTO - CULPA DEMONSTRADA - VÍTIMA CONCORREU PARA O ACIDENTE 1"Apesar da impossibilidade de discussão sobre os fatos e sua autoria, nada obsta que o juízo cível, após o exame dos autos e das circunstâncias que envolveram as condutas do autor e da vítima, conclua pela existência de concorrência de culpa em relação ao evento danoso" (REsp 1354346/PR, Min. Luis Felipe Salomão) 2 Se demonstrado no caso concreto que a vítima concorreu para o resultado, há de ser reduzido o montante da indenização pleiteada em proporção ao grau de culpa comprovado nos autos. DEPENDÊNCIA ECONÔMICA - PRESUNÇÃO - PENSÃO MENSAL DEVIDA 1 "A jurisprudência do Superior Tribunal de Justiça possui entendimento no sentido de que, em se tratando de família de baixa renda, há presunção de dependência econômica entre seus membros, de modo que se presume que o filho contribuía para o sustento de seus pais. Precedentes" (AgRg no AREsp n. 151.496, Min. Antonio Carlos Ferreira). 2 "PENSÃO MENSAL. DEPENDÊNCIA FINANCEIRA DOS PAIS. MORTE DE FILHO. REDUÇÃO E SUPRESSÃO. 13º SALÁRIO. INCLUSÃO. [...] A pensão por morte fixada em favor dos pais é devida a partir dos 14 anos da vítima, à razão de 2/3 do salário-mínimo ou dos seus ganhos, com redução, e não supressão, para 1/3 quando viesse a completar 25 anos. Precedentes. [...] PENSÃO. REDUÇÃO DO TERMO FINAL. AFASTAMENTO. Sabe-se que, nas últimas décadas, tendo em vista as melhorias experimentadas pelo povo brasileiro, em especial o do sul do País, com a evidente ascendência da qualidade de vida, a expectativa média de vida tem aumentado, a ponto de o Instituto Brasileiro de Geografia e Estatística afirmar, recentemente, que a média de vida do brasileiro ultrapassa já os 70 anos de idade, razão por que a pensão fixada não deverá findar na data em que a vítima completaria 65 anos de idade; mas, sim, aos 70 anos de idade, conforme precedentes desta Corte." (AC n. 2011.051799-4, Des. Luiz Carlos Freyesleben) [...] (AC ns. 2012.043344-0 e 2012.043345-7, Des. Henry Petry Junior). MORTE - FAMILIARES DA VÍTIMA - DANOS MORAIS PRESUMIDOS - QUANTUM INDENIZATÓRIO 1 O dano extrapatrimonial decorrente da morte abrupta e inesperada de cônjuge, companheiro ou parente próximo em razão de ato ilícito perpetrado por terceiro é presumida e deve ser indenizada com o objetivo de confortar e atenuar a dor daqueles que viram ceifada prematuramente a vida do familiar amado. 2 Na fixação do valor dos danos morais deve o julgador, na falta de critérios objetivos, estabelecer o quantum indenizatório com prudência, de modo que sejam atendidas as peculiaridades e a repercussão econômica da reparação, devendo esta guardar proporcionalidade com o grau de culpa e o gravame sofrido. DANOS MATERIAIS - DESPESAS FUNERÁRIAS - RESSARCIMENTO - COMPROVAÇÃO 1 A comprovação dos danos materiais por meio de notas fiscais, cupons fiscais e recibos relacionados às avarias oriundas do sinistro, torna certa a obrigação de indenizar. 2 Nos termos do inciso I, art. 948 do Código Civil, no caso de homicídio, a indenização consiste, sem excluir outras reparações, no pagamento das despesas com o tratamento da vítima, seu funeral e o luto da família. (TJ-SC; AC 00096868820138240075 Tubarão; Quinta Câmara de Direito Civil; Rel. Luiz Cézar Medeiros; Julg. 04/07/2017)

✓ IMPUGNAÇÃO AO CUMPRIMENTO DE SENTENÇA. Indenização por erro médico. Decisão que reconhece excesso de execução, determinando o prosseguimento do feito pelo valor indicado pelo devedor. Cálculo do executado que deixou de incluir multa de 10% (dez por cento) em razão da ausência de cumprimento voluntário da obrigação no prazo legal de 15 (quinze) dias. Ausência incontroversa de pagamento voluntário no prazo legal. Multa de 10% devida. Inteligência do art. 523, § 1º c/c art. 520, § 2º, ambos do CPC/2015. Reconhecimento, na origem, de excesso de execução, fundado em despesas médicas e pensões vincendas. Precipitado o reconhecimento do excesso em razão de gastos médicos neste momento. Determinada a concessão de prazo razoável à credora para demonstrar o total de gastos oriundos da prestação do serviço médico pelo executado. Reconhecimento do excesso de execução tão somente em relação às pensões vincendas, ressalvada a possibilidade de constituição de capital para fazer frente a essa despesa, nos termos do art. 533 do CPC/2015. Recurso parcialmente provido. (TJ-SP; AI 22590369620168260000 SP; 1ª Câmara de Direito Privado; Rel. Francisco Loureiro; Julg. 19/05/2017; Data de Publicação: 19/05/2017)

§ 1º O capital a que se refere o caput, representado por imóveis ou por direitos reais sobre imóveis suscetíveis de alienação, títulos da dívida pública ou aplicações financeiras em banco oficial, será inalienável e impenhorável enquanto durar a obrigação do executado, além de constituir-se em patrimônio de afetação.

§ 2º O juiz poderá substituir a constituição do capital pela inclusão do exequente em folha de pagamento de pessoa jurídica de notória capacidade econômica ou, a requerimento do executado, por fiança bancária ou garantia real, em valor a ser arbitrado de imediato pelo juiz.

Inclusão em folha de pagamento como substituição à constituição de capital:

✓ AGRAVO INTERNO NO AGRAVO EM RECURSO ESPECIAL. AÇÃO DE INDENIZAÇÃO POR DANOS MORAIS E MATERIAIS. ACIDENTE DE TRÂNSITO. PERCENTUAL CORRESPONDENTE À REDUÇÃO DA CAPACIDADE LABORAL DAS VÍTIMAS. DETERMINAÇÃO DE NOVA PERÍCIA EM LIQUIDAÇÃO DE SENTENÇA. REEXAME DE FATOS E PROVAS. IMPOSSIBILIDADE. CONSTITUIÇÃO DE CAPITAL GARANTIDOR. SUBSTITUIÇÃO PELA INCLUSÃO EM FOLHA DE PAGAMENTO. POSSIBILIDADE. FACULDADE DO JUIZ. DECISÃO MANTIDA. RECURSO DESPROVIDO. 1. A modificação do acórdão recorrido, quanto ao percentual correspondente à redução das capacidades laborais das vítimas e à necessidade de nova perícia médica em liquidação de sentença para averiguação das sequelas ainda presentes, demandaria o revolvimento de suporte fático-probatório dos autos, o que encontra óbice na Súmula 7 do Superior Tribunal de Justiça. 2. É facultado ao juiz da causa substituir a determinação de constituição de capital assegurador do pagamento de pensão mensal pela inclusão dos beneficiários em folha de pagamento da empresa, cuja capacidade econômica deve ser aferida pelas instâncias ordinárias. 3. Agravo interno não provido. (AgInt nos EDcl no AgInt no AREsp 25.729/RJ; Quarta Turma; Rel. Min. Lázaro Guimarães (Desembargador Convocado do TRF 5ª Região); Julg. 07/11/2017; DJe 13/11/2017)

✓ AGRAVO INTERNO NO AGRAVO REGIMENTAL NO RECURSO ESPECIAL - AÇÃO DE INDENIZAÇÃO - DECISÃO MONOCRÁTICA QUE RECONSIDEROU O ANTERIOR DECISUM SINGULAR PARA DAR PROVIMENTO AO APELO NOBRE. IRRESIGNAÇÃO DA DEMANDADA. 1. A mera circunstância de a empresa ré ser concessionária de serviço público não a exime da constituição de capital garantidor, como forma de assegurar o cumprimento da obrigação (Súmula 313/STJ). Precedentes. 2. A possibilidade de substituição da constituição de capital pela inclusão do exequente em folha de pagamento da empresa, deve ser avaliada pelo juízo da execução no momento do cumprimento de sentença. Precedentes desta Corte Superior. 3. Agravo interno desprovido. (AgInt no AgRg no REsp 1142408; RJ; Quarta Turma; Rel. Min. Marco Buzzi Julg. 13/09/2016; DJe 18/10/2016)

✓ AGRAVO DE INSTRUMENTO. RESPONSABILIDADE CIVIL EM ACIDENTE DE TRÂNSITO. AÇÃO INDENIZATÓRIA. CUMPRIMENTO DE SENTENÇA. EMPRESA EM DIFICULDADES FINANCEIRAS QUE APRESENTOU MELHORA. INCLUSÃO DOS EXEQUENTES EM FOLHA DE PAGAMENTO. ÚNICA FORMA POSSÍVEL DE ADIMPLEMENTO DO DÉBITO. CARÁTER ALIMENTAR DOS VALORES DEVIDOS AOS AGRAVADOS QUE IMPLICA EM RELATIVIZAÇÃO DA QUESTÃO RELATIVA À CONDIÇÃO ECONÔMICA DA EMPRESA DEVEDORA PARA FINS DE DETERMINAÇÃO DE SUBSTITUIÇÃO DA CONSTITUIÇÃO DO CAPITAL PELA INCLUSÃO DOS EXEQUENTES EM FOLHA DE PAGAMENTO. À UNANIMIDADE, NEGARAM PROVIMENTO AO RECURSO. (TJ-RS; Agravo de Instrumento 70070359526; Décima Primeira Câmara Cível; Rel. Katia Elenise Oliveira da Silva; Julg. 14/09/2016).

✓ APELAÇÃO CÍVEL. SENTENÇA (INDEX 264) QUE JULGOU PROCEDENTES, EM PARTE, OS PEDIDOS, PARA CONDENAR A RECLAMADA AO PAGAMENTO DE (I) R$ 465,00, CORRIGIDOS DESDE 28/02/2008 E ACRESCIDOS DE JUROS DE MORA DE 1% AO MÊS, CONTADOS DA CITAÇÃO, DE PENSÃO POR INCAPACIDADE TEMPORÁRIA; (II) 20% SOBRE R$ 465,00, CORRIGIDOS DESDE 28/03/2008 ATÉ O PAGAMENTO, E ACRESCIDOS DE JUROS DE MORA DE 1% AO MÊS, CONTADOS DA CITAÇÃO, DE PENSÃO VITALÍCIA POR INCAPACIDADE DEFINITIVA; (III) R$ 7.500,00, CORRIGIDOS MONETARIAMENTE A PARTIR DA DATA DO DECISUM E ACRESCIDOS DE JUROS DE MORA DE 1 % AO MÊS, CONTADOS DA CITAÇÃO, DE DANO MORAL; (IV) REEMBOLSO DE R$ 42,90, DE DESPESA MÉDICA, CORRIGIDOS DESDE O DESEMBOLSO E ACRESCIDOS DE JUROS DE MORA DE 1 % AO MÊS, CONTADOS DA CITAÇÃO; (V) CONDENOU A SUPLICADA AO PAGAMENTO DE 4/5 DAS DESPESAS PROCESSUAIS E HONORÁRIOS ADVOCATÍCIOS DE 10% SOBRE O VALOR DA CONDENAÇÃO E CONDENOU A AUTORA AO PAGAMENTO DE 1/5 DAS DESPESAS PROCESSUAIS E HONORÁRIOS DE 10% SOBRE 1/5 DO VALOR DA CAUSA; OBSERVADO O ART. 98, § 3º, DO CPC. APELO DA RÉ A QUE SE NEGA PROVIMENTO E RECURSO DA AUTORA A QUE SE DÁ PARCIAL PROVIMENTO, APENAS PARA DETERMINAR QUE A REQUERIDA ARQUE COM A INTEGRALIDADE DO PAGAMENTO DAS DESPESAS PROCESSUAIS E HONORÁRIOS ADVOCATÍCIOS FIXADOS EM 10% DO VALOR DA CONDENAÇÃO, CONFORME FIXADO PELO R. JUÍZO A QUO. Inicialmente, cumpre apreciar o agravo retido interposto pela Demandada, reiterado preliminarmente nas razões de recurso, nos termos do art. 523 do Código de Processo Civil de 1973. Insurge-se a Suplicada contra a decisão que indeferiu a produção de nova prova pericial. Ocorre que, no caso em exame, não há que se falar em cerceamento de defesa, tendo em vista o indeferimento de nova prova pericial. Cabe ressaltar que a prova técnica foi produzida à luz dos ditames do contraditório e da ampla defesa, sendo insuficiente o descontentamento da Requerida, acerca das conclusões do Expert, a fim de provocar a produção de nova prova pericial médica. Registre-se, por fim, que, segundo entendimento consagrado no verbete sumular nº 156, deste E. Tribunal de Justiça: ¿A decisão que defere ou indefere a produção de determinada prova só será reformada se teratológica¿. Destaca-se que o contrato de transporte tem como principal característica a cláusula de incolumidade, implicitamente prevista, pela qual a obrigação do transportador não é apenas de meio, sendo certo que há o dever de zelar pela incolumidade do passageiro, de modo a evitar que sofra qualquer dano até o local de destino. No caso em exame, o Laudo Pericial, anexado ao indexador 126, concluiu que a Requerente, em decorrência do acidente no coletivo, apresentou incapacidade total temporária de 30 dias; incapacidade parcial permanente de 20%, bem como ocorreram despesas médicas, no valor de R$ 42,90. O ilustre Perito acrescentou que as lesões apresentadas são compatíveis com a dinâmica do acidente, tendo a Autora sido atendida no Hospital Geral de Nova Iguaçu, onde foi identificada: ¿fratura de L2 com compressão de saco dural, de acordo com o documento do indexador 119, tendo sido orientada a utilizar analgesia e colete. Apurou, ainda, que a acidentada apresenta redução do movimento de rotação e flexão da coluna lombar em grau mínimo, que os reflexos apurados nos membros superiores e inferiores são normais, não havendo redução da força nos quatro segmentos, estando a movimentação das demais articulações preservadas. Em que pese as alegações da Demandada, no sentido de que as lesões da Consumidora se originaram de doença preexistente, tal fato não restou demonstrado. Pelo contrário, conforme salientado pelo r. Juízo a quo, o laudo pericial, nos esclarecimentos do indexador 145, assevera que a fratura decorreu de trauma, e não de perda óssea decorrente da idade da Autora. Considerando-se o conjunto probatório, notadamente que a Demandante apresentou incapacidade total temporária de 30 dias e incapacidade parcial permanente de 20%, é de se reputar razoável o valor de R$ 7.500,00 (sete mil e quinhentos reais), fixado pelo r. Juízo a quo, para compensação por danos morais. Cabe frisar que, sobre a verba fixada para compensação de danos morais, os juros de mora de 1% ao mês, por se tratar de responsabilidade contratual, devem ter como dies a quo a data da citação, nos moldes do art. 405 do Código Civil, vez que é esse o momento da constituição em mora do devedor. Por outro lado, o percentual do pensionamento, 20% sobre o salário da Autora à época, se afigura razoável, e levou em conta que a Autora perdeu 20% do movimento de rotação e flexão da coluna lombar. Sobre o valor do pensionamento, o art. 533, do NCPC determina que, quando a indenização por ato ilícito incluir prestação de alimentos, caberá ao executado, a requerimento do exequente, constituir capital cuja renda assegure o pagamento do valor mensal da pensão. O § 2º, do referido dispositivo, prevê que o juiz poderá substituir a constituição do capital pela inclusão do exequente em folha de pagamento de pessoa jurídica de notória capacidade econômica, ou, a requerimento do executado, por fiança bancária ou garantia real, em valor a ser arbitrado de imediato pelo juiz. In casu, está a se impor a inclusão da Consumidora em folha de pagamento da Ré, por ser medida de maior exequibilidade e menos onerosa para a Concessionária. Acrescente-se, ainda, que a Demandada é pessoa jurídica de notória capacidade econômica, não havendo prejuízo à Requerente. Com relação aos honorários advocatícios, assiste razão à Autora. Tendo decaído de parte mínima do pedido (dano estético), aplicável o art. 86, parágrafo único, do Novo Código de Processo Civil, segundo o qual, se um litigante decair de parte mínima do pedido, o outro responderá, por inteiro, pelas despesas e honorários. (TJ-RJ; APL 00087939120088190211 Rio de Janeiro, Pavuna Regional; 1ª Vara Cível, Vigésima Sexta Câmara Cível Consumidor; Rel. Arthur Narciso de Oliveira Neto; Julg. 26/10/2017; Data de Publicação: 27/10/2017)

✓ AGRAVO DE INSTRUMENTO – CUMPRIMENTO DE SENTENÇA – OBRIGAÇÃO DE PAGAR PRESTAÇÃO ALIMENTÍCIA COMO INDENIZAÇÃO POR ATO ILÍCITO – OBRIGAÇÃO DE CONSTITUIR CAPITAL SUBSTITUÍDA PELA INCLUSÃO DA EXECUTADA NA FOLHA DE PAGAMENTO DA EXEQUENTE – POSSIBILIDADE – APLICAÇÃO DO ART. 533, § 2º, DO CPC – TENDO O MAGISTRADO OPTADO PELA INCLUSÃO DA EXEQUENTE NA FOLHA DE PAGAMENTO DA EXECUTADA COMO FORMA DE ACAUTELAMENTO DO PAGAMENTO DO VALOR MENSAL DA PENSÃO, ESTÁ O DEVEDOR SUJEITO À ADOÇÃO DAS MEDIDAS PERTINENTES À SATISFAÇÃO DOS INTERESSES DA CREDORA, SENDO IRRELEVANTE TRATAR-SE DE PROCEDIMENTO BUROCRÁTICO OU INEFICIENTE – CABE AO DEVEDOR E A SEUS REPRESENTANTES LEGAIS O CUMPRIMENTO DA DETERMINAÇÃO, SOB PENA DE SEREM APLICADAS AS SANÇÕES CABÍVEIS . – DECISÃO MANTIDA. – Recurso desprovido. (TJ-SP; AI 22057561620168260000 SP; 25ª Câmara de Direito Privado; Rel. Edgard Rosa; Julg. 02/02/2017; Data de Publicação: 02/02/2017)

✓ AGRAVO DE INSTRUMENTO. RESPONSABILIDADE CIVIL EM ACIDENTE DE TRÂNSITO. AÇÃO INDENIZATÓRIA. CUMPRIMENTO DE SENTENÇA. EMPRESA EM DIFICULDADES FINANCEIRAS QUE APRESENTOU MELHORA. INCLUSÃO DOS EXEQUENTES EM FOLHA DE PAGAMENTO. ÚNICA FORMA POSSÍVEL DE ADIMPLEMENTO DO DÉBITO. CARÁTER ALIMENTAR DOS VALORES DEVIDOS AOS AGRAVADOS QUE IMPLICA EM RELATIVIZAÇÃO DA QUESTÃO RELATIVA À CONDIÇÃO ECONÔMICA DA EMPRESA DEVEDORA PARA FINS DE DETERMINAÇÃO DE SUBSTITUIÇÃO DA CONSTITUIÇÃO DO CAPITAL PELA INCLUSÃO DOS EXEQUENTES EM FOLHA DE PAGAMENTO. À UNANIMIDADE, NEGARAM PROVIMENTO AO RECURSO. (TJ-RS; Agravo de Instrumento 70070359526; Décima Primeira Câmara Cível; Rel. Katia Elenise Oliveira da Silva; Julg. 14/09/2016).

§ 3º Se sobrevier modificação nas condições econômicas, poderá a parte requerer, conforme as circunstâncias, redução ou aumento da prestação.

§ 4º A prestação alimentícia poderá ser fixada tomando por base o salário mínimo.

→ *v.* Súmula Vinculante 4 do STF.

→ *v.* Súmula 490 do STF.

→ *v.* Art. 7º, IV, da CF/1988.

Prestação alimentícia fixada com base em salário mínimo:

✓ AGRAVO DE INSTRUMENTO. DIREITO DE FAMÍLIA. AÇÃO DE RECONHECIMENTO E DISSOLUÇÃO DE UNIÃO ESTÁVEL. DECISÃO INTERLOCUTÓRIA QUE NÃO ADMITIU A POSSIBILIDADE DO SALÁRIO MÍNIMO VIGENTE SER FATOR DE CORREÇÃO DE PENSÃO ALIMENTÍCIA FIXADA EM TERMO DE ACORDO AMIGÁVEL (TÍTULO EXECUTIVO EXTRAJUDICIAL). DECISÃO AGRAVADA DISSONANTE DO ENTENDIMENTO RECENTE DO SUPREMO TRIBUNAL FEDERAL (AGR NO AI Nº 763480/RJ) E DISPOSIÇÃO EXPRESSA CONSTANTE NO CPC/2015 ACERCA DA POSSIBILIDADE DE PENSÃO ALIMENTÍCIA SER FIXADA TOMANDO POR BASE O SALÁRIO MÍNIMO (ART. 533, § 4º). NECESSIDADE DE REFORMA DA DECISÃO RECORRIDA. I – Inicialmente, cumpre asseverar que os Embargos Declaratórios nº 0000336-33.2016.8.05.0000/50.000 opostos pela Recorrente, às fls. 237/243 (e documentos de fls. 244/255), restam prejudicados, ante o julgamento meritório do Agravo de Instrumento que ora se perfaz. II – Submete-se à apreciação desta Corte a pretensão da Agravante MONIQUE SOUZA MARTINS de reformar a decisão agravada em que o Juízo a quo, nos autos da Ação de Reconhecimento e Dissolução de União Estável nº. 0502630-21.2014.8.05.0113, proposta por MAURÍCIO PORTO DE OLIVEIRA PIMENTA, fixou os alimentos provisórios "no valor de R$ 4.500,00 (quatro mil e quinhentos reais), conforme acordo firmado entre as partes, (que será reajustado anualmente, salvo decisão posterior, e a partir desta data, pelo INPC-IBGE)". III – A Agravante, através do presente recurso instrumental, objetiva o reconhecimento, por esta Corte de Justiça, da possibilidade da determinação do salário mínimo como fator de correção da pensão alimentícia firmada pelas partes no "Termo de Acordo Amigável" (título executivo extrajudicial) de fl. 39. IV – Cumpre destacar que o Novo Código de Processo Civil (CPC/2015), em seu art. 533, § 4º, de forma clara e específica, reconhece a possibilidade de fixação de pensão alimentícia tomando por base o salário mínimo, consoante se observa a seguir, verbis: "§ 4º A prestação alimentícia poderá ser fixada tomando por base o salário-mínimo". V – Nessa esteira, é prudente consignar que o CPC/2015, em seu art. 1.046, ao tratar do direito intertemporal, assevera que suas disposições devem ser aplicadas imediatamente aos processos em curso, preceituando expressamente que "Ao entrar em vigor este Código, suas disposições se aplicarão desde logo aos processos pendentes, ficando revogada a Lei no 5.869, de 11 de janeiro de 1973". VI – Ademais, conforme manifestação recente desta Quinta Câmara Cível, consoante acórdão proferido nos autos do Agravo de Instrumento nº 0021275-68.2015.8.05.0000, de minha relatoria e julgado em 26/01/2016, cumpre estatuir que o Supremo Tribunal Federal, no AgR no AI nº 763480 RJ, de relatoria do Ministro Roberto Barroso, consolidou o entendimento de que "em se tratando de pensão alimentícia, é possível sua fixação em salários mínimos" (STF; Rel. Min. ROBERTO BARROSO; Julg. 03/03/2015, Primeira Turma). VII – Observa-se, portanto, em cognição sumária, própria deste momento processual, que a pensão alimentícia pactuada pelos litigantes no "Termo de Acordo Amigável" de fl. 39 (datado de 02/03/2012), prevê expressamente a possibilidade de aumento do valor originário de acordo com o salário mínimo vigente. VIII – Desse modo, conforme jurisprudência hodierna do Supremo Tribunal Federal (AgR no AI nº 763480/RJ) e disposição expressa do CPC/2015 (art. 533, § 4º), não há qualquer óbice legal no reconhecimento da legitimidade do reajuste e atualização da pensão alimentícia, outrora firmada, tendo como base o salário mínimo como indexador. IX – Impositiva é a reforma do decisum agravado, em razão da presença do fumus boni iuris, uma vez que a Agravante trouxe aos autos instrumentais prova inequívoca da plausibilidade de suas alegações recursais, bem como em razão do entendimento pacificado no STF sobre o tema ora tratado (AgR no AI nº 763480/RJ) e disposição expressa constante no CPC/2015 acerca da possibilidade de pensão alimentícia ser fixada tomando por base o salário mínimo (art. 533, § 4º). EMBARGOS DECLARATÓRIOS JULGADOS PREJUDICADOS. AGRAVO DE INSTRUMENTO CONHECIDO E PROVIDO. (Classe: Agravo de Instrumento, Número do Processo: 0000336-33.2016.8.05.0000, Rel. Carmem Lucia Santos Pinheiro, Quinta Câmara Cível, Publicado em: 13/07/2016) (TJ-BA; AI 00003363320168050000; Quinta Câmara Cível; Rel. Carmem Lucia Santos Pinheiro; Data de Publicação: 13/07/2016)

§ 5º Finda a obrigação de prestar alimentos, o juiz mandará liberar o capital, cessar o desconto em folha ou cancelar as garantias prestadas.

Capital que constituiu garantia e não forma de satisfação:

✓ AGRAVO DE INSTRUMENTO – Ação indenizatória – Fase de cumprimento de sentença – Insurgência contra decisão que determinou o levantamento, pelos exequentes, da quantia depositada nos autos a título de constituição de capital – Importância que tem por finalidade garantir o pagamento mensal das pensões de caráter alimentar fixadas em favor dos beneficiários – Levantamento integral descabido – Possibilidade de liberação do capital em favor da devedora, por ocasião da extinção da obrigação – Decisão reformada – Recurso provido. (TJ-SP; AI 21778011020168260000 SP; 6ª Câmara de Direito Privado; Rel. José Roberto Furquim Cabella; Julg. 02/12/2016; Data de Publicação: 02/12/2016)

✓ AGRAVO DE INSTRUMENTO – Ação indenizatória – Fase de cumprimento de sentença – Insurgência contra decisão que determinou o levantamento, pelos exequentes, da quantia depositada nos autos a título de constituição de capital – Importância que tem por finalidade garantir o pagamento mensal das pensões de caráter alimentar fixadas em favor dos beneficiários – Levantamento integral descabido – Possibilidade de liberação do capital em favor da devedora, por ocasião da extinção da obrigação – Decisão reformada – Recurso provido. (TJ-SP; AI 21672662220168260000 SP; 6ª Câmara de Direito Privado; Rel. José Roberto Furquim Cabella; Julg. 02/12/2016; Data de Publicação: 02/12/2016)

Capítulo V
DO CUMPRIMENTO DE SENTENÇA QUE RECONHEÇA A EXIGIBILIDADE DE OBRIGAÇÃO DE PAGAR QUANTIA CERTA PELA FAZENDA PÚBLICA

Art. 534. No cumprimento de sentença que impuser à Fazenda Pública o dever de pagar quantia certa, o exequente apresentará demonstrativo discriminado e atualizado do crédito contendo:

I – o nome completo e o número de inscrição no Cadastro de Pessoas Físicas ou no Cadastro Nacional da Pessoa Jurídica do exequente;

II – o índice de correção monetária adotado;

III – os juros aplicados e as respectivas taxas;

IV – o termo inicial e o termo final dos juros e da correção monetária utilizados;

→ *v.* Art. 1º-F da Lei 9.494/1997.

→ *v.* ADI n. 4.357/DF e ADI n. 4.425/DF, STF.

V – a periodicidade da capitalização dos juros, se for o caso;

VI – a especificação dos eventuais descontos obrigatórios realizados.

Rito a ser observado nas execuções contra Fazenda Pública:

✓ AGRAVO DE INSTRUMENTO – CUMPRIMENTO DE SENTENÇA – COBRANÇA DE ASTREINTES – Com a finalidade de abreviar o procedimento da execução, em benefício das próprias partes, o juízo a quo determinou que a agravante, que é a devedora, apresentasse demonstrativo de seu débito, para posterior manifestação do credor – Na decisão agravada, as obrigações foram distribuídas de forma invertida – Respeitado o entendimento esposado no primeiro grau de jurisdição, que, evidentemente, prima pela eficiência dos procedimentos judiciais, compreende-se que deve ser observado o rito próprio estabelecido para a Fazenda Pública, representado pelas regras disciplinadas pelos artigos 534 e 535 do Novo Código de Processo Civil, mormente pela natureza da devedora – Reforma da decisão agravada – Recurso provido. (TJ-SP; AI 20656705820178260000 SP; 12ª Câmara de Direito Público; Rel. Osvaldo de Oliveira; Julg. 11/07/2017; Data de Publicação: 11/07/2017)

Impossibilidade de ser fixada multa coercitiva para cumprimento da obrigação de pagar:

✓ AGRAVO DE INSTRUMENTO. CUMPRIMENTO DE SENTENÇA PROFERIDA EM AÇÃO ACIDENTÁRIA CONTRA O INSS. DECISÃO AGRAVADA QUE FIXOU ASTREINTS COMO MEDIDA COERCITIVA AO CUMPRIMENTO DE OBRIGAÇÃO DE PAGAR, COM BASE NA NORMA DO ART. 139, IV, DO CPC. IMPOSSIBILIDADE. PREVALÊNCIA DA REGRA ESPECIAL DO ART. 535 DO CPC/2015, QUE PREPONDERA SOBRE A REGRA GERAL, HAJA VISTA A QUALIDADE DO DEVEDOR, IN CASU, A FAZENDA PÚBLICA. AGRAVO A QUE SE DÁ PROVIMENTO. (TJ-RJ; AI 00225802920178190000 Rio de Janeiro Capital 28ª Vara Cível, Décima Terceira Câmara Cível; Rel. Fernando Fernandy Fernandes; Julg. 21/06/2017; Data de Publicação: 23/06/2017)

Obrigação de fazer que não se submete ao regime dos precatórios:

✓ RECURSO EXTRAORDINÁRIO COM REPERCUSSÃO GERAL. DIREITO CONSTITUCIONAL FINANCEIRO. SISTEMÁTICA DOS PRECATÓRIOS (ART. 100, CF/88). EXECUÇÃO PROVISÓRIA DE DÉBITOS DA FAZENDA PÚBLICA. OBRIGAÇÃO DE FAZER. SENTENÇA COM TRÂNSITO EM JULGADO. EMENDA CONSTITUCIONAL 30/2000. 1. Fixação da seguinte tese ao Tema 45 da sistemática da repercussão geral: "A execução provisória de obrigação de fazer em face da Fazenda Pública não atrai o regime constitucional dos precatórios." 2. A jurisprudência do STF firmou-se no sentido da inaplicabilidade ao Poder Público do regime jurídico da execução provisória de prestação de pagar quantia certa, após o advento da Emenda Constitucional 30/2000. Precedentes. 3. A sistemática constitucional dos precatórios não se aplica às obrigações de fato positivo ou negativo, dado a excepcionalidade do regime de pagamento de débitos pela Fazenda Pública, cuja interpretação deve ser restrita. Por consequência, a situação rege-se pela regra regal de que toda decisão não autossuficiente pode ser cumprida de maneira imediata, na pendência de recursos não recebidos com efeito suspensivo. 4. Não se encontra parâmetro constitucional ou legal que obste a pretensão de execução provisória de sentença condenatória de obrigação de fazer relativa à implantação de pensão de militar, antes do trânsito em julgado dos embargos do devedor opostos pela Fazenda Pública. 5. Há compatibilidade material entre o regime de cumprimento integral de decisão provisória e a sistemática dos precatórios, haja vista que este apenas se refere às obrigações de pagar quantia certa. 6. Recurso extraordinário a que se nega provimento. (RE 573872, Rel. Min. Edson Fachin, Tribunal Pleno; Julg. 24/05/2017, PROCESSO ELETRÔNICO REPERCUSSÃO GERAL – MÉRITO DJe-204 DIVULG 08/09/2017 PUBLIC 11/09/2017)

Apresentação de cálculos na execução:

✓ Agravo de Instrumento - Impugnação ao cumprimento de sentença - Valores relativos a quinquênios - Verba salarial - Natureza remuneratória, estando sujeita às contribuições previdenciárias e ao IAMSPE - Necessidade de novos cálculos, com a observância do artigo 534, VI do CPC - Honorários advocatícios afastados - Decisão reformada - Agravo provido. (TJ-SP; 21196051320178260000 SP; 3ª Câmara de Direito Público; Rel. Marrey Uint; Julg. 22/08/2017; Data de Publicação: 23/08/2017)

§ 1º Havendo pluralidade de exequentes, cada um deverá apresentar o seu próprio demonstrativo, aplicando-se à hipótese, se for o caso, o disposto nos §§ 1º e 2º do art. 113.

Execução com pluralidade de exequentes:

✓ PREVIDENCIÁRIO. EMBARGOS À EXECUÇÃO. APELAÇÃO. COBRANÇA DE HONORÁRIOS DO PERITO. IMPOSSIBILIDADE. AUSÊNCIA DE ANTECIPAÇÃO. ENRIQUECIMENTO ILÍCITO. ILEGITIMIDADE. PRESCRIÇÃO INTERCORRENTE. VÍNCULO EMPREGATÍCIO. LAUDO MÉDICO PERICIAL. FATO CONHECIDO NA FASE DE CONHECIMENTO. NÃO ALEGADO. COMPENSAÇÃO. DESCABIMENTO. COISA JULGADA. HONORÁRIOS ADVOCATÍCIOS. BASE DE CÁLCULO. PREJUÍZO DOS CÁLCULOS DAS PARTES. PERCENTUAL DE JURO DE MORA. LEI N. 11.960/2009. INAPLICABILIDADE. PRECLUSÃO. SUCUMBÊNCIA MÍNIMA DO EMBARGADO. ART. 86, § ÚNICO, NOVO CPC. SUCUMBÊNCIA DO INSS MANTIDA. FIXAÇÃO DO VALOR DA EXECUÇÃO. RECURSO DO INSS PROVIDO EM PARTE. SENTENÇA REFORMADA PARCIALMENTE. - O exequente embargado não possui legitimidade para a cobrança dos honorários periciais, à vista do contido no artigo 534 do Código de Processo Civil de 2015, a qual exige que a obrigação de pagar quantia certa pela Fazenda Pública deverá ser requerida pelo próprio interessado, mediante demonstrativo de cálculo, devendo conter o que prescrevem os seus incisos, mormente o inciso VI, cujo § 1º estabelece que, "Havendo pluralidade de exequentes, cada um deverá apresentar o seu próprio demonstrativo, aplicando-se à hipótese, se for o caso, o disposto nos §§ 1º e 2º do art. 113.". - Não tendo a parte embargada antecipado os honorários do perito, não poderá ela apurá-los, hipótese que somente será possível no caso de reembolso, legitimando a cobrança. - Ausente o requisito de reembolso de valor antes despendido, a cobrança dos honorários periciais pelo embargado importará em enriquecimento ilícito. - Ocorrência de prescrição intercorrente, na forma dos artigos 487, II, e 924, V, ambos do Código Processual Civil de 2015, para o perito requerer a complementação entre o valor acostado no Ofício Requisitório ao TRF 3ª Região, na forma da Resolução n. 541/2007, e aquele fixado no decisum, por ter decorrido o prazo prescricional de um ano, previsto no art. 206, § 1º, III, do Código Civil de 2002 - o qual reitera a redação do art. 178, § 6º, X, do Código Civil de 1916. - Insubsistente o pedido do INSS, para que haja o desconto do período em que a segurada exerceu atividade laborativa - 4/6/2012 a 11/6/2012 - por contrariar o decisum, por já constar do processo cognitivo referido vínculo (8 dias) s, na forma do laudo médico pericial, dos quais se valeu a sentença, para deferir o benefício de auxílio-doença. - Tratando-se de compensação baseada em fato que já era possível de ser invocado na fase de conhecimento, não poderá o INSS invocá-la pela via de embargos à execução, porque a matéria está protegida pelo instituto da coisa julgada, operando-se a preclusão lógica. - Prejuízo dos honorários advocatícios apurados no cálculo autárquico, por fazer incidir referido desconto na base de cálculo desse acessório; de igual forma, o prejuízo do cálculo embargado quanto a este acessório, por tê-lo apurado sobre o valor da condenação, em prejuízo do decisum, que determinou a aplicação da Súmula 111/STJ. - No caso concreto, inaplicável a Lei n. 11.960/2009 para efeito do percentual de juro de mora, à vista de ter o decisum disposto de forma diversa (12%), em decisão proferida em data a ela posterior. - Ocorrência de preclusão lógica. - Ante a sucumbência mínima do embargado (art. 86, § único, CPC/2015), mantenho os honorários advocatícios a que foi condenada a autarquia, que não se insurgiu contra o valor a ela imputado. - Refazimento dos cálculos, de sorte a amoldá-los ao decisum. - Sentença reformada parcialmente. - Parcial provimento ao recurso do INSS. (TRF-3; AC 00001241220154039999 SP; Nona Turma; Rel. Juiz Convocado Rodrigo Zacharias; Julg. 12/09/2016; Data de Publicação: e-DJF3 Judicial 1: 26/09/2016)

§ 2º A multa prevista no § 1º do art. 523 não se aplica à Fazenda Pública.

Multa inaplicável à Fazenda Pública:

✓ Trata-se de agravo de instrumento contra decisão que, em sede de cumprimento de sentença, determinou ao INSS que apresente os cálculos de liquidação. Insurge-se a autarquia, em síntese, ao argumento de que a apresentação dos cálculos é ônus do credor, o qual, se litigar sob o pálio da AJG, pode requerer a elaboração da conta pela contadoria do Juízo. Aponta violação ao artigo 509, § 2º do CPC, bem como do artigo 5º, LIV da CF/88 (devido processo legal). Requer a atribuição de efeito suspensivo ao recurso. Decido. No caso, a norma de regência é o artigo 534 do CPC. Confira-se: Art. 534. No cumprimento de sentença que impuser à Fazenda Pública o dever de pagar quantia certa, o exequente apresentará demonstrativo discriminado e atualizado do crédito contendo: I - o nome completo e o número de inscrição no Cadastro de Pessoas Físicas ou no Cadastro Nacional da Pessoa Jurídica do exequente; II - o índice de correção monetária adotado; III - os juros aplicados e as respectivas taxas; IV - o termo inicial e o termo final dos juros e da correção monetária utilizados; V – a periodicidade da capitalização dos juros, se for o caso; VI – a especificação dos eventuais descontos obrigatórios realizados. § 1º Havendo pluralidade de exequentes, cada um deverá apresentar o seu próprio demonstrativo, aplicando-se à hipótese, se for o caso, o disposto nos §§ 1º e 2º do art. 113. § 2º A multa prevista no § 1º do art. 523 não se aplica à Fazenda Pública. O que se deve oportunizar ao INSS é o cumprimento voluntário do julgado – o que se dá com a implantação do benefício no prazo de 15 dias a contar da intimação e apresentação dos cálculos para execução, caso em que não será onerado com honorários na fase de cumprimento da sentença. Poder-se-ia cogitar, em se revelando realmente necessário, da realização da liquidação pela contadoria do juízo. No caso em tela, porém, sequer se evidencia essa necessidade porque se trata de benefício no valor mínimo, estando disponíveis no portal da Justiça Federal da 4ª Região, diversos programas de cálculo com vistas a facilitar a liquidação dos julgados. Pelo exposto, defiro o efeito suspensivo requerido. Comunique-se o Juízo. Intimem-se, sendo a parte agravada para responder. (TRF-4; AG 50312938920164040000; Quinta Turma; Rel. Taís Schilling Ferraz; Julg. 27/07/2016)

Art. 535. **A Fazenda Pública será intimada na pessoa de seu representante judicial, por carga, remessa ou meio eletrônico, para, querendo, no prazo de 30 (trinta) dias e nos próprios autos, impugnar a execução, podendo arguir:**

<u>Limitações cognitivas da impugnação:</u>

✓ PROCESSO CIVIL. AGRAVO INTERNO NO RECURSO ESPECIAL. ENUNCIADO ADMINISTRATIVO N.º 3/STJ. JULGAMENTO MONOCRÁTICO DO RECURSO ESPECIAL. POSSIBILIDADE. ART. 932, VIII, DO CPC/2015 C/C O ART. 255, § 4º, III, DO RISTJ E SÚMULA 568/STJ. EXECUÇÃO DE SENTENÇA. DIFERENÇAS A TÍTULO DE VALOR MÍNIMO ANUAL POR ALUNO - VMAA. ILEGITIMIDADE ATIVA DOS MUNICÍPIOS. ANÁLISE DA AUTORIZAÇÃO PARA ATUAÇÃO DA ASSOCIAÇÃO. SÚMULAS 7/STJ e 283/STF. ALTERAÇÃO DA MODALIDADE DE LIQUIDAÇÃO EM EXECUÇÃO. SÚMULA 7/STJ. PERDA DE OBJETO DA EXECUÇÃO EM RAZÃO DA EXTINÇÃO DO FUNDEF. PRECLUSÃO. AGRAVO INTERNO NÃO PROVIDO. 1. "Nos termos do art. 932, VIII, do CPC/2015 c/c o art. 255, § 4º, III, do RISTJ e a Súmula 568/STJ, pode o Relator dar provimento a Recurso Especial, quando o acórdão recorrido for contrário à jurisprudência dominante sobre o tema em julgamento" (AgInt no REsp 1349008/PR, Relatora Ministra Assusete Magalhães, Segunda Turma; Julg. 08/11/2016, DJe 22/11/2016. 2. Nas execuções individuais de sentença coletiva devem ser obedecidos os limites subjetivos dentro dos quais o título executivo judicial foi constituído, ou seja, somente os beneficiados pela sentença de procedência, efetivamente representados pela associação de classe, mediante da comprovação da autorização expressa e da listagem de beneficiários, possuem legitimidade ativa para promover a execução do titulo judicial constituído na demanda coletiva. 3. O acórdão recorrido verificou a preclusão a respeito da discussão quanto à existência de eventual autorização expressa que permita a atuação judicial da Associação como substituta processual para defender os direitos dos Municípios. A alteração das premissas fáticas contidas no acórdão a quo encontra óbice na Súmula 7/STJ. 4. Ademais, não tendo sido infirmados por meio de recurso especial os fundamentos capazes de manter a totalidade do acórdão recorrido, aplica-se a Súmula 283/STF. 5. A tese relativa à necessidade da liquidação por artigo para se alcançar o quantum debeatur esbarra no óbice da Súmula 7/STF, tendo em vista que o Tribunal de origem asseverou que a apuração dos valores devidos é aferível por simples cálculos aritméticos. 6. Nas execuções de título judicial, os embargos do devedor ficam restritos às matérias constantes do rol taxativo imposto pelo art. 741 do CPC/1973, atual art. 535 do CPC/2015, não podendo conter alegações que deveriam ter sido apresentadas na fase de cognição. 7. Agravo interno não provido. (AgInt no REsp 1653204; PE; Segunda Turma; Rel. Min. Mauro Campbell Marques; Julg. 17/08/2017; DJe 23/08/2017)

✓ PROCESSO CIVIL. AGRAVO INTERNO NO RECURSO ESPECIAL. ENUNCIADO ADMINISTRATIVO N.º 3/STJ. JULGAMENTO MONOCRÁTICO DO RECURSO ESPECIAL. POSSIBILIDADE. ART. 932, VIII, DO CPC/2015 C/C O ART. 255, § 4º, III, DO RISTJ E SÚMULA 568/STJ. EXECUÇÃO DE SENTENÇA. DIFERENÇAS A TÍTULO DE VALOR MÍNIMO ANUAL POR ALUNO - VMAA. ILEGITIMIDADE ATIVA DOS MUNICÍPIOS. ANÁLISE DA AUTORIZAÇÃO PARA ATUAÇÃO DA ASSOCIAÇÃO. SÚMULAS 7/STJ e 283/STF. ALTERAÇÃO DA MODALIDADE DE LIQUIDAÇÃO EM EXECUÇÃO. SÚMULA 7/STJ. PERDA DE OBJETO DA EXECUÇÃO EM RAZÃO DA EXTINÇÃO DO FUNDEF. PRECLUSÃO. AGRAVO INTERNO NÃO PROVIDO. 1. "Nos termos do art. 932, VIII, do CPC/2015 c/c o art. 255, § 4º, III, do RISTJ e a Súmula 568/STJ, pode o Relator dar provimento a Recurso Especial, quando o acórdão recorrido for contrário à jurisprudência dominante sobre o tema em julgamento" (AgInt no REsp 1349008/PR, Relatora Ministra Assusete Magalhães, Segunda Turma; Julg. 08/11/2016, DJe 22/11/2016. 2. Nas execuções individuais de sentença coletiva devem ser obedecidos os limites subjetivos dentro dos quais o título executivo judicial foi constituído, ou seja, somente os beneficiados pela sentença de procedência, efetivamente representados pela associação de classe, mediante da comprovação da autorização expressa e da listagem de beneficiários, possuem legitimidade ativa para promover a execução do titulo judicial constituído na demanda coletiva. 3. O acórdão recorrido verificou a preclusão a respeito da discussão quanto à existência de eventual autorização expressa que permita a atuação judicial da Associação como substituta processual para defender os direitos dos Municípios. A alteração das premissas fáticas contidas no acórdão a quo encontra óbice na Súmula 7/STJ. 4. Ademais, não tendo sido infirmados por meio de recurso especial os fundamentos capazes de manter a totalidade do acórdão recorrido, aplica-se a Súmula 283/STF. 5. A tese relativa à necessidade da liquidação por artigo para se alcançar o quantum debeatur esbarra no óbice da Súmula 7/ STF, tendo em vista que o Tribunal de origem asseverou que a apuração dos valores devidos é aferível por simples cálculos aritméticos. 6. Nas execuções de título judicial, os embargos do devedor ficam restritos às matérias constantes do rol taxativo imposto pelo art. 741 do CPC/1973, atual art. 535 do CPC/2015, não podendo conter alegações que deveriam ter sido apresentadas na fase de cognição. 7. Agravo interno não provido. (AgInt no REsp 1664909; PE; Segunda Turma; Rel. Min. Mauro Campbell Marques; Julg. 17/08/2017, DJe 23/08/2017)

✓ PROCESSO CIVIL. AGRAVO DE INSTRUMENTO. DEMANDA DE CONVERSÃO DE BENEFÍCIO PREVIDENCIÁRIO, EM FASE DE CUMPRIMENTO DE SENTENÇA QUE RECONHECEU A EXIGIBILIDADE DE OBRIGAÇÃO DE PAGAR QUANTIA CERTA PELA FAZENDA PÚBLICA. DETERMINAÇÃO DE CITAÇÃO DA AUTARQUIA RÉ, NA FORMA DO ARTIGO 910 DO NCPC. ALEGAÇÃO DE NULIDADE PROCESSUAL DIANTE DA NÃO REMESSA DOS AUTOS. REJEIÇÃO. INSURGÊNCIA RECURSAL. EM VERDADE, O CORRETO SERIA INTIMAÇÃO PESSOAL, COM REMESSA DOS AUTOS, NA FORMA DO ARTIGO 535 DO NCPC. NULIDADE PROCESSUAL DEMONSTRADA. PROVIMENTO. 1. Na espécie, a despeito da determinação de citação da autarquia ré, na forma do artigo 910 do NCPC ("Art. 910. Na execução fundada em título extrajudicial, a Fazenda Pública será citada para opor embargos em 30 (trinta) dias."), o correto seria determinar-se a sua intimação pessoal, na forma do artigo 535 do NCPC ("Art. 535. A Fazenda Pública será intimada na pessoa de seu representante judicial, por carga, remessa ou meio eletrônico, para, querendo, no prazo de 30 (trinta) dias e nos próprios autos, impugnar a execução, podendo arguir: (...)"). 2. Nota-se que o citado artigo 910 do NCPC se encontra inserido no Capítulo V (Da Execução Contra a Fazenda Pública), do Título II (Das Diversas Espécies de Execução), do Livro II (Do Processo de Execução), da Parte Especial, sendo aplicável quando se tratar de execução fundada em título extrajudicial. Por sua vez, o artigo 535 do NCPC se encontra inserido no Capítulo V (Do Cumprimento de Sentença que Reconheça a Exigibilidade de Obrigação de Pagar Quantia Certa Pela Fazenda Pública), do Título II (Do Cumprimento da Sentença), do Livro I (Do Processo de Conhecimento e do Cumprimento de Sentença), também da Parte Especial, sendo aplicável quando se tratar de execução fundada em título judicial, como no caso em concreto. 3. Sendo assim, revela-se equivocada a aplicação, in casu, de regramento específico para a execução fundada em título extrajudicial quando, em verdade, se trata de execução fundada em título judicial, ou seja, cumprimento de sentença que reconheça a exigibilidade de obrigação de pagar quantia certa pela Fazenda Pública. Vale dizer, a autarquia ré deveria ser intimada na pessoa de seu representante judicial, por carga, remessa ou meio eletrônico, para, querendo, no prazo de 30 (trinta) dias e nos próprios autos, impugnar a execução, conforme textualmente prevê o artigo 535 do NCPC. 4. Neste cenário processual, a nulidade processual revela-se clara, caracterizado o prejuízo da autarquia ré, devendo ser declarada sua ocorrência, circunstância que recomenda o provimento do presente recurso. 5. Provimento do recurso para, declarando a nulidade processual, determinar a intimação da autarquia ré, na forma do artigo 535 do NCPC. (TJ-RJ; AI 00617799220168190000 Rio de Janeiro Volta Redonda; 5ª Vara Cível, Décima Quarta Câmara Cível; Rel. Cleber Ghelfenstein; Julg. 15/03/2017; Data de Publicação: 17/03/2017)

I – falta ou nulidade da citação se, na fase de conhecimento, o processo correu à revelia;
II – ilegitimidade de parte;
III – inexequibilidade do título ou inexigibilidade da obrigação;

Inexigibilidade do título:

✓ Embargos à execução. Impugnação. Inexigibilidade do título. Incorporação de quintos. 1 No cumprimento de sentença que reconheça a exigibilidade de obrigação de pagar quantia certa, a impugnação da Fazenda Pública pode versar sobre a inexequibilidade do título ou inexigibilidade da obrigação (CPC/15, art. 535, III). 2 Torna-se inexigível a obrigação reconhecida em título executivo judicial fundado em lei ou ato normativo considerado inconstitucional pelo Supremo Tribunal Federal, ou fundado em aplicação ou interpretação da lei ou do ato normativo tido pelo Supremo Tribunal Federal como incompatível com a Constituição Federal, em controle de constitucionalidade concentrado ou difuso (CPC/15, art. 535, § 5º). 3 Considerada indevida, pelo c. STF, no RE 638115/CE, a incorporação de quintos após 28.2.95, o título que reconheceu o direito de incorporação de quintos entre 1º.11.95 e 28.12.03 tornou-se inexigível. 4 – Apelação provida. (TJ-DF; APC 20150110560003; 6ª Turma Cível; Rel. Jair Soares; Julg. 25/05/2016; Data de Publicação: Publicado no DJE: 31/05/2016; Pág. 330)

IV – excesso de execução ou cumulação indevida de execuções;
V – incompetência absoluta ou relativa do juízo da execução;
VI – qualquer causa modificativa ou extintiva da obrigação, como pagamento, novação, compensação, transação ou prescrição, desde que supervenientes ao trânsito em julgado da sentença.

→ v. Enunciado do 57 FPPC: A prescrição prevista nos arts. 525, § 1º, VII e 535, VI, é exclusivamente da pretensão executiva.

§ 1º A alegação de impedimento ou suspeição observará o disposto nos arts. 146 e 148.

§ 2º Quando se alegar que o exequente, em excesso de execução, pleiteia quantia superior à resultante do título, cumprirá à executada declarar de imediato o valor que entende correto, sob pena de não conhecimento da arguição.

→ v. Art. 917, § 2º, do NCPC.

→ v. Enunciado 55 da ENFAM: Às hipóteses de rejeição liminar a que se referem os arts. 525, § 5º, 535, § 2º, e 917 do CPC/2015 (excesso de execução) não se aplicam os arts. 9º e 10 desse código.

Excesso de execução e indicação do valor correto:

✓ PROCESSUAL CIVIL. EMBARGOS À EXECUÇÃO. INDICAÇÃO DO VALOR E APRESENTAÇÃO DE MEMÓRIA DE CÁLCULO. APLICAÇÃO À FAZENDA PÚBLICA. JURISPRUDÊNCIA DO STJ E DESTE TRIBUNAL REGIONAL. DESCUMPRIMENTO. EMBARGOS REJEITADOS. APELAÇÃO NÃO PROVIDA. 1. A Primeira Turma do STJ entende que "nos embargos fundados em excesso à execução, cabe ao devedor apontar o valor que entende correto e apresentar a memória dos cálculos, sob pena de rejeição dos embargos" AgRg no AREsp 51.050/MG, Rel. Min. SÉRGIO KUKINA, PRIMEIRA TURMA; Julg. 03/12/2015, DJe 15/12/2015). 2. Existem precedentes desta Corte pela aplicação do art. 739, § 5º, do antigo CPC às execuções contra a Fazenda Pública, dispondo que "Esse dispositivo do CPC estabelece um ônus processual dirigido à parte embargante, consistente na indicação, na petição inicial dos embargos que tenham como fundamento excesso de execução, sem qualquer previsão de aditamento, do valor que entende como devido à parte exequente, devendo apresentar, ainda, memória de cálculo que embase a sustentada divergência, sendo que as consequências para o descumprimento desse ônus são a rejeição liminar dos embargos ou o não conhecimento desse específico fundamento" (AC 0004566-21.2014.4.01.3400 / DF, Rel. DESEMBARGADOR FEDERAL MARCOS AUGUSTO DE SOUSA, OITAVA TURMA, e-DJF1 p.1332 de 05/06/2015). 3. Importante salientar que o Novo Código de Processo Civil, art. 535, § 2º, também determina: "Quando se alegar que o exequente, em excesso de execução, pleiteia quantia superior à resultante do título, cumprirá à executada declarar de imediato o valor que entende correto, sob pena de não conhecimento da arguição". 4. A União, embora detentora de toda a documentação para a elaboração dos cálculos, não apresentou o valor que entende como sendo o devido na execução. Ainda, não atendeu à determinação quanto intimada para apresentar os documentos necessários para que a Contadoria do Juízo verificasse os cálculos do embargado. 5. Não assiste, portanto, razão à União. Sentença mantida. 6. Apelação improvida. (TRF-1; AC 00249796520084013400; Primeira Turma; Rel. Juiz Federal Emmanuel Mascena de Medeiros; Julg. 06/04/2016; Data de Publicação: 22/04/2016 e-DJF1)

✓ DIREITO PROCESSUAL CIVIL. APELAÇÃO CÍVEL EM EMBARGOS À EXECUÇÃO. EXECUÇÃO CONTRA A FAZENDA PÚBLICA. ALEGAÇÃO DE EXCESSO. AUSÊNCIA DE INSTRUÇÃO DA INICIAL COM MEMÓRIA DISCRIMINADA DOS CÁLCULOS TIDOS POR CORRETOS E DOCUMENTOS COMPROBATÓRIOS. INDEFERIMENTO LIMINAR. INCIDÊNCIA DO ART. 535, § 2º, DO CPC/2015. RECURSO IMPROVIDO DE FORMA INDISCREPANTE. 1. Entre as inovações do novo sistema do Código de processo civil de 2015, tem-se a inserção da obrigação de pagar quantia certa contra a Fazenda Pública no título relativo ao Cumprimento de Sentença (artigos 534 e 535 do CPC/2015), sob o qual se pauta o procedimento em face da Fazenda Pública em si, quando o título executivo for judicial (através de sentença transitada em julgado), ou seja, através de um mandamento do judicial, onde a principal inovação consiste na dispensa quanto à postulação de processo autônomo. 2. É consabido que, na sistemática do CPC/73, existia entendimento consolidado no sentido de que aos feitos executivos propostos contra a Fazenda Pública seria aplicada a regra insculpida no art. 475-B do CPC, exigindo-se, portanto, que o credor instruísse sua petição inicial com memória discriminada de cálculo que indique de forma clara e precisa o quantum debeatur. 3. Outrossim, assente a orientação segundo a qual o comando disposto no art. 739-A, § 5º, do CPC, por tratar de norma de disposição geral, deveria ser observado nos embargos à execução opostos pela Fazenda Pública, quando os mesmos estivessem fundados em excesso de execução, assim sendo, os aludidos embargos também deveriam estar acompanhados de planilha de cálculo que indique o erro cometido pelo exequente e o valor entendido como correto, sob pena de indeferimento liminar. 4. Esta posição, registre-se, voltada a conferir efetividade ao princípio da celeridade processual, não só restou mantida após advento do novo Digesto Processual, como também fora positivada no § 2º do art. 535: "§ 2º Quando se alegar que o exequente, em excesso de execução, pleiteia quantia superior à resultante do título, cumprirá à executada declarar de imediato o valor que entende correto, sob pena de não conhecimento da arguição". 5. Induvidoso, portanto, que se Fazenda Pública, em sua impugnação, alegar excesso de execução, deverá demonstrar em que consiste o excesso, e, caso não se desincumba desse ônus, sua impugnação será rejeitada liminarmente. 6. Feito esse apanhado geral, verificou-se que, no caso em concreto, acertou o julgador de primeiro grau ao rejeitar liminarmente a peça de Embargos à Execução manejada pela Edilidade ora apelante, haja vista que, de fato, a mesma olvidou-se de trazer aos autos planilha de cálculos apta a demonstrar o excesso reclamado, incorrendo em inegável transgressão ao citado art. 535, § 2º, do CPC. 7. À unanimidade de votos, deu-se improvimento ao presente recurso de Apelação Cível, em ordem a manter incólume a sentença vergastada. (TJ-PE; APL 4370029 PE; 2ª Câmara de Direito Público; Rel. José Ivo de Paula Guimarães; Julg. 16/06/2016; Data de Publicação: 11/07/2016)

§ 3º Não impugnada a execução ou rejeitadas as arguições da executada:

→ *v.* Enunciado 532 do FPPC: A expedição do precatório ou da RPV depende do trânsito em julgado da decisão que rejeita as arguições da Fazenda Pública executada.

→ *v.* Enunciado 533 do FPPC: Se o executado descumprir ordem judicial, conforme indicado pelo § 3º do art. 536, incidirá a pena por ato atentatório à dignidade da justiça (art. 774, IV), sem prejuízo da sanção por litigância de má-fé.

I – expedir-se-á, por intermédio do presidente do tribunal competente, precatório em favor do exequente, observando-se o disposto na Constituição Federal;

→ *v.* Art. 100 da CF/1988.

→ *v.* Art. 1º-E da Lei 9.494/1997.

Expedição dos precatórios após a superação da fase de impugnação:

✓ EXECUÇÃO EM MANDADO DE SEGURANÇA Nº 21.503 - DF (2017/0167216-3) RELATOR: MINISTRO PRESIDENTE DA PRIMEIRA SEÇÃO EXEQUENTE: BERNARDETE FERNANDES MATHIAS ADVOGADO: PAULO ROBERTO MANES - SP091571 EXECUTADO: UNIÃO DESPACHO Às fls. 235 e seguintes, a União argumenta que: (...) Nessa quadra, a execução contra a Fazenda Pública precisa respeitar a expedição de precatório, nos termos do artigo 100, parágrafo 1º da Constituição Federal. Além da previsão constitucional, como já dito, o artigo 2º da Lei n. 9.494/97 e o artigo 535, § 3º, I, do CPC também determinam que a execução contra a Fazenda Pública deve se submeter à do rito dos precatórios. Confira-se o CPC/15: Art. 535. A Fazenda Pública será intimada na pessoa de seu representante judicial, por carga, remessa ou meio eletrônico, para, querendo, no prazo de 30 (trinta) dias e nos próprios autos, impugnar a execução, podendo arguir: (...) § 1º A alegação de impedimento ou suspeição observará o disposto nos arts. 146 e 148. § 2º Quando se alegar que o exequente, em excesso de execução, pleiteia quantia superior à resultante do título, cumprirá à executada declarar de imediato o valor que entende correto, sob pena de não conhecimento da arguição. § 3º Não impugnada a execução ou rejeitadas as arguições da executada: I – expedir-se-á, por intermédio do presidente do tribunal competente, precatório em favor do exequente, observando-se o disposto na Constituição Federal; Portanto, é de se indeferir o pedido da Impetrante/exqte, à vista das irregularidades alhures demonstradas a respeito da execução e diante da manifesta impossibilidade de pagamento imediato ou, em assim não se entendo, que seja determinado o aditamento da petição para adequá-la aos termos do art. 534 do NCPC com posterior intimação da União nos termos do artigo 535 do CPC/15 para, querendo, impugnar a execução, e apenas, ao final, se for o caso, seja expedido o devido precatório para o cumprimento da ordem. Intime-se o exequente para que, no prazo de 10 (dez) dias úteis, manifeste-se sobre tais argumentos, requerendo, eventualmente, o cumprimento de obrigação de pagar quantia certa em face da Fazenda Pública (na forma dos arts. 534 e seguintes do CPC/2015). Brasília (DF), 11 de setembro de 2017. MINISTRO MAURO CAMPBELL MARQUES Presidente da Primeira Seção (STJ; ExeMS 21503 DF 2017/0167216-3; Rel. Min. Mauro Campbell Marques; Data de Publicação: DJ 14/09/2017)

✓ EXECUÇÃO EM MANDADO DE SEGURANÇA Nº 22.754 - DF (2017/0185439-5) RELATOR : MINISTRO PRESIDENTE DA PRIMEIRA SEÇÃO EXEQUENTE : ANA FLAVIANA DA CUNHA DE SOUZA EXEQUENTE : TIAGO FLAVIO CUNHA DE SOUZA EXEQUENTE : CARLOS HENRIQUE CUNHA DE SOUZA ADVOGADO : YGOR MAXWELL BARRETO MALHEIROS VIANNA E OUTRO (S) - MG155978 EXECUTADO : UNIÃO DESPACHO Às fls. 375 e seguintes, a União argumenta que: (...) Nessa quadra, a execução contra a Fazenda Pública precisa respeitar a expedição de precatório, nos termos do artigo 100, parágrafo 1º da Constituição Federal. (...) Além da previsão constitucional, como já dito, o artigo 2º-B da Lei n. 9.494/97 e o artigo 535, § 3º, I, do CPC também determinam que a execução contra a Fazenda Pública deve se submeter à do rito dos precatórios. Confira-se o CPC: Art. 535. A Fazenda Pública será intimada na pessoa de seu representante judicial, por carga, remessa ou meio eletrônico, para, querendo, no prazo de 30 (trinta) dias e nos próprios autos, impugnar a execução, podendo arguir: (...) § 1º A alegação de impedimento ou suspeição observará o disposto nos arts. 146 e 148. § 2º Quando se alegar que o exequente, em excesso de execução, pleiteia quantia superior à resultante do título, cumprirá à executada declarar de imediato o valor que entende correto, sob pena de não conhecimento da arguição. § 3º Não impugnada a execução ou rejeitadas as arguições da executada: I – expedir-se-á, por intermédio do presidente do tribunal competente, precatório em favor do exequente, observando-se o disposto na Constituição Federal; Portanto, diante da manifesta impossibilidade de pagamento imediato, e diante do título judicial executivo transitado em julgado, sob pena de ofensa a coisa julgada, deve ser a União intimada nos termos do artigo 535 do CPC para que, ao final, se for o caso, seja expedido o devido precatório para o cumprimento da ordem. Intime-se o exequente para que, no prazo de 10 (dez) dias úteis, manifeste-se sobre tais argumentos, requerendo, eventualmente, o cumprimento de obrigação de pagar quantia certa em face da Fazenda Pública (na forma dos arts. 534 e seguintes do CPC/2015). Brasília (DF), 22 de setembro de 2017. MINISTRO MAURO CAMPBELL MARQUES Presidente da Primeira Seção (STJ; ExeMS: 22754 DF 2017/0185439-5; Rel. Min. Mauro Campbell Marques; Data de Publicação: DJ 28/09/2017)

✓ EXECUÇÃO EM MANDADO DE SEGURANÇA Nº 22.398 - DF (2017/0219569-6) RELATOR: MINISTRO PRESIDENTE DA PRIMEIRA SEÇÃO EXEQUENTE: OSVALDINA LINDOSO AIRES DE SOUSA ADVOGADOS : ROBERTH SEGUINS FEITOSA E OUTRO (S) - MA005284 FABIO GUIDO MOTA - DF035664 EXECUTADO : UNIÃO DESPACHO Às fls. 339 e seguintes, a União argumenta que: (...) Nessa quadra, a execução contra a Fazenda Pública precisa respeitar a expedição de precatório, nos termos do artigo 100, parágrafo 1º da Constituição Federal. (...) Além da previsão constitucional, como já dito, o artigo 2º-B da Lei n. 9.494/97 e o artigo 535, § 3º, I, do CPC também determinam que a execução contra a Fazenda Pública deve se submeter à do rito dos precatórios. Confira-se o CPC: Art. 535. A Fazenda Pública será intimada na pessoa de seu representante judicial, por carga, remessa ou meio eletrônico, para, querendo, no prazo de 30 (trinta) dias e nos próprios autos, impugnar a execução, podendo arguir: (...) § 1º A alegação de impedimento ou suspeição observará o disposto nos arts. 146 e 148. § 2º Quando se alegar que o exequente, em excesso de execução, pleiteia quantia superior à resultante do título, cumprirá à executada declarar de imediato o valor que entende correto, sob pena de não conhecimento da arguição. § 3º Não impugnada a execução ou rejeitadas as arguições da executada: I – expedir-se-á, por intermédio do presidente do tribunal competente, precatório em favor do exequente, observando-se o disposto na Constituição Federal; Portanto, diante da manifesta impossibilidade de pagamento imediato por ausência de disponibilidade orçamentária, deve ser a UNIÃO intimada nos termos do artigo 535 do CPC/2015 para que, ao final, se for o caso, seja expedido o devido precatório para o cumprimento da ordem. Intime-se o exequente para que, no prazo de 10 (dez) dias úteis, manifeste-se sobre tais argumentos, requerendo, eventualmente, o cumprimento de obrigação de pagar quantia certa em face da Fazenda Pública (na forma dos arts. 534 e seguintes do CPC/2015). Brasília (DF), 20 de setembro de 2017. MINISTRO MAURO CAMPBELL MARQUES Presidente da Primeira Seção (STJ; ExeMS 22398 DF 2017/0219569-6; Rel. Min. Mauro Campbell Marques; Data de Publicação: DJ 22/09/2017)

II – por ordem do juiz, dirigida à autoridade na pessoa de quem o ente público foi citado para o processo, o pagamento de obrigação de pequeno valor será realizado no prazo de 2 (dois) meses contado da entrega da requisição, mediante depósito na agência de banco oficial mais próxima da residência do exequente.

→ *v.* Art. 17 da Lei 10.259/2001.

→ *v.* Art. 13 da Lei 12.153/2009.

<u>Expedição da requisição para pagamento de obrigação de pequeno valor:</u>

✓ AÇÃO CAUTELAR. FASE DE CUMPRIMENTO DE SENTENÇA. EXECUÇÃO DE VERBA SUCUMBENCIAL. EXPEDIÇÃO DE REQUISIÇÃO DE PEQUENO VALOR. ART. 102, I, m, DA CRFB/88 E ART. 535, § 3º, II, DO CPC/2015. COMPETÊNCIA DESTE TRIBUNAL PARA REQUISITAR O PAGAMENTO. Decisão: Trata-se de ação cautelar na qual litigavam o Estado de Rondônia e a União Federal. Em 29/04/2015, julguei procedente o pedido, condenando a União ao pagamento de honorários advocatícios, no valor de 10% (dez por cento) sobre o valor da causa, conforme dispositivo cujo teor se transcreve: "Ex positis, confirmando a liminar já deferida, julgo procedente o pedido, a fim de determinar a suspensão das inscrições do Requerente e da administração direta vinculada ao Poder Executivo em todo e qualquer sistema de restrição ao crédito utilizado pela União, que guardem absoluta pertinência com convênios nº 3.925/2001 (inscrição 434.050) e a instauração de tomada de contas especial referente ao convênio nº 326/1995 (inscrição 136255), até que se decida definitivamente nos autos da ação principal (ACO 1.958). Por fim, condeno a União aos honorários advocatícios no valor de 10% (dez por cento) sobre o valor da causa. Resta prejudicado o agravo regimental interposto pela União." Após o trânsito em julgado, o Estado de Rondônia requereu o cumprimento de sentença, nos termos dos arts. 534 e 535 do CPC/2015. Na sequência, intimada a União para que, querendo, impugnasse a petição executiva no prazo de 30 (trinta) dias, nos termos do art. 535 do CPC/2015, apresentou-se resposta informando a não oposição à petição executiva apresentada pelo Estado autor. É o relatório. Decido. Ab initio, nos termos do art. 102, I, m, do texto constitucional, compete ao Supremo Tribunal Federal a condução da fase de cumprimento das decisões proferidas nos feitos que lhe são submetidos originariamente, in verbis: "Art. 102. Compete ao Supremo Tribunal Federal, precipuamente, a guarda da Constituição, cabendo-lhe: I – processar e julgar, originariamente: m) a execução de sentença nas causas de sua competência originária, facultada a delegação de atribuições para a prática de atos processuais;" Assentada a competência desta Corte, verifico que o quantum das verbas sucumbenciais fixadas é inferior ao teto de 60 salários mínimos legalmente estabelecido para as condenações da União (abrangidas suas administrações direta e indireta) consistentes em obrigação de pagar quantia certa. O referido limite é obtido a partir da interpretação conjunta do art. 100, §§ 3º e 4º, da CRFB com os arts. 3º e 17 da Lei nº 10.259/01, os quais assim dispõem: Constituição da Republica Federativa do Brasil "Art. 100. Os pagamentos devidos pelas Fazendas Públicas Federal, Estaduais, Distrital e Municipais, em virtude de sentença judiciária, far-se-ão exclusivamente na ordem cronológica de apresentação dos precatórios e à conta dos créditos respectivos, proibida a designação de casos ou de pessoas nas dotações orçamentárias e nos créditos adicionais abertos para este fim. [...] § 3º O disposto no caput deste artigo relativamente à expedição de precatórios não se aplica aos pagamentos de obrigações definidas em leis como de pequeno valor que as Fazendas referidas devam fazer em virtude de sentença judicial transitada em julgado. § 4º Para os fins do disposto no § 3º, poderão ser fixados, por leis próprias, valores distintos às entidades de direito público, segundo as diferentes capacidades econômicas, sendo o mínimo igual ao valor do maior benefício do regime geral de previdência social." Lei nº 10.259/01 "Art. 3º Compete ao Juizado Especial Federal Cível processar, conciliar e julgar causas de competência da Justiça Federal até o valor de sessenta salários mínimos, bem como executar as suas sentenças. [...]

Art. 17. Tratando-se de obrigação de pagar quantia certa, após o trânsito em julgado da decisão, o pagamento será efetuado no prazo de sessenta dias, contados da entrega da requisição, por ordem do Juiz, à autoridade citada para a causa, na agência mais próxima da Caixa Econômica Federal ou do Banco do Brasil, independentemente de precatório. § 1º Para os efeitos do § 3º do art. 100 da Constituição Federal, as obrigações ali definidas como de pequeno valor, a serem pagas independentemente de precatório, terão como limite o mesmo valor estabelecido nesta Lei para a competência do Juizado Especial Federal Cível (art. 3º, caput). § 2º Desatendida a requisição judicial, o Juiz determinará o sequestro do numerário suficiente ao cumprimento da decisão. § 3º São vedados o fracionamento, repartição ou quebra do valor da execução, de modo que o pagamento se faça, em parte, na forma estabelecida no § 1º deste artigo, e, em parte, mediante expedição do precatório, e a expedição de precatório complementar ou suplementar do valor pago." Noutro ponto, observo que o art. 535, § 3º, II, do Código de Processo Civil de 2015 estabelece a competência do juízo singular para solicitar o pagamento de obrigação de pequeno valor, in verbis: "Art. 535 A Fazenda Pública será intimada na pessoa de seu representante judicial, por carga, remessa ou meio eletrônico, para, querendo, no prazo de 30 (trinta) dias e nos próprios autos, impugnar a execução, podendo arguir: § 3º Não impugnada a execução ou rejeitadas as arguições da executada: II – por ordem do juiz, dirigida à autoridade na pessoa de quem o ente público foi citado para o processo, o pagamento de obrigação de pequeno valor será realizado no prazo de 2 (dois) meses contado da entrega da requisição, mediante depósito na agência de banco oficial mais próxima da residência do exequente." Ex positis, defiro o pedido de cumprimento de sentença formulado pelo Estado de Rondônia e determino à União que, nos termos do art. 535, § 3º, II, do CPC/2015, proceda ao pagamento de obrigação de pequeno valor, no total de R$ 163,52 (cento e sessenta e três reais e cinquenta e dois centavos), valor a ser atualizado até a data do pagamento, no prazo de 2 (dois) meses. Publique-se. Intimem-se. Brasília, 11 de setembro de 2017. Ministro Luiz Fux Relator Documento assinado digitalmente (STF; CumpSent AC 3079 DF 9929213-61.2012.1.00.0000; Rel. Min. Luiz Fux; Julg. 11/09/2017; Data de Publicação: DJe-207 13/09/2017)

Sequestro por descumprimento da requisição de pequeno valor:

✓ AGRAVO DE INSTRUMENTO. EXECUÇÃO. RPV. AUSÊNCIA DE PAGAMENTO NO PRAZO CONFORME LEGISLAÇÃO EM VIGOR NA DATA DA EXPEDIÇÃO DA REQUISIÇÃO DE PEQUENO VALOR. SEQUESTRO. POSSIBILIDADE. Inexistindo pagamento do valor devido pelo ente público no prazo legal, conforme requisição de pequeno valor, cabível o sequestro nas contas do Estado para dar efetividade a decisão judicial transitada em julgado. Uma vez que a requisição de pequeno valor foi expedida na vigência do Código de Processo Civil-CPC/2015, o prazo legal para pagamento é de dois meses. Agravo de instrumento provido. (TJ-RS; Agravo de Instrumento 70073471344; Vigésima Quinta Câmara Cível; Rel. Eduardo Kothe Werlang; Julg. 26/09/2017).

§ 4º Tratando-se de impugnação parcial, a parte não questionada pela executada será, desde logo, objeto de cumprimento.

Cumprimento da parte incontroversa:

✓ Agravo de Instrumento – Execução provisória – Parcela não controvertida – Admissibilidade – Recurso desprovido. (TJ-SP 30002031820178260000 SP; 2ª Câmara de Direito Público; Rel. Luciana Bresciani; Julg. 17/10/2017; Data de Publicação: 17/10/2017)

✓ Agravo de instrumento – Acidente do Trabalho – Quantia incontroversa admitida pela própria autarquia – Execução provisória, inclusive com expedição de precatório – Admissibilidade – Jurisprudência pacífica em torno do tema. Execução – Honorários advocatícios sucumbenciais – Cobrança via RPV, em favor do patrono da parte credora – Possibilidade – Ausência de vinculação com o valor a ser pago à parte, através de precatório – Entendimento firmado pelo STF, em recurso extraordinário julgamento de acordo com a sistemática da repercussão geral (RE 564.132) – Sumula Vinculante 47. (TJ -SP; 20093022920178260000 SP; 17ª Câmara de Direito Público; Rel. Antonio Moliterno; Julg. 28/03/2017; Data de Publicação: 19/07/2017)

§ 5º Para efeito do disposto no inciso III do *caput* deste artigo, considera-se também inexigível a obrigação reconhecida em título executivo judicial fundado em lei ou ato normativo considerado inconstitucional pelo Supremo Tribunal Federal, ou fundado em aplicação ou interpretação da lei ou do ato normativo tido pelo Supremo Tribunal Federal como incompatível com a Constituição Federal, em controle de constitucionalidade concentrado ou difuso.

→ *V.* Enunciado 58 do FPPC: As decisões de inconstitucionalidade a que se referem os art. 525, §§ 12 e 13 e art. 535 §§ 5º e 6º devem ser proferidas pelo plenário do STF.

Inexigibilidade da obrigação reconhecida em título executivo judicial fundado em ato normativo considerado inconstitucional pelo Supremo Tribunal Federal:

✓ Decisão: Trata-se de embargos opostos pela União contra execução promovida por João Batista de Almeida nos autos do Mandado de Segurança 27.565. A embargante aduz, preliminarmente, a inexigibilidade do título judicial, tendo em vista se fundar em interpretação da EC 41/2003, considerada ilegal pelo STF no julgamento do mérito do RE-RG 609.381, Rel. Min. Teori Zavascki, Pleno, DJe 11.12.2014. Alega ainda excesso de execução, uma vez que a memória de cálculo apresentada pelo exequente não corresponderia ao montante devido. Decido. Para melhor compreensão da controvérsia, faz-se necessária uma breve digressão sobre os fatos. O impetrante, Subprocurador-Geral da República aposentado, impetrou mandado de segurança contra ato do Procurador-Geral da República que, após a edição da EC 41/2003, a qual fixou o teto da remuneração do funcionalismo público, determinou a redução dos seus proventos para se adequar ao novo comando constitucional. Por ocasião do julgamento do presente mandado de segurança, a Segunda Turma assentou a intangibilidade da garantia constitucional de irredutibilidade de vencimentos aos servidores públicos, sendo-lhes assegurada a percepção de valores acima do teto constitucional, até que seus montantes fossem absorvidos por legislação subsequente. Dessa forma, concedeu a segurança para reconhecer o direito de o impetrante – a partir da data da impetração – continuar a receber, sem redução, o montante bruto que percebia anteriormente à Emenda Constitucional n. 41/2003, até a total absorção pelas novas formas de composição de seus proventos. A referida decisão transitou em julgado em 1º.9.2015, conforme certidão de fl. 486. Em seguida, o impetrante requereu o desarquivamento e cumprimento do acórdão (fls. 487-488), apresentando a memória discriminada dos cálculos aritméticos. Devidamente citada, a União apresentou os presentes embargos à execução aduzindo, em síntese, que a decisão que transitou em julgado em 1º.9.2015 está em desacordo com a interpretação conferida pelo STF à EC 41/2003 no julgamento do RE-RG 609.381, Rel. Min. Teori Zavascki, Pleno, DJe 11.12.2014, motivo pelo qual o título seria inexigível. A esse propósito, invocou a aplicação do parágrafo único art. 741 do CPC/73, que assim determinava: "Parágrafo único. Para efeito do disposto no inciso II deste artigo, considera-se também inexigível o título judicial fundado em lei ou ato normativo declarados inconstitucionais pelo Supremo Tribunal Federal ou em aplicação ou interpretação tidas por incompatíveis com a Constituição Federal". Com o advento do Novo Código de Processo Civil, Lei 13.105/2015, a matéria foi disposta nos seguintes termos: "Art. 535. § 5º Para efeito do disposto no inciso III do caput deste artigo, considera-se também inexigível a obrigação reconhecida em título executivo judicial fundado em lei ou ato normativo considerado inconstitucional pelo Supremo Tribunal Federal, ou fundado em aplicação ou interpretação da lei ou do ato normativo tido pelo Supremo Tribunal Federal como incompatível com a Constituição Federal, em controle de constitucionalidade concentrado ou difuso". Cumpre ainda esclarecer que, recentemente, o Plenário desta Corte, ao apreciar a ADI 2.418, Rel. Min. Teori Zavascki, assentou, entre outros pontos, a constitucionalidade do art. 741 do CPC/73 (atual art. 535, § 5º, do NCPC). Na oportunidade, o relator assentou o seguinte: "A inexigibilidade do título executivo a que se referem os referidos dispositivos se caracteriza exclusivamente nas hipóteses em que (a) a sentença exequenda esteja fundada em norma reconhecidamente inconstitucional – seja por aplicar norma inconstitucional, seja por aplicar norma em situação ou com um sentido inconstitucionais; ou (b) a sentença exequenda tenha deixado de aplicar norma reconhecidamente constitucional; e (c) desde que, em qualquer dos casos, o reconhecimento dessa constitucionalidade ou a inconstitucionalidade tenha decorrido de julgamento do STF realizado em data anterior ao trânsito em julgado da sentença exequenda". Assim, pode-se concluir que, entre outras teses, o referido julgado assentou que o título executivo fundado em decisão que se baseia em interpretação declarada inconstitucional pelo STF, em data anterior ao seu trânsito em julgado, torna-o inexigível. Registre-se ainda que o Plenário, ao julgar o referido paradigma da repercussão geral (RE-RG 609.381, Rel. Min. Teori Zavascki, Pleno, DJe 11.12.2014), assentou que o teto previsto pela EC 41/2003 possui eficácia imediata "submetendo às referências de valor máximo nele discriminadas todas as verbas de natureza remuneratória percebidas pelos servidores públicos da União, Estados, Distrito Federal e Municípios, ainda que adquiridas de acordo com regime legal anterior". (Grifei) Na oportunidade, também firmou-se orientação no sentido de que "o pagamento de remunerações superiores aos tetos de retribuição de cada um dos níveis federativos traduz exemplo de violação qualificada do texto constitucional", de modo que "os valores que ultrapassam os limites pré-estabelecidos para cada nível federativo na Constituição Federal constituem excesso cujo pagamento não pode ser reclamado com amparo na garantia da irredutibilidade de vencimentos". Confira-se a ementa desse julgado: "CONSTITUCIONAL E ADMINISTRATIVO. TETO DE RETRIBUIÇÃO. EMENDA CONSTITUCIONAL 41/03. EFICÁCIA IMEDIATA DOS LIMITES MÁXIMOS NELA FIXADOS. EXCESSOS. PERCEPÇÃO NÃO RESPALDADA PELA GARANTIA DA IRREDUTIBILIDADE. 1. O teto de retribuição estabelecido pela Emenda Constitucional 41/03 possui eficácia imediata, submetendo às referências de valor máximo nele discriminadas todas as verbas de natureza remuneratória percebidas pelos servidores públicos da União, Estados, Distrito Federal e Municípios, ainda que adquiridas de acordo com regime legal anterior. 2. A observância da norma de teto de retribuição representa verdadeira condição de legitimidade para o pagamento das remunerações no serviço público. Os valores que ultrapassam os limites pré-estabelecidos para cada nível federativo na Constituição Federal constituem excesso cujo pagamento não pode ser reclamado com amparo na garantia da irredutibilidade de vencimentos. 3. A incidência da garantia constitucional da irredutibilidade exige a presença cumulativa de pelo menos dois requisitos: (a) que o padrão remuneratório nominal tenha sido obtido conforme o direito, e não de maneira ilícita, ainda que por equívoco da Administração Pública; e (b) que o padrão remuneratório nominal esteja compreendido dentro do limite máximo pré-definido pela Constituição Federal. O pagamento de remunerações superiores aos tetos de retribuição de cada um dos níveis federativos traduz exemplo de violação qualificada do texto constitucional. 4.

Recurso extraordinário provido". Feitas essas considerações, verifica-se que, no caso concreto, o título executivo formado em 1º.9.2015, no qual restou consignado que a redução dos proventos do impetrante, em decorrência da aplicação do teto, configuraria afronta à irredutibilidade de vencimentos, está em desacordo com a interpretação conferida pelo Plenário do STF à EC 41/2003, no julgamento do RE-RG 609.381, Rel. Min. Teori Zavascki, DJe 11.12.2014, que se firmou no sentido de que o teto nela previsto possui eficácia imediata, não havendo se falar em ofensa ao referido princípio constitucional. Dessa forma, diante do entendimento firmado por esta Corte, deve ser reconhecida a inexigibilidade do título judicial que se pretende executar. Ante o exposto, acolho os embargos à execução para declarar a inexigibilidade do título executivo judicial (art. 535, § 5º, do NCPC). Deixo de fixar honorários sucumbenciais, tendo em vista a natureza especial do mandado de segurança (art. 25 da Lei 12.016/2009). Publique-se. Brasília, 22 de agosto de 2016. Ministro Gilmar Mendes Relator Documento assinado digitalmente. (STF. ExecFazPub-EE MS 27565 DF 0005120-14.2008.0.01.0000; Rel. Min. Gilmar mendes; Julg. 22/08/2016)

§ 6º No caso do § 5º, os efeitos da decisão do Supremo Tribunal Federal poderão ser modulados no tempo, de modo a favorecer a segurança jurídica.

→ *v.* Arts. 11, § 1º, e 27, da Lei 9.868/1999.

→ *v.* Enunciado 58 do FPPC: As decisões de inconstitucionalidade a que se referem os art. 525, §§ 12 e 13 e art. 535 §§ 5º e 6º devem ser proferidas pelo plenário do STF.

→ *v.* Enunciado 176 do FPPC: Compete exclusivamente ao Supremo Tribunal Federal modular os efeitos da decisão prevista no § 13 do art. 525.

Impossibilidade de reexame da coisa julgada:

✓ Cuida-se de agravo de instrumento, com pedido de efeito suspensivo, interposto em face de decisão que acolheu parcialmente a impugnação ao cumprimento de sentença, para determinar que a execução prossiga pelo valor apurado pelo Núcleo de Cálculos Judiciais, condenando a ANVISA ao pagamento de honorários advocatícios, fixados em 10% sobre a diferença entre o valor apresentado pela parte executada como devido e o valor homologado. A agravante sustenta a inexigibilidade do título executivo inconstitucional e a prescrição quinquenal (com a extinção da execução quanto às parcelas anteriores a cinco anos do ajuizamento da ação). Requer a exclusão do período entre julho de 2005 e outubro de 2006. Defende a aplicabilidade da TR. Decido. Quanto à inexigibilidade do título, peço vênia para transcrever os fundamentos da decisão recorrida, que conformam adequada análise do contexto jurídico-legal, razão pela qual os elejo como razões de decidir, verbis: Trata-se de cumprimento de sentença, em que a parte exequente requer a intimação da ANVISA para pagamento do valor de R$121.234,06 (cento e vinte e um mil, duzentos e trinta e quatro reais, seis centavos), "concernente às diferenças de vencimentos em razão da revisão de sua aposentadoria (alteração da base de cálculo de seus proventos de 26/30 avos para integral), referente ao período compreendido entre julho de 2005 a dezembro de 2010, com a consequente condenação da ANVISA ao pagamento da diferença de vencimentos, devidamente corrigidos e acrescidos de juros de mora a partir da citação e correção monetária até a data do efetivo pagamento". A ANVISA opôs impugnação ao cumprimento de sentença requerido pela exequente (EVENTO 46, PET1), alegando, em primeiro lugar, a inexigibilidade do título executivo, eis que "...a aposentadoria revista da autora não foi efetivada, e, por consequência, não existe qualquer passivo a ser pago à autora/exequente". Sustenta que "...a revisão administrativa a qual gerou o alegado passivo, foi realizada ao arrepio da lei, pois deu interpretação equivocada da decisão judicial, mas precisamente em relação ao Mandado de Injunção 721". E que "...ao perceber o equívoco ocorrido, tratou a ANVISA de refazer a aposentadoria da autora, sendo que tal revisão, ao contrário de gerar passivo em favor da autora/exequente, gerará debito em face do erário". Caso seja superada a alegada inexigibilidade do título, requer a parte executada que "seja reconhecida a prescrição bienal, e, por conseguinte extinguindo o feito com resolução de mérito, ou então, seja reconhecida a prescrição quinquenal, e portanto, extinguindo o feito com resolução de mérito em relação a parcelas anteriores a cinco anos do ajuizamento da ação". Sucessivamente, aponta como devido o montante de R$17.649,52. A parte exequente manifestou-se no EVENTO 51, rebatendo todos os argumentos trazidos pela parte executada na impugnação. Os autos foram remetidos para o Núcleo de Cálculos Judiciais, o qual apresentou informações e cálculos no EVENTO 55. A parte exequente manifestou-se no EVENTO 60, concordando parcialmente com os cálculos supracitados. A ANVISA, por sua vez, manifestou-se no EVENTO 62, discordando dos cálculos apresentados pelo Núcleo de Cálculos Judiciais, reiterando os termos de sua impugnação. Os autos foram novamente remetidos ao Núcleo de Cálculos Judiciais, o qual apresentou informações no EVENTO 66 e ratitificou os cálculos anteriormente elaborados. As partes manifestaram-se sobre as informações prestadas pelo referido núcleo nos EVENTOS 70 e 74. É o breve relatório. DECIDO. No que concerne à inexigibilidade do título executivo, sob o fundamento de que se baseou em irregular revisão administrativa, razão não assiste à parte executada. Isso porque não há que se impugnar, no presente momento, a sentença proferida, eis que esta está acobertada pelo manto da coisa julgada, nos termos do art. 502 do Novo Código de Processo Civil. Rediscutir o dispositivo de sentença já transitada em julgado, afronta o instituto da coisa julgada, com previsão inclusive constitucional (art. 5º, XXXVI da CF), lembrando que existe corrente que admite uma relativização da coisa julgada, em situações excepcionais, as quais não se enquadram na presente. De se notar que a inexigibilidade da obrigação em decorrência da inconstitucionalidade exige tenha esta sido decretada pelo Supremo Tribunal Federal, consoante explicitado no art. 535 do CPC, verbis: Art. 535. A Fazenda Pública será intimada na pessoa de seu representante judicial, por carga, remessa ou meio eletrônico, para, querendo, no prazo de 30 (trinta) dias e nos próprios autos, impugnar a execução, podendo arguir: I – falta ou nulidade da citação se, na fase de conhecimento, o processo correu à revelia; II – ilegitimidade de parte; III – inexequibilidade do título ou inexigibilidade da obrigação; IV – excesso de execução ou cumulação indevida de execuções; V – incompetência absoluta ou relativa do juízo da execução; VI – qualquer causa modificativa ou extintiva da obrigação, como pagamento, novação, compensação, transação ou prescrição, desde que supervenientes ao trânsito em julgado da sentença. § 1º A alegação de impedimento ou suspeição observará o disposto nos arts. 146 e 148. § 2º Quando se alegar que o exequente, em excesso de execução, pleiteia quantia superior à resultante do título, cumprirá à executada declarar de imediato o valor que entende correto, sob pena de não conhecimento da arguição. § 3º Não impugnada a execução ou rejeitadas as arguições da executada: I – expedir-se-á, por intermédio do presidente do tribunal competente, precatório em favor do exequente, observando-se o disposto na Constituição Federal; II – por ordem do juiz, dirigida à autoridade na pessoa de quem o ente público foi citado para o processo, o pagamento de obrigação de pequeno valor será realizado no prazo de 2 (dois) meses contado da entrega da requisição, mediante depósito na agência de banco oficial mais próxima da residência do exequente. § 4º Tratando-se de impugnação parcial, a parte não questionada pela executada será, desde logo, objeto de cumprimento. § 5º Para efeito do disposto no inciso III do caput deste artigo, considera-se também inexigível a obrigação reconhecida em título executivo judicial fundado em lei ou ato normativo considerado inconstitucional pelo Supremo Tribunal Federal, ou fundado em aplicação ou interpretação da lei ou do ato normativo tido pelo Supremo Tribunal Federal como incompatível com a Constituição Federal, em controle de constitucionalidade concentrado ou difuso. § 6º No caso do § 5º, os efeitos da decisão do Supremo Tribunal Federal poderão ser modulados no tempo, de modo a favorecer a segurança jurídica. § 7º A decisão do Supremo Tribunal Federal referida no § 5º deve ter sido proferida antes do trânsito em julgado da decisão exequenda. § 8º Se a decisão referida no § 5º for proferida após o trânsito em julgado da decisão exequenda, caberá ação rescisória, cujo prazo será contado do trânsito em julgado da decisão proferida pelo Supremo Tribunal Federal. Assim, não cabe ao juízo da execução reexaminar a constitucionalidade da obrigação insculpida no título, sob pena de se conferir caráter eternamente precário à coisa julgada. Por seu turno, tenho assistir parcial razão à agravante no que pertine à prescrição. Com efeito, ajuizada a ação de conhecimento em 12-5-2014, encontram-se prescritas as parcelas anteriores a 12-5-2009. Quanto aos honorários, não tendo sido fixados na inicial do cumprimento de sentença, devem ser mantidos na proporção arbitrada na decisão agravada. Ante o exposto, defiro em parte o pedido de atribuição de efeito suspensivo ao recurso. Comunique-se o Juízo de origem. Intime-se a parte agravada, nos termos do art. 1.019, II, do CPC/2015. Após, voltem conclusos. (TRF-4; AG 50282371420174040000 5028237-14.2017.404.0000; Rel. LUÍS ALBERTO D'AZEVEDO AURVALLE; Julg. 13/07/2017, QUARTA TURMA)

§ 7º A decisão do Supremo Tribunal Federal referida no § 5º deve ter sido proferida antes do trânsito em julgado da decisão exequenda.

<u>Inexigibilidade do título que somente pode ser decretada acaso a decisão do STF seja anterior ao trânsito em julgado do primeiro:</u>

✓ EXECUÇÃO DE SENTENÇA. ART. 741, PARÁGRAFO ÚNICO, DO CPC, ACRESCIDO PELA MP Nº 2.180-35/2001. FORMAÇÃO DO TÍTULO EXECUTIVO ANTES DO TRÂNSITO EM JULGADO DA MANIFESTAÇÃO DO STF. O parágrafo único do art. 741 do CPC, acrescido pela MP nº 2.180-35/2001, não tem aplicação aos título executivos judiciais formados antes de sua edição, em face da garantia constitucional (art. 5º, XXXVI, da CF) da irretroatividade da lei em respeito ao ato jurídico perfeito, ao direito adquirido e à coisa julgada. Tal entendimento veio corroborado pelo novo CPC, em seu art. 535, § 7º, ao estatuir que "A decisão do Supremo Tribunal Federal referida no § 5º deve ter sido proferida antes do trânsito em julgado da decisão exequenda." (TRF-4; EDAC 50067292720144047110 RS; Sexta Turma; Rel. João Batista Pinto Silveira; Julg. 07/06/2017)

✓ AGRAVO DE INSTRUMENTO – AÇÃO ORDINÁRIA – LEIS MUNICIPAIS 10.688/88, 10.722/89 e 11.722/95 – REAJUSTES DE REMUNERAÇÃO – FASE DE EXECUÇÃO – IMPUGNAÇÃO DO MUNICÍPIO – INEXIGIBILIDADE DO TÍTULO JUDICIAL – ART. 741 DO CPC/73 – Decisão interlocutória impugnada que indeferiu a impugnação do executado, com fundamento na coisa julgada – manutenção por fundamento diverso – título executivo judicial fundado em leis declaradas inconstitucionais pelo Órgão Especial do TJSP – egrégio STF que não declarou, com especificidade, a inconstitucionalidade das Leis Municipais nº 10.688/88, 10.722/89 e 11.722/95 – edição da Súmula Vinculante nº 42 do STF posterior ao trânsito em julgado da decisão exequenda – declaração incidental de inconstitucionalidade pelo Órgão Especial do TJSP que não autoriza a aplicação do art. 741 do CPC/73 (correspondente ao art. 535 do CPC/2015), por ser norma de exceção, de aplicação restrita – impossibilidade de reconhecer a inexigibilidade do título judicial – precedentes do TJ/SP – decisão mantida por fundamento diverso. Recurso do Município improvido. (TJ-SP; AI 21749396620168260000 SP; 4ª Câmara de Direito Público; Rel. Paulo Barcellos Gatti; Julg. 10/10/2016; Data de Publicação: 13/10/2016)

✓ AGRAVO DE INSTRUMENTO - AÇÃO ORDINÁRIA - LEIS MUNICIPAIS Nos 10.688/88, 10.722/89 e 11.722/95 - REAJUSTES DE REMUNERAÇÃO - FASE DE EXECUÇÃO - IMPUGNAÇÃO DO MUNICÍPIO - INEXIGIBILIDADE DO TÍTULO JUDICIAL - ART. 741, PARÁGRAFO ÚNICO, DO CPC/73 - Decisão agravada que, ao apreciar a exceção de não executividade oposta pela Municipalidade-executada, rejeitou a tese de defesa ali sustentada, por considerar exigível o título judicial sub executio - aperfeiçoamento do título executivo judicial com fundamento em leis declaradas inconstitucionais pelo Colendo Órgão Especial deste Tribunal de Justiça - egrégio STF que não declarou, com especificidade, a inconstitucionalidade das Leis Municipais nos 10.688/88, 10.722/89 e 11.722/95 - edição da Súmula Vinculante nº 42 do STF posteriormente ao trânsito em julgado da decisão exequenda - declaração de inconstitucionalidade pelo Órgão Especial do TJSP que não autoriza a aplicação do art. 741, parágrafo único, do CPC/73, por ser norma de exceção e de aplicação restrita - impossibilidade de reconhecer a inexigibilidade do título judicial - precedentes do TJSP - decisão mantida, por fundamento diverso. Recurso do Município desprovido. (TJ -SP; AI 22412780720168260000 SP; 4ª Câmara de Direito Público; Rel. Paulo Barcellos Gatti; Julg. 06/02/2017; Data de Publicação: 10/02/2017)

§ 8º Se a decisão referida no § 5º for proferida após o trânsito em julgado da decisão exequenda, caberá ação rescisória, cujo prazo será contado do trânsito em julgado da decisão proferida pelo Supremo Tribunal Federal.

Seção I
Do Cumprimento de Sentença que Reconheça a Exigibilidade de Obrigação de Fazer ou de Não Fazer

Art. 536. No cumprimento de sentença que reconheça a exigibilidade de obrigação de fazer ou de não fazer, o juiz poderá, de ofício ou a requerimento, para a efetivação da tutela específica ou a obtenção de tutela pelo resultado prático equivalente, determinar as medidas necessárias à satisfação do exequente.

§ 1º Para atender ao disposto no caput, o juiz poderá determinar, entre outras medidas, a imposição de multa, a busca e apreensão, a remoção de pessoas e coisas, o desfazimento de obras e o impedimento de atividade nociva, podendo, caso necessário, requisitar o auxílio de força policial.

Resultado prático equivalente e possibilidade de alteração das medidas determinadas pelo juiz, visando à efetividade

✓ Decisão agravada que determinou a exclusão do gravame de alienação fiduciária existente sobre o veículo, no prazo de cinco dias, sob pena de multa diária. Alteração da multa, nesse caso, por outra medida capaz de dar maior efetividade ao real objetivo da parte. Inteligência do art. 536, § 1º do CPC/2015. Necessidade de descoberta da medida mais adequada à obtenção do resultado prático equivalente ao do adimplemento ou da tutela específica, no caso, a expedição de ofício pelo juízo a quo ao Detran para proceder à baixa da restrição. (TJSC; AI 4010734-06.2017.8.24.0000; Criciúma; Quinta Câmara de Direito Comercial; Relª Desª Soraya Nunes Lins; DJSC 09/10/2017; Pag. 196)

Conversão de ofício de multa em medida prática equivalente que se mostrar mais adequada ao caso

✓ Veículo que não se encontra na posse da executada (agravante), o que impossibilita a realização de vistoria e a elaboração do laudo técnico correspondente, procedimentos necessários à transferência da propriedade perante o Detran. Hipótese em que o juiz pode, de ofício ou a requerimento da parte, adotar medida prática equivalente (expedição de ofício para que o Detran proceda a transferência do veículo), para a satisfação do exequente (art. 536, caput, do CPC). Multa cominatória que perdeu sua razão de ser. (TJSP; AI 2105189-40.2017.8.26.0000; Ac. 10705921; Ribeirão Preto; Vigésima Quinta Câmara de Direito Privado; Rel. Des. Marcondes D'Angelo; Julg. 17/08/2017; DJESP 24/08/2017; Pág. 2505)

Possibilidade de imposição de multa diária à Fazenda Pública em cumprimento de obrigação de fazer:

✓ ...4. A questão relativa à imposição de multa à União Federal para cumprimento de obrigação de fazer, não enseja maior discussão, tendo em vista a jurisprudência pacífica do Superior Tribunal de Justiça, no sentido de que ¿o juiz, de ofício ou a requerimento da parte, pode fixar as denominadas astreintes contra a Fazenda Pública, com o objetivo de forçá-la ao adimplemento da obrigação de fazer no prazo estipulado. (TRF 2ª R., AI 0002204-29.2017.4.02.0000; Sexta Turma Especializada; Rel. Des. Fed. Guilherme Calmon Nogueira da Gama; DEJF 26/06/2017)

Impossibilidade de sequestro de valores contra a Fazenda Pública

✓ Os princípios básicos da gestão fiscal devem ganhar maior contorno no momento da execução dos valores orçados. Dessa forma, mesmo diante da evidenciada necessidade do serviço público pretendido, o sequestro de valores é medida extremada que não pode ser deferida, sob pena da execução do orçamento público pelo Poder Judiciário, em clara invasão da atribuição conferida ao Poder Executivo. (TJDF; Proc. 0703.08.2.702016-8070000; Ac. 103.3403; Terceira Turma Cível; Rel. Des. Alvaro Ciarlini; Julg. 26/07/2017; DJDFTE 23/08/2017)

Em sentido contrário, atipicidade das técnicas executivas e viabilidade do sequestro judicial de verba pública, desde que demonstrado se tratar de medida mais efetiva e menor gravosa que a imposição de multa

✓ O artigo 536, §1º do Código de Processo Civil, ao reafirmar a regra insculpida no artigo 461, § 5º, do CPC/1973, contempla as medidas assecuratórias à obtenção do resultado prático equivalente ao adimplemento, sendo certo que tal rol não é exaustivo, e sim exemplificativo, fundamentando-se nele o sequestro da verba pública, medida excepcional e razoável diante do caso concreto. (TJRJ; AI 0033297-03.2017.8.19.0000; São Gonçalo; Décima Quarta Câmara Cível; Rel. Des. José Carlos Paes; DORJ 17/08/2017; Pág. 375) A astreinte é apenas uma das medidas executivas capazes de garantir o efetivo cumprimento da determinação judicial, conforme artigo 536, §1º do código de processo civil. O juízo de origem, diante do cumprimento parcial da obrigação imposta, tem procedido o sequestro judicial de verba pública em montante suficiente ao atendimento da necessidade da recorrente. Medida que se mostra mais efetiva e menos gravosa. (TJRJ; APL 0001835-96.2017.8.19.0042; Petrópolis; Décima Quarta Câmara Cível; Rel. Des. Francisco de Assis Pessanha Filho; DORJ 21/09/2017; Pág. 289)

Sequestro de bens da Fazenda Pública legitimado pela demora excessiva em caso envolvendo saúde

✓ Demora da Fazenda Pública em dar cumprimento a obrigação de fazer consistente no fornecimento de prótese, apesar de intimada para tanto, justifica a solução excepcional do sequestro de valores disponíveis via BacenJud. (TJSP; AI 2053828-81.2017.8.26.0000; Ac. 10619375; São Carlos; Primeira Câmara de Direito Público; Rel. Des. Rubens Rihl; Julg. 25/07/2017; DJESP 03/08/2017; Pág. 2675)

Possibilidade de aplicação de multa quando frustrada a reintegração de posse, nos termos dos arts. 536 e seguintes:

✓ Conforme entendimento do Superior Tribunal de Justiça, frustrada a implementação da reintegração de posse de bem móvel, é possível a fixação de multa cominatória, aplicando-se, ao caso, as normas dos artigos 536 e seguintes do Código de Processo Civil. (TJMS; AI 1407785-28.2017.8.12.0000; Segunda Câmara Cível; Rel. Des. Vilson Bertelli; DJMS 25/09/2017; Pág. 81)

Impossibilidade de suspensão da Carteira Nacional de Habilitação e apreensão de passaporte como medida coercitiva, sendo cabível o bloqueio de cartão de crédito:

✓ Previsão de adoção de meios coercitivos com o escopo de implementar a decisão exequenda, compelindo o devedor ao pagamento do débito. Suspensão da carteira nacional de habilitação do agravado e apreensão de seu passaporte. Impossibilidade. Bloqueio de cartão de crédito. (TJSE; AI 201700720728; Ac. 20246/2017; Primeira Câmara Cível; Rel. Des. Roberto Eugenio da Fonseca Porto; Julg. 19/09/2017; DJSE 21/09/2017)

§ 2º O mandado de busca e apreensão de pessoas e coisas será cumprido por 2 (dois) oficiais de justiça, observando-se o disposto no art. 846, §§ 1º a 4º, se houver necessidade de arrombamento.

Aplicabilidade do artigo 536, § 2º, às ações de interdição

✓ A interdição, pela própria natureza do instituto, demanda extrema cautela e o máximo rigor na aplicação da Lei, pois envolve a perspectiva de tolher ao interditando a livre condução da vida civil como um todo. O Magistrado poderá decretar a busca e apreensão de pessoas ou coisas, nos termos do art. 536, §2º, do CPC/2015. (TJMG; AGIN 1.0024.13.429054-3/001; Rel. Des. Darcio Lopardi Mendes; Julg. 15/12/2016; DJEMG 09/01/2017)

§ 3º O executado incidirá nas penas de litigância de má-fé quando injustificadamente descumprir a ordem judicial, sem prejuízo de sua responsabilização por crime de desobediência.

Razoabilidade da multa e fixação em 1% sobre o valor da causa:

✓ Razoabilidade e proporcionalidade. Litigância de má-fé configurada. Inteligência do art. 536, § 3º, do NCPC. Condenação da Agravante ao pagamento de multa por litigância de má-fé. Redução do valor da multa para 1% do valor atualizado da causa (TJSP; AI 2091445-75.2017.8.26.0000; Ac. 10713564; Santos; Décima Segunda Câmara de Direito Privado; Rel. Des. Tasso Duarte de Melo; Julg. 18/08/2017; DJESP 31/08/2017; Pág. 2467)

§ 4º No cumprimento de sentença que reconheça a exigibilidade de obrigação de fazer ou de não fazer, aplica-se o art. 525, no que couber.

Desnecessidade de intimação pessoal do devedor, sendo possível a intimação do advogado pela imprensa oficial:

✓ Intimação do advogado pela imprensa oficial. Desnecessidade de intimação do devedor por mandado. Inteligência do art. 536, § 4º, combinado com os arts. 525, 523 e 513, § 2º, inciso I, todos do CPC. (TJSP; AI 2080624-12.2017.8.26.0000; Ac. 10634142; Santa Cruz das Palmeiras; Oitava Câmara de Direito Privado; Rel. Des. Theodureto Camargo; Julg. 28/07/2017; DJESP 02/08/2017; Pág. 1874)

Cabe impugnação ao cumprimento de sentença em obrigação de fazer, na forma do art. 525:

✓ Cabimento de impugnação ao cumprimento de sentença em obrigação de fazer, nos moldes do art. 536, § 4º c/c o art. 525, ambos do CPC. (TJDF; APC 2016.07.1.015529-5; Ac. 995.154; Terceira Turma Cível; Rel. Des. Flavio Renato Jaquet Rostirola; Julg. 08/02/2017; DJDFTE 22/02/2017)

§ 5º O disposto neste artigo aplica-se, no que couber, ao cumprimento de sentença que reconheça deveres de fazer e de não fazer de natureza não obrigacional.

Imposição de multa diária contra o INSS, em caso de não implantação de benefício:

✓ É aplicável à hipótese o artigo 536, § 1º., do NCPC e, por tal motivo, é cabível a fixação de multa diária por atraso no cumprimento de decisão judicial. 3. Contudo, no presente caso, a multa diária, em caso de não implantação do benefício em favor do autor, no prazo de 5 dias, foi fixada em valor excessivo (R$ 5000,00, por dia), de maneira que a reduzo a 1/30 (um trinta avos) do valor do benefício, por dia de atraso, o que é compatível com a obrigação de fazer imposta ao INSS. (TRF 3ª R.; AI 0016468-58.2016.4.03.0000; Décima Turma; Relª Desª Fed. Lucia Ursaia; Julg. 28/03/2017; DEJF 10/04/2017)

Dever legal do Estado pode ser exigido antes do trânsito em julgado

✓ O cumprimento imediato da obrigação de fazer (implementação de benefício previdenciário) constante do acórdão sujeito apenas a recurso desprovido de efeito suspensivo não fica sujeito ao trânsito em julgado do título executivo judicial, requisito imprescindível apenas para a execução dos valores devidos de forma retroativa (obrigação de pagar), porque, em relação a estas, aplica-se o disposto no art. 100 da Constituição Federal. (TRF 4ª R.; AG 5019253-75.2016.404.0000; Sexta Turma; Relª Desª Fed. Vânia Hack de Almeida; Julg. 31/05/2017; DEJF 06/06/2017)

A multa diária imposta à pessoa jurídica pode ser majorada de ofício

✓ Pode a multa diária (astreintes) ser majorada de ofício, à pessoa jurídica de direito público, não como pena, mas como meio de coação, visando dar cumprimento à obrigação de fazer pelo INCRA, para garantir a efetividade de uma decisão judicial. É ato que se coaduna com o fim buscado pelo legislador ao prever a hipótese nos artigos 536 e 537 do Código de Processo Civil/2015. (TRF 1ª R.; AI 0050767-18.2016.4.01.0000; Terceira Turma; Relª Juíza Fed. Conv. Rogéria Maria Castro Debelli; DJF1 26/05/2017)

Art. 537. A multa independe de requerimento da parte e poderá ser aplicada na fase de conhecimento, em tutela provisória ou na sentença, ou na fase de execução, desde que seja suficiente e compatível com a obrigação e que se determine prazo razoável para cumprimento do preceito.

§ 1º O juiz poderá, de ofício ou a requerimento, modificar o valor ou a periodicidade da multa vincenda ou excluí-la, caso verifique que:

I – se tornou insuficiente ou excessiva;

II – o obrigado demonstrou cumprimento parcial superveniente da obrigação ou justa causa para o descumprimento.

§ 2º O valor da multa será devido ao exequente.

O juiz pode excluir a multa fixada se identificar que não há mais justa causa para sua manutenção

✓ ...deixando a medida de ser adequada para seu mister, não havendo mais justa causa para sua mantença, deve-se reconhecer, também, a possibilidade de revogação das astreintes pelo magistrado, notadamente quando a prestação tiver se tornado fática ou juridicamente inexigível, desnecessária ou impossível, tendo-se modificado sobremaneira a situação para a qual houvera sido cominada, sempre levando-se em conta os parâmetros da razoabilidade e proporcionalidade. 4. É que, deixando de haver razão para a manutenção da multa, esta perderá a eficácia para o fim a que se justificava, e o próprio provimento que determinava sua incidência perderá a razão de ser, deixando de desempenhar o papel de coerção sobre a vontade do devedor. 5. O novo código de processo civil previu expressamente essa possibilidade, ao estabelecer que "o juiz poderá, de ofício ou a requerimento, modificar o valor ou a periodicidade da multa vincenda ou excluí-la, caso verifique que: I. Se tornou insuficiente ou excessiva; II. O obrigado demonstrou cumprimento parcial superveniente da obrigação ou justa causa para o descumprimento" (NCPC, art. 537, § 1º). (STJ; REsp 1.186.960; Proc. 2010/0051756-7; MG; Quarta Turma; Rel. Min. Luis Felipe Salomão; DJE 05/04/2016)

A astreinte pode ser objeto de modificação ou de exclusão pelo juízo e não se submete ao manto da coisa julgada

✓ A multa cominatória caracteriza-se como meio coercitivo à disposição do juízo, que visa à garantia da autoridade e eficácia da decisão judicial, por compelir o devedor a cumprir obrigação específica de reparação do bem lesado que restou definida no título judicial. 2. Tendo em vista tal finalidade de coerção indireta, a astreinte pode ser objeto de modificação ou até mesmo de exclusão pelo juízo, que dela se utiliza conforme as nuances do caso concreto, estando expressamente prevista nos artigos 497 c/c art. 537, §1º do CPC/2015, bem como no art. 11 da Lei nº 7.347/85. (TRF 2ª R.; AI 0009012-50.2017.4.02.0000; Quinta Turma Especializada; Rel. Des. Fed. Aluísio Gonçalves de Castro Mendes; Julg. 17/10/2017; DEJF 24/10/2017)

✓ Possibilidade de redução da multa a qualquer tempo, de ofício ou a requerimento. Mesmo após o trânsito em julgado se se entender insuficiente ou excessiva. Art. 537, § 1º, I, do CPC. Decisão acertada que merece ser mantida por seus próprios fundamentos. (TJSP; AI 2147309-98.2017.8.26.0000; Ac. 10857241; Santo André; Quarta Câmara de Direito Privado; Rel. Des. Fábio Quadros; Julg. 28/09/2017; DJESP 19/10/2017; Pág. 1991)

O valor da multa não pode ultrapassar o do objeto da obrigação principal, a fim de atender ao princípio da proporcionalidade e evitar o enriquecimento sem causa do credor:

✓ O valor fixado não pode ultrapassar o do objeto da obrigação principal, a fim de atender ao princípio da proporcionalidade e evitar o enriquecimento sem causa do credor. Art. 412 do Código Civil. Valor da multa diária, na espécie, que não ultrapassa o do objeto da obrigação principal. (TJSP; AI 2078446-90.2017.8.26.0000; Ac. 10738956; São Caetano do Sul; Vigésima Quarta Câmara de Direito Privado; Rel. Des. Plinio Novaes de Andrade Júnior; Julg. 03/08/2017; DJESP 31/08/2017; Pág. 2735)

A ausência de condenação da parte ré afasta o cumprimento de sentença e leva à exclusão da imputação de multa diária por descumprimento:

✓ O STJ se posiciona no sentido de que ocorre a perda superveniente do interesse processual quando a parte autora não mais tem necessidade de prosseguir com a ação para obter o resultado útil que pretendia quando a propôs. (AgRg no REsp 1.548.734/SP, Rel. Min. Benedito Gonçalves, 1ª Turma, DJe de 26/10/2015). V- O CPC/2015 prevê a possibilidade de o juiz não resolver o mérito, entre outros, quando verificar ausência de legitimidade ou de interesse processual, podendo conhecer dessa questão inclusive de ofício, em qualquer tempo e grau de jurisdição, enquanto não ocorrer o trânsito em julgado. art. 485, VI, § 3º. VI. A ausência de condenação da parte ré afasta o cumprimento de sentença, tal como previsto no art. 536 e segs. do CPC/2015, e leva à exclusão da imputação de multa diária por descumprimento, o que pode inclusive ser feito pelo juiz de ofício, a teor do art. 537 do CPC/2015. VII. Apelação e Remessa Necessária conhecidas e providas. (TRF 2ª R.; AC 0000270-35.2012.4.02.5004; Quinta Turma Especializada; Rel. Des. Fed. Marcello Granado; Julg. 08/11/2016; DEJF 23/11/2016)

A multa deve ser revertida ao exequente

✓ A multa deverá ser revertida à exequente, como forma de compensá-la pela demora no cumprimento da ordem judicial. Inteligência do art. 537, §2º, do CPC. (TJSP; AI 2012428-87.2017.8.26.0000; Ac. 10747779; Fernandópolis; Trigésima Sétima Câmara de Direito Privado; Rel. Des. Sergio Gomes; Julg. 29/08/2017; rep. DJESP 11/09/2017; Pág. 3183)

✓ Eventual multa aplicada em caso de descumprimento da obrigação não deve ser revertida em favor do Fundo Municipal de Saúde, mas sim em favor do paciente, a teor do art. 537, §2º, do CPC/2015. (TJMG; AI 1.0604.16.001505-2/001; Rel. Des. Kildare Gonçalves Carvalho; Julg. 11/05/2017; DJEMG 16/05/2017)

✓ AGRAVO DE INSTRUMENTO. AÇÃO DE COMINATÓRIA DE OBRIGAÇÃO DE FAZER. FORNECIMENTO DE SUPLEMENTO ALIMENTAR. FIXAÇÃO DE MULTA CONTRA A FAZENDA PÚBLICA. ARTIGO 537 CAPUT E §1º DO CPC/15. POSSIBILIDADE. VALOR DA ASTREINTE. RAZOABILIDADE. DESTINAÇÃO. REFORMA PARCIAL DA DECISÃO. Conforme já restou pacificado no Colendo Superior Tribunal de Justiça, há possibilidade de fixação de multa diária em face da Fazenda Pública. É cediço que o art. 537 caput e §1º do CPC/15 prevê que o juiz, de ofício ou a requerimento, poderá impor multa diária à parte pelo descumprimento da obrigação imposta, sendo certo que o valor da astreinte para o caso de descumprimento da decisão mostra-se razoável. -Considerando que a multa pelo descumprimento da obrigação é devida ao exequente, a teor do art. 537 § 2º do CPC/2015, descabida sua destinação ao Fundo Municipal de Saúde, conforme determinado na decisão agravada, razão pela qual impõe-se a reforma dessa parte da decisão. (TJMG; AI 1.0604.16.001961-7/001; Rel. Des. Yeda Athias; Julg. 21/02/2017; DJEMG 06/03/2017)

§ 3º A decisão que fixa a multa é passível de cumprimento provisório, devendo ser depositada em juízo, permitido o levantamento do valor após o trânsito em julgado da sentença favorável à parte. (Redação dada pela Lei nº 13.256, de 2016)

Possibilidade de cumprimento provisório da decisão que fixa a multa:

✓ AGRAVO DE INSTRUMENTO. AÇÃO DE OBRIGAÇÃO DE FAZER E ENTREGA DE COISA CUMULADA COM INDENIZAÇÃO POR PERDAS E DANOS. TUTELA PROVISÓRIA CONCEDIDA COM A FIXAÇÃO DE ASTREINTES. AUSÊNCIA DE CUMPRIMENTO POR PARTE DO REQUERIDO. PEDIDO DE EXECUÇÃO PROVISÓRIA DA MULTA DIÁRIA INDEFERIDO. REFORMA DA DECISÃO. O § 3º DO ART. 537 DO C.P.C. VIGENTE É EXPRESSO EM AUTORIZAR A EXECUÇÃO PROVISÓRIA DAS ASTREINTES. DESNECESSIDADE DE SE AGUARDAR PELA CONFIRMAÇÃO DA DECISÃO PELA SENTENÇA DE MÉRITO E AUSÊNCIA DE EFEITO SUSPENSIVO AO RECURSO EVENTUALMENTE INTERPOSTO EM SEU DESFAVOR. SUPERAÇÃO DO ENTENDIMENTO FIRMADO, EM 2014, PELO SUPERIOR TRIBUNAL DE JUSTIÇA NO RESP. 1.200.856/RS, SOB PENA DE VIOLAÇÃO À LITERALIDADE DO CÓDIGO DE AGRAVO DE INSTRUMENTO Nº 1.621.994-0 | FL. 2 PROCESSO CIVIL. 1. Sob a égide do CPC/1973, o Superior Tribunal de Justiça firmou o entendimento. em sede de recurso repetitivo. de que a multa diária prevista no § 4º do art. 461 do CPC [correspondente ao art. 537 do CPC/2015], devida desde o dia em que configurado o descumprimento, quando fixada em antecipação de tutela, somente poderá ser objeto de execução provisória após a sua confirmação pela sentença de mérito e desde que o recurso eventualmente interposto não seja recebido com efeito suspensivo (STJ, REsp. 1.200.856/RS, rel. Min. SIDNEI BENETI, DJe 1.7.2014). 2. O art. 537, § 3º, do codex em vigor, porém, ao permitir a execução provisória das astreintes, superou este entendimento do S.T.J., não se podendo mais aplicar o referido precedente sob pena de violação à referida lei processual. 3. Diferentemente do que se passava no sistema revogado, a partir da vigência do CPC/2015 o jurisdicionado não mais precisa aguardar a confirmação da tutela provisória pela sentença de mérito, ou depender de recurso ao qual não seja atribuído efeito suspensivo, para executar a multa diária cominada e devida nos autos, eis que o § 3º do art. 537 expressamente prevê a possibilidade de execução provisória das astreintes. Agravo de Instrumento nº 1.621.994-0 | fl. 3 RECURSO CONHECIDO E PROVIDO. (TJPR; Ag Instr 1621994-0; Curitiba; Décima Primeira Câmara Cível; Rel. Juiz Conv. Anderson Ricardo Fogaça; Julg. 16/08/2017; DJPR 30/08/2017; Pág. 268)

A execução das astreintes pode ser realizada nos próprios autos:

✓ AGRAVO DE INSTRUMENTO. INVENTÁRIO. DECISÃO QUE DETERMINOU A EXECUÇÃO DAS ASTREINTES EM AUTOS PRÓPRIOS. Inconformismo. Cabimento. Fixação de astreintes em caso de não cumprimento de obrigação de fazer constante do acordo celebrado nos autos. Execução de multa diária (astreintes) por descumprimento de obrigação de fazer pode ser realizada nos próprios autos. Art. 537, §3º, do CPC. Decisão reformada. Recurso provido. (TJSP; AI 2104703-55.2017.8.26.0000; Ac. 10756941; São Paulo; Oitava Câmara de Direito Privado; Rel. Des. Pedro de Alcântara da Silva Leme Filho; Julg. 31/08/2017; DJESP 04/09/2017; Pág. 2886)

§ 4º A multa será devida desde o dia em que se configurar o descumprimento da decisão e incidirá enquanto não for cumprida a decisão que a tiver cominado.

A multa deve somente deve ser aplicada quando houver descumprimento da decisão após o decurso de prazo razoável:

✓ PROCESSUAL CIVIL. EMBARGOS À EXECUÇÃO. MULTA POR ATRASO. IMPLANTAÇÃO DE BENEFÍCIO PREVIDENCIÁRIO. RETORNO DOS AUTOS À COMARCA DE ORIGEM. CUMPRIMENTO DA DECISÃO DENTRO DE PRAZO RAZOÁVEL. NÃO CONFIGURAÇÃO DE ATRASO. APELAÇÃO PROVIDA. I. Cuida-se de apelação interposta pelo INSS face à sentença que julgou improcedentes os embargos à execução, uma vez reconhecido o atraso da autarquia no cumprimento de concessão de benefício de prestação continuada a portador de deficiência determinada judicialmente, ensejando a aplicação e execução de multa. II. Pelo que se depreende dos autos, ao julgar procedente o pedido autoral de concessão de benefício previdenciário, determinou o juiz de piso sua implantação no prazo de 15 (quinze) dias, a contar do trânsito em julgado da sentença, uma vez que não houve pedido de antecipação de tutela, decisão esta que restou mantida em acórdão proferido por esta corte, do qual o INSS foi intimado em 14.11.2014, tendo ocorrido o trânsito em julgado em 15.12.2014. III. Não houve atraso a ensejar a imposição de multa quando, apesar de ter havido o trânsito em julgado em 15.12.2014, os autos somente retornaram à Comarca de origem em 05.03.2015, momento em que é possibilitada a execução, e a autarquia dado cumprimento à sentença em 31.03.2015, 4 (quatro) dias após sua intimação, devendo ser aplicada apenas em caso de descumprimento da decisão após o decurso de prazo razoável. Inteligência do art. 537, caput e §4º do CPC. IV. Apelação provida, julgando procedentes os embargos à execução opostos pelo INSS, e extinguindo a execução da multa. Honorários advocatícios fixados em R$ 200,00 (duzentos reais), por apreciação equitativa, conforme previsto no §8º do art. 85 do CPC. (TRF 5ª R.; AC 0000737-41.2016.4.05.9999; SE; Quarta Turma; Rel. Des. Fed. Edilson Pereira Nobre Júnior; DEJF 20/05/2016; Pág. 149)

O termo a quo para incidência da multa cominatória é desde a data em que não foi cumprida a decisão judicial:

✓ AGRAVO DE INSTRUMENTO. ICMS. ÍNDICE DE JUROS DE MORA SOBRE DÉBITO FISCAL. LEI ESTADUAL Nº 13.918/2009. DESCUMPRIMENTO DA DETERMINAÇÃO JUDICIAL. FIXAÇÃO DE MULTA DIÁRIA. Pretensão inicial voltada à declaração de ilegalidade de fixação de juros de mora superiores à taxa SELIC. Pedido de suspensão da exigibilidade dos títulos executivos fiscais discriminados na inicial, em decorrência da suposta inconstitucionalidade dos índices de juros de mora incidentes sobre o débito fiscal. Liminar deferida pelo Juízo singular. Petição da empresa informando o descumprimento da determinação judicial. Fixação de multa diária pelo Magistrado, nos termos do art. 537 do CPC/2015. O termo a quo para incidência da multa cominatória é desde a data em que não foi cumprida a decisão judicial, consoante previu o art. 537, §4º, do CPC/2015. Decisão reformada em parte. Recurso da empresa parcialmente provido. (TJSP; AI 2111381-86.2017.8.26.0000; Ac. 10829767; Ribeirão Preto; Quarta Câmara de Direito Público; Rel. Des. Paulo Barcellos Gatti; Julg. 18/09/2017; DJESP 05/10/2017; Pág. 2748)

§ 5º O disposto neste artigo aplica-se, no que couber, ao cumprimento de sentença que reconheça deveres de fazer e de não fazer de natureza não obrigacional.

Seção II
Do Cumprimento de Sentença que Reconheça a Exigibilidade de Obrigação de Entregar Coisa

Art. 538. Não cumprida a obrigação de entregar coisa no prazo estabelecido na sentença, será expedido mandado de busca e apreensão ou de imissão na posse em favor do credor, conforme se tratar de coisa móvel ou imóvel.

Não cumprida a obrigação de entregar coisa no prazo estabelecido na sentença, não há óbice para a determinação de busca e apreensão:

✓ AGRAVO DE INSTRUMENTO. AÇÃO INDENIZATÓRIA -OBRIGAÇÃO DE ENTREGAR COISA. IMPOSIÇÃO. FIXAÇÃO DE NOVA ASTREINTE. IMPOSSIBILIDADE. VEDAÇÃO AO ENRIQUECIMENTO SEM CAUSA. ART. 538 DO CPC/2015. ADEQUAÇÃO DO PEDIDO. POSSBILIDADE. 1- Nos termos dos artigos 497 e 537, ambos do Código de Processo Civil de 2015, nas ações em que há obrigação de fazer ou não fazer, cabe ao juiz, de ofício ou a requerimento da parte, tomar as providências cabíveis e necessárias para assegurar o resultado prático ou a efetivação da tutela específica, sendo viável a aplicação de multa diária para compelir a parte a cumprir a decisão. 2- Não deve ser arbitrada nova multa diária, caso a parte condenada não tenha cumprido a obrigação no prazo estipulado, ocasionando a aplicação do valor máximo da astreinte, quando verificado que a fixação de nova multa implicaria enriquecimento sem causa da parte beneficiada. 3- O art. 538 do CPC/2015 visa conferir efetividade ao cumprimento de sentença. Não cumprida a obrigação de entregar coisa no prazo estabelecido na sentença, não há óbice para a determinação de busca e apreensão. (TJMG; AI 1.0439.15.001509-7/002; Relª Desª Claret de Moraes; Julg. 26/09/2017; DJEMG 06/10/2017)

§ 1º A existência de benfeitorias deve ser alegada na fase de conhecimento, em contestação, de forma discriminada e com atribuição, sempre que possível e justificadamente, do respectivo valor.

§ 2º O direito de retenção por benfeitorias deve ser exercido na contestação, na fase de conhecimento.

Há preclusão do direito de retenção por benfeitorias:

✓ AGRAVO DE INSTRUMENTO. CUMPRIMENTO DE SENTENÇA DE OBRIGAÇÃO DE ENTREGAR COISA CERTA (REINTEGRAÇÃO DE POSSE). DECISÃO RECORRIDA QUE REABRIU A INSTRUÇÃO PARA QUE O RÉU COMPROVASSE A EXISTÊNCIA DE CONSTRUÇÃO A EMBASAR SEU PLEITO DE RETENÇÃO POR BENFEITORIA. Inconformismo do agravante, buscando a expedição de mandado de reintegração de posse. Provimento. Preclusão do direito do agravado. Apresentação de tese de retenção por benfeitorias inadequada nesse momento processual, sendo igualmente inapropriada a reabertura da instrução para juntada de provas a embasar tal pedido. Exegese do artigo 538, §§ 1º e 2º, do Código de Processo Civil. Eventual direito de indenização pelas benfeitorias a ser perseguido em autos próprios. Consequente expedição de mandado de reintegração de posse. Recurso provido. (TJSP; AI 2024486-25.2017.8.26.0000; Ac. 10775191; Monte Aprazível; Nona Câmara de Direito Privado; Rel. Des. Piva Rodrigues; Julg. 06/09/2017; DJESP 13/09/2017; Pág. 1602)

§ 3º Aplicam-se ao procedimento previsto neste artigo, no que couber, as disposições sobre o cumprimento de obrigação de fazer ou de não fazer.

Aplicação subsidiária das disposições sobre o cumprimento de sentença:

✓ DIREITO DO CONSUMIDOR. AÇÃO DE OBRIGAÇÃO DE FAZER CUMULADA COM INDENIZAÇÃO POR DANO MORAL. VEÍCULO AUTOMOTOR. Defeito na caixa de marcha. Perícia não realizada por inércia das rés. Responsabilidade da fabricante. Sentença condenou a fabricante à troca do automóvel por outro e ao pagamento de indenização por dano moral, e julgou improcedente os pedidos em face da concessionária de veículos. Apelação da fabricante. Falha na prestação do serviço. Defeitos não reparados. Direito do consumidor à substituição do veículo. Art. 18, § 1º do CDC. Direito do credor deflagrar o cumprimento provisório da sentença. Prazo para cumprimento do julgado e eventual aplicação de multa serão estabelecidos pelo juízo a quo a partir da deflagração do cumprimento da sentença com a intimação pessoal do fabricante. Aplicação subsidiária das disposições sobre o cumprimento da obrigação de fazer e não fazer. Inteligência do § 3º do art. 538 do CPC e da Súmula nº 410 do STJ. Prequestionamento não reconhecido. Apelação destituída de caráter protelatório. Dano moral configurado e adequadamente estabelecido. Súmula nº 343 deste Tribunal de Justiça. Honorários da parte ré majorados de 10% para 15% da condenação. Recurso conhecido e não provido. (TJRJ; APL 0036158-94.2013.8.19.0066; Volta Redonda; Vigésima Sexta Câmara Cível Consumidor; Rel. Desig. Des. Ricardo Alberto Pereira; DORJ 28/07/2017; Pág. 651)

TÍTULO III
DOS PROCEDIMENTOS ESPECIAIS

CAPÍTULO I
DA AÇÃO DE CONSIGNAÇÃO EM PAGAMENTO

Art. 539. Nos casos previstos em lei, poderá o devedor ou terceiro requerer, com efeito de pagamento, a consignação da quantia ou da coisa devida.

A ação de consignação em pagamento é via inadequada para consignar valores referentes a parcelamento de débito tributário:

✓ PROCESSUAL CIVIL E TRIBUTÁRIO. AÇÃO DE CONSIGNAÇÃO EM PAGAMENTO. PRETENSÃO DE OBTENÇÃO DE PARCELAMENTO. INADEQUAÇÃO DA VIA ELEITA. MULTA POR LITIGÂNCIA DE MÁ-FÉ. HONORÁRIOS ADVOCATÍCIOS. 1. Nos termos da orientação jurisprudencial pacificada do Superior Tribunal de Justiça a ação consignatória de pagamento constitui meio impróprio para forçar a concessão de parcelamento e discutir a exigibilidade e extensão de crédito tributário. Confira-se: AgRg no AREsp 470.987/RJ, Rel. Min. MAURO CAMPBELL MARQUES, SEGUNDA TURMA; Julg. 20/03/2014, DJe 26/03/2014; AgRg no Ag 1256160/SP, Rel. Min. BENEDITO GONÇALVES, PRIMEIRA TURMA; Julg. 28/09/2010, DJe 07/10/2010. 2. Caracterizada a litigância de má-fé da parte autora, pela tentativa de alterar a verdade dos fatos, manifestada por conduta intencionalmente maliciosa e temerária de induzir o órgão julgador em erro quanto à circunstância de que os créditos tributários inscritos em dívida ativa da União são objeto de execuções fiscais que tramitam perante a Comarca de Araras em São Paulo, conforme telas de consulta colacionadas ás fls. 84/141, impõe-se manter a condenação no pagamento da multa de 1% (um por cento) sobre o valor da causa, nos termos dos arts. 17, II, e 18 do CPC. 3. Dispõe o novo Código de Processo Civil de 2015 em seu art. 85, §2º, que os honorários advocatícios serão fixados entre o mínimo de dez e o máximo de vinte por cento sobre o valor da condenação, do proveito econômico obtido ou, não sendo possível mensurá-lo, sobre o valor da atualizado da causa, observados (a) o grau de zelo do profissional, (b) o lugar de prestação do serviço, e (c) a natureza e importância da causa, o trabalho realizado pelo advogado e o tempo exigido para o seu serviço. 4. A desvinculação do parâmetro do art. 85, §8º do novo do CPC permite adotar como base de cálculo o arbitramento, quando o valor da causa for inestimável, ou irrisório o proveito econômico e quando o valor da causa for muito baixo. 5. No caso dos autos, o valor da causa foi fixado em R$8.149.144,21 (oito milhões, cento e quarenta e nove mil, cento e quarenta e quatro reais e vinte e um centavos), devendo a sentença ser reformada, para que a fixação dos honorários seja feita de acordo com a regra da novel legislação processual civil, aplicando-se na hipótese o parágrafo 5º do retromencionado dispositivo. 6. Apelação da autora desprovida. 7. Apelação da União (Fazenda Nacional) parcialmente provida, para fixar os honorários em R$200.000,00 (duzentos mil reais). (TRF 1ª R.; AC 0024404-52.2011.4.01.3400; Sétima Turma; Rel. Des. Fed. José Amilcar Machado; DJF1 05/05/2017)

É viável a veiculação de pedido de revisão contratual em ação de consignação em pagamento:

✓ CIVIL E PROCESSUAL CIVIL. SISTEMA FINANCEIRO DA HABITAÇÃO (SFH). AÇÃO DE CONSIGNAÇÃO EM PAGAMENTO. PEDIDO DE REVISÃO. POSSIBILIDADE. SUPERADA A SÚMUAL 47 DESTE TRIBUNAL. PROCESSO JULGADO COM BASE NO ART. 1.013, §§ 1º E 3º, DO CÓDIGO DE PROCESSO CIVIL/2015. PEDIDO DE CONSIGNAÇÃO IMPROCEDENTE. 1. Este Tribunal vem entendendo que é possível o ajuizamento da ação de consignação em pagamento que contenham pedido de revisão contratual, estando, assim, superada a Súmula nº 47 deste Regional ((IUJAC 0044541-05.2000.4.01.3800/MG, Relator Desembargador Federal João Batista Moreira, Terceira Seção, e-DJF1 de 20.07.2009). 2. Na hipótese dos autos, embora não tenha, especificamente, discutido a revisão do contrato, e, sim, o valor do saldo residual apresentado, é possível o ajuizamento da ação de consignação para essa última finalidade. 3. Sentença que julgou extinto o processo, sem resolução de mérito, na forma do art. 267, inciso VI do CPC/1973 que se anula. Processo apreciado de acordo com o que determina o art. 1.013, § 1º e 3º, inciso I, do CPC/2015 4. Não havendo, nos autos, a demonstração de que o contrato de financiamento tenha sido executado de forma contrária aos parâmetros fixados na sentença proferida na ação revisional n. 2004.40.00.006712-5, não há como acolher a alegação da parte autor de que o valor correto, verificado, a título de saldo residual, é de R$ 9.700,47, não podendo ser considerado, para esse fim, o valor apresentado pela CEF, na proposta, juntada, por cópia, à presente consignatória (fl. 115). 5. Ademais, pretende a autora, em verdade, livrar-se do saldo residual verificado no fim do contrato, quando não há a comprovação de que houve contribuição para o FCVS, sendo certo que esse citado saldo residual é de responsabilidade do mutuário, na forma do art. 2º do Decreto-Lei n. 2.349/1987. 6. Apelação provida para anular a sentença e, analisando o mérito, julgar improcedente o pedido da autora. (TRF 1ª R.; AC 0023374-88.2012.4.01.4000; Sexta Turma; Relª Juíza Fed. Conv. Hind Ghassan Kayath; DJF1 17/03/2017)

O depósito da quantia devida com a correção monetária constitui pressuposto processual específico da ação de consignação em pagamento:

✓ PROCESSO CIVIL. CONSIGNAÇÃO EM PAGAMENTO. PAGAMENTO DO DÉBITO SEM CORREÇÃO MONETÁRIA. IMPOSSIBILIDADE POR INOBSERVÂNCIA AO ART. 539 DO CPC/2015 E DA CLÁUSULA 5 DO ACORDO HOMOLOGADO JUDICIALMENTE. APELAÇÃO CÍVEL NEGADA PROVIMENTO À UNANIMIDADE. 1. O apelante firmou contrato de promessa de compra e venda de imóvel n. 0284, em 23/10/1988, comprometendo-se adimplir 48 parcelas fixas de R$ 175,78. 2. Na ocasião do pagamento da terceira parcela alegou ter o apelante descoberto que o imóvel adquirido junto a apelada encontrava-se com uma constrição judicial. 3. O apelante ingressou com ação de reparação de danos n. 03487/2001, tendo sido firmado em 18/12/2001, acordo homologado judicialmente na referida ação, restando estabelecido na sua cláusula segunda que nenhuma parcela oriunda do contrato de compra e venda do imóvel iria ser cobrada enquanto não operar-se a baixa definitiva na penhora judicial. 4. Foi determinado na cláusula 5 do acordo judicial que a correção monetária contratual não foi excluída, mas, apenas a multa e os juros contratual. 5. O depósito da quantia devida com a correção monetária constitui pressuposto processual específico do procedimento consignatório nos termos do art. 539 do CPC/2015. 6. Não se trata de obrigação abusiva, a fim de incidir art. 51 e seus incisos do CDC, e, sim, de mera correção monetária, prevista no contrato e no acordo firmado entre as partes e homologado judicialmente. 7. Tendo sido a constrição do imóvel retirada é dever do apelante pagar o débito devidamente corrigido conforme pactuado judicialmente, não podendo referido apelante alterar a forma de pagamento do débito, através da ação de consignação em pagamento. 8. Recurso não provido. (TJPE; APL 0000820-36.2011.8.17.0470; Terceira Câmara Cível; Rel. Des. Francisco Eduardo Gonçalves Sertório Canto; Julg. 04/05/2017; DJEPE 17/05/2017)

A ação de consignação em pagamento é incompatível com o procedimento dos juizados especiais:

✓ RECURSO INOMINADO. AÇÃO DE CONSIGNAÇÃO EM PAGAMENTO. INCOMPETÊNCIA ABSOLUTA DO JUIZADO ESPECIAL DA FAZENDA PÚBLICA. PROCEDIMENTO ESPECIAL. ART. 539 E SEGUINTES DO CPC/15. EXTINÇÃO DO FEITO, NA FORMA DO ART. 51, INC. II, DA LEI Nº 9.099/95. PRECEDENTES. Trata-se de ação de consignação em pagamento, na qual postula a parte autora o depósito das parcelas que entende devidas, referente ao IPTU, julgada improcedente na origem. Com efeito, a ação de consignação em pagamento possui procedimento/rito especial, estabelecido no art. 890 e seguintes do CPC, incompatível como o procedimento dos juizados especiais cíveis, dada a sua complexidade, excluída no art. 3º, inc. II, da Lei Federal n. 9.099/95. O microssistema do juizado especial da fazenda, alimentado pelo princípio da concentração dos atos, celeridade e informalidade exclui o processamento de demandas que requerem procedimentos especiais, como o caso em comento. A competência ratione materiae e a legitimatio ad processum prescritas na Lei, se constituem na pedra angular do juizado especial que não podem ser expandidas, sob pena de falência geral do sistema. Dessa forma, considerando que o procedimento exigido para o deslinde da causa é especial, com regulação no CPC, é evidente a incompetência do juizado especial da Fazenda Pública para processar e julgar a presente ação, sob pena de ofensa à liturgia expressa do art. 3º, inc. II da Lei Federal nº 9.099/95. Recurso inominado prejudicado. Ação julgada extinta, de ofício (TJRS; RCív 0065681-62.2016.8.21.9000; Alegrete; Turma Recursal da Fazenda Pública; Rel. Juiz Niwton Carpes da Silva; Julg. 30/03/2017; DJERS 11/04/2017)

Não há justificativa para recusa do recebimento de valores pagos por terceiro:

✓ CIVIL E PROCESSUAL CIVIL. DEMANDA CONSIGNATÓRIA. COTAS CONDOMINIAIS. PAGAMENTO DO DÉBITO POR TERCEIRO POSSUIDOR DO IMÓVEL. RECUSA DO CREDOR. IMPOSSIBILIDADE. PROCEDÊNCIA DO PEDIDO. ACERTO DO JULGADO. A consignação tem lugar quando o credor não puder, ou, sem justa causa, recusar receber o pagamento, ou dar quitação na devida forma (art. 335 do código civil), e se destina a possibilitar ao devedor ou terceiro obter a extinção de obrigação, nos casos em que haja recusa ou incapacidade do credor em receber o apelante se recusou a receber as parcelas concernentes às cotas condominiais do período de janeiro de 2012 a dezembro de 2013, fato admitido na contestação. Assim, nos termos do art. 539 do CPC/2015 a ação de pagamento pode ser proposta por terceiro que pretenda quitar a dívida, não havendo justificativa para recuso do recebimento dos valores consignados. Precedentes do STJ. Recurso a que se nega provimento, na forma do art. 932 do código de processo civil/2015. (TJRJ; APL 0004427-61.2014.8.19.0061; Décima Sexta Câmara Cível; Rel. Des. Lindolpho Morais Marinho; Julg. 17/05/2016; DORJ 25/05/2016)

§ 1º Tratando-se de obrigação em dinheiro, poderá o valor ser depositado em estabelecimento bancário, oficial onde houver, situado no lugar do pagamento, cientificando-se o credor por carta com aviso de recebimento, assinado o prazo de 10 (dez) dias para a manifestação de recusa.

§ 2º Decorrido o prazo do § 1º, contado do retorno do aviso de recebimento, sem a manifestação de recusa, considerar-se-á o devedor liberado da obrigação, ficando à disposição do credor a quantia depositada.

§ 3º Ocorrendo a recusa, manifestada por escrito ao estabelecimento bancário, poderá ser proposta, dentro de 1 (um) mês, a ação de consignação, instruindo-se a inicial com a prova do depósito e da recusa.

Decadência do direito de propor ação de consignação quando transcorrido o prazo de 30 dias da recusa do credor:

✓ CIVIL E PROCESSUAL CIVIL. AÇÃO DE CONSIGNAÇÃO EM PAGAMENTO. DEPÓSITO EXTEMPORÂNEO DE QUANTIA EM DINHEIRO. DECADÊNCIA. CONFIGURAÇÃO. SENTENÇA MANTIDA. Efetuado o depósito de quantia em dinheiro e havendo recusa do credor ao recebimento manifestada por escrito ao devedor, é de 30 (trinta) dias o prazo para o ajuizamento da Ação de Consignação em Pagamento. Decorrido o aludido período (§ 3º do artigo 890 do CPC/73; § 3º do artigo 539 do CPC vigente), decaiu o Autor do direito de propor a demanda consignatória. Apelação Cível desprovida. (TJDF; APC 2015.01.1.108656-2; Ac. 104.6330; Quinta Turma Cível; Rel. Des. Ângelo Passareli; Julg. 13/09/2017; DJDFTE 28/09/2017)

É do devedor o ônus da prova da recusa do credor:

✓ APELAÇÃO CÍVEL. CONSIGNAÇÃO EM PAGAMENTO. CÉDULA DE CRÉDITO BANCÁRIO. 1. Recusa do credor em receber o valor. Ausência de prova. Ônus do devedor. 2. Pleito pela alteração da forma de pagamento. Impossibilidade. Ausência de onerosidade excessiva que justifique a modificação da forma de pagamento. Observância aos princípios da obrigatoriedade, função social do contrato e boa fé objetiva. Manutenção da sentença. 1. A procedência do pedido consignatório depende de prova cabal acerca da recusa do credor em receber o pagamento, nos termos do artigo 335 do Código Civil e 539, §3º do CPC. 2. Descabida a alteração unilateral da cláusula referente a forma de pagamento (débito em conta corrente), considerando a livre escolha do apelante no momento da contratação, devendo ser mantida a forma pactuada, visando à preservação da pacta sunt servanda, da boa-fé objetiva e função social do contrato. Apelação cível não provida. (TJPR; ApCiv 1720953-7; Terra Boa; Décima Quinta Câmara Cível; Rel. Des. Jucimar Novochadlo; Julg. 06/09/2017; DJPR 15/09/2017; Pág. 325)

✓ CONSIGNAÇÃO EM PAGAMENTO. Dívida anotada restritivamente, oriunda de saldo devedor em cartão de crédito. Alegação da recusa da ré em emitir boleto avulso para quitação, após notificação para essa finalidade. Manifestação da ré no sentido de carência de ação, porque não foi notificada para esse propósito. Pretensão rejeitada em primeiro grau de jurisdição, porque a ação de consignação não pode ser utilizada para purgar mora já existente, mas para evitá-la, além do depósito ter sido insuficiente, e, por ter alterado a verdade dos fatos, condenada por litigância de má-fé. Irresignação recursal da autora insistindo na plausibilidade da consignação no caso em testilha, ante da recusa da ré em receber o valor por boleto avulso. RECUSA. Inexistência de prova de que o credor se recusa a receber a prestação. Notificação que foi expedida com pedido de exibição da documentação que originou a dívida e esclarecimento do seu montante, com emissão de boleto para quitação da respectiva tarifa, presumida como a de obtenção de cópias, na forma exigida pela jurisprudência (RESP 1.349.453/MS). Circunstância em que para se exonerar da dívida bastava à autora o depósito em estabelecimento bancário oficial, cientificando o credor por correspondência com aviso de recebimento, na forma do § 1º do artigo 539 do NCPC, e, havendo recusa nesse procedimento, abrir-se-ia a via judicial. Situação, ainda, que o credor não é obrigada a mudar a forma de pagamento do cartão de crédito que administra, sem circunstância excepcional que permita relativizar a regra geral do artigo 313 do Código Civil. Não preenchimento das hipóteses do artigo 335 do Código Civil. SUCUMBÊNCIA RECURSAL. Nova disciplina do Código de Processo Civil que implica na cumulação sucumbencial em grau recursal, adotando parâmetros em função do proveito econômico obtido e do trabalho adicional dos advogados. Circunstância, no caso em testilha, que o recurso foi oposto contra sentença prolatada na vigência do Novo C.P.C., e o trabalho adicional dos advogados se resume na confecção de razões e contrarrazões, além do acompanhamento processual na instância, arbitrando-se honorários de R$ 1.000,00 (mil reais) em favor dos patronos da ré, cumuláveis com os fixados em primeiro grau de jurisdição. Sentença mantida. Apelação não provida. (TJSP; APL 1021882-60.2016.8.26.0577; Ac. 10590069; São José dos Campos; Décima Segunda Câmara de Direito Privado; Rel. Des. Jacob Valente; Julg. 07/07/2017; DJESP 13/07/2017; Pág. 1937)

Ainda que o credor seja revel, o autor possui o ônus de provar a recusa do recebimento:

✓ APELAÇÃO CÍVEL. AÇÃO DE CONSIGNAÇÃO EM PAGAMENTO- ALEGAÇÃO DE RECUSA DO CREDOR EM RECEBER VALORES. AUTORA QUE NÃO SE DESINCUMBIU DO ÔNUS DE PROVAR O QUE LHE COMPETIA. OBSERVÂNCIA DO ART. 335, I, DO CC E DO ART. 539, §3º, DO CPC/15. REVELIA DA PARTE REQUERIDA QUE NÃO IMPÕE A PROCEDÊNCIADA AÇÃO. PRESUNÇÃO RELATIVA. RECURSO CONHECIDO E IMPROVIDO. I. Para que seja possível o manejo da ação de consignação em pagamento, ação de procedimento especial, assim disciplinada pelo pergaminho processual, é mister a coexistência de três indispensáveis elementos, quais sejam, a existência de uma relação crédito/débito e a sua liquidez, a figura do devedor e a imprescindível demonstração da recusa injusta do credor em receber o que lhe está sendo ofertado. II. A parte autora não logrou comprovar a recusa e o pagamento do segundo e do terceiro cheques, pois tais fatos restaram apenas referidos na inicial sem serem consubstanciados por prova alguma. III. Nos termos do art. 345 do CPC, a revelia não produz o efeito da presunção de veracidade se a petição inicial não estiver acompanhada de instrumento que a Lei considere indispensável à prova do ato ou se as alegações de fato formuladas pelo autor forem inverossímeis ou estiverem em contradição com prova constante dos autos. IV. Honorários recursais que não se aplicam, pois a parte recorrida foi revel e não constituiu advogado nos autos. V. Recurso conhecido e improvido. (TJSE; AC 201600824188; Ac. 23833/2016; Segunda Câmara Cível; Rel. Des. Alberto Romeu Gouvei Aleite; Julg. 06/12/2016; DJSE 13/12/2016)

§ 4º Não proposta a ação no prazo do § 3º , ficará sem efeito o depósito, podendo levantá-lo o depositante.

Art. 540. Requerer-se-á a consignação no lugar do pagamento, cessando para o devedor, à data do depósito, os juros e os riscos, salvo se a demanda for julgada improcedente.

Possibilidade de concessão de tutela de urgência na ação de consignação de pagamento, quando houver o depósito do valor integral:

✓ ADMINISTRATIVO. AGRAVO DE INSTRUMENTO. AÇÃO DE CONSIGNAÇÃO EM PAGAMENTO. LOCAÇÃO. PROTESTO. SUSTAÇÃO. POSSIBILIDADE. 1. A tutela de urgência será concedida quando houver elementos que evidenciem a probabilidade do direito e o perigo de dano ou o risco ao resultado útil do processo. Intelecto do caput do art. 300 do nCPC. 2. O depósito em consignação tem força de pagamento, e a correspondente ação tem por finalidade ver atendido o direito material do devedor de se liberar da obrigação e obter quitação. Serve ainda a consignação em pagamento para prevenir a mora, liberando o devedor do cumprimento da prestação a que se vinculou. 3. Hipótese na qual, em cognição sumária, é caso de acatar o pleito da parte agravante, pois, tendo havido depósito do valor integral dos aluguéis, incidindo o disposto no art. 540 do CPC, não há porque não possa ser sustado o protesto, fazendo cessar os malefícios da situação para a agravante. (TRF 4ª R.; AG 5024226-39.2017.404.0000; Quarta Turma; Rel. Des. Fed. Luís Alberto Dazevedo Aurvalle; Julg. 11/10/2017; DEJF 13/10/2017)

Inviabilidade da tutela provisória quando não há comprovação da recusa do credor:

✓ AGRAVO DE INSTRUMENTO. AÇÃO DE CONSIGNAÇÃO EM PAGAMENTO. TUTELA PROVISÓRIA DE URGÊNCIA. CONSIGNAÇÃO MENSAL DO VALOR QUE ENTENDE CORRETO. ART. 539 DO CPC. AUSÊNCIA DE COMPROVAÇÃO DA RECUSA DO CREDOR. NÃO PREENCHIMENTO DOS REQUISITOS. IMPOSSIBILIDADE. A tutela de urgência será concedida quando houver elementos que evidenciem a probabilidade do direito e o perigo de dano ou risco ao resultado útil ao processo, ausentes tais requisitos, o pedido formulado deve ser indeferido. Conforme preceituam os arts. 539 e seguintes do CPC, para o ajuizamento da ação de consignação, será indispensável a comprovação da relação obrigacional entre as partes, a sua liquidez e a recusa injusta do credor em receber a quantia ofertada pelo devedor. Não é crível o deferimento da consignação pleiteada, principalmente em sede de tutela de urgência, quando não restar comprovado nos autos a recusa do credor em receber a quantia consignada. (TJMG; AI 1.0090.16.002712-5/001; Rel. Des. Sérgio André da Fonseca Xavier; Julg. 04/07/2017; DJEMG 10/07/2017)

O depósito parcial realizado pelo autor não cessa a mora:

✓ OBRIGAÇÃO DE FAZER CUMULADA COM CONSIGNAÇÃO EM PAGAMENTO. Contrato Imobiliário. Ação parcialmente procedente. Insurgência do autor. Pretensão de consignação em pagamento, com emenda da mora, e emissão de boleto bancário para pagamento de parcelas vincendas do contrato em substituição à forma de pagamento mediante débito em conta. Consignação em pagamento. Depósito inicial exigido no §3º, do art. 539, do NCPC, não realizado. Art. 540, do mesmo diploma processual, que é expresso no sentido de que os juros e os riscos cessam para o devedor à data do depósito. Inviabilidade de cessação da mora. Depósitos parciais realizados por conta e risco do autor após a sentença que não têm o efeito liberatório de extinguir a obrigação. Quitação não operada. Forma de pagamento. Contrato que prevê pagamento de parcelas mediante débito em conta. Pretensão para adimplemento das prestações mediante boleto bancário. Possibilidade. Impor ao consumidor que efetue o pagamento de parcelas de contrato apenas mediante débito em conta representa ônus excessivo, na medida em que o priva de direcionar eventuais créditos ao pagamento de débitos considerados prioritários, e configura conduta abusiva a não aceitação do recebimento por outros meios, o que certamente viola o art. 6º, inciso V, C.C. Art. 51, inciso IV, ambos do Código de Defesa do Consumidor. Recurso provido em parte, para esse fim. (TJSP; APL 1033808-48.2015.8.26.0100; Ac. 9500813; São Paulo; Vigésima Terceira Câmara de Direito Privado; Rel. Des. Sebastião Flávio; Julg. 01/06/2016; DJESP 23/06/2016)

Art. 541. Tratando-se de prestações sucessivas, consignada uma delas, pode o devedor continuar a depositar, no mesmo processo e sem mais formalidades, as que se forem vencendo, desde que o faça em até 5 (cinco) dias contados da data do respectivo vencimento.

Art. 542. Na petição inicial, o autor requererá:

I – o depósito da quantia ou da coisa devida, a ser efetivado no prazo de 5 (cinco) dias contados do deferimento, ressalvada a hipótese do art. 539, § 3º ;

Deve ser dada à parte a oportunidade de realizar o depósito no prazo de 5 dias, antes da extinção do processo:

✓ CONSIGNAÇÃO EM PAGAMENTO. Extinção (art. 485, III e IV C.C. Art. 542, parágrafo único, CPC). Descabimento. Apelante que não teve oportunidade de realizar o depósito previsto no art. 542, I, do CPC, em razão de publicação concomitante da determinação judicial com a r. Sentença de extinção. Extinção afastada. RECURSO PROVIDO. (TJSP; APL 1021503-95.2016.8.26.0100; Ac. 10106458; São Paulo; Décima Sétima Câmara de Direito Privado; Rel. Des. Afonso Bráz; Julg. 24/01/2017; DJESP 12/09/2017; Pág. 2157)

II – a citação do réu para levantar o depósito ou oferecer contestação.

Possibilidade de citação por edital do credor na ação de consignação em pagamento:

✓ APELAÇÃO CÍVEL. Ação de Consignação em Pagamento. 1) Consignação em Pagamento. Contrato administrativo firmado pelo Município de Iperó para a construção de aterro sanitário. Não localização da empresa credora. Pretensão da autora em consignar o valor de R$ 7.955,12, referente ao contrato administrativo nº 18/2002. Possibilidade. Inteligência do art. 539 do CPC. 2) Alegação de nulidade da citação por edital. Inocorrência. Municipalidade que esgotou as demais formas de citação e requereu diversas diligências na tentativa de localização da empresa e seus sócios, sem lograr êxito. Sentença mantida. Recurso improvido. (TJSP; APL 0001445-60.2007.8.26.0082; Ac. 10757002; Boituva; Décima Segunda Câmara Extraordinária de Direito Público; Rel. Des. Eutálio Porto; Julg. 31/08/2017; DJESP 12/09/2017; Pág. 2611)

Parágrafo único. Não realizado o depósito no prazo do inciso I, o processo será extinto sem resolução do mérito.

Art. 543. Se o objeto da prestação for coisa indeterminada e a escolha couber ao credor, será este citado para exercer o direito dentro de 5 (cinco) dias, se outro prazo não constar de lei ou do contrato, ou para aceitar que o devedor a faça, devendo o juiz, ao despachar a petição inicial, fixar lugar, dia e hora em que se fará a entrega, sob pena de depósito.

Art. 544. Na contestação, o réu poderá alegar que:

I – não houve recusa ou mora em receber a quantia ou a coisa devida;

II – foi justa a recusa;

É justa a recusa quando há pagamento parcial do valor devido:

✓ AÇÃO DE CONSIGNAÇÃO EM PAGAMENTO. INSUFICIÊNCIA DE VALORES. Controvérsia sobre o valor devido. Impossibilidade de pagamento parcial. Restando demonstrado que o valor depositado se mostra insuficiente para quitação do saldo devedor da negociação e considerando, ainda, as determinações legais que regulam o parcelamento a qual aderiu o contribuinte, deve ser reputada justa a recusa da união no recebimento dos valores, nos termos do art. 544, II, do código de processo civil. (TRF 4ª R.; AC 5020125-43.2015.404.7108; RS; Segunda Turma; Rel. Des. Fed. Rômulo Pizzolatti; Julg. 19/09/2017; DEJF 22/09/2017)

A recusa é justa quando há controvérsia quanto ao valor devido:

✓ CONSIGNAÇÃO EM PAGAMENTO. PARCELA VENCIDA DE CONTRATO BANCÁRIO DE MUTUO. FINANCIAMENTO PARA AQUISIÇÃO DE VEICULO. Disputa do valor devido. Montante de encargos incidentes por conta de pagamento a destempo. Questão não objeto da ação. Limitação da lide. Artigo 539 do CPC e artigo 335 do Código Civil. Integralidade do valor depositado controversa. Não superação da questão relativa à regularidade e legalidade das disposições contratuais avençadas. Recusa justificada do credor. Artigo 544, IV, do CPC. Ação improcedente. Reconhecimento. Recurso provido. (TJSP; APL 1000147-20.2016.8.26.0108; Ac. 10870126; Cajamar; Trigésima Terceira Câmara Extraordinária de Direito Privado; Rel. Des. Henrique Rodriguero Clavisio; Julg. 09/10/2017; DJESP 17/10/2017; Pág. 2180)

III – o depósito não se efetuou no prazo ou no lugar do pagamento;

IV – o depósito não é integral.

O credor não é obrigado a receber prestação diversa da que lhe é devida:

✓ AÇÃO DE CONSIGNAÇÃO EM PAGAMENTO. CONTRATO DE ABERTURA DE CRÉDITO BB GIRO EMPRESA FLEX. PRETENSÃO DOS AUTORES DE EXTINGUIR A RELAÇÃO JURÍDICA. Vencimento antecipado da dívida. Prevalência das cláusulas e condições, livremente, pactuadas pelas partes, no contrato. Insuficiência do valor depositado configurada. Impossibilidade de decretação da extinção da obrigação. Aplicação dos arts. 334, 335, I, e 336, do novo Código Civil, e dos arts. 539 e 544, I e IV, do CPC. Ação julgada improcedente. O credor não está obrigado a receber prestação diversa daquela que lhe é devida. Para se eximir da obrigação, deve cumprir a prestação da forma como convencionada entre as partes. Recurso não provido. (TJSP; APL 1017556-63.2015.8.26.0554; Ac. 10705680; Santo André; Vigésima Segunda Câmara de Direito Privado; Rel. Des. Roberto Mac Cracken; Julg. 10/08/2017; DJESP 22/08/2017; Pág. 2211)

Parágrafo único. No caso do inciso IV, a alegação somente será admissível se o réu indicar o montante que entende devido.

A simples indicação de valor, sem detalhamento do débito, não é suficiente:

✓ APELAÇÃO CÍVEL. AÇÃO DE CONSIGNAÇÃO EM PAGAMENTO. ALEGA A PARTE AUTORA QUE VEM ENCONTRANDO DIFICULDADE EM REALIZAR O PAGAMENTO DAS PRESTAÇÕES DO CONSÓRCIO CONTRATADO NOS MESES DE JUNHO A OUTUBRO/2015 EM RAZÃO DA EMPRESA RÉ AFIRMAR QUE O MÊS DE MAIO/2015 ESTARIA EM ABERTO. A sentença julgou procedentes os pedidos autorais declarando a extinção da obrigação do autor junto à ré em relação às parcelas objeto da lide, além da compensação por danos morais no valor de R$ 5.000,00.Inconformada a ré interpõe o recurso de apelação pugnando pela improcedência dos pedidos. Conforme bem fundamentado pelo juízo a quo, a parte autora comprova o pagamento em tempo dos meses de março a maio/2015, não comprovando a ré através de prova documental os supostos juros e encargos alegados. Parte ré que deve demonstrar o valor que entende devido, conforme art. 544, parágrafo único do NCPC. A simples indicação de valor sem detalhamento do débito não é suficiente a afastar as alegações autorais. Dano moral que não restou configurado, ante a ausência da comprovação de que o fato em si tenha repercutido de forma grave na esfera íntima do autor. Não houve comprovação de violação de direitos da personalidade. A ré não negativou o nome do autor em nenhum momento. Aplicação da Súmula nº 75 deste Tribunal de justiça. Ausência de repercussão na esfera extrapatrimonial. Recurso conhecido e parcialmente provido. (TJRJ; APL 0021528-33.2015.8.19.0011; Cabo Frio; Vigésima Sexta Câmara Cível Consumidor; Relª Desª Natacha Nascimento Gomes Tostes Gonçalves de Oliveira; DORJ 04/09/2017; Pág. 356)

✓ CONTRATOS BANCÁRIOS. Financiamento imobiliário. Consignação em pagamento. Contestação do valor depositado, sob alegação de ser insuficiente, porém sem indicar qual valor seria devido ou então qual a diferença a ser complementada. Imprestabilidade da resposta, diante da disposição expressa do art. 544, IV e seu parágrafo único, do CPC. Ação procedente. Recurso não provido, com majoração da verba honorária. Se o réu contesta genericamente ação de consignação em pagamento, afirmando a não integralidade do depósito efetuado, mas não cuida de dizer qual seria o valor devido, nem muito menos qual seria a diferença a ser complementada, sua resposta é absolutamente imprestável, pois o parágrafo único do art. 544 do Código de Processo Civil é muito claro ao dispor que, quando o réu afirmar que o depósito não é integral, sua alegação só será admissível se o réu indicar o montante que entende devido. (TJSP; APL 1000219-83.2015.8.26.0288; Ac. 10797586; Ituverava; Décima Primeira Câmara de Direito Privado; Rel. Des. Gilberto dos Santos; Julg. 14/09/2017; DJESP 22/09/2017; Pág. 2244)

Art. 545. Alegada a insuficiência do depósito, é lícito ao autor completá-lo, em 10 (dez) dias, salvo se corresponder a prestação cujo inadimplemento acarrete a rescisão do contrato.

O feito deve ser extinto sem resolução do mérito, independentemente da intimação da parte, quando há insuficiência do depósito:

✓ PROCESSO CIVIL. CONSIGNAÇÃO EM PAGAMENTO. PARCELAMENTO DO DÉBITO EM NÚMERO MAIOR DO QUE O PREVISTO NO CONTRATO DE LOCAÇÃO. PRESTAÇÕES DO CONTRATO DE LOCAÇÃO PERIÓDICAS DÉBITO DE 33 PARCELAS. IMPOSSIBILIDADE POR INOBSERVÂNCIA AO ART. 539 DO CPC/2015. APELAÇÃO CÍVEL NEGADA PROVIMENTO À UNANIMIDADE. 1. O depósito da quantia devida constitui pressuposto processual específico do procedimento consignatório nos termos do art. 539 do CPC/2015. 2. Não pode a apelante alterar a forma de parcelamento do débito vez que o credor não é obrigado a receber a menor o seu débito, e, sim, na forma que foi pactuada. 3. O depósito da quantia devida constitui pressuposto processual específico do procedimento consignatório, por tais razões, sua ausência acarreta a extinção do feito sem resolução do mérito, independentemente de intimação pessoal da parte para regularizar a pendência. 4. O objeto da ação de pagamento é quitar a dívida via depósito judicial pelo fato do credor não ter sido encontrado ou se recusado a receber o seu crédito, e, não, emprestar o viés de revisional, o qual almeja a apelante com base na teoria da imprevisão e dos arts. 478 a 480 do CC. 5. Recurso não provido. (TJPE; APL 0018403-58.2015.8.17.2001; Terceira Câmara Cível; Rel. Des. Francisco Eduardo Gonçalves Sertório Canto; Julg. 27/04/2017; DJEPE 17/05/2017)

A insuficiência do depósito não implica em improcedência do pedido, mas sim em extinção parcial da obrigação, podendo haver complementação:

✓ APELAÇÃO CÍVEL. RELAÇÃO DE CONSUMO. CONSIGNAÇÃO EM PAGAMENTO. Cedae. Incidência do c. D.c. Competência desta câmara especializada (verbete nº 254 da Súmula deste tribunal). Cobrança pelo fornecimento de água, na falta de hidrômetro, deve ser feita pela tarifa mínima, sendo vedada a cobrança por estimativa (verbete nº 152 da Súmula deste tribunal). Concessionária ré arbitrava o consumo da autora por estimativa, o que é inaceitável em caso de inexistência de hidrômetro. Em face da existência de litígio sobre o objeto do pagamento, interpôs a autora esta consignatória, depositando em juízo o valor da tarifa mínima. A insuficiência do depósito em ação de consignação em pagamento não implica na improcedência do pedido, mas sim na extinção parcial da obrigação até o montante da importância consignada, que poderá ser futuramente complementada, na forma do artigo 545 do CPC. Manifesto error improcedendo. Caberia ao d. Juízo a quo, antes de sentenciar o presente feito, ter remetido os presentes autos ao contador judicial, a fim de verificar se o valor depositado pela parte autora nos presentes autos extingue a obrigação. Recurso prejudicado, e, de ofício, anulada a sentença, para determinar o prosseguimento do feito, com a remessa dos autos ao contador judicial, a fim de verificar se o valor depositado pela parte autora extingue a obrigação, considerando-se o consumo pela tarifa mínima e, em caso contrário, abrir-se prazo para a devedora (autora) complementar o depósito. (TJRJ; APL 0015645-24.2014.8.19.0211; Rio de Janeiro; Vigésima Quinta Câmara Cível Consumidor; Relª Desig. Desª Cintia Santarem Cardinali; Julg. 26/07/2017; DORJ 27/07/2017; Pág. 531)

✓ CONSIGNAÇÃO EM PAGAMENTO. DEPÓSITO INSUFICIENTE. COMPLEMENTAÇÃO COM ENCARGOS. INTIMAÇÃO DO CONSIGNANTE. ART. 545, § 2º, CPC/2015. A ação de consignação em pagamento é aquela que permite ao devedor, ou a terceiro interessado, nos casos previstos no artigo 335, do Código Civil, exonerar-se da obrigação, oferecendo ao credor a quantia ou a coisa devida, depositando o valor, se persistir a recusa. A obrigação deve ser declarada extinta quando a parte devedora deposita em juízo o valor da dívida e os encargos moratórios correspondentes. (V.V.) "Constatando-se diferença em favor do credor no depósito consignado e tratando-se de valor de pequena monta, apurável por meros cálculos aritméticos, deve-se conceder ao devedor o prazo de 72 horas, contados do trânsito em julgado, para complementação, sob pena de aplicação do art. 545, § 2º, do CPC/2015". (TJMG; APCV 1.0313.14.028385-1/001; Relª Desª Evangelina Castilho Duarte; Julg. 06/07/2017; DJEMG 14/07/2017)

§ 1º No caso do *caput*, poderá o réu levantar, desde logo, a quantia ou a coisa depositada, com a consequente liberação parcial do autor, prosseguindo o processo quanto à parcela controvertida.

É desnecessário aguardar o trânsito em julgado da sentença para levantar a quantia incontroversa depositada:

✓ ADMINISTRATIVO. AÇÃO DE CONSIGNAÇÃO EM PAGAMENTO. SFH. DEPÓSITO JUDICIAL. VALOR INCONTROVERSO. LEVANTAMENTO IMEDIATO PELO CREDOR. ART. 545, §1º, CPC/2015. 1. Apelação interposta contra sentença que, em ação de consignação em pagamento, julgou procedente, em parte, o pedido, reconhecendo o adimplemento da quantia de R$ 24.483,99 e fixando o saldo devedor remanescente em R$ 4.059,13, atualizado até maio de 2013. Determinou, ainda, o levantamento do valor consignado em favor do credor após o trânsito em julgado. 2. No que concerne ao momento de apropriação do valor depositado judicialmente, é desnecessário aguardar o trânsito em julgado da sentença, como determinado no julgado, tendo em vista que o art. 545, §1º, do CPC/2015 (igual previsão no art. 899, §1º, do CPC/1973) é expresso no sentido de que o réu, em ação de consignação em pagamento, poderá levantar desde logo a quantia depositada, de natureza incontroversa, com a consequente liberação parcial do autor, prosseguindo o processo quanto à parcela controvertida. 3. As despesas da execução extrajudicial não foram comprovadas nos autos, o que impede a sua inclusão na execução a ser promovida em relação ao saldo devedor remanescente fixado na sentença em R$ 4.059,13 (atualizado até maio de 2013). 4. Apelo conhecido e parcialmente provido. (TRF 2ª R.; AC 0000235-75.2012.4.02.5101; Sétima Turma Especializada; Rel. Des. Fed. José Antonio Neiva; Julg. 05/04/2017; DEJF 18/04/2017)

Não havendo indicação do valor devido pelo réu, é inviável o levantamento da quantia depositada:

✓ AGRAVO DE INSTRUMENTO. AÇÃO DE CONSIGNAÇÃO EM PAGAMENTO. OFERECIMENTO DE CONTESTAÇÃO. INSTAURADA CONTROVÉRSIA QUANTO AOS VALORES DEPOSITADOS. AUSÊNCIA DE INDICAÇÃO DO VALOR CONSIDERADO COMO DEVIDO. LEVANTAMENTO DA QUANTIA DEPOSITADA. INCABIMENTO. RECURSO DESPROVIDO. 1- Conforme previsão dos artigos 542, inciso II e 545, §1º do CPC/2015, em se tratando de consignação em pagamento, o levantamento da quantia depositada judicialmente se mostra cabível na hipótese de ausência de contestação pelo réu, ou, caso apresentada contestação, o réu indique o montante devido, autorizando, nesse passo, o levantamento da parte incontroversa. 2- Embora instaurada a controvérsia quanto aos valores depositados pela municipalidade, não houve, pela entidade sindical, indicação do valor considerado devido, resultando inviável autorizar, de imediato, o levantamento da quantia depositada. 3- Recurso desprovido. (TJMG; AI 1.0054.16.001151-3/001; Relª Desª Sandra Fonseca; Julg. 26/09/2017; DJEMG 06/10/2017)

§ 2º A sentença que concluir pela insuficiência do depósito determinará, sempre que possível, o montante devido e valerá como título executivo, facultado ao credor promover-lhe o cumprimento nos mesmos autos, após liquidação, se necessária.

É possível a execução, nos próprios autos, do objeto da ação consignatória, desde que o montante devido seja reconhecido pelo julgador:

✓ AGRAVO DE INSTRUMENTO. PROCESSUAL CIVIL. AÇÃO DE CONSIGNAÇÃO EM PAGAMENTO. EXECUÇÃO NOS PRÓPRIOS AUTOS. MONTANTE DA DÍVIDA RECONHECIDO PELO JUÍZO. CUSTAS E HONORÁRIOS ADVOCATÍCIOS. LIMITAÇÃO DOS ATOS EXECUTÓRIOS AO TÍTULO EXECUTIVO JUDICIAL. PRINCÍPIO DA FIDELIDADE AO TÍTULO. 1. A estrutura do procedimento especial da ação de consignação em pagamento conduz à prolação de sentença declaratória. De fato, sobre o mérito da causa, não ocorre nem constituição, nem condenação. Isso porque não é o ato judicial do magistrado que extingue a obrigação, mas o próprio depósito feito em juízo pelo autor. Em síntese, a sentença apenas reconhece a eficácia do ato da parte. A única execução possível referencia os encargos da sucumbência. Custas e honorários advocatícios. , com exceção da hipótese prevista no art. 899, § 2º, do CPC/1973 (art. 545, § 2º, do CPC/2015). 2. Esta corte superior entende que é possível a execução, nos próprios autos, do objeto da ação consignatória, quando o montante devido for reconhecido pelo julgador, situação que não ocorreu na hipótese vertente em relação aos aluguéis atrasados. Precedentes. 3. Com efeito, ao compulsar os autos, verifica-se que o juízo de origem, em nenhum momento, assinalou que os aluguéis atrasados faziam parte do montante devido. Ao contrário, ficou assente apenas que seria cobrado, em sede de execução, o valor das custas e dos honorários de sucumbência. 4. No caso sob exame, como apenas houve a condenação do consignante às custas e aos honorários advocatícios, os atos executórios, como reflexo do princípio da fidelidade ao título executivo, somente podem tangenciar os ônus sucumbenciais. 5. Agravo de instrumento não provido. (STJ; Ag 1.343.896; Proc. 2010/0162950-1; DF; Quarta Turma; Rel. Min. Luis Felipe Salomão; DJE 15/09/2017)

A liquidação de sentença pode ser utilizada como meio de se verificar a ocorrência da compensação:

✓ INÉPCIA RECURSAL. Inocorrência. Recurso do réu que impugnou os fundamentos da decisão recorrida, apresentando seus requisitos de admissibilidade (art. 1.010, II e III, do CPC/2015). Preliminar rejeitada. AÇÃO DECLARATÓRIA C.C. OBRIGAÇÃO DE FAZER E INDENIZAÇÃO POR DANO MORAL. Indevida inserção do nome do autor em cadastro de proteção ao crédito referente a suposto inadimplemento de financiamento imobiliário. Demanda julgada procedente. Autor que celebrou contrato de financiamento no âmbito do programa minha casa, minha vida, tendo que abrir conta bancária junto ao demandado com a finalidade de efetuar os pagamentos das mensalidades do empréstimo. Recorrente que efetuava lançamentos a débito referentes a taxas, juros, IOF e demais encargos bancários, todos distintos e não relacionados com as parcelas do financiamento do imóvel, que absorviam o saldo credor existente impedindo que a conta corrente cumprisse seu propósito de quitação das mensalidades do empréstimo. Inadmissível a perda do financiamento imobiliário em função de tal prática adotada pelo banco, mormente considerando os depósitos realizados nestes autos pelo autor. Dano moral. Não ocorrência. Litigância de má-fé não caracterizada. Nos termos dos arts. 539 e 545, caput e § 2º, do NCPC as partes devem ser remetidas à fase de liquidação de sentença para apurar se os valores depositados nestes autos pelo autor quitam suas obrigações contratuais. Recurso parcialmente provido para esse fim, para excluir da condenação a indenização por danos morais, para declarar vigentes os contratos celebrados entre as partes e para reconhecer a sucumbência recíproca, arcando cada parte com o pagamento das custas processuais em partes iguais, fixando-se a verba honorária em R$ 3.000,00, sendo 50% devidos ao patrono do autor e 50% ao patrono do réu, cuja exigibilidade fica suspensa em relação ao requerente (artigo 98, § 3º, do NCPC). (TJSP; APL 1033970-07.2014.8.26.0576; Ac. 10824716; São José do Rio Preto; Décima Quinta Câmara de Direito Privado; Rel. Des. Mendes Pereira; Julg. 26/09/2017; DJESP 09/10/2017; Pág. 2855)

Possibilidade de o réu executar contra o autor a sentença para reaver os valores faltantes

✓ APELAÇÃO CÍVEL. SENTENÇA (INDEX 175) QUE JULGOU IMPROCEDENTES OS PEDIDOS E CONDENOU A AUTORA AO PAGAMENTO DAS DESPESAS PROCESSUAIS E HONORÁRIOS ADVOCATÍCIOS, ESTES ÚLTIMOS FIXADOS EM 10% DO VALOR ATUALIZADO DA CAUSA, OBSERVADA A GRATUIDADE DE JUSTIÇA. APELO DA DEMANDANTE A QUE SE NEGA PROVIMENTO. Deve ser afastada a alegação de nulidade do processo, visto que a prova pericial contábil se apresenta desnecessária ao deslinde da controvérsia. Note-se que o contrato já estabeleceu o percentual de juros aplicado, sendo possível aferir se os parâmetros estão próximos dos adotados pelo BACEN. No index 21, se constata que a taxa de juros seria de 1,72% ao mês, que o custo efetivo total seria de 2,0% ao mês e 27,27% ao ano. Ficou, ainda, estabelecido que a capitalização de juros seria mensal. Por outro lado, a sentença não incorreu em julgamento extra petita, ao permitir que o Réu executasse a diferença do valor das parcelas. Note-se que, apesar de não ter sido oferecida reconvenção pelo Reclamado, é possível a execução do julgado pelo Requerido, no que toca ao remanescente devido. O art. 545, § 1º, do NCPC, permite que o Suplicado levante a quantia depositada, com a liberação parcial da Reclamante, e que o processo prossiga quanto à parte controvertida. O art. 545, § 2º, do NCPC, disciplina que -a sentença que concluir pela insuficiência do depósito determinará, sempre que possível, o montante devido e valerá como título executivo, facultado ao credor promover-lhe o cumprimento nos mesmos autos, após liquidação, se necessária-. O procedimento especial da consignação em pagamento tem natureza dúplice. Assim sendo, a execução dos valores faltantes pode se dar no mesmo processo, por intermédio da liquidação de sentença. Considerando a sucumbência da Autora, majoram-se os honorários advocatícios para 15% sobre o valor da condenação, nos termos do § 11, do art. 85, do NCPC, observada a gratuidade de Justiça deferida (index 67). (TJRJ; APL 0040248-19.2013.8.19.0205; Rio de Janeiro; Vigésima Sexta Câmara Cível Consumidor; Rel. Des. Arthur Narciso de Oliveira Neto; DORJ 28/07/2017; Pág. 626)

Tratando-se de valor de pequena monta, deve ser intimado o consignante, após o trânsito em julgado da sentença, para complementação:

✓ CONSIGNAÇÃO EM PAGAMENTO. DEPÓSITO INSUFICIENTE. COMPLEMENTAÇÃO COM ENCARGOS. INTIMAÇÃO DO CONSIGNANTE. ART. 545, § 2º, CPC/2015. A ação de consignação em pagamento é aquela que permite ao devedor, ou a terceiro interessado, nos casos previstos no artigo 335, do Código Civil, exonerar-se da obrigação, oferecendo ao credor a quantia ou a coisa devida, depositando o valor, se persistir a recusa. A obrigação deve ser declarada extinta quando a parte devedora deposita em juízo o valor da dívida e os encargos moratórios correspondentes. (V.V.) "Constatando-se diferença em favor do credor no depósito consignado e tratando-se de valor de pequena monta, apurável por meros cálculos aritméticos, deve-se conceder ao devedor o prazo de 72 horas, contados do trânsito em julgado, para complementação, sob pena de aplicação do art. 545, § 2º, do CPC/2015". (TJMG; APCV 1.0313.14.028385-1/001; Relª Desª Evangelina Castilho Duarte; Julg. 06/07/2017; DJEMG 14/07/2017)

Art. 546. Julgado procedente o pedido, o juiz declarará extinta a obrigação e condenará o réu ao pagamento de custas e honorários advocatícios.

Não é possível a restituição do valor depositado pela consignante quando não há levantamento pela parte ré:

✓ AÇÃO DE CONSIGNAÇÃO EM PAGAMENTO. PREVIDÊNCIA PRIVADA. VALORES CONSIGNADOS NÃO LEVANTADOS PELA PARTE RÉ. RESTITUIÇÃO À CONSIGNANTE. DESCABIMENTO. PRESCRIÇÃO INTERCORRENTE. INAPLICABILIDADE. I. A ação consignatória tem caráter liberatório, ou seja, visa a liberação da parte autora em relação à determinada obrigação para com o réu. Inteligência do art. 890, § 2º, do CPC/1973 (art. 539, § 2º, do CPC/2015). Assim, tendo a autora, ora agravante, ajuizado a demanda consignatória e depositado em juízo os valores que entendia devidos, reconheceu, obviamente, a existência da dívida. Logo, descabe o levantamento pela própria consignante dos valores depositados, os quais pertencem aos requeridos, ora agravados. II. Ademais, não há falar na aplicação da prescrição intercorrente em relação à obrigação já satisfeita pelo pagamento. Agravo desprovido. (TJRS; AI 0412582-98.2016.8.21.7000; Caxias do Sul; Quinta Câmara Cível; Rel. Des. Jorge André Pereira Gailhard; Julg. 31/05/2017; DJERS 06/06/2017)

Parágrafo único. Proceder-se-á do mesmo modo se o credor receber e der quitação.

O falecimento do credor, ao justificar o ajuizamento da ação de consignação, exime o consignante do pagamento das verbas sucumbenciais

✓ AÇÃO CONSIGNATÓRIA. Depósito de verbas rescisórias de servidor falecido. Sentença de homologação do reconhecimento do pedido e extinção da obrigação. Pedido do autor de afastamento da condenação no pagamento de verba honorária. Cabimento. Art. 546 do CPC. Recurso provido. (TJSP; APL 4000046-64.2012.8.26.0271; Ac. 10176633; Itapevi; Sexta Câmara de Direito Público; Rel. Des. Reinaldo Miluzzi; Julg. 13/02/2017; DJESP 21/02/2017)

Art. 547. Se ocorrer dúvida sobre quem deva legitimamente receber o pagamento, o autor requererá o depósito e a citação dos possíveis titulares do crédito para provarem o seu direito

Na hipótese de dúvida quanto ao credor, o mero depósito do valor desonera o devedor, ainda que não seja possível a imediata identificação do credor

✓ APELAÇÃO CÍVEL. SEGURO DE VIDA. AÇÃO DE CONSIGNAÇÃO EM PAGAMENTO. DÚVIDA SOBRE O LEGÍTIMO CREDOR. 1. Havendo dúvida sobre o legítimo credor da indenização securitária, é de ser acolhida a pretensão da devedora para depositar judicialmente a quantia e desonerar-se da obrigação de pagamento. Inteligência do art. 898 do CPC/73 (art. 547 do NCPC). 2. Descabe, neste momento processual, adentrar no exame de quem seja efetivamente a titular do direito à indenização securitária, seja porque tal importaria supressão de instância, seja porque a presente demanda, como acima referido, deverá se manifestar acerca da (in) suficiência do depósito e liberação do devedor para, após, prosseguir pelo rito ordinário, quando então será definido quem é o verdadeiro credor da importância depositada nos autos. Sentença desconstituída. Recurso provido. (TJRS; AC 0297762-66.2016.8.21.7000; Porto Alegre; Quinta Câmara Cível; Relª Desª Isabel Dias Almeida; Julg. 28/09/2016; DJERS 01/02/2017) Art. 548. No caso do art. 547: I – não comparecendo pretendente algum, converter-se-á o depósito em arrecadação de coisas vagas;

II – comparecendo apenas um, o juiz decidirá de plano;

III – comparecendo mais de um, o juiz declarará efetuado o depósito e extinta a obrigação, continuando o processo a correr unicamente entre os presuntivos credores, observado o procedimento comum.

A definição dos efetivos credores não depende do ajuizamento de nova demanda:

✓ APELAÇÃO CÍVEL. SEGUROS. AÇÃO DE CONSIGNAÇÃO EM PAGAMENTO. SEGURO DE VIDA. SEGUNDA FASE. Possibilidade do prosseguimento do feito em caso de dúvida do credor. A consignação em pagamento com fundamento no artigo 548, inciso III, do código de processo civil/2015, está estruturada em duas fases, sendo que, na primeira, o julgador restringe a análise da adequação, suficiência e pertinência da quantia consignada, extinguindo, se assim entender, a obrigação da parte demandante. Comparecendo mais de um pretenso credor, exatamente como no caso concreto, o feito prosseguirá para apuração sobre quem efetivamente possui o direito em relação ao crédito consignado, sem necessidade do ajuizamento de nova demanda. Sentença desconstituída. Apelo e recurso adesivo providos (TJRS; AC 0137590-19.2017.8.21.7000; Porto Alegre; Sexta Câmara Cível; Rel. Des. Ney Wiedemann Neto; Julg. 29/06/2017; DJERS 05/07/2017)

Na segunda fase da ação de consignação, os pretensos credores figuram como autores e réus, repartindo os encargos dos atos e diligências processuais:

✓ AGRAVO DE INSTRUMENTO. LOCAÇÃO. AÇÃO DE CONSIGNAÇÃO EM PAGAMENTO. EXTINÇÃO DA OBRIGAÇÃO DO CONSIGNANTE. NECESSIDADE. Reconhecida em juízo a existência da dúvida para quem efetuar o pagamento, após a realização do depósito, a demanda deve ser extinta em relação à requerente, nos exatos termos do artigo 548, inciso III, do NCPC, considerando que a segunda fase do procedimento ficará restrita à definição do efetivo credor, afastando-se a possibilidade de discussão vinculada ao depósito em si – Artigo 544, do NCPC. Determinação de continuidade dos depósitos em juízo. Descabimento. Não obstante a impossibilidade de exoneração das prestações mensais, inexiste disposição legal que obrigue o devedor a permanecer consignando valores em juízo, cujo credor se busca identificar nesta demanda. Legitimidade passiva da agravada toscana. Considerando as razões veiculadas pela autora quando do ajuizamento da ação de consignação em pagamento, mesmo diante da sucessiva cadeia de procurações, o imóvel continua matriculado em nome da agravada, toscana empreendimentos imobiliários Ltda, justificando sua presença no polo passivo da demanda. Desconto das custas e honorários do montante consignado. Possibilidade. Diante da declaração de extinção da obrigação em relação aos valores depositados nesta demanda pela parte autora, possível o desconto da quantia relacionada às custas processuais e aos honorários advocatícios sucumbenciais do montante consignado. Precedente desta corte. Qualidade das partes na segunda fase do procedimento. Na segunda fase da ação de consignação em pagamento todos os pretensos credores figuram, simultaneamente, como autores e réus, repartindo-se entre as partes os encargos pela prática de atos e diligências processuais. Agravo de instrumento provido. (TJRS; AI 0141000-22.2016.8.21.7000; Gramado; Décima Quinta Câmara Cível; Relª Desª Ana Beatriz Iser; Julg. 24/08/2016; DJERS 29/08/2016)

Art. 549. Aplica-se o procedimento estabelecido neste Capítulo, no que couber, ao resgate do aforamento.

CAPÍTULO II
DA AÇÃO DE EXIGIR CONTAS

Art. 550. Aquele que afirmar ser titular do direito de exigir contas requererá a citação do réu para que as preste ou ofereça contestação no prazo de 15 (quinze) dias.

§ 1º Na petição inicial, o autor especificará, detalhadamente, as razões pelas quais exige as contas, instruindo-a com documentos comprobatórios dessa necessidade, se existirem.

A petição inicial deve ser específica em relação às contas a serem prestadas:

✓ RECURSO. APELAÇÃO. AÇÃO DE EXIGIR CONTAS COM PEDIDO DE TUTELA PROVISÓRIA E INIBITÓRIA. Insurgência contra a r. Sentença que julgou extinto o feito, sem apreciação do mérito. Inadmissibilidade. Titular de conta corrente que possui legitimidade para propositura da demanda. Inteligência da Súmula nº 259 do STJ. Ausência de especificação acerca dos lançamentos que geraram dúvidas, e que justificam a necessidade da prestação de contas. Descumprimento do disposto no § 1º, do artigo 550, do CPC/2015. Apelantes que pretendem a prestação de contas relativa a todo o período em que mantiveram conta corrente junto ao banco apelado. Pedido genérico que inviabiliza a pretensão. Evidente intenção de revisão de cláusulas contratuais, que não é admitida neste procedimento especial. Ausência de interesse processual. Sentença mantida. Recurso improvido. (TJSP; APL 1051416-25.2016.8.26.0100; Ac. 10881040; São Paulo; Décima Oitava Câmara de Direito Privado; Rel. Des. Roque Antonio Mesquita de Oliveira; Julg. 14/10/2017; DJESP 18/10/2017; Pág. 2118)

✓ AGRAVO DE INSTRUMENTO. Prestação de Contas. Decisão que julgou procedente o pedido inicial. Recurso do Banco-réu. Insurgência. Possibilidade. Pretensão da requerente agravada de ser prestado contas com relação aos lançamentos de IOF Câmbio, Empréstimos, Juros, Tarifas Bancárias e Investimentos/Rendimentos vinculados a contratos celebrados entre as partes. Impossibilidade. Ausência de interesse de agir para prestação de contas em contratos de financiamento e mútuo. Tese fixada pelo C. STJ em Recurso Repetitivo (RESP 1.293.558/PR). Ausência de especificação pela autora de forma detalhada das razões de exigir as contas. Inteligência do artigo 550, §1º do NCPC. Falta de interesse de agir configurada. Processo extinto, sem resolução do mérito, nos termos do artigo 485, VI do NCPC. Decisão reformada. Afastamento da condenação do Banco agravante no pagamento dos honorários de sucumbência, devendo a parte agravada arcar com as custas, despesas processuais e honorários advocatícios sucumbenciais. Recurso provido. (TJSP; AI 2149633-61.2017.8.26.0000; Ac. 10865374; São Paulo; Trigésima Oitava Câmara de Direito Privado; Rel. Des. Achile Alesina; Julg. 06/10/2017; DJESP 10/10/2017; Pág. 2734)

Impossibilidade de ajuizamento da ação de exigir contas de forma vaga e genérica:

✓ PRESTAÇÃO DE CONTAS. PRIMEIRA FASE. INÉPCIA DA INICIAL. Pedido genérico. Ônus de individuação dos lançamentos cujo aclaramento o correntista pretende mediante o manejo desta ação que advém do disposto no art. 550, §§1º e 3º, do novo código de processo civil. Matéria, ademais, objeto de instauração de incidente de resolução de demandas repetitivas, fixando-se o entendimento deste e. Tribunal no sentido da impossibilidade de ajuizamento da ação de exigir contas de forma vaga e genérica. Sentença reformada. Ação improcedente. Recurso provido. (TJSP; APL 1099972-92.2015.8.26.0100; Ac. 10753807; São Paulo; Vigésima Terceira Câmara de Direito Privado; Rel. Des. Paulo Roberto de Santana; Julg. 31/08/2017; DJESP 06/09/2017; Pág. 2171)

§ 2º Prestadas as contas, o autor terá 15 (quinze) dias para se manifestar, prosseguindo-se o processo na forma do Capítulo X do Título I deste Livro.

O prazo de 15 dias para a apresentação de contas somente pode ser ampliado por motivo justificado, capaz de tornar inviável a prestação no termo legal:

✓ APELAÇÃO CÍVEL. AÇÃO DE EXIGIR CONTAS. PRIMEIRA FASE. CONTA CORRENTE. I. PEDIDO GENÉRICO. CONFIGURAÇÃO EM PARTE. RECONHECIMENTO DE OFÍCIO, APÓS OPORTUNIZAÇÃO DE MANIFESTAÇÃO DAS PARTES. ALEGAÇÃO DE COBRANÇA INDEVIDA, SEM A INDICAÇÃO PORMENORIZADA DE EXEMPLOS CONCRETOS DE LANÇAMENTOS NÃO AUTORIZADOS OU DE ORIGEM DESCONHECIDA, BEM COMO DO PERÍODO EM QUE OCORRERAM. PRECENTES DO STJ. II. EXTRATOS BANCÁRIOS QUE NÃO SE PRESTAM A PRESTAÇÃO DE CONTAS. DEVER DA INSTITUIÇÃO FINANCEIRA. ADMINISTRAÇÃO DE BENS. CONFIGURADA. RELAÇÃO BANCÁRIA ADVINDA DE CONTA CORRENTE. III. PLEITO PARA RECONHECIMENTO DA INEXISTÊNCIA DE SALDO CREDOR. DISCUSSÃO ATINENTE A SEGUNDA FASE DO PROCEDIMENTO ESPECIAL DA PRESTAÇÃO DE CONTAS. IV. DILAÇÃO DO PRAZO PARA PRESTAÇÃO DE CONTAS. REJEITADO. INEXISTÊNCIA DE JUSTIFICATIVA. V. SUCUMBÊNCIA. REDISTRUIÇÃO NECESSÁRIA. VI. HONORÁRIOS ADVOCATÍCIOS EM SEGUNDO GRAU. INDEVIDOS. I. CONQUANTO A JURISPRUDÊNCIA DESTA CORTE TENHA- SE FIRMADO NO SENTIDO DE QUE. A AÇÃO DE PRESTAÇÃO DE CONTAS PODE SER PROPOSTA PELO TITULAR DE CONTA- CORRENTE BANCÁRIA. (SÚMULA Nº 259/STJ), INDEPENDENTEMENTE DO PRÉVIO FORNECIMENTO DE EXTRATOS, É IMPRESCINDÍVEL QUE, NA PETIÇÃO INICIAL, SEJAM INDICADOS MOTIVOS CONSISTENTES ACERCA DE OCORRÊNCIAS DUVIDOSAS NA CONTA-CORRENTE, BEM COMO O PERÍODO DETERMINADO SOBRE O QUAL SE BUSCA ESCLARECIMENTOS. (STJ,4ª TURMA, MINISTRO RAUL ARAÚJO, AGRG NO RESP 1355882 / SP AGRAVO REGIMENTAL NO RECURSO ESPECIAL 2012/0250641-0, J. 21.03.2013, DJ 26.04.2013) II. Independentemente do fornecimento de extratos bancários, se há dúvida quanto à correção dos valores lançados em conta corrente, há interesse processual na ação de prestação de contas. (STJ. Terceira Turma. AgRg no Ag 513.747/RS. Rel. Min. Humberto Gomes de Barros; Julg. 02.08.2005. DJ 29.08.2005. p. 330) III. Visto que nesta fase procedimental apenas se discute o direito do autor à prestação de contas, revela-se de forma inoportuna a discussão acerca dos juros remuneratórios, capitalização de juros e cobrança da comissão de permanência, devendo ser remetida para a segunda fase da demanda, quando é constatada a necessidade da instrução probatória. IV. O prazo de 15 dias para a apresentação de contas, como previsto no art. 550, §2º, do CPC/15 somente pode ser ampliado por força de motivo justificado, capaz de tornar inviável a prestação no termo legal, o que, contudo, não ocorreu no presente caso. V. Reconhecido em parte o pedido genérico e, no mais, mantida a respeitável sentença, houve alteração do estado sucumbencial, de modo que é devida a redistribuição das verbas de sucumbência, a fim de adequar ao vencimento e derrota de cada parte. VI. Não tendo sido o recurso negado integralmente, não há que se falar em honorários recursais, em que pese prolatada a sentença após a vigência do NCPC. PEDIDO GENÉRICO RECONHECIDO EM PARTE E DE OFÍCIO. APELAÇÃO CÍVEL CONHECIDA E PARCIALMENTE PROVIDA, AINDA QUE SOB FUNDAMENTO DIVERSO. (TJPR; ApCiv 1702953-9; Dois Vizinhos; Décima Quinta Câmara Cível; Rel. Des. Shiroshi Yendo; Julg. 04/10/2017; DJPR 17/10/2017; Pág. 251)

✓ EMPREITADA. PRESTAÇÃO DE CONTAS. DOCUMENTOS APRESENTADOS PELA RÉ APÓS O PRAZO DEVEM SER MANTIDOS NOS AUTOS. COMPLEXIDADE QUE JUSTIFICA A EXTEMPORANEIDADE. PRINCÍPIO DA EFETIVIDADE PROCESSUAL. PRECEDENTES NO TRIBUNAL. AGRAVO RETIDO NÃO PROVIDO. CONTESTAÇÃO DA RÉ PLEITEANDO A PROCEDÊNCIA DE SEUS ANEXOS CONTÁVEIS. DESIGNAÇÃO DE PERÍCIA APURANDO SALDO EM FAVOR DA RÉ. LAUDO PERICIAL MINUCIOSO E CONVINCENTE. VALORES CONSIDERADOS PELO PERITO COM BASE EM DOCUMENTOS CONTÁBEIS ASSINADOS POR

CONTADOR, CUJA IDONEIDADE O AUTOR NÃO LOGROU AFASTAR. POSSIBILIDADE DE CONDENAÇÃO DO AUTOR. Natureza dúplice da ação de prestação de contas que se encontra disciplinada no artigo 552 do CPC/16 (art. 918 do CPC/73). Agravo retido não provido, recurso adesivo do autor não provido e apelo da ré provido. (TJSP; APL 0003991-12.2009.8.26.0602; Ac. 10689889; Sorocaba; Vigésima Sexta Câmara de Direito Privado; Rel. Des. Alfredo Attié; Julg. 10/08/2017; DJESP 22/08/2017; Pág. 2240)

✓ AGRAVO DE INSTRUMENTO. AÇÃO DE PRESTAÇÃO DE CONTAS. SEGUNDA FASE. DILAÇÃO DE PRAZO DEFERIDA PELO JUIZ DE PRIMEIRO GRAU. A decisão que julgar procedente o pedido condenará o réu a prestar as contas no prazo de 15 (quinze) dias, sob pena de não lhe ser lícito impugnar as que o autor apresentar. Artigo 550, § 5º, do NCPC. Caso em que o julgador singular deferiu pedido de dilação de prazo efetuado pela instituição financeira, razão pela qual não há falar em intempestividade das contas apresentadas. Agravo de instrumento desprovido. Unânime. (TJRS; AI 0188985-50.2017.8.21.7000; São Borja; Vigésima Terceira Câmara Cível; Rel. Des. Clademir José Ceolin Missaggia; Julg. 29/08/2017; DJERS 08/09/2017)

<u>A extemporaneidade da manifestação do autor acerca das contas apresentadas pelo réu não enseja, por si só, a regularidade destas:</u>

✓ APELAÇÃO CÍVEL. PROCESSO CIVIL. IMPUGNAÇÃO À PRESTAÇÃO DE CONTAS. INTEMPESTIVIDADE. EFEITOS DA REVELIA. AUSÊNCIA. ÔNUS DA PROVA. ART. 373, DO CPC. 1. A manifestação do autor acerca das contas prestadas pelo réu, ainda que apresentada fora do prazo de quinze (15) dias, conforme determinado pelo art. 550, § 2º, do CPC, não enseja a declaração de regularidade das contas apresentadas pelo réu. 2. O ônus da prova incumbe ao réu, quanto à existência de fato impeditivo, modificativo ou extintivo do direito do autor, nos termos do art. 373, do CPC. 3. Apelo não provido. (TJDF; APC 2015.14.1.003550-6; Ac. 104.8763; Quarta Turma Cível; Rel. Des. Arnoldo Camanho; Julg. 20/09/2017; DJDFTE 27/09/2017)

<u>A ausência de oportunidade para manifestação do autor sobre as contas configura cerceamento de defesa:</u>

✓ NEGÓCIOS JURÍDICOS BANCÁRIOS. APELAÇÃO CÍVEL. AÇÃO DE PRESTAÇÃO DE CONTAS. PRIMEIRA FASE. DESCONSTITUIÇÃO DA SENTENÇA. CERCEAMENTO DE DEFESA. É cabível o ajuizamento de ação de prestação de contas pelo cliente que necessita informações a respeito da correta evolução dos débitos e créditos em sua conta corrente (inteligência da Súmula nº 259 do STJ). A teor do § 2º do art. 550 do NCPC, "prestadas as contas, o autor terá 15 (quinze) dias para se manifestar", o que, no caso sub judice, não restou observado, decorrendo, daí, cerceamento de defesa. Apelação provida. Sentença desconstituída. (TJRS; AC 0088498-72.2017.8.21.7000; Porto Alegre; Décima Nona Câmara Cível; Rel. Des. Voltaire de Lima Moraes; Julg. 14/09/2017; DJERS 21/09/2017)

§ 3º A impugnação das contas apresentadas pelo réu deverá ser fundamentada e específica, com referência expressa ao lançamento questionado.

<u>A falta de impugnação específica às contas interfere na resposta do réu aos lançamentos impugnados, que devem vir de forma individualizada, na forma do art. 551, §1º, não sendo suficiente impugnação genérica:</u>

✓ APELAÇÃO CÍVEL. CONTRATOS BANCÁRIOS. RELAÇÃO DE CONSUMO. Ação de prestação de contas. Sentença de procedência parcial, julgando prestadas as contas da conta corrente e falta de interesse de agir quanto ao contrato de empréstimo. Apelação da autora que pretende a prestação das contas na forma mercantil. A sentença apurou que a prestação de contas pelo recorrido se concretizou de forma mercantil e adequada, fundamentando que a impugnação da recorrente à apresentação das contas foi genérica, tendo sido realizada em total inobservância ao texto do art. art. 550, §3º, do NCPC. Parte autora ao se manifestar a respeito das contas prestadas pelo réu, agiu de forma genérica. Assim, generalizou a sua discordância sem qualquer sustentação, deixando de observar os ditames legais insculpidos no §3º do art. 550 do NCPC, o que revela o acerto da sentença. A falta de impugnação específica às contas, interfere na resposta do réu aos lançamentos impugnados, que devem vir de forma individualizada, conforme estabelecido no art. 551, §1º, do NCPC. NEGA-SE PROVIMENTO AO RECURSO. (TJRJ; APL 0041959-31.2009.8.19.0001; Rio de Janeiro; Vigésima Quarta Câmara Cível Consumidor; Relª Desig. Desª Ana Célia Montemor Soares Rios Gonçalves; Julg. 18/10/2017; DORJ 19/10/2017; Pág. 537)

<u>Não havendo impugnação específica, deve ser extinto o processo:</u>

✓ ADMINISTRATIVO E PROCESSUAL CIVIL. AÇÃO DE PRESTAÇÃO DE CONTAS. CONTRATO BANCÁRIO. CONTA CORRENTE. EXTINÇÃO DA AÇÃO. VIA INADEQUADA. FUNDAMENTAÇÃO. 1. Considerando que a parte autora deixou de apontar as divergências alegadas mesmo após ter vista dos documentos apresentados pela CEF no âmbito destes autos, impõe-se a extinção do presente feito, em face da inadequação da via, o que vai ao encontro da decisão proferida em sede de recurso repetitivo (tema 528) pelo Superior Tribunal de Justiça no RESP nº 1.293.558 – PR. 2. O Juízo monocrático, ao prolatar a sentença, o fez com base no carreado aos autos, por entender que os elementos probatórios apresentados foram suficientes para formar seu convencimento no sentido da higidez das contas apresentadas pela instituição financeira. 3. A parte autora, tendo vista de toda a documentação apresentada, não as impugnou de forma fundamentada e específica, com referência expressa ao lançamento questionado, tal como exige o §3º do art. 550 do CPC. (TRF 4ª R.; AC 5008017-82.2015.404.7107; RS; Terceira Turma; Rel. Des. Fed. Fernando Quadros da Silva; Julg. 08/11/2016; DEJF 10/11/2016)

Há preclusão quando a parte ré não impugna as contas apresentadas pela autora, não sendo cabível a impugnação apenas em grau recursal:

✓ PROCESSO CIVIL. PRESTAÇÃO DE CONTAS. PRIMEIRA FASE. DOCUMENTAÇÃO IDÔNEA. AUSÊNCIA DE IMPUGNAÇÃO. 1. Entende-se cumprido o dever de prestar contas, se as informações prestadas pela autora, inventariante, e os documentos por ela acostados atestam que os valores apresentados foram devidamente gastos na administração dos bens do espólio. 2. Não é cabível à ré impugnar as contas apresentadas pela autora somente em grau recursal, em face da preclusão que se operou. Inteligência do artigo 550, § 3º do Código de Processo Civil. 3. Recurso conhecido e desprovido. (TJDF; APC 2015.01.1.114188-2; Ac. 105.0450; Terceira Turma Cível; Relª Desª Maria de Lourdes Abreu; Julg. 27/09/2017; DJDFTE 05/10/2017)

§ 4º Se o réu não contestar o pedido, observar-se-á o disposto no art. 355.

Quando há anuência do réu em relação ao dever de prestar contas, a ação processa-se em fase única, com o imediato julgamento das contas:

✓ APELAÇÃO CÍVEL. PRESTAÇÃO DE CONTAS. AUSÊNCIA DE FUNDAMENTAÇÃO. CERCEAMENTO DE DEFESA. INOCORRÊNCIA. RECONHECIMENTO PELO INVENTARIANTE DO DEVER DE PRESTAR CONTAS. PROCESSAMENTO EM ÚNICA FASE. ART. 550, § 4º, DO CPC. PERÍCIA CONTÁBIL. CORREÇÃO DAS CONTAS PRESTADAS. MANUTENÇÃO DA SENTENÇA. 1. Inocorrência, no caso, de cerceamento de defesa, pois a parte autora foi devidamente intimada do encerramento da instrução, sem apresentar oportuna insurgência. 2. A fundamentação concisa da sentença não implica malferimento ao disposto no artigo 93, IX, da CF/88 e nos artigos 11 e 489, ambos do CPC. 3. Tendo o réu anuído com o dever de prestar contas, a ação processa-se em fase única, com o imediato julgamento das contas, na esteira do que dispõe o art. 915, §§ 1º e 3º, do CPC. 4. Constatando a prova pericial produzida nos autos que as contas apresentadas pelo inventariante estão corretas, sopesada a inexistência de prova acerca da indigitada sonegação de receitas, deve ser mantida hígida a sentença que as julgou boas. Preliminares rejeitadas. Apelo desprovido. (TJRS; AC 0246348-92.2017.8.21.7000; Porto Alegre; Oitava Câmara Cível; Rel. Des. Ricardo Moreira Lins Pastl; Julg. 28/09/2017; DJERS 05/10/2017)

§ 5º A decisão que julgar procedente o pedido condenará o réu a prestar as contas no prazo de 15 (quinze) dias, sob pena de não lhe ser lícito impugnar as que o autor apresentar.

Não cabe aplicação de multa diária ao réu no caso de apresentação de documentação imprópria para a prestação de contas:

✓ APELAÇÃO CÍVEL DO RÉU. AÇÃO DE PRESTAÇÃO DE CONTAS EM SEGUNDA FASE. RAZÕES RECURSAIS DISSOCIADAS DOS FUNDAMENTOS DA SENTENÇA. OFENSA AO PRINCÍPIO DA DIALETICIDADE. RECURSO NÃO CONHECIDO. I. Segundo o princípio da dialeticidade as razões recursais devem demonstrar a insurgência contra os motivos do decisum que pretende modificar, com apresentação dos fatos e fundamentos jurídicos que, no entendimento da parte, permitam o conhecimento e provimento do recurso. Diante disso, apresentadas razões de recurso com fundamentos absolutamente dissociados das razões da sentença, impõe-se o não conhecimento do recurso. AGRAVO RETIDO DO AUTOR. APLICAÇÃO DE MULTA DIÁRIA PELA NÃO APRESENTAÇÃO DE DOCUMENTOS HÁBEIS À PRESTAÇÃO DE CONTAS. DESCABIMENTO. AGRAVO CONHECIDO E NÃO PROVIDO. APELAÇÃO DO AUTOR. AUSÊNCIA DE PRESTAÇÃO DE CONTAS DO BANCO RÉU. CÉDULAS DE CRÉDITO RURAL SEM COMPROVAÇÃO A JUSTIFICAR OS DÉBITOS EM CONTA CORRENTE. RESSARCIMENTO NECESSÁRIO. AUSÊNCIA DE DEMONSTRAÇÃO DE MÁ-FÉ NOS DÉBITOS LANÇADOS INDEVIDAMENTE. DESCABIMENTO DA DEVOLUÇÃO EM DOBRO. RECURSO CONHECIDO E PROVIDO EM PARTE. I. Se o agravado apresentou documentação imprópria ou imprestável para a finalidade da prestação de contas, não se lhe deve aplicar multa diária, uma vez que sua penalidade já será a impossibilidade de impugnar as contas que o autor apresentar, nos termos dos §§ 1º e 5º do art. 550 do CPC-15 (art. 915, § 2º, do CPC-73). II. Não há de se falar em ônus do autor, de apresentar os documentos comprobatórios de sua pretensão de prestação de contas. Tal ônus é do Banco réu que tem a responsabilidade pela gestão da conta corrente do autor. Se o réu não trouxe aos autos a documentação comprobatória da prestação de contas, ao autor cabe apenas apresentar suas próprias contas, nos termos do art. 550, § 6º, in fine, do CPC-15 (art. 915, § 3º, in fine, do CPC-73). Com a apresentação de contas pelo autor, impõe-se o reconhecimento de que os débitos relacionados às cédulas de crédito rural foram lançados indevidamente em sua conta corrente. III. A restituição em dobro dos valores indevidamente cobrados pressupõe a má-fé do credor, o que não restou comprovado no caso concreto. IV. Recurso conhecido e provido em parte. (TJMS; APL 0811996-81.2002.8.12.0001; Segunda Câmara Cível; Rel. Des. Alexandre Bastos; DJMS 03/10/2017; Pág. 100)

A decisão do art. 550, § 5º, da primeira fase da ação, é interlocutória de mérito, devendo ser impugnada por agravo de instrumento:

✓ AGRAVO DE INSTRUMENTO. AÇÃO DE PRESTAÇÃO DE CONTAS. PRIMEIRA (1ª) FASE DO PROCEDIMENTO. PROVIMENTO JURISDICIONAL. DECISÃO INTERLOCUTÓRIA COM RESOLUÇÃO PARCIAL MÉRITO. APRESENTAÇÃO VOLUNTÁRIA DAS CONTAS APÓS A CITAÇÃO. ABREVIAÇÃO DO PROCEDIMENTO. JULGAMENTO DAS CONTAS APRESENTADAS. 1. Agravo de instrumento interposto contra a decisão que condenou a agravada a prestar as contas relativas à venda do imóvel mencionado na inicial, no prazo de 15 (quinze) dias, sob pena de não lhe ser lícito impugnar as que a autora apresentar, na forma do art. 550, § 5º, do NCPC. 2. Como está expresso no artigo 550, § 5º, do vigente Código de Processo Civil, o provimento jurisdicional que determina a prestação de contas (1ª fase do procedimento) é decisão interlocutória de mérito, portanto, cabível o Agravo de Instrumento, de acordo com o artigo 1.015, inciso II, do Código de Processo Civil. 3. O procedimento da ação de prestação de contas (atual ação de exigir contas) apresenta duas fases: Na primeira, o juiz decide sobre a existência ou não do dever de prestar contas e, na segunda, o julgador analisa as contas apresentadas. Citada a inventariante para apresentar as contas exigidas, negá-las ou contestar o pedido, a requerida voluntariamente prestou as contas sobre o montante auferido com a alienação do imóvel, expondo discriminadamente como a receita foi aplicada, inclusive colacionando documentos que entende comprobatórios das alegações apresentadas, restando, pois superada a primeira fase do procedimento. Neste caso, deve o magistrado avançar no exame das contas, ouvindo a autora e, se necessário, determinar a produção de provas. 6. Recurso conhecido e provido. (TJDF; Proc 0710.25.6.962017-8070000; Ac. 104.6164; Segunda Turma Cível; Rel. Des. César Loyola; Julg. 13/09/2017; DJDFTE 20/09/2017)

✓ AGRAVO DE INSTRUMENTO. RELAÇÃO JURÍDICA DE CONSUMO. AÇÃO DE EXIGIR CONTAS. Primeira fase. Agravo de instrumento. Cabimento. Precedentes desta corte de justiça. Cisão de julgamento. Débitos lançados em conta bancária. Ausência de pedido genérico. Sum. 259 da STJ. Trata-se de agravo de instrumento contra a decisão originária, em ação de exigir contas, que determinou ao réu a prestação de contas. Entendia-se que o provimento judicial na primeira fase, que reconhecia a exigência de prestar contas, possuía natureza de sentença, com base no artigo 915, §§ 1º e 2º, do CPC, de 1973. Hoje, com o advento do CPC, de 2015, os preceitos normativos sofreram modificações, com a redação do § 5º do artigo 550 do novo código, onde consta a expressão "decisão", ao invés de "sentença", refletindo a cisão do julgamento que não põe fim ao procedimento, muito semelhante ao que ocorre na Lei de Falências. Dada a natureza interlocutória de mérito, que termina a primeira fase do julgamento, passa-se admitir o cabimento de agravo de instrumento por força do artigo 1.015, inciso II, do CPC em vigor. No que toca ao mérito, a decisão encontra-se de acordo com exigência do artigo 550, caput e §1º, do CPC em vigor e jurisprudência do Superior Tribunal de Justiça, como prevê o enunciado nº 259, tendo em vista que a petição inicial se destina exclusivamente à prestação de contas, onde consta inelutável vínculo e detalhamento dos lançamentos de débitos de origem duvidosa a que foi submetido decorrente de conta bancária, entre o período especificado no ano de 2014.assim, todos os elementos delineadores para exigir contas foram descritas na inicial, desprovida de conteúdo revisional, em atenção ao código de processo civil e jurisprudência desta corte. Recurso desprovido. (TJRJ; AI 0033313-54.2017.8.19.0000; Rio de Janeiro; Vigésima Sétima Câmara Cível Consumidor; Rel. Des. Marcos Alcino de Azevedo Torres; DORJ 18/09/2017; Pág. 573)

✓ MANDATO. AÇÃO DE EXIGIR CONTAS. Preliminares rejeitadas. Recurso cabível contra a decisão que encerra a primeira fase da ação de exigir contas é o agravo de instrumento (art. 550, §5º, c/c 1015, II, ambos do CPC/15). Dúvida objetiva. Aplicação do princípio da fungibilidade. Obrigação legal entre mandante e mandatário. Reconhecimento. Alegações defensivas que não tem o condão de isentar o mandatário da obrigação. (art. 668 do CC c/c art. 550 do CPC/15). Ação procedente. Recurso desprovido. (TJSP; APL 1000924-17.2016.8.26.0201; Ac. 10704794; Garça; Trigésima Quinta Câmara de Direito Privado; Rel. Des. Melo Bueno; Julg. 14/08/2017; DJESP 22/08/2017; Pág. 2345)

✓ APELAÇÃO. AÇÃO DE EXIGIR CONTAS. PRIMEIRA FASE. SENTENÇA DESNECESSÁRIA. ANULAÇÃO. AUSÊNCIA DE CONTROVÉRSIA. ADOÇÃO DO PROCEDIMENTO ORDINÁRIO. NOVO CÓDIGO DE PROCESSO CIVIL. Ação de exigir contas. Desnecessária a sentença da primeira fase, conforme regramento Código Buzaid, certo que não houve divergência quanto ao dever de prestar contas. Anulação da sentença, prosseguindo-se nos termos do artigo 550, §2º, do Novo Código de Processo Civil; RECURSO PROVIDO, sentença anulada. (TJSP; APL 1020772-08.2016.8.26.0001; Ac. 10611834; São Paulo; Trigésima Câmara de Direito Privado; Relª Desª Maria Lúcia Pizzotti; Julg. 19/07/2017; DJESP 28/07/2017; Pág. 1850)

<u>Julgado deixando de aplicar o princípio da fungibilidade, por haver erro grosseiro:</u>

✓ PROCESSUAL. AÇÃO DE EXIGIR CONTAS. DECISÃO DA PRIMEIRA FASE DA AÇÃO (ART. 550, § 5º DO CPC/2015). Decisão de natureza interlocutória, passível de ataque pela via do agravo de instrumento (art. 1.015, II do CPC/2015). Erro grosseiro. Inaplicabilidade do princípio da fungibilidade recursal. Precedentes desta Corte. Recurso não conhecido. (TJSP; APL 1029733-56.2016.8.26.0576; Ac. 10655507; São José do Rio Preto; Segunda Câmara Reservada de Direito Empresarial; Rel. Des. Alexandre Marcondes; Julg. 03/08/2017; DJESP 08/08/2017; Pág. 1404)

<u>Em sentido contrário, julgado entendendo que a decisão proferida na 1ª fase da ação tem natureza de sentença, assim como na 2ª fase:</u>

✓ AGRAVO INTERNO. AGRAVO DE INSTRUMENTO. NÃO CONHECIMENTO. PRESTAÇÃO DE CONTAS. PRIMEIRA FASE. SENTENÇA. APELAÇÃO. FUNGIBILIDADE RECURSAL. ERRO GROSSEIRO. I. A ação de prestação de contas é composta de duas fases. A primeira, limita-se ao exame da existência ou não do dever de prestá-las, art. 550, §5º, do CPC/2015. Na segunda, o Magistrado apurará saldo em favor de alguma das partes, constituindo-se o título executivo judicial, art. 552 do CPC/2015. Em ambas as fases, o Magistrado, ao resolver ou não o mérito, proferirá sentença, que será impugnável por apelação. II. Inaplicável o princípio da fungibilidade recursal, ante a existência de erro grosseiro, pois não se trata de decisão interlocutória o pronunciamento em que o Juiz decide sobre a desnecessidade de dilação probatória e profere julgamento antecipado, art. 355, inc. I, do CPC/2015; examina preliminar de falta de interesse e prejudicial de prescrição; resolve o mérito e arbitra os ônus de sucumbência, com fixação de honorários, art. 85 do CPC/2015. III. Mantido o não conhecimento do agravo de instrumento, interposto para impugnar a sentença que julgou procedente a primeira fase da prestação de contas, porque inadmissível. IV. Agravo interno desprovido. (TJDF; AGI 2016.00.2.012724-8; Ac. 959.029; Sexta Turma Cível; Relª Desª Vera Andrighi; Julg. 03/08/2016; DJDFTE 17/08/2016)

Não é possível a elaboração de nova perícia posteriormente à decisão do art. 550, § 5º:

✓ PRESTAÇÃO DE CONTAS. INÉRCIA DA INSTITUIÇÃO BANCÁRIA NA APRESENTAÇÃO DE CONTAS. PRECLUSÃO RECONHECIDA NO JULGAMENTO DO RECURSO DE APELAÇÃO DA INSTITUIÇÃO BANCÁRIA. Inteligência do artigo 550, parágrafo 5º, do CPC. Apuração, pela agravada, do quantum devido, seguida da realização de perícia contábil. Descontentamento da instituição bancária com o valor apurado. Pretensão à elaboração de um segundo laudo pericial contábil a fim de apurar se aquelas contas estão corretas. Negativa judicial. Manutenção da r. Decisão fustigada, sob pena de afronta à coisa julgada. Recurso improvido. (TJSP; AI 2097567-07.2017.8.26.0000; Ac. 10628743; Osasco; Vigésima Segunda Câmara de Direito Privado; Rel. Des. Sérgio Rui; Julg. 27/07/2017; DJESP 03/08/2017; Pág. 2179)

§ 6º Se o réu apresentar as contas no prazo previsto no § 5º , seguir-se-á o procedimento do § 2º, caso contrário, o autor apresentá-las-á no prazo de 15 (quinze) dias, podendo o juiz determinar a realização de exame pericial, se necessário.

Art. 551. As contas do réu serão apresentadas na forma adequada, especificando-se as receitas, a aplicação das despesas e os investimentos, se houver.

A mera apresentação de extratos bancários não configura prestação de contas:

✓ PRESTAÇÃO DE CONTAS. EXIBIÇÃO DE EXTRATOS BANCÁRIOS DETALHADOS. PROCEDÊNICA. Apelação. Inteligência do Art. 550 do CPC. Ação de prestação cabível para a discussão posterior dos valores cobrados pela instituição financeira. Presente o interesse de agir. A apresentação dos extratos mensais pelo banco mostra-se insuficiente. Necessidade da exata compreensão dos encargos e lançamentos que compõem o débito. Remanesce o interesse do titular da conta bancária de obter do banco a prestação de contas. Entendimento do Art. 551 do CPC. Especificação completa das taxas e dos juros cobrados pelo banco. Decisão mantida. Recurso desprovido. (TJSP; APL 1015436-27.2016.8.26.0032; Ac. 10797907; Araçatuba; Vigésima Primeira Câmara de Direito Privado; Rel. Des. Virgilio de Oliveira Junior; Julg. 18/09/2017; DJESP 27/09/2017; Pág. 2159)

§ 1º Havendo impugnação específica e fundamentada pelo autor, o juiz estabelecerá prazo razoável para que o réu apresente os documentos justificativos dos lançamentos individualmente impugnados.

§ 2º As contas do autor, para os fins do art. 550, § 5º , serão apresentadas na forma adequada, já instruídas com os documentos justificativos, especificando-se as receitas, a aplicação das despesas e os investimentos, se houver, bem como o respectivo saldo.

A mera apresentação das contas pelo autor não impede a produção de prova pericial

✓ APELAÇÃO. DIREITO ADMINISTRATIVO. DIREITO PROCESSUAL CIVIL. EMPRÉSTIMOS EM CONSIGNAÇÃO. SEGUNDA FASE PROCEDIMENTAL DA AÇÃO DE EXIGIR CONTAS. ACERTAMENTO DE CONTAS. INSTRUÇÃO PROCESSUAL. SENTENÇA TERMINATIVA. DESCABIMENTO. INTERESSE DE AGIR PRESENTE. ANULAÇÃO. PROVIMENTO. (...) 6. Ainda que o autor tenha apresentado as contas na espécie, ante o descumprimento da ré em fazê-lo a contento, é o próprio art. 550, §6º, do CPC/2015 que faculta ao Juízo a realização de exame pericial, para o deslinde da causa. Daí porque a mera apresentação das contas pelo demandante no caso em análise não significa que se deva tê-las por corretas de antemão, como quer o apelante, mesmo que se considere preclusa eventual manifestação da CEF sobre tais contas. Ao revés, diante da complexidade dos cálculos que normalmente envolvem demandas desta natureza, torna-se imperativa a realização de perícia contábil na hipótese dos autos, para se aferir, com exatidão e segurança, o devido acertamento de contas pleiteado neste feito. Dessa forma, também sob esse aspecto, não é o caso de julgamento imediato da presente demanda por este Tribunal. 7. Descabe a condenação de quaisquer das partes ao pagamento de honorários advocatícios e de custas judiciais na espécie, o que será feito ao final desta segunda etapa procedimental de acertamento de contas, quando de seu julgamento de mérito pelo Juízo singular. 8. Não incidem honorários de sucumbência recursal no caso em tela, disciplinado no art. 85, § 11, do novo CPC/2015, ante o óbice processual do princípio da proibição da reformatio in pejus, uma vez que não houve pedido expresso de condenação, quanto a esse específico tópico. 9. Apelação provida. (TRF 2ª R.; AC 0007527-48.2011.4.02.5101; Sexta Turma Especializada; Rel. Des. Fed. Guilherme Calmon Nogueira da Gama; Julg. 19/04/2017; DEJF 05/05/2017)

✓ APELAÇÃO CÍVEL. AÇÃO DE PRESTAÇÃO DE CONTAS. SEGUNDA FASE. PRELIMINAR. JULGAMENTO EXTRA PETITA. INOCORRÊNCIA. ADSTRIÇÃO AO PEDIDO E CAUSA DE PEDIR. REVELIA. INSTRUÇÃO PROBATÓRIA. PRECLUSÃO TEMPORAL. CONTAS APRESENTADAS PELO AUTOR. IMPOSSIBILIDADE DE INSURGÊNCIA POR PARTE DO RÉU. PRESUNÇÃO DE VERACIDADE DAS CONTAS PRESTADAS. REALIZAÇÃO DE EXAME PERICIAL. LIVRE CONVENCIMENTO DO JUIZ. HONORÁRIOS ADVOCATÍCIOS. CONSONÂNCIA COM O CRITÉRIO PREVISTO NO ARTIGO 85, § 2º DO CÓDIGO DE PROCESSO CIVIL. RECURSO CONHECIDO E DESPROVIDO. HONORÁRIOS RECURSAIS. 1. Diante da inércia da parte ré, a exibição de documentos tem caráter complementar e acessório da pretensão de prestação de contas. 2. Não tendo a parte apelante se insurgido a tempo e modo contra a decisão que, em razão de sua omissão, determinou ao apelado a apresentação das contas, restou caracterizada a preclusão temporal. 3. Sendo apresentadas as contas pelo autor, serão julgadas segundo o prudente arbítrio do juiz, que poderá determinar, se necessário, a realização da prova pericial contábil, conforme artigo 550, § 6º, do Código de Processo Civil. 4. Considerando a natureza da sentença da ação de prestação de contas, com carga predominantemente condenatória, correta a fixação de honorários segundo os limites do artigo 85, § 2º do Código de Processo Civil. 5 Honorários recursais, fixados em percentual sobre o valor da condenação, a serem acrescidos aos de sucumbência. (CPC, art. 85, § 11).6. Sentença escorreita. Recurso conhecido e desprovido. (TJPR; ApCiv 1658534-1; São Miguel do Iguaçu; Décima Primeira Câmara Cível; Rel. Juiz Conv. Rodrigo Fernandes Lima Dalledone; Julg. 27/09/2017; DJPR 18/10/2017; Pág. 562)

✓ AGRAVO DE INSTRUMENTO. Ação de prestação de contas. Segunda fase. Determinação ex officio de realização de prova pericial. Pertinência. Faculdade atribuída ao juiz pelo artigo 550, § 6º, do código de processo civil. Livre convencimento motivado. Contas apresentada pela parte autora, em virtude da inércia da parte requerida, de forma estimativa e insuficiente. Honorários periciais. Rateio entre as partes. Inteligência do artigo 95 do código de processo civil. Decisão modificada. Recurso conhecido e parcialmente provido. (TJPR; Ag Instr 1682511-3; Londrina; Sétima Câmara Cível; Relª Desª Joeci Machado Camargo; Julg. 19/09/2017; DJPR 03/10/2017; Pág. 149)

Art. 552. A sentença apurará o saldo e constituirá título executivo judicial.

É possível que a prestação de contas demonstre a existência de saldo zero:

✓ ADMINISTRATIVO. APELAÇÃO. PRESTAÇÃO DE CONTAS. O expert oficial integrante do Núcleo de Contadoria Judicial fez uma análise pericial detida de todos os documentos e do próprio processo nº 2000.71.12000564-9, chegando à conclusão de que os valores das duas contas pertinentes ao extinto Banco Nacional S.A. Já foram efetivamente recebidos pelo autor, na data de 10.11.2003 (R$ 215,14 e R$ 24.904,48, consoante os extratos anexados no evento 7 - OUT2 - fls. 3 e 5). Além disso, outras importâncias apontadas nos referidos extratos bancários (evento 7 - fl. 18) foram sacadas pelo autor (10/05/1990 e 11/10/1990), precisamente, as quantias de Cr$ 11.020,16; Cr$ 865.240,98 e Cr$ 11.939,94, respectivamente. Sendo assim, após a manifestação do perito judicial, o qual avaliou com detida lucidez os dados fáticos, nada resta senão concluir que, uma vez cumprida a finalidade da prestação de contas, justamente, esclarecer o estado de coisas, não há saldo credor a se declarar em favor do ora autor, a teor do art. 552 do CPC/2015. Na realidade, diferente da 1ª Fase, o debate aqui levado a efeito, em torno das contas apresentadas, exige pronunciamento judicial a respeito da qualidade da prestação de contas e se há saldo credor – e de que valor – a alcançar àquele que exigiu as contas. Como conclusão, consideramos suficientes as contas apresentadas pelas instituições financeiras requeridas para demonstrar que todos os valores depositados nas contas vinculadas ao FGTS de titularidade do autor foram sacados, não havendo importâncias remanescentes em seu favor (saldo credor zero). (TRF 4ª R.; AC 5037317-18.2012.404.7100; RS; Quarta Turma; Rel. Des. Fed. Luís Alberto d'Azevedo Aurvalle; Julg. 05/04/2017; DEJF 07/04/2017)

Considera-se não fundamentada a sentença que não apura o saldo na segunda fase da ação de exigir contas:

✓ PROCESSO CIVIL. AÇÃO DE PRESTAÇÃO DE CONTAS. PRELIMINAR DE NULIDADE DA SENTENÇA. AUSÊNCIA DE FUNDAMENTAÇÃO. SALDO NÃO APURADO. EXIGÊNCIA PREVISTA NO ART. 552, CPC/2015. SENTENÇA CASSADA. 1. A segunda fase da ação de prestação de contas, nomeada como ação de exigir contas no novo diploma processual, exige a apuração do saldo referente às contas prestadas, constituindo título executivo judicial, nos termos do artigo 552 do CPC/2015. 2. A inexistência de saldo, seja ele positivo, negativo ou nulo, no dispositivo da r. Sentença que julga a segunda fase da ação de exigir contas, acarreta nulidade por ausência de fundamentação e por ausência de elemento essencial, nos termos do art. 489, inciso III, do CPC/2015. 3. Preliminar de nulidade da sentença por ausência de fundamentação suscitada de ofício. Sentença cassada (TJDF; APC 2014.01.1.134855-5; Ac. 100.2036; Quinta Turma Cível; Rel. Des. Josaphá Francisco dos Santos; Julg. 08/03/2017; DJDFTE 23/03/2017)

A decisão que apura o saldo, homologando os cálculos, tem natureza sentença:

✓ AGRAVO DE INSTRUMENTO. AÇÃO DE PRESTAÇÃO DE CONTAS. INSURGÊNCIA CONTRA A DECISÃO QUE APUROU SALDO EM FAVOR DO AUTOR, HOMOLOGANDO CÁLCULOS DO CONTADOR. Pronunciamento judicial que põe fim à segunda fase do processo. Inteligência do artigo 552, do CPC/15. Via recursal eleita inadequada. Decisão que deveria ter sido atacada por apelação. Recurso não conhecido. (TJRJ; AI 0005120-29.2017.8.19.0000; Valença; Nona Câmara Cível; Rel. Des. José Roberto Portugal Compasso; Julg. 04/07/2017; DORJ 06/07/2017; Pág. 248)

Art. 553. As contas do inventariante, do tutor, do curador, do depositário e de qualquer outro administrador serão prestadas em apenso aos autos do processo em que tiver sido nomeado.

O juízo do inventário se torna prevento para a ação de exigir contas:

✓ CONFLITO DE COMPETÊNCIA. Ação para exigir contas de inventariante. Inventário já ultimado. Remessa do feito por dependência. Recusa de competência e devolução da ação ao suscitante. Impossibilidade. Questão visada na ação de prestação de contas de quantificação da divisão patrimonial estabelecida na anterior demanda. Patente relação de acessoriedade e interdependência entre as demandas. Prevenção configurada. Inteligência dos arts. 61, 553 e 618, VII, do CPC. Conflito procedente. Competente o suscitado (2ª Vara da Família e Sucessões do Foro Regional de Pinheiros). (TJSP; CC 0034945-23.2017.8.26.0000; Ac. 10801329; São Paulo; Câmara Especial; Rel. Des. Renato Genzani Filho; Julg. 18/09/2017; DJESP 10/10/2017; Pág. 3030)

Inadmissibilidade da prestação de contas nos autos de processo de inventário nas hipóteses de maior complexidade:

✓ APELAÇÃO CÍVEL. INVENTÁRIO. COLAÇÃO. BENS SONEGADOS. PROVA. AUSÊNCIA. PEDIDO DE PRESTAÇÃO DE CONTAS. VIA INADEQUADA. RECURSO NÃO PROVIDO. 1. Inexistindo comprovação do recebimento de bem em adiantamento de legítima, incabível determinar a sua colação, mormente quando o bem sequer se encontra individualizado. 2. As ações de prestação de contas devem ser solucionadas em procedimento incidental a ser instaurado pelas apelantes, conforme previsto no artigo 553 do CPC/2015, o que não autoriza a solução da matéria nestes autos do processo de inventário. (TJMG; APCV 1.0024.09.499671-7/001; Rel. Des. Edilson Olímpio Fernandes; Julg. 18/07/2017; DJEMG 28/07/2017)

✓ AGRAVO DE INSTRUMENTO. INVENTÁRIO. BENS ALIENADOS NO CURSO DO FEITO. INCLUSÃO NO ROL DA PARTILHA. IMPOSSIBILIDADE. PRESTAÇÃO DE CONTAS. VIAS ORDINÁRIAS. RECURSO NÃO PROVIDO. 1. COMPETE AO INVENTARIANTE ADMINISTRAR O ESPÓLIO, PODENDO, DENTRE OUTRAS PROVIDÊNCIAS, ALIENAR BENS, DESDE QUE AUTORIZADO PELO JUIZ, DEVENDO, AINDA, PRESTAR CONTAS DE SUA GESTÃO QUANDO DEIXAR O CARGO OU SEMPRE QUE O MAGISTRADO DETERMINAR. 2. Os bens que foram alienados no curso do inventário, por certo não mais integram o espólio, não havendo de se falar em sua inclusão no rol de partilha, de modo que somente eventual saldo revelar-se-ia passível de ser inventariado. 3. A apuração da destinação do proveito das alienações que realizaram os inventariantes que atuaram no feito deve ser buscada em meio próprio, nos termos do art. 553 do Código de Processo Civil de 2015. (TJMG; AI 1.0701.97.002448-8/003; Rel. Des. Marcelo Rodrigues; Julg. 31/05/2017; DJEMG 16/06/2017)

Em questões de maior simplicidade, a prestação de contas pelo inventariante pode ser realizada nos próprios autos do inventário:

✓ AGRAVO DE INSTRUMENTO. INVENTÁRIO JUDICIAL. REMESSA PARA AS VIAS ORDINÁRIAS. INVENTÁRIO JUDICIAL. Controvérsia instaurada sobre prestação de contas do inventariante e questões societárias. Questões complexas que demandam maior cognição sobre os fatos e ampla dilação probatória. De regra, a prestação de contas pelo inventariante corre em apenso aos autos do inventário, como verdadeiro processo incidental (art. 553 do Novo CPC). Excepcionalmente, nada impede que, se não houver complexidade (como por exemplo, nos levantamentos de valores, venda de bens e pagamento de despesas do espólio), o esclarecimento seja realizado diretamente nos autos do próprio inventário. A complexidade dos fatos a serem esclarecidos, em sede de prestação de contas, gravita em torno dos atos de administração de todos os interesses e bens jurídicos que compõem o espólio, especialmente os atos de gestão da sociedade empresária. Manutenção do ato judicial decisório. NEGADO PROVIMENTO AO RECURSO. (TJSP; AI 2064535-11.2017.8.26.0000; Ac. 10557188; São Paulo; Nona Câmara de Direito Privado; Rel. Des. José Maria Câmara Junior; Julg. 27/06/2017, DJESP 05/07/2017; Pág. 1893)

Parágrafo único. Se qualquer dos referidos no caput for condenado a pagar o saldo e não o fizer no prazo legal, o juiz poderá destituí-lo, sequestrar os bens sob sua guarda, glosar o prêmio ou a gratificação a que teria direito e determinar as medidas executivas necessárias à recomposição do prejuízo.

CAPÍTULO III
DAS AÇÕES POSSESSÓRIAS
Seção I
Disposições Gerais

Art. 554. A propositura de uma ação possessória em vez de outra não obstará a que o juiz conheça do pedido e outorgue a proteção legal correspondente àquela cujos pressupostos estejam provados.

Impossibilidade de se converter demanda petitória em possessória:

✓ APELAÇÃO CÍVEL. POSSE (BENS IMÓVEIS). AÇÃO REVINDICATÓRIA. PRESSUPOSTOS NÃO OBSERVADOS. AUSÊNCIA DE PROPRIEDADE REGISTRAL POR PARTE DOS AUTORES. MATRÍCULA NO REGISTRO DE IMÓVEIS EM NOME DO MUNICÍPIO DE CAXIAS DO SUL. PRINCÍPIO DA FUNGIBILIDADE INAPLICÁVEL NA ESPÉCIE. NATUREZA DISTINTA DE AÇÕES. Não possuindo os autores a propriedade registral do imóvel objeto da lide, não há falar em ação reivindicatória, uma vez que a demanda adequada à busca do bem da vida almejado no presente feito é a ação de reintegração de posse. Inadmissão do princípio da fungibilidade ao caso concreto, porquanto a natureza das ações não guarda identidade, sendo a primeira petitória e a segunda possessória. Inteligência do art. 554 do NCPC. Ação extinta, de ofício. Apelos prejudicados. (TJRS; AC 0093729-80.2017.8.21.7000; Caxias do Sul; Décima Sétima Câmara Cível; Relª Desª Marta Borges Ortiz; Julg. 26/09/2017; DJERS 10/10/2017)

✓ APELAÇÃO CÍVEL. AÇÃO DE REINTEGRAÇÃO DE POSSE. ALEGAÇÃO DE ESBULHO. Sentença de improcedência. Manutenção. Ação possessória que exige a comprovação da posse anterior e da prática do esbulho, conforme art. 1210 do CC/02 c/c art. 560 do NCPC. Não comprovação, pelo autor, do exercício da posse mansa e pacífica, que vem sendo exercida, na verdade, pelas rés. Descumprimento do ônus do art. 373,I, do NCPC. Pretensão lastreada em direito à propriedade. Necessidade de ação petitória. Via eleita inadequada para a pretensão almejada pelo réu. Fungibilidade entre as ações possessórias. O disposto no art. 554 do NCPC não se estende às petitórias. Improcedência mantida. Jurisprudência e Precedentes citados: 0030434-62.2008.8.19.0203- APELAÇÃO. Des(a). DENISE LEVY TREDLER. Julgamento: 06/05/2015. VIGÉSIMA PRIMEIRA Câmara Cível; 0005266-50.2014.8.19.0073. APELAÇÃO Des(a). Pedro Freire RAGUENET. Julgamento: 23/05/2017. VIGÉSIMA PRIMEIRA Câmara Cível; 0001944-13.2013.8.19.0055-APELAÇÃO. Des(a). ANDRE EMILIO Ribeiro VON MELENTOVYTCH. Julgamento: 18/04/2017. VIGÉSIMA PRIMEIRA Câmara Cível. DESPROVIMENTO DO RECURSO. (TJRJ; APL 0001181-82.2015.8.19.0203; Rio de Janeiro; Vigésima Primeira Câmara Cível; Relª Desª Regina Lucia Passos; DORJ 21/09/2017; Pág. 398)

Aplicação do princípio da fungibilidade em relação a interdito proibitório e manutenção de posse:

✓ APELAÇÃO CÍVEL. POSSE (BENS IMÓVEIS). AÇÃO DE INTERDITO PROIBITORIO. EXTINÇÃO SEM RESOLUÇÃO DO MÉRITO. LITISPENDÊNCIA. AÇÃO DE MANUTENÇÃO DE POSSE ANTERIOR. PRINCÍPIO DA FUNGIBILIDADE. SENTENÇA MANTIDA. Deve ser extinta a ação de interdito proibitório, sem resolução do mérito, em razão do instituto da litispendência, considerando o ajuizamento de anterior ação de manutenção de posse com as mesmas partes e referente ao mesmo imóvel. – Aplicação do princípio da fungibilidade entre as ações possessórias, conforme dispõe o art. 554, caput, do CPC, de modo que havendo alteração na situação fática descabe o ajuizamento de nova demanda visando proteção da posse, devendo as circunstâncias ser resolvidas em um só processo. Apelo desprovido. (TJRS; AC 0149599-13.2017.8.21.7000; Salto do Jacuí; Décima Sétima Câmara Cível; Rel. Des. Gelson Rolim Stocker; Julg. 31/08/2017; DJERS 02/10/2017)

✓ INTERDITO PROIBITÓRIO. POSSE. DISCUSSÃO. PRINCÍPIO DA FUNGIBILIDADE. REINTEGRAÇÃO. ÔNUS DA PROVA. INOCORRÊNCIA. IMPROCEDÊNCIA DOS PEDIDOS. 1. A demanda não discute mero atentado à posse do autor/apelante, mas sim se ele exerce ou não a posse do imóvel indicado na inicial, o que, a princípio, afastaria a ação de interdito proibitório. Como há a alegação de que o local foi cercado e fechado com cadeados, isso configuraria esbulho e não simples ameaça, o que atrairia a ação de reintegração de posse e não a de interdito. Possibilidade de conhecimento da lide ante a incidência do princípio da fungibilidade, inscrito no art. 554 do CPC/2015. 2. O art. 561 do CPC/2015 determina que compete ao autor provar a sua posse, bem como a turbação ou o esbulho praticado pelo réu, incluindo a data em que o ato ocorreu e a continuação ou a perda da posse decorrente do atentado. 3. Demonstrado que o autor não se desincumbiu desse ônus, pois não juntou aos autos o mínimo de lastro probatório para corroborar suas alegações, inexistindo prova até mesmo da área que supostamente detém a posse, não há que se falar em ameaça, turbação ou esbulho praticado pelo réu, tendo em vista que a demonstração da posse é requisito essencial para o ajuizamento de qualquer ação possessória. 4. Recurso conhecido e desprovido. (TJDF; APC 2015.08.1.005983-0; Ac. 996.218; Oitava Turma Cível; Rel. Des. Diaulas Costa Ribeiro; Julg. 16/02/2017; DJDFTE 23/02/2017)

§ 1º No caso de ação possessória em que figure no polo passivo grande número de pessoas, serão feitas a citação pessoal dos ocupantes que forem encontrados no local e a citação por edital dos demais, determinando-se, ainda, a intimação do Ministério Público e, se envolver pessoas em situação de hipossuficiência econômica, da Defensoria Pública.

Possibilidade de intimação do Município

✓ AGRAVO DE INSTRUMENTO. POSSESSÓRIA. Decisão indeferiu a suspensão do cumprimento de liminar em razão de intenção de compra da área invadida através da utilização de recursos de programa social do Governo Federal. Descabimento. Presença dos requisitos autorizadores da medida liminar mantida em recurso anterior de agravo de instrumento. Recurso negado. Agravo de instrumento. Possessória. Decisão indeferiu pedido de intimação da

Defensoria Pública, da Prefeitura Municipal e do GAORP (Grupo de Apoio às Ordens de Reintegração de Posse do TJSP). Cabimento. Inteligência do art. 554, §1º, do CPC/15 e dos arts. 2º e 3º da Portaria 9.272/2.016 do TJSP. Recurso provido. Recurso provido em parte. (TJSP; AI 2237187-68.2016.8.26.0000; Ac. 10203524; Campinas; Décima Terceira Câmara de Direito Privado; Rel. Des. Francisco Giaquinto; Julg. 23/02/2017; DJESP 03/03/2017)

Nas ações possessórias de litígio coletivo é feita a citação pessoal dos ocupantes encontrados no local e a citação por edital dos demais:

✓ AGRAVO DE INSTRUMENTO. POSSE. BENS IMÓVEIS. AÇÃO DE REINTEGRAÇÃO DE POSSE. INOVAÇÃO RECURSAL. RETIFICAÇÃO VALOR DA CAUSA. RECOLHIMENTO DE CUSTAS NA ORIGEM. Não merece conhecimento o recurso que pretende o exame de questões que não foram apreciadas no juízo a quo. A pretensão perante o juízo ad quem caracteriza inovação recursal. Preliminar. Citação. Nulidade. Litígio coletivo. Nas ações possessórias de litígio coletivo a citação pessoal dos ocupantes dar-se-á nas pessoas encontradas no local e por edital as demais, a teor do art. 554, §1º, do CPC/15. - Circunstância dos autos em que se impõe afastar a preliminar de nulidade da citação. Reintegração de posse. Rito especial. Liminar. Requisitos. A concessão de liminar inaudita altera parte para manutenção ou reintegração de posse pelo procedimento especial tem por pressuposto prova da posse e ofensa possessória, nos termos dos art. 561 do CPC/15. Atendidos impõem-se a concessão. - Circunstância dos autos em que se impõe manter a decisão agravada. Recurso desprovido. (TJRS; AI 0219540-84.2016.8.21.7000; Santa Maria; Décima Oitava Câmara Cível; Rel. Des. João Moreno Pomar; Julg. 16/07/2016; DJERS 21/07/2016)

Aplicação analógica da forma de citação do art. 554, §1º, quando os invasores são desconhecidos, para audiência de justificação:

✓ ANO E DIA. AÇÃO DE FORÇA NOVA. PROCEDIMENTO REGIDO PELOS ART. 560 A 566 DO NOVO CPC. DEFERIMENTO LIMINAR DA REINTEGRAÇÃO OU DESIGNAÇÃO DE AUDIÊNCIA DE JUSTIFICAÇÃO DO ESBULHO ALEGADO. ASSERÇÃO DA AUTORA DE QUE OS INVASORES SÃO DESCONHECIDOS. APLICAÇÃO ANALÓGICA DO ART. 554, § 1º, DO NOVO CPC. Citação pessoal daqueles que se encontrarem no imóvel e por edital dos demais para comparecerem à audiência de justificação. Recurso provido em parte, com determinação. (TJSP; AI 2111731-11.2016.8.26.0000; Ac. 9689853; Campinas; Décima Segunda Câmara de Direito Privado; Rel. Des. Cerqueira Leite; Julg. 11/08/2016; DJESP 16/09/2016)

§ 2º Para fim da citação pessoal prevista no § 1o, o oficial de justiça procurará os ocupantes no local por uma vez, citando-se por edital os que não forem encontrados.

§ 3º O juiz deverá determinar que se dê ampla publicidade da existência da ação prevista no § 1º e dos respectivos prazos processuais, podendo, para tanto, valer-se de anúncios em jornal ou rádio locais, da publicação de cartazes na região do conflito e de outros meios.

Art. 555. É lícito ao autor cumular ao pedido possessório o de:

I – condenação em perdas e danos;

A possibilidade de cumulação de pedidos não pode ser confundida com a conversão da tutela específica em perdas e danos:

✓ AGRAVO DE INSTRUMENTO. RELAÇÃO DE CONSUMO. AÇÃO REINTEGRAÇÃO DE POSSE. Decisão que indeferiu o pedido de conversão em perdas e danos. Não aplicação do art. 555, I do NCPC, eis que a hipótese ali descrita é de cumulação de pedidos e não de conversão de procedimento como pretende o autor. Ausência de citação. Não se vislumbra impossibilidade de cumprimento de liminar, a qual, também sequer chegou a ser concedida, além de não haver pedido sucessivo de perdas e danos na petição inicial, inexistindo na inicial pedido sucessivo de perdas e danos. Súmulas nºs 147 e 59 do e. TJRJ. Decisão agravada não se revela teratológica, contrária à Lei ou à prova dos autos, não se vislumbrando haver qualquer ilegalidade a justificar a sua reforma, aplicando-se ao caso vertente a Súmula nº 59 dessa e. Corte recurso ao qual se nega provimento, nos termos do voto da relatora. (TJRJ; AI 0008040-73.2017.8.19.0000; Niterói; Vigésima Sétima Câmara Cível Consumidor; Relª Desig. Desª Fernanda Fernanades Coelho Arrabida Paes; Julg. 21/06/2017; DORJ 27/06/2017; Pág. 462)

II – indenização dos frutos.

A não obtenção de receita decorrente de aluguel que não pode ser firmado viabiliza indenização dos frutos:

✓ APELAÇÃO CIVEL. AÇÃO DE REINTEGRAÇÃO DE POSSE CUMULADA COM INDENIZAÇÃO. AUTORA ALEGA SER PROPRIETÁRIA DE IMÓVEL NO QUAL RESIDE A RÉ, EX-CONVIVENTE DE UM DE SEUS SÓCIOS, EM CURSO PROCESSO DE DISSOLUÇÃO DE UNIÃO ESTÁVEL. Afirma remessa de telegrama em 04-07-2012, estipulado prazo de 15 dias para desocupação, não atendido pela ré, caracterizado o esbulho. SENTENÇA DE PARCIAL PROCEDÊNCIA. O recorrente ficou privado de explorar economicamente o imóvel, isto é, deixou de realizar a locação que renderia frutos, impedindo também de dar função social a sua propriedade. Como assevera o inciso II, do artigo 555, do Código de Processo Civil, o legislador permitiu a cumulação da indenização por frutos ao pedido reintegratório, o que se amolda ao caso, pois desde a data da prática do esbulho (20/07/2012) até a efetivação da desocupação do imóvel ocorrida em 06/06/2013, o apelante ficou privado de dispor do bem imóvel. No que tange ao capítulo da sentença que condenou a parte autora ao pagamento de honorários advocatícios em 10% sobre o valor da causa, de igual modo, impõe-se a sua reforma porque o apelante, ora autor, com o provimento do presente recurso, obteve integralmente a tutela pretendida, não devendo suportar tal ônus, nos moldes do artigo 85, do Código de Processo Civil. RECURSO QUE SE DÁ PROVIMENTO PARA CONDENAR A PARTE RÉ AO PAGAMENTO DE INDENIZAÇÃO POR FRUTOS, NA FORMA DO INCISO II, DO ARTIGO 555, DO CÓDIGO DE PROCESSO CIVIL, NO MONTANTE A SER APURADO EM LIQUIDAÇÃO DE SENTENÇA, EXCLUIR A CONDENAÇÃO DA PARTE AUTORA AO PAGAMENTO DE HONORÁRIOS ADVOCATÍCIOS E POR FIM, MAJORAR O PERCENTUAL EM 5% A TÍTULO DE HONORÁRIOS ADVOCATÍCIOS, NA FORMA DO § 11º, DO ARTIGO 85, DO CÓDIGO DE PROCESSO CIVIL. (TJRJ; APL 0022515-62.2012.8.19.0209; Rio de Janeiro; Décima Nona Câmara Cível; Rel. Des. Lucio Durante; DORJ 28/08/2017; Pág. 371)

Parágrafo único. Pode o autor requerer, ainda, imposição de medida necessária e adequada para:

I – evitar nova turbação ou esbulho;

II – cumprir-se a tutela provisória ou final.

<u>A multa diária deve ser aplicada como medida para se evitar novo esbulho:</u>

✓ APELAÇÃO. PROCESSUAL CIVIL E CIVIL. INTERDITO PROIBITÓRIO. JULGAMENTO ANTECIPADO. CERCEAMENTO DE DEFESA. NÃO OCORRÊNCIA. FUNGIBILIDADE DAS AÇÕES POSSESSÓRIAS. ESBULHO CONFIGURADO. MULTA DIÁRIA. CABIMENTO. LITIGÂNCIA DE MÁ-FÉ. INOVAÇÃO RECURSAL. RECURSO PARCIALMENTE PROVIDO. 1. Trata-se de apelação interposta pelo autor em face da r. Sentença, proferida em ação de conhecimento, que julgou improcedente o pedido inicial que visava afastar uma suposta ameaça de turbação ou esbulho praticada pelas rés em lote pertencente ao autor. 2. Não há que se falar em cerceamento de defesa em face do julgamento antecipado da lide se constatado que, embora se trate de demanda envolvendo matérias de fato e de direito, os autos se encontram devidamente instruídos, não havendo necessidade de produção de outras provas. 3. Para que haja o deferimento da proteção possessória é necessária a comprovação pelo autor dos requisitos presentes no art. 927 do CPC/1973, o que ocorreu, no caso vertente, em relação a uma das rés, motivo pelo qual merece parcial provimento o recurso do autor. 4. A fungibilidade dos interditos possessórios permite ao magistrado conhecer e, por consequência, outorgar a proteção legal correspondente, quando for ajuizada uma ação possessória em vez de outra, nos termos do artigo 554 do Código de Processo Civil. 5. É cabível a aplicação da multa prevista no inciso II do parágrafo único do artigo 555 do CPC como medida para evitar novo esbulho sobre o bem em litígio. 6. Não se podendo extrair dos autos prova segura de condutas tendentes a procrastinar o feito, impõe-se rejeitar o pedido de condenação nos consectários da má-fé. 7. Apelação do autor conhecida e parcialmente provida. (TJDF; APC 2013.07.1.009052-3; Ac. 103.6320; Segunda Turma Cível; Rel. Des. César Loyola; Julg. 02/08/2017; DJDFTE 08/08/2017)

Art. 556. É lícito ao réu, na contestação, alegando que foi o ofendido em sua posse, demandar a proteção possessória e a indenização pelos prejuízos resultantes da turbação ou do esbulho cometido pelo autor.

<u>É admitido pedido contraposto nas ações possessórias:</u>

✓ APELAÇÃO CÍVEL. REINTEGRAÇÃO DE POSSE. DEFERIMENTO LIMINAR. BEM REINTEGRADO. PEDIDO JULGADO IMPROCEDENTE. COMPROVAÇÃO DE PAGAMENTO DA PARCELA E QUITAÇÃO CONTRATO. PEDIDO CONTRAPOSTO. POSSIBILIDADE. DEVOLUÇÃO VRG. CABIMENTO. DANO MORAL. EXISTENTE. HONORÁRIOS ADVOCATICIOS SUCUMBENCIAIS. ART. 85, §1º, DO NCPC. A restituição dos valores pagos a título de VRG pode se dar através de pedido contraposto em ação possessória, privilegiando-se o princípio da economia processual e evitando-se a propositura de outras ações. O art. 556 do NCPC também admite o pedido contraposto em ações possessórias. Se a rescisão do contrato se deveu à retomada indevida do bem, não permitindo ao arrendatário a opção de compra na forma pactuada, com a consequente reintegração de posse judicial do bem, será devolvido o VRG antecipado, devidamente atualizado. Restando evidenciada a conduta culposa gerando a reintegração de posse de um bem após a propositura de ação baseado em parcela paga e mais diante da quitação do contrato não impugnado, desnecessária a prova do abalo íntimo em si considerado, mesmo porque tal situação não seria mesmo possível de ser concretizada e, na prática, implicaria na própria negação do instituto da reparação pelo dano moral. Muito embora não haja uma tarifação para as indenizações decorrentes de danos morais, essas devem levar em conta três parâmetros básicos, a saber, compensação da vítima, desestímulo ao ofensor e exemplaridade para a sociedade. (TJMG; APCV 1.0035.14.001375-2/002; Rel. Des. Alexandre Santiago; Julg. 20/09/2017; DJEMG 26/09/2017)

Pode o réu invocar para si e contra o autor o pedido formulado por este na inicial em face de pedir, alegar e provar seu direito contra o autor:

✓ CIVIL. AGRAVO DE INSTRUMENTO. AÇÃO DE REINTEGRAÇÃO DE POSSE. CARÁTER DÚPLICE. ARTIGO 556 DO CÓDIGO DE PROCESSO CIVIL/2015. AÇÃO AJUIZADA PELO MUTUÁRIO ORIGINÁRIO. CONTRATO DE GAVETA. AUSÊNCIA DA CÓPIA NOS AUTOS. EXCLUSÃO DO CESSIONÁRIO DO POLO PASSIVO DA AÇÃO. DECISÃO AGRAVADA. MANUTENÇÃO. 1. A regra estabelecida no artigo 556 do CPC/2015 é expressa no sentido do "caráter dúplice" das ações possessórias, que se consubstancia na possibilidade de o réu invocar para si e contra o autor o pedido formulado por este na inicial em face de pedir, alegar e provar seu direito contra o autor, não significando o julgamento improcedente da inicial como deferimento ao pedido formulado pelo réu. 2. Portanto, as relações entre a CEF e as agravantes, e entre estas e o ¿gaveteiro¿, estariam sim interligadas. 3. Não obstante, a ausência do suposto ¿contrato de gaveta¿ nos autos inviabiliza o reconhecimento da existência de relação jurídica de direito material, firmada entre as agravantes e o segundo réu, bem como a regularização da titularidade contratual, a qual não pode ser imposta ao credor sem o preenchimento de requisitos mínimos que confiram segurança jurídica ao ato de transferência. 4. Agravo de Instrumento desprovido. (TRF 2ª R.; AI 0002867-75.2017.4.02.0000; Quinta Turma Especializada; Rel. Des. Fed. Aluísio Gonçalves de Castro Mendes; Julg. 12/09/2017; DEJF 18/09/2017)

Possibilidade de pedido contraposto relativo a indenização pleiteada em face da parte autora:

✓ CONFLITO NEGATIVO DE COMPETÊNCIA. AÇÃO DE IMISSÃO NA POSSE COM PEDIDO DE TUTELA ANTECIPADA. REMESSA DOS AUTOS À VARA DE REGISTROS PÚBLICOS EM RAZÃO DE PEDIDO CONTRAPOSTO PARA O RECONHECIMENTO DE USUCAPIÃO EM FAVOR DA RÉ. Impossibilidade. Alegação de existência de usucapião que pode ser arguido como matéria de defesa, nos termos da Súmula nº 237, do STF. Pedido contraposto que se refere apenas à indenização pleiteada em face da autora, nos autos da ação possessória. Possibilidade. Inteligência do artigo 556, do Novo CPC. Conflito procedente. Competência do Juízo suscitado. (TJSP; CC 0018532-32.2017.8.26.0000; Ac. 10518898; São Paulo; Câmara Especial; Rel. Des. Ademir Benedito; Julg. 12/06/2017; DJESP 24/07/2017; Pág. 1993)

Se a contestação é apresentada intempestivamente, a ação perde o caráter dúplice e matérias alegadas pelo réu contra os autores dependerão de ajuizamento de ação própria:

✓ APELAÇÃO CÍVEL. REINTEGRAÇÃO DE POSSE. NÃO COMPARECIMENTO A AUDIÊNCIA DE JUSTIFICAÇÃO. AUSÊNCIA DE CONTESTAÇÃO. REVELIA. CERCEAMENTO DE DEFESA. INEXISTENTE. PEDIDO DE RESSARCIMENTO DE BENFEITORIAS. INTEMPESTIVO. REQUISITOS LEGAIS DA AÇÃO POSSESSÓRIA. PRESENTES. LITIGÂNCIA DE MÁ-FÉ. NÃO COMPROVADA. 1. A sentença de julgamento antecipado da lide não configura cerceamento de defesa quando os réus, citados de forma válida e pessoal, não apresentaram contestação e nem compareceram à audiência previamente designada. 2. O artigo 556 do CPC/15 confere aos réus o direito de demandarem a proteção possessória e a indenização pelos prejuízos resultantes da turbação ou do esbulho cometido pelo autor, desde que o realize na contestação. Se não é apresentada defesa tempestiva, a ação perde o caráter dúplice e eventuais matérias alegadas pelos réus contra os autores dependerão de ação própria. 3. De acordo com o artigo 561 do CPC/15, a ação possessória de reintegração de posse deve ser instruída com a prova da posse, do esbulho praticado pelo réu e sua data de ocorrência, e da perda da posse. 4. Diante da sucumbência recursal, devem os honorários advocatícios serem readequados à nova realidade processual, nos termos do art. 85, §§ 1º, 2º e 11, do CPC/15. 5. A condenação por litigância de má fé depende da comprovação de conduta maliciosa e desleal do litigante, nas hipóteses do artigo 80 do CPC/15. A busca pelo provimento jurisdicional de um direito que entende possuir não configura litigância de má-fé, ainda que, no julgamento do mérito, o pedido se mostre manifestamente improcedente. 6. Apelação conhecida e não provida. (TJDF; APC 2016.06.1.007913-7; Ac. 101.8358; Oitava Turma Cível; Relª Desª Ana Cantarino; Julg. 18/05/2017; DJDFTE 25/05/2017)

O pedido feito pelo réu de proteção de sua posse se assemelha à reconvenção, assumindo autonomia em relação à sorte da ação:

✓ MANUTENÇÃO DE POSSE. Ação contestada e com pedido de reintegração na posse em favor dos réus. Possibilidade nos termos do art. 556 do CPC. Extinção da ação sem resolução do mérito. Fato que não inviabiliza nem prejudica a autonomia do pedido contraposto, por sua natureza reconvencional. Sentença anulada. Recurso provido em parte. Pelo caráter dúplice da ação possessória, o pedido feito pelo réu de proteção de sua posse, nos termos do art. 556 do Código de Processo Civil, se assemelha à reconvenção, portanto assumindo autonomia em relação à sorte da ação. (TJSP; APL 1016704-09.2016.8.26.0100, Ac. 10182990; São Paulo; Décima Primeira Câmara de Direito Privado; Rel. Des. Gilberto Dos Santos; Julg. 16/02/2017; DJESP 24/02/2017)

Possibilidade de converter a reconvenção em pedido contraposto especifico deste procedimento especial:

✓ AGRAVO DE INSTRUMENTO. AÇÃO DE REINTEGRAÇÃO DE POSSE. RECONVENÇÃO. DESNECESSIDADE. Segundo o art. 556 do novo Código de Processo civil é lícito ao réu, na contestação, alegando que foi o ofendido em sua posse, demandar a proteção possessória e a indenização pelos prejuízos resultantes da turbação ou do esbulho cometido pelo autor. V.V. Em razão do princípio da fungibilidade e da instrumentalidade das formas, em se tratando de erro formal, tendo a parte formulado o pedido reconvencional, nos autos de um processo que tramita por meio de rito próprio, indicando ainda ser um pedido contraposto, pode o magistrado convertê-lo em pedido contraposto, admissível em tal rito, visando o melhor aproveitamento dos atos processuais. (TJMG; AI 1.0476.15.001184-1/001; Relª Desª Mônica Libânio; Julg. 17/11/2016; DJEMG 25/11/2016)

Art. 557. Na pendência de ação possessória é vedado, tanto ao autor quanto ao réu, propor ação de reconhecimento do domínio, exceto se a pretensão for deduzida em face de terceira pessoa.

Quando há ação de reconhecimento de domínio ajuizada em face de terceiros, esta não deve ser suspensa:

✓ APELAÇÃO CÍVEL. AÇÃO DE REINTEGRAÇÃO DE POSSE. SENTENÇA DE IMPROCEDÊNCIA. EXTINÇÃO DO PROCESSO COM RESOLUÇÃO DO MÉRITO. ART. 490, DO CPC. AJUIZAMENTO DE AÇÃO DE USUCAPIÃO PELA REQUERIDA. PENDÊNCIA DA PRESENTE LIDE POSSESSÓRIA. PEDIDO DE SUSPENSÃO PELO AUTOR. IMPOSSIBILIDADE. AÇÃO INTENTADA PELA REQUERIDA EM FACE DE TERCEIROS. OBSER- VÂNCIA AO ART. 557, DO CPC. A TEOR DO QUE DISPÕE O ART. 557 DO CPC, NA PENDÊNCIA DE AÇÃO POSSES- SÓRIA É VEDADO, TANTO AO AUTOR QUANTO AO RÉU, PROPOR AÇÃO DE RECONHE- CIMENTO DO DOMÍNIO, EXCETO SE A PRETENSÃO FOR DEDUZIDA EM FACE DE TER- CEIRA PESSOA, COMO OCORRE NOS AUTOS. REINTEGRAÇÃO DE POSSE. AUSENTES OS REQUISITOS AU- TORIZADORES PREVISTOS NO ART. 561, DO CPC. POSSE E ESBULHO NÃO DEMONSTRADOS. ARCABOUÇO PROBATÓRIO INSUFICIENTE. PARTE AUTORA QUE NÃO SE DESINCUMBIU DO ÔNUS DO ART. 373, INCISO I, DO CPC. DECISÃO ESCOR- REITA. A teor do disposto no art. 561 do CPC, incumbe ao autor, na ação de reintegração de posse, provar a posse, o esbulho praticado, a data do esbulho e a perda da posse. No caso, o autor não se desincumbiu do ônus de provar o fato constitutivo do seu direito, eis que não demonstrou o preenchimento dos requisitos necessários para a proteção possessória buscada. Recurso não provido. (TJPR; ApCiv 1701339-5; Matinhos; Décima Oitava Câmara Cível; Rel. Des. Pericles Bellusci de Batista Pereira; Julg. 27/09/2017; DJPR 04/10/2017; Pág. 448)

É vedada a propositura de ação para o reconhecimento do domínio, enquanto pendente ação possessória, havendo discussão sobre o mesmo objeto:

✓ EXTINÇÃO. AUSÊNCIA DE PRESSUPOSTO PROCESSUAL NEGATIVO. PETITÓRIA AJUIZADA NA PENDÊNCIA DE AÇÃO POSSESSÓRIA. DISCUSSÃO SOBRE O MESMO OBJETO. IMPOSSIBILIDADE. ART. 557 DO CÓDIGO DE PROCESSO CIVIL. JUÍZOS DIVERSOS. CAUSAS DE PEDIR INCONCILIÁVEIS. EXTINÇÃO DO FEITO QUE SE IMPÕE. RECURSO DESPROVIDO. É vedada a propositura de ação para o reconhecimento do domínio, enquanto pendente ação possessória, tendo em vista a distinção existente entre os juízos possessório e petitório: Naquele, o exercício do poder de fato sobre a coisa será o objeto da ação; neste, a discussão será a respeito da titulação jurídica dos direitos sobre a coisa" (STJ, RESP n. 1204820/MG, Rel. Min. Luis Felipe Salomão, Quarta Turma; Julg. Em 15-10-2015, DJe 7-12-2015). (TJSC; AC 0300883-29.2016.8.24.0078; Urussanga; Terceira Câmara de Direito Civil; Rel. Des. Fernando Carioni; DJSC 29/09/2017; Pag. 103)

Parágrafo único. Não obsta à manutenção ou à reintegração de posse a alegação de propriedade ou de outro direito sobre a coisa.

É inviável a discussão acerca do título dominial em litígio de natureza exclusivamente possessória:

✓ AGRAVO DE INSTRUMENTO. AÇÃO DE REINTEGRAÇÃO DE POSSE C/C COM PEDIDO DE INDENIZAÇÃO. Deferimento da liminar de reintegração de posse. Partes que são coproprietárias do bem, por direito sucessório. Inviabilidade, contudo, de discussão acerca do título dominial, em litígio de natureza exclusivamente possessória (art. 557, par. Único, do CPC). Evidenciada a posse anterior exercida pela agravada com exclusividade sobre a casa 2, não se demonstrando, a princípio, que tenha se concretizado a composse sobre o bem, independentemente da ausência de divisão jurídica do imóvel. Decisão acertada. AGRAVO DESPROVIDO. (TJSP; AI 2124487-18.2017.8.26.0000; Ac. 10797849; São Paulo; Terceira Câmara de Direito Privado; Rel. Des. Donegá Morandini; Julg. 18/09/2017; DJESP 18/10/2017; Pág. 1917)

É inviável a exceção de domínio feita pelo réu em ação possessória:

✓ APELAÇÃO CÍVEL. POSSE (BENS IMÓVEIS). AÇÃO DE REINTEGRAÇÃO DE POSSE. PROTEÇÃO POSSESSÓRIA. Para obter a proteção possessória, incumbe ao autor provar a sua posse, a turbação ou esbulho praticado pela parte adversa e a sua data, bem como a continuação da posse na ação de manutenção e a sua perda na ação de reintegração (art. 560 do CPC/2015). Ademais, inviável a exceção de domínio pelo réu, ainda que proprietário da maior parte da fração do imóvel em condomínio, em ação possessória. No caso concreto, preenchidos os requisitos, impõe-se a reintegração de posse. Apelação provida. (TJRS; AC 0038327-14.2017.8.21.7000; Porto Alegre; Décima Nona Câmara Cível; Rel. Des. Marco Antonio Angelo; Julg. 14/09/2017; DJERS 22/09/2017)

Art. 558. Regem o procedimento de manutenção e de reintegração de posse as normas da Seção II deste Capítulo quando a ação for proposta dentro de ano e dia da turbação ou do esbulho afirmado na petição inicial.

Parágrafo único. Passado o prazo referido no caput, será comum o procedimento, não perdendo, contudo, o caráter possessório.

As ações possessórias ajuizadas depois de ano e dia da turbação ou esbulho seguem o procedimento comum e o deferimento da tutela sumária dependerá da demonstração dos requisitos das tutelas de urgência

✓ AGRAVO DE INSTRUMENTO. POSSE (BENS IMÓVEIS). RESCISÃO DE CONTRATO E REINTEGRAÇÃO DE POSSE. COMPRA E VENDA DE IMÓVEL. ANTECIPAÇÃO DE TUTELA. DEFERIMENTO NA ORIGEM. FORÇA VELHA. AUSENTES OS REQUISITOS DO ART. 300 DO CÓDIGO DE PROCESSO CIVIL. DECISÃO MODIFICADA. O deferimento de medida liminar de natureza possessória, no contexto do procedimento especial previsto nos artigos 554 e seguintes do CPC/15, passa pela comprovação dos requisitos do artigo 561 do mesmo diploma processual. No caso, carece o pedido da parte autora (agravada) de prova inequívoca do direito e da verossimilhança de suas alegações, pois os elementos trazidos aos autos não se mostram suficientes ao fim de propiciar o reconhecimento do direito à reintegração liminar na posse do bem. As circunstâncias que envolveram a relação jurídica recomendam cautela, por se tratar de ação de força velha e ausente o fundado receio de dano irreparável a autorizar a urgência da medida. Necessidade de submeter a pretensão ao crivo do contraditório, visando propiciar manifestação da parte contrária e da dilação probatória, para formação de juízo de valor mais seguro a respeito da pretensão veiculada. Agravo de instrumento provido. Unânime. (TJRS; AI 0407779-72.2016.8.21.7000; Taquara; Décima Sétima Câmara Cível; Rel. Des. Giovanni Conti; Julg. 23/02/2017; DJERS 08/03/2017)

✓ AGRAVO DE INSTRUMENTO. AÇÃO DE REINTEGRAÇÃO DE POSSE. CONSTRUÇÃO QUE INVADE FAIXA DE SEGURANÇA DE LINHA DE DISTRIBUIÇÃO DA CEMIG. PEDIDO DE DEMOLIÇÃO EM SEDE LIMINAR, COM FUNDAMENTO NO ART. 555 DO CPC/15. INAPLICABILIDADE. AUSÊNCIA DE COMPROVAÇÃO DA POSSE NOVA. ANTECIPAÇÃO DE TUTELA. ART. 300 DO CPC/15. PERIGO DE DANO AUSENTE E IRREVERSIBILIDADE DA MEDIDA. RECURSO DESPROVIDO. I. Em se tratando de posse velha, resta desautorizada a aplicação do procedimento especial, e o consequente deferimento da liminar, com base nos artigos 561 e 562, ambos do CPC/15. II. Contudo, tendo em vista o princípio da fungibilidade, é possível que o pedido seja analisado como antecipação dos efeitos da tutela, sujeitando-se, portando, à disciplina do art. 300, do CPC/15. III. Ausente o perigo de dano irreparável ou de difícil reparação, e diante da irreversibilidade da medida pleiteada, incabível o deferimento da tutela antecipada. (TJMG; AI 1.0567.16.002487-1/001; Rel. Des. Wilson Benevides; Julg. 08/11/2016; DJEMG 17/11/2016)

Ações possessórias ajuizadas dentre de um ano e um dia da turbação ou do esbulho regem-se pelo procedimento especial e, para o deferimento de liminar, não dependem da demonstração de urgência

✓ AGRAVO DE INSTRUMENTO. AÇÃO DE REINTEGRAÇÃO DE POSSE. LIMINAR INDEFERIDA. REQUISITOS DOS ARTS. 558, 561 E 562, DO CPC/15 PREENCHIDOS. DAR PROVIMENTO AO AGRAVO. As ações possessórias intentadas dentro de ano e dia da turbação ou do esbulho regem-se pelo procedimento especial (art. 558, CPC/2015), que autoriza a concessão da tutela de forma antecipada (art. 562, CPC/2015), desde que provados, cumulativamente, a posse do autor, a turbação ou o esbulho praticado pelo réu, a data da turbação ou do esbulho, a continuação da posse, embora turbada, na ação de manutenção, e a perda da posse, na ação de reintegração (art. 561, CPC/2015).. Presente a comprovação dos aludidos pressupostos, impõe-se o deferimento da liminar possessória. (TJMG; AI 1.0704.16.006152-6/001; Rel. Des. José Arthur Filho; Julg. 03/10/2017; DJEMG 20/10/2017)

Art. 559. Se o réu provar, em qualquer tempo, que o autor provisoriamente mantido ou reintegrado na posse carece de idoneidade financeira para, no caso de sucumbência, responder por perdas e danos, o juiz designar-lhe-á o prazo de 5 (cinco) dias para requerer caução, real ou fidejussória, sob pena de ser depositada a coisa litigiosa, ressalvada a impossibilidade da parte economicamente hipossuficiente.

O requerimento de prestação de caução deve ser acompanhado de prova de inidoneidade do autor, podendo ser feita a qualquer tempo:

✓ PROCESSUAL CIVIL. AGRAVO DE INSTRUMENTO. AÇÃO DE MANUTENÇÃO DE POSSE. ART. 554, DO NCPC. LIMINAR DEFERIDA NA ORIGEM. REQUISITOS LEGAIS. EXISTÊNCIA. PRELIMINAR DE IMPROPRIEDADE DO PROCEDIMENTO. AFASTADA. A REGRA ATUAL É O APROVEITAMENTO DA AÇÃO E DOS ATOS JÁ PRATICADOS, SALVO AQUELES QUE PREJUDIQUEM À DEFESA. ART. 283, DO NCPC. LIMINAR. EXISTÊNCIA DOS REQUISITOS. CONCESSÃO. ART. 561/562, DO NCPC. POSSIBILIDADE. CAUÇÃO PREVISTA NO ART. 559, DO NCPC. DEFERIMENTO CONDICIONADO A REQUERIMENTO DO RÉU E À PROVA DE INIDONEIDADE DA PARTE AUTORA AGRAVO CONHECIDO, MAS DESPROVIDO. 1. Agravo interposto para reformar decisão interlocutória que deferiu a liminar de manutenção de posse requerida pelo autor da ação. 2. Afasta-se a preliminar de impropriedade da ação, visto que a regra do vigente CPC é no sentido de aproveitamento da mesma e dos atos já praticados, salvo se prejudicarem à defesa, como dispõe o art. 283, do novel código de processo civil. 3. O deferimento de medida liminar em ação possessória está condicionado à existência dos requisitos dispostos no art. 561, do NCPC, a saber, a posse, a turbação ou o esbulho e a sua data de ocorrência, podendo ser deferida liminarmente, acaso haja a devida instrução, situação ocorrente na espécie. 4. A determinação de prestação de caução está contida no art. 559, da vigente Lei adjetiva e deve ser pleiteada pelo requerido, com a prova de inidoneidade financeira do autor, para que este, em caso de sucumbência, venha a responder por perdas e danos, podendo ser feita a qualquer tempo, não sendo o juiz do feito que impõe tal determinação, principalmente, na fase inicial da ação. 5. Agravo conhecido, mas desprovido. (TJCE; AI 0627525-07.2016.8.06.0000; Terceira Câmara de Direito Privado; Relª Desª Maria Vilauba Fausto Lopes; DJCE 06/04/2017; Pág. 105)

A exigência de caução refere-se somente ao deferimento de decisão liminar:

✓ LOCAÇÃO DE BENS MÓVEIS. AÇÃO DE REINTEGRAÇÃO DE POSSE. REVOGAÇÃO DA LIMINAR. EXIGÊNCIA DE CAUÇÃO PARA A DEVOLUÇÃO DOS BENS LOCADOS. IMPOSSIBILIDADE. EXEGESE DO ART. 559 DO NCPC. Nos termos do art. 559 do CPC é possível a exigência de caução somente na hipótese de deferimento da liminar nas ações possessórias. A revogação da liminar de reintegração de posse tem o condão de estabelecer o status quo entre as partes, ou seja, como se não houvesse sido deferida, devendo os bens retornaram à posse do locatário sem imposição de qualquer ônus. Recurso provido. (TJSP; AI 2130047-72.2016.8.26.0000; Ac. 10160419; Lençóis Paulista; Trigésima Quinta Câmara de Direito Privado; Rel. Des. Gilberto Leme; Julg. 13/02/2017; DJESP 16/02/2017)

Seção II
Da Manutenção e da Reintegração de Posse

Art. 560. O possuidor tem direito a ser mantido na posse em caso de turbação e reintegrado em caso de esbulho.

Possuidor indireto, como o arrendador do imóvel, tem legitimidade para ajuizar ação de reintegração de posse:

✓ AGRAVO DE INSTRUMENTO. REINTEGRAÇÃO DE POSSE. PROGRAMA DE ARRENDAMENTO RESIDENCIAL. PAR. INADIMPLÊNCIA. ART. 562 DO NOVO CPC. 1. Agravo de instrumento interposto em face de decisão que, em ação de reintegração de posse, indeferiu a liminar. 2. A CEF tem a posse indireta do bem, na qualidade de arrendadora do imóvel objeto do Programa de Arrendamento Residencial. PAR, e tal fato, por si só, autoriza o ajuizamento de ação de reintegração de posse em caso de esbulho (art. 560 do novo CPC). A Lei nº 10.188/2001, em seu art. 9º, configura a hipótese de esbulho no caso de inadimplemento, autorizando a propositura da ação de reintegração de posse. 3. A petição inicial da ação principal foi devidamente instruída, tendo a notificação do devedor sido enviada ao endereço constante do contrato de arrendamento residencial, destinado à moradia do arrendatário. Liminar de reintegração deferida, nos termos do art. 562 do novo CPC. 4. Agravo de instrumento conhecido e provido. (TRF 2ª R.; AI 0010473-91.2016.4.02.0000; Sétima Turma Especializada; Rel. Des. Fed. José Antonio Neiva; Julg. 07/12/2016; DEJF 19/12/2016)

O exercício de fato da posse sobre o imóvel deve ser comprovado:

✓ APELAÇÃO CÍVEL. AÇÃO DE MANUTENÇÃO DE POSSE. SENTENÇA DE IMPROCEDÊNCIA. PARTE REQUERIDA QUE SEMPRE MANTEVE POSSE SOBRE O IMÓVEL, HÁ MAIS DE 20 ANOS. POSSE DOS AUTORES NÃO COMPROVADA. PRINCÍPIO DA SAISINE. INOCORRÊNCIA. GENITORES DOS AUTORES QUE NÃO EXERCIAM POSSE DIRETA SOBRE OS TERRENOS. RECURSO IMPROVIDO. 1. Nos termos dos arts. 560 e 561 do Código de Processo Civil, o possuidor tem direito a ser mantido na posse em caso de turbação ou reintegrado, no caso de esbulho, incumbindo-lhe provar a sua posse, a turbação ou o esbulho praticado pelo réu, sua data, e a continuação da posse, embora turbada, na ação de manutenção ou a perda da posse, na ação de reintegração. 2. O que se analisa nos presentes autos é tão somente a questão possessória, de forma que, das provas trazidas aos autos tem-se que a requerida/apelada sempre exerceu a posse direita sobre o imóvel, ao passo que a posse transferida aos herdeiros pela saisine é a posse da maneira como exercida pelos então proprietários no momento da sucessão, exercício este que não restou comprovado nos autos. 3. Para que restasse comprovada a turbação, caberia aos autores primeiramente demonstrar o exercício de fato da posse sobre o imóvel, seja sua posse direta sobre a parcela do terreno sobre a qual a parte requerida se encontra, seja a posse de seus genitores até sua morte, razão pela qual, não restaram preenchidos os requisitos estabelecidos pelo artigo 561 do CPC. (TJPR; ApCiv 1717733-0; Cerro Azul; Décima Oitava Câmara Cível; Rel. Des. Marcelo Gobbo Dalla Dea; Julg. 11/10/2017; DJPR 20/10/2017; Pág. 262)

A via adequada para a recuperação da posse do bem objeto de arrendamento mercantil é a ação possessória de reintegração de posse:

✓ CONTRATO DE ARRENDAMENTO MERCANTIL. INADIMPLEMENTO. AÇÃO DE BUSCA E APREENSÃO. VIA ELEITA INCORRETA. FALTA DE INTERESSE DE AGIR. EXTINÇÃO DO PROCESSO SEM JULGAMENTO DO MÉRITO. ART. 485, INCISO VI, DO NCPC. RECONHECIMENTO DE OFÍCIO. A via adequada para a recuperação da posse do bem objeto de arrendamento mercantil é a ação possessória de reintegração de posse (artigos 560 e seguintes do NCPC). Busca e apreensão prevista no Decreto-Lei nº 911/69 aplicável somente aos casos de alienação fiduciária. Já deferida a petição inicial, não se há de falar em emenda para adequação do pedido, pelo que a eleição da via incorreta enseja a falta de interesse processual. Processo, de ofício, extinto sem resolução do mérito, nos termos do art. 485, inciso VI, do NCPC. Recurso prejudicado. (TJSP; AI 2143383-12.2017.8.26.0000; Ac. 10834953; Monte Azul Paulista; Trigésima Quinta Câmara de Direito Privado; Rel. Des. Gilberto Leme; Julg. 25/09/2017; DJESP 04/10/2017; Pág. 2268)

Não há como deferir o pedido de antecipação dos efeitos da tutela que tenha por objetivo a demolição de imóvel, tendo em vista o caráter irreversível da medida:

✓ AGRAVO DE INSTRUMENTO. AÇÃO DE REINTEGRAÇÃO DE POSSE. CONSTRUÇÃO SOB LINHA DE TRANSMISSÃO DE ENERGIA. LIMINAR DE REINTEGRAÇÃO NA POSSE E DEMOLIÇÃO. REQUISITOS DOS ARTIGOS 560 E 561 DO CÓDIGO DE PROCESSO CIVIL. IRREVERSIBILIDADE DA MEDIDA. IMPOSSIBILIDADE. DECISÃO MANTIDA. 1. Os pressupostos para o manejo da ação de reintegração de posse são: a comprovação da posse, o esbulho praticado pelo réu e a perda da posse. 2. Conforme disposição contida no artigo 300, §3º do CPC, não há como deferir o pedido de antecipação dos efeitos da tutela que tenha por objetivo a demolição de imóvel, tendo em vista o caráter irreversível da medida. (TJMG; AI 1.0567.16.007474-4/001; Rel. Des. Afrânio Vilela; Julg. 22/08/2017; DJEMG 01/09/2017)

Art. 561. Incumbe ao autor provar:

I – a sua posse;

II – a turbação ou o esbulho praticado pelo réu;

III – a data da turbação ou do esbulho;

IV – a continuação da posse, embora turbada, na ação de manutenção, ou a perda da posse, na ação de reintegração.

A melhor posse deve ser atribuída ao possuidor que ostenta o justo título de aquisição, revelador do ingresso na posse pela aquisição do domínio diretamente do anterior proprietário registral:

✓ DIREITO PROCESSUAL CIVIL E DIREITO CIVIL. RECURSO DE AGRAVO DE INSTRUMENTO. DECISÃO DE PRIMEIRO GRAU QUE CONFERIU AOS RECORRIDOS PROTEÇÃO POSSESSÓRIA. REQUISITOS DO ARTIGO 560E 561, DO CÓDIGO DE PROCESSO CIVIL QUE NÃO SE MOSTRARAM REVELADOS POR PARTE DO RECORRENTE. RECURSO CONHECIDO E DESPROVIDO. I. Nos termos do artigo 560, do Código de Processo Civil, o possuidor direto ou indireto que tenha justo receio de ser molestado em sua posse, poderá se valer de mandado proibitório, cumprindo-lhe comprovar, nos termos do artigo 561, incisos I a IV, do mesmo diploma legal, (I) A posse, (II) A turbação ou esbulho, (III) A data da turbação ou esbulho e (IV) a continuação da posse, embora turbada, na ação de manutenção da posse, ou a perda da posse, na ação de reintegração. II. Na hipótese, é possível constatar que a área em que o conflito possessório se evidencia, a bem da verdade, é vindicada, por ambas as partes, com base em títulos de aquisição da posse/domínio, sendo que o Recorrente apresentou para comprovar o seu ingresso no imóvel, documentação alusiva a negócio jurídico efetivado por meio de Contrato Particular com a pessoa de CÁSSIA Aparecida DA Rocha CONTRATO a qual não se revela como anterior proprietária do imóvel e, por via oposta, os Recorridos ELTON BONELÁ DOS Santos e THAIANE ZEQUINELLI Araújo BONELÁ acostaram Escritura Pública de Compra e Venda registrada na Matrícula do Imóvel, demonstrando que o mesmo foi adquirido diretamente do anterior proprietário e por meio da vida adequada à transmissão do bem imóvel. III. Ao menos nesse momento de cognição sumária, a melhor posse, conforme registrado pelo Magistrado a quo, deve ser atribuída ao possuidor que ostenta o justo título de aquisição, revelador do ingresso na posse pela aquisição do domínio diretamente do anterior proprietário registral, adotando, inclusive, as medidas essenciais aos cuidados iniciais do imóvel, no sentido de lhe empregar a limpeza e a delimitação. IV. Recurso conhecido e desprovido. (TJES; AI 0010878-82.2016.8.08.0047; Segunda Câmara Cível; Rel. Des. Namyr Carlos de Souza Filho; Julg. 26/09/2017; DJES 04/10/2017)

Art. 562. Estando a petição inicial devidamente instruída, o juiz deferirá, sem ouvir o réu, a expedição do mandado liminar de manutenção ou de reintegração, caso contrário, determinará que o autor justifique previamente o alegado, citando-se o réu para comparecer à audiência que for designada.

O fato de o réu não comparecer à audiência de justificação não pode lhe ser desfavorável, considerando que o ato processual é realizado para o autor justificar sua posse:

✓ AGRAVO DE INSTRUMENTO. POSSE (BENS IMÓVEIS). AÇÃO DE REINTEGRAÇÃO DE POSSE. CONCESSÃO DE LIMINAR (ARTS. 560 E SEGUINTES DO CPC/2015). Comprovadas a posse anterior e o esbulho ocorrido dentro de ano e dia, o juiz deve determinar desde logo a expedição do mandado de reintegração de posse. Incumbe ao autor o ônus de demonstrar o preenchimento dos requisitos necessários para a reintegração na posse do imóvel, motivo pelo qual, se o juiz entender que esses elementos não foram suficientemente demonstrados pelo demandante, designará audiência de justificação. Dessa forma, o fato de o demandado, embora citado e intimado, não ter comparecido à audiência de justificação, não pode lhe ser desfavorável, porquanto o ato processual é realizado para o demandante justificar a sua posse. Agravo de instrumento provido. (TJRS; AI 0164480-92.2017.8.21.7000; Tramandaí; Décima Nona Câmara Cível; Rel. Des. Marco Antonio Angelo; Julg. 14/09/2017; DJERS 25/09/2017)

Quando há insuficiência de prova documental na inicial, é necessária a realização de audiência de justificação:

✓ AGRAVO DE INSTRUMENTO. AÇÃO DE REINTEGRAÇÃO DE POSSE C.C. INTERDITO PROIBITÓRIO. LIMINAR DE REINTEGRAÇÃO QUE DEIXOU DE SER APRECIADA, EM AGUARDO À REALIZAÇÃO DE AUDIÊNCIA DE JUSTIFICAÇÃO. Falta de preenchimento dos requisitos legais. Insuficientes os elementos fáticos e probatórios que circundam a pretensão da parte autora. Necessidade da realização de audiência de justificação à comprovação do alegado. Exegese da segunda parte do art. 562 do Código de Processo Civil. Decisão mantida. Recurso não provido. (TJSP; AI 2178194-95.2017.8.26.0000; Ac. 10865479; Araçatuba; Vigésima Segunda Câmara de Direito Privado; Rel. Des. Hélio Nogueira; Julg. 06/10/2017; DJESP 10/10/2017; Pág. 2554)

✓ AGRAVO DE INSTRUMENTO. AÇÃO REINTEGRAÇÃO POSSE. AUDIÊNCIA DE JUSTIFICAÇÃO. NECESSIDADE. Nos termos do art. 562 do CPC, não sendo caso de deferimento liminar da reintegração, o juiz determinará que o autor justifique previamente o alegado, designando audiência de justificativa. Não restando demonstrada a posse de menos de ano e dia e havendo a existência de outras ações apensadas à ação de reintegração que discute a posse e propriedade do mesmo bem é salutar que seja designada audiência de justificativa anterior à análise do pedido liminar de reintegração. (TJMG; AI 1.0019.17.000414-7/001; Rel. Des. Amauri Pinto Ferreira; Julg. 14/09/2017; DJEMG 26/09/2017)

A ausência de citação do réu para a audiência de justificação não configura nulidade absoluta:

✓ AGRAVO DE INSTRUMENTO. AÇÃO DE MANUTENÇÃO DE POSSE. LIMINAR CONCEDIDA NA AUDIÊNCIA DE JUSTIFICAÇÃO PRÉVIA. AUSÊNCIA DE CITAÇÃO DO RÉU. INEXISTÊNCIA DE NULIDADE ABSOLUTA. DEMONSTRAÇÃO INICIAL DO EXERCÍCIO DE ATOS DE POSSE PELOS AGRAVADOS. PROPRIEDADE. IMPOSSIBILIDADE DE DISCUSSÃO. RECURSO CONHECIDO E DESPROVIDO. 1. O art. 562 do CPC/15 prevê que havendo necessidade de que o autor justifique previamente o alegado, o réu será citado para comparecer à audiência designada. Contudo, de acordo com o entendimento do c. Superior Tribunal de Justiça, a ausência de citação do réu para comparecer à audiência de justificação prévia em que é deferida a liminar possessória não constitui nulidade absoluta, especialmente diante da constatação de que a audiência é prova exclusiva do autor, não sendo o requerido obrigado a ela comparecer, não podendo arrolar testemunhas e tampouco requerer o depoimento pessoal do autor, limitando-se a fazer perguntas. 2. Nos termos do art. 9º, parágrafo único, I do CPC/15, é possível a prolação de decisão contra uma das partes antes de sua oitiva nas hipóteses de tutela provisória de urgência. 3. O magistrado de primeiro grau não concedeu a medida liminar apenas com base nos elementos de prova colhidos na audiência de justificação, o fazendo especialmente com base nos documentos colacionados pelos agravados com a exordial. 4. Apesar da afirmação do agravante de que os agravados nunca foram imitidos na posse do bem, em trato inicial há que se destacar a existência de cláusula no Contrato de Promessa Particular de Compra e Venda transmitindo, naquele momento, toda a posse e direitos que o agravante exercia sobre o imóvel. 5. Os agravados demonstraram o exercício de atos de posse, consubstanciados na ocupação do bem como depósito, conforme consta no Boletim de Ocorrência de fls. 99/100, em que afirmaram que o agravante arrombou o cadeado e ateou fogo no mato queimando 1.500 embalagens de milk shake que os agravados guardavam no local. 6. A questão relativa à propriedade não encontra espaço para discussão em sede de ação possessória. 7. Recurso conhecido e não provido. (TJES; AI 0001974-75.2017.8.08.0035; Primeira Câmara Cível; Relª Desª Janete Vargas Simões; Julg. 27/06/2017; DJES 30/06/2017)

Parágrafo único. Contra as pessoas jurídicas de direito público não será deferida a manutenção ou a reintegração liminar sem prévia audiência dos respectivos representantes judiciais.

A exigência de prévia audiência dos representantes judiciais não se estende mandado proibitório:

✓ AGRAVO DE INSTRUMENTO. PROCESSO CIVIL. MEDIDA LIMINAR PROIBITÓRA. Bem imóvel localizado no município de Niterói. Liminar proibitória concedida nos autos da ação de interdito possessório proposta em face do município de Niterói e emusa. Empresa municipal de moradia, urbanização e saneamento. Rejeitada a alegada nulidade da decisão por ausência de fundamentação. Atendidos os requisitos legais previstos no art. 567 do CPC, a liminar possessória deverá ser deferida pelo julgador, não se exigindo prova contundente nos moldes daquela necessária para o julgamento do mérito. Rejeitada a preliminar de nulidade da decisão em decorrência da inobservância ao parágrafo único do art. 562, que condiciona a proteção liminar à prévia oitiva das pessoas jurídicas de direito público. Isso porque, a exigência legal está adstrita às concessões de mandado liminar de manutenção ou reintegração de posse, não se estendo ao mandado proibitório aqui versado. Evidenciado o justo receio do proprietário de ser molestado na posse do bem. Por outro lado, o município, a despeito de conjecturar a possibilidade de realização de obra de interesse público no local, não instrui o recurso com eventual projeto ou qualquer outro indício a respaldar sua alegação. Incidência da Súmula nº 58 deste tribunal de justiça. Manutenção da liminar. Recurso desprovido. (TJRJ; AI 0014403-76.2017.8.19.0000; Niterói; Quinta Câmara Cível; Relª Desª Denise Nicoll Simões; DORJ 31/08/2017; Pág. 266)

Art. 563. Considerada suficiente a justificação, o juiz fará logo expedir mandado de manutenção ou de reintegração.

Art. 564. Concedido ou não o mandado liminar de manutenção ou de reintegração, o autor promoverá, nos 5 (cinco) dias subsequentes, a citação do réu para, querendo, contestar a ação no prazo de 15 (quinze) dias.

Parágrafo único. Quando for ordenada a justificação prévia, o prazo para contestar será contado da intimação da decisão que deferir ou não a medida liminar.

O recebimento de mandado de intimação para audiência de justificação supre a nulidade decorrente da inexistência de mandado de citação expedido nos autos:

✓ APELAÇÃO CÍVEL. AÇÃO DE REINTEGRAÇÃO DE POSSE. PRETENSÃO DA AUTORA À RETOMADA DA POSSE DO IMÓVEL EMPRESTADO POR COMODATO VERBAL, POIS, APESAR DE NOTIFICADA PARA DESOCUPAÇÃO DO IMÓVEL, A RÉ SE RECUSOU A FAZÊ-LO, OCASIÃO EM QUE SE CONFIGUROU O ESBULHO POSSESSÓRIO. Sentença que decretou a revelia da Ré e, confirmou a liminar de reintegração de posse deferida em sede de Audiência de Justificação. Inconformada, a Ré requereu a anulação da sentença, ao argumento de que embora tenha sido regularmente intimada para comparecer à Audiência de Justificação, não foi citada para responder a ação que lhe foi proposta, não tendo sido expedido nenhum mandado de citação para que se defendesse no feito. O fato de não constar dos autos mandado de citação e, tão somente, de intimação para a audiência não inquina de nulidade a sentença recorrida, uma vez que a Requerida foi devidamente intimada para a Audiência de Justificação e, nela tomou ciência dos termos da ação que lhe foi movida, oportunidade em que lhe foi concedido o prazo de 05 dia para oferecer a contestação. Ao analisar o termo "citação" para audiência de Justificação, constante do art. 928 do CPC e do atual art. 564, § único do Novo CPC, a jurisprudência do STJ definiu como impróprio, o termo "citação" para audiência de justificação, tendo em vista que naquele ato não é apresentada contestação. Presença dos requisitos legais que autorizam a ação possessória. Inteligência dos arts. 560 e 561, do CPC/2015.Recurso desprovido. (TJRJ; APL 0014225-80.2013.8.19.0061; Teresópolis; Vigésima Segunda Câmara Cível; Rel. Des. Carlos Eduardo Moreira da Silva; DORJ 27/09/2017; Pág. 203)

Necessidade de realização de audiência de justificação antes do indeferimento de liminar:

✓ AGRAVO DE INSTRUMENTO. AÇÃO DE REINTEGRAÇÃO DE POSSE. PROVAS DOCUMENTAIS INSUFICIENTES PARA COMPROVAR OS REQUISITOS DO ART. 561, DO CPC. LIMINAR INDEFERIDA POR INSUFICIÊNCIA PROBA TÓRIA. AUDIÊNCIA DE JUSTIFICAÇÃO PRÉVIA DISPENSADA PELO JUÍZO A QUO. IMPOSSIBILIDADE. DETERMINAÇÃO DE REALIZAÇÃO. PEDIDO DE DECRETAÇÃO DA REVELIA DO AGRAVADO. NÃO OCORRÊNCIA. COMPARECIMENTO ESPONTÂNEO NÃO CONFIGURADO. TERMO INICIAL P ARA A APRESENTAÇÃO DA CONTESTAÇÃO PREJUDICADO ANTE A NECESSIDADE DE DESIGNAÇÃO DE AUDIÊNCIA DE JUSTIFICAÇÃO. AGRAVO PARCIALMENTE PROVIDO. No caso dos autos, diferentemente do que defende a Agravante, não há, junto à inicial, documentos hábeis à comprovação de sua posse sobre o imóvel rural objeto da lide, bem como a respeito do suposto esbulho sofrido. Não há também elementos suficientes para se aferir a data de ocorrência do esbulho, razão pela qual resta impossibilitada a concessão de liminar, independentemente da audiência de justificação. Todavia, entendendo o Juiz pela deficiência dos elementos probatórios que acompanham a exordial reintegratória, de modo a inviabilizar a análise a respeito da posse, do esbulho e da data deste, antes de julgar a medida liminar vindicada, deve determinar a realização de audiência de justificação prévia, em observância ao art. 562, do CPC/15. De outra banda, não se configura comparecimento espontâneo quando o patrono do Agravado junta aos autos procuração sem poderes específicos para receber citação, bem como não apresenta qualquer instrumento de defesa em favor do Agravado, limitando-se a fazer carga dos autos. Entendimento dominante no STJ. Ademais, considerando a necessidade de realização da audiência de justificação antes de apreciação do pedido liminar, resta prejudicado eventual análise de revelia, já que o início do prazo para a apresentação da contestação será contado da intimação da decisão que deferir ou não a medida liminar, consoante prescreve o art. 564, parágrafo único, do CPC/15. RECURSO CONHECIDO E PROVIDO PARCIALMENTE. (TJBA; AI 0162429-29.2016.8.05.0909; Salvador; Terceira Câmara Cível; Rel. Des. Ivanilton Santos da Silva; Julg. 25/04/2017; DJBA 09/05/2017; Pág. 339)

Art. 565. No litígio coletivo pela posse de imóvel, quando o esbulho ou a turbação afirmado na petição inicial houver ocorrido há mais de ano e dia, o juiz, antes de apreciar o pedido de concessão da medida liminar, deverá designar audiência de mediação, a realizar-se em até 30 (trinta) dias, que observará o disposto nos §§ 2º e 4º .

Tratando-se de litígio coletivo pela posse de imóvel, é obrigatória a audiência de mediação:

✓ REINTEGRAÇÃO DE POSSE. AGRAVO DE INSTRUMENTO. Insurgência contra decisão que não concedeu a liminar, não designou a audiência de mediação, determinou a constatação dos ocupantes por Oficial de Justiça e a posterior emenda da inicial para regularização do polo passivo. Impossibilidade. Na nova sistemática processual a audiência de mediação, em se tratando de litígio coletivo pela posse de imóvel, é medida obrigatória (inteligência do artigo 565 do CPC). Constatação e qualificação dos invasores para posterior aditamento à inicial. Desnecessidade. Citação que deve ser realizada na forma do artigo 554, § 1º, do CPC. Decisão reformada. Recurso provido. (TJSP; AI 2102707-22.2017.8.26.0000; Ac. 10585253; Americana; Décima Primeira Câmara de Direito Privado; Rel. Des. Marino Neto; Julg. 05/07/2017; DJESP 11/07/2017; Pág. 1615)

Quando o litígio coletivo tratar de esbulho ou turbação recente, não é necessária a audiência de mediação:

✓ AGRAVO DE INSTRUMENTO. REINTEGRAÇÃO DE POSSE. MUSEU DO ÍNDIO. ESBULHO POSSESSÓRIO CONFIGURADO. DESNECESSIDADE REALIZAÇÃO DE AUDIÊNCIA DE MEDIAÇÃO. ART. 565 DO CPC. AUSÊNCIA DE IDENTIFICAÇÃO DOS INVASORES NA PETIÇÃO INICIAL. POSSIBILIDADE. DECISÃO NÃO TERATOLÓGICA. 1. A exigência de que a petição inicial indique o nome e a qualificação de cada um dos réus sofre exceções, uma das quais é a hipótese dos autos: réus incertos e desconhecidos, que invadiram terreno da FUNAI, e que, pelas características da ocupação, não serão amigavelmente individualizados. Precedentes. 2. Quanto a natureza da intervenção do Ministério Público Federal, entende-se que é suficiente a manifestação como custus iuris, não obstante o pedido no sentido de que haja a participação como amicus curiae. Ainda que fosse cabível, se estivesse comprovada a condição de povo tradicional, os efeitos da intervenção requerida são supridos pela atuação na condição de fiscal do ordenamento jurídico. 3. Verifica-se a ocorrência do periculum in mora e do fumus boni iuris a fundamentar o deferimento da expedição de mandado de reintegração de posse, liminarmente, uma vez que há ocupação de bem público, sem lastro em qualquer título, o que caracteriza o esbulho possessório e autoriza o deferimento da medida de urgência requerida, recomendável, inclusive, para evitar que o evento se transforme em situação de gravidade social exacerbada. 4. Os recorrentes, em suas razões recursais, mencionam a invasão ocorrida, sob a justificativa de que faria parte do movimento "Ocupa FUNAI ", deflagrado a partir da desocupação da "Aldeia Maracanã ". O direito de manifestação, contudo, não ampara o esbulho praticado. Ademais, a ação de reintegração de posse foi proposta pela FUNAI, fundação que possui dentre as suas finalidades "garantir o cumprimento da política indigenista ", bem como a posse permanente das terras habitadas por índios e gerir o patrimônio indígena (art. 1º da Lei nº 5.371/67), descabendo, portanto, a ocupação com base na motivação de defesa da causa indígena. 5. Não cabe a realização da audiência de mediação, pois o art. 565 do CPC prevê o ato para caso de esbulho ou turbação ¿ocorrido há mais de ano e dia¿. A invasão do museu, neste caso, é recente. No mais, a questão sequer é de disputa de terras, mas de ocupação de patrimônio público como forma de coação política, logo não há viabilidade para a conciliação. 6. Registre-se, ainda, que o disposto no do art. 334 do Novo Código de Processo Civil, que prevê a realização de audiência de conciliação e mediação, não impede a concessão da tutela provisória de urgência, nos termos dos arts. 300 e seguintes do novo diploma. Em relação ao procedimento especial de reintegração de posse, há, inclusive, previsão específica no art. 562, que traz a possibilidade de concessão da liminar inaudita altera parte. Acrescente-se que o §1º do art. 554 não prevê a impossibilidade de concessão de liminar antes de ouvir o MPF ou a DPU 7. Agravo de instrumento conhecido e desprovido. Agravo interno prejudicado. (TRF 2ª R.; AI 0008735-68.2016.4.02.0000; Sétima Turma Especializada; Rel. Des. Fed. José Antonio Neiva; Julg. 16/11/2016; DEJF 23/11/2016)

✓ AGRAVO DE INSTRUMENTO. Ação de reintegração de posse. Deferimento liminar da ordem de reintegração. Requisitos do art. 561 do CPC preenchidos à luz da prova documental apresentada. Litígio coletivo pela posse do imóvel. Audiência de mediação. Designação desnecessária. Ação de força nova. Art. 565 do CPC. Justiça gratuita. Insuficiência de recursos não comprovada. Indeferimento do pedido de isenção do preparo recursal. Ilegitimidade ad causam. Impossibilidade de análise. Supressão de instância. Manutenção da decisão agravada pelos seus próprios fundamentos. Recurso não provido. (TJPR; Ag Instr 1612356-1; Curitiba; Décima Oitava Câmara Cível; Rel. Des. Vitor Roberto Silva; Julg. 16/08/2017; DJPR 25/08/2017; Pág. 311)

Em razão da urgência, é possível a concessão de liminar sem prévia intimação do Ministério Público:

✓ AGRAVO DE INSTRUMENTO. REINTEGRAÇÃO DE POSSE. LIMINAR DEFERIDA. LEGALIDADE. Presença dos requisitos legais para a concessão da medida. Esbulho incontroverso. Desnecessidade de audiência de justificação prévia. Prova documental constituída suficiente para deferimento da liminar. Esbulho recentíssimo. Descabimento de designação da audiência de mediação prevista no art. 565 do CPC/2015. Desnecessidade de nomeação e qualificação dos invasores, conforme autorizado pelos arts. 319, § 1º C.C. 554, § 1º do referido diploma legal. Valor da causa que deve ser impugnado em preliminar de contestação, nos termos do art. 337, III do CPC/2015. Inexistência de nulidade pela ausência de prévia manifestação do Ministério Público. Embora seja necessária a intervenção do MP na demanda de origem, a concessão da liminar sem prévia intimação do Parquet se justificava pela urgência da medida. Princípio da função social da propriedade que não justifica o esbulho possessório deliberado. Função social da propriedade que deve se conformar aos requisitos constitucionais que a disciplinam e não servir de justificativa para comportamentos ilegais que se travestem de justiça social. Necessidade de resposta célere do Poder Judiciário. Decisão mantida. Agravo desprovido, com determinação para que seja cientificado o Ministério Público a fim de que intervenha no processo. (TJSP; AI 2153794-51.2016.8.26.0000; Ac. 9961791; São Paulo; Décima Segunda Câmara de Direito Privado; Rel. Des. Castro Figliolia; Julg. 09/11/2016; DJESP 01/12/2016)

§ 1º Concedida a liminar, se essa não for executada no prazo de 1 (um) ano, a contar da data de distribuição, caberá ao juiz designar audiência de mediação, nos termos dos §§ 2º a 4º deste artigo.

§ 2º O Ministério Público será intimado para comparecer à audiência, e a Defensoria Pública será intimada sempre que houver parte beneficiária de gratuidade da justiça.

§ 3º O juiz poderá comparecer à área objeto do litígio quando sua presença se fizer necessária à efetivação da tutela jurisdicional.

§ 4º Os órgãos responsáveis pela política agrária e pela política urbana da União, de Estado ou do Distrito Federal e de Município onde se situe a área objeto do litígio poderão ser intimados para a audiência, a fim de se manifestarem sobre seu interesse no processo e sobre a existência de possibilidade de solução para o conflito possessório.

§ 5º Aplica-se o disposto neste artigo ao litígio sobre propriedade de imóvel.

Art. 566. Aplica-se, quanto ao mais, o procedimento comum.

Seção III
Do Interdito Proibitório

Art. 567. O possuidor direto ou indireto que tenha justo receio de ser molestado na posse poderá requerer ao juiz que o segure da turbação ou esbulho iminente, mediante mandado proibitório em que se comine ao réu determinada pena pecuniária caso transgrida o preceito.

Não configura ameaça de moléstia injusta à posse eventual interesse da parte contrária de pleitear tutela possessória:

✓ DIREITO CIVIL E PROCESSUAL CIVIL. APELAÇÃO CÍVEL. AÇÕES DE REINTEGRAÇÃO DE POSSE E DE INTERDITO PROIBITÓRIO. REQUISITOS DA PRETENSÃO REINTEGRATÓRIA. ARTIGO 561 DO CÓDIGO DE PROCESSO CIVIL. DEMONSTRAÇÃO, PELO AUTOR, DE SUA POSSE ANTERIOR SOBRE A ÁREA SOB LITÍGIO E DO ESBULHO PRATICADO PELO RÉU. INEXISTÊNCIA. PEDIDO REJEITADO. MANUTENÇÃO. PRESSUPOSTOS DO INTERDITO PROIBITÓRIO. ARTIGO 567 DO CÓDIGO DE PROCESSO CIVIL. PROVA, PELO REQUERENTE, DA IMINENTE AMEAÇA, PELO REQUERIDO, DE MOLÉSTIA INJUSTA À SUA POSSE. AUSÊNCIA. PRETENSÃO ACOLHIDA. REFORMA. A concessão de tutela possessória depende, nos termos do artigo 561 do Código de Processo Civil, da demonstração, pelo requerente, de sua posse anterior, do esbulho ou turbação praticado pelo requerido, da perda dessa posse, na ação de reintegração, ou de sua continuação, na ação de manutenção, bem como da data de ocorrência do embaraço cuja cessação é pretendida. Inexistente, nos autos, a demonstração de posse anterior exercida pela parte autora sobre a área objeto do litígio, bem como de esbulho praticado pela parte ré, não há como ser acolhida pretensão reintegratória de posse. Para a procedência do pedido em ação de interdito proibitório, faz-se imprescindível, a teor do disposto no artigo 567 do Código de Processo Civil, que o autor faça prova de sua posse sobre o bem, bem como da iminente ameaça de turbação ou esbulho e a probabilidade de sua concretização. Não configura ameaça de moléstia injusta à posse, passível de ser evitada por meio de ação de interdito proibitório, eventual interesse manifestado pela parte contrária em pleitear, perante o Judiciário, tutela possessória relativa a terreno ocupado pelo requerente, uma vez que o desapossamento em virtude de decisão judicial não caracteriza de esbulho ou turbação. (TJMG; APCV 1.0518.12.018218-4/001; Rel. Des. Márcio Idalmo Santos Miranda; Julg. 03/10/2017; DJEMG 20/10/2017)

O pedido de desocupação feito pelo novo adquirente do imóvel não configura ameaça de turbação, quando a posse é precária:

✓ APELAÇÃO CÍVEL. AÇÃO DE INTERDITO PROIBITÓRIO. REQUISITOS DO ART. 567 DO CPC. AUSÊNCIA DE POSSE MANSA E PACÍFICA. PROVA. NOTIFICAÇÃO DO NOVO PROPRIETÁRIO PARA DESOCUPAÇÃO DO IMÓVEL. EXERCÍCIO REGULAR DE DIREITO. AMEAÇA DE TURBAÇÃO NÃO VERIFICADA. MANUTENÇÃO DA SENTENÇA. RECURSO CONHECIDO E NÃO PROVIDO. I- O interdito proibitório é via hábil a proteger o justo possuidor contra ameaças à sua posse. II- Demonstrados nos autos a posse da autora não é justa, mas precária, decorrente de ato de mera permissão do proprietário, o pedido de desocupação do imóvel feito pelo novo adquirente não implica em ameaça de turbação, mas em exercício regular de direito que impõe o reconhecimento da improcedência do pedido. III- Recurso conhecido e não provido. (TJMG; APCV 1.0143.12.002180-1/001; Rel. Des. Vicente de Oliveira Silva; Julg. 12/09/2017; DJEMG 22/09/2017)

Art. 568. Aplica-se ao interdito proibitório o disposto na Seção II deste Capítulo.

Julgado entendendo que quando não demonstrados, de imediato, os requisitos do art. 567, deve-se realizar audiência de justificação:

✓ AGRAVO DE INSTRUMENTO. AÇÃO DE INTERDITO PROIBITÓRIO C/C INDENIZAÇÃO. LIMINAR. AUSÊNCIA DE COMPROVAÇÃO DOS REQUISITOS. DESIGNAÇÃO DE AUDIÊNCIA DE JUSTIFICAÇÃO PRÉVIA. NECESSIDADE. Em ação de interdito proibitório, para a concessão da medida liminar, é indispensável que a parte autora demonstre a posse anterior, bem como a ameaça de turbação ou esbulho e o justo receio de que seja efetivada tal ameaça, tal como preceitua o art. 567, do CPC/2015. Não demonstrados, de plano, tais requisitos, imprescindível a realização de audiência de justificação para apuração da verdade real, o que, aliás, a jurisprudência entende como medida acautelatória que impede injustiças em casos que tais. (TJMG; AI 1.0407.16.001877-3/001; Rel. Des. Luciano Pinto; Julg. 25/08/2016; DJEMG 06/09/2016)

✓ *Para a concessão da liminar de interdito proibitório, é necessária também a presença dos requisitos previsto no art. 561:*

✓ AGRAVO DE INSTRUMENTO. AÇÃO DE INTERDITO PROIBITÓRIO. LIMINAR. POSSIBILIDADE. PRESENÇA DOS REQUISITOS LEGAIS. 1. Como cediço, a ação de interdito proibitório é aquela movida pelo possuidor que tenha justo receio de ser molestado na posse por uma turbação ou esbulho iminente. 2. Para a concessão da liminar de interdito proibitório, se mostra necessário a presença dos requisitos previstos nos arts. 561, 567 e 568 todos do Novo Código de Processo Civil. 3. Comprovada a posse anterior dos autores, o perigo de ser molestados na sua posse por turbação ou esbulho praticado pelo réu, possível a concessão da liminar. (TJMG; AI 1.0428.15.002086-8/001; Rel. Des. Pedro Aleixo; Julg. 06/07/2016; DJEMG 15/07/2016)

CAPÍTULO IV
DA AÇÃO DE DIVISÃO E DA DEMARCAÇÃO DE TERRAS PARTICULARES

Seção I
Disposições Gerais

Art. 569. Cabe:

I – ao proprietário a ação de demarcação, para obrigar o seu confinante a estremar os respectivos prédios, fixando-se novos limites entre eles ou aviventando-se os já apagados;

Impossibilidade de aplicação deste procedimento especial para demarcação de terras indígenas:

✓ ADMINISTRATIVO. EMBARGOS DE DECLARAÇÃO. CONTRADIÇÃO/OMISSÃO/OBSCURIDADE. DEMARCAÇÃO DE TERRA INDÍGENA. PROCESSO ADMINISTRATIVO. PEDIDO DE APLICAÇÃO DE NORMAS DE TERRAS PARTICULARES. IMPOSSIBILIDADE. DECRETO DO PODER EXECUTIVO. AVALIZAÇÃO ETNO-HISTÓRICA. I. Nos embargos de declaração exige-se a demonstração de omissão do acórdão embargado na apreciação da matéria impugnada, de contradição entre os fundamentos e a parte dispositiva do julgado, ou de necessidade de esclarecimento para sanar obscuridade. II. Não se conformando com o julgamento, a parte deve utilizar o recurso próprio. III. Inexiste omissão/contradição/obscuridade no Julgado, pois o voto condutor é claro quando afirma que "... os apelantes pretendem aplicar ao processo de demarcação de terra indígenas as regras da Lei nº 6.015/1973, que dispõe sobre os registros públicos, e o procedimento especial de demarcação de terras particulares dos arts. 946 e segs do CPC/1973, hoje arts. 569 e sgs do CPC/2015. (...) A disciplina para o processo administrativo de demarcação de terras indígenas no Brasil é de competência da União e consiste numa série de atos correlatos, sendo certo que a demarcação não representa título de posse ou requisito de ocupação, uma vez que o pleno gozo dos índios sobre suas terras independe de qualquer ato administrativo. O processo demarcatório da terra indígena é regulado por Decreto do Poder Executivo, materializando-se num procedimento administrativo conduzido pela Fundação Nacional do Índio. FUNAI e concluindo com um Decreto homologatório do Presidente da República. Esse entendimento tem início com a formação de um grupo técnico especializado que deverá promover o estudo etno-histórico, sociológico, jurídico, cartográfico e ambiental, bem como o levantamento fundiário necessários à delimitação da área, a fim de elaborar relatório circunstanciado a ser encaminhado ao Ministro da Justiça. Este, por sua vez, expedirá portaria delineando os limites da demarcação administrativa da área e concluirá o processo enviando-o ao Presidente da República que tem competência para edita Decreto homologatório. (...) Assim, em caso de reconhecimento final da área como terra tradicionalmente indígena, o efeito jurídico decorrente será a nulidade do título de propriedade, razão pela qual não se trata de cancelamento de matrícula do imóvel, mas sim de declaração da nulidade de título, . (...) Portanto, descabida a pretensão de se aplicar, à espécie, as regras o procedimento de demarcação de terras particulares, já que em vigor procedimento próprio de demarcação das terras indígenas, cumprindo assinalar que o Decreto presidencial que homologa a área indígena tem conteúdo declaratório, e não constitutivo, como pretendem fazer crer os apelantes. " IV. "Necessária a inequívoca ocorrência dos vícios enumerados no art. 1.022 do NCPC para conhecimento dos embargos de declaração, o que não ocorre com a simples finalidade de prequestionamento. (EDAC 0024559-55.2011.4.01.3400 / DF, Rel. DESEMBARGADOR FEDERAL FRANCISCO DE ASSIS BETTI, Rel. Conv. JUIZ FEDERAL CÉSAR CINTRA JATAHY FONSECA (CONV.), SEGUNDA TURMA, e-DJF1 de 19/05/2016) V. Em que pese o instituto do prequestionamento basta somente a agitação da matéria constitucional ou infraconstitucional nos aclaratórios, não sendo necessário o reexame dos fundamentos do voto condutor do acórdão ou acolhimento dos embargos de declaração. VI. Descabido o pedido de determinação de cancelamento da averbação que cancelou a matrícula imobiliária da Fazenda Três Rios, uma vez que o acórdão confirmou a sentença que julgou improcedente o pleito de anulação do processo administrativo de demarcação da terra indígena.

VII. Embargos de declaração rejeitados. (TRF 1ª R.; AC 0005680-55.2006.4.01.3600; Sexta Turma; Relª Juíza Fed. Conv. Hind Ghassan Kayath; DJF1 10/02/2017)

Há ilegitimidade ativa quando a propriedade não pertence ao autor/ Há falta de interesse de agir quando não há confusão de limites na linha divisória:

✓ PROCESSUAL CIVIL. APELAÇÃO. AÇÃO DEMARCATÓRIA C/C REINTEGRAÇÃO DE POSSE. ILEGITIMIDADE ATIVA AD CAUSAM. DIREITO ALHEIO PLEITEADO EM NOME PRÓPRIO. IMPOSSIBILIDADE. ART. 18 E 569, I, NCPC. FALTA DE INTERESSE DE AGIR. EXTINÇÃO SEM RESOLUÇÃO DE MÉRITO. SENTENÇA MANTIDA. I - Em conformidade com o disposto nos artigos 18 e 569, I, do NCPC, é defeso pleitear direito alheio em nome próprio. Patente a ilegitimidade ativa ad causam do promovente, ora recorrente, ao perquirir, demarcação de terreno, cuja propriedade não lhe pertence, consoante por ele mesmo admitido. II - Falta de interesse de agir ao autor, pois a ação demarcatória só é cabível quando há confusão de limites na linha divisória, o que não se vê na hipótese. III - Recurso conhecido, mas improvido. Extinção da demanda sem resolução de mérito. Sentença mantida. (TJCE; APL 0003846-47.2011.8.06.0050; Quarta Câmara de Direito Privado; Rel. Des. Francisco Bezerra Cavalcante; Julg. 26/09/2017; DJCE 29/09/2017; Pág. 45)

É necessário o título do domínio para a ação de demarcação, sendo insuficientes os direitos possessórios:

✓ DEMARCATÓRIA. EXTINÇÃO SEM RESOLUÇÃO DO MÉRITO. CARÊNCIA DE AÇÃO. Autora detentora de direitos possessórios. Falta de título de domínio. Art. 569 do CPC. Precedentes. Sentença mantida. Recurso não provido. (TJSP; APL 0001659-13.2012.8.26.0523; Ac. 10724347; Salesópolis; Segunda Câmara de Direito Privado; Rel. Des. Giffoni Ferreira; Julg. 22/08/2017; DJESP 30/08/2017; Pág. 2328)

A ação demarcatória não discute delimitação das áreas comuns do condomínio, restringindo-se à discussão sobre a propriedade:

✓ CIVIL. PROCESSO CIVIL. CONFLITO ENTRE OS CONDÔMINOS ACERCA DA UTILIZAÇÃO DA ÁREA COMUM E ESTACIONAMENTO DO CONDOMÍNIO. AÇÃO DEMARCATÓRIA. IMPROCEDENTE. A ação demarcatória, nos termos do artigo 569, I, do Código de Processo Civil, não se presta à delimitação das áreas comuns do condomínio, mas, sim, à discussão acerca da propriedade, o que não é o caso dos autos. A ação de divisão objetiva a extinção do condomínio, não se prestando a resolver conflitos acerca da utilização de área comum do condomínio. Recurso conhecido. Negou-se provimento. (TJDF; APC 2016.01.1.118079-3; Ac. 999.501; Sexta Turma Cível; Rel. Des. Esdras Neves; Julg. 22/02/2017; DJDFTE 08/03/2017)

É possível a exceção de usucapião em ação demarcatória:

✓ APELAÇÃO CÍVEL DA PARTE REQUERIDA. Ação demarcatória. Sentença que julgou procedente o pedido inicial para determinar a demarcação da linha de confrontação dos imóveis. Insurgência da parte ré. Alegação de que as divisas atuais permanecem inalteradas há muitos anos. Não acolhimento. Ação demarcatória fundamentada em direito de propriedade, nos termos do artigo 569, inciso I, do CPC/2015. Necessidade de demarcação conforme as limitações constantes na matrícula. Laudo pericial que indica a existência de equívoco nas divisas se observada a descrição das metragens no registro imobiliário da propriedade do autor. Exceção de usucapião possível de ser alegada em ação demarcatória. Parte ré, porém, que não comprovou a alegação de que a linha divisória por ela defendida permanece inalterada há mais de cinquenta anos. Versão dos fatos apresentada pela parte autora que se mostra mais verossímil em análise ao conjunto probatório. Sentença mantida. Negado provimento ao recurso. (TJPR; ApCiv 1705635-8; Prudentópolis; Décima Sétima Câmara Cível; Rel. Des. Tito Campos de Paula; Julg. 16/08/2017; DJPR 25/08/2017; Pág. 302)

II – ao condômino a ação de divisão, para obrigar os demais consortes a estremar os quinhões.

Diante da ausência de consenso entre todos os condôminos, é necessária a propositura da ação de divisão:

✓ APELAÇÃO CÍVEL. CONDOMÍNIO. AÇÃO ANULATÓRIA DE ESCRITURA PÚBLICA E RECONVENÇÃO. DIVISÃO E EXTINÇÃO DE CONDOMÍIO SEM ANUÊIA DE TODOS COMPROPRIETÁRIOS. SENTENÇA DE PROCEDÊNCIA MANTIDA. É nula a escritura pública de divisão e extinção de condomínio oficializada sem a anuência do arrematante, mesmo que a área não tenha sido registrada. Verificada a ausência de consenso entre todos os condôminos, imperativa a propositura de ação de divisão e extinção prevista no inciso II do artigo 569 do código de processo civil. In casu, os demandados, mesmos cientes da arrematação de parte da área comum por terceiro, formalizaram escritura pública sem a anuência deste, antes de efetuado o registro da carta de arrematação. Apelo desprovido. Unânime. (TJRS; AC 0160893-62.2017.8.21.7000; Caxias do Sul; Décima Sétima Câmara Cível; Relª Desª Liege Puricelli Pires; Julg. 31/08/2017; DJERS 13/09/2017)

Art. 570. É lícita a cumulação dessas ações, caso em que deverá processar-se primeiramente a demarcação total ou parcial da coisa comum, citando-se os confinantes e os condôminos.

Cabe ao proprietário a propositura da ação de demarcação, para posterior divisão:

✓ APELAÇÃO CÍVEL. DIVISÃO E DEMARCAÇÃO DE TERRAS PARTICULARES. ILEGITIMIDADE ATIVA. Nos termos do art. 570, do novo código de processo civil, é possível a cumulação das ações de demarcação e divisão, processando-se primeiro a demarcação da área, razão pela qual cabe ao proprietário a sua propositura, consoante o disposto pelo art. 569, do aludido diploma processual pátrio. No caso, porém, caracterizada a ilegitimidade ativa, visto que a autora não logrou comprovar o necessário domínio. Jurisprudência da câmara. Manutenção da sentença que se impõe. Negaram provimento ao recurso. Unânime. (TJRS; AC 0252597-93.2016.8.21.7000; Bagé; Vigésima Câmara Cível; Rel[a] Des[a] Walda Maria Melo Pierro; Julg. 14/12/2016; DJERS 25/01/2017)

Art. 571. A demarcação e a divisão poderão ser realizadas por escritura pública, desde que maiores, capazes e concordes todos os interessados, observando-se, no que couber, os dispositivos deste Capítulo.

Art. 572. Fixados os marcos da linha de demarcação, os confinantes considerar-se-ão terceiros quanto ao processo divisório, ficando-lhes, porém, ressalvado o direito de vindicar os terrenos de que se julguem despojados por invasão das linhas limítrofes constitutivas do perímetro ou de reclamar indenização correspondente ao seu valor.

§ 1º No caso do caput, serão citados para a ação todos os condôminos, se a sentença homologatória da divisão ainda não houver transitado em julgado, e todos os quinhoeiros dos terrenos vindicados, se a ação for proposta posteriormente.

§ 2º Neste último caso, a sentença que julga procedente a ação, condenando a restituir os terrenos ou a pagar a indenização, valerá como título executivo em favor dos quinhoeiros para haverem dos outros condôminos que forem parte na divisão ou de seus sucessores a título universal, na proporção que lhes tocar, a composição pecuniária do desfalque sofrido.

Art. 573. Tratando-se de imóvel georreferenciado, com averbação no registro de imóveis, pode o juiz dispensar a realização de prova pericial.

Seção II
Da Demarcação

Art. 574. Na petição inicial, instruída com os títulos da propriedade, designar-se-á o imóvel pela situação e pela denominação, descrever-se-ão os limites por constituir, aviventar ou renovar e nomear-se-ão todos os confinantes da linha demarcanda.

O título de propriedade da área objeto do pedido de demarcação é documento essencial, pressuposto à análise de mérito

✓ APELAÇÃO CÍVEL. DEMARCAÇÃO DE ÁREA. PRELIMINAR DE ILEGITIMIDADE ATIVA. ASSOCIAÇÃO DE MORADORES. PARTE LEGÍTIMA. REPRESENTAÇÃO PROCESSUAL. REGULAR. ÁREA IRREGULAR. MATRÍCULA DA ÁREA. INEXISTENTE. NOVA DELIMITAÇÃO DO IMÓVEL. IMPOSSIBILIDADE. OBRA INCOMPLETA. PROJETO. AUSENTE NOS AUTOS. OBJETO DA DEMANDA. DANOS MORAIS. NÃO CONFIGURADO. 1. Em que pese a argumentação do apelado, o condomínio irregular, constituído sob a forma de associação de moradores, à semelhança do que ocorre na cobrança de taxas condominiais, detém legitimidade para ingressar em juízo na defesa dos interesses da coletividade dos moradores que ali residem. 2. Embora, em um primeiro momento, o instrumento de procuração colacionado aos autos tenha sido outorgado, de fato, pela síndica (pessoa física) e não pela associação autora, tal irregularidade, sanável (art. 76 do CPC), foi devidamente corrigida em atenção à determinação judicial de emenda. 3. A discussão central do presente recurso está relacionada à pretensão da associação autora em compelir o réu a demarcar a área em que edificado o prédio residencial, obrigando-o, ainda, a levantar muro de alvenaria para delimitar as divisas do condomínio. 4. Segundo a apelante, o residencial foi construído em uma chácara que pertenceu anteriormente ao apelado. Referida chácara teria sido dividida pelo recorrido em três partes, gerando no endereço ?Rua 08, Chácara 213 do Setor Habitacional de Vicente Pires, os lotes de nº 01, 03 e 05. 5. Em tese, e de acordo com os documentos das unidades habitacionais, afirma a apelante que o edifício deveria ter sido construído no lote de nº 05. Entretanto, ainda de acordo com a associação recorrente, o apelado edificou a obra utilizando-se de parte dos lotes de nº 03 e 05, resultando numa contradição entre os documentos do prédio e a realidade fática, gerando, por conseguinte, uma série de transtornos aos moradores. 6. Segundo o art. 569 do CPC, cabe a ação de demarcação ao proprietário para obrigar o seu confinante a estremar os respectivos prédios, fixando-se novos limites entre eles ou aviventando-se os já apagados. 7. O pedido de demarcação exige, na linha do que preceitua o art. 574 do CPC, que a parte autora instrua a petição inicial com os títulos da propriedade, assim como designe o imóvel pela situação e pela denominação, descrevendo os limites por construir, aviventar ou renovar e nomeando odos os confinantes da linha demarcanda. 8. Com efeito, a despeito da revelia da parte ré, ora apelada, acertadamente o d. Juiz de primeiro grau determinou a intimação da parte autora, ora apelante, para apresentar a matrícula dos terrenos cuja delimitação pretendia alterar. 9. A ausência do título de propriedade da área objeto do pedido de demarcação inviabiliza o pleito. Ressalte-se, a propósito, que em razão da falta de matrícula do imóvel, qualquer alteração dos limites atuais da área se mostraria inócua, e, portanto, irrelevante para fins dominiais a ?averbação? da nova delimitação no instrumento particular de cessão de direitos, como postulado pela apelante. 10. A apresentação do projeto de construção do residencial em comento foi objeto da presente demanda, cujo pedido foi acolhido em primeira instância. Apenas com base em referido documento, é possível que a parte autora, de modo preciso, detalhe as partes da obra que ainda não foram efetivamente entregues. 11. Tal circunstância levou o d. Magistrado a quo a considerar que o pedido da associação, neste ponto, foi genérico. De fato, sem o projeto de construção, é inviável impor ao executado qualquer obrigação de conclusão do empreendimento. Se não há certeza acerca do que falta ser entregue, também não há como o julgador proferir sentença a respeito desse ponto (art. 492, parágrafo único, CPC). 12. Não se constata, ainda, violação a direito de personalidade dos condôminos da parte autora, a despeito dos inconvenientes por eles suportados, tendo em vista o prévio conhecimento a respeito da situação de irregularidade do imóvel adquirido. 13. Recurso conhecido. Preliminares rejeitadas. Apelo desprovido. (TJDF; Proc 0004.99.3.982016-8070020; Ac. 104.5778; Sétima Turma Cível; Relª Desª Gislene Pinheiro; Julg. 13/09/2017; DJDFTE 20/09/2017)

Há litisconsórcio passivo necessário na ação de divisão e demarcação de terras particulares:

✓ AÇÃO DE DIVISÃO E DEMARCAÇÃO DE TERRAS PARTICULARES. EXISTÊNCIA DE LITISCONSÓRCIO PASSIVO NECESSÁRIO. PROCESSO ANULADO A PARTIR DA CITAÇÃO. Pretendendo os autores a divisão e demarcação de terras em condomínio, torna-se imprescindível a citação de todos os condôminos que integram à área sub judice, pois, no caso, trata-se de litisconsórcio passivo necessário, sob pena de ineficácia da sentença, razão por que se impõe sua desconstituição e a anulação do processo a partir da citação, a fim de que seja complementado o polo passivo da relação jurídico-processual (inteligência do disposto no art. 114 c/c o parágrafo único do art. 115, ambos do NCPC). Sentença, de ofício, desconstituída e anulado o processo a partir da citação. Prejudicado o exame da apelação. (TJRS; AC 0093697-75.2017.8.21.7000; Venâncio Aires; Décima Nona Câmara Cível; Rel. Des. Voltaire de Lima Moraes; Julg. 18/05/2017; DJERS 23/05/2017)

A alteração do marco divisório deve observar o procedimento especial:

✓ REINTEGRAÇÃO DE POSSE. Liminar deferida. Preenchimento dos requisitos dos arts. 558 e 561 do NCPC. Construtora que erguera o muro divisório, segundo a tese recursal, em desconformidade com os limites dos imóveis. Agravada que, desde a construção do muro, vem exercendo a posse sobre a área controvertida, inclusive realizando queimadas. Agravante que admite em seu recurso que construiu nova cerca, adentrando na área que estava na posse da agravada. Alteração do marco divisório de forma clandestina e violenta, sem a observância do procedimento legal de demarcação de terras particulares. Art. 560, I e 574 do NCPC. Esbulho possessório. Caso que não se enquadra na hipótese de regular desforço imediato (art. 1210, § 1º, do CC/02). Decisão correta. Agravo de instrumento desprovido. (TJPR; Ag Instr 1572196-1; Curitiba; Décima Sétima Câmara Cível; Rel. Des. Fernando Paulino; Julg. 14/06/2017; DJPR 30/06/2017; Pág. 312)

Art. 575. Qualquer condômino é parte legítima para promover a demarcação do imóvel comum, requerendo a intimação dos demais para, querendo, intervir no processo.

Art. 576. A citação dos réus será feita por correio, observado o disposto no art. 247.

Parágrafo único. Será publicado edital, nos termos do inciso III do art. 259.

Art. 577. Feitas as citações, terão os réus o prazo comum de 15 (quinze) dias para contestar.

Art. 578. Após o prazo de resposta do réu, observar-se-á o procedimento comum.

Art. 579. Antes de proferir a sentença, o juiz nomeará um ou mais peritos para levantar o traçado da linha demarcanda.

É imprescindível a produção de prova pericial, quando não se tratar de imóvel georreferenciado:

✓ APELAÇÃO CÍVEL. AÇÃO DE DEMARCAÇÃO. NECESSIDADE DE PRODUÇÃO DE PROVA PERICIAL PARA LEVANTAR O TRAÇADO DA LINHA DEMARCANDA. CERCEAMENTO DE DEFESA EVIDENCIADO. Não se cuidando de imóvel georreferenciado, faz-se imprescindível a produção de prova pericial para levantar o traçado da linha demarcanda, à luz do disposto no art. 579 do CPC. Sentença desconstituída, para oportunizar a produção de prova pericial. Apelo provido. Unânime. (TJRS; AC 0210789-11.2016.8.21.7000; Esteio; Vigésima Câmara Cível; Rel. Des. Dilso Domingos Pereira; Julg. 13/07/2016; DJERS 26/07/2016)

✓ APELAÇÃO CÍVEL. AÇÃO DEMARCATÓRIA. REQUISITOS AUSENTES. PROVA PERICIAL. IMPRESCINDIBILIDADE. DESÍDIA DA PARTE AUTORA. PRECLUSÃO. IMPROCEDÊNCIA DOS PEDIDOS INICIAIS. RECURSO ADESIVO. AUSÊNCIA DE SUCUMBÊNCIA RECÍPROCA. INEXISTÊNCIA DE INTERESSE RECURSAL. NÃO CONHECIMENTO. Na ação demarcatória é indispensável à produção da prova pericial a ser realizada por um ou mais peritos, nos termos do art. 579 do Novo Código de Processo Civil, com a finalidade de levantar o traçado da linha demarcanda. Desistindo o recorrente da produção de prova pericial, deve-se concluir pela sua desídia e, consequentemente, julgar improcedente o pedido inicial. Inexistindo sucumbência recíproca, o recurso adesivo interposto padece de pressuposto de admissibilidade recursal, impondo o seu não conhecimento. (TJMG; APCV 1.0672.13.019640-1/001; Relª Desª Shirley Fenzi Bertão; Julg. 22/03/2017; DJEMG 28/03/2017)

Art. 580. Concluídos os estudos, os peritos apresentarão minucioso laudo sobre o traçado da linha demarcanda, considerando os títulos, os marcos, os rumos, a fama da vizinhança, as informações de antigos moradores do lugar e outros elementos que coligirem.

Art. 581. A sentença que julgar procedente o pedido determinará o traçado da linha demarcanda.

<u>Cabe ao juiz traçar a linha divisória, se inexistentes barreiras naturais e inviável a transação:</u>

✓ APELAÇÃO CÍVEL. AÇÃO DE DEMARCAÇÃO. FIXAÇÃO DO TRAÇADO ENTRE OS IMÓVEIS. ART. 581 DO CPC. ÁREA FALTANTE INSERIDA NA ÁREA TOTAL DO AUTOR. PEDIDO DE RESTITUIÇÃO. REJEITADO. LAUDO PERICIAL CONCLUSIVO. SENTENÇA DE PARCIAL PROCEDÊNCIA. INCONFORMIDADE DO AUTOR COM A VALORAÇÃO DA PROVA. 1. Traçado da linha demarcanda. Na ausência de limites naturais e de divisas anteriores entre as áreas lindeiras, bem como na impossibilidade de composição do litígio cabe ao juiz determinar o traçado da linha demarcanda, nos termos da prova pericial produzida no feio. Oportunizado ao autor ampla defesa e o contraditório, inclusive, com sucessivas complementações periciais, não há se falar em erro do laudo pericial. No caso, não se pode confundir erro com interesse da parte autora. Mantida a linha divisória. Art. 581 do CPC/15. 2. Restituição de área de 4.282 hectares, matrícula 30.662do RI de Montenegro/RS. Conforme a prova pericial a área que o autor pretende ter restituída está inserida na área de 325,472,96m² de sua propriedade, formada por fração de terra de diferentes matrículas. Sentença mantida. Apelação desprovida. (TJRS; AC 0150062-52.2017.8.21.7000; Montenegro; Vigésima Câmara Cível; Rel. Des. Glênio José Wasserstein Hekman; Julg. 14/06/2017; DJERS 23/06/2017)

Parágrafo único. A sentença proferida na ação demarcatória determinará a restituição da área invadida, se houver, declarando o domínio ou a posse do prejudicado, ou ambos.

Art. 582. Transitada em julgado a sentença, o perito efetuará a demarcação e colocará os marcos necessários.

Parágrafo único. Todas as operações serão consignadas em planta e memorial descritivo com as referências convenientes para a identificação, em qualquer tempo, dos pontos assinalados, observada a legislação especial que dispõe sobre a identificação do imóvel rural.

Art. 583. As plantas serão acompanhadas das cadernetas de operações de campo e do memorial descritivo, que conterá:

I – o ponto de partida, os rumos seguidos e a aviventação dos antigos com os respectivos cálculos;

II – os acidentes encontrados, as cercas, os valos, os marcos antigos, os córregos, os rios, as lagoas e outros;

III – a indicação minuciosa dos novos marcos cravados, dos antigos aproveitados, das culturas existentes e da sua produção anual;

IV – a composição geológica dos terrenos, bem como a qualidade e a extensão dos campos, das matas e das capoeiras;

V – as vias de comunicação;

VI – as distâncias a pontos de referência, tais como rodovias federais e estaduais, ferrovias, portos, aglomerações urbanas e polos comerciais;

VII – a indicação de tudo o mais que for útil para o levantamento da linha ou para a identificação da linha já levantada.

Art. 584. É obrigatória a colocação de marcos tanto na estação inicial, dita marco primordial, quanto nos vértices dos ângulos, salvo se algum desses últimos pontos for assinalado por acidentes naturais de difícil remoção ou destruição.

Art. 585. A linha será percorrida pelos peritos, que examinarão os marcos e os rumos, consignando em relatório escrito a exatidão do memorial e da planta apresentados pelo agrimensor ou as divergências porventura encontradas.

Art. 586. Juntado aos autos o relatório dos peritos, o juiz determinará que as partes se manifestem sobre ele no prazo comum de 15 (quinze) dias.

Parágrafo único. Executadas as correções e as retificações que o juiz determinar, lavrar-se-á, em seguida, o auto de demarcação em que os limites demarcandos serão minuciosamente descritos de acordo com o memorial e a planta.

Art. 587. Assinado o auto pelo juiz e pelos peritos, será proferida a sentença homologatória da demarcação.

Seção III
Da Divisão

Art. 588. A petição inicial será instruída com os títulos de domínio do promovente e conterá:

I – a indicação da origem da comunhão e a denominação, a situação, os limites e as características do imóvel;

II – o nome, o estado civil, a profissão e a residência de todos os condôminos, especificando-se os estabelecidos no imóvel com benfeitorias e culturas;

III – as benfeitorias comuns.

A concordância da parte ré com a pretensão inaugural não configura carência superveniente de interesse processual:

✓ CONDIÇÕES DA AÇÃO. INTERESSE PROCESSUAL. AUSÊNCIA. Descabimento. Ação de divisão de bem imóvel. Interesse de agir presente. Concordância da parte ré com a pretensão inaugural que não afasta o interesse da autora na obtenção da medida judicial. Tutela jurisdicional que se revela útil, adequada e necessária para resolver a situação descrita na petição inicial. Extinção do feito afastada, com determinação para prosseguimento do feito, observado o procedimento previsto a partir do artigo 588, do código de processo civil. Recurso provido. (TJSP; APL 1005288-21.2013.8.26.0271; Ac. 10795483; Itapevi; Sexta Câmara de Direito Privado; Rel. Des. Vito José Guglielmi; Julg. 15/09/2017; DJESP 20/09/2017; Pág. 2341)

É necessária a propositura de ação de divisão para dissolução de condomínio:

✓ INDIVIDUALIZAÇÃO DE REGISTRO IMOBILIÁRIO. NECESSIDADE DE DISSOLUÇÃO DO CONDOMÍNIO EXISTENTE ENTRE AUTOR E DEMAIS CO-PROPRIETÁRIOS. Inadequação da via processual eleita. Caso concreto que demanda a propositura de ação de divisão, com previsão expressa nos artigos 569 e seguintes do código de processo civil de 2015. Recurso conhecido e desprovido. (TJSC; AC 0005955-31.2009.8.24.0041; Mafra; Quarta Câmara de Direito Público; Relª Desª Vera Lúcia Ferreira Copetti; DJSC 05/06/2017; Pag. 312)

Possibilidade de concessão de tutela provisória na ação de divisão:

✓ AGRAVO INTERNO. AGRAVO DE INSTRUMENTO. DIREITO CIVIL. COISAS. CONDOMÍNIO. AÇÃO DE DIVISÃO E INDIVIDUALIZAÇÃO DE CONDOMÍNIO. TUTELA PROVISÓRIA. TUTELA DE URGÊNCIA. REQUISITOS. ANTECIPAÇÃO. LIMINAR POSSESSÓRIA. Na sistemática do CPC/15 as tutelas de urgência cautelares e de antecipação de direito material estão matizadas sob o regramento da tutela provisória; e que agora pode fundamentar-se em urgência ou tão somente na evidência. Os provimentos de urgência, cautelar ou antecipatório, submetem-se aos pressupostos de probabilidade do direito e do perigo de dano ou risco ao resultado útil do processo; e o pleito não está sujeito ao deferimento de plano. – Circunstância dos autos em que presentes os requisitos para concessão da tutela de urgência; se impunha manter a decisão recorrida. – Não merece provimento agravo interno que ataca decisão do relator em adequada aplicação da regra contida no art. 932, I do CPC. Recurso desprovido. (TJRS; AG 0445267-61.2016.8.21.7000; Flores da Cunha; Décima Oitava Câmara Cível; Rel. Des. João Moreno Pomar; Julg. 27/04/2017; DJERS 08/05/2017)

Art. 589. Feitas as citações como preceitua o art. 576, prosseguir-se-á na forma dos arts. 577 e 578.

Art. 590. O juiz nomeará um ou mais peritos para promover a medição do imóvel e as operações de divisão, observada a legislação especial que dispõe sobre a identificação do imóvel rural.

A constituição dos quinhões passa a ser objeto de discussão na segunda fase do procedimento:

✓ APELAÇÃO. Ação de divisão e demarcação. Sentença de procedência. Inconformismo dos autores. Procedimento que se desdobra em duas fases. A questão sobre a constituição dos quinhões deverá ser objeto de exame por ocasião da segunda fase, conforme artigos 590 e seguintes do CPC. Recurso a que se dá provimento. (TJSP; APL 0006347-14.2012.8.26.0201; Ac. 10237467; Garça; Sétima Câmara de Direito Privado; Rel. Des. José Rubens Queiroz Gomes; Julg. 10/03/2017; DJESP 20/03/2017)

Parágrafo único. O perito deverá indicar as vias de comunicação existentes, as construções e as benfeitorias, com a indicação dos seus valores e dos respectivos proprietários e ocupantes, as águas principais que banham o imóvel e quaisquer outras informações que possam concorrer para facilitar a partilha.

Art. 591. Todos os condôminos serão intimados a apresentar, dentro de 10 (dez) dias, os seus títulos, se ainda não o tiverem feito, e a formular os seus pedidos sobre a constituição dos quinhões.

Art. 592. O juiz ouvirá as partes no prazo comum de 15 (quinze) dias.

§ 1º Não havendo impugnação, o juiz determinará a divisão geodésica do imóvel.

§ 2º Havendo impugnação, o juiz proferirá, no prazo de 10 (dez) dias, decisão sobre os pedidos e os títulos que devam ser atendidos na formação dos quinhões.

Art. 593. Se qualquer linha do perímetro atingir benfeitorias permanentes dos confinantes feitas há mais de 1 (um) ano, serão elas respeitadas, bem como os terrenos onde estiverem, os quais não se computarão na área dividenda.

Art. 594. Os confinantes do imóvel dividendo podem demandar a restituição dos terrenos que lhes tenham sido usurpados.

§ 1º Serão citados para a ação todos os condôminos, se a sentença homologatória da divisão ainda não houver transitado em julgado, e todos os quinhoeiros dos terrenos vindicados, se a ação for proposta posteriormente.

§ 2º Nesse último caso terão os quinhoeiros o direito, pela mesma sentença que os obrigar à restituição, a haver dos outros condôminos do processo divisório ou de seus sucessores a título universal a composição pecuniária proporcional ao desfalque sofrido.

Art. 595. Os peritos proporão, em laudo fundamentado, a forma da divisão, devendo consultar, quanto possível, a comodidade das partes, respeitar, para adjudicação a cada condômino, a preferência dos terrenos contíguos às suas residências e benfeitorias e evitar o retalhamento dos quinhões em glebas separadas.

Art. 596. Ouvidas as partes, no prazo comum de 15 (quinze) dias, sobre o cálculo e o plano da divisão, o juiz deliberará a partilha.

Parágrafo único. Em cumprimento dessa decisão, o perito procederá à demarcação dos quinhões, observando, além do disposto nos arts. 584 e 585, as seguintes regras:

I – as benfeitorias comuns que não comportarem divisão cômoda serão adjudicadas a um dos condôminos mediante compensação;

II – instituir-se-ão as servidões que forem indispensáveis em favor de uns quinhões sobre os outros, incluindo o respectivo valor no orçamento para que, não se tratando de servidões naturais, seja compensado o condômino aquinhoado com o prédio serviente;

III – as benfeitorias particulares dos condôminos que excederem à área a que têm direito serão adjudicadas ao quinhoeiro vizinho mediante reposição;

IV – se outra coisa não acordarem as partes, as compensações e as reposições serão feitas em dinheiro.

Art. 597. Terminados os trabalhos e desenhados na planta os quinhões e as servidões aparentes, o perito organizará o memorial descritivo.

Se a perícia técnica não efetua o cálculo das áreas dos quinhões com a respectiva avaliação, deve-se determinar sua complementação:

✓ AÇÃO DE DIVISÃO. SEGUNDA FASE. IMPRECISÃO ACERCA DAS ÁREAS DOS RESPECTIVOS QUINHÕES. INTELIGÊNCIA DO ART. 597, DO CPC/2015. NECESSIDADE DE COMPLEMENTAÇÃO DA PROVA PERICIAL. NULIDADE DA SENTENÇA. PRELIMINAR ACOLHIDA. A Ação de Divisão tem por objetivo extinguir o condomínio, atribuindo a cada consorte a sua fração no todo, em correspondência às respectivas partes ideais, transformando a cota ideal de cada consorte sobre o imóvel comum em parte concreta e determinada. Havendo ainda nos autos fatos controvertidos, deve-se oportunizar a produção de quaisquer provas que possam contribuir para a elucidação da matéria, até mesmo de ofício, nos termos do art. 370, do CPC/2015.. Não tendo a Perícia Técnica efetuado o cálculo das áreas dos quinhões de cada um dos consortes, com a respectiva avaliação, conforme exige o art. 597, do CPC/2015, deve-se determinar a sua complementação, que é indispensável ao desate da lide. (TJMG; APCV 1.0297.12.000009-8/001; Rel. Des. Roberto Vasconcellos; Julg. 07/12/2016; DJEMG 24/01/2017)

§ 1º Cumprido o disposto no art. 586, o escrivão, em seguida, lavrará o auto de divisão, acompanhado de uma folha de pagamento para cada condômino.

§ 2º Assinado o auto pelo juiz e pelo perito, será proferida sentença homologatória da divisão.

§ 3º O auto conterá:

I – a confinação e a extensão superficial do imóvel;

II – a classificação das terras com o cálculo das áreas de cada consorte e com a respectiva avaliação ou, quando a homogeneidade das terras não determinar diversidade de valores, a avaliação do imóvel na sua integridade;

III – o valor e a quantidade geométrica que couber a cada condômino, declarando-se as reduções e as compensações resultantes da diversidade de valores das glebas componentes de cada quinhão.

§ 4º Cada folha de pagamento conterá:

I – a descrição das linhas divisórias do quinhão, mencionadas as confinantes;

II – a relação das benfeitorias e das culturas do próprio quinhoeiro e das que lhe foram adjudicadas por serem comuns ou mediante compensação;

III – a declaração das servidões instituídas, especificados os lugares, a extensão e o modo de exercício.

Art. 598. Aplica-se às divisões o disposto nos arts. 575 a 578.

CAPÍTULO V
DA AÇÃO DE DISSOLUÇÃO PARCIAL DE SOCIEDADE

Art. 599. A ação de dissolução parcial de sociedade pode ter por objeto:

I – a resolução da sociedade empresária contratual ou simples em relação ao sócio falecido, excluído ou que exerceu o direito de retirada ou recesso; e

II – a apuração dos haveres do sócio falecido, excluído ou que exerceu o direito de retirada ou recesso; ou

III – somente a resolução ou a apuração de haveres.

§ 1º A petição inicial será necessariamente instruída com o contrato social consolidado.

§ 2º A ação de dissolução parcial de sociedade pode ter também por objeto a sociedade anônima de capital fechado quando demonstrado, por acionista ou acionistas que representem cinco por cento ou mais do capital social, que não pode preencher o seu fim.

Art. 600. A ação pode ser proposta:

I – pelo espólio do sócio falecido, quando a totalidade dos sucessores não ingressar na sociedade;

II – pelos sucessores, após concluída a partilha do sócio falecido;

III – pela sociedade, se os sócios sobreviventes não admitirem o ingresso do espólio ou dos sucessores do falecido na sociedade, quando esse direito decorrer do contrato social;

IV – pelo sócio que exerceu o direito de retirada ou recesso, se não tiver sido providenciada, pelos demais sócios, a alteração contratual consensual formalizando o desligamento, depois de transcorridos 10 (dez) dias do exercício do direito;

<u>A notificação prévia dos demais sócios pelo retirante não é condição de procedibilidade da ação de dissolução:</u>

✓ APELAÇÃO CÍVEL. PRETENSÃO DO SÓCIO DE RETIRADA DA SOCIEDADE. DISSOLUÇÃO PARCIAL. Quebra da affectio societatis. Direito potestativo. Ausência de cerceamento de defesa ou afronta aos princípios da ampla defesa e contraditório pelo julgamento antecipado da lide, já que os próprios réus concordaram com a saída do autor, limitando-se a sentença a determinar sua exclusão, relegando para momento posterior a apuração de haveres. Correta aplicação do art. 1.029 do CC e arts. 599 e seguintes do CPC. Notificação prévia dos demais sócios pelo retirante que não é condição de procedibilidade da presente ação. Precedentes deste TJERJ. Ônus sucumbenciais acertadamente determinados, já que, embora os réus tenham concordado com a exclusão do autor, controverteram com relação a outras questões. Majoração dos honorários sucumbenciais, a teor do art. 85 § 11 do CPC. Desprovimento do recurso. (TJRJ; APL 0410944-66.2015.8.19.0001; Rio de Janeiro; Vigésima Primeira Câmara Cível; Relª Desª Mônica Feldman de Mattos; Julg. 17/10/2017; DORJ 19/10/2017; Pág. 396)

<u>Possibilidade de concessão de tutela provisória:</u>

✓ AGRAVO DE INSTRUMENTO. SOCIEDADE EMPRESÁRIA. RETIRADA DE SÓCIO. NOTIFICAÇÃO PRÉVIA EXTRAJUDICIAL. ART. 1.029 DO CC. PROCEDIMENTO. ART. 600, IV DO CPC. RESPONSABILIDADE. ART. 1.032 DO CC. CONCESSÃO DA ANTECIPAÇÃO DE TUTELA. RECURSO PROVIDO. 1 – A Constituição Federal estabelece em seu art. 5º, inciso CC, que ninguém, é obrigado a permanecer associado. 2 – O NCPC, em seu art. 600, inciso IV, estabelece que a ação de dissolução parcial da sociedade pode ser proposta pelo sócio que exerceu o direito de retirada ou recesso, se não tiver sido providenciada pelos demais sócios a alteração contratual consensual formalizando o desligamento, depois de transcorridos 10 (dez) dias do exercício do direito. 3 – O art. 1.029, do Código Civil esclarece que qualquer sócio pode retirar-se da sociedade; se de prazo indeterminado, mediante notificação aos demais sócios, com antecedência mínima de sessenta dias. 4 – Preenchidos os requisitos legais, não há óbice à concessão da antecipação de tutela recursal na ação de dissolução parcial da sociedade para que o sócio exerça o seu direito constitucional de retirada, uma vez que não resta mais presente a affectio societatis, elemento imprescindível do contrato de sociedade comercial. 5 – Recurso conhecido e provido. (TJES; AI 0025123-03.2016.8.08.0014; Terceira Câmara Cível; Rel. Des. Subst. Júlio César Cosa de Oliveira; Julg. 11/07/2017; DJES 21/07/2017)

✓ SOCIETÁRIO. TUTELA DE URGÊNCIA. AÇÃO DE DISSOLUÇÃO PARCIAL DE SOCIEDADE C.C. APURAÇÃO DE HAVERES. Decisão que indeferiu a tutela de evidência e de urgência visando a imediata retirada da autora da sociedade. Hipótese de tutela de evidência que não admitiria a concessão de liminar (art. 311, IV e parágrafo único do CPC/2015). Possibilidade de dissolução parcial de sociedade anônima de capital fechado de cunho familiar. Precedentes do STJ. Requisitos para a concessão de tutela de urgência (art. 300 caput do CPC/2015) presentes no caso concreto. Rés que ao contestar a ação e ao responder ao recurso não se opõem ao pedido de retirada da autora do quadro de acionistas. Perda da affectio societatis evidenciada. Probabilidade do direito alegado pela autora. Sociedade que vem apresentando sucessivos e expressivos prejuízos, rateados entre os acionistas. Risco de dano grave ao patrimônio da autora, de impossível ou difícil reparação. Tutela de urgência concedida para que seja anotada na JUCESP a retirada da autora do quadro de acionistas da sociedade a partir do ajuizamento da ação. Agravo provido. (TJSP; AI 2110151-09.2017.8.26.0000; Ac. 10840698; São Paulo; Segunda Câmara Reservada de Direito Empresarial; Rel. Des. Alexandre Marcondes; Julg. 29/09/2017; DJESP 04/10/2017; Pág. 1875)

✓ AGRAVO DE INSTRUMENTO. AÇÃO DE DISSOLUÇÃO DE SOCIEDADE C/C APURAÇÃO DE HAVERES. INSTITUIÇÃO DE ENSINO. Falecimento de sócio. Tutela de urgência deferida. Art. 300 do NCPC. Proibição da herdeira de praticar atos de gestão. Possibilidade. Verossimilhança das alegações autorais. Perigo de dano de difícil reparação. Agravante que comprova ser funcionária da empresa. Necessidade de permanência da recorrente nas dependências do colégio para exercer a sua atividade laborativa. Parcial provimento ao recurso. Ação de dissolução de sociedade c/c apuração de haveres ajuizada em razão da morte do sócio administrador. Alegação do autor de que a ré, esposa do falecido sócio, estaria, indevidamente, praticando atos de gestão da empresa como se sócia fosse. Deferimento de tutela de urgência com o objetivo de proibir a demandada de praticar qualquer ato de administração da empresa, bem como de permanecer nas partes internas do colégio ou nas suas dependências. Art. 300 do NCPC Verossimilhança das alegações autorais. Perigo de dano de difícil reparação. Ré que, como herdeira, não detém legitimidade para praticar atos de gerência da sociedade. Entretanto, a agravante comprova ser funcionária da instituição de ensino em questão, exercendo a função de secretária escolar. Assim, a recorrente necessita ter acesso e permanecer nas dependências do colégio para desempenhar a sua atividade laborativa. Provimento parcial ao recurso. (TJRJ; AI 0039870-57.2017.8.19.0000; Rio de Janeiro; Décima Sétima Câmara Cível; Rel. Des. Edson Aguiar de Vasconcelos; DORJ 25/09/2017; Pág. 338)

Quando houver cláusula arbitral somente quanto à apuração de haveres, é cabível a ação de dissolução:

✓ PROCESSUAL CIVIL. COMERCIAL. DISSOLUÇÃO PARCIAL DE SOCIEDADE. APURAÇÃO DE HAVERES. COMPETÊNCIA. VARA DE FALÊNCIAS, RECUPERAÇÕES JUDICIAIS, INSOLVÊNCIA CIVIL E LITÍGIOS EMPRESARIAIS. ART. 2º, II, DA RESOLUÇÃO 23/2010 DO TJDFT. COMPETÊNCIA DO JUÍZO ARBITRAL RESTRITA À APURAÇÃO DE HAVERES. INTERESSE JURÍDICO NO JULGAMENTO DA DISSOLUÇÃO PARCIAL. 1. Apelações contra sentença, proferida em ação de dissolução parcial de sociedade e apuração de haveres, que declarou extinto o processo sem resolução do mérito, com fulcro no inciso VII, do art. 485 do Código de Processo Civil. 2. Não se verifica violação aos artigos 9º e 10º do CPC se a aplicação de cláusula arbitral foi objeto de debate entre as partes. 3. A existência de cláusula compromissória gera a extinção do processo sem resolução de mérito, pois, diante da opção das partes pela arbitragem, a intervenção jurisdicional é indevida. Contudo, no caso presente a cláusula é específica para a fase de apuração de haveres, não havendo óbice a que o pedido de dissolução parcial da sociedade seja submetido ao Judiciário. 4. Presente o interesse jurídico se os autores apontam, como causa de pedir, a prática, pelo sócio majoritário, de atos ilícitos para excluí-los da sociedade empresária. 5. Sentença anulada para determinar o retorno dos autos à Vara Especializada. 6. Apelação dos Autores parcialmente provida e apelações das Rés prejudicadas. (TJDF; APC 2016.01.1.061647-0; Ac. 104.7456; Segunda Turma Cível; Rel. Des. César Loyola; Julg. 13/09/2017; DJDFTE 22/09/2017)

V – pela sociedade, nos casos em que a lei não autoriza a exclusão extrajudicial; ou

Legitimidade ativa da pessoa jurídica:

✓ AGRAVO DE INSTRUMENTO. AÇÃO DE DISSOLUÇÃO PARCIAL DE SOCIEDADE CUMULADA COM APURAÇÃO DE HAVERES. LEGITIMIDADE ATIVA DA PESSOA JURÍDICA. POSSIBILIDADE. Consoante o disposto no inciso V, do art. 600, do CPC/2015, a Ação de Dissolução Parcial de Sociedade poderá ser proposta pela Pessoa Jurídica, nos casos em que a Lei não autoriza a exclusão extrajudicial. (TJMG; AI 1.0418.14.001372-7/001; Rel. Des. Roberto Vasconcellos; Julg. 17/08/2017; DJEMG 29/08/2017)

Decisão entendendo que a efetiva exclusão ocorre com a decisão judicial:

✓ DISSOLUÇÃO DE SOCIEDADE. Exclusão de sócio minoritário em sentença fundada no art. 600, V, do CPC. Impossibilidade de definição da data da exclusão em reunião de sócios para tanto convocada. Hipótese em que o contrato social não permitia exclusão por justa causa. Inteligência do art. 1085 do Código Civil. Imputações superficiais feitas ao réu na petição inicial que não justificavam abertura de instrução para produção de prova oral. Sentença que se baseou unicamente na perda da affectio societatis para justificar a exclusão. Prejudicial de cerceamento de defesa afastada. Manutenção da data da decisão para efetiva exclusão. Benefícios da gratuidade que perdurarão, com a ressalva prevista no art. 98, § 3º, do CPC. Honorária advocatícia arbitrada dentro dos critérios da razoabilidade e proporcionalidade. Sentença mantida. Recurso improvido. (TJSP; APL 1011188-61.2015.8.26.0320; Ac. 10166542; Limeira; Segunda Câmara Reservada de Direito Empresarial; Rel. Des. Caio Marcelo Mendes de Oliveira; Julg. 13/02/2017; DJESP 23/02/2017)

VI – pelo sócio excluído.

Parágrafo único. O cônjuge ou companheiro do sócio cujo casamento, união estável ou convivência terminou poderá requerer a apuração de seus haveres na sociedade, que serão pagos à conta da quota social titulada por este sócio.

Art. 601. Os sócios e a sociedade serão citados para, no prazo de 15 (quinze) dias, concordar com o pedido ou apresentar contestação.

Parágrafo único. A sociedade não será citada se todos os seus sócios o forem, mas ficará sujeita aos efeitos da decisão e à coisa julgada.

É dispensada a inclusão da pessoa jurídica no polo passivo quando há a citação de todos os sócios:

✓ EMPRESARIAL. Ação de dissolução de sociedade. Determinação de inclusão da pessoa jurídica no polo passivo da ação. Expediente que pode ser dispensado havendo a citação de todos os sócios para comporem a demanda, nos termos do art. 601 do CPC. Assim, a determinação de inclusão imediata da pessoa jurídica no polo passivo da ação deve ser afastada. Pedido de concessão de tutela de urgência. Ausência dos requisitos previstos no artigo 300 do CPC. Decisão parcialmente reformada. Recurso parcialmente provido. (TJSP; AI 2140555-77.2016.8.26.0000; Ac. 10145247; São Paulo; Primeira Câmara Reservada de Direito Empresarial; Rel. Des. Teixeira Leite; Julg. 08/02/2017; DJESP 10/02/2017)

Em sentido contrário, reconhecendo o litisconsórcio passivo necessário da pessoa jurídica:

✓ AÇÃO DE DISSOLUÇÃO TOTAL, OU, SUBSIDIARIAMENTE, PARCIAL, DE SOCIEDADE LIMITADA, COM SAÍDA DA AUTORA DOS QUADROS SOCIAIS. Sentença que declarou a dissolução parcial. Apelação da sociedade, a aduzir tão somente temas pertinentes ao desempenho do sócio corréu na administração social. Fundamentos que não dizem respeito à esfera jurídica da sociedade. Subsídios doutrinários que indicam que o motivo de exigir-se esteja a sociedade no polo passivo de ação de dissolução reside na circunstância de seu patrimônio responder, em primeiro lugar, pelo pagamento dos haveres do sócio dissidente. Essa é a ratio essendi do litisconsórcio passivo necessário instituído pelo art. 601 do NCPC. Apelante carecedora de interesse recursal, posto que, no curso do processo, concordou com o laudo de avaliação e, além do mais, não fez, nas razões recursais, qualquer reparo ao dispositivo sentencial que disciplinou o modo de pagamento dos haveres da autora. Manutenção da sentença recorrida. Apelação de que se não conhece. (TJSP; APL 3001060-91.2013.8.26.0101; Ac. 10481588; Caçapava; Primeira Câmara Reservada de Direito Empresarial; Rel. Des. Cesar Ciampolini; Julg. 31/05/2017; DJESP 07/06/2017; Pág. 1598)

Art. 602. A sociedade poderá formular pedido de indenização compensável com o valor dos haveres a apurar.

Art. 603. Havendo manifestação expressa e unânime pela concordância da dissolução, o juiz a decretará, passando-se imediatamente à fase de liquidação.

Inadmissibilidade de reconvenção pela incompatibilidade de ritos entre a prestação de contas e a dissolução de sociedade:

✓ EMBARGOS DE DECLARAÇÃO. APELAÇÃO CÍVEL. AÇÃO DE DISSOLUÇÃO PARCIAL DE SOCIEDADE COM APURAÇÃO DE HAVERES. Sentença que declarou a dissolução parcial da sociedade, com a exclusão da autora, desde o dia 9 de fevereiro de 2009, procedendo-se à apuração dos haveres da sócia que se retira e julgou extinta a reconvenção, sem exame de mérito. Inconformismo das rés. 1-a documentação dos autos não enseja o reconhecimento da hipossuficiência econômica da sociedade ré. 2-preliminares de ilegitimidade passiva da sociedade ré, de falta de interesse de agir, de inépcia da inicial e de prescrição afastadas. 3-cinge-se a controvérsia em analisar a possibilidade da dissolução parcial da sociedade ré, bem como da apuração de haveres das sócias. 4-restou incontroverso nos autos a quebra da **affectio societatis**. Registre-se que o artigo 603 do CPC determina que havendo manifestação expressa e unânime pela concordância da dissolução, o juiz a decretará, passando-se imediatamente à fase de liquidação. 5-a dissolução parcial da sociedade, com fundamento no princípio da preservação da empresa, se justifica no caso concreto, eis que a 1ª ré afirma em sua contestação que possui interesse na manutenção da atividade da empresa. 6-deixo de me manifestar quanto ao critério a ser utilizado na apuração de haveres, tendo em vista que o mesmo não foi objeto dos recursos. 7-não cabimento da reconvenção, eis que não há compatibilidade de ritos entre a prestação de contas e a dissolução de sociedade, de modo que deve ser, se for o caso, objeto de ação própria. Inteligência do disposto no artigo 327, § 1º, III, do CPC. 8-a apuração de haveres é despesa a ser arcada pela sociedade, por ser realizada no interesse desta, devendo, posteriormente, ser compensado com os haveres do retirante. 9-o julgador é obrigado, ao prolatar a sentença, distribuir os ônus da sucumbência (artigo 85, do CPC), devendo, contudo, ressalvar os termos do artigo 98, § 3º, do código de processo civil, quando houver uma parte beneficiária da justiça gratuita. 10-precedentes do STJ e do TJRJ. Sentença parcialmente reformada. 11-inexistência de omissão, contradição, obscuridade ou dúvida. Recurso com efeito prequestionatório. Embargos não providos. (TJRJ; APL 0035482-92.2014.8.19.0202; Rio de Janeiro; Décima Sexta Câmara Cível; Rel. Des. Marco Aurelio Bezerra de Melo; DORJ 06/10/2017; Pág. 400)

§ 1º Na hipótese prevista no caput, não haverá condenação em honorários advocatícios de nenhuma das partes, e as custas serão rateadas segundo a participação das partes no capital social.

<u>Não há condenação em honorários advocatícios na hipótese de concordância com a dissolução:</u>

✓ SOCIEDADE EMPRESÁRIA. DISSOLUÇÃO PARCIAL. PROCEDIMENTO ESPECIAL. CONCORDÂNCIA. HONORÁRIOS ADVOCATÍCIOS. AUSÊNCIA. 1. No procedimento especial de dissolução parcial de sociedade, previsto nos artigos 599 a 609 do Código de Processo Civil, não há condenação em honorários advocatícios quando a sociedade e os sócios não apresentam resistência ao pleito e concordam de forma expressa e unânime com o pedido de retirada (art. 603, §1º, do Código de Processo Civil). 2. Recurso conhecido e provido. (TJDF; APC 2016.01.1.049757-0; Ac. 100.0303; Terceira Turma Cível; Relª Desª Maria de Lourdes Abreu; Julg. 22/02/2017; DJDFTE 13/03/2017)

<u>Em caso de concordância das partes quanto à dissolução, os honorários periciais devem ser rateados:</u>

✓ AGRAVO DE INSTRUMENTO. AÇÃO DE DISSOLUÇÃO DE SOCIEDADE E APURAÇÃO DE HAVERES. LIQUIDAÇÃO. Prova Pericial. Ônus. Concordância das partes quanto à dissolução. Necessidade de que os honorários sejam rateados. Inteligência do artigo 603, §1º do CPC/15. Quantum fixado a título de honorários provisórios. Alegações genéricas que não são suficientes para afastar o valor indicado pelo perito. Ademais, a própria decisão recorrida registrou a possibilidade de redução caso a perícia se mostre concretamente mais simples do que indicado pelo profissional. Possibilidade de rediscussão futura do montante. Decisão mantida. Recurso improvido. (TJSP; AI 2131860-03.2017.8.26.0000; Ac. 10683162; São Paulo; Primeira Câmara Reservada de Direito Empresarial; Rel. Des. Hamid Bdine; Julg. 09/08/2017; DJESP 16/08/2017; Pág. 2195)

✓ DISSOLUÇÃO PARCIAL DE SOCIEDADE. Apuração de haveres. Ônus do adiantamento dos honorários periciais. Disposição do art. 603, §1º do Novo Código de Processo Civil, de que, havendo concordância dos sócios quanto à dissolução parcial da sociedade, não são devidos honorários sucumbenciais e devem ser rateada entre eles as custas processuais. No caso, como houve concordância entre os sócios quanto à dissolução parcial, devem também ser rateado, na proporção da participação de cada um no capital social, os honorários periciais, de acordo com a intenção do legislador. Decisão reformada. Recurso provido. (TJSP; AI 2148181-50.2016.8.26.0000; Ac. 9986895; São Bernardo do Campo; Primeira Câmara Reservada de Direito Empresarial; Rel. Des. Teixeira Leite; Julg. 21/11/2016; DJESP 24/11/2016)

<u>A parte sucumbente deve arcar com o pagamento dos honorários do perito:</u>

✓ AGRAVO DE INSTRUMENTO. DISSOLUÇÃO PARCIAL DA SOCIEDADE. APURAÇÃO DE HAVERES. Responsabilidade pelo pagamento dos honorários periciais. Questão controvertida nos tribunais estaduais. Adoção do posicionamento exposto pelo Des. Nagib Slaibi Filho, por ocasião do julgamento do agravo de instrumento nº 0061753-94.2016.8.19.0000. Resistência ao pedido de dissolução e procedência do pedido. Interpretação do artigo 603 e §1º do CPC/15. Agravados que restaram sucumbentes e, portanto, devem arcar com o pagamento dos honorários do perito. Provimento do recurso. (TJRJ; AI 0023507-92.2017.8.19.0000; Rio de Janeiro; Décima Câmara Cível; Rel. Des. Celso Luiz de Matos Peres; DORJ 28/07/2017; Pág. 389)

§ 2º Havendo contestação, observar-se-á o procedimento comum, mas a liquidação da sentença seguirá o disposto neste Capítulo.

Se o réu apresentar contestação, mas concordar com a dissolução parcial da sociedade, deve ser decretada, de imediato, a dissolução:

✓ AÇÃO DE DISSOLUÇÃO PARCIAL DE SOCIEDADE CUMULADA COM APURAÇÃO DE HAVERES. CONCORDÂNCIA EXPRESSA DAS PARTES QUANTO À DISSOLUÇÃO. ANÁLISE DAS DEMAIS QUESTÕES POSTAS NA PETIÇÃO INICIAL. DESCABIMENTO. QUESTÕES RELATIVAS AO DESVIO DE DINHEIRO E RETIRADA DE VALORES DA CONTA BANCÁRIA DA SOCIEDADE QUE DEVERÃO SER APURADAS NA FASE DE LIQUIDAÇÃO. I. O código de processo civil de 2015 deve ser aplicado imediatamente aos processos em curso, na forma dos arts. 14 e 1.046 do novo diploma. II. De acordo com o art. 603 do CPC, havendo concordância expressa das partes quando à dissolução da sociedade, deve o magistrado decretá-la desde logo, passando imediatamente à fase de liquidação. III. No caso dos autos, embora tenha contestado a demanda, especialmente no que tange à alegação de falta grave, o réu concordou expressamente com a dissolução da sociedade, tendo em vista a evidente quebra da affectio societatis. Assim, agiu corretamente a ilustre magistrada singular ao decretar, sem maiores considerações, a dissolução parcial da sociedade, com a exclusão do réu do quadro societário, passando a decidir sobre a questão da apuração dos haveres, observados os ditames dos arts. 604 e seguintes do CPC. IV. De outro lado, as questões relativas ao suposto desvio de dinheiro e retirada de valores da conta bancária da sociedade, as quais revelam a nítida intenção da companhia em compensar os valores devidos pelo sócio excluído do montante que este eventualmente tem a receber, deverão ser apuradas na fase de liquidação e apuração dos haveres, onde será analisada a pertinência e necessidade da prova documental e oral pretendida pelos autores, consoante constou na própria sentença. V. Por fim, descabe a aplicação dos honorários recursais previstos no art. 85, § 11, do CPC, pois não foi arbitrada verba honorária em favor do procurador dos autores, ora apelantes. Apelação desprovida. (TJRS; AC 0053022-70.2017.8.21.7000; Porto Alegre; Quinta Câmara Cível; Rel. Des. Jorge André Pereira Gailhard; Julg. 28/06/2017; DJERS 05/07/2017)

Art. 604. Para apuração dos haveres, o juiz:

I – fixará a data da resolução da sociedade;

II – definirá o critério de apuração dos haveres à vista do disposto no contrato social; e

III – nomeará o perito.

§ 1º O juiz determinará à sociedade ou aos sócios que nela permanecerem que depositem em juízo a parte incontroversa dos haveres devidos.

Quando os valores dos haveres do sócio retirante são controversos, é indevida a determinação de depósito pelos demais sócios:

✓ AGRAVO DE INSTRUMENTO. DISSOLUÇÃO E LIQUIDAÇÃO PARCIAL DE SOCIEDADE. ANTECIPAÇÃO DE HAVERES. FIXAÇÃO DE PRO LABORE. BLOQUEIO DE CONTAS. IMPOSSIBILIDADE. 1. Os valores dos haveres do sócio retirante são controversos, sendo precipitada a determinação aos demais sócios de antecipação dos mesmos, nos moldes do §1º do art. 604 do CPC. 2. Não é possível deferir a concessão de pró- labore referente ao período posterior a saída do agravante da sociedade, porquanto deixou de exercer o cargo de administrador da empresa. Questão definida por ocasião do julgamento do AI nº 70064899214. 3. Indeferimento dos pedidos de bloqueio de contas da sociedade, haja vista a impossibilidade de aferição, neste momento processual, das alegações de esvaziamento do patrimônio da empresa objeto do pedido de dissolução. Indisponibilidade dos bens da sociedade deferida pelo douto juízo de origem. Agravo de instrumento desprovido. (TJRS; AI 0202912-83.2017.8.21.7000; Porto Alegre; Quinta Câmara Cível; Relª Desª Isabel Dias Almeida; Julg. 30/08/2017; DJERS 08/09/2017)

§ 2º O depósito poderá ser, desde logo, levantando pelo ex-sócio, pelo espólio ou pelos sucessores.

§ 3º Se o contrato social estabelecer o pagamento dos haveres, será observado o que nele se dispôs no depósito judicial da parte incontroversa.

É possível o parcelamento do depósito do valor incontroverso, desde que exista previsão no contrato social:

✓ AGRAVO DE INSTRUMENTO. DISSOLUÇÃO E LIQUIDAÇÃO DE SOCIEDADE AÇÃO DE APURAÇÃO DE HAVERES. IMPUGNAÇÃO AOS CRITÉRIOS DA PERICIA. ROL TAXATIVO. 1. A decisão agravada, no ponto em que relegou a análise da impugnação aos critérios de cálculo do expert para sentença, não merece ser conhecida, por tratar-se de hipótese não prevista no rol taxativo do art. 1.015 do CPC. 2. Por outro lado, a decisão, na parte em que antecipa parcialmente o direito invocado pela parte autora, depósito de valor incontroverso, nos termos do art. 604, §1º, do CPC, encontra previsão no inciso I do art. 1.015 do mesmo diploma legal, motivo pelo qual cabível a interposição do recurso de agravo de instrumento. 3. Hipótese em que cabível o parcelamento do depósito do valor incontroverso, nos moldes do §3º do art. 604 do CPC. Pagamento parcelado dos haveres do sócio retirante previsto no contrato social. Necessidade de observância, conforme art. 609 do referido diploma legal. Recurso parcialmente conhecido e, no ponto, parcialmente provido. (TJRS; AI 0107753-16.2017.8.21.7000; Porto Alegre; Quinta Câmara Cível; Relª Desª Isabel Dias Almeida; Julg. 28/06/2017; DJERS 04/07/2017)

Art. 605. A data da resolução da sociedade será:

I – no caso de falecimento do sócio, a do óbito;

<u>A data do óbito do sócio original é a data da resolução da sociedade para a apuração dos haveres em balanço especial:</u>

✓ AGRAVO DE INSTRUMENTO. AÇÃO CONDENATÓRIA. OBRIGAÇÃO DE FAZER. Pretensão dos autores de serem admitidos na sociedade limitada como sucessores do falecido pai. Resistência do sócio remanescente, que não aceita o ingresso de novos sócios, justificado em cláusula contratual que condiciona à concordância dos sócios atuais o ingresso dos novos. Pedido de antecipação de tutela para distribuição imediata de lucros da empresa do exercício atual e dos anteriores. Óbito do sócio original ocorrido há cinco anos. Ajuizamento pelo sócio remanescente de ação de liquidação da cota do sócio extinto para indenizar os seus herdeiros. Hipótese de não ingresso dos herdeiros como sócio que justifica a não distribuição de lucros, porque a data do óbito do sócio extinto é a data da resolução da sociedade para a apuração dos haveres em balanço especial de determinação, na forma do art. 1.031 do Código Civil, e dos artigos 604, I e 605, I, do código de processo civil de 2015. Assim, os lucros posteriores ao óbito do sócio extinto somente serão partilháveis aos seus herdeiros se estes forem admitidos como sócios da empresa, o que até agora não aconteceu e é o pedido da ação judicial por eles proposta. Por esse motivo, é impossível, neste momento, conceder a antecipação de tutela para a distribuição de lucros, já que os herdeiros ainda não adquiriram a condição de sócios. Agravo de instrumento não provido. (TJRS; AI 0087852-96.2016.8.21.7000; Porto Alegre; Sexta Câmara Cível; Rel. Des. Ney Wiedemann Neto; Julg. 09/06/2016; DJERS 17/06/2016)

II – na retirada imotivada, o sexagésimo dia seguinte ao do recebimento, pela sociedade, da notificação do sócio retirante;

<u>Considera-se data da retirada o sexagésimo dia, a contar do recebimento da notificação:</u>

✓ DISSOLUÇÃO PARCIAL DE SOCIEDADE. Fixação de critérios para a apuração dos haveres do sócio retirante. Data da exclusão. Sexagésimo dia, a contar da data do recebimento de notificação pela sociedade. Inteligência do art. 1029 do Código Civil c/c art. 605, inciso II, do Código de Processo Civil. Valor da participação integralizada pelo sócio a ser aferido no momento em que foi excluído. Apuração do valor real das quotas, mediante levantamento em balanço de liquidação, com perícia contábil, que deve considerar o valor de bens e direitos, tangíveis e intangíveis, que integram o ativo, bem como o fundo de comércio. Crédito a ser pago de uma só vez. Precedentes do STJ. Recurso provido. (TJSP; AI 2162498-53.2016.8.26.0000; Ac. 9897620; Araras; Primeira Câmara Reservada de Direito Empresarial; Rel. Des. Francisco Loureiro; Julg. 17/10/2016; DJESP 20/10/2016)

<u>O termo inicial para correção monetária é o sexagésimo dia posterior à data do recebimento da notificação:</u>

✓ EMBARGOS DE DECLARAÇÃO. FIXAÇÃO DO TERMO INICIAL DE INCIDÊNCIA DA CORREÇÃO MONETÁRIA. SEXAGÉSIMO DIA POSTERIOR À DATA DO RECEBIMENTO DA NOTIFICAÇÃO PELA SOCIEDADE. Juros moratórios a partir da citação. Inteligência do art. 1029 do Código Civil c/c art. 605, inciso II, do Código de Processo Civil. Embargos acolhidos. (TJSP; EDcl 2228876-88.2016.8.26.0000/50001; Ac. 10862072; Piracicaba; Primeira Câmara Reservada de Direito Empresarial; Rel. Des. Hamid Bdine; Julg. 04/10/2017; DJESP 11/10/2017; Pág. 2424)

III – no recesso, o dia do recebimento, pela sociedade, da notificação do sócio dissidente;

IV – na retirada por justa causa de sociedade por prazo determinado e na exclusão judicial de sócio, a do trânsito em julgado da decisão que dissolver a sociedade; e

<u>Na ação de exclusão de sócio por justa causa, a data da resolução da sociedade será a data do trânsito em julgado da sentença que o excluiu:</u>

✓ APELAÇÃO CÍVEL. Ação de exclusão de sócio por justa causa em razão de cometimento de falta grave. Na forma do art. 605, inciso IV, do CPC/2015, a data da resolução da sociedade será a data do trânsito em julgado da sentença que excluiu a ré. Litigância de má-fé não caracterizada. Não estando presente qualquer das hipóteses discriminadas no art. 80 do código de processo civil/15, não há que se falar em litigância de má-fé. Os honorários advocatícios não foram arbitrados de modo proporcional e adequado e justificam sua majoração. Apelo provido em parte. (TJRS; AC 0207118-43.2017.8.21.7000; Novo Hamburgo; Sexta Câmara Cível; Rel. Des. Ney Wiedemann Neto; Julg. 28/09/2017; DJERS 05/10/2017)

V – na exclusão extrajudicial, a data da assembleia ou da reunião de sócios que a tiver deliberado.

Art. 606. Em caso de omissão do contrato social, o juiz definirá, como critério de apuração de haveres, o valor patrimonial apurado em balanço de determinação, tomando-se por referência a data da resolução e avaliando-se bens e direitos do ativo, tangíveis e intangíveis, a preço de saída, além do passivo também a ser apurado de igual forma.

O juiz fixará o critério de apuração de haveres somente quando o contrato social for omisso:

✓ APELAÇÃO CÍVEL. AÇÃO DE DISSOLUÇÃO PARCIAL DE SOCIEDADE C.C. APURAÇÃO DE HAVERES. RETIRADA DE SÓCIO. QUEBRA DA AFFECTIO SOCIETATIS. DATA DA DISSOLUÇÃO. TRÂNSITO EM JULGADO DA SENTENÇA DECLARATÓRIA. CRITÉRIO PARA APURAÇÃO DOS HAVERES. MÉTODO PREVISTO NO CONTRATO SOCIAL. 1) Nos termos do art. 606, IV, do Novo Código de Processo Civil, para os casos de retirada judicial de sócio, a data da resolução será a do transido em julgado da sentença que dissolve a sociedade. 2) Somente se o contrato social for omisso quanto ao critério de apuração dos haveres é que o juiz o fixará em sentença (NCPC, art. 606). 3) Se o contrato social previu expressamente o critério do "balanço do acervo social", não há como o julgador interferir na vontade dos sócios e modificá-lo, mormente porque, neste caso, o método eleito no contrato social se coaduna com a melhor jurisprudência do Superior Tribunal de Justiça. (TJMG; APCV 1.0024.14.074160-4/002; Rel. Des. Marcos Lincoln; Julg. 21/09/2016; DJEMG 28/09/2016)

A apuração de haveres deve ser efetivada com base em balanço especial, a ser apurada sem liquidação:

✓ APELAÇÃO CÍVEL. DISSOLUÇÃO DE SOCIEDADE. SOCIEDADE EM COMUM. INEQUÍVOCA CONSTITUIÇÃO DE SOCIEDADE EM COMUM E QUEBRA DA AFFECTIO SOCIETATIS. APURAÇÃO DE HAVERES. 1. Havendo confessada constituição de sociedade em comum e quebra da affectio societatis, é de ser acolhido o pedido de dissolução da sociedade. 2. A apuração de haveres deve ser efetivada com base no balanço especial considerando a data da saída do sócio, nos termos do art. 606 do CPC, a ser apurada em liquidação. Recurso provido. (TJRS; AC 0172791-72.2017.8.21.7000; Farroupilha; Quinta Câmara Cível; Relª Desª Isabel Dias Almeida; Julg. 30/08/2017; DJERS 06/09/2017)

Parágrafo único. Em todos os casos em que seja necessária a realização de perícia, a nomeação do perito recairá preferencialmente sobre especialista em avaliação de sociedades.

Embora o juízo possa indicar um método de apuração de haveres, pode o especialista adotar outro que entender mais adequado:

✓ CIVIL E EMPRESARIAL. AGRAVO DE INSTRUMENTO. DISSOLUÇÃO PARCIAL DE SOCIEDADE. RETIRADA DE SÓCIO. LAUDO PERICIAL. CÁLCULO DE GOODWILL. MÉTODO DE APURAÇÃO DOS HAVERESA SER DEFINIDO POR EXPERT. DECISÃO MANTIDA. 1. Agravo de instrumento contra decisão que determinou o cálculo do goodwill pelo método do fluxo de caixa descontado ou outro método que o expert entender conveniente, proferida em ação de dissolução parcial de sociedade. 2. Leciona a doutrina que: O art. 1.031 do CC e o art. 606 do CPC de 2015 estabelecem que, na hipótese de omissão do contrato social, e obviamente não existindo acordo entre as partes, caberá ao juiz definir como critério de apuração dos haveres o valor patrimonial a ser apurado em balanço de determinação que nada mais é senão uma atualização das contas do balaço contábil da empresa. Por esse balanço de determinação serão reavaliados os ativos e passivos com o objetivo de se buscar o justo e real valor da sociedade, incluído aí bens tangíveis e intangíveis que compõem o chamado fundo de comércio. Entre os ativos e passivos, no momento em que é realizado o balanço de determinação, caberá incluir itens que não constam originalmente do balanço contábil da empresa, como pode ser o caso de bens intangíveis (p. Ex. Marcas, patentes, know-how, e demais propriedades intelectuais por ventura existentes, além do chamado goodwill que é a capacidade que o estabelecimento tem de atração da clientela mediante a reunião organizada dos bens de produção), ou até mesmo passivos até então não reconhecidos no balanço e que devem ser contingenciados. (BERTOLDI, Marcelo M. Ribeiro, Márcia Carla Pereira. Curso avançado de direito comercial [livro eletrônico]. 3. ED. São Paulo: Revista dos Tribunais, 2016. 3. Mostra-se viável a apuração de eventual goodwill, sendo certo que, embora o magistrado tenha indicado o método de fluxo de caixa descontado, deixou a critério do expert a utilização do meio mais adequado para apuração dos haveres. 4. Agravo improvido. (TJDF; AGI 2016.00.2.040724-3; Ac. 991.827; Segunda Turma Cível; Rel. Des. João Egmont Leoncio Lopes; Julg. 01/02/2017; DJDFTE 09/02/2017)

Art. 607. A data da resolução e o critério de apuração de haveres podem ser revistos pelo juiz, a pedido da parte, a qualquer tempo antes do início da perícia.

Art. 608. Até a data da resolução, integram o valor devido ao ex-sócio, ao espólio ou aos sucessores a participação nos lucros ou os juros sobre o capital próprio declarados pela sociedade e, se for o caso, a remuneração como administrador.

Parágrafo único. Após a data da resolução, o ex-sócio, o espólio ou os sucessores terão direito apenas à correção monetária dos valores apurados e aos juros contratuais ou legais.

Art. 609. Uma vez apurados, os haveres do sócio retirante serão pagos conforme disciplinar o contrato social e, no silêncio deste, nos termos do § 2º do art. 1.031 da Lei no 10.406, de 10 de janeiro de 2002 (Código Civil).

Ausente no contrato social a previsão de forma de pagamento dos haveres, impõe-se a observância do art. 1.031, § 2º, do Código Civil:

✓ APELAÇÃO CÍVEL. AÇÃO DE APURAÇÃO DE HAVERES. LEGITIMIDADE PASSIVA DO SÓCIO QUOTISTA REMANESCENTE. INTERESSE DE AGIR CONFIGURADO. JUROS DE MORA. AFASTAMENTO. CRITÉRIO DE FIXAÇÃO DA APURAÇÃO DE HAVERES. CONTRATO SOCIAL. FORMA DE PAGAMENTO. ART. 609 DO NCPC. ART. 1.031, §2º DO CC/02. 1. Relativamente à preliminar de ilegitimidade passiva do quotista remanescente, frisa-se que é de ser afastada. Na esteira da jurisprudência do STJ, o sócio remanescente é, juntamente com a pessoa jurídica correspondente, legítimo para figurar no polo passivo da demanda de dissolução parcial de sociedade. 2. Com efeito, vai afastada a preliminar de ausência de interesse de agir. Infere-se, em princípio, que a presente demanda, em contraposição à ação consignatória, possuem naturezas, fundamentalmente, distintas. Considera-se, outrossim, a existência de controvérsia quanto ao valor devido, no que toca a uma das demandas em questão. 3. Quanto ao mais, no que se refere ao pleito de afastamento da incidência de juros moratórios, tenho que, com efeito, merece acolhimento, eis que não há, à luz dos elementos contidos nos autos, como se imputar a mora às recorrentes. Inteligência do art. 396 do CC/02. 4. O critério de apuração de haveres fixado na sentença – Correspondente aquele previsto no contrato social – Encontra respaldo na legislação aplicável à matéria e na jurisprudência do STJ, razão pela qual vai mantido. 5. Outrossim, no que toca à forma de pagamento dos haveres, impõe-se a observância do que dispõem os artigos 609 do NCPC e 1.031, §2º do CC/02, considerando a ausência de previsão no contrato social relativamente à questão. Dado parcial provimento ao recurso. (TJRS; AC 0298706-68.2016.8.21.7000; Porto Alegre; Quinta Câmara Cível; Rel. Des. Léo Romi Pilau Júnior; Julg. 30/11/2016; DJERS 08/12/2016)

CAPÍTULO VI
DO INVENTÁRIO E DA PARTILHA

Seção I
Disposições Gerais

Art. 610. Havendo testamento ou interessado incapaz, proceder-se-á ao inventário judicial.

A existência de testamento não afasta a possibilidade de realização de inventário extrajudicial, na hipótese em que as partes forem maiores e capazes e houver concordância:

✓ AGRAVO DE INSTRUMENTO. ABERTURA, REGISTRO E CUMPRIMENTO DE TESTAMENTO. INDEFERIMENTO DO PEDIDO DE PROCESSAMENTO EXTRAJUDICIAL DA SUCESSÃO. 1.O entendimento que vem sendo consagrado é o de que o caput do artigo 610 do CPC/15 deve ser conjugado com seu parágrafo único: A existência de testamento não afasta a possibilidade de realização de inventário extrajudicial, na hipótese em que as partes forem maiores e capazes e houver concordância entre elas. 2. Provimento CGJ n. º 21/2017, de abril deste ano, o qual conferiu nova redação ao parágrafo primeiro do artigo 297 da Consolidação Normativa, parte extrajudicial, possibilitando ao juízo sucessório, nos autos da apresentação e cumprimento de testamento, e desde que capazes e concordes todos os interessados, autorizar a realização do inventário e da partilha por escritura pública, a constituir título hábil para o registro. 3. Enunciado Nº 600, aprovado na VIII Jornada de Direito Civil: -Após registrado judicialmente o testamento e sendo todos os interessados capazes e concordes com os seus termos, não havendo conflitos de interesses, é possível que se faça o inventário extrajudicial. "4. Enunciado Nº 16, elaborado no âmbito do Instituto Brasileiro de Direito da Família: -Mesmo quando houver testamento, sendo todos os interessados capazes e concordes com os seus termos, não havendo conflitos de interesses, é possível que se faça o inventário extrajudicial. -5.Precedentes desta Corte. RECURSO CONHECIDO E PROVIDO. (TJRJ; AI 0034572-84.2017.8.19.0000; Rio de Janeiro; Décima Primeira Câmara Cível; Rel. Des. Fernando Cerqueira Chagas; DORJ 22/09/2017; Pág. 374)

O levantamento de bens somente ocorrerá se não houver outros bens a partilhar:

✓ APELAÇÃO CÍVEL. PEDIDO DE ALVARÁ. SALDO PREVIDENCIÁRIO NÃO RECEBIDO EM VIDA. EXISTÊNCIA DE BENS A INVENTARIAR. PRETENSÃO QUE NÃO DEVE SER ACOLHIDA. O levantamento de quantia não recebida em vida pelo de cujus, independentemente do processamento de inventário, tem cabimento apenas excepcionalmente, quando inexistentes outros bens a partilhar. Inteligência do art. 610 do CPC, c/c a Lei nº 8.858/80. Não pode ser acolhida a pretensão, in casu, porquanto está declarada nos autos a existência de bens a inventariar. Apelo desprovido. (TJRS; AC 0127518-70.2017.8.21.7000; Alegrete; Sétima Câmara Cível; Relª Desª Sandra Brisolara Medeiros; Julg. 28/06/2017; DJERS 03/07/2017)

§ 1º Se todos forem capazes e concordes, o inventário e a partilha poderão ser feitos por escritura pública, a qual constituirá documento hábil para qualquer ato de registro, bem como para levantamento de importância depositada em instituições financeiras.

A realização da partilha ou inventário extrajudicial é uma mera faculdade das partes:

✓ APELAÇÃO CÍVEL. INVENTÁRIO. EXTINÇÃO. AUSÊNCIA DE INTERESSE DE AGIR. INVENTÁRIO EXTRAJUDICIAL. OPÇÃO DAS PARTES. POSSIBILIDADE DA ESCOLHA DA VIA JUDICIAL. A redação do art. 610, § 1º, do CPC/2015 permite seja feito o inventário e a partilha por escritura pública, desde que capazes e concordes os interessados. Trata-se de faculdade atribuída aos interessados os quais "podem" (no sentido de possibilidade e não de dever) optar pela lavratura de escritura em cartório ou pelo procedimento judicial. Todavia, referida faculdade não representa óbice a realização do inventário pela jurisdicional, razão pela qual deve ser afastada a falta de interesse de agir reconhecida pelo julgador de piso, impondo-se a cassação de sua sentença. (TJMG; APCV 1.0295.16.001813-7/001; Rel. Des. Peixoto Henriques; Julg. 22/08/2017; DJEMG 29/08/2017)

✓ APELAÇÃO CÍVEL. DIREITO SUCESSÓRIO. ABERTURA DE INVENTÁRIO. AUSÊNCIA DE INTERESSE DE AGIR. VIA EXTRAJUDICIAL. FACULDADE DO INTERESSADO -ARTIGO 610 DO NOVO CÓDIGO DE PROCESSO CIVIL. ART. 2º DA RESOLUÇÃO 35 DO CONSELHO NACIONAL DE JUSTIÇA. CASSAÇÃO DA SENTENÇA. NECESSIDADE. A abertura de inventário extrajudicialmente é uma faculdade conferida aos interessados, e o simples fato dos herdeiros serem capazes e estarem em consenso, e inexistindo testamento, não os obriga a realizarem o procedimento por meio de escritura pública, conforme disciplina o art. 610, §1º, do Novo Código de Processo Civil, dispondo da mesma maneira o artigo 2º da Resolução 35 do Conselho Nacional de Justiça, que disciplina a questão no âmbito dos serviços notariais e de registro. Provido para cassar a sentença. (TJMG; APCV 1.0003.16.002868-8/001; Rel. Des. Judimar Biber; Julg. 22/06/2017; DJEMG 18/07/2017)

§ 2º O tabelião somente lavrará a escritura pública se todas as partes interessadas estiverem assistidas por advogado ou por defensor público, cuja qualificação e assinatura constarão do ato notarial.

Art. 611. O processo de inventário e de partilha deve ser instaurado dentro de 2 (dois) meses, a contar da abertura da sucessão, ultimando-se nos 12 (doze) meses subsequentes, podendo o juiz prorrogar esses prazos, de ofício ou a requerimento de parte.

O Código de Processo Civil não prevê qualquer penalidade pela inobservância do prazo para abertura do inventário, mas permite que os Estados cobrem multa pela extemporaneidade:

✓ INVENTÁRIO. DECISÃO QUE INDEFERIU A GRATUIDADE E A ISENÇÃO DO TRIBUTO (ITCMD) E DA MULTA DECORRENTE DA EXTEMPORANEIDADE NA ABERTURA DO INVENTÁRIO. INCONFORMISMO. Acolhimento em parte. Custas que devem ser suportadas pelo espólio e não pelo inventariante ou herdeiros. O espólio não dispõe de recursos financeiros ou outros bens de pronta liquidez, para honrar as despesas processuais. Gratuidade concedida. Higidez da multa, visto que não observado o prazo previsto no art. 983 do CPC/73 (art. 611, do CPC/15), vigente à data da abertura da sucessão e do inventário. Quanto à isenção do tributo (ITCMD), prematuro o exame, pois sequer há informação sobre o valor total do acervo hereditário e nem prévia manifestação da Fazenda Pública a respeito da quantia indicada (art. 1.007, do CPC/73 e art. 633, do CPC/15). Decisão ajustada. Recurso provido em parte. (TJSP; AI 2167946-70.2017.8.26.0000; Ac. 10832252; São Paulo; Oitava Câmara de Direito Privado; Rel. Des. Grava Brazil; Julg. 27/09/2017; DJESP 02/10/2017; Pág. 2102)

Art. 612. O juiz decidirá todas as questões de direito desde que os fatos relevantes estejam provados por documento, só remetendo para as vias ordinárias as questões que dependerem de outras provas.

Simulação em compra de imóvel não pode ser discutida no inventário:

✓ INVENTÁRIO. SUPOSTA SIMULAÇÃO NA AQUISIÇÃO DE IMÓVEL POR UMA DAS HERDEIRAS. DISCUSSÃO NAS VIAS ORDINÁRIAS. QUESTÃO DE ALTA INDAGAÇÃO. NECESSIDADE DE PRODUÇÃO DE PROVA. 1. Pendente controvérsia, por pequena que seja, a demandar produção de prova e reclamar amplo contraditório, é descabida a discussão no inventário. Inteligência do art. 612 do NCPC. 2. Considerando que existem teses antagônicas no que concerne à aquisição de bem imóvel por umas das herdeiras, deve a questão ser solvida nas vias ordinárias, com a ampla produção de provas e observância do contraditório. Recurso provido em parte. (TJRS; AI 0114469-59.2017.8.21.7000; Alegrete; Sétima Câmara Cível; Rel. Des. Sérgio Fernando de Vasconcellos Chaves; Julg. 27/09/2017; DJERS 29/09/2017)

Discussão sobre a titularidade de bens arrolados, que depende de provas documental ou pericial, não pode ser dirimida incidentalmente ao inventário:

✓ APELAÇÃO CÍVEL – PROCEDIMENTO DE INVENTÁRIO – QUESTÃO DE ALTA INDAGAÇÃO – UNIÃO

ESTÁVEL – ACORDO EM AÇÃO DE ARROLAMENTO – NÃO DEMONSTRADA A TITULARIDADE DOS BENS EM NOME DA FALECIDA- VIAS ORDINÁRIAS – ART. 612 DO CPC. -De acordo com o Código de Processo Civil, Art. 612. O juiz decidirá todas as questões de direito desde que os fatos relevantes estejam provados por documento, só remetendo para as vias ordinárias as questões que dependerem de outras provas. -Considerando que no presente inventário há questão de fato de alta indagação, como à relativa à titularidade dos bens arrolados, a qual depende de outras provas, deve ser mantida a sentença que extinguiu o processo, sem resolução do mérito, porquanto as partes deverão ser remetidas às vias ordinárias, a teor do art. 612 do CPC. (TJ-MG; AC 10000170122444001; MG; 6ª Câmara Cível; Rel. Yeda Athias; Julg. 12/09/2017; Data de Publicação: 20/09/2017)

Discussão sobre doação em favor de apenas um dos herdeiros depende de debate em ação autônoma:

✓ APELAÇÃO CÍVEL. DIREITO PROCESSUAL CIVIL. PROCEDIMENTO DE INVENTÁRIO. LIMITES DO PROCEDIMENTO ESPECIAL DE JURISDIÇÃO. PROCESSO QUE NÃO COMPORTA O DEBATE E JULGAMENTO DE QUESTÕES DE ALTA INDAGAÇÃO. INTELIGÊNCIA DO ART. 612 DO CPC. PRECEDENTE. SENTENÇA QUE PARTILHA O PATRIMÔNIO DO ESPÓLIO ENTRE OS HERDEIROS EM QUINHÕES IGUAIS. DECISÃO MANTIDA. Os inventários não são a via adequada para o debate de questões controvertidas ou não esclarecidas para os herdeiros, ainda que digam respeito ao patrimônio do espólio, na medida em que indagações de maior complexidade acerca dos bens inventariados exigem dilação probatória que só é admissível no procedimento ordinário. Diante da verificação de litígio entre os herdeiros e inexistindo prévia decisão reconhecendo caráter inoficioso de parte de doação realizada em vida pelo de cujus beneficiando apenas um dos herdeiros, está correta a sentença que não homologou o plano de partilha apresentado pelo inventariante com proposta de compensação, e dividiu o patrimônio do espólio entre todos os herdeiros em quinhões iguais. APELO DEPROVIDO. (Apelação Cível Nº 70074145459, Sétima Câmara Cível, Tribunal de Justiça do RS; Rel. Sandra Brisolara Medeiros, Julgado em 27/09/2017). (TJ-RS; AC 70074145459; RS, Sétima Câmara Cível; Rel. Sandra Brisolara Medeiros; Julg. 27/09/2017; Data de Publicação: 02/10/2017)

O juízo do processo de inventário é competente para decidir questões envolvendo o espólio:

✓ AGRAVO DE INSTRUMENTO. AÇÃO ORDINÁRIA. ACORDO FIRMADO ENTRE AS PARTES APÓS O FALECIMENTO DO AUTOR. VALORES DEPOSITADOS EM JUÍZO. DECISÃO QUE REMETE O PEDIDO DE LEVANTAMENTO AO PROCESSO DO INVENTÁRIO. CABIMENTO. JUÍZO UNIVERSAL. ART. 612 DO CPC. EXISTÊNCIA DE FILHO MENOR. CRÉDITO DO ESPÓLIO. PAGAMENTO DE HONORÁRIOS ADVOCATÍCIOS CONTRATUAIS. NECESSIDADE DE AUTORIZAÇÃO JUDICIAL. ART. 619 DO CPC. AUSÊNCIA DE PREJUÍZO. PRONUNCIAMENTO QUE APENAS ENVIA O PLEITO AO MAGISTRADO COMPETENTE. RECURSO NÃO PROVIDO. DECISÃO MANTIDA. AGRAVO INTERNO PREJUDICADO. (TJ-BA – AI: 00168514620168050000; Rel. José Edivaldo Rocha Rotondano, Quinta Câmara Cível, Data de Publicação: 23/11/2016)

As questões atinentes à meação, direitos hereditários e partilha dos imóveis que compõem o espólio devem ser apreciadas e decididas pelo juízo universal das sucessões:

✓ CIVIL. PROCESSO CIVIL. APELAÇÃO CÍVEL. EMBARGOS DE TERCEIRO. EM CUMPRIMENTO DE SENTENÇA. REINTEGRAÇÃO DE POSSE. ART. 1046, CPC. INDEFERIMENTO DA PETIÇÃO INICIAL E EXTINÇÃO DO PROCESSO SEM RESOLUÇÃO DE MÉRITO. LEGITIMIDADE. INTERESSE RECURSAL. PROVA. INTERESSE JURÍDICO. TEMPESTIVIDADE. INAPLICABILIDADE DO ART. 1048 DO CPC/73 SENTENÇA DE EFICÁCIA EXECUTIVA.RECURSO PROVIDO PARA CASSAR A SENTENÇA. CAUSA MADURA PARA JULGAMENTO (ART. 1013, § 3º, INCISO II DO CPC). EMBARGOS DE TERCEIROS HAVIADOS POR MEEIRA E HERDEIROS EM REINTRGAÇÃO DE POSSE MOVIDA PELO ESPÓLIO. NÃO COMPROVAÇÃO DE MELHOR POSSE EM RELAÇÃO AOS DEMAIS HERDEIROS. ALEGAÇÃO DE VENDA IRREGULAR DO IMÓVEL PELO INVENTARIANTE. NECESSIDADE DE DISCUSSÃO NO JUÍZO DE INVENTÁRIO. ART. 612 DO CPC. PEDIDO INICIAL JULGADO IMPROCEDENTE. 1. Nos termos do artigo 1.046 do Código de Processo Civil de 1973 "quem, não sendo parte no processo, sofrer turbação ou esbulho na posse de seus bens por ato de apreensão judicial, em casos como o de penhora, depósito, arresto, sequestro, alienação judicial, arrecadação, arrolamento, inventário, partilha, poderá requerer Ihe sejam manutenidos ou restituídos por meio de embargos". 2. O interesse de agir é condição da ação consubstanciada tanto pela necessidade do ingresso em juízo, para a obtenção do bem de vida visado, como pela utilidade do provimento jurisdicional invocado, ou seja, relaciona-se com a necessidade da providência jurisdicional solicitada e na utilidade que o provimento poderá proporcionar ao autor. 3.Terceiros legitimados aos embargos serão todos aqueles que não são partes no processo e os que não podem, mesmo figurando no processo, ser atingidos por qualquer ato de apreensão judicial de bens. 4. In casu, os embargantes, titulares de direito de meação e direitos hereditários sobre bem imóvel, comprovado através de ação de Reconhecimento de União Estável post mortem e da condição de herdeiros, não foram partes na ação de reintegração de posse de imóvel, cujos efeitos da sentença pretende-se desconstituir, de forma que comprovada está a legitimidade ativa ad causam, bem como o interesse de agir. 5. É cabível a oposição de embargos de terceiro após o trânsito em julgado da sentença proferida em ação possessória, sob pena de privar a parte da utilização do instituto. (STJ REsp 112.884/SP) 6. Aplica-se a teoria da causa madura com fulcro no artigo 1013, § 3º, Inciso II, do CPC, quando já suficientemente instruído o feito para julgamento do mérito. 7. Não obstante a comprovação de legitimidade para a oposição de embargos de terceiros, os autores não provaram a existência de melhor posse em relação aos demais herdeiros ou qualquer espécie de direito hereditário exclusivo com relação ao imóvel litigioso, de forma que não procede a tutela possessória deduzida nos embargos de terceiro. 7.1. Tendo em vista que além do disposto no art. 1.210 do Código Civil, a proteção da posse, busca proporcionar a concretização da paz social e considerando que os autores/apelantes não detinham o bem e que o processo de inventário tramita há mais de 26 anos, forçoso concluir que no presente caso a melhor posse cabe ao réu/espólio, direito universal e indivisível dos herdeiros e sucessores, incluindo aí os autores. 8. As questões atinentes à meação, direitos hereditários e partilha dos imóveis que compõem o espólio, inclusive quanto a alegada informação de que o inventariante estaria alienando irregularmente o imóvel litigioso, segundo o disposto no art. 612 do CPC, devem ser apreciadas e decididas pelo juízo universal das sucessões, observada as normas próprias dessas relações jurídicas. 9. Recurso conhecido e provido para cassar a sentença. Apreciado o mérito na forma do art. 1013, § 3º, Inciso II, do CPC, embargos de terceiros julgados improcedentes. (TJDF 20160710005940 0000569-52.2016.8.07.0007; Rel. ALFEU MACHADO; Julg. 05/04/2017, 1ª TURMA CÍVEL, Data de Publicação: Publicado no DJE : 18/04/2017; Pág. 116-134)

Art. 613. Até que o inventariante preste o compromisso, continuará o espólio na posse do administrador provisório.

<u>Enquanto não aberto inventário, o espólio permanece na posse do administrador provisório:</u>

✓ AGRAVO DE INSTRUMENTO. EXECUÇÃO FISCAL. EXCEÇÃO DE PRÉ-EXECUTIVIDADE. ESPÓLIO. REPRESENTAÇÃO PROCESSUAL. CONTRIBUIÇÃO DE MELHORIA. NECESSIDADE DE LEI ESPECÍFICA. REPRESENTAÇÃO PROCESSUAL. Enquanto não aberto inventário, o espólio permanece na posse do administrador provisório, sendo cabível a sua representação processual, na forma dos arts. 613 e 614 do CPC. E não há óbice a que apenas um dos herdeiros alegue as questões trazidas na exceção, pois matérias que o juiz pode conhecer de ofício. Cabimento da exceção. No âmbito das execuções fiscais, é incabível a oposição de exceção de pré-executividade veiculando discussão de questões que dependam da dilação probatória e não possam ser conhecidas de ofício pelo magistrado. Verbete nº 393 da Súmula do STJ. Na hipótese, a discussão é eminentemente de direito, prescindindo de dilação probatória. A tese defendida pelo excipiente é de que a previsão genérica de tributação na legislação básica local não substituiu a necessidade de Lei específica para cada obra realizada pelo ente público. Não há alegação de ausência de valorização imobiliária ou de outros fatos que necessitem ser provados. Lei específica. A contribuição de melhoria exige a instituição por Lei específica e a publicação de edital anteriores à consumação do fato gerador, que é a realização da obra, à luz do princípio da legalidade tributária e do disposto no artigo 82, I, do CTN. Inexistência de Lei para a obra que gerou a cobrança da contribuição de melhoria. Precedentes do STJ e desta corte. Agravo de instrumento desprovido. (TJRS; AI 0188943-98.2017.8.21.7000; Teutônia; Vigésima Primeira Câmara Cível; Rel. Des. Almir Porto da Rocha Filho; Julg. 09/08/2017; DJERS 14/08/2017)

✓ AGRAVO DE INSTRUMENTO. EXECUÇÃO FISCAL. EXCEÇÃO DE PRÉ-EXECUTIVIDADE ACOLHIDA. EXTINÇÃO PARCIAL DA EXECUÇÃO. HONORÁRIOS ADVOCATÍCIOS. CABIMENTO. PRELIMINARES. CABIMENTO DO RECURSO. Tratando-se de decisão interlocutória proferida em execução, é cabível a interposição de agravo de instrumento, na forma do parágrafo único do art. 1.015 do CPC. Legitimidade recursal. Ainda que a pretensão recursal seja apenas de fixação de verba honorária, não há necessidade de que o recurso seja interposto em nome do procurador. Precedentes do STJ. Irregularidade de representação. Enquanto não aberto inventário, o espólio permanece na posse do administrador provisório, sendo cabível a sua representação processual, na forma dos arts. 613 e 614 do CPC. A exceção de pré-executividade foi manejada pelo espólio, representado pela viúva, não havendo vício de representaçao. Mérito. Honorários advocatícios. O acolhimento de exceção de pré executividade, mesmo quando há extinção parcial da execução, por haver redução do valor da dívida, gera direito a honorários. Incidência sobre o valor do débito excluído da execução. Agravo de instrumento provido. (TJRS; AI 0139081-61.2017.8.21.7000; Teutônia; Vigésima Primeira Câmara Cível; Rel. Des. Almir Porto da Rocha Filho; Julg. 09/08/2017; DJERS 14/08/2017)

Art. 614. O administrador provisório representa ativa e passivamente o espólio, é obrigado a trazer ao acervo os frutos que desde a abertura da sucessão percebeu, tem direito ao reembolso das despesas necessárias e úteis que fez e responde pelo dano a que, por dolo ou culpa, der causa.

<u>O juízo do inventário é competente para apreciar prestação de contas dos administradores provisórios do espólio:</u>

✓ PROCESSO CIVIL. DIREITO INTERTEMPORAL. APLICAÇÃO DO CPC-73 AOS REQUISITOS DE ADMISSIBILIDADE. TEORIA DO ISOLAMENTO DOS ATOS PROCESSUAIS. AGRAVO DE INSTRUMENTO EM AÇÃO DE INVENTÁRIO. COMPETÊNCIA PARA APRECIAR PRESTAÇÃO DE CONTAS DOS ADMINISTRADORES PROVISÓRIOS DO ESPÓLIO. ART. 614, DO CPC-15 (CORRESPONDENTE AO ART. 986, DO CPC-73). JUÍZO DO INVENTÁRIO. PRINCÍPIO DA ECO-

NOMIA PROCESSUAL. INCIDÊNCIA DO ART. 553, DO CPC-15 (CORRESPONDENTE AO ART. 919, DO CPC-73). MATÉRIA A SER APRECIADA INCIDENTALMENTE NO PROCESSO DE INVENTÁRIO. RECURSO CONHECIDO E PROVIDO. 1. O direito ao recurso nasce com a publicação em cartório, secretaria da vara ou inserção nos autos eletrônicos da decisão a ser impugnada, o que primeiro ocorrer. Assim, o cabimento e os pressupostos a serem adotados (prazos, efeitos, juízo de admissibilidade, dentre outros) são os da Lei Processual vigente à época em que a decisão se torna impugnável, qual seja, CPC-73. 2. O administrador provisório representa ativa e passivamente o espólio, é obrigado a trazer ao acervo os frutos que desde a abertura da sucessão percebeu, tem direito ao reembolso das despesas necessárias e úteis que fez e responde pelo dano a que, por dolo ou culpa, der causa. 3. O art. 553, do CPC-15 (art. 919, do CPC-73) é fundamento suficiente à conclusão de que as contas do administrador provisório devem ser prestadas incidentalmente nos autos do inventário; nesse sentido: "as contas do inventariante, do tutor, do curador, do depositário e de qualquer outro administrador serão prestadas em apenso aos autos do processo em que tiver sido nomeado". 4. No caso, embora não exista, formalmente, nomeação judicial dos administradores provisórios, referida exigência, na espécie, decorre de expressa previsão legal, nos termos dos artigos 1.797, do Código Civil, e 613, do CPC, de modo que, por analogia, reputo aplicável o aludido dispositivo à situação dos autos, uma vez que assunção do encargo independe de nomeação judicial. 5. A administração provisória possui influência direta e imediata na regência dos bens e direitos do espólio, precedendo a nomeação do inventariante, motivo pelo qual se reputa razoável e producente – com arrimo nos princípios da economia e eficiência processual – conferir ao juízo do inventário a competência para processar e analisar as contas dos administradores provisórios6. Por fim, não reputo aplicável ao caso o artigo 612, CPC-15 (art. 984, do CPC-73); a prestação de contas não é de "matéria alta indagação" e – pelo menos a priori – não depende de provas distintas da documental. Além disso, considerando que o juízo a quo tem competência para apreciar as contas do inventariante, não há fundamento lógico em se conferir tratamento diferente ao julgamento das contas do administrador provisório. 7. Recurso conhecido e provido. (TJCE; AI 0620224-09.2016.8.06.0000; Sexta Câmara Cível; Relª Desª Lira Ramos de Oliveira; DJCE 24/08/2016; Pág. 19)

<u>É dever do herdeiro que estiver na posse e administração dos bens prestar contas aos demais:</u>

✓ AGRAVO DE INSTRUMENTO. INVENTÁRIO. DECISÃO QUE DETERMINA A PRESTAÇÃO DE CONTAS DA ADMINISTRAÇÃO DOS BENS DO ESPÓLIO A PARTIR DA NOMEAÇÃO DO INVENTARIANTE. Inconformismo. Acolhimento. Dever do herdeiro que estiver na posse e administração dos bens de prestar contas aos demais herdeiros. Prova documental que evidencia que o requerido exerceu a administração provisória dos bens do espólio. Obrigação legal de trazer ao acervo os frutos que percebeu desde a abertura da sucessão. Exegese do art. 986 do CPC/73 (art. 614 do NCPC). Precedentes. Agravo provido. (TJSP; AI 2102830-20.2017.8.26.0000; Ac. 10690291; São Paulo; Sétima Câmara de Direito Privado; Rel. Des. Rômolo Russo; Julg. 14/08/2017; DJESP 11/09/2017; Pág. 2772)

<u>Na ausência de nomeação de inventariante, o administrador provisório deve representar o espólio:</u>

✓ DESPESAS CONDOMINIAIS – AÇÃO DE COBRANÇA – AUSÊNCIA DE INVENTARIANTE NOMEADO – EXTINÇÃO DO FEITO SEM JULGAMENTO DE MÉRITO – ART. 485, IV, DO NOVO CPC/2015 – INOCORRÊNCIA – PRESENTES AS CONDIÇÕES DA AÇÃO – REPRESENTAÇÃO PROCESSUAL POR ADMINISTRADOR PROVISÓRIO – ART. 614, DO ATUAL CPC (ANTIGO 986) – SENTENÇA ANULADA – RECURSO PROVIDO. I – Presentes os pressupostos processuais para a constituição e desenvolvimento regular do processo, bem como as condições da ação, incabível a extinção desta com base no art. 485, VI do CPC; II – De acordo com o art. 614 do NCPC, enquanto não nomeado inventariante e prestado compromisso, a representação ativa e passiva do espólio caberá ao administrador provisório, o qual detém a posse direta e a administração dos bens hereditários. No caso, possível reconhecer a figura do administrador provisório naquele que contatou diretamente o condomínio-autor para iniciar tratativas de composição amigável; III – A prematura extinção do feito torna nula a sentença, devendo ser afastada para que outra seja proferida, após regular processamento da ação. (TJSP – APL: 10162522920158260554 SP 1016252-29.2015.8.26.0554; Rel. Paulo Ayrosa; Julg. 16/05/2017, 31ª Câmara de Direito Privado, Data de Publicação: 16/05/2017)

Seção II
Da Legitimidade para Requerer o Inventário

Art. 615. O requerimento de inventário e de partilha incumbe a quem estiver na posse e na administração do espólio, no prazo estabelecido no <u>art. 611</u>.

Parágrafo único. O requerimento será instruído com a certidão de óbito do autor da herança.

Art. 616. Têm, contudo, legitimidade concorrente:

I – o cônjuge ou companheiro supérstite;

II – o herdeiro;

III – o legatário;

IV – o testamenteiro;

V – o cessionário do herdeiro ou do legatário;

VI – o credor do herdeiro, do legatário ou do autor da herança;

VII – o Ministério Público, havendo herdeiros incapazes;

VIII – a Fazenda Pública, quando tiver interesse;

IX – o administrador judicial da falência do herdeiro, do legatário, do autor da herança ou do cônjuge ou companheiro supérstite.

Seção III
Do Inventariante e das Primeiras Declarações

Art. 617. O juiz nomeará inventariante na seguinte ordem:

I – o cônjuge ou companheiro sobrevivente, desde que estivesse convivendo com o outro ao tempo da morte deste;

II – o herdeiro que se achar na posse e na administração do espólio, se não houver cônjuge ou companheiro sobrevivente ou se estes não puderem ser nomeados;

III – qualquer herdeiro, quando nenhum deles estiver na posse e na administração do espólio;

IV – o herdeiro menor, por seu representante legal;

V – o testamenteiro, se lhe tiver sido confiada a administração do espólio ou se toda a herança estiver distribuída em legados;

VI – o cessionário do herdeiro ou do legatário;

VII – o inventariante judicial, se houver;

VIII – pessoa estranha idônea, quando não houver inventariante judicial.

Parágrafo único. O inventariante, intimado da nomeação, prestará, dentro de 5 (cinco) dias, o compromisso de bem e fielmente desempenhar a função.

O rol do art. 617 não é exaustivo e é possível a flexibilização da ordem de preferência:

✓ AGRAVO DE INSTRUMENTO. INVENTÁRIO. ORDEM DE PREFERÊNCIA. DESCENDENTE EM DETRIMENTO À COMPANHEIRA. POSSIBILIDADE DE FLEXIBILIZAÇÃO DA ORDEM DO ART. 617 DO CÓDIGO DE PROCESSO CIVIL. SITUAÇÃO EXCEPCIONAL. É possível a flexibilização da ordem de nomeação do inventariante prevista no art. 617 do Código de Processo Civil, quando presente evidência de peculiaridade ou situação excepcional. Nomeação de descendente em detrimento à companheira. Recurso conhecido e não provido. (TJMS, AI 1406033 21.2017.8.12.0000; Segunda Câmara Cível; Rel. Des. Alexandre Bastos; DJMS 28/09/2017; Pág. 47)

✓ DIREITO PROCESSUAL CIVIL. AGRAVO DE INSTRUMENTO. REMOÇÃO DE INVENTARIANTE. ARTIGO 622 DO CÓDIGO DE PROCESSO CIVIL. ROL NÃO EXAUSTIVO. DESCONFIANÇA E DESENTENDIMENTO ENTRE HERDEIROS. POSSIBILIDADE DE REMOÇÃO. ARTIGO 617 DO CÓDIGO DE PROCESSO CIVIL. LISTA DE POSSÍVEIS INVENTARIANTES. ORDEM NÃO ABSOLUTA. PRELIMINAR REJEITADA. RECURSO PROVIDO EM PARTE. O rol do artigo 622 do Código de Processo Civil tem sido compreendido como não exaustivo, ou seja, não impede que outras situações reveladoras de deslealdade, de má gestão, ou de entraves ao andamento do inventário, sejam válidas para a remoção do inventariante. A existência de grave dissensão entre os herdeiros e o inventariante, bem como o conflito de interesses deste e do espólio na apuração de haveres, justificam a aplicação da medida de remoção prevista na legislação processual e a nomeação de uma pessoa com isenção absoluta para representar o espólio. A ordem dos possíveis inventariantes elencados no artigo 617 do Código de Processo Civil não é absoluta, sendo facultado ao juiz alterá-la, para viabilizar o processamento regular do inventário, e sua solução. (TJMG; AI 1.0456.16.005305-8/002; Rel. Des. José Carlos Moreira Diniz; Julg. 21/09/2017; DJEMG 26/09/2017)

✓ AGRAVO DE INSTRUMENTO. INVENTÁRIO. NOMEAÇÃO DE INVENTARIANTE. ORDEM DO ART. 617 DO CPC. A preferência para nomeação ao encargo de inventariante, conforme a ordem prevista no art. 617 do CPC, não tem caráter absoluto, podendo ser admitida alguma flexibilização conforme a situação fática, a partir da convicção formada pelo juízo no cotejo das peculiaridades do caso, na perspectiva de otimização do resultado do inventário. Na especificidade dos autos deve ser mantida, ao menos por ora, a decisão agravada, que nomeou inventariante a filha do de cujus em detrimento da ex-companheira. NEGARAM PROVIMENTO. UNÂNIME. (TJ-RS; AI 70073525123; Oitava Câmara Cível; Rel. Luiz Felipe Brasil Santos; Julg. 17/08/2017; Data de Publicação: 24/08/2017).

✓ AGRAVO DE INSTRUMENTO. Inventário. Substituição do inventariante. Descabimento. Nomeação da agravada que ocorreu em virtude da demora da viúva/agravante em providenciar a abertura do inventário. Ordem de preferência do art. 617, inciso I, do CPC, que não tem caráter absoluto. Manutenção da decisão agravada. Recurso conhecido e não provido. (TJAL; AI 0803423-11.2017.8.02.0000; Terceira Câmara Cível; Rel. Des. Domingos de Araújo Lima Neto; DJAL 19/10/2017; Pág. 63)

Há necessidade de existir fundada razão para desconsiderar a ordem legal:

✓ ACÓRDÃO AGRAVO DE INSTRUMENTO. INCIDENTE PROCESSUAL. REMOÇÃO DE INVENTARIANTE. ORDEM LEGAL. PREFERÊNCIA DO CÔNJUGE SOBREVIVENTE E HERDEIRO EM RELAÇÃO AO TESTAMENTEIRO. INEXISTENCIA DE FUNDADA RAZÃO PARA DESCONSIDERAR A ORDEM LEGAL. 1. A ordem legal de nomeação para inventariança estipulada pelo art. 617 do CPC/2015 deve ser rigorosamente observada pelo magistrado, salvo quando houver fundadas razões para desconsiderá-la. Precedentes STJ. 2. É preciso diferenciar a figura do inventariante do testamenteiro. Enquanto o primeiro é designado judicialmente para administrar o espólio em toda e qualquer sucessão, seja ela legítima ou testamentária (art. 617, CPC/2015), o testamenteiro é nomeado pela pessoa falecida apenas para fazer cumprir a vontade aposta no testamento (art. 1.976 e 1.981, ambos do CC). (TJ-ES; AI 00015056220178080024; Terceira Câmara Cível; Rel. Des. Samuel Meira Brasil Junior; Data de Julgamento:11/04/2017; Data de Publicação: 20/04/2017)

Tem legitimidade do companheiro sobrevivente para requerer abertura do inventário, desde que tenha convivido com o de cujus ao tempo de sua morte:

✓ O COMPANHEIRO TEM LEGITIMIDADE PARA REQUERER A ABERTURA DO INVENTÁRIO, NA FORMA DO ART. 616, I, DO CPC, DEVENDO, INCLUSIVE, SER NOMEADO PELO JUIZ COMO INVENTARIANTE, QUANDO VERIFICADO QUE ESTAVA CONVIVENDO COM O FALECIDO NO MOMENTO DA SUA MORTE, NOS TERMOS DO ART. 617, I, DO CPC. 2. A união estável reconhecida por escritura pública, observando-se os requisitos da Resolução nº 37 do CNJ, tem força probatória para estabelecer a situação jurídica dos companheiros, até que venha a ser desconstituída. 3. A alegação de vício que acarrete a invalidação da escritura de união estável deve ser provocada pelo interessado, em via própria, abrindo-se dilação probatória acerca da alegação. 4. Conhecimento e parcial provimento do recurso. (TJRJ; AI 0024664-03.2017.8.19.0000; Rio de Janeiro; Sétima Câmara Cível; Rel. Des. Ricardo Couto de Castro; Julg. 25/10/2017; DORJ 27/10/2017; Pág. 415)

✓ AGRAVO DE INSTRUMENTO. INVENTÁRIO. DECISÃO AGRAVADA QUE NOMEOU O FILHO DA INVENTARIADA COMO INVENTARIANTE. Agravante que sustenta o direito ao exercício da inventariança na qualidade de companheiro, ao fundamento de que teria vivido em união estável com a finada. A nomeação do agravado encontra amparo no artigo 617, III, do CPC. O pleito do agravante para exercer o encargo, sob o fundamento de que era companheiro da finada, depende do reconhecimento judicial da alegada união estável, o que até a presente ainda data não ocorreu, sendo certo que, apesar da inventariada ter falecido em 21/12/2009, o mesmo somente ajuizou a demanda para tal desiderato no final de 2016. Também não socorre ao agravante o exercício da inventariança pelo fato de ter funcionado como testamenteiro no cumprimento de testamento em que figurou como legatário de bem certo e determinado, eis que não comprovou que lhe foi "confiada a administração do espólio", na forma do disposto no inciso V, do artigo 617, do Código de Processo Civil. Não se verifica ainda prejuízo com o prosseguimento do inventário na medida em que, como bem asseverou o Juízo a quo, no final "poderá haver reserva de meação ou quinhão". É ainda de se ressaltar que a decisão agravada, ao determinar que o agravante, que se encontrava na administração provisória da herança (CPC, artigos 613 e 614), entregue o acervo documental do espólio e os bens móveis e imóveis ao inventariante nomeado, encontra amparo no artigo 618 do Código de Processo Civil, o qual impõe ao inventariante a administração do espólio. Deste modo, diante da inexistência de decisão judicial reconhecendo a alegada união estável havida pelo agravante com a finada, não se verifica qualquer teratologia ou ilegalidade na decisão agravada que nomeou o agravado, filho da inventariada, como inventariante. Desprovimento do recurso. (TJRJ; AI 0024411-15.2017.8.19.0000; Rio de Janeiro; Décima Sexta Câmara Cível; Rel. Des. Carlos Jose Martins Gomes; Julg. 10/10/2017; DORJ 20/10/2017; Pág. 475)

Art. 618. Incumbe ao inventariante:

I – representar o espólio ativa e passivamente, em juízo ou fora dele, observando-se, quanto ao dativo, o disposto no art. 75, § 1º;

II – administrar o espólio, velando-lhe os bens com a mesma diligência que teria se seus fossem;

III – prestar as primeiras e as últimas declarações pessoalmente ou por procurador com poderes especiais;

IV – exibir em cartório, a qualquer tempo, para exame das partes, os documentos relativos ao espólio;

V – juntar aos autos certidão do testamento, se houver;

VI – trazer à colação os bens recebidos pelo herdeiro ausente, renunciante ou excluído;

VII – prestar contas de sua gestão ao deixar o cargo ou sempre que o juiz lhe determinar;

VIII – requerer a declaração de insolvência.

O inventariante deve prestar contas sempre que deixar a função ou quando assim o juiz determinar:

✓ AGRAVO DE INSTRUMENTO. INCIDENTE DE REMOÇÃO DE INVENTARIANTE -HIPÓTESES ELENCADAS NO ART. 622, DO CÓDIGO DE PROCESSO CIVIL. AUSÊNCIA. RECURSO A QUE SE NEGA PROVIMENTO. 1. Cabe ao inventariante, no exercício do múnus assumido, agir com zelo e transparência, em estrita observância aos deveres elencados no art. 622, do Código de Processo Civil, sendo diligente na administração dos bens do espólio, sob pena de ser removido, caso demonstrada a sua desídia ou inércia na condução do encargo. 2. A prestação de contas em processo de inventário constitui uma das obrigações inerentes às funções do inventariante, e deve ser realizada sempre que o responsável pelo múnus deixar a função ou o juiz assim o determinar, conforme a previsão expressa do art. 618, do Código de Processo Civil. (TJMG; AI 1.0461.15.005006-4/001; Rel. Des. Marcelo Rodrigues; Julg. 19/09/2017; DJEMG 29/09/2017)

✓ APELAÇÃO CÍVEL. PRESTAÇÃO DE CONTAS. PRIMEIRA FASE. CERCEMENTO DE DEFESA. INOCORRÊNCIA. EXERCÍCIO DA INVENTARIANÇA. GRATUIDADE JUDICIÁRIA. INDEFERIMENTO. MANUTENÇÃO DA SENTENÇA. 1. Não se verifica a ocorrência de cerceamento de defesa em razão do indeferimento do pedido de prova oral, uma vez que a ação de prestação de contas encontra-se na primeira fase, na qual perquire-se, tão somente, o dever da parte ré de prestar as contas solicitadas, não se mostrando necessária dilação probatória. Inteligência do art. 370 do CPC. Ausência de prejuízo defensivo. Preliminar afastada. 2. O inventariante, enquanto administrador do espólio, tem o dever legal de prestar contas. Inteligência do art. 618, VII, do CPC. Sentença mantida. Preliminar rejeitada. Apelação desprovida. (TJRS; AC 0172100-58.2017.8.21.7000; Carazinho; Oitava Câmara Cível; Rel. Des. Ricardo Moreira Lins Pastl; Julg. 14/09/2017; DJERS 25/09/2017)

Art. 619. Incumbe ainda ao inventariante, ouvidos os interessados e com autorização do juiz:
I – alienar bens de qualquer espécie;
II – transigir em juízo ou fora dele;
III – pagar dívidas do espólio;
IV – fazer as despesas necessárias para a conservação e o melhoramento dos bens do espólio.

Necessidade de prévia intimação dos herdeiros e credores para alienação de bens pelo inventariante:

✓ AGRAVO DE INSTRUMENTO. INVENTÁRIO. DECISÃO QUE INDEFERIU PEDIDO DE EXPEDIÇÃO DE ALVARÁ PARA ALIENAÇÃO DE IMÓVEL INVENTARIADO. Pretensão de reforma da decisão para o fim de que seja viabilizada a expedição de alvará. Necessária prévia concordância dos herdeiros e credores sobre o pedido de alvará. Inteligência do artigo 619, inciso I, do Código de Processo Civil. Reforma da decisão agravada, para o fim de que seja determinada a prévia intimação dos interessados para reapreciação do pleito de expedição de alvará pelo MM. Juízo a quo. Dá-se provimento em parte ao recurso. (TJSP; AI 2207898-90.2016.8.26.0000; Ac. 10635245; São Paulo; Primeira Câmara de Direito Privado; Relª Desª Christine Santini; Julg. 28/07/2017; DJESP 02/08/2017; Pág. 1742)

É necessária autorização judicial para alienação de bens do espólio no curso do processo:

✓ APELAÇÃO CIVIL. DIREITO CIVIL. INVENTÁRIO. SENTENÇA DE HOMOLOGAÇÃO DE PARTILHA. ACORDO DE ALIENAÇÃO DE BENS IMÓVEIS PERTENCENTES AO ESPÓLIO SEM PRÉVIO PEDIDO DE AUTORIZAÇÃO JUDICIAL. INTELIGÊNCIA DO ART. 619 DO CPC. Irresignação do Apelante, que nestes autos atua na qualidade de terceiro interessado. No caso vertente, não foi observada a exigência legal de prévia autorização judicial, pelo que não merece ser reformada a decisão recorrida, especialmente, diante da não concordância de todos os herdeiros. Inversão na ordem legal dos acontecimentos que viola a determinação existente no art. 619 do CPC referente à obrigatoriedade de concordância do Juízo do Inventário no que refere à alienação de bens do espólio no curso do processo. RECURSO DESPROVIDO. (TJR; APL: 000399143200681900042; Quinta Câmara Cível; Rel. Denise Nicoll Simões; Julg. 21/03/2017; Data de Publicação: 23/03/2017)

É necessária a autorização judicial para que o inventariante realize acordo:

✓ Agravo de instrumento. execução de título executivo extrajudicial. transação. ausência de autorização judicial. acordo não homologado. decisão mantida. Irretocável a decisão fustigada que, ao não localizar nos autos da execução a autorização judicial exigida no caput do art. 619 do CPC, deixou de homologar o acordo firmado pelo inventariante. Exegese dos incisos II e III do dispositivo legal supracitado. AGRAVO DE INSTRUMENTO DESPROVIDO. (TJ-RS; AI 70073560260 RS; Oitava Câmara Cível; Rel. Ricardo Moreira Lins Pastl; Julg. 22/06/2017; Data de Publicação: 28/06/2017)

A quitação da obrigação pecuniária decorrente da relação jurídico-tributária carece apenas de autorização judicial, sendo dispensada a prévia oitiva dos interessados:

✓ AGRAVO DE INSTRUMENTO – DIREITO SUCESSÓRIO – INVENTÁRIO – PODERES DO INVENTARIANTE – SUJEIÇÃO AO CONTROLE JUDICIAL – PAGAMENTO DE DÍVIDAS – IMPOSTO SOBRE A PRO-

PRIEDADE TERRITORIAL RURAL - ITR - AUTORIZAÇÃO JUDICIAL - DISPENSA DA PRÉVIA OITIVA DOS INTERESSADOS - CONTRADITÓRIO DIFERIDO - PRESTAÇÃO DE CONTAS - RELAÇÃO JURÍDICO-TRIBUTÁRIA INCONTROVERSA - LIBERAÇÃO DE VALOR EM CONTA BANCÁRIA - POSSIBILIDADE.- Incumbe ao Inventariante administrar o espólio, velando-lhe os bens com a mesma diligência que teria se seus fossem e, ainda, após oitiva dos interessados e com autorização do juiz, pagar as dívidas do espólio (inciso II, do artigo 618 c/c inciso III, do artigo 619, ambos do CPC/15). - Nos termos do caput do artigo 619, do CPC/15, o pagamento de dívidas do espólio se encontra previamente condicionado à oitiva dos interessados e à homologação judicial. - Relativamente nos casos de impostos devidos e não questionados pelo espólio, a quitação da obrigação pecuniária decorrente da relação jurídico-tributária, carece, tão somente, de autorização judicial, dispensando, nessa hipótese, a prévia oitiva dos interessados. (TJ-MG; AI: 10024895839496011 MG; 4ª Câmara Cível; Rel. Ana Paula Caixeta; Julg. 23/02/2017; Data de Publicação: 23/02/2017)

Art. 620. Dentro de 20 (vinte) dias contados da data em que prestou o compromisso, o inventariante fará as primeiras declarações, das quais se lavrará termo circunstanciado, assinado pelo juiz, pelo escrivão e pelo inventariante, no qual serão exarados:

I – o nome, o estado, a idade e o domicílio do autor da herança, o dia e o lugar em que faleceu e se deixou testamento;

II – o nome, o estado, a idade, o endereço eletrônico e a residência dos herdeiros e, havendo cônjuge ou companheiro supérstite, além dos respectivos dados pessoais, o regime de bens do casamento ou da união estável;

III – a qualidade dos herdeiros e o grau de parentesco com o inventariado;

IV – a relação completa e individualizada de todos os bens do espólio, inclusive aqueles que devem ser conferidos à colação, e dos bens alheios que nele forem encontrados, descrevendo-se:

a) os imóveis, com as suas especificações, nomeadamente local em que se encontram, extensão da área, limites, confrontações, benfeitorias, origem dos títulos, números das matrículas e ônus que os gravam;

b) os móveis, com os sinais característicos;

c) os semoventes, seu número, suas espécies, suas marcas e seus sinais distintivos;

d) o dinheiro, as joias, os objetos de ouro e prata e as pedras preciosas, declarando-se-lhes especificadamente a qualidade, o peso e a importância;

e) os títulos da dívida pública, bem como as ações, as quotas e os títulos de sociedade, mencionando-se-lhes o número, o valor e a data;

f) as dívidas ativas e passivas, indicando-se-lhes as datas, os títulos, a origem da obrigação e os nomes dos credores e dos devedores;

g) direitos e ações;

h) o valor corrente de cada um dos bens do espólio.

§ 1º O juiz determinará que se proceda:

I – ao balanço do estabelecimento, se o autor da herança era empresário individual;

II – à apuração de haveres, se o autor da herança era sócio de sociedade que não anônima.

§ 2º As declarações podem ser prestadas mediante petição, firmada por procurador com poderes especiais, à qual o termo se reportará.

Art. 621. Só se pode arguir sonegação ao inventariante depois de encerrada a descrição dos bens, com a declaração, por ele feita, de não existirem outros por inventariar.

Art. 622. O inventariante será removido de ofício ou a requerimento:

I – se não prestar, no prazo legal, as primeiras ou as últimas declarações;

II – se não der ao inventário andamento regular, se suscitar dúvidas infundadas ou se praticar atos meramente protelatórios;

Inércia da inventariante não enseja a extinção do inventário, mas sim a sua remoção:

✓ AGRAVO DE INSTRUMENTO. INVENTÁRIO. SENTENÇA QUE EXTINGUIU A EXECUÇÃO SEM RESOLUÇÃO DO MÉRITO POR INÉRCIA DA AUTORA EM DAR O DEVIDO ANDAMENTO AO INVENTÁRIO. Inércia da inventariante que não enseja a extinção do inventário, mas sim a sua remoção. Segunda sentença extintiva em 10 anos, sem que a inventariante tenha localizado, ou mesmo praticado qualquer ato com vistas a localizar, a outra herdeira. Possível conflito de interesses. Remoção da inventariante que se impõe na forma do artigo 622, II, do CPC/2015. Parcial provimento do recurso para cassar a sentença extintiva e determinar, removendo-se a inventariante, o prosseguimento do feito. (TJRJ; APL 0505591-87.2014.8.19.0001; Rio de Janeiro; Décima Segunda Câmara Cível; Rel. Des. Mario Guimaraes Neto; DORJ 11/10/2017; Pág. 235)

III – se, por culpa sua, bens do espólio se deteriorarem, forem dilapidados ou sofrerem dano;

IV – se não defender o espólio nas ações em que for citado, se deixar de cobrar dívidas ativas ou se não promover as medidas necessárias para evitar o perecimento de direitos;

V – se não prestar contas ou se as que prestar não forem julgadas boas;

VI – se sonegar, ocultar ou desviar bens do espólio.

A remoção do inventariante somente deve ser aplicada em casos extremos, quando não há o cumprimento satisfatório das obrigações legais:

✓ AGRAVO DE INSTRUMENTO. AÇÃO DE INVENTÁRIO. REMOÇÃO DE INVENTARIANTE DEFERIDA. INVOCAÇÃO DO ART. 622 DO CÓDIGO DE PROCESSO CIVIL. COMPROVAÇÃO DOS FATOS ALEGADOS. DECISÃO DE PRIMEIRO GRAU MANTIDA. 1. A remoção de inventariante consiste em sanção a ser aplicada nos casos extremos, quando a pessoa investida no encargo não cumpre satisfatoriamente suas obrigações legais. 2. Verificado que a parte agravante não promoveu o regular andamento do processo de inventário, mantém-se a decisão de primeiro grau que o destituiu do encargo de inventariante. 3. Recurso não provido. (TJMG; AI 1.0249.14.001601-8/001; Rel. Des. Audebert Delage; Julg. 29/08/2017; DJEMG 08/09/2017)

O rol do art. 622 é exemplificativo:

✓ AGRAVO DE INSTRUMENTO – AÇÃO DE INVENTÁRIO – DESTITUIÇÃO DE INVENTARIANTE – INÉRCIA NÃO COMPROVADA -DESRESPEITO AO ART. 623, CPC/15 – PRAZO PARA DEFESA – AUSÊNCIA – NOMEAÇÃO DE INVENTARIANTE DATIVO – INVIABILIDADE – INOBSERVÂNCIA DA ORDEM ESTABELECIDA NO ARTIGO 617, DO CPC, NA NOMEAÇÃO DE NOVO INVENTARIANTE – RECURSO PROVIDO. I – O rol de motivos para exclusão do inventariante previsto no art. 622 do NCPC é meramente exemplificativo, sendo cabíveis outras hipóteses, e podendo o inventariante ser removido no caso de mostrar-se omisso, ímprobo ou prejudicial ao término do inventário. II – Antes de ocorrer a destituição do inventariante, de acordo com o art. 623 do NCPC, ele deve ser intimado para, no prazo de 15 (quinze) dias, apresentar defesa e produzir provas, sob pena de se constituir cerceamento de defesa. III – De acordo com as disposições contidas no parágrafo único, do art. 624, e no art. 617, ambos do Código de Processo Civil, havendo outros herdeiros maiores e capazes, não pode o magistrado optar diretamente pela nomeação do inventariante dativo. (TJ-MG; AI 1.0000.16.082723-4/001 MG; 6ª Câmara Cível, Rel. Yeda Athias; Julg. 08/08/2017; Data de Publicação: 16/08/2017)

Art. 623. Requerida a remoção com fundamento em qualquer dos incisos do art. 622, será intimado o inventariante para, no prazo de 15 (quinze) dias, defender-se e produzir provas.

Parágrafo único. O incidente da remoção correrá em apenso aos autos do inventário.

É imprescindível a prévia intimação do inventariante para defesa e produção de provas, sob pena de nulidade:

✓ AGRAVO DE INSTRUMENTO – AÇÃO DE INVENTÁRIO – JUSTIÇA GRATUITA – DEFERIMENTO – REMOÇÃO DE INVENTARIANTE – HIPÓTESES ELENCADAS NO ART. 622, CPC – PRÉVIA INTIMAÇÃO DO INVENTARIANTE PARA A DEFESA E PRODUÇÃO DE PROVAS – AUSÊNCIA – INTIMAÇÃO PARA AUDIÊNCIA DE INSTRUÇÃO/JULGAMENTO – DECISÃO REFORMADA – RECURSO PROVIDO.1. Ausentes dos autos elementos de prova aptos a descaracterizar a afirmação de hipossuficiência, o deferimento da justiça gratuita é medida que se impõe. 2. Cabe ao inventariante, no exercício do múnus assumido, agir com zelo e transparência, em estrita observância aos deveres elencados no art. 622, do CPC, sendo diligente na administração dos bens do espólio, sob pena de ser removido, caso demonstrada a sua desídia ou inércia na condução do encargo. 3. A decisão que remove inventariante, de ofício ou a requerimento, deve ser proferida após oportunizado o devido contraditório, na forma do art. 623, do CPC. 4. Verificando-se a inobservância da oportunização de defesa e produção de provas ao inventariante, a decisão deve ser cassada, para o devido prosseguimento no feito, na forma da lei processual. 5. Recurso provido. (TJ-MG; AI 1.0560.09.000364-4/001 MG; 6ª Câmara Cível; Rel. Corrêa Junior; Julg. 18/07/2017; Data de Publicação: 28/07/2017)

✓ AGRAVO DE INSTRUMENTO - INVENTÁRIO - REMOÇÃO DE INVENTARIANTE - INOBSERVÂNCIA DO ART. 623 DO CPC/15 - DECISÃO REFORMADA. Nos termos do art. 623: Requerida a remoção com fundamento em qualquer dos incisos do art. 622, será intimado o inventariante para, no prazo de 15 (quinze) dias, defender-se e produzir provas. - Ausente a prévia intimação da agravante para defender-se e produzir provas antes de ser determinada a sua remoção do encargo de inventariante, consoante determina o art. 623, caput, do CPC/15, deve ser reformada da r. decisão agravada para manter a ora recorrente no cargo de inventariante (TJ-MG; AI 10024121772677001 MG; 6ª Câmara Cível; Rel. Yeda Athias; Julg. 08/08/2017; Data P: 16/08/2017)

É necessária a existência de prova robusta e cabal acerca da conduta negligente, ímproba ou desleal do inventariante:

✓ AGRAVO DE INSTRUMENTO - INCIDENTE PROCESSUAL - REMOÇÃO DE INVENTARIANTE - ARTIGO 622, DO CPC/15 - INEXISTÊNCIA DE COMPROVAÇÃO DE JUSTA CAUSA PARA REMOÇÃO - NOMEAÇÃO INVENTARIANTE.- A remoção do inventariante se dará mediante a instauração de incidente processual, que correrá em apenso aos autos do inventário, no qual será oportunizado o prazo de 15 (quinze) dias para o inventariante se defender e produzir provas. - A remoção de inventariante somente se opera em situações excepcionais que, em regra, importam um comportamento descompromissado, faltoso e lesivo daquele que, à frente da administração do espólio e da condução do processo, se omite funcionalmente no cumprimento do encargo público ao qual se compromissou. - Inexistindo prova robusta e cabal acerca da conduta negligente, ímproba ou desleal da inventariante na administração do espólio, não há possibilidade de sua remoção. (TJ-MG; AI 10000170272298001 MG; 4ª Câmara Cível; Rel. Ana Paula Caixeta; Julg. 08/08/2017; Data de Publicação: 11/08/2017)

Desavenças com os demais herdeiros não são suficientes para o afastamento do inventariante:

✓ AGRAVO DE INSTRUMENTO. INCIDENTE DE REMOÇÃO DE INVENTARIANTE. Improcedência. Artigos 622 a 625 do CPC/15. Desavenças entre a inventariante e os demais herdeiros que não é hábil a gerar prejuízo ao regular andamento do feito. Não verificado o cerceamento de defesa. Dilação probatória despicienda diante da conclusão de que a discórdia, não sendo causadora de obstáculo ao bom andamento do processo, não é suficiente para o afastamento da inventariante da função. Princípio da celeridade processual. Precedentes TJ/RJ. Negado provimento ao agravo. (TJRJ; AI 0056207-58.2016.8.19.0000; Rio de Janeiro; Décima Primeira Câmara Cível; Rel. Des. Cesar Felipe Cury; Julg. 12/07/2017; DORJ 13/07/2017; Pág. 267)

Art. 624. Decorrido o prazo, com a defesa do inventariante ou sem ela, o juiz decidirá.

Parágrafo único. Se remover o inventariante, o juiz nomeará outro, observada a ordem estabelecida no art. 617.

Necessidade de continuidade do inventário, mesmo após a remoção do inventariante, até a ultimação da partilha, com nomeação de inventariante dativo pelo juízo:

✓ AGRAVO DE INSTRUMENTO. DIREITO PROCESSUAL E DAS SUCESSÕES. 1. Questões não deliberadas no juízo a quo. Inadmissibilidade da insurgência. Questões não apreciadas pelo magistrado de primeiro grau não podem ser decididas em sede de agravo de instrumento, sob pena de nulidade por afronta ao princípio do duplo grau de jurisdição. 2. Procedimento de inventário. Dever de abertura e ultimação. Inteligência dos arts. 617, VII e VIII, c/c o art. 622 e o parágrafo único do art. 624, todos do CPC. Decisão de arquivamento mediante baixa desconstituída. O inventário deve prosseguir na origem até a ultimação da partilha, porquanto se trata de procedimento cogente, cuja abertura pode ser realizada até mesmo de ofício, e cujo processamento pode ser impulsionado mediante nomeação de inventariante dativo pelo juízo, a teor das disposições dos arts. 617, VII e VIII, c/c o art. 622 e o parágrafo único do art. 624, todos do CPC. É nula a determinação de arquivamento dos autos mediante baixa na distribuição, tratando-se de medida que equivale à extinção do procedimento, sendo mister a sua desconstituição. Agravo de instrumento conhecido em parte e provido. (TJRS; AI 0283509-73.2016.8.21.7000; Viamão; Sétima Câmara Cível; Relª Desª Sandra Brisolara Medeiros; Julg. 26/10/2016; DJERS 01/11/2016)

Art. 625. O inventariante removido entregará imediatamente ao substituto os bens do espólio e, caso deixe de fazê-lo, será compelido mediante mandado de busca e apreensão ou de imissão na posse, conforme se tratar de bem móvel ou imóvel, sem prejuízo da multa a ser fixada pelo juiz em montante não superior a três por cento do valor dos bens inventariados.

Seção IV
Das Citações e das Impugnações

Art. 626. Feitas as primeiras declarações, o juiz mandará citar, para os termos do inventário e da partilha, o cônjuge, o companheiro, os herdeiros e os legatários e intimar a Fazenda Pública, o Ministério Público, se houver herdeiro incapaz ou ausente, e o testamenteiro, se houver testamento.

Necessidade de citação de todos os herdeiros após as primeiras declarações, sob pena de violação do direito ao contraditório:

✓ APELAÇÃO CÍVEL. AÇÃO ANULATÓRIA DE INVENTÁRIO. AUSÊNCIA DE CITAÇÃO DE HERDEIRA. NULIDADE INSANÁVEL. A homologação de partilha nos autos de inventário somente é autorizada quando é amigável e celebrada entre partes capazes. O artigo 626 do Novo Código de Processo Civil dispõe de forma clara acerca da necessidade de citação de todos os herdeiros após as primeiras declarações, para que possam arguir erros, omissões e sonegação de bens, reclamar contra a nomeação de inventariante e contestar a qualidade de quem foi incluído no título de herdeiro. A ausência de citação de herdeiro, inegavelmente, cerceia o seu direito ao contraditório, ao devido processo legal e à ampla defesa, constituindo nulidade insanável, ainda que tenha ficado com o mesmo percentual do inventariante. (TJMG; APCV 1.0024.12.320844-9/001; Relª Desª Ângela de Lourdes Rodrigues; Julg. 13/10/2016; DJEMG 24/10/2016)

§ 1º O cônjuge ou o companheiro, os herdeiros e os legatários serão citados pelo correio, observado o disposto no art. 247, sendo, ainda, publicado edital, nos termos do inciso III do art. 259.

Necessidade de publicação de edital:

✓ AGRAVO DE INSTRUMENTO. INVENTÁRIO. EDITAL. ARTS. 626, § 1º E 259, IIII, DO CPC. DECISÃO REFORMADA. Considerando que o art. 626, § 1º, do CPC, de forma expressa, ordena a publicação do edital para fins de cientificação de eventuais interessados incertos e desconhecidos (art. 259, III, do CPC), o que reclama o próprio inventariante, mostra-se descabida a sua dispensa. Decisão reformada. Agravo de instrumento provido. (TJRS; AI 0078195-96.2017.8.21.7000; Lajeado; Oitava Câmara Cível; Rel. Des. Ricardo Moreira Lins Pastl; Julg. 22/06/2017; DJERS 29/06/2017)

✓ INVENTÁRIO. DECISÃO QUE DETERMINOU A CITAÇÃO POR EDITAL DE TODOS OS INTERESSADOS INCERTOS OU DESCONHECIDOS. TEOR DO ART. 626, §1º, DO NCPC. Necessidade de dar ciência a supostos credores, cessionários e demais interessados para maior segurança ao processo de inventário. Recurso improvido. (TJSP; AI 2143453-63.2016.8.26.0000; Ac. 9715506; Mogi-Mirim; Quarta Câmara de Direito Privado; Rel. Des. Maia da Cunha; Julg. 18/08/2016; DJESP 30/08/2016)

§ 2º Das primeiras declarações extrair-se-ão tantas cópias quantas forem as partes.

§ 3º A citação será acompanhada de cópia das primeiras declarações.

§ 4º Incumbe ao escrivão remeter cópias à Fazenda Pública, ao Ministério Público, ao testamenteiro, se houver, e ao advogado, se a parte já estiver representada nos autos.

Art. 627. Concluídas as citações, abrir-se-á vista às partes, em cartório e pelo prazo comum de 15 (quinze) dias, para que se manifestem sobre as primeiras declarações, incumbindo às partes:

I – arguir erros, omissões e sonegação de bens;

II – reclamar contra a nomeação de inventariante

III – contestar a qualidade de quem foi incluído no título de herdeiro.

O pedido de substituição de inventariante previsto no inciso II do art. 627 do CPC pode ser deduzido mediante petição da parte interessada nos próprios autos do inventário, ou de ofício:

✓ AGRAVO DE INSTRUMENTO. INVENTÁRIO. REMOÇÃO DE INVENTARIANTE. SUBSTITUIÇÃO DE INVENTARIANTE. O pedido de substituição de inventariante está previsto no inciso II do art. 627 do CPC, podendo ser deduzido mediante petição da parte interessada nos próprios autos do inventário, ou de ofício (art. 622), diferente do pedido de remoção de inventariante, na qual é necessário a intimação do inventariante para defender-se e produzir prova, consoante art. 622 do CPC. Deve ser mantida a decisão que deferiu a substituição de inventariante. Agravo de instrumento desprovido. (TJRS; AI 0313636-91.2016.8.21.7000; Santa Maria; Sétima Câmara Cível; Rel. Des. Jorge Luís Dall'Agnol; Julg. 26/10/2016; DJERS 01/11/2016)

✓ AGRAVO DE INSTRUMENTO. INVENTÁRIO. RECLAMAÇÃO CONTRA A NOMEAÇÃO DE INVENTARIANTE. PEDIDO DE SUBSTITUIÇÃO. DESPACHO QUE NÃO DESAFIA INTERPOSIÇÃO DE RECURSO. 1. Tratando-se de reclamação quanto à ordem preferencial, tal discussão deveria ser deduzida em primeiro grau, tal como previsto no art. 627, inc. II, do NCPC, pois a nomeação de inventariante é ato de mero impulso processual ex vi dos art. 617 e 618 do NCPC e, da decisão que acolher ou desacolher a reclamação é que caberá interposição de recurso. 2. Cabe considerar, ainda, que a reclamação não se confunde com pedido de remoção de inventariante, que deve ser postulado pelos herdeiros em incidente de remoção de inventariante. Recurso não conhecido. (TJRS; AI 0135097-69.2017.8.21.7000; Porto Alegre; Sétima Câmara Cível; Rel. Des. Sérgio Fernando de Vasconcellos Chaves; Julg. 11/09/2017; DJERS 14/09/2017)

§ 1º Julgando procedente a impugnação referida no inciso I, o juiz mandará retificar as primeiras declarações.

§ 2º Se acolher o pedido de que trata o inciso II, o juiz nomeará outro inventariante, observada a preferência legal.

Não havendo justo motivo para subversão da ordem de preferência, esta deve ser mantida no caso de nomeação de outro inventariante:

✓ AGRAVO DE INSTRUMENTO. SUCESSÕES. INVENTÁRIO. DECISÃO AGRAVADA QUE NOMEIA A VIÚVA INVENTARIANTE, EM SUBSTITUIÇÃO AO HERDEIRO FILHO. RECLAMAÇÃO CONTRA NOMEAÇÃO DE INVENTARIANTE. INEXISTÊNCIA DE MOTIVO PARA SUBVERSÃO DA ORDEM PREFERENCIAL PREVISTA NO ART. 617 DO CPC/15. 1. De acordo com o art. 627, caput e inc. II, do CPC/15, os contendores, depois de citados, no prazo comum de 15 dias, podem oferecem diretamente ao juízo que preside o inventário a reclamação contra a nomeação de inventariante, sendo que o juiz, se acolher o pedido, nomeará outro inventariante, observando-se a preferência legal (art. 627, § 2º, do CPC/15). Logo, mesmo que não tenha havido a interposição de recurso em face da decisão que nomeou herdeiro filho inventariante, é dado aos litigantes reclamar contra essa nomeação, manifestando sua insurgência no tocante à inobservância da ordem preferencial do art. 617 do CPC/15, na forma e no prazo previstos no art. 627, caput e inc. II, do CPC/15, não havendo falar em preclusão a respeito da matéria tão somente em virtude da ausência de recurso em face da decisão de nomeação de inventariante. 2. A Lei Processual Civil confere ao confere ao cônjuge supérstite, desde que estivesse convivendo com o autor da herança ao tempo da morte deste, a preferência para nomeação ao encargo de inventariante e, embora, sabidamente, a ordem prevista no art. 617 do CPC/15 não seja de caráter absoluto, admitindo flexibilização em situações excepcionais, a partir da convicção formada pelo juízo no cotejo das peculiaridades do caso, não se visualiza razão plausível para sua subversão neste momento processual, na espécie. Negaram provimento. Unânime. (TJRS; AI 0400613-86.2016.8.21.7000; Canoas; Oitava Câmara Cível; Rel. Des. Luiz Felipe Brasil Santos; Julg. 23/03/2017; DJERS 03/04/2017)

§ 3º Verificando que a disputa sobre a qualidade de herdeiro a que alude o inciso III demanda produção de provas que não a documental, o juiz remeterá a parte às vias ordinárias e sobrestará, até o julgamento da ação, a entrega do quinhão que na partilha couber ao herdeiro admitido.

A reserva de bens ex officio está amparada na presença dos requisitos para concessão da tutela cautelar:

✓ Arrolamento de bens – Decisão que determinou a reserva de quinhão em benefício da herdeira de suposto companheiro da autora da herança, no patamar de um quinto do acervo partilhável – Inconformismo – Não acolhimento – Nos termos do art. 627, § 3º, do CPC, acertada a reserva de bens que na partilha couber ao herdeiro admitido, no caso, por representação – A reserva de bens ex officio está amparada na presença dos requisitos para concessão da tutela cautelar – Decisão mantida – Recurso desprovido. (TJ -SP 2137125-83.2017.8.26.0000 SP; 8ª Câmara de Direito Privado; Rel. Grava Brazil; Julg. 05/10/2017; Data de Publicação: 05/10/2017)

Possibilidade de sobrestar, até o desfecho da ação de investigação de paternidade, a entrega do quinhão que na partilha couber ao herdeiro admitido:

✓ Inventário – Deliberação que determinou a suspensão do processo, até o julgamento da ação de investigação de paternidade- Inconformismo da inventariante – Acolhimento – A pendência de julgamento de demanda em que se questiona a condição de outrem como herdeiro não inviabiliza o processamento do inventário – Precedente desta C. Câmara Julgadora – Possibilidade de sobrestar, até o desfecho da ação de investigação de paternidade, a entrega do quinhão que na partilha couber ao herdeiro admitido (art. 627, § 3º, do CPC) – Decisão reformada – Recurso provido. (TJ–SP; AI 2084594-20.2017.8.26.0000 SP; 8ª Câmara de Direito Privado; Rel. Grava Brazil; Julg. 18/08/2017; Data de Publicação: 18/08/2017)

Art. 628. Aquele que se julgar preterido poderá demandar sua admissão no inventário, requerendo-a antes da partilha.

§ 1º Ouvidas as partes no prazo de 15 (quinze) dias, o juiz decidirá.

§ 2º Se para solução da questão for necessária a produção de provas que não a documental, o juiz remeterá o requerente às vias ordinárias, mandando reservar, em poder do inventariante, o quinhão do herdeiro excluído até que se decida o litígio.

O ajuizamento de ação de investigação de paternidade não suspende a tramitação do processo de inventário:

✓ AGRAVO DE INSTRUMENTO. INVENTÁRIO. TRAMITAÇÃO DE AÇÃO DE INVESTIGAÇÃO DE PATERNIDADE. SUSPENSÃO. DESCABIMENTO. O ajuizamento de ação de investigação de paternidade não suspende a tramitação de processo de inventário, conforme art. 628 do CPC, o qual deverá prosseguir, com reserva de quinhão. Recurso provido liminarmente. (TJRS; AI

0144466-87.2017.8.21.7000; Coronel Bicaco; Oitava Câmara Cível; Relª Desª Liselena Schifino Robles Ribeiro; Julg. 19/05/2017; DJERS 23/05/2017)

✓ AGRAVO DE INSTRUMENTO. SUSPENSÃO DO PROCESSO DE INVENTÁRIO. INVESTIGAÇÃO DE PATERNIDADE. DESNECESSIDADE. RESERVA DE BENS. Em obediência à celeridade processual, razoável duração do processo e efetiva entrega da prestação jurisdicional, não se justifica a suspensão do processo de inventario e partilha, em virtude da existência de ação de investigação de paternidade em trâmite, considerando a possibilidade de reserva de bens, nos termos do art. 628, do CPC/2015. Os pretensos herdeiros, cuja investigação da paternidade esta em curso, através da ação ordinária própria, tem direito a reserva do quinhão que lhe possa caber. Recurso de agravo de instrumento conhecido e provido. (TJGO; AI 0057572-29.2016.8.09.0000; Rio Verde; Primeira Câmara Cível; Rel. Des. Carlos Roberto Favaro; DJGO 24/06/2016; Pág. 127)

O pedido de reconhecimento de união estável não suspende a tramitação do inventário:

✓ AGRAVO DE INSTRUMENTO - AÇÃO DE INVENTÁRIO - PEDIDO DE RECONHECIMENTO DE UNIÃO ESTÁVEL - SUSPENSÃO DO INVENTÁRIO - DESNECESSIDADE - INTELIGÊNCIA DO ART. 628 DO CPC - POSSIBILIDADE DE RESERVA DE QUINHÃO - AUSÊNCIA DE PREJUÍZO - RECURSO PROVIDO. 1- O requerimento judicial de reconhecimento de união estável não induz alteração no trâmite do procedimento de inventário, em que se pretende a mera apuração do ativo e do passivo deixado pelo falecido, razão pela qual não se revela razoável o sobrestamento do feito de origem. 2- Caso o procedimento de partilha dos bens apurados no inventário se inicie antes da resolução da questão referente à união estável cujo reconhecimento se pretende, conta a interessada com a possibilidade de requerer a reserva de seu quinhão, de modo a resguardar seu eventual direito de herdeira, tal como assegurado no art. 628 do CPC/2015 . 3- Recurso provido. (TJ-MG; AI 10000170554513001 MG; 6ª Câmara Cível; Rel. Sandra Fonseca; Julg. 03/10/2017; Data de Publicação: 10/10/2017)

✓ AGRAVO DE INSTRUMENTO. INVENTÁRIO I. Determinação de suspensão do procedimento do inventário até o deslinde de ação de reconhecimento de união estável aforada. Irresignação. Acolhimento. II. Pendência de ação declaratória de união estável que não figura como causa de prejudicialidade do processo de inventário. Não conformação da hipótese de suspensão prevista no artigo 265, inciso IV, CPC/73. Resguardo à participação do patrimônio inventariado que deve ser efetivado por meio da reserva de bens. Inteligência do artigo 628, §2º, do Novo Código de Processo Civil. Precedentes desta Câmara e da E. Corte. DECISÃO REFORMADA. AGRAVO PROVIDO. (TJSP; AI 2055218-23.2016.8.26.0000; Ac. 9581776; Bauru; Terceira Câmara de Direito Privado; Rel. Des. Donegá Morandini; Julg. 05/07/2016; DJESP 18/07/2016)

A postulação de reserva de bens deve ser formulada nos autos do processo de inventário, e não em ação de sobrepartilha:

✓ AGRAVO DE INSTRUMENTO. DIREITO PROCESSUAL CIVIL. SUCESSÃO. Incabível a postulação de reserva de bens, em ação de sobrepartilha, pois, como se sabe, a postulação deve ser formulada nos autos do processo de inventário, de acordo com o contido no art. 628 do NCPC. Recurso desprovido. (TJRS; AI 0145627-69.2016.8.21.7000; Porto Alegre; Sétima Câmara Cível; Relª Desª Liselena Schifino Robles Ribeiro; Julg. 27/07/2016; DJERS 08/08/2016) Art. 629. A Fazenda Pública, no prazo de 15 (quinze) dias, após a vista de que trata o art. 627, informará ao juízo, de acordo com os dados que constam de seu cadastro imobiliário, o valor dos bens de raiz descritos nas primeiras declarações.

Seção V
Da Avaliação e do Cálculo do Imposto

Art. 630. Findo o prazo previsto no art. 627 sem impugnação ou decidida a impugnação que houver sido oposta, o juiz nomeará, se for o caso, perito para avaliar os bens do espólio, se não houver na comarca avaliador judicial.

Parágrafo único. Na hipótese prevista no art. 620, § 1º, o juiz nomeará perito para avaliação das quotas sociais ou apuração dos haveres.

Necessidade de nomeação de perito para avaliar valor de quotas de sociedade limitada, na divergência dos herdeiros:

✓ AGRAVO DE INSTRUMENTO. INVENTÁRIO. SOCIEDADE LIMITADA. APURAÇÃO DE HAVERES. DISCORDÂNCIA DA AVALIAÇÃO. NOMEAÇÃO DE PERITO CONTÁBIL. PREVISÃO LEGAL. POSSIBILIDADE. O art. 630, parágrafo único, do CPC/2015 dispõe que "na hipótese prevista no art. 620, § 1º, o juiz nomeará perito para avaliação das quotas sociais ou apuração dos haveres". Tendo em vista a expressa disposição legal supracitada, bem como a discordância dos herdeiros com o valor apresentado pela sra. Oficiala de Justiça Avaliadora, mostra-se necessária a nomeação pelo juízo de perito contábil, em razão dos conhecimentos técnicos desse. (TJMG; AI 1.0480.15.010132-1/001; Rel. Des. Amauri Pinto Ferreira; Julg. 23/03/2017; DJEMG 11/04/2017)

Art. 631. Ao avaliar os bens do espólio, o perito observará, no que for aplicável, o disposto nos arts. 872 e 873.

Art. 632. Não se expedirá carta precatória para a avaliação de bens situados fora da comarca onde corre o inventário se eles forem de pequeno valor ou perfeitamente conhecidos do perito nomeado.

Art. 633. Sendo capazes todas as partes, não se procederá à avaliação se a Fazenda Pública, intimada pessoalmente, concordar de forma expressa com o valor atribuído, nas primeiras declarações, aos bens do espólio.

Art. 634. Se os herdeiros concordarem com o valor dos bens declarados pela Fazenda Pública, a avaliação cingir-se-á aos demais.

A realização de avaliação judicial sobre imóvel objeto do inventário é dispensável somente no caso de todos os herdeiros serem maiores e capazes e concordarem com o valor apontado pela Fazenda Pública:

✓ AGRAVO DE INSTRUMENTO. SUCESSÕES. INVENTÁRIO. ALIENAÇÃO DE IMÓVEL OBJETO DO INVENTÁRIO. DISCORDÂNCIA DE UM DOS HERDEIROS QUANTO À VENDA PELO VALOR APONTADO EM AVALIAÇÃO FEITA POR IMOBILIÁRIA. DETERMINAÇÃO DE AVALIAÇÃO JUDICIAL DO BEM. Sendo todos os herdeiros maiores e capazes, a rigor, seria dispensável a realização de avaliação judicial sobre o imóvel cuja alienação é pretendida, a teor do disposto nos arts. 630 e 634 do CPC/15, porquanto poderia ser utilizado como parâmetro mínimo para a venda, caso houvesse concordância de todos, o valor apontado na avaliação fiscal ou mesmo em avaliações feitas por imobiliárias locais. No entanto, havendo expressa discordância de um dos herdeiros quanto aos valores de avaliação apontados na estimativa fiscal realizada pela Fazenda Pública e também em avaliação procedida por imobiliária, acostada pela inventariante, torna-se indispensável a realização da avaliação judicial. Negaram provimento. Unânime. (TJRS; AI 0081463-95.2016.8.21.7000; Porto Alegre; Oitava Câmara Cível; Rel. Des. Luiz Felipe Brasil Santos; Julg. 25/08/2016; DJERS 31/08/2016)

Art. 635. Entregue o laudo de avaliação, o juiz mandará que as partes se manifestem no prazo de 15 (quinze) dias, que correrá em cartório.

§ 1º Versando a impugnação sobre o valor dado pelo perito, o juiz a decidirá de plano, à vista do que constar dos autos.

§ 2º Julgando procedente a impugnação, o juiz determinará que o perito retifique a avaliação, observando os fundamentos da decisão.

Art. 636. Aceito o laudo ou resolvidas as impugnações suscitadas a seu respeito, lavrar-se-á em seguida o termo de últimas declarações, no qual o inventariante poderá emendar, aditar ou completar as primeiras.

Art. 637. Ouvidas as partes sobre as últimas declarações no prazo comum de 15 (quinze) dias, proceder-se-á ao cálculo do tributo.

Necessidade de apuração do real patrimônio e das dívidas do espólio antes do cálculo do tributo:

✓ INVENTÁRIO. Decisão que determinou a remessa dos autos à contadoria para o cálculo do imposto devido em razão do falecimento da falecida e a intimação da inventariante para providenciar a declaração do ITCMD oriunda da sucessão do falecido. Inconformismo do herdeiro. Acolhimento. ITCMD que somente pode ser apurado após a apresentação das últimas declarações. Inteligência do art. 637 do Código de Processo Civil. Necessidade de prévia apuração do real patrimônio e das dívidas do espólio, conforme decisão proferida anteriormente. Decisão reformada. Recurso provido. (TJSP; AI 2111104-70.2017.8.26.0000; Ac. 10789148; São Paulo; Quinta Câmara de Direito Privado; Rel. Des. J.L. Mônaco da Silva; Julg. 13/09/2017; DJESP 16/10/2017; Pág. 2528)

Art. 638. Feito o cálculo, sobre ele serão ouvidas todas as partes no prazo comum de 5 (cinco) dias, que correrá em cartório, e, em seguida, a Fazenda Pública.

§ 1º Se acolher eventual impugnação, o juiz ordenará nova remessa dos autos ao contabilista, determinando as alterações que devam ser feitas no cálculo.

§ 2º Cumprido o despacho, o juiz julgará o cálculo do tributo.

O tributo torna-se exigível a partir da homologação do cálculo:

✓ AGRAVO DE INSTRUMENTO. INVENTÁRIO. ITCD. PAGAMENTO. EXIGIBILIDADE. TERMO A QUO. APLICABILIDADE DO NCPC. RECONHECIMENTO. PAGAMENTO A PARTIR DA HOMOLOGAÇÃO DO CÁLCULO. INTELIGÊNCIA DOS ARTS. 637 E 638, DO NCPC E SÚMULA Nº 114, DO STF. JUROS E MULTA. DECOTE -RECURSO NÃO PROVIDO. Embora a obrigação tributária referente ao ITCD surja com o falecimento do de cujus, sua exigibilidade se dá a partir da homologação do cálculo, nos termos dos artigos 637 e 638, do Novo Código de Processo Civil. (TJMG; AI 1.0324.13.008993-5/002; Relª Desª Lilian Maciel Santos; Julg. 08/06/2017; DJEMG 20/06/2017)

Havendo divergência quanto ao valor dos bens do acervo hereditário, o juiz pode determinar o recolhimento dos valores complementares da exação fiscal:

✓ AGRAVO DE INSTRUMENTO. INVENTÁRIO. ÚLTIMAS DECLARAÇÕES. ITCD. RECOLHIMENTO. DETERMINAÇÃO JUDICIAL. HOMOLOGAÇÃO. CONSTITUIÇÃO DO CRÉDITO TRIBUTÁRIO. DECADÊNCIA NÃO EVIDENCIADA. Em conformidade com o disposto pelo §2º do artigo 638 do Novo Código de Processo Civil, após a apresentação das últimas declarações, caberá ao juízo do inventário a homologação do cálculo do ITCD. Neste contexto, inda que efetuado o recolhimento do ITCD, havendo divergência quanto ao valor dos bens que integram o acervo hereditário, caberá ao juiz do inventário homologar tais cálculos e, se for o caso, determinar o recolhimento dos valores complementares alusivos a tal exação fiscal. Logo, se o ITCD torna-se exigível após a homologação do referido cálculo, tal circunstância afasta a arguida decadência do direito da Fazenda Pública constituir o aludido crédito tributário. (TJMG; AI 1.0543.08.004309-3/001; Rel. Des. Paulo Balbino; Julg. 23/02/2017; DJEMG 14/03/2017)

Seção VI
Das Colações

Art. 639. No prazo estabelecido no art. 627, o herdeiro obrigado à colação conferirá por termo nos autos ou por petição à qual o termo se reportará os bens que recebeu ou, se já não os possuir, trar-lhes-á o valor.

Parágrafo único. Os bens a serem conferidos na partilha, assim como as acessões e as benfeitorias que o donatário fez, calcular-se-ão pelo valor que tiverem ao tempo da abertura da sucessão.

A avaliação da totalidade dos bens deve ser feita conforme valores reais vigentes à época da abertura da sucessão:

✓ AGRAVO DE INSTRUMENTO – Inventário – Colação – A legítima em regra deve ser calculada no momento da abertura da sucessão segundo os critérios do art. 1.847 do Código Civil, assim como, no caso, o valor dos imóveis doados, por ainda integrarem à época da morte o patrimônio dos donatários – Avaliação da totalidade dos bens conforme valores reais vigentes à época da abertura da sucessão – Conflito do art. 639 do CPC/2015 com o art. 2.004 do Código Civil, acerca do momento em que se deve proceder o cálculo dos bens – Recurso provido. (TJ-SP 2064287-45.2017.8.26.0000 SP; 2ª Câmara de Direito Privado; Rel. Alcides Leopoldo e Silva Júnior; Julg. 01/09/2017; Data de Publicação: 01/09/2017)

Art. 640. O herdeiro que renunciou à herança ou o que dela foi excluído não se exime, pelo fato da renúncia ou da exclusão, de conferir, para o efeito de repor a parte inoficiosa, as liberalidades que obteve do doador.

§ 1º É lícito ao donatário escolher, dentre os bens doados, tantos quantos bastem para perfazer a legítima e a metade disponível, entrando na partilha o excedente para ser dividido entre os demais herdeiros.

§ 2º Se a parte inoficiosa da doação recair sobre bem imóvel que não comporte divisão cômoda, o juiz determinará que sobre ela se proceda a licitação entre os herdeiros.

§ 3º O donatário poderá concorrer na licitação referida no § 2º e, em igualdade de condições, terá preferência sobre os herdeiros.

Art. 641. Se o herdeiro negar o recebimento dos bens ou a obrigação de os conferir, o juiz, ouvidas as partes no prazo comum de 15 (quinze) dias, decidirá à vista das alegações e das provas produzidas.

§ 1º Declarada improcedente a oposição, se o herdeiro, no prazo improrrogável de 15 (quinze) dias, não proceder à conferência, o juiz mandará sequestrar-lhe, para serem inventariados e partilhados, os bens sujeitos à colação ou imputar ao seu quinhão hereditário o valor deles, se já não os possuir.

§ 2º Se a matéria exigir dilação probatória diversa da documental, o juiz remeterá as partes às vias ordinárias, não podendo o herdeiro receber o seu quinhão hereditário, enquanto pender a demanda, sem prestar caução correspondente ao valor dos bens sobre os quais versar a conferência.

Seção VII
Do Pagamento das Dívidas

Art. 642. Antes da partilha, poderão os credores do espólio requerer ao juízo do inventário o pagamento das dívidas vencidas e exigíveis.

Antes da partilha, é incabível a transferência do valor correspondente ao quinhão do herdeiro para pagamento de dívida deste:

✓ AÇÃO DE EXECUÇÃO DE ALIMENTOS. ADJUDICAÇÃO E TRANSFERÊNCIA DO VALOR CORRESPONDENTE AO QUINHÃO DO EXECUTADO, PENHORADO NO ROSTO DOS AUTOS DO INVENTÁRIO. DESCABIMENTO. 1. Ocorrendo o óbito de uma pessoa que deixa bens, deve ser observado o processo de inventário para se efetivar a entrega do patrimônio que, em decorrência do princípio da saisine, transmitiu-se aos seus herdeiros e sucessores no momento da abertura da sucessão, mas somente após a homologação da partilha é que os herdeiros terão a individualização dos seus quinhões. 2. A satisfação das dívidas do espólio prevalece sobre a dos herdeiros e deve anteceder a partilha, nos termos do art. 642 do NCPC, descabendo o pagamento do crédito alimentar pelo espólio enquanto não efetuada a partilha. Recurso desprovido. (TJRS; AI 0049437-10.2017.8.21.7000; Bagé; Sétima Câmara Cível; Rel. Des. Sérgio Fernando de Vasconcellos Chaves; Julg. 26/07/2017; DJERS 01/08/2017)

Somente tem legitimidade para postular habilitação de crédito quem é credor do espólio:

✓ APELAÇÃO CÍVEL. SUCESSÕES. INVENTÁRIO. INCIDENTE DE HABILITAÇÃO DE CRÉDITO. DÍVIDA DE SOCIEDADE EMPRESÁRIA DA QUAL O AUTOR DA HERANÇA ERA SÓCIO. DESCABIMENTO DO PEDIDO. É descabido o pedido de habilitação de crédito e reserva de bens para pagamento de dívida em sede de inventário quando a dívida alegada pelo credor habilitante não se constituir dívida do espólio, mas sim da sociedade empresária da qual o autor da herança era um dos sócios. Nos termos do art. 642 do CPC/15, somente os credores do espólio poderão requerer ao juízo do inventário o pagamento de dívidas vencidas e exigíveis. Negaram provimento. Unânime. (TJRS; AC 0174399-42.2016.8.21.7000; Arroio Grande; Oitava Câmara Cível; Rel. Des. Luiz Felipe Brasil Santos; Julg. 08/09/2016; DJERS 13/09/2016)

✓ APELAÇÃO CÍVEL. HABILITAÇÃO DE CRÉDITO EM INVENTÁRIO. PRELIMINAR DE NÃO CONHECIMENTO DO RECURSO. AFASTADA. CREDOR DE HERDEIRO. ILEGITIMIDADE ATIVA E INADEQUAÇÃO DA VIA ELEITA. RECURSO DESPROVIDO. 1. O recurso será conhecido quando o recorrente indicar os pontos da sentença onde reside o seu inconformismo, trazendo de forma clara os fundamentos que dão respaldo à sua insurgência. 2. Tem legitimidade para postular habilitação de crédito quem é credor do espólio e não de um dos herdeiros, já que tal via se presta apenas para saldar as dívidas do espólio e não de herdeiro, nos termos do art. 642 do CPC de 2015. Se a cobrança é contra um dos herdeiros do de cujus, a parte deverá buscar a solução do litígio nas vias ordinárias, postulando em tal feito a penhora do quinhão do herdeiro no rosto dos autos do processo de inventário. (TJMS; APL 0811244-21.2016.8.12.0001; Terceira Câmara Cível; Rel. Des. Fernando Mauro Moreira Marinho; DJMS 14/07/2017; Pág. 86)

✓ APELAÇÃO CÍVEL. DIREITO PROCESSUAL CIVIL. HABILITAÇÃO DE CRÉDITO. DÍVIDA DE HERDEIROS. IMPOSSIBILIDADE. RECURSO NÃO PROVIDO. De acordo com o artigo 642 do CPC/15, somente os credores do espólio podem requerer a habilitação de crédito, visto que o espólio não pode responder por dívidas de terceiros. (TJMG; APCV 1.0699.16.000762-0/001; Rel. Des. Elias Camilo; Julg. 09/02/2017; DJEMG 07/03/2017)

Os honorários contratuais, ainda que de natureza alimentar, constituem dívida de responsabilidade do espólio, cabendo ao juízo do inventário deliberar sobre o respectivo pagamento:

✓ AGRAVO DE INSTRUMENTO. ANTECIPAÇÃO DE TUTELA. HONORÁRIOS ADVOCATÍCIOS CONTRATUAIS DEVIDOS POR ESPÓLIO. DESTAQUE. HABILITAÇÃO PERANTE O JUÍZO DO INVENTÁRIO. 1. Os honorários contratuais, ainda que de natureza alimentar, constituem dívida de responsabilidade do Espólio, cabendo ao juízo do inventário deliberar sobre o respectivo pagamento (art. 1.017 do CPC/1973 e atual artigo 642 do CPC/2015), após averiguar a existência de outras dívidas, com preferência, e eventual quitação parcial ou total do montante efetivamente devido (art. 22, § 4º, parte final, da Lei nº 8.906/94). (TRF 4ª R.; AG 5017013-16.2016.404.0000; Quarta Turma; Relª Desª Fed. Vivian Josete Pantaleão Caminha; Julg. 10/08/2016; DEJF 15/08/2016)

Não cabe arbitramento de honorários na decisão que decide de habilitação de credor no inventário:

✓ APELAÇÃO CÍVEL. PROCESSUAL CIVIL. HABILITAÇÃO DE CRÉDITO EM INVENTÁRIO. DISCORDÂNCIA DOS HERDEIROS. QUESTÃO A SER DIRIMIDA EM AÇÃO PRÓPRIA. HONORÁRIOS. ARBITRAMENTO. DESCABIMENTO. RECURSO PROVIDO. 1. Não cabe o arbitramento de honorários na decisão que decide de habilitação de credor no inventário (art. 642, CPC). O ato judicial é decisão interlocutória, uma vez que apenas decide questão incidental no bojo inventário. E caso haja manifestação desfavorável dos herdeiros, todos serão remetidos para discutirem a dívida nas vias ordinárias. 2. RECURSO CONHECIDO E PROVIDO. (TJ-DF 0002139-87.2013.8.07.0004; 4ª Turma Cível; Rel. Luís Gustavo B. de Oliveira; Julg. 28/06/2017; Data de Publicação DJe 13/07/2017)

A habilitação do crédito depende de liquidez e exigibilidade:

✓ INVENTÁRIO. ALVARÁ JUDICIAL. PAGAMENTO DE DÍVIDA DO ESPÓLIO. Decisão que indeferiu pedido de alvará judicial para pagamento de débito do espólio. Irresignação da inventariante e do espólio. Requerimento de alvará judicial para pagamento de honorários advocatícios contratuais de advogados do espólio em demanda em que ele é réu. Ausência de certeza, liquidez e exigibilidade do título da dívida. Habilitação do crédito que dependeria de liquidez e exigibilidade (art. 642, CPC/2015). Oposição dos demais herdeiros que importa na remessa às vias ordinárias (art. 643, CPC/2015). Alvará indeferido. Decisão mantida. Recurso desprovido. (TJ-SP; AI 2029380-44.2017.8.26.0000 SP; Rel. Carlos Alberto de Salles; Julg. 08/04/2017; 3ª Câmara de Direito Privado; Data de Publicação: 08/04/2017)

É facultado ao credor requerer ao juízo do inventário a habilitação, sem prejuízo do prosseguimento da ação de execução:

✓ AGRAVO DE INSTRUMENTO. NEGÓCIOS JURÍDICOS BANCÁRIOS. EXECUÇÃO DE TÍTULO EXTRAJUDICIAL. HABILITAÇÃO DO CRÉDITO NO JUÍZO DO INVENTÁRIO. FACULDADE DO CREDOR. PROSSEGUIMENTO DA EXECUÇÃO. REGULARIZAÇÃO DO POLO PASSIVO. 1. Não se conhece dos pedidos formulados pelos agravados nas contrarrazões no que diz respeito à nulidade do aval, tendo em vista que não interpuseram o recurso cabível contra a decisão agravada. 2. Rejeição do pedido de cassação da decisão que apreciou os embargos de declaração, por ser possível apreciar o mérito desde logo, mostrando-se desnecessária a devolução da matéria à Julgadora de origem. 3. Conforme dispõe o art. 642 do CPC/2015 , é facultado ao credor requerer ao Juízo de inventário o pagamento das dívidas vencidas ou exigíveis, o que, todavia, não obsta que opte por satisfazer seus créditos pela via ordinária. Nesse sentido, deve prosseguir a presente execução – que tramita desde 2001 , não havendo justificativa para compelir o exequente a habilitar seu crédito no Juízo do inventário. Ademais, deve ser observado o disposto nos arts. 110 e 313 do CPC/2015 , a fim de que seja regularizado o polo passivo. Agravo de instrumento parcialmente provido. (TJ-RS; AI 70074893264; Décima Segunda Câmara Cível; Rel. el. Umberto Guaspari Sudbrack; Julg. 19/10/2017; Data de Publicação: 23/10/2017). Ação de cobrança. Extinção do processo sem resolução do mérito com base na falta de interesse de agir. Habilitação de crédito no inventário. Mera faculdade do credor. Incidência do art. 642 , do CPC-15 . Não cumulação da ação de cobrança com o pedido de habilitação. Requerimento que sequer foi recebido pelo juízo orfanológico. Subsistência do interesse de agir do autor ante a ausência de provimento jurisdicional no inventário. Manifesto error in procedendo. Nulidade da sentença. Impossibilidade de aplicação do art. 1013 , § 3º do CPC-15 , tendo em vista a falta de citação do espólio-réu. Prosseguimento do feito que se impõe. Sentença de extinção anulada. Apelação da autora provida pelo relator. (TJ-RJ; APL 02631431520168190001, Rio de Janeiro, 22 Vara cível; Décima Câmara Cível; Rel. Bernardo Moreira Garcez Neto; Julg. 04/10/2017; Data de Publicação: 16/10/2017) Agravo de Instrumento. Direito Processual Civil. Execução de título extrajudicial. A habilitação de crédito nos autos de inventário do devedor é uma faculdade da parte interessada na satisfação da dívida, não apenas porque ao credor é possível ajuizar ação de cobrança, mas também porque a interpretação literal do art. 642 do CPC/15 corrobora tal afirmação. Jurisprudência do STJ. Para além disto, obrigar o credor a habilitar seu crédito nos autos do inventário significa interditar-lhe a possibilidade de excutir o bem que possui aptidão para solver a dívida, submetendo-o às vicissitudes do procedimento sucessório, ao arrepio da garantia fundamental da razoável duração do processo. Desprovimento do recurso. (TJ-RJ; AI; 00430631720168190000, Rio de Janeiro Capital, 10 Vara Cível, Segunda Câmara Cível; Rel. Paulo Sérgio Prestes dos Santos; Julg. 23/11/2016; Data de Publicação: 25/11/2016)

O credor pode optar pelo prosseguimento da execução em ação própria, após o falecimento da executada, determinando-se a penhora no rosto dos autos do inventário e a reserva de importância ou de bens, sendo desnecessário o pedido de habilitação do crédito no juízo do inventário:

✓ AGRAVO DE INSTRUMENTO. EXECUÇÃO DE TÍTULO EXTRAJUDICIAL FUNDADA EM DÉBITOS LOCATÍCIOS. ÓBITO DA FIADORA NO CURSO DO FEITO, PASSANDO A CONSTAR NO POLO PASSIVO O REFERIDO ESPÓLIO. DECISÃO QUE DETERMINOU A HABILITAÇÃO DO CRÉDITO NO JUÍZO ORFANOLÓGICO, BEM COMO O LEVANTAMENTO DAS CONSTRIÇÕES JÁ REALIZADAS. IRRESIGNAÇÃO. MERA FACULDADE DO CREDOR, QUE PODE OPTAR PELO PROSSEGUIMENTO DA EXECUÇÃO NO JUÍZO DE ORIGEM, MANTIDA A PENHORA REALIZADA NO ROSTO DOS AUTOS DO INVENTÁRIO, COM A DETERMINAÇÃO DE RESERVA DE IMPORTÂNCIA OU BENS CAPAZES DE SATISFAZER O MENCIONADO CRÉDITO. INTELIGÊNCIA DO ART. 642 , DO CPC/15 . PRECEDENTES DO C. STJ E DESTE E. TJRJ RECURSO CONHECIDO E PROVIDO, NA FORMA DO ART. 932 , VIII , DO CPC/15 , COMBINADO COM O ART. 31, VIII, DO RITJ. (TJ-RJ; AI 00312782420178190000, Rio de Janeiro, 46 Vara Cível, Décima Sexta Câmara Cível; Rel. Mauro Dickstein; Julg. 23/08/2017; Data de Publicação: 31/08/2017)

Não é possível a penhora no rosto dos autos do inventário quando o devedor é o próprio de cujus:

✓ Agravo de Instrumento. Ação indenizatória. Execução de título judicial. Pedido de reserva de crédito nos autos do inventário dos bens deixados pelo devedor. Decisão que indefere a penhora no rosto dos autos. Inconformismo que não prospera. Desnecessária a reserva de crédito se a obrigação perseguida é líquida, certa e exigível. Impossibilidade de penhora no rosto dos autos de ação de inventário quando devedor é o próprio de cujus. Entendimento jurisprudencial e doutrinário. Crédito que deve ser habilitado junto ao juízo do inventário, na forma do artigo 642 do CPC/15. Recurso desprovido. (TJ-RJ; AI

00507695120168190000, Rio de Janeiro Capital, 35 Vara Cível, Décima Sexta Câmara Cível; Rel. Eduardo Gusmão Alves de Brito Neto; Julg. 24/11/2016; Data de Publicação: 02/12/2016)

A mera habilitação do crédito nos autos do inventário não suspende o cumprimento de sentença:

✓ AGRAVO DE INSTRUMENTO. AÇÃO DE PRESTAÇÃO DE CONTAS. CUMPRIMENTO DE SENTENÇA. PEDIDO DE SUSPENSÃO DA EXECUÇÃO EM RAZÃO DA HABILITAÇÃO DE CRÉDITO NOS AUTOS DO INVENTÁRIO. DESCABIMENTO. RECURSO IMPROVIDO. Os recorrentes não comprovaram que o crédito foi declarado habilitado nos autos do inventário (art. 642, §2º, do CPC/2015), não obstante esse fosse o argumento fundamental do pedido de suspensão da execução. De todo modo, a mera habilitação do crédito nos autos do inventário não suspende o cumprimento de sentença, mormente porque a referida habilitação, no caso, diz respeito apenas à dívida do espólio. Há outros dois executados que respondem solidariamente pelo débito, podendo o credor exigir o pagamento de qualquer um deles. Bem por isso, não há óbice ao prosseguimento da execução, até mesmo porque não há amparo jurídico para o pedido de paralisação, na medida em que o caso em exame não se amolda em qualquer das hipóteses de suspensão previstas nos arts. 313, 689, 921 ou 922 do CPC/2015. (TJ-SP 2080569-61.2017.8.26.0000; 31ª Câmara de Direito Privado; Rel. Adilson de Araujo; Julg. 25/07/2017; Data de Publicação: 25/07/2017)

§ 1º A petição, acompanhada de prova literal da dívida, será distribuída por dependência e autuada em apenso aos autos do processo de inventário.

A habilitação é distribuída por dependência e autuada em apenso aos autos do inventário:

✓ AGRAVO DE INSTRUMENTO. INVENTÁRIO. Decisão que indefere pedido de alienação do único bem pelo inventariante. Existência de dívidas supostamente superiores ao valor do bem. Previsão legal de que os credores podem se habilitar no inventário e pedir o pagamento das dívidas, em incidente distribuído por dependência e autuado em apenso aos autos do inventário, o qual poderá ensejar a alienação pretendida, ressalvando-se que, não havendo acordo sobre a dívida e o pagamento, a questão será decidida nas vias ordinárias. Artigos 642 e 643, do CPC. Decisão mantida. NEGARAM PROVIMENTO AO RECURSO. (TJSP; AI 2048931-10.2017.8.26.0000; Ac. 10604287; São Caetano do Sul; Oitava Câmara de Direito Privado; Rel. Des. Alexandre Coelho; Julg. 14/07/2017; DJESP 19/07/2017; Pág. 1837)

✓ AGRAVO DE INSTRUMENTO. INVENTÁRIO. PAGAMENTO DE DÍVIDA. Autuação em apenso. A pretensão do agravante é o pagamento de dívidas do espólio, o que atrai a incidência do disposto no art. 1017, §1º do CPC/1973 (atual redação do art. 642, §1º do CPC/2015). Correta a determinação de autuação em apenso. Decisão mantida. Desprovimento do recurso. (TJRJ; AI 0045355-72.2016.8.19.0000; Niterói; Sexta Câmara Cível; Relª Desª Teresa Andrade; DORJ 28/08/2017; Pág. 255)

Caso exista debate a respeito da dívida, as partes devem ser remetidas às vias ordinárias:

✓ HABILITAÇÃO DE CRÉDITO EM INVENTÁRIO. CERCEAMENTO DE DEFESA. PROVA LITERAL DA DÍVIDA. DISCORDÂNCIA DOS HERDEIROS. REMESSA ÀS VIAS ORDINÁRIAS. RESERVA DE BENS. I – O pedido de habilitação de crédito constituiu procedimento de natureza administrativa, de tramitação célere, por isso a petição inicial deve ser acompanhada de prova literal da dívida, nos termos do § 1º do art. 642 do CPC . Rejeitada a preliminar de cerceamento de defesa. II – Diante da discordância dos herdeiros sobre o pedido de pagamento formulado pelo credor, a questão deve ser analisada nas vias ordinárias, e, tendo em vista a ausência de prova literal da dívida, improcede o pedido de reserva de bens, arts. 642 e 643 do CPC . III – Apelação desprovida. (TJ-DF 0007404-59.2016.8.07.0006; 6ª Turma Cível; Rel. Vera Andrighi; Julg. 16/08/2017; DJe: 22/08/2017)

§ 2º Concordando as partes com o pedido, o juiz, ao declarar habilitado o credor, mandará que se faça a separação de dinheiro ou, em sua falta, de bens suficientes para o pagamento.

Havendo aceitação do inventariante, e ausente impugnação de qualquer parte, o silêncio dos herdeiros representa aceitação tácita do pedido de habilitação do crédito:

✓ CIVIL. PROCESSUAL CIVIL. AGRAVO DE INSTRUMENTO. INVENTÁRIO. HABILITAÇÃO DE CRÉDITO. HONORÁRIOS ADVOCATÍCIOS. PROVA LITERAL DA DÍVIDA. MANIFESTAÇÃO FAVORÁVEL DO INVENTARIANTE. SILÊNCIO DOS DEMAIS HERDEIROS. ACEITAÇÃO TÁCITA. INTERPRETAÇÃO DOS ARTS. 642 E 643 DO CPC E 111 DO CC . RECURSO CONHECIDO E PROVIDO. 1. Não há que se falar em aplicação do art. 643 , caput e parágrafo único , do CPC , que dispõem acerca da reserva de bens suficientes para o pagamento do credor titular de prova literal da dívida em caso de ausência de concordância de todas as partes sobre o pedido de pagamento, se há concordância expressa do inventariante do espólio a favor do agravante. 2. Havendo aceitação do inventariante, representante do espólio em Juízo, nos termos do art. 618 , I , do CPC , e ausente impugnação de qualquer parte, o silêncio dos herdeiros representa aceitação tácita, à luz do disposto no art. 111 do CC, de modo que o pedido de habilitação do crédito do agravante deve ser deferido, nos termos do §§ 1º e 2º do art. 642 do CPC . 3. Recurso de agravo de instrumento conhecido e provido. (TJ-DF 0706780-50.2017.8.07.0000; 2ª Turma Cível; Rel. Sandra Reves; Julg. 17/08/2017; Data de Publicação: 24/08/2017)

§ 3º Separados os bens, tantos quantos forem necessários para o pagamento dos credores habilitados, o juiz mandará aliená-los, observando-se as disposições deste Código relativas à expropriação.

O juízo do inventário é competente para ordenar a avaliação e autorizar a alienação por hasta pública:

✓ AGRAVO DE INSTRUMENTO. INVENTÁRIO. DÍVIDA DO FALECIDO. CRÉDITO HABILITADO. AVALIAÇÃO E LEILÃO DE BEM INVENTARIADO. ART. 642 , § 3º, DO CPC . MANUTENÇÃO. Irretocável a decisão acoimada, que ordenou a avaliação e autorizou a alienação por hasta pública de bem inventariado para fins de adimplemento de dívida do falecido, pois crédito em epígrafe está amparado em título executivo judicial e encontra-se devidamente habilitado aos autos, de modo que é o juízo universal do inventário o competente para ordenar os atos tendentes à sua satisfação, na esteira do preconizado no art. 642 do CPC . AGRAVO DE INSTRUMENTO DESPROVIDO. (TJRS; AI 70073146078; Oitava Câmara Cível; Rel. Ricardo Moreira Lins Pastl; Julg. 22/06/2017, Data de Publicação: 27/06/2017)

§ 4º Se o credor requerer que, em vez de dinheiro, lhe sejam adjudicados, para o seu pagamento, os bens já reservados, o juiz deferir-lhe-á o pedido, concordando todas as partes.

Necessidade de concordância expressa de todos os herdeiros, não sendo possível a anuência ficta para a adjudicação de imóvel:

✓ ARROLAMENTO DE BENS. Pedido de adjudicação do imóvel. Necessidade de concordância expressa de todos os herdeiros (art. 642, § 4ª, do CPC/2015). Intimação por edital. Desnecessidade. Impossibilidade de anuência ficta. Credores deverão recorrer às vias ordinárias para obtenção de seus direitos, a teor do disposto no art. 643 do CPC/2015. RECURSO DESPROVIDO. (TJ-SP; 2173413-30.2017.8.26.0000; 6ª Câmara de Direito Privado; Rel. Paulo Alcides; Julg. 09/11/2017; Data de Publicação: 09/11/2017)

§ 5º Os donatários serão chamados a pronunciar-se sobre a aprovação das dívidas, sempre que haja possibilidade de resultar delas a redução das liberalidades.

Art. 643. Não havendo concordância de todas as partes sobre o pedido de pagamento feito pelo credor, será o pedido remetido às vias ordinárias.

Na ausência de concordância dos herdeiros e de documento que comprove suficientemente a obrigação, o julgamento do crédito depende de ação própria:

✓ Inventário. Habilitação de crédito. Ausência de concordância dos herdeiros sobre o pedido de pagamento feito pelo credor. Remessa da discussão aos meios ordinários. Reserva de bens. Possibilidade, haja vista a ausência de documento que comprove suficientemente a obrigação. Alegado crédito que depende de julgamento de ação própria. Art. 642 e 643 CPC. Recurso provido. (TJ SP AI 2138802-85.2016.8.26.0000; 4ª Câmara de Direito Privado; Rel. el. Teixeira Leite; Julg. 19/04/2017; Data de Publicação: 19/04/2017)

✓ APELAÇÃO CÍVEL. HABILITAÇÃO DE CRÉDITO EM INVENTÁRIO. AUSÊNCIA DE PROVA LITERAL DA DÍVIDA. SENTENÇA DE IMPROCEDÊNCIA. A habilitação de crédito é regulada no novo CPC , nos art. 642 e seguintes, e consiste no requerimento de credores de pagamento de dívidas vencíveis e exigíveis. A petição deve vir acompanhada de prova literal da dívida, devendo ainda, haver a concordância de todas as partes com o pedido de pagamento. A análise da documentação apresentada, aponta rubricas em suas folhas sem qualquer identificação dos respectivos emissores, sendo certo ainda que na última folha, sequer consta assinatura da inventariada. Ainda que a mesma estivesse representada no ato, cabia ao habilitante, apresentar cópia da respectiva procuração. Poderia o habilitante, por exemplo, juntar certidão de inteiro teor do referido documento, emitida pelo Cartório do 2º Distrito de Registro de Imóveis de São Pedro da Aldeia, o que também não foi feito. Por certo, tal documento não se apresenta como prova literal da dívida, não tendo o habilitante, preenchido os requisitos necessários para a habilitação de crédito. Incide, portanto, a regra do art. 643 do novo CPC , devendo o requerente ser remetido às vias ordinárias. Registre-se que não há que se falar em reserva de bens, tendo em vista a ausência de documento que comprove suficientemente a obrigação (art. 643 CPC). Sentença mantida. DESPROVIMENTO DO RECURSO. (TJ-RJ APL 00849265420108190002, Rio de janeiro, Niterói, 4 Vara Cível, Terceira Câmara Cível; Rel. Peterson Barroso Simão; Julg. 27/09/2017; Data de Publicação: 29/09/2017)

✓ APELAÇÃO CÍVEL. REQUERIMENTO DE HABILITAÇÃO DE CRÉDITO APENSADO AOS AUTOS DE INVENTÁRIO. COMPANHEIRA DE FALECIDO QUE PAGOU DÍVIDA DE CONDOMÍNIO DO IMÓVEL EM QUE RESIDIAM JUNTOS. Alegação de que as cotas condominiais não pagas seriam anteriores à união estável. Discordância das herdeiras, ao argumento de que a autora continua a residir no imóvel, em razão de direito real de habitação, porém não vem pagando o condomínio, o que lhe incumbiria conforme decisão proferida nos autos do inventário. Aplicação do artigo 643 do Código de Processo Civil à espécie. RECURSO A QUE SE NEGA PROVIMENTO. (TJRJ; APL 0078434-39.2016.8.19.0001; Rio de Janeiro; Décima Câmara Cível; Relª Desª Patricia

Ribeiro Serra Vieira; Julg. 25/10/2017; DORJ 27/10/2017; Pág. 448)

✓ Inventário. Procedimento de jurisdição voluntária, não comportando litígio. Habilitação de crédito. Não havendo concordância de todas as partes sobre o pedido de pagamento feito pelo credor na habilitação, deve ele remetido para os meios ordinários (art. 643, CPC/2015) com determinação de reserva de bens suficientes para pagamento da dívida. Mesmo destino deve ter o crédito impugnado correspondente às despesas que a agravante alega ter sido realizadas em favor dos espólios com recursos próprios. Recurso parcialmente provido. (TJ-SP 21016457820168260000 SP 2101645-78.2016.8.26.0000; 10ª Câmara de Direito Privado; Rel. Araldo Telles; Julg. 17/10/2017; Data de Publicação: 18/10/2017)

Parágrafo único. O juiz mandará, porém, reservar, em poder do inventariante, bens suficientes para pagar o credor quando a dívida constar de documento que comprove suficientemente a obrigação e a impugnação não se fundar em quitação.

É cabível a reserva de bens caso se comprove suficientemente a obrigação, não obstante haver discordância das partes:

✓ APELAÇÃO CÍVEL. INVENTÁRIO. HABILITAÇÃO DE CRÉDITO DE TERCEIROS. OPOSIÇÃO DOS HERDEIROS. RESERVA DE BENS. POSSIBILIDADE. INTELIGÊNCIA DO ART. 643 DO CPC/2015. REFORMA PARCIAL DA SENTENÇA. PROVIMENTO PARICAL DO RECURSO. A habilitação de créditos de terceiros junto ao espólio, no processo de inventário, exige concordância dos herdeiros. Cabível, no entanto, a reserva de bens, caso se comprove suficientemente demonstrada a obrigação e a impugnação não se fundar em alegação de quitação. (TJMG; APCV 1.0439.16.002296-8/001; Relª Desª Lílian Maciel Santos; Julg. 24/08/2017; DJEMG 29/08/2017)

✓ APELAÇÃO – HABILITAÇÃO DE CRÉDITO EM INVENTÁRIO – REMESSA ÀS VIAS ORDINÁRIAS COM A EXPRESSA DETERMINAÇÃO DE RESERVA PATRIMONIAL – ALEGAÇÃO DE ILEGITIMIDADE PASSIVA DO ESPÓLIO PARA RESPONDER PELA OBRIGAÇÃO EXIGIDA – DISCUSSÃO RELEGADA À VIA ORDINÁRIA – NECESSIDADE DE APRESENTAÇÃO DE DOCUMENTO SUFICIENTE À COMPROVAÇÃO DA OBRIGAÇÃO – ART. 643, PARÁGRAFO ÚNICO, DO CPC – POSTULAÇÃO CREDITÓRIA CALCADA NA NECESSIDADE DE RESSARCIMENTO DE OBRIGAÇÕES ATINENTES AO VÍNCULO SOCIETÁRIO ATÉ ENTÃO MANTIDO ENTRE O CREDOR E O FALECIDO – AUSÊNCIA DE PROVA DOCUMENTAL DA RELAÇÃO OBRIGACIONAL ALEGADA – PRETENSÃO DE RESERVA INVIABILIZADA – RECURSO PARCIALMENTE PROVIDO. – A remessa das partes às vias ordinárias também retira do presente incidente de jurisdição voluntária o característico de seara processual hábil à aferição da ilegitimidade passiva "ad causam" pelo espólio arguida. – Nos estritos termos do artigo 643, parágrafo único, do CPC, a reserva de acervo sucessório para garantir o crédito objeto da habilitação relegada às vias ordinárias imprescinde da apresentação de documento suficiente à comprovação da obrigação exigida. – Carente o processado da comprovação probatória legalmente exigida, há de ser desconstituída a ordem judicial de reserva ora fustigada. – Recurso parcialmente provido. (TJ-MG; AC: 10000160700332001 MG; 6ª Câmara Cível; Rel. Corrêa Junior; Julg. 25/04/2017; Data de Publicação: 04/05/2017)

Art. 644. O credor de dívida líquida e certa, ainda não vencida, pode requerer habilitação no inventário.

Parágrafo único. Concordando as partes com o pedido referido no caput, o juiz, ao julgar habilitado o crédito, mandará que se faça separação de bens para o futuro pagamento.

A decisão que julga o incidente de habilitação de crédito em inventário é interlocutória:

✓ HABILITAÇÃO DE CRÉDITO EM PROCESSO DE INVENTÁRIO. RECURSO CABÍVEL. AGRAVO DE INSTRUMENTO. APELAÇÃO INTERPOSTA. APLICAÇÃO DO PRINCÍPIO DA FUNGIBILIDADE. PRELIMINAR DE CERCEAMENTO DE DEFESA. AFASTADA. MÉRITO. AUTOR QUE FIGURA NA QUALIDADE DE FIADOR DO AGRAVANTE. PROVA DO PAGAMENTO DO DÉBITO. HABILITAÇÃO JULGADA PROCEDENTE. ART. 644 DO CPC. CONDENAÇÃO POR LITIGÂNCIA DE MÁ. FÉ. AFASTADA. AUSÊNCIA DE COMPROVAÇÃO DO DOLO. RECURSO DESPROVIDO. Segundo entendimento do Superior Tribunal de Justiça, a decisão que julga o incidente de habilitação de crédito em inventário é interlocutória, razão pela qual deve ser atacada por meio de agravo de instrumento, admitindo-se a fungibilidade recursal, desde que haja dúvida objetiva a respeito do cabimento do recurso e esse tenha sido interposto no prazo do recurso adequado. Por força do art. 435 do Código de Processo Civil, não há irregularidade na juntada do documento com a réplica, quando se destinada a contrapor os fatos deduzidos em defesa. Nos termos do art. 644 CPC: "O credor de dívida líquida e certa, ainda não vencida, pode requerer habilitação no inventário. " Comprovado que o autor, na qualidade de avalista do agravante, realizou o pagamento da dívida, julga-se procedente o pedido de habilitação de crédito. Verificado que a conduta da parte ré não incidiu em nenhuma das hipóteses do art. 80 do Código de Processo Civil, não há falar em litigância de má-fé. (TJMS; APL 0000021-84.2005.8.12.0003; Terceira Câmara Cível; Rel. Des. Eduardo Machado Rocha; DJMS 04/05/2017; Pág. 42)

Art. 645. O legatário é parte legítima para manifestar-se sobre as dívidas do espólio:

I – quando toda a herança for dividida em legados;

II – quando o reconhecimento das dívidas importar redução dos legados.

O legatário apenas responde pelas obrigações passivas do espólio quando toda a herança for dividida em legados ou quando o reconhecimento das dívidas importar redução dos legados:

✓ AGRAVO DE INSTRUMENTO. SUCESSÕES. INVENTARIANTE DATIVO. REMUNERAÇÃO. PARTICIPAÇÃO DA LEGATÁRIA. ART. 1.020 DO CPC/73 (ATUAL ART. 645 DO NCPC). 1. Nos termos do art. 1.020 do CPC/73 (atual art. 645 do NCPC), o legatário apenas responde pelas obrigações passivas do espólio "quando toda a herança for dividida em legados" ou "quando o reconhecimento das dívidas importar redução dos legados". 2. Na espécie, possuindo o espólio forças para satisfação da remuneração devida à inventariante dativa, em princípio, não há falar em responsabilidade da legatária. Decisão mantida. Agravo de instrumento desprovido. (TJRS; AI 0081708-09.2016.8.21.7000; Porto Alegre; Oitava Câmara Cível; Rel. Des. Ricardo Moreira Lins Pastl; Julg. 02/06/2016; DJERS 07/06/2016)

Art. 646. Sem prejuízo do disposto no art. 860, é lícito aos herdeiros, ao separarem bens para o pagamento de dívidas, autorizar que o inventariante os indique à penhora no processo em que o espólio for executado.

Seção VIII
Da Partilha

Art. 647. Cumprido o disposto no art. 642, § 3º, o juiz facultará às partes que, no prazo comum de 15 (quinze) dias, formulem o pedido de quinhão e, em seguida, proferirá a decisão de deliberação da partilha, resolvendo os pedidos das partes e designando os bens que devam constituir quinhão de cada herdeiro e legatário.

Antes de cumprida a fase do art. 642, § 3º, não é cabível o pedido de quinhão:

✓ AGRAVO DE INSTRUMENTO - INVENTÁRIO - APRESENTAÇÃO DE "ESBOÇO DE PARTILHA" - IMPOSIÇÃO NÃO DETERMINADA POR LEI - ART. 647 DO CPC - ART. 642, § 3º DO CPC. Estando os autos do inventário em momento anterior ao cumprimento do que dispõe o art. 642, § 3º, não há razão para que se imponha a realização do disposto no art. 647 do CPC. Fazendo a decisão agravada imposição à parte agravante de obrigação que a lei não determina, deve aquela ser reformada. (TJ-MG; 3ª Câmara Cível; Rel. Jair Varão; Julg. 18/04/2017; Data de Publicação: 15/05/2017)

Parágrafo único. O juiz poderá, em decisão fundamentada, deferir antecipadamente a qualquer dos herdeiros o exercício dos direitos de usar e de fruir de determinado bem, com a condição de que, ao término do inventário, tal bem integre a cota desse herdeiro, cabendo a este, desde o deferimento, todos os ônus e bônus decorrentes do exercício daqueles direitos.

O pedido constante no art. 647, parágrafo único, deve preencher os requisitos do art. 300 do CPC:

✓ AGRAVO DE INSTRUMENTO. AÇÃO DE INVENTÁRIO. ADIANTAMENTO QUINHÃO. PARÁGRAFO ÚNICO DO ART. 647, DO NOVO CPC. OPOSIÇÃO HERDEIRO. TUTELA DE URGÊNCIA. PRESENÇA DO RISCO DE IRREVERSIBILIDADE INDEFERIMENTO. MEDIDA QUE SE IMPÕE. I. O novo Código de Processo Civil, trouxe uma inovação importante ao estabelecer em seu artigo 647 a possibilidade de o juiz deferir antecipadamente a qualquer herdeiro o exercício dos direitos de usufruir de determinado bem, com a condição de que, ao término do inventário tal bem integre a cota desse herdeiro e que não haja oposição de alguma das partes, situação em que o pedido ficará condicionado ao preenchimento dos requisitos exigidos no artigo 300 do CPC/2015. II. Para a concessão de tutela antecipada devem coexistir os requisitos da prova inequívoca e da verossimilhança das alegações, sendo inadmissível seu deferimento quando houver perigo de irreversibilidade do provimento antecipado. III. In casu, não sendo possível verificar se a quantia requerida pelo agravante é maior ou menor do que o valor total dos bens do espólio ou, se maior ou menor que a sua quota parte na herança, impossível afastar o perigo da irreversibilidade da medida, impondo o indeferimento do pedido levantamento. AGRAVO DE INSTRUMENTO CONHECIDO E DESPROVIDO. (TJGO; AI 0147376-08.2016.8.09.0000; Goiânia; Quarta Câmara Cível; Rel. Des. Sebastião Luiz Fleury; DJGO 26/09/2016; Pág. 299)

Art. 648. Na partilha, serão observadas as seguintes regras:

I – a máxima igualdade possível quanto ao valor, à natureza e à qualidade dos bens;

Na partilha, deve ser observado o princípio da igualdade:

✓ AGRAVO DE INSTRUMENTO. Ação de inventário. Colação. Discussão acerca do critério a ser adotado para o cálculo do valor do bem colacionado. Acervo do espólio deve ser calculado com base no valor da época da abertura da sucessão, incluindo os bens trazidos por força de colação. Impossibilidade de adoção de critérios diversos. Necessária observância ao princípio da igualdade (art. 2.017 do Código Civil e art. 648, inc. I, do CPC). Os bens colacionados ou não devem ter o valor apurado com base no verificado à época da abertura da sucessão. Deve-se preservar, no processo de inventário, a igualdade entre os herdeiros, de modo que seja atendida à simetria com os demais bens integrantes do monte-mor. (TJPR; Ag Instr 1560967-9; Curitiba; Décima Primeira Câmara Cível; Relª Juíza Conv. Luciane R. C. Ludovico; Julg. 05/04/2017; DJPR 07/07/2017; Pág. 101)

II – a prevenção de litígios futuros;

III – a máxima comodidade dos coerdeiros, do cônjuge ou do companheiro, se for o caso.

Art. 649. Os bens insuscetíveis de divisão cômoda que não couberem na parte do cônjuge ou companheiro supérstite ou no quinhão de um só herdeiro serão licitados entre os interessados ou vendidos judicialmente, partilhando-se o valor apurado, salvo se houver acordo para que sejam adjudicados a todos.

Bens de divisão cômoda podem ser avaliados para o pagamento de quinhão a herdeiro que discorda da adjudicação a todos:

✓ AGRAVO DE INSTRUMENTO. Inventário. Decisão que indeferiu o pedido de avaliação dos bens e determinou o prosseguimento da partilha. Insurgência de uma das herdeiras que não pretende permanecer em condomínio com os demais herdeiros. Inventariante que pretende a avaliação dos bens para o pagamento do quinhão da referida herdeira. Cabimento. Bens insuscetíveis de divisão cômoda. Herdeiro que discorda da adjudicação a todos. Arts. 2.019 do CC e art. 648 e 649 do CPC. Decisão reformada. Recurso provido. (TJSP; AI 2211791-89.2016.8.26.0000; Ac. 10441628; Araras; Terceira Câmara de Direito Privado; Rel. Des. Egidio Giacoia; Julg. 19/05/2017; DJESP 07/06/2017; Pág. 1559)

Art. 650. Se um dos interessados for nascituro, o quinhão que lhe caberá será reservado em poder do inventariante até o seu nascimento.

Art. 651. O partidor organizará o esboço da partilha de acordo com a decisão judicial, observando nos pagamentos a seguinte ordem:

I – dívidas atendidas;

II – meação do cônjuge;

III – meação disponível;

IV – quinhões hereditários, a começar pelo coerdeiro mais velho.

Não havendo consenso entre os herdeiros com relação à partilha dos bens, esta será decidida pelo juiz, sendo possível o estabelecimento de condomínio

✓ INVENTÁRIO. PLANO DE PARTILHA. INCLUSÃO DO HERDEIRO RECONHECIDO EM AÇÃO DE INVESTIGAÇÃO DE PARTERNIDADE. DESNECESSIDADE DE AJUIZAMENTO DE AÇÃO DE PETIÇÃO DE HERANÇA. POSSIBILIDADE DE ESTABELECIMENTO DE CONDOMÍNIO ENTRE OS HERDEIROS POR AUSÊNCIA DE CONSENSO. 1. Correta a determinação de apresentação de novo plano de partilha, com a inclusão do herdeiro reconhecido em ação de investigação de paternidade transitada em julgado, sendo desnecessário o ajuizamento por ele de ação de petição de herança, pois ainda não foi ultimado o inventário. 2. Não se cogita da paternidade socioafetiva do herdeiro reconhecido com o pai registral, quando tal possibilidade já foi afastada na ação de investigação de paternidade. 3. Não havendo consenso entre os herdeiros com relação à partilha dos bens, será ela decidida pelo julgador, devendo o partidor judicial estabelecer a divisão conforme critérios estabelecidos em Lei, sendo possível que os bens fiquem em condomínio, caso não comportem divisão cômoda. Inteligência do art. 651 do NCPC. Recurso desprovido. (TJRS; AI 0079840-59.2017.8.21.7000; Novo Hamburgo; Sétima Câmara Cível; Rel. Des. Sérgio Fernando de Vasconcellos Chaves; Julg. 31/05/2017; DJERS 05/06/2017)

Art. 652. Feito o esboço, as partes manifestar-se-ão sobre esse no prazo comum de 15 (quinze) dias, e, resolvidas as reclamações, a partilha será lançada nos autos.

Apresentado o plano de partilha por um dos herdeiros, os demais devem ser intimados:

✓ APELAÇÃO CÍVEL. Ação de inventário. Apresentação de plano de partilha por herdeiro. Ausência de determinação judicial de intimação dos demais herdeiros que constitui cerceamento de defesa. Aplicação do artigo 652 do código de processo civil. Infração aos princípios constitucionais do contraditório, ampla defesa e devido processo legal. Sentença anulada. Recurso conhecido e provido. (TJAL; APL 0001082-38.2000.8.02.0001; Terceira Câmara Cível; Rel. Des. Domingos de Araújo Lima Neto; DJAL 23/02/2017; Pág. 57)

Antes da homologação do plano de partilha deve haver a intimação de todos os herdeiros:

✓ APELAÇÕES CÍVEIS. INVENTÁRIO. PARTILHA HOMOLOGADA. AUSÊNCIA DE INTIMAÇÃO PRÉVIA DE HERDEIRO. ART. 1.024 DO CPC/73. QUESTÃO PREJUDICIAL. DISCUSSÃO ACERCA DA PROPRIEDADE DE BEM INVENTARIADO. SENTENÇA DESCONSTITUÍDA. 1. Comporta desconstituição a sentença proferida sem a prévia intimação de um dos herdeiros acerca do plano de partilha homologado, em inobservância ao que preconizava o art. 1.024 do CPC/73 (correspondente ao art. 652 do NCPC). Precedentes desta corte de justiça. 2. Ademais, é salutar que a questão suscitada nos embargos de terceiros (processo que tramita em apenso ao inventário), por ser prejudicial (art. 313, V, "a", do NCPC), seja decidida previamente à homologação partilha, tendo em que os autores reivindicam a propriedade da área de 32.740.476 m^2 situada dentro de uma área maior no lugar denominado estância descuido, que é objeto do inventário. Apelações providas. (TJRS; AC 0316407-42.2016.8.21.7000; Itaqui; Oitava Câmara Cível; Rel. Des. Ricardo Moreira Lins Pastl; Julg. 24/11/2016; DJERS 30/11/2016)

✓ AGRAVO DE INSTRUMENTO. Ação de inventário. Decisão que deferiu o pedido da inventariante para alienação judicial de imóvel contido no plano de partilha. Irresignação de parte dos herdeiros. Ausência de intimação de todos os sucessores para manifestação acerca do esboço de partilha. Inteligência do art. 652 do código de processo civil. Ofensa aos princípios do contraditório e ampla defesa. Nulidade evidenciada. Decisão cassada. Recurso conhecido e parcialmente provido. (TJSC; AI 1001154-37.2016.8.24.0000; Itapiranga; Câmara Especial Regional de Chapecó; Rel. Des. Luiz Felipe Schuch; DJSC 28/11/2016; Pag. 338)

Havendo manifesta discordância de herdeiros acerca do esboço de partilha, este não deve ser homologado:

✓ APELAÇÃO CÍVEL. SUCESSÕES. INVENTÁRIO. SENTENÇA HOMOLOGATÓRIA DE PARTILHA. IMPUGNAÇÕES AO AUTO DE ORÇAMENTO E PARTILHA APRESENTADO. IMPOSSIBILIDADE DE SIMPLES HOMOLOGAÇÃO. DESCONSTITUIÇÃO DA SENTENÇA. De acordo com o art. 652 do CPC/15 e com o art. 2.016 do CC/2002 (aplicável ao caso, considerando-se a data da abertura da sucessão), é descabida a simples homologação de auto de orçamento e partilha apresentado quando houver manifesta discordância de herdeiros acerca da composição e da divisão do patrimônio a ser partilhado nos termos em que elaborado o auto, devendo, neste caso, o juízo de origem resolver as reclamações apresentadas para que, então, se proceda ao julgamento da partilha. De ofício, desconstituíram a sentença, prejudicada a apelação. Unânime. (TJRS; AC 0016655-47.2017.8.21.7000; Porto Alegre; Oitava Câmara Cível; Rel. Des. Luiz Felipe Brasil Santos; Julg. 27/04/2017; DJERS 08/05/2017)

Art. 653. A partilha constará:

I – de auto de orçamento, que mencionará:

a) os nomes do autor da herança, do inventariante, do cônjuge ou companheiro supérstite, dos herdeiros, dos legatários e dos credores admitidos;

b) o ativo, o passivo e o líquido partível, com as necessárias especificações;

c) o valor de cada quinhão;

II – de folha de pagamento para cada parte, declarando a quota a pagar-lhe, a razão do pagamento e a relação dos bens que lhe compõem o quinhão, as características que os individualizam e os ônus que os gravam.

Parágrafo único. O auto e cada uma das folhas serão assinados pelo juiz e pelo escrivão.

O crédito arrolado nos autos do inventário, inclusive garantido com a penhora no rosto dos autos, deve ser observado quando da apresentação do plano de partilha:

✓ AGRAVO DE INSTRUMENTO. INVENTÁRIO. PENHORA DO ROSTO DOS AUTOS. OBSERVÂNCIA NO PLANO DE PARTILHA. DECISÃO MANTIDA. O crédito arrolado nos autos do inventário, inclusive garantido com a penhora no rosto dos autos, deve ser observado quando da apresentação do plano de partilha, na linha do preconizado no art. 1.025 do CPC/73 (atual art. 653 do NCPC). Decisão mantida. Agravo de instrumento desprovido. (TJRS; AI 0049583-85.2016.8.21.7000; Santana do Livramento; Oitava Câmara Cível; Rel. Des. Ricardo Moreira Lins Pastl; Julg. 14/04/2016; DJERS 18/04/2016)

O inventariate deve administrar os bens até a efetiva realização da partilha:

✓ AGRAVO DE INSTRUMENTO – AÇÃO DE INVENTÁRIO – PARTILHA – REQUISITOS DO ART. 653 DO

CPC/15 – ADMINISTRAÇÃO DOS BENS PELO INVENTARIANTE ATÉ HOMOLOGAÇÃO DA PARTILHA. – O art. 653 do CPC/15 estabelece os requisitos que devem estar minuciosamente descritos na partilha, como o ativo, o passivo e o líquido partível, com as necessárias especificações e o valor de cada quinhão, por exemplo. – Se ainda há apenas um esboço de partilha, o qual foi impugnado, sendo necessária a manifestação do inventariante, resta claro que a partilha ainda não foi efetivamente realizada, sendo indispensável a figura do inventariante, a quem incumbe a administração dos bens, conforme o disposto no art. 1.991 do Código Civil. (TJ-MG; AI 10024132696188007 MG; 4ª Câmara Cível; Rel. Heloisa Combat; Julg. 10/11/2016; Data de Publicação: 16/11/2016)

Art. 654. Pago o imposto de transmissão a título de morte e juntada aos autos certidão ou informação negativa de dívida para com a Fazenda Pública, o juiz julgará por sentença a partilha.

Parágrafo único. A existência de dívida para com a Fazenda Pública não impedirá o julgamento da partilha, desde que o seu pagamento esteja devidamente garantido.

<u>A homologação da partilha depende de cálculo do tributo e concordância da Fazenda:</u>

✓ Agravo de instrumento. Inventário. 1. Gratuidade da justiça requerida pelo inventariante. Presunção de hipossuficiência da alegação. Ausência de provas nos autos a desconstituir essa presunção. Inteligência dos artigos 99, §§ 2º e 3º, CPC/2015. 2. Decisão que rejeitou homologação de esboço de partilha. Aplicabilidade do disposto no parágrafo único do art. 654, CPC em relação ao ITCMD. Regra trazida no novo CPC autoriza a homologação da partilha, desde que garantido pagamento da dívida com a Fazenda. Se a lei não fez distinção, o intérprete não deve fazê-la. Homologação, entretanto, requer anterior cálculo do tributo e concordância da Fazenda. Providências ainda não adotadas nos autos. Recurso parcialmente provido. (TJ-SP 20365575920178260000 SP 2036557-59.2017.8.26.0000; 9ª Câmara de Direito Privado; Rel. Edson Luiz de Queiróz; Julg. 06/10/2017; Data de Publicação: 06/10/2017)

<u>A sentença de julgamento da partilha somente poderá ser proferida após a comprovação do pagamento do imposto de transmissão ou informação da negativa de dívida contra a Fazenda Pública:</u>

✓ AGRAVO DE INSTRUMENTO. Inventário. Decisão que suspendeu o andamento do feito até o trânsito em julgado de Mandado de Segurança impetrado contra a Fazenda Pública. A sentença que julgará a partilha do inventário somente poderá ser proferida após a comprovação do pagamento do imposto de transmissão ou informação da negativa de dívida contra a Fazenda. Art. 654 do CPC. Enquanto não julgado o Mandado de Segurança interposto contra a Fazenda no qual se discute o valor do referido imposto incabível o prosseguimento do inventário. Decisão mantida. Recurso improvido. (TJSP; AI 2259233-51.2016.8.26.0000; Ac. 10603025; Dracena; Terceira Câmara de Direito Privado; Rel. Des. Egidio Giacoia; Julg. 14/07/2017; DJESP 26/07/2017; Pág. 1280)

✓ INVENTÁRIO. Alienação de bem imóvel. Indeferimento de expedição de alvará judicial para venda. Não dispondo os herdeiros de recursos para satisfazer o pagamento do Imposto sobre Transmissão Causa Mortis e Doações de Quaisquer Bens ou Direitos (ITCMD), necessário o deferimento do alvará para conclusão do inventário. Ademais, a homologação da partilha condiciona-se a prévia demonstração do recolhimento do imposto, nos termos do art. 654, do Código de Processo Civil/2015. Decisão reformada. Agravo provido, COM OBSERVAÇÃO. (TJSP; AI 2240008-45.2016.8.26.0000; Ac. 10142973; São Paulo; Décima Câmara de Direito Privado; Rel. Des. Élcio Trujillo; Julg. 07/02/2017; DJESP 24/02/2017)

✓ APELAÇÃO. INVENTÁRIO. EXISTÊNCIA DE HERDEIRO INCAPAZ. HOMOLOGAÇÃO DE PARTILHA. REGULARIDADE TRIBUTÁRIA. CONDIÇÕES PARA O JULGAMENTO. QUITAÇÃO OU ISENÇÃO DO ITCMD. COMPROVAÇÃO PRÉVIA. AUSÊNCIA DE CERTIDÃO NEGATIVA DE DÍVIDA TRIBUTÁRIA. GARANTIA DE PAGAMENTO. HIPOSSUFICIÊNCIA ECONÔMICA. INAPTA PARA AFASTAR A OBRIGAÇÃO TRIBUTÁRIA. 1. Havendo herdeiro incapaz, devem ser observadas as regras gerais atinentes ao inventário, previstas nos artigos 610 a 656 do CPC/2015, visto não se adequar o procedimento ao rito de arrolamento. 2. O artigo 654 do CPC/2015 trata acerca da regularidade fiscal para julgamento da partilha, condicionando-a ao prévio pagamento do imposto de transmissão causa mortis e, ainda, de juntada de certidão ou informação negativa de dívida para com a Fazenda Pública. 3. O parágrafo único do artigo 654 do CPC/2015 ressalva que a existência de dívida anterior com a Fazenda Pública, apta a obstar a emissão de certidão ou informação negativa de débitos tributários (segunda condição prevista no caput), não impedirá o julgamento da partilha, desde que haja garantia de pagamento do débito, não se referindo, todavia, à possibilidade de prolação da sentença sem pagamento do ITCMD (primeira condição prevista no caput), cuja quitação continua a ser previamente devida. 4. O fato de as partes serem economicamente hipossuficientes não enseja a dispensa quanto ao pagamento de dívidas tributárias ou à sua garantia, visto que a gratuidade de justiça não compreende matéria tributária, conforme se observa do rol constante do artigo 98, §1º, do CPC/2015. 5. Descabida a prolação de sentença homologatória de partilha sem prévia comprovação de quitação ou isenção do imposto de transmissão causa mortis, bem como quando ausente juntada de certidão negativa de débitos tributários atualizada ou de garantia prestada no caso de dívidas tributárias devidas. 6. Recurso conhecido e provido. (TJDF; APC 2014.03.1.027187-6; Ac. 988.875; Oitava Turma Cível; Relª Desª Ana Cantarino; Julg. 14/12/2016; DJDFTE 25/01/2017)

O juízo pode condicionar a apreciação do pedido de alvará para venda de imóvel do espólio à apresentação de certidões negativas dos tributos:

✓ AGRAVO DE INSTRUMENTO. SUCESSÕES. AÇÃO DE INVENTÁRIO. EXIGÊNCIA DE EXIBIÇÃO DA CERTIDÃO NEGATIVA DE TRIBUTOS ATUALIZADA. REALIZAÇÃO DE DILIGÊNCIAS. CABIMENTO. Pode o juízo condicionar a apreciação do pedido de alvará para a venda de imóvel pertencente ao espólio, à apresentação das certidões negativas atualizadas de tributos. Inteligência do art. 654 do NCPC. Recurso parcialmente provido. (TJRS; AI 0369095-78.2016.8.21.7000; Porto Alegre; Sétima Câmara Cível; Relª Desª Liselena Schifino Robles Ribeiro; Julg. 20/10/2016; DJERS 24/10/2016)

Excepcionalmente, pode haver homologação da partilha independentemente da apresentação de garantia ou quitação da dívida fiscal de responsabilidade da pessoa jurídica cujo sócio era o falecido:

✓ Agravo de Instrumento – ação de inventário – dispensa da garantia do art. 654, § único do CPC indeferida – no caso concreto o débito fiscal é originária de pessoa jurídica limitada da qual o falecido era sócio e está em curso desde 1992, sem que tenha havido penhora sobre os bens integrantes do monte mor – Observada a força da herança, o disposto no art. 1.792, do CC, e no art. 131, II, do CTN, é caso de excepcionar a regra, a fim de possibilitar a homologação da partilha, independente da apresentação de garantia ou da quitação da dívida fiscal, de responsabilidade da pessoa jurídica – a questão sobre a impenhorabilidade do imóvel deve ser analisada pelo Juízo da execução fiscal – Recurso provido. (TJ-SP 22127953020178260000 SP 2212795-30.2017.8.26.0000; 5ª Câmara de Direito Privado; Rel. Moreira Viegas; Julg. 09/11/2017; Data de Publicação: 09/11/2017)

✓ Agravo de instrumento. Arrolamento de bens. Decisão de 1º grau que extingue o requerimento de sobrepartilha ao fundamento de que já se exaurira o legado que contemplara a interessada. Agravante que interpõe apelação esta não recebida por entender o juízo a quo tratar-se de decisão interlocutória. Inventário causa mortis que tem natureza contenciosa e como tal submete-se às normas processuais ordinárias relativas à postulação, instrução, sentença e recursos. Partilha que é julgada por sentença. Inteligência do art. 654 CPC/15. Decisão que extingue a sobrepartilha, que tem a natureza de sentença, sendo recorrível por apelação. Recurso a que se dá provimento. (TJ-RJ; AI 00340509120168190000 Rio de Janeiro Niterói; 3ª Vara Cível; Quinta Câmara Cível; Rel. Cristina Tereza Gaulia; Julg. 06/12/2016; Data de Publicação: 09/12/2016)

Art. 655. Transitada em julgado a sentença mencionada no art. 654, receberá o herdeiro os bens que lhe tocarem e um formal de partilha, do qual constarão as seguintes peças:

I – termo de inventariante e título de herdeiros;

II – avaliação dos bens que constituíram o quinhão do herdeiro;

III – pagamento do quinhão hereditário;

IV – quitação dos impostos;

V – sentença.

Parágrafo único. O formal de partilha poderá ser substituído por certidão de pagamento do quinhão hereditário quando esse não exceder a 5 (cinco) vezes o salário-mínimo, caso em que se transcreverá nela a sentença de partilha transitada em julgado.

Art. 656. A partilha, mesmo depois de transitada em julgado a sentença, pode ser emendada nos mesmos autos do inventário, convindo todas as partes, quando tenha havido erro de fato na descrição dos bens, podendo o juiz, de ofício ou a requerimento da parte, a qualquer tempo, corrigir-lhe as inexatidões materiais.

A partilha, mesmo depois de transitada em julgado a sentença, pode ser emendada nos mesmos autos do inventário:

✓ AGRAVO DE INSTRUMENTO. INVENTÁRIO. PARTILHA. RETIFICAÇÃO. SENTENÇA HOMOLOGATÓRIA TRÂNSITADO EM JULGADO. POSSIBILIDADE. ERRO DE FATO OCORRIDO. DEFERIMENTO DO PEDIDO. DECISÃO REFORMADA. INTELIGÊNCIA DO ART. 565 DO NOVO CPC (ART. 1.028 DO CPC/1973). 1. À Luz do art. 656 do novo CPC (art. 1.028 do CPC/1973), a partilha, mesmo depois de transitada em julgado a sentença, pode ser emendada nos mesmos autos do inventário, convindo todas as partes, quando tenha havido erro de fato na descrição dos bens, podendo o juiz, de ofício ou a requerimento da parte, a qualquer tempo, corrigir-lhe as inexatidões materiais. 2. In casu, ante a ocorrência de erro de fato na homologação da repartição dos bens deixados por Manoel clemente de oliveira, é plenamente viável a retificação do correlato formal de partilha, para constar que os 9 (nove) alqueires, 61 (sessenta e um) litros e 457 (quatrocentos e cinquenta e sete) m2 de terra destinados à meeira olegária Pereira de oliveira estão localizados totalmente no município de Anicuns, anulando-se, de conseguinte, o registro errôneo feito em Nazário. Agravo de instrumento provido. (TJGO; AI 0101443-12.2016.8.09.0000; Anicuns; Sexta Câmara Cível; Rel. Des. Wilson Safatle Faiad; DJGO 03/05/2016; Pág. 165)

✓ AGRAVO DE INSTRUMENTO. INVENTÁRIO. RETIFICAÇÃO DA PARTILHA APÓS A HOMOLOGAÇÃO E O TRÂNSITO EM JULGADO NOS PRÓPRIOS AUTOS DO INVENTÁRIO. DESACBIMENTO. Segundo o artigo

1.028 do CPC/73 (art. 656 do novo CPC), a partilha, ainda depois de passar em julgado a sentença, pode ser emendada nos mesmos autos do inventário, convindo todas as partes, quando tenha havido erro de fato na descrição dos bens. Caso concreto em que a pretensão dos agravantes não é sanar inexatidões materiais, mas substituir bens já partilhados e que foram alienados posteriormente à partilha homologada, situação que não se enquadra no disposto na referida norma processual. Decisão agravada mantida. Agravo de instrumento desprovido. (TJRS; AI 0052618-53.2016.8.21.7000; Porto Alegre; Sétima Câmara Cível; Relª Desª Sandra Brisolara Medeiros; Julg. 18/05/2016; DJERS 02/06/2016)

Para haver a retificação da partilha é imprescindível a convenção entre todos os sucessores:

✓ AGRAVO DE INSTRUMENTO. DIREITO PROCESSUAL CIVIL. PROCEDIMENTO DE INVENTÁRIO. RETIFICAÇÃO DE PARTILHA POR EMENDA. REQUISITOS LEGAIS. INTELIGÊNCIA DO ART. 656 DO NOVO CPC. INADMISSIBILIDADE NO CASO CONCRETO. Para que seja possível realizar, nos autos do próprio inventário, a retificação de partilha homologada ou julgada, além da demonstração inequívoca de que a divisão incidiu em erro de fato ou inexatidão material, é imprescindível a convenção entre todos os sucessores. Assim dispõe o art. 656 do novo CPC. Tratando-se de pretensão individual, veiculada por apenas um dos herdeiros, a questão deve ser remetida às vias ordinárias, a fim de propiciar o conhecimento do pedido novo e a eventual instauração de contraditório. RECURSO DESPROVIDO. (TJ-RS; AI: 70074274887 RS; Sétima Câmara Cível; Rel. Liselena Schifino Robles Ribeiro; Julg. 29/06/2017; Data de Publicação: Diário da Justiça do dia 03/07/2017)

Art. 657. A partilha amigável, lavrada em instrumento público, reduzida a termo nos autos do inventário ou constante de escrito particular homologado pelo juiz, pode ser anulada por dolo, coação, erro essencial ou intervenção de incapaz, observado o disposto no § 4º do art. 966.

Parágrafo único. O direito à anulação de partilha amigável extingue-se em 1 (um) ano, contado esse prazo:

I – no caso de coação, do dia em que ela cessou;

II – no caso de erro ou dolo, do dia em que se realizou o ato;

III – quanto ao incapaz, do dia em que cessar a incapacidade.

O termo de início do prazo prescricional é a cessação da coação:

✓ APELAÇÃO CÍVEL. AÇÃO ANULATÓRIA DE ATO JURÍDICO POR VÍCIO DE CONSENTIMENTO EM PARTILHA REALIZADA EM SEPARAÇÃO CONSENSUAL. ALEGAÇÃO DE QUE O ACORDO FOI CELEBRADO MEDIANTE COAÇÃO. SENTENÇA DE IMPROCEDÊNCIA. AUSÊNCIA DE PROVA DO FATO CONSTITUTIVO DO DIREITO RECLAMADO. APELO PROMOVIDO PELA AUTORA CONTRA A SENTENÇA HOMOLOGATÓRIA. PRESCRIÇÃO DA PRETENSÃO DA AUTORA. TERMO DE INÍCIO DO PRAZO PRESCRICIONAL A CONTAR DA CESSAÇÃO DA COAÇÃO COM A INTERPOSIÇÃO RECURSAL À ÉPOCA DOS FATOS. PRAZO ÂNUO. INTELIGÊNCIA DO ART. 657, PARÁGRAFO ÚNICO, INCISO I, DO CPC/2015. RECURSO CONHECIDO. PREJUDICIAL DE MÉRITO RECONHECIDA DE OFÍCIO. I – A coação, se ocorrida, não cessou apenas quando do falecimento de A. T., na data de 10/03/2012, porquanto a Autora/Apelante, na data de 30/08/1979, recorreu da sentença que homologou a separação consensual por meio de Apelação, insurgindo-se contra todos os termos do acordo. II – O próprio ato de recorrer exercido pela Autora/Apelante na data de 30/08/1979 demonstra que desde então a alegada coação não mais existia, sendo este, portanto, o termo inicial para a contagem do prazo prescricional ânuo previsto do art. 657, parágrafo único, inciso I, do CPC/2015. (TJ-SC; AC: 00022145020138240038 Joinville; , Quarta Câmara de Direito Civil; Rel. Rodolfo Cezar Ribeiro Da Silva Tridapalli; Julg. 29/06/2017)

Art. 658. É rescindível a partilha julgada por sentença:

I – nos casos mencionados no art. 657;

II – se feita com preterição de formalidades legais;

III – se preteriu herdeiro ou incluiu quem não o seja.

A ação de nulidade de partilha refere-se à partilha amigável homologada judicialmente, enquanto a ação rescisória é concernente à partilha julgada por sentença:

✓ APELAÇÃO CÍVEL. AÇÃO DE NULIDADE DE PARTILHA. INADEQUAÇÃO DA VIA ELEITA. EXTINÇÃO DO PROCESSO SEM RESOLUÇÃO DE MÉRITO. Nos termos do Código de Processo Civil, Art. 657. "A partilha amigável, lavrada em instrumento público, reduzida a termo nos autos do inventário ou constante de escrito particular homologado pelo juiz, pode ser anulada por dolo, coação, erro essencial ou intervenção de incapaz, observado o disposto no § 4º do art. 966" e Art. 658. "É rescindível a partilha julgada por sentença: I. nos casos mencionados no art. 657; II. se feita com preterição de formalidades legais; III. se preteriu herdeiro ou incluiu quem não o seja". Em se tratando de ação que visa à nulidade de partilha, deve-se distinguir inicialmente se a partilha foi homologada pelo juiz ou se julgada, por sentença, para que seja identificada a ação, conforme estabelecem os artigos 657 e 658 do CPC/2015. -Considerando que os autores não utilizaram a via processual adequada, porquanto ajuizaram ação de nulidade de partilha, quando deveriam ter ajuizado ação rescisória, com fundamento no art. 1030, do CPC/1973, (vigente à época da sentença), atual art. 658, do CPC/2015, conforme inclusive reconhecido pelo juiz de primeiro grau, deve ser mantida a sentença, porém com alteração do resultado do julgamento, para julgar extinto o processo, sem resolução do mérito, nos termos do art. 485, VI do CPC/15. (TJMG; APCV 1.0620.13.000618-7/001; Rel. Des. Yeda Athias; Julg. 20/06/2017; DJEMG 30/06/2017)

✓ CIVIL E PROCESSO CIVIL. AÇÃO RESCISÓRIA. PARTILHA AMIGÁVEL. HOMOLOCAÇÃO JUDICIAL. INDEFERIMENTO DA INICIAL. CARÊNCIA DA AÇÃO. 1) A partilha amigável, art. 2.015, CC, não é passível de rescisão, mas sim de anulação, nos termos dos arts. 966, § 4º, 657, parágrafo único, II, ambos do CPC; 2) Visando o autor anular partilha amigável pela via rescisória, o indeferimento da petição inicial é medida que se impõe, em razão da carência do direito de ação; 3) Não conhecimento da Rescisória; 4) Processo extinto sem resolução do mérito. (TJAP; Proc 0001796-12.2016.8.03.0000; Secção Única; Rel. Des. Raimundo Vales; Julg. 23/02/2017; DJEAP 16/03/2017; Pág. 29)

Seção IX
Do Arrolamento

Art. 659. A partilha amigável, celebrada entre partes capazes, nos termos da lei, será homologada de plano pelo juiz, com observância dos arts. 660 a 663.

§ 1º O disposto neste artigo aplica-se, também, ao pedido de adjudicação, quando houver herdeiro único.

Tratando-se de partilha conduzida por herdeiro único, aplicam-se as disposições do arrolamento, e não do inventário:

✓ EMBARGOS DE DECLARAÇÃO. OMISSÃO. NÃO OCORRÊNCIA. Embargante que parte do pressuposto que, no caso, seriam aplicáveis as regras do inventário e não do arrolamento. Entretanto, trata-se de partilha amigável conduzida por herdeiro único. Aplicação, portanto, das disposições do arrolamento (art. 659, caput e §1º do CPC/2015). Discussão relacionada ao correto valor do imposto incidente sobre o imóvel, portanto, deverá ser discutida pela via administrativa e/ou judicial (art. 662, caput e § 1º do CPC/2015). Embargos rejeitados. (TJSP; EDcl 2039144-54.2017.8.26.0000/50000; Ac. 10697249; Piracicaba; Terceira Câmara de Direito Privado; Rel. Des. Carlos Alberto de Salles; Julg. 15/08/2017; DJESP 30/08/2017; Pág. 2360)

§ 2º Transitada em julgado a sentença de homologação de partilha ou de adjudicação, será lavrado o formal de partilha ou elaborada a carta de adjudicação e, em seguida, serão expedidos os alvarás referentes aos bens e às rendas por ele abrangidos, intimando-se o fisco para lançamento administrativo do imposto de transmissão e de outros tributos porventura incidentes, conforme dispuser a legislação tributária, nos termos do § 2º do art. 662.

É possível a homologação de partilha amigável ou da adjudicação por único herdeiro antes do recolhimento do imposto de transmissão causa mortis:

✓ APELAÇÃO CÍVEL. ARROLAMENTO DE BENS. HOMOLOGAÇÃO DE PARTILHA. ALEGADA INCONSTITUCIONALIDADE INCIDENTAL DO §2º, DO ART. 659, DO NCPC. DESCABIMENTO. AUSÊNCIA DE HIERARQUIA ENTRE LEI ORDINÁRIA E LEI COMPLEMENTAR. SENTENÇA MANTIDA. RECURSO DESPROVIDO. A inovação trazida pelo art. 659 do NCPC, especificamente em seu §2º, é que, agora, somente neste caso de arrolamento sumário, a partilha amigável será homologada (ou os bens adjudicados ao único herdeiro) anteriormente ao recolhimento do imposto de transmissão causa mortis. Após a expedição do formal de partilha ou da carta de adjudicação, a Fazenda Pública será intimada para providenciar o lançamento administrativo do imposto, fora do processo. Tal regra, como se vê, excepcionou o art. 192 do Código Tributário Nacional. O posicionamento assimilado pela Excelsa Corte do país, por ocasião do julgamento de mérito da repercussão geral reconhecida no Recurso Extraordinário nº 377.457, cuja relatoria coube ao eminente Ministro Gilmar Mendes, é que inexiste relação hierárquica entre a Lei complementar e a Lei ordinária, devendo a questão ser dirimida, exclusivamente, sob o prisma da "distribuição material entre as espécies legais". Inexistindo a alegada inconstitucionalidade, escorreita a sentença que homologou a partilha, com fulcro no art. 659 do NCPC. (TJMS; APL 0842123-45.2015.8.12.0001; Terceira Câmara Cível; Rel. Des. Eduardo Machado Rocha; DJMS 26/09/2016; Pág. 87)

Não mais se condiciona a expedição do formal de partilha à quitação de todos os tributos incidentes sobre feitos de partilha amigável:

✓ APELAÇÃO. INVENTÁRIO. ARROLAMENTO SUMÁRIO. HERDEIRO ÚNICO. PARTILHA AMIGÁVEL.

NOVO CPC. ITCD. LANÇAMENTO ADMINISTRATIVO. POSSIBILIDADE. DEVER DA FAZENDA PÚBLICA PROCEDER A COBRANÇA DOS TRIBUTOS DE QUE É CREDORA. ANTINOMIA. CRITÉRIO CRONOLÓGICO. APLICAÇÃO. NOVA REGRA PROCESSUAL CIVIL. RECURSO CONHECIDO E DESPROVIDO. 1. Sob a égide do Novo Código de Processo Civil, a homologação da adjudicação e a elaboração da carta de adjudicação no arrolamento sumário não está condicionada à prévia quitação da dívida do espólio com a Fazenda Pública, conforme se extrai do artigo 659, § 2º, do CPC/2015. 2. Correta, portanto a sentença que determinou a intimação do fisco para providenciar o lançamento administrativo do imposto incidentes sobre os bens inventariados (artigo 659, § 2º e 662, § 2º, CPC/2015). 3. Havendo conflito aparente de normas entre o art. 659, §2º do CPC/2015 e o art. 192 do Código Tributário Nacional, entende-se que a aplicação do critério cronológico é o que melhor se adequa à intenção do legislador ao modificar as regras da partilha amigável, devendo prevalecer a nova regra processual civil. 4. Portanto, não mais se condiciona a expedição do formal de partilha à quitação de todos os tributos incidentes sobre feitos de partilha amigável, razão pela qual deverá a Fazenda Pública buscar o procedimento administrativo próprio para a satisfação dos créditos tributários. 5. RECURSO CONHECIDO E DESPROVIDO. (TJDF; APC 2016.03.1.004013-7; Ac. 104.3340; Quinta Turma Cível; Rel. Des. Robson Barbosa de Azevedo; Julg. 30/08/2017; DJDFTE 15/09/2017)

✓ APELAÇÃO. PROCESSUAL CIVIL. ARROLAMENTO SUMÁRIO. PARTILHA AMIGÁVEL. PARTES CAPAZES. SENTENÇA HOMOLOGATÓRIA. COMPROVAÇÃO DA PRÉVIA QUITAÇÃO DOS TRIBUTOS RELATIVOS AOS BENS DO ESPÓLIO. DESNECESSIDADE. ART. 659, § 2º, C/C ART. 662, § 2º, AMBOS DO CPC. RECURSO CONHECIDO E DESPROVIDO. 1. O arrolamento sumário destina-se a conferir maior celeridade ao processo de inventário nos casos de partilha amigável entre partes capazes, razão pela qual não requer a prévia quitação dos tributos relativos aos bens do espólio, nos termos do art. 662, § 2º, do CPC. 2. Não há que se condicionar a ultimação da partilha no arrolamento sumário à prévia comprovação de regularidade tributária, haja vista que somente após o trânsito em julgado da sentença de homologação de partilha ou de adjudicação é que a Fazenda Pública será intimada para lançamento administrativo dos tributos porventura devidos, nos termos do art. 659, § 2º, do CPC. 3. A sistemática imposta pelo CPC/2015 ao arrolamento sumário revela exceção ao art. 31 da Lei de Execução Fiscal, assim como ao art. 192 do CTN, o qual trata de matéria processual e pode ser derrogado por Lei Ordinária mais recente, não havendo que se falar em reserva de Lei Complementar, nos termos do art. 146, III, da Constituição Federal. 4. Recurso conhecido e desprovido. (TJDF; APC 2016.07.1.008368-7; Ac. 105.4271; Segunda Turma Cível; Relª Desª Sandra Reves; Julg. 11/10/2017; DJDFTE 20/10/2017)

✓ AGRAVO DE INSTRUMENTO – INVENTÁRIO – ARROLAMENTO SUMÁRIO – DETERMINAÇÃO DE APRESENTAÇÃO DE CERTIDÃO DE HOMOLOGAÇÃO/ISENÇÃO DO ITCD – DESNECESSIDADE – INTIMAÇÃO DO FISCO PARA LANÇAMENTO ADMINISTRATIVO EM MOMENTO POSTERIOR – ART. 659 E 662 DO CPC/2015. – Em sede de Agravo de Instrumento o julgador deve se ater ao exame da presença dos requisitos indispensáveis à concessão da medida de urgência pleiteada. – Sabe-se que o arrolamento sumário será permitido quando os herdeiros forem partes capazes e convierem em fazer partilha amigável dos bens deixados pelo de cujus. – Com a entrada em vigor do Novo Código de Processo Civil, descabe a determinação de juntada de certidão de homologação/isenção do ITCD de forma antecipada, pois somente após a homologação da partilha o Fisco será intimado para providenciar o lançamento administrativo do imposto, a teor dos artigos 659, § 2º e 662, § 2º, ambos do CPC/2015. – Recurso provido. (TJ-MG; AI 10000160668299001 MG; 4ª Câmara Cível; Rel. Heloisa Combat; Julg. 10/11/2016; Data de Publicação: 16/11/2016)

✓ PROCESSO CIVIL. APELAÇÃO CÍVEL. AÇÃO DE INVENTÁRIO. HOMOLOGAÇÃO SOB O RITO DE ARROLAMENTO. APLICAÇÃO DO ART. 665 DO CPC. ACORDO DE VONTADE ENTRE AS PARTE E O MINISTÉRIO PÚBLICO. INCIDÊNCIAS DOS ARTIGOS 664 DO CPC E 192 DO CTN. AFASTADAS. COBRANÇA DO ITCD E DEMAIS TRIBUTOS APÓS O TRÂNSITO EM JULGADO. PREVISÃO DO ART. 659, § 2º, DO CPC. RECUROS CONHECIDO E DESPROVIDO. SENTENÇA MANTIDA. 1. Cuida-se de recurso de apelação interposto pelo Distrito Federal contra sentença homologatória de inventário sob o rito do ARROLAMENTO dos bens deixados pelo falecimento de ADELINO LOPES DE JESUS (ESPÓLIO DE), onde o ente público busca a reforma da v. sentença para determinar que o inventário tenha escopo no rito de arrolamento comum, com base no artigo 664, § 5º, do CPC. 2. Aduz em sua peça recursal que o Juízo monocrático proferiu sentença sem, contudo, observar a sistemática processual aplicável ao caso, violando o mencionado art. 664 do CPC, uma vez que a inventariante não efetuou o pagamento do ITCD, bem como não atentou para o disposto no artigo 192 do Código Tributário Nacional – CTN. 3. O cerne da questão está em se verificar se o Juízo a quo aplicou corretamente os dispositivos legais que permeiam o caso concreto, não obstante a irresignação do ente público ser em desfavor do rito utilizado no inventário, que no caso foi o de arrolamento sumário de bens, entendendo ser correto o arrolamento comum, a teor do disposto no artigo 664 do CPC. 4. Todavia, em que pese a presença de incapaz no feito, o artigo 665 do CPC/2015, autoriza a tramitação do inventário sob rito de arrolamento, desde que concordem todas as partes e o Ministério Público. 5. Desta forma, restou comprovado nos autos o cumprimento de todos os requisitos acima citados, bem como incontroversa a ausência de fato impeditivo, modificativo ou extintivo do direito dos herdeiros. Não obstante, verifica-se a manifestação favorável das partes e do Ministério Público (fls. 155 e 158v), confirmando a precisão da sentença a quo em sua totalidade. 6. Destarte, sem trânsito em julgado de sentença homologatória de inventário e partilha, e não ainda lavrados os documentos necessários, não há o que se falar em intervenção estatal para cobrança de ITCMD e demais tributos. 7. Neste contexto, em relação ao argumento de que a r. sentença negou vigência ao art. 192 do CTN, tenho que não merece prosperar, haja vista que, tendo por base o rol elencado no artigo 146 da Constituição Federal de 1988, o conteúdo do supracitado artigo não é de natureza tributária, e sim processual. Desse modo, não sendo o dispositivo de reserva de Lei Complementar, entendo que o mencionado artigo do CTN poderá ser derrogado por Lei Ordinária mais recente. 8. Portanto, no arrolamento sumário não se admite, antes do trânsito em julgado, a discussão de questões relacionadas ao lançamento, pagamento ou quitação de tributos incidentes sobre a transmissão da propriedade dos bens do espólio. 9. Recurso conhecido e desprovido. Sentença mantida. (TJ-DF 20140710164127 0016037-27.2014.8.07.0007; Rel. ROBSON BARBOSA DE AZEVEDO; Julg. 16/11/2016; 5ª Turma Cível; Data de Publicação: Publicado no DJE : 15/12/2016; Pág. 336/346)

✓ AGRAVO DE INSTRUMENTO. INVENTÁRIO POR ARROLAMENTO. HERDEIRO ÚNICO. PEDIDO DE ADJUDICAÇÃO. PRESCINDIBILIDADE DE RECOLHIMENTO DO ITCD ANTES DA HOMOLOGAÇÃO DA ADJUDICAÇÃO. 1. O pedido de adjudicação de bens em inventário, quando houver herdeiro único, observará o rito previsto para a partilha amigável, previsto nos arts. 659 a 667 do CPC/2015, e será processado na forma de arrolamento sumário; 2. A homologação da adjudicação e a elaboração da carta de adjudicação no arrolamento sumério não dependem da comprovação da quitação do ITCD, nos termos do art. 659, §2º, do CPC/2015. (TJMG; AGIN 1.0000.16.086548-1/001; Rel. Des. Renato Dresch; Julg. 15/12/2016; DJEMG 09/01/2017)

✓ PROCESSO CIVIL. APELAÇÃO CÍVEL. ARROLAMENTO SUMÁRIO. PRELIMINAR DE INTEMPESTIVIDADE DO RECURSO. REJEITADA. HOMOLOGAÇÃO DA PARTILHA. TRANSITADO EM JULGADO. ARTIGO 659, §2º, DO CPC DE 2015. COMPROVAÇÃO DE QUITAÇÃO. NÃO CONDICIONADO. LANÇAMENTO ADMINISTRATIVO. ARTIGO 662 DO CPC DE 2015. ARTIGO 192 DO CTN. NATUREZA PROCESSUAL. MULTA. LITIGÂNCIA DE MÁ-FÉ. IMPOSSIBILIDADE. AUSÊNCIA DE DOLO. SENTENÇA MANTIDA. 1. Não há que se falar em intempestividade do recurso da Fazenda Pública em razão da certidão de trânsito em julgado da r. Sentença, uma vez que o art. 652, § 2º do CPC estabelece que o fisco só será intimado da lavratura do formal de partilha após o trânsito em julgado da sentença de homologa ção de partilha. 2. Com fundamento no disposto no artigo 659 do Código de Processo Civil de 2015, o procedimento de arrolamento sumário será aplicável quando todos os herdeiros forem capazes e houver acordo sobre a partilha dos bens. 3. O Novo Código de Processo Civil de 2015 não condicionou a homologação da partilha à quitação dos tributos cabíveis, limitando-se, apenas, a determinar, após o trânsito em julgado, a intimação da Fazenda Publica para o lançamento administrativo do tributo cabível. 4. Nos termos do artigo 662 do CPC DE 2015, No arrolamento, não serão conhecidas ou apreciadas questões relativas ao lançamento, ao pagamento ou à quitação de taxas judiciárias e de tributos incidentes sobre a transmissão da propriedade dos bens do espólio. 5. Lei Ordinária mais recente poderá derrogar artigo de Lei Complementar quando o dispositivo desta não estiver elencado no rol do artigo 146 da Constituição Federal de 1988. 6. A multa por litigância de má-fé somente deve ser aplicada quando, além de deduzidos argumentos suficientes a justificar a sua imposição, for comprovado o dolo processual da parte. 7. Recurso conhecido e não provido. Preliminar de intempestividade rejeitada. (TJDF; APC 2016.07.1.014392-2; Ac. 102.0759; Sétima Turma Cível; Relª Desª Gislene Pinheiro; Julg. 31/05/2017; DJDFTE 05/06/2017)

Em sentido contrário. É necessária a prévia quitação de tributos para a expedição do formal de partilha no caso de arrolamento sumário:

✓ DIREITO PROCESSUAL CIVIL E TRIBUTÁRIO. APELAÇÃO CÍVEL. INVENTÁRIO. FORMAL DE PARTILHA. EXPEDIÇÃO. PRÉVIA QUITAÇÃO DOS TRIBUTOS. NECESSIDADE. PRIVILÉGIOS DO CRÉDITO TRIBUTÁRIO. ANTINOMIA DE SEGUNDA ORDEM. CRITÉRIO HIERÁRQUICO. PREVALÊNCIA DO ART. 192 DO CTN EM RELAÇÃO AO ART. 659, § 2º, DO CPC. RECURSO PROVIDO. 1. A questão referente ao momento para a quitação dos tributos devidos pelo espólio deve ser regulada por meio de lei complementar, nos termos do art. 146, inc. III, alínea b, da Constituição Federal. 2. O art. 192 do Código Tributário Nacional, recepcionado como lei complementar pela vigente ordem constitucional, estabelece que no curso de processo de inventário, partilha e adjudicação, a sentença não poderá ser prolatada antes da quitação de todos os tributos relativos aos bens que compõem o espólio ou em relação as suas rendas. 3. Constatada a antinomia de segunda ordem entre as normas especiais previstas no art. 659, § 2º, do CPC e no art. 192, do CTN, deverá ser observado o critério hierárquico, prevalecendo a prescrição normativa contida no Código Tributário Nacional. 4. Recurso conhecido e provido. (TJ DF 20160710004336 DF 0000416-19.2016.8.07.0007; Rel. ALVARO CIARLINI; Julg. 06/09/2017; 3ª Turma Cível; Data de Publicação: Publicado no DJE: 14/09/2017; Pág. 192/198)

✓ DIREITO CIVIL E TRIBUTÁRIO. INVENTÁRIO. APELAÇÃO CÍVEL. FAZENDA PÚBLICA. FORMAL DE PARTILHA. PRÉVIA QUITAÇÃO DOS TRIBUTOS. PRIVILÉGIOS DO CRÉDITO TRIBUTÁRIO. LEI COMPLEMENTAR. ANTINOMIA DE SEGUNDA ORDEM. CRITÉRIO HIERÁRQUICO. APLICAÇÃO DO ART. 192 , DO CTN . RECURSO PROVIDO. 1. A questão referente ao momento para a quitação dos tributos devidos pelo espólio é tratada por meio de lei complementar, nos termos do art. 146 , inc. III , alínea b , da Constituição Federal . 2. O art. 192 , do Código Tributário Nacional , que foi recepcionado como lei complementar pela vigente ordem constitucional, estabelece que em processo de partilha e adjudicação sentença alguma poderá ser proferida antes da quitação de todos os tributos relativos aos bens do espólio, ou em relação às suas rendas. Vale lembrar, quanto ao mais, que essa mesma providência se encontra prevista no rito do art. 664 do CPC . 3. Constatada a antinomia de segunda ordem entre as normas especiais previstas no art. 659 , § 2º , do CPC e no art. 192 , do CTN , deverá ser observado o critério hierárquico, prevalecendo o dispositivo previsto no Código Tributário Nacional . 4. Recurso conhecido e provido. (TJ-DF 20110710305110 - Segredo de Justiça 0029823-46.2011.8.07.0007; 3ª Turma Cível; Rel. Alvaro Ciarlini; Julg. 27/09/2017; Data de Publicação: 04/10/2017; Pág. 279/289)

Art. 660. Na petição de inventário, que se processará na forma de arrolamento sumário, independentemente da lavratura de termos de qualquer espécie, os herdeiros:

I – requererão ao juiz a nomeação do inventariante que designarem;

II – declararão os títulos dos herdeiros e os bens do espólio, observado o disposto no art. 630;

III – atribuirão valor aos bens do espólio, para fins de partilha.

Art. 661. Ressalvada a hipótese prevista no parágrafo único do art. 663, não se procederá à avaliação dos bens do espólio para nenhuma finalidade.

Art. 662. No arrolamento, não serão conhecidas ou apreciadas questões relativas ao lançamento, ao pagamento ou à quitação de taxas judiciárias e de tributos incidentes sobre a transmissão da propriedade dos bens do espólio.

No arrolamento não é cabível discussão a respeito do lançamento, pagamento ou quitação dos tributos incidentes sobre a transmissão da propriedade dos bens do espólio:

✓ AGRAVO DE INSTRUMENTO – Inventário – Decisão que definiu o rito do arrolamento, manteve a determinação de juntada de documentos para a análise do pedido de Justiça gratuita esclarecendo que não há necessidade de alvarás para a venda de bens – Determinação para a juntada de declaração de imposto de renda dos herdeiros proferida em decisão anterior – Preclusão – Questão preclusa – Reapreciação vedada – Art. 505 do CPC – Existência de testamento – Art. 610 do CPC que determina que o procedimento seja o do inventário – Herdeiros maiores, capazes e concordes – Inexistência de óbice para o rito o do arrolamento sumário – Descabe, no procedimento de arrolamento discussão a respeito do lançamento, pagamento ou quitação dos tributos incidentes sobre a transmissão da propriedade dos bens do espólio – Art. 662 do CPC – Entendimento do C. STJ – Cabimento da homologação da partilha e posterior expedição dos respectivos alvarás de levantamento – Eventual ausência de condições dos herdeiros para pagamento dos tributos – Reserva de bens que deverá ser observada nos termos do art. 663 do CPC – Decisão mantida – Recurso improvido. (TJ-SP; AI 20168605220178260000 SP 2016860-52.2017.8.26.0000; 3ª Câmara de Direito Privado; Rel. Egidio Giacoia; Julg. 12/07/2017; Data de Publicação: 12/07/2017)

No arrolamento não se discute a regularidade do recolhimento do ITCMD:

✓ ARROLAMENTO. Isenção de recolhimento do ITCMD. Irrelevância da discussão. Art. 662 CPC: não serão conhecidas ou apreciadas questões relativas ao lançamento, ao pagamento ou à quitação de taxas judiciárias e de tributos incidentes sobre a transmissão da propriedade dos bens do espólio. Arrolamento que deve prosseguir, independentemente da comprovação da regularidade no recolhimento do ITCMD. Recurso provido. (TJ-SP 20785204720178260000 SP 2078520-47.2017.8.26.0000; Rel. Teixeira Leite; Julg. 06/11/2017, 4ª Câmara de Direito Privado, Data de Publicação: 06/11/2017)

✓ AGRAVO DE INSTRUMENTO. ALVARÁ JUDICIAL. I. Pedido de expedição de alvará judicial para levantamento de saldos de conta corrente e alienação de veículo automotor. Condicionamento, na origem, à prévia manifestação da Fazenda Pública. Irresignação da requerente. Acolhimento devido. II. Processamento do pedido de alvará pelo rito especial da Lei nº 6.858/80. Exigência de prévia apuração do tributo devido ou declaração de isenção que contraria o espírito da via excepcional. Providência, inclusive, que é dispensada em arrolamento, na forma do artigo 662 do Código de Processo Civil, segundo entendimento desta Câmara, figurando como irrazoável sua exigência no caso do procedimento mais simples e a denotar menor interesse da autoridade tributária. III. Requerente, no mais, que apresentou declaração de bens perante a Fazenda Estadual, garantindo-lhe as informações necessárias para eventual cobrança de ITCMD pela via própria. Admissível o pronto atendimento do pedido declinado, afastada a condicionante imposta. Precedente desta Corte. DECISÃO REFORMADA. AGRAVO PROVIDO. (TJSP; AI 2132641-25.2017.8.26.0000; Ac. 10815403; São Paulo; Terceira Câmara de Direito Privado; Rel. Des. Donegá Morandini; Julg. 21/09/2017; DJESP 18/10/2017; Pág. 1919)

§ 1º A taxa judiciária, se devida, será calculada com base no valor atribuído pelos herdeiros, cabendo ao fisco, se apurar em processo administrativo valor diverso do estimado, exigir a eventual diferença pelos meios adequados ao lançamento de créditos tributários em geral.

O imposto de transmissão causa mortis e eventual diferença da taxa judiciária são matérias a serem tratadas administrativamente pela Fazenda:

✓ AGRAVO DE INSTRUMENTO. ARROLAMENTO. JUIZ CONDICIONOU A EXPEDIÇÃO DE ALVARÁ PARA ALIENAÇÃO DE BENS E LEVANTAMENTO DE VALORES AO RECOLHIMENTO DOS TRIBUTOS E A CONCORDÂNCIA DA FAZENDA PÚBLICA. Inequívoca a obrigação do pagamento e lançamento dos tributos decorrentes da transmissão da propriedade dos bens, pelo motivo do falecimento do autor da herança, de outra parte, a discussão acerca de seu teor extrapola o limite objetivo da causa em ação de arrolamento, de rito sumário, que deve ter curso muito mais célere que o inventário, de rito ordinário, segundo expõe o artigo 1.034 do Código de Processo Civil (art. 662 do CPC/2015). No arrolamento, a homologação da partilha amigável e a expedição do respectivo formal ou dos alvarás somente é vedada pela não comprovação dos pagamentos dos impostos incidentes sobre os bens do espólio e suas rendas. O imposto de transmissão causa mortis e eventual diferença da taxa judiciária se constituem em matéria a ser tratada administrativamente pela Fazenda, não competindo ao juiz, no arrolamento, dirimi-la. Agravo parcialmente provido. (TJSP; AI 2132008-82.2015.8.26.0000; Ac. 9474501; São Paulo; Oitava Câmara de Direito Privado; Rel. Des. Silvério da Silva; Julg. 31/05/2016; DJESP 03/06/2016)

✓ INVENTÁRIO. HERDEIRO ÚNICO. EXPEDIÇÃO DE FORMAL DE PARTILHA. COMPROVAÇÃO DE QUITAÇÃO DE IMPOSTO. DESNECESSIDADE. Insurgência contra decisão que exigiu declaração de quitação da Fazenda Pública. Alegação do inventariante de quitação dos impostos e de desnecessidade de concordância e/ou comprovação de quitação do imposto. Acolhimento. Discussão relacionada ao correto valor do imposto incidente sobre o imóvel deverá ser discutida pela via administrativa e/ou judicial (art. 662, caput e § 1º do CPC/2015). Mérito. Mudança na legislação processual. Expedição do formal de partilha ou carta de adjudicação não está condicionada à quitação dos tributos, cabendo ao Fisco fazer o lançamento dos impostos devidos sobre os bens arrolados. Vedação de discussão sobre pagamento, lançamento e quitação (art. 659, § 2º do CPC/2015). Decisão reformada. Agravo provido. (TJ-SP; AI 20391445420178260000 SP; 3ª Câmara de Direito Privado; Rel. Carlos Alberto de Salles; Julg. 06/06/2017; Data de Publicação: 06/06/2017)

§ 2º O imposto de transmissão será objeto de lançamento administrativo, conforme dispuser a legislação tributária, não ficando as autoridades fazendárias adstritas aos valores dos bens do espólio atribuídos pelos herdeiros.

Art. 663. A existência de credores do espólio não impedirá a homologação da partilha ou da adjudicação, se forem reservados bens suficientes para o pagamento da dívida.

Parágrafo único. A reserva de bens será realizada pelo valor estimado pelas partes, salvo se o credor, regularmente notificado, impugnar a estimativa, caso em que se promoverá a avaliação dos bens a serem reservados.

A existência de credores do espólio não impede a homologação da partilha amigável ou da adjudicação:

✓ APELAÇÃO. ARROLAMENTO. FORMAL DE PARTILHA AMIGÁVEL. HOMOLOGAÇÃO. SENTENÇA PROFERIDA. CREDOR PRETERIDO. ANULAÇÃO. IMPOSSIBILIDADE. 1. Nos termos do artigo 663 do Código de Processo Civil em vigor, a existência de credores do espólio não impedirá a homologação da partilha ou da adjudicação, se forem reservados bens suficiente para o pagamento da dívida, o que ocorreu na espécie diante da penhora e hipoteca em bens de propriedade da falecida em sede de execução promovida pelo banco apelante. 2. Recurso desprovido. (TJMG; APCV 1.0596.16.002022-5/001; Relª Desª Teresa Cristina da Cunha Peixoto; Julg. 08/12/2016; DJEMG 24/01/2017)

Art. 664. Quando o valor dos bens do espólio for igual ou inferior a 1.000 (mil) salários-mínimos, o inventário processar-se-á na forma de arrolamento, cabendo ao inventariante nomeado, independentemente de assinatura de termo de compromisso, apresentar, com suas declarações, a atribuição de valor aos bens do espólio e o plano da partilha.

É de responsabilidade do inventariante a elaboração de plano de partilha, bem como a apresentação de novo plano com as retificações indicadas pelo partidor:

✓ INVENTÁRIO E PARTILHA. REMESSA DOS AUTOS AO PARTIDOR. Insurgência da requerida contra decisão que indeferiu o pedido de remessa dos autos ao partidor. Decisão mantida. Responsabilidade de elaboração do plano de partilha no arrolamento comum que é do inventariante (art. 664, CPC). A própria agravante, em um primeiro momento, apresentou plano de partilha, que foi, em seguida, encaminhado ao partidor apenas para conferência. É também da inventariante, portanto, a responsabilidade de apresentação de novo plano de partilha, com as retificações indicadas pelo partidor. Recurso desprovido. (TJ-SP; 21683450220178260000 SP; 3ª Câmara de Direito Privado; Rel. Carlos Alberto de Salles; Julg. 20/10/2017; Data de Publicação: 20/10/2017)

§ 1º Se qualquer das partes ou o Ministério Público impugnar a estimativa, o juiz nomeará avaliador, que oferecerá laudo em 10 (dez) dias.

§ 2º Apresentado o laudo, o juiz, em audiência que designar, deliberará sobre a partilha, decidindo de plano todas as reclamações e mandando pagar as dívidas não impugnadas.

§ 3º Lavrar-se-á de tudo um só termo, assinado pelo juiz, pelo inventariante e pelas partes presentes ou por seus advogados.

§ 4º Aplicam-se a essa espécie de arrolamento, no que couber, as disposições do art. 672, relativamente ao lançamento, ao pagamento e à quitação da taxa judiciária e do imposto sobre a transmissão da propriedade dos bens do espólio.

§ 5º Provada a quitação dos tributos relativos aos bens do espólio e às suas rendas, o juiz julgará a partilha.

O pagamento dos tributos é pressuposto para expedição do formal de partilha e o parcelamento da dívida não equivale à sua extinção pelo pagamento:

✓ AGRAVO DE INSTRUMENTO. ARROLAMENTO SUMÁRIO. FORMAL DE PARTILHA. DÉBITO TRIBUTÁRIO. PARCELAMENTO. QUITAÇÃO. REQUISITO. ART. 192 CTN. DECISÃO REFORMADA. 1. Agravo de Instrumento contra decisão em que se determinou a expedição de formal de partilha, mediante da apresentação de certidão positiva de débitos com efeito de negativa, a despeito da existência de débito tributário parcelado. 2. Da leitura dos artigos 192; 156, I; 158, I, do CTN, e 664, § 5º, do CPC, infere-se que o pagamento é pressuposto para expedição do formal de partilha e que o parcelamento da dívida não equivale a sua extinção pelo pagamento. 3. Agravo de Instrumento provido. (TJDF; 07051869820178070000 DF; 2ª Turma Cível; Rel. Cesar Loyola; Julg. 14/06/2017; Data de Publicação: 20/06/2017)

No procedimento do arrolamento comum as partes devem comprovar o recolhimento dos tributos relativos aos bens do espólio e às suas rendas antes do julgamento da partilha:

✓ DIREITO PROCESSUAL CIVIL. INVENTÁRIO. ARROLAMENTO COMUM. FORMAL DE PARTILHA. EXPEDIÇÃO. PARCELAMENTO DE CRÉDITO TRIBUTÁRIO. POSSIBILIDADE. I. No procedimento do arrolamento comum as partes devem comprovar o recolhimento dos tributos relativos aos bens do espólio e às suas rendas antes do julgamento da partilha (art. 664, §5º, do CPC). II. O parcelamento do crédito tributário suspende sua exigibilidade. Nesse caso, é emitida certidão positiva de débitos com efeitos de negativa. Da análise do art. 205 do CTN, verifica-se que o efeito atribuído à certidão negativa consiste na prova da quitação dos tributos exigíveis. Logo, a existência de dívida objeto de parcelamento não é óbice à expedição do formal de partilha, sobretudo quando há regularidade no pagamento das parcelas. III. Negou-se provimento ao recurso. (TJDF; APC 2013.04.1.006412-4; Ac. 100.5620; Sexta Turma Cível; Rel. Des. José Divino de Oliveira; Julg. 22/03/2017; DJDFTE 29/03/2017)

A quitação de dívidas com a Fazenda Pública não se confunde como o pagamento do imposto sobre transmissão de propriedade dos bens do espólio:

✓ AGRAVO DE INSTRUMENTO. HIPÓTESE DO ART. 664. ESPÓLIO INFERIOR A MIL SALÁRIOS MÍNIMOS. ANUÊNCIA DAS PARTES E DO MINISTÉRIO PÚBLICO COM A PARTILHA. ART. 665, CPC. ARROLAMENTO COMUM. PARTILHA CONDICIONADA AO ADIMPLEMENTO DO ITCMD. COBRANÇA DO ITCMD APÓS O TRÂNSITO EM JULGADO. PREVISÃO DO ART. 659, §2º DO CPC. RECURSO CONHECIDO E PROVIDO. UNÂNIME. 1. Conforme dispõe o art. 664 do NCPC, quando o valor dos bens do espólio for igual ou inferior a 1.000 (mil) salários-mínimos, o inventário processar-se-á na forma de arrolamento, cabendo ao inventariante nomeado, independentemente de assinatura de termo de compromisso, apresentar, com suas declarações, a atribuição de valor aos bens do espólio e o plano da partilha. 2. O novo código inova ao possibilitar que, ainda que haja interesse de incapaz, tal procedimento será adotado excepcionalmente, desde que as partes e o ministério público estejam de acordo com a partilha (art. 665).3. O art. 664, §5º dispõe que uma vez provada a quitação dos tributos relativos aos bens do espólio e às suas rendas, o juiz julgará a partilha. A quitação de dívidas para com a Fazenda Pública é quanto aos bens e rendas a serem divididos, como também quanto aos demais débitos ou pendências do de cujus para com o erário, que compõem o passivo da herança, não se confundindo como o pagamento do imposto sobre transmissão de propriedade dos bens do espólio, ITCMD. 4. Isso posto, tenho que a apreciação das questões relacionadas ao lançamento, pagamento ou quitação de tributos incidentes sobre a transmissão da propriedade dos bens do espólio deverão ser tratadas na esfera administrativa, após o trânsito em julgado da homologação da partilha. (TJSE; AI 201600829101; Ac. 17448/2017; Segunda Câmara Cível; Rel. Des. Alberto Romeu Gouvei Aleite; DJSE 18/08/2017)

A previsão do art. 664 não se aplica ao arrolamento sumário, e sim ao arrolamento comum:

✓ APELAÇÃO CÍVEL. AÇÃO DE ARROLAMENTO SUMÁRIO DE BENS. ESTADO DE MATO GROSSO DO SUL. TERCEIRO INTERESSADO. ILEGITIMIDADE E FALTA DE INTERESSE. PRELIMINARES AFASTADAS. EXIGÊNCIA DE QUITAÇÃO DOS TRIBUTOS ANTES DE EXPEDIÇÃO DOS ALVARÁS DE PARTILHA (ART. 664 DO CPC). PREVISÃO EXIGIDA PARA PROCEDIMENTO DIVERSO (ARROLAMENTO COMUM). VEDAÇÃO LEGAL QUANTO À DISCUSSÃO ACERCA DE QUESTÕES RELATIVAS A LAÇAMENTO, PAGA-

MENTO E QUITAÇÃO DE TRIBUTO (ART. 662 DO CPC). INCONSTITUCIONALIDADE DO ART. 659 DO CPC POR AFRONTA AO ART. 192 DO CTN. AFASTADA. RECURSO CONHECIDO E DESPROVIDO. 1. Na hipótese, a desenvoltura processual repercutiu negativamente na esfera jurídica do apelante, pois a sentença recorrida possibilitou a expedição dos respectivos formais de partilha após o trânsito em julgado, sem o prévio recolhimento do ITCD, tributo de competência estadual (art. 155, I da CF), caracterizado o interesse e legitimidade do recorrente como terceiro prejudicado. 2. Em sendo incontroverso que o procedimento adotado no caso em tela foi o arrolamento sumário (art. 659 do CPC), não há que falar em aplicação do art. 664 do CPC, uma vez que este último regramento refere-se especificamente ao arrolamento comum. 3. Não merece prosperar a assertiva de que a nova regra do art. 659, do NCPC, estaria obrigando o fisco a instaurar processo administrativo para cada herdeiro. É que em conformidade com a legislação processual anterior, já havia expressa determinação contida no art. 1.034, reproduzida atualmente no art. 662 do CPC/2015, no sentido de que questões atinentes ao lançamento, pagamento e quitação de tributos não seriam conhecidas no arrolamento. 4. Não há se falar em hierarquia entre Lei complementar e ordinária, mas tão somente em "âmbitos materiais distintos". Daí que, não restando dúvidas quanto ao excesso legislativo em se atribuir ao art. 192 do CTN natureza de Lei complementar, possível sua derrogação por Lei ordinária mais recente, tendo em vista a perda do seu status de Lei complementar para simples Lei ordinária, ficando, pois, rejeitada a alegação de inconstitucionalidade do art. 659 do CPC/2015. (TJMS; APL 0822239-30.2015.8.12.0001; Quinta Câmara Cível; Rel. Des. Sideni Soncini Pimentel; DJMS 20/02/2017; Pág. 87)

✓ PROCESSUAL CIVIL. APELAÇÃO CÍVEL. PARTILHA. HOMOLOGAÇÃO SOB O RITO DE ARROLAMENTO SUMÁRIO. ARTIGO 659, §2º DO CÓDIGO DE PROCESSO CIVIL. EXIGÊNCIA DE QUITAÇÃO DO IMPOSTO DE TRANSMISSÃO CAUSA MORTIS OU DOAÇÃO. ITCD. DESNECESSIDADE. ART. 192 DO CTN. NÃO APLICAÇÃO. RECURSO CONHECIDO E DESPROVIDO. SENTENÇA MANTIDA. 1., Na hipótese de partilha amigável, processar-se-á o arrolamento sumário previsto nos artigos 669 a 663 do CPC/2015, não havendo a intervenção da Fazenda Pública para discutir questões tributárias antes de transitada em julgado a sentença de homologação do formal de partilha. 2. Prevendo a legislação processual o arrolamento sumário na hipótese de partilha amigável, procedimento este mais simples e célere, afasta-se a observância do arrolamento comum disposto no artigo 664 do CPC/2015. 3. No caso de arrolamento sumário previsto no artigo 659 do CPC/2015, não prospera o argumento de negativa de vigência ao artigo 192 do CTN, na medida em que este dispositivo aborda assunto processual, e não tributário, e, nesta hipótese, foi derrogado pela Lei Ordinária mais recente (Código de Processo Civil de 2015). 4. Recurso conhecido e desprovido. Sentença mantida (TJDF; APC 2002.07.1.003657-2; Ac. 102.2161; Quinta Turma Cível; Rel. Des. Josaphá Francisco dos Santos; Julg. 31/05/2017; DJDFTE 12/06/2017)

✓ PROCESSUAL CIVIL E CIVIL. APELAÇÃO CÍVEL. ARROLAMENTO. HOMOLOGAÇÃO DE PARTILHA DE BENS. QUITAÇÃO. TRIBUTOS. 1. O ordenamento jurídico prevê dois tipos de arrolamento, um elencado nos artigos 659 até 663, denominado sumário e outro, com previsão nos artigos 664 a 665, chamado comum, todos do Código de Processo Civil. 2. Se o trâmite seguiu o rito comum do levantamento de bens, inaplicável o comando inserto no § 2º do art. 659 do CPC, pois este somente é empregado no conciso, motivo pelo qual indispensável o recolhimento de tributos antes do julgamento da partilha, nos termos do art. 664, § 5º, do Codex. 3. Recurso provido. (TJDF 20160610087696 0008651-75.2016.8.07.0006; 8ª Turma Cível; Rel. Mario-Zam Belmiro; Julg. 27/04/2017; Data de Publicação: Publicado no DJE : 22/05/2017 . Pág: 920/930)

Art. 665. O inventário processar-se-á também na forma do art. 664, ainda que haja interessado incapaz, desde que concordem todas as partes e o Ministério Público.

É possível a tramitação do inventário sob o rito do arrolamento sumário, ainda que haja incapaz, desde que concordem todas as partes e o Ministério Público:

✓ PROCESSO CIVIL. APELAÇÃO CÍVEL. AÇÃO DE INVENTÁRIO. HOMOLOGAÇÃO SOB O RITO DE ARROLAMENTO. APLICAÇÃO DO ART. 665 DO CPC. ACORDO DE VONTADE ENTRE AS PARTE E O MINISTÉRIO PÚBLICO. INCIDÊNCIAS DOS ARTIGOS 664 DO CPC E 192 DO CTN. AFASTADAS. COBRANÇA DO ITCD E DEMAIS TRIBUTOS APÓS O TRÂNSITO EM JULGADO. PREVISÃO DO ART. 659, § 2º, DO CPC. RECUROS CONHECIDO E DESPROVIDO. SENTENÇA MANTIDA. 1. Cuida-se de recurso de apelação interposto pelo Distrito Federal contra sentença homologatória de inventário sob o rito do ARROLAMENTO dos bens deixados pelo falecimento de ADELINO Lopes DE Jesus (ESPÓLIO DE), onde o ente público busca a reforma da V. Sentença para determinar que o inventário tenha escopo no rito de arrolamento comum, com base no artigo 664, caput, e § 5º, do CPC. 2. Aduz em sua peça recursal que o Juízo monocrático proferiu sentença sem, contudo, observar a sistemática processual aplicável ao caso, violando o mencionado art. 664 do CPC, uma vez que a inventariante não efetuou o pagamento do ITCD, bem como não atentou para o disposto no artigo 192 do Código Tributário Nacional. CTN. 3. O cerne da questão está em se verificar se o Juízo a quo aplicou corretamente os dispositivos legais que permeiam o caso concreto, não obstante a irresignação do ente público ser em desfavor do rito utilizado no inventário, que no caso foi o de arrolamento sumário de bens, entendendo ser correto o arrolamento comum, a teor do disposto no artigo 664 do CPC. 4. Todavia, em que pese a presença de incapaz no feito, o artigo 665 do CPC/2015, autoriza a tramitação do inventário sob rito de arrolamento, desde que concordem todas as partes e o Ministério Público. 5. Desta forma, restou comprovado nos autos o cumprimento de todos os requisitos acima citados, bem como incontroversa a ausência de fato impeditivo, modificativo ou extintivo do direito dos herdeiros. Não obstante, verifica-se a manifestação favorável das partes e do Ministério Público (fls. 155 e 158v), confirmando a precisão da sentença a quo em sua totalidade. 6. Destarte, sem trânsito em julgado de sentença homologatória de inventário e partilha, e não ainda lavrados os documentos necessários, não há o que se falar em intervenção estatal para cobrança de ITCMD e demais tributos. 7. Neste contexto, em relação ao argumento de que a r. Sentença negou vigência ao art. 192 do CTN, tenho que não merece prosperar, haja vista que, tendo por base o rol elencado no artigo 146 da Constituição Federal de 1988, o conteúdo do supracitado artigo não é de natureza tributária, e sim processual. Desse modo, não sendo o dispositivo de reserva de Lei Complementar, entendo que o mencionado artigo do CTN poderá ser derrogado por Lei Ordinária mais recente. 8. Portanto, no arrolamento sumário não se admite, antes do trânsito em julgado, a discussão de questões relacionadas ao lançamento, pagamento ou quitação de tributos incidentes sobre a transmissão da propriedade dos bens do espólio. 9. Recurso conhecido e desprovido. Sentença mantida. (TJDF; APC 2014.07.1.016412-7; Ac. 981.591; Quinta Turma Cível; Rel. Des. Robson Barbosa de Azevedo; Julg. 16/11/2016; DJDFTE 16/12/2016)

✓ APELAÇÃO CÍVEL. PROCEDIMENTO SUCESSÓRIO SOB O RITO DO ARROLAMENTO SUMÁRIO. REQUISITOS. EXPEDIÇÃO DOS FORMAIS DE PARTILHA ANTES DO RECOLHIMENTO DO IMPOSTO DE TRANSMISSÃO. POSSIBILIDADE. O rito do arrolamento sumário se coaduna com a perseguição da efetividade do processo, devendo, para a sua adoção, serem observados os requisitos legalmente elencados: partes capazes e concordância quanto à partilha, salientando-se que, conforme alteração trazida pelo novo diploma processual, ainda que haja interesse de incapaz, o arrolamento sumário será adotado excepcionalmente, desde que as partes e o Ministério Público estejam de acordo com a partilha (CPC, art. 665). Com a inovação trazida pelo art. 659 do CPC, a partilha amigável, no arrolamento sumário, será homologada antes do recolhimento do imposto de transmissão causa mortis e, somente após a expedição do formal de partilha e demais diligências pertinentes, é que a Fazenda Pública será intimada para providenciar o lançamento administrativo do imposto e outros tributos, excepcionando, assim, a regra contida no art. 192 do CTN, que estabelece que "nenhuma sentença de julgamento de partilha ou adjudicação será proferida sem prova da quitação de todos os tributos relativos aos bens do espólio, ou às suas rendas". (TJ-DF 20140310143460; 2ª Turma Cível, Rel. Carmelita Brasil; Julg. 19/04/2017; Data de Publicação: Publicado no DJE : 24/04/2017; Pág. 256/262)

Art. 666. Independerá de inventário ou de arrolamento o pagamento dos valores previstos na Lei nº 6.858, de 24 de novembro de 1980.

O cumprimento de sentença que reconhece indébito de IRPF independe de inventário ou arrolamento:

✓ AGRAVO DE INSTRUMENTO. CUMPRIMENTO DE SENTENÇA CONTRA A FAZENDA PÚBLICA. INDÉBITO DE IMPOSTO DE RENDA PESSOA FÍSICA. IRPF. REQUISIÇÃO DE PEQUENO VALOR. BENEFICIÁRIOS. HERDEIROS. SUCESSORES. INVENTÁRIO. PARTILHA. DESNECESSIDADE. Executando-se na origem sentença que reconheceu indébito de imposto de renda pessoa física, aplica-se a exceção prevista no art. 666 do Código de Processo Civil de que o pagamento dos valores aos herdeiros independe de inventário ou partilha, já que a Lei nº 6.858, de 1980, expressamente faz referência às restituições relativas ao Imposto de Renda e outros tributos, recolhidos por pessoa física (art. 2º). (TRF 4ª R.; AG 5040787-41.2017.404.0000; Segunda Turma; Rel. Des. Fed. Rômulo Pizzolatti; Julg. 17/10/2017; DEJF 19/10/2017)

Havendo comprovação da condição de sucessor, o pagamento dos valores deve ser feito, independentemente de inventário:

✓ AGRAVO DE INSTRUMENTO. SUSPENSÃO DO PROCESSO. HABILITAÇÃO DOS HERDEIROS. LEI Nº 6.858/80. DESNECESSIDADE DE INVENTÁRIO. 1. Agravo de instrumento contra decisão que determinou a suspensão da execução, para que seja processada a sucessão da parte por meio do espólio, nos termos do art. 110, do CPC/2015. 2. A Lei nº 6.858/80 disciplina o pagamento de valores que deixaram de ser recebidos em vida por seus titulares, definindo os legitimados ao recebimento de tais créditos em lugar do falecido credor: as pessoas que figurarem como dependentes perante a Previdência Social ou na forma da legislação específica dos servidores civis e militares, e, na sua falta, os sucessores previstos na Lei civil, indicados em alvará judicial, independente de inventário ou arrolamento. 3. Na hipótese, a agravante requereu sua habilitação no feito, comprovando ser filha única do de cujus, que não possuía bens a inventariar, mediante juntada da certidão de óbito. Há direito que fundamente a tese da agravante porquanto de acordo com o atual artigo 666, do CPC/2015, o pagamento dos referidos valores independe de inventário. 4. Agravo de instrumento provido. (TRF 2ª R.; AI 0004228-30.2017.4.02.0000; Quinta Turma Especializada; Rel. Des. Fed. Alcides Martins; Julg. 26/09/2017; DEJF 10/10/2017)

✓ TRIBUTÁRIO. AGRAVO. DE CUJUS. LEVANTAMENTO DE VALORES. SUCESSORES. ART. 666 DO CPC/2015. ARTS. 1º E 2º DA LEI Nº 6.858/80. INVENTÁRIO. DESNECESSIDADE. 1. O propósito da legislação é simplificar o recebimento pelos sucessores do de cujus de valores com nítida natureza alimentar. 2. Reconhecido o direito dos herdeiros da falecida a executar os valores propostos na ação de execução, independentemente da abertura de inventário. 3. Na espécie, considerando que o precatório expedido em nome do falecido tem origem em ação de repetição de indébito relativo a imposto de renda (pessoa física), decorrente de quantias pagas de forma cumulada em razão de reclamatória trabalhista, mostra-se possível o levantamento dos valores pelos sucessores. (TRF 4ª R.; AG 5007270-45.2017.404.0000; Segunda Turma; Relª Juíza Fed. Luciane Amaral Corrêa Münch; Julg. 27/06/2017; DEJF 29/06/2017)

✓ ALVARÁ JUDICIAL. PRETENSÃO DOS HERDEIROS (ESPOSA E FILHOS MAIORES E CAPAZES) À TRANSFERÊNCIA DE VEÍCULO AUTOMOTOR E AO LEVANTAMENTO DE QUANTIA ÍNFIMA DEPOSITADA NA CONTA-CORRENTE DE PESSOA FALECIDA. INDEFERIMENTO DA INICIAL. Sentença extintiva. Insurgência. Acolhimento. Aplicabilidade do artigo 1.013, §3º, do CPC. De cujus que não deixou bens ou testamento conhecido. Quantia a ser soerguida (R$ 79,92) que não ultrapassa o valor equivalente a 500 OTNS (art. 2º da Lei nº 6.858/80). Automóvel antigo (ano 1988) que constitui o único bem deixado, de valor inexpressivo e sujeito à desvalorização. Mitigação do art. 666 do Código de Processo Civil. Desnecessidade de inventário ou arrolamento. Precedentes. Extinção afastada. Recurso provido. (TJSP; APL 1000709-61.2017.8.26.0474; Ac. 10725516; Potirendaba; Sétima Câmara de Direito Privado; Rel. Des. Rômolo Russo; Julg. 23/08/2017; DJESP 28/08/2017; Pág. 2278)

✓ APELAÇÃO. ALVARÁ PARA TRANSFERÊNCIA DE VEÍCULO DEIXADO PELO DE CUJUS. SENTENÇA DE IMPROCEDÊNCIA. Inconformismo da autora. Cabimento. Único bem, de baixo valor, deixado pelo falecido. Concordância dos demais herdeiros. Mitigação do art. 666 do CPC. Possibilidade de deferimento de alvará. Desnecessidade de inventário ou arrolamento. Precedentes deste E. TJSP. Sentença reformada. Recurso provido. (TJSP; APL 1003844-94.2016.8.26.0481; Ac. 10611330; Presidente Epitácio; Oitava Câmara de Direito Privado; Rel. Des. Pedro de Alcântara da Silva Leme Filho; Julg. 31/07/2017; DJESP 07/08/2017; Pág. 2210)

Desnecessidade de ajuizamento de ação de inventário para levantamento de resíduos oriundos de benefícios previdenciários:

✓ APELAÇÃO CÍVEL. ALVARÁ JUDICIAL. LEVANTAMENTO DE RESÍDUOS ORIUNDOS DE BENEFÍCIOS PREVIDENCIÁRIOS. CABIMENTO, AINDA QUE EXISTA BEM A INVENTARIAR. DESNECESSIDADE DE AJUIZAMENTO DE INVENTÁRIO. Prospera a pretensão dos filhos referente ao levantamento dos valores relativos aos resíduos dos benefícios previdenciários auferido pela falecida, não se mostrando necessário, nos termos do art. 666 do CPC, o ajuizamento de ação de inventário, até mesmo porque poderão os herdeiros, maiores e capazes, ultimá-lo na via extrajudicial. Provimento da insurgência, para possibilitar o levantamento da importância. Apelo provido. (TJRS; AC 0159382-29.2017.8.21.7000; Cacequi; Oitava Câmara Cível; Rel. Des. Ricardo Moreira Lins Pastl; Julg. 14/09/2017; DJERS 25/09/2017)

Não pode ser exigida a apresentação de certidões negativas para expedição de alvará judicial:

✓ ALVARÁ JUDICIAL. LIBERAÇÃO DE VALORES. EXIGÊNCIA DE CERTIDÕES. Decisão que determinou a apresentação de Certidão Negativa de Débitos Federal e certidão do Colégio Notarial da de cujus. Procedimento de alvará judicial, sem necessidade de inventário ou arrolamento (art. 666, CPC/2015, e Lei 6.858/1980). Dispensa de arrolamento e de inventário que não se coaduna com a exigência das certidões. Decisão reformada. Recurso provido. (TJ-SP; AI 20130783720178260000 SP; 3ª Câmara de Direito Privado; Rel. Carlos Alberto de Salles; Julg. 09/05/2017; Data de Publicação: 09/05/2017)

Julgado entendendo que a dispensa de inventário ou arrolamento ocorre em casos excepcionais, sendo necessária sua instauração quando os valores das contas do de cujus superam 500 OTN:

✓ Agravo de instrumento. Arrolamento. Decisão que determinou complementação das custas. Insurgência da autora. Alegação de que o arrolamento é dispensável no caso dos autos. Pretensão de expedição de alvará para levantamento de valores depositados em contas bancárias da "de cujus". Não acolhimento. Dispensa de inventário ou arrolamento ocorre em casos excepcionais. Inteligência do art. 666, CPC cc. Lei 6.858/80. Valores depositados nas contas da "de cujus" superam 500 OTN. Apuração do teto legal conforme parâmetros fixados em recurso repetitivo, REsp 1.168.625/MG. Caso dos autos não se enquadra nas exceções legais. Necessária instauração de arrolamento e recolhimento das custas correspondentes. Pedido de reconhecimento de titularidade de conta poupança, Não conhecimento. Matéria não foi objeto da decisão recorrida, tampouco das razões recursais. Agravo parcialmente conhecido e, na parte conhecida, não provido. (TJ-SP 21570619420178260000 SP 2157061-94.2017.8.26.0000; 9ª Câmara de Direito Privado; Rel. Edson Luiz de Queiróz; Julg. 19/09/2017; Data de Publicação: 20/09/2017)

Art. 667. Aplicam-se subsidiariamente a esta Seção as disposições das Seções VII e VIII deste Capítulo.

Seção X
Disposições Comuns a Todas as Seções

Art. 668. Cessa a eficácia da tutela provisória prevista nas Seções deste Capítulo:

I – se a ação não for proposta em 30 (trinta) dias contados da data em que da decisão foi intimado o impugnante, o herdeiro excluído ou o credor não admitido;

II – se o juiz extinguir o processo de inventário com ou sem resolução de mérito.

Art. 669. São sujeitos à sobrepartilha os bens:

I – sonegados;

Para a caracterização de sonegação, é imprescindível que o pleito de sobrepartilha recaia sobre patrimônio que venha a ser descoberto pelo postulante posteriormente à consumação da partilha:

✓ APELAÇÃO CÍVEL. DIREITO PROCESSUAL CIVIL E CIVIL. SOBREPARTILHA. BENS DE CONHECIMENTO DA AUTORA À ÉPOCA DO DIVÓRCIO. SONEGAÇÃO (ART. 669, I, DO CPC). NÃO CARACTERIZAÇÃO. APELO CONHECIDO E DESPROVIDO. 1. Estão sujeitos à sobrepartilha os bens ou dívidas adquiridos na constância do casamento, ou da união estável, submetidos ao regime da comunhão parcial de bens, que, por omissão ou retardamento, não foram incluídos no rol de partilha no momento da sua extinção decretada judicialmente. 2. Para a caracterização da hipótese de sonegação (artigo 669, I, do Código de Processo Civil) é imprescindível que o pleito de sobrepartilha recaia sobre patrimônio que venha a ser descoberto pelo postulante posteriormente à consumação da partilha, o que não ocorreu nesta lide. 3. Recurso conhecido e desprovido. (TJDF; APC 2016.01.1.029903-0; Ac. 999.815; Oitava Turma Cível; Rel. Des. Luís Gustavo Barbosa de Oliveira; Julg. 02/03/2017; DJDFTE 08/03/2017)

II – da herança descobertos após a partilha;

III – litigiosos, assim como os de liquidação difícil ou morosa;

IV – situados em lugar remoto da sede do juízo onde se processa o inventário.

Parágrafo único. Os bens mencionados nos incisos III e IV serão reservados à sobrepartilha sob a guarda e a administração do mesmo ou de diverso inventariante, a consentimento da maioria dos herdeiros.

Se existentes outros bens a partilhar, a sobrepartilha pode ser proposta:

✓ CIVIL E PROCESSO CIVIL. SOBREPARTILHA. BENS IMÓVEIS. ARBITRAMENTO DE ALUGUÉIS. IMPOSSIBILIDADE. OBSERVÂNCIA DO ART. 669 DO CPC. SENTENÇA MANTIDA. 1. A fixação do aluguel por ocupação exclusiva de um dos cônjuges é matéria a ser discutida após efetivada a partilha do referido imóvel. 2. O sistema jurídico não confere a possibilidade de alterar uma demanda por meio de ajuizamento de outra. 3. Se existentes outros bens a partilhar, a sobrepartilha pode ser proposta, atendendo aos requisitos do art. 669 do CPC. Não se admite abrir nova demanda sobre bens cuja propriedade já foi debatida na seara jurídica. 4. Recurso conhecido e não provido. Unânime. (TJ-DF 00060379820158070017; Segredo de Justiça 0006037-98.2015.8.07.0017; 7ª Turma Cível; Rel. Romeu Gonzaga Neiva; Julg. 04/10/2017; Data de Publicação: Publicado no DJE : 09/10/2017; Pág. Sem Página Cadastrada.)

O art. 669 é taxativo quanto às hipóteses de cabimento de sobrepartilha:

✓ APELAÇÃO CIVEL. SUCESSÕES. INVENTÁRIO. SOBREPARTILHA. DESCABIMENTO. INOCORRÊNCIA DAS HIPÓTESES DO ART. 669 DO CPC/2015. SENTENÇA DE EXTINÇÃO. MANUTENÇÃO. O art. 669 do CPC/ 2015 é taxativo quanto às hipóteses de cabimento de sobrepartilha e a situação posta dos autos não se enquadra em nenhuma delas, pois não logrou a recorrente comprovar que não tinha ciência da existência dos bens por ocasião do ajuizamento da ação de sobrepartilha. Sentença de extinção mantida. NEGARAM PROVIMENTO AO RECURSO DE APELAÇÃO. UNÂNIME. (Apelação Cível Nº 70071334155, Oitava Câmara Cível, Tribunal de Justiça do RS; Rel. Alexandre Kreutz, Julgado em 19/10/2017). (TJ-RS; AC: 70071334155 RS; Oitava Câmara Cível, Rel. Alexandre Kreutz; Julg. 19/10/2017; Data de Publicação: Diário da Justiça do dia 23/10/2017)

Não havendo procedimento de sobrepartilha em andamento, nem escritura pública de sobrepartilha que conceda poderes de representação a anterior inventariante, manifesta a ilegitimidade do espólio para figurar no polo passivo de demanda:

✓ AGRAVO DE INSTRUMENTO. PROCESSO CIVIL. LEGITIMIDADE PASSIVA. APÓS O INVENTÁRIO. HERDEIROS. LITISCONSÓRCIO PASSIVO E UNITÁRIO. SOBREPARTILHA. 1. Encerrado o procedimento de inventário, judicial ou extrajudicial, o espólio deixa de existir e, consequentemente, a figura do inventariante perde os poderes de representação do ente despersonalizado, passando-o aos sucessores. O Art. 1.991 do CC e o Art. 991, inciso I, do CPC, dispõem que a representação processual do espólio pelo inventariante se dá apenas enquanto o inventário está em trâmite. 2. Inaplicável a presente hipótese o disposto no Art. 2.021 do CC e no parágrafo único do Art. 669 do CPC, pois no instrumento público pelo qual foi ultimado o inventário, não há nenhuma ressalva quanto ao bem imóvel objeto da execução de dividas condominiais. De fato, o referido imóvel não foi objeto de partilha, o que determina a aplicação do Art. 2.022 do CC, bem como do Art. 669, incs. I e II, do CPC. 2. Não havendo procedimento de sobrepartilha em andamento, nem escritura pública de sobrepartilha que conceda poderes de representação à antiga inventariante, manifesta a ilegitimidade do espólio para figurar no polo passivo da demanda, já que o ente despersonalizado não mais perdura. 3. Agravo não provido. (TJ-DF; 07101149220178070000 DF; 1ª Turma Cível; Rel. Roberto Freitas; Julg. 19/10/2017; Data de Publicação: Publicado no DJE : 24/10/2017; Pág. Sem Página Cadastrada.)

Art. 670. Na sobrepartilha dos bens, observar-se-á o processo de inventário e de partilha.

Parágrafo único. A sobrepartilha correrá nos autos do inventário do autor da herança.

É necessária a observância do processo de inventário e partilha:

✓ Inventário. Pedido de alvará para cessão de direitos hereditários de imóvel indicado em sobrepartilha. Necessidade de observância do processo de inventário e partilha. Inteligência do art. 670, do CPC/2015 (art. 1041, do CPC/1973). Ausência de elementos que justifiquem medida que é excepcional. Recurso improvido. (TJ-SP 21783542320178260000; 4ª Câmara de Direito Privado; Rel. Maia da Cunha; Julg. 26/10/2017; Data de Publicação: 31/10/2017)

Art. 671. O juiz nomeará curador especial:

I – ao ausente, se não o tiver;

II – ao incapaz, se concorrer na partilha com o seu representante, desde que exista colisão de interesses.

Art. 672. É lícita a cumulação de inventários para a partilha de heranças de pessoas diversas quando houver:

I – identidade de pessoas entre as quais devam ser repartidos os bens;

II – heranças deixadas pelos dois cônjuges ou companheiros;

III – dependência de uma das partilhas em relação à outra.

Parágrafo único. No caso previsto no inciso III, se a dependência for parcial, por haver outros bens, o juiz pode ordenar a tramitação separada, se melhor convier ao interesse das partes ou à celeridade processual.

É possível a cumulação no caso de identidade de pessoas entre as quais devam ser repartidos os bens, mas pode ser determinada a separação, se melhor convier ao interesse das partes ou à celeridade processual:

✓ APELAÇÃO CÍVEL. INVENTÁRIO. MORTE DE HERDEIRA NA PENDÊNCIA DO INVENTÁRIO DE SUA FILHA. EXISTÊNCIA DE OUTRO BEM A INVENTARIAR ALÉM DO QUINHÃO DA HERANÇA. FALECIDA QUE RESIDIA EM BARRA, ESTADO DA BAHIA. CUMULAÇÃO. ARTIGO 1.044 DO CÓDIGO DE PROCESSO CIVIL/1973. ATUAL ARTIGO 672. IMPOSSIBILIDADE. QUESTÕES DE ALTA INDAGAÇÃO. PREJUÍZO PROCESSUAL. FORO COMPETENTE. EXPRESSA PREVISÃO LEGAL. ARTIGO 96 DO CÓDIGO DE PROCESSO CIVIL/1973 E ARTIGO 48 DO CÓDIGO DE PROCESSO CIVIL/2015. SENTENÇA MANTIDA. Nos termos do art. 1.044 do Código de Processo Civil/1973, vigente à época da sentença, somente seria autorizada a cumulação de inventários nas hipóteses de falecimento de herdeiro enquanto ainda pendente o inventário em que foi admitido, quando o quinhão da herança seja o único bem a inventariar, e, nos termos do art. 672 do Código de Processo Civil/2015, é possível a cumulação no caso de identidade de pessoas entre as quais devam ser repartidos os bens, mas pode ser determinada a separação, se melhor convier ao interesse das partes ou à celeridade processual, como no caso. Competente para processar e julgar ação de inventário o foro do domicílio do autor, mormente se existentes questões de alta indagação. Não provido. (TJMG; APCV 1.0024.07.428002-5/001; Rel. Des. Judimar Biber; Julg. 04/08/2016; DJEMG 23/08/2016

É possível a tramitação nos mesmos autos dos inventários de pai e filha, pois há identidade de herdeiros e dependência entre as partilhas:

✓ AGRAVO DE INSTRUMENTO. INVENTÁRIO CONJUNTO. PAI E FILHA. ART. 672 DO CPC. CABIMENTO. Na espécie, mostra-se possível a tramitação nos mesmos autos de ambos os inventários (pai e filha), seja porque há identidade dos herdeiros, seja porque há dependência de uma das partilhas em relação à outra. Inteligência do art. 672, I e III, do CPC. Decisão reformada. Agravo de instrumento provido. (TJRS; AI 0195996-33.2017.8.21.7000, Novo Hamburgo; Oitava Câmara Cível; Rel. Des. Ricardo Moreira Lins Pastl; Julg. 14/09/2017; DJERS 22/09/2017)

O desmembramento de inventários acarreta o risco de decisões conflitantes:

✓ INVENTÁRIO – Decisão que indeferiu o desmembramento dos inventários – Insurgência que não comporta acolhida – Regra do art. 672 do Novo CPC que admite a cumulação de inventários, tendo em vista a identidade de herdeiros (inciso I) – Desmembramento que acarretaria risco de decisões conflitantes – Decisão mantida – Recurso improvido. (TJ-SP 21500761220178260000; 8ª Câmara de Direito Privado; Rel. Salles Rossi; Julg. 31/10/2017; Data de Publicação: 31/10/2017)

Art. 673. No caso previsto no art. 672, inciso II, prevalecerão as primeiras declarações, assim como o laudo de avaliação, salvo se alterado o valor dos bens.

CAPÍTULO VII

DOS EMBARGOS DE TERCEIRO

Art. 674. Quem, não sendo parte no processo, sofrer constrição ou ameaça de constrição sobre bens que possua ou sobre os quais tenha direito incompatível com o ato constritivo, poderá requerer seu desfazimento ou sua inibição por meio de embargos de terceiro.

§ 1º Os embargos podem ser de terceiro proprietário, inclusive fiduciário, ou possuidor.

Necessidade de prova da qualidade de possuidor para a admissibilidade dos embargos de terceiro:

✓ PROCESSUAL CIVIL. EMBARGOS DE TERCEIRO EM EXECUÇÃO FISCAL. AMEAÇA DE CONSTRIÇÃO. POSSE COM ANIMUS DOMINI NÃO DEMONSTRADA. USUCAPIÃO. SENTENÇA MANTIDA. HONORÁRIOS RECURSAIS DEVIDOS. 1. Nos termos do art. 674 do NCPC, os pressupostos para a oposição de embargos de terceiro são (i) a qualidade de terceiro; (ii) a existência de constrição ou ameaça de constrição e (iii) a propriedade ou posse do bem. 2. O embargante não logrou fazer prova sumária da qualidade de possuidor do imóvel sub judice. 3. No mais, questão referente ao preenchimento, pelo embargante, dos requisitos para requerer usucapião desbordam dos limites desta lide, pelo que dela não se conhece. 4. De acordo com as regras do ônus probatório, incumbe ao embargante provar o fato constitutivo do seu direito, cabendo à parte embargada demonstrar fato impeditivo, modificativo ou extintivo, nos termos do art. 373, do NCPC. 5. Inexistência de demonstração de indícios mínimos da posse sobre o bem cuja constrição foi determinada pelo juízo a quo. 6. Devidos honorários recursais nos termos do artigo 85, § 11º do NCPC. 7. Apelação desprovida. (TRF 3ª R.; AC 0002478-46.2015.4.03.6107; Primeira Turma; Rel. Des. Fed. Hélio Nogueira; Julg. 22/08/2017; DEJF 30/08/2017)

Caracterização da legitimidade ativa quando não se integra a relação jurídica referente à ação em que ocorreu a constrição:

✓ PROCESSUAL CIVIL E TRIBUTÁRIO. EMBARGOS DE TERCEIRO. LEGITIMIDADE ATIVA DOS EMBARGANTES. HONORÁRIOS ADVOCATÍCIOS. 1. A pretensão dos embargantes não encontra óbice na redação do art. 674 do novo Código de Processo Civil, que assim dispõe: "Quem, não sendo parte no processo, sofrer constrição ou ameaça de constrição sobre bens que possua ou sobre os quais tenha direito incompatível com o ato constritivo, poderá requerer seu desfazimento ou sua inibição por meio de embargos de terceiro". Isso porque, os embargos de terceiro são opostos por aqueles que não integram a relação jurídico-processual dos autos em que se deu a constrição, hipótese tratada nestes autos. 2. No que tange aos honorários de sucumbência, entendo que tal verba tem característica complementar aos honorários contratuais, haja vista sua natureza remuneratória. 3. Ademais, o denodo na prestação dos serviços há de ser o mesmo para quaisquer casos. 4. A fixação dos honorários advocatícios sucumbenciais levada a efeito pelo Juízo sentenciante guarda observância aos princípios da razoabilidade e da equidade, razão pela qual devem ser mantidos. 5. Apelação não provida. (TRF 1ª R.; AC 0025614-41.2010.4.01.9199; Sétima Turma; Rel. Des. Fed. Hercules Fajoses; DJF1 24/03/2017)

✓ DIREITO PROCESSUAL CIVIL. EMBARGOS DE TERCEIRO EM EXECUÇÃO FISCAL. EMBARGANTE INCLUÍDO NO POLO PASSIVO DO PROCESSO EXECUTIVO. ILEGITIMIDADE ATIVA AD CAUSAM. EXTINÇÃO DE OFÍCIO SEM JULGAMENTO DO MÉRITO. APELAÇÃO PREJUDICADA. 1. Os embargos de terceiro foram instituídos para livrar da constrição judicial bens de titularidade de quem não é parte da demanda executiva, sendo requisito para a configuração da legitimidade ativa a condição de terceiro. Inteligência do art. 1.046, do CPC/1973 (atual art. 674, do novo CPC). 2. Por sua vez, a parte executada dispõe dos embargos à execução previstos no art. 16, da Lei n. 6.830/80, para se insurgir contra a penhora ou impugnar a dívida cobrada. 3. Na espécie, verifica-se que o embargante foi regularmente incluído no polo passivo da execução fiscal subjacente, e em seguida citado para responder ao processo executivo. 4. Sendo, portanto, parte, já que ocupa a posição de codevedor tributário juntamente com a pessoa jurídica, o autor não possui legitimidade ativa para propor embargos de terceiro, o que acarreta a inadequação da via eleita e a consequente extinção destes embargos. Precedentes do STJ e deste Tribunal. 5. A legitimidade é matéria de ordem pública, insuscetível de preclusão e reconhecível de ofício, devendo ser apreciada nesta instância recursal, ainda que não tenha sido suscitada na primeira instância, desde que observado o disposto no art. 10, do novo CPC. Com efeito, as partes foram devidamente intimadas para se manifestar a respeito, permanecendo inerte o embargante. 6. Reconhecimento de ofício da ilegitimidade ativa ad causam e extinção do feito sem apreciação do mérito. Prejudicada a apelação da União. (TRF 3ª R.; AC 0006620-04.2008.4.03.9999; Terceira Turma; Rel. Des. Fed. Nelton Agnaldo Moraes dos Santos; Julg. 21/06/2017; DEJF 03/07/2017).

Réu na ação penal também é parte ilegítima para opor embargos de terceiro:

✓ APELAÇÃO CRIMINAL. EMBARGOS DE TERCEIRO. PEDIDO DE SUSPENSÃO DO LEILÃO. NOVA AVALIAÇÃO E MEAÇÃO DO VALOR ARRECADADO EM HASTA PÚBLICA DA FAZENDA CONFISCADA EM AÇÃO PENAL TRANSITADA EM JULGADO. PETIÇÃO INICIAL INDEFERIDA. AUSÊNCIA DE DOCUMENTOS COMPROBATÓRIOS E ILEGITIMIDADE DE

PARTE. SENTENÇA MANTIDA. 1. A petição inicial dos embargos de terceiro foi precariamente instruída, pois nela não foram juntados documentos relativos: i) à ação penal originária; ii) ao confisco, leilão ou arrematação alegado; iii) ao óbito do suposto marido e; iv) ao casamento travado entre a apelante e Iram Tabô Faria; iv) propriedade da Fazenda Riacho Fundo. 2. Os únicos documentos anexados à exordial foram: i) cópia da carteira de identidade da embargante; ii) comprovante de residência; iii) procuração conferida ao advogado; iv) substabelecimento em favor de um estagiário de direito; v) cópia da OAB do advogado e do estagiário; vi) pagamento de guia de recolhimento da União. Referidos documentos não possuem conteúdo suficiente para demonstrar o quanto alegado na exordial, nos termos dos artigos 319, inc. VI e 320, ambos do Novo Código de Processo Civil (NCPC). 3. Não obstante a apelante tenha juntado alguns documentos agora, em razões de apelação (fls. 31/35), o fez de maneira extemporânea e, ainda assim, de forma insuficiente. 4. Diferentemente do exigido pelo caput do art. 674 do NCPC, a ora recorrente foi parte na referida ação penal (não obstante tenha sido absolvida) e, portanto, não tem legitimidade para a propositura de tais embargos. 5. Portanto, se a recorrente figurou no polo passivo da ação penal, não possui legitimidade para a oposição de embargos de terceiro, pelo que não merece reparo a sentença recorrida, que extinguiu o feito com fundam então no art. 924, I, do Novo CPC, haja vista que, nos termos do artigo 330, I, do mesmo diploma legal, a ilegitimidade de parte tem com o consequência o indeferimento da petição inicial. 6. Apelação desprovida. (TRF 3ª R.; ACr 0008610-18.2016.4.03.6000; Primeira Turma; Rel. Des. Fed. José Lunardelli; Julg. 07/02/2017; DEJF 15/02/2017)

Necessidade de comprovação do ato de constrição ou de sua ameaça para configuração do interesse de agir:

✓ PROCESSUAL CIVIL E TRIBUTÁRIO. EXECUÇÃO FISCAL. EMBARGOS DE TERCEIRO. AUSÊNCIA DE ATO DE CONSTRIÇÃO JUDICIAL DE APREENSÃO DE BEM. AUSÊNCIA DE INTERESSE DE AGIR. 1. O art. 674 do novo Código de Processo Civil prescreve que: "Quem, não sendo parte no processo, sofrer constrição ou ameaça de constrição sobre bens que possua ou sobre os quais tenha direito incompatível com o ato constritivo, poderá requerer seu desfazimento ou sua inibição por meio de embargos de terceiro". 2. O embargante defende posse de bem que não sofreu ato de constrição judicial ou ameaça de constrição, carecendo, portanto, de interesse de agir. Assim, ante a ausência de ato judicial de penhora que tenha recaído sobre bem de propriedade, falta ao embargante o interesse de agir, devendo ser mantida a sentença embargada. 3. Apelação não provida. (TRF 1ª R.; AC 0004225-40.2011.4.01.3904; Sétima Turma; Rel. Des. Fed. Hercules Fajoses; DJF1 07/04/2017)

✓ TRIBUTÁRIO. PROCESSUAL CIVIL. EMBARGOS DE TERCEIROS. AUSENTES DOCUMENTOS COMPROBATÓRIOS DA CONSTRIÇÃO DO BEM. INEXISTÊNCIA DE PROCESSO EXECUTIVO. 1. Sentença que julgou extintos os embargos de terceiros, sem julgamento do mérito. O processo foi extinto uma vez que o Embargante não se enquadrava nas hipóteses previstas em Lei. 2. No caso dos autos estão ausentes os requisitos básicos para a oposição dos embargos de terceiros, pois, o Apelante não se desincumbiu do ônus de demonstrar a ocorrência de qualquer das hipóteses previstas no caput do art. 674 (constrição ou ameaça de constrição sobre o bem que alega possuir), além de não se enquadrar em uma das hipóteses previstas no §2º do art. 674, do CPC/2015. 3. O Embargante não juntou aos autos documentação que comprovasse a constrição ou ameaça de constrição sobre o bem, bem como não fez qualquer referência ao processo em que a medida teria se efetivado. 4. O instrumento para a defesa escolhido, não serve para amparar a pretensão deduzida nestes autos, sendo certo que para oposição de embargos de terceiros, os requisitos básicos para o seu ajuizamento, previstos no art. 674, do CPC/2015, devem ser observados. 5. Apelação desprovida. (TRF 2ª R.; AC 0057218-49.2016.4.02.5103; Terceira Turma Especializada; Rel. Des. Fed. Marcus Abraham; DEJF 19/06/2017)

A substituição do bem penhorado por dinheiro não configurada falta de interesse de agir nos embargos de terceiro:

✓ APELAÇÃO. EMBARGOS DE TERCEIRO. DESCONSTITUIÇÃO DA PENHORA. SUBSTITUIÇÃO DA PENHORA POR DINHEIRO. FALTA DE INTERESSE DE AGIR NÃO CONFIGURADA. PRECEDENTE DO STJ BEM DE FAMÍLIA. 1. A finalidade dos embargos de terceiros é livrar o bem ou direito da constrição judicial injustamente imposta em processo de execução, da qual o terceiro não faz parte, mas mesmo assim sofre esbulho ou turbação na posse de seus bens por ato de apreensão nele determinada, conforme o disposto no art. 674 do Código de Processo Civil de 2015. Ressalta-se que o pedido de exclusão de bens de terceiros da constrição judicial pode ocorrer tanto em razão do direito de propriedade quanto em razão da simples posse, fato que repercute diretamente no plano da legitimação ativa, restando facultado ao terceiro defender, através de embargos, a posse de seus bens. 2. No caso dos autos, a Embargante requereu a substituição da penhora por depósitos em dinheiro no valor integral da dívida fiscal e o cancelamento da contrição sobre o imóvel, pois não é parte na execução fiscal nº 95.0001064-0 e por se tratar de bem impenhorável, nos termos do art. 1º da Lei nº 8090/90 3- Após ter sido efetivada a troca da penhora por dinheiro, em 09/11/2011, o Juízo a quo proferiu sentença, extinguindo o feito por falta de interesse de agir, por ter sido resolvida a questão da liberação da penhora (fl. 245/247). 4- Contudo, a jurisprudência do STJ tem assentado que não há perda de interesse de agir do embargante quando há substituição do bem penhorado por dinheiro (STJ- Resp 200501994960. Terceira Turma. Relatora Ministra Nancy Andrighi. DJ 08/05/2006 pág. 213). 5. Assim, estando suficientemente demonstrado nos autos que o imóvel da Embargante é bem de família, abrigado pela impenhorabilidade prevista na Lei nº 8009/90, impõe-se a extensão da impenhorabilidade sobre à totalidade do bem, a fim de se resguardar o seu direito à moradia. 6. Apelação de Rita de Cássia Scarpino a qual se dá provimento (TRF 2ª R.; AC 0002919-16.2011.4.02.5001; Quarta Turma Especializada; Rel. Juiz Fed. Conv. Mauro Luís Rocha Lopes; DEJF 26/01/2017)

Os embargos de terceiro são admissíveis por decorrência de medidas produzidas a partir da TAC em Ação Civil Pública:

✓ ADMINISTRATIVO. EMBARGOS DE TERCEIRO. ARTIGO 674 DO NCPC. AÇÃO CIVIL PÚBLICA. EXECUÇÃO DE TÍTULO EXECUTIVO. HOMOLOGAÇÃO DE TERMO DE AJUSTAMENTO DE CONDUTA. INEXISTÊNCIA DE ATO DE CONSTRIÇÃO JUDICIAL DE BENS E/OU DIREITOS. DESPROVIMENTO. 1. Os embargos de terceiro constituem medida que tem por fim livrar da constrição judicial injusta bens que foram apreendidos em um processo no qual o seu proprietário ou possuidor não é parte, nos termos do art. 674 do NCPC. 2. Com relação ao instituto dos embargos de terceiro, o CPC/2015 confere tratamento mais amplo com relação ao diploma legal anterior, pois, além de não exemplificar quais seriam os atos de constrição judicial, elucida que poderão ser opostos quando da sua efetiva ocorrência ou, ainda, diante da ameaça de constrição. 3. Termo de Ajustamento de Conduta firmado entre o MPF, a UNIÃO, o Município de Vila Velha e a Imobiliária Santa Inês LTDA., em novembro/1994, foi submetido à homologação judicial nos autos da Ação Civil Pública nº 0004754-30.1900.4.02.5001, vindo a se caracterizar como título cuja execução foi requerida posteriormente pelo Parquet naquela demanda, ao verificar que o Município não viria cumprindo adequadamente as obrigações pactuadas. 4. A determinação judicial proferida nos autos da Ação Civil Pública apenas ensejou a adoção de medidas administrativas em cumprimento de acordo homologado judicialmente, dando azo à notificação administrativa expedida pela municipalidade para que fosse desocupado imóvel construído em unidade ambiental. 5. Não ocorreu, na hipótese, ato judicial de constrição ou sua ameaça, mas somente a concretização de medida administrativa levada a efeito pelo Município, em cumprimento de título executivo judicial, o que não tem o condão de ensejar a oposição de embargos de terceiro. 6. A autora em nenhum momento insurgiu-se contra a homologação do Termo de Ajustamento de Conduta, que é o verdadeiro objeto daquela ação civil pública, demonstrando-se descabida a utilização do instituto embargos de terceiro. 7. Caracterizada a inadequação da via eleita, não merece qualquer reparo a sentença vergastada, ante a falta de interesse processual. 8. Recurso de apelação desprovido. (TRF 2ª R.; AC 0002408-76.2015.4.02.5001; Quinta Turma Especializada; Rel. Des. Fed. Aluísio Gonçalves de Castro Mendes; Julg. 14/03/2017; DEJF 27/03/2017)

Possibilidade de embargos de terceiro em tutela inibitória ou preventiva:

✓ PROCESSO CIVIL. APELAÇÃO CÍVEL. EMBARGOS DE TERCEIRO. NATUREZA PREVENTIVA. ARTIGO 674 DO CÓDIGO DE PROCESSO CIVIL. AMEAÇA CONCRETA E IMINENTE DE CONSTRIÇÃO JUDICIAL. INTERESSE PROCESSUAL EXISTENTE. APELAÇÃO CONHECIDA E PROVIDA. O interesse processual é definido pelo binômio necessidade e utilidade do processo, para alcançar o bem jurídico pretendido ou sua proteção. Consoante o artigo 674 do Código de Processo Civil, quem, não sendo parte no processo, sofrer constrição ou ameaça de constrição sobre bens que possua ou sobre os quais tenha direito incompatível com o ato constritivo, poderá requerer seu desfazimento ou sua inibição por meio de embargos de terceiro. Admite-se a utilização dos embargos de terceiro de maneira preventiva, desde que haja iminente e concreta ameaça de constrição judicial. Tal situação se configura com a indicação de imóvel de terceiro para pagamento de dívida. APELAÇÃO CONHECIDA E PROVIDA. (TJDF; APC 2016.01.1.127575-6; Ac. 105.0367; Quarta Turma Cível; Rel. Des. Luís Gustavo Barbosa de Oliveira; Julg. 27/09/2017; DJDFTE 03/10/2017)

✓ APELAÇÃO. EMBARGOS DE TERCEIRO EXTINTOS SEM RESOLUÇÃO DE MÉRITO, EM RAZÃO DA AUSÊNCIA DE INTERESSE DE AGIR. PRETENSÃO À REFORMA. Desacolhimento. Inexistência de ato constritivo ou ameaça de constrição a justificar a pretensa tutela inibitória. Inteligência do artigo 674 do NCPC. Descabimento dos embargos de terceiro. Simples ajuizamento de execução fiscal contra antigo proprietário que não é capaz de legitimar o manejo da ação. Carência de ação configurada por ausência de interesse de agir. Precedentes desta Corte e do C. STJ. Extinção do processo mantida. Recurso ao qual se nega provimento. (TJSP; APL 1005239-03.2015.8.26.0079; Ac. 10586855; Botucatu; Décima Oitava Câmara de Direito Público; Rel. Des. Ricardo Chimenti; Julg. 29/06/2017; DJESP 12/07/2017; Pág. 1841)

Aplicação do princípio da fungibilidade:

✓ TRIBUTÁRIO. EMBARGOS DE TERCEIRO. INADEQUAÇÃO. RECEBIMENTO COMO EMBARGOS DE DEVEDOR. GARANTIA DO JUÍZO. NECESSIDADE. 1. "Quem, não sendo parte no processo, sofrer constrição ou ameaça de constrição sobre bens que possua ou sobre os quais tenha direito incompatível com o ato constritivo, poderá requerer seu desfazimento ou sua inibição por meio de embargos de terceiro". (art. 674 do CPC/15). 2. In casu, o embargante não tem legitimidade para opor embargos de terceiro, uma vez que integra o polo passivo da execução fiscal originária, tendo agido corretamente o juízo a quo ao aplicar o princípio da fungibilidade e recebido os embargos como de devedor. 3. Nos termos do art. 16, §1º, da Lei nº 6.830/80, "não são admissíveis embargos do executado antes de garantida a execução ". 4. Hipótese em que o executivo fiscal não se encontra garantido, desmerecendo reproche a sentença extintiva dos embargos. 5. Apelo desprovido. (TRF 5ª R.; AC 0001891-94.2016.4.05.9999; CE; Terceira Turma; Rel. Des. Fed. Paulo Machado Cordeiro; DEJF 01/09/2016; Pág. 89)

✓ PROCESSO CIVIL. APELAÇÃO. EMBARGOS DE TERCEIRO. INADEQUAÇÃO DA VIA ELEITA. SÓCIO INCLUÍDO NO POLO PASSIVO DA EXECUÇÃO FISCAL. INAPLICABILIDADE DO PRINCÍPIO DA FUNGIBILIDADE RECURSAL. AUSENTES REQUISITOS LEGAIS DOS EMBARGOS DO DEVEDOR. RECURSO IMPROVIDO. Embargos de terceiro extintos, sem resolução do mérito, ante a inadequação da via eleita, caracterizada pelo fato de que a embargante, coexecutada nos autos da execução fiscal poderia valer-se de embargos à execução fiscal ou de exceção de pré-executividade para alegar ilegitimidade de parte e a impenhorabilidade dos valores constritos. Da leitura do então vigente art. 1.046 do CPC/1973 (matéria atualmente regulada pelo art. 674 do CPC), verifica-se que os embargos de terceiros poderão ser opostos por quem, não sendo parte no processo, sofrer turbação ou esbulho na posse de seus bens por ato de apreensão judicial, em casos como o de penhora, depósito, arresto, sequestro, alienação judicial, arrecadação, arrolamento, inventário ou partilha. Considerando que a embargante figura como ré na ação de execução fiscal em que foi determinada a penhora dos valores constritos (fls. 39/41), não haveria como qualificá-la como terceira. A jurisprudência, em homenagem aos princípios da ampla defesa, da instrumentalidade das formas e da fungibilidade processual, tem suavizado a regra do art. 1.046 do CPC/1973 (art. 674 do CPC) e admitido que o sócio, sem poderes de gerência, citado como litisconsorte passivo na execução, e visando livrar da constrição judicial seus bens particulares, tenha seus embargos recebidos e processados como embargos à execução, desde que observados os requisitos legais, o que não se verifica na espécie. Em que pese a aparente tempestividade (fls. 02 e 36/41), nota-se que não seria possível receber a presente ação como embargos à execução, tendo em vista a insuficiência da garantia (fls. 23/32, 36/41 e 44). Se a embargante entendia não poder figurar como corresponsável pela empresa executada deveria defender a sua ilegitimidade passiva em sede embargos do devedor ou de exceção de pré-executividade, sendo certo que, a pretensão de ter seu nome retirado do polo passivo da ação de execução fiscal não seria possível em ação de embargos de terceiro. Apelação improvida. (TRF 3ª R.; AC 0031409-04.2010.4.03.6182; Quarta Turma; Relª Desª Fed. Mônica Nobre; Julg. 07/06/2017; DEJF 23/06/2017)

§ 2º: Considera-se terceiro, para ajuizamento dos embargos:

I – o cônjuge ou companheiro, quando defende a posse de bens próprios ou de sua meação, ressalvado o disposto no art. 843;

Ilegitimidade do ex-cônjuge quando o bem não integra a meação:

✓ PROCESSUAL CIVIL. APELAÇÃO. EMBARGOS DE TERCEIRO EM EXECUÇÃO FISCAL. ILEGITIMIDADE DA EMBARGANTE. CASAMENTO. REGIME DE COMUNHÃO PARCIAL DE BENS. BEM ADQUIRIDO PELO MARIDO ANTES DAS NÚPCIAS. IMPENHORABILIDADE DO BEM DE FAMÍLIA. MATÉRIA DE ORDEM PÚBLICA. PRECLUSÃO. PEDIDO DE GRATUIDADE DA JUSTIÇA PREJUDICADO. RECURSO IMPROVIDO. Prejudicado o pedido de Assistência Judiciária Gratuita, tendo em vista a concessão à fl. 18. Admite-se a utilização dos embargos de terceiro para que o cônjuge defenda a sua meação, conforme a Súmula nº 134 do C. STJ. A prerrogativa também se encontrava prevista no então vigente art. 1.046 do Código de Processo Civil (atualmente contido no art. 674 do NCPC) que autoriza ao proprietário ou ao possuidor a defesa de seu patrimônio objeto de penhora por meio dos embargos de terceiro, haja vista que somente o patrimônio do executado responde perante o Juízo da Execução. No caso em tela, o imóvel foi adquirido pelo marido da embargante antes da celebração do casamento. Em sendo o regime escolhido pelo casal, o da comunhão parcial de bens, tal imóvel não integra a meação da autora, não se configurando a situação prevista no § 3º do art. 1.046 do CPC/1973, tampouco necessária intimação do cônjuge da constrição realizada. A questão relativa à impenhorabilidade já foi apreciada em sede de embargos à execução fiscal, conforme apontado pelo Juízo Singular. Em que pese o debate envolvendo bem de família, seja matéria de ordem pública, podendo ser arguida a qualquer tempo e grau de jurisdição, entende o C. STJ operar-se preclusão consumativa quando houver decisão anterior sobre o tema, situação esta configurada no caso concreto. Prejudicado o pedido de concessão da gratuidade da justiça. Apelação improvida. (TRF 3ª R.; AC 0006438-18.2012.4.03.6106; Quarta Turma; Relª Desª Fed. Mônica Nobre; Julg. 05/07/2017; DEJF 18/07/2017)

O fato da partilha não ter sido registrada ao tempo do ajuizamento da execução é irrelevante, sendo que o que importa é a posse, pelo ex-cônjuge, em momento anterior à penhora:

✓ PROCESSUAL CIVIL. APELAÇÃO. EMBARGOS DE TERCEIRO EM EXECUÇÃO FISCAL. EXCLUSÃO DE BEM DE EX-CÔNJUGE. PRESENTE REGISTRO E AVERBAÇÃO DA PARTILHA EFETIVADA EM DIVÓRCIO JUDICIAL QUANDO DO CUMPRIMENTO DO MANDADO DE PENHORA. PRINCÍPIO DA CAUSALIDADE. VERBA HONORÁRIA DEVIDA. REMESSA OFICIAL IMPROVIDA. O então vigente art. 1.046 do CPC/1973 (art. 674 do CPC) autorizava ao proprietário ou ao possuidor a defesa de seu patrimônio objeto de penhora por meio dos embargos de terceiro, haja vista que somente o patrimônio do executado responde perante o Juízo da Execução,. A jurisprudência do C. STJ é assente no sentido de que o bem partilhado para a mulher antes do processo de execução contra o ex-marido não pode ser alcançado pela penhora, contra o ex-marido, pouco relevando que a partilha não tenha sido levada ao registro. No caso, a penhora do imóvel matriculado sob nº 11598, junto ao 2º Cartório de Registro de Imóveis de Campinas/SP, deu-se sobre bem que já não integrava o patrimônio do devedor Vilson Carmassi, sócio da empresa executada Calçados Alvorada Ltda., pois que partilhado com a embargante em decorrência do divórcio consensual (fls. 13/40). O fato do formal de partilha não ter sido registrado ao tempo do ajuizamento do executivo fiscal (ajuizamento em 14/12/1998. fls. 176/177) é irrelevante, uma vez que o que se discute é a ilegitimidade da penhora em razão de posse anterior em favor da embargante decorrente da sentença que desvinculou o imóvel do patrimônio do executado. Mantida a condenação da Fazenda Nacional ao pagamento de honorários tendo em vista que, não obstante a averbação do divórcio, ocorrido em 14/12/1994, tenha se efetivado junto ao 2º Cartório de Registro de Imóveis de Campinas somente em 26/12/2000 (fls. 08/11), é certo que o mandado de penhora foi cumprido em 18/05/2012 (fl. 07), portanto, quando notória a publicidade do divórcio e da adjudicação do bem penhorado à embargante. Remessa Oficial improvida. (TRF 3ª R.; Rem 0011811-09.2013.4.03.6134; Quarta Turma; Relª Desª Fed. Mônica Nobre; Julg. 24/05/2017; DEJF 08/06/2017)

<u>Os embargos de terceiro não suspendem a constrição, havendo apenas a reserva da meação sobre o produto da alienação do bem, se indivisível:</u>

✓ AGRAVO DE INSTRUMENTO. EXECUÇÃO FISCAL. SUSPENSÃO DO LEILÃO DE BEM IMÓVEL. IMPOSSIBILIDADE. SENTENÇA PROFERIDA NOS EMBARGOS DE TERCEIRO TRANSITADA EM JULGADO. RESERVA DE MEAÇÃO DEVE SER FEITA SOBRE O MONTANTE DO PRODUTO DA ALIENAÇÃO. 1-. Trata-se de agravo de instrumento interposto por leni de oliveira Miranda e Nelson Renato leal Miranda, em face da decisão proferida pelo juízo da 1ª vara federal de nova Friburgo – seção judiciária do rio de janeiro, nos autos do processo de nº 0001267-55.2002.4.02.5105. 2. a decisão agravada além de determinar a reunião das execuções fiscais em nome da executada, dando prosseguimento aos atos constritivos, determinou a expedição de mandado de avaliação, e inclusão do bem no leilão a ser agendado. 3. insurge-se o agravante contra a determinação de inclusão do bem imóvel em leilão, haja vista a reserva de sua meação, que determinou a reunião dos executivos fiscais em nome da executada e a avaliação dos bens penhorados, nomeando, na ocasião, o leiloeiro. 4. alega o agravante que, em apenso ao presente executivo fiscal, fora distribuído pelo 2º agravante embargos de terceiros nº 0000456-75.2014.4.02.5105, tendo por objeto a defesa de sua meação dos bens enquanto marido da 1ª agravante, o que fora julgado procedente conforme cópia da sentença dos embargos em anexo. aduz que o 2º agravante é casado com a 1ª agravante desde 30/09/1981 (certidão anexo) pelo regime da comunhão parcial de bens conforme assentamentos lançados no livro baux-02 – Fls. 176v-termo 954 do RCPN do 1º distrito de Teresópolis. afirma que, em decorrência dos executivos fiscais, fora realizada a penhora total do bem imóvel descrito na matrícula 47344 do serviço notarial e registral do 2º oficio da comarca de cabo frio/RJ, assim descrevendo tal bem: lote 17 da quadra b, rua meteoritos, lote 17, quadra b, em zona urbana do município de cabo frio/RJ. argumenta que realizou a defesa de sua meação sobre os bens penhorados, em conformidade com o art. 674 § 2º i do código de processo civil, pois, todavia, a decisão ora guerreada silenciou quanto a meação do 2º agravante, trazendo insegurança quanto a defesa do seu patrimônio. assevera, ainda, que a dívida que originou a penhora do bem suscitado não foi contraída pelo 2º embargante nem, muito menos, foi assumida em seu benefício. 5. conforme se infere da documentação juntada, foram opostos embargos de terceiro pelo 2º agravante (nº. 2014.51.05.000456-3) visando resguardar a sua meação, embargos estes que foram julgados parcialmente procedentes, no sentido de que é possível a reserva da meação do cônjuge, todavia, essa meação se dá sobre o produto da alienação do bem, quando se tratar de bem indivisível como é o caso dos autos. 6. a questão acerca da possibilidade de realização do leilão do bem imóvel já foi decidida, devendo a reserva da meação ser realizada após a arrematação, não havendo qualquer irregularidade na decisão agravada que determinou que fosse designada data para realização do leilão. observa-se, na oportunidade, que, em que pese a sentença que julgou parcialmente os embargos de terceiro (nº. 2014.51.05.000456-3) tenha sido submetida a este e.trf, por ocasião da interposição do recurso de apelação pelo embargante, tal apelação foi julgada improcedente, tendo os referidos embargos de terceiro transitado em julgado em 26/11/2015, conforme certidão à fl. 110 dos autos da apelação (consulta online). 7. desta feita, não há que se falar, como pretende o agravante, em suspensão do leilão até o trânsito em julgado dos embargos de terceiro, nos quais já houve o trânsito em julgado, no sentido de que deve ser realizado o leilão e, após, ser reservada a meação sobre o montante do produto da alienação. 8 – agravo de instrumento improvido. (TRF 2ª R.; AI 0004893-80.2016.4.02.0000; Quarta Turma Especializada; Rel. Des. Fed. Luiz Antonio Soares; DEJF 03/11/2016)

II – o adquirente de bens cuja constrição decorreu de decisão que declara a ineficácia da alienação realizada em fraude à execução;

<u>Ineficácia da alienação em sede de execução fiscal, em face da presunção absoluta de fraude a partir da inscrição do débito em dívida ativa:</u>

✓ EMBARGOS DE TERCEIROS. INAPLICABILIDADE DA SÚMULA Nº 375 DO STJ. RESP. Nº 1.141.990/PR. ALIENAÇÃO POSTERIOR A 09.06.05. PRESUNÇÃO ABSOLUTA DE FRAUDE A PARTIR DA INSCRIÇÃO DO DÉBITO EM DÍVIDA ATIVA. 1-O Recurso de apelação foi interposto por RACHEL MACHADO DA SILVA OLIVEIRA, objetivando a reforma da sentença prolatada às fls. 246/250, que julgou improcedente o pedido formulado nos embargos de terceiros, dada a configuração de fraude à execução. 2-A recorrente aponta, em suma, a nulidade da sentença, pois o magistrado a quo desconsiderou todas as provas produzidas no sentido comprovar a legalidade da aquisição do automóvel, violando o seu direito à ampla defesa. 3-A execução fiscal foi proposta pela UNIÃO FEDERAL em face de MERCEARIA JOAU LTDA E OUTROS, para a cobrança de COFINS, no valor originário de R$ 6.645,93, inscrita em dívida ativa em 21.05.99. A ação foi proposta em 10.08.00, sendo autuada perante a Vara Federal São João de Meriti sob o nº 0756201- 09.1999.4.02.5110, tendo a penhora incidido sobre automóvel Mercedes Bens A160, placa LCX 3464, transferido à embargante em 14.11.11 por Carlos Augusto Barbosa, sócio contra o qual foi redirecionada a execução fiscal. 4-Quem, não sendo parte no processo, sofrer constrição ou ameaça de constrição sobre bens que possua ou sobre os quais tenha direito incompatível com o ato constritivo, poderá requerer seu desfazimento ou sua inibição por meio de embargos de terceiro, que podem ser opostos por terceiro proprietário, inclusive fiduciário, ou possuidor (art. 674, parágrafo 1º, do novo CPC). 5-Haja vista a menção expressa no CTN, o marco inicial para a presunção de fraude à execução passou a ser o ato da inscrição do crédito tributário em dívida ativa e, por consequência, a Súmula nº 375 do STJ deixou de ser aplicada às execuções fiscais, dada a primazia do interesse público na arrecadação de tributos. Esse é o entendimento firmado pela Primeira Seção do STJ por ocasião do julgamento do Recurso Especial nº 1.141.990/PR, submetido ao rito de recursos repetitivos. 6-Para as alienações ocorridas após a entrada em vigor da Lei Complementar nº 118/05, qual seja, 09.06.05, aplica-se o art. 185 do CTN na sua atual redação, exigindo-se apenas a inscrição em dívida ativa prévia à alienação para a caracterização de fraude. No entanto, quando a alienação tiver ocorrido anteriormente a 09.06.05, considera-se absoluta a presunção de fraude a partir da citação do alienante/executado. 7-No caso, a transferência do automóvel ocorreu em 14.11.11, após a inscrição do débito em dívida ativa, em 1999. 8-A alienação realizada em fraude à execução, embora seja considerada válida e existente, é juridicamente ineficaz perante a exeqüente, de modo que, ainda que o bem já integre o patrimônio do terceiro, permanece sujeito ao processo executivo, constituindo garantia de eventuais dívidas do alienante. 9-Apelação improvida. (TRF 2ª R.; AC 0009488-55.2015.4.02.5110; Quarta Turma Especializada; Rel. Des. Fed. Luiz Antonio Soares; DEJF 31/08/2017)

III – quem sofre constrição judicial de seus bens por força de desconsideração da personalidade jurídica, de cujo incidente não fez parte;

IV – o credor com garantia real para obstar expropriação judicial do objeto de direito real de garantia, caso não tenha sido intimado, nos termos legais dos atos expropriatórios respectivos.

Legitimidade ativa do proprietário fiduciário para opor embargos:

✓ ADMINISTRATIVO. EMBARGOS DE TERCEIRO. LEGITIMIDADE. CONTRATO DE ALIENAÇÃO FIDUCIÁRIA. INDISPONIBILIDADE DE BEM IMÓVEL DIREITOS DO CREDOR FIDUCIÁRIO. ARTIGO 674 DO NOVO CPC. HONORÁRIOS ADVOCATÍCIOS. Os embargos de terceiro podem ser ajuizados por quem não sendo parte no processo, sofrer constrição ou ameaça de constrição sobre bens que possua ou sobre os quais tenha direito incompatível com o ato constritivo, inclusive o proprietário fiduciário ou possuidor. Hipótese em que o embargante detém a legitimidade ativa. – Se a garantia fiduciária encontrava-se devidamente averbada na matrícula do imóvel, não há como acolher a irresignação da União de que não deu causa ao ajuizamento da ação, por não ter conhecimento da situação noticiada nestes embargos, relativa à alienação fiduciária e aos direitos da embargante dela decorrentes. (TRF 4ª R.; AC 5002737-36.2015.404.7009; PR; Terceira Turma; Rel. Des. Fed. Ricardo Teixeira do Valle Pereira; Julg. 09/05/2017; DEJF 18/05/2017)

Art. 675. Os embargos podem ser opostos a qualquer tempo no processo de conhecimento enquanto não transitada em julgado a sentença e, no cumprimento de sentença ou no processo de execução, até 5 (cinco) dias depois da adjudicação, da alienação por iniciativa particular ou da arrematação, mas sempre antes da assinatura da respectiva carta.

Flexibilização do prazo para considerar como termo inicial a efetiva ciência da penhora ou arrematação:

✓ EMBARGOS DE TERCEIRO. APELAÇÃO. EXECUÇÃO FISCAL. CONSTRIÇÃO JUDICIAL SOBRE IMÓVEL. ARREMATAÇÃO. INTIMAÇÃO. PRAZO PARA INTERPOSIÇÃO DE EMBARGOS. INTEMPESTIVIDADE. RECURSO IMPROVIDO. I. Tratando-se de embargos de terceiro interpostos incidentalmente a executivo fiscal, sua interposição deve ocorrer em até 05 (cinco) dias da adjudicação, da alienação por iniciativa particular ou da arrematação, mas sempre antes da assinatura da respectiva carta, consoante artigo 675 do Código de Processo Civil. II. Contudo, o STJ assentou entendimento no sentido de flexibilizar o termo inicial de oposição dos embargos, quando verificada a hipótese em que o terceiro não foi cientificado da penhora ou da arrematação. Nesses casos, o termo inicial do quinquídio legal é a efetiva ciência da execução/penhora ou da turbação/esbulho possessório. III. In casu, observa-se que a embargante tomou ciência da arrematação do imóvel em 23-11-2016 (fl. 19) e somente opôs os presentes embargos de terceiro em 07-12-2016, ou seja, após o decurso do prazo de 5 (cinco) dias, restando, portanto, manifestamente intempestivos os embargos. IV. Apelação a que se nega provimento. (TRF 3ª R.; AC 0004490-96.2016.4.03.6107; Primeira Turma; Rel. Des. Fed. Valdeci dos Santos; Julg. 27/06/2017; DEJF 06/07/2017)

✓ RECURSO ESPECIAL. PROCESSUAL CIVIL. CPC/1973. CUMPRIMENTO DE SENTENÇA. EMBARGOS DE TERCEIRO. CIÊNCIA PRÉVIA DO CUMPRIMENTO DE SENTENÇA. PRAZO DE CINCO DIAS DO ART. 1.048 DO CPC/1973. INTEMPESTIVIDADE DOS EMBARGOS. POSSIBILIDADE DE CONHECIMENTO. SUPRESSÃO DO EFEITO SUSPENSIVO AUTOMÁTICO. ENCARGOS SUCUMBENCIAIS. AUSÊNCIA DE INDICAÇÃO DO DISPOSITIVO DE LEI FEDERAL VIOLADO. ÓBICE DA SÚMULA 284/STF. 1. Controvérsia acerca da tempestividade dos embargos de terceiro opostos após o prazo de 5 (cinco) dias previsto no art.

1.048 do CPC/1973, por terceiro que tinha ciência do cumprimento de sentença. 2. "Os embargos podem ser opostos a qualquer tempo no processo de conhecimento enquanto não transitada em julgado a sentença, e, no processo de execução, até 5 (cinco) dias depois da arrematação, adjudicação ou remição, mas sempre antes da assinatura da respectiva carta" (art. 1.048 do CPC/1973). 3. Fluência do prazo de 5 (cinco) dias somente após a turbação ou esbulho para as hipóteses em que o terceiro não tinha ciência do processo do qual emana o ato constritivo, conforme jurisprudência pacífica desta Corte Superior. 4. Caso concreto em que o terceiro tinha ciência do cumprimento de sentença, tendo ajuizado os embargos intempestivamente. 5. Incolumidade, porém, do direito material vindicado a despeito da intempestividade dos embargos de terceiro. 6. Possibilidade de defesa do direito material mediante o ajuizamento de outras ações após o transcurso do prazo dos

Parágrafo único. Caso identifique a existência de terceiro titular de interesse em embargar o ato, o juiz mandará intimá-lo pessoalmente.

Julgado que reconhece a inovação do CPC na intimação, por iniciativa do juízo, de terceiro interessado em embargar o ato:

✓ APELAÇÃO CÍVEL. DIREITO PROCESSUAL CIVIL. EMBARGOS DE TERCEIRO. AJUIZAMENTO. TERMO INICIAL. CUMPRIMENTO DO MANDADO DE REINTEGRAÇÃO DE POSSE. INTEMPESTIVIDADE. INTIMAÇÃO PESSOAL DO TERCEIRO INTERESSADO EM EMBARGAR O ATO. PREVISÃO CONTIDA NO PARÁGRAFO ÚNICO DO ARTIGO 675 DO CPC/2015. ENTRADA EM VIGOR POSTERIOR À DETERMINAÇÃO DE EXPEDIÇÃO DE MANDADO DE REINTEGRAÇÃO DE POSSE. APLICAÇÃO DA TEORIA DO SISTEMA DE ISOLAMENTO DOS ATOS PROCESSUAIS. SENTENÇA MANTIDA. 1. A teoria do sistema de isolamento dos atos processuais, prevista tanto no art. 6º da Lei de Introdução às Normas do Direito Brasileiro, como no art. 14 do novo CPC/2015, determina que a Lei que rege o ato processual é aquela em vigor no momento em que ele é praticado. Por essa razão, não se aplica o disposto no parágrafo único do artigo 675 do CPC/2015 à decisão que determinou à expedição de mandado de reintegração de posse proferida antes da entrada em vigor do novo Código. 2. Contudo, aplicam-se as disposições do CPC/2015 acerca do prazo para oposição dos embargos de terceiro, tendo em vista que o mandado de reintegração somente foi cumprido após sua entrada em vigor. Consoante interpretação extensiva do artigo 675 do CPC/2015 (Art. 1.048 do CPC/73),o termo a quo para a propositura dos embargos de terceiro é a data em que se cumpriu, ou se tentou cumprir, a ordem de reintegração de posse. Precedentes desta Corte. 3. Opostos embargos de terceiro quatro meses após a reintegração de posse, resta evidenciada sua intempestividade, impondo-se o indeferimento da inicial. 4. Inviável a homologação judicial de acordo quando sequer iniciada a ação, em razão do indeferimento da inicial. Entretanto, não há óbice à formalização de acordo extrajudicial pelas partes, sendo, para tanto, prescindível a atuação do juiz. 5. Apelação conhecida e não provida. (TJDF; APC 2016.04.1.007680-8; Ac. 104.4565; Primeira Turma Cível; Relª Desª Simone Costa Lucindo Ferreira; Julg. 30/08/2017; DJDFTE 13/09/2017)

Art. 676. Os embargos serão distribuídos por dependência ao juízo que ordenou a constrição e autuados em apartado.

Parágrafo único. Nos casos de ato de constrição realizado por carta, os embargos serão oferecidos no juízo deprecado, salvo se indicado pelo juízo deprecante o bem constrito ou se já devolvida a carta.

É absoluta a competência do juízo que determinou a constrição na ação principal para julgamento dos embargos de terceiro:

✓ CONFLITO DE COMPETÊNCIA. EMBARGOS DE TERCEIRO. USUCAPIÃO. COMPETÊNCIA ABSOLUTA. 1. A reunião de ações, em virtude de conexão, não se mostra possível quando implicar alteração de competência absoluta. 2. O foro competente para a ação de usucapião de bem imóvel será sempre o da situação da coisa (art. 95 do CPC/1973 e art. 57 do CPC/2015), configurando hipótese de competência material, portanto, absoluta e improrrogável. 3. A competência para julgamento dos embargos de terceiro é do juiz que determinou a constrição na ação principal, nos termos do art. 1.049 do CPC/1973 (art. 676 do CPC/2015), de modo que, por se tratar de hipótese de competência funcional, é também absoluta e improrrogável. 4. Conflito de competência conhecido para declarar a competência do Juízo suscitado. (STJ; CC 142.849; SP; Segunda Seção; Rel. Min. Luis Felipe Salomão; Julg. 22/03/2017, DJe 11/04/2017)

Devem ser utilizados embargos de terceiro quando a constrição for realizada em juízo distinto:

✓ AGRAVO DE INSTRUMENTO. ATOS DE CONSTRIÇÃO REALIZ ADOS EM JUÍZ OS DISTINTOS DO FEDERAL. INCOMPETÊNCIA DA JUSTIÇA FEDERAL PARA SOBRESTÁ-LOS. ELEIÇÃO DE VIA PROCESSUAL INADEQUADA. RECURSO DESPROVIDO. 1. Para a concessão da tutela antecipada o art. 300, caput, do Código de Processo Civil exige que estejam presentes a prova inequívoca que convença o julgador acerca da verossimilhança das alegações e o fundado receio de dano irreparável e de difícil reparação. 2. O Juízo Federal não tem competência para obstar a realização de leilões em outros juízos, restando ausente, ainda que de natureza estritamente processual, o fumus boni iuris, apto a permitir a concessão da tutela pleiteada. 3. O meio processual adequado para as hipóteses, com o a analisada, é a interposição de embargos de terceiro no juízo em que a constrição vier a ser realizada, nos termos do art. 674, do Código de Processo Civil, um a vez que a competência da Justiça Federal tem caráter absoluto. 4. Agravo de instrumento a que se nega provimento. (TRF 3ª R.; AI 0017124-15.2016.4.03.0000; Primeira Turma; Rel. Des. Fed. Valdeci dos Santos; Julg. 07/02/2017; DEJF 23/02/2017)

Competência do juízo deprecante quando a carta já tiver sido devolvida:

✓ EMBARGOS DE TERCEIRO JULGADOS PROCEDENTES. APELAÇÃO. Competência. É do Juízo deprecante a competência para o conhecimento e julgamento dos embargos, quando a constrição se realizar por carta, e esta já tiver sido devolvida. Inteligência do artigo 676, par. Único, do CPC. Alegação de que a carta precatória teria retornado por outras vezes ao Juízo deprecado para formalização da citação que não tem relevância para modificar a competência. Sentença mantida. Apelação. Veículo arrestado que foi alienado antes da citação do executado e sem registro de bloqueio no Órgão competente. Boa fé do adquirente que deve ser preservada. Aplicação da Súmula nº 375 do C. STJ. Desconstituição da constrição. Sentença mantida pelos seus próprios e bem deduzidos fundamentos, os quais ficam inteiramente adotados como razão de decidir, nos termos do art. 252 do Regimento Interno deste Egrégio Tribunal de Justiça. Recurso não provido. (TJSP; APL 1002101-86.2016.8.26.0404; Ac. 10691303; Orlândia; Décima Primeira Câmara de Direito Privado; Rel. Des. Marino Neto; Julg. 10/08/2017; DJESP 22/08/2017; Pág. 2088)

Art. 677. Na petição inicial, o embargante fará a prova sumária de sua posse ou de seu domínio e da qualidade de terceiro, oferecendo documentos e rol de testemunhas.

Necessidade de apresentação do rol de testemunhas na petição inicial:

✓ ADMINISTRATIVO. APELAÇÃO CÍVEL. EMBARGOS DE TERCEIRO. NULIDADE DA SENTENÇA. NÃO OCORRÊNCIA. PROVA TESTEMUNHAL. NECESSIDADE DE INDICAÇÃO DO ROL DE TESTEMUNHAS NA PEÇA EXORDIAL. SUPOSTA TITULARIDADE DE VALORES OBJETO DE CONSTRIÇÃO MEDIANTE O SISTEMA BACENJUD. NÃO COMPROVAÇÃO. I. Trata-se de avaliar embargos de terceiro em que a embargante, ora apelante, sustenta que a penhora determinada em procedimento executivo é manifestamente ilegal, pois recaiu sobre bens de sua titularidade, não obstante ser pessoa jurídica distinta daquela executada no processo principal. II. A comprovação titularidade de valores depositados junto a instituições financeiras deve ser promovida mediante provas documentais, eventualmente anexadas à petição inicial, em nada auxiliando para o deslinde do feito a oitiva de testemunhas. Assim, não se verifica a nulidade suscitada em apelação, vez que, nos termos do artigo 370 do Código de Processo Civil, compete ao magistrado indeferir as diligências inúteis ou meramente protelatórias. III. Ademais, impende salientar que o autor deixou de observar as regras próprias do procedimento de embargos de terceiro, haja vista que, caso pretendesse a oitiva de testemunhas, deveria apresentar o respectivo rol já na petição inicial, conforme determina o artigo 1.050 do CPC/73, atual artigo 677 do Código de Processo Civil. Destarte, não tendo se desincumbido de tal ônus, resta preclusa a faculdade do autor em produzir a prova oral pretendida. IV. Quanto ao mérito, o demonstrativo anexado aos autos revela que o bloqueio junto ao Banco HSBC recaiu sobre valores de titularidade do CNPJ 53.372.165/0001-50, pertencente à SKAL INTERNACIONAL DO BRASIL. V. Ademais, a embargante SKAL INTERNACIONAL DE VITÓRIA, CNPJ 07.923.612/0001-03, não juntou aos autos qualquer documento que comprove que os mencionados valores lhe pertenciam, não sendo verificada qualquer irregularidade na penhora efetuada. Destaque-se que a comprovação da titularidade dos valores bloqueados seria realizada, sem maiores embaraços, pela embargante, pela mera juntada de documentos como extratos bancários, contratos bancários, dentre outros elementos que indicassem que a conta corrente penhorada lhe pertenciam. VI. Recurso não provido. (TRF 2ª R.; AC 0017330-50.2014.4.02.5101; Oitava Turma Especializada; Rel. Des. Fed. Marcelo Pereira da Silva; Julg. 09/08/2017; DEJF 21/08/2017)

Necessidade de comprovação documental da efetiva transação referente à aquisição do bem:

✓ ADMINISTRATIVO. EMBARGOS DE TERCEIRO. ARTIGOS 674 E 677 DO NCPC. VEÍCULO. ÔNUS DA COMPROVAÇÃO DA DATA DA TRANSAÇÃO. ARTIGO 434 DO NCPC. APELAÇÃO DESPROVIDA. 1. Os embargos de terceiro constituem medida que tem por fim livrar da constrição judicial injusta bens que foram apreendidos em um processo no qual o seu proprietário ou possuidor não é parte. 2. Cabe ao Embargante comprovar, na petição inicial, sua qualidade de terceiro, instruindo-a com documentos que provem as alegações, a teor do que dispõem os arts. 434 c/c 677 do NCPC. 3. No caso dos autos, o Embargante argumenta que teria adquirido de boa-fé o bem móvel objeto da constrição judicial, em agosto/2014, momento anterior à restrição do bem junto ao DETRAN, consolidada em junho/2015 (fls. 49/51) que, portanto, seria ilegal. Contudo, não se desincumbiu do ônus que lhe cabe de provar o momento da efetiva transação, uma vez que não comprovou o pagamento de suposta aquisição do veículo, não tendo juntado aos autos qualquer comprovante de transferência bancária ou documento hábil a tanto. 4. Embora haja cópia de ¿Autorização de Transferência de Propriedade do Veiculo¿, mero carimbo datado de 04/08/2014 não demonstra a data do negócio jurídico. Referido documento de transferência somente seria capaz de comprovar a data do negócio jurídico se contasse com a assinatura autenticada do comprador, ora Embargante, com a devida menção à data de reconhecimento da firma. 5. No que tange aos honorários recursais, deve ser majorada a verba honorária fixada em R$5.000,00 (cinco mil reais), para R$7.000,00 (sete mil reais), nos termos do disposto no artigo 85, §2º e §11, do NCPC, observada a suspensão da cobrança, em razão da Assistência Judiciária Gratuita. 6. Apelação desprovida. (TRF 2ª R.; AC 0006135-09.2016.4.02.5001; Quinta Turma Especializada; Rel. Des. Fed. Aluísio Gonçalves de Castro Mendes; Julg. 28/03/2017; DEJF 06/04/2017)

§ 1º É facultada a prova da posse em audiência preliminar designada pelo juiz.

Julgado que entende haver necessidade de audiência preliminar para esclarecimentos da posse:

✓ AGRAVO DE INSTRUMENTO. MANUTENÇÃO DE POSSE. Indeferimento de liminar em sede de embargos de terceiro. Cabimento. Decisão proferida e transitada em julgado em favor da coagravada em ação de reintegração de posse. Alegação de que os agravantes ocupam parte da área a ser reintegrada. Incerteza de que a área ocupada pelos agravantes será atingida pela ordem emanada. Necessidade de instauração do contraditório e dilação probatória. AUDIÊNCIA PRELIMINAR. Necessidade. Indispensabilidade da realização de audiência preliminar. Aplicação do art. 677 § 1º do CPC. RECURSO PARCIALMENTE PROVIDO para esse fim. (TJSP; AI 2091029-10.2017.8.26.0000; Ac. 10603859; Itaquaquecetuba; Décima Sétima Câmara de Direito Privado; Rel. Des. Afonso Bráz; Julg. 14/07/2017; DJESP 19/07/2017; Pág. 1924)

§ 2º O possuidor direto pode alegar, além da sua posse, o domínio alheio.

§ 3º A citação será pessoal, se o embargado não tiver procurador constituído nos autos da ação principal.

§ 4º Será legitimado passivo o sujeito a quem o ato de constrição aproveita, assim como o será seu adversário no processo principal quando for sua a indicação do bem para a constrição judicial.

Litisconsórcio passivo necessário entre autor e réu, pois este deu ensejo à oposição de embargos de terceiro:

✓ TRIBUTÁRIO. EMBARGOS DE TERCEIRO. IMÓVEL PENHORADO. INTERESSE DE AGIR. CONFIGURADO. LITISCONSÓRCIO PASSIVO NECESSÁRIO ENTRE EXEQUENTE E EXECUTADO. 1. Os embargos opostos por terceiro senhor e possuidor, ou apenas possuidor, objetivam a defesa da posse daquele que, não sendo parte no processo, sofre ou está na iminência de sofrer atos de turbação ou esbulho, decorrente de apreensão judicial, como a penhora, nos termos do artigo 1.046 do Código de Processo Civil/73, vigente à época da prolação da sentença, e também previsto no art. 674 do CPC/2015. 2. Conforme Certidão do Registro do imóvel referente ao Lote 19, a penhora referente à Execução Fiscal nº 91.0065141-9 consta na anotação nº 11, como penhora em 8º grau. Ademais, a Certidão referente ao Lote 09, demonstra que na anotação nº 10 consta o registro da penhora em 8º grau decorrente da mesma execução fiscal. 3. Diante da comprovação de que os Lotes 09 e 19 possuem penhora devidamente registrada na matrícula dos imóveis, os embargos de terceiro devem ter o seu regular processamento, com a análise do pedido liminar formulado na exordial e a citação da parte ré para que apresente contestação nestes autos. 4. Nos termos do art. 677, § 4º, do CPC/15, há litisconsórcio passivo necessário formado pela parte autora e a parte ré do processo que deu ensejo ao ajuizamento dos Embargos de Terceiro. 5. Apelação conhecida e provida. Sentença anulada. (TRF 2ª R.; AC 0002605-26.2009.4.02.5103; Terceira Turma Especializada; Relª Desª Fed. Claudia Neiva; Julg. 04/04/2017; DEJF 26/04/2017)

Art. 678. A decisão que reconhecer suficientemente provado o domínio ou a posse determinará a suspensão das medidas constritivas sobre os bens litigiosos objeto dos embargos, bem como a manutenção ou a reintegração provisória da posse, se o embargante a houver requerido.

Suspensão da medida constritiva a partir de suficientes indícios de incompatibilidade do direito do embargante com os atos do juízo:

✓ AGRAVO DE INSTRUMENTO. EMBARGOS DE TERCEIRO. RECEBIMENTO SEM EFEITO SUSPENSIVO NO TOCANTE A BENS CONSTRITOS. Efeito, contudo, que pode ser obtido com mera comprovação de domínio ou posse do bem constrito. Inteligência do art. 678/NCPC. Norma cogente. Suficiência da prova sumária, com indícios que assegurem ao menos a possibilidade de verificação da incompatibilidade do direito invocado com os atos de constrição. Recurso provido, para conferir suspensão aos atos executórios. (TJSP; AI 2106730-11.2017.8.26.0000; Ac. 10777534; São Paulo; Décima Nona Câmara de Direito Privado; Relª Desª Claudia Grieco Tabosa Pessoa; Julg. 04/09/2017; DJESP 19/09/2017; Pág. 2217)

Parágrafo único. O juiz poderá condicionar a ordem de manutenção ou de reintegração provisória de posse à prestação de caução pelo requerente, ressalvada a impossibilidade da parte economicamente hipossuficiente.

Desnecessidade de prestação de caução:

✓ EMBARGOS DE TERCEIRO. LEGITIMIDADE DA CEF. INÉPCIA DA INICIAL AFASTADA. ILEGITIMIDADE DA UNIÃO FEDERAL. DESNECESSIDADE DE CAUÇÃO. SENTENÇA MANTIDA. I. Afasto a alegação de ilegitimidade passiva da CEF, uma vez que, ainda que alegue a transferência de créditos à EMGEA, figurou a instituição financeira como responsável não só pela concessão dos financiamentos imobiliários respectivos como também como titular das garantias hipotecárias realizadas em relação aos contratos de financiamento mencionados. Assim, como titular de um direito real de hipoteca, caberia a ela a execução destes créditos em caso de inadimplência, e não à EMGEA, uma vez que tal prerrogativa é do credor hipotecário devidamente registrado. Destarte, a CEF não é uma estranha na presente lide, mas sim parte passiva da obrigação, na condição legal de credora hipotecária. II. A inicial não é inepta. tema, aliás, que já foi tratado pela sentença de fls. 136 dos autos eis que preenchidos todos os requisitos da legislação processual para seu ajuizamento, sem necessidade, pois, de se repisar o alegado. III. De outro vértice, não há um interesse, na presente lide, que vincule diretamente a União no feito, por se tratar de contrato de financiamento de instituição financeira. no caso, por meio de uma empresa pública federal, a CEF com particulares, com garantia hipotecária, afastando-se, pois, a necessidade de litisconsórcio. IV. O novo CPC/2015 aboliu a obrigatoriedade de caução em relação ao embargante, nos Embargos de Terceiro, desde que provada sua posse ou domínio, no termos do art. 678 CPC, sendo certo que a Lei processual atinge os processos em seu normal curso, aplicando-se ao caso presente, nos termos do art. 14 do CPC. V. Sobre a alegação de existência de cédula de crédito industrial, tal matéria é trazida aqui de forma inovadora, eis que não suscitada nestes autos no momento oportuno, fazendo gerar sua preclusão. VI. Recurso de apelação desprovido. (TRF 3ª R.; AC 0014317-60.2004.4.03.6105; Segunda Turma; Rel. Des. Fed. Luís Paulo Cotrim Guimarães; Julg. 23/05/2017;DEJF:02/06/2017)

Art. 679. Os embargos poderão ser contestados no prazo de 15 (quinze) dias, findo o qual se seguirá o procedimento comum.

Art. 680. Contra os embargos do credor com garantia real, o embargado somente poderá alegar que:

I – o devedor comum é insolvente;

II – o título é nulo ou não obriga a terceiro;

III – outra é a coisa dada em garantia.

Art. 681. Acolhido o pedido inicial, o ato de constrição judicial indevida será cancelado, com o reconhecimento do domínio, da manutenção da posse ou da reintegração definitiva do bem ou do direito ao embargante.

Perda da eficácia dos atos constritivos com a procedência dos embargos de terceiro:

✓ AGRAVO DE INSTRUMENTO. COBRANÇA DE HONORÁRIOS ADVOCATÍCIOS CONTRATUAIS. Fase de cumprimento da sentença homologatória de acordo. Declaração de fraude à execução em relação à alienação de partes ideais de dois imóveis. Determinação de penhora. Nota de devolução do registrador dando conta da impossibilidade de anotação da constrição, vez que o imóvel não mais pertence ao executado. Indeferimento posterior das penhoras em razão da existência de embargos de terceiro. Correção. Os atos constritivos ficam sem eficácia no caso de procedência dos embargos de terceiro. Inteligência do art. 681 do NCPC. Eventual providência cautelar para averbação da constrição em caráter excepcional deve ser requerida junto ao Tribunal nos autos da apelação. RECURSO DESPROVIDO. (TJSP; AI 2231545-17.2016.8.26.0000; Ac. 10123363; Campinas; Vigésima Quinta Câmara de Direito Privado; Rel. Des. Azuma Nishi; Julg. 02/02/2017; DJESP 10/02/2017)

Aplicação do princípio da causalidade da definição dos honorários advocatícios:

✓ Apelação Cível – Embargos de Terceiros em execução de título extrajudicial – Averbação na matricula do imóvel pelo embargado no intuito de dar conhecimento e publicidade a terceiros de sua pretensão de penhorá-lo. Contestação. Pretensão de baixa da anotação da execução na matrícula do imóvel não resistida. Sentença julgou procedente o pedido dos embargantes. Recurso. 1. Ausência de procuração válida. Irregularidade sanada. 2. Ônus de Sucumbência. Súmula 303 do STJ. Embargantes que deram causa à constrição indevida, por inexistência de averbação referente à compra e venda na matrícula do imóvel. Aplicação do princípio da causalidade. Pagamento dos honorários advocatícios e das custas processuais que devem recair sobre os embargantes. Sentença reformada neste aspecto. RECURSO PARCIALMENTE PROVIDO. (TJPR; AC 1436882-4; Região Metropolitana de Londrina, Foro Central de Londrina; 14ª C. Cível; Rel. Octavio Campos Fischer; DJ 23/11/2016; DJ 1933 01/12/2016)

CAPÍTULO VIII
DA OPOSIÇÃO

Art. 682. Quem pretender, no todo ou em parte, a coisa ou o direito sobre que controvertem autor e réu poderá, até ser proferida a sentença, oferecer oposição contra ambos.

Não cabe oposição quando a pretensão do opoente se dirige a bem diverso daquele discutido na demanda principal:

✓ PROCESSUAL CIVIL. OPOSIÇÃO. PRETENSÃO AO RECEBIMENTO DA COMISSÃO DE LEILOEIRO OFICIAL. AÇÃO PRINCIPAL. ANULAÇÃO DA CONSOLIDAÇÃO DA PROPRIEDADE EM NOME DO AGENTE FINANCEIRO E DO LEILÃO PÚBLICO. OBJETOS DISTINTOS. NÃO CABIMENTO. INADEQUAÇÃO DA VIA ELEITA. SENTENÇA DE EXTINÇÃO DO PROCESSO, SEM RESOLUÇÃO DE MÉRITO. CONFIRMAÇÃO. 1. A oposição está disciplinada no art. 682 do CPC/2015, nestes termos: "Quem pretender, no todo ou em parte, a coisa ou o direito sobre que controvertem autor e réu poderá, até ser proferida a sentença, oferecer oposição contra ambos". 2. A leitura do dispositivo deixa claro que o objeto da oposição é o bem controvertido na ação principal. 3. Hipótese em que o opoente pretende o recebimento da comissão que alega ter direito, em razão dos serviços prestados, na qualidade de leiloeiro oficial, na preparação e realização do leilão público de imóvel, objeto do contrato de alienação fiduciária inadimplido pelo primeiro oposto (Hércules Alves Peixoto), ou seja, não está em discussão o citado bem. 4. Sentença que reconheceu a inadequação da via eleita e julgou extinto o processo, sem resolução de mérito, na forma dos artigos 330, inciso III, e 485, inciso VI, do CPC/2015, que se mantém. 5. Apelação não provida. (TRF 1ª R.; AC 0063966-56.2016.4.01.3800; Sexta Turma; Rel. Des. Fed. Daniel Paes Ribeiro; DJF1 14/07/2017)

Cabimento de oposição em ação de desapropriação em que a União alega ser a proprietária das terras públicas a serem expropriadas:

✓ PROCESSUAL CIVIL. OPOSIÇÃO. EXTINÇÃO. RECURSO DE APELAÇÃO. DESAPROPRIAÇÃO POR UTILIDADE PÚBLICA. DOMÍNIO. DISCUSSÃO. PROCESSAMENTO DA AÇÃO INTERVENTIVA. POSSIBILIDADE. 1. É certo que tanto o colendo Superior Tribunal de Justiça quanto este TRF da 1ª Região já decidiram acerca da possibilidade de se discutir domínio em ação de desapropriação, quando se tratar de bem que integra o domínio público, como supostamente é o caso dos autos. 2. Diante dessa jurisprudência, resulta certo, também, que a Ação de Oposição à Desapropriação pode, sim, ser utilizada, em feitos em que a União alega ser a legítima proprietária das terras públicas objeto da expropriatória. Precedentes deste TRF1. 3. A boa técnica processual estabelece que, admitida a oposição, "será apensada aos autos principais e correrá simultaneamente com a ação, sendo ambas julgadas pela mesma sentença" (CPC/1973, art. 59, correspondente ao art. 685, caput, do CPC/2015), e, "cabendo ao juiz decidir simultaneamente a ação e a oposição, desta conhecerá em primeiro lugar" (CPC/1973, art. 61, correspondente ao art. 686 do CPC/2015). 4. Tendo em vista a extinção prematura da Oposição, inaplicável, na espécie, o disposto no § 3º do art. 515 do CPC/1973, correspondente ao § 3º do artigo 1.013 do CPC/2015, que cuidam do julgamento do mérito da lide, pelo Tribunal, caso o processo estivesse em condições de imediato julgamento. 5. Apelação parcialmente provida, para anular a r. Sentença apelada e determinar o retorno dos autos à origem, para o regular processamento do feito. (TRF 1ª R.; AC 0003310-43.2015.4.01.4100; Terceira Turma; Rel. Juiz Fed. Conv. George Ribeiro da Silva; DJF1 21/07/2017)

Julgado que reforça o fundamento de conexidade da oposição, para evitar decisões contraditórias, ao evidenciar a possibilidade de assistência na ação originária:

✓ AÇÃO DE OPOSIÇÃO. Demanda cabível quando o opoente pretende, no todo ou em parte, a coisa ou o direito sobre que controvertem autor e réu da demanda original. Art. 682 do NCPC. Opoente que deve demonstrar que as pretensões conflitantes entre os opostos na ação original não podem prevalecer sobre sua própria pretensão. Relação triangular de exclusão recíproca. Opoente que, no caso, compartilha interesse com uma das opostas. Descabimento de oposição. Possibilidade de assistência no processo original. Falta de interesse. Extinção do feito sem julgamento de mérito. Art. 485 VI do NCPC. Recurso prejudicado. (TJPR; ApCiv 1610964-5; Londrina; Décima Sétima Câmara Cível; Rel. Des. Fernando Paulino; Julg. 10/05/2017; DJPR 26/05/2017; Pág. 370)

Cabe oposição após a concessão de tutela antecipada na ação originária:

✓ APELAÇÃO CÍVEL. DIREITO PROCESSUAL CIVIL. INTERVENÇÃO DE TERCEIRO. OPOSIÇÃO. INDEFERIMENTO DA PETIÇÃO INICIAL POR VIOLAÇÃO AO PRINCÍPIO DO JUIZ NATURAL. INOCORRÊNCIA. SENTENÇA ANULADA. 1. Quem pretender, no todo ou em parte, a coisa ou o direito sobre que controvertem autor e réu poderá, até ser proferida a sentença, oferecer oposição contra ambos (artigo 682 do NCPC).2. Conforme se enxerga dos fundamentos utilizados na sentença, o magistrado primevo entendeu que a oposição feita pela apelante estaria a ofender o princípio do juiz natural, vez que manejada após a distribuição da ação, da concessão da tutela antecipada e citação do réu. 3. A oposição retratada nos autos está direcionada à pretensão de ambas as partes, autores e réu. Ademais o fato de ter sido deferida a tutela antecipada na ação principal também não ofende o juízo natural, pois além da liminar não se estender automaticamente à opoente, a decisão monocrática não se confunde com a cognição exauriente, podendo ser cassada a qualquer momento quando ausente algum dos requisitos legais. 4. Sendo a oposição instituto jurídico que pretende, no todo ou em parte, a coisa ou direito sobre que pende demanda entre outras pessoas, não há que se exigir proceder diferente da opoente, pois a necessidade de processo pendente é exigência essencial do próprio instituto, não tendo, ainda, a mesma a obrigação de ter conhecimento sobre processo no qual não fora citado ou intimado. 5. Vale ressaltar que a oposição é uma ação autônoma que visa assegurar economia processual, e oportunizar ao opoente se valer de processo já instaurado para nele incluir sua demanda excludente da demanda da ação principal, mostrando-se mais eficaz para evitar os riscos da projeção da sentença para outras pessoas, como aconteceria na hipótese dos autos. 6. Portanto, não verificada a violação ao princípio do juiz natural, a anulação da sentença é medida que se impõe. 7. Recurso conhecido e provido. Sentença anulada. (TJCE; APL 001281446.2014.8.06.0055; Sétima Câmara Cível; Rel. Des. Francisco Bezerra Cavalcante; DJCE 11/04/2016; Pág. 53)

Art. 683. O opoente deduzirá o pedido em observação aos requisitos exigidos para propositura da ação.

→ v. Art. 319 e ss. do CPC

Parágrafo único. Distribuída a oposição por dependência, serão os opostos citados, na pessoa de seus respectivos advogados, para contestar o pedido no prazo comum de 15 (quinze) dias.

Art. 684. Se um dos opostos reconhecer a procedência do pedido, contra o outro prosseguirá o opoente.

Art. 685. Admitido o processamento, a oposição será apensada aos autos e tramitará simultaneamente à ação originária, sendo ambas julgadas pela mesma sentença.

Oposição apensada para prolação de sentença única:

✓ APELAÇÃO CÍVEL. OPOSIÇÃO. AÇÃO DE USUCAPIÃO ENTRE TERCEIROS. ALEGAÇÃO DE PROPRIEDADE DE UNIDADE HABITACIONAL EXISTENTE NO IMÓVEL EDIFICADO OBJETO DA USUCAPIÃO. REQUISITOS DO ART. 682 DO CPC/15. NECESSIDADE DE PROSSEGUIMENTO DA OPOSIÇÃO. Nos termos do art. 682 do CPC/15, "quem pretender, no todo ou em parte, a coisa ou o direito sobre que controvertem autor e réu poderá, até ser proferida a sentença, oferecer oposição contra ambos". Preenchidos os requisitos legais pela opoente, impõe-se o prosseguimento da oposição, a qual deve ser apensada à ação entre os opostos para que seja proferida sentença única em ambos os feitos. (TJMG; APCV 1.0021.16.000355-0/001; Rel. Des. Manoel dos Reis Morais; Julg. 02/05/2017; DJEMG 17/05/2017)

A ação de oposição não é capaz de modificar a competência estabelecida na ação principal:

✓ DIREITO PROCESSUAL CIVIL. CONFLITO NEGATIVO DE COMPETÊNCIA. AÇÃO DE REINTEGRAÇÃO DE POSSE. OPOSIÇÃO. DISTRIBUIÇÃO POR DEPENDÊNCIA. COMPETÊNCIA DO JUÍZO SUSCITADO. I. Segundo a inteligência do artigo 683, parágrafo único, do Código de Processo Civil, que estabelece hipótese de competência funcional e, portanto, absoluta, a oposição deve ser distribuída por dependência. II. A oposição representa demanda de cunho incidental que não tem o condão de modificar a competência já sedimentada da ação principal em curso. III. Raiaria pela inversão da ordem processual e pela completa dissonância com o princípio da gravitação admitir que a oposição possa alterar a competência da ação possessória em função da qual foi proposta. IV. Conflito de Competência conhecido para declarar competente o Juízo Suscitado. (TJDF; CCP 2016.00.2.026052-9; Ac. 975.678; Segunda Câmara Cível; Rel. Des. James Eduardo Oliveira; Julg. 17/10/2016; DJDFTE 28/10/2016)

Parágrafo único. Se a oposição for proposta após o início da audiência de instrução, o juiz suspenderá o curso do processo ao fim da produção das provas, salvo se concluir que a unidade da instrução atende melhor ao princípio da duração razoável do processo.

Suspensão da ação originária para julgamento conjunto:

✓ OPOSIÇÃO. Despacho que suspendeu o andamento da ação de usucapião especial urbano para julgamento em conjunto com a oposição 1002748-22.2017. Oposição citado no despacho não se confunde com a não conhecida pelo MM. Juízo a quo. Despacho em conformidade com o disposto no artigo 685 do Código de Processo Civil. Agravo desprovido. (TJSP; AI 2098959-79.2017.8.26.0000; Ac. 10659824; Praia Grande; Sexta Câmara de Direito Privado; Rel. Des. Percival Nogueira; Julg. 04/08/2017; DJESP 21/08/2017; Pág. 2815)

Art. 686. Cabendo ao juiz decidir simultaneamente a ação originária e a oposição, desta conhecerá em primeiro lugar.

Prejudicialidade da oposição em relação à ação originária:

✓ PROCESSUAL CIVIL E ADMINISTRATIVO. CONVÊNIO FIRMADO COM A FUNASA. OPOSIÇÃO. INTERESSE PROCESSUAL DEMONSTRADO. APELAÇÃO PROVIDA. I. Apelação interposta contra sentença prolatada nos autos de oposição apresentada pela FUNASA após ser intimada a manifestar interesse na ação de prestação de contas 0001267-52.2012.4.05.8102 ajuizada pelo Município de Barro/CE contra o ex-prefeito José Marquinélio Tavares e a empresa Secongel Serviços Ltda. II. Na presente oposição, a FUNASA pleiteia o ressarcimento de R$ 593.996,74, em seu favor, sob a alegação de que pertencem a ela os recursos do Convênio 1460/2004 (SIAFI 533478). III. O julgador monocrático extinguiu o feito, for falta de interesse processual da FUNASA, ao argumento de ser ilegítima a sua inclusão na ação ordinária, eis que o pedido de prestação de contas ali requerido, acaso acolhido, em nada repercutiria em sua órbita jurídica. IV. A FUNASA apelou, buscando a reforma da sentença sob o fundamento de que a pretensão autoral persegue o ressarcimento de recursos de sua titularidade, pelo que demonstrado o seu interesse processual na causa. V. Este feito foi distribuído por dependência à ação de prestação de contas (Proc. AC nº 581471/CE) ajuizada pelo Município de Barro/CE, contra o ex-prefeito José Marquinélio Tavares e a empresa Secongel Serviços Ltda., onde se discute a não prestação do serviço pela empresa referida e a falta de prestação de contas de valores repassados ao município pela FUNASA, por força do convênio 1460/2004 celebrado. VI. Tem-se por pacificada a jurisprudência deste Regional no tocante à competência da Justiça Federal. Porquanto decorrente de comando constitucional. Para processar e julgar os feitos em que se discute a malversação de verbas de origem federal, repassadas ao município, por força de convênio celebrado com a FUNASA. VII. "Na hipótese, resta incontestável o interesse processual da funasa para a proposição da ação de oposição em face do município de antonina do norte/CE, dado que cada ente reclama para si o pagamento do montante devido a título de reparação por recursos públicos não aplicados, decorrentes do convênio nº 1772/2006. Apelação provida para anular a sentença e determinar o retorno dos autos ao juízo de origem a fim de que seja realizado novo julgamento, com resolução de mérito, da oposição manejada, assim como, sucessivamente, julgar a ação principal, nos termos do artigo 685, do CPC/2015. " (Precedente: AC591906/CE. Rel. Desembargador Federal Edilson Nobre. DJe de 15.12.2016). VIII. Retorno dos autos ao juízo de origem, para o regular processamento do feito. Sentença anulada. Apelação provida. (TRF 5ª R.; AC 0000424-53.2013.4.05.8102; CE; Segunda Turma; Rel. Des. Fed. Leonardo Carvalho; DEJF 03/07/2017; Pág. 45)

Não cabimento de oposição após prolação da sentença:

✓ AGRAVO DE INSTRUMENTO. Fase de cumprimento de sentença. Parte que protocola petição solicitando seu ingresso na lide, alegando ser detentora do direito dos expurgos inflacionários. Petição que nada mais é do que oposição (artigo 682 do NCPC/2015). Impossibilidade de oferecimento de oposição após sentença. Decisão mantida. Agravo de instrumento conhecido e negado provimento. (TJPR; Ag Instr 1553091-9; Umuarama; Décima Sexta Câmara Cível; Relª Desª Astrid Maranhão de Carvalho Ruthes; Julg. 31/08/2016; DJPR 14/09/2016; Pág. 354)

✓ APELAÇÃO CÍVEL. CIVIL E PROCESSUAL CIVIL. PRELIMINARES ARGUIDAS EM CONTRARRAZÕES. VIOLAÇÃO AO ARTIGO 1.010 DO CPC. AUSÊNCIA DE INTERESSE RECURSAL. NÃO CARACTERIZAÇÃO. PRELIMINARES REJEITADAS. AÇÃO DE OPOSIÇÃO. PETIÇÃO INICIAL INDEFERIDA. PRESSUPOSTOS. NÃO CONFIGURADOS. CONTROVÉRSIA PENDENTE SOBRE DIREITO DEDUZIDO EM JUÍZO PELOS OPOSTOS. ARTIGO 682 DO CPC/2015. INEXISTÊNCIA. PROCESSO PRINCIPAL SENTENCIADO E TRANSITADO EM JULGADO. INTERESSE PROCESSUAL. AUSÊNCIA. INADEQUAÇÃO DA VIA ELEITA. CARÊNCIA DE AÇÃO DO OPOENTE. INAFASTABILIDADE DA JURISDIÇÃO. VIOLAÇÃO. AUSÊNCIA. TUTELA DE URGÊNCIA. IMPOSSIBILIDADE. LITIGÂNCIA DE MÁ-FÉ. NÃO CARACTERIZAÇÃO. SENTENÇA MANTIDA. 1. De acordo com o princípio da dialeticidade, aplicável aos recursos no processo civil, para devolver à instância revisora a matéria sobre a qual recai a irresignação, deve a parte combater diretamente os fundamentos da decisão impugnada. Extraindo-se a pretensão de reforma da decisão e inexistindo incongruência entre as razões recursais e o conteúdo da decisão atacada, impõe-se a rejeição da preliminar de não conhecimento do apelo arguida em contrarrazões. 2. Não merece prosperar a preliminar de não conhecimento do recurso por ausência de interesse processual da parte opoente, se, no presente caso, o tema constitui e se confunde com a própria discussão do mérito recursal. 3. Na forma do artigo 682 do Código de Processo Civil, quem pretender, no todo ou em parte, a coisa ou o direito sobre que controvertem autor e réu poderá, até ser proferida a sentença, oferecer oposição contra ambos. 4. Constitui pressuposto inarredável para a propositura de ação de oposição a presença de direito controverso na ação principal em que não tenha sido proferida sentença. Logo, se no caso concreto a parte objetiva reverter provimento judicial transitado em julgado, é de rigor o indeferimento da petição inicial. 5. A garantia de livre acesso ao Judiciário através do princípio da inafastabilidade da jurisdição, insculpido no inciso XXXV do artigo 5º da Constituição Federal, não prescinde da demonstração do interesse de agir, na medida em que o instrumento processual eleito deve ser adequado para fins de obtenção da pretensão material objetivada. 6. Não se cogita da concessão do pedido de tutela de urgência formulado na peça recursal, se a petição inicial não ultrapassa sequer a barreira do processamento. 7. A litigância de má-fé pela alteração da verdade dos fatos somente se configura quando a conduta processual exorbita a esfera do direito de ação ou de defesa, em que a parte, conhecedora da realidade, traz aos autos situação diversa, com dolo de prejudicar a parte contrária e vencer a demanda. Ademais, a caracterização de má-fé exige a comprovação de ato doloso e a existência de prejuízo, não sendo o caso dos autos, em que a pretensão autoral sequer ultrapassou a barreira do processamento. 8. Apelação conhecida e não provida. (TJDF; APC 2016.04.1.008071-2; Ac. 104.0755; Primeira Turma Cível; Relª Desª Simone Lucindo; Julg. 09/08/2017; DJDFTE 25/08/2017)

CAPÍTULO IX
DA HABILITAÇÃO

Art. 687. A habilitação ocorre quando, por falecimento de qualquer das partes, os interessados houverem de suceder-lhe no processo.

Decisão que aponta a ausência de fluência de prazo prescricional entre o falecimento do autor e o pedido de habilitação:

✓ PROCESSUAL CIVIL. HABILITAÇÃO. REGULARIZAÇÃO DA REPRESENTAÇÃO PROCESSUAL. PRESCRIÇÃO INTERCORRENTE. INOCORRÊNCIA. 1. Ocorrendo a morte da parte, dar-se-á a substituição pelo seu espólio ou pelo seus sucessores, observado o disposto nos arts. 687 e seguintes, do CPC/2015. 2. Inexistente previsão legal sobre o prazo para habilitação de sucessores, o curso do processo fica suspenso desde o óbito da parte autora. Afasta-se a ocorrência de prescrição intercorrente, pois não há fluência de prazo prescricional entre a data do falecimento do autor e o pedido de habilitação. 3. Apelação do INSS desprovida. (TRF 3ª R.; AC 0936950-30.1986.4.03.6183; Sétima Turma; Rel. Des. Fed. Paulo Domingues; Julg. 04/09/2017; DEJF 26/09/2017)

Princípio da primazia do mérito em face da demora dos sucessores em apresentar todos os documentos necessários à habilitação:

✓ PROCESSUAL CIVIL. EMBARGOS DE DECLARAÇÃO. OMISSÃO NÃO CONFIGURADA. PRETENSÃO DE REDISCUSSÃO DO MÉRITO. IMPOSSIBILIDADE. IMPROVIMENTO. 1. Nos termos do art. 1.022, do CPC, os embargos de declaração são cabíveis para esclarecer obscuridade, eliminar contradição, suprir omissão ou corrigir erro material. 2. A Turma julgadora firmou o entendimento de que de que não se mostra razoável, notadamente levando-se em conta o princípio da primazia do mérito, a extinção do processo quando, a despeito da demora dos interessados para promoverem a sua habilitação, nos termos do art. 687 e seguintes do NCPC, os documentos de fls. 793/796 são suficientes para apontar o inventariante, bem como os demais sucessores. 3. O acórdão embargado anulou a sentença proferida pelo juízo a quo, determinando o prosseguimento do feito executivo, de modo que não há que se falar em condenação em honorários sucumbenciais. 4. Embargos improvidos. (TRF 5ª R.; AC 0019631-02.2008.4.05.8300; PE; Quarta Turma; Rel. Des. Fed. Edilson Pereira Nobre Júnior; DEJF 02/10/2017; Pág. 125)

A habilitação independe de realização de procedimento de inventário:

✓ ADMINISTRATIVO. AGRAVO DE INSTRUMENTO. CUMPRIMENTO DE SENTENÇA. CEF. FALECIMENTO DO AUTOR. HABILITAÇÃO DE HERDEIROS. INVENTÁRIO. DESNECESSIDADE. Nada obsta a habilitação dos herdeiros no processo independentemente da realização de procedimento de inventário. Contudo, a legitimação processual, em hipóteses como a deste processo, depende da presença de todos os herdeiros no polo ativo da demanda. Dessa forma, e considerando que após o trânsito em julgado da sentença cuja execução se busca na origem houve o incremento de valores - bens - ao patrimônio da autora falecida, não se verifica na decisão recorrida qualquer violação a dispositivo constitucional ou legal, notadamente no que se refere ao art. 689 do Código de Processo Civil. (TRF 4ª R.; AG 5035409-41.2016.404.0000; Terceira Turma; Rel. Des. Fed. Fernando Quadros da Silva; Julg. 08/11/2016; DEJF 10/11/2016)

✓ EXECUÇÃO DE SENTENÇA. SERVIDOR PÚBLICO. FALECIMENTO. HABILITAÇÃO DOS SUCESSORES. ART. 687 E SEGUINTES DO CPC. CERTIDÃO FISCAL NEGATIVA. É impertinente condicionar a liberação de crédito devido aos herdeiros de servidor falecido à apresentação de certidão fiscal negativa, válida para inventários, emitida pela Secretaria de Fazenda do Estado do Rio Grande do Sul, tendo em vista que é desnecessária a abertura de inventário, caso efetivada a habilitação dos sucessores, na forma dos arts. 687 e seguintes do CPC/2015. (TRF 4ª R.; AG 5035467-10.2017.404.0000; Terceira Turma; Relª Desª Fed. Marga Inge Barth Tessler; Julg. 19/09/2017; DEJF 26/09/2017)

✓ AGRAVO DE INSTRUMENTO. CONTRIBUIÇÃO PREVIDENCIÁRIA. FALECIMENTO DO AUTOR. HERDEIROS NECESSÁRIOS. INEXISTÊNCIA DE OUTROS BENS. HABILITAÇÃO NOS PRÓPRIOS AUTOS. SOBREPARTILHA. DESNECESSIDADE. O artigo 689 do Código de Processo Civil de 2015 prevê que a habilitação dos sucessores será procedida nos autos do processo principal, sendo inexigível abertura de inventário e partilha do crédito decorrente da presente execução. -Recurso provido. (TJRS; AI 0040788-56.2017.8.21.7000; Porto Alegre; Vigésima Quinta Câmara Cível; Relª Desª Leila Vani Pandolfo Machado; Julg. 29/08/2017; DJERS 13/09/2017)

✓ RECURSO DE AGRAVO DE INSTRUMENTO. DIREITO PROCESSUAL CIVIL. HABILITAÇÃO DE HERDEIROS NOS AUTOS DA CAUSA PRINCIPAL E INDEPENDENTEMENTE DE SENTENÇA 1. Herdeiros que tencionam habilitação e consequente levantamento de depósito judicial, sem necessidade de condicionar o deferimento de tais medidas à abertura de inventário. 2. Possibilidade, uma vez que nao há necessidade de dilação probatória diversa da documental e desde que ausente impugnação da habilitação. Decisão agravada que não observou o procedimento em vigor. Exegese dos artigos 689 e seguintes do CPC/2015. Recurso parcialmente provido. (TJSP; EDcl 2227809-88.2016.8.26.0000; Ac. 10023529; Praia Grande; Quinta Câmara de Direito Público; Rel. Des. Nogueira Diefenthaler; Julg. 02/12/2016; DJESP 19/12/2016)

Em sentido contrário, entendendo haver necessidade de inventário:

✓ AGRAVO DE INSTRUMENTO. INTEGRALIDADE DE PENSÃO. FALECIMENTO DO CREDOR. HABILITAÇÃO NOS PRÓPRIOS AUTOS. EXISTÊNCIA DE OUTROS BENS. REPRESENTAÇÃO DO ESPÓLIO PELO INVENTARIANTE. Conforme o disposto no artigo 689 do código de processo civil de 2015, a habilitação dos sucessores será procedida nos autos do processo principal. -a habilitação dos sucessores do de cujus que deixou patrimônio suscetível de abertura de inventário exige realização do referido procedimento, sem o qual não será possível a regularização processual, com a nomeação do inventariante, representante do espólio ativa e passivamente nas ações em que este for parte (CPC, art. 75, VIII). -recurso não provido. (TJRS; AI 0048326-88.2017.8.21.7000; Porto Alegre; Vigésima Quinta Câmara Cível; Relª Desª Leila Vani Pandolfo Machado; Julg. 29/08/2017; DJERS 13/09/2017)

Havendo a conclusão do inventário, não é necessária a sobrepartilha para a habilitação:

✓ AGRAVO DE INSTRUMENTO. EXECUÇÃO DE SENTENÇA CONTRA A FAZENDA PÚBLICA. FALECIMENTO DA PARTE AUTORA. HABILITAÇÃO DOS HERDEIROS. INVENTÁRIO JÁ CONCLUÍDO. QUINHÃO DE CADA HERDEIRO JÁ DEFINIDO. DESNECESSIDADE DE SOBREPARTILHA. Possibilidade da habilitação dos herdeiros no polo ativo do processo executivo, nos termos do art. 689 do CPC/2015, quando já findo o inventário, sendo desnecessária a sobrepartilha do crédito sujeito ao pagamento de precatório. Hipótese em que, inclusive, o quinhão de cada herdeiro já restou definido na partilha efetuada no inventário. Descabida, contudo, a fixação de honorários advocatícios recursais em agravo de instrumento. Recurso parcialmente provido. (TJRS; AI 0392807-97.2016.8.21.7000; Porto Alegre; Vigésima Quinta Câmara Cível; Rel. Des. Eduardo Kraemer; Julg. 29/08/2017; DJERS 18/09/2017)

Não se tratando de direitos personalíssimos, é cabível o pedido de habilitação:

✓ EMBARGOS DE DECLARAÇÃO. PENSÃO ESPECIAL DE EX-COMBATENTE. MORTE DA AUTORA NO CURSO DO FEITO EMERGE PARA OS SEUSHERDEIROS/SUCESSORES O DIREITO DE SE HABILITAREM NOS AUTOS, NOS TERMOS DOS ARTS. 687 A 692 DO NOVO CÓDIGO DE PROCESSO CIVIL (2015). ART. 1.022 DO NCPC OMISSÃO CONFIGURADA. EMBARGOS ACOLHIDOS SEM ALTERAÇÃO NO RESULTADO DO JULGADO. 1. Consoante prevê o art. 1.022 do NCPC, os embargos de declaração constituem instrumento processual com o escopo de eliminar do julgamento obscuridade, contradição ou omissão sobre tema cujo pronunciamento se impunha pelo acórdão ou, ainda, de corrigir evidente erro material, servindo, dessa forma, como instrumento de aperfeiçoamento do julgado. 2. Sobrevindo o óbito da autora após o ajuizamento da ação, emerge para os seus herdeiros/sucessores o direito de se habilitarem nos autos, nos termos dos arts. 687 a 692 do Novo Código de Processo Civil (2015). De consequência, revela-se presente o interesse jurídico no prosseguimento do feito, eis que devem ser considerados os efeitos que a eventual concessão do benefício pode gerar para os herdeiros/sucessores da falecida. 3. Havendo pedido de habilitação nos autos, devidamente acompanhado dos documentos necessários, incabível a extinção do feito, mormente por não se tratar de direito personalíssimo. 4. Embargos de declaração acolhidos, sem alteração no resultado do julgado, para pontuar que, sobrevindo o óbito da autora após o ajuizamento da ação e existindo herdeiros/sucessores, deve ser realizada a devida habilitação, nos termos dos arts. 687 a 692 do Novo Código de Processo Civil. (TRF 1ª R.; Rec. 0028654-22.2011.4.01.3500; Segunda Turma; Rel. Juiz Fed. Conv. César Cintra Jatahy Fonseca; DJF1 26/07/2017)

Art. 688. A habilitação pode ser requerida:

I – pela parte, em relação aos sucessores do falecido;

II – pelos sucessores do falecido, em relação à parte.

Não cabe habilitação de sucessores do procurador nas ações em que este receberia honorários advocatícios:

✓ AGRAVO DE INSTRUMENTO. PROCESSUAL CIVIL. AÇÃO PREVIDENCIÁRIA. EXECUÇÃO DE SENTENÇA. FALECIMENTO DO PROCURADOR. PEDIDO DE HABILITAÇÃO DOS SUCESSORES. DESCABIMENTO. 1. O pedido de habilitação dos sucessores do advogado falecido em execução de sentença de ação previdenciária não encontra amparo legal. 2. As disposições tanto do art. 110 quanto do art. 687 do NCPC dizem respeito à sucessão de uma das partes do processo, não de seus procuradores. A regra do § 2º do art. 24 da Lei nº 8.906/94, que prevê o recebimento dos honorários sucumbenciais pelos sucessores ou representantes legais do advogado falecido não socorre a pretensão das Agravantes. 3. O art. 112 da Lei nº 8.213/91 se refere à possibilidade de pagamento de créditos não recebidos em vida por segurado da Previdência Social aos seus sucessores, o que não se confunde com crédito de honorários advocatícios de ações previdenciárias. (TRF 4ª R.; AG 5006587-08.2017.404.0000; Quinta Turma; Rel. Des. Luiz Carlos Cavalli; Julg. 22/08/2017; DEJF 28/08/2017)

Art. 689. Proceder-se-á à habilitação nos autos do processo principal, na instância em que estiver, suspendendo-se, a partir de então, o processo.

Possibilidade de prosseguimento do processo quanto aos demais autores quando há pedido de habilitação em relação a um deles:

✓ AGRAVO DE INSTRUMENTO. PROCESSO CIVIL. LIQUIDAÇÃO DE SENTENÇA EM AÇÃO DE REVISÃO DE BENEFÍCIO PREVIDENCIÁRIO COMPLEMENTAR E PAGAMENTO DA DIFERENÇA RETROATIVA. Falecimento de uma das autoras. Pedido de habilitação formulado por uma sobrinha, buscando substituição processual. Decisão do juízo a quo que determinou a juntada das certidões de óbito dos pais e irmã da demandante falecida, a fim de comprovar a condição da requerente de única herdeira, e suspendeu o processo para regularizar o polo processual ativo. Inconformismo dos demandantes. Insuficiência, por ora, de comprovação da qualidade de herdeira única da autora falecida sem deixar bens, de modo a respaldar o procedimento de habilitação. Artigos 687 a 692 do código de processo civil de 2015.litisconsórcio facultativo simples que autoriza o prosseguimento do feito em relação aos demais demandantes durante o procedimento de substituição processual de uma das autoras. Artigo 117 do CPC/2015. Conhecimento e parcial provimento do recurso para determinar o prosseguimento do feito em relação aos demais autores, mantendo-se a suspensão do processo apenas no tocante à habilitanda. (TJRJ; AI 0038943-91.2017.8.19.0000; Niterói; Segunda Câmara Cível; Rel. Des. Luiz Roldão de Freitas Gomes Filho; DORJ 21/09/2017; Pág. 214)

Art. 690. Recebida a petição, o juiz ordenará a citação dos requeridos para se pronunciarem no prazo de 5 (cinco) dias.

<u>É imprescindível a abertura de oportunidade para a parte contrária se pronunciar:</u>

✓ PROCESSO CIVIL. AÇÃO DE REPARAÇÃO DE DANOS. MORTE DO COAUTOR. PLEITO DE HABILITAÇAO DOS HERDEIROS. NECESSIDADE DE PRÉVIA OBEDIÊNCIA AO CONTRADITÓRIO. VÍCIO PROCESSUAL RECONHECIDO. DECISÃO ANULADA. AGRAVO PROVIDO. Tratando-se de pedido de habilitação de herdeiros, faz-se necessária a estrita observância aos artigos 687 a 692 do Código de Processo Civil. A constatação de que a habilitação foi admitida sem a prévia observância do contraditório enseja o reconhecimento da nulidade da decisão, para que outra seja proferida após a abertura de oportunidade para a parte contrária se pronunciar. (TJSP; AI 2111705-76.2017.8.26.0000; Ac. 10646713; Tietê; Trigésima Primeira Câmara de Direito Privado; Rel. Des. Antonio Rigolin; Julg. 01/08/2017; DJESP 04/08/2017; Pág. 1917)

Parágrafo único. A citação será pessoal, se a parte não tiver procurador constituído nos autos.

Art. 691. O juiz decidirá o pedido de habilitação imediatamente, salvo se este for impugnado e houver necessidade de dilação probatória diversa da documental, caso em que determinará que o pedido seja autuado em apartado e disporá sobre a instrução.

<u>Necessidade de observância do rito da habilitação para inclusão de herdeiros no polo passivo:</u>

✓ AGRAVO DE INSTRUMENTO. DECISÃO INTERLOCUTÓRIA QUE DETERMINA INTIMAÇÃO DE HERDEIROS PARA INGRESSAREM NO FEITO NA CONDIÇÃO DE SUCESSORES. PRELIMINAR DE EXTINÇÃO DO FEITO SEM EXAME DO MÉRITO. IMPOSSIBILIDADE. OFENSA AO DEVIDO PROCESSO LEGAL. INOBSERVÂNCIA DO ART. 690 DO CPC. AGRAVO PARCIALMENTE PROVIDO. 1. Agravo de instrumento contra decisão interlocutória que determinou a intimação de herdeiros para ingressarem no feito (cumprimento de sentença), na condiçao de sucessores, causa mortis, do réu, falecido em 30/3/2007. 1.1. Buscam os agravantes a extinção do feito sem resolução do mérito ou, alternativamente, a reforma da decisão para exclui-los do polo passivo da demanda. 2. O pedido preliminar, de extinção do feito, sem resolução de mérito, não pode ser atendido, seja porque essa via não é adequada, seja porque uma vez que apesar de proferida sentença extinguindo a execução, foram acolhidos embargos declaratórios, para assegurar o prosseguimento do cumprimento de sentença. 3. No caso, o Juízo a quo atendeu ao pedido formulado pelo inventariante, para dar cumprimento ao art. 75, § 1º, do CPC, onde consta que quando o inventariante for dativo, os sucessores do falecido serão intimados no processo no qual o espólio seja parte. Todavia, referida decisão padece de vício processual, na medida em que não respeita o rito estabelecido para habilitação, disciplinado no art. 687, do CPC (antigo artigo 1055, CPC/73[1]): A habilitação ocorre quando, por falecimento de qualquer das partes, os interessados houverem de suceder-lhe no processo. 4. Os herdeiros, no cumprimento de sentença, não podem ser intimados para pagar, mas sim citados para se pronunciarem no prazo de 5 (cinco) dias, conforme lhes assegura o art. 690, do mesmo diploma. 4.1. Nessa linha, segundo consta dos artigos 691 e 692 do CPC, a habilitação, impugnada ou não pelos sucessores, terá que ser resolvida por sentença. 5. Agravo parcialmente provido. (TJDF; AGI 2016.00.2.019696-7; Ac. 964.259; Segunda Turma Cível; Rel. Des. João Egmont Leoncio Lopes; Julg. 31/08/2016; DJDFTE 09/09/2016)

✓ CIVIL E PROCESSUAL CIVIL. AGRAVO DE INSTRUMENTO. AUTOS DA EXECUÇÃO POR QUANTIA CERTA CONTRA DEVEDOR SOLVENTE. CUMPRIMENTO DE SENTENÇA (ART 523) EM FACE DE HERDEIRO. MORTE DO EXECUTADO NO CURSO DO PROCESSO. INEXISTÊNCIA DE HABILITAÇÃO DOS DEMAIS HERDEIROS, SEM DETERMINAR-SE A SUSPENSÃO DO CURSO PROCESSUAL. ERROR IN PROCEDENDO. NULIDADE DA DECISÃO INTERLOCUTÓRIA. RECURSO CONHECIDO E PROVIDO. CONFIRMAÇÃO DA LIMINAR – 1. Age em error in procedendo o deferimento do prosseguimento da via executiva em face de um único herdeiro do devedor originário quando comprovada nos autos a existência de outros herdeiros aptos a figurarem no polo passivo da lide após a devida instauração da ação incidente de habilitação, com procedimento previsto nos arts. 687 a 692 do Novo CPC. Doutrina. 2. Sobrevindo a morte da parte executada (como ocorreu no caso em concreto), o diploma processual civil impõe a necessidade de suspensão do processo, e, ainda, indica a forma pela qual se dará a habilitação dos herdeiros no caso de substituição processual, diligências estas sonegadas em sede de juízo primário. Infringência dos artigos 110, 313, I, § 1º e 689, todos do NCPC. 3. Recurso conhecido e provido. Liminar confirmada. (TJES; AI 0004866-15.2017.8.08.0048; Primeira Câmara Cível; Relª Desª Janete Vargas Simões; Julg. 04/07/2017; DJES 10/07/2017)

Art. 692. Transitada em julgado a sentença de habilitação, o processo principal retomará o seu curso, e cópia da sentença será juntada aos autos respectivos.

Julgado que destaca a natureza de sentença da decisão que julga pedido de habilitação, sendo recorrível por apelação:

✓ AGRAVO REGIMENTAL CONTRA DECISÃO MONOCRÁTICA QUE NÃO CONHECEU DO AGRAVO DE INSTRUMENTO, COM FUNDAMENTO NO ART. 932, III, DO NCPC. AGRAVO DE INSTRUMENTO. Decisão que julga pedido de habilitação de herdeiros. Hipótese não abrangida no rol taxativo do art. 1.015 do NCPC. Decisão que ostenta natureza de sentença (NCPC, art. 692), atacável por apelação. Decisão confirmada. Recurso não provido. (TJSP; AG 2135887-63.2016.8.26.0000/50000; Ac. 9979788; São Paulo; Quinta Câmara de Direito Público; Relª Desª Heloísa Martins Mimessi; Julg. 17/11/2016; DJESP 01/12/2016)

CAPÍTULO X
DAS AÇÕES DE FAMÍLIA

Art. 693. As normas deste Capítulo aplicam-se aos processos contenciosos de divórcio, separação, reconhecimento e extinção de união estável, guarda, visitação e filiação.

Parágrafo único. A ação de alimentos e a que versar sobre interesse de criança ou de adolescente observarão o procedimento previsto em legislação específica, aplicando-se, no que couber, as disposições deste Capítulo.

→ v. Enunciado 672 do FPPC: É admissível a cumulação do pedido de alimentos com os pedidos relativos às ações de família, valendo-se o autor desse procedimento especial, sem prejuízo da utilização da técnica específica para concessão de tutela provisória prevista na Lei de Alimentos.

Julgado em que se reconhece a ação de alimentos provisórios como exceção ao art. 693, parágrafo único do CPC, sendo, portanto, regida pela Lei nº 5.478:

✓ ALIMENTOS PROVISÓRIOS. Menor. Genitor que reúne condições, ao que tudo indica, de suportar a pensão requerida. Majoração determinada. Rito procedimental. Exceção prevista no art. 693, parágrafo único, do CPC/2015. Ação deve seguir procedimento previsto na legislação específica (Lei nº 5.478/98). RECURSO PROVIDO. (TJSP; AI 2098636-11.2016.8.26.0000; Ac. 10158519; São José do Rio Preto; Sexta Câmara de Direito Privado; Rel. Des. Paulo Alcides; Julg. 10/02/2017; DJESP 06/03/2017)

Art. 694. Nas ações de família, todos os esforços serão empreendidos para a solução consensual da controvérsia, devendo o juiz dispor do auxílio de profissionais de outras áreas de conhecimento para a mediação e conciliação.

A presença de advogado é facultativa nos acordos celebrados extrajudicialmente:

✓ APELAÇÃO CÍVEL. SENTENÇA HOMOLOGATÓRIA DE ACORDO CELEBRADO ENTRE AS PARTES EM SESSÃO DE MEDIAÇÃO PRÉ-PROCESSUAL. NULIDADE. INOCORRÊNCIA. O CPC. Estabelece que, "nas ações de família, todos os esforços serão empreendidos para a solução consensual da controvérsia, devendo o juiz dispor do auxílio de profissionais de outras áreas de conhecimento para a mediação e conciliação" (art. 694, caput). Seguindo a diretriz legal, e as resoluções do CNJ (nº 125/2010) e do Conselho da Magistratura deste TJRS (nº 1.026/2014), foi instaurada vara adjunta de conciliação pré-processual na Comarca de pelotas. O acordo eventualmente obtido e celebrado nas sessões de mediação pré-processual, depois submetidos para apreciação do MP e para homologação judicial, não é inválido, ainda que as partes não estejam acompanhadas por advogados. A presença de advogados é facultativa, não obrigatória. Há expressa autorização judicial para isso (art. 10, da Lei nº 13.140/2015). O acordo obtido em sessão de mediação não é vedado nem mesmo se o direito objeto do acordo for indisponível. Pois no direito de família a maioria dos direitos é indisponível. Assim, se adotado o entendimento de que não pode haver mediação se o direito for indisponível, ficará afastada praticamente toda e qualquer hipótese de mediação em ações de direito de família. E, por conseguinte, haverá negativa de vigência ao art. 694, caput, do CPC. A obtenção de acordo nas sessões de mediação pré-processual, realizada sem a presença do agente ministerial e do juiz, representa o cumprimento estrito da nova principiologia adotada pelo CPC, de privilegiar soluções consensuais, especialmente em ações de direito de família. Ademais, no presente caso não se verifica, e aliás nem sequer foi alegado em grau de apelo, qualquer espécie de prejuízo concreto em função dos termos do acordo que foi homologado. Negaram provimento ao apelo. (TJRS; AC 0355050-69.2016.8.21.7000; Pelotas; Oitava Câmara Cível; Rel. Des. Rui Portanova; Julg. 09/03/2017; DJERS 17/03/2017)

Acordo entre credor e devedor de alimentos, celebrado em audiência, que não prejudica os infantes, deve ser homologado:

✓ APELAÇÃO CÍVEL. RECURSO DO MINISTÉRIO PÚBLICO. SENTENÇA DE HOMOLOGAÇÃO. ACORDO REALIZADO PELOS GENITORES EM AUDIÊNCIA DE CONCILIAÇÃO. ALEGAÇÃO DE PREJUÍZO AOS INTERESSES DOS MENORES. TRANSA-

ÇÃO AUTORIZADA. HARMONIZAÇÃO COM O ARTIGO 1.707, DO CÓDIGO CIVIL. CONFORMIDADE COM OS LIMITES FINANCEIROS DA DEMANDADA. AUSÊNCIA DE RENÚNCIA A VALORES. PRIVILÉGIO DA RESOLUÇÃO CONSENSUAL. HOMOLOGAÇÃO MANTIDA. RECURSO DESPROVIDO. A realização de acordo em se tratando de alimentos é possível apenas mediante concessões recíprocas das partes e, apesar de ser pautada pelos interesses do menor, também deve levar em consideração a capacidade econômico-financeira do genitor, inclusive como forma de assegurar o cumprimento integral da obrigação alimentar. Nos termos do artigo 694 do Código de Processo Civil, privilegia-se, também na seara do direito de família, a resolução consensual de conflitos. Referido dispositivo harmoniza-se com a situação disposta no artigo 1.707, do Código Civil, notadamente quando credor e devedor de alimentos celebram transação judicial em que ambos consentem com o parcelamento de débito pretérito, sem a renúncia de valores. Tratando-se de acordo que envolve interesse de menor, celebrado em audiência, que não traz prejuízo aos infantes. Que receberão a verba que lhe é devida, a homologação deve ser mantida. (TJSC; AC 0302098-23.2016.8.24.0019; Concórdia; Segunda Câmara de Direito Civil; Rel. Des. Sebastião César Evangelista; DJSC 19/09/2017; Pag. 167)

Acordo realizado entre as partes, com a concordância do Ministério Público, e tratando-se de quantia razoável de valor para pagamento de pensão alimentícia, deve ser homologado:

✓ RECURSO DE APELAÇÃO CÍVEL. AÇÃO DE ALIMENTOS. ASSISTÊNCIA JUDICIÁRIA. PREENCHIMENTO DOS REQUISITOS NECESSÁRIOS. PENSÃO ALIMENTÍCIA. ACORDO REALIZADO ENTRE AS PARTES E NÃO HOMOLOGADO. NECESSIDADE DE HOMOLOGAÇÃO. SENTENÇA REFORMADA. ART. 932, I, DO CPC. CONSONÂNCIA COM O PARECER MINISTERIAL. RECURSO CONHECIDO E PROVIDO. Diante da comprovação da hipossuficiência econômica, o recorrente preenche os requisitos necessários para a concessão da assistência judiciária. O art. 694 do CPC determina que nas ações de família, todos os esforços serão empreendidos para a solução consensual da controvérsia. Havendo acordo realizado entre as partes, com a concordância do Ministério Público, e em se tratando de quantia razoável de valor para pagamento de pensão alimentícia, a homologação do acordo é a medida que se impõe. (TJMT; APL 137439/2016; Juína; Rel. Des. Dirceu dos Santos; Julg. 07/12/2016; DJMT 14/12/2016; Pág. 160)

Parágrafo único. A requerimento das partes, o juiz pode determinar a suspensão do processo enquanto os litigantes se submetem a mediação extrajudicial ou a atendimento multidisciplinar.

Art. 695. Recebida a petição inicial e, se for o caso, tomadas as providências referentes à tutela provisória, o juiz ordenará a citação do réu para comparecer à audiência de mediação e conciliação, observado o disposto no art. 694.

→ *v.* Enunciado 639 do FPPC: O juiz poderá, excepcionalmente, dispensar a audiência de mediação ou conciliação nas ações em que uma das partes estiver amparada por medida protetiva.

§ 1º O mandado de citação conterá apenas os dados necessários à audiência e deverá estar desacompanhado de cópia da petição inicial, assegurado ao réu o direito de examinar seu conteúdo a qualquer tempo.

§ 2º A citação ocorrerá com antecedência mínima de 15 (quinze) dias da data designada para a audiência.

Nulidade da sentença de procedência, a qual considerou o requerido revel, tendo em vista que foi citado com antecedência menor que a prevista no dispositivo:

✓ APELAÇÃO CÍVEL. AÇÃO DE ALIMENTOS. DESIGNAÇÃO DE AUDIÊNCIA DE CONCILIAÇÃO. CITAÇÃO DO REQUERIDO. INOBSERVÂNCIA DO PRAZO MÍNIMO LEGAL DE 15 DIAS. ARTIGO 695, § 2º, DO NCPC. REVELIA DECRETADA. PROCEDÊNCIA DO PEDIDO. CERCEAMENTO DE DEFESA VERIFICADO. SENTENÇA ANULADA. RETORNO DOS AUTOS À ORIGEM PARA NOVA AUDIÊNCIA E CITAÇÃO. RECURSO CONHECIDO E PROVIDO. 1. Nos termos do artigo 695, § 2º, do NCPC, nas ações de família, designada audiência de mediação e conciliação, a citação ocorrerá com antecedência mínima de 15 dias da data designada para a audiência. 2. O prazo de 15 dias de antecedência para citação do requerido tem várias finalidades, tais como possibilitar que tome conhecimento da demanda para fins de composição, já que a carta de citação deve ser desacompanhada da petição inicial (art. 695, § 1º, do NCPC), bem como permitir que apresente defesa, caso não haja composição, sob pena de revelia (Lei de Alimentos). Frise-se, ademais, que o não comparecimento das partes da audiência é considerado ato atentatório à dignidade da justiça, sancionado com multa, nos termos do art. 334, § 8º, do NCPC. 3. Assim, no presente caso, tendo sido citado o requerido com antecedência de apenas 2 dias da audiência, cujo mandado de citação foi juntado aos autos no dia da audiência, imperiosa a nulidade da sentença, por cerceamento de defesa, com o retorno dos autos à origem para designação de nova data para a audiência de conciliação, devendo o requerido ser citado com observância do prazo mínimo legal. (TJMS; APL 0801532-29.2016.8.12.0026; Quinta Câmara Cível; Rel. Des. Sideni Soncini Pimentel; DJMS 09/06/2017; Pág. 107)

§ 3º A citação será feita na pessoa do réu.

§ 4º Na audiência, as partes deverão estar acompanhadas de seus advogados ou de defensores públicos.

Art. 696. A audiência de mediação e conciliação poderá dividir-se em tantas sessões quantas sejam necessárias para viabilizar a solução consensual, sem prejuízo de providências jurisdicionais para evitar o perecimento do direito.

Art. 697. Não realizado o acordo, passarão a incidir, a partir de então, as normas do procedimento comum, observado o art. 335.

Art. 698. Nas ações de família, o Ministério Público somente intervirá quando houver interesse de incapaz e deverá ser ouvido previamente à homologação de acordo.

A manifestação do Ministério Público é imprescindível quando há interesse de menor:

✓ PROCESSO CIVIL. CONSTITUCIONAL E PREVIDENCIÁRIO. BENEFÍCIO ASSISTENCIAL. LOAS. ARTS. 178, II E 698 DO NCPC. ART. 1º DA CF/88. LEI Nº 8.742/93. MENOR PORTADOR DE DEFICIENCIA FÍSICA E/OU MENTAL. PERÍCIA MÉDICA. AUSÊNCIA DE INTERVENÇÃO DO MINISTÉRIO PÚBLICO. PEDIDO JULGADO IMPROCEDENTE. SENTENÇA ANULADA. RETORNO À ORIGEM. 1. A manifestação do Ministério Público no feito na primeira instância é imprescindível quando se refere a interesse de menor. Isso porque, a teor dos arts. 178, II, e 698 do NCPC, tratando-se de interesse de incapaz, tendo-lhe sido, ademais, desfavorável a sentença, a intervenção do Parquet na causa torna-se indispensável, de modo que a inobservância desse requisito leva à nulidade do decisum. De tal arte, ressoa como medida de rigor a anulação da sentença, a fim de que haja a regularização do trâmite, tratando-se, outrossim, de questão aferível de ofício pelo julgador. 2. Sentença anulada para determinar o retorno dos autos à origem, a fim de que seja efetivada a necessária intimação do Ministério Público para que este se manifeste como defensor da ordem jurídica (art. 176 do NCPC), prosseguindo-se a regular instrução do processo. Apelação da parte-autora prejudicada. (TRF 1ª R.; AC 0066670-44.2016.4.01.9199; Segunda Turma; Rel. Des. Fed. João Luiz de Sousa; DJF1 18/07/2017)

Sendo a parte alimentanda maior e capaz desde o ajuizamento da execução de alimentos, não se verifica hipótese de intervenção do Ministério Público:

✓ PROCESSUAL CIVIL. EXECUÇÃO DE ALIMENTOS. EXTINÇÃO SEM JULGAMENTO DO MÉRITO. ARTIGO 485, INCISO III, DO CPC. APELAÇÃO. MINISTÉRIO PÚBLICO. INADMISSIBILIDADE. INTERESSE DE INCAPAZ. INEXISTÊNCIA. AUSÊNCIA DE LEGITIMIDADE. 1. Apelação interposta pelo Ministério Público do Distrito Federal e Territórios em face da sentença proferida pelo douto Juízo da 1ª Vara de Família de Brasília-DF, que, nos autos da Execução de alimentos, extinguiu o processo sem julgamento do mérito, nos termos do art. 485, inc. III, e §1º, do NCPC, por inércia da parte autora em promover o andamento processual por mais de 30 (trinta) dias. 2. O Ministério Público deverá intervir, como fiscal da ordem jurídica, apenas nas ações de família que envolvam interesses de incapazes, nestas se incluindo as ações de alimento, que, embora disciplinadas em legislação específica (Lei nº 5.478/68), devem ter aplicação subsidiária do NCPC (Arts. 178, 693, parágrafo único e 698 do NCPC). 3. No caso dos autos, sendo a parte alimentanda maior e capaz desde o ajuizamento da execução de alimentos, não se verifica hipótese de intervenção do Ministério Público, falecendo-lhe legitimidade recursal. 4. Apelação não conhecida. (TJDF; APC 2015.01.1.024675-2; Ac. 103.3316; Segunda Turma Cível; Rel. Des. César Loyola; Julg. 26/07/2017; DJDFTE 02/08/2017)

Art. 699. Quando o processo envolver discussão sobre fato relacionado a abuso ou a alienação parental, o juiz, ao tomar o depoimento do incapaz, deverá estar acompanhado por especialista.

CAPÍTULO XI
DA AÇÃO MONITÓRIA

Art. 700. A ação monitória pode ser proposta por aquele que afirmar, com base em prova escrita sem eficácia de título executivo, ter direito de exigir do devedor capaz:

I – o pagamento de quantia em dinheiro;

II – a entrega de coisa fungível ou infungível ou de bem móvel ou imóvel;

III – o adimplemento de obrigação de fazer ou de não fazer.

§ 1º A prova escrita pode consistir em prova oral documentada, produzida antecipadamente nos termos do art. 381.

Só pode ser admitida prova oral obtida previamente por meio de ação probatória:

✓ AGRAVO DE INSTRUMENTO. AÇÃO MONITÓRIA. Decisão que determinou a emenda à inicial com a adequação da demanda ao procedimento ordinário haja vista a incompatibilidade do procedimento especial com os pedidos formulados pela recorrente. Decisão correta. Rito da ação monitória que é pautada em prova escrita acerca das alegações do autor. Possibilidade de ingresso de prova oral na demanda apenas na forma do art. 701, § 1º do CPC/15. Desprovimento do recurso. (TJRJ; AI 0008551-71.2017.8.19.0000; Rio de Janeiro; Segunda Câmara Cível; Rel. Des. Paulo Sergio Prestes dos Santos; DORJ 28/07/2017; Pág. 288)

É exigível prova escrita para admissão da monitória:

✓ AGRAVO INTERNO. RECURSO ESPECIAL. AÇÃO MONITÓRIA. PRESTAÇÃO DE SERVIÇOS. PRORROGAÇÃO CONTRATUAL. OCORRÊNCIA. CLÁUSULAS. MANUTENÇÃO. BÔNUS. PEDIDO UNILATERAL. SILÊNCIO. ACEITAÇÃO NÃO COMPROVADA. ART. 111 DO CÓDIGO CIVIL. REEXAME CONTRATUAL E FÁTICO-PROBATÓRIO. PROVA ESCRITA. EXIGÊNCIA. ART. 700, CAPUT, I, E § 1º, DO CÓDIGO DE PROCESSO CIVIL/2015). NÃO PROVIMENTO. 1. Inviável a reapreciação dos fatos, provas e cláusulas contratuais, para que se entenda, diversamente do acórdão recorrido, que a prestação de serviço ocorrida após a denúncia do contrato não se caracterizou como mera prorrogação do contrato, sujeita às mesmas condições contratuais, mas como outro pacto desvinculado das cláusulas anteriores. Aceitação tácita do acréscimo do preço tida como não comprovada na origem. Conclusão que não se infirma sem reexame de matéria de prova. Incidência das Súmulas nºs 5 e 7/STJ. Precedentes. 2. O entendimento acerca da exigibilidade de prova escrita para a admissão da monitória está em harmonia com a jurisprudência de Superior Tribunal de Justiça. Súmula nº 83/STJ. Precedente. 3. Agravo interno a que se nega provimento. (STJ; AgInt-REsp 1.352.766; 2012/0228622-9; DF; Quarta Turma; Relª Minª Isabel Gallotti; DJE 28/11/2016)

A prova da monitória não necessita ser robusta, com demonstração de elementos suficientes que permitam a convicção da existência da dívida:

✓ ADMINISTRATIVO E PROCESSUAL CIVIL. AÇÃO MONITÓRIA. APELO RECEBIDO NO DUPLO EFEITO. CONSTRUCARD. CARÊNCIA DA AÇÃO. INEXISTÊNCIA. PETIÇÃO INICIAL INSTRUÍDA COM DOCUMENTAÇÃO SUFICIENTE. 1. O apelo não deve ser conhecido quanto à preliminar de recebimento da apelação nos efeitos suspensivo e devolutivo, visto que o recurso foi recebido em ambos os efeitos pelo Juízo a quo. 2. O Superior Tribunal de Justiça tem firme jurisprudência no sentido de que a prova a embasar a ação monitória não necessita ser robusta, mas tão somente demonstrar elementos suficientes que permitam a convicção, pelo magistrado, da existência da dívida. Nesse sentido: REsp 1381603/MS, Relator Ministro Luis Felipe Salomão, Quarta Turma, DJe 11/11/2016; AgInt no AREsp 316000/PA, Relator Ministro João Otávio de Noronha, Terceira Turma, DJe 30/06/2016; AgRg no REsp 1278643/ES, Relator Ministro Marco Aurélio Bellizze, Terceira Turma, DJe 29/02/2016); AgRg no AREsp 349071/SE, Relator Ministro Marco Buzzi, Quarta Turma, DJe 01/06/2015); REsp 866205/RN, Relator Ministro Ricardo Villas Bôas Cueva, Terceira Turma, DJe 06/05/2014. 3. A autora instruiu a petição inicial com demonstrativo do débito, planilha de evolução da dívida, cópia do contrato de ¿Financiamento de Materiais de Construção e Outros Pactos¿. CONSTRUCARD, bem como ¿Demonstrativo de Compras por Contrato¿, indicando a utilização do valor total do crédito obtido por meio do referido pacto. 4. Tal documentação é suficiente como prova para instruir a ação monitória (art. 1.102 - A, do CPC de 1973; art. 700 do NCPC), eis que demonstra a relação jurídica existente entre a autora (credora) e a ré (devedora), servindo como início de prova escrita a gerar uma presunção relativa quanto à materialização da dívida. 5. Apelo conhecido em parte e, na parte conhecida, desprovido. (TRF 2ª R.; AC 0001287-51.2013.4.02.5108; Sétima Turma Especializada; Rel. Des. Fed. José Antonio Neiva; Julg. 17/05/2017; DEJF 26/05/2017)

O contrato de prestação de serviço educacional, acompanhado de demonstrativo do débito, a refletir a presença da relação jurídica entre credor e devedor e a existência da dívida, mostra-se hábil a instruir ação monitória:

✓ AGRAVO INTERNO NO AGRAVO REGIMENTAL NO RECURSO ESPECIAL. AÇÃO MONITÓRIA. COBRANÇA DE MENSALIDADES ESCOLARES VIA CONTRATO DE PRESTAÇÃO DE SERVIÇOS EDUCACIONAIS. DECISÃO MONOCRÁTICA QUE DEU PARCIAL PROVIMENTO AO RECLAMO DA INSTITUIÇÃO EDUCACIONAL PARA RECONHECER A POSSIBILIDADE JURÍDICA DO PEDIDO MONITÓRIO, EM VIRTUDE DE HIGIDEZ DOS DOCUMENTOS QUE LASTREIAM A INICIAL, DETERMINANDO-SE, POR CONSEGUINTE, O RETORNO DOS AUTOS AO TRIBUNAL DE ORIGEM A FIM DE QUE ANALISE AS QUESTÕES REMANESCENTES EXPENDIDAS NO RECURSO DE APELAÇÃO. INSURGÊNCIA DA PARTE RÉ. 1. Inviável o acolhimento da tese acerca da impossibilidade de julgamento monocrático do relator fundado em hipótese jurídica não amparada no artigo 932 do NCPC, porquanto, na data de 17 de março de 2016, o Superior Tribunal de justiça fez publicar o enunciado da Súmula nº 568/STJ que expressamente dispõe: "o relator, monocraticamente e no Superior Tribunal de Justiça, poderá dar ou negar provimento ao recurso quando houver entendimento dominante acerca do tema ". O julgamento monocrático pelo relator se coaduna à determinação legal estampada no artigo 932 do NCPC, haja vista que, nos termos do disposto nos incisos IV e V do referido diploma legal, incumbe ao relator negar ou dar provimento amparado em Súmula, no caso, o próprio enunciado nº 568/STJ. 2. O contrato de prestação de serviço educacional, acompanhado de demonstrativo do débito, a refletir a presença da relação jurídica entre credor e devedor e a existência da dívida, mostra-se hábil a instruir a ação monitória. Precedentes. No caso, trata-se de ação monitória aparelhada em contrato de prestação de serviços educacionais, com vistas à cobrança de mensalidades em atraso, vale dizer, uma obrigação certa, líquida e exigível em certo prazo, muito embora não pudesse o instrumento ser levado a processo de execução. 3. Agravo interno desprovido. (STJ; AgInt-AgRg-REsp 1.104.239; Proc. 2008/0243563-1; MG; Quarta Turma; Rel. Min. Marco Buzzi; DJE 08/06/2016)

O contrato de abertura de crédito em conta-corrente, acompanhado do demonstrativo de débito, constitui documento hábil para o ajuizamento da ação monitória (Súmula nº 247 do STJ):

✓ PROCESSUAL CIVIL. AGRAVO INTERNO NO AGRAVO EM RECURSO ESPECIAL. RECURSO MANEJADO SOB A ÉGIDE DO NCPC. MATÉRIA CONSTITUCIONAL. APRECIAÇÃO. INVIABILIDADE. AÇÃO MONITÓRIA. CONTRATO DE ABERTURA DE CRÉDITO EM CONTA-CORRENTE. DEMONSTRATIVO DO DÉBITO. NECESSIDADE. SÚMULA Nº 247 DO STJ. PRECEDENTES. ANÁLISE DAS PROVAS DOS AUTOS E DAS CLÁUSULAS CONTRATUAIS. IMPOSSIBILIDADE EM RECURSO ESPECIAL. INCIDÊNCIA DAS SÚMULAS NºS 5 E 7, AMBAS DESTA CORTE. MAJORAÇÃO DOS HONORÁRIOS ADVOCATÍCIOS. ART. 85, § 11, DO NCPC. DISPOSITIVO LEGAL INVOCADO DISSOCIADO DAS RAZÕES RECURSAIS. INCIDÊNCIA DA SÚMULA Nº 284 DO STF. RECURSO MANIFESTAMENTE INADMISSÍVEL. INCIDÊNCIA DA MULTA DO ART. 1.021, § 4º, DO NCPC. AGRAVO INTERNO NÃO PROVIDO. 1. Aplica-se o NCPC a este julgamento ante os termos do Enunciado Administrativo nº 3 aprovado pelo Plenário do STJ na sessão de 9/3/2016: Aos recursos interpostos com fundamento no CPC/2015 (relativos a decisões publicadas a partir de 18 de março de 2016) serão exigidos os requisitos de admissibilidade recursal na forma do novo CPC. 2. Não cabe ao Superior Tribunal de Justiça apreciar, na via especial, suposta violação de matéria constitucional, sob pena de usurpação da competência do Supremo Tribunal Federal. 3. O contrato de abertura de crédito em conta corrente, acompanhado do demonstrativo de débito, constitui documento hábil para o ajuizamento da ação monitória (Súmula nº 247 do STJ). Precedentes. 4. A alteração das conclusões do acórdão recorrido exige interpretação de cláusula contratual e reapreciação do acervo fático-probatório da demanda, o que faz incidir o óbice das Súmulas nºs 5 e 7, ambas do STJ. 5. Nos termos do art. 85, § 11, do NCPC, deve-se majorar o valor dos honorários advocatícios, arbitrados na instância ordinária em favor da parte recorrida, observando-se os limites dos §§ 2º e 3º do referido dispositivo. 6. A alegada afronta à Lei federal não foi demonstrada com clareza, pois as razões recursais apresentadas se encontram dissociadas daquilo que ficou decidido pelo Tribunal de origem, o que caracteriza deficiência na fundamentação do Recurso Especial e atrai, por analogia, o óbice da Súmula nº 284 do STF. 7. Em virtude do não provimento do presente recurso, e da anterior advertência em relação à aplicabilidade do NCPC, incide ao caso a multa prevista no art. 1.021, § 4º, do NCPC, no percentual de 3% sobre o valor atualizado da causa, ficando a interposição de qualquer outro recurso condicionada ao depósito da respectiva quantia, nos termos do § 5º daquele artigo de Lei. 8. Agravo interno não provido, com imposição de multa. (STJ; AgInt-AREsp 1.041.801; Proc. 2017/0006710-2; DF; Terceira Turma; Rel. Min. Moura Ribeiro; DJE 07/08/2017)

A nota fiscal, com comprovante de entrega da mercadoria ou da prestação do serviço, é apta a instruir a ação monitória:

✓ PROCESSUAL CIVIL. AGRAVO INTERNO NO AGRAVO EM RECURSO ESPECIAL. RECURSO MANEJADO SOB A ÉGIDE DO NCPC. AÇÃO MONITÓRIA. NOTA FISCAL ACOMPANHADA DO COMPROVANTE DE ENTREGA DA MERCADORIA. COMPROVAÇÃO DA REALIZAÇÃO DO NEGÓCIO JURÍDICO. REEXAME DO CONJUNTO FÁTICO-PROBATÓRIO. SÚMULA Nº 7 DO STJ. ACÓRDÃO ESTADUAL ALINHADO À JURISPRUDÊNCIA DESTA CORTE. SÚMULA Nº 83 DO STJ. CONVERSÃO EM TÍTULO EXECUTIVO JUDICIAL. DISSÍDIO NÃO CONFIGURADO. AGRAVO INTERNO NÃO PROVIDO. 1. Aplicabilidade do NCPC a este recurso ante os termos no Enunciado Administrativo nº 3 aprovado pelo Plenário do STJ na sessão de 9/3/2016: Aos recursos interpostos com fundamento no CPC/2015 (relativos a decisões publicadas a partir de 18 de março de 2016) serão exigidos os requisitos de admissibilidade recursal na forma do novo CPC. 2. Havendo o acórdão estadual firmado, com apoio nas provas documentais colacionadas aos autos, que ficou comprovado o crédito pleiteado na ação monitória, a revisão de suas conclusões, na via especial, está impedida pela Súmula nº 7 do STJ. 3. Não é possível o conhecimento do Recurso Especial interposto pela divergência jurisprudencial na hipótese em que o dissídio é apoiado em fatos, e não na interpretação da Lei, pois a tanto se opõe a Súmula nº 7 do STJ. 4. O Tribunal local decidiu em consonância com a jurisprudência iterativa desta Corte ao consignar que a nota fiscal, com comprovante de entrega da mercadoria ou da prestação do serviço, é apta a instruir a ação monitória prevista no art. 1102. A do Código de Processo Civil, o que atrai a aplicação da Súmula nº 83 do STJ. 5. Agravo interno não provido. (STJ; AgInt-AREsp 968.508; Proc. 2016/0216389-6; GO; Terceira Turma; Rel. Min. Moura Ribeiro; DJE 20/04/2017)

O Contrato de Abertura de Crédito para Financiamento Estudantil – FIES consiste em documento hábil à propositura de ação monitória:

✓ PROCESSUAL CIVIL. AÇÃO MONITÓRIA. CONTRATO DE ABERTURA DE CRÉDITO PARA FINANCIAMENTO ESTUDANTIL. FIES. AUSÊNCIA DE TÍTULO EXECUTIVO EXTRAJUDICIAL. ADEQUAÇÃO DA VIA ELEITA. INDEFERIMENTO DA PETIÇÃO INICIAL. SENTENÇA DESCONSTITUÍDA. 1. A jurisprudência deste Tribunal vem decidindo no sentido de que, não possuindo o contrato de financiamento estudantil conformação de título executivo extrajudicial, cabe o ajuizamento de ação monitória e não de processo de execução (AC 2009.38.09.003420-3/MG, Quinta Turma; Rel. Desembargador Federal João Batista Moreira, 15/04/2014 e-DJF1 P. 1607). 2. O contrato bancário de abertura de crédito não se reveste de certeza e liquidez, atributos exigidos para título executivo extrajudicial apto ao manejo da execução (Súmula nº 233/STJ), qualificando-se, contudo, como prova escrita suficiente a viabilizar o manejo do procedimento monitório, nos termos dos arts. 1.102 – A a 1.102- c do CPC/1973 e art. 700 do CPC/2015. 3. Apelação da CEF a que se dá provimento, para desconstituir a sentença e determinar a remessa dos autos ao juízo de origem para regular processamento do feito. (TRF 1ª R.; CC 0045129-42.2009.4.01.3300; Quinta Turma; Rel. Des. Fed. Néviton Guedes; DJF1 17/10/2016)

Na ação monitória baseada em duplicata sem aceite, a apresentação do documento que comprove a entrega da mercadoria não é condição sine qua non para a admissibilidade da monitória:

✓ INCIDENTE DE RESOLUÇÃO DE DEMANDAS REPETITIVAS. INADMISSIBILIDADE JÁ PROCESSADA. TESE JURIDICA. NECESSIDADE. AÇÃO MONITÓRIA. DUPLICATA SEM ACEITE. COMPROVANTE ENTREGA MERCADORIA. DOCUMENTO ESSENCIAL. NÃO EXIGÊNCIA. Na ação monitória baseada em duplicata sem aceite, a apresentação do documento que comprove a entrega da mercadoria não é condição sine qua non para a admissibilidade do processo. A referida prova poderá ser feita durante a instrução dos embargos monitórios, em razão da possibilidade da ampla defesa. Poderá o magistrado, valendo-se do art. 700, §5º, do NCPC, diante da verificação de prova inidônea, se em tempo hábil, determinar a emenda da inicial, convertendo em procedimento comum. (TJMG; IncSusp 1.0000.16.037133-2/000; Rel. Des. Alexandre Santiago; Julg. 25/09/2017; DJEMG 29/09/2017)

O procedimento especial de ação monitória não modifica a competência absoluta do juízo:

✓ PROCESSUAL CIVIL. CONFLITO NEGATIVO DE COMPETÊNCIA. JUIZ FEDERAL E JUIZ DE JUIZADO ESPECIAL FEDERAL CÍVEL. AÇÃO MONITÓRIA. VALOR DA CAUSA INFERIOR A 60 (SESSENTA) SALÁRIOS-MÍNIMOS. COMPETÊNCIA ABSOLUTA DO JUIZADO ESPECIAL FEDERAL. COMPLEXIDADE DA CAUSA. IRRELEVÂNCIA. 1. A competência do juizado especial federal cível, que é absoluta, é definida pelo valor da causa (art. 3º, § 3º, da Lei nº 10.259/2001), salvo os casos expressa e legalmente dela excluídos. 2. No caso, o valor da causa é inferior a sessenta salários mínimos, o que torna o juizado especial federal competente para processar e julgar o feito. A alegada complexidade da causa não justifica a mudança da competência para o juízo federal. Precedentes. 3. Além disso, a ação monitória, a despeito de estar sujeita ao procedimento especial previsto nos artigos 700 e seguintes do CPC, não se inclui dentre as hipóteses de exclusão da competência dos juizados especiais federais cíveis, previstas no § 1º, art. 3º, da Lei nº 10.259/2001. 4. Conflito conhecido para declarar a competência do juiz federal da 1ª vara do juizado especial federal da subseção judiciária de juiz de fora/mg, o suscitante. (TRF 1ª R.; CC 0022052-34.2014.4.01.0000; Terceira Seção; Rel. Juiz Fed. Conv. Deniele Maranhão; DJF1 14/07/2016)

Diante da confusão entre embargos monitórios e embargos à execução, pode ser aplicado o princípio da fungibilidade:

✓ DIREITO PROCESSUAL CIVIL. AÇÃO MONITÓRIA FUNDADA EM TÍTULO EXECUTIVO. INTRESSE DE AGIR. POSSIBILIDADE DE RECEBIMENTO DE EMBARGOS À EXECUÇÃO APRESENTADOS TEMPESTIVAMENTE EM AUTOS APARTADOS COMO EMBARGOS MONITÓRIOS. AUSÊNCIA DE PREJUÍZO. PRINCÍPIOS DA INSTRUMENTALIDADE, DA FUNGIBILIDADE, DA EFETIVIDADE, DA ECONOMIA E DO APROVEITAMENTO RACIONAL DOS ATOS PROCESSUAIS. SENTENÇA CASSADA. 1. Apesar do conhecido entendimento defendido por parte da doutrina processualista, segundo o qual carece de interesse de agir para demandar em processo de conhecimento aquele que possui um título executivo extrajudicial, é certo que, ainda na vigência do CPC/1973, o Superior Tribunal de Justiça já vinha superando esse entendimento ao assentar que não há impedimento legal para que o credor, possuidor de um título, se utilize do processo de conhecimento ou da ação monitória para a cobrança. Essa orientação inclusive foi acolhida pelo CPC/2015, que em seu art. 785 dispõe que a existência de título executivo extrajudicial não impede a parte de optar pelo processo de conhecimento, a fim de obter título executivo judicial. 2. No caso, considerando a orientação que já vinha sendo construída à época do ajuizamento da ação e que foi expressamente acolhida pela nova legislação processual civil, atentando-se ainda para a segurança jurídica e a efetividade do processo que foi admitido pelo Juízo de origem, deve ser mantido o processamento da ação monitória proposta por opção do autor/apelado visando à certificação do direito de crédito, mesmo que, a princípio, fosse possível o ajuizamento de ação de execução. 3. Na ação monitória a defesa à pretensão inicial deve ser manifestada mediante a interposição de embargos que, nos termos do § 2º do art. 1.102-C do CPC/1973 (art. 702 do CPC/2015), serão apresentados nos próprios autos. Esses embargos, comumente denominados embargos à monitória, não se confundem com os embargos do devedor cabíveis no processo de execução. 4. Deve-se observar, contudo, que as implicações provenientes de irregularidades não devem ser relacionadas, em caráter absoluto, somente ao vício de forma, mas também à efetiva existência de prejuízo e ao alcance da finalidade dos atos processuais (art. 244 do CPC/1973; art. 277 do CPC/2015). 5. Na hipótese dos autos, apesar do erro cometido pelos apelantes ao protocolar embargos à execução quando a Lei previa embargos à monitória. Que independem de segurança do juízo e deveriam ser apresentados nos próprios autos. , essa irregularidade formal não pode, frente aos valores que norteiam o sistema processual, impedir o exame da defesa em seu conteúdo quando tempestivamente apresentada, ainda que em peça processual diversa. Assim, por força dos princípios da instrumentalidade, da fungibilidade, da efetividade, da economia e do aproveitamento racional dos atos processuais, esse vício formal, ante a inexistência de prejuízo efetivo, deve ceder às garantias processuais, o que recomenda o recebimento e processamento dos embargos à execução como embargos à monitória. Precedentes. 6. Recursos conhecidos e providos. (TJDF; APC 2016.03.1.005799-3; Ac. 104.3489; Quinta Turma Cível; Relª Desª Maria Ivatônia; Julg. 30/08/2017; DJDFTE 19/09/2017)

Há incompatibilidade do rito dos Juizados Especiais da Fazenda Pública com o procedimento da ação monitória:

✓ A delimitação específica do procedimento da ação monitória, consoante os art. 700 a 702 do CPC/15, com dilação probatória e embargos próprios, impossibilita o processamento da ação perante o Juizado Especial da Fazenda Pública, por ser incompatível com rito da Lei Federal n. 12.153/2009, motivo pelo qual decide-se pela competência absoluta do Juízo Comum. (TJMG; CONF 1.0000.16.095925-0/000; Rel. Des. Armando Freire; Julg. 08/08/2017; DJEMG 16/08/2017)

§ 2º Na petição inicial, incumbe ao autor explicitar, conforme o caso:

I – a importância devida, instruindo-a com memória de cálculo;

É imprescindível a apresentação da memória de cálculo para a instrução da monitória que visa ao pagamento de quantia:

✓ AÇÃO MONITÓRIA. APRESENTAÇÃO DO CONTRATO DE ABERTURA DE CONTA COM DEMONSTRATIVOS DE DÉBITO DETALHADO. AUSÊNCIA. PROSSEGUIMENTO DO FEITO. IMPOSSIBILIDADE. 1. É suficiente para instruir ação monitória o contrato de abertura de crédito acompanhado do demonstrativo de débito, conforme a Súmula nº 247, do STJ. 2. Importante registrar, por outro lado, que, nos termos do art. 700, §2º e §4º, do NCPC, na petição inicial incumbe ao autor explicitar a importância devida, instruindo-a com a memória de cálculo, devendo tal peça ser indeferida quando não atenda essa exigência. 3. Hipótese em que o demonstrativo de débito apresentado pela demandante não é suficiente e hábil para instruir a ação, por não indicar a evolução da dívida, com respectivo encargo e periodicidade, não preenchendo, pois, o requisito necessário para o prosseguimento da demanda em tela, de modo que deve ser mantida a sentença que extinguiu o processo sem o exame do seu mérito. 4. Apelação desprovida. (TRF 5ª R.; AC 0015683-31.2012.4.05.8100; CE; Terceira Turma; Rel. Des. Fed. Paulo Machado Cordeiro; DEJF 08/06/2016; Pág. 56)

Em sentido contrário. Desnecessidade de planilha de cálculos quando os demais documentos são suficientes:

✓ APELAÇÃO CIVIL. Ação monitória. Embargos protocolados em autos apartados. Inobservância do rito estabelecido no artigo 702 do CPC. Não apreciação dos embargos pelo juízo monocrático e constituição em título executivo judicial. Possibilidade de aplicação dos princípios da fungibilidade e instrumentalidade das formas, visto que respeitado o prazo de quinze dias previsto no artigo 702, § 5º, do CPC. Sentença anulada. Prosseguimento da monitória. Processo em condições para julgamento. Alegação de inépcia da inicial monitória por inexistência de planilha de cálculos. Desnecessidade. Documentos coligidos à exordial aptos a aparelhar a ação monitória. Excesso de execução. Juros de mora. Fazenda Pública. Índices oficiais de remuneração básica aplicados à caderneta de poupança. Correção monetária. Aplicação do IPCA. Seguimento da ação monitória no valor encontrado pelo ente municipal. Redimensionamento do ônus sucumbencial. Recurso conhecido e parcialmente provido. Decisão unânime. (TJSE; AC 201600815943; Ac. 5535/2017; Segunda Câmara Cível; Rel. Des. Luiz Antônio Araújo Mendonça; Julg. 28/03/2017; DJSE 31/03/2017)

II – o valor atual da coisa reclamada;

III – o conteúdo patrimonial em discussão ou o proveito econômico perseguido.

Não se exige que na exordial o autor mencione ou comprove a relação causal que deu origem à emissão de cheque prescrito:

✓ CIVIL. PROCESSUAL CIVIL. AGRAVO INTERNO NO AGRAVO EM AGRAVO EM RECURSO ESPECIAL. RECURSO MANEJADO SOB A ÉGIDE DO NCPC. AÇÃO MONITÓRIA APARELHADA EM CHEQUE PRESCRITO. DISPENSA DA MENÇÃO À ORIGEM DA DÍVIDA. DECISÃO RECORRIDA EM CONSONÂNCIA COM A JURISPRUDÊNCIA DESTA CORTE EM RECURSO REPRESENTATIVO DA CONTROVÉRSIA RESP Nº 1.094.571/SP. INCIDÊNCIA DA SÚMULA Nº 83 DO STJ. DISSÍDIO JURISPRUDENCIAL NÃO COMPROVADO. AUSÊNCIA DE SIMILITUDE FÁTICA. DECISÃO MANTIDA POR SEUS PRÓPRIOS FUNDAMENTOS. AGRAVO INTERNO NÃO PROVIDO. 1. Aplicabilidade do NCPC a este recurso ante os termos do Enunciado Administrativo nº 3 aprovado pelo Plenário do STJ na sessão de 9/3/2016: Aos recursos interpostos com fundamento no CPC/2015 (relativos a decisões publicadas a partir de 18 de março de 2016) serão exigidos os requisitos de admissibilidade recursal na forma do novo CPC. 2. No julgamento do Recurso Representativo da Controvérsia REsp nº 1.094.571/SP de relatoria do Ministro LUIS FELIPE SALOMÃO foi consolidado o entendimento de que "o autor da ação monitória não precisa, na exordial, mencionar ou comprovar a relação causal que deu origem à emissão do cheque prescrito, todavia nada impede o requerido, em embargos à monitória, discuta a causa debendi, cabendo-lhe a iniciativa do contraditório e o ônus da prova. Mediante apresentação de fatos impeditivos, modificativos ou extintivos do direito do autor ". Súmula nº 83 do STJ. 3. O Tribunal de origem entendeu pela alegação genérica e ausência de provas da prática de agiotagem por terceiro estranho à lide e, portanto, da impossibilidade de inversão do ônus da prova. Incide, assim, a Súmula nº 7 do STJ. 4. O dissídio jurisprudencial não apresenta similitude fática, pois o paradigma trata da possibilidade de inversão do ônus da prova para que o credor (parte no processo) comprove a licitude da dívida. No caso dos autos, a suposta prática de agiotagem foi atribuída a terceiro estranho à lide, e não ao autor da monitória. 5. Não sendo a linha argumentativa apresentada capaz de evidenciar a inadequação dos fundamentos invocados pela decisão agravada, o presente agravo não se revela apto a alterar o conteúdo do julgado impugnado, devendo ele ser integralmente mantido em seus próprios termos. 6. Agravo interno não provido. (STJ; AgInt-AREsp 860.470; Proc. 2016/0032987-4; SP; Terceira Turma; Rel. Min. Moura Ribeiro; DJE 05/06/2017)

§ 3º O valor da causa deverá corresponder à importância prevista no § 2º, incisos I a III.

§ 4º Além das hipóteses do art. 330, a petição inicial será indeferida quando não atendido o disposto no § 2º deste artigo.

§ 5º Havendo dúvida quanto à idoneidade de prova documental apresentada pelo autor, o juiz intimá-lo-á para, querendo, emendar a petição inicial, adaptando-a ao procedimento comum.

Possibilidade de conversão do procedimento monitório em procedimento comum:

✓ PROCESSUAL CIVIL. AÇÃO MONITÓRIA. CONTRATOS BANCÁRIOS. CONTRATO DE LIMITE DE CRÉDITO PARA OPERAÇÕES DE DESCONTO. IDONEIDADE DOS DOCUMENTOS PARA AJUIZAMENTO. INSUFICIÊNCIA DE PROVA. INSTRUÇÃO DA PRETENSÃO MONITÓRIA. POSSIBILIDADE. I. O procedimento monitório de que tratam os arts. 1.102 - A, 1.102 - B e 1.102 - C do CPC, atual art. 700 do Novo CPC (Lei n. 13.105/2015), oportuniza ao credor a obtenção de um título executivo com vistas à realização de seu direito pela via judicial, a partir de prova escrita, sem eficácia de título executivo. II. Consoante orientação do egrégio Superior Tribunal de Justiça, o comprovante apto à instrução da ação monitoria não precisa ser emitido pelo devedor ou nele constar sua assinatura, podendo ser qualquer documento que sinalize o direito à cobrança e que seja capaz de convencer o julgador da pertinência da dívida. Precedente do STJ: AgRg no AREsp 289.660/RN. III. Hipótese em que foram apresentados os contratos firmados pelas partes, (fls. 09/13 e 15/27), datados de 25/09/2012 e de 19/03/2014, no valor de cento e nove mil reais e de quarenta e cinco mil reais, respectivamente; demonstrativos de débito e de evolução da dívida, relatório de títulos em atraso, extratos de movimentação da conta de julho a dezembro de 2012, de janeiro a dezembro de 2013 e de janeiro a setembro de 2014, borderôs de desconto com cópias de alguns dos cheques relacionados em devolução. IV. Entretanto, os extratos da movimentação bancária apresentados não abrangem todo o período da dívida, assim como não demonstram os valores efetivamente liberados em decorrência dos contratos aludidos, sequer sendo mencionados, nas datas de assinatura dos contratos, 25/09/2012 e 19/03/2014, a disponibilização dos valores pactuados, a sua real utilização. IV. Em que pese a possibilidade de ser lastreada a ação monitória com prova escrita sem eficácia de título executivo, bem como a elasticidade do seu aparelhamento por meio de documentos idôneos, capazes de levar à convicção da existência da dívida, dado o potencial de dilação probatória do rito, o espectro de provas apresentado nos presentes autos, ainda que possa induzir à comprovação do vínculo obrigacional criado entre as partes, por meio dos contratos firmados, não se mostra suficiente para demonstrar a legitimidade do quanto cobrado, uma vez que não apresenta a correspondência entre o saldo eventualmente disponibilizado, os valores utilizados e a evolução da dívida, de modo a que se pudesse inferir a autenticidade do débito, apto a constituir o título executivo. V. Dispõe a novel legislação codificada, art. 700, § 5º que, "havendo dúvida quanto à idoneidade de prova documental apresentada pelo autor, o juiz intimá-lo-á para, querendo, emendar a petição inicial, adaptando-a ao procedimento comum. " VI. Apelação da parte embargante a que se dá provimento. Sentença anulada. Devolução dos autos para prosseguimento da instrução processual. (TRF 1ª R.; AC 0005275-05.2015.4.01.3826; Sexta Turma; Rel. Des. Fed. Jirair Aram Meguerian; DJF1 06/03/2017)

Decisão entendendo que o fato de já terem sido opostos embargos monitórios não impede a emenda da inicial:

✓ EMBARGOS DE DECLARAÇÃO. AÇÃO MONITÓRIA. OMISSÃO QUANTO À APLICABILIDADE DO ARTIGO 700, §5º DO CPC/2015. IDONEIDADE DA DOCUMENTAÇÃO. DETERMINAÇÃO DE EMENDA À INICIAL PARA ADEQUAÇÃO. DEVER DO JUÍZO. PRIMAZIA DO JULGAMENTO DO MÉRITO. 1. O artigo 1.022, do novo Código de Processo Civil, quanto às hipóteses de cabimento dos embargos de declaração, passou a prever, ao lado da omissão, da obscuridade e da contradição, o erro material, o que já vinha sendo admitido em sede doutrinária e jurisprudencial. 2. Trata se de ação monitória proposta na vigência do CPC/1973, tendo sido prolatada sentença terminativa já na vigência do CPC/2015, com base em seu art. 485, IV, tendo o juízo entendido pela inadequação da via eleita. 3. Verifica-se omissão no acórdão embargado quando deixou de se manifestar sobre o requerimento de aplicação subsidiária do art. 700, §5º do CPC/2015. 4. A partir da vigência do CPC/2015, a possibilidade de intimação para emenda à inicial da ação monitória, na hipótese de dúvida quanto à idoneidade da documentação apresentada, constitui-se como direito da parte e dever do juiz, em consonância, inclusive, com os princípios da economia processual e da primazia do julgamento do mérito. 5. Ainda que a presente ação monitória tenha sido proposta em momento anterior ao novo Código de Processo Civil, a orientação jurisprudencial já caminhava nesse sentido, uma vez que a legislação processual sempre foi ao encontro da máxima efetividade do processo, possibilitando a emenda à inicial eivada de vícios sanáveis. 6. A sentença terminativa foi proferida já quando vigente o CPC/2015, de modo que o juízo a quo poderia, naquele momento processual, ter se valido do disposto no art. 700, §5º do CPC/2015, ainda que já apresentados os embargos à monitória pela parte ré, uma vez que ¿o fato de a emenda à inicial ter se dado após a contestação do feito, por si só, não inviabiliza a adoção da diligência corretiva¿ (AgRg no AREsp 196.345/SP; Rel. Ministra MARIA ISABEL GALLOTTI, QUARTA TURMA, DJe 04/02/2014). 8. Deve-se dar provimento aos embargos de declaração, com efeitos infringentes, para sanar a omissão quanto à aplicação do art. 700, §5º do CPC/2015 e, em consequência, dar parcial provimento ao recurso de apelação autoral, anulando a sentença, com retorno dos autos à Vara de origem para as providências cabíveis. Prejudicada a apelação da parte ré. 9. Embargos de declaração providos. (TRF 2ª R.; AC 0066243-29.2015.4.02.5101; Quinta Turma Especializada; Rel. Des. Fed. Aluísio Gonçalves de Castro Mendes; Julg. 14/03/2017; DEJF 28/03/2017)

O juiz deve oportunizar à parte a regularização da petição inicial:

✓ APELAÇÃO CÍVEL. AÇÃO MONITÓRIA. JULGAMENTO IMPROCEDENTE COM BASE NA AUSÊNCIA DE DOCUMENTO HÁBIL. CERCEAMENTO DE DEFESA VISLUMBRADO. FALTA DE OPORTUNIDADE DE REGULARIZAR O DEFEITO PROCESSUAL. DEVER DE COOPERAÇÃO DO MAGISTRADO. SENTENÇA ANULADA. RECURSO PROVIDO. Nos moldes dos artigos 700 e 701, do NCPC, apenas quando evidente o direito do autor da ação monitória que o juiz deve deferir a expedição de mandado de pagamento, de entrega de coisa ou para execução de obrigação de fazer ou de não fazer. Ofende os princípios do cerceamento da defesa e da cooperação a sentença proferida sem oportunizar à parte a regularização do defeito em que se fundamenta. Sentença anulada. Recurso provido. (TJMS; APL 0800960-48.2016.8.12.0002; Primeira Câmara Cível; Rel. Des. Marcelo Câmara Rasslan; DJMS 14/07/2017; Pág. 70)

§ 6º É admissível ação monitória em face da Fazenda Pública.

Possibilidade de monitória contra a Fazenda Pública:

✓ ADMINISTRATIVO. AÇÃO MONITÓRIA. JUIZ CLASSISTA INATIVO. DIREITO AO PAGAMENTO DE DIFERENÇAS ORIUNDAS DE REVISÃO DE APOSENTADORIA. RECONHECIMENTO ADMINISTRATIVO. REVISÃO DE ATO DE APOSENTADORIA. 1. Inocorre a alegada ausência de interesse processual da parte autora, pois esta se revela justamente diante da resistência da Administração em pagar a dívida, já reconhecida, condicionando o adimplemento à disponibilidade orçamentária, desde julho de 2015. Ainda que assim não fosse, conforme a própria União informa em sua contestação, com o ajuizamento da ação, o autor foi retirado da lista de pagamento, o que faz caracterizar o interesse de agir. 2. Nos termos do art. 700, inciso I, do Código de Processo Civil, A ação monitória pode ser proposta por aquele que afirmar, com base em prova escrita sem eficácia de título executivo, ter direito de exigir do devedor capaz o pagamento de quantia em dinheiro. Por sua vez, o §6 do art. 700 do CPC, positivando a Súmula nº 339 do Superior Tribunal de Justiça, reza que é cabível ação monitória contra a Fazenda Pública. Portanto, perfeitamente cabível a via monitória para a cobrança da dívida em questão, de modo que rejeito a preliminar. 3. Reconhecida a dívida na esfera administrativa, não há como o servidor esperar indefinidamente pela existência de disponibilidade orçamentária para receber o que lhe é devido. (TRF 4ª R.; AC 5002532-55.2016.404.7208; SC; Terceira Turma; Rel. Juiz Fed. Alcides Vettorazzi; Julg. 07/02/2017; DEJF 10/02/2017)

§ 7º Na ação monitória, admite-se citação por qualquer dos meios permitidos para o procedimento comum.

Possibilidade de citação por edital:

✓ PROCESSUAL CIVIL. AÇÃO MONITÓRIA. CAIXA ECONÔMICA FEDERAL (CEF). CONTRATO BANCÁRIO. DOCUMENTOS NECESSÁRIOS. AJUIZAMENTO DA AÇÃO. CITAÇÃO POR EDITAL. POSSIBILIDADE. SENTENÇA CONFIRMADA. APELAÇÃO DESPROVIDA. 1. Consoante a Súmula n. 247 do Superior Tribunal de Justiça, "o contrato de abertura de crédito em conta corrente, acompanhado do demonstrativo de débito, constitui documento hábil para o ajuizamento da ação monitória ". 2. Na hipótese, constando dos autos o contrato de crédito rotativo e o demonstrativo do débito, há documentos aptos a ensejar o ajuizamento da ação monitória. 3. O rito processual da ação monitória, não obstante tratar-se de procedimento especial, previsto nos artigos 700 a 702 do novo Código de Processo Civil (CPC), comporta a aplicação das regras do procedimento ordinário, entre elas a citação por edital, não implicando em existência de cerceamento de defesa. Preliminar rejeitada. 4. A citação por edital ocorre "quando ignorado, incerto ou inacessível o lugar em que se encontra, nos termos do art. 256, incisos I e II, do novo CPC. No caso, mostra-se regular a citação, por edital, após várias tentativas frustradas de localização do réu. 5. Sentença confirmada. 6. Apelação desprovida. (TRF 1ª R.; AC 0037484-54.2009.4.01.3400; Sexta Turma; Relª Juíza Fed. Conv. Daniele Maranhão Costa Calixto; DJF1 23/08/2016)

Art. 701. Sendo evidente o direito do autor, o juiz deferirá a expedição de mandado de pagamento, de entrega de coisa ou para execução de obrigação de fazer ou de não fazer, concedendo ao réu prazo de 15 (quinze) dias para o cumprimento e o pagamento de honorários advocatícios de cinco por cento do valor atribuído à causa.

A intempestividade da oposição de embargos acarreta os efeitos da revelia:

✓ APELAÇÃO CÍVEL. DIREITO CIVIL. PROCESSO CIVIL. AÇÃO MONITÓRIA. EMBARGOS. INTEMPESTIVIDADE DA MANIFESTAÇÃO. REVELIA. ÔNUS PROBATÓRIO DA EMBARGANTE. DESCUMPRIMENTO. CONDENAÇÃO MANTIDA. 1. Os artigos 701 e 702, do Código de Processo Civil, estabelecem o prazo de 15 (quinze) dias úteis para o protocolo dos Embargos à Monitória. 2. Protocolados os Embargos depois de transcorrido o prazo legal, tratando-se de direito patrimonial, operam-se os efeitos decorrentes da Preclusão Temporal e da Revelia. 3. A técnica processual da Ação Monitória rege-se pela inversão do Contraditório, cabendo ao réu apontar a inexistência de relação jurídica subjacente ao título cambial. 4. Somadas a referida inversão do Contraditório e a presunção de veracidade da existência da relação jurídica de direito material decorrente da Revelia à inexistência de preliminar de cerceamento de defesa nas razões da Apelação, mantém-se a condenação constante da Sentença recorrida. 5. Conquanto a atual dogmática do Processo Civil oriente pela busca da verdade real, devem as partes cumprir os ônus de impugnação especificada dos fatos, probatórios e de manejo dos recursos. Princípio da Segurança Jurídica. 6. Apelação conhecida, mas desprovida. (TJDF; APC 2016.01.1.029135-6; Ac. 103.0725; Oitava Turma Cível; Rel. Des. Eustáquio de Castro; Julg. 06/07/2017; DJDFTE 18/07/2017)

Fixação de honorários de cinco por cento e custas processuais em caso de revelia:

✓ APELAÇÃO CÍVEL. AÇÃO MONITÓRIA. CONVERSÃO EM TÍTULO EXECUTIVO. RÉU REVEL. CONDENAÇÃO EM CUSTAS PROCESSUAIS E HONORÁRIOS SUCUMBENCIAIS. POSSIBILIDADE. À luz do princípio da causalidade, devem ser fixados honorários sucumbenciais, em caso de revelia do réu na ação monitória. Nos termos do §1º do art. 701 do CPC/15, a isenção ao pagamento das custas, na ação monitória, somente ocorre na hipótese de pagamento voluntário do mandado inicial. Entretanto, nos termos do caput do art. 701 do CPC/15 deve prevalecer, para o caso de inércia do réu no pagamento voluntário do mandado inicial, o percentual de 5% (cinco por cento), a título de honorários sucumbenciais. (TJMG; APCV 1.0153.15.009748-0/001; Rel. Des. Luiz Artur Hilário; Julg. 14/09/2017; DJEMG 29/09/2017)

Julgado entendendo que os 5% se referem aos honorários que devem ser pagos quando há o pagamento dentro do prazo de 15 dias. No caso de não pagamento, a fixação deve seguir o art. 85, § 2º, do CPC:

✓ APELAÇÃO. AÇÃO MONITÓRIA. CONSTITUIÇÃO DE PLENO DIREITO. FIXAÇÃO DA VERBA HONORÁRIA. ART. 85, § 2º, DO CPC. 1. O percentual de cinco por cento (5%) previsto no art. 701, do CPC, diz respeito aos honorários advocatícios que devem ser pagos pelo devedor quando ele efetuar o pagamento dentro do prazo recursal de quinze dias (15) dias. 2. Em caso de não pagamento, sendo o título executivo constituído de pleno direito, a fixação da verba honorária deve respeitar os limites estabelecidos no art. 85, § 2º, do CPC. 3. Apelo provido. (TJDF; APC 2016.07.1.017467-0; Ac. 102.0451; Quarta Turma Cível; Rel. Des. Arnoldo Camanho de Assis; Julg. 24/05/2017; DJDFTE 05/06/2017)

✓ MONITÓRIA. CHEQUE. CAUÇÃO. NÃO COMPROVAÇÃO. DATA INICIAL. JUROS DE MORA. HONORÁRIOS SUCUMBENCIAIS. ARTIGO 701 DO CÓDIGO DE PROCESSO CIVIL. 1. A ação monitória possui natureza de processo cognitivo sumário, e fundamenta-se, sobretudo, na presença de prova escrita sem eficácia de título executivo, visando o adimplemento, mediante pagamento em dinheiro, de obrigação assumida (art. 1.102 a). 2. Comprovada a relação jurídica que gerou a dívida existente, cabe à parte adversa indicar fato impeditivo, modificativo ou extintivo da obrigação, o que não sendo feito traduz-se em presunção de legitimidade da exigência do título. 3. Demonstrado está o direito do credor em receber a quantia consignada no cheque quando o devedor não comprova que foi emitido a título de caução e não há na cártula qualquer observação de que se trata de cheque caução ou simplesmente a expressão não à ordem. 4. Em se tratando de dívida positiva e certa, o termo inicial da contagem dos juros de cheque é a data da sua primeira apresentação. Posicionamento do Superior Tribunal de Justiça. 5. Os honorários de 5% (cinco por cento) fixados no início da ação monitória constituem um benefício ao devedor para que este cumpra a obrigação no prazo de 15 dias. Assim, caso o devedor apresente embargos à monitória, o juiz fixará os honorários de sucumbência ao final da demanda, por ocasião da sentença. Inteligência do art. 701 do Código de Processo Civil. 6. Recurso conhecido e desprovido. (TJDF; APC 2016.01.1.066713-2; Ac. 101.7090; Terceira Turma Cível; Relª Desª Maria de Lourdes Abreu; Julg. 10/05/2017; DJDFTE 18/05/2017)

✓ PROCESSUAL CIVIL. AÇÃO MONITÓRIA. INÉRCIA DO EMBARGADO. TÍTULO CONSTITUÍDO DE PLENO DIREITO. HONORÁRIOS ADVOCATÍCIOS. ART. 701 DO NCPC. 1. Na sistemática do novo Código de Processo Civil, o art. 701 afirma que, estando evidente o direito do autor, o juiz deferirá a expedição de mandado de pagamento, concedendo ao réu o prazo de 15 (quinze) dias para cumprimento e pagamento de honorários advocatícios de cinco por cento do valor atribuído à causa. 2. Na ação monitória, caso a parte devedora permaneça inerte ao comando judicial. Deixando de apresentar embargos a monitória. E for declarado constituído de pleno direito o título executivo judicial, atrai-se a aplicação da regra estabelecida no art. 85, §2º do NCPC aos honorários advocatícios. 3. Deu-se provimento ao apelo para fixar honorários advocatícios, consoante art. 85, §2º do NCPC. (TJDF; APC 2016.07.1.019483-3; Ac. 103.0408; Terceira Turma Cível; Rel. Des. Flavio Renato Jaquet Rostirola; Julg. 05/07/2017; DJDFTE 13/07/2017)

§ 1º O réu será isento do pagamento de custas processuais se cumprir o mandado no prazo.

§ 2º Constituir-se-á de pleno direito o título executivo judicial, independentemente de qualquer formalidade, se não realizado o pagamento e não apresentados os embargos previstos no art. 702, observando-se, no que couber, o Título II do Livro I da Parte Especial.

§ 3º É cabível ação rescisória da decisão prevista no caput quando ocorrer a hipótese do § 2º.

Julgado que entende haver coisa julgada material na ação monitória, no tocante à decisão que converte o mandado inicial de pagamento em título executivo judicial:

✓ AGRAVO DE INSTRUMENTO. Ação monitória em fase de cumprimento de sentença. Decisão que rejeita a impugnação ofertada pelo executado. Se na ação monitória foi convertido o mandado inicial de pagamento em título executivo judicial (NCPC, art. 701, § 2º), o devedor somente poderá alegar em sede de Impugnação, com fulcro no § 1º do art. 525 do Novo CPC, as matérias supervenientes à formação desse título executivo judicial, cuja natureza é de sentença, respeitando-se assim a coisa julgada material constituída no procedimento monitório, de modo que cabível ao juízo de 1º grau apenas decidir quanto aos atos de execução, mas não quanto ao reconhecimento de supostas nulidades anteriores à formação do título judicial (causa subjacente), o que demandava embargos à monitória (NCPC, art. 702). Precedentes desta Corte de Justiça. O art. 701, § 3º, do Novo CPC, estanca a questão ao estabelecer que as matérias anteriores à constituição do título executivo judicial somente poderão ser objeto de discussão em ação rescisória, indo de encontro à natureza de sentença, coisa julgada, e o entendimento desde então. Decisão mantida também por esses fundamentos. Recurso desprovido. (TJSP; AI 2127580-86.2017.8.26.0000; Ac. 10766098; São Carlos; Décima Quinta Câmara de Direito Privado; Rel. Des. José Wagner de Oliveira Melatto Peixoto; Julg. 04/09/2017; DJESP 13/09/2017; Pág. 1725)

✓ AÇÃO RESCISÓRIA. AÇÃO MONITÓRIA. DECISÃO QUE CONVOLA MANDADO MONITÓRIO EM EXECUTIVO. Cabimento. Natureza de sentença que faz coisa julgada material. Previsão expressa no artigo 701, §3º do CPC de 2015. Supostos artigos de Lei violados não enfrentados na sentença rescindenda. Revelia. Necessidade de produção de novas provas. Impossibilidade em sede de ação rescisória. Ação improcedente. (TJSP; AR 2245568-02.2015.8.26.0000; Ac. 10704941; São Paulo; Vigésima Nona Câmara de Direito Privado; Rel. Des. Fortes Barbosa; Julg. 16/08/2017; DJESP 24/08/2017; Pág. 2582)

Julgado entendendo que a decisão que constitui o título executivo judicial equivale a sentença transitada em julgado:

✓ PROCESSO CIVIL. AÇÃO MONITÓRIA. DECISÃO QUE CONSTITUI EM TÍTULO EXECUTIVO JUDICIAL. CONVERSÃO EM TÍTULO EXECUTIVO. EQUIVALÊNCIA COM SENTENÇA TRANSITADA EM JULGADO. APELAÇÃO. NÃO CONHECIDA. 1) A conversão do mandado monitório em mandado definitivo equivale à sentença transitada em julgado e, por isso, admite ação rescisória, nos termos do § 3º do art. 701 do CPC; 2) Apelação não conhecida. (TJAP; APL 0004049-64.2016.8.03.0002; Câmara Única; Relª Juíza Conv. Stella Ramos; Julg. 24/08/2017; DJEAP 12/09/2017; Pág. 32)

✓ PROCESSUAL CIVIL. APELAÇÃO CÍVEL. MONITÓRIA. CITAÇÃO VÁLIDA. EMBARGOS. REVELIA. TÍTULO EXECUTIVO CONSTITUÍDO. 1. Após a análise do conjunto probatório e a expedição do mandado de pagamento, uma vez presentes as condições de admissibilidade e o lastro da dívida, o réu possui o prazo de 15 dias para o cumprimento e pagamento, sendo constituído em pleno direito o título executivo judicial, caso não realizado o adimplemento ou não apresentados os embargos previstos no art. 702 do CPC. 2. A revelia implica a presunção de veracidade dos fatos alegados na inicial, constituindo-se em pleno direito o título executivo judicial (art. 702, § 2º, do CPC). 3. Após a constituição do título, a convicção acerca do crédito apenas é oponível através de ação rescisória (art. 701, § 3º, do CPC). 4. Recurso conhecido e provido. Sentença cassada. (TJDF; APC 2016.03.1.008803-3; Ac. 101.1658; Quinta Turma Cível; Rel. Des. Silva Lemos; Julg. 05/04/2017; DJDFTE 08/05/2017)

§ 4º Sendo a ré Fazenda Pública, não apresentados os embargos previstos no art. 702, aplicar-se-á o disposto no art. 496, observando-se, a seguir, no que couber, o Título II do Livro I da Parte Especial.

§ 5º Aplica-se à ação monitória, no que couber, o art. 916.

O parcelamento é faculdade do executado:

✓ APELAÇÃO. CONTRATO DE PRESTAÇÃO DE SERVIÇOS DE ATENDIMENTO AMBULATORIAL E DIAGNÓSTICOS. AÇÃO MONITÓRIA. Procedência. Pretensão ao parcelamento do débito, de acordo com art. 916 do CPC. Admissibilidade. Art. 701, § 5º, do CPC. Preenchidos os requisitos formais, é certo que o parcelamento é uma faculdade ao executado. Recurso da ré provido em parte. (TJSP; APL 1023259-38.2016.8.26.0554; Ac. 10812856; Santo André; Décima Quarta Câmara de Direito Privado; Rel. Des. Thiago de Siqueira; Julg. 21/09/2017; DJESP 26/09/2017; Pág. 2143)

Art. 702. Independentemente de prévia segurança do juízo, o réu poderá opor, nos próprios autos, no prazo previsto no art. 701, embargos à ação monitória.

§ 1º Os embargos podem se fundar em matéria passível de alegação como defesa no procedimento comum.

Aplicam-se as regras de ônus da prova relativas ao procedimento comum:

✓ CIVIL. PROCESSUAL CIVIL. FGTS. AÇÃO MONITÓRIA. LEVANTAMENTO EM DUPLICIDADE. DEVOLUÇÃO. VIABILIDADE. PROIBIÇÃO DE ENRIQUECIMENTO SEM CAUSA. ÔNUS DA PROVA. I. Hipótese em que se pleiteia em autos de ação monitória, movida pela CEF, a constituição de título executivo de dívida oriunda de saque em duplicidade de valores constantes de conta vinculada ao FGTS, com base em Termo de Parcelamento de Dívida firmado pelo embargante. II. O procedimento monitório de que tratam os arts. 1.102 - A, 1.102 - B e 1.102 - C do CPC/1973, atual art. 700 do Novo CPC (Lei n. 13.105/2015), oportuniza ao credor a obtenção de um título executivo com vistas à realização de seu direito pela via judicial, a partir de prova escrita, sem eficácia de título executivo. III. Dispõe o art. 876 do Código Civil que, "Todo aquele que recebeu o que lhe não era devido fica obrigado a restituir; obrigação que incumbe àquele que recebe dívida condicional antes de cumprida a condição. " IV. "É princípio geral de Direito que todo enriquecimento deve ter uma causa jurídica e, por isso, o pagamento indevido não pode ser origem de aumento patrimonial, ainda que feito voluntariamente, por erro, a pessoa de boa-fé. " (AC 00234115220014036100, JUIZ CONVOCADO HÉLIO NOGUEIRA, TRF3. PRIMEIRA TURMA, e-DJF3 Judicial 1 DATA:13/05/2014. FONTE-REPUBLICACAO) V. Correta a sentença na conclusão de que "a suposta falsidade da assinatura aposta no documento em tela, por se tratar de fato impeditivo do direito da autora, deve ser comprovada pelo embargante, a teor do disposto no art. 333, II, do CPC, ônus do qual não se desincumbiu. VI. Apelação da parte embargante a que se nega provimento. (TRF 1ª R.; AC 0015818-97.2005.4.01.3800; Sexta Turma; Rel. Des. Fed. Jirair Aram Meguerian; DJF1 25/07/2016)

§ 2º Quando o réu alegar que o autor pleiteia quantia superior à devida, cumprir-lhe-á declarar de imediato o valor que entende correto, apresentando demonstrativo discriminado e atualizado da dívida.

Necessidade de apresentação do demonstrativo do valor em excesso:

✓ AGRAVO RETIDO. NÃO CONHECIMENTO. AUSÊNCIA DE REQUERIMENTO EXPRESSO NAS RAZÕES DE APELAÇÃO. OFENSA AO ARTIGO 523, § 1º, DO CPC/73. VIGENTE À ÉPOCA DA INTERPOSIÇÃO DO RECURSO. Agravo retido não conhecido. embargos à ação monitória. extinção da monitória. ausência de cumprimento pelos embargantes do contido no artigo 702, § 2º, do CPC/2015. apresentação de irresignação do autor/embargado. requerimento de rejeição preliminar dos embargos e acolhimento do pedido inicial da ação monitória, diante do cumprimento ao artigo 1.102a, do CPC/73. declaração de nulidade da sentença de ofício. comando sentencial que se fundamentou no artigo 702, § 2º, do CPC/2015, entretanto, julgou extinta a ação monitória. não aplicação correta dos comandos do CPC. ofensa o princípio da irretroatividade das leis. aplicação de nova sistemática trazida pelo CPC/2015 para um ato praticado na vigência do CPC/73. embargos que na época do CPC/73 não necessitavam trazer o demonstrativo do excesso. imposição trazida com o advento do novo CPC. sentença nula. sentença anulada de ofício, com retorno dos autos ao juízo de primeiro grau. (TJPR; ApCiv 1658164-9; Santa Fé; Décima Quarta Câmara Cível; Rel. Des. Themis Furquim; Julg. 19/07/2017; DJPR 25/07/2017; Pág. 262)

A incidência de correção monetária não pode ser afastada quando o réu não se insurge, de imediato, aos valores apresentados pelo autor:

✓ PROCESSO CIVIL. ADMINISTRATIVO. AÇÃO MONITÓRIA. EXIGÊNCIA DE VALORES CONTIDOS EM DUPLICATAS SEM ACEITE. COMPROVAÇÃO DE ALIENAÇÃO DE PRODUTOS MÉDICO-HOSPITALARES À UNIÃO. CORREÇÃO MONETÁRIA. INCIDÊNCIA. I. Trata-se de apreciar ação monitória, fundada em duplicatas sem aceite, referentes à entrega à União de produtos hospitalares adquiridos em licitação, descritos em notas fiscais e em notas de empenho, no valor total de R$ 8.026,01 (oito mil e vinte e seis reais e um centavo). II. Extrai-se dos autos que a autora IBF. IND/ BRASILEIRA DE FILMES S/A sagrou-se vencedora em diversos itens do Pregão Eletrônico n. º 23/2011, deflagrado pela Marinha do Brasil para aquisição de diversos insumos médico-hospitalares, não tendo obtido o respectivo pagamento pela via administrativa. III. Em suas razões de apelação, a União requer a reforma da sentença, sustentando que a duplicata que embasa a demanda possui inconsistência relativa ao devedor, vez que os produtos foram destinados à Policlínica Naval Nossa Senhora da Glória, e não ao Centro Logístico de Saúde da Marinha, como consta no documento. Entretanto, não se sustenta o argumento, considerando que a União apresenta personalidade jurídica para responder pelos débitos assumidos tanto pela Policlínica Naval Senhora da Glória quanto pelo Centro Logístico de Saúde da Marinha, vez que ambos são órgãos integrantes da Administração Direta. lV. Não se pode afastar a incidência de correção monetária, como pretende a União, sobretudo se considerado o teor do artigo 1º da Lei n. º 6.899/81, o qual determina que ¿A correção monetária incide sobre qualquer débito resultante de decisão judicial, inclusive sobre custas e honorários advocatícios¿. V. A inicial apresenta os valores que a autora entende devidos, já com a incidência de correção monetária no valor total de R$ 8.026,01 (oito mil e vinte e seis reais e um centavo). Note-se que a União não apresentou qualquer irresignação quanto aos índices utilizados para tal correção, devendo, portanto, ser mantido o cálculo apresentado na inicial, conforme se extrai do disposto no artigo 702, §§2º e 3º do Código de Processo Civil. VI. Recurso não provido. (TRF 2ª R.; AC 0047341-33.2012.4.02.5101; Oitava Turma Especializada; Rel. Des. Fed. Marcelo Pereira da Silva; Julg. 27/09/2017; DEJF 10/10/2017)

Constatada a intempestividade dos embargos opostos à monitória, constitui-se de pleno direito o título executivo judicial:

✓ DIREITO PROCESSUAL CIVIL. APELAÇÃO CÍVEL. AÇÃO MONITÓRIA. AUSÊNCIA DE OPOSIÇÃO DE EMBARGOS NO PRAZO LEGAL. CONSTITUIÇÃO, DE PLENO DIREITO, DO TÍTULO EXECUTIVO JUDICIAL. INTELIGÊNCIA DO ARTIGO 701, §2º, DO CÓDIGO DE PROCESSO CIVIL. SENTENÇA MANTIDA. A Ação Monitória, prevista nos artigos 700 a 702 do Código de Processo Civil (correspondentes aos artigos 1.102-A a 1.102-C do Código de Processo Civil de 1973), destina-se à cobrança de obrigação consubstanciada em documento desprovido de eficácia de título executivo, após procedimento cognitivo sumário, com inversão da iniciativa do contraditório, que somente se instaura mediante a oposição de embargos pelo réu. Constatada a intempestividade dos embargos opostos à monitória, a constituição, de pleno direito, do título executivo judicial é medida que se impõe. Inteligência do artigo 701, §2º, do Código de Processo Civil. (TJMG; APCV 1.0702.15.007164-6/001; Rel. Des. Márcio Idalmo Santos Miranda; Julg. 13/09/2017; DJEMG 29/09/2017)

§ 3º Não apontado o valor correto ou não apresentado o demonstrativo, os embargos serão liminarmente rejeitados, se esse for o seu único fundamento, e, se houver outro fundamento, os embargos serão processados, mas o juiz deixará de examinar a alegação de excesso.

A ausência do apontamento do valor que o devedor entende correto, com respectiva memória de cálculo, leva à rejeição dos embargos:

✓ PROCESSUAL CIVIL. EMBARGOS À AÇÃO MONITÓRIA. CONTRATO BANCÁRIO. EXCESSO DE EXECUÇÃO. REVISÃO CONTRATUAL. ALEGAÇÃO GENÉRICA. ARTIGO 702 DO CPC. A matéria objeto dos presentes embargos à ação monitória é a revisão contratual decorrente de cláusulas ilegais e/ou abusivas, o que não impõe a perícia técnica para a sua demonstração, por se tratar de matéria de direito, cuja verificação se dá no instrumento contratual e demonstrativo de débito. – Não há como acolher os embargos à ação monitória com fundamento na alegação de excesso de execução, quando não apontado o valor que o devedor entende correto, com a respectiva memória do cálculo (art. 702, §§ 2º e 3º, do CPC). (TRF 4ª R.; AC 5049967-29.2014.404.7100; RS; Terceira Turma; Rel. Des. Fed. Fernando Quadros da Silva; Julg. 29/11/2016; DEJF 30/11/2016)

§ 4º A oposição dos embargos suspende a eficácia da decisão referida no caput do art. 701 até o julgamento em primeiro grau.

§ 5º O autor será intimado para responder aos embargos no prazo de 15 (quinze) dias.

§ 6º Na ação monitória admite-se a reconvenção, sendo vedado o oferecimento de reconvenção à reconvenção.

§ 7º A critério do juiz, os embargos serão autuados em apartado, se parciais, constituindo-se de pleno direito o título executivo judicial em relação à parcela incontroversa.

§ 8º Rejeitados os embargos, constituir-se-á de pleno direito o título executivo judicial, prosseguindo-se o processo em observância ao disposto no Título II do Livro I da Parte Especial, no que for cabível.

A atividade executiva decorrente da monitória não exige o pagamento de novas custas:

✓ AGRAVO DE INSTRUMENTO. DIREITO PRIVADO NÃO ESPECIFICADO. PROCEDIMENTO MONITÓRIO CONVERTIDO EM EXECUÇÃO. DECISÃO QUE DETERMINOU RECOLHIMENTO DE NOVAS CUSTAS. DESNECESSIDADE. DECISÃO AGRAVADA REFORMADA. Não há falar em recolhimento de novas custas, quando da conversão do procedimento monitório em execução, pois a segunda fase da ação monitória, denominada executiva, é realizada no mesmo processo e não se confunde com a tutela tratada no livro II, do CPC. Inteligência do artigo 702, §8º do CPC, com as regras previstas na consolidação normativa judicial. Precedentes deste tribunal. Agravo de instrumento provido. Unânime. (TJRS; AI 0145350-53.2016.8.21.7000; Cachoeirinha; Décima Sétima Câmara Cível; Relª Desª Liege Puricelli Pires; Julg. 25/08/2016; DJERS 01/09/2016)

<u>Devem incidir os juros de mora e a correção monetária pelos índices legalmente previstos a partir da constituição de pleno direito do título executivo judicial, e não mais os encargos financeiros previstos no contrato objeto da lide:</u>

✓ CIVIL E PROCESSO CIVIL. AÇÃO MONITÓRIA. COBRANÇA DE DÉBITO DECORRENTE DE CÉDULA DE CRÉDITO BANCÁRIO. REJEIÇÃO DOS EMBARGOS DO DEVEDOR. PROCEDÊNCIA DOS PEDIDOS INICIAIS. CONSTITUIÇÃO DE TÍTULO EXECUTIVO JUDICIAL. SUBSTITUIÇÃO DO TÍTULO DE CRÉDITO EXTRAJUDICIAL. JUROS DE MORA E CORREÇÃO MONETÁRIA. ÍNDICES LEGALMENTE PREVISTOS. Na ação monitória, após a sentença que rejeita os embargos de devedor e acolhe a pretensão autoral do credor, devem incidir os juros de mora e a correção monetária pelos índices legalmente previstos a partir da constituição de pleno direito do título executivo judicial, e não mais os encargos financeiros previstos no contrato objeto da lide. inteligência do art. 702, § 8 do novo CPC/15. (TJMG; APCV 1.0433.10.008090-5/001; Rel. Des. Otávio Portes; Julg. 22/03/2017; DJEMG 31/03/2017)

<u>Em sentido contrário. A atualização de dívida objeto de ação monitória deve se dar nos termos do contrato celebrado entre as partes, desde o inadimplemento e até a data do efetivo pagamento:</u>

✓ DIREITO CIVIL. AÇÃO MONITÓRIA. CONTRATO BANCÁRIO. FORÇA OBRIGATÓRIA DOS CONTRATOS. COMISSÃO DE PERMANÊNCIA. ATUALIZAÇÃO DO DÉBITO. CÓDIGO DE DEFESA DO CONSUMIDOR. ÔNUS SUCUMBENCIAIS. 1. Relativamente aos contratos, um a vez convencionados os direitos e obrigações, ficam as partes ligadas pelo vínculo da vontade que as uniu. Este é o princípio da Força Obrigatória dos Contratos. Inexistindo nulidades, ilegalidades ou vicio de vontade, as cláusulas impugnadas remanescem válidas. 2. É licita a incidência da indigitada comissão de permanência quando observada a taxa média dos juros de mercado, apurada pelo Banco Central do Brasil, todavia, desde que respeitada a taxa máxima pactuada entre as partes, por observância ao princípio da força obrigatória dos contratos. 3. Na hipótese, mostra-se legal a incidência da comissão de permanência prevista na cláusula décima terceira do contrato celebrado entre as partes, sem a incidência de qualquer outro encargo. 4. É imperioso assinalar, ainda, que a interpretação da situação dos autos passa toda ela pelos postulados do Código de Defesa do Consumidor, dado estar a relação jurídica entabulada na lide fundada em contrato firmado à luz daquela disciplina. 5. Não obstante dúvidas que pudessem pairar acerca da aplicabilidade dos dispositivos do código do consumerista aos contratos bancários e de financiamento em geral, o Colendo Superior Tribunal de Justiça recentemente colocou um a pá de cal sobre a questão, com edição da Súmula 297, nos seguintes termos: O Código de Defesa do Consumidor é aplicável às instituições financeiras. 6. O entendimento deste Tribunal é no sentido de que a atualização de dívida objeto de ação monitória deve se dar nos termos do contrato celebrado entre as partes, desde o inadimplemento e até a data do efetivo pagamento. 7. Aquele que deu causa à instauração da demanda deve arcar com as custas e os honorários advocatícios, em observância ao princípio da causalidade, considerando, ainda m ais que a parte contrária foi citada, constituiu advogado e participou do processo para defender-se. 8. Adem ais, o processo não pode gerar qualquer ônus para a parte que tem razão, impondo ao vencido o dever de pagar ao vencedor as despesas que antecipou e honorários advocatícios. Nesse sentido o entendimento do Superior Tribunal de Justiça. 9. Na hipótese, o momento processual adequado para a fixação dos ônus sucumbências é o da prolação da decisão que acolher em parte ou totalmente os embargos monitórios, posto que esse decisum constitui-se em título executivo judicial, tanto que o prosseguimento do feito se dará nos termos do que dispõe o § 8º do artigo 702 do Código de Processo Civil de 2015 (§ 3º do art. 1.102 - C do Código de Processo Civil de 1973), vale dizer, terá início a fase de cumprimento da sentença. 10. Considerando que os recursos foram interpostos na vigência do Código de Processo Civil de 1973 e que ambas as partes sucumbiram em parte do pedido, condeno as partes ao pagamento de honorários advocatícios que fixo em 10% (dez por cento) sobre o benefício econômico por cada um a obtido com a demanda, que se com pensarão no momento do pagamento, nos termos do que dispõe o artigo 21, daquele diploma processual, observado, se o caso, o disposto nos artigos 11 e 12, da Lei nº 1.050/60, no caso de resultar obrigação para a parte ré pagar os honorários após a compensação, já que beneficiária da Assistência Judiciária Gratuita. 11. Apelações da CEF e do réu parcialmente providas. (TRF 3ª R.; AC 0027908-41.2003.4.03.6100; Primeira Turma; Rel. Des. Fed. Wilson Zauhy; Julg. 07/02/2017; DEJF 22/02/2017)

§ 9º Cabe apelação contra a sentença que acolhe ou rejeita os embargos.

§ 10. O juiz condenará o autor de ação monitória proposta indevidamente e de má-fé ao pagamento, em favor do réu, de multa de até dez por cento sobre o valor da causa.

§ 11. O juiz condenará o réu que de má-fé opuser embargos à ação monitória ao pagamento de multa de até dez por cento sobre o valor atribuído à causa, em favor do autor.

Aplicação da multa pela má-fé da embargante:

✓ MONITÓRIA. COMPROMISSO DE COMPRA E VENDA DE IMÓVEL. INADIMPLÊNCIA DA RÉ NO PAGAMENTO DE SALDO REMANESCENTE, DECORRENTE DE RESÍDUO APURADO EM RAZÃO DA DIFERENÇA ENTRE O VALOR LIBERADO POR INSTITUIÇÃO BANCÁRIA E O VALOR EFETIVAMENTE DEVIDO. Embargos. Ausência de prova da quitação do preço. Ônus da prova da embargante quanto à demonstração de existência de fato impeditivo, modificativo ou extintivo do direito da autora, do qual não se desincumbiu. Aplicação do art. 373, inciso II do Código de Processo Civil. Título que preenche os requisitos estabelecidos no artigo 700 do Código de Processo Civil vigente. Aplicação da multa prevista pelo artigo 702, parágrafo 11º do CPC. Cabimento. Patente a má-fé da embargante. Improcedência dos embargos. Sentença confirmada. RECURSO NÃO PROVIDO. (TJSP; APL 1012692-21.2016.8.26.0562; Ac. 10672234; Santos; Décima Câmara de Direito Privado; Rel. Des. Elcio Trujillo; Julg. 08/08/2017; DJESP 22/08/2017; Pág. 2030)

✓ APELAÇÃO. AÇÃO MONITÓRIA. Sentença julgada improcedente, condenando a apelante ao pagamento de multa, nos termos do art. 702, § 10, do Código de Processo Civil. Alegações da apelante contrárias às provas dos autos. E-mail que indica que o apelado havia rescindido o contrato em fevereiro de 2015, existindo ainda outros indícios que corroboram a sua versão sobre os fatos. Ação proposta de forma manifestamente indevida. Má-fé caracterizada. Negado provimento. (TJSP; APL 1050776-22.2016.8.26.0100; Ac. 9979941; São Paulo; Vigésima Quinta Câmara de Direito Privado; Rel. Des. Hugo Crepaldi; Julg. 17/11/2016; DJESP 24/11/2016)

CAPÍTULO XII
DA HOMOLOGAÇÃO DO PENHOR LEGAL

Art. 703. Tomado o penhor legal nos casos previstos em lei, requererá o credor, ato contínuo, a homologação.

§ 1º Na petição inicial, instruída com o contrato de locação ou a conta pormenorizada das despesas, a tabela dos preços e a relação dos objetos retidos, o credor pedirá a citação do devedor para pagar ou contestar na audiência preliminar que for designada.

§ 2º A homologação do penhor legal poderá ser promovida pela via extrajudicial mediante requerimento, que conterá os requisitos previstos no § 1º deste artigo, do credor a notário de sua livre escolha.

§ 3º Recebido o requerimento, o notário promoverá a notificação extrajudicial do devedor para, no prazo de 5 (cinco) dias, pagar o débito ou impugnar sua cobrança, alegando por escrito uma das causas previstas no art. 704, hipótese em que o procedimento será encaminhado ao juízo competente para decisão.

§ 4º Transcorrido o prazo sem manifestação do devedor, o notário formalizará a homologação do penhor legal por escritura pública.

Art. 704. A defesa só pode consistir em:

I – nulidade do processo;

II – extinção da obrigação;

III – não estar a dívida compreendida entre as previstas em lei ou não estarem os bens sujeitos a penhor legal;

IV – alegação de haver sido ofertada caução idônea, rejeitada pelo credor.

Hipótese de defesa de o devedor ter ofertado caução idônea:

✓ APELAÇÃO. Ação de homologação de penhor legal. Procedência. Inconformismo da ré. Inadmissibilidade. Legitimidade passiva da Apelante. Defesa limitada pelo Código de Processo Civil revogado à existência de nulidade do processo, à extinção da obrigação por não estar a dívida compreendida entre as previstas em Lei ou a não estarem os bens sujeitos a penhor legal (artigo 875). Atual Código de Processo Civil acrescentou hipótese de haver sido ofertada caução idônea, rejeitada pelo credor (art. 704). Nenhuma das hipóteses de defesa configurada. Sentença Mantida. RECURSO IMPROVIDO. (TJSP; APL 1000475-25.2016.8.26.0568; Ac. 10600110; São João da Boa Vista; Décima Segunda Câmara de Direito Privado; Relª Desª Cristina Medina Mogioni; Julg. 13/07/2017; DJESP 19/07/2017; Pág. 1847)

Art. 705. A partir da audiência preliminar, observar-se-á o procedimento comum.

Art. 706. Homologado judicialmente o penhor legal, consolidar-se-á a posse do autor sobre o objeto.

§ 1º Negada a homologação, o objeto será entregue ao réu, ressalvado ao autor o direito de cobrar a dívida pelo procedimento comum, salvo se acolhida a alegação de extinção da obrigação.

§ 2º Contra a sentença caberá apelação, e, na pendência de recurso, poderá o relator ordenar que a coisa permaneça depositada ou em poder do autor.

CAPÍTULO XIII
DA REGULAÇÃO DE AVARIA GROSSA

Art. 707. Quando inexistir consenso acerca da nomeação de um regulador de avarias, o juiz de direito da comarca do primeiro porto onde o navio houver chegado, provocado por qualquer parte interessada, nomeará um de notório conhecimento.

Art. 708. O regulador declarará justificadamente se os danos são passíveis de rateio na forma de avaria grossa e exigirá das partes envolvidas a apresentação de garantias idôneas para que possam ser liberadas as cargas aos consignatários.

§ 1º A parte que não concordar com o regulador quanto à declaração de abertura da avaria grossa deverá justificar suas razões ao juiz, que decidirá no prazo de 10 (dez) dias.

§ 2º Se o consignatário não apresentar garantia idônea a critério do regulador, este fixará o valor da contribuição provisória com base nos fatos narrados e nos documentos que instruírem a petição inicial, que deverá ser caucionado sob a forma de depósito judicial ou de garantia bancária.

§ 3º Recusando-se o consignatário a prestar caução, o regulador requererá ao juiz a alienação judicial de sua carga na forma dos arts. 879 a 903.

§ 4º É permitido o levantamento, por alvará, das quantias necessárias ao pagamento das despesas da alienação a serem arcadas pelo consignatário, mantendo-se o saldo remanescente em depósito judicial até o encerramento da regulação.

Art. 709. As partes deverão apresentar nos autos os documentos necessários à regulação da avaria grossa em prazo razoável a ser fixado pelo regulador.

Art. 710. O regulador apresentará o regulamento da avaria grossa no prazo de até 12 (doze) meses, contado da data da entrega dos documentos nos autos pelas partes, podendo o prazo ser estendido a critério do juiz.

§ 1º Oferecido o regulamento da avaria grossa, dele terão vista as partes pelo prazo comum de 15 (quinze) dias, e, não havendo impugnação, o regulamento será homologado por sentença.

§ 2º Havendo impugnação ao regulamento, o juiz decidirá no prazo de 10 (dez) dias, após a oitiva do regulador.

Art. 711. Aplicam-se ao regulador de avarias os arts. 156 a 158, no que couber.

CAPÍTULO XIV
DA RESTAURAÇÃO DE AUTOS

Art. 712. Verificado o desaparecimento dos autos, eletrônicos ou não, pode o juiz, de ofício, qualquer das partes ou o Ministério Público, se for o caso, promover-lhes a restauração.

Possibilidade expressa, no CPC/15, de restauração de autos de ofício:

✓ PROCESSUAL CIVIL. TRIBUTÁRIO. RESTAURAÇÃO DE AUTOS "EX OFFICIO". PEÇAS SUFICIENTES PARA ENTENDIMENTO DA CONTROVÉRSIA. POSSIBILIDADE. ART. 712 DO NCPC. 1. A restauração dos autos merece acolhida, tendo em vista que foram acostados documentos idôneos e suficientes à continuidade do processo, tornando possível a exata compreensão da controvérsia. 2. Na hipótese, os autos foram extraviados nas dependências, e por culpa exclusiva, do Poder Judiciário, conforme certidão carreada aos autos. 3. O art. 712 do novo Código de Processo Civil prevê, expressamente, a possibilidade de o magistrado iniciar, de ofício, a restauração de autos. Verbis: "Verificado o desaparecimento dos autos, eletrônicos ou não, pode o juiz, de ofício, qualquer das partes ou o Ministério Público, se for o caso, promover-lhes a restauração". 4. Apelação não provida. (TRF 1ª R.; AC 0007251-12.2012.4.01.3807; Sétima Turma; Rel. Des. Fed. Hercules Fajoses; DJF1 20/04/2017)

Não há prazo para a restauração de autos:

✓ TRIBUTÁRIO. EXECUÇÃO FISCAL (LEI Nº 6830/80). RESTAURAÇÃO DE AUTOS (ARTIGO 712 DO NCPC). AUSÊNCIA DE ELEMENTOS QUE POSSIBILITEM O PROSSEGUIMENTO DO FEITO. EXTINÇÃO SEM JULGAMENTO DO MÉRITO. 1. Verifica-se dos autos que a execução fiscal acima referenciada desapareceu desde a redistribuiçao eletrônica do processo, não sendo localizada na 3ª. VFEF, de acordo com a certidão de fls. 08. 2. Intimada várias vezes ao longo de 6 (seis) anos para trazer documentos referentes ao processo, a Fazenda Nacional afirmou não ter encontrado elementos aptos à restauração dos autos, levando o MM. Juiz a quo a extinguir o feito, conforme a sentença de fls. 146. 3. Em que pese não haver prazo para a restauração dos autos (712 do NCPC), como visto, devidamente intimada, a Fazenda Nacional não conseguiu trazer ao feito os elementos mínimos necessários ao prosseguimento da ação. Ao contrário do que entende a exequente/apelante, há evidente ausência de pressuposto de constituição e desenvolvimento válido do processo, o que enseja a extinção do feito. 4. Ressalte-se que, caso a exequente ainda obtenha elementos referentes ao processo, nada impede a promoção da ação de restauração dos autos, na forma dos artigos 712 a 718 do NCPC. 5. Não há valor da execução nos autos. 6. Recurso desprovido. (TRF 2ª R.; AC 0714570-83.1900.4.02.5101; Quarta Turma Especializada; Rel. Des. Fed. Ferreira Neves; Julg. 29/08/2017; DEJF 21/09/2017)

Se o ente público não promover a restauração dos autos, apesar de sua prévia intimação pessoal, é possível a extinção do processo, sem julgamento do mérito:

✓ PROCESSUAL CIVIL. ADMINISTRATIVO. APELAÇÃO. EXECUÇÃO FISCAL. INTIMAÇÃO PESSOAL DO ENTE PÚBLICO PARA PROCEDER À RESTAURAÇÃO DOS AUTOS. INÉRCIA. CONFIGURAÇÃO DE ABANDONO DA CAUSA. 1. O artigo 1.063, caput, do Código de Processo Civil de 1973, atualmente previsto no artigo 712, caput, do Código de Processo Civil de 2015, preceitua que: ¿Verificado o desaparecimento dos autos, eletrônicos ou não, pode o juiz, de ofício, qualquer das partes ou o Ministério Público, se for o caso, promover-lhes a restauração¿. 2. A Constituição Federal estabelece, em seu artigo 5º, LXXVIII, a duração razoável do processo, não podendo se considerar crível que uma demanda possa ficar paralisada por tempo indeterminado e ao bel prazer do ente público, devido à sua inércia em cumprir as decisões judiciais. 3. O Superior Tribunal de Justiça firmou o entendimento de que ¿não promovendo a Fazenda Nacional a restauração dos autos, apesar de sua prévia intimação pessoal, é possível o reconhecimento do abandono da causa e, por conseguinte, a extinção do processo, sem julgamento do mérito. Nesse sentido: STJ, AgRg no AREsp 405.541/RJ, Rel. Ministro ARNALDO ESTEVES LIMA, PRIMEIRA TURMA, DJe de 07/03/2014, AgRg nos EDcl no REsp 1.351.378/RJ, Rel. Ministro BENEDITO GONÇALVES, PRIMEIRA TURMA, DJe de 18/02/2014; AgRg no REsp 1.323.730/RJ, Rel. Ministro HUMBERTO MARTINS, SEGUNDA TURMA, DJe de 03/09/2012¿. (STJ. AgRg no AREsp 420500 / RJ. Rel. Min. Assusete Magalhães. Segunda Turma. DJ: 18/02/2016) 4. Recurso de apelação desprovido. (TRF 2ª R.; AC 0605607-78.1900.4.02.5101; Quinta Turma Especializada; Rel. Des. Fed. Aluísio Gonçalves de Castro Mendes; Julg. 22/08/2017; DEJF 28/08/2017)

Deve haver a intimação do autor/exequente para promover a restauração de autos antes da extinção do processo sem resolução de mérito:

✓ TRIBUTÁRIO. PROCESSUAL CIVIL. APELAÇÃO. EXECUÇÃO FISCAL. EXTRAVIO DOS AUTOS. AUSÊNCIA DE INTIMAÇÃO PARA RESTAURAÇÃO. INÉRCIA DA EXEQUENTE NÃO CONFIGURADA. IMEDIATA EXTINÇÃO DO PROCESSO SEM RESOLUÇÃO DO MÉRITO. IMPOSSIBILIDADE 1. Trata-se de apelação interposta pela UNIÃO FEDERAL/ FAZENDA NACIONAL em face de sentença que julgou extinta a execução fiscal sem julgamento do mérito, na forma do art. 267, II, III, IV e VI do CPC/1973, tendo em vista que a presente execução fiscal encontra-se paralisada há quinze anos, e que a parte Exequente não manifestou interesse na restauração dos autos. 2. A execução fiscal deve ser extinta, por ausência de pressuposto válido ao desenvolvimento do processo se, apesar de pessoalmente intimada, a União permanece inerte em promover a restauração dos autos da execução fiscal, sem prejuízo de que, obtendo elementos para tanto, ajuíze a correspondente ação de restauração, consoante o disposto nos artigos 712 a 718 do CPC/15 (antigos artigos 1.063 a 1.069 do CPC/73). Precedentes: STJ, AgRg no AREsp 420.500/RJ, Rel. Ministra Assusete Magalhães, Segunda Turma; Julg. 18/02/2016, DJe 29/02/2016; STJ, REsp 1354793/RJ, Relator Ministro Castro Meira, Segunda Turma; Julg. 26/02/2013, DJe 05/03/2013; REsp 1354793/RJ, Relator Ministro Castro Meira, Segunda Turma; Julg. 26/02/2013, DJe 05/03/2013; AC nº 1900.51.01.512231-2, Relator Desembargador LUIZ ANTÔNIO SOARES, DJE 27/01/2016, Quarta turma Especializada; e AC nº 1900.51.01.582596-7, Relatora Desembargadora Federal CLÁUDIA MARIA PEREIRA BASTOS NEIVA, DJE: 07/12/2015. 3. Tendo a presente execução fiscal sido redistribuída em 28/03/2014, em 05/09/2014, o Juízo a quo proferiu sentença extinguindo de imediato o feito por ausência de pressuposto de desenvolvimento válido do processo, sem intimar previamente a União Federal/Fazenda Nacional para proceder à restauração dos autos, como devido. 4. Apelação provida para anular a sentença e determinar o retorno dos autos à Vara de origem, a fim de que a União Federal/Fazenda Nacional seja intimada para que promova a restauração dos autos. (TRF 2ª R.; AC 0517852-16.1900.4.02.5101; Terceira Turma Especializada; Rel. Des. Fed. Marcus Abraham; DEJF 21/02/2017)

A comunicação do advogado supostamente responsável pelo desaparecimento dos autos à OAB local é prescindível para a restauração:

✓ PROCESSO CIVIL. DISPOSITIVO CONSTITUCIONAL E ARTIGO DE REGIMENTO INTERNO. VIOLAÇÃO. IMPOSSIBILIDADE DE ANÁLISE EM SEDE DE RECURSO ESPECIAL. AÇÃO DE RESTAURAÇÃO DE AUTOS. REQUISITOS. ARTS. 1.063 A 1.069 DO CPC/1973 (CORRESPONDÊNCIA NOS ARTS. 712 A 718 DO CPC/2015). COMUNICAÇÃO DO FATO À OAB. PRESCINDIBILIDADE. 1. Recurso especial interposto contra acórdão publicado na vigência do CPC/1973. 2. Em sede de Recurso Especial, não cabe a esta Corte examinar suposta violação a dispositivos constitucionais, tendo em vista os precisos termos do art. 105, III, alíneas "a ", "b" e "c ", da CF/88. 3. O Recurso Especial não constitui via adequada para análise de ofensa a resolução, portaria, regimento interno ou Instrução Normativa, por não estarem tais atos normativos compreendidos na expressão de Lei federal, consoante a alínea "a" do inciso III do art. 105 da CF. 4. A comunicação do advogado, supostamente responsável pelo desaparecimento dos autos, à OAB local não se mostra imprescindível para o deferimento de sua restauração, nos termos do disposto nos arts. 1.063 a 1.069 do CPC/1973, com correspondência nos arts. 712 a 718 do CPC/2015, que regem a matéria. 5. Em face do princípio da instrumentalidade das formas, não há que se aplicar rigor excessivo que obste o objetivo do procedimento, especialmente diante da falta de comprovação de prejuízo às partes. 6. No procedimento de restauração de autos, todos os interessados devem cooperar exibindo as cópias dos documentos que estiverem em seu poder e quaisquer outros documentos que possam facilitar a sua reconstituição, visando recolocar o processo no estado em que se encontrava antes de os autos terem sido extraviados. Precedentes. 7. Recurso especial parcialmente conhecido e, nessa extensão, provido, para devolver os autos à origem e determinar que o Tribunal local, afastado o óbice anteriormente colocado, prossiga na instrução e no julgamento da ação de restauração como entender de direito. (STJ; REsp 1.411.713; Proc. 2013/0349882-0; SE; Segunda Turma; Rel. Min. Og Fernandes; DJE 28/03/2017)

Parágrafo único. Havendo autos suplementares, nesses prosseguirá o processo.

Art. 713. Na petição inicial, declarará a parte o estado do processo ao tempo do desaparecimento dos autos, oferecendo:

I – certidões dos atos constantes do protocolo de audiências do cartório por onde haja corrido o processo;

II – cópia das peças que tenha em seu poder;

III – qualquer outro documento que facilite a restauração.

Art. 714. A parte contrária será citada para contestar o pedido no prazo de 5 (cinco) dias, cabendo-lhe exibir as cópias, as contrafés e as reproduções dos atos e dos documentos que estiverem em seu poder.

Impossibilidade da "citação" pelo diário judiciário eletrônico:

✓ PROCESSO CIVIL. INCIDENTE DE RESTAURAÇÃO DE AUTOS. CITAÇÃO PESSOAL. FORMALIDADE LEGAL IMPRESCINDÍVEL. PUBLICAÇÃO NO DJE. INVALIDADE. PROCESSO NULO. O procedimento da ação de restauração de autos prevê que a parte contrária será citada para contestar o pedido no prazo de cinco dias (art. 714, CPC). Os arts. 242 e 246 do CPC, estabelecem que a citação pessoal deverá ser feita em uma das modalidades ali previstas, dentre as quais não se encontra a publicação no diário judiciário eletrônico, circunstância que torna inválido o ato citatório e vicia todo o processo de restauração. (TJMG; APCV 1.0394.16.003531-4/001; Rel. Des. Alberto Vilas Boas; Julg. 11/07/2017; DJEMG 19/07/2017)

§ 1º Se a parte concordar com a restauração, lavrar-se-á o auto que, assinado pelas partes e homologado pelo juiz, suprirá o processo desaparecido.

Não havendo impugnação, e reproduzidas as peças essenciais, pode ser julgada a restauração:

✓ PREVIDENCIÁRIO. RESTAURAÇÃO DE AUTOS. EXTRAVIO. PEÇAS ESSENCIAIS REPRODUZIDAS. AUSÊNCIA DE IMPUGNAÇÃO. A Subsecretaria da Nona Turma comunicou o extravio dos autos da ação movida por MARIO DE SOUSA DA ENCARNAÇÃO em face do INSS, distribuído originariamente à 2ª. Vara Federal de Santo André/SP (feito n. 0000753-38.2010.403.6126). Partes e Ministério Público Federal não opuseram impugnação. Reproduzidas as peças essenciais ao deslinde da causa. Autos em termos para julgamento, na conformidade com o disposto no artigo 716, caput, do CPC/2015, e do artigo 305, caput, do Regimento Interno desta Corte Regional. Precedentes. Não identificado o responsável pelo extravio e não vislumbrada a ocorrência de desídia ou má fé, em prejuízo da imposição da obrigação de arcar com as despesas da reconstituição, de eventual responsabilização cível e criminal previstas no artigo 304 do Regimento Interno desta Corte, bem como da instauração de sindicância nos termos do artigo 204, "a ", do Provimento CORE n. 64/2005. Autos julgados restaurados. (TRF 3ª R.; Rest 0010061-36.2016.4.03.0000; Nona Turma; Relª Desª Fed. Ana Pezarini; Julg. 26/06/2017; DEJF 11/07/2017)

Oportunizado o contraditório e não havendo resistência da parte contrária, homologa-se a restauração de autos:

✓ RESTAURAÇÃO DE AUTOS. PEÇAS INDISPENSÁVEIS. JUNTADA. DILIGÊNCIA DA REQUERENTE. CONTRADITÓRIO OPORTUNIZADO. DOCUMENTAÇÃO RECOMPOSTA. RESTAURAÇÃO HOMOLOGADA DOS AUTOS DA AC 2003.37.01.001.794-5/MA. 1. Após o trânsito em julgado dos autos principais, o feito fora remetido ao Juízo de origem, por meio do Malote nº 770, GRPJ nº 20140000040639, conforme informação colhida no sítio desta corte, contudo, o feito não chegou ao destino. 2. A restauração tem o objetivo de reconstituir materialmente os autos, de modo que as atribuições conferidas ao julgador, em sede de restauração de autos, têm índole administrava e não judicial. 3. Juntadas pela Requerente (por cópia) as peças indispensáveis (petição inicial, documentos pessoais do autor, ata de audiência, sentença que julgou procedente o pedido e o V. Acórdão), sem resistência da requerida, homologa-se a restauração de autos (NCPC, art. 716), com prosseguimento do processo após trânsito em julgado da decisão de homologação. Precedentes. 4. Restauração dos autos do processo AC 2003.37.01.001.794-5/MA homologada. (TRF 1ª R.; Rest-Aut 0026303-61.2015.4.01.0000; Segunda Turma; Rel. Juiz Fed. Conv. César Cintra Jatahy Fonseca; DJF1 28/06/2016)

Possibilidade de acordo na ação de restauração de autos, caracterizando título executivo:

✓ APELAÇÃO CÍVEL. RESTAURAÇÃO DE AUTOS. HOMOLOGAÇÃO. EXECUÇÃO. Firmado acordo no curso do processo de restauração de autos, com expresso reconhecimento do débito e novação, nada obsta o prosseguimento da execução. – Com o negócio jurídico celebrado na audiência, restou caracterizado novo título, de modo que em rigor a restauração, para fins de direito, foi consolidada naquela ocasião. (TRF 4ª R.; AC 5000833-34.2013.404.7111; RS; Terceira Turma; Rel. Des. Fed. Ricardo Teixeira do Valle Pereira; Julg. 08/11/2016; DEJF 11/11/2016)

§ 2º Se a parte não contestar ou se a concordância for parcial, observar-se-á o procedimento comum.

Art. 715. Se a perda dos autos tiver ocorrido depois da produção das provas em audiência, o juiz, se necessário, mandará repeti-las.

§ 1º Serão reinquiridas as mesmas testemunhas, que, em caso de impossibilidade, poderão ser substituídas de ofício ou a requerimento.

§ 2º Não havendo certidão ou cópia do laudo, far-se-á nova perícia, sempre que possível pelo mesmo perito.

§ 3º Não havendo certidão de documentos, esses serão reconstituídos mediante cópias ou, na falta dessas, pelos meios ordinários de prova.

§ 4º Os serventuários e os auxiliares da justiça não podem eximir-se de depor como testemunhas a respeito de atos que tenham praticado ou assistido.

§ 5º Se o juiz houver proferido sentença da qual ele próprio ou o escrivão possua cópia, esta será juntada aos autos e terá a mesma autoridade da original.

Art. 716. Julgada a restauração, seguirá o processo os seus termos.

Não há julgamento do mérito do processo originário na restauração, não havendo coisa julgada quanto a este:

✓ APELAÇÃO CÍVEL. EXECUÇÃO DE SENTENÇA. ESTADO DO RIO GRANDE DO SUL. RESTITUIÇÃO DE AUTOS HOMOLOGADA. ARTS. 714 E 715 DO CPC/15. Ausência de coisa julgada em relação ao mérito discutido na ação. Cobrança de honorários advocatícios em duplicidade comprovada. Mantida a decisão que extinguiu o feito, sem julgamento de mérito, nos termos do art. 485, V, do CPC/15. Negado provimento ao apelo. Unânime. (TJRS; AC 0419428-34.2016.8.21.7000; Porto Alegre; Quarta Câmara Cível; Rel. Des. Alexandre Mussoi Moreira; Julg. 30/08/2017; DJERS 21/09/2017)

A apelação da sentença da restauração de autos deve limitar-se à restauração, não podendo tratar do mérito do processo original:

✓ APELAÇÃO CÍVEL. RESTAURAÇÃO DE AUTOS. RAZÕES DO APELO DISSOCIADAS DO QUE FOI DECIDIDO NA SENTENÇA. RECURSO NÃO CONHECIDO. INOBSERVÂNCIA DO ART. 1.010, INCISOS II E III, DO NCPC. Não é possível conhecer do pleito recursal, visto que as razões estão dissociadas do que fora decidido na sentença. O magistrado julgou procedente o incidente, declarando restaurados os autos da ação civil pública; todavia, no recurso, o apelante limita-se a negar a prática de dano ao meio ambiente, que é matéria a ser analisada posteriormente, no decurso da ação civil pública, e não neste momento processual, em que a sentença trata apenas da restauração de autos. Assim, o apelo, na forma como apresentado, não pode ser conhecido, por ausência de pertinência da fundamentação apresentada e, por consequência, descumprimento dos requisitos previstos no art. 1.010, incisos II e III, do NCPC. Apelo não conhecido. Unânime. (TJRS; AC 0147320-54.2017.8.21.7000; Santo Ângelo; Vigésima Segunda Câmara Cível; Rel. Des. Francisco José Moesch; Julg. 14/09/2017; DJERS 22/09/2017)

É defeso o exame da causa principal no julgamento da restauração de autos:

✓ PROCESSUAL CIVIL. RESTAURAÇÃO DE AUTOS. OBSERVÂNCIA DAS DISPOSIÇÕES LEGAIS E REGIMENTAIS. 1. Os autos físicos da AC nº 402826/PE se extraviaram, juntamente com o malote dos correios no qual estavam acondicionados, quando eram deslocados deste TRF5 com destino ao STF, para fins de julgamento do recurso extraordinário interposto pelo autor. Logo, a competência para a restauração é do pleno, cabendo a relatoria ao desembargador federal vice-presidente (por efeito de delegação da presidência). 2. A restauração dos autos merece chancela, quando são acostados documentos idôneos e suficientes à continuidade do processo, por tornarem possível a exata compreensão da controvérsia. 3. Ao julgar a restauração de autos, o juízo deve se cingir aos requisitos inerentes ao incidente, cabendo-lhe pronunciar-se sobre a idoneidade e a suficiência dos elementos coligidos para a reconstituição dos autos perdidos, sendo-lhe defeso o exame da causa principal. 4. Embora este incidente de restauração de autos tenha sido autuado por determinação ex officio da vice-presidência, em atenção ao princípio do impulso oficial, diante de extravio não imputável às partes, a ré do processo a ser restaurado manifestou seu interesse na reconstituição, que prosseguiu, com ela concordando, ao final, o autor, descabendo falar-se em violação ao princípio da inércia jurisdicional ou ao então vigente art. 1.063 do CPC/1973. A propósito, o art. 712 do CPC/2015 permite que o juízo promova a restauração dos autos de ofício. 5. É possível, para fins restaurativos, a juntada da maior parte dos documentos por iniciativa do juízo, através da secretaria, pelo acesso aos sistemas processuais informatizados oficiais, nos quais localizadas peças digitalizadas dos autos extraviados, tratando-se de documentação pública e diante do largo poder de condução do processo conferido ao juiz contemporâneo. 6. Para fins restaurativos, foram observadas as disposições legais e regimentais (arts. 1.063/1.069 do CPC/1973 e 252/256 do RITRF5, redação original, e arts. 712/718 do CPC/2015 e 263/267 do RITRF5, redação aprovada em 17.03.2016), juntando-se documentação idônea e suficiente à restauração dos autos, por permitir a exata compreensão da lide e o prosseguimento do processo. 7. Julgam-se restaurados os autos da AC nº 402826/PE, para que o processo tenha continuidade com os seus ulteriores termos, devendo ser encaminhados ao STF, para julgamento do RE. 8. Sem custas ou honorários advocatícios (art. 1.069 do CPC/1973 e art. 718 do CPC/2015). (TRF 5ª R.; RAVP 0002611-22.2015.4.05.0000; PE; Tribunal Pleno; Rel. Des. Fed. Vice-Presidente; DEJF 23/06/2016; Pág. 26)

É necessária a conclusão da restauração dos autos para que haja o regular prosseguimento do feito:

✓ AGRAVO DE INSTRUMENTO. INVENTÁRIO. PEDIDO DE ALVARÁ. PAGAMENTO DE ITCMD. IMPOSSIBILIDADE. RESTAURAÇÃO DE AUTOS. INTELIGÊNCIA DO ART. 716, DO CPC/2015. RECURSO CONHECIDO E NÃO PROVIDO. 1. É necessária a conclusão da restauração dos autos para que o Inventário siga o seu curso regular, de acordo com o art. 716, do CPC/2015. 2. O pedido de alvará deve ser apreciado pelo juízo de primeiro grau, após a instrução do feito, sob pena de supressão de instância. 3. Recurso conhecido e não provido, à unanimidade. (TJPI; AI 2016.0001.010406-8; Quarta Câmara Especializada Cível; Rel. Des. Raimundo Nonato da Costa Alencar; DJPI 31/08/2017; Pág. 53)

A restauração de autos é julgada improcedente ante a insuficiência da documentação apresentada:

✓ PROCESSO CIVIL. RESTAURAÇÃO DE AUTOS. DOCUMENTOS JUNTADOS QUE NÃO PERMITEM O REGULAR PROSSEGUIMENTO DO FEITO. RECURSO DESPROVIDO. 1 – Consoante o disposto nos artigos 712 e seguintes do NCPC, verificado o desaparecimento dos autos pode o Juiz, de ofício ou a requerimento de qualquer das partes, promover-lhes a restauração, valendo-se de peças e cópias que eventualmente estejam em poder das partes ou na serventia em que tramitou o feito, objetivando o prosseguimento do processo nos termos em que restou paralisado. 2 – Cabe ao Magistrado, ao julgar o pedido, analisar os requisitos da própria restauração, ou seja, deve analisar a idoneidade das peças e elementos apresentados, tornando possível a exata compreensão da controvérsia com a posterior continuidade da marcha processual. 3 – Inobstante as diligências realizadas, a documentação apresentada revela-se insuficiente, impossibilitando o prosseguimento do processo nos termos em que restou paralisado, impondo-se a improcedência da restauração. 4 – Recurso desprovido. (TJES; Apl 0004275-82.2008.8.08.0011; Quarta Câmara Cível; Rel. Des. Manoel Alves Rabelo; Julg. 15/05/2017; DJES 23/05/2017)

Parágrafo único. Aparecendo os autos originais, neles se prosseguirá, sendo-lhes apensados os autos da restauração.

Deve ser extinta a da restauração, tendo em vista a localização dos autos originários:

✓ APELAÇÃO CÍVEL. RESTAURAÇÃO DE AUTOS. LOCALIZAÇÃO. EXTINÇÃO DO FEITO. No caso dos autos o feito foi localizado no curso da ação. Extinção do feito. Somente pode ser imputado a quem é parte na causa o pagamento dos honorários. Apelação não provida. (TJRS; AC 0147628-90.2017.8.21.7000; Porto Alegre; Décima Câmara Cível; Rel. Des. Marcelo Cézar Müller; Julg. 29/06/2017; DJERS 11/07/2017)

Art. 717. Se o desaparecimento dos autos tiver ocorrido no tribunal, o processo de restauração será distribuído, sempre que possível, ao relator do processo.

§ 1º A restauração far-se-á no juízo de origem quanto aos atos nele realizados.

§ 2º Remetidos os autos ao tribunal, nele completar-se-á a restauração e proceder-se-á ao julgamento.

Ocorrendo o desaparecimento dos autos antes da remessa ao tribunal, a competência é do juízo de primeira instância:

✓ CONFLITO NEGATIVO DE COMPETÊNCIA. EMBARGOS À EXECUÇÃO FISCAL. EXTRAVIO ANTERIOR À REMESSA. ARTIGO 717, §§ 1º E 2º, DO CÓDIGO DE PROCESSO CIVIL DE 2015. COMPETÊNCIA DO JUÍZO ONDE OCORREU O EXTRAVIO DOS AUTOS. PRECEDENTES DESTA CORTE. RESTAURAÇÃO PERANTE O JUÍZO SUSCITADO. Conflito de competência procedente. (TJPR; ConCompCv 1522770-2; Curitiba; Segunda Câmara Cível em Composição Integral; Rel. Juiz Conv. Rodrigo Otávio Rodrigues Gomes do Amaral; Julg. 11/10/2016; DJPR 07/11/2016; Pág. 135)

Art. 718. Quem houver dado causa ao desaparecimento dos autos responderá pelas custas da restauração e pelos honorários de advogado, sem prejuízo da responsabilidade civil ou penal em que incorrer.

O advogado da parte pode responder pelas custas da restauração, mesmo não havendo dolo ou culpa pelo extravio:

✓ PROCESSUAL CIVIL. RESTAURAÇÃO DE AUTOS. SENTENÇA QUE JULGOU RESTAURADOS OS AUTOS, CONDENANDO O ADVOGADO AO PAGAMENTO DOS ÔNUS DA SUCUMBÊNCIA, INCLUSIVE, HONORÁRIOS ADVOCATÍCIOS AO PATRONO DA PARTE ADVERSA. Pretensão do advogado à reforma, em atuação em causa própria. Embora a disciplina do artigo 718 do CPC/2015 seja aplicável a qualquer sujeito processual, inclusive o advogado, **in casu**, não ficou configurado dolo ou culpa pelo extravio dos autos. Boletim de ocorrência que relata o roubo do veículo no qual estavam os autos objeto desta restauração. Sentença reformada nesse particular. Responsabilidade por eventuais custas e despesas relativas à restauração que, porém, são de responsabilidade do advogado que estava em poder dos autos. RECURSO PROVIDO EM PARTE. (TJSP; APL 1013392-94.2016.8.26.0562; Ac. 10780644; Santos; Vigésima Sétima Câmara de Direito Privado; Rel. Des. Mourão Neto; Julg. 05/09/2017; DJESP 15/09/2017; Pág. 2116)

Em sentido contrário. O art. 718 se refere às partes do processo e não a seus advogados, ainda que eventual perda ou extravio do processo tenha sido culpa exclusiva destes:

✓ APELAÇÃO CÍVEL. AÇÃO DE RESTAURAÇÃO DE AUTOS. Magistrado de origem que julgou procedente a pretensão inaugural. Recurso da requerente. Direito intertemporal. Decisão publicada em cartório em 4-5-16. Aplicação dos enunciados administrativos n. 2, 3 e 7 do STJ. Incidência do código de processo civil de 2015. Almejada concessão da justiça gratuita. Deferimento para todos os atos processuais. Exegese dos arts. 98 e 99 do CPC/2015. Apelante que busca a condenação da sua ex-advogada ao pagamento pelas custas da restauração dos autos e honorários advocatícios. Verberação de que a culpa pelo extravio do feito é exclusivamente de quem comete o ato. Inacolhimento. Expressão "quem" do art. 718 do CPC/2015 que se dirige às partes do processo e não a seus advogados, ainda que eventual perda ou extravio do processo tenha sido culpa exclusiva destes. Autora que poderá buscar, na seara própria, a tutela ao seu direito supostamente violado. Sentença mantida incólume. Honorários sucumbenciais recursais. Inteligência do art. 85, §§ 1º e 11, do código fux. Possibilidade de fixação de ofício em razão da existência de condenação ao pagamento da verba profissional na origem. Entendimento sedimentado pela "corte da cidadania". Rebeldia inacolhida. (TJSC; AC 0012713-57.2011.8.24.0008; Blumenau; Quarta Câmara de Direito Comercial; Rel. Des. José Carlos Carstens Kohler; DJSC 03/02/2017; Pag. 197)

Decisão que condena o ente público a custas e honorários advocatícios:

✓ RESTAURAÇÃO DE AUTOS. Extravio dos autos do agravo de instrumento nº 0019989-41.2010.8.19.0000 nesta instância recursal. Recorrente que apresenta as peças necessárias para a solução da pendência. Recorrido que intimado, deixa de se manifestar, incorrendo aos termos do § 2º do artigo 714 do NCPC. Decisão homologatória da restauração. Desaparecimento dos autos quando em carga à PGE. Aplicação do teor do artigo 718 do NCPC. Condenação do estado em custas e honorários de advogado fixados em R$ 4.000,00, com base no § 8º do artigo 85 do NCPC. (TJRJ; Rest-Aut 0021034-70.2016.8.19.0000; Décima Nona Câmara Cível; Rel. Des. Guaraci de Campos Vianna; Julg. 17/05/2016; DORJ 20/05/2016)

Quando o extravio não tem relação com a atuação das partes, não deve haver condenação por custas e honorários advocatícios:

✓ RESTAURAÇÃO DE AUTOS. FALHA DO APARELHO JUDICIÁRIO. DESTRUIÇÃO, EM VEZ DE PROCESSAMENTO DOS RECURSOS ESPECIAL E EXTRAORDINÁRIO. ERRO DE ENVIO. RESTAURAÇÃO POR INICIATIVA OFICIAL. 1. Sendo viável a iniciativa oficial para o expediente de restauração, na forma do art. 712 do CPC/15; existindo interesse processual na promoção da restauração, dada a pendência dos recursos excepcionais e obtidas cópias das peças básicas que instruíam o recurso originário, é caso de restauração dos autos. 2. Inviável a condenação de custas e honorários, em razão da iniciativa oficial e de o equívoco não ter relação com a atuação de qualquer das partes. 3. Despicienda a comunicação ao ministério público para eventual apuração de conduta crime, já que não evidenciada justa causa para persecução que tal. Restauração de autos julgada procedente. (TJRS; Rest-Aut 0172245-51.2016.8.21.7000; Porto Alegre; Primeira Câmara Cível; Rel. Des. Carlos Roberto Lofego Canibal; Julg. 05/04/2017; DJERS 04/05/2017)

✓ AÇÃO DE RESTAURAÇÃO DE AUTOS. RESPONSABILIDADE DA SECRETARIA DO JUÍZO DE PRIMEIRO GRAU. INAPLICABILIDADE DE HONORÁRIOS. I. Não cabe condenação em honorários advocatícios em ação de restauração de autos quando o desaparecimento se deu nas dependências da Secretaria do juízo de primeiro grau, sem responsabilidade a qualquer das partes. II. Apelação a que se nega provimento. Sentença mantida. (TRF 1ª R.; AC 0027484-29.2008.4.01.3400; Sexta Turma; Rel. Des. Fed. Jirair Aram Meguerian; DJF1 12/02/2016)

Decisão que entende haver litigância de má-fé quando a parte pretende, na restauração de autos, rediscutir o mérito da condenação já transitada em julgado proferida nos autos extraviados:

✓ DIREITO PROCESSUAL CIVIL. RESTAURAÇÃO DE AUTOS. CONTRADIÇÃO ENTRE MANIFESTAÇÕES DE UMA MESMA PARTE. LITIGÂNCIA DE MÁ-FÉ. CONFIGURAÇÃO. MULTA. § 2º DO ART. 81 DO CPC. SENTENÇA MANTIDA. 1. Na espécie, a pretensão recursal de reforma da sentença em que foram declarados restaurados os autos de Feito extraviado não merece prosperar, tendo em vista que se verifica que os documentos que a parte alega serem indispensáveis ao julgamento da restauração já constam dos autos. 2. Quando, em manifestação anterior, a recorrente havia afirmado aquilo que, em Apelação, nega, aduzindo, em sede recursal, que não estão nos autos documentos que ela mesma havia reconhecido estarem, configura-se a litigância de má-fé (art. 80, VII, do CPC) 3. Há litigância de má-fé, ainda, quando a parte pretende, na Restauração de Autos, rediscutir o mérito da condenação já transitada em julgado proferida nos autos extraviados (art. 80, IV, do CPC). 4. Não se confundindo a Restauração de Autos com a Ação contida nos autos objeto de restauração, revela-se impossível a imposição de multa por litigância de má-fé com base no valor da causa, aplicando-se, neste caso, o art. 81, § 2º, do CPC, fixando-se a sanção em razão do salário-mínimo. Apelação Cível desprovida. (TJDF; APC 2017.07.1.005231-7; Ac. 104.5057; Quinta Turma Cível; Rel. Des. Ângelo Passareli; Julg. 06/09/2017; DJDFTE 21/09/2017)

Capítulo XV
DOS PROCEDIMENTOS DE JURISDIÇÃO VOLUNTÁRIA

Seção I
Disposições Gerais

Art. 719. Quando este Código não estabelecer procedimento especial, regem os procedimentos de jurisdição voluntária as disposições constantes desta Seção.

Art. 720. O procedimento terá início por provocação do interessado, do Ministério Público ou da Defensoria Pública, cabendo-lhes formular o pedido devidamente instruído com os documentos necessários e com a indicação da providência judicial.

→ *v.* Enunciado 56 do CJF: A legitimidade conferida à Defensoria Pública pelo art. 720 do CPC compreende as hipóteses de jurisdição voluntária previstas na legislação extravagante, notadamente no Estatuto da Criança e do Adolescente.

Art. 721. Serão citados todos os interessados, bem como intimado o Ministério Público, nos casos do art. 178, para que se manifestem, querendo, no prazo de 15 (quinze) dias.

Art. 722. A Fazenda Pública será sempre ouvida nos casos em que tiver interesse.

Art. 723. O juiz decidirá o pedido no prazo de 10 (dez) dias.

Parágrafo único. O juiz não é obrigado a observar critério de legalidade estrita, podendo adotar em cada caso a solução que considerar mais conveniente ou oportuna.

→ *v.* Art. 6º da Lei 9.099/1995.

→ *v.* Enunciado 640 do FPPC: (arts.723, parágrafo único, e 489) O disposto no parágrafo único do art. 723 não exime o juiz de observar o disposto nos §§ 1º e 2º do art. 489.

Mitigação do princípio da legalidade estrita na jurisdição voluntária

✓ ACÓRDÃO - AGRAVO DE INSTRUMENTO - JURISDIÇÃO VOLUNTÁRIA - ALVARÁ PARA CREMAÇÃO - PEDIDO DE FAMILIARES - MITIGAÇÃO DO § 2º DO ART. 77 DA LEI 6.015/73 - POSSIBILIDADE - PARÁGRAFO ÚNICO DO ART. 723 DO CPC/2015 - DECISÃO DE PLANTÃO - RATIFICADA - RECURSO CONHECIDO E PROVIDO. 1. Como cediço, na cremação voluntária, a vontade do de cujus deve ser inequívoca, comprovada por instrumento público ou particular. Todavia, há mitigação por parte da jurisprudência, no sentido de que a palavra dos familiares se faz suficiente. 2. No caso em análise, verifica-se que consta dos autos, termo de declaração prestada por todos os descendentes e pela viúva do de cujus, com firma reconhecida em cartório, atestando o seu desejo em vida de ser cremado, além de certidão de óbito firmada por médico, o que satisfaz os pressupostos previstos na regra do art. 77, § 2º, da Lei nº 6.015/73. 3. Destarte, conquanto inobservada a regra do § 1º do art. 4º da Resolução de Plantão nº 29/2010, a decisão liminar, no contexto e nos termos em que proferida, se amolda ao parágrafo único do art. 723 do CPC/2015, eis que, cumpre a este Colegiado, tão somente, ratificá-la, por tratar-se de solução conveniente e oportuna. 4. Recurso conhecido e provido. (TJ-ES; AI 00003338520178080024; Segunda Câmara Cível; Rel. Fernando Estevam Bravin Ruy, Data de Julgamento: 02/05/2017; Data de Publicação: 10/05/2017)

✓ APELAÇÃO CÍVEL - ALVARÁ JUDICIAL - SALDO BANCÁRIO EM VALOR QUE SUPERA 500 OTN's - CONVERSÃO EM ARROLAMENTO. I - Não existindo outros bens sujeitos a inventário, aos saldos bancários de contas de cadernetas de poupança e de fundos de investimentos de valor até 500 Obrigações do Tesouro Nacional, é cabível a expedição de alvará judicial, independentemente de inventário ou arrolamento, nos termos da Lei n.º 6.858/1980. II - Quando requerido alvará em valor superior a 500 OTN's, em se tratando de procedimento de jurisdição voluntária que afasta a necessidade de aplicação da legalidade estrita (art. 723, p. único, CPC/2015), para solução do caso, em observância aos princípios da celeridade e da economia processual, a medida mais conveniente e oportuna é a cassação da sentença de improcedência com a conversão do alvará em arrolamento, ordenando-se o regular processamento. (TJ-MG; AC 10005150027299001 MG; 7ª Câmara Cível; Rel. Peixoto Henriques; Data de Julgamento: 02/07/0017; Data de Publicação: 12/07/2017)

Art. 724. Da sentença caberá apelação.

→ *v.* Art. 1.009 e seguintes do NCPC.

Art. 725. Processar-se-á na forma estabelecida nesta Seção o pedido de:

I – emancipação;

→ *v.* Art. 5º, parágrafo único, do CC/2002.

→ *v.* Arts. 90 a 95 da Lei 6.015/1973.

II – sub-rogação;

III – alienação, arrendamento ou oneração de bens de crianças ou adolescentes, de órfãos e de interditos;

→ *v.* Arts. 1.748 a 1.750 do CC/2002

IV – alienação, locação e administração da coisa comum;

→ *v.* Art. 1.320 do CC/2002.

V – alienação de quinhão em coisa comum;

→ *v.* Art. 1.320 do CC/2002.

VI – extinção de usufruto, quando não decorrer da morte do usufrutuário, do termo da sua duração ou da consolidação, e de fideicomisso, quando decorrer de renúncia ou quando ocorrer antes do evento que caracterizar a condição resolutória;

VII – expedição de alvará judicial;

→ *v.* Lei 6.858/1980 – Dispõe sobre o Pagamento, aos Dependentes ou Sucessores, de Valores Não Recebidos em Vida pelos Respectivos Titulares.

VIII – homologação de autocomposição extrajudicial, de qualquer natureza ou valor.

→ *v.* Art. 57, *caput*, da Lei 9.099/1995.

→ *v.* Art. 515, III, do NCPC.

Parágrafo único. As normas desta Seção aplicam-se, no que couber, aos procedimentos regulados nas seções seguintes.

Seção II

Da Notificação e da Interpelação

Art. 726. Quem tiver interesse em manifestar formalmente sua vontade a outrem sobre assunto juridicamente relevante poderá notificar pessoas participantes da mesma relação jurídica para dar-lhes ciência de seu propósito.

§ 1º Se a pretensão for a de dar conhecimento geral ao público, mediante edital, o juiz só a deferirá se a tiver por fundada e necessária ao resguardo de direito.

§ 2º Aplica-se o disposto nesta Seção, no que couber, ao protesto judicial.

Utilização da notificação judicial para pedido de explicações

✓ NOTIFICAÇÃO JUDICIAL PARA EXPLICAÇÕES – Procedimento de natureza cautelar. Medida preparatória de ação penal referente a delitos contra a honra (CP, art. 144) – O pedido de explicações em juízo submete-se à mesma ordem ritual que é peculiar ao procedimento das notificações avulsas (CPC, art. 726 e ss c/c o art. 3º do CPP) – Procedimento disponibilizado ao requerente. (TJSP; Notificação para Explicações 2244953-75.2016.8.26.0000; Rel. Antonio Carlos Malheiros; Órgão Julgador: Órgão Especial; Tribunal de Justiça de São Paulo – N/A; Data do Julgamento: 15/03/2017; Data de Registro: 17/03/2017).

Art. 727. Também poderá o interessado interpelar o requerido, no caso do art. 726, para que faça ou deixe de fazer o que o requerente entenda ser de seu direito.

Art. 728. O requerido será previamente ouvido antes do deferimento da notificação ou do respectivo edital:

I – se houver suspeita de que o requerente, por meio da notificação ou do edital, pretende alcançar fim ilícito;

II – se tiver sido requerida a averbação da notificação em registro público.

Necessidade de oitiva do requerido para deferimento/indeferimento da notificação

✓ EMBARGOS DE DECLARAÇÃO. Ação de notificação e protesto. Pretensão de averbação de cédulas de produto rural (CPR's), das quais o requerente é endossatário, nos registros imobiliários dos domicílios dos emitentes. Indeferimento. Interposição de agravo de instrumento. Decisão reformada para deferir o pedido. Error in procedendo. Necessidade de prévia intimação dos requeridos. Art. 728, II, do NCPC, já vigente na data de publicação do julgado. Não obstante, possibilidade de abertura de contraditório, ainda na vigência do CPC/1973, na hipótese de pedido de averbação do protesto em registro público caso vislumbrada a possibilidade de prejuízo para a parte adversa. Acórdão anulado de ofício. Recebimento dos embargos de declaração opostos pelo requerido como simples petição, aperfeiçoando-se o contraditório. Prolação de novo acórdão, à luz da manifestação dos requeridos. Impossibilidade de averbação do protesto no registro imobiliário. Provas nos autos de quitação das CPR's pelos emitentes junto à beneficiária original dos títulos. Ausência de prova de que os emitentes foram notificados dos endossos. Títulos em tese inexigíveis em face dos emitentes. Art. 292 do Código Civil. Indícios de fraude praticada entre a beneficiária original dos títulos e a primeira endossatária na cadeia de transmissão que não pode atingir os emitentes. Ajuizamento da ação, ademais, que caracterizou descumprimento a ordem judicial expressa emanada do Tribunal de Justiça do Estado do Mato Grosso, pela qual determinou-se ao ora requerente que se abstivesse da prática de qualquer ato de protesto em nome dos aqui requeridos. Decisão agravada mantida. Condenação do requerente ao pagamento de multa por ato atentatório à dignidade da justiça. Art. 77, IV e § 2º, do NCPC. Acórdão anulado, com a prolação de novo julgamento, negando-se provimento ao agravo de instrumento, com imposição de multa, prejudicados os embargos de declaração. (TJSP; Embargos de Declaração 2048212-62.2016.8.26.0000; Rel. Tasso Duarte de Melo; Órgão Julgador: 12ª Câmara de Direito Privado; Foro Central Cível - 43ª Vara Cível; Data do Julgamento: 08/02/2017; Data de Registro: 13/02/2017)

Art. 729. Deferida e realizada a notificação ou interpelação, os autos serão entregues ao requerente.

→ *v.* Súmula 76 do STJ.

→ *v.* Art. 32 da Lei 6.766/1976.

→ *v.* Art. 31 do Dec.-Lei 70/1966.

→ *v.* Art. 1º do Dec.-Lei 745/1969.

Seção III

Da Alienação Judicial

Art. 730. Nos casos expressos em lei, não havendo acordo entre os interessados sobre o modo como se deve realizar a alienação do bem, o juiz, de ofício ou a requerimento dos interessados ou do depositário, mandará aliená-lo em leilão, observando-se o disposto na Seção I deste Capítulo e, no que couber, o disposto nos arts. 879 a 903.

→ *v.* Art. 2.019 do CC/2002.

Decisão oficiosa de alienação do bem após inércia dos interessados em chegar a comum acordo

✓ CUMPRIMENTO DE SENTENÇA. AÇÃO DE EXTINÇÃO DE CONDOMÍNIO. DECISÃO QUE DETERMINOU A VENDA JUDICIAL DO BEM. Admissibilidade. Embora as partes tenham estipulado a alienação extrajudicial do bem em acordo de conciliação, passados cerca de dois anos a providência ainda não se ultimou, caracterizada a recalcitrância da recorrente. Poder-dever do juízo de, assim provocado pela parte interessada, determinar a realização das providências necessárias ao cumprimento da sentença homologatória do acordo. Leilão judicial que é medida adequada à hipótese. Inteligência do artigo 730 do CPC/15. Decisão mantida. Recurso improvido. (TJSP; AI 2056451-21.2017.8.26.0000; Ac. 10706465; São Caetano do Sul; Sexta Câmara de Direito Privado; Rel. Des. Vito José Guglielmi; Julg. 17/08/2017; DJESP 21/08/2017; Pág. 2833)

Seção IV

Do Divórcio e da Separação Consensuais, da Extinção Consensual de União Estável e da Alteração do Regime de Bens do Matrimônio

→ *v.* EC. 66/2010 – Dá nova redação ao § 6º do art. 226 da CF, que dispõe sobre a dissolubilidade do casamento civil pelo divórcio, suprimindo o requisito de prévia separação judicial por mais de 1 (um) ano ou de comprovada separação de fato por mais de 2 (dois) anos.

→ *v.* Arts. 1.571 a 1.582 do CC/2002.

Art. 731. A homologação do divórcio ou da separação consensuais, observados os requisitos legais, poderá ser requerida em petição assinada por ambos os cônjuges, da qual constarão:

→ *v.* Arts. 19 a 23 da Lei 6.515/1977.

I – as disposições relativas à descrição e à partilha dos bens comuns;

II – as disposições relativas à pensão alimentícia entre os cônjuges;

→ *v.* Súmulas 226 e 379 do STF.

→ *v.* Súmula 336 do STJ.

→ *v.* Art. 4º da Lei 6.515/1976.

III – o acordo relativo a guarda dos filhos incapazes e ao regime de visitas; e

→ *v.* Arts. 1.583 a 1.590 do CC.

→ *v.* Arts. 9º e 15 da Lei 6.515/1976.

IV – o valor da contribuição para criar e educar os filhos.

→ *v.* Arts. 1.694 a 1.710 do CC.

→ *v.* Art. 20 da Lei 6.515/1976.

Coexistência dos institutos da separação e do divórcio.

✓ RECURSO ESPECIAL. DIREITO CIVIL. FAMÍLIA. EMENDA CONSTITUCIONAL Nº 66/10. DIVÓRCIO DIRETO. SEPARAÇÃO JUDICIAL. SUBSISTÊNCIA. 1. A separação é modalidade de extinção da sociedade conjugal, pondo fim aos deveres de coabitação e fidelidade, bem como ao regime de bens, podendo, todavia, ser revertida a qualquer momento pelos cônjuges (código civil, arts. 1571, III e 1.577). O divórcio, por outro lado, é forma de dissolução do vínculo conjugal e extingue o casamento, permitindo que os ex-cônjuges celebrem novo matrimônio (código civil, arts. 1571, IV e 1.580). São institutos diversos, com conseqüências e regramentos jurídicos distintos. 2. A Emenda Constitucional nº 66/2010 não revogou os artigos do Código Civil que tratam da separação judicial. 3. Recurso Especial provido. (STJ; REsp 1.247.098; Proc. 2011/0074787-0; MS; Quarta Turma; Relª Minª Isabel Gallotti; DJE 16/05/2017)

✓ RECURSO ESPECIAL. DIREITO CIVIL. DIREITO DE FAMÍLIA. EMENDA CONSTITUCIONAL Nº 66/2010. DIVÓRCIO DIRETO. REQUISITO TEMPORAL. EXTINÇÃO. SEPARAÇÃO JUDICIAL OU EXTRAJUDICIAL. COEXISTÊNCIA. INSTITUTOS DISTINTOS. PRINCÍPIO DA AUTONOMIA DA VONTADE. PRESERVAÇÃO. LEGISLAÇÃO INFRACONSTITUCIONAL. OBSERVÂNCIA. 1. A dissolução da sociedade conjugal pela separação não se confunde com a dissolução definitiva do casamento pelo divórcio, pois versam acerca de institutos autônomos e distintos. 2. A emenda à constituição nº 66/2010 apenas excluiu os requisitos temporais para facilitar o divórcio. 3. O constituinte derivado reformador não revogou, expressa ou tacitamente, a legislação ordinária que cuida da separação judicial, que remanesce incólume no ordenamento pátrio, conforme previsto pelo Código de Processo Civil de 2015 (arts. 693, 731, 732 e 733 da Lei nº 13.105/2015). 4. A opção pela separação faculta às partes uma futura reconciliação e permite discussões subjacentes e laterais ao rompimento da relação. 5. A possibilidade de eventual arrependimento durante o período de separação preserva, indubitavelmente, a autonomia da vontade das partes, princípio basilar do direito privado. 6. O atual sistema brasileiro se amolda ao sistema dualista opcional que não condiciona o divórcio à prévia separação judicial ou de fato. 7. Recurso Especial não provido (STJ; REsp 1.431.370; Proc. 2014/0014169-5; SP; Terceira Turma; Rel. Min. Ricardo Villas Boas Cueva; DJE 22/08/2017)

Desnecessidade do exaurimento da via extrajudicial

✓ APELAÇÃO CÍVEL. DIVORCIO CONSENSUAL JUDICIAL. PREENCHIMENTO DOS REQUISITOS LEGAIS PARA A REALIZAÇÃO POR VIA EXTRAJUDICIAL. FACULDADE DAS PARTES. EXTINÇÃO DO PROCESSO POR FALTA DE INTERESSE DE AGIR. IMPOSSIBILIDADE. ACESSO PLENO AO JUDICIÁRIO. GARANTIA CONSTITUCIONAL. ART. 5º, INCISO XXXV, DA CF. SENTENÇA ANULADA. CAUSA MADURA. ART. 1013, § 3º, I DO NOVO CÓDIGO DE PROCESSO CIVIL. DIVORCIO CONSENSUAL QUE DEVE SER HOMOLOGADO COM CONSEQUENTE DECLARAÇÃO DE EXTINÇÃO DA SOCIEDADE CONJUGAL. RECURSO CONHECIDO E PROVIDO. À UNANIMIDADE. 1- A possibilidade de realização do divórcio consensual através de escritura pública, previsto no art. 733 do novo código de processo civil, não exclui a prestação jurisdicional, sendo a via extrajudicial uma faculdade das partes. 2- É garantia constitucional o amplo acesso ao poder judiciário. 3- Nos termos do art. 1013, § 3º, I do novo código de processo civil, após reformar a sentença que extinguiu o feito sem resolução do mérito, e estando a causa em condições de imediato julgamento, o tribunal deverá decidir desde logo o mérito. 4- Preenchidos os requisitos do art. 731 do novo código de processo civil, o divórcio consensual pleiteado pelas partes deve ser homologado nos precisos termos das cláusulas contidas na inicial, com consequente declaração de dissolução da sociedade conjugal entre eles existente, bem como o vínculo matrimonial que os unia. 5 – Recurso que deve ser conhecido e provido. (TJSE; AC 201600812780; Ac. 11680/2016; Segunda Câmara Cível; Rel. Des. Alberto Romeu Gouvei Aleite; Julg. 05/07/2016; DJSE 12/07/2016)

Prevalência do acordo consensual entre as partes no processo de divórcio consensual

✓ APELAÇÃO CÍVEL. FAMÍLIA. PROCESSO CIVIL. APELANTE MINISTÉRIO PÚBLICO. AÇÃO DE DIVÓRCIO CONSENSUAL. JURISDIÇÃO VOLUNTÁRIA. AUTOCOMPOSIÇÃO. ACORDO DE ALIMENTOS EM FAVOR DOS FILHOS. POSSIBILIDADE. HOMOLOGAÇÃO JUDICIAL. SENTENÇA REFORMADA. 1. A homologação de acordo a respeito dos alimentos aos filhos, em sede de divórcio consensual, conta com previsão normativa no art. 1121, inc. III, do CPC/1973, ao lado da previsão de transação a respeito da partilha dos bens do casal (inc. I), do acordo sobre a guarda dos filhos e o regime de visitas (inc. II) E da transação que tem como objeto o pensionamento de um cônjuge ao outro (inc. IV). Essa disposição normativa foi reproduzida, com algumas alterações, no art. 731 do CPC em vigor. 2. Aliás, é necessário fazer as devidas distinções entre a tipologia negocial que engloba a partilha consensual dos bens do casal e a pensão devida por um cônjuge ao outro, hipóteses claras de negócio jurídico bilateral, a demandar a existência de recíprocas concessões entre as partes, referindo-se estritamente aos interesses disponíveis e patrimoniais das partes (artigo 840 e seguintes do Código Civil). 3. Ao contrário, o acordo, alusivo ao **quantum** de alimentos à prole (art. 1121, inc. III, do CPC/1973), embora ordinariamente confundido com a transação, é negócio jurídico unilateral e pluripessoal, que pode, sim, ser celebrado pelos pais em favor dos filhos, em nome do princípio da autonomia da vontade, observado o melhor interesse da criança, filha das partes. 4. No caso vertente, a sentença tem caráter meramente integrativo dos respectivos negócios jurídicos celebrados pelas partes, cuidando-se, a ação de divórcio consensual. De mera modalidade de concretização da chamada jurisdição voluntária. 5. Apelação cível conhecida e provida. (TJDF; APC 2015.03.1.027604-3; Ac. 998.624; Quinta Turma Cível; Rel. Des. Alvaro Ciarlini; Julg. 22/02/2017; DJDFTE 20/03/2017)

Necessidade do cumprimento dos requisitos – anulação de sentença homologatória por petição sem assinatura dos cônjuges

✓ APELAÇÃO. AÇÃO DE DIVÓRCIO CONSENSUAL CUMULADA COM PARTILHA DE BENS E PENSÃO ALIMENTÍCIA. PETIÇÃO INICIAL NÃO ASSINADA PELOS CÔNJUGES. EXIGÊNCIA DO ARTIGO 731, CAPUT, DO CÓDIGO DE PROCESSO CIVIL DE 2015. DESOBEDIÊNCIA DE FORMALIDADE PREVISTA EM LEI. NULIDADE DA SENTENÇA RECONHECIDA. PRECEDENTES JURISPRUDENCIAIS. RECURSO PROVIDO. Prevendo a Lei procedimento específico a ser aplicado aos casos de separação judicial e/ou divórcio consensual, é causa para se decretar a nulidade do processo que não tenha obedecido a prescrição legal. Ausente a assinatura das partes na petição inicial da ação de divórcio [...], a nulidade da sentença homologatória é medida que se impõe (TJSC, AP. Cív. N. 2011.039637-6, de Tubarão, Rel. Des. Saul Steil, j. Em 9-8-2011). (TJSC; AC 0304157-30.2016.8.24.0036; Jaraguá do Sul; Terceira Câmara de Direito Civil; Rel. Des. Fernando Carioni; DJSC 03/04/2017; Pag. 85)

Necessidade de cumprimento dos requisitos – ausência de acordo relativo à guarda e regime de visitação

✓ CIVIL E PROCESSO CIVIL. DIREITO DE FAMÍLIA. DIVÓRCIO CONSENSUAL. ACORDO OMISSO QUANTO À CURATELA, VISITAS E ALIMENTOS EM FAVOR DO FILHO MAIOR INCAPAZ. SENTENÇA ANULADA. RECURSO PARCIALMENTE PROVIDO. 1. Trata-se de ação de divórcio consensual em que foi homologada a transação firmada sem, contudo, ter tratado da curatela, visitas e alimentos em favor do filho comum, maior e incapaz, e sem a juntada aos autos dos comprovantes de rendimentos dos divorciandos. 2. É necessária ação própria de interdição para dela decorrer a curatela. 3. Por força do art. 1.121 do CPC/73 (equivalente ao art. 731 do CPC/2015), aplicável ao divórcio após a EC. 66/2010, a petição inicial do divórcio consensual deve definir, dentre outros assuntos, a regulamentação da guarda, visitas e alimentos em favor do filho menor, o que se estende ao filho maior e incapaz, nos termos do art. 1.590 do CC. 4. No caso dos autos, as questões relacionadas à proteção do filho incapaz não foram discutidas. 5. Verificando-se que o acordo celebrado pelas partes não preservou suficientemente os interesses do filho incapaz, incumbia ao juízo de primeiro grau se recusar a homologar o divórcio consensual. 6. A insurgência recursal quanto ao indeferimento do pedido de juntada do comprovante de rendimentos dos divorciandos, encontra-se prejudicada em face desconstituição da decisão recorrida para formulação de nova avença. 7. Apelação à que se dá provimento parcial. (TJPE; APL 0001122-14.2015.8.17.0280; Rel. Des. Sílvio Neves Baptista Filho; Julg. 16/11/2016; DJEPE 22/12/2016)

Parágrafo único. Se os cônjuges não acordarem sobre a partilha dos bens, far-se-á esta depois de homologado o divórcio, na forma estabelecida nos arts. 647 a 658.

→ v. Súmula 197 do STJ.

Possibilidade de discussão a posteriori sobre a partilha de bens

✓ APELAÇÃO CÍVEL. AÇÃO DE DIVÓRCIO LITIGIOSO. 1- Preliminarmente, verifica-se que, ao contrário do que sustenta a insurgente, os incidentes de impugnação ao valor da causa e impugnação à concessão da assistência judiciária ao autor/apelado foram devidamente apreciados, os quais restaram rejeitados, nos termos das decisões juntadas às fls. 76/77 e 79/80. Portanto, é inadmissível a rediscussão das matérias, uma vez que não houve interposição do recurso adequado contra as mencionadas decisões, verificando, pois, a preclusão. 2. Não comprovada a existência de bens em nome dos litigantes, não é possível se falar em partilha no bojo dos presentes autos. Não obstante, há se acrescentar que inexiste qualquer impedimento à posterior discussão do assunto pela via própria, na forma prevista no artigo 731, parágrafo único, do Código de Processo Civil de 2015, pelo que não se evidencia qualquer prejuízo à insurgente, que poderá colher as provas necessárias para ajuizar a ação cabível. 3- A fixação de alimentos ao ex-cônjuge é medida excepcional, com nítido caráter temporário, ou seja, por período razoável para que este se organize e atinja sua independência, não sendo possível arbitrá-los sem que haja provas contundentes e incontestáveis do binômio necessidade-possibilidade (necessidade do alimentado e possibilidade do alimentante), situações que, in casu, não restaram demonstradas. APELO DESPROVIDO. (TJGO; AC 0343695-67.2012.8.09.0006; Anápolis; Segunda Câmara Cível; Rel. Des. Ney Teles de Paula; DJGO 01/11/2016; Pág. 109)

Art. 732. As disposições relativas ao processo de homologação judicial de divórcio ou de separação consensuais aplicam-se, no que couber, ao processo de homologação da extinção consensual de união estável.

Art. 733. O divórcio consensual, a separação consensual e a extinção consensual de união estável, não havendo nascituro ou filhos incapazes e observados os requisitos legais, poderão ser realizados por escritura pública, da qual constarão as disposições de que trata o art. 731.

→ v. Resolução CNJ 35/2007 – Disciplina a realização de inventários, partilhas, separações e divórcios consensuais por escritura pública.

→ v. Provimento CFOAB 118/2007 – Disciplina as atividades profissionais dos advogados na realização de inventários, partilhas, separações e divórcios consensuais por escritura pública.

Extinção de união estável mediante escritura pública

✓ APELAÇÃO. DIREITO CIVIL. FAMÍLIA. AÇÃO DE RECONHECIMENTO E DISSOLUÇÃO DE UNIÃO ESTÁVEL. ACORDO. VIA JUDICIAL. POSSIBILIDADE. Mesmo que as partes tenham firmado acordo de dissolução de união estável, o art. 733 do NCPC prevê que a postulação extrajudicial não impede o reconhecimento do direito dos demandantes na via judicial. Recurso provido. (TJRS; AC 0232989-75.2017.8.21.7000; Santa Rosa; Sétima Câmara Cível; Relª Desª Liselena Schifino Robles Ribeiro; Julg. 30/08/2017; DJERS 05/09/2017)

§ 1º A escritura não depende de homologação judicial e constitui título hábil para qualquer ato de registro, bem como para levantamento de importância depositada em instituições financeiras.

§ 2º O tabelião somente lavrará a escritura se os interessados estiverem assistidos por advogado ou por defensor público, cuja qualificação e assinatura constarão do ato notarial.

Art. 734. A alteração do regime de bens do casamento, observados os requisitos legais, poderá ser requerida, motivadamente, em petição assinada por ambos os cônjuges, na qual serão expostas as razões que justificam a alteração, ressalvados os direitos de terceiros.

→ *v.* Art. 1.639, § 2º, do CC/2002.

§ 1º Ao receber a petição inicial, o juiz determinará a intimação do Ministério Público e a publicação de edital que divulgue a pretendida alteração de bens, somente podendo decidir depois de decorrido o prazo de 30 (trinta) dias da publicação do edital.

§ 2º Os cônjuges, na petição inicial ou em petição avulsa, podem propor ao juiz meio alternativo de divulgação da alteração do regime de bens, a fim de resguardar direitos de terceiros.

§ 3º Após o trânsito em julgado da sentença, serão expedidos mandados de averbação aos cartórios de registro civil e de imóveis e, caso qualquer dos cônjuges seja empresário, ao Registro Público de Empresas Mercantis e Atividades Afins.

Motivação da alteração do regime

✓ APELAÇÃO CÍVEL. REGIME DE BENS. MODIFICAÇÃO. DISPENSA DE CONSISTENTE MOTIVAÇÃO. OBSERVÂNCIA DO RITO PROCESSUAL ESPECÍFICO. Ressalvados os interesses de terceiros, descabe exigir maiores esclarecimentos sobre as razões pessoais que levaram o casal a postular a alteração pretendida. Basta que os requerentes afirmem que o novo regime escolhido melhor atende seus anseios pessoais que se terá por preenchida a exigência legal. Além disso, a alteração do regime de bens do matrimônio deve obedecer ao rito processual estabelecido no art. 734 do CPC. Sentença desconstituída. Deram parcial provimento ao apelo. (TJRS; AC 0081817-86.2017.8.21.7000; Charqueadas; Oitava Câmara Cível; Rel. Des. Rui Portanova; Julg. 11/05/2017; DJERS 16/05/2017)

Seção V
Dos Testamentos e dos Codicilos

Art. 735. Recebendo testamento cerrado, o juiz, se não achar vício externo que o torne suspeito de nulidade ou falsidade, o abrirá e mandará que o escrivão o leia em presença do apresentante.

→ *v.* Arts. 1.868 a 1.875 do CC/2002.

§ 1º Do termo de abertura constarão o nome do apresentante e como ele obteve o testamento, a data e o lugar do falecimento do testador, com as respectivas provas, e qualquer circunstância digna de nota.

§ 2º Depois de ouvido o Ministério Público, não havendo dúvidas a serem esclarecidas, o juiz mandará registrar, arquivar e cumprir o testamento.

→ *v.* Art. 1.875 do CC/2002.

§ 3º Feito o registro, será intimado o testamenteiro para assinar o termo da testamentária.

§ 4º Se não houver testamenteiro nomeado ou se ele estiver ausente ou não aceitar o encargo, o juiz nomeará testamenteiro dativo, observando-se a preferência legal.

§ 5º O testamenteiro deverá cumprir as disposições testamentárias e prestar contas em juízo do que recebeu e despendeu, observando-se o disposto em lei.

→ *v.* Art. 1.980 do CC/2002.

Procedimento do testamento cerrado

✓ APELAÇÃO. TESTAMENTO CERRADO. INOCORRÊNCIA DE VÍCIO. FALHA NO SISTEMA DE DEGRAVAÇÃO QUE NÃO AFETA A HIGIDEZ DO ATO PROCESSUAL. 1. A abertura do testamento cerrado é feita pelo juiz, quando não constatar qualquer vício externo que o torne suspeito de nulidade ou falsidade. 2. A abertura é feita diante da pessoa que o apresentou e do escrivão e, feitas as verificações de autenticidade, mandará o juiz, ouvido o ministério público, registrar, arquivar e cumprir o testamento. Inteligência do art. 735 do NCPC e art. 1.875 do c. C. 3. Apesar de ter havido falha no sistema de degravação do termo de abertura, inexiste vício que justifique a pretensão do recorrente de ver nulificado o testamento, pois foram observadas as formalidades legais e do ato participou também o agente do ministério público, não pairando qualquer dúvida acerca da idoneidade do ato judicial, tendo o julgador a quo, inclusive, oportunizado, a realização de nova audiência para a leitura do testamento. Recurso desprovido. (TJRS; AC 0123044-56.2017.8.21.7000; Porto Alegre; Sétima Câmara Cível; Rel. Des. Sérgio Fernando de Vasconcellos Chaves; Julg. 30/08/2017; DJERS 04/09/2017)

Art. 736. Qualquer interessado, exibindo o traslado ou a certidão de testamento público, poderá requerer ao juiz que ordene o seu cumprimento, observando- se, no que couber, o disposto nos parágrafos do art. 735.

→ *v.* Arts. 1.864 a 1.867 do CC/2002.

Necessidade do requerimento do cumprimento de testamento

✓ APELAÇÃO CÍVEL. AÇÃO DE ARROLAMENTO DE BENS. INDEFERIMENTO DA INICIAL. Extinção da ação por falta de interesse processual. Art. 330, III, do CPC. Autora deve requerer o devido cumprimento do testamento no juízo em que houve o seu registro. Inteligência do art. 736 do CPC. Sentença mantida. Apelo desprovido. (TJRS; AC 0157420-68.2017.8.21.7000; São Borja; Sétima Câmara Cível; Relª Desª Sandra Brisolara Medeiros; Julg. 30/08/2017; DJERS 04/09/2017)

Art. 737. A publicação do testamento particular poderá ser requerida, depois da morte do testador, pelo herdeiro, pelo legatário ou pelo testamenteiro, bem como pelo terceiro detentor do testamento, se impossibilitado de entregá-lo a algum dos outros legitimados para requerê-la.

→ *v.* Arts. 1.876 a 1.880 do CC/2002.

§ 1º Serão intimados os herdeiros que não tiverem requerido a publicação do testamento.

§ 2º Verificando a presença dos requisitos da lei, ouvido o Ministério Público, o juiz confirmará o testamento.

§ 3º Aplica-se o disposto neste artigo ao codicilo e aos testamentos marítimo, aeronáutico, militar e nuncupativo.

→ *v.* Arts. 1.888 a 1.896 do CC/2002.

§ 4º Observar-se-á, no cumprimento do testamento, o disposto nos parágrafos do art. 735.

Inaplicabilidade do dispositivo aos testamentos públicos

✓ APELAÇÃO CÍVEL. REGISTRO DE TESTAMENTO PÚBLICO. INTIMAÇÃO DE HERDEIROS. DESNECESSIDADE. A intimação de demais herdeiros que não tiverem requerido a abertura do testamento, é exigência somente para os testamentos particulares (artigo 737, § 1º do CPC). Tratando-se pedido de abertura e registro de testamento público, a tarefa judicial se limita à verificação dos requisitos de forma extrínsecos ao ato, sendo dispensável a intimação de demais herdeiros. Precedentes. Eventuais alegações de nulidade de fundo da deixa testamentária devem ser promovidas em ação própria. Por esse motivo, para efeito de "abertura, registro e cumprimento do testamento público", tão somente a alegação de que a apelante não foi intimada ou, ainda, que foi preterida na deixa, não invalida a sentença que registrou o testamento. Negaram provimento. (TJRS; AC 0166050-16.2017.8.21.7000; Triunfo; Oitava Câmara Cível; Rel. Des. Rui Portanova; Julg. 17/08/2017; DJERS 23/08/2017)

Necessidade de preenchimento dos requisitos legais para haver sua confirmação

✓ CIVIL E PROCESSUAL CIVIL. PROCEDIMENTO DE JURISDIÇÃO VOLUNTÁRIA, CONSISTENTE NA ABERTURA E REGISTRO DE TESTAMENTO PARTICULAR. APRESENTAÇÃO DE MERO FORMULÁRIO ELETRÔNICO PARA LAVRATURA DO ATO EM REFERÊNCIA, COM RASURA E ASSINATURA DISCREPANTE DA TESTADORA. Situação que macula a higidez do negócio jurídico unilateral em razão do disposto no art. 1.876, §2º, do Código Civil. Inviabilidade da chancela judicial de eficácia do testamento a que se refere o art. 737, §2º, do CPC/15, tendo em vista a impossibilidade de se aferir de modo inequívoco a vontade da testadora. Precedentes. Recurso conhecido e desprovido. Unânime. (TJRJ; APL 0040792-18.2016.8.19.0038; Nova Iguaçu; Décima Terceira Câmara Cível; Rel. Des. Gabriel de Oliveira Zefiro; DORJ 18/08/2017; Pág. 432)

Seção VI
Da Herança Jacente

Art. 738. Nos casos em que a lei considere jacente a herança, o juiz em cuja comarca tiver domicílio o falecido procederá imediatamente à arrecadação dos respectivos bens.

→ v. Arts. 1.819 a 1.823 do CC/2002.

Art. 739. A herança jacente ficará sob a guarda, a conservação e a administração de um curador até a respectiva entrega ao sucessor legalmente habilitado ou até a declaração de vacância.

§ 1º Incumbe ao curador:

I – representar a herança em juízo ou fora dele, com intervenção do Ministério Público;

→ v. Art. 75, VI, do NCPC.

II – ter em boa guarda e conservação os bens arrecadados e promover a arrecadação de outros porventura existentes;

III – executar as medidas conservatórias dos direitos da herança;

IV – apresentar mensalmente ao juiz balancete da receita e da despesa;

V – prestar contas ao final de sua gestão.

§ 2º Aplica-se ao curador o disposto nos arts. 159 a 161.

Art. 740. O juiz ordenará que o oficial de justiça, acompanhado do escrivão ou do chefe de secretaria e do curador, arrole os bens e descreva-os em auto circunstanciado.

§ 1º Não podendo comparecer ao local, o juiz requisitará à autoridade policial que proceda à arrecadação e ao arrolamento dos bens, com 2 (duas) testemunhas, que assistirão às diligências.

§ 2º Não estando ainda nomeado o curador, o juiz designará depositário e lhe entregará os bens, mediante simples termo nos autos, depois de compromissado.

→ v. Arts. 159 a 161 do NCPC.

§ 3º Durante a arrecadação, o juiz ou a autoridade policial inquirirá os moradores da casa e da vizinhança sobre a qualificação do falecido, o paradeiro de seus sucessores e a existência de outros bens, lavrando-se de tudo auto de inquirição e informação.

§ 4º O juiz examinará reservadamente os papéis, as cartas missivas e os livros domésticos e, verificando que não apresentam interesse, mandará empacotá-los e lacrá-los para serem assim entregues aos sucessores do falecido ou queimados quando os bens forem declarados vacantes.

§ 5º Se constar ao juiz a existência de bens em outra comarca, mandará expedir carta precatória a fim de serem arrecadados.

§ 6º Não se fará a arrecadação, ou essa será suspensa, quando, iniciada, apresentarem-se para reclamar os bens o cônjuge ou companheiro, o herdeiro ou o testamenteiro notoriamente reconhecido e não houver oposição motivada do curador, de qualquer interessado, do Ministério Público ou do representante da Fazenda Pública.

Art. 741. Ultimada a arrecadação, o juiz mandará expedir edital, que será publicado na rede mundial de computadores, no sítio do tribunal a que estiver vinculado o juízo e na plataforma de editais do Conselho Nacional de Justiça, onde permanecerá por 3 (três) meses, ou, não havendo sítio, no órgão oficial e na imprensa da comarca, por 3 (três) vezes com intervalos de 1 (um) mês, para que os sucessores do falecido venham a habilitar-se no prazo de 6 (seis) meses contado da primeira publicação.

§ 1º Verificada a existência de sucessor ou de testamenteiro em lugar certo, far-se-á a sua citação, sem prejuízo do edital.

§ 2º Quando o falecido for estrangeiro, será também comunicado o fato à autoridade consular.

§ 3º Julgada a habilitação do herdeiro, reconhecida a qualidade do testamenteiro ou provada a identidade do cônjuge ou companheiro, a arrecadação converter-se-á em inventário.

§ 4º Os credores da herança poderão habilitar-se como nos inventários ou propor a ação de cobrança.

Art. 742. O juiz poderá autorizar a alienação:

I – de bens móveis, se forem de conservação difícil ou dispendiosa;

II – de semoventes, quando não empregados na exploração de alguma indústria;

III – de títulos e papéis de crédito, havendo fundado receio de depreciação;

IV – de ações de sociedade quando, reclamada a integralização, não dispuser a herança de dinheiro para o pagamento;

V – de bens imóveis:

a) se ameaçarem ruína, não convindo a reparação;

b) se estiverem hipotecados e vencer-se a dívida, não havendo dinheiro para o pagamento.

§ 1º Não se procederá, entretanto, à venda se a Fazenda Pública ou o habilitando adiantar a importância para as despesas.

§ 2º Os bens com valor de afeição, como retratos, objetos de uso pessoal, livros e obras de arte, só serão alienados depois de declarada a vacância da herança.

Art. 743. Passado 1 (um) ano da primeira publicação do edital e não havendo herdeiro habilitado nem habilitação pendente, será a herança declarada vacante.

→ *v.* Art. 1.820 do CC/2002.

§ 1º Pendendo habilitação, a vacância será declarada pela mesma sentença que a julgar improcedente, aguardando-se, no caso de serem diversas as habilitações, o julgamento da última.

§ 2º Transitada em julgado a sentença que declarou a vacância, o cônjuge, o companheiro, os herdeiros e os credores só poderão reclamar o seu direito por ação direta.

→ *v.* Art. 1.822 do CC/2002.

Previsão legal do procedimento – falta de habilitação de herdeiros

✓ APELAÇÃO - HERANÇA JACENTE - Herdeiros não habilitados no prazo ânuo, previsto nos artigos 1.820, do Código Civil e 1.157, do Código de Processo Civil. Vacância corretamente declarada. Distribuição de usucapião em data anterior que não tem o condão de obstar o processamento da arrecadação de bens. Feito que tem natureza genuinamente sucessória e não petitória ou possessória, como alude o artigo 11, da Lei 10.257/2001. Sentença mantida. Apelo improvido. (TJSP; Apelação 0007488-54.2004.8.26.0361; Rel. Fábio Podestá; Órgão Julgador: 20ª Câmara Extraordinária de Direito Privado; Foro de Mogi das Cruzes; 1ª. Vara Cível; Data do Julgamento: 09/11/2017; Data de Registro: 09/11/2017)

✓ AGRAVO DE INSTRUMENTO. Declaração de Herança jacente. Administração de herança. Invasão do imóvel lacrado, objeto da ação, por terceiros. Decisão que indeferiu a desocupação imediata e forçada, sob fundamento de inadequação da via eleita. Inconformismo. Reforma. Procedimento de jurisdição voluntária que não exige rigor excessivo. Despicienda a observância da legalidade estrita. Não verificada a incompatibilidade de medidas e procedimentos. Observância aos princípios da celeridade e razoável duração do processo. Exegese dos artigos 273, parágrafo único e 738 a 742 do Código de Processo Civil. Recurso a que se dá provimento. (TJSP; Agravo de Instrumento 2014871-11.2017.8.26.0000; Rel. José Rubens Queiroz Gomes; Órgão Julgador: 7ª Câmara de Direito Privado; Foro de Itapevi; 1ª Vara Cível; Data do Julgamento: 03/08/2017; Data de Registro: 03/08/2017)

✓ ARRECADAÇÃO DE BENS. HERANÇA JACENTE. Decisão que autoriza o curador a propor ação de anulação de compromisso de compra e venda. Legitimidade passiva da Prefeitura Municipal de São Paulo. Despacho desprovido de conteúdo decisório. Curador que não necessita de autorização judicial para a propositura de ação para a defesa de interesses do espólio. AGRAVO NÃO CONHECIDO. (TJSP; Agravo de Instrumento 2158996-09.2016.8.26.0000; Rel. Alexandre Marcondes; Órgão Julgador: 3ª Câmara de Direito Privado; Foro Central Cível - 7ª Vara da Família e Sucessões; Data do Julgamento: 24/01/2017; Data de Registro: 24/01/2017)

Seção VII
Dos Bens dos Ausentes

Art. 744. Declarada a ausência nos casos previstos em lei, o juiz mandará arrecadar os bens do ausente e nomear-lhes-á curador na forma estabelecida na Seção VI, observando-se o disposto em lei.

→ *v.* Arts. 22 a 39 do CC/2002.

→ *v.* Lei 9.140/1995 – Reconhece como mortas pessoas desaparecidas em razão de participação, ou acusação de participação, em atividades políticas, no período de 2 de setembro de 1961 a 15 de agosto de 1979.

Necessidade de prova da ausência para arrecadação dos bens

✓ DECLARAÇÃO DE AUSÊNCIA. PROVA. 1. É necessário, para que ocorra a declaração de ausência de uma pessoa, que seja colhida prova suficiente para demonstrar o seu desaparecimento prolongado e as circunstâncias. 2. Somente depois de apurado o desaparecimento da pessoa, com regular processamento, é que se mostra cabível promover a arrecadação dos bens do ausente, com a devida nomeação de curador. Inteligência do art. 744, do NCPC. Recurso parcialmente provido. (TJRS; AC 0012619-59.2017.8.21.7000; Pelotas; Sétima Câmara Cível; Rel. Des. Sérgio Fernando de Vasconcellos Chaves; Julg. 30/08/2017; DJERS 04/09/2017)

Diferença entre os procedimentos de ausência e declaração de morte presumida

✓ PREVIDENCIÁRIO. DECLARAÇÃO DE MORTE PRESUMIDA. COMPETÊNCIA. JUSTIÇA FEDERAL. REQUISITOS DO ART. 78 DA LEI Nº 8.213/91. SENTENÇA MANTIDA. Compete à Justiça Federal julgar os pleitos em que envolve declaração de morte presumida se a intenção é a concessão de benefício previdenciário. Precedente. Artigo 78 da Lei nº 8.213/1991: Por morte presumida do segurado, declarada pela autoridade judicial competente, depois de 6 (seis) meses de ausência, será concedida pensão provisória, na forma desta Subseção. Comprovado o desaparecimento de Carlos José da Silva, nos termos do art. 78 da Lei nº 8.213/91. É oportuno diferenciar a ausência, cuja declaração é regulada nos artigos 744 e 745 do Código de Processo Civil de 2015, e a chamada "morte presumida" de que cuida o artigo 78 da Lei nº 8.213/1991. Por esta, pretende-se, apenas, o reconhecimento de presunção da morte para fins de percepção de pensão previdenciária, enquanto que, da declaração de ausência, decorrem consequências mais amplas, particularmente, em matéria sucessória. Nesta, sim, há que se publicar editais a cada dois meses e durante um ano, só se concedendo a abertura de sucessão provisória, após o decurso desse prazo. Para a percepção de pensão, contudo, não é necessário tal procedimento, bastando que a autoridade judiciária reconheça a presunção de morte, após seis meses de ausência. Precedente. Matéria preliminar arguida rejeitada. Apelação Autárquica a que se nega provimento. (TRF 3ª R.; AC 0001907-58.2013.4.03.6103; Sétima Turma; Rel. Des. Fed. Fausto de Sanctis; Julg. 07/08/2017; DEJF 18/08/2017)

Art. 745. Feita a arrecadação, o juiz mandará publicar editais na rede mundial de computadores, no sítio do tribunal a que estiver vinculado e na plataforma de editais do Conselho Nacional de Justiça, onde permanecerá por 1 (um) ano, ou, não havendo sítio, no órgão oficial e na imprensa da comarca, durante 1 (um) ano, reproduzida de 2 (dois) em 2 (dois) meses, anunciando a arrecadação e chamando o ausente a entrar na posse de seus bens.

§ 1º Findo o prazo previsto no edital, poderão os interessados requerer a abertura da sucessão provisória, observando-se o disposto em lei.

§ 2º O interessado, ao requerer a abertura da sucessão provisória, pedirá a citação pessoal dos herdeiros presentes e do curador e, por editais, a dos ausentes para requererem habilitação, na forma dos arts. 689 a 692.

§ 3º Presentes os requisitos legais, poderá ser requerida a conversão da sucessão provisória em definitiva.

→ *v.* Art. 37 do CC/2002

→ *v.* Art. 105, parágrafo único, da Lei 6.015/1973

§ 4º Regressando o ausente ou algum de seus descendentes ou ascendentes para requerer ao juiz a entrega de bens, serão citados para contestar o pedido os sucessores provisórios ou definitivos, o Ministério Público e o representante da Fazenda Pública, seguindo-se o procedimento comum.

→ *v.* Art. 36 do CC/2002.

Seção VIII
Das Coisas Vagas

Art. 746. Recebendo do descobridor coisa alheia perdida, o juiz mandará lavrar o respectivo auto, do qual constará a descrição do bem e as declarações do descobridor.

§ 1º Recebida a coisa por autoridade policial, esta a remeterá em seguida ao juízo competente.

§ 2º Depositada a coisa, o juiz mandará publicar edital na rede mundial de computadores, no sítio do tribunal a que estiver vinculado e na plataforma de editais do Conselho Nacional de Justiça ou, não havendo sítio, no órgão oficial e na imprensa da comarca, para que o dono ou o legítimo possuidor a reclame, salvo se se tratar de coisa de pequeno valor e não for possível a publicação no sítio do tribunal, caso em que o edital será apenas afixado no átrio do edifício do fórum.

§ 3º Observar-se-á, quanto ao mais, o disposto em lei.

→ *v.* Arts. 1.233 a 1.237 do CC/2002.

Seção IX
Da Interdição

→ *v.* Lei 13.146/2015 – Estatuto da Pessoa com Deficiência.

Art. 747. A interdição pode ser promovida:

→ *v.* art. 1.768 do CC.

→ *v.* Enunciado 680 do FPPC: Admite-se pedido de autointerdição e de levantamento da própria interdição a partir da vigência do Estatuto da Pessoa com Deficiência..

I – pelo cônjuge ou companheiro;

II – pelos parentes ou tutores;

III – pelo representante da entidade em que se encontra abrigado o interditando;

IV – pelo Ministério Público.

Parágrafo único. A legitimidade deverá ser comprovada por documentação que acompanhe a petição inicial.

Legitimidade para propor interdição

✓ APELAÇÃO CÍVEL. INTERDIÇÃO. PRELIMINAR DE NÃO CONHECIMENTO. REJEIÇÃO. AUSÊNCIA DE MANIFESTAÇÃO DO MINISTÉRIO PÚBLICO ACERCA DO MÉRITO DA CAUSA, DE JUNTADA DE CERTIDÃO CRIMINAL NEGATIVA E DE ATESTADO DE HIGIDEZ MENTAL. DESNECESSIDADE. NOMEAÇÃO DE CURADOR DATIVO. DESNECESSIDADE. AMPLIAÇÃO DOS EFEITOS DA CURATELA. 1. Não há falar em conhecimento parcial do reclamo, por ausência de interesse recursal no tocante à nomeação de curador especial, visto que a insurgência diz respeito à necessidade de nomeação de curador dativo. Preliminar rejeitada. 2. No caso concreto, não há falar em nulidade do processo pela ausência de oitiva do ministério público acerca do mérito da demanda, porquanto, após a juntada do laudo pericial e da oferta de contestação e réplica, os autos foram remetidos ao órgão ministerial que, por liberalidade, deixou de exarar manifestação acerca do mérito da causa, pugnando apenas pela realização de diligência. Dispensável, no caso, a juntada de certidão criminal negativa (art. 1.735, IV, do CCB), tendo em vista que a curadora não possui condenação criminal e nada veio aos autos a desautorizar a assunção do encargo de curadora, de forma que não traduz nulidade a ausência de atestado de higidez mental. 3. Na espécie, considerando que a genitora possui problemas de saúde que a impedem de assumir o exercício da curatela e que a autora conta com a concordância da irmã do curatelado (termo de anuência), nos termos do art. 747, II, do CPC e 1.775, § 3º, do CCB, não há óbice para que a tia materna seja nomeada curadora, não se fazendo necessária a nomeação de curador dativo. 4. Considerando que a perícia médica atestou ser o réu acometido de esquizofrenia paranoide, doença sem cura conhecida e que "compromete de modo significativo seus aspectos cognitivos e há evidência de perda do juízo de realidade", o Decreto da interdição deve ser ampliado, abrangendo os atos relacionados à guarda, tutela e adoção de menores, e ao direito político de ser votado (candidatar-se a cargo eletivo). Preliminares rejeitadas. Apelação provida. (TJRS; AC 0307612-13.2017.8.21.7000; Porto Alegre; Oitava Câmara Cível; Rel. Des. Ricardo Moreira Lins Pastl; Julg. 09/11/2017; DJERS 20/11/2017)

✓ APELAÇÃO CÍVEL EM PEDIDO DE INTERDIÇÃO. SÍNTESE FÁTICA. Autor que propôs a ação a fim de obter a curatela de sua genitora acometida com doença neurodegenerativa Alzheimer em grau avançado e síndrome de imobilidade. Alegação de necessidade de gerir seus atos da vida civil, dentre os quais, o recebimento de benefício previdenciário já concedido à interditanda para sua própria subsistência e representação em processo de inventário dos bens havidos pelo falecimento de um de seus filhos. Sentença que extinguiu o feito sem resolução do mérito, ante a ausência de interesse de agir do requerente. Insurgência recursal. Interesse de agir. Reconhecimento. Benefício previdenciário que tem seu regular pagamento, na falta do titular, dentre outros, ao seu curador. Inteligência do artigo 110 da Lei nº 8.213 de 1991.indicios de que a interditanda esteja acometida de doença neurológica em estágio avançado. Necessidade de dilação probatória a fim de que haja averiguação da necessidade de submeter a interditanda à curatela. Recurso conhecido e provido para determinar o regular prosseguimento do feito, nos termos do artigo 747 e seguintes do código de processo civil. (TJPR; ApCiv 1655698-8; São Miguel do Iguaçu; Décima Primeira Câmara Cível; Relª Desª Lenice Bodstein; Julg. 11/10/2017; DJPR 06/11/2017; Pág. 212)

Art. 748. O Ministério Público só promoverá interdição em caso de doença mental grave:

→ v. art. 1.769 do CC.

I – se as pessoas designadas nos incisos I, II e III do art. 747 não existirem ou não promoverem a interdição;

II – se, existindo, forem incapazes as pessoas mencionadas nos incisos I e II do art. 747.

Atuação do MP somente nos casos de doença mental grave em que não for possível a propositura pelos presentes no art. 747 do CPC

✓ APELAÇÃO CÍVEL. Ação de interdição. Extinção do feito sem resolução de mérito ante a ilegitimidade ativa do ministério público para propor a ação de interdição. Sentença anulada. Legitimidade do ministério público nos termos dos artigos 747 e 748 do NCPC. Interditado que sofre de doença mental grave e o único parente que poderia ajuizar a ação não se manifestou. Ausência de defensoria pública na Comarca. Sentença anulada para que a ação prossiga. Recurso provido. (TJPR; ApCiv 1655664-2; Rio Branco do Sul; Décima Primeira Câmara Cível; Rel. Des. Sigurd Roberto Bengtsson; Julg. 18/10/2017; DJPR 13/11/2017; Pág. 209)

Art. 749. Incumbe ao autor, na petição inicial, especificar os fatos que demonstram a incapacidade do interditando para administrar seus bens e, se for o caso, para praticar atos da vida civil, bem como o momento em que a incapacidade se revelou.

Parágrafo único. Justificada a urgência, o juiz pode nomear curador provisório ao interditando para a prática de determinados atos.

Demonstração do pedido e causa de pedir

✓ APELAÇÃO CÍVEL. AÇÃO DE INTERDIÇÃO. INDEFERIMENTO DA PETIÇÃO INICIAL. FALTA DE INTERESSE DE AGIR. IRRESIGNAÇÃO DA AUTORA. ALEGADA CONFIGURAÇÃO DO INTERESSE PROCESSUAL. SUPOSTA INCAPACIDADE DO REQUERIDO PARA A TOTALIDADE DOS ATOS DA VIDA CIVIL. POSSIBILIDADE DO PEDIDO DE CURATELA. UTILIDADE E NECESSIDADE DEMONSTRADAS. CASO DE INADEQUAÇÃO DA PETIÇÃO INICIAL, MESMO APÓS REITERADAS APRESENTAÇÕES DE EMENDAS. ALTERAÇÕES PROMOVIDAS PELA CONVENÇÃO SOBRE OS DIREITOS DA PESSOA COM DEFICIÊNCIA. ESTATUTO DA PESSOA COM DEFICIÊNCIA (LEI Nº13.146/2015). NÃO OBSERVÂNCIA DOS NOVOS CONTORNOS LEGAIS DA CURATELA. MEDIDA LIMITADA E EXCEPCIONAL. ALEGAÇÕES Agravo de instrumento nº 1.649.572-2 fls. 2/14 genéricas acerca da total incapacidade do requerido. Necessidade de maior detalhamento dos fatos e fundamentos do pedido de curatela. Apresentação de emendas, sem contudo, atender aos requisitos legais. Art. 321 e art. 749 do CPC/2015. Sentença de extinção mantida, sob fundamento diverso. Art. 485, I, do CPC/2015. Apelação desprovida. (TJPR; ApCiv 1649572-2; Pitanga; Décima Segunda Câmara Cível; Rel. Juiz Conv. Domingos Ramina; Julg. 13/09/2017; DJPR 22/09/2017; Pág. 212)

Necessidade de urgência para concessão da curadoria provisória

✓ CURADORIA PROVISÓRIA. Alegado quadro de senilidade do agravado (84 anos), a prejudicar seu bem-estar físico, psicológico e social. Indeferimento. Documentação encartada insuficiente para demonstrar, nessa fase e ainda que em caráter provisório, eventual incapacidade para os atos da vida civil. Não aplicação do art. 749, parágrafo único, do NCPC. Prova pericial em curso. Decisão mantida. Agravo NÃO provido. (TJSP; AI 2243551-56.2016.8.26.0000; Ac. 10672538; Auriflama; Décima Câmara de Direito Privado; Rel. Des. Elcio Trujillo; Julg. 08/08/2017; DJESP 22/08/2017; Pág. 1997)

✓ AGRAVO DE INSTRUMENTO. CURATELA. PEDIDO DE NOMEAÇÃO DE CURADOR PROVISÓRIO. INEXISTÊNCIA DE PROVA INEQUÍVOCA ACERCA DA RELEVÂNCIA E URGÊNCIA DA SUBMISSÃO DA DEMANDADA À CURATELA PROVISÓRIA. INDEFERIMENTO DO PLEITO. CONDENAÇÃO DA PARTE AGRAVANTE ÀS PENAS DA LITIGÂNCIA DE MÁ-FÉ. DESCABIMENTO. 1. De acordo com o art. 87 da Lei nº 13.146/2015 – O estatuto da pessoa com deficiência – E os arts. 749 e 750 do CPC/15, somente em casos de relevância e urgência, e a fim de proteger os interesses da pessoa com deficiência em situação de curatela, é cabível a nomeação de curador provisório, competindo à parte autora especificar os fatos que demonstram a necessidade de sujeição da parte requerida à curatela, bem como juntar laudo médico para fazer prova de suas alegações, ou mesmo informar a impossibilidade de fazê-lo. Não restando minimamente comprovada a relevância e urgência na nomeação de curador provisório à requerida, que inclusive respondeu ao recurso, opondo-se à postulação e inclusive noticiando o julgamento de improcedência de anterior ação de interdição movida pelas agravantes, é de rigor o indeferimento do pleito, ao menos até que aportem aos autos novos elementos probatórios que apontem a necessidade da curatela provisória. 2. Não se confirma no agir processual das agravantes a imputação de prática de atos que caracterizariam aquelas como litigantes de má-fé, impondo-se o indeferimento do pleito de condenação às respectivas penas, previstas no art. 18 do CPC/15. Negaram provimento. Unânime. (TJRS; AI 0206750-68.2016.8.21.7000; Giruá; Oitava Câmara Cível; Rel. Des. Luiz Felipe Brasil Santos; Julg. 15/12/2016; DJERS 23/01/2017)

Observância do procedimento legal

✓ AGRAVO DE INSTRUMENTO. AÇÃO DE INTERDIÇÃO. Insurgência contra decisão que rejeitou pleitos de limitação temporal do exercício da curatela, bem como de expedição de ofícios. Limitação trazida pelo art. 84, §3º, da Lei nº 13.146/15, não se aplica ao presente caso. Interditanda acometida por incapacidade decorrente de causa permanente e irreversível. Procedimentos prescritos nos arts. 747 a 750, do CPC, devidamente cumpridos. Desnecessidade da expedição de ofícios. Inexistência de indícios de negligência dos profissionais responsáveis pelo atendimento domiciliar à idosa. Recurso improvido. (TJSP; AI 2136327-59.2016.8.26.0000; Ac. 10096858; São Paulo; Sétima Câmara de Direito Privado; Rel. Des. Luiz Antonio Costa; Julg. 12/01/2017; DJESP 31/01/2017)

Art. 750. O requerente deverá juntar laudo médico para fazer prova de suas alegações ou informar a impossibilidade de fazê-lo.

Art. 751. O interditando será citado para, em dia designado, comparecer perante o juiz, que o entrevistará minuciosamente acerca de sua vida, negócios, bens, vontades, preferências e laços familiares e afetivos e sobre o que mais lhe parecer necessário para convencimento quanto à sua capacidade para praticar atos da vida civil, devendo ser reduzidas a termo as perguntas e respostas.

→ *v.* art. 1.771 do CC.

§ 1º Não podendo o interditando deslocar-se, o juiz o ouvirá no local onde estiver.

§ 2º A entrevista poderá ser acompanhada por especialista.

§ 3º Durante a entrevista, é assegurado o emprego de recursos tecnológicos capazes de permitir ou de auxiliar o interditando a expressar suas vontades e preferências e a responder às perguntas formuladas.

§ 4º A critério do juiz, poderá ser requisitada a oitiva de parentes e de pessoas próximas.

Instrução

✓ APELAÇÃO CÍVEL. FAMÍLIA. TUTELA E CURATELA. DIREITO INDISPONÍVEL. INTERDIÇÃO. AÇÃO DE ESTADO. Ausência de meticulosa especificação da capacidade do interditando. Necessidade de complementação da instrução. Inteligência do art. 751 do CPC. Sentença desconstituída. Apelo provido. (TJRS; AC 0186383-86.2017.8.21.7000; Cruz Alta; Sétima Câmara Cível; Relª Desª Sandra Brisolara Medeiros; Julg. 26/07/2017; DJERS 01/08/2017)

✓ PROCEDÊNCIA. INSURGÊNCIA DO MINISTÉRIO PÚBLICO. Apontada nulidade no procedimento. Entrevista do interditando e perícia médica não realizadas. Imprescindibilidade. Medidas necessárias à constatação segura acerca da incapacidade e sua extensão. Inteligência dos arts. 751 e 753, ambos do CPC/2015. Mácula existente. Decisum baseado apenas na constatação do oficial de justiça por ocasião da tentativa de citação, que atestou ter dúvidas da capacidade do interditando e atestados médicos particulares que não especificaram a extensão das anomalias. Fragilidade do contexto probatório. Melhor dilação probatória que se impõe. Sentença cassada. Retorno dos autos à origem para o regular processamento do feito. Recurso conhecido e provido. (TJSC; AC 0304589-61.2015.8.24.0011; Brusque; Sexta Câmara de Direito Civil; Rel. Des. André Luiz Dacol; DJSC 13/06/2017; Pag. 246)

Art. 752. Dentro do prazo de 15 (quinze) dias contado da entrevista, o interditando poderá impugnar o pedido.

§ 1º O Ministério Público intervirá como fiscal da ordem jurídica.

§ 2º O interditando poderá constituir advogado, e, caso não o faça, deverá ser nomeado curador especial.

→ v. Art. 72 do NCPC.

§ 3º Caso o interditando não constitua advogado, o seu cônjuge, companheiro ou qualquer parente sucessível poderá intervir como assistente.

Nomeação de curador especial

✓ APELAÇÃO CÍVEL. INTERDIÇÃO. NULIDADE. IMPOSSIBILIDADE DE SUPRESSÃO DE ATOS IMPERATIVOS À INTERDIÇÃO. NECESSIDADE DE NOMEAÇÃO DE CURADOR ESPECIAL E DE REALIZAÇÃO DE PERÍCIA MÉDICA. 1. Curador especial. O processo de interdição é medida extremamente gravosa e envolve interesses altamente relevantes, pois limita a capacidade civil presumida. Daí a exigência posta em Lei quanto a determinados atos do processo de interdição. Portanto, deve ser oportunizado à parte interditanda constituir advogado para promover sua defesa ou, não o fazendo, ser nomeado curador especial, como expressamente previsto no art. 752, § 2º, do CPC, visando a assegurar os princípios da ampla defesa e do contraditório. 2. Prova pericial. De acordo com o art. 753 do CPC, a realização de perícia médica é imprescindível para a decretação da interdição. 3. A afronta múltipla ao devido processo legal e às garantias constitucionais conduzem à desconstituição da sentença. Deram provimento. Unânime. (TJRS; AC 0217315-57.2017.8.21.7000; Porto Alegre; Oitava Câmara Cível; Rel. Des. Luiz Felipe Brasil Santos; Julg. 31/08/2017; DJERS 06/09/2017)

✓ INTERDIÇÃO. AUSÊNCIA DE NOMEAÇÃO DE CURADOR ESPECIAL. DESCONSTITUIÇÃO DA SENTENÇA. CABIMENTO. 1. Havendo expressa determinação no art. 752, §2º, do NCPC acerca da necessidade de nomeação de curador especial quando o interditando não constituir advogado para oferecer contestação e representá-lo no processo, e não sendo observada tal exigência, imperiosa a desconstituição da sentença para que seja observado o devido processo legal. 2. Embora a prova se destine a formar o convencimento do julgador, e que caiba a ele apontar os meios necessários, consoante estabelece o art. 370, do NCPC, a realização da perícia médica constitui providência imprescindível na ação de interdição, mormente quando, como ocorre no caso em exame, existem laudos conflitantes lançados por um neurologista e um psiquiatra, sendo imprescindível o cabal esclarecimento dos fatos. Inteligência do art. 753, do NCPC. Recurso provido. (TJRS; AC 0225256-58.2017.8.21.7000; Porto Alegre; Sétima Câmara Cível; Rel. Des. Sérgio Fernando de Vasconcellos Chaves; Julg. 30/08/2017; DJERS 05/09/2017)

Art. 753. Decorrido o prazo previsto no art. 752, o juiz determinará a produção de prova pericial para avaliação da capacidade do interditando para praticar atos da vida civil.

§ 1º A perícia pode ser realizada por equipe composta por expertos com formação multidisciplinar.

§ 2º O laudo pericial indicará especificadamente, se for o caso, os atos para os quais haverá necessidade de curatela.

Perícia imprescindível para decretar a interdição

✓ APELAÇÃO CÍVEL. AÇÃO DE INTERDIÇÃO. IMPOSSIBILIDADE DE SUPRESSÃO DE ATOS PROCESSUAIS INERENTES AO PROCEDIMENTO LEGAL DA INTERDIÇÃO, QUE REPRESENTEM MEIO DE DEFESA DO INTERDITANDO. NECESSIDADE DE CITAÇÃO E DE NOMEAÇÃO DE CURADOR ESPECIAL, SE FOR O CASO. REALIZAÇÃO DE PERÍCIA MÉDICA. IMPRESCINDIBILIDADE. 1. Preliminar de não conhecimento do recurso. Rejeição. Requerida a nomeação de curador especial ao requerido, que restou desacolhida no curso da demanda, e indeferido o pedido de reconsideração na sentença, o recurso cabível é a apelação. Não há cogitar de preclusão da matéria, tratando-se de pressuposto de constituição e de desenvolvimento válido e regular do processo, consoante previsto no art. 485, IV, e § 3º, NCPC. 2. Nomeação de curador especial. O processo de interdição é medida extremamente gravosa e envolve interesses altamente relevantes, na medida em que limita a capacidade civil presumida. Daí a exigência da Lei a determinados atos inerentes ao processo de interdição, até como meio de defesa da parte requerida. Portanto, mesmo que a prova dos autos conduza para a limitação funcional do requerido, deve ser oportunizado ao interditando constituir advogado para promover sua defesa ou, não o fazendo, ser nomeado curador especial, como previsto no art. 752, § 2º, do NCPC, em observância aos princípios da ampla defesa e do contraditório. 3. Prova pericial. De acordo com o art. 753, caput, do NCPC, a realização de perícia médica é imprescindível para a decretação da interdição. Conheceram da apelação e lhe deram provimento, para desconstituir a sentença. Unânime. (TJRS; AC 0012111-16.2017.8.21.7000; Porto Alegre; Oitava Câmara Cível; Rel. Des. Luiz Felipe Brasil Santos; Julg. 23/03/2017; DJERS 31/03/2017)

✓ APELAÇÃO CÍVEL. Ação de interdição. Procedência. Ausência de exame pericial. Nulidade. Indispensabilidade por força do art. 753 do CPC/15. Nulidade da sentença declarada. Recurso provido. O resultado da perícia não é vinculante, podendo o douto juiz a quo até mesmo afastar a sua conclusão. Entretanto, é indispensável sua realização, porquanto determinará o grau de incapacidade do interditando. (TJPR; ApCiv 1653157-4; Piraí do Sul; Décima Segunda Câmara Cível; Rel. Des. Marques Cury; Julg. 11/10/2017; DJPR 09/11/2017; Pág. 432)

✓ INTERDIÇÃO. PROVA PERICIAL DO INTERDITANDO. NECESSIDADE DE REALIZAÇÃO. 1. A interdição é um instituto com caráter nitidamente protetivo da pessoa, não se podendo ignorar que constitui também uma medida extremamente drástica, e, por essa razão, é imperiosa a adoção de todas as cautelas para agasalhar a decisão de privar alguém da capacidade civil, ou deixar de dar tal amparo quando é incapaz. 2. Mesmo que toda prova se destine a formar o convencimento do julgador, e que caiba a ele apontar os meios necessários, consoante estabelece o art. 370 do NCPC, a realização da perícia médica é providência imprescindível na ação de interdição. Inteligência dos art. 753, do NCPC. Recurso provido. (TJRS; AC 0318845-07.2017.8.21.7000; Ijuí; Sétima Câmara Cível; Rel. Des. Sérgio Fernando de Vasconcellos Chaves; Julg. 30/10/2017; DJERS 03/11/2017)

Art. 754. Apresentado o laudo, produzidas as demais provas e ouvidos os interessados, o juiz proferirá sentença.

Art. 755. Na sentença que decretar a interdição, o juiz:

I – nomeará curador, que poderá ser o requerente da interdição, e fixará os limites da curatela, segundo o estado e o desenvolvimento mental do interdito;

→ *v.* Art. 1.782 do CC/2002.

II – considerará as características pessoais do interdito, observando suas potencialidades, habilidades, vontades e preferências.

→ *v.* art. 1.772 do CC.

§ 1º A curatela deve ser atribuída a quem melhor possa atender aos interesses do curatelado.

→ *v.* Arts. 1.775 e 1.775-A do CC/2002.

§ 2º Havendo, ao tempo da interdição, pessoa incapaz sob a guarda e a responsabilidade do interdito, o juiz atribuirá a curatela a quem melhor puder atender aos interesses do interdito e do incapaz.

§ 3º A sentença de interdição será inscrita no registro de pessoas naturais e imediatamente publicada na rede mundial de computadores, no sítio do tribunal a que estiver vinculado o juízo e na plataforma de editais do Conselho Nacional de Justiça, onde permanecerá por 6 (seis) meses, na imprensa local, 1 (uma) vez, e no órgão oficial, por 3 (três) vezes, com intervalo de 10 (dez) dias, constando do edital os nomes do interdito e do curador, a causa da interdição, os limites da curatela e, não sendo total a interdição, os atos que o interdito poderá praticar autonomamente.

→ *v.* Art. 9º, III, do CC/2002.

→ *v.* Arts. 29, V, 92, 93, 104 e 107 da Lei 6.015/1973.

Fixação dos limites da interdição pela sentença à luz da Lei 13.146/15

✓ APELAÇÃO CÍVEL. AÇÃO DE INTERDIÇÃO. ESTATUTO DA PESSOA COM DEFICIÊNCIA (LEI Nº 13.146/2015). LIMITES DA CURATELA. LAUDO PERICIAL. GARANTIA DO INTERDITANDO. SENTENÇA MANTIDA. RECURSO NÃO PROVIDO. 1. Com o advento do Estatuto da Pessoa com Deficiência (Lei nº 13.146/2015), a curatela passou a constituir medida extraordinária, devendo ser preservados os interesses do curatelado, e afetará tão somente os atos relacionados aos direitos de natureza patrimonial e negocial (art. 85 da Lei nº 13.146/2015). 2. Nos termos do art. 755 do NCPC, a sentença deve fixar os limites da curatela, segundo o estado e o desenvolvimento mental do interdito, tendo como base o exame pericial, a fim de constatar as necessidades em cada caso concreto, sempre buscando atender aos interesses do curatelado. 3. Concluindo o laudo pericial que o curatelado possui limitações que atingem a manifestação de vontade e a capacidade de gerência de seus bens, não é razoável a restrição da curatela a um único ato (recebimento do benefício previdenciário), sob pena de deixar descobertas outras necessidades. 5. Sentença mantida. 6. Recurso não provido. (TJMG; APCV 1.0592.15.000049-1/001; Rel. Des. Raimundo Messias Junior; Julg. 31/10/2017; DJEMG 08/11/2017)

✓ APELAÇÃO CÍVEL. AÇÃO DE INTERDIÇÃO. ESTATUTO DA PESSOA COM DEFICIÊNCIA (LEI Nº 13.146/2015). ESPECIFICAÇÃO DOS LIMITES DA CURATELA. NECESSIDADE. INTERDIÇÃO PARCIAL. POSSIBILIDADE. APLICAÇÃO DO ART. 755 DO NCPC. MODIFICAÇÃO SUPERVENIENTE DO ESTADO DE FATO OU DE DIREITO. AMPLIAÇÃO OU REDUÇÃO DOS LIMITES DA CURATELA. POSSIBILIDADE. GARANTIA DO INTERDITO. SENTENÇA MANTIDA. RECURSO NÃO PROVIDO. 1. Com o advento do Estatuto da Pessoa com Deficiência (Lei nº 13.146/2015), que modificou a redação dos arts. 3º e 4º do CC. pessoas com deficiência mental ou intelectual deixaram de ser consideradas absolutamente incapazes, mas sim relativamente incapazes a certos atos ou à maneira de os exercer. 2. A curatela constitui medida extraordinária, devendo ser preservados os interesses do curatelado, e afetará tão somente os atos relacionados aos direitos de natureza patrimonial e negocial (art. 85 da Lei nº 13.146/2015). 3. Nos termos do art. 755 do NCPC, a sentença deve fixar os limites da curatela, segundo o estado e o desenvolvimento mental do interdito, de modo que não há que se falar em interdição absoluta na nova sistemática legal. 4. Considerando que a finalidade da curatela é a proteção aos interesses do curatelado, seja concernentes aos aspectos pessoais, aos elementos patrimoniais, ou para garantir a preservação de seus negócios, seus limites podem ser ampliados ou reduzidos, desde que comprovada alteração da situação fática ou de direito, sempre observando o melhor interesse do interdito. 5. Sentença mantida. 6. Recurso não provido. (TJMG; APCV 1.0024.13.264454-3/001; Rel. Des. Raimundo Messias Junior; Julg. 12/09/2017; DJEMG 22/09/2017)

Art. 756. Levantar-se-á a curatela quando cessar a causa que a determinou.

§ 1º O pedido de levantamento da curatela poderá ser feito pelo interdito, pelo curador ou pelo Ministério Público e será apensado aos autos da interdição.

§ 2º O juiz nomeará perito ou equipe multidisciplinar para proceder ao exame do interdito e designará audiência de instrução e julgamento após a apresentação do laudo.

§ 3º Acolhido o pedido, o juiz decretará o levantamento da interdição e determinará a publicação da sentença, após o trânsito em julgado, na forma do art. 755, § 3º, ou, não sendo possível, na imprensa local e no órgão oficial, por 3 (três) vezes, com intervalo de 10 (dez) dias, seguindo-se a averbação no registro de pessoas naturais.

§ 4º A interdição poderá ser levantada parcialmente quando demonstrada a capacidade do interdito para praticar alguns atos da vida civil.

Desnecessidade de laudo por junta médica

✓ APELAÇÃO CÍVEL. Ação de levantamento de interdição. Insurgência da apelante quanto ao laudo pericial realizado nos presentes autos por um único médico, enquanto na ação de interdição foi realizado por uma junta médica. Desnecessidade de realização de laudo por junta médica. Inteligência do artigo 756, do NCPC. Insurgência da apelante com relação à guarda dos menores, filhos da apelada, que estavam sob sua guarda em razão da nomeação como curadora. Ajuizamento de ação visando reversão da guarda. Alegação de que os menores são negligenciados pela genitora, ora apelada. Questão que deve ser discutido em autos próprios, e não na ação de interdição. Sentença mantida. Recurso não provido. (TJPR; ApCiv 1667091-0; Londrina; Décima Primeira Câmara Cível; Rel. Des. Sigurd Roberto Bengtsson; Julg. 11/10/2017; DJPR 08/11/2017; Pág. 340)

Art. 757. A autoridade do curador estende-se à pessoa e aos bens do incapaz que se encontrar sob a guarda e a responsabilidade do curatelado ao tempo da interdição, salvo se o juiz considerar outra solução como mais conveniente aos interesses do incapaz.

Art. 758. O curador deverá buscar tratamento e apoio apropriados à conquista da autonomia pelo interdito.

→ *v.* Art. 1.776 do CC/2002.

Seção X
Disposições Comuns à Tutela e à Curatela

Art. 759. O tutor ou o curador será intimado a prestar compromisso no prazo de 5 (cinco) dias contado da:

I – nomeação feita em conformidade com a lei;

II – intimação do despacho que mandar cumprir o testamento ou o instrumento público que o houver instituído.

§ 1º O tutor ou o curador prestará o compromisso por termo em livro rubricado pelo juiz.

§ 2º Prestado o compromisso, o tutor ou o curador assume a administração dos bens do tutelado ou do interditado.

Art. 760. O tutor ou o curador poderá eximir-se do encargo apresentando escusa ao juiz no prazo de 5 (cinco) dias contado:

→ *v.* Art. 1.738 do CC/2002.

I – antes de aceitar o encargo, da intimação para prestar compromisso;

II – depois de entrar em exercício, do dia em que sobrevier o motivo da escusa.

§ 1º Não sendo requerida a escusa no prazo estabelecido neste artigo, considerar-se-á renunciado o direito de alegá-la.

§ 2º O juiz decidirá de plano o pedido de escusa, e, não o admitindo, exercerá o nomeado a tutela ou a curatela enquanto não for dispensado por sentença transitada em julgado.

→ *v.* Art. 1.739 do CC/2002.

Art. 761. Incumbe ao Ministério Público ou a quem tenha legítimo interesse requerer, nos casos previstos em lei, a remoção do tutor ou do curador.

→ *v.* Arts. 1.735 e 1.766 do CC/2002.

→ *v.* Art. 201, III e IV, do ECA.

Parágrafo único. O tutor ou o curador será citado para contestar a arguição no prazo de 5 (cinco) dias, findo o qual observar-se-á o procedimento comum.

Art. 762. Em caso de extrema gravidade, o juiz poderá suspender o tutor ou o curador do exercício de suas funções, nomeando substituto interino.

Substituição do curador nas hipóteses cabíveis

✓ AGRAVO DE INSTRUMENTO. REMOÇÃO DE CURATELA. PRELIMINAR DE NULIDADE DE DECISÃO REJEITADA. PRELIMINAR DE NULIDADE POR AUSENCIA DE INTERVENÇÃO DO MINISTÉRIO PÚBLICO REJEITADA. NOMEAÇÃO DE CURADOR NÃO INTEGRANTE DA FAMÍLIA PARA EXERCER O MUNUS DE FORMA INTERINA. As decisões provisórias podem ser modificadas a qualquer tempo até o seu trânsito em julgado, sendo permitido ao magistrado modificar seu entendimento sobre a matéria apreciada desde que fundamente os motivos de sua mudança. Tendo o representante do Ministério Público sido intimado em diversas oportunidades, por determinação do magistrado de piso, para que se pronunciasse no feito, foi devidamente cumprindo o mister processual. Considerando as necessidades do interditado, o contexto de conflitos familiares e o possível risco de abuso financeiro, o Núcleo de Família e Registro Civil da Capital Alcides do Nascimento Lins avaliou que a curatela do interditado deve ser exercida por um curador remunerado. O Parecer Contábil conclui no sentido de que: Tanto a anterior curadora provisória, quanto a atual não comprovaram corretamente os valores utilizados em nome do interditado, vez que tanto receitas como despesas merecem melhor atenção e comprovação. Desse modo, sob o entendimento de que o melhor para atender o interesse do incapaz será determinar a suspensão das funções da agravada, com a nomeação de terceiro, não integrante da família, para exercer o munus de forma interina, na forma do art. 762, do NCPC, concordando, dessa maneira, com o Parecer do Douto Procurador de Justiça, bem como a manifestação ministerial emitida pelo Representante Ministerial com atuação no Juízo de origem. (TJPE; AI 0005964-67.2016.8.17.0000; Segunda Câmara Cível; Rel. Des. Alberto Nogueira Virgínio; Julg. 19/04/2017; DJEPE 12/05/2017)

✓ AGRAVO DE INSTRUMENTO. CURATELA. AÇÃO DE REMOÇÃO DE CURADOR. INDEFERIMENTO DO PEDIDO LIMINAR DE SUBSTITUIÇÃO DA CURADORA. AUSÊNCIA DE PROVAS CONTUNDENTES A PONTO DE JUSTIFICAR A REMOÇÃO SUMÁRIA DA ATUAL CURADORA. INDEFERIMENTO DO PEDIDO LIMINAR DE ANULAÇÃO DE ATO PRATICADO PELA CURADORA. TEMÁTICA QUE DESBORDA OS LIMITES DA DEMANDA. 1. De acordo com o art. 762 do código de processo civil de 2015, somente em caso de extrema gravidade poderá o juiz suspender o curador do exercício de suas funções, nomeando substituto interino. Considerando que o feito está em sua fase inicial de tramitação e que as alegações e provas apresentadas com a exordial não são contundentes a ponto de justificar a remoção sumária da atual curadora, é de ser indeferido tal pleito. 2. Ademais, no caso, a remoção pretendida não se funda em eventual negligência da curadora em prestar os cuidados que a curatelada demanda, mas, sim, em questões de natureza patrimonial, envolvendo ato de administração do patrimônio da incapaz – Ato este que, aliás, aparentemente privilegia os interesses da curatelada. Nesse contexto, exige-se agir cauteloso por parte do juízo, a fim de que os interesses da curatelada sejam plenamente resguardados, sendo temerário alterar, a partir de uma análise perfunctória, o exercício de uma curatela regularmente constituída e deferida no bojo de um processo de ampla cognição (interdição), quando não se está diante de caso de extrema gravidade, como alude o art. 762 do CPC/15. 3. As teses esgrimidas nas razões recursais acerca da natureza da disposição contida em aditivo contratual firmado pela curatelada e de eventual nulidade da revogação desta disposição operada pela curadora nem sequer merecem uma análise aprofundada, tendo em vista que, ao menos em um primeiro momento, desbordaria os limites da demanda, por nem sequer haver, nos pedidos iniciais, postulação relativamente à declaração de invalidade do ato praticado pela curadora. Negaram provimento. Unânime. (TJRS; AI 0111452-49.2016.8.21.7000; Rio Grande; Oitava Câmara Cível; Rel. Des. Luiz Felipe Brasil Santos; Julg. 08/09/2016; DJERS 13/09/2016)

Art. 763. Cessando as funções do tutor ou do curador pelo decurso do prazo em que era obrigado a servir, ser-lhe-á lícito requerer a exoneração do encargo.

§ 1º Caso o tutor ou o curador não requeira a exoneração do encargo dentro dos 10 (dez) dias seguintes à expiração do termo, entender-se-á reconduzido, salvo se o juiz o dispensar.

§ 2º Cessada a tutela ou a curatela, é indispensável a prestação de contas pelo tutor ou pelo curador, na forma da lei civil.

Seção XI
Da Organização e da Fiscalização das Fundações

Art. 764. O juiz decidirá sobre a aprovação do estatuto das fundações e de suas alterações sempre que o requeira o interessado, quando:

I – ela for negada previamente pelo Ministério Público ou por este forem exigidas modificações com as quais o interessado não concorde;

II – o interessado discordar do estatuto elaborado pelo Ministério Público.

→ *v.* Arts. 66 a 68 do CC/2002.

§ 1º O estatuto das fundações deve observar o disposto na Lei n. 10.406, de 10 de janeiro de 2002 (Código Civil).

§ 2º Antes de suprir a aprovação, o juiz poderá mandar fazer no estatuto modificações a fim de adaptá-lo ao objetivo do instituidor.

Art. 765. Qualquer interessado ou o Ministério Público promoverá em juízo a extinção da fundação quando:

I – se tornar ilícito o seu objeto;

II – for impossível a sua manutenção;

III – vencer o prazo de sua existência.

→ *v.* Art. 69 do CC/2002.

→ *v.* Enunciado 189 do FPPC: O art. 765 deve ser interpretado em consonância com o art. 69 do Código Civil, para admitir a extinção da fundação quando inútil a finalidade a que visa.

Extinção de Fundação

✓ APELAÇÃO CÍVEL. DIREITO CIVIL E PROCESSO CIVIL. FUNDAÇÃO PÚBLICA. PARALELISMO DAS FORMAS. ESTATUTO. MOVIMENTAÇÃO FINANCEIRA INSIGNIFICANTE. DESCUMPRIMENTO DE SUAS FINALIDADES. EXTINÇÃO. RECURSO CONHECIDO E IMPROVIDO. I. DA PRELIMINAR DE NÃO CONHECIMENTO DA APELAÇÃO CÍVEL POR AUSÊNCIA DE CAPACIDADE PROCESSUAL SUSCITADA EM CONTRARRAZÕES. I.I. De acordo com o princípio do paralelismo das formas jurídicas, deverá a extinção das entidades integrantes da administração pública indireta seguir a mesma sistemática adotada para a sua respectiva criação. I.II. Por haver a Lei Municipal nº 525/14 limitado-se a revogar a Lei que autorizou a criação da Fundação Apelante, sem autorizar a extinção da referida entidade pela municipalidade, o referido ato normativo em nada lhe alterou a capacidade processual, tampouco retirou-lhe a sua personalidade jurídica, uma vez que a Lei revogada já havia exaurido o seu objeto, qual seja, a criação da entidade. I.III. Preliminar rejeitada. II. DO MÉRITO II. I. O artigo 69, do Código Civil, estabelece que se admitirá a extinção de uma Fundação caso verificado (a) o caráter ilícito, impossível ou inútil da finalidade para a qual fora originalmente criada, ou (b) o esgotamento do prazo de sua existência, compreensão reproduzida no artigo 1.204, do CPC/73, com correspondência no artigo 765, do CPC/15. II. II. No caso dos autos, por não ter como objetivo a instalação de indústrias ou agroindústrias no Polo Industrial, não poderia a LPS ter sido beneficiada com a doação do imóvel efetuada pela apelante, notadamente por tal fato ir de encontro tanto com o artigo 3º, incisos I e II, da Lei Municipal nº 036/92 que autorizou a sua criação, quanto com o artigo 2º, incisos I e II, de seu Estatuto. II. III. Verificada a irregularidade da doação perpetrada para a segunda requerida, violando tanto o interesse público quanto a legislação municipal e o Estatuto Social, além da insipiente prestação de contas, bem como a quase completa ausência de movimentação financeira, flagrantemente insuficiente para o adimplemento das finalidades para a qual fora criada, impõe-se a extinção da entidade apelante em razão desta não haver logrado êxito em atender às finalidades para a qual fora criada, nos termos do artigo 36, inciso II, de seu Estatuto. II. lV. Recurso conhecido e improvido. (TJES; APL 0002428-30.2003.8.08.0008; Primeira Câmara Cível; Rel. Des. Jorge Henrique Valle dos Santos; Julg. 13/09/2016; DJES 20/09/2016)

Aplicação de outras medidas que não a extinção de Fundação

✓ APELAÇÃO CÍVEL. AÇÃO CIVIL PÚBLICA DE EXTINÇÃO DE FUNDAÇÃO EDUCACIONAL. OMISSÃO DOS DIRIGENTES EM PRESTAR CONTAS. DESCOMPASSO ENTRE AS RECEITAS E DESPESAS DA ENTIDADE. MERA IRREGULARIDADE ADMINISTRATIVA QUE NÃO CAUSA A EXTINÇÃO. ART. 69 DO CÓDIGO CIVIL E ART. 1.204 DO CÓDIGO DE PROCESSO CIVIL. DESCUMPRIMENTO PASSÍVEL DE OUTRAS MEDIDAS JUDICIAIS, COMO A OBRIGAÇÃO DE FAZER DE PRESTAR CONTAS. 1. A omissão dos dirigentes em prestar contas ao Ministério Público configura, tão somente, causa de irregularidade no funcionamento da fundação, sendo passível de adoção de medida judicial de prestação de contas. 2. Contudo, a extinção da fundação somente poderá se dar quando constatada uma das causas previstas no art. 765 do novo Código de Processo Civil, com redação anterior dada pelo art. 1.204 do CPC/73, ou do art. 69 do Código Civil. RECURSO NÃO PROVIDO. Apelação Cível nº 1695593-0 fl. 2 (TJPR; ApCiv 1695593-0; Ponta Grossa; Quinta Câmara Cível; Rel. Des. Nilson Mizuta; Julg. 29/08/2017; DJPR 18/09/2017; Pág. 131)

Seção XII
Da Ratificação dos Protestos Marítimos e dos Processos Testemunháveis Formados a Bordo

Art. 766. Todos os protestos e os processos testemunháveis formados a bordo e lançados no livro Diário da Navegação deverão ser apresentados pelo comandante ao juiz de direito do primeiro porto, nas primeiras 24 (vinte e quatro) horas de chegada da embarcação, para sua ratificação judicial.

Art. 767. A petição inicial conterá a transcrição dos termos lançados no livro Diário da Navegação e deverá ser instruída com cópias das páginas que contenham os termos que serão ratificados, dos documentos de identificação do comandante e das testemunhas arroladas, do rol de tripulantes, do documento de registro da embarcação e, quando for o caso, do manifesto das cargas sinistradas e a qualificação de seus consignatários, traduzidos, quando for o caso, de forma livre para o português.

Art. 768. A petição inicial deverá ser distribuída com urgência e encaminhada ao juiz, que ouvirá, sob compromisso a ser prestado no mesmo dia, o comandante e as testemunhas em número mínimo de 2 (duas) e máximo de 4 (quatro), que deverão comparecer ao ato independentemente de intimação.

→ *v.* Enunciado 79 do FPPC: Não sendo possível a inquirição tratada no art. 768 sem prejuízo aos compromissos comerciais da embarcação, o juiz expedirá carta precatória itinerante para a tomada dos depoimentos em um dos portos subsequentes de escala.

§ 1º Tratando-se de estrangeiros que não dominem a língua portuguesa, o autor deverá fazer-se acompanhar por tradutor, que prestará compromisso em audiência.

§ 2º Caso o autor não se faça acompanhar por tradutor, o juiz deverá nomear outro que preste compromisso em audiência.

Art. 769. Aberta a audiência, o juiz mandará apregoar os consignatários das cargas indicados na petição inicial e outros eventuais interessados, nomeando para os ausentes curador para o ato.

Art. 770. Inquiridos o comandante e as testemunhas, o juiz, convencido da veracidade dos termos lançados no Diário da Navegação, em audiência, ratificará por sentença o protesto ou o processo testemunhável lavrado a bordo, dispensado o relatório.

Parágrafo único. Independentemente do trânsito em julgado, o juiz determinará a entrega dos autos ao autor ou ao seu advogado, mediante a apresentação de traslado.

LIVRO II
DO PROCESSO DE EXECUÇÃO

TÍTULO I
Da Execução Em Geral

Capítulo I
DISPOSIÇÕES GERAIS

Art. 771. Este Livro regula o procedimento da execução fundada em título extrajudicial, e suas disposições aplicam-se, também, no que couber, aos procedimentos especiais de execução, aos atos executivos realizados no procedimento de cumprimento de sentença, bem como aos efeitos de atos ou fatos processuais a que a lei atribuir força executiva.

→ *v.* Enunciado 12 do FPPC: A aplicação das medidas atípicas sub-rogatórias e coercitivas é cabível em qualquer obrigação no cumprimento de sentença ou execução de título executivo extrajudicial. Essas medidas, contudo, serão aplicadas de forma subsidiária às medidas tipificadas, com observação do contraditório, ainda que diferido, e por meio de decisão à luz do art. 489, § 1º, I e II.

Aplicação das técnicas executivas no cumprimento de sentença

✓ EMENTA: AGRAVO DE INSTRUMENTO - AÇÃO MONITÓRIA - CUMPRIMENTO SENTENÇA - REGISTRO DO NOME DA PARTE EXECUTADA EM CADASTROS RESTRITIVOS DE CRÉDITO - POSSIBILIDADE - SERASA E SPC - BANCOS DE DADOS INDEPENDENTES - EXPEDIÇÃO DE OFÍCIOS - NECESSIDADE - REFORMA DA DECISÃO QUE SE IMPÕE. O disposto no § 3º, do art. 782 do NCPC, pode ser aplicado na hipótese de cumprimento de sentença, por força do art. 771, do mesmo Código, de modo que pode ser determinada a inclusão do nome da parte executada em cadastros de inadimplentes, na hipótese de não pagamento do valor executado. É de sabença geral que o Serviço de Proteção ao Crédito (SPC) e a Serasa possuem a mesma finalidade, vale dizer, informar e proteger o crédito, não obstante, os seus bancos de dados são distintos e independentes. Neste cenário, a mera inclusão do nome da executada em um dos referidos bancos de dados não implica, necessariamente, na inclusão no outro, e, por isso, se faz necessária a anotação do mesmo registro nos dois bancos de dados (SPC e Serasa), através de ofício expedido pelo juízo de primeiro grau. (TJMG; Agravo de Instrumento Cv 1.0699.09.102814-1/004; Rel. Des. Luciano Pinto , 17ª Câmara Cível; Julg.17/08/2017; Publ. 29/08/2017)

✓ Cumprimento de sentença - Ação monitória - Cessão do crédito do autor e requerimento da cessionária de substituição/sucessão processual - Indeferimento pelo juízo de primeiro grau - Substituição/sucessão, no CPC revogado e no atual, que independe do consentimento do devedor na fase de cumprimento de sentença - Regra de extensão do art. 771 do novo CPC que torna aplicável à fase de cumprimento de título judicial a regra do art. 778, que permite ao cessionário prosseguir na execução sem o consentimento do devedor - Substituição/sucessão deferida - Recurso provido, para esse fim, com determinação. (TJSP; Agravo de Instrumento 2257896-27.2016.8.26.0000; Rel. Cerqueira Leite; Órgão Julgador: 12ª Câmara de Direito Privado; Foro de Jandira - 2ª Vara; Data do Julgamento: 31/05/2017; Data de Registro: 31/05/2017)

Parágrafo único. Aplicam-se subsidiariamente à execução as disposições do Livro I da Parte Especial.

→ *v.* Enunciado 444 do FPPC: Para o processo de execução de título extrajudicial de obrigação de não fazer, não é necessário propor a ação de conhecimento para que o juiz possa aplicar as normas decorrentes dos arts. 536 e 537 do FPPC.

Aplicação subsidiária do processo de conhecimento ao processo executivo

✓ AGRAVO DE INSTRUMENTO. DESPESAS CONDOMINIAIS. EXECUÇÃO DE TÍTULO EXTRAJUDICIAL. À execução aplicam-se subsidiariamente as regras do processo de conhecimento (art. 771, parágrafo único, CPC/2015), assim, as cotas condominiais vencidas e não pagas até o cumprimento da obrigação devem ser incluídas no valor da dívida, por força do art. 323, do CPC/2015. Decisão reformada. Recurso provido. (TJSP; Agravo de Instrumento 2174056-85.2017.8.26.0000; Rel. Felipe Ferreira; Órgão Julgador: 26ª Câmara de Direito Privado; Foro Central Cível - 35ª Vara Cível; Data do Julgamento: 28/09/2017; Data de Registro: 28/09/2017)

Art. 772. O juiz pode, em qualquer momento do processo:

I – ordenar o comparecimento das partes;

II – advertir o executado de que seu procedimento constitui ato atentatório à dignidade da justiça;

III – determinar que sujeitos indicados pelo exequente forneçam informações em geral relacionadas ao objeto da execução, tais como documentos e dados que tenham em seu poder, assinando-lhes prazo razoável.

→ *v.* Enunciado 536 do FPPC: O juiz poderá, na execução civil, determinar a quebra de sigilo bancário e fiscal.

Advertência sobre o ato atentatório à dignidade da justiça

✓ AGRAVO DE INSTRUMENTO - AÇÃO DE EXECUÇÃO - O excesso de execução constitui matéria defensiva que, como tal, deve ser suscitado pela via adequada - Tratando-se de processo de execução, a defesa deve ser arguida por meio de embargos (art. 918 do CPC/2015) - A impugnação incidental, por sua vez, reserva-se à oposição do devedor em fase de cumprimento de sentença (art. art. 525, §1º, V, do CPC/2015) - Recurso desprovido, advertindo-se a agravante de que a prática reiterada de atos infundados visando obstar a marcha executiva poderá configurar ato atentatório à dignidade da justiça, nos termos do art. 772, II, e 774 do CPC/2015.

(TJSP; Agravo de Instrumento 2137353-92.2016.8.26.0000; Rel. Jonize Sacchi de Oliveira; Órgão Julgador: 24ª Câmara de Direito Privado; Foro de Americana – 4ª Vara Cível; Data do Julgamento: 17/01/2017; Data de Registro: 17/01/2017)

Possibilidade de o juiz determinar a terceiros o fornecimento de informações relativas ao objeto da execução

✓ EMENTA: AGRAVO DE INSTRUMENTO – AÇÃO MONITÓRIA. DETERMINAÇÃO JUDICIAL INDICAÇÃO BENS PENHORÁVEIS – DESCUMPRIMENTO – APLICAÇÃO DE MULTA. POSSIBILIDADE. 1. Na penhora ocorre a individualização, apreensão e depósito de bens do devedor, arrebanhados e colocados à disposição da Justiça, tendo por função subtraí-los da disponibilidade do executado, objetivando a garantia da execução, para satisfação do crédito.2. Conforme o inciso III do art. 772 do CPC, pode o juiz determinar que os sujeitos indicados pelo exequente forneçam informações em geral relacionadas ao objeto da execução. 3. Nos termos do parágrafo único do art. 774 do CPC, o executado que, devidamente intimado e sendo possuidor de bens, não os indica à penhora ele, incorre em ato atentatório à dignidade da justiça, situação essa cabível de aplicação de multa. (TJMG; Agravo de Instrumento-Cv 1.0699.07.075143-2/001; 11ª Câmara Cível; Rel. Des. Alberto Diniz Junior ; Julg. 27/09/2017; Publ. 29/09/2017)

✓ CONTRATO. PRESTAÇÃO DE SERVIÇOS. CUMPRIMENTO DE SENTENÇA. INTIMAÇÃO DE EMPRESA PARA ESCLARECIMENTOS. ART. 772, DO CPC. DESCONSIDERAÇÃO DA PERSONALIDADE JURÍDICA. 1. A autora observou fortes indícios de conluio, confusão patrimonial, formação de grupo econômico, entre a devedora e a empresa Siemens. Solicitou intimação desta última, para esclarecimentos e eventual desconsideração da personalidade jurídica. Possibilidade. 2. Art. 772, III, do CPC. O juiz pode, em qualquer momento, determinar que alguém, mesmo não sendo parte do feito, forneça informações e documentos relacionados ao objeto da execução. 3. Diante da possibilidade desses esclarecimentos e juntada de documentos, cabe ao juízo assinar prazo razoável e, após análise, deferir ou não desconsideração da personalidade jurídica. 4. Recurso provido. (TJSP; Agravo de Instrumento 2249523-07.2016.8.26.0000; Rel. Melo Colombi; Órgão Julgador: 14ª Câmara de Direito Privado; Foro Central Cível – 8ª Vara Cível; Data do Julgamento: 22/03/2017; Data de Registro: 23/03/2017)

Art. 773. O juiz poderá, de ofício ou a requerimento, determinar as medidas necessárias ao cumprimento da ordem de entrega de documentos e dados.

Parágrafo único. Quando, em decorrência do disposto neste artigo, o juízo receber dados sigilosos para os fins da execução, o juiz adotará as medidas necessárias para assegurar a confidencialidade.

→ *v.* Enunciado 536 do FPPC: O juiz poderá, na execução civil, determinar a quebra de sigilo bancário e fiscal.

Possibilidade de o juiz determinar as medidas necessárias para entrega de documentos e dados

✓ DESCONSIDERAÇÃO DA PERSONALIDADE JURIDICA. Desobediência à ordem judicial. Determinação para apresentação de bens passíveis de penhora. Executada que manteve-se inerte. O juiz pode determinar as medidas necessárias ao cumprimento da ordem, a fim de dar efetividade à execução. Artigo 773 do CPC. Ato atentatório à dignidade da Justiça a conduta omissiva da empresa executada, nos termos do artigo 774, V do CPC. Mantida a r. Decisão recorrida. Recurso não provido. (TJSP; AI 2116333-11.2017.8.26.0000; Ac. 10739408; São Paulo; Trigésima Oitava Câmara de Direito Privado; Rel. Des. Achile Alesina; Julg. 28/08/2017; DJESP 31/08/2017; Pág. 3007)

Adoção de medidas para manter sigilo de dados

✓ EMBARGOS DE DECLARAÇÃO. AGRAVO DE INSTRUMENTO. EXECUÇÃO EXTRAJUDICIAL. Decisão que indefere o pedido formulado pela exequente de levantamento dos valores já penhorados nos autos. Decisão que a mantém. Embargos declaratórios em que se alega a ocorrência de omissões. Ocorrência parcial. Pedido de juntada aos autos da declaração de bens dos executados e decretação de segredo de justiça. A orientação do RESP nº 1.349.363/SP, julgado na sistemática de recursos repetitivos (art. 543 – C do CPC/1973) pelo Colendo Superior Tribunal de Justiça, apresentado pela embargante como fundamento a sua pretensão, não tem mais aplicação, haja vista ter sido exarado à égide do CPC/73, diploma no qual não havia regra disciplinando a questão, que agora há. Previsão legal no art. 773 do Novo CPC quanto à adoção pelo juiz de medidas necessárias para assegurar a confidencialidade de dados sigilosos. E viabilizando o dever processual de que o juiz adotará as medidas necessárias para assegurar a confidencialidade de documentos sigilosos, recepcionada foi normatização de caráter geral que já vigia no âmbito do Judiciário Paulista, aprimorada em função da nova ordem processual. No processo de execução no formato eletrônico os documentos sigilosos são mantidos no ofício judicial em pasta própria de sigilos. Prevalência da disciplina do Provimento CSM 293/86, artigo 4º, e artigo 1.263, I das NSCGJ, seguindo mantido o proceder do juízo **a quo**. Ausência de omissão quanto à questão do indeferimento do levantamento de valores, pois está conhecida e fundamentada no aresto a manutenção do indeferimento singular. Caráter infringente dos embargos nessa questão. Conhecimento da decisão agravada quanto aos requerimentos da embargante de penhora de direitos de executado; intimação de terceiros interessados; e, intimação dos executados. Omissão sanada. Manutenção da decisão nesse tópico, prevalente seus fundamentos. Acolhimento parcial dos declaratórios, mas sem efeito modificativo do aresto embargado. (TJSP; EDcl 2016613-71.2017.8.26.0000/50000; Ac. 10568165; São Paulo; Décima Quinta Câmara de Direito Privado; Rel. Des. José Wagner de Oliveira Melatto Peixoto; Julg. 27/06/2017; DJESP 05/07/2017; Pág. 2025)

Art. 774. Considera-se atentatória à dignidade da justiça a conduta comissiva ou omissiva do executado que:

→ *v.* Enunciado 537 do FPPC: A conduta comissiva ou omissiva caracterizada como atentatória à dignidade da justiça no procedimento da execução fiscal enseja a aplicação da multa do parágrafo único do art. 774 do CPC/2015 do FPPC.

→ *v.* Enunciado 533 do FPPC: Se o executado descumprir ordem judicial, conforme indicado pelo § 3º do art. 536, incidirá a pena por ato atentatório à dignidade da justiça (art. 774, IV), sem prejuízo da sanção por litigância de má-fé.

→ *v.* Enunciado do FPPC: O oferecimento de impugnação manifestamente protelatória é ato atentatório à dignidade da justiça que enseja a aplicação da multa prevista no parágrafo único do art. 774 do CPC.

→ **v.** Enunciado 50 da ENFAM: O oferecimento de impugnação manifestamente protelatória ao cumprimento de sentença será considerado conduta atentatória à dignidade da Justiça (art. 918, III, parágrafo único, do CPC/2015), ensejando a aplicação da multa prevista no art. 774, parágrafo único.

Aplicação de multa por ato atentatória à dignidade da Justiça.

✓ AGRAVO DE INSTRUMENTO. CUMPRIMENTO DE SENTENÇA Decisão interlocutória que aplicou multa a instituição financeira por ato atentatório à dignidade da justiça, nos termos do art. 774 do CPC/15. Requisitos preenchidos. Percentual da multa mantido. Percentual fixado de forma proporcional a conduta do agravante. Decisão mantida. Recurso não provido. (TJPR; Ag Instr 1674278-8; Curitiba; Décima Quarta Câmara Cível; Rel. Des. Octavio Campos Fischer; Julg. 20/09/2017; DJPR 27/09/2017; Pág. 479)

I – frauda a execução;

→ *v.* Arts. 792 e 856, § 3º do NCPC.

Ato atentatório à dignidade da Justiça e fraude à execução

✓ AGRAVO DE INSTRUMENTO. FRAUDE À EXECUÇÃO. ART. 185 DO CTN. ALIENAÇÃO DO BEM APÓS INSCRIÇÃO EM DÍVIDA ATIVA. ATO ATENTATÓRIO À DIGNIDADE DA JUSTIÇA. MULTA. REDUÇÃO. 1. Pela atual redação, dada pela LC 118, de 09.02.2005, do art. 185 do CTN, à caracterização da alienação fraudulenta basta que o crédito tributário esteja inscrito em dívida ativa (CTN, art. 185 - Presume-se fraudulenta a alienação ou oneração de bens ou rendas, ou seu começo, por sujeito passivo em débito para com a Fazenda Pública, por crédito tributário regularmente inscrito como dívida ativa). 2. Considerando, pois, que a alienação do bem ocorreu após a inscrição em dívida ativa, está configurada a fraude à execução, na forma do art. 185 do Código Tributário Nacional. A presunção de boa-fé do terceiro, todavia, poderá ser enfrentada em demanda própria, que admita ampla dilação de prova. 3. Havendo a tentativa por parte do executado de fraudar a execução, ao alienar o bem mesmo já existindo a inscrição de dívida ativa, deverá incidir o art. Art. 774, I do CPC, dando ensejo à aplicação da multa prevista no parágrafo único do mesmo diploma legal. (TRF 4ª R.; AG 5024177-95.2017.404.0000; Segunda Turma; Relª Desª Fed. Luciane Amaral Corrêa Münch; Julg. 29/08/2017; DEJF 04/09/2017)

II – se opõe maliciosamente à execução, empregando ardis e meios artificiosos;

Ato atentatório à dignidade da Justiça e oposição maliciosa à execução

✓ AGRAVO DE INSTRUMENTO. AÇAO ORDINÁRIA EM FASE DE CUMPRIMENTO DE SENTENÇA. PRELIMINAR. OFENÇA AO PRINCIPIO DA DIALETICIDADE. REJEITADA. EXCEÇÃO DE PRÉ-EXECUTIVIDADE. PEDIDO DE NOVA AVALIAÇÃO DE BEM PENHORADO E QUITAÇÃO DO DEBITO. PRECLUSÃO. PEDIDO DE EFEITO SUSPENSIVO À EXCEÇÃO DE PRÉ-EXECUTIVIDADE. IMPOSSIBILIDADE. MULTA DE 20%. ATO ATENTATÓRIO A DIGNIDADE DA JUSTIÇA. MANTIDA. FIXAÇÃO DE HONORÁRIOS ADVOCATICIOS. IMPOSSIBILIDADE. Não há que se falar em ofensa ao princípio da dialeticidade que, como sabido, ocorre quando as razões recursais estão inteiramente dissociadas do que foi decidido na decisão agravada, o que não se afigura na hipótese. Muito embora se tratem de decisões agravadas distintas, não pode o agravante apresentar em outro recurso sobre questões já decididas, sob pena de preclusão. A simples oposição da exceção de pré-executividade não é suficiente para consubstanciar a suspensão do procedimento executivo, uma vez que não há previsão legal para a imposição de efeito suspensivo ao incidente. Incorre em ato atentatório à dignidade da justiça, nos termos do artigo 774, do NCPC/2015, o executado que, se opõe maliciosamente à execução, empregando ardis e meios artificiosos, sendo cabível, neste caso, a aplicação da multa prevista no parágrafo único do citado diploma legal, que é o caso dos autos. Imperioso concluir que para fins de condenação em honorários advocatícios, o acolhimento da exceção de pré-executividade deve colocar fim a execução. (TJMG; AI 1.0141.07.001307-5/004; Rel. Des. Marco Aurelio Ferenzini; Julg. 10/08/2017; DJEMG 18/08/2017)

III – dificulta ou embaraça a realização da penhora;

IV – resiste injustificadamente às ordens judiciais;

Ato atentatório à dignidade da Justiça e resistência injustificada às ordens judicias

✓ PROCESSUAL. AÇÃO DE BUSCA E APREENSÃO. DECISÃO QUE DETERMINOU AO RÉU QUE INDICASSE A LOCALIZAÇÃO DO VEÍCULO, SOB PENA DE MULTA. Pretensão à reforma. Determinação que encontra respaldo nos artigos 5º, 77, IV e 774, IV do Código de Processo Civil, 422 do Código Civil, e em precedentes deste E. Tribunal de Justiça. RECURSO DESPROVIDO. (TJSP; AI 2153004-33.2017.8.26.0000; Ac. 10780700; Américo Brasiliense; Vigésima Sétima Câmara de Direito Privado; Rel. Des. Mourão Neto; Julg. 12/09/2017; DJESP 15/09/2017; Pág. 2126)

V – intimado, não indica ao juiz quais são e onde estão os bens sujeitos à penhora e os respectivos valores, nem exibe prova de sua propriedade e, se for o caso, certidão negativa de ônus.

→ v. Art. 835 do NCPC.

Ato atentatório à dignidade da Justiça pela omissão do devedor, devidamente intimado, a indicar bens penhoráveis

✓ CUMPRIMENTO DE SENTENÇA. DEVEDOR INTIMADO A INDICAR BENS À PENHORA. INÉRCIA. Ato atentatório à dignidade da Justiça. Aplicação de multa. Possibilidade. Inteligência do art. 774, V do NCPC. Análise da jurisprudência. Recurso improvido, com fixação de verba honorária. (TJSP; AI 2159004-49.2017.8.26.0000; Ac. 10872817; Santos; Décima Sétima Câmara de Direito Privado; Rel. Des. Souza Lopes; Julg. 10/10/2017; DJESP 16/10/2017; Pág. 2717)

Parágrafo único. Nos casos previstos neste artigo, o juiz fixará multa em montante não superior a vinte por cento do valor atualizado do débito em execução, a qual será revertida em proveito do exequente, exigível nos próprios autos do processo, sem prejuízo de outras sanções de natureza processual ou material.

→ v. Arts. 77 a 81 do NCPC.

Valor máximo da multa de 20% por ato atentatório à dignidade da Justiça.

✓ AGRAVO DE INSTRUMENTO. AÇÃO DE EXECUÇÃO FISCAL. ATO ATENTATÓRIO À DIGNIDADE DA JUSTIÇA. OCORRÊNCIA. MULTA. ARBITRAMENTO CORRETO. ASTREINTE. POSSIBILIDADE. RECURSO NÃO PROVIDO. 1. O art. 774, parágrafo único, do CPC de 2015, possibilita ao magistrado a imposição de multa até o limite de 20% do débito executado, nos casos de ato atentatório à dignidade da Justiça. 2. Verificado que a executada se opõe à execução de forma maliciosa, empregando ardis e meios artificiosos, é possível a imposição da mencionada multa. 3. O art. 536, § 1º, do CPC de 2015, prevê as providências que o julgador poderá determinar com o fim de obter a efetivação da tutela, dentre as quais, a imposição de multa. 4. Agravo de instrumento conhecido e não provido, mantida a decisão que aplicou multa pela ocorrência de ato atentatório à dignidade da justiça e arbitrou astreinte. (TJMG; AI 1.0026.14.005106-6/001; Rel. Des. Caetano Levi Lopes; Julg. 19/09/2017; DJEMG 29/09/2017)

Art. 775. O exequente tem o direito de desistir de toda a execução ou de apenas alguma medida executiva.

→ v. Arts. 105 e 200, parágrafo único do NCPC.

Parágrafo único. Na desistência da execução, observar-se-á o seguinte:

I – serão extintos a impugnação e os embargos que versarem apenas sobre questões processuais, pagando o exequente as custas processuais e os honorários advocatícios;

→ v. Arts. 525, 535 e 914 do NCPC.

II – nos demais casos, a extinção dependerá da concordância do impugnante ou do embargante.

Extinção dos embargos sem intimação do executado

✓ COMPRA E VENDA DE BENS MÓVEIS. AÇÃO MONITÓRIA. EMBARGOS À MONITÓRIA JULGADOS IMPROCEDENTES. Fase de cumprimento de sentença. Não localização de bens penhoráveis. Pedido de desistência. Sentença de homologação e extinção do feito, nos termos do artigo 485, inciso VIII, do Código de Processo Civil. Pretensão de reforma. Não cabimento. Ausência de oposição de impugnação ou embargos. Desnecessidade de anuência do executado, com relação ao pedido de desistência, nos termos do artigo 9º e 10, do Código de Processo Civil. Inteligência do artigo 775, do Código de Processo Civil. Precedentes. Cerceamento de defesa inexistente. Fixação de verba honorária a favor da executada. Descabimento. Arbitramento que atentaria aos princípios da razoabilidade e causalidade. Sentença mantida. Apelação improvida. (TJSP; APL 0075675-12.2013.8.26.0002; Ac. 10637289; São Paulo; Vigésima Sexta Câmara de Direito Privado; Rel. Des. Bonilha Filho; Julg. 27/07/2017; DJESP 07/08/2017; Pág. 2412)

Honorários devidos ao embargante

✓ APELAÇÃO CÍVEL. DIREITO PRIVADO NÃO ESPECIFICADO. EMBARGOS À EXECUÇÃO. DESISTÊNCIA DA EXECUÇÃO PELO CREDOR. HONORÁRIOS SUCUMBENCIAIS DEVIDOS PELO EXEQUENTE AO EMBARGANTE. Considerando que a extinção do feito decorreu da desistência pelo credor da execução de título extrajudicial proposta, deve o exequente/embargado arcar com os honorários advocatícios de sucumbência em favor do patrono do executado/embargante. Inteligência do art. 775, parágrafo único, I, do código de processo civil. Apelo provido. Unânime. (TJRS; AC 0001802-33.2017.8.21.7000; Santo Cristo; Décima Segunda Câmara Cível; Rel. Des. Pedro Luiz Pozza; Julg. 14/02/2017; DJERS 17/02/2017)

Art. 776. O exequente ressarcirá ao executado os danos que este sofreu, quando a sentença, transitada em julgado, declarar inexistente, no todo ou em parte, a obrigação que ensejou a execução.

Declaração de inexistência de título hábil (obrigação) e necessidade de ressarcimento pelo exequente ao executado

✓ EMBARGOS À EXECUÇÃO POR TÍTULO EXTRAJUDICIAL. IMPROCEDÊNCIA. ASSISTÊNCIA JUDICIÁRIA GRATUITA. Pessoa jurídica. Cabimento, em princípio, da concessão do benefício, desde que evidenciada a necessidade da obtenção do favor legal. Hipótese configurada no caso. Benefício que comporta ser-lhe concedido. Execução lastreada em Cédula de Crédito Bancário. Alegação de ausência de título hábil para embasar a execução, feita pelos embargantes, que merece ser acolhida. Ajuizamento da ação sem que houvesse inadimplência dos executados. Invocação do art. 940, do Código Civil e art. 28, § 3º da Lei nº 10.931/2004 descabida no caso. Hipótese regulada pelo art. 776 do CPC que prevê responsabilidade objetiva do exequente pelos danos sofridos pelo executado com a instauração do processo executivo por dívida inexistente. Executados que não trouxeram prova dos danos experimentados. Embargos que devem ser julgados procedentes em parte para extinguir a execução. Recurso dos embargantes provido em parte. (TJSP; APL 1012581-55.2016.8.26.0362; Ac. 10798620; Mogi Guaçu; Décima Quarta Câmara de Direito Privado; Rel. Des. Thiago de Siqueira; Julg. 18/09/2017; DJESP 21/09/2017; Pág. 1891)

Art. 777. A cobrança de multas ou de indenizações decorrentes de litigância de má-fé ou de prática de ato atentatório à dignidade da justiça será promovida nos próprios autos do processo.

→ *v.* Arts. 79 a 81 do NCPC.

Capítulo II
DAS PARTES

Art. 778. Pode promover a execução forçada o credor a quem a lei confere título executivo.

→ *v.* Arts. 97 a 100 do CDC.
→ *v.* Art. 15 da Lei 7.347/1985.
→ *v.* Arts. 16 e 17 da Lei 4.717/1965.
→ *v.* Arts. 515 e 784 do NCPC.

§ 1º Podem promover a execução forçada ou nela prosseguir, em sucessão ao exequente originário:

I – o Ministério Público, nos casos previstos em lei;

→ *v.* Art. 176 do NCPC.

II – o espólio, os herdeiros ou os sucessores do credor, sempre que, por morte deste, lhes for transmitido o direito resultante do título executivo;

→ *v.* Arts. 75, VII, 110; 485, IX e 687 a 692 do NCPC.

III – o cessionário, quando o direito resultante do título executivo lhe for transferido por ato entre vivos;

→ *v.* Arts. 286 a 298 do CC/2002.
→ *v.* Art. 109 do NCPC.

IV – o sub-rogado, nos casos de sub-rogação legal ou convencional.

→ *v.* Arts. 346 a 351 e 831 do CC/2002.
→ *v.* Art. 857 do NCPC.

§ 2º A sucessão prevista no § 1º independe de consentimento do executado.

Ilegitimidade na execução

✓ APELAÇÕES CÍVEL. Cumprimento de sentença proferida em ação coletiva ajuizada pelo idec (instituto de defesa do consumidor). Preliminar de ilegitimidade do exequente. Tema assentado pelo Supremo Tribunal Federal, no julgamento do recurso extraordinário n. 612043, em sede de repercussão geral, com o tema n. 499. Exequente que não preenche os requisitos para a execução do título, pois não é filiado e não reside no âmbito de jurisdição do tribunal do Distrito Federal. Extinção do feito sem resolução do mérito, na forma do artigo 485, VI, cumulado com os artigos 778 e 771 do NCPC. Reforma da sentença. Apelo conhecido e provido. Unânime. "a eficácia subjetiva da coisa julgada formada a partir de ação coletiva, de rito ordinário, ajuizada por associação civil na defesa de interesses dos associados, somente alcança os filiados, residentes no âmbito da jurisdição do órgão julgador, que o fossem em momento anterior ou até a data da propositura da demanda, constantes da relação jurídica juntada à inicial do processo de conhecimento". (tese assentada no julgamento do RE 612043, após reconhecimento de repercussão geral da matéria indicada no tema n. 499). (TJSE; AC 201700714431; Ac. 20263/2017; Primeira Câmara Cível; Rel. Des. Roberto Eugenio da Fonseca Porto; Julg. 19/09/2017; DJSE 21/09/2017)

Espólio, herdeiros ou sucessores

✓ APELAÇÃO CÍVEL. Execução de título judicial ajuizada pelos herdeiros do de cujus. Indeferimento da petição inicial. Descumprimento de decisão anterior que havia determinado a emenda à inicial. Insurgência recursal. Alegação de legitimidade ativa dos herdeiros. Partilha extrajudicial de bens do de cujus já encerrada. Inteligência do artigo 778, §1º, II do NCPC. Matéria de ordem pública. Documentação suficiente para comprovar a legitimidade dos herdeiros. Reforma da decisão que se impõe. Benefícios da assistência judiciaria gratuita concedido em sede recursal. Recurso conhecido e provido. (TJPR; ApCiv 1684265-4; Curitiba; Terceira Câmara Cível; Rel. Juiz Conv. Osvaldo Nallim Duarte; Julg. 29/08/2017; DJPR 04/09/2017; Pág. 151)

Sucessão na cessão de crédito

✓ AGRAVO DE INSTRUMENTO. EXECUÇÃO. Cessão de crédito. Desnecessidade de prévia ciência do devedor. Substituição processual. Cabimento. Aplicação do artigo 778, § 1º, inciso III e §2º, do Código de Processo Civil. Precedentes do STJ. Decisão reformada. RECURSO PROVIDO. (TJSP; AI 2146185-80.2017.8.26.0000; Ac. 10766287; São Paulo; Décima Sétima Câmara de Direito Privado; Rel. Des. Afonso Bráz; Julg. 04/09/2017; DJESP 11/09/2017; Pág. 2933)

Sub-rogado sucedendo exequente originário

✓ APELAÇÃO CÍVEL. AÇÃO DE EXECUÇÃO DE TÍTULO EXECUTIVO EXTRAJUDICIAL. JUÍZO A QUO QUE, POR MEIO DE SENTENÇA, EXTINGUIU A EXECUÇÃO, NA FORMA DO ART. 794, I, DO CPC. Recorrente sustenta que, após satisfazer a obrigação, impõe-se a sua sub-rogação e o consequente prosseguimento da execução em face dos devedores originários, nos próprios autos, nos moldes do art. 778, IV, §1º, do CPC. Desconsideração da personalidade jurídica. Possibilidade. Hipótese que abarca a situação de sub-rogação legal na qual um terceiro interessado paga a dívida pela qual era obrigado, consoante dispõe o art. 346, III, do Código Civil. Sentença que merece anulação para o devido prosseguimento do processo executivo pelo apelante em face dos devedores originários. Recurso de apelação a que se dá provimento. (TJRJ; APL 0000236-68.2001.8.19.0209; Rio de Janeiro; Décima Terceira Câmara Cível; Rel. Des. Fernando Fernandy Fernandes; DORJ 06/10/2017; Pág. 380)

Sucessão processual independentemente de consentimento do executado

✓ AGRAVO DE INSTRUMENTO. DIREITO PROCESSUAL CIVIL. CUMPRIMENTO DE SENTENÇA. SUCESSÃO PROCESSUAL DO CREDOR. DESNECESSIDADE DE CONSENTIMENTO DO DEVEDOR. CESSÃO DE DIREITOS. VALIDADE. AGRAVO NÃO PROVIDO. 1. A sucessão processual do credor na fase de cumprimento de sentença prescinde do consentimento do devedor, nos termos do art. 778, § 2º, do Código de Processo Civil. 2. Não verificada a ocorrência de nenhuma das hipóteses previstas no art. 166 do Código Civil, não é possível a declaração de nulidade de cessão de direitos realizada entre os credores originários e os sucessores processuais. 3. Agravo conhecido e não provido. (TJDF; Proc. 0705.76.3.762017-8070000; Ac. 105.1535; Terceira Turma Cível; Rel. Des. Alvaro Ciarlini; Julg. 04/10/2017; DJDFTE 13/10/2017)

Art. 779. A execução pode ser promovida contra:

I – o devedor, reconhecido como tal no título executivo;

→ *v.* Art. 789 do NCPC.

II – o espólio, os herdeiros ou os sucessores do devedor;

→ *v.* Arts. 75, VII, 515, IV e 687 a 692 do NCPC.

III – o novo devedor que assumiu, com o consentimento do credor, a obrigação resultante do título executivo;

→ *v.* Arts. 299 a 303 do CC/2002.

→ *v.* Art. 109 do NCPC.

IV – o fiador do débito constante em título extrajudicial;

→ *v.* Art. 794 do NCPC.

→ *v.* Súmulas 214 e 268 do STJ.

→ *v.* Enunciado 445 do FPPC: O fiador judicial também pode ser sujeito passivo da execução.

V – o responsável titular do bem vinculado por garantia real ao pagamento do débito;

→ *v.* Art. 835, § 3º do NCPC.

VI – o responsável tributário, assim definido em lei.

→ *v.* Arts. 121 e 128 a 138 do CTN.

Ilegitimidade por não constar o devedor no título executivo

✓ EXECUÇÃO. Nota promissória emitida por pessoa física, sócio da empresa, com quem o agravante alega ter celebrado o negócio que motivou a emissão da cártula. Determinação para exclusão da pessoa jurídica do polo passivo. Admissibilidade. Inteligência do artigo 779, inciso I, do CPC. Extinção do processo em relação à empresa por ilegitimidade passiva, nos termos do artigo 485, inciso VI, § 3º, do CPC. RECURSO PROVIDO, COM OBSERVAÇÃO. (TJSP; AI 2157282-77.2017.8.26.0000; Ac. 10787803; Guarulhos; Trigésima Oitava Câmara de Direito Privado; Rel. Des. Fernando Sastre Redondo; Julg. 13/09/2017; DJESP 25/09/2017; Pág. 2747)

Título executivo que consta o nome do devedor

✓ AGRAVO DE INSTRUMENTO. CUMPRIMENTO DE SENTENÇA. DECISÃO AGRAVADA QUE REJEITA A IMPUGNAÇÃO AO CUMPRIMENTO DE SENTENÇA OFERECIDA PELO AGRAVANTE, SOB A ÉGIDE DO CPC/15, ANTE A ALEGAÇÃO DE ILEGITIMIDADE PASSIVA. Impugnante que pretende o reexame do julgado por meio da reiteração da tese de ilegitimidade passiva. Questão que restou preclusa com o trânsito em julgado da sentença que a afastou. É certo ainda que em sede de impugnação, conforme preceitua o artigo 525, § 1º, II, do CPC/15, é possível a alegação de ilegitimidade passiva, mas somente se a execução não estiver sendo promovida em face dos personagens constantes do art. 779 do mesmo diploma legal, não sendo esta a hipótese dos autos, em que o executado, ora agravante, é o devedor reconhecido no título executivo (art. 779, I, do CPC/15). Recurso a que se nega provimento. (TJRJ; AI 0028787-44.2017.8.19.0000; Belford Roxo; Vigésima Sexta Câmara Cível Consumidor; Relª Desª Sandra Santarem Cardinali; DORJ 04/09/2017; Pág. 365)

Execução contra sucessores

✓ EXECUÇÃO CONTRA DEVEDOR SOLVENTE. Falecimento do devedor antes do ajuizamento da ação. Indicação do espólio no polo passivo. Suspensão do processo. Determinação de que o credor proceda à abertura do inventário para que o inventariante ou administrador provisório represente o espólio nos autos. Desnecessidade. Possibilidade de ajuizamento da execução contra os sucessores ou herdeiros do de cujus. Artigo 779, inciso II, do Código de Processo Civil. Procedimento adotado pelo banco exequente que se mostra regular. RECURSO PROVIDO. (TJSP; AI 2210335-07.2016.8.26.0000; Ac. 10150849; São Paulo; Décima Terceira Câmara de Direito Privado; Rel. Des. Nelson Jorge Júnior; Julg. 09/02/2017; DJESP 15/02/2017)

Execução contra herdeiros habilitados

✓ APELAÇÃO DIGITAL. EMBARGOS À. Execução. Cédula de Crédito Bancário. Execução. Óbito do Executado. Habilitação determinada (art. 779, II, do CPC). Alegada ilegitimidade passiva dos herdeiros do Executado. Obrigação que deve ser cumprida pelos herdeiros, até as forças da herança. Inteligência do artigo 1.997 do Código Civil. Ausência de formulação de inventário negativo. Alegação de inexistência de bens por parte do de cujus que não restou conclusiva. Sentença mantida. Honorários sucumbenciais adequados. Recurso não provido, com observação. (TJSP; APL 1012769-77.2016.8.26.0223; Ac. 10496885; Guarujá; Trigésima Sétima Câmara de Direito Privado; Rel. Des. João Pazine Neto; Julg. 06/06/2017; DJESP 28/06/2017; Pág. 2206)

Inclusão da empresa sucessora no cumprimento de sentença

✓ AÇÃO DE OBRIGAÇÃO DE FAZER C.C. INDENIZATÓRIA (PLANO DE SAÚDE), EM FASE DE CUMPRIMENTO DE SENTENÇA. DECISÃO QUE DEFERIU O INGRESSO DE TERCEIRO NO POLO PASSIVO. Inconformismo. Não acolhimento. Nos termos do art. 109, § 3º, do CPC, a sentença proferida entre as partes originárias estende os seus efeitos ao adquirente ou cessionário, sendo certo que, na fase de execução, o cumprimento pode ser direcionado em desfavor dos sucessores (art. 779, II, do CPC). No caso, o negócio ajustado entre as pessoas jurídicas foi além da mera aquisição de carteira de clientes, pois envolveu a cessão da marca e do nome comercial, daí o contorno de nítida sucessão empresarial. Precedente deste E. Tribunal de Justiça. Decisão mantida. Recurso desprovido. (TJSP; AI 2022746-32.2017.8.26.0000; Ac. 10489034; Araraquara; Oitava Câmara de Direito Privado; Rel. Des. Grava Brazil; Julg. 31/05/2017; DJESP 08/06/2017; Pág. 2459)

Execução contra fiador constante em título extrajudicial

✓ JUIZADO ESPECIAL CÍVEL. PROCESSUAL CIVIL. EXECUÇÃO DE TÍTULO EXTRAJUDICIAL. CONTRATO DE LOCAÇÃO. FIADORA. LEGITIMIDADE PASSIVA. INTELIGÊNCIA DA SÚMULA Nº 268 DO SUPERIOR TRIBUNAL DE JUSTIÇA. RECURSO CONHECIDO E NÃO PROVIDO. I. Trata-se de recurso inominado interposto pela parte executada em face da sentença que julgou procedente em parte os embargos à execução por ela opostos e determinou o prosseguimento da execução, com solidariedade entre as executadas, pelo valor de R$ 1.700,00 (um mil e setecentos reais), referente a aluguéis devidos em contrato de locação no qual a parte recorrente figurou como fiadora. Em seu recurso, sustenta a parte sua ilegitimidade para figurar no polo passivo da execução, uma vez que não foi parte na ação de despejo movida pela parte exequente em face da primeira executada (locatária). II. Recurso próprio, tempestivo e dispensado de preparo ante a concessão da gratuidade de justiça (ID 1665866). As contrarrazões nao foram apresentadas (ID 1665868). III. A teor do Enunciado da Súmula nº 268 do Superior Tribunal de Justiça, O fiador não integrou a relação processual na ação de despejo não responde pela execução do julgado. Refere-se a Súmula à execução do julgado, ou seja, aquele que não integrou a relação processual na fase de conhecimento não pode ser chamado na fase executiva a responder pela dívida retratada no título executivo judicial. IV. O caso em tela não se subsume à situação versada no referido enunciado, uma vez que sequer houve condenação na ação de despejo, que restou extinta pela perda superveniente do interesse de agir, ante a desocupação do imóvel, conforme ID 1665799. V. De acordo com o art. 779, IV, do Código de Processo Civil, a execução pode ser promovida contra o fiador do débito constante em título extrajudicial. Outrossim, estabelece o art. 784, VIII do mesmo diploma legal que o crédito, documentalmente comprovado, decorrente de aluguel de imóvel, bem como de encargos acessórios, tais como taxas e despesas de condomínio caracteriza-se como título executivo extrajudicial. Portanto, como a parte recorrente figura como fiadora do contrato locatício (ID 1665801), resta inequívoca sua legitimidade para responder pela execução, de forma que a sentença não merece reparo. VI. Recurso conhecido e não provido. Condeno a parte recorrente vencida ao pagamento das custas processuais e dos honorários advocatícios que fixo em 10% do valor da condenação, contudo suspendo a exigibilidade na forma do art. 98, § 3º, do NCPC. VII. A Súmula de julgamento servirá de acórdão, consoante disposto no artigo 46 da Lei nº 9.099/95. (TJDF; RInom 0705865-14.2016.8.07.0007; Segunda Turma Recursal dos Juizados Especiais; Rel. Juiz Almir Andrade de Freitas; Julg. 21/06/2017; DJDFTE 26/06/2017; Pág. 437)

Responsável pelo bem dado em garantia respondendo pela execução

✓ CIVIL E PROCESSO CIVIL. APELAÇÃO CÍVEL. EMBARGOS À EXECUÇÃO. TÍTULO EXECUTIVO EXTRAJUDICIAL. CÉDULA DE CRÉDITO BANCÁRIO. TERCEIRO INTERVENIENTE GARANTE. PROPRIETÁRIO DO IMÓVEL DADO EM GARANTIA REAL DO DÉBITO (HIPOTECA) ILEGITIMIDADE PASSIVA NO PROCESSO DE EXECUÇÃO. AFASTADA. ARTIGO 779, V, DO CPC (ART. 568 C/C ART. 535, III, DO CPC/73). AUTONOMIA DO TÍTULO EXECUTIVO EXTRAJUDICIAL. RESPONSABILIDADE LIMITADA AO BEM OFERECIDO EM GARANTIA. HONORÁRIOS ADVOCATÍCIOS. REDUÇÃO. IMPOSSIBILIDADE. LITIGÂNCIA DE MÁ-FÉ. PEDIDO FEITO EM CONTRARRAZÕES. INOCORRÊNCIA. 1. O art. 779, V do CPC/15 dispõe que a execução pode ser promovida contra o responsável titular do bem vinculado por garantia real do pagamento do débito. 1.1. O referido inciso foi uma inovação, pois na legislação anterior de 1973 em seu art. 568 não consagrou explicitamente que o responsável titular do bem vinculado por garantia real do pagamento seria sujeito passivo na ação de execução, entretanto, alguns doutrinadores e a maioria da jurisprudência pátria entendiam que o interveniente garante deveria compor o polo passivo, nos termos do art. 535, III, do CPC/73, em razão da autonomia do título executivo constituído pela garantia real. 2. O terceiro que prestou garantia real, por meio de hipoteca, deve ser mantido no polo passivo na demanda da execução, em razão da possibilidade de expropriação do bem dado em garantia, sob pena de nulidade. 3. Não sendo o garantidor devedor solidário, mas parte secundária, não responde pela totalidade do débito exequendo, limitando-se a execução ao imóvel dado em garantia, pois a sua responsabilidade se restringe apenas ao bem hipotecado. 4. O importe fixado a título de honorários advocatícios na sentença recorrida se mostra valor razoável e benevolente à parte apelante, já que a quantia corresponde a percentual inferior a 1% do valor econômico envolvido na ação, portanto, não há que se falar em redução. 5. Não configura litigância de má-fé, tampouco caráter meramente protelatório (arts 80 e 81 do vigente CPC, antigos arts. 17 e 18 do CPC/73), a apresentação de recurso à sentença contrária aos seus interesses do recorrente, mas mero exercício do direito que lhe é constitucionalmente garantido. 5.1. Tampouco, não há provas de que o executado/apelante tenha incorrido em quaisquer das hipóteses previstas no art. 80 do vigente CPC (anterior art. 17 do CPC/73), não merecendo o acolhimento do pedido de condenação por litigância de má-fé deduzido pelo apelado em sede de contrarrazões. 6. Recurso conhecido e desprovido. Sentença mantida. (TJDF; APC 2015.07.1.027434-2; Ac. 981.407; Sétima Turma Cível; Relª Desª Gislene Pinheiro; Julg. 16/11/2016; DJDFTE 23/11/2016)

Redirecionamento da dívida tributária

✓ AGRAVO DE INSTRUMENTO. EXECUÇÃO FISCAL. SUCESSÃO TRIBUTÁRIA. REDIRECIONAMENTO. ACTIO NATA. DECURSO DE PRAZO SUPERIOR A CINCO ANOS. REDIRECIONAMENTO. AGRAVO NÃO PROVIDO. 1. Quando a responsabilidade tributária surge após a constituição do crédito tributário ou até mesmo quando já ajuizada a execução fiscal, a inclusão do terceiro, na qualidade de responsável tributário, ocorre através da figura do redirecionamento do feito executivo, cujo fundamento legal encontra-se no art. 779, I e VI, do CPC. 2. Nos casos em que o exequente tenha ciência da ocorrência de hipótese legal de responsabilidade tributária, deverá postular a inclusão do novo sujeito passivo, no prazo de 5 anos, ex VI da disposição contida no art. 174, do CTN. Aplicação da teoria da actio nata, pela qual o prazo prescricional para o redirecionamento deve ser contado a partir da possibilidade de se redirecionar o feito. 3. In casu, podendo exercitar a sua pretensão desde 12/02/2010, somente após o decurso do prazo de 5 (cinco) anos, precisamente em 05/01/2017, a exequente cuidou de postular a inclusão do pretenso sucessor tributário. 4. Agravo de instrumento não provido. (TRF 5ª R.; AGTR 0000461-97.2017.4.05.0000; PE; Quarta Turma; Rel. Des. Fed. Edilson Pereira Nobre Júnior; DEJF 21/08/2017; Pág. 66)

Art. 780. O exequente pode cumular várias execuções, ainda que fundadas em títulos diferentes, quando o executado for o mesmo e desde que para todas elas seja competente o mesmo juízo e idêntico o procedimento.

→ *v.* Súmula 27 do STJ.

→ *v.* Arts. 292, VI, 327, 525, § 1º, V, 535, IV e 917, III do NCPC.

Possibilidade de cumulação de execuções

✓ APELAÇÃO CÍVEL. AÇÃO DE EXECUÇÃO POR QUANTIA CERTA. TÍTULOS JUDICIAIS DIVERSOS. CUMULAÇÃO. POSSIBILIDADE. ARTIGO 780 DO CPC. IDENTIDADE DE DEVEDOR, DE JUÍZO E DE PROCEDIMENTO. HONORÁRIOS RECURSAIS. DESCABIMENTO. RECURSO CONHECIDO E PROVIDO De acordo com o artigo 780 do NCPC, "o exequente pode cumular várias execuções, ainda que fundadas em títulos diferentes, quando o executado for o mesmo e desde que para todas elas seja competente o mesmo juízo e idêntico o procedimento." Ainda que o recurso tenha sido apreciado sob a égide do novo Código de Processo Civil, descabe a aplicação da regra da majoração dos honorários advocatícios prevista no § 11 do artigo 85 na hipótese, eis que além de se tratar de acórdão que anula a sentença singular, com a determinação de retorno dos autos à origem para novo julgamento da causa, não houve prévia fixação da verba em primeiro grau. (TJMS; APL 0817574-97.2017.8.12.0001; Quinta Câmara Cível; Rel. Des. Júlio Roberto Siqueira Cardoso; DJMS 29/09/2017; Pág. 91)

✓ APELAÇÃO CÍVEL. CONDOMÍNIO. EMBARGOS À EXECUÇÃO. TÍTULO EXTRAJUDICIAL. EXECUÇÃO. CUMULAÇÃO. QUOTAS CONDOMINIAIS. VINCENDAS. A execução deve ser instruída com o título executivo líquido, certo e exigível no qual se materializa o crédito vencido e com a memória atualizada do débito pela qual é quantificada a pretensão executiva. A quota condominial constitui título executivo extrajudicial sendo possível a cumulação de execuções em face do mesmo devedor tão somente pelas parcelas vencidas na data do ajuizamento da execução. Aplicação dos art. 784, X e art. 780 do CPC/15. - Circunstância dos autos em se impõe manter a decisão recorrida. Sucumbência. Critério de proporcionalidade. O decaimento recíproco das partes implica no ônus de sucumbência proporcional, como disposto no art. 86 do CPC/15. - Circunstância dos autos em que se justifica o redimensionamento. Recurso parcialmente provido. (TJRS; AC 0208673-95.2017.8.21.7000; Porto Alegre; Décima Oitava Câmara Cível; Rel. Des. João Moreno Pomar; Julg. 10/08/2017; DJERS 21/08/2017)

✓ AGRAVO DE INSTRUMENTO. NULIDADE DA CDA. NÃO CONFIGURADA. CUMULAÇÃO DE PEDIDOS. POSSIBILIDADE. Não há falar em iliquidez da CDA, porquanto presentes os requisitos legais e indicada a legislação pertinente a cada acréscimo. Ademais, a dívida ativa regularmente inscrita é dotada de presunção juris tantum de certeza e liquidez, só podendo ser afastada por prova inequívoca. A cumulação inicial de pedidos (títulos executivos) em uma única execução fiscal, por aplicação subsidiária das regras dos arts. 327 e 780 do CPC, revela-se um direito subjetivo da Fazenda Pública, desde que atendidos os pressupostos legais, hipótese em que a petição inicial da execução deve ser acompanhada das diversas certidões de dívida ativa. (TRF 4ª R.; AG 5049787-02.2016.404.0000; Segunda Turma; Relª Juíza Conv. Luciane Amaral Corrêa Münch; Julg. 07/02/2017; DEJF 09/02/2017)

Impossibilidade de cumulação em virtude da diferença de ritos

✓ CUMULAÇÃO DE EXECUÇÕES DE OBRIGAÇÃO DE FAZER E POR QUANTIA CERTA. Inadmissibilidade. Impossibilidade de cumulação em razão da diversidade dos ritos. Aplicação do artigo 780 do CPC. Precedentes. Decisão mantida. Agravo de instrumento desprovido. (TJSP; AI 2113939-31.2017.8.26.0000; Ac. 10748168; Paraguaçu Paulista; Décima Quinta Câmara de Direito Privado; Rel. Des. Mendes Pereira; Julg. 22/08/2017; DJESP 04/09/2017; Pág. 3032)

Capítulo III
DA COMPETÊNCIA

Art. 781. A execução fundada em título extrajudicial será processada perante o juízo competente, observando-se o seguinte:

→ *v.* Art. 98, § 2º do CDC.

→ *v.* Súmulas 58 e 66 STJ.

→ *v.* Art. 46, § 5º do NCPC.

I – a execução poderá ser proposta no foro de domicílio do executado, de eleição constante do título ou, ainda, de situação dos bens a ela sujeitos;

→ *v.* Arts. 70 a 78 do CC/2002.

→ *v.* Art. 63 do NCPC.

II – tendo mais de um domicílio, o executado poderá ser demandado no foro de qualquer deles;

III – sendo incerto ou desconhecido o domicílio do executado, a execução poderá ser proposta no lugar onde for encontrado ou no foro de domicílio do exequente;

IV – havendo mais de um devedor, com diferentes domicílios, a execução será proposta no foro de qualquer deles, à escolha do exequente;

V – a execução poderá ser proposta no foro do lugar em que se praticou o ato ou em que ocorreu o fato que deu origem ao título, mesmo que nele não mais resida o executado.

Possibilidade da propositura de execução no foro de domicílio do executado ou constante do título

✓ PROCESSUAL CIVIL. EXECUÇÃO DE TÍTULO EXTRAJUDICIAL. TAXAS CONDOMINIAIS. CLÁUSULA DE ELEIÇÃO DE FORO. INEFICÁCIA RECONHECIDA DE OFÍCIO. INDEFERIMENTO DA INICIAL. AUSÊNCIA DE ABUSIVIDADE DA CLÁUSULA. SENTENÇA CASSADA. 1. A competência para processar Execução de Título Extrajudicial é de ordem territorial e, portanto, de natureza relativa, podendo ser proposta no foro de domicilio do executado, no foro de eleição ou no foro de situação dos bens, consoante disposto no artigo 781, inciso I, do CPC/2015. 2. O artigo 63, § 3º, do CPC/2015 faculta ao juiz, antes da citação, declarar de ofício a ineficácia da cláusula de eleição de foro com a consequente remessa dos autos ao juízo do foro de domicílio do réu, desde que esteja constatada a abusividade da cláusula e o prejuízo para o exercício do direito de defesa. 3. Embora as partes tenham domicílio na Circunscrição Judiciária do Guará/DF, não se verifica abusividade na cláusula de eleição de foro da Circunscrição Judiciária de Brasília/DF para resolver questões judiciais pertinentes à convenção, seja porque inexistia a Circunscrição Judiciária do Guará/DF à época da aprovação da Convenção do Condomínio, seja porque, em face da proximidade das circunscrições judiciárias da Justiça do Distrito Federal, o foro eleito pelas partes não impede nem dificulta a defesa por parte da ré. 4. Recurso de Apelação conhecido e provido. Sentença cassada. (TJDF; Proc. 0700.63.5.722017-8070001; Ac. 105.2343; Oitava Turma Cível; Relª Desª Nídia Corrêa Lima; Julg. 06/10/2017; DJDFTE 18/10/2017)

✓ CONFLITO NEGATIVO DE COMPETÊNCIA. EMBARGOS À EXECUÇÃO. TÍTULO DE CRÉDITO. CHEQUE. JUÍZO COMPETENTE. FORO DO DOMICÍLIO DO EXECUTADO. ARTIGO 781 DO CÓDIGO DE PROCESSO CIVIL DE 2015. CONFLITO ACOLHIDO. Em conformidade com a norma contida no art. 781, I, do novo Código de Processo Civil, a execução fundada em título extrajudicial poderá ser proposta no foro do domicílio do executado. (TJSC; CC 0000635-45.2017.8.24.0000; Araranguá; Quarta Câmara de Direito Comercial; Relª Desª Janice Ubialli; DJSC 15/09/2017; Pag. 216)

Necessidade de comprovação de dificuldade de defesa para se afastar a cláusula eletiva de foro

✓ PROCESSUAL CIVIL. CONFLITO NEGATIVO DE COMPETÊNCIA. AÇÃO DE EXECUÇÃO DE TÍTULO EXTRAJUDUCIAL (NOTA PROMISSÓRIA). DISTRIBUIÇÃO DA PETIÇÃO INICIAL EM CONFORMIDADE COM O FORO DE ELEIÇÃO. DEMANDA DERIVADA DE RELAÇÃO DE CONSUMO. COMPETÊNCIA TERRITORIAL. DECLINAÇÃO DE OFÍCIO PARA FORO DE RESIDÊNCIA DO CONSUMIDOR. NÃO VERIFICADA, DE PLANO, DIFICULDADE DE ACESSO À JUSTIÇA. IMPOSSIBILIDADE. COMPETÊNCIA DO JUÍZO SUSCITADO. 1. O simples fato de se tratar de ação derivada de relação de consumo não autoriza, por si só, o declínio da competência para o foro do domicilio do consumidor, haja vista que a Lei n. 8.078/90 (CDC) não faz essa expressa determinação, afinal o seu art. 6º, inciso VIII, apenas preconiza ser direito do consumidor a facilitação da defesa dos seus direitos. Em rigor, o código consumerista não fixou que tais demandas sejam de ordem pública, adotando-se a regra de competência absoluta. 2. Não destoando dessa interpretação, o art. 781, inciso I, do CPC preconiza que a execução fundada em título extrajudicial poderá ser proposta no foro do domicílio do executado, de eleição constante do título ou, ainda, de situação dos bens a ela sujeitos. Logo, na ótica da legislação processual civil, evidente tratar-se de regra de competência relativa, não cabendo, pois, a declinação de ofício. 3. Por sua vez, o art. 63, § 3º, do CPC disciplina que a cláusula de eleição de foro na ação oriunda de direitos e obrigações, estatui que, antes da citação, se abusiva, o magistrado pode reputá-la ineficaz de ofício e remeter os autos ao domicílio do réu. Assim, mesmo nas ações derivadas de relação de consumo, a declinação de ofício será possível somente quando verificado, de plano, o efetivo prejuízo do exercício do direito de defesa do réu (consumidor) no foro de eleição. Inclusive, porque é facultado ao consumidor preferir litigar no foro indicado na cláusula de eleição de foro. 4. Conflito de competência conhecido. Declarado competente o Juízo Suscitado – 1ª Vara de Execução de Títulos Extrajudiciais de Brasília. (TJDF; Proc. 0708.68.3.232017-8070000; Ac. 104.9407; Segunda Câmara Cível; Relª Desª Sandra Reves; Julg. 26/09/2017; DJDFTE 10/10/2017)

Competência executiva territorial relativa, impossibilitando a declinação de ofício pelo julgador

✓ AGRAVO DE INSTRUMENTO. PROCESSUAL CIVIL. EXECUÇÃO POR TÍTULO EXTRAJUDICIAL. OAB. COBRANÇA JUDICIAL DE ANUIDADE. COMPETÊNCIA. ART. 781 DO CPC/2015. FORO DO LOCAL DO PAGAMENTO. COMPETÊNCIA DE NATUREZA RELATIVA. 1. Agravo de instrumento interposto em face de decisão que, nos autos de execução por título executivo extrajudicial nº 01718811720164025101, declarou a incompetência absoluta do juízo, declinado o feito em favor de um dos Juízes Federais da Seção Judiciária do Rio Grande do Norte/RN. 2. A competência entre as Seções Judiciárias da Justiça Federal é relativa, não pode ser conhecida de ofício pelo Juiz, depende de alegação da parte interessada. Neste sentido é o entendimento do Colendo Superior Tribunal de Justiça através da Súmula nº 33: ¿A incompetência relativa não pode ser declarada de ofício. 3. O Código de Processo Civil de 2015 estabelece que a execução poderá ser proposta no foro do lugar em que se praticou o ato ou em que o correu o fato que deu origem ao título, mesmo que nele não mais resida o executado. 4. Considerando que o caso dos autos trata de execução de anuidades profissionais de inscrição principal perante a Seccional do Rio de Janeiro, é possível concluir que o respectivo pagamento deveria ter sido cumprido no Estado do Rio de Janeiro, portanto, é competente para processar e julgar a execução em comento, o Juízo da Vara Federal do Rio de Janeiro. Nesse sentido: TRF2, 6ª Turma Especializada, AG 201500000028612, Rel. Des. Fed. GUILHERME CALMON NOGUEIRA DA GAMA, e-DJF2R 3.12.2015; TRF2,

7ª Turma Especializada, AC 01580564020154025101, Rel. Des. Fed. JOSÉ ANTONIO NEIVA, e-DJF2R 5.7.2017. 5. Agravo de instrumento provido para reformar a decisão agravada e determinar o prosseguimento do feito originário na Seção Judiciária do Rio de Janeiro. (TRF 2ª R.; AI 0000812-54.2017.4.02.0000; Quinta Turma Especializada; Rel. Des. Fed. Ricardo Perlingeiro; Julg. 12/09/2017; DEJF 27/09/2017)

✓ CONFLITO NEGATIVO DE COMPETÊNCIA. DIREITO PRIVADO NÃO ESPECIFICADO. AÇÃO DE EXECUÇÃO DE TÍTULO EXTRAJUDICIAL. COMPETÊNCIA. EXECUÇÃO DE TÍTULO EXTRAJUDICIAL. DECLINAÇÃO DE OFÍCIO. A competência à execução de título extrajudicial é alternativa assegurada pelo CPC/15 ao exequente dentre as hipóteses previstas no art. 781 do CPC/15. A regra é de competência relativa e não autoriza declinação de ofício, como disposto no art. 64, 1º daquele código e dita a Súmula n. 33 do e. STJ. - Circunstância dos autos em que a declinação ocorreu sem provocação das partes; e se impõe acolher o conflito. Conflito negativo de competência julgado procedente. (TJRS; CC 0209202-17.2017.8.21.7000; Arvorezinha; Décima Oitava Câmara Cível; Rel. Des. João Moreno Pomar; Julg. 13/07/2017; DJERS 18/07/2017)

Escolha do exequente em virtude do número de devedores e diversidade de domicílios

✓ AGRAVO DE INSTRUMENTO. EXECUÇÃO DE TÍTULO EXTRAJUDICIAL. COMPETÊNCIA TERRITORIAL E FUNCIONAL. FOROS REGIONAIS. CLÁUSULA DE ELEIÇÃO DE FORO. Insurgência em face da decisão pela qual foi afastada a cláusula de eleição de foro e determinada a remessa dos autos ao Foro Regional do Jabaquara. Cláusula pela qual foi eleito o Foro Central da Comarca de São Paulo. Impossibilidade de escolha de foro dentro da Comarca. Critério funcional de distribuição de competência que é absoluto. Embora se reconheça a nulidade da eleição do Foro Central, remanesce a competência do Foro da Comarca de São Paulo para julgamento da causa. Tratando-se de execução de título extrajudicial e havendo mais de um devedor com diferentes domicílios, a competência é do foro de qualquer deles, à escolha do exequente, nos termos do art. 781, IV do CPC/2015. No caso dos autos, como um dos executados tem domicílio no âmbito da competência do Foro Central, cabível o processamento da execução no juízo de origem. Decisão reformada. Agravo provido. (TJSP; AI 2074386-74.2017.8.26.0000; Ac. 10605352; São Paulo; Décima Segunda Câmara de Direito Privado; Rel. Des. Castro Figliolia; Julg. 16/07/2017; DJESP 20/07/2017; Pág. 1809)

Art. 782. Não dispondo a lei de modo diverso, o juiz determinará os atos executivos, e o oficial de justiça os cumprirá.

→ *v.* Arts. 154 e 155 do NCPC.

§ 1º O oficial de justiça poderá cumprir os atos executivos determinados pelo juiz também nas comarcas contíguas, de fácil comunicação, e nas que se situem na mesma região metropolitana.

→ *v.* Art. 255 do NCPC.

§ 2º Sempre que, para efetivar a execução, for necessário o emprego de força policial, o juiz a requisitará.

→ *v.* Arts. 846, § 2º, do NCPC.

§ 3º A requerimento da parte, o juiz pode determinar a inclusão do nome do executado em cadastros de inadimplentes.

→ *v.* Enunciado 190 do FPPC: O art. 782, § 3º, não veda a inclusão extrajudicial do nome do executado em cadastros de inadimplentes, pelo credor ou diretamente pelo órgão de proteção ao crédito.

→ *v.* Enunciado 98 do CJF: O disposto nos §§ 2º e 4º do art. 1.007 do CPC aplica-se aos Juizados Especiais.

§ 4º A inscrição será cancelada imediatamente se for efetuado o pagamento, se for garantida a execução ou se a execução for extinta por qualquer outro motivo.

→ *v.* Enunciado 538 do FPPC: Aplica-se o procedimento do § 4º do art. 517 ao cancelamento da inscrição de cadastro de inadimplentes do § 4º do art. 782 do FPPC.

§ 5º O disposto nos §§ 3º e 4º aplica-se à execução definitiva de título judicial.

Possibilidade de inclusão do nome do devedor no cadastro de inadimplentes

✓ AGRAVO DE INSTRUMENTO. EXECUÇÃO POR TÍTULO EXECUTIVO EXTRAJUDICIAL. EXPEDIÇÃO DE OFÍCIOS PARA OS CADASTROS RESTRITIVOS DE CRÉDITO PELO PRÓRPIO JUÍZO. POSSIBILIDADE. ART. 782, §3º, CÓDIGO DE PROCESSO CIVIL. RECURSO PROVIDO. 1. Trata-se de agravo de instrumento interposto contra a decisão que indeferiu o pedido de expedição de ofícios aos serviços de proteção ao crédito para a inclusão do nome da agravada nos cadastros SPC e SERASA até o pagamento da dívida objeto da ação de execução originária "uma vez que não cabe ao juízo servir de ¿cobrador¿ dos valores devidos à exequente, devendo ela adotar as providências administrativas que considerar cabíveis para a satisfação de seu crédito. " 2. Dispõe o § 3º do artigo 782 do Código de Processo Civil que o juiz determinará a prática de atos executivos, podendo, a requerimento da parte, "determinar a inclusão do nome do executado em cadastros de inadimplentes. " Trata-se de novidade prevista pelo NCPC e consiste em meio executivo de caráter coercitivo na busca pela efetividade da tutela jurisdicional executiva. 3. Essa medida incorporou ao ordenamento legal o entendimento que já vinha sendo adotado pela jurisprudência pátria, em especial pelo Superior Tribunal de Justiça quanto à aplicação de tais providências como atos executivos. 4. Revela-se cabível a inscrição do executado fiscal nos cadastros de inadimplentes, na forma do §3º do artigo 783 do Código de Processo Civil, por se tratar de medida coercitiva aplicável à execução de títulos extrajudiciais, tal como a Certidão de Dívida Ativa, cujo processo de execução rege-se pela Lei nº 6.830/80, mas também, subsidiariamente, pelo Código de Processo Civil. 5. Ademais, não há razões para negar ao crédito fiscal em execução igualdade de condições com as medidas de cobrança postas à disposição do credor privado. 6. Cumpre ressaltar, por fim, ser certo nos parecer possível a realização da inscrição no cadastro de inadimplentes diretamente pela parte interessada, considerando-se os termos do Enunciado nº 190 do Fórum Permanente de Processualistas Civis: "o art. 782, § 3º, não veda a inclusão extrajudicial do nome do executado em cadastros de inadimplentes, pelo credor ou diretamente pelo órgão de proteção ao crédito. " Entretanto, é inegável que a expedição de ofícios pelo próprio Juízo aos cadastros restritivos, como requerida pela Agravante e permitida pelo NCPC, visa a auxiliar os magistrados a dar mais agilidade, segurança e efetividade aos processos judiciais que envolvem dívidas judiciais. E nesse aspecto, a pendência de implementação de tecnologia pelo Tribunal não pode esvaziar a efetividade do art. 783, §3º, do Código de Processo Civil, razão pela qual o presente recurso merece ser provido. 7. Por fim, registre-se que, in casu, a empresa devedora foi devidamente citada, mas quedou-se inerte quanto ao cumprimento voluntário da obrigação (fls. 29 dos autos originários), assim como a tentativa de penhora de valores via sistema BACENJUD restou infrutífera (fls. 35 dos autos originários). 8. Agravo de instrumento provido. (TRF 2ª R.; AI 0007645-88.2017.4.02.0000; Oitava Turma Especializada; Rel. Des. Fed. Marcelo Pereira da Silva; Julg. 04/10/2017; DEJF 19/10/2017)

✓ AGRAVO DE INSTRUMENTO. EXECUÇÃO FISCAL. EXECUTADO. CADASTRO DE INADIMPLENTES. INCLUSÃO. OFÍCIO. Resultando frustradas as tentativas de satisfação do crédito executado na execução fiscal, cabe a aplicação do §3º do art. 782 do Código de Processo Civil (a requerimento da parte, o juiz pode determinar a inclusão do nome do executado em cadastros de inadimplentes), não sendo óbice a inexistência de convênio que possibilite o envio da negativação pela via eletrônica, já que é possível a remessa de ofício para essa finalidade. (TRF 4ª R.; AG 5031302-17.2017.404.0000; Segunda Turma; Rel. Des. Fed. Rômulo Pizzolatti; Julg. 17/10/2017; DEJF 19/10/2017)

✓ EXECUÇÃO. INCLUSÃO DOS NOMES DOS EXECUTADOS NO SERASA. POSSIBILIDADE. APLICABILIDADE AO PROCESSO DO TRABALHO. A inclusão dos nomes dos executados no SERASA encontra amparo no art. 782, § 3º, do CPC/2015, o qual dispõe que "o juiz pode determinar a inclusão do nome do executado em cadastros de inadimplentes". Tal norma é plenamente compatível com o Processo do Trabalho, sendo aplicável às execuções em curso nesta Justiça Especial, nos termos do art. 17 da IN nº 39/2016 do C. TST, o qual prevê que "aplicam-se à execução trabalhista as normas dos artigos 495, 517 e 782, §§ 3º, 4º e 5º do CPC, que tratam respectivamente da hipoteca judiciária, do protesto de decisão judicial e da inclusão do nome do executado em cadastros de inadimplentes". Tal medida é consentânea com o princípio da efetividade da execução trabalhista. (TRT 3ª R.; AP 0001538-69.2012.5.03.0104; Relª Desª Maria Laura Franco Lima de Faria; DJEMG 18/10/2017)

Capítulo IV
DOS REQUISITOS NECESSÁRIOS PARA REALIZAR QUALQUER EXECUÇÃO

Seção I
Do Título Executivo

Art. 783. A execução para cobrança de crédito fundar-se-á sempre em título de obrigação certa, líquida e exigível.

→ *v.* Arts. 786 e 803, I do NCPC.

Falta liquidez, exigibilidade ou certeza do título: impossibilidade de execução

✓ EMBARGOS À EXECUÇÃO – Associação – Sentença que acolheu os embargos opostos por associado deve ser integralmente mantida – "Termo de adesão" que lastreou a ação proposta pela associação carece dos requisitos de liquidez, certeza e exigibilidade e, por isso, não configura título executivo extrajudicial, nos termos do art. 783 do CPC/15 – Como se não bastasse, o instrumento que embasou a ação executiva é nulo, pois fruto de simulação – Invalidade cognoscível ex officio – Verba honorária fixada adequadamente pelo Juízo a quo e que tampouco comporta alteração – Sentença mantida – Recurso não provido, com determinação. (TJSP; Apelação 1042132-09.2016.8.26.0224; Rel. Francisco Loureiro; Órgão Julgador: 1ª Câmara de Direito Privado; Foro de Guarulhos – 6ª Vara Cível; Data do Julgamento: 23/10/2017; Data de Registro: 23/10/2017)

Cumprimento dos requisitos do art. 783 do CPC e execução

✓ EMBARGOS À EXECUÇÃO – Confissão de dívida – Inadimplência dos compradores no pagamento de saldo remanescente, decorrente de resíduo apurado em razão da diferença entre o valor liberado por instituição bancária e o valor efetivamente devido – Alegada quitação que não restou comprovada – Ônus da prova dos embargantes quanto à demonstração de existência de fato impeditivo, modificativo ou extintivo do direito da credora, do qual não se desincumbiram – Aplicação do art. 373, inciso II do Código de Processo Civil - Título que preenche os requisitos estabelecidos nos artigos 783 e 784 do Código de Processo Civil vigente - Improcedência dos embargos - Sentença confirmada - Verba honorária majorada, em atendimento ao artigo 85, parágrafo 11º do CPC - RECURSO NÃO PROVIDO, com observação. (TJSP; Apelação 1001424-94.2016.8.26.0068; Rel. Elcio Trujillo; Órgão Julgador: 10ª Câmara de Direito Privado; Foro de Barueri - 6ª Vara Cível; Data do Julgamento: 17/10/2017; Data de Registro: 19/10/2017)

Art. 784. São títulos executivos extrajudiciais:

→ *v.* Súmula 27 do STJ.

I – a letra de câmbio, a nota promissória, a duplicata, a debênture e o cheque;

→ *v.* Súmulas 387 e 600 do STF.

→ *v.* Súmulas 248 e 258 do STJ.

→ *v.* Arts. 52 a 74 da Lei 6.404/1976.

→ *v.* Lei 5.474/1968 – Dispõe sobre as Duplicatas.

→ *v.* Lei 7.357/1985 – Dispõe sobre o cheque.

→ *v.* Decreto 2.044/1908 – Define a letra de câmbio e a nota promissória e regula as Operações Cambiais.

→ *v.* Decreto 57.595/1966 – Lei uniforme em matéria de cheque.

→ *v.* Decreto 57.663/1966 – Lei uniforme sobre letras de câmbio e notas promissórias.

Debênture

✓ RECURSO ESPECIAL. DIREITO EMPRESARIAL E PROCESSUAL CIVIL. CPC/1973. EXECUÇÃO DE DEBÊNTURES. NEGATIVA DE PRESTAÇÃO JURISDICIONAL. NÃO OCORRÊNCIA. PRESCRIÇÃO QUINQUENAL. DECRETO 20.910/1932. EXTENSÃO AO DEVEDOR SOLIDÁRIO. ÓBICE DA SÚMULA 284/STF. PRAZO DE CINCO ANOS DO ART. 74 DA LEI 6.404/76. INAPLICABILIDADE AO CASO. APLICAÇÃO DO PRAZO GERAL DE 20 ANOS DO CÓDIGO COMERCIAL DE 1850. ADITIVOS E RENEGOCIAÇÕES. ALTERAÇÃO DO VALOR EXEQUENDO. AUSÊNCIA DE DEMONSTRAÇÃO. CERCEAMENTO DE DEFESA. ÓBICE DA SÚMULA 7/STJ. EXCESSO DE EXECUÇÃO. JUROS E CORREÇÃO MONETÁRIA. VEDAÇÃO CONTRATUAL. EXEGESE DE CLÁUSULAS CONTRATUAIS. ÓBICE DA SÚMULA 5/STJ. 1. Controvérsia acerca de uma execução, ajuizada no ano 2000, para a cobrança de debêntures vencidas em 1992, tendo figurado o ESTADO DE SÃO PAULO como fiador e devedor solidário. 2. Inocorrência de maltrato ao art. 535 do CPC/1973 quando o acórdão recorrido, ainda que de forma sucinta, aprecia com clareza as questões essenciais ao julgamento da lide. 3. Incidência do óbice da Súmula 284/STF no que tange à alegação de que o prazo quinquenal do Decreto 20.910/1932, aplicável ao ente público fiador, seria extensível à devedora principal. 4. "A companhia emissora fará, nos livros próprios, as anotações referentes à extinção das debêntures, e manterá arquivados, pelo prazo de 5 (cinco) anos, juntamente com os documentos relativos à extinção, os certificados cancelados ou os recibos dos titulares das contas das debêntures escriturais" (art. 74 da Lei 6.404/1974). 5. Entendimento doutrinário no sentido de que o prazo previsto no art. 74 da Lei 6.404/1974 também se aplicaria às ações dos debenturistas contra a companhia. 6. Condicionamento da extinção das debêntures ao cumprimento, pela companhia emissora, das obrigações nela consignadas. Doutrina sobre o tema. 7. Inaplicabilidade do art. 74 da Lei 6.404/1974 à hipótese dos autos, em que a companhia emissora encontra-se em mora desde a data de vencimento da debênture, não sendo cabível a extinção desse valor mobiliário. 8. Aplicação do prazo geral de prescrição do Código Comercial de 1850 (20 anos), tendo em vista a ausência de prazo específico na Lei das Sociedades por Ações (Lei 6.404/1974) para as pretensões fundadas em debêntures não extintas. Julgado específico da 4ª Turma do STJ sobre o tema. 9. Descabimento da alegação genérica da existência de aditivos e renegociações, sob o argumento de incompletude do título executivo, pois a debênture goza de presunção legal de executividade, 'ex vi' do art. 585, inciso I, do CPC/1973 (atual art. 784, inciso I, do CPC/2015). 10. Existência de cláusula na escritura de emissão de debêntures que, sob a ótica do recorrente, vedaria a incidência de juros e de correção monetária após o vencimento (Cláusula IV, item 14). 11. Exegese do Tribunal de origem no sentido de que a cessação dos juros e da correção monetária estaria condicionada ao cumprimento da obrigação principal, o que não ocorreu na espécie. 12. Inviabilidade de se contrastar a exegese do Tribunal de origem acerca da cláusula IV da escritura, em razão do óbice da Súmula 5/STJ. 13. RECURSO ESPECIAL DESPROVIDO. (STJ; REsp 1599422; SP; Terceira Turma; Rel. Min. Paulo de Tarso Sanseverino; Julg. 15/12/2016; DJe 08/02/2017)

II – a escritura pública ou outro documento público assinado pelo devedor;

→ *v.* Art. 215 do CC/2002.

III – o documento particular assinado pelo devedor e por 2 (duas) testemunhas;

→ *v.* Súmulas 233, 286 e 300 do STJ.

Assinatura de testemunhas como condição de eficácia do documento particular como título executivo extrajudicial

✓ RECURSO ESPECIAL. EMBARGOS À EXECUÇÃO. ATRIBUTOS DO TÍTULO. CONFISSÃO DE DÍVIDA. ART. 580, CAPUT, DO CPC/1973. TESTEMUNHA INSTRUMENTÁRIA. ADVOGADO DO EXEQUENTE. INTERESSE NO FEITO. FATO QUE NÃO CONFIGURA ELEMENTO CAPAZ DE MACULAR A HIGIDEZ DO TÍTULO EXECUTIVO. NULIDADE. NÃO OCORRÊNCIA. 1. Apenas constituem títulos executivos extrajudiciais aqueles taxativamente definidos em lei, por força do princípio da tipicidade legal (nullus titulus sine legis), sendo requisito extrínseco à substantividade do próprio ato. 2. No tocante especificamente ao título executivo decorrente de documento particular, salvo as hipóteses previstas em lei, exige o normativo processual que o instrumento contenha a assinatura do devedor e de duas testemunhas (NCPC, art. 784, III, e CPC/73, art. 595, II), já tendo o STJ reconhecido que, na sua ausência, não há falar em executividade do título. 3. A assinatura das testemunhas é requisito extrínseco à substância do ato, cujo escopo é o de aferir a existência e a validade do negócio jurídico. O intuito foi o de permitir, quando aventada alguma nulidade do negócio, que as testemunhas pudessem ser ouvidas para certificar a existência ou não de vício na formação do instrumento, a ocorrência e a veracidade do ato, com isenção e sem preconceitos. 4. "A assinatura das testemunhas instrumentárias somente expressa a regularidade formal do instrumento particular, mas não evidencia sua ciência acerca do conteúdo do negócio jurídico" (REsp 1185982/PE, Rel. Ministra Nancy Andrighi, Terceira Turma; Julg. 14/12/2010, DJe 02/02/2011). Em razão disso, a ausência de alguma testemunha ou a sua incapacidade, por si só, não ensejam a invalidade do contrato ou do documento, mas apenas a inviabilidade do título para fins de execução, pela ausência de formalidade exigida em lei. 5. Esta Corte, excepcionalmente, tem entendido que os pressupostos de existência e os de validade do contrato podem ser revelados por outros meios idôneos, e pelo próprio contexto dos autos, hipótese em que tal condição de eficácia executiva – a assinatura das testemunhas – poderá ser suprida. 6. O Superior Tribunal de Justiça, em razão das disposições da lei civil a respeito da admissibilidade de testemunhas, tem desqualificado o título executivo quando tipificado em alguma das regras limitativas do ordenamento jurídico, notadamente em razão do interesse existente. A coerência de tal entendimento está no fato de que nada impede que a testemunha participante de um determinado contrato (testemunha instrumentária) venha a ser, posteriormente, convocada a depor sobre o que sabe a respeito do ato negocial em juízo (testemunha judicial). 7. Em princípio, como os advogados não possuem o desinteresse próprio da autêntica testemunha, sua assinatura não pode ser tida como apta a conferir a executividade do título extrajudicial. No entanto, a referida assinatura só irá macular a executividade do título, caso o executado aponte a falsidade do documento ou da declaração nele contida. 8. Na hipótese, não se aventou nenhum vício de consentimento ou falsidade documental apta a abalar o título, tendo-se, tão somente, arguido a circunstância de uma das testemunhas instrumentárias ser, também, o advogado do credor. 9. Recurso especial não provido. (STJ; REsp 1453949; SP; Quarta Turma; Rel. Min. Luis Felipe Salomão; Julg. 13/06/2017; DJe 15/08/2017)

Instrumento particular assinado por duas testemunhas

✓ EMENTA: AGRAVO DE INSTRUMENTO - EXECUÇÃO - EXCEÇÃO DE PRÉ-EXECUTIVIDADE - CONTRATO DE SERVIÇOS EDUCACIONAIS - TÍTULO HÁBIL A EMBASAR A EXECUÇÃO - ALEGAÇÃO DE FRAUDE NA ASSINATURA - DILAÇÃO PROBATÓRIA - NECESSIDADE - EMBARGOS À EXECUÇÃO - VIA PRÓPRIA. O contrato de prestação de serviços educacionais é título executivo hábil embasar uma ação de execução quando assinado pelo devedor e por duas testemunhas. Mostra-se temerária a extinção da execução prematuramente sem antes averiguar de modo indubitável a existência ou não de instrumento de mandato para a formalização da avença, notadamente pelo fato de que duas testemunhas assinaram o contrato, estando o título executivo, aparentemente, nos termos do art. 784, do NCPC. A exceção de pré-executividade, prevista na doutrina e aceita pela jurisprudência, é cabível quando o executado dispõe de defesa capaz de impedir, de plano, o desenvolvimento válido e regular do processo executivo, trazendo questões concernentes aos pressupostos processuais, condições da ação e vícios objetivos do título, que podem ser verificados, de plano, pelo magistrado. Havendo necessidade de dilação probatória, no tocante à análise do suporte fático, somente serão discutíveis dentro do procedimento regular dos embargos à execução. (TJMG; Agravo de Instrumento-Cv 1.0338.12.010740-8/001; 14ª Câmara Cível; Rel. Des. Marco Aurelio Ferenzini; Julg.11/10/2017; Publ. 20/10/2017)

IV – o instrumento de transação referendado pelo Ministério Público, pela Defensoria Pública, pela Advocacia Pública, pelos advogados dos transatores ou por conciliador ou mediador credenciado por tribunal;

→ *v.* Arts. 165 a 175 do NCPC.

→ *v.* Art. 5º, § 6º, da Lei 7.347/1985.

→ *v.* Art. 211 do ECA.

→ *v.* Art. 57, parágrafo único, da Lei 9.099/1995.

→ *v.* Art. 13 da Lei 10.741/2003.

V – o contrato garantido por hipoteca, penhor, anticrese ou outro direito real de garantia e aquele garantido por caução;

→ *v.* Art. 1.424 do CC/2002.

→ v. Arts. 9º a 28 do Dec.-lei 70/1966.

→ v. Lei 492/1937 – Regula o penhor rural e a cédula pignoratícia.

VI – o contrato de seguro de vida em caso de morte;

→ v. Arts. 789 a 802 do CC/2002.

→ v. Dec.-lei 5.384/1943 – Beneficiários do seguro de vida.

VII – o crédito decorrente de foro e laudêmio;

→ v. Art. 2.038 do CC/2002.

VIII – o crédito, documentalmente comprovado, decorrente de aluguel de imóvel, bem como de encargos acessórios, tais como taxas e despesas de condomínio;

→ v. Lei 8.245/1991 – Dispõe sobre as locações dos imóveis urbanos e os procedimentos a elas pertinentes.

Contratos atípicos de locação e título extrajudicial

✓ Contrato atípico de locação – Espaço em shopping center – Título executivo extrajudicial (CPC, art. 784, VIII) – Pactuação de aluguel variável que não retira a liquidez e certeza do crédito – Emenda da inicial – Desnecessidade – Agravo provido. (TJSP; Agravo de Instrumento 2191048-58.2016.8.26.0000; Rel. Vianna Cotrim; Órgão Julgador: 26ª Câmara de Direito Privado; Foro Central Cível – 5ª Vara Cível; Data do Julgamento: 28/09/2017; Data de Registro: 28/09/2017)

IX – a certidão de dívida ativa da Fazenda Pública da União, dos Estados, do Distrito Federal e dos Municípios, correspondente aos créditos inscritos na forma da lei;

→ v. Súmula 392 do STJ.

→ v. Arts. 201 a 204 do CTN.

→ v. Arts. 2º e 3º da Lei 6.830/1980.

X – o crédito referente às contribuições ordinárias ou extraordinárias de condomínio edilício, previstas na respectiva convenção ou aprovadas em assembleia geral, desde que documentalmente comprovadas;

→ v. Arts. 1.334, I e 1.336, I e § 1º do CC/2002.

→ v. Enunciado 527 do FPPC: Os créditos referidos no art. 515, inc. V, e no art. 784, inc. X e XI do CPC/2015 constituídos ao tempo do CPC/1973 são passíveis de execução de título judicial e extrajudicial, respectivamente.

→ v. Enunciado 100 do CJF: Interpreta-se a expressão condomínio edilício do art. 784, X, do CPC de forma a compreender tanto os condomínios verticais, quanto os horizontais de lotes, nos termos do art. 1.358-A do Código Civil.

Prazo prescricional da cobrança de verbas condominiais

✓ RECURSO ESPECIAL REPRESENTATIVO DE CONTROVÉRSIA. DIREITO CIVIL. COBRANÇA DE TAXAS CONDOMINIAIS. DÍVIDAS LÍQUIDAS, PREVIAMENTE ESTABELECIDAS EM DELIBERAÇÕES DE ASSEMBLEIAS GERAIS, CONSTANTES DAS RESPECTIVAS ATAS. PRAZO PRESCRICIONAL. O ART. 206, § 5º, I, DO CÓDIGO CIVIL DE 2002, AO DISPOR QUE PRESCREVE EM 5 (CINCO) ANOS A PRETENSÃO DE COBRANÇA DE DÍVIDAS LÍQUIDAS CONSTANTES DE INSTRUMENTO PÚBLICO OU PARTICULAR, É O QUE DEVE SER APLICADO AO CASO. 1. A tese a ser firmada, para efeito do art. 1.036 do CPC/2015 (art. 543-C do CPC/1973), é a seguinte: Na vigência do Código Civil de 2002, é quinquenal o prazo prescricional para que o Condomínio geral ou edilício (vertical ou horizontal) exercite a pretensão de cobrança de taxa condominial ordinária ou extraordinária, constante em instrumento público ou particular, a contar do dia seguinte ao vencimento da prestação. 2. No caso concreto, recurso especial provido. (STJ; REsp 1483930; DF; Segunda Seção; Rel. Min. Luis Felipe Salomão; Julg. 23/11/2016; DJe 01/02/2017)

Ata de assembleia como instrumento suficiente para autorizar a execução das verbas condominiais

✓ EMENTA: EMENTA: DIREITO PROCESSUAL CIVIL – AGRAVO DE INSTRUMENTO – AÇÃO DE EXECUÇÃO – COBRANÇA DE DESPESAS CONDOMINIAIS – PROCESSO INSTRUÍDO COM A ATA DE ASSEMBLEIA QUE DELIBEROU A RESPEITO DO RATEIO DAS DESPESAS – ORDEM DE EMENDA DA PETIÇÃO INICIAL – DESNECESSIDADE – RECURSO PROVIDO. – A Ata da Assembleia Geral na qual foi aprovada a previsão orçamentária para as despesas ordinárias e do fundo de reserva, é suficiente para a comprovação do crédito condominial e para embasar a ação de execução, nos termos do artigo 784, inciso X, do Código de Processo Civil. (TJMG; Agravo de Instrumento-Cv 1.0000.17.044004-4/001; 9ª Câmara Cível; Rel. Des. Márcio Idalmo Santos Miranda; Julg.13/09/2017; Publ. 22/09/2017)

XI – a certidão expedida por serventia notarial ou de registro relativa a valores de emolumentos e demais despesas devidas pelos atos por ela praticados, fixados nas tabelas estabelecidas em lei;

XII – todos os demais títulos aos quais, por disposição expressa, a lei atribuir força executiva.

→ v. Súmula 93 do STJ.

→ v. Art. 107, I da Lei 6.404/1976.

→ v. Art. 24 da Lei 8.906/1994.
→ v. Arts. 20 e 28 da Lei 10.931/2004.
→ v. Art. 142 da Lei 11.101/2005.
→ v. Dec.-lei 167/1967 – Dispõe sobre títulos de crédito rural.
→ v. Dec.-lei 413/1969 – Dispõe sobre títulos de crédito industrial.

Cédula de crédito bancário como título executivo

✓ Embargos à execução – Cédula de crédito bancário (empréstimo). Cerceamento de defesa – Inocorrência – Documentos exibidos autorizavam o julgamento antecipado dos embargos – Preliminar rejeitada. Nulidade da execução – Inadmissibilidade – A Cédula de crédito bancário é título executivo extrajudicial nos termos do art. 784, XII, do CPC/15, arts. 28 e 29 da Lei nº 10.931/2004 e súmula 14 do TJSP – Jurisprudência do STJ – Título executivo acompanhado de memória de cálculo atualizada do saldo devedor – Preliminar rejeitada. Capitalização de juros – Admissibilidade – Contrato celebrado na vigência da Lei nº 10.931/04 e MP 1.963-17/00, reeditada sob nº 2.170-36/01, admitindo-se capitalização de juros por instituições financeiras – Jurisprudência do STJ, em recurso repetitivo, admitindo a capitalização dos juros quando expressamente prevista no contrato – Recurso negado Comissão de permanência – Lícita a cobrança, com as limitações previstas nas súmulas 30, 294, 296 e 472 do STJ – Inexistência de cláusula contratual prevendo sua incidência de forma isolada ou cumulada com correção monetária – Alegação genérica a respeito de sua cobrança – Recurso negado Multa contratual – Multa prevista em contrato que, no entanto, não foi cobrada pela instituição financeira – Recurso negado. Recurso negado.* (TJSP; Apelação 1016057-03.2015.8.26.0309; Rel. Francisco Giaquinto; Órgão Julgador: 13ª Câmara de Direito Privado; Foro de Jundiaí – 5ª Vara Cível; Data do Julgamento: 19/10/2017; Data de Registro: 19/10/2017)

§ 1º A propositura de qualquer ação relativa a débito constante de título executivo não inibe o credor de promover-lhe a execução.

→ v. Art. 49, § 1º da Lei 11.101/2005.

§ 2º Os títulos executivos extrajudiciais oriundos de país estrangeiro não dependem de homologação para serem executados.

§ 3º O título estrangeiro só terá eficácia executiva quando satisfeitos os requisitos de formação exigidos pela lei do lugar de sua celebração e quando o Brasil for indicado como o lugar de cumprimento da obrigação.

→ v. Art. 21, II do NCPC.

Art. 785. A existência de título executivo extrajudicial não impede a parte de optar pelo processo de conhecimento, a fim de obter título executivo judicial.

→ v. Art. 485, VI do NCPC.
→ v. Enunciado 446 do FPPC: Cabe ação monitória mesmo quando o autor for portador de título executivo extrajudicial.

✓ DIREITO PROCESSUAL CIVIL. AÇÃO DE COBRANÇA DE DESPESAS CONDOMINIAIS. PROPOSITURA. VIGÊNCIA DO CPC/1973. RITO SUMÁRIO. NOVO CPC. ENTRADA EM VIGOR. SUPRESSÃO. DIREITO INTERTEMPORAL. PROCESSO NÃO SENTENCIADO. TÍTULO EXECUTIVO EXTRAJUDICIAL. ENQUADRAMENTO PELA NOVA LEI. OPÇÃO PELO PROCESSO DE CONHECIMENTO. FACULDADE DO CREDOR. POSSIBILIDADE. INTERESSE PROCESSUAL. PRESENÇA. RECURSO CONHECIDO E PROVIDO. SENTENÇA CASSADA. 1. O §1º do art. 1046 do CPC/2015 estabelece que as disposições do CPC/1973 relativas ao procedimento sumário e aos procedimentos especiais suprimidos continuarão a ser aplicadas às ações propostas e não sentenciadas até a sua entrada em vigor, hipótese evidente de ultratividade da lei revogada. 2. O art. 784, inciso X, do NCPC, dispõe que o crédito referente às contribuições ordinárias ou extraordinárias de condomínio edilício, desde que documentalmente comprovadas, é título executivo extrajudicial. Não obstante, o art. 785, do NCPC diz que a existência de título executivo extrajudicial não impede a parte de optar pelo processo de conhecimento para obtenção do título executivo judicial. 3. Na hipótese de o autor ter ajuizado, na vigência do CPC/73, ação de cobrança de taxas condominiais, deverá se submeter ao rito sumário do procedimento comum se na data da entrada em vigor do CPC/2015 a ação ainda não tenha sido sentenciada, razão pela qual as disposições do CPC/1973 relativas ao procedimento sumário ainda se aplicam, conforme o § 1º do art. 1046 do CPC/2015. 4. O art. 785 do Código de Processo Civil é constitucional e não ofende os princípios da razoável duração do processo, do juiz natural e da isonomia, visto que, primeiramente, os princípios têm por característica de não serem absolutos, e este preceito legal traz critérios objetivos e impessoais a fim de o credor adequar a sua pretensão à prestação jurisdicional. Além disso, a regra legal positivou entendimento já consagrado na doutrina e na jurisprudência pátria. 5. O credor pode optar pelo processo de conhecimento mesmo com título executivo extrajudicial. A opção deve ser de uso facultativo pela parte, a quem não se pode afastar a possibilidade de escolha do procedimento. Com isso, não pode o magistrado extinguir o processo sem resolução do mérito, sob o pretexto de ausência de interesse processual. 6. RECURSO CONHECIDO E PROVIDO. SENTENÇA CASSADA (TJDF; AC 0018729-62.2015.8.07.0007; Rel. Robson Barbosa de Azevedo; Órgão Julgador: 5ª Turma Cível; Data de julgamento: 06/09/2017; Data de registro: 21/09/2017)

Seção II
Da Exigibilidade da Obrigação

Art. 786. A execução pode ser instaurada caso o devedor não satisfaça a obrigação certa, líquida e exigível consubstanciada em título executivo.

→ *v.* Arts. 783 e 803, I do NCPC.

Parágrafo único. A necessidade de simples operações aritméticas para apurar o crédito exequendo não retira a liquidez da obrigação constante do título.

Impossibilidade de inclusão das parcelas vincendas na execução

✓ DIREITO PRIVADO NÃO ESPECIFICADO. EXECUÇÃO DE TÍTULO EXTRAJUDICIAL. INCLUSÃO DAS PARCELAS VINCENDAS. IMPOSSIBILIDADE. O feito executivo deve observar os requisitos próprios da demanda desta natureza, mormente no que se refere à certeza, liquidez e exigibilidade da obrigação, os quais devem ser demonstrados na data da propositura da execução, na forma do que estabelece o caput do art. 786 do NCPC. Nesse norte, a pretensão de acréscimo das parcelas vincendas resulta incompatível com o rito eleito pelo credor. Agravo de instrumento desprovido. (TJRS; AI 0274594-98.2017.8.21.7000; Cachoeirinha; Décima Sétima Câmara Cível; Relª Desª Marta Borges Ortiz; Julg. 26/10/2017; DJERS 03/11/2017)

Necessidade de apuração de fatos a comprovarem a ocorrência de condição retirando a exigibilidade do título executivo

✓ PROCESSUAL CIVIL. EXECUÇÃO. TÍTULO EXECUTIVO EXTRAJUDICIAL. CONDIÇÃO. PROVAS. INEXEQUIBILIDADE. A obrigação consubstanciada no título executivo extrajudicial deve ser certa, líquida e exigível, nos termos do artigo 783 e 786, do Código de Processo Civil. Mostrando-se necessária, em ação executiva, a apuração de fatos a atestar a ocorrência de condição prevista em contrato, tem-se que as obrigações constantes do título são destituídas de exequibilidade e liquidez. (TJDF; APC 2016.09.1.017395-3; Ac. 103.8676; Sexta Turma Cível; Rel. Des. Esdras Neves; Julg. 09/08/2017; DJDFTE 23/08/2017)

Art. 787. Se o devedor não for obrigado a satisfazer sua prestação senão mediante a contraprestação do credor, este deverá provar que a adimpliu ao requerer a execução, sob pena de extinção do processo.

→ *v.* Arts. 476 e 477 do CC/2002.

→ *v.* Arts. 798, I, **d**, e 917, § 2º, IV do NCPC.

Parágrafo único. O executado poderá eximir-se da obrigação, depositando em juízo a prestação ou a coisa, caso em que o juiz não permitirá que o credor a receba sem cumprir a contraprestação que lhe tocar.

Necessidade de provar o adimplemento da contraprestação pelo credor

✓ APELAÇÃO CÍVEL. EMBARGOS À EXECUÇÃO. EXECUÇÃO DE TÍTULO EXTRAJUDICIAL. INSTRUMENTO PARTICULAR DE CONTRATO DE PRESTAÇÃO DE SERVIÇOS PROFISSIONAIS. SENTENÇA DE PROCEDÊNCIA. EXTINÇÃO DA EXECUÇÃO. INSURGÊNCIA DA PARTE EMBARGADA. NÃO ACOLHIMENTO. 1. Obrigação da parte embargada de emitir as notas fiscais para pagamento pelo embargante. Previsão contratual expressa nesse sentido. Obrigação não cumprida. Ausência de demonstração de eventual alteração contratual. Título não exigível. Arts. 786 e 787, do CPC/15. Extinção da execução. Procedência dos embargos. 2. Sucumbência mantida. Honorários advocatícios mantidos no valor fixado em primeiro grau. Razoabilidade. Majoração da verba honorária recursal. Recurso conhecido e desprovido. (TJPR; ApCiv 1716399-4; Curitiba; Décima Quarta Câmara Cível; Rel. Des. Themis Furquim; Julg. 27/09/2017; DJPR 19/10/2017; Pág. 264)

Art. 788. O credor não poderá iniciar a execução ou nela prosseguir se o devedor cumprir a obrigação, mas poderá recusar o recebimento da prestação se ela não corresponder ao direito ou à obrigação estabelecidos no título executivo, caso em que poderá requerer a execução forçada, ressalvado ao devedor o direito de embargá-la.

→ *v.* Art. 914 do NCPC.

→ *v.* Art. 313 do CC/2002.

Cumprimento da obrigação impedindo execução

✓ NEGÓCIOS JURÍDICOS BANCÁRIOS. APELAÇÃO CÍVEL. EMBARGOS DO EXECUTADO. EXECUÇÃO DE TÍTULO EXTRAJUDICIAL. CÉDULA DE CRÉDITO BANCÁRIO. NOVAÇÃO. CAUSA IMPEDITIVA DE PROSSEGUIMENTO DA EXECUÇÃO. 1. Considera-se ultra petita a sentença que analisa pedido, embora correlato ao principal, que não foi expressamente formulado pela parte-autora. 2. A teor dos artigos 360 a 367 do CC, a novação constitui forma de pagamento indireto em que ocorre "a substituição de uma obrigação anterior por uma obrigação nova, diversa da primeira criada pelas partes", de modo a extinguir o débito originário, bem como os seus acessórios e garantias. No caso sub judice, considerando que o débito exequendo foi objeto de novação, mediante firmatura de nova cédula de crédito bancário, resta vedado o prosseguimento da execução, nos termos do artigo 788 do CPC/15. Apelação provida. (TJRS; AC 0113930-93.2017.8.21.7000; Ijuí; Décima Nona Câmara Cível; Rel. Des. Voltaire de Lima Moraes; Julg. 13/07/2017; DJERS 19/07/2017)

Capítulo V
DA RESPONSABILIDADE PATRIMONIAL

Art. 789. O devedor responde com todos os seus bens presentes e futuros para o cumprimento de suas obrigações, salvo as restrições estabelecidas em lei.

→ *v.* Art. 824 do NCPC.

✓ AGRAVO DE INSTRUMENTO. CUMPRIMENTO DE SENTENÇA. PENHORA. COTA-PARTE DE IMÓVEL. POSSIBILIDADE. ART. 798 DO CPC. RECURSO CONHECIDO E PROVIDO. DECISÃO PARCIALMENTE REFORMADA. 1. Nos termos do art. 789 do CPC, o devedor responde com todos os seus bens presentes e futuros para o cumprimento de suas obrigações, salvo as restrições estabelecidas em Lei. Ou seja, o título do credor o habilita avançar no patrimônio penhorável do devedor, para satisfação do seu crédito. 2. Não tendo a agravado pago o débito ou indicado bem livre de ônus para satisfação da execução, e sendo a cota parte do imóvel o único bem encontrado para dar efetividade à execução, é legítima a constrição do bem apontado pelo credor. 3. Apenas os bens expressamente declarados em Lei como impenhoráveis não estão sujeitos à constrição forçada para pagamento dos valores devidos pelo executado, nos termos do art. 832 e 833, ambos do CPC; no qual não se insere a cota parte de imóvel de propriedade do devedor. 4. Recurso conhecido e provido. Decisão reformada. (TJDF; AGI 2016.00.2.012159-4; Ac. 105.6131; Primeira Turma Cível; Rel. Des. Alfeu Machado; Julg. 25/10/2017; DJDFTE 06/11/2017)

Art. 790. São sujeitos à execução os bens:

→ *v.* Súmula 554 do STJ.

→ *v.* Art. 779 do NCPC.

I – do sucessor a título singular, tratando-se de execução fundada em direito real ou obrigação reipersecutória;

II – do sócio, nos termos da lei;

→ *v.* Art. 795 do NCPC.

III – do devedor, ainda que em poder de terceiros;

→ *v.* Art. 674 do NCPC

IV – do cônjuge ou companheiro, nos casos em que seus bens próprios ou de sua meação respondem pela dívida;

→ *v.* Art. 1.639 e seguintes, do CC/2002.

→ *v.* Súmula 251 do STJ.

V – alienados ou gravados com ônus real em fraude à execução;

→ *v.* Art. 792 do NCPC.

VI – cuja alienação ou gravação com ônus real tenha sido anulada em razão do reconhecimento, em ação autônoma, de fraude contra credores;

→ *v.* Arts. 158 a 165 e 171, II, do CC/2002.

→ *v.* Art. 129 da Lei 11.101/2005.

VII – do responsável, nos casos de desconsideração da personalidade jurídica.

→ *v.* Art. 50 do CC/2002.

→ *v.* Art. 28 do CDC.

→ *v.* Arts. 133 a 137 do NCPC.

<u>Desconsideração da personalidade jurídica e bens dos sócios</u>

✓ AGRAVO DE INSTRUMENTO. DIREITO CIVIL E PROCESSUAL CIVIL. GRATUIDADE. IMPUGNAÇÃO. MEIO INADEQUADO. DESCONSIDERAÇÃO DA PERSONALIDADE JURÍDICA DA SOCIEDADE EXECUTADA. NÃO PARTICIPAÇÃO DO SÓCIO NO PROCESSO DE CONHECIMENTO. NULIDADE. NÃO CONFIGURADA. O SÓCIO SOMENTE É CITADO APÓS A INSTAURAÇÃO DO COMPETENTE INCIDENTE. ART. 135 CPC. PRESENTES OS REQUISITOS DO ART. 50 DO CC. INAPLICABILIDADE DO PRAZO PREVISTO NOS ARTS. 1.003 E 1.032 DO CC. LIMITAÇÃO DA RESPONSABILIDADE ÀS COTAS DO SÓCIO. INCABÍVEL. A impugnação à gratuidade de justiça concedida deve ser feita nos autos de origem, na forma estabelecida no artigo 100, do Código de Processo Civil. O fato de o sócio não ter exercido o contraditório na fase de conhecimento, não afasta a sua responsabilidade no cumprimento de sentença, em razão da desconsideração da personalidade jurídica, pois, em regra, ele não passa a integrar o polo passivo, mas seus bens tornam-se sujeitos à execução (art. 790, II do CPC). Por essa razão, não há que falar em nulidade por não ter participado anteriormente do processo. A citação do sócio somente ocorre após a instauração do incidente de desconsideração da personalidade jurídica, nos termos do artigo 135, do Código de Processo Civil. Presentes os requisitos previstos no artigo 50, do Código Civil, deve ser mantida a desconsideração da personalidade jurídica. É inaplicável à desconsideração da personalidade jurídica a limitação temporal de dois anos, prevista nos artigos 1.003, parágrafo único, e 1.032, do Código Civil, para ex-sócios em face a obrigações contraídas quando este ainda fazia parte do quadro societário. Não é possível, na desconsideração da personalidade jurídica, a limitação da responsabilidade dos sócios às suas cotas. Precedentes. (TJDF; Proc 0709.73.6.392017-8070000; Ac. 104.9775; Sexta Turma Cível; Rel. Des. Esdras Neves; Julg. 27/09/2017; DJDFTE 04/10/2017)

✓ DESCONSIDERAÇÃO DA PERSONALIDADE JURÍDICA. PESSOA JURÍDICA INADIMPLENTE. POSSIBILIDADE. Ausentes bens da empresa executada aptos à garantia total da execução, esta poderá recair sobre o patrimônio de seus sócios ou administradores, ainda que estes não tenham participado da fase processual de conhecimento. Isto porque, na seara trabalhista, é pacífico o entendimento de que os bens individuais dos sócios das empresas executadas têm o condão de responder pela satisfação dos débitos advindos das relações de trabalho. Trata-se da aplicação do disposto no artigo 790, II, do Novo CPC e da teoria da desconsideração da personalidade jurídica. (TRT 3ª R.; AP 0010537-57.2014.5.03.0163; Relª Desª Paula Oliveira Cantelli; DJEMG 25/09/2017)

Bens em poder de terceiro

✓ PROCESSO CIVIL. AGRAVO DE INSTRUMENTO. CUMPRIMENTO DE SENTENÇA. PRELIMINAR DE NÃO CONHECIMENTO. AUSÊNCIA. COMPLEMENTAÇÃO. DOCUMENTAÇÃO EXIGÍVEL. PEÇAS FACULTATIVAS. REJEIÇÃO. PENHORA. VALORES. CONTA BANCÁRIA DE TERCEIRO INTERESSADO. POSSIBILIDADE. ART. 790 INC. III DO NCPC. VIOLAÇÃO. ART. 883 INC. X DO NCPC. AUSÊNCIA. PROVA. BLOQUEIO DE CONTA POUPANÇA. LITIGÂNCIA DE MÁ-FÉ. INOCORRÊNCIA. HONORÁRIOS SUCUMBENCIAIS. IMPOSSIBILIDADE. 01. Ausente a juntada de peças facultativas, ou seja, aquelas úteis ao acolhimento da pretensão recursal, sua falta não gera a inadmissão do recurso, o que ocorre no caso das peças obrigatórias. Preliminar rejeitada. 02. Extraindo-se da prova dos autos que o montante constante na conta bancária de terceiro era de titularidade dos Devedores, possível a penhora deste valor, nos termos do art. 790, III, do CPC/2015. 03. Não havendo prova de que a quantia objeto da constrição encontrava-se depositada em conta poupança, não há como analisar a alegada violação ao art. 883, inc. X, do CPC, que qualifica como absolutamente impenhoráveis os depósitos em caderneta de poupança, quando não ultrapassem o equivalente a 40(quarenta) salários mínimos. 04. Para a condenação na multa por litigância de má-fé, é preciso que estejam previstos os requisitos intrínsecos e extrínsecos da Lei, quais sejam: A) que a conduta do -acusado- se submeta a uma das hipóteses do art. 80 do Código de Processo Civil de 2015; b) que à parte tenha sido oferecida oportunidade de defesa. 05. Não tendo sido apreciada a questão da condenação em honorários sucumbenciais na instância a quo, o seu exame nesta fase processual acarretaria violação ao duplo grau de jurisdição. Além disso, não há como fixar honorários sucumbenciais recursais, que pressupõe honorários já fixados. 06. Rejeitou-se a preliminar. Negou-se provimento ao agravo. (TJDF; Proc 0706.69.4.792017-8070000; Ac. 104.4731; Terceira Turma Cível; Rel. Des. Flavio Renato Jaquet Rostirola; Julg. 06/09/2017; DJDFTE 13/09/2017)

Casos em que o bem do cônjuge responde pela dívida

✓ EMBARGOS DE TERCEIRO. Cônjuge casado em regime de comunhão universal de bens. Pretensão a afastar meação. Elidida a presunção de comunicabilidade da obrigação do varão, não contraída em benefício da família para aquisição do imóvel sujeito a constrição judicial. Inteligência do art. 790, IV, do NCPC e dos arts. 1.642 e 1.644 do CC. Exclusão da meação que deve ser considerada em cada bem do casal. Jurisprudência do STJ. Meação sobre bem indivisível que deve ser preservada, reservando à esposa a metade do preço alcançado quando levado à hasta pública. Recuso provido para esse fim, invertidos os ônus sucumbenciais. (TJSP; APL 1001412-69.2015.8.26.0568; Ac. 10824371; São João da Boa Vista; Décima Quinta Câmara de Direito Privado; Rel. Des. Mendes Pereira; Julg. 26/09/2017; DJESP 09/10/2017; Pág. 2844)

✓ APELAÇÃO CÍVEL. NEGÓCIOS JURÍDICOS BANCÁRIOS. EMBARGOS DE TERCEIRO À PENHORA. EXECUÇÃO. AUTOMÓVEL. POSSIBILIDADE. RESERVA DE MEAÇÃO DA EMBARGANTE, ESPOSA DO EXECUTADO. ÔNUS PROBATÓRIO. Possibilidade da penhora: Inteligência do art. 1.660, inciso I, do Código Civil e do art. 790, inciso IV, do código de processo civil. A embargante não se desincumbiu de seu ônus de provar sua alegação de que a dívida em execução, contraída por seu marido, não se deu em benefício da família, pelo que não há como resguardar sua meação. Negaram provimento ao apelo. (TJRS; AC 0157011-92.2017.8.21.7000; Porto Alegre; Primeira Câmara Especial Cível; Rel. Des. Alex Gonzalez Custodio; Julg. 29/08/2017; DJERS 15/09/2017)

Bens alienados em fraude à execução

✓ EMBARGOS DE TERCEIRO. FRAUDE DE EXECUÇÃO. BOA FÉ DO ADQUIRENTE. Incorre em fraude de execução a empresa executada que aliena bem de sua propriedade depois de já iniciada demanda judicial capaz de reduzi-la à insolvência (NCPC, art. 790, V, c/c o art. 792, IV), prescindindo do elemento subjetivo (boa fé) do terceiro na sua configuração. (TRT 4ª R.; AP 0020814-67.2016.5.04.0541; Relª Desª Cleusa Regina Halfen; DEJTRS 23/06/2017; Pág. 395)

✓ FRAUDE À EXECUÇÃO. INEFICÁCIA DA TRANSAÇÃO IMOBILIÁRIA DECLARADA PELO MM. JUÍZO. Agravante, adquirente do imóvel, que depositou nos autos o valor do débito exequendo, pleiteando o afastamento da ineficácia do ato, o que foi indeferido pelo MM. Juízo. Alegação de que, garantida a execução, não haveria de prevalecer a declaração de fraude à execução. Inadmissibilidade. Questão preclusa. Fraude à execução que enseja a ineficácia do ato fraudulento apenas em relação ao exequente, não atingindo o ato em sua validade. Mera substituição da penhora que não retira o bem objeto do ato fraudulento da sujeição à execução. Inteligência dos artigos 792, § 1º e 790, inciso V do novo código de processo civil. Decisão mantida. Recurso improvido. (TJSP; AI 2072529-27.2016.8.26.0000; Ac. 10031991; São Paulo; Sexta Câmara de Direito Privado; Rel. Des. Vito Guglielmi; Julg. 05/07/2016; DJESP 13/12/2016)

Art. 791. Se a execução tiver por objeto obrigação de que seja sujeito passivo o proprietário de terreno submetido ao regime do direito de superfície, ou o superficiário, responderá pela dívida, exclusivamente, o direito real do qual é titular o executado, recaindo a penhora ou outros atos de constrição exclusivamente sobre o terreno, no primeiro caso, ou sobre a construção ou a plantação, no segundo caso.

→ *v.* Arts. 1.369 a 1.377 do CC/2002.

§ 1º Os atos de constrição a que se refere o *caput* serão averbados separadamente na matrícula do imóvel, com a identificação do executado, do valor do crédito e do objeto sobre o qual recai o gravame, devendo o oficial destacar o bem que responde pela dívida, se o terreno, a construção ou a plantação, de modo a assegurar a publicidade da responsabilidade patrimonial de cada um deles pelas dívidas e pelas obrigações que a eles estão vinculadas.

§ 2º Aplica-se, no que couber, o disposto neste artigo à enfiteuse, à concessão de uso especial para fins de moradia e à concessão de direito real de uso.

→ *v.* Arts. 1.225, XI e XII, e 2.038 do CC/2002.

Art. 792. A alienação ou a oneração de bem é considerada fraude à execução:

→ *v.* Art. 179 do CP.

→ *v.* Art. 216 da Lei 6.015/1973.

→ *v.* Arts. 54, parágrafo único e 55 da Lei 13.097/2015.

→ *v.* Arts. 774, I, 808 e 856, § 3º do NCPC.

I – quando sobre o bem pender ação fundada em direito real ou com pretensão reipersecutória, desde que a pendência do processo tenha sido averbada no respectivo registro público, se houver;

II – quando tiver sido averbada, no registro do bem, a pendência do processo de execução, na forma do art. 828;

III – quando tiver sido averbado, no registro do bem, hipoteca judiciária ou outro ato de constrição judicial originário do processo onde foi arguida a fraude;

→ *v.* Art. 240 da Lei 6.015/1973.

→ *v.* Art. 844 do NCPC.

IV – quando, ao tempo da alienação ou da oneração, tramitava contra o devedor ação capaz de reduzi-lo à insolvência;

→ *v.* Súmula 375 do STJ.

V – nos demais casos expressos em lei.

→ *v.* Art. 185 do CTN.

§ 1º A alienação em fraude à execução é ineficaz em relação ao exequente.

§ 2º No caso de aquisição de bem não sujeito a registro, o terceiro adquirente tem o ônus de provar que adotou as cautelas necessárias para a aquisição, mediante a exibição das certidões pertinentes, obtidas no domicílio do vendedor e no local onde se encontra o bem.

§ 3º Nos casos de desconsideração da personalidade jurídica, a fraude à execução verifica-se a partir da citação da parte cuja personalidade se pretende desconsiderar.

→ *v.* Arts. 135 e 137 do NCPC.

→ *v.* Enunciado 52 da ENFAM: A citação a que se refere o art. 792, § 3º, do CPC/2015 (fraude à execução) é a do executado originário, e não aquela prevista para o incidente de desconsideração da personalidade jurídica (art. 135 do CPC/2015).

§ 4º Antes de declarar a fraude à execução, o juiz deverá intimar o terceiro adquirente, que, se quiser, poderá opor embargos de terceiro, no prazo de 15 (quinze) dias.

→ *v.* Art. 674 do NCPC.

→ *v.* Enunciado 54 da ENFAM: A ausência de oposição de embargos de terceiro no prazo de 15 (quinze) dias prevista no art. 792, § 4º, do CPC/2015 implica preclusão para fins do art. 675, *caput*, do mesmo código.

→ *v.* Enunciado 191 do FPPC: O prazo de quinze dias para opor embargos de terceiro, disposto no § 4º do art. 792, é aplicável exclusivamente aos casos de declaração de fraude à execução; os demais casos de embargos de terceiro são regidos pelo prazo do *caput* do art. 675.

→ *v.* Enunciado 102 do CJF: A falta de oposição dos embargos de terceiro preventivos no prazo do art. 792, § 4º, do CPC não impede a propositura dos embargos de terceiro repressivos no prazo do art. 675 do mesmo Código.

Alienação ocorrida durante ação judicial capaz de reduzir o devedor à insolvência

✓ APELAÇÃO CÍVEL. EMBARGOS DE TERCEIRO. EXECUÇÃO FISCAL. FRAUDE À EXECUÇÃO. Adquirente de veículo automotor penhorado em execução fiscal proposta pela Fazenda em face do alienante. Alienação do bem ocorrida após a citação do executado. Incidência do art. 593, inciso II, do CPC/73 (correspondente ao art. 792, inciso IV, do CPC/15) e do art. 185 do CTN. Inaplicabilidade da Súmula nº 375 do STJ, conforme decidido sob a sistemática de recursos repetitivos (RESP nº 1.141.990/PR). Ineficácia da transferência de propriedade do bem. Validade da penhora efetivada. Precedentes. Sentença mantida. Recurso desprovido. (TJSP; APL 0008277-65.2015.8.26.0297; Ac. 10938958; Jales; Quinta Câmara de Direito Público; Relª Desª Heloísa Martins Mimessi; Julg. 31/10/2017; DJESP 08/11/2017; Pág. 2490)

✓ AGRAVO DE INSTRUMENTO. AÇÃO DE INDENIZAÇÃO POR DANOS MORAIS. EXECUÇÃO DE SENTENÇA. FRAUDE À EXECUÇÃO. CONFIGURADA. ART. 792, IV, DO CÓDIGO DE PROCESSO CIVIL. ALIENAÇÃO DE BEM QUE LEVOU A EMPRESA AGRAVANTE À INSOLVÊNCIA. VENDA INEFICAZ EM RELAÇÃO À EXEQUENTE. RECURSO NÃO PROVIDO. Nos termos do art. 792, IV, do Código de Processo Civil, configura fraude à execução a alienação ou oneração de bem capaz de levar a executada à insolvência, sendo ineficaz a aludida oneração do bem em relação à exequente. (TJMS; AI 1410578-37.2017.8.12.0000; Primeira Câmara Cível; Rel. Des. Sérgio Fernandes Martins; DJMS 06/11/2017; Pág. 99)

Fraude à execução nos casos de desconsideração da personalidade jurídica

✓ FRAUDE À EXECUÇÃO. INEXISTÊNCIA. DESCONSIDERAÇÃO DA PERSONALIDADE JURÍDICA. Tendo em vista que a venda do imóvel foi realizada pelos sócios anteriormente à sua inclusão no polo passivo da demanda, a partir da desconsideração da personalidade jurídica da executada, e inexistindo qualquer ressalva ou registro de ônus sobre o bem à época da transferência, não há que se falar em fraude à execução, nos termos do art. 792, §3º do CPC/2015. (TRT 3ª R.; AP 0159000-58.2004.5.03.0108; Rel. Des. José Eduardo de Resende Chaves; DJEMG 29/09/2017)

✓ EXECUÇÃO. FRAUDE À EXECUÇÃO. Não conhecimento das questões não alegadas no pedido de declaração de fraude à execução submetido à apreciação do MM Juízo da causa e indeferido pela r. Decisão agravada, por implicar em supressão de um grau de jurisdição. A data da citação a ser considerada, para fins de reconhecimento de fraude à execução, de executado incluído no feito, por desconsideração da personalidade jurídica, é a citação do executado, cuja personalidade foi desconsiderada, a teor do § 3º, do art. 792, do CPC/2015, e, no caso dos autos, é anterior à alienação pelo executado aos terceiros adquirentes dos imóveis objeto do pedido de declaração de fraude à execução. Como, na atual situação processual, (a) não restou demonstrada a insolvência dos executados, em razão das alienações feitas a terceiros dos imóveis objeto do pedido, exigido pelo art. 792, IV, do CPC/2015, uma vez que sequer foi alegada, pela parte agravante, a alienação de cinco imóveis de propriedade dos executados informados pela Arisp, e (b) como dos fatos narrados no pedido de declaração de fraude à execução indeferido pelo MM Juízo da causa não decorre hipótese configuradora de má-fé dos terceiros adquirentes, em hipótese em que a prova da má-fé é exigível, nos termos da Súmula nº 375/STJ, uma vez que inexistente. Averbação da pendência do processo de execução (CPC/2015, art. 792, I), nem o registro da penhora (CPC/2015, art. 792, II) Dos imóveis objeto do pedido, (c) é incabível, na atual situação processual, o reconhecimento da satisfação dos requisitos legais para a declaração de fraude à execução. Manutenção da r. Decisão agravada, ainda que por outros fundamentos. Recurso desprovido. (TJSP; AI 2114812-31.2017.8.26.0000; Ac. 10774388; São Paulo; Vigésima Câmara de Direito Privado; Rel. Des. Rebello Pinho; Julg. 04/09/2017; DJESP 19/09/2017; Pág. 2279)

Necessidade da demonstração da penhora/averbação para caracterizar fraude

✓ AGRAVO DE INSTRUMENTO. CONDOMÍNIO. SUSPENSÃO DO FEITO. DESCABIMENTO. FRAUDE À EXECUÇÃO. INOCORRÊNCIA. CONSILIUM FRAUDIS. NÃO CARACTERIZADA. 1. A existência de recurso pendente de julgamento no STJ, interposto em sede de embargos de terceiro em que também se discute a fraude à execução, não obsta o julgamento deste agravo de instrumento. 2. Objetivamente, considera-se fraude à execução a alienação ou a oneração de bens quando, no momento desses atos, tramitava contra o devedor demanda capaz de reduzi-lo à insolvência, nos termos do artigo 792, inciso IV, do código de processo civil/15. Consoante disposto na Súmula nº 375 do STJ, para que se caracterize essa modalidade fraudulenta, além dos pressupostos objetivos é necessário o anterior registro da penhora ou a caracterização de má-fé do adquirente. Não havendo penhora, tampouco prova da má-fé da adquirente, imperiosa a rejeição da alegação de fraude. Decisão reformada. Em regime de reapreciação, deram provimento ao recurso. Unânime. (TJRS; AI 0632643-06.2010.8.21.7000; Porto Alegre; Décima Oitava Câmara Cível; Relª Desª Marlene Marlei de Souza; Julg. 24/10/2017; DJERS 31/10/2017)

Necessidade de intimação do terceiro adquirente para aferir fraude à execução

✓ PROCESSUAL. AÇÃO DE RESCISÃO CONTRATUAL CUMULADA COM PEDIDO DE INDENIZAÇÃO POR DANOS MORAIS E MATERIAIS. CUMPRIMENTO DE SENTENÇA. Decisão que reconheceu fraude à execução. Pretensão à reforma. Em atenção ao princípio do contraditório, antes de declarar a fraude à execução o juiz deve mandar intimar o terceiro adquirente, que, se quiser, poderá opor embargos de terceiro, no prazo de 15 (quinze) dias. Artigo 792, § 4º, do Código de Processo Civil. Pronunciamento agravado prematuro e que inviabiliza decisão acerca do mérito recursal. DECISÃO ANULADA, DE OFÍCIO, com determinação. RECURSO PREJUDICADO. (TJSP; AI 2169113-25.2017.8.26.0000; Ac. 10934260; São José dos Campos; Vigésima Sétima Câmara de Direito Privado; Rel. Des. Mourão Neto; Julg. 31/10/2017; DJESP 07/11/2017; Pág. 2564)

Inaplicabilidade do dispositivo nas Execuções Fiscais

✓ APELAÇÃO CÍVEL. TRIBUTÁRIO. EXECUÇÃO FISCAL. ALIENAÇÃO DE BEM POSTERIOR À INSCRIÇÃO EM DÍVIDA ATIVA E CITAÇÃO DA DEVEDORA. ARTIGO 185 DO CTN. Tratando-se de execução fiscal de crédito tributário, não se aplicam os arts. 792 e 828, § 4º, do CPC, nem o enunciado nº 375 da Súmula do STJ, em razão da existência de regra especial que regula a matéria (art. 185 do CTN). A mera alienação de bem pelo devedor, quando inscrito em dívida ativa por débito capaz de reduzi-lo a insolvência (posteriormente à LC nº 118/05) é suficiente para tornar o ato ineficaz perante o credor. A venda do veículo ocorreu após a inscrição em dívida ativa do alienante e, inclusive, depois da citação, consubstanciando fraude à execução. O interesse público sobrepõe-se à boa-fé do adquirente, sendo desnecessária a prova de consilium fraudis para o reconhecimento da ineficácia do negócio jurídico entabulado. Precedente do STJ em Recurso Especial representativo de controvérsia (RESP nº 1.141.990/PR, processado na forma do art. 543-c do código de processo civil de 1973). Apelação desprovida. (TJRS; AC 0250170-89.2017.8.21.7000; São Leopoldo; Vigésima Primeira Câmara Cível; Rel. Des. Almir Porto da Rocha Filho; Julg. 27/09/2017; DJERS 16/10/2017)

Art. 793. O exequente que estiver, por direito de retenção, na posse de coisa pertencente ao devedor não poderá promover a execução sobre outros bens senão depois de excutida a coisa que se achar em seu poder.

→ *v.* Arts. 578, 644, 681, 708, 1.219, 1.220, 1.423, 1.433, II, e 1.507, § 2º, do CC/2002.

→ *v.* Art. 35 da Lei 8.245/1991.

→ *v.* Art. 116, I da Lei 11.101/2005.

Art. 794. O fiador, quando executado, tem o direito de exigir que primeiro sejam executados os bens do devedor situados na mesma comarca, livres e desembargados, indicando-os pormenorizadamente à penhora.

→ *v.* Arts. 827 e 828 do CC/2002.

§ 1º Os bens do fiador ficarão sujeitos à execução se os do devedor, situados na mesma comarca que os seus, forem insuficientes à satisfação do direito do credor.

§ 2º O fiador que pagar a dívida poderá executar o afiançado nos autos do mesmo processo.

§ 3º O disposto no *caput* não se aplica se o fiador houver renunciado ao benefício de ordem.

Possibilidade de execução dos afiançados nos mesmos autos

✓ LOCAÇÃO. FIANÇA. CELEBRAÇÃO DE ACORDO PELO FIADOR. Sub-rogação. Condição suspensiva. Necessário pagamento, ainda que parcial. Inteligência dos artigos 350 e 831 do Código Civil. Possível o exercício da pretensão de execução em face dos afiançados, nos mesmos autos, mediante comprovação do pagamento. Exegese do artigo 794, § 2º, do Novo Código de Processo Civil. Agravo parcialmente provido. (TJSP; AI 2141452-71.2017.8.26.0000; Ac. 10910483; São Paulo; Trigésima Terceira Câmara de Direito Privado; Rel. Des. Sá Moreira de Oliveira; Julg. 23/10/2017; DJESP 31/10/2017; Pág. 2834)

Art. 795. Os bens particulares dos sócios não respondem pelas dívidas da sociedade, senão nos casos previstos em lei.

→ *v.* Arts. 134, VII e 135, I, do CTN.

→ *v.* Art. 790, II, do NCPC.

§ 1º O sócio réu, quando responsável pelo pagamento da dívida da sociedade, tem o direito de exigir que primeiro sejam excutidos os bens da sociedade.

→ *v.* Arts. 1.023 e 1.024 do CC/2002.

§ 2º Incumbe ao sócio que alegar o benefício do § 1º nomear quantos bens da sociedade situados na mesma comarca, livres e desembargados, bastem para pagar o débito.

§ 3º O sócio que pagar a dívida poderá executar a sociedade nos autos do mesmo processo.

§ 4º Para a desconsideração da personalidade jurídica é obrigatória a observância do incidente previsto neste Código.

→ *v.* Arts. 133 a 137 do NCPC.

Benefício de ordem

✓ EXECUÇÃO. RESPONSABILIDADE SUBSIDIÁRIA. BENEFÍCIO DE ORDEM. A coisa julgada impõe a responsabilidade executória, e tendo os devedores principais deixado de pagar os créditos reconhecidos em sentença judicial, após o prazo de que trata o art. 884 da CLT, correta a decisão que se dirigiu contra o responsável subsidiário. Ao devedor secundário cabe o direito de oferecer bens dos responsáveis principais, livres, desembaraçados e capazes de suportar a execução, o que se denomina benefício de ordem, à aplicação analógica do disposto no art. 795, § 1º, do CPC. Não exercendo o benefício de ordem responde pela dívida exequenda. (TRT 8ª R.; AP 0001716-52.2013.5.08.0101; Primeira Turma; Relª Desª Fed. Maria Zuila Lima Dutra; DEJTPA 01/09/2017; Pág. 167)

Necessidade da observância do incidente de desconsideração da personalidade jurídica

✓ AGRAVO DE INSTRUMENTO. EXECUÇÃO DE TÍTULO EXTRAJUDICIAL. Pretensão de determinar a instauração do incidente de desconsideração inversa da personalidade jurídica. ADMISSIBILIDADE: Nos termos do art. 795, § 4º do novo CPC é obrigatória a observância do incidente previsto nos artigos 133/137 do CPC/2015 para a desconsideração da personalidade jurídica. Elementos dos autos que permitem a instauração do incidente em função de indícios de confusão patrimonial. Decisão reformada. RECURSO PROVIDO. (TJSP; AI 2168522-63.2017.8.26.0000; Ac. 10927086; Monte Alto; Trigésima Sétima Câmara de Direito Privado; Rel. Des. Israel Góes dos Anjos; Julg. 24/10/2017; DJESP 07/11/2017; Pág. 2628)

✓ AGRAVO DE INSTRUMENTO. EXECUÇÃO DE TÍTULO EXTRAJUDICIAL. Decisão interlocutória que deferiu pedido de penhora sobre faturamento de sociedade empresária alheia ao processo e que não figura como devedora no título exequendo. Recurso de terceiro atingido pela decisão. Possibilidade. Pedido de anulação do interlocutório. Subsistência. Indispensabilidade de prévia citação em incidente processual próprio. Exegese dos artigos 135 e 795, § 4º, do novo código de processo civil. Impossibilidade ordinária de impor restrição patrimonial a terceiro estranho ao processo. Necessidade de garantia do devido processo legal mediante a adoção do contraditório substancial. Inteligência do artigo 9º, do NCPC. Nulidade da decisão verificada. Recurso conhecido e provido. (TJSC; AI 4008538-63.2017.8.24.0000; Itajaí; Sexta Câmara de Direito Civil; Relª Desª Denise Volpato; DJSC 30/10/2017; Pag. 268)

Art. 796. O espólio responde pelas dívidas do falecido, mas, feita a partilha, cada herdeiro responde por elas dentro das forças da herança e na proporção da parte que lhe coube.

→ *v.* Arts. 1.792, 1.821 e 1.997 do CC/2002.

Responsabilidade patrimonial dos herdeiros do devedor

✓ CIVIL E PROCESSUAL CIVIL. AÇÃO MONITÓRIA. FALECIMENTO DO DEVEDOR. DIRECIONAMENTO DA PRETENSÃO EM DESFAVOR DOS HERDEIROS. INVIABILIDADE. AUSÊNCIA DE ABERTURA DE INVENTÁRIO. ILEGITIMIDADE PASSIVA DOS HERDEIROS. RESPONSABILIDADE LIMITADA AO QUINHÃO. RECURSO CONHECIDO E PROVIDO. SENTENÇA REFORMADA. 1. É o espólio, massa de bens, que responderá pelas dívidas do falecido, enquanto não realizada a partilha, conforme dispõem os arts. 796 do CPC e 1.997 do CC. Após a partilha, a responsabilidade será dos herdeiros, de acordo com suas cotas, mas sempre nos limites das forças da herança, nos termos dos art. 1.792 do CC. 2. Os herdeiros não se apresentam como parte legítima para figurar no polo passivo do feito monitório, decorrente de dívida do de cujus, haja vista que não receberam bens para o pagamento do débito, e não podem responder pela dívida com o seu próprio patrimônio. 3. Pendente de partilha os bens do devedor falecido, é imprescindível a abertura de inventário, sendo possível seu ajuizamento por iniciativa do credor do autor da herança, nos termos do inciso VI do art. 616 do CPC. 4. RECURSO CONHECIDO E PROVIDO. Sentença reformada. (TJDF; APC 2014.01.1.068059-4; Ac. 104.5553; Quinta Turma Cível; Rel. Des. Robson Barbosa de Azevedo; Julg. 06/09/2017; DJDFTE 26/09/2017)

TÍTULO II
Das Diversas Espécies de Execução

CAPÍTULO I
DISPOSIÇÕES GERAIS

Art. 797. Ressalvado o caso de insolvência do devedor, em que tem lugar o concurso universal, realiza-se a execução no interesse do exequente que adquire, pela penhora, o direito de preferência sobre os bens penhorados.

→ v. Arts. 905, I, 908 e 909 do NCPC.

Parágrafo único. Recaindo mais de uma penhora sobre o mesmo bem, cada exequente conservará o seu título de preferência.

→ v. Art. 187, parágrafo único do CTN.

→ v. Súmula 244 do TFR.

→ v. Art. 908 do NCPC.

Realização da execução no interesse do credor

✓ AGRAVO DE INSTRUMENTO. Execução de título extrajudicial. Decisão agravada que determinou a penhora online de imóvel ofertado, em substituição ao bloqueio de numerário efetivado, com a liberação dos valores bloqueados no feito. Inconformismo do credor. Pretensão de reforma da decisão. Com razão. Substituição de penhora que depende da concordância do exequente, se não recair sobre dinheiro, segundo entendimento do STJ. Execução que se realiza no interesse do credor (art. 797 caput do CPC). Decisão reformada. Recurso provido. (TJSP; AI 2026755-37.2017.8.26.0000; Ac. 10899759; Guarulhos; Segunda Câmara Reservada ao Meio Ambiente; Rel. Des. Roberto Maia; Julg. 19/10/2017; DJESP 08/11/2017; Pág. 2545)

Possibilidade de mais de uma penhora recair sobre o mesmo bem

✓ PENHORA DE IMÓVEL. EXISTÊNCIA DE OUTRAS PENHORAS. POSSIBILIDADE. A circunstância de um imóvel já ter sido penhorado em outros processos, inclusive trabalhista, como é o presente caso, não impede que o mesmo sofra novo gravame, porquanto o crédito trabalhista prefere a qualquer outro, tendo em vista o seu caráter alimentar e ante o disposto no art. 186 do CTN e art. 908 do CPC, sobretudo se verificado que o valor da avaliação é superior ao das penhoras trabalhistas. A possibilidade de o bem sofrer outro gravame judicial tem amparo no parágrafo único do art. 797 do CPC e contribui para a efetividade e celeridade da execução, além de atender ao princípio da publicidade. (TRT 3ª R.; AP 0000781-94.2012.5.03.0033; Relª Desª Taísa Maria Macena de Lima; DJEMG 31/10/2017)

Art. 798. Ao propor a execução, incumbe ao exequente:

→ v. Súmula 559 do STJ.

I – instruir a petição inicial com:

→ v. Arts. 319 a 321 e 771, parágrafo único, do NCPC.

a) o título executivo extrajudicial;

→ v. Art. 784 do NCPC.

Imprescindibilidade de apresentação do título executivo completo

✓ EMBARGOS À EXECUÇÃO. Documento particular assinado por duas testemunhas. Execução que deve ser instruída com o título executivo em sua integralidade. Inteligência do art. 615, inc. I, do CPC/73, atual art. 798, inc. I, a, do NCPC. Hipótese em que o documento não foi instruído com seus anexos. Imprescindibilidade, na espécie. Extinção do processo, sem resolução do mérito. Exegese do art. 485, inc. IV, do NCPC. Sentença reformada. Recurso provido. (TJSP; APL 1119171-03.2015.8.26.0100; Ac. 10821945; São Paulo; Décima Segunda Câmara de Direito Privado; Rel. Des. Tasso Duarte de Melo; Julg. 25/09/2017; DJESP 02/10/2017; Pág. 2121)

b) o demonstrativo do débito atualizado até a data de propositura da ação, quando se tratar de execução por quantia certa;

c) a prova de que se verificou a condição ou ocorreu o termo, se for o caso;

→ v. Arts. 121 a 131 e 135 do CC/2002.

→ v. Arts. 514, 803, III, e 917, § 2º, V, do NCPC.

d) a prova, se for o caso, de que adimpliu a contraprestação que lhe corresponde ou que lhe assegura o cumprimento, se o executado não for obrigado a satisfazer a sua prestação senão mediante a contraprestação do exequente;

→ v. Art. 787 do NCPC.

II – indicar:

a) a espécie de execução de sua preferência, quando por mais de um modo puder ser realizada;

→ v. Art. 805 do NCPC.

b) os nomes completos do exequente e do executado e seus números de inscrição no Cadastro de Pessoas Físicas ou no Cadastro Nacional da Pessoa Jurídica;

→ v. Art. 319, II do NCPC.

c) os bens suscetíveis de penhora, sempre que possível.

→ v. Art. 829, § 2º do NCPC.

Parágrafo único. O demonstrativo do débito deverá conter:

→ v. Enunciado 590 do FPPC: Na impugnação ao cumprimento de sentença e nos embargos à execução, o executado que alegar excesso de execução deverá elaborar demonstrativo de débito em conformidade com os incisos do art. 524 e do parágrafo único do art. 798, respectivamente.

I – o índice de correção monetária adotado;

→ v. Súmula 288 do STJ.

→ v. Lei 6.899/1981 e Decreto 86.649/1981.

II – a taxa de juros aplicada;

→ v. Súmulas 596 e 648 do STF.

→ v. Súmulas 176, 283, 296, 379, 382 e 472 do STJ.

→ v. Art. 405 do CC/2002.

→ v. Art. 161, § 2º do CTN.

→ v. Art. 1º do Decreto 22.626/1933.

→ v. Art. 13 da Lei 9.065/1995.

III – os termos inicial e final de incidência do índice de correção monetária e da taxa de juros utilizados;

→ v. Arts. 406 e 407 do CC/2002.

IV – a periodicidade da capitalização dos juros, se for o caso;

→ v. Súmula 121 do STF.

→ v. Súmula 93 do STJ.

→ v. Art. 4º do Decreto 22.626/1933.

V – a especificação de desconto obrigatório realizado.

Execução e planilha de crédito

✓ APELAÇÃO CÍVEL. EMBARGOS À EXECUÇÃO. Cédula de crédito bancário. Sentença de parcial procedência que vedou a cumulação da comissão de permanência com outros encargos de mora. Recurso da parte embargante. Preliminares. Arguição de cerceamento de defesa ante o julgamento antecipado da lide. Inocorrência. Almejada realização de perícia contábil, de depoimento pessoal e de oitiva de testemunhas para apuração das abusividades contratuais e, consequentemente, do valor real do débito. Desnecessidade. Cópia do contrato em discussão na lide devidamente carreada aos autos. Exame das abusividades que, in casu, dispensa a produção de provas pericial e oral. Prefacial afastada. Pretendido reconhecimento de violação ao requisito do art. 798, inc. I, alínea b, do código de processo civil atual, cujo teor determina que o credor instrua a petição inicial com demonstrativo de débito até a data da propositura da ação, quando se tratar de execução por quantia certa. Reclamo desprovido. Banco exequente que apresentou planilha de cálculo detalhada da dívida. Preambular rechaçada. Mérito. Almejada descaracterização da mora. Impossibilidade. Inexistência de abusividades no período da normalidade. Ausência de requisitos para descaracterizar a mora. Decisão mantida. Recurso conhecido e desprovido. Necessidade de fixação de honorários advocatícios recursais. Sentença publicada após a entrada em vigor do novo código de processo civil. Imposição do art. 85, §§ 1º e 11, da norma processual. Sucumbência recursal dos apelantes. Dever de arcar com os honorários dos advogados da instituição financeira embargada. Fixação da verba honorária em R$ 500,00 (quinhentos reais). (TJSC; AC 0301451-51.2016.8.24.0076; Turvo; Terceira Câmara de Direito Comercial; Rel. Des. Túlio José Moura Pinheiro; DJSC 30/10/2017; Pag. 283)

✓ AGRAVO DE INSTRUMENTO. EXCEÇÃO DE PRÉ-EXECUTIVIDADE. REJEIÇÃO. Decisão modificada. A inicial da execução não observou o disposto no art. 798, I, b do C.P.C. de 2015. Impossibilidade de correção após a estabilização da relação processual. Recurso provido. (TJSP; AI 2146775-57.2017.8.26.0000; Ac. 10934209; Sumaré; Vigésima Segunda Câmara de Direito Privado; Rel. Des. Campos Mello; Julg. 31/10/2017; DJESP 07/11/2017; Pág. 2479)

Inaplicabilidade às execuções fiscais

✓ EXECUÇÃO FISCAL. EMBARGOS. CDA. NULIDADE NÃO CONFIGURADA. DEMONSTRATIVO DISCRIMINADO DE CÁLCULO. DESNECESSIDADE. ISENÇÃO DE ITR. COISA JULGADA. 1. Não há falar em iliquidez da CDA, porquanto presentes os requisitos legais e indicada a legislação pertinente a cada acréscimo. Ademais, a dívida ativa regularmente inscrita é dotada de presunção juris tantum de certeza e liquidez, só podendo ser afastada por prova inequívoca. 2. Não há necessidade de que a certidão de dívida ativa venha instruída por demonstrativo discriminado de cálculo (artigo 798, I, b, do Novo CPC), prevalecendo, nesse aspecto, a especialidade da LEF. 3. Repetindo esta ação o pedido e a causa de pedir de ação anterior, já transitada em julgado, cabível a extinção do processo sem julgamento do mérito, na forma do artigo 485, V, do Novo CPC. (TRF 4ª R.; AC 5057941-92.2015.404.7000; PR; Segunda Turma; Relª Desª Luciane Amaral Corrêa Münch; Julg. 24/10/2017; DEJF 26/10/2017)

Desnecessidade de cálculo pericial para atualização monetária simples

✓ AGRAVO DE INSTRUMENTO. CUMPRIMENTO DE SENTENÇA. MEROS CÁLCULOS ARITMÉTICOS.

Decisão interlocutória proferida na fase de cumprimento de sentença, na qual o juízo determina o início da execução baseada na planilha apresentada pela parte exequente, ora agravada. Manifestação do executado, ora Agravante requerendo que a liquidação da sentença fosse realizada conforme determinado na sentença, sendo que o juízo a quo não aceitou as alegações do Agravante. A liquidação do referido julgado prescinde de perícia técnica, sendo devida a apuração mediante simples cálculos aritméticos. Artigo 798, "b", do CPC, que determina que o credor instrua a inicial da execução com demonstrativo atualizado do débito. A realização da prova pericial, no caso em exame, se revela medida dispendiosa e desnecessária, uma vez que se trata de cálculos sem complexidade, podendo ser realizados pelo credor, em prol da duração razoável do processo e para que as partes não sejam oneradas de forma excessiva. Manutenção da decisão agravada. NEGA-SE PROVIMENTO AO RECURSO. (TJRJ; AI 0035564-45.2017.8.19.0000; Rio de Janeiro; Vigésima Quarta Câmara Cível Consumidor; Relª Desig. Desª Ana Célia Montemor Soares Rios Gonçalves; Julg. 25/10/2017; DORJ 26/10/2017; Pág. 584)

<u>Indeferimento da inicial se não houver correção da planilha de crédito</u>

✓ APELAÇÃO CÍVEL. EXECUÇÃO DE TÍTULO POR QUANTIA CERTA. EMENDA DA INICIAL. PLANILHA DE DÉBITO ATUALIZADA. DESCUMPRIMENTO. INDEFERIMENTO. SENTENÇA MANTIDA. 1. Na ação de execução por quantia certa, incumbe ao credor instruir a petição inicial com o demonstrativo do débito atualizado até a data de propositura da ação, de acordo com a norma prevista no art. 798, inc. I, alínea "b", do CPC. 2. A ausência da planilha de débitos, após a intimação para a necessária juntada aos autos da execução, enseja o indeferimento da petição inicial, nos termos dos artigos 801 e 924, inc. I, ambos do CPC. 3. Recurso conhecido e desprovido. (TJDF; Proc. 0700.43.4.802017-8070001; Ac. 104.9765; Terceira Turma Cível; Rel. Des. Alvaro Ciarlini; Julg. 27/09/2017; DJDFTE 13/10/2017)

Art. 799. Incumbe ainda ao exequente:

→ *v.* Arts. 804 e 889 do NCPC.

→ *v.* Enunciado 447 do FPPC: O exequente deve providenciar a intimação da União, Estados e Municípios no caso de penhora de bem tombado.

→ *v.* Enunciado 529 do FPPC: As averbações previstas nos arts. 799, IX e 828 são aplicáveis ao cumprimento de sentença.

→ *v.* Enunciado 641 do FPPC: O exequente deve providenciar a intimação do coproprietário no caso da penhora de bem imóvel indivisível ou de direito real sobre bem imóvel indivisível.

I – requerer a intimação do credor pignoratício, hipotecário, anticrético ou fiduciário, quando a penhora recair sobre bens gravados por penhor, hipoteca, anticrese ou alienação fiduciária;

II – requerer a intimação do titular de usufruto, uso ou habitação, quando a penhora recair sobre bem gravado por usufruto, uso ou habitação;

III – requerer a intimação do promitente comprador, quando a penhora recair sobre bem em relação ao qual haja promessa de compra e venda registrada;

IV – requerer a intimação do promitente vendedor, quando a penhora recair sobre direito aquisitivo derivado de promessa de compra e venda registrada;

V – requerer a intimação do superficiário, enfiteuta ou concessionário, em caso de direito de superfície, enfiteuse, concessão de uso especial para fins de moradia ou concessão de direito real de uso, quando a penhora recair sobre imóvel submetido ao regime do direito de superfície, enfiteuse ou concessão;

VI – requerer a intimação do proprietário de terreno com regime de direito de superfície, enfiteuse, concessão de uso especial para fins de moradia ou concessão de direito real de uso, quando a penhora recair sobre direitos do superficiário, do enfiteuta ou do concessionário;

VII – requerer a intimação da sociedade, no caso de penhora de quota social ou de ação de sociedade anônima fechada, para o fim previsto no art. 876, § 7º;

VIII – pleitear, se for o caso, medidas urgentes;

→ *v.* Arts. 300 a 302 do NCPC.

→ *v.* Enunciado 448 do FPPC: As medidas urgentes previstas no art. 799, VIII, englobam a tutela provisória urgente antecipada.

IX – proceder à averbação em registro público do ato de propositura da execução e dos atos de constrição realizados, para conhecimento de terceiros.

→ *v.* Arts. 792, II e III, 828 e 844 do NCPC.

→ *v.* Enunciado 539 do FPPC: A certidão a que se refere o art. 828 não impede a obtenção e a averbação de certidão da propositura da execução (art. 799).

→ *v.* Enunciado 104 do CJF: O fornecimento de certidão para fins de averbação premonitória (art. 799, IX, do CPC) independe de prévio despacho ou autorização do juiz.

X – requerer a intimação do titular da construção-base, bem como, se for o caso, do titular de lajes anteriores, quando a penhora recair sobre o direito real de laje; (Incluído pela Lei nº 13.465, de 2017)

XI – requerer a intimação do titular das lajes, quando a penhora recair sobre a construção-base. (Incluído pela Lei nº 13.465, de 2017)

Requerimento de intimação do promitente comprador

✓ AGRAVO DE INSTRUMENTO. CONDOMÍNIO. AÇÃO DE COBRANÇA. FASE DE CUMPRIMENTO DE SENTENÇA. PENHORA DO IMÓVEL GERADOR DA DÍVIDA. NECESSIDADE DE INTIMAÇÃO DO PROMITENTE VENDEDOR ACERCA DOS LEILÕES APRAZADOS. I. Hipótese em que, em decisões anteriores, afastou-se a responsabilidade da massa falida (promitente vendedora) pelo pagamento das cotas condominiais objeto da ação de cobrança e, ainda, reconheceu-se a possibilidade de alienação judicial do bem, a despeito do gravame de indisponibilidade. II. No entanto, mostra-se indispensável a intimação da massa falida acerca das datas aprazadas para os leilões, porquanto, apesar do registro da promessa de compra e venda na matrícula do imóvel, não houve a transferência da propriedade registral à executada. Assim, desconhecendo-se se ocorreu a quitação da promessa de compra e venda, e diante da possibilidade de restar eventual saldo positivo após a amortização das dívidas propter rem, a proprietária registral deve ter ciência acerca daquele. Inteligência do art. 799, III, do NCPC. III. Manutenção da decisão hostilizada, para que a proprietária registral seja intimada acerca das datas designadas para as hastas públicas, fato que não terá o condão de evitar sua ocorrência, mas que impedirá eventual arguição de nulidade da arrematação. Agravo de instrumento desprovido. Unânime. (TJRS; AI 0193013-61.2017.8.21.7000; Porto Alegre; Vigésima Câmara Cível; Rel. Des. Dilso Domingos Pereira; Julg. 23/08/2017; DJERS 01/09/2017)

Intimação do promitente vendedor

✓ AGRAVO DE INSTRUMENTO. LOCAÇÃO. EXECUÇÃO DE TÍTULO EXTRAJUDICIAL. PENHORA DE IMÓVEL. CONTRATO PARTICULAR DE COMPRA E VENDA. POSSIBILIDADE DE PENHORA DOS DIREITOS E AÇÕES DECORRENTES DO CONTRATO. Cabível a penhora dos direitos e ações sobre o contrato particular de compra e venda (artigo 835, inciso XII, do CPC/15), sendo necessária a intimação do promitente vendedor acerca da constrição judicial, bem como o registro do respectivo contrato junto à matrícula do imóvel. Aplicação do artigo 799, inciso IV, do CPC/15. Agravo de instrumento provido parte. (TJRS; AI 0151206-61.2017.8.21.7000; Santa Rosa; Décima Quinta Câmara Cível; Relª Desª Ana Beatriz Iser; Julg. 26/07/2017; DJERS 02/08/2017)

✓ AGRAVO DE INSTRUMENTO. DIREITO PRIVADO NÃO ESPECIFICADO. PENHORA. BENS DE TERCEIROS ESTRANHOS AO FEITO. BEM IMÓVEL. Penhora dos direitos e ações que recaem sobre o contrato de compra e venda. Possibilidade. Necessidade de averbação do respectivo contrato na matrícula do imóvel, bem como a intimação do promitente vendedor. Inteligência do art. 799, IV, do CPC/15. Cônjuge do devedor. Bem indivisível adquirido na constância do casamento. Regime de comunhão parcial de bens. Direito à meação do produto da alienação. Agravo de instrumento provido. (TJRS; AI 0408199-77.2016.8.21.7000; Porto Alegre; Décima Quinta Câmara Cível; Relª Desª Adriana da Silva Ribeiro; Julg. 29/03/2017; DJERS 06/04/2017)

Arresto cautelar como medida urgente

✓ AGRAVO DE INSTRUMENTO. EXECUÇÃO DE TÍTULO EXECUTIVO EXTRAJUDICIAL. CONTRATO BANCÁRIO. Citação negativa. Tentativa de locação do executado. Inexistência. Arresto on-line. Bloqueio antes mesmo da citação. Impossibilidade. Ausência dos requisitos autorizadores. A execução se realiza no interesse do exequente, que adquire, pela penhora, o direito de preferência sobre os bens penhorados. Todavia, impõe-se ponderação dos interesses, tendo em vista, também, o princípio segundo o qual a execução deve ser feita pelo modo menos gravoso para o executado. O arresto on-line constitui medida extrema, admitida apenas em circunstâncias excepcionais. Instituição financeira que em verdade pretende se valer do arresto como sucedâneo da penhora, pugnando pela aplicação de um instituto de natureza eminentemente cautelar, quando, em verdade, busca a constrição judicial de ativos financeiros para a satisfação de seu crédito. O bloqueio on-line não se confunde com a penhora on-line. Equipara-se ao arresto de bens, cabível em razão da não localização dos executados. Parêntesis necessário se abre através de menção ao art. 799, inciso VIII, do Código de Processo Civil de 2015, que autoriza o deferimento de medidas urgentes, dentre elas o arresto cautelar de bens dos executados antes da citação, como forma de garantir a eficiência processual, notadamente quando haja elementos que revelem a dificuldade de se localizar os executados para citação. A legislação processual civil e a jurisprudência, são claras no sentido de que o arresto pretendido nessa vereda pode ser autorizado depois de exauridas as tentativas de localização do devedor, ou seja, pressupõe a realização de efetivas diligências aptas a propiciar a localização e citação dos executados. No caso, os executados não foram encontrados no endereço constante do contrato exequendo, assim como nos endereços que foram adunados na sequência, onde, como foi certificado pelo OJA, eles nem eram conhecidos, não se logrando preencher a lacuna que assim permaneceu aberta. Ausência do pressuposto necessário para a concessão da medida constritiva, sendo prematuro o deferimento do arresto on-line. Com efeito, para a concessão do arresto on-line de ativos financeiros, quando o devedor não é localizado, sucedendo-se a hipótese de aplicação das previsões legais de conversão de arresto em penhora, e de penhora de dinheiro em depósito ou aplicação financeira, na forma do art. 835, inciso I, do Código de Processo Civil de 2015, inclusive mediante constrição judicial por procedimento on-line, é indispensável que tenham sido esgotadas as tentativas de localização dos endereços para a citação, por ser este precisamente o fundamento para o deferimento da medida. Inadmissível, portanto, no caso dos autos, o deferimento do arresto on-line independentemente da citação do executado. A finalidade é que o devedor deve ser regularmente citado para ter a prévia oportunidade de pagar a dívida ou oferecer bens à penhora. Precedentes do Superior Tribunal de Justiça e deste TJERJ. Recurso a que se nega provimento. (TJRJ; AI 0053749-34.2017.8.19.0000; Macaé; Terceira Câmara Cível; Rel. Des. Mario Assis Goncalves; Julg. 11/10/2017; DORJ 20/10/2017; Pág. 322)

Possibilidade de penhora de bem hipotecado

✓ AGRAVO DE INSTRUMENTO - EXECUÇÃO DE TÍTULO EXTRAJUDICIAL - DECISÃO INTERLOCUTÓRIA QUE INDEFERE PEDIDO DE PENHORA DE IMÓVEL HIPOTECADO, RESSALTANDO A POSSIBILIDADE DE PENHORA DOS DIREITOS SOBRE O IMÓVEL - POSSIBILIDADE DE PENHORA DE BEM HIPOTECADO, DESDE QUE RESPEITADO O DIREITO DO CREDOR HIPOTECÁRIO - INTELIGÊNCIA DO ART. 799, I E 889, V, AMBOS DO CÓDIGO DE PROCESSO CIVIL DE 2015 - DADO PROVIMENTO AO RECURSO (TJSP; Agravo de Instrumento 2184998-79.2017.8.26.0000; Rel. Lucila Toledo; Órgão Julgador: 15ª Câmara de Direito Privado; Foro de Taubaté - 2ª Vara Cível; Data do Julgamento: 30/10/2017; Data de Registro: 30/10/2017)

Averbação de ação na matrícula imobiliária para proteção do credor

✓ AGRAVO DE INSTRUMENTO. PROMESSA DE COMPRA E VENDA (BENS IMÓVEIS). EMBARGOS DE TERCEIRO. ANTECIPAÇÃO DA TUTELA DEFERIDA NA ORIGEM. REFORMA. MANUTENÇÃO DA ANOTAÇÃO DE EXISTÊNCIA DA AÇÃO NA MATRÍCULA IMOBILIÁRIA. Tutela de urgência. Antecipação da tutela indeferida ao embargante, pois ausente os requisitos estabelecidos como necessários para a concessão da tutela de urgência ao embargante de terceiro, nos termos do artigo 300 do NCPC. Caso. Averbação. Inexistência de perigo de dano ou risco ao resultado útil do processo na manutenção da averbação premonitória que visa apenas proteger o direito e a boa-fé de terceiros, nos termos do art. 799, inciso IX do NCPC. Deve ser mantida a averbação na matrícula do imóvel, noticiando a existência da demanda. Deram provimento ao agravo de instrumento. Unânime. (TJRS; AI 0211298-05.2017.8.21.7000; Passo Fundo; Décima Sétima Câmara Cível; Rel. Des. Giovanni Conti; Julg. 19/10/2017; DJERS 01/11/2017)

✓ APELAÇÃO. EMBARGOS DE TERCEIRO. AVERBAÇÃO DA EXECUÇÃO NO REGISTRO DO IMÓVEL. INTERESSE PROCESSUAL DO PROPRIETÁRIO EM DAR BAIXA NA RESTRIÇÃO. AMEAÇA DE CONSTRIÇÃO. INTERESSE PROCESSUAL DEMONSTRADO. MAJORAÇÃO DOS HONORÁRIOS EM SEDE RECURSAL. 1. Controvérsia centrada na discussão sobre a eventual nulidade da sentença, por ter sido fundamentada sobre pedido cujo objeto é inexistente, qual seja, a penhora de imóvel de propriedade da embargante. 2. A averbação indicada pelo artigo 799, inciso IX, do Código de Processo Civil de 2015, constitui uma ameaça concreta de constrição judicial, justificando a propositura dos Embargos de Terceiro, nos termos do artigo 674 do referido CODEX. 3. No âmbito recursal, os honorários de sucumbência deverão ser majorados se a parte que deu causa à demanda recursal for sucumbente (art. 85, §§ 2.º, 3.º e 11, do Código de Processo Civil/15). 4. Apelação conhecida e não provida. (TJMS; APL 0823181-62.2015.8.12.0001; Segunda Câmara Cível; Rel. Des. Paulo Alberto de Oliveira; DJMS 27/10/2017; Pág. 91)

Art. 800. Nas obrigações alternativas, quando a escolha couber ao devedor, esse será citado para exercer a opção e realizar a prestação dentro de 10 (dez) dias, se outro prazo não lhe foi determinado em lei ou em contrato.

→ *v.* Arts. 252 a 256 do CC/2002.

→ *v.* Art. 325 do NCPC.

§ 1º Devolver-se-á ao credor a opção, se o devedor não a exercer no prazo determinado.

§ 2º A escolha será indicada na petição inicial da execução quando couber ao credor exercê-la.

Art. 801. Verificando que a petição inicial está incompleta ou que não está acompanhada dos documentos indispensáveis à propositura da execução, o juiz determinará que o exequente a corrija, no prazo de 15 (quinze) dias, sob pena de indeferimento.

→ *v.* Art. 321 do NCPC.

Emenda da inicial executiva

✓ APELAÇÃO CÍVEL. AÇÃO DE EXECUÇÃO DE TÍTULO EXTRAJUDICIAL. REQUERIMENTO DE ADESÃO À CONTRATO DE PRESTAÇÃO DE SERVIÇOS EDUCACIONAIS. Juntada de cópia simples. Posterior assinatura das duas testemunhas. Sentença de indeferimento da inicial. Apelação do exequente. O contrato de prestação de serviços educacionais, desde que devidamente formalizado e comprovada a efetiva prestação do serviço, é título executivo extrajudicial. Precedentes. A assinatura das testemunhas instrumentárias em momento posterior a celebração da avença não afasta a executoriedade do título. Entendimento do colendo STJ e desta corte. Juntada de cópia simples do título. Dúvida acerca de sua autenticidade. Necessidade de apresentação do original ou de cópia autenticada. Impossibilidade de indeferimento da inicial sem oportunizar ao exequente a sua emenda. Aplicação do artigo 801 do CPC. Error in procedendo. Anulação da sentença é medida que se impõe. Recurso provido. (TJRJ; APL 0002720-94.2017.8.19.0209; Rio de Janeiro; Décima Quarta Câmara Cível; Rel. Des. Francisco de Assis Pessanha Filho; Julg. 01/11/2017; DORJ 06/11/2017; Pág. 377)

✓ APELAÇÃO. EXECUÇÃO. PETIÇÃO INICIAL DESACOMPANHADA DO DEMONSTRATIVO DO DÉBITO ATUALIZADO. IMPOSSIBILIDADE DE EXTINGUIR O PROCESSO ANTES DE INTIMAR O EXEQUENTE PARA SANAR A IRREGULARIDADE. INTELIGÊNCIA DO ARTIGO 801 DO CPC. MEMÓRIA DE CÁLCULO TRAZIDA NOS EMBARGOS À EXECUÇÃO. POSSIBILIDADE. IRREGULARIDADE SANADA. AUSÊNCIA DE PREJUÍZO AO EXECUTADO, A QUEM FOI DADA OPORTUNIDADE PARA MANIFESTAÇÃO. RECURSO AO QUAL SE NEGA PROVIMENTO. A intimação para a emenda da inicial é direito do exequente. Viola o art. 801, CPC, o indeferimento da inicial da execução pela ausência da juntada do demonstrativo de débito sem oportunizar ao credor a regularização do pressuposto processual. (TJMS; APL 0800181-90.2016.8.12.0003; Quinta Câmara Cível; Rel. Des. Luiz Tadeu Barbosa Silva; DJMS 17/10/2017; Pág. 78)

Art. 802. Na execução, o despacho que ordena a citação, desde que realizada em observância ao disposto no § 2º do art. 240, interrompe a prescrição, ainda que proferido por juízo incompetente.

→ *v.* Súmula 150 do STF.

→ *v.* Art. 312 do NCPC.

Parágrafo único. A interrupção da prescrição retroagirá à data de propositura da ação.

Interrupção da prescrição

✓ APELAÇÕES CÍVEIS. AÇÃO MONITÓRIA. CHEQUE PRESCRITO CERCEAMENTO DE DEFESA. PROVA ORAL. DESNECESSÁRIA. LIVRE CONVENCIMENTO DO JUIZ. IMPUGNAÇÃO AOS EMBARGOS MONITÓRIOS. TEMPESTIVIDADE. ILEGITIMIDADE ATIVA. AFASTADA PRESCRIÇÃO. DESPACHO INICIAL. INTERRUPÇÃO DA PRESCRIÇÃO. CAUSA DEBENTI. PROVA ESCRITA. REQUISITOS LEGAIS PREENCHIDOS. DANO MORAL E LITIGÂNCIA DE MÁ-FÉ. NÃO CONFIGURADOS JUROS DE MORA. A PARTIR DO VENCIMENTO DO TÍTULO. PRECEDENTES STJ. HONORÁRIOS RECURSAIS. MAJORADOS. SENTENÇA REFORMADA EM PARTE. RECURSO DO RÉU DESPROVIDO. RECURSO DO AUTOR PROVIDO. A ação monitória ajuizada sob a vigência do Código de Processo Civil de 1973, regulada pelos artigos 1.102 e seguintes, que não previa prazo especifico para apresentação de impugnação aos embargos monitórios, devendo ser observado os prazos do procedimento ordinário. O julgador tem liberdade para determinar a produção de provas necessárias à instrução do processo, bem como, para apreciar as provas, segundo seu livre convencimento. É cediço que a interrupção da prescrição se dá com o despacho inicial do Juiz ao determinar a citação, se o interessado/credor a promover no prazo legal, art. 802 do CPC, c/c 240 do CPC. A ação monitória deve ser instruída com prova escrita sem força executiva, no caso, O cheque prescrito, dispensa a demonstração da causa debendi. Tendo o autor comprovado a legalidade da cobrança, não há que se falar em dano moral ou litigância de má-fé. "(...) os juros moratórios correm a partir da data do vencimento da dívida. O fato de a dívida líquida e com vencimento certo haver sido cobrada por meio de ação monitória não interfere na data de início da fluência dos juros de mora, a qual recai no dia do vencimento, conforme estabelecido pela relação de direito material (EREsp n. 1.250.382/RS, Relator o Ministro Sidnei Beneti, DJe de 8/4/2014). (TJMT; APL 36996/2017; Capital; Relª Desª Nilza Maria Pôssas de Carvalho; Julg. 10/10/2017; DJMT 17/10/2017; Pág. 52)

Inaplicabilidade da interrupção pela inércia do credor

✓ APELAÇÃO CÍVEL. TRIBUTÁRIO. EXECUÇÃO FISCAL. IPTU. NULIDADE PRESCRIÇÃO DIRETA E INTERCORRENTE. OCORRÊNCIA. INAPLICABILIDADE DA SÚMULA Nº 106 DO STJ. INÉRCIA DO CREDOR. I. O prazo prescricional é de 5 (cinco) anos e transcorre a partir da constituição definitiva do crédito tributário, conforme previsto no art. 174 do CTN. Tal prazo é interrompido pelo despacho que ordena a citação do devedor, nos termos do art. 174, incisos I, do CTN, conforme alteração prevista na LC 118/2005. Caso em que, por motivos alheios aos mecanismos do judiciário, a inicial só foi despachada em 25/04/2014, quando, há muito já havia transcorrido o prazo prescricional. Considerando que, na hipótese em comento, a demora na citação ocorreu por culpa exclusiva do exequente, que deixou de promover as diligências que lhe incumbiam, é inaplicável a orientação prevista nos art. 219, § 1º, do CPC/73 e art. 802, parágrafo único, do NCPC, bem como a Súmula nº 106 do STJ. II) Não fosse por isso, em sede de execução fiscal, a inércia da parte credora, por mais de cinco anos, é causa suficiente para deflagrar a prescrição intercorrente, se a parte interessada deixar de promover diligências úteis para a satisfação do crédito. III) No caso, deve ser mantida a sentença que declarou a prescrição intercorrente e julgou extinta a execução fiscal, visto que ultrapassados muito além de cinco anos da propositura da demanda e do despacho inicial, sem que houvesse o mínimo indício de realização de diligências úteis para localização do devedor e/ou bens penhoráveis. Apelo desprovido. Unânime. (TJRS; AC 0261135-29.2017.8.21.7000; Caçapava do Sul; Vigésima Segunda Câmara Cível; Rel. Des. Francisco José Moesch; Julg. 26/10/2017; DJERS 03/11/2017)

Art. 803. É nula a execução se:

I – o título executivo extrajudicial não corresponder a obrigação certa, líquida e exigível;

→ *v.* Arts. 783 e 786 do NCPC.

II – o executado não for regularmente citado;

→ *v.* Art. 239 do NCPC.

III – for instaurada antes de se verificar a condição ou de ocorrer o termo.

→ *v.* Arts. 121 a 131 e 135 do CC/2002.

→ *v.* Arts. 514, 798, I, c, e 917, § 2º, V, do NCPC.

Ausência de título hábil a promover a execução forçada

✓ APELAÇÁO CÍVEL. EMBARGOS À EXECUÇÃO. CÉDULA DE CRÉDITO BANCÁRIA. SENTENÇA DE PROCEDÊNCIA DOS PLEITOS EXORDIAIS E CONSEQUENTE EXTINÇÃO DO FEITO EXECUTIVO. INSURGÊNCIA DA INSTITUIÇÃO FINANCEIRA EMBARGADA. NULIDADE DA EXECUÇÃO. INSTRUMENTO CONTRATUAL EXECUTADO QUE, A PRIORI, CONSTITUI TÍTULO EXECUTIVO EXTRAJUDICIAL (ART. 28 DA LEI N. 10.931/2004). POSSIBILIDADE, CONTUDO, DE DISCUSSÃO DA RELAÇÃO CONTRATUAL DESDE A SUA GÊNESE. SÚMULA Nº 286 DO SUPERIOR TRIBUNAL DE JUSTIÇA. INTUITO DOS DEVEDORES DE REVISAR TODA A CADEIA NEGOCIAL. DETERMINAÇÃO, EM PRIMEIRO GRAU, DE EXIBIÇÃO DE TODOS OS CONTRATOS QUE DERAM ORIGEM AO TÍTULO EXEQUENDO. INSTITUIÇÃO FINANCEIRA QUE COLACIONOU AO CADERNO PROCESSUAL APENAS ALGUNS DOS PACTOS. IMPOSSIBILIDADE DE A VERIGUAÇÃO DOS PARÂMETROS ADOTADOS NA COMPOSIÇÃO DO QUANTUM DEBEATUR. NULIDADE DA EXPROPRIATÓRIA. PRESSUPOSTO DE CONSTITUIÇÃO E DESENVOLVIMENTO VÁLIDO E REGULAR DO PROCESSO. EXTINÇÃO DA EXECUÇÃO, COM FULCRO NOS ARTS. 485, IV E 803, I, DO CÓDIGO DE PROCESSO CIVIL. RECLAMO DESPROVIDO. Independentemente da modalidade de avença celebrada, estando ela atrelada à composição de obrigações pretéritas, assiste ao consumidor o direito de discutir todo o encadeamento contratual para extirpar eventuais ilegalidades desde o início da relação negocial, a teor da Súmula nº 286 do Superior Tribunal de Justiça. In casu, a ausência de exibição, pela parte exequente/embargada, dos instrumentos que deram origem ao pacto com finalidade de renegociação da dívida impede o efetivo exame do preenchimento dos requisitos de exequibilidade, especificamente a liquidez, razão pela qual é autorizado o Decreto extintivo por nulidade de execução. HONORÁRIOS ADVOCATÍCIOS RECURSAIS. EXEGESE DO ART. 85, § 11, DA Lei ADJETIVA CIVIL. DESPROVIMENTO DO RECLAMO DA PARTE EMBARGADA E APRESENTAÇÃO DE CONTRARRAZÕES PELA ADVERSÁRIA. MAJORAÇÃO CABIDA NA ESPÉCIE, EM PROL DO CAUSÍDICO DOS RECORRIDOS. Sob a premissa de que o estipêndio patronal sucumbencial é devido em função do trabalho realizado pelos causídicos, prevê a atual legislação processual civil a possibilidade de majoração dos honorários por ocasião do julgamento do recurso (art. 85, § 11). Nesse viés, na situação dos presentes autos, a apresentação de contrarrazões ao recurso desprovido justifica a majoração dos honorários em 5% (cinco por cento) sobre o valor atualizado da causa em favor do procurador dos apelados. (TJSC; AC 0001039-73.2014.8.24.0074; Trombudo Central; Segunda Câmara de Direito Comercial; Rel. Des. Robson Luz Varella; DJSC 09/11/2017; Pag. 224)

✓ EMBARGOS À EXECUÇÃO. Contrato de prestação de serviços de empreitada. Empresa contratada que executa débito contra a contratante, que opõe os Embargos à Execução alegando ausência de título e argumentando quanto ao mais que a exequente não fez prova de que concluiu os serviços contratados ou de que ficou na obra após 11 de fevereiro de 2011, as testemunhas arroladas informaram que a exequente realizou parte da obra, tanto que houve dispensa dos serviços contratados porque eram deficientes, tanto que a obra foi concluída por terceiro. SENTENÇA de rejeição dos Embargos, determinando o prosseguimento da Execução pelo valor exequendo. APELAÇÃO do contratante embargante, que insiste no acolhimento integral dos Embargos. ACOLHIMENTO. Controvérsia quanto ao adimplemento no tocante ao contrato de empreitada, que, no caso, carece de força executiva para a execução forçada. Caso que comporta a nulidade da Execução, ex vi do disposto no artigo 803, I, do CPC de 2015. Sentença reformada. RECURSO PROVIDO. (TJSP; APL 0001226-51.2013.8.26.0045; Ac. 10889715; Arujá; Vigésima Sétima Câmara de Direito Privado; Relª Desª Daise Fajardo Nogueira Jacot; Julg. 03/10/2017; DJESP 31/10/2017; Pág. 2737)

✓ APELAÇÃO CÍVEL. DIREITO PROCESSUAL CIVIL. EXECUÇÃO DE TÍTULO EXTRAJUDICIAL. Embargos. Sentença de procedência dos embargos. Preliminar de nulidade processual que se rejeita. Ilegitimidade passiva da sócia que se retirou da empresa anteriormente à data em que foram assumidas as obrigações que geraram o débito em execução. Curador especial corretamente nomeado, diante da existência de réu revel citado por edital. Artigo 72, II, do código de processo civil. Mérito. Execução lastreada em notas fiscais. Ausência de titulo hábil a instruir execução, uma vez que a nota fiscal não consta do rol taxativo dos títulos executivos extrajudiciais previsto no artigo 784 do CPC. Aplicação do artigo 803, I, do CPC. Extinção da execução sem o reconhecimento, contudo, da inexistência de dívida, tema que comporta discussão própria pela via adequada. Verba honorária mantida. Sentença proferida na vigência do CPC/15. Desprovimento do recurso, afastando-se, de ofício, a parte dispositiva da sentença que equivocadamente reconheceu a "inexistência de dívida a ser executada". (TJRJ; APL 0042268-81.2016.8.19.0203; Rio de Janeiro; Segunda Câmara Cível; Rel. Des. Luiz Roldão de Freitas Gomes Filho; Julg. 18/10/2017; DORJ 20/10/2017; Pág. 279)

Parágrafo único. A nulidade de que cuida este artigo será pronunciada pelo juiz, de ofício ou a requerimento da parte, independentemente de embargos à execução.

Reconhecimento de ofício do vício

✓ AGRAVO DE INSTRUMENTO. EXECUÇÃO FISCAL. GRATUIDADE DA JUSTIÇA. PESSOA FÍSICA. REQUISITOS. EFETIVA DEMONSTRAÇÃO. PEDIDO DEFERIDO. EXCEÇÃO DE PRÉ-EXECUTIVIDADE. ARTIGO 803, PARÁGRAFO ÚNICO, DO CPC/2015. ILEGITIMIDADE PASSIVA. COMPROVAÇÃO. EXTINÇÃO DO FEITO. Em conformidade com o disposto pelo artigo 5º, inciso LXXIV, da Constituição Federal, a prestação de assistência judiciária integral e gratuita pressupõe a efetiva comprovação da insuficiência de recursos. Faz jus ao benefício da gratuidade da justiça a pessoa física que demonstra sua impossibilidade de arcar com as custas e despesas processuais. A exceção de pré-executividade constitui construção doutrinário-jurisprudencial que possibilita ao executado questionar matérias de ordem pública e de cognição imediata, as quais possam conduzir à extinção da execução ou do cumprimento da sentença, prescindindo-se de dilação probatória e da prévia garantia do juízo executivo, encontrando-se o seu manejo autorizado pelo artigo 803, parágrafo único, do Código de Processo Civil de 2015. Demonstrada a inexistência de vínculo jurídico entre a executada e o imóvel objeto da execução fiscal em que se pleiteia o recebimento de débitos de IPTU, reconhece-se a ilegitimidade daquela para figurar no polo passivo da ação. Por se tratar de matéria que interfere no atributo da exigibilidade do título exequendo, sem a necessidade de produção de provas outras, acolhe-se a exceção de pré-executividade e julga-se extinta a execução. (TJMG; AI 1.0079.15.050209-8/001; Rel. Des. Paulo Balbino; Julg. 19/10/2017; DJEMG 30/10/2017)

Art. 804. A alienação de bem gravado por penhor, hipoteca ou anticrese será ineficaz em relação ao credor pignoratício, hipotecário ou anticrético não intimado.

→ *v.* Art. 1.501 do CC/2002.

→ *v.* Arts. 799, I a VI e 889, I a VII, do NCPC.

→ *v.* Enunciado 447 do FPPC: O exequente deve providenciar a intimação da União, Estados e Municípios no caso de penhora de bem tombado.

§ 1º A alienação de bem objeto de promessa de compra e venda ou de cessão registrada será ineficaz em relação ao promitente comprador ou ao cessionário não intimado.

§ 2º A alienação de bem sobre o qual tenha sido instituído direito de superfície, seja do solo, da plantação ou da construção, será ineficaz em relação ao concedente ou ao concessionário não intimado.

§ 3º A alienação de direito aquisitivo de bem objeto de promessa de venda, de promessa de cessão ou de alienação fiduciária será ineficaz em relação ao promitente vendedor, ao promitente cedente ou ao proprietário fiduciário não intimado.

§ 4º A alienação de imóvel sobre o qual tenha sido instituída enfiteuse, concessão de uso especial para fins de moradia ou concessão de direito real de uso, será ineficaz em relação ao enfiteuta ou ao concessionário não intimado.

§ 5º A alienação de direitos do enfiteuta, do concessionário de direito real de uso ou do concessionário de uso especial para fins de moradia será ineficaz em relação ao proprietário do respectivo imóvel não intimado.

§ 6º A alienação de bem sobre o qual tenha sido instituído usufruto, uso ou habitação será ineficaz em relação ao titular desses direitos reais não intimado.

Ineficácia da alienação de em gravado por penhor, hipoteca, anticrese – necessidade de demonstração do prejuízo?

✓ AGRAVO DE INSTRUMENTO. EXECUÇÃO FISCAL. ARREMATAÇÃO DE BEM SEM A PRÉVIA INTIMAÇÃO DE CREDORES COM PENHORA AVERBADA NA MATRÍCULA DO IMÓVEL. Medida que visa garantir a observância da preferência dos créditos, nos termos do art. 908 do CPC/15. Ausência de prejuízo que afasta o reconhecimento de nulidade. Inteligência do art. 282, §1º e art. 804 do CPC/15. Precedentes deste E. Tribunal de Justiça. Recurso desprovido. (TJSP; AI 2147604-72.2016.8.26.0000; Ac. 10827503; Olímpia; Décima Segunda Câmara de Direito Público; Rel. Des. Souza Meirelles; Julg. 26/09/2017; rep. DJESP 19/10/2017; Pág. 2855)

✓ PENHORA. IMPUGNAÇÃO DO EXECUTADO. ARGUIÇÃO DE IMPENHORABILIDADE DE IMÓVEL QUE BEM DE FAMÍLIA, DE HIPOTECA EM FAVOR DE OUTRO CREDOR E DE EXCESSO DE PENHORA. Recurso conhecido apenas em parte. Impenhorabilidade do bem de família e excesso de penhora não arrostados na r. Decisão agravada. Bem de família a ser visitado por oficial de justiça incumbido de lavrar auto de constatação. Excesso de penhora deferido para outro momento processual, em seguida à avaliação dos imóveis penhorados. Falta de interesse recursal nesses pontos, nos quais o executado não experimentou sucumbência. Penhora de bem gravado com hipoteca admissível, sendo necessária a intimação do credor hipotecário sob pena de ineficácia da alienação judicial. Intelecção dos arts. 799 e 804 do novo CPC. Recurso conhecido em parte e desprovido. (TJSP; AI 2058957-67.2017.8.26.0000; Ac. 10678817; Tupã; Décima Segunda Câmara de Direito Privado; Rel. Des. Cerqueira Leite; Julg. 09/08/2017; DJESP 18/08/2017; Pág. 2196)

✓ AGRAVO DE INSTRUMENTO. EXECUÇÃO DE TÍTULO EXTRAJUDICIAL. DECISÃO PROFERIDA EM EMBARGOS DE DECLARAÇÃO QUE RECONHECE A INEFICÁCIA DE IMÓVEL RURAL DADO EM DAÇÃO EM PAGAMENTO AO RECORRENTE EM OUTRO PROCESSO EXECUTIVO. Credor que ao receber o imóvel já não mais ostentava a condição de credor hipotecário. Estatuto ostentado pelo agravado. Necessidade de sua intimação nos autos em que o imóvel foi objeto de transação. Artigo 804 do CPC. Ineficácia reconhecida em relação ao agravado. Comunicação nos autos que deveria ter sido feita pela agravante. Omissão. Não incidência da regra do artigo 9º do CPC. Decisão confirmada. Recurso desprovido. (TJSP; AI 2052638-83.2017.8.26.0000; Ac. 10695477; São Paulo; Décima Sétima Câmara de Direito Privado; Rel. Des. Irineu Fava; Julg. 09/08/2017; DJESP 18/08/2017; Pág. 2266)

Art. 805. Quando por vários meios o exequente puder promover a execução, o juiz mandará que se faça pelo modo menos gravoso para o executado.

→ v. Súmula 417 do STJ.

→ v. Arts. 798, II, a, 829, § 2º, 847 e 867 do NCPC.

Parágrafo único. Ao executado que alegar ser a medida executiva mais gravosa incumbe indicar outros meios mais eficazes e menos onerosos, sob pena de manutenção dos atos executivos já determinados.

Indicação de meios mais eficazes e menos onerosos pelo executado

✓ AGRAVO DE INSTRUMENTO. EXECUÇÃO DE TÍTULO EXTRAJUDICIAL. DECISÃO PROFERIDA EM EMBARGOS DE DECLARAÇÃO QUE RECONHECE A INEFICÁCIA DE IMÓVEL RURAL DADO EM DAÇÃO EM PAGAMENTO AO RECORRENTE EM OUTRO PROCESSO EXECUTIVO. Credor que ao receber o imóvel já não mais ostentava a condição de credor hipotecário. Estatuto ostentado pelo agravado. Necessidade de sua intimação nos autos em que o imóvel foi objeto de transação. Artigo 804 do CPC. Ineficácia reconhecida em relação ao agravado. Comunicação nos autos que deveria ter sido feita pela agravante. Omissão. Não incidência da regra do artigo 9º do CPC. Decisão confirmada. Recurso desprovido. (TJSP; AI 2052638-83.2017.8.26.0000; Ac. 10695477; São Paulo; Décima Sétima Câmara de Direito Privado; Rel. Des. Irineu Fava; Julg. 09/08/2017; DJESP 18/08/2017; Pág. 2266)

✓ AGRAVO DE INSTRUMENTO. CUMPRIMENTO DE SENTENÇA. PENHORA DE PERCENTUAL SOBRE O FATURAMENTO DO CONDOMÍNIO. Quantum debeatur e apuração pela contadoria. Impossibilidade de discussão, no atual recurso, a respeito do valor cobrado. Ausência de nulidade por não ter ocorrido audiência de conciliação na fase de cumprimento de sentença. Penhora sobre o faturamento do condomínio. Inexistente o apontamento de valores ou de uma forma de satisfação menos onerosa da dívida, prevalece a constrição determinada (art. 805, parágrafo único, do CPC/2015). Necessidade de redução do percentual, em conformidade com o requerido pela própria agravada, de forma a permitir a continuidade do pleno funcionamento do condomínio. Decisão parcialmente reformada. Recurso parcialmente provido. (TJSP; AI 2185868-61.2016.8.26.0000; Ac. 10933163; São Paulo; Segunda Câmara de Direito Privado; Rel. Des. José Joaquim dos Santos; Julg. 30/10/2017; DJESP 09/11/2017; Pág. 1944)

Capítulo II
DA EXECUÇÃO PARA A ENTREGA DE COISA

Seção I
Da Entrega de Coisa Certa

Art. 806. O devedor de obrigação de entrega de coisa certa, constante de título executivo extrajudicial, será citado para, em 15 (quinze) dias, satisfazer a obrigação.

→ v. Art. 35, I, do CDC.

→ v. Arts. 233 a 242 do CC/2002.

→ v. Art. 231 do NCPC.

§ 1º Ao despachar a inicial, o juiz poderá fixar multa por dia de atraso no cumprimento da obrigação, ficando o respectivo valor sujeito a alteração, caso se revele insuficiente ou excessivo.

→ v. Art. 52, V da Lei 9.099/1995.

→ v. Enunciado 12 do FPPC: A aplicação das medidas atípicas sub-rogatórias e coercitivas é cabível em qualquer obrigação no cumprimento de sentença ou execução de título executivo extrajudicial. Essas medidas, contudo, serão aplicadas de forma subsidiária às medidas tipificadas, com observação do contraditório, ainda que diferido, e por meio de decisão à luz do art. 489, § 1º, I e II.

§ 2º Do mandado de citação constará ordem para imissão na posse ou busca e apreensão, conforme se tratar de bem imóvel ou móvel, cujo cumprimento se dará de imediato, se o executado não satisfizer a obrigação no prazo que lhe foi designado.

Art. 807. Se o executado entregar a coisa, será lavrado o termo respectivo e considerada satisfeita a obrigação, prosseguindo-se a execução para o pagamento de frutos ou o ressarcimento de prejuízos, se houver.

→ *v.* Arts. 924, II e 925 do NCPC.

Art. 808. Alienada a coisa quando já litigiosa, será expedido mandado contra o terceiro adquirente, que somente será ouvido após depositá-la.

→ *v.* Arts. 109, 240, 674 e 792 do NCPC.

Imissão na posse e prévia oitiva do terceiro adquirente

✓ AGRAVO DE INSTRUMENTO. PROMESSA DE COMPRA E VENDA. AÇÃO DE EXECUÇÃO PARA ENTREGA DE COISA CERTA. EXECUÇÃO PARA ENTREGA DE COISA CERTA. OBRIGAÇÃO DE DAR. COMPRA E VENDA. MÓVEL. A promessa de compra e venda constituída por documento com eficácia executiva autoriza o comprador a postular execução para entrega de coisa certa. O fato do bem ter sido transmitido a terceiro antes de ser proposta a execução não retira a eficácia executiva, mas somente obsta a expedição de mandado de imissão em face do terceiro se oportunizada a sua oitiva, por exegese do art. 808 do CPC/15. – Circunstância dos autos em que se impõe dar provimento ao recurso para assegurar que se instaure a relação jurídica processual executiva. RECURSO PROVIDO. (Agravo de Instrumento Nº 70075630871, Décima Oitava Câmara Cível, Tribunal de Justiça do RS, Relator: João Moreno Pomar, Julgado em 30/10/2017). (TJ-RS – AI: 70075630871 RS, Relator: João Moreno Pomar, Data de Julgamento: 30/10/2017, Décima Oitava Câmara Cível, Data de Publicação: Diário da Justiça do dia 01/11/2017)

Art. 809. O exequente tem direito a receber, além de perdas e danos, o valor da coisa, quando essa se deteriorar, não lhe for entregue, não for encontrada ou não for reclamada do poder de terceiro adquirente.

§ 1º Não constando do título o valor da coisa e sendo impossível sua avaliação, o exequente apresentará estimativa, sujeitando-a ao arbitramento judicial.

§ 2º Serão apurados em liquidação o valor da coisa e os prejuízos.

Possibilidade da conversão da obrigação em perdas e danos

✓ AGRAVO DE INSTRUMENTO. AÇÃO DE EXECUÇÃO PARA ENTREGA DE COISA INCERTA C/C MEDIDA ACAUTELATÓRIA DE ARRESTO. CONVERSÃO DO ARRESTO EM PENHORA. POSSIBILIDADE. DECURSO DO PRAZO PARA CUMPRIMENTO VOLUNTÁRIO DA OBRIGAÇÃO EXEQUENDA. PRELIMINARES DE NULIDADE DA INTIMAÇÃO, AUSÊNCIA DE PRESSUPOSTOS PARA A ANTECIPAÇÃO DA PRETENSÃO RECURSAL E PREVENÇÃO. REJEITADAS. AUTORIZAÇÃO PARA VENDA DO PRODUTO E DEPÓSITO EM JUÍZO DO VALOR OBTIDO. POSSIBILIDADE. RISCO DE PERECIMENTO E DEFRAUDAÇÃO DO PRODUTO. RECURSO PROVIDO. 1. O fato de não constar da intimação para oferecimento de contrarrazões o nome de um dos agravados e de um dos procuradores constituídos não acarreta a nulidade da decisão que concede a antecipação da pretensão recursal, mesmo porque esta, via de regra, é analisada sem a oitiva da parte recorrida, nos termos do artigo 1.019, inciso I, do CPC. A única consequência seria a repetição do ato, o que não se faz necessário quando o agravado comparece espontaneamente nos autos e oferece contrarrazões. 2. A antecipação dos efeitos da tutela recursal exige "elementos que evidenciem a probabilidade do direito e o perigo de dano ou o risco ao resultado útil do processo" (CPC, art. 300, caput); comprovados os requisitos legais, deve ser concedida a medida postulada. 3. O não conhecimento de recurso anterior, que diga respeito à mesma lide, não torna prevento o relator desse recurso, consoante disposição do §3º do artigo 80 do RITJMT. 4. Comprovando o agravante ser credor dos agravados, em razão do não cumprimento da obrigação de entregar produto agrícola financiado por meio da CPR exequenda, e transcorrido o prazo conferido aos devedores na ação de execução para cumprimento voluntário da obrigação, não há óbice para a conversão do arresto em penhora, ou para a penhora de safra subsequente. 5. O artigo 813 do CPC/2015 estabelece: "aplicar-se-ão à execução para entrega de coisa incerta, no que couber, as disposições da seção I deste capítulo", que dizem respeito à execução para entrega de coisa certa; o artigo 809 do CPC, por sua vez, admite a conversão da obrigação originária em seu equivalente em dinheiro, mais perdas e danos, nos casos em que: suceder a deterioração da coisa; quando esta não for entregue; quando não for reclamada em poder de terceiro adquirente; ou, ainda, quando não for encontrada. (TJMT; AI 134545/2016; Primavera do Leste; Rel. Des. João Ferreira Filho; Julg. 26/09/2017; DJMT 02/10/2017; Pág. 62)

✓ DIREITO CIVIL. AÇÃO DE EXECUÇÃO. EXECUÇÃO PARA ENTREGA DE COISA. CONVERSÃO

AUTOMÁTICA. EXECUÇÃO POR QUANTIA CERTA. POSSIBILIDADE. VALOR DO CONTRATO. LIQUIDEZ DO TÍTULO. NULIDADE. AUSÊNCIA. PREJUÍZO NÃO DEMONSTRADO. RECURSO CONHECIDO E DESPROVIDO. 1. Nos termos do art. 809 do Código de Processo Civil, o exequente tem direito a receber o valor da coisa, se essa não lhe foi entregue, não havendo necessidade de liquidação se o valor já foi previamente definido no contrato. 2. O valor nominal remanescente da dívida é a quantia mínima que a parte executante poderia exigir, motivo pelo qual não há como reconhecer a nulidade. 3. Não demonstrada a existência de prejuízo com a adoção do rito da execução por quantia, deve-se afastar a alegação de nulidade da execução 4. Recurso conhecido e desprovido. (TJDF; Proc 0705.42.0.802017-8070000; Ac. 103.8334; Quinta Turma Cível; Rel. Des. Robson Barbosa de Azevedo; Julg. 10/08/2017; DJDFTE 23/08/2017)

Necessidade de deterioração da coisa ou falta de entrega para conversão em perdas em danos

✓ AGRAVO DE INSTRUMENTO. Tutela cautelar antecedente convertida em ação de execução para entrega de coisa incerta. Pretensão de inclusão dos valores gastos com a colheita da soja como perdas e danos. Necessidade de obediência primeiro as disposições do artigo 811 e seguintes do CPC e subsidiariamente as do artigo 806 e seguintes. Decisão mantida. Recurso conhecido e desprovido. Na dicção do artigo 809 do CPC/15 o exequente somente terá direito à tutela de ressarcimento quanto ao valor do bem ou a reparação por perdas e danos, quando a coisa não lhe for entregue ou tenha se deteriorado por culpa do executado, o que ainda não ocorreu nos autos, pois se deve obedecer anteriormente a forma prescrita no artigo 811 e seguintes. (TJPR; Ag Instr 1703148-2; Cândido de Abreu; Décima Oitava Câmara Cível; Rel. Des. Marcelo Gobbo Dalla Dea; Julg. 11/10/2017; DJPR 20/10/2017; Pág. 269)

Art. 810. Havendo benfeitorias indenizáveis feitas na coisa pelo executado ou por terceiros de cujo poder ela houver sido tirada, a liquidação prévia é obrigatória.

Parágrafo único. Havendo saldo:

I – em favor do executado ou de terceiros, o exequente o depositará ao requerer a entrega da coisa;

II – em favor do exequente, esse poderá cobrá-lo nos autos do mesmo processo.

→ *v.* Arts. 96, 242 e 1.219 a 1.222 do CC/2002.

Seção II
Da Entrega de Coisa Incerta

Art. 811. Quando a execução recair sobre coisa determinada pelo gênero e pela quantidade, o executado será citado para entregá-la individualizada, se lhe couber a escolha.

Parágrafo único. Se a escolha couber ao exequente, esse deverá indicá-la na petição inicial.

→ *v.* Arts. 243 a 246 do CC/2002.

→ *v.* Art. 15 da Lei 8.929/1994 – Cédula de produto rural.

Art. 812. Qualquer das partes poderá, no prazo de 15 (quinze) dias, impugnar a escolha feita pela outra, e o juiz decidirá de plano ou, se necessário, ouvindo perito de sua nomeação.

Escolha e impugnação

✓ AGRAVO DE INSTRUMENTO. CONVERSÃO DE EXECUÇÃO PARA ENTREGA DE COISA INCERTA EM POR QUANTIA CERTA. PARTE DOS BENS APREENDIDOS. IMPUGNAÇÃO DOS BENS QUE SOFRERAM CONSTRIÇÃO. NECESSIDADE DE ANÁLISE ANTES DE CONVERTER A EXECUÇÃO. EFEITO SUSPENSIVO AOS EMBARGOS À EXECUÇÃO MATÉRIA QUE NÃO FAZ PARTE DO DECISUM. RECURSO PARCIALMENTE PROVIDO. O art. 812 do CPC/2015 dispõe que qualquer uma das partes poderá impugnar a escolha feita pela outra em relação aos bens a serem apreendidos, e que essa impugnação será decidida de plano pelo juiz, o que impede a conversão de Execução para Entrega de Coisa Incerta em Execução Por Quantia Certa, antes de apreciado esse questionamento. A matéria que não faz parte do decisum não pode ser objeto do recurso. (TJMT; AI 79995/2016; Poconé; Rel. Des. Guiomar Teodoro Borges; Julg. 14/09/2016; DJMT 22/09/2016; Pág. 97)

Art. 813. Aplicar-se-ão à execução para entrega de coisa incerta, no que couber, as disposições da Seção I deste Capítulo.

Aplicação, no que couber, das regras procedimentais atinentes à entrega de coisa certa

✓ AGRAVO DE INSTRUMENTO. AÇÃO DE EXECUÇÃO PARA ENTREGA DE COISA INCERTA C/C MEDIDA ACAUTELATÓRIA DE ARRESTO. CONVERSÃO DO ARRESTO EM PENHORA. POSSIBILIDADE. DECURSO DO PRAZO PARA CUMPRIMENTO VOLUNTÁRIO DA OBRIGAÇÃO EXEQUENDA. PRELIMINARES DE NULIDADE DA INTIMAÇÃO, AUSÊNCIA DE PRESSUPOSTOS PARA A ANTECIPAÇÃO DA PRETENSÃO RECURSAL E PREVENÇÃO. REJEITADAS. AUTORIZAÇÃO PARA VENDA DO PRODUTO E DEPÓSITO EM JUÍZO DO VALOR OBTIDO. POSSIBILIDADE. RISCO DE PERECIMENTO E DEFRAUDAÇÃO

DO PRODUTO. RECURSO PROVIDO. 1. O fato de não constar da intimação para oferecimento de contrarrazões o nome de um dos agravados e de um dos procuradores constituídos não acarreta a nulidade da decisão que concede a antecipação da pretensão recursal, mesmo porque esta, via de regra, é analisada sem a oitiva da parte recorrida, nos termos do artigo 1.019, inciso I, do CPC. A única consequência seria a repetição do ato, o que não se faz necessário quando o agravado comparece espontaneamente nos autos e oferece contrarrazões. 2. A antecipação dos efeitos da tutela recursal exige "elementos que evidenciem a probabilidade do direito e o perigo de dano ou o risco ao resultado útil do processo" (CPC, art. 300, caput); comprovados os requisitos legais, deve ser concedida a medida postulada. 3. O não conhecimento de recurso anterior, que diga respeito à mesma lide, não torna prevento o relator desse recurso, consoante disposição do §3º do artigo 80 do RITJMT. 4. Comprovando o agravante ser credor dos agravados, em razão do não cumprimento da obrigação de entregar produto agrícola financiado por meio da CPR exequenda, e transcorrido o prazo conferido aos devedores na ação de execução para cumprimento voluntário da obrigação, não há óbice para a conversão do arresto em penhora, ou para a penhora de safra subsequente. 5. O artigo 813 do CPC/2015 estabelece: "aplicar-se-ão à execução para entrega de coisa incerta, no que couber, as disposições da seção I deste capítulo", que dizem respeito à execução para entrega de coisa certa; o artigo 809 do CPC, por sua vez, admite a conversão da obrigação originária em seu equivalente em dinheiro, mais perdas e danos, nos casos em que: suceder a deterioração da coisa; quando esta não for entregue; quando não for reclamada em poder de terceiro adquirente; ou, ainda, quando não for encontrada. (TJMT; AI 134545/2016; Primavera do Leste; Rel. Des. João Ferreira Filho; Julg. 26/09/2017; DJMT 02/10/2017; Pág. 62)

Capítulo III
DA EXECUÇÃO DAS OBRIGAÇÕES DE FAZER OU DE NÃO FAZER

Seção I
Disposições Comuns

Art. 814. Na execução de obrigação de fazer ou de não fazer fundada em título extrajudicial, ao despachar a inicial, o juiz fixará multa por período de atraso no cumprimento da obrigação e a data a partir da qual será devida.

Parágrafo único. Se o valor da multa estiver previsto no título e for excessivo, o juiz poderá reduzi-lo.

→ *V.* Arts. 498 e 536, § 1º do NCPC.

→ *V.* Enunciado 12 do FPPC: A aplicação das medidas atípicas sub-rogatórias e coercitivas é cabível em qualquer obrigação no cumprimento de sentença ou execução de título executivo extrajudicial. Essas medidas, contudo, serão aplicadas de forma subsidiária às medidas tipificadas, com observação do contraditório, ainda que diferido, e por meio de decisão à luz do art. 489, § 1º, I e II.

<u>Possibilidade de fixação de *astreintes* para cumprimento da obrigação</u>

✓ AGRAVO DE INSTRUMENTO. Execução de Título Extrajudicial. Contrato Administrativo firmado para realização de reforma em praça do Município de São Cristóvão. Aparecimento de vícios. Execução do contrato. Cabimento. Inteligência do art. 784, II do CPC. Obrigação de Fazer. Possibilidade de o magistrado fixar multa diária para cumprimento da obrigação. Determinação contida nos artigos 814 e 815 do CPC. Multa diária fixada em R$ 5.000,00 (cinco mil reais) para o caso de descumprimento, limitada a R$ 100.000,00 (cem mil reais). Razoabilidade diante do valor do contrato (R$ 1.000.000,00). Recurso conhecido e improvido. Decisão unânime. (TJSE; AI 201700725268; Ac. 24171/2017; Primeira Câmara Cível; Relª Desª Elvira Maria de Almeida Silva; Julg. 31/10/2017; DJSE 07/11/2017)

<u>Possibilidade de aplicação da multa a ente público</u>

✓ AÇÃO DE OBRIGAÇÃO DE FAZER. FORNECIMENTO DE CONSULTA COM MÉDICO FONOAUDIÓLOGO E RESPECTIVO TRATAMENTO. 1. Admissível o fornecimento pelo ente público demandado de tratamento do qual o paciente necessita para controle da doença, consoante prescrição médica. Garantia do direito à saúde e à vida. Inteligência do art. 196 da CR e parágrafo único do art. 219 da CE. 2. É admissível a aplicação de astreinte contra ente público, no caso, devidamente aplicada. Inteligência do art. 814 do CPC. 3. Atualização monetária da verba honorária pelo IPCA-E e acrescidos de juros de poupança, a partir do trânsito em julgado da sentença ou acórdao. Relegada a discussão da matéria à fase de execução. 4. Decisão mantida. Recurso não provido. (TJSP; AGInt 1015797-46.2017.8.26.0602/50000; Ac. 10783684; Sorocaba; Sétima Câmara de Direito Público; Rel. Des. Coimbra Schmidt; Julg. 13/09/2017; DJESP 18/09/2017; Pág. 3060)

<u>Possibilidade de redução do valor excessivo de ofício pelo juiz</u>

✓ AÇÃO DE EXECUÇÃO. EMBARGOS. TERMO DE AJUSTAMENTO DE CONDUTA. INFRAÇÃO AMBIENTAL. TÍTULO EXECUTIVO EXTRAJUDICIAL. EFICÁCIA EXECUTIVA. MULTA. EXCESSIVIDADE EVIDENCIADA. REDUÇÃO. CABIMENTO. O termo de ajustamento de conduta celebrado em sede de inquérito civil instaurado para apuração de suposta infração ambiental, em conformidade com o disposto pelo artigo 5º, § 6º, da Lei nº 7.347/85 c/c o art. 784, inciso XII,

Código de Processo Civil constitui um título executivo extrajudicial. Se o montante da multa fixada em termo de ajustamento de conduta revela-se excessivo e desproporcional, em conformidade com o disposto pelo artigo 814, parágrafo único, do Código de Processo Civil, mostra-se possível a pretendida redução do aludido valor para tanto pactuado em termo de ajustamento de conduta. (TJMG; APCV 1.0317.11.014975-2/001; Rel. Des. Paulo Balbino; Julg. 25/05/2017; DJEMG 13/06/2017)

Seção II
Da Obrigação de Fazer

Art. 815. Quando o objeto da execução for obrigação de fazer, o executado será citado para satisfazê-la no prazo que o juiz lhe designar, se outro não estiver determinado no título executivo.

→ *v.* Súmula 410 do STJ.

→ *v.* Arts. 247 a 249 do CC/2002.

<u>Citação do executado para satisfazer a obrigação</u>

✓ DIREITO IMOBILIÁRIO. CONSTRUÇÃO DE PRÉDIO RESIDENCIAL. ATRASO NA FINALIZAÇÃO DAS UNIDADES. Ação de obrigação de fazer cumulada com pedido de indenização por danos materiais e morais. Sentença de procedência parcial. Apelação Cível. Reforma parcial para majorar o valor da condenação por danos morais e honorários advocatícios, e determinar a desconsideração da personalidade jurídica dos sócios. Cumprimento de sentença. Pagamento não realizado. Determinação do Juízo de inclusão dos sócios no polo passivo da demanda. Decisão reconsiderando parte do provimento anterior para liberar os imóveis do executado dos gravames determinados ante à suposta garantia da execução. Penhora "on line" do valor executado. Remessa ao Contador Judicial para apuração do quantum exequendo". Agravo de Instrumento. Inconformismo dos autores com o afastamento do gravame sobre os imóveis dos sócios. Entendimento de que não estaria garantida totalmente a execução. Pretensão ainda de fixação de multa diária para que o executado finalize a obra no prazo máximo de seis meses conforme estabelecido na sentença. Em parte. Provimento parcial dos pedidos. Embargos de Declaração. Alegada contradição no provimento embargado em relação ao que restou julgado no acórdão de fls. 782/796 e confirmado no acórdão de fls. 809/812, este em sede de embargos de declaração (Apelação Cível nº 0029761-51.2008.8.19.0209). Tese de que em tais acórdãos restou consignada a necessidade de decretação da indisponibilidade dos bens dos sócios para garantir a efetividade da ação, ao passo que, no ora embargado, não se manteve a indisponibilidade dos bens dos sócios, apesar de os réus ainda não terem cumprido a parte mais custosa da sentença, finalização de todo um prédio dentro de seis meses. Desacolhimento. Não se extrai do acórdão embargado a contradição alegada, tampouco qualquer confusão quanto à matéria objeto do recurso. Tanto é assim que o pedido foi julgado parcialmente procedente, não estando ainda afastado o pedido de obrigação de fazer, e, diante do valor penhorado, entendeu-se pela desnecessidade de se manter a decisão de indisponibilidade dos bens dos sócios, como restou fundamentado no acórdão. "Estando o valor penhorado em patamar condizente com o débito reclamado, ultrapassando inclusive o total calculado, apresentado em diversas planilhas nos autos pelos exequentes, não merece qualquer reparo a decisão neste ponto, até porque determinou o Juízo fossem os autos para o Contador Judicial, para avaliação do crédito exequendo, pelo que o valor do débito ainda não está totalmente definido. Estabelece o art. 815 do Código de Processo Civil que, quando o objeto da execução for obrigação de fazer, o executado será citado para satisfazê-la no prazo que o juiz lhe designar, se outro não estiver determinado no título executivo. No mesmo sentido, o enunciado da Súmula nº 410 deste Eg. Superior Tribunal de Justiça. Como se extrai dos autos que os executados ainda não foram citados para o cumprimento da obrigação, razão lhes assiste em suas contrarrazões. Todavia, não podem os exequentes ficar sem uma solução jurídica para o impasse, pelo que deve o douto Juízo a quo citar os executados para o cumprimento da obrigação de fazer, no prazo designado na sentença, em conformidade com o estabelecido no art. 815 do Código de Processo Civil, bem como estabelecer a multa diária a ser aplicada em caso de descumprimento" (acórdão embargado, fl. 52). O enfoque jurídico dado pelo V. Acórdão foi suficientemente claro, não se vislumbrando omissão ou contradição a serem sanadas, tendo o acórdão impugnado abordado todos os pontos relevantes para a solução do conflito. Verifica-se imprestável a via declarativa para o atendimento da pretensão do ora embargante; outrossim, não é demais lembrar que os declaratórios não se prestam para questionamentos, mas para dirimir omissões, obscuridades ou contradições, tampouco servem para alterar a decisão, ressalvada a hipótese do excepcional efeito infringente, que in casu não se ostenta razoável. Precedentes citados: STJ, Corte Especial, EDCL no RESP 705.148/PR, Rel. Ministro Luis Felipe Salomão, Quarta Turma, julgado em 05/04/2011, DJe 12/04/2011; EDCL no AGRG no AG 1221249/BA, Rel. Ministro Arnaldo Esteves Lima, Primeira Turma, julgado em 17/05/2011, DJe 25/05/2011. Rejeição dos embargos de declaração. (TJRJ; AI 0021044-80.2017.8.19.0000; Rio de Janeiro; Sexta Câmara Cível; Rel. Des. Nagib Slaibi Filho; Julg. 26/07/2017; DORJ 27/10/2017; Pág. 405)

Art. 816. Se o executado não satisfizer a obrigação no prazo designado, é lícito ao exequente, nos próprios autos do processo, requerer a satisfação da obrigação à custa do executado ou perdas e danos, hipótese em que se converterá em indenização.

→ *v.* Art. 249 do CC/2002.
→ *v.* Arts. 35 e 84 do CDC.
→ *v.* Art. 820 do NCPC.
→ *v.* Enunciado 103 do CJF: Pode o exequente – em execução de obrigação de fazer fungível, decorrente do inadimplemento relativo, voluntário e inescusável do executado – requerer a satisfação da obrigação por terceiro, cumuladamente ou não com perdas e danos, considerando que o caput do art. 816 do CPC não derrogou o caput do art. 249 do Código Civil.

Parágrafo único. O valor das perdas e danos será apurado em liquidação, seguindo-se a execução para cobrança de quantia certa.

→ *v.* Arts. 509 a 512 e 824 e seguintes do NCPC.

Conversão em perdas e danos nos mesmos autos

✓ APELAÇÃO CÍVEL. ADIMPLEMENTO CONTRATUAL. Subscrição de ações. Pretensão referente à telefonia fixa e móvel. Pleito de suspensão da ação diante do processamento da recuperação judicial da empresa de telefonia. Prosseguimento do feito. Vedação, contudo, de atos de constrição patrimonial ou liberação de valores já penhorados. Extinção do feito pelo reconhecimento da prescrição. Inocorrência. Anterior ajuizamento de ação cautelar de exibição de documentos que interrompeu o prazo prescricional. Sentença cassada. Aplicação do artigo 1.013, § 4º, do código de processo civil. Análise das teses debatidas na inicial e contestação. Preliminar de ilegitimidade passiva da telefonia fixa e móvel afastada. Carência de ação em relação aos dividendos e juros sobre capital próprio. Inocorrência. Incidência do Código de Defesa do Consumidor. Admissibilidade de inversão do ônus da prova. Inaplicabilidade das portarias ministeriais. Cálculo do vpa. Balancete do mês da integralização. Súmula n. 371 do Superior Tribunal de Justiça. Possibilidade de conversão em indenização por perdas e danos. Artigo 816 do CPC. Cálculo que deve observar a cotação das ações na bolsa de valores na data do trânsito em julgado da ação. Orientação do STJ. Dividendos, bonificações e juros sobre capital próprio. Decorrência lógica da complementação das ações. Honorários advocatícios fixados em 15% sobre o valor da causa. Precedentes desta câmara. Arbitramento de honorários recursais. (TJSC; AC 0308005-64.2016.8.24.0023; Florianópolis; Quinta Câmara de Direito Comercial; Rel. Des. Cláudio Barreto Dutra; DJSC 03/10/2017; Pag. 263)

✓ AGRAVO DE INSTRUMENTO. EXECUÇÃO DE TERMO DE COMPROMISSO DE RECUPERAÇÃO AMBIENTAL. DESCUMPRIMENTO COMPROVADO. DECISÃO QUE AFASTOU A EXECUÇÃO DA MULTA DIÁRIA FIXADA, ADSTRITO SOMENTE AO VALOR RESULTANTE DA CONVERSÃO DA OBRIGAÇÃO EM PERDAS E DANOS. INADMISSIBILIDADE. ASTREINTE QUE PODE SER INCLUÍDA NO PEDIDO, COM A CONTAGEM A PARTIR DA FLUÊNCIA DO PRAZO CONCEDIDO PARA O CUMPRIMENTO DA ORDEM. RECURSO PROVIDO PARA TAL FIM. Conquanto tenha sido concedido prazo de 180 dias para o cumprimento da ordem, resta incontroverso o descumprimento do TCRA por parte da municipalidade agravada, razão pela qual se reconhece que, primeiro, a comprovação do cumprimento da obrigação é ônus daquele a quem a ordem foi endereçada (art. 373, II, do CPC), e, depois, que a multa diária estipulada pode, de fato, ser incluída no pedido da autora juntamente com o valor atinente à conversão da obrigação em perdas e danos, nos termos do art. 816 do CPC, com a contagem a partir da fluência do prazo e limitada nos termos do art. 412 do CC, mormente por ser a astreinte certa, determinada e exigível, podendo ser liquidada por simples cálculo aritmético. Recurso provido. (TJSP; AI 2068674-06.2017.8.26.0000; Ac. 10798938; São Roque; Segunda Câmara Reservada ao Meio Ambiente; Rel. Des. Paulo Ayrosa; Julg. 14/09/2017; DJESP 26/09/2017; Pág. 2695)

✓ CUMPRIMENTO DE SENTENÇA. Decisão que converte obrigação de fazer em indenização, vedada compensação. Manutenção. Possível converter obrigação de fazer em perdas e danos, a teor do art. 816, caput, do CPC/2015. Medida adequada para conferir concretude ao comando contido no Acórdão que julgou o mérito da fase de conhecimento. Impossibilidade de compensar supostos créditos e débitos recíprocos. Compensação afastada, à vista de fundada dúvida acerca da solução do débito nos autos de outra demanda em que litigam as mesmas partes. Nada impede que as partes prossigam as fases de execução cobrando reciprocamente os montantes de seus créditos nas duas demandas. Recurso desprovido. (TJSP; AI 2143053-15.2017.8.26.0000; Ac. 10754512; Diadema; Primeira Câmara de Direito Privado; Rel. Des. Francisco Loureiro; Julg. 31/08/2017; DJESP 05/09/2017; Pág. 1959)

Art. 817. Se a obrigação puder ser satisfeita por terceiro, é lícito ao juiz autorizar, a requerimento do exequente, que aquele a satisfaça à custa do executado.

Parágrafo único. O exequente adiantará as quantias previstas na proposta que, ouvidas as partes, o juiz houver aprovado.

→ *v.* Art. 819 do NCPC.

Possibilidade do cumprimento da sentença por terceiro

✓ MEIO AMBIENTE. AGRAVO DE INSTRUMENTO. AÇÃO CIVIL PÚBLICA. CUMPRIMENTO DE SENTENÇA. Obrigação de fazer, consistente em demolir a edificação existente, imposta ao particular, não efetuada em fase de cumprimento de sentença. Determinação para que o Município execute a obrigação a expensas do devedor. Execução por terceiro. Possibilidade. Aplicação dos artigos 817 do CPC/2015 cumulado com 249 do Código Civil. Alegação da Municipalidade agravante de responsabilidade exclusiva da Fazenda Pública Estadual por se tratar de danos ambientais inseridos em unidade de conservação do Estado (Parque Estadual de Ilhabela). Descabimento. A hipótese trata de execução por terceiro de obrigação de fazer, cujos custos da diligência serão suportados pelo devedor, e não de transferência da responsabilidade da condenação. DECISÃO AGRAVADA MANTIDA. RECURSO IMPROVIDO. (TJSP; AI 2073343-05.2017.8.26.0000; Ac. 10902600; Ilhabela; Segunda Câmara Reservada ao Meio Ambiente; Rel. Des. Luis Fernando Nishi; Julg. 23/10/2017; DJESP 01/11/2017; Pág. 3091)

✓ AGRAVO DE INSTRUMENTO. CUMPRIMENTO DE SENTENÇA. OBRIGAÇÃO DE FAZER FUNGÍVEL. APURAÇÃO DO VALOR. PAGAMENTO PELO EXECUTADO. O inadimplemento de uma obrigação de fazer que possa ser satisfeita por terceiro autoriza o juiz a quantificar o valor correspondente, para que seja satisfeita à custa do executado (art. 817 do CPC/2015), nomeando perito especialista. Recurso conhecido e parcialmente provido. (TJMG; AI 1.0134.03.037680-7/002; Rel[a] Des[a] Albergaria Costa; Julg. 27/04/2017; DJEMG 23/05/2017)

Art. 818. Realizada a prestação, o juiz ouvirá as partes no prazo de 10 (dez) dias e, não havendo impugnação, considerará satisfeita a obrigação.

→ v. Art. 924, II do NCPC.

Parágrafo único. Caso haja impugnação, o juiz a decidirá.

Necessidade de ouvir as partes antes de declarar satisfeita a obrigação

✓ PROCESSO CIVIL. FGTS. CORREÇÃO MONETÁRIA. EXECUÇÃO. CÁLCULO. IMPUGNAÇÃO. INOBSERVÂNCIA AO DISPOSTO NO ART. 818 DO CÓDIGO DE PROCESSO CIVIL (ART. 635 DO CPC/1973). SENTENÇA DE EXTINÇÃO DA EXECUÇÃO. CERCEAMENTO DE DEFESA. RECURSO PROVIDO. SENTENÇA ANULADA. 1. In casu, verifica-se que o título executivo judicial condenou a CEF a creditar nas contas vinculadas do FGTS dos autores os índices de correção monetária incidentes nos saldos existentes naquelas contas nos meses de janeiro/1989 e abril/1990. 2. Iniciada a execução, a CEF informou acerca do creditamento das diferenças dos índices de correção monetária incidentes nos saldos mantidos nas contas fundiárias dos exequentes Gualberto Kiyohiko Mizoguchi e Ulisses Rodrigues Richa, assim como a adesão firmada por Noberto Morales Albuquerque, nos termos prescritos na Lei Complementar nº 110/01, juntando aos autos a documentação comprobatória (fls. 98/108). 3. Intimada a manifestar-se acerca dos cálculos apresentados pela executada, a parte exequente requereu a intimação da CEF para depositar o montante devido a título de honorários sucumbenciais, diferenças dos juros moratórios, bem como a cumprir a obrigação devida a Regina Célia dos Santos Francechini. 4. Às fls. 135/142, a executada requereu a juntada da relação dos créditos devidos a título de juros moratórios aos exequentes Gualberto Kiyohiko Mizoguchi e Ulisses Rodrigues Richa, bem como informou acerca do adimplemento da obrigação, relativa à credora Regina Célia dos Santos Francechini. 5. Sobreveio sentença de extinção da execução. 6. Prescreve o artigo 818 do Código de Processo Civil (art. 635 do CPC/1973), in verbis:"Art. 818. Realizada a prestação, o juiz ouvirá as partes no prazo de 10 (dez) dias e, não havendo impugnação, considerará satisfeita a obrigação ". 7. Da análise do dispositivo legal, verifica-se que a extinção da execução requer a prévia manifestação da parte credora, não podendo o magistrado extinguir a execução sem antes ofertar ao credor prazo para se manifestar acerca da satisfação integral ou não da obrigação pelo devedor. 8. No presente caso, tem-se que após a executada apresentar a relação do crédito remanescente devido aos exequentes Gualberto Kiyohiko Mizoguchi e Ulisses Rodrigues Richa, bem como informar acerca do cumprimento da obrigação devida a Regina Célia dos Santos Francechini, o MM juízo a quo proferiu sentença extinguindo a execução, sem, contudo, oportunizar à parte exequente prazo para impugnar os cálculos apresentados pela executada. 9. Dessa forma, é possível concluir que a extinção da execução nos termos supramencionados contrariou o disposto no artigo 818 do CPC, restando configurado o cerceamento o direito de defesa da parte exequente, fato que torna imperiosa a decretação de nulidade da r. sentença, devendo os autos retornar ao Juízo de origem para que seja ofertada à parte exequente o prazo legal para impugnar os cálculos apresentados pela executada. 10. Recurso de apelação provido. Sentença anulada. (TRF 3ª R.; AC 0033040-79.2003.4.03.6100; Quinta Turma; Rel. Des. Fed. Paulo Fontes; Julg. 25/10/2017; DEJF 08/11/2017)

Art. 819. Se o terceiro contratado não realizar a prestação no prazo ou se o fizer de modo incompleto ou defeituoso, poderá o exequente requerer ao juiz, no prazo de 15 (quinze) dias, que o autorize a concluí-la ou a repará-la à custa do contratante.

Parágrafo único. Ouvido o contratante no prazo de 15 (quinze) dias, o juiz mandará avaliar o custo das despesas necessárias e o condenará a pagá-lo.

Art. 820. Se o exequente quiser executar ou mandar executar, sob sua direção e vigilância, as obras e os trabalhos necessários à realização da prestação, terá preferência, em igualdade de condições de oferta, em relação ao terceiro.

Parágrafo único. O direito de preferência deverá ser exercido no prazo de 5 (cinco) dias, após aprovada a proposta do terceiro.

Art. 821. Na obrigação de fazer, quando se convencionar que o executado a satisfaça pessoalmente, o exequente poderá requerer ao juiz que lhe assine prazo para cumpri-la.

Parágrafo único. Havendo recusa ou mora do executado, sua obrigação pessoal será convertida em perdas e danos, caso em que se observará o procedimento de execução por quantia certa.

→ *v.* Art. 247 do CC/2002.

Seção III
Da Obrigação de Não Fazer

Art. 822. Se o executado praticou ato a cuja abstenção estava obrigado por lei ou por contrato, o exequente requererá ao juiz que assine prazo ao executado para desfazê-lo.

→ *v.* Art. 251 do CC/2002.

→ *v.* Enunciado 444 do FPPC: Para o processo de execução de título extrajudicial de obrigação de não fazer, não é necessário propor a ação de conhecimento para que o juiz possa aplicar as normas decorrentes dos arts. 536 e 537 do FPPC.

Art. 823. Havendo recusa ou mora do executado, o exequente requererá ao juiz que mande desfazer o ato à custa daquele, que responderá por perdas e danos.

Parágrafo único. Não sendo possível desfazer-se o ato, a obrigação resolve-se em perdas e danos, caso em que, após a liquidação, se observará o procedimento de execução por quantia certa.

→ *v.* Arts. 509 a 512 e 824 e seguintes do NCPC.

→ *v.* Enunciado 444 do FPPC: Para o processo de execução de título extrajudicial de obrigação de não fazer, não é necessário propor a ação de conhecimento para que o juiz possa aplicar as normas decorrentes dos arts. 536 e 537 do FPPC.

Capítulo IV
DA EXECUÇÃO POR QUANTIA CERTA

Seção I
Disposições Gerais

Art. 824. A execução por quantia certa realiza-se pela expropriação de bens do executado, ressalvadas as execuções especiais.

→ *v.* Arts. 31 a 38 do Dec.-lei 70/1966.

→ *v.* Lei 6.830/1980.

→ *v.* Arts. 789 a 791 e 910 a 913 do NCPC.

→ *v.* Enunciado 12 do FPPC: A aplicação das medidas atípicas sub-rogatórias e coercitivas é cabível em qualquer obrigação no cumprimento de sentença ou execução de título executivo extrajudicial. Essas medidas, contudo, serão aplicadas de forma subsidiária às medidas tipificadas, com observação do contraditório, ainda que diferido, e por meio de decisão à luz do art. 489, § 1º, I e II.

Execução por quantia e expropriação patrimonial

✓ PROCESSO CIVIL. FRAUDE À EXECUÇÃO. ALIENAÇÃO DE IMÓVEL APÓS A CIÊNCIA DA EXECUÇÃO FISCAL. 1. A execução tem por escopo a satisfação do crédito. 2. Não ocorrendo o pagamento espontâneo do débito ou o depósito do montante devido, serão penhorados bens do devedor suficientes a satisfação do crédito. 3. A expropriação ocorrerá nos termos do artigo 824 do CPC, podendo ser na alienação, na adjudicação ou na apropriação de frutos e rendimentos de empresa ou de estabelecimentos e de outros bens. 4. Para o cumprimento de suas obrigações, o devedor responde com todos os seus bens presentes e futuros. 5. O agravante já tinha ciência inequívoca da ação de execução quando houve a alienação do bem, pois havia, como bem asseverado pelo magistrado, apresentado exceção de incompetência anteriormente, configurando hipótese de fraude à execução. 6. Agravo de instrumento desprovido (TRF 3ª R.; AI 0021231-05.2016.4.03.0000; Quarta Turma; Relª Desª Fed. Marli Marques Ferreira; Julg. 06/09/2017; DEJF 28/09/2017)

✓ AGRAVO DE INSTRUMENTO. EXECUÇÃO FISCAL. PENHORA. DESBLOQUEIO. VEÍCULO COM MUITOS ANOS DE USO. INTERESSE DO CREDOR. 1. Viável a manutenção da penhora do veículo que possui baixo valor de mercado, estando a parte exequente ciente dos custos envolvidos para hasta pública, porquanto nos termos dos artigos 797 e 824 do Código de Processo Civil, a execução opera-se a favor do exequente, visando à satisfação do seu crédito. 2. Caso em que demonstrado o esgotamento das diligências cabíveis no sentido de identificar a existência de bens penhoráveis em quantidade suficiente à garantia integral da execução originária. 3. Agravo de instrumento provido. (TRF 4ª R.; AG 5030841-79.2016.404.0000; Terceira Turma; Rel. Des. Fed. Fernando Quadros da Silva; Julg. 27/09/2016; DEJF 29/09/2016)

Art. 825. A expropriação consiste em:

I – adjudicação;

→ v. Arts. 876 a 878 do NCPC.

II – alienação;

→ v. Arts. 879 a 903 do NCPC.

III – apropriação de frutos e rendimentos de empresa ou de estabelecimentos e de outros bens.

→ v. Arts. 867 a 869 do NCPC.

Art. 826. Antes de adjudicados ou alienados os bens, o executado pode, a todo tempo, remir a execução, pagando ou consignando a importância atualizada da dívida, acrescida de juros, custas e honorários advocatícios.

→ v. Arts. 304 e 305 do CC/2002.

→ v. Art. 19, I e II, da Lei 6.830/1980.

→ v. Arts. 902, 903 e 924, II do NCPC

Invalidade da remição após alienação com arrematação do bem

✓ O IMÓVEL ARREMATADO FOI ADQUIRIDO PELO EXECUTADO ANTERIORMENTE AO CASAMENTO ENTRE ESTE E A SUA ESPOSA, PRIMEIRA AGRAVANTE E, POR TAL RAZÃO, INTEGRA O SEU PATRIMÔNIO PARTICULAR. 2. Forçoso concluir, assim, que a primeira agravante não ostenta a qualidade de terceira juridicamente interessada para intervir no feito e, consequentemente, exercer o direito de recorrer. 3. Há certidão cartorária, em que se atestou a regular intimação do executado acerca da realização da penhora via Diário Oficial, nos termos do artigo 652, §4º, do Código de Processo Civil de 1973. 4. Ainda que se pudesse cogitar a nulidade da constrição judicial, por vício decorrente da ausência de intimação da esposa do executado, certo é que esta compareceu espontaneamente aos autos posteriormente e nada disse a respeito. Aplicação do artigo 278 do Código de Processo Civil. 5. A matéria atinente ao preço vil se encontra preclusa, uma vez que a parte, embora intimada, não impugnou tempestivamente a avaliação do imóvel. 6. Frise-se que, inobstante tenham sido adequadamente intimados de todos os atos processuais, o executado não apresentou embargos à execução, tampouco impugnação à penhora. 7. Consigna-se ser ineficaz perante o arrematante o acordo entabulado entre o exequente e o executado, já que posteriormente à arrematação, sendo certo que o artigo 826 do CPC disciplina que "antes de adjudicados ou alienados os bens, o executado pode, a todo tempo, remir a execução, pagando ou consignando a importância atualizada da dívida, acrescida de juros, custas e honorários advocatícios". 8. Uma vez assinado o auto de arrematação, o que já ocorreu, esta "será considerada perfeita, acabada e irretratável", ex vi do artigo 903 do Código de Processo Civil. 9. Não conhecimento do primeiro agravo de instrumento e desprovimento do segundo. (TJRJ; AI 0052847-81.2017.8.19.0000; Cabo Frio; Décima Quinta Câmara Cível; Rel. Des. Gilberto Clovis Farias Matos; DORJ 08/11/2017; Pág. 287)

✓ AGRAVO DE INSTRUMENTO. Execução de título extrajudicial. Pretensão à remição da dívida acolhida. Descabimento, uma vez dada após tornada aperfeiçoada a arrematação. Inteligência do artigo 826 do novo CPC. Acolhida de dita pretensão em primeiro grau insubsistente. Reforma de tal conclusão operada. RECURSO PARA ESSE FIM PROVIDO. (TJSP; AI 2119914-34.2017.8.26.0000; Ac. 10749145; São Paulo; Vigésima Terceira Câmara de Direito Privado; Rel. Des. Sebastião Flávio; Julg. 30/08/2017; DJESP 04/09/2017; Pág. 3121)

Seção II
Da Citação do Devedor e do Arresto

Art. 827. Ao despachar a inicial, o juiz fixará, de plano, os honorários advocatícios de dez por cento, a serem pagos pelo executado.

→ v. Art. 85 do NCPC.

§ 1º No caso de integral pagamento no prazo de 3 (três) dias, o valor dos honorários advocatícios será reduzido pela metade.

→ v. Enunciado 451 do FPPC: A regra decorrente do caput e do §1º do art. 827 aplica-se às execuções fundadas em título executivo extrajudicial de obrigação de fazer, não fazer e entrega de coisa.

§ 2º O valor dos honorários poderá ser elevado até vinte por cento, quando rejeitados os embargos à execução, podendo a majoração, caso não opostos os embargos, ocorrer ao final do procedimento executivo, levando-se em conta o trabalho realizado pelo advogado do exequente.

→ v. Enunciado 51 da ENFAM: A majoração de honorários advocatícios prevista no art. 827, § 2º, do CPC/2015 não é aplicável à impugnação ao cumprimento de sentença.

→ v. Enunciado 450 do FPPC: Aplica-se a regra decorrente do art. 827, § 2º, ao cumprimento de sentença.

Arbitramento de honorários ao despachar a inicial

✓ EXECUÇÃO DE TÍTULO EXTRAJUDICIAL. DETERMINAÇÃO DE CITAÇÃO DA EXECUTADA COM FIXAÇÃO DOS HONORÁRIOS ADVOCATÍCIOS NA QUANTIA EQUIVALENTE A DEZ POR CENTO DO VALOR DO DÉBITO. INCONFORMISMO DO EXEQUENTE QUE NÃO PROSPERA. Tratando-se de execução de título extrajudicial fundada em despesas condominiais inadimplidas, a verba honorária deve ser arbitrada pelo Juiz ao despachar a inicial, conforme previsto no art. 827 do CPC, o qual fala expressamente em 10%. Nega-se provimento ao agravo instrumental do Condomínio exequente. (TJSP; AI 2186813-14.2017.8.26.0000; Ac. 10938798; Campinas; Vigésima Sétima Câmara de Direito Privado; Rel. Des. Campos Petroni; Julg. 31/10/2017; DJESP 13/11/2017; Pág. 2818)

Redução à metade dos honorários

✓ DIREITO CIVIL. EXECUÇÃO DE ALIMENTOS. PAGAMENTO. EXTINÇÃO. HONORÁRIOS ADVOCATÍCIOS IMPOSTOS AO EXECUTADO. BASE DE CÁLCULO. VALOR DO DÉBITO EXECUTADO POR ENCERRAR O PROVEITO ECONÔMICO OBTIDO (CPC, ARTS. 85, § 2º, 523, § 1º, E 827). INCIDÊNCIA DO NOVO ESTATUTO PROCESSUAL. SENTENÇA EDITADA SOB SUA VIGÊNCIA. EFICÁCIA IMEDIATA. LEI PROCESSUAL. ISOLAMENTO DOS ATOS PROCESSUAIS (CPC, ART. 1.046). ELISÃO DA PRESCRIÇÃO. IMPOSSIBILIDADE. NATUREZA HÍBRIDA DOS HONORÁRIOS. IRRELEVÂNCIA PARA FINS DE APLICAÇÃO DA NOVEL LEGISLAÇÃO. APELAÇÃO. PROVIMENTO. HONORÁRIOS RECURSAIS. FIXAÇÃO. 1. Editada a sentença sob a égide da nova codificação, está sujeita às inflexões estabelecidas pelo novo Estatuto Processual, pois a Lei Processual, como cediço, tem eficácia imediata, alcançando os processos em curso, resguardando apenas os atos já praticados, consoante a teoria do isolamento dos atos processuais que expressamente incorporara como expressão do princípio tempus regit actum, resultando que a fixação dos honorários advocatícios deve ser pautada pelo estabelecido pela nova legislação processual por ter o provimento emergido sob sua vigência (CPC, art. 1.046). 2. Sob a égide do novo Estatuto Processual, a verba honorária sucumbencial deve ser fixada com parâmetro no valor da condenação, do proveito econômico obtido ou do valor da causa, observada essa gradação e as premissas alinhadas destinadas a viabilizar apreciação equitativa dos serviços desenvolvidos pelo advogado, salvo se o valor da causa for inestimável, irrisório o proveito econômico ou muito baixo o valor da causa (CPC, art. 85, § 2º). 3. Em sede de execução ou cumprimento de sentença, a verba honorária devida ao patrono do credor necessariamente deve ser mensurada com base no valor do débito exequendo ou executado, por encerrar e traduzir o proveito econômico almejado ou já alcançado, não se afigurando viável que, ignorada a regulação processual, seja mensurado com base no valor da causa, notadamente quando, diante da natureza da prestação, legitimara a incorporação de parcelas vencidas no trânsito do executivo (CPC, arts. 85, § 2º, 523, §1º e 827). 4. Editada a sentença e aviado o apelo sob a égide da nova codificação civil, o provimento do recurso implica a majoração dos honorários advocatícios originalmente imputados à parte recorrida, porquanto o novo Estatuto Processual contemplara o instituto dos honorários recursais, devendo a majoração ser levada a efeito mediante ponderação dos serviços executados na fase recursal pelos patronos da parte exitosa e guardar observância à limitação da verba honorária estabelecida para a fase de conhecimento (NCPC, arts. 85, §§ 2º e 11). 5. Apelação conhecida e provida. Sentença reformada parcialmente. Unânime. (TJDF; APC 2010.01.1.212247-0; Ac. 105.7201; Primeira Turma Cível; Rel. Des. Teófilo Caetano; Julg. 25/10/2017; DJDFTE 06/11/2017)

Majoração de honorários em Execução Fiscal

✓ AGRAVO DE INSTRUMENTO. DIREITO TRIBUTÁRIO. EXECUÇÃO FISCAL. HONORÁRIOS ADVOCATÍCIOS PARA PRONTO PAGAMENTO. VALOR. MAJORAÇÃO. ART. 827, DO CPC/2015. Majoração do valor em que arbitrados os honorários advocatícios para o caso de pronto pagamento ou não apresentação de embargos, em atenção ao art. 827, do CPC/15. Recurso provido. Decisão monocrática. (TJRS; AI 0325872-41.2017.8.21.7000; Sapucaia do Sul; Vigésima Segunda Câmara Cível; Relª Desª Denise Oliveira Cezar; Julg. 27/10/2017; DJERS 08/11/2017)

Aplicação do art. 827, § 2º, do CPC, no cumprimento de sentença

✓ DIREITO PROCESSUAL CIVIL. IMPUGNAÇÃO AO CUMPRIMENTO DE SENTENÇA. INEXIGIBILIDADE DO TÍTULO JUDICIAL EXECUTADO. MATÉRIA APRECIADA ANTERIORMENTE EM EXCEÇÃO DE PRÉ-EXECUTIVIDADE. PRECLUSÃO PRO JUDICATO. IMPOSSIBILIDADE DE REEXAME DO TEMA. SENTENÇA ANULADA. APLICAÇÃO DA TEORIA DA CAUSA MADURA. REJEIÇÃO DA IMPUGNAÇÃO AO CUMPRIMENTO DE SENTENÇA. IMPEDIMENTO DE ENFRENTAMENTO DO MÉRITO. PRECLUSÃO. HONORÁRIOS SUCUMBENCIAIS EM FAVOR DA APELANTE/IMPUGNADA. MAJORAÇÃO DOS HONORÁRIOS RECURSAIS. I. A matéria suscitada na presente impugnação ao cumprimento de sentença, qual seja a inexigibilidade do título judicial executado, já foi examinada pelo magistrado de origem na decisão proferida em anterior exceção de pré-executividade oposta pela instituição financeira apelada. II. Não sendo caso de correção de inexatidões ou erros materiais, é vedado ao magistrado reapreciar matéria já decidida, que resta protegida pela preclusão, conforme interpretação conjunta dos arts. 507 e 494 do CPC/2015. III. O art. 1013, § 3º, I, do CPC/2015, reprodutor da teoria da causa madura, impõe o exame da impugnação ao cumprimento de sentença. Impossível, contudo, enfrentar o mérito da impugnação em razão da preclusão da matéria, porquanto examinada em decisão anteriormente proferida nos autos. IV. Na rejeição da impugnação ao cumprimento de sentença, os honorários de sucumbência devem ser fixados em analogia ao art. 827, § 2º, do CPC/2015, referente aos embargos à execução. V. Por conta do provimento do recurso e, levando em consideração o trabalho adicional efetuado pelo causídico da apelante, é impositivo o estabelecimento de honorários recursais, em conformidade com o art. 85, § 11, do CPC/2015. VI Apelação conhecida e provida para anular a sentença apelada, e, subsequentemente, em aplicação do art. 1013, § 3º, I, do CPC/2015, rejeitar a impugnação ao cumprimento de sentença ofertada pela apelada. (TJAM; APL 0211885-56.2011.8.04.0001; Terceira Câmara Cível; Rel. Des. João de Jesus Abdala Simões; DJAM 07/11/2017; Pág. 14)

Art. 828. O exequente poderá obter certidão de que a execução foi admitida pelo juiz, com identificação das partes e do valor da causa, para fins de averbação no registro de imóveis, de veículos ou de outros bens sujeitos a penhora, arresto ou indisponibilidade.

→ *v.* Arts. 54, 56 e 57 da Lei 13.097/2015.

→ *v.* Arts. 792, II e III, 799, IX e 844 do NCPC.

→ *v.* Enunciado 130 do FPPC: A obtenção da certidão prevista no art. 828 independe de decisão judicial.

→ *v.* Enunciado 529 do FPPC: As averbações previstas nos arts. 799, IX e 828 são aplicáveis ao cumprimento de sentença.

→ *v.* Enunciado 539 do FPPC: A certidão a que se refere o art. 828 não impede a obtenção e a averbação de certidão da propositura da execução (art. 799).

§ 1º No prazo de 10 (dez) dias de sua concretização, o exequente deverá comunicar ao juízo as averbações efetivadas.

§ 2º Formalizada penhora sobre bens suficientes para cobrir o valor da dívida, o exequente providenciará, no prazo de 10 (dez) dias, o cancelamento das averbações relativas àqueles não penhorados.

§ 3º O juiz determinará o cancelamento das averbações, de ofício ou a requerimento, caso o exequente não o faça no prazo.

§ 4º Presume-se em fraude à execução a alienação ou a oneração de bens efetuada após a averbação.

→ *v.* Art. 792, II do NCPC.

§ 5º O exequente que promover averbação manifestamente indevida ou não cancelar as averbações nos termos do § 2º indenizará a parte contrária, processando-se o incidente em autos apartados.

Averbação como faculdade do exequente

✓ AGRAVO DE INSTRUMENTO. AÇÃO DE EXECUÇÃO. TÍTULO EXTRAJUDICIAL. ART. 828 DO CPC/15. AVERBAÇÃO DA EXECUÇÃO. CANCELAMENTO. IMPOSSIBILIDADE. RECURSO NÃO PROVIDO. 1) Nos termos do art. 828 do CPC/15, o exequente poderá obter certidão de que a execução foi admitida pelo juiz, com identificação das partes e do valor da causa, para fins de averbação no registro de imóveis, de veículos ou de outros bens sujeitos a penhora, arresto ou indisponibilidade. 2) O objetivo precípuo da averbação é dar publicidade a terceiros e ao executado da existência da ação executiva que poderá acarretar fraude à execução no caso de alienação ou oneração do bem. 3) Verificada a existência de outras restrições junto aos registros dos veículos, não há que se falar em prejuízo na manutenção da averbação da execução. (TJMG; AI 1.0079.15.007324-9/001; Rel. Des. Marcos Lincoln; Julg. 11/10/2017; DJEMG 17/10/2017)

Impossibilidade de averbações excessivas

✓ AGRAVO DE INSTRUMENTO. AÇÃO DE EXECUÇÃO. ARTIGO 828 DO CPC/15. AVERBAÇÕES PREMONITÓRIAS EXCESSIVAS. A parte exequente tem a faculdade processual de realizar averbações premonitórias nos imóveis e móveis da parte executada, de modo a dar ampla publicidade acerca da ação executiva proposta. A averbação premonitória detém natureza jurídica eminentemente informativa, contudo, quando realizada de forma excessiva, configura-se abuso de direito, de modo a garantir a parte lesada tutela jurisdicional, a fim de se afastar o ato considerado desarrazoado, devendo tal permissão legal ser reduzida ao valor do crédito pleiteado. (TJMG; AI 1.0035.17.004013-9/001; Rel. Des. Newton Teixeira Carvalho; Julg. 26/10/2017; DJEMG 10/11/2017)

Presunção de ocorrência de fraude à execução

✓ EXECUÇÃO. CÉDULA DE CRÉDITO BANCÁRIO. Insurgência do exequente contra decisão que postergou a apreciação do pedido de reconhecimento de fraude à execução à avaliação dos bens penhorados nos autos. Fraude à execução. Oneração de bens após o ajuizamento da execução. Inteligência dos artigos 593 e 615-A, § 3º do Código de Processo Civil de 1973, atuais artigos 792 e 828, § 4º, do Código de Processo Civil de 2015. Presunção de ocorrência de fraude à execução caracterizada. RECURSO PROVIDO. (TJSP; AI 2091277-44.2015.8.26.0000; Ac. 10928507; São Paulo; Décima Primeira Câmara de Direito Privado; Rel. Des. Renato Rangel Desinano; Julg. 26/10/2017; rep. DJESP 08/11/2017; Pág. 2024)

✓ APELAÇÃO CÍVEL. DIREITO PRIVADO NÃO ESPECIFICADO. EMBARGOS DE TERCEIRO. FRAUDE À EXECUÇÃO. CARACTERIZAÇÃO. REQUISITOS. O reconhecimento da fraude à execução requisita prévia averbação da notícia da execução, registro da penhora anterior à alienação ou prova de ausência da boa-fé do adquirente que sem aquelas providências é presumida. Súmula n. 375/09 do e. STJ e art. 828 do CPC/15. – Circunstância dos autos em que se impõe desconstituir o gravame. Recurso provido. (TJRS; AC 0301203-21.2017.8.21.7000; Ibirubá; Décima Oitava Câmara Cível; Rel. Des. João Moreno Pomar; Julg. 24/10/2017; DJERS 31/10/2017)

Alienação anterior à averbação - inocorrência da má-fé e fraude à execução

✓ EXECUÇÃO. INEXISTÊNCIA DE REGISTRO DE PENHORA OU ATO DE AVERBAÇÃO. AQUISIÇÃO DE BOA-FÉ. A aquisição do bem anteriormente a qualquer ato de averbação no registro de imóveis, não recaindo sobre o mesmo qualquer restrição judicial, é fator impeditivo para o reconhecimento de fraude à execução. Aplicação dos arts. 799, inciso IX, e art. 828, § 4º, do novo CPC, além do entendimento consubstanciado na Súmula nº 375 do STJ. Agravo de Petição não provido. (TRT 2ª R.; AP 0166200-60.2008.5.02.0058; Ac. 2017/0467605; Décima Quarta Turma; Relª Desª Fed. Andréia Paola Nicolau Serpa; DJESP 02/08/2017)

Art. 829. O executado será citado para pagar a dívida no prazo de 3 (três) dias, contado da citação.

§ 1º Do mandado de citação constarão, também, a ordem de penhora e a avaliação a serem cumpridas pelo oficial de justiça tão logo verificado o não pagamento no prazo assinalado, de tudo lavrando-se auto, com intimação do executado.

§ 2º A penhora recairá sobre os bens indicados pelo exequente, salvo se outros forem indicados pelo executado e aceitos pelo juiz, mediante demonstração de que a constrição proposta lhe será menos onerosa e não trará prejuízo ao exequente.

→ *v.* Arts. 798, II, **c**, 805 e 847 do NCPC.

Citação por mandado na execução de título extrajudicial

✓ AGRAVO DE INSRUMENTO. EXECUÇÃO DE TÍTULO EXTRAJUCIAL. CITAÇÃO PELO CORREIO. AR ASSINADO POR PESSOA ESTRANHA AO PROCESSO. 1. Execução por quantia certa que dispõe de regramento específico para a citação. Artigo 829, §, do CPC. Citação por mandado. RECURSO IMPROVIDO. (TJSP; AI 2118884-61.2017.8.26.0000; Ac. 10871236; Jaguariúna; Trigésima Câmara de Direito Privado; Relª Desª Maria Lúcia Pizzotti; Julg. 04/10/2017; DJESP 17/10/2017; Pág. 2104)

✓ AGRAVO DE INSTRUMENTO. EXECUÇÃO FUNDADA EM TÍTULO EXTRAJUDICIAL. CITAÇÃO. Insurgência do exequente contra a decisão que indeferiu o pedido de citação pelo correio dos executados. O art. 247 do novo CPC não incluiu a execução nas hipóteses de exceção da citação por via postal, mas manteve previsão específica de expedição de mandado de citação para a execução, pressupondo que tal ato deverá ser praticado por oficial de justiça. Citação por oficial de justiça que atende ao interesse do credor e aos princípios de celeridade e economia processual, porquanto permite concentrar, em sequência, os atos de citação, penhora e avaliação de bens do devedor. Art. 829, § 1º, do novo CPC. Precedentes do TJ-SP. Decisão mantida. Recurso improvido. (TJSP; AI 2170379-47.2017.8.26.0000; Ac. 10834544; Jundiaí; Vigésima Quarta Câmara de Direito Privado; Rel. Des. Plinio Novaes de Andrade Júnior; Julg. 21/09/2017; rep. DJESP 04/10/2017; Pág. 2094)

Preferência da penhora em dinheiro

✓ AGRAVO DE INSTRUMENTO. RESCISÃO CONTRATUAL C.C. RESTITUIÇÃO DE PARCELAS. Etapa de cumprimento de sentença. Penhora no rosto dos autos de créditos em favor da executada. Impugnação à execução rejeitada. Manutenção. Inteligência do disposto nos artigos 835, I e 829, § 2º, do Código de Processo Civil. Ordem legal de penhora. Preferência do dinheiro. Créditos que equivalem a dinheiro. Decisão mantida. Recurso não provido. (TJSP; AI 2178552-60.2017.8.26.0000; Ac. 10947816; Barueri; Quinta Câmara de Direito Privado; Rel. Des. Erickson Gavazza Marques; Julg. 18/10/2017; DJESP 14/11/2017; Pág. 2109)

Art. 830. Se o oficial de justiça não encontrar o executado, arrestar-lhe-á tantos bens quantos bastem para garantir a execução.

§ 1º Nos 10 (dez) dias seguintes à efetivação do arresto, o oficial de justiça procurará o executado 2 (duas) vezes em dias distintos e, havendo suspeita de ocultação, realizará a citação com hora certa, certificando pormenorizadamente o ocorrido.

→ *v.* Arts. 252 a 254 do NCPC.

§ 2º Incumbe ao exequente requerer a citação por edital, uma vez frustradas a pessoal e a com hora certa.

→ *v.* Súmula 196 do STJ.

→ *v.* Arts. 256 a 258 do NCPC.

§ 3º Aperfeiçoada a citação e transcorrido o prazo de pagamento, o arresto converter-se-á em penhora, independentemente de termo.

Possibilidade do arresto de bens caso o executado não seja encontrado

✓ 1. O ARRESTO EXECUTIVO (OU PRÉ-PENHORA) ENCONTRA PREVISÃO NO ARTIGO 830 DO CÓDIGO DE PROCESSO CIVIL DE 2015 E EXIGE, PARA O DEFERIMENTO DA MEDIDA, APENAS QUE A CITAÇÃO DO EXECUTADO TENHA SIDO FRUSTRADA. 2. In casu, depreende-se dos autos originários que a citação do agravado foi tentada em dois endereços, sendo que um deles era o que constava no Contrato de Mútuo firmado entre as partes e que lastreia a execução originária. 3. Assim, revela-se desnecessário o exaurimento dos meios de localizar o devedor para o deferimento da medida, primeiro porque a citação foi diligenciada no endereço fornecido, originalmente, ao Banco, sem que sua mudança posterior houvesse lhe sido comunicada; segundo, porque a tentativa de comunicação também foi infrutífera em outro endereço. 4. Provimento do recurso. (TJRJ; AI 0045184-81.2017.8.19.0000; Rio de Janeiro; Décima Quinta Câmara Cível; Relª Desª Maria Regina Fonseca Nova Alves; DORJ 13/11/2017; Pág. 248)

Seção III

Da Penhora, do Depósito e da Avaliação

Subseção I

Do Objeto da Penhora

Art. 831. A penhora deverá recair sobre tantos bens quantos bastem para o pagamento do principal atualizado, dos juros, das custas e dos honorários advocatícios.

→ *v.* Súmula 560 do STJ.
→ *v.* Súmula 44 do TFR.
→ *v.* Arts. 212, § 2º, 838 e 921, III, do NCPC.

Art. 832. Não estão sujeitos à execução os bens que a lei considera impenhoráveis ou inalienáveis.

→ *v.* Súmulas 205, 449, e 486 e 549 do STJ.
→ *v.* Arts. 1.711 a 1.722 do CC/2002.
→ *v.* Lei 8.009/1990 – Dispõe sobre a impenhorabilidade do bem de família.

Art. 833. São impenhoráveis:

→ *v.* Súmulas 205, e 364 e 549 do STJ.
→ *v.* Art. 69 do Dec.-lei 167/1967.
→ *v.* Art. 57 do Dec.-lei 413/1969.
→ *v.* Art. 5º, parágrafo único, do Dec.-lei 911/1969.
→ *v.* Art. 10 da Lei 6.830/1980.
→ *v.* Art. 108, § 4º da Lei 11.101/2005.
→ *v.* Lei 4.673/1965 – Aplica aos bens penhorados em execuções fiscais as normas de impenhorabilidade do art. 942 do Código do Processo Civil.

I – os bens inalienáveis e os declarados, por ato voluntário, não sujeitos à execução;

→ *v.* Art. 1.911 do CC/2002.

II – os móveis, os pertences e as utilidades domésticas que guarnecem a residência do executado, salvo os de elevado valor ou os que ultrapassem as necessidades comuns correspondentes a um médio padrão de vida;

III – os vestuários, bem como os pertences de uso pessoal do executado, salvo se de elevado valor;

IV – os vencimentos, os subsídios, os soldos, os salários, as remunerações, os proventos de aposentadoria, as pensões, os pecúlios e os montepios, bem como as quantias recebidas por liberalidade de terceiro e destinadas ao sustento do devedor e de sua família, os ganhos de trabalhador autônomo e os honorários de profissional liberal, ressalvado o § 2º;

→ *v.* Art. 114 da Lei 8.213/1991.

Em regra o STJ não permite a penhora de salário, salvo no caso de alimentos

✓ ADMINISTRATIVO. DESCONTO DE SALÁRIO. IMPENHORABILIDADE. ACÓRDÃO EM CONSONÂNCIA COM A JURISPRUDÊNCIA DESTA CORTE. I – A decisão recorrida foi publicada sob a égide da legislação processual civil anterior. Por isso, em relação ao cabimento, processamento e pressupostos de admissibilidade dos recursos, observam-se as regras do Código de Processo Civil de 1973, diante do fenômeno da ultratividade e do Enunciado Administrativo n. 2 do Superior Tribunal de Justiça. II – O acórdão recorrido está em consonância com o entendimento firmado nesta Corte Superior, segundo o qual o salário, soldo ou remuneração são impenhoráveis, nos termos do art. 649, IV, do CPC/1973 (com correspondência no artigo 833, inciso IV, do CPC/2015), regra que encontra exceção apenas na penhora para pagamento de prestação alimentícia. Nesse sentido: REsp 1608738/MS, Rel. Ministro HERMAN BENJAMIN, SEGUNDA TURMA, julgado em 16/02/2017, DJe de 07/03/2017; AgRg no AREsp 792.337/MS, Rel. Ministra REGINA HELENA COSTA, PRIMEIRA

TURMA, julgado em 21/02/2017, DJe 06/03/2017; AgRg no REsp 1497214/DF, Rel. Ministro MOURA RIBEIRO, TERCEIRA TURMA, julgado em 26/04/2016, DJe 09/05/2016; STJ, AgRg no REsp 1373174/RO, Rel. Ministro HERMAN BENJAMIN, SEGUNDA TURMA, DJe de 16/09/2013. III - Agravo interno improvido. (AgInt no REsp 1674886/RJ, Rel. Ministro FRANCISCO FALCÃO, SEGUNDA TURMA, julgado em 06/03/2018, DJe 12/03/2018)

Mas, em casos excepcionais, admite-se a penhora de salário para pagamento de outras dívidas:

✓ DIREITO PROCESSUAL CIVIL. RECURSO ESPECIAL. AÇÃO DE EXECUÇÃO DE TÍTULO EXECUTIVO EXTRAJUDICIAL. PENHORA DE PERCENTUAL DE SALÁRIO. RELATIVIZAÇÃO DA REGRA DE IMPENHORABILIDADE. POSSIBILIDADE. 1. Ação ajuizada em 25/05/2015. Recurso especial concluso ao gabinete em 25/08/2016. Julgamento: CPC/73. 2. O propósito recursal é definir se, na hipótese, é possível a penhora de 30% (trinta por cento) do salário do recorrente para o pagamento de dívida de natureza não alimentar. 3. Em situações excepcionais, admite-se a relativização da regra de impenhorabilidade das verbas salariais prevista no art. 649, IV, do CPC/73, a fim de alcançar parte da remuneração do devedor para a satisfação do crédito não alimentar, preservando-se o suficiente para garantir a sua subsistência digna e a de sua família. Precedentes. 4. Na espécie, em tendo a Corte local expressamente reconhecido que a constrição de percentual de salário do recorrente não comprometeria a sua subsistência digna, inviável mostra-se a alteração do julgado, uma vez que, para tal mister, seria necessário o revolvimento do conjunto fático-probatório dos autos, inviável a esta Corte em virtude do óbice da Súmula 7/STJ. 5. Recurso especial conhecido e não provido. (REsp 1658069/GO, Rel. Ministra NANCY ANDRIGHI, TERCEIRA TURMA, julgado em 14/11/2017, DJe 20/11/2017)

V – os livros, as máquinas, as ferramentas, os utensílios, os instrumentos ou outros bens móveis necessários ou úteis ao exercício da profissão do executado;

→ *v.* Súmula 451 do STJ.

→ *v.* Art. 5º, parágrafo único, do Dec.-lei 911/1969.

VI – o seguro de vida;

VII – os materiais necessários para obras em andamento, salvo se essas forem penhoradas;

VIII – a pequena propriedade rural, assim definida em lei, desde que trabalhada pela família;

→ *v.* Art. 5º, XXVI, da CF/1988.

→ *v.* Art. 4º, § 2º da Lei 8.009/1990.

IX – os recursos públicos recebidos por instituições privadas para aplicação compulsória em educação, saúde ou assistência social;

X – a quantia depositada em caderneta de poupança, até o limite de 40 (quarenta) salários mínimos;

XI – os recursos públicos do fundo partidário recebidos por partido político, nos termos da lei;

→ *v.* Arts. 38 a 44 da Lei 9.096/1995.

→ *v.* Art. 854, § 9º do NCPC.

XII – os créditos oriundos de alienação de unidades imobiliárias, sob regime de incorporação imobiliária, vinculados à execução da obra.

→ *v.* Art. 28 e seguintes da Lei 4.591/1964.

§ 1º A impenhorabilidade não é oponível à execução de dívida relativa ao próprio bem, inclusive àquela contraída para sua aquisição.

§ 2º O disposto nos incisos IV e X do *caput* não se aplica à hipótese de penhora para pagamento de prestação alimentícia, independentemente de sua origem, bem como às importâncias excedentes a 50 (cinquenta) salários mínimos mensais, devendo a constrição observar o disposto no art. 528, § 8º, e no art. 529, § 3º.

→ *v.* Arts. 911 a 913 do NCPC.

→ *v.* Enunciado 105 do CJF: As hipóteses de penhora do art. 833, § 2º, do CPC aplicam-se ao cumprimento da sentença ou à execução do título extrajudicial relativo a honorários advocatícios, em razão de sua natureza alimentar.

§ 3º Incluem-se na impenhorabilidade prevista no inciso V do *caput* os equipamentos, os implementos e as máquinas agrícolas pertencentes a pessoa física ou a empresa individual produtora rural, exceto quando tais bens tenham sido objeto de financiamento e estejam vinculados em garantia a negócio jurídico ou quando respondam por dívida de natureza alimentar, trabalhista ou previdenciária.

Impenhorabilidade dos vencimentos, salvo § 2º

✓ AGRAVO DE INSTRUMENTO. SUBSÍDIO. PENHORA NO PERCENTUAL DE 30%. IMPOSSIBILIDADE. APLICAÇÃO DO ART. 833, INCISO IV/CPC. 1. Consoante art. 832 do CPC, não estão sujeitos à execução os bens que a Lei considera impenhoráveis, dentre eles, os vencimentos, subsídios, soldos, salários, remunerações, proventos de aposentadoria, pensões, pecúlios e montepios nos termos descritos no art. 833, IV, do Código de Ritos. 2. O direito amparado pelo Código de Processo Civil, que manteve o mesmo sentido do Diploma de Ritos anterior, não pode ser mitigado em face de interpretações diversas pelo Poder Judiciário, razão pela qual é descabida a penhora parcial do subsídio da parte agravada, mesmo que no importe de 30%. 3. Agravo conhecido e não provido. (TJDF; Proc 0711.66.9.472017-8070000; Ac. 105.8024; Terceira Turma Cível; Rel. Des. Gilberto Pereira de Oliveira; Julg. 08/11/2017; DJDFTE 17/11/2017)

✓ AGRAVO DE INSTRUMENTO. AÇÃO DE EXECUÇÃO. IMPENHORABILIDADE DOS RENDIMENTOS SALARIAL DA AGRAVANTE. O bloqueio dos rendimentos salariais da Agravada, destinados ao seu sustento e da sua família, afronta o disposto no art. 833, inc. IV, do Novo Código de Processo Civil e fere o princípio da dignidade da pessoa humana. Precedentes do STJ e desta Câmara. DECISÃO MANTIDA. RECURSO IMPROVIDO. (TJSP; AI 2189018-16.2017.8.26.0000; Ac. 10988418; São Paulo; Trigésima Oitava Câmara de Direito Privado; Rel. Des. Eduardo Siqueira; Julg. 21/11/2017; DJESP 24/11/2017; Pág. 2438)

✓ AGRAVO DE INSTRUMENTO. PENHORA. BACENJUD. CONTA SALÁRIO. IMPENHORABILIDADE ABSOLUTA. ARTIGO 833, IV, DO CÓDIGO DE PROCESSO CIVIL. DECISÃO MANTIDA 1. O art. 833, IV e §2º do Código de Processo Civil dispõe sobre a impenhorabilidade do salário, só reputando válida a penhora quando as quantias excederem a 50 salários-mínimos mensais e para satisfazer débito referente à prestação alimentícia. 2. O Superior Tribunal de Justiça decidiu, pela sistemática dos recursos repetitivos, no julgamento do RESP nº 1184765/PA, pela impenhorabilidade das verbas salariais. 3. A impenhorabilidade absoluta tem por objetivo a Dignidade da Pessoa Humana e a Proteção Legal do Salário, motivo pelo qual não é devida a penhora de 30% da aposentadoria da agravada. 4. Agravo de instrumento conhecido e desprovido. (TJDF; Proc 0709.46.7.972017-8070000; Ac. 105.7230; Oitava Turma Cível; Rel. Desig. Des. Eustáquio de Castro; Julg. 27/10/2017; DJDFTE 21/11/2017)

✓ AGRAVO DE INSTRUMENTO. PENHORA ON LINE. DINHEIRO. PREFERÊNCIA. CONTA SALÁRIO. ÔNUS DO DEVEDOR. 1. A penhora on-line é medida constritiva, disciplinada pelo art. 834 do novo código de processo civil, e admitida desde que não recaia sobre qualquer das hipóteses do inciso IV do art. 833 daquele citado diploma. 2. Incumbe ao executado demonstrar, de forma inequívoca, que a conta, na qual ocorreu o bloqueio determinado pelo juízo, se destina, exclusivamente, para pagamento de salário. Recurso conhecido e provido. (TJGO; AI 0236944-35.2016.8.09.0000; Goiânia; Segunda Câmara Cível; Rel. Des. Amaral Wilson de Oliveira; DJGO 09/09/2016; Pág. 117)

<u>Aplicabilidade do § 2º quando se tratar de verba alimentar</u>

✓ AGRAVO INTERNO NO AGRAVO EM RECURSO ESPECIAL. PROCESSUAL CIVIL. VERBAS SALARIAIS. PENHORABILIDADE. PAGAMENTO DE HONORÁRIOS. VERBA ALIMENTAR. PRECEDENTES. RECURSO NÃO PROVIDO. 1. A jurisprudência desta corte superior consolidou o entendimento no sentido de que o caráter absoluto da impenhorabilidade dos vencimentos, soldos e salários (dentre outras verbas destinadas à remuneração do trabalho) é excepcionado pelo § 2º do art. 649 do CPC de 1973 (atual art. 833, § 2º, do CPC de 2015), quando se tratar de penhora para pagamento de prestações alimentícias. 2. Os honorários advocatícios, contratuais ou sucumbenciais, têm natureza alimentícia. Precedentes 3. Agravo interno a que se nega provimento. (STJ; AgInt-AREsp 1.107.619; Proc. 2017/0121432-5; PR; Quarta Turma; Rel. Min. Luis Felipe Salomão; DJE 22/11/2017)

<u>Penhorabilidade de valores em previdência privada</u>

✓ AGRAVO DE INSTRUMENTO. Ação de execução. Decisão que indeferiu o pedido de expedição de ofício para obtenção de informações acerca da existência de planos de previdência privada em nome dos executados, sob o fundamento de que se trata de verba de caráter alimentar nos termos do art. 833, IV, do Código de Processo Civil de 2015. Insurgência. Admissibilidade. Planos de Previdência privada que inequivocamente não possuem caráter alimentar. Possibilidade de deferimento da expedição de ofício para localização e penhora de eventuais ativos financeiros, sem prejuízo de alegação e demonstração de impenhorabilidade pelos executados. Decisão reformada. Recurso parcialmente provido. (TJSP; AI 2162508-63.2017.8.26.0000; Ac. 10983493; Assis; Décima Oitava Câmara de Direito Privado; Rel. Des. Helio Faria; Julg. 14/11/2017; DJESP 23/11/2017; Pág. 2025)

<u>Impenhorabilidade de bens necessários ao exercício de profissão do executado</u>

✓ AGRAVO DE INSTRUMENTO. EXECUÇÃO FISCAL. PENHORA. VEÍCULO. IMPENHORABILIDADE. MICROEMPRESA OU EMPRESA DE PEQUENO PORTE. COMPROVAÇÃO. A impenhorabilidade prevista no artigo 833, V, do CPC se estende às microempresas e empresas de pequeno porte, desde que comprovada a imprescindibilidade do bem. (TRF 4ª R.; AG 5049035-93.2017.4.04.0000; Quarta Turma; Rel. Des. Fed. Luís Alberto Dazevedo Aurvalle; Julg. 22/11/2017; DEJF 24/11/2017)

<u>Impenhorabilidade de quantia poupada até o limite de 40 (quarenta salários-mínimos)</u>

✓ CONTRATOS BANCÁRIOS. EXECUÇÃO DE TÍTULO EXTRAJUDICIAL. VALORES BLOQUEADOS. BACENJUD. IMPENHORABILIDADE. ART. 833, X, DO CPC. POUPANÇA. 1. É impenhorável a quantia de até quarenta salários mínimos poupada, seja ela mantida em papel moeda, conta corrente ou aplicada em caderneta de poupança propriamente dita, CDB, RDB ou em fundo de investimentos, desde que a única reserva monetária em nome do recorrente, e ressalvado eventual abuso, má-fé ou fraude, a ser verificado caso a caso, de acordo com as circunstâncias do caso concreto. 2. No caso dos autos, a própria consulta ao sistema BACENJUD dá conta de que a parte executada não possui outras reservas de valores, além daquelas existentes nas contas bloqueada (R$ 40.975,64) e também não restou demonstrado que está de má-fé, razão pela qual deve ser provido o agravo de instrumento para determinar o levantamento da totalidade dos valores bloqueados. (TRF 4ª R.; AG 5046711-33.2017.4.04.0000; Terceira Turma; Relª Desª Fed. Marga Inge Barth Tessler; Julg. 21/11/2017; DEJF 24/11/2017)

Art. 834. Podem ser penhorados, à falta de outros bens, os frutos e os rendimentos dos bens inalienáveis.

Art. 835. A penhora observará, preferencialmente, a seguinte ordem:

→ *v.* Súmula 560 do STJ.

→ *v.* Art. 11 da Lei 6.830/1980.

I – dinheiro, em espécie ou em depósito ou aplicação em instituição financeira;

→ *v.* Súmulas 328 e 417 do STJ.

→ *v.* Art. 854 do NCPC.

II – títulos da dívida pública da União, dos Estados e do Distrito Federal com cotação em mercado;

III – títulos e valores mobiliários com cotação em mercado;

IV – veículos de via terrestre;

V – bens imóveis;

→ *v.* Arts. 79 a 81 do CC/2002.

VI – bens móveis em geral;

→ *v.* Arts. 82 a 84 do CC/2002.

VII – semoventes;

→ *v.* Art. 862 do NCPC.

VIII – navios e aeronaves;

→ *v.* Art. 155 da Lei 7.565/1986.

→ *v.* Art. 864 do NCPC.

IX – ações e quotas de sociedades simples e empresárias;

→ *v.* Art. 860 do NCPC.

→ *v.* Súmula 451 do STJ.

X – percentual do faturamento de empresa devedora;

→ *v.* Art. 866 do NCPC.

XI – pedras e metais preciosos;

→ *v.* Art. 840, § 3º do NCPC.

XII – direitos aquisitivos derivados de promessa de compra e venda e de alienação fiduciária em garantia;

XIII – outros direitos.

→ *v.* Arts. 855 a 860 e 867 a 869 do NCPC.

§ 1º É prioritária a penhora em dinheiro, podendo o juiz, nas demais hipóteses, alterar a ordem prevista no caput de acordo com as circunstâncias do caso concreto.

→ *v.* Súmula 417 do STJ.

§ 2º Para fins de substituição da penhora, equiparam-se a dinheiro a fiança bancária e o seguro garantia judicial, desde que em valor não inferior ao do débito constante da inicial, acrescido de trinta por cento.

→ *v.* Art. 9º, II e § 3º, da Lei 6.830/1980.

→ *v.* Art. 848, parágrafo único, do NCPC.

§ 3º Na execução de crédito com garantia real, a penhora recairá sobre a coisa dada em garantia, e, se a coisa pertencer a terceiro garantidor, este também será intimado da penhora.

→ *v.* Arts. 674, § 2º, IV e 779, V, do NCPC.

<u>Preferência da penhora de dinheiro</u>

✓ AGRAVO DE INSTRUMENTO. EXECUÇÃO FISCAL. NOMEAÇÃO DE BEM À PENHORA. Máquina industrial. Recusa da Fazenda Pública. Pedido de bloqueio de ativos financeiros. Necessidade de atendimento da ordem preferencial do art. 11 da Lei Federal nº 6.830/80 e art. 835 do CPC. Legítima a recusa da Fazenda de bem nomeado à penhora quando não observada a ordem legal. Preterição da ordem de preferência somente em situações excepcionalíssimas. Precedentes do A. STJ e desta C. Câmara. Decisão mantida. Recurso desprovido. (TJSP; AI 2246515-22.2016.8.26.0000; Ac. 10901397; São Paulo; Décima Segunda Câmara de Direito Público; Rel. Des. Souza Meirelles; Julg. 21/10/2017; DJESP 24/11/2017; Pág. 2837)

✓ AGRAVO DE INSTRUMENTO. MULTA ADMINISTRATIVA. DESCUMPRIMENTO DE TERMO DE COMPROMISSO E AJUSTAMENTO DE CONDUTA. Insurgência contra decisão que indeferiu penhora na boca do caixa. Constrição correspondente à penhora de dinheiro (art. 835, I, do CPC/15). Possibilidade. Decisão reformada. Recurso provido. (TJSP; AI 2061403-43.2017.8.26.0000; Ac. 10961776; Fartura; Quinta Câmara de Direito Público; Rel. Des. Nogueira Diefenthaler; Julg. 10/11/2017; DJESP 24/11/2017; Pág. 2517)

Penhora sobre direitos

✓ AGRAVO DE INSTRUMENTO. PRESTAÇÃO DE SERVIÇOS EDUCACIONAIS. MONITÓRIA. Revelia. Fase de cumprimento de sentença. Pretensão à penhora de veículo. Penhora de direitos, envolvendo veículo dado em garantia fiduciária. Possibilidade. Incidência do artigo 835, XII, do CPC/15. Pretensão à expedição de ofício ao Detran. Deferimento. Decisão reformada. Agravo provido. (TJSP; AI 2202813-89.2017.8.26.0000; Ac. 10964462; Guarulhos; Vigésima Sexta Câmara de Direito Privado; Rel. Des. Bonilha Filho; Julg. 09/11/2017; DJESP 23/11/2017; Pág. 2237)

✓ EXECUÇÃO DE TÍTULO EXTRAJUDICIAL. CÉDULA DE CRÉDITO BANCÁRIO. VEÍCULO DADO EM GARANTIA POR ALIENAÇÃO FIDUCIÁRIA. Penhora. Possibilidade. Inteligência do artigo 835, §3º, do Novo Código de Processo Civil. Recurso improvido, com fixação de honorários recursais a favor do patrono do agravado, nos moldes do artigo 85, §1º, do NCPC. (TJSP; AI 2151440-19.2017.8.26.0000; Ac. 10976015; Olímpia; Décima Sétima Câmara de Direito Privado; Rel. Des. Souza Lopes; Julg. 14/11/2017; DJESP 21/11/2017; Pág. 2951)

✓ AGRAVO DE INSTRUMENTO. Decisão que indefere a penhora sobre os direitos oriundos do compromisso de compra e venda de imóvel firmado pelas executadas. Não conhecimento do tópico que trata da advertência dada pelo juízo. Ausência de interesse recursal. Possibilidade de penhora sobre direitos. Exegese do inc. XIII do art. 835 do CPC/2015. Desnecessidade de registro do compromisso. Decisão reformada em parte. Agravo de instrumento parcialmente conhecido e provido. (TJPR; Ag Instr 1693926-1; Curitiba; Décima Quinta Câmara Cível; Relª Juíza Conv. Elizabeth M. F. Rocha; Julg. 01/11/2017; DJPR 09/11/2017; Pág. 465)

Penhorabilidade de cotas sociais

✓ RECURSO. AGRAVO DE INSTRUMENTO. INSURGÊNCIA CONTRA DECISÃO QUE DETERMINOU A PENHORA DAS COTAS DE PARTICIPAÇÃO DO AGRAVANTE NA EMPRESA ENERQUÍMICA EMPREENDIMENTOS E PARTICIPAÇÕES LTDA. Inadmissibilidade. Substituição de penhora. A decisão recorrida não teceu nenhuma consideração acerca do tema, de modo que não pode o Tribunal examinar matéria que ainda não foi apreciada pelo Juízo de primeira instância, sob pena de supressão de um grau de jurisdição. Impenhorabilidade. Cotas sociais não se encontram no rol de bens impenhoráveis. Inteligência do artigo 835, IX, do CPC/15. Objetivo da penhora que deve ser a célere satisfação do crédito executado. A penhora de quotas sociais ou ações não importa na alienação automática desses direitos imateriais, tampouco na transferência do poder de administração da empresa. Penhora mantida. Recurso improvido. (TJSP; AI 2091745-37.2017.8.26.0000; Ac. 10956764; Taubaté; Décima Oitava Câmara de Direito Privado; Rel. Des. Roque Antonio Mesquita de Oliveira; Julg. 07/11/2017; DJESP 14/11/2017; Pág. 2327)

✓ TRIBUTÁRIO. EXECUÇÃO FISCAL. PENHORA DE COTAS SOCIAIS DE SOCIEDADE LIMITADA. POSSIBILIDADE. 1. A penhora de cotas sociais de titularidade do executado revela-se, à luz do artigo 835, IX, do CPC, plenamente possível. 2. No caso, foram exauridas praticamente todas as medidas para localização de bens do executado, sendo cabível a penhora sobre as cotas sociais que o executado detém junto a empresas. (TRF 4ª R.; AG 5029906-05.2017.4.04.0000; Primeira Turma; Rel. Des. Fed. Roger Raupp Rios; Julg. 08/11/2017; DEJF 10/11/2017)

Penhora sobre faturamento da empresa

✓ ADMINISTRATIVO. AGRAVO DE INSTRUMENTO. EXECUÇÃO FISCAL. PENHORA SOBRE FATURAMENTO DA EMPRESA. POSSIBILIDADE. 1. A penhora sobre o faturamento é medida excepcional, não só em razão do impacto da retirada imediata de recursos financeiros à disposição da empresa, mas também pelas consequências que tal medida traz a curto prazo, particularmente quanto ao cumprimento das obrigações com fornecedores e funcionários. 2. Tal providência, prevista nos arts. 835 e 866 do CPC/2015, deve atender, cumulativamente, aos seguintes requisitos: A) não localização de bens passíveis de penhora e suficientes à garantia da execução ou, se localizados, de difícil alienação; b) nomeação de administrador; e c) não comprometimento da atividade empresarial. Nesse sentido, são fartos os julgados do Superior Tribunal de Justiça. 3. Sendo a execução realizada no interesse do credor, nos termos do art. 797 do CPC/2015, cabe ao devedor comprovar eventual prejuízo ao seu regular funcionamento decorrente da constrição de parte de seu faturamento. (TRF 4ª R.; AG 5044293-25.2017.4.04.0000; Quarta Turma; Rel. Des. Fed. Luís Alberto Dazevedo Aurvalle; Julg. 08/11/2017; DEJF 10/11/2017)

Seguro garantia judicial

✓ AGRAVO DE INSTRUMENTO. DIREITO PRIVADO NÃO ESPECIFICADO. Impugnação ao cumprimento de sentença, garantia do juízo. Seguro garantia judicial. Cabimento. Artigo 835, §2º, do CPC/2015. Deram provimento ao agravo de instrumento. Unânime. (TJRS; AI 0282109-87.2017.8.21.7000; Santo Ângelo; Décima Sexta Câmara Cível; Rel. Des. Paulo Sérgio Scarparo; Julg. 26/10/2017; DJERS 13/11/2017)

Execução de crédito com garantia real

✓ LOCAÇÃO. EXECUÇÃO DE TÍTULO EXTRAJUDICIAL. OFERTA DE IMÓVEL DE TERCEIRO COMO CAUÇÃO EM GARANTIA DAS OBRIGAÇÕES ASSUMIDAS. Realizada averbação, em atenção ao artigo 38, §1º, da Lei nº 8.245/1991. Penhora. Possibilidade. Garantia real. Desnecessidade de participação do caucionante como parte. Suficiente a intimação sobre a penhora. Inteligência do artigo 835, § 3º, do Novo Código de Processo Civil. Agravo provido. (TJSP; AI 2183758-55.2017.8.26.0000; Ac. 10972802; Sertãozinho; Trigésima Terceira Câmara de Direito Privado; Rel. Des. Sá Moreira de Oliveira; Julg. 13/11/2017; DJESP 21/11/2017; Pág. 3133)

Art. 836. Não se levará a efeito a penhora quando ficar evidente que o produto da execução dos bens encontrados será totalmente absorvido pelo pagamento das custas da execução.

§ 1º Quando não encontrar bens penhoráveis, independentemente de determinação judicial expressa, o oficial de justiça descreverá na certidão os bens que guarnecem a residência ou o estabelecimento do executado, quando este for pessoa jurídica.

→ *v.* Art. 921, III, do NCPC.

§ 2º Elaborada a lista, o executado ou seu representante legal será nomeado depositário provisório de tais bens até ulterior determinação do juiz.

→ *v.* Art. 839 do NCPC.

Penhora de valor irrisório e liberação

✓ TRIBUTÁRIO. AGRAVO. BACENJUD. VALOR ÍNFIMO. LIBERAÇÃO. INVIABILIDADE. 1. Não se pode obstar a penhora via Bacenjud ao pretexto de que os valores identificados na consulta são irrisórios, por isso não caracterizar uma das hipóteses de impenhorabilidade (tal parâmetro não foi eleito pelo legislador como justificativa para a liberação do bem constrito, CF. RESP 1242852/RS, Segunda Turma, DJe 10-05-2011; ainda, RESP 1241768/RS, Segunda Turma, DJe 13-04-2011; RESP 1187161/MG, Primeira Turma, DJe 19-08-2010. AGRG no RESP 1383159/RS, Primeira Turma, DJe 13-09-2013). 2. A penhora somente poderia ser dispensada se o valor obtido não satisfizesse sequer as custas de execução da medida, ou mesmo as custas processuais, nos termos do art. 836 do CPC. Todavia, essa disposição não se aplica ao caso dos autos, seja porque a União é isenta de custas processuais, seja porque o bloqueio de valores via sistema Bacenjud nada depende, de modo que todo o montante encontrado na conta bancária da executada serve ao abatimento do débito (CF. STJ, RESP n. 1.187.161/MG, Primeira Turma, publ. Em 19/08/2010). (TRF 4ª R.; AG 5034322-16.2017.404.0000; Segunda Turma; Relª Desª Luciane Amaral Corrêa Münch; Julg. 24/10/2017; DEJF 26/10/2017)

✓ AGRAVO DE INSTRUMENTO. TRIBUTÁRIO. EXECUÇÃO FISCAL. ICMS. PENHORA ONLINE. PEDIDO DE DESBLOQUEIO. VALOR IRRISÓRIO. MANUTENÇÃO. Inexiste, no ordenamento vigente, previsão de valor mínimo para manutenção da penhora de valores depositados em conta corrente. Ação de execução que se desenvolve no interesse do credor. O art. 836 do CPC é inaplicável à penhora online. Refere-se apenas às penhoras que serão sucedidas de alienação judicial, procedimento que demanda a execução de atos processuais dispendiosos. Agravo de instrumento provido. (TJRS; AI 0298121-79.2017.8.21.7000; Soledade; Segunda Câmara Cível; Relª Desª Lúcia de Fátima Cerveira; Julg. 04/10/2017; DJERS 06/10/2017)

✓ CUMPRIMENTO DE SENTENÇA. Penhora. Veículo. Valor baixo, mas suficiente a superar o custo processual de sua conversão em dinheiro. Constrição possível. Inteligência do art. 836 do NCPC. Recurso provido. (TJSP; AI 2006014-73.2017.8.26.0000; Ac. 10829097; Atibaia; Vigésima Primeira Câmara de Direito Privado; Rel. Des. Gilson Delgado Miranda; Julg. 25/09/2017; DJESP 05/10/2017, Pág. 2315)

Subseção II
Da Documentação da Penhora, de seu Registro e do Depósito

Art. 837. Obedecidas as normas de segurança instituídas sob critérios uniformes pelo Conselho Nacional de Justiça, a penhora de dinheiro e as averbações de penhoras de bens imóveis e móveis podem ser realizadas por meio eletrônico.

→ *v.* Arts. 193 e 854 do NCPC.

Art. 838. A penhora será realizada mediante auto ou termo, que conterá:

→ *v.* Arts. 154, I, 845, § 1º e 872 do NCPC.

I – a indicação do dia, do mês, do ano e do lugar em que foi feita;

II – os nomes do exequente e do executado;

III – a descrição dos bens penhorados, com as suas características;

IV – a nomeação do depositário dos bens.

→ *v.* Súmula 319 do STJ.

→ *v.* Art. 862 do NCPC.

Necessidade da descrição dos bens penhorados

✓ AGRAVO DE INSTRUMENTO. CUMPRIMENTO DE SENTENÇA. TERMO DE PENHORA. INEXISTÊNCIA DE DESCRIÇÃO E INDIVIDUALIZAÇÃO DA ÁREA OBJETO DA GARANTIA. REQUISITO FORMAL DA PENHORA. NULIDADE DO TERMO. RECURSO PROVIDO. 1. Para fins de penhora, é necessária a descrição total e completa dos bens, com todos os seus característicos, conforme preconiza o art. 838, III, do CPC/15. 2. Caso o termo tenha sido lavrado em dissonância com o que estabelece o dispositivo supracitado, por deixar de individualizar, de maneira satisfatória, o bem penhorado, deve ser decretada sua nulidade e determinada a realização de nova penhora. (TJMG; AI 1.0694.11.004594-5/005; Rel. Des. Mota e Silva; Julg. 05/09/2017; DJEMG 08/09/2017)

Art. 839. Considerar-se-á feita a penhora mediante a apreensão e o depósito dos bens, lavrando-se um só auto se as diligências forem concluídas no mesmo dia.

Parágrafo único. Havendo mais de uma penhora, serão lavrados autos individuais.

Art. 840. Serão preferencialmente depositados:

→ *v.* Art. 32 da Lei 6.830/1980.

→ *v.* Arts. 856, § 1º, 866, § 2º e 868 do NCPC.

I – as quantias em dinheiro, os papéis de crédito e as pedras e os metais preciosos, no Banco do Brasil, na Caixa Econômica Federal ou em banco do qual o Estado ou o Distrito Federal possua mais da metade do capital social integralizado, ou, na falta desses estabelecimentos, em qualquer instituição de crédito designada pelo juiz;

→ *v.* Arts. 35, § 2º e 38, § 1º, da Lei 6.766/1979.

→ *v.* Dec.-lei 1.737/1979.

→ *v.* Súmula 257 do TFR.

II – os móveis, os semoventes, os imóveis urbanos e os direitos aquisitivos sobre imóveis urbanos, em poder do depositário judicial;

→ *v.* Art. 862 do NCPC.

III – os imóveis rurais, os direitos aquisitivos sobre imóveis rurais, as máquinas, os utensílios e os instrumentos necessários ou úteis à atividade agrícola, mediante caução idônea, em poder do executado.

§ 1º No caso do inciso II do *caput*, se não houver depositário judicial, os bens ficarão em poder do exequente.

§ 2º Os bens poderão ser depositados em poder do executado nos casos de difícil remoção ou quando anuir o exequente.

§ 3º As joias, as pedras e os objetos preciosos deverão ser depositados com registro do valor estimado de resgate.

Depósito de bens móveis/ semoventes

✓ AGRAVO DE INSTRUMENTO. INCIDENTE DE DESCONSIDERAÇÃO DA PERSONALIDADE JURÍDICA. DECISÃO LIMINAR. TUTELA PROVISÓRIA DE URGÊNCIA. POSSIBILIDADE. PRESENÇA DOS REQUISITOS LEGAIS. PENHORA DE VEÍCULOS. INEXISTÊNCIA DE DEPOSITÁRIO JUDICIAL. DEPÓSITO EM FAVOR DO CREDOR. POSSIBILIDADE. REQUISIÇÃO DE INFORMAÇÕES FISCAIS POR MEIO DO SISTEMA INFOJUD NA DECISÃO LIMINAR DE DESCONSIDERAÇÃO DA PERSONALIDADE JURÍDICA. POSSIBILIDADE. 1. Discute-se no presente recurso: a) a possibilidade de concessão de tutela provisória de urgência em desconsideração inversa de personalidade jurídica antes da citação das pessoas jurídicas alcançadas pela ordem de constrição, bem como eventual desnecessidade da ampliação subjetiva da lide ante a suposta existência de penhora anterior de bem imóvel, a qual não teria permitido o fim da execução por inércia exclusiva dos próprios credores; b) a necessidade de remoção dos veículos de uma das pessoas jurídicas alcançados pela ordem de constrição, e c) a possibilidade de requisição de informações fiscais, via Sistema Infojud, das pessoas jurídicas alcançadas pela decisão liminar de desconsideração da personalidade jurídica ante a suposta falta de diligências prévias voltadas à localização de bens penhoráveis. 2. É possível a desconsideração inversa da personalidade jurídica para fins de "impedir a prática de transferência de bens pelo sócio para a pessoa jurídica sobre a qual detém controle, afastando-se momentaneamente o manto fictício que separa o sócio da sociedade para buscar o patrimônio que, embora conste no nome da sociedade, na realidade, pertence ao sócio fraudador" (REsp 1.647.362/SP, Rel. Min. Nancy Andrighi, Terceira Turma, julgado em 03/08/2017, DJe 10/08/2017). 3. Na hipótese dos autos, com fulcro no art. 300, do CPC/15, e de forma incidental e liminar, foi deferida tutela provisória de urgência em procedimento específico de desconsideração de personalidade jurídica, em situação, portanto, que permite a realização de contraditório diferido, ex VI do art. 9º, parágrafo único, inc. I, c/c o § 2º, do art. 300, do CPC/15. Logo, não há qualquer mácula de ordem formal na decisão agravada, pela simples concessão de tutela provisória de urgência em sede de Incidente de Desconsideração de Personalidade Jurídica. 4. Os bens até então penhorados não se apresentaram eficazes até o momento para solver em definitivo a lide, tanto que ainda buscam os credores mais bens penhoráveis, sem êxito significativo até então, e por essa razão não há violação ao art. 851, do CPC/15. 5. O art. 840, inc. II, do CPC/15, estabelece que serão preferencialmente depositados os móveis, os semoventes, os imóveis urbanos e os direitos aquisitivos sobre imóveis urbanos, em poder do depositário judicial. Contudo, o § 1º, do art. 840, prevê que, se não houver depositário judicial, os bens ficarão em poder do exequente. O CPC/15, na esteira do que já estabelecia o CPC/73, em seu art. 666, § 1º, com a redação conferida pela Lei nº 11.382, de 06/12/2006, continua a prever que, entre o devedor e o credor, este tem preferência para exercer, na falta de depositário judicial, o encargo de depositário do bem penhorado. 6. A solicitação de informações fiscais via Sistema Infojud, para lastrear a constrição de bens do devedor em execução cível, é medida extrema e excepcional, que se condiciona ao preenchimento de dois requisitos, quais sejam: a) imprescindibilidade; e b) realização de prévia e infrutífera tentativa da parte, por sua atuação direta. Em suma, é lícito ao exequente requerer ao Juízo que promova consulta ao Sistema Infojud a respeito da possível existência de bens em nome dos executados, ante os resultados anteriores infrutíferos, desde que observado o princípio da razoabilidade. 7. Na espécie, como se trata de Incidente de Desconsideração de Personalidade Jurídica, o qual traz em si ínsita a ideia de esgotamento das diligencias a cargo do credor e de utilização abusiva da pessoa jurídica pelo devedor, é possível que, para se contrapor a qualquer possibilidade de novas manobras pelo devedor, seja realizada, de imediato, pesquisa via Sistema Infojud, como forma de tornar mais eficiente a busca de bens das pessoas jurídicas incluídas no processo executivo, sem risco de nova ocultação de bens. 8. Agravo de Instrumento conhecido e não provido. (TJMS; AI 1402920-59.2017.8.12.0000; Segunda Câmara Cível; Rel. Des. Paulo Alberto de Oliveira; DJMS 22/11/2017; Pág. 78)

Depósito dos bens com o exequente

✓ AGRAVO DE INSTRUMENTO. EXECUÇÃO DE TÍTULO EXTRAJUDICIAL. PENHORA DE BEM IMÓVEL. Nomeação do representante da exequente como depositário. Possibilidade. Súmula nº 19 TJ-SP. Art. 840, inciso II, §§ 1º e 2º do CPC. Previsão de imissão forçada na posse em caso de descumprimento. Art. 139, IV do CPC. Admissibilidade. Decisão mantida. Agravo improvido. (TJSP; AI 2104356-22.2017.8.26.0000; Ac. 10947898; Urupês; Décima Sexta Câmara de Direito Privado; Rel. Des. Coutinho de Arruda; Julg. 07/11/2017; DJESP 17/11/2017; Pág. 2759)

✓ AGRAVO DE INSTRUMENTO. NEGÓCIOS JURÍDICOS BANCÁRIOS. EXECUÇÃO DE TÍTULO EXTRAJUDICIAL. PENHORA DE BENS MÓVEIS. ENCARGO DE FIEL DEPOSITÁRIO DE BEM PENHORADO. PREFERÊNCIA DO CREDOR. Nos termos do previsto no §1º do artigo 840 do código de processo civil recai sobre o credor a preferência de ser nomeado como fiel depositário do bem móvel penhorado. Agravo de instrumento provido, com base no artigo 932 V e VIII, do CPC e artigo 169, XXXIX, do regimento interno desta corte. (TJRS; AI 0305063-30.2017.8.21.7000; Rio Grande; Décima Sétima Câmara Cível; Relª Desª Liege Puricelli Pires; Julg. 26/10/2017; DJERS 06/11/2017)

✓ AÇÃO DE EXECUÇÃO DE TÍTULO EXTRAJUDICIAL. SEGUNDA PENHORA QUE FICA AUTORIZADA QUANDO CONSTATADA A INSUFICIÊNCIA DE BENS DOS DEVEDORES PARA SALDAR A DÍVIDA EXEGESE DO ARTIGO 851 DO CPC. ELEMENTOS QUE NÃO EVIDENCIAM EXCESSO DE PENHORA. NECESSIDADE DE AVALIAÇÃO DOS BENS PENHORADOS. DEPÓSITO DOS VEÍCULOS GARANTIDORES DO CONTRATO COM O EXEQUENTE. ARTIGO 840 DO CPC. DECISÃO MANTIDA. 1. A penhora recairá sobre tantos bens dos devedores quanto bastem ao pagamento da dívida, razão pela qual a segunda penhora está autorizada se o contexto reexaminado demonstra que a penhora anteriormente efetivada não é suficiente para saldar a dívida executada. 2. De plano, os elementos reexaminados não indicam que as constrições judiciais determinadas são suficientes para saldar a dívida executada. 3. Até que seja feita a avaliação judicial dos bens penhorados, a tese de excesso de penhora não comporta acolhimento. 4. No mais, o bem penhorado somente será depositado em poder do executado com a expressa anuência do exequente ou nos casos de difícil remoção. O exequente pleiteou a constrição judicial dos veículos garantidores do contrato, protestou pela sua nomeação como depositário e imediata remoção dos bens, nos exatos termos do artigo 840 do Código de Processo Civil. Agravo não provido. (TJSP; AI 2176105-02.2017.8.26.0000; Ac. 10930804; São Paulo; Décima Segunda Câmara de Direito Privado; Relª Desª Sandra Galhardo Esteves; Julg. 30/10/2017; DJESP 06/11/2017; Pág. 2698).

Substituição do depositário

✓ AGRAVO DE INSTRUMENTO. EXECUÇÃO. PENHORA. VEÍCULO. RECOLHIMENTO. SUBSTITUIÇÃO DE DEPOSITÁRIO. REGRA DO ART. 840, II, §1º, DO CPC. Para fins de depósito do bem penhorado, imperiosa a interpretação em conjunto dos arts. 805 e 840, II, §§ 1º e 2º, ambos do CPC/15, havendo necessidade de provar justo motivo à substituição do depositário – Hipótese, aqui, não configurada. Atente-se ao custo do depósito judicial, circunstância que vai de encontro aos interesses de ambas as partes, bem como ao princípio da menor onerosidade do executado. Agravo de instrumento desprovido. (TJRS; AI 0243269-08.2017.8.21.7000; Canoas; Décima Quinta Câmara Cível; Relª Desª Ana Beatriz Iser; Julg. 06/09/2017; DJERS 15/09/2017)

Necessidade de anuência do exequente para que o executado seja depositário

✓ AGRAVO DE INSTRUMENTO. NEGÓCIOS JURÍDICOS BANCÁRIOS. PENHORA. BEM MÓVEL. RESTITUIÇÃO. Nos termos do parágrafo 2º do artigo 840, do CPC, para que os bens penhorados fiquem depositados com o executado, faz-se necessária a anuência do exequente, o que não se verifica no caso concreto. Agravo de instrumento desprovido. Unânime. (TJRS; AI 0141208-69.2017.8.21.7000; Alegrete; Décima Primeira Câmara Cível; Rel. Des. Antônio Maria Rodrigues de Freitas Iserhard; Julg. 23/08/2017; DJERS 29/08/2017)

Art. 841. Formalizada a penhora por qualquer dos meios legais, dela será imediatamente intimado o executado.

§ 1º A intimação da penhora será feita ao advogado do executado ou à sociedade de advogados a que aquele pertença.

→ v. Arts. 269 a 275 do NCPC.

§ 2º Se não houver constituído advogado nos autos, o executado será intimado pessoalmente, de preferência por via postal.

§ 3º O disposto no § 1º não se aplica aos casos de penhora realizada na presença do executado, que se reputa intimado.

§ 4º Considera-se realizada a intimação a que se refere o § 2º quando o executado houver mudado de endereço sem prévia comunicação ao juízo, observado o disposto no parágrafo único do art. 274.

Intimação de executado sem advogado

✓ AGRAVO DE INSTRUMENTO. DIREITO PRIVADO NÃO ESPECIFICADO. AÇÃO DE EXECUÇÃO DE TÍTULO EXTRAJUDICIAL. PENHORA ONLINE VIA BACENJUD REALIZADA. PEDIDO DE PENHORA VIA RENAJUD DE VEÍCULOS EVENTUALMENTE EXISTENTES EM NOME DO EXECUTADO. AUSÊNCIA DE INTIMAÇÃO DO DEVEDOR. INDEFERIMENTO. PARTE NÃO REPRESENTADA POR ADVOGADO. DILIGÊNCIA QUE DEVE SER PESSOAL. A intimação do executado, quanto à realização da penhora, é necessária, a fim de propiciar ao devedor se insurgir contra a constrição, pleitear a substituição do bem penhorado (art. 847 do CPC/2015), alegar a impenhorabilidade 833 do CPC/2015) ou remir a dívida (art. 826 do CPC/2015). De acordo com a melhor exegese do art. 841, §2º, do CPC/2015, se não houver constituído advogado nos autos, o executado será intimado pessoalmente, de preferência por via postal. Hipótese em que, efetuada a penhora on line de valores na conta corrente do devedor, bem assim como havendo requerimento de penhora de veículos, e não tendo o executado constituído advogado, correta a determinação para a indicação do endereço da parte executada para fins de intimação pessoal. Decisão agravada mantida. Recurso desprovido. Unânime. (TJRS; AI 0180181-93.2017.8.21.7000; Porto Alegre; Décima Oitava Câmara Cível; Rel. Des. Pedro Celso Dal Pra; Julg. 24/10/2017; DJERS 31/10/2017)

Mudança de endereço sem prévia comunicação nos autos – validade da intimação postal

✓ PROCESSO CIVIL. EXECUÇÃO DE TÍTULO EXTRAJUDICIAL. INTEMPESTIVIDADE DA IMPUGNAÇÃO À PENHORA. INTIMAÇÃO FICTA DA PENHORA. ALTERAÇÃO DE ENDEREÇO DO EXECUTADO, SEM COMUNICAÇÃO AO JUÍZO. EXECUTADO CITADO, NÃO COMPARECEU AO FEITO. REVELIA. PRAZOS. FLUÊNCIA, INDEPENTEMENTE DE INTIMAÇÃO. NÃO CONHECIMENTO DA MATÉRIA DE MÉRITO DO RECURSO. RECURSO PARCIALMENTE CONHECIDO E DESPROVIDO. 1. Considera-se realizada a intimação da penhora quando o executado houver mudado de endereço sem prévia comunicação ao juízo, e tiver sido tentada a sua intimação, sem êxito, no endereço constante dos autos, nos termos do artigo 841 do NCPC. 2. A nova regra processual aplica-se aos processos em andamento, na data em que entrou em vigor, de forma que, se a penhora foi cientificada ao executado, sob a vigência do novo CPC, a impugnação da penhora deve ser apresentada dentro do prazo de 15 dias, contados da ciência da referida constrição. Inteligência do artigo 917, §1º do NCPC. No caso em exame, a ciência do ato constritivo se deu fictamente, vez que o executado mudou-se de endereço, após citado no processo, sem informar o juízo, mormente sendo o executado revel, quando os prazos correm contra o mesmo, independentemente de intimação. 3. Sendo intempestiva a impugnação à penhora, não se conhece da matéria de mérito nela trazida. 4. Recurso parcialmente conhecido e desprovido. (TJDF; Proc 0709.47.3.072017-8070000; Ac. 105.6562; Quinta Turma Cível; Rel. Des. Robson Barbosa de Azevedo; Julg. 26/10/2017; DJDFTE 10/11/2017)

✓ AGRAVO DE INSTRUMENTO. EXECUÇÃO DE TÍTULO EXTRAJUDICIAL. DECISÃO AGRAVADA QUE INDEFERIU PEDIDO DE EXPEDIÇÃO DE MANDADO DE LEVANTAMENTO DOS VALORES PENHORADOS NOS AUTOS VIA BACENJUD. Insurgência. Acolhimento. Aplicação do disposto no artigo 841, § 4º, do CPC. Realizada tentativa de intimação da penhora por carta e posteriormente por oficial de Justiça no endereço constante do título executado e onde ocorrida a citação, com certificação de que o local se encontra desocupado de pessoas e coisas. Intimação da penhora que se considera realizada, ante a não comunicação ao Juízo da modificação de endereço pela Executada. Levantamento dos valores que deve ser deferido ao Exequente. Recurso provido. (TJSP; AI 2169629-45.2017.8.26.0000; Ac. 10911545; Piracicaba; Trigésima Sétima Câmara de Direito Privado; Rel. Des. João Pazine Neto; Julg. 24/10/2017; DJESP 01/11/2017; Pág. 2880)

Manifestação sobre a penhora somente após o ato

✓ AGRAVO DE INSTRUMENTO. AÇÃO DE EXECUÇÃO. EXCESSO DE EXECUÇÃO. COBRANÇA DE JUROS CAPITALIZADOS. A capitalização de juros, em sede de cédula de crédito bancário, como é o caso dos autos, é permitida por expressa previsão legal, desde que prevista em contrato, de acordo com o art. 28, § 1º, inc. I, da Lei nº 10.931/04, RESP 973.827/RS e Súmula nº 541, do Superior Tribunal de Justiça, não havendo que se falar em qualquer excesso de execução praticado pelo Agravado inerente a esta matéria. RECURSO IMPROVIDO NESTE PONTO. AGRAVO DE INSTRUMENTO. AÇÃO DE EXECUÇÃO. EXCESSO DE PENHORA. IMPOSSIBILIDADE DE RECONHECIMENTO DESTA ALEGAÇÃO NESTE MOMENTO PROCESSUAL. NECESSIDADE DE OBSERVÂNCIA DO ART. 874, DO NOVO CÓDIGO DE PROCESSO CIVIL. RECURSO IMPROVIDO NESTE PONTO. AGRAVO DE INSTRUMENTO. AÇÃO DE EXECUÇÃO. PENHORA DE BENS IMÓVEIS DE TITU-

LARIDADE DO AGRAVANTE Francisco. AUSÊNCIA DE CERCEAMENTO DE DEFESA. A possibilidade de manifestação sobre a penhora ocorre após a realização do ato, de acordo com o que prevê o art. 841, do Novo Código de Processo Civil. RECURSO IMPROVIDO NESTE PONTO. DECISÃO MANTIDA. RECURSO IMPROVIDO. (TJSP; AI 2042593-20.2017.8.26.0000; Ac. 10792779; São Paulo; Trigésima Oitava Câmara de Direito Privado; Rel. Des. Eduardo Siqueira; Julg. 13/09/2017; DJESP 21/09/2017; Pág. 2228)

Art. 842. Recaindo a penhora sobre bem imóvel ou direito real sobre imóvel, será intimado também o cônjuge do executado, salvo se forem casados em regime de separação absoluta de bens.

→ *v.* Arts. 1.641, 1.687 e 1.688 do CC/2002.

Necessidade de intimação do cônjuge

✓ AGRAVO DE INSTRUMENTO. CONTRATO DE LOCAÇÃO. FIANÇA. BEM DE FAMÍLIA. IMPENHORABILIDADE EXCEPCIONALMENTE NÃO OPONÍVEL. IMÓVEL DOADO PELO DISTRITO FEDERAL. PROGRAMA DE POLÍTICA HABITACIONAL. DIREITO À MORADIA. COMUNHÃO DE BENS. REVERTE EM PROVEITO DO CASAL. PENHORA DO IMÓVEL. CÔNJUGE DO AGRAVANTE NÃO INTIMADO NEM RESSALVADOS DIREITOS REFERENTES AO BEM. ATO CONSTRITIVO DECLARDO NULO. 1. Em regra, é válida a penhora de bem de família pertencente a fiador de contrato de locação, conforme disposto no art. 3º, VII, da Lei nº 8.009/90. 2. Em que pese se tratar de imóvel decorrente de doação pelo Distrito Federal, o ato constritivo realizado, em princípio, é regular, já que a fiança decorrente de contrato de locação foi prestada livremente pela parte agravante e com a anuência de sua cônjuge. 3. Embora a redação do art. 1.659, I, do CC exclua do patrimônio comum do casal o bem adquirido por intermédio de doação, há de se ressalvar, in casu, que o imóvel litigioso foi obtido pelo agravante, durante a comunhão parcial de bens com sua cônjuge, por intermédio de programa de política habitacional do Distrito Federal, em que, como é cediço, se exige uma série de condições com o fito de garantir o direito constitucional à moradia das famílias carentes, revertendo, assim, em proveito do casal. 3.1. Desse modo, a cônjuge da parte agravante faz jus a 50% dos direitos referentes ao mencionado bem, motivo pelo qual, excepcionalmente, é indevida a incidência da penhora efetivada sobre o bem em alusão sem ressalvar a cota parte desta, devendo, no caso concreto, o direito à moradia sobrepor-se à satisfação do credor. 4. Durante todo o processo de execução e, sobretudo, para início da fase de expropriação, o feito executivo há de ser conduzido com obediência ao devido processo legal. Uma das exigências para tanto é que o cônjuge, casado pelo regime da comunhão de bens, deve ser intimado da penhora realizada em seu imóvel, consoante dispõe o art. 842 do CPC. 5. Uma vez que a cônjuge do agravante não integra os autos, não obstante a alegação do agravado de que consta cláusula no contrato de locação que equipare aquela a um outro fiador, nem foi intimada sobre o ato constritivo litigioso, é nula a penhora do imóvel realizada em desacordo com o art. 842 do CPC, sob pena de ofensa aos princípios da ampla defesa e do contraditório, independentemente da faculdade do credor prevista no art. 275 do CC. 6. Agravo de instrumento conhecido e parcialmente provido. (TJDF; Proc 0711.13.0.812017-8070000; Ac. 105.7489; Terceira Turma Cível; Rel. Des. Gilberto Pereira de Oliveira; Julg. 18/10/2017; DJDFTE 10/11/2017)

Art. 843. Tratando-se de penhora de bem indivisível, o equivalente à quota-parte do coproprietário ou do cônjuge alheio à execução recairá sobre o produto da alienação do bem.

→ *v.* Enunciado 329 do FPPC. Na execução trabalhista deve ser preservada a quota parte de bem indivisível do coproprietário ou do cônjuge alheio à execução, condo lhe assegurado o direito de preferência na arrematação do bem em igualdade de condições.

§ 1º É reservada ao coproprietário ou ao cônjuge não executado a preferência na arrematação do bem em igualdade de condições.

§ 2º Não será levada a efeito expropriação por preço inferior ao da avaliação na qual o valor auferido seja incapaz de garantir, ao coproprietário ou ao cônjuge alheio à execução, o correspondente à sua quota-parte calculado sobre o valor da avaliação.

Quota-parte preservada do condômino de bem indivisível

✓ RECURSO INOMINADO. EMBARGOS DE TERCEIRO. RESTRIÇÃO DE TRANSFERÊNCIA DE VEÍCULO. DEFESA DA MEAÇÃO. Embargante que é casada com o executado em regime de comunhão parcial de bens. Dívida que se origina de honorários advocatícios sucumbenciais e multa por litigância de má-fé. Situação que demonstra que a dívida não reverteu em prol da unidade familiar. Contudo, o art. 674, § 2º, I, do CPC prevê exceção aos embargos de terceiro. Art. 843 do CPC. Bem indivisível. Quota-parte do cônjuge meeiro que será reservada em caso de penhora e alienação judicial. Sentença mantida, porém por fundamentos diversos. Recurso desprovido. (TJRS; RCív 0037384-11.2017.8.21.9000; Porto Alegre; Quarta Turma Recursal Cível; Rel. Juiz Luis Antonio Behrensdorf Gomes da Silva; Julg. 17/11/2017; DJERS 22/11/2017)

Direito de preferência dos coproprietários

✓ AGRAVO DE INSTRUMENTO. EXECUÇÃO DE TÍTULO EXTRAJUDICIAL. PENHORA DE QUOTA-PARTE DE IMÓVEL INDIVISÍVEL. POSSIBILIDADE. A teor do art. 843 do CPC/15, é possível a penhora de quota-parte de imóvel indivisível, assegurando-se aos coproprietários o direito de preferência e que o valor da alienação lhes garanta o recebimento da respectiva quota-parte. Observado o regramento, deve-se manter a penhora, sobretudo quando inexiste averbação de eventual usufruto constituído em favor de coproprietário e, muito menos, indícios de que o devedor resida no imóvel objeto da constrição. Provimento negado. (TJMG; AI 1.0432.12.001498-5/002; Rel. Des. Manoel dos Reis Morais; Julg. 31/10/2017; DJEMG 10/11/2017)

Direito de garantia à quota-parte

✓ AGRAVO DE INSTRUMENTO. Execução de título extrajudicial. Arrematação de bem imóvel em segundo leilão. Condomínio. Agravante coproprietária do bem imóvel excutido e que não é executada. Necessário que lhe seja preservado o direito de garantia de sua quota-parte com base no valor de avaliação. Inteligência do § 2º do artigo 843 do Código de Processo Civil. Decisão reformada. Recurso provido para tal fim. (TJSP; AI 2190272-24.2017.8.26.0000; Ac. 10984407; São Paulo; Décima Terceira Câmara de Direito Privado; Rel. Des. Heraldo de Oliveira; Julg. 17/11/2017; DJESP 23/11/2017; Pág. 1953)

Art. 844. Para presunção absoluta de conhecimento por terceiros, cabe ao exequente providenciar a averbação do arresto ou da penhora no registro competente, mediante apresentação de cópia do auto ou do termo, independentemente de mandado judicial.

→ *v.* Súmula 375 do STJ.

→ *v.* Art. 167, I-5, da Lei 6.015/1973.

→ *v.* Arts. 792, III e 799, IX, do NCPC.

Necessidade de o exequente averbar o arresto ou a penhora para dar conhecimento da constrição a terceiros

✓ AGRAVO DE INSTRUMENTO. INDENIZATÓRIA DE DANOS MATERIAIS E MORAIS DECORRENTES DE ACIDENTE DE TRÂNSITO. CUMPRIMENTO DE SENTENÇA. Indeferimento do bloqueio do veículo junto ao Detran. Bem alienação fiduciariamente. Possibilidade do bloqueio do bem via Renajud. Pedido de anotação da demanda no cartório de registro de imóveis. Não vejo óbice ao bloqueio de transferência e circulação nos cadastros do órgão de trânsito, tendo em vista que não trará nenhum prejuízo às partes. É a interpretação que melhor se harmoniza com o art. 799, VIII, do CPC/2015 (art. 615, III, do CPC/1973), que autoriza, se for o caso, medidas urgentes. Além disso, admissível a constrição judicial dos direitos do devedor fiduciante decorrentes do contrato de financiamento de bem objeto de alienação fiduciária, mas não sobre o próprio bem. Por fim, em relação à anotação do imóvel no cartório de registro de imóveis em razão da demanda, anote-se que o registro ou a averbação no ofício imobiliário se faz mediante apresentação de cópia do auto ou do termo, independentemente de mandado judicial, para presunção absoluta de conhecimento por terceiros, além do que cabe ao exequente providenciar a averbação do arresto ou da penhora no registro competente (art. 844 do CPC/2015; art. 659, § 4º, do CPC/1973). Tal como dito, a princípio, cabe à parte diligenciar pessoalmente ao cartório de registro de imóveis e pleitear a anotação. Agravo provido em parte. (TJSP; AI 2194801-86.2017.8.26.0000; Ac. 10964302; Mauá; Trigésima Câmara de Direito Privado; Rel. Des. Lino Machado; Julg. 08/11/2017; DJESP 22/11/2017; Pág. 2503)

✓ APELAÇÃO CÍVEL. Embargos de terceiro. Sentença de improcedência. Assistência Judiciária Gratuita. Concessão mediante simples afirmação de que não pode arcar com as despesas processuais sem prejuízo próprio ou de sua família. Pedido concedido. Bem imóvel penhorado em execução de título extrajudicial e posteriormente alienado para terceiro. Exequente que tardou em realizar a averbação da penhora na matrícula imobiliária a fim de dar publicidade da situação do imóvel perante terceiros. Ônus que lhe competia em obediência ao art. 844 do código de processo civil. Fraude à execução praticada pelos terceiros embargantes, adquirentes do imóvel não evidenciada. Contrato particular de compromisso de compra e venda do imóvel válido e eficaz perante a exequente. Sentença reformada. – ônus de sucumbência invertido. Recurso de apelação cível conhecido e provido. (TJPR; ApCiv 1700330-8; União da Vitória; Décima Sexta Câmara Cível; Relª Desª Maria Mercis Gomes Aniceto; Julg. 01/11/2017; DJPR 20/11/2017; Pág. 345)

Subseção III
Do Lugar de Realização da Penhora

Art. 845. Efetuar-se-á a penhora onde se encontrem os bens, ainda que sob a posse, a detenção ou a guarda de terceiros.

§ 1º A penhora de imóveis, independentemente de onde se localizem, quando apresentada certidão da respectiva matrícula, e a penhora de veículos automotores, quando apresentada certidão que ateste a sua existência, serão realizadas por termo nos autos.

§ 2º Se o executado não tiver bens no foro do processo, não sendo possível a realização da penhora nos termos do § 1º, a execução será feita por carta, penhorando-se, avaliando-se e alienando-se os bens no foro da situação.

→ v. Súmula 46 do STJ.

→ v. Súmulas 32 e 33 do TFR.

→ v. Arts. 260 a 268 e 914, § 2º, do NCPC.

Penhora por termo nos autos

✓ CUMPRIMENTO DE SENTENÇA. Veículos constritos não localizados pelo oficial de justiça. Penhora por termo nos autos. Cabimento. Inteligência do artigo 845, § 1º do CPC. Medida que visa garantir efetividade à execução. Avaliação dos automóveis nos termos do artigo 871, inciso IV do CPC. Decisão reformada. Recurso provido. (TJSP; AI 2166311-54.2017.8.26.0000; Ac. 10936650; São Paulo; Vigésima Quinta Câmara de Direito Privado; Rel. Des. Edgard Rosa; Julg. 26/10/2017; DJESP 07/11/2017; Pág. 2537)

✓ AÇÃO DE EXECUÇÃO. Penhora de bens imóveis dos executados. Alegação de que a penhora recaiu sobre bem de família. Impenhorabilidade. Demonstração de que o bem penhorado serve de residência ao coexecutado, bem como que é o único imóvel de natureza residencial de sua propriedade. Violação à garantia da habitação da família. Decisão reformada. RECURSO PROVIDO, nesta parte. AÇÃO DE EXECUÇÃO. Alegações de nulidade da penhora efetuada sobre bens imóveis situados em outra Comarca. Agravantes que sustentam a necessidade de que seja realizada mediante expedição de carta precatória. Desnecessidade. Inteligência do art. 845, § 1º, do Código de Processo Civil. Aplicação, pelo Juízo a quo, de multa por litigância de má-fé. Correto entendimento. Executados, ora agravantes, que deduziram pretensão contrária a expressa disposição legal. Manutenção da pena por litigância de má-fé. RECURSO NÃO PROVIDO, nesta parte. AÇÃO DE EXECUÇÃO. Decisão que rejeitou impugnação ao cumprimento de sentença. Pretensão dos agravantes de reforma da decisão. Inadmissibilidade. Trecho da peça recursal que constitui cópia ipsis literis da petição de Impugnação ao cumprimento de sentença dirigida ao juízo singular. Ausência de impugnação específica dos fundamentos da decisão agravada. Impossibilidade de conhecimento de parte do recurso. Inteligência do art. 1.016, II, do Código de Processo Civil. RECURSO NÃO CONHECIDO, nesta parte. (TJSP; AI 2139094-36.2017.8.26.0000; Ac. 10753488; São Paulo; Décima Primeira Câmara de Direito Privado; Rel. Des. Renato Rangel Desinano; Julg. 31/08/2017; DJESP 11/09/2017; Pág. 2825)

Art. 846. Se o executado fechar as portas da casa a fim de obstar a penhora dos bens, o oficial de justiça comunicará o fato ao juiz, solicitando-lhe ordem de arrombamento.

§ 1º Deferido o pedido, 2 (dois) oficiais de justiça cumprirão o mandado, arrombando cômodos e móveis em que se presuma estarem os bens, e lavrarão de tudo auto circunstanciado, que será assinado por 2 (duas) testemunhas presentes à diligência.

§ 2º Sempre que necessário, o juiz requisitará força policial, a fim de auxiliar os oficiais de justiça na penhora dos bens.

→ v. Art. 782, § 2º, do NCPC.

§ 3º Os oficiais de justiça lavrarão em duplicata o auto da ocorrência, entregando uma via ao escrivão ou ao chefe de secretaria, para ser juntada aos autos, e a outra à autoridade policial a quem couber a apuração criminal dos eventuais delitos de desobediência ou de resistência.

→ v. Arts. 329 e 330 do CP.

§ 4º Do auto da ocorrência constará o rol de testemunhas, com a respectiva qualificação.

Subseção IV
Das Modificações da Penhora

Art. 847. O executado pode, no prazo de 10 (dez) dias contado da intimação da penhora, requerer a substituição do bem penhorado, desde que comprove que lhe será menos onerosa e não trará prejuízo ao exequente.

→ v. Art. 15, I, da Lei 6.830/1980.

→ v. Art. 805 do NCPC.

§ 1º O juiz só autorizará a substituição se o executado:

I – comprovar as respectivas matrículas e os registros por certidão do correspondente ofício, quanto aos bens imóveis;

II – descrever os bens móveis, com todas as suas propriedades e características, bem como o estado deles e o lugar onde se encontram;

III – descrever os semoventes, com indicação de espécie, de número, de marca ou sinal e do local onde se encontram;

IV – identificar os créditos, indicando quem seja o devedor, qual a origem da dívida, o título que a representa e a data do vencimento; e

V – atribuir, em qualquer caso, valor aos bens indicados à penhora, além de especificar os ônus e os encargos a que estejam sujeitos.

§ 2º Requerida a substituição do bem penhorado, o executado deve indicar onde se encontram os bens sujeitos à execução, exibir a prova de sua propriedade e a certidão negativa ou positiva de ônus, bem como abster-se de qualquer atitude que dificulte ou embarace a realização da penhora.

→ *v.* Art. 774 do NCPC.

§ 3º O executado somente poderá oferecer bem imóvel em substituição caso o requeira com a expressa anuência do cônjuge, salvo se o regime for o de separação absoluta de bens.

→ *v.* Arts. 1.641, 1.687 e 1.688 do CC/2002.

§ 4º O juiz intimará o exequente para manifestar- se sobre o requerimento de substituição do bem penhorado.

<u>Necessidade de cumprimento dos requisitos cumulativos para deferimento na modificação da penhora</u>

✓ AGRAVO DE INSTRUMENTO. Execução de título extrajudicial nº 201310401186. Pleito de substituição de penhora. Indeferimento. Irresignação. Alegação de que o imóvel penhorado na execução de título extrajudicial nº 201311501142 é suficiente para garantir ambas as execuções. Bem penhorado na execução de título extrajudicial nº 201311501142 que ainda se encontra pendente de avaliação. Impossibilidade de se aferir se o valor do referido bem imóvel é suficiente para adimplir ambos os débitos exequendos. Menor onerosidade do devedor não verificada. Ausência de preenchimento dos requisitos cumulativos contidos no artigo 847 do código de processo civil. Impugnação à justiça gratuita. Rejeitada. Manutenção do decisum. Recurso conhecido e improvido. (TJSE; AI 201700718872; Ac. 25731/2017; Primeira Câmara Cível; Relª Desª Áurea Corumba de Santana; Julg. 20/11/2017; DJSE 23/11/2017)

✓ PROCESSUAL CIVIL. ADMINISTRATIVO. AGRAVO DE INSTRUMENTO. AGRAVO INTERNO. AÇÃO CIVIL POR ATO DE IMPROBIDADE ADMINISTRATIVA. SUBSTITUIÇÃO DE BENS. IMPOSSIBILIDADE. DEMONSTRAÇÃO DE ALIENAÇÃO DOS BENS. IMPRESCINDIBILIDADE. SITUAÇÃO MENOS ONEROSA AO EXEQUENTE. AUSÊNCIA DE COMPROVAÇÃO. ART. 847 DO NOVO CÓDIGO DE RITOS. BENS INDICADOS PARA SUBSTITUIÇÃO. GARANTIA EM OUTRA AÇÃO DE EXECUÇÃO. RECURSOS NÃO PROVIDOS. 1. Extrai-se dos autos que os imóveis ofertados para substituição da penhora, conforme demonstram as respectivas certidões de inteiro teor de suas matrículas, encontram-se penhorados em garantia de outra ação de execução em trâmite no Juízo Federal da 2ª. Vara da Seção Judiciária de Tocantins, pelo que se afigura inviável a pretendida substituição. 2. O art. 847 do Código de Processo Civil/2015, diz: "o executado pode, no prazo de 10 (dez) dias contado da intimação da penhora, requerer a substituição do bem penhorado, desde que comprove que lhe será menos onerosa e não trará prejuízo ao exequente". 3. O presente pedido de substituição se mostra inviável, pois os bens imóveis ofertados pelo ora agravante para garantir o cumprimento da sentença já se encontram penhorados para garantir outra ação de execução fiscal. 4. "A regra do art. 847 do CPC/2015 se limita a prever, abstratamente, a possibilidade de o executado requerer a substituição do bem penhorado, desde que comprove que será menos onerosa e não trará prejuízo ao exequente" (SJT. REsp 1674335/RS, Segunda Turma, Rel. Ministro Herman Benjamin, DJe de 13/09/2017). 5. Agravos de instrumento e interno não providos. (TRF 1ª R.; AI 0038808-16.2017.4.01.0000; Terceira Turma; Rel. Des. Fed. Ney Bello; DJF1 17/11/2017)

<u>Necessidade de a modificação da penhora não causar prejuízo ao exequente</u>

✓ AGRAVO DE INSTRUMENTO. EXECUÇÃO POR TÍTULO EXTRAJUDICIAL. CONTRATO BANCÁRIO. Pretendida substituição do objeto da garantia do juízo, representado por carta de fiança bancária, por seguro garantia judicial. Figuras que se equivalem para fins de garantia da execução, até pelo que se depreende da regra do art. 848, parágrafo único, do CPC. Sem significado a circunstância de o seguro ter prazo determinado de validade, conforme o disposto no art. 760 do CC. Interessa que a proposta do seguro em questão contém cláusula que resguarda satisfatoriamente os interesses do exequente, ao estabelecer que a falta de renovação do seguro ou de substituição da garantia, em até 60 dias anteriores ao término do prazo de vigência da apólice, faz devida a cobertura securitária de imediato. Hipótese dos autos em que, todavia, não cabe aceitar a pretendida substituição. Em primeiro, porque o valor proposto para o seguro é inferior ao valor atualizado da dívida em execução. Em segundo, porque o critério de atualização da importância segurada, consoante ainda a proposta, está em desconformidade com os encargos contratuais moratórios incidentes sobre o débito, a fazer antever provável descompasso entre o valor da garantia e o valor da execução. Cenário diante do qual não há como reconhecer a inexistência de possibilidade de prejuízo para a exequente com a pretendida substituição do objeto da penhora, só o que autorizaria a providência, nos termos do art. 847 do CPC. Dispositivo: Afastaram a preliminar e negaram provimento ao agravo. (TJSP; AI 2024018-61.2017.8.26.0000; Ac. 10826334; São Paulo; Décima Nona Câmara de Direito Privado; Rel. Des. Ricardo Pessoa de Mello Belli; Julg. 18/09/2017; DJESP 01/11/2017; Pág. 2502)

Art. 848. As partes poderão requerer a substituição da penhora se:

→ *v.* Súmula 406 do STJ.

I – ela não obedecer à ordem legal;

→ *v.* Art. 11 da Lei 6.830/1980.

→ *v.* Art. 835 do NCPC.

II – ela não incidir sobre os bens designados em lei, contrato ou ato judicial para o pagamento;

→ *v.* Enunciado 490 do FPPC: São admissíveis os seguintes negócios processuais, entre outros: pacto de inexecução parcial ou total de multa coercitiva; pacto de alteração de ordem de penhora; pré-indicação de bem penhorável preferencial (art. 848, II); pré-fixação de indenização por dano processual prevista nos arts. 81, § 3º, 520, inc. I, 297, parágrafo único (cláusula penal processual); negócio de anuência prévia para aditamento ou alteração do pedido ou da causa de pedir até o saneamento (art. 329, inc. II).

III – havendo bens no foro da execução, outros tiverem sido penhorados;

IV – havendo bens livres, ela tiver recaído sobre bens já penhorados ou objeto de gravame;

V – ela incidir sobre bens de baixa liquidez;

VI – fracassar a tentativa de alienação judicial do bem; ou

VII – o executado não indicar o valor dos bens ou omitir qualquer das indicações previstas em lei.

Parágrafo único. A penhora pode ser substituída por fiança bancária ou por seguro garantia judicial, em valor não inferior ao do débito constante da inicial, acrescido de trinta por cento.

→ *v.* Art. 15, I, da Lei 6.830/1980.

→ *v.* Art. 835, § 2º, do NCPC.

Deferimento da substituição da penhora quando houver preenchimento dos requisitos legais

✓ AGRAVO DE INSTRUMENTO. CUMPRIMENTO DE SENTENÇA. DEFERIMENTO DO PEDIDO DE SUBSTITUIÇÃO DE BEM PENHORADO POR OUTRO, DIANTE DO FRACASSO DA ALIENAÇÃO JUDICIAL E DE SUA AVALIAÇÃO SER SUPERIOR AO CREDITO DO EXEQUENTE. Manutenção. Decisão que deferiu do pedido de substituição de bem penhorado por outro, por entender que houve fracasso da alienação judicial e que sua avaliação foi superior ao credito do exequente. Inicialmente, restou prejudicada a análise do agravo interno interposto pelo agravado em face da decisão que concedeu o efeito suspensivo, em razão do julgamento do mérito do agravo de instrumento. Insurge-se o agravante contra decisão que deferiu a substituição de um bem por outo situado em Madureira. Para tanto, sustenta que a decisão proferida pelo magistrado a quo afronta o julgado, que já havia sido proferido no agravo de instrumento nº 0028504-55.2016.8.19.0000, o qual negou a substituição da penhora pretendida pelo agravado. Asseverou, ainda, que, ao longo do cumprimento de sentença, se insurgiu em vários momentos contra a pretensão do agravado de substituição do bem penhorado. Alegou que o bem indicado para substituição é um imóvel com valor demasiadamente inferior ao valor da execução e que o bem penhorado é o único capaz de garantir a satisfação do crédito executado. Veja-se que a decisão proferida nos autos do agravo de instrumento nº 0028504-55.2016.8.19.0000 negou a suspensão do bem imóvel a ser objeto da hasta pública. Acrescentar ainda o fato de que o magistrado a quo havia indeferido a substituição do bem porque este já havia sido avaliado em valor superior ao que seria substituído e já iria dar início aos atos expropriatórios com a marcação da data do leilão. Desse modo, naquele momento, não caberia a alteração pretendida pelo agravado por não ter demonstrado que não traria prejuízo para o agravante. Ocorre que, a decisão proferida anteriormente, não impede a modificação da penhora quando houver uma das causas justificadoras previstas no artigo 848 do novo código de processo civil. Nota-se que, no caso em tela, houve a negativa de arrematação do imóvel penhorado após a realização de dois leilões, o que se enquadra na hipótese do inciso VI 1 deste dispositivo. Com efeito, da analise detida dos autos originais, houve o fracasso da alienação judicial do imóvel penhorado situado em Macaé (indexadores 0001449, 0001477, 0001574, 0001577 e 0001579), de modo que agiu corretamente o juízo a quo ao apreciar um novo pedido de substituição. Revela notar que a insistência na venda do imóvel penhorado não se justifica e não atende os princípios processuais da efetividade, da economicidade e da celeridade processual para satisfação do crédito exequendo. Isto porque o bem se localiza no município de Macaé, o que torna a execução menos célere e mais onerosa. Além disso, não há prova dos autos de que o agravado pretende dilapidar seu patrimônio e fraudar a execução, como alegado pelo agravante. Por outro lado, observa-se que o imóvel oferecido pelo executado, ora agravado, para penhora está localizado em Madureira, foro da execução, com avaliação imobiliária em R$ 4.685.624,000, o que demonstra que a modificação pretendida não traria prejuízo ao agravante, seria menos onerosa para o agravado e obedeceria a preferência dos bens a serem alienados, conforme dispõem os artigos 805 e 848, III 2do novo código de processo civil. Impende salientar que o imóvel penhorado foi avaliado em R$ 13.828.990,00, valor este que supera e muito o crédito exequendo, de R$ 1.500.000,00, conforme planilha apresentada junto ao pedido de cumprimento de sentença às fls. 745(indexador 000743), o que demonstra ser medida executiva mais gravosa. Desse modo, não há que se falar em reforma da decisão impugnada, visto que o magistrado a quo ponderou corretamente o interesse do credor e o processamento menos oneroso para o devedor, além de observar a duração razoável do processo. Desprovimento do recurso. (TJRJ; AI 0054048-11.2017.8.19.0000; Rio de Janeiro; Vigésima Câmara Cível; Rel. Des. Alcides da Fonseca Neto; Julg. 01/11/2017; DORJ 06/11/2017; Pág. 482)

Necessidade do acréscimo de 30% do crédito nos casos de substituição por seguro garantia judicial

✓ AGRAVO DE INSTRUMENTO. EMBARGOS À EXECUÇÃO FISCAL. OFERECIMENTO DE SEGURO-FIANÇA SEM O ACRÉSCIMO DE 30% SOBRE O VALOR TOTAL DO DÉBITO. IMPOSSIBILIDADE. Recurso de agravo de instrumento interposto em face de decisão que indeferiu o pedido de suspensão da execução fiscal em face do seguro-fiança oferecido pela executada, ora agravante, para garantia da execução. Complementação que se faz necessária, por força do artigo 9º, II, da Lei nº 6.830/80 e do art. 848, parágrafo único do CPC. Decisão mantida. Recurso desprovido. (TJSP; AI 2080084-61.2017.8.26.0000; Ac. 10919595; Serrana; Primeira Câmara Reservada ao Meio Ambiente; Rel. Des. Nogueira Diefenthaler; Julg. 26/10/2017; rep. DJESP 08/11/2017; Pág. 2542)

✓ AGRAVO REGIMENTAL. Execução fiscal. Multa de comércio. Decisão que acolheu recusa do Município e indeferiu oferecimento de apólice de seguro em garantia à execução, determinando penhora on line de ativos financeiros. Alegação de higidez da garantia. Ocorrência. Necessidade, contudo, de observância do artigo 848, parágrafo único do CPC, que exige acréscimo de 30% (trinta por cento) sobre o valor do débito. Recurso parcialmente provido. (TJSP; AI 2160243-25.2016.8.26.0000; Ac. 10506047; São José do Rio Preto; Décima Quarta Câmara de Direito Público; Rel. Des. João Alberto Pezarini; Julg. 06/04/2017; rep. DJESP 06/11/2017; Pág. 3274)

Art. 849. Sempre que ocorrer a substituição dos bens inicialmente penhorados, será lavrado novo termo.

→ *v.* Art. 838 do NCPC.

Art. 850. Será admitida a redução ou a ampliação da penhora, bem como sua transferência para outros bens, se, no curso do processo, o valor de mercado dos bens penhorados sofrer alteração significativa.

→ *v.* Art. 15, II, da Lei 6.830/1980.

Redução da penhora por excesso – cancelamento da constrição

✓ AGRAVO DE INSTRUMENTO. PROMESSA DE COMPRA E VENDA. EXECUÇÃO DE SENTENÇA. DECISÃO QUE CANCELOU A PENHORA DE UM IMÓVEL E INDEFERIU PEDIDO DE NOVA AVALIAÇÃO DO OUTRO IMÓVEL PENHORADO. EXCESSO DE PENHORA CONFIGURADO. INCIDÊNCIA DA HIPÓTESE DO ARTIGO 850 DO CPC. Comprovado o excesso, é de se cancelar a penhora havida sobre um dos imóveis penhorados, nos termos do disposto no artigo 850 do CPC. Nova avaliação. Desnecessidade. Ausência dos requisitos do artigo 873 do CPC. Decisão agravada mantida. Nos termos do previsto no artigo 870 do novo código de processo civil a avaliação será feita pelo oficial de justiça e, somente em casos excepcionais, que necessitem conhecimento técnico/especializado, é que o juiz nomeará um avaliador. No caso, a avaliação foi realizado por oficial de justiça, não tendo os agravantes comprovado o alegado equívoco do laudo por ele elaborados. Ausência dos requisitos do artigo 873 do CPC. Agravo de instrumento desprovido. Unânime. (TJRS; AI 0119236-43.2017.8.21.7000; Porto Alegre; Décima Sétima Câmara Cível; Relª Desª Liege Puricelli Pires; Julg. 31/08/2017; DJERS 25/09/2017)

Art. 851. Não se procede à segunda penhora, salvo se:

I – a primeira for anulada;

II – executados os bens, o produto da alienação não bastar para o pagamento do exequente;

→ *v.* Súmula 224 do TFR.

→ *v.* Art. 872, II, do NCPC.

III – o exequente desistir da primeira penhora, por serem litigiosos os bens ou por estarem submetidos a constrição judicial.

Possibilidade de segunda penhora, apenas, se presentes os requisitos do art. 851 do CPC

✓ AGRAVO DE INSTRUMENTO. EXECUÇÃO DE TÍTULO EXTRAJUDICIAL. NOVA MATRÍCULA. DETERMINAÇÃO CNJ. ORDEM DE PENHORA. SUBSTITUIÇÃO. DESISTÊNCIA. SEGUNDA PENHORA. POSSIBILIDADE. ART. 851, CPC. MANIFESTAÇÃO DO PEDIDO DE SUBSTITUIÇÃO. LEGALIDADE. ART. 847, § 4º, DO CPC. DESPROVIMENTO. 1. A matrícula 66.140, é na verdade a antiga matrícula 4.255se, que foi aberta em razão de erro de numeração constante na matrícula anterior, eis que de acordo com o pedido de providências nº 0000015-33.2014.8.01.8001 (sei nº 0003065-43.2016.8.01.0000), deste tribunal, e art. 3º, do provimento nº 23, do CNJ, de 24 de outubro de 2012, da corregedoria nacional de justiça, é vedada a abertura pelo oficial de registro de imóveis, no livro nº 2. Registro geral, de matrículas para imóveis distintos com uso do mesmo número de ordem, ainda que seguindo da aposição de letra do alfabeto (ex. Matrícula 1 - A, matrícula 1 - B etc.). É vedada a prática no livro nº 3. Registro auxiliar, do serviço de registro de imóveis, de ato que não lhe foi atribuído por Lei, devendo as mesmas serem corrigidas. 2. É possível, nos termos do art. 851, do CPC uma segunda penhora, mormente quando houve pedido de substituição da penhora do imóvel por dinheiro, (entendido pelo MM. Juiz como desistência) primeiro por estar o bem gravado com hipotecas, segundo por ser o dinheiro o primeiro na ordem de bem a ser penhorado. 3. Inobstante tenha sido considerado preclusa o pedido de reconsideração para revolver a penhora do imóvel, por entender o magistrado ter o agravado desistido da primeira penhora, e não ter interposto recurso contra aquela decisão, certo é ser possível uma segunda penhora do referido imóvel, porquanto atendeu o disposto no art. 851, III, do CPC (art. 667, CPC/1973), e ainda, por observância ao art. 840, da Lei processual civil, que trata da preferência dos depósitos. 4. O prazo concedido para manifestação do agravado encontra-se positivado no art. 847, § 4º, do CPC, não havendo ilegalidade no decisum que determinou a intimação para o ato. 5. Nas ações de execução encontra-se o princípio da responsabilidade patrimonial, que tem por objetivo garantir a satisfação do direito do credor, e para tanto, recairá sobre o patrimônio/bens (presentes e futuros) do devedor, sendo a penhora ato que garante a satisfação do crédito, devendo ser mantida até futura expropriação. 6. Recurso conhecido e desprovido. (TJAC; AG Inst 1000074-43.2017.8.01.0000; Ac. 4.141; Segunda Câmara Cível; Relª Desª Waldirene Cordeiro; DJAC 24/04/2017; Pág. 6)

✓ AÇÃO DE EXECUÇÃO DE TÍTULO EXTRAJUDICIAL. SEGUNDA PENHORA QUE FICA AUTORIZADA QUANDO CONSTATADA A INSUFICIÊNCIA DE BENS DOS DEVEDORES PARA SALDAR A DÍVIDA EXEGESE DO ARTIGO 851 DO CPC. ELEMENTOS QUE NÃO EVIDENCIAM EXCESSO DE PENHORA. NECESSIDADE DE AVALIAÇÃO DOS BENS PENHORADOS. DEPÓSITO DOS VEÍCULOS GARANTIDORES DO CONTRATO COM O EXEQUENTE. ARTIGO 840 DO CPC. DECISÃO MANTIDA. 1. A penhora recairá sobre tantos bens dos devedores quanto bastem ao pagamento da dívida, razão pela qual a segunda penhora esta´ autorizada se o contexto reexaminado demonstra que a penhora anteriormente efetivada não é suficiente para saldar a dívida executada. 2. De plano, os elementos reexaminados não indicam que as constrições judiciais determinadas são suficientes para saldar a dívida executada. 3. Até que seja feita a avaliação judicial dos bens penhorados, a tese de excesso de penhora não comporta acolhimento. 4. No mais, o bem penhorado somente será depositado em poder do executado com a expressa anuência do exequente ou nos casos de difícil remoção. O exequente pleiteou a constrição judicial dos veículos garantidores do contrato, protestou pela sua nomeação como depositário e imediata remoção dos bens, nos exatos termos do artigo 840 do Código de Processo Civil. Agravo não provido. (TJSP; AI 2176105-02.2017.8.26.0000; Ac. 10930804; São Paulo; Décima Segunda Câmara de Direito Privado; Relª Desª Sandra Galhardo Esteves; Julg. 30/10/2017; DJESP 06/11/2017; Pág. 2698)

Art. 852. O juiz determinará a alienação antecipada dos bens penhorados quando:

→ *v.* Art. 730 do NCPC.

I – se tratar de veículos automotores, de pedras e metais preciosos e de outros bens móveis sujeitos à depreciação ou à deterioração;

II – houver manifesta vantagem.

Alienação antecipada de bens passíveis de deterioração

✓ AGRAVO DE INSTRUMENTO. EXECUÇÃO FISCAL. PENHORA. DEPRECIAÇÃO. ALIENAÇÃO ANTECIPADA. POSSIBILIDADE. MENOR ONEROSIDADE AO EXECUTADO. INAPLICABILIDADE. Verificado que os bens penhorados estão sujeitos à depreciação e deteriorização, cabe a alienação antecipada, conforme inciso I do art. 852 do Código de Processo Civil, não havendo óbice em alegada forma menos onerosa quando o executado não propõe meio mais eficaz, conforme estabelece o parágrafo único do art. 805 do CPC. (TRF 4ª R.; AG 5021682-78.2017.404.0000; Segunda Turma; Rel. Des. Fed. Luiz Carlos Cervi; Julg. 22/08/2017; DEJF 25/08/2017)

✓ AGRAVO DE INSTRUMENTO. Direito tributário. Execução fiscal. Penhora de parte do estoque. Não interferência na atividade da executada. Cabimento. Precedentes do STJ e do TJRS. Alienação antecipada. Rotatividade de bens que compõem o estoque. Risco de depreciação. Art. 852, I, do CPC/15. Possibilidade. Agravo de instrumento desprovido. (TJRS; AI 0104657-90.2017.8.21.7000; São Leopoldo; Vigésima Segunda Câmara Cível; Relª Desª Marilene Bonzanini Bernardi; Julg. 29/06/2017; DJERS 05/07/2017)

Inaplicabilidade se recebidos os embargos no efeito suspensivo

✓ AGRAVO DE INSTRUMENTO. EXECUÇÃO FISCAL. EMBARGOS À EXECUÇÃO FISCAL. EFEITO SUSPENSIVO. ALIENAÇÃO DO BEM PENHORADO. IMPOSSIBILIDADE. Recebidos os embargos à execução com efeito suspensivo, não cabe proceder à alienação antecipada de bens prevista no art. 852 do CPC. (TRF 4ª R.; AG 5018861-04.2017.404.0000; Segunda Turma; Rel. Des. Fed. Luiz Carlos Cervi; Julg. 22/08/2017; DEJF 25/08/2017)

Art. 853. Quando uma das partes requerer alguma das medidas previstas nesta Subseção, o juiz ouvirá sempre a outra, no prazo de 3 (três) dias, antes de decidir.

Parágrafo único. O juiz decidirá de plano qualquer questão suscitada.

<u>Contraditório para deliberações sobre penhora</u>

✓ EXECUÇÃO DE TÍTULO EXTRAJUDICIAL. DECISÃO QUE DEFERIU A PENHORA DO IMÓVEL INDICADO, ASSIM COMO DOS ALUGUÉIS. CARACTERIZADA VIOLAÇÃO AO CONTRADITÓRIO. Ausência de intimação prévia do executado para manifestação sobre o pedido de penhora, apesar da existência de penhora anterior. Inteligência do art. 853 do CPC. Caracterizada, também, a violação aos artigos 93, IX da CF e 489 do CPC. Decisão sem qualquer fundamentação. Determinado o saneamento pelo juízo a quo. Afastada a multa imposta nos embargos de declaração opostos contra a decisão recorrida. Prejudicada a apreciação das demais questões suscitadas pelo agravante. Recurso provido na parte conhecida. (TJSP; AI 2075741-22.2017.8.26.0000; Ac. 10724953; São Paulo; Décima Quinta Câmara de Direito Privado; Rel. Des. Coelho Mendes; Julg. 23/08/2017; DJESP 28/08/2017; Pág. 2482)

✓ AGRAVO INSTRUMENTO. EMBARGOS DE TERCEIRO. SUBSTITUIÇÃO DA PENHORA. AUSÊNCIA DE INTIMAÇÃO DO EXEQUENTE. OFENSA AO PRINCÍPIO DO CONTRADITÓRIO, AMPLA DEFESA E NÃO SURPESA. IMPOSSIBILIDADE. O art. 10 do NCPC determina que "o juiz não pode decidir, em grau algum de jurisdição, com base em fundamento a respeito do qual não se tenha dado às partes oportunidade de se manifestar, ainda que se trate de matéria sobre a qual deva decidir de ofício".. Não tendo a exequente/agravante sido intimada para se manifestar acerca do pedido de substituição do bem penhorado, em desrespeito ao que determina os arts. 847, §4º e 853, ambos do CPC, necessária a cassação da decisão agravada. (TJMG; AI 1.0702.13.025908-9/008; Rel. Des. Sérgio André da Fonseca Xavier; Julg. 22/08/2017; DJEMG 24/08/2017)

Subseção V
Da Penhora de Dinheiro em Depósito ou em Aplicação Financeira

Art. 854. Para possibilitar a penhora de dinheiro em depósito ou em aplicação financeira, o juiz, a requerimento do exequente, sem dar ciência prévia do ato ao executado, determinará às instituições financeiras, por meio de sistema eletrônico gerido pela autoridade supervisora do sistema financeiro nacional, que torne indisponíveis ativos financeiros existentes em nome do executado, limitando-se a indisponibilidade ao valor indicado na execução.

→ *v.* Súmula 560 do STJ.

→ *v.* Art. 837 do NCPC.

→ *v.* Enunciado 540 do FPPC: A disciplina procedimental para penhora de dinheiro prevista no art. 854 é aplicável ao procedimento de execução fiscal.

§ 1º No prazo de 24 (vinte e quatro) horas a contar da resposta, de ofício, o juiz determinará o cancelamento de eventual indisponibilidade excessiva, o que deverá ser cumprido pela instituição financeira em igual prazo.

§ 2º Tornados indisponíveis os ativos financeiros do executado, este será intimado na pessoa de seu advogado ou, não o tendo, pessoalmente.

§ 3º Incumbe ao executado, no prazo de 5 (cinco) dias, comprovar que:

I – as quantias tornadas indisponíveis são impenhoráveis;

→ *v.* Art. 833 do NCPC.

II – ainda remanesce indisponibilidade excessiva de ativos financeiros.

§ 4º Acolhida qualquer das arguições dos incisos I e II do § 3º, o juiz determinará o cancelamento de eventual indisponibilidade irregular ou excessiva, a ser cumprido pela instituição financeira em 24 (vinte e quatro) horas.

§ 5º Rejeitada ou não apresentada a manifestação do executado, converter-se-á a indisponibilidade em penhora, sem necessidade de lavratura de termo, devendo o juiz da execução determinar à instituição financeira depositária que, no prazo de 24 (vinte e quatro) horas, transfira o montante indisponível para conta vinculada ao juízo da execução.

§ 6º Realizado o pagamento da dívida por outro meio, o juiz determinará, imediatamente, por sistema eletrônico gerido pela autoridade supervisora do sistema financeiro nacional, a notificação da instituição financeira para que, em até 24 (vinte e quatro) horas, cancele a indisponibilidade.

§ 7º As transmissões das ordens de indisponibilidade, de seu cancelamento e de determinação de penhora previstas neste artigo far-se-ão por meio de sistema eletrônico gerido pela autoridade supervisora do sistema financeiro nacional.

§ 8º A instituição financeira será responsável pelos prejuízos causados ao executado em decorrência da indisponibilidade de ativos financeiros em valor superior ao indicado na execução ou pelo juiz, bem como na hipótese de não cancelamento da indisponibilidade no prazo de 24 (vinte e quatro) horas, quando assim determinar o juiz.

→ *v.* Enunciado 541 do FPPC: A responsabilidade que trata o art. 854, § 8º, é objetiva e as perdas e danos serão liquidadas de forma incidental, devendo ser imediatamente intimada a instituição financeira para preservação do contraditório.

§ 9º Quando se tratar de execução contra partido político, o juiz, a requerimento do exequente, determinará às instituições financeiras, por meio de sistema eletrônico gerido por autoridade supervisora do sistema bancário, que tornem indisponíveis ativos financeiros somente em nome do órgão partidário que tenha contraído a dívida executada ou que tenha dado causa à violação de direito ou ao dano, ao qual cabe exclusivamente a responsabilidade pelos atos praticados, na forma da lei.

→ *v.* Art. 15-A da Lei 9.096/1995.

Impossibilidade do bloqueio de ativos antes da citação

✓ PROCESSO CIVIL. Agravo de instrumento. Execução de título extrajudicial. Decisão que rejeitou o pedido de indisponibilidade de ativos do executado. Impossibilidade de aplicação da regra contida no art. 854 do CPC. Medida excepcional. Necessidade de citação válida do devedor. Ausência de requisitos necessários à reforma da decisão agravada. Precedente do STJ. Recurso conhecido e desprovido. (TJRN; AI 2017.005891-7; Primeira Câmara Cível; Rel. Des. Cláudio Santos; DJRN 21/11/2017)

✓ AGRAVO DE INSTRUMENTO. EXECUÇÃO FISCAL. POSTULAÇÃO DE INDISPONIBILIDADE DE ATIVOS FINANCEIROS ON LINE ANTES DA CITAÇÃO DO EXECUTADO (ARTIGO 854 DO CPC/2015). IMPOSSIBILIDADE. PRETENSÃO DESCABIDA. RECURSO DESPROVIDO. 1 – Carece o autor/agravante de prova inequívoca do direito e da verossimilhança do alegado, pois os elementos trazidos aos autos visando a preservação do único patrimônio da empresa agravada no Brasil, não se mostram suficientes para autorizar a tutela antecipada, eis que, muito embora o crédito reclamado na presente demanda seja patente, não se afigura, o alegado risco ao resultado útil ao processo. 2 – Ante a ausência de demonstração do justo receio de dissipação do patrimônio alegado pelo agravante e ausente comprovação no sentido de que a empresa esteja tentando dilapidar seu patrimônio para frustrar futura execução e satisfação do crédito, revela-se correta a decisão agravada. 3 – Recurso conhecido e improvido. (TJES; AI 0011743-68.2017.8.08.0048; Quarta Câmara Cível; Rel. Des. Walace Pandolpho Kiffer; Julg. 13/11/2017; DJES 20/11/2017)

Executado tem o ônus de provar impenhorabilidade/indisponibilidade excessiva

✓ PROCESSUAL CIVIL. AGRAVO DE INSTRUMENTO. EXECUÇÃO DE TÍTULO EXTRAJUDICIAL. 1. Prescrição intercorrente. Inocorrência. Pedido de suspensão do feito em virtude da inexistência de bens. Deferimento. Suspensão do prazo prescricional. Inexistência de inércia do exequente. Impossibilidade de extinção do processo. 2. Bloqueio de ativos financeiros via bacenjud. Valores depositados em conta corrente. Impenhorabilidade. Ausência de prova. Ônus do executado. Exegese do art. 854, §3º, do CPC/15. Manutenção da decisão agravada. 1. O pedido de suspensão da execução em face da inexistência de bens constitui motivo justo a impedir a prescrição intercorrente, não se caracterizando inércia ou desídia do credor. 2. Nos termos do art. 833, IV, do CPC, o salário é impenhorável, sendo ônus do executado a comprovação de que a verba depositada na sua conta corrente tem origem salarial, segundo dispõe o art. 854, § 3º, do CPC/15. Por conseguinte, a ausência de provas de que os ativos financeiros constritos têm natureza salarial impede a liberação do bloqueio judicial. Agravo de instrumento desprovido. (TJPR; Ag Instr 1728540-2; Toledo; Décima Quinta Câmara Cível; Rel. Des. Jucimar Novochadlo; Julg. 01/11/2017; DJPR 14/11/2017; Pág. 327)

O desbloqueio independe da oitiva do exequente

✓ AGRAVO DE INSTRUMENTO. EXECUÇÃO FISCAL. PRELIMINAR DE AUSENCIA DE OITIVA PRÉVIA DA FAZENDA PÚBLICA. REJEITADA. PENHORA ELETRÔNICA DE SALDO EM CONTAS BANCÁRIAS DE PESSOA JURÍDICA. VALORES DESTINADOS AO PAGAMENTO DE FORNECEDORES E VERBAS TRABALHISTAS. NÃO COMPROVAÇÃO. ORDEM PREFERENCIAL DE PENHORA. INOBSERVANCIA. O desbloqueio de valores independe da oitiva prévia do exequente, consoante se extrai pela leitura do art. 854, §§1º e 4º do Código de Processo Civil. Não comprovada a real destinação dos valores bloqueados na conta de titularidade da empresa executada não há se cogitar sua impenhorabilidade. O art. 11 da Lei nº 6.830/80 (Lei de Execução Fiscal), estabelece a ordem preferencial de penhora nas ações executivas, não obstante, referida gradação legal não é rígida, sendo possível sua relativização para atender às circunstâncias do caso concreto, com vistas à satisfação do crédito e observância da menor onerosidade para o devedor. Sendo os bens nomeados à penhora de difícil alienação e havendo desrespeito à ordem legal de penhora, admissível a recusa pela Fazenda Pública. (TJMG; AI 1.0079.17.001913-1/001; Relª Desª Yeda Athias; Julg. 31/10/2017; DJEMG 14/11/2017)

Subseção VI

Da Penhora de Créditos

Art. 855. Quando recair em crédito do executado, enquanto não ocorrer a hipótese prevista no art. 856, considerar-se-á feita a penhora pela intimação:

I – ao terceiro devedor para que não pague ao executado, seu credor;

→ v. Art. 312 do CC/2002.

II – ao executado, credor do terceiro, para que não pratique ato de disposição do crédito.

Possibilidade de penhora de créditos

✓ RECURSO. AGRAVO DE INSTRUMENTO. EXECUÇÃO POR QUANTIA CERTA CONTRA DEVEDOR SOLVENTE. Insurgência contra o respeitável decisum que indeferiu a penhora de crédito da agravada perante terceiros. Admissibilidade. Não tendo sido localizados outros bens, ou sendo os mesmos insuficientes para garantir a execução, nada impede que a constrição recaia sobre créditos a receber que a ora agravada tem perante terceiros. Inteligência do artigo 855 do CPC/15. Recurso provido, com determinação. (TJSP; AI 2116697-80.2017.8.26.0000; Ac. 10957182; São Paulo; Décima Oitava Câmara de Direito Privado; Rel. Des. Roque Antonio Mesquita de Oliveira; Julg. 07/11/2017; DJESP 14/11/2017; Pág. 2333)

✓ EXECUÇÃO DE TÍTULO EXTRAJUDICIAL. Penhora de crédito junto à Prefeitura Municipal de Votuporanga. Possibilidade. Inteligência do artigo 855 e seguintes do CPC. Pedido de limitação da penhora em 10%. Prejuízos não comprovados. Decisão mantida. Recurso não provido. (TJSP; AI 2156196-71.2017.8.26.0000; Ac. 10889454; Votuporanga; Vigésima Primeira Câmara de Direito Privado; Rel. Des. Maia da Rocha; Julg. 18/10/2017; DJESP 31/10/2017; Pág. 2514)

Art. 856. A penhora de crédito representado por letra de câmbio, nota promissória, duplicata, cheque ou outros títulos far-se-á pela apreensão do documento, esteja ou não este em poder do executado.

§ 1º Se o título não for apreendido, mas o terceiro confessar a dívida, será este tido como depositário da importância.

§ 2º O terceiro só se exonerará da obrigação depositando em juízo a importância da dívida.

→ v. Art. 312 do CC/2002.

§ 3º Se o terceiro negar o débito em conluio com o executado, a quitação que este lhe der caracterizará fraude à execução.

→ v. Art. 792 do NCPC.

§ 4º A requerimento do exequente, o juiz determinará o comparecimento, em audiência especialmente designada, do executado e do terceiro, a fim de lhes tomar os depoimentos.

Caracterização de fraude execução por conluio com o devedor

✓ PROCESSO CIVIL. AGRAVO DE INSTRUMENTO. FRAUDE À EXECUÇÃO. PENHORA EM OUTRA AÇÃO. ACORDO ENTRE AS PARTES. SIMULAÇÃO. NULIDADE DO ATO. MANUTENÇÃO DA CONSTRIÇÃO. AGRAVO DE INSTRUMENTO CONHECIDO E PROVIDO. 1. Demonstrado, nos autos, que celebração de acordo entre a empresa agravada e a Novacap nos autos daquela ação, evidencia tentativa de fraude à execução e se caracteriza como ato jurídico simulado, não deve ser considerar a desconstituição da penhora. 2. Anteriormente à transação supostamente celebrada, a empresa agravada já tinha conhecimento que, em 26/02/2016, o juízo a quo já havia determinado a penhora no rosto dos autos nº 2015.01.1.036666-5, em curso na 1ª Vara de Execução. 3. Se o terceiro negar o débito em conluio com o executado, a quitação que lhe der caracterizará fraude à execução, § 3º do artigo 856 do CPC. 4. RECURSO CONHECIDO E PROVIDO. (TJDF; Proc. 0708.55.0.782017-8070000; Ac. 105.0112; Quinta Turma Cível; Rel. Des. Robson Barbosa de Azevedo; Julg. 27/09/2017; DJDFTE 10/10/2017)

✓ AGRAVO DE INSTRUMENTO. EMBARGOS DE TERCEIRO. SUSPENSÃO DE LEILÃO. FRAUDE À EXECUÇÃO. DEPÓSITO PELO TERCEIRO ADQUIRENTE. A fraude à execução fiscal, prevista no artigo 185 do Código Tributário Nacional, tem caráter absoluto e se caracteriza com a alienação dos bens do executado após a inscrição do crédito em dívida ativa, não restando bens suficientes para garantia da dívida A Súmula nº 375 do Superior Tribunal de Justiça (O reconhecimento da fraude à execução depende do registro da penhorado bem alienado ou da prova de má-fé do terceiro adquirente) não se aplica às execuções fiscais. A aplicação subsidiária do CPC às Lei de Execuções Fiscais, autoriza que o juiz determine ao terceiro devedor para que não pague ao executado e deposite em juízo o valor da dívida, nos termos do art. 855, I e 856, §2º, do CPC, servindo de reforço de penhora (art. 11, §2º, da LEF). (TRF 4ª R.; AG 5001982-19.2017.404.0000; Primeira Turma; Rel. Des. Fed. Alexandre Rossato da Silva Ávila; Julg. 23/08/2017; DEJF 30/08/2017)

Exequente responsável por requerer incidente de apuração da fraude à execução

✓ AÇÃO DE EXECUÇÃO. Cédula de crédito bancário. Exequente que afirma que a executada é credora de terceiro alheio à lide. Penhora de crédito realizada pela intimação do terceiro, nos termos do art. 855, I, do CPC. Pendência de obrigação de pagar negada pelo terceiro. Eventual crédito que deverá ser depositado em juízo (art. 856, § 2º, do CPC), sob pena de responsabilização do terceiro devedor em ação autônoma, nos termos do art. 312 do CC. Ausência de relação obrigacional entre o terceiro e a exequente. Impossibilidade de compelir terceiro alheio à lide a produzir provas em favor da exequente. Agravante que não demonstrou a existência de conluio entre a agravada e o terceiro (art. 373, I, do CPC). Exequente que não requereu a instauração do incidente previsto no art. 856, § 4º, do CPC, ônus que era de sua incumbência. Manutenção da decisão agravada. RECURSO DESPROVIDO. (TJSP; AI 2232666-80.2016.8.26.0000; Ac. 10736440; São Paulo; Décima Primeira Câmara de Direito Privado; Rel. Des. Renato Rangel Desinano; Julg. 25/08/2017; DJESP 30/08/2017; Pág. 2507)

Art. 857. Feita a penhora em direito e ação do executado, e não tendo ele oferecido embargos ou sendo estes rejeitados, o exequente ficará sub-rogado nos direitos do executado até a concorrência de seu crédito.

→ *v.* Art. 349 do CC/2002.

→ *v.* Art. 915 do NCPC.

§ 1º O exequente pode preferir, em vez da sub-rogação, a alienação judicial do direito penhorado, caso em que declarará sua vontade no prazo de 10 (dez) dias contado da realização da penhora.

→ *v.* Art. 730 do NCPC.

§ 2º A sub-rogação não impede o sub-rogado, se não receber o crédito do executado, de prosseguir na execução, nos mesmos autos, penhorando outros bens.

Sub-rogação na penhora de créditos

✓ AGRAVO DE INSTRUMENTO INTERPOSTO CONTRA R. DECISÃO PELA QUAL FOI DETERMINADA A EXCLUSÃO DA AGRAVANTE DO POLO ATIVO DA DEMANDA. ALEGAÇÃO DE INCORREÇÃO. PEDIDO DE REFORMA. Desacerto da r. Decisão. Sub-rogação. Possibilidade. Penhora no rosto dos autos. Sub-rogação do exequente da ação que deu origem à penhora sobre os direitos do executado. Terceiro que adquire, de tal forma, legitimidade para figurar no polo ativo da demanda em que formalizada a constrição, observados os limites de seu crédito. Inteligência do art. 857, caput, do CPC. Possibilidade de prática de atos necessários à satisfação do crédito. Recurso provido. (TJSP; AI 2125739-56.2017.8.26.0000; Ac. 10944929; Campinas; Décima Sexta Câmara de Direito Privado; Rel. Des. Simões de Vergueiro; Julg. 06/11/2017; DJESP 14/11/2017; Pág. 2290)

✓ EXECUÇÃO. DESPESAS CONDOMINIAIS. PENHORA SOBRE DIREITOS DE COMPRA E VENDA DO IMÓVEL. Possibilidade. Aplicação do art. 857 do CPC. Agravo provido com observação. (TJSP; AI 2062597-78.2017.8.26.0000; Ac. 10732684; Santo André; Trigésima Câmara de Direito Privado; Rel. Des. Andrade Neto; Julg. 23/08/2017; DJESP 05/09/2017; Pág. 2253)

Art. 858. Quando a penhora recair sobre dívidas de dinheiro a juros, de direito a rendas ou de prestações periódicas, o exequente poderá levantar os juros, os rendimentos ou as prestações à medida que forem sendo depositados, abatendo-se do crédito as importâncias recebidas, conforme as regras de imputação do pagamento.

→ *v.* Arts. 352 a 355 do CC/2002.

Levantamento da renda como forma de pagamento.

✓ EXECUÇÃO DE TÍTULO EXTRAJUDICIAL. PENHORA DE LOCATIVOS DE IMÓVEL. ALEGAÇÃO DE BEM DE FAMÍLIA. Possibilidade de constrição sobre os aluguéis. Aplicação do artigo 858 do CPC. Recurso improvido. (TJSP; AI 2146880-68.2016.8.26.0000; Ac. 10057128; São Paulo; Décima Sexta Câmara de Direito Privado; Rel. Des. Miguel Petroni Neto; Julg. 06/12/2016; DJESP 02/02/2017)

Art. 859. Recaindo a penhora sobre direito a prestação ou a restituição de coisa determinada, o executado será intimado para, no vencimento, depositá-la, correndo sobre ela a execução.

Art. 860. Quando o direito estiver sendo pleiteado em juízo, a penhora que recair sobre ele será averbada, com destaque, nos autos pertinentes ao direito e na ação correspondente à penhora, a fim de que esta seja efetivada nos bens que forem adjudicados ou que vierem a caber ao executado.

→ *v.* Art. 642 do NCPC.

Penhora no rosto dos autos.

✓ AGRAVO DE INSTRUMENTO. PENHORA NO ROSTO DOS AUTOS. PRETENSÃO DO EXEQUENTE DE ADJUDICAR O CRÉDITO DA EXECUTADA. INVIABILIDADE. 1. Ausente pronunciamento do juízo a quo acerca da impenhorabilidade de precatório, inviável analisar tal questão nesta instância recursal, sob pena de supressão de um grau de jurisdição, o que é incabível, especialmente considerando que, em se tratando de agravo de instrumento, somente a decisão agravada é devolvida ao conhecimento da corte. Matéria suscitada em contrarrazões da qual não se conhece. 2. Pretensão de adjudicação do crédito que a ora agravada detém em ação ajuizada contra o Estado do Rio Grande do Sul. Inviabilidade. O crédito do credor que obteve a penhora no rosto dos autos somente será satisfeito depois de satisfeito o crédito do executado nos autos da demanda em que figura como credor. A menção a bens que forem adjudicados ou que vierem a caber ao executado, constante do art. 860 do NCPC, refere-se a bens adjudicados pelo executado nos autos em que é credor, e não à possibilidade do exequente adjudicar diretamente o crédito perseguido pelo devedor em outra demanda. Agravo de instrumento improvido. (TJRS; AI 0413806-71.2016.8.21.7000; Porto Alegre; Décima Nona Câmara Cível; Rel. Des. Voltaire de Lima Moraes; Julg. 09/11/2017; DJERS 17/11/2017)

✓ AGRAVO DE INSTRUMENTO. DIREITO PRIVADO NÃO ESPECIFICADO. FASE DE CUMPRIMENTO DE SENTENÇA. PENHORA SOBRE BENS DO ESPÓLIO INDEFERIDA. PENHORA NO ROSTO DOS AUTOS DO INVENTÁRIO. DESCABIMENTO. DECISÃO AGRAVADA REFORMADA. Nos termos do previsto no artigo 860 do código de processo civil quando o direito estiver sendo pleiteado em juízo, a penhora que recair sobre ele será averbada, com destaque, nos autos pertinentes ao direito e na ação correspondente à penhora, a fim de que esta seja efetivada nos bens que forem adjudicados ou que vierem a caber ao executado. A penhora no rosto dos autos do inventário só é cabível, portanto, quando o devedor executado é herdeiro. No caso, tratando-se de dívida de cujus, a penhora deve recair sobre bens do espólio. Agravo de instrumento provido. Unânime. (TJRS; AI 0171538-49.2017.8.21.7000; Dom Pedrito; Décima Sétima Câmara Cível; Relª Desª Liege Puricelli Pires; Julg. 31/08/2017; DJERS 28/09/2017)

Subseção VII
Da Penhora das Quotas ou das Ações de Sociedades Personificadas

Art. 861. Penhoradas as quotas ou as ações de sócio em sociedade simples ou empresária, o juiz assinará prazo razoável, não superior a 3 (três) meses, para que a sociedade:

→ *v.* Art. 43, § 2º, da Lei 6.404/1976.

I – apresente balanço especial, na forma da lei;

II – ofereça as quotas ou as ações aos demais sócios, observado o direito de preferência legal ou contratual;

III – não havendo interesse dos sócios na aquisição das ações, proceda à liquidação das quotas ou das ações, depositando em juízo o valor apurado, em dinheiro.

§ 1º Para evitar a liquidação das quotas ou das ações, a sociedade poderá adquiri-las sem redução do capital social e com utilização de reservas, para manutenção em tesouraria.

§ 2º O disposto no *caput* e no § 1º não se aplica à sociedade anônima de capital aberto, cujas ações serão adjudicadas ao exequente ou alienadas em bolsa de valores, conforme o caso.

→ *v.* Arts. 871, III, 876 a 878, 881, § 2º, e 886, parágrafo único, do NCPC.

§ 3º Para os fins da liquidação de que trata o inciso III do *caput*, o juiz poderá, a requerimento do exequente ou da sociedade, nomear administrador, que deverá submeter à aprovação judicial a forma de liquidação.

§ 4º O prazo previsto no *caput* poderá ser ampliado pelo juiz, se o pagamento das quotas ou das ações liquidadas:

I – superar o valor do saldo de lucros ou reservas, exceto a legal, e sem diminuição do capital social, ou por doação; ou

II – colocar em risco a estabilidade financeira da sociedade simples ou empresária.

§ 5º Caso não haja interesse dos demais sócios no exercício de direito de preferência, não ocorra a aquisição das quotas ou das ações pela sociedade e a liquidação do inciso III do *caput* seja excessivamente onerosa para a sociedade, o juiz poderá determinar o leilão judicial das quotas ou das ações.

<u>Necessidade de manifestação dos demais sócios sobre aquisição</u>

✓ EXECUÇÃO. DETERMINAÇÃO DE PENHORA DAS COTAS SOCIAIS DE TITULARIDADE DO EXECUTADO, BEM COMO DE INTIMAÇÃO PESSOAL DOS SÓCIOS PARA QUE PROMOVAM A LIQUIDAÇÃO DAS COTAS, EM 90 DIAS. PRECLUSÃO DO TEMA RELATIVO À PENHORA DAS COTAS SOCIAIS. Tempestividade do recurso com relação ao comando objeto da intimação pessoal do recorrente. Necessidade de observância do art. 861 do Código de Processo Civil, na hipótese de não manifestação de interesse da outra sócia na aquisição das cotas, ou de inocorrência de liquidação das cotas pela sociedade. Recurso conhecido em parte e, na parte conhecida, parcialmente provida. (TJSP; AI 2141266-48.2017.8.26.0000; Ac. 10937536; Barueri; Vigésima Câmara de Direito Privado; Rel. Des. Luis Carlos de Barros; Julg. 23/10/2017; DJESP 08/11/2017; Pág. 2213)

Subseção VIII
Da Penhora de Empresa, de Outros Estabelecimentos e de Semoventes

Art. 862. Quando a penhora recair em estabelecimento comercial, industrial ou agrícola, bem como em semoventes, plantações ou edifícios em construção, o juiz nomeará administrador-depositário, determinando-lhe que apresente em 10 (dez) dias o plano de administração.

→ *v.* Art. 825, III, do NCPC.

§ 1º Ouvidas as partes, o juiz decidirá.

§ 2º É lícito às partes ajustar a forma de administração e escolher o depositário, hipótese em que o juiz homologará por despacho a indicação.

§ 3º Em relação aos edifícios em construção sob regime de incorporação imobiliária, a penhora somente poderá recair sobre as unidades imobiliárias ainda não comercializadas pelo incorporador.

§ 4º Sendo necessário afastar o incorporador da administração da incorporação, será ela exercida pela comissão de representantes dos adquirentes ou, se se tratar de construção financiada, por empresa ou profissional indicado pela instituição fornecedora dos recursos para a obra, devendo ser ouvida, neste último caso, a comissão de representantes dos adquirentes.

Art. 863. A penhora de empresa que funcione mediante concessão ou autorização far-se-á, conforme o valor do crédito, sobre a renda, sobre determinados bens ou sobre todo o patrimônio, e o juiz nomeará como depositário, de preferência, um de seus diretores.

§ 1º Quando a penhora recair sobre a renda ou sobre determinados bens, o administrador-depositário apresentará a forma de administração e o esquema de pagamento, observando-se, quanto ao mais, o disposto em relação ao regime de penhora de frutos e rendimentos de coisa móvel e imóvel.

→ *v.* Arts. 867 a 869 do NCPC.

§ 2º Recaindo a penhora sobre todo o patrimônio, prosseguirá a execução em seus ulteriores termos, ouvindo-se, antes da arrematação ou da adjudicação, o ente público que houver outorgado a concessão.

Nomeação de administrador

✓ AGRAVO DE INSTRUMENTO. PENHORA SOBRE FATURAMENTO DE EMPRESA. ADOÇÃO DAS CAUTELAS DE PRÉVIA NOMEAÇÃO DE ADMINISTRADOR E DE OFERTA DE PLANO DE ADMINISTRAÇÃO. Medida autorizada pelo art. 862 do CPC. Inexistência de oferta de meio útil para a satisfação do crédito pelo devedor. Recurso improvido. (TJSP; AI 2184983-13.2017.8.26.0000; Ac. 10945787; São José do Rio Preto; Quarta Câmara de Direito Público; Rel. Des. Luis Fernando Camargo de Barros Vidal; Julg. 30/10/2017; DJESP 13/11/2017; Pág. 2992)

✓ AGRAVO DE INSTRUMENTO. PROCESSO CIVIL. EXECUÇÃO. DEVEDOR. PENHORA DE COTAS SOCIAIS. ADMINISTRADOR JUDICIAL. NOMEAÇÃO. LEGITIMIDADE. 1. O artigo 862 do Código de Processo Civil determina a nomeação de administrador-depositário para os casos em que a penhora recair sobre estabelecimento comercial. 2. Aos casos em que restar claro que a mera penhora do faturamento da empresa não se mostre, vez que o responsável pela aferição do faturamento da empresa seja o próprio devedor objeto de desconsideração reversa da personalidade jurídica, mostra-se necessária a nomeação de administrador judicial, na forma prevista pelo artigo 862 do Código de Processo Civil, para garantir o adimplemento da dívida. 3. Agravo não provido. (TJDF; AGI 2016.00.2.044452-8; Ac. 101.9178; Terceira Turma Cível; Rel. Des. Flavio Renato Jaquet Rostirola; Julg. 17/05/2017; DJDFTE 26/05/2017)

✓ AGRAVO DE INSTRUMENTO. EXECUÇÃO FISCAL. PENHORA. FATURAMENTO DA EMPRESA. A penhora sobre o faturamento da empresa pode ser deferida quando comprovados, cumulativamente, a não localização de bens passíveis de penhora e suficientes à garantia da execução, ou, se localizados, de difícil alienação; a nomeação de administrador (art. 862 e seguintes do CPC); e, por fim, o não comprometimento da atividade empresarial, não sendo exigível da exequente que demonstre a efetividade da medida. (TRF 4ª R.; AG 5037533-60.2017.404.0000; Segunda Turma; Rel. Des. Fed. Rômulo Pizzolatti; Julg. 19/09/2017; DEJF 22/09/2017)

Penhora sobre *royalties*

✓ AGRAVO DE INSTRUMENTO. EXECUÇÃO POR QUANTIA CERTA CONTRA DEVEDOR SOLVENTE. ENDOSSATÁRIO DOS CHEQUES. Hipótese em que não pode ser conhecida a alegação de que agravante supostamente não seria endossatária dos cheques objeto da execução. Matéria que não é objeto da decisão agravada, não podendo ser enfrentada por este E. TJSP, sob pena de supressão de um grau de jurisdição. Agravo não conhecido, neste aspecto. PENHORA SOBRE ROYALTIES. PRINCÍPIO DA MENOR ONEROSIDADE. REQUISITOS DA JURISPRUDÊNCIA. Hipótese em que não houve o pagamento do débito nem houve a indicação de bens à penhora. Reconhecido que a penhora sobre os royalties da empresa, que se assemelha a penhora sobre o faturamento, é admissível na hipótese de não haver bens penhoráveis, ou serem estes insuficientes ou de difícil comercialização. Demonstrada a existência de inúmeras franquias no de Estado de São Paulo e em outros estados da federação. Requisitos exigidos pela jurisprudência do C. STJ que se encontram presentes e/ou superados por este decisum. Cabível a penhora no percentual de 30% dos valores líquidos recebíveis pela executada, a título de royalties, relativos às empresas franqueadas. Necessidade de observância às cautelas dos artigos 862, 863 e 869 do NCPC. Hipótese, ademais, que incumbe ao executado que alegar ser a medida executiva mais gravosa, indicar meios mais eficazes e menos onerosos, sob pena de manutenção dos atos executivos já determinados. Ônus do qual a agravante não se desincumbiu a contento. Inteligência do art. 805, parágrafo único do NCPC, sem correspondente do ACPC. Decisão reformada em parte. Agravo regimental prejudicado. Agravo parcialmente provido. (TJSP; AI 2241340-47.2016.8.26.0000; Ac. 10761143; São Paulo; Vigésima Quarta Câmara de Direito Privado; Rel. Des. Salles Vieira; Julg. 01/09/2017; DJESP 18/09/2017; Pág. 2926)

Penhora de empresa que funcione mediante concessão

✓ PENHORA DE EMPRESA QUE FUNCIONAL MEDIANTE CONCESSÃO. Em sendo a impetrante concessionária de serviço público, a ela se aplica o disposto no art. 863, caput" e § 1º do Código de Processo Civil, devendo haver, para a penhora de faturamento, nomeação de um depositário, preferencialmente diretor da empresa, que então deve apresentar "a forma de administração e o esquema de pagamento ". Tais exigências contrastam com a determinação de penhora direta contida no ato impugnado. Segurança concedida. (TRT 18ª R.; MS 0010566-89.2017.5.18.0000; Relª Desª Kathia Maria Bomtempo de Albuquerque; DJEGO 26/09/2017; Pág. 223)

Art. 864. A penhora de navio ou de aeronave não obsta que continuem navegando ou operando até a alienação, mas o juiz, ao conceder a autorização para tanto, não permitirá que saiam do porto ou do aeroporto antes que o executado faça o seguro usual contra riscos.

→ v. Art. 155 da Lei 7.565/1986.

Art. 865. A penhora de que trata esta Subseção somente será determinada se não houver outro meio eficaz para a efetivação do crédito.

→ v. Art. 805 do NCPC.

Subseção IX
Da Penhora de Percentual de Faturamento de Empresa

Art. 866. Se o executado não tiver outros bens penhoráveis ou se, tendo-os, esses forem de difícil alienação ou insuficientes para saldar o crédito executado, o juiz poderá ordenar a penhora de percentual de faturamento de empresa.

§ 1º O juiz fixará percentual que propicie a satisfação do crédito exequendo em tempo razoável, mas que não torne inviável o exercício da atividade empresarial.

§ 2º O juiz nomeará administrador-depositário, o qual submeterá à aprovação judicial a forma de sua atuação e prestará contas mensalmente, entregando em juízo as quantias recebidas, com os respectivos balancetes mensais, a fim de serem imputadas no pagamento da dívida.

→ v. Arts. 352 a 355 do CC/2002.

§ 3º Na penhora de percentual de faturamento de empresa, observar-se-á, no que couber, o disposto quanto ao regime de penhora de frutos e rendimentos de coisa móvel e imóvel.

Satisfação do crédito sem prejudicar o andamento da empresa

✓ EMBARGOS DE DECLARAÇÃO. INEXISTÊNCIA DO VÍCIO APONTADO. DESCABIMENTO DO RECURSO. No acórdão embargado o Colegiado concluiu que a penhora sobre o faturamento do ora embargante no percentual fixado na decisão agravada mostrava-se hábil a propiciar a satisfação do crédito exequendo em tempo razoável, sem que tornasse inviável o exercício da atividade empresarial. Embora não tenha havido menção expressa ao art. 866, §1º, do CPC, se a Corte expressou este entendimento, é porque não vislumbrou nenhuma violação ao dispositivo pré-questionado, de modo que não cabia reduzir o percentual fixado na decisão agravada. Recurso rejeitado. (TJRJ; AI 0035975-88.2017.8.19.0000; Rio de Janeiro; Décima Quinta Câmara Cível; Rel. Des. Ricardo Rodrigues Cardozo; DORJ 22/11/2017; Pág. 325)

✓ AGRAVO DE INSTRUMENTO. PENHORA. FATURAMENTO. Insurgência em face de r. Decisão que homologou Termo de Penhora de Faturamento. Alegação de omissões sobre necessários abatimentos. Termo de penhora que foi elaborado a partir de documento juntado pelo próprio recorrente. Se regularmente intimado, apresentou documento que eventualmente não condiz com a realidade dos valores que pretende abater para que seja apurado o faturamento líquido, não se pode permitir que, em grau de recurso sejam feitas adequações requeridas. Ausência de comprovação, por outro lado, de que o valor apresentado pela Sra. Perita comprometeria as atividades da empresa. Não foi produzido nos autos, qualquer prova cabal nesse sentido, ônus do qual não se desincumbiu (precedente). Por outro lado, respeitadas as pretensões de eventuais adequações de reduções, o percentual de 10% sobre o faturamento líquido mostra-se ínfimo aos parâmetros usualmente adotados em casos análogos. Decisão mantida. Observação de que o valor penhorado do faturamento mensal da empresa deverá ser limitado ao valor do débito atualizado e com determinação da apresentação da forma de administração, nos termos do art. 862 e ss do Novo CPC, com a nomeação e intimação de Administrador para que apresente a forma da administração e o esquema de pagamento. Decisão agravada MANTIDA. RECURSO NÃO PROVIDO, com observação. (TJSP; AI 2152720-59.2016.8.26.0000; Ac. 10667303; Guarulhos; Vigésima Segunda Câmara de Direito Privado; Rel. Des. Roberto Mac Cracken; Julg. 03/08/2017; DJESP 14/08/2017; Pág. 2701)

✓ DIREITO PROCESSUAL CIVIL. EXECUÇÃO FISCAL. PENHORA DE 10% DO FATURAMENTO DA EMPRESA EXECUTADA. Agravo de instrumento. Alegação de ferimento aos princípios da menor onerosidade, da preservação da empresa e da proporcionalidade. Execução fiscal ajuizada em 07/07/2006 referente ao ISS de 2001, com tentativas de localização do devedor/agravante e obtenção do crédito tributário desde então, até que em 12/05/2017 foi proferida a decisão recorrida. Fixação de percentual razoável de penhora sobre o faturamento, determinado apenas a título de reforço da garantia, a ser efetivada primordialmente pelo(s) veículo(s) automotor(ES) encontrado(s) em seu nome. Não comprovação da alegada precariedade da situação financeira da empresa agravante, ou de indicação de outros bens penhoráveis e/ou percentual de que poderia dispor a fim de evitar o alegado caos financeiro. Aplicação da Súmula nº 117/TJRJ e do artigo 866, § 1º do Código de Processo Civil de 2015. Ausência de violação aos princípios referidos. Decisão mantida. Recurso improvido. (TJRJ; AI 0029904-70.2017.8.19.0000; Rio de Janeiro; Quarta Câmara Cível; Rel. Des. Marco Antonio Ibrahim; DORJ 21/11/2017; Pág. 242)

Desnecessidade de nomeação de administrador

✓ CUMPRIMENTO PROVISÓRIO DE DECISÃO. PENHORA DE RECEBÍVEIS PROVENIENTES DAS OPERADORAS DE CARTÃO DE CRÉDITO. CABIMENTO. Desnecessidade de nomeação de administrador-depositário. Inteligência do artigo 866, § 2º do CPC de 2015. Recurso desprovido. (TJSP; AI 2183524-73.2017.8.26.0000; Ac. 10963462; Assis; Vigésima Nona Câmara de Direito Privado; Rel. Des. Fortes Barbosa; Julg. 10/11/2017; DJESP 17/11/2017; Pág. 3028)

Subseção X
Da Penhora de Frutos e Rendimentos de Coisa Móvel ou Imóvel

Art. 867. O juiz pode ordenar a penhora de frutos e rendimentos de coisa móvel ou imóvel quando a considerar mais eficiente para o recebimento do crédito e menos gravosa ao executado.

→ *v.* Art. 805 do NCPC.

Penhora por meio de usufruto de imóvel

✓ OBRANÇA DE DESPESAS CONDOMINIAIS. CUMPRIMENTO DE SENTENÇA. Pretensão de constituição de USUFRUTO, em favor do condomínio exequente, sobre o imóvel penhorado. Possibilidade. Aplicação dos artigos 867 a 869, do Código de Processo Civil. Medida que não ofende o princípio da menor onerosidade e que se mostra eficiente à satisfação do crédito. Decisão reformada. Recurso PROVIDO. (TJSP; AI 2165227-18.2017.8.26.0000; Ac. 10958492; Diadema; Vigésima Quinta Câmara de Direito Privado; Rel. Des. Claudio Hamilton; Julg. 09/11/2017; DJESP 17/11/2017; Pág. 2919)

Penhora sobre frutos

✓ PROCESSUAL CIVIL. TRIBUTÁRIO. AGRAVO INTERNO EM AGRAVO DE INSTRUMENTO. EXECUÇÃO FISCAL. PENHORA SOBRE O FATURAMENTO. ADMISSIBILIDADE. PERCENTUAL DE 3%. RAZOÁVEL E PROPORCIONAL. RECURSO DESPROVIDO. 1. Trata-se de agravo interno interposto em face da decisão monocrática que negou seguimento ao agravo de instrumento, nos termos do art. 557, caput, do CPC/73, por entender correta a decisão da MM. Juíza a quo que deferiu o pedido de penhora sobre o faturamento mensal da executada, no percentual de 3% (três por cento). 2. À época da decisão agravada, o Superior Tribunal de Justiça já vinha admitindo a penhora sobre o faturamento, de forma excepcional, desde que preenchidos os seguintes requisitos: ¿i) o devedor não possua bens ou, se os tiver, sejam esses de difícil execução ou insuficientes a saldar o crédito demandado; ii) haja indicação de administrador e esquema de pagamento; iii) que o percentual fixado sobre o faturamento não torne inviável o exercício da atividade empresarial¿ (STJ, 3ª Turma, AgRg no AgRg no Ag 1421489/RJ, Rel. Min. NANCY ANDRIGHI, DJe de 24/05/2012). 3. Na mesma linha, dispôs o art. 866 do novo Código de Processo Civil, que acrescentou, ainda, que deve ser observado, no que for possível, o mesmo procedimento adotado para a penhora de frutos e rendimentos de coisa móvel e imóvel (§3º), a qual, por sua vez, pode ser ordenada quando o juiz a considerar mais eficiente para o recebimento do crédito e menos gravosa para o executado (art. 867 do CPC/15). 4. Na hipótese, verifica-se que imóveis de propriedade da devedora foram penhorados e levados à leilão, entretanto não se obteve resultado positivo com tal medida. Também foi efetuado o bloqueio de ativos financeiros da parte executada, mas a quantia atingida não foi suficiente para a satisfação do crédito tributário. 5. Os documentos ora trazidos pela recorrente, por si só, não são capazes de comprovar que toda a receita da empresa devedora é impenhorável, eis que composta dos créditos recebidos pelos serviços prestados ao Sistema Único de Saúde. SUS. Esse mesmo argumento está sendo enfrentado em embargos à execução, nos quais foi autorizada a elaboração de perícia judicial contábil, ainda não realizada. 6. Outrossim, não obstante o princípio da menor onerosidade ao devedor, trazido pelo art. 620 do CPC/73 (art. 805 do CPC/15), a execução é feita no interesse do credor, como dispõe o art. 612 do mesmo Diploma Legal (art. 797 do CPC/15). 7. Assim, entendo ser pertinente a manutenção da penhora sobre o faturamento da agravante da forma como determinada nos autos da execução fiscal, ou seja, no percentual de 3% (três por cento), o qual se mostra razoável e proporcional, incapaz, por ora, de comprometer as atividades da empresa. 8. Agravo interno conhecido e desprovido. (TRF 2ª R.; AI 0003892-94.2015.4.02.0000; Segunda Turma Especializada; Relª Desª Fed. Cláudia Maria Pereira Bastos Neiva; Julg. 30/05/2017; DEJF 14/11/2017)

Art. 868. Ordenada a penhora de frutos e rendimentos, o juiz nomeará administrador-depositário, que será investido de todos os poderes que concernem à administração do bem e à fruição de seus frutos e utilidades, perdendo o executado o direito de gozo do bem, até que o exequente seja pago do principal, dos juros, das custas e dos honorários advocatícios.

§ 1º A medida terá eficácia em relação a terceiros a partir da publicação da decisão que a conceda ou de sua averbação no ofício imobiliário, em caso de imóveis.

§ 2º O exequente providenciará a averbação no ofício imobiliário mediante a apresentação de certidão de inteiro teor do ato, independentemente de mandado judicial.

Necessidade de nomeação de administrador

✓ AGRAVO DE INSTRUMENTO. Insurgência contra decisão que condicionou a análise da viabilidade da penhora do faturamento da empresa executada ao parecer do administrador judicial. Inobservância do procedimento previsto no art. 868 do CPC, que determina a nomeação do administrador após a penhora. Decisão reformada. RECURSO PROVIDO. (TJSP; AI 2141117-52.2017.8.26.0000; Ac. 10860292; Piracicaba; Décima Oitava Câmara de Direito Privado; Relª Desª Carmen Lucia da Silva; Julg. 19/09/2017; DJESP 09/10/2017; Pág. 2932)

✓ AGRAVO DE INSTRUMENTO. DIREITO PRIVADO NÃO ESPECIFICADO. AÇÃO RESCISÓRIA E EXECUTIVA. CONEXAS. SENTENÇA NÃO TRANSITADA EM JULGADO. Admitida a venda dos bens móveis, condicionada à caução da execução, observado o disposto no art. 520, do CPC, por se tratar de cumprimento provisório de sentença não transitada em julgado. Hipótese também de deferimento da nomeação do exequente como fiel depositário-administrador do bem imóvel do executado, forte no art. 868 do CPC. Agravo de instrumento provido. (TJRS; AI 0025447-87.2017.8.21.7000; Lajeado; Décima Primeira Câmara Cível; Rel. Des. Bayard Ney de Freitas Barcellos; Julg. 05/07/2017; DJERS 11/07/2017)

Art. 869. O juiz poderá nomear administrador-depositário o exequente ou o executado, ouvida a parte contrária, e, não havendo acordo, nomeará profissional qualificado para o desempenho da função.

§ 1º O administrador submeterá à aprovação judicial a forma de administração e a de prestar contas periodicamente.

§ 2º Havendo discordância entre as partes ou entre essas e o administrador, o juiz decidirá a melhor forma de administração do bem.

§ 3º Se o imóvel estiver arrendado, o inquilino pagará o aluguel diretamente ao exequente, salvo se houver administrador.

§ 4º O exequente ou o administrador poderá celebrar locação do móvel ou do imóvel, ouvido o executado.

§ 5º As quantias recebidas pelo administrador serão entregues ao exequente, a fim de serem imputadas ao pagamento da dívida.

→ *v.* Arts. 352 a 355 do CC/2002.

§ 6º O exequente dará ao executado, por termo nos autos, quitação das quantias recebidas.

Penhora sobre a receita (não sobre o lucro)

✓ LOCAÇÃO DE IMÓVEL. EXECUÇÃO DE TÍTULO EXTRAJUDICIAL. DECISÕES QUE DETERMINARAM A PENHORA DE 10% DO FATURAMENTO DA EMPRESA AGRAVANTE. Manutenção. Necessidade. Desnecessidade de a agravante ser instada a se manifestar acerca do interesse em ser depositária e administradora dos montantes a serem constritos. Inteligência do art. 869, do NCPC. Penhora que deve recair sobre a receita da executada e não sobre o lucro. Ausência de comprovação no sentido de que o percentual do faturamento a ser penhorado inviabilizará a atividade da empresa. Recurso desprovido. (TJSP; AI 2086382-69.2017.8.26.0000; Ac. 10660425; Sumaré; Trigésima Câmara de Direito Privado; Rel. Des. Marcos Ramos; Julg. 02/08/2017; DJESP 14/08/2017; Pág. 2802)

Penhora sobre o faturamento: requisitos

✓ TRIBUTÁRIO. PROCESSUAL CIVIL. AGRAVO DE INSTRUMENTO. EXECUÇÃO FISCAL. PENHORA SOBRE FATURAMENTO DA EMPRESA. POSSIBILIDADE. AGRAVO PROVIDO. 1. É pacífica a jurisprudência do C. Superior Tribunal de Justiça quanto à possibilidade de a penhora recair, em caráter excepcional, sobre o faturamento da empresa, desde que observados três requisitos: que o devedor não possua bens ou, se os tiver, sejam de difícil execução ou insuficientes a saldar o crédito demandado, seja promovida a nomeação de administrador que apresente plano de pagamento e o percentual fixado sobre o faturamento não torne inviável o exercício da atividade empresarial. Precedentes. 2. Revela-se adequada e razoável a fixação da penhora no percentual de 5% (cinco por cento) do faturamento da empresa para fins de adimplemento do crédito tributário. Precedentes. 3. In casu, verifica-se ter havido o exaurimento das diligências no sentido de localização de bens passíveis à garantia do crédito exequendo. há nos autos prova da tentativa frustrada de bloqueio de valores por meio do sistema BACENJUD, bem como de bens pelos sistemas RENAJUD, DOI e DENATRAN, razões suficientes à demonstração de inexistir obstáculo à adoção da penhora incidente sobre o faturamento da empresa devedora, no percentual mensal de 5% (cinco por cento). 4. Caberá ao Juízo da execução determinar a nomeação de um administrador para proposição de um plano de administração, com vistas à satisfação de crédito sem prejuízo da continuidade das atividades da empresa, nos termos dos arts. 863 e 869 do Código de Processo Civil de 2015. 5. Agravo da União Federal provido. (TRF 3ª R.; AI 0019390-72.2016.4.03.0000; Sexta Turma; Relª Desª Fed. Diva Prestes Marcondes Malerbi; Julg. 16/03/2017; DEJF 29/03/2017)

Subseção XI
Da Avaliação

Art. 870. A avaliação será feita pelo oficial de justiça.

→ v. Art. 154, V, do NCPC.

Parágrafo único. Se forem necessários conhecimentos especializados e o valor da execução o comportar, o juiz nomeará avaliador, fixando-lhe prazo não superior a 10 (dez) dias para entrega do laudo.

→ v. Art. 13 da Lei 6.830/1980.

Avaliação por Oficial de Justiça como regra

✓ AGRAVO DE INSTRUMENTO. CUMPRIMENTO DE SENTENÇA. AÇÃO DE COBRANÇA. PENHORA. BEM IMÓVEL. AVALIAÇÃO POR OFICIAL DE JUSTIÇA. POSSIBILIDADE. Dispõe o art. 870 do Código de Processo Civil que a avaliação do imóvel penhorado, em princípio, deve ser feita por Oficial de Justiça, autorizada a realização de perícia quando depender de conhecimentos especializados. A avaliação foi incluída entre as atribuições do Oficial, descritas no art. 154 do Código de Processo Civil, providência que visa conferir maior celeridade e efetividade ao procedimento executivo. Certo, ainda, que o valor estimado poderá ser objeto de impugnação pelas partes, conforme previsto pelo artigo 873 do Código de Processo Civil, oportunidade em que poderão alegar a necessidade de se proceder à nova avaliação. RECURSO PROVIDO. (TJSP; AI 2127880-48.2017.8.26.0000; Ac. 10839058; São Paulo; Trigésima Segunda Câmara de Direito Privado; Rel. Des. Luis Fernando Nishi; Julg. 28/09/2017; DJESP 05/10/2017; Pág. 2579)

✓ AGRAVO DE INSTRUMENTO. ALIENAÇÃO FIDUCIÁRIA. EXECUÇÃO DE TÍTULO EXTRAJUDICIAL. CÉDULA DE CRÉDITO BANCÁRIO. DETERMINAÇÃO DE AVALIAÇÃO DO BEM MÓVEL E DO BEM IMÓVEL PELO EXEQUENTE. DECISÃO REFORMADA. AUSÊNCIA DE EXCEPCIONALIDADE A JUSTIFICAR A MEDIDA ADOTADA. A avaliação de bem a ser penhorado em sede de processo executivo deve ser feita pelo oficial de justiça, nos termos do artigo 870 do CPC. A determinação de que seja feita por terceiro somente se justifica em casos excepcionais, o que não se mostra presente no caso concreto, até o momento. Ademais, a parte inconformada com a avaliação pode manejar a sua irresignação pelos meios cabíveis. Decisão reformada. Agravo de instrumento provido. (TJRS; AI 0049204-13.2017.8.21.7000; Arroio do Tigre; Décima Terceira Câmara Cível; Relª Desª Angela Terezinha de Oliveira Brito; Julg. 26/10/2017; DJERS 03/11/2017)

✓ AGRAVO DE INSTRUMENTO. PROMESSA DE COMPRA E VENDA. EXECUÇÃO DE SENTENÇA. DECISÃO QUE CANCELOU A PENHORA DE UM IMÓVEL E INDEFERIU PEDIDO DE NOVA AVALIAÇÃO DO OUTRO IMÓVEL PENHORADO. EXCESSO DE PENHORA CONFIGURADO. INCIDÊNCIA DA HIPÓTESE DO ARTIGO 850 DO CPC. Comprovado o excesso, é de se cancelar a penhora havida sobre um dos imóveis penhorados, nos termos do disposto no artigo 850 do CPC. Nova avaliação. Desnecessidade. Ausência dos requisitos do artigo 873 do CPC. Decisão agravada mantida. Nos termos do previsto no artigo 870 do novo código de processo civil a avaliação será feita pelo oficial de justiça e, somente em casos excepcionais, que necessitem conhecimento técnico/especializado, é que o juiz nomeará um avaliador. No caso, a avaliação foi realizada por oficial de justiça, nao tendo os agravantes comprovado o alegado equívoco do laudo por ele elaborados. Ausência dos requisitos do artigo 873 do CPC. Agravo de instrumento desprovido. Unânime. (TJRS; AI 0119236-43.2017.8.21.7000; Porto Alegre; Décima Sétima Câmara Cível; Relª Desª Liege Puricelli Pires; Julg. 31/08/2017; DJERS 25/09/2017)

Art. 871. Não se procederá à avaliação quando:

I – uma das partes aceitar a estimativa feita pela outra;

→ *v.* Art. 1.484 do CC/2002.

II – se tratar de títulos ou de mercadorias que tenham cotação em bolsa, comprovada por certidão ou publicação no órgão oficial;

III – se tratar de títulos da dívida pública, de ações de sociedades e de títulos de crédito negociáveis em bolsa, cujo valor será o da cotação oficial do dia, comprovada por certidão ou publicação no órgão oficial;

→ *v.* Arts. 861, § 2º, 881, § 2º e 886, parágrafo único, do NCPC.

IV – se tratar de veículos automotores ou de outros bens cujo preço médio de mercado possa ser conhecido por meio de pesquisas realizadas por órgãos oficiais ou de anúncios de venda divulgados em meios de comunicação, caso em que caberá a quem fizer a nomeação o encargo de comprovar a cotação de mercado.

Parágrafo único. Ocorrendo a hipótese do inciso I deste artigo, a avaliação poderá ser realizada quando houver fundada dúvida do juiz quanto ao real valor do bem.

Dispensa de avaliação

✓ CUMPRIMENTO DE SENTENÇA. Veículos constritos não localizados pelo oficial de justiça. Penhora por termo nos autos. Cabimento. Inteligência do artigo 845, § 1º do CPC. Medida que visa garantir efetividade à execução. Avaliação dos automóveis nos termos do artigo 871, inciso IV do CPC. Decisão reformada. Recurso provido. (TJSP; AI 2166311-54.2017.8.26.0000; Ac. 10936650; São Paulo; Vigésima Quinta Câmara de Direito Privado; Rel. Des. Edgard Rosa; Julg. 26/10/2017; DJESP 07/11/2017; Pág. 2537)

✓ AGRAVO DE INSTRUMENTO. DIREITO PRIVADO NÃO ESPECIFICADO. AÇÃO DE EXECUÇÃO DE TÍTULO EXTRAJUDICIAL. AVALIAÇÃO. VEÍCULO AUTOMOTOR. TABELA FIPE. A dispensa da avaliação de bem penhorado está adstrita aos casos previstos no art. 871 do CPC/15. A tabela da FIPE não é elaborada por órgão oficial e não afasta a necessidade de ser demonstrado o valor de mercado que considera as peculiaridades do veículo, como acessórios, revisões regulares, quilometragem e estado de conservação. – Circunstâncias dos autos em que se impõe manter a decisão recorrida. Recurso desprovido. (TJRS; AI 0294710-28.2017.8.21.7000; Porto Alegre; Décima Oitava Câmara Cível; Rel. Des. João Moreno Pomar; Julg. 24/10/2017; DJERS 31/10/2017)

✓ AGRAVO DE INSTRUMENTO. CUMPRIMENTO DE SENTENÇA. CRÉDITO DE HONORÁRIOS ADVOCATÍCIOS. PENHORA. BEM IMÓVEL. AVALIAÇÃO. OFICIAL DE JUSTIÇA. IMPUGNAÇÃO MOTIVADA. Não se verificando hipótese prevista no art. 871 do CPC, exige-se avaliação oficial do bem penhorado, a ser realizada, em regra, por oficial de justiça, cujo laudo somente pode ser desconsiderado mediante impugnação devidamente fundamentada, capaz de demonstrar os erros eventualmente existentes e, assim, justificar a realização de nova avaliação, na forma do art. 873 do CPC. PENHORA. IMÓVEL. SUBSTITUIÇÃO. IMÓVEL E CRÉDITOS. AUSÊNCIA DE PREJUÍZO À EXEQUENTE. NÃO COMPROVAÇÃO. Não cabe a substituição da penhora quando o executado não comprovar que o bem oferecido não trará prejuízo ao exequente, conforme disposto no art. 847 do CPC. (TRF 4ª R.; AG 5009879-98.2017.404.0000; Segunda Turma; Rel. Des. Fed. Luiz Carlos Cervi; Julg. 22/08/2017; DEJF 25/08/2017)

✓ AGRAVO DE INSTRUMENTO. Execução. Adoção do valor atualizado da avaliação do veículo pelo juízo a quo. Não cabimento. Bem que dispensa a realização de avaliação. Aplicação do art. 871, IV, do NCPC, com a utilização do preço médio de mercado indicado por pesquisas de órgãos oficiais ou anúncios de venda divulgados em meios de comunicação. Adoção da tabela FIPE como parâmetro para quantificação do veículo. Decisão reformada. Recurso provido. (TJSP; AI 2122477-35.2016.8.26.0000; Ac. 10620780; São Paulo; Décima Segunda Câmara de Direito Privado; Rel. Des. Tasso Duarte de Melo; Julg. 25/07/2017; DJESP 27/07/2017; Pág. 1835)

Art. 872. A avaliação realizada pelo oficial de justiça constará de vistoria e de laudo anexados ao auto de penhora ou, em caso de perícia realizada por avaliador, de laudo apresentado no prazo fixado pelo juiz, devendo-se, em qualquer hipótese, especificar:

I – os bens, com as suas características, e o estado em que se encontram;

II – o valor dos bens.

§ 1º Quando o imóvel for suscetível de cômoda divisão, a avaliação, tendo em conta o crédito reclamado, será realizada em partes, sugerindo-se, com a apresentação de memorial descritivo, os possíveis desmembramentos para alienação.

→ *v.* Art. 893 do NCPC.

§ 2º Realizada a avaliação e, sendo o caso, apresentada a proposta de desmembramento, as partes serão ouvidas no prazo de 5 (cinco) dias.

Avaliação por Oficial de Justiça e cumprimento do art. 872 do CPC.

✓ AGRAVO DE INSTRUMENTO. REAVALIAÇÃO DE IMÓVEL REALIZAÇÃO POR OFICIAL DE JUSTIÇA. DESNECESSIDADE DE NOMEAÇÃO DE PERITO. 1. O Oficial de Justiça Avaliador é profissional que goza de fé pública e habilitado, nos termos do art. 870 do CPC, a efetuar avaliações e/ou reavaliações perante a justiça, incumbindo às partes alegarem a necessidade de reavaliação por perito. 2. Os requisitos legais que devem estar presentes no laudo de avaliação estão previstos no artigo 872 do Código de Processo Civil, e, uma vez atendidos pelo oficial de justiça, não se pode dispensar o trabalho realizado pelo auxiliar do juízo, em especial quando goza de fé pública, tendo entre as atribuições específicas de seu cargo justamente a avaliação de bens, móveis e imóveis (artigo 154, inciso V, do Código de Processo Civil). (TRF 4ª R.; AG 5035430-80.2017.4.04.0000; Primeira Turma; Rel. Des. Fed. Roger Raupp Rios; Julg. 08/11/2017; DEJF 10/11/2017)

Art. 873. É admitida nova avaliação quando:

I – qualquer das partes arguir, fundamentadamente, a ocorrência de erro na avaliação ou dolo do avaliador;

II – se verificar, posteriormente à avaliação, que houve majoração ou diminuição no valor do bem;

III – o juiz tiver fundada dúvida sobre o valor atribuído ao bem na primeira avaliação.

→ *v.* Arts. 847, § 1º, V e 878 do NCPC.

Parágrafo único. Aplica-se o art. 480 à nova avaliação prevista no inciso III do *caput* deste artigo.

Impossibilidade de reavaliação se não forem preenchidos os requisitos do art. 873 do CPC

✓ BUSCA E APREENSÃO. Cumprimento de sentença homologatória de acordo. Penhora de imóveis (2 lotes de terreno). Avaliação por perito de confiança do juízo. Designação de datas para parcelamento dos bens. Insurgência contra decisão que rejeitou embargos declaratórios e manteve decisão que indeferiu pedido de nova avaliação dos bens imóveis penhorados. Não configuração de nenhuma das hipóteses previstas no artigo 873 do CPC. Ausentes indícios de que os bens penhorados tenham sofrido valorização excepcional, sendo de conhecimento público que o setor imobiliário foi impactado pela crise econômica, resultando em declive do preço dos bens. Pequeno lapso temporal entre a avaliação e a hasta pública (2 anos). Parecer técnico particular que, a despeito de apontar valor consideravelmente maior para os bens, deixa de apontar equívoco na avaliação realizada pelo perito oficial e, ademais, adota como referência comparativa imóveis de metragem demasiadamente superior ao avaliando. Desnecessidade de nova avaliação, mostrando-se suficiente simples correção monetária, de acordo com a tabela prática deste Tribunal. Precedente do C. STJ. Decisão mantida. Recurso improvido. (TJSP; AI 2122809-65.2017.8.26.0000; Ac. 10979698; Araçatuba; Trigésima Segunda Câmara de Direito Privado; Rel. Des. Caio Marcelo Mendes de Oliveira; Julg. 16/11/2017; DJESP 24/11/2017; Pág. 2393)

Reavaliação nas hipóteses de erro da avaliação inaugural.

✓ AGRAVO DE INSTRUMENTO. Laudo de avaliação. Execução de título extrajudicial. Decisão homologou laudo de avaliação do bem penhorado. Laudo de avaliação com incorreções apontadas por exequente e executados. Necessidade de nova avaliação do imóvel, pela existência de erros. Inteligência do art. 873, I, do CPC/16. Recurso provido. (TJSP; AI 2167708-51.2017.8.26.0000; Ac. 10982793; Sorocaba; Décima Terceira Câmara de Direito Privado; Rel. Des. Francisco Giaquinto; Julg. 17/11/2017; DJESP 23/11/2017; Pág. 1950)

Art. 874. Após a avaliação, o juiz poderá, a requerimento do interessado e ouvida a parte contrária, mandar:

I – reduzir a penhora aos bens suficientes ou transferi-la para outros, se o valor dos bens penhorados for consideravelmente superior ao crédito do exequente e dos acessórios;

II – ampliar a penhora ou transferi-la para outros bens mais valiosos, se o valor dos bens penhorados for inferior ao crédito do exequente.

→ *v.* Art. 851, II do NCPC.

Penhora excessiva ou insuficiente

✓ PROCESSUAL CIVIL. AGRAVO DE INSTRUMENTO. EXECUÇÃO DE HONORÁRIOS. REDUÇÃO DA PENHORA. AUSÊNCIA DE DEMONSTRAÇÃO DE PENHORA EFETUADA EM VALOR EXCESSIVO. 1. A redução da penhora tem lugar quando se apura que o valor dos bens penhorados é excessivamente superior ao crédito e seus acessórios e pode ocorrer tanto pela liberação parcial dos bens penhorados com pela sua substituição por outros de menor valor, nos termos do artigo 874, inciso I, do Código de Processo Civil de 2015. 2. No caso, dos extratos do BacenJud, pode-se aferir que a penhora nas contas do agravante totaliza R$ 39.098,30 (trinta e nove mil, noventa e oito reais e trinta centavos), valor que seria tanto para a satisfação do crédito do Banco Central do Brasil. BACEN, no valor R$11.092,11 (onze mil, noventa e dois reais e onze centavos) para o BANCO CENTRAL DO BRASIL. BACEN como da União, que pleiteava a satisfação da quantia de R$ 65.510,90 (sessenta e cinco mil, quinhentos e dez reais e noventa centavos). 3. Embora o agravante alegue que não foi deferida a penhora em prol da União, as provas acostadas aos autos não confirmam as alegações do recorrente. Em sentido contrário, a própria agravante anexa o pleito da União de penhora dos valores através do BacenJud para a satisfação de seu crédito e a decisão agravada esclarece que o valor penhorado se presta tanto à satisfação do crédito do BANCO CENTRAL DO BRASIL. BACEN como da União. 4. Agravo de instrumento desprovido. (TRF 2ª R.; AI 0009112-05.2017.4.02.0000; Quinta Turma Especializada; Rel. Des. Fed. Aluísio Gonçalves de Castro Mendes; Julg. 19/09/2017; DEJF 26/09/2017)

Art. 875. Realizadas a penhora e a avaliação, o juiz dará início aos atos de expropriação do bem.

Expropriação do bem penhorado após a avaliação

✓ CIVIL E PROCESSUAL CIVIL. AGRAVO DE INSTRUMENTO. EXECUÇÃO DE TÍTULO EXTRAJUDICIAL. PENHORA E AVALIAÇÃO DE IMÓVEL. DESIGNAÇÃO DE FIEL DEPOSITÁRIO. DEPREDAÇÃO DO BEM. SUBSTITUIÇÃO DO FIEL DEPOSITÁRIO. PROIBIÇÃO DE ACESSO AO IMÓVEL. CORREÇÃO. PRESERVAÇÃO DA EFETIVIDADE DA EXECUÇÃO. ALIENAÇÃO POR INICIATIVA PARTICULAR. DESINTERESSE NA ADJUDICAÇÃO. PROCEDIMENTO ACERTADO. ATOS DE EXPROPRIAÇÃO. SUCESSÃO PREVISÍVEL DA PENHORA. AUSÊNCIA DE SURPRESA OU VIOLAÇÃO AO CONTRADITÓRIO. DECISÃO MANTIDA. 1. É dever do fiel depositário zelar pela conservação dos bens que lhe foram confiados (art. 159 do CPC), de forma a preservá-los no estado em que avaliados e que por ele foram recebidos. Assim, a decisão de substituição do depositário e de proibição de acesso ao bem pela Devedora fundamenta-se na necessidade de se assegurar que o imóvel penhorado preste-se a saldar o valor exigido na Execução, em atenção ao postulado da efetividade, não importando arbitrariedade, mas sim atenção ao previsto no art. 139, IV, do CPC. 2. O deferimento da alienação por iniciativa particular conformou-se com os exatos termos da Lei, uma vez que não houve pagamento voluntário e não houve interesse do Credor pela adjudicação do bem em seu favor, nos termos dos artigos 879, I, e 880 do CPC. 3 – Não há que se falar em surpresa, violação do contraditório ou mesmo da previsão contida no art. 10 do CPC, pois a tramitação da Execução vem seguindo rigorosamente os procedimentos e etapas previstos no Código de Processo Civil, sendo certo que os atos de expropriação são sucessão previsível e lógica da realização da penhora e da avaliação, como se observa do art. 875 do CPC. Agravo de Instrumento desprovido. (TJDF; Proc. 0707.66.8.192017-8070000; Ac. 105.3770; Quinta Turma Cível; Rel. Des. Ângelo Canducci Passareli; Julg. 11/10/2017; DJDFTE 23/10/2017)

Seção IV
Da Expropriação de Bens

Subseção I
Da Adjudicação

Art. 876. É lícito ao exequente, oferecendo preço não inferior ao da avaliação, requerer que lhe sejam adjudicados os bens penhorados.

§ 1º Requerida a adjudicação, o executado será intimado do pedido:

I – pelo Diário da Justiça, na pessoa de seu advogado constituído nos autos;

II – por carta com aviso de recebimento, quando representado pela Defensoria Pública ou quando não tiver procurador constituído nos autos;

III – por meio eletrônico, quando, sendo o caso do § 1º do art. 246, não tiver procurador constituído nos autos.

§ 2º Considera-se realizada a intimação quando o executado houver mudado de endereço sem prévia comunicação ao juízo, observado o disposto no art. 274, parágrafo único.

§ 3º Se o executado, citado por edital, não tiver procurador constituído nos autos, é dispensável a intimação prevista no § 1º.

→ *v.* Art. 346 do NCPC.

§ 4º Se o valor do crédito for:

I – inferior ao dos bens, o requerente da adjudicação depositará de imediato a diferença, que ficará à disposição do executado;

II – superior ao dos bens, a execução prosseguirá pelo saldo remanescente.

§ 5º Idêntico direito pode ser exercido por aqueles indicados no art. 889, incisos II a VIII, pelos credores concorrentes que hajam penhorado o mesmo bem, pelo cônjuge, pelo companheiro, pelos descendentes ou pelos ascendentes do executado.

§ 6º Se houver mais de um pretendente, proceder-se-á a licitação entre eles, tendo preferência, em caso de igualdade de oferta, o cônjuge, o companheiro, o descendente ou o ascendente, nessa ordem.

§ 7º No caso de penhora de quota social ou de ação de sociedade anônima fechada realizada em favor de exequente alheio à sociedade, esta será intimada, ficando responsável por informar aos sócios a ocorrência da penhora, assegurando-se a estes a preferência.

→ *v.* Arts. 799, VII, e 861 do NCPC.

Adjudicação de fração de imóvel

✓ AGRAVO DE INSTRUMENTO. Ação ordinária em fase de cumprimento de sentença. Adjudicação de fração ideal de bens imóveis objeto de penhora. Requisitos dos artigos 876 e 877 do CPC preenchidos. Lavratura do auto e expedição da respectiva carta de adjudicação e de mandado de imissão na posse. Cabimento. Recurso conhecido e provido. (TJPR; Ag Instr 1655960-9; Curitiba; Décima Oitava Câmara Cível; Rel. Des. Vitor Roberto Silva; Julg. 01/11/2017; DJPR 14/11/2017; Pág. 337)

Intimação do devedor para se manifestar quanto ao pedido de adjudicação do bem

✓ AGRAVO DE INSTRUMENTO. EXECUÇÃO DE TÍTULO EXTRAJUDICIAL. DECISÃO QUE DEFERIU A ADJUDICAÇÃO DO IMÓVEL OBJETO DA AVALIAÇÃO. Insurgência do Executado quanto à ausência de sua intimação. Necessidade de intimação do devedor acerca do pedido de adjudicação. Inteligência do art. 876, § 1º, do CPC. Precedentes jurisprudenciais. Decisão anulada, de modo a oportunizar a manifestação do Agravante acerca do pedido realizado pela Agravada. Recurso parcialmente provido. (TJSP; AI 2190522-57.2017.8.26.0000; Ac. 10948693; Suzano; Trigésima Sétima Câmara de Direito Privado; Rel. Des. João Pazine Neto; Julg. 07/11/2017; DJESP 14/11/2017; Pág. 2534)

Necessidade de licitação se houver mais de um pretendente à adjudicação

✓ AGRAVO DE INSTRUMENTO. Execução. Adjudicação. Concorrência entre os credores. Necessidade de licitação. Inteligência art. 876, § 6º, do código de processo civil. Impossibilidade de exibição do preço por exequente interessado na adjudicação. 01. Conforme art. 876, § 6º, do código de processo civil, quando houver concorrência entre adjudicatários, é necessária licitação, prevalecendo o maior preço ofertado. A ordem do direito de preferência somente se observa mediante igualdade de preço ofertado, ou para recebimento do dinheiro decorrente da expropriação. 02. Não é possível determinar a exibição integral do preço ao exequente interessado na adjudicação do bem, sendo cabível, apenas, o depósito da diferença quando o valor da avaliação do bem for superior à quantia da dívida. Recurso conhecido e provido em parte. (TJMS; AI 1404638-91.2017.8.12.0000; Segunda Câmara Cível; Rel. Des. Marcos José de Brito Rodrigues; DJMS 19/10/2017; Pág. 89)

Adjudicação pelo credor hipotecário

✓ AGRAVO DE INSTRUMENTO. PROMESSA DE COMPRA E VENDA. ADJUDICAÇÃO DO BEM PELO CREDOR HIPOTECÁRIO. Nos termos do artigo 876, do CPC, é lícito ao exequente, oferecendo preço não inferior ao da avaliação, requerer a adjudicação, sendo que idêntico direito pode ser exercido pelo credor hipotecário, consoante § 5º do referido artigo. Ademais, não há falar na fraude a credores, porquanto inexiste prova da má-fé do credor hipotecário, consoante Súmula nº 375 do STJ. Manutenção dos termos do cálculo quanto à correção. Negaram provimento ao agravo de instrumento. Unânime. (TJRS; AI 0226331-35.2017.8.21.7000; Porto Alegre; Vigésima Câmara Cível; Relª Desª Walda Maria Melo Pierro; Julg. 27/09/2017; DJERS 03/10/2017)

Art. 877. Transcorrido o prazo de 5 (cinco) dias, contado da última intimação, e decididas eventuais questões, o juiz ordenará a lavratura do auto de adjudicação.

§ 1º Considera-se perfeita e acabada a adjudicação com a lavratura e a assinatura do auto pelo juiz, pelo adjudicatário, pelo escrivão ou chefe de secretaria, e, se estiver presente, pelo executado, expedindo-se:

I – a carta de adjudicação e o mandado de imissão na posse, quando se tratar de bem imóvel;

II – a ordem de entrega ao adjudicatário, quando se tratar de bem móvel.

§ 2º A carta de adjudicação conterá a descrição do imóvel, com remissão à sua matrícula e aos seus registros, a cópia do auto de adjudicação e a prova de quitação do imposto de transmissão.

§ 3º No caso de penhora de bem hipotecado, o executado poderá remi-lo até a assinatura do auto de adjudicação, oferecendo preço igual ao da avaliação, se não tiver havido licitantes, ou ao do maior lance oferecido.

§ 4º Na hipótese de falência ou de insolvência do devedor hipotecário, o direito de remição previsto no § 3º será deferido à massa ou aos credores em concurso, não podendo o exequente recusar o preço da avaliação do imóvel.

Adjudicação perfeita e acabada - preclusão

✓ RECURSO. EMBARGOS DE DECLARAÇÃO. OMISSÃO. Agravo de instrumento não conhecido, posto que o tema de competência não se enquadraria em nenhum dos incisos do art. 1.015 do Código de Processo Civil. Esta lista taxativa de decisões agraváveis, porém, só se aplica ao processo de conhecimento, sendo que, no processo de execução, toda decisão interlocutória é agravável (art. 1.015, parágrafo único, CPC/15). Acolhimento para suprir a omissão apontada e conhecer o recurso de agravo de instrumento. RECURSO. Agravo de Instrumento. Insurgência contra o respeitável decisum que não acolheu o pedido de declaração de nulidade da adjudicação. Inadmissibilidade. Auto de adjudicação já lavrado. Adjudicação já perfeita e acabada quando da manifestação do Banco. Inteligência do artigo 877, §1º do CPC/15. Embargos acolhidos para conhecer o agravo de instrumento e, no mérito, negar-lhe provimento, cassado o efeito suspensivo. (TJSP; EDcl 2227476-39.2016.8.26.0000/50000; Ac. 10952900; São Paulo; Décima Oitava Câmara de Direito Privado; Rel. Des. Roque Antonio Mesquita de Oliveira; Julg. 07/11/2017; DJESP 14/11/2017; Pág. 2331)

✓ AGRAVO DE INSTRUMENTO. AÇÃO DE EXECUÇÃO DE TÍTULO EXTRAJUDICIAL. TERMO DE CONFISSÃO DE DÍVIDA E OUTRAS AVENÇAS. ADJUDICAÇÃO DE BEM DADO EM GARANTIA. SUSPENSÃO DOS EFEITOS. PROPOSITURA DE AÇÃO ANULATÓRIA. ARTIGO 877, § 1º, INCISO I, DO CPC/2015. RECURSO CONHECIDO E DESPROVIDO. 1. Apesar de o artigo 877, § 1º, do CPC/2015 estabelecer que a lavratura e assinatura do auto torna perfeita e acabada a adjudicação, é possível a suspensão de seus efeitos quando for proposta ação anulatória visando desconstituir a cláusula que entregou o bem imóvel em garantia. 2. Proposta ação anulatória na qual se discute a propriedade do imóvel objeto da adjudicação, deve ser mantida a decisão que sobrestou a imissão do adjudicante na posse do bem. (TJMS; AI 1410216-35.2017.8.12.0000; Terceira Câmara Cível; Rel. Des. Eduardo Machado Rocha; DJMS 26/10/2017; Pág. 48)

Art. 878. Frustradas as tentativas de alienação do bem, será reaberta oportunidade para requerimento de adjudicação, caso em que também se poderá pleitear a realização de nova avaliação.

→ *v.* Art. 921, IV, do NCPC.

Nova possibilidade de adjudicação após frustradas as alienações

✓ AGRAVO DE INSTRUMENTO. BEM IMÓVEL PENHORADO. HASTA PÚBLICA. ARREMATAÇÃO PELA CREDORA. POSSIBILIDADE. COMPENSAÇÃO COM O CRÉDITO EXEQUENDO. VIABILIDADE. DETERMINAÇÃO DE PAGAMENTO DO VALOR DO IMÓVEL. DESNECESSIDADE. MULTA POR ATO ATENTATÓRIO À DIGNIDADE DA JUSTIÇA. INEXISTÊNCIA. DECISÃO REFORMADA. 1. O requerimento da credora de adjudicação do bem imóvel deveria ter sido apresentado logo após a penhora e avaliação, isto é, antes do início do procedimento de alienação judicial. No entanto, na hipótese de não ter sido formulada tal pretensão naquele momento processual, o único caminho seria entrar na disputa com os outros interessados em hasta pública, tendo a possibilidade, conforme o caso, ser dispensado de exibir o preço, se este puder ser compensado com o crédito exequendo, conforme autoriza o art. 982, § 1º, CPC. 2. Caso seja frustrada a hasta pública, ou a alienação particular, por falta de licitantes ou proponentes, reabre-se a oportunidade para o credor pleitear a adjudicação (art. 878 do CPC). 3. Se a pretensão da credora era de adjudicar o bem levado à hasta pública compensando com o crédito exequendo, conforme autoriza o art. 892, § 1º, do Código de Processo Civil, a arrematação não pode ser considerada resolvida por ausência de pagamento, o que afasta, de plano, o descumprimento da decisão judicial de pagamento do bem imóvel arrematado. Portanto, a condenação da credora ao pagamento de multa de 1% sobre o valor da arrematação, por ato atentatório à dignidade da justiça, nos termos do art. 77, § 2º, do CPC, não tem fundamento hábil a se sustentar, o que deve se afastada. 4. Consoante o art. 877, § 1º, do CPC, não se considera perfeita e acabada a adjudicação, já que não houve a lavratura do auto de adjudicação e nem assinatura pelo magistrado e pessoas indicadas pela Lei, o que corrobora o entendimento de afastamento da multa imposta. 5. Recurso conhecido e provido. (TJDF; Proc 0704.96.1.782017-8070000; Ac. 104.4105; Sexta Turma Cível; Rel. Des. Carlos Rodrigues; Julg. 04/09/2017; DJDFTE 18/09/2017)

Subseção II
Da Alienação

Art. 879. A alienação far-se-á:

I – por iniciativa particular;

II – em leilão judicial eletrônico ou presencial.

Art. 880. Não efetivada a adjudicação, o exequente poderá requerer a alienação por sua própria iniciativa ou por intermédio de corretor ou leiloeiro público credenciado perante o órgão judiciário.

→ v. Enunciado 192 do FPPC: Alienação por iniciativa particular realizada por corretor ou leiloeiro não credenciado perante o órgão judiciário não invalida o negócio jurídico, salvo se o executado comprovar prejuízo.

§ 1º O juiz fixará o prazo em que a alienação deve ser efetivada, a forma de publicidade, o preço mínimo, as condições de pagamento, as garantias e, se for o caso, a comissão de corretagem.

→ v. Art. 870 do NCPC.

§ 2º A alienação será formalizada por termo nos autos, com a assinatura do juiz, do exequente, do adquirente e, se estiver presente, do executado, expedindo-se:

I – a carta de alienação e o mandado de imissão na posse, quando se tratar de bem imóvel;

II – a ordem de entrega ao adquirente, quando se tratar de bem móvel.

§ 3º Os tribunais poderão editar disposições complementares sobre o procedimento da alienação prevista neste artigo, admitindo, quando for o caso, o concurso de meios eletrônicos, e dispor sobre o credenciamento dos corretores e leiloeiros públicos, os quais deverão estar em exercício profissional por não menos que 3 (três) anos.

§ 4º Nas localidades em que não houver corretor ou leiloeiro público credenciado nos termos do § 3º, a indicação será de livre escolha do exequente.

Alienação particular e estabelecimento de condições pelo juiz

✓ AGRAVO DE INSTRUMENTO. Ação de Despejo C.C. Cobrança em fase de Cumprimento Sentença. Leilão Digital Extrajudicial. Decisão agravada que determina a realização do expediente de Arrematação. Observância dos requisitos do Artigo 880, parágrafo 1º do Código de Processo Civil em consonância com o Provimento CSM nº. 1625/2009. Necessidade. Decisão que deve informar de forma explícita as condições da Alienação determinadas nos Dispositivos Legais citados, inclusive, para evitar eventuais futuras alegações de nulidade. Determinação para complementação da r. Decisão Agravada. Imprescindibilidade. RECURSO PARCIALMENTE PROVIDO para determinar-se a complementação da r. Decisão Agravada nos termos do artigo 880, parágrafo primeiro do Código de Processo Civil e do Provimento CSM nº. 1625/2009. (TJSP; AI 2177002-30.2017.8.26.0000; Ac. 10958574; Santos; Trigésima Câmara de Direito Privado; Rel. Des. Penna Machado; Julg. 08/11/2017; DJESP 21/11/2017; Pág. 3061)

Alienação particular – acordo extrajudicial antes da expedição da carta como causa de cancelamento da expropriação

✓ AGRAVO DE INSTRUMENTO. EXECUÇÃO DE TÍTULO EXTRAJUDICIAL. VENDA DIRETA. HOMOLOGAÇÃO. POSSIBILIDADE DE RECONSIDERAÇÃO ANTES DA EXPEDIÇÃO DA CARTA DE ALIENAÇÃO. 1. Tratando-se de bem imóvel, o ato jurídico denominado alienação por iniciativa particular (venda direta) prevista no art. 880 do CPC, será considerado perfeito e acabado com assinatura do termo e a expedição da carta de alienação e mandado de imissão na posse. 2. Comprovada a quitação da dívida, através de acordo firmado na via administrativa, em data anterior a expedição da carta de alienação, correta a decisão agravada no ponto em que reconsiderou a decisão de homologação e tornou sem efeito a alienação. (TRF 4ª R.; AG 5026023-50.2017.404.0000; Terceira Turma; Relª Desª Fed. Marga Inge Barth Tessler; Julg. 19/09/2017; DEJF 25/09/2017)

Art. 881. A alienação far-se-á em leilão judicial se não efetivada a adjudicação ou a alienação por iniciativa particular.

§ 1º O leilão do bem penhorado será realizado por leiloeiro público.

→ v. Decreto 21.981/1932 – Regula a profissão de leiloeiro.

§ 2º Ressalvados os casos de alienação a cargo de corretores de bolsa de valores, todos os demais bens serão alienados em leilão público.

→ v. Arts. 860, § 2º, 871, II e III, e 886, parágrafo único, do NCPC.

Leilão somente se não houver adjudicação

✓ AGRAVO DE INSTRUMENTO. EXECUÇÃO DE TÍTULO EXTRAJUDICIAL. ALIENAÇÃO POR INICIATIVA PARTICULAR. VENDA DIRETA. BEM MÓVEL. VEÍCULO. PRÉVIA TENTATIVA DE LEILÃO. DESNECESSIDADE. 1. De acordo com o art. 881 do CPC o leilão judicial somente será efetivado se não manifestado interesse na adjudicação ou na alienação por iniciativa particular. 2. Havendo interesse do exequente em realizar a alienação por iniciativa particular (venda direta) cabível o deferimento do pedido, mesmo que antes da tentativa de leilão judicial, observado o procedimento previsto no art. 880 do CPC. 3. Agravo de instrumento provido. (TRF 4ª R.; AG 5030618-29.2016.404.0000; Terceira Turma; Rel. Des. Fed. Fernando Quadros da Silva; Julg. 27/09/2016; DEJF 29/09/2016)

Art. 882. Não sendo possível a sua realização por meio eletrônico, o leilão será presencial.

§ 1º A alienação judicial por meio eletrônico será realizada, observando-se as garantias processuais das partes, de acordo com regulamentação específica do Conselho Nacional de Justiça.

§ 2º A alienação judicial por meio eletrônico deverá atender aos requisitos de ampla publicidade, autenticidade e segurança, com observância das regras estabelecidas na legislação sobre certificação digital.

→ *v.* Medida Provisória 2.200/2001 – Institui a Infraestrutura de Chaves Públicas Brasileira.

→ *v.* Lei 11.419/2006 – Dispõe sobre a informatização do processo judicial.

§ 3º O leilão presencial será realizado no local designado pelo juiz.

Realização de leilão eletrônico

✓ AGRAVO DE INSTRUMENTO. AÇÃO DE COBRANÇA DE DÉBITOS CONDOMINIAIS. FASE DE CUMPRIMENTO DE SENTENÇA. Leilão eletrônico. Percentual mínimo para arrematação do bem penhorado em segundo leilão. Hipótese em que deve ser observado o percentual de 60% do valor da avaliação. Observância ao art. 13, do Provimento nº 1625/2009 do Conselho Superior da Magistratura. Percentual que viabiliza a arrematação sem, contudo, configurar preço vil. Questões referentes ao leilão eletrônico que se encontram disciplinadas pelos artigos 882 e parágrafos, do Código de Processo Civil e pela Resolução 236 do Conselho Nacional de Justiça. Pretensão de remessa dos autos à Contadoria Judicial para conferencia dos cálculos referentes ao débito exequendo que se encontra prejudicada, tendo em vista que em consulta ao andamento processual dos autos principais, houve determinação pelo juízo de primeiro grau para esse fim, aguardando-se a apreciação pelo ilustre magistrado quanto a eventual incorreção de cálculos. RECURSO PARCIALMENTE CONHECIDO E, NA PARTE CONHECIDA, PARCIALMENTE PROVIDO. (TJSP; AI 2186845-53.2016.8.26.0000; Ac. 10748332; São Paulo; Vigésima Sétima Câmara de Direito Privado; Rel. Des. Sergio Alfieri; Julg. 29/08/2017; DJESP 06/09/2017; Pág. 2251)

Art. 883. Caberá ao juiz a designação do leiloeiro público, que poderá ser indicado pelo exequente.

Nomeação de leiloeiro público

✓ AGRAVO DE INSTRUMENTO. CONDOMÍNIO. AÇÃO DE COBRANÇA. EXECUÇÃO DE SENTENÇA. Inexistência de obrigatoriedade de realização de praça dos imóveis através do porteiro de auditórios. Indicação de leiloeiro público. Possibilidade. Inteligência do art. 881, § 1º e seguintes, do novo CPC. Reforma da decisão. Agravo de instrumento provido. (TJRS; AI 0389041-36.2016.8.21.7000; Porto Alegre; Décima Sétima Câmara Cível; Rel. Des. Giovanni Conti; Julg. 30/03/2017; DJERS 07/04/2017)

Art. 884. Incumbe ao leiloeiro público:

I – publicar o edital, anunciando a alienação;

II – realizar o leilão onde se encontrem os bens ou no lugar designado pelo juiz;

III – expor aos pretendentes os bens ou as amostras das mercadorias;

IV – receber e depositar, dentro de 1 (um) dia, à ordem do juiz, o produto da alienação;

V – prestar contas nos 2 (dois) dias subsequentes ao depósito.

Parágrafo único. O leiloeiro tem o direito de receber do arrematante a comissão estabelecida em lei ou arbitrada pelo juiz.

→ *v.* Art. 23, § 2º da Lei 6.830/1980.

Atribuições do leiloeiro (direito à comissão)

✓ PROCESSUAL CIVIL. AGRAVO DE INSTRUMENTO. EXECUÇÃO FISCAL. ARREMATAÇÃO. DESISTÊNCIA PELO ARREMATANTE. COMISSÃO DO LEILOEIRO. MANUTENÇÃO. 1. Agravo de instrumento no qual se discute a reforma de decisão que, em execução fiscal, indeferiu pedido de devolução de comissão paga a leiloeiro oficial, em face da desistência da arrematação. 2. O art. 884, do NCPC, estabelece as atribuições do leiloeiro, bem como o direito que o mesmo detém à comissão, prevista em Lei ou arbitrada pelo juiz, em face das atividades por ele realizadas, cujo pagamento correrá às expensas do arrematante. 3. Tendo o profissional cumprido com suas obrigações, tal como previstas em Lei, é direito seu receber a comissão fixada. Eventual mudança nos interesses do arrematante, levando-o inclusive a desistir da arrematação realizada, não pode servir de condão à penalização do leiloeiro. 4. Agravo de instrumento não provido. (TRF 5ª R.; AGTR 0001274-61.2016.4.05.0000; PE; Primeira Turma; Rel. Des. Fed. Élio Wanderley de Siqueira Filho; DEJF 13/10/2017; Pág. 37)

Remoção do bem penhorado em favor do leiloeiro ou exequente, para fins de exposição à venda

✓ AGRAVO DE INSTRUMENTO. EXECUÇÃO FISCAL. BENS PENHORADOS. REMOÇÃO. CABI-

MENTO. Designada data para realização de leilão, cabível a determinação de remoção dos bens a depósito judicial, medida que se dá no interesse da execução, viabilizando o cumprimento do disposto no art. 884, III do Código de Processo Civil. (TRF 4ª R.; AG 5050414-69.2017.4.04.0000; Segunda Turma; Rel. Des. Fed. Rômulo Pizzolatti; Julg. 21/11/2017; DEJF 22/11/2017)

✓ AGRAVO DE INSTRUMENTO. EXECUÇÃO FISCAL. BENS PENHORADOS. REMOÇÃO. CABIMENTO. Cabível a determinação de remoção dos bens a depósito judicial, medida que se dá no interesse da execução, viabilizando o cumprimento do disposto no art. 884, III do Código de Processo Civil. (TRF 4ª R.; AG 5031760-34.2017.404.0000; Segunda Turma; Rel. Des. Fed. Luiz Carlos Cervi; Julg. 22/08/2017; DEJF 25/08/2017)

Art. 885. O juiz da execução estabelecerá o preço mínimo, as condições de pagamento e as garantias que poderão ser prestadas pelo arrematante.

→ *v.* Art. 892 do NCPC.

→ *v.* Enunciado 193 do FPPC: Não justifica o adiamento do leilão, nem é causa de nulidade da arrematação, a falta de fixação, pelo juiz, do preço mínimo para a arrematação.

Art. 886. O leilão será precedido de publicação de edital, que conterá:

→ *v.* Art. 22 da Lei 6.830/1980.

→ *v.* Art. 894, § 2º do NCPC.

I – a descrição do bem penhorado, com suas características, e, tratando-se de imóvel, sua situação e suas divisas, com remissão à matrícula e aos registros;

II – o valor pelo qual o bem foi avaliado, o preço mínimo pelo qual poderá ser alienado, as condições de pagamento e, se for o caso, a comissão do leiloeiro designado;

→ *v.* Enunciado 193 do FPPC: Não justifica o adiamento do leilão, nem é causa de nulidade da arrematação, a falta de fixação, pelo juiz, do preço mínimo para a arrematação.

III – o lugar onde estiverem os móveis, os veículos e os semoventes e, tratando-se de créditos ou direitos, a identificação dos autos do processo em que foram penhorados;

IV – o sítio, na rede mundial de computadores, e o período em que se realizará o leilão, salvo se este se der de modo presencial, hipótese em que serão indicados o local, o dia e a hora de sua realização;

V – a indicação de local, dia e hora de segundo leilão presencial, para a hipótese de não haver interessado no primeiro;

→ *v.* Súmula 128 do STJ.

VI – menção da existência de ônus, recurso ou processo pendente sobre os bens a serem leiloados.

→ *v.* Art. 908, § 1º do NCPC.

→ *v.* Art. 130, parágrafo único, do CTN.

Parágrafo único. No caso de títulos da dívida pública e de títulos negociados em bolsa, constará do edital o valor da última cotação.

→ *v.* Arts. 861, § 2º, 871, II e III, e 881, § 2º, do NCPC.

Requisitos do edital e nulidade da alienação

✓ AGRAVO DE INSTRUMENTO. EXECUÇÃO. HASTA PÚBLICA. NULIDADE DO EDITAL. OMISSÕES QUANTO A REQUISITOS PREVISTOS NO ART. 886 DO CÓDIGO DE PROCESSO CIVIL. INOCORRÊNCIA. FORMALIDADES RESPEITADAS OU IRREGULARIDADES QUE NÃO ACARRETARAM PREJUÍZO À AGRAVANTE. ARREMATAÇÃO DOS BENS LEILOADOS. PRINCÍPIO DA INSTUMENTALIDADE DAS FORMAS. RECURSO DESPROVIDO. 1) O art. 886 do Código de Processo Civil de 2015 estabelece o conteúdo mínimo do edital de hasta pública, tendo como finalidade preponderante viabilizar a mais ampla concorrência e obter a melhor proposta possível, funcionando o edital como anúncio da alienação coativa e seu regulamento interno. Nesse contexto, em regra, eventual nulidade relacionada à omissão do edital aproveita apenas ao arrematante e depende da demonstração da existência de prejuízo, sendo incabível tal alegação pelo devedor que não foi prejudicado. Precedentes do STJ. 2). Não há determinação legal para que o edital de hasta pública indique o nome da parte executada, bastando a menção a elementos suficientes a identificação do processo a que se refere a alienação judicial. Por outro lado, se revela imprescindível a intimação do executado da ocorrência do leilão judicial, o que foi atendido na hipótese com a intimação do advogado da parte (art. 889, inciso I, do CPC/2015) e com a indicação de seu nome no ato. 3) A possibilidade de arrematação dos bens leiloados por pessoa que não possa fazê-lo (art. 890 do CPC/2015) configura mera conjectura, de ocorrência pouco provável, a qual, caso ocorra, deverá ser verificada pelo leiloeiro antes de proclamar o resultado, evitando embaraços dessa ordem. 4) Inexiste obrigação legal de que conste no edital de hasta pública o nome de coproprietário de bem que será leiloado, bastando que seja atendida a intimação a que alude o art. 889, incisos II e V, do Código de Processo Civil de 2015, a qual não é possível aferir ante a ausência de cópias dos autos principais neste recurso. 5) A ausência de indicação do valor individualizado dos bens leiloados – foi mencionada apenas a soma – e do valor da comissão do leiloeiro não acarretaram nenhum prejuízo à hasta pública, visto que os bens foram arrematados e nenhuma irregularidade foi levantada pelos arrematantes, o que afasta o interessa da agravante e a possibilidade de declarar qualquer nulidade. 6) Atento ao princípio da instrumentalidade das formas (pas de nullité san grief), o legislador brasileiro estabeleceu que o importante é que a finalidade do ato processual seja alcançada, e não a forma do ato considerada em si mesma (formalismo), consoante se observa dos arts. 277 e 283, parágrafo único, ambos do CPC/2015. Como na hipótese o leilão público ocorreu na presença de interessados e houve a arrematação dos 02 (dois) imóveis ofertados por valor condizente com o de mercado, verifica-se que o edital da hasta pública alcançou sua finalidade, inexistindo prejuízo a ser ventilado pela agravante, o que afasta a possibilidade de declaração de nulidade do instrumento convocatório, ainda que irregularidades possam ter sido cometidas. 7) Recurso desprovido. (TJES; AI 0003272-84.2016.8.08.0020; Terceira Câmara Cível; Rel. Des. Subst. Victor Queiroz Schneider; Julg. 21/03/2017; DJES 31/03/2017)

Atualização do valor do bem avaliados ao tempo da alienação

✓ AGRAVO DE INSTRUMENTO. AÇÃO DE EXECUÇÃO POR QU ANTIA CERTA CONTRA DEVEDOR SOLVENTE. Escritura pública de confissão de dívidas com garantia hipotecária e fidejussória. Bens imóveis levados à hasta pública. Atualização do valor da avaliação que se faz por simples cálculo aritmético, com o uso da ferramenta disponibilizada no sítio da Corregedoria-Geral da justiça do estado de Santa Catarina. Constatação, ademais, de que em outra oportunidade o cálculo acompanhou o edital de praça, em atenção ao disposto no artigo 886, inciso II, do código de processo civil de 2015. Pedido impertinente e que tem por objetivo atrasar o andamento do feito. Litigância de má-fé bem caracterizada. Decisão mantida. Recurso desprovido. (TJSC; AI 4013609-46.2017.8.24.0000; Palhoça; Quinta Câmara de Direito Comercial; Rel. Des. Jânio Machado; DJSC 04/10/2017; Pag. 202)

Menção no edital de ônus ou processos sobre os bens penhorados

✓ AGRAVO DE INSTRUMENTO. AÇÃO DE EXECUÇÃO FISCAL. EXIGENCIA DA CERTIDÃO ATUALIZADA DE MATRÍCULA DO IMÓVEL OBJETO DA EXECUÇÃO. DECISÃO CORRETA. RECURSO CONHECIDO E IMPROVIDO. I. O presente recurso tem por escopo atacar a decisão proferida pelo Juiz a quo, que determinou a juntada da Certidão atualizada da matrícula do bem imóvel objeto da execução, fornecida pelo Cartório de Registro de Imóveis competente. Nota-se que em razão do processo encontrar-se em fase de leilão, o edital de hasta pública deverá conter a situação do imóvel, com remissão à matrícula e aos registros, bem como a menção da existência de ônus, recurso ou causa pendente sobre os bens a serem arrematados, sob pena de anulação da arrematação pelo adquirente que provar a existência de ônus real ou de gravame não mencionado no edital, nos termos do art. 903, § 5º, I do CPC/2015 que guarda correspondência no art. 694, inciso III, do CPC/73. III. Diante disto, entende-se ser irreparável a determinação feita pelo juízo da execução, uma vez que o art. 22 da Lei de Execuções Fiscais deve ser interpretado em conjunto com o artigo 886, inciso VI do CPC/2015, a fim de assegurar ao arrematante o pleno conhecimento da situação do bem que está sendo adquirido. lV. É sabido que a necessidade na juntada de tal certidão no edital de hasta pública tem por finalidade certificar se há ônus, recurso ou causa pendente sobre o imóvel constrito, evitando-se, desta forma, que o arrematante seja surpreendido com dívidas constantes em outras execuções ou que tenha que assumir obrigações que não constavam do edital, logo, o arrematante deve ter pleno conhecimento da situação do bem. V. Ante o exposto, conheço o Recurso de Agravo e Nego-lhe provimento, mantendo inalterada a decisão recorrida. (TJPA; AI 0008421-03.2008.8.14.0301; Ac. 180969; Belém; Segunda Câmara Cível Isolada; Relª Desª Rosileide Maria da Costa Cunha; Julg. 18/09/2017; DJPA 27/09/2017; Pág. 214)

Art. 887. O leiloeiro público designado adotará providências para a ampla divulgação da alienação.

§ 1º A publicação do edital deverá ocorrer pelo menos 5 (cinco) dias antes da data marcada para o leilão.

§ 2º O edital será publicado na rede mundial de computadores, em sítio designado pelo juízo da execução, e conterá descrição detalhada e, sempre que possível, ilustrada dos bens, informando expressamente se o leilão se realizará de forma eletrônica ou presencial.

→ *V.* Art. 882 do NCPC.

§ 3º Não sendo possível a publicação na rede mundial de computadores ou considerando o juiz, em atenção às condições da sede do juízo, que esse modo de divulgação é insuficiente ou inadequado, o edital será afixado em local de costume e publicado, em resumo, pelo menos uma vez em jornal de ampla circulação local.

§ 4º Atendendo ao valor dos bens e às condições da sede do juízo, o juiz poderá alterar a forma e a frequência da publicidade na imprensa, mandar publicar o edital em local de ampla circulação de pessoas e divulgar avisos em emissora de rádio ou televisão local, bem como em sítios distintos do indicado no § 2º.

§ 5º Os editais de leilão de imóveis e de veículos automotores serão publicados pela imprensa ou por outros meios de divulgação, preferencialmente na seção ou no local reservados à publicidade dos respectivos negócios.

§ 6º O juiz poderá determinar a reunião de publicações em listas referentes a mais de uma execução.

Publicação do edital com 05 dias de antecedência

✓ AGRAVO DE INSTRUMENTO. Ação Declaratória C.C. Restituição de Valores. Fase de cumprimento de sentença. Designação de datas de praceamento do imóvel penhorado. INCONFORMISMO da executada deduzido no Recurso. ACOLHIMENTO. Publicação da designação das datas dos primeiro e segundo leilões do imóvel penhorado somente após a data designada para a ocorrência do primeiro praceamento. Necessidade de publicação do edital com cinco (5) dias de antecedência, ex vi do artigo 887, §1º, do CPC de 2015. RECURSO PROVIDO. (TJSP; AI 2129391-81.2017.8.26.0000; Ac. 10942884; São Paulo; Vigésima Sétima Câmara de Direito Privado; Relª Desª Daise Fajardo Nogueira Jacot; Julg. 31/10/2017; DJESP 13/11/2017; Pág. 2815)

Nulidade da alienação por ausência de publicação de edital

✓ APELAÇÃO CÍVEL. DIREITO PÚBLICO NÃO ESPECIFICADO. EMBARGOS À ARREMATAÇÃO. No caso, a arrematação é nula em razão da ausência de publicação do edital em jornal de grande circulação local (art. 687 do CPC vigente na época e art. 887, §3º, da Lei nº 13.105/2015). Tal exigência está em consonância com o princípio da publicidade e com o disposto no art. 620 da Lei nº 5.869/1973 e com o art. 805 da Lei nº 13.105/2015, ou seja, que a execução deve se dar de forma menos gravosa ao executado, possibilitando assim que a arrematação ocorra pelo maior valor possível. Ainda, foram penhorados bens necessários ou úteis ao exercício da profissão do apelante (agricultor), de forma que não foi observado o disposto no art. 649, V, da Lei nº 5.869/1973, sendo nula a penhora. Por maioria, recurso de apelação provido. (TJRS; AC 0067385-67.2014.8.21.7000; Cacequi; Segunda Câmara Cível; Rel. Des. João Barcelos de Souza Junior; Julg. 24/06/2016; DJERS 07/07/2016)

✓ TRIBUTÁRIO. AGRAVO DE INSTRUMENTO. EXECUÇÃO FISCAL. EXCEÇÃO DE PRÉ-EXECUTIVIDADE. NULIDADE DO LEILÃO. PUBLICAÇÃO DO EDITAL. IMPENHORABILIDADE. MANUTENÇÃO DA DECISÃO ORIGINÁRIA. 1. Afasta-se a alegação de nulidade do leilão pela ausência de publicação do edital de realização das praças em jornal de grande circulação, tendo em vista que as formalidades das praças estão de acordo com as disposições contidas no art. 887, e seus parágrafos, do Novo Código de Processo Civil. 2. O imóvel cuja impenhorabilidade se almeja possui características não residenciais, em virtude de sua destinação comercial, afastando, com isso, a tese de impenhorabilidade. 3. Agravo de instrumento desprovido. (TRF 4ª R.; AG 5017653-82.2017.404.0000; Primeira Turma; Relª Desª Fed. Maria de Fátima Freitas Labarrère; Julg. 21/06/2017; DEJF 26/06/2017)

Art. 888. Não se realizando o leilão por qualquer motivo, o juiz mandará publicar a transferência, observando-se o disposto no art. 887.

Parágrafo único. O escrivão, o chefe de secretaria ou o leiloeiro que culposamente der causa à transferência responde pelas despesas da nova publicação, podendo o juiz aplicar-lhe a pena de suspensão por 5 (cinco) dias a 3 (três) meses, em procedimento administrativo regular.

Art. 889. Serão cientificados da alienação judicial, com pelo menos 5 (cinco) dias de antecedência:

→ *v.* Arts. 799, I a VII e 804 do NCPC.

I – o executado, por meio de seu advogado ou, se não tiver procurador constituído nos autos, por carta registrada, mandado, edital ou outro meio idôneo;

→ *v.* Súmula 121 do STJ.

II – o coproprietário de bem indivisível do qual tenha sido penhorada fração ideal;

III – o titular de usufruto, uso, habitação, enfiteuse, direito de superfície, concessão de uso especial para fins de moradia ou concessão de direito real de uso, quando a penhora recair sobre bem gravado com tais direitos reais;

IV – o proprietário do terreno submetido ao regime de direito de superfície, enfiteuse, concessão de uso especial para fins de moradia ou concessão de direito real de uso, quando a penhora recair sobre tais direitos reais;

V – o credor pignoratício, hipotecário, anticrético, fiduciário ou com penhora anteriormente averbada, quando a penhora recair sobre bens com tais gravames, caso não seja o credor, de qualquer modo, parte na execução;

→ *v.* Art. 1.501 do CC/2002.

VI – o promitente comprador, quando a penhora recair sobre bem em relação ao qual haja promessa de compra e venda registrada;

VII – o promitente vendedor, quando a penhora recair sobre direito aquisitivo derivado de promessa de compra e venda registrada;

VIII – a União, o Estado e o Município, no caso de alienação de bem tombado.

→ *v.* Art. 892, § 3º, do NCPC.

→ *v.* Enunciado 447 do FPPC: O exequente deve providenciar a intimação da União, Estados e Municípios no caso de penhora de bem tombado.

Parágrafo único. Se o executado for revel e não tiver advogado constituído, não constando dos autos seu endereço atual ou, ainda, não sendo ele encontrado no endereço constante do processo, a intimação considerar-se-á feita por meio do próprio edital de leilão.

→ *v.* Art. 346 do NCPC

Intimação dos devedores sobre a alienação

✓ NULIDADE. Leilão eletrônico. Ausência de intimação dos executados acerca das datas do leilão eletrônico. Inocorrência. Válida a intimação realizada por meio de publicação em nome dos patronos das executadas. Representação nos autos dos embargos à execução que se estende à execução, mesmo porque o instrumento de mandato acostado nos primeiros tem previsão expressa da atribuição de poderes para representação na demanda executiva. Insuficiência descritiva do bem na minuta de edital aprovada pela decisão recorrida. Inocorrência. Descrição pormenorizada do imóvel que atende suficientemente às exigências do art. 886, § 1º, do CPC/2015. Alegação de não observância do prazo previsto no art. 887, § 1º, do CPC/2015. Matéria que não foi objeto das decisões recorridas, não sendo possível a verificação da nulidade nos limites objetivos deste recurso, mesmo porque as provas relativas ao procedimento do leilão foram objeto de posterior juntada de documentos pelo leiloeiro. LITIGÂNCIA DE MÁ-FÉ. Inocorrência. Não se detecta deslealdade processual no procedimento da parte que não foi bem-sucedida na busca de apoio de suas pretensões. Indeferimento do pleito requerido em contraminuta da agravada. Recurso desprovido. (TJSP; AI 2042188-81.2017.8.26.0000; Ac. 10690348; Pirangi; Vigésima Câmara de Direito Privado; Rel. Des. Álvaro Torres Júnior; Julg. 07/08/2017; DJESP 24/08/2017; Pág. 2404)

Intimação do promitente comprador sobre a alienação

✓ AGRAVO DE INSTRUMENTO. ARREMATAÇÃO. NULIDADE. Ausência de intimação do terceiro interessado da hasta pública. Evidente interesse do promitente comprador em participar dos atos processuais. Incidência dos artigos 804, par. 1º e 889, inciso VI do CPC. Em homenagem à ampla defesa, necessário dar oportunidade à parte agravante, que sofrerá os efeitos da constrição judicial, de participar e impugnar eventuais irregularidades existentes nos atos expropriatórios. Provimento do recurso. (TJRJ; AI 0043634-51.2017.8.19.0000; Rio de Janeiro; Terceira Câmara Cível; Rel. Des. Peterson Barroso Simão; Julg. 25/10/2017; DORJ 27/10/2017; Pág. 338)

Art. 890. Pode oferecer lance quem estiver na livre administração de seus bens, com exceção:

I – dos tutores, dos curadores, dos testamenteiros, dos administradores ou dos liquidantes, quanto aos bens confiados à sua guarda e à sua responsabilidade;

→ *v.* Art. 1.753 do CC/2002.

II – dos mandatários, quanto aos bens de cuja administração ou alienação estejam encarregados;

III – do juiz, do membro do Ministério Público e da Defensoria Pública, do escrivão, do chefe de secretaria e dos demais servidores e auxiliares da justiça, em relação aos bens e direitos objeto de alienação na localidade onde servirem ou a que se estender a sua autoridade;

IV – dos servidores públicos em geral, quanto aos bens ou aos direitos da pessoa jurídica a que servirem ou que estejam sob sua administração direta ou indireta;

V – dos leiloeiros e seus prepostos, quanto aos bens de cuja venda estejam encarregados;

VI – dos advogados de qualquer das partes.

Art. 891. Não será aceito lance que ofereça preço vil.

Parágrafo único. Considera-se vil o preço inferior ao mínimo estipulado pelo juiz e constante do edital, e, não tendo sido fixado preço mínimo, considera-se vil o preço inferior a cinquenta por cento do valor da avaliação.

→ *v.* Arts. 870, 883 e 884, II, do NCPC.

→ *v.* Enunciado 193 do FPPC: Não justifica o adiamento do leilão, nem é causa de nulidade da arrematação, a falta de fixação, pelo juiz, do preço mínimo para a arrematação.

Preço vil

✓ AGRAVO DE INSTRUMENTO. DIREITO PRIVADO NÃO ESPECIFICADO. Execução de título executivo extrajudicial. Arrematação. Preço vil. Necessidade de atualização da avaliação para a apuração do preço mínimo da arrematação, previsto no art. 891, § único, do CPC. Caso em que o lance vencedor foi bem inferior a 50% do valor da avaliação atualizado. Nulidade reconhecida. Recurso provido. Unânime. (TJRS; AI 0256768-59.2017.8.21.7000; Getúlio Vargas; Décima Segunda Câmara Cível; Rel. Des. Pedro Luiz Pozza; Julg. 07/11/2017; DJERS 10/11/2017)

✓ AGRAVO DE INSTRUMENTO CONTRA DECISÃO QUE REJEITOU IMPUGNAÇÃO À ARREMATAÇÃO OPOSTA PELOS EXECUTADOS. CUMPRIMENTO DE SENTENÇA. HOMOLOGAÇÃO DA AVALIAÇÃO QUE NÃO FOI OBJETO DE RECURSO, RESTANDO, POIS, PRECLUSA A QUESTÃO. Arrematação do imóvel por preço superior a 50% (cinquenta por cento) do valor apurado pelo avaliador, o que não configura preço vil, nos termos do parágrafo único do artigo 891 do Código de Processo Civil. Legalidade da praça. Pagamento à vista. Depósito realizado pelo leiloeiro após a dedução de suas despesas. Insubsistente a pretendida tutela de reintegração na posse do imóvel. Decisão mantida. RECURSO A QUE SE NEGA PROVIMENTO. (TJRJ; AI 0044096-08.2017.8.19.0000; Teresópolis; Décima Câmara Cível; Rel[a] Des[a] Patricia Ribeiro Serra Vieira; Julg. 01/11/2017; DORJ 07/11/2017; Pág. 383)

Art. 892. Salvo pronunciamento judicial em sentido diverso, o pagamento deverá ser realizado de imediato pelo arrematante, por depósito judicial ou por meio eletrônico.

→ v. Art. 886, II, do NCPC.

§ 1º Se o exequente arrematar os bens e for o único credor, não estará obrigado a exibir o preço, mas, se o valor dos bens exceder ao seu crédito, depositará, dentro de 3 (três) dias, a diferença, sob pena de tornar-se sem efeito a arrematação, e, nesse caso, realizar-se-á novo leilão, à custa do exequente.

§ 2º Se houver mais de um pretendente, proceder-se-á entre eles à licitação, e, no caso de igualdade de oferta, terá preferência o cônjuge, o companheiro, o descendente ou o ascendente do executado, nessa ordem.

§ 3º No caso de leilão de bem tombado, a União, os Estados e os Municípios terão, nessa ordem, o direito de preferência na arrematação, em igualdade de oferta.

→ v. Art. 889, VIII, do NCPC.

Possibilidade de o credor arrematar por preço inferior ao da avaliação

✓ AGRAVO DE INSTRUMENTO. EXECUÇÃO DE TÍTULO EXTRAJUDICIAL. PENHORA DE IMÓVEL. Arrematação pelo credor em segunda praça, por valor correspondente a 60% do valor de avaliação do bem. Decisão que rejeitou o lanço ofertado, por considerar que o valor correto deve corresponder ao da avaliação do imóvel. Exequente que, a despeito de não ser obrigado oferecer lance não inferior ao da avaliação desse bem, somente poderá arrematá-lo, em segunda praça sem licitante, por valor não inferior ao de seu crédito. Art. 892, § 1º do CPC. Recurso improvido, com observação. (TJSP; AI 2170345-72.2017.8.26.0000; Ac. 10960113; São Paulo; Décima Quarta Câmara de Direito Privado; Rel. Des. Thiago de Siqueira; Julg. 09/11/2017; DJESP 14/11/2017; Pág. 2259)

✓ AÇÃO ANULATÓRIA DE ARREMATAÇÃO. Leilão judicial. Bem imóvel. Alegação de que o exequente não poderia ter arrematado o bem oferecendo preço inferior ao valor de avaliação. Descabimento. Não realizada a adjudicação, o exequente possui legitimidade para participar do leilão e arrematar o bem penhorado. Em se tratando de segundo leilão, nada obsta que seja oferecido lance inferior ao valor de avaliação. Ademais, não restou demonstrada a ocorrência de quaisquer das hipóteses do artigo 903, §1º, do Código de Processo Civil. Inteligência dos artigos 880 e 892, §1º, do Código de Processo Civil. Sentença mantida. RECURSO NÃO PROVIDO. (TJSP; APL 1000178-10.2017.8.26.0624; Ac. 10779150; Tatuí; Décima Primeira Câmara de Direito Privado; Rel. Des. Renato Rangel Desinano; Julg. 11/09/2017; DJESP 15/09/2017; Pág. 1922)

Prazo especial para complementação do preço nos casos de credor arrematante

✓ AGRAVO DE INSTRUMENTO. LOCAÇÃO. EXECUÇÃO. Fase expropriatória de bem imóvel dado em caução ao contrato. Bem alienado em segunda praça ao exequente. Lance equivalente ao crédito do credor, cujo valor é superior ao mínimo estabelecido pelo juízo para a arrematação do imóvel, mas inferior ao valor da avaliação. Decisão agravada determinando o depósito da diferença, a fim de que o lance corresponda ao valor de avaliação do bem. Incorreção. Ao credor é lícito adjudicar o bem pelo valor da avaliação ou arrematá-lo em hasta pública em condições de igualdade com os demais licitantes, desde que não ofereça preço vil. Precedentes. Regra do §1, do art. 892 do NCPC que institui em favor do credor o benefício de depositar a diferença entre o valor do lance e do seu crédito em prazo maior do que aquele ordinariamente previsto para os demais licitantes, que ficam obrigados ao pagamento de imediato. RECURSO PROVIDO. (TJSP; AI 2131348-20.2017.8.26.0000; Ac. 10964139; Diadema; Vigésima Quinta Câmara de Direito Privado; Rel. Des. Azuma Nishi; Julg. 09/11/2017; DJESP 17/11/2017; Pág. 2910)

Art. 893. Se o leilão for de diversos bens e houver mais de um lançador, terá preferência aquele que se propuser a arrematá-los todos, em conjunto, oferecendo, para os bens que não tiverem lance, preço igual ao da avaliação e, para os demais, preço igual ao do maior lance que, na tentativa de arrematação individualizada, tenha sido oferecido para eles.

→ v. Art. 23, § 1º, da Lei 6.830/1980.

Alienação conjunta X alienação de bens penhorados na mesma data – distinção

✓ AGRAVO DE INSTRUMENTO. EXECUÇÃO DE TÍTULO EXTRAJUDICIAL. Impugnação à arrematação. Preliminar. Ausência de fundamentação. Art. 489, § 1º, IV, do CPC/2015. Recorrente que deixa de apontar quais argumentos não enfrentados teriam o condão de infirmar a decisão. Ademais, se a parte entendeu que a decisão foi omissa quanto a pedido formulado nos autos deveria tê-la impugnado pelo recurso próprio, pois o conhecimento, neste grau de jurisdição, de matéria não apreciada pelo juízo a quo implicaria em supressão de instância. Interlocutório hígido. Prefacial afastada. Mérito. Arguida nulidade da arrematação por entender que a modalidade foi conjunta (art. 893 do CPC/2015), exigindo o depósito integral equivalente ao total da avaliação para cada bem. Inviabilidade. Bens arrematados na mesma data, todavia separadamente. De outra feita, a norma em epígrafe exige a pluralidade de interessados e lances em relação a todos os bens levados a hasta para utilização da norma como forma de desempate em favor do arrematante interessado na arrematação global. Eiva não verificada. Depósito parcial do preço em relação a um dos bens arrematados. Alegada ofensa ao art. 892, § 1º, do CPC/2015. Credor hipotecário que se utiliza de seu crédito para arrematar bem em execução promovida por outrem. Possibilidade. Precedentes do STJ. Exibição integral do preço que visa a evitar preterição de outros credores. Depósito parcial suficiente para suprir os créditos com preferência. Ausência de prejuízo (art. 277 do CPC/2015). Nulidade inexistente. Decisão que declara prejudicada prévia determinação de depósito total do preço (art. 505 do CPC/2015) para satisfação dos credores preferenciais. Depósito da diferença que se mostrou suficiente à satisfação dos referidos credores. Manifestação expressa destes no sentido de concordar com os valores, requerendo a liberação da verba. Fato processual a ensejar a desconsideração do comando anterior. Preclusão pro judicato inocorrente. Arrematante que na condição de credor hipotecário apresenta petição com cálculo do crédito e informa o interesse na arrematação do bem dado em garantia, com o abatimento proporcional do valor que lhe é devido. Ausência de impugnação específica dos valores apresentados na primeira oportunidade em que o devedor se manifesta nos autos. Impugnação posterior à arrematação baseada em questões meramente formais e insuficientes para infirmar a conta apresentada. Recurso desprovido. (TJSC; AI 4013213-06.2016.8.24.0000; Xaxim; Sexta Câmara de Direito Civil; Rel. Des. André Luiz Dacol; DJSC 25/07/2017; Pag. 162)

Art. 894. Quando o imóvel admitir cômoda divisão, o juiz, a requerimento do executado, ordenará a alienação judicial de parte dele, desde que suficiente para o pagamento do exequente e para a satisfação das despesas da execução.

→ v. Art. 872, § 1º, do NCPC.

§ 1º Não havendo lançador, far-se-á a alienação do imóvel em sua integridade.

§ 2º A alienação por partes deverá ser requerida a tempo de permitir a avaliação das glebas destacadas e sua inclusão no edital, e, nesse caso, caberá ao executado instruir o requerimento com planta e memorial descritivo subscritos por profissional habilitado.

Momento e requisitos para desmembramento do imóvel:

✓ AGRAVO DE INSTRUMENTO. EXECUÇÃO DE TÍTULO EXTRAJUDICIAL. PENHORA DE PROPRIEDADE RURAL. PEDIDO DE DESMEMBRAMENTO DO IMÓVEL. INDEFERIMENTO. INTELIGÊNCIA DO ART. 894, §2º, DO CPC DE 2015. DECISÃO MANTIDA. AGRAVO IMPROVIDO. O pedido de desmembramento de imóvel, nos termos do art. 894,§2º, do Código de Processo Civil de 2015, deve ser formulado pelo executado a tempo de permitir a avaliação das glebas destacadas e sua inclusão no edital, bem como ser instruído com planta e memorial descritivo subscritos por profissional habilitado. (TJMG; AI 1.0620.15.000424-5/001; Rel. Des. José Marcos Vieira; Julg. 02/03/2017; DJEMG 13/03/2017)

Impossibilidade de desmembramento se o valor do imóvel for superior ao valor do débito:

✓ AGRAVO DE INSTRUMENTO. EXECUÇÃO DE TÍTULO EXTRAJUDICIAL. PENHORA DE IMÓVEL RURAL. EXCESSO DE PENHORA. DIVISÃO DO BEM PARA EXPROPRIAÇÃO. DESCABIMENTO. Insurgência em face da decisão pela qual foi afastada a alegação deduzida pelos agravantes de excesso de penhora, bem como o requerimento para que a penhora recaísse apenas sobre parte ideal do imóvel. Descabimento da pretensão de afastamento da penhora pelo mero fato de o valor do bem ser muito superior ao débito exequendo. Impossibilidade de alienação judicial de apenas parte ideal do imóvel, conforme requereram os agravantes. Inconveniência de se instaurar um condomínio sobre o bem entre a executada e o arrematante. Agravantes que não requereram a divisão do imóvel na forma do art. 894 do CPC/2015, que exige a possibilidade de cômoda divisão. Hipótese em que caberia aos executados instruir o requerimento com planta e memorial descritivo subscritos por profissional habilitado, o que não ocorreu no caso dos autos. Decisão mantida. Agravo desprovido. (TJSP; AI 2222271-29.2016.8.26.0000; Ac. 10544065; Fernandópolis; Décima Segunda Câmara de Direito Privado; Rel. Des. Castro Figliolia; Julg. 23/06/2017; DJESP 05/07/2017; Pág. 1995)

Art. 895. O interessado em adquirir o bem penhorado em prestações poderá apresentar, por escrito:

→ *v.* Enunciado 330 do FPPC: Na Justiça do trabalho, o juiz pode deferir a aquisição parcelada do bem penhorado em sede de execução, na forma do art. 895 e seus parágrafos.

Necessidade de atualização da avaliação do imóvel para arrematação de forma parcelada:

✓ AGRAVO DE INSTRUMENTO. CUMPRIMENTO DE SENTENÇA. EDITAL DE LEILÃO. ARREMATAÇÃO DE FORMA PARCELADA. AVALIAÇÃO DO IMÓVEL DESATUALIZADA. NECESSIDADE DE NOVA AVALIAÇÃO. DETERMINAÇÃO DE ATUALIZAÇÃO DE OFÍCIO. POSSIBILIDADE. PREÇO VIL. RECONHECIMENTO. Para a arrematação de bem levado a leilão, é necessário o cumprimento dos requisitos elencados no art. 895 do CPC. O Superior Tribunal de Justiça consagrou a tese de que, "mesmo à míngua de expresso requerimento do executado, o magistrado não somente pode, como deve, proceder à atualização do preço do laudo, de maneira a aproximar a avaliação do valor de mercado do bem e evitar que o preço vil seja descaracterizado em virtude do fator inflacionário acumulado nesse entrementes (RESP 1104563-PR). Restando caracterizado que o arrematante ofereceu preço vil, é o caso de indeferimento do lance, e, não havendo outros licitantes, seja determinada a realização de nova hasta pública, devendo o edital ser expedido somente após nova avaliação e atualização do débito. (TJMG; AI 1.0694.06.030749-3/002; Rel. Des. José Augusto Lourenço dos Santos; Julg. 08/09/2017; DJEMG 14/09/2017)

Desnecessidade de atualização de avaliação se a anterior foi realizada há pouco tempo:

✓ AÇÃO DE COBRANÇA. DESPESAS CONDOMINIAIS. Fase de cumprimento de sentença. Insurgência contra decisão que homologou laudo de avaliação da unidade condominial penhorada. Preclusão e supressão da instância não verificadas. Vaga de garagem que possui matrícula autônoma e, embora avaliada, não foi considerada no preço final de avaliação do imóvel. Determinação posterior para que a penhora recaia sobre a vaga de garagem, sem prejuízo da continuidade do leilão do imóvel já penhorado. Pleito para aditamento do auto de penhora que se tem por prejudicado. Laudo realizado há pouco mais de um ano que não se considera defasado, máxime diante do desaquecimento do mercado imobiliário nos últimos tempos. Determinação contida no edital para atualização do valor do imóvel já penhorado na data da hasta pública e informação de que eventual oferta realizada nos termos do art. 895 do CPC/2015 será submetida à aceitação das partes e do juízo. Publicação que contém os requisitos necessários e não gera qualquer prejuízo aos executados. Ausência de interesse e legitimidade destes em suscitar questão que diz respeito a terceiros interessados na arrematação. Dicção do art. 18 do CPC/2015. Prescrição das parcelas cobradas na fase de conhecimento que não pode ser admitida na etapa de cumprimento da sentença, ante a formação da coisa julgada em relação ao título judicial. Compreensão do art. 525, § 1º, VII, do CPC/2015. Recurso conhecido em parte e, nesta extensão, desprovido. (TJSP; AI 2065156-42.2016.8.26.0000; Ac. 9600759; São Paulo; Vigésima Oitava Câmara de Direito Privado; Rel. Des. Dimas Rubens Fonseca; Julg. 13/07/2016; DJESP 18/07/2016)

Se a proposta for apresentada nos termos do previsto do Código, deve ser acolhida:

✓ AGRAVO DE INSTRUMENTO. COBRANÇA DE DESPESAS CONDOMINIAIS. FASE DE CUMPRIMENTO DE SENTENÇA. ACOLHIMENTO DE PROPOSTA PARA AQUISIÇÃO PARCELADA DE IMÓVEL NÃO ALIENADO EM SEGUNDA HASTA PÚBLICA. POSSIBILIDADE. PROPOSTA QUE OBEDECEU OS REQUISITOS LEGAIS (ARTS. 891 E 895 DO CPC/2015). DECISÃO MANTIDA. RECURSO DESPROVIDO. A proposta para aquisição parcelada de imóvel não alienado em segunda hasta pública deve ser acolhida, se cumpridos os requisitos legais, precipuamente os constantes nos arts. 891 e 895, ambos do CPC/2015. (TJSP; AI 2023036-47.2017.8.26.0000; Ac. 10247090; Santos; Trigésima Primeira Câmara de Direito Privado; Rel. Des. Adilson de Araújo; Julg. 14/03/2017; DJESP 22/03/2017)

I – até o início do primeiro leilão, proposta de aquisição do bem por valor não inferior ao da avaliação;

→ *v.* Art. 870 do NCPC.

Necessidade de apresentação de proposta parcelada por escrito e descabimento, no primeiro leilão, de oferta por valor inferior ao da avaliação:

✓ AGRAVO DE INSTRUMENTO. LOCAÇÃO. EXECUÇÃO DE TÍTULO EXTRAJUDICIAL. PRIMEIRO LEILÃO. AQUISIÇÃO MEDIANTE PROPOSTA COM PAGAMENTO PARCELADO. FORMA ESCRITA. NECESSIDADE. VALOR NÃO INFERIOR AO DA AVALIAÇÃO. ARREMATAÇÃO. NULA. MATÉRIA DE FATO. CASO CONCRETO. A teor do art. 895 do CPC/15, que disciplina a aquisição de bem penhorado mediante pagamento em prestações, a oferta, se visa parcelamento, deve ser apresentada por escrito, bem como em valor não inferior ao da avaliação, caso apresentada no primeiro leilão. Agravo de instrumento desprovido. (TJRS; AI 0022519-66.2017.8.21.7000; Taquara; Décima Quinta Câmara Cível; Relª Desª Adriana da Silva Ribeiro; Julg. 24/05/2017; DJERS 05/06/2017)

II – até o início do segundo leilão, proposta de aquisição do bem por valor que não seja considerado vil.

→ v. Art. 891 do NCPC.

Possibilidade de aquisição do bem por valor menor que o da avaliação no segundo leilão:

✓ AGRAVO DE INSTRUMENTO. AÇÃO DE COBRANÇA DE COTAS CONDOMINIAIS. FASE DE CUMPRIMENTO DE SENTENÇA. Penhora do imóvel. Venda judicial. Decisão que fixa o valor da avaliação como lanço mínimo para a arrematação. Pretensão de fixação de valor inferior àquele arbitrado em avaliação para a segunda praça. Inconformismo do Condomínio credor que prospera. Lanço mínimo fixado como sendo o valor da avaliação que, no silêncio da decisão, tem incidência apenas na primeira praça. Inteligência dos incisos I e II do artigo 895 do CPC/15 que permite concluir pela clara intenção do legislador de consentir que a venda numa segunda oportunidade se dê por valor inferior àquele de avaliação, respeitada a proibição de alienação por preço vil. Provimento do recurso para esclarecer que o valor fixado pela decisão recorrida diz respeito apenas ao lanço mínimo em primeira praça. (TJRJ; AI 0033259-88.2017.8.19.0000; Rio de Janeiro; Décima Sexta Câmara Cível; Rel. Des. Eduardo Gusmão Alves de Brito Neto; DORJ 15/09/2017; Pág. 378)

Impossibilidade de formulação de proposta de aquisição parcelada após o término do segundo leilão:

✓ AGRAVO DE INSTRUMENTO. Execução de título extrajudicial. Arrematação. Acolhida proposta de pagamento parcelado apresentada após o término da segunda praça. Impossibilidade. Violação do artigo 895, II do CPC. Discordância do credor quanto a proposta. Decisão reformada. Recurso provido. (TJSP; AI 2047468-33.2017.8.26.0000; Ac. 10495746; Campinas; Vigésima Primeira Câmara de Direito Privado; Rel. Des. Maia da Rocha; Julg. 07/06/2017; DJESP 22/06/2017; Pág. 2135)

Após a alienação por iniciativa particular, impossibilidade de apresentação ou retificação de proposta para aquisição:

✓ VENDA DIRETA. ARTIGO 880 DO CÓDIGO DE PROCESSO CIVIL. HOMOLOGAÇÃO DA PROPOSTA DE MAIOR LANÇO. IGUALDADE DE CONDIÇÕES. FORMA DE PAGAMENTO À VISTA. POSSIBILIDADE DE RETIFICAÇÃO DAS PROPOSTAS ATÉ A LAVRATURA DO AUTO DE ARREMATAÇÃO. 1. A alienação por iniciativa particular, também chamada de venda direta, constitui modalidade de expropriação cabível tão logo se verifique o desinteresse do credor na adjudicação dos bens penhorados, não havendo necessidade de prévia realização de hastas públicas. 2. Frustradas as tentativas de alienação por hasta pública, em 26.11.2017, o imóvel foi submetido à venda direta, tendo o negócio se tornado perfeito, com a chancela do Leiloeiro Oficial. 3. Após o encerramento do segundo leilão, não se cogita de novo cotejo de propostas oferecidas, tornando-se precluso o oferecimento de qualquer outro lance ou mesmo "retificação" de propostas anteriormente apresentadas. Eventual "retificação de proposta" oferecidas por interessados após o encerramento do segundo leilão não tem o condão de desfazer a aquisição levada a efeito pelo ora agravante, ainda que o lanço oferecido tenha sido maior. A retificação de proposta apresentada após o encerramento do segundo leilão é inválida, por inobservância do artigo 895 do Código de Processo Civil. (TRF 4ª R.; AG 5052661-57.2016.404.0000; Primeira Turma; Rel. Des. Fed. Amaury Chaves de Athayde; Julg. 10/05/2017; DEJF 12/05/2017)

§ 1º A proposta conterá, em qualquer hipótese, oferta de pagamento de pelo menos vinte e cinco por cento do valor do lance à vista e o restante parcelado em até 30 (trinta) meses, garantido por caução idônea, quando se tratar de móveis, e por hipoteca do próprio bem, quando se tratar de imóveis.

§ 2º As propostas para aquisição em prestações indicarão o prazo, a modalidade, o indexador de correção monetária e as condições de pagamento do saldo.

Necessidade de o edital mencionar a incidência de juros na alienação de forma parcelada:

✓ AGRAVO DE INSTRUMENTO. AÇÃO MONITÓRIA. ETAPA DE EXECUÇÃO. DECISÃO AGRAVADA QUE, DIANTE DA CONCORDÂNCIA DOS EXEQUENTES, DEFERE A PROPOSTA DO LEILOEIRO DE PARCELAMENTO DO PREÇO PELO QUAL SE DARÁ A EVENTUAL ARREMATAÇÃO (30% À VISTA E O SALDO EM ATÉ 20 PARCELAS MENSAIS, COM ATUALIZAÇÃO E JUROS DE 0,5% A.M), DETERMINANDO O PROSSEGUIMENTO DO PROCEDIMENTO DE VENDA JUDICIAL DE IMÓVEL PERTENCENTE À EXECUTADA. Pretendida reforma parcial, de sorte a que sobre as parcelas do saldo incida juros de 1% a.m. Irresignação procedente. Hipótese em que o edital há de ser expedido segundo o modelo do art. 895 e §§ do CPC, consignando que o eventual parcelamento do preço contemple juros de 1% a.m., conforme, aliás, acabam admitindo os agravados. Dispositivo: Deram provimento ao agravo. (TJSP; AI 2215032-71.2016.8.26.0000; Ac. 10467226; São Paulo; Décima Nona Câmara de Direito Privado; Rel. Des. Ricardo Pessoa de Mello Belli; Julg. 08/05/2017; DJESP 02/06/2017; Pág. 2131)

§ 3º (**Vetado**).

→ *v.* Redação vetada: "§ 3º As prestações, que poderão ser pagas por meio eletrônico, serão corrigidas mensalmente pelo índice oficial de atualização financeira, a ser informado, se for o caso, para a operadora do cartão de crédito."

§ 4º No caso de atraso no pagamento de qualquer das prestações, incidirá multa de dez por cento sobre a soma da parcela inadimplida com as parcelas vincendas.

§ 5º O inadimplemento autoriza o exequente a pedir a resolução da arrematação ou promover, em face do arrematante, a execução do valor devido, devendo ambos os pedidos ser formulados nos autos da execução em que se deu a arrematação.

→ *v.* Art. 903, § 1º, III, do NCPC.

§ 6º A apresentação da proposta prevista neste artigo não suspende o leilão.

§ 7º A proposta de pagamento do lance à vista sempre prevalecerá sobre as propostas de pagamento parcelado.

Julgado admitindo que prevaleça a forma parcelada ao pagamento à vista, afastando a previsão do § 7º:

✓ AGRAVO DE INSTRUMENTO. FALÊNCIA. ILEGITIMIDADE. INOVAÇÃO RECURSAL. NÃO CONHECIMENTO. HOMOLOGAÇÃO DE ARREMATAÇÃO DE IMÓVEL. PROPOSTA DE PAGAMENTO PARCELADO. OFERTA MAIS VANTAJOSA. RECURSO CONHECIDO EM PARTE E DESPROVIDO. 1. A tese de defesa não submetida ao Juízo de origem não pode ser apreciada, por configurar inovação recursal, sob pena de supressão de instância e violação do princípio do duplo grau de jurisdição. 2. Ainda que admitida a forma de pagamento parcelada em detrimento da quitação à vista, atenuando-se a interpretação literal do artigo 895, § 7º, do CPC/2015, deve prevalecer o valor mais favorável ao proprietário do bem levado a leilão. 3. Recurso conhecido em parte e desprovido. Decisão mantida. (TJDF; AGI 2016.00.2.044297-3; Ac. 101.1594; Quinta Turma Cível; Rel. Des. Josaphá Francisco dos Santos; Julg. 19/04/2017; DJDFTE 09/05/2017)

Julgado não admitindo que prevaleça a forma parcelada, mas sim o pagamento à vista, aplicando o § 7º:

✓ AGRAVO DE INSTRUMENTO INTERPOSTO CONTRA R. DECISÃO PELA QUAL FOI REJEITADA PROPOSTA DE ARREMATAÇÃO APRESENTADA PELO RECORRENTE. ALEGAÇÃO DE INCORREÇÃO. PEDIDO DE REFORMA. Proposta de arrematação em prestações. Pagamento parcelado que não deve prevalecer sobre a oferta à vista. Inteligência do art. 895, §7º, do CPC de 2015. Execução, ademais, que corre no interesse dos exequentes, nos termos do art. 797, do mesmo diploma legal. Credores que preferem no caso a proposta à vista, e que concederam desconto igual à diferença entre o valor das duas aos executados. Inexistência de qualquer prejuízo aos devedores, portanto. Acerto da r. Decisão como proferida. Reapreciação pormenorizada da r. Decisão proferida que implicará em desnecessária repetição dos adequados fundamentos do pensamento adotado pelo juízo. Simples ratificação dos termos da r. Decisão de 1º grau, que se mostra suficientemente motivada. Recurso não provido. (TJSP; AI 2060706-22.2017.8.26.0000; Ac. 10548458; São Paulo; Décima Sexta Câmara de Direito Privado; Rel. Des. Simões de Vergueiro; Julg. 20/06/2017; DJESP 30/06/2017; Pág. 1755)

§ 8º Havendo mais de uma proposta de pagamento parcelado:

I – em diferentes condições, o juiz decidirá pela mais vantajosa, assim compreendida, sempre, a de maior valor;

II – em iguais condições, o juiz decidirá pela formulada em primeiro lugar.

§ 9º No caso de arrematação a prazo, os pagamentos feitos pelo arrematante pertencerão ao exequente até o limite de seu crédito, e os subsequentes, ao executado.

→ *v.* Art. 130, parágrafo único, do CTN.

→ *v.* Art. 908, § 1º, do NCPC.

Art. 896. Quando o imóvel de incapaz não alcançar em leilão pelo menos oitenta por cento do valor da avaliação, o juiz o confiará à guarda e à administração de depositário idôneo, adiando a alienação por prazo não superior a 1 (um) ano.

Decisão reconhecendo que imóvel de incapaz não pode ser alienado por valor inferior a 80% da avaliação:

✓ AGRAVO DE INSTRUMENTO. Execução de título executivo extrajudicial. Despesas escolares. Preço com valor mínimo de 50% do valor da avaliação, no caso de segunda praça. Proprietário do bem que é incapaz e a decisão ostenta condição de decisão interlocutória, ante a possível prejudicialidade, podendo ser atacável pelo recurso de agravo de instrumento (art. 1.015, parágrafo único, do NCPC). Inteligência do art. 896 do NCPC que, para bens pertencentes a incapazes, o preço vil será de 80% do valor da avaliação, e, uma vez frustrada a arrematação, será o bem entregue para guarda e administração por depositário idôneo. Decisão reformada. Recurso provido para se determinar que a arrematação do bem ocorra, no mínimo, por 80% do valor da avaliação. (TJSP; AI 2142106-92.2016.8.26.0000; Ac. 10519416; São Paulo; Décima Quinta Câmara de Direito Privado; Rel. Des. Mendes Pereira; Julg. 14/06/2017; DJESP 04/09/2017; Pág. 3046)

Decisão apontando que (i) não há preclusão quanto à alegação de alienação por valor inferior a 80% e (ii) que há presunção de prejuízo ao incapaz, de modo que desnecessário se apontar prejuízo com a alienação:

✓ EXECUÇÃO POR QUANTIA CERTA. Arrematação de imóvel do coexecutado, incapaz, por preço inferior a 80% do valor da avaliação. Preclusão da impugnação do coexecutado. Inocorrência. Incapacidade para os atos da vida civil noticiada tempestivamente, na primeira oportunidade que a Lei conferiu para tanto e após o coexecutado ter tomado ciência inequívoca da designação de hastas públicas do seu imóvel. Art. 903, § 2º, do NCPC. Ausência de prova do prejuízo. Irrelevância. Presunção legal de prejuízo do incapaz. Invalidade do ato. Art. 903, § 1º, I, C.C. Art. 896, caput, do NCPC. Decisão reformada. Não obstante, nulidade dos atos processuais praticados sem a intervenção necessária do Ministério Público. Art. 178, II, C.C. O art. 279 do NCPC. Nulidade dos atos processuais, todavia, não declarada, pois ausente prejuízo ao coexecutado incapaz com a reforma da decisão. Recurso provido, com determinação. (TJSP; AI 2229287-34.2016.8.26.0000; Ac. 10487545; Itatiba; Décima Segunda Câmara de Direito Privado; Rel. Des. Tasso Duarte de Melo; Julg. 02/06/2017; DJESP 09/06/2017; Pág. 2090)

Espólio não se confunde com herdeiro menor, para fins de aplicação do art. 896:

✓ AGRAVO DE INSTRUMENTO. AÇÃO DE COBRANÇA DE COTAS CONDOMINIAIS. DECISÃO QUE INDEFERIU PEDIDO DE RESTRINGIR A ARREMATAÇÃO A OITENTA POR CENTO DO VALOR DE AVALIAÇÃO DO IMÓVEL, EM OBSERVÂNCIA AOS TERMOS DO ART. 896, DO CPC. Sendo o espólio o conjunto de bens, obrigações e direitos, ele responde pelas dívidas contraídas pelo de cujus ou pelo Espólio, responde ele pelas dívidas contraídas pelo falecido, o que não admite a agravante como parte na ação de cobrança de cotas condominiais, até porque, dívida propter rem e, no caso dos autos, não houve a efetivação da partilha. Não incidência do art. 896, do CPC. Nega-se provimento ao recurso. (TJRJ; AI 0025895-65.2017.8.19.0000; Rio de Janeiro; Terceira Câmara Cível; Relª Desª Helda Lima Meireles; DORJ 28/07/2017; Pág. 318)

Caso não haja nomeação de depositário, não necessariamente haverá nulidade:

✓ AGRAVO DE INSTRUMENTO. EXECUÇÃO DE SENTENÇA. AUSÊNCIA DE NOMEAÇÃO DE DEPOSITÁRIO DO BEM. MERA IRREGULARIDADE. AUSÊNCIA DE NULIDADE DOS ATOS EXPROPRIATÓRIOS. Em que pese a disposição contida no art. 896 do NCPC, entende-se que a ausência de nomeação do curador como depositário do bem constitui irregularidade sanável, que não enseja, por si só, a nulidade dos atos expropriatórios, notadamente quando inexistente, como no caso dos autos, qualquer prejuízo às partes com a inobservância de tal medida. Negado provimento ao recurso. Unânime. (TJRS; AI 0066147-08.2017.8.21.7000; Porto Alegre; Décima Quinta Câmara Cível; Rel. Des. Otávio Augusto de Freitas Barcellos; Julg. 31/05/2017; DJERS 13/06/2017)

§ 1º Se, durante o adiamento, algum pretendente assegurar, mediante caução idônea, o preço da avaliação, o juiz ordenará a alienação em leilão.

§ 2º Se o pretendente à arrematação se arrepender, o juiz impor-lhe-á multa de vinte por cento sobre o valor da avaliação, em benefício do incapaz, valendo a decisão como título executivo.

→ *v.* Art. 784, XII, do NCPC.

§ 3º Sem prejuízo do disposto nos §§ 1º e 2º, o juiz poderá autorizar a locação do imóvel no prazo do adiamento.

§ 4º Findo o prazo do adiamento, o imóvel será submetido a novo leilão.

Art. 897. Se o arrematante ou seu fiador não pagar o preço no prazo estabelecido, o juiz impor-lhe-á, em favor do exequente, a perda da caução, voltando os bens a novo leilão, do qual não serão admitidos a participar o arrematante e o fiador remissos.

→ *v.* Art. 903, § 1º, III, do NCPC.

→ *v.* Enunciado 589 do FPPC: O termo "multa" constante no art. 898 refere-se à perda da caução prevista no art. 897.

Julgado que destaca não ser possível adiar o prazo fixado pelo juiz para pagar, desde que "razoável" e, assim, aponta a impossibilidade de quem não pagou arrematar o bem:

✓ AGRAVO DE INSTRUMENTO. QUIZENA PARA INTERPOSIÇÃO QUE SE FINDA EM DIA NO QUAL NÃO HÁ EXPEDIENTE FORENSE. PRORROGAÇÃO DO PRAZO. PRELIMINAR DE INTEMPESTIVIDADE RECURSAL REJEITADA. AÇÃO DE EXECUÇÃO. IMÓVEL PENHORADO. HASTA PÚBLICA. LANÇO VENCEDOR. INEXISTÊNCIA DE QUITAÇÃO NO PRAZO ASSINALADO. PERDA DA CAUÇÃO OFERECIDA. PERTINÊNCIA. ANUENTE DO IMÓVEL OFERECIDO EM GARANTIA. DISSOCIAÇÃO DA FIGURA DO FIADOR A QUE

SE REFEREM OS ARTS. 897 E 898, AMBOS DO CPC. RECURSO A QUE SE NEGA PROVIMENTO. Segundo o art. 224, § 1º, do CPC, o dia do vencimento do prazo deverá ser protraído para o primeiro dia útil seguinte, se coincidir com dia em que o expediente forense for encerrado antes, ou iniciado depois da hora normal. Com mais razão, quando não há sequer funcionamento regular do órgão jurisdicional. Interposto o agravo de instrumento no último dia do prazo recursal, considerando a prorrogação ocorrida em razão da quinzena prevista no art. 1.003, § 5º, do CPC ter recaído em data na qual não houve expediente na Secretaria deste Tribunal, não há que se falar em intempestividade. No caso, o arrematante, inicialmente, não efetuou o depósito do lanço apenas porque tinha justo motivo, consubstanciado na omissão de venda da metade do imóvel praceado. De sorte que a questão estava pendente de análise, sendo descabida, naquela oportunidade, a perda da caução oferecida, conforme restou decidido em recurso anterior. Posteriormente, o arrematante foi intimado, pessoalmente, para depositar em juízo o valor da arrematação, sob pena, aí sim, de aplicação das sanções previstas no art. 897 do CPC. Todavia, ele não se dignou de atender tal determinação, limitando-se a requerer, sem alegar justo motivo, dilação do prazo para o seu cumprimento, que já era suficiente e razoável. Nos termos do art. 897 do CPC, "se o arrematante ou seu fiador não pagar o preço no prazo estabelecido, o juiz impor-lhe-á, em favor do exequente, a perda da caução, voltando os bens a novo leilão, do qual não serão admitidos a participar o arrematante e o fiador remissos". A decretação da perda da caução não ocorre somente por uma questão de quebra de confiança, mas como punição pelo fato de não ter sido honrado o lanço. Aquele que atua como doador/anuente da caução oferecida ao lanço, consistente em imóvel de sua propriedade, não se confunde com a figura do fiador a que se referem os arts. 897 e 898, ambos do CPC, a quem é dada a opção de pagar o valor e a multa para que a arrematação lhe seja transferida. Recurso a que se nega provimento, mantendo-se a decisão combatida, que tornou sem efeito a arrematação ocorrida nos autos, impondo ao arrematante a perda, em favor do exequente, da caução oferecida, consistente em imóvel de propriedade daquele que anuiu com o ato garantidor. (TJMG; AI 1.0396.08.039429-1/002; Rel. Des. Eduardo Mariné da Cunha; Julg. 01/12/2016; DJEMG 13/12/2016)

Art. 898. O fiador do arrematante que pagar o valor do lance e a multa poderá requerer que a arrematação lhe seja transferida.

→ *v.* Enunciado 589 do FPPC: O termo "multa" constante no art. 898 refere-se à perda da caução prevista no art. 897.

Art. 899. Será suspensa a arrematação logo que o produto da alienação dos bens for suficiente para o pagamento do credor e para a satisfação das despesas da execução.

Art. 900. O leilão prosseguirá no dia útil imediato, à mesma hora em que teve início, independentemente de novo edital, se for ultrapassado o horário de expediente forense.

→ *v.* Art. 212 do NCPC.

Art. 901. A arrematação constará de auto que será lavrado de imediato e poderá abranger bens penhorados em mais de uma execução, nele mencionadas as condições nas quais foi alienado o bem.

Requisitos para a arrematação válida:

✓ EXECUÇÃO DE ALIMENTOS. ALEGAÇÃO DE NULIDADE DA ARREMATAÇÃO. DÍVIDA DE ALIMENTOS E HONORÁRIOS ADVOCATÍCIOS SUCUMBENCIAIS. ARGÜIÇÃO DE IMPENHORABILIDADE DO BEM DE FAMÍLIA. DESCABIMENTO. PEDIDO DE AJG. 1. A impenhorabilidade do bem de família não pode ser alegada nas execuções de pensão alimentícia nos termos da expressa dicção do art. 3º, inc. III, da Lei nº 8.009/90. 2. Descabe reconhecer a arguição de quando não se trata somente de execução de honorários advocatícios, mas sim de execução de parcelas de alimentos inadimplidas. 3. Como está sendo executada a dívida de alimentos, é viável a cobrança conjunta dos honorários advocatícios decorrentes da sucumbência. 4. Inexiste vício quando a arrematação observa rigorosamente as disposições dos art. 901 seguintes do NCPC. 5. Não se cogita de excesso de execução quando os pagamentos parciais foram devidamente amortizado na planilha de cálculo da dívida, sendo que tal questão refoge ao âmbito dos embargos opostos à arrematação. 6. Afirmando o devedor a sua condição de carência de recursos, comprovando estar aposentado e não havendo nos autos nada que desminta tal assertiva, cabível o deferimento da gratuidade da justiça ex vi do art. 98 do NCPC. Recurso provido, em parte. (TJRS; AC 0031402-02.2017.8.21.7000; Porto Alegre; Sétima Câmara Cível; Rel. Des. Sérgio Fernando de Vasconcellos Chaves; Julg. 29/03/2017; DJERS 04/04/2017)

§ 1º A ordem de entrega do bem móvel ou a carta de arrematação do bem imóvel, com o respectivo mandado de imissão na posse, será expedida depois de efetuado o depósito ou prestadas as garantias pelo arrematante, bem como realizado o pagamento da comissão do leiloeiro e das demais despesas da execução.

→ *v.* Arts. 826 e 903, § 3º, do NCPC.

Condições para expedição da carta de arrematação:

✓ AGRAVO DE INSTRUMENTO. Execução de título extrajudicial. Decisão agravada que acolheu o pedido de impugnação à arrematação ofertada pelos executados e declarou nulos os leilões e insubsistente a arrematação, relativa ao imóvel matriculado sob o nº 15.811 no RI de Ubatuba. Inconformismo da arrematante. Pretensão de reforma da decisão. Sem razão. Alegação de intempestividade da impugnação. Sem razão. No mais, muito embora se tenha afastado as nulidades suscitadas em relação à ausência de intimação do credor fiduciário e da esposa do coexecutado Guilherme, não houve a intimação pessoal dos executados das praças do imóvel arrematado. A intimação por edital não supre esta nulidade, o que enseja a manutenção da decisão recorrida. O artigo 901, § 1º do CPC autoriza a expedição da carta de arrematação e do mandado de imissão na posse do imóvel, tão logo efetuados os depósitos pelo arrematante, desde que a expedição do auto de arrematação, que é condição necessária à concretização da arrematação, tenha se aperfeiçoado, o que aqui não ocorreu. Decisão mantida. Recurso não provido. (TJSP; AI 2173488-06.2016.8.26.0000; Ac. 10686929; Taubaté; Vigésima Câmara de Direito Privado; Rel. Des. Roberto Maia; Julg. 07/08/2017; DJESP 24/08/2017; Pág. 2426)

§ 2º A carta de arrematação conterá a descrição do imóvel, com remissão à sua matrícula ou individuação e aos seus registros, a cópia do auto de arrematação e a prova de pagamento do imposto de transmissão, além da indicação da existência de eventual ônus real ou gravame.

Art. 902. No caso de leilão de bem hipotecado, o executado poderá remi-lo até a assinatura do auto de arrematação, oferecendo preço igual ao do maior lance oferecido.

→ *v.* Art. 825 do NCPC.

Parágrafo único. No caso de falência, ou insolvência, do devedor hipotecário, o direito de remição previsto no caput defere-se à massa, ou aos credores em concurso, não podendo o exequente recusar o preço da avaliação do imóvel.

Art. 903. Qualquer que seja a modalidade de leilão, assinado o auto pelo juiz, pelo arrematante e pelo leiloeiro, a arrematação será considerada perfeita, acabada e irretratável, ainda que venham a ser julgados procedentes os embargos do executado ou a ação autônoma de que trata o § 4º deste artigo, assegurada a possibilidade de reparação pelos prejuízos sofridos.

Pendência de recurso sem efeito suspensivo não impede a arrematação:

✓ AGRAVO DE INSTRUMENTO. EXECUÇÃO DE DESPESAS CONDOMINIAIS. FASE EXPROPRIATÓRIA. Indeferimento do pedido de expedição de carta de arrematação. Existência de Recurso Especial pendente de julgamento em embargos de terceiro. Recurso não dotado de efeito suspensivo. Arrematação perfeita e acabada. Inteligência do art. 903 do CPC. Ausente oposição de embargos à arrematação. Arrematante que faz jus à expedição da carta de arrematação e do mandado de imissão na posse, desde que demonstre na origem ter cumprido os requisitos do §1, do art. 901 do CPC. DECISÃO REFORMADA. RECURSO PROVIDO COM OBSERVAÇÃO. (TJSP; AI 2205672-15.2016.8.26.0000; Ac. 10157954; Mogi das Cruzes; Vigésima Quinta Câmara de Direito Privado; Rel. Des. Azuma Nishi; Julg. 09/02/2017; DJESP 16/02/2017)

§ 1º Ressalvadas outras situações previstas neste Código, a arrematação poderá, no entanto, ser:

→ *v.* Enunciado 542 do FPPC: Na hipótese de expropriação de bem por arrematante arrolado no art. 890, é possível o desfazimento da arrematação.

Se não verifica qualquer das hipóteses previstas neste parágrafo, não se anula a arrematação:

✓ AÇÃO ANULATÓRIA DE ARREMATAÇÃO. Leilão judicial. Bem imóvel. Alegação de que o exequente não poderia ter arrematado o bem oferecendo preço inferior ao valor de avaliação. Descabimento. Não realizada a adjudicação, o exequente possui legitimidade para participar do leilão e arrematar o bem penhorado. Em se tratando de segundo leilão, nada obsta que seja oferecido lance inferior ao valor de avaliação. Ademais, não restou demonstrada a ocorrência de quaisquer das hipóteses do artigo 903, §1º, do Código de Processo Civil. Inteligência dos artigos 880 e 892, §1º, do Código de Processo Civil. Sentença mantida. RECURSO NÃO PROVIDO. (TJSP; APL 1000178-10.2017.8.26.0624; Ac. 10779150; Tatuí; Décima Primeira Câmara de Direito Privado; Rel. Des. Renato Rangel Desinano; Julg. 11/09/2017; DJESP 15/09/2017; Pág. 1922)

I – invalidada, quando realizada por preço vil ou com outro vício;

→ *v.* Art. 891 do NCPC.

Se não houver preço vil, não se reconhece nulidade da arrematação:

✓ AGRAVO DE INSTRUMENTO EM RECURSO DE REVISTA. INTERPOSTO NA VIGÊNCIA DA LEI Nº 13.015/2014. EXECUÇÃO. ARREMATAÇÃO DE BEM IMÓVEL. PREÇO VIL. INFRINGÊNCIA AO ARTIGO 5º, INCISOS XXXV, LIV E LV, DA CF. INOCORRÊNCIA. I. Cumpre ressaltar que, a teor do artigo 896, § 2º, da CLT e da Súmula nº 266/TST, a admissibilidade do recurso de revista contra acórdão proferido em agravo de petição, na liquidação de sentença ou em processo incidente na execução, inclusive os embargos de terceiro, depende da demonstração de violação direta de dispositivo da Constituição, pelo que não se habilita ao conhecimento desta Corte a alegação de violação legal e a divergência jurisprudencial. II. Reportando-se ao acórdão recorrido verifica-se que o Regional, apoiado no artigo 903, § 1º do CPC/2015, afastou a insurgência recursal quanto à arrematação do imóvel por preço vil, asseverando que a arrematação correspondeu à percentual razoável do valor atribuído ao bem imóvel. III. Infere- se, também do excerto, que o Tribunal de Origem, embasado no artigo 721 da CLT, registrou que incumbe ao Oficial de Justiça Avaliador, que goza de presunção de veracidade e fé pública, a avaliação do bem penhorado. lV. Por fim, pontuou que não há falar-se em disponibilização de frutos do imóvel penhorado (alugueres), dada a ocorrência de preclusão. V. Sendo assim, embora a agravante afirme que o seu recurso se viabilizava por infringência ao artigo 5º, incisos LIV e LV, da Constituição Federal, a violação dos referidos preceitos, se existente, seria apenas de forma reflexa e não direta, pois dependeria da prévia aferição de legislação infraconstitucional, bem como do coibido reexame do conjunto fático-probatório dos autos, a teor da Súmula nº 126/TST. VI. Nessa direção segue a jurisprudência do STF, conforme se observa do acórdão proferido no ARE nº 721537 AgR/AC, em que fora Relator o Ministro Luiz Fux. VII. Quanto à indigitada mácula do inciso XXXVI do artigo 5º da Carta de 88, vale esclarecer que o dispositivo, além de não ter sido objeto de prequestionamento (Súmula nº 297 do TST), sequer ostenta relação de pertinência temática com o debate contido nos autos, relativo à arrematação de bem imóvel. VIII. Agravo de instrumento a que se nega provimento. (TST; AIRR 0423700-78.2006.5.02.0088; Sétima Turma; Rel. Des. Conv. Roberto Nobrega de Almeida Filho; DEJT 15/09/2017; Pág. 2558)

A incorreta indicação do bem no edital é vício capaz de levar à nulidade da arrematação:

✓ AGRAVO INTERNO. RECURSO QUE VISA À REFORMA DA DECISÃO QUE DECLAROU NULA A ARREMATAÇÃO DO IMÓVEL EM TELA. AGRAVANTE QUE ALEGA VIOLAÇÃO AOS ARTS. 276 E 277 DO CPC. QUE O IMÓVEL SE ENCONTRAVA CORRETAMENTE DESCRITO NA RETIFICAÇÃO DO LAUDO DE AVALIAÇÃO. E QUE INEXISTIU PREJUÍZO PARA O ARREMATANTE, EIS QUE MANTIDO O VALOR DA AVALIAÇÃO DO IMÓVEL. Edital que tem por finalidade a divulgação da praça, objetivando alcançar a alienação do bem e que deve observar os requisitos constantes no art. 886 do Código de Processo Civil. Imóvel descrito no edital como sendo de sala e dois quartos, sendo uma suíte. Arrematante que ao receber as chaves do imóvel, verificou que o mesmo possuía apenas 1 quarto, diferindo, em muito, da descrição apresentada no edital. Evidenciado o erro no edital quanto à descrição do imóvel leiloado, incorrendo em violação ao inciso I do precitado art. 886.Retificação da avaliação efetivada nos autos que não afasta o vício existente no edital. A uma, porque o edital faz Lei entre as partes e as vinculam, devendo seus termos ser fielmente observados. A duas, porque a alteração no laudo de avaliação em nada aproveita à solução do vício existente no edital, uma vez que o arrematante não está obrigado a consultar o processo que deu origem a alienação. Caracterização do prejuízo que ocorre não somente em caso de redução do valor econômico do imóvel, mas, igualmente, quando se modifica substancialmente a própria utilização do bem. Nesse aspecto, o prejuízo do arrematante é mais que evidente, na medida em que um imóvel de apenas 1 quarto não comporta ou acomoda da mesma forma e a mesma quantidade de pessoas que um imóvel de 2 quartos, sendo 1 suíte. Incidência, na hipótese, da previsão contida no inciso I do § 1º e inciso II do § 5º, ambos do art. 903 do Código de Processo Civil. Inexistência da alegada violação aos arts. 276 e 277 da Lei Processual Civil. Decisão agravada que se mostra escorreita, devendo, pois, ser mantida. DESPROVIMENTO DO RECURSO. (TJRJ; Pet-Cr 0001144-19.2014.8.19.0000; Rio de Janeiro; Tribunal Pleno e Órgão Especial; Rel. Des. Celso Ferreira Filho; DORJ 06/09/2017; Pág. 273)

II – considerada ineficaz, se não observado o disposto no art. 804;

III – resolvida, se não for pago o preço ou se não for prestada a caução.

→ *v.* Arts. 892, 895, § 5º, e 897 do NCPC.

§ 2º O juiz decidirá acerca das situações referidas no § 1º, se for provocado em até 10 (dez) dias após o aperfeiçoamento da arrematação.

Julgado apontando que preço vil é aquele inferior a 50% da avaliação (como se entendia no CPC73):

✓ PROCESSUAL CIVIL E TRIBUTÁRIO. IMPUGNAÇÃO DA ARREMATAÇÃO. SOMENTE QUANDO DEMOSTRADA DE ALGUMA DAS HIPÓTESES DO § 1º C/C § 2º, ART. 903 DO CÓDIGO DE PROCESSO CIVIL. PREÇO VIL. NÃO CARACTERIZADO. RECURSO IMPROVIDO. I. Após a assinatura regular do auto, a arrematação somente pode ser invalidada se cabalmente demonstrada ocorrência de algumas das hipóteses previstas nos § 1º c/c § 2º, art. 903 do Código de Processo Civil. Consta dos autos que a executada foi intimada da avaliação do bem penhorado, quedando-se inerte. II- A jurisprudência do Superior Tribunal de Justiça pacificou o entendimento no sentido de que preço vil é o lance inferior a 50% do valor da avaliação dos bens. Considerando que o bem objeto da controvérsia foi avaliado por Oficial de Justiça Avaliador Federal, pelo valor de R$ 18.000,00 (dezoito mil reais) e 37.000,00 (trinta e sete mil reais) e arrematados por R$ 30.000,00 (trinta mil reais), o que corresponde a aproximadamente 55% do preço de avaliação, não há que se falar em preço vil. III- Os embargos à execução foram recebidos em seu efeito devolutivo, assim, de rigor o prosseguimento da execução fiscal, inclusive com a realização dos leilões dos bens penhorados. IV- A alegação de impenhorabilidade dos bens arrestados também, neste momento processual, encontra-se preclusa, eis que, a impenhorabilidade de bem arrolado, com exceção feita ao bem de família, deve ser arguida pelo executado no primeiro momento em que lhe couber falar nos autos, sob pena de preclusão (EAREsp nº 223.196/RS, Relatoria p/ acórdão Ministra Nancy Andrighi; DJe 18/02/2014). " V- Recurso improvido. (TRF 3ª R.; AI 0001583-05.2017.4.03.0000; Segunda Turma; Rel. Des. Fed. Luís Paulo Cotrim Guimarães; Julg. 22/08/2017; DEJF 01/09/2017)

Julgado acerca da tempestividade e legitimidade de impugnação à arrematação:

✓ AGRAVO DE INSTRUMENTO. AÇÃO DE EXECUÇÃO POR TÍTULO EXTRAJUDICIAL. OBJEÇÃO À ARREMATAÇÃO SUSCITADA PELO MARIDO DA EXECUTADA, NOS TERMOS DA PREVISÃO DO ART. 903 E §§ DO CPC. Incidente não recebido, por considerado intempestivo. Irresignação improcedente. Vistosa a extemporaneidade do incidente, considerado o prazo do art. 903, § 2º, do CPC, que se conta da data em que a arrematação se tem por perfeita e acabada, isto é, com a subscrição do correspondente auto. Suscitante que, ademais, não demonstrou legítimo interesse para o incidente, porquanto, casado com a executada pelo regime da comunhão parcial de bens, o imóvel em questão parece não integrar a comunhão, uma vez que ofertado pela executada em garantia da dívida antes do matrimônio. Dispositivo: Negaram provimento ao agravo. (TJSP; AI 2134035-67.2017.8.26.0000; Ac. 10696397; Franca; Décima Nona Câmara de Direito Privado; Rel. Des. Ricardo Pessoa de Mello Belli; Julg. 07/08/2017; DJESP 24/08/2017; Pág. 2374)

§ 3º Passado o prazo previsto no § 2º sem que tenha havido alegação de qualquer das situações previstas no § 1º, será expedida a carta de arrematação e, conforme o caso, a ordem de entrega ou mandado de imissão na posse.

Decisão acerca do prazo e termo inicial para impugnar a arrematação:

✓ AGRAVO DE INSTRUMENTO. EXECUÇÃO DE TÍTULO EXTRAJUDICIAL. DECISÃO QUE NÃO CONHECEU DA IMPUGNAÇÃO À ARREMATAÇÃO APRESENTADA NOS AUTOS, COM FUNDAMENTO NO DISPOSTO PELO ART. 675 DO CPC/15. INSURGÊNCIA DA PARTE EXECUTADA. 1. Impugnação à arrematação. Prazo de 10 (dez) dias após o aperfeiçoamento da arrematação. Art. 903, §§ 1º a 3º, do CPC/15. Evidente inaplicabilidade do art. 675 do CPC/15. 2. Impugnação à arrematação apresentada pela parte executada considerada tempestiva, já que apresentada dentro do decêndio legal (CPC/15, art. 903, §§ 1º e 2º). 3. Decisão judicial reformada. Recurso conhecido e provido. (TJPR; Ag Instr 1679326-9; Santa Isabel do Ivaí; Décima Quarta Câmara Cível; Rel. Des. Themis Furquim; Julg. 12/07/2017; DJPR 18/07/2017; Pág. 207)

§ 4º Após a expedição da carta de arrematação ou da ordem de entrega, a invalidação da arrematação poderá ser pleiteada por ação autônoma, em cujo processo o arrematante figurará como litisconsorte necessário.

→ *v.* Enunciado 644 do FPPC: A ação autônoma referida no §4º do art. 903 com base na alegação de preço vil não pode invalidar a arrematação.

Necessidade de ação autônoma para se alegar nulidades que não as previstas no § 1º:

✓ AGRAVO DE INSTRUMENTO. DESPESAS CONDOMINIAIS. COBRANÇA. CUMPRIMENTO DE SENTENÇA. DECISÃO QUE INDEFERIU PLEITO DE NULIDADE DOS ATOS PROCEDIDOS APÓS A PENHORA DO IMÓVEL GERADOR DAS DESPESAS. INTIMAÇÃO DO ESPÓLIO AGRAVANTE QUE OCORREU NA PESSOA DO INVENTARIANTE QUE DETINHA ESSE ENCARGO À ÉPOCA DA CONSTRIÇÃO. CIÊNCIA INEQUÍVOCA DA PENHORA. ADEMAIS, AS ALEGAÇÕES FORAM VEICULADAS APÓS A ARREMATAÇÃO PERFEITA, ACABADA E IRRETRATÁVEL DO IMÓVEL, DE FORMA QUE NULIDADES OUTRAS QUE NÃO AQUELAS ELENCADAS NO §1º, DO ART. 903 DO CPC, SÓ PODEM SER ARGUIDAS EM AÇÃO AUTÔNOMA, CONFORME PREVISÃO DO §4º DO MESMO DISPOSITIVO. DECISÃO MANTIDA. Agravo de instrumento improvido. (TJSP; AI 2139088-29.2017.8.26.0000; Ac. 10782185; Itanhaém; Trigésima Sexta Câmara de Direito Privado; Rel. Des. Jayme Queiroz Lopes; Julg. 12/09/2017; DJESP 15/09/2017; Pág. 2266)

Necessidade de ação autônoma para discutir a arrematação, após expedição da carta:

✓ AGRAVO DE INSTRUMENTO. DIREITO PRIVADO NÃO ESPECIFICADO. AUTO DE ARREMATAÇÃO. IMPUGNAÇÃO. AÇÃO AUTÔNOMA. Por expressa previsão legal contida no artigo 903, § 4º, do CPC, a impugnação à arrematação deverá ser promovida mediante ação autônoma após ser expedida a respectiva carta de arrematação. Agravo de instrumento desprovido. Unânime. (TJRS; AI

0142946-92.2017.8.21.7000; Porto Alegre; Décima Primeira Câmara Cível; Rel. Des. Antônio Maria Rodrigues de Freitas Iserhard; Julg. 06/09/2017; DJERS 14/09/2017)

O simples ajuizamento da ação de anulação de arrematação não acarreta a suspensão de demandas envolvam a posse do imóvel expropriado:

✓ APELAÇÃO. AÇÃO DE IMISSÃO DE POSSE. ARREMATAÇÃO. LEILÃO EXTRAJUDICIAL. AÇÃO ANULATÓRIA DE ARREMATAÇÃO. NÃO ENSEJA A SUSPENSÃO DA AÇÃO DE IMISSÃO DE POSSE. 1. Os documentos constantes dos autos são aptos a comprovar a aquisição do imóvel pelo autor em leilão extrajudicial provido pela Caixa Econômica Federal. 2. O art. 37, §2° do Decreto-Lei n° 70/66 impõe a imissão do arrematante da posse do imóvel, inclusive em sede de liminar. 3. A propositura de ação visando a anulação da execução extrajudicial e, via de consequência, do leilão, não suspende a ação de Imissão de Posse. As alegações de prejudicialidades externas que visam a anulação do leilão não podem interferir nos legítimos direitos do terceiro adquirente de boa-fé. 4. Nos termos do art. 903 do CPC, caso seja invalidada a arrematação, é assegurada a reparação pelos prejuízos sofridos à parte que foi indevidamente expropriada do bem. (TJMG; APCV 1.0027.13.027465-0/001; Rel. Des. Mota e Silva; Julg. 29/08/2017; DJEMG 31/08/2017)

§ 5° O arrematante poderá desistir da arrematação, sendo-lhe imediatamente devolvido o depósito que tiver feito:

A desistência da arrematação também acarreta a devolução da comissão do leiloeiro:

✓ AGRAVO DE INSTRUMENTO. CONDOMÍNIO. AÇÃO DE COBRANÇA. LEILÃO DO IMÓVEL. ARREMATAÇÃO. DESISTÊNCIA. DEVOLUÇÃO DA COMISSÃO DE LEILOEIRO. ASSISTÊNCIA JUDICIÁRIA GRATUITA. É de ser concedido o benefício, pois o agravante é isento de declaração de imposto de renda. Registra-se que o deferimento é concedido exclusivamente ao presente recurso, porquanto a concessão do benefício ao processo é questão a ser postulado no juízo de origem, sob pena de supressão de um grau de jurisdição. Comissão de leiloeiro: Desfeita a arrematação, a requerimento do arrematante, por força da procrastinação do feito pelo executado e pela oposição de embargos, nos termos do art. 903, § 5° do CPC/15, é devida a devolução da comissão do leiloeiro. Precedentes do e. STJ e desta corte. Todavia, as despesas para realização dos atos não devem ser devolvidas. Deram parcial provimento ao agravo de instrumento. (TJRS; AI 0072899-93.2017.8.21.7000; São Leopoldo; Décima Nona Câmara Cível; Rel. Des. Eduardo João Lima Costa; Julg. 17/08/2017; DJERS 29/08/2017)

I – se provar, nos 10 (dez) dias seguintes, a existência de ônus real ou gravame não mencionado no edital;

II – se, antes de expedida a carta de arrematação ou a ordem de entrega, o executado alegar alguma das situações previstas no § 1°;

III – uma vez citado para responder a ação autônoma de que trata o § 4° deste artigo, desde que apresente a desistência no prazo de que dispõe para responder a essa ação.

§ 6° Considera-se ato atentatório à dignidade da justiça a suscitação infundada de vício com o objetivo de ensejar a desistência do arrematante, devendo o suscitante ser condenado, sem prejuízo da responsabilidade por perdas e danos, ao pagamento de multa, a ser fixada pelo juiz e devida ao exequente, em montante não superior a vinte por cento do valor atualizado do bem.

→ v. Art. 774 do NCPC.

A multa prevista neste parágrafo depende da desistência da arrematação pelo arrematante, e não apenas de alegações infundadas:

✓ AGRAVO DE INSTRUMENTO. IMPUGNAÇÃO À ARREMATAÇÃO. ATO ATENTATÓRIO À DIGNIDADE DA JUSTIÇA. Embora as alegações da parte credora sejam desarrazoadas, a interpretação que se dá ao art. 903, §6°, do NCPC, é a de que a suscitação infundada de vício pela executada deve implicar a desistência da arrematação ou ao menos ensejar justificada e comprovada possibilidade concreta de desistência da aquisição do bem pelo arrematante, o que não ocorreu na espécie. Afastamento da penalidade aplicada na decisão recorrida. Agravo de instrumento provido. (TJRS; AI 0056834-23.2017.8.21.7000; Porto Alegre; Décima Nona Câmara Cível; Rel. Des. Voltaire de Lima Moraes; Julg. 13/07/2017; DJERS 21/07/2017)

Seção V
Da Satisfação do Crédito

Art. 904. A satisfação do crédito exequendo far-se-á:

I – pela entrega do dinheiro;

II – pela adjudicação dos bens penhorados.

Não se confunde a penhora (constrição do bem) com a adjudicação dos bens:

✓ APELAÇÃO CÍVEL. Embargos à execução. Contrato particular de venda de instalação e estoque de loja. Pagamento parcelado. Cheques devolvidos por insuficiência de fundos. Execução dos cheques devolvidos. Alegação de excesso de execução por dação em pagamento. Sentença de improcedência. Recurso dos embargantes. Preliminar de intempestividade. Recurso apresentado antes do término do prazo indicado pelo sistema projudi. Sistema dotado de fé pública. Diferentes períodos de suspensão de prazos fundamentados em diversos Decretos judiciários deste TJPR. Recurso tempestivo. Preliminar afastada. Excesso de execução. Não existe pagamento de dívida por penhora. Constrição judicial de bens que serve apenas como garantia do processo executivo. Art. 904 e seguintes do NCPC/2015. Somente por ocasião de eventual adjudicação ou arrematação é que os valores arrecadados poderão ser abatidos da dívida executada. Ademais, os demais documentos anexados aos embargos não servem de prova de pagamento, posto que não possuem assinatura de recebimento de recebimento de mercadorias por parte do credor, nem indicação da respectiva dívida. Art. 320 do CC/02. Documentos unilateralmente produzidos pelos embargantes sem valor probatório. É ônus do devedor a prova do pagamento- art. 373, II, do NCPC/2015. Julgamento antecipado da lide solicitado pelos embargantes. Excesso de execução não comprovado. Tese afastada. Sentença mantida. Honorários recursais. Mantida a sentença pela improcedência das teses recursais, majoro os honorários recursais de 10% para 12% sobre o valor da causa, nos termos do art. 85, §11, do NCPC/2015. Recurso conhecido e desprovido. (TJPR; ApCiv 1638327-0; Curitiba; Décima Quarta Câmara Cível; Rel. Des. Fernando Antônio Prazeres; Julg. 12/04/2017; DJPR 27/04/2017; Pág. 194)

Art. 905. O juiz autorizará que o exequente levante, até a satisfação integral de seu crédito, o dinheiro depositado para segurar o juízo ou o produto dos bens alienados, bem como do faturamento de empresa ou de outros frutos e rendimentos de coisas ou empresas penhoradas, quando:

→ v. Arts. 858 e 866 a 869 do NCPC.

Uma vez realizado o levantamento de valores, não há mais se falar em preferência de crédito:

✓ EMBARGOS DE DECLARAÇÃO. DIREITO PRIVADO NÃO ESPECIFICADO. AÇÃO DE EXECUÇÃO. DECLARATÓRIOS. PENHORA. CRÉDITO TRIBUTÁRIO. PREFERÊNCIA. Os créditos tributários e fiscais preferem a outros, exceto o trabalhista, mas, desde que haja pluralidade de penhoras e possa se estabelecer o concurso de preferências. A habilitação do crédito tributário no feito executivo singular se dá de forma direta e a qualquer momento antes de realizados os pagamentos de que trata o art. 905 do CPC/15. Não merecem acolhimento quando não se ajustam às hipóteses taxativas da Lei e buscam reanálise do direito. – Circunstância dos autos em que o recurso não atende aos requisitos da norma processual. Recurso desacolhido. (TJRS; EDcl 0135888-38.2017.8.21.7000; Bagé; Décima Oitava Câmara Cível; Rel. Des. João Moreno Pomar; Julg. 25/05/2017; DJERS 30/05/2017)

Julgado apontando que o art. 905 se refere ao levantamento de quantia incontroversa:

✓ AGRAVO DE INSTRUMENTO. EXECUÇÃO DE TÍTULO EXTRAJUDICIAL. PENHORA DO LUCRO LÍQUIDO DA SOCIEDADE NA QUAL O SEGUNDO EXECUTADO INTEGRA. Pedido de levantamento dos valores já depositados a favor do exequente e do advogado, concomitante e proporcionalmente, com a respectiva quitação parcial. Decisão que indeferiu o levantamento por entender que tal ato somente é possível com a quitação integral e por concluir que a execução dos honorários só é possível após a quitação integral da dívida da parte exequente. Expedição de ofício à parte acerca de possível conflito de interesses. Pedido de anexação, ao ofício, de documentos constantes nos autos. Ato desnecessário e inútil, que o próprio patrono pode realizar. Falta de interesse de agir. Não conhecimento parcial do recurso. Pedido de levantamento concomitante e proporcional dos valores depositados, a favor da exequente e de seu patrono, com a quitação parcial. Pleito conhecido. Mérito recursal. Com espeque no art. 905 do CPC/15, é direito do exequente requerer a execução parcial sobre o valor depositado em juízo, representativo de parcela incontroversa, até a satisfação integral do crédito. Em havendo credores distintos, forma-se concurso singular de credores, na forma do art. 908 do CPC/15, motivo pelo qual a preferência é a favor dos honorários de sucumbência, que possuem natureza alimentar, e não o oposto. Débitos de naturezas absolutamente distintas e autônomos entre si. Inteligência dos arts. 23 e 24 da Lei n. 8.906/94. Assiste razão ao agravante em arguir o seu direito ao levantamento dos valores já depositados, oferecendo quitação parcial, na forma do art. 905 do CPC/15, cabendo-lhe também o direito a pedir a expedição de mandados distintos, concomitante e proporcionalmente, a favor do exequente e do patrono, respectivamente, no que concerne ao valor proporcional da dívida e dos honorários de sucumbência. Prejudicado, portanto, o pedido subsidiário de incidência de juros moratórios e correção monetária tanto sobre os valores já depositados, quanto sobre a dívida remanescente. Recurso a que se conhece parcialmente e, no mérito, dá-se provimento. (TJRJ; AI 0037698-45.2017.8.19.0000; Rio de Janeiro; Décima Sétima Câmara Cível; Relª Desª Marcia Ferreira Alvarenga; DORJ 25/08/2017; Pág. 523)

I – a execução for movida só a benefício do exequente singular, a quem, por força da penhora, cabe o direito de preferência sobre os bens penhorados e alienados;

→ v. Arts. 797 e 908 do NCPC.

Julgado destacando que, após as medidas de defesa, os valores depositados podem ser levantados:

✓ DIREITO PROCESSUAL CIVIL. CUMPRIMENTO DE SENTENÇA. FASE DE SATISFAÇÃO DO CRÉDITO. ALVARÁ DE LEVANTAMENTO. DECISÃO MANTIDA. I. Uma vez transposta a fase instrutória da execução e exauridas as medidas de defesa, o levantamento do dinheiro pelo exequente, no limite do seu crédito, atende com fidelidade ao disposto no artigo 905 do Código de Processo Civil. II. Recurso conhecido e desprovido. (TJDF; AGI 2016.00.2.045485-9; Ac. 103.2268; Quarta Turma Cível; Rel. Des. James Eduardo Oliveira; Julg. 12/07/2017; DJDFTE 25/07/2017)

Decisão que permite o levantamento de valores pelo exequente mesmo no caso de extinção de execução sem resolução de mérito:

✓ PROCESSUAL CIVIL. EXECUÇÃO DE TÍTULO EXTRAJUDICIAL. EXTINÇÃO DO FEITO SEM RESOLUÇÃO DO MÉRITO. ART. 485, IV, DO CPC. LIBERAÇÃO DA PENHORA EM FAVOR DO EXEQUENTE. ART. 905 DO CPC. EXPEDIÇÃO DE CERTIDÃO DE CRÉDITO DO VALOR REMANESCENTE DA EXECUÇÃO. LEGALIDADE. RECURSO CONHECIDO E DESPROVIDO. 1. Dispõe o artigo 905 do CPC que o juiz autorizará que o exequente levante, até a satisfação integral de seu crédito, o dinheiro depositado para segurar o juízo ou o produto dos bens alienados. Extinta a execução, ainda que por ausência de pressuposto válido e regular do processo em razão da inércia do credor em apresentar planilha atualizada, correta a sentença que determina a expedição de certidão de crédito do valor remanescente da execução, se requerida, bem como a liberação do valor incontroverso penhorado nos autos em favor do credor. 2. Recurso conhecido e desprovido. Sem majoração de honorários, haja vista que tal verba não foi fixada na sentença apelada. (TJDF; APC 2011.03.1.022888-8; Ac. 998.714; Segunda Turma Cível; Relª Desª Sandra Reves; Julg. 22/02/2017; DJDFTE 08/03/2017)

Decisão permitindo o levantamento de valores penhorados no caso de ausência de defesa do executado:

✓ EXECUÇÃO DE TÍTULO EXTRAJUDICIAL. Citação e intimação do Executado sobre penhora em sua conta bancária. Ausência de defesa ou impugnação à penhora. Pedido de levantamento da quantia depositada nos autos. Satisfação parcial da execução. Cabimento. Inteligência do art. 905, do Novo Código de Processo Civil. Levantamento deferido. Recurso provido. (TJSP; AI 2076251-35.2017.8.26.0000; Ac. 10459635; Barueri; Décima Nona Câmara de Direito Privado; Rel. Des. Mario de Oliveira; Julg. 22/05/2017; DJESP 02/06/2017; Pág. 2127)

II – não houver sobre os bens alienados outros privilégios ou preferências instituídos anteriormente à penhora.

Decisão apontando a preferência do crédito tributário, mesmo que crédito hipotecário tenha sido previamente constituído:

✓ AGRAVO DE INSTRUMENTO. NEGÓCIOS JURÍDICOS BANCÁRIOS. AÇÃO DE EXECUÇÃO. PREFERÊNCIA DO CRÉDITO TRIBUTÁRIO AO CRÉDITO HIPOTECÁRIO. HONORÁRIOS ADVOCATÍCIOS. 1. Com fundamento no artigo 186 do CTN, o crédito tributário tem preferência em relação ao crédito hipotecário, ainda que este tenha sido constituído anteriormente àquele, não havendo falar, portanto, na aplicação do artigo 905, II, do CPC/2015. 2. Não há falar na alteração da ordem de preferência, em virtude da previsão do parágrafo único do artigo 186 do CTN, pois não se está diante de caso de falência da empresa devedora, sendo que, nos termos do artigo 190 do mesmo diploma legal, "deverão ser pagos preferencialmente a quaisquer outros os créditos tributários vencidos ou vincendos, a cargo de pessoas jurídicas de direito privado em liquidação judicial ou voluntária, exigíveis no decurso da liquidação". 3. A natureza alimentar dos honorários advocatícios não justifica o reconhecimento de preferência em relação ao crédito tributário, na medida em que não se trata de crédito decorrente da legislação do trabalho, a ensejar a incidência da proteção prevista no artigo 186 do CTN. Reforma da decisão que, no caso concreto, resultaria em reformatio in pejus. Agravo de instrumento desprovido. (TJRS; AI 0111134-32.2017.8.21.7000; Marau; Décima Segunda Câmara Cível; Rel. Des. Umberto Guaspari Sudbrack; Julg. 29/06/2017; DJERS 06/07/2017)

Parágrafo único. Durante o plantão judiciário, veda-se a concessão de pedidos de levantamento de importância em dinheiro ou valores ou de liberação de bens apreendidos.

Art. 906. Ao receber o mandado de levantamento, o exequente dará ao executado, por termo nos autos, quitação da quantia paga.

Decisão concluindo que, no caso de acordo, se não houver previsão de data para depósito do valor devido, o pagamento e levantamento antes da homologação significa quitação:

✓ EMBARGOS À EXECUÇÃO. ALEGAÇÃO DE SALDO REMANESCENTE ANTE A DEMORA NO DEPÓSITO DO VALOR EXECUTADO E ACORDADO. INEXISTÊNCIA DE PREVISÃO DE DATA PARA O DEPÓSITO. As partes entabularam acordo para quitação do débito, que foi homologado judicialmente. O depósito do valor devido foi realizado antes da homologação judicial do acordo, tendo o exequente inclusive retirado o mandado de pagamento, dando quitação à dívida, nos termos do artigo 906 do Código de Processo Civil. Sentença de improcedência mantida. Desprovimento da Apelação. (TJRJ; APL 0021044-80.2011.8.19.0068; Rio das Ostras; Primeira Câmara Cível; Rel. Des. Camilo Ribeiro Ruliere; Julg. 04/07/2017; DORJ 10/07/2017; Pág. 216)

Parágrafo único. A expedição de mandado de levantamento poderá ser substituída pela transferência eletrônica do valor depositado em conta vinculada ao juízo para outra indicada pelo exequente.

Ainda que não seja usual no Judiciário (pois não previsto no CPC anterior), deve ser observada a previsão de transferência de valores ao invés de levantamento por alvará:

✓ AGRAVO DE INSTRUMENTO. AÇÃO DE OBRIGAÇÃO DE FAZER. DEFENSORIA PÚBLICA. HONORÁRIOS ADVOCATÍCIOS DE SUCUMBÊNCIA. TERMO INICIAL. CORREÇÃO MONETÁRIA. JUROS DE MORA. TRANSFERÊNCIA BANCÁRIA. FUNDO DE APARELHAMENTO DA DEFENSORIA PÚBLICA. O entendimento firmado no âmbito do Superior Tribunal de Justiça e deste Tribunal é no sentido de que sobre a condenação ao pagamento de honorários advocatícios fixados de forma líquida na sentença incidem a correção monetária a partir da sua fixação e os juros de mora a partir do trânsito em julgado. O artigo 906, parágrafo único, do Código de Processo Civil, dispõe que a expedição de mandado de levantamento poderá ser substituída pela transferência eletrônica do valor depositado em conta vinculada ao Juízo para outra indicada pelo exequente, não sendo justificativa para o indeferimento do pedido de transferência eletrônica, a praxe judiciária. (TJDF; AGI 2016.00.2.047147-5; Ac. 999.488; Sexta Turma Cível; Rel. Des. Esdras Neves; Julg. 22/02/2017; DJDFTE 08/03/2017)

Porém, se ainda não houver regulamento no Tribunal acerca da transferência eletrônica, esse procedimento poderá ser indeferido:

✓ OBRIGAÇÃO DE FAZER. INDEFERIMENTO DE LEVANTAMENTO DE CRÉDITOS POR TRANSFERÊNCIA BANCÁRIA. DECISÃO ACERTADA. PROCEDIMENTO QUE NÃO SE ENCONTRA IMPLANTADO DE FORMA AMPLA NO ÂMBITO DESTE EGRÉGIO TRIBUNAL DE JUSTIÇA. Aplicação do artigo 906, parágrafo único, do Código de Processo Civil, que exige regulamentação pertinente. Levantamento judicial de quantias por meio de expedição do mandado pertinente está apto a sobressair. Ausência de lesividade processual. Agravo desprovido. (TJSP; AI 2238906-85.2016.8.26.0000; Ac. 10185957; São Paulo; Quarta Câmara de Direito Privado; Rel. Des. Natan Zelinschi de Arruda; Julg. 16/02/2017; DJESP 08/03/2017)

Art. 907. Pago ao exequente o principal, os juros, as custas e os honorários, a importância que sobrar será restituída ao executado.

→ v. Art. 924, II, do NCPC.

Dentre o "principal e juros", podem ser incluídas despesas processuais:

✓ AGRAVO DE INSTRUMENTO. EXECUÇÃO EXTRAJUDICIAL. DESPESAS CONDOMINIAIS. Inclusão de custas e despesas processuais na planilha de cálculo. Possibilidade. Inteligência do art. 907 do NCPC. RECURSO PROVIDO. (TJSP; AI 2025091-68.2017.8.26.0000; Ac. 10637631; São Paulo; Vigésima Quinta Câmara de Direito Privado; Rel. Des. Azuma Nishi; Julg. 27/07/2017; DJESP 03/08/2017; Pág. 2270)

Se houver outra execução entre as mesmas partes, o saldo poderá ser aproveitado em favor do exequente – salvo se já tiver sido levantado pelo executado:

✓ AGRAVO DE INSTRUMENTO. EXECUÇÃO. PENHORA SOBRE IMÓVEL. ARREMATAÇÃO. LEVANTAMENTO DO SALDO PELOS DEVEDORES. POSTERIOR PEDIDO DE APROVEITAMENTO DO SALDO EM OUTRA EXECUÇÃO, ENVOLVENDO AS MESMAS PARTES. TRANSCURSO DE TEMPO. POSSIBILIDADE DE INEXISTÊNCIA DO NUMERÁRIO. EXISTÊNCIA DE OUTROS MEIOS PARA SATISFAÇÃO DO CRÉDITO. I. No caso dos autos, em que pese a notícia de que existe uma outra Execução, envolvendo as mesmas partes, verificando-se que o levantamento do saldo da arrematação já havia sido deferido, nos moldes do art. 907, do CPC, assim como que, dado o transcurso de tempo, eventual determinação judicial de restituição do numerário poderá se tornar infrutífera, tendo em vista a possibilidade de que o mesmo já tenha sido usado pelos devedores, faz-se prudente reformar a decisão agravada. II. Não obstante, cabe destacar que tal fato não impossibilita a satisfação de eventual crédito em favor do exequente, tendo em vista que o mesmo poderá indicar outros bens à penhora ou, ainda, requerer que a contrição recaia sobre créditos existentes em conta bancária dos executados, o que poderá, inclusive, abranger, no todo ou em parte, os valores decorrentes do levantamento do saldo da arrematação. (TJMG; AI 1.0390.08.019406-6/003; Rel. Des. João Cancio; Julg. 21/02/2017; DJEMG 24/02/2017)

Art. 908. Havendo pluralidade de credores ou exequentes, o dinheiro lhes será distribuído e entregue consoante a ordem das respectivas preferências.

→ v. Súmula 244 do TFR.

→ v. Súmula 478 do STJ.

→ v. Arts. 956 a 965 do CC/2002.

→ *v.* Art. 99 do CDC.
→ *v.* Art. 24, *caput*, da Lei 8.906/1994.
→ *v.* Art. 187, parágrafo único, do CTN.
→ *v.* Art. 797 do NCPC.

A existência de duas execuções, uma delas tramitando, justifica a instauração do concurso:

✓ AGRAVO DE INSTRUMENTO. AÇÃO DE EXECUÇÃO POR TÍTULO EXTRAJUDICIAL. PRETENDIDA INSTAURAÇÃO DE CONCURSO DE PREFERÊNCIA POR PARTE DE EX-CÔNJUGE DE UM DOS COEXECUTADOS, REFERENTE A CRÉDITOS PERSEGUIDOS EM DUAS EXECUÇÕES DE ALIMENTOS POR ELA AJUIZADAS. Elementos dos autos evidenciando que uma das execuções de alimentos ainda está em plena tramitação. Circunstância que justifica a instauração de concurso, na forma prevista no art. 908 do CPC. Consequente reforma parcial da decisão que não admitiu o concurso sob o falso pressuposto de que ambas as execuções de alimentos estariam extintas. Dispositivo: Deram parcial provimento ao agravo. (TJSP; AI 2039212-04.2017.8.26.0000; Ac. 10697713; Sertãozinho; Décima Nona Câmara de Direito Privado; Rel. Des. Ricardo Pessoa de Mello Belli; Julg. 07/08/2017; DJESP 24/08/2017; Pág. 2343)

Possibilidade de se determinar o valor do crédito preferencial para que se fale em adjudicação – com posterior instauração de concurso de preferência:

✓ AGRAVO DE INSTRUMENTO. EXECUÇÃO POR QUANTIA CERTA. PEDIDO DE ADJUDICAÇÃO DE BEM PENHORADO NOS AUTOS. DECISÃO QUE CONDICIONOU TAL MEDIDA AO DEPÓSITO DO VALOR DE CRÉDITO PREFERENCIAL APRESENTADO NOS AUTOS. CRÉDITO PREFERENCIAL QUE SE SOBREPÕE À ORDEM TEMPORAL DE PENHORAS. RECURSO PARCIALMENTE PROVIDO I) Na execução, na fase de entrega do produto da arrematação e pagamento, a concorrência entre credores deve ser aferida quando se encontram no mesmo patamar de hierarquia dos créditos. O concurso de preferências leva em consideração a precedência na ordem pagamento em virtude da natureza do crédito cobrado. II). Quando o juiz delibera que um dos credores tem preferência sobre o outro, para recebimento do respectivo crédito, por ocasião da realização da alienação judicial ou da apresentação do pedido de adjudicação formulado pelo credor exequente ou por outro que tenha penhora sobre o mesmo bem, é lícita a determinação do depósito da diferença entre o valor do crédito e o valor do bem, para que se instaure, em seguida, o concurso de preferência de que trata o artigo 908 do NCPC, uma vez que na espécie passa a incidir o disposto no artigo 905, II, do mesmo diploma legal. III). A diferença a ser depositada, todavia, é entre o valor do crédito daquele que pretende adjudicar e o valor do bem a ser adjudicado, e não com o valor do crédito do terceiro, ponto no qual a r. decisão deve ser alterada. III) Recurso conhecido e parcialmente provido. (TJMS; AI 1404955-89.2017.8.12.0000; Quarta Câmara Cível; Rel. Des. Dorival Renato Pavan; DJMS 15/08/2017; Pág. 61)

§ 1º No caso de adjudicação ou alienação, os créditos que recaem sobre o bem, inclusive os de natureza **propter rem**, sub-rogam-se sobre o respectivo preço, observada a ordem de preferência.

→ *v.* Art. 130, parágrafo único, do CTN.

Hipótese em que se afasta a previsão do § 1º:

✓ AÇÃO DE COBRANÇA. QUOTAS DE DESPESAS CONDOMINIAIS. ARREMATAÇÃO. Apelante que admite que tinha ciência da existência da dívida. Inaplicabilidade do disposto no artigo 908, §1º do CPC de 2015. Prevalência do princípio tempus regit actum. Sentença de procedência mantida. Recurso desprovido. (TJSP; APL 1015963-09.2015.8.26.0001; Ac. 10654653, São Paulo; Vigésima Nona Câmara de Direito Privado; Rel. Des. Fortes Barbosa; Julg. 02/08/2017; DJESP 10/08/2017; Pág. 2286)

§ 2º Não havendo título legal à preferência, o dinheiro será distribuído entre os concorrentes, observando-se a anterioridade de cada penhora.

Se houver preferência legal, não se aplica a preferência pela ordem de penhora anterior:

✓ PROCESSUAL CIVIL. TRIBUTÁRIO. INCIDENTE DE HABILITAÇÃO. EXECUÇÃO FISCAL. EXISTÊNCIA DE PENHORAS SOBRE O MESMO BEM. DIREITO DE PREFERÊNCIA. CRÉDITO TRIBUTÁRIO ESTADUAL E CRÉDITO DA FAZENDA NACIONAL. ARTS. 187 DO CTN E 29, I, DA LEI Nº 6.830/80. PREFERÊNCIA DO CRÉDITO TRIBUTÁRIO FEDERAL. 1. O crédito tributário prefere a qualquer outro, ressalvados créditos decorrentes da legislação do trabalho, nos termos do artigo 186 do Código Tributário Nacional, abaixo transcrito: 2. Entre as Fazendas Públicas os créditos da União, preferem aos dos Estados e dos Municípios, nos termos do artigo 187, parágrafo único, do Código Tributário Nacional c/c o artigo 29 da Lei nº 6.830/80. Precedentes C. STJ. 3. Não há dúvida no caso dos autos acerca da preferência do crédito em favor da União, sendo irrelevante a ordem das penhoras, já que somente se aplica o disposto no artigo § 2º do artigo

908 do CPC, somente na hipótese de inexistir titulo legal à preferência, o que não ocorreu no presente caso. 4. Apelo desprovido. (TRF 3ª R.; AC 0005776-44.2014.4.03.9999; Quarta Turma; Rel. Des. Fed. Marcelo Saraiva; Julg. 16/08/2017; DEJF 05/09/2017)

Decisão que reconhece ser o crédito trabalhista da mesma natureza do crédito de honorários – e, então, que a preferência será pela anterioridade da penhora:

✓ AÇÃO DE RESCISÃO CONTRATUAL E CONSIGNAÇÃO EM PAGAMENTO. FASE DE CUMPRIMENTO DE SENTENÇA. EXECUÇÃO DE HONORÁRIOS ADVOCATÍCIOS SUCUMBENCIAIS. Estabelecimento de concurso de credores sobre o valor que se encontra consignado em juízo. Créditos de mesma natureza (honorários sucumbenciais e verbas trabalhistas). Decisão recorrida que determinou que primeiro fossem satisfeitos os credores trabalhistas, de acordo com a ordem de anterioridade das respectivas penhoras realizadas no rosto dos autos. Possibilidade. Constrições que são anteriores ao pedido de reserva de valores formulado pelo autor para a satisfação do seu crédito. Incidência da regra do artigo 908, § 2º, do CPC. Pretensão do autor de prioridade em relação aos demais credores. Impossibilidade. Decisão mantida agravo desprovido. (TJSP; AI 2052447-38.2017.8.26.0000; Ac. 10609675; São Paulo; Trigésima Câmara de Direito Privado; Rel. Des. Andrade Neto; Julg. 19/07/2017; DJESP 26/07/2017; Pág. 1421)

Art. 909. Os exequentes formularão as suas pretensões, que versarão unicamente sobre o direito de preferência e a anterioridade da penhora, e, apresentadas as razões, o juiz decidirá.

Necessidade de suspensão da adjudicação no caso de existência de diversos créditos:

✓ AGRAVO DE INSTRUMENTO CONTRA DECISÃO QUE DETERMINOU A SUSPENSÃO DE ADJUDICAÇÃO DE BEM IMÓVEL ANTE A CONSTATAÇÃO DA EXISTÊNCIA DE VÁRIOS CREDORES A IMPOR A INSTAURAÇÃO DO CONCURSO ENTRE CREDORES NOS TERMOS DOS ARTIGOS 908 E 909 DO CPC. AFASTA-SE O ARGUMENTO DE QUE TERIA SE CONSUMADO A ADJUDICAÇÃO UMA VEZ QUE NÃO SE COMPROVA A LAVRATURA DO AUTO DE ADJUDICAÇÃO COM AS ASSINATURAS, NOS TERMOS DO § 1º, DO ART. 877, DO CPC. Suspensão que atende à necessidade de estabelecer a ordem de preferências de acordo com a legislação de regência. Já a ordem de preferência do crédito decorrente de honorários advocatícios deverá ser solucionada por ocasião do julgamento do agravo de instrumento nº 2084737-09.2017.8.26.0000. Recurso improvido. (TJSP; AI 2080466-54.2017.8.26.0000; Ac. 10660439; Campinas; Vigésima Segunda Câmara de Direito Privado; Rel. Des. Alberto Gosson; Julg. 03/08/2017; DJESP 10/08/2017; Pág. 2148)

Possibilidade de instauração de concurso mesmo no caso de ação civil pública:

✓ AGRAVO. 1ª CÂMARA RESERVADA AO MEIO AMBIENTE. Ação civil pública. Execução. Imóvel penhorado. Concurso de penhoras. Terceiros que intervém nos autos e rogam pelo direito à habilitação nos autos, ao argumento de que gravaram (=penhoraram) anteriormente o imóvel com penhora. Admissibilidade da pretensão. Incidência, no caso, dos comandos insertos nos artigos 908 e 909, do Código de Processo Civil de 2015. Hipótese em que deverá ser estabelecido concurso de penhoras, decidindo o juízo da causa, oportunamente, acerca de eventuais preferências e anterioridade de penhoras. Decisão reformada. Recurso provido. (TJSP; AI 2248525-39.2016.8.26.0000; Ac. 10595655; Américo Brasiliense; Primeira Câmara Reservada ao Meio Ambiente; Rel. Des. Oswaldo Luiz Palu; Julg. 06/07/2017; DJESP 10/08/2017; Pág. 2606)

Decisão destacando que a verificação de eventual preferência se dá após a expropriação, no momento da distribuição do dinheiro:

✓ DIREITO PROCESSUAL CIVIL. CUMPRIMENTO DE SENTENÇA. INDICAÇÃO DE IMÓVEL À PENHORA. MATÉRIA DECIDIDA E NÃO IMPUGNADA. PRECLUSÃO. VEÍCULO PENHORADO EM OUTRAS EXECUÇÕES. POSSIBILIDADE DE CONSTRIÇÃO. RECURSO PROVIDO EM PARTE. I. Encontra óbice na preclusão a renovação do pleito de penhora de imóvel indeferido mediante pronunciamento judicial contra o qual não foi interposto recurso. II. A existência de outras constrições não impede a penhora do veículo indicado pelo exequente, na esteira do que dispõe o artigo 797, parágrafo único, do Código de Processo Civil (CPC/73, art. 613). III. Não é possível, a partir da simples multiplicidade de constrições, divisar previamente a insubsistência da penhora à luz do princípio da utilidade inscrito no artigo 836, caput, do Estatuto Processual Civil (CPC/73, art. 659). IV. Segundo os artigos 908 e 909 do Código de Processo Civil (CPC/73, arts. 712 e 713), somente após a expropriação, isto é, na fase de pagamento, serão aferidas as preferências processuais e materiais dos credores para efeito da distribuição do dinheiro obtido com a alienação do bem penhorado. V. Recurso conhecido e provido em parte. (TJDF; AGI 2016.00.2.022805-7; Ac. 989.618; Quarta Turma Cível; Rel. Des. James Eduardo Oliveira; Julg. 14/12/2016; DJDFTE 01/02/2017)

Capítulo V
DA EXECUÇÃO CONTRA A FAZENDA PÚBLICA

Art. 910. Na execução fundada em título extrajudicial, a Fazenda Pública será citada para opor embargos em 30 (trinta) dias.

→ v. Súmulas 144, 279 e 339 do STJ.
→ v. Art. 100 da CF/1988.
→ v. EC 94/2017
→ v. Arts. 78, 86, 87 e 97 do ADCT.
→ v. Arts. 100 e 101 do CC/2002.
→ v. Arts. 128 e 130 da Lei 8.213/1991.
→ v. Art. 17, § 1º, da Lei 10.259/2001.
→ v. Art. 13 da Lei 12.153/2009.
→ v. Enunciado 240 do FPPC: São devidos honorários nas execuções fundadas em título executivo extrajudicial contra a Fazenda Pública, a serem arbitrados na forma do § 3º do art. 85.
→ v. Art. 247, III do NCPC.

Possibilidade de execução de título extrajudicial contra a Fazenda Pública

✓ PROCESSUAL CIVIL. APELAÇÃO. EMBARGOS À EXECUÇÃO CONTRA A FAZENDA PÚBLICA FUNDADA EM TÍTULO EXTRAJUDICIAL. DUPLICATAS. POSSIBILIDADE. SÚMULA Nº 279 DO SUPERIOR TRIBUNAL DE JUSTIÇA. PRECEDENTES DO STJ E DESTE TRIBUNAL. RECURSO DESPROVIDO. 1 – O thema decidendum cinge-se à possibilidade de execução fundada em título extrajudicial (duplicata mercantil) contra a Fazenda Pública. Colhe-se da sentença impugnada que "a execução ora embargada fora devidamente formulada com cópia das duplicatas devidamente protestadas e acompanhadas de comprovantes de entrega de mercadorias (notas fiscais atestadas), bem como da respectiva nota de empenho", não havendo falar em falta de especificação dos débitos autorizados na execução. 2 – A ação executiva foi aparelhada com cópias dos títulos executivos extrajudiciais, além dos demais requisitos assentes nas alíneas "a", "b", "c" e "d" do inciso I do art. 798 do CPC, demonstrando-se, ainda, corresponder a obrigação certa, líquida e exigível. Foram atendidas, igualmente, as disposições constantes do art. 910 do código de processo civil. 3 – Restou também consignado no decisum singular – e incontroverso nos autos – que a inicial foi instruída com documentos comprobatórios da autorização da compra e venda, com assinatura de recebimento da mercadoria no canhoto da nota fiscal por funcionário do município, cópias das notas de empenho, duplicatas e protestos, não havendo qualquer incompatibilidade entre o procedimento de execução de título extrajudicial contra a Fazenda Pública, disciplinado no art. 910 do CPC, e o comando inserto no art. 100 da Constituição da República, fazendo alusão a magistrada a quo, inclusive, a julgados do STJ e deste tribunal que mencionam a Súmula nº 279 do Superior Tribunal de Justiça, ipsis litteris: "é cabível execução por título extrajudicial contra a Fazenda Pública". 4 – Com efeito, é indubitável que o ordenamento jurídico (art. 910 do CPC), a doutrina e a jurisprudência (Súmula nº 279 do STJ) autorizam a execução contra a Fazenda Pública fundada em título extrajudicial (art. 784 do CPC), certo, líquido e exigível. 5 – Apelação conhecida e desprovida. (TJCE; APL 0002661-96.2016.8.06.0179; Primeira Câmara de Direito Público; Rel. Des. Fernando Luiz Ximenes Rocha; Julg. 04/09/2017; DJCE 11/09/2017; Pág. 17)

Desnecessidade de garantia de juízo em execução contra a Fazenda.

✓ APELAÇÃ CÍVEL. EXECUÇÃO FISCAL CONTRA A FAZENDA PÚBLICA. EMBARGOS DO DEVEDOR. EXTINÇÃO DE PLANO POR AUSÊNCIA DE GARANTIA DO JUÍZO. DESCABIMENTO. Tratando-se de execução fiscal contra a Fazenda Pública, não há previsão de garantia do juízo. Os bens da Fazenda Pública são impenhoráveis e indisponíveis. Incidência do art. 910 do CPC. A exigência do art. 16, § 1º, da LEF, no qual se baseou a magistrada, não se aplica quando a execução fiscal é movida contra ente público. Precedentes deste tribunal. Apelação provida. (TJRS; AC 0237819-84.2017.8.21.7000; Sapiranga, Vigésima Primeira Câmara Cível; Rel. Des. Almir Porto da Rocha Filho; Julg. 23/08/2017; DJERS 12/09/2017)

§ 1º Não opostos embargos ou transitada em julgado a decisão que os rejeitar, expedir-se-á precatório ou requisição de pequeno valor em favor do exequente, observando-se o disposto no art. 100 da Constituição Federal.

Descabimento de arresto em caso de execução contra a Fazenda

✓ AGRAVO DE INSTRUMENTO. EXECUÇÃO DE TÍTULO EXTRAJUDICIAL CONTRA A FAZENDA PÚBLICA. MUNICÍPIO DE ANGRA DOS REIS. Contrato administrativo. Prestação dos serviços de coleta de lixo e transporte de resíduos sólidos urbanos. Decisão que indeferiu o pedido de arresto. Respeito à regra de impenhorabilidade dos bens públicos. Artigo 100 da Constituição Federal. Regime diferenciado da execução que encontra previsão expressa no artigo 910 do NCPC. Recurso improvido. (TJRJ; AI 0028178-61.2017.8.19.0000; Angra dos Reis; Décima Câmara Cível; Rel. Des. Celso Luiz de Matos Peres; DORJ 15/09/2017; Pág. 306)

§ 2º Nos embargos, a Fazenda Pública poderá alegar qualquer matéria que lhe seria lícito deduzir como defesa no processo de conhecimento.

→ *v.* Arts. 914 a 920 do NCPC.

§ 3º Aplica-se a este Capítulo, no que couber, o disposto nos artigos 534 e 535.

Capítulo VI
DA EXECUÇÃO DE ALIMENTOS

→ *v.* Arts. 1.694 a 1.710 do CC/2002.

→ *v.* Art. 244 do CP.

→ *v.* Lei 5.478/1968 – Dispõe sobre ação de alimentos.

→ *v.* Lei 11.804/2008 – Disciplina o direito a alimentos gravídicos.

Art. 911. Na execução fundada em título executivo extrajudicial que contenha obrigação alimentar, o juiz mandará citar o executado para, em 3 (três) dias, efetuar o pagamento das parcelas anteriores ao início da execução e das que se vencerem no seu curso, provar que o fez ou justificar a impossibilidade de fazê-lo.

→ *v.* Súmula 309 do STJ.

→ *v.* Art. 5º, LXVII, da CF/1988.

Se ausente alguma das justificativas previstas no art. 911 do CPC/2015, a prisão civil é devida

✓ CONSTITUCIONAL E PROCESSUAL CIVIL. Habeas corpus. Ação de execução de alimentos. Inadimplemento de obrigação alimentícia. Decreto de prisão civil. Ausência de demonstração da ilegalidade da ordem de prisão. Alegação de incapacidade financeira e outros fatos controversos. Argumentos que demandam dilação probatória. Decreto prisional em observância estrita ao rito estabelecido no art. 911 do código de processo civil e Súmula nº 309 do STJ. Denegação da ordem. (TJRN; HC 2017.009838-2; Natal; Terceira Câmara Cível; Rel. Des. Amaury de Souza Moura Sobrinho; DJRN 11/09/2017)

A redução unilateral do valor, em virtude de questões pessoais do devedor – sem a respectiva ação revisional – não é justificativa que afasta a prisão civil

✓ AGRAVO DE INSTRUMENTO. DIREITO DE FAMÍLIA. AÇÃO DE EXECUÇÃO DE ALIMENTOS. DECRETO DE PRISÃO CIVIL DO DEVEDOR. CABIMENTO. PRESTAÇÕES VENCIDAS E VINCENDAS. REDUÇÃO DO VALOR PAGO POR INICIATIVA PRÓPRIA ALEGANDO CRISE FINANCEIRA E PROBLEMA DE SAÚDE. AUSÊNCIA DE AÇÃO REVISIONAL PARA REDISCUTIR O VALOR DA PENSÃO ALIMENTÍCIA ACORDADO ENTRE AS PARTES. INTELIGÊNCIA DO ART. 911 DO CPC/2015. AGRAVO DE INSTRUMENTO CONHECIDO E IMPROVIDO. DECISÃO INTERLOCUTÓRIA MANTIDA. 1 – Trata-se de agravo de instrumento c/c pedido de efeito suspensivo interposto por A. J. B. W. em face da decisão interlocutória que determinou a imediata a renovação de mandado de prisão em desfavor do agravante. Alega o agravante ter honrado com o pagamento integral da pensão no valor referente a 04 (quatro) salários mínimos do ano de 2006 até dezembro de 2013, quando os seus negócios foram atingidos por um abalo financeiro e em razão de problemas de saúde fora obrigado a reduzir o valor mensalmente depositado de R$ 3.152,00 (três mil cento e cinquenta e dois reais) para R$ 1.000,00 (hum mil reais). 2 – Segundo o art. 1699 do Código Civil, "se, fixados os alimentos, sobrevier mudança na situação financeira de quem os supre, ou na de quem os recebe, poderá o interessado reclamar ao juiz, conforme as circunstâncias, exoneração, redução ou majoração do encargo. "3 – extrai-se dos autos, conforme aduzido pelo agravante em suas razões recursais (fls. 5 e fls. 57) que as partes firmaram acordo, perante a 6ª vara de família da Comarca do Rio de Janeiro, para pagamento da pensão alimentícia no valor correspondente a 04(quatro) salários mínimos. 4 – A parte agravada interpôs ação de execução de alimentos em face do ora agravante, pugnando pela decretação da sua prisão civil em razão do não pagamento da quantia remanescente de R$ 6.824,00 (seis mil, oitocentos e vinte e quatro reais), referente aos meses de novembro/2015, dezembro/2015 e janeiro/2015. 5 – Os arts. 911 e 528 do CPC/2015, regem a execução de alimentos, estabelecendo as situações em que deverá ser decretada a prisão do devedor: "na execução fundada em título executivo extrajudicial que contenha obrigação alimentar, o juiz mandará citar o executado para, em 3(três) dias, efetuar o pagamento das parcelas anteriores ao início da execução e das que se vencerem no seu curso, provar que o fez ou justificar a impossibilidade de fazê-lo. "6 – analisando perfunctoriamente os autos, observa-se que o agravante não carreou aos fólios prova inescusável de sua incapacidade econômica de prestar a alimentos a alimenta, que é sua genitora, enquanto esta encontra-se com problemas de saúde gravíssimos, conforme relatórios médicos acostados às fls. 52 e 53. 7 – Observa-se, outrossim, que o próprio agravante assevera que cumpriu o acordo no valor de 04 (quatro salários mínimos) do ano de 2006 até dezembro de 2013, quando seus negócios foram atingidos por um abalo financeiro, em razão de problemas de saúde que o impediu de trabalhar, motivo pelo qual "se viu obrigado a reduzir o valor mensalmente arbitrado de R$ 3.152,00 (três mil cento e cinquenta e dois reais) para R$ 1.000,00 (hum mil reais)", observa-se, no entanto, que em nenhum momento postulou a revisão dos alimentos por meio de ação competente para reduzir o encargo alimentar. 8 – Constata-se, pois que os argumentos apresentados pelo executado não são suficientes para afastar a sua obrigação alimentar, nem tampouco o Decreto prisional, devendo o agravante pleitear a redução do encargo em ação própria, sendo inconcebível que o mesmo por conta própria reduza o valor devido, sem a anuência da alimentada, nem autorização do poder judiciário. 9 - Agravo de instrumento conhecido e improvido. Decisão interlocutória mantida. (TJCE; AI 0629102-20.2016.8.06.0000; Quarta Câmara de Direito Privado; Relª Desª Helena Lúcia Soares; Julg. 18/07/2017; DJCE 21/07/2017; Pág. 60)

A redução do valor, de comum acordo entre credor e devedor capazes, não demanda ação revisional - e, assim, é justificativa apta a afastar a prisão civil

✓ HABEAS CORPUS. ACORDO REALIZADO ENTRE O CREDOR DA OBRIGAÇÃO ALIMENTAR, APÓS MAIORIDADE, E SEU GENITOR. ACORDO NÃO HOMOLOGADO, À DISCORDÂNCIA DA GENITORA, E MANUTENÇÃO DA ORDEM DE PRISÃO. INVIABILIDADE. ACORDO HÍGIDO, ENTRE PESSOAS MAIORES E CAPAZES. AUSÊNCIA DE SUB-ROGAÇÃO PELA GENITORA, QUE DEVE BUSCAR OS MEIOS PRÓPRIOS PARA RECOMPOR EVENTUAIS PREJUÍZOS A QUE A INADIMPLÊNCIA DO ALIMENTANTE TENHA DADO CAUSA. ORDEM CONCEDIDA. Eventuais valores a que um dos genitores faz jus, por ter suprido as necessidades da prole em razão da inadimplência do coobrigado, não autorizam o Decreto prisional e prosseguimento da execução pelo rito do art. 733 do CPC/73 (art. 911 do Novo CPC)."Equipara-se à gestão de negócios a prestação de alimentos feita por outrem na ausência do alimentante. Assim, a pretensão creditícia ao reembolso exercitada por terceiro é de direito comum, e não de direito de família" (STJ, RESP n. 1.197.778/SP, Rel. Min. João Otávio de Noronha, j. 25-3-2014) (TJSC; HC 4000385-41.2017.8.24.0000; Mafra; Primeira Câmara de Direito Civil; Rel. Des. Domingos Paludo; DJSC 23/03/2017; Pag. 83)

Julgado admitindo a realização de audiência de instrução e julgamento no âmbito de execução de alimentos

✓ AGRAVO INTERNO EM AGRAVO DE INSTRUMENTO. EXECUÇÃO DE ALIMENTOS. DESPACHO QUE DESIGNOU AUDIÊNCIA DE INSTRUÇÃO E JULGAMENTO ANTE AS JUSTIFICATIVAS APRESENTADAS PELO DEVEDOR. ATO PROCESSUAL QUE NÃO SE ENCONTRA VEDADO PELA APLICAÇÃO SUBSIDIÁRIA DOS ARTIGOS 318, PARÁGRAFO ÚNICO E 771, PARÁGRAFO ÚNICO DO CPC/2015. INEXISTÊNCIA DE ILEGALIDADE. PRONUNCIAMENTO JUDICIAL, ADEMAIS, DESPIDO DE CARGA DECISÓRIA. AGRAVO DE INSTRUMENTO QUE NÃO FOI CONHECIDO. AGRAVO INTERNO CONHECIDO E IMPROVIDO. A despeito de não estar expressamente previsto no rito do artigo 911 do CPC/2015 (anterior artigo 733 do CPC/73), a realização da audiência de instrução e julgamento na execução de alimentos destinada a obter o Decreto de prisão do devedor é possível para formação do pleno convencimento do magistrado, ante as alegações feitas pelo devedor justificando a falta de pagamento ou apresentando as razões de impossibilidade de o fazer. Nessa modalidade executiva não tem lugar embargos do devedor, o que reforça o entendimento de que a realização dessa audiência é perfeitamente possível e não encontra qualquer vedação no ordenamento jurídico. Ao contrário, o artigo 370 do novo CPC ampara tal modo de proceder do magistrado. Impor ao juiz decidir frente, tão-somente, aos fatos alegados pelas partes e sem maior extrato probatório, seria interferir no poder que tem de ordenar a instrução e promover a prova dos fatos que entende essenciais para formação do seu livre convencimento, o que ao Tribunal é vedado, eis que o juiz é o destinatário da prova. O parágrafo único do art. 1.015 do CPC prevê o cabimento de agravo de instrumento em face de decisão interlocutória proferida em ação de execução. Contudo, despacho que apenas designa audiência de instrução e julgamento e determina intimação das partes e apresentação de rol de testemunhas não possui caráter decisório e não é recorrível (art. 1.001 do CPC/15). Recurso conhecido e improvido. (TJMS; AgRg 1407292-85.2016.8.12.0000; Quarta Câmara Cível; Rel. Des. Dorival Renato Pavan, DJMS 26/09/2016; Pág. 140)

Parágrafo único. Aplicam-se, no que couber, os §§ 2º a 7º do art. 528.

Art. 912. Quando o executado for funcionário público, militar, diretor ou gerente de empresa, bem como empregado sujeito à legislação do trabalho, o exequente poderá requerer o desconto em folha de pagamento de pessoal da importância da prestação alimentícia.

→ *v.* Art. 462 da CLT.

→ *v.* Art. 115, IV, da Lei 8.213/1991.

→ *v.* Arts. 528, § 8º, 529, § 3º, e 833, § 2º, do NCPC.

Decisão admitindo o desconto de alimentos diretamente do salário - mas reduzindo o percentual fixado na origem, considerando o caso concreto

✓ PROCESSUAL CIVIL. CIVIL. EXECUÇÃO DE ALIMENTOS. AGRAVO DE INSTRUMENTO. CERCEAMENTO DE DEFESA. PRELIMINAR REJEITADA. PENHORA SALARIAL. DESCONTO EM FOLHA DE PAGAMENTO. POSSIBILIDADE. ART. 17, DA LEI Nº 5.478/68, 734, DO CPC/73 E 912 DO ATUAL. REDUÇÃO DO PERCENTUAL PARA 15%. NECESSIDADE-POSSIBILIDADE. OBSÉQUIO, AINDA, AO PRINCÍPIO DA MENOR ONEROSIDADE DA EXECUÇÃO PREVISTO NO ART. 620 DO CPC/73 E 805 DO EM VIGOR. 1. Agravo de instrumento interposto pelo alimentante contra decisão que determinou penhora mensal de 30% dos seus vencimentos líquidos, até a quitação integral de dívida alimentar. 2. Para garantia da ampla defesa, a penhora executiva não prescinde de intimação prévia do réu. 2.1. O trâmite legal prevê a intimação do executado logo após a efetivação da penhora (art. 475 – J, § 1º do CPC/73). 2.2. As impugnações do réu, em regra, não acarretam paralisação dos atos executivos (art. 475 – M e 475 – O do CPC/73). 2.3. Preliminar de cerceamento de defesa rejeitada. 3. Em execução de dívida alimentar, é possível a penhora salarial, conforme exceção prevista pelo § 2º do art. 649 do CPC/73. 3.1. Os descontos mensais dos vencimentos, em folha de pagamento, são autorizados pelo art. 17 da Lei nº 5.478/68 e do art. 734 do CPC/73, também ratificados pelo atual Código de Processo Civil (arts. 529 e 912, da Lei nº 13.105/2015). 4. No caso, por mais que a constrição salarial seja lícita, o percentual arbitrado é excessivo, diante das possibilidades do agravante, que, além dos alimentos ordinários pagos ao agravado, também suporta o pagamento de outras duas pensões alimentícias, aluguel e está com a esposa grávida. 4.1. É necessária a redução dos descontos em folha para 10% (dez por cento) dos vencimentos líquidos. 5. Agravo parcialmente provido. (TJDF; AI 2016.00.2.002811-4; Ac. 939304; Segunda Turma Cível; Rel. Des. João Egmont Leoncio Lopes; DJDFTE 11/05/2016; Pág. 218)

Possibilidade de desconto em folha para pagamento de débitos atrasados de alimentos, até seu total pagamento

✓ EXECUÇÃO. ALIMENTOS VENCIDOS. DESCONTO EM FOLHA DE PAGAMENTO. POSSIBILIDADE LEGAL. ADEQUAÇÃO DO QUANTUM. 1. É cabível a penhora de parte da remuneração do devedor para garantir o pagamento da dívida de alimentos, até que ela seja integralmente solvida, operando-se a execução nos moldes do que dispõe o art. 912 do CPC. 2. Com isso, resta garantido o adimplemento da obrigação alimentar, solvendo a pendência, e o alimentante não fica privado do seu próprio sustento. 3. O valor a ser descontado fica acrescido ao valor da verba alimentar e deve levar em consideração as condições pessoais do alimentante e os seus encargos pessoais e de família. Recurso desprovido. (TJRS; AI 0176453-78.2016.8.21.7000; Porto Alegre; Sétima Câmara Cível; Rel. Des. Sérgio Fernando de Vasconcellos Chaves; Julg. 31/08/2016; DJERS 05/09/2016)

§ 1º Ao despachar a inicial, o juiz oficiará à autoridade, à empresa ou ao empregador, determinando, sob pena de crime de desobediência, o desconto a partir da primeira remuneração posterior do executado, a contar do protocolo do ofício.

→ *v.* Art. 22, parágrafo único, da Lei 5.478/1968.

§ 2º O ofício conterá os nomes e o número de inscrição no Cadastro de Pessoas Físicas do exequente e do executado, a importância a ser descontada mensalmente, a conta na qual deve ser feito o depósito e, se for o caso, o tempo de sua duração.

Art. 913. Não requerida a execução nos termos deste Capítulo, observar-se-á o disposto no art. 824 e seguintes, com a ressalva de que, recaindo a penhora em dinheiro, a concessão de efeito suspensivo aos embargos à execução não obsta a que o exequente levante mensalmente a importância da prestação.

→ *v.* Arts. 528, § 8º, e 919, § 1º, do NCPC.

O sistema processual prevê execução sob pena de prisão (artigos anteriores) e sob pena de penhora (este artigo, que remete à execução de quantia). Julgado que aponta a impossibilidade de prisão civil caso a execução de alimentos se dê sob pena de penhora

✓ AGRAVO DE INSTRUMENTO. EXECUÇÃO DE ALIMENTOS. RITO. ART. 732 DO CPC/73. PRISÃO DO EXECUTADO. IMPOSSIBILIDADE. I. No caso de ação de execução ajuizada pelo rito do artigo 732 do CPC, é incompatível a privação de liberdade do executado/alimentante, porquanto que esta somente é possível nos feitos fundados no artigo 733 daquele diploma. II. Tratando-se de dívida antiga (período de julho/2011 a dezembro/2015), o débito alimentar despe-se do caráter de subsistência e a sua cobrança deve ser efetuada através do processo de execução por quantia certa, nos termos do disposto no artigo 732 do Código de Processo Civil/1973, vigente à época do ajuizamento da execução, equivalente ao artigo 913 do novo CPC, o qual não comporta o meio coercitivo da prisão, mas sim a expropriação de bens do devedor. Agravo de instrumento conhecido e provido. (TJGO; AI 0203204-86.2016.8.09.0000; Aruana; Segunda Câmara Cível; Rel. Des. Carlos Alberto França; DJGO 09/09/2016; Pág. 111)

Caso a execução de alimentos se dê sob pena de penhora (e não sob pena de prisão), possibilidade de inclusão de prestações que se vencerem durante o trâmite do processo

✓ AGRAVO DE INSTRUMENTO. EXECUÇÃO DE ALIMENTOS. INCLUSÃO DAS PARCELAS QUE SE VENCERAM NO CURSO DA AÇÃO. ART. 323 DO CPC/15. Na cobrança de débito alimentar pelo rito do art. 913 do CPC/15 é cabível a inclusão das parcelas vencidas no curso da execução, porquanto se tratam de prestações periódicas e sucessivas (art. 323 do CPC). Negaram provimento. (TJRS; AI 0104368-94.2016.8.21.7000; Montenegro; Oitava Câmara Cível; Rel. Des. Rui Portanova; Julg. 07/07/2016; DJERS 14/07/2016)

Descabimento de exceção de pré-executividade para debater questões que envolvem dilação probatória, mesmo no âmbito da execução de alimentos sob pena de penhora

✓ AGRAVO DE INSTRUMENTO. EXCEÇÃO DE PRÉ-EXECUTIVIDADE. Decisão de rejeição liminar. Impossibilidade de reconhecimento de nulidade da execução por falta de intimação do executado a respeito de ato ordinatório, destinado à parte exequente, para que tomasse ciência da penhora efetivada. Ato ordinatório, sem conteúdo decisório, que não acarretou qualquer prejuízo ao agravante.

Executado que, conquanto tenha alterado sua representação processual, não se insurgiu contra as decisões anteriores, para que efetuasse o pagamento do débito, na forma do artigo 475 - J, do antigo CPC, então vigente, e pela qual foi deferida a penhora "on line". Recurso improvido, neste aspecto. COMPENSAÇÃO DE CRÉDITOS E EXCESSO DE EXECUÇÃO. Matérias alegadas pelo agravante em exceção de pré-executividade. Controvérsias que versam sobre matéria de fato, dependente de dilação probatória, que somente pode ser discutida por meio de embargos, na forma prevista no art. 736 do CPC de 1973, correspondente ao art. 913, do novo CPC. Impossibilidade de apreciação desta controvérsia no âmbito da exceção de pré-executividade. Decisão mantida. Recurso improvido, neste aspecto. RECURSO IMPROVIDO. (TJSP; AI 2179834-70.2016.8.26.0000; Ac. 10024299; São Paulo; Vigésima Quarta Câmara de Direito Privado; Rel. Des. Plinio Novaes de Andrade Júnior; Julg. 24/11/2016; DJESP 14/12/2016)

TÍTULO III
Dos Embargos à Execução

Art. 914. O executado, independentemente de penhora, depósito ou caução, poderá se opor à execução por meio de embargos.

→ *v.* Art. 910, § 2º, do NCPC.

→ *v.* Enunciado 543 do FPPC: Em execução de título executivo extrajudicial, o juízo arbitral é o competente para conhecer das matérias de defesa abrangidas pela convenção de arbitragem.

→ *v.* Enunciado 544 do FPPC: Admite-se a celebração de convenção de arbitragem, ainda que a obrigação esteja representada em título executivo extrajudicial.

Na execução fiscal, diferentemente do previsto no CPC/2015, necessário garantir o juízo para embargar

✓ TRIBUTÁRIO. EXECUÇÃO FISCAL. EMBARGOS DO DEVEDOR. GARANTIA DO JUÍZO. NÃO COMPROVAÇÃO. IRRISORIEDADE. REEXAME DE PROVAS. ÓBICE DA SÚMULA 7/STJ. 1. Conforme decidido pela Primeira Seção do STJ, em julgamento de recurso representativo da controvérsia (art. 543-C do CPC/1973), "Em atenção ao princípio da especialidade da LEF, mantido com a reforma do CPC/73, a nova redação do art. 736, do CPC dada pela Lei n. 11.382/2006 - artigo que dispensa a garantia como condicionante dos embargos - não se aplica às execuções fiscais diante da presença de dispositivo específico, qual seja o art. 16, §1º da Lei n. 6.830/80, que exige expressamente a garantia para a apresentação dos embargos à execução fiscal" (REsp 1.272.827/PE, Rel. Ministro Mauro Campbell Marques; DJe 31/5/2013). Tal entendimento persiste após a entrada em vigor do art. 919 do CPC/2015. 2. In casu, o Tribunal a quo atestou que o valor penhorado é irrisório, pois "corresponde a aproximadamente 1% do valor do débito" (fl. 576), situação que não pode ser equiparada à de garantia insuficiente. Desse modo, rever o consignado pelo Tribunal de origem requer necessariamente revolvimento do conjunto fático-probatório (Súmula 7/STJ). 3. Recurso parcialmente conhecido e, nessa parte, não provido. (REsp 1663742; RS; Segunda Turma; Rel. Min. Herman Benjamin; Julg. 16/05/2017; DJe 16/06/2017)

Impossibilidade de receber contestação como embargos à execução

✓ APELAÇÃO CÍVEL. DIREITO PRIVADO NÃO ESPECIFICADO. CONTESTAÇÃO RECEBIDA COMO EMBARGOS À EXECUÇÃO. ERRO GROSSEIRO. I. Resta verificada a hipótese de erro grosseiro na manifestação da executada, ao protocolar contestação para contrapor execução aforada contra si. Ressalta-se que o meio cabível seria os embargos à execução, com base nos arts. 914 e 915 do código de processo civil. II. Incabível a incidência do princípio da fungibilidade no presente caso. III. Sentença mantida. IV. Sucumbência majorada. Negaram provimento ao recurso. Unânime. (TJRS; AC 0072151-61.2017.8.21.7000; Porto Alegre; Décima Sexta Câmara Cível; Rel. Des. Ergio Roque Menine; Julg. 27/04/2017; DJERS 09/05/2017)

§ 1º Os embargos à execução serão distribuídos por dependência, autuados em apartado e instruídos com cópias das peças processuais relevantes, que poderão ser declaradas autênticas pelo próprio advogado, sob sua responsabilidade pessoal.

Necessidade de juntada de cópias nos embargos, sob pena de extinção

✓ BEM MÓVEL. Embargos à execução. Ausência de cópias essenciais e relevantes das peças da ação de execução. Descumprimento do art. 914, § 1º, do NCPC (antigo art. 736, § único, do CPC/73). Recorrente que alega, em sede de réplica à impugnação, que era desnecessária a juntada de peças da execução, uma vez que os embargos tramitavam em apenso a ela, estando vinculados ao principal. Extinção do processo sem resolução de mérito corretamente decretado, ante à ausência da juntada das peças necessárias à instrução do pedido. Dispositivo legal supracitado que impõe ao embargante o ônus de instruir os embargos à execução com cópias das peças processuais relevantes. No caso, a embargante juntou apenas a procuração outorgada a seu patrono, deixando de juntar as peças obrigatórias e as essenciais para a compreensão e deslinde da causa, justificando a extinção do processo. Recurso improvido, com a manutenção da r. Sentença de Primeiro Grau. (TJSP; APL 1000792-15.2015.8.26.0291; Ac. 10786100; Jaboticabal; Trigésima Primeira Câmara de Direito Privado; Rel. Des. Carlos Nunes; Julg. 13/09/2017; DJESP 18/09/2017; Pág. 2929)

§ 2º Na execução por carta, os embargos serão oferecidos no juízo deprecante ou no juízo deprecado, mas a competência para julgá-los é do juízo deprecante, salvo se versarem unicamente sobre vícios ou defeitos da penhora, da avaliação ou da alienação dos bens efetuadas no juízo deprecado.

→ *v.* Art. 20 da Lei 6.830/1980.
→ *v.* Súmula 46 do STJ.
→ *v.* Súmulas 32 e 33 do TFR.
→ *v.* Arts. 260 a 268, 676 e 845, § 2º, do NCPC.

Julgado destacando que vícios relativos à alienação do bem devem ser julgados no juízo onde os bens foram alienados

✓ AGRAVO DE INSTRUMENTO. DESPESAS CONDOMINIAIS. AÇÃO DE COBRANÇA. CUMPRIMENTO DE SENTENÇA. ALEGAÇÃO DE VÍCIOS NA ALIENAÇÃO DOS BENS EFETUADA POR CARTA PRECATÓRIA, COM O FIM DE DECLARAR SUA NULIDADE. EMBARGOS À ARREMATAÇÃO JULGADOS IMPROCEDENTES PELO JUÍZO DEPRECADO. IMPOSSIBILIDADE DE REDISCUSSÃO DAS MATÉRIAS NO JUÍZO DEPRECANTE. RECURSO IMPROVIDO. O recurso não comporta provimento por duas razões: Primeiro, porque as questões relativas aos vícios ou defeitos da alienação dos bens efetuados por carta precatória devem ser suscitadas e dirimidas no Juízo Deprecado, nos termos do art. 914, § 2º, do CPC/2015; segundo, porquanto os embargos à arrematação ajuizados pelo agravante no Juízo Deprecado foram julgados improcedentes, em primeiro e segundo graus de jurisdição, pendendo de julgamento apenas o agravo de despacho denegatório de seguimento a Recurso Especial. Logo, não é possível ao agravante (re) discutir os temas com a pretensão de anular a arrematação realizada por carta precatória. (TJSP; AI 2150904-08.2017.8.26.0000; Ac. 10767535; São Paulo; Trigésima Primeira Câmara de Direito Privado; Rel. Des. Adilson de Araujo; Julg. 05/09/2017; DJESP 15/09/2017; Pág. 2164)

Se o debate não é relativo a vícios da constrição ou expropriação (como no caso de pedido de adjudicação), a competência é do juízo deprecante

✓ CONFLITO DE COMPETÊNCIA. EXECUÇÃO POR CARTA. IMÓVEL PENHORADO PELO JUÍZO DEPRECADO. Pedido de adjudicação deduzido pela suscitante, filha do executado. Matéria que não remete a discussão quanto a eventuais vícios ou defeitos de atos constritivos ou expropriatórios. Competência do Juízo deprecante, da 12ª Vara Cível do Foro Central da Capital, para análise e apreciação do pedido. Inteligência do artigo 914, § 2º, do CPC. Conflito procedente. (TJSP; CC 2087307-65.2017.8.26.0000; Ac. 10685966; Mairiporã; Câmara Especial; Relª Desª Lidia Conceição; Julg. 07/08/2017; DJESP 15/09/2017; Pág. 2604)

Art. 915. Os embargos serão oferecidos no prazo de 15 (quinze) dias, contado, conforme o caso, na forma do art. 231.

→ *v.* Art. 910, § 2º, do NCPC.
→ *v.* Enunciado 20 do CJF – Aplica-se o art. 219 do CPC na contagem do prazo para oposição de embargos à execução fiscal previsto no art. 16 da Lei n. 6.830/1980.

O prazo dos embargos independe da penhora; assim, se a penhora for posterior ao início do processo, a impugnação à penhora se dá por simples petição

✓ APELAÇÃO CÍVEL. NEGÓCIOS JURÍDICOS BANCÁRIOS. EMBARGOS À PENHORA. EMBARGOS. ATAQUE À PENHORA. INTEMPESTIVIDADE. O prazo para oferecimento de embargos à execução é de 15 dias a contar da juntada aos autos do mandado de citação. Intempestivos impõem-se indeferimento de plano, nos termos dos artigos 914, 915 e 918 do CPC/15. Realizada a penhora em data subsequente a impugnação é lato senso e se dá por simples petição. – Circunstância dos autos em que se impõe processar a impugnação como simples petição. Recurso parcialmente provido. (TJRS; AC 0204703-87.2017.8.21.7000; Rodeio Bonito; Décima Oitava Câmara Cível; Rel. Des. João Moreno Pomar; Julg. 10/08/2017; DJERS 18/08/2017)

Se houver conversão de ação de busca e apreensão em execução, basta a intimação para que tenha início o prazo para embargar

✓ APELAÇÃO. AÇÃO DE BUSCA E APREENSÃO. CONVERSÃO EM EXECUÇÃO. EMBARGOS À EXECUÇÃO. Conversão da busca e apreensão em ação executiva nos termos do art. 4º, caput, do Decreto-Lei nº 911/69. CITAÇÃO VÁLIDA. Comparecimento espontâneo do réu ou do executado que supre a falta ou nulidade da citação. Art. 239, §1º, do CPC. INTIMAÇÃO PARA PAGAMENTO. Art. 914 e art. 915 do CPC. Estando o apelante regularmente representado nos autos do processo, verifica-se ter sido igualmente regular sua intimação para pagamento ou apresentação de defesa após a conversão da busca e apreensão em pleito executivo. Art. 513, §2º, I, C.C. Art. 771, Parágrafo único, do CPC. INTEMPESTIVIDADE. Rejeição liminar com fulcro no dispositivo do art. 918 do CPC. Bem decretada. SUCUMBÊNCIA. Princípio da causalidade. Honorários advocatícios recursais. Art. 85, §§ 1º, 2º e 11 do CPC em vigor. Negado provimento. (TJSP; APL 1003129-89.2017.8.26.0037; Ac. 10731133; Araraquara; Vigésima Quinta Câmara de Direito Privado; Rel. Des. Hugo Crepaldi; Julg. 24/08/2017; DJESP 31/08/2017; Pág. 2759)

§ 1º Quando houver mais de um executado, o prazo para cada um deles embargar conta-se a partir da juntada do respectivo comprovante da citação, salvo no caso de cônjuges ou de companheiros, quando será contado a partir da juntada do último.

O prazo dos executados, para embargar, é independente – e contado da juntada da carta ou mandado de citação

✓ A AUSÊNCIA DE CITAÇÃO DE ALGUM EXECUTADO NÃO OBSTA A CONTINUIDADE DA EXECUÇÃO, SOBRETUDO NA HIPÓTESE EM QUE HÁ LITISCONSÓRCIO PASSIVO FACULTATIVO, TAL COMO OCORRE ENTRE LOCATÁRIO E FIADOR. PRECEDENTES DO STJ. 2. Dispõem os executados de prazos individuais e autônomos para adimplir a dívida ou oferecer embargos, computados a partir da juntada dos respectivos comprovantes de citação. Art. 829, caput, e 915, caput e § 1º, do novo CPC. 4. Impossibilidade de apreciação do requerimento de penhora através do presente recurso, por importar hipótese de supressão de instância. 5. Provimento do recurso. (TJRJ; AI 0025052-03.2017.8.19.0000; Rio de Janeiro; Décima Quinta Câmara Cível; Relª Desª Jacqueline Lima Montenegro; DORJ 31/08/2017; Pág. 416)

O prazo dos executados, para embargar, é independente – exceto se os executados forem casados, caso em que será contado a partir da juntada do último mandado

✓ APELAÇÃO CÍVEL. EMBARGOS À EXECUÇÃO. SENTENÇA DE REJEIÇÃO LIMINAR. OPOSIÇÃO A DESTEMPO. JUSTIÇA GRATUITA. TEMA DECIDIDO SEGUNDO OS INTERESSES DA PARTE AUTORA. CARÊNCIA DE INTERESSE RECURSAL. O Código de Processo Civil impõe que a parte recorrente demonstre para efeito de admissibilidade do recurso, interesse recursal, que se traduz no binômio necessidade/utilidade do provimento jurisdicional solicitado. PRAZO PARA OFERECIMENTO DE EMBARGOS. CÔNJUGES. TERMO INICIAL. JUNTADA DO ÚLTIMO COMPROVANTE DE CITAÇÃO. ARTIGO 915, §1º, DO CÓDIGO DE PROCESSO CIVIL DE 2015. INDISPONIBILIDADE DO SISTEMA DE COMUNICAÇÃO ELETRÔNICA DO PODER JUDICIÁRIO NO ÚLTIMO DIA DO PRAZO. CIRCUNSTÂNCIA ATESTADA PELO ÓRGÃO COMPETENTE DESTE TRIBUNAL. PRORROGAÇÃO DO PRAZO PARA O DIA ÚTIL SEGUINTE À RETOMADA DO FUNCIONAMENTO. RESOLUÇÃO N. 3/2013-GP/CGJ. EMBARGOS TEMPESTIVOS. SENTENÇA CASSADAHONORÁRIOS RECURSAIS. NÃO CABIMENTO. (TJSC; AC 0301408-71.2017.8.24.0079; Videira; Quarta Câmara de Direito Comercial; Relª Desª Janice Ubialli; DJSC 15/09/2017; Pag. 211)

O prazo dos executados, para embargar, é independente – e é possível penhora de um executado antes mesmo da citação dos demais executados

✓ AGRAVO DE INSTRUMENTO. Execução por título extrajudicial. Cédula de crédito bancário. Deferimento do pedido de penhora de 10% da renda de um dos devedores. Alegada nulidade do processo, por não ter sido citado, ainda, um dos executados. Nulidade inocorrente. Citação regular dos demais devedores, os quais, de acordo com o disposto no artigo 915, § 1º, do CPC, podem, desde logo, exercer o seu direito à ampla defesa e ao contraditório. Constrição de salário. Impenhorabilidade expressa (artigos 833, inciso IV, do CPC e 7º, inciso X, da CF). Decisão reformada. Agravo provido em parte. (TJSP; AI 2115715-66.2017.8.26.0000; Ac. 10777040; São José dos Campos; Vigésima Câmara de Direito Privado; Rel. Des. Correia Lima; Julg. 04/09/2017; DJESP 15/09/2017; Pág. 2046)

§ 2º Nas execuções por carta, o prazo para embargos será contado:

› v. Art. 845, § 2º, do NCPC.

I – da juntada, na carta, da certificação da citação, quando versarem unicamente sobre vícios ou defeitos da penhora, da avaliação ou da alienação dos bens;

II – da juntada, nos autos de origem, do comunicado de que trata o § 4º deste artigo, ou, não havendo este, da juntada da carta devidamente cumprida, quando versarem sobre questões diversas da prevista no inciso I deste parágrafo.

§ 3º Em relação ao prazo para oferecimento dos embargos à execução, não se aplica o disposto no art. 229.

Inexiste prazo em dobro mesmo que autos físicos e litisconsortes com advogados distintos

✓ EMBARGOS À EXECUÇÃO. PRAZO PARA INTERPOSIÇÃO. CITAÇÃO VÁLIDA DE CADA EXECUTADO. INTEMPESTIVIDADE. O prazo para interposição dos embargos à execução é de 15 (quinze) dias contados a partir da juntada do mandado de citação nos autos da ação executória. Havendo mais de um executado, o prazo para interposição dos embargos é contado para cada um deles da juntada do respectivo mandado de citação aos autos, não se aplicando o prazo em dobro aos litisconsortes. Inteligência do art. 915, §§1º e 3º, do Código de Processo Civil. (TJMG; APCV 1.0604.16.002075-5/001; Rel. Des. Estevao Lucchesi; Julg. 13/07/2017; DJEMG 21/07/2017)

§ 4º Nos atos de comunicação por carta precatória, rogatória ou de ordem, a realização da citação será imediatamente informada, por meio eletrônico, pelo juiz deprecado ao juiz deprecante.

→ v. Art. 232 do NCPC.

No caso de ausência da informação por meio eletrônico, o prazo para embargar será contado da juntada da carta precatória perante o juízo deprecante

✓ TRIBUTÁRIO. PROCESSUAL CIVIL. EXECUÇÃO FISCAL CONTRA A FAZENDA PÚBLICA. EMBARGOS. PRAZO. ART. 915 DO CPC. TEMPESTIVIDADE. 1. A execução fiscal contra a Fazenda Pública é regida pelo procedimento previsto no artigo 910 do Código de Processo Civil, e não com base nas normas da Lei nº 6.830/80. 2. Não havendo a comunicação de que trata § 4º do art. 915 do CPC no caso, o termo inicial para contagem do prazo para interposição dos embargos é a juntada da carta precatória aos autos originários. 3. Embargos tempestivos, devendo o feito retornar à origem para o regular processamento. (TRF 4ª R.; AC 5002392-09.2016.404.7212; SC; Segunda Turma; Rel. Juiz Fed. Andrei Pitten Velloso; Julg. 25/04/2017; DEJF 27/04/2017)

Art. 916. No prazo para embargos, reconhecendo o crédito do exequente e comprovando o depósito de trinta por cento do valor em execução, acrescido de custas e de honorários de advogado, o executado poderá requerer que lhe seja permitido pagar o restante em até 6 (seis) parcelas mensais, acrescidas de correção monetária e de juros de um por cento ao mês.

→ v. Enunciado 331 do FPPC: O pagamento da dívida objeto de execução trabalhista findada em título extrajudicial pode ser requerido pelo executado nos moldes do art. 916.

Impossibilidade de parcelamento e apresentação de embargos ao mesmo tempo

✓ EMBARGOS À EXECUÇÃO. Hipótese em que o pedido de parcelamento do débito não se coaduna com a oposição de embargos à execução. Inteligência do artigo 916, do Código de Processo Civil. Consideração, ademais, de que não se admite pretensão declaratória em embargos à execução, que tem natureza constitutiva negativa (desconstituição do título executivo). Pedido de concessão do benefício da Assistência Judiciária Gratuita indeferido, mantida a autorização do diferimento do pagamento da taxa judiciária devida para momento subsequente à satisfação da execução. Embargos do devedor julgados improcedentes. Sentença mantida. Recurso improvido. Dispositivo: Negaram provimento ao recurso. (TJSP; APL 1005884-07.2016.8.26.0010; Ac. 10737135; São Paulo; Décima Nona Câmara de Direito Privado; Rel. Des. João Camillo de Almeida Prado Costa; Julg. 21/08/2017; DJESP 31/08/2017; Pág. 2565)

Impossibilidade de parcelamento em execução fiscal, considerando a existência de parcelamentos específicos para tributos

✓ AGRAVO DE INSTRUMENTO. EXECUÇÃO FISCAL. AUTARQUIA FEDERAL. DEFERIMENTO DE PARCELAMENTO PELO CPC, ARTIGO 916. IMPOSSIBILIDADE. REGRAMENTO ESPECÍFICO A REGER A MATÉRIA. APLICAÇÃO DA LEI Nº 10.522/02. FIXAÇÃO DE HONORÁRIOS RECURSAIS. IMPOSSIBILIDADE. AGRAVO DE INSTRUMENTO PARCIALMENTE PROVIDO. 1. A Lei nº 10.522/02 instituiu a sistemática de parcelamento simplificado, deferido à União Federal, suas autarquias e fundações, para o recebimento de créditos. Em apertada síntese, trata de um benefício aos contribuintes que, por opção, passam a se sujeitar aos requisitos e condições estabelecidos na referida Lei. 2. A concessão do parcelamento com base no Código de Processo Civil, tal como deferiu o Magistrado monocrático, viola o princípio da legalidade, já que há regramento legal específico a que se sujeita a agravante quanto ao parcelamento dos seus créditos, bem como o princípio da isonomia, na medida em que dá margem a administrados em situações iguais sofrerem tratamento desigual no tocante aos benefícios e condições de parcelamento deferidos. 3. O parcelamento concedido na forma do artigo 916, do Código de Processo Civil, deve ser afastado, dando lugar ao parcelamento previsto no artigo 37-B, da Lei nº 10.522/2002, com seus consectários legais, mas desde que haja aceitação do contribuinte. 4. Por fim, o pedido de fixação de honorários recursais não tem cabimento neste caso concreto tendo em vista que inexiste prévia condenação em honorários, pela primeira instância, já que o crédito tributário a ser parcelado será acrescido de encargo legal, substitutivo da condenação do devedor em honorários advocatícios, a teor do disposto no artigo 37-A, § 1º, da Lei nº 10.522/2002. 5. Agravo de instrumento parcialmente provido. (TRF 3ª R.; AI 0019195-87.2016.4.03.0000; Terceira Turma; Rel. Des. Fed. Antonio Carlos Cedenho; Julg. 05/07/2017; DEJF 13/07/2017)

§ 1º O exequente será intimado para manifestar-se sobre o preenchimento dos pressupostos do *caput*, e o juiz decidirá o requerimento em 5 (cinco) dias.

Se o exequente não for ouvido, há nulidade no deferimento do parcelamento

✓ DESPESAS CONDOMINIAIS. EXECUÇÃO DE TÍTULO EXTRAJUDICIAL. DEPÓSITO DE 30% DO VALOR INICIAL E PEDIDO DE PARCELAMENTO. Desrespeito ao § 1º do art. 916 do CPC. Decisão anulada. Agravo provido em parte para os fins indicados. (TJSP; AI 2122843-40.2017.8.26.0000; Ac. 10731579; São Paulo; Vigésima Sexta Câmara de Direito Privado; Rel. Des. Vianna Cotrim; Julg. 24/08/2017; DJESP 01/09/2017; Pág. 2567)

§ 2º Enquanto não apreciado o requerimento, o executado terá de depositar as parcelas vincendas, facultado ao exequente seu levantamento.

Se o executado não deposita corretamente, a cada mês, o parcelamento é de ser afastado

✓ AGRAVO DE INSTRUMENTO. ALIENAÇÃO FIDUCIÁRIA EM GARANTIA. AÇÃO DE BUSCA E APREENSÃO CONVERTIDA EM EXECUÇÃO DE TÍTULO EXTRAJUDICIAL. Pedido de parcelamento da dívida. Deferimento. Depósitos das prestações vincendas efetuados de forma aleatória. Não observância do disposto no parágrafo 2º, do artigo 916 do CPC/16. Insurgência recursal manifestando recusa do credor. Revogação da autorização de parcelamento. Prosseguimento da execução. Recurso parcialmente provido. Não consta tenha o executado, enquanto não apreciado o pedido de parcelamento pelo magistrado, realizado o depósito das parcelas vincendas, conforme determina o § 2º do artigo 916 do CPC/15. Bem por isso, não se vislumbra observância dos requisitos legais necessários ao parcelamento da dívida, tal como estabelecido no referido artigo 916, sendo certo que o agravado não tem o direito potestativo de realizar os pagamentos ao seu bel prazer e fora dos limites legais. (TJSP; AI 2088812-91.2017.8.26.0000; Ac. 10587738; Botucatu; Trigésima Segunda Câmara de Direito Privado; Rel. Des. Kioitsi Chicuta; Julg. 06/07/2017; DJESP 13/07/2017; Pág. 2312)

§ 3º Deferida a proposta, o exequente levantará a quantia depositada, e serão suspensos os atos executivos.

§ 4º Indeferida a proposta, seguir-se-ão os atos executivos, mantido o depósito, que será convertido em penhora.

Impossibilidade de deferimento do parcelamento feito após a apresentação de embargo, de modo que no caso prosseguem os atos executivos

✓ CONTRATO BANCÁRIO. Relação contratual entre as partes está subordinada ao CDC. EXCESSO DE EXECUÇÃO. Vencimento Antecipado. Reconhecimento da existência de cláusula contratual que autoriza o vencimento antecipado do débito, em caso de inadimplemento das parcelas, fato incontroverso nos autos. Exigibilidade da dívida objeto da ação. EXCESSO DE EXECUÇÃO. Incabível o acolhimento da alegação de excesso de execução, por ausência de dedução de valores pagos, sob o fundamento de que o apelante já adimpliu ao menos 07 parcelas de seu débito. EXCESSO DE EXECUÇÃO. No que concerne à aplicação do disposto no art. 525, §4º, e art. 917, §§ 3º e 4º, do CPC/2015 (correspondente ao art. 475-L, § 2º, e art. 739-A, § 5º, do CPC/1973), a jurisprudência do Eg. STJ consolidou-se no sentido de que incumbe ao devedor impugnante ou embargante indicar o valor que entende correto para a dívida exequenda, acompanhada da respectiva memória de cálculo e dos documentos necessários para comprovação do alegado, quando em impugnação ao cumprimento de sentença ou embargos do devedor, alegar excesso de execução, fundado em abusividade de encargos, inclusive na hipótese de pedido de revisão contratual, seja do contrato exequendo ou de anterior, se sustentado encadeamento de operações, sob pena de rejeição liminar ou de não conhecimento desse fundamento, sendo descabida, nesse caso, determinação de emenda da inicial, sob pena de mitigar e, até mesmo, de elidir o propósito maior de celeridade e efetividade do processo executivo. No caso dos autos, por aplicação da premissa supra, a alegação da parte embargante apelante de excesso de execução, embasada em afirmação de cobrança ilícita e abusiva de juros remuneratórios, no que concerne às taxas exigidas, inclusive com pedido de revisão contratual do contrato exequendo, não pode ser conhecida, por força do art. 917, §§ 3º e 4º, do CPC/2015 (correspondente ao art. 739-A, § 5º, do CPC/1973), visto que, nos embargos à execução oferecidos, a parte apelante não indicou o valor que entendia correto para a dívida exequenda, acompanhada da respectiva memória de cálculo e dos documentos necessários para comprovação do alegado. EXECUÇÃO. Afastadas as alegações deduzidas pela parte apelante, de rigor, o reconhecimento de que o débito exequendo é exigível e da legitimidade da execução, cabendo à parte devedora realizar o pagamento do débito exequendo à parte credora, impondo-se, em consequência, a manutenção da r. Sentença, que julgou improcedentes os embargos opostos. Mantida a r. Sentença, com observação de que a alegação de excesso de execução, embasada em afirmação de cobrança ilícita e abusiva de juros remuneratórios, deduzida nos embargos do devedor oferecido pela parte embargante apelante não é conhecida, na forma do art. 917, §§ 3º e 4º, do CPC/2015(correspondente ao art. 739-A, § 5º, do CPC/1973). PARCELAMENTO DO DÉBITO. Incabível o deferimento do pedido de parcelamento, no caso dos autos, visto que os requisitos estabelecidos pelo art. 916, do CPC/2015 (correspondente ao art. 745-A do CPC/1973), relativos ao depósito em juízo de trinta por cento do valor em execução e ao reconhecimento do crédito exequendo não foram satisfeitos, dado que o pedido foi formulado somente quando do oferecimento dos em bargos à execução, com alegação de excesso de cobrança e sem a realização do depósito judicial a que se refere o §2ª do mencionado artigo. Recurso desprovido, com observação. (TJSP; APL 1017272-10.2016.8.26.0008; Ac. 10566894; São Paulo; Vigésima Câmara de Direito Privado; Rel. Des. Rebello Pinho; Julg. 26/06/2017; DJESP 11/07/2017; Pág. 1767)

§ 5º O não pagamento de qualquer das prestações acarretará cumulativamente:

I – o vencimento das prestações subsequentes e o prosseguimento do processo, com o imediato reinício dos atos executivos;

II – a imposição ao executado de multa de dez por cento sobre o valor das prestações não pagas.

Caso, após deferido o parcelamento, a empresa executada tenha deferido pedido de recuperação judicial, não se aplica o § 5º

✓ EXECUÇÃO. Parcelamento Judicial do Crédito Exequendo. Recuperação extrajudicial. Como, na espécie, (a) a parte executada estava adimplente com as prestações vencidas do parcelamento judicial do crédito exequendo (CPC/2015, art. 916), quando da homologação do plano de recuperação extrajudicial, que abrange a totalidade de créditos da espécie do crédito exequendo, que acarretou a suspensão da execução (LF 11.101/2005, art. 163, § 1º), (b) é de se reconhecer esse evento superveniente resultou na suspensão da exigibilidade das prestações vincendas do parcelamento judicial do crédito exequendo e, consequentemente, (c) que não restou configurado o inadimplemento do devedor, o fato gerador da multa de 10% prevista no inciso II, do § 5º, do art. 916, do CPC/2015, (d) sendo, a propósito, relevante salientar que entendimento, em sentido diverso, implicaria em afirmar a admitir a exigibilidade, em execução individual, de débito sujeito à recuperação extrajudicial, após a homologação do respectivo plano. Reforma da r. Decisão agravada, para afastar a sanção aplicada à parte agravante executada, consistente na multa de 10% sobre o valor das prestações não pagas. Recurso provido. (TJSP; AI 2054096-38.2017.8.26.0000; Ac. 10775944; São Paulo; Vigésima Câmara de Direito Privado; Rel. Des. Rebello Pinho; Julg. 04/09/2017; DJESP 18/09/2017; Pág. 2875)

§ 6º A opção pelo parcelamento de que trata este artigo importa renúncia ao direito de opor embargos.

§ 7º O disposto neste artigo não se aplica ao cumprimento da sentença.

→ *v.* Art. 513 e seguintes do NCPC.

Decisões proferidas à luz do CPC/2015 que impedem o parcelamento no cumprimento de sentença (a jurisprudência permitia isso no CPC/1973)

✓ AGRAVO DE INSTRUMENTO. Cumprimento de sentença. Título executivo judicial omisso acerca dos juros de mora. Cabimento de inclusão de juros nos cálculos. Consectário lógico da condenação. Impossibilidade de parcelamento no cumprimento de sentença. Vedação do art. 916, §7º, do CPC. Pretensão de manter valores depositados em juízo sem possibilidade de levantamento pela credora. Pedido impertinente. Cumprimento de sentença que tramita desde 2015. Decisão mantida. Recurso conhecido e improvido. (TJSE; AI 201700714383; Ac. 19760/2017; Primeira Câmara Cível; Rel. Des. Osório de Araujo Ramos Filho; Julg. 12/09/2017; DJSE 15/09/2017)

✓ AÇÃO INDENIZATÓRIA. CUMPRIMENTO DE SENTENÇA. APLICAÇÃO DO ARTIGO 916 DO CPC DE 2015. Impossibilidade. Vedação legal prevista no §7º do mesmo dispositivo. Incidência da norma apenas na execução de título extrajudicial. Jurisprudência. Decisão reformada. Recurso provido. (TJSP; AI 2092559-49.2017.8.26.0000; Ac. 10772767; Santo André; Vigésima Nona Câmara de Direito Privado; Rel. Des. Fortes Barbosa; Julg. 06/09/2017; DJESP 14/09/2017; Pág. 2690)

✓ AGRAVO DE INSTRUMENTO. AÇÃO DE NUNCIAÇÃO DE OBRA NOVA CUMULADA COM REPARAÇÃO DE DANOS. FASE DE CUMPRIMENTO DE SENTENÇA. Pretensão da devedora de efetuar o pagamento do débito nos moldes do artigo 916 do Código de Processo Civil. Inadmissibilidade. Parcelamento cabível apenas na execução de título extrajudicial, sendo vedada expressamente sua aplicação ao cumprimento de sentença (art. 916, §7º, do CPC/2015). Recurso improvido. (TJSP; AI 2131614-07.2017.8.26.0000; Ac. 10760603; São Paulo; Trigésima Segunda Câmara de Direito Privado; Rel. Des. Ruy Coppola; Julg. 31/08/2017; DJESP 12/09/2017; Pág. 2286)

✓ AGRAVO DE INSTRUMENTO. Cumprimento de sentença. Decisão que indefere o parcelamento da dívida e determina o prosseguimento da execução do título judicial. Aplicação da multa de 10% prevista no art. 523 do NCPC e arbitramento de honorários em fase de execução. Preclusão consumativa. Multa e honorários que foram arbitrados em decisão que intimou o agravante para cumprimento voluntário da sentença. Ausência de insurgência oportuna. Parcelamento do débito exequendo que não se aplica em cumprimento da sentença. Art. 917, §7º do NCPC. Normal legal taxativa. Decisão agravada mantida. Agravo de instrumento conhecido em parte e, na parte conhecida, negado provimento. (TJPR; Ag Instr 1644620-3; Curitiba; Décima Primeira Câmara Cível; Rel. Des. Sigurd Roberto Bengtsson; Julg. 16/08/2017; DJPR 18/09/2017; Pág. 172)

Art. 917. Nos embargos à execução, o executado poderá alegar:

→ *v.* Enunciado 55 da ENFAM: Às hipóteses de rejeição liminar a que se referem os arts. 525, § 5º, 535, § 2º, e 917 do CPC/2015 (excesso de execução) não se aplicam os arts. 9º e 10 desse código.

Decisões que não permitem a formulação, nos embargos, de pedido a favor do embargante, considerando o rol taxativo do art. 917

✓ CIVIL E PROCESSUAL CIVIL. EMBARGOS À EXECUÇÃO DE TÍTULO EXTRAJUDICIAL. PRELIMINAR DE NÃO CONHECIMENTO DO RECURSO QUANTO AO PEDIDO DE CONDENAÇÃO DO EMBARGADO AO PAGAMENTO DE INDENIZAÇÃO POR DANOS MORAIS. INOVAÇÃO RECURSAL. INOCORRÊNCIA. PEDIDO IMPLÍCITO EXTRAÍDO DA LEITURA DA CAUSA DE PEDIR. POSSIBILIDADE DE CONHECIMENTO DO PLEITO. INTELIGÊNCIA DO ART. 322, § 2º, DO CPC. REJEIÇÃO. SENTENÇA CITRA PETITA. PRESCINDIBILIDADE DE CASSAÇÃO. ANÁLISE DA POSTULAÇÃO COM BASE NO ART. 1.013, § 3º, INCISO II, DO CPC. IMPOSSIBILIDADE DE FORMULAÇÃO DE PEDIDO DE DANOS MORAIS EM SEDE DE EMBARGOS À EXECUÇÃO. GRATUIDADE DE JUSTIÇA. CONDENAÇÃO AO PAGAMENTO DE VERBAS SUCUMBENCIAIS. POSSIBILIDADE. SUSPENSÃO DA EXIGIBILIDADE POR CINCO ANOS. 1. Segundo o § 2º do art. 322 do CPC, a interpretação do pedido considerará o conjunto da postulação e observará o princípio da boa-fé. Dessa forma, para que se identifique com precisão aquilo que foi postulado pelo autor não se deve analisar apenas o pedido contido ao final da petição inicial. Este deve ser examinado em conjunto com a causa de pedir para se que compreenda aquilo que o autor efetivamente pretende obter do Poder Judiciário. No caso, embora não tenha sido postulada expressamente a condenação da embargada ao pagamento de indenização por danos morais, é possível inferir tal postulação do conjunto da petição inicial, pois a alegação de danos morais decorrentes da conduta da embargada integrou a causa de pedir. 2. A sentença que não analisa todas as postulações da parte autora, ainda que implicitamente deduzidas, é citra petita. Todavia, nos termos do art. 1.013, inciso II, do CPC, a falta de congruência parcial entre a sentença e a petição inicial não implica a anulação do decisum quando a causa está em condições de imediato julgamento, podendo o pedido ser apreciado pelo Tribunal de 2º Grau. 3. A ação de embargos à execução é de cognição restrita, limitada às matérias enumeradas nos incisos do art. 917 do CPC, entre as quais não se insere a formulação de pedido condenatório contra a parte embargada. 4. A gratuidade de justiça concede ao seu beneficiário apenas o direito de ver suspenso o pagamento das verbas sucumbenciais pelo período de cinco anos, com a possibilidade de estas virem a ser exigidas durante o período referido no caso de o credor demonstrar que a situação de hipossuficiência econômica do devedor não persiste. 5. Apelo não provido. (TJDF; APC 2016.01.1.042416-3; Ac. 104.6517; Quarta Turma Cível; Rel. Des. Arnoldo Camanho de Assis; Julg. 13/09/2017; DJDFTE 19/09/2017)

✓ CIVIL. PROCESSUAL CIVIL. RECURSO ESPECIAL. RECURSO MANEJADO SOB A ÉGIDE DO CPC/73. ALIENAÇÃO DE QUOTAS SOCIAIS. EXECUÇÃO EXTRAJUDICIAL. EMBARGOS. EXCESSO DE EXECUÇÃO. MATÉRIAS OPONÍVEIS. ART. 745 DO CPC/73. MÁ-FÉ DO EMBARGADO. POSSIBILIDADE. INDENIZAÇÃO POR DANOS MORAIS E PATRIMONIAIS. NECESSIDADE DE AÇÃO AUTÔNOMA. RECURSO PARCIALMENTE PROVIDO. 1. Não se aplicam as disposições do NCPC a este julgamento ante os termos do Enunciado Administrativo nº 2 aprovado pelo Plenário do STJ na sessão de 9/3/2016: Aos recursos interpostos com fundamento no CPC/1973 (relativos a decisões publicadas até 17 de março de 2016) devem ser exigidos os requisitos de admissibilidade na forma nele prevista, com as interpretações dadas até então pela jurisprudência do Superior Tribunal de Justiça. 2. Nos termos do art. 745, V, do CPC/73 (reproduzido no art. 917 do NCPC), todas as matérias defensivas podem ser suscitadas nos embargos do devedor, devendo ser considerada como tal a incidência da penalidade prevista no art. 940 do CC na medida em que implica abuso do direito de ação que deve ser sancionado de forma análoga à do art. 18 do CPC/73, correspondente ao art. 81 do NCPC. 3. O pleito de indenização dos danos morais e patrimoniais não é defesa, mas, sim, pedido em sentido estrito, e sua veiculação em embargos do devedor é inviável, reclamando ação autônoma. 4. Recurso especial parcialmente provido, com determinação de retorno dos autos à origem para aplicação da penalidade prevista no art. 940 do CC. (REsp 1638535/RJ; Terceira Turma; Rel. Min. Moura Ribeiro; Julg. 07/02/2017; DJe 04/04/2017)

I – inexequibilidade do título ou inexigibilidade da obrigação;

→ *v.* Arts. 783 e 803, I, do NCPC.

Exemplo de situação em que alegação de embargos fundada no inciso I foi afastada

✓ APELAÇÃO CÍVEL. EMBARGOS À EXECUÇÃO. PRELIMINAR. REJEITADA. ART. 917, I DO CPC/2015. RESPONSABILIDADE DOS SÓCIOS. ART. 135 DO CTN. INOCORRÊNCIA. MANUTENÇÃO DA SENTENÇA. HONORÁRIOS ADVOCATÍCIOS RECURSAIS. 1. Os bens dos sócios gerentes, administradores e diretores de pessoa jurídica, via de regra, não respondem, em caráter solidário, pelas dívidas fiscais decorrentes do exercício da atividade empresarial, já que é o patrimônio social que deve responder integralmente pelos débitos sociais. 2. De acordo com o artigo 135, inciso III do Código Tributário Nacional, os sócios, diretores, gerentes e representantes de pessoa jurídica são responsáveis por substituição pelos créditos atinentes às obrigações tributárias, resultantes de ato ou fato praticado com excesso de poder ou infração à Lei, ao contrato social e estatuto. 3. Consoante disposição do artigo 204 do Código Tributário Nacional, a CDA goza de presunção de legitimidade, de modo que, caso haja indicação expressa do nome do coobrigado pela dívida tributária, cabe a ele o ônus de desconstituir a presunção de responsabilidade, através da demonstração de que não incorreu em omissão, excedeu seus poderes ou infringiu a Lei, o contrato social ou estatuto (artigos 134,

VII e 135, III do CTN). 4. Nos termos do §11º do artigo 85 do CPC/15, deve o tribunal, quando do julgamento do recurso, majorar os honorários fixados anteriormente, considerando o trabalho extra exigido em grau recursal. (TJMG; APCV 1.0079.15.010586-8/001; Relª Desª Teresa Cristina da Cunha Peixoto; Julg. 07/07/2017; DJEMG 28/07/2017)

II – penhora incorreta ou avaliação errônea;

→ v. § 1º deste artigo.

→ v. Arts. 831 e 833 do NCPC.

III – excesso de execução ou cumulação indevida de execuções;

→ v. §§ 3º e 4o deste artigo.

→ v. Art. 780 do NCPC.

Alegação de excesso depende da indicação do valor que se entende devido

✓ APELAÇÃO CÍVEL. EMBARGOS À EXECUÇÃO. ALEGAÇÃO DE EXCESSO. Embargantes que reconhecem o débito oriundo de contrato de financiamento, aduzindo que pagaram apenas 09 das trinta e seis parcelas. Vencimento antecipado do título. Alegação de excesso na cobrança de juros e taxas abusivas, que configurariam encargos remuneratórios ilegais e descaracterizariam a mora. Ausência de declaração do valor que entende correto, com apresentação de demonstrativo discriminado e atualizado de seu cálculo. Art. 917, III e §§ 3º e 4º do CPC. Exigência legal, que não configura o alegado cerceamento de defesa. Pretensão de revisão de cláusulas contratuais, em razão da cobrança de taxas e índices acima do referencial do mercado e cobrança de juros sobre juros. Incidência da Súmula nº 539 STJ e Súmula nº 596 do STF. Manutenção da improcedência que se impõe. RECURSO DESPROVIDO. (TJRJ; APL 0027988-52.2009.8.19.0203; Rio de Janeiro; Quinta Câmara Cível; Relª Desª Denise Nicoll Simões; DORJ 11/09/2017; Pág. 293)

IV – retenção por benfeitorias necessárias ou úteis, nos casos de execução para entrega de coisa certa;

→ v. Art. 806 e seguintes do NCPC.

V – incompetência absoluta ou relativa do juízo da execução;

→ v. Arts. 46, § 5º, 62, 63 e 781 do NCPC.

VI – qualquer matéria que lhe seria lícito deduzir como defesa em processo de conhecimento.

→ v. Art. 910, § 2º, do NCPC.

Exemplo de alegação de outra matéria que não as inseridas nos incisos anteriores

✓ APELAÇÃO CÍVEL. EMBARGOS À EXECUÇÃO. CHEQUE. TÍTULO DE CRÉDITO VINCULADO A CONTRATO SUBJACENTE DE LOCAÇÃO DE IMÓVEL. CÁRTULA QUE NÃO CIRCULOU. POSSIBILIDADE DE DISCUSSÃO DA CAUSA DEBENDI. Não tendo o cheque circulado, estando ainda atrelado à relação jurídica originária, e existindo prova de fato que atente contra a liquidez, certeza e exigibilidade, torna-se possível a discussão sobre a sua causa debendi. (TJSC, Apelação Cível n. 0300582-20.2015.8.24.0013, de Campo Erê, Rel. Des. Soraya Nunes Lins, j. 22-06-2017). DESNECESSIDADE DE AJUIZAMENTO DE AÇÃO PRÓPRIA. INTELIGÊNCIA DO ARTIGO 917, INCISO VI, DO CÓDIGO DE PROCESSO CIVIL. IMPOSSIBILIDADE, CONTUDO, DE ANÁLISE DE MÉRITO POR ESTA CORTE. CLAUSULA COMPROMISSÓRIA ARBITRAL. CONFLITO A SER DISCUTIDO NA FORMA PREVIAMENTE ESTABELECIDA PELOS CONTRATANTES. AÇÃO EXPROPRIATÓRIA EXTINTA. SENTENÇA MANTIDA. RECURSO CONHECIDO E NÃO PROVIDO. (TJSC; AC 0001307-22.2010.8.24.0025; Gaspar; Segunda Câmara de Direito Civil; Rel. Des. Rubens Schulz; DJSC 19/09/2017; Pag. 165)

§ 1º A incorreção da penhora ou da avaliação poderá ser impugnada por simples petição, no prazo de 15 (quinze) dias, contado da ciência do ato.

Julgado apontando a impossibilidade de discussão da penhora após longo período de sua efetivação (e menciona a existência de "embargos à penhora", que em verdade não existem na lei)

✓ AGRAVO DE INSTRUMENTO. EXECUÇÃO FISCAL. PENHORA. NÃO OPOSIÇÃO DE EMBARGOS À PENHORA NO PRAZO LEGAL. INCIDENTE DE IMPENHORABILIDADE TRÊS ANOS APÓS REALIZADA A CONSTRIÇÃO E ÀS VESPERAS DE HASTA PÚBLICA. INADMISSIBILIDADE. 1. Desde a redação dada pela Lei nº 11.383/06 ao art. 745, II, do CPC/1973, repetido no art. 917, II, do CPC/2015, passaram a existir oficialmente os embargos à penhora. Em consequência, as questões relativas à impenhorabilidade resolvem-se na via dos embargos específicos, os quais devem ser opostos no prazo legal, salvo ocorrências supervenientes e situações em que o juiz pode-deve examinar de ofício. Tal não ocorre quando é alegada a impenhorabilidade de veículo por ser indispensável às atividades. 2. A inadmissibilidade do incidente de impenhorabilidade substitutivo dos embargos à penhora cumpre orientação do STJ que, com base no princípio da razoável duração do processo (CF, art. Lxxviii), passou a não mais admitir a ação anulatória substitutiva dos embargos à execução. 3. Recurso desprovido. (TJRS; AI 0164215-90.2017.8.21.7000; Canoas; Primeira Câmara Cível; Rel. Des. Irineu Mariani; Julg. 13/09/2017; DJERS 18/09/2017)

Decisão que aponta a possibilidade de discussão de penhora por simples petição

✓ AGRAVO DE INSTRUMENTO. EXECUÇÃO DE TÍTULO EXTRAJUDICIAL. INSTRUMENTO PARTICULAR DE MÚTUO. Penhora de bem imóvel. Manifestação do devedor, na forma do artigo 917, § 1º, do CPC/15. Alegação de inexigibilidade e inexequibilidade do título que foi lançada em exceção de pré-executividade já rejeitada pelo juízo de piso e por esta instância revisora. Excesso na penhora não demonstrado. Insuficiência da garantia que autoriza o credor a executar tantos bens quanto forem necessários à satisfação do seu crédito. Constrição que, por isso, não fica limitada à metade do imóvel dado em garantia no contrato de mútuo. Alegação de penhora sobre bem de terceiro. Inexistência de provas nesse sentido. Terceiro que, ademais, pode requerer ao juízo, por meio de embargos, o desfazimento ou a inibição do ato constritivo. Decisão que se mantém por seus próprios fundamentos. Recurso desprovido. (TJRJ; AI 0032773-06.2017.8.19.0000; Rio de Janeiro; Décima Sexta Câmara Cível; Rel. Des. Eduardo Gusmão Alves de Brito Neto; DORJ 15/09/2017; Pág. 378)

§ 2º Há excesso de execução quando:

I – o exequente pleiteia quantia superior à do título;

II – ela recai sobre coisa diversa daquela declarada no título;

III – ela se processa de modo diferente do que foi determinado no título;

IV – o exequente, sem cumprir a prestação que lhe corresponde, exige o adimplemento da prestação do executado;

→ *v.* Arts. 476 e 477 do CC/2002.

→ *v.* Arts. 787 e 798, I, **d**, do NCPC.

V – o exequente não prova que a condição se realizou.

→ *v.* Arts. 121 a 131 e 135 do CC/2002.

→ *v.* Arts. 798, I, **c**, e 803, III, do NCPC.

§ 3º Quando alegar que o exequente, em excesso de execução, pleiteia quantia superior à do título, o embargante declarará na petição inicial o valor que entende correto, apresentando demonstrativo discriminado e atualizado de seu cálculo.

→ *v.* Enunciado 590 do FPPC: Na impugnação ao cumprimento de sentença e nos embargos à execução, o executado que alegar excesso de execução deverá elaborar demonstrativo de débito em conformidade com os incisos do art. 524 e do parágrafo único do art. 798, respectivamente.

Julgados afastando a tese de excesso de execução não acolhida em virtude de não existir indicação do valor que se entende devido

✓ APELAÇÃO. EMBARGOS À EXECUÇÃO. CONTRATO DE FINANCIAMENTO. DISCREPÂNCIA DE VALORES COBRADOS ENTRE A PROPOSTA DE QUITAÇÃO ENVIADA PELO BANCO E A AÇÃO DE EXECUÇÃO. Embargos à execução cuja finalidade é a defesa do executado, nos limites do disposto no art. 917 do NCPC. Incabível a alegação de excesso de execução, em razão da discrepância no valor constante da proposta de quitação, comparado ao valor da execução, nos termos do §2º do citado artigo. Proposta de quitação enviada pelo banco credor, em valor muito abaixo do devido, que não gera obrigação. Mera liberalidade da instituição financeira. O título de crédito em questão é o contrato pactuado, com todas as suas cláusulas e encargos de inadimplência. Ausência de alegação pelo embargante de irregularidades no contrato. Alegação apenas no sentido de haver discrepância entre o valor da proposta de quitação e o valor cobrado na ação de execução. Ausência, ainda, de juntada de demonstrativo discriminado de cálculo ou declaração do valor que entende por correto, nos termos dos §§s 3º e 4º do art. 917 do NCPC. Prazo de mais de dois meses para pagamento da proposta de quitação, enviada pelo banco, antes da interposição da ação de execução. Ausência do pagamento que fez o banco usar de seu direito de ação. Inteligência do art. 917 e parágrafos 2º a 4º, do NCPC. Decisão mantida. Apelo improvido. APELAÇÃO. EMBARGOS À EXECUÇÃO. CONTRATO DE FINANCIAMENTO. HONORÁRIOS ADVOCATÍCIOS. AFASTAMENTO. I- Sentença que observou a alegada situação de hipossuficiência do apelante quando do arbitramento de pagamento de honorários advocatícios. Ressalva citando o disposto no §3º do artigo 98 do NCPC. II- Em que pese a r. Sentença tenha sido proferida e publicada quando já em vigor o NCPC, deixo de majorar os honorários advocatícios, nos termos do art. 85, §11, do NCPC, tendo em vista a não apresentação de contrarrazões pelo banco apelado. Sentença mantida. Apelo improvido. (TJSP; APL 1019373-96.2015.8.26.0576; Ac. 10787240; São José do Rio Preto; Trigésima Segunda Câmara Extraordinária de Direito Privado; Rel. Des. Salles Vieira; Julg. 14/09/2017; DJESP 19/09/2017; Pág. 2523)

✓ PROVA. CERCEAMENTO DE DEFESA. Inocorrência. Matéria suficientemente instruída. Cabe ao juiz da causa indeferir as provas que entender inúteis ou meramente protelatórias, nos termos do art. 370, parágrafo único, do CPC/15. Nulidade afastada. EMBARGOS À EXECUÇÃO. Cédula de crédito bancário. Pretensão dos embargantes de suspensão da execução. Descabimento. O deferimento do plano de recuperação da devedora principal não impede a cobrança da coobrigada que figurou no título como garante. Embora o art. 59 da Lei nº 11.101/05 mencione que o plano de recuperação judicial implica novação, ele igualmente ressalva a ação contra a coobrigada, quando se refere à expressão sem prejuízo das garantias. Inteligência do art. 49 da Lei nº 11.101/05. Precedentes do STJ. Prosseguimento da execução em relação à executada-embargante e também com relação ao outro garante. Pretensão de reconhecimento de excesso de execução. Descabimento. Alegações genéricas de excesso de execução e abusividade de encargos e taxas. Ausência de indicação do valor que a embargante entende ser correto, não sendo apresentado argumento apto a embasar o excesso alegado. Alegação de excesso de execução não conhecida, por força do disposto no art. 917, §§3º e 4º, do CPC/2015. Recurso desprovido, com observação. (TJSP; APL 1010747-80.2015.8.26.0320; Ac. 10779201; Limeira; Vigésima Câmara de Direito Privado; Rel. Des. Álvaro Torres Júnior; Julg. 04/09/2017; DJESP 19/09/2017; Pág. 2257)

§ 4º Não apontado o valor correto ou não apresentado o demonstrativo, os embargos à execução:

I – serão liminarmente rejeitados, sem resolução de mérito, se o excesso de execução for o seu único fundamento;

Rejeição dos embargos caso não se indique o valor devido, no caso de excesso

✓ APELAÇÃO CÍVEL. Embargos à execução. Rejeição liminar com fulcro no art. 917, §4º, I do CPC. Existência de preliminar que não foi analisada em 1ª Instância. Possibilidade de ser analisada pelo Tribunal. Alegação de ausência de análise acerca da aplicação do CDC e da inversão do ônus da prova. Questões ligadas ao mérito. Excesso de Execução. Ausência de indicação de valor e demonstrativo de cálculo pela embargante, ora apelante. Não cumpriu o disposto no art. 917, §4º, II do CPC. Hipótese de rejeição dos embargos. Manutenção. Preliminar analisada e rejeitada por este órgão julgado. Recurso conhecido e improvido. Caberia à apelante, considerando os aspectos do contrato que entende abusivos (capitalização, tabela PRICE, juros remuneratórios), confeccionar seus próprios cálculos, seguindo os parâmetros que entende corretos, e informar um valor certo quando a oposição dos embargos. (TJSE; AC 201700720022; Ac. 19534/2017; Primeira Câmara Cível; Relª Desª Maria Angélica Franca e Souza; Julg. 11/09/2017; DJSE 14/09/2017)

Decisão apontando que, na falta de memória de cálculo, a parte deve ser intimada a emendar, antes da extinção

✓ APELAÇÃO CÍVEL. Sentença que julgou os embargos à execução extintos, sem resolução do mérito. Princípio da dialeticidade. Art. 1010, do NCPC/2015. Teses recursais que atacam os fundamentos da sentença de mérito. Princípio da dialeticidade não violado. Possibilidade de conhecimento das razões recursais. Excesso de execução. Petição inicial desacompanhada de memória de cálculo. Inviabilidade de conhecimento da matéria. Inteligência do art. 917, § 5º, do CPC/15. Impossibilidade de emenda à inicial. Precedentes. Juntada de documentos essenciais. Art. 914, § 1º, do CPC/15. Necessidade de intimação para emenda à inicial. Excesso de rigor. Autos eletrônicos. Impossibilidade de conhecimento das questões que tratam do mérito dos embargos à execução. Elevação da verba honorária em virtude do trabalho adicional na esfera recursal. Art. 85, §11, do CPC/2015. Sentença mantida. Recurso de apelação parcialmente conhecido e, na parte conhecida, parcialmente provido. (TJPR; ApCiv 1690451-7; Londrina; Décima Quarta Câmara Cível; Rel. Des. Fernando Antônio Prazeres; Julg. 16/08/2017; DJPR 22/08/2017; Pág. 314)

II – serão processados, se houver outro fundamento, mas o juiz não examinará a alegação de excesso de execução.

Alegado excesso de execução sem a indicação de planilha, a tese deve ser afastada; porém, havendo outros fundamentos, devem ser apreciados e não deve haver a total extinção dos embargos

✓ CIVIL E PROCESSUAL CIVIL. APELAÇÃO CÍVEL. EMBARGOS À EXECUÇÃO DE TÍTULO EXTRAJUDICIAL. CÉDULA DE CRÉDITO BANCÁRIO. 1. Sentença de extinção do feito. Excesso de execução. Petição inicial de embargos à execução desacompanhada do demonstrativo de cálculo. Infringência do art. 917, §3º, do CPC/2015. Embargantes que declararam o valor que entendem correto, mas não apresentaram memória de cálculo discriminada para demonstrar como encontraram o valor. Precedentes do STJ e deste tribunal. Requisito da petição apelação cível nº 1.708.148-216ª Câmara Cível. TJPR 2 inicial dos embargos à execução não preenchido. Desnecessidade de prova pericial. Apuração do valor que pode ser feita por simples cálculo aritmético. 2. Excesso de execução que não foi o único fundamento. Alegação de necessidade de notificação extrajudicial para constituição em mora e posterior ajuizamento da execução. Inaplicabilidade do art. 917, § 4º, inciso I, do CPC. Incabível a extinção, sem resolução do mérito dos embargos. Aplicação do art. 917, § 4º, inciso II, do CPC, com o processamento dos embargos à execução em relação ao outro fundamento. 3. Apreciação do pedido referente à extinção da execução diante da necessidade de notificação extrajudicial. Fundamento no art. 1.013, § 3º, inciso I do CPC. Causa madura. Princípio da razoável duração do processo e da primazia apelação cível nº 1.708.148-216ª Câmara Cível. TJPR 3 do julgamento de mérito. Mora constituída pelo simples vencimento do prazo estipulado no contrato de abertura de crédito fixo. Desnecessidade de aviso prévio ou notificação dos devedores improcedência dos embargos. 4. Recurso parcialmente provido. (TJPR; ApCiv 1708148-2; Umuarama; Décima Sexta Câmara Cível; Rel. Des. Lauro Laertes de Oliveira; Julg. 16/08/2017; DJPR 06/09/2017; Pág. 538)

§ 5º Nos embargos de retenção por benfeitorias, o exequente poderá requerer a compensação de seu valor com o dos frutos ou dos danos considerados devidos pelo executado, cumprindo ao juiz, para a apuração dos respectivos valores, nomear perito, observando-se, então, o art. 464.

→ *v.* Arts. 96 e 97 do CC/2002.

§ 6º O exequente poderá a qualquer tempo ser imitido na posse da coisa, prestando caução ou depositando o valor devido pelas benfeitorias ou resultante da compensação.

§ 7º A arguição de impedimento e suspeição observará o disposto nos arts. 146 e 148.

Art. 918. O juiz rejeitará liminarmente os embargos:

→ *v.* Art. 1.012, § 1º, III, do NCPC.

→ *v.* Enunciado 586 do FPPC: O oferecimento de impugnação manifestamente protelatória é ato atentatório à dignidade da justiça que enseja a aplicação da multa prevista no parágrafo único do art. 774 do CPC.

I – quando intempestivos;

→ *v.* Enunciado 545 do FPPC: Aplicam-se à impugnação, no que couber, as hipóteses previstas nos incisos I e III do art. 918 e no seu parágrafo único.

A intempestividade é caso de rejeição liminar dos embargos

✓ APELAÇÃO. AÇÃO DE BUSCA E APREENSÃO. CONVERSÃO EM EXECUÇÃO. EMBARGOS À EXECUÇÃO. Conversão da busca e apreensão em ação executiva nos termos do art. 4º, caput, do Decreto-Lei nº 911/69. CITAÇÃO VÁLIDA. Comparecimento espontâneo do réu ou do executado que supre a falta ou nulidade da citação. Art. 239, §1º, do CPC. INTIMAÇÃO PARA PAGAMENTO. Art. 914 e art. 915 do CPC. Estando o apelante regularmente representado nos autos do processo, verifica-se ter sido igualmente regular sua intimação para pagamento ou apresentação de defesa após a conversão da busca e apreensão em pleito executivo. Art. 513, §2º, I, C.C. Art. 771, Parágrafo único, do CPC. INTEMPESTIVIDADE. Rejeição liminar com fulcro no dispositivo do art. 918 do CPC. Bem decretada. SUCUMBÊNCIA. Princípio da causalidade. Honorários advocatícios recursais. Art. 85, §§ 1º, 2º e 11 do CPC em vigor. Negado provimento. (TJSP; APL 1003129-89.2017.8.26.0037; Ac. 10731133; Araraquara; Vigésima Quinta Câmara de Direito Privado; Rel. Des. Hugo Crepaldi; Julg. 24/08/2017; DJESP 31/08/2017; Pág. 2759)

✓ PROCESSUAL CIVIL. EMBARGOS À EXECUÇÃO. INTEMPESTIVIDADE. OCORRÊNCIA. REJEIÇÃO DOS EMBARGOS À EXECUÇÃO. 1. A embargante foi devidamente citada em 14/06/2007, pelo que teve encerrado o prazo para opor embargos à execução em 16/07/2007, conforme artigo 730 do CPC/73, só apresentando os embargos à execução em 23/07/2007, de modo que são intempestivos os embargos e devem ser rejeitados. 2. Apelação provida para rejeitar os embargos à execução, conforme art. 918, I, do CPC, e fixar os honorários advocatícios em 10% sobre o valor apontado nos embargos como excesso de execução, com base no artigo 85, §§ 1º, 3º, I, e 6º, do CPC. (TRF 2ª R.; AC 0021266-30.2007.4.02.5101; Sétima Turma Especializada; Rel. Des. Fed. Luiz Paulo S. Araujo Filho; Julg. 23/08/2017; DEJF 06/09/2017)

Afastada no Tribunal a intempestividade reconhecida em 1º grau, os embargos devem ser devolvidos à origem

✓ APELAÇÃO CÍVEL. EMBARGOS À EXECUÇÃO. NÃO RECEBIMENTO DOS EMBARGOS À EXECUÇÃO. INTEMPESTIVIDADE. NÃO OCORRÊNCIA. REDISTRIBUIÇÃO DO FEITO. EMBARGOS TEMPESTIVOS. RECURSO DE APELAÇÃO CONHECIDO E PROVIDO. 1. Tendo sido redistribuído o feito, deve-se levar em conta a data em que foi protocolado os Embargos à Execução e não a data da redistribuição dos autos; 2. Deve ser reformada a sentença que deixou de receber os embargos, já que tempestivos, devendo os autos retornarem ao Juízo a quo, a fim de integralizar a relação processual, citando o embargando para ser ouvido, na forma do art. 920, do NCPC 4. Apelo Conhecido e provido. (TJSE; AC 201700704532; Ac. 4705/2017; Primeira Câmara Cível; Rel. Des. Ruy Pinheiro da Silva; Julg. 21/03/2017; DJSE 24/03/2017)

II – nos casos de indeferimento da petição inicial e de improcedência liminar do pedido;

→ *v.* Arts. 330 a 332 do NCPC.

Exemplo de matérias objeto de improcedência liminar dos embargos

✓ APELAÇÃO CÍVEL. EMBARGOS À EXECUÇÃO. Rejeitado Liminarmente, com base no art. 487, inciso I e 918, II do Código de Processo Civil. RECURSO DA EMBARGANTE. Busca a reforma do decisum, sustentando, em síntese: 1) a nulidade do título executivo extrajudicial e excesso de execução, porque houve a cobrança ilegal e abusiva de juros. 2) Pugna, ainda, para afastamento da capitalização imposta para que seja revisado o contrato a juros simples. 3) Afastamento da tarifa administrativa cobrada. Pedidos Rejeitados. 1) Limitação dos juros. Impossibilidade. Inteligência da Súmula nº 596 do STF e do julgamento do RESP nº 1.061.530/RS, submetido à sistemática dos recursos repetitivos. Inaplicabilidade da Lei de Usura (Decreto nº 22.626/33). A norma inserida no revogado § 3º, do artigo 192, da CF/88, não era autoaplicável; ADIN 004. Limitação dos juros às taxas médias de mercado. Ausência de comprovação do alegado. Ônus da autora. 2) Capitalização mensal dos juros. Possibilidade. A capitalização mensal é admitida se expressamente pactuada em contratos firmados após a edição da Medida Provisória nº 1.963-17/2000, de 31 de março de 2000 (reeditada sob nº 2.170-36/2001). 3) Impossibilidade de afastamento de tarifas administrativas, eis que regularmente contratadas. Sentença mantida. Aplicação dos honorários advocatícios fixados em 10% do valor da causa, nos termos do art. 85, §2º, do Novo Código de Processo Civil. APELO DESPROVIDO. (TJSP; APL 1001146-27.2016.8.26.0575; Ac. 10777508; São José do Rio Pardo; Décima Segunda Câmara de Direito Privado; Relª Desª Cristina Medina Mogioni; Julg. 11/09/2017; DJESP 15/09/2017; Pág. 1942)

III – manifestamente protelatórios.

→ *v.* Enunciado 50 da ENFAM: O oferecimento de impugnação manifestamente protelatória ao cumprimento de sentença será considerado conduta atentatória à dignidade da Justiça (art. 918, III, parágrafo único, do CPC/2015), ensejando a aplicação da multa prevista no art. 774, parágrafo único.

Exemplo de embargos considerados manifestamente protelatórios

✓ APELAÇÃO. EMBARGOS À EXECUÇÃO. FEITO EXECUTIVO EMBASADO EM ACÓRDÃO PROVENIENTE DO TRIBUNAL DE CONTAS ESTADUAL. SUPOSTA INCOMPETÊNCIA DA CORTE DE CONTAS PARA JULGAR CHEFE DO EXECUTIVO MUNICIPAL. MATÉRIA JÁ AVENTADA EM EXCEÇÃO DE PRÉ-EXECUTIVIDADE REJEITADA PELO JUÍZO NOS AUTOS DA EXECUÇÃO. IMPOSSIBILIDADE DE REITERAÇÃO DOS ARGUMENTOS EM SEDE DE EMBARGOS. PRECEDENTES DOS TRIBUNAIS DE JUSTIÇA. EMBARGOS PROTELATÓRIOS. REJEIÇÃO LIMINAR. APLICAÇÃO DO ART. 739, III, DO CPC/1973, CORRESPONDENTE AO ART. 918, III, DO CPC/2015. APELO DESPROVIDO. SENTENÇA MANTIDA. 1. O juiz rejeitará liminarmente os embargos manifestamente protelatórios. Inteligência do art. 918, III, do código de processo civil. 2. "são manifestamente protelatórios os embargos à execução em que se deduz pretensão que já foi analisada em anterior decisão que julgou improcedente pedido de exceção de pré-executividade" (TJMG; apcv 1.0105.14.026342-4/001; Rel. Des. Edilson olímpio Fernandes; julg. 14/06/2016; DJEMG 24/06/2016). (TJPB; APL 0001298-86.2009.815.0141; Quarta Câmara Especializada Cível; Rel. Des. Romero Marcelo da Fonseca Oliveira; DJPB 18/08/2017; Pág. 9)

Parágrafo único. Considera-se conduta atentatória à dignidade da justiça o oferecimento de embargos manifestamente protelatórios.

→ *v.* Art. 774 do NCPC.

O reconhecimento de embargos protelatórios acarreta a aplicação de multa

✓ EMBARGOS À EXECUÇÃO. Triplicatas mercantIs. Mercadorias. ENTREGA. COMPROVAÇÃO. Títulos. Protesto. Regularidade. DÍVIDA POSTERIOR AO REQUERIMENTO DA RECUPERAÇÃO JUDICIAL. SUSPENSÃO DA EXECUÇÃO. IMPOSSIBILIDADE. INTELIGÊNCIA DO ART. 49 DA Lei nº 11.101/05. EMBARGOS. INTUITO MANIFESTAMENTE PROTELATÓRIO. Art. 918, parágrafo único, do CPC. FIGURA DO **IMPROBUS LITIGATOR**. CARACTERIZAÇÃO. MULTA. IMPOSIÇÃO. Art. 774, II, E parágrafo único, do CPC. APELO DAS EMBARGANTES NÃO PROVIDO. (TJSP; APL 1005488-27.2016.8.26.0011; Ac. 10692365; São Paulo; Décima Primeira Câmara de Direito Privado; Rel. Des. Antonio Luiz Tavares de Almeida; Julg. 10/08/2017; DJESP 24/08/2017; Pág. 2238)

✓ PROCESSO CIVIL. EMBARGOS À EXECUÇÃO. MERAMENTE PROTELATÓRIOS. EMBARGOS À EFETIVAÇÃO DO JULGADO. ATO ATENTATÓRIO À DIGNIDADE DA JUSTIÇA. MULTA. 1) Considera-se conduta atentatória à dignidade da justiça o oferecimento de embargos manifestamente protelatórios, nos termos do art. 918, parágrafo único, do CPC; 2) Configurado que os embargos à execução foram opostos com o fito de criar embaraços à efetivação do julgado, sendo meramente protelatório, a incidência da multa prevista no art. 77, § 2º, do CPC, é medida que se impõe; 3) Apelo desprovido. (TJAP; APL 0000231-71.2016.8.03.0013; Câmara Única; Relª Juíza Conv. Stella Ramos; Julg. 01/08/2017; DJEAP 10/08/2017; Pág. 42)

Art. 919. Os embargos à execução não terão efeito suspensivo.

Embargos, em regra, não são dotados de efeito suspensivo

✓ AGRAVO DE INSTRUMENTO. EMBARGOS À EXECUÇÃO DE TÍTULO EXTRAJUDICIAL. NÃO CONCESSÃO DE EFEITO SUSPENSIVO AOS EMBARGOS. PERIGO DE DANO E PROBABILIDADE DO DIREITO. REQUISITOS LEGAIS NÃO PREENCHIDOS. INTELIGÊNCIA DO ART. 919, CAPUT E §1º DO CPC/2015. DECISÃO MANTIDA. RECURSO DESPROVIDO. 1. Ausente prova de que o prosseguimento da execução causará ao executado grave dano de difícil ou incerta reparação, bem como frágil a probabilidade do direito dos mesmos, é de ser mantida a decisão singular. 2. Não são considerados como risco de dano os atos inerentes à execução do título. (TJPR; Ag Instr 1664120-4; Maringá; Décima Sexta Câmara Cível; Rel. Des. Hélio Henrique Lopes Fernandes Lima; Julg. 16/08/2017; DJPR 15/09/2017; Pág. 358)

§ 1º O juiz poderá, a requerimento do embargante, atribuir efeito suspensivo aos embargos quando verificados os requisitos para a concessão da tutela provisória, e desde que a execução já esteja garantida por penhora, depósito ou caução suficientes.

→ *v.* Arts. 300, 311 e 921, II, do NCPC.

→ *v.* Enunciado 80 do FPPC: A tutela provisória a que se referem o § 1º do art. 919 e o art. 969 pode ser de urgência ou de evidência

→ *v.* Enunciado 546 do FPPC: O efeito suspensivo dos embargos à execução e da impugnação ao cumprimento de sentença pode ser requerido e deferido a qualquer momento do seu trâmite, observados os pressupostos legais.

→ *v.* Enunciado 547 do FPPC: O efeito suspensivo dos embargos à execução e da impugnação ao cumprimento de sentença pode ser parcial, limitando-se ao impedimento ou à suspensão de um único ou de apenas alguns atos executivos.

→ *v.* Enunciado 71 do CJF: É cabível o recurso de agravo de instrumento contra a decisão que indefere o pedido de atribuição de efeito suspensivo a Embargos à Execução, nos termos do art. 1.015, X, do CPC.

Sem penhora, não há efeito suspensivo aos embargos

✓ AGRAVO DE INSTRUMENTO. EMBARGOS À EXECUÇÃO. NÃO ATRIBUIÇÃO DE EFEITO SUSPENSIVO. NÃO OBSERVÂNCIA DOS REQUISITOS (ART. 919, § 1º, CPC). INEXISTÊNCIA DE PENHORA. RECURSO DESPROVIDO. Segundo expressa previsão do art. 919 do Código de Processo Civil, os embargos à execução não terão efeito suspensivo, permitindo, o seu § 1º, a requerimento do embargante, que o magistrado atribua ao embargos tal efeito, se observados os requisitos para a concessão da tutela provisória e que a execução esteja garantida por penhora, depósito ou caução suficiente. (TJMS; AI 1408577-79.2017.8.12.0000; Quinta Câmara Cível; Rel. Des. Vladimir Abreu da Silva; DJMS 21/09/2017; Pág. 105)

Decisão admitindo o agravo de instrumento caso não concedido o efeito suspensivo

✓ AGRAVO DE INSTRUMENTO INTERPOSTO CONTRA R. DECISÃO PELA QUAL NÃO FOI ATRIBUÍDO EFEITO SUSPENSIVO AOS EMBARGOS À EXECUÇÃO OPOSTOS PELOS INCONFORMADOS. ALEGAÇÃO DE INCORREÇÃO. PEDIDO DE REFORMA COM A CONCESSÃO DE EFEITO SUSPENSIVO AOS EMBARGOS. Efeito cabível somente quando relevantes seus fundamentos, se demonstrado que o prosseguimento da execução possa causar aos executados dano de difícil ou incerta reparação, e desde que a execução esteja suficientemente garantida. Inteligência do art. 919, §1º, do CPC de 2015. Hipóteses não demonstradas nos autos. Inexistência de garantia. Ausência, ademais, de relevância na fundamentação dos embargos. Requisitos que devem ser observados cumulativamente. Manutenção da r. Decisão agravada. Recurso não provido. (TJSP; AI 2139622-70.2017.8.26.0000; Ac. 10781070; Ourinhos; Décima Sexta Câmara de Direito Privado; Rel. Des. Simões de Vergueiro; Julg. 12/09/2017; DJESP 19/09/2017; Pág. 2145)

Decisão não admitindo o agravo de instrumento caso não concedido o efeito suspensivo (vide enunciado 71/CJF acima)

✓ AGRAVO DE INSTRUMENTO. EMBARGOS À EXECUÇÃO. RECEBIMENTO DOS EMBARGOS À EXECUÇÃO SEM ATRIBUIÇÃO DE EFEITO SUSPENSIVO. NÃO CABIMENTO DE AGRAVO DE INSTRUMENTO. ARTIGO 1.015, INCISO X, DO NOVO CÓDIGO DE PROCESSO CIVIL. ROL TAXATIVO. O rol previsto no artigo 1.015, do Novo Código de Processo Civil, é TAXATIVO ao prever as hipóteses de cabimento do recurso de agravo de instrumento, sendo certo que o inciso X, de referido artigo não prevê a possibilidade de interposição do recurso caso os embargos à execução sejam recebidos sem atribuição de efeito suspensivo. RECURSO NÃO CONHECIDO NESTE PONTO. AGRAVO DE INSTRUMENTO. EMBARGOS À EXECUÇÃO. ADITAMENTO DA INICIAL. CONCESSÃO DE NOVO PRAZO PARA A PARTE CONTRÁRIA SE MANIFESTAR. ARTIGO 920, INCISO I, DO NOVO CÓDIGO DE PROCESSO CIVIL. RECURSO IMPROVIDO NESTE PONTO. DECISÃO MANTIDA. RECURSO IMPROVIDO, NA PARTE CONHECIDA. (TJSP; AI 2139281-78.2016.8.26.0000; Ac. 9865964; São Paulo; Trigésima Oitava Câmara de Direito Privado; Rel. Des. Eduardo Siqueira; Julg. 03/10/2016; DJESP 17/10/2016)

O recurso especial para apreciar os requisitos para atribuição de efeito suspensivo aos embargos envolve a reanálise de matéria fática (Súmula 7/STJ)

✓ AGRAVO INTERNO NO RECURSO ESPECIAL. EMBARGOS À EXECUÇÃO. EFEITO SUSPENSIVO. ART. 919, § 1º, DO CPC/2015. AUSÊNCIA DOS REQUISITOS AUTORIZADORES. REVOLVIMENTO DO ACERVO FÁTICO-PROBATÓRIO. IMPOSSIBILIDADE. SÚMULA 7/STJ. AGRAVO NÃO PROVIDO. 1. O art. 919, § 1º, do CPC/2015 prevê que o magistrado poderá atribuir efeito suspensivo aos embargos à execução quando presentes, cumulativamente, os seguintes requisitos: (a) requerimento do embargante; (b) relevância da argumentação; (c) risco de dano grave de difícil ou incerta reparação; e (d) garantia do juízo. 2. No caso, diante das premissas fáticas constantes no acórdão, não está demonstrado o dano de difícil ou incerta reparação necessário à suspensão da execução, mormente considerando que eventual levantamento do valor depositado em juízo pelo recorrente somente deve ser deferido mediante a adoção das cautelas necessárias ao prosseguimento da execução provisória, inclusive prestação de caução, o que será analisado pelo magistrado, no caso concreto. 3. Agravo interno não provido. (AgInt no REsp 1651168/MT; Quarta Turma; Rel. Min. Raul Araújo; Julg. 28/03/2017; DJe 18/04/2017)

§ 2º Cessando as circunstâncias que a motivaram, a decisão relativa aos efeitos dos embargos poderá, a requerimento da parte, ser modificada ou revogada a qualquer tempo, em decisão fundamentada.

§ 3º Quando o efeito suspensivo atribuído aos embargos disser respeito apenas a parte do objeto da execução, esta prosseguirá quanto à parte restante.

Possibilidade de prosseguimento da execução em relação à parte em que não houve concessão de efeito suspensivo nos embargos

✓ AGRAVO DE INSTRUMENTO. INTEGRALIDADE DE PENSÃO. EXECUÇÃO DE SENTENÇA CONTRA A FAZENDA PÚBLICA. PRECATÓRIO. CRITÉRIO DE ATUALIZAÇÃO MONETÁRIA PENDENTE DE JULGAMENTO EM AGRAVO DE INSTRUMENTO ANTERIORMENTE INTERPOSTO. PROSSEGUIMENTO DA EXECUÇÃO QUANTO AO VALOR INCONTROVERSO. POSSIBILIDADE. Pendente de julgamento apenas a questão alusiva aos critérios de atualização monetária, não há óbice ao prosseguimento da execução como relação ao valor incontroverso, conforme reza o art. 919, §3º, do código de processo civil/15. Precedentes desta corte e do egrégio STJ. Recurso provido. (TJRS; AI 0418566-63.2016.8.21.7000; Porto Alegre; Vigésima Quinta Câmara Cível; Rel. Des. Eduardo Kraemer; Julg. 29/08/2017; DJERS 18/09/2017)

§ 4º A concessão de efeito suspensivo aos embargos oferecidos por um dos executados não suspenderá a execução contra os que não embargaram, quando o respectivo fundamento disser respeito exclusivamente ao embargante.

§ 5º A concessão de efeito suspensivo não impedirá a efetivação dos atos de substituição, de reforço ou de redução da penhora e de avaliação dos bens.

Art. 920. Recebidos os embargos:

→ v. Enunciado 94 do CJF – Aplica-se o procedimento do art. 920 do CPC à impugnação ao cumprimento de sentença, com possibilidade de rejeição liminar nas hipóteses dos arts. 525, § 5º, e 918 do CPC.

I – o exequente será ouvido no prazo de 15 (quinze) dias;

II – a seguir, o juiz julgará imediatamente o pedido ou designará audiência;

Decisões que reconhecem a possibilidade de julgamento antecipado nos embargos, sem instrução

✓ APELAÇÃO CÍVEL. EMBARGOS À EXECUÇÃO. SENTENÇA DE IMPROCEDÊNCIA. ERROR IN PROCEDENDO E ERROR IN JUDICANDO. INOCORRÊNCIA. CONEXÃO E CONTINÊNCIA. INAPLICABILIDADE DOS ARTS. 55 E 56 DO CPC/15. AÇÃO DE EXECUÇÃO EM TRÂMITE EM OUTRA VARA CÍVEL, EM QUE SÃO EXECUTADAS DUPLICATAS DISTINTAS, RELATIVAS A DIFERENTES NEGÓCIOS JURÍDICOS ENCETADOS ENTRE AS PARTES. Não há coincidência entre causas de pedir, nem mesmo um pedido abrange o outro. cerceamento de defesa e ofensa ao contraditório. inocorrência. desnecessária a produção de prova testemunhal e/ou pericial. documentos são suficientes para a análise dos pedidos trazidos com a inicial dos embargos. Art. 920 II, do CPC/15 que deixa aberta a possibilidade de se julgar os embargos no estado em que se encontram ou de se produzir prova. magistrado optou por julgar antecipadamente, pois desnecessária a dilação probatória. inocorrência de ofensa ao contraditório e à ampla defesa, ou aos arts. 9º, ou 10, do CPC/15, nem mesmo ao art. 5º, IV, da CF/88. entrega da mercadoria. existência de assinatura do destinatário em todas as notas fiscais. ausência de questionamento pelo embargante das assinaturas ou dos respectivos recebimentos. prova da entrega que não é prejudicada pela falta de aceite. não atendimento, pelo embargante, do contido no art. 917, § 3º, do CPC/15. ausência de juntada de cálculo atualizado e discriminado do valor que entende como devido. não conhecimento do argumento de excesso de execução (art. 914, § 4º, ii, do CPC/15). apelação desprovida. divisão de processo crime divisão de processo crime. (TJPR; ApCiv 1721419-4; Londrina; Décima Quarta Câmara Cível; Rel. Des. Fernando Antônio Prazeres; Julg. 13/09/2017; DJPR 21/09/2017; Pág. 247)

✓ PROCESSO. Desnecessária a produção de outras provas e admissível o julgamento antecipado da lide, nos termos do art. 740, do CPC/1973(correspondente ao art. 920, do CPC/2015). Rejeição da alegação de nulidade da r. Sentença, em razão do julgamento antecipado da lide. Diante das alegações das partes, as questões controvertidas estão suficientemente esclarecidas pela prova documental constante dos autos, não demandando a produção de prova pericial, nem testemunhal. No caso dos autos, as alegações do embargante de excesso de execução, fundado em abusividade de encargos, inclusive com pedido de revisão contratual do contrato exequendo, não podem ser conhecidas, por força do art. 917, §§ 3º e 4º, do CPC/2015 (correspondente ao art. 739-A, § 5º, do CPC/1973), visto que, nos embargos à execução oferecidos, o devedor apelante não indicou o valor que entende correto para a dívida exequenda, acompanhada da respectiva memória de cálculo e dos documentos necessários para comprovação do alegado. PROCESSO. Descabida a alegação de nulidade de deliberação sobre inversão do ônus da prova, visto que a prova documental produzida é suficiente para o julgamento da causa, independentemente da imputação do ônus probatório. CÉDULA DE CRÉDITO RURAL. Cédula Rural Pignoratícia. Título executivo extrajudicial. Cédula de crédito rural, na modalidade Cédula Rural Pignoratícia, é titulo executivo extrajudicial, a teor dos arts. 9º, 10 e 41, do DLF 167/67, e arts. 784, XII, e 783, do CPC/2015 (correspondentes, respectivamente, aos arts. 585, VIII, e 586, do CPC/1973). Título exequendo contém todos os requisitos dos arts. 14 e 77 do DLF 167/67 e encontra-se formalmente em ordem. Rejeição da alegação de nulidade da execução, por ausência de título executivo. CONSUMIDOR. A relação contratual entre as partes, produtor rural, pessoal física, e instituição financeira, está subordinada ao CDC. Aplica-se o Código de Defesa do Consumidor aos contratos de financiamento rural, inclusive cédula de crédito rural, ainda que para incremento de sua atividade negocial de produtor rural, pessoal física. EXCESSO DE EXECUÇÃO. No que concerne à aplicação do disposto no art. 525, §4º, e art. 917, §§ 3º e 4º, do CPC/2015(correspondente ao art. 475-L, § 2º, e art. 739-A, § 5º, do CPC/1973), a jurisprudência do Eg. STJ consolidou-se no sentido de que incumbe ao devedor impugnante ou embargante indicar o valor que entende correto para a dívida exequenda, acompanhada da respectiva memória de cálculo e dos documentos necessários para comprovação do alegado, quando em impugnação ao cumprimento de sentença ou embargos do devedor, alegar excesso de execução, fundado em abusividade de encargos, inclusive na hipótese de pedido de revisão contratual, seja do contrato exequendo ou de anterior, se sustentado encadeamento de operações, sob pena de rejeição liminar ou de não conhecimento desse fundamento, sendo descabida, nesse caso, determinação de emenda da inicial, sob pena de mitigar e, até mesmo, de elidir o propósito maior de celeridade e efetividade do processo executivo. No caso dos autos, por aplicação da premissa supra, a alegação da parte embargante apelante de excesso de execução, embasada em afirmação de cobrança abusiva de juros remuneratórios, tanto no que concerne à capitalização quanto às taxas exigidas, e de encargos do período da inadimplência, inclusive com pedido de revisão contratual do contrato exequendo e repetição do indébito, não pode ser conhecida, por força do art. 917, §§ 3º e 4º, do CPC/2015 (correspondente ao art. 739-A, § 5º, do CPC/1973), visto que, nos embargos à execução oferecidos, a parte apelante não indicou o valor que entendia correto para a dívida exequenda, acompanhada da respectiva memória de cálculo e dos documentos necessários para comprovação do alegado. Mantida a r. Sentença, com observação de que a alegação de excesso de execução deduzida nos embargos do devedor oferecidos pela parte embargante apelante não é conhecida, na forma do art. 917, §§ 3º e 4º, do CPC/2015 (correspondente ao art. 739-A, § 5º, do CPC/1973). Recurso desprovido, com observação. (TJSP; APL 0002343-50.2015.8.26.0484; Ac. 10774614; Promissão; Vigésima Câmara de Direito Privado; Rel. Des. Rebello Pinho; Julg. 04/09/2017; DJESP 19/09/2017; Pág. 2228)

III – encerrada a instrução, o juiz proferirá sentença.

→ v. Art. 17 da Lei 6.830/1980.

→ v. Art. 1.012, § 1º, III, do NCPC.

TÍTULO IV
Da Suspensão e da Extinção do Processo de Execução

Capítulo I
DA SUSPENSÃO DO PROCESSO DE EXECUÇÃO

Art. 921. Suspende-se a execução:

I – nas hipóteses dos arts. 313 e 315, no que couber;

A prejudicialidade externa acarreta a suspensão da execução

✓ AGRAVO DE INSTRUMENTO. SUSPENSÃO DA EXECUÇÃO. PREJUDICIALIDADE EXTERNA. - no caso em exame, determinou-se a suspensão do curso da execução, ante a verificação de prejudicialidade externa resultante de provimento jurisdicional pendente de definição. Hipótese prevista no inciso I do art. 921 do CPC/15. Recurso provido. (TJCE; AI 0627278-26.2016.8.06.0000; Primeira Câmara de Direito Privado; Relª Desª Vera Lúcia Correia Lima; Julg. 23/08/2017; DJCE 30/08/2017; Pág. 52)

II – no todo ou em parte, quando recebidos com efeito suspensivo os embargos à execução;

→ v. Art. 919, § 1º, do NCPC.

III – quando o executado não possuir bens penhoráveis;

→ v. Art. 40 da Lei 6.830/1980.

Julgado do STJ apontando que a prescrição intercorrente só tem início após a intimação do exequente com base na previsão do CPC/2015

✓ RECURSO ESPECIAL. CIVIL. PROCESSUAL CIVIL. EXECUÇÃO. AUSÊNCIA DE BENS PASSÍVEIS DE PENHORA. SUSPENSÃO DO PROCESSO. INÉRCIA DO EXEQUENTE. PRESCRIÇÃO INTERCORRENTE. INOCORRÊNCIA. ATO PROCESSUAL ANTERIOR AO NOVO CÓDIGO DE PROCESSO CIVIL. MANUTENÇÃO DA SEGURANÇA JURÍDICA. NECESSIDADE DE PRÉVIA INTIMAÇÃO DO EXEQUENTE PARA DAR

ANDAMENTO AO FEITO PARA INÍCIO DA CONTAGEM DO PRAZO PRESCRICIONAL. 1. A prescrição intercorrente ocorre no curso do processo e em razão da conduta do autor que, ao não prosseguir com o andamento regular ao feito, se queda inerte, deixando de atuar para que a demanda caminhe em direção ao fim colimado. 2. No tocante ao início da contagem desse prazo na execução, vigente o Código de Processo Civil de 1973, ambas as Turmas da Seção de Direito Privado sedimentaram a jurisprudência de que só seria possível o reconhecimento da prescrição intercorrente se, antes, o exequente fosse devidamente intimado para conferir andamento ao feito. 3. O Novo Código de Processo Civil previu regramento específico com relação à prescrição intercorrente, estabelecendo que haverá a suspensão da execução "quando o executado não possuir bens penhoráveis" (art. 921, III), sendo que, passado um ano desta, haverá o início (automático) do prazo prescricional, independentemente de intimação, podendo o magistrado decretar de ofício a prescrição, desde que, antes, ouça as partes envolvidas. A sua ocorrência incorrerá na extinção da execução (art. 924, V). 4. O novel estatuto trouxe, ainda, no "livro complementar" (arts. 1.045-1.072), disposições finais e transitórias a reger questões de direito intertemporal, com o fito de preservar, em determinadas situações, a disciplina normativa já existente, prevendo, com relação à prescrição intercorrente, regra transitória própria: "considerar-se-á como termo inicial do prazo da prescrição prevista no art. 924, inciso V [prescrição intercorrente], inclusive para as execuções em curso, a data de vigência deste Código" (art. 1.056). 5. A modificação de entendimento com relação à prescrição intercorrente acabaria por, além de surpreender a parte, trazer-lhe evidente prejuízo, por transgredir a regra transitória do NCPC e as situações já consolidadas, fragilizando a segurança jurídica, tendo em vista que o exequente, com respaldo na jurisprudência pacífica do STJ, estaria ciente da necessidade de sua intimação pessoal, para fins de início do prazo prescricional. 6. Assim, seja em razão da segurança jurídica, seja pelo fato de o novo estatuto processual estabelecer dispositivo específico regendo a matéria, é que, em interpretação lógico-sistemática, tem-se que o atual regramento sobre prescrição intercorrente deve incidir apenas para as execuções ajuizadas após a entrada em vigor do CPC/2015 e, nos feitos em curso, a partir da suspensão da execução, com base no art. 921. 7. Na hipótese, como o deferimento da suspensão da execução ocorreu sob a égide do CPC/1973 (ago/1998), há incidência do entendimento jurisprudencial consolidado no sentido de que não tem curso o prazo de prescrição intercorrente enquanto a execução estiver suspensa com base na ausência de bens penhoráveis (art. 791, III), exigindo-se, para o seu início, a intimação do exequente para dar andamento ao feito. 8. Recurso especial provido. (REsp 1620919; PR; Quarta Turma; Rel. Min. Luis Felipe Salomão; Julg. 10/11/2016; DJe 14/12/2016)

<u>A falta de bens acarreta a suspensão da execução e não a determinação de que o exequente proteste o título</u>

✓ COM O ADVENTO DO CPC/2015, A POSSIBILIDADE DA DECISÃO JUDICIAL SER LEVADA A PROTESTO GANHOU PREVISÃO LEGAL. ART. 517 DO NOVEL DIPLOMA PROCESSUAL;2- ESTA NORMA, CONTUDO, TRAZ AO CREDOR UMA FACULDADE, E NÃO UMA IMPOSIÇÃO. DESTA FORMA, NÃO PODE O JUÍZO, DE OFÍCIO, DETERMINAR A EXTINÇÃO DA EXECUÇÃO COM A EXTRAÇÃO DE CERTIDÃO DE CRÉDITO. Tal procedimento será possível apenas quando houver a requisição pelo exequente, o que não foi o caso dos autos. Precedente deste Tribunal de Justiça;3- Diante da ausência de bens penhoráveis, deverá o feito ser suspenso pelo prazo de um ano, na forma do art. 921, inciso III e § 1º do CPC;4- Sentença reformada. Provimento do recurso. (TJRJ; APL 0010138-72.2006.8.19.0014; Campos dos Goytacazes; Décima Sexta Câmara Cível; Rel. Des. Marco Aurelio Bezerra de Melo; DORJ 15/09/2017; Pág. 382)

<u>A falta de bens penhoráveis acarreta a suspensão e não a extinção da execução</u>

✓ APELAÇÃO CÍVEL. AÇÃO DE COBRANÇA. EXTINÇÃO. NÃO LOCALIZAÇÃO DE BENS PASSÍVEIS DE PENHORA. PROVIMENTO N. 84/2014-CGJ/MT. VIOLAÇÃO AO ART. 921, III, DO CPC/2015. NORMA HIERARQUICAMENTE INFERIOR. AUSÊNCIA DE INTERESSE NÃO VERIFICADA. AUTOR DILIGENTE. RECURSO PROVIDO. Provimento da CGJ/MT é norma hierarquicamente inferior à Lei federal, logo, não tem força para alterá-la. Dispõe o art. 921, III, do CPC/2015, que a Execução será suspensa quando o executado não possuir bens penhoráveis. (TJMT; APL 98305/2017; Juscimeira; Rel. Des. Guiomar Teodoro Borges; Julg. 20/09/2017; DJMT 22/09/2017; Pág. 98)

IV – se a alienação dos bens penhorados não se realizar por falta de licitantes e o exequente, em 15 (quinze) dias, não requerer a adjudicação nem indicar outros bens penhoráveis;

→ *v.* Súmula 224 do TFR.

→ *v.* Art. 878 do NCPC.

<u>A ausência de interessantes na arrematação do bem não leva à extinção, mas à suspensão da execução</u>

✓ CIVIL. PROCESSO CIVIL. AGRAVO DE INSTRUMENTO. CUMPRIMENTO DE SENTENÇA. DÍVIDA DE CONDOMÍNIO. NATUREZA "PROPTER REM". IMÓVEL PENHORADO. HASTAS PÚBLICAS INFRUTÍFERAS. PEDIDO DE REAVALIAÇÃO. NECESSIDADE DE ADEQUAÇÃO ÀS HIPÓTESES DO ART. 873, DO NCPC/15. AUSÊNCIA/NÃODEMONSTRAÇÃO DE QUAISQUER DAS HIPÓTESES DOS INCISOS I, II OU III, DO CITADO ARTIGO. REAVALIAÇÃO OBSTADA. SUSPENSÃO DO PROCESSO EM OBEDIÊNCIA AO ART. 921 III E IV E §1º, DO NCPC/15. POSSIBILIDADE LEGAL DE ALIENAÇÃO POR INICIATIVA PARTICULAR OU ADJUDICAÇÃO DIANTE DAS TENTATIVAS FRUSTRADAS EM HASTAS PÚBLICAS. ÚNICO BEM

ENCONTRADO PARA SATISFAÇÃO DA DÍVIDA, ADMITINDO-SE INCLUSIVE ALIENAÇÃO DO BEM PENHORADO POR INICIATIVA PRÓPRIA. REGRA DOS ARTIGOS 873, 876 E 878, 879, I E 880, E AINDA O ART. 921 III E IV E §1º, TODOS DO NCPC/15. DECISÃO MANTIDA. RECURSO CONHECIDO E IMPROVIDO. 1. O art. 873, II, do NCPC/15 autoriza nova avaliação de bem penhorado quando se verificar, posteriormente à avaliação, que houve majoração ou diminuição no valor do bem. Não se adequando o caso a quaisquer das hipóteses do art. 873, do NCPC/15, para nova avaliação, a irresignação não merece prosperar nos estritos limites da Lei. Não houve decurso de prazo excessivo entre a data do laudo de avaliação do bem penhorado e das hastas públicas designadas; não demonstrada diferença exorbitante de valores entre os laudos, que mantiveram o valor anterior, sem justificativa legal para se impor a reavaliação do bem. 2. Considerando o caso em exame, não houve demonstração de quaisquer das condições previstas no art. 873, do NCPC/15, para viabilizar nova avaliação, MUITO MAIS QUANDO o bem foi avaliado em 2015 pelo valor de R$1.200.000,00 (um milhão e duzentos mil reais), JÁ FORA NOVAMENTE AVALIADO em agosto de 2016, PELO MESMO VALOR, sem que a parte exequente tenha questionado tal manutenção de valor, avaliação que foi homologada à fl. 469. 3. A solução jurídica dada no juízo de origem inclusive é a prevista no art. 921 IV, do NCPC/15, que assim esclarece: IV. Se a alienação dos bens penhorados não se realizar por falta de licitantes e o exequente, em 15 dias, não requerer a adjudicação nem indicar outros bens penhoráveis. Poderá o agravante, se assim entender adequado, com a permissão da Lei buscar a alienação extrajudicial do bem ou sua adjudicação (art. 876 e 878, 879, I e 880, todos do NCPC/15). 4. A falta de bem penhorável não importa na extinção do processo de execução ou na baixa no Distribuidor, mas apenas enseja seu arquivamento provisório até que sejam localizados outros bens do devedor, nos termos do art. 791, III, CPC/73, atual 921 III, do NCPC/15, admitindo-se, então, como melhor solução, a aplicação do §1º do art. 921, com a suspensão da execução pelo prazo de 1 (um) ano, suspendendo-se também a prescrição. Recurso conhecido e improvido. Decisão mantida. (TJDF; Proc 0703.62.4.542017-8070000; Ac. 103.9635; Sexta Turma Cível; Rel. Des. Alfeu Machado; Julg. 17/08/2017; DJDFTE 29/08/2017)

V – quando concedido o parcelamento de que trata o art. 916.

Deferido o parcelamento do art. 916, suspendem-se os atos executivos

✓ AGRAVO DE INSTRUMENTO. ADMINISTRATIVO. EXECUÇÃO DE TÍTULO EXTRAJUDICIAL. PARCELAMENTO DA DÍVIDA. SUSPENSÃO DOS ATOS DE EXECUÇÃO. O artigo 916 do CPC remete ao entendimento de que somente após o deferimento do pedido de parcelamento, que necessita da oitiva da exequente, é que serão suspensos os atos de execução. De outro lado, segundo o artigo 921 do CPC, o parcelamento é causa de suspensão da execução, porém a exigência de garantia tem respaldo no artigo 50 e parágrafos da Lei nº 10.931/2004. (TRF 4ª R.; AG 5049704-83.2016.404.0000; Quarta Turma; Relª Desª Fed. Vivian Josete Pantaleão Caminha; Julg. 08/03/2017; DEJF 14/03/2017)

Deferido o parcelamento de executivos fiscais, também se suspendem os atos executivos

✓ AGRAVO DE INSTRUMENTO. ADMINISTRATIVO. EXECUÇÃO FISCAL. ADESÃO AO PARCELAMENTO. NECESSIDADE DE DEFERIMENTO DO PEDIDO. SUSPENSÃO DA EXECUÇÃO PELO PERÍODO QUE PERDURAR A CONVENÇÃO. A adesão ao parcelamento não implica novação ou transação do débito, tendo o efeito de suspender sua exigibilidade pelo período em que perdurar a avença. Destarte, todas as garantias já prestadas mantêm-se hígidas, não havendo motivo para liberá-las antes da extinção da dívida. Acresça-se que, nos termos do art. 921, inciso V, do CPC/2015, o parcelamento é causa de suspensão da execução, porém a exigência de garantia tem respaldo no artigo 50 e parágrafos da Lei n.º 10.931/2004. Com efeito, deve permanecer suspensa a execução fiscal, enquanto viger o parcelamento do débito, até o seu cumprimento integral – o que ensejará a extinção do feito – ou eventual rescisão – hipótese em que o feito prosseguirá, com vistas à satisfação do crédito, inclusive com a utilização da garantia do juízo. Além disso, antes do deferimento do pedido de parcelamento pela autoridade competente, não há se falar em suspensão da exigibilidade do crédito exequendo, especialmente se a demora na comprovação do implemento dos respectivos requisitos legais é atribuída ao próprio devedor/executado. (TRF 4ª R.; AG 5023768-22.2017.404.0000; Quarta Turma; Relª Desª Fed. Vivian Josete Pantaleão Caminha; Julg. 23/08/2017; DEJF 30/08/2017)

§ 1º Na hipótese do inciso III, o juiz suspenderá a execução pelo prazo de 1 (um) ano, durante o qual se suspenderá a prescrição.

→ *v.* Enunciado 452 do FPPC: Durante a suspensão do processo prevista no art. 982 não corre o prazo de prescrição intercorrente.

A ausência de bens não acarreta de imediato a extinção, mas inicialmente apenas a suspensão da execução

✓ APELAÇÃO CÍVEL. EXECUÇÃO DE TÍTULO EXTRAJUDICIAL. SENTENÇA QUE EXTINGUIU O FEITO SEM RESOLUÇÃO DE MÉRITO, EM RAZÃO DA AUSÊNCIA DE BENS PASSÍVEIS DE CONSTRIÇÃO. Anulação da Sentença. Error in procedendo. Ausência de bens passíveis de constrição não acarreta a extinção do feito, mas sim a suspensão (art. 921, § 1º, do CPC).

Jurisprudência e Precedentes citados: AGRG no AREsp 481724 / DF, Rel. Ministro RAUL Araújo, julgado em 23/06/2015; DJe 03/08/2015; 0004043-65.2002.8.19.0208. APELAÇÃO Des(a). DENISE NICOLL SIMÕES. Julgamento: 22/08/2017. QUINTA Câmara Cível; 0275028-65.2012.8.19.0001. APELAÇÃO Des(a). MYRIAM MEDEIROS DA Fonseca COSTA. Julgamento: 02/08/2017. QUARTA Câmara Cível; 0036497-98.2011.8.19.0203. APELAÇÃO Des(a). MÁRCIA CUNHA Silva Araújo DE Carvalho. Julgamento: 07/03/2017. VIGÉSIMA PRIMEIRA Câmara Cível. PROVIMENTO DO RECURSO. (TJRJ; APL 0054561-86.2012.8.19.0021; Duque de Caxias; Vigésima Primeira Câmara Cível; Relª Desª Regina Lucia Passos; DORJ 21/09/2017; Pág. 388)

§ 2º Decorrido o prazo máximo de 1 (um) ano sem que seja localizado o executado ou que sejam encontrados bens penhoráveis, o juiz ordenará o arquivamento dos autos.

Momento do arquivamento é apenas após o prazo de 1 ano sem localização do executado ou de bens

✓ AGRAVO DE INSTRUMENTO. EXECUÇÃO FISCAL. DEVEDOR NÃO LOCALIZADO. AUSÊNCIA DE CITAÇÃO. 2º, DO ARTIGO 921, DO CÓDIGO DE PROCESSO CIVIL DE 2015. Arquivamento dos autos decorrido prazo máximo de 1 (um) ano sem a localização do executado ou não encontrados bens penhoráveis, o juiz ordenará o arquivamento dos autos, consoante disposto no §2º, do artigo 921, do código de processo civil de 2015. (TJMG; AI 1.0231.14.045623-8/001; Rel. Des. Darcio Lopardi Mendes; Julg. 14/09/2017; DJEMG 19/09/2017)

§ 3º Os autos serão desarquivados para prosseguimento da execução se a qualquer tempo forem encontrados bens penhoráveis.

→ *v.* Enunciado 548 do FPPC: O simples desarquivamento dos autos é insuficiente para interromper a prescrição.

§ 4º Decorrido o prazo de que trata o § 1º sem manifestação do exequente, começa a correr o prazo de prescrição intercorrente.

→ *v.* Súmula 150 do STF.

→ *v.* Súmula 314 do STJ.

→ *v.* Enunciado 195 do FPPC: O prazo de prescrição intercorrente previsto no art. 921, § 4º, tem início automaticamente um ano após a intimação da decisão de suspensão de que trata o seu § 1°.

→ *v.* Enunciado 196 do FPPC: O prazo da prescrição intercorrente é o mesmo da ação.

O prazo de suspensão por falta de bens é de 1 ano, sendo que apenas findo esse prazo será possível a extinção por prescrição intercorrente

✓ EXECUÇÃO DE TÍTULO EXTRAJUDICIAL. PRETENSÃO DE REFORMA DA DECISÃO QUE DEFERIU O PEDIDO DE SUSPENSÃO DA EXECUÇÃO POR 60 DIAS, SOB PENA DE EXTINÇÃO. REFORMA. Nas execuções em que não são localizados bens penhoráveis, é possível a suspensão da execução por um ano, sem que corra a prescrição, e depois disso inicia a contagem da prescrição intercorrente, que será interrompida se houver a impulsão da execução. Aplicação do art. 921, inc. III e §§ 1º, 2º e 4º do CPC/2015. Recurso parcialmente provido. (TJSP; AI 2118571-03.2017.8.26.0000; Ac. 10798564; São Paulo; Décima Primeira Câmara de Direito Privado; Rel. Des. Walter Fonseca; Julg. 14/09/2017; DJESP 21/09/2017; Pág. 1841)

Apenas após a vigência do CPC/2015 é que se inicia o prazo da prescrição intercorrente

✓ AGRAVO DE INSTRUMENTO. EXECUÇÃO. DECISÃO QUE SE ENQUADRA NA MATÉRIA ELENCADA NO ART. 1.015, PARÁGRAFO ÚNICO, DO CPC/2015. Reiteração das alegações propostas em exceção de pré-executividade. Demonstração do interesse na reforma da decisão. Admissibilidade do recurso. Legitimidade da exequente, diante da assinatura do endossante no verso do título. Inteligência do art. 19, §1º, da Lei nº 7.357/85. Prescrição intercorrente. Suspensão do processo com fundamento no art. 791, III, do CPC/1973. Interrupção do cômputo do prazo prescricional. Não configurada a inércia da exequente sem sua intimação pessoal para dar andamento ao processo. Ainda que se aplique o contido no art. 921, §4º, do CPC/2015, o cômputo do prazo para prescrição intercorrente tem início a partir da vigência do novo diploma. Inteligência do art. 1.056 do CPC/2015. Desconsideração da personalidade jurídica. Ausência de irresignação no momento oportuno. Preclusão. Decisão mantida. Recurso desprovido. (TJSP; AI 2124120-91.2017.8.26.0000; Ac. 10782665; Monte Alto; Trigésima Sétima Câmara de Direito Privado; Rel. Des. Pedro Kodama; Julg. 12/09/2017; DJESP 19/09/2017; Pág. 2439)

Julgado do STJ admitindo a prescrição intercorrente mesmo antes do CPC/2015, sem a necessidade de ouvir a parte exequente

✓ RECURSO ESPECIAL. CIVIL. PROCESSUAL CIVIL. EXECUÇÃO. CÉDULA DE CRÉDITO RURAL. AUSÊNCIA DE BENS PASSÍVEIS DE PENHORA. SUSPENSÃO DO PROCESSO. INÉRCIA DO EXEQUENTE POR SETE DE ANOS. PRESCRIÇÃO INTERCORRENTE. OCORRÊNCIA. SÚMULA 150/STF. 1. Controvérsia acerca da prescrição intercorrente no curso de execução de título extrajudicial. 2. "Prescreve a execução no mesmo prazo da prescrição da ação" (Súmula 150/STF). 3. "Suspende-se a execução: [...] quando o devedor não possuir bens penhoráveis" (art. 791, inciso III, do CPC/73). 4. Ocorrência de prescrição intercorrente, se o exequente permanecer inerte por prazo superior ao de prescrição do direito material vindicado. 5. Hipótese em que a execução permaneceu suspensa por sete anos sem que o exequente tenha adotado qualquer providência para a localização de bens penhoráveis. 6. Distinção entre abandono da causa, fenômeno processual, e prescrição, instituto de direito material. 7. Possibilidade, em tese, de se declarar de ofício a prescrição intercorrente no caso concreto, pois a pretensão de direito material prescreve em três anos. 8. Desnecessidade de prévia intimação do exequente para dar andamento ao feito. 9. Necessidade apenas de intimação do exequente, concedendo-lhe oportunidade de demonstrar causas interruptivas ou suspensivas da prescrição. 10. "O contraditório é princípio que deve ser respeitado em todas as manifestações do Poder Judiciário, que deve zelar pela sua observância, inclusive nas hipóteses de declaração de ofício da prescrição intercorrente, devendo o credor ser previamente intimado para opor algum fato impeditivo à incidência da prescrição" (REsp 1.589.753/PR, Rel. Ministro MARCO AURÉLIO BELLIZZE, TERCEIRA TURMA; DJe 31/05/2016). 11. Entendimento em sintonia com o disposto no novo Código de Processo Civil (art. 921, §§ 4º e 5º, CPC/2015). 12. RECURSO ESPECIAL PARCIALMENTE PROVIDO. (REsp 1593786; SC; Terceira Turma; Rel. Min. Paulo de Tarso Sanseverino; Julg. 22/09/2016; DJe 30/09/2016)

Diante da divergência exposta nos dois julgados anteriores, o STJ instaurou um IAC para definir a questão

✓ PROPOSTA DE ASSUNÇÃO DE COMPETÊNCIA. RECURSO ESPECIAL. INCIDENTE INSTAURADO DE OFÍCIO. DIREITO PROCESSUAL CIVIL. PRESCRIÇÃO INTERCORRENTE. INTIMAÇÃO PRÉVIA DO CREDOR. ANDAMENTO DO PROCESSO. RELEVANTE QUESTÃO DE DIREITO. DIVERGÊNCIA ENTRE AS TURMAS DA SEGUNDA SEÇÃO. 1. Delimitação da controvérsia: 1. 1. Cabimento, ou não, da prescrição intercorrente nos processos anteriores ao atual CPC; 1.2. Imprescindibilidade de intimação e de oportunidade prévia para o credor dar andamento ao processo. 2. Recurso especial afetado ao rito do art. 947 do CPC/2015. (STJ; IAC-REsp 1.604.412; Proc. 2016/0125154-1; SC; Segunda Seção; Rel. Min. Marco Aurélio Bellizze; DJE 13/02/2017)

§ 5º O juiz, depois de ouvidas as partes, no prazo de 15 (quinze) dias, poderá, de ofício, reconhecer a prescrição de que trata o § 4º e extinguir o processo.

Julgado admitindo a prescrição intercorrente mesmo antes do CPC/2015, após a oitiva da parte exequente

✓ MONITÓRIA EM FASE DE CUMPRIMENTO DE SENTENÇA. Dívida líquida aposta em decisão judicial. Prazo prescricional de cinco anos previsto no artigo 206, § 5º, I do CC. Execução suspensa, nos termos do artigo 791, III do CPC/73 em 10 de outubro de 2008. Prescrição intercorrente reconhecida. Partes intimadas nos termos do artigo 487, parágrafo único, e artigo 921, §5º, ambos do NCPC. Sentença mantida. Apelação improvida. (TJSP; APL 0001856-09.2007.8.26.0566; Ac. 10775059; São Carlos; Vigésima Primeira Câmara de Direito Privado; Rel. Des. Silveira Paulilo; Julg. 06/09/2017; DJESP 15/09/2017; Pág. 2057)

Julgado afastando a prescrição intercorrente ocorrida antes do CPC/2015

✓ DESPESAS CONDOMINIAIS. CUMPRIMENTO DE SENTENÇA. Extinção do processo com fundamento no art. 487, II, do CPC. Prescrição intercorrente não verificada. Inobservância do disposto nos parágrafos do art. 921 do CPC. Inocorrência de ilegitimidade passiva superveniente. Sentença anulada. Recurso provido. (TJSP; APL 0228286-83.2009.8.26.0100; Ac. 10778485; São Paulo; Trigésima Sexta Câmara de Direito Privado; Rel. Des. Milton Carvalho; Julg. 11/09/2017; DJESP 15/09/2017; Pág. 2259)

Art. 922. Convindo as partes, o juiz declarará suspensa a execução durante o prazo concedido pelo exequente para que o executado cumpra voluntariamente a obrigação.

→ v. Art. 313, II, do NCPC.

Parágrafo único. Findo o prazo sem cumprimento da obrigação, o processo retomará o seu curso.

Homologado acordo, decisão permitindo a suspensão até o pagamento final (no caso de execução)

✓ APELAÇÃO CÍVEL. CONSUMIDOR. AÇÃO EXECUTIVA. CONTRATO DE PRESTAÇÃO DE SERVIÇOS EDUCACIONAIS. ACORDO HOMOLOGADO. PARCELAMENTO DO DÉBITO. ARQUIVAMENTO DOS AUTOS. NÃO CABIMENTO. SUSPENSÃO PELO PRAZO DE CUMPRIMENTO DA OBRIGAÇÃO (ART. 922 DO CPC/2015). RECURSO CONHECIDO E PROVIDO. 1. O acordo entabulado pelas partes prevendo pagamento parcelado do débito não gera quitação da dívida, permitindo a suspensão do processo, nos termos do art. 922 do CPC/2015. Ultrapassado o prazo de suspensão, o credor deve ser intimado para se manifestar sobre o adimplemento. Não cumprido o acordado o processo retomará seu curso, em observância ao princípio da economia processual, evitando que a parte tenha de ajuizar nova ação. 2. É possível que seja determinado o mero arquivamento administrativo dos autos, sem baixa, permitindo-se a retomada no caso de descumprimento da obrigação pela parte devedora, na forma do artigo 922, parágrafo único do CPC, não havendo que se falar em extinção do feito. 3. RECURSO CONHECIDO E PROVIDO. (TJDF; APC 2016.05.1.007852-6; Ac. 104.6318; Quinta Turma Cível; Rel. Des. Robson Barbosa de Azevedo; Julg. 06/09/2017; DJDFTE 21/09/2017)

Homologado acordo, decisão permitindo a suspensão até o pagamento final (no caso de execução de alimentos)

✓ DIREITO PROCESSUAL CIVIL. EXECUÇÃO DE ALIMENTOS. ACORDO ENTRE AS PARTES. PARCELAMENTO DO DÉBITO. SUSPENSÃO DO PROCESSO. 1. As partes entabularam acordo com o fim de parcelar o débito objeto da ação de execução de alimentos. 2. Diante de tal panorama e nos termos do artigo 922 do Código de Processo Civil, é cabível a suspensão do feito pelo prazo necessário ao cumprimento do acordo ou até manifestação das partes em sentido contrário. 3. Recurso de apelação provido para que o processo permaneça suspenso até o cumprimento integral da obrigação alimentar. (TJDF; APC 2015.10.1.004891-8; Ac. 104.6823; Terceira Turma Cível; Rel. Des. Flavio Rostirola; Julg. 06/09/2017; DJDFTE 20/09/2017)

Homologado acordo, decisões extinguindo e não suspendendo o processo (no caso de processo de conhecimento)

✓ APELAÇÃO CÍVEL. AÇÃO MONITÓRIA. HOMOLOGAÇÃO DE ACORDO. PROCESSO EXTINTO COM RESOLUÇÃO DO MÉRITO. ALEGAÇÃO DE NECESSIDADE DE SUSPENSÃO DO PROCESSO. INAPLICABILIDADE DOS ARTS. 921 E 922 DO NCPC. POSSIBILIDADE DA PARTE REQUERER O CUMPRIMENTO DE SENTENÇA EM CASO DE DESCUMPRIMENTO DO ACORDO HOMOLOGADO. RECURSO NÃO PROVIDO. I. Os artigos 921 e 922 do NCPC dizem respeito às hipóteses de suspensão da execução e não da ação de conhecimento. De acordo com a corrente majoritária, a ação monitória é um procedimento especial do processo de conhecimento, não se aplicando, portanto, a suspensão do processo com base nos artigos 921 e 922 do NCPC, haja vista que a fase de execução sequer se iniciou. II. Em caso de descumprimento da sentença homologatória, que implicará em vencimento das parcelas vincendas, o autor poderá requerer o cumprimento de sentença, nos termos do art. 513 e seguintes no NCPC, posto que estará munido de título executivo judicial. (TJMS; APL 0801159-95.2016.8.12.0026; Primeira Câmara Cível; Relª Desª Tânia Garcia de Freitas Borges; DJMS 31/08/2017; Pág. 141)

✓ APELAÇÃO CÍVEL. PARTES QUE CELEBRARAM ACORDO PARA PAGAMENTO DO DÉBITO, TENDO OS EXEQUENTES REQUERIDO A SUSPENSÃO DO FEITO, NA FORMA DO ARTIGO 922 DO CÓDIGO DE PROCESSO CIVIL DE 2015.SENTENÇA QUE HOMOLOGA O ACORDO E EXTINGUE O PROCESSO, NA FORMA DO ARTIGO 269, III DO CPC/73.TRANSAÇÃO QUE, EM PROCESSO COGNITIVO, É CAUSA DE EXTINÇÃO DO FEITO E NÃO DE SUSPENSÃO. Norma contida no artigo 269, inciso III, do CPC73, que é imperativa e de aplicação obrigatória. RECURSO A QUE SE NEGA PROVIMENTO. (TJRJ; APL 0032155-21.2014.8.19.0209; Rio de Janeiro; Vigésima Quarta Câmara Cível Consumidor; Relª Desig. Desª Ana Célia Montemor Soares Rios Gonçalves; DORJ 21/09/2017; Pág. 428)

Art. 923. Suspensa a execução, não serão praticados atos processuais, podendo o juiz, entretanto, salvo no caso de arguição de impedimento ou de suspeição, ordenar providências urgentes.

→ *v.* Art. 314 do NCPC.

Durante a suspensão, não há que se falar inércia das partes

✓ PROCESSO CIVIL. EXECUÇÃO DE ALIMENTOS. RITO DA PRISÃO. ACORDO. HOMOLOGAÇÃO. INTIMAÇÃO DO AUTOR PARA PROSSEGUIMENTO DO FEITO. INÉRCIA. EXTINÇÃO DO PROCESSO POR ABANDONO DE CAUSA. IMPOSSIBILIDADE. ARTIGO 923 DO CPC. SOBRESTAMENTO DO FEITO. RETORNO À ORIGEM. RECURSO CONHECIDO E PROVIDO. SENTENÇA CASSADA. UNANIME. 1. O artigo 923 do CPC determina: Suspensa a execução, não serão praticados atos processuais, podendo o juiz, entretanto, salvo no caso de arguição de impedimento ou de suspeição, ordenar providências urgentes. 2. Não havendo urgência no caso em análise, não pode o feito ser extinto por inércia da autora em razão de não ter sido encontrada no endereço constante dos autos para ser intimada por determinação judicial para informar se o acordo está sendo corretamente cumprido. 3. Recurso conhecido e provido. Sentença cassada. Unânime. (TJDF; APC 2017.06.1.002541-7; Ac. 103.0667; Primeira Turma Cível; Rel. Des. Rômulo de Araújo Mendes; Julg. 05/07/2017; DJDFTE 27/07/2017)

Durante a suspensão do processo, o processo deve estar disponível para vista das partes

✓ PROCESSUAL CIVIL. TRIBUTÁRIO. AGRAVO DE INSTRUMENTO. EXECUÇÃO FISCAL. SUPENSÃO DO FEITO. DIREITO DE VISTA DOS AUTOS. DIREITO DE PETIÇÃO. CERCEAMENTO. AGRAVO DE INSTRUMENTO PROVIDO. A Lei nº 8.906/94 (Estatuto da Advocacia) assegura aos advogados, em seu artigo 7º, as prerrogativas de examinar, obter cópias e tomar apontamentos de autos de processos judiciais ou administrativos em qualquer órgão, mesmo sem procuração, quando não estejam sujeitos a sigilo, assegurada a obtenção de cópias, bem como de ter vista dos autos ou retirá-los pelos prazos legais. a Lei nº 9.784/99, que regula o processo administrativo no âmbito da Administração Pública Federal, dispõe, em seu artigo 46: "Art. 46. Os interessados têm direito à vista do processo e a obter certidões ou cópias reprográficas dos dados e documentos que o integram, ressalvados os dados e documentos de terceiros protegidos por sigilo ou pelo direito à privacidade, à honra e à imagem ". No caso dos autos, é injustificável a vedação de acesso aos autos pelo representante da exequente. A restrição imposta pelo art. 923 do CPC diz respeito à realização de atos processuais capazes de dar impulso ao processo. Tanto é verdade que aqueles atos praticados durante a suspensão são ineficazes, produzindo efeitos apenas após a retomada do processo executivo. É conceito no qual a mera vista dos autos não se encaixa, posto ser incapaz de produzir tais efeitos. Precedentes. Agravo de instrumento provido. (TRF 3ª R.; AI 0008611-58.2016.4.03.0000; Quarta Turma; Relª Desª Fed. Mônica Nobre; Julg. 05/07/2017; DEJF 18/07/2017)

Capítulo II
DA EXTINÇÃO DO PROCESSO DE EXECUÇÃO

Art. 924. Extingue-se a execução quando:

A extinção da execução se dá apenas nos casos previstos neste artigo; caso contrário, deve prosseguir

✓ APELAÇÃO. AÇÃO INDENIZATÓRIA. RESPONSABILIDADE CIVIL. Cumprimento de sentença. Extinção da fase executiva. Inexistência de quitação do exequente. Prescrição intercorrente não configurada. Nulidade da sentença. O artigo 924 do CPC dispõe que a execução se extingue com a satisfação do credor, ou quando este renunciar ao seu crédito. Do mesmo modo, por inércia do interessado, com a decretação da prescrição intercorrente. Na hipótese, não se verificou o cumprimento da obrigação, tendo em vista a ausência de quitação do exequente. Outrossim, não configurada a prescrição intercorrente, diante da suspensão da execução por força do efeito suspensivo conferido aos embargos de devedor. Anulação da sentença para determinar o regular prosseguimento do feito. Provimento ao recurso. (TJRJ; APL 0002037-36.1998.8.19.0205; Rio de Janeiro; Décima Sétima Câmara Cível; Rel. Des. Edson Aguiar de Vasconcelos; DORJ 15/09/2017; Pág. 410)

Aplica-se ao cumprimento de sentença o art. 924

✓ APELAÇÃO. Cumprimento de sentença. Impugnação. Rejeição. Extinção do cumprimento de sentença com fulcro no art. 924, inc. I do CPC. Determinação de complementação do valor recolhido a título de preparo. Não cumprimento da ordem. Ausência de pressuposto de admissibilidade recursal. Inteligência do artigo 1007, § 2º do CPC. Recurso não conhecido. (TJSP; APL 0004390-09.2015.8.26.0189; Ac. 10803638; Fernandópolis; Décima Sétima Câmara de Direito Privado; Rel. Des. Irineu Fava; Julg. 19/09/2017; DJESP 22/09/2017; Pág. 2308)

I – a petição inicial for indeferida;

→ *v.* Arts. 330, 331, 798 e 799 do NCPC.

II – a obrigação for satisfeita;

→ *v.* Arts. 304 a 307 do CC/2002.

→ *v.* Arts. 807, 818, 828 e 907 do NCPC.

Se o pagamento é parcial, não há extinção da execução

✓ APELAÇÃO CÍVEL. RELAÇÃO DE CONSUMO. CUMPRIMENTO DE SENTENÇA. Sentença de extinção da execução, com base no artigo 924, II do CPC. Executado apenas efetuou o pagamento parcial do débito. Inexistência de quitação. Execução que deve prosseguir pelo valor remanescente. Precedentes. Cassação da sentença. Recurso provido. (TJRJ; APL 0013214-71.2010.8.19.0206; Rio de Janeiro, Vigésima Sexta Câmara Cível Consumidor; Relª Desª Sandra Santarem Cardinali; DORJ 22/09/2017; Pág. 645)

III – o executado obtiver, por qualquer outro meio, a extinção total da dívida;

→ *v.* Arts. 385 a 388 e 840 a 850 do CC/2002.

→ *v.* Art. 487, III, **b**, do NCPC.

Inércia do exequente é exemplo de extinção com base no inciso III

✓ EXECUÇÃO. Extinção do processo nos termos do artigo 924, incisos II e III, do Código de Processo Civil. Decisão terminativa justificada pela desídia da exequente em responder ao despacho que alertou sobre a possibilidade de extinção do feito diante do depósito integral do débito. Ausência de manifestação. Sentença de extinção que deve ser mantida. Princípio da cooperação processual. Apelação não provida. (TJSP; APL 0402492-19.1992.8.26.0053; Ac. 10765486; São Paulo; Quinta Câmara de Direito Público; Rel. Des. Fermino Magnani Filho; Julg. 04/09/2017; DJESP 22/09/2017; Pág. 2545)

Pagamento do débito em conta bancária do exequente é hipótese de extinção da execução

✓ DESPESAS CONDOMINIAIS. AÇÃO DE EXECUÇÃO POR TÍTULO EXTRAJUDICIAL. DEMANDA DE CONDOMÍNIO EM FACE DE CONDÔMINOS. Sentença que, levando em consideração o depósito bancário efetuado pelos réus, julgou extinto o processo executivo, nos termos do art. 924, III, do NCPC. Manutenção do julgado. Cabimento. Arguição do exequente no sentido de que o débito remanesce a dezembro/2015 e a ação foi proposta em maio/2016, sendo que o depósito foi feito a menor. Inconsistência jurídica. Executados que, uma vez citados, procederam ao depósito bancário no exato valor que constou da petição inicial, ou seja, onde já computados juros de mora, multa de 2% e correção monetária. Superveniência, ademais, de outro depósito bancário, cujo comprovante acompanhou as contrarrazões recursais. Apelo do exequente desprovido. (TJSP; APL 1013085-77.2016.8.26.0001; Ac. 10778257; São Paulo; Trigésima Câmara de Direito Privado; Rel. Des. Marcos Ramos; Julg. 06/09/2017; DJESP 20/09/2017; Pág. 2508)

IV – o exequente renunciar ao crédito;

→ *v.* Art. 487, III, **c**, do NCPC.

Parcelamento do débito não é caso de extinção, mas de suspensão da execução fiscal

✓ APELAÇÃO CÍVEL. TRIBUTÁRIO E PROCESSUAL CIVIL. EXECUÇÃO FISCAL. IPTU. PARCELAMENTO. EXTINÇÃO DA EXECUÇÃO FISCAL SEM EXAME DE MÉRITO. DESCABIMENTO. HIPÓTESE DE SUSPENSÃO DA EXECUÇÃO FISCAL. Hipótese em que, diante da notícia de acordo para pagamento futuro das prestações e do consequente pedido de suspensão da execução fiscal, o juízo a quo extinguiu o feito sem julgamento do mérito. Ocorre que o parcelamento do débito é causa de suspensão da exigibilidade do crédito tributário (art. 151, inc. VI, do CTN), de modo que tal fato não serve de fundamento para a extinção da execução fiscal sem resolução de mérito. Tampouco se está diante de quaisquer das hipóteses que ensejam a extinção da execução fiscal como o pagamento integral do débito, a remissão ou a renúncia (artigo 924, incisos II, III e IV, do código de processo civil). Aplicação do RESP nº 957509/RS, submetido ao rito dos recursos repetitivos, no qual o STJ ressaltou que mesmo a adesão a parcelamento fiscal previsto em Lei específica enseja a suspensão da exigibilidade do crédito tributário e não a extinção da execução fiscal. Demais precedentes do STJ e também desta corte. Apelação provida. Aplicação do art. 932, inc. VIII, do código de processo civil combinado com o art. 169, inc. XXXIX, do regimento interno do tribunal de justiça do estado (ritjrs). (TJRS; AC 0268831-19.2017.8.21.7000; Capão da Canoa; Segunda Câmara Cível; Rel. Des. Ricardo Torres Hermann; Julg. 05/09/2017; DJERS 13/09/2017)

V – ocorrer a prescrição intercorrente.

→ *v.* Súmula 150 do STF.

→ *v.* Súmula 314 do STJ.

→ *v.* Art. 40 da Lei 6.830/1980.

→ *v.* Arts. 921, §§ 1º a 5º, e 1.056 do NCPC.

→ *v.* Art. 921, III do NCPC.

Reconhecimento de prescrição antes da vigência do CPC/2015 e sem intimação do exequente

✓ APELAÇÃO CÍVEL. AÇÃO DE EXECUÇÃO DE TÍTULO EXTRAJUDICIAL. DECISÃO INTERLOCUTÓRIA QUE REJEITOU A ALEGAÇÃO DE PRESCRIÇÃO INTERCORRENTE. Insurgência dos executados. Processo paralisado no seu andamento e mantido arquivado por pouco mais de treze anos. Suspensão da execução que não pode perdurar por tempo indeterminado. Inércia da credora que não pode ser amparada em reserva de intimação para dar andamento à execução. Expressa previsão, no diploma processual atual, de que a suspensão dura o prazo de um ano, prazo pelo qual fica suspensa, também, a prescrição, voltando a correr, ao final do interregno, independentemente de intimação da credora. Inteligência do art. 921, inciso III, C.C. §§ 1º e 4º. Impossibilidade de fazer quem devedores cativos da vontade indefinida de sua credora. Prescrição reconhecida. Extinção do feito, com fulcro no artigo 924, inciso V, do CPC. Recurso provido. (TJSP; AI 2142241-70.2017.8.26.0000; Ac. 10795926; Franca; Vigésima Segunda Câmara de Direito Privado; Rel. Des. Hélio Nogueira; Julg. 14/09/2017; DJESP 22/09/2017; Pág. 2383)

Julgado aplicando a prescrição intercorrente no sistema anterior, mas condicionando à intimação do exequente

✓ RECURSO ESPECIAL. CIVIL. PROCESSUAL CIVIL. EXECUÇÃO. AUSÊNCIA DE BENS PASSÍVEIS DE PENHORA. SUSPENSÃO DO PROCESSO. INÉRCIA DO EXEQUENTE. PRESCRIÇÃO INTERCORRENTE. INOCORRÊNCIA. ATO PROCESSUAL ANTERIOR AO NOVO CÓDIGO DE PROCESSO CIVIL. MANUTENÇÃO DA SEGURANÇA JURÍDICA. NECESSIDADE DE PRÉVIA INTIMAÇÃO DO EXEQUENTE PARA DAR ANDAMENTO AO FEITO PARA INÍCIO DA CONTAGEM DO PRAZO PRESCRICIONAL. 1. A prescrição intercorrente ocorre no curso do processo e em razão da conduta do autor que, ao não prosseguir com o andamento regular ao feito, se queda inerte, deixando de atuar para que a demanda caminhe em direção ao fim colimado. 2. No tocante ao início da contagem desse prazo na execução, vigente o Código de Processo Civil de 1973, ambas as Turmas da Seção de Direito Privado sedimentaram a jurisprudência de que só seria possível o reconhecimento da prescrição intercorrente se, antes, o exequente fosse devidamente intimado para conferir andamento ao feito. 3. O Novo Código de Processo Civil previu regramento específico com relação à prescrição intercorrente, estabelecendo que haverá a suspensão da execução "quando o executado não possuir bens penhoráveis" (art. 921, III), sendo que, passado um ano desta, haverá o início (automático) do prazo prescricional, independentemente de intimação, podendo o magistrado decretar de ofício a prescrição, desde que, antes, ouça as partes envolvidas. A sua ocorrência incorrerá na extinção da execução (art. 924, V). 4. O novel estatuto trouxe, ainda, no "livro complementar" (arts. 1.045-1.072), disposições finais e transitórias a reger questões de direito intertemporal, com o fito de preservar, em determinadas situações, a disciplina normativa já existente, prevendo, com relação à prescrição intercorrente, regra transitória própria: "considerar-se-á como termo inicial do prazo da prescrição prevista no art. 924, inciso V [prescrição intercorrente], inclusive para as execuções em curso, a data de vigência deste Código" (art. 1.056). 5. A modificação de entendimento com relação à prescrição intercorrente acabaria por, além de surpreender a parte, trazer-lhe evidente prejuízo, por transgredir a regra transitória do NCPC e as situações já consolidadas, fragilizando a segurança jurídica, tendo em vista que o exequente, com respaldo na jurisprudência pacífica do STJ, estaria ciente da necessidade de sua intimação pessoal, para fins de início do prazo prescricional. 6. Assim, seja em razão da segurança jurídica, seja pelo fato de o novo estatuto processual estabelecer dispositivo específico regendo a matéria, é que, em interpretação lógico-sistemática, tem-se que o atual regramento sobre prescrição intercorrente deve incidir apenas para as execuções ajuizadas após a entrada em vigor do CPC/2015 e, nos feitos em curso, a partir da suspensão da execução, com base no art. 921. 7. Na hipótese, como o deferimento da suspensão da execução ocorreu sob a égide do CPC/1973 (ago/1998), há incidência do entendimento jurisprudencial consolidado no sentido de que não tem curso o prazo de prescrição intercorrente enquanto a execução estiver suspensa com base na ausência de bens penhoráveis (art. 791, III), exigindo-se, para o seu início, a intimação do exequente para dar andamento ao feito. 8. Recurso especial provido. (REsp 1620919; PR; Quarta Turma; Rel. Min. Luis Felipe Salomão; Julg. 10/11/2016; DJe 14/12/2016)

Art. 925. A extinção só produz efeito quando declarada por sentença.

→ *v.* Arts. 203, § 1º e 494 do NCPC.

Se não há o pagamento do parcelamento, descabe a extinção

✓ TRIBUTÁRIO E PROCESSUAL CIVIL. Execução fiscal. Apelação cível. Sentença que extinguiu o feito após o decurso do período do parcelamento. Dívida não paga em sua integralidade. Impossibilidade de extinção da execução nos termos dos artigos 924, inciso II e artigo 925 do código de processo civil/2015. Nulidade da sentença. Retorno dos autos ao juízo de primeiro grau para regular prosseguimento do feito. Precedentes. Conhecimento e provimento do recurso. (TJRN; AC 2017.006369-5; Mossoró; Segunda Câmara Cível; Relª Desª Judite de Miranda Monte Nunes; DJRN 21/09/2017)

Se há a extinção da execução, o recurso cabível é a apelação e não agravo

✓ AGRAVO INTERNO EM AGRAVO DE INSTRUMENTO EM FACE DE DECISÃO MONOCRÁTICA QUE NÃO CONHECEU RECURSO INTERPOSTO PELO AGRAVANTE. DECISÃO QUE EXTINGUIU A OBRIGAÇÃO E, POR CONSEGUINTE, JULGOU EXTINTA A EXECUÇÃO DETERMINANDO A EXPEDIÇÃO DO MANDADO DE PAGAMENTO, BAIXA E ARQUIVAMENTO DO FEITO. DECISÃO QUE POSSUI CONTEÚDO DE SENTENÇA. Inteligência dos artigos 203, § 1º e 925 do CPC/15 e artigo 475-M, §3º do CPC/73. Recurso cabível é de Apelação. Precedentes TJERJ. Inaplicabilidade do princípio da fungibilidade recursal diante de erro grosseiro. Precedentes STJ e TJERJ. RECURSO A QUE SE NEGA PROVIMENTO. (TJRJ; AI 0025700-80.2017.8.19.0000; Rio de Janeiro; Vigésima Quarta Câmara Cível Consumidor; Relª Desig. Desª Ana Célia Montemor Soares Rios Gonçalves; DORJ 11/09/2017; Pág. 587)

Se o cumprimento de sentença termina, a hipótese é de sentença apelável

✓ AGRAVO DE INSTRUMENTO. RELAÇÃO DE CONSUMO. DIREITO PROCESSUAL CIVIL. Fase de cumprimento de sentença. Agravo de Instrumento contra decisum que extingue a execução de sentença, determinando expedição de mandados de pagamento. Inadequação da via eleita. Inteligência dos artigos 925 e 1.009 do Código de Processo Civil. Inaplicabilidade do princípio da fungibilidade recursal pelo erro grosseiro. Precedentes jurisprudenciais. Entendimento do Superior Tribunal de Justiça. Recurso não conhecido. (TJRJ; AI 0040521-89.2017.8.19.0000; Rio de Janeiro; Vigésima Sexta Câmara Cível Consumidor; Rel. Desig. Des. Ricardo Alberto Pereira; DORJ 28/08/2017; Pág. 442)

LIVRO III
DOS PROCESSOS NOS TRIBUNAIS E DOS MEIOS DE IMPUGNAÇÃO DAS DECISÕES JUDICIAIS

TÍTULO I
Da Ordem dos Processos e dos Processos de Competência Originária dos Tribunais

Capítulo I
DISPOSIÇÕES GERAIS

→ *v.* Art. 103-A da CF/1988.

→ *v.* Lei 11.417/2006 – Disciplina a edição, a revisão e o cancelamento de enunciado de súmula vinculante pelo Supremo Tribunal Federal.

Art. 926. Os tribunais devem uniformizar sua jurisprudência e mantê-la estável, íntegra e coerente.

→ *v.* Art. 489, VI, do NCPC.

→ *v.* Enunciado 166 do FPPC: A aplicação dos enunciados das súmulas deve ser realizada a partir dos precedentes que os formaram e dos que os aplicaram posteriormente.

→ *v.* Enunciado 167 do FPPC: Os tribunais regionais do trabalho estão vinculados aos enunciados de suas próprias súmulas e aos seus precedentes em incidente de assunção de competência ou de resolução de demandas repetitivas.

→ *v.* Enunciado 316 do FPPC: A estabilidade da jurisprudência do tribunal depende também da observância de seus próprios precedentes, inclusive por seus órgãos fracionários.

→ *v.* Enunciado 323 do FPPC: A formação dos precedentes observará os princípios da legalidade, da segurança jurídica, da proteção da confiança e da isonomia.

→ *v.* Enunciado 380 do FPPC: A expressão "ordenamento jurídico", empregada pelo Código de Processo Civil, contempla os precedentes vinculantes.

→ *v.* Enunciado 431 do FPPC: O julgador, que aderir aos fundamentos do voto vencedor do relator, há de seguir, por coerência, o precedente que ajudou a construir no julgamento da mesma questão em processos subsequentes, salvo se demonstrar a existência de distinção ou superação.

→ *v.* Enunciado 453 do FPPC: A estabilidade a que se refere o caput do art. 926 consiste no dever de os tribunais observarem os próprios precedentes.

→ *v.* Enunciado 454 do FPPC: Uma das dimensões da coerência a que se refere o *caput* do art. 926 consiste em os tribunais não ignorarem seus próprios precedentes.

→ *v.* Enunciado 455 do FPPC: Uma das dimensões do dever de coerência significa o dever de não contradição, ou seja, o dever de os tribunais não decidirem casos análogos contrariamente às decisões anteriores, salvo distinção ou superação.

→ *v.* Enunciado 456 do FPPC: Uma das dimensões do dever de integridade consiste em os tribunais decidirem em conformidade com a unidade do ordenamento jurídico.

→ *v.* Enunciado 457 do FPPC: Uma das dimensões do dever de integridade previsto no caput do art. 926 consiste na observância das técnicas de distinção e superação dos precedentes, sempre que necessário para adequar esse entendimento à interpretação contemporânea do ordenamento jurídico.

→ *v.* Enunciado 458 do FPPC: Para a aplicação, de ofício, de precedente vinculante, o órgão julgador deve intimar previamente as partes para que se manifestem sobre ele.

→ *v.* Enunciado 459 do FPPC: As normas sobre fundamentação adequada quanto à distinção e superação e sobre a observância somente dos argumentos submetidos ao contraditório são aplicáveis a todo o microssistema de formação dos precedentes.

O art. 926 é argumento pela uniformidade jurisprudencial

✓ ELEIÇÕES 2016. AGRAVO REGIMENTAL. RECURSO ESPECIAL. PROPAGANDA ELEITORAL IRREGULAR. INEXISTÊNCIA DE OPOSIÇÃO ENTRE OS FATOS DELINEADOS NO VOTO VENCEDOR E NO VOTO VENCIDO. REENQUADRAMENTO JURÍDICO. POSSIBILIDADE. 1. A retirada da propaganda eleitoral, atestada no voto vencido do acórdão regional, prevalece sob a alegação genérica do voto vencedor de que a MERA utilização de bandeira afixada em base de cimento representaria burla à legislação eleitoral. 2. O reenquadramento jurídico de fatos, caracterizado pela restrita análise das premissas delineadas pelo Tribunal a quo, é possível em sede extraordinária e não se confunde com o vedado revolvimento de matéria fático-probatória. 3. Em observância aos deveres de uniformização da jurisprudência e de estabilidade, integralidade e coerência dela (art. 926, caput, do Código de Processo Civil), verifica-se que o Tribunal já julgou dois outros recursos especiais do mesmo representado, que guardam similitude à hipótese em exame (AGR-REspe 151-27, Rel. Min. Admar Gonzaga; DJe de 14.6.2017; AGR-AI 101-98, Rel. Min. Luiz Fux, julgado em 24.8.2017). Agravo regimental a que se nega provimento. (TSE; AgR-g-REsp 96-76.2016.6.13.0036; MG; Rel. Min. Admar Gonzaga; Julg. 29/08/2017; DJETSE 22/09/2017; Pág. 60)

Diante de IRDR julgado, a tese firmada deve ser observada

✓ APELAÇÃO. SOLDADO DA POLÍCIA MILITAR TEMPORÁRIO. CONTRATAÇÃO NOS TERMOS DA LEI FEDERAL Nº 10.029/2000 E DA LEI ESTADUAL Nº 11.064/2002. Pretensão do autor voltada ao pagamento de todas as verbas remuneratórias devidas aos policiais militares efetivos. Impossibilidade. Direito ao percebimento das verbas constitucionais, a dizer, décimo terceiro salário e terço constitucional de férias, bem como ao apostilamento do tempo de serviço para fins previdenciários. Tese jurídica fixada pela Turma Especial, em sede de Incidente de Resolução de Demandas Repetitivas. Aplicação da tese. Inteligência do art. 985, do CPC/2015. Dever dos tribunais de manterem sua jurisprudência estável, íntegra e coerente (art. 926, do CPC/2015). Sentença mantida. Recursos não providos. (TJSP; APL 1053479-67.2016.8.26.0053; Ac. 10730247; São Paulo; Quarta Câmara de Direito Público; Rel. Des. Paulo Barcellos Gatti; Julg. 14/08/2017; DJESP 11/09/2017; Pág. 3293)

Diante de súmula de tribunal superior, a tese firmada deve ser observada

✓ PROCESSUAL CIVIL E ADMINISTRATIVO. AGRAVO INTERNO NO RECURSO ESPECIAL. ENUNCIADO ADMINISTRATIVO 3/STJ. RESPONSABILIDADE CIVIL DO ESTADO. DANOS DECORRENTES DE PERSEGUIÇÃO POLÍTICA NA ÉPOCA DA DITADURA MILITAR. ANISTIA. CUMULAÇÃO COM A REPARAÇÃO ECONÔMICA DECORRENTE DA LEI N. 10.559/02. POSSIBILIDADE. PRECEDENTES DO STJ. SÚMULA Nº 568/STJ. 1. Esta Corte Superior possui entendimento consolidado no sentido de que a reparação econômica realizada pela União decorrente da Lei n. 10.559/02 não se confunde com a reparação por danos morais prevista no art. 5º, V e X, da Constituição Federal, motivo pelo qual são cumuláveis. Precedentes do STJ. 2. A Súmula nº 568/STJ atende às exigências de uniformidade, estabilidade, integridade e coerência da jurisprudência, conforme o art. 926, do CPC/2015. Não obstante, há posicionamento consolidado nesta Corte Superior no sentido de que eventual nulidade da decisão monocrática fundamentada em jurisprudência dominante fica superada com a reapreciação do recurso pelo órgão colegiado, na via do agravo interno. 3. Agravo interno não provido. (STJ; AgInt-REsp 1.652.397; Proc. 2017/0025285-2; RS; Segunda Turma; Rel. Min. Mauro Campbell Marques; DJE 14/09/2017)

Diante de súmula local, a tese firmada deve ser observada

✓ AGRAVO DE INSTRUMENTO. DIREITO DO CONSUMIDOR. EMPRÉSTIMO BANCÁRIO CONSIGNADO EM FOLHA DE PAGAMENTO. Policial militar. Decisão recorrida que limita os descontos em 30% dos vencimentos líquidos do agravado. Imposição de multa no valor de R$ 200,00 por cada desconto indevido. Recurso interposto pela instituição financeira sob o argumento de que não lhe compete proceder à limitação deferida no decisum recorrido. Alegação de que o cumprimento da tutela seria de incumbência da fonte pagadora. Julgamento do IRDR nº. 0032321-30.2016.8.19.0000 que reconheceu a legitimidade das instituições financeiras para figurar no polo passivo de ações revisionais de contratos de empréstimos consignados. Substituição da multa fixada por expedição de ofício ao órgão pagador do agravado. Homenagem aos princípios da celeridade e eficiência processuais. Inteligência da Súmula nº. 144 desta egrégia corte. Estabilização e uniformização da jurisprudência. Artigo 926 do CPC. Recurso parcialmente provido. (TJRJ; AI 0053735-84.2016.8.19.0000; Rio de Janeiro; Vigésima Quinta Câmara Cível Consumidor; Rel. Des. Francisco de Assis Pessanha Filho; DORJ 24/08/2017; Pág. 550)

Diante de jurisprudência dominante, indenização por dano moral deve ser alterada pelo tribunal

✓ AÇÃO DECLARATÓRIA C/C INDENIZAÇÃO POR DANOS MORAIS E MATERIAIS. DESCONTO DE EMPRÉSTIMO CONSIGNADO EM BENEFÍCIO PREVIDENCIÁRIO. EXISTÊNCIA DA RELAÇÃO JURÍDICA NÃO COMPROVADA. RESTITUIÇÃO DO INDÉBITO. DEVIDA NA FORMA SIMPLES. DANOS MORAIS. RECONHECIDOS. VALOR DA INDENIZAÇÃO. REDUZIDO. PRINCÍPIO DA VEDAÇÃO DO ENRIQUECIMENTO SEM CAUSA. RESGUARDADO. INEXISTÊNCIA DE FUNDAMENTO PARA COMPENSAÇÃO DE CRÉDITOS. TUTELA DE URGÊNCIA E ASTREINTES. MANTIDAS. HONORÁRIOS ADVOCATÍCIOS. FIXADOS COM CORREÇÃO. HONORÁRIOS RECURSAIS. FIXADOS. RECURSO CONHECIDO E PARCIALMENTE PROVIDO. I. Se o Banco réu não se desincumbiu de seu mister de comprovar que os empréstimos por consignação em benefício previdenciário foram efetivamente contratados pela requerente, não demonstrando sequer que o capital foi vertido em benefício da demandante, impõe-se manter a declaração de inexistência de relação jurídica de direito material. II. Declarada a inexistência da contratação, é de rigor manter a ordem de repetição do indébito, visto que a restituição das parcelas descontadas é pressuposto para o não enriquecimento sem causa da instituição financeira. Todavia, inexistindo prova inequívoca da má-fé do banco, as devoluções devem ser realizadas na forma simples. III. Demonstrada a falha na prestação do serviço pelo banco, ocasionando situação de desconforto, quiçá, enfrentando dificuldades para manter seu sustento, deve ser reconhecido o direito ao pagamento de indenização por danos morais. IV. Se, nos termos do art. 926 do CPC/2015, os Tribunais devem uniformizar sua jurisprudência e mantê-la estável, íntegra e coerente, impõe-se reduzir o valor da indenização por danos morais de R$ 10.000,00 para R$ 8.000,00, quantia essa que corresponde ao parâmetro das condenações deste Tribunal em casos análogos, não se mostrando baixo para assegurar o caráter repressivo-pedagógico próprio da indenização por danos morais e nem se apresentando elevado a ponto de caracterizar um enriquecimento sem causa da lesada. V. Declarada a inexistência da relação jurídica por fraude, a concessão das indenizações serve para resguardar o princípio que veda o enriquecimento sem causa. VI. Diante da completa ausência de demonstração de que a requerente contratou os empréstimos e foi efetivamente beneficiada pelo mútuo, não se há de falar em compensação de créditos. VII. Cabível a fixação de astreintes para compelir a parte obrigada a cumprir a ordem judicial, sendo que, se fixadas de forma escorreita, em valor razoável e dentro de uma periodicidade aceitável, não se há de falar em alteração de seus parâmetros. VIII. Se o juízo singular bem ponderou as balizas do art. 85, §2º, do CPC/2015 para fixar a honorária no montante de 15% do valor da condenação, não se há de sustentar a possibilidade de redução neste Juízo recursal. IX. Ao estabelecer a majoração da verba honorária em sede recursal, observado o limite fixado pelos §§2º e 6º do art. 85, o novo CPC busca remunerar o profissional da advocacia do trabalho realizado em sede recursal. (TJMS; APL 0802713-39.2013.8.12.0004; Terceira Câmara Cível; Rel. Des. Marco André Nogueira Hanson; DJMS 02/08/2017; Pág. 81)

§ 1º Na forma estabelecida e segundo os pressupostos fixados no regimento interno, os tribunais editarão enunciados de súmula correspondentes a sua jurisprudência dominante.

→ *V.* Arts. 102 e 354-A do RISTF.

→ *V.* Art. 122 e seguintes do RISTJ.

→ *V.* Resolução STF n. 381/2008 – Estabelece procedimentos para a edição, a revisão e o cancelamento de súmulas vinculantes.

→ *V.* Resolução STF n. 388/2008 – Disciplina o processamento de proposta de edição, revisão e cancelamento de súmulas e dá providências correlatas.

→ *V.* Enunciado 393 do FPPC: É cabível a intervenção de amicus curiae no procedimento de edição, revisão e cancelamento de enunciados de súmula pelos tribunais.

§ 2º Ao editar enunciados de súmula, os tribunais devem ater-se às circunstâncias fáticas dos precedentes que motivaram sua criação.

Art. 927. Os juízes e os tribunais observarão:

→ *v.* Enunciado 169 do FPPC: Os órgãos do Poder Judiciário devem obrigatoriamente seguir os seus próprios precedentes, sem prejuízo do disposto nos § 9º do art. 1.037 e §4º do art. 927.

→ *v.* Enunciado 170 do FPPC: As decisões e precedentes previstos nos incisos do caput do art. 927 são vinculantes aos órgãos jurisdicionais a eles submetidos.

→ *v.* Enunciado 173 do FPPC: Cada fundamento determinante adotado na decisão capaz de resolver de forma suficiente a questão jurídica induz os efeitos de precedente vinculante, nos termos do Código de Processo Civil.

→ *v.* Enunciado 315 do FPPC: Nem todas as decisões formam precedentes vinculantes.

→ *v.* Enunciado 317 do FPPC: O efeito vinculante do precedente decorre da adoção dos mesmos fundamentos determinantes pela maioria dos membros do colegiado, cujo entendimento tenha ou não sido sumulado.

→ *v.* Enunciado 318 do FPPC: Os fundamentos prescindíveis para o alcance do resultado fixado no dispositivo da decisão (obiter dicta), ainda que nela presentes, não possuem efeito de precedente vinculante.

→ *v.* Enunciado 319 do FPPC: Os fundamentos não adotados ou referendados pela maioria dos membros do órgão julgador não possuem efeito de precedente vinculante.

→ *v.* Enunciado 320 do FPPC: Os tribunais poderão sinalizar aos jurisdicionados sobre a possibilidade de mudança de entendimento da corte, com a eventual superação ou a criação de exceções ao precedente para casos futuros.

→ *v.* Enunciado 323 do FPPC: A formação dos precedentes observará os princípios da legalidade, da segurança jurídica, da proteção da confiança e da isonomia.

→ *v.* Enunciado 324 do FPPC: Lei nova, incompatível com o precedente judicial, é fato que acarreta a não aplicação do precedente por qualquer juiz ou tribunal, ressalvado o reconhecimento de sua inconstitucionalidade, a realização de interpretação conforme ou a pronúncia de nulidade sem redução de texto.

→ *v.* Enunciado 325 do FPPC: A modificação de entendimento sedimentado pelos tribunais trabalhistas deve observar a sistemática prevista no art. 927, devendo se desincumbir do ônus argumentativo mediante fundamentação adequada e específica, modulando, quando necessário, os efeitos da decisão que supera o entendimento anterior.

→ *v.* Enunciado 326 do FPPC: O órgão jurisdicional trabalhista pode afastar a aplicação do precedente vinculante quando houver distinção entre o caso sob julgamento e o paradigma, desde que demonstre, fundamentadamente, tratar-se de situação particularizada por hipótese fática distinta, a impor solução jurídica diversa.

→ *v.* Enunciado 431 do FPPC: O julgador, que aderir aos fundamentos do voto vencedor do relator, há de seguir, por coerência, o precedente que ajudou a construir no julgamento da mesma questão em processos subsequentes, salvo se demonstrar a existência de distinção ou superação.

→ *v.* Enunciado 549 do FPPC: O rol do art. 927 e os precedentes da Turma Nacional de Uniformização dos Juizados Especiais Federais deverão ser observados no âmbito dos Juizados Especiais.

→ *v.* Enunciado 59 do CJF – Não é exigível identidade absoluta entre casos para a aplicação de um precedente, seja ele vinculante ou não, bastando que ambos possam compartilhar os mesmos fundamentos determinantes.

<u>Precedente qualificado não necessita de trânsito em julgado para ser aplicado</u>

✓ CONSTITUCIONAL – PREVIDENCIÁRIO – PROCESSO CIVIL – APOSENTADORIA POR TEMPO DE SERVIÇO/CONTRIBUIÇÃO – RGPS – DESAPOSENTAÇÃO C/C REAPOSENTAÇÃO – APLICAÇÃO INICIAL, NO EXAME RECURSAL, DA JURISPRUDÊNCIA ENTÃO PREVALENTE NO TRF1 – MÉRITO. PEDIDO IMPROCEDENTE, SEM DEVOLUÇÃO DE VALORES. 1- O CPC/2015 estipula que (art. 8º): "ao aplicar o ordenamento jurídico, o juiz atenderá (...) a eficiência", tal como a CF/88 impõe a celeridade (art. 5º, lxxviii). 2- e, mais, que (art. 526) "os tribunais devem uniformizar sua jurisprudência e mantê-la estável, íntegra e coerente", impondo-se aos julgadores a estrita observância da jurisprudência já estabilizada (art. 927): i – as decisões do STF controle concentrado de constitucionalidade; ii – os enunciados de súmula vinculante; iii – os acórdãos em incidente de assunção de competência ou de resolução de demandas repetitivas e em julgamento de recursos extraordinário e especial repetitivos; iv – os enunciados das súmulas do STF em matéria constitucional e do STF em matéria infraconstitucional; v – a orientação do plenário ou do órgão especial aos quais estiverem vinculados. " 3- doravante, desconsiderar a "jurisprudência qualificada" a que alude o art. 927, i a v, do CPC/2016, configura, no geral, julgado "sem motivação", conforme estatuído na CF/88 (inciso ix do art. 93) e no inciso vi do §1º do art. 489, c/c §1º do art. 927, ambos do mesmo código de ritos, que preceitua ser nulo o julgado que "deixar de seguir enunciado de súmula, jurisprudência ou precedente invocado pela parte, sem demonstrar a existência de distinção no caso em julgamento ou a superação do entendimento". 4- tamanha a força do precedente insculpido sob o rito das demandas repetitivas, que o CPC/2015 autoriza ao relator que, ao examinar eventuais recursos, faça preponderar – monocraticamente – a orientação correspondente (art. 932, iv, "c" e v, "c"), sem sequer a necessidade de aguardar o seu trânsito em julgado, o que coincide com a disciplina do art. 1.040, ii, do CPC/2015: "publicado o acórdão paradigma (...) o órgão que proferiu o acórdão recorrido, na origem, reexaminará o processo de competência originária, a remessa necessária ou o recurso anteriormente julgado, se o acórdão recorrido contrariara orientação do tribunal superior" (ecoando os §3º do art. 543-b e §7º do art. 543-c, do CPC/1973). 5- é ler-se (2ª turma do STJ, agint no REsp nº 1.606.454/SC, rel. min. herman benjamin): "a jurisprudência amplamente dominante do supremo tribunal federal e do superior tribunal de justiça preconiza que é desnecessário aguardar o trânsito em julgado para que os tribunais inferiores apliquem a orientação de paradigmas firmados nos termos dos arts. 543-b e 543-c do CPC. " 6- exatamente por tais razões, considera-se "omissa" (incisos i e ii do parágrafo único do art. 1.022 do CPC/2015), assim oportunizando embargos de declaração que tal vício estanque, "qualquer decisão judicial" que "deixe de se manifestar sobre tese firmada em julgamento de casos repetitivos (...); (...) ou incorra em qualquer das condutas descritas no art. 489, §1º." 7- é de se dar prevalência, portanto, sobrepujando a anterior posição majoritária estabelecida no âmbito deste trf1, ao que restou decidido, em 27/out/2016, pelo pleno do STF no rg-re nº 661.256/SC, que tramitou sob o rito dos recursos repetitivos, aspecto o que confere ao precedente a nota da especial eficácia (dispensadora de trânsito em julgado), em que se concluiu que (tese fixada): "no âmbito do regime geral de previdência social – rgps, somente lei pode criar benefícios e vantagens previdenciárias, não havendo, por ora, previsão legal do direito à desaposentação, sendo constitucional a regra do art. 18, § 2º, da lei nº 8.213/91". o ministro marco Aurélio não participou da fixação da tese. ausentes, justificadamente, o ministro celso de mello, e, nesta assentada, o ministro Gilmar mendes. presidência da ministra cármen lúcia. plenário, 27.10.2016." 8- esta corte, pois, se curva à compreensão do STF forjada em recurso repetitivo. 9- quanto à devolução/repetição dos valores porventura já percebidos pela parte autora por força das decisões judiciais havidas neste feito (majoração dos proventos), o STF (are 734242, rel. min. roberto barroso, dje. 08/09/2015) já decidiu que o benefício previdenciário recebido de boa-fé pelo segurado, em decorrência de decisão judicial, não está sujeito à repetição de indébito, em razão de seu caráter alimentar e em face da caracterização de boa-fé. 10- prestigia-se tal entendimento, porque manifestação do STF (de maior quilate, portanto), em detrimento de orientação noutro sentido, oriunda da 1ª seção do STJ, em sede de recurso repetitivo (rg-resp 1.401.560/mt). 11- ônus sucumbenciais (custas e honorários advocatícios) realinhados. 12- apelação do inss e remessa necessária parcialmente provida. (TRF 1ª R.; Ap-RN 0091949-37.2014.4.01.3400; Primeira Turma; Relª Desª Fed. Gilda Maria Carneiro Sigmaringa Seixas; DJF1 13/09/2017)

I – as decisões do Supremo Tribunal Federal em controle concentrado de constitucionalidade;

→ *v.* Art. 102, § 2º, da CF/1988.

→ *v.* Lei 9.868/1999 – Dispõe sobre o processo e julgamento da ação direta de inconstitucionalidade e da ação declaratória de constitucionalidade perante o Supremo Tribunal Federal.

→ *v.* Lei 9.882/1999 – Dispõe sobre o processo e julgamento da arguição de descumprimento de preceito fundamental, nos termos do § 1º do art. 102 da Constituição Federal.

→ *v.* Arts. 525, § 12, e 988, III, do NCPC.

→ *v.* Enunciado 168 do FPPC: Os fundamentos determinantes do julgamento de ação de controle concentrado de constitucionalidade realizado pelo STF caracterizam a ratio decidendi do precedente e possuem efeito vinculante para todos os órgãos jurisdicionais.

II – os enunciados de súmula vinculante;

→ *v.* Arts. 311, II, e 988, IV, do NCPC.

III – os acórdãos em incidente de assunção de competência ou de resolução de demandas repetitivas e em julgamento de recursos extraordinário e especial repetitivos;

→ *v.* Arts. 311, II, 332, II e III, 496, § 4º, III, 521, IV, 932, IV e V, 947, 955, parágrafo único, II, 976, 988, IV, 1.022, parágrafo único, I, 1.032 e seguintes do NCPC.

→ *v.* Enunciado 558 do FPPC: Caberá reclamação contra decisão que contrarie acórdão proferido no julgamento dos incidentes de resolução de demandas repetitivas ou de assunção de competência para o tribunal cujo precedente foi desrespeitado, ainda que este não possua competência para julgar o recurso contra a decisão impugnada

→ *v.* Enunciado 171 do FPPC: Os juízes e tribunais regionais do trabalho estão vinculados aos precedentes do TST em incidente de assunção de competência em matéria infraconstitucional relativa ao direito e ao processo do trabalho, bem como às suas súmulas.

→ *v.* Enunciado 659 do FPPC. O relator do julgamento de casos repetitivos e do incidente de assunção de competência tem o dever de zelar pelo equilíbrio do contraditório, por exemplo solicitando a participação, na condição de amicus curiae, de pessoas, órgãos ou entidades capazes de sustentar diferentes pontos de vista.

<u>Julgamento de repetitivo tem caráter vinculante, mesmo para o Tribunal que proferiu o julgamento (enquanto não afastado o precedente)</u>

✓ AÇÃO DE MANDADO DE SEGURANÇA IMPETRADA CONTRA DECISÃO QUE DETERMINOU À FAZENDA ESTADUAL O ADIANTAMENTO DOS HONORÁRIOS PERICIAIS EM AÇÃO CIVIL PÚBLICA AMBIENTAL. OFENSA A DIREITO LÍQUIDO E CERTO NÃO EVIDENCIADA. DECISÃO QUE SEGUE O ENTENDIMENTO PACIFICADO DO EG. STJ, firmado em julgamento sob o rito dos recursos repetitivos. Caráter vinculativo do decisum proferido pela corte superior, à luz dos artigos 927 e 489, VI, ambos do NCPC (Lei nº 13.105/2015). Inaplicabilidade do artigo 91 do diploma processual civil, pena de se inviabilizar o meio de prova determinado. Ordem denegada. (TJSP; MS 2112910-43.2017.8.26.0000; Ac. 10781939; Piquete; Segunda Câmara Reservada ao Meio Ambiente; Rel. Des. Paulo Alcides; Julg. 12/09/2017; DJESP 22/09/2017; Pág. 2615)

<u>Julgamento de repetitivo tem caráter vinculante</u>

✓ PROCESSUAL CIVIL. APELAÇÃO CIVEL E REEXAME NECESSÁRIO. CONTRIBUIÇÃO PREVIDENCIÁRIA. COTA PATRONAL. VERBAS INDENIZATÓRIAS E REMUNERATÓRIAS. COMPENSAÇÃO. PRELIMINAR. ILEGITIMIDADE. DELEGADO. RFB. OCORRÊNCIA.

I. As verbas pagas pelo empregador ao empregado sobre (quinzena inicial do auxílio doença ou acidente, aviso prévio indenizado, vale alimentação em natura, auxílio transporte e terço constitucional de férias) não constituem base de cálculo de contribuições previdenciárias, posto que não possuem natureza remuneratória, mas indenizatória. Precedentes. II. As verbas pagas pelo empregador ao empregado sobre (salário maternidade e férias gozadas) constituem base de cálculo de contribuições previdenciárias, posto que possuem natureza remuneratória. Precedentes. III. a questão recursal relacionada à existência, ou não, de relação jurídica tributária entre as partes que legitime a exigência da contribuição previdenciária sobre (o terço constitucional de férias, quinzena inicial do auxílio doença ou acidente, salario maternidade, aviso prévio indenizado), foi submetida ao regime previsto no art. 543-C do CPC, c/c a Resolução 8/2008. Presidência/STJ e submetida ao microssistema processual de formação de precedente obrigatório, nos termos do artigo 927, III, do Código de Processo Civil, objeto de apreciação pelo Egrégio Superior Tribunal de Justiça no julgamento do REsp 1.230.957, publicado do DJe: 18/03/2014. A Primeira Seção do Superior Tribunal de Justiça, em 26.02.2014, por maioria, reconheceu que não incide contribuição previdenciária sobre as verbas, aviso prévio indenizado (tema 478), terço constitucional de férias (tema 479), quinzena inicial do auxílio doença ou acidente (tema 738) e que incide contribuição previdenciária sobre as verbas, salário maternidade (tema 739). lV. Preliminar acolhida, para reconhecer a ilegitimidade do Delegado da Receita Federal do Brasil em Limeira/SP, quanto aos estabelecimentos filiais situados em Uberlândia/MG e Osasco/SP, julgando extinto o processo, nos moldes do art. 267 VI, do CPC (485, VI, do NCPC). Recurso de Apelação da parte autora desprovido. Remessa Oficial e Recurso de Apelação da União parcialmente (providos), tão somente, para explicitar que o direito a compensação dos valores reconhecidos como indevidos, deverá observar a regra prevista no art. 26, Parágrafo único da Lei-11.457/2007 (norma legal que tratou da unificação dos órgãos arrecadatórios). (TRF 3ª R.; Ap-Rem 0004627-09.2015.4.03.6109; Segunda Turma; Rel. Des. Fed. Luís Paulo Cotrim Guimarães; Julg. 12/09/2017; DEJF 22/09/2017)

Julgamento de repetitivo tem caráter vinculante, mesmo no processo penal

✓ APELAÇÃO CRIMINAL. RECURSO DA DEFESA. ROUBO. DESCLASSIFICAÇÃO PARA A FORMA TENTADA. IMPOSSIBILIDADE. CRIME CONSUMADO COM A MERA INVERSÃO DA POSSE DA RES FURTIVA. TESE FIRMADA PELO STJ EM RECURSO ESPECIAL REPETIVO. VINCULAÇÃO. RECURSO NÃO PROVIDO. I. A consumação do crime de roubo ocorre com a mera inversão da posse do bem subtraído pelo agente, ainda que por breve espaço de tempo. II. No caso dos autos, consta tanto do inquérito, quanto do registro audiovisual da audiência de instrução, confissão do acusado, no sentido de que chegou a subtrair celulares de algumas vítimas, no entanto não logrou êxito na fuga empreendida, sendo capturado em seguida por passageiros do ônibus assaltado. III. Desse modo, não merece reparo a sentença combatida, eis que a Res furtiva saiu da esfera de vigilância das vítimas, permanecendo sob custódia do agente, muito embora por curto lapso temporal; IV. Tal entendimento converge com orientação do STJ no Recurso Especial Repetitivo n. 1.499.050/RJ, cujo entendimento vincula o presente julgamento, em razão da exigência de uniformização de jurisprudência contida no art. 927 do Novo Código de Processo Civil. Aplicável subsidiariamente ao Processo Penal. (TJAM; APL 0641688-43.2016.8.04.0001; Segunda Câmara Criminal; Rel. Des. Jomar Ricardo Saunders Fernandes; DJAM 21/09/2017; Pág. 46)

IV – os enunciados das súmulas do Supremo Tribunal Federal em matéria constitucional e do Superior Tribunal de Justiça em matéria infraconstitucional;

→ *v.* Arts. 332, I, 496, § 4º, 521, IV, 932, IV e V, 955, parágrafo único, I, 988, IV, e 1.032, § 3º, I, do NCPC.

→ *v.* Enunciado 314 do FPPC: As decisões judiciais devem respeitar os precedentes do Supremo Tribunal Federal, em matéria constitucional, e do Superior Tribunal de Justiça, em matéria infraconstitucional federal.

V – a orientação do plenário ou do órgão especial aos quais estiverem vinculados.

§ 1º Os juízes e os tribunais observarão o disposto no art. 10 e no art. 489, § 1º, quando decidirem com fundamento neste artigo.

→ *v.* Enunciado 172 do FPPC: A decisão que aplica precedentes, com a ressalva de entendimento do julgador, não é contraditória.

→ *v.* Enunciado 458 do FPPC: Para a aplicação, de ofício, de precedente vinculante, o órgão julgador deve intimar previamente as partes para que se manifestem sobre ele.

→ *v.* Enunciado 460 do FPPC: O microssistema de aplicação e formação dos precedentes deverá respeitar as técnicas de ampliação do contraditório para amadurecimento da tese, como a realização de audiências públicas prévias e participação de **amicus curiae**.

Julgado acerca da fundamentação do CPC/2015 – não muito diferente do que ocorria no sistema anterior

✓ EMBARGOS DECLARATÓRIOS EM AGRAVO DE INSTRUMENTO. AÇÃO DE BUSCA E APREENSÃO. ALEGADA OMISSÃO DO DECISUM IMPUGNADO QUANTO A APLICAÇÃO DOS ARTIGOS 319, 320 DO NCPC E 11 DA LEI N. 11.419/2006. Suficiência dos fundamentos apresentados no acórdão. Pretensa rediscussão da matéria. Inviabilidade por este meio processual. Prequestionamento. Desnecessidade de apreciar todas as disposições legais apontadas no reclamo quando não são capazes de infirmar a conclusão adotada pelo julgador (artigos 927, § 1º, c/c 489, § 1º, IV, do novo Código de Processo Civil). Recurso rejeitado. (TJSC; EDcl 4005735-10.2017.8.24.0000/50000; Imbituba; Terceira Câmara de Direito Comercial; Rel. Des. Ronaldo Moritz Martins da Silva; DJSC 22/09/2017; Pag. 239)

§ 2º A alteração de tese jurídica adotada em enunciado de súmula ou em julgamento de casos repetitivos poderá ser precedida de audiências públicas e da participação de pessoas, órgãos ou entidades que possam contribuir para a rediscussão da tese.

→ *v.* Art. 138 do NCPC.

→ *v.* Enunciado 175 do FPPC: O relator deverá fundamentar a decisão que inadmitir a participação de pessoas, órgãos ou entidades e deverá justificar a não realização de audiências públicas.

→ *v.* Enunciado 393 do FPPC: É cabível a intervenção de amicus curiae no procedimento de edição, revisão e cancelamento de enunciados de súmula pelos tribunais.

v. Enunciado 461 do FPPC: O disposto no § 2º do art. 927 aplica-se ao incidente de assunção de competência.

§ 3º Na hipótese de alteração de jurisprudência dominante do Supremo Tribunal Federal e dos tribunais superiores ou daquela oriunda de julgamento de casos repetitivos, pode haver modulação dos efeitos da alteração no interesse social e no da segurança jurídica.

→ *v.* Art. 27 da Lei 9.868/1999.

→ *v.* Art. 11 da Lei 9.882/1999.

→ *v.* Enunciado 55 do FPPC: Pelos pressupostos do § 3º do art. 927, a modificação do precedente tem, como regra, eficácia temporal prospectiva. No entanto, pode haver modulação temporal, no caso concreto.

§ 4º A modificação de enunciado de súmula, de jurisprudência pacificada ou de tese adotada em julgamento de casos repetitivos observará a necessidade de fundamentação adequada e específica, considerando os princípios da segurança jurídica, da proteção da confiança e da isonomia.

→ *v.* Art. 5º da CF/1988.

→ *v.* Enunciado 321 do FPPC: A modificação do entendimento sedimentado poderá ser realizada nos termos da Lei nº 11.417, de 19 de dezembro de 2006, quando se tratar de enunciado de súmula vinculante; do regimento interno dos tribunais, quando se tratar de enunciado de súmula ou jurisprudência dominante; e, incidentalmente, no julgamento de recurso, na remessa necessária ou causa de competência originária do tribunal.

→ *v.* Enunciado 322 do FPPC: A modificação de precedente vinculante poderá fundar-se, entre outros motivos, na revogação ou modificação da lei em que ele se baseou, ou em alteração econômica, política, cultural ou social referente à matéria decidida.

→ *v.* Enunciado 608 do FPPC: O acórdão que revisar ou superar a tese indicará os parâmetros temporais relativos à eficácia da decisão revisora.

Exemplo de julgado que não aplica entendimento repetitivo, mas apresenta distinção que justifica os motivos da não aplicação do procedente

✓ APELAÇÃO CÍVEL. PREVIDÊNCIA PÚBLICA. EXECUÇÃO DE SENTENÇA. PRESCRIÇÃO DA PRETENSÃO EXECUTIVA. NÃO CONFIGURADA. PRAZO QUINQUENAL. DESÍDIA DA PARTE EXECUTADA. DEMORA NÃO IMPUTÁVEL À EXEQUENTE. 1. Em que pese a orientação sedimentada pelo egrégio Superior Tribunal de Justiça, no Recurso Especial nº 1.336.026-PE (tema 880), julgado sob a sistemática do artigo 1.036 do CPC, no sentido de que o lapso prescricional quinquenal para a execução contra a Fazenda Pública, a partir da vigência da Lei nº 10444/2002, tem início a contar do trânsito em julgado da sentença, sem interrupção ou suspensão, tal orientação deverá ser observada para as execuções apresentadas a partir da publicação do acórdão (30/06/2017), notadamente para evitar afronta ao princípio da não surpresa, previsto nos artigos 9º e 10 do CPC/15, segundo o qual é vedado ao juiz decidir com base em fundamento a respeito do qual não se tenha dados às partes oportunidade de se manifestar. Outrossim, conforme disposto no art. 927, §4º, do CPC, a modificação da jurisprudência pacificada, deverá observar os princípios da segurança jurídica, da proteção da confiança e da isonomia. 2. À luz do princípio da actio nata, apenas a partir do momento em que o exequente dispõe dos documentos necessários para a propositura da ação de execução, é que se inicia o prazo prescricional, e não do trânsito em julgado da sentença na ação de conhecimento. Hipótese em que, embora o transcurso de mais de cinco anos entre a data do trânsito em julgado da sentença e o ajuizamento da execução, a referida demora ocorreu exclusivamente por culpa do devedor que, mesmo instado a tanto, não aportou aos autos os documentos financeiros necessários ao deslinde do feito, razão pela qual não há falar em prescrição no presente feito. Apelação provida. (TJRS; AC 0227009-50.2017.8.21.7000; Porto Alegre; Segunda Câmara Cível; Relª Desª Lúcia de Fátima Cerveira; Julg. 30/08/2017; DJERS 15/09/2017)

§ 5º Os tribunais darão publicidade a seus precedentes, organizando-os por questão jurídica decidida e divulgando-os, preferencialmente, na rede mundial de computadores.

→ *v.* Art. 93, IX, da CF/1988.

→ *v.* Enunciado 433 do FPPC: Cabe à Administração Pública dar publicidade às suas orientações vinculantes, preferencialmente pela rede mundial de computadores.

→ *v.* Enunciado 591 do FPPC: O tribunal dará ampla publicidade ao acórdão que decidiu pela instauração do incidente de arguição de inconstitucionalidade, incidente de assunção de competência ou incidente de resolução de demandas repetitivas, cabendo, entre outras medidas, sua publicação em seção específica no órgão oficial e indicação clara na página do tribunal na rede mundial de computadores.

Art. 928. Para os fins deste Código, considera-se julgamento de casos repetitivos a decisão proferida em:

→ *v.* Enunciado 345 do FPPC: O incidente de resolução de demandas repetitivas e o julgamento dos recursos extraordinários e especiais repetitivos formam um microssistema de solução de casos repetitivos, cujas normas de regência se complementam reciprocamente e devem ser interpretadas conjuntamente.

→ *v.* Enunciado 480 do FPPC: Aplica-se no âmbito dos juizados especiais a suspensão dos processos em trâmite no território nacional, que versem sobre a questão submetida ao regime de julgamento de recursos especiais e extraordinários repetitivos, determinada com base no art. 1.037, II.

I – incidente de resolução de demandas repetitivas;

→ *v.* Art. 976 do NCPC.

II – recursos especial e extraordinário repetitivos.

→ *v.* Art. 1.036 do NCPC.

O art. 928 trata de gênero do repetitivo, sendo que os incisos tratam de hipóteses

✓ AGRAVO INTERNO NA RECLAMAÇÃO. PROCESSUAL CIVIL. HIPÓTESES DE CABIMENTO. UTILIZAÇÃO COMO SUCEDÂNEO RECURSAL. 1. A hipótese prevista no inciso IV do artigo 988 do Código de Processo Civil de 2015 limita-se a garantir a observação de decisão proferida em incidente de resolução demandas repetitivas (irdr) e em assunção de competência (iac). 2. A teor do que disciplina o artigo 928 do Código de Processo Civil de 2015, a decisão proferida em incidente de resolução de demandas repetitivas é apenas uma das espécies de julgamento de casos repetitivos, não se confundindo com a decisão proferida em Recurso Especial repetitivo. 3. A reclamação não se presta como sucedâneo recursal. 4. Agravo interno não provido. (STJ; AgInt-Rcl 33.871; Proc. 2017/0083425-7; SC; Segunda Seção; Rel. Min. Ricardo Villas Boas Cueva; DJE 20/06/2017)

Decisão que não seja precedente qualificado não é vinculante

✓ EMBARGOS DE DECLARAÇÃO. CONCURSO DA POLÍCIA MILITAR. ALEGADA PRETERIÇÃO NA CONVOCAÇÃO. 1) omissão. Ilegalidade do modo de cumprimento das decisões judiciais que motivaram a matrícula de candidatos com pontuação inferior. Inocorrência. Matéria expressamente analisada no acórdão embargado. 2) omissão. Desconsideração de decisão proferida nos autos de agravo regimental que versava sobre hipótese semelhante. Mera contradição externa. Não configuração de omissão apta a justificar o cabimento de embargos de declaração. Inaplicabilidade do art. 1.022, parágrafo único, à espécie, tendo em vista que a decisão supostamente violada não foi tomada sob o rito dos recursos repetitivos. Inteligência do art. 928 do CPC/15. 3) recurso conhecido e desprovido. (TJAM; EDcl 0005274-98.2016.8.04.0000; Primeira Câmara Cível; Rel. Des. Paulo Cesar Caminha e Lima; DJAM 27/01/2017; Pág. 18)

✓ DIREITO ADMINISTRATIVO. DIREITO PROCESSUAL CIVIL. AGRAVO DE INSTRUMENTO. TUTELA PROVISÓRIA DE URGÊNCIA. PRETENSÃO DE DEMOLIÇÃO DE IMÓVEL TOMBADO. PERIGO DE IRREVERSIBILIDADE DOS EFEITOS DA DECISÃO. ARTIGOS 17 E 19 DO DECRETO-LEI Nº 25/37 E ARTIGOS 37 E 41 DA LEI Nº 2.967/15 DO MUNICÍPIO DE BAEPENDI. ELEMENTOS QUE EVIDENCIAM A PROBABILIDADE DO DIREITO. AUSÊNCIA. TUTELA PROVISÓRIA DE EVIDÊNCIA. ARTIGO 311, INCISOS II E IV, DO CÓDIGO DE PROCESSO CIVIL. NÃO CABIMENTO. INEXISTÊNCIA DE TESE FIRMADA EM JULGAMENTO DE CASOS REPETITVOS OU EM SÚMULA VINCULANTE. MEDIDA REQUERIDA ANTES DA CONTESTAÇÃO. RECURSO DESPROVIDO. Nos termos do caput, do artigo 300, do Código de Processo Civil, a tutela provisória de urgência será concedida quando houver elementos que evidenciem a probabilidade do direito e o perigo de dano ou o risco ao resultado útil do processo. Mas parágrafo 3º. do referido dispositivo veda a concessão da referida medida, quando houver perigo de irreversibilidade dos efeitos da decisão. A ordem de demolição constitui ato extremo e de difícil reparação, já que não é possível a reversão imediata da medida, o que impede a concessão da tutela provisória de urgência. Além disso, no caso, não estão presentes elementos que evidenciam a probabilidade do direito, primeiro, porque o artigo 17 do Decreto-Lei nº 25/37, norma geral sobre a matéria, e o artigo 37 da Lei nº 2.967/15 do Município de Baependi, proíbem, em qualquer hipótese, a demolição de bem tombado; e segundo, porque, de acordo com o artigo 19 do mencionado Decreto-Lei nº 25/37 e com o artigo 41 da referida Lei Municipal, compete ao proprietário do bem tombado a proteção, manutenção e conservação do mesmo, sendo que a falta de recursos não autoriza a destruição do imóvel. A tutela de evidência baseada no inciso IV, do artigo 311, do Código de Processo Civil, somente é cabível após a contestação, como, aliás, se extrai do parágrafo único do referido artigo. No caso, trata-se de pedido de tutela provisória formulado na inicial da ação, logo, é inaplicável a hipótese prevista no mencionado dispositivo legal. Também não é cabível a concessão da tutela de evidência com base no inciso II, do artigo 311, do Código de Processo Civil, porque não há tese firmada em julgamento de casos repetitivos ou em Súmula vinculante sobre o tema em análise, sendo que, de acordo com o artigo 928 do Código de Processo Civil, considera-se julgamento de casos repetitivos a decisão proferida em incidente de resolução de demanda repetitiva e em Recurso Especial e extraordinário repetitivo. (TJMG; AI 1.0049.16.001069-7/001; Rel. Des. José Carlos Moreira Diniz; Julg. 25/05/2017; DJEMG 14/06/2017)

Parágrafo único. O julgamento de casos repetitivos tem por objeto questão de direito material ou processual.

→ *v.* Enunciado 327 do FPPC: Os precedentes vinculantes podem ter por objeto questão de direito material ou processual.

→ *v.* Enunciado 41 do CJF: Nos processos sobrestados por força do regime repetitivo, é possível a apreciação e a efetivação de tutela provisória de urgência, cuja competência será do órgão jurisdicional onde estiverem os autos.

CAPÍTULO II
DA ORDEM DOS PROCESSOS NO TRIBUNAL

Art. 929. Os autos serão registrados no protocolo do tribunal no dia de sua entrada, cabendo à secretaria ordená-los, com imediata distribuição.

Parágrafo único. A critério do tribunal, os serviços de protocolo poderão ser descentralizados, mediante delegação a ofícios de justiça de primeiro grau.

Art. 930. Far-se-á a distribuição de acordo com o regimento interno do tribunal, observando-se a alternatividade, o sorteio eletrônico e a publicidade.

Distribuição de recursos e ações originárias nos tribunais

✓ PROCESSUAL CIVIL. PREVENÇÃO. DISTRIBUIÇÃO DE AÇÃO ORIGINÁRIA E DE RECURSO CÍVEL OU CRIMINAL TORNA O ÓRGÃO E O RELATOR PREVENTOS. INTELIGÊNCIA DOS ARTS. 55, §§ 1º E 3º, 56, 58, 59 E 930 DO CPC/2015, BEM COMO PREVISÃO CONTIDA NO ART. 145, ALTERADO PELA RESOLUÇÃO Nº 42/2011, DO REGIMENTO INTERNO DO TRIBUNAL DE JUSTIÇA DO ESTADO DO PIAUÍ. 1. O art. 930 do CPC dispõe que a distribuição será feita de acordo com o Regimento Interno do tribunal, observando-se a alternatividade, o sorteio eletrônico e a publicidade. 2. O Regimento Interno do Tribunal de Justiça do Estado do Piauí, por sua vez, estabelece em seu art. 145, que: A distribuição de ação originária e de recurso cível ou criminal torna o órgão e o relator preventos, observada a legislação processual respectiva, para todos os feitos posteriores, referentes ao mesmo processo ou procedimento, tanto na ação de conhecimento quanto na de execução, ressalvadas as hipóteses de suspeição ou de impedimento supervenientes, procedendo-se à devida compensação (TJPI; MS 2017.0001.000784-5; Quarta Câmara de Direito Público; Rel. Des. Fernando Lopes e Silva Neto; DJPI 31/08/2017; Pág. 66)

Parágrafo único. O primeiro recurso protocolado no tribunal tornará prevento o relator para eventual recurso subsequente interposto no mesmo processo ou em processo conexo.

→ *v.* Arts. 1.012, § 3º, I, 1.029, § 5º, I, e 1.037, § 3º, do NCPC.

Julgamento de agravo anterior gera prevenção para julgamento da apelação

✓ CONFLITO DE COMPETÊNCIA. APELAÇÃO DISTRIBUÍDA PARA A 13ª CÂMARA CÍVEL FACE INDICATIVO DE PREVENÇÃO, À VISTA DE ANTERIOR JULGAMENTO DE AGRAVO. DECLÍNIO PARA UMA DAS CÂMARAS CÍVEIS ESPECIALIZADAS AO ARGUMENTO DE QUE O AGRAVO DE INSTRUMENTO JULGADO NÃO TEM O CONDÃO DE GERAR A COMPETÊNCIA. Fixação da competência da 13ª Câmara Cível para conhecer e julgar o recurso objeto deste incidente, pelo critério da prevenção, na forma do disposto no artigo 930, § único, do CPC/2015 e art. 6º, § único, incisos I e II do Regimento Interno. Precedentes desta Corte Estadual. Necessidade de submeter à questão ao Egrégio Órgão Especial. Julgamento do recurso que se suspende, suscitando-se o conflito negativo de competência. (TJRJ; APL 0150121-47.2014.8.19.0001; Rio de Janeiro; Vigésima Sexta Câmara Cível Consumidor; Relª Desª Natacha Nascimento Gomes Tostes Gonçalves de Oliveira; DORJ 22/09/2017; Pág. 590)

Julgamento de agravo anterior gera prevenção para julgamento de reexame necessário e apelação

✓ REEXAME NECESSÁRIO E APELAÇÃO CÍVEL. CONCURSO PÚBLICO PARA OUTORGA DE DELEGAÇÕES DE NOTAS E REGISTRO DO ESTADO DE PERNAMBUCO. PRELIMINAR DE PREVENÇÃO. AJUIZAMENTO DE INSTRUMENTAL DISTRIBUÍDO ANTERIORMENTE AO EMINENTE DESEMBARGADOR ALFREDO SÉRGIO MAGALHÃES JAMBO. DECISÃO QUE TRANSITOU EM JULGADO APÓS A VIGÊNCIA DO NCPC. APLICABILIDADE DOS ARTS. 930 DO NCPC, 141 E 543 DO RITJPE. ENTENDIMENTO FIRMADO PELA CORTE ESPECIAL DESTE SODALÍCIO NO INCIDENTE DE ASSUNÇÃO DE COMPETÊNCIA 466311-8. REDISTRIBUIÇÃO DO FEITO AO PRECLARO DESEMBARGADOR. DECISÃO POR UNANIMIDADE. 1. Da análise dos autos, verifica-se o ajuizamento do Agravo de Instrumento nº 0373897-2, pelo Estado de Pernambuco contra a decisão interlocutória de fls. 244/249 e 257/258. 2. Referido instrumental foi distribuído ao Excelentíssimo Des. Alfredo Sérgio Magalhães Jambo, conforme movimentação processual às fls. 616/617, transitado em julgado em 22/06/2016, quando baixado ao juízo de origem. 3. Desta maneira, como o feito foi distribuído inicialmente ao Des. Alfredo Sérgio Magalhães Jambo e transitou em julgado em 22/06/2016, portanto após inicio da vigência do NCPC em 18/03/2016, este tornou-se prevento para a remessa necessária e apelação cível ora em análise. 4. Aplicação dos arts. 930 do NCPC e 141 e 543 do RITJPE. 5. Determinação de redistribuição do feito, face a prevenção de outro Relator. 6. Decisão por unanimidade de votos. (TJPE; APL 0000910-54.2015.8.17.0001; Terceira Câmara Cível; Rel. Des. Itamar Pereira da Silva; Julg. 01/09/2017; DJEPE 20/09/2017)

Decisão acerca do dispositivo em relação a direito intertemporal

✓ DIREITO PROCESSUAL CIVIL. CONFLITO POSITIVO DE COMPETÊNCIA EM APELAÇÃO CÍVEL. AUSÊNCIA DE TRÂNSITO EM JULGADO DO PRIMEIRO RECURSO PROTOCOLADO NO TRIBUNAL AINDA SOB A VIGÊNCIA DO CPC/1973. NÃO CESSAÇÃO DA PREVENÇÃO DO RELATOR PARA RECURSOS SUBSEQUENTES ORIUNDOS DO MESMO PROCESSO OU DE PROCESSO CONEXO. APLICABILIDADE DO ART. 67-B DO ANTIGO RITJPE C/C ART. 930, PARÁGRAFO ÚNICO, DO CPC/2015. CONFLITO ACOLHIDO. 1. A corte especial deste tribunal, no julgamento do incidente de assunção de competência nº 0466311-8 (sessão realizada em 06/03/2017), por maioria, fixou tese jurídica vinculante a todos os órgãos fracionários do tribunal no sentido de estabelecer que é o trânsito em julgado do primeiro recurso protocolado no tribunal antes da vigência do CPC/2015 que faz desaparecer a prevenção funcional do relator para julgamento dos recursos subsequentes oriundos do mesmo processo ou de processo conexo, em atenção ao art. 67-b do antigo ritjpe, não se aplicando, em tais casos, o art. 930, parágrafo único, do CPC/2015; 2. Desse modo, não se operando o trânsito em julgado do primeiro recurso mais antigo distribuído ainda sob a vigência do CPC/1973, o seu respectivo relator continua prevento para os recursos posteriores oriundos do mesmo processo ou de processos conexos. (TJPE; Rec. 0007684-47.2008.8.17.0001; Quarta Câmara Cível; Rel. Des. José Fernandes de Lemos; Julg. 11/09/2017; DJEPE 20/09/2017)

Art. 931. Distribuídos, os autos serão imediatamente conclusos ao relator, que, em 30 (trinta) dias, depois de elaborar o voto, restituí-los-á, com relatório, à secretaria.

→ v. Enunciado 522 do FPPC: O relatório nos julgamentos colegiados tem função preparatória e deverá indicar as questões de fato e de direito relevantes para o julgamento e já submetidas ao contraditório.

Julgado que, por via reflexa, reconhece ser o prazo de 30 dias impróprio

✓ EMBARGOS DE DECLARAÇÃO OPOSTOS PELA DEMANDANTE APELADA CONTRA DECISÃO UNIPESSOAL DO RELATOR, QUE CONCEDEU EFEITO SUSPENSIVO AO RECURSO DE APELAÇÃO INTERPOSTO PELA PARTE RÉ. AÇÃO RENOVATÓRIA DE LOCAÇÃO. APELAÇAO. Efeito devolutivo. Execução provisória. Efeito suspensivo. Exceção à regra geral. Lei nº 8.245/91. Perigo de dano irreparável. Recurso que suscita omissão no julgado, sob o fundamento de que, a despeito da presença dos pressupostos do julgamento do recurso no estágio em que se encontra, limitou-se o relator a atribuir efeito suspensivo ao inconformismo em afronta ao disposto no artigo 931 do CPC/15, ausente a excepcionalidade a justificar a medida. A despeito da Lei nº 8.245/91 estabelecer que os recursos interpostos contra sentenças proferidas em ações renovatória de locação terão efeito meramente devolutivo, serão recebidos também no efeito suspensivo quando demonstrada a possibilidade de ocorrência de lesão grave ou de difícil reparação. Embora a execução provisória, fundada em título precário, desenvolve-se por conta e risco do credor, que responde objetivamente pelos prejuízos eventualmente causados ao executado na hipótese de o título vir a ser cassado ou alterado, no caso vertente, por se tratar de sentença com procedência de pedido contraposto de retomada para uso próprio de imóvel empresarial, localizado em shopping center, mostra-se prudente atribuir-se efeito suspensivo à decisão recorrida até o trânsito em julgado da apelação. Inexistem no julgado do vício apontado. Desprovimento do recurso. (TJRJ; APL 0167832-02.2013.8.19.0001; Rio de Janeiro; Décima Nona Câmara Cível; Rel. Des. Lucio Durante; DORJ 18/08/2017; Pág. 511)

Decisão do STJ entendendo que segue existindo revisor nas rescisórias daquele tribunal – de modo que o relator terá de enviar ao revisor os autos, após a elaboração de seu voto

✓ PROCESSUAL CIVIL. AÇÃO RESCISÓRIA. PROCEDIMENTO LEGAL. ELABORAÇÃO DE RELATÓRIO PARA REMESSA AO REVISOR. PREVISÃO DA LEI 8.038/1990. NÃO OCORRÊNCIA DE REVOGAÇÃO PELO CPC/2015. 1. O advento do CPC/2015 eliminou, como regra geral, a figura do revisor dos procedimentos da apelação, dos embargos infringentes e da ação rescisória, antes prevista no art. 551 do CPC/1973. 2. Nada obstante isso, a Lei 8.038/1990 é lei especial que institui normas procedimentais para determinados processos específicos e contém previsão expressa em seu art. 40 de que as ações rescisórias no Superior Tribunal de Justiça adotem como procedimento a sujeição à revisão. 3. Assim, embora o CPC/2015, como dito, tenha suprimido a revisão como regra geral no processo civil e tenha também revogado explicitamente diversos preceitos da Lei 8.038/1990, não o fez quanto ao art. 40, que permanece em vigor e, por isso, as ações rescisórias processadas e julgadas originalmente no Superior Tribunal de Justiça continuam a submeter-se a tal fase procedimental. 4. Questão de ordem conhecida para estabelecer que as ações rescisórias processadas e julgadas originariamente no Superior Tribunal de Justiça continuam sujeitas ao procedimento da revisão. (AR 5.241/DF; Corte Especial; Rel. Min. Mauro Campbell Marques; Julg. 05/04/2017; DJe 12/05/2017)

Art. 932. Incumbe ao relator:

→ *v.* Súmula 568 do STJ: O relator, monocraticamente e no Superior Tribunal de Justiça, poderá dar ou negar provimento ao recurso quando houver entendimento dominante acerca do tema.

→ *v.* Enunciado 81 do FPPC: Por não haver prejuízo ao contraditório, é dispensável a oitiva do recorrido antes do provimento monocrático do recurso, quando a decisão recorrida: (a) indeferir a inicial; (b) indeferir liminarmente a justiça gratuita; ou (c) alterar liminarmente o valor da causa.

→ *v.* Enunciado 464 do FPPC: A decisão unipessoal (monocrática) do relator em Turma Recursal é impugnável por agravo interno.

→ *v.* Enunciado 645 do FPPC: Ao relator se conferem os poderes e os deveres do art. 139.

→ *v.* Enunciado 462 do FPPC: É nula, por usurpação de competência funcional do órgão colegiado, a decisão do relator que julgar monocraticamente o mérito do recurso, sem demonstrar o alinhamento de seu pronunciamento judicial com um dos padrões decisórios descritos no art. 932 do FPPC.

A Súmula 568/STJ acabou por manter a hipótese de julgamento monocrático no caso de jurisprudência dominante (como previsto no art. 557 do CPC/1973, mas não reproduzido no CPC/2015)

✓ AGRAVO INTERNO NO RECURSO ESPECIAL. EXECUÇÃO FISCAL. EXCEÇÃO DE PRÉ-EXECUTIVIDADE. ACOLHIMENTO PARCIAL. HONORÁRIOS ADVOCATÍCIOS. CABIMENTO. 1. O julgamento monocrático do recurso especial, com base em verbete sumular e na jurisprudência dominante do Superior Tribunal de Justiça, como ocorre na espécie, não constitui ofensa ao princípio da colegialidade, nos termos do art. 932, IV, "a", do CPC/2015 e da Súmula 568/STJ. 2. Consoante a pacífica jurisprudência desta Corte Superior, "o acolhimento do incidente de exceção de pré-executividade, mesmo que resulte apenas na extinção parcial da execução fiscal, dá ensejo à condenação na verba honorária proporcional à parte excluída do feito executivo" (AgRg no REsp 1.085.980/SC, Rel. Ministro Mauro Campbell Marques, Segunda Turma; DJe 6/8/2009). 3. Considerando que a execução fiscal foi parcialmente extinta por meio de exceção de pré-executividade e diante da pouca complexidade da matéria, entendo adequados os honorários advocatícios fixados no importe de R$ 3.000,00 (três mil reais). 4. Agravo interno a que se nega provimento. (AgInt no REsp 1228362; SP; Segunda Turma; Rel. Min. Og Fernandes; Julg. 08/08/2017; DJe 17/08/2017)

Aplicação do art. 932 também ao processo penal

✓ PROCESSO PENAL. AGRAVO REGIMENTAL NO RECURSO ESPECIAL. OFENSA AO PRINCÍPIO DA COLEGIALIDADE. NÃO VERIFICAÇÃO. REPARAÇÃO CIVIL DOS DANOS SOFRIDOS PELA VÍTIMA. AGRAVO REGIMENTAL DESPROVIDO. 1. Inexiste ofensa ao princípio da colegialidade nas hipóteses em que a decisão monocrática foi proferida em obediência ao art. 932 do Código de Processo Civil - CPC e art. 3º do Código de Processo Penal - CPP, por se tratar de acórdão contra a jurisprudência do Superior Tribunal de Justiça - STJ. 2. O julgamento colegiado do agravo regimental supre eventual vício da decisão agravada. 3. A reparação civil dos danos sofridos pela vítima do fato criminoso, prevista no art. 387, inciso IV, do Código de Processo Penal, deve ser deferida sempre que requerida e inclui também os danos de natureza moral. 4. Agravo regimental desprovido. (AgRg no REsp 1636878; MS; Quinta Turma; Rel. Min. Joel Ilan Paciornik; Julg. 17/08/2017; DJe 28/08/2017)

I – dirigir e ordenar o processo no tribunal, inclusive em relação à produção de prova, bem como, quando for o caso, homologar autocomposição das partes;

→ *v.* Enunciado 646 do FPPC: Constatada a necessidade de produção de prova em grau de recurso, o relator tem o dever de conversão do julgamento em diligência.

→ *v.* Enunciado 664 do FPPC: O Presidente ou Vice-Presidente do Tribunal de origem tem competência para homologar acordo celebrado antes da publicação da decisão de admissão do recurso especial ou extraordinário.

II – apreciar o pedido de tutela provisória nos recursos e nos processos de competência originária do tribunal;

→ *v.* Arts. 1.012, § 3º, II, 1.019, I, e 1.029, § 5º, II, do NCPC.

→ *v.* Enunciado 647 do FPPC: A tutela provisória pode ser concedida pelo relator liminarmente ou após justificação prévia.

III – não conhecer de recurso inadmissível, prejudicado ou que não tenha impugnado especificamente os fundamentos da decisão recorrida;

→ *v.* Súmula 288 do STF.

Exemplo de não conhecimento por decisão monocrática

✓ AGRAVO DE INSTRUMENTO. ICMS. Incidência sobre TUST e TUSD. Indeferimento da gratuidade judicial. Recurso que não ataca a decisão. Afronta ao artigo 932, inciso III do Novo CPC. Recurso não conhecido. (TJSP; AI 2126183-89.2017.8.26.0000; Ac. 10804348; Presidente Prudente; Terceira Câmara de Direito Público; Rel. Des. Maurício Fiorito; Julg. 19/09/2017; DJESP 25/09/2017; Pág. 2825)

Se o recurso não impugna especificamente os fundamentos da decisão recorrida (princípio da dialeticidade), não se conhece do recurso

✓ -AGRAVO – OBJETO – IMPUGNAÇÃO – DEFICIÊNCIA – ARTIGO 932, INCISO III, DO CÓDIGO DE PROCESSO CIVIL DE 2015. Visando o recurso reformar certa decisão, as razões devem estar direcionadas a infirmá-la. o descompasso entre o fundamento consignado no ato atacado e o agravo interno conduz, por si só, ao não conhecimento deste último. precedente: agravo regimental nos embargos de divergência no agravo regimental no recurso extraordinário nº 598.609/mg, relatado, no pleno, pelo ministro Edson fachin, em 16 de dezembro de 2016, acórdão pendente de publicação. honorários advocatícios. descabe a fixação de honorários recursais, previstos no artigo 85, § 11, do código de processo civil de 2015, quando se tratar de extraordinário formalizado em processo cujo rito os exclua. (STF; Ag-RE-AgR 1.041.116; Rel. Min. Marco Aurélio; DJE 25/09/2017)

✓ -PROCESSUAL CIVIL. AGRAVO INTERNO NO AGRAVO EM RECURSO ESPECIAL. CÓDIGO DE PROCESSO CIVIL DE 2015. APLICABILIDADE. AUSÊNCIA DE IMPUGNAÇÃO ESPECÍFICA AO FUNDAMENTO DA DECISÃO AGRAVADA. INCIDÊNCIA DA SÚMULA N. 182/STJ E DOS ARTS. 932, III, E 1.021, § 1º, DO CÓDIGO DE PROCESSO CIVIL DE 2015. USURPAÇÃO DE COMPETÊNCIA DESTA CORTE NO EXERCÍCIO DE ADMISSIBILIDADE DO RECURSO. INOCORRÊNCIA. INCIDÊNCIA DA SÚMULA N. 123/STJ. APLICAÇÃO DE MULTA. ART. 1.021, § 4º, DO CÓDIGO DE PROCESSO CIVIL DE 2015. DESCABIMENTO. I – Consoante o decidido pelo Plenário desta Corte na sessão realizada em 09.03.2016, o regime recursal será determinado pela data da publicação do provimento jurisdicional impugnado. In casu, aplica-se o Código de Processo Civil de 2015 para o presente Agravo Interno e para o Agravo em Recurso Especial, embora o Recurso Especial estivesse sujeito ao Código de Processo Civil de 1973. II – Razões de agravo interno nas quais não impugnados especificamente os fundamentos da decisão agravada, o que, à luz do princípio da dialeticidade, constitui ônus da Agravante. Incidência da Súmula n. 182 do STJ e aplicação do art. 932, III c/c art. 1.021, § 1º, do Código de Processo Civil. III – É necessário a aferição de pressupostos específicos relacionados ao mérito da controvérsia, quando realizado o exercício do juízo de admissibilidade do Recurso Especial pelo Tribunal de origem, nos termos da Súmula n. 123/STJ. IV – Em regra, descabe a imposição da multa, prevista no art. 1.021, § 4º, do Código de Processo Civil de 2015, em razão do mero desprovimento do Agravo Interno em votação unânime, sendo necessária a configuração da manifesta inadmissibilidade ou improcedência do recurso a autorizar sua aplicação, o que não ocorreu no caso. V – Agravo Interno não conhecido. (AgInt no AREsp 1074988; RJ; Primeira Turma; Rel. Min. Regina Helena Costa; Julg. 22/08/2017; DJe 31/08/2017)

✓ PROCESSUAL CIVIL. AGRAVO INTERNO. DECISÃO EM RECURSO ESPECIAL. ART. 535 DO CÓDIGO DE PROCESSO CIVIL DE 1973. VIOLAÇÃO. NÃO OCORRÊNCIA. RECLAMAÇÃO TRABALHISTA. DESVIO DE FUNÇÃO. AUXILIARES DE ESCRITÓRIO. REENQUADRAMENTO. ESCRITURÁRIOS. QUADRO DE CARREIRA. IMPOSSIBILIDADE. REEXAME DE PROVAS. FUNDAMENTO NÃO IMPUGNADO. SÚMULAS 7 E 182 DO STJ. 1. A Corte de origem apreciou todas as questões relevantes ao deslinde da controvérsia de modo integral e adequado, apenas não adotando a tese vertida pelos agravantes. Inexistência de nulidade. 2. Não cabe, em recurso especial, reexaminar matéria fático-probatória (Súmula 7/STJ). 3. Nos termos do art. 932, inciso III, do Código de Processo Civil/2015, não se conhece de agravo cujas razões não impugnam especificamente fundamento da decisão agravada. Aplicação, por analogia, do enunciado 182 da Súmula do STJ. 4. Em atenção ao princípio da dialeticidade, cumpre à parte recorrente o ônus de evidenciar, nas razões do agravo do recurso, o desacerto da decisão recorrida. 5. Agravo interno a que se nega provimento. (AgInt no REsp 127566; RJ; Quarta Turma; Rel. Min. Maria Isabel Gallotti; Julg. 17/08/2017; DJe 22/08/2017)

Se o recurso não impugna especificamente os fundamentos da decisão recorrida (princípio da dialeticidade), não se conhece do recurso – e não há a possibilidade de correção da falha no agravo interno

✓ AGRAVO INTERNO. AÇÃO DE RESCISÃO CONTRATUAL C/C DECLARATÓRIA DE INEXISTÊNCIA DE DÉBITO E INDENIZAÇÃO POR DANOS MATERIAIS E MORAIS. APELAÇÃO NÃO CONHECIDA. AUSÊNCIA DE IMPUGNAÇÃO ESPECÍFICA DOS FUNDAMENTOS DA DECISÃO. ART. 932, INC. III DO CPC. AGRAVO INTERNO DESPROVIDO. Em que pese a parte descrever a controvérsia, nesta sede de Agravo, apontando de forma mais específica o tema da lide, foram estas razões declinadas a destempo, já que o momento oportuno seria aquele de interposição da Apelação e não o presente. Portanto, ratificada a ausência de impugnação específica como causa ao não conhecimento do Apelo. (TJBA; AgRg 0398701-51.2013.8.05.0001/50000; Salvador; Segunda Câmara Cível; Rel. Des. Gesivaldo Nascimento Britto; Julg. 19/09/2017; DJBA 25/09/2017; Pág. 402)

IV – negar provimento a recurso que for contrário a:

a) súmula do Supremo Tribunal Federal, do Superior Tribunal de Justiça ou do próprio tribunal;

→ *v.* Art. 926, § 1º, do NCPC.

b) acórdão proferido pelo Supremo Tribunal Federal ou pelo Superior Tribunal de Justiça em julgamento de recursos repetitivos;

→ *v.* Art. 1.036 do NCPC.

c) entendimento firmado em incidente de resolução de demandas repetitivas ou de assunção de competência;

→ *v.* Arts. 947 e 976 do NCPC.

→ *v.* Enunciado 648 do FPPC: Viola o disposto no art. 932 a previsão em regimento interno de tribunal que estabeleça a possibilidade de julgamento monocrático de recurso ou ação de competência originária com base em "jurisprudência dominante" ou "entendimento dominante".

V – depois de facultada a apresentação de contrarrazões, dar provimento ao recurso se a decisão recorrida for contrária a:

a) súmula do Supremo Tribunal Federal, do Superior Tribunal de Justiça ou do próprio tribunal;

b) acórdão proferido pelo Supremo Tribunal Federal ou pelo Superior Tribunal de Justiça em julgamento de recursos repetitivos;

c) entendimento firmado em incidente de resolução de demandas repetitivas ou de assunção de competência;

→ *V.* Enunciado 592 do FPPC: Aplica-se o inciso V do art. 932 ao agravo de instrumento.

Possibilidade de provimento parcial monocrático do recurso

✓ AGRAVO INTERNO. Eficácia erga omnes da r. Sentença proferida na ação coletiva. Os credores podem promover o cumprimento do julgado no foro da Comarca do seu domicílio. Desnecessidade da comprovação da associação dos poupadores ao IDEC. Descabimento da suspensão da execução individual. Determinação do STJ que envolve execuções da r. Sentença proferida em demanda coletiva diversa. Inaplicabilidade. Prescindibilidade da prévia liquidação do julgado. Aplicação da Tabela Prática do Tribunal de Justiça do Estado de São Paulo para a correção monetária do débito. Os juros da mora são devidos a partir da citação do Banco nos autos da ação civil pública. Incidência do artigo 405 do Código Civil Brasileiro. Possibilidade do arbitramento dos honorários advocatícios. Incidência da Súmula nº 517 do Superior Tribunal de Justiça. Suscitada competência do órgão fracionário para o julgamento do agravo de instrumento. Descabimento. É permitido ao Desembargador Relator dar parcial provimento ao recurso, interposto da r. Decisão contrária à Súmula do Superior Tribunal de Justiça e acórdão proferido pelo em julgamento de recursos repetitivos. Inteligência do inciso V, do artigo 932 do Código de Processo Civil. Recurso improvido. (TJSP; AGInt 2150494-47.2017.8.26.0000/50000; Ac. 10803767; Taquaritinga; Décima Oitava Câmara de Direito Privado; Rel. Des. Carlos Alberto Lopes; Julg. 19/09/2017; DJESP 25/09/2017; Pág. 2609)

Entendimento do STJ no sentido de que, se a decisão monocrática foi indevida, o vício é sanado pela decisão colegiada, após o julgamento do agravo interno

✓ AGRAVO INTERNO NO AGRAVO EM RECURSO ESPECIAL. AÇÃO REGRESSIVA DE RESSARCIMENTO DE DANOS. 1. JULGAMENTO DO AGRAVO EM RECURSO ESPECIAL POR DECISÃO MONOCRÁTICA. POSSIBILIDADE. ART. 932, IV, DO CPC/2015. EVENTUAL VÍCIO NA DELIBERAÇÃO UNIPESSOAL É SANADO, MEDIANTE A APRECIAÇÃO DA CONTROVÉRSIA PELO ÓRGÃO COLEGIADO, NO ÂMBITO DO AGRAVO INTERNO. 2. PRESCRIÇÃO. PRECLUSÃO. AS MATÉRIAS DE ORDEM PÚBLICA PODEM SER APRECIADAS A QUALQUER MOMENTO, NO ENTANTO, A DECISÃO ANTERIOR SOBRE O MESMO TEMA, COMO NO PRESENTE CASO, IMPEDE NOVA APRECIAÇÃO. 3. PROPRIEDADE DO VEÍCULO. NECESSIDADE DE REVOLVIMENTO DO CONJUNTO FÁTICO-PROBATÓRIO. SÚMULA 7/STJ. 4. AFASTADA A AUSÊNCIA DE FUNDAMENTAÇÃO. 5. AGRAVO INTERNO DESPROVIDO. 1. A jurisprudência desta Casa dispõe no sentido de ser permitido ao relator decidir monocraticamente o recurso, quando amparado em jurisprudência dominante ou Súmula de Tribunal Superior, consoante exegese do art. 932, IV e V, do CPC/2015. Eventual mácula na deliberação unipessoal fica superada, em razão da apreciação da matéria pelo órgão colegiado na seara do agravo interno. 2. Na jurisprudência desta Corte, as matérias de ordem pública podem ser apreciadas a qualquer momento nas instâncias ordinárias. No entanto, havendo decisão anterior, como no caso destes autos, opera-se a preclusão consumativa (AgRg no AResp 451.641/RJ, Relator Ministro Luis Felipe Salomão; AgRg no AResp 70.180/RS, Relator Ministro Sidnei Beneti). 3. O Colegiado estadual consignou que não estava comprovada a tradição do automóvel causador do acidente de propriedade do ora agravante, com base no substrato fático-probatório dos autos, cujo reexame é vedado em âmbito de recurso especial, ante o óbice do enunciado 7 da Súmula deste Tribunal, não sendo o caso de revaloração das provas. 4. Verifica-se que o acórdão proferido pelo Tribunal de origem fundamentou, claramente, o posicionamento por ele defendido, de modo a prestar a jurisdição que lhe foi postulada, notadamente em relação à apontada prescrição (e-STJ, fl. 355) quanto à questão da tradição do veículo (e-STJ, fls. 357-358). 5. Agravo interno a que se nega provimento. (AgInt no AREsp 999.384; SP; Terceira Turma; Rel. Min. Marco Aurélio Bellizze; Julg. 17/08/2017; DJe 30/08/2017)

Exemplo de decisão monocrática dando provimento a recurso, fundada em jurisprudência dominante (vide caput do art. 932)

✓ PROCESSO CIVIL. AMBIENTAL. AGRAVO INTERNO NOS EMBARGOS DE DECLARAÇÃO NO RECURSO ESPECIAL. TRANSPORTAR OU COMERCIALIZAR MADEIRAS EM TORAS SEM A DEVIDA COBERTURA DE ATPF. INOVAÇÃO RECURSAL. DESCABIMENTO. APLICAÇÃO DE MULTA. ART. 14, I, DA LEI 6.938/1981. JULGAMENTO MONOCRÁTICO. VIABILIDADE. 1. A decisão agravada está fundamentada no art. 932, V, do CPC/2015, c/c o art. 255, § 4º, III, do RISTJ, que autoriza o relator a dar provimento ao recurso especial quando o acórdão recorrido for contrário a entendimento firmado em jurisprudência consolidada do Superior Tribunal de Justiça. 2. No caso, o julgamento do recurso deu-se de forma monocrática, uma vez que o acórdão combatido destoa do entendimento firmado por esta Corte segundo o qual a conduta consistente em transportar ou comercializar madeiras em toras, sem a devida cobertura de ATPF, autoriza a imposição de multa com base no art. 14, I, da Lei

6.938/1981. 3. As alegações voltadas ao restabelecimento da decisão declaratória da nulidade do ato administrativo que deu origem ao ato de infração de que cuidam os autos não foram trazidos à baila por ocasião das contrarrazões ao recurso especial, sendo certo que a ora agravante nem sequer as apresentou no prazo oferecido. Trata-se, pois, de indevida inovação recursal. 4. Agravo interno conhecido em parte e, nessa extensão, não provido. (AgInt nos EDcl no REsp 1340361/MA; Segunda Turma; Rel. Min. Og Fernandes; Julg. 17/08/2017; DJe 23/08/2017)

VI – decidir o incidente de desconsideração da personalidade jurídica, quando este for instaurado originariamente perante o tribunal;

→ *v.* Art. 133 e seguintes do NCPC.

VII – determinar a intimação do Ministério Público, quando for o caso;

→ *v.* Art. 178 do NCPC.

VIII – exercer outras atribuições estabelecidas no regimento interno do tribunal.

Mais um argumento – a partir do RISTJ – a justificar o julgamento monocrático com base em jurisprudência dominante

✓ AGRAVO REGIMENTAL NO AGRAVO EM RECURSO ESPECIAL. FURTO QUALIFICADO. PRINCÍPIO DA COLEGIALIDADE. ART. 932, VIII, DO CPC, C/C O ART. 253, PARÁGRAFO ÚNICO, II, "B", PARTE FINAL, DO RISTJ. SÚMULA N. 568 DO STJ. RECURSO CONTRÁRIO À JURISPRUDÊNCIA DOMINANTE SOBRE O TEMA. FUNDAMENTOS DA DECISÃO AGRAVADA NÃO INFIRMADOS. SÚMULA N. 182 DO STJ. AGRAVO REGIMENTAL NÃO PROVIDO. 1. Não há falar em ofensa ao princípio da colegialidade quando a decisão monocrática é proferida em obediência ao art. 932, VIII, do Código de Processo Civil, c/c o art. 253, parágrafo único, II, "b", parte final, do Regimento Interno do Superior Tribunal de Justiça e ao enunciado contido no verbete sumular n. 568 desta Corte Superior, que franqueiam ao relator a possibilidade de julgar monocraticamente recurso especial contrário à jurisprudência dominante do Superior Tribunal de Justiça, como na hipótese. 2. É ônus do agravante infirmar as causas específicas da decisão agravada, sob pena de incidência da Súmula n. 182 do STJ. 3. Nas razões do agravo regimental, a defesa deixou de comprovar, com base em julgados desta Corte Superior, a impossibilidade de utilização simultânea da reincidência para fixar regime mais gravoso de cumprimento de pena e para negar a substituição da reprimenda privativa de liberdade por restritiva de direitos, bem como não demonstrou, com base em dados concretos dos autos, que, caso descontado o período de prisão preventiva da ré, ela teria direito à imposição do regime semiaberto. 4. Agravo regimental não provido. (AgRg no AREsp 1006099; SP; Sexta Turma; Rel. Min. Rogerio Schietti Cruz; Julg. 15/08/2017; DJe 24/08/2017)

Parágrafo único. Antes de considerar inadmissível o recurso, o relator concederá o prazo de 5 (cinco) dias ao recorrente para que seja sanado vício ou complementada a documentação exigível.

→ *v.* Enunciado 82 do FPPC: É dever do relator, e não faculdade, conceder o prazo ao recorrente para sanar o vício ou complementar a documentação exigível, antes de inadmitir qualquer recurso, inclusive os excepcionais.

→ *v.* Enunciado 83 do FPPC: Fica superado o enunciado 115 da súmula do STJ após a entrada em vigor do CPC ("Na instância especial é inexistente recurso interposto por advogado sem procuração nos autos").

→ *v.* Enunciado 197 do FPPC: Aplica-se o disposto no parágrafo único do art. 932 aos vícios sanáveis de todos os recursos, inclusive dos recursos excepcionais.

→ *v.* Enunciado 463 do FPPC: O parágrafo único do art. 932 e o art. 933 devem ser aplicados aos recursos interpostos antes da entrada em vigor do CPC de 2015 e ainda pendentes de julgamento.

→ *v.* Enunciado 550 do FPPC: A inexistência de repercussão geral da questão constitucional discutida no recurso extraordinário é vício insanável, não se aplicando o dever de prevenção de que trata o parágrafo único do art. 932, sem prejuízo do disposto no art. 1.033 do FPPC.

→ *v.* Enunciado 551 do FPPC: Cabe ao relator, antes de não conhecer do recurso por intempestividade, conceder o prazo de cinco dias úteis para que o recorrente prove qualquer causa de prorrogação, suspensão ou interrupção do prazo recursal a justificar a tempestividade do recurso.

→ *v.* Enunciado 593 do FPPC: Antes de inadmitir o recurso especial ou recurso extraordinário, cabe ao presidente ou vice-presidente do tribunal recorrido conceder o prazo de cinco dias ao recorrente para que seja sanado o vício ou complementada a documentação exigível, nos termos do parágrafo único do art. 932.

→ v. Enunciado 66 do CJF– Admite-se a correção da falta de comprovação do feriado local ou da suspensão do expediente forense, posteriormente à interposição do recurso, com fundamento no art. 932, parágrafo único, do CPC.

→ v. Enunciado 73 do CJF– Para efeito de não conhecimento do agravo de instrumento por força da regra prevista no § 3º do art. 1.018 do CPC, deve o juiz, previamente, atender ao art. 932, parágrafo único, e art. 1.017, § 3º, do CPC, intimando o agravante para sanar o vício ou complementar a documentação exigível.

→ v. Enunciado administrativo 5 do STJ: Nos recursos tempestivos interpostos com fundamento no CPC/15 (relativos a decisões publicadas até 17 de março de 2016), não caberá abertura de prazo previsto no art. 932, parágrafo único, c/c o art. 1.029, §3º, do novo CPC para que a parte sane vício estritamente formal.

→ v. Enunciado administrativo 6 do STJ: Nos recursos tempestivos interpostos com fundamento no CPC/15 (relativos a decisões publicadas a partir de 18 de março de 2016), somente será concedido o prazo previsto no art. 932, parágrafo único, c/c o art. 1.029, §3º, do novo CPC para que a parte sane vício estritamente formal.

Prevalência do art. 1.003, § 6º em relação ao art. 932, p.u., quanto à comprovação do feriado local (decisão da Corte Especial do STJ, em sentido contrário ao Enunciado 66/CJF)

✓ AGRAVO INTERNO NO AGRAVO EM RECURSO ESPECIAL. FERIADO LOCAL. COMPROVAÇÃO. ATO DE INTERPOSIÇÃO DO RECURSO. 1. O propósito recursal é dizer, à luz do CPC/15, sobre a possibilidade de a parte comprovar, em agravo interno, a ocorrência de feriado local, que ensejou a prorrogação do prazo processual para a interposição do agravo em recurso especial. 2. O art. 1.003, § 6º, do CPC/15, diferentemente do CPC/73, é expresso no sentido de que "o recorrente comprovará a ocorrência de feriado local no ato de interposição do recurso".. Conquanto se reconheça que o novo Código prioriza a decisão de mérito, autorizando, inclusive, o STF e o STJ a desconsiderarem vício formal, o § 3º do seu art. 1.029 impõe, para tanto, que se trate de "recurso tempestivo". 4. A intempestividade é tida pelo Código atual como vício grave e, portanto, insanável. Daí porque não se aplica à espécie o disposto no parágrafo único do art. 932 do CPC/15, reservado às hipóteses de vícios sanáveis. 5. Seja em função de previsão expressa do atual Código de Processo Civil, seja em atenção à nova orientação do STF, a jurisprudência construída pelo STJ à luz do CPC/73 não subsiste ao CPC/15: ou se comprova o feriado local no ato da interposição do respectivo recurso, ou se considera intempestivo o recurso, operando-se, em consequência, a coisa julgada. 6. Agravo interno desprovido. (AgInt no AREsp 957.821; MS; Corte Especial; Rel. Min. Raul Araújo, Rel. p/ Acórdão Min. Nancy Andrighi; Julg. 20/11/2017; DJe 19/12/2017)

Inaplicabilidade do art. 932, p.u. no caso de violação ao princípio da dialeticidade (art. 932, III)

✓ APELAÇÃO. CONSUMIDOR. RECURSO INADMISSÍVEL, POIS NÃO COMBATE OS FUNDAMENTOS DA SENTENÇA. Ofensa ao princípio da dialeticidade. Inaplicabilidade de abertura de prazo do art. 932, parágrafo único do CPC/15. Entendimento STF. Informativo 829. RECURSO NÃO CONHECIDO. (TJRJ; APL 0067499-13.2011.8.19.0001; Rio de Janeiro; Vigésima Sétima Câmara Cível Consumidor; Relª Desª Maria Luiza de Freitas Carvalho; DORJ 25/09/2017; Pág. 455)

Após concessão do prazo para regularização de vicio, se não houver a correção, o recurso não será conhecido

✓ AGRAVO INTERNO NO AGRAVO EM RECURSO ESPECIAL. PROCESSUAL. AUSÊNCIA DE PROCURAÇÃO. INTIMAÇÃO. ART. 932, PARÁGRAFO ÚNICO, CPC/2015. TRANSCURSO DO PRAZO. INÉRCIA DA PARTE. AGRAVO NÃO CONHECIDO. 1. Não se conhece do recurso quando a parte, após intimada para regularizar sua representação processual - art. 932, parágrafo único, do CPC/2015 -, deixa transcorrer in albis o prazo para o saneamento do vício, nos termos do art. 76, § 2º, I, do CPC/2015, 2. Agravo interno não conhecido. (AgInt no AREsp 1069808/RS; Terceira Turma; Rel. Min. Marco Aurélio Bellizze; Julg. 17/08/2017; DJe 30/08/2017)

Art. 933. Se o relator constatar a ocorrência de fato superveniente à decisão recorrida ou a existência de questão apreciável de ofício ainda não examinada que devam ser considerados no julgamento do recurso, intimará as partes para que se manifestem no prazo de 5 (cinco) dias.

→ *v.* Enunciado 463 do FPPC: O parágrafo único do art. 932 e o art. 933 devem ser aplicados aos recursos interpostos antes da entrada em vigor do CPC/2015 e ainda pendentes de julgamento.

→ *v.* Enunciado 522 do FPPC: O relatório nos julgamentos colegiados tem função preparatória e deverá indicar as questões de fato e de direito relevantes para o julgamento e já submetidas ao contraditório.

→ *v.* Enunciado 594 do FPPC: O art. 933 incide no controle concentrado-abstrato de constitucionalidade.

Julgado apontando que a manifestação prévia das partes é necessária antes do não conhecimento do recurso

✓ PROCESSO CIVIL. LISTISPENDÊNCIA. EXAME DA INICIAL E DOCUMENTOS JUNTADOS DO PROCESSO ANTERIOR. IDENTIDADE DE PARTES, PEDIDO E CAUSA DE PEDIR. EXTINÇÃO. Infere-se do exame dos autos que há identidade de partes, de pedido e da causa de pedir em relação à ação anteriormente ajuizada e ainda em curso, à vista da emenda da petição inicial ali realizada, configurando-se a hipótese de litispendência. Preliminar acolhida. Prazo concedido às partes para manifestação na forma do art. 933 do CPC. Processo extinto, sem resolução do mérito, na forma do art. 485, V do CPC. (TJSP; APL 0000985-37.2013.8.26.0220; Ac. 10719434; Guaratinguetá; Décima Quinta Câmara de Direito Privado; Rel. Des. Luiz Arcuri; Julg. 22/08/2017; DJESP 05/09/2017; Pág. 2100)

Julgado apontando que a manifestação prévia das partes é necessária antes do não conhecimento do recurso, mas somente se o vício for sanável

✓ PRELIMINAR DE OFÍCIO DE NÃO CONHECIMENTO DO RECURSO. INTIMAÇÃO DO RECORRENTE. ART. 933 DO CPC. O processo deverá ser convertido em diligencia para que, nos termos do art. 10 c/c art. 933 do CPC, sejam intimadas as partes a se manifestarem. V.V. Desnecessária a intimação das partes para manifestar quando se tratar de vício não sanável. (TJMG; AI 1.0378.09.028870-5/009; Rel. Des. Pedro Aleixo; Julg. 23/08/2017; DJEMG 01/09/2017)

§ 1º Se a constatação ocorrer durante a sessão de julgamento, esse será imediatamente suspenso a fim de que as partes se manifestem especificamente.

→ *v.* Enunciado 595 do FPPC: No curso do julgamento, o advogado poderá pedir a palavra, pela ordem, para indicar que determinada questão suscitada na sessão não foi submetida ao prévio contraditório, requerendo a aplicação do §1º do art. 933.

→ *v.* Enunciado 614 do FPPC: Não tendo havido prévia intimação do embargado para apresentar contrarrazões aos embargos de declaração, se surgir divergência capaz de acarretar o acolhimento com atribuição de efeito modificativo do recurso durante a sessão de julgamento, esse será imediatamente suspenso para que seja o embargado intimado a manifestar-se no prazo do §2º do art. 1.023.

→ v. Enunciado 60 do CJF: É direito das partes a manifestação por escrito, no prazo de cinco dias, sobre fato superveniente ou questão de ofício na hipótese do art. 933, § 1º do CPC, ressalvada a concordância expressa com a forma oral em sessão.

§ 2º Se a constatação se der em vista dos autos, deverá o juiz que a solicitou encaminhá-los ao relator, que tomará as providências previstas no *caput* e, em seguida, solicitará a inclusão do feito em pauta para prosseguimento do julgamento, com submissão integral da nova questão aos julgadores.

Art. 934. Em seguida, os autos serão apresentados ao presidente, que designará dia para julgamento, ordenando, em todas as hipóteses previstas neste Livro, a publicação da pauta no órgão oficial.

→ *v.* Enunciado 649 do FPPC: A retomada do julgamento após devolução de pedido de vista depende de inclusão em nova pauta, a ser publicada com antecedência mínima de cinco dias, ressalvada a hipótese de o magistrado que requereu a vista declarar que levará o processo na sessão seguinte.

Art. 935. Entre a data de publicação da pauta e a da sessão de julgamento decorrerá, pelo menos, o prazo de 5 (cinco) dias, incluindo-se em nova pauta os processos que não tenham sido julgados, salvo aqueles cujo julgamento tiver sido expressamente adiado para a primeira sessão seguinte.

→ *v.* Enunciado 84 do FPPC: A ausência de publicação da pauta gera nulidade do acórdão que decidiu o recurso, ainda que não haja previsão de sustentação oral, ressalvada, apenas, a hipótese do §1º do art. 1.024, na qual a publicação da pauta é dispensável.

→ *v.* Enunciado 198 do FPPC: Identificada a ausência ou a irregularidade de publicação da pauta, antes de encerrado o julgamento, incumbe ao órgão julgador determinar sua correção, procedendo a nova publicação.

→ *v.* Enunciado 650 do FPPC: Os embargos de declaração, se não submetidos a julgamento na primeira sessão subsequente à sua oposição, deverão ser incluídos em pauta.

<u>A falta de publicação da pauta acarreta nulidade do julgamento, mesmo nos Juizados</u>

✓ JUIZADO ESPECIAL CÍVEL. EMBARGOS DE DECLARAÇÃO. PUBLICAÇÃO DA PAUTA DE JULGAMENTO. ERRO. PREJUÍZO. NULIDADE DO ACÓRDÃO. EMBARGOS CONHECIDOS E ACOLHIDOS. 1. Trata-se de Embargos de Declaração, em que o embargante alega, em síntese, que houve erro na divulgação da pauta de julgamento do recurso inominado, violação ao prazo estabelecido no artigo 935 do CPC e omissão quanto a fato novo (Art. 489, §1º, inciso IV, do CPC). 2. Nesse passo, deve-se esclarecer que constitui pressuposto intrínseco dos Embargos de Declaração a obscuridade, contradição, omissão ou erro material de qualquer decisão judicial (art. 48 da Lei nº 9.099/95 c/c artigo 1.022, CPC). 3. No presente caso, razão assiste ao embargante quanto ao erro na divulgação da pauta de julgamento. 4. Com efeito, constou na publicação oficial que ocorreria o julgamento de embargos de declaração e não do recurso inominado interposto pela autora (ID 1384431 pág. 2). A apreciação do recurso inominado sem a prévia e regular intimação do patrono da parte acerca da sessão de julgamento evidencia erro capaz de causar prejuízo irreparável, diante do cerceamento de defesa, razão por que deve ser anulado o respectivo julgamento (Art. 45 da Lei nº. 9.099/95 e Arts. 194, 195 e 272, §2º, do CPC). 5. Nesses lindes, ACOLHO os presentes embargos de declaração, a fim de ANULAR O ACÓRDÃO EMBARGADO, devendo o feito prosseguir, com a designação de nova data para julgamento do recurso inominado pendente de apreciação. 6. Decisão proferida nos termos do art. 46 da Lei nº. 9.099/95. (Proc 0707.49.8.332016-8070016; Ac. 101.9950; Primeira Turma Recursal dos Juizados Especiais Cíveis e Criminais; Rel. Des. Fabrício Fontoura Bezerra; Julg. 25/05/2017; DJDFTE 28/08/2017)

<u>Se o julgamento é adiado para a sessão seguinte, desnecessária nova publicação de pauta</u>

✓ -PROCESSUAL CIVIL. EMBARGOS DE DECLARAÇÃO. OMISSÃO E CONTRADIÇÃO. INOCORRÊNCIA. 1. Embargos de declaração opostos contra acórdão do Pleno deste Regional, que deu provimento aos embargos infringentes manejados pelo INSS para, negando provimento ao apelo da parte autora, manter a r. Sentença que havia julgado improcedente o pedido de concessão de aposentadoria por idade, por entender que o demandante não comprovou sua qualidade de trabalhador rural. 2. O demandante sustenta que há omissão/contradição no aresto, eis que não houve pronunciamento quanto: c) aos documentos contemporâneos acostados aos autos, que demonstram o exercício da atividade rural; b) ao caráter meramente exemplificativo do art. 106 da Lei nº 8.213/91; c) à ocorrência de cerceamento de defesa, uma vez que o julgamento do processo, designado para o dia 10.08.2016, foi realizado na sessão subsequente (17.08.2016), sem a prévia comunicação do adiamento. 3. Nos termos do art. 1.022 do NCPC (Lei nº 13.105/15), cabem embargos declaratórios para esclarecer obscuridade ou eliminar contradição (inc. I); suprir omissão de ponto ou questão sobre o que deveria ter-se pronunciado o juiz, de ofício ou a requerimento (inc. II), e para corrigir erro material (inc. III). 4. Em que pese a argumentação do embargante, não restou demonstrada a ocorrência de qualquer vício no acórdão recorrido. Na verdade, a simples leitura do julgado demonstra que a matéria trazida a desate foi devidamente apreciada, buscando o recorrente, a rigor, apenas a rediscussão do julgado, o qual, diante do arcabouço probatório, firmou o entendimento no sentido de que: "No caso concreto, não servem como início de prova material do labor rural os documentos trazidos aos autos pelo demandante. Com efeito, a declaração de exercício de atividade rural fornecida pelo Sindicato Rural (períodos de 1965 a 1974, 1985 a 2003 e 2007 a 2012) baseou-se, única e exclusivamente, nas informações prestadas verbalmente pelo próprio autor da ação, conforme expressamente ressalvado na própria declaração, e foi confeccionada um dia antes da data do requerimento administrativo, em 28/08/2012. Já os demais documentos colacionados. Certificado de dispensa militar, relativo ao ano de 1973, bem como as cópias das atas de reuniões sindicais, nas quais constam, ao final de cada lista de presentes, a assinatura do demandante., são, isoladamente considerados, insuficientes para o fim de provar a prática de atividades rurais, por todo o tempo pretendido. Registre-se que, quanto às referidas atas, não há indicação de que foram produzidas junto ao Sindicato de Trabalhadores Rurais, não ostentando credibilidade. " 5. Em relação ao alegado cerceamento de defesa, é tranquilo o entendimento de que, tendo sido adiado o julgamento do recurso para a sessão subsequente, mostra-se despicienda nova intimação da defesa, em consonância, inclusive, com a ressalva a que alude o art. 935, parte final, do CPC/2015 (Entre a data de publicação da pauta e a da sessão de julgamento decorrerá, pelo menos, o prazo de 5 (cinco) dias, incluindo-se em nova pauta os processos que não tenham sido julgados, salvo aqueles cujo julgamento tiver sido expressamente adiado para a primeira sessão seguinte), não havendo, também em relação a essa questão, qualquer vício a ser sanado, uma vez que, incluído o processo na pauta do dia 10.08.2016, houve o seu julgamento na sessão realizada 17.08.2016. 6. Embargos declaratórios desprovidos. (TRF 5ª R.; EINFAC 0004567-83.2014.4.05.9999; PB; Tribunal Pleno; Rel. Des. Fed. Paulo Machado Cordeiro; DEJF 22/06/2017; Pág. 13)

✓ PROCESSUAL CIVIL. EMBARGOS DE DECLARAÇÃO. OFENSA AO ART. 1.022 DO CPC DE 2015. NÃO CONFIGURADA. REDISCUSSÃO DA MATÉRIA DE MÉRITO. IMPOSSIBILIDADE. ADMINISTRATIVO. AÇÃO CIVIL PÚBLICA. IMPROBIDADE. NOMEAÇÃO DE PARENTES PARA CARGOS EM COMISSAO. CERCEAMENTO DE DEFESA. SÚMULA Nº 7/STJ. DEFICIÊNCIA NA FUNDAMENTAÇÃO. SÚMULA Nº 284/STF. 1. Quanto à questão referente ao art. 935 do CPC/2015, o STJ entende que o simples adiamento do julgamento do recurso, sem retirada de pauta, dispensa, em princípio, a publicação de nova intimação das partes. Extrai-se da leitura do andamento do presente processo que o Agravo Interno dos embargantes constava na pauta de julgamento do dia 21/2/2017, tendo sido publicada no dia 10/2/2017. Observa-se que, no dia 21/2/2017, por indicação do Ministro Relator, o julgamento foi adiado. Posteriormente, no dia 4/3/2017, há referência de que o recurso havia sido incluído em mesa para julgamento em sessão designada para dia 7/3/2017, data esta na qual foi julgado o recurso. De acordo com o calendário de Sessões e Julgamentos constante no site desse Tribunal, nota-se que o recurso foi incluído para julgamento na primeira sessão seguinte a do adiamento (7/3/2017), atendendo assim ao disposto no artigo 935 do CPC. 2. No mais, o acórdão embargado consignou que após exame do contexto fático-probatório, tanto o Juízo de primeira instância quanto o Tribunal de origem entenderam que os documentos constantes dos autos eram suficientes para a solução da controvérsia, razão pela qual descabe a alegação de cerceamento de defesa. Com efeito, o STJ possui orientação no sentido de que cabe ao magistrado verificar a existência de provas suficientes nos autos para ensejar o julgamento antecipado da lide ou indeferir a produção de provas consideradas desnecessárias, conforme o princípio do livre convencimento motivado ou da persuasão racional. Outrossim, extrai-se do acórdão objurgado e das razões do Recurso Especial que o acolhimento da pretensão recursal demandaria o reexame do contexto fático-probatório, o que não se admite ante o óbice da Súmula nº 7/STJ. No que diz respeito à alegação de ausência de provas de improbidade administrativa, além de incidir o disposto na Súmula nº 7/STJ, nota-se que o recorrente não indicou o dispositivo de Lei federal violado, o que atrai por analogia o óbice da Súmula nº 284/STF. 3. Ao contrário do que afirma a parte embargante, não há omissão no decisum embargado. As alegações dos embargantes denotam o intuito de rediscutir o mérito do julgado, e não o de solucionar omissão, contradição ou obscuridade. 4. A solução integral da controvérsia, com fundamento suficiente, não caracteriza ofensa ao art. 1.022 do CPC de 2015. Os Embargos Declaratórios não constituem instrumento adequado para a rediscussão da matéria de mérito. 5. Embargos de Declaração rejeitados. (STJ; EDcl-AgInt-AREsp 886.966; Proc. 2016/0072187-4; SP; Segunda Turma; Rel. Min. Herman Benjamin; DJE 12/09/2017)

<u>Se o julgamento é retirado de julgamento e julgado sem nova pauta, há nulidade</u>

✓ PROCESSUAL CIVIL. EMBARGOS DE DECLARAÇÃO. PRESSUPOSTO DE VALIDADE DO JULGADO. AUSÊNCIA. OMISSÃO. OCORRÊNCIA. 1. A reapresentação de recurso retirado por indicação do relator depende de nova inclusão em pauta (art. 935 do CPC/2015). 2. Realizado o julgamento sem a observância do referido dispositivo, está evidenciada a existência de omissão do acórdão embargado, relativo ao preenchimento do citado pressuposto de validade, cuja integração importa no reconhecimento de sua nulidade. 3. Embargos de declaração acolhidos, para anular o acórdão embargado e determinar a realização de novo julgamento do agravo interno, mediante oportuna inclusão em pauta. (STJ; EDcl-AgInt-EREsp 1.505.296; Proc. 2014/0324753-5; SP; Primeira Seção; Rel. Min. Gurgel de Faria; DJE 23/03/2017)

§ 1º Às partes será permitida vista dos autos em cartório após a publicação da pauta de julgamento.

§ 2º Afixar-se-á a pauta na entrada da sala em que se realizar a sessão de julgamento.

Art. 936. Ressalvadas as preferências legais e regimentais, os recursos, a remessa necessária e os processos de competência originária serão julgados na seguinte ordem:

→ *v.* Art. 12 do NCPC.I – aqueles nos quais houver sustentação oral, observada a ordem dos requerimentos;

II – os requerimentos de preferência apresentados até o início da sessão de julgamento;

III – aqueles cujo julgamento tenha iniciado em sessão anterior; e,

IV – os demais casos.

Art. 937. Na sessão de julgamento, depois da exposição da causa pelo relator, o presidente dará a palavra, sucessivamente, ao recorrente, ao recorrido e, nos casos de sua intervenção, ao membro do Ministério Público, pelo prazo improrrogável de 15 (quinze) minutos para cada um, a fim de sustentarem suas razões, nas seguintes hipóteses, nos termos da parte final do *caput* do art. 1.021:

→ *v.* Enunciado 61 do CJF: Deve ser franqueado às partes sustentar oralmente as suas razões, na forma e pelo prazo previsto no art. 937, caput, do CPC, no agravo de instrumento que impugne decisão de resolução parcial de mérito (art. 356, § 5º, do CPC).

→ *v.* Enunciado 649 do FPPC: É admissível sustentação oral na sessão de julgamento designada para o juízo de admissibilidade do incidente de resolução de demandas repetitivas ou do incidente de assunção de competência, sendo legitimados os mesmos sujeitos indicados nos arts. 984 e 947, §1º.

Descabimento de sustentação oral em embargos - ainda que em embargos opostos de recurso que admite sustentação oral

✓ EMBARGOS DE DECLARAÇÃO. Impugnação do fundamento do acórdão que negou provimento ao agravo de instrumento, com observação. Hipótese de vício atinente a nulidade do julgado. SUSTENTAÇÃO ORAL. EMBARGOS DE DECLARAÇÃO. NÃO CABIMENTO. A parte adverte que a decisão impugnada foi proferida no agravo de instrumento que versa sobre hipótese prevista no art. 937, inciso VIII, do Novo Código de Processo Civil. Interpretar que será possível sustentar oralmente a tese deduzida no plano de embargos de declaração significa ampliar o rol previsto no art. 937. Conferir interpretação extensiva para referida norma representa admitir a sustentação oral para o julgamento dos demais recursos taxativamente previstos. Aplicar, por analogia, a regra do inciso VIII do art. 937, para permitir a sustentação oral, como pretendem os embargantes, representa alterar a própria ratio legis, porque seguramente, se assim fosse possível, todas as decisões proferidas, por exemplo, em sede de recurso de apelação igualmente desafiariam a sustentação oral no julgamento dos respectivos embargos de declaração. Se efetivamente a ratio legis albergasse a aplicação por analogia e extensiva da norma, bastava que houvesse a estipulação de outro inciso, estipulando expressamente a sustentação oral no julgamento dos embargos de declaração para todas as decisões previstas no art. 937. ERRO MATERIAL. VÍCIO CONFIGURADO. Decisão colegiada sem oitiva dos agravados. Configuração do cerceamento de defesa. Nulidade da decisão colegiada. Necessidade de processamento do agravo de instrumento. ACOLHIDOS OS EMBARGOS DE DECLARAÇÃO INTERPOSTOS PELOS AUTORES. PREJUDICADO O EXAME DOS EMBARGOS DE DECLARAÇÃO DO MUNICÍPIO. (TJSP; EDcl 2221867-12.2015.8.26.0000; Ac. 9500968; Jundiaí; Nona Câmara de Direito Público; Rel. Des. José Maria Câmara Junior; Julg. 08/06/2016; DJESP 26/01/2017)

Julgado que aponta a desnecessidade de constar no acórdão o requerimento e indeferimento de sustentação oral, em caso no qual descabida a sustentação

✓ EMBARGOS DE DECLARAÇÃO EM AGRAVO DE INSTRUMENTO. INEXISTÊNCIA DE OMISSÃO. CONTRADIÇÃO. OBSCURIDADE OU ERRO. Os embargos de declaração destinam-se ao aperfeiçoamento do julgado, desde que presente algum dos vícios previstos no art. 1.022 do Código de Processo Civil. A ausência de menção do requerimento e indeferimento da sustentação oral não configura omissão do acórdão, especialmente quando não se trata evidentemente das hipóteses taxativas previstas no artigo 937 do Código de Processo Civil. Recurso conhecido e rejeitado. (TJMS; EDcl 1401665-66.2017.8.12.0000; Segunda Câmara Cível; Rel. Des. Vilson Bertelli; DJMS 27/06/2017; Pág. 57)

I – no recurso de apelação;

II – no recurso ordinário;

III – no recurso especial;

IV – no recurso extraordinário;

V – nos embargos de divergência;

VI – na ação rescisória, no mandado de segurança e na reclamação;

VII – (**Vetado**).

→ *v.* Redação Vetada: "VII – no agravo interno originário de recurso de apelação, de recurso ordinário, de recurso especial ou de recurso extraordinário;"

→ *v.* Razões de veto.

Descabimento de sustentação oral no agravo interno

✓ DIREITO PREVIDENCIÁRIO E PROCESSUAL CIVIL. AGRAVO INTERNO. CERCEAMENTO DE DEFESA. NÃO OCORRÊNCIA. SUSTENTAÇÃO ORAL. DESCABIMENTO. APOSENTADORIA ESPECIAL. RUÍDO. NÃO COMPROVAÇÃO. AGRAVO DESPROVIDO. 1. O feito processou-se com observância do contraditório e ampla defesa, inexistindo situação que possa levar prejuízo ao princípio do devido processo legal; não havendo nulidade por cerceamento da defesa, pois se evidencia, no caso vertente, a desnecessidade de dilação probatória (art. 355, I, do CPC). 2. Dispõe o art. 143, caput, do regimento interno do tribunal regional federal da 3ª região que: "não haverá sustentação oral no julgamento de agravos, de embargos de declaração e de arguição de suspeição ". Ademais, prevê o art. 937, em seu § 3º, do CPC, que, "nos processos de competência originária previstos no inciso VI, caberá sustentação oral no agravo interno interposto contra decisão de relator que o extinga ", ou seja, foram limitadas as hipóteses de cabimento à ação rescisória, ao mandado de segurança e à reclamação. 3. Não há que ser reconhecido como especial o período laborado entre 01/01/04 e 26/10/11, dada a exposição ao nível de ruído de 83 db, quando a exigência legal era de 85 db. 4. Reconhecido como especial somente o período de 06/03/97 a 31/12/03, deve ser averbado junto aos cadastros do INSS, não preenchendo a parte autora os requisitos necessários à concessão da aposentadoria especial. 5. Agravo desprovido. (TRF 3ª R.; AgInt-AC 0004876-77.2012.4.03.6104; Décima Turma; Rel. Des. Fed. Paulo Octávio Baptista Pereira; Julg. 28/06/2016; DEJF 07/07/2016)

VIII – no agravo de instrumento interposto contra decisões interlocutórias que versem sobre tutelas provisórias de urgência ou da evidência;

→ *v.* Enunciado 596 do FPPC: Será assegurado às partes o direito de sustentar oralmente no julgamento de agravo de instrumento que verse sobre tutela provisória e que esteja pendente de julgamento por ocasião da entrada em vigor do CPC de 2015, ainda que o recurso tenha sido interposto na vigência do CPC de 1973.

→ *v.* Enunciado 681 do FPPC: Cabe sustentação oral no julgamento do agravo de instrumento interposto contra decisão que versa sobre efeito suspensivo em embargos à execução ou em impugnação ao cumprimento de sentença.

Descabe sustentação oral em agravo que discuta condições da ação

✓ PROCESSUAL CIVIL. EMBARGOS DE DECLARAÇÃO. AÇÃO DE REPARAÇÃO POR DANOS MATERIAIS E MORAIS. INADIMPLEMENTO CONTRATUAL. QUESTÕES PRELIMINARES. NULIDADE DO ACÓRDÃO POR VIOLAÇÃO À DISPARIDADE DE ARMAS. NULIDADE DO JULGAMENTO EM RAZÃO DE DECISÕES RECURSAIS DISSONANTES ORIUNDAS DA MESMA DECISÃO AGRAVADA. REJEIÇÃO. ALEGAÇÃO DE CONTRADIÇÃO NA ANÁLISE DA PRELIMINAR DE ILEGITIMIDADE ATIVA DE ALGUNS EMBARGADOS. OMISSÃO QUANTO AOS MOTIVOS PELA ADOÇÃO DA TESE DE INADIMPLEMENTO CONTRATUAL E APLICAÇÃO DE PRAZO PRESCRICIONAL PREVISTO NO CÓDIGO CIVIL. NÃO OCORRÊNCIA. INTUITO DE REDISCUSSÃO DA MATÉRIA. IMPOSSIBILIDADE. VIA INADEQUADA. EMBARGOS REJEITADOS. 1. O fato de se ter deferido sustentação oral para a advogada dos ora embargados no julgamento do AGI 2016.00.2.003057-7 não tem o condão de macular de nulidade o presente acórdão sob o fundamento de violação da paridade de armas entre as partes, uma vez que tal sustentação foi realizada em outro recurso. Somente poder-se-ia aventar em tratamento desigual entre os patronos das partes se a então advogada das embargantes também tivesse se inscrito para fazer sustentação oral no julgamento do referido AGI e a ela tivesse sido negada a oportunidade. 2. De acordo com o art. 937 do CPC/2015 e com o art. 110 do RITJDFT somente é cabível sustentação oral pelo recorrente e recorrido no agravo de instrumento interposto contra decisões interlocutórias que versem sobre tutelas provisórias de urgência ou da evidência, o que não é o caso, pois a decisão agravada não tratou de tais questões, mas de condições da ação (legitimidade de partes) e de decadência e/ou prescrição para pleitear indenização. Assim, correto o indeferimento da sustentação oral requerida pelas embargantes por ocasião do julgamento do presente AGI. 3. Em que pese o Regimento Interno deste Tribunal estabelecer as hipóteses de distribuição por prevenção, não há qualquer previsão no sentido de que o mesmo quórum das Turmas deve julgar os recursos decorrentes das ações conexas e/ou da mesma decisão judicial agravada. Assim, as decisões proferidas por outros órgãos fracionários ou dentro da mesma Turma. A depender dos membros de composição., não vinculam seus Relatores e demais membros julgadores, não estando estes obrigados a seguir a interpretação já dada por outros, podendo formar sua livre convicção a respeito da matéria. 4. Para que os embargos de declaração sejam opostos e acolhidos, necessária a presença de alguma das hipóteses previstas no art. 1.023 do CPC/2015, até mesmo para fins de prequestionamento. 5. O fato de se ter consignado no acórdão que a legitimidade de alguns dos embargados deveria ser aferida mediante a aplicação da teoria da asserção, independentemente de terem adquirido o imóvel diretamente das embargantes, não caracteriza contradição na decisão. 6. Como os referidos embargados afirmaram ter sido vítimas de publicidade enganosa perpetrada pelas embargantes com relação a um dos portões do edifício, tal afirmação se mostra suficiente para que sejam considerados parte legítima para a ação, devendo a análise de subsunção destes à alegada propaganda enganosa e dos respectivos danos experimentos ser apreciada no mérito da causa, uma vez que com ele se confunde. 7. Não há se falar em apreciação de questões de mérito pelo fato de se ter reconhecido no acórdão a legitimidade de alguns embargados à luz da teoria da asserção, uma vez que não se adentrou no voto condutor na análise da alegação das embargantes de que não travaram relação contratual com tais embargados. 8. Não se vislumbra omissão quanto à adoção da tese de inadimplemento contratual em função de publicidade enganosa, pois, conforme ressaltado no voto condutor, o caso versado nos autos não se enquadra às hipóteses de vício ou fato do produto, mas na de inadimplemento contratual nas relações de consumo, que, por não ter previsão de um prazo específico na Lei de Regência para a extinção do direito material de buscar reparação, atrai a incidência do prazo prescricional de 10 anos previsto no art. 205 do Código Civil em observância ao diálogo das fontes. 9. O descumprimento contratual narrado nos autos não se enquadra na modalidade fato do produto como asseverado pelas embargantes. Ainda que de referido descumprimento contratual possa trazer prejuízo ao consumidor, não se está diante de um acidente de consumo propriamente dito. 10. Rejeitam-se os embargos de declaração se evidenciado que as embargantes não lograram demonstrar qualquer omissão e/ou contradição no julgado impugnado, apresentando o recurso no intuito de obter a reapreciação da matéria já decidida e fazer prevalecer suas teses, o que não se mostra possível na estreita via dos embargos. 11. Embargos de declaração conhecidos, questões preliminares rejeitadas e, no mérito, desprovidos. (TJDF; AGI 2016.00.2.003114-5; Ac. 975.134; Quinta Turma Cível; Relª Desª Maria Ivatônia; Julg. 19/10/2016; DJDFTE 08/11/2016)

IX – em outras hipóteses previstas em lei ou no regimento interno do tribunal.

§ 1º A sustentação oral no incidente de resolução de demandas repetitivas observará o disposto no art. 984, no que couber.

§ 2º O procurador que desejar proferir sustentação oral poderá requerer, até o início da sessão, que o processo seja julgado em primeiro lugar, sem prejuízo das preferências legais.

Compete à parte requerer a sustentação oral, nos casos em que cabível sua realização

✓ PROCESSUAL CIVIL. EMBARGOS DE DECLARAÇÃO. OBSCURIDADE E OMISSÃO. INOCORRÊNCIA. 1. Os embargos de declaração têm por escopo sanar decisão judicial eivada de obscuridade, contradição, omissão ou erro material. 2. Na vigência das regras implementadas pela Lei n. 13.105/2015, não é o Agravo em Recurso Especial (art. 1.042, CPC/2015) o recurso que será incluído em pauta, embora a referência numérica do protocolo judicial a ele se refira, mas o próprio Recurso Especial a ser julgado em conjunto. Incluído em pauta o recurso de Agravo em Recurso Especial, da qual devidamente intimadas as partes interessadas, é ônus do procurador/advogado requerer ao Órgão julgador a oportunidade de sustentar oralmente suas alegações, nos termos do § 2º do art. 937 do CPC/2015. 3. Hipótese em que o acórdão embargado se apoia em fundamentação clara, coerente e suficiente ao embasamento de sua conclusão, tendo declinado expressamente o benefício fiscal a que se refere a pretensão autoral, bem como consignado a natureza infraconstitucional da matéria. 4. Embargos de declaração de Ctil Logística Ltda. E do Estado do Rio Grande do Sul rejeitados. (STJ; EDcl-AREsp 851.938; Proc. 2016/0018484-9; RS; Primeira Turma; Rel. Min. Gurgel de Faria; DJE 14/11/2016)

§ 3º Nos processos de competência originária previstos no inciso VI, caberá sustentação oral no agravo interno interposto contra decisão de relator que o extinga.

Ainda que o agravo interno tenha de ser pautado no CPC/2015, apenas nos casos específicos deste artigo é que cabe a sustentação oral

✓ PROCESSO CIVIL. AGRAVO INTERNO NO AGRAVO INTERNO NO AGRAVO EM RECURSO ESPECIAL. RECURSO MANEJADO SOB A ÉGIDE DO NCPC. COBERTURA SECURITÁRIA. CLÁUSULA RESTRITIVA. DEVER DE INFORMAÇÃO. CONHECIMENTO DA EXCLUSÃO CONTRATUAL PELO BENEFICIÁRIO. REFORMA DO JULGADO. NECESSIDADE DE REEXAME DE MATÉRIA FÁTICO-PROBATÓRIA. INCIDÊNCIA DA SÚMULA Nº 7 DO STJ. DISSÍDIO JURISPRUDENCIAL. INEXISTÊNCIA DE SIMILITUDE FÁTICA. RECURSO MANIFESTAMENTE INADMISSÍVEL. INCIDÊNCIA DA MULTA DO ART. 1.021, § 4º, DO NCPC. AGRAVO NÃO PROVIDO. 1. O presente agravo interno foi interposto contra decisão publicada na vigência do NCPC, razão pela qual devem ser exigidos os requisitos de admissibilidade recursal na forma nele prevista, nos termos do enunciado nº 3 aprovado pelo plenário do STJ na sessão de 9/3/2016: aos recursos interpostos com fundamento no CPC/2015 (relativos a decisões publicadas a partir de 18 de março de 2016) serão exigidos os requisitos de admissibilidade recursal na forma do novo CPC. 2. Para confrontar a conclusão do tribunal de base (que entendeu que a informação acerca da cláusula excludente de cobertura estava clara e o segurado sobre ela tinha conhecimento) com as alegações recursais (de que não houve informação clara e adequada e a seguradora não demonstrou que o segurado tinha conhecimento da restrição contratual), seria necessário que o STJ se imiscuísse no arcabouço fático-probatório da demanda, procedimento vedado na via especial, por incidência da Súmula nº 7 desta corte superior. 3. A divergência jurisprudencial não ficou demonstrada porque, na hipótese dos autos, afastou-se a indenização securitária porque há cláusula excludente de cobertura, estampada de modo claro no contrato e houve expresso conhecimento pelo segurado. Lado outro, o aresto paradigma, verificando a divergência entre o número da apólice e o constante no contrato, bem como a ausência de assinatura no documento em que há cláusula de redução de cobertura, entendeu que o segurado não fora devidamente informado da exclusão que motivou a negativa do seguro. Está claro, portanto, que, embora ambos os julgados sejam sobre seguro renda protegida, as situações concretas verificadas em cada um deles são absolutamente distintas. 4. A inclusão do julgamento do agravo interno em pauta é procedimento previsto no art. 1.021, § 2º, do NCPC, e prescinde de requerimento. Por sua vez, a sustentação oral somente é cabível em recurso manejado contra decisão de relator que extinguir processos de competência originária, conforme art. 937, § 3º, do NCPC. O que não é o caso. 5. Em virtude do não provimento do presente recurso, e da anterior advertência em relação à incidência do NCPC, incide ao caso a multa prevista no art. 1.021, § 4º, do NCPC, no percentual de 3% sobre o valor atualizado da causa, ficando a interposição de qualquer outro recurso condicionada ao depósito da respectiva quantia, nos termos do § 5º daquele artigo de Lei. 6. Agravo interno não provido, com imposição de multa. (STJ; AgInt-AgInt-AREsp 1.040.480; Proc. 2016/0334965-0; SP; Terceira Turma; Rel. Min. Moura Ribeiro; DJE 06/09/2017)

Descabe sustentação oral no agravo interno interposto de decisão monocrática que julgou recurso especial

✓ AGRAVO INTERNO NO RECURSO ESPECIAL. AÇÃO INDENIZATÓRIA. DECISÃO MONOCRÁTICA QUE NEGOU PROVIMENTO AO RECLAMO. INSURGÊNCIA DA AUTORA. 1. Descabida a sustentação oral em agravo interno, nos termos do artigo 159, inciso IV, do RISTJ, visto que somente será admitida em recurso manejado contra decisão de relator que extinguir processos de competência originária, conforme artigo 937, § 3º, do NCPC, que não é o caso dos autos. 2. A ausência de enfrentamento da matéria objeto da controvérsia pelo Tribunal de origem, não obstante a oposição de embargos de declaração, impede o acesso à instância especial, porquanto não preenchido o requisito constitucional do prequestionamento, nos termos da Súmula nº 211 do STJ. 2. 1. Na hipótese, não foi apontada violação do artigo 535 do CPC/73, vigente à época, a fim de que esta Corte pudesse averiguar a existência de possível omissão no julgado quanto ao tema. 3. Agravo interno desprovido. (STJ; AgInt-REsp 1.235.797; Proc. 2011/0019666-6; SP; Quarta Turma; Rel. Min. Marco Buzzi; DJE 15/09/2017)

§ 4º É permitido ao advogado com domicílio profissional em cidade diversa daquela onde está sediado o tribunal realizar sustentação oral por meio de videoconferência ou outro recurso tecnológico de transmissão de sons e imagens em tempo real, desde que o requeira até o dia anterior ao da sessão.

Cabimento da sustentação oral por meio eletrônico (desde que o tribunal tenha a tecnologia necessária para isso)

✓ HABEAS CORPUS. SUSTENTAÇÃO ORAL POR VIDEOCONFERÊNCIA. PREVISÃO NO NOVO CÓDIGO DE PROCESSO CIVIL. POSSIBILIDADE. PRELIMINAR. DESENTRANHAMENTO DE DOCUMENTOS CONSTANTES DO IPM. REJEIÇÃO. MÉRITO. TRANCAMENTO DO IPM. AUSÊNCIA DE JUSTA CAUSA. INOCORRÊNCIA. APURAÇÃO DE TRANSGRESSÃO DISCIPLINAR. NÃO CONFIGURAÇÃO DE BIS IN IDEM. ORIENTAÇÃO DO ART. 37, PARÁGRAFO ÚNICO, DA PORTARIA N. 01-DLOG. NECESSIDADE DE INVESTIGAÇÃO DE ATUAÇÃO COM IMPRUDÊNCIA, NEGLIGÊNCIA, IMPERÍCIA OU DE PRÁTICA DE CRIME MILITAR. PRESENÇA DE INDÍCIOS DE DELITO CASTRENSE. ORDEM DENEGADA. I. Diante da previsão do art. 937, § 4º, do Novo Código de Processo Civil, é possível o deferimento de requerimento de sustentação oral por videoconferência. II. Preliminar. Em que pese o Impetrante ter solicitado o desentranhamento de documentos sob a fundamentação de que não se referem aos fatos objeto do habeas corpus e que não constariam do Inquérito Policial Militar, eles estao devidamente encartados nos autos do procedimento investigativo, bem como tem relação com a narrativa fática analisada nos autos em destaque. Rejeição. III. A apuração de prática de transgressão disciplinar pelo Paciente não exclui a possibilidade de instauração de IPM se vislumbrados indícios de conduta enquadrada como crime militar. Ademais, a conduta apurada por meio do Formulário de Apuração de Transgressão Disciplinar é diversa daquela investigada no procedimento investigativo. IV. O conteúdo do art. 37, parágrafo único, da Portaria n. 01-DLog, de 17.1.2006, do Departamento Logístico do Exército é legítimo, visto que visa consagrar a responsabilidade do militar pela guarda e pelo manejo de seu armamento, evitando atuação imprudente, imperita ou negligente, bem como evitar que a arma seja objeto de comércio ilegal ou outra conduta ilícita. Precedentes deste Tribunal. V. A doutrina e a jurisprudência se alinham sobre a excepcionalidade do encerramento prematuro e anômalo do Inquérito Policial, admitindo tal medida apenas em situações extremadas, de modo a não incorrer no risco de coactar as atividades próprias da polícia investigativa e do Ministério Público, inviabilizando a apuração das condutas delituosas. VI. Preliminar rejeitada. Ordem denegada. Liminar cassada. Decisão unânime. (STM; HC 168-19.2017.7.00.0000; RS; Tribunal Pleno; Rel. Min. Péricles Aurélio Lima de Queiroz; DJSTM 08/09/2017)

Art. 938. A questão preliminar suscitada no julgamento será decidida antes do mérito, deste não se conhecendo caso seja incompatível com a decisão.

→ *v.* Enunciado 645 do FPPC: Ao relator se conferem os poderes e os deveres do art. 139.

→ *v.* Enunciado 647 do FPPC: A tutela provisória pode ser concedida pelo relator liminarmente ou após justificação prévia.

→ *v.* Enunciado 652 do FPPC: Cada questão preliminar suscitada será objeto de votação específica no julgamento.

Se a preliminar é acolhida, a análise do mérito fica prejudicada

✓ EMBARGOS DE DECLARAÇÃO. ALEGAÇÃO DE OMISSÃO NO JULGADO. INEXISTÊNCIA DO ALEGADO VÍCIO. PRELIMINAR DE ILEGITIMIDADE ACOLHIDA. ANÁLISE DAS DEMAIS QUESTÕES QUE RESTOU PREJUDICADA. ARTIGO 938, CAPUT, DO NCPC. EMBARGOS INTERPOSTOS PARA REDISCUTIR A MATÉRIA DECIDIDA. INADMISSIBILIDADE. Precedentes do Superior Tribunal de Justiça e desta Corte Estadual. Embargos rejeitados. (TJSP; EDcl 2002519-55.2016.8.26.0000/50000; Ac. 10209007; Suzano; Décima Oitava Câmara de Direito Público; Rel. Des. Ricardo Chimenti; Julg. 16/02/2017; DJESP 07/03/2017)

§ 1º Constatada a ocorrência de vício sanável, inclusive aquele que possa ser conhecido de ofício, o relator determinará a realização ou a renovação do ato processual, no próprio tribunal ou em primeiro grau de jurisdição, intimadas as partes.

→ *v.* Enunciado 82 do FPPC: É dever do relator, e não faculdade, conceder o prazo ao recorrente para sanar o vício ou complementar a documentação exigível, antes de inadmitir qualquer recurso, inclusive os excepcionais.

→ *v.* Enunciado 199 do FPPC: No processo do trabalho, constatada a ocorrência de vício sanável, inclusive aquele que possa ser conhecido de ofício pelo órgão jurisdicional, o relator determinará a realização ou a renovação do ato processual, no próprio tribunal ou em primeiro grau, intimadas as partes; cumprida a diligência, sempre que possível, prosseguirá no julgamento do recurso.

→ *v.* Enunciado 332 do FPPC: Considera-se vício sanável, tipificado no art. 938, § 1º, a apresentação da procuração e da guia de custas ou depósito recursal em cópia, cumprindo ao relator assinalar prazo para a parte renovar o ato processual com a juntada dos originais.

→ *v.* Enunciado 333 do FPPC: Em se tratando de guia de custas e depósito recursal inseridos no sistema eletrônico, estando o arquivo corrompido, impedido de ser executado ou de ser lido, deverá o relator assegurar a possibilidade de sanar o vício, nos termos do art. 938, § 1º.

→ *v.* Enunciado 657 do FPPC: O relator, antes de considerar inadmissível o incidente de resolução de demandas repetitivas, oportunizará a correção de vícios ou a complementação de informações.

O § 1º permite, desde que possível, desde logo o julgamento do mérito (teoria da causa madura)

✓ APELAÇÃO. EXTINÇÃO DA AÇÃO SEM JULGAMENTO DO MÉRITO EM RAZÃO DA NÃO ESPECIFICAÇÃO DAS VERBAS INDENIZATÓRIAS PARA FINS DE ADEQUAR O VALOR DADO À CAUSA. POSSIBILIDADE DA FORMULAÇÃO DE PEDIDO GENÉRICO, POIS NÃO HÁ COMO SE AUFERIR A PRIORI O PROVEITO ECONÔMICO PRETENDIDO. Inicial que deve ser recebida. Aplicação da teoria da causa madura (art. 938, §1º, do CPC/15). Contraditório útil. É dispensável a oitiva das partes quando sua manifestação não tiver o condão de influenciar a decisão a ser proferida (Enunciado Nº 3 do ENFAN). Revisão geral anual de vencimentos. Art. 37, inc. X, CF. Inadmissibilidade. Inexistência de Lei regulamentadora da norma constitucional. Impossibilidade de o Poder Judiciário suprir a omissão de competência privativa do Poder Executivo. Recurso desprovido. (TJSP; APL 1019543-51.2016.8.26.0053; Ac. 10795904; São Paulo; Décima Segunda Câmara Extraordinária de Direito Público; Rel. Des. Roberto Martins de Souza; Julg. 15/09/2017; DJESP 22/09/2017; Pág. 2655)

Esclarecimentos quanto ao recolhimento de custas se inserem no art. 938, § 1º

✓ AGRAVO DE INSTRUMENTO. NÃO CONHECIMENTO DO RECURSO ORDINÁRIO. DESERÇÃO. AUSÊNCIA DE APRESENTAÇÃO DE GUIA DE RECOLHIMENTO DO DEPÓSITO RECURSAL. JUNTADA APENAS DE COMPROVANTE DE PAGAMENTO. VÍCIO SANÁVEL. IRREGULARIDADE FORMAL. ARTIGO 938, §1º, DO CPC/2015. PROVIMENTO. Merece provimento ao agravo de instrumento por possível ofensa ao art. 938, §1º, do CPC/2015. Agravo de instrumento provido. RECURSO DE REVISTA. NÃO CONHECIMENTO DO RECURSO ORDINÁRIO. DESERÇÃO. AUSÊNCIA DE APRESENTAÇÃO DE GUIA DE RECOLHIMENTO DO DEPÓSITO RECURSAL. JUNTADA APENAS DE COMPROVANTE DE PAGAMENTO. VÍCIO SANÁVEL. IRREGULARIDADE FORMAL. ARTIGO 938, §1º, DO CPC/2015. Para o fim de regularizar o preparo do recurso ordinário interposto na vigência do CPC/2015, incumbe ao eg. TRT abrir prazo para que a parte comprove o pagamento do depósito recursal no prazo do recurso, a fim de sanar o vício, quando formal, como no caso, em que houve apenas a juntada do comprovante de pagamento e não a juntada da guia correlata. O Código de Processo Civil de 2015 prestigia o princípio da primazia do julgamento de mérito (art. 4º do CPC/2015), na busca, sempre que possível, pela resolução de mérito do recurso, em detrimento de eventuais vícios. Como consequência desse princípio, a sanabilidade de vícios formais obteve previsão legal, no artigo 938, §1º, do CPC, o que já foi previsto anteriormente pelo §11º do artigo 896 da CLT. Deve ser afastada, assim, a deserção do recurso ordinário, a fim de determinar o retorno dos autos ao eg. TRT para que examine o recurso ordinário da reclamada, já que a parte recorrente sanou voluntariamente o vício formal com a juntada da Guia de Recolhimento para fins de Recurso junto à Justiça do Trabalho, quando da interposição do recurso de revista. Recurso de revista conhecido e provido. (TST; RR 0001148-66.2013.5.06.0012; Sexta Turma; Rel. Min. Aloysio Corrêa da Veiga; DEJT 25/08/2017; Pág. 1941)

§ 2º Cumprida a diligência de que trata o § 1º, o relator, sempre que possível, prosseguirá no julgamento do recurso.

Possibilidade de nova avaliação de bem no âmbito do próprio tribunal

✓ APELAÇÕES CÍVEIS. PEDIDO DE INSOLVÊNCIA CIVIL POSTULADO POR CREDOR. SENTENÇA DE PROCEDÊNCIA. CONTROVÉRSIA EM RELAÇÃO AO ATIVO. ÚNICO IMÓVEL DO ESPÓLIO DEVEDOR. DIVERGÊNCIAS SUBSTANCIAIS ENTRE OS VALORES DA ATUALIZAÇÃO DE AVALIAÇÃO PRETÉRITA E DE LAUDOS CONTEMPORÂNEOS DE IMOBILIÁRIAS DA REGIÃO. NECESSIDADE DE PERÍCIA JUDICIAL PARA NOVA AVALIAÇÃO POR EXPERT NA ÁREA IMOBILIÁRIA. INTELIGÊNCIA DO ART. 683, III, DO CPC/1973. CONVERSÃO DO JULGAMENTO EM DILIGÊNCIA NA FORMA DO ART. 116 DO REGIMENTO INTERNO DESTE TRIBUNAL DE JUSTIÇA E DO ART. 938, §§ 1º E 2º, DO NCPC. Havendo fundada dúvida quanto ao real valor da propriedade penhorada, mister se faz a realização de nova avaliação, razão pela qual dá-se provimento ao recurso" (TJSC, Agravo de Instrumento n. 2014.051219-9, de Pomerode, Rel. Des. Joel Figueira Júnior, j. 28-1-2016). (TJSC; AC 0012686-88.2004.8.24.0018; Chapecó; Câmara Especial Regional de Chapecó; Rel. Des. Carlos Roberto da Silva; DJSC 12/01/2017; Pag. 272)

§ 3º Reconhecida a necessidade de produção de prova, o relator converterá o julgamento em diligência, que se realizará no tribunal ou em primeiro grau de jurisdição, decidindo-se o recurso após a conclusão da instrução.

→ *v.* Enunciado 646 do FPPC: Constatada a necessidade de produção de prova em grau de recurso, o relator tem o dever de conversão do julgamento em diligência.

Possibilidade de conversão de julgamento em diligência, para produção de prova

✓ REEXAME NECESSÁRIO. PROCESSO CIVIL. PREVIDENCIÁRIO. SENTENÇA DE PROCEDÊNCIA. Concessão de auxílio-doença acidentário. acidente de tráfego. incapacidade temporária para o exercício das atividades laborais habituais atestadas pelo laudo pericial. verificação no caso concreto dos requisitos previstos no art. 59 da lei nº 8.213/91. ausência de esclarecimento quanto a existência ou não de nexo causal entre o acidente sofrido e o trabalho. conversão do julgamento em diligência nos termos do artigo 938, § 3º do código de processo civil 2015.reexame prejudicado. (TJPR; ReNec 1648870-9; Santo Antônio do Sudoeste; Sexta Câmara Cível; Rel. Des. Roberto Portugal Bacellar; Julg. 05/09/2017; DJPR 22/09/2017; Pág. 119)

§ 4º Quando não determinadas pelo relator, as providências indicadas nos §§ 1º e 3º poderão ser determinadas pelo órgão competente para julgamento do recurso.

Possibilidade de conversão de julgamento em diligência, quando do julgamento colegiado do recurso

✓ APELAÇÃO CÍVEL. AÇÃO DECLARATÓRIA DE INEXIGIBILIDADE DE DÉBITO C/C DANOS MORAIS. APLICAÇÃO DAS NORMAS DO CPC/2015.ENSINO SUPERIOR. DEFEITO NO SERVIÇO EDUCACIONAL PRESTADO PELA INSTITUIÇÃO. SENTENÇA DE PROCEDÊNCIA. RAZÕES DISSOCIADAS. NECESSIDADE DE CONVERSÃO DO JULGAMENTO EM DILIGÊNCIA, PREVISTA NO ART. 938, PARÁGRAFO 4º, DO CPC/2015, COMO PRESSUPOSTO DA DECISÃO DE MÉRITO SUBSTANCIALMENTE JUSTA. RECURSO DE APELAÇÃO PREJUDICADO. VISTA, RELATADA E DISCUTIDA A MATÉRIA DESTES AUTOS DE APELAÇÃO CÍVEL Nº 1.617.794-1, ORIGINÁRIOS DA 6ª VARA CÍVEL DO FORO CENTRAL DE LONDRINA, NOS QUAIS FIGURAM, COMO APELANTE, APELAÇÃO CÍVEL Nº 1.652.394-3 FLS. 2 DE 7 UNOPAR. União Norte do Paraná de Ensino Ltda., e, como apelada, FABIANE BARBOSA DA SILVA PEROLIS. I.. (TJPR; ApCiv 1617794-1; Londrina; Sexta Câmara Cível; Rel. Des. Carlos Eduardo A. Espínola; Julg. 29/08/2017; DJPR 13/09/2017; Pág. 313)

Art. 939. **Se a preliminar for rejeitada ou se a apreciação do mérito for com ela compatível, seguir-se-ão a discussão e o julgamento da matéria principal, sobre a qual deverão se pronunciar os juízes vencidos na preliminar.**

→ *v.* Enunciado 652 do FPPC: Cada questão preliminar suscitada será objeto de votação específica no julgamento.

Se a "preliminar se confunde com o mérito", passa-se desde logo ao julgamento de mérito

✓ APELAÇÃO CÍVEL. PROCESSUAL CIVIL. AÇÃO CAUTELAR DE EXIBIÇÃO DE DOCUMENTOS. EXTRATOS DE CONTAS DE POUPANÇA. NECESSIDADE DE COMPROVAÇÃO DA EXISTÊNCIA E TITULARIDADE DA CONTA. SENTENÇA REFORMADA. 1. Na hipótese, em reexame, entendo que a preliminar de ausência de interesse de agir confunde-se com o mérito da demanda. Portanto, afasto a preliminar, e amoldando-se a causa ao quanto disposto no art. 939, do Novo Código de Processo Civil, passa-se ao exame do mérito. 2. O Colendo Superior Tribunal de Justiça. STJ, em julgamento submetido ao rito dos recursos repetitivos, no REsp n. 1.133.872/PB (Rel. Ministro MASSAMI UYEDA), decidiu ser cabível a inversão do ônus da prova para determinar à instituição financeira a exibição de extratos bancários enquanto não estiver prescrita a eventual ação sobre eles, vez que se trata de obrigação decorrente de Lei e de integração contratual compulsória, não sujeita à recusa nem a condicionantes, tais como o adiantamento dos custos da operação pelo correntista e a prévia recusa administrativa. Todavia, aquele mesmo julgado foi expresso em ressalvar que ao correntista, autor da ação, incumbe a demonstração da plausibilidade da relação jurídica alegada, com indícios mínimos capazes de comprovar a existência da contratação, devendo, ainda, especificar, de modo preciso, os períodos em que pretenda ver exibidos os extratos. 3. Nas ações cautelares de exibição de extratos de conta-poupança, é indispensável a indicação do número da conta ou de documento comprobatório de sua existência, como requisito essencial à instrução do feito. A mera indicação da inscrição no CPF não comprova o fato constitutivo da titularidade da conta. 4. Na presente hipótese, tendo a parte requerente indicado o número da conta de caderneta de poupança, e a respectiva agência bancária, faz jus à obtenção dos extratos bancários requeridos. 5. Recurso de apelação conhecido e provido. (TRF 1ª R.; AC 0014347-75.2007.4.01.3800; Sexta Turma; Rel. Des. Fed. Kassio Nunes Marques; DJF1 16/09/2016)

<u>Debate a respeito da possibilidade de o julgador, vencido na preliminar, votar no mérito</u>

✓ EMBARGOS DE DECLARAÇÃO. ALEGAÇÃO DE OBSCURIDADE QUANTO A PONTOS ATINENTES À PROVA PERICIAL AFASTADA E À INTERPRETAÇÃO DO ART. 76, § 1º DO DECRETO Nº 41.019/1957.EXISTÊNCIA DE VÍCIO NO JULGAMENTO DOS RECURSOS DE APELAÇÃO. FALTA DE COLHEITA DE UM DOS VOTOS DOS JUÍZES INTEGRANTES DO QUÓRUM ORIGINÁRIO DE JULGAMENTO DOS APELOS, NOS TERMOS DO ART. 941, §2º DO CPC. DIVERGÊNCIA INSTAURADA NA PRELIMINAR DOS AGRAVOS RETIDOS QUE IMPORTOU NO JULGAMENTO POR MAIORIA PELO NÃO CONHECIMENTO DO AGRAVO RETIDO 1 E PELO NÃO PROVIMENTO DO AGRAVO RETIDO 2. REJEIÇÃO DA PRELIMINAR QUE NÃO IMPEDIA O AVANÇO DA ANÁLISE DO MÉRITO DOS RECURSOS DE APELAÇÃO. OBSERVÂNCIA DA REGRA CONTIDA NO ART. 939 DO CPC. NECESSIDADE DO PRONUNCIAMENTO DO VOTO DO JUIZ VENCIDO NA PRELIMINAR QUANTO AO MÉRITO DOS APELOS. JULGAMENTO NÃO APERFEIÇOADO. QUESTÃO DE ORDEM PÚBLICA PASSÍVEL DE SER VERIFICADA DE OFÍCIO. APROVEITAMENTO DOS ATOS JÁ PRATICADOS. INTELIGÊNCIA DOS PRINCÍPIOS DA CELERIDADE E DA ECONOMIA PROCESSUAL. RETOMADA DO JULGAMENTO DA APELAÇÃO PARA A COLHEITA DO VOTO DE MÉRITO FALTANTE DO JUIZ VENCIDO NA PRELIMINAR. PRECEDENTES. NULIDADE DECRETADA PARA QUE TENHA A SESSÃO PROSSEGUIMENTO, COM A RATIFICAÇÃO PELOS DEMAIS COMPONENTES DA CÂMARA QUANTO AOS SEUS VOTOS ANTERIORMENTE PROFERIDOS. APRECIAÇÃO DA MATÉRIA SUSCITADA DE OFÍCIO E DAS ALEGADAS PELA PARTE EMBARGANTE. EMBARGOS PARCIALMENTE PROVIDOS PARA SANAR A OBSCURIDADE APONTADA PELA PARTE SEM ALTERAR O RESULTADO DOS AGRAVOS RETIDOS E DAS APELAÇÕES E, PORTANTO, SEM EFEITO MODIFICATIVO DO JULGADO. Nos termos do art. 939 do CPC, a compatibilidade necessária da preliminar rejeitada com a análise do mérito deve ser verificada no contexto do resultado do julgamento da preliminar tomado por maioria, e não unicamente no bojo do voto do juiz vencido na preliminar. Desta feita, uma vez rejeitada a preliminar e sendo compatível o exame da questão principal, todos os membros do quórum devem votar, sob pena de não restar aperfeiçoado o julgamento e fazer com que sobre ele recaia grave nulidade. – Viola-se a lei processual quando nem todos os membros do colégio votam a preliminar, ou o mérito; para que ela seja rejeitada, é preciso que todos se manifestem sobre a preliminar e, em lá se chegando, sobre o mérito. (José Carlos Barbosa Moreira in Temas de Direito Processual, 9ª série, Ed. Saraiva, 2007, p. 296).RELATÓRIO: Companhia Paranaense de Energia. COPEL e outro opõem embargos declaratórios contra o acórdão proferido por esta 5ª Câmara Cível, que, por maioria de votos, não conheceu do agravo retido interposto pela embargante na ação de cobrança; negou provimento ao agravo retido apresentado pelas mesmas partes nos autos de ação declaratória; negou provimento ao provimento ao recurso de apelação por elas interposto e deu parcial provimento ao apelo da empresa Tradener Ltda., para o fim de majorar a verba honorária sucumbencial. Alegou a embargante a existência de obscuridade quanto às razões do afastamento da prova pericial, uma vez que o acórdão ratifica os cálculos unilaterais produzidos pela Tradener Ltda. sem expor os motivos pelos quais entende que o cálculo está correto e dispensa, assim, a análise técnica por expert. Também apontou a existência de obscuridade no que diz respeito ao entendimento de que o art. 76, §1º do Decreto nº 41.019/1957 fora revogado, por incompatibilidade, pelo art. 26 da Lei nº 9.427/1996.Argumentou, nesse tocante, que não há qualquer incompatibilidade entre os regramentos, devendo prevalecer a regra de que não podem haver intermediação entre as distribuidoras e as geradoras de energia elétrica. Indicou que, embora seja permitida a compra e venda de energia, esta não pode ser intermediada entre concessionários. Insurgiu-se também contra a interpretação feita da Resolução 265/98, a qual abrangeu tanto a atividade de corretagem como a de agente comprador e vendedor de energia. podendo, inclusive, atuar em relação a concessionários. Em seu entendimento, esta última atividade não foi autorizada pela mencionada resolução e não pode ser criada à margem da lei, ainda mais considerando a dinâmica diferenciada do princípio da legalidade na seara do direito público. Defendeu o provimento dos embargos para que os vícios apontados sejam sanados. Foram apresentadas contrarrazões pela embargada às fls. 1943/1956, em cujas razões defendeu que houve apresentação de valores por parte da embargante, com os quais inclusive concordou posteriormente, fato esse que seria capaz de afastar a alegação de unilateralidade do importe das comissões, bem como da necessidade de realização de prova pericial. Expôs que a análise da revogação do art. 76, §1º do Decreto nº 41.019/57 pelo art. 26 da Lei nº 9.427/1996 foi clara e não demanda qualquer reparo.

Asseverou que o que pretende a embargante é o confronto da tese por elas defendidas e os termos do acórdão, o que não enseja a integração típica da via dos embargos de declaração, mas sim se configura em pedido de reforma que deve ser veiculado pelo instrumento adequado. Após, foram os autos encaminhados à d. Procuradoria Geral de Justiça que emitiu parecer pelo não provimento dos embargos e, assim, pela manutenção integral do acórdão embargado. Em seguida, o feito foi avocado por este relator, pois foi verificada a existência de matéria de ordem pública a ser apreciada de ofício, qual seja sobre a composição do quórum de julgamento do recurso de apelação, bem como a pendência de pontos não examinados e que deveriam ser considerados no julgamento do recurso, de acordo com o art. 933 do CPC. As partes foram instadas a se manifestarem, especificamente, acerca: (i) de eventual nulidade no julgamento dos recursos de apelação, em razão de não ter sido proferido voto de um dos integrantes do quórum original quanto ao mérito dos recursos; (ii) do valor do crédito tido pela sentença como líquido e certo, objeto da ação de cobrança; (iii) da questão atinente aos direitos de propriedade que a subsidiária- integral Copel Participações S/A, por ter possuído esta o montante de 45% das quotas sociais da embargada Tradener Ltda. Às fls. 1983 a embargante COPEL S/A apresentou sua manifestação e nela arguiu que sobre o crédito constante na sentença como líquido e certo não haveria nada o que se manifestar. No tocante aos direitos de propriedade apontados no despacho de fls. 1979/1980, a embargante aduziu que a companhia não mais compunha o quadro societário da Tradener Ltda. desde meados do ano de 2003.Por seu turno, a embargada Tradener Ltda. Juntou seu petitório às fls. 1985/2001 e, em síntese, sustentou a inexistência de nulidade no julgamento dos recursos de apelação, porquanto houve a colheita de três votos convergentes no mérito, quantidade suficiente para garantir o resultado do julgamento conforme a regra do art. 942 do CPC. A respeito do valor líquido e certo existente na sentença, defendeu que o montante de R$ 35.333.948,22 foi fruto de apontamento feito pela própria Copel S/A em sua contestação, bem como de acolhimento pela Tradener S/A da cifra apontada. Por último, sobre o ponto de eventuais direitos proprietários da embargante em decorrência da antiga composição societária da Tradener Ltda., disse a sociedade embargada que tal questão já está em discussão na Ação Declaratória nº 000017729200038160004, que atualmente está em fase de recurso de Agravo em Recurso Especial no STJ (AREsp nº 567.344/PR), aguardando o competente julgamento. Depois de prestados todos os esclarecimentos, vieram os autos para a apreciação dos embargos. É o relatório. VOTO E SEUS FUNDAMENTOS:1. Presentes os pressupostos de admissibilidade, conheço dos embargos e passo a analisá-los. 2. Ao apreciar o feito para fins de julgamento dos presentes embargos de declaração, este redator designado se deparou com questão de ordem pública que demanda enfrentamento de ofício e que será examinada nestes mesmos autos. (TJPR; EmbDecCv 1383325-5/01; Curitiba; Quinta Câmara Cível; Rel. Des. Carlos Mansur Arida; Julg. 22/08/2017; DJPR 31/08/2017; Pág. 188)

Art. 940. O relator ou outro juiz que não se considerar habilitado a proferir imediatamente seu voto poderá solicitar vista pelo prazo máximo de 10 (dez) dias, após o qual o recurso será reincluído em pauta para julgamento na sessão seguinte à data da devolução.

→ *v.* Art. 121 da LC 35/1979.

→ *v.* Enunciado 649 do FPPC: É admissível sustentação oral na sessão de julgamento designada para o juízo de admissibilidade do incidente de resolução de demandas repetitivas ou do incidente de assunção de competência, sendo legitimados os mesmos sujeitos indicados nos arts. 984 e 947, §1º.

Se o voto vista é proferido após 10 dias da sessão inicial, há necessidade de nova publicação em pauta

✓ QUESTÃO DE ORDEM. PROLAÇÃO DE VOTO VISTA APÓS O PRAZO DO ART. 940 DO NCPC. INCLUSÃO EM PAUTA INDISPENSÁVEL. ANULAÇÃO DO JULGAMENTO A PARTIR DA PROLAÇÃO DO VOTO VISTA. NOVA INCLUSÃO EM PAUTA E POSTERIOR CONTINUAÇÃO DO JULGAMENTO. 1. Trata-se de reapreciação de mandado de segurança coletivo impetrado pela Ordem dos Advogados do Brasil. Seção de Alagoa que objetiva assegurar o correto procedimento de escolha de candidato para ocupar vaga de Conselheiro do Tribunal de Contas do Estado de Alagoas. 2. Na sessão de julgamento do dia 30/03/2017, após o voto do Relator, acompanhado pelo desembargador que lhe seguiu, pediu vista o terceiro membro da Turma, o qual proferiu seu voto em 22/06/2017, de modo que a Terceira Turma, por unanimidade, concluiu o julgamento, concedendo a segurança, nos termos do voto do Relator. 3. Após pedido de vista, a nova inclusão do feito em pauta de julgamento somente é dispensável quando o julgador estiver habilitado para proferir seu voto no prazo de 10 (dez) dias (art. 940 do Novo CPC). 4. No caso, o adiamento durou mais de 03 (três) meses, sem nova inclusão em pauta, conforme certidão emitida pela 3ª Turma, em 05/07/2017. Impediu-se, dessa forma, que a parte e seu patrono acompanhassem o desfecho do julgamento com a apresentação ou renovação de memorais e audiências junto aos magistrados, o que atenta diretamente contra o princípio da não surpresa garantido aos litigantes. 5. QUESTÃO DE ORDEM acolhida para anular o julgamento a partir da prolação do voto vista e determinar que novo julgamento seja proferido após a nova inclusão do feito em pauta. (TRF 5ª R.; MSTR 0076811-78.2007.4.05.0000; AL; Terceira Turma; Rel. Des. Fed. Paulo Machado Cordeiro; DEJF 29/09/2017; Pág. 107)

A contagem desse prazo é em dias úteis

✓ PROCESSUAL CIVIL. Embargos de declaração suscitando nulidade do julgamento por ausência de publicação acerca da reinclusão em pauta deste processo, após o pedido de vista do des. Leonardo Carvalho, uma vez que não foi intimada da sessão, em respeito ao princípio da publicidade, propondo questão de ordem. Rejeita-se a nulidade do julgamento por ausência de publicação acerca da reinclusão em pauta deste processo, após o pedido de vista do des. Leonardo Carvalho. Iniciado o julgamento em 02 de maio de 2017, momento em que foi acompanhado por voto antecipado do des. Paulo Roberto de Oliveira. Após, o des. Leonardo Carvalho pediu vista dos autos, concluindo e apresentando seu voto-vista em 16 de maio de 2017, cerca de duas sessões após, concordando com as razões do voto de decidir dessa relatoria, encerrando o julgamento do feito. Não há que se falar em necessidade de nova intimação da agravante, tampouco de nulidade julgamento, eis que se revela tempo razoável o hiato transcorrido entre o pedido de vista e a conclusão do julgamento. Com efeito, sob a nova sistemática do cômputo do prazos processuais, o prazo só se conta dos dias úteis que, no caso, encerra-se no dia deste julgamento, a teor dos art. 219, combinado com o art. 940, do Código de Processo Civil. Não acolhida a questão de ordem veiculada nos embargos de declaração. (TRF 5ª R.; AGTR 0002508-15.2015.4.05.0000; PE; Segunda Turma; Rel. Des. Fed. Vladimir Souza Carvalho; DEJF 15/09/2017; Pág. 63)

Se o prazo é inferior a 10 dias, desnecessidade de nova publicação em pauta

✓ PROCESSO CIVIL. EMBARGOS DE DECLARAÇÃO RECEBIDOS COMO QUESTÃO DE ORDEM. TRANSCURSO DE PRAZO INFERIOR A 10 (DEZ) DIAS DESDE A SOLICITAÇÃO DE VISTA DOS AUTOS. DESNECESSIDADE DE REINCLUSÃO EM PAUTA. 1. Extrai-se das razões deduzidas pelo embargante a intenção de anular o julgamento proferido por não haver ocorrido a inclusão em pauta após a devolução dos autos que foram objeto de pedido de vista, não subsistindo a indicação expressa de qualquer hipótese configuradora de obscuridade, contradição ou omissão no acórdão recorrido, razão pela qual se impõe o não conhecimento dos embargos de declaração. 2. Não obstante, tendo em vista que a nulidade aventada restou assentada em eventual prejuízo que a parte porventura haveria sofrido por não lhe ter sido oportunizado o exercício do direito à sustentação oral, tenho que tal situação rende ensejo a que insurgência veiculada seja recebida como questão de ordem. 3. A disposição normativa inscrita no art. 940 do CPC/2015 teve o intuito de estabelecer prazo para devolução dos autos retirados por vista, de molde a evitar a sua retenção por lapso temporal indefinido, prorrogando-se de forma injustificada o julgamento do recurso. 4. A interpretação cogitada pelo recorrente, no entanto, não se afigura como a mais adequada, considerando-se os termos do dispositivo em questão, o qual exige para a reinclusão em pauta do recurso o efetivo transcurso de prazo superior a 10 (dez) dias desde a solicitação de vista até a devolução dos autos. 5. A novel disciplina estabelecida pelo CPC/2015 se limitou a reduzir o prazo para que a retirada dos autos por solicitação de vista conduzisse à reinclusão do processo em pauta, exigindo-a, no entanto, a partir do transcurso do prazo previsto. 6. No caso em tela, observa-se que a solicitação de vista se deu na sessão de julgamento ocorrida em 13/04/2016, seguida da apresentação dos autos naquela realizada no dia 27/04/2016, de onde se extrai o transcurso de prazo não superior a 10 (dez) dias desde a sua retirada, afastando a necessidade de nova inclusão em pauta, bem como a nulidade suscitada. 7. Embargos de declaração recebidos como questão de ordem, cujos termos restaram não acolhidos. (TRF 5ª R.; AR 0008205-51.2014.4.05.0000; AL; Tribunal Pleno; Rel. Des. Fed. Fernando Braga; DEJF 01/07/2016; Pág. 45)

§ 1º Se os autos não forem devolvidos tempestivamente ou se não for solicitada pelo juiz prorrogação de prazo de no máximo mais 10 (dez) dias, o presidente do órgão fracionário os requisitará para julgamento do recurso na sessão ordinária subsequente, com publicação da pauta em que for incluído.

§ 2º Quando requisitar os autos na forma do § 1º, se aquele que fez o pedido de vista ainda não se sentir habilitado a votar, o presidente convocará substituto para proferir voto, na forma estabelecida no regimento interno do tribunal.

Se é informado o adiamento do julgado e, na mesma sessão, posteriormente, o recurso volta a ser julgado, há nulidade

✓ PROCESSUAL CIVIL. SESSÃO DE JULGAMENTO. PEDIDO DE PREFERÊNCIA. VOTO-VISTA. PROCLAMAÇÃO DE ADIAMENTO. POSTERIOR RETOMADA E PROCLAMAÇÃO DO RESULTADO FINAL NA MESMA ASSENTADA. NULIDADE. 1. O novo Código de Processo Civil trouxe várias inovações, entre elas um sistema cooperativo processual. Norteado pelo princípio da boa-fé objetiva., no qual todos os sujeitos (juízes, partes e seus advogados) possuem responsabilidades na construção do resultado final do litígio, sendo certo que praticamente todos os processos devem ser pautados, inclusive aqueles com pedido de vista que não forem levados a julgamento na sessão subsequente, nos termos do art. 940, §§ 1º e 2º, do CPC/2015. 2. O objetivo de tais mudanças é dar maior transparência aos atos processuais, garantindo a todos o direito de participação na construção da prestação jurisdicional, a fim de evitar a surpresa na formação das decisões (princípio da não surpresa). 3. Os princípios da cooperação e da boa-fé objetiva devem ser observados pelas partes, pelos respectivos advogados e pelos julgadores. 4. É dever do órgão colegiado, a partir do momento em que decide adiar o julgamento de um processo, respeitar o ato de postergação, submetendo o feito aos regramentos previstos no CPC/2015. 5. Hipótese em que há nulidade no prosseguimento do julgamento, pois, com a informação prestada aos advogados de que a apresentação daquele feito seria adiada. O que provocou a saída dos patronos do plenário da primeira turma., tornou-se sem efeito a intimação para aquela assentada. 6. Recurso provido para anular o julgamento dos agravos regimentais realizado na sessão do dia 19/04/2016. (STJ; EDcl -AgRg-REsp 1.394.902; Proc. 2013/0238014-2; MA; Primeira Turma; Rel. Desig. Min. Gurgel de Faria; DJE 18/10/2016)

Art. 941. Proferidos os votos, o presidente anunciará o resultado do julgamento, designando para redigir o acórdão o relator ou, se vencido este, o autor do primeiro voto vencedor.

→ v. Enunciado 597 do FPPC: Ainda que o resultado do julgamento seja unânime, é obrigatória a inclusão no acórdão dos fundamentos empregados por todos os julgadores para dar base à decisão.

→ v. Enunciado 598 do FPPC: Cabem embargos de declaração para suprir a omissão do acórdão que, embora convergente na conclusão, deixe de declarar os fundamentos divergentes.

→ v. Enunciado 653 do FPPC: Divergindo os julgadores quanto às razões de decidir, mas convergindo na conclusão, caberá ao magistrado que primeiro deduziu o fundamento vencedor redigir o acórdão.

Julgado apontando que se o relator originário é vencido "apenas em parte", pode prosseguir como relator

✓ EMBARGOS DE DECLARAÇÃO. Réus-reconvintes que alegam contrariedade no acórdão quanto ao afastamento da indenização por danos morais. Ausência de vícios nesse capítulo. Dispositivos legais mencionados pelos réus foram levados em consideração. Situação concreta que, para a Maioria, conduziu ao afastamento da indenização. Compositor e cantor Billy Blanco tinha ciência da utilização das músicas dele pela Rádio Panamericana. Utilização que, ademais, não era motivo de incômodo. Embargos dos réus rejeitados. Autora-reconvinda, por sua vez, que alega violação do art. 941 do CPC/2015. Não ocorrência. Relator Sorteado que, apesar de vencido em parte, conduziu grande parte da decisão final. Critérios dos danos materiais. Ausência de violação aos artigos 1.008 e 1.013 do CPC/2015. Sentença que, nesse capítulo, havia sido omissa. Matéria, igualmente, devolvida para o Tribunal. Distribuição dos encargos da sucumbência. Contradição verificada, na medida em que esse capítulo não foi modificado, apesar do afastamento da indenização por danos morais. Correção do vício nessa oportunidade. Sucumbência integral da autora na ação principal e sucumbência recíproca das partes na reconvenção. Encargos da sucumbência distribuídos nos termos do acórdão. Embargos dos réus não acolhidos e embargos da autora acolhidos em parte, com efeito modificativo. (TJSP; EDcl 0122419-33.2011.8.26.0100/50000; Ac. 10744759; São Paulo; Terceira Câmara de Direito Privado; Rel. Des. Carlos Alberto de Salles; Julg. 29/08/2017; DJESP 26/09/2017; Pág. 1882)

§ 1º O voto poderá ser alterado até o momento da proclamação do resultado pelo presidente, salvo aquele já proferido por juiz afastado ou substituído.

Possibilidade de mudança de voto antes proferido após a apresentação de voto-vista

✓ ADMINISTRATIVO, PREVIDENCIÁRIO E PROCESSUAL CIVIL. Remessa necessária em ação ordinária. Pretensão de revisão de gratificação em sala de aula (gesa) e percebimento das diferenças remuneratórias efetuadas a menor. Preliminar da ocorrência da prescrição do fundo de direito suscitada pelo ministério público. Acolhimento, nos termos do voto-vista do desembargador Cláudio Santos. (art. 941, §1º, do CPC/2015). Necessidade de adequação da sentença com a orientação firmada pelo STJ. Inaplicabilidade da Súmula de nº 85 da corte especial e 443 do Supremo Tribunal Federal ao caso. Decurso de mais de cinco anos entre a extinção da vantagem pretendida (2005) e o ajuizamento da presente (2014). Incidência ao caso do Decreto de nº 20.910/32. Extinção do processo nos termos do art. 269, do CPC/73 com atual redação no art. 487, II, NCPC. Remessa necessária conhecida e provida. (TJRN; RNec 2016.014353-6; Natal; Primeira Câmara Cível; Rel. Des. Cornélio Alves; DJRN 26/09/2017)

§ 2º No julgamento de apelação ou de agravo de instrumento, a decisão será tomada, no órgão colegiado, pelo voto de 3 (três) juízes.

§ 3º O voto vencido será necessariamente declarado e considerado parte integrante do acórdão para todos os fins legais, inclusive de pré-questionamento.

→ *v.* Enunciado 200 do FPPC: Fica superado o enunciado 320 da súmula do STJ ("A questão federal somente ventilada no voto vencido não atende ao requisito do prequestionamento").

Mesmo após o julgamento estendido do art. 942 deve ser juntado aos autos o voto vencido (que posteriormente passou a ser vencedor)

✓ EMBARGOS DE DECLARAÇÃO EM APELAÇÃO. AUSÊNCIA DO VOTO DIVERGENTE/VENCEDOR NA ELABORAÇÃO DO ACÓRDÃO. CORREÇÃO DE ERRO MATERIAL. POSSIBILIDADE. EMBARGOS PROVIDOS. VÍCIO SANADO. 1. Os embargos de declaração têm por finalidade eliminar eventual obscuridade, contradição, omissão ou a correção de erro material existente no julgado (artigo 1.022, CPC/2015). 3. O erro material é aquele perceptível de pronto. Assim, se da confecção do acórdão houve a omissão dos termos do voto divergente, que sagrou-se vencedor após o julgamento ampliado do colegiado (art. 942, do CPC), o provimento do recurso para sanar o erro material é medida que se impõe. 4. EMBARGOS DE DECLARAÇÃO CONHECIDOS E PROVIDOS. ERRO MATERIAL SANADO. (TJDF; APC 2015.01.1.024721-6; Ac. 104.7094; Quinta Turma Cível; Rel. Des. Robson Barbosa de Azevedo; Julg. 06/09/2017; DJDFTE 27/09/2017)

Aplicação do dispositivo também ao processo penal

✓ PROCESSUAL PENAL. EMBARGOS DE DECLARAÇÃO. PUBLICAÇÃO DE ACÓRDÃO SEM O VOTO VENCIDO. VIOLAÇÃO AO ART. 941, § 3º, DO CPC. RAZÕES DIVERGENTES QUE DEVEM SER CONHECIDAS PELAS PARTES. VOTO VENCIDO A SER DECLARADO. APÓS, REPUBLICAÇÃO E REABERTURA DO PRAZO RECURSAL. O voto vencido será necessariamente declarado e considerado parte integrante do acórdão para todos os fins legais, inclusive de pré-questionamento" (CPC, art. 941, § 3º).RECURSO CONHECIDO E PROVIDO. (TJSC; EDcl 0005265-64.2016.8.24.0038/50000; Joinville; Segunda Câmara Criminal; Rel. Des. Getúlio Corrêa; DJSC 09/02/2017; Pag. 210)

Possibilidade de julgamento, em Tribunal Superior, a partir de informações constantes do voto vencido

✓ AGRAVO REGIMENTAL. RECURSO ESPECIAL ELEITORAL. AÇÃO PENAL. TRANSPORTE ILEGAL DE ELEITORES. ART. 11, III, DA LEI Nº 6.091/74. EXIGÊNCIA DE DEMONTRAÇÃO DO DOLO ESPECÍFICO DE ALICIAR ELEITORES. 1. A conformação da conduta ao tipo penal do transporte irregular de eleitores exige não apenas a presença do elemento fornecimento de transporte a eleitores, mas, também, da finalidade de aliciar eleitores, conspurcando o livre exercício do voto. Precedente do Supremo Tribunal Federal. 2. Para a comprovação do dolo não basta conjecturar acerca do benefício auferido. É necessário apontar elementos concretos que evidenciem a atuação com a finalidade de aliciar eleitores. 3. A partir da prova produzida, não ficou comprovado que, no curso do transporte de eleitores, se é que tenha ocorrido, tenha havido aliciamento; que o seu traslado tenha sido vinculado à obtenção de votos em favor de determinada candidatura; ou mesmo, que tenham eles sido expostos a material de propaganda eleitoral capaz de causar alguma influência nas suas vontades. 4. Ante a ausência de comprovação da finalidade espúria no transporte de eleitores, impõe-se a absolvição dos réus. 5. O reenquadramento jurídico dos fatos é possível em sede de Recurso Especial eleitoral, sendo vedado somente o reexame de fatos e provas que não estejam devidamente delineados na moldura fática do acórdão regional. Precedentes do TSE. 6. A moldura fática encontra-se devidamente anotada no acórdão recorrido, devendo ser também considerados os trechos dos depoimentos transcritos no voto vencido, conforme prescreve o art. 941, § 3º, do Código de Processo Civil. Agravo regimental a que se nega provimento. (TSE; AgRg-REsp 1-33.2011.6.19.0043; RJ; Rel. Min. Admar Gonzaga; Julg. 12/09/2017; DJETSE 29/09/2017; Pág. 50)

Art. 942. Quando o resultado da apelação for não unânime, o julgamento terá prosseguimento em sessão a ser designada com a presença de outros julgadores, que serão convocados nos termos previamente definidos no regimento interno, em número suficiente para garantir a possibilidade de inversão do resultado inicial, assegurado às partes e a eventuais terceiros o direito de sustentar oralmente suas razões perante os novos julgadores.

→ *v.* Enunciado 62 do CJF: Aplica-se a técnica prevista no art. 942 do CPC no julgamento de recurso de apelação interposto em mandado de segurança.

→ *v.* Enunciado 466 do FPPC: A técnica do art. 942 não se aplica aos embargos infringentes pendentes ao tempo do início da vigência do CPC, cujo julgamento deverá ocorrer nos termos dos arts. 530 e seguintes do CPC de 1973.

→ *v.* Enunciado 552 do FPPC: Não se aplica a técnica de ampliação do colegiado em caso de julgamento não unânime no âmbito dos Juizados Especiais.

→ *v.* Enunciado 599 do FPPC: A revisão do voto, após a ampliação do colegiado, não afasta a aplicação da técnica de julgamento do art. 942.

→ *v.* Enunciado 682 do FPPC: É assegurado o direito à sustentação oral para o colegiado ampliado pela aplicação da técnica do art. 942, ainda que não tenha sido realizada perante o órgão originário.

→ *v.* Enunciado 683 do FPPC: A continuidade do julgamento de recurso de apelação ou de agravo de instrumento pela aplicação do art. 942 exige o quórum mínimo de cinco julgadores.

→ *v.* Enunciado 684 do FPPC: Ofende o juiz natural a convocação de julgadores no caso do art. 942, ou no de qualquer substituição, sem critério objetivo estabelecido previamente em ato normativo.

Somente há julgamento estendido se a decisão é posterior à vigência do CPC/2015

✓ EMBARGOS DE DECLARAÇÃO. INEXISTÊNCIA NO DECISUM DOS VÍCIOS PREVISTOS NO ART. 1.022 DO CPC/2015. OMISSÃO. EMBARGOS REJEITADOS. AMPLIAÇÃO DE TURMA. IMPOSSIBILIDADE. APLICAÇÃO DO CPC/73. LEGISLAÇÃO VIGENTE À EPOCA DO JULGAMENTO. I. Promove-se a modificação do decisum somente quando nele constatada a presença dos vícios previstos no art. 1.022 do CPC/2015. II. Não constatada omissão, obscuridade ou contradição no acórdão, impõe-se a rejeição dos embargos declaratórios os quais não tem como finalidade o reexame das questões outrora devidamente fundamentadas. III. Em se tratado de apelação cujo julgamento não unânime se deu em sessão ocorrida no período de vigência do CPC/73, inaplicável a técnica de ampliação do órgão julgador agora prevista no art. 942 do CPC/2015. (TJMG; EDcl 1.0024.11.180789-7/005; Rel. Des. Peixoto Henriques; Julg. 19/09/2017; DJEMG 25/09/2017)

Possibilidade de julgamento estendido no recurso adesivo, mesmo que se somente nesse julgamento houve voto vencido

✓ RECURSO DE APELAÇÃO INTERPOSTO PELO MUNICÍPIO DE CAMPO GRANDE. APELAÇÃO CÍ-

VEL. AÇÃO DECLARATÓRIA DE INEXISTÊNCIA DE DÉBITO C/C ANULAÇÃO DE IMPOSTO PREDIAL E TERRITORIAL URBANO. INCIDÊNCIA DE IPTU. IMÓVEL RURAL. DESTINAÇÃO DO IMÓVEL DEVIDAMENTE COMPROVADA. RECURSO CONHECIDO E DESPROVIDO. O critério da localização do imóvel não é suficiente para a definição da incidência do IPTU ou ITR, sendo necessário observar a destinação econômica. Devidamente comprovada a destinação do imóvel por meio da documentação juntada aos autos, o imposto que deve incidir sobre o bem é o ITR. RECURSO ADESIVO INTERPOSTO POR MOACIR SCANDOLA E ROSELY COELHO SCANDOLA. RECURSO ADESIVO. TÉCNICA DE JULGAMENTO DO ART. 942 DO NCPC. AÇÃO DECLARATÓRIA DE INEXISTÊNCIA DE DÉBITO C/C ANULAÇÃO DE IMPOSTO PREDIAL E TERRITORIAL URBANO. PRESCRIÇÃO PARCIAL. AFASTADA. PRETENSÃO DECLARATÓRIA NÃO SUJEITA À PRESCRIÇÃO. AUSÊNCIA DE FATO GERADOR PARA TRIBUTAÇÃO DA PROPRIEDADE DOS RECORRENTES ADESIVOS QUE NULIFICA OS LANÇAMENTOS DE OFÍCIO DO IPTU. RECURSO CONHECIDO E PROVIDO. Os lançamentos de ofício dos IPTU's dos exercícios de 1995 a 2015 são absolutamente nulos, por ausência de fato gerador, e não apenas anuláveis, por vício formal, caso em que poderiam ser novamente realizados, consoante inciso II do art. 173 do CTN. (TJMS; APL 0801361-84.2015.8.12.0001; Quarta Câmara Cível; Rel. Des. Amaury da Silva Kuklinski; DJMS 28/09/2017; Pág. 57)

Possibilidade de julgamento ampliado na apreciação de apelação em mandado de segurança

✓ MANDADO DE SEGURANÇA. TRANSPORTES ESPECIAIS. TURISMO. VEÍCULO COM MAIS DE 20 ANOS. LIMITAÇÃO DE IDADE DE VEÍCULO. RESOLUÇÃO Nº 5.295/10 DO CONSELHO DE TRÁFEGO DO DAER. Não se observa tenha a resolução 5.295/10 do conselho de tráfego do DAER, ao limitar a idade dos veículos para a realização de transporte coletivo, interferido na competência privativa da união. Competência do DAER para organizar e estabelecer normas para o transporte intermunicipal de passageiros prevista na Lei Estadual nº 11.090/98. Após votar o relator para negar provimento ao apelo e o des. Eduardo uhlein e francesco conti para dar provimento, foi suspenso o julgamento para fins do artigo 942 do CPC. Prosseguindo no julgamento, por maioria, negaram provimento, vencidos os deses. Ulhein e conti, que proviam. (TJRS; AC 0187119-07.2017.8.21.7000; Porto Alegre; Quarta Câmara Cível; Rel. Des. Alexandre Mussoi Moreira; Julg. 30/08/2017; DJERS 26/09/2017)

Julgamento estendido pode se referir apenas a questões laterais do julgado, como juros e correção monetária

✓ APELAÇÃO CÍVEL. TRIBUTÁRIO E PROCESSUAL CIVIL. EXECUÇÃO DE SENTENÇA. EMBARGOS. AÇÃO DE REPETIÇÃO DE INDÉBITO. ALTERAÇÃO DOS ÍNDICES DE CORREÇÃO MONETÁRIA E JUROS. DESCABIMENTO. OBSERVÂNCIA DA COISA JULGADA. No que diz respeito aos índices aplicáveis a título de correção monetária e juros de mora, de se observar que, em respeito à coisa julgada, sobeja descabida a discussão e alteração do critério de atualização dos valores. Assim, tendo ocorrido o trânsito em julgado da sentença, desborda inviável a modificação dos critérios, sob pena de afronta ao instituto da coisa julgada, salvaguardado pela Constituição Federal, no art. 5. º, inciso XXXVI. Entende-se que o debate a respeito da modulação dos efeitos das decisões proferidas pelo Supremo Tribunal Federal nas adins nº 4357 e nº 4425 revela-se inócuo, na medida em que deve ser observado o que transitou em julgado no título em execução. Nesse contexto, entende-se que descabe qualquer modificação nos critérios de atualização dos valores, pois se encontra coberto pela preclusão, sob pena de afronta à segurança jurídica. Reforma da sentença. Por maioria, deram provimento ao recurso, na forma do art. 942 do novo código de processo civil. (TJRS; AC 0099106-32.2017.8.21.7000; Bento Gonçalves; Segunda Câmara Cível; Rel. Des. Ricardo Torres Hermann; Julg. 01/09/2017; DJERS 18/09/2017)

Descabimento do julgamento estendido em Colégio Recursal (Juizado Especial)

✓ EMBARGOS DE DECLARAÇÃO. DANOS MORAIS. JULGAMENTO POR MAIORIA. SISTEMA RECURSAL DOS JUIZADOS ESPECIAIS FEDERAIS. MATÉRIA PREQUESTIONADA. EMBARGOS PARCIALMENTE ACOLHIDOS. 1. Embargos de declaração opostos pelo Autor em face de acórdão proferido por esta Turma Recursal. 2. Alegação de existência de vício no acórdão, e, ainda, prequestionamento da matéria para fins de interposição de recurso(s) nos tribunais superiores. 3. Destinação dos embargos declaratórios para aclarar eventual obscuridade, resolver eventual contradição ou suprir eventual omissão do julgado, consoante o art. 535 do CPC, de modo que, não ocorrendo qualquer das hipóteses que ensejam a oposição deles, a inconformidade do(a) embargante ressoa como manifesta contrariedade à orientação jurídica adotada no acórdão, o que consubstancia evidente caráter infringente, a que não se presta a via ora eleita. 4. Entende o Autor que em razão do resultado do julgamento ter sido por maioria, e não por unanimidade, necessária a convocação de outros julgadores para os fins do artigo 942, do CPC/15. Reconheço que a matéria é nova, mas ouso dizer que a Jurisprudência irá se consolidar no sentido de que não cabe na sistemática dos Juizados Especiais a convocação de outros julgadores para novo julgamento nos casos em que não há decisão por unanimidade. É que em relação aos recursos, vigoram nos Juizados Especiais os princípios da economia processual, simplicidade e taxatividade. É nesse sentido que não se aceita a figura do recurso adesivo, por exemplo. A diligência prevista no artigo 942, do CPC/15, denominada pela Doutrina como "técnica de suspensão de julgamentos não unânimes" apareceu em substituição à figura dos efeitos infringentes, que em tempo algum foi admitido nos Juizados Especiais. 5. Embargos de declaração da parte Autora acolhidos para aclaramento e integração conforme item acima, mantido o acórdão quanto aos demais itens. 6. É como voto. PROCESSO Nr: 0003551-84.2010.4.03.6315, Colégio Recursal da 3ª Região. Rel. Juiz(a) Federal: Kyu Soon Lee 13/06/2016.

§ 1º Sendo possível, o prosseguimento do julgamento dar-se-á na mesma sessão, colhendo-se os votos de outros julgadores que porventura componham o órgão colegiado.

Existindo quórum no órgão julgador, o julgamento estendido pode acontecer na própria sessão de julgamento, sem maiores formalidades

✓ DIREITO DO CONSUMIDOR. CIVIL E PROCESSUAL CIVIL. AÇÃO DE INDENIZAÇÃO POR DANOS MATERIAIS. QUANTI MINORIS. NATUREZA REDIBITÓRIA. VÍCIO EM PRODUTO DURÁVEL. VEÍCULO NOVO. PUBLICIDADE ENGANOSA. DESCOMPASSO ENTRE A POTÊNCIA DIFUNDIDA PELA MONTADORA EM PUBLICIDADE E A POTÊNCIA EFETIVAMENTE DESENVOLVIDA PELO MOTOR DO VEÍCULO. FATO FARTAMENTE COMPROVADO. VIOLAÇÃO AOS DEVERES DE INFORMAÇÃO ADEQUADA, TRANSPARÊNCIA E BOA-FÉ CONTRATUAL (CDC, ARTS. 6º, III, E 37). VÍCIO EVIDENCIADO. DIFERENÇA DE PREÇO DO PRODUTO. INDENIZAÇÃO. ASSEGURAÇÃO. OPÇÃO PELA PRESERVAÇÃO DO CONTRATO (CDC, ART. 18, § 1º, III). DECADÊNCIA. VÍCIO OCULTO. TERMO INICIAL. DATA DO CONHECIMENTO DO FÍCIO, NÃO DO NEGÓCIO (CDC, ART. 26, § 3º). ELISÃO. SENTENÇA MANTIDA. 1. Aferido que o vício oculto imprecado ao produto durável adquirido. Automóvel novo. , não era perceptível no momento da entabulação e consumação do negócio, porquanto afeto à divergência de potência anunciada pela fabricante e a efetivamente desenvolvida pelo motor do automotor, o momento em que a adquirente, como consumidora, toma efetiva conhecimento do fato é que demarca o início do prazo decadencial firmado pelo legislador de consumo para que possa reclamar do vício apresentado, não se afigurando viável que o momento da celebração do contrato e consumação da tradição seja içado como termo inicial do interregno decadencial (CDC, arts. 26, §§ 2º e 3º). 2. À luz dos princípios norteadores da relação de consumo, é resguardado ao consumidor o direito primordial e inafastável de obter informação adequada, clara e precisa sobre os produtos ou serviços que lhe são disponibilizados, cabendo às fornecedoras o dever de atuarem com transparência, lealdade e boa-fé na formação e execução dos contratos de consumo, vinculando-as o difundido em material de publicidade, pois determinante na formação da convicção do consumidor e na opção que efetiva, estando alcançadas pelo ônus de responderem pelos prejuízos eventualmente provocados por fato ou vício do produto ou difusão de informação inadequada. 3. Encerra violação aos direitos básicos assegurados ao consumidor à informação adequada e à transparência, publicidade enganosa e desconsideração para com o princípio da boa-fé objetiva a difusão publicitária que alardeia que o veículo desenvolve determinada potência quando, em verdade, desenvolve potência substancialmente inferior, emergindo da constatação da dissonância detectada entre o produto anunciado e o fornecido a obrigação de as montadoras, diante da opção pela preservação do contrato, indenizarem a adquirente pela diferença de preço que implica a aferição de que o veículo desenvolve potência inferior à difundida e estampada no documento de venda e norteara a mensuração do seu preço venal (CDC, arts. 6º, III, 18, § 1º, III, e 37). 4. Encerrando o negócio relação de consumo e diante da profusão de provas colacionadas, conferindo verossimilhança à argumentação desenvolvida pela consumidora acerca da prática que a vitimara, induzindo-a a adquirir veículo novo com a apreensão de que desenvolvia a potência difundida, defendendo as montadoras a inexistência do vício afetando o produto ou a inocorrência da difusão publicitária, atraem para si o ônus de desqualificar os fatos içados como lastro da pretensão indenizatória deduzida pela adquirente almejando a composição da diferença de preço detectada, implicando que, não safando-se desse encargo, os fatos constitutivos do direito invocado ressoam, determinando o acolhimento do pedido correlato (CPC, art. 373, II; CDC, art. 6º, VIII). 5. Apelação conhecida e desprovida. Prejudicial de decadência rejeitada. Maioria. Julgamento realizado na forma do art. 942, §1º do NCPC. (TJDF; APC 2013.11.1.002488-8; Ac. 104.6448; Primeira Turma Cível; Rel. Desig. Des. Teófilo Caetano; Julg. 06/09/2017; DJDFTE 20/09/2017)

§ 2º Os julgadores que já tiverem votado poderão rever seus votos por ocasião do prosseguimento do julgamento.

§ 3º A técnica de julgamento prevista neste artigo aplica-se, igualmente, ao julgamento não unânime proferido em:

I – ação rescisória, quando o resultado for a rescisão da sentença, devendo, nesse caso, seu prosseguimento ocorrer em órgão de maior composição previsto no regimento interno;

→ *v.* Enunciado 63 do CJF: A técnica de que trata o art. 942, § 3º, I, do CPC aplica-se à hipótese de rescisão parcial do julgado.

II – agravo de instrumento, quando houver reforma da decisão que julgar parcialmente o mérito.

§ 4º Não se aplica o disposto neste artigo ao julgamento:

I – do incidente de assunção de competência e ao de resolução de demandas repetitivas;

II – da remessa necessária;

III – não unânime proferido, nos tribunais, pelo plenário ou pela corte especial.

Art. 943. Os votos, os acórdãos e os demais atos processuais podem ser registrados em documento eletrônico inviolável e assinados eletronicamente, na forma da lei, devendo ser impressos para juntada aos autos do processo quando este não for eletrônico.

→ *v.* Enunciado 597 do FPPC: Ainda que o resultado do julgamento seja unânime, é obrigatória a inclusão no acórdão dos fundamentos empregados por todos os julgadores para dar base à decisão.

§ 1º Todo acórdão conterá ementa.

→ *v.* Enunciado 654 do FPPC: Erro material identificado na ementa, inclusive decorrente de divergência com o acórdão, é corrigível a qualquer tempo, de ofício ou mediante requerimento.

Finalidade da ementa

✓ EMBARGOS DE DECLARAÇÃO. EMENTA DO ACÓRDÃO. CONCEITO E FUNÇÃO. VÍCIOS DO ART. 619 DO CPP. INEXISTÊNCIA. PRETENSÃO DE REEXAME DE MATÉRIA JÁ DISCUTIDA E ANALISADA. EFEITOS INFRINGENTES. IMPOSSIBILIDADE. SÚMULA Nº 18 DO TJCE. EMBARGOS IMPROVIDOS. 1. Necessário esclarecer que, por constituir o contido na ementa uma decisão que cuja enunciação poderá ser aplicada a casos futuros e semelhantes, haverá de ser ela formulada como se fosse um artigo de Lei, ou como um enunciado componente de Súmula, neste caso, evidentemente, com caráter meramente persuasivo. 2. Observa-se que a função precípua da ementa reside em servir de apoio à pesquisa ou, melhor dizendo, atuar como produto documentário facilitador do processo de recuperação da informação. Dessa concepção decorre um aspecto fundamental: A ementa, embora fisicamente gerada junto com o acórdão (sendo originalmente publicada no alto daquele) não é parte, mas sim documento contíguo àquele. 3. Tal aspecto pode ser claramente explicado pelo próprio teor do Penal Brasileiro, segundo o qual são partes essenciais da sentença - mas aplicável também às demais decisões - os nomes das partes ou, quando não possível, as indicações necessárias para identificá-las; a exposição sucinta da acusação e da defesa; a indicação dos motivos de fato e de direito em que se fundar a decisão; a indicação dos artigos de Lei aplicados; o dispositivo; a data e a assinatura do juiz, que encerram a lógica intrínseca ao julgado. 4. Importante, assim, é ressaltar que o disposto no art. 943, § 1º do Código de Processo Civil, de aplicação subsidiária ao Código de Processo Penal - dispondo que todo acórdão conterá ementa - tem por intuito facilitar um processo de pesquisa e não alterar a estrutura do acórdão. Nesse sentido, oportuno é lembrar os termos da ementa do Acórdão 3.730, de 26 de setembro de 1963, relativos aos Embargos de Declaração opostos ao acórdão 3.681 exarado no Mandado de Segurança 277 no STF, verbis: "São improcedentes os embargos, uma vez que a ementa não integra o julgado". 4. Das razões expendidas pelo embargante é possível verificar, de plano, que não existe de fato qualquer vício de omissão, contradição ou obscuridade na decisão recorrida. O embargante, contudo, opõe estes embargos com nítida intenção de rediscutir o mérito recursal, sabendo não ser esta via adequada. Não se verificando, pois, nenhum dos vícios delineados no artigo 619 do Código de Processo Penal, devem os embargos ser rejeitados. Súmula nº 18 do TJCE. 5. Embargos de declaração conhecidos mas desprovidos. (TJCE; EDcl 0622152-58.2017.8.06.0000/50000; Terceira Câmara Criminal; Rel. Des. Antônio Padua Silva; DJCE 13/07/2017; Pág. 51)

§ 2º Lavrado o acórdão, sua ementa será publicada no órgão oficial no prazo de 10 (dez) dias.

Art. 944. Não publicado o acórdão no prazo de 30 (trinta) dias, contado da data da sessão de julgamento, as notas taquigráficas o substituirão, para todos os fins legais, independentemente de revisão.

Parágrafo único. No caso do *caput*, o presidente do tribunal lavrará, de imediato, as conclusões e a ementa e mandará publicar o acórdão.

Art. 945. (Revogado pela Lei 13.256/2016, em vigor no início da vigência da Lei 13.105/2015 – Novo CPC (v. art. 4º da Lei 13.256/2016)).

→ Anterior redação: Art. 945. A critério do órgão julgador, o julgamento dos recursos e dos processos de competência originária que não admitem sustentação oral poderá realizar-se por meio eletrônico. § 1º O relator cientificará as partes, pelo Diário da Justiça, de que o julgamento se fará por meio eletrônico. § 2º Qualquer das partes poderá, no prazo de 5 (cinco) dias, apresentar memoriais ou discordância do julgamento por meio eletrônico. § 3º A discordância não necessita de motivação, sendo apta a determinar o julgamento em sessão presencial. § 4º Caso surja alguma divergência entre os integrantes do órgão julgador durante o julgamento eletrônico, este ficará imediatamente suspenso, devendo a causa ser apreciada em sessão presencial.

Art. 946. O agravo de instrumento será julgado antes da apelação interposta no mesmo processo.

Parágrafo único. Se ambos os recursos de que trata o *caput* houverem de ser julgados na mesma sessão, terá precedência o agravo de instrumento.

→ *v.* Enunciado 93 do CJF: Da decisão que julga a impugnação ao cumprimento de sentença cabe apelação, se extinguir o processo, ou agravo de instrumento, se não o fizer.

O dispositivo se refere a decisões distintas proferidas no mesmo processo (anterior interlocutória e posterior sentença), e não da possibilidade de interposição simultânea de dois recursos da mesma decisão

✓ AGRAVO INTERNO. CUMPRIMENTO DE SENTENÇA. IMPUGNAÇÃO ACOLHIDA EM PARTE. CRÉDITO EXEQUENDO DEPOSITADO JUDICIALMENTE. DECISÃO SEM CUNHO INTERLOCUTÓRIO. RECURSO CABÍVEL. APELAÇÃO. Considerando que o crédito exequendo já se encontra satisfeito pelo valor depositado judicialmente, e tendo o magistrado determinado a sua liberação, irrazoável atribuir à decisão cunho interlocutório, na medida em que se confere extinção ao feito executivo. O recurso de apelação é admissível quando o pronunciamento do juiz extingue o feito executivo, revestindo-se, portanto, de natureza de sentença, a justificar a interposição do apelo (artigo 203, §1º c/c artigo 1.009, caput, do Código de Processo Civil). V.V. Independentemente dos elementos externos do ato jurisdicional (nomenclatura, etc.), tem natureza de decisão o pronunciamento que julga a impugnação ao cumprimento de sentença, mas não põe fim à fase processual, nos termos do artigo 203, § 1º, CPC/2015, pelo que é impugnável por agravo de instrumento e não por apelação. Verificada a mácula recursal, sua declaração deve ocorrer na forma monocrática, nos termos do que determina o art. 932, III, do CPC/15, que retira do colegiado, ao menos em um primeiro momento, a atividade obstativa das pretensões revisionais inadmissíveis. A regra do art. 946 do CPC/15 claramente não se refere a recursos interpostos em face de uma mesma decisão, mas a inconformismos diversos, sob pena de que se adote entendimento contrário ao Princípio da Unirrecorribilidade. O art. 85, §§1º e 11, do CPC/15, deve ser interpretado de modo sistêmico, de modo que, interposto recurso inadequado à impugnação do ato jurisdicional, o qual sequer será conhecido ou processado, a ele não pode ser atribuído os efeitos sucumbenciais da normalidade, sob pena de desvirtuamento da lógica processual. (TJMG; AG 1.0024.11.286464-0/004; Rel. Des. Vasconcelos Lins; Julg. 22/08/2017; DJEMG 24/08/2017)

A depender do caso concreto, a prolação de sentença tornará prejudicada a interlocutória e, também, a análise do agravo de instrumento

✓ PROCESSUAL CIVIL. AGRAVO INTERNO EM FACE DE DECISÃO MONOCRÁTICA DESTA RELATORA (ART. 932, III, NCPC). SUPERVENIÊNCIA DE SENTENÇA DE MÉRITO. PERDA DO OBJETO DO AGRAVO DE INSTRUMENTO. PREJUDICIALIDADE CONFIGURADA. INAPLICABILIDADE DA REGRA CONSAGRADA NO ART. 946 DO NCPC. AUSÊNCIA DE NOVOS SUBSTRATOS COM O CONDÃO DE INFIRMAR OS FUNDAMENTOS CONDUTORES DO ATO JUDICIAL ADVERSADO. RECURSO CONHECIDO E DESPROVIDO. DECISÃO MANTIDA. 1. É manifesta a perda de objeto do agravo de instrumento quando, antes de seu julgamento, sobrevém sentença dirimindo a lide originária, com a confirmação da tutela antecipada alvo do recurso epigrafado, o que torna inexorável o não conhecimento da irresignação nos termos do art. 932, III, do novo CPC. 2. Nesse panorama, não merece prosperar a tentativa de aplicação da ordem de julgamento prevista no art. 946 do diploma processual emergente. Isso porque a motivação do legislador é clara e parte da premissa de que, a depender do teor do julgamento do agravo de instrumento, a apelação poderá restar prejudicada, tendo, portanto, esvaziado o seu sentido e a necessidade do julgamento, o que não se verificou na hipótese vertente. 3. O conhecimento exauriente empreendido pela sentença de mérito confirmatório da tutela provisória outrora deferida, absorveu a cognição sumária realizada quando da prolação da decisão interlocutória, acarretando, pois, a perda superveniente de objeto do respectivo agravo de instrumento. Nesse sentido: STJ, agint no aresp 984.793/SC, Rel. Ministro mauro campbell marques, segunda turma, julgado em 28/03/2017; DJe 03/04/2017. 4. Recurso conhecido e desprovido. (TJCE; AgRg 0079135-05.2012.8.06.0000/50000; Primeira Câmara de Direito Público; Relª Desª Lisete de Sousa Gadelha; Julg. 08/05/2017; DJCE 18/05/2017; Pág. 13)

✓ AGRAVO DE INSTRUMENTO. EFEITOS DA APELAÇÃO. APELAÇÃO JULGADA NA MESMA SESSÃO. RECURSO PREJUDICADO. 1. Agravo de instrumento interposto com a finalidade de atribuir efeito suspensivo à apelação interposta pela telemar norte leste contra a sentença prolatada nos autos da ação de obrigação de fazer ajuizada pela teletrust de recebíveis. 2. O art. 946 do código de processo civil de 2015, mantendo a regra que estava no art. 559 do código de processo civil de 1973, estabelece que a apelação não será incluída em pauta antes do agravo de instrumento interposto no mesmo processo. 3. Porém, há questão prejudicial ao exame do mérito do agravo de instrumento, visto que busca a concessão de efeito suspensivo à apelação cível interposta pela agravante, que será julgada na mesma sessão. 4. Recurso julgado prejudicado. (TJPA; AI 0036837-28.2008.8.14.0301; Ac. 158684; Belém; Quarta Câmara Cível Isolada; Rel. Des. José Maria Teixeira do Rosário; Julg. 18/04/2016; DJPA 29/04/2016; Pág. 141)

Porém, não é sempre que haverá a perda de objeto da interlocutória e respectivo agravo – existindo divergência jurisprudencial quanto ao ponto

✓ AGRAVO REGIMENTAL. DIREITO CONSTITUCIONAL. DIREITO ADMINISTRATIVO. DIREITO PROCESSUAL CIVIL. AGRAVO DE INSTRUMENTO. SENTENÇA. PERDA OBJETO. AFASTADA. CRECHE. DIREITO FUNDAMENTAL. INDISPONÍVEL. DIFICULDADES ORÇAMENTÁRIAS. PRINCÍPIO DA ISONOMIA. RECURSO CONHECIDO E NÃO PROVIDO. 1. Tenho que com a edição da nova norma processual, não há perda superveniente do objeto quando interposto agravo de instrumento, o feito principal é sentenciado; nos estritos termos do artigo 946 do Código de Processo Civil. 2. O direito ao acesso a creches é garantido pela Constituição Federal (art. 208, IV) e assegurado pelo Estatuto da Criança e do Adolescente (art. 53, V, da Lei nº 8.069/1990) e pela Lei de Diretrizes e Bases da Educação (art. 4º, II e art. 30, I da Lei nº 9.394/1996). 3. Reitero meu posicionamento que diante do direito indisponível à educação, principalmente a educação infantil, porta de entrada ao processo educacional não pode ser afastado ante as omissões e inabilidades administrativas, não podendo a Administração escusar-se de suas obrigações. 4. Não podendo a Administração se eximir de suas obrigações sob alegação de impossibilidade orçamentária ou violação aos princípios constitucionais. 5. Recurso conhecido e não provido. Decisão mantida. (TJDF; AGI 2016.00.2.021771-0; Ac. 101.8924; Primeira Turma Cível; Rel. Des. Rômulo de Araújo Mendes; Julg. 03/05/2017; DJDFTE 12/06/2017)

✓ DIREITO PROCESSUAL CIVIL E ADMINISTRATIVO - AGRAVO DE INSTRUMENTO EM MANDADO DE SEGURANÇA - TUTELA ANTECIPADA RECURSAL - CONCESSÃO - SUPERVENIÊNCIA DE SENTENÇA TERMINATIVA - PERDA DO OBJETO DO AGRAVO DE INSTRUMENTO - NÃO OCORRÊNCIA - PERMANÊNCIA DO INTERESSE RECURSAL - EXAME DO MÉRITO - CONCURSO PARA PROFESSOR ASSISTENTE DE DOCÊNCIA SUPERIOR DA UECE - CONVOCAÇÃO PARA ENTREGA DE DOCUMENTAÇÃO - PRAZO EXÍGUO (24 HORAS) - OFENSA AO POSTULADO DA RAZOABILIDADE - PRECEDENTES DOS TRIBUNAIS PÁTRIOS - RECURSO CONHECIDO E PROVIDO. 1. Segundo o disposto no art. 946 do CPC (Lei nº 13.105, de 16.03.2015), a superveniência da sentença não prejudica agravo de instrumento, pois a própria Lei diz que o agravo há de ser julgado antes da apelação e, se forem julgados na mesma sessão, o agravo terá precedência, é porque não há, em regra, inadmissibilidade superveniente do agravo com a posterior prolação da sentença. 2. Uma vez que a sentença proferida não é de mérito, sendo, portanto, terminativa, constata-se a presença do interesse recursal, visto que o julgamento deste recurso possui providência capaz de tornar efetivo o pedido provisório da agravante. 3. A recorrente pretende a reconvocação para apresentação de documentos atinentes à comprovação dos seus títulos, uma vez que o prazo inicialmente oferecido foi exíguo, não cumprindo devidamente o princípio constitucional da publicidade dos atos administrativos. 4. O espaço de tempo entre a publicação e o dia de recebimento da documentação requestada (24 horas) mostra-se muito exíguo, o que fere o princípio da publicidade, e afronta o postulado da razoabilidade a disposição de prazo manifestamente exíguo entre a data da expedição da convocação e a apresentação dos documentos, impedindo, assim, a impetrante de ter tempo suficiente para preparar e apresentar os documentos exigidos. 5. Na esteira da jurisprudência do STJ, o poder judiciário, no exercício do controle jurisdicional dos atos administrativos, além de aferir a legalidade dos aspectos formais do procedimento, pode anular ou reformar atos administrativos quando contrários aos postulados da proporcionalidade e da razoabilidade. 6. Recurso conhecido e provido. (TJCE; AI 0628184-50.2015.8.06.0000; Sexta Câmara Cível; Relª Desª Sérgia Maria Mendonça Miranda; Julg. 31/08/2016; DJCE 06/09/2016; Pág. 46)

Capítulo III
DO INCIDENTE DE ASSUNÇÃO DE COMPETÊNCIA

Art. 947. É admissível a assunção de competência quando o julgamento de recurso, de remessa necessária ou de processo de competência originária envolver relevante questão de direito, com grande repercussão social, sem repetição em múltiplos processos.

- *v.* Enunciado 201 do FPPC: Aplicam-se ao incidente de assunção de competência as regras previstas no art. 983 e 984.
- *v.* Enunciado 334 do FPPC: Por força da expressão "sem repetição em múltiplos processos", não cabe o incidente de assunção de competência quando couber julgamento de casos repetitivos.
- *v.* Enunciado 335 do FPPC: O incidente de assunção de competência aplica-se ao processo do trabalho.
- *v.* Enunciado 461 do FPPC: O disposto no § 2º do art. 927 aplica-se ao incidente de assunção de competência.
- *v.* Enunciado 467 do FPPC: O Ministério Público deve ser obrigatoriamente intimado no incidente de assunção de competência.
- *v.* Enunciado 468 do FPPC: O incidente de assunção de competência aplica-se em qualquer tribunal.
- *v.* Enunciado 469 do FPPC: A "grande repercussão social", pressuposto para a instauração do incidente de assunção de competência, abrange, dentre outras, repercussão jurídica, econômica ou política.
- *v.* Enunciado 600 do FPPC: O incidente de assunção de competência pode ter por objeto a solução de relevante questão de direito material ou processual.
- *v.* Enunciado 651 do FPPC: É admissível sustentação oral na sessão de julgamento designada para o juízo de admissibilidade do incidente de resolução de demandas repetitivas ou do incidente de assunção de competência, sendo legitimados os mesmos sujeitos indicados nos arts. 984 e 947, §1º.
- *v.* Enunciado 655 do FPPC: Desde que presentes os requisitos de cabimento, os incidentes de uniformização de jurisprudência pendentes de julgamento na vigência do CPC/2015 deverão ser processados conforme as regras do incidente de resolução de demandas repetitivas ou do incidente de assunção de competência, especialmente as atinentes ao contraditório.
- *v.* Enunciado 65 do CJF – A desistência do recurso pela parte não impede a análise da questão objeto do incidente de assunção de competência.

Exemplo de IAC, instaurado de ofício, para discutir prescrição, sem repetição em múltiplos processos

✓ PROPOSTA DE ASSUNÇÃO DE COMPETÊNCIA. RECURSO ESPECIAL. INCIDENTE INSTAURADO DE OFÍCIO. CIVIL E PROCESSUAL CIVIL. SEGURO DE VIDA. PRESCRIÇÃO ANUAL PARA QUAISQUER PRETENSÕES QUE ENVOLVAM SEGURADO E SEGURADOR. RELEVANTE QUESTÃO DE DIREITO. NOTÓRIA REPERCUSSÃO SOCIAL. 1. Esta Corte Superior não se defrontou, ainda, com importante tese engendrada pela recorrente, no sentido de, em contrato de seguro facultativo, ser ou não anual o prazo da prescrição em todas as pretensões que envolvam segurado e segurador, não apenas as indenizatórias. 2. A matéria em exame consiste em relevante questão de direito, com notória repercussão social, sem repetição em múltiplos processos, apta a ser solucionada, portanto, pelo incidente de assunção de competência. 3. Recurso especial submetido ao rito do art. 947 do CPC/2015. (STJ; IAC-REsp 1.303.374; Proc. 2012/0007542-1; ES; Segunda Seção; Rel. Min. Luis Felipe Salomão; DJE 01/08/2017)

Exemplo de IAC, instaurado de ofício, para discutir prescrição intercorrente no CPC anterior (pode até ser que haja múltiplos processos sobre o tema, mas não é possível IRDR no STJ)

✓ PROPOSTA DE ASSUNÇÃO DE COMPETÊNCIA. RECURSO ESPECIAL. INCIDENTE INSTAURADO DE OFÍCIO. DIREITO PROCESSUAL CIVIL. PRESCRIÇÃO INTERCORRENTE. INTIMAÇÃO PRÉVIA DO CREDOR. ANDAMENTO DO PROCESSO. RELEVANTE QUESTÃO DE DIREITO. DIVERGÊNCIA ENTRE AS TURMAS DA SEGUNDA SEÇÃO. 1. Delimitação da controvérsia: 1. 1. Cabimento, ou não, da prescrição intercorrente nos processos anteriores ao atual CPC; 1.2. Imprescindibilidade de intimação e de oportunidade prévia para o credor dar andamento ao processo. 2. Recurso especial afetado ao rito do art. 947 do CPC/2015. (STJ; IAC-REsp 1.604.412; Proc. 2016/0125154-1; SC; Segunda Seção; Rel. Min. Marco Aurélio Bellizze; DJE 13/02/2017)

Exemplo de IAC, instaurado de ofício, para discutir questão de direito material (questão de consumo, sem repetição em múltiplos processos)

✓ CIVIL, CONSTITUCIONAL E PROCESSUAL CIVIL. Ação indenizatória. Suspensão do fornecimento de água. Queda de adutora. Repercussão social. Risco de decisões conflitantes. Segurança jurídica. Remessa às Câmaras Cíveis Reunidas nos termos do art. 401, I, e do regimento interno deste tribunal. Decisão unânime. Envolvendo o julgamento do recurso relevante questão de direito, com grande repercussão social, sem repetição em múltiplos processos, há que ser acolhida a arguição ex officio de assunção de competência (art. 947, caput do NCPC) arguição acolhida para formação de incidente de assunção de competência. (TJSE; AC 201700811487; Ac. 16988/2017; Segunda Câmara Cível; Rel. Des. Alberto Romeu Gouvei Aleite; DJSE 18/09/2017)

Exemplo de IAC instaurado para discutir questão de direito processual (competência)

✓ CONFLITO DE COMPETÊNCIA SUSCITADO PELO AUTOR DA DEMANDA. JUÍZO DE DIREITO DA VARA DE FAZENDA PÚBLICA E JUIZADO ESPECIAL FAZENDÁRIO. AÇÃO DE REPETIÇÃO DE INDÉBITO. Pedido de devolução de valores descontados a título de imposto de renda sobre a verba denominada auxílio-moradia percebida por servidor público estadual militar. Suscitante pretende seja declarado qual o juízo competente para o julgamento da demanda. Em primeiro lugar, cumpre destacar que a parte tem legitimidade para suscitar o conflito de competência, conforme artigos 951 e 953, II, ambos do CPC/15, tendo em vista que ambos os órgãos julgadores se declararam incompetentes. Existem ações análogas a esta que tiveram seu trâmite dificultado por conta da indefinição da jurisprudência, acerca de qual solução apresentar para a parte, que se vê diante de dois órgãos julgadores que se deram por incompetentes, sendo que o juizado especial fazendário extinguiu o feito, o que foi confirmado pela turma recursal. Parte da jurisprudência sequer conhece o conflito de competência em casos como este, posto que o tribunal não é instância revisora das decisões proferidas pelas turmas recursais. Outros julgadores, no entanto, entendem pela competência dos juizados especiais fazendários, pois tem por objeto questão administrativa e não tributária, e há aqueles que entendem pela competência do juízo da vara de Fazenda Pública, pois a matéria seria afeta a tributo. Por fim, há quem admita a interposição de agravo de instrumento em face de tais decisões e outros que conhecem o conflito de competência como reclamação. Enfim, a oscilação da jurisprudência vem trazendo uma grande insegurança jurídica para a parte, impedindo, assim, o trâmite do feito e a efetiva prestação jurisdicional. Por tais razões, faz-se necessária a instauração de incidente de assunção de competência à seção cível, para fins de espancar a divergência jurisprudencial sobre o tema, formando-se precedente com eficácia vinculante, observando-se o disposto no artigo 947 do CPC/15.instauração de incidente de assunção de competência. (TJRJ; CComp 0024178-18.2017.8.19.0000; Rio de Janeiro; Décima Quinta Câmara Cível; Relª Desª Maria Regina Fonseca Nova Alves; DORJ 10/08/2017; Pág. 415)

§ 1º Ocorrendo a hipótese de assunção de competência, o relator proporá, de ofício ou a requerimento da parte, do Ministério Público ou da Defensoria Pública, que seja o recurso, a remessa necessária ou o processo de competência originária julgado pelo órgão colegiado que o regimento indicar.

→ *v.* Enunciado 202 do FPPC: O órgão colegiado a que se refere o § 1º do art. 947 deve atender aos mesmos requisitos previstos pelo art. 978.

§ 2º O órgão colegiado julgará o recurso, a remessa necessária ou o processo de competência originária se reconhecer interesse público na assunção de competência.

§ 3º O acórdão proferido em assunção de competência vinculará todos os juízes e órgãos fracionários, exceto se houver revisão de tese.

→ *v.* Enunciado 167 do FPPC: Os tribunais regionais do trabalho estão vinculados aos enunciados de suas próprias súmulas e aos seus precedentes em incidente de assunção de competência ou de resolução de demandas repetitivas.

→ *v.* Enunciado 558 do FPPC: Caberá reclamação contra decisão que contrarie acórdão proferido no julgamento dos incidentes de resolução de demandas repetitivas ou de assunção de competência para o tribunal cujo precedente foi desrespeitado, ainda que este não possua competência para julgar o recurso contra a decisão impugnada.

Exemplo de aplicação de precedente firmado em IAC (questão de direito material)

✓ AGRAVO. CONCURSO PÚBLICO. Pretensão de posse. Candidata aprovada fora do número de Vagas. Ato de "remoção", em face da necessidade emergencial, de diversos servidores, à unidade e ao cargo para a qual a candidata logrou aprovação. Ausência de cargos, inclusive, a autorizar a transferência (relotação). Diligência administrativa (remoção) que não tem o condão de criar novos postos de trabalho. Julgamento pelo grupo de câmaras de direito público, desta corte, em sede de assunção de competência (art. 947 do NCPC), que reconheceu o direito subjetivo à nomeação. Observância desta decisão por força do efeito vinculante previsto no § 3º do art. 947 do CPC. Viabilidade, a par disso, de julgamento unipessoal, a teor do que prevê o art. 932, VIII, do CPC/2015 e do art. 36, inc. XVII, "c", do ritjsc (acrescentado pelo ato regimental TJSC n. 139 de 20 de abril de 2016). Decisão monocrática mantida. Recurso desprovido. (TJSC; AG 0319928-58.2014.8.24.0023/50000; Florianópolis; Terceira Câmara de Direito Público; Rel. Des. Ricardo Roesler; DJSC 18/09/2017; Pag. 171)

A previsão de aplicação da tese firmada a todos os casos (art. 985, I, prevista para o IRDR) também se aplica ao IAC

✓ AGRAVO REGIMENTAL. Embargos infringentes. Remessa do feito à justiça do trabalho. Tese firmada em incidente de assunção de competência tombado sob nº 201600625572. Violação ao devido processo legal inexistente. Aplicação imediata da tese firmada no incidente aos processos em andamento que tramitavam perante o tribunal de justiça. Observância do disposto no art. 985, I, do NCPC que deve ser aplicado nos incidentes de assunção de competência. Agravo regimental improvido. (TJSE; AgRg 201700611791; Ac. 20553/2017; Câmaras Cíveis Reunidas; Rel. Des. Osório de Araujo Ramos Filho; Julg. 21/09/2017; DJSE 03/10/2017)

§ 4º Aplica-se o disposto neste artigo quando ocorrer relevante questão de direito a respeito da qual seja conveniente a prevenção ou a composição de divergência entre câmaras ou turmas do tribunal.

Enquanto pendente IAC de julgamento, deve haver a suspensão de demanda que trate do assunto a ser decidido

✓ AGRAVO INTERNO NO AGRAVO EM RECURSO ESPECIAL. Suspensão de expediente forense no tribunal de origem. Tempestividade reconhecida. Civil. Processual civil (CPC/1973). Execução de título extrajudicial. Cheque. Prescrição intercorrente. Controvérsia afetada à julgamento pelo rito do artigo 947, § 4º do Código de Processo Civil (incidente de assunção de competência). Agravo regimental acolhido para, em juízo de retratação, determinar a suspensão do Recurso Especial até a publicação do acórdão paradigma. (STJ; AgInt-AREsp 1.020.214; Proc. 2016/0306683-9; SP; Terceira Turma; Rel. Min. Paulo de Tarso Sanseverino; DJE 23/08/2017)

Exemplo de IAC não acolhido, considerando ausência de seus requisitos (dentre outros motivos, por haver múltiplos processos – ainda que sem definição do que seja isso)

✓ INCIDENTE DE ASSUNÇÃO DE COMPETÊNCIA. ART. 947 DO CPC. REQUISITOS. DISPENSA POR JUSTA CAUSA. FÉRIAS PROPORCIONAIS. ART. 146 DA CLT. SÚMULA Nº 171 DO TST. CONVENÇÃO 132 DA OIT. PREVALÊNCIA. O INCIDENTE DE ASSUNÇÃO DE COMPETÊNCIA, PREVISTO NO ART. 947 DO CPC, É ADMISSÍVEL QUANDO O RECURSO ENVOLVER RELEVANTE QUESTÃO DE DIREITO, COM GRANDE REPERCUSSÃO SOCIAL, SEM REPETIÇÃO EM MÚLTIPLOS PROCESSOS. DESSA FORMA, O INCIDENTE SÓ OCORRERÁ EM CASOS DE RELEVANTE QUESTÃO DE DIREITO, QUE SEJA DE GRANDE REPERCUSSÃO SOCIAL E QUE AINDA NÃO EXISTAM MÚLTIPLOS PROCESSOS SOBRE A MATÉRIA. COM EFEITO, POR FORÇA DA EXPRESSÃO SEM REPETIÇÃO EM MÚLTIPLOS PROCESSOS ENTENDE-SE QUE NÃO CABE O INCIDENTE DE ASSUNÇÃO DE COMPETÊNCIA SE HOUVER REPETIÇÃO DO TEMA EM MÚLTIPLOS PROCESSOS. NESSE CASO, O INSTRUMENTO EVENTUALMENTE CABÍVEL É O INCIDENTE DE RESOLUÇÃO DE DEMANDAS REPETITIVAS (ART. 976 DO CPC). NO INCIDENTE DE ASSUNÇÃO DE COMPETÊNCIA SUSCITADO PELA EGRÉGIA SÉTIMA TURMA, DISCUTE-SE SE É DEVIDO O PAGAMENTO DE FÉRIAS PROPORCIONAIS AO EMPREGADO DISPENSADO POR JUSTA CAUSA. NÃO OBSTANTE OS JUDICIOSOS FUNDAMENTOS EXPOSTOS NO ACÓRDÃO DA SÉTIMA TURMA BEM COMO SE TRATAR DE RELEVANTE QUESTÃO DE DIREITO, ENTENDO FALTAR UM REQUISITO PARA A ADMISSIBILIDADE DO INCIDENTE DE ASSUNÇÃO DE COMPETÊNCIA, QUAL SEJA SEM REPETIÇÃO EM MÚLTIPLOS PROCESSOS, PORQUANTO INÚMEROS PROCESSOS TÊM SIDO JULGADO NAS DIVERSAS TURMAS DESTA CORTE ACERCA DO TEMA EM DISCUSSÃO. DESSA FORMA, VERIFICO QUE EM FACE DA EFETIVA REPETIÇÃO DE RECURSOS QUE CONTÊM CONTROVÉRSIA ACERCA DO TEMA, ENTENDO QUE ESTÁ DESATENDIDO O REQUISITO PREVISTO NO CAPUT DO ART. 947 DO CPC. SEM REPETIÇÃO EM MÚLTIPLOS PROCESSOS, O QUE, POR SI SÓ, INVIABILIZA A ADMISSIBILIDADE DO INCIDENTE DE ASSUNÇÃO DE COMPETÊNCIA. ALÉM DO MAIS, NÃO HÁ DIVERGÊNCIA JURISPRUDENCIAL ENTRE AS TURMAS A SER DIRIMIDA TAMPOUCO SE JUSTIFICA A PREVENÇÃO DE DIVERGÊNCIA JURISPRUDENCIAL (ART. 947, § 4º, DO CPC), UMA VEZ QUE TODAS AS TURMAS TÊM DECIDIDO DE ACORDO COM O ENTENDIMENTO ASSENTADO NA SÚMULA Nº 171 DO TST. Incidente de Assunção de Competência não admitido. (TST; IAC 0000423-11.2010.5.09.0041; Subseção I Especializada em Dissídios Individuais; Rel. Min. João Batista Brito Pereira; DEJT 17/03/2017; Pág. 758)

CAPÍTULO IV
DO INCIDENTE DE ARGUIÇÃO DE INCONSTITUCIONALIDADE

→ *v.* Arts. 52, X, 97, 102, I, **a**, e III, 103, 125 e, da CF/1988.

→ *v.* Lei 9.868/1999 – Dispõe sobre o processo e julgamento da ação direta de inconstitucionalidade e da ação declaratória de constitucionalidade perante o Supremo Tribunal Federal.

Art. 948. Arguida, em controle difuso, a inconstitucionalidade de lei ou de ato normativo do poder público, o relator, após ouvir o Ministério Público e as partes, submeterá a questão à turma ou à câmara à qual competir o conhecimento do processo.

Se existir o debate quanto à inconstitucionalidade, não pode haver o julgamento na turma, sendo necessária a instauração do incidente e remessa ao órgão máximo previsto no regimento - conforme previsto na cláusula de reserva de plenário (CF, art. 97), reafirmado na Súmula Vinculante 10. Exemplos:

✓ APELAÇÃO CÍVEL. AÇÃO ANULATÓRIA C.C. REPETIÇÃO DE INDÉBITO TRIBUTÁRIO. Município de Jardinópolis. ITBI. Lei Municipal nº 1.340/89. Delegação da apuração da base de cálculo e da fixação da alíquota do imposto por meio de Decreto do poder executivo. Alegada inconstitucionalidade e ilegalidade da Lei por violação ao princípio da legalidade consagrado no art. 150, I, da CF e art. 97, IV, do CTN. Necessidade de que a controvérsia seja submetida ao c. Órgão especial deste tribunal, nos termos do art. 948 do CPC, em consonância com a Súmula vinculante n. 10 do STF. Autos remetidos ao c. Órgão especial do tribunal de justiça para apreciação da arguição de inconstitucionalidade. (TJSP; APL 1000233-31.2015.8.26.0300; Ac. 10812712; Jardinópolis; Décima Terceira Câmara Extraordinária de Direito Público; Rel. Des. João Negrini Filho; Julg. 18/09/2017; DJESP 26/09/2017; Pág. 2732)

✓ TRANSPORTE DE PASSAGEIROS. Habilitação específica do Código de Trânsito Brasileiro. Ausência de antecedentes criminais por crimes de homicídio, roubo, estupro e corrupção de menores. Impetrante condenado por crime de roubo, em gozo de liberdade condicional. Criminosos sexuais, por exemplo, movidos por compulsão de difícil controle, por isso com maior tendência à repetição, que não podem ser admitidos em serviço de transporte de escolares. Condenados por homicídio e, sobretudo, por roubo, caso do impetrante, que não procurariam tal serviço senão como meio lícito de subsistência. Incompatibilidade com a garantia do artigo 5º, XIII, da Constituição Federal, de livre exercício de qualquer trabalho, ofícios ou profissão, atendidas as qualificações profissionais que a Lei estabelecer, dado que a ausência de antecedentes criminais não constitui qualificação profissional. Cláusula de reserva de plenário do artigo 97 da Constituição Federal e Súmula Vinculante nº 10 do Supremo Tribunal Federal. Suscitado incidente de inconstitucionalidade de Lei, na forma dos artigos 948 a 950 do novo Código de Processo Civil, para decisão do Órgão Especial. (TJSP; APL 0000875-88.2012.8.26.0053; Ac. 9399678; São Paulo; Décima Segunda Câmara de Direito Público; Rel. Des. Edson Ferreira; Julg. 03/05/2016; rep. DJESP 14/09/2017; Pág. 2990)AÇÃO POPULAR. APELAÇÃO. DIREITO ADMINISTRATIVO/FINANCEIRO. PAGAMENTO DE VERBA DE REPRESENTAÇÃO E GRATIFICAÇÃO DE FUNÇÃO PARA VICE-PRESIDENTE E 1º E 2º SECRETÁRIOS DA MESA DA CÂMARA MUNICIPAL DE ITABUNA. ART. 38 DA LEI ORGÂNICA DO MUNICÍPIO. APARENTE INCONSTITUCIONALIDADE FRENTE AO ART. 39, §4º, DA CONSTITUIÇÃO FEDERAL. RESERVA DE PLENÁRIO. PROCEDIMENTO PREVISTO NOS ARTS. 948 E 949 DO CPC C/C OS ARTS. 227 E SEGUINTES DO REGIMENTO INTERNO. REMESSA DOS AUTOS AO PLENO DO TJ-BA. 1. Aparentemente, as regras previstas nos parágrafos 1º, 2º, 3º, 4º, 5º, 6º e 7º do art. 38 da Lei Orgânica Municipal de Itabuna, que manteve o pagamento de verba de representação e gratificação ao Vice-presidente e aos 1º e 2º Secretários da Câmara Municipal, se confrontam com o art. 39, §4.º, da Constituição Federal. 2. Arguição de inconstitucionalidade recepcionada e remetidos os autos ao Pleno do Tribunal de Justiça da Bahia. (TJBA; AP 0000514-42.1990.8.05.0113; Salvador; Segunda Câmara Cível; Rel. Des. Maurício Kertzman Szporer; Julg. 15/08/2017; DJBA 28/08/2017; Pág. 334)

Descabe incidente suscitado apenas pelo relator, sendo necessário que a Turma, por acórdão, o suscite

✓ INCIDENTE DE INCONSTITUCIONALIDADE CÍVEL SUSCITADO MONOCRATICAMENTE PELO RELATOR. IMPOSSIBILIDADE DE CONHECIMENTO. Necessidade de submissão da questão à decisão colegiada do órgão fracionário. Inteligência dos arts. 948 e 949 do código de processo civil. Preliminar levantada de ofício. Precedente recente deste órgão especial. Incidente do qual não se conhece. (TJMG; ArgInc 1.0000.16.070547-1/001; Relª Desª Márcia Maria Milanez Carneiro; Julg. 10/05/2017; DJEMG 26/05/2017)

Se não se discute efetivamente a inconstitucionalidade de norma legal, não há necessidade de instauração da arguição

✓ PROCESSUAL CIVIL E ADMINISTRATIVO. FORNECIMENTO DE MEDICAMENTOS. ACÓRDÃO COM FUNDAMENTO CONSTITUCIONAL. INCIDENTE DE INCONSTITUCIONALIDADE. FUNDAMENTO INATACADO. SÚMULA Nº 283/STF. 1. O tribunal de origem, ao julgar procedente o pedido deduzido na petição inicial e condenar o recorrente ao fornecimento dos medicamentos e dos instrumentos necessários para o tratamento das doenças da parte recorrida, valorou a regra dos arts. 19 – M, I, 19 – P, 19 – Q e 19 – R da Lei nº 8.080/1990 (com a redação da Lei nº 12.401/2011) com base em fundamentação constitucional (fl. 254, e-STJ): "de fato, a Lei nº 12.401/2011 alterou os artigos 19 – M, I, 19 – P, 19 – Q e 19 – R da Lei nº 8080/90 (...). Contudo, tal norma deve ser interpretada em conformidade com a constituição, não havendo que se falar propriamente em inconstitucionalidade da referida Lei, ou mesmo de afastamento de sua incidência, tendo em vista que cabe ao poder público administrar os serviços por ele prestados, pode o judiciário, com base no princípio constitucional maior da dignidade da pessoa humana, (art. 1º, inciso III, da cfrb/88), determinar o fornecimento de medicamentos ao hipossuficiente, como é o caso, ainda que a terapêutica não conste no protocolo ou listagem de entidades governamentais ". 2. A solução do caso concreto não tem por objeto a exegese da legislação federal, mas a análise de sua compatibilidade com normas constitucionais, o que é inviável em Recurso Especial. 3. Em relação aos arts 948 a 950 do CPC/2015, registro que o apelo é deficientemente fundamentado, uma vez que as razões recursais apontam genericamente a necessidade de instauração da arguição de inconstitucionalidade, dissociando-se do conteúdo do acórdão que expressamente afirmou que a hipótese não é decretação de inconstitucionalidade da Lei "ou mesmo de afastamento da sua incidência" (fl. 254, e-STJ). Aplicação da Súmula nº 283/STF. 4. Recurso Especial não conhecido. (STJ; REsp 1.655.052; Proc. 2017/0028340-0; RJ; Segunda Turma; Rel. Min. Herman Benjamin; DJE 17/05/2017)

Art. 949. Se a arguição for:

I – rejeitada, prosseguirá o julgamento;

II – acolhida, a questão será submetida ao plenário do tribunal ou ao seu órgão especial, onde houver.

Uma vez julgada a arguição pelo pleno do tribunal, a conclusão a que se chegou deverá ser seguida pelos demais órgãos da Corte

✓ AGRAVO INTERNO. APELAÇÃO CÍVEL. SERVIDOR PÚBLICO. MAGISTÉRIO ESTADUAL. SUSPENSÃO DO PROCESSO. DESCABIMENTO. HORA-ATIVIDADE. ART. 2º, § 4º, DA LEI Nº 11.738/08. INCIDENTE DE INCONSTITUCIONALIDADE Nº 70059092486. I – Descabido a suspensão do feito, em razão do ajuizamento da ação coletiva, pois, além de fora da hipótese prevista no art. 104 da Lei Federal nº 8.078/1990, a consolidação do entendimento no âmbito das câmaras integrantes do 2º grupo cível deste TJRS. II – A declaração de inconstitucionalidade do art. 2º, § 4º, da Lei Federal nº 11.738/2008, pelo órgão especial deste tribunal de justiça, nos autos do incidente de inconstitucionalidade nº 70059092486. Aplicação obrigatória em casos análogos, conforme o art. 949, II, parágrafo único do CPC de 2015 c/c o art. 211, do regimento interno do TJRS. III – Diante da inexistência de elementos capazes de alterar o julgamento impõe-se a manutenção da decisão monocrática. Agravo interno desprovido. (TJRS; AG 0213923-12.2017.8.21.7000; Porto Alegre; Terceira Câmara Cível; Rel. Des. Eduardo Delgado; Julg. 31/08/2017; DJERS 18/09/2017)

Parágrafo único. Os órgãos fracionários dos tribunais não submeterão ao plenário ou ao órgão especial a arguição de inconstitucionalidade quando já houver pronunciamento destes ou do plenário do Supremo Tribunal Federal sobre a questão.

Se já há decisão do STF (súmula vinculante), desnecessário que seja suscitada a arguição de inconstitucionalidade (vide item 5)

✓ DUPLO GRAU DE JURISDIÇÃO. APELAÇÃO CÍVEL. AÇÃO ORDINÁRIA. OBRIGAÇÃO DE FAZER. SERVIDORA PÚBLICA DO MUNICÍPIO DE NOVO GAMA. REVISÃO GERAL E ANUAL DE VENCIMENTOS. NORMA CONSTITUCIONAL DE EFICÁCIA LIMITADA. NECESSIDADE DE REGULAMENTAÇÃO POR LEI ESPECÍFICA DE INICIATIVA DO CHEFE DO PODER EXECUTIVO. 1. A revisão geral anual da remuneração dos servidores públicos, de que trata o inciso X do art. 37 da Constituição Federal, não é automática, pois depende de três elementos: Lei específica de iniciativa exclusiva do chefe do executivo, prévia dotação orçamentária e autorização própria na Lei de diretrizes orçamentárias. Leis complementares municipais nº 1.127/2011 e nº 01/1997. Vinculação de reajustes de vencimentos de servidores municipais ao índice nacional de preços ao consumidor (INPC). Inconstitucionalidade. Súmula vinculante nº 42 do STF. Evolução jurisprudencial sobre o tema. Adesão do relator ao posicionamento atualmente majoritário da corte. 2. Na esteira da Súmula vinculante nº 42, do Supremo Tribunal Federal, "é inconstitucional a vinculação do reajuste de vencimentos de servidores estaduais ou municipais a índices federais de correção monetária". 3. É entendimento hodierno deste sodalício que o art. 19, da Lei complementar nº 1.127/2011, do município de novo gama, por vincular a reposição inflacionária dos vencimentos dos servidores novogamenses ao INPC, índice federal de correção monetária, é incompatível com o art. 37, XIII, da Constituição da República, e com o art. 92, XIV, da Constituição do Estado de Goiás. Afastamento da norma inconstitucional. Submissão da matéria ao exame pela corte especial. Desnecessidade. Aplicação de Súmula vinculante. Exceção à cláusula de reserva de plenário. 5. Conforme precedente da suprema corte (agr na RCL 10064, Rel. Min. Roberto barroso, 1ª t.; DJe nº 175, de 10-09-2014), pode o órgão fracionário do tribunal, aplicando enunciado sumular vinculante, afastar a incidência, no caso concreto, de norma inconstitucional, sem que, com isso, incorra em violação à cláusula de reserva de plenário, à vista da ressalva contida no parágrafo único do art. 949 do CPC. Aumento de vencimentos pelo poder judiciário. Impossibilidade. 6. De acordo com a Súmula vinculante nº 37, do Supremo Tribunal Federal, é vedado ao poder judiciário conceder aumento de vencimentos a servidor público, com base no princípio da isonomia, na equiparação salarial ou a pretexto da revisão geral anual, sob pena de ofensa ao princípio da separação dos poderes. Litigância de má-fé. Inocorrência. 7. Conforme Súmula nº 27 do TJGO não merece ser conhecido o pedido de condenação da parte contrária por litigância de má-fé, quando formulado em sede de contrarrazões, ante a inadequação da via eleita. Reexame necessário e apelação conhecidas e providas. Sentença reformada. (TJGO; DGJ 0121317-22.2015.8.09.0160; Novo Gama; Quarta Câmara Cível; Rel. Des. Sebastião Luiz Fleury; DJGO 27/09/2017; Pág. 53)

Se já há decisão do STF (RE julgado com repercussão geral), desnecessário que seja suscitada a arguição de inconstitucionalidade

✓ EMBARGOS DE DECLARAÇÃO. Pensão. Reversão. Irmãos. LCE nº 180/78 e 1.012/07. LF nº 11.960/09. Juros e correção monetária. LF nº 11.960/09. Modulação dos efeitos. Repercussão geral. LF nº 11.960/09. Repercussão geral. O Supremo Tribunal Federal reconheceu na ADI nº 4.357/DF a inconstitucionalidade do uso da TR como índice de correção monetária e decidiu no RE nº 870.947/SE, 16-4-2015, Rel. Luiz Fux, em regime de repercussão geral, submeter ao Pleno a análise da aplicação do art. 5º da LF nº 11.960/09 na fase anterior à expedição do precatório. A análise visa a suprir a questão processual, pois mais restrito o objeto da ADI nº 4.357/DF, e não afasta a aplicação do que nesta decidido, pois igual a razão, aos processos em curso. Aplicação ao caso da dispensa prevista no art. 949, § único do CPC. Desnecessidade de submissão da tese ao Órgão Especial. Embargos rejeitados. (TJSP; EDcl 1030612-19.2015.8.26.0602/50000; Ac. 10746420; Sorocaba; Décima Câmara de Direito Público; Rel. Des. Torres de Carvalho; Julg. 28/08/2017; DJESP 11/09/2017; Pág. 3370)

Art. 950. Remetida cópia do acórdão a todos os juízes, o presidente do tribunal designará a sessão de julgamento.

§ 1º As pessoas jurídicas de direito público responsáveis pela edição do ato questionado poderão manifestar-se no incidente de inconstitucionalidade se assim o requererem, observados os prazos e as condições previstos no regimento interno do tribunal.

→ *v.* Enunciado 601 do FPPC: Instaurado o incidente de arguição de inconstitucionalidade, as pessoas jurídicas de direito público responsáveis pela edição do ato normativo questionado deverão ser intimadas para que tenham ciência do teor do acórdão do órgão fracionário que o instaurou.

§ 2º A parte legitimada à propositura das ações previstas no art. 103 da Constituição Federal poderá manifestar-se, por escrito, sobre a questão constitucional objeto de apreciação, no prazo previsto pelo regimento interno, sendo-lhe assegurado o direito de apresentar memoriais ou de requerer a juntada de documentos.

§ 3º Considerando a relevância da matéria e a representatividade dos postulantes, o relator poderá admitir, por despacho irrecorrível, a manifestação de outros órgãos ou entidades.

→ *v.* Art. 138 do NCPC.

→ *v.* Enunciado 591 do FPPC: O tribunal dará ampla publicidade ao acórdão que decidiu pela instauração do incidente de arguição de inconstitucionalidade, incidente de assunção de competência ou incidente de resolução de demandas repetitivas, cabendo, entre outras medidas, sua publicação em seção específica no órgão oficial e indicação clara na página do tribunal na rede mundial de computadores.

Capítulo V
DO CONFLITO DE COMPETÊNCIA

→ *v.* Art. 66 e ss. do NCPC.

Art. 951. O conflito de competência pode ser suscitado por qualquer das partes, pelo Ministério Público ou pelo juiz.

→ V. art. 958 do NCPC

CC como alternativa para discutir a competência, se não cabível o agravo de instrumento (vide art. 1.015)

✓ MANDADO DE SEGURANÇA. ICMS. AÇÃO DECLARATÓRIA COM REPETIÇÃO DE INDÉBITO TRIBUTÁRIO. TUST E TUSD. ATO JUDICIAL. Impetração contra decisão interlocutória que determinou a redistribuição do feito ao Juizado Especial. Impossibilidade de discutir a competência pela via do agravo de instrumento. Exegese do rol do artigo 1.015 do Novo Código de Processo Civil. Descabimento também da impetração de ação mandamental, que não é sucedâneo de recurso (artigo 5º, inciso II, da Lei nº 12.016/09). À parte restam duas possibilidades para discussão da competência: A) arguição de preliminar nas razões ou contrarrazões de apelação; b) discussão em sede de eventual conflito de competência, que também pode ser suscitado pelas partes, ante os termos do artigo 951 e seguintes do NCPC, nas hipóteses cabíveis. Carência da ação configurada, na modalidade falta de interesse processual. Indeferimento da petição inicial e extinção do processo, sem resolução do mérito, nos termos dos artigos 330, inciso III, e 485, inciso I, do mesmo diploma processual. (TJSP; MS 2243590-53.2016.8.26.0000; Ac. 10666200; Palmeira d`Oeste; Décima Segunda Câmara de Direito Público; Rel. Des. Osvaldo de Oliveira; Julg. 02/08/2017; DJESP 27/09/2017; Pág. 2378)

Da decisão de declínio de competência não seria cabível MS, pois cabível o conflito

✓ MANDADO DE SEGURANÇA. DECISÃO JUDICIAL DE QUE NÃO CABE RECURSO COM EFEITO SUSPEN-

SIVO. DECISÃO DE DECLÍNIO DE COMPETÊNCIA DA 7ª VARA DE FAZENDA PÚBLICA PARA A JUSTIÇA MILITAR. Ato de punição disciplinar militar que levou à exclusão dos impetrantes da Polícia Militar do Rio de Janeiro. Inadequação da via eleita. Possibilidade de impugnação da decisão por meio de conflito de competência, conforme art. 953, II do CPC/15. Ausência de comprovação da interposição do conflito de competência no órgão competente. Falta de interesse de agir. EXTINÇÃO DO PROCESSO SEM ANÁLISE DO MÉRITO. (TJRJ; MS 0037228-14.2017.8.19.0000; Rio de Janeiro; Terceira Câmara Cível; Rel. Des. Peterson Barroso Simão; DORJ 25/08/2017; Pág. 311)

Porém, ainda que o CC possa ser suscitado pelas partes, se não há qualquer debate quanto à competência, descabe o conflito

✓ PROCESSO CIVIL. EMBARGOS DE DECLARAÇÃO. CONFLITO DE COMPETÊNCIA. INEXISTÊNCIA. OMISSÃO. CONTRADIÇÃO. AUSÊNCIA. ESTABILIDADE, INTEGRIDADE E COERÊNCIA DA JURISPRUDÊNCIA. CRITÉRIOS. REDISCUSSÃO DA MATÉRIA PELOS ACLARATÓRIOS. VEDAÇÃO. 1. Ainda que, segundo o artigo 951, caput, do novo Código de Processo Civil, o conflito de competência possa ser suscitado por qualquer das partes, uma vez inexistentes manifestações de ambos os juízos declarando-se competente ou incompetente, tampouco não havendo controvérsia sobre reunião ou separação de processos, repele-se hipótese de conflito dessa natureza. 2. Ausentes a omissão e a contradição, afasta-se a alegação de vício no julgamento. 3. Quanto à coerência, estabilidade e integridade da jurisprudência, perpetrada pelo novo Código de Processo Civil, merece relevo a elucidação da doutrina, no sentido de que Nada que o novo CPC traz a respeito do assunto, contudo, autoriza afirmativas genéricas, que vêm se mostrando comuns, no sentido de que o direito brasileiro migra em direção ao common law ou algo do gênero. É importante, por isso mesmo, compreender estes dispositivos (como, de resto, todos os que, ao longo do novo CPC, direta ou indiretamente com eles se relacionam. E não são poucos) como normas diretivas de maior otimização das decisões paradigmáticas no âmbito dos Tribunais e dos efeitos que o novo CPC quer que essas decisões, as paradigmáticas. Verdadeiros precedentes., devem surtir nos demais casos em todos os graus de jurisdição, a começar pelo Supremo Tribunal Federal. (Cassio Scarpinella Bueno in Novo Código de Processo Civil anotado, Saraiva, 2015, p. 568). 4. Constatado que os arestos apontados pela parte são das Turmas Recursais dos Juizados Especiais, colegiado desse distinto, e que os julgados indicados tratam de tema diferente do analisado, não há porquê seguir os precedentes ventilados. 5. Os embargos de declaração constituem recurso de fundamentação vinculada e de efeito devolutivo restrito, pois seu conteúdo limita-se às hipóteses delineadas no artigo 1022 do Código de Processo Civil de 2015, apresentando-se vedada a rediscussão da matéria, cujo julgamento restou exaurido. 6. Preliminar de incompetência rejeitada. Embargos declaratórios não providos. (TJDF; AGI 2016.00.2.002375-2; Ac. 964.737; Terceira Turma Cível; Rel. Des. Flavio Renato Jaquet Rostirola; Julg. 31/08/2016; DJDFTE 14/09/2016)

CC também se presta para discutir a câmara competente dentro de um tribunal (no caso, conflito entre câmara cível e empresarial – vide art. 958)

✓ APELAÇÃO CÍVEL. AÇÃO DECLARATÓRIA DE INEXISTÊNCIA DE DÉBITO C/C INDENIZAÇÃO POR DANOS MORAIS. Sentença de parcial procedência. Insurgência da empresa de telefonia. Contrato de prestação de serviço de telefonia fixa firmado entre empresas consumidora e de telefonia. Falha na prestação do serviço. Matéria de cunho eminentemente civil. Análise que refoge à competência das câmaras de direito comercial, por não abordar questão de direito bancário, cambiário, empresarial ou falimentar. Exegese do art. 6º, inciso II, do ato regimental n. 41/2000, art. 3º do ato regimental n. 57/2002, art. 1º, inciso II e § 3º, do ato regimental n. 110/2010 e ato regimental n. 149/2017, todos deste tribunal. Recurso redistribuído a este colegiado. Suscitação de conflito negativo de competência que se impõe, a teor dos arts. 66, inciso II, e 951 do CPC/2015. Suspensão do julgamento. Encaminhamento dos autos ao colendo órgão especial. (TJSC; AC 0301368-72.2014.8.24.0054; Rio do Sul; Quinta Câmara de Direito Comercial; Rel. Des. Cláudio Valdyr Helfenstein; DJSC 18/09/2017; Pag. 154)

CC negativo entre Justiça Estadual e Justiça do Trabalho, suscitado para ser decidido do STJ

✓ APELAÇÃO CÍVEL. AÇÃO POSSESSÓRIA. EXECUÇÃO TRABALHISTA. ADJUDICAÇÃO DE IMÓVEL. POSSIBILIDADE DE DECISÕES CONFLITANTES. INCOMPETÊNCIA DA JUSTIÇA ESTADUAL. COMPETÊNCIA DA JUSTIÇA DO TRABALHO. CONFLITO NEGATIVO DE COMPETÊNCIA SUSCITADO. Compete à Justiça do Trabalho o processamento e julgamento das questões possessórias decorrentes da execução trabalhista. Se aquele que adjudicou imóvel em ação trabalhista se vê ameaçado/turbado de sua posse por aquele que se diz proprietário do imóvel adjudicado, deve a discussão possessória permanecer no âmbito da Justiça do Trabalho, evitando-se, assim, decisões conflitantes. Conflito negativo de competência suscitado ao Superior Tribunal de Justiça, nos termos do artigo 105, inciso I, alínea "d", da Constituição da República, combinado com o artigo 951 do Código de Processo Civil. (TJMG; APCV 1.0105.13.038122-8/001; Rel. Des. Moacyr Lobato; Julg. 08/09/2016; DJEMG 20/09/2016)

Parágrafo único. O Ministério Público somente será ouvido nos conflitos de competência relativos aos processos previstos no art. 178, mas terá qualidade de parte nos conflitos que suscitar.

Ainda que o conflito envolva questão relativa a entes públicos (questão tributária), o MP não precisa ser ouvido (vide item 2, parte final)

✓ CONFLITO DE COMPETÊNCIA. EXECUÇÃO FISCAL. DOMICÍLIO DO DEVEDOR. MUNICÍPIOS QUE NÃO SÃO SEDE DE VARAS FEDERAIS. ARTIGOS 114, INCISO IX, E 75 DA LEI Nº 13.043/2014. COMPETÊNCIA RELATIVA, IMPOSSIBILIDADE DE DECLINIO DE COMPETÊNCIA DE OFÍCIO. 1. Trata-se de conflito de competência provocado pelo Juízo da 1ª Vara Cível da Comarca de Cabo Frio/RJ em face do Juízo da 1ª Vara Federal de São Pedro da Aldeias/RJ. 2. A execução fiscal (objeto do presente conflito) foi distribuída na 1ª Vara Federal de São Pedro da Aldeias/RJ em 14.07.2004. Ao considerar que o executado possui domicílio fora daquela Subseção, o douto Magistrado Federal declinou da competência para processar e julgar a presente execução fiscal ao juízo da Comarca que abrange o domicílio do executado (decisão prolatada em 30.03.2015). Distribuída à 1ª Vara Cível da Comarca de Cabo Frio/RJ, o douto Juízo Estadual entendeu que a competência delegada em sede de execução fiscal foi revogada pela Lei nº 13.043/2014. Desse modo, por meio do Ofício nº 30/GAB/2015, suscitou, perante o Superior Tribunal de Justiça, conflito negativo de competência. O egrégio STJ não conheceu do incidente, em vista da competência para dirimir a controvérsia ser deste Tribunal Regional Federal (Súmula nº 03). Com efeito, determinou a remessa do conflito a esta Corte. Dispensada a intervenção do Ministério Público Federal com fundamento no parágrafo único do artigo 951 do CPC/2015 combinado com a Súmula nº 189 do STJ. 3. A controvérsia sobre a investigação da natureza da competência atribuída às Varas Estaduais nos Municípios que não fossem sede de Varas Federais decorria da interpretação combinada do artigo 109, § 3º, da Constituição com o artigo 15, I, da Lei nº 5.010/66, para julgamento das execuções fiscais movidas pelas pessoas elencadas no incido I do artigo 109 da CF/88. 4. A questão foi resolvida com a revogação do artigo 15, I, da Lei nº 5.010/66 pelo artigo 114, inciso IX, da Lei nº 13.043/2014. 5. O artigo 75 da Lei nº 13.043/2014 dispõe que a revogação do inciso I do artigo 15 da Lei nº 5.010, de 30 de maio de 1966, constante do inciso IX do artigo 114 desta Lei, não alcança as execuções fiscais da União e de suas autarquias e fundações públicas ajuizadas na Justiça Estadual antes da vigência desta Lei. 6. Com a revogação da competência delegada (artigo 15, I, da Lei nº 5.010/66), incumbe à Justiça Federal o julgamento das execuções da União Federal e suas autarquias, permanecendo a competência da Justiça Estadual, excepcionalmente, em relação às execuções que, na data da entrada em vigor da Lei nº 13.043/2014 (14.11.2014), tramitavam, em razão do ajuizamento originário, na Justiça Comum Estadual (artigo 75 da Lei nº 13.043/2014). 7. Considerando que a execução foi ajuizada 1ª Vara Federal de São Pedro da Aldeia/RJ em 14.07.2004. data anterior à vigência da Lei nº 13.043/2014 (14.11.2014), a competência para o processamento do feito é da Justiça Federal. 8. Quando examinei as primeiras decisões dos Juízos Federais declinando, de ofício, a competência para julgamento das execuções fiscais em face de executados domiciliados em Município que não era sede de Vara Federal, mas abrangido pela respectiva Seção Judiciária, posicionei-me no sentido de que se tratava de hipótese de competência territorial, logo relativa, e que não poderia, por essa razão, ser reconhecida de ofício, entendimento amparado em jurisprudência há muito consolidada neste TRF2 (súmula nº 15); no extinto TFR (súmula nº 252) e no próprio STJ (súmula nº 33). 9. No entanto, no julgamento do RESP nº 1.146.194/SC, em 14/08/2013, pela Primeira Seção do STJ, a maioria dos Ministros que compõem as duas turmas tributárias daquela Corte Superior reconheceu se tratar de hipótese de competência absoluta. 10. Ocorre que, ao deparar com a situação de diversas execuções fiscais propostas em Varas Federais, e que têm prosseguido há anos sem que, em nenhum momento, fosse arguida a incompetência do Juízo, não parece ser a mais acertada a decisão de remessa dos autos ao Juízo Estadual do domicílio do executado, por incompetência absoluta da Vara Federal onde tramitou o feito até então (considere-se que o mesmo raciocínio se aplica no sentido invertido, ou seja, quando a ação é ajuizada na Justiça Estadual em Comarcas que não são sede de Varas Federais). 11. O que chama a atenção ao examinar a questão é que nas demandas previdenciárias em que a regra do Constituição não depende de legislação posterior, como ocorre com a execução fiscal, o entendimento unânime da 3ª Seção do STJ, que reúne as turmas competentes para apreciação da matéria, continua sendo o de que se trata de competência relativa e que, por essa razão, não pode ser declinada de ofício (CC 116.919/PE, Rel. Ministra ALDERITA RAMOS DE OLIVEIRA (DESEMBARGADORA CONVOCADA DO TJ/PE), TERCEIRA SEÇÃO; DJe 18/09/2012). 12. Assim, a competência jurisdicional estabelecida no artigo 109, § 3º, da Constituição trata de competência territorial, relativa, que não pode ser declinada de ofício pelo magistrado. 13. Conflito de competência provido, para declarar competente o Juízo suscitado (1ª Vara Federal de São Pedro da Aldeia/RJ). (TRF 2ª R.; CC 0100655-26.2016.4.02.0000; Quarta Turma Especializada; Rel. Des. Fed. Luiz Antonio Soares; DEJF 15/12/2016)

Art. 952. Não pode suscitar conflito a parte que, no processo, arguiu incompetência relativa.

Parágrafo único. O conflito de competência não obsta, porém, a que a parte que não o arguiu suscite a incompetência.

A parte que alega incompetência não pode também apresentar o CC (deve seguir debatendo o tema no âmbito da alegação de incompetência antes formulada)

✓ CONFLITO DE COMPETÊNCIA. Ausência de dissensão entre dois juízos. Arguição de exceção de incompetência pela reclamada. Incidência dos arts. 804 da CLT e 66 do CPC de 2015, bem como dos arts. 806 da CLT e 952 do CPC de 2015. 1. Caso em que o conflito de competência foi suscitado pela reclamada após já ter arguido exceção incompetência nos autos da reclamação trabalhista. 2. Na forma dos artigos 66 do CPC de 2015 e 804 da CLT, configura-se conflito de competência quando dois ou mais juízes se declararem competentes ou incompetentes ou ainda quando ocorrer, entre órgãos judiciários diversos, controvérsia acerca da reunião ou separação de processos. Na hipótese em exame, não há dois juízos afirmando a competência ou incompetência para o exame da causa, o que se revela suficiente para inadmissão do conflito suscitado pela empresa demandada na reclamação trabalhista. 3. Ademais, nos termos dos artigos 806 da CLT e 952 do CPC/2015, mostra-se incabível o processamento do presente conflito de competência, porquanto já arguida exceção de incompetência na ação trabalhista. Conflito de competência não admitido. (TST; CC 0020152-88.2016.5.00.0000; Subseção II Especializada em Dissídios Individuais; Rel. Min. Douglas Alencar Rodrigues; DEJT 11/11/2016; Pág. 369)

Se a parte alega incompetência, que é acolhida, isso não impede que o juízo de destine suscite o conflito negativo

✓ CONFLITO NEGATIVO DE COMPETÊNCIA. Ações de cobrança e sustação de protesto em face de espólio, distribuídas originariamente à Vara Cível. Exceção de incompetência do juízo acolhida. Ações redistribuídas para o Juízo do inventário que suscitou conflito. Admissibilidade. Matéria de direito obrigacional, comum, sem relação com qualquer das competências atribuídas pelo Código de Divisão e Organização Judiciária do Estado de São Paulo às Varas da Família e Sucessões. Incs. I e II do art. 37 do Dec-Lei Complementar n. 3 de 27-8-1969. Ausência de conexão ou acessoriedade entre as ações e o inventário. Juízo Sucessório que possui competência absoluta em razão da matéria. Possibilidade de conflito mesmo que precedido de exceção de incompetência oposta pela parte. Inteligência do art. 952 do novo Código de Processo Civil. Precedente do C. STJ. Competência do M. Juízo suscitado para apreciar e decidir na espécie. (TJSP; CC 0029655-61.2016.8.26.0000; Ac. 9826407; São Paulo; Câmara Especial; Rel. Des. Ricardo Dip; Julg. 19/09/2016; DJESP 14/10/2016)

Art. 953. O conflito será suscitado ao tribunal:

→ v. Súmula 59 do STJ.

I – pelo juiz, por ofício;

Ao suscitar o conflito, não há a remessa dos autos ao órgão competente para decidir de quem é a competência

✓ CONFLITO NEGATIVO DE COMPETÊNCIA. REMESSA DOS AUTOS ORIGINAIS PELO MAGISTRADO SUSCITANTE. NÃO CONHECIMENTO. Segundo o art. 953, I, do NCPC, o conflito negativo de competência é suscitado por ofício do juízo. Não conhecimento do incidente, provocado mediante remessa dos próprios autos originais. Conflito de competência não conhecido. (TJRS; CC 0219109-16.2017.8.21.7000; Cachoeirinha; Quarta Câmara Cível; Rel. Des. Eduardo Uhlein; Julg. 24/07/2017; DJERS 26/07/2017)

Necessário se devolver os autos à origem (quando remetidos ao Tribunal), inclusive para que se aprecie eventuais medidas de urgência

✓ CONFLITO DE COMPETÊNCIA. REMESSA DOS AUTOS PELO MAGISTRADO SUSCITANTE. INADEQUAÇÃO DA VIA ELEITA. Nos termos do art. 953, I, do CPC/2015, cabe ao juiz suscitar o conflito mediante ofício, revelando-se inadequada a instauração do procedimento por meio da remessa dos autos originais, o que inviabiliza, inclusive, a adoção de medidas necessárias pelo juízo designado provisoriamente, nos termos do art. 955, caput, do NCPC. Precedentes jurisprudenciais. Doutrina a respeito. Conflito de competência não conhecido. (TJRS; CC 0041561-04.2017.8.21.7000; Cachoeirinha; Décima Primeira Câmara Cível; Rel. Des. Luiz Roberto Imperatore de Assis Brasil; Julg. 24/02/2017; DJERS 06/03/2017)

II – pela parte e pelo Ministério Público, por petição.

Parágrafo único. O ofício e a petição serão instruídos com os documentos necessários à prova do conflito.

Caso o conflito não seja adequadamente instruído, não será apreciado

✓ PROCESSUAL CIVIL. Conflito negativo de competência. Ausência de peça essencial à compreensão da controvérsia. Art. 953, parágrafo único, do CPC/2015. Conflito não conhecido. (STJ; CC 152.080; Proc. 2017/0096654-2; SP; Primeira Seção; Rel. Min. Benedito Gonçalves; DJE 22/09/2017)

Decisão permitindo a emenda do conflito (o qual foi suscitado por juízo) mas que, diante da ausência do envio das peças, não foi conhecido

✓ PROCESSO CIVIL. CONFLITO DE COMPETÊNCIA. INSTRUÇÃO DEFICIENTE. JUÍZO SUSCITANTE NÃO INSTRUIU OS AUTOS COM OS DOCUMENTOS NECESSÁRIOS À COMPROVAÇÃO DO CONFLITO E DA INCOMPETÊNCIA. INTIMAÇÃO DO JUÍZO PARA SANAR O FEITO. DECURSO DO PRAZO SEM MANIFESTAÇÃO. NÃO OBSERVÂNCIA AO ART. 953, PARÁGRAFO ÚNICO, DO CPC/2015. CONFLITO NÃO CONHECIDO. DECISÃO UNÂNIME. 1. Trata-se de conflito negativo de competência arguido pelo Juízo de Direito da 3ª Vara da Fazenda Pública da Capital contra o 2º Juizado

Especial da Fazenda Pública da Capital. 2. Na forma do art. 953, parágrafo único, do CPC, cabe ao Juiz instruir o ofício com documentos comprobatórios que demonstrem a ocorrência do conflito e a incompetência do Juízo suscitante para o julgamento do feito, o que não foi observado, apesar do Juízo suscitante ter sido intimado para sanar a deficiência do feito. 3. Com isso, o não conhecimento do incidente é medida que se impõe. Precedentes do STJ (AgRg no CC 125.994/DF, Rel. Ministro Humberto Martins, Primeira Seção; DJe 25/11/2013; AgRg no CC 126.039/SP, Rel. Ministro MARCO BUZZI, SEGUNDA SEÇÃO, julgado em 10/12/2014; DJe 15/12/2014). 4. Conflito de Competência não conhecido. Decisão Unânime. (TJPE; CC 0015343-32.2016.8.17.0000; Rel. Des. Rafael Machado da Cunha Cavalcanti; Julg. 01/09/2017; DJEPE 19/09/2017)

Art. 954. Após a distribuição, o relator determinará a oitiva dos juízes em conflito ou, se um deles for suscitante, apenas do suscitado.

Parágrafo único. No prazo designado pelo relator, incumbirá ao juiz ou aos juízes prestar as informações.

Art. 955. O relator poderá, de ofício ou a requerimento de qualquer das partes, determinar, quando o conflito for positivo, o sobrestamento do processo e, nesse caso, bem como no de conflito negativo, designará um dos juízes para resolver, em caráter provisório, as medidas urgentes.

→ *v.* Arts. 313, VII, e 314 do NCPC.

Recebido o conflito no tribunal julgador, cabe a designação de magistrado para apreciar as medidas urgentes

✓ CONFLITO DE COMPETÊNCIA. ART. 955 DO NCPC. Liminar para designar um dos juízes para resolver, em caráter provisório, as medidas urgentes. determinação de envio do agravo para o desembargador suscitado. (TJPI; CC 2017.0001.003915-9; Tribunal Pleno; Rel. Des. Hilo de Almeida Sousa; DJPI 17/04/2017; Pág. 59)

Também no CC suscitado no âmbito do processo penal cabe a designação de magistrado para apreciar as medidas urgentes

✓ AGRAVO REGIMENTAL EM PETIÇÃO EM RECURSO EM MANDADO DE SEGURANÇA. REQUERENTES AFETADOS PELO PROVIMENTO CONCEDIDO NO RECURSO, RECONHECENDO A INCOMPETÊNCIA DA JUSTIÇA FEDERAL PARA JULGAR MEDIDA CAUTELAR NA QUAL FOI DETERMINADO O BLOQUEIO DE VALORES EM CONTA-CORRENTE DE DIVERSOS INVESTIGADOS. SUPOSTA PIRÂMIDE FINANCEIRA. SISTEMA "BBOM". COMPETÊNCIA DO JUÍZO ESTADUAL DE PRIMEIRO GRAU PARA DECIDIR SOBRE A LIBERAÇÃO DE VALORES BLOQUEADOS. 1. Situação em que requerentes que não integram o polo ativo da impetração pedem a extensão dos efeitos de decisão monocrática de Relator que deu parcial provimento a Recurso Ordinário em Mandado de Segurança, apenas para reconhecer a incompetência da Justiça Federal para decidir em inquérito policial, ação penal e medidas cautelares envolvendo as investigações relacionadas com suposto esquema de pirâmide financeira conhecido como sistema "BBOM". Pretendem, assim, amparados na incompetência reconhecida nesta Corte, a liberação dos valores bloqueados em suas contas-correntes na mesma decisão examinada no presente recurso e que foi proferida por juízo incompetente. 2. Reconhecida a incompetência da Justiça Federal para o julgamento tanto da ação penal principal quanto da medida cautelar a ela relacionada, é ao julgador de primeiro grau da Justiça Estadual que cabe decidir sobre a manutenção, modificação ou revogação da constrição determinada por Juízo incompetente, sob pena de supressão de instância. 3. Se, ao chegar à Justiça Estadual, é suscitado conflito de competência no feito originário, cabe ao Relator do conflito, com amparo no disposto no art. 955 do novo CPC (Lei nº 13.105/2015), "designar um dos juízes para resolver, em caráter provisório, as medidas urgentes". 4. Agravo regimental a que se nega provimento. (STJ; AgInt-PET-RMS 47.155; Proc. 2014/0331245-1; SP; Quinta Turma; Rel. Min. Reynaldo Soares da Fonseca; DJE 17/08/2016)

Parágrafo único. O relator poderá julgar de plano o conflito de competência quando sua decisão se fundar em:

I – súmula do Supremo Tribunal Federal, do Superior Tribunal de Justiça ou do próprio tribunal;

Decisões monocráticas proferidas em conflito com base em súmula do STJ

✓ CONFLITO NEGATIVO DE COMPETÊNCIA. RESPONSABILIDADE CIVIL EM ACIDENTE DE TRÂNSITO. AÇÃO REGRESSIVA. I. Perfectibilizada uma das hipóteses do art. 955, § único, do CPC/2015, possível o julgamento monocrático do conflito de competência. II. Já tendo ocorrido o julgamento da ação indenizatória, não se cogita a ocorrência de conexão, incidindo o disposto na Súmula nº 235 do STJ, que prevê que "a conexão não determina a reunião dos processos, se um deles já foi julgado. III. Ausente conexão deve ser mantida a competência da Comarca de espumoso/RS para processamento e julgamento da ação regressiva, ajuizada no foro de domicílio da alegada causadora do acidente, competente para tanto, sendo descabida a declinação de ofício da competência, em violação a entendimento do Superior Tribunal de Justiça, consubstanciado na Súmula nº 33, que dispõe que "a incompetência relativa não pode ser declarada de ofício". Conflito de competência acolhido. (TJRS; CC 0275349-25.2017.8.21.7000; Passo Fundo; Décima Primeira Câmara Cível; Rel. Des. Luiz Roberto Imperatore de Assis Brasil; Julg. 21/09/2017; DJERS 26/09/2017)

✓ CONFLITO NEGATIVO DE COMPETÊNCIA. DECISÃO MONOCRÁTICA (ARTIGO 955 DO NCPC). DIREITO PRIVADO NÃO ESPECIFICADO. Nas ações que envolvam direito do consumidor a competência territorial é, em regra, relativa, sendo aplicável o artigo 101, inciso I, do Código de Defesa do Consumidor. Ademais, o Superior Tribunal de Justiça já pacificou sua jurisprudência no sentido de que, tratando-se de competência territorial, não pode o juiz declinar de ofício da competência, consoante dispõe a Súmula nº 33. Exceção a esta regra são os processos em que se discute relação de consumo e houver abusividade na cláusula de eleição de foro, hipótese nas quais o juiz poderá considerá-la nula e declinar da competência de ofício, mas que não ocorre no caso. Conflito negativo de competência julgado procedente. (TJRS; CC 0266843-60.2017.8.21.7000; Esteio; Décima Oitava Câmara Cível; Rel. Des. Heleno Tregnago Saraiva; Julg. 06/09/2017; DJERS 12/09/2017)

Decisão monocrática em conflito proferida no STJ com base em jurisprudência firmada pelo próprio STJ

✓ CONFLITO NEGATIVO DE COMPETÊNCIA. Contribuição facultativa devida por servidor público filiado à entidade sindical. Discussão relativa a desconto em folha autorizado pelos servidores filiados. Relação jurídico-estatutária. Competência da justiça comum. Precedente da primeira seção do STJ nos autos do CC nº 145.847/CE; DJe 01/12/2016. Súmula nº 568 do STJ. Art. 955, parágrafo único, I, do CPC/2015. Conflito de competência conhecido para declarar a competência da justiça comum. (STJ; CC 151.702; Proc. 2017/0074292-2; PR; Primeira Seção; Rel. Min. Mauro Campbell Marques; DJE 06/06/2017)

II – tese firmada em julgamento de casos repetitivos ou em incidente de assunção de competência

Art. 956. Decorrido o prazo designado pelo relator, será ouvido o Ministério Público, no prazo de 5 (cinco) dias, ainda que as informações não tenham sido prestadas, e, em seguida, o conflito irá a julgamento.

→ *v.* Art. 178 do NCPC.

Art. 957. Ao decidir o conflito, o tribunal declarará qual o juízo competente, pronunciando-se também sobre a validade dos atos do juízo incompetente.

→ *v.* Arts. 64, §§ 3º e 4º, e 282 do NCPC.

Possibilidade de, no julgamento do CC, ser declarado competente outro juízo que não o suscitante ou o suscitado

✓ PROCESSUAL CIVIL. CONFLITO DE COMPETÊNCIA. EXECUÇÃO FISCAL. INCOMPETÊNCIA RELATIVA. FORO DO DOMICÍLIO DO EXECUTADO. PRORROGAÇÃO DA COMPETÊNCIA. PERPETUATIO JURISDICTIONIS. 1. A execução, nos termos do disposto no art. 578 do CPC/73, deve ser proposta no foro do domicílio do réu. 2. A mudança posterior de domicílio do executado não desloca a competência fixada quando do ajuizamento da ação, visto que se trata de competência territorial, de natureza relativa, incidindo o princípio da perpetuatio jurisdictionis, consagrado no art. 87 do CPC/73, assim como as Súmulas nº 33 e 58 do STJ. 3. O art. 957 do CPC/15 autoriza que o Tribunal declare a competência de outro juízo que não o suscitante ou o suscitado. (TRF 4ª R.; CC 0001099 94.2016.404.0000; RS; Primeira Seção, Rel. Juiz Fed. Roberto Fernandes Júnior; Julg. 26/01/2017; DEJF 31/01/2017)

Se, ao julgar CC, não houver manifestação quanto à validade dos atos anteriores, cabem embargos de declaração para que isso seja esclarecido

✓ EMBARGOS DE DECLARAÇÃO. ENUNCIADO ADMINISTRATIVO Nº 3 DO STJ. OMISSÃO. Ocorrência. Explicitação sobre a validade dos atos praticados pelo juízo incompetente. Art. 957 do CPC/2015. Aclaratórios acolhidos para integralizar a decisão, sem efeitos infringentes. (STJ; EDcl-CC 151.702; Proc. 2017/0074292-2; PR; Primeira Seção; Rel. Min. Mauro Campbell Marques; DJE 18/08/2017)

Também no processo penal compete ao tribunal se manifestar, ao julgar CC, acerca da validade dos atos anteriores

✓ CONFLITO NEGATIVO DE JURISDIÇÃO. Juízo de direito da 6ª Vara Criminal da Comarca de Aracajú e juízo de direito da 1ª Vara Criminal também desta capital. Ação criminosa perpetrada em face de outras vítimas maiores além do menor adolescente. Ausência de indícios de que a vulnerabilidade, hipossuficiência ou inferioridade física ou econômica do menor tenha sido determinante para o cometimento do crime. Observância do item 11, do anexo III do quadro atual de competências da Lei complementar nº 88/2003. Código de organização judiciária do estado de Sergipe, modificada pela Lei complementar nº 244/2014. Precedentes jurisprudenciais. Conflito conhecido para declarar competente o juízo suscitado da 1ª Vara Criminal da Comarca de Aracajú. Validação dos atos praticados pelo juízo incompetente, na forma do artigo 957 do CPC/2015. Decisão unânime. (TJSE; CJ 201700107882; Ac. 20142/2017; Tribunal Pleno; Relª Desª Ana Lucia Freire de A. dos Anjos; Julg. 13/09/2017; DJSE 18/09/2017)

A manifestação quanto à validade dos atos antes proferidos não significa que o tribunal analisará o mérito da discussão

✓ AGRAVO REGIMENTAL EM CONFLITO DE COMPETÊNCIA MANEJADO PELO MUNICÍPIO INTERESSADO. ALEGAÇÃO DE INCONSTITUCIONALIDADE DA LEI LOCAL QUE INSTITUIU REGIME CELETISTA. IMPERTINÊNCIA. IMERSÃO NO MÉRITO DA CAUSA. IMPOSSIBILIDADE NO INCIDENTE DO CONFLITO DE COMPETÊNCIA. CONFLITO EM RAZÃO DA MATÉRIA. SOLUÇÃO A PARTIR DA ANÁLISE DO PEDIDO E DA CAUSA DE PEDIR VEICULADOS NA INICIAL. 1. O incidente processual do conflito de competência, consoante se depreende da redação do art. 66 do CPC, surge da divergência entre dois ou mais juízes no tocante à legitimidade para o exercício do poder jurisdicional, com o escopo de se assegurar a observância do princípio do juiz natural no caso concreto. 2. Para solver tal controvérsia, prevê o vigente diploma processual procedimento adequado, no qual incumbe ao tribunal tão somente declarar qual é o juízo competente, pronunciando-se, ainda e se necessário, quanto à validade dos atos praticados pelo juízo reconhecidamente incompetente. Inteligência do art. 957 do CPC. 3. Todavia, não se pode extrair, dessa última regra, esteja o tribunal, no caso este STJ, autorizado a imiscuir-se no mérito da demanda para examinar fatos e provas, antecipando indevido juízo de valor quanto ao próprio objeto da ação originadora do conflito de competência. 4. Essa é a razão pela qual os argumentos apresentados nas razões do presente agravo regimental, tendentes a aferir a modulação de efeitos da alegada declaração de inconstitucionalidade de Lei local, não devem sequer ser conhecidos, haja vista que, ao imergir em profundidade na discussão do conteúdo da lide, tenta o município agravante induzir a corte a se pronunciar quanto ao direito disputado pelas partes, cujo propósito, à toda vista, desborda da estrita vocação do conflito de competência. 5. Para a solução do presente conflito, basta a este STJ, na esteira de precedentes das três seções que o integram, reafirmar o entendimento de que, tratando-se de conflito de competência em razão da matéria, a fixação do juízo competente deve considerar o pedido e a causa de pedir delineados na exordial. 6. Agravo regimental a que se nega provimento para manter a decisão agravada, na qual se declarou a competência da vara do trabalho de santa Rita do Sapucaí/MG, o juízo suscitante. (STJ; AgRg-CC 144.175; Proc. 2015/0296404-5; MG; Primeira Seção; Rel. Min. Sérgio Kukina; DJE 08/11/2016)

Parágrafo único. Os autos do processo em que se manifestou o conflito serão remetidos ao juiz declarado competente.

Suscitado o conflito, os autos permanecem no juízo suscitante; decidido o CC, os autos são remetidos ao juízo declarado competente pelo tribunal

✓ CONFLITO DE COMPETÊNCIA SUSCITADO PELA AUTORA, COM BASE NOS ARTIGOS 951 E SEGUINTES DO NOVO CPC. AÇÃO DE REPETIÇÃO DE INDÉBITO, CUJA DISCUSSÃO GIRA EM TORNO DA POSSIBILIDADE DE INCIDÊNCIA DE IR SOBRE A VERBA DENOMINADA "INDENIZAÇÃO POR AUXÍLIO MORADIA". PONTO CONTROVERTIDO QUE RESIDE EM SABER SE O -AUXÍLIO MORADIA- POSSUI, OU NÃO, NATUREZA INDENIZATÓRIA. Dessa forma, não se discute, nos autos apresentados, matéria tributária em si, mas a natureza jurídica de determinada verba integrante da remuneração que compõe os proventos da autora. In casu, não deve prevalecer a regra contida no art. 45, II, da Lei Estadual nº 6956/15 (que prevê a competência do Juízo da Dívida Ativa para processar e julgar as causas que tenham por objeto matéria tributária). Fixa-se a competência, destarte, do Juízo suscitado pela peticionária, qual seja, o da 13ª Vara da Fazenda Pública, que deverá apreciar e julgar a demanda, na forma do artigo 957, parágrafo único do CPC/2015. Precedentes desta Corte, inclusive desta Câmara, que ora se prestigia: -Processual civil. Ação de repetição de indébito referente a descontos de imposto de renda sobre a verba indenizatória denominada -auxilio moradia-. Demanda distribuída inicialmente para a 16ª Vara da Fazenda Pública da Capital, que declinou da competência, Sentença terminativa prolatada pelo 1º juizado especial fazendário, com escopo no art. 485, IV, do CPC/15. Conflito negativo de competência suscitado pela parte autora. Admissibilidade, conforme art. 951 do CPC/15. Controvérsia que não deriva de relação jurídica de natureza tributária, mas administrativa, uma vez que a discussão envolve a retenção dita indevida de imposto de renda sobre verba de natureza indenizatória. Inaplicabilidade do art. 10 do ato executivo nº 6.340/2010 e art. 49, inciso II, da Lei Estadual na 5.781/10. Conflito conhecido e julgado procedente para firmar a competência do 1º Juizado Especial Fazendário da Capital para processamento e julgamento do feito em discussão. Precedentes desta corte. Unânime- (0025749-24.2017.8.19.0000. Conflito de Competência. Rel. Des. Gabriel Zefiro. Julgamento: 28/06/2017). PROCEDÊNCIA DO CONFLITO, declarando-se competente o Juízo de Direito da 13ª Vara da Fazenda Pública da Comarca da Capital. (TJRJ; CComp 0038094-22.2017.8.19.0000; Rio de Janeiro; Décima Terceira Câmara Cível; Relª Desª Sirley Abreu Biondi; DORJ 22/09/2017; Pág. 427)

Art. 958. No conflito que envolva órgãos fracionários dos tribunais, desembargadores e juízes em exercício no tribunal, observar-se-á o que dispuser o regimento interno do tribunal.

→ *v.* Art. 24 da Lei 8.038/1990.

→ *v.* Art. 163 e seguintes do RISTF.

→ *v.* Art. 193 e seguintes do RISTJ.

Pode o relator suscitar o conflito se entender haver prevenção por parte de outro desembargador

✓ AGRAVO DE INSTRUMENTO. RECUPERAÇÃO JUDICIAL E FALÊNCIA. PREVENÇÃO DO RELATOR QUE DECIDIU RECURSO ANTECEDENTE. CONFLITO DE COMPETÊNCIA. 1. O Supremo Tribunal Federal definiu que o denominado juízo universal serve para atrair todas as ações aptas a afetar o patrimônio da empresa, tanto no processo de quebra como no de recuperação judicial. Portanto, aplica-se à recuperação judicial de empresas o princípio da universalidade do juízo, não havendo possibilidade de prosseguirem as execuções individuais afetas aquela espécie de procedimento. 2. O desatendimento da regulação relativa aos princípios prevalentes quanto ao juízo nos processos de recuperação judicial e falimentar representa afronta direta ao princípio da segurança jurídica, pois no feito há a possibilidade de situações idênticas serem decididas de formas diferentes, observado que os magistrados podem ter posicionamentos jurídicos distintos quanto à mesma matéria, contradições que viriam em prejuízo das partes concorrentes em descumprimento, também, ao princípio do pars conditio creditorum. 3. No caso dos autos deve ser destacado que o direito processual prevê como fontes secundárias do direito as normas e os regimentos internos dos tribunais, de sorte que não podem estes contrariar fontes primárias como a magna carta, as Leis e os precedentes jurisprudenciais, sob pena de afronta ao sistema jurídico pátrio. 4. Além disso, a doutrina é uníssona no sentido de que os princípios norteadores do direito se sobrepõem aos meros ordenamentos internos quanto à distribuição da competência nos tribunais, de sorte que as determinações do regimento interno desta corte, em hipótese alguma, podem violar aqueles, muito menos a Lei. 5. Dessa forma, o eminente desembargador Jorge André Pereira gailhard está prevento para apreciar e julgar o presente recurso de agravo de instrumento, velando pelos precitados princípios norteadores do direito, bem como atendendo ao disposto no art. 958 do CPC, combinado com o estabelecido no art. 146, V, do regimento interno deste tribunal, bem com a alteração estabelecida pela emenda regimental nº 03/2006. Suscitado conflito de competência. (TJRS; AI 0404371-73.2016.8.21.7000; Canoas; Quinta Câmara Cível; Rel. Des. Jorge Luiz Lopes do Canto; Julg. 11/05/2017; DJERS 18/08/2017)

Art. 959. O regimento interno do tribunal regulará o processo e o julgamento do conflito de atribuições entre autoridade judiciária e autoridade administrativa.

→ *v.* Art. 105, I, **g**, da CF/1988.

Capítulo VI
DA HOMOLOGAÇÃO DE DECISÃO ESTRANGEIRA E DA CONCESSÃO DO EXEQUATUR À CARTA ROGATÓRIA

→ *v.* Art. 105, I, **i**, da CF/1988.
→ *v.* Art. 109, X, da CF/1988.
→ *v.* Art. 15 do LINDB.
→ *v.* Arts. 36 e 38 da Lei 9.307/1996.
→ *v.* Resolução STJ 9/2005.
→ *v.* Arts. 24, parágrafo único, 26 e seguintes e 40 do NCPC.

Art. 960. A homologação de decisão estrangeira será requerida por ação de homologação de decisão estrangeira, salvo disposição especial em sentido contrário prevista em tratado.

→ *v.* Enunciado 85 da FPPC: Deve prevalecer a regra de direito mais favorável na homologação de sentença arbitral estrangeira em razão do princípio da máxima eficácia.
→ *v.* Enunciado 86 do FPPC: Na aplicação do art. 964 considerar-se-á o disposto no parágrafo 3º do art. 960.

§ 1º A decisão interlocutória estrangeira poderá ser executada no Brasil por meio de carta rogatória.

§ 2º A homologação obedecerá ao que dispuserem os tratados em vigor no Brasil e o Regimento Interno do Superior Tribunal de Justiça.

Julgado apontando a competência do STJ para julgar a homologação de sentença estrangeira (inclusive arbitral), bem como indicando os requisitos para homologação

✓ DIREITO INTERNACIONAL PRIVADO. PROCESSUAL CIVIL. SENTENÇA ARBITRAL. CONTRATO DE COMPRA E VENDA. INEXISTÊNCIA DE VIOLAÇÃO DA ORDEM PÚBLICA E DA SOBERANIA. REQUISITOS FORMAIS CLARAMENTE ATENDIDOS. CITAÇÃO POR MEIO POSTAL COM ATESTADO DE RECEBIMENTO. POSSIBILIDADE NO PROCESSO ARBITRAL. PRECEDENTES. DOCUMENTAÇÃO LEGALIZADA COM ATENÇÃO ÀS NORMAS CONSULARES DO MINISTÉRIO DAS RELAÇÕES EXTERIORES. PRESENÇA DA TRADUÇÃO JURAMENTADA. HOMOLOGAÇÃO. 1. Pedido de homologação de sentença derivada de procedimento arbitral realizado no estrangeiro sobre inadimplência em contrato de compra e venda de produtos agrícolas; o requerido foi sentenciamento por perdas e danos pelo descumprimento de três contratos. 2. Os requisitos formais para homologação judicial de sentenças estrangeiras possui sua previsão inicial no art. 15 do Decreto-Lei nº 4.657/1942 (Lei de Introdução às Normas do Direito Brasileiro. LINDB), tendo sido recentemente reafirmados estes no art. 963 do Novo Código de Processo Civil. 3. O Superior Tribunal de Justiça possui competência para homologação de sentenças estrangeiras em razão da Emenda Constitucional nº 45/2004, e o § 2º do art. 960 do

Novo Código de Processo Civil determina a validade dos requisitos regulamentares do RISTJ em relação aos procedimentos de homologação; no caso concreto, é aplicável, ainda, as prescrições dos arts. 37 ao 40 da Lei nº 9.307/96, por se tratar de sentença arbitral. 4. No caso concreto, a sentença arbitral não ofende a soberania e a ordem pública brasileira, porquanto trata de direitos patrimoniais disponíveis pelas partes e tem uma cláusula contratual, que frisa que a escolha pela via arbitral não veda o acesso do Poder Judiciário para eventual conflito (fls. 164, 170 e 176); não há nenhum óbice, com base no art. 39, e incisos, da Lei nº 9.307/96, no art. 216 – F do RISTJ e no art. 963, VI, do NCPC. 5. A cláusula compromissória é facilmente localizada nos três contratos de compra e venda, os quais foram redigidos em português e juntados aos autos (fls. 163, 169 e 175); e, portanto, está clara a competência atribuída pelas partes à entidade que proferiu a sentença arbitral sob processo de homologação, estando atendidos o art. 15, "a ", da LINDB, o art. 216 – D, I, do RISTJ, o art. 3º da Lei nº 9.307/96 e o art. 963, I, do NCPC. No mesmo sentido: SEC 3.660/GB, Rel. Ministro Arnaldo Esteves Lima, Corte Especial; DJe 25.6.2009. 6. O trânsito em julgado pode ser inferido da própria sentença traduzida (fls. 153-154), que indica que, em atenção aos contratos firmados, tornar-se-ia final após a data de 23 de outubro de 2012; foi atendido o ditame previsto no art. 15, "c ", da LINDB, no art. 216 – D, III, do RISTJ e no art. 38, VI, da Lei nº 9.607/96, por se tratar de sentença arbitral. 7. Em relação aos procedimentos arbitrais, são aceitos pela Lei nº 9.307/96 o modo de citação postal, a aplicação de Lei estrangeira ou outro meio previsto na convenção de arbitragem, tal como expresso no seu parágrafo único; há cópias das mensagens eletrônicas enviadas à parte requerida sobre o início da arbitragem (fls. 243-244; tradução: fls. 247-248), sendo que as cartas foram remetidas, também, por serviço de entregas postais e entregues (fls. 287-303). 8. A citação em procedimentos arbitrais por meio postal, com atestado de recebimento, é meio bastante e suficiente para atender o ditame do parágrafo único do art. 39 da Lei nº 9.307/96, como já firmou a Corte Especial do STJ: SEC 10.658/EX, Rel. Ministro Humberto Martins, Corte Especial; DJe 16/10/2014. No mesmo sentido: SEC 8.847/EX, Rel. Ministro João Otávio de Noronha, Corte Especial; DJe 28/11/2013; atendidos o art. 15, "b ", da LINDB, assim como o art. 261 – D, II, do RISTJ, o art. 963, II, do NCPC e o parágrafo único do art. 39 da Lei nº 9.307/96. 9. A legalização de documentos estrangeiros tem base, atual, no Decreto nº 8.742/2016 e possui ditames regulamentares fixados no Manual do Serviço Consular e Jurídico do Ministério das Relações Exteriores do Brasil; em sintonia com o fixado no regulamento, há certificado de notária inglesa juntado aos autos, que assevera a autenticidade dos documentos anexados e referentes ao processo de arbitragem (fl. 14; tradução juramentada: fls. 52-53), com o devido selo consular (fl. 15); de outro lado, os contratos de compra e venda também estão devidamente autenticados por oficial de registro no Brasil, o qual reconheceu a firma do requerido (fls. 159-164, 165-170 e 171-176); atendido o art. 15, "d ", da LINDB, o art. 216 – C do RISTJ, o art. 963, V, do NCPC e, por se tratar de sentença arbitral, o art. 37, I, da Lei nº 9.307/96. 10. Após o exame acurado dos autos, deve ser frisado não existirem impedimentos para a homologação postulada, tendo sidos atendidos todos os requisitos formais previstos na legislação brasileira pertinente. Pedido de homologação deferido. (STJ; SEC 9.820; Proc. 2013/0395725-4; EX; Corte Especial; Rel. Min. Humberto Martins; DJE 26/10/2016)

§ 3º A homologação de decisão arbitral estrangeira obedecerá ao disposto em tratado e em lei, aplicando-se, subsidiariamente, as disposições deste Capítulo.

Art. 961. A decisão estrangeira somente terá eficácia no Brasil após a homologação de sentença estrangeira ou a concessão do **exequatur** às cartas rogatórias, salvo disposição em sentido contrário de lei ou tratado.

→ *v.* EC 45/2004 alterou a competência prevista no art. 105, I, **i**, da CF.

§ 1º É passível de homologação a decisão judicial definitiva, bem como a decisão não judicial que, pela lei brasileira, teria natureza jurisdicional.

→ *v.* Enunciado 553 do FPPC: A sentença arbitral parcial estrangeira submete-se ao regime de homologação.

§ 2º A decisão estrangeira poderá ser homologada parcialmente.

§ 3º A autoridade judiciária brasileira poderá deferir pedidos de urgência e realizar atos de execução provisória no processo de homologação de decisão estrangeira.

§ 4º Haverá homologação de decisão estrangeira para fins de execução fiscal quando prevista em tratado ou em promessa de reciprocidade apresentada à autoridade brasileira.

§ 5º A sentença estrangeira de divórcio consensual produz efeitos no Brasil, independentemente de homologação pelo Superior Tribunal de Justiça.

<u>Interpretação restritiva do STJ quanto à desnecessidade de homologação de divórcio consensual (distinção entre divórcio consensual puro e qualificado)</u>

✓ SENTENÇA ESTRANGEIRA CONTESTADA. ARTIGOS 15 E 17 DA LEI DE INTRODUÇÃO ÀS NORMAS DO DIREITO BRASILEIRO. ARTS. 216 – C, 216 – D E 216 – F DO RISTJ. REQUISITOS. PREENCHIMENTO. 1. A regra inserta no art. 961, § 5º, do CPC/2015, de que "[a] sentença estrangeira de divórcio consensual produz efeitos no Brasil, independentemente de homologação pelo Superior Tribunal de Justiça ", aplica-se apenas aos casos de divórcio consensual puro ou simples e não ao divórcio consensual qualificado, que dispõe sobre a guarda, alimentos e/ou partilha de bens, nos termos dos artigos 1º e 2º do provimento n. 56/2016 do conselho nacional de justiça. 2.

Na hipótese, trata-se de pedido de homologação de sentença estrangeira de divórcio consensual qualificado, sendo perfeitamente cabível o pedido de homologação realizado nesta corte. 3. Constam dos autos os documentos necessários ao deferimento do pedido. (i) instrução da petição inicial com o original ou cópia autenticada da decisão homologanda e de outros documentos indispensáveis, devidamente traduzidos por tradutor oficial ou juramentado no Brasil e chancelados pela autoridade consular brasileira; (ii) haver sido a sentença proferida por autoridade competente; (iii) terem as partes sido regularmente citadas ou haver-se legalmente verificado a revelia; (iv) ter a sentença transitado em julgado. Além de o conteúdo do título não ofender "a soberania, a dignidade da pessoa humana e/ou ordem pública ". Inteligência dos artigos 15 e 17 da Lei de introdução às normas do direito brasileiro e artigos 216 – C, 216 – D e 216 – F do regimento interno do Superior Tribunal de Justiça. 4. Sentença estrangeira homologada. (STJ; SEC 14.525; Proc. 2015/0235518-6; EX; Corte Especial; Rel. Min. Benedito Gonçalves; DJE 14/06/2017)

§ 6º Na hipótese do § 5º, competirá a qualquer juiz examinar a validade da decisão, em caráter principal ou incidental, quando essa questão for suscitada em processo de sua competência.

Caso de divórcio consensual homologado pelo STJ

✓ SENTENÇA ESTRANGEIRA CONTESTADA. DIVÓRCIO CONSENSUAL REALIZADO NOS ESTADOS UNIDOS DA AMÉRICA. NOVO CÓDIGO DE PROCESSO CIVIL. INTERESSE DE AGIR QUANTO ÀS DEMANDAS ANTERIORES À SUA VIGÊNCIA. CUMPRIMENTO DOS REQUISITOS DO ART. 5º DA RESOLUÇÃO STJ 9/2005. 1. Trata-se de pedido de homologação de decisão do Juízo da Vara de Família e Sucessões. Divisão de Middlesex, no Estado de Massachusetts, Estados Unidos da América, que homologou divórcio consensual das partes interessadas. 2. Embora o pedido de homologação não tenha sido materialmente contestado, a competência da Corte Especial deve ser mantida diante da preliminar levantada pelo Ministério Público Federal, segundo a qual, após a vigência do CPC de 2015, o pedido de homologação, no STJ, de divórcio consensual realizado no estrangeiro não seria mais necessário. 3. No caso concreto, uma vez requerida a homologação em período anterior à vigência do NCPC, vislumbro interesse de agir e proveito às partes no exame da homologação, sobretudo diante do § 6º do art. 961 do CPC de 2015, que prevê a possibilidade de qualquer juiz examinar a validade da decisão proferida no exterior 4. Tal entendimento não implica reconhecer a presença de interesse de agir de pedidos de homologação de decisões estrangeiras sobre divórcios consensuais formulados após o advento do novo CPC. 5. Os requisitos formais do art. 5º da Resolução STJ 9/2005 foram atendidos e inexiste na decisão estrangeira, ofensa à soberania nacional, à dignidade da pessoa humana e/ou à ordem pública (art. 6º). 6. Pedido de homologação deferido. Sem honorários, ante a concordância de ambas as partes. (STJ; SEC 13.571; Proc. 2015/0079957-4; EX; Corte Especial; Rel. Min. Herman Benjamin; DJE 03/05/2017)

Art. 962. É passível de execução a decisão estrangeira concessiva de medida de urgência.

§ 1º A execução no Brasil de decisão interlocutória estrangeira concessiva de medida de urgência dar-se-á por carta rogatória.

§ 2º A medida de urgência concedida sem audiência do réu poderá ser executada, desde que garantido o contraditório em momento posterior.

§ 3º O juízo sobre a urgência da medida compete exclusivamente à autoridade jurisdicional prolatora da decisão estrangeira.

§ 4º Quando dispensada a homologação para que a sentença estrangeira produza efeitos no Brasil, a decisão concessiva de medida de urgência dependerá, para produzir efeitos, de ter sua validade expressamente reconhecida pelo juiz competente para dar-lhe cumprimento, dispensada a homologação pelo Superior Tribunal de Justiça.

Art. 963. Constituem requisitos indispensáveis à homologação da decisão:

I – ser proferida por autoridade competente;

II – ser precedida de citação regular, ainda que verificada a revelia;

Decisão do STJ não homologando sentença estrangeira pois não houve citação regular de residente no Brasil, via rogatória

✓ DIREITO INTERNACIONAL PRIVADO. PROCESSUAL CIVIL. SENTENÇA ESTRANGEIRA CONTESTADA. DIVÓRCIO NÃO CONSENSUAL. CITAÇÃO POR MEIO DE CARTA COM AVISO DE RECEBIMENTO. RESIDENTE NO BRASIL. NECESSIDADE DE CARTA ROGATÓRIA. NÃO ATENDIMENTO DO ART. 15, "B ", DA LINDB, ART. 963, II, DO NCPC E ART. 216 – D, II, DO RISTJ. PRECEDENTES. 1. Pedido de homologação de sentença de divórcio não consensual proferida em Portugal, na qual se debate apenas se houve citação válida em atenção ao o art. 15, "b ", da LINDB, ao art. 963, II, do NCPC e ao art. 216 – D, II, do RISTJ. 2. No caso concreto, não há falar em citação válida, já que a citação de brasileiro residente no Brasil deve ser efetivada por meio de carta rogatória, como pacificado na jurisprudência do STJ e não por meio de carta comum, com aviso de recebimento (fl. 81 e fl. 84): "A jurisprudência desta Corte Superior de Justiça é no sentido de que, para homologação de sentença estrangeira proferida em processo que tramitou contra pessoa residente no Brasil, revela-se imprescindível que a citação tenha sido por meio de carta rogatória" (SEC 8.396/EX, Rel. Ministro Mauro Campbell Marques, Corte Especial; DJe 11/12/2014.). Pedido de homologação indeferido. (STJ; SEC 12.130; Proc. 2014/0295298-3; EX; Corte Especial; Rel. Min. Humberto Martins; DJE 26/10/2016)

Decisão do STJ homologando sentença estrangeira, admitindo citação por edital

✓ SENTENÇA ESTRANGEIRA CONTESTADA. PEDIDO DE HOMOLOGAÇÃO. AÇÃO DE DIVÓRCIO CONSENSUAL. ACORDO DE DÉBITOS INCORPORADOS NO TÍTULO. CITAÇÃO POR EDITAL. NULIDADE. AUSÊNCIA. PRESENÇA DE REQUISITOS MÍNIMOS LEGAIS PARA DEFERIMENTO DO PLEITO. HOMOLOGAÇÃO DEFERIDA. I. Trata-se de pedido de homologação de r. Sentença proferida pelo Juízo de Direito da Comarca da Winterthur, Suíça, que homologou pedido de divórcio consensual das partes, em que consta acordo sobre débitos tributários e empréstimos bancários que foram incorporados ao passivo do patrimônio de cada cônjuge. II. O pedido encontra-se em conformidade com os requisitos elencados nos artigos 15 e 17 da Lei de Introdução às Normas do Direito Brasileiro, artigo 963 do Código de Processo Civil de 2015 e artigos 216 – C, 216 – D e 216 – F do Regimento Interno do Superior Tribunal de Justiça, que, atualmente, disciplinam o procedimento de homologação de sentença estrangeira, quais sejam: (a) instrução da petição inicial com o original ou cópia autenticada da decisão homologanda e de outros documentos indispensáveis, devidamente traduzidos por tradutor oficial ou juramentado no Brasil e chancelados pela autoridade consular brasileira; (b) haver a sentença sido proferida por autoridade competente; (c) terem as partes sido regularmente citadas ou haver legalmente verificado a revelia; (d) ter a sentença transitado em julgado; (e) não ofender "a soberania, a dignidade da pessoa humana e/ou ordem pública ". III. In casu, deve ser afastada a alegação de nulidade da citação, pois regular a realizada por edital, porquanto decorrido lapso temporal razoável após a cessação da convivência matrimonial e desconhecido o paradeiro do ex-cônjuge (SEC n. 11.173/EX). Homologação deferida. (STJ; SEC 16.018; Proc. 2016/0223953-6; EX; Corte Especial; Rel. Min. Felix Fischer; DJE 29/06/2017)

III – ser eficaz no país em que foi proferida;
IV – não ofender a coisa julgada brasileira;
V – estar acompanhada de tradução oficial, salvo disposição que a dispense prevista em tratado;
VI – não conter manifesta ofensa à ordem pública.

Decisão do STJ homologando sentença estrangeira, pois presentes todos os requisitos

✓ DIREITO INTERNACIONAL PRIVADO. PROCESSUAL CIVIL. SENTENÇA ARBITRAL. CONTRATO DE COMPRA E VENDA. INEXISTÊNCIA DE VIOLAÇÃO DA ORDEM PÚBLICA E DA SOBERANIA. REQUISITOS FORMAIS CLARAMENTE ATENDIDOS. CITAÇÃO POR MEIO POSTAL COM ATESTADO DE RECEBIMENTO. POSSIBILIDADE NO PROCESSO ARBITRAL. PRECEDENTES. DOCUMENTAÇÃO LEGALIZADA COM ATENÇÃO ÀS NORMAS CONSULARES DO MINISTÉRIO DAS RELAÇÕES EXTERIORES. PRESENÇA DA TRADUÇÃO JURAMENTADA. HOMOLOGAÇÃO. 1. Pedido de homologação de sentença derivada de procedimento arbitral realizado no estrangeiro sobre inadimplência em contrato de compra e venda de produtos agrícolas; o requerido foi sentenciamento por perdas e danos pelo descumprimento de três contratos. 2. Os requisitos formais para homologação judicial de sentenças estrangeiras possui sua previsão inicial no art. 15 do Decreto-Lei nº 4.657/1942 (Lei de Introdução às Normas do Direito Brasileiro. LINDB), tendo sido recentemente reafirmados estes no art. 963 do Novo Código de Processo Civil. 3. O Superior Tribunal de Justiça possui competência para homologação de sentenças estrangeiras em razão da Emenda Constitucional nº 45/2004, e o § 2º do art. 960 do Novo Código de Processo Civil determina a validade dos requisitos regulamentares do RISTJ em relação aos procedimentos de homologação; no caso concreto, é aplicável, ainda, as prescrições dos arts. 37 ao 40 da Lei nº 9.307/96, por se tratar de sentença arbitral. 4. No caso concreto, a sentença arbitral não ofende a soberania e a ordem pública brasileira, porquanto trata de direitos patrimoniais disponíveis pelas partes e tem uma cláusula contratual, que frisa que a escolha pela via arbitral não veda o acesso do Poder Judiciário para eventual conflito (fls. 164, 170 e 176); não há nenhum óbice, com base no art. 39, e incisos, da Lei nº 9.307/96, no art. 216 – F do RISTJ e no art. 963, VI, do NCPC. 5. A cláusula compromissória é facilmente localizada nos três contratos de compra e venda, os quais foram redigidos em português e juntados aos autos (fls. 163, 169 e 175); e, portanto, está clara a competência atribuída pelas partes à entidade que proferiu a sentença arbitral sob processo de homologação, estando atendidos o art. 15, "a ", da LINDB, o art. 216 – D, I, do RISTJ, o art. 3º da Lei nº 9.307/96 e o art. 963, I, do NCPC. No mesmo sentido: SEC 3.660/GB, Rel. Ministro Arnaldo Esteves Lima, Corte Especial; DJe 25.6.2009. 6. O trânsito em julgado pode ser inferido da própria sentença traduzida (fls. 153-154), que indica que, em atenção aos contratos firmados, tornar-se-ia final após a data de 23 de outubro de 2012; foi atendido o ditame previsto no art. 15, "c ", da LINDB, no art. 216 – D, III, do RISTJ e no art. 38, VI, da Lei nº 9.607/96, por se tratar de sentença arbitral. 7. Em relação aos procedimentos arbitrais, são aceitos pela Lei nº 9.307/96 o modo de citação postal, a aplicação de Lei estrangeira ou outro meio previsto na convenção de arbitragem, tal como expresso no seu parágrafo único; há cópias das mensagens eletrônicas enviadas à parte requerida sobre o início da arbitragem (fls. 243-244; tradução: fls. 247-248), sendo que as cartas foram remetidas, também, por serviço de entregas postais e entregues (fls. 287-303). 8. A citação em procedimentos arbitrais por meio postal, com atestado de recebimento, é meio bastante e suficiente para atender o ditame do parágrafo único do art. 39 da Lei nº 9.307/96, como já firmou a Corte Especial do STJ: SEC 10.658/EX, Rel. Ministro Humberto Martins, Corte Especial; DJe 16/10/2014. No mesmo sentido: SEC 8.847/EX, Rel. Ministro João Otávio de Noronha, Corte Especial; DJe 28/11/2013; atendidos o art. 15, "b ", da LINDB, assim como o art. 261 - D, II, do RISTJ, o art. 963, II, do NCPC e o parágrafo único do art. 39 da Lei nº 9.307/96. 9. A legalização de documentos estrangeiros tem base, atual, no Decreto nº 8.742/2016 e possui ditames regulamentares fixados no Manual do Serviço Consular e Jurídico do Ministério das Relações Exteriores do Brasil; em sintonia com o fixado no regulamento, há certificado de notária inglesa juntado aos autos, que assevera a autenticidade dos documentos anexados e referentes ao processo de arbitragem (fl. 14; tradução juramentada: fls. 52-53), com o devido selo consular (fl. 15); de outro lado, os contratos de compra e venda também estão devidamente autenticados por oficial de registro no Brasil, o qual reconheceu a firma do requerido (fls. 159-164, 165-170 e 171-176); atendido o art. 15, "d ", da LINDB, o art. 216 - C do RISTJ, o art. 963, V, do NCPC e, por se tratar de sentença arbitral, o art. 37, I, da Lei nº 9.307/96. 10. Após o exame acurado dos autos, deve ser frisado não existirem impedimentos para a homologação postulada, tendo sidos atendidos todos os requisitos formais previstos na legislação brasileira pertinente. Pedido de homologação deferido. (STJ; SEC 9.820; Proc. 2013/0395725-4; EX; Corte Especial; Rel. Min. Humberto Martins; DJE 26/10/2016)

Parágrafo único. Para a concessão do **exequatur** às cartas rogatórias, observar-se-ão os pressupostos previstos no caput deste artigo e no art. 962, § 2º.

Art. 964. Não será homologada a decisão estrangeira na hipótese de competência exclusiva da autoridade judiciária brasileira.

→ v. Enunciado 86 do FPPC: Na aplicação do art. 964 considerar-se-á o disposto no parágrafo 3º do art. 960.

Parágrafo único. O dispositivo também se aplica à concessão do **exequatur** à carta rogatória.

→ v. Art. 23 do NCPC.

Art. 965. O cumprimento de decisão estrangeira far-se-á perante o juízo federal competente, a requerimento da parte, conforme as normas estabelecidas para o cumprimento de decisão nacional.

Parágrafo único. O pedido de execução deverá ser instruído com cópia autenticada da decisão homologatória ou do **exequatur**, conforme o caso.

CAPÍTULO VII
DA AÇÃO RESCISÓRIA

→ v. Súmula 514 do STF.
→ v. Súmula 401 do STJ.
→ v. Súmula 100 do TST.
→ v. Art. 836 da CLT.
→ v. Art. 59 da Lei 9.099/1995.
→ v. Arts. 701, § 3º, e 937 do NCPC.

Art. 966. A decisão de mérito, transitada em julgado, pode ser rescindida quando:

→ v. Enunciado 203 do FPPC: Não se admite ação rescisória de sentença arbitral.
→ v. Enunciado 336 do FPPC: Cabe ação rescisória contra decisão interlocutória de mérito.
→ v. Enunciado 338 do FPPC: Cabe ação rescisória para desconstituir a coisa julgada formada sobre a resolução expressa da questão prejudicial incidental

Ausentes as hipóteses do art. 966, a AR deve ser julgada improcedente

✓ AÇÃO RESCISÓRIA. PREVIDENCIÁRIO. Alegação de erro de fato e de violação literal ao art. 18 da Lei n. 8.213/1991, por ter a decisão concedido benefício acidentário a contribuinte individual (motorista autônomo). Segurado que à época do infortúnio também laborava na agricultura, na qualidade de contribuinte especial. Acidente durante o manejo de milho. Possibilidade de concessão de benefício de natureza acidentária. Requisitos do art. 966 do CPC não verificados. Pedido rescisório julgado improcedente. (TJSC; AR 4001167-48.2017.8.24.0000; Taió; Grupo de Câmaras de Direito Público; Rel. Des. Paulo Henrique Moritz Martins da Silva; DJSC 02/10/2017; Pag. 92)

Em sentido inverso, decisão apontando que, caso não seja hipótese de AR, a solução é a extinção sem mérito

✓ PROCESSUAL CIVIL. AÇÃO RESCISÓRIA. HIPÓTESE QUE NÃO COMPORTA A PROPOSITURA DA AÇÃO. EXTINÇÃO DO FEITO SEM RESOLUÇÃO DO MÉRITO. 1. A ação rescisória visa desfazer os efeitos produzidos por um julgamento já tornado definitivo. Consciente de que a coisa julgada concretiza no processo o precioso princípio da segurança jurídica, o legislador arrolou, de forma taxativa, as hipóteses em que a decisão pode ser rescindida, insitas no art. 966, do CPC, devendo ser demonstradas de forma incontestável. 2. No caso, o requerente declara que houve ofensa ao art. 355, I, CPC e sustenta que o julgamento antecipado do mérito violou o contraditório, o devido processo legal e o direito de defesa, considerando que foi obstada a produção de provas em juízo, quando essa se fazia necessária. 3. Como destinatário das provas, o magistrado deve avaliar a suficiência daquelas constantes dos autos para a prolação da decisão de mérito. Foi o que o julgador de primeiro grau fez, não havendo qualquer demonstração de violação manifesta à norma jurídica. 4. Assim, não existindo demonstração incontestável de nenhum dos casos taxativos de cabimento da ação rescisória, não vislumbramos a possibilidade de prosseguimento da presente ação. 5. Determino a extinção do feito sem resolução do mérito, nos termos dos arts. 330, I e 485, I, ambos do CPC. (TJPI; AR 2017.0001.010049-3; Câmaras Reunidas Cíveis; Rel. Des. Hilo de Almeida Sousa; DJPI 29/09/2017; Pág. 93)

I – se verificar que foi proferida por força de prevaricação, concussão ou corrupção do juiz;

→ *v.* Arts. 316, 317 e 319 do CP.

II – for proferida por juiz impedido ou por juízo absolutamente incompetente;

→ *v.* Arts. 62, 64 e 144 do NCPC.

Exemplo de rescisória procedente por força de incompetência absoluta

✓ AÇÃO RESCISÓRIA. Ação de prestação de contas. Alegação de violação dos artigos 966, incisos II e V do NCPC. Relação trabalhista entre as partes. Vínculo reconhecido inclusive em ação trabalhista e mantida pelo tribunal regional do trabalho da 20ª região. Violação ao artigo 114 da Constituição Federal. Incompetência em razão da matéria. Jurisprudência pátria nesse sentido. Parecer da procuradoria de justiça que corrobora esse raciocínio. Julgamento procedente do pedido. Anulação da sentença proferida no processo n. 201410101195 e do acórdão n. 16454/2015. Remessa do feito à justiça trabalhista. Artigo 64, §2º do NCPC. Decisão unânime. (TJSE; AR 201700605227; Ac. 20556/2017; Câmaras Cíveis Reunidas; Rel. Des. Roberto Eugenio da Fonseca Porto; Julg. 21/09/2017; DJSE 26/09/2017)

III – resultar de dolo ou coação da parte vencedora em detrimento da parte vencida ou, ainda, de simulação ou colusão entre as partes, a fim de fraudar a lei;

→ *v.* Arts. 145, 151 e 167 do CC/2002.

→ *v.* Art. 142 do NCPC.

Exemplo de rescisória procedente com fundamento no dolo da parte vencedora

✓ IMPUGNAÇÃO. ALEGAÇÃO DE INSUFICIÊNCIA FINANCEIRA. Presunção de veracidade. Ausência de elementos acerca da falta de pressupostos legais. Benesse mantida. Mérito. Pedido rescisório fundando no art. 966, III, do CPC. Sentença resultante de dolo da parte vencedora. Embargos à execução de sentença contra a Fazenda Pública. Horas extras (indenização de estímulo operacional). Policiais militares. Excesso de execução dos embargados, e, em relação ao autor da ação rescisória, reconhecimento de que nada lhe era devido. Estado de Santa Catarina que ao embargar a execução apresentou planilhas de estímulo operacional de vínculo funcional cessado há mais de vinte anos, resultando em valor devido zerado. Ente público que reconhece o prejuízo ao servidor público. Alegação de se tratar de mero equívoco. Rejeição. Dados funcionais em poder do estado. Juízo rescindente acolhido. Novo julgamento. Fazenda Pública que não apresentou as planilhas corretas do policial militar acerca das horas trabalhadas e não apontou qualquer discrepância no valor executado. Excesso de execução, quanto a ele, afastado. Improcedência dos embargos em relação ao autor. Ônus sucumbenciais mantidos. Juízo rescisório acolhido. Honorários advocatícios da ação rescisória. 10% sobre o valor da causa. Pedido procedente. (TJSC; AR 4004938-34.2017.8.24.0000; Florianópolis; Segunda Câmara de Direito Público; Rel. Des. Sérgio Roberto Baasch Luz; DJSC 03/10/2017; Pag. 282)

IV – ofender a coisa julgada;

→ *v.* Art. 502 e seguintes do NCPC.

→ *v.* Enunciado 554 do FPPC: Na ação rescisória fundada em violação ao efeito positivo da coisa julgada, haverá o rejulgamento da causa após a desconstituição da decisão rescindenda.

Exemplo de rescisória procedente por força de violação da coisa julgada (não em situação de demandas idênticas, mas quando um segundo processo viola a conclusão de anterior coisa julgada – a denominada indiscutibilidade da coisa julgada)

✓ AÇÃO RESCISÓRIA. ARTIGO 966, INCISO IV, DO CPC. VIOLAÇÃO À COISA JULGADA. ACORDÃO DA JUSTIÇA ESTADUAL EM CONFRONTO COM DECISÃO DA JUSTIÇA FEDERAL. A decisão da Justiça Estadual, que determinou o restabelecimento do benefício previdenciário nº 593.327.961-0, deve ser desconstituída porque proferida em confronto com sentença da justiça federal, esta com trânsito em julgado anterior, decisão a qual, analisando os mesmos fatos, já havia conferido à segurada o restabelecimento do mesmo benefício postulado na Justiça Estadual. Ação rescisória julgada procedente. (TJRS; AR 0059757-56.2016.8.21.7000; Porto Alegre; Quinto Grupo de Câmaras Cíveis; Rel. Des. Jorge Alberto Schreiner Pestana; Julg. 26/09/2017; DJERS 29/09/2017)

V – violar manifestamente norma jurídica;

→ v. Súmula 343 do STF.

Julgados aplicando a Súmula 343/STF, já na vigência do NCPC

✓ AGRAVO INTERNO EM AÇÃO RESCISÓRIA. ART. 966, INC. V, DO CPC. VIOLAÇÃO MANIFESTA A NORMA JURÍDICA. ART. 1º-F DA LEI Nº 9.494/97, COM A REDAÇÃO DADA PELO ART. 5º DA LEI Nº 11.960/09. SISTEMÁTICA DE ATUALIZAÇÃO DO PASSIVO. SÚMULA Nº 343 DO STF. MATÉRIA DE ÍNDOLE CONSTITUCIONAL. POSSIBILIDADE. 1. Não enseja cabimento da ação rescisória a hipótese em que a aplicação de dispositivo legal - ou norma jurídica - reflita a divergência de entendimentos existente nos tribunais pátrios acerca da questão controvertida. 2. A divergência acerca do fator de correção a ser considerado para a atualização do passivo de débitos previdenciários - TR ou INPC - fragiliza o manejo da rescisória, refletindo eficácia, ao caso, do verbete da Súmula nº 343 do STF, inclusive quando a matéria ostentar índole constitucional. Precedentes. (TRF 4ª R.; AgInt-AR 5027353-82.2017.404.0000; Terceira Seção; Rel. Des. Fed. Luiz Carlos Canalli; Julg. 27/09/2017; DEJF 03/10/2017)

✓ PROCESSUAL CIVIL E PREVIDENCIÁRIO. Recurso especial. Enunciado administrativo 3/STJ. Ação rescisória. Artigo 1-f da Lei nº 9.494/1997, na redação dada pela Lei nº 11.960/2009. Violação do artigo 966, V, do CPC/2015. Súmula nº 343/STJ. Recurso Especial não provido. (STJ; EDcl-REsp 1.679.252; Proc. 2017/0143054-5; RS; Segunda Turma; Rel. Min. Mauro Campbell Marques; DJE 18/09/2017)

VI – for fundada em prova cuja falsidade tenha sido apurada em processo criminal ou venha a ser demonstrada na própria ação rescisória;

→ v. Arts. 19, 427 e 478 do NCPC.

VII – obtiver o autor, posteriormente ao trânsito em julgado, prova nova cuja existência ignorava ou de que não pôde fazer uso, capaz, por si só, de lhe assegurar pronunciamento favorável;

→ v. Enunciado 602 do FPPC: A prova nova apta a embasar ação rescisória pode ser produzida ou documentada por meio do procedimento de produção antecipada de provas.

→ v. Enunciado 656 do FPPC: A expressão "prova nova" do inciso VII do art. 966 do CPC/2015 engloba todas as provas típicas e atípicas.

VIII – for fundada em erro de fato verificável do exame dos autos.

Exemplo de rescisória procedente com base em erro de fato

✓ AÇÃO RESCISÓRIA. ERRO DE FATO VERIFICÁVEL DO EXAME DOS AUTOS, TENDO SIDO CONSIDERADO INEXISTENTE PELO ACÓRDÃO RESCINDENDO EVENTO EFETIVAMENTE OCORRIDO. NCPC, ART. 966, VII, E § 1º. Caso em que isto, realmente, ocorreu, tendo sido julgada improcedente reconvenção em ação de dissolução de sociedade pela qual o réu buscava, dentre outras coisas, a condenação da ré a indenizá-lo por ter se apropriado de móveis e equipamentos da clínica dentária de que eram sócios. Fato provado por auto de depósito dos bens, encontrados por Oficial de Justiça em poder do pai da ré. Auto de depósito que, lavrado nos autos de cautelar que antecedeu a ação, não foi levado em conta nem pela sentença, nem pelo acórdão rescindendo. Rescisória procedente. Acórdão rescindido nesse localizado ponto, julgada, em momento subsequente (juízo rescissorium) procedente em parte a reconvenção, condenada a ora ré, então reconvinda, a pagar ao autor, antes reconvinte, o que se apurar como sendo o justo valor dos bens, na proporção a ele cabente no capital social. (TJSP; AR 2250588-37.2016.8.26.0000; Ac. 10821145; São Paulo; Grupo Reservado de Direito Empresarial; Rel. Des. Cesar Ciampolini; Julg. 25/09/2017; DJESP 02/10/2017; Pág. 2016)

Exemplo de AR, ajuizada na Justiça do Trabalho, demonstrando que se aplicam exatamente as hipóteses previstas no NCPC

✓ AÇÃO RESCISÓRIA PROPOSTA E APRECIADA SOB A LEI Nº 13.105/2015. 1. ART. 966, V, DO CPC. ESTABILIDADE PROVISÓRIA. DOENÇA OCUPACIONAL EQUIPARADA A ACIDENTE DO TRABALHO. CONFIGURAÇÃO. CONVERSÃO DA REINTEGRAÇÃO EM INDENIZAÇÃO. VIOLAÇÃO DOS ARTS. 21, IV, A E B, E 118 DA LEI Nº 8.213/91 E DA SÚMULA Nº 396, I, DO TST. NÃO CARACTERIZAÇÃO. 1. 1. A ação rescisória não se destina à reavaliação da lide submetida ao Poder Judiciário, sob a ótica em que originalmente posta (Súmula nº 410/TST), mas à pesquisa dos vícios descritos pelo art. 966 do CPC, restritivamente estabelecidos como autorizadores do desfazimento da coisa julgada. 1.2. A partir dos aspectos destacados no acórdão rescindendo, únicos aptos, na diretriz da Súmula nº 410 desta Corte, a ensejar o corte rescisório, pelo fundamento de rescindibilidade de que trata o inciso V do art. 966 do CPC, não se tem como extrair a conclusão pretendida pela autora, no sentido de que não configurada nenhuma das hipóteses estabelecidas no art. 21 da Lei nº 8.213/91. Cumpre destacar que a própria reclamada, quando da ocorrência do infortúnio, emitiu a CAT, reconhecendo, naquela oportunidade, a natureza profissional do acidente, o que amparou a concessão do auxílio-doença acidentário e, consequentemente, o reconhecimento da estabilidade provisória. 1.3. Ressalte-se que a insatisfação da parte com o seu próprio desempenho ou com a solução dada ao litígio originário não autorizará a quebra da coisa julgada. 1.4. Por outro lado, não se pode concluir que a decisão rescindenda tenha ofendido norma jurídica, quando o julgador não emite tese sob os prismas debatidos pela parte.

Não há, no acórdão rescindendo, análise do tema conversão da reintegração em indenização, situação que inviabiliza a verificação de suposta afronta à Súmula nº 396, I, desta Corte. Compreensão da Súmula nº 298, I, desta Corte. 1.5. Nessa esteira, não prospera a pretensão rescisória amparada no fundamento de rescindibilidade previsto no art. 966, V, do CPC. 2. ART. 966, VIII, DO CPC. ESTABILIDADE PROVISÓRIA. DOENÇA OCUPACIONAL EQUIPARADA A ACIDENTE DO TRABALHO. CONFIGURAÇÃO. ERRO DE FATO. NÃO CARACTERIZAÇÃO. INTELIGÊNCIA DA ORIENTAÇÃO JURISPRUDENCIAL Nº 136 DA SBDI-2 DO TST. Na compreensão da Orientação Jurisprudencial nº 136 da SBDI-2/TST, tem-se que a caracterização do erro de fato como causa de rescindibilidade de decisão judicial transitada em julgado supõe a afirmação categórica e indiscutida de um fato, na decisão rescindenda, que não corresponde à realidade dos autos. O fato afirmado pelo julgador, que pode ensejar ação rescisória calcada no inciso VIII do art. 966 do CPC de 2015 (inciso IX do art. 485 do CPC de 1973), é apenas aquele que se coloca como premissa fática indiscutida de um silogismo argumentativo, não aquele que se apresenta ao final desse mesmo silogismo, como conclusão decorrente das premissas que especificaram as provas oferecidas, para se concluir pela existência do fato. Esta última hipótese é afastada pelo § 1º do art. 966 do CPC de 2015 (§ 2º do art. 485 do CPC de 1973), ao exigir que não tenha havido controvérsia sobre o fato e pronunciamento judicial esmiuçando as provas. Ação rescisória improcedente. (TST; AR 0009253-31.2016.5.00.0000; Subseção II Especializada em Dissídios Individuais; Rel. Min. Alberto Bresciani; DEJT 29/09/2017; Pág. 1034)

§ 1º Há erro de fato quando a decisão rescindenda admitir fato inexistente ou quando considerar inexistente fato efetivamente ocorrido, sendo indispensável, em ambos os casos, que o fato não represente ponto controvertido sobre o qual o juiz deveria ter se pronunciado.

→ *v.* Art. 138 do CC/2002.

Rescisória se presta a apurar alguma das hipóteses do art. 966, e não eventuais "injustiças"

✓ AÇÃO RESCISÓRIA. DESCONTITUIÇÃO DA COISA JULGADA MATERIAL. ALEGAÇÃO DE EXISTÊNCIA DE ERRO DE FATO, NA FORMA DO ART. 966, §1º DO CPC/15.A VIA RESCISÓRIA NÃO É ADEQUADA PARA A AFERIÇÃO DA EXISTÊNCIA DE INJUSTIÇA DO DECISUM RESCINDENDO, TAMPOUCO PARA CORRIGIR INTERPRETAÇÃO EQUIVOCADA DOS FATOS, REEXAMINAR OU COMPLEMENTAR AS PROVAS PRODUZIDAS NO PROCESSO ORIGINÁRIO. Autor que pretende, em verdade, a rediscussão da matéria e a reavaliação das provas. Alegação de ilegitimidade passiva da terceira ré. Matéria preclusa na instância originária. Impossibilidade de análise da matéria que não foi abordada na sentença rescindenda. Preservação da segurança jurídica advinda da coisa julgada material. Precedentes do eg. STJ. Carência de ação por ausência do interesse de agir. Extinção do feito, na forma do art. 485,VI, do CPC/2015. (TJRJ; AR 0004000-48.2017.8.19.0000; Rio de Janeiro; Décima Primeira Câmara Cível; Rel. Des. Cesar Felipe Cury; DORJ 29/09/2017; Pág. 316)

§ 2º Nas hipóteses previstas nos incisos do *caput*, será rescindível a decisão transitada em julgado que, embora não seja de mérito, impeça:

→ *v.* Enunciado 555 do FPPC: Nos casos em que tanto a decisão de inadmissibilidade do recurso quanto a decisão recorrida apresentem vícios rescisórios, ambas serão rescindíveis, ainda que proferidas por órgãos jurisdicionais diversos.

I – nova propositura da demanda; ou

II – admissibilidade do recurso correspondente.

§ 3º A ação rescisória pode ter por objeto apenas 1 (um) capítulo da decisão.

→ *v.* Enunciado 337 do FPPC: A competência para processar a ação rescisória contra capítulo de decisão deverá considerar o órgão jurisdicional que proferiu o capítulo rescindendo.

§ 4º Os atos de disposição de direitos, praticados pelas partes ou por outros participantes do processo e homologados pelo juízo, bem como os atos homologatórios praticados no curso da execução, estão sujeitos à anulação, nos termos da lei.

→ *v.* Art. 166 e seguintes do CC/2002.

→ *v.* Enunciado 138 do FPPC: A partilha amigável extrajudicial e a partilha amigável judicial homologada por decisão ainda não transitada em julgado são impugnáveis por ação anulatória.

→ *v.* Enunciado 137 do FPPC: Contra sentença transitada em julgado que resolve partilha, ainda que homologatória, cabe ação rescisória.

Situação em que cabível ação anulatória e não AR

✓ AGRAVO RETIDO. ACORDO HOMOLOGADO EM JUÍZO. POSSIBILIDADE DE ANULAÇÃO (ART. 966, § 4º, DO CPC/15). Recurso desprovido. Apelação. Ação anulatória C.C. Indenização moral. Alegação de coação na elaboração de acordo sobre partilha de bens adquiridos durante união estável. Improcedência. Inconformismo. Não acolhimento. Autora não descreve e nem comprova os prejuízos advindos do acordo. Ainda que o acordo tenha sido feito sob tensão, sem a prova da existência de efetivo prejuízo, a coação não está provada. Acordo mantido. Dano moral relacionado ao suposto acordo não comprovado. Sentença mantida. Recurso desprovido. (TJSP; APL 1004510-81.2015.8.26.0400; Ac. 10830042; Olímpia; Oitava Câmara de Direito Privado; Rel. Des. Grava Brazil; Julg. 27/09/2017; DJESP 02/10/2017; Pág. 2077)

§ 5º Cabe ação rescisória, com fundamento no inciso V do *caput* deste artigo, contra decisão baseada em enunciado de súmula ou acórdão proferido em julgamento de casos repetitivos que não tenha considerado a existência de distinção entre a questão discutida no processo e o padrão decisório que lhe deu fundamento.

→ § 5º acrescentado pela Lei 13.256/2016, em vigor no início da vigência da Lei 13.105/2015 – Novo CPC (*v.* art. 4º da Lei 13.256/2016).

§ 6º Quando a ação rescisória fundar-se na hipótese do § 5º deste artigo, caberá ao autor, sob pena de inépcia, demonstrar, fundamentadamente, tratar-se de situação particularizada por hipótese fática distinta ou de questão jurídica não examinada, a impor outra solução jurídica.

→ § 6º acrescentado pela Lei 13.256/2016, em vigor no início da vigência da Lei 13.105/2015 – Novo CPC (*v.* art. 4º da Lei 13.256/2016).

Art. 967. Têm legitimidade para propor a ação rescisória:

I – quem foi parte no processo ou o seu sucessor a título universal ou singular;

→ *v.* Art. 108 e seguintes do NCPC.

II – o terceiro juridicamente interessado;

→ *v.* Arts. 119 e seguintes e 996 do NCPC.

Para que se reconheça a legitimidade de terceiro interessado, necessário que a sentença rescindenda atinja o terceiro

✓ AÇÃO RESCISÓRIA. OFENSA À COISA JULGADA (ART. 966, INCISO IV, CPC). SENTENÇA DE PROCEDÊNCIA EM AÇÃO REIVINDICATÓRIA COM TRÂNSITO EM JULGADO. AUTORA DA RESCISÓRIA. TERCEIRO INTERESSADO. AUSÊNCIA DE PROVA. IMÓVEL DISPUTADO NÃO PERTENCE À PROMOVENTE. IMÓVEL MATRICULADO EM NOME DE EUDÓCIO LIMA DE OLIVEIRA, GENITOR DO REQUERIDO (INVENTARIANTE DO ESPÓLIO). ILEGITIMIDADE ATIVA AD CAUSAM. INTELIGÊNCIA DO ARTIGO 967, INCISO II, DO CPC. EXTINÇÃO DO PROCESSO SEM RESOLUÇÃO DO MÉRITO. 1. Trata-se de ação rescisória ajuizada por Sylvia helena Gomes de Araújo, nos termos do art. 966, inciso IV, do CPC/2015, como terceira interessada, com o fim de rescindir a sentença de fls. 306/307, prolatada pelo juízo de direito respondendo pela 7ª Vara Cível da Comarca de Fortaleza, que julgou procedente a ação reivindicatória ajuizada por Francisco de Assis mesquita de oliveira em desfavor de Francisco Wellington de Sousa Viana. 2. Alega, para tanto, ser a legítima proprietária da área objeto da ação reivindicatória, por tê la comprado, através de contrato particular, do Sr Francisco Wellington de Sousa Viana, que, por sua vez, havia adquirido o imóvel através da ação de usucapião. Ressalta, ainda, que o Sr. Francisco Wellington de Sousa Viana teria adquirido a posse do imóvel do Sr. Juracir bezerra de Menezes e sua mulher Maria Stela furtado bezerra (escritura à fl. 47/51), em 19/11/1999. 3. Nos termos do art. 967, inciso II, do código de processo civil, tem legitimidade para propor ação rescisória o terceiro juridicamente interessado, assim compreendido aquele estranho à relação processual na qual foi proferida a decisão rescindenda, mas que por ela tenha sido reflexamente atingido. 4. Contudo, em análise de todas as peças processuais pertinentes aos dois processos em questão (usucapião e reivindicatória), constata-se que o imóvel que a promovente alega ser de sua propriedade não é o mesmo imóvel objeto da reivindicatória, de modo que evidente a ausência de legitimidade ativa ad causam. 5. Preliminar de ilegitimidade ativa acolhida. Extinção da ação rescisória, sem resolução de mérito, nos termos do art. 967 c/c art. 485, VI, do CPC. (TJCE; AR 0002349-80.2013.8.06.0000; Órgão Especial; Relª Desª Maria Vilauba Fausto Lopes; DJCE 31/08/2017; Pág. 2)

Compete ao autor, terceiro interessado, demonstrar sua legitimidade

✓ AÇÃO RESCISÓRIA. AÇÃO DE USUCAPIÃO. ALEGAÇÃO DE FRAUDE E OFENSA À NORMA JURÍDICA. JULGAMENTO BASEADO EM SUPOSTA PROVA IGNORADA PELO JUÍZO, QUE PODERIA ASSEGURAR PRONUNCIAMENTO FAVORÁVEL À PARTE AUTORA. PRELIMINAR DE ILEGITIMIDADE ATIVA ACOLHIDA. AUTORA QUE NÃO FIGURAVA COMO PROPRIETÁRIA OU POSSUIDORA DO BEM IMÓVEL. AÇÃO EXTINTA, SEM RESOLUÇÃO DO MÉRITO. Preliminar de ilegitimidade ativa acolhida, uma vez que a autora firmou contrato de gaveta com os proprietários registrais do bem, décadas antes do ajuizamento da ação de usucapião e da posse exercida pela demandada, sendo que nunca constou qualquer registro do instrumento. Demandada que não poderia presumir a existência da demandante, esta que não exerceu a posse ou teve propriedade registrada, de modo que não há se falar em violação à norma jurídica ou fraude à Lei. – Não há como presumir a ciência da ré acerca do contrato de cedência de posse firmado entre a autora e terceiro, relativamente ao imóvel, referente ao qual foi ajuizada ação de cobrança, já em cumprimento de sentença, o qual, inclusive, previa a possibilidade de cedência e transferência da posse em prol de terceiros, sem autorização da vendedora. – Autora que não comprova sua legitimidade, nos termos do art. 967 do CPC, uma vez que não demonstra ter sido parte no processo ou sucessora ou, mesmo, terceira juridicamente interessada. Ação julgada extinta, sem resolução do mérito. (TJRS; AR 0139629-23.2016.8.21.7000; São Borja; Décima Sétima Câmara Cível; Rel. Des. Gelson Rolim Stocker; Julg. 25/05/2017; DJERS 01/06/2017)

III – o Ministério Público:

→ v. Art. 127 e 129 da CF/1988.

a) se não foi ouvido no processo em que lhe era obrigatória a intervenção;

→ v. Art. 178 do NCPC.

b) quando a decisão rescindenda é o efeito de simulação ou de colusão das partes, a fim de fraudar a lei;

→ v. Art. 167 do CC/2002.

→ v. Art. 142 do NCPC.

c) em outros casos em que se imponha sua atuação;

IV – aquele que não foi ouvido no processo em que lhe era obrigatória a intervenção.

→ v. Art. 135 do NCPC.

→ v. Enunciado 339 do FPPC: O CADE e a CVM, caso não tenham sido intimados, quando obrigatório, para participar do processo (art. 118, Lei n. 12.529/2011; art. 31, Lei n. 6.385/1976), têm legitimidade para propor ação rescisória contra a decisão ali proferida, nos termos do inciso IV do art. 967.

Parágrafo único. Nas hipóteses do art. 178, o Ministério Público será intimado para intervir como fiscal da ordem jurídica quando não for parte.

MP só se manifesta nas rescisórias nos casos previstos em lei

✓ AÇÃO RESCISÓRIA. AQUISIÇÃO DE BEM IMÓVEL. CONTRATO DE COMPRA E VENDA. CLÁUSULA DE RETROVENDA. RECONHECIMENTO DA ILEGITIMIDADE PASSIVA NA SENTENÇA RESCINDENDA. PRELIMINAR DE CARÊNCIA DA AÇÃO. SENTENÇA TERMINATIVA. CABIMENTO DA AÇÃO RESCISÓRIA. AFASTADA. PRELIMINAR DE IMPOSSIBILIDADE JURÍDICA DO PEDIDO AFASTADA. PRETENSÃO À RESCISÃO DA SENTENÇA. POSSIBILIDADE. PRELIMINAR DE INÉPCIA DA INICIAL AFASTADA. PRELIMINAR DE INTERVENÇÃO DO MINISTÉRIO PÚBLICO. REJEITADA. DEMANDA QUE NÃO EXIGE A PARTICIPAÇÃO DO MP. ARTIGOS 178 E 967, AMBOS DO CPC. MÉRITO. AJUIZAMENTO COM BASE NO ARTIGO 966, V E VIII, DO CPC. ALEGAÇÃO DE MANIFESTA VIOLAÇÃO DE NORMA JURÍDICA E ERRO DE FATO. NÃO OCORRÊNCIA. IMPROCEDÊNCIA DO PEDIDO INICIAL. Conforme entendimento do STJ, "a redação do art. 485, caput, do CPC, ao mencionar 'sentença de mérito' o fez com impropriedade técnica, referindo-se, na verdade, a 'sentença definitiva', não excluindo os casos onde se extingue o processo sem resolução de mérito. Conforme lição de Pontes de Miranda: 'A despeito de no art. 485, do Código de Processo Civil se falar de 'sentença de mérito', qualquer sentença que extinga o processo sem julgamento do mérito (art. 267) e dê ensejo a algum dos pressupostos do art. 485, I-IX, pode ser rescindida' ('Tratado da ação rescisória'. Campinas: Bookseller, 1998, p. 171)." (REsp 1217321/SC). O pedido formulado pelo autor é juridicamente possível, já que as pretensões rescisória e anulatória não são vedadas pelo nosso ordenamento jurídico. Ainda que a petição inicial possa não ter sido apresentada na melhor redação, pela sua leitura é possível extrair a pretensão do autor, bem como exercer o direito de defesa, razão pela qual não prospera a alegação de inépcia da inicial. No caso de alegação de manifesta violação de dispositivo legal (inciso V do artigo 966 do CPC), a rescisão só é admissível quando violada a regra em sua literalidade, descabendo o ajuizamento quando a decisão transitada em julgado adota uma das possíveis interpretações de dispositivo. III. Para que se configure a hipótese de erro de fato, é necessário que o erro: a) diga respeito a fatos; b) transpareça nos autos onde foi proferida a decisão rescindenda, bastando simples cópia do processo onde proferida sentença, sendo inaceitável a produção de provas para demonstrá-lo na ação rescisória; c) seja a causa determinante da decisão; d) suponha fato que inexistiu, ou inexistente fato que ocorreu. e não hipótese de valoração da prova; e) não tenha sido objeto de controvérsia; f) não seja objeto de pronunciamento judicial. lV. Pleito de reexame do conteúdo probante e análise da justiça da decisão, constituindo o feito rescisório verdadeiro sucedâneo recursal. (TJMS; AR 1408119-96.2016.8.12.0000; Terceira Seção Cível; Rel. Des. Marcos José de Brito Rodrigues; DJMS 22/06/2017; Pág. 58)

Art. 968. A petição inicial será elaborada com observância dos requisitos essenciais do art. 319, devendo o autor:

→ v. Enunciado 284 do FPPC: Aplica-se à ação rescisória o disposto no art. 321.

Não recolhida custas, mesmo após determinação emenda, a AR será extinta

✓ AÇÃO RESCISÓRIA. DOCUMENTAÇÃO APRESENTADA QUE NÃO PERMITE O DEFERIMENTO DA GRATUIDADE. AUTOR, INTIMADO NÃO PROVIDENCIOU O REGULAR PREPARO, APENAS RENOVANDO O PEDIDO DE GRATUIDADE. Como é cediço, o regular preparo e o depósito são condições de procedibilidade da ação rescisória, sendo certo que na sua falta, esta não seguirá. No caso dos autos, foi aberta oportunidade para que o autor providenciasse o preparo e efetivasse o depósito, o que não foi atendido. Forçoso reconhecer a ausência dos pressupostos específicos da ação rescisória, nos termos do art. 968 do NCPC. Impõe-se o indeferimento da inicial e cancelamento da distribuição. (TJRJ; AR 0020339-82.2017.8.19.0000; Rio de Janeiro; Seção Cível Comum; Rel. Des. Claudio Luis Braga Dell Orto; DORJ 05/09/2017; Pág. 128)

I – cumular ao pedido de rescisão, se for o caso, o de novo julgamento do processo;

Decisão que afasta a possibilidade de pedido alternativo na AR, admitindo apenas o pedido cumulado de rescisão e novo julgamento

✓ AÇÃO RESCISÓRIA. ANULAÇÃO DE ESCRITURA PÚBLICA DE DOAÇÃO. DECURSO DO PRAZO DECADENCIAL (ART. 487, II, C/C ART. 975, CPC/15. ART. 269, IV, C/C ART. 495, CPC/73). EXTINÇÃO DO PROCESSO. I. Na esteira da jurisprudência do c. Tribunal da Cidadania, perfilhada por esta Suprema Corte Estadual, tem-se que "a certidão que declara o trânsito em julgado de uma decisão é meramente declaratória, de forma que a certidão exarada após o efetivo trânsito em julgado da sentença objeto da ação, não tem o condão de prorrogar o termo inicial de contagem do prazo decadencial de dois anos para propositura de ação rescisória" (AR nº 1.0000.07.455608-5/000, 3º GCCív/TJMG, Rel. Des. José Domingues Ferreira Esteves). II. Constatado o transcurso do biênio decadencial para ajuizamento da ação rescisória, impõe-se a extinção do processo, com a resolução do mérito (art. 487, II, c/c art. 975, ambos do CPC/15. art. 269, IV, c/c art. 495, CPC/73. III. Nos termos do art. 968, I, do CPC/15 (art. 488, I, CPC/73), descabível no procedimento da ação rescisória a formulação de pedido alternativo, em caso de improcedência da rescisão, de retenção do bem em litígio pelas benfeitorias úteis e necessárias e o ressarcimento das construções realizadas, porquanto possível na rescisória apenas a cumulação do pedido de rescisão com, se for o caso, o de novo julgamento da causa. (TJMG; ARES 1.0000.15.096872-5/000; Rel. Des. Peixoto Henriques; Julg. 11/07/2017; DJEMG 18/07/2017)

II – depositar a importância de cinco por cento sobre o valor da causa, que se converterá em multa caso a ação seja, por unanimidade de votos, declarada inadmissível ou improcedente.

→ *v.* Art. 836 da CLT.

→ *v.* Súmula 175 do STJ.

→ *v.* Súmula 129 do TFR.

→ *v.* Arts. 96 e 974 do NCPC.

→ *v.* Enunciado 603 do FPPC: Não se converterá em multa o depósito inicial efetuado pelo autor, caso a extinção da ação rescisória se dê por decisão do relator transitada em julgado.

No caso de improcedência, há a reversão da multa ao réu – além do pagamento de custas e honorários

✓ AÇÃO RESCISÓRIA. EMBARGOS À EXECUÇÃO. SENTENÇA DE IMPROCEDÊNCIA DOS PEDIDOS DOS EMBARGOS OPOSTOS PELA EXECUTADA, GENITORA DOS AUTORES. JUÍZO RESCINDENTE. ARGUIÇÃO DE DOLO PROCESSUAL DECORRENTE DA CITAÇÃO POR EDITAL DO COEXECUTADO REQUERIDA PELA CREDORA NO PROCESSO DE EXECUÇÃO. AUSÊNCIA DE NEXO CAUSAL ENTRE O VÍCIO IMPUTADO E A SENTENÇA RESCINDENDA. NULIDADE DA CITAÇÃO EDITALÍCIA NÃO SUSCITADA NO PROCESSO EXECUTIVO. MATÉRIA NÃO OBJETO DOS EMBARGOS DA EXECUTADA. ADEMAIS, COMPARECIMENTO ESPONTÂNEO DO EXECUTADO AOS AUTOS QUE LHE CONFERE CIÊNCIA INEQUÍVOCA DO PROCESSO. INÉRCIA E PRECLUSÃO. SENTENÇA MANTIDA. PEDIDO RESCISÓRIO IMPROCEDENTE. Torna-se indispensável, para o êxito da rescisória, na espécie em exame, que ocorra nexo de causalidade entre o dolo (violação da lealdade processual e da boa-fé) e o resultado a que chegou a sentença, como se depreende do texto do art. 485, III" (Theodoro Júnior, Humberto. Curso de direito processual civil. Rio de Janeiro: Forense, 2002, p. 597). REVERSÃO EM FAVOR DA RÉ DO DEPÓSITO PREVISTO NO ARTIGO 968, II, DO CPC/15 (ARTIGO 488, II, DO CPC/73), SEM PREJUÍZO DOS ENCARGOS DE SUCUMBÊNCIA. ÔNUS SUCUMBENCIAIS. DESPESAS PROCESSUAIS E HONORÁRIOS ADVOCATÍCIOS AO ENCARGO DOS AUTORES. (TJSC; AR 0140048-78.2014.8.24.0000; Blumenau; Primeira Câmara de Direito Comercial; Rel. Des. Luiz Zanelato; DJSC 03/10/2017; Pag. 185)

Caso não haja o depósito da multa, a AR é extinta sem mérito

✓ AÇÃO RESCISÓRIA DE SENTENÇA RELATIVA À AÇÃO DE COBRANÇA. PRESTAÇÃO DE SERVIÇOS DE CONSTRUÇÃO IMOBILIÁRIA. Ausência de depósito de 5%, nos termos do art. 968, II, do NCPC. Petição inicial indeferida. Ação rescisória extinta. (TJSP; AR 2072929-07.2017.8.26.0000; Ac. 10791476; Lucélia; Vigésima Sexta Câmara de Direito Privado, Rel. Des. Antonio Nascimento; Julg. 14/09/2017; DJESP 25/09/2017; Pág. 2643)

§ 1º Não se aplica o disposto no inciso II à União, aos Estados, ao Distrito Federal, aos Municípios, às suas respectivas autarquias e fundações de direito público, ao Ministério Público, à Defensoria Pública e aos que tenham obtido o benefício de gratuidade da justiça.

→ *v.* Art. 98 e seguintes do NCPC.

Conforme previsão legal, a parte beneficiária da justiça gratuita não realiza o depósito da multa

✓ AÇÃO RESCISÓRIA. PRETENSÃO DE DESCONSTITUIÇÃO DE SENTENÇA PROFERIDO EM AÇÃO DE RESCISÃO CONTRATUAL E REINTEGRAÇÃO DE POSSE. ASSISTÊNCIA JUDICIÁRIA DEFERIDA E ISENÇÃO DE DEPÓSITO PRÉVIO. Previsão do no artigo 968, II, §1º do Código de Processo Civil. Alegação de que a sentença rescindenda violou manifestamente norma jurídica. Aplicação da teoria do adimplemento substancial. Desnecessidade. O adimplemento substancial é criação doutrinária, sem previsão legislativa expressa. Intimação pessoal do advogado dativo da autora. Desnecessidade. Prerrogativa de ocupantes da Defensoria Pública ou de órgãos de assistência judiciária. Indeferimento da inicial e extinção do processo sem julgamento do mérito, nos termos dos arts. 488, II e 490, II do Código de Processo Civil de 1973. (TJSP; AR 2035818-86.2017.8.26.0000; Ac. 10734391; São Paulo; Quarta Câmara de Direito Privado; Rel. Des. Fábio Quadros; Julg. 24/08/2017; DJESP 15/09/2017; Pág. 1842)

Impossibilidade de substituir o depósito da multa por um bem a ser depositado

✓ AÇÃORESCISÓRIA FUNDAMENTADA EM ALEGADA VIOLAÇÃO DE NORMA JURÍDICA. INICIAL DESACOMPANHADA DO DEPÓSITO PRÉVIO. OFERECIMENTO DE IMÓVEL EM DEPÓSITO. Determinação para o depósito prévio em dinheiro. Autor que insiste no depósito. Descabimento. Indeferimento da inicial nos termos do § 3º do art. 968 do CPC. (TJRJ; AR 0033607-09.2017.8.19.0000; Rio de Janeiro; Seção Cível Comum; Rel. Des. José Carlos Varanda dos Santos; DORJ 04/09/2017; Pág. 106)

§ 2º O depósito previsto no inciso II do *caput* deste artigo não será superior a 1.000 (mil) salários mínimos.

§ 3º Além dos casos previstos no art. 330, a petição inicial será indeferida quando não efetuado o depósito exigido pelo inciso II do *caput* deste artigo.

§ 4º Aplica-se à ação rescisória o disposto no art. 332.

§ 5º Reconhecida a incompetência do tribunal para julgar a ação rescisória, o autor será intimado para emendar a petição inicial, a fim de adequar o objeto da ação rescisória, quando a decisão apontada como rescindenda:

→ *v.* Enunciado 488 do FPPC: No mandado de segurança, havendo equivocada indicação da autoridade coatora, o impetrante deve ser intimado para emendar a petição inicial e, caso haja alteração de competência, o juiz remeterá os autos ao juízo competente.

I – não tiver apreciado o mérito e não se enquadrar na situação prevista no § 2º do art. 966;

II – tiver sido substituída por decisão posterior.

→ *v.* Art. 1.008 do NCPC.

Se a AR impugnar a decisão errada (sentença e não o acórdão que a substituiu), deve ser determinada a emenda da inicial

✓ AÇÃO RESCISÓRIA. PEDIDO DE RESCISÃO DE SENTENÇA SUBSTITUÍDA POR ACÓRDÃO. DETERMINAÇÃO DE EMENDA DA PETIÇÃO INICIAL. Não cumprimento. Da análise da petição inicial nota-se que o pedido se dirige à rescisão da sentença proferida pelo Juízo da 1ª Vara Cível da Comarca Regional da Região Oceânica. A referida sentença, entretanto, foi substituída pelo acórdão proferido na apelação nº 0008151-13.2011.8.19.02012 pela 8ª Câmara Cível deste Tribunal de Justiça. Nos termos do artigo 1.008 do Código de Processo Civil, o julgamento proferido pelo Tribunal substitui a decisão impugnada no que tiver sido objeto do recurso. O acórdão proferido nos autos da apelação analisou a demanda como um todo, substituindo a sentença prolatada. Desta forma, eventual vício que possa tipificar alguma hipótese de rescindibilidade deve ser aferido e demonstrado à luz do próprio ato decisório rescindendo, e não daquele outro ato decisório que fora substituído no curso da relação processual primitiva. Assim, constatando-se o erro apontado, foi proferido despacho oportunizando ao autor a emenda da inicial para adequação do seu pedido, nos termos do artigo 968, § 5º do CPC. Este, entretanto, permaneceu inerte, isso implicando em inadmissibilidade da pretensão por inépcia da inicial. Precedentes. Petição inicial indeferida. (TJRJ; AR 0052270-40.2016.8.19.0000; Niterói; Seção Cível Comum; Rel. Des. Mario Assis Goncalves; DORJ 14/08/2017; Pág. 147)

§ 6º Na hipótese do § 5º, após a emenda da petição inicial, será permitido ao réu complementar os fundamentos de defesa, e, em seguida, os autos serão remetidos ao tribunal competente.

Se a AR impugnar o acórdão do TJ e não do STJ, o relator no STJ deverá determinar a emenda da inicial e, após, remeter ao TJ

✓ AÇÃO RESCISÓRIA. INCOMPETÊNCIA DO STJ. ART. 105, I, "E ", DA CONSTITUIÇÃO DA REPÚBLICA. ACÓRDÃO PROFERIDO EM RECURSO ESPECIAL QUE APLICA O ÓBICE CONTIDO NOS ENUNCIADOS DAS SÚMULAS NºS 7 E 211/STJ, BEM COMO DA SÚMULA Nº 284/STF. AUSÊNCIA DE ANÁLISE DO MÉRITO DA CONTROVÉRSIA. REMESSA DOS AUTOS AO TRIBUNAL COMPETENTE. ARTS. 64, § 3º, E 968, §§ 5º E 6º, DO CPC/2015. 1. O Superior Tribunal de Justiça não detém competência para a apreciação de ação rescisória quando não proferiu nenhum pronunciamento a respeito do mérito da demanda rescindenda. 2. Na espécie, a terceira turma desta corte superior, negou provimento ao AgInt no AREsp 1.009.367/SP, em face da intempestividade do Recurso Especial que tratava das matérias ora impugnadas. Tal fato impede o conhecimento da questão de fundo, razão pela qual a competência para processar e julgar a ação rescisória é do tribunal de justiça do estado de são Paulo. 3. Reconhecimento da incompetência do STJ. Abertura de prazo para emenda à petição inicial. Remessa dos autos ao tribunal competente. (STJ; AR 6.077; Proc. 2017/0180662-5; SP; Segunda Seção; Rel. Min. Luis Felipe Salomão; DJE 12/09/2017)

Art. 969. A propositura da ação rescisória não impede o cumprimento da decisão rescindenda, ressalvada a concessão de tutela provisória.

→ *v.* Arts. 294 e seguintes e 517, § 3º, do NCPC.

→ *v.* Enunciado 80 do FPPC: A tutela provisória a que se referem o § 1º do art. 919 e o art. 969 pode ser de urgência ou de evidência

→ *v.* Enunciado 421 do FPPC: Não cabe estabilização de tutela antecipada em ação rescisória.

→ *v.* Enunciado 43 do CJF: Não ocorre a estabilização da tutela antecipada requerida em caráter antecedente, quando deferida em ação rescisória.

Se ausentes os requisitos da tutela provisória (art. 300), nega-se a liminar na AR

✓ ADMINISTRATIVO. PROCESSO CIVIL. AÇÃO RESCISÓRIA. SERVIDOR PÚBLICO. APOSENTADORIA POR INVALIDEZ. VIOLAÇÃO A NORMA JURÍDICA E ERRO DE FATO. ANTECIPAÇÃO DA TUTELA. DESCABIMENTO. PROBABILIDADE DO DIREITO E PERIGO DE DANO. AUSÊNCIA DE EVIDÊNCIA. 1. Para a concessão da tutela provisória na ação rescisória, prevista no art. 969 do CPC/15, necessária a conjugação dos requisitos postos no artigo 300 dessa legislação (a probabilidade do direito, além do perigo de dano ou do risco ao resultado útil do processo). Por se tratar de desconstituição da coisa julgada, a antecipação da tutela deve ser concedida em condições excepcionais. 2. Examinando-se os artigos de Lei apontados como violados verifica-se, em análise perfunctória, não se observou qualquer violação às suas literais disposições. A conclusão a que chega a parte autora sobre o direito pleiteado decorre de entendimento jurídico interpretativo do conjunto das disposições legais, e sob determinada ótica jurídica. Mas, certamente, não se pode apontar violação à sua literal disposição como exige o requisito da rescisória. 3. O erro de fato passível de rescisão é resultado de documento ou ato da causa, não de eventual erro de magistrado ao apreciar a demanda, já que a má apreciação da prova não enseja a ação rescisória. Há erro de fato quando a sentença admitir ato inexistente ou considerar inexistente um fato efetivamente ocorrido, conforme expresso no artigo 485, artigo IX, parágrafo 1º do CPC/73, sendo indispensável que, num como noutro caso, não tenha havido controvérsia, nem pronunciamento judicial sobre o fato. 4. Tendo, a sentença, decidido fundamentadamente sobre a legitimidade da União, não havendo insurgência quanto a isso em apelo, não se vislumbra, de plano, a ocorrência do erro de fato alegado. (TRF 4ª R.; AgInt-AR 5018203-77.2017.404.0000; Segunda Seção; Rel. Des. Fed. Luís Alberto Dazevedo Aurvalle; Julg. 14/09/2017; DEJF 18/09/2017)

A regra é o prosseguimento do cumprimento da decisão rescindenda

✓ PROCESSUAL CIVIL. AGRAVO INTERNO NO RECURSO ESPECIAL. CÓDIGO DE PROCESSO CIVIL DE 2015. APLICABILIDADE. AÇÃO CIVIL PÚBLICA. ADIANTAMENTO DE HONORÁRIOS PERICIAIS. INCIDÊNCIA DA SÚMULA N. 232/STJ. DECISÃO PROFERIDA EM RECURSO JULGADO SOB O RITO DOS REPETITIVOS. APLICAÇÃO AOS CASOS ANÁLOGOS. PROPOSITURA DE AÇÃO RESCISÓRIA. CUMPRIMENTO DA DECISÃO RESCINDENDA. NÃO IMPEDIMENTO. ARGUMENTOS INSUFICIENTES PARA DESCONSTITUIR A DECISÃO ATACADA. I. Consoante o decidido pelo Plenário desta Corte na sessão realizada em 09.03.2016, o regime recursal será determinado pela data da publicação do provimento jurisdicional impugnado. Assim sendo, in casu, aplica-se o Código de Processo Civil de 2015. II. É firme o posicionamento desta Corte no sentido de ser aplicável, por analogia, o enunciado da Súmula n. 232/STJ a fim de determinar que a Fazenda Pública à qual o Ministério Público se ache vinculado arque com o adiantamento dos honorários das perícias pleiteadas pelo Parquet nas ações civis públicas. III. A aplicação do que restou decidido nos julgados proferidos sob a sistemática dos repetitivos aos casos análogos tem como objetivo atender aos ditames dos princípios da isonomia e da segurança jurídica. IV. O art. 969 do Código de Processo Civil de 2015 estipula que "a propositura da ação rescisória não impede o cumprimento da decisão rescindenda, ressalvada a concessão de tutela provisória ". V. A Agravante não apresenta, no agravo, argumentos suficientes para desconstituir a decisão recorrida. VI. Agravo Interno improvido. (STJ; AgInt-REsp 1.420.102; Proc. 2013/0387860-5; RS; Primeira Turma; Relª Minª Regina Helena Costa; DJE 30/03/2017)

Art. 970. O relator ordenará a citação do réu, designando-lhe prazo nunca inferior a 15 (quinze) dias nem superior a 30 (trinta) dias para, querendo, apresentar resposta, ao fim do qual, com ou sem contestação, observar-se-á, no que couber, o procedimento comum.

→ *v.* Art. 318 do NCPC.

Cabe julgamento antecipado do mérito na AR, considerando a aplicação subsidiária do procedimento comum (item 5.1)

✓ DIREITO CIVIL. DIREITO PROCESSUAL CIVIL. AÇÃO RESCISÓRIA. DIREITO INTERTEMPORAL. APLICAÇÃO DO CPC/73 AOS REQUISITOS DE CABIMENTO E DE ADMISSIBILIDADE DA AÇÃO RESCISÓRIA. TEORIA DO ISOLAMENTO DOS ATOS PROCESSUAIS. GRATUIDADE JUDICIÁRIA. CONCESSÃO. MÉRITO. PEDIDO DE RESCISÃO DE SENTENÇA QUE JULGOU PARCIALMENTE PROCEDENTE A NUNCIAÇÃO DE OBRA NOVA E IMPROCEDENTE AÇÃO DEMOLITÓRIA. JULGAMENTO ANTECIPADO. POSSIBILIDADE. INTELIGÊNCIA DA PARTE FINAL DO ART. 970, DO CPC/15. ALEGAÇÃO DE VIOLAÇÃO A LITERAL DISPOSITIVO DE LEI E SE FUNDAR EM PROVA FALSA. NÃO CONFIGURAÇÃO. AUSENTES QUAISQUER DOS PRESSUPOSTOS DE RESCINDIBILIDADE PREVISTOS PELO ART. 485, INCISOS V E VI DO CPC/73. PRETENSÃO DE NOVA ANÁLISE E VALORAÇÃO DAS PROVAS COLHIDAS NA AÇÃO ORIGINAL. AÇÃO RESCISÓRIA JULGADA IMPROCEDENTE. 1. Com o advento do Novo Código de Processo Civil (Lei nº 13.105/2015), o princípio da fundamentação das decisões judiciais encontra-se regulamentado, infraconstitucionalmente, em seu art. 11, com relevo constitucional no art. 93, IX, da CF/88. 2. Nesse contexto, o Direito Intertemporal, aplicável com o advento do NCPC, deve ser devidamente fundamento caso a caso e rege processos pendentes. Sobre o tema, prepondera a teoria do isolamento dos atos processuais no NCPC (art. 14) que orienta que a Lei nova não deve atingir os atos processuais já praticados, tampouco seus efeitos, mas se aplica aos atos futuros, sem limitações relativas às fases processuais. Prevalece o postulado tempus regit actum. 3. Na hipótese da a ação rescisória ter sido ajuizada na vigência do CPC/73, deve-se aplicar a Lei antiga aos requisitos de seu cabimento e aos seus pressupostos processuais de admissibilidade. É o caso dos presentes autos. 4. Antes de adentrar no mérito, foi concedida a gratuidade judiciária por aplicação da presunção juris tantum de hipossuficiência do autor e por estarem preenchidos os requisitos do art. 98, § 1º, VIII, do NCPC os quais há correspondência no art. 3º, VIII, da Lei nº 1.060/50, ficando suspensa a exigibilidade dos ônus sucumbenciais e do depósito prévio exigido no art. 488, II, do CPC/73 que equivale ao art. 968, II, do NCPC. 5. DO MÉRITO RECURSAL: Trata-se de Ação Rescisória c/c Pedido de Antecipação de Tutela interposta por Francisco Mário Ribeiro Machado objetivando desconstituir a sentença transitada em julgado, proferida pelo Juízo da 1ª Vara da Comarca de Aquiraz, em decisão conjunta de duas ações Ação de Nunciação de Obra Nova (Proc. 000258452.2007.8.06.00340) e Ação Demolitória c/ Reparação de Danos (Proc. 000346240.2008.8.06.00340), onde foi julgada "parcialmente procedente a nunciação de obra nova a fim de que o nunciado, no prazo de dez dias, desfaça o acréscimo em apenas um metro, lados Oeste e Norte, tomando-se por base o muro existente do Porto Vezenia, sob pena de imposição de multa diária no valor de R$ 250,00 e julgar totalmente e improcedente a demolitória e, por consequência, a ação de reparação de danos. Sentença mantida por acórdão expedido pela Sexta Câmara Civil deste Tribunal em recurso de apelo. " 5.1 O feito comporta julgamento antecipado, nos termos do art. 355, inc. II, do Novo Código de Processo Civil, de 2015, ex-vi da parte final do art. 970, do mesmo Diploma Legal, já que a questão proposta é unicamente de direito, sendo, portanto, despicienda a dilação probatória para especificação de provas e apresentação de derradeiras alegações, sempre lembrando que "presentes as condições que ensejam o julgamento antecipado da causa, é dever do juiz, e não mera faculdade, assim proceder" (RESP nº 2832RJ, Rel. Min. Sálvio de Figueiredo, j. 14.8.90, negaram provimento, V. U.) 5.2. A ação rescisória é medida excepcional e as hipóteses de cabimento são as taxativamente previstas no art. 485 do CPC/73(art. 966, do NCPC/15) (numerus clausus), não se prestando para correção de injustiças da sentença/acórdão nem para reexame de prova e/ou rediscussão lide. Especificamente sobre o fundamento invocado, art. 485, inc. V e VI do CPC, de 1973, tem-se que a violação a dispositivo de Lei há que ser direta e aberrante, perceptível "primo oculi". 5.3. Para que a Ação Rescisória, fundada no art. 485, V do CPC, prospere, é necessário que a interpretação dada pelo decisum rescindendo seja de tal modo aberrante que viole o dispositivo legal em sua literalidade (STJ, AGRG no AREsp 454.883/PR; Segunda Turma; Rel. Min. Herman Benjamin; Julg. 12/08/2014), o que não foi o caso dos autos em exame. Quanto ao segundo fundamento, importa destacar que para a caracterização da falsidade da prova, (art. 485, inciso VI, CPC/73 art. 966, NCPC) in casu a perícia técnica, devem resultar perfeitamente demonstradas a incorreção, a incompletude ou a inadequação do laudo, enfim, a imprestabilidade deste para fundamentar a decisão rescindenda, sob pena de banalização da rescisória e, por conseguinte, da garantia constitucional da coisa julgada. 6. DISPOSITIVO. Em sendo assim, por não ter a sentença rescindenda violado a literal disposição de Lei ou ter seu fundamento em prova falsa, a improcedência do pedido rescisório se faz necessário. 7. Ação Rescisória julgada improcedente 8. Por fim, condeno a autor ao pagamento dos honorários advocatícios, que arbitro os honorários advocatícios sucumbenciais em R$ 3.000,00 (três mil reais), na forma no art. 85, § 8º do NCPC, que equivale ao § 4º do art. 20 do CPC/73, condenando ainda, ao pagamento das custas e ao recolhimento do depósito prévio exigido no art. 488, II, do CPC/73, (que equivale ao art. 968, II, do NCPC), que em caso de julgamento unânime, deve ser convertido em favor do réu. As condenações no entanto fica com sua exigibilidade submetida à condição suspensiva, por até cinco anos, nos termos, do art. 98, § 3º c/c § 4º, do NCPC (que corresponde ao art. 12 da Lei nº 1.060/50). (TJCE; AR 062624484.2014.8.06.0000; Câmaras Cíveis Reunidas; Relª Desª Lira Ramos de Oliveira; DJCE 12/07/2016; Pág. 5)

Art. 971. Na ação rescisória, devolvidos os autos pelo relator, a secretaria do tribunal expedirá cópias do relatório e as distribuirá entre os juízes que compuserem o órgão competente para o julgamento.

Parágrafo único. A escolha de relator recairá, sempre que possível, em juiz que não haja participado do julgamento rescindendo.

→ *v.* Súmula 252 do STF.

Ainda que preferível que a o relator dar AR não seja magistrado que participou do julgamento anterior, não há impedimento para que esse magistrado julgue a rescisória

✓ EMBARGOS DE DECLARAÇÃO NA AÇÃO RESCISÓRIA. PROCESSUAL CIVIL E ADMINISTRATIVO. CURSO DE FORMAÇÃO DE OFICIAIS ADMINISTRATIVOS DA POLÍCIA MILITAR (CFOA-PM/2009). DESCLASSIFICAÇÃO. EXIGÊNCIA EDITALÍCIA DO ACERTO DE 30% (TRINTA POR CENTO) DAS QUESTÕES DE CADA DISCIPLINA. PROVA COM 25 (VINTE E CINCO) QUESTÕES. ACERTO DE MENOS DE 07 (SETE) QUESTÕES. NÃO ATENDIMENTO ÀS DETERMINAÇÕES DO EDITAL. AUSÊNCIA DE VIOLAÇÃO À ORDEM JURÍDICA. PROVAS NOVAS NÃO CARACTERIZADAS. UTILIZAÇÃO COMO SUCEDÂNEO RECURSAL. IMPOSSIBILIDADE. INEXISTÊNCIA DE QUALQUER OMISSÃO, CONTRADIÇÃO OU OBSCURIDADE. REDISCUSSÃO DA LIDE. IMPOSSIBILIDADE. REJEIÇÃO DOS ACLARATÓRIOS. I. No julgamento da ação rescisória, não estão impedidos os juízes que participaram do julgamento rescindendo, de acordo com entendimento consolidado no Enunciado N. 252 da Súmula do STF, todavia a escolha do relator recairá, sempre que possível, em juiz que não haja participado do julgamento rescindendo, conforme disposto no art. 971, parágrafo único, do NCPC. Preliminar de nulidade do acórdão embargado rejeitada. II- Os casos previstos para manifestação dos aclaratórios são específicos, de modo que somente são admissíveis quando houver, ainda que para efeito de prequestionamento, obscuridade, contradição ou omissão em questão (pontos controvertidos) sobre a qual deveria o órgão julgador pronunciar-se necessariamente. II. Inexiste qualquer omissão no acórdão embargado, a justificar o pedido de declaração, uma vez que os pontos indicados como omissos, contraditórios e obscuros foram devidamente apreciados. III. Não se pode, por meio de embargos de declaração, obter modificação ou anulação do julgado, senão mero esclarecimento ou suprimento de lacuna, de forma a rechaçar quaisquer equívocos na interpretação ou execução do ato decisional. lV. Rejeição dos embargos. (TJPE; Rec. 0008416-50.2016.8.17.0000; Rel. Des. Jorge Americo Pereira de Lira; Julg. 22/02/2017; DJEPE 15/03/2017)

Art. 972. Se os fatos alegados pelas partes dependerem de prova, o relator poderá delegar a competência ao órgão que proferiu a decisão rescindenda, fixando prazo de 1 (um) a 3 (três) meses para a devolução dos autos.

→ *v.* Art. 67 e seguintes do NCPC.

→ *v.* Enunciado 340 do FPPC: Observadas as regras de distribuição, o relator pode delegar a colheita de provas para juízo distinto do que proferiu a decisão rescindenda.

Art. 973. Concluída a instrução, será aberta vista ao autor e ao réu para razões finais, sucessivamente, pelo prazo de 10 (dez) dias.

Parágrafo único. Em seguida, os autos serão conclusos ao relator, procedendo-se ao julgamento pelo órgão competente.

→ *v.* Art. 101, § 3º, da LC 35/1979.

→ *v.* Súmulas 249 e 515 do STF

Art. 974. Julgando procedente o pedido, o tribunal rescindirá a decisão, proferirá, se for o caso, novo julgamento e determinará a restituição do depósito a que se refere o inciso II do art. 968.

Exemplo de situação em que, após a rescisão, é realizado novo julgamento pelo próprio tribunal, na AR

✓ AÇÃO RESCISÓRIA. SERVIDOR PÚBLICO. VALE-REFEIÇÃO. ACÓRDÃO EXTRA PETITA. VIOLAÇÃO LITERAL A DISPOSIÇÃO DE LEI. ART. 966, V, DO CPC/15. ACÓRDÃO RESCINDIDO. NOVO JULGAMENTO. POSSIBILIDADE. INTELIGÊNCIA DO ART. 974 DO CPC/15. Violação a dispositivo literal de Lei (art. 966, V, do CPC/15) evidenciada, pois o acórdão rescindendo decidiu matéria atinente ao reajuste do valor do vale refeição, estranha à veiculada nas razões de apelo, muito embora os pedidos articulados na inicial, julgados improcedentes pela sentença na origem e objeto das razões de apelo, digam com a ilegalidade dos descontos realizados na folha de pagamento do servidor para o custeio do benefício do vale-refeição, bem como de manutenção do pagamento do referido benefício no período de férias, com a condenação ao pagamento das parcelas vencidas e vincendas. Afronta ao disposto nos artigos 128 e 460, todos do CPC/73, pois extra petita o acórdão, devendo este ser desconstituído. Necessidade de prolação de novo acórdão, com o exame da matéria devolvida a exame pelas razões de apelo, nos termos do art. 974, do CPC/15. Apelação cível. Servidor público. Vale-refeição. Estorno de valores descontados. Legalidade. Manutenção do benefício no período de férias. Impossibilidade. Os descontos efetuados nos vencimentos do autor a título de vale-refeição decorrem da Lei (art. 4º, da Lei nº 10.002/93), não sendo possível sua restituição, tampouco a manutenção do benefício no período de férias (art. 7º, da Lei nº 10.002/93). Julgaram procedente a ação rescisória para desconstituir o acórdão rescindendo e proferir novo julgamento negando provimento ao apelo. Unânime. (TJRS; AR 0407385-65.2016.8.21.7000; Porto Alegre; Segundo Grupo de Câmaras Cíveis; Rel. Des. Alexandre Mussoi Moreira; Julg. 11/08/2017; DJERS 18/08/2017)

Exemplo de situação em que, após a rescisão, não é realizado novo julgamento no próprio tribunal, diante da necessidade de providência em 1º grau (assim, o feito prossegue em 1º grau, para prosseguimento de questões probatórias)

✓ AÇÃO RESCISÓRIA. DIREITO PROCESSUAL CIVIL. AÇÃO CIVIL PÚBLICA. AGRAVO INTERNO. PREJUDI-

CADO. ARTIGOS 236, § 1º, E 247, CAPUT, DO CPC/73. INTIMAÇÃO. ADVOGADO INDICADO. DESATENDIMENTO. PREJUÍZO. INVALIDADE. SÚMULA Nº 343 DO STF. AFASTAMENTO. VIOLAÇÃO MANIFESTA A NORMA JURÍDICA. PROCEDÊNCIA. 1. Ação rescisória proposta com o escopo de desconstituir sentença da lavra de magistrado desta Região, a qual julgou procedente ação civil pública movida pelo Ministério Público Federal para haver a desocupação e recuperação ambiental de área de marinha e faixa de praia da Praia de Jurerê. 2. O autor articula a sua pretensão desconstitutiva com suporte no inciso V do artigo 966 do Novo Código de Processo Civil, o qual alberga a hipótese de violação manifesta a norma jurídica. 3. Afirma que foi ofendido em sua literalidade o disposto nos artigos 236, § 1º, e 247, caput, do CPC/73. Narra que muito embora tenha solicitado em sua contestação no feito de origem que as intimações se realizassem em nome de determinado advogado, tal pretensão não foi atendida, com o quê a partir de então as comunicações foram inválidas, na linha dos precedentes colacionados. Informa que o prejuízo decorre da sentença lançada em seu desfavor, da qual sequer apelou em virtude da nulidade de sua comunicação. 4. Quanto ao agravo interno manejado diante da decisão que indeferiu a antecipação da tutela requerida liminarmente, foi julgado prejudicado diante da apreciação meritória desta ação rescisória. 5. Versando esta demanda desconstitutiva sobre o permissivo representado pela hipótese de manifesta violação a norma jurídica, cumpre a prévia verificação acerca da incidência da Súmula nº 343 da jurisprudência do colendo Supremo Tribunal Federal, que fica aqui descartada, uma vez que o tema atinente à obrigatoriedade do direcionamento das intimações a determinado advogado quando assim requerido, sob pena de nulidade absoluta, matéria diretamente relacionada aos artigos 236, § 1º, e 247, caput, do CPC/73, não revelava interpretação controvertida nos tribunais quando da verificação do julgamento ora combatido. 6. Muito embora à luz do processo eletrônico a distribuição dos encargos processuais tenha assumido um contorno diverso do até então verificado, como bem evidencia a normatização sobre o tema, que dá conta da responsabilidade dos procuradores pelo seu cadastramento, não é dado desconsiderar que no feito de origem houve pedido expresso da representação processual do ora autor em sua contestação no sentido de que todas as intimações fossem realizadas em nome de determinado advogado, pleito que sequer foi apreciado. 7. Desse modo, apesar do paradigma inaugurado com o processo eletrônico, afigura-se flagrantemente ofensiva aos preceitos normativos acima transcritos a intimação da representação processual da parte em manifesto desacordo com o seu pleito expresso e tempestivo para o direcionamento da comunicação a determinado advogado, o qual, como se disse, sequer alcançou resposta pelo Juízo de origem, que processou a demanda desconsiderando a pretensão específica. 8. Ademais, é contrária à noção de adequada prestação do ofício jurisdicional a omissão a respeito do pedido elementar relacionado à comunicação ao advogado dos atos processuais, que antes de prerrogativa é direito do profissional. 9. Evidenciado o substancial prejuízo experimentado pelo autor, que diante da ausência de comunicação processual ao advogado indicado, teve em seu desfavor sentença de procedência alcançada à parte adversa na demanda de origem, embasada em laudo apresentado, a respeito do qual deixou de ser validamente intimado para manifestar-se, caracterizada, assim, clara ofensa ao devido processo legal e ao contraditório regular. 10. Reconhecida a ofensa à literalidade dos artigos 236, § 1º, e 247, caput, do CPC/73 e rescindida a sentença lançada a partir de vício de procedimento no bojo da ação civil pública, a teor da autorização normativa contida no inciso V do artigo 966 do CPC/15. 11. Rescindida a sentença impugnada, deixou de ser realizado o novo julgamento da causa na forma do artigo 974 do CPC/15, uma vez que a marcha processual há de ser retomada na origem a contar da apresentação do laudo pericial, cuja vista não foi viabilizada ao ora autor mediante regular intimação. 12. Prejudicado o agravo interno e procedente a ação rescisória. (TRF 4ª R.; AR 5021313-21.2016.404.0000; Segunda Seção; Relª Desª Fed. Marga Inge Barth Tessler; Julg. 30/03/2017; DEJF 04/04/2017)

<u>Devolução do depósito da multa no caso de AR procedente</u>

✓ AÇÃO RESCISÓRIA. SEGURO OBRIGATÓRIO DPVAT. DOCUMENTO NOVO. OBTIDO APÓS O ACÓRDÃO. COMPROVAÇÃO DA QUITAÇÃO REALIZADA ANTERIORMENTE. ACÓRDÃO RESCINDIDO. AÇÃO RESCISÓRIA PROCEDENTE. Tendo em vista que restou comprovado que o pagamento da indenização do seguro obrigatório DPVAT já foi quitado anteriormente, deve-se rescindir o acórdão que determinou o pagamento pela segunda vez. De acordo com Art. 974 do CPC/15, sendo a Ação Rescisória julgada procedente, deverá o valor do depósito previsto na forma do Art. 968, II do CPC/15, ser restituído à Autora. (TJMT; AR 11586/2016; Capital; Relª Desª Maria Helena Gargaglione Póvoas; Julg. 03/08/2017; DJMT 07/08/2017; Pág. 69)

Parágrafo único. Considerando, por unanimidade, inadmissível ou improcedente o pedido, o tribunal determinará a reversão, em favor do réu, da importância do depósito, sem prejuízo do disposto no § 2º do art. 82.

Art. 975. O direito à rescisão se extingue em 2 (dois) anos contados do trânsito em julgado da última decisão proferida no processo.

- *v.* Súmula 514 do STF.
- *v.* Súmula 401 do STJ.
- *v.* Súmula 100 do TST.
- *v.* Art. 425, § 1º, do NCPC.
- *v.* Enunciado 341 do FPPC: O prazo para ajuizamento de ação rescisória é estabelecido pela data do trânsito em julgado da decisão rescindenda, de modo que não se aplicam as regras dos §§ 2º e 3º do art. 975 do CPC à coisa julgada constituída antes de sua vigência.

O termo inicial da AR é o dia seguinte ao trânsito em julgado

✓ PROCESSUAL CIVIL. Ação rescisória. Ajuizamento fora do prazo decadencial previsto no art. 975 do CPC/2015. Termo inicial do prazo bienal. Dia seguinte ao trânsito em julgado da última decisão proferida. Processo extinto com resolução de mérito, nos termos do art. 487, II, do CPC/2015. (STJ; AR 5.838; Proc. 2016/0171001-6; SP; Primeira Seção; Rel. Min. Benedito Gonçalves; DJE 07/08/2017)

A repropositura de AR antes extinta por força de decadência pode ser considerada como abuso de direito

✓ PEDIDO DE RECONSIDERAÇÃO RECEBIDO COMO AGRAVO INTERNO NA AÇÃO RESCISÓRIA. APLICAÇÃO DO PRINCÍPIO DA FUNGIBILIDADE. RECORRENTE QUE INVESTE CONTRA A DECISÃO QUE INDEFERIU A CONCESSÃO DO BENEFÍCIO DA GRATUIDADE DE JUSTIÇA. Hipótese de repropositura de ação rescisória extinta em razão da decadência (art. 975 do CPC). Reiteração da mesma pretensão a anulação de duas questões de prova preliminar objetiva de concurso público para o cargo de inspetor de polícia civil, realizado em 2005. Lide que ostenta caráter temerário, na medida em que se objetiva. Pela segunda vez. A rescisão da mesma decisão monocrática, reproduzindo os mesmos argumentos, amparado pelo benefício da gratuidade de justiça (art. 77, II do CPC). Abuso do direito. Nítido desvio de finalidade do instituto. Recurso a que se nega provimento. (TJRJ; AR 0036594-18.2017.8.19.0000; Rio de Janeiro; Seção Cível Comum; Relª Desª Myriam Medeiros da Fonseca Costa; DORJ 05/09/2017; Pág. 126)

Ajuizada a AR fora do prazo, a decisão é de mérito e cabe o julgamento de improcedência liminar

✓ AÇÃO RESCISÓRIA. Ajuizamento fora do prazo de dois anos do caput do art. 975 do CPC/2015. Inexistência de prova nova apta ensejar a aplicação do § 2º do art. 975 do CPC/2015. Decadência. Pedido julgado liminarmente improcedente. (STJ; AR 6.058; Proc. 2017/0139576-9; SP; Primeira Seção; Rel. Min. Mauro Campbell Marques; DJE 01/09/2017)

§ 1º Prorroga-se até o primeiro dia útil imediatamente subsequente o prazo a que se refere o *caput*, quando expirar durante férias forenses, recesso, feriados ou em dia em que não houver expediente forense.

→ *v.* Arts. 214, 215 e 216 do NCPC.

§ 2º Se fundada a ação no inciso VII do art. 966, o termo inicial do prazo será a data de descoberta da prova nova, observado o prazo máximo de 5 (cinco) anos, contado do trânsito em julgado da última decisão proferida no processo.

Julgado em que se debate a inovação do prazo para AR quanto a prova nova

✓ AÇÃO RESCISÓRIA. SUBCLASSE RESPONSABILIDADE CIVIL. PRETENSÃO FUNDADA NO INCISO VII DO ART. 966 DO CPC/2015. TRANSCURSO DO PRAZO DECADENCIAL (2 ANOS), CONTADO NA FORMA ESPECIAL DO §2º DO ART. 975 DO CPC/2015. IMPROCEDÊNCIA LIMINAR DO PEDIDO. 1. Conforme regra especial expressamente disciplinada no §2º do art. 975 do CPC/2015, o prazo decadencial previsto no caput do mesmo dispositivo (dois anos), na situação de pretensão rescisória fundada em prova nova (art. 966, inciso VII, do CPC/2015), deve ser contado da data da descoberta da prova nova e não do trânsito em julgado da última decisão proferida no processo rescindendo. 2. No caso em tela, a presente ação sido ajuizada em 04/08/2017, após já transcorrido o prazo de dois anos estabelecido no caput do art. 975 do CPC/2015, contado de 13/07/2015. Foi nesta data que o ora autor descobriu a prova nova, ao ser citado para oferecer contestação à ação revisional ajuizada pelo ora réu. Nesta ação, o ora demandado admitiu a existência e regularidade do contrato que até então havia sido alvo da ação rescindenda, sob alegação de inexistência de dívida por negativa de relação contratual. Assim, o reconhecimento da ocorrência da decadência é medida impositiva. Ação rescisória julgada liminarmente improcedente. (TJRS; AR 0237242-09.2017.8.21.7000; Novo Hamburgo; Quinto Grupo de Câmaras Cíveis; Rel. Des. Eugênio Facchini Neto; Julg. 22/09/2017; DJERS 29/09/2017)

Decisão que reconhece que a previsão de prazo distinto para AR fundada em prova nova enfraquece a teoria da relativização da coisa julgada

✓ APELAÇÃO CÍVEL. AÇÃO DENEGATÓRIA DE PATERNIDADE. COISA JULGADA NA AÇÃO DE INVESTIGAÇÃO DE PATERNIDADE. IMPOSSIBILIDADE DE RELATIVIZAÇÃO DA COISA JULGADA. EXTINÇÃO DA AÇÃO, SEM RESOLUÇÃO DO MÉRITO. 1. Somente em situações excepcionais a coisa julgada pode ser relativizada em ações de investigação de paternidade, como quando, por razões alheias à vontade das partes, não foi possível realizar o exame de DNA, não sendo este o caso dos autos, porquanto houve reconhecimento voluntário da paternidade. 2. Não pode haver uma eterna pendência, senão, a cada nova técnica ter-se-á de rever tudo o que já restou decidido, com reflexos amplos sobre as pessoas envolvidas, sendo esse o entendimento do legislador pátrio, porquanto no atual CPC para se relativizar a coisa julgada, por meio de ação rescisória e com fundamento em prova nova obtida após o trânsito em julgado, deve se observar o prazo máximo de 05 anos da coisa julgada (arts. 966, VII e 975, § 2º, do CPC). 3. Extingue-se a ação, sem resolução do mérito, quando reconhecida a coisa julgada (art. 485, V, do CPC). APELO PARCIALMENTE PROVIDO. PROCESSO EXTINTO, SEM RESOLUÇÃO DO MÉRITO. (TJGO; AC 0345386-05.2000.8.09.0082; Itaja; Quarta Câmara Cível; Rel. Des. Carlos Escher; DJGO 04/10/2017; Pág. 44)

§ 3º Nas hipóteses de simulação ou de colusão das partes, o prazo começa a contar, para o terceiro prejudicado e para o Ministério Público, que não interveio no processo, a partir do momento em que têm ciência da simulação ou da colusão.

→ v. Art. 167 do CC/2002.

→ v. Art. 142 do NCPC.

Capítulo VIII
DO INCIDENTE DE RESOLUÇÃO DE DEMANDAS REPETITIVAS

→ v. Arts. 12, 138, 139, X, 311, II, 313, 332, II e III, 964, § 4º, II e III, 521, IV, 927, III, 928, 932, IV e V, 937, § 1º, 955, parágrafo único, II, 988, IV, 1.022, e 1.036, § 4º do NCPC.

Art. 976. É cabível a instauração do incidente de resolução de demandas repetitivas quando houver, simultaneamente:

→ v. Enunciado 20 da ENFAM: O pedido fundado em tese aprovada em IRDR deverá ser julgado procedente, respeitados o contraditório e a ampla defesa, salvo se for o caso de distinção ou se houver superação do entendimento pelo tribunal competente.

→ v. Enunciado 21 da ENFAM: O IRDR pode ser suscitado com base em demandas repetitivas em curso nos juizados especiais.

→ v. Enunciado 22 da ENFAM: A instauração do IRDR não pressupõe a existência de processo pendente no respectivo tribunal.

→ v. Enunciado 44 da ENFAM: Admite-se o IRDR nos juizados especiais, que deverá ser julgado por órgão colegiado de uniformização do próprio sistema.

→ v. Enunciado 88 do FPPC: Não existe limitação de matérias de direito passíveis de gerar a instauração do incidente de resolução de demandas repetitivas e, por isso, não é admissível qualquer interpretação que, por tal fundamento, restrinja seu cabimento.

→ v. Enunciado 89 do FPPC: Havendo apresentação de mais de um pedido de instauração do incidente de resolução de demandas repetitivas perante o mesmo tribunal todos deverão ser apensados e processados conjuntamente; os que forem oferecidos posteriormente à decisão de admissão serão apensados e sobrestados, cabendo ao órgão julgador considerar as razões neles apresentadas.

→ v. Enunciado 90 do FPPC: É admissível a instauração de mais de um incidente de resolução de demandas repetitivas versando sobre a mesma questão de direito perante tribunais de 2º grau diferentes.

→ v. Enunciado 167 do FPPC: Os tribunais regionais do trabalho estão vinculados aos enunciados de suas próprias súmulas e aos seus precedentes em incidente de assunção de competência ou de resolução de demandas repetitivas.

→ v. Enunciado 342 do FPPC. O incidente de resolução de demandas repetitivas aplica-se a recurso, a remessa necessária ou a qualquer causa de competência originária.

→ v. Enunciado 343 do FPPC. O incidente de resolução de demandas repetitivas compete a tribunal de justiça ou tribunal regional.

→ v. Enunciado 344 do FPPC. A instauração do incidente pressupõe a existência de processo pendente no respectivo tribunal.

→ v. Enunciado 345 do FPPC: O incidente de resolução de demandas repetitivas e o julgamento dos recursos extraordinários e especiais repetitivos formam um microssistema de solução de casos repetitivos, cujas normas de regência se complementam reciprocamente e devem ser interpretadas conjuntamente.

→ v. Enunciado 347 do FPPC: Aplica-se ao processo do trabalho o incidente de resolução de demandas repetitivas, devendo ser instaurado quando houver efetiva repetição de processos que contenham controvérsia sobre a mesma questão de direito.

→ v. Enunciado 651 do FPPC: É admissível sustentação oral na sessão de julgamento designada para o juízo de admissibilidade do incidente de resolução de demandas repetitivas ou do incidente de assunção de competência, sendo legitimados os mesmos sujeitos indicados nos arts. 984 e 947, §1º.

→ v. Enunciado 655 do FPPC: Desde que presentes os requisitos de cabimento, os incidentes de uniformização de jurisprudência pendentes de julgamento na vigência do CPC/2015 deverão ser processados conforme as regras do incidente de resolução de demandas repetitivas ou do incidente de assunção de competência, especialmente atinentes ao contraditório.

→ v. Enunciado 657 do FPPC: O relator, antes de considerar inadmissível o incidente de resolução de demandas repetitivas, oportunizará a correção de vícios ou a complementação de informações.

→ v. Enunciado 65 do CJF: A desistência do recurso pela parte não impede a análise da questão objeto do incidente de assunção de competência.

Julgado comparando IRDR com IAC

✓ AGRAVO DE INSTRUMENTO. AÇÃO DE INDENIZAÇÃO. PRETENSÃO DE REFORMA DA DECISÃO QUE INDEFERIU O PEDIDO DE ASSISTÊNCIA JUDICIÁRIA GRATUITA. DOCUMENTAÇÃO QUE NÃO DEMONSTRA O ANTENDIMENTO DOS REQUISITOS ELENCADOS NA LEI Nº 6.830/50 E NO ARTIGO 5º, LXXIV, DA CONSTITUIÇÃO FEDERAL. PLEITO DE INSTALAÇÃO DE INCIDENTE DE DEMANDAS REPETITIVAS. NÃO PREENCHIMENTO DOS REQUISITOS EXIGIDOS PELO ART. 976 E SS DO CPC/2015. AUSÊNCIA DO PRESSUPOSTO NEGATIVO DE INEXISTÊNCIA DE DEMANDAS REPETITIVAS. Para a instauração do Incidente de Resolução de Demandas Repetitivas, além de necessitar de direcionamento da petição de instauração ao Presidente do Tribunal, conforme dispõe o caput do art. 977 do NCPC, a parte tem que demonstrar, por meio de documentos, o preenchimento daqueles requisitos mencionados no art. 976, que são a unicidade de discussão sobre a mesma questão de direito; exclusão de controvérsia acerca da questão fática; risco de ofensa à isonomia e à segurança jurídica; e a inexistência de afetação de Recurso Repetitivo sobre a Questão. A nova Lei processual e o Regimento interno desse Tribunal não exigem deliberação dos pares da Câmara do Órgão Colegiado para a rejeição do IRDR, podendo a instalação do Incidente ser rejeitada monocraticamente pelo Relator do processo, a meu ver. Situação diversa é aquela se apresenta no caso de pedido de instauração da Assunção de Competência, cujo art. 226-A, §2º, do RITJSE, o qual exige o referendo da Câmara, para que o incidente seja rejeitado ou acolhido. A finalidade do incidente de Assunção de Competência é a de prevenir ou resolver discussão a respeito de questões ocasionais e de alta relevância social, cuja demanda, entretanto, não seja repetitiva, no intuito de orientar os juízes e os pares do Tribunal, firmando precedente ou jurisprudência vinculante (art. 927, III, e 947, §3º, do NCPC) sobre a matéria. Se a hipótese apresentar múltipla repetição, o incidente adequado é o de resolução de demandas repetitivas (arts. 976 a 987 do NCPC), e não o de Assunção de Competência. Como os recorrentes não cumpriram as formalidades e pressupostos exigidos pela legislação, no que pertine à instauração do IRDR, impossibilitou, a meu ver, a esta Relatoria, a instauração do procedimento adequado. Instauração do incidente de Resolução de Demandas Repetitivas rejeitado. No mérito, Agravo de Instrumento conhecido e improvido. (TJSE; AI 201700710308; Ac. 15526/2017; Primeira Câmara Cível; Relª Desª Elvira Maria de Almeida Silva; Julg. 24/07/2017; DJSE 27/07/2017)

Descabe IRDR se a divergência se refere a julgados divergentes foram proferidos sob legislação distinta

✓ INCIDENTE DE RESOLUÇÃO DE DEMANDA REPETITIVA. JUÍZO DE ADMISSIBILIDADE. ARTIGOS 976 A 980 DO CPC E 345 – A E B DO REGIMENTO INTERNO. Inadmissível o julgamento de incidente para unificar o entendimento das turmas sobre questão cuja solução varia conforme os elementos do caso concreto. Caso em que os acórdãos indicados como conflitante foram proferidos sob a égide de regulamentos diversos (antigo e novo CPC). (TRF 4ª R.; REC 5001635-83.2017.404.0000; Corte Especial; Relª Desª Fed. Maria de Fátima Freitas Labarrère; Julg. 23/03/2017; DEJF 27/03/2017)

I – efetiva repetição de processos que contenham controvérsia sobre a mesma questão unicamente de direito;

Se não há repetição de processos, descabe o IRDR (mas não se indica qual seria a quantidade de processos a importar em repetição)

✓ INCIDENTE DE RESOLUÇÃO DE DEMANDAS REPETITIVAS. DIREITO PRIVADO NÃO ESPECIFICADO. AÇÃO CIVIL PÚBLICA. ADMISSIBILIDADE DO INCIDENTE. Postulação em juízo por associações de defesa do consumidor. Substituição processual. Discussão acerca da necessidade de autorização expressa e apresentação de lista de associados para a propositura da ação. Caso dos autos em que não se verifica a efetiva repetição de processos que contenham controvérsia sobre a mesma a questão suscitada. Inteligência do disposto no artigo 976, inciso I, do código de processo civil. Incidente não admitido. (TJRS; IRDR 0252253-78.2017.8.21.7000; Quinta Turma Cível – Terceiro Grupo; Relª Desª Katia Elenise Oliveira da Silva; Julg. 01/09/2017; DJERS 05/10/2017)

Ainda que haja repetição de demandas semelhantes, se as questões fáticas forem diversas, descabe o IRDR (caso envolvendo o rompimento da barragem em Mariana)

✓ INCIDENTE DE RESOLUÇÃO DE DEMANDAS REPETITIVAS JUÍZO DE ADMISSIBILIDADE QUESTÃO DE ORDEM SUSPENSÃO DO IRDR REJEITADA MÉRITO AUSÊNCIA DOS PRESSUPOSTOS DOS ARTIGOS 976 E 977, DO CPC DE 2015 MATÉRIA AFETA NO INCIDENTE: DIREITO, OU NÃO, A INDENIZAÇÃO POR DANOS MORAIS DECORRENTES DO ROMPIMENTO DA BARRAGEM DE REJEITOS DO COMPLEXO DE FUNDÃO, NO MUNICÍPIO DE MARIANA, ESTADO DE MINAS GERAIS INCIDENTE INADMITIDO. QUESTÃO DE ORDEM: 1. Decisão liminar do Conselho Nacional de Justiça suspendendo Resolução nº 023/2016 do TJES, não impede a análise de admissibilidade do Incidente, além do fato de não ter ainda sido pautada a reclamação que está submetida à relatoria de outro Desembargador, motivo pelo qual deve ser rejeitada a questão de ordem. 2. QUESTÃO DE ORDEM REJEITADA. MÉRITO: 1. De acordo com o art. 981, do CPC/2015, após a distribuição do respectivo incidente, caberá ao órgão colegiado proceder ao seu juízo de admissibilidade, com base nos pressupostos contidos no art. 976, do mesmo Codex, quais sejam, (i) a efetiva repetição de processos que contenham controvérsia sobre a mesma questão unicamente de direito, e (ii) o risco de ofensa à isonomia e à segurança jurídica. 2. Muito embora haja significativa repetição de demandas semelhantes, não se verifica o risco de ofensa à isonomia e à segurança jurídica, eis que cada caso deve ser analisado de forma individual, de modo a demonstrar a existência ou não de prejuízo concreto capaz de gerar a indenização por dano moral. O risco de ofensa à segurança jurídica e a isonomia não basta ser suscetível de existir, é necessária a presença de risco efetivo, real, o que não se vislumbra no caso em apreço. 3. As decisões das varas cíveis de Colatina não são discrepantes, todas no mesmo sentido, pela improcedência. O que não são idênticas são as decisões dos Juizados Especiais com as Varas Cíveis. 4. Não há como padronizar situações fáticas diversas, tendo em vista a existência de várias situações e diversidade de ações em curso, as quais devem ser analisadas caso a caso, levando em consideração as peculiaridades que cada feito apresenta. 5. INCIDENTE INADMITIDO. (TJES, Classe: Incidente de Resolução de Demandas Repetitivas, 100160058754; Relator Designado: Adalto Dias Tristão; Órgão julgador: Tribunal Pleno; Data de Julgamento: 26/10/2017; Data da Publicação no Diário: 10/11/2017)

II – risco de ofensa à isonomia e à segurança jurídica.

→ *v.* Enunciado 87 do FPPC: A instauração do incidente de resolução de demandas repetitivas não pressupõe a existência de grande quantidade de processos versando sobre a mesma questão, mas preponderantemente o risco de quebra da isonomia e de ofensa à segurança jurídica.

Admitido o IRDR, para evitar decisões divergentes deve haver a suspensão dos demais processos

✓ MANDADO DE SEGURANÇA. DIREITO ADMINISTRATIVO. SERVIDORES PÚBLICOS. Município de São Gonçalo. Adicional de desempenho de função. Entendimento desta Relatora quanto à necessidade de suspensão do processo. Pedido de extensão da vantagem em seu patamar máximo (100%). Entendimento divergente no âmbito desta Corte em processos que versam sobre a mesma questão de direito. Necessidade de preservação da isonomia e segurança jurídica. Pendência de apreciação de Incidente de Resolução de Demandas Repetitivas (IRDR) por parte da Seção Cível Comum, processo nº 0044882-86.2016.8.19.0000, suscitado pela 21ª Câmara Cível nos autos do Mandado de Segurança nº 0065391-72.2015.8.19.0000. Suspensão do processamento do presente recurso até o julgamento do referido IRDR. Inteligência dos arts. 976 e 977 do NCPC. Suspensão do processo que se impõe. SUSPENSÃO DO PROCESSO, nos termos do artigo 313, inciso IV, do NCPC e art. 119 do Regimento Interno deste Tribunal. (TJRJ; MS 0064290-63.2016.8.19.0000; Rio de Janeiro; Vigésima Câmara Cível; Relª Desª Conceição Aparecida Mousnier Teixeira de Guimãraes Pena; DORJ 31/08/2017; Pág. 501)

Admitido o IRDR, para evitar decisões divergentes deve haver tanto a suspensão dos processos como a concessão de efeito suspensivo a recursos que impugnem liminares deferidas

✓ AGRAVO INTERNO EM APELAÇÃO CÍVEL. GRATIFICAÇÃO DE REGÊNCIA DE CLASSE. PROFESSORA ESTADUAL APOSENTADA. Lei Estadual 2.365/94. Matéria objeto do incidente de resolução de demandas repetitivas de nº 0026631- 20.2016.8.19.0000 admitido em 06/07/2017. Considerando a existência de efetiva repetição de demandas acerca da mesma controvérsia travada nos presentes autos e o risco de ofensa à isonomia e segurança jurídica, e que a tutela deferida no presente recurso diz respeito ao próprio mérito da questão controvertida, deve ser deferido efeito suspensivo até definição da tese jurídica a ser aplicada à hipótese, bem como determinado a suspensão do feito até decisão final do irdr em referência, nos termos do artigo 313, IV c/c artigo 976, II, ambos do NCPC. (TJRJ; APL 0017812-78.2013.8.19.0007; Barra Mansa; Décima Nona Câmara Cível; Relª Desª Valeria Dacheux Nascimento; DORJ 06/10/2017; Pág. 475)

§ 1º A desistência ou o abandono do processo não impede o exame de mérito do incidente.

→ *v.* Arts. 200, 785 e 998 do NCPC.

→ v. Enunciado 607 do FPPC: É cabível recurso especial ou extraordinário ainda que tenha ocorrido a desistência ou abandono da causa que deu origem ao incidente.

§ 2º Se não for o requerente, o Ministério Público intervirá obrigatoriamente no incidente e deverá assumir sua titularidade em caso de desistência ou de abandono.

→ *v.* Art. 176 do NCPC.

→ *v.* Enunciado 467 do FPPC: O Ministério Público deve ser obrigatoriamente intimado no incidente de assunção de competência.

§ 3º A inadmissão do incidente de resolução de demandas repetitivas por ausência de qualquer de seus pressupostos de admissibilidade não impede que, uma vez satisfeito o requisito, seja o incidente novamente suscitado.

→ *v.* Arts. 139, IX, 152 e 486 do NCPC.

É possível o IRDR ser inicialmente instaurado e, antes do seu julgamento, deixar de ser julgado

✓ INCIDENTE DE RESOLUÇÃO DE DEMANDAS REPETITIVAS. DIREITO PROCESSUAL CIVIL. DIREITO ADMINISTRATIVO. APLICAÇÃO DOS ARTIGOS 976 E SEGUINTES DO CPC E ARTIGOS 281 E SEGUINTES DO REGIMENTO INTERNO DO TRIBUNAL DE JUSTIÇA DO ESTADO DE ALAGOAS. REANÁLISE DOS REQUISITOS DE ADMISSIBILIDADE DO IRDR. SUPERVENIENTE AUSÊNCIA DE RISCO DE OFENSA À ISONOMIA E À SEGURANÇA JURÍDICA. JULGAMENTO PROFERIDO PELO ÓRGÃO PLENO DESTA CORTE DE JUSTIÇA. INADMISSÃO DO INCIDENTE. Nos autos de n. 0801408-06.2016.8.02.0000/50000 em que figuram como parte recorrente juízo, mariana mattos Almeida e como parte recorrida estado de Alagoas, acordam os membros da seção especializada cível do tribunal de justiça do estado de Alagoas, por maioria de votos, em inadmitir o incidente de resolução de demandas repetitivas, nos termos do voto do relator. Secretaria da seção especializada cível do tribunal de justiça de Alagoas. Maceió, 4 de outubro de 2017. Lívia Maria Souza brandão secretária seção especializada cível conclusões de acórdãos nos termos do art. 943, § 2º, do CPC. (TJAL; IRDR 0801408-06.2016.8.02.0000; Seção Especializada Cível; Rel. Des. Domingos de Araújo Lima Neto; Julg. 04/10/2017; DJAL 06/10/2017; Pág. 56)

§ 4º É incabível o incidente de resolução de demandas repetitivas quando um dos tribunais superiores, no âmbito de sua respectiva competência, já tiver afetado recurso para definição de tese sobre questão de direito material ou processual repetitiva.

Se já há tese fixada em precedente vinculante, descabe o IRDR

✓ INCIDENTE DE RESOLUÇÃO DE DEMANDAS REPETITIVAS (IRDR). Proposição com escopo de uniformizar jurisprudência acerca de diversos temas referentes à conversão em URV (Lei nº 8.880/94), no fim maior de se estabelecer a necessidade de observar o entendimento do E. STF (RE 561.836-RN). Pressupostos de admissibilidade do IRDR não satisfeitos. Tese com repercussão geral já fixada pelo STF (RE nº 561.836, j. 18/12/2015, Rel. Min. Luiz Fux), que não depende de IRDR para reforço de comando e que, a rigor, inibe o instrumento (art. 976, § 4º, do CPC). Diversidade de temas propostos, no entorno da matéria, ademais, que envolvem questões de fato, afastando-se da centralidade em questão unicamente de direito (art. 976, caput, do CPC). INCIDENTE NÃO ADMITIDO. (TJSP; IRDR 2126392-58.2017.8.26.0000; Ac. 10806358; Osasco; Turma Especial - Publico; Rel. Des. Vicente de Abreu Amadei; Julg. 15/09/2017; DJESP 27/09/2017; Pág. 2265)

✓ INCIDENTE DE RESOLUÇÃO DE DEMANDAS REPETITIVAS. Juízo de admissibilidade. Procedimento previsto nos artigos 981, do NCPC c/c 226-c, § 1º, do ritjse. Não preenchimento dos pressupostos legais, especialmente aquele previsto no artigo 976, §4º do novo diploma processual. Incidente inadmitido pelo órgão colegiado competente. Decisão unânime. Tese jurídica: a permissão de taxa efetiva anual não significa reconhecimento expresso de pactuação de capitalização mensal de juros. (TJSE; IRDR 201600618792; Ac. 20536/2017; Câmaras Cíveis Reunidas; Rel. Des. Alberto Romeu Gouvei Aleite; Julg. 21/09/2017; DJSE 26/09/2017)

Situação em que houve dois IRDRs no mesmo TJ e que, além disso, já havia decisão em repetitivo no STJ - o que impediu a análise dos IRDRs

✓ EMBARGOS INFRINGENTES. AÇÃO DE COBRANÇA. URV. Docente II dos quadros do magistério do ESTADO DO Rio de Janeiro. Sobrestamento do recurso para julgamento do Incidente de Uniformização de Jurisprudência nº 0374836-43.2012.8.19.0001. Incidente que não foi conhecido em virtude da existência do IRDR nº 0014128-64.2016.8.19.0000 sobre o mesmo tema. IRDR inadmitido por existir entendimento firmado por tribunal superior em regime de recursos repetitivos sobre a matéria controvertida (§ 4º, do art. 976, do NCPC). Entendimento do Superior Tribunal de Justiça, consolidado em sede de recurso repetitivo, no sentido de se reconhecer a aplicabilidade da Lei nº 8.880/94 aos servidores estaduais e municipais. Afastada a prescrição do fundo de direito, eis que não decorridos mais de cinco anos entre a Lei que reestruturou a carreira do magistério no âmbito do ESTADO DO Rio de Janeiro, Lei nº 5.584, de 02/12/2009 e a propositura da demanda (16/08/2013). É fato notório que os salários dos servidores do ESTADO DO Rio de Janeiro, naquela época, somente eram creditados pelo Poder Executivo nos primeiros dias do mês subsequente àquele de referência, afastando a incidência do decidido pelo STJ mediante o julgamento do RESP 1.101.726/SP, aplicável somente aos servidores que recebiam antes do último dia do mês trabalhado. Inexistência do direito pleiteado. Precedentes. (TJRJ; EI 0013288-78.2013.8.19.0026; Rio de Janeiro; Décima Sexta Câmara Cível; Rel. Des. Carlos Jose Martins Gomes; DORJ 06/10/2017; Pág. 406)

§ 5º Não serão exigidas custas processuais no incidente de resolução de demandas repetitivas.

→ v. Art. 82 do NCPC.

Art. 977. O pedido de instauração do incidente será dirigido ao presidente de tribunal:

→ v. Enunciado 605 do FPPC: Os juízes e as partes com processos no Juizado Especial podem suscitar a instauração do incidente de resolução de demandas repetitivas.

A Turma, onde um recurso está pendente de julgamento, é incompetente para receber o pedido de instauração de IRDR (vide item 2)

✓ AGRAVO DE INSTRUMENTO. LIQUIDAÇÃO INDIVIDUAL DE SENTENÇA EM FACE DE AÇÃO COLETIVA. PRELIMINAR DE NULIDADE DA DECISÃO POR AUSÊNCIA DE FUNDAMENTAÇÃO. PRELIMINAR AFASTADA. INSTAURAÇÃO DE INCIDENTE DE DEMANDA REPETITIVA. INCOMPETÊNCIA DESTE ÓRGÃO COLEGIADO. PRESCRIÇÃO DA PRETENSÃO EXECUTÓRIA. PRAZO PRESCRICIONAL NÃO ESCOADO. CONTRARIEDADE À COISA JULGADA NÃO VERIFICADA. IMUTABILIDADE DO TÍTULO EXECUTIVO. EFICÁCIA PRECLUSIVA DA COISA JULGADA. CORREÇÃO MONETÁRIA. SUPREMO TRIBUNAL FEDERAL. MODULAÇÃO DOS EFEITOS DA DECLARAÇÃO DE INCONSTITUCIONALIDADE DO ART. 1º-F DA LEI Nº 9.494/97. RECURSO PARCIALMENTE PROVIDO. 1. A preliminar de nulidade da decisão por ausência de fundamentação deve ser afastada, pois não é necessário que o julgador trate exaustivamente das matérias levadas aos autos pelas partes, bastando que ele justifique as razões que formam seu convencimento. Portanto, a fundamentação concisa não se confunde com a ausência de fundamentos, não se podendo falar em violação ao artigo 93, inciso IX, da CF, tampouco em enquadramento em qualquer das figuras do § 1º do art. 489 do CPC. 2. Não se vislumbra hipótese de instauração de incidente de demanda repetitiva, pois este órgão colegiado é incompetente para admitir a pretendida instauração de incidente de resolução de demandas repetitivas, uma vez que o referido pedido deve ser dirigido ao Presidente deste Tribunal, nos termos do que dispõe o caput do artigo 977 do Novo Código de Processo Civil. Ademais, não se verifica hipótese de enquadramento no artigo 572 do RITJMS. 3. Nas relações jurídicas que versam pretensão de direito em face da Fazenda Pública, o artigo 1º do Decreto nº 20.910/32 instituiu o prazo prescricional de cinco anos, que se inicia a partir da data do ato ou do fato que deu origem ao dano discutido, logo, quando finda a liquidação, que é entendida como extensão da fase cognitiva. Precedentes. 4. Com efeito, não há falar em contrariedade à coisa julgada, pois o juízo a quo proferiu decisão em conformidade com o conteúdo constante da sentença coletiva, pois, em razão da ausência dos contratos pelo Estado de Mato Grosso do Sul, utilizou parâmetros para os encargos financeiras cobrados indicados naquela demanda. Outrossim, com o trânsito em julgado da decisão, os litigantes ficam adstritos aos limites impostos pelo título executivo judicial. 5. Por fim, não prosperar a irresignação do agravante quanto à existência de empréstimos no ano de 2001, visto que os limites da decisão foram estabelecidos no dispositivo da sentença coletiva, que transitou em julgado, não cabendo mais discussão acerca do assunto. 6. O Supremo Tribunal Federal, ao apreciar questão de ordem nos autos das ADINs 4425 e 4357, conferiu eficácia prospectiva à declaração de inconstitucionalidade, fixando como marco inicial, para que se deixe de aplicar a regra do art. 1º-F da Lei nº 9.494/07 quanto à correção monetária, a data de conclusão do julgamento da referida questão de ordem, ou seja, 25.03.2015. Conclui-se, assim, que os juros a serem aplicados nas condenações contra a Fazenda Pública devem ser mantidos em 6% ao ano até 01/2003. Após essa data, são de 12% ao ano até 29/06/2009. E, após, devem ser observados a aplicação integral da regra prevista no art. 1º-F da Lei nº 9.494/97 até 25.03.2015, seja em relação aos juros, seja em relação à correção monetária, a qual passará a incidir pelo IPCA após tal data. (TJMS; AI 2001071-03.2017.8.12.0000; Primeira Câmara Cível; Rel. Des. João Maria Lós; DJMS 06/10/2017; Pág. 50)

I – pelo juiz ou relator, por ofício;

→ v. Enunciado 658 do FPPC: O dever de comunicação previsto no inciso X do art. 139 não impede nem condiciona que o juiz suscite a instauração de incidente de resolução de demandas repetitivas nos termos do inciso I do art. 977.

II – pelas partes, por petição;

III – pelo Ministério Público ou pela Defensoria Pública, por petição.

Parágrafo único. O ofício ou a petição será instruído com os documentos necessários à demonstração do preenchimento dos pressupostos para a instauração do incidente.

Art. 978. O julgamento do incidente caberá ao órgão indicado pelo regimento interno dentre aqueles responsáveis pela uniformização de jurisprudência do tribunal.

→ v. Enunciado 452 do FPPC: Durante a suspensão do processo prevista no art. 982 não corre o prazo de prescrição intercorrente.

<u>Entendimento de que o IRDR não pode ser julgado no TJ, de decisões proferidas pelos Juizados (questão polêmica)</u>

✓ INCIDENTE DE RESOLUÇÃO DE DEMANDAS REPETITIVAS. PROCESSO CIVIL. Juízo de admissibilidade (art. 981 do código de processo civil de 2015). processo originário dos juizados especiais da fazenda pública. necessidade de que o incidente de resolução de demandas repetitivas se origine de recurso, remessa necessária ou processo de competência originária (art. 978 do código de processo civil de 2015). recurso inominado já julgado. Impossibilidade de utilização do incidente de resolução de demandas repetitivas como recurso. Incompetência, ademais, de órgão fracionário deste tribunal de justiça para julgar qualquer recurso proveniente dos juizados especiais. Inadmissibilidade de instauração do incidente. (TJPR; Rec. 1602331-1; Curitiba; Seção Cível; Rel. Juiz Conv. Eduardo Sarrão; Julg. 23/06/2017; DJPR 24/07/2017; Pág. 451)

Parágrafo único. O órgão colegiado incumbido de julgar o incidente e de fixar a tese jurídica julgará igualmente o recurso, a remessa necessária ou o processo de competência originária de onde se originou o incidente.

v. Enunciado 344 do FPPC:

<u>Julgados concluindo que o IRDR depende da existência de ao menos um recurso pendente de julgamento no Tribunal:</u>

✓ INCIDENTE DE RESOLUÇÃO DE DEMANDAS REPETITIVAS. IRDR. MANDADO DE SEGURANÇA. ICMS. ENERGIA ELÉTRICA. BASE DE CÁLCULO. TUST E TUSD. JUÍZO DE ADMISSIBILIDADE. PRESSUPOSTOS LEGAIS PREENCHIDOS. INCIDENTE ADMITIDO. 1 – Nos termos do art. 976, do CPC, será cabível a instauração do IRDR quando houver, concomitantemente, a efetiva repetição de processos que contenham controvérsia sobre a mesma questão unicamente de direito e o risco de ofensa à isonomia e à segurança jurídica. 2 – A exegese realizada pela doutrina processualista e a jurisprudência sobre o parágrafo único do art. 978, do CPC, tem firmado o entendimento de que a admissibilidade do IRDR ainda depende da existência de ao menos um processo pendente de julgamento no respectivo Tribunal de Justiça. 3 – O pressuposto referente ao inciso I, do art. 976, do CPC, fundado na efetiva repetição de processos que contenham controvérsia sobre a mesma questão unicamente de direito, se faz presente pela existência de múltiplos processos que versam sobre a mesma matéria jurídica concernente se os valores pagos a título de Tarifa de Uso do Sistema de Transmissão (TUST) e de Tarifa de Uso do Sistema de Distribuição (TUSD) integram a base de cálculo do ICMS incidente sobre energia elétrica. 4 – A exemplificativa multiplicidade de processos que tratam sobre a mesma questão jurídica denota o flagrante risco de ofensa tanto à isonomia quanto à segurança jurídica, valendo acentuar que o ente estadual ainda indica a existência de pronunciamentos judiciais antagônicos, consoante as cópias carreadas aos autos, quer seja os favoráveis à incidência do ICMS sobre a TUST e a TUSD, quer seja os desfavoráveis à dita tese. 5 – Com relação ao requisito negativo previsto no §4º, do art. 976, do CPC, ao menos em princípio, não há notícia de que os tribunais superiores tenham afetado algum recurso para definição de tese sobre questão repetitiva. 6 - No que se refere ao limite temporal de formular o pleito para que seja instaurado o IRDR, o único óbice intransponível que tem ficado assentado na jurisprudência para impedir o seu cabimento nesse aspecto é quando tal pedido tenha sido postulado depois de encerrado o julgamento, sobretudo porque aí ficaria nítido o malsinado intento de sucedâneo recursal. 7 - Incidente de Resolução de Demandas Repetitivas (IRDR) admitido. 8 - Diante da prejudicialidade externa existente entre este incidente e a causa piloto, revoga-se a decisão proferida à fl. 96, a fim de determinar que seja oficiado ao eminente Presidente do Primeiro Grupo de Câmaras Cíveis Reunidas para a retirada de pauta e suspensão do feito relativo ao mandado de segurança nº 0030004-65.2016.8.08.0000. (TJES; IRDR 0013719-60.2017.8.08.0000; Tribunal Pleno; Relª Desª Janete Vargas Simões; Julg. 21/09/2017; DJES 05/10/2017)

✓ INCIDENTE DE RESOLUÇÃO DE DEMANDAS REPETITIVAS. DIVERGÊNCIA ACERCA DA INTERPRETAÇÃO DO ARTIGO 1.015 DO CPC/2015. QUESTÃO ATINENTE À COMPETÊNCIA. Suscitante já teve o seu recurso julgado pela Colenda 2ª Câmara Reservada de Direito Empresarial deste Eg. Tribunal de Justiça. Inteligência do parágrafo único do artigo 978, do Novo Código de Processo Civil. A instauração do incidente pressupõe a existência de processo pendente no respectivo tribunal (Enunciado nº 344 do Fórum Permanente de Processualistas Civis). Ausência de requisito de admissibilidade. Precedentes deste Colendo Órgão Especial. Não se conhece do incidente. (TJSP; IRDR 2158481-37.2017.8.26.0000; Ac. 10810891; São Paulo; Órgão Especial; Rel. Des. Ricardo Anafe; Julg. 20/09/2017; DJESP 05/10/2017; Pág. 3044)

Art. 979. A instauração e o julgamento do incidente serão sucedidos da mais ampla e específica divulgação e publicidade, por meio de registro eletrônico no Conselho Nacional de Justiça.

→ *v.* Enunciado 591 do FPPC: O tribunal dará ampla publicidade ao acórdão que decidiu pela instauração do incidente de arguição de inconstitucionalidade, incidente de assunção de competência ou incidente de resolução de demandas repetitivas, cabendo, entre outras medidas, sua publicação em seção específica no órgão oficial e indicação clara na página do tribunal na rede mundial de computadores.

Julgado com diversas definições acerca do trâmite inicial do IRDR, destacando que a ampla publicidade somente se verifica após a admissão do incidente (item V)

✓ EMBARGOS DE DECLARAÇÃO. INCIDENTE DE RESOLUÇÃO DE DEMANDAS REPETITIVAS. (1) AUSÊNCIA DE LEGITIMIDADE DA EMBARGANTE PARA APRESENTAR RECURSO CONTRA O JUÍZO DE ADMISSIBILIDADE. PARTICIPAÇÃO DE INTERESSADOS APENAS APÓS A ADMISSÃO, SEGUNDO O CPC/2015. (2) NULIDADE. AUSÊNCIA DE PUBLICAÇÃO DA PAUTA EM DIÁRIO OFICIAL. VIOLAÇÃO AOS ARTS. 272, 155 934 E 979 CO CPC/2015. NÃO OCORRÊNCIA. (3) DANO MORAL. AUSÊNCIA DOS VÍCIOS DO ART. 1.022 DO CPC. ANÁLISE EXPRESSA E FUNDAMENTADA DA MATÉRIA. I. Carece a embargante de legitimidade para, neste momento processual, apresentar recurso em face da decisão embargada, pois, segundo as normas do CPC/2015, a participação de entidades com interesse na controvérsia é restrita ao momento posterior à admissão do IRDR, com o fito de instrui-lo para o seu julgamento final. II. Ainda que ultrapassada a ilegitimidade da embargante, o recurso não poderia ser acolhido, haja vista a inexistência de nulidade ou a presença de omissão, contradição ou obscuridade no acórdão. III. Tratando a decisão recorrida tão-somente da admissibilidade do IRDR, era desnecessária a publicação da pauta em órgão oficial, haja vista esta ser destinada às hipóteses de julgamento final (art. 934 e 983, §2º, do CPC/2015). IV. A participação dos interessados ocorre apenas na instrução do IRDR e com vistas ao seu julgamento final (arts. 983, caput, e 984, II, "b", do CPC/2015). Assim, era incabível a intimação de interessados para intervenção no juízo de admissibilidade, eis que não há previsão legal de sua atuação nesta fase processual. V. Uma vez que não poderia se manifestar quanto à admissão do IRDR, a embargante não enfrentou qualquer dano pela não publicação da pauta em Diário Oficial, sendo certo que não há nulidade sem prejuízo. VI. Somente após a admissão da instauração é exigida a ampla divulgação e publicidade do IRDR, através de seu registro eletrônico no CNJ (art. 979 do CPC/2015). Exigência devidamente respeitada no caso concreto. VII. A questão alegadamente obscura foi abordada de forma clara, expressa, e com embasamento em doutrina e jurisprudência. Ausência dos vícios do art. 1.022 do CPC. VIII. Embargos não conhecidos. (TJAM; EDcl 0000826-48.2017.8.04.0000; Tribunal Pleno; Rel. Des. Ari Jorge Moutinho da Costa; DJAM 10/05/2017; Pág. 8)

§ 1º Os tribunais manterão banco eletrônico de dados atualizados com informações específicas sobre questões de direito submetidas ao incidente, comunicando-o imediatamente ao Conselho Nacional de Justiça para inclusão no cadastro.

§ 2º Para possibilitar a identificação dos processos abrangidos pela decisão do incidente, o registro eletrônico das teses jurídicas constantes do cadastro conterá, no mínimo, os fundamentos determinantes da decisão e os dispositivos normativos a ela relacionados.

§ 3º Aplica-se o disposto neste artigo ao julgamento de recursos repetitivos e da repercussão geral em recurso extraordinário.

Art. 980. O incidente será julgado no prazo de 1 (um) ano e terá preferência sobre os demais feitos, ressalvados os que envolvam réu preso e os pedidos de **habeas corpus**.

Processo individual deve ser suspenso com instauração do IRDR – até o julgamento do incidente ou após 1 ano

✓ APELAÇÃO CÍVEL. MANDADO DE SEGURANÇA. DIREITO ADMINISTRATIVO. GESTOR FAZENDÁRIO. PROMOÇÃO POR ESCOLARIDADE ADICIONAL. REQUISITOS. LEI ESTADUAL Nº 15.464/2005 E DECRETO ESTADUAL Nº 44.769/2008. INCIDENTE DE RESOLUÇÃO DE DEMANDAS REPETITIVAS PENDENTE. IDENTIDADE DE OBJETO. INFLUÊNCIA NO JULGAMENTO DA CAUSA. SUSPENSÃO DO FEITO ATÉ O JULGAMENTO DO IRDR OU DO DECURSO DO PRAZO DE 1 (UM) ANO PREVISTO NO CPC/15. Se a pretensão deduzida no recurso coincide com a matéria que será tratada em Incidente de Resolução de Demandas Repetitivas. IRDR, impõe-se suspender o processo até o julgamento do IRDR ou do transcurso do prazo de 1 (um) ano previsto no art. 980 do CPC/15, sobretudo diante da previsão do art. 985 do CPC/15, no sentido de que a tese jurídica fixada será aplicada "a todos os processos individuais ou coletivos que versem sobre idêntica questão de direito". (TJMG; APCV 1.0024.14.250692-2/001; Rel. Des. Edgard Penna Amorim; Julg. 26/09/2017; DJEMG 04/10/2017)

A suspensão pelo prazo de 1 ano do IRDR não se aplica aos repetitivos (vide ainda parágrafo único do art. 980)

✓ AGRAVO DE INSTRUMENTO. PRELIMINAR. NULIDADE DA DECISÃO. REJEIÇÃO. LIQUIDAÇÃO DE SENTENÇA. AÇÃO CIVIL PÚBLICA. EXPURGOS INFLACIONÁRIOS. DETERMINAÇÃO DE SUPENSÃO DO FEITO ATÉ JULGAMENTO DO RESP 1.438.263/SP. DISCUSSÃO SOBRE LEGITIMIDADE ATIVA. SOBRESTAMENTO. Inaplicável, à espécie, o disposto no artigo 980 do CPC, porquanto expressamente determinado, nos autos do RESP nº 1.438.263/SP, pelo eminente Relator, Ministro Raul Araújo, que "a suspensão terminará com o julgamento do presente recurso repetitivo".. Devem permanecer sobrestados até o julgamento do RESP 1.438.263/SP, os processos que estejam em fase de liquidação/cumprimento da sentença coletiva proferida na ação civil pública, nos quais esteja em discussão a legitimidade ativa de não associado ao IDEC para a liquidação/execução da citada sentença coletiva. Inexistindo demonstração de já ter sido a demanda apreciada em caráter definitivo pelo Superior Tribunal de Justiça ou pelo Supremo Tribunal Federal, deve ser mantido o sobrestamento. A decisão proferida no RESP 1.438.263/SP, que determinou o sobrestamento dos processos, não abrange apenas os casos em que o Banco do Brasil S/A figure como sucessor da Nossa Caixa. (TJMG; AI 1.0312.14.002374-7/002; Rel. Des. Márcio Idalmo Santos Miranda; Julg. 13/09/2017; DJEMG 29/09/2017)

Parágrafo único. Superado o prazo previsto no *caput*, cessa a suspensão dos processos prevista no art. 982, salvo decisão fundamentada do relator em sentido contrário.

→ *v.* Art. 313 do NCPC.

A suspensão dura 1 ano ou mais, se houver decisão judicial a prorrogando. Eventual julgamento proferido durante a suspensão deverá ser anulado

✓ PROCESSUAL. JUIZADO ESPECIAL. SENTENÇA CITRA PETITA. ERRO DE PROCEDIMENTO. PRELIMINAR DE OFÍCIO. SENTENÇA ANULADA. RECURSO PREJUDICADO. 1. A autora alegou atraso na entrega de imóvel e requereu declaração de nulidade da cláusula de tolerância em dias úteis (cláusula 7.1 – id. 524904, p. 11), lucros cessantes até a entrega das chaves, aplicação de multa moratória de 0,5% ao mês sobre o valor atualizado do apartamento e da vaga de garagem (cláusula 12.2 – id. 524904, p. 19) e aplicação inversa da multa moratória de 2% (cláusula 4.1, c – id. 524904 – p. 7/8). 1.1. Cassada a primeira sentença, que julgou extinto o processo sem resolução de mérito, considerando que o valor da causa excedeu o teto dos Juizados Especiais, foi proferida nova sentença (id. 728846), a qual julgou em parte procedentes os pedidos para condenar as rés, solidariamente, a pagarem à autora os lucros cessantes até a efetiva entrega do imóvel. Indeferiu a inversão da cláusula penal, por entender incabível a utilização de cláusula penal prevista em desfavor de um contratante em face de outro. 2. No caso, há julgamento citra petita à medida que o Juízo a quo não apreciou o pedido de aplicação da multa prevista contratualmente (cláusula 12.2). Sentença citra petita revela omissão, sendo passível de anulação pelo órgão revisor, sendo esse o presente caso. 3. Entretanto, considerando o incidente de resolução de demandas repetitivas nº 2016.00.2.020348-4, admitido pela Câmara de Uniformização do TJDFT na sessão realizada em 25.7.2016, em que o Desembargador Relator determinou a suspensão dos processos pendentes, individuais ou coletivos, que tramitam no tribunal, inclusive no âmbito dos juizados especiais, sobre os temas (1) possibilidade de inversão da cláusula penal em desfavor da construtora, na hipótese de atraso na entrega do imóvel; e (2) possibilidade de acumular indenização por lucros cessantes e cláusula penal, em caso de inadimplemento da construtora, e observando que o presente caso se enquadra nos temas previstos no IRDR, determina-se que este processo permaneça suspenso até a decisão definitiva no referido incidente, observado o prazo legal de um ano ou prorrogação, nos termos do artigo 980 e parágrafo único do CPC/2015 c/c artigo 304, § 2º do RITJDFT. 4. Ante o exposto, por erro de procedimento, a r. Sentença deve ser anulada, com o retorno dos autos ao Juízo de origem, onde deverão permanecer suspensos nos moldes acima mencionados. 5. ANULO a r. Sentença e, em decorrência, DECLARO PREJUDICADO o recurso. Acórdão lavrado na forma do artigo 46 da Lei nº 9.099/95. 6. Não há condenação ao pagamento das custas processuais e dos honorários advocatícios (artigo 55 da Lei nº 9.099/95). (TJDF; RInom 0727285-82.2015.8.07.0016; Primeira Turma Recursal dos Juizados Especiais; Rel. Juiz Flávio Fernando Almeida da Fonseca; Julg. 29/09/2016; DJDFTE 07/10/2016; Pág. 375)

Art. 981. Após a distribuição, o órgão colegiado competente para julgar o incidente procederá ao seu juízo de admissibilidade, considerando a presença dos pressupostos do art. 976.

→ *v.* Enunciado 91 do FPPC: Cabe ao órgão colegiado realizar o juízo de admissibilidade do incidente de resolução de demandas repetitivas, sendo vedada a decisão monocrática.

→ *v.* Enunciado 556 do FPPC: É irrecorrível a decisão do órgão colegiado que, em sede de juízo de admissibilidade, rejeita a instauração do incidente de resolução de demandas repetitivas, salvo o cabimento dos embargos de declaração.

A admissibilidade do IRDR é feita à luz da presença dos requisitos do art. 976

✓ INCIDENTE DE RESOLUÇÃO DE DEMANDAS REPETITIVAS Nº 0033532-10.2016.8.08.0000. REQUERENTE. DESEMBARGADOR WILLIAN SILVA. PARTE ATIVA INTERESSADA. ROBERTO DUIA CASTELLO. PARTE PASSIVA INTERESSADA. ESTADO DO ESPÍRITO SANTO. RELATOR. DES. SUBST. DÉLIO JOSÉ ROCHA SOBRINHO. ACÓRDÃO PEDIDO DE INSTAURAÇÃO DE INCIDENTE DE RESOLUÇÃO DE DEMANDAS REPETITIVAS. IRDR. JUÍZO DE ADMISSIBILIDADE NEGATIVO EXARADO PELO ÓRGÃO COLEGIADO APÓS DISTRIBUIÇÃO. ART. 981 DO CPC/2015. NECESSIDADE DE PRESENÇA SIMULTÂNEA DE EFETIVA REPETIÇÃO DE PROCESSOS QUE CONTENHAM CONTROVÉRSIA SOBRE A MESMA QUESTÃO UNICAMENTE DE DIREITO E RISCO DE OFENSA À ISONOMIA E À SEGURANÇA JURÍDICA. ART. 976 DO CPC/2015. DESNECESSIDADE DE GRANDE QUANTIDADE DE PROCESSOS. ENUNCIADO Nº 87/FPPC. POSSIBILIDADE DE IRDR PARA DEFINIR QUESTÃO JURÍDICA COMUM A DIVERSOS PROCESSOS INDIVIDUAIS OU COLETIVOS. NÃO DEMONSTRADO O RISCO DE OFENSA À ISONOMIA E À SEGURANÇA JURÍDICA DIANTE DO TRATAMENTO UNIFORME DADO À MESMA QUESTÃO JURÍDICA NO ÂMBITO DO TJ. NÃO PREENCHIDOS OS REQUISITOS DE ADMISSIBILIDADE DO IRDR. NÃO ADMITIDO INCIDENTE DE RESOLUÇÃO DE DEMANDAS REPETITIVAS. 1 - O art. 981 do Código de Processo Civil vigente (CPC/2015) prevê que, após a distribuição, o órgão colegiado competente para julgar o IRDR procederá ao seu juízo de admissibilidade, considerando a presença dos pressupostos do art. 976 do mesmo diploma. 2 - Diz o aludido dispositivo que a instauração do incidente de resolução de demandas repetitivas é cabível quando houver, simultaneamente, efetiva repetição de processos que contenham controvérsia sobre a mesma questão unicamente de direito, e risco de ofensa à isonomia e à segurança jurídica, exceto se um dos tribunais superiores, no âmbito de sua respectiva competência, já tiver afetado recurso para definição de tese sobre questão de direito material ou processual repetitiva. 3 - A instauração do incidente não pressupõe a existência de uma grande quantidade de processos versando sobre a mesma matéria, mas preponderantemente o risco de quebra da isonomia e de ofensa à segurança jurídica (Enunciado nº 87 do FPPC). 4 - Hipótese em que a matéria de direito apontada como controvertida diz respeito à necessidade ou não de se assegurar aos delegatários de serventias extrajudiciais declaradas vagas, por ausência de investidura por concurso público, processo administrativo prévio à respectiva destituição. 5 - O risco de ofensa à isonomia e à segurança jurídica pressupõe a existência de controvérsia sobre a mesma questão jurídica. 6 - Apesar de se ter identificado, em um primeiro momento, decisões colidentes neste E. Tribunal, todavia, em razão de posterior reconsideração por um dos julgadores, os provimentos sobre o tema passaram a ser coincidentes. 7 - Assim, até onde foi possível verificar, o TJ está adotando entendimento harmônico sobre a matéria, seja nos processos originários de relatoria do E. Des. Willian Silva, seja nos recursos de relatoria da E. Des. Elisabeth Lordes. 8 - Incidente de resolução de demandas repetitivas não admitido. (TJES; Rec 0033532-10.2016.8.08.0000; Rel. Des. Subst. Délio José Rocha Sobrinho; Julg. 27/04/2017; DJES 05/05/2017)

Art. 982. Admitido o incidente, o relator:

→ *v.* Enunciado 452 do FPPC: Durante a suspensão do processo prevista no art. 982 não corre o prazo de prescrição intercorrente.

→ *v.* Enunciado 606 do FPPC: Deve haver congruência entre a questão objeto da decisão que admite o incidente de resolução de demandas repetitivas e a decisão final que fixa a tese.

Decisão apontando a existência de um microssistema entre a suspensão decorrente dos repetitivos e do IRDR, de modo que as regras podem ser aplicadas de forma subsidiária

✓ O SENHOR MINISTRO BENEDITO GONÇALVES. TRATA-SE DE (1) OFÍCIO ENCAMINHADO PELOS JUÍZES DE DIREITO DAS VARAS DA FAZENDA PÚBLICA DO ESTADO DE SÃO PAULO (FLS. 369-370, E-STJ). (2) CORREIO ELETRÔNICO ENVIADO PELO JUIZ DE DIREITO DA COMARCA DE SÃO VICENTE DO SUL (SC) AO NÚCLEO DE GERENCIAMENTO DE PRECEDENTES DO STJ. NUGEP. (3) PETIÇÃO DE N. 233.613/2017 (FLS. 369-370, E-STJ), PROTOCOLIZADA PELO RECORRENTE ESTADO DO RIO DE JANEIRO. SOLICITAM-SE ESCLARECIMENTOS SOBRE A EXTENSÃO DA SUSPENSÃO DO PROCESSAMENTO

DOS FEITOS QUE VERSEM SOBRE A CONTROVÉRSIA DO RECURSO ESPECIAL REPETITIVO EM EPÍGRAFE. ALÉM DISSO, O ENTE PÚBLICO APONTA A EXISTÊNCIA DE ERRO MATERIAL NO ACÓRDÃO DE FLS. 326-330, E-STJ), TENDO EM VISTA O EQUÍVOCO NA PORTARIA INDICADA. DEFENDE, CONTUDO, QUE HAJA A ALTERAÇÃO DA DELIMITAÇÃO DA TESE A SER DISCUTIDA NO PRESENTE RECURSO REPETITIVO, POIS "ENTENDE QUE O MAIS ADEQUADO SERIA A SUPERAÇÃO DA DELIMITAÇÃO DA CONTROVÉRSIA COM BASE NAS PORTARIAS ACIMA APONTADAS PARA QUE PASSE A SER VINCULADA AOS TERMOS DO DISPOSTO NOS ARTIGOS 19 - M, I, 19 - P, 19 - Q E 19 - R DA LEI FEDERAL 8.080/1990, COM A REDAÇÃO CONFERIDA PELA LEI FEDERAL N. 12.401/2011, DE MODO QUE A DELIMITAÇÃO DA MATÉRIA PASSE A SER "A OBRIGAÇÃO DO PODER PÚBLICO DE FORNECER MEDICAMENTOS E TRATAMENTOS TERAPÊUTICOS NÃO INCORPORADOS AO SISTEMA ÚNICO DE SAÚDE" (FL. 378, E-STJ). É O BREVE RELATO. SEGUEM AS CONSIDERAÇÕES SOBRE AS QUESTÕES APRESENTADAS. 1.) Suspensão do processamento do feito, nos termos do art. 1.037, II, do CPC/2015, e sua extensão. Não obstante o inciso II do art. 1.037 do CPC/2015 preceituar que o relator "determinará a suspensão do processamento de todos os processos pendentes, individuais ou coletivos, que versem sobre a questão e tramitem no território nacional ", sem explicitar o alcance dessa suspensão, deve-se fazer uma leitura sistemática do diploma processual vigente. Assim, as normas que tratam da suspensão dos processos, constantes do art. 313 combinado com o art. 314 do CPC/215, bem como do art. 982, § 2º, do CPC/2015, que cuida da suspensão dos feitos no incidente de resolução de demandas repetitivas. Irdr, devem também ser aplicadas aos recursos repetitivos, tendo em vista que ambos compõem um mesmo microssistema (de julgamento de casos repetitivos), conforme se depreende do art. 928 do CPC/2015. Vejam-se os dispositivos acima citados: título II da suspensão do processo [...] art. 313. Suspende-se o processo: [...] iv- pela admissão de incidente de resolução de demandas repetitivas; art. 314. Durante a suspensão é vedado praticar qualquer ato processual, podendo o juiz, todavia, determinar a realização de atos urgentes a fim de evitar dano irreparável, salvo no caso de arguição de impedimento e de suspeição. Título I da ordem dos processos e dos processos de competência originária dos tribunais capítulo I disposições gerais [...] art. 928. Para os fins deste código, considera-se julgamento de casos repetitivos a decisão proferida em: I. Incidente de resolução de demandas repetitivas; II. Recursos especial e extraordinário repetitivos. Capítulo VIII do incidente de resolução de demandas repetitivas [...] art. 982. Admitido o incidente, o relator: I. Suspenderá os processos pendentes, individuais ou coletivos, que tramitam no estado ou na região, conforme o caso; [...] § 2º durante a suspensão, o pedido de tutela de urgência deverá ser dirigido ao juízo onde tramita o processo suspenso. Dos dispositivos transcritos, torna-se patente que a suspensão do processamento dos processos pendentes, determinada no art. 1.037, II, do CPC/2015, não impede que os juízos concedam, em qualquer fase do processo, tutela provisória de urgência, desde que satisfeitos os requisitos contidos no art. 300 do CPC/2015, e deem cumprimento àquelas que já foram deferidas. 2.) delimitação do tema da controvérsia. Advirta-se, inicialmente, que a questão suscitada referente aos medicamentos incluídos em listas de Secretaria de Saúde do Estado ou de município não se enquadra na delimitação da tese controvertida a ser apreciada pelo presente recurso repetitivo. No que se refere à questão aduzida pelo recorrente estado do Rio de Janeiro quanto à delimitação do tema, é forçoso reconhecer sua pertinência e importância. Com efeito, a atual delimitação dada à tese controvertida, a ser analisada em sede de julgamento de recursos repetitivos, está calcada em ato normativo infralegal (portaria), cuja vigência é frequentemente extinta, sendo substituído por novo ato mais atualizado. Além disso, são diversos os programas de fornecimentos de medicamentos pelo SUS, cada qual disciplinado por um ato normativo específico. Assim, a Portaria n. 1.554/2013 cuida do financiamento e execução do componente especializado da assistência farmacêutica no âmbito do Sistema Único de Saúde. Já a Portaria n. 2.583/2007 define o elenco de medicamentos e insumos disponibilizados pelo Sistema Único de Saúde aos usuários portadores de diabetes mellitus. A portaria 2.982/2009, por sua vez, trata da assistência farmacêutica na atenção básica. A relação nacional de medicamento essenciais (rename) encontra sua disciplina na Portaria n. 1, de 2 de janeiro de 2015. Estes são somente alguns exemplos de atos que tratam da dispensação de medicamentos aos usuários do SUS. Evidente, portanto, que a vinculação a uma determinada portaria, com a sua indicação na delimitação do tema controvertido, resulta em um indesejável estreitamento da questão e inviabiliza a posterior irradiação dos efeitos do julgamento do caso repetitivo, pois limitaria sua aplicação somente aos medicamentos que se enquadram em referido ato normativo, deixando de abranger as demais situações daqueles que buscam o judiciário para obter medicamento de outra classe. A proposta do ente público recorrente possui abrangência demasiadamente larga, ao incluir o fornecimento de medicamento e também quaisquer tratamentos terapêuticos que não se encontram incorporados ao Sistema Único de Saúde. Tem-se que, o recurso repetitivo deve fixar-se tão somente na questão do fornecimento de medicamentos não incorporados pelo SUS. Isso porque os autos tratam tão somente dessa temática, não podendo o julgamento do caso repetitivo extrapolar os limites fixados pelo acórdão da corte de origem e tratados na petição do Recurso Especial, sob pena de vulneração indevida do necessário requisito do prequestionamento. Veja-se que a própria Lei n. 8.080/1990 distingue ambos os casos em seu artigo 19 - M, que possui a seguinte redação: art. 19 - M. A assistência terapêutica integral a que se refere a alínea d do inciso I do art. 6º consiste em: (incluído pela Lei nº 12.401, de 2011) I. Dispensação de medicamentos e produtos de interesse para a saúde, cuja prescrição esteja em conformidade com as diretrizes terapêuticas definidas em protocolo clínico para a doença ou o agravo à saúde a ser tratado ou, na falta do protocolo, em conformidade com o disposto no art. 19 - P; (incluído pela Lei nº 12.401, de 2011) II. Oferta de procedimentos terapêuticos, em regime domiciliar, ambulatorial e hospitalar, constantes de tabelas elaboradas pelo gestor federal do Sistema Único de Saúde. SUS, realizados no território nacional por serviço próprio, conveniado ou contratado. Assim, do confronto entre o Recurso Especial e o acórdão prolatado pela corte de origem, verifica-se que o presente repetitivo amolda-se à hipótese do inciso I (dispensação de medicamentos), não se discutindo, em nenhum momento, sobre a oferta de procedimentos terapêuticos, constante do inciso II. Ante o exposto, propõe-se adequar o tema afetado de n. 106 para que tenha a seguinte redação: "obrigação do poder público de fornecer medicamentos não incorporados, através de atos normativos, ao Sistema Único de Saúde ". É o que se propõe. Comunique-se aos senhores ministros integrantes da primeira seção e aos presidentes dos Tribunais Regionais Federais e dos tribunais de justiça. Vista ao ministério público federal, pelo prazo de 15 (quinze) dias (art. 1.038, inciso III e § 1º, do CPC/2015). (STJ; QO-ProAfR-REsp 1.657.156; Proc. 2017/0025629-7; RJ; Primeira Seção; Rel. Min. Benedito Gonçalves; DJE 31/05/2017)

I – suspenderá os processos pendentes, individuais ou coletivos, que tramitam no Estado ou na região, conforme o caso;

→ *v.* Art. 313 do NCPC.

→ *v.* Enunciado 92 do FPPC: A suspensão de processos prevista neste dispositivo é consequência da admissão do incidente de resolução de demandas repetitivas e não depende da demonstração dos requisitos para a tutela de urgência.

→ *v.* Enunciado 93 do FPPC: Admitido o incidente de resolução de demandas repetitivas, também devem ficar suspensos os processos que versem sobre a mesma questão objeto do incidente e que tramitem perante os juizados especiais no mesmo estado ou região.

→ *v.* Enunciado 94 do FPPC: A parte que tiver o seu processo suspenso nos termos do inciso I do art. 982 poderá interpor recurso especial ou extraordinário contra ao acórdão que julgar o incidente de resolução de demandas repetitivas.

→ v. Enunciado 557 do FPPC: O agravo de instrumento previsto no art. 1.037, §13, I, também é cabível contra a decisão prevista no art. 982, inc. I.

→ *v.* Enunciado 107 do CJF – Não se aplica a suspensão do art. 982, I, do CPC ao cumprimento de sentença anteriormente transitada em julgado e que tenha decidido questão objeto de posterior incidente de resolução de demandas repetitivas.

Julgado apontando não ser agravável de instrumento a decisão que determina a suspensão do processo com base em IRDR admitido

✓ AGRAVO DE INSTRUMENTO. DECISÃO QUE DETERMINOU A SUSPENSÃO DO CURSO DA AÇÃO NOS TERMOS DO ART. 982, DO CÓDIGO DE PROCESSO CIVIL, ATÉ O JULGAMENTO DO INCIDENTE DE RESOLUÇÃO DE DEMANDAS REPETITIVAS (IRDR) EM CURSO PELO EG. TRIBUNAL DE JUSTIÇA DO ESTADO DE SÃO PAULO SOB Nº 2246948-26.2016.8.26.0000. Inadmissibilidade do recurso. Decisão interlocutória que não se enquadra nas hipóteses de cabimento do agravo de instrumento, previstas no art. 1.015 do Novo Código de Processo Civil. Rol taxativo. Recurso não conhecido. (TJSP; AI 2182074-95.2017.8.26.0000; Ac. 10829017; Araçatuba; Segunda Câmara de Direito Público; Rel. Des. Renato Delbianco; Julg. 26/09/2017; DJESP 29/09/2017; Pág. 3203)

Se há distinção no caso concreto, não há suspensão por força do IRDR admitido

✓ AGRAVO DE INSTRUMENTO. JULGAMENTO SIMULTÂNEO. SISTEMA FINANCEIRO DE HABITAÇÃO. FCVS. INDENIZAÇÃO SECURITÁRIA. PEDIDO DE SUSPENSÃO PROCESSUAL. IRDR. CONTRATOS CELEBRADOS FORA DO INTERREGNO ENTRE O ADVENTO DA LEI Nº 7.682/88, E A ENTRADA EM VIGOR DA MP Nº 478/2009. INTERESSE DA CEF EM INGRESSAR NA LIDE. INEXISTÊNCIA. COMPETÊNCIA DA JUSTIÇA ESTADUAL. AGRAVO DE INSTRUMENTO IMPROVIDO. 1. Nos termos do art. 55, §3º, do CPC: "Serão reunidos para julgamento conjunto os processos que possam gerar risco de prolação de decisões conflitantes ou contraditórias caso decididos separadamente, mesmo sem conexão entre eles ". Julgamento simultâneo dos agravos de instrumento de nº 0806300-70.2017.4.05.0000 e AGTR145784. 2. A controvérsia atinente a ilegitimidade no tocante às apólices de mercado. Ramo 68, não foi objeto da decisão atacada, a qual se restringiria às Apólices Públicas. Ramo 66. Preliminar afastada. 3. A controvérsia em análise tergiversa sobre a existência de interesse jurídico da Caixa Econômica Federal na presente demanda, independentemente de os contratos objetos do feito estarem ou não inseridos no período de 02/12/1988 a 29/12/2009, quando as apólices públicas passaram a ser garantidas pelo FCVS. 4. Não obstante a existência do IRDR nº. 08045758020164050000/SE, não é o caso de suspensão do feito, nos termos do art. 982, I, do novo CPC, uma vez que a tese jurídica a ser fixada no Incidente é a influência da Lei nº. 13.000/2014 sobre o entendimento firmado nos Recursos Especiais Repetitivos nº 1.091.363/SC e 1.091.393/SC, determinando-se qual a natureza jurídica da intervenção da CEF e o que se exige para demonstrar, caso a caso, o seu interesse em intervir nas ações que envolvem seguros de mútuo habitacional do SFH, nos contratos celebrados de 02/12/1988 a 29/12/2009 e vinculados ao FCVS (apólices públicas, ramo 66). Não se tratando de contratos firmados no referido lapso temporal, a hipótese não se encontra abrangida pelos efeitos do citado Incidente de Resolução de Demandas Repetitivas. 5. In casu, todos os contratos que supostamente justificariam a intervenção da CEF foram firmados entre 1977 e 1983 antes, portanto, da entrada em vigor da Lei nº 7.682/1988. 6. Agravo de instrumento improvido. (TRF 5ª R.; AGTR 0000948-67.2017.4.05.0000; RN; Quarta Turma; Rel. Des. Fed. Edilson Pereira Nobre Júnior; DEJF 09/10/2017; Pág. 73)

II – poderá requisitar informações a órgãos em cujo juízo tramita processo no qual se discute o objeto do incidente, que as prestarão no prazo de 15 (quinze) dias;

→ v. Enunciado 619 do FPPC: O processo coletivo deverá respeitar as técnicas de ampliação do contraditório, como a realização de audiências públicas, a participação de **amicus curiae** e outros meios de participação.

III – intimará o Ministério Público para, querendo, manifestar-se no prazo de 15 (quinze) dias.

→ *v.* Enunciado 467 do FPPC: O Ministério Público deve ser obrigatoriamente intimado no incidente de assunção de competência.

§ 1º A suspensão será comunicada aos órgãos jurisdicionais competentes.

→ *v.* Enunciado 205 do FPPC: Havendo cumulação de pedidos simples, a aplicação do art. 982, I e § 3º, poderá provocar apenas a suspensão parcial do processo, não impedindo o prosseguimento em relação ao pedido não abrangido pela tese a ser firmada no incidente de resolução de demandas repetitivas.

§ 2º Durante a suspensão, o pedido de tutela de urgência deverá ser dirigido ao juízo onde tramita o processo suspenso.

→ *v.* Art. 294 do NCPC.

Da decisão que concede a tutela de urgência em processo suspenso, a competência para julgar o respectivo recurso não é do órgão que julga o IRDR, mas do próprio órgão fracionário que usualmente julga os agravos

✓ AGRAVO DE INSTRUMENTO. AÇÃO REVISIONAL DE VANTAGEM PESSOAL. GRATIFICAÇÃO DE REGÊNCIA DE CLASSE. Decisão que deferiu o requerimento de tutela de urgência formulado pela autora, ora recorrida. Revogação da decisão monocrática proferida por esta relatora, que havia suspendido o julgamento do presente feito, até a decisão final do irdr nº 0026631-20.2016.8.19.0000. Esta colenda câmara entendeu que o preceito do art. 982, §2º, do CPC/15 não acarreta a competência da seção cível para apreciar as tutelas de urgência, mas ao próprio juízo natural e, por consequência, ao órgão fracionário desta corte, ao qual for distribuído o recurso. Considerou, ainda, que, em se tratando de tutela de urgência e do recurso interposto em face da decisão que a conceder ou denegar, não incide sobre tais pronunciamentos judiciais a suspensão determinada pelo art. 982, I, CPC/15.- o CPC/2015, em seu art. 294, dispõe que a tutela provisória pode fundamentar-se em urgência ou evidência. Na hipótese, o juízo a quo entendeu que há evidência do direito da ora agravada e que se justifica a urgência da medida em razão de sua idade e diante da possibilidade da demora do julgamento, ressaltando que não se verifica a possibilidade de risco de irreversibilidade, tendo em vista que os ora agravantes poderão descontar dos proventos futuros da ora recorrida os valores que lhe forem pagos antecipadamente. No entanto, diversamente do entendimento do magistrado a quo, não deve ser concedida a tutela pretendida pela ora agravada, eis que não se pode concluir, de plano, pela probabilidade de existência do direito, além de haver risco de irreversibilidade do provimento, eis que se trata de verba de caráter alimentar, e, portanto, irrepetível. Inteligência do art. 300, §3º, do CPC/15.- além disso, não há acórdão em sede de recurso repetitivo ou Súmula vinculante reconhecendo o direito à revisão dos valores da vantagem pessoal denominada "gratificação de regência de classe".. Precedentes desta colenda câmara nesse sentido. Reforma da decisão agravada, para revogar a antecipação dos efeitos da tutela. Recurso conhecido e provido. (TJRJ; AI 0036689-48.2017.8.19.0000; Itaperuna; Décima Quinta Câmara Cível; Relª Desª Maria Regina Fonseca Nova Alves; DORJ 28/09/2017; Pág. 351)

§ 3º Visando à garantia da segurança jurídica, qualquer legitimado mencionado no art. 977, incisos II e III, poderá requerer, ao tribunal competente para conhecer do recurso extraordinário ou especial, a suspensão de todos os processos individuais ou coletivos em curso no território nacional que versem sobre a questão objeto do incidente já instaurado.

→ v. Enunciado 95 do FPPC: A suspensão de processos na forma deste dispositivo depende apenas da demonstração da existência de múltiplos processos versando sobre a mesma questão de direito em tramitação em mais de um estado ou região.

→ *v.* Enunciado 471 do FPPC: Aplica-se no âmbito dos juizados especiais a suspensão prevista no art. 982, § 3º.

§ 4º Independentemente dos limites da competência territorial, a parte no processo em curso no qual se discuta a mesma questão objeto do incidente é legitimada para requerer a providência prevista no § 3º deste artigo.

§ 5º Cessa a suspensão a que se refere o inciso I do *caput* deste artigo se não for interposto recurso especial ou recurso extraordinário contra a decisão proferida no incidente.

→ v. Enunciado 349 do FPPC: Cabe reclamação para o tribunal que julgou o incidente de resolução de demandas repetitivas caso afrontada a autoridade dessa decisão.

A determinação de suspensão se prorroga existindo recurso para Tribunal Superior

✓ EMBARGOS DE DECLARAÇÃO. CONTRADIÇÃO E OBSCURIDADE. SUSPENSÃO DO PROCESSO. IRDR ADMITIDO E AINDA NÃO TRANSITADO EM JULGADO. ART. 982, § 5º DO CPC/15. Interposto Recurso Extraordinário em face de decisão proferida em sede de Incidente de Resolução de Demandas Repetitivas. IRDR devem os autos ser suspensos até o seu trânsito em julgado, nos termos do art. 982, § 5º do CPC/15. (TJMG; EDcl 1.0024.14.059156-1/002; Rel. Des. Darcio Lopardi Mendes; Julg. 21/09/2017; DJEMG 26/09/2017)

Art. 983. O relator ouvirá as partes e os demais interessados, inclusive pessoas, órgãos e entidades com interesse na controvérsia, que, no prazo comum de 15 (quinze) dias, poderão requerer a juntada de documentos, bem como as diligências necessárias para a elucidação da questão de direito controvertida, e, em seguida, manifestar-se-á o Ministério Público, no mesmo prazo.

→ *v.* Enunciado 201 do FPPC: Aplicam-se ao incidente de assunção de competência as regras previstas nos arts. 983 e 984.§ 1º Para instruir o incidente, o relator poderá designar data para, em audiência pública, ouvir depoimentos de pessoas com experiência e conhecimento na matéria.

→ v. Enunciado 467 do FPPC: O Ministério Público deve ser obrigatoriamente intimado no incidente de assunção de competência.

→ *v.* Enunciado 619 do FPPC: O processo coletivo deverá respeitar as técnicas de ampliação do contraditório, como a realização de audiências públicas, a participação de amicus curiae e outros meios de participação.

→ v. Enunciado 659 do FPPC: O relator do julgamento de casos repetitivos e do incidente de assunção de competência tem o dever de zelar pelo equilíbrio do contraditório, por exemplo solicitando a participação, na condição de **amicus curiae**, de pessoas, órgãos ou entidades capazes de sustentar diferentes pontos de vista.

§ 2º Concluídas as diligências, o relator solicitará dia para o julgamento do incidente.

A oitiva de amicus curiae se dá somente após a admissão do IRDR, e não na fase pretérita, de admissibilidade

✓ EMBARGOS DE DECLARAÇÃO. INCIDENTE DE RESOLUÇÃO DE DEMANDAS REPETITIVAS. (1) AUSÊNCIA DE LEGITIMIDADE DA EMBARGANTE PARA APRESENTAR RECURSO CONTRA O JUÍZO DE ADMISSIBILIDADE. PARTICIPAÇÃO DE INTERESSADOS APENAS APÓS A ADMISSÃO, SEGUNDO O CPC/2015. (2) NULIDADE. AUSÊNCIA DE PUBLICAÇÃO DA PAUTA EM DIÁRIO OFICIAL. VIOLAÇÃO AOS ARTS. 272, 155 934 E 979 CO CPC/2015. NÃO OCORRÊNCIA. (3) DANO MORAL. AUSÊNCIA DOS VÍCIOS DO ART. 1.022 DO CPC. ANÁLISE EXPRESSA E FUNDAMENTADA DA MATÉRIA. I. Carece a embargante de legitimidade para, neste momento processual, apresentar recurso em face da decisão embargada, pois, segundo as normas do CPC/2015, a participação de entidades com interesse na controvérsia é restrita ao momento posterior à admissão do IRDR, com o fito de instrui-lo para o seu julgamento final. II. Ainda que ultrapassada a ilegitimidade da embargante, o recurso não poderia ser acolhido, haja vista a inexistência de nulidade ou a presença de omissão, contradição ou obscuridade no acórdão. III. Tratando a decisão recorrida tão-somente da admissibilidade do IRDR, era desnecessária a publicação da pauta em órgão oficial, haja vista esta ser destinada às hipóteses de julgamento final (art. 934 e 983, §2º, do CPC/2015). IV. A participação dos interessados ocorre apenas na instrução do IRDR e com vistas ao seu julgamento final (arts. 983, caput, e 984, II, "b", do CPC/2015). Assim, era incabível a intimação de interessados para intervenção no juízo de admissibilidade, eis que não há previsão legal de sua atuação nesta fase processual. V. Uma vez que não poderia se manifestar quanto à admissão do IRDR, a embargante não enfrentou qualquer dano pela não publicação da pauta em Diário Oficial, sendo certo que não há nulidade sem prejuízo. VI. Somente após a admissão da instauração é exigida a ampla divulgação e publicidade do IRDR, através de seu registro eletrônico no CNJ (art. 979 do CPC/2015). Exigência devidamente respeitada no caso concreto. VII. A questão alegadamente obscura foi abordada de forma clara, expressa, e com embasamento em doutrina e jurisprudência. Ausência dos vícios do art. 1.022 do CPC. VIII. Embargos não conhecidos. (TJAM; EDcl 0000826-48.2017.8.04.0000; Tribunal Pleno; Rel. Des. Ari Jorge Moutinho da Costa; DJAM 10/05/2017; Pág. 8)

Art. 984 No julgamento do incidente, observar-se-á a seguinte ordem:

I – o relator fará a exposição do objeto do incidente;

II – poderão sustentar suas razões, sucessivamente:

a) o autor e o réu do processo originário e o Ministério Público, pelo prazo de 30 (trinta) minutos;

→ *v.* Enunciado 467 do FPPC: O Ministério Público deve ser obrigatoriamente intimado no incidente de assunção de competência.

b) os demais interessados, no prazo de 30 (trinta) minutos, divididos entre todos, sendo exigida inscrição com 2 (dois) dias de antecedência.

§ 1º Considerando o número de inscritos, o prazo poderá ser ampliado.

→ *v.* Enunciado 651 do FPPC: É admissível sustentação oral na sessão de julgamento designada para o juízo de admissibilidade do incidente de resolução de demandas repetitivas ou do incidente de assunção de competência, sendo legitimados os mesmos sujeitos indicado nos arts. 984 e 947, §1º.

§ 2º O conteúdo do acórdão abrangerá a análise de todos os fundamentos suscitados concernentes à tese jurídica discutida, sejam favoráveis ou contrários.

→ *v.* Art. 489, § 1º, do NCPC.

→ *v.* Enunciado 305 do FPPC: No julgamento de casos repetitivos, o tribunal deverá enfrentar todos os argumentos contrários e favoráveis à tese jurídica discutida.

→ *v.* Enunciado 585 do FPPC: Não se considera fundamentada a decisão que, ao fixar tese em recurso especial ou extraordinário repetitivo, não abranger a análise de todos os fundamentos, favoráveis ou contrários, à tese jurídica discutida.

Art. 985. Julgado o incidente, a tese jurídica será aplicada:

→ v. Art. 927, III, do NCPC.

→ v. Enunciado 167 do FPPC: Os tribunais regionais do trabalho estão vinculados aos enunciados de suas próprias súmulas e aos seus precedentes em incidente de assunção de competência ou de resolução de demandas repetitivas.

→ v. Enunciado 606 do FPPC: Deve haver congruência entre a questão objeto da decisão que admite o incidente de resolução de demandas repetitivas e a decisão final que fixa a tese.

Há a necessidade de suspensão dos processos enquanto pende IRDR exatamente porque a tese fixada será aplicada a todos os processos

✓ APELAÇÃO CÍVEL. MANDADO DE SEGURANÇA. DIREITO ADMINISTRATIVO. GESTOR FAZENDÁRIO. PROMOÇÃO POR ESCOLARIDADE ADICIONAL. REQUISITOS. LEI ESTADUAL Nº 15.464/2005 E DECRETO ESTADUAL Nº 44.769/2008. INCIDENTE DE RESOLUÇÃO DE DEMANDAS REPETITIVAS PENDENTE. IDENTIDADE DE OBJETO. INFLUÊNCIA NO JULGAMENTO DA CAUSA. SUSPENSÃO DO FEITO ATÉ O JULGAMENTO DO IRDR OU DO DECURSO DO PRAZO DE 1 (UM) ANO PREVISTO NO CPC/15. Se a pretensão deduzida no recurso coincide com a matéria que será tratada em Incidente de Resolução de Demandas Repetitivas. IRDR, impõe-se suspender o processo até o julgamento do IRDR ou do transcurso do prazo de 1 (um) ano previsto no art. 980 do CPC/15, sobretudo diante da previsão do art. 985 do CPC/15, no sentido de que a tese jurídica fixada será aplicada "a todos os processos individuais ou coletivos que versem sobre idêntica questão de direito". (TJMG; APCV 1.0024.14.250692-2/001; Rel. Des. Edgard Penna Amorim; Julg. 26/09/2017; DJEMG 04/10/2017)

Exemplo de julgamento de IRDR, fixando a tese e determinando a aplicação a casos futuros (destaque ainda por se tratar de IRDR em TRF fixando regras para Juizados Federais)

✓ PROCESSUAL CIVIL. INCIDENTE DE RESOLUÇÃO DE DEMANDAS REPETITIVAS. IRDR. ARTIGOS 976 A 987 DO CPC. COMPETÊNCIA DOS JUIZADOS ESPECIAIS FEDERAIS. PARCELAS VENCIDAS E VINCENDAS. VALOR DA CAUSA. RENÚNCIA AO EXCEDENTE A 60 SALÁRIOS MÍNIMOS. COMPETÊNCIA. CRITÉRIOS A SEREM OBSERVADOS. NCPC. LEI Nº 10.259/2001. LEI Nº 9.099/1995. Consoante estabelece o artigo 291 do NCPC, reeditando o artigo 258 do CPC/1973, a toda causa deve ser atribuído um valor certo, ainda que não tenha conteúdo econômico imediatamente aferível. E nos termos dos §§ 1º e 2º do artigo 292 do NCPC (artigo 260 do CPC/1973), quando se pedirem prestações vencidas e vincendas, considerar-se-á, para a determinação do valor da causa, o valor de umas e outras, sendo que o valor das prestações vincendas igual a uma prestação anual, se a obrigação for por tempo indeterminado ou por tempo superior a 1 (um) ano, e, se por tempo inferior, igual à soma das prestações. – Conforme disposto no artigo 3º da Lei nº 10.259/2001, compete aos Juizados Especiais Federais Cíveis processar, conciliar e julgar causas de competência da Justiça Federal até o valor de 60 (sessenta) salários mínimos. – É possível renúncia, desde que expressa, ao valor que exceder o limite de competência estabelecido no artigo 3º da Lei nº 10.259/2001, para optar pelo rito dos Juizados Especiais Federais. – Para os fins dos artigos 984 e 985 do Código de Processo Civil, firmam-se as seguintes teses jurídicas, aplicáveis a todos os processos individuais ou coletivos que versam sobre idênticas questões de direito e que tramitam na área de jurisdição deste Tribunal, inclusive àqueles que tramitam nos Juizados Especiais (incluído o caso concreto), e bem assim aos casos futuros que versem idênticas questões de direito e que venham a tramitar no território de competência deste Tribunal (salvo revisão na forma do artigo 986 do CPC): A) No âmbito dos Juizados Especiais Federais há duas possibilidades de renúncia: (I) uma inicial, considerando a repercussão econômica da demanda que se inaugura, para efeito de definição da competência; (II) outra, na fase de cumprimento da decisão condenatória, para que o credor, se assim desejar, receba seu crédito mediante requisição de pequeno valor. B) Havendo discussão sobre relação de trato sucessivo no âmbito dos Juizados Especiais Federais, devem ser observadas as seguintes diretrizes para a apuração de valor da causa, e, logo, para a definição da competência, inclusive mediante renúncia: (I) quando a causa versar apenas sobre prestações vincendas e a obrigação for por tempo indeterminado ou superior a um ano, considera-se para a apuração de seu valor o montante representado por uma anuidade; (II) quando a causa versar sobre prestações vencidas e vincendas, e a obrigação for por tempo indeterminado ou superior a um ano, considera-se para a apuração do seu valor o montante representado pela soma das parcelas vencidas com uma anuidade das parcelas vincendas; (III) obtido o valor da causa nos termos antes especificados, a renúncia para efeito de opção pelo rito previsto na Lei nº 10.259/2001 incide sobre o montante total apurado, consideradas, assim, parcelas vencidas e vincendas. C) Quando da liquidação da condenação, havendo prestações vencidas e vincendas, e tendo o autor renunciado ao excedente a sessenta salários mínimos para litigar nos Juizados Especiais Federais, o montante representado pelo que foi objeto do ato inicial de renúncia (desde o termo inicial das parcelas vencidas até o termo final da anuidade então vincenda) deverá ser apurado considerando-se sessenta salários mínimos vigentes à data do ajuizamento, admitida a partir deste marco, no que toca a este montante, apenas a incidência de juros e atualização monetária. A acumulação de novas parcelas a este montante inicialmente definido somente se dará em relação às prestações que se vencerem a partir de um ano a contar da data do ajuizamento, incidindo juros e atualização monetária a partir dos respectivos vencimentos. A sistemática a ser observada para o pagamento (§ 3º do artigo 17 da Lei nº 10.259), de todo modo, considerará o valor total do crédito (soma do montante apurado com base na renúncia inicial com o montante apurado com base nas parcelas acumuladas a partir de doze meses contados do ajuizamento). (TRF 4ª R.; Rec 5033207-91.2016.404.0000; Corte Especial; Rel. Des. Fed. Ricardo Teixeira do Valle Pereira; Julg. 27/04/2017; DEJF 05/05/2017)

I – a todos os processos individuais ou coletivos que versem sobre idêntica questão de direito e que tramitem na área de jurisdição do respectivo tribunal, inclusive àqueles que tramitem nos juizados especiais do respectivo Estado ou região;

→ *v.* Art. 496, § 4º, do NCPC.

→ *v.* Enunciado 472 do FPPC: Aplica-se o inciso I do art. 985 ao julgamento de recursos repetitivos e ao incidente de assunção de competência.

→ *v.* Enunciado 480 do FPPC: Aplica-se no âmbito dos juizados especiais a suspensão dos processos em trâmite no território nacional, que versem sobre a questão submetida ao regime de julgamento de recursos especiais e extraordinários repetitivos, determinada com base no art. 1.037, II.

→ *v.* Enunciado 524 do FPPC: O art. 489, § 1º, IV, não obriga o órgão julgador a enfrentar os fundamentos jurídicos deduzidos no processo e já enfrentados na formação da decisão paradigma, sendo necessário demonstrar a correlação fática e jurídica entre o caso concreto e aquele já apreciado.

→ *v.* Enunciado 605 do FPPC: Os juízes e as partes com processos no Juizado Especial podem suscitar a instauração do incidente de resolução de demandas repetitivas.

Decidido o IRDR, aplica-se a tese ao concreto, inclusive por força do comendo do art. 926

✓ APELAÇÃO. SOLDADO DA POLÍCIA MILITAR TEMPORÁRIO. CONTRATAÇÃO NOS TERMOS DA LEI FEDERAL Nº 10.029/2000 E DA LEI ESTADUAL Nº 11.064/2002. Declaração de inconstitucionalidade das normas pelo Colendo Órgão Especial deste Egrégio Tribunal de Justiça. Pretensão do autor voltada ao pagamento de todas as verbas remuneratórias devidas aos policiais militares efetivos. Impossibilidade. Direito ao percebimento das verbas constitucionais, a dizer, décimo terceiro salário e terço constitucional de férias, bem como ao apostilamento do tempo de serviço para fins previdenciários. Tese jurídica fixada pela Colenda Turma Especial de Direito Público, em sede de Incidente de Resolução de Demandas Repetitivas. Aplicação da tese. Inteligência do art. 985, do CPC/2015. Dever dos tribunais de manterem sua jurisprudência estável, íntegra e coerente (art. 926, do CPC/2015). Sentença reformada. Recurso do autor provido em parte. (TJSP; APL 0014931-17.2014.8.26.0196; Ac. 10830831; Franca; Quarta Câmara de Direito Público; Rel. Des. Paulo Barcellos Gatti; Julg. 18/09/2017; DJESP 04/10/2017; Pág. 2486)

A suspensão se aplica mesmo a processos já julgados, mas que ainda não transitaram em julgado

✓ EMBARGOS DE DECLARAÇÃO. CONSUMIDOR. CONSTRUTORA. AÇÃO DECLARATÓRIA DE RESCISÃO E NULIDADE DE CLÁUSULAS CONTRATUAIS. AUSÊNCIA DE VÍCIOS. PRETENSÃO DE REEXAME DA CAUSA. IMPOSSIBILIDADE. REQUISITOS DO ART. 1.022 DO NOVO CPC. NÃO PREENCHIMENTO. TESE JURIDICA ADMITIDA PARA JULGAMENTO EM INCIDENTE DE RESOLUÇÃO DE DEMANDAS REPETITIVAS. SUSPENSÃO DO FEITO PARA EVITAR DECISÕES CONFLITANTES. EMBARGOS CONHECIDOS E REJEITADOS. 1. Os Embargos de Declaração, a teor do artigo 1.022 do Código de Processo Civil, têm caráter integrativo e são utilizados tão somente com o propósito de sanar possíveis vícios de omissão, contradição ou obscuridade. 2. Afasta-se a alegação de omissão se todos os argumentos apresentados pela recorrente foram cuidadosamente apreciados e fundamentados por esta Col. Turma, verificando-se, pois, que, na verdade, a parte se mostra inconformada com o resultado do julgamento e pretende rediscutir matéria já apreciada e debatida no momento oportuno. 3. Revela-se necessária a suspensão da tramitação do presente feito, que ainda não transitou em julgado, para evitar julgamentos conflitantes, se a questão jurídica, objeto do processo, foi submetida a julgamento perante a Câmara de Uniformização pela sistemática do Incidente de Resolução de Demandas Repetitivas (IRDR) deste tribunal e deverá ser aplicada a todos os processos individuais ou coletivos, nos termos em que disciplinam os artigos 985 e 986 do CPC/2015. 4. Embargos de declaração rejeitados. Determinada a suspensão do feito. (TJDF; APC 2014.07.1.038095-2; Ac. 102.7709; Quinta Turma Cível; Rel. Des. Josaphá Francisco dos Santos; Julg. 28/06/2017; DJDFTE 13/07/2017)

A aplicação da tese firmada a todos os casos também se aplica ao IAC

✓ AGRAVO REGIMENTAL. Embargos infringentes. Remessa do feito à justiça do trabalho. Tese firmada em incidente de assunção de competência tombado sob nº 201600625572. Violação ao devido processo legal inexistente. Aplicação imediata da tese firmada no incidente aos processos em andamento que tramitavam perante o tribunal de justiça. Observância do disposto no art. 985, I, do NCPC que deve ser aplicado nos incidentes de assunção de competência. Agravo regimental improvido. (TJSE; AgRg 201700611791; Ac. 20553/2017; Câmaras Cíveis Reunidas; Rel. Des. Osório de Araujo Ramos Filho; Julg. 21/09/2017; DJSE 03/10/2017)

II – aos casos futuros que versem idêntica questão de direito e que venham a tramitar no território de competência do tribunal, salvo revisão na forma do art. 986.

→ *v.* Arts. 311 e 332, I, do NCPC.

A vinculação do precedente prevista para o IRDR aplica-se também na Justiça do Trabalho, quanto ao incidente de recurso de revista repetitivo (IRRR)

✓ BANCÁRIO. SALÁRIO-HORA. DIVISOR. FORMA DE CÁLCULO. EMPREGADO MENSALISTA. TEMA REPETITIVO Nº 0002 1. MEDIANTE O PRIMEIRO JULGAMENTO DE INCIDENTE DE RECURSO DE REVISTA REPETITIVO INSTAURADO NO ÂMBITO DO TRIBUNAL SUPERIOR DO TRABALHO (PROCESSO Nº IRRR-849-83.2013.5.03.0138, JULGADO EM 21/11/2016, ACÓRDÃO PUBLICADO NO DEJT DE 19/12/2016), A SBDI-1 PLENA DEFINIU OS DIVISORES 180 E 220 PARA O CÁLCULO DO SALÁRIO-HORA DA CATEGORIA DOS BANCÁRIOS, INDEPENDENTEMENTE DA NATUREZA JURÍDICA QUE SE ATRIBUA AO SÁBADO EM ACORDOS E CONVENÇÕES COLETIVAS DE TRABALHO OU EM REGULAMENTO EMPRESARIAL. 2. MODULAÇÃO DOS EFEITOS DA DECISÃO PROFERIDA EM IRRR, A FIM DE QUE SEJAM PRESERVADAS AS DECISÕES DE MÉRITO SOBRE DIVISOR EMANADAS DE TURMA DO TST OU DA SBDI-1 NO PERÍODO DE 27/9/2012 (DEJT EM QUE SE PUBLICOU A ATUAL REDAÇÃO DA SÚMULA Nº 124, I) ATÉ A DATA DE JULGAMENTO DO INCIDENTE DE RECURSO DE REVISTA REPETITIVO (21/11/2016). 3. CASO CONCRETO EM QUE ACÓRDÃO EMANADO DE TURMA DO TST, PROFERIDO NO PERÍODO ABRANGIDO PELO CRITÉRIO DE MODULAÇÃO ESTABELECIDO NO TEMA REPETITIVO Nº 0002, ENCONTRA-SE EM CONSONÂNCIA COM A DIRETRIZ DA SÚMULA Nº 124, I, A, DO TST. 4. Embargos do Reclamado de que não se conhece, por força do efeito vinculante emanado da decisão proferida em sede de IRRR. Aplicação do art. 985, I e II, do CPC de 2015 c/c art. 1º da Instrução Normativa nº 38/2015 do TST. (TST; E-ED-RR 0002767-07.2010.5.02.0090; Subseção I Especializada em Dissídios Individuais; Rel. Min. João Oreste Dalazen; DEJT 15/09/2017; Pág. 81)

§ 1º Não observada a tese adotada no incidente, caberá reclamação.

→ v. Art. 988, IV, do NCPC.

§ 2º Se o incidente tiver por objeto questão relativa a prestação de serviço concedido, permitido ou autorizado, o resultado do julgamento será comunicado ao órgão, ao ente ou à agência reguladora competente para fiscalização da efetiva aplicação, por parte dos entes sujeitos a regulação, da tese adotada.

→ v. Art. 1.040, IV, do NCPC.

Art. 986. A revisão da tese jurídica firmada no incidente far-se-á pelo mesmo tribunal, de ofício ou mediante requerimento dos legitimados mencionados no art. 977, inciso III.

→ v. Art. 927, §§ 2º, 3º e 4º, do NCPC.

→ v. Enunciado 473 do FPPC: A possibilidade de o tribunal revisar de ofício a tese jurídica do incidente de resolução de demandas repetitivas autoriza as partes a requerê-la.

→ v. Enunciado 607 do FPPC: A decisão em recursos especial ou extraordinário repetitivos e a edição de enunciado de súmula pelo STJ ou STF obrigam os tribunais de segunda instância a rever suas decisões em incidente de resolução de demandas repetitivas, incidente de assunção de competência e enunciados de súmula em sentido diverso, nos termos do art. 986.

→ v. Enunciado 608 do FPPC: O acórdão que revisar ou superar a tese indicará os parâmetros temporais relativos à eficácia da decisão revisora.

Art. 987. Do julgamento do mérito do incidente caberá recurso extraordinário ou especial, conforme o caso.

→ v. Enunciado 94 do FPPC: A parte que tiver o seu processo suspenso nos termos do inciso I do art. 982 poderá interpor recurso especial ou extraordinário contra ao acórdão que julgar o incidente de resolução de demandas repetitivas.

→ v. Enunciado 604 do FPPC: É cabível recurso especial ou extraordinário ainda que tenha ocorrido a desistência ou abandono da causa que deu origem ao incidente.

→ v. Enunciado 660 do FPPC: O recurso especial ou extraordinário interposto contra o julgamento do mérito do incidente de resolução de demandas repetitivas, ainda que único, submete-se ao regime dos recursos repetitivos.

§ 1º O recurso tem efeito suspensivo, presumindo-se a repercussão geral de questão constitucional eventualmente discutida.

→ v. Art. 1.035 do NCPC.

§ 2º Apreciado o mérito do recurso, a tese jurídica adotada pelo Supremo Tribunal Federal ou pelo Superior Tribunal de Justiça será aplicada no território nacional a todos os processos individuais ou coletivos que versem sobre idêntica questão de direito.

Capítulo IX
DA RECLAMAÇÃO

→ v. Súmula 734 STF.

→ v. Arts. 102, I, **l**, § 2º, 103-A, § 3º, e 105, I, **f**, da CF/1988.

→ v. Art. 156 e seguintes do RISTF.

→ v. Art. 187 e seguintes do RISTJ.

→ v. Lei 9.868/1999 – Dispõe sobre o processo e julgamento da ação direta de inconstitucionalidade e da ação declaratória de constitucionalidade perante o Supremo Tribunal Federal.

→ v. Lei 9.882/1999 – Dispõe sobre o processo e julgamento da arguição de descumprimento de preceito fundamental, nos termos do § 1º do art. 102 da Constituição Federal.

→ v. Lei 11.417/2006 – Disciplina a edição, a revisão e o cancelamento de enunciado de súmula vinculante pelo Supremo Tribunal Federal.

Art. 988. Caberá reclamação da parte interessada ou do Ministério Público para:

→ v. Enunciado 64 do CJF – Ao despachar a reclamação, deferida a suspensão do ato impugnado, o relator pode conceder tutela provisória satisfativa correspondente à decisão originária cuja autoridade foi violada.

Se o precedente que se busca aplicar não é vinculante, descabe a reclamação

✓ AGRAVO INTERNO. Reclamação ao STJ em face de decisão de juizado especial cível. Resolução nº 03/2016 do STJ. Delegação da competência para processamento e julgamento aos tribunais de justiça. Decisão monocrática que indeferiu a petição inicial. Reclamação fundamentada em suposta violação a jurisprudência do STJ sobre juntada de documentos novos em audiência. Causa de pedir incompatível com a reclamação. Art. 988 do CPC/2015. Rol taxativo. Decisões paradigmas do STJ que não constituem precedente de obrigatoriedade forte a autorizar o manejo da reclamação. Inépcia da petição inicial por ausência de causa de pedir. Indeferimento. Extinção sem resolução do mérito. Manutenção da decisão agravada. Agravo interno conhecido e desprovido. (TJPR; AgInt 1619289-3/01; Curitiba; Seção Cível; Relª Desª Maria Aparecida Blanco de Lima; Julg. 15/09/2017; DJPR 29/09/2017; Pág. 260)

Se o precedente que se busca aplicar não é vinculante, descabe a reclamação (especialmente se são precedentes do STJ para apreciação de reclamação por TJ)

✓ AGRAVO INTERNO EM DECISÃO MONOCRÁTICA PROFERIDA EM SEDE DE EMBARGOS DE DECLARAÇÃO. RECLAMAÇÃO. INDEFERIMENTO DA PETIÇÃO INICIAL. ALEGAÇÃO DE INOBSERVÂNCIA DOS PRECEDENTES DO STJ. REJEIÇÃO. JULGADOS COM FUNDAMENTO EM PRECEDENTES DE OBSERVÂNCIA NÃO OBRIGATÓRIA (ART. 988 DO CPC). DECISÃO MANTIDA. A Reclamação somente tutelará o descumprimento de decisão do Superior Tribunal de Justiça envolvendo a parte reclamante, ou no caso de aplicação indevida de tese jurídica, nos casos em que essa Corte tiver se pronunciado em sede de recurso repetitivo ou de incidente de assunção de competência. O que se vê, em verdade, é uma coleção de julgados do Superior Tribunal de Justiça que não foram submetidos ao rito do art. 543-C do CPC/73 ou art. 1.036 do vigente CPC, o que não autoriza o ajuizamento da reclamação disciplinada pelo art. 988 da norma processual e, tampouco, pela Resolução nº 3 do STJ, de 07.04.2016. CONHECIDO E IMPROVIDO. (TJBA; AgRg 0001644-70.2017.8.05.0000/50001; Salvador; Seção Cível de Direito Privado; Rel. Des. Roberto Maynard Frank; Julg. 21/09/2017; DJBA 05/10/2017; Pág. 221)

Determinada a suspensão do processo por força de repetitivo, descabe reclamação para debater se a suspensão é correta

✓ PROCESSUAL CIVIL. AGRAVO INTERNO NA RECLAMAÇÃO. INSTRUMENTO RECLAMATÓRIO DO ART. 988 DO CPC/2015. CABIMENTO. DECISÃO DE SOBRESTAMENTO DO PROCESSO NA ORIGEM. IMPOSSIBILIDADE. DECISÃO MANTIDA. 1. É inadmissível reclamação para apreciar legalidade de decisão que determina o sobrestamento do processo na origem, decorrente da afetação de tema ao rito dos recursos repetitivos. 2. Agravo interno desprovido. (STJ; AgInt-Rcl 34.175; Proc. 2017/0134648-1; MG; Segunda Seção; Rel. Min. Antonio Carlos Ferreira; DJE 03/10/2017)

Se a decisão de Colégio Recursal de Juizado Especial Cível violar jurisprudência vinculante do STJ, cabe reclamação ao TJ (resolução 03/2016 do STJ)

✓ RECLAMAÇÃO. ACÓRDÃO PROFERIDO POR TURMA RECURSAL, CONTENDO CONTRADIÇÃO NÃO SANADA EM SEDE DE EMBARGOS DE DECLARAÇÃO. ALEGADA VIOLAÇÃO À JURISPRUDÊNCIA DO SUPERIOR TRIBUNAL DE JUSTIÇA NÃO DEMONSTRADA. Hipótese que não se insere em nenhum dos incisos do art. 988 do CPC/2015. Inadmissibilidade da reclamação. (TJRJ; Rcl 0003616-85.2017.8.19.0000; Rio de Janeiro; Seção Cível Comum; Rel. Des. Luiz Felipe Francisco; DORJ 09/10/2017; Pág. 96)

Decisão de TJ apreciando reclamação para discutir a aplicação de tese firmada em repetitivo (com base na resolução 3/2016 do STJ)

✓ RECLAMAÇÃO. DECISÃO DE TURMA RECURSAL ESTADUAL QUE, EM TESE, CONTRARIA PRECEDENTES DO STJ. Competência das câmaras reunidas cíveis do tribunal estadual. Resolução nº 03/2016 do STJ. Aplicabilidade do regramento do CPC/2015 e do regimento interno do tribunal estadual. Ausência dos requisitos elencados no art. 2º, da resolução nº 03/2016/STJ c/c arts. 300, 989, II, do CPC/2015, e art. 342, II, do ritjpi. Indeferimento do pedido de suspensão da decisão reclamada. (TJPI; Rcl 2016.0001.010942-0; Câmaras Reunidas Cíveis; Rel. Des. Francisco Antônio Paes Landim Filho; DJPI 10/07/2017; Pág. 51)

Decisão de TJ afirmando que a reclamação prevista na acima mencionada resolução 3/2016 STJ não deve ser julgada pelo TJ, por falta de competência desse tribunal intermediário

✓ EMBARGOS DE DECLARAÇÃO EM RECLAMAÇÃO. PROCESSUAL PENAL. DESOBEDIÊNCIA. Alegação da existência de omissões no acórdão que não conheceu da reclamação que visava a observância do disposto pela Súmula nº 444 do e. S.t. J., sustentando a ausência de fundamentação daquela decisão, pelo seu manejo da modalidade per relationem, ao entendimento de que não foram enfrentados os argumentos e apontamentos suscitados naquela, além da ocorrência de violação da reserva de plenário contida na Súmula vinculante nº 10 do pretório Excelso, mercê da percepção de que o decisum ora alvejado limitou-se a estabelecer a inconstitucionalidade daquele instrumento processual, mas sem remeter e submeter a matéria ao pleno ou ao órgão especial deste sodalício, motivos pelos quais pretende sejam supridas as alentadas lacunas, com a integração e modificação do acórdão, de modo a analisar os fundamentos propostos, além da necessidade de submissão da mencionada arguição de constitucionalidade. Improcedência da pretensão recursal. Desmerece acolhida a pretensão recursal defensiva, porque inocorrente qualquer das pretendidas omissões, quer porque, em tendo sido unanimemente decidido por este colegiado pelo não conhecimento da reclamação, pelo seu manifesto descabimento, prejudicado se encontra o enfrentamento dos argumentos e apontamentos defensivos que se constituem no respectivo mérito, e o que parece ter passado despercebido pelo recorrente; quer porque foi utilizada a correta forma de fundamentação per relationem, ou seja, a partir da integral transcrição da linha argumentativa adotada, exatamente o que foi exigido pelo acórdão trazido à colação pelo recorrente, nas suas razões, o que, assim e diferentemente do alegado, não obstaculiza o contraditório e o exercício da ampla defesa; quer, ainda, porque e ao contrário do que foi mencionado pelo recorrente, a linha argumentativa desenvolvida do acórdão hostilizado, muito embora mencione a inconstitucionalidade daquele instrumento processual criado pela corte cidadã, não se limita a tal sustentação no detalhamento do respectivo descabimento, razão pela qual se perfilou como necessária a formalização de uma arguição de inconstitucionalidade e a sua subsequente remessa ao órgão especial deste tribunal. Nesse sentido, tem-se que, além da violação ao princípio da legalidade, com a criação de um novo recurso, bem como da autonomia das unidades federativas e dos tribunais para legislar sobre organização judiciária, igualmente foi versado que: -... no caso concreto, o instituto previsto na resolução em comento, apesar de ter o nome de `reclamação-, não pode ser considerada como tal. Trata-se de um instituto que existe para que o tribunal possa cassar decisões que afrontem a competência ou autoridade deste próprio tribunal. É um mecanismo de defesa do tribunal para que suas decisões não sejam desrespeitadas ou que sua competência não seja usurpada. A resolução 03/2016 do STJ cria uma espécie de `reclamação-, na qual o tribunal que a julga não é aquele que teve a sua declaração afrontada. Em outras palavras, o TJ julgará reclamação por violação de decisões de outro tribunal (STJ). Isso não é, na essência, uma reclamação. O instituto em análise foi disciplinado pelos artigos 988 a 993 do CPC 2015. Observa-se que a referida resolução viola claramente o §1º do art. 988, que reza: art. 988, §1º a reclamação pode ser interposta perante qualquer tribunal e seu julgamento compete ao órgão jurisdicional cuja competência se busca preservar ou cuja autoridade se pretenda garantir. ..-. Desprovimento dos embargos de declaração. (TJRJ; Rcl 0002500-44.2017.8.19.0000; Rio de Janeiro; Terceiro Grupo de Câmaras Criminais; Rel. Des. Luiz Noronha Dantas; DORJ 04/10/2017; Pág. 111)

I – preservar a competência do tribunal;

→ *v.* Enunciado 207 do FPPC: Cabe reclamação, por usurpação da competência do tribunal de justiça ou tribunal regional federal, contra a decisão de juiz de 1º grau que inadmitir recurso de apelação.

→ *v.* Enunciado 208 do FPPC: Cabe reclamação, por usurpação da competência do Superior Tribunal de Justiça, contra a decisão de juiz de 1º grau que inadmitir recurso ordinário, no caso do art. 1.027, II, 'b'.

→ *v.* Enunciado 209 do FPPC: Cabe reclamação, por usurpação da competência do Superior Tribunal de Justiça, contra a decisão de presidente ou vice-presidente do tribunal de 2º grau que inadmitir recurso ordinário interposto com fundamento no art. 1.027, II, "a".

→ *v.* Enunciado 349 do FPPC: Cabe reclamação para o tribunal que julgou o incidente de resolução de demandas repetitivas caso afrontada a autoridade dessa decisão.

→ *v.* Enunciado 350 do FPPC: Cabe reclamação, na Justiça do Trabalho, da parte interessada ou do Ministério Público, nas hipóteses previstas no art. 988, visando a preservar a competência do tribunal e garantir a autoridade das suas decisões e do precedente firmado em julgamento de casos repetitivos.

→ *v.* Enunciado 661 do FPPC: É cabível a fixação de honorários advocatícios na reclamação, atendidos os critérios legais.

→ *v.* Enunciado 685 do FPPC: Cabe reclamação, por usurpação de competência do Tribunal Superior, contra decisão do tribunal local que não admite agravo em recurso especial ou em recurso extraordinário.

II – garantir a autoridade das decisões do tribunal;

→ *v.* Art. 927 do NCPC.

Se o juízo de origem, após julgamento de recurso pelo tribunal, descumprir a ordem do TJ, cabível a reclamação por força deste inciso (no caso concreto, no mérito a reclamação foi improcedente)

✓ RECLAMAÇÃO. ART. 988. II, DO CÓDIGO DE PROCESSO CIVIL DE 2015. ALEGAÇÃO DE ATO JUDICIAL QUE AFRONTOU AUTORIDADE DE DECISÃO DESTE TRIBUNAL DE JUSTIÇA. NÃO VERIFICAÇÃO DE AFRONTA. TEORIA DO ADIMPLEMENTO SUBSTACIONAL. PERCENTUAL RECONHECIDO COMO PAGO QUE SE TRATA DE MERA ESTIMATIVA, NÃO VINCULANDO COBRANÇA QUANTO AO SALDO DEVEDOR. RECLAMAÇÃO JULGADA IMPROCEDENTE. Quando se aplica a teoria do adimplemento substancial para o fim de obstar a rescisão contratual, os percentuais aduzidos como valor pago refletem mera estimativa do julgador em relação às provas de pagamento visualizadas em comparativo ao preço constante do contrato, não vinculando eventual demanda de cobrança dos valores impagos. E isso porque o juiz não é contador, não atualizou cada pagamento antes de somá-lo, tampouco atualizou o salvo devedor e o preço. Ou seja, trata-se apenas de estimativa que jamais vinculará pedido posterior de cobrança ou acordo entre as partes, até porque, se a parte continuar inadimplente por muito tempo, por certo que o saldo devedor irá crescer consideravelmente. E é o que ocorre neste caso, pois a reclamante está inadimplente há mais de década. Nessa toada, a sentença prolatada pela juíza ora reclamada não afrontou o que havia sido decidido por este tribunal de justiça no bojo da apelação cível n. 70044979730, pois tão somente, nos autos de ação de cobrança movida pelo credor, observou o saldo devedor e condenou a devedora a pagá-lo. Se o valor é alto, isso se deve a um único fato: Inércia da reclamante em efetuar o pagamento. Não verificada afronta à decisão desta corte, merece ser julgada improcedente a presente reclamação. Reclamação julgada improcedente. Unânime. (TJRS; Rcl 0114853-22.2017.8.21.7000; Porto Alegre; Décima Sétima Câmara Cível; Relª Desª Liege Puricelli Pires; Julg. 26/09/2017; DJERS 03/10/2017)

III – garantir a observância de enunciado de súmula vinculante e de decisão do Supremo Tribunal Federal em controle concentrado de constitucionalidade;

→ Inciso III com redação alterada pela Lei 13.256/2016, em vigor no início da vigência da Lei 13.105/2015 – Novo CPC (*v.* art. 4º da Lei 13.256/2016).

→ *v.* Art. 927 do NCPC.

→ Anterior redação: III – garantir a observância de decisão do Supremo Tribunal Federal em controle concentrado de constitucionalidade; (...).

→ *v.* Enunciado 168 do FPPC: Os fundamentos determinantes do julgamento de ação de controle concentrado de constitucionalidade realizado pelo STF caracterizam a **ratio decidendi** do precedente e possuem efeito vinculante para todos os órgãos jurisdicionais.

IV – garantir a observância de acórdão proferido em julgamento de incidente de resolução de demandas repetitivas ou de incidente de assunção de competência;

→ Inciso IV com redação alterada pela Lei 13.256/2016, em vigor no início da vigência da Lei 13.105/2015 – Novo CPC (*v.* art. 4º da Lei 13.256/2016).

→ Anterior redação: IV – garantir a observância de enunciado de súmula vinculante e de precedente proferido em julgamento de casos repetitivos ou em incidente de

→ assunção de competência. (...).

→ *v.* Arts. 928, 947, 976 e 1.036 do NCPC.

→ *v.* Enunciado 558 do FPPC: Caberá reclamação contra decisão que contrarie acórdão proferido no julgamento dos incidentes de resolução de demandas repetitivas ou de assunção de competência para o tribunal cujo precedente foi desrespeitado, ainda que este não possua competência para julgar o recurso contra a decisão impugnada.

Decisão afirmando descaber reclamação para aplicar a tese firmada em repetitivo (que desconsidera o previsto no § 5º, II deste artigo)

✓ PROCESSUAL CIVIL. RECLAMAÇÃO CONSTITUCIONAL. DECISÃO DO TRIBUNAL RECLAMADO QUE NÃO OFENDE OBJETIVAMENTE DECISÃO EMANADA DO STJ. DESCABIMENTO. 1. Para que a reclamação constitucional seja admitida, é imprescindível que se caracterize, de modo objetivo, usurpação de competência deste Tribunal ou ofensa direta à decisão aqui proferida, circunstâncias não evidenciadas nos autos. 2. A reclamação de que tratam os artigos 105, inciso I, alínea "f ", da Constituição Federal e 988 do Código de Processo Civil de 2015 não se presta para verificar eventual equívoco no sobrestamento do feito na origem, baseado na ordem emanada de decisão de afetação de Recurso Especial ao julgamento sob o rito dos repetitivos, nem para dirimir divergência com entendimento firmado em recurso repetitivo, haja vista a exclusão expressa de tal possibilidade pela Lei nº 13.256/2016, que alterou a redação do inciso IV do artigo 988 do Código de Processo Civil de 2015. Precedentes. 3. Petição inicial indeferida. Processo extinto sem resolução de mérito. (STJ; Rcl 34.839; Proc. 2017/0244261-0; MG; Segunda Seção; Relª Minª Nancy Andrighi; DJE 28/09/2017)

§ 1º A reclamação pode ser proposta perante qualquer tribunal, e seu julgamento compete ao órgão jurisdicional cuja competência se busca preservar ou cuja autoridade se pretenda garantir.

§ 2º A reclamação deverá ser instruída com prova documental e dirigida ao presidente do tribunal.

§ 3º Assim que recebida, a reclamação será autuada e distribuída ao relator do processo principal, sempre que possível.

§ 4º As hipóteses dos incisos III e IV compreendem a aplicação indevida da tese jurídica e sua não aplicação aos casos que a ela correspondam.

§ 5º É inadmissível a reclamação:

→ *Caput* do § 5º com redação alterada pela Lei 13.256/2016, em vigor no início da vigência da Lei 13.105/2015 – Novo CPC (*v.* art. 4º da Lei 13.256/2016).

I – proposta após o trânsito em julgado da decisão reclamada;

→ Inciso I acrescentado pela Lei 13.256/2016, em vigor no início da vigência da Lei 13.105/2015 – Novo CPC (*v.* art. 4º da Lei 13.256/2016).

Se já transitou em julgado a decisão a se impugnar, descabe a reclamação

✓ RECLAMAÇÃO. PROPOSITURA APÓS O TRÂNSITO EM JULGADO DO ACÓRDÃO RECLAMADO. INADMISSIBILIDADE. ART. 988, § 5. º, I, DO CÓDIGO DE PROCESSO CIVIL DE 2015. FIXAÇÃO DA DATA DA OPOSIÇÃO DOS EMBARGOS DE DECLARAÇÃO COMO MARCO PARA INCIDÊNCIA DA REDAÇÃO ORIGINAL DO ART. 50 DA LEI Nº 9.099/1995 E DA DATA DO INÍCIO DO PRAZO PARA INTERPOSIÇÃO DE RECURSO CONTRA O ACÓRDÃO PARA ESTABELECIMENTO DAS REGRAS DE CONTAGEM DOS PRAZOS. EXTINÇÃO DO PROCESSO SEM RESOLUÇÃO DO MÉRITO. 1. Nos termos do art. 988, § 5. º, I, do CPC/2015, é inadmissível a reclamação proposta após o trânsito em julgado da decisão reclamada. 2. O art. 50 da Lei nº 9.099/1995, na redação anterior à modificação implementada pelo art. 1.065 do Código de Processo Civil de 2015, previa que os embargos de declaração suspendiam. E não interrompiam, como atualmente ocorre. O prazo para a interposição de outros recursos. 3. Embora a redação originária do referido art. 50 fizesse referência apenas a sentenças, a interpretação adequada desse dispositivo, coerentemente com o art. 2º, também da Lei nº 9.099/1995, é a de que deveria ele ser aplicado também a acórdãos, ante a celeridade que orienta os processos dos Juizados Especiais e por aplicação da máxima ubi eadem ratio ibi idem jus" (onde houver o mesmo fundamento haverá o mesmo direito). Precedentes da Primeira e da Segunda Seções Especializadas Cíveis deste Tribunal de Justiça. 4. Os embargos de declaração opostos contra acórdão de turma recursal prolatado sob a vigência da redação original do art. 50 da Lei nº 9.099/ 1995 apenas suspendem o prazo recursal, ainda que o acórdão que os rejeitou seja publicado sob a vigência do CPC/2015, porquanto o ato jurídico perfeito e acabado que configurou hipótese de incidência da referida regra de suspensão foi a oposição dos aclaratórios, não podendo o novo Código retroagir para modificar seus efeitos. 5. Pela mesma razão, a retomada da contagem do prazo para interposição de outros recursos após a rejeição de embargos de declaração opostos sob a égide do CPC/1973, mesmo que tal ocorra depois de o CPC/2015 haver entrado em vigor, deve observar o regramento do Código de Processo Civil revogado, posto que foi sob sua vigência que se deu o termo inicial do prazo, marco do regime jurídico a ser observado na contagem. Inteligência do art. 14 do CPC/2015. (TJPB; Rcl 0000492-42.2016.815.0000; Segunda Seção Especializada Cível; Rel. Des. Romero Marcelo da Fonseca Oliveira; DJPB 02/10/2017; Pág. 7)

II – proposta para garantir a observância de acórdão de recurso extraordinário com repercussão geral reconhecida ou de acórdão proferido em julgamento de recursos extraordinário ou especial repetitivos, quando não esgotadas as instâncias ordinárias.

→ Inciso II acrescentado pela Lei 13.256/2016, em vigor no início da vigência da Lei 13.105/2015 – Novo CPC (*v.* art. 4º da Lei 13.256/2016).

→ *v.* Súmula 734 STF.

→ Anterior redação: § 5º É inadmissível a reclamação proposta após o trânsito em julgado da decisão (...).

Decisão do STF entendendo que necessário mesmo o REsp antes de se utilizar a reclamação perante o Supremo

✓ Reclamação e esgotamento das vias ordinárias de impugnação. A Segunda Turma negou provimento a agravo regimental interposto contra decisão que negara seguimento a reclamação, em razão do não esgotamento das vias ordinárias de impugnação, conforme previsto no art. 988, § 5º, II, do novo Código de Processo Civil (CPC). Na espécie, a reclamação foi ajuizada contra acórdão proferido por tribunal regional eleitoral, que, ao manter pena de inelegibilidade fixada em sentença, teria desrespeitado o que decidido pelo Supremo Tribunal Federal (STF) no julgamento do RE 658.026/MG (DJE de 31.10.2014), com repercussão geral reconhecida. Em face do referido acórdão, o recorrente também interpôs recurso especial eleitoral no Tribunal Superior Eleitoral. Segundo o agravante, a regra inscrita no art. 988, § 5º, II, do CPC compreenderia apenas o exaurimento de recursos ordinários cabíveis no âmbito do tribunal de origem, de modo que a interposição de recurso especial eleitoral em nada prejudicaria o cabimento da reclamação. Para o Colegiado, a reclamação somente é cabível quando esgotados todos os recursos ordinários na causa em que proferido o ato supostamente contrário à autoridade de decisão do STF com repercussão geral reconhecida. Nesses termos, a hipótese de cabimento prevista no art. 988, § 5º, II, do CPC deve ser interpretada restritivamente, sob pena de o STF assumir, pela via da reclamação, a competência de pelo menos três tribunais superiores (Superior Tribunal de Justiça, Tribunal Superior do Trabalho, Tribunal Superior Eleitoral), para o julgamento de recursos contra decisões de tribunais de segundo grau de jurisdição. O ministro Dias Toffoli acompanhou o ministro Teori Zavascki (relator), mas ressalvou a aplicação do entendimento apenas aos casos provenientes da Justiça Eleitoral, em razão das características específicas do recurso especial eleitoral e das peculiaridades da composição do Tribunal Superior Eleitoral. Rcl 24686 ED -AgR/RJ; Segunda Turma; Rel. Min. Teori Zavascki; Julg. 28/10/2016, informativo 845/STF.

§ 6º A inadmissibilidade ou o julgamento do recurso interposto contra a decisão proferida pelo órgão reclamado não prejudica a reclamação.

Art. 989. Ao despachar a reclamação, o relator:

I – requisitará informações da autoridade a quem for imputada a prática do ato impugnado, que as prestará no prazo de 10 (dez) dias;

II – se necessário, ordenará a suspensão do processo ou do ato impugnado para evitar dano irreparável;

→ *v.* Art. 294 do NCPC.

III – determinará a citação do beneficiário da decisão impugnada, que terá prazo de 15 (quinze) dias para apresentar a sua contestação.

Se não houve, na inicial da reclamação, indicação do beneficiário da decisão, deve ser determinada a emenda

✓ EMBARGOS DE DECLARAÇAO NO AGRAVO INTERNO NA RECLAMAÇÃO Nº 0017274-22.2016.8.08.0000 EMBARGANTE. BV FINANCEIRA S/A. C.F. I. EMBARGADA. ROSILENE ALVES CAMPOS RELATOR. DES. SUBSTITUTO DÉLIO JOSÉ ROCHA SOBRINHO ACÓRDÃO PROCESSO CIVIL. EMBARGOS DE DECLARAÇÃO. ART. 1.022 DO CPC. INEXISTÊNCIA DE VÍCIOS. INCONFORMISMO DA PARTE. REDISCUSSÃO DA MATÉRIA. IMPOSSIBILIDADE NA VIA DOS ACLARATÓRIOS. PREQUESTIONAMENTO INSUSTENTÁVEL. ADVERTÊNCIA DE QUE NOVA INTERPOSIÇÃO DE EMBARGOS COM FINALIDADE MERAMENTE PROTELATÓRIA IMPLICARÁ EM MULTA. RECURSO CONHECIDO E DESPROVIDO. 1. Nos termos do art. 1.022 do CPC/2015, os embargos de declaração são cabíveis apenas nos casos de obscuridade, contradição, erro material ou omissão nas decisões judiciais. (EDCL nos EDCL no AGRG no AREsp 824.147/SP, Rel. Ministro Francisco FALCÃO, SEGUNDA TURMA, julgado em 13/12/2016; DJe 19/12/2016). 2. A questão relativa ao erro material constante do despacho que determinou a emenda à inicial foi enfrentada pelo acórdão embargado, tendo-se concluído que tal equívoco foi irrelevante e não decisivo, posto que é perfeitamente compreensível pela leitura do ato judicial que se fazia necessária a qualificação para fins do disposto no art. 989, III, do CPC/2015. 3. Não há que se falar, assim, em violação às premissas da proporcionalidade, da razoabilidade, do contraditório e da ampla defesa, até porque o procedimento legal de determinação de emenda à inicial foi devidamente observado, não tendo sido devidamente regularizada a situação pela parte reclamante, o que, inevitavelmente, importa na extinção anômala do feito, por força da literalidade do disposto no art. 321, parágrafo único, do CPC/2015. 4. Na verdade, o que almeja a embargante é obter do Poder Judiciário nova manifestação acerca das mesmas razões outrora analisadas, o que extrapola o âmbito dos embargos declaratórios, que não se prestam para aferir eventual justiça ou injustiça da decisão. 5. O caráter prequestionador dos embargos de declaração pressupõe o não enfrentamento ou a abordagem falha e insuficiente de determinada tese jurídica, o que não se verifica in casu. 6. Considerando que os embargos interpostos aparentarem distorcer a real finalidade da espécie recursal em cotejo, o embargante fica advertido que nova interposição de aclaratórios, com finalidade meramente protelatória, implicará em aplicação das penalidades previstas em Lei visando coibir a deslealdade processual. 7. Recurso conhecido e desprovido. (TJES; EDcl-Ag-Rcl 0017274-22.2016.8.08.0000; Primeiro Grupo de Câmaras Cíveis Reunidas; Rel. Des. Subst. Délio José Rocha Sobrinho; Julg. 05/06/2017; DJES 08/06/2017)

Art. 990. Qualquer interessado poderá impugnar o pedido do reclamante.

Art. 991. Na reclamação que não houver formulado, o Ministério Público terá vista do processo por 5 (cinco) dias, após o decurso do prazo para informações e para o oferecimento da contestação pelo beneficiário do ato impugnado.

Art. 992. Julgando procedente a reclamação, o tribunal cassará a decisão exorbitante de seu julgado ou determinará medida adequada à solução da controvérsia.

Procedente a reclamação, cabe a cassação da decisão impugnada

✓ RECLAMAÇÃO CONSTITUCIONAL. HIPÓTESES DE CABIMENTO. ART. 988 II DO CPC. AUTORIDADE DE DECISÃO DESTA CORTE. SOBREPOSIÇÃO DE JULGAMENTO DE RECURSO. INOBSERVÂNCIA DO JUÍZO. DECISSÃO CASSADA. RECLAMAÇÃO PROCEDENTE. 1 - A nova legislação processual civil, trouxe a amplitude das reclamações aos tribunais Estaduais, sem os entraves recursais, com o fim de propiciar uma melhor adequação sistêmica, nos casos expressamente mencionados, numerus clausus, no art. 988 do Código de Processo Civil. 2 – A redação delineada pelo art. 988 do CPC, inciso II, prevê a hipótese de cabimento da Reclamação para preservar a autoridade das decisões do Tribunal. 3 – A decisão judicial proferida pela instância revisora possui efeito de sobreposição a manifestação singular, não cabendo o magistrado o revolvimento da matéria, mormente por não ter havido alteração no quadro fático, típico de decisões produzidas em cognição rarefeita. 4 – O efeito de procedência da reclamação, segundo a regra do art. 992, do CPC/2015, por violação aos termos do art. 988, II, do mesmo diploma é a cassação da decisão reclamada. 4 – Reclamação julgada procedente. (TJES; Rcl 0005562-98.2017.8.08.0000; Rel. Des. Walace Pandolpho Kiffer; Julg. 27/07/2017; DJES 02/08/2017)

Art. 993. O presidente do tribunal determinará o imediato cumprimento da decisão, lavrando-se o acórdão posteriormente.

TÍTULO II
Dos Recursos

→ v. Art. 5º, LV, § 2º, da CF/1988.
→ v. Art. 25 da Convenção Americana sobre Direitos Humanos.

CAPÍTULO I
DISPOSIÇÕES GERAIS

Art. 994. São cabíveis os seguintes recursos:

I – apelação;

→ v. Art. 1.009 e seguintes do NCPC.

II – agravo de instrumento;

→ v. Art. 1.015 e seguintes do NCPC.

III – agravo interno;

→ v. Art. 1.021 do NCPC.

IV – embargos de declaração;

→ v. Art. 1.022 e seguintes do NCPC.

V – recurso ordinário;

→ v. Art. 1.027 e seguintes do NCPC.

VI – recurso especial;

→ v. Art. 1.029 e seguintes do NCPC.

VII – recurso extraordinário;

→ v. Art. 1.029 e seguintes do NCPC.

VIII – agravo em recurso especial ou extraordinário;

→ v. Art. 1.042 do NCPC.

IX – embargos de divergência.

→ v. Súmulas 158, 168, 315, 316 e 420 do STJ.
→ v. Arts. 1.043 e 1044 do NCPC.

<u>Pedido de reconsideração não é recurso. Há decisões que recebem a reconsideração como agravo interno</u>

✓ PROCESSUAL CIVIL. PEDIDO DE RECONSIDERAÇÃO RECEBIDO COMO AGRAVO INTERNO. VIOLAÇÃO DO ART. 535 DO CPC/73. AUSÊNCIA DE OBSCURIDADE, OMISSÃO OU CONTRADIÇÃO. FALTA DE PREQUESTIONAMENTO. SÚMULAS NºS 282/STF E 356/STF. REEXAME DE MATÉRIA PROBATÓRIA. IMPOSSIBILIDADE. SÚMULA Nº 7/STJ. AUSÊNCIA DE IMPUGNAÇÃO AOS FUNDAMENTOS DO ACÓRDÃO RECORRIDO. SÚMULA Nº 283/STF. AUSÊNCIA DE COTEJO ANALÍTCO ENTRE O ACÓRDÃO PROFERINDO IN CASU E OS PARADIGMAS COLACIONADOS. CONFIGURAÇÃO DO DISSÍDIO JURISPRUDENCIAL. 1. Em conformidade com os princípios da fungibilidade e da economia processual, e tendo em vista que o pedido de reconsideração não consta do rol de recursos do art. 994 do NCPC, é possível o recebimento pedido de reconsideração como agravo interno. (RCD no AREsp 886.650/SP, Rel. Ministro HUMBERTO MARTINS, SEGUNDA TURMA, julgado em 17/05/2016; DJe 25/05/2016) 2. Não há falar em violação do art. 535 do Código de Processo Civil/73 pois o Tribunal de origem dirimiu as questões pertinentes ao litígio. Tal como lhe foram postas e submetidas., apresentando todos os fundamentos jurídicos pertinentes, à formação do juízo cognitivo proferido na espécie. 3. Para que se configure o prequestionamento, há que se extrair do acórdão recorrido pronunciamento sobre as teses jurídicas em torno dos dispositivos legais tidos como violados, a fim de que se possa, na instância especial, abrir discussão sobre determinada questão de direito, definindo-se, por conseguinte, a correta interpretação da legislação federal. Incidência das Súmulas nºs 282/STF e 356/STF. 4. O Tribunal de origem consigna a necessidade de cassar a antecipação de tutela anteriormente concedida, pois não há nenhuma situação excepcional a autorizar a suspensão do feito executivo, mas, ao contrário, destaca-se a licitude dos atos de constrição patrimonial da recorrida. A reforma do aresto, neste aspecto, demanda inegável necessidade de reexame de matéria probatória, providência inviável de ser adotada em sede de Recurso Especial, ante o óbice da Súmula nº 7 desta Corte. 5. À falta de contrariedade, permanecem incólumes os motivos expendidos pelo acórdão recorrido, suficientes, por si sós, à manutenção do julgado. Súmula nº 283/STF. 6. Para a análise da admissibilidade do Recurso Especial pela alínea "c" do permissivo constitucional, torna-se imprescindível a indicação das circunstâncias que identifiquem ou assemelhem os casos confrontados, a fim de demonstrar a divergência jurisprudencial existente, o que não ocorreu no caso em apreço. 7. Pedido de reconsideração recebido como agravo interno não provido. (STJ; RCD -AREsp 835.643; Proc. 2015/0325638-5; SP; Quarta Turma; Rel. Min. Luis Felipe Salomão; DJE 02/02/2017)

Art. 995. Os recursos não impedem a eficácia da decisão, salvo disposição legal ou decisão judicial em sentido diverso.

→ *v.* art. 1.012 do NCPC

→ *v.* Enunciado 559 do FPPC: O efeito suspensivo **ope legis** do recurso de apelação não obsta a eficácia das decisões interlocutórias nele impugnadas.

A regra é a ausência de efeito suspensivo nos recursos, de modo que possível o cumprimento de sentença enquanto pendente REsp e RE

✓ AGRAVO DE INSTRUMENTO. AÇÃO ANULATÓRIA DE NEGÓCIO JURÍDICO E INDENIZAÇÃO. INSURGÊNCIA CONTRA DECISÃO QUE DETERMINA O CUMPRIMENTO DA SENTENÇA. Recurso Especial e extraordinário pendentes de julgamento. Artigo 995 do código de processo civil. Os recursos são, via de regra, dotados apenas de efeito devolutivo. Decisão mantida. Recursão não provido. (TJSP; AI 2185842-63.2016.8.26.0000; Ac. 10821229; São Paulo; Quinta Câmara de Direito Privado; Rel. Des. Erickson Gavazza Marques; Julg. 20/09/2017; DJESP 05/10/2017; Pág. 2126)

Deferimento de antecipação de tutela em acórdão sob o fundamento de que a regra é a ausência de efeito suspensivo nos recursos

✓ PREVIDENCIÁRIO. APELAÇÃO CÍVEL. CONCESSÃO DE APOSENTADORIA POR IDADE RURAL. LEI Nº 8.213/91. INÍCIO DE PROVA MATERIAL. CERTIDÃO DE CASAMENTO E CERTIDÃO DE ÓBITO DO CONJUGE. ADMISSIBILIDADE. PROVA TESTEMUNHAL. REGIME DE ECONOMIA FAMILIAR. PERÍODO DE CARÊNCIA COMPROVADO. ANTECIPAÇÃO DE TUTELA. VERBA DE SUCUMBÊNCIA. APELAÇÃO PROVIDA. I. A aposentadoria por idade rural está prevista nos artigos 11, 48 §§ 2º e 3º, 142 e 143 da Lei nº 8.213/91 tendo como pressupostos a exigência de que o labor rural tenha sido exercido em período imediatamente anterior ao requerimento do benefício, por tempo igual ao número de meses de contribuição correspondente à carência do benefício, além da idade de 60 anos para o homem e 55 para a mulher. II. É firme a jurisprudência do STJ no sentido de que, tendo em vista as peculiaridades do labor rural, para concessão de aposentadoria por idade rural, não se exige que a prova material do labor agrícola se refira a todo o período de carência, desde que haja prova testemunhal apta a ampliar a eficácia probatória dos documentos. III. As Certidões de Casamento e óbito do cônjuge, que registram a condição de labrador do de cujos, somadas a prova testemunhal no sentido de que a parte autora sempre exerceu atividade rural, são admitidas como prova da atividade em regime de economia familiar. IV. Comprovados os requisitos de idade e carência, bem como o exercício de atividade rural em regime de economia familiar, deve ser determinada a implantação do benefício por idade rural. V. Considerando que eventual recurso a ser interposto do acórdão não é dotado, em regra, de efeito suspensivo, conforme a disposição geral do artigo 995 do Código de Processo Civil de 2015 ("Art. 995. Os recursos não impedem a eficácia da decisão, salvo disposição legal ou decisão judicial em sentido diverso") e as disposições específicas referentes aos embargos de declaração (artigo 1.026) e aos recursos especial e extraordinário (§ 5º do artigo 1.029); que o caput do artigo 496 do Código de Processo Civil de 2015 (correspondente ao revogado artigo 475 do Código de Processo Civil de 1973) apenas impede a eficácia da sentença sujeita reexame necessário até a sua confirmação pelo tribunal, inexistindo óbice ao cumprimento imediato da obrigação de fazer decorrente da sentença e do acórdão proferidos (implantação do benefício previdenciário), mesmo que ainda não tenha ocorrido o seu trânsito em julgado, deve ser deferida a antecipação da tutela, determinando que o réu implante o benefício no prazo de 30 (trinta) dias, sob pena de multa diária no valor de R$ 500,00 (quinhentos reais) a ser revertida em favor da requerente. VI. Vencido, deve o réu arcar com o pagamento da verba honorária de 10% do valor da condenação, nos termos do artigo 85, §§ 2º e 3º, inciso I, do NCPC. VII. Apelação Cível a que se dá provimento. (TRF 2ª R.; Rec. 0000033-75.2017.4.02.9999; Segunda Turma Especializada; Rel. Des. Fed. Marcello Granado; Julg. 31/08/2017; DEJF 21/09/2017)

Parágrafo único. A eficácia da decisão recorrida poderá ser suspensa por decisão do relator, se da imediata produção de seus efeitos houver risco de dano grave, de difícil ou impossível reparação, e ficar demonstrada a probabilidade de provimento do recurso.

→ *v.* Enunciado 465 do FPPC: A concessão do efeito suspensivo ao recurso inominado cabe exclusivamente ao relator na turma recursal.

→ *v.* Enunciado 423 do FPPC: Cabe tutela de evidência recursal.

→ *v.* Enunciado 609 do FPPC. O pedido de antecipação de tutela recursal ou de concessão de efeito suspensivo a qualquer recurso poderá ser formulado por simples petição ou nas razões recursais.

Ausente os requisitos previstos neste parágrafo, o pedido de efeito suspensivo deve ser negado

✓ AGRAVO INTERNO. Decisão monocrática da relatora não concedendo efeito suspensivo ao agravo de instrumento conhecido apenas em parte. requisitos do artigo 995, parágrafo único, do CPC/15 que não se encontram presentes. exibição de documentos determinada pelo magistrado a quo. ausência de demonstração do perigo de dano irreparável ou de difícil reparação. probabilidade de provimento do recurso igualmente não evidenciada. mantido o recebimento do recurso apenas no efeito devolutivo. Recurso desprovido. (TJPR; Rec. 1567654-5/02; Engenheiro Beltrão; Décima Terceira Câmara Cível; Relª Desª Josély Dittrich Ribas; Julg. 06/09/2017; DJPR 09/10/2017; Pág. 303)

Art. 996. O recurso pode ser interposto pela parte vencida, pelo terceiro prejudicado e pelo Ministério Público, como parte ou como fiscal da ordem jurídica.

→ *V.* Súmulas 99, 202 e 226 do STJ.

Cabe também MS por terceiro prejudicado, especialmente quando o terceiro tem ciência da decisão que lhe atinge após o término do prazo recursal (itens I e II)

✓ DIREITO PROCESSUAL CIVIL. MANDADO DE SEGURANÇA CONTRA SENTENÇA TRANSITADA EM JULGADO. DETERMINAÇÃO DE TRANSFERÊNCIA DE DÉBITO TRIBUTÁRIO. PROCESSO DO QUAL NÃO PARTICIPOU O DISTRITO FEDERAL. TERCEIRO QUE NÃO É ALCANÇADO PELA COISA JULGADA. DIREITO LÍQUIDO E CERTO VIOLADO POR ATO ILEGAL. SEGURANÇA CONCEDIDA. I. Admite-se a impetração de mandado de segurança contra decisão judicial transitada em julgado que afeta diretamente a esfera jurídica de terceiro. II. A franquia recursal conferida ao terceiro pelo artigo 996, caput, do Código de Processo Civil, não interdita a possibilidade de impetração de mandado de segurança, desde que atendidos os pressupostos de admissibilidade, máxime quando toma ciência da decisão judicial depois de transcorrido o prazo para recorrer. III. O uso da técnica sub-rogatória do artigo 497 do Código de Processo Civil para determinar a transferência do veículo junto ao Detran/DF só é legítimo quando repercute apenas na esfera dominial e obrigacional dos próprios litigantes, na medida em que o patrimônio de terceiro não pode ser diretamente afetado por decisão judicial proferida em demanda alheia. IV. Ante a limitação subjetiva da eficácia da coisa julgada prescrita no artigo 506 do Código de Processo Civil, o terceiro pode exercer normalmente seus direitos em relação às partes, a despeito de eventual contraposição com a sentença proferida no processo ao qual não foi integrado. V. À luz do princípio da relatividade, o dever de pagamento dos tributos assumido pelo adquirente do automóvel não transpõe as fronteiras obrigacionais do contrato, muito menos autoriza a prolação de sentença que desconstitui crédito tributário em detrimento de terceiro. VI. A eficácia da sentença, no que diz respeito à transferência dos débitos de IPVA inscritos em dívida ativa, por afetar diretamente a esfera jurídica do Distrito Federal, dependeria da sua integração à relação processual na qualidade de litisconsorte passivo necessário, a teor do que disciplinam os artigos 114 e 115, inciso II, do Código de Processo Civil. VII. O crédito tributário do Distrito Federal não pode ser desconstituído ou ter a sua exigibilidade limitada por decisão judicial proferida em processo judicial do qual não participou. VIII. Segurança concedida. (TJDF; MSG 2016.00.2.038415-5; Ac. 105.0645; Segunda Câmara Cível; Rel. Des. James Eduardo Oliveira; Julg. 25/09/2017; DJDFTE 05/10/2017)

Julgado que reconhece o termo inicial do recurso de terceiro prejudicado a partir do momento da ciência do terceiro

✓ AGRAVO DE INSTRUMENTO. AÇÃO DE EXECUÇÃO. ADJUDICAÇÃO E EXPEDIÇÃO DE MANDADO DE IMISSÃO NA POSSE. Recurso interposto por terceiros prejudicados. Preliminares de defesa. Formalidade do art. 1.018, §3º, do CPC/2015. Decisão proferida pelo Juízo de origem, o qual se mostrou ciente do agravo menos de duas semanas após a interposição do recurso. Legitimidade recursal. Decisum recorrido que atinge a situação jurídica dos agravantes, terceiros prejudicados (art. 996 do CPC/2015). Interesse traduzido no direito de defesa contra tomada de medidas coercitivas sem prévia observância do contraditório. Tempestividade. Recurso interposto a partir da ciência formal do mandado de imissão na posse. Intimação por oficial de justiça realizada em data anterior, mas que foi dirigida a pessoa que não reside no imóvel alvo da imissão. Mérito. O mandado de imissão na posse, resultado bem sucedido do pedido adjudicatório, produz efeitos em relação ao devedor expropriado, observado prévio contraditório previsto no art. 876, §1º, do CPC/2015. Não se presta, porém, a conferir eficácia à pretensão reivindicatória contra terceiros que exerçam posse sobre a coisa. Necessidade de ajuizamento de ação autônoma fundada no ius possidendi. Observância da ampla defesa e do devido processo legal. Decisão reformada. Recurso provido. (TJSP; AI 2144431-40.2016.8.26.0000; Ac. 10763292; São Paulo; Vigésima Quarta Câmara de Direito Privado; Relª Desª Jonize Sacchi de Oliveira; Julg. 31/08/2017; DJESP 14/09/2017; Pág. 2640)

Parágrafo único. Cumpre ao terceiro demonstrar a possibilidade de a decisão sobre a relação jurídica submetida à apreciação judicial atingir direito de que se afirme titular ou que possa discutir em juízo como substituto processual.

Compete ao terceiro prejudicado demonstrar e provar o seu interesse

✓ AGRAVO DE INSTRUMENTO. EXECUÇÃO DE SENTENÇA. CASO CONCRETO. MATÉRIA DE FATO. TERCEIRO PREJUDICADO. ILEGITIMIDADE RECURSAL. Inteligência do art. 996, parágrafo único do CPC/15. Agravo de instrumento não conhecido. (TJRS; AI 0121872-79.2017.8.21.7000; Getúlio Vargas; Décima Quinta Câmara Cível; Rel. Des. Vicente Barrôco de Vasconcellos; Julg. 27/09/2017; DJERS 03/10/2017)

Art. 997. Cada parte interporá o recurso independentemente, no prazo e com observância das exigências legais.

§ 1º Sendo vencidos autor e réu, ao recurso interposto por qualquer deles poderá aderir o outro.

Somente cabe o recurso adesivo se houver sucumbência parcial ou recíproca. Se uma das partes não sucumbiu, não se conhece do adesivo

✓ APELAÇÃO CÍVEL. RECURSO ADESIVO. DIREITO PÚBLICO NÃO ESPECIFICADO. ENERGIA ELÉTRICA. AÇÃO DE COBRANÇA. OBRIGAÇÃO PROPTER PERSONAM. ALIENAÇÃO JUDICIAL DO IMÓVEL. FRAUDE NO MEDIDOR NÃO COMPROVADA. INEXIGIBILIDADE DO DÉBITO. IMPROCEDÊNCIA MANTIDA. Hipótese em que a sentença foi de improcedência, inexistindo sucumbência recíproca, requisito exigido para a interposição do recurso adesivo, nos termos do art. 997 do CPC. Tendo em vista que no presente caso não houve sucumbência recíproca, o recurso adesivo interposto não deve ser conhecido, por manifestamente inadmissível. A autora é prestadora de serviço público essencial à população, à qual é paga tarifa de energia elétrica como remuneração pelo serviço prestado, sendo obrigada, portanto, a fornecer um serviço adequado, eficiente, seguro e, no caso, contínuo, com base no art. 22 do CDC. A obrigação advinda do consumo de energia elétrica é "**propter personam**", respondendo o consumidor somente por débitos a que deu causa. Ausência de comprovação da fraude no medidor, de forma que é indevida a recuperação de consumo cobrada pela CEEE-d. Para ser realizada a chamada recuperação de consumo, é exigível a verificação de registro a menor no período indicado pela concessionária. No caso dos autos, não foi possível apurar a existência de variação considerável no consumo de energia, visto que não acostado o histórico deste, relativo ao período da cobrança. Recurso adesivo não conhecido. Apelação desprovida. (TJRS; AC 0123058-40.2017.8.21.7000; Porto Alegre; Primeira Câmara Cível; Rel. Des. Newton Luís Medeiros Fabrício; Julg. 13/09/2017; DJERS 04/10/2017)

✓ DIREITO ADMINISTRATIVO E PROCESSUAL CIVIL. RECURSO ADESIVO. NÃO CONHECIMENTO. AUSÊNCIA DE SUCUMBÊNCIA RECÍPROCA. INTELIGÊNCIA DO ARTIGO 997, §1º. DO CÓDIGO DE PROCESSO CIVIL/15. Apelação cível. ação declaratória, cumulada com cobrança. Preliminar de cerceamento de defesa. não acolhimento. cabível o julgamento antecipado da lide. litigância de má-fé. Não configuração. autora que não praticou conduta elencada no artigo 80 do código de processo civil/15. multa afastada. Recurso adesivo não conhecido. Recurso de apelação parcialmente provido. (TJPR; ApCiv 1669282-9; Curitiba; Quarta Câmara Cível; Rel. Des. Abraham Lincoln Calixto; Julg. 29/08/2017; DJPR 19/09/2017; Pág. 166)

§ 2º O recurso adesivo fica subordinado ao recurso independente, sendo-lhe aplicáveis as mesmas regras deste quanto aos requisitos de admissibilidade e julgamento no tribunal, salvo disposição legal diversa, observado, ainda, o seguinte:

I – será dirigido ao órgão perante o qual o recurso independente fora interposto, no prazo de que a parte dispõe para responder;

O prazo para interposição do adesivo é o das contrarrazões do recurso principal (vide item II)

✓ I. RECURSO DE REVISTA DO BANCO. BANCÁRIO. HORAS EXTRAS. DIVISOR APLICÁVEL. INCIDENTE DE RECURSO REPETITIVO. A SDBI-1 DESTA CORTE SUPERIOR, EM RECENTE DECISÃO EM INCIDENTE DE RECURSO REPETITIVO (TST-IRR-849-83.2013.5.03.0138), DE RELATORIA DO MINISTRO CLÁUDIO MASCARENHAS BRANDÃO, DEFINIU QUE O DIVISOR APLICÁVEL PARA CÁLCULO DE HORAS EXTRAS DOS BANCÁRIOS É DEFINIDO COM BASE NA REGRA GERAL PREVISTA NO ARTIGO 64 DA CLT. Em razão disso, foi aprovada a alteração da Súmula nº 124 desta Corte. Assim, o divisor aplicável para cálculo de horas extras do bancário é de 180 ou 220, para jornada de seis ou oito horas diárias, respectivamente, na forma da mencionada súmula, sendo irrelevante qualquer previsão normativa em sentido contrário. Na hipótese, o e. TRT concluiu que a norma coletiva tornou o sábado como sendo dia de repouso semanal remunerado e, por conta disso, o divisor aplicável para o cálculo da sobrejornada do empregado bancário seria o de 150. Logo, a referida decisão destoa do entendimento consolidado nesta Corte. Recurso de revista conhecido por contrariedade à Súmula nº 124 do TST e provido. II. AGRAVO DE INSTRUMENTO EM RECURSO DE REVISTA ADESIVO DO RECLAMANTE. O Tribunal Regional considerou o recurso de revista adesivo do reclamante intempestivo. No entanto, o art. 997, § 2º, I, do NCPC, reproduzindo o art. 500, I, do CPC de 1973, prevê que o recurso adesivo fica subordinado ao recurso independente e será dirigido ao órgão perante o qual o recurso independente fora interposto, no prazo de que a parte dispõe para responder. Com isso em mente, tem-se que, ao contrário do que consta do despacho que denegou seguimento ao recurso de revista, o prazo a ser considerado para a interposição do apelo adesivo é o momento de responder aos termos do recurso de revista principal. Nesse cenário, tendo o apelo adesivo do reclamante sido apresentado no prazo das contrarrazões ao recurso de revista, tem- se que ele está tempestivo. Logo, afastado o óbice fixado na decisão agravada e satisfeitos os requisitos extrínsecos do agravo de instrumento, passa-se ao exame dos demais pressupostos de admissibilidade do recurso de revista, nos termos da Orientação Jurisprudencial 282 da SBDI-1 do TST. EQUIPARAÇÃO SALARIAL. O Tribunal Regional consignou que... o paradigma foi contratado pelo Banco Bilbao Vizcaya Argentaria Brasil S.A. em 03.12.2002 para exercer a função de gerente geral e receber salário base no importe de R$ 2.580,65 e gratificação de função no valor de R$ 1.419,35. Posteriormente, quando o BBV foi incorporado pelo Banco Bradesco, o paradigma foi mantido no exercício da função de gerente e o salário recebido até então foi conservado. O autor, admitido em 1997 para o exercício da função de escriturário, alcançou o posto de gerente em 2005 (fl. 195). (fl. 237). Explicitou, ainda, que O paradigma veio de outro Banco, incorporado pelo Bradesco e, portanto, trouxe vantagens já adquiridas na empresa incorporada. Por esse motivo, o salário básico do paradigma, desde sua contratação, sem considerar a gratificação da função já era muito superior ao do autor. Assim, se a gratificação é calculada de acordo com o salário padrão do empregado, justifica-se a diferença dos valores. (fl. 237). Assim, o TRT concluiu que o paradigma é originário de outra empresa tendo sido incorporado pelo Banco e que trouxe vantagens salariais adquiridas na empresa anterior, e que por esse motivo, o seu salário básico, sem considerar a função de gratificação, era superior ao do reclamante. Portanto, justifica-se a existência de diferença de valores, uma vez que a gratificação é calculada de acordo com o salário básico do empregado. A manutenção da decisão de primeiro grau, que não reconheceu as diferenças salariais neste particular, encontra-se em consonância com o artigo 461 da CLT e com a Súmula/TST nº 6. HONORÁRIOS ADVOCATÍCIOS. CREDENCIAL SINDICAL. NECESSIDADE. Na Justiça do Trabalho, os honorários advocatícios são disciplinados por legislação própria, ficando a sua percepção condicionada ao preenchimento das exigências do art. 14 da Lei nº 5.584/1970. Estando o empregado assistido por advogado particular, não se verifica o correto preenchimento dos requisitos em questão, sendo indevida a verba honorária, nos termos da Súmula nº 219 do TST. Agravo de instrumento em recurso de revista adesivo conhecido e desprovido. Edital Unidade Publicadora: SETR3 De ordem dos Exmos. Srs. Ministros relatores, e em cumprimento ao art. 1021, §2º do CPC e da IN 39/TST, ficam as partes Agravadas intimadas para se manifestar, em 8 (oito) dias, sobre o recurso de Agravo/Agravo Regimental interposto. Brasília, 05 de outubro de 2017 ELIANE LUZIA BISINOTTO Secretária da 3ª Turma Secretaria da Quarta Turma Acórdão. (TST; ARR 3932800-63.2008.5.09.0029; Terceira Turma; Rel. Min. Alexandre de Souza Agra; Julg. 05/10/2017; DEJT 06/10/2017; Pág. 2109)

II – será admissível na apelação, no recurso extraordinário e no recurso especial;

→ *v.* Enunciado FONAJE (Fórum Nacional dos Juizados Especiais) 88: Não cabe recurso adesivo em sede de Juizado Especial, por falta de expressa previsão legal

III – não será conhecido, se houver desistência do recurso principal ou se for ele considerado inadmissível.

Ainda que haja debate quanto à tempestividade do recurso principal, se este não for conhecido, também o adesivo não será conhecido

✓ DESPESAS DE CONDOMÍNIO. COBRANÇA. Indisponibilidade do sistema que não ocasionou a prorrogação do prazo recursal, porquanto ocorrida durante seu transcurso. Intempestividade do recurso principal (art. 224, §1º, c/c art. 1003, §5º, ambos do CPC/15). Recurso adesivo, que por ser subordinado ao principal, também não merece ser conhecido (art. 997, §2º, III, do CPC/15). Recursos não conhecidos. (TJSP; APL 1007144-49.2016.8.26.0001; Ac. 10842630; São Paulo; Trigésima Quinta Câmara de Direito Privado; Rel. Des. Melo Bueno; Julg. 29/09/2017; DJESP 04/10/2017; Pág. 2282)

Art. 998. O recorrente poderá, a qualquer tempo, sem a anuência do recorrido ou dos litisconsortes, desistir do recurso.

Apresentado pedido de desistência do recurso, deve ser homologado

✓ AGRAVO DE INSTRUMENTO. EXECUÇÃO DE SENTENÇA. DESISTÊNCIA DO RECURSO. HOMOLOGAÇÃO. A desistência do recurso é uma faculdade unilateral do recorrente, ou seja, prescinde da anuência do recorrido, conforme dispõe expressamente o art. 998 do código de processo civil. Homologado o pedido de desistência do recurso. (TJRS; AI 0394386-80.2016.8.21.7000; Porto Alegre; Terceira Câmara Especial Cível; Rel. Des. Hilbert Maximiliano Akihito Obara; Julg. 29/09/2017; DJERS 05/10/2017)

Também no processo coletivo se aplica a regra da desistência não depender da parte contrária

✓ AGRAVO DE INSTRUMENTO. AÇÃO CIVIL PÚBLICA. FORNECIMENTO DE ÁGUA. PEDIDO DE DESISTÊNCIA. Pode a parte desistir do recurso que interpôs sem a anuência da parte adversa. Aplicação do disposto nos artigos 998 e 999 do CPC. Homologado pedido de desistência do agravo de instrumento. (TJRS; AI 0285059-69.2017.8.21.7000; Rio Grande; Segunda Câmara Cível; Rel. Des. João Barcelos de Souza Junior; Julg. 02/10/2017; DJERS 04/10/2017)

Também no JEC se aplica a regra da desistência não depender da parte contrária

✓ RECURSO INOMINADO. TURMA RECURSAL PROVISÓRIA DA FAZENDA PÚBLICA. PREVIMPA. SERVIDOR PÚBLICO MUNICIPAL DE PORTO ALEGRE. PROMOÇÃO. PEDIDO DE DESISTÊNCIA RECURSAL. Nos termos do art. 998 do novo código de processo civil, o recorrente poderá, a qualquer tempo, desistir do recurso interposto, independentemente de anuência da parte contrária. Assim, e diante da desistência expressa da parte recorrente, deve ser homologado o pedido, restando prejudicado o julgamento do recurso inominado. Homologado o pedido de desistência do recurso. Recurso inominado prejudicado. (TJRS; RCív 0003575-30.2017.8.21.9000; Porto Alegre; Primeira Turma Recursal Provisória Fazenda Pública; Relª Desª Marialice Camargo Bianchi; Julg. 25/09/2017; DJERS 05/10/2017)

Parágrafo único. A desistência do recurso não impede a análise de questão cuja repercussão geral já tenha sido reconhecida e daquela objeto de julgamento de recursos extraordinários ou especiais repetitivos.

→ *v.* Enunciado 213 do FPPC: No caso do art. 998, parágrafo único, o resultado do julgamento não se aplica ao recurso de que se desistiu.

→ v. Enunciado 352 do FPPC: É permitida a desistência do recurso de revista repetitivo, mesmo quando eleito como representativo da controvérsia, sem necessidade de anuência da parte adversa ou dos litisconsortes; a desistência, contudo, não impede a análise da questão jurídica objeto de julgamento do recurso repetitivo.

Art. 999. A renúncia ao direito de recorrer independe da aceitação da outra parte.

→ *v.* Art. 200 do NCPC.

Efetivada a renúncia ao direito de recorrer, eventual recurso interposto não será conhecido

✓ APELAÇAO CÍVEL. CONVERSÂO DE SEPARACAO JUDICIAL EM DIVORCIO. PRETENSÃO À ADOÇÃO DO NOME DO EX-MARIDO. OPÇÃO, QUANDO DA SEPARAÇÃO, PELO RETORNO AO NOME DE FAMÍLIA. EXPRESSA RENÚNCIA AO DIREITO DE RECORRER. PRECLUSÃO. Hipótese em que os recorrentes renunciaram expressamente ao direito de recorrer, impossibilitando o conhecimento de apelação posterior. Preclusão. Fato extintivo do direito de recorrer. Inteligência dos artigos 999 e 1.000, do novo código de processo civil. Recurso não conhecido (TJRS; AC 0126621-42.2017.8.21.7000; Porto Alegre; Sétima Câmara Cível; Relª Desª Sandra Brisolara Medeiros; Julg. 26/07/2017; DJERS 02/08/2017)

Art. 1.000. A parte que aceitar expressa ou tacitamente a decisão não poderá recorrer.

Parágrafo único. Considera-se aceitação tácita a prática, sem nenhuma reserva, de ato incompatível com a vontade de recorrer.

É possível que haja aceitação parcial; nesse caso, nesse capítulo o recurso não será conhecido, mas prosseguirá o julgamento quanto aos demais capítulos

✓ DISSÍDIO COLETIVO DE NATUREZA ECONÔMICA. RECURSO ORDINÁRIO. PRELIMINAR DE DESERÇÃO ARGUIDA EM CONTRARRAZÕES. Configura-se a deserção quando houver irregularidade no preparo do recurso, conforme dispõe o art. 1.007 do CPC/2015: no ato de interposição do recurso, o recorrente comprovará, quando exigido pela legislação pertinente, o respectivo preparo, inclusive porte de remessa e de retorno, sob pena de deserção. No caso, o alegado descumprimento da obrigação imposta na sentença normativa não torna o recurso deserto. Rejeita. se a preliminar. CLÁUSULA PRIMEIRA. VIGÊNCIA E DATA- BASE. CLÁUSULA SEGUNDA. CORREÇÃO DOS SALÁRIOS. ACORDO COLETIVO DE TRABALHO. PERDA SUPERVENIENTE DE INTERESSE RECURSAL. A recorrente apresentou documento (P. nº 127575/2017-5) contendo acordo coletivo de trabalho, no qual as partes pactuaram a concessão de reajuste salarial no patamar de 10,33% (dez vírgula trinta e três por cento), sobre os salários referentes ao período de novembro de 2015 a outubro de 2016. Diante dos termos da norma negociada, fica prejudicada a análise das impugnações constantes neste recurso ordinário, concernentes às Cláusulas Primeira. VIGÊNCIA E DATA-BASE e Segunda. CORREÇÃO DOS SALÁRIOS, nas quais a controvérsia residia justamente na concessão do reajuste salarial para o período de novembro de 2015 a outubro de 2016, e, ainda, quanto à data-base da categoria em 1º de novembro e respectivos efeitos da sentença normativa. Recurso ordinário que não se conhece quanto às Cláusulas Primeira. Vigência e Data-Base e Segunda. Correção Dos Salários, por falta de interesse superveniente, com amparo no parágrafo único do art. 1.000 do CPC/2015. CLÁUSULA TERCEIRA. PARTICIPAÇÃO NOS LUCROS E RESULTADOS. Nos termos do que dispõe o art. 114, § 2º, da Constituição Federal, a Justiça do Trabalho, em sede de dissídio coletivo de natureza econômica, detém competência para manter as cláusulas constantes em normas coletivas autônomas convencionadas anteriormente, por constituir conquista da categoria dos trabalhadores. Precedentes da SDC. Recurso ordinário a que se nega provimento. (TST; RO 0010741-37.2016.5.03.0000; Seção de Dissídios Coletivos; Relª Min. Kátia Magalhães Arruda; Julg. 11/09/2017; DEJT 09/10/2017; Pág. 73)

Recolhimento de custas e interposição de recurso discutindo a gratuidade negada é exemplo de concordância com a decisão recorrida

✓ AGRAVO DE INSTRUMENTO. CPC/15. PEDIDO DE JUSTIÇA GRATUITA. INDEFERIDO. RECOLHIMENTO PRÉVIO DE CUSTAS PROCESSUAIS. PRECLUSÃO LÓGICA. Uma vez negado o pedido de justiça gratuita, poderá a parte recorrer da decisão, por intermédio da interposição do recurso adequado, desprovido de preparo prévio. Na hipótese em que a parte recolhe o preparo, tem-se a preclusão lógica, uma vez que o ato de recolhimento das custas é incompatível com a concessão da assistência judiciária, não havendo que se falar em aplicação do art. 1000, parágrafo único do CPC/15, visto que não se trata de aquiescência. (TJMG; AI 1.0384.13.008891-5/001; Rel. Des. Luiz Artur Hilário; Julg. 19/09/2017; DJEMG 03/10/2017)

Art. 1.001. Dos despachos não cabe recurso.

Somente é despacho – e, portanto, irrecorrível – o ato judicial que não tenha carga decisória e só impulsione o processo

✓ PROCESSO CIVIL. DESPACHO. Ausência de carga decisória. Irrecorribilidade. Conforme expressa dicção do art. 1001 do CPC/2015, despachos de mero expediente, sem qualquer conteúdo decisório e que meramente impulsionam o processo, não são passíveis de recurso. (TRF 4ª R.; AG 5001575-47.2016.404.0000; Turma Regional Suplementar de SC; Rel. Desig. Des. Fed. Celso Kipper; Julg. 14/09/2017; DEJF 06/10/2017)

A simples remessa dos autos à Contadoria é despacho e, portanto, irrecorrível

✓ DIREITO PROCESSUAL CIVIL. AGRAVO DE INSTRUMENTO. CUMPRIMENTO PROVISÓRIO DE SENTENÇA. REMESSA À CONTADORIA. AUSÊNCIA DE CUNHO DECISÓRIO. HONORÁRIOS ADVOCATÍCIOS. PERCENTUAL CONSENTÂNEO COM O FIXADO NA CONDENAÇÃO. VALORES INCONTROVERSOS. QUESTÃO NÃO ABORDADA NO PRIMEIRO GRAU. DECISÃO MANTIDA. 1. – A determinação de remessa dos autos à Contadoria Judicial, por si só, não ostenta conteúdo decisório, tratando-se de simples despacho, espécie de pronunciamento do Juiz contra o qual não cabe recurso, nos termos do art. 1.001 do Código de Processo Civil. 2 – Tendo os honorários advocatícios de sucumbência sido fixados em 10% sobre o valor da condenação, divididos igualmente entre as partes, e não tendo havido alteração desse encargo no julgamento dos recursos de Apelação Cível, o cálculo do valor devido pelos Executados deve levar em consideração o percentual de 5%, nos exatos termos da decisão recorrida. 3 – A decisão agravada não contém indicação de valor incontroverso. Assim, a questão não pode ser examinada diretamente pelo Tribunal em Agravo de Instrumento, sob pena de supressão de instância e de violação ao princípio do duplo grau de jurisdição. Agravo de Instrumento desprovido. (TJDF; Proc. 0707.73.0.592017-8070000; Ac. 104.9979; Quinta Turma Cível; Rel. Des. Ângelo Canducci Passareli; Julg. 27/09/2017; DJDFTE 09/10/2017)

Acórdão apontando que a decisão que determina a emenda da inicial é irrecorrível, por ser um despacho (há inúmeras decisões em sentido inverso, à luz do Código anterior)

✓ APELAÇÃO. DIREITO PROCESSUAL CIVIL. SUCESSÃO. ALVARÁ JUDICIAL. EMENDA. INICIAL. 1. A determinação de emenda à inicial, para prosseguimento do feito como ação de inventário é despacho de mero expediente, não causando prejuízo à parte, sendo, portanto, irrecorrível. Disposição do art. 1.001 do NCPC. 2. Outrossim, o pleito de alvará é uma exceção à obrigatoriedade da realização do inventário, e, tendo os falecidos deixado bens a inventariar, incabível o pedido. Recurso não conhecimento. (TJRS; AC 0297626-35.2017.8.21.7000; Canguçu; Oitava Câmara Cível; Relª Desª Liselena Schifino Robles Ribeiro; Julg. 02/10/2017; DJERS 05/10/2017)

Art. 1.002. A decisão pode ser impugnada no todo ou em parte.

Possibilidade de recurso que impugne apensar parte da decisão de origem

✓ AGRAVO DE INSTRUMENTO. NEGÓCIOS JURÍDICOS BANCÁRIOS. EXPURGOS INFLACIONÁRIOS. RECURSO PARCIAL. ARTIGO 1.002 DO CÓDIGO DE PROCESSO CIVIL. LEGITIMIDADE ATIVA DO POUPADOR. DESNECESSÁRIA AUTORIZAÇÃO EXPRESSA AO IDEC PARA AJUIZAMENTO DE AÇÃO COLETIVA. INCOMPETÊNCIA TERRITORIAL. AFASTAMENTO. DECISÕES REPRESENTATIVAS DE CONTROVÉRSIA NO ÂMBITO DO SUPERIOR TRIBUNAL DE JUSTIÇA. RECURSO QUE CONTRARIA DECISÃO DO SUPERIOR TRIBUNAL DE JUSTIÇA REPRESENTATIVA DE CONTROVÉRISA. NEGADO PROVIMENTO MONOCRATICAMENTE. INTELIGÊNCIA DO ARTIGO 932, INCISO IV, ALÍNEA B DO CÓDIGO DE PROCESSO CIVIL. PREQUESTIONADOS DISPOSITIVOS LEGAIS. A sentença proferida pelo juízo da 12ª Vara Cível da circunscrição especial judiciária de Brasília/DF, na ação civil coletiva nº 1998.01.1.016798-9, que condenou o Banco do Brasil ao pagamento de diferenças decorrentes de expurgos inflacionários sobre cadernetas de poupança ocorridos em janeiro de 1989 (plano verão), é aplicável indistintamente a todos os detentores de caderneta de poupança do Banco do Brasil, independentemente de sua residência ou domicílio no Distrito Federal. Reconhece-se ao beneficiário o direito de ajuizar o cumprimento individual da sentença coletiva no juízo de seu domicílio ou no Distrito Federal. Os poupadores ou seus sucessores detêm legitimidade ativa, independentemente de fazerem parte ou não dos quadros associativos do idec, para o cumprimento individual da sentença coletiva proferida na ação civil pública nº 1998.01.1.016798-9 pelo juízo da 12ª Vara Cível da circunscrição especial judiciária de Brasília/DF. No caso, em razão do entendimento consolidado pelo Superior Tribunal de Justiça, no julgamento do RESP nº 1.391.198/RS, em respeito ao instituto da coisa julgada, inaplicáveis as decisões do rext nº 573.323/SC e rext nº 885.856/SP. Negado provimento ao agravo de instrumento. (TJRS; AI 0229964-54.2017.8.21.7000; Flores da Cunha; Vigésima Terceira Câmara Cível; Rel. Des. Alberto Delgado Neto; Julg. 24/08/2017; DJERS 29/08/2017)

Sendo o recurso parcial, isso impacta na fixação dos honorários recursais (item II.d)

✓ EMBARGOS DE DECLARAÇÃO NO AGRAVO INTERNO NO RECURSO ESPECIAL. Processual civil.

Omissão configurada. Acolhimento dos embargos para sanar o vício. Cabimento de honorários advocatícios recursais. Requisitos. I. Para fins de arbitramento de honorários advocatícios recursais, previstos no § 11 do art. 85 do CPC de 2015, é necessário o preenchimento cumulativo dos seguintes requisitos: 1. Direito intertemporal: deve haver incidência imediata, ao processo em curso, da norma do art. 85, § 11, do CPC de 2015, observada a data em que o ato processual de recorrer tem seu nascedouro, ou seja, a publicação da decisão recorrida, nos termos do Enunciado nº 7 do plenário do STJ: "somente nos recursos interpostos contra decisão publicada a partir de 18 de março de 2016, será possível o arbitramento de honorários sucumbenciais recursais, na forma do art. 85, § 11, do novo CPC"; 2. O não conhecimento integral ou o improvimento do recurso pelo relator, monocraticamente, ou pelo órgão colegiado competente; 3. A verba honorária sucumbencial deve ser devida desde a origem no feito em que interposto o recurso; 4. Não haverá majoração de honorários no julgamento de agravo interno e de embargos de declaração oferecidos pela parte que teve seu recurso não conhecido integralmente ou não provido; 5. Não terem sido atingidos na origem os limites previstos nos §§ 2º e 3º do art. 85 do código de processo civil de 2015, para cada fase do processo; 6. Não é exigível a comprovação de trabalho adicional do advogado do recorrido no grau recursal, tratando-se apenas de critério de quantificação da verba. II. A título exemplificativo, podem ser utilizados pelo julgador como critérios de cálculo dos honorários recursais: a) respeito aos limites percentuais estabelecidos nos §§ 2º e 3º do art. 85 do CPC de 2015; b) observância do padrão de arbitramento utilizado na origem, ou seja, se os honorários foram fixados na instância a quo em valor monetário, por meio de apreciação equitativa (§ 8º), é interessante que sua majoração observe o mesmo método; se, por outro lado, a verba honorária foi arbitrada na origem com base em percentual sobre o valor da condenação, do proveito econômico ou do valor atualizado da causa, na forma do § 2º, é interessante que o tribunal mantenha a coerência na majoração utilizando o mesmo parâmetro; c) aferição do valor ou do percentual a ser fixado, em conformidade com os critérios estabelecidos nos incisos I a IV do § 2º do art. 85; d) deve ser observado se o recurso é parcial, ou seja, se impugna apenas um ou alguns capítulos da sentença, pois em relação aos demais haverá trânsito em julgado, nos termos do art. 1.002 do CPC de 2015, de modo que os honorários devem ser arbitrados tendo em vista o proveito econômico que a parte pretendia alcançar com a interposição do recurso parcial; e) o efetivo trabalho do advogado do recorrido. III. No caso dos autos, além de o Recurso Especial ter sido interposto quando ainda estava em vigor o CPC de 1973 e não haver sido fixada verba honorária na origem, por se tratar de decisão interlocutória, a parte ora embargante pretende o arbitramento dos honorários recursais previstos no § 11 do art. 85 do novo CPC no âmbito do agravo interno, o que, como visto, não é cabível. IV. Embargos de declaração acolhidos para, sem atribuição de efeitos infringentes, sanar a omissão no acórdão embargado. (STJ; EDcl-AgInt-REsp 1.573.573; Proc. 2015/0302387-9; RJ; Terceira Turma; Rel. Min. Marco Aurélio Bellizze; DJE 08/05/2017)

Art. 1.003. O prazo para interposição de recurso conta-se da data em que os advogados, a sociedade de advogados, a Advocacia Pública, a Defensoria Pública ou o Ministério Público são intimados da decisão.

→ *v.* Arts. 231, 270, 272 e 274 do NCPC.

→ *v.* Enunciado 22 do FPPC: O Tribunal não poderá julgar extemporâneo ou intempestivo recurso, na instância ordinária ou na extraordinária, interposto antes da abertura do prazo.

§ 1º Os sujeitos previstos no *caput* considerar-se-ão intimados em audiência quando nesta for proferida a decisão.

Intimadas as partes para comparecer à audiência, se a sentença for nela proferida começa a correr daí o prazo recursal – mesmo para a Fazenda Pública

✓ PREVIDENCIÁRIO. AGRAVO DE INSTRUMENTO. EMBARGOS DE DECLARAÇÃO. RECURSO DE APELAÇÃO. INTEMPESTIVO. PROCURADOR AUTARQUICO REGULARMENTE INTIMADO PARA AUDIENCIA DE INSTRUÇÃO E JULGAMENTO. LEITURA DA SENTENÇA EM AUDIENCIA. TERMO INICIAL DO PRAZO PARA RECORRER. OBSCURIDADE. CONTRADIÇÃO. OMISSÃO. INEXISTÊNCIA. CARÁTER INFRINGENTE. INTUITO DE PREQUESTIONAMENTO. Inexistência de obscuridade, contradição ou omissão no Julgado. O acórdão embargado decidiu, de forma clara e precisa, acerca da intempestividade do apelo autárquico interposto perante o Juízo de primeiro grau. De acordo com o art. 1.003, § 1º, do CPC, proferida a decisão em audiência de instrução e julgamento, conta-se dessa data o prazo para a interposição de recurso. Para tanto, o representante da parte deve ter sido regularmente intimado a comparecer ao ato, ainda que não o faça. A regra geral prevista nos dispositivos citados, alcança também os procuradores federais, devendo ser assegurado, contudo, que a intimação para o comparecimento na audiência de instrução e julgamento obedeça a forma prevista no art. 17, da Lei nº 10.910/2004, que resguarda a prerrogativa de intimação pessoal. Regularmente intimado para a audiência de instrução e julgamento, o INSS considera-se intimado, na pessoa de seu procurador, no momento da leitura da sentença proferida em audiência, realizada em 29/07/2015. Há se reconhecer a intempestividade do recurso autárquico interposto somente em 14/04/2016. Agasalhado o V. Acórdão recorrido em fundamento consistente, não se encontra o magistrado obrigado a exaustivamente responder a todas as alegações das partes, nem tampouco ater-se aos fundamentos por elas indicados ou, ainda, a explanar acerca de todos os textos normativos propostos, não havendo, portanto, qualquer violação ao artigo 1.022, do CPC. O Recurso de Embargos de Declaração não é meio hábil ao reexame da causa. A explanação de matérias com finalidade única de estabelecer prequestionamento a justificar cabimento de eventual recurso não elide a inadmissibilidade dos embargos declaratórios quando ausentes os requisitos do artigo 1.022, do CPC. Embargos de declaração improvidos. (TRF 3ª R.; EDcl-AI 0015021-35.2016.4.03.0000; Oitava Turma; Relª Desª Fed. Tânia Marangoni; Julg. 18/09/2017; DEJF 03/10/2017)

§ 2º Aplica-se o disposto no art. 231, incisos I a VI, ao prazo de interposição de recurso pelo réu contra decisão proferida anteriormente à citação.

§ 3º No prazo para interposição de recurso, a petição será protocolada em cartório ou conforme as normas de organização judiciária, ressalvado o disposto em regra especial.

§ 4º Para aferição da tempestividade do recurso remetido pelo correio, será considerada como data de interposição a data de postagem.

→ *v.* Enunciado 96 do FPPC: Fica superado o enunciado 216 da súmula do STJ após a entrada em vigor do NCPC ("A tempestividade de recurso interposto no Superior Tribunal de Justiça é aferida pelo registro no protocolo da Secretaria e não pela data da entrega na agência do correio").

<u>Julgado aplicando a regra de tempestividade aqui prevista (entendimento não era esse à luz do CPC/1973)</u>

✓ EMBARGOS DE DECLARAÇÃO. PROCESSO CIVIL. TEMPESTIVIDADE. PROTOCOLO DE COLETA. AUSÊNCIA DE OMISSÃO, OBSCURIDADE OU CONTRADIÇÃO. REEXAME DO JULGADO. APRIMORAMENTO DA PRESTAÇÃO JURISDICIONAL. RECURSO PROVIDO PARA PRESTAR ESCLARECIMENTOS. 1. Nos termos do parágrafo 4º do artigo 1.003 do Código de Processo Civil: Para aferição da tempestividade do recurso remetido pelo correio, será considerada como data de interposição a data de postagem. 2. Os Embargos de Declaração tem fundamentação vinculada e se prestam a sanar obscuridade, omissão ou contradição existente na decisão embargada. A inexistência de vícios, todavia, não impede o aprimoramento da prestação jurisdicional. 3. Nos termos da tese jurídica firmada no verbete número 580 da Súmula Jurisprudencial do Colendo Superior Tribunal de Justiça: A correção monetária nas indenizações do seguro DPVAT por morte ou invalidez, prevista no § 7º do art. 5º da Lei nº 6.194/1974, redação dada pela Lei nº 11.482/2007, incide desde a data do evento danoso. 4. Dessa forma, a correção monetária a incidir sobre a data do evento danoso somente será paga na hipótese de não cumprimento do prazo administrativo para o pagamento da obrigação. Precedentes do nosso Tribunal. 5. Demais, realizada perícia judicial e constatado o recebimento a maior pelo beneficiário, não subsiste o dever de indenizar. 6. Consagrou o Novo Código de Processo Civil antigo posicionamento firmado pelo Supremo Tribunal Federal, segundo o qual é suficiente a mera oposição de Embargos de Declaração para se considerar prequestionada a matéria sobre a qual se pretenda interpor Recurso Especial ou extraordinário, ainda que ausente a sanação do vício. 7. Recurso conhecido e provido para prestar esclarecimentos. (TJDF; APC-EDcl-AC 2015.09.1.024163-2; Ac. 105.1147; Oitava Turma Cível; Rel. Des. Eustáquio de Castro; Julg. 28/09/2017; DJDFTE 09/10/2017)

§ 5º Excetuados os embargos de declaração, o prazo para interpor os recursos e para responder-lhes é de 15 (quinze) dias.

→ *v.* Arts. 180, 183, 186 e 229 do NCPC.

→ *v.* Enunciado 46 da ENFAM: O § 5º do art. 1.003 do CPC/2015 (prazo recursal de 15 dias) não se aplica ao sistema de juizados especiais.

<u>Julgando destacando que o prazo, no caso de carimbo ilegível, deve ser comprovado por certidão do tribunal de origem</u>

✓ PROCESSUAL CIVIL. AGRAVO INTERNO NOS EMBARGOS DE DECLARAÇÃO NO RECURSO ESPECIAL. RECURSO INTERPOSTO SOB A ÉGIDE DO CPC/1973. DATA DE INTERPOSIÇÃO. PROTOCOLO ILEGÍVEL. CERTIDÃO DO TRIBUNAL A QUO. AUSÊNCIA DE COMPROVAÇÃO DA TEMPESTIVIDADE PELO INTERESSADO. DOCUMENTO IDÔNEO. INEXISTÊNCIA. DECISÃO MANTIDA. 1. A publicação do acórdão recorrido ocorreu na vigência do código de processo civil de 1973, portanto, essa é a norma jurídica que deve ser observada para o exame dos pressupostos recursais, inclusive com as interpretações dadas pela jurisprudência desta corte. 2. O prazo para interposição do agravo em Recurso Especial é de 15 (quinze) dias úteis, a teor do que dispõem os arts. 206 e 1.003, § 5º, do CPC/2015. No caso, não lograram os recorrentes demonstrar a alegada tempestividade. 3. O entendimento do STJ se firmou no sentido de que, em caso de ilegibilidade do carimbo da petição original do especial, é dever da parte comprovar a tempestividade mediante certidão do tribunal de origem. 4. A juntada de mera cópia da petição do recurso não se equipara à certidão, para fins de fé pública. Precedentes. 5. Agravo interno a que se nega provimento. (STJ; AgInt-EDcl-REsp 1.664.579; Proc. 2014/0321134-4; SP; Quarta Turma; Rel. Min. Antonio Carlos Ferreira; DJE 09/10/2017)

<u>O prazo de 15 dias é para interpor o recurso e apresentar contrarrazões – e esse é também o prazo para a tempestividade do recurso adesivo</u>

✓ APELAÇÃO. AÇÃO DE RESCISÃO DE CONTRATO C/C DANOS MATERIAIS E MORAIS. VENDA DE IMÓ-

VEL. INTEMPESTIVIDADE. INOCORRÊNCIA. IMPOSSIBILIDADE DE TRANSFERÊNCIA. BEM FRUTO DE INVENTÁRIO. RESPONSABILIDADE CIVIL NÃO CONFIGURADA. DANOS MATERIAIS. MULTA CONTRATUAL. RESSARCIMENTO INDEVIDO. DANOS MORAIS. INEXISTÊNCIA. É tempestiva a resposta e o recurso de apelação adesiva aviados dentro do prazo de 15 (quinze) dias úteis previsto no artigo 1.003, § 5º do NCPC. Cabe ao adquirente do bem, buscar esclarecimentos acerca da situação jurídica na qual o bem se encontra. Não diligenciando em favor de seus interesses, caberá ao comprador suportar os prejuízos advindos de sua negligência. Cumpre ao autor, nos termos do art. 373, I, do CPC, comprovar a ocorrência de vício de vontade na realização do negócio jurídico. Não restando comprovada a culpa dos réus pela rescisão do contrato, não há falar em incidência da multa contratual. Deve ser julgada improcedente a ação de indenização por danos morais quando o autor não comprova que o réu não cumpriu com o contratado, causando-lhe danos de naturezas moral e material. (TJMG; APCV 1.0035.14.021367-5/001; Rel. Des. Alberto Henrique; Julg. 28/09/2017; DJEMG 06/10/2017)

§ 6º O recorrente comprovará a ocorrência de feriado local no ato de interposição do recurso.

→ *v.* Enunciado 551 do FPPC: Cabe Ao relator, antes de não conhecer do recurso por intempestividade, conceder prazo de cinco dias úteis para que o recorrente prova qualquer causa de prorrogação, suspensão ou interrupção do prazo recursal a justificar a tempestividade do recurso.

→ *v.* Enunciado 66 do CJF: Admite-se a correção da falta de comprovação do feriado local ou da suspensão do expediente forense, posteriormente à interposição do recurso, com fundamento no art. 932, parágrafo único, do CPC.

A comprovação de feriado local deve ser feita no momento da interposição do recurso, não sendo aplicável, no ponto, a possibilidade de posterior correção do recurso (art. 932, p.u. e art. 1.029, § 3º)

✓ PROCESSUAL CIVIL. AGRAVO INTERNO NO AGRAVO RECURSO ESPECIAL. CÓDIGO DE PROCESSO CIVIL DE 2015. APLICABILIDADE. INTEMPESTIVIDADE DO AGRAVO EM RECURSO ESPECIAL. ARTS. 219, 1.003, § 5º, E 1.070 DO CÓDIGO DE PROCESSO CIVIL DE 2015. FERIADO LOCAL. COMPROVAÇÃO POR AGRAVO INTERNO. IMPOSSIBILIDADE. ART. 1.003, § 6º DO CÓDIGO DE PROCESSO CIVIL DE 2015. APLICAÇÃO DE MULTA. ART. 1.021, § 4º, DO CÓDIGO DE PROCESSO CIVIL DE 2015. DESCABIMENTO. I. Consoante o decidido pelo Plenário desta Corte na sessão realizada em 09.03.2016, o regime recursal será determinado pela data da publicação do provimento jurisdicional impugnado. In casu, aplica-se o Código de Processo Civil de 2015 para o presente Agravo Interno e para Agravo em Recurso Especial, embora o Recurso Especial estivesse sujeito ao Código de Processo Civil de 1973. II. É intempestivo o Agravo em Recurso Especial interposto fora do prazo de quinze dias, previsto nos arts. 219, 1.003, § 5º, e 1.070, todos do Estatuto Processual civil de 2015. III. Nos termos do art. 1.003, § 6º, do Código de Processo Civil de 2015, o recorrente comprovará a ocorrência de feriado local no ato de interposição do recurso, não se admitindo a comprovação posterior. IV. Em regra, descabe a imposição da multa prevista no art. 1.021, § 4º, do Código de Processo Civil de 2015 em razão do mero desprovimento do Agravo Interno em votação unânime, sendo necessária a configuração da manifesta inadmissibilidade ou improcedência do recurso a autorizar sua aplicação, o que não ocorreu no caso. V. Agravo interno improvido. (STJ; AgInt-AREsp 987.532; Proc. 2016/0250052-8; MG; Primeira Turma; Relª Min. Regina Helena Costa; DJE 09/10/2017)

Decisão no mesmo sentido da acima exposta, agora proferida pela Corte Especial do STJ (órgão máximo deliberativo do Tribunal)

✓ AGRAVO INTERNO NO AGRAVO EM RECURSO ESPECIAL. FERIADO LOCAL. COMPROVAÇÃO. ATO DE INTERPOSIÇÃO DO RECURSO. 1. O propósito recursal é dizer, à luz do CPC/15, sobre a possibilidade de a parte comprovar, em agravo interno, a ocorrência de feriado local, que ensejou a prorrogação do prazo processual para a interposição do agravo em recurso especial. 2. O art. 1.003, § 6º, do CPC/15, diferentemente do CPC/73, é expresso no sentido de que "o recorrente comprovará a ocorrência de feriado local no ato de interposição do recurso". 3. Conquanto se reconheça que o novo Código prioriza a decisão de mérito, autorizando, inclusive, o STF e o STJ a desconsiderarem vício formal, o § 3º do seu art. 1.029 impõe, para tanto, que se trate de "recurso tempestivo". 4. A intempestividade é tida pelo Código atual como vício grave e, portanto, insanável. Daí porque não se aplica à espécie o disposto no parágrafo único do art. 932 do CPC/15, reservado às hipóteses de vícios sanáveis. 5. Seja em função de previsão expressa do atual Código de Processo Civil, seja em atenção à nova orientação do STF, a jurisprudência construída pelo STJ à luz do CPC/73 não subsiste ao CPC/15: ou se comprova o feriado local no ato da interposição do respectivo recurso, ou se considera intempestivo o recurso, operando-se, em consequência, a coisa julgada. 6. Agravo interno desprovido. (AgInt no AREsp 957.821/MS; Corte Especial; Rel. Min. Raul Araújo, Rel. p/ Acórdão Min. Nancy Andrighi; Julg. 20/11/2017; DJe 19/12/2017)

Art. 1.004. Se, durante o prazo para a interposição do recurso, sobrevier o falecimento da parte ou de seu advogado ou ocorrer motivo de força maior que suspenda o curso do processo, será tal prazo restituído em proveito da parte, do herdeiro ou do sucessor, contra quem começará a correr novamente depois da intimação.

→ *v.* Arts. 110 e 313 do NCPC.

No caso de morte durante a fluência do prazo recursal, deve haver a devolução do prazo

✓ DIREITO PROCESSUAL CIVIL. AGRAVO DE INSTRUMENTO. AÇÃO DE INDENIZATÓRIA EM SEDE DE CUMPRIMENTO DE SENTENÇA. REQUERIMENTO DE DECLARAÇÃO DE NULIDADE DE ATOS PROCESSUAIS PRATICADOS APÓS O FALECIMENTO DO REQUERIDO, SEM A OCORRÊNCIA DE SUSPENSÃO PROCESSUAL, NOS TERMOS DO ARTIGO 265, DO CPC/73. MORTE DA PARTE QUE ENSEJA A SUSPENSÃO AUTOMÁTICA DO PROCESSO E, SUA ULTERIOR DECLARAÇÃO JUDICIAL, DEVE RETROAGIR À DATA DO FATO OU, CASO O PROCESSO ESTEJA NA PENDÊNCIA DE JULGAMENTO DE RECURSO EM SEGUNDO GRAU, APÓS A PUBLICAÇÃO DO ACÓRDÃO. CERCEAMENTO DE DEFESA CONFIGURADO. RESTITUIÇÃO DO PRAZO RECURSAL AOS SUCESSORES OU HERDEIROS DO REQUERIDO FALECIDO, EM PRESTÍGIO À AGRAVO DE INSTRUMENTO Nº 1.578.306-1 FLS. 2 AGRAVO DE INSTRUMENTO Nº 1.642.198-8ESTADO DO PARANÁ PODER JUDICIÁRIO TRIBUNAL DE JUSTIÇAEFETIVIDADE DOS ATOS PROCESSUAIS, À INSTRUMENTALIDADE DAS FORMAS E À MÁXIMA PAS DE NULITTÉ SANS GRIEF, JÁ QUE A DECLARAÇÃO DE NULIDADE DOS ATOS PROCESSUAIS DEMANDA A EFETIVA DEMONSTRAÇÃO DO PREJUÍZO SOFRIDO PELA PARTE. JURISPRUDÊNCIA DO SUPERIOR TRIBUNAL DE JUSTIÇA. De acordo com o artigo 265, inciso I e § 1º, alíneas a e b, do Código de Processo Civil de 1973, se a morte da parte ocorrer após o início da audiência de instrução e julgamento (ou sessão no tribunal), o processo prosseguirá até a prolação da decisão final, sendo o advogado do falecido o seu substituto processual (atuando em nome próprio, defendendo interesses do conjunto de bens do falecido), publicada a decisão, o processo só então será suspenso. A suspensão do processo, em razão da morte de uma das partes, é automática e se inicia no momento da ocorrência do fato, tendo a decisão que a declara efeito ex tunc e sendo nulos os atos praticados após o falecimento. Por outro lado, caso a morte de qualquer das partes ocorra na pendência de recurso de julgamento na segunda instância e continuando o advogado a acompanhar a causa, a suspensão do processo para a habilitação de sucessores somente ocorrerá após o efetivo julgamento pelo órgão colegiado e publicação do acórdão. Não ocorrendo a declaração ex tunc da suspensão do processo para após a publicação de acórdão de apelação cível, verifica-se que aos herdeiros do falecido foi retirado o direito de tomar ciência da decisão judicial e avaliar a necessidade de manejar recurso competente, havendo manifesto Agravo de Instrumento nº 1.578.306-1 fls. 3 Agravo de Instrumento nº 1.642.198-8ESTADO DO PARANÁ PODER JUDICIÁRIO TRIBUNAL DE JUSTIÇA prejuízo (pas de nulitté sans grief) ante o cerceamento de defesa, consoante artigo 5º, inciso LV, da Constituição Federal. Conforme artigo 1.004, do Novo Código de Processo Civil, se, durante o prazo para a interposição do recurso, sobrevier o falecimento da parte ou de seu advogado ou ocorrer motivo de força maior que suspenda o curso do processo, será tal prazo restituído em proveito da parte, do herdeiro ou do sucessor, contra quem começará a correr novamente depois da intimação. RECURSO DE AGRAVO DE INSTRUMENTO Nº 1.578.306-1 CONHECIDO E PARCIALMENTE PROVIDO NO QUE TANGE À NULIDADE DOS ATOS PRATICADOS APÓS A PUBLICAÇÃO DO ACÓRDÃO DO RECURSO DE APELAÇÃO CÍVEL JULGADO NO PROCESSO, BEM COMO JULGAR PREJUDICADO O AGRAVO DE INSTRUMENTO Nº 1.642.198-8 E AS DEMAIS TESES DO AGRAVO DE INSTRUMENTO Nº 1.578.306-1. (TJPR; Ag Instr 1642198-8; Curitiba; Nona Câmara Cível; Rel. Des. Coimbra de Moura; Julg. 10/08/2017; DJPR 17/08/2017; Pág. 134)

Art. 1.005. O recurso interposto por um dos litisconsortes a todos aproveita, salvo se distintos ou opostos os seus interesses.

A previsão também se aplica aos Juizados

✓ RECURSO INOMINADO. CONSUMIDOR. Ação de repetição de indébito e indenização por danos morais. Compras no supermercado rissul. Isenção do estacionamento. Lapso temporal limitado a quatro horas. Comprovação de sinais distintivos a fim de informar o consumidor. Débitos devidos. Danos morais não configurados em concreto. Sentença reformada. Recurso provido com extensão a parte não recorrente nos termos do art. 1.005 do NCPC. (TJRS; RCív 0035644-18.2017.8.21.9000; Canoas; Primeira Turma Recursal Cível; Relª Juíza Fabiana Zilles; Julg. 25/07/2017; DJERS 02/08/2017)

Considerando que o recurso a todos aproveita, deve-se levar isso em conta no momento de fixação de honorários, inclusive recursais

✓ PROCESSUAL CIVIL. Concurso público. Ação ordinária. Improcedência. Honorários advocatícios. Fixação em quantia irrisória. Majoração. Art. 85 do código de processo civil de 2015. Sentença reformada. I. O §3 do artigo 85 do CPC/2015 dispõe que, nas causas em que a Fazenda Pública for parte, a fixação dos honorários advocatícios observará os critérios estabelecidos nos incisos I a IV do § 2º, bem como os percentuais previstos em seus incisos. Prevê o inciso III de seu § 4º, por seu turno, que, "em qualquer das hipóteses do § 3o, não havendo condenação principal ou não sendo possível mensurar o proveito econômico obtido, a condenação em honorários dar-se-á sobre o valor atualizado da causa". Por fim, dispõe o § 8º do mesmo dispositivo que, "nas causas em que for inestimável ou irrisório o proveito econômico ou, ainda, quando o valor da causa for muito baixo, o juiz fixará o valor dos honorários por apreciação equitativa, observando o disposto nos incisos do § 2o". II. Atribuído à causa o valor de R$ 100,00 (cem reais), incide o disposto no § 8º do art. 85 do CPC/2015. III. Considerando a baixa complexidade da demanda e o trabalho desenvolvido pelos advogados que representam os réus, razoável a fixação da verba honorária em R$ 1.000,00 pro rata, que, por sua vez, em razão da previsão do art. 1005 do CPC/2015, beneficia o réu cespe/unb. IV. Recurso de apelação da união a que se dá provimento. (TRF 1ª R.; AC 0034534-04.2011.4.01.3400; Sexta Turma; Rel. Des. Fed. Jirair Aram Meguerian; DJF1 09/10/2017)

Parágrafo único. Havendo solidariedade passiva, o recurso interposto por um devedor aproveitará aos outros quando as defesas opostas ao credor lhes forem comuns.

→ *v.* Enunciado 234 do FPPC: A decisão de improcedência na ação proposta pelo credor beneficia todos os devedores solidários, mesmo os que não foram partes no processo, exceto se fundada em defesa pessoal.

Exemplo de decisão de recurso aplicável a litisconsorte que não recorreu

✓ AGRAVO INTERNO. AGRAVO DE INSTRUMENTO. DECISÃO QUE, REJEITOU OS EMBARGOS DE DECLARAÇÃO OPOSTO EM FACE DE DECISÃO QUE HAVIA DETERMINADO A REALIZAÇÃO DE OBRAS DE ACESSIBILIDADE NA ESTAÇÃO DE QUEIMADOS, PELA SUPERVIA, NO PRAZO DE 180 DIAS, E O CUSTEIO DE TRANSPORTE PRIVADO AO AGRAVADO, PELO ESTADO E PELA SUPERVIA DE FORMA SOLIDÁRIA, ENQUANTO PERDURASSEM AS OBRAS DE ADEQUAÇÃO DA ESTAÇÃO. Conforme narrativa exposta pelo recorrente, tais embargos se referiam à decisão que já foi objeto de julgamento por parte desta Câmara no AI n. 0042525-36.2016.8.19.0000, agravo este interposto pelo ESTADO DO Rio de Janeiro, mas que figurou como interessada, igualmente, a Supervia, comparecendo, inclusive, em Audiência realizada perante este Juízo. O julgamento dos embargos de declaração, tão somente realizado após a decisão prolatada por esta E. Câmara que reformou a decisão agravada inicial originária, não é fundamento idôneo para interposição de novo agravo, quando a matéria já foi devolvida a esta Câmara por ocasião de recurso anterior manejado pelo ESTADO DO Rio de Janeiro, litisconsorte passivo solidário, quando tenha a agravante participando, ativamente, do contraditório e defesa, naquele feito. Cumprimento do artigo 10 do CPC. Afastamento da obrigação imediata de realização de obras de acessibilidade no prazo de 180 dias, com imposição de alternativa menos onerosa no momento. Ponto em que a decisão é mais benéfica, estendendo-se ao litisconsorte. Artigo 1005 e parágrafo único do CPC. Defesas comuns. Expansão dos efeitos da decisão. Outrossim, embora se reconheça o direito de impugnação da parte (artigo 997 do CPC), a decisão objeto de julgamento não existe mais, sendo substituída pelo acórdão (artigo 1008 do CPC), tanto que a parte dispositiva do acórdão, expressamente, dispõe que a decisão agravada foi reformada. Correta inadmissão do recurso de agravo de instrumento, na forma do artigo 932, III do CPC. Desprovimento do recurso. (TJRJ; AI 0023804-02.2017.8.19.0000; Queimados; Terceira Câmara Cível; Relª Desª Helda Lima Meireles; DORJ 04/09/2017; Pág. 208)

Art. 1.006. Certificado o trânsito em julgado, com menção expressa da data de sua ocorrência, o escrivão ou o chefe de secretaria, independentemente de despacho, providenciará a baixa dos autos ao juízo de origem, no prazo de 5 (cinco) dias.

Art. 1.007. No ato de interposição do recurso, o recorrente comprovará, quando exigido pela legislação pertinente, o respectivo preparo, inclusive porte de remessa e de retorno, sob pena de deserção.

O não cumprimento de obrigação imposta em sentença não pode acarretar a deserção – que somente se refere ao preparo

✓ DISSÍDIO COLETIVO DE NATUREZA ECONÔMICA. RECURSO ORDINÁRIO. PRELIMINAR DE DESERÇÃO ARGUIDA EM CONTRARRAZÕES. Configura-se a deserção quando houver irregularidade no preparo do recurso, conforme dispõe o art. 1.007 do CPC/2015: no ato de interposição do recurso, o recorrente comprovará, quando exigido pela legislação pertinente, o respectivo preparo, inclusive porte de remessa e de retorno, sob pena de deserção. No caso, o alegado descumprimento da obrigação imposta na sentença normativa não torna o recurso deserto. Rejeita. se a preliminar. CLÁUSULA PRIMEIRA. VIGÊNCIA E DATA- BASE. CLÁUSULA SEGUNDA. CORREÇÃO DOS SALÁRIOS. ACORDO COLETIVO DE TRABALHO. PERDA SUPERVENIENTE DE INTERESSE RECURSAL. A recorrente apresentou documento (P. nº 127575/2017-5) contendo acordo coletivo de trabalho, no qual as partes pactuaram a concessão de reajuste salarial no patamar de 10,33% (dez vírgula trinta e três por cento), sobre os salários referentes ao período de novembro de 2015 a outubro de 2016. Diante dos termos da norma negociada, fica pre judicada a análise das impugnações constantes neste recurso ordinário, concernentes às Cláusulas Primeira. VIGÊNCIA E DATA-BASE e Segunda. CORREÇÃO DOS SALÁRIOS, nas quais a controvérsia residia justamente na concessão do reajuste salarial para o período de novembro de 2015 a outubro de 2016, e, ainda, quanto à data-base da categoria em 1º de novembro e respectivos efeitos da sentença normativa. Recurso ordinário que não se conhece quanto às Cláusulas Primeira. Vigência e Data-Base e Segunda. Correção Dos Salários, por falta de interesse superveniente, com amparo no parágrafo único do art. 1.000 do CPC/2015. CLÁUSULA TERCEIRA. PARTICIPAÇÃO NOS LUCROS E RESULTADOS. Nos termos do que dispõe o art. 114, § 2º, da Constituição Federal, a Justiça do Trabalho, em sede de dissídio coletivo de natureza econômica, detém competência para manter as cláusulas constantes em normas coletivas autônomas convencionadas anteriormente, por constituir conquista da categoria dos trabalhadores. Precedentes da SDC. Recurso ordinário a que se nega provimento. (TST; RO 0010741-37.2016.5.03.0000; Seção de Dissídios Coletivos; Relª Min. Kátia Magalhães Arruda; Julg. 11/09/2017; DEJT 09/10/2017; Pág. 73)

§ 1º São dispensados de preparo, inclusive porte de remessa e de retorno, os recursos interpostos pelo Ministério Público, pela União, pelo Distrito Federal, pelos Estados, pelos Municípios, e respectivas autarquias, e pelos que gozam de isenção legal.

Desnecessidade de recolhimento de preparo os entes indicados no parágrafo

✓ RECURSO DE APELAÇÃO INTERPOSTO PELO INSS CONHECIDO, NOS TERMOS DO ART. 1007, PAR. 1º DO CPC/2015. REEXAME NECESSÁRIO CONHECIDO. SENTENÇA ILÍQUIDA PROFERIDA CONTRA O INSS. Súmula nº 423, do Supremo Tribunal Federal e Súmula nº 490, do Superior Tribunal de Justiça. Inteligência do art. 496, I do Código de Processo Civil. CPC/2015. Revisão de benefício. Majoração do valor da renda mensal para 50% do salário de benefício, com base na Lei nº 9032/95. Concessão do benefício durante a vigência de Lei anterior. Aplicação do princípio tempus regit actum. Sentença de procedência. Reforma. Recursos, do INSS e oficial, providos para julgar improcedente a pretensão inicial e, em consequência, extinguir o feito, com base no art. 487, inciso I, do CPC. (TJSP; APL 1000083-53.2016.8.26.0320; Ac. 10732002; Limeira; Décima Sexta Câmara de Direito Público; Rel. Des. Marcos de Lima Porta; Julg. 22/08/2017; DJESP 09/10/2017; Pág. 3268)

§ 2º A insuficiência no valor do preparo, inclusive porte de remessa e de retorno, implicará deserção se o recorrente, intimado na pessoa de seu advogado, não vier a supri-lo no prazo de 5 (cinco) dias.

→ v. Enunciado 98 do FPPC: O disposto nestes dispositivos aplica-se aos Juizados Especiais.

→ v. Enunciado 106 do FPPC: Não se pode reconhecer a deserção do recurso, em processo trabalhista, quando houver recolhimento insuficiente das custas e do depósito recursal, ainda que ínfima a diferença, cabendo ao juiz determinar a sua complementação.

Se não houver recolhimento do preparo na íntegra, a parte deve ser intimada a recolher. Se não recolher, há a deserção

✓ APELAÇÃO. Cumprimento de sentença. Impugnação. Rejeição. Extinção do cumprimento de sentença com fulcro no art. 924, inc. I do CPC. Determinação de complementação do valor recolhido a título de preparo. Não cumprimento da ordem. Ausência de pressuposto de admissibilidade recursal. Inteligência do artigo 1007, § 2º do CPC. Recurso não conhecido. (TJSP; APL 0004390-09.2015.8.26.0189; Ac. 10803638; Fernandópolis; Décima Sétima Câmara de Direito Privado; Rel. Des. Irineu Fava; Julg. 19/09/2017; DJESP 22/09/2017; Pág. 2308)

Decisão de Colégio Recursal no sentido da inaplicabilidade dessa previsão do NCPC aos Juizados Especiais

✓ EMBARGOS DE DECLARAÇÃO. INEXISTÊNCIA DE OMISSÃO. NÃO CONHECIMENTO DO RECURSO. IMPOSSIBILIDADE DE COMPLEMENTAÇÃO DO RECOLHIMENTO DO PREPARO/CUSTAS. INAPLICABILIDADE DO CPC. CONDENAÇÃO DO RECORRENTE AO PAGAMENTO DE HONORÁRIOS DE SUCUMBÊNCIA. CABIMENTO. ENUNCIADO Nº 122 FONAJE. EMBARGOS DE DECLARAÇÃO CONHECIDOS E REJEITADOS. 1. Conforme preceitua o art. 48 da Lei nº 9.099/95, alterado pela Lei nº 13.105/15, os embargos de declaração são cabíveis para esclarecer obscuridade, eliminar contradição, suprir omissão ou corrigir erro material. 2. Na espécie, não assiste razão ao embargante, posto que conforme que preceitua o Enunciado nº 122 Fonaje: -É cabível a condenação em custas e honorários advocatícios na hipótese de não conhecimento do recurso inominado. – 3. No caso sob exame, conforme esposado no item 3 da decisão colegiada, é inaplicável o art. 1.007, § 2º, do CPC, em observância ao Enunciado nº 80 do Fonaje, que assim dispõe: -O recurso Inominado será julgado deserto quando não houver o recolhimento integral do preparo e sua respectiva comprovação pela parte, no prazo de 48 horas, não admitida a complementação intempestiva (art. 42, § 1º, da Lei nº 9.099/1995) -. 4. Portanto, na espécie, não há qualquer defeito intrínseco na decisão que não recebeu o recurso. Na verdade, o embargante/réu, ao manifestar seu inconformismo, revela nítida tentativa de modificar a fundamentação ou o entendimento firmado pelos julgadores, o que é inadmissível na via estreita dos aclaratórios. 5. Embargos de Declaração conhecidos e rejeitados. (TJDF; Proc 0725.58.1.342015-8070016; Ac. 104.9723; Terceira Turma Recursal dos Juizados Especiais do Distrito Federal; Rel. Juiz Pedro de Araújo Yung Tay Neto; Julg. 26/09/2017; DJDFTE 06/10/2017)

§ 3º É dispensado o recolhimento do porte de remessa e de retorno no processo em autos eletrônicos.

§ 4º O recorrente que não comprovar, no ato de interposição do recurso, o recolhimento do preparo, inclusive porte de remessa e de retorno, será intimado, na pessoa de seu advogado, para realizar o recolhimento em dobro, sob pena de deserção.

→ v. Enunciado 97 do FPPC: Nos casos previstos no §4º do art. 1.007 do CPC, é de cinco dias o prazo para efetuar o preparo.

→ v. Enunciado 215 do FPPC: Fica superado o enunciado 187 da súmula do STJ ("É deserto o recurso interposto para o Superior Tribunal de Justiça, quando o recorrente não recolhe, na origem, a importância das despesas de remessa e retorno dos autos").

Impossibilidade de a deserção ser reconhecida de plano, sem dar a oportunidade de pagamento em dobro

✓ PROCESSUAL CIVIL (CPC/2015). Recurso especial. Agravo de instrumento não conhecido na origem. Deserção. Gratuidade da justiça indeferida. Massa falida. Ausência de comprovação da hipossuficiência reconhecida pelo tribunal a quo. Pagamento do preparo. Concessão de prazo para regularização. Necessidade. Recolhimento em dobro. Aplicação da norma contida no art. 1.007, § 4º, do CPC/2015. Pressuposto recursal específico. Matéria de ordem pública. Recurso Especial provido. (STJ; REsp 1.626.615; Proc. 2016/0244765-4; MG; Terceira Turma; Rel. Min. Paulo de Tarso Sanseverino; DJE 09/10/2017)

§ 5º É vedada a complementação se houver insuficiência parcial do preparo, inclusive porte de remessa e de retorno, no recolhimento realizado na forma do § 4º.

§ 6º Provando o recorrente justo impedimento, o relator relevará a pena de deserção, por decisão irrecorrível, fixando-lhe prazo de 5 (cinco) dias para efetuar o preparo.

→ v. Enunciado 610 do FPPC: Quando reconhecido o justo impedimento de que trata o 6º do art. 1.007, a parte será intimada para realizar o recolhimento do preparo de forma simples, e não em dobro.

Apelação sem preparo, determinado o recolhimento em dobro (§ 5º) e ainda assim não recolhido. Parte alega justo impedimento que, não reconhecido, acarreta a deserção

✓ APELAÇÃO CÍVEL. AÇÃO DE OBRIGAÇÃO DE FAZER. RELAÇÃO DE CONSUMO. Sentença de improcedência. Apelação do autor. Ausência de preparo na interposição do recurso. Intimação para recolhimento na forma dobrada. Recolhimento a menor. Deserção. Não conhecimento do recurso. Ao tempo do exercício de admissibilidade do recurso, já vigia o CPC/2015. Decisão proferida pelo relator do processo, concedendo prazo de 05(cinco) dias para recolhimento das custas na forma dobrada, sob pena de deserção. Preparo realizado a menor. O preparo é pressuposto objetivo de admissibilidade do recurso e sua ausência enseja a deserção. Por fim, nos moldes do artigo 1.007, parágrafo 2º, do NCPC, não se conhece do recurso, porquanto ausente requisito extrínseco de admissibilidade, in casu, o preparo dentro do prazo concedido, o que impede o exame do mérito. Ausente a hipótese prevista no art. 1.007 do CPC/2015, §6º, (justo impedimento), deve o recurso interposto, sem o devido preparo, ser julgado deserto. Precedentes desta corte estadual. Recurso não conhecido, porquanto ausente requisito extrínseco de admissibilidade. (TJRJ; APL 0288542-17.2014.8.19.0001; Rio de Janeiro; Vigésima Sexta Câmara Cível Consumidor; Rel. Des. Wilson do Nascimento Reis; DORJ 06/10/2017; Pág. 699)

§ 7º O equívoco no preenchimento da guia de custas não implicará a aplicação da pena de deserção, cabendo ao relator, na hipótese de dúvida quanto ao recolhimento, intimar o recorrente para sanar o vício no prazo de 5 (cinco) dias.

→ v. Enunciado 353 do FPPC: No processo do trabalho, o equívoco no preenchimento da guia de custas ou de depósito recursal não implicará a aplicação da pena de deserção, cabendo ao relator, na hipótese de dúvida quanto ao recolhimento, intimar o recorrente para sanar o vício no prazo de cinco dias.

Art. 1.008. O julgamento proferido pelo tribunal substituirá a decisão impugnada no que tiver sido objeto de recurso.

Ainda que acórdão substitua a sentença, se não há expressa revogação de uma condenação pelo acórdão, prevalece a sentença.

✓ AGRAVO DE INSTRUMENTO. RECONSIDERAÇÃO PARCIAL. PERDA SUPERVENIENTE PARCIAL DO OBJETO. COMUNICAÇÃO DO MM. JUIZ A QUO INFORMANDO A PARCIAL RECONSIDERAÇÃO DA DECISÃO AGRAVADA. MATÉRIAS RELATIVAS À INEXISTÊNCIA DE CONDOMÍNIO ENTRE AS PARTES, E A EXTINÇÃO DA EXECUÇÃO COM A CONSEQUENTE PERDA DO OBJETO DOS EMBARGOS DE TERCEIRO, QUE JÁ FORAM DEVIDAMENTE APRECIADAS PELO MM. JUIZ A QUO. PERDA SUPERVENIENTE PARCIAL DO OBJETO RECURSAL. PREJUDICADA A APRECIAÇÃO DESTAS MATÉRIAS. AGRAVO NÃO CONHECIDO, NESTES ASPECTOS. EMBARGOS DE TERCEIRO. FASE DE CUMPRIMENTO DE SENTENÇA. INDENIZAÇÃO. FRUTOS. PERÍCIA COMPLEMENTAR SOBRE O IMÓVEL. DECISÃO POSTERIOR REVOGA ANTERIOR. I. Reconhecido que o C. STJ deu provimento ao Recurso Especial do embargado, ora agravado, para reconhecer a fraude à execução e declarar a ineficácia da alienação do imóvel no tocante ao mesmo. Prevalecimento dos votos vencidos dos relatores sorteados do recurso de apelação e dos embargos infringentes, os quais reconheceram a obrigação de indenizar o agravado nos frutos que o imóvel rendeu, pelo uso da metade ideal. Obrigação, ademais, decorrente de texto expresso de Lei. Art. 1051 do ACPC, aplicável à época em que foram opostos os embargos de terceiro. II. Correta a determinação de complementação do laudo pericial, ante a necessidade de se apurar o valor correto das benfeitorias, objeto de divergência entre as partes. Ausência de premissas equivocadas ou desrespeito ao que foi decidido em agravo de instrumento anterior. III. Inexistência de decisão posterior que tenha revogado a determinação de indenizar o agravado pelos frutos que o imóvel rendeu, durante a indevida utilização do mesmo pela empresa agravante. Interpretação equivocada do disposto no art. 1008 do NCPC. Reconhecido, ademais, que apenas a parte dispositiva da decisão faz coisa julgada. Art. 504 do NCPC. Decisão mantida. Agravo improvido. CONTRA-

MINUTA. LITIGÂNCIA DE MÁ-FÉ. CARACTERIZAÇÃO. Age com má-fé a parte que deduz pretensão contra texto expresso de Lei ou fato incontroverso, como é o caso dos autos. Aplicação dos arts. 80, inciso I, e 81, do NCPC. Aplicação de multa de 1% sobre o valor atualizado da causa, em favor do agravado. Indenização, por outro lado, que deixa de ser fixada, vez que necessária à comprovação de efetivo prejuízo causado à parte adversa, em razão da conduta temerária, o que não se tem notícia nestes autos. Acolhido o pedido formulado em contraminuta. (TJSP; AI 2013729-69.2017.8.26.0000; Ac. 10826867; São Paulo; Vigésima Quarta Câmara de Direito Privado; Rel. Des. Salles Vieira; Julg. 21/09/2017; DJESP 29/09/2017; Pág. 3033)

<u>Deferida liminar e interposto agravo de instrumento, a posterior prolação de sentença não afasta a decisão do tribunal (tema polêmico na jurisprudência)</u>

✓ PROCESSUAL CIVIL. EMBARGOS DE DECLARAÇÃO. ANTECIPAÇÃO DA TUTELA. DEFERIMENTO. PROLAÇÃO DE SENTENÇA NO FEITO DE ORIGEM. PREJUDICIALIDADE DO AGRAVO NÃO CARACTERIZADA. EFICÁCIA DO JULGADO PROFERIDO PELO JUÍZO AD QUEM (CPC, ART. 1.008). OMISSÃO, CONTRADIÇÃO E OBSCURIDADE INEXISTENTES. CARÁTER INFRINGENTE DO JULGADO. IMPOSSIBILIDADE. ILEGITIMIDADE RECURSAL. I. Encontrando-se a controvérsia instaurada, em sede de medida liminar, devolvida à Corte Revisora e tendo esta, como no caso, examinado e mantido a decisão que concedeu, em parte, a antecipação da tutela recursal, o julgado recorrido, por via de agravo de instrumento, encontra-se integralmente substituído pelo decisum do Tribunal, nos termos do art. 1.008 do CPC vigente, devendo, por isso, manter a sua eficácia, até ulterior deliberação judicial da Turma julgadora, eis que não pode ser reformada, pelo juízo monocrático, sob pena de ocorrência de usurpação dessa competência pelo juízo singular, o que não se admite, em homenagem à ordem jurídica instalada em nosso país. Preliminar de prejudicialidade rejeitada. II. Nos termos do art. 966, caput, o CPC em vigor, o recurso pode ser interposto pela parte vencida, pelo terceiro prejudicado e pelo Ministério Público. III. Na hipótese dos autos, afiguram-se inadmissíveis os embargos de declaração opostos pelas Centrais Elétricas do Pará S/A. CELPA, por não integrar a relação processual instaurada no bojo do presente agravo de instrumento, que envolve, apenas, a Agência Nacional de Energia Elétrica. ANEEL (agravante) e o Ministério Público Federal, na condição de agravado. Ademais, tendo a referida empresa exercido o direito recursal por intermédio de outro agravo de instrumento, impugnando a mesma decisão hostilizada nestes autos, não se conhece dos aludidos embargos, em face do fenômeno da preclusão consumativa. lV. No mais, inexistindo, no acórdão embargado, qualquer omissão, contradição ou obscuridade, afiguram-se improcedentes os embargos declaratórios opostos pela Agência Nacional de Energia Elétrica. ANEEL, mormente em face do seu caráter eminentemente infringente do julgado, como no caso, a desafiar a interposição de recurso próprio. V. Não conhecimento dos embargos de declaração opostos pelas Centrais Elétricas do Pará S/A. CELPA. Desprovimento dos embargos de declaração da Agência Nacional de Energia Elétrica. ANEEL. (TRF 1ª R.; EDcl-AI 0003847-88.2013.4.01.0000; Quinta Turma; Rel. Des. Fed. Souza Prudente; DJF1 10/10/2017)

Capítulo II
DA APELAÇÃO

Art. 1.009. Da sentença cabe apelação.

→ *v.* Art. 203 do NCPC.
→ *v.* Art. 316 do NCPC.
→ *v.* Art. 485 e seguintes do NCPC.
→ *v.* Enunciado 390 do FPPC: Resolvida a desconsideração da personalidade jurídica na sentença, caberá apelação.
→ *v.* Enunciado 67 do CJF: Há interesse recursal no pleito da parte para impugnar a multa do art. 334, § 8º, do CPC por meio de apelação, embora tenha sido vitoriosa na demanda.

<u>Descabimento de se formular pedido em contrarrazões de apelação – salvo em relação a interlocutórias não agraváveis</u>

✓ DECLARAÇÃO EM APELAÇÃO CÍVEL. ALEGAÇÃO DE OMISSÃO. Questão referente à ausência de requerimento administrativo válido para emissão de boleto de quitação antecipada que deixou de ser analisado pela decisão embargada. Tese de que a matéria teria sido suscitada em contrarrazões e, por isso, não teria transitado em julgado. Rejeição. Contrarrazões que somente podem ser utilizadas para recorrer de decisões interlocutórias não agraváveis proferidas no curso do processo. Inteligência do art. 1.009 do CPC/2015. Matéria decidida como questão principal na sentença. Ausência, ademais, de qualquer requerimento de reforma da sentença na contraminuta apresentada, a qual pugnou pela manutenção integral da decisão. Vício de omissão inexistente. Embargos manifestamente protelatórios. Exegese do art. 1.026, § 2º, do CPC/2015. Condenação do embargante ao pagamento de multa de 2% sobre o valor atualizado da causa. Embargos rejeitados. (TJSC; EDcl 0601072-18.2014.8.24.0008/50001; Blumenau; Quarta Câmara de Direito Comercial; Rel. Des. Altamiro de Oliveira; DJSC 10/10/2017; Pag. 279)

§ 1º As questões resolvidas na fase de conhecimento, se a decisão a seu respeito não comportar agravo de instrumento, não são cobertas pela preclusão e devem ser suscitadas em preliminar de apelação, eventualmente interposta contra a decisão final, ou nas contrarrazões.

→ v. art. 1015 do NCPC

→ v. Enunciado 351 do FPPC: O regime da recorribilidade das interlocutórias do CPC aplica-se ao procedimento do mandado de segurança.

→ v. Enunciado 354 do FPPC: O art. 1009, §1°, não se aplica às decisões publicadas em cartório ou disponibilizadas nos autos eletrônicos antes da entrada em vigor do CPC.

→ v. Enunciado 355 do FPPC: Se, no mesmo processo, houver questões resolvidas na fase de conhecimento em relação às quais foi interposto agravo retido na vigência do CPC/1973, e questões resolvidas na fase de conhecimento em relação às quais não se operou a preclusão por força do art. 1.009, §1°, do CPC, aplicar-se-á ao recurso de apelação o art. 523, §1°, do CPC/1973 em relação àquelas, e o art. 1.009, §1°, do CPC em relação a estas.

→ *v.* Enunciado 559 do FPPC: O efeito suspensivo **ope legis** do recurso de apelação não obsta a eficácia das decisões interlocutórias nele impugnadas.

→ *v.* Enunciado 662 do FPPC: É admissível, impugnar, na apelação, exclusivamente a decisão interlocutória não agravável.

Descabimento de MS de decisão interlocutória não agravável, cuja única hipótese de impugnação seria em preliminar de apelação, prevista neste § 1° (vide art. 1.015)

✓ MANDADO DE SEGURANÇA. Impetração contra decisão judicial. Via processual inadequada. Decisão judicial interlocutória que, se não for passível de agravo de instrumento (artigo 1015 do NCPC), restará imune à preclusão e deverá ser discutida em sede de eventual apelação (NCPC, art. 1009 e seus §§). Vigente sistemática processual que não admite subterfúgios ou outros expedientes para frustrar a celeridade nele pretendida. Ausência, ademais, de qualquer direito líquido e certo, bem como de abusividade ou ilegalidade na decisão impetrada, que apenas segue orientação consolidada dos Tribunais Superiores e deste Tribunal de Justiça. Carência decretada, com a extinção do writ sem exame do mérito. (TJSP; MS 2084167-23.2017.8.26.0000; Ac. 10811026; São Simão; Segunda Câmara Reservada ao Meio Ambiente; Rel. Des. Roberto Maia; Julg. 14/09/2017; DJESP 29/09/2017; Pág. 3281)

Exemplo de provimento de apelação com base em preliminar de recurso que impugnou decisão interlocutória não agravável

✓ APELAÇÃO CÍVEL. AÇÃO DE COBRANÇA DE SEGURO DPVAT. PRELIMINAR DE CERCEAMENTO DE DEFESA. ACOLHIDA. INTELIGÊNCIA DO ART. 1.009, §1º, DO CPC/2015. PROVA PERICIAL. NECESSIDADE DE INTIMAÇÃO PESSOAL DO PERICIANDO. CERCEAMENTO DE DEFESA CONFIGURADO. RECURSO CONHECIDO E PROVIDO. I. Diante do caráter personalíssimo do exame médico pericial, impõe-se que a parte interessada seja intimada pessoalmente para comparecimento, sob pena de cerceamento de defesa, não bastando a cientificação via Diário da Justiça. II. Somente a eventual frustração da intimação pessoal, em razão da falta de atualização do endereço da parte, será compreendida como ato válido, conforme art. 106, §2º, do CPC/2015, permitindo-se, aí sim, o encerramento da instrução e julgamento do pedido sem realização da perícia. (TJMS; APL 0833404-45.2013.8.12.0001; Terceira Câmara Cível; Rel. Des. Marco André Nogueira Hanson; DJMS 10/10/2017; Pág. 61)

§ 2° Se as questões referidas no § 1° forem suscitadas em contrarrazões, o recorrente será intimado para, em 15 (quinze) dias, manifestar-se a respeito delas.

→ *v.* Enunciado 611 do FPPC: Na hipótese de decisão parcial com fundamento no art. 485 ou no art. 487, as questões exclusivamente a ela relacionadas e resolvidas anteriormente, quando não recorríveis de imediato, devem ser impugnadas em preliminar do agravo de instrumento ou nas contrazrrazões.

§ 3° O disposto no *caput* deste artigo aplica-se mesmo quando as questões mencionadas no art. 1.015 integrarem capítulo da sentença.

→ *v.* Enunciado 390 do FPPC: Resolvida a desconsideração da personalidade jurídica na sentença, caberá apelação.

→ *v.* Enunciado 93 do CJF – Da decisão que julga a impugnação ao cumprimento de sentença cabe apelação, se extinguir o processo, ou agravo de instrumento, se não o fizer.

Art. 1.010. A apelação, interposta por petição dirigida ao juízo de primeiro grau, conterá:

I – os nomes e a qualificação das partes;

II – a exposição do fato e do direito;

Se a apelação não expõe adequadamente as razões pela reforma, o recurso não deve ser conhecido (princípio da dialeticidade – vide art. 932, III)

✓ EXIBIÇÃO DE DOCUMENTOS. AÇÃO CAUTELAR. PRETENSÃO À EXIBIÇÃO DE CÓPIA DE DOCUMENTOS, QUE DERAM ENSEJO À NEGATIVAÇÃO. Determinação de emenda não atendida. Extinção do processo mantida. Apelação que não ataca, especificamente, os fundamentos da sentença. Descumprimento do artigo 1.010, II e III, do CPC/15. Sentença confirmada. Recurso não conhecido. (TJSP; APL 1000307-92.2017.8.26.0663; Ac. 10838327; Votorantim; Vigésima Sexta Câmara de Direito Privado; Rel. Des. Bonilha Filho; Julg. 28/09/2017; DJESP 10/10/2017; Pág. 2559)

✓ APELAÇÃO CÍVEL. AÇÃO MONITÓRIA. AUSÊNCIA DE RECOLHIMENTO DE EMOLUMENTO DO OFICIAL DE JUSTIÇA. EXTINÇÃO SEM RESOLUÇÃO DO MÉRITO. AUSÊNCIA DE PRESSUPOSTO DE CONSTITUIÇÃO E DESENVOLVIMENTO VÁLIDO E REGULAR DO PROCESSO. PRINCÍPIO DA DIALETI-

CIDADE. AUSÊNCIA DE IMPUGNAÇÃO ESPECÍFICA. NÃO CONHECIMENTO DO APELO. As razões da apelação devem conter os fundamentos de fato e de direito hábeis a ensejar o pedido de reforma ou anulação da sentença proferida pelo Julgador de origem, conforme art. 1.010 do CPC e em consonância com o princípio da dialeticidade. A ausência de impugnação específica ou impugnação dissociada do que foi decidido da sentença impõe o não conhecimento do recurso. Recurso não conhecido. (TJAM; APL 0633672-37.2015.8.04.0001; Primeira Câmara Cível; Rel. Des. Lafayette Carneiro Vieira Júnior; DJAM 09/10/2017; Pág. 30)

Porém, ainda quanto à dialeticidade, não deve ser rígida a análise quanto à impugnação da decisão

✓ APELAÇÃO CÍVEL. AÇÃO DE INDENIZAÇÃO POR DANOS MORAIS. PRELIMINAR DE NÃO CONHECIMENTO DO RECURSO E DE PERDA DO OBJETO. REJEIÇÃO. PROVA DA CONTRATAÇÃO/UTILIZAÇÃO DE SERVIÇOS BANCÁRIOS E DO INADIMPLEMENTO. VERIFICAÇÃO. NEGATIVAÇÃO. EXERCÍCIO REGULAR DE DIREITO. LITIGÂNCIA DE MÁ-FÉ. CARACTERIZAÇÃO. APLICAÇÃO DE MULTA. Se o Recurso ataca, adequadamente, o pronunciamento jurisdicional, não há que se falar em ofensa ao disposto no art. 1.010, II, do CPC/2015.. O mero cancelamento da negativação que deu ensejo ao ajuizamento da Demanda não importa na satisfação dos pedidos autorais, de declaração de inexistência da respectiva dívida e de reparação moral. Se o Requerido se desincumbiu de seu ônus probatório, produzindo prova documental que revela a celebração de Contrato entre os litigantes, assim como o inadimplemento de valor pelo qual o Autor se obrigou, é legítima a inscrição do nome do Devedor nos cadastros restritivos de crédito, decorrente do exercício regular de direito do Credor, que não enseja a sua responsabilidade civil. Constatando-se que o Demandante alterou a verdade dos fatos e tentou usar do processo para conseguir objetivo ilegal, manifesta a caracterização da sua litigância de má-fé, cabendo a condenação do Requerente ao pagamento de multa em favor da parte adversária. (TJMG; APCV 1.0707.15.008846-6/001; Rel. Des. Roberto Vasconcellos; Julg. 05/10/2017; DJEMG 10/10/2017)

III – as razões do pedido de reforma ou de decretação de nulidade;

IV – o pedido de nova decisão.

§ 1º O apelado será intimado para apresentar contrarrazões no prazo de 15 (quinze) dias.

§ 2º Se o apelado interpuser apelação adesiva, o juiz intimará o apelante para apresentar contrarrazões.

§ 3º Após as formalidades previstas nos §§ 1º e 2º, os autos serão remetidos ao tribunal pelo juiz, independentemente de juízo de admissibilidade.

→ *v.* Enunciado 99 do FPPC: O órgão **a quo** não fará juízo de admissibilidade da apelação.

→ *v.* Enunciado 207 do FPPC: Cabe reclamação, por usurpação da competência do tribunal de justiça ou tribunal regional federal, contra a decisão de juiz de 1º grau que inadmitir recurso de apelação.

→ *v.* Enunciado 208 do FPPC: Cabe reclamação, por usurpação da competência do Superior Tribunal de Justiça, contra a decisão de juiz de 1º grau que inadmitir recurso ordinário, no caso do art. 1.027, II, 'b'.

→ *v.* Enunciado 293 do FPPC: O juízo de retratação, quando permitido, somente poderá ser exercido se a apelação for tempestiva.

→ *v.* Enunciado 10 do CEAPRO: No processamento da apelação em primeiro grau não haverá decisão sobre a admissibilidade e nem sobre os efeitos do recurso.

→ *v.* Enunciado 356 do FPPC: Aplica-se a regra do art. 1.010, § 3º, às apelações pendentes de admissibilidade ao tempo da entrada em vigor do CPC, de modo que o exame da admissibilidade destes recursos competirá ao Tribunal de 2º grau.

→ *v.* Enunciado 474 do FPPC: O recurso inominado interposto contra sentença proferida nos juizados especiais será remetido à respectiva turma recursal independentemente de juízo de admissibilidade.

→ *v.* Enunciado 68 do CJF – A intempestividade da apelação desautoriza o órgão a quo a proferir juízo positivo de retratação.

Em casos de "erro grosseiro", pode o juiz de origem não admitir a apelação? A questão é polêmica, ainda em aberto. De qualquer forma, para impugnar a decisão do juiz de não admissão em tese possível reclamação e, fora do rol do art. 1.015, agravo de instrumento

✓ RECLAMAÇÃO Nº 0002860-56.2017.4.03.0000/SP. DECISÃO. Trata-se de reclamação proposta por Reinaldo Viotto Ferraz em face da r. decisão proferida pelo MM. Juízo da 3ª Vara Federal de Presidente Prudente, em ação pelo rito ordinário com sentença condenatória em danos morais e honorários advocatícios em face da Caixa Econômica Federal. O reclamante, autor e advogado no processo de origem (0003558-45.2006.4.03.6112), não tendo concordado com decisão proferida no âmbito do cumprimento de sentença, no tocante aos honorários advocatícios, interpôs apelação, a qual, todavia, teve seu seguimento obstado pelo Douto Juízo a quo, com fundamento de que se trata de recurso incorreto. Diante desta decisão, opôs embargos de declaração, os quais restaram rejeitados por decisão disponibilizada em 21/09/2016 (fls. 56). Por sua vez, aos 14/10/2016, o reclamante apresentou petição ao juízo de origem, arguindo a incompetência absoluta para a admissibilidade da apelação anteriormente interposta. Todavia, o MM. Juízo a quo não acolheu a arguição, em síntese, sob os seguintes fundamentos, in verbis: [...] caso houvesse sido prolatada sentença, e interposto recurso de apelação, este Juízo faria a remessa dos autos ao Tribunal competente, independente do juízo de admissibilidade. Entretanto, como já dito anteriormente, a questão ora debatida diz respeito ao equívoco da parte autora na apresentação do recurso cabível. Ante o exposto, não há que se falar em incompetência deste Juízo, uma vez que não se realizou qualquer análise do juízo de admissibilidade do recurso de apelação, mas, tão somente, houve manifestação acerca do recurso cabível ao caso, que, como já mencionado, é o agravo de instrumento e não apelação. Dessa forma, não acolho o pedido de incompetência apresentado pela parte autora/exequente, por não se tratar de manifestação de Juízo incompetente. [...]. Diante disso, insurge-se por meio da presente reclamação, sustentando tratar-se de hipóteses previstas no art. 988, I e II do CPC, ou seja, /"preservar a competência do tribunal/" e /"garantir a autoridade das decisões do tribunal/". Pugna pela concessão de antecipação dos efeitos da tutela. É o relatório. Decido. Nos termos do art. 988 do CPC, /"Caberá reclamação da parte interessada ou do Ministério Público para: I – preservar a competência do tribunal; II – garantir a autoridade das decisões do tribunal; [...]." In casu, o reclamante, autor e advogado no processo de origem, insurge-se contra a decisão do MM. Juízo a quo que negou seguimento à apelação, sob o fundamento de que se trata de recurso incorreto. Entretanto, interposta a apelação e escoado o prazo para contrarrazões, de acordo com o art. 1.010, §3° do CPC, /"os autos serão remetidos ao tribunal pelo juiz, independentemente de juízo de admissibilidade/". Dessa feita, /"Neste dispositivo reside importante novidade do novo CPC: o juízo de admissibilidade da apelação será feito uma única vez perante o Tribunal competente para julgá-la, não estando mais submetido, portanto, ao duplo exame/" (BUENO, Cássio Scarpinella. Novo Código de Processo Civil anotado. São Paulo: Saraiva, 2015, p. 648). Nesse cenário, não cabe à instância a quo proceder ao juízo de admissibilidade da apelação interposta. Nesse sentido, precedente desta C. Primeira Turma, in verbis: PROCESSUAL CIVIL. TRIBUTÁRIO. AGRAVO DE INSTRUMENTO. EXECUÇÃO FISCAL. DECISÃO QUE ACOLHE EM PARTE EXCEÇÃO DE PRÉ-EXECUTIVIDADE. INTERPOSIÇÃO DE APELAÇÃO PELA EXEQUENTE, JULGADA PREJUDICADA PELO JUÍZO A QUO EM FUNÇÃO DE ERRO GROSSEIRO. JUÍZO DE ADMISSIBILIDADE QUE SÓ COMPETE AO ÓRGÃO AD QUEM. ART. 1.010, CPC/2015. REQUERIMENTO DA RECORRENTE PARA QUE AS RAZÕES INVOCADAS NA APELAÇÃO SEJAM APRECIADAS NO PRESENTE AGRAVO DE INSTRUMENTO. INVIABILIDADE. TUMULTO PROCESSUAL. AGRAVO DE INSTRUMENTO PARCIALMENTE PROVIDO. – Recurso interposto pela Fazenda Nacional em face de decisão que, nos autos da execução fiscal de origem, entendeu prejudicado o recurso de apelação interposto pela agravante, em virtude de erro grosseiro. A apelação foi interposta contra decisão que acolheu parcialmente exceção de pré- executividade oposta pela executada. Busca a Fazenda Nacional, com o presente recurso, (i) que a apelação não seja considerada prejudicada; bem como (ii) o julgamento de mérito da apelação. – Na vigência do CPC/1973, cabia ao juízo de origem a análise dos pressupostos de admissibilidade do recurso de apelação, nos termos do § 2º do artigo 518 daquele diploma legal. Contudo, a sistemática recursal sofreu alterações com a edição do CPC/2015 que, em relação ao recurso de apelação, previu em seu artigo 1.010, §3º, não mais caber ao juízo de origem o exame dos pressupostos de admissibilidade recursal. Por tais fundamentos, razão assiste à agravante neste particular. – Todavia, no que toca ao pedido formulado pela agravante para que este Colegiado ingressasse no mérito do recurso de apelação interposto na origem, tenho que melhor sorte não lhe assiste. Com efeito, conhecer das razões invocadas pela Fazenda Nacional por ocasião da apelação apresentada na origem, no âmbito do presente agravo de instrumento, geraria um tumulto processual de grande monta. – Vale dizer: as razões invocadas em um determinado recurso (no caso, a apelação) não podem ser apreciadas nos autos de outro recurso (este agravo de instrumento), sob pena de subverter toda a lógica recursal contida na Lei Processual Civil. Sucede que a apelação deverá ser julgada quando subir a esta Corte Regional (desde que supere o juízo de admissibilidade a ser exercido no segundo grau de jurisdição), e não no seio este agravo de instrumento. – Agravo de instrumento a que se dá parcial provimento. (TRF3, AGRAVO DE INSTRUMENTO Nº 0015744-54.2016.4.03.0000/SP, Rel. Des. Fed. Wilson Zauhy, Primeira Turma, j. 24/01/2017, e-DJF3 07/02/2017 Pub. Jud. I – TRF). Assim, considerando que o juízo de admissibilidade da apelação encontra-se dentro das competências privativas desta E. Corte, cabível a propositura de reclamação, nos termos do art. 988, I, do CPC. Nesse sentido: TRIBUTÁRIO. RECLAMAÇÃO. COMPETÊNCIA. ARTIGO 988, DO CPC. APELAÇÃO. JUÍZO DE ADMISSIBILIDADE. 1. Nos termos do art. 988, inciso I, do CPC, caberá reclamação da parte interessada ou do Ministério Público para preservar a competência do tribunal. 2. O exame de admissibilidade da apelação é privativo do Tribunal, não devendo o juízo de primeira instância deixar de encaminhar os autos para o tribunal, ainda que manifestamente inadmissível o recurso. (TRF4 5043557-41.2016.404.0000, PRIMEIRA TURMA, Relatora MARIA DE FÁTIMA FREITAS LABARRÈRE, juntado aos autos em 24/03/2017) Diante do exposto, configurada a hipótese do art. 988, I, do CPC, impende seja deferida a liminar, nos termos do art. 989, II, da lei processual, a fim de que seja remetida a apelação a esta E. Corte. Dispensadas as informações da autoridade reclamada. Cite-se a Caixa Econômica Federal, nos termos do artigo 989, III, CPC. Transcorrido o prazo para contestação, intime-se o Ministério Público Federal, nos termos do art. 991 do CPC. Publique-se. São Paulo, 28 de julho de 2017. VALDECI DOS SANTOS Desembargador Federal

Art. 1.011. Recebido o recurso de apelação no tribunal e distribuído imediatamente, o relator:

I – decidi-lo-á monocraticamente apenas nas hipóteses do art. 932, incisos III a V;

No caso de não conhecimento do recurso, desnecessário o julgamento colegiado

✓ AGRAVO EM EMBARGOS DE DECLARAÇÃO. DECISÃO QUE NÃO CONHECEU OS EMBARGOS DE DECLARAÇÃO. RECURSO INADMISSÍVEL. POSSIBILIDADE DE DECISÃO MONOCRÁTICA. 1. O juízo de admissibilidade do recurso compete ao relator, nos casos previstos pelo artigo 1.011, I do CPC em conformidade com o disposto no artigo 932, III, também do CPC. Assim, no caso em análise, desnecessário submeter ao julgamento colegiado o exame de recurso manifestamente inadmissível. 2. Agravo interno desprovido. (TRF 4ª R.; AgInt-AC 5067876-89.2011.404.7100; RS; Quarta Turma; Rel. Des. Fed. Candido Alfredo Silva Leal Junior; Julg. 04/10/2017; DEJF 09/10/2017)

Existindo precedente vinculante, cabe a decisão monocrática (e não a suspensão do recurso), ainda que não tenha havido o trânsito em julgado da decisão que deu origem ao precedente – salvo se houver determinação pela suspensão

✓ AGRAVO INTERNO. JULGAMENTO POR DECISÃO MONOCRÁTICA. CPC/2015. SOBRESTAMENTO. DESNECESSIDADE. PREVIDENCIÁRIO. AGRAVO DESPROVIDO. 1. O julgamento monocrático deu-se nos termos do artigo 1.011 do Código de Processo Civil de 2015, haja vista a ocorrência de uma das hipóteses previstas no artigo 932 da legislação citada. 2. Desnecessária a suspensão do feito até que haja o julgamento definitivo da matéria, bem como, a análise da modulação de seus efeitos, haja vista que, em nenhum momento, foi determinado pelo C. STF o sobrestamento dos feitos que versassem sobre a desaposentação, razão pela qual deve ser aplicada de imediato a tese fixada pela nossa Suprema Corte, o que vem sendo feito pela Terceira Seção desta E. Corte. 3. O agravo não trouxe argumentos que infirmem a motivação exposta na decisão recorrida. 4. Agravo interno desprovido. (TRF 3ª R.; Ap-Rem 0029297-81.2015.4.03.9999; Décima Turma; Rel. Des. Fed. Nelson Porfirio; Julg. 08/08/2017; DEJF 21/08/2017)

II – se não for o caso de decisão monocrática, elaborará seu voto para julgamento do recurso pelo órgão colegiado.

Art. 1.012. A apelação terá efeito suspensivo.

→ v. Art. 995 do NCPC.

→ v. Enunciado 559 do FPPC: O efeito suspensivo **ope legis** do recurso de apelação não obsta a eficácia das decisões interlocutórias nele impugnadas.

→ v. Enunciado 21 do CEAPRO: O efeito suspensivo automático do art. 1.012, aplica-se ao agravo de instrumento interposto contra a decisão parcial do mérito.

A regra é a apelação com efeito suspensivo no NCPC, de modo que descabe – quando a apelação for recebida no duplo efeito – o início do cumprimento provisório de sentença

✓ CUMPRIMENTO PROVISÓRIO DE SENTENÇA. EXTINÇÃO, SEM JULGAMENTO DE MÉRITO. Descabimento da pretensão pendente ainda recurso de apelação com atribuição de efeito suspensivo, por força de Lei, conforme previsão do art. 1012, caput, do CPC. Apelo improvido. (TJSP; APL 0018449-44.2016.8.26.0196; Ac. 10845029; Franca; Trigésima Quarta Câmara de Direito Privado; Rel. Des. Soares Levada; Julg. 02/10/2017; DJESP 10/10/2017; Pág. 2680)

Aplicação da regra do duplo efeito também em casos do ECA

✓ APELAÇÃO. ESTATUTO DA CRIANÇA E DO ADOLESCENTE (ECA). Representação pela prática do ato infracional análogo ao crime de roubo duplamente circunstanciado pelo emprego de arma de fogo e concurso de pessoas (art. 157, § 2º, I e II do CP). Sentença procedente. Aplicação de medida socioeducativa de internação. Recurso defensivo. Preliminar. Pleito da defesa de concessão de duplo efeito aos recursos interpostos. Inexistência de aplicação de medida socioeducativa provisória no curso do processo. Inteligência do disposto no art. 198, caput, do ECA e art. 1.012, § 1º, do NCPC/2015. Falta de interesse recursal. Recurso da defesa não conhecido no ponto. Mérito. Representados que, em coautoria com outro agente e mediante a utilização de ameaças de morte e uso ostensivo de arma de fogo, invadiram uma residência e subtraíram bens das vítimas. Confissão na fase extrajudicial. Representados reconhecidos pelas vítimas. Apreensão de parte dos bens subtraídos na posse de um dos menores logo após a prática do ato infracional. Negativa de autoria na fase judicial dissociada do conjunto probatório. Materialidade e autoria comprovadas. Condenação mantida. Aplicação da medida de internação pelo juízo a quo. Superveniência da maioridade civil que não autoriza o abrandamento ou a exclusão da medida socioeducativa, que pode ser aplicada até que o infrator complete 21 anos de idade (art. 2º, parágrafo único, da Lei n. 8.069/1990). Decurso do prazo de mais de 2 (dois) entre a data do ato infracional e a sentença que não autorizam a exclusão ou a alteração da medida socioeducativa. Gravidade concreta do ato infracional que justifica a manutenção da medida extrema. Um dos representados preso posteriormente em duas ações penais pela suposta prática de dois crimes de roubo e um delito de receptação. Prisão em processo diverso que não impede a aplicação da medida socioeducativa. Medida socioeducativa de internação mantida. Recurso conhecido parcialmente e desprovido. (TJSC; ACR 0000241-46.2015.8.24.0020; Criciúma; Segunda Câmara Criminal; Rel. Des. Volnei Celso Tomazini; DJSC 10/10/2017; Pag. 396)

§ 1º Além de outras hipóteses previstas em lei, começa a produzir efeitos imediatamente após a sua publicação a sentença que:

I – homologa divisão ou demarcação de terras;

II – condena a pagar alimentos;

III – extingue sem resolução do mérito ou julga improcedentes os embargos do executado;

→ *v.* Súmulas 317e 331 do STJ.

IV – julga procedente o pedido de instituição de arbitragem;

V – confirma, concede ou revoga tutela provisória;

→ *v.* Enunciado 217 do FPPC: A apelação contra o capítulo da sentença que concede, confirma ou revoga a tutela antecipada da evidência ou de urgência não terá efeito suspensivo automático.

VI – decreta a interdição.

§ 2º Nos casos do § 1º, o apelado poderá promover o pedido de cumprimento provisório depois de publicada a sentença.

§ 3º O pedido de concessão de efeito suspensivo nas hipóteses do § 1º poderá ser formulado por requerimento dirigido ao:

→ *v.* Enunciado 465 do FPPC: A concessão do efeito suspensivo ao recurso inominado cabe exclusivamente ao relator na turma recursal.

<u>Mesmo nos casos em que há somente o efeito devolutivo, é possível pleitear a concessão de efeito suspensivo</u>

✓ AGRAVO REGIMENTAL. DECISÃO MONOCRÁTICA. DEFERIMENTO DE EFEITO SUSPENSIVO À APELAÇÃO. POSSIBILIDADE. REQUISITOS LEGAIS PREENCHIDOS. RECURSO IMPROVIDO. 1. É possível a atribuição do efeito suspensivo à apelação conforme dispõe o art. 1.012, §2º do NCPC. 2. A concessão da suspensão dos efeitos da sentença ocorrerá quando preenchidos os requisitos legais, quais sejam, a probabilidade de provimento do recurso ou se, sendo relevante a fundamentação, houver risco de dano gravo ou de difícil reparação. Art. 1.012, §4º do NCPC. 3. Provimento negado. (TJAM; AG 0006113-26.2016.8.04.0000; Primeira Câmara Cível; Relª Desª Maria das Graças Pessoa Figueiredo; DJAM 09/10/2017; Pág. 27)

I – tribunal, no período compreendido entre a interposição da apelação e sua distribuição, ficando o relator designado para seu exame prevento para julgá-la;

<u>Exemplo de pleito de concessão de efeito suspensivo a recurso com base no inciso I</u>

✓ AGRAVO INTERNO (ART. 1.021 DO CPC/2015) EM PETIÇÃO (ART. 1.012, § 3º, I, DO CPC/2015). AÇÃO DE DEMARCAÇÃO E REINTEGRAÇÃO DE POSSE. DECISÃO MONOCRÁTICA QUE INDEFERIU REQUERIMENTO DE EFEITO SUSPENSIVO AO RECURSO DE APELAÇÃO CÍVEL. IRRESIGNAÇÃO DA REQUERIDA/APELANTE. PRETENSÃO DE SUSPENSÃO DOS EFEITOS DA EFICÁCIA DA SENTENÇA QUE JULGOU PROCEDENTE A EXORDIAL PARA HOMOLOGAR O MARCO DEMARCATÓRIO E ORDENAR A REINTEGRAÇÃO NA POSSE, COM ESTEIO EM PERÍCIA TÉCNICA. INTELIGÊNCIA DO ART. 1.012, § 1º, INC. I, DO CPC/2015. - À LUZ DO ART. 1.012, § 1º, INC. I, DO CÓDIGO DE PROCESSO CIVIL DE 2015, A SENTENÇA QUE HOMOLOGA DIVISÃO OU DEMARCAÇÃO DE TERRAS PRODUZIRÁ EFEITOS IMEDIATAMENTE APÓS A PUBLICAÇÃO, SENDO QUE O RECURSO DE APELAÇÃO SERÁ RECEBIDO APENAS NO EFEITO DEVOLUTIVO. IMPOSSIBILIDADE DE DISCUSSÃO DAS RAZÕES DE APELAÇÃO EM SEDE PREAMBULAR. REQUISITOS DO ART. 995, PARÁGRAFO ÚNICO E ART. 1.012, § 4º, DO CPC/2015 NÃO CONFIGURADOS. DECISUM MONOCRÁTICO MANTIDO. [...] a sua aplicação requer a probabilidade de provimento do recurso ou, sendo relevante a fundamentaçao, o risco de dano grave ou de difícil reparação, suficientes para afastar a incidência da regra da devolutividade conferida ao recurso em tela nas situações desse jaez. Todavia, não demonstrados os requisitos dispostos no § 4º do art. 1.012 da nova Lei Processual Civil, há de ser mantida a decisão que indeferiu o pedido de atribuição de efeitos suspensivo ao recurso de apelação, motivo pelo qual se nega provimento ao recurso. " (TJSC, Agravo n. 4007134-74.2017.8.24.0000, de Camboriú, Rel. Des. Joel Figueira Júnior, j. 27-07-2017). RECURSO CONHECIDO E DESPROVIDO. (TJSC; AG 4007077-56.2017.8.24.0000/50000; Pinhalzinho; Segunda Câmara de Direito Civil; Rel. Des. Rubens Schulz; DJSC 10/10/2017; Pag. 176)

II – relator, se já distribuída a apelação.

§ 4º Nas hipóteses do § 1º, a eficácia da sentença poderá ser suspensa pelo relator se o apelante demonstrar a probabilidade de provimento do recurso ou se, sendo relevante a fundamentação, houver risco de dano grave ou de difícil reparação.

→ *v.* Art. 294 do NCPC.

→ *v.* Enunciado 423 do FPPC: Cabe tutela de evidência recursal.

Exemplo de atribuição de efeito suspensivo a apelação que em regra teria apenas efeito devolutivo – concedido em sede de agravo interno, após a decisão monocrática inicialmente negar a concessão de efeito suspensivo

✓ AGRAVO INTERNO. DIREITO PROCESSUAL CIVIL. DECISÃO QUE INDEFERIU PEDIDO DE ATRIBUIÇÃO DE EFEITO SUSPENSIVO A RECURSO DE APELAÇÃO. PRESENÇA DOS PRESSUPOSTOS DO ART. 1012, § 4º, DO CPC. I. A antecipação da tutela deferida em 1º grau pode realmente causar sério gravame, quiçá irreversível, ao requerente, considerando ainda a complexidade da causa e a profundidade dos debates nela travados, não sendo de se desprezar que ao caso seja dada solução diversa, nesta instância; II. Agravo interno provido, para o fim de atribuir efeito suspensivo ao recurso de apelação aparelhado em face da sentença proferida na ação referida neste feito. (TRF 2ª R.; Pet 0012488-33.2016.4.02.0000; Primeira Turma Especializada; Rel. Des. Fed. Antonio Ivan Athié; Julg. 25/09/2017; DEJF 10/10/2017)

Impossibilidade de atribuição de efeito suspensivo com base no perigo reverso

✓ DECISÃO MONOCRÁTICA QUE RECEBEU O RECURSO NO DUPLO EFEITO. AÇÃO DE COBRANÇA DE HONORÁRIOS ADVOCATÍCIOS. Tutela antecipada de bloqueio judicial de valores implicitamente revogada na sentença de improcedência. Requerimento do apelante de aplicação do efeito suspensivo a apelação, com fundamento nos §§ 3º e 4º do art. 1.012, do CPC/15. Pedido atendido. Irresignação da parte apelada. Pleito de recebimento do apelo somente no efeito devolutivo. Objetivo de executar provisoriamente a sentença e de levantar os valores depositados em juízo. Impossibilidade. Periculum in mora inverso. Sentença que determina a liberação dos valores depositados somente após o trânsito em julgado. Decisão monocrática mantida. Recurso desprovido. (TJSC; AG 0317237-26.2014.8.24.0038/50000; Joinville; Quarta Câmara de Direito Civil; Rel. Des. Rodolfo C. R. S. Tridapalli; DJSC 10/10/2017; Pag. 197)

Art. 1.013. A apelação devolverá ao tribunal o conhecimento da matéria impugnada.

→ *v.* Arts. 141 e 492 do NCPC.

→ *v.* Enunciado 357 do FPPC: Aplicam-se ao recurso ordinário os arts. 1.013 e 1.014.

§ 1º Serão, porém, objeto de apreciação e julgamento pelo tribunal todas as questões suscitadas e discutidas no processo, ainda que não tenham sido solucionadas, desde que relativas ao capítulo impugnado.

→ *v.* Enunciado 100 do FPPC: Não é dado ao tribunal conhecer de matérias vinculadas ao pedido transitado em julgado pela ausência de impugnação.

→ *v.* Enunciado 102 do FPPC: O pedido subsidiário ou alternativo (art. 326) não apreciado pelo juiz é devolvido ao tribunal com a apelação.

§ 2º Quando o pedido ou a defesa tiver mais de um fundamento e o juiz acolher apenas um deles, a apelação devolverá ao tribunal o conhecimento dos demais.

§ 3º Se o processo estiver em condições de imediato julgamento, o tribunal deve decidir desde logo o mérito quando:

I – reformar sentença fundada no art. 485;

Em qualquer hipótese de extinção sem mérito cabe a aplicação da teoria da causa madura, que permite ao Tribunal, desde logo, julgar o mérito

✓ APELAÇÃO CÍVEL. EMBARGOS À EXECUÇÃO. CÉDULA RURAL PIGNORATÍCIA. CERCEAMENTO DE DEFESA. NÃO OCORRÊNCIA. CÔNJUGE DO EMITENTE. LEGITIMIDADE PASSIVA. INEXISTÊNCIA. ART. 940, DO CÓDIGO CIVIL. PRETENSÃO EXTINTA SEM RESOLUÇÃO DE MÉRITO. MODIFICAÇÃO. POSSIBILIDADE DE APRECIAÇÃO. ART. 1013, §3º, I, DO CÓDIGO DE PROCESSO CIVIL DE 2015. ART. 940, DO CÓDIGO CIVIL. INAPLICABILIDADE. ENCARGOS SUCUMBENCIAIS. REDISTRIBUIÇÃO. 1. Não caracteriza cerceamento de defesa o julgamento antecipado da lide, na hipótese em que as provas necessárias ao esclarecimento da controvérsia já se encontram produzidas nos autos. 2. O cônjuge que firma cédula rural pignoratícia apenas para prestar outorga uxória não é parte legítima passiva para figurar na ação de execução desse título. 3. Consoante entendimento sedimentado no Superior Tribunal de Justiça, a aplicação do art. 940, do Código Civil, pode ser requerida por simples petição, independente de ajuizamento de ação autônoma. 4. Reformada a sentença de extinção, compete ao tribunal decidir o mérito desde logo, caso o processo esteja em condições de imediato julgamento (art. 1013, §3º, I, do Código de Processo Civil de 2015).5. Não há que se falar em aplicação ao art. 940, do Código Civil, quando o exequente não demanda dívida já paga. 6. Os encargos sucumbenciais devem ser distribuídos entre as partes na medida da vitória e derrota verificadas na demanda. 7. Apelação cível conhecida e parcialmente provida, com aplicação do art. 1013, §3º, I, do CPC/2015. 3 (TJPR; ApCiv 1694502-5; Londrina; Décima Quinta Câmara Cível; Rel. Des. Luiz Carlos Gabardo; Julg. 06/09/2017; DJPR 10/10/2017; Pág. 222)

Possibilidade de se afastar apenas parte da extinção sem mérito, para apenas nesse ponto apreciar o pedido

✓ PROPRIEDADE INDUSTRIAL. APELAÇÃO CÍVEL. NULIDADE DA MARCA DA EMPRESA RÉ. POSSIBILIDADE DE CONFUSÃO OU ASSOCIAÇÃO INDEVIDA. OCORRÊNCIA. ART. 124, XIX DA LPI. MARCA

NOMINATIVA QUE ADQUIRIU DISTINTIVIDADE. EXCEÇÃO DO ART. 124, VI DA LPI. EXTINÇÃO SEM JULGAMENTO DO MÉRITO. ARTIGO 1.013, § 3º DO CPC/2015. SENTENÇA PARCIALMENTE REFORMADA. RECURSO PARCIALMENTE PROVIDO. 1. O cerne da questão consiste em decidir se a anterioridade do registro marcário da empresa apelada, para a marca nominativa ¿NAMORADO¿, tem o condão de impedir os registros marcários da apelante, relativos às marcas nominativas ¿NAMORICO¿ e ¿NAMORO¿. todas para a mesma classe mercadológica, de produtos alimentícios em geral. 2. No caso, o elemento nominativo usado pela apelante não agregou suficiente distintividade à marca. Isso porque resta claro que o signo não é evocativo ou descritivo no segmento mercadológico inerente à área alimentícia. Assim sendo, a marca da empresa apelada, ¿NAMORADO¿, não está obrigada ao ônus da convivência com outras marcas semelhantes, registradas na mesma classe; ao contrário, diante de sua distintividade, merece proteção especial. 3. As marcas da apelante reproduzem a marca da apelada, ainda que com acréscimo e, portanto, são nulas, nos termos do art. 124, XIX da LPI, pois existe real possibilidade de associação indevida ou confusão entre as marcas, pelo consumidor, que pode inclusive acreditar se tratar de uma família de marcas. 4. Apesar do meu posicionamento acerca da irregistrabilidade de marcas nominativas, que em regra são nulas em virtude de não alcançarem suficiente distintividade para o registro, ratifico que o signo nominativo da marca da apelada não possui qualquer relação com o tipo de produto que visa a designar e, assim, a marca ¿NAMORADO¿, da apelada, adquiriu suficiente forma distintiva, registrável, portanto, de acordo com a exceção prevista no art. 124, VI da Lei nº 9.279/96. 5. Nos casos de extinção do processo sem resolução do mérito, conforme determina o artigo 1.013, § 3º do CPC, o Tribunal poderá julgar desde logo a lide, se a causa versar sobre questão exclusivamente de direito e estiver em condição de imediato julgamento, sem acarretar a supressão do Primeiro Grau de Jurisdição. Dessa forma, reformo em parte a sentença julgada com base no art. 485, VI do CPC, nos termos seguintes: decretada a nulidade dos registros já concedidos, cuja decisão administrativa, em sede de pedido de nulidade administrativa de marca, se encontra sobrestada na autarquia, aguardando o trânsito em julgado do presente processo. 6. Apelação parcialmente provida. Sentença parcialmente reformada, apenas no que tange ao pedido de manutenção dos registros ora declarados nulos; sentença mantida na parte em que julgou improcedente o pedido autoral de declaração de nulidade do ato administrativo do INPI que anulou o registro da apelante. (TRF 2ª R.; AC 0013193-88.2015.4.02.5101; Primeira Turma Especializada; Rel. Des. Fed. Abel Gomes; Julg. 25/09/2017; DEJF 10/10/2017)

II – decretar a nulidade da sentença por não ser ela congruente com os limites do pedido ou da causa de pedir;

→ *V.* Art. 492 do NCPC.

III – constatar a omissão no exame de um dos pedidos, hipótese em que poderá julgá-lo;

→ *V.* Enunciado 7 do FPPC: O pedido, quando omitido em decisão judicial transitada em julgado, pode ser objeto de ação autônoma.

→ *V.* Enunciado 8 do FPPC: Fica superado o enunciado 453 da súmula do STJ após a entrada em vigor do NCPC ("Os honorários sucumbenciais, quando omitidos em decisão transitada em julgado, não podem ser cobrados em execução ou em ação própria").

<u>A decisão citra petita é objeto da teoria da causa madura, podendo o tribunal julgar procedente ou improcedente o pedido faltante</u>

✓ REEXAME NECESSÁRIO E APELAÇÃO CÍVEL. AÇÃO DE RESTITUIÇÃO DE VALORES DESCONTADOS INDEVIDAMENTE. PRELIMINAR DE SENTENÇA CITRA PETITA SUSCITADA DE OFÍCIO. TEORIA DA CAUSA MADURA. APLICAÇÃO. MÉRITO. CONTRIBUIÇÃO COMPULSÓRIA PARA ASSISTÊNCIA À SAÚDE. INSTITUTO DE PREVIDÊNCIA DOS SERVIDORES DO ESTADO DE MINAS GERAIS. INCONSTITUCIONALIDADE DECLARADA. ADI N. 3.106/MG. DESCONTOS INDEVIDOS. REPETIÇÃO DO INDÉBITO. MODULAÇÃO DOS EFEITOS. MARCO TEMPORAL. LIMITAÇÃO. DECLARAÇÃO DE INCONSTITUCIONALIDADE PROFERIDA PELO SUPREMO TRIBUNAL FEDERAL. EDIÇÃO DA PORTARIA Nº 22/2010. CONTRIBUIÇÃO FACULTATIVA. JUROS E CORREÇÃO MONETÁRIA. HONORÁRIOS ADVOCATÍCIOS. RECURSO NÃO PROVIDO. A compulsoriedade da contribuição para o custeio da "assistência à saúde", prevista no art. 85 da Lei Complementar Estadual n. 64/2002, foi declarada inconstitucional pelo Supremo Tribunal Federal (ADI n. 3.106/MG do STF). De acordo com decisão proferida pelo STF, em julgamento de embargos de declaração opostos contra a decisão proferida na ADI n. 3.106/MG, os efeitos da declaração de inconstitucionalidade ali proferida foram conferidos apenas a partir da data da conclusão do julgamento de mérito da ação, ou seja, 14 de abril de 2010. Com a edição da Portaria n. 22/2010, os descontos passaram a ser facultativos, não havendo que se falar em devolução dos respectivos valores a contar desta data, ao servidor optante. Por força da decisão proferida pelo Supremo Tribunal Federal na ADI nº 4.357/DF, com a respectiva modulação dos efeitos em Questão de Ordem, a correção monetária deve ser calculada com base em índice que melhor reflete a inflação acumulada no período (IPCA-E), desde a data em que deveria ter sido efetuado o pagamento, até a quitação respectiva. Os juros moratórios devem ser calculados nos termos do art. 1º-F da Lei nº 9.494/97, com redação da Lei nº 11.960/2009, a partir de sua vigência. Os honorários advocatícios devem ser fixados em conformidade com o art. 20, §§ 3º e 4º, do Código de Processo Civil, sendo certo que, além de guardarem relação com o proveito econômico da ação, devem ainda considerar a complexidade da demanda e o trabalho desenvolvido pelo patrono da parte. Acolher a preliminar suscitada de ofício e, nos termos do art. 1.013, §3º, III do CPC/2015, negar provimento ao recurso, julgaram exaurido o reexame necessário. (TJMG; APCV 1.0686.14.002016-1/001; Rel. Des. Luís Carlos Gambogi; Julg. 28/09/2017; DJEMG 10/10/2017)

IV – decretar a nulidade de sentença por falta de fundamentação.

→ *v.* Art. 489, § 1º, do NCPC.

→ *v.* Enunciado 307 do FPPC: Reconhecida a insuficiência da sua fundamentação, o tribunal decretará a nulidade da sentença e, preenchidos os pressupostos do § 3º do art. 1.013, decidirá desde logo o mérito da causa.

Sentença mal fundamentada deve ser anulada – mas é possível ao tribunal desde logo julgar o mérito, não determinando a devolução à origem

✓ APELAÇÃO. REEXAME NECESSÁRIO. SENTENÇA DE PROCEDÊNCIA. PEDIDO MEDIATO. CONDENAÇÃO AO PAGAMENTO DA QUANTIA DESEMBOLSADA A MAIOR EM SEDE DE EXECUÇÃO INSTAURADA PARA SATISFAÇÃO DO CRÉDITO CONSTANTE DA SENTENÇA QUE ACOLHEU OS EMBARGOS DE DEVEDOR. OBJETO DA EXECUÇÃO. VERBA DE SUCUMBÊNCIA. ILEGITIMIDADE PASSIVA AD CAUSAM. Não configuração. Objeto litigioso versa sobre o crédito apurado na sentença que julgou procedentes os embargos opostos pela executada. Causa de pedir anuncia o indevido excesso do valor levantado. Pertinência subjetiva da parte se extrai na participação na execução na qualidade de credora. A destinação dos honorários de advogado não retira a legitimidade da empresa. O crédito foi constituído em razão da sucumbência no julgamento dos embargos opostos pela empresa executada. NULIDADE DA SENTENÇA. Ocorrência. Inobservância dos requisitos intrínsecos da sentença. Artigo 489, §1º, II do Código de Processo Civil. Insuficiência da motivação empregada pela sentença para determinar o resultado do julgamento. Falta de análise e exaurimento do quadro fático-probatório que serve fundamento para a decisão. Reconhecimento de ofício. Sentença anulada. Aplicação do artigo 1.013, §3º, IV do CPC. Profundidade do efeito devolutivo do recurso de apelação. PRECLUSÃO. Reconhecimento. Honorários de advogado fixados na sentença que determinou a extinção de execução fiscal contra a apelante. Causa de pedir gravita em torno de pagamento indevido e, para tanto, instaura a rediscussão sobre juros incidentes sem observância da Lei n. 11.960/2009. Título Judicial. Precatório pago. Impugnação instaurada pela devedora após a extinção da execução pelo pagamento. Inadmissibilidade. Ofensa à coisa julgada e preclusão em razão da homologação dos cálculos e pagamento sem ressalvas. Impossibilidade de discussão sobre os valores que não deveriam compor a dívida consolidada. Matéria atingida pela preclusão em face da homologação judicial da dívida consolidada, dos pagamentos realizados e da própria extinção da execução. Inadequação da via eleita. Prevalência da segurança jurídica. Improcedência do pedido mediato. Precedentes do TJ-SP e do STJ. RECURSO PROVIDO. (TJSP; APL 3001994-06.2013.8.26.0471; Ac. 10822813; Porto Feliz; Oitava Câmara de Direito Público; Rel. Des. José Maria Câmara Junior; Julg. 20/09/2017; DJESP 10/10/2017; Pág. 2860)

§ 4º Quando reformar sentença que reconheça a decadência ou a prescrição, o tribunal, se possível, julgará o mérito, examinando as demais questões, sem determinar o retorno do processo ao juízo de primeiro grau.

→ *v.* Arts. 332, § 1º, e 487, II, do NCPC.

Cabe a teoria da causa madura se afastada a decadência e prescrição reconhecidas no juízo de origem, mas afastadas pelo tribunal

✓ REEXAME NECESSÁRIO. APELAÇÃO CÍVEL. ADMINISTRATIVO. SERVIDOR PÚBLICO. ATO ADMINISTRATIVO: REVISÃO. PROCEDIMENTO ADMINISTRATIVO: DECADÊNCIA. ART. 1.013, §4º DO CPC/2015 -PROGRESSÃO: POSSIBILIDADE. AUTOTUTELA ADMINISTRATIVA: DECADÊNCIA. PROGRESSÃO NA CARREIRA. ESCOLARIDADE. CURSO DE ESPECIALIZAÇÃO. CARGA HORÁRIA. REQUISITO LEGAL. PROVA INIDÔNEA. 1. A Administração Pública tem o poder/dever de rever os seus atos, no prazo decadencial de 5 (cinco) anos, visando à manutenção da legalidade e regularidade dos atos administrativos, observado os princípios do contraditório e da ampla defesa (devido processo legal). 2. O processo administrativo de revisão deve ser iniciado antes do quinquídio legal da data em que foi praticado o ato que se pretende anular. 3. Reformada a sentença que declarou a decadência, estando o feito já devidamente instruído, é possível o julgamento do mérito da ação. 4. No Município de Belo Horizonte, a conclusão de curso de especialização com carga horária presencial mínima é requisito para a progressão por escolaridade do professor. 5. É ônus do servidor comprovar o preenchimento dos requisitos da ascensão na carreira, fato constitutivo do seu direito. 6. O certificado de conclusão do curso que veicula declaração incompatível com a situação fática é inidôneo para fundamentar a concessão da progressão. (TJMG; AC-RN 1.0024.13.042853-5/001; Rel. Des. Oliveira Firmo; Julg. 03/10/2017; DJEMG 10/10/2017)

§ 5º O capítulo da sentença que confirma, concede ou revoga a tutela provisória é impugnável na apelação.

Art. 1.014. As questões de fato não propostas no juízo inferior poderão ser suscitadas na apelação, se a parte provar que deixou de fazê-lo por motivo de força maior.

→ v. Enunciado 357 do FPPC: Aplicam-se ao recurso ordinário os arts. 1.013 e 1.014.

Juntada de documento em apelação é exceção, somente admitida nas restritas situações previstas no art. 1.014

✓ DIREITO ADMINISTRATIVO. APELAÇÃO. MANDADO DE SEGURANÇA. SERVIDORA MUNICIPAL. PROFESSORA CEDIDA. PRELIMINAR DE AUSÊNCIA DE PROVA PRÉ-CONSTITUÍDA. INADEQUAÇÃO DA VIA ELEITA. AUSÊNCIA DE INTERESSE DE AGIR. NÃO CONHECIDAS. PRELIMINAR DE JULGAMENTO EXTRA PETITA. REJEITADA. MÉRITO. PAGAMENTO DE SALÁRIO. AUSÊNCIA DE INSTRUMENTO TÉCNICO CABÍVEL PARA DESFAZER A CESSÃO. NEGATIVA DE PROVIMENTO AO APELO. UNANIMIDADE DE VOTOS. Cuida-se de recurso de Apelação em face de sentença proferida pelo MM Juiz de Direito da Vara Única da Comarca de Belém de Maria que, nos autos do Mandado de Segurança nº 0000049-98.2013.8.17.0240, concedeu em parte a segurança, no sentido de determinar à autoridade impetrada que promova o pagamento dos vencimentos da Impetrante, com observância do calendário da municipalidade relativamente aos demais servidores, ao tempo em que limitou o pagamento dos valores atrasados à data da impetração do writ. No que tange à ausência de prova pré-constituída, por se reportar tal preliminar a um dos requisitos da Ação Mandamental, tenho que a matéria questionada se confunde com o próprio mérito do writ, motivo pelo qual não deve ser conhecida. Quanto à preliminar de inadequação da via eleita, o magistrado singular cuidou em delimitar o objeto da ação mandamental, e excluir os valores anteriores à propositura da ação, com o que concordo. No que tange à suposta ausência de interesse de agir, confunde-se com o próprio mérito do Writ, motivo pelo qual a preliminar não deve ser conhecida. No que tange à alegação de julgamento extra petita, a Ação Mandamental teve por objeto a concessão da segurança com vistas a que o Impetrado pagasse os vencimentos da Impetrante nas mesmas datas em que ocorrem os pagamentos dos demais servidores da Prefeitura Municipal de Catende, de modo que não verifico nos autos a ocorrência de julgamento extra petita. A ora Apelada, servidora pública do Município de Catende desde o ano 2000, cedida à Secretaria Estadual de Educação desde janeiro de 2009, alegando perseguição política, impetrou Mandado de Segurança em face do Gestor Municipal, pugnando, no mérito, pelo recebimento dos seus vencimentos não pagos. A Autoridade Coatora, em sede de Informações, nega a acusação de perseguição política, ao tempo em que argumenta que a Impetrante veio a ser chamada a continuar exercendo sua função de professora junto ao Município, e não aceita isso. Afirma ainda que a mesma veio a ser convocada a regularizar sua situação funcional, mas que não compareceu ao local designado, tampouco na unidade de ensino municipal. O magistrado da causa rechaçou a ordem de pagamento de vencimentos pretéritos à impetração, ao tempo em que reconheceu o direito da Impetrante ao recebimento dos seus vencimentos, com observância do calendário da municipalidade. Na ocasião, o julgador da causa ponderou: É certo que sendo incontroversa a prestação de serviços, é direito líquido e certo do funcionário público a percepção de seus vencimentos. Nessa ordem de ideias, restou incontroverso o fato de a Impetrante, ora Apelada, ter sido cedida ao Estado de Pernambuco para exercer suas funções junto à Secretaria de Educação, ao passo em que restou controvertida a ciência da Impetrante quanto ao instrumento técnico hábil a desfazer a cessão. Ocorre que, das provas carreadas aos autos, conforme entendeu o julgador da causa, não se observa que a Municipalidade tenha se valido de instrumento técnico hábil a desfazer a cessão. Com efeito, nenhum dos documentos que acompanham as Informações se prestam a comprovar que a servidora cedida teve ciência de que estava sendo chamada a comparecer junto à Municipalidade. De fato, nem o ofício nº 047/2012 e o Memorando nº 31/2012, subscritos pelo Secretário de Administração do Município (fls. 67/68); tampouco os ofícios nº 170/2012 e 172/2012, subscritos pela Diretora do Ginásio Municipal (fls. 69/70), demonstram terem sido recebidos pela servidora, de modo que não se pode afirmar que a mesma teve ciência inequívoca de que a cessão havia sido revogada. E como bem ponderou o magistrado da causa, os relatórios de frequência acostados não servem de prova hábil à comprovação da tese defendida pelo Impetrado. Assim, até prova em contrário, a cessão encontrava-se vigente, e, portanto, tem a Impetrante direito à percepção dos seus vencimentos, comprovadamente não pagos (cf. Fls. 65/66), no dia estipulado a todos os servidores municipais. Em sede de recurso, o Município Apelante acostou aos autos a Portaria GP nº 36, de 02 de fevereiro de 2011, pela qual o Prefeito do Município autoriza a cessão da servidora, ora Apelada, a fim de que a mesma continuasse a prestar serviços à Secretaria de Educação do Estado, com ressarcimento até 31 de dezembro de 2011. Todavia, o documento em questão não se presta à prova do alegado, posto que de acordo com o art. 1014, do CPC, só é admissível a juntada de documentos em sede de Apelação quando versarem sobre fatos novos ou quando demonstrado que não foram produzidos anteriormente em decorrência de caso fortuito ou de força maior. De fato, a juntada de documentos na fase recursal só se justificaria quando provado o justo impedimento para a sua oportuna apresentação ou se referisse a fato posterior à sentença recorrida, o que sequer foi alegado pelo Apelante e não constitui o caso dos autos. De qualquer forma, referido documento não tem o condão de comprovar que a cessão não veio a ser renovada para o ano de 2012, tanto que a questão que ora se apresenta diz respeito ao não pagamento de salário a partir de outubro de 2012. À unanimidade de votos, negou-se provimento ao Recurso de Apelação, nos termos do voto do Relator. (TJPE; Ap-RN 0000049-98.2013.8.17.0240; Rel. Des. Antenor Cardoso Soares Junior; Julg. 10/10/2017; DJEPE 20/10/2017)

✓ CIVIL E PROCESSUAL CIVIL. AÇÃO DE RECONHECIMENTO E DISSOLUÇÃO DE UNIÃO ESTÁVEL C/C PARTILHA DE BENS. PRELIMINAR DE NEGATIVA DE PRESTAÇÃO JURISDICIONAL REJEITADA. MÉRITO. PERÍODO DE UNIÃO ESTÁVEL. RECONHECIMENTO APÓS A SEPARAÇÃO JUDICIAL DO RÉU E SUA EX-ESPOSA. VEÍCULOS E IMÓVEIS. NÃO COMPROVAÇÃO DA PROPRIEDADE. PARTILHA. NÃO CABIMENTO. IMÓVEIS E VEÍCULOS CUJA AQUISIÇÃO TENHA OCORRIDO NO PERÍODO DE CONVIVÊNCIA. INCLUSÃO NA PARTILHA. PRETENSÃO DE INCLUSÃO E DE EXCLUSÃO DE BENS COM BASE EM DOCUMENTOS JUNTADOS AOS AUTOS POR OCASIÃO DA INTERPOSIÇÃO DA APELAÇÃO CÍVEL. INEXISTÊNCIA DE JUSTIFICATIVA PARA A DISCUSÃO DA MATÉRIA SOMENTE NO SEGUNDO GRAU DE JURISDIÇÃO. DIVISÃO DE BEM SOB A ÓTICA DA SOCIEDADE DE FATO. INEXISTÊNCIA DE PROVA DA CONTRIBUIÇÃO PARA AQUISIÇAO DO BEM. 1. A renúncia de poderes apresentada pelo advogado da parte, durante a fluência do prazo recursal, não configura óbice para a oposição de embargos de declaração ou para a interposição de recurso, de modo a justificar a restituição do prazo. 2. Nada obstante o relacionamento amoroso entre as partes tenha se iniciado anteriormente à separação do réu de sua ex esposa, as partes litigantes somente passaram a conviver efetivamente em união estável posteriormente, de modo que apenas o acervo patrimonial comum amealhado neste período deve ser objeto de partilha. 3. Não podem ser incluídos na partilha imóveis cuja propriedade não ficou comprovada nos autos. 4. Deixando a parte ré de demonstrar que alguns veículos e imóveis seriam de propriedade de seus filhos, não há como ser determinada a exclusão de tais bens da partilha. 5. Embora o artigo 1.014 do Código de Processo Civil, permita à parte apelante arguir questões não abordadas no primeiro grau de jurisdição, tal dispositivo legal também indica a necessidade de comprovação de que os fatos não foram arguidos no momento oportuno, por motivo de força maior. 6. Tendo em vista que as partes litigantes não apresentaram justificativas para juntada de documentos novos, com a finalidade de amparar a pretensão de inclusão ou de exclusão de bens da partilha, baseada em premissas não arguidas no Juízo de origem, tal documentação não pode ser levada em consideração para fins de solução do litígio. 7. Não havendo prova da contribuição da autora para a aquisição de imóvel, tem-se por não configurada a sociedade de fato, de modo que somente as benfeitorias nele erigidas na constância da união estável podem ser incluídas no rol de bens partilháveis. 8. Preliminar rejeitada. Apelações Cíveis conhecidas e não providas. (TJDF; APC 2015.05.1.011204-8; Ac. 105.1635; Oitava Turma Cível; Relª Desª Nídia Corrêa Lima; Julg. 28/09/2017; DJDFTE 11/10/2017)

Documento que se refere a fato novo ocorrido durante o trâmite do processo pode ser juntado em apelação

✓ APELAÇÃO CÍVEL. AÇÃO DE RESCISÃO DE CONTRATO C/C RESTITUIÇÃO DE PARCELAS PAGAS. Sentença de parcial procedência. Insurgência dos três litigantes. Preliminar. Legitimidade do banco requerido. Reconhecimento em razão de pretensões iniciais em face da cédula de crédito bancário. Manutenção que se impõe. Mérito. Pretensão de rescisão contratual (o de compra e venda e o de financiamento) em razão do inadimplemento da vendedora requerida, que não teria possibilitado a transferência do caminhão para o nome do autor. Cumprimento da obrigação no decorrer do andamento processual. Circunstância que leva ao reconhecimento de ausência de interesse processual superveniente (art. 267, VI, do CPC/73 e art. 485, VI, do CPC/15). Informação que veio aos autos somente em apelação cível. Documento novo a ser considerado pelo juízo ad quem. Art. 517 do CPC/73 e art. 1.014 do CPC/15 c/c art. 462 do CPC/73 e art. 493 do CPC/15.manutenção da distribuição do ônus sucumbencial. Observação ao princípio da causalidade. Vendedora requerida que, quando do ajuizamento da demanda, estava inadimplente com sua obrigação contratual. Por consequência, o contrato celebrado com o banco requerido seria atingido pela pretensão rescisória. (TJSC; AC 0030143-63.2010.8.24.0038; Joinville; Primeira Câmara de Direito Comercial; Rel. Des. Guilherme Nunes Born; DJSC 13/10/2017; Pag. 248)

Capítulo III
DO AGRAVO DE INSTRUMENTO

Art. 1.015. Cabe agravo de instrumento contra as decisões interlocutórias que versarem sobre:

→ *v.* Súmula 255 do STJ.

→ *v.* Art. 7º, § 1º, da Lei 12.016/2009.

→ *v.* Art. 100 da Lei 11.101/2005.

→ *v.* Art. 203 do NCPC.

→ *v.* Enunciado 154 do FPPC: É cabível agravo de instrumento contra ato decisório que indefere parcialmente a petição inicial ou a reconvenção.

→ **v.** Enunciado 351 do FPPC: O regime da recorribilidade das interlocutórias do CPC aplica-se ao procedimento do mandado de segurança.

Uma das grandes questões do NCPC é se o rol do art. 1.015 é taxativo ou exemplificativo. A jurisprudência ainda não está pacificada, há muita divergência. De qualquer forma, há um primeiro acórdão do STJ entendendo que o rol é exemplificativo, em caso de competência (4ª Turma).

✓ RECURSO ESPECIAL. PROCESSUAL CIVIL. APLICAÇÃO IMEDIATA DAS NORMAS PROCESSUAIS. TEMPUS REGIT ACTUM. RECURSO CABÍVEL. ENUNCIADO ADMINISTRATIVO N. 1 DO STJ. EXCEÇÃO DE INCOMPETÊNCIA COM FUNDAMENTO NO CPC/1973. DECISÃO SOB A ÉGIDE DO CPC/2015. AGRAVO DE INSTRUMENTO NÃO CONHECIDO PELA CORTE DE ORIGEM. DIREITO PROCESSUAL ADQUIRIDO. RECURSO CABÍVEL. NORMA PROCESSUAL DE REGÊNCIA. MARCO DE DEFINIÇÃO. PUBLICAÇÃO DA DECISÃO INTERLOCUTÓRIA. RECURSO CABÍVEL. AGRAVO DE INSTRUMENTO. INTERPRETAÇÃO ANALÓGICA OU EXTENSIVA DO INCISO III DO ART. 1.015 DO CPC/2015. 1. É pacífico nesta Corte Superior o entendimento de que as normas de caráter processual têm aplicação imediata aos processos em curso, não podendo ser aplicadas retroativamente (tempus regit actum), tendo o princípio sido positivado no art. 14 do novo CPC, devendo-se respeitar, não obstante, o direito adquirido, o ato jurídico perfeito e a coisa julgada. 2. No que toca ao recurso cabível e à forma de sua interposição, o STJ consolidou o entendimento de que, em regra, a lei regente é aquela vigente à data da publicação da decisão impugnada, ocasião em que o sucumbente tem a ciência da exata compreensão dos fundamentos do provimento jurisdicional que pretende combater. Enunciado Administrativo n. 1 do STJ. 3. No presente caso, os recorrentes opuseram exceção de incompetência com fundamento no Código revogado, tendo o incidente sido resolvido, de forma contrária à pretensão dos autores, já sob a égide do novo Código de Processo Civil, em seguida interposto agravo de instrumento não conhecido pelo Tribunal a quo. 4. A publicação da decisão interlocutória que dirimir a exceptio será o marco de definição da norma processual de regência do recurso a ser interposto, evitando-se, assim, qualquer tipo de tumulto processual. 5. Apesar de não previsto expressamente no rol do art. 1.015 do CPC/2015, a decisão interlocutória relacionada à definição de competência continua desafiando recurso de agravo de instrumento, por uma interpretação analógica ou extensiva da norma contida no inciso III do art. 1.015 do CPC/2015, já que ambas possuem a mesma ratio -, qual seja, afastar o juízo incompetente para a causa, permitindo que o juízo natural e adequado julgue a demanda. 6. Recurso Especial provido. (REsp 1679909; RS; Quarta Turma; Rel. Min. Luis Felipe Salomão; Julg. 14/11/2017, DJe 01/02/2018)

Mas o próprio STJ tem decisão monocrática (de Ministro da 3ª Turma), também em caso de competência, afirmando que o rol é taxativo

✓ RECURSO ESPECIAL Nº 1.700.500 - SP (2017/0246745-0), RELATOR: MINISTRO MARCO AURÉLIO BELLIZZE. RECURSO ESPECIAL. PROCESSUAL CIVIL. DECISÃO INTERLOCUTÓRIA NÃO ELENCADA NO ROL TAXATIVO DO ART. 1.015 DO NOVO CPC. NÃO CABIMENTO. AGRAVO DE INSTRUMENTO. INTERPRETAÇÃO EXTENSIVA. IMPOSSIBILIDADE. RECORRIBILIDADE EM PRELIMINAR DE APELAÇÃO OU CONTRARRAZÕES. RECURSO IMPROVIDO. DECISÃO. Trata-se de recurso especial interposto por Engenharia Ramos Junior Ltda, com base no art. 105, III, a e c, da Constituição Federal, desafiando acórdão assim ementado (e-STJ, fl. 364): "AGRAVO DE INSTRUMENTO JUÍZO DE ADMISSIBILIDADE Decisão que reconheceu a conexão entre a ação de cobrança originária e uma ação declaratória de dissolução parcial de sociedade anônima de capital fechado Pretensão de nulidade ou de reforma. NÃO CONHECIMENTO: Decisão interlocutória não enquadrada no rol taxativo do art. 1.015 do CPC/2015. RECURSO NÃO CONHECIDO". Na origem foi interposto agravo de instrumento contra decisão do Juízo da causa que, na ação de cobrança movida pelo ora recorrente conta Carman Participações e Incorporações Ltda., reconheceu a conexão com uma ação declaratória de dissolução parcial de sociedade anônima de capital fechado, apuração e liquidação de haveres e determinou a remessa dos autos à 4ª Vara Cível Central, onde tramita aquela ação. O recurso, no entanto, não foi admitido por não se enquadrar nas hipóteses do art. 1.015 do Código de Processo Civil/2015. Daí o presente recurso especial, no qual se alega, além de divergência jurisprudencial, violação do art. 1.015 do Código de Processo Civil/2015. Afirma que "ao analisar o art. 1.015 do CPC, parte da doutrina tem ressaltado que, embora o rol nele estabelecido seja taxativo, as hipóteses previstas no rol devem ser interpretadas em conjunto com os princípios norteadores do processo civil, admitindo, em casos como o dos autos, interpretação extensiva" (e-STJ fl. 371). As contrarrazões foram apresentadas (e-STJ fls. 394-400). Juízo positivo de admissibilidade (e-STJ fls. 401/403). Brevemente relatado, decido. Inicialmente é necessário consignar que o presente recurso atrai a incidência do Enunciado Administrativo n. 3/STJ: Aos recursos interpostos com fundamento no CPC/2015 (relativos a decisões publicadas a partir de 18 de março de 2016) serão exigidos os requisitos de admissibilidade recursal na forma do novo CPC. No caso dos autos, o acórdão recorrido consignou o seguinte (e-STJ, fls. 365-366 - grifei): [...] O art. 1.015 do CPC/2015 elenca taxativamente as hipóteses em que se admite a interposição de agravo de instrumento e a decisão interlocutória que versa sobre conexão, que é causa de modificação da competência, não se encontra nesse rol. Veja- se: Art. 1.015. Cabe agravo de instrumento contra as decisões interlocutórias que versarem sobre: I - tutelas provisórias; II - mérito do processo; III - rejeição da alegação de convenção de arbitragem; IV - incidente de desconsideração da personalidade jurídica; V - rejeição do pedido de gratuidade da justiça ou acolhimento do pedido de sua revogação; VI - exibição ou posse de documento ou coisa; VII - exclusão de litisconsorte; VIII - rejeição do pedido de limitação do litisconsórcio; IX - admissão ou inadmissão de intervenção de terceiros; X - concessão, modificação ou revogação do efeito suspensivo aos embargos à execução; dispositivo é taxativo e não admite interpretação extensiva. A discussão a respeito de competência territorial não é hipótese passível de agravo de instrumento. Nesse sentido: "AGRAVO DE INSTRUMENTO Interposição contra decisão que reconheceu conexão e determinou remessa dos autos ao distribuidor Rol do artigo 1015 do Novo Código de Processo Civil taxativo Matéria que não é impugnável por meio de agravo de instrumento Recurso inadmissível. Agravo não conhecido (Agravo de instrumento nº 2226866-71.2016.8.26.0000, Rel. Des. Sá Moreira de Oliveira, 33ª Câmara de Direito Privado, j. em 28/11/2016)". Desta forma, diante da ausência de previsão legal, de rigor o não conhecimento do agravo por tratar de matéria que não se enquadra nas hipóteses do art. 1.015 do CPC/2015. Ante o exposto, NÃO SE CONHECE do recurso. Com efeito, a pretensão do requerente esbarra na vedação expressa do art. 1.015 do Código de Processo Civil/2015, visto que a decisão que reconhece a conexão não está inserida no rol daquelas que podem ser objeto de agravo de instrumento. Nesse sentido, é a lição de Fredie Didier Jr. e Leonardo Carneiro da Cunha (Curso de direito processual civil, Vol. 3, 13 ed. – Salvador, Jus Podivm, 2016, pp. 208/214), para quem "o elenco do art. 1.015 do CPC é taxativo. As decisões interlocutórias agraváveis, na fase de conhecimento, sujeitam-se a uma taxatividade legal"; e mais o escólio de Daniel Amorim Assumpção Neves (Novo Código de Processo Civil Comentado, Jus Podivm, 2016, pp. 1.687- sem grifo no original), "As decisões interlocutórias que não puderem ser impugnadas pelo recurso de agravo de instrumento não se tornam irrecorríveis, o que representaria nítida ofensa ao devido processo legal. Essas decisões não precluem imediatamente, devendo ser impugnadas em preliminar de apelação ou nas contrarrazões desse recurso, nos termos do art. 1.009, § 1º, do Novo CPC". Ante o exposto, nego provimento ao recurso especial. Nos termos do art. 85, § 11, do CPC/2015, majoro os honorários em favor do advogado da parte recorrida em 2% (dois por cento) do valor da condenação. Publique-se. Brasília, 16 de outubro de 2017. Ministro Marco Aurélio Bellizze, Relator (Ministro Marco Aurélio Bellizze, 07/11/2017)

Diante da divergência, foi afetado recuso como repetitivo, para a Corte Especial, para tentar pacificar o tema (ainda pendente de julgamento)

✓ PROPOSTA DE AFETAÇÃO. RECURSO ESPECIAL. REPRESENTATIVO DE CONTROVÉRSIA. SELEÇÃO. AFETAÇÃO. RITO. ARTS. 1.036 E SS. DO CPC/15. DIREITO PROCESSUAL CIVIL. AGRAVO DE INSTRUMENTO. CONTROVÉRSIA. NATUREZA. ROL DO ART. 1.015 DO CPC/15. 1. Delimitação da controvérsia: definir a natureza do rol do art. 1.015 do CPC/15 e verificar possibilidade de sua interpretação extensiva, para se admitir a interposição de agravo de instrumento contra decisão interlocutória que verse sobre hipóteses não expressamente versadas nos incisos de referido dispositivo do Novo CPC. 2. Afetação do recurso especial ao rito do art. 1.036 e ss. do CPC/2015. (ProAfR no REsp 1696396/MT, Rel. Ministra NANCY ANDRIGHI, CORTE ESPECIAL, j. 20/02/2018, DJe 28/02/2018)

Decisão do STJ apontando não ser cabível MS de decisão interlocutória não agravável

✓ PROCESSUAL CIVIL. NÃO CABIMENTO DO MANDADO DE SEGURANÇA CONTRA DECISÃO INTERLOCUTÓRIA. ARTS. 1009, § 1º, E 1015 DO CPC/2015. 1. A jurisprudência do Superior Tribunal de justiça é de que o mandado de segurança não pode ser utilizado como sucedâneo recursal, sendo descabido o seu manejo contra ato judicial recorrível. 2. Na hipótese dos autos, ainda que do ato judicial tido como coator, na nova sistemática do CPC/2015, não caiba o recurso previsto no art. 1.015, nos exatos termos do art. 1.009, § 1º, as questões decididas na fase de conhecimento que não comportarem agravo de instrumento não são cobertas pela preclusão e devem ser suscitadas em preliminar de apelação, ou nas contrarrazões, incidindo, portanto, o teor da Súmula nº 267/STF: "não cabe mandado de segurança contra ato judicial passível de recurso ou correição ". 3. Ademais, como ressaltado, a jurisprudência desta corte é assente no sentido de que o mandado de segurança contra ato judicial é medida excepcional, admissível somente nas hipóteses em que se verifica de plano decisão teratológica, ilegal ou abusiva, contra a qual não caiba recurso. 4. Na presente hipótese, o impetrante insurge-se contra decisão do juízo da 3ª Vara Cível da Comarca de jacareí-sp que determinou que os honorários periciais fossem depositados pela Fazenda Pública do estado de são Paulo. Não se verifica, no particular, caráter abusivo ou teratológico do comando judicial impugnado, tampouco a prova pré-constituída do direito líquido e certo necessário à concessão do **mandamus**. 5. Recurso em mandado de segurança não provido. (STJ; RMS 54.969; Proc. 2017/0194900-6; SP; Segunda Turma; Rel. Min. Herman Benjamin; DJE 23/10/2017)

Decisão de TJ apontando o descabimento de MS de decisão interlocutória não agravável, cuja única hipótese de impugnação seria em preliminar de apelação

✓ MANDADO DE SEGURANÇA. Impetração contra decisão judicial. Via processual inadequada. Decisão judicial interlocutória que, se não for passível de agravo de instrumento (artigo 1015 do NCPC), restará imune à preclusão e deverá ser discutida em sede de eventual apelação (NCPC, art. 1009 e seus §§). Vigente sistemática processual que não admite subterfúgios ou outros expedientes para frustrar a celeridade nele pretendida. Ausência, ademais, de qualquer direito líquido e certo, bem como de abusividade ou ilegalidade na decisão impetrada, que apenas segue orientação consolidada dos Tribunais Superiores e deste Tribunal de Justiça. Carência decretada, com a extinção do writ sem exame do mérito. (TJSP; MS 2084167-23.2017.8.26.0000; Ac. 10811026; São Simão; Segunda Câmara Reservada ao Meio Ambiente; Rel. Des. Roberto Maia; Julg. 14/09/2017; DJESP 29/09/2017; Pág. 3281)

Acórdão admitindo agravo de instrumento em situações de competência

✓ AGRAVO DE INSTRUMENTO CONTRA DECISÃO QUE VERSA SOBRE COMPETÊNCIA. ROL TAXATIVO. INTERPRETAÇÃO EXTENSIVA. 1. Com a revogação do Código de Processo Civil de 1973, promovida pela Lei nº 13.105/2015, o agravo de instrumento passou a ter cabimento apenas nas hipóteses expressamente elencadas pelo legislador. Portanto, não se enquadrando a decisão agravada nas hipóteses de decisões interlocutórias agraváveis previstas no art. 1.015 do NCPC, não deve ser, como regra, conhecida a pretensão da agravante. 2. Todavia, conquanto se reconheça a dificuldade do legislador na formulação de um rol taxativo das decisões imediatamente recorríveis mediante interposição de agravo, de modo a atender a celeridade e efetividade do processo, o diferimento da impugnação de outras interlocutórias não previstas, hoje, dentre as hipóteses do art. 1.015 do CPC de 2015, pode resultar em verdadeira preclusão de determinas matérias. Daí porque a doutrina tem defendido, com veemência, a compatibilidade entre a taxatividade legal das hipóteses de cabimento de agravo e sua interpretação extensiva para abarcar, por analogia, outras situações semelhantes àquelas idealizadas pelo legislador, permitindo, assim, a adequação sistêmica e a colmatação de determinadas lacunas do Novo Código nesse ponto. 3. Como se verifica, o art. 1.015 do CPC não prevê dentre as decisões recorríveis por agravo de instrumento aquelas que versam sobre competência. Sucede que, por motivos óbvios, não há proveito em se relegar ao momento do julgamento da apelação a apreciação de tal matéria pelo Tribunal. Não obstante o novo Código estabeleça a "possibilidade" de aproveitamento dos atos praticados por juízo incompetente, a necessidade de renovação daqueles porventura declarados nulos apenas na apelação caracterizará, à evidência, séria afronta aos princípios da economia e da celeridade processual. 4. Dessa forma, seja para assegurar a coerência do ordenamento, com o tratamento igual às situações semelhantes, seja para impedir o uso do mandado de segurança como sucedâneo recursal, justifica-se seja dada interpretação extensiva ao art. 1.015, inc. III, do CPC, para admitir a impugnação das decisões interlocutórias que versarem sobre competência pela via do agravo de instrumento, assim como outras que podem causar prejuízo irreversível no julgamento da apelação. 5. Recurso que deve ser conhecido. (TJSP; Agravo de Instrumento 2187603-32.2016.8.26.0000; Relator (a): Carlos Alberto Garbi; Órgão Julgador: 10ª Câmara de Direito Privado; Foro de Ribeirão Preto – 7ª. Vara Cível; Data do Julgamento: 13/12/2016; Data de Registro: 19/12/2016)

Acórdão não admitindo agravo de instrumento em situações de competência

✓ AGRAVO INTERNO Competência – Declinação – Juizado Especial da Fazenda Pública – Agravo de instrumento – Impossibilidade – Negativa de seguimento – Possibilidade: – Não demonstrada qualquer inconsistência no fundamento da decisão, baseada na jurisprudência dominante de tribunal superior, é manifestamente infundada a irresignação do agravante. Ementa da decisão: PROCESSO Competência – Declinação – Juizado Especial da Fazenda Pública – Agravo de instrumento – Impossibilidade: – Não cabe agravo de instrumento de decisão que declina de competência. (TJSP; Agravo Interno 2220189-88.2017.8.26.0000; Relator (a): Teresa Ramos Marques; Órgão Julgador: 10ª Câmara de Direito Público; Foro Central – Fazenda Pública/Acidentes – 1ª Vara de Fazenda Pública; Data do Julgamento: 19/01/2018; Data de Registro: 19/01/2018)

Conflito de competência como opção para discutir a competência definida em 1º grau, se não cabível o agravo de instrumento

✓ MANDADO DE SEGURANÇA. ICMS. AÇÃO DECLARATÓRIA COM REPETIÇÃO DE INDÉBITO TRIBUTÁRIO. TUST E TUSD. ATO JUDICIAL. Impetração contra decisão interlocutória que determinou a redistribuição do feito ao Juizado Especial. Impossibilidade de discutir a competência pela via do agravo de instrumento. Exegese do rol do artigo 1.015 do Novo Código de Processo Civil. Descabimento também da impetração de ação mandamental, que não é sucedâneo de recurso (artigo 5º, inciso II, da Lei nº 12.016/09). À parte restam duas possibilidades para discussão da competência: A) arguição de preliminar nas razões ou contrarrazões de apelação; b) discussão em sede de eventual conflito de competência, que também pode ser suscitado pelas partes, ante os termos do artigo 951 e seguintes do NCPC, nas hipóteses cabíveis. Carência da ação configurada, na modalidade falta de interesse processual. Indeferimento da petição inicial e extinção do processo, sem resolução do mérito, nos termos dos artigos 330, inciso III, e 485, inciso I, do mesmo diploma processual. (TJSP; MS 2243590-53.2016.8.26.0000; Ac. 10666200; Palmeira d`Oeste; Décima Segunda Câmara de Direito Público; Rel. Des. Osvaldo de Oliveira; Julg. 02/08/2017; DJESP 27/09/2017; Pág. 2378)

Julgado apontando que da decisão de declínio de competência não seria cabível MS, pois cabível o conflito de competência

✓ MANDADO DE SEGURANÇA. DECISÃO JUDICIAL DE QUE NÃO CABE RECURSO COM EFEITO SUSPENSIVO. DECISÃO DE DECLÍNIO DE COMPETÊNCIA DA 7ª VARA DE FAZENDA PÚBLICA PARA A JUSTIÇA MILITAR. Ato de punição disciplinar militar que levou à exclusão dos impetrantes da Polícia Militar do Rio de Janeiro. Inadequação da via eleita. Possibilidade de impugnação da decisão por meio de conflito de competência, conforme art. 953, II do CPC/15. Ausência de comprovação da interposição do conflito de competência no órgão competente. Falta de interesse de agir. EXTINÇÃO DO PROCESSO SEM ANÁLISE DO MÉRITO. (TJRJ; MS 0037228-14.2017.8.19.0000; Rio de Janeiro; Terceira Câmara Cível; Rel. Des. Peterson Barroso Simão; DORJ 25/08/2017; Pág. 311)

Porém, ainda que o conflito de competência possa ser suscitado pelas partes, se não há qualquer debate quanto à competência, descabe o conflito

✓ PROCESSO CIVIL. EMBARGOS DE DECLARAÇÃO. CONFLITO DE COMPETÊNCIA. INEXISTÊNCIA. OMISSÃO. CONTRADIÇÃO. AUSÊNCIA. ESTABILIDADE, INTEGRIDADE E COERÊNCIA DA JURISPRUDÊNCIA. CRITÉRIOS. REDISCUSSÃO DA MATÉRIA PELOS ACLARATÓRIOS. VEDAÇÃO. 1. Ainda que, segundo o artigo 951, caput, do novo Código de Processo Civil, o conflito de competência possa ser suscitado por qualquer das partes, uma vez inexistentes manifestações de ambos os juízos declarando-se competente ou incompetente, tampouco não havendo controvérsia sobre reunião ou separação de processos, repele-se hipótese de conflito dessa natureza. 2. Ausentes a omissão e a contradição, afasta-se a alegação de vício no julgamento. 3. Quanto à coerência, estabilidade e integridade da jurisprudência, perpetrada pelo novo Código de Processo Civil, merece relevo a elucidação da doutrina, no sentido de que Nada que o novo CPC traz a respeito do assunto, contudo, autoriza afirmativas genéricas, que vêm se mostrando comuns, no sentido de que o direito brasileiro migra em direção ao common law ou algo do gênero. É importante, por isso mesmo, compreender estes dispositivos (como, de resto, todos os que, ao longo do novo CPC, direta ou indiretamente com eles se relacionam. E não são poucos) como normas diretivas de maior otimização das decisões paradigmáticas no âmbito dos Tribunais e dos efeitos que o novo CPC quer que essas decisões, as paradigmáticas. Verdadeiros precedentes., devem surtir nos demais casos em todos os graus de jurisdição, a começar pelo Supremo Tribunal Federal. (Cassio Scarpinella Bueno in Novo Código de Processo Civil anotado, Saraiva, 2015, p. 568). 4. Constatado que os arestos apontados pela parte são das Turmas Recursais dos Juizados Especiais, colegiado desse distinto, e que os julgados indicados tratam de tema diferente do analisado, não há porquê seguir os precedentes ventilados. 5. Os embargos de declaração constituem recurso de fundamentação vinculada e de efeito devolutivo restrito, pois seu conteúdo limita-se às hipóteses delineadas no artigo 1022 do Código de Processo Civil de 2015, apresentando-se vedada a rediscussão da matéria, cujo julgamento restou exaurido. 6. Preliminar de incompetência rejeitada. Embargos declaratórios não providos. (TJDF; AGI 2016.00.2.002375-2; Ac. 964.737; Terceira Turma Cível; Rel. Des. Flavio Renato Jaquet Rostirola; Julg. 31/08/2016; DJDFTE 14/09/2016)

Descabimento do agravo para afastamento das preliminares (item 2)

✓ AGRAVO DE INSTRUMENTO. INDENIZAÇÃO POR MATERIAIS CUMULADA COM COMPENSAÇÃO POR DANOS MORAIS. REJEIÇÃO DAS PRELIMINARES DE INÉPCIA DA PETIÇÃO INICIAL, ILEGITIMIDADE E INADEQUAÇÃO DA VIA ELEITA. NÃO CABIMENTO DO RECURSO. DENUNCIAÇÃO DA LIDE. CHAMAMENTO AO PROCESSO. INDEFERIMENTO MANTIDO. 1. O agravo de instrumento não é conhecido quando não se trata das hipóteses taxativas previstas no artigo 1.015 do Código de Processo Civil e não é possível se valer da interpretação extensiva para admitir o seu recebimento. 2. Não há previsão de cabimento de agravo de instrumento para a parte se insurgir contra decisão de rejeição das preliminares de inépcia da petição inicial, de ilegitimidade e inadequação da via eleita. 3. É correto o indeferimento da denunciação da lide quando a empresa denunciada não está obrigada, por Lei ou contrato, indenizar, em ação regressiva, o prejuízo eventualmente sofrido pelo denunciante, por inexistir vínculo jurídico entre eles. 4. O chamamento ao processo é instituto processual adequado para incluir coobrigados por dívidas cobradas em juízo, especificamente o afiançado, fiador e demais devedores solidários. Não se tratando dessas hipóteses, é de rigor o indeferimento da intervenção de terceiro. Recurso parcialmente conhecido e não provido. (TJMS; AI 1410136-71.2017.8.12.0000; Segunda Câmara Cível; Rel. Des. Vilson Bertelli; DJMS 20/10/2017; Pág. 152)

I – tutelas provisórias;

→ *v.* Enunciado 29 do FPPC: decisão que condicionar a apreciação da tutela antecipada incidental ao recolhimento de custas ou a outra exigência não prevista em lei equivale a negá-la, sendo impugnável por agravo de instrumento.

→ *v.* Enunciado 560 do FPPC: As decisões de que tratam os arts. 22, 23 e 24 da Lei 11.340/2006 (Lei Maria da Penha), quando enquadradas nas hipóteses do inciso I, do art. 1.015, podem desafiar agravo de instrumento.

Decisão que envolve fixação ou revogação de astreintes (multa diária) se insere no inciso I, para fins de cabimento de agravo de instrumento

✓ AGRAVO INTERNO. DECISÃO DE EXCLUSÃO DE ASTREINTE. PROSSEGUIMENTO DA EXECUÇÃO. Interposição de recurso de apelação. Não cabimento. Ausência de aplicação do princípio da fungibilidade. Erro grosseiro. Apesar de excluir a incidência da multa diária, a decisão determina, expressamente, a manifestação da autora sobre cumprimento da obrigação de fazer. Logo, mostra-se patente que a decisão recorrida não extinguiu a execução. Tal decisão não possui natureza de sentença, uma vez que não põe termo à fase do processo, seja cognitivo ou de execução, nos termos do art. 203, §1º, do NCPC. O próprio magistrado prolator da decisão atesta que não extinguiu a execução. A decisão, assim, é interlocutória, com fulcro no art. 203, §2º, do NCPC. O recurso, cabível, portanto, é o agravo de instrumento, nos termos do art. 1.015, I do NCPC. Por fim, não há que se falar em aplicação do princípio da fungibilidade, pois como observado, é simples a visualização de se tratar de decisão interlocutória, pois não há extinção da execução. Logo, configurado erro grosseiro. Desprovimento do recurso. (TJRJ; APL 0165637-10.2014.8.19.0001; Rio de Janeiro; Terceira Câmara Cível; Relª Desª Renata Machado Cotta; Julg. 18/10/2017; DORJ 20/10/2017; Pág. 311)

II – mérito do processo;

→ *v.* Enunciado 103 do FPPC: A decisão parcial proferida no curso do processo com fundamento no art. 487, I, sujeita-se a recurso de agravo de instrumento.

→ *v.* Enunciado 177 do FPPC: A decisão interlocutória que julga procedente o pedido para condenar o réu a prestar contas, por ser de mérito, é recorrível por agravo de instrumento.

→ *v.* Enunciado 611 do FPPC: Na hipótese de decisão parcial com fundamento no art. 485 ou no art. 487, as questões exclusivamente a ela recepcionadas e resolvidas anteriormente, quando não recorríveis de imediato, devem ser impugnadas em preliminar do agravo de instrumento ou nas contrarrazões.

Indeferimento de denunciação da lide permite agravo, tanto com base neste inciso quanto no inciso IX (intervenção de 3º)

✓ AGRAVO DE INSTRUMENTO. DIREITO PROCESSUAL CIVIL. AÇÃO DECLARATÓRIA DE NULIDADE DE NEGÓCIO JURÍDICO E INDENIZATÓRIA POR DANOS MORAIS E MATERIAIS. Cessão de permissão de táxi e de veículo efetivada no ano de 2012. Licença que se amparava em liminar concedida em mandado de segurança e revogada desde 2006.decisão saneadora que indeferiu os pedidos de denunciação da lide da despachante que intermediou o negócio e do município do Rio de Janeiro e rejeitou a reconvenção ofertada exclusivamente contra o ente público. Recurso conhecido. Previsão no artigo 1.015, II e IX, do CPC. Impossibilidade de denunciação da lide fundada exclusivamente em imputação de responsabilidade a terceiro. Súmula nº 240 do TJRJ. Inocorrência das hipóteses previstas no artigo 125 do CPC. Indeferimento que não traz prejuízos ao agravado. Possibilidade de manejo de ação regressiva autônoma, ex vi o artigo 125, §1º, do CPC. Impossibilidade jurídica de propositura de reconvenção exclusivamente contra terceiro. Inteligência do artigo 343, §1º, do código de ritos. Manutenção da decisão agravada. Recurso conhecido e desprovido. (TJRJ; AI 0052331-61.2017.8.19.0000; Rio de Janeiro; Segunda Câmara Cível; Rel. Des. Luiz Roldão de Freitas Gomes Filho; Julg. 18/10/2017; DORJ 20/10/2017; Pág. 267)

III – rejeição da alegação de convenção de arbitragem;

→ *v.* Enunciado 435 do FPPC: Cabe agravo de instrumento contra a decisão do juiz que, diante do reconhecimento de competência pelo juízo arbitral, se recusar a extinguir o processo judicial sem resolução de mérito.

Decisão admitindo agravo em caso de competência por interpretação extensiva do inciso III

✓ AGRAVO DE INSTRUMENTO. DECISÃO DECLINATÓRIA DE COMPETÊNCIA. RECORRIBILIDADE. LITÍGIO ENVOLVENDO SERVIDOR ESTATUTÁRIO E O ENTE PÚBLICO AO QUAL SE ENCONTRA VINCULADO. PEDIDOS EXPRESSOS RELATIVOS AO REGIME JURÍDICO ÚNICO (RJU). COMPETÊNCIA DA JUSTIÇA COMUM ESTADUAL. SÚMULA Nº 137 DO STJ. ART. 114 DA CF/1988. ADIN 3395/DF. PRECEDENTES DO STF. DIREITOS RELATIVOS AO EXTINTO VÍNCULO TRABALHISTA NÃO PODEM SER IMPOSTOS PELA JUSTIÇA DO TRABALHO AO PERÍODO POSTERIOR AO ADVENTO DO RJU. CABERIA À JUSTIÇA COMUM ESTADUAL, SE FOSSE O CASO, LIMITAR SUA COGNIÇÃO A PARTE DOS PEDIDOS ESGRIMIDOS NA EXORDIAL, PORVENTURA ENTENDESSE QUE SERIAM RELATIVOS AO VÍNCULO TRABALHISTA. SÚMULA Nº 170 DO STJ, PORÉM DISSO NÃO SE CUIDA NA PRESENTE HIPÓTESE. RECURSO CONHECIDO E PROVIDO. 1. Malgrado não prevista expressamente a recorribilidade das decisões nas quais se declara a incompetência relativa ou absoluta, a doutrina acentua que tal possibilidade decorre de interpretaçao extensiva do art. 1.015, III, do código de processo civil de 2015, que trata do cabimento do agravo de instrumento em face da recusa da alegação de convenção de arbitragem. 2. A ação com trâmite em primeira instância possui pedidos de danos morais, de pagamento de remuneração alusiva aos níveis funcionais da ora recorrente, os quais teriam sido adquiridos durante sua relação estatutária e ilegalmente suprimidos pelo recorrido, além de promoções futuras a que tenha direito, diferenças salariais devidas etc. Tais requisitos, por se situarem nos limites do regime jurídico único (RJU), só podem ser examinados pela justiça comum estadual, a teor da Súmula nº 137 do STJ: "compete à justiça comum estadual processar e julgar ação de servidor público municipal, pleiteando direitos relativos ao vínculo estatutário". 3. Mesmo entendesse a magistrada singular que parte desses pleitos deveria ser examinada pela justiça do trabalho porquanto reconhecidos inicialmente durante o extinto vínculo trabalhista da ora recorrente, caber-lhe-ia extinguir o feito em relação a tais pretensões, consoante a exegese da Súmula nº 170 do STJ: "compete ao juízo onde primeiro for intentada a ação envolvendo acumulação de pedidos, trabalhista e estatutário, decidi-la nos limites da sua jurisdição, sem prejuízo do ajuizamento de nova causa, com o pedido remanescente, no juízo próprio". 4. De toda sorte, a justiça do trabalho não possui competência para impor a força de suas decisões sobre períodos posteriores à instituição do RJU, consoante julgados do e. Supremo Tribunal Federal (re 330.835 AGR; re 583619 AGR; AI 403342 AGR), tampouco para decidir litígio entre servidor estatutário e o ente público a que se encontra vinculado, que é o caso tratado nestes autos. Inteligência do art. 114 da Carta da República, a partir da decisão proferida na adi 3.395/DF. Vide, ainda, da excelsa corte: Aco 2.036; re 607.520 e RCL 6.568. 5. Agravo de instrumento conhecido e provido para reformar o decisum recorrido e declarar a competência da justiça comum estadual para processar e julgar a demanda em primeira instância, devendo o juízo a quo apreciar, como entender de direito, todos os pedidos da inicial. Liminar outrora concedida nestes autos confirmada in totum. (TJCE; AI 0626221-36.2017.8.06.0000; Primeira Câmara de Direito Público; Rel. Des. Fernando Luiz Ximenes Rocha; Julg. 16/10/2017; DJCE 23/10/2017; Pág. 33)

Decisão no mesmo sentido da anterior, mas que permite, pelos argumentos, de se cogitar de cabimento do agravo para outras hipóteses

✓ DIREITO PROCESSUAL CIVIL. AGRAVO INTERNO EM AGRAVO DE INSTRUMENTO. DECISÃO QUE ACOLHE PRELIMINAR DE INCOMPETÊNCIA. CABIMENTO. ART. 1.015 DO CPC. INTERPRETAÇÃO ANALÓGICA E EXTENSIVA. POSSIBILIDADE. CABIMENTO DO RECURSO. DECISÃO MONOCRÁTICA REFORMADA. I. O Código de Processo Civil de 2015 não contempla a decisão que acolhe a preliminar de incompetência no rol dos pronunciamentos que podem ser impugnados por meio de agravo de instrumento descrito em seu artigo 1.015. II. Não obstante o caráter exaustivo do catálogo do artigo 1.015, não é vedado o recurso à interpretação extensiva ou analógica de alguma das hipóteses nele listadas, sobretudo com o propósito de favorecer a segurança jurídica e a razoável duração do processo. III. Se, por um lado, as hipóteses de cabimento do agravo de instrumento são dispostas numerus clausus, de outro, mostra-se imperioso transigir quanto à possibilidade de extensão de alguma delas a situações dirimidas por decisões substancialmente similares. IV. Se é agravável a decisão que rejeita a alegação de convenção de arbitragem e, por via de consequência, estabelece a competência do órgão jurisdicional, não há razão para excluir da abrangência recursal do agravo de instrumento a decisão que estabelece a competência interna, isto é, a competência de um órgão jurisdicional em face dos demais. V. De acordo com a inteligência do parágrafo único do artigo 1.015 do Código de Processo Civil, no cumprimento de sentença a decisão sobre a competência do juízo da execução, arguida por meio de impugnação na forma do artigo 525, inciso VI, do mesmo diploma legal, pode ser impugnada mediante agravo de instrumento. VI. O mesmo pode ocorrer até mesmo no processo de execução, tendo em vista que a incompetência absoluta, muito embora em regra deva ser suscitada por meio de embargos à execução, nos termos do artigo 917, inciso V, do Código de Processo Civil, por força do artigo 64, § 1º, do mesmo Estatuto Processual, "pode ser alegada em qualquer tempo e grau de jurisdição e deve ser declarada de ofício". VII. A interpretação analógica, também em função desse quadro processual, parece inelutável: se é cabível agravo de instrumento contra decisão acerca de competência no cumprimento de sentença e no processo de execução, deve sê-lo também na fase cognitiva. VIII. É o que também se verifica no inventário: o juiz considera que a questão que lhe foi submetida extravasa a cognoscibilidade do procedimento especial e remete as partes para as vias ordinárias, com arrimo no artigo 612 do Código de Processo Civil, essa decisão, que versa exatamente sobre competência, também desafia agravo de instrumento nos termos do parágrafo único do artigo 1.015. IX. Recurso conhecido e provido. (Acórdão n.978761, 20160020344135AGI, Relator: SÉRGIO ROCHA, Relator Designado: JAMES EDUARDO OLIVEIRA 4ª TURMA CÍVEL, Data de Julgamento: 19/10/2016, Publicado no DJE: 17/11/2016. Pág.: 529/542)

IV – incidente de desconsideração da personalidade jurídica;

→ *v.* Enunciado 390 do FPPC: Resolvida a desconsideração da personalidade jurídica na sentença, caberá apelação.

V – rejeição do pedido de gratuidade da justiça ou acolhimento do pedido de sua revogação;

→ *v.* Enunciado 612 do FPPC: Cabe agravo de instrumento contra decisão interlocutória que, apreciando pedido de concessão integral da gratuidade da Justiça, defere a redução percentual ou o parcelamento de despesas processuais.

VI – exibição ou posse de documento ou coisa;

VII – exclusão de litisconsorte;

Decisão que permite o agravo no caso de definição de quem é o representante de determinada empresa – de modo que aquele que não foi entendido como representante foi excluído da demanda

✓ AGRAVO DE INSTRUMENTO. AÇÃO CIVIL PÚBLICA. DECISÃO QUE FIXOU O REPRESENTANTE LEGÍTIMO DA EMPRESA RÉ. Irresignação do representante excluído. Alegação de que a assembleia que determinou a mudança de representante legal está eivada de nulidades. Recurso conhecido com fundamento no art. 1.015, VII do novo CPC. Interpretação extensiva do rol. Decisão que, em certo grau, exclui um dos sócios de funcionar na demanda. Decisão que não merece reforma. Existência de demanda anterior que excluiu SERGIO LOUREIRO da sociedade. Ainda que pendente de julgamento recurso no STJ, o acórdão prolatado está a produzir seus efeitos. Eventuais nulidades da assembleia, que elegeu José Luiz LOUREIRO Pereira como novo administrador, devem ser analisadas em demanda própria. Precedentes desta Corte Estadual que se prestigia. -Apelação cível. Venda do imóvel sede da associação. Promessa de compra e venda. Ilegitimidade ativa afastada. Validade da eleição da atual diretoria que não pode ser analisada nestes autos, por via transversa. Desatendimento do estatuto da sociedade na convocação e na assembleia que autorizou a venda do imóvel. Invalidação do negócio. Devolução do valor pago que deve ser diligenciada na via própria. (...) Rejeita-se a alegação consistente na ilegalidade da eleição da atual presidente da associação, uma vez que não se tem notícia nos autos de que a assembleia que elegeu a atual diretoria foi anulada. Tanto a convocação para deliberar sobre a venda do imóvel-sede da associação, como os termos por meio dos quais o negócio foi aprovado em assembleia, demonstram que o ato está eivado de vícios. Impõe-se, assim, invalidação do negócio, conforme reconhecido pela sentença. Devolução do valor pago pelo comprador que deverá ser pleiteado na via própria, ante a ausência, nestes autos, de instrumento hábil a comprovar a realização do pagamento. Não se pode olvidar que o fundamento da reparação do dano moral não é apenas o prisma de compensação da tristeza sofrida, mas, efetivamente, mormente nos casos de danos morais sofridos por pessoas jurídicas, o caráter punitivo das condutas ilícitas, a fim de prevenir ações de irresponsabilidade e impunidade, perpetradas no trânsito das relações econômicas. (...) Conhecimento e parcial provimento do recurso- (0036139-84.2016.8.19.0001. Apelação. Des. Rogério de Oliveira Souza. Julgamento: 05/09/2017. Vigésima Segunda Câmara Cível). Ação Anulatória ainda em curso. Impossibilidade de suspender os efeitos da assembleia, com esteio na simples interposição de demanda anulatória. DESPROVIMENTO DO RECURSO. (TJRJ; AI 0028687-89.2017.8.19.0000; Rio de Janeiro; Décima Terceira Câmara Cível; Relª Desª Sirley Abreu Biondi; Julg. 18/10/2017; DORJ 20/10/2017; Pág. 447)

VIII – rejeição do pedido de limitação do litisconsórcio;

IX – admissão ou inadmissão de intervenção de terceiros;

X – concessão, modificação ou revogação do efeito suspensivo aos embargos à execução;

→ *v.* Enunciado 71 do CJF– É cabível o recurso de agravo de instrumento contra a decisão que indefere o pedido de atribuição de efeito suspensivo a Embargos à Execução, nos termos do art. 1.015, X, do CPC.

<u>Julgado do STJ apontando que o inciso, em interpretação extensiva, também inclui a hipótese de denegação de efeito suspensivo aos embargos:</u>

✓ PROCESSUAL CIVIL. AGRAVO DE INSTRUMENTO CONTRA DECISÃO QUE INDEFERIU PEDIDO DE CONCESSÃO DE EFEITO SUSPENSIVO AOS EMBARGOS À EXECUÇÃO. POSSIBILIDADE. ART. 1.015, X, DO CPC/2015. INTERPRETAÇÃO EXTENSIVA. ISONOMIA ENTRE AS PARTES. PARALELISMO COM O ART. 1.015, I, DO CPC/2015. NATUREZA DE TUTELA PROVISÓRIA. 1. A questão objeto da controvérsia é eminentemente jurídica e cinge-se à verificação da possibilidade de interpor Agravo de Instrumento contra decisões que não concedem efeito suspensivo aos Embargos à Execução. 2. Na hipótese dos autos, a Corte Regional entendeu que não é impugnável por meio de Agravo de Instrumento a decisão que deixou de atribuir efeito suspensivo aos Embargos à Execução, pois o rol do art. 1.015 do Código de Processo Civil de 2015 é taxativo. 3. Em uma interpretação literal e isolada do art. 1.015, X, do CPC, nota-se que o legislador previu ser cabível o Agravo de Instrumento contra as decisões interlocutórias que concederem, modificarem ou revogarem o efeito suspensivo aos Embargos à Execução, deixando dúvidas sobre qual seria o meio de impugnação adequado para atacar o decisum que indefere o pedido de efeito suspensivo aos Embargos à Execução. 4. A situação dos autos reclama a utilização de interpretação extensiva do art. 1.015, X, do CPC/2015. 5. Em que pese o entendimento do Sodalício a quo de que o rol do citado art. da nova lei processual é taxativo, não sendo, portanto, possível a interposição de Agravo de Instrumento, nada obsta a utilização da interpretação extensiva. 6. "As hipóteses de agravo de instrumento estão previstas em rol taxativo. A taxatividade não é, porém, incompatível com a interpretação extensiva. Embora taxativas as hipóteses de decisões agraváveis, é possível interpretação extensiva de cada um dos seus tipos". (Curso de Direito Processual Civil, vol. 3. Fredie Didie Jr. e Leonardo Carneiro da Cunha. ed. JusPodivm, 13ª edição, p. 209). 7. De acordo com lição apresentada por Luis Guilherme Aidar Bondioli, "o embargante que não tem a execução contra si paralisada fica exposto aos danos próprios da continuidade das atividades executivas, o que reforça o cabimento do agravo de instrumento no caso". (Comentários ao Código de Processo Civil, vol. XX. Luis Guilherme Aidar Bondioli. ed. Saraiva, p. 126). 8. Ademais, o pedido de concessão de efeito suspensivo aos Embargos à Execução poderia perfeitamente ser subsumido ao que preconiza o inciso I do art. 1.015 do CPC/2015, por ter natureza de tutela provisória de urgência. Dessa forma, por paralelismo com o referido inciso do art. 1015 do CPC/2015, qualquer deliberação sobre efeito suspensivo dos Embargos à Execução é agravável. 9. Dessa forma, deve ser dada interpretação extensiva ao comando contido no inciso X do art. 1.015 do CPC/2015, para que se reconheça a possibilidade de interposição de Agravo de Instrumento nos casos de decisão que indefere o pedido de efeito suspensivo aos Embargos à Execução. 10. Recurso Especial provido. (REsp 1694667; PR; Segunda Turma; Rel. Min. Herman Benjamin; Julg. 05/12/2017, DJe 18/12/2017)

XI – redistribuição do ônus da prova nos termos do art. 373, § 1º;

→ v. Enunciado 72 do CJF– É admissível a interposição de agravo de instrumento tanto para a decisão interlocutória que rejeita a inversão do ônus da prova, como para a que a defere.

XII – (**Vetado**).

→ *v.* Redação vetada: "XII – conversão da ação individual em ação coletiva";

→ *v.* Razões de veto.

XIII – outros casos expressamente referidos em lei.;

→ *v.* Enunciado 154 do FPPC: É cabível agravo de instrumento contra ato decisório que indefere parcialmente a petição inicial ou a reconvenção.

O inciso XIII se refere a outras hipóteses previstas no <u>NCPC e em lei extravagante</u>

✓ ADMINISTRATIVO. AGRAVO DE INSTRUMENTO. CONVERSÃO DO RITO. JUIZADOS ESPECIAIS FEDERAIS. DECISÃO PROFERIDA POR JUIZ QUE ATUA NA VARA CÍVEL E JUIZADO ESPECIAL FEDERAL. HIPÓTESES DE CABIMENTO DO AGRAVO DE INSTRUMENTO. TAXATIVIDADE LEGAL. COMPETÊNCIA DE TURMA RECURSAL. 1. A decisão agravada foi preferida pelo Juiz da Vara Federal de Serra/ES, que atua na Vara Federal Cível e no Juizado Especial Federal e que, num único ato, declinou da competência da Vara Federal para o Juizado e, em seguida, excluiu a CEF da lide, declinando da competência do Juizado Federal para a Justiça Estadual. 2. No que tange à conversão para o procedimento do Juizado Especial Federal, incabível o agravo de instrumento, vez que no Código de Processo Civil de 2015, as hipóteses de cabimento do agravo são taxativas, limitadas àquelas elencadas no rol do art. 1.015 do CPC ou em legislação extravagante (inciso XIII do art. 1.015 do CPC), dentre as quais não se encontra a decisão interlocutória que versa sobre competência. 3. A decisão que excluiu a CEF da lide por não se admitir assistência simples no JEF e declinou da competência para a Justiça Estadual foi proferida no âmbito do Juizado Especial Federal, e, deste modo, este Tribunal Regional Federal não tem competência sequer para admissibilidade do recurso, pois tal competência, in casu, é da Turma Recursal, na forma do art. 98, inciso I, da CRFB/88 c/c art. 21 da Lei nº 10.259/2001. 4. Agravo de instrumento não conhecido. (TRF 2ª R.; AI 0013133-58.2016.4.02.0000; Sétima Turma Especializada; Rel. Des. Fed. José Antonio Neiva; Julg. 20/09/2017; DEJF 19/10/2017)

Parágrafo único. Também caberá agravo de instrumento contra decisões interlocutórias proferidas na fase de liquidação de sentença ou de cumprimento de sentença, no processo de execução e no processo de inventário.

→ *v.* Enunciado 69 do CJF– A hipótese do art. 1.015, parágrafo único, do CPC abrange os processos concursais, de falência e recuperação.

→ *v.* Enunciado 70 do CJF – É agravável o pronunciamento judicial que postergar a análise de pedido de tutela provisória ou condicioná-la a qualquer exigência.

Decisões admitindo agravo de instrumento em casos envolvendo recuperação judicial e falência

✓ Preliminar de não conhecimento do recurso, suscitada pelo ministério público (procuradoria de justiça), firme na ausência de previsão legal. Rejeição. Causa regida pelo novo código de processo civil. Hipóteses previstas no seu art. 1.015, parágrafo único, que não admitem a apelação. Impossibilidade de incidência do art. 1.009, §§ 1º e 2º, do mesmo diploma legal. Dispositivos que devem ser interpretados em conformidade com a lei Federal 11.101/2005. Cabimento do agravo de instrumento, sempre que a decisão agravada puder comprometer o soerguimento da empresa ou trazer prejuízo aos credores. Precedente do e. Tribunal de justiça do estado de São Paulo. (TJRJ; AI 0066126-71.2016.8.19.0000; Rio de Janeiro; Décima Quarta Câmara Cível; Rel. Des. Gilberto Campista Guarino; Julg. 5/7/2017; DORJ 07/07/2017; Pág. 419)

✓ Cabimento do agravo. Decisão que defere o processamento da recuperação judicial. Procedimento especial da lei 11.101/05 que não prevê recurso de apelação contra deferimento de recuperação judicial ou aprovação do plano. Questão que não seria devolvida à apreciação do Tribunal por meio de apelação. Cabimento do agravo de instrumento, sob pena de negativa de tutela jurisdicional e do duplo grau de jurisdição. (TJSP; AI 2054226-28.2017.8.26.0000; Ac. 10545346; Jaboticabal; Primeira Câmara Reservada de Direito Empresarial; Rel. Des. Carlos Dias Motta; Julg. 21/6/2017; DJESP 28/06/2017; Pág. 1909). No mesmo sentido, TJSP; AI 2048349-10.2017.8.26.0000; Ac. 10933980; São José do Rio Preto; Segunda Câmara Reservada de Direito Empresarial; Rel. Des. Araldo Telles; Julg. 30/10/2017; DJESP 9/11/2017; Pág. 1970; TJSP, AI 2084028-08.2016.8.26.0000; 2ª Câmara Reservada de Direito Empresarial; Rel. Des. Fabio Tabosa, julg. 25/5/2016.

✓ AGRAVO INTERNO. Violação ao princípio da dialeticidade. Ausência. Recurso que embora reapresente argumentos já expendidos, se volta contra a decisão agravada. Recuperação judicial. Processo que visa a preservação da empresa, por meio de plano de execução concursal das obrigações do devedor. Cabimento de agravo de instrumento. Interpretação extensiva do parágrafo único, do art. 1.015, do CPC. Possibilidade. Recurso provido. (TJPR; Rec. 1617783-8/02; Arapongas; Décima Oitava Câmara Cível; Rel. Des. Vitor Roberto Silva; Julg. 7/6/2017; DJPR 26/6/2017; Pág. 508)

Decisões não admitindo agravo de instrumento em casos envolvendo recuperação judicial e falência (pois não previstas no art. 1.015)

✓ AGRAVO DE INSTRUMENTO. AÇÃO DE RECUPERAÇÃO JUDICIAL. ART. 1.015 DO CPC DE 2015. RELAÇÃO NUMERUS CLAUSUS. DECISÃO NÃO CONTEMPLADA NA LEI 11.101, DE 2005. INCISO XIII, DO ART. 1.015 DO CPC DE 2015. INAPLICABILIDADE. PRELIMINAR ACOLHIDA. RECURSO NÃO CONHECIDO. 1. É taxativa a relação das hipóteses de cabimento do agravo de instrumento contidas no art. 1.015, de 2015. 2. O inciso XIII, do referido dispositivo legal, dispõe que em outros casos expressamente disciplinados em Lei, o recurso é cabível. 3. A lei 11.101, de 2005 não prevê o cabimento do agravo de instrumento contra o ato judicial que a declaração de não essencialidade de bens em ação de recuperação judicial. 4. Neste caso, portanto, revela-se inaplicável a hipótese aludida no inciso XIII, do art. 1.015, do CPC de 2015, o que panteia a inadmissibilidade do recurso interposto. 5. Agravo de instrumento não conhecido mediante acolhimento de preliminar da agravada. (TJMG; AI 1.0290.15.000902-2/019; Rel. Des. Caetano Levi Lopes; Julg. 4/4/2017; DJEMG 10/04/2017). No mesmo sentido, TJMG; AgInt 1.0042.15.004292-9/002; Rel. Des. Edgard Penna Amorim; Julg. 07/03/2017; DJEMG 15/3/2017.

✓ À exceção das hipóteses taxativamente previstas no art. 1015 do CPC, as decisões interlocutórias não serão recorríveis de imediato, mas apenas como um capítulo preliminar do recurso de Apelação interposto contra a sentença ou nas contrarrazões recursais. Cuidando-se de decisão referente ao deferimento do processamento do pedido de recuperação judicial da empresa Agravada, é descabida a interposição de Agravo de Instrumento, haja vista que tal matéria não se enquadra em nenhuma das hipóteses previstas no rol taxativo do art. 1.015 do Código de Processo Civil. A previsão legal específica de cabimento de agravo de instrumento, quanto à recuperação judicial, contempla apenas a decisão judicial que conceder a recuperação judicial, nos termos do art. 59, § 1º, da lei 11.101/2005. Recurso desprovido. (TJDF; Proc 0707.74.2.732017-8070000; Ac. 104.5097; Quinta Turma Cível; Rel. Des. Ângelo Passareli; Julg. 8/9/2017; DJDFTE 18/09/2017). No mesmo sentido, TJDF; Proc 0708.03.2.882017-8070000; Ac. 106.0478; Oitava Turma Cível; Relª Desª Nídia Corrêa Lima; Julg. 17/11/2017; DJDFTE 6/12/2017

Cabimento do agravo no caso de execução envolvendo tutela de urgência

✓ AGRAVO INTERNO. INSURGÊNCIA QUANTO À CONCESSÃO DE TUTELA RECURSAL NO AGRAVO DE INSTRUMENTO. ALEGADA OFENSA AO ART. 300 DO CPC E CERCEAMENTO DE DEFESA. NATUREZA SATISFATIVA EVIDENCIADA. AUSÊNCIA DE ÓBICE LEGAL. PESQUISA NO SISTEMA DISPONIBILIZADO AO JUÍZO. NEGATIVA QUE TRAZ RISCO AO CUMPRIMENTO DE SENTENÇA. RECURSO DESPROVIDO. 1. A tutela de urgência não prescinde da oitiva da outra parte para ser concedida pelo magistrado, sob pena de contrariar sua própria natureza, razão pela qual o legislador inseriu no §2º do art. 300 do CPC a possibilidade de ser concedida liminarmente. 2. Desse modo, não há que se falar em violação ao referido dispositivo legal, tampouco cerceamento de defesa, pois esse está sendo exercido por meio deste recurso pelo executado, na forma prevista no art. 1.015, parágrafo único, do CPC. 3. Em relação ao caráter satisfativo, evidencia-se, de fato, o esgotamento da pretensão recursal, o que não veda, porém, a antecipação da tutela recursal, constatando-se o preenchimento dos requisitos inseridos no caput do art. 300 do CPC. 4. A Lei exige a demonstração de risco ao resultado útil do processo, o qual se evidencia pelo esgotamento das diligências que estavam à disposição do credor/exequente. Notadamente, a não localização de bens penhoráveis prejudica o andamento do cumprimento de sentença, levando à ineficácia do próprio título e o esvaziamento do provimento jurisdicional alcançado no fase de conhecimento. 5. Recurso desprovido. (TJDF; Proc. 0708.26.4.032017-8070000; Ac. 105.3780; Quinta Turma Cível; Rel. Des. Josaphá Francisco dos Santos; Julg. 11/10/2017; DJDFTE 23/10/2017)

Art. 1.016. O agravo de instrumento será dirigido diretamente ao tribunal competente, por meio de petição com os seguintes requisitos:

→ *v.* Art. 1.003, § 4º, do NCPC.

A falta de razões de agravo impede o conhecimento do recurso

✓ AGRAVO DE INSTRUMENTO. COBRANÇA (EM FASE DE CUMPRIMENTO DE SENTENÇA). IMPOSSIBILIDADE DE CONHECIMENTO DO RECURSO, VEZ QUE NO PROTOCOLO DO AGRAVO A AGRAVANTE ANEXOU APENAS CÓPIAS DO PROCESSO ORIGINÁRIO, AUSENTE PETIÇÃO DE INTERPOSIÇÃO E RAZÕES RECURSAIS. Inobservância dos requisitos do art. 1.016 do CPC. Aplicação do princípio da consumação e do art. 12 da Resolução nº 551/2011, que trata do processo eletrônico e prevê que os atos processuais das partes consideram-se realizados no dia e hora de seu recebimento no sistema de processamento eletrônico desta Corte. Irrelevância da juntada posterior das razões do inconformismo, ainda que tempestiva. Precedentes desta Câmara e do STJ. AGRAVO NÃO CONHECIDO. (TJSP; AI 2019821-63.2017.8.26.0000; Ac. 10637295; São Paulo; Sétima Câmara de Direito Privado; Rel. Des. Miguel Brandi; Julg. 28/07/2017; DJESP 19/10/2017; Pág. 2049)

I – os nomes das partes;

II – a exposição do fato e do direito;

III – as razões do pedido de reforma ou de invalidação da decisão e o próprio pedido;

A falta de impugnação adequada no agravo acarreta o não conhecimento por violação do princípio da dialeticidade

✓ AGRAVO DE INSTRUMENTO EM RECURSO DE REVISTA. PROCESSO REGIDO PELA LEI Nº 13.015/2014. 1. INTERVALO QUE ANTECEDE A JORNADA EXTRAORDINÁRIA. ARTIGO 384 DA CLT. RECEPÇÃO PELA CONSTITUIÇÃO FEDERAL DE 1988. A CONTROVÉRSIA EM TORNO DA ADEQUAÇÃO CONSTITUCIONAL DO ARTIGO 384 DA CLT FOI DIRIMIDA PELO TRIBUNAL SUPERIOR DO TRABALHO NO JULGAMENTO DO IIN-RR-1540/2005-046-12- 00, OCASIÃO EM QUE SE DECIDIU PELA OBSERVÂNCIA DA NORMA CONSOLIDADA. NESSE CONTEXTO, O TRIBUNAL REGIONAL, AO CONCLUIR QUE O ARTIGO 384 DA CLT FOI RECEPCIONADO PELA CONSTITUIÇÃO FEDERAL DE 1988, PROFERIU DECISÃO EM CONSONÂNCIA COM A ATUAL, ITERATIVA E NOTÓRIA JURISPRUDÊNCIA DO TRIBUNAL SUPERIOR DO TRABALHO. 2. ASSÉDIO MORAL. DANO MORAL. INDENIZAÇÃO. MATÉRIA FÁTICA. ÓBICE DA SÚMULA Nº 126/TST. Hipótese em que o Tribunal Regional do Trabalho, soberano na análise de fatos e provas, registrou que, de acordo com a prova testemunhal, o sócio da empresa era agressivo, xingava os funcionários, ofendendo-os, falava palavras de baixo calão, batia nas mesas. Tais testemunhas disseram ter presenciado este comportamento também em relação à autora. Concluiu, assim, pelo dever de indenizar da Reclamada (art. 927/CC), haja vista encontrar-se patente o ato ilícito (arts. 186 e 187/CC), consubstanciado no dano moral decorrente dos constrangimentos causados pela Reclamada ao Reclamante. Nesse cenário, a alteração da conclusão adotada pelo Tribunal Regional, de modo a prevalecer a tese da Reclamada em relação à inexistência dos pressupostos ensejadores da responsabilidade civil, demandaria o revolvimento do quadro fático-probatório, procedimento vedado nesta esfera recursal extraordinária, nos termos da Súmula nº 126/TST, cuja incidência obsta o processamento do recurso de revista e inviabiliza a análise das violações constitucionais e infraconstitucionais apontadas. 3. DANO MORAL. QUANTUM INDENIZATÓRIO. AUSÊNCIA DE IMPUGNAÇÃO ESPECÍFICA

AOS FUNDAMENTOS DA DECISÃO RECORRIDA. ARTIGO 1.016, III, do CPC/2015. O Tribunal Regional, com amparo no conjunto fático-probatório dos autos, reformou a sentença e reduziu a indenização por danos morais para R$10.000,00. Registrou que a Reclamada possui um capital social de R$ 20.000,00, entendendo que o valor fixado é proporcional à capacidade econômica da Ré, sendo suficiente para amparar o prejuízo moral suportado pela Autora. Nada obstante os fundamentos consignados, verifico que a Reclamada, no agravo de instrumento, não se insurge, especificamente, contra o fundamento primordial adotado pela Corte Regional, a sua capacidade econômica. Na verdade, a Reclamada limita-se a insistir que o valor arbitrado a título de danos morais merece ser reduzido, porquanto se configura enriquecimento ilícito da Autora, entendendo que o montante fixado é desproporcional ao sofrimento por ela vivenciado. Em seu recurso, trata, genericamente, acerca da sua capacidade econômica, sem tecer qualquer argumento pelo qual entende que não poderia suportar condenação no montante arbitrado. De fato, não investe especificamente contra os motivos lançados no acórdão regional quanto às características econômicas da Demandada, que levaram a Corte a quo a concluir que o valor de R$10.000,00 a título de danos morais encontra-se razoável. O princípio da dialeticidade impõe à parte o ônus de se contrapor à decisão recorrida, esclarecendo seu desacerto e fundamentando as razões de sua reforma, o que não ocorreu no caso em apreço. Nesse contexto, uma vez que a Agravante não se insurge, fundamentadamente, contra a decisão que deveria impugnar, nos termos do art. 1.016, III, do CPC/2015, o recurso se encontra desfundamentado. 4. FÉRIAS. CONFISSÃO FICTA. PREPOSTO SEM CONHECIMENTO DOS FATOS. De acordo com o § 1º do artigo 843 da CLT, o preposto deve ter conhecimento dos fatos, sob pena de a Reclamada restar fictamente confessa, com a consequente presunção de veracidade dos fatos alegados pela parte adversa. No caso examinado, conforme destacado pelo Tribunal Regional, o preposto demonstrou desconhecimento sobre os fatos que deram ensejo ao pagamento da dobra de férias. Como cediço, o desconhecimento pelo preposto dos fatos objeto da demanda equivale à recusa a prestar depoimento, circunstância que atrai, na espécie, os efeitos da ficta confessio (artigo 843, § 1º, da CLT). Agravo de instrumento não provido. (TST; AIRR 0160200-19.2013.5.17.0004; Quinta Turma; Rel. Min. Douglas Alencar Rodrigues; DEJT 20/10/2017; Pág. 2589)

IV – o nome e o endereço completo dos advogados constantes do processo.

Art. 1.017. A petição de agravo de instrumento será instruída:

I – obrigatoriamente, com cópias da petição inicial, da contestação, da petição que ensejou a decisão agravada, da própria decisão agravada, da certidão da respectiva intimação ou outro documento oficial que comprove a tempestividade e das procurações outorgadas aos advogados do agravante e do agravado;

→ *v.* Súmula 235 do TFR.

Se faltarem cópias obrigatórias, o agravante deve ser intimado a juntá-las; caso não junte, o agravo não será conhecido

✓ AGRAVO DE INSTRUMENTO. AUSÊNCIA DE PEÇAS OBRIGATÓRIAS. CÓPIA DA DECISÃO AGRAVADA E DA RESPECTIVA CERTIDÃO DE INTIMAÇÃO. O Agravo de Instrumento, sob pena de não conhecimento, deve ser instruído, no ato de sua interposição, não só com os documentos obrigatórios, mas também com os necessários a compreensão da controvérsia, salvo justo impedimento. Artigo 1.017, I do Código de Processo Civil. Processo de origem que não é eletrônico, não se aplicando a dispensa de cópias prevista no §5º do referido dispositivo legal. Parte agravante que não juntou as referidas peças quando da interposição do recurso e, instada a apresentá-las no prazo de 5 dias sob pena de não conhecimento (artigo 1.017, §3º c/c artigo 932, parágrafo único do CPC), não o fez. Precedentes do Tribunal de Justiça do ESTADO DO Rio de Janeiro e do Superior Tribunal de Justiça. Recurso a que se nega conhecimento. (TJRJ; AI 0035245-77.2017.8.19.0000; Rio de Janeiro; Quarta Câmara Cível; Rel. Des. Marco Antonio Ibrahim; DORJ 17/10/2017; Pág. 232)

Se a parte falece durante o processo, necessária nova procuração; se não foi juntada, trata-se de cópia necessária

✓ AGRAVO INTERNO EM AGRAVO DE INSTRUMENTO. DIREITO PROCESSUAL CIVIL. AUSÊNCIA DE PROCURAÇÃO DA PARTE AGRAVANTE. ESPÓLIO. ARTIGO 1.017, INCISO I, DO CPC. NÃO CONHECIMENTO. ARTIGO 932, INCISO III, DO CPC. 1. De acordo com o disposto no artigo 110 do CPC, -Ocorrendo a morte de qualquer das partes, dar-se-á a sucessão pelo seu espólio ou pelos seus sucessores, observado o disposto no art. 313, §§ 1º e 2º. – 2. A procuração outorgada pela parte tem seus efeitos extintos, de forma automática, em razão de seu falecimento. Nessa senda, inexistente procuração do respectivo espólio (ou dos sucessores), o advogado não possui poderes para representa-lo nos autos. 3. À luz do inciso I do art. 1.017 do Código de Processo Civil, a cópia da procuração outorgada ao advogado da parte agravante reputa-se como peça obrigatória à instrução do agravo de instrumento, de modo que constatada a ausência de regularidade formal do agravo, cabe ao relator, em conformidade com o determinado no art. 932, inciso III, do Código de Processo Civil, não conhecer do recurso interposto. 4. Agravo interno conhecido e não provido. (TJDF; Proc. 0704.85.5.192017-8070000; Ac. 105.1999; Primeira Turma Cível; Relª Desª Simone Costa Lucindo Ferreira; Julg. 05/10/2017; DJDFTE 18/10/2017)

II – com declaração de inexistência de qualquer dos documentos referidos no inciso I, feita pelo advogado do agravante, sob pena de sua responsabilidade pessoal;

III – facultativamente, com outras peças que o agravante reputar úteis.

§ 1º Acompanhará a petição o comprovante do pagamento das respectivas custas e do porte de retorno, quando devidos, conforme tabela publicada pelos tribunais.

→ *v.* Art. 1.007 do NCPC.

§ 2º No prazo do recurso, o agravo será interposto por:

I – protocolo realizado diretamente no tribunal competente para julgá-lo;

II – protocolo realizado na própria comarca, seção ou subseção judiciárias;

III – postagem, sob registro, com aviso de recebimento;

→ *v.* Art. 1.003, § 4º, do NCPC.

IV – transmissão de dados tipo fac-símile, nos termos da lei;

→ *v.* Lei 9.800/1999 – Permite às partes a utilização de sistema de transmissão de dados para a prática de atos processuais.

V – outra forma prevista em lei.

§ 3º Na falta da cópia de qualquer peça ou no caso de algum outro vício que comprometa a admissibilidade do agravo de instrumento, deve o relator aplicar o disposto no art. 932, parágrafo único.

→ *v.* Enunciado 73 do CJF– Para efeito de não conhecimento do agravo de instrumento por força da regra prevista no § 3º do art. 1.018 do CPC, deve o juiz, previamente, atender ao art. 932, parágrafo único, e art. 1.017, § 3º, do CPC, intimando o agravante para sanar o vício ou complementar a documentação exigível.

O art. 1.017 somente se aplica aos recursos interpostos após o NCPC (vide item 7)

✓ RECURSO ESPECIAL. ART. 1.026, §§ 2º E 3º, DO CPC/15. EMBARGOS DE DECLARAÇÃO NA APELAÇÃO. MULTA. INTERPOSIÇÃO DE OUTROS RECURSOS CONDICIONADA AO DEPÓSITO PRÉVIO DO VALOR. AUSÊNCIA DE REITERAÇÃO. PENALIDADE AFASTADA. 1. Execução de título extrajudicial ajuizada em 2016, de que foi extraído o presente Recurso Especial, concluso ao gabinete em 23/09/2017. 2. O propósito recursal é dizer: (i) preliminarmente, sobre a admissibilidade deste Recurso Especial, porque não recolhida a multa arbitrada pelo TJ/SP ao julgar os embargos de declaração; (ii) no mérito, sobre a multa arbitrada pelo TJ/SP, ao considerar a oposição de embargos de declaração protelatórios, condicionando a interposição de qualquer outro recurso ao depósito prévio do valor correspondente; e (iii) sobre a possibilidade de a parte ser intimada para sanar irregularidade no preenchimento da guia de pagamento do preparo. 3. Ainda que não recolhida a multa arbitrada com base no § 2º do art. 1.026 do CPC/15, há de ser reconhecida a possibilidade de admissão do Recurso Especial em que se discute a suposta ilegalidade do condicionamento da interposição de qualquer outro recurso ao depósito prévio do valor correspondente. 4. Por se tratar o depósito prévio da multa de pressuposto objetivo de admissibilidade do recurso, cuja exigê7cia se confunde com a pretensão recursal deduzida, propõe-se que, inicialmente, seja analisado o Recurso Especial quanto a essa questão preliminar: acaso afastada a condicionante, prossegue-se no seu julgamento; em sendo mantida, será ele conhecido apenas nessa parte e desprovido, porque não recolhido o valor antecipadamente. 5. A jurisprudência do STJ é firme no sentido de que o condicionamento da interposição de qualquer recurso ao depósito da multa do art. 538 do CPC [correspondente ao § 3º do art. 1.026 do CPC/15] só é admissível quando se está diante da segunda interposição de embargos de declaração protelatórios. 6. Afasta-se a multa do § 2º do art. 1.026 do CPC/15 quando não se caracteriza o intuito protelatório na oposição dos embargos de declaração. 7. Como no CPC/73 não há regra correspondente à do art. 1.017 do CPC/15, que autoriza a parte a sanar irregularidade no preenchimento da guia de recolhimento do preparo, a jurisprudência desta Corte, em hipóteses como a dos autos, é no sentido de decretar a deserção do recurso. 8. Recurso especial conhecido e parcialmente provido. (STJ; REsp 1.698.816; Proc. 2017/0044318-5; SP; Terceira Turma; Relª Min. Nancy Andrighi; DJE 20/10/2017)

Se não for juntado algum documento capaz de comprovar a tempestividade (certidão de intimação), a parte deve ser intimada a comprovar – somente após é que será possível o não conhecimento

✓ AGRAVO DE INSTRUMENTO. PROCESSUAL CIVIL. AUSÊNCIA DE PRESSUPOSTO DE ADMISSIBILIDADE. COMPROVAÇÃO DE TEMPESTIVIDADE. RECURSO NÃO CONHECIDO. 1. Hipótese de Agravo de Instrumento que foi interposto sem a comprovação de sua tempestividade, em afronta ao art. 1.017, I do CPC/15. 2. A decisão atacada foi proferida no dia 21/02/17, tendo sido o presente recurso interposto apenas em 10/06/17. Compulsando os autos originários, verifico que não é possível constatar a data de eventual intimação da parte agravante da referida decisão. 3. A sistemática processual vigente prevê que o recurso interposto conterá, obrigatoriamente, cópias da petição inicial, da contestação, da petição que ensejou a decisão agravada, da própria decisão agravada, da certidão da respectiva intimação ou outro documento oficial que comprove a tempestividade e das procurações outorgadas aos advogados do Agravante e do Agravado. 4. Foi concedido prazo para que o Agravante comprovassem a tempestividade do recurso, em observância aos art. 1.017, §3º e art. 932, Parágrafo único, ambos do CPC/15, tendo deixado transcorrer in albis o prazo. 5. Desta sorte, ausente os requisitos legais estipulados à espécie, não sendo possível conhecer do recurso. 6. Recurso não conhecido. (TRF 2ª R.; AI 0006302-57.2017.4.02.0000; Oitava Turma Especializada; Rel. Des. Fed. Marcelo Pereira da Silva; Julg. 04/10/2017; DEJF 19/10/2017)

§ 4º Se o recurso for interposto por sistema de transmissão de dados tipo fac-símile ou similar, as peças devem ser juntadas no momento de protocolo da petição original.

§ 5º Sendo eletrônicos os autos do processo, dispensam-se as peças referidas nos incisos I e II do *caput*, facultando-se ao agravante anexar outros documentos que entender úteis para a compreensão da controvérsia.

A dispensa das cópias é só no caso de o processo ser eletrônico

✓ CONFORME SE PODE OBSERVAR, AS MATÉRIAS FORAM DEVIDAMENTE APRECIADAS PELO ACÓRDÃO EMBARGADO, CABENDO RESSALTAR QUE O CRÉDITO TRIBUTÁRIO EXIGIDO NOS AUTOS DA EXECUÇÃO FISCAL DIZ RESPEITO AO IMPOSTO SOBRE PROPRIEDADE TERRITORIAL URBANA. IPTU DOS EXERCÍCIOS DE 1995 E 1996, ALÉM DE SEREM DEVIDOS CUSTAS PROCESSUAIS E HONORÁRIOS ADVOCATÍCIOS PELO ORA EMBARGANTE, COM BASE NO PRINCÍPIO DA CAUSALIDADE. 2. Incumbe ao Agravante, não sendo eletrônicos os autos principais, instruir o agravo de instrumento com as peças obrigatórias, além das que reputar úteis, nos moldes do art. 1.017, do novo CPC. 3. Os documentos por meio dos quais o Embargante pretende demonstrar o depósito integral e atualizado do valor do IPTU, dos honorários advocatícios e das custas processuais, não foram apresentados por ocasião do julgamento do recurso principal. 4. A suspensão da exigibilidade do crédito em virtude do depósito de seu montante integral, hipótese prevista no inciso II, do art. 151, do CTN, prescinde de decisão por parte do juiz da causa em que reconheça a configuração de tal hipótese no caso concreto, fato este que ainda não ocorreu nos autos da Execução Fiscal. 5. Desprovimento do recurso. (TJRJ; AI 0015882-07.2017.8.19.0000; Rio de Janeiro; Décima Quinta Câmara Cível; Relª Desª Jacqueline Lima Montenegro; Julg. 15/08/2017; DORJ 18/10/2017; Pág. 267)

Art. 1.018. O agravante poderá requerer a juntada, aos autos do processo, de cópia da petição do agravo de instrumento, do comprovante de sua interposição e da relação dos documentos que instruíram o recurso.

§ 1º Se o juiz comunicar que reformou inteiramente a decisão, o relator considerará prejudicado o agravo de instrumento.

Decisão concluindo que a prolação de sentença se equipara à reforma da interlocutória, de modo que o agravo deve ser considerado prejudicado (questão polêmica)

✓ AGRAVO DE INSTRUMENTO. DECISÃO QUE DEIXOU DE APRECIAR A TUTELA PROVISÓRIA REQUERIDA PELO RECLAMANTE, PARA LIMITAR EM30% (TRINTA POR CENTO) DE SEUS GANHOS LÍQUIDOS, OS DESCONTOS EFETUADOS RELATIVOS A EMPRÉSTIMOS CONTRATADOS COM OS BANCOS RECLAMADOS (INDEX 000930 DO PROCESSO ORIGINÁRIO). RECURSO DO AUTOR QUE SE DECLARA PREJUDICADO, DADA A SUPERVENIÊNCIA DE SENTENÇA DE IMPROCEDÊNCIA, NO FEITO ORIGINÁRIO. Revoga-se a decisão de concessão de efeito suspensivo (index 18). Em consulta ao sítio eletrônico deste tribunal de justiça e ao ofício de fls. 81/82, vê-se que, em setembro de 2017, o r. Juízo de direito da 4ª Vara Cível da Comarca da capital proferiu sentença que julgou improcedentes os pedidos exordiais. Desta forma, deve ser aplicado, por analogia, o disposto no art. 1018, § 1º, do novo código de processo civil, para declarar prejudicado o agravo de instrumento. Sendo assim, revoga-se a decisão do indexador 18 que concedeu efeito suspensivo ao presente recurso. (TJRJ; AI 0031005-45.2017.8.19.0000; Rio de Janeiro; Vigésima Sexta Câmara Cível Consumidor; Rel. Des. Arthur Narciso de Oliveira Neto; Julg. 19/10/2017; DORJ 20/10/2017; Pág. 740)

§ 2º Não sendo eletrônicos os autos, o agravante tomará a providência prevista no *caput*, no prazo de 3 (três) dias a contar da interposição do agravo de instrumento.

→ *V.* Enunciado 663 do FPPC: A providência prevista no *caput* do art. 1.018 somente pode prejudicar o conhecimento de agravo de instrumento quando os autos do recurso não forem eletrônicos.

→ *V.* Enunciado 15 do CEAPRO: A exigência de juntada aos autos do processo de cópia da petição do agravo de instrumento se aplica exclusivamente quando os autos do agravo não forem eletrônicos.

O prazo para juntada de cópia do agravo na origem é contado da interposição do AI no Tribunal; a falta dessa juntada, tratando-se de processo físico, leva ao não conhecimento do recurso

✓ AGRAVO DE INSTRUMENTO. INOBSERVÂNCIA DO PRAZO PARA JUNTADA DE CÓPIA DA PETIÇÃO DO AGRAVO DE INSTRUMENTO, DO COMPROVANTE DE INTERPOSIÇÃO E DA RELAÇÃO DE DOCUMENTOS QUE INSTRUÍRAM O RECURSO. TERMO INICIAL. DATA DA INTERPOSIÇÃO DO RECURSO NO TRIBUNAL. RECURSO NÃO CONHECIDO. 1. Segundo o art. 1.018 do CPC, compete ao agravante, no prazo de 3 (três) dias, requerer a juntada, aos autos do processo originário, de cópia da petição do agravo de instrumento, do comprovante de sua interposição e da relação dos documentos que instruíram o recurso, sob pena de inadmissibilidade, desde que arguido e comprovado pelo agravado o descumprimento da exigência. 2. Conforme suscitado pelos agravados em sede de contrarrazões e comprovado pelas informações prestadas pelo julgador a quo, apesar do agravo de instrumento ter sido interposto em 20/01/2017 (sexta-feira), os agravantes somente cumpriram a exigência em epígrafe na data de 26/01/2017 (quinta-feira), quando já exaurido o prazo de 3 (três) dias. 3. O termo inicial do prazo de 3 (três) dias previsto no § 2º do art. 1.018 do CPC é a data da interposição do agravo de instrumento no Tribunal. 4. Recurso não conhecido. (TJES; AI 0001451-63.2017.8.08.0035; Quarta Câmara Cível; Rel. Des. Jorge do Nascimento Viana; Julg. 16/10/2017; DJES 23/10/2017)

§ 3º O descumprimento da exigência de que trata o § 2º, desde que arguido e provado pelo agravado, importa inadmissibilidade do agravo de instrumento.

→ *v.* Súmula 221 do TFR.

→ **v.** Enunciado 73 do CJF– Para efeito de não conhecimento do agravo de instrumento por força da regra prevista no § 3º do art. 1.018 do CPC, deve o juiz, previamente, atender ao art. 932, parágrafo único, e art. 1.017, § 3º, do CPC, intimando o agravante para sanar o vício ou complementar a documentação exigível.

Necessário que o agravo aponte a falta da juntada do agravo, em contrarrazões de agravo, para que o recurso não seja conhecido

✓ AGRAVO INTERNO NO AGRAVO DE INSTRUMENTO. DESCUMPRIMENTO DO ART. 1.018, §3º DO NOVO CÓDIGO DE PROCESSO CIVIL. ROL TAXATIVO. RECURSO IMPROVIDO. 1 - Verifica-se que o MM. Juiz a quo informa que o agravante não comprovou a interposição do agravo de instrumento dentro do prazo estabelecido no art. 1.018, §2º, do NCPC. Na sequência, insurge-se o Município de Cariacica ora agravado arguindo e comprovando o descumprimento do art. 1.018, §2º, do NCPC, requerendo que não seja admitido o presente recurso. 2 - Em conformidade com o Novo Código de Processo Civil, o descumprimento da exigência de que trata o § 3º, do artigo 1.018 do novo CPC, desde que arguido e provado pelo agravado, importa inadmissibilidade do agravo de instrumento. 3 - Agravo interno a que se nega provimento. (TJES; AG-AI 0000931-75.2017.8.08.0012; Quarta Câmara Cível; Rel. Des. Walace Pandolpho Kiffer; Julg. 16/10/2017; DJES 23/10/2017)

Art. 1.019. **Recebido o agravo de instrumento no tribunal e distribuído imediatamente, se não for o caso de aplicação do art. 932, incisos III e IV, o relator, no prazo de 5 (cinco) dias:**

→ *v.* Enunciado 592 do FPPC: Aplica-se o inciso V do art. 932 ao agravo de instrumento.

I – poderá atribuir efeito suspensivo ao recurso ou deferir, em antecipação de tutela, total ou parcialmente, a pretensão recursal, comunicando ao juiz sua decisão;

→ *v.* Art. 995 do NCPC.

→ *v.* Enunciado 423 do FPPC: Cabe tutela de evidência recursal.

Indicação dos requisitos para a concessão do efeito suspensivo

✓ AGRAVO INTERNO EM AGRAVO DE INSTRUMENTO. CUMPRIMENTO INDIVIDUAL DE SENTENÇA COLETIVA. DECISÃO QUE INDEFERE O EFEITO SUSPENSIVO. REQUISITOS DO ARTIGO 1.012, §4º, CPC/15. DECISÃO MANTIDA. Ausentes argumentos capazes de demonstrar a presença dos requisitos do art. 1.012, §4º, c/c 995, parágrafo único, do CPC/15, deve-se indeferir o efeito suspensivo ao recurso de agravo de instrumento, nos termos do art. 1.019, do CPC/15.. Deve ser aplicada a multa prevista no §4º, do art. 1.021, do CPC/2015, quando o agravo interno, por unanimidade, for julgado improcedente. Negar provimento ao Agravo Interno. (TJMG; AgInt 1.0450.14.001363-9/002; Rel. Des. José Arthur Filho; Julg. 03/10/2017; DJEMG 20/10/2017)

Da decisão que concede ou denega o efeito suspensivo, cabível o agravo interno

✓ AGRAVO INTERNO. AGRAVO DE INSTRUMENTO. DECISÃO DE RELATOR NEGANDO EFEITO SUSPENSIVO EM AGRAVO DE INSTRUMENTO. TUTELA ANTECIPADA. CUSTEIO DE TRATAMENTO DE SAÚDE. AUSÊNCIA DE FUNDAMENTOS CAPAZES DE MODIFICAR A DECISÃO PROLATADA. INTELIGÊNCIA DO ARTIGO 1.021, DO CPC/2015. DECISÃO MANTIDA. INEXISTÊNCIA DE MOTIVOS PARA RETRATAÇÃO DA RELATORA. AGRAVO INTERNO CONHECIDO E DESPROVIDO. UNÂNIME. 1. Nos termos da novel legislação processual civil, o agravo interno é contemplado como uma das modalidades recursais cabíveis, conforme estatui o artigo 994, inciso III, do CPC/2015. A sua aplicabilidade, por sua vez, resta prevista no artigo 1.021, caput, do CPC/2015, que possui a seguinte redação: Contra decisão proferida pelo relator caberá agravo interno para o respectivo órgão colegiado, observadas, quanto ao processamento, as regras do regimento interno do tribunal. 2. Da análise do presente recurso, infere-se que a parte agravante se limita a repisar argumentos já veiculados, além de suscitar a nulidade por suposta falta de fundamentação, todavia, não logrando êxito em expor fundamentos hábeis a infirmar cognição diversa daquela exarada quando do julgamento da decisão vergastada. 3. Da decisão hostilizada, tem-se que houve a negativa de concessão de efeito suspensivo/ativo do art. 1.019, I, do NCPC, com abertura de prazo para o recorrido apresentar contrarrazões e análise, após as diligencias, da integralidade da questão em sessão. Não obstante, o recorrente repete o que foi formulado no recurso de agravo de instrumento. 4. Diante da ausência de fundamentos novos capazes de modificar a decisão já prolatada, tem-se que a medida de necessária imposição é o desprovimento do presente agravo interno. (TJPA; AI 0013125-15.2016.8.14.0000; Ac. 181797; Primeira Turma de Direito Privado; Relª Desª Maria do Ceo Maciel Coutinho; Julg. 16/10/2017; DJPA 18/10/2017; Pág. 154)

II – ordenará a intimação do agravado pessoalmente, por carta com aviso de recebimento, quando não tiver procurador constituído, ou pelo Diário da Justiça ou por carta com aviso de recebimento dirigida ao seu advogado, para que responda no prazo de 15 (quinze) dias, facultando-lhe juntar a documentação que entender necessária ao julgamento do recurso;

Se não houve a citação do réu na origem, descabe sua intimação para contrarrazões, como agravado

✓ AGRAVO DE INSTRUMENTO. AÇÃO DE COBRANÇA DE DIFERENÇA DE RENDIMENTOS EM CADERNETA DE POUPANÇA. EXECUÇÃO INDIVIDUAL FUNDADA EM SENTENÇA PROFERIDA EM AÇÃO COLETIVA. Gratuidade da justiça. Peticionária aposentada e que se declara sem recursos para custear as despesas do processo. Assertiva verossimil, não infirmada pelos elementos dos autos. Benefício da gratuidade cabível, sem embargo de eventual impugnação da parte adversária. Recurso que se julga de pronto, sem formação do contraditório recursal, sob a consideração de que o réu não foi citado e de que o cumprimento da formalidade do art. 1.019, II, do CPC implicaria demasiado retardo à prestação da tutela recursal. Ressalva, no entanto, do direito de o réu eventualmente impugnar a gratuidade, em primeiro grau, como preliminar de impugnação (CPC, art. 100), naturalmente com a possibilidade de recorrer contra a decisão a ser a ser exarada quanto ao incidente. Dispositivo: Deram provimento ao agravo, com observação. (TJSP; AI 2171889-95.2017.8.26.0000; Ac. 10876075; Palmeira d`Oeste; Décima Nona Câmara de Direito Privado; Rel. Des. Ricardo Pessoa de Mello Belli; Julg. 02/10/2017; DJESP 18/10/2017; Pág. 2187)

III – determinará a intimação do Ministério Público, preferencialmente por meio eletrônico, quando for o caso de sua intervenção, para que se manifeste no prazo de 15 (quinze) dias.

→ *v.* Art. 178 do NCPC.

Art. 1.020. O relator solicitará dia para julgamento em prazo não superior a 1 (um) mês da intimação do agravado.

Capítulo IV
DO AGRAVO INTERNO

Art. 1.021. Contra decisão proferida pelo relator caberá agravo interno para o respectivo órgão colegiado, observadas, quanto ao processamento, as regras do regimento interno do tribunal.

→ *v.* Art. 317 e seguintes do RISTF.

→ *v.* Art. 317 e seguintes do RISTF.

→ *v.* Arts. 258 e 259 do RISTJ.

→ *v.* Enunciado 142 do FPPC: Da decisão monocrática do relator que concede ou nega o efeito suspensivo ao agravo de instrumento ou que concede, nega, modifica ou revoga, no todo ou em parte, a tutela provisória nos casos de competência originária ou recursal, cabe agravo interno nos termos do art. 1.021 do CPC.

→ *v.* Enunciado 464 do FPPC: A decisão unipessoal (monocrática) do relator em Turma Recursal é impugnável por agravo interno.

→ *v.* Enunciado 598 do FPPC: Cabem embargos de declaração para suprir a omissão do acórdão que, embora convergente na conclusão, deixe de declarar os fundamentos divergentes.

→ *v.* Enunciado 613 do FPPC: A interposição do agravo interno prolonga a dispensa provisória de adiantamento de despesa processual de que trata o §7º do art. 99, sendo desnecessário postular a tutela provisória recursal.

→ *v.* Enunciado 77 do CJF– Para impugnar decisão que obsta trânsito a recurso excepcional e que contenha simultaneamente fundamento relacionado à sistemática dos recursos repetitivos ou da repercussão geral (art. 1.030, I, do CPC) e fundamento relacionado à análise dos pressupostos de admissibilidade recursais (art. 1.030, V, do CPC), a parte sucumbente deve interpor, simultaneamente, agravo interno (art. 1.021 do CPC) caso queira impugnar a parte relativa aos recursos repetitivos ou repercussão geral e agravo em recurso especial/extraordinário (art. 1.042 do CPC) caso queira impugnar a parte relativa aos fundamentos de inadmissão por ausência dos pressupostos recursais.

Descabe a interposição de agravo interno contra acórdão

✓ PROCESSUAL CIVIL. AGRAVO INTERNO NOS EMBARGOS DE DECLARAÇÃO NO AGRAVO EM RECURSO ESPECIAL. AÇÃO DE SEPARAÇÃO JUDICIAL LITIGIOSA. AGRAVO INTERNO INTERPOSTO CONTRA DECISÃO COLEGIADA DA 4ª TURMA. ART. 1.021 DO NCPC. NÃO CABIMENTO. AGRAVO INTERNO NÃO CONHECIDO. 1. Nos termos do art. 1.021, caput, do Código de Processo Civil de 2.015, o agravo interno somente é cabível contra decisão monocrática, não sendo, portanto, possível sua interposição contra decisão proferida por órgão colegiado, como ocorrido na espécie. 2. Agravo interno não conhecido. (AgInt nos EDcl no AgRg no AREsp 749.388/PR; Quarta Turma; Rel. Min. Luis Felipe Salomão; Julg. 21/06/2016; DJe 24/06/2016)

A interposição de agravo interno contra acórdão é erro grosseiro, não sendo aplicável a fungibilidade nem a possibilidade de correção

✓ AGRAVO REGIMENTAL CONTRA DECISÃO COLEGIADA. NÃO CABIMENTO. ERRO GROSSEIRO RECURSO NÃO CONHECIDO. INAPLICABILIDADE DO ART. 932, PARÁGRAFO ÚNICO, DO CPC/2015. 1. Nos termos do estabelecido no art. 1.021 do CPC/2015 e no art. 305, caput, do RITRF/1ª Região, somente é possível a de agravo interno a interposição em face de decisão monocrática proferida pelo relator. 2. Incabível a interposição de agravo regimental contra decisão colegiada, o que configura erro grosseiro e inviabiliza a aplicação do princípio da fungibilidade e admissibilidade do recurso como embargos de embargos. 3. Diante da inadmissibilidade, e em função do previsto no parágrafo único do art. 932 do CPC/2015. cujo conteúdo normativo impõe ao relator, antes do reconhecimento da inadmissão, a concessão de 5 dias para que o recorrente sane o vício ou complemente a documentação exigível. necessário consignar que o caso dos autos não comporta a incidência de tal dispositivo, porquanto o vício nele contido não permite convalidação. 3. Agravo regimental não conhecido. (TRF 1ª R.; AC 0048911-72.2013.4.01.9199; Segunda Turma; Rel. Des. Fed. Francisco Neves da Cunha; DJF1 26/10/2017)

A interposição de agravo interno contra acórdão é erro grosseiro, não se aplica a fungibilidade e deve ser imposta multa

✓ PROCESSUAL CIVIL. RECURSO CABÍVEL CONTRA ACÓRDÃO DE TURMA JULGADORA. AGRAVO INTERNO. NÃO CABIMENTO. ERRO GROSSEIRO. INCIDÊNCIA DE MULTA. ART. 1.021, § 4º, DO CPC. 1. Trata-se agravo interno interposto contra acórdão desta eg. 3ª Turma que negou provimento à apelação. 2. As disposições contidas no art. 218 do Regimento Interno deste Tribunal Regional Federal e no art. 1.021 do Código de Processo Civil preveem a interposição de agravo interno contra decisão de Relator ou de Presidente de Turma/Tribunal e não contra acórdão prolatado por Turma Julgadora. Tratando-se, portanto, de irresignação contra acórdão prolatado pelo órgão jurisdicional colegiado e não contra decisão monocrática é manifestamente inadmissível a interposição do agravo interno. 3. Nos termos dos dispositivos supra, a interposição de agravo interno no presente caso constitui erro crasso, a impossibilitar inclusive a aplicação do princípio da fungibilidade recursal e, por consequência, o seu conhecimento como embargos de declaração, até porque os declaratórios caracterizam-se como recurso de fundamentação vinculada, tendo cabimento apenas para esclarecer qualquer espécie de decisão obscura ou contraditória, corrigir as eivadas de erro material ou integralizar aquelas omissas. 4. Precedentes deste Tribunal: processo 08016467920134050000, Relator Des. Federal convocado Ivan Lira de Carvalho, 2ª Turma, em 18/11/2015; Processo 08042819620144050000, Relator Desembargador Federal Paulo Roberto de Oliveira Lima, 2ª Turma, em 30/06/2015. 5. Erro grosseiro que impõe a inadmissibilidade do agravo interno e enseja a aplicação de multa de 1% (um por cento) sobre o valor da causa, nos termos do § 4º do art. 1.021 do Código de Processo Civil. 6. Agravo interno não conhecido. (TRF 5ª R.; AC 0000990-92.2017.4.05.9999; CE; Terceira Turma; Rel. Des. Fed. Fernando Braga; DEJF 26/10/2017; Pág. 55)

A interposição do agravo interno transforma a decisão monocrática em acórdão

✓ AGRAVO INTERNO NO AGRAVO DE INSTRUMENTO -RECURSO INTERPOSTO NOS TERMOS DO ART. 1021 DO NOVO CÓDIGO DE PROCESSO CIVIL (LEI Nº13.105/2015 -RECURSO DE AGRAVO COM MÉRITO PRÓPRIO -ESSÊNCIA INFRINGENTE DO RECURSO DE AGRAVO INTERNO. NECESSIDADE DE LEVAR AO COLEGIADO DECISÃO MONOCRÁTICA PROFERIDA PELO RELATOR. Decisão unipessoal que deve ser mantida, já que preencheu os requisitos para a sua aplicação -mérito do agravo de instrumento: Processo civil. Agravo de instrumento. Juízo a quo que apenas determinou a expedição do mandado de verificação e imissão na posse nos termos determinados na sentença, mantida em sede de apelação e transitada em julgado. Incabível a interposição de agravo de instrumento, consoante dicção do art. 1.001 do NCPC contra despacho -rejeição do recurso de agravo interno-ausência de novos e substanciais argumentos na peça de agravo interno. Desacordo com a disposição constante do §1º, art. 1.021, do NCPC, impondo-se destacar que todas as questões inerentes ao thema em apreciação foram abordadas e rejeitadas no decisum atacado. Nega-se provimento ao agravo interno. (TJRJ; AI 0029855-29.2017.8.19.0000; Rio de Janeiro; Vigésima Segunda Câmara Cível; Rel. Des. Marcelo Lima Buhatem; Julg. 24/10/2017; DORJ 26/10/2017; Pág. 536)

Julgado recebendo pedido de reconsideração como agravo interno

✓ PROCESSUAL CIVIL. PEDIDO DE RECONSIDERAÇÃO RECEBIDO COMO AGRAVO INTERNO. VIOLAÇÃO DO ART. 535 DO CPC/73. AUSÊNCIA DE OBSCURIDADE, OMISSÃO OU CONTRADIÇÃO. FALTA DE PREQUESTIONAMENTO. SÚMULAS NºS 282/ STF E 356/STF. REEXAME DE MATÉRIA PROBATÓRIA. IMPOSSIBILIDADE. SÚMULA Nº 7/STJ. AUSÊNCIA DE IMPUGNAÇAO AOS FUNDAMENTOS DO ACÓRDÃO RECORRIDO. SÚMULA Nº 283/STF. AUSÊNCIA DE COTEJO ANALÍTCO ENTRE O ACÓRDÃO PROFERINDO IN CASU E OS PARADIGMAS COLACIONADOS. CONFIGURAÇÃO DO DISSÍDIO JURISPRUDENCIAL. 1. Em conformidade com os princípios da fungibilidade e da economia processual, e tendo em vista que o pedido de reconsideração não consta do rol de recursos do art. 994 do NCPC, é possível o recebimento pedido de reconsideração como agravo interno. (RCD no AREsp 886.650/SP, Rel. Ministro HUMBERTO MARTINS, SEGUNDA TURMA, julgado em 17/05/2016; DJe 25/05/2016) 2. Não há falar em violação do art. 535 do Código de Processo Civil/73 pois o Tribunal de origem dirimiu as questões pertinentes ao litígio. Tal como lhe foram postas e submetidas., apresentando todos os fundamentos jurídicos pertinentes, à formação do juízo cognitivo proferido na espécie. 3. Para que se configure o prequestionamento, há que se extrair do acórdão recorrido pronunciamento sobre as teses jurídicas em torno dos dispositivos legais tidos como violados, a fim de que se possa, na instância especial, abrir discussão sobre determinada questão de direito, definindo-se, por conseguinte, a correta interpretação da legislação federal. Incidência das Súmulas nºs 282/STF e 356/STF. 4. O Tribunal de origem consigna a necessidade de cassar a antecipação de tutela anteriormente concedida, pois não há nenhuma situação excepcional a autorizar a suspensão do feito executivo, mas, ao contrário, destaca-se a licitude dos atos de constrição patrimonial da recorrida. A reforma do aresto, neste aspecto, demanda inegável necessidade de reexame de matéria probatória, providência inviável de ser adotada em sede de Recurso Especial, ante o óbice da Súmula nº 7 desta Corte. 5. À falta de contrariedade, permanecem incólumes os motivos expendidos pelo acórdão recorrido, suficientes, por si sós, à manutenção do julgado. Súmula nº 283/STF. 6. Para a análise da admissibilidade do Recurso Especial pela alínea "c" do permissivo constitucional, torna-se imprescindível a indicação das circunstâncias que identifiquem ou assemelhem os casos confrontados, a fim de demonstrar a divergência jurisprudencial existente, o que não ocorreu no caso em apreço. 7. Pedido de reconsideração recebido como agravo interno não provido. (STJ; RCD-AREsp 835.643; Proc. 2015/0325638-5; SP; Quarta Turma; Rel. Min. Luis Felipe Salomão; DJE 02/02/2017)

§ 1º Na petição de agravo interno, o recorrente impugnará especificadamente os fundamentos da decisão agravada.

Se não houver impugnação específica, aplica-se a dialeticidade e o agravo não será conhecido

✓ AGRAVO INTERNO NO AGRAVO (ART. 1042 DO NCPC) AÇÃO DE RESCISÃO CONTRATUAL C/C REPARAÇÃO DE DANOS. DECISÃO MONOCRÁTICA DA PRESIDÊNCIA DESTA CORTE QUE NÃO CONHECEU DO RECLAMO. INSURGÊNCIA DA RÉ. 1. Razões do agravo interno que não impugnam especificamente o fundamento invocado na deliberação monocrática. Em razão do princípio da dialeticidade, deve o agravante demonstrar de modo fundamentado o desacerto da decisão agravada, nos termos do art. 1021, § 1º do NCPC. Incidência, por analogia, da Súmula nº 182/STJ: "É inviável o agravo do art. 545 do CPC [73] que deixa de atacar especificamente os fundamentos da decisão agravada ". 2. Agravo interno não conhecido. (STJ; AgInt-AREsp 998.993; Proc. 2016/0263918-7; SP; Quarta Turma; Rel. Min. Marco Buzzi; DJE 26/10/2017)

§ 2º O agravo será dirigido ao relator, que intimará o agravado para manifestar-se sobre o recurso no prazo de 15 (quinze) dias, ao final do qual, não havendo retratação, o relator levá-lo-á a julgamento pelo órgão colegiado, com inclusão em pauta.

§ 3º É vedado ao relator limitar-se à reprodução dos fundamentos da decisão agravada para julgar improcedente o agravo interno.

→ *v.* Art. 489, § 1º, do NCPC.

Interpretação do STJ acerca desse dispositivo (item 2)

✓ DIREITO PROCESSUAL CIVIL. CONCLUSÕES DO TRIBUNAL DE ORIGEM ACERCA DA MATÉRIA FÁTICO-PROBATÓRIA. REVISÃO. IMPOSSIBILIDADE. INCIDÊNCIA DA SÚMULA Nº 7 DO STJ. 1. A modificação da conclusão de que a radiografia do contrato seria suficiente para a elaboração dos cálculos demandaria o revolvimento de suporte fático-probatório dos autos, o que é inviável em Recurso Especial, a teor do que dispõe a Súmula nº 7 do STJ. 2. A corte especial do Superior Tribunal de justiça, ao interpretar o art. 1.021, § 3º, do CPC/2015, assentou que o dispositivo não impõe ao julgador a obrigação de reformular a decisão agravada para, em outros termos, reiterar os seus fundamentos, notadamente diante da falta de argumento novo deduzido pela parte agravante (EDCL no AGRG nos ERESP 1.483.155/ba, Rel. Ministro og Fernandes, julgado em 15/06/2016; DJe de 03/08/2016). 3. Agravo interno a que se nega provimento. (STJ; AgInt-AREsp 1.091.181; Proc. 2017/0103088-0; SC; Quarta Turma; Rel. Juiz Conv. Lázaro Guimarães; DJE 26/10/2017)

§ 4º Quando o agravo interno for declarado manifestamente inadmissível ou improcedente em votação unânime, o órgão colegiado, em decisão fundamentada, condenará o agravante a pagar ao agravado multa fixada entre um e cinco por cento do valor atualizado da causa.

→ *v.* Art. 80 do NCPC.

→ *v.* Enunciado 358 do FPPC: A aplicação da multa prevista no art. 1.021, § 4º, exige manifesta inadmissibilidade ou manifesta improcedência.

→ *v.* Enunciado 359 do FPPC: A aplicação da multa prevista no art. 1.021, § 4º, exige que a manifesta inadmissibilidade seja declarada por unanimidade.

→ *v.* Enunciado 74 do CJF – O termo "manifestamente" previsto no § 4º do art. 1.021 do CPC se refere tanto à improcedência quanto à inadmissibilidade do agravo.

A divergência, como se depreende dos enunciados, é se a multa deve ser aplicada a todos os recursos negados por unanimidade (se é "automática"). O STJ está firmando sua jurisprudência no sentido que não (vide item IV)

✓ - AGRAVO INTERNO NOS EMBARGOS DE DIVERGÊNCIA EM RECURSO ESPECIAL. PROCESSUAL CIVIL. AGRAVO CONHECIDO APENAS NO CAPÍTULO IMPUGNADO DA DECISÃO AGRAVADA. ART. 1.021, § 1º, DO CPC/2015. EMBARGOS DE DIVERGÊNCIA APRECIADOS À LUZ DO CPC/73. ACÓRDÃO EMBARGADO QUE NÃO CONHECEU DO RECURSO ESPECIAL. APLICAÇÃO DA SÚMULA 7/STJ. PARADIGMAS QUE EXAMINARAM O MÉRITO DA DEMANDA. DISSÍDIO JURISPRUDENCIAL NÃO DEMONSTRADO. REQUERIMENTO DA PARTE AGRAVADA DE APLICAÇÃO DA MULTA PREVISTA NO § 4º DO ART. 1.021 DO CPC/2015. AGRAVO INTERNO PARCIALMENTE CONHECIDO E, NESSA EXTENSÃO, IMPROVIDO. 1. Nos termos do art. 1.021, § 1º, do CPC/2015, merece ser conhecido o agravo interno tão somente em relação aos capítulos impugnados da decisão agravada. 2. Não fica caracterizada a divergência jurisprudencial entre acórdão que aplica regra técnica de conhecimento e outro que decide o mérito da controvérsia. 3. A aplicação da multa prevista no § 4º do art. 1.021 do CPC/2015 não é automática, não se tratando de mera decorrência lógica do não provimento do agravo interno em votação unânime. A condenação do agravante ao pagamento da aludida multa, a ser analisada em cada caso concreto, em decisão fundamentada, pressupõe que o agravo interno mostre-se manifestamente inadmissível ou que sua improcedência seja de tal forma evidente que a simples interposição do recurso possa ser tida, de plano, como abusiva ou protelatória, o que, contudo, não ocorreu na hipótese examinada. 4. Agravo interno parcialmente conhecido e, nessa extensão, improvido. (AgInt nos EREsp 1120356/RS, Rel. Ministro MARCO AURÉLIO BELLIZZE, SEGUNDA SEÇÃO, julgado em 24/08/2016; DJe 29/08/2016)

✓ - PROCESSUAL CIVIL. AGRAVO INTERNO NO AGRAVO RECURSO ESPECIAL. CÓDIGO DE PROCESSO CIVIL DE 2015. APLICABILIDADE. INTEMPESTIVIDADE DO AGRAVO EM RECURSO ESPECIAL. ARTS. 219, 1.003, § 5º, E 1.070 DO CÓDIGO DE PROCESSO CIVIL DE 2015. FERIADO LOCAL. COMPROVAÇÃO POR AGRAVO INTERNO. IMPOSSIBILIDADE. ART. 1.003, § 6º DO CÓDIGO DE PROCESSO CIVIL DE 2015. APLICAÇÃO DE MULTA. ART. 1.021, § 4º, DO CÓDIGO DE PROCESSO CIVIL DE 2015. DESCABIMENTO. I. Consoante o decidido pelo Plenário desta Corte na sessão realizada em 09.03.2016, o regime recursal será determinado pela data da publicação do provimento jurisdicional impugnado. In casu, aplica-se o Código de Processo Civil de 2015 para o presente Agravo Interno e para Agravo em Recurso Especial, embora o Recurso Especial estivesse sujeito ao Código de Processo Civil de 1973. II. É intempestivo o Agravo em Recurso Especial interposto fora do prazo de quinze dias, previsto nos arts. 219, 1.003, § 5º, e 1.070, todos do Estatuto Processual civil de 2015. III. Nos termos do art. 1.003, § 6º, do Código de Processo Civil de 2015, o recorrente comprovará a ocorrência de feriado local no ato de interposição do recurso, não se admitindo a comprovação posterior. IV. Em regra, descabe a imposição da multa prevista no art. 1.021, § 4º, do Código de Processo Civil de 2015 em razão do mero desprovimento do Agravo Interno em votação unânime, sendo necessária a configuração da manifesta inadmissibilidade ou improcedência do recurso a autorizar sua aplicação, o que não ocorreu no caso. V. Agravo interno improvido. (STJ; AgInt-AREsp 987.532; Proc. 2016/0250052-8; MG; Primeira Turma; Relª Min. Regina Helena Costa; DJE 09/10/2017)

Julgado do STJ aplicando a multa com justificativa para tanto

✓ AGRAVO INTERNO NO AGRAVO EM RECURSO ESPECIAL. INTERPOSIÇÃO FORA DO PRAZO. NÃO CONHECIMENTO. 1. É intempestivo o agravo interno interposto após o decurso do prazo de quinze dias previsto no art. 1.003, § 5º, do NCPC. 2. O recurso mostra-se manifestamente inadmissível, a ensejar a aplicação da multa prevista no artigo 1.021, § 4º, do CPC, no percentual de 1% sobre o valor atualizado da causa, ficando a interposição de qualquer outro recurso condicionada ao depósito da respectiva quantia, nos termos do § 5º do citado artigo de lei. 3. Agravo interno não conhecido, com aplicação de multa. (AgInt no AREsp 676.552/SP; Quarta Turma; Rel. Min. Luis Felipe Salomão; Julg. 21/06/2016; DJe 24/06/2016)

Porém, STF tem se mostrado mais rígido quanto à aplicação da multa

✓ SEGUNDO AGRAVO REGIMENTAL NO RECURSO EXTRAORDINÁRIO COM AGRAVO. TRIBUTÁRIO. ICMS/ST. BASE DE CALCULO. CRITÉRIO DE APURAÇÃO. NATUREZA INFRACONSTITUCIONAL DA CONTROVÉRSIA. LEGISLAÇÃO LOCAL. SÚMULA Nº 280/STF. 1. O tribunal de origem solucionou a lide com fundamento na legislação infraconstitucional (lei nº 6.763/75; ricms/02 (decreto nº 43.080/02; art. 8º da LC nº 87/96 e art. 161 do CTN). a violação dos dispositivos constitucionais invocados seria, se ocorresse, indireta ou reflexa, o que não enseja reexame em recurso extraordinário. 2. agravo regimental não provido, com imposição de multa de 2% (dois por cento) sobre o valor atualizado da causa, nos termos do art. 1.021, § 4º, do novo CPC. (STF; ARE-AgR 869.158; Segunda Turma; Rel. Min. Dias Toffoli; DJE 26/10/2017)

§ 5º A interposição de qualquer outro recurso está condicionada ao depósito prévio do valor da multa prevista no § 4º, à exceção da Fazenda Pública e do beneficiário de gratuidade da justiça, que farão o pagamento ao final.

→ *v.* Art. 98 e seguintes do NCPC.

Quando aplicada a multa no julgamento do agravo interno, a interposição de qualquer outro recurso – mesmo de declaratórios – demanda o recolhimento prévio das custas, sob pena de não conhecimento do novo recurso

✓ EMBARGOS DE DECLARAÇÃO NO AGRAVO REGIMENTAL NO RECURSO EXTRAORDINÁRIO COM AGRAVO. Multa prevista no art. 1.021, § 4º, do CPC. Embargos de declaração manifestamente protelatórios. Não conhecimento. Multa aplicada. I. A ausência de comprovação do depósito prévio da multa prevista pelo art. 1.024, § 4º, do CPC, impõe o não conhecimento dos embargos de declaração, por não ter sido atendido o pressuposto objetivo de recorribilidade contido no art. 1.021, § 5º, do CPC. II. A multa processual prevista no art. 1.021, § 4º, do CPC, que tem finalidades repressiva e preventiva, foi aplicada de forma correta, dentro dos limites previstos pelo art. 1.021, § 4º, do CPC, e por meio de acórdão que expôs de forma clara as razões pelas quais ela foi imposta. III. O art. 1.021, § 4º, do CPC, constitui importante ferramenta que visa à concretização do princípio da razoável duração do processo, contido no art. 5º, lxxviii, da constituição, o qual não se coaduna com a interposição de recursos manifestamente inadmissíveis ou improcedentes. lV. Embargos de declaração não conhecidos, com aplicação de multa (art. 1.026, § 2º, do CPC). (STF; Ag-RE-AgR-ED 1.032.888; Rel. Min. Ricardo Lewandowski; DJE 26/10/2017)

Capítulo V
DOS EMBARGOS DE DECLARAÇÃO

Art. 1.022. Cabem embargos de declaração contra qualquer decisão judicial para:

→ *v.* Art. 494, II, do NCPC.

→ *v.* Enunciado 360 do FPPC: A não oposição de embargos de declaração em caso de erro material na decisão não impede sua correção a qualquer tempo.

→ *v.* Enunciado 475 do FPPC: Cabem embargos de declaração contra decisão interlocutória no âmbito dos juizados especiais.

→ *v.* Enunciado 561 do FPPC: A decisão que julgar procedente ou improcedente o pedido em arguição de descumprimento de preceito fundamental é impugnável por embargos de declaração, aplicando-se por analogia o art. 26 da Lei 9.868/1999 do FPPC.

→ *v.* Enunciado 75 do CJF – Cabem embargos declaratórios contra decisão que não admite recurso especial ou extraordinário, no tribunal de origem ou no tribunal superior, com a consequente interrupção do prazo recursal.

→ *v.* Enunciado 76 do CJF– É considerada omissa, para efeitos do cabimento dos embargos de declaração, a decisão que, na superação de precedente, não se manifesta sobre a modulação de efeitos.

Se ausentes os vícios, o caso de rejeição dos embargos (e não de não conhecimento)

✓ EMBARGOS DE DECLARAÇÃO NO AGRAVO REGIMENTAL NO AGRAVO DE INSTRUMENTO. QUESTÕES AFASTADAS NOS JULGAMENTOS ANTERIORES. NÃO HÁ OMISSÃO, CONTRADIÇÃO, OBSCURIDADE OU ERRO MATERIAL A SEREM SANADOS. PRECEDENTES. 1. No julgamento do recurso, as questões postas pela parte recorrente foram enfrentadas adequadamente. Inexistência dos vícios previstos no art. 1.022 do Código de Processo Civil. 2. Embargos de declaração rejeitados. (STF; AI-AgR-ED 863.852; Segunda Turma; Rel. Min. Dias Toffoli; DJE 26/10/2017)

A finalidade dos declaratórios não é rejulgar a causa

✓ ADMINISTRATIVO. PROCESSO CIVIL. EMBARGOS DE DECLARAÇÃO. INEXISTÊNCIA DE QUAISQUER DOS VÍCIOS DESCRITOS NO ART. 1.022 DO CPC/2015. PRETENSÃO DIRECIONADA À REDISCUSSÃO DE QUESTÕES JÁ ENFRENTADAS E DECIDIDAS NO ACÓRDÃO EMBARGADO. IMPOSSIBILIDADE. PREQUESTIONAMENTO DE DISPOSITIVOS CONSTITUCIONAIS. IMPOSSIBILIDADE. 1. De acordo com o previsto no artigo 1.022 do CPC/2015, são cabíveis embargos de declaração nas hipóteses de obscuridade, contradição, omissão do acórdão atacado ou, ainda, para corrigir-lhe erro material; entretanto, não se verifica, no caso concreto, a existência de quaisquer das mencionadas deficiências, porquanto o acórdão embargado enfrentou e decidiu, de maneira integral e com fundamentação suficiente, toda a controvérsia veiculada no recurso anterior. 2. Com efeito, decidiu-se que o Enunciado Administrativo nº 2/STJ deve ser observado na espécie, porquanto o acórdão impugnado pelo Recurso Especial foi publicado ainda na vigência do Código de Processo Civil de 1973, o que atrai a exigência dos requisitos de admissibilidade previstos ao tempo desse hoje revogado diploma adjetivo, com as interpretações dadas, até então, pela jurisprudência do Superior Tribunal de Justiça, aí abrangida a observância ao verbete sumular 115/STJ. 3. Não podem ser acolhidos embargos declaratórios que, a pretexto de alegados vícios no acórdão embargado, traduzem, na verdade, o inconformismo da parte embargante com a decisão ali tomada, buscando, indevidamente, o rejulgamento de matéria já decidida. 4. Não cabe ao Superior Tribunal de Justiça, ainda que para fins de prequestionamento, examinar, em sede aclaratória, alegada violação a dispositivos constitucionais, sob pena de usurpação da competência do Supremo Tribunal Federal. 5. Embargos de declaração rejeitados. (STJ; EDcl-AgInt-AREsp 979.378; Proc. 2016/0233551-6; SP; Primeira Turma; Rel. Min. Sérgio Kukina; DJE 26/10/2017)

Manutenção da tese (firmada no Código anterior) de que o julgador não precisa responder todas as questões suscitadas pelas partes, não se prestando os declaratórios como instrumento para tanto

✓ PROCESSUAL CIVIL. EMBARGOS DE DECLARAÇÃO. ART. 1.022 DO CPC. OMISSÃO, CONTRADIÇÃO, OBSCURIDADE, ERRO MATERIAL. AUSÊNCIA. 1. Os embargos de declaração, conforme dispõe o art. 1.022 do CPC, destinam-se a suprir omissão, afastar obscuridade, eliminar contradição ou corrigir erro material existente no julgado, o que não ocorre na hipótese em apreço. 2. Argumenta-se que as questões levantadas no agravo denegado, capazes, em tese, de infirmar a conclusão adotada monocraticamente, não foram analisadas pelo acórdão embargado (art. 489 do CPC/2015). Entende-se, ainda, que o art. 1.021, § 3º, do CPC/2015 veda ao relator limitar-se à reprodução dos fundamentos da decisão agravada para julgar improcedente o agravo interno. 3. O julgador não está obrigado a responder a todas as questões suscitadas pelas partes, quando já tenha encontrado motivo suficiente para proferir a decisão. A prescrição trazida pelo art. 489 do CPC/2015 veio confirmar a jurisprudência já sedimentada pelo Colendo Superior Tribunal de Justiça, sendo dever do julgador apenas enfrentar as questões capazes de infirmar a conclusão adotada na decisão recorrida. 4.Embargos de declaração rejeitados. (EDcl no AgRg nos EREsp 1483155/BA, Rel. Ministro OG FERNANDES, CORTE ESPECIAL, julgado em 15/06/2016; DJe 03/08/2016)

Apesar do teor da lei, decisão do STF afirmando não ser cabível declaratórios de decisão de admissão de Resp ou RE

✓ ED e juízo de admissibilidade de RE. Os embargos de declaração opostos contra a decisão de presidente do tribunal que não admite recurso extraordinário não suspendem ou interrompem o prazo para interposição de agravo, por serem incabíveis. Esse é o entendimento da Primeira Turma que, por maioria e em conclusão, converteu embargos declaratórios em agravos regimentais e a eles negou provimento (vide Informativo 700). Vencidos os ministros Marco Aurélio e Luiz Fux, que deram provimento aos agravos, por entenderem que todo pronunciamento com carga decisória desafia embargos declaratórios. ARE 688776 ED/RS, rel. Min. Dias Toffoli, julgamento em 28.11.2017. (ARE-688776). ARE 685997 ED/RS, rel. Min. Dias Toffoli, julgamento em 28.11.2017. (ARE-685997)

Decisão do STJ igualmente apontando não ser possível declaratórios de decisão de admissão

✓ AGRAVO INTERNO NO AGRAVO EM RECURSO ESPECIAL. DIREITO PROCESSUAL CIVIL. EMBARGOS DE DECLARAÇÃO OPOSTOS CONTRA A DECISÃO DE INADMISSIBILIDADE RECURSAL. RECURSO MANIFESTAMENTE INADMISSÍVEL. NÃO INTERRUPÇÃO DO PRAZO RECURSAL. PRECEDENTES. AGRAVO INTERNO IMPROVIDO. 1. É pacífico o entendimento desta corte segundo o qual a oposição de embargos declaratórios a decisão de admissibilidade do Recurso Especial não tem o condão de interromper o prazo recursal para o recurso próprio, no caso, o agravo previsto no art. 994, VIII, do CPC/2015. 2. Agravo interno improvido. (STJ; AgInt-AREsp 1.075.172; Proc. 2017/0067075-5; RS; Terceira Turma; Rel. Min. Marco Aurélio Bellizze; DJE 15/08/2017)

I – esclarecer obscuridade ou eliminar contradição;

II – suprir omissão de ponto ou questão sobre o qual devia se pronunciar o juiz de ofício ou a requerimento;

→ v. Enunciado 394 do FPPC: As partes podem opor embargos de declaração para corrigir vício da decisão relativo aos argumentos trazidos pelo **amicus curiae**.

III – corrigir erro material.

Parágrafo único. Considera-se omissa a decisão que:

→ v. Enunciado 453 do FPPC: A estabilidade a que se refere o *caput* do art. 926 consiste no dever de os tribunais observarem os próprios precedentes.

→ v. Enunciado 454 do FPPC: Uma das dimensões da coerência a que se refere o *caput* do art. 926 consiste em os tribunais não ignorarem seus próprios precedentes.

I – deixe de se manifestar sobre tese firmada em julgamento de casos repetitivos ou em incidente de assunção de competência aplicável ao caso sob julgamento;

II – incorra em qualquer das condutas descritas no art. 489, § 1º.

→ v. Enunciado 562 do FPPC: Considera-se omissa a decisão que não justifica o objeto e os critérios de ponderação do conflito entre normas.

Art. 1.023. Os embargos serão opostos, no prazo de 5 (cinco) dias, em petição dirigida ao juiz, com indicação do erro, obscuridade, contradição ou omissão, e não se sujeitam a preparo.

A oposição de declaratórios fora do prazo leva ao não conhecimento do recurso – seja em decisão monocrática ou colegiada

✓ PROCESSUAL CIVIL. EMBARGOS DE DECLARAÇÃO NOS EMBARGOS DE DECLARAÇÃO NO AGRAVO INTERNO NO AGRAVO EM RECURSO ESPECIAL. INTEMPESTIVIDADE. 1. Nos termos dos arts. 219 e 1.023 do CPC/2015, o prazo para oposição de embargos de declaração é de cinco dias úteis. 2. Embargos de declaração não conhecidos. (STJ; EDcl-EDcl-AgInt-AREsp 752.737; Proc. 2015/0183556-8; SC; Terceira Turma; Relª Minª Nancy Andrighi; DJE 06/11/2017)

Exemplo de contagem de prazo, pelo STJ, de embargos intempestivos

✓ EMBARGOS DE DECLARAÇÃO NO AGRAVO INTERNO NO RECURSO ESPECIAL. RECURSO INTEMPESTIVO. EMBARGOS NÃO CONHECIDOS. 1. O prazo para oposição dos embargos de declaração é de 5 dias úteis, nos termos dos arts. 219 e 1.023 do CPC/2015. 2. No caso, o acórdão embargado foi disponibilizado em 2/8/2017 (quarta-feira) e publicado em 3/8/2017 (quinta-feira), razão pela qual o termo final do prazo para a oposição de embargos de declaração foi o dia 10/8/2017 (quinta-feira), portanto, intempestivos, já que apresentados em 14/8/2017 (segunda-feira). 3. Embargos de declaração não conhecidos. (STJ; EDcl-AgInt-REsp 1.377.735; Proc. 2013/0107623-9; AM; Terceira Turma; Rel. Min. Marco Aurélio Bellizze; DJE 06/11/2017)

A interposição de recurso errado não altera o prazo para embargar de declaração da primeira decisão (que foi objeto do recurso errado)

✓ PROCESSUAL CIVIL. EMBARGOS DE DECLARAÇÃO. MATÉRIA PRECLUSA. RECURSO INTEMPESTIVO. PRECLUSÃO TEMPORAL, I. A decisão de fl. 344/345, da qual se opôs o presente recurso, versa sobre o não conhecimento de recurso de fls. 324/338 anteriormente interposto. II. Denota-se que os embargos de fls. 347/352 são relativos ao pedido de suspensão do processo para reanálise da decisão de fls. 318/323, na qual foi dado provimento à apelação do INSS para reconhecer a decadência do direito à revisão da renda mensal inicial do benefício em questão, ocasião em que julgou, também, prejudicado o apelo do autor. III. Verifica-se, no caso, a ocorrência de preclusão temporal, pois a interposição do agravo legal erroneamente interposto, não interrompe nem suspende o prazo para interposição dos embargos declaratórios, que seriam cabíveis da primeira decisão. IV. Descortina-se a intempestividade do presente recurso, considerando que sua interposição se deu em 07/03/2017 sendo que foi intimado da decisão de fls. 318/323 em 06/06/2016 (primeiro dia útil após a publicação ocorrida em 03/06/2016. fl. 323), evidenciando-se, pois, a interposição de recurso após decorrido o prazo recursal previsto no art. 1023 do Código de Processo Civil/2015. V. A insurgência da parte embargante não ultrapassa o crivo da admissibilidade recursal. VI. Ocorrência de preclusão temporal. VII. Embargos de declaração não conhecidos. (TRF 3ª R.; EDcl-AC 0009465-26.2009.4.03.6102; Sétima Turma; Rel. Des. Fed. Toru Yamamoto; DEJF 06/11/2017)

§ 1º Aplica-se aos embargos de declaração o art. 229.

§ 2º O juiz intimará o embargado para, querendo, manifestar-se, no prazo de 5 (cinco) dias, sobre os embargos opostos, caso seu eventual acolhimento implique a modificação da decisão embargada.

→ *v.* Enunciado 614 do FPPC: Não tendo havido prévia intimação do embargado para apresentar contrarrazões aos embargos de declaração, se surgir divergência capaz de acarretar o acolhimento com atribuição de efeito modificativo do recurso durante a sessão de julgamento, esse será imediatamente suspenso para que seja o embargado intimado a manifestar-se no prazo do §2º do art. 1.023.

É exceção a possibilidade de efeitos modificativos ou infringentes aos embargos de declaração (e, consequentemente, também deveria ser excepcional a abertura de vista à parte contrária)

✓ EMBARGOS DE DECLARAÇÃO. PREVIDENCIÁRIO. HIPÓTESES DE CABIMENTO. INOCORRÊNCIA. REDISCUSSÃO DA MATÉRIA DECIDIDA. IMPOSSIBILIDADE. CONSECTÁRIOS LEGAIS. LEI Nº 11.960/09. 1. São cabíveis embargos de declaração contra qualquer decisão judicial para esclarecer obscuridade ou eliminar contradição; suprir omissão ou corrigir erro material, consoante dispõe o artigo 1.022 do Código de Processo Civil. 2. Não se verifica a existência das hipóteses ensejadoras de embargos de declaração quando o embargante pretende apenas rediscutir matéria decidida, não atendendo ao propósito aperfeiçoador do julgado, mas revelando a intenção de modificá-lo, o que se admite apenas em casos excepcionais, quando é possível atribuir-lhes efeitos infringentes, após o devido contraditório (artigo 1.023, § 2º, do CPC). 3. Consectários legais da condenação de acordo com o precedente do STF no RE nº 870.947. (TRF 4ª R.; EDcl-APL-RNec 5011284-34.2011.404.7000; PR; Turma Regional Suplementar do PR; Rel. Des. Fed. Fernando Quadros da Silva; Julg. 31/10/2017; DEJF 06/11/2017)

Se há provimento dos embargos, mas sem efeitos modificativos, desnecessária a abertura de vista à parte contrária

✓ EMBARGOS DE DECLARAÇÃO. AGRAVO DE INSTRUMENTO. AÇÃO DE EXECUÇÃO DE OBRIGAÇÃO DE FAZER. EXCEÇÃO DE PRÉ-EXECUTIVIDADE NEGADA. DECISÃO AGRAVADA MANTIDA. IRRESIGNAÇÃO DO AGRAVANTE. INOCORRÊNCIA DE CONTRADIÇÃO. OBJETIVO DE REDISCUSSÃO DA MATÉRIA NESTE PONTO. RECONHECIDA OMISSÃO APONTADA. DECISÃO EMBARGADA QUE NÃO SE MANIFESTOU QUANTO AO PEDIDO DE PRODUÇÃO DE PROVA PERICIAL. LAUDO PERICIAL DAS PARTES CORROBORANDO O DESCUMPRIMENTO DO TERMO DE AJUSTAMENTO DE CONDUTA (TAC). DESNECESSÁRIA DILAÇÃO PROBATÓRIA. NÃO MODIFICAÇÃO DA DECISÃO. DESNECESSIDADE DE MANIFESTAÇÃO DO EMBARGADO. DICÇÃO DO ARTIGO 1.023, § 2º DO CÓDIGO DE PROCESSO CIVIL. APLICAÇÃO DO ENUNCIADO Nº 3 DA ENFAM. RECURSO CONHECIDO E PARCIALMENTE ACOLHIDO, APENAS PARA. -1 EM SUBSTITUIÇÃO À DESª. REGINA AFONSO PORTES. -- 2RECONHECER A OMISSÃO, SEM EFEITOS INFRINGENTES. 1. Os embargos de declaração devem ser acolhidos se demonstrada a existência de contradição, obscuridade ou omissão na decisão recorrida, mesmo que opostos com a finalidade de prequestionamento. 2. Não apreciado o pedido de produção de prova pericial pela decisão embargada, devem ser acolhidos os aclaratórios para sanar o vício apontado. 3. Devido a não incidência de efeitos infringentes, torna- se desnecessária a manifestação do Ministério Público do Estado do Paraná. 4. Embargos conhecidos e parcialmente acolhidos, sem efeitos infringentes. (TJPR; EmbDecCv 1575856-4/01; São João do Ivaí; Quarta Câmara Cível; Rel. Juiz Conv. Hamilton Rafael Marins Schwartz; Julg. 10/10/2017; DJPR 06/11/2017; Pág. 127)

Art. 1.024. O juiz julgará os embargos em 5 (cinco) dias.

→ *v.* Enunciado 650 do FPPC: Os embargos de declaração, se não submetidos a julgamento na primeira sessão subsequente à sua oposição, deverão ser incluídos em pauta.

§ 1º Nos tribunais, o relator apresentará os embargos em mesa na sessão subsequente, proferindo voto, e, não havendo julgamento nessa sessão, será o recurso incluído em pauta automaticamente.

→ *v.* Art. 935 do NCPC.

No Código anterior não havia necessidade de se pautar embargos; agora, se não forem julgados na sessão subsequente, nos tribunais, será necessária a publicação em pauta – para que o advogado possa apresentar memoriais e/ou acompanhar o julgamento

✓ EMBARGOS DE DECLARAÇÃO NA APELAÇÃO CÍVEL. RECURSO SUBMETIDO AO REGIME DO NOVO CPC. § 1º DO ART. 1024, DA LEI Nº 13.105/2015. APELAÇÃO CÍVEL. AÇÃO DE REPARAÇÃO DE DANOS. MORTE DO ÚNICO FILHO DA AUTORA. Descarga elétrica – sentença de parcial procedência, proferida sob a égide do CPC/15, para o pedido de indenização por danos morais, julgando improcedente os pedidos de pensionamento e custeio de tratamento psíquico -contexto fático-probatório que comprova a responsabilidade das rés. Conduta omissiva. Falta de medidas de segurança e precaução contra acidentes. Causa da descarga elétrica que levou o filho da autora à óbito – quantum indenizatório que merece ser majorado. Adequação aos princípios norteadores da razoabilidade e proporcionalidade -pensionamento. Falecimento do único filho da autora. Família de baixa renda. Incidência da sumula 491 do STF. Precedentes jurisprudenciais -correção monetária e juros. Aplica-se a nova redação do 1º-f da Lei nº 9.494/97 a partir de 30/06/2009, quando entrou em vigor a Lei nº 11.960/09 até 25/03/2015, data da modulação dos efeitos da adi 4357/DF pelo e. STF. Juros a contar da citação, enquanto que a correção monetária conta-se a partir do julgado -honorários sucumbenciais recursais. Incidência do enunciado administrativo n. 07 do STJ "somente nos recursos interpostos contra a decisão publicada a partir de 18/03/2016, será possível o arbitramento de honorários sucumbenciais recursais, na forma do artigo 85, §§ 2º e 11º do novo CPC". Dá-se parcial provimento ao recurso da parte autora. Negar provimento aos recursos das rés. Alegação de omissão do julgado. Inocorrência das hipóteses previstas no art. 1.022 do CPC. Efeitos infringentes somente em casos excepcionalíssimos, o que não é a hipótese dos autos. Prequestionamento. Impossibilidade -conhecimento dos aclaratórios para rejeitá-los, reconhecendo-se erro material constante na ementa do acórdão embargado. Nega-se provimento aos declaratórios. (TJRJ; APL-RNec 0175967-66.2014.8.19.0001; Rio de Janeiro; Vigésima Segunda Câmara Cível; Rel. Des. Marcelo Lima Buhatem; Julg. 15/08/2017; DORJ 01/11/2017; Pág. 326)

§ 2º Quando os embargos de declaração forem opostos contra decisão de relator ou outra decisão unipessoal proferida em tribunal, o órgão prolator da decisão embargada decidi-los-á monocraticamente.

§ 3º O órgão julgador conhecerá dos embargos de declaração como agravo interno se entender ser este o recurso cabível, desde que determine previamente a intimação do recorrente para, no prazo de 5 (cinco) dias, complementar as razões recursais, de modo a ajustá-las às exigências do art. 1.021, § 1º.

→ *v.* Enunciado 104 do FPPC: O princípio da fungibilidade recursal é compatível com o NCPC e alcança todos os recursos, sendo aplicável de ofício.

A principal hipótese de conversão dos declaratórios em interno se verifica no momento em que, nos embargos, basicamente há pedido de efeitos modificativos

✓ EMBARGOS DE DECLARAÇÃO. CARÁTER INFRINGENTE. RECEBIMENTO COMO AGRAVO INTERNO. ARTIGO 1.024, § 3º, DO CPC/2015. EMBARGOS DE DIVERGÊNCIA. AUSÊNCIA DE SIMILITUDE FÁTICA. RECURSO IMPROVIDO. 1. Considerando o nítido caráter infringente deste recurso e a não configuração de qualquer das hipóteses dos incisos I, II e III do artigo 1.022 do CPC/2015, são os presentes embargos declaratórios recebidos como agravo interno, nos termos do § 3º do artigo 1.024 do mencionado diploma processual. 2. Para que seja configurada a divergência jurisprudencial, devem o acórdão embargado e o aresto paradigma possuir similitude fática e jurídica, conforme exigido pelo artigo 266, § 1º c/c o artigo 255, § 2º, do RISTJ. 3. No caso dos autos, o acórdão embargado concluiu não restar configurado o prequestionamento, diante da inovação recursal ocorrida nos embargos de declaração interpostos na instância ordinária, enquanto os paradigmas apontados, por sua vez, referem-se à imprescindibilidade da interposição dos embargos declaratórios, objetivando o debate prévio da questão federal a ser defendida no recurso especial. 4. Embargos de declaração recebidos como agravo regimental, ao qual se nega provimento. (EDcl nos EAREsp 531.903/SP, Rel. Ministro JORGE MUSSI, CORTE ESPECIAL, julgado em 15/06/2016; DJe 29/06/2016)

Aplicação do § 3º ao processo penal

✓ PEDIDO DE RECONSIDERAÇÃO CONHECIDO COMO AGRAVO INTERNO NO AGRAVO EM RECURSO ESPECIAL. PROCESSUAL PENAL. INTIMAÇÃO PARA COMPLEMENTAÇÃO DAS RAZÕES RECURSAIS. TRANSCURSO DO PRAZO. PRESCRIÇÃO. INOCORRÊNCIA. RECURSO NÃO CONHE-

CIDO. 1. Intimado o agravante, nos termos do art. 1.021, § 1º, aplicando, mutatis mutandis, o § 3º do art. 1.024 do Código de Processo Civil, não complementou as razões recursais. 2. Afastada a alegação de prescrição, porquanto não verificado o transcurso do lapso temporal de 3 anos entre os marcos interruptivos. 3. Pedido de reconsideração recebido como agravo interno, do qual não se conhece. (STJ; RCD-AREsp 984.816; Proc. 2016/0245808-0; MG; Sexta Turma; Rel. Min. Nefi Cordeiro; DJE 06/11/2017)

§ 4º Caso o acolhimento dos embargos de declaração implique modificação da decisão embargada, o embargado que já tiver interposto outro recurso contra a decisão originária tem o direito de complementar ou alterar suas razões, nos exatos limites da modificação, no prazo de 15 (quinze) dias, contado da intimação da decisão dos embargos de declaração.

§ 5º Se os embargos de declaração forem rejeitados ou não alterarem a conclusão do julgamento anterior, o recurso interposto pela outra parte antes da publicação do julgamento dos embargos de declaração será processado e julgado independentemente de ratificação.

→ *v.* Enunciado 23 do FPPC: Fica superado o enunciado 418 da súmula do STJ após a entrada em vigor do NCPC ("É inadmissível o recurso especial interposto antes da publicação do acórdão dos embargos de declaração, sem posterior ratificação").

→ *v.* Enunciado 476 do FPPC: O direito ao recurso nasce com a publicação em cartório, secretaria da vara ou inserção nos autos eletrônicos da decisão a ser impugnada, o que primeiro ocorrer.

Art. 1.025. Consideram-se incluídos no acórdão os elementos que o embargante suscitou, para fins de pré-questionamento, ainda que os embargos de declaração sejam inadmitidos ou rejeitados, caso o tribunal superior considere existentes erro, omissão, contradição ou obscuridade.

→ *v.* Súmula 282 do STF.

→ *v.* Súmula 356 do STF.

→ *v.* Súmula 211 do STJ.

Posição restritiva de alguns ministros do STJ no sentido de que se há ED para fins de prequestionamento, necessário que no REsp também se aponte violação ao art. 1.022

✓ PROCESSUAL CIVIL. AÇÃO DE COBRANÇA. ÔNUS DA PROVA. ART. 1013 DO CPC/2015. NÃO IMPUGNAÇÃO NOS EMBARGOS DE DECLARAÇÃO. AUSÊNCIA DE PREQUESTIONAMENTO. SÚMULA Nº 211/STJ. NÃO ALEGAÇÃO DE VIOLAÇÃO DO ART. 1022 DO CPC/2015. 1. O art. 1013, §§ 1º e 2º do código de processo civil/2015 e as teses de erro in procedendo e cerceamento de defesa não foram objeto de debate e deliberação pela corte de origem, mesmo com a oposição dos embargos de declaração, o que redunda em ausência de prequestionamento da matéria, aplicando-se ao caso a orientação firmada na Súmula nº 211/STJ ("inadmissível Recurso Especial quanto à questão que, a despeito da oposição de embargos declaratórios, não foi apreciada pelo tribunal a quo"). 2. Acrescente-se que, se a recorrente entendesse persistir algum vício no acórdão impugnado, imprescindível a alegação de violação do art. 1022 do código de processo civil/2015 (art. 535 do CPC/1973), quando da interposição do Recurso Especial com fundamento na alínea a do inciso III do art. 105 da Constituição Federal, sob pena de incidir no intransponível óbice da ausência de prequestionamento. 3. Recurso Especial não conhecido. (STJ; REsp 1.673.689; Proc. 2017/0119760-0; RR; Segunda Turma; Rel. Min. Herman Benjamin; DJE 09/10/2017)

✓ PROCESSUAL CIVIL. AGRAVO INTERNO NO RECURSO ESPECIAL. CÓDIGO DE PROCESSO CIVIL DE 2015. APLICABILIDADE. EXECUÇÃO DE SENTENÇA. AUSÊNCIA DE PREQUESTIONAMENTO. INCIDÊNCIA DA SÚMULA N. 211/STJ. APLICABILIDADE. ART. 1.025 DO CÓDIGO DE PROCESSO CIVIL. ARGUMENTOS INSUFICIENTES PARA DESCONSTITUIR A DECISÃO ATACADA. HONORÁRIOS RECURSAIS. CABIMENTO. APLICAÇÃO DE MULTA. ART. 1.021, § 4º, DO CÓDIGO DE PROCESSO CIVIL DE 2015. DESCABIMENTO. I. Consoante o decidido pelo Plenário desta Corte na sessão realizada em 09.03.2016, o regime recursal será determinado pela data da publicação do provimento jurisdicional impugnado. In casu, aplica-se o Código de Processo Civil de 2015. II. A ausência de enfrentamento da questão objeto da controvérsia pelo Tribunal a quo, não obstante oposição de Embargos de Declaração, impede o acesso à instância especial, porquanto não preenchido o requisito constitucional do prequestionamento, nos termos da Súmula n. 211/STJ. III. O art. 1.025 do Código de Processo Civil de 2015 prevê que esta Corte considere prequestionada determinada matéria apenas caso alegada e reconhecida a violação ao art. 1.022 do Código de Processo Civil de 2015. IV. A Agravante não apresenta, no agravo, argumentos suficientes para desconstituir a decisão recorrida. V. Honorários recursais. Cabimento. VI. Em regra, descabe a imposição da multa prevista no art. 1.021, § 4º, do Código de Processo Civil de 2015 em razão do mero desprovimento do Agravo Interno em votação unânime, sendo necessária a configuração da manifesta inadmissibilidade ou improcedência do recurso a autorizar sua aplicação, o que não ocorreu no caso. VII. Agravo Interno improvido. (STJ; AgInt-REsp 1.682.293; Proc. 2017/0157336-7; PB; Relª Minª Regina Helena Costa; DJE 10/11/2017)

Aplicação do § 3º ao processo penal

✓ PROCESSO CIVIL. EMBARGOS DE DECLARAÇÃO. AUSÊNCIA DE VÍCIOS. EFEITO INFRINGENTE. IMPOSSIBILIDADE. PREQUESTIONAMENTO. I. O embargante pretende, na verdade, modificar o julgado, com a rediscussão da matéria, e não sanar omissão, contradição ou obscuridade. Somente em raríssima excepcionalidade pode-se emprestar efeito modificativo aos embargos de declaração, não sendo a hipótese dos autos. Julgados do STJ. II. Conforme o artigo 1.025 do CPC/2015, para fins de prequestionamento, é prescindível a indicação ostensiva da matéria que se pretende seja prequestionada, sendo suficiente que esta tenha sido apenas suscitada nos embargos de declaração, mesmo que estes sejam inadmitidos ou rejeitados. III. Embargos de declaração desprovidos. (TRF 2ª R.; AI 0010355-18.2016.4.02.0000; Primeira Turma Especializada; Rel. Des. Fed. Abel Gomes; Julg. 23/10/2017; DEJF 10/11/2017)

Julgado que se manifesta no sentido de haver o prequestionamento apenas pela manifestação em pretéritos declaratórios (aplicação da previsão do art. 1.025)

✓ EMBARGOS DE DECLARAÇÃO NO AGRAVO DE INSTRUMENTO. RECURSO SUBMETIDO AO REGIME DO NOVO CPC. § 1º DO ART. 1024, DA LEI Nº 13.105/2015-DIREITO CONSTITUCIONAL. Ação de obrigação de fazer. Agravo de instrumento. Antecipação de tutela deferida. Saúde pública. Fornecimento de medicamentos à hipossuficiente. Garantia constitucional e dever comum da união, dos estados, do Distrito Federal e dos municípios. Inteligência do verbete n. º 65, deste egrégio tribunal -receituários que deverão ser atualizados e subscritos por médicos integrantes do SUS, a fim de obtenção, pela parte autora do medicamento necessário ao tratamento de sua enfermidade. Pequeno ajuste, ex officio, para determinar a apresentação anual de receituário médico atualizado-alegação de omissão do julgado. Embargante que se insurge contra a determinação de apresentação anual de receituário médico com claro intuito de prequestionamento -inocorrência das hipóteses previstas no art. 1.022 do CPC. Prequestionamento. Art. 1.025 do CPC desprovimento dos embargos de declaração. (TJRJ; AI 0021747-11.2017.8.19.0000; São Pedro da Aldeia; Vigésima Segunda Câmara Cível; Rel. Des. Marcelo Lima Buhatem; Julg. 25/07/2017; DORJ 26/10/2017; Pág. 539)

Art. 1.026. Os embargos de declaração não possuem efeito suspensivo e interrompem o prazo para a interposição de recurso.

→ v. Art. 995 do NCPC.

→ v. Enunciado 218 do FPPC: A inexistência de efeito suspensivo dos embargos de declaração não autoriza o cumprimento provisório da sentença nos casos em que a apelação tenha efeito suspensivo.

→ v. Enunciado 477 do FPPC: Publicada em cartório ou inserida nos autos eletrônicos a decisão que julga embargos de declaração sob a vigência do CPC de 2015, computar-se-ão apenas os dias úteis no prazo para o recurso subsequente, ainda que a decisão embargada tenha sido proferida ao tempo do CPC de 1973, tendo em vista a interrupção do prazo prevista no art. 1.026 do FPPC.

→ v. Enunciado 563 do FPPC: Os embargos de declaração no âmbito do Supremo Tribunal Federal interrompem o prazo para a interposição de outros recursos.

A interrupção aqui mencionada é exclusivamente judicial, não se aplicando a impugnação realizada em sede administrativa, para fins de contagem de prazo para impetração de MS

✓ ROCESSUAL CIVIL. RECURSO ORDINÁRIO EM MANDADO DE SEGURANÇA. PRAZO DECADENCIAL. INTERRUPÇÃO PELO MANEJO DE EMBARGOS DE DECLARAÇÃO. IMPOSSIBILIDADE. 1. O Plenário do STJ decidiu que "aos recursos interpostos com fundamento no CPC/1973 (relativos a decisões publicadas até 17 de março de 2016) devem ser exigidos os requisitos de admissibilidade na forma nele prevista, com as interpretações dadas até então pela jurisprudência do Superior Tribunal de Justiça" (Enunciado Administrativo n. 2). 2. A teor do disposto na Súmula 430 do STF, "pedido de reconsideração na via administrativa nao interrompe o prazo para o mandado de segurança". 3. O efeito interruptivo atribuído aos embargos de declaração diz respeito à interposição de outros recursos, conforme a dicção do art. 538 do CPC/1973 (art. 1.026 do CPC/2015), categoria na qual não se enquadra a ação constitucional de mandado de segurança. 4. A interposição de embargos de declaração contra decisão administrativa impugnada pela via do mandado de segurança não tem o condão de interromper o fluxo do prazo decadencial de 120 dias para impetração do mandamus, notadamente quando se trata de prazo que não se suspende, nem se interrompe e do recurso integrativo – desprovido dos vícios previstos na lei processual civil – exsurge nítida feição modificativa. 5. Manutenção do acórdão em que se reconheceu o transcurso do prazo para a impetração do writ. 6. Recurso desprovido. (RMS 39.107/SE, Rel. Ministro GURGEL DE FARIA, PRIMEIRA TURMA, julgado em 07/06/2016; DJe 30/06/2016)

§ 1º A eficácia da decisão monocrática ou colegiada poderá ser suspensa pelo respectivo juiz ou relator se demonstrada a probabilidade de provimento do recurso ou, sendo relevante a fundamentação, se houver risco de dano grave ou de difícil reparação.

→ v. Enunciado 423 do FPPC: Cabe tutela de evidência recursal.

§ 2º Quando manifestamente protelatórios os embargos de declaração, o juiz ou o tribunal, em decisão fundamentada, condenará o embargante a pagar ao embargado multa não excedente a dois por cento sobre o valor atualizado da causa.

Embargos protelatórios acarretam multa

✓ EMBARGOS DE DECLARAÇÃO NO AGRAVO INTERNO NO AGRAVO EM RECURSO ESPECIAL. Inexistência de quaisquer dos vícios do art. 1.022 do CPC/15. Rediscussão do pano de fundo da controvérsia. Pretensão de afastamento do óbice sumular n. 07/STJ. Rejulgamento da causa. Impossibilidade. Caráter protelatório. Art. 1.026, § 2º, do CPC/15. Multa de 1% (um por cento) sobre o valor atualizado da causa. Aclaratórios rejeitados. (STJ; EDcl-AgInt-AREsp 967.317; Proc. 2016/0214046-8; SP; Terceira Turma; Rel. Min. Paulo de Tarso Sanseverino; DJE 10/11/2017)

Se não se alega vício nem fins de prequestionamento nos declaratórios, o recurso é protelatório

✓ EMBARGOS DE DECLARAÇÃO EM APELAÇÃO CÍVEL. AUSÊNCIA DE OMISSÃO, OBSCURIDADE, CONTRADIÇÃO OU ERRO MATERIAL NO JULGADO RECORRIDO. EMBARGANTE QUE NÃO APONTA OS ELEMENTOS SUSCITADOS PARA FINS DE PREQUESTIONAMENTO, TAMPOUCO A EXISTÊNCIA DE QUALQUER OMISSÃO, OBSCURIDADE, CONTRADIÇÃO OU ERRO MATERIAL NO ACÓRDÃO EMBARGADO, PASSÍVEL DE CORREÇÃO, LIMITANDO-SE A DISCORDAR DO RESULTADO DO JULGAMENTO. Embargos de declaração. Recurso inadequado para manifestação de mero inconformismo. Inexistência de vício no acórdão recorrido. O mero inconformismo da parte com o resultado do julgamento não justifica a reapreciação pela presente via recursal de questão já decidida. Ausência de qualquer das hipóteses para oposição dos Embargos de Declaração. Recurso manifestamente protelatório. Aplica-se ao embargante a multa de 2% (dois por cento) sobre o valor atualizado da causa com base no art. 1.026, § 2º, do CPC/2015.DESPROVIMENTO DO RECURSO. (TJRJ; APL 0361860-04.2012.8.19.0001; Rio de Janeiro; Vigésima Quarta Câmara Cível Consumidor; Relª Desig. Desª Ana Célia Montemor Soares Rios Gonçalves; DORJ 10/11/2017; Pág. 836)

Multa também se aplica ao processo do trabalho

✓ EMBARGOS DE DECLARAÇÃO. VÍCIOS. INEXISTÊNCIA. NATUREZA PROCRASTINATÓRIA. MULTA. O manejo dos embargos de declaração deve ter como finalidade o aperfeiçoamento da prestação jurisdicional. No caso em tela, os embargantes insurgem-se contra matéria amplamente debatida, circunstância que revela tanto a inadequação da via eleita quanto a notória tentativa de procrastinação do feito. Rejeitam-se os embargos de declaração e, considerando-os meramente protelatórios, condena-se os embargantes a pagar ao embargado multa no valor de 2% (dois por cento) sobre o valor da causa, nos termos do artigo 1.026, § 2º, do CPC vigente, observando-se, ainda, o comando contido no § 3º, em caso de eventual reiteração. Embargos de declaração rejeitados, com aplicação de multa. (TST; ED-ED-Ag-Ag-AIRR 0220985-64.2005.5.12.0036; Órgão Especial; Rel. Min. Emmanoel Pereira; DEJT 10/11/2017; Pág. 371)

§ 3º Na reiteração de embargos de declaração manifestamente protelatórios, a multa será elevada a até dez por cento sobre o valor atualizado da causa, e a interposição de qualquer recurso ficará condicionada ao depósito prévio do valor da multa, à exceção da Fazenda Pública e do beneficiário de gratuidade da justiça, que a recolherão ao final.

→ *v.* Súmula 98 do STJ.

→ *v.* Art. 98 e seguintes do NCPC.

§ 4º Não serão admitidos novos embargos de declaração se os 2 (dois) anteriores houverem sido considerados protelatórios.

→ v. Enunciado 361 do FPPC: Na hipótese do art. 1.026, § 4º, não cabem embargos de declaração e, caso opostos, não produzirão qualquer efeito.

Capítulo VI
DOS RECURSOS PARA O SUPREMO TRIBUNAL FEDERAL E PARA O SUPERIOR TRIBUNAL DE JUSTIÇA

→ *v.* Arts. 101 a 105 da CF/1988.

Seção I
Do Recurso Ordinário

→ *v.* Art. 307 e seguintes do RISTF.

→ *v.* Art. 244 e seguintes do RISTJ.

Art. 1.027. Serão julgados em recurso ordinário:

I – pelo Supremo Tribunal Federal, os mandados de segurança, os **habeas data** e os mandados de injunção decididos em única instância pelos tribunais superiores, quando denegatória a decisão;

→ *v.* Enunciado 210 do FPPC: Cabe reclamação, por usurpação da competência do Supremo Tribunal Federal, contra a decisão de presidente ou vice-presidente de tribunal superior que inadmitir recurso ordinário interposto com fundamento no art. 1.027, I.

II – pelo Superior Tribunal de Justiça:

→ *v.* Enunciado 209 do FPPC: Cabe reclamação, por usurpação da competência do Superior Tribunal de Justiça, contra a decisão de presidente ou vice-presidente do tribunal de 2º grau que inadmitir recurso ordinário interposto com fundamento no art. 1.027, II, "a".

a) os mandados de segurança decididos em única instância pelos tribunais regionais federais ou pelos tribunais de justiça dos Estados e do Distrito Federal e Territórios, quando denegatória a decisão;

b) os processos em que forem partes, de um lado, Estado estrangeiro ou organismo internacional e, de outro, Município ou pessoa residente ou domiciliada no País.

→ *v.* Enunciado 207 do FPPC: Cabe reclamação, por usurpação da competência do tribunal de justiça ou tribunal regional federal, contra a decisão de juiz de 1º grau que inadmitir recurso de apelação.

→ *v.* Enunciado 208 do FPPC: Cabe reclamação, por usurpação da competência do Superior Tribunal de Justiça, contra a decisão de juiz de 1º grau que inadmitir recurso ordinário, no caso do art. 1027, II, 'b'.

§ 1º Nos processos referidos no inciso II, alínea "b", contra as decisões interlocutórias caberá agravo de instrumento dirigido ao Superior Tribunal de Justiça, nas hipóteses do art. 1.015.

Recurso em demanda envolvendo pessoa residente no Brasil contra organismo internacional é de competência do STJ

✓ AGRAVO DE INSTRUMENTO. DECISÃO PROFERIDA POR JUIZ FEDERAL EM AÇÃO NA QUAL LITIGA PESSOA RESIDENTE NO PAÍS CONTRA ORGANISMO INTERNACIONAL. COMPETÊNCIA DO SUPERIOR TRIBUNAL DE JUSTIÇA. ART. 105 DA CF. ART. 1.027, B, § 1º DO CPC. É do Colendo Superior Tribunal de Justiça a competência para o exame de agravo de instrumento contra decisão proferida pelo juízo federal em ação judicial na qual litiga, de um lado, Estado estrangeiro ou organismo internacional e, de outro, Município ou pessoa residente ou domiciliada no País. Inteligência do art. 1.027, b, § 1º do Código de Processo Civil c/c art. 105 da Constituição Federal. (TRF 4ª R.; EDAG 5012544-87.2017.404.0000; Terceira Turma; Rel. Des. Fed. Rogerio Favreto; Julg. 03/10/2017; DEJF 09/10/2017)

✓ ADMINISTRATIVO. AGRAVO DE INSTRUMENTO. PROGRAMA MAIS MÉDICOS. TERMO DE COOPERAÇÃO INTERNACIONAL FIRMADO ENTRE BRASIL E CUBA. INTERMEDIAÇÃO DA ORGANIZAÇÃO PAN-AMERICANA DE SAÚDE/ORGANIZAÇÃO MUNDIAL DE SAÚDE. OPAS/OMS. LITISCONSÓRCIO PASSIVO NECESSÁRIO RECONHECIDO, DE OFÍCIO. ORGANISMO INTERNACIONAL E ESTADO ESTRANGEIRO. COMPETÊNCIA DO SUPERIOR TRIBUNAL DE JUSTIÇA (CF, art. 109). INCOMPETÊNCIA ABSOLUTA DESTA CORTE REGIONAL RECONHECIDA, DE OFÍCIO. 1. O impetrante participou do Programa Mais Médicos em razão de Convênio Internacional firmado entre o Brasil e Cuba, tendo por interveniente a Organização Pan-Americana de Saúde/Organização Mundial de Saúde. OPAS/OMS, o qual, findo o prazo previsto para sua participação no citado programa, pretende que o Poder Judiciário o mantenha nele, mas com forma de pagamento diferente daquele anteriormente firmado no citado Convênio. 2. Tendo em vista que a Organização Pan-Americana de Saúde/Organização Mundial de Saúde. OPAS/OMS detém competência para, com suas políticas, normas e regulamentos, sujeita à disponibilidade de recursos a serem transferidos por meio de termos de ajuste, "Avaliar a seleção dos médicos aptos a participar do PROGRAMA nos termos definidos pela Coordenação do Projeto Mais Médicos para o Brasil, por meio dos seguintes documentos a serem apresentados ao MINISTÉRIO acompanhados de tradução simples para a língua portuguesa que serão aceitos, pelo MINISTÉRIO, para todas as etapas do PROGRAMA", bem como o fato de que o autor/agravante se insurge na verdade, contra o arranjo jurídico firmado pelo Governo do Brasil, pelo Governo de Cuba e pela OPAS/OMS, é necessário constar sua integração no polo passivo da lide. 3. O art. 109 da CF dispõe que compete ao juiz federal processar e julgar, em primeiro grau, as causas entre Estado estrangeiro ou organismo internacional e município ou pessoa domiciliada ou residente no país, devendo o recurso ordinário interposto nessa causa ser dirigido diretamente ao STJ. O art. 1.027, II, "b", do Novo Código de Processo Civil, compete ao Superior Tribunal de Justiça o julgamento de agravo de instrumento interposto contra decisão interlocutória, proferidas por Juiz Federal de primeira instância, em processo em que forem partes, de um lado, Estado estrangeiro ou organismo internacional e, de outro, Município ou pessoa residente ou domiciliada no País. 4. Em sendo necessário que conste como litisconsórcio passivo necessário no processo de origem a Organização Pan-Americana de Saúde/Organização Mundial de Saúde. OPAS/OMS e tendo em vista que a inclusão no feito deste organismo internacional tem o condão de determinar a competência do STJ para julgar o agravo de instrumento de eventual decisão proferida no feito, deve ser declinada a competência e determinada a remessa deste recurso para aquela Corte Superior. 5. Ressalte-se que, o advogado do agravante, ajuizou anteriormente várias ações com o mesmo objeto tendo como partes a República de Cuba e a Organização Pan-Americana de Saúde/Organização Mundial de Saúde. OPAS/OMS, tais como nos Processos ns. 71198-58.2011.4.01.3400, 7099414-2016.4.01.3400, 6512303-2016.4.01.3400, 7099329-2016.4.01.3400, 7457452-2016.4.01.3400, 6854316- 2016.4.01.3400 e 6512218.2016.4.01.3400, onde foram proferidas decisões indeferindo o pedido de antecipação de tutela, tendo sido interpostos os respectivos agravos de instrumento de ns. 1433747, 1433730, 1433738, 1433733, 1433731, 1433723, 1433695, onde o STJ proferiu decisão indeferindo o pedido de antecipação de tutela recursal. 6. A supressão, principalmente, do mencionado organismo internacional e da República de Cuba parecer ser uma clara tentativa de deslocamento de foro com a supressão dos entes internacionais desde a ação de origem, o que, em tese, teria o condão de levar á conclusão de que a competência para julgar o agravo de instrumento seria desta Corte, mormente quando o processo de origem onde foi proferida a decisão agravada foi ajuizado em 21/12/2016, e aquelas dos apontados agravos de instrumento foram ajuizadas respectivamente em 29/11/2016, 24/11/2016, 07/11/2016, 24/11/2016, 15/12/2016, 15/12/2016 e 07/11/2016, conforme se vê das informações processuais constantes do site da Seção Judiciária do Distrito Federal. 7. Reconhecida, de ofício, a existência de litisconsórcio passivo necessário com a OPAS/OMS e Cuba, e consequentemente, reconhecida a incompetência absoluta desta Corte Regional para processar e julgar o presente recurso, determina-se a remessa dos autos ao Superior Tribunal de Justiça. (TRF 1ª R.; AI 0013177-70.2017.4.01.0000; Sexta Turma; Rel. Des. Fed. Kassio Marques; DJF1 07/08/2017)

§ 2º Aplica-se ao recurso ordinário o disposto nos arts. 1.013, § 3º, e 1.029, § 5º.

→ *v.* Enunciado 357 do FPPC: Aplicam-se ao recurso ordinário os arts. 1.013 e 1.014.

Art. 1.028. Ao recurso mencionado no art. 1.027, inciso II, alínea "**b**", aplicam-se, quanto aos requisitos de admissibilidade e ao procedimento, as disposições relativas à apelação e o Regimento Interno do Superior Tribunal de Justiça.

§ 1º Na hipótese do art. 1.027, § 1º, aplicam-se as disposições relativas ao agravo de instrumento e o Regimento Interno do Superior Tribunal de Justiça.

§ 2º O recurso previsto no art. 1.027, incisos I e II, alínea "a", deve ser interposto perante o tribunal de origem, cabendo ao seu presidente ou vice-presidente determinar a intimação do recorrido para, em 15 (quinze) dias, apresentar as contrarrazões.

§ 3º Findo o prazo referido no § 2º, os autos serão remetidos ao respectivo tribunal superior, independentemente de juízo de admissibilidade.

→ *v.* Enunciado 209 do FPPC: Cabe reclamação, por usurpação da competência do Superior Tribunal de Justiça, contra a decisão de presidente ou vice-presidente do tribunal de 2º grau que inadmitir recurso ordinário interposto com fundamento no art. 1.027, II, "a".

→ *v.* Enunciado 210 do FPPC: Cabe reclamação, por usurpação da competência do Supremo Tribunal Federal, contra a decisão de presidente ou vice-presidente de tribunal superior que inadmitir recurso ordinário interposto com fundamento no art. 1.027, I.

Seção II
Do Recurso Extraordinário e do Recurso Especial

Subseção I
Disposições Gerais

→ *v.* Arts. 102, III, e 105, III, da CF/1988.

→ *v.* Arts. 321 a 329 do RISTF.

→ *v.* Arts. 255 a 257 do RISTJ.

Art. 1.029. O recurso extraordinário e o recurso especial, nos casos previstos na Constituição Federal, serão interpostos perante o presidente ou o vice-presidente do tribunal recorrido, em petições distintas que conterão:

→ v. Enunciado 664 do FPPC: O Presidente ou Vice-Presidente do Tribunal de origem tem competência para homologar acordo celebrado antes da publicação da decisão de admissão do recurso especial ou extraordinário.

I – a exposição do fato e do direito;

II – a demonstração do cabimento do recurso interposto;

III – as razões do pedido de reforma ou de invalidação da decisão recorrida.

§ 1º Quando o recurso fundar-se em dissídio jurisprudencial, o recorrente fará a prova da divergência com a certidão, cópia ou citação do repositório de jurisprudência, oficial ou credenciado, inclusive em mídia eletrônica, em que houver sido publicado o acórdão divergente, ou ainda com a reprodução de julgado disponível na rede mundial de computadores, com indicação da respectiva fonte, devendo-se, em qualquer caso, mencionar as circunstâncias que identifiquem ou assemelhem os casos confrontados.

<u>A divergência deve ser para casos com similitude fática</u>

✓ RECURSO ESPECIAL. AÇÃO DECLARATÓRIA DE INEXISTÊNCIA DE DÉBITO CUMULADA COM INDENIZATÓRIA. 1. Inscrição indevida em cadastro de inadimplente em decorrência de fraude. Divergência jurisprudencial. Ausência de comprovação da similitude fática. Exigência dos arts. 1.029, § 1º, do CPC/2015 e 255, § 1º, do RISTJ. 2. Flexibilização da Súmula nº 385/STJ, na hipótese, em que as inscrições preexistentes também são alvo de questionamento judicial pela ocorrência de fraude. Dano moral reconhecido. 3. Recurso desprovido. (STJ; REsp 1.700.686; Proc. 2017/0247913-8; SP; Terceira Turma; Rel. Min. Marco Aurélio Bellizze; DJE 07/11/2017)

§ 2º (Revogado pela Lei 13.256/2016, em vigor no início da vigência da Lei 13.105/2015 – Novo CPC (v. art. 4º da Lei 13.256/2016)).

→ Anterior redação: § 2º Quando o recurso estiver fundado em dissídio jurisprudencial, é vedado ao tribunal inadmiti-lo com base em fundamento genérico de que as circunstâncias fáticas são diferentes, sem demonstrar a existência da distinção. (...).

§ 3º O Supremo Tribunal Federal ou o Superior Tribunal de Justiça poderá desconsiderar vício formal de recurso tempestivo ou determinar sua correção, desde que não o repute grave.

→ v. Enunciado 83 do FPPC: Fica superado o enunciado 115 da súmula do STJ após a entrada em vigor do NCPC (**"Na instância especial é inexistente recurso interposto por advogado sem procuração nos autos"**).

→ v. Enunciado 197 do FPPC: Aplica-se o disposto no parágrafo único do art. 932 aos vícios sanáveis de todos os recursos, inclusive dos recursos excepcionais.

→ v. Enunciado 219 do FPPC: O §3º do art. 1.029 do CPC pode ser aplicado pelo relator ou pelo órgão colegiado.

→ v. Enunciado 220 do FPPC: O Supremo Tribunal Federal ou o Superior Tribunal de Justiça inadmitirá o recurso extraordinário ou o recurso especial quando o recorrente não sanar o vício formal do qual foi intimado para corrigi-lo.

→ v. Enunciado 550 do FPPC: A inexistência de repercussão geral da questão constitucional discutida no recurso extraordinário é vício insanável, não se aplicando o dever de prevenção de que trata o parágrafo único do art. 932, sem prejuízo do disposto no art. 1.033.

Para o STJ, a falta de impugnação aos termos da decisão recorrida (princípio da dialeticidade) não permite a correção do vício

✓ PROCESSUAL CIVIL. AGRAVO INTERNO NO AGRAVO EM RECURSO ESPECIAL. CÓDIGO DE PROCESSO CIVIL DE 2015. APLICABILIDADE. DECISÃO QUE INADMITIU O RECURSO ESPECIAL. FUNDAMENTOS. AUSÊNCIA DE IMPUGNAÇÃO ESPECÍFICA. ARGUMENTOS INSUFICIENTES PARA DESCONSTITUIR A DECISÃO ATACADA. APLICAÇÃO DE MULTA. ART. 1.021, § 4º, DO CÓDIGO DE PROCESSO CIVIL DE 2015. DESCABIMENTO. I. Consoante o decidido pelo Plenário desta Corte na sessão realizada em 09.03.2016, o regime recursal será determinado pela data da publicação do provimento jurisdicional impugnado. In casu, aplica-se o Código de Processo Civil de 2015. II. Não se conhece do Agravo em Recurso Especial que não tenha atacado especificamente os fundamentos da decisão que inadmitiu, na origem, o Recurso Especial. III. O disposto nos arts. 932, parágrafo único, e 1.029, § 3º, do Código de Processo Civil de 2015 não é aplicável na hipótese de incidência da Súmula nº 182 do Superior Tribunal de Justiça. Previsão do Enunciado Administrativo n. 6/STJ. IV. O Agravante não apresenta, no recurso, argumentos suficientes para desconstituir a decisão agravada. V. Em regra, descabe a imposição da multa, prevista no art. 1.021, § 4º, do Código de Processo Civil de 2015, em razão do mero desprovimento do Agravo Interno em votação unânime, sendo necessária a configuração da manifesta inadmissibilidade ou improcedência do recurso a autorizar sua aplicação, o que não ocorreu no caso. VI. Agravo Interno improvido. (STJ; AgInt-AREsp 1.075.865; Proc. 2017/0068102-9; SP; Primeira Turma; Relª Minª Regina Helena Costa; DJE 10/11/2017)

§ 4º Quando, por ocasião do processamento do incidente de resolução de demandas repetitivas, o presidente do Supremo Tribunal Federal ou do Superior Tribunal de Justiça receber requerimento de suspensão de processos em que se discuta questão federal constitucional ou infraconstitucional, poderá, considerando razões de segurança jurídica ou de excepcional interesse social, estender a suspensão a todo o território nacional, até ulterior decisão do recurso extraordinário ou do recurso especial a ser interposto.

→ v. Art. 976 e seguintes do NCPC.

§ 5º O pedido de concessão de efeito suspensivo a recurso extraordinário ou a recurso especial poderá ser formulado por requerimento dirigido:

→ v. Enunciado 221 do FPPC: Fica superado o enunciado 634 da súmula do STF após a entrada em vigor do NCPC ("Não compete ao Supremo Tribunal Federal conceder medida cautelar para dar efeito suspensivo a recurso extraordinário que ainda não foi objeto de juízo de admissibilidade na origem").

→ v. Enunciado 222 do FPPC: Fica superado o enunciado 635 da súmula do STF após a entrada em vigor do NCPC ("Cabe ao presidente do tribunal de origem decidir o pedido de medida cautelar em recurso extraordinário ainda pendente do seu juízo de admissibilidade").

→ v. Enunciado 423 do FPPC: Cabe tutela de evidência recursal.

Em regra, não há efeito suspensivo nos recursos excepcionais (item 1)

✓ PREVIDENCIÁRIO. PROCESSUAL CIVIL. APELAÇÃO. EFEITO SUSPENSIVO. REMESSA NECESSÁRIA. APOSENTADORIA ESPECIAL. RECONHECIMENTO DE TEMPO ESPECIAL DE TRABALHO. AGENTES BIOLÓGICOS. AVALIAÇÃO QUALITATIVA. EPI. POSSIBILIDADE. BENEFÍCIO DEFERIDO. TERMO INICIAL. CONSECTÁRIOS LEGAIS. HONORÁRIOS DE ADVOGADO. CUSTAS PROCESSUAIS. 1. O Recurso Especial e/ou extraordinário, via de regra, não possui efeito suspensivo, forte no disposto no § 2º do art. 542 do CPC/1793. atual § 5º do art. 1.029 do CPC/2015., ensejando o cumprimento imediato da condenação imposta na ação ordinária com natureza previdenciária. 2. O tempo de serviço especial é aquele decorrente de labor prestado sob condições prejudiciais à saúde ou em atividades com riscos superiores aos normais para o segurado e, cumpridos os requisitos legais, confere direito para todos os fins previdenciários. 3. Para o agente nocivo biológico não há estabelecimento de nível máximo de tolerância pela legislação de regência, bastando a simples constatação de sua presença (análise qualitativa) para ser caracterizada a nocividade, bem assim, a exposição não precisa ocorrer durante toda a jornada de trabalho, uma vez que suficiente o contato de forma eventual para que haja risco de contração de doenças. 4. O STF, no julgamento do ARE 664335, com repercussão geral reconhecida, assentou a tese de que "(...) o direito à aposentadoria especial pressupõe a efetiva exposição do trabalhador a agente nocivo a sua saúde, de modo que, se o Equipamento de Proteção Individual (EPI) for realmente capaz de neutralizar a nocividade, não haverá respaldo constitucional à aposentadoria especial", bem que "(...) na hipótese de exposição do trabalhador a ruído acima dos limites legais de tolerância, a declaração do empregador, no âmbito do Perfil Profissiográfico Previdenciário (PPP), da eficácia do Equipamento de Proteção Individual (EPI), não descaracteriza o tempo de serviço especial para aposentadoria" (ARE n. 664335, Rel. Ministro Luiz Fux, STF. Tribunal Pleno, julgado em 04/12/2014, Repercussão Geral. Mérito, DJe-249 de 17/12/2014). 5. Constatado, no caso concreto, que a parte autora exerceu atividade de motorista de caminhão báscula na Superintendência de Limpeza Urbana de Belo Horizonte no período de 06/03/1997 a 26/07/2012, exposta aos agentes biológicos (vírus e bactérias), é devido o reconhecimento do tempo de trabalho como especial. Consequentemente, comprovado que a parte autora computou, na data de entrada do requerimento administrativo, tempo de serviço/contribuição especial superior a 25 (vinte e cinco) anos, deve ser mantida a concessão da aposentadoria especial. 6. O termo inicial do benefício é fixado na data de entrada do requerimento administrativo. 7. A correção monetária das parcelas em atraso, observados o desconto de eventuais valores não acumuláveis e a prescrição quinquenal (Súmula nº 85 do STJ), deve ser feita nos termos do Manual de Orientação de Procedimentos para os Cálculos da Justiça Federal até a entrada em vigor da Lei nº 11.960/2009, passando, a partir de então, a observar o índice previsto no art. 1º-F da Lei nº 9.494/1997, com a redação dada pela Lei nº 11.960/2009, sem prejuízo de que se observe, quando da fase de cumprimento do julgado, o que vier a ser decidido pelo STF no Recurso Extraordinário nº 870.947/SE (alteração de índice, modulação de feitos, etc.). Os juros de mora, por sua vez, são aplicados conforme metodologia e índices do Manual de Orientação de Procedimentos para os Cálculos da Justiça Federal. 8. Frisando-se que "Somente nos recursos interpostos contra decisão publicada a partir de 18 de março de 2016, será possível o arbitramento de honorários sucumbenciais recursais, na forma do art. 85, § 11, do novo CPC" (Enunciado Administrativo STJ nº 7), em consonância com a jurisprudência desta Corte majora-se a condenação do INSS ao pagamento dos honorários advocatícios para o percentual de 10% (dez por cento) sobre as prestações vencidas até a data da sentença de procedência da pretensão vestibular (Súmula nº 111 do STJ). Custas na forma da Lei, estando isento o INSS (art. 4º, I da Lei nº 9.289/1996). 9. Apelação do INSS não provida. Recurso adesivo interposto pela parte autora parcialmente provido (item 8). Remessa necessária prejudicada. (TRF 1ª R.; Ap-RN 0087297-38.2014.4.01.3800; Rel. Juiz Fed. Conv. Rodrigo Rigamonte Fonseca; DJF1 09/11/2017)

I – ao tribunal superior respectivo, no período compreendido entre a publicação da decisão de admissão do recurso e sua distribuição, ficando o relator designado para seu exame prevento para julgá-lo;

→ Inciso I com redação alterada pela Lei 13.256/2016, em vigor no início da vigência da Lei 13.105/2015 – Novo CPC (*v.* art. 4º da Lei 13.256/2016).

→ Anterior redação: I – ao tribunal superior respectivo, no período compreendido entre a interposição do recurso e sua distribuição, ficando o relator designado para seu exame prevento para julgá-lo; (...).

II – ao relator, se já distribuído o recurso;

Perante tribunal superior, o requerimento de efeito suspensivo é feito mediante simples petição (classificada como tutela provisória)

✓ AGRAVO INTERNO NO PEDIDO DE TUTELA PROVISÓRIA DE URGÊNCIA. CONCESSÃO DE EFEITO SUSPENSIVO AO RECURSO ESPECIAL. AUSÊNCIA DE DEMONSTRAÇÃO DOS REQUISITOS AUTORIZADORES. PROGNÓSTICO DESFAVORÁVEL AO RECURSO ESPECIAL. 1. No caso concreto, não demonstrou o requerente a existência dos requisitos autorizadores do excepcional provimento acautelatório almejado. 2. Ausência de prognóstico favorável ao provimento do recurso especial. 3. Não apresentação pela parte agravante de argumentos novos capazes de infirmar os fundamentos que alicerçaram a decisão agravada. 4. AGRAVO INTERNO DESPROVIDO. (AgInt na TutPrv no REsp 1647702/SP; Terceira Turma; Rel. Min. Paulo de Tarso Sanseverino; Julg. 05/12/2017; DJe 19/12/2017)

Exemplo de concessão de efeito suspensivo a REsp no âmbito do STJ

✓ ADMINISTRATIVO. TUTELA PROVISÓRIA PARA CONCESSÃO DE EFEITO SUSPENSIVO À RECURSO. IPVA. TRANSFERÊNCIA DO VEÍCULO. AUSÊNCIA DE COMUNICAÇÃO PARA TRANSFERÊNCIA DO REGISTRO QUE IMPÕE RESPONSABILIDADE SOLIDÁRIA. REQUISITOS PRESENTES PARA A CONCESSÃO DA TUTELA PARA DAR EFEITO SUSPENSIVO AO RECURSO ESPECIAL. I – Pedido de tutela provisória objetivando a atribuição de efeito suspensivo ao recurso especial interposto. II – Para a excepcional concessão do efeito suspensivo, há se exigir a presença cumulada dos dois requisitos legais, quais sejam, a possibilidade de risco de dano grave ou de difícil ou impossível reparação e a probabilidade de provimento do recurso. III – Na hipótese dos autos, em análise prefacial, verifica-se que estão presentes os requisitos para a concessão da tutela pretendida. IV – A jurisprudência do Superior Tribunal de Justiça se encontra assentada com o mesmo entendimento apresentado pelo requerente, ou seja, que a responsabilidade solidária pela não comunicação da transferência ao órgão de trânsito não é aplicável aos impostos relacionados com o veículo transferido, mas, tão somente, com as infrações de trânsito vinculadas a ele V – Por outro lado, a inscrição em dívida ativa e o protesto dos títulos vinculados representam perigo de dano evidente dada as consequências deletérias relacionadas ao não pagamento da dívida supostamente indevida. VI – Correta, portanto, a decisão que concedeu a tutela de urgência, determinando a suspensão da exigibilidade da dívida tributária referida e, consequentemente, a suspensão dos protestos já emitidos. Com determinação de que o órgão fiscal estadual se abstenha de inscrever o nome do requerente no CADIN pela referida dívida vinculada ao veículo. VII – Agravo interno improvido. (AgInt no TP 952/SP, Rel. Ministro FRANCISCO FALCÃO, SEGUNDA TURMA, julgado em 16/11/2017; DJe 23/11/2017)

III – ao presidente ou ao vice-presidente do tribunal recorrido, no período compreendido entre a interposição do recurso e a publicação da decisão de admissão do recurso, assim como no caso de o recurso ter sido sobrestado, nos termos do art. 1.037.

→ Inciso III com redação alterada pela Lei 13.256/2016, em vigor no início da vigência da Lei 13.105/2015 – Novo CPC (*v.* art. 4º da Lei 13.256/2016).

→ Anterior redação: III – ao presidente ou vice-presidente do tribunal local, no caso de o recurso ter sido sobrestado, nos termos do art. 1.037.

→ v. Enunciado 81 do CJF – A devolução dos autos pelo Superior Tribunal de Justiça ou Supremo Tribunal Federal ao tribunal de origem depende de decisão fundamentada, contra a qual cabe agravo na forma do art. 1.037, § 13, II, do CPC.

<u>Exemplo de concessão de decisão monocrática concedendo efeito suspensivo a REsp no Tribunal de origem, pois ainda não feita a admissibilidade</u>

✓ Processo nº 2213926-74.2016.8.26.0000.1. Fls. 2220/2222: Cuida-se de pedido de atribuição de efeito suspensivo ao recurso especial interposto por CAIXA ECONÔMICA FEDERAL contra acórdão da 1ª Câmara de Direito Privado deste Tribunal de Justiça (fls.2195/2199, mantido às fls. 2336/2340). Alega que a fumaça do bom direito decorre da natureza extraconcursal dos créditos bloqueados, pois decorrentes de cessão fiduciária em garantia de recebíveis, em consonância com entendimento firmado pelo STJ. Sustenta, no mais, que o perigo na demora consiste na possibilidade de levantamento dos valores que atingem mais de oitocentos mil reais. Postula a suspensão da ordem de restituição de valores. É a síntese do necessário. Viável se mostra a concessão do efeito suspensivo. A jurisprudência do egrégio Superior Tribunal de Justiça se firmou no sentido de que a excepcional concessão de efeito suspensivo a recurso especial está condicionada à probabilidade de seu provimento (fumus boni iuris) e à iminência de grave dano a ser causado pela decisão recorrida (periculum in mora). Nesse sentido: A atribuição de efeito suspensivo a recurso dirigido ao Superior Tribunal de Justiça está vinculada à presença concomitante da probabilidade do direito nele veiculado e do perigo de dano ou risco ao resultado útil do processo (art. 300 c/c art. 995, parágrafo único, do novo Código de Processo Civil).Quer dizer, há um nexo de subordinação da tutela provisória à viabilidade do próprio recurso ao qual se pretende seja conferido o efeito suspensivo. E, ainda, é necessária a comprovação, de maneira efetiva, do risco danoso, caso a cautela não seja deferida (Pet. 11553/SP, relatora a ministra LAURITA PODER JUDICIÁRIOTRIBUNAL DE JUSTIÇA DO ESTADO DE SÃO PAULOPRESIDÊNCIA DA SEÇÃO DE DIREITO PRIVADO2213926-74.2016.8.26.0000M322191VAZ,in DJe de 01/08/2016).De fato, a despeito do disposto na súmula nº 60 ("A propriedade fiduciária constitui-se com o registro do instrumento no registro de títulos e documentos do domicílio do devedor"), verifica-se que o Superior Tribunal de Justiça possui entendimento no sentido de que o crédito garantido por cessão fiduciária não se submete ao processo de recuperação judicial, independentemente de registro em Cartório de Títulos e Documentos (REsp1508155, relator o ministro ANTONIO CARLOS FERREIRA, in DJe de 04/11/2016). Cuida-se, pois, de questão relevante e suficiente a caracterizar o fumus boni iuris. A par disso, também presente o periculum in mora, uma vez que, caso não concedido o efeito suspensivo, o recorrente terá que cumprir a determinação de restituição de, ao menos, R$ 882.042,47 – parcela incontroversa, mas passível de alteração porque a recorrida alega o montante de R$ 1.435.227,45.As consequências oriundas do levantamento dos valores justificam a concessão, em caráter excepcionalíssimo, do efeito suspensivo pretendido até a efetivação do exame de admissibilidade, cessando, de imediato, caso este se mostre negativo. Assim, defiro o pedido de efeito suspensivo ao recurso especial. Oficie-se, com urgência, comunicando o mm. Juiz a quo. 2. Aguardem-se as contrarrazões. São Paulo, 5 de outubro de 2017.LUIZ ANTONIO DE GODOY Presidente da Seção de Direito Privado do Tribunal de Justiça

Art. 1.030. Recebida a petição do recurso pela secretaria do tribunal, o recorrido será intimado para apresentar contrarrazões no prazo de 15 (quinze) dias, findo o qual os autos serão conclusos ao presidente ou ao vice-presidente do tribunal recorrido, que deverá:

→ Artigo com redação alterada pela Lei 13.256/2016, em vigor no início da vigência da Lei 13.105/2015 – Novo CPC (*v.* art. 4º da Lei 13.256/2016).

→ *v.* Enunciado 593 do FPPC: Antes de inadmitir o recurso especial ou recurso extraordinário, cabe ao presidente ou vice-presidente do tribunal recorrido conceder o prazo de cinco dias ao recorrente para que seja sanado o vício ou complementada a documentação exigível, nos termos do parágrafo único do art. 932

I – negar seguimento:

→ **v.** Enunciado 75 do CJF – Cabem embargos declaratórios contra decisão que não admite recurso especial ou extraordinário, no tribunal de origem ou no tribunal superior, com a consequente interrupção do prazo recursal.

Decisão do STF afirmando não ser cabível declaratórios de decisão de admissão de Resp ou RE

✓ ED e juízo de admissibilidade de RE. Os embargos de declaração opostos contra a decisão de presidente do tribunal que não admite recurso extraordinário não suspendem ou interrompem o prazo para interposição de agravo, por serem incabíveis. Esse é o entendimento da Primeira Turma que, por maioria e em conclusão, converteu embargos declaratórios em agravos regimentais e a eles negou provimento (vide Informativo 700). Vencidos os ministros Marco Aurélio e Luiz Fux, que deram provimento aos agravos, por entenderem que todo pronunciamento com carga decisória desafia embargos declaratórios. ARE 688776 ED/RS, rel. Min. Dias Toffoli, julgamento em 28.11.2017. (ARE-688776). ARE 685997 ED/RS, rel. Min. Dias Toffoli, julgamento em 28.11.2017. (ARE-685997)

Decisão do STJ igualmente apontando não ser possível declaratórios de decisão de admissão

✓ AGRAVO INTERNO NO AGRAVO EM RECURSO ESPECIAL. DIREITO PROCESSUAL CIVIL. EMBARGOS DE DECLARAÇÃO OPOSTOS CONTRA A DECISÃO DE INADMISSIBILIDADE RECURSAL. RECURSO MANIFESTAMENTE INADMISSÍVEL. NÃO INTERRUPÇÃO DO PRAZO RECURSAL. PRECEDENTES. AGRAVO INTERNO IMPROVIDO. 1. É pacífico o entendimento desta corte segundo o qual a oposição de embargos declaratórios a decisão de admissibilidade do Recurso Especial não tem o condão de interromper o prazo recursal para o recurso próprio, no caso, o agravo previsto no art. 994, VIII, do CPC/2015. 2. Agravo interno improvido. (STJ; AgInt-AREsp 1.075.172; Proc. 2017/0067075-5; RS; Terceira Turma; Rel. Min. Marco Aurélio Bellizze; DJE 15/08/2017)

a) a recurso extraordinário que discuta questão constitucional à qual o Supremo Tribunal Federal não tenha reconhecido a existência de repercussão geral ou a recurso extraordinário interposto contra acórdão que esteja em conformidade com entendimento do Supremo Tribunal Federal exarado no regime de repercussão geral;

b) a recurso extraordinário ou a recurso especial interposto contra acórdão que esteja em conformidade com entendimento do Supremo Tribunal Federal ou do Superior Tribunal de Justiça, respectivamente, exarado no regime de julgamento de recursos repetitivos;

→ *v.* Enunciado 77 do CJF– Para impugnar decisão que obsta trânsito a recurso excepcional e que contenha simultaneamente fundamento relacionado à sistemática dos recursos repetitivos ou da repercussão geral (art. 1.030, I, do CPC) e fundamento relacionado à análise dos pressupostos de admissibilidade recursais (art. 1.030, V, do CPC), a parte sucumbente deve interpor, simultaneamente, agravo interno (art. 1.021 do CPC) caso queira impugnar a parte relativa aos recursos repetitivos ou repercussão geral e agravo em recurso especial/extraordinário (art. 1.042 do CPC) caso queira impugnar a parte relativa aos fundamentos de inadmissão por ausência dos pressupostos recursais.

II – encaminhar o processo ao órgão julgador para realização do juízo de retratação, se o acórdão recorrido divergir do entendimento do Supremo Tribunal Federal ou do Superior Tribunal de Justiça exarado, conforme o caso, nos regimes de repercussão geral ou de recursos repetitivos;

Exemplo de situação em que se verificou o juízo de retratação a partir de decisão do STF

✓ PROCESSUAL CIVIL. AGRAVO EM RECURSO ESPECIAL. JUÍZO DE RETRATAÇÃO. ART. 1.030, II, DO CÓDIGO DE PROCESSO CIVIL DE 2015. INCORPORAÇÃO DE QUINTOS DECORRENTES DO EXERCÍCIO DE FUNÇÕES COMISSIONADAS, NO PERÍODO COMPREENDIDO ENTRE A EDIÇÃO DA LEI N. 9.624/98 E A VIGÊNCIA DA MEDIDA PROVISÓRIA N. 2.225-45/2001. IMPOSSIBILIDADE. TESE FIXADA EM REPERCUSSÃO GERAL. TEMA N. 395. RECURSO ESPECIAL PROVIDO PARA APLICAR A NOVA ORIENTAÇÃO. I. Consoante o decidido pelo Plenário desta Corte na sessão realizada em 09.03.2016, o regime recursal será determinado pela data da publicação do provimento jurisdicional impugnado. In casu, aplica-se o Código de Processo Civil de 1973. II. Retorno dos autos ao Colegiado para juízo de retratação, nos termos do art. 1.030, II, do Código de Processo Civil de 2015. III. O Supremo Tribunal Federal, ao julgar o Recurso Extraordinário n. 638.115/CE, submetido à sistemática da repercussão geral, firmou orientação no sentido de que a Medida Provisória n. 2.225-45/01 tão somente transformou em Vantagem Pessoal Nominalmente Identificada. VPNI as parcelas referentes aos arts. 3º e 10 da Lei n. 8.911/94, e art. 3º da Lei n. 9.624/98, mas não repristinou as normas que previam a incorporação das parcelas, o que somente seria possível por expressa previsão legal. Assim, concluiu ofender o princípio da legalidade a decisão que concede, a servidor público federal, a incorporação de quintos pelo exercício de função comissionada no período entre 08.04.1998 e 04.09.2001. lV. Juízo de retratação exercido, para conhecer do agravo e dar provimento ao Recurso Especial da União, aplicando a tese fixada em repercussão geral. (STJ; AREsp 45.899; Proc. 2011/0215311-0; DF; Primeira Turma; Relª Minª Regina Helena Costa; DJE 10/11/2017)

Exemplo de situação em que NÃO se verificou o juízo de retratação a partir de decisão do STF

✓ RECURSO DE REVISTA INTERPOSTO ANTES DA LEI Nº 13.015/2014. JUÍZO DE RETRATAÇÃO. ART. 1.031, § 3º, DO CPC/2015 (ARTIGO 543 - B, § 3º, DO CPC/1973). ADESÃO A PROGRAMA DE APOIO À DEMISSÃO VOLUNTÁRIA DA CAIXA ECONÔMICA FEDERAL. QUITAÇÃO TOTAL DO CONTRATO DE TRABALHO. AUSÊNCIA DE REGISTRO NO ACÓRDÃO REGIONAL ACERCA DA EXISTÊNCIA DE CLÁUSULA COLETIVA PREVENDO A QUITAÇÃO GERAL DO CONTRATO DE TRABALHO EM RAZÃO DA ADESÃO DO EMPREGADO AO PDV. DISTINÇÃO. O SUPREMO TRIBUNAL FEDERAL, AO ANALISAR O RECURSO EXTRAORDINÁRIO 590.415/SC, COM REPERCUSSÃO GERAL, FIXOU O ENTENDIMENTO DE QUE A TRANSAÇÃO EXTRAJUDICIAL QUE IMPORTA RESCISÃO DO CONTRATO DE TRABALHO, EM RAZÃO DE ADESÃO VOLUNTÁRIA DO EMPREGADO A PLANO DE DISPENSA INCENTIVADA, ENSEJA QUITAÇÃO AMPLA E IRRESTRITA DE TODAS AS PARCELAS OBJETO DO CONTRATO DE EMPREGO, CASO ESSA CONDIÇÃO TENHA CONSTADO EXPRESSAMENTE DO ACORDO COLETIVO QUE APROVOU O PLANO, BEM COMO DOS DEMAIS INSTRUMENTOS CELEBRADOS COM O EMPREGADO. A HIPÓTESE DOS AUTOS NÃO SE REFERE À QUESTÃO JULGADA PELO STF NO MENCIONADO RECURSO EXTRAORDINÁRIO, POIS NÃO HÁ REGISTRO, NO ACÓRDÃO REGIONAL, ACERCA DA EXISTÊNCIA DE CLÁUSULA COLETIVA PREVENDO EXPRESSAMENTE A QUITAÇÃO GERAL DO CONTRATO DE TRABALHO EM FACE DA ADESÃO DO EMPREGADO AO PDV. Assim, não há como se exercer o juízo de retratação a que alude o art. 1.031, § 3º, DO CPC/2015 (art. 543 - B, § 3º, do CPC/1973). Acórdão mantido. (TST; RR 0740900-84.2004.5.12.0001; Segunda Turma; Relª Min. Maria Helena Mallmann; DEJT 09/06/2017; Pág. 1293)

III – sobrestar o recurso que versar sobre controvérsia de caráter repetitivo ainda não decidida pelo Supremo Tribunal Federal ou pelo Superior Tribunal de Justiça, conforme se trate de matéria constitucional ou infraconstitucional;

→ *v.* Enunciado 77 do CJF– Para impugnar decisão que obsta trânsito a recurso excepcional e que contenha simultaneamente fundamento relacionado à sistemática dos recursos repetitivos ou da repercussão geral (art. 1.030, I, do CPC) e fundamento relacionado à análise dos pressupostos de admissibilidade recursais (art. 1.030, V, do CPC), a parte sucumbente deve interpor, simultaneamente, agravo interno (art. 1.021 do CPC) caso queira impugnar a parte relativa aos recursos repetitivos ou repercussão geral e agravo em recurso especial/extraordinário (art. 1.042 do CPC) caso queira impugnar a parte relativa aos fundamentos de inadmissão por ausência dos pressupostos recursais.

→ *v.* Enunciado 78 do CJF – A suspensão do recurso prevista no art. 1.030, III, do CPC deve se dar apenas em relação ao capítulo da decisão afetada pelo repetitivo, devendo o recurso ter seguimento em relação ao remanescente da controvérsia, salvo se a questão repetitiva for prejudicial à solução das demais matérias.

IV – selecionar o recurso como representativo de controvérsia constitucional ou infraconstitucional, nos termos do § 6º do art. 1.036;

V – realizar o juízo de admissibilidade e, se positivo, remeter o feito ao Supremo Tribunal Federal ou ao Superior Tribunal de Justiça, desde que:

a) o recurso ainda não tenha sido submetido ao regime de repercussão geral ou de julgamento de recursos repetitivos;

b) o recurso tenha sido selecionado como representativo da controvérsia; ou

c) o tribunal recorrido tenha refutado o juízo de retratação

§ 1º Da decisão de inadmissibilidade proferida com fundamento no inciso V caberá agravo ao tribunal superior, nos termos do art. 1.042.

→ *v.* Enunciado 665 do FPPC: A negativa de seguimento ou sobrestamento de recurso especial ou extraordinário, ao fundamento de que a questão de direito já foi ou está selecionada para julgamento de recursos sob o rito dos repetitivos, não pode ser feita via carimbo ou outra forma automatizada nem por pessoa não investida no cargo de magistrado.

§ 2º Da decisão proferida com fundamento nos incisos I e III caberá agravo interno, nos termos do art. 1.021.

→ Anterior redação: Art. 1.030. Recebida a petição do recurso pela secretaria do tribunal, o recorrido será intimado para apresentar contrarrazões no prazo de 15 (quinze) dias, findo o qual os autos serão remetidos ao respectivo tribunal superior. Parágrafo único. A remessa de que trata o *caput* dar-se-á independentemente de juízo de admissibilidade.

→ *v.* Enunciado 75 do CJF – Cabem embargos declaratórios contra decisão que não admite recurso especial ou extraordinário, no tribunal de origem ou no tribunal superior, com a consequente interrupção do prazo recursal.

→ *v.* Enunciado 77 do CJF– Para impugnar decisão que obsta trânsito a recurso excepcional e que contenha simultaneamente fundamento relacionado à sistemática dos recursos repetitivos ou da repercussão geral (art. 1.030, I, do CPC) e fundamento relacionado à análise dos pressupostos de admissibilidade recursais (art. 1.030, V, do CPC), a parte sucumbente deve interpor, simultaneamente, agravo interno (art. 1.021 do CPC) caso queira impugnar a parte relativa aos recursos repetitivos ou repercussão geral e agravo em recurso especial/extraordinário (art. 1.042 do CPC) caso queira impugnar a parte relativa aos fundamentos de inadmissão por ausência dos pressupostos recursais.

Se a decisão de inadmissão tiver de ser impugnada por interno e for utilizado agravo em recurso especial, NÃO se aplica o princípio da fungibilidade

✓ AGRAVO INTERNO NO AGRAVO EM RECURSO ESPECIAL. DECISÃO QUE INADMITE O RECURSO ESPECIAL COM BASE NO ART. 1.030, INCISO I, ALÍNEA "B", DO CPC/2015. ACÓRDÃO EM CONSONÂNCIA COM ENTENDIMENTO DESTA CORTE SUPERIOR FIRMADO EM JULGAMENTO SUBMETIDO AO RITO DOS RECURSOS REPETITIVOS. INTERPOSIÇÃO DE AGRAVO DO ART. 1.042, CAPUT, DO CPC/2015. NÃO CABIMENTO. ERRO GROSSEIRO. CABIMENTO DE AGRAVO INTERNO (ART. 1.030, § 2º, DO CPC/2015). INVIABILIDADE DE APLICAÇÃO DO PRINCÍPIO DA FUNGIBILIDADE. ADEQUAÇÃO DA DECISÃO AGRAVADA. AGRAVO INTERNO DESPROVIDO. (AgInt no AREsp 1076386/SP; Terceira Turma; Rel. Min. Paulo de Tarso Sanseverino; Julg. 21/09/2017; DJe 29/09/2017)

Art. 1.031. Na hipótese de interposição conjunta de recurso extraordinário e recurso especial, os autos serão remetidos ao Superior Tribunal de Justiça.

§ 1º Concluído o julgamento do recurso especial, os autos serão remetidos ao Supremo Tribunal Federal para apreciação do recurso extraordinário, se este não estiver prejudicado.

§ 2º Se o relator do recurso especial considerar prejudicial o recurso extraordinário, em decisão irrecorrível, sobrestará o julgamento e remeterá os autos ao Supremo Tribunal Federal.

A regra é o julgamento do REsp antes do RE; mas o caso concreto pode trazer situação em que deve haver o contrário

✓ PROCESSUAL CIVIL. Recurso especial. Enunciado administrativo 3/STJ. Autarquia federal. Porte de remessa e retorno. Discussão acerca do recolhimento. Repercussão geral reconhecida e julgada. Tema 135/STF. Prejudicialidade do recurso extraordinário. Observância do artigo 1.031, § 2º, do CPC/2015. Sobrestamento do Recurso Especial. Remessa dos autos ao do supremo tribunal federal. (STJ; REsp 1.703.700; Proc. 2017/0266429-4; SP; Segunda Turma; Rel. Min. Mauro Campbell Marques; DJE 26/10/2017)

§ 3º Na hipótese do § 2º, se o relator do recurso extraordinário, em decisão irrecorrível, rejeitar a prejudicialidade, devolverá os autos ao Superior Tribunal de Justiça para o julgamento do recurso especial.

Art. 1.032. Se o relator, no Superior Tribunal de Justiça, entender que o recurso especial versa sobre questão constitucional, deverá conceder prazo de 15 (quinze) dias para que o recorrente demonstre a existência de repercussão geral e se manifeste sobre a questão constitucional.

→ *v.* Enunciado 564 do FPPC: Os arts. 1.032 e 1.033 devem ser aplicados aos recursos interpostos antes da entrada em vigor do CPC de 2015 e ainda pendentes de julgamento.

→ *v.* Enunciado 565 do FPPC: Na hipótese de conversão de recurso extraordinário em recurso especial ou vice-versa, após a manifestação do recorrente, o recorrido será intimado para, no prazo do *caput* do art. 1.032, complementar suas contrarrazões.

→ *v.* Enunciado 79 do CJF – Na hipótese do art. 1.032 do CPC, cabe ao relator, após possibilitar que o recorrente adite o seu recurso para inclusão de preliminar sustentando a existência de repercussão geral, oportunizar ao recorrido que, igualmente, adite suas contrarrazões para sustentar a inexistência da repercussão.

Se já houve também RE, o dispositivo não se aplica a REsp

✓ ADMINISTRATIVO E PROCESSUAL CIVIL. AGRAVO INTERNO NO RECURSO ESPECIAL. ALEGADA NEGATIVA DE PRESTAÇÃO JURISDICIONAL. CAUSA DECIDIDA COM BASE EM FUNDAMENTO EMINENTEMENTE CONSTITUCIONAL. SÚMULA Nº 182/STJ. ART. 1.032 DO CPC/2015. INAPLICABILIDADE, NO CASO. RECURSO EXTRAORDINÁRIO ADMITIDO, NA ORIGEM. AGRAVO INTERNO PARCIALMENTE CONHECIDO E, NESSA PARTE, IMPROVIDO. I. Agravo interno aviado contra decisão publicada em 29/09/2016, que, por sua vez, julgara recurso interposto contra decisum publicado na vigência do CPC/2015. II. Interposto Agravo interno com razões que não impugnam, especificamente, os fundamentos da decisão agravada. Especialmente os referentes à inexistência de negativa de prestação jurisdicional e à conclusão de que o Tribunal de origem decidira a causa com fundamento exclusivamente constitucional., não prospera o inconformismo, no particular, em face da Súmula nº 182 desta Corte. III. A regra prevista no art. 1.032 do CPC/2015 não é aplicável ao caso, pois a parte ora agravante já interpôs Recurso Extraordinário. Admitido, na origem., que aborda a matéria em debate. Nesse sentido: STJ, AgInt no AREsp 862.724/PE, Rel. Ministro HERMAN BENJAMIN, SEGUNDA TURMA; DJe de 06/10/2016; AgInt no REsp 1.531.075/SC, Rel. Ministro MAURO CAMPBELL MARQUES, SEGUNDA TURMA; DJe de 19/08/2016. VI. Agravo interno parcialmente conhecido e, nessa parte, improvido. (STJ; AgInt-REsp 1.626.653; Proc. 2016/0243864-3; PE; Segunda Turma; Relª Minª Assusete Magalhães; DJE 06/10/2017)

Previsão legal trata da fungibilidade entre os recursos excepcionais

✓ AGRAVO INTERNO NO AGRAVO EM RECURSO ESPECIAL. PROCESSUAL CIVIL. AÇÃO CIVIL PÚBLICA. SERVIÇO DE PROTEÇÃO AO CRÉDITO. DIREITO À INFORMAÇÃO. CERTIDÕES A CONSUMIDORES. EMISSÃO. COBRANÇA. PRINCÍPIO DA PROPORCIONALIDADE. FUNDAMENTO DE NATUREZA CONSTITUCIONAL E INFRACONSTITUCIONAL. SÚMULA Nº 126/STJ. ART. 1.032 DO CÓDIGO DE PROCESSO CIVIL DE 2015. INAPLICABILIDADE. VIOLAÇÃO DE DISPOSITIVOS CONSTITUCIONAIS. DESCABIMENTO. DANO MORAL. VALOR ARBITRADO. RAZOABILIDADE. 1. O artigo 1.032 do código de processo civil de 2015 trata da aplicação do princípio da fungibilidade ao Recurso Especial que versar sobre questão constitucional. 2. Não há falar na aplicação do art. 1.032 do CPC/2015, por tratar de hipótese diversa da observada no caso em apreço. 3. Compete ao Superior Tribunal de justiça, em Recurso Especial, a análise da interpretação da legislação federal, motivo pelo qual se revela inviável discutir, nesta seara, a violação de dispositivos constitucionais, matéria afeta à competência do STF (art. 102, III, da carta magna). 4. O valor fixado a título de indenização por danos morais baseia-se nas peculiaridades da causa. Assim, afastando-se a incidência da Súmula nº 7/STJ, somente comporta revisão por este tribunal quando irrisória ou exorbitante, o que não ocorreu na hipótese dos autos, em que arbitrado em R$ 10.000,00 (dez mil reais). 5. Agravo interno não provido. (STJ; AgInt-AREsp 1.008.763; Proc. 2016/0286779-2; RS; Terceira Turma; Rel. Min. Ricardo Villas Boas Cueva; DJE 27/10/2017)

Parágrafo único. Cumprida a diligência de que trata o *caput*, o relator remeterá o recurso ao Supremo Tribunal Federal, que, em juízo de admissibilidade, poderá devolvê-lo ao Superior Tribunal de Justiça.

→ *v.* Enunciado 566 do FPPC: Na hipótese de conversão do recurso extraordinário em recurso especial, nos termos do art. 1.033, cabe ao relator conceder o prazo do caput do art. 1.032 para que o recorrente adapte seu recurso e se manifeste sobre a questão infraconstitucional.

Art. 1.033. Se o Supremo Tribunal Federal considerar como reflexa a ofensa à Constituição afirmada no recurso extraordinário, por pressupor a revisão da interpretação de lei federal ou de tratado, remetê-lo-á ao Superior Tribunal de Justiça para julgamento como recurso especial.

→ *v.* Enunciado 550 do FPPC: A inexistência de repercussão geral da questão constitucional discutida no recurso extraordinário é vício insanável, não se aplicando o dever de prevenção de que trata o parágrafo único do art. 932, sem prejuízo do disposto no art. 1.033.

→ *v.* Enunciado 80 do CJF – Quando o Supremo Tribunal Federal considerar como reflexa a ofensa à Constituição afirmada no recurso extraordinário, deverá, antes de remetê-lo ao Superior Tribunal de Justiça para julgamento como recurso especial, conceder prazo de quinze dias para que as partes complementem suas razões e contrarrazões de recurso.

Possibilidade de conversão de RE em REsp só se aplica a situações em que acórdão foi publicado após a vigência do NCPC

✓ DIREITO TRIBUTÁRIO. AGRAVO INTERNO EM RECURSO EXTRAORDINÁRIO COM AGRAVO. RFFSA. IMUNIDADE TRIBUTÁRIA. CARÁTER INFRACONSTITUCIONAL DA MATÉRIA. AUSÊNCIA DE REPERCUSSÃO GERAL. APLICAÇÃO DO ART. 1.033 DO CPC/2015. IMPOSSIBILIDADE. RECURSO INTERPOSTO NA VIGÊNCIA DA SISTEMÁTICA PROCESSUAL ANTERIOR. 1. O Supremo Tribunal Federal, no julgamento do RE 959.489-RG, reconheceu a inexistência de repercussão geral da matéria em exame, qual seja, o preenchimento dos pressupostos necessários ao gozo da imunidade tributária pela RFFSA. 2. A sistemática de conversão de recurso extraordinário em recurso especial é aplicável quando a publicação do acórdão recorrido tenha se dado a partir de 18.03.2016, início da vigência do CPC/2015. 3. Inaplicável o art. 85, §11, do CPC/2015, uma vez que não houve fixação de honorários advocatícios. 4. Agravo interno a que se nega provimento, com aplicação da multa prevista no art. 1.021, § 4º, do CPC/2015, em caso de unanimidade da decisão. (STF; Ag-RE-AgR 973.803; Primeira Turma; Rel. Min. Roberto Barroso; DJE 16/10/2017)

Art. 1.034. Admitido o recurso extraordinário ou o recurso especial, o Supremo Tribunal Federal ou o Superior Tribunal de Justiça julgará o processo, aplicando o direito.

→ *v.* Súmulas 456 do STF.

Não há recurso para impugnar a decisão que admite o recurso excepcional

✓ AGRAVO REGIMENTAL NO RECURSO EXTRAORDINÁRIO. DECISÃO QUE ADMITE O APELO EXTREMO. NÃO CABIMENTO. INEXISTÊNCIA DE PREVISÃO LEGAL. Admitido o recurso extraordinário, cabe ao Supremo Tribunal Federal o seu julgamento (art. 1.034 do CPC), inexistindo previsão legal para o cabimento de agravo regimental contra decisão que admite o apelo extremo. Agravo regimental não conhecido. (STJ; AgRg-RE-EDcl-HC 351.407; Proc. 2016/0067772-3; PR; Corte Especial; Rel. Min. Humberto Martins; DJE 27/10/2017)

Esta previsão legal não permite que se leve em consideração novas alegações realizadas em sede recursal

✓ AGRAVO REGIMENTAL EM RECURSO ESPECIAL. OMISSÃO. INEXISTÊNCIA. NOVAS ALEGAÇÕES, EM PETIÇÃO AVULSA, QUE TRADUZIRAM FLAGRANTE

INOVAÇÃO RECURSAL. APLICABILIDADE DO ART. 1.034 DO CPC/2015. MANIFESTA IMPROCEDÊNCIA. INAPLICABILIDADE AO CASO. VIOLAÇÃO DO ART. 59 DO CP. DISSÍDIO JURISPRUDENCIAL. INADMISSIBILIDADE. PARADIGMA EM HABEAS CORPUS. PRECEDENTES DESTA CORTE SUPERIOR. CONTRARIEDADE AO ART. 2º DO CPP. TESE DE QUE NÃO SERIA POSSÍVEL A CITAÇÃO EDITALÍCIA, NOS TERMOS DA NOVEL LEI N. 11.689/2008. IMPROCEDÊNCIA. RÉU DEVIDAMENTE CITADO, QUE TINHA PLENA CIÊNCIA DA ACUSAÇÃO. INCIDÊNCIA DA LEI N. 11.689/2008 IMEDIATA E ADEQUADA AO CASO. PRECEDENTES DO STJ E DO STF. VIOLAÇÃO DO ART. 416 DO CPP. NULIDADE POR AUSÊNCIA DE LIBELO ACUSATÓRIO. IMPROCEDÊNCIA. ATO QUE DEPENDIA DO TRÂNSITO EM JULGADO DA SENTENÇA DE PRONÚNCIA, O QUE SÓ OCORREU COM A CITAÇÃO EDITALÍCIA, JÁ SOB A NOVA LEI QUE NÃO MAIS PREVIA O OFERECIMENTO DE LIBELO. INCIDÊNCIA DO ART. 2º DO CPP. AUSÊNCIA DE PREJUÍZO CONCRETO, MERA PRESUNÇÃO. INCIDÊNCIA DO ART. 563 DO CPP. PRECEDENTES DO STJ E DO STF. 1. O entendimento firmado no enunciado sumular n. 456/STF, atualmente reproduzido no art. 1.034, caput, do Código de Processo Civil/2015, não autoriza esta corte superior conhecer de matéria suscitada a destempo pela parte; o que ele exterioriza é a compreensão de que a atuação do Superior Tribunal de Justiça, no julgamento do Recurso Especial, tem natureza revisional e não de mera cassação, o que implica a possibilidade de aplicar o direito à espécie, inclusive apreciando argumentos que, embora invocados pelas partes nas instâncias ordinárias, não foram ali debatidos. 2. A norma não possui aplicabilidade ampla, pois conhecer, na linguagem da Súmula, significa não apenas superar positivamente os requisitos extrínsecos e intrínsecos de admissibilidade, mas também afirmar a existência de violação, pelo acórdão recorrido, da norma federal ou constitucional invocada (ed no AGR no RE n. 346.736/DF, ministro teori zavascki, Segunda Turma; DJe 18/6/2013). Desse modo, a aplicabilidade fica restrita à hipótese na qual, reconhecida a existência de ilegalidade (violação do dispositivo), impõe-se ao tribunal a análise de outros argumentos, veiculados pelas partes, para o julgamento adequado da demanda. 3. Quanto ao parágrafo único do art. 1.034 do Código de Processo Civil/2015, a admissão ali mencionada ostenta contornos distintos daquela citada no caput, pois ao estipular que admitido o recurso por um fundamento, devolve-se ao tribunal superior o conhecimento dos demais fundamentos para a solução do capítulo impugnado, o preceito em comento remete a ideia da admissão efetivada perante o tribunal a quo. 4. Nesse sentido, o que a norma especifica é que, na hipótese de um Recurso Especial atacar o mesmo capítulo ou ponto de um acórdão mediante mais de um argumento e, o tribunal a quo, em sede de juízo de admissibilidade recursal, admitir o recurso, no ponto atacado, apenas por um ou mais argumentos, mas não por todos, tal circunstância não obstaculariza o exame pelo STJ dos argumentos inadmitidos, desde que constem do Recurso Especial, já que todos os argumentos aventados pelo agravante, referente ao capítulo objeto do juízo admissibilidade parcial, são devolvidos ao exame do tribunal superior para análise da controvérsia (capítulo ou ponto impugnado). 5. O caput e o parágrafo único do art. 1.034, do CPC/2015 tratam de hipótese bem específicas; impossível entender que tais comandos normativos firmariam uma autorização ampla e irrestrita para conhecer de questões novas, nem sequer veiculadas no Recurso Especial, sob pena de violação de um princípio basilar do direito processual, qual seja, a preclusão consumativa. 6. No caso, o ora agravante, por meio de petição avulsa, subsequente ao recurso, suscitou novos argumentos, o que caracteriza inovação recursal, insuscetível de análise. 7. A jurisprudência deste Superior Tribunal é pacífica quanto à impossibilidade de acórdão proferido em habeas corpus servir de paradigma para fins de comprovação de alegado dissídio jurisprudencial. 8. Nos termos da orientação jurisprudencial desta corte superior e do Supremo Tribunal Federal é adequada a intimação da pronúncia, por edital, do réu citado e não mais localizado, nos termos do já vigente arts. 2º c/c o 420 do Código de Processo Penal, com a redação prevista pela Lei n. 11.689/2008. 9. Não há falar em ofensa ao art. 416 do Código de Processo Penal (na redação anterior ao advento da Lei n. 11.689/2008) se, quando do trânsito em julgado da sentença de pronúncia, não mais subsistia a previsão do oferecimento de libelo acusatório; ainda que se cogitasse de ilegalidade, a defesa não demonstrou em que medida a falta do oferecimento do libelo acusatório prejudicou concretamente o agravante, apenas estabeleceu uma presunção de prejuízo, o que é insuficiente para a declaração de nulidade almejada (art. 563 do CPP). 10. Agravo regimental improvido. (STJ; AgRg-REsp 1.637.132; Proc. 2016/0294278-1; RO; Sexta Turma; Rel. Min. Sebastião Reis Júnior; DJE 21/06/2017)

Parágrafo único. Admitido o recurso extraordinário ou o recurso especial por um fundamento, devolve-se ao tribunal superior o conhecimento dos demais fundamentos para a solução do capítulo impugnado.

<u>Não aplicação dessa previsão (de desnecessidade de agravo quanto a temas não admitidos) no âmbito da Justiça do Trabalho</u>

✓ EMBARGOS. TEMAS EM RELAÇÃO AOS QUAIS O MINISTRO PRESIDENTE DE TURMA DENEGOU SEGUIMENTO AO RECURSO. ÔNUS DE INTERPOSIÇÃO DE AGRAVO REGIMENTAL. PRECLUSÃO. O processo atualmente rege-se por vários dispositivos que, ao tempo que clarearam o alcance do direito ao devido processo legal no tocante ao dever de fundamentação das decisões judiciais, impõem paralelamente a necessidade de impugnação objetiva e específica de fundamentos da decisão recorrida. Inteligência dos arts. 1002, 1008, 1021, § 1º e 1034, parágrafo único, do CPC. Também por aplicação analógica da Instrução Normativa nº 40/2016 do TST, que consagrou a superação da tese insculpida na Súmula nº 285 do TST, de apreciação integral pela Turma do TST embora admitido o recurso de revista apenas quanto a parte das matérias impugnadas, é ônus da parte a interposição de agravo regimental para levar à cognição da Subseção de Dissídios Individuais 1 do TST os temas em relação aos quais o Ministro Presidente da Turma denegou seguimento aos embargos, pena de preclusão. Não apreciação dos temas RESPONSABILIDADE SUBSIDIÁRIA e MULTA POR EMBARGOS DE DECLARAÇÃO PROTELATÓRIOS, constantes dos embargos. DIVERGÊNCIA JURISPRUDENCIAL. ARESTO INESPECÍFICO. Não foi comprovada a divergência jurisprudencial a propósito da aplicação do art. 896, § 1º-A, da CLT, nos moldes da Súmula nº 296, I, do TST. Embargos não conhecidos. (TST; E-ED-ED-RR 0000176-37.2012.5.02.0079; Subseção I Especializada em Dissídios Individuais; Rel. Min. Marcio Eurico Vitral Amaro; DEJT 30/06/2017; Pág. 1351)

Art. 1.035. O Supremo Tribunal Federal, em decisão irrecorrível, não conhecerá do recurso extraordinário quando a questão constitucional nele versada não tiver repercussão geral, nos termos deste artigo.

→ *v.* Enunciado 550 do FPPC: A inexistência de repercussão geral da questão constitucional discutida no recurso extraordinário é vício insanável, não se aplicando o dever de prevenção de que trata o parágrafo único do art. 932, sem prejuízo do disposto no art. 1.033.

§ 1º Para efeito de repercussão geral, será considerada a existência ou não de questões relevantes do ponto de vista econômico, político, social ou jurídico que ultrapassem os interesses subjetivos do processo.

§ 2º O recorrente deverá demonstrar a existência de repercussão geral para apreciação exclusiva pelo Supremo Tribunal Federal.

→ *v.* Enunciado 224 do FPPC: A existência de repercussão geral terá de ser demonstrada de forma fundamentada, sendo dispensável sua alegação em preliminar ou em tópico específico.

Necessário que o RE (inclusive criminal) demonstre expressamente a existência de repercussão, sob pena de não conhecimento (mas não há mais a previsão, constante do CPC/1973, que isso seja feito em "preliminar" de recurso)

✓ DIREITO PENAL E PROCESSUAL PENAL. RECURSO EXTRAORDINÁRIO INTERPOSTO SOB A ÉGIDE DO CPC/2015. AUSÊNCIA DE DEMONSTRAÇÃO DA REPERCUSSÃO GERAL. INOBSERVÂNCIA DO ART. 1.035, §§ 1º E 2º, DO CPC/2015 E ART. 327, § 1º, DO RISTF. REPERCUSSÃO GERAL PRESUMIDA OU RECONHECIDA EM OUTRO RECURSO NÃO VIABILIZA APELO SEM A PRELIMINAR FUNDAMENTADA DA REPERCUSSÃO GERAL. AGRAVO MANEJADO SOB A VIGÊNCIA DO CPC/2015. 1. Não houve no recurso extraordinário, interposto sob a égide do CPC/2015, demonstração da existência de repercussão geral, incluído o que trata de matéria criminal. Inobservância do art. 1.035, §§ 1º e 2º, do CPC/2015 e art. 327, § 1º, do RISTF. 2. As razões do agravo não se mostram aptas a infirmar os fundamentos que lastrearam a decisão agravada. 3. Agravo interno conhecido e não provido. (STF; Ag-RE-AgR 1.053.914; Primeira Turma; Relª Min. Rosa Weber; DJE 07/11/2017)

✓ AGRAVO INTERNO. RECURSO EXTRAORDINARIO COM AGRAVO. FUNDAMENTAÇÃO A RESPEITO DA REPERCUSSÃO GERAL. INSUFICIÊNCIA. AUSÊNCIA DE PREQUESTIONAMENTO. OFENSA CONSTITUCIONAL MERAMENTE REFLEXA. EXAME DE DIREITO LOCAL. INVIABILIDADE. SÚMULA Nº 280/STF. 1. Os recursos extraordinários somente serão conhecidos e julgados, quando essenciais e relevantes as questões constitucionais a serem analisadas, sendo imprescindível ao recorrente, em sua petição de interposição de recurso, a apresentação formal e motivada da repercussão geral, que demonstre, perante o Supremo Tribunal Federal, a existência de acentuado interesse geral na solução das questões constitucionais discutidas no processo, que transcenda a defesa puramente de interesses subjetivos e particulares. 2. A obrigação do recorrente em apresentar formal e motivadamente a preliminar de repercussão geral, que demonstre sob o ponto de vista econômico, político, social ou jurídico, a relevância da questão constitucional debatida que ultrapasse os interesses subjetivos da causa, conforme exigência constitucional e legal (art. 102, § 3º, da CF/88, c/c art. 1.035, § 2º, do CPC/2015), não se confunde com meras invocações desacompanhadas de sólidos fundamentos no sentido de que o tema controvertido é portador de ampla repercussão e de suma importância para o cenário econômico, político, social ou jurídico, ou que não interessa única e simplesmente às partes envolvidas na lide, muito menos ainda divagações de que a jurisprudência do Supremo Tribunal Federal é incontroversa no tocante à causa debatida, entre outras de igual patamar argumentativo. 3. O Juízo de origem não analisou a questão constitucional veiculada, não tendo sido esgotados todos os mecanismos ordinários de discussão, INEXISTINDO, portanto, o NECESSÁRIO PREQUESTIONAMENTO EXPLÍCITO, que pressupõe o debate e a decisão prévios sobre o tema jurígeno constitucional versado no recurso. Incidência das Súmulas nºs 282 e 356 do Supremo Tribunal Federal. 4. Tendo o acórdão recorrido solucionado as questões a si postas com base em preceitos de ordem infraconstitucional, não há espaço para a admissão do recurso extraordinário, que supõe matéria constitucional prequestionada explicitamente. 5. A solução da controvérsia depende da análise da legislação local, o que é incabível em sede de recurso extraordinário, conforme consubstanciado na Súmula nº 280/STF (Por ofensa a direito local não cabe recurso extraordinário). 6. Agravo interno a que se nega provimento. Não se aplica o art. 85, § 11, do Código de Processo Civil de 2015, tendo em vista que não houve fixação de honorários advocatícios nas instâncias de origem. (STF; Ag-RE-AgR 898.859; Primeira Turma; Rel. Min. Alexandre de Moraes; DJE 07/11/2017)

§ 3º Haverá repercussão geral sempre que o recurso impugnar acórdão que:

I – contrarie súmula ou jurisprudência dominante do Supremo Tribunal Federal;

→ *v.* Súmula 286 do STF.

II – (Revogado pela Lei 13.256/2016, em vigor no início da vigência da Lei 13.105/2015 – Novo CPC (v. art. 4º da Lei 13.256/2016)).

→ Anterior redação: II – tenha sido proferido em julgamento de casos repetitivos; (...).

III – tenha reconhecido a inconstitucionalidade de tratado ou de lei federal, nos termos do art. 97 da Constituição Federal.

§ 4º O relator poderá admitir, na análise da repercussão geral, a manifestação de terceiros, subscrita por procurador habilitado, nos termos do Regimento Interno do Supremo Tribunal Federal.

§ 5º Reconhecida a repercussão geral, o relator no Supremo Tribunal Federal determinará a suspensão do processamento de todos os processos pendentes, individuais ou coletivos, que versem sobre a questão e tramitem no território nacional.

→ *v.* Art. 313 do NCPC.

Não é obrigatório que, uma vez reconhecida a repercussão geral, haja a suspensão - isso fica a critério do relator

É possível a suspensão também no processo penal, hipótese em que não flui a prescrição

✓ Decisão: O Tribunal, por maioria e nos termos do voto do Relator, ora reajustado, resolveu questão de ordem no sentido de que: "a) a suspensão de processamento prevista no § 5º do art. 1.035 do CPC não consiste em consequência automática e necessária do reconhecimento da repercussão geral realizada com fulcro no caput do mesmo dispositivo, sendo da discricionariedade do relator do recurso extraordinário paradigma determiná-la ou modulá-la; b) de qualquer modo, consoante o sobredito juízo discricionário do relator, a possibilidade de sobrestamento se aplica aos processos de natureza penal; c) neste contexto, em sendo determinado o sobrestamento de processos de natureza penal, opera-se, automaticamente, a suspensão da prescrição da pretensão punitiva relativa aos crimes que forem objeto das ações penais sobrestadas, a partir de interpretação conforme a Constituição do art. 116, I, do CP; d) em nenhuma hipótese, o sobrestamento de processos penais determinado com fundamento no art. 1.035, § 5º, do CPC abrangerá inquéritos policiais ou procedimentos investigatórios conduzidos pelo Ministério Público; e) em nenhuma hipótese, o sobrestamento de processos penais determinado com fundamento no art. 1.035, § 5º, do CPC abrangerá ações penais em que haja réu preso provisoriamente; f) em qualquer caso de sobrestamento de ação penal determinado com fundamento no art. 1.035, § 5º, do CPC, poderá o juízo de piso, no curso da suspensão, proceder, conforme a necessidade, à produção de provas de natureza urgente". Vencidos o Ministro Edson Fachin, que rejeitava a questão de ordem, e o Ministro Marco Aurélio, que assentava a inconstitucionalidade do art. 1.035, § 5º, do CPC. Presidiu o julgamento a Ministra Cármen Lúcia. Plenário, 7.6.2017, RE 966.177, Relator Min Luiz Fux.

Determinada a suspensão no RE, deverá ser assim reconhecido em cada processo

✓ APELAÇÕES CÍVEIS. DIREITO TRIBUTÁRIO. COBRANÇA DE ICMS SOBRE DEMANDA CONTRATADA. Incidência somente sobre a parte efetivamente utilizada. Sentença de procedência parcial. Existência de repercussão geral reconhecida pelo STF. Tema 176. Decisão proferida pelo relator do re 593.824/SC, determinando a suspensão do processamento dos feitos pendentes que versem sobre a questão e tramitem no território nacional, na forma do art. 1.035, §5º, do CPC. Suspensão do julgamento do presente recurso. (TJRJ; APL 0121252-84.2008.8.19.0001; Rio de Janeiro; Sexta Câmara Cível; Relª Desª Cláudia Pires dos Satos Ferreira; Julg. 25/10/2017; DORJ 07/11/2017; Pág. 348)

§ 6º O interessado pode requerer, ao presidente ou ao vice-presidente do tribunal de origem, que exclua da decisão de sobrestamento e inadmita o recurso extraordinário que tenha sido interposto intempestivamente, tendo o recorrente o prazo de 5 (cinco) dias para manifestar-se sobre esse requerimento.

§ 7º Da decisão que indeferir o requerimento referido no § 6º ou que aplicar entendimento firmado em regime de repercussão geral ou em julgamento de recursos repetitivos caberá agravo interno.

§ 7º com redação alterada pela Lei 13.256/2016, em vigor no início da vigência da Lei 13.105/2015 – Novo CPC (**v.** art. 4º da Lei 13.256/2016).

Anterior redação: § 7º Da decisão que indeferir o requerimento referido no § 6º caberá agravo, nos termos do art. 1.042.

§ 8º Negada a repercussão geral, o presidente ou o vice-presidente do tribunal de origem negará seguimento aos recursos extraordinários sobrestados na origem que versem sobre matéria idêntica.

§ 9º O recurso que tiver a repercussão geral reconhecida deverá ser julgado no prazo de 1 (um) ano e terá preferência sobre os demais feitos, ressalvados os que envolvam réu preso e os pedidos de **habeas corpus**.

→ *v.* § 10, revogado.

Descabe agravo de instrumento da decisão que determinar a suspensão com base na repercussão geral

✓ AGRAVO DE INSTRUMENTO. DECISÃO QUE DETERMINOU A SUSPENSÃO DO FEITO, PELO PRAZO DE UM ANO, DE ACORDO COM O QUE DISPÕE O ARTIGO 1.035, DO CÓDIGO DE PROCESSO CIVIL, EM SEUS PARÁGRAFOS 5º E 9º, EM RAZÃO DA DECISÃO DO C. SUPREMO TRIBUNAL FEDERAL QUE RECONHECEU A REPERCUSSÃO GERAL NOS RE 593.824-7/SC, QUE TRATA DA COBRANÇA DO ICMS SOBRE OS VALORES DEVIDOS A TÍTULO DE TARIFAS DE USO DO SISTEMA DE TRANSMISSÃO (TUST) OU DISTRIBUIÇÃO (TUSD). AUSÊNCIA DE PREVISÃO DA HIPÓTESE NO ART. 1.015 DO NOVO CPC. Rol taxativo. Recurso não conhecido. (TJSP; AI 2154299-08.2017.8.26.0000; Ac. 10922384; Conchas; Terceira Câmara de Direito Público; Rel. Des. José Luiz Gavião de Almeida; Julg. 24/10/2017; DJESP 31/10/2017; Pág. 3099)

§ 10. (Revogado pela Lei 13.256/2016, em vigor no início da vigência da Lei 13.105/2015 – Novo CPC (v. art. 4º da Lei 13.256/2016)).

→ Anterior redação: § 10. Não ocorrendo o julgamento no prazo de 1 (um) ano a contar do reconhecimento da repercussão geral, cessa, em todo o território nacional, a suspensão dos processos, que retomarão seu curso normal.

§ 11. A súmula da decisão sobre a repercussão geral constará de ata, que será publicada no diário oficial e valerá como acórdão.

→ *v.* Art. 313 do NCPC.

Considerando este dispositivo, é desnecessária a efetiva publicação do acórdão para aplicação do precedente

✓ PREVIDENCIÁRIO. AGRAVO INTERNO. DESAPOSENTAÇÃO. IMPOSSIBILIDADE. JULGAMENTO, PELO STF, DE RECURSO EXTRAORDINÁRIO (COM REPERCUSSÃO GERAL DA QUESTÃO CONSTITUCIONAL) AFASTANDO A POSSIBILIDADE DE RENÚNCIA A BENEFÍCIO PREVIDENCIÁRIO. 1. A decisão agravada lastreou-se em precedente firmado pelo Egrégio Supremo Tribunal Federal, nos autos do RE 661.256/DF, segundo o qual somente Lei pode criar benefícios e vantagens previdenciárias, e que, em virtude da constitucionalidade do art. 18, § 2º, da Lei nº 8.213/91, resta inviável o instituto da desaposentação. 2. O precedente do STF (RE 661.256/DF) constou de ata de julgamento (Ata nº 35) e foi publicado no DJe nº 237, de 8/11/2016, nos moldes do artigo 1.035, § 11, do CPC, que prevê: "A Súmula da decisão sobre a repercussao geral constará de ata, que será publicada no diário oficial e valerá como acórdão ". 3. Inexistência de ilegalidade ou abuso de poder na decisão recorrida que justifique sua reconsideração, visto que seus fundamentos estão em consonância com a jurisprudência pertinente à matéria. 4. Agravo interno não provido. (TRF 3ª R.; Ap-Rem 0028378-58.2016.4.03.9999; Oitava Turma; Rel. Des. Fed. Luiz de Lima Stefanini; Julg. 23/10/2017; DEJF 10/11/2017)

✓ EMBARGOS DE DECLARAÇÃO. TRIBUTÁRIO. PIS E COFINS. BASE DE CÁLCULO. NÃO INCLUSÃO DO ICMS. AUSÊNCIA DOS VÍCIOS DO ARTIGO. 1022 DO CPC/15. PRÉ-QUESTIONAMENTO DA MATÉRIA. ARTIGO 1.025 DO NCPC. 1. Trata-se de embargos de declaração opostos pela FAZENDA NACIONAL em face do acórdão que deu provimento ao recurso de GO4 PARTICIPAÇÕES E EMPREENDIMENTOS S. A; reformando a sentença para reconhecer o direto da impetrante de excluir o ICMS da base de cálculo do PIS e COFINS. 2. A embargante alega, em síntese, que embora o resultado do julgamento do RE 574.706 tenha sido amplamente noticiado pelos meios de comunicação é preciso considerar que o acórdão sequer foi publicado e que não foi apreciada a questão da modulação dos efeitos da referida decisão. Pré-questiona o artigo 97 da Constituição da República, no que diz respeito à aplicação do RE nº 574.706. 3. Ementa do acórdão embargado: ¿MANDADO DE SEGURANÇA. TRIBUTÁRIO. PIS E COFINS. BASE DE CÁLCULO. NÃO INCLUSÃO DO ICMS. PRECEDENTE DO STF EM REPERCUSSÃO GERAL. 1. A recorrente defende o seu direito de não incluir o ICMS na base de cálculo do PIS e da COFINS, trazendo em seu recurso a legislação e a jurisprudência que entende aplicáveis à matéria, inclusive o entendimento do Supremo Tribunal Federal (RE nº 574.706/PR). 2. O Plenário do Supremo Tribunal Federal, em 15 de março de 2017, por maioria de votos decidiu no julgamento do RE 574.706 que o Imposto Sobre Circulação de Mercadorias e Serviços (ICMS) não integra a base de cálculo das contribuições para o Programa de Integração Social (PIS) e a Contribuição para o Financiamento da Seguridade Social (COFINS), em julgamento proferido em Repercussão Geral, de modo que se faz necessário se alinhar ao novel entendimento do Excelso Pretório, sobretudo pelo fato de ter sido exarado em julgamento representativo de controvérsia, de observância obrigatória, portanto. 3. O evento ora em análise subsume-se no artigo 311, inciso II, do Código de Processo Civil. Caso venha a ser dada modulação aos efeitos da decisão proferida, por maioria, no RE 574.706, contrária ao interesse da impetrante, tal fato será analisado no processamento da ação principal. O que não se pode admitir é a prolação de decisão que contradiga o entendimento do Supremo Tribunal Federal, em rito de repercussão geral. 4. No que se refere à Lei nº 12.973/2014 mencionada pela agravante, é preciso observar que suas modificações contrariam o que restou decidido pelo Pretório Excelso no RE 574.706, ou seja, ainda que o julgado tenha levado em consideração a legislação anterior acerca da matéria, tal Lei faz menção ao conceito de faturamento mantendo a inclusão do tributo (ICMS) em total desrespeito à decisão vinculante do STF. 5. No que se alude à ausência de publicação do acórdão, é sabido que, conforme parágrafo 11 do artigo 1.035 do CPC, a Súmula da decisão sobre a repercussão geral constará de ata, que será publicada no diário oficial e valerá como acórdão. Destarte, considerando que a ata do julgamento já foi publicada (Ata n. º 6, de 09.03.2017. DJE nº 52, divulgado em 16.03.2017), não há impedimento à aplicação do julgado desde logo. 6. Recurso provido¿. 4. Os embargos não constituem via própria para fazer prevalecer tese jurídica diferente da que foi adotada no acórdão quando, em sua essência e finalidade, não se dirigem à omissão ou outro vício, mas a nova declaração de efeito infringente. Quanto ao pré-questionamento da matéria, de acordo com o NCPC a simples interposição dos embargos de declaração é suficiente para tal objetivo, ainda que os embargos de declaração sejam inadmitidos ou rejeitados (disposição do artigo 1.025 do diploma processual em vigor). 5. Embargos de declarações desprovidos. (TRF 2ª R.; AC 0139600-08.2016.4.02.5101; Quarta Turma Especializada; Rel. Des. Fed. Luiz Antonio Soares; DEJF 09/11/2017)

Subseção II

Do Julgamento dos Recursos Extraordinário e Especial Repetitivos

Art. 1.036. **Sempre que houver multiplicidade de recursos extraordinários ou especiais com fundamento em idêntica questão de direito, haverá afetação para julgamento de acordo com as disposições desta Subseção, observado o disposto no Regimento Interno do Supremo Tribunal Federal e no do Superior Tribunal de Justiça.**

→ *v.* Art. 321 e seguintes do RISTF.

→ *v.* Art. 255 e seguintes do RISTJ.

→ *v.* Enunciado 345 do FPPC: O incidente de resolução de demandas repetitivas e o julgamento dos recursos extraordinários e especiais repetitivos formam um microssistema de solução de casos repetitivos, cujas normas de regência se complementam reciprocamente e devem ser interpretadas conjuntamente.

→ *v.* Enunciado 363 do FPPC: O procedimento dos recursos extraordinários e especiais repetitivos aplica-se por analogia às causas repetitivas de competência originária dos tribunais superiores, como a reclamação e o conflito de competência.

→ *v.* Enunciado 660 do FPPC: O recurso especial ou extraordinário interposto contra o julgamento do mérito incidente de resolução de demandas repetitivas, ainda que único, submete-se ao regime dos recursos repetitivos.

<u>Exemplo de afetação de tema para julgamento como repetitivo</u>

✓ PROCESSUAL CIVIL. PROPOSTA DE AFETAÇÃO. RECURSO ESPECIAL. RITO DOS RECURSOS ESPECIAIS REPETITIVOS. ART. 256-I, C/C O ART. 256-E, AMBOS DO RISTJ, NA REDAÇÃO DA EMENDA REGIMENTAL N. 24, DE 28/9/2016. CONTAGEM RECÍPROCA DE TEMPO DE SERVIÇO RURÍCOLA ANTERIOR À VIGÊNCIA DA LEI N. 8.213/1991. SERVIDOR PÚBLICO ESTATUTÁRIO. DISPENSA DAS CONTRIBUIÇÕES OU DA INDENIZAÇÃO À PREVIDÊNCIA SOCIAL. MULTIPLICIDADE DE PROCESSOS NA INSTÂNCIA DE ORIGEM. PROPOSTA DE AFETAÇÃO ACOLHIDA. 1. Delimitação da controvérsia relativa ao Tema 609/STJ: "Questiona se o art. 55, § 2º, da Lei nº 8.213/1991, que dispensa o pagamento de contribuições previdenciárias para fins de comprovação do tempo de serviço rural anterior à vigência da Lei nº 8.213/1991, estende-se, ou não, ao caso em que o beneficiário pretende utilizar o tempo de serviço para contagem recíproca no regime estatutário, ou se está restrito ao regime geral de previdência. " 2. Recurso especial afetado ao rito do art. 1.036 e seguintes do CPC/2015 (art. 256-I, c/c o art. 256-E, ambos do RISTJ, na redação da Emenda Regimental n. 24, de 28/9/2016). 3. Proposta de afetação acolhida. (STJ; ProAfR-REsp 1.676.865; Proc. 2017/0143698-5; RS; Primeira Seção; Rel. Min. Og Fernandes; DJE 10/11/2017)

<u>Posição do TST restritiva quanto à suspensão de recursos de revista enquanto pendente decisão do STF</u>

✓ RECURSO DE REVISTA INTERPOSTO NA VIGÊNCIA DA LEI Nº 13.015/2014. PROCESSO NA FASE DE EXECUÇÃO. CORREÇÃO MONETÁRIA. PEDIDO DE SOBRESTAMENTO DO FEITO. I. Ressalte-se que o fato de existir julgamento de reclamação constitucional em torno do tema correção monetária em curso na Suprema Corte não tem o condão de suspender o processamento do recurso de revista. II. Mesmo as questões jurídicas com repercussão geral reconhecida no STF. o que não é o caso. não autorizam o sobrestamento pretendido na atual fase em que se encontra o processo, medida admitida apenas nos casos de interposição de recurso extraordinário, na linha do que estabelece o artigo 1.036 do CPC de 2015. III. Rejeito. CORREÇÃO MONETÁRIA PELO INPC EM DETRIMENTO DA TR. PRECATÓRIO NÃO EXPEDIDO. ÓBICE DA SÚMULA Nº 266 DO TST E DO ARTIGO 896, § 2º, DA CLT. I. A teor do artigo 896, § 2º, da CLT, e da Súmula nº 266 do TST, a admissibilidade do recurso de revista contra acórdão proferido em agravo de petição, na liquidação de sentença ou em processo incidente na execução, inclusive os embargos de terceiro, depende da demonstração de violação direta de dispositivo da Constituição. II. Assim, indiferentemente à circunstância de os artigos 5º, incisos II e XXXVI e 102, §2º da Constituição Federal não cuidarem especificamente sobre correção monetária, tem-se que as indicadas ofensas constitucionais, se existentes, se dariam apenas de forma reflexa, o que torna inviável o processamento do apelo extraordinário. III. Isso em razão de a matéria alusiva à correção monetária dos débitos trabalhistas se encontrar revestida de natureza infraconstitucional. Precedentes desta Corte. IV. Recurso não conhecido. (TST; RR 0000010-26.2015.5.04.0020; Sétima Turma; Rel. Des. Conv. Roberto Nobrega de Almeida Filho; DEJT 10/11/2017; Pág. 5333)

§ 1º O presidente ou o vice-presidente de tribunal de justiça ou de tribunal regional federal selecionará 2 (dois) ou mais recursos representativos da controvérsia, que serão encaminhados ao Supremo Tribunal Federal ou ao Superior Tribunal de Justiça para fins de afetação, determinando a suspensão do trâmite de todos os processos pendentes, individuais ou coletivos, que tramitem no Estado ou na região, conforme o caso.

→ *v.* Art. 311 do NCPC.

→ *v.* Enunciado 23 da ENFAM: É obrigatória a determinação de suspensão dos processos pendentes, individuais e coletivos, em trâmite nos Estados ou regiões, nos termos do § 1º do art. 1.036 do CPC/2015, bem como nos termos do art. 1.037 do mesmo código.

→ *v.* Enunciado 364 do FPPC: O sobrestamento da causa em primeira instância não ocorrerá caso se mostre necessária a produção de provas para efeito de distinção de precedentes.

Momento para a suspensão: após a interposição do recurso para tribunal superior

✓ TRIBUTÁRIO. SOBRESTAMENTO DO FEITO. MOMENTO PROCESSUAL INADEQUADO. EXAÇÕES INSTITUÍDAS PELA LEI COMPLEMENTAR Nº 110/2001. CARÁTER TRANSITÓRIO. CONTRIBUIÇÕES SOCIAIS. ART. 149 DA CF/88. FINALIDADE ATINGIDA. PRESUNÇÃO. IMPOSSIBILIDADE. CABIMENTO DA EXIGÊNCIA. 1. O sobrestamento de feito envolvendo matéria com repercussão geral reconhecida ocorre, via de regra, depois da interposição de eventual recurso extraordinário, nos termos do art. 543-B, §1º do CPC/1973 e art. 1.036, § 1º do CPC/2015. 2. A contribuição social prevista no art. 1º da LC 110/2001, incidente em caso de despedida de empregado sem justa causa, à alíquota de 10% sobre todos os depósitos devidos, referentes ao FGTS, durante a vigência do contrato de trabalho, acrescidos das remunerações aplicáveis às contas vinculadas, foi criada por tempo indefinido. 3. A natureza jurídica das duas exações criadas pela LC 110/2001 é tributária, caracterizando-se como contribuições sociais enquadradas na subespécie contribuições sociais gerais, submetendo-se à regência do art. 149 da Constituição. 4. As contribuições combatidas possuem a inequívoca finalidade de atender ao direito social referido no inciso III do art. 7º da Constituição de 1988, isto é, o fundo de garantia do tempo de serviço. 5. Não cabe ao Poder Judiciário avaliar o cumprimento do objetivo da norma para definir sobre a necessidade da manutenção de sua arrecadação, pois tal ato violaria os preceitos de repartição dos poderes, invadindo a atribuição do Poder Executivo de gerenciar o FGTS e do Poder Legislativo de revogar a exação quando entender conveniente. 6. A contribuição do art. 1º da Lei Complementar nº 110/01 não foi criada com prazo de vigência determinado e não há comprovação de que os recursos dela provenientes estejam sendo destinados ao caixa geral do tesouro, ao invés de serem destinados ao FGTS. 7. A alínea a do inc. III do § 2º do art. 149 da Constituição, com a redação dada pela EC 33/2001, não contém rol taxativo. (TRF 4ª R.; AC 5066893-17.2016.4.04.7100; RS; Primeira Turma; Rel. Des. Fed. Roger Raupp Rios; Julg. 08/11/2017; DEJF 10/11/2017)

§ 2º O interessado pode requerer, ao presidente ou ao vice-presidente, que exclua da decisão de sobrestamento e inadmita o recurso especial ou o recurso extraordinário que tenha sido interposto intempestivamente, tendo o recorrente o prazo de 5 (cinco) dias para manifestar-se sobre esse requerimento.

§ 3º Da decisão que indeferir o requerimento referido no § 2º caberá apenas agravo interno.

§ 3º com redação alterada pela Lei 13.256/2016, em vigor no início da vigência da Lei 13.105/2015 – Novo CPC (**v.** art. 4º da Lei 13.256/2016).

Anterior redação: § 3º Da decisão que indeferir este requerimento caberá agravo, nos termos do art. 1.042.

§ 4º A escolha feita pelo presidente ou vice-presidente do tribunal de justiça ou do tribunal regional federal não vinculará o relator no tribunal superior, que poderá selecionar outros recursos representativos da controvérsia.

§ 5º O relator em tribunal superior também poderá selecionar 2 (dois) ou mais recursos representativos da controvérsia para julgamento da questão de direito independentemente da iniciativa do presidente ou do vice-presidente do tribunal de origem.

Suspensão afastada na origem, diante de debate de "direito fundamental à vida"

✓ OBRIGAÇÃO DE FAZER. MEDICAMENTO. PROCEDÊNCIA. I – Restou comprovado que o Autor é portador de edema papilar e muscular em olho esquerdo, Síndrome de Irvine-gass, necessitando receber o remédio elencado na exordial. II-Direitos fundamentais não podem e não devem sofrer limitações capazes de impedir seu pleno gozo por parte dos cidadãos, sendo certo que regra processual determinando a suspensão do feito, em razão de recurso (RESP n. º 1.657.156) versando sobre o tema a ser julgado sob a égide dos recursos repetitivos, na forma do artigo 1.036, § 5º do CPC/2015, não pode prevalecer sobre o direito fundamental à vida, pena de afronta a preceito constitucional. III-Condenação ao fornecimento de medicamentos, além daqueles expressamente pleiteados, não desrespeita o Princípio da Correlação, desde que comprovadamente necessários ao tratamento da doença. Súmula n. º 116 do STJ. IV-Isenção da Apelante quanto ao pagamento da taxa judiciária. Inteligência do artigo 17 da Lei Estadual nº3.350/99.VI-Honorários advocatícios sucumbenciais majorados, em cumprimento ao § 11 do artigo 85 da Lei de Ritos Civil. Negado provimento ao Agravo Retido e provida parcialmente a Apelação, tão somente para excluir a condenação do Município Réu ao pagamento da taxa judiciária. (TJRJ; APL 0002080-20.2014.8.19.0008; Belford Roxo; Quarta Câmara Cível; Rel. Des. Reinaldo Pinto Alberto Filho; DORJ 10/11/2017; Pág. 466)

§ 6º Somente podem ser selecionados recursos admissíveis que contenham abrangente argumentação e discussão a respeito da questão a ser decidida.

→ *v.* Enunciado 615 do FPPC: Na escolha dos casos paradigmas, devem ser preferias, como representativas da controvérsia, demandas coletivas às individuais, observados os requisitos do art. 1.036, especialmente do respectivo §6º.

Art. 1.037. Selecionados os recursos, o relator, no tribunal superior, constatando a presença do pressuposto do *caput* do art. 1.036, proferirá decisão de afetação, na qual:

→ *v.* Enunciado 24 da ENFAM: O prazo de um ano previsto no art. 1.037 do CPC/2015 deverá ser aplicado aos processos já afetados antes da vigência dessa norma, com o seu cômputo integral a partir da entrada em vigor do novo estatuto processual.

I – identificará com precisão a questão a ser submetida a julgamento;

II – determinará a suspensão do processamento de todos os processos pendentes, individuais ou coletivos, que versem sobre a questão e tramitem no território nacional;

→ *v.* Art. 313 do NCPC.

→ *v.* Enunciado 480 do FPPC: Aplica-se no âmbito dos juizados especiais a suspensão dos processos em trâmite no território nacional, que versem sobre a questão submetida ao regime de julgamento de recursos especiais e extraordinários repetitivos, determinada com base no art. 1.037, II.

→ *v.* Enunciado 41 do CJF: Nos processos sobrestados por força do regime repetitivo, é possível a apreciação e a efetivação de tutela provisória de urgência, cuja competência será do órgão jurisdicional onde estiverem os autos.

Suspensão afastada na origem, diante de debate de "direito fundamental à vida"

✓ AGRAVO DE INSTRUMENTO. AÇÃO DE OBRIGAÇÃO DE FAZER. FORNECIMENTO DE MEDICAMENTOS. PRELIMINARES SUSCITADAS DE OFÍCIO PELO REPRESENTANTE MINISTERIAL DE ILEGITIMIDADE PASSIVA DO ENTE PÚBLICO ESTADUAL E DE NECESSIDADE DE SOBRESTAMENTO DO FEITO. AFASTADAS. NO MÉRITO. PACIENTE PORTADOR DE ATROSE NO QUADRIL. HIPOSSUFICIÊNCIA DO AUTOR, IMPRESCINDIBILIDADE DOS FÁRMACOS E URGÊNCIA NA MEDIDA. REQUISITOS DO ART. 300, DO CPC. PRESENTES. MULTA COMINATÓRIA. CABIMENTO, MAS COM NECESSIDADE DE LIMITAÇÃO TEMPORAL. AGRAVO CONHECIDO E PARCIALMENTE PROVIDO. Todos os entes federativos são integralmente responsáveis pela saúde da população, não cabendo a qualquer deles imputar ao outro o dever de promover ações tendentes ao resguardo da saúde do cidadão necessitado. Não se revela possível o sobrestamento do feito, porquanto, conforme restou decidido na Questão de Ordem de proposta de afetação no Resp n. 1667156/RJ, a "suspensão do processamento dos processos pendentes, determinada no art. 1.037, II, do CPC, não impede que os Juízos concedam, em qualquer fase do processo, tutela provisória de urgência, desde que satisfeitos os requisitos contidos no art. 300 do CPC, e deem cumprimento àquelas que já foram deferidas". Apresentando-se, em cognição sumária, os requisitos essenciais para a concessão da tutela prevista no art. 300, do CPC, é de ser deferida a medida antecipatória. É lícito ao magistrado fixar multa contra a Fazenda Pública com o objetivo de assegurar o adimplemento da obrigação de fazer consistente no fornecimento de medicamentos/procedimentos cirúrgicos, devendo a multa cominatória ser arbitrada no valor de R$ 500,00, limitada a 30 dias, porquanto tal quantia demonstra-se razoável, além de estar de acordo com os montantes fixados/mantidos por esta 2ª Câmara Cível, em casos análogos. (TJMS; AI 2001043-35.2017.8.12.0000; Segunda Câmara Cível; Rel. Des. Marcos José de Brito Rodrigues; DJMS 10/11/2017; Pág. 103)

Em sentido contrário: suspensão mantida na origem, mesmo que se trata de questão relativa a saúde

✓ AÇÃO DE OBRIGAÇÃO DE FAZER. TUTELA ANTECIPADA DEFERIDA. FORNECIMENTO DE MEDICAMENTO À HIPOSSUFICIENTE. Autor que necessita fazer uso contínuo do medicamento Condroflex 1,8 MG. Comprovado através de laudo médico. Ação direcionada em face do ESTADO DO Rio de Janeiro e Município de

Barra do Piraí. Sentença de procedência. Apelo do Município. Fármaco pretendido pelo autor que não integra a listagem de medicamentos fornecidos pelo SUS, fixada na Portaria n. º 2.982/2009. Hipótese fundada na controvérsia delimitada no Recurso Especial n. º 1.657.156, afetado ao regime de julgamento de recurso repetitivo, por força da decisão proferida pela Primeira Seção do Superior Tribunal de Justiça. Determinação expressa da Corte Superior para suspender, em âmbito nacional, todos os processos que versem sobre a mesma causa. Definição da tese que irá orientar às instâncias ordinárias, nos termos dos artigos 121-A do RISTJ e 927, III do novo CPC. Precedentes inúmeros desta Câmara Cível, a respeito da matéria, in verbis:-Apelação cível. Direito à saúde. Demanda de obrigação de fazer proposta em face do Município de Macaé. Fornecimento de medicamento necessário ao tratamento de leucoma congênito. Sentença de procedência. Apelo interposto pelo réu. Sobrestamento do feito, para que possa ser julgado em conformidade com a orientação que vier a ser adotada pelo Superior Tribunal de Justiça por ocasião do julgamento do Recurso Especial representativo de controvérsia que versa sobre a obrigatoriedade do poder público de fornecer medicamentos não incorporados em atos normativos do SUS. Inteligência do contido nos artigos 1036 e 1037, incisos I e II, do novo Código de Processo Civil que dispõem que a afetação de recursos especiais como representativos da controvérsia demanda a suspensão dos recursos interpostos. Colendo Superior Tribunal de Justiça que afetou o julgamento do RESP nº 1.657.156. RJ, de relatoria do insigne Min. Benedito Gonçalves, que versa sobre a obrigatoriedade do poder público de fornecer medicamentos não incorporados em atos normativos do SUS, ao rito dos recursos repetitivos, decidindo, ainda, expressamente pela suspensão do julgamento dos demais recursos sobre a matéria versada no Recurso Especial. Suspensão do trâmite processual até ulterior decisão do colendo Superior Tribunal de Justiça sobre o tema- (0023572-71.2015.8.19.0028 -julgamento em09/08/2017. Rel. Des. Mauro Pereira Martins). SUSPENSÃO DO JULGAMENTO do presente recurso, até a conclusão do julgamento do RESP nº 1.657.156, submetido ao rito dos recursos repetitivos, com fundamento no artigo 1.037, III do CPC/2015, mantendo-se a liminar já deferida. (TJRJ; APL 0005762-18.2016.8.19.0006; Barra do Piraí; Décima Terceira Câmara Cível; Relª Desª Sirley Abreu Biondi; Julg. 25/10/2017; DORJ 27/10/2017; Pág. 473)

<u>A suspensão não se aplica aos recursos que estão no próprio tribunal que afetou o recurso como repetitivo</u>

✓ PROCESSUAL CIVIL. AGRAVO INTERNO NOS EMBARGOS DE DECLARAÇÃO O RECURSO ESPECIAL. RECURSO MANEJADO NA VIGÊNCIA DO NCPC. PROMESSA DE COMPRA E VENDA. IMÓVEL EM CONSTRUÇÃO. ATRASO NA ENTREGA DA OBRA. CLÁSULA PENAL. INVERSÃO EM FAVOR DO PROMISSÁRIO COMPRADOR. TEMA JURÍDICO SUBMETIDO AO RITO DOS RECURSOS REPETITIVOS. SOBRESTAMENTO. NÃO APLICAÇÃO. NOVA FIXAÇÃO DA MULTA IMPOSTA. INCIDÊNCIA DO ART. 1.026, § 2º, DO NCPC. RECURSO PARCIALMENTE PROVIDO. 1. Aplicabilidade do NCPC ao caso concreto ante os termos do Enunciado Administrativo nº 3 aprovado pelo Plenário do STJ na sessão de 9/3/2016: Aos recursos interpostos com fundamento no CPC/2015 (relativos a decisões publicadas a partir de 18 de março de 2016) serão exigidos os requisitos de admissibilidade recursal na forma do novo CPC. 2. A jurisprudência do STJ firmou o entendimento de que a afetação de determinado recurso ao rito dos recursos repetitivos, nos termos do art. 543-C do CPC/73, não implica a suspensão ou sobrestamento das demais ações já em curso no Superior Tribunal de Justiça, mas apenas as em trâmite nos Tribunais de origem (AgRg no AREsp nº 741.850/SP, de minha relatoria, Terceira Turma, j. 21/2/2017; DJe 9/3/2017). 3. A teor do que dispõe o art. 1026, § 2º, do NCPC, quando manifestamente protelatórios, os embargos de declaração, o juiz ou o Tribunal, em decisão fundamentada, condenará o embargante a pagar ao embargado multa não excedente a 2% sobre o valor atualizado da causa. 4. Rejeitados os anteriores embargos de declaração, deve ser a ele imposta a multa prevista no art. 1.026, § 2º, do NCPC, no percentual de 2% sobre o valor atualizado da causa. 5. Agravo interno parcialmente provido. (AgInt nos EDcl no REsp 1664564/SP; Terceira Turma; Rel. Min. Moura Ribeiro; Julg. 05/12/2017; DJe 19/12/2017)

III – poderá requisitar aos presidentes ou aos vice-presidentes dos tribunais de justiça ou dos tribunais regionais federais a remessa de um recurso representativo da controvérsia.

§ 1º Se, após receber os recursos selecionados pelo presidente ou pelo vice-presidente de tribunal de justiça ou de tribunal regional federal, não se proceder à afetação, o relator, no tribunal superior, comunicará o fato ao presidente ou ao vice-presidente que os houver enviado, para que seja revogada a decisão de suspensão referida no art. 1.036, § 1º.

§ 2º (Revogado pela Lei 13.256/2016, em vigor no início da vigência da Lei 13.105/2015 – Novo CPC (v. art. 4º da Lei 13.256/2016)).

→ Anterior redação: § 2º É vedado ao órgão colegiado decidir, para os fins do art. 1.040, questão não delimitada na decisão a que se refere o inciso I do *caput.*

§ 3º Havendo mais de uma afetação, será prevento o relator que primeiro tiver proferido a decisão a que se refere o inciso I do *caput.*

§ 4º Os recursos afetados deverão ser julgados no prazo de 1 (um) ano e terão preferência sobre os demais feitos, ressalvados os que envolvam réu preso e os pedidos de **habeas corpus**.

→ v. § 5º, revogado

Determinação de suspensão de recurso quando há repetitivo pendente, fazendo menção a se aguardar o prazo de 1 ano

✓ APELAÇÃO. MANDADO DE SEGURANÇA. PRESTAÇÃO DE SERVIÇO PÚBLICO. MEDICAMENTOS NÃO PADRONIZADOS. Primeira Seção do Superior Tribunal de Justiça que, em razão da afetação do Recurso Especial n. 1657156 para uniformização do entendimento sobre a obrigatoriedade de fornecimento, pelo Estado, de medicamentos não contemplados na Portaria n. 2.982/2009 do Ministério da Saúde, ordenou a suspensão do processamento de todos os processos pendentes, individuais ou coletivos, que versem sobre idêntica questão e que tramitem no território nacional. Cumprimento da ordem superior que se impõe, devendo ser aguardado o pronunciamento de mérito nos autos do mencionado RESP ou o escoamento do prazo de 1 (um) ano previsto no artigo 1.037, §4º, do CPC, a contar da publicação. Processo suspenso. (TJSP; APL-RN 1007547-56.2016.8.26.0053; Ac. 10617084; São Paulo; Décima Terceira Câmara Extraordinária de Direito Público; Rel. Des. Rubens Rihl; Julg. 24/07/2017; DJESP 08/11/2017; Pág. 2581)

§ 5º (Revogado pela Lei 13.256/2016, em vigor no início da vigência da Lei 13.105/2015 – Novo CPC (v. art. 4º da Lei 13.256/2016)).

→ Anterior redação: § 5º Não ocorrendo o julgamento no prazo de 1 (um) ano a contar da publicação da decisão de que trata o inciso I do caput, cessam automaticamente, em todo o território nacional, a afetação e a suspensão dos processos, que retomarão seu curso normal.

§ 6º Ocorrendo a hipótese do § 5º, é permitido a outro relator do respectivo tribunal superior afetar 2 (dois) ou mais recursos representativos da controvérsia na forma do art. 1.036.

§ 7º Quando os recursos requisitados na forma do inciso III do *caput* contiverem outras questões além daquela que é objeto da afetação, caberá ao tribunal decidir esta em primeiro lugar e depois as demais, em acórdão específico para cada processo.

Possibilidade de análise de temas separadamente

✓ EMBARGOS DE DECLARAÇÃO. AÇÃO CIVIL PÚBLICA. CADERNETA DE POUPANÇA. Expurgos Inflacionários. Limitação da via que se destina a suprir omissão, afastar obscuridade ou eliminar contradição existente no julgado. Efeitos infringentes de caráter excepcional que exigem a ocorrência dos vícios elencados no art. 535 do CPC/73, atual artigo 1022 do CPC. Suspensão do trâmite do processo. Controvérsia submetida ao regime de Recursos Repetitivos. Artigo 1.037, II, do CPC (art. 543-C, do CPC/73). RESP n. 1438263/SP. Tema 0947 e 0948. TJ/SP (RITJ/SP artigo 257). A legitimidade ativa de não associado para a liquidação/execução da sentença coletiva. Dever de observância. Natureza administrativa e vinculante da decisão superior. Artigo 1037, II e § 7º do CPC. Suspensão do trâmite do processo ex officio enquanto não julgado. Embargos rejeitados. (TJSP; EDcl 2199624-74.2015.8.26.0000/50002; Ac. 10950741; São Paulo; Décima Oitava Câmara de Direito Privado; Rel. Des. Henrique Rodriguero Clavisio; Julg. 24/10/2017; DJESP 09/11/2017; Pág. 2183)

Possibilidade de devolução de especial para a origem exercer juízo de retratação com base em repercussão geral, com aplicação deste dispositivo do NCPC

✓ QUESTÃO DE ORDEM. PROCESSUAL CIVIL. RECONHECIMENTO DE REPERCUSSÃO GERAL QUANTO AO TEMA VERSADO NO APELO ESPECIAL. SOBRESTAMENTO DESTE ÚLTIMO COM DEVOLUÇÃO À CORTE DE ORIGEM PARA EVENTUAL E OPORTUNO JUÍZO DE CONFORMAÇÃO. POSSIBILIDADE. 1. Podendo a ulterior decisão do STF, em repercussão geral já reconhecida, influenciar no julgamento da matéria veiculada no Recurso Especial, conveniente se faz que o STJ, em homenagem aos princípios processuais da celeridade e da efetividade, determine o sobrestamento do especial e devolva os autos ao Tribunal de origem, para que nele se realize eventual juízo de retratação frente ao que vier a ser decidido na Excelsa Corte. Precedentes: AgInt no AgInt no REsp 1.603.061/SC, Rel. Ministro Sérgio Kukina, Primeira Turma; DJe 28/06/2017; e AgInt no AgInt no REsp 1.380.952/GO, Rel. Ministro Og Fernandes, Segunda Turma; DJe 21/08/2017. 2. Ainda que parte das questões impugnadas no Recurso Especial sejam distintas daquela objeto da afetação pelo STF, aplicável se mostra, mutatis mutandis, o comando previsto no art. 1.037, § 7º, do CPC/2015, cujo regramento determina seja julgada em primeiro lugar a matéria afetada, para apenas depois se prosseguir na resolução do especial apelo, relativamente ao resíduo não alcançado pela decisão dada em repercussão geral. 3. Questão de ordem encaminhada no sentido de que, presente a situação descrita nos itens anteriores, tendo sido determinada por este STJ a devolução dos autos à Corte recorrida, esta última, em sendo o caso, faça retornar os autos ao STJ somente após ter exercido o juízo de conformação frente ao que vier a ser decidido pelo STF na repercussão geral. (STJ; QO-REsp 1.653.884; Proc. 2017/0030597-1; PR; Primeira Turma; Rel. Min. Sérgio Kukina; DJE 06/11/2017)

§ 8º As partes deverão ser intimadas da decisão de suspensão de seu processo, a ser proferida pelo respectivo juiz ou relator quando informado da decisão a que se refere o inciso II do *caput*.

→ v. Enunciado 348 do FPPC: Os interessados serão intimados da suspensão de seus processos individuais, podendo requerer o prosseguimento ao juiz ou tribunal onde tramitarem, demonstrando a distinção entre a questão a ser decidida e aquela a ser julgada no incidente de resolução de demandas repetitivas, ou nos recursos repetitivos.

Exemplo de intimação das partes quanto à suspensão – de modo a permitir que indevida essa suspensão (vide § 9º)

✓ APELAÇÃO CÍVEL. QUESTÃO DE ORDEM. PROCESSO QUE, POR VERSAR MATÉRIA OBJETO DO RECURSO REPETITIVO Nº 1.578.526/SP (VALIDADE DA COBRANÇA, EM CONTRATOS BANCÁRIOS, DE DESPESAS COM SERVIÇOS PRESTADOS POR TERCEIROS, REGISTRO DO CONTRATO E/OU AVALIAÇÃO DO BEM), DEVE TER SEU ANDAMENTO SUSPENSO EM RAZÃO DA AFETAÇÃO. Inteligência do artigo 1.037, II e §8º do Novo Código de Processo Civil. Sobrestamento do feito. (TJRJ; APL 0005799-40.2017.8.19.0061; Teresópolis; Vigésima Quinta Câmara Cível Consumidor; Rel. Des. Luiz Fernando de Andrade Pinto; DORJ 10/11/2017; Pág. 959)

§ 9º Demonstrando distinção entre a questão a ser decidida no processo e aquela a ser julgada no recurso especial ou extraordinário afetado, a parte poderá requerer o prosseguimento do seu processo.

→ *v.* Enunciado 174 do FPPC: A realização da distinção compete a qualquer órgão jurisdicional, independentemente da origem do precedente invocado.

→ *v.* Enunciado 481 do FPPC: O disposto nos §§ 9º a 13 do art. 1.037 aplica-se, no que couber, ao incidente de resolução de demandas repetitivas.

§ 10. O requerimento a que se refere o § 9º será dirigido:

I – ao juiz, se o processo sobrestado estiver em primeiro grau;

II – ao relator, se o processo sobrestado estiver no tribunal de origem;

III – ao relator do acórdão recorrido, se for sobrestado recurso especial ou recurso extraordinário no tribunal de origem;

IV – ao relator, no tribunal superior, de recurso especial ou de recurso extraordinário cujo processamento houver sido sobrestado.

§ 11. A outra parte deverá ser ouvida sobre o requerimento a que se refere o § 9º, no prazo de 5 (cinco) dias.

§ 12. Reconhecida a distinção no caso:

I – dos incisos I, II e IV do § 10, o próprio juiz ou relator dará prosseguimento ao processo;

II – do inciso III do § 10, o relator comunicará a decisão ao presidente ou ao vice-presidente que houver determinado o sobrestamento, para que o recurso especial ou o recurso extraordinário seja encaminhado ao respectivo tribunal superior, na forma do art. 1.030, parágrafo único.

§ 13. Da decisão que resolver o requerimento a que se refere o § 9º caberá:

I – agravo de instrumento, se o processo estiver em primeiro grau;

→ *v.* Enunciado 557 do FPPC: O agravo de instrumento previsto no art. 1.037, § 13, I, também é cabível contra a decisão prevista no art. 982, inc. I.

II – agravo interno, se a decisão for de relator.

→ *v.* Enunciado 81 do CJF – A devolução dos autos pelo Superior Tribunal de Justiça ou Supremo Tribunal Federal ao tribunal de origem depende de decisão fundamentada, contra a qual cabe agravo na forma do art. 1.037, § 13, II, do CPC.

Julgado entendendo que se o juiz de origem determinar a suspensão com base em repetitivo, descabe agravo de instrumento (apesar do § 13)

✓ AGRAVO INTERNO. AGRAVO DE INSTRUMENTO NÃO CONHECIDO. INTEMPESTIVIDADE. DECISÃO NÃO AGRAVÁVEL. PREENCHIMENTO DOS REQUISITOS LEGAIS NÃO DEMONSTRADO. I. Nos termos do art. 1.021 do novo código de processo civil, o agravo interno é o recurso cabível para atacar as decisões proferidas pelo relator. II. Hipótese em que flagrante a intempestividade do agravo de instrumento, uma vez que o pedido de reconsideração deduzido pelo ora agravante não teve o condão de suspender ou interromper o prazo recursal. Nesse sentido, a petição protocolada na origem sequer menciona o procedimento do art. 1.037, §9º, do NCPC. III. Além disso, a matéria ventilada no agravo de instrumento não se encontra prevista no rol do art. 1.015 do NCPC, o que também inviabiliza o seu conhecimento. Agravo interno desprovido. Unânime. (TJRS; AG 0281080-02.2017.8.21.7000; Giruá; Vigésima Câmara Cível; Rel. Des. Dilso Domingos Pereira; Julg. 25/10/2017; DJERS 06/11/2017)

Situação que reconhece a distinção da matéria debatido no caso concreto e o tema afetado como repetitivo – e, em agravo de instrumento, determina o prosseguimento do processo

✓ AGRAVO DE INSTRUMENTO. DIREITO PRIVADO NÃO ESPECIFICADO. AÇÃO DECLARATÓRIA DE INEXIGIBILIDADE DE COBRANÇA CUMULADA COM REPETIÇÃO DE INDÉBITO E INDENIZAÇÃO POR DANOS MORAIS E RESPONSABILIDADE CIVIL DISSUASÓRIA. INÉPCIA RECURSAL. DECISÃO NÃO AGRAVÁVEL. REPETIÇÃO DO INDÉBITO. Não merece conhecimento o agravo que ataca ato judicial que não decide questão incidental e, portanto, não passível de recurso; e não é passível de agravo. – Circunstância dos autos em não houve decisão definitiva acerca da forma de repetição. Interesse de agir. Danos morais. O interesse de agir diz respeito à utilidade do provimento jurisdicional. Indicado o benefício a ser alcançado não se justifica a extinção do processo de ofício por falta de interesse. – Circunstância dos autos em que se impõe reconhecer o interesse de agir e no ponto desconstituir a decisão. Comprovação do pagamento. Faturas. Nas ações de repetição de indébito em decorrência de lançamentos indevidos nas faturas dos consumidores incumbe à parte autora descrever valores e juntar as faturas que comprovam a cobrança impugnada quando não requerer ou não lhe for deferida a inversão do ônus da prova hipótese em que pode se valer da exibição incidental. - Circunstância dos autos em que se impõe manter a decisão recorrida. Agravo de instrumento. Art. 1.015, inc. XIII e art. 1.037, § 13 do CPC/15. Suspensão do processo. Matéria diversa da afetada por Recurso Especial repetitivo. Cabimento. Na fase cognitiva o agravo de instrumento é admissível quando a decisão interlocutória versar sobre a matéria prevista no art. 1.015 do CPC/15 que não é passível de preclusão e não pode ser relegada à apelação. Dentre as hipóteses admitidas no inc. XIII encontra-se o agravo em face da decisão que resolve pedido de prosseguimento do processo suspenso em decorrência de afetação por Recurso Especial representativo de controvérsia quando o requerimento tem por fundamento que a matéria em lide é diversa do tema afetado, nos termos dos §§ 9º e 13 do art. 1.037 do mesmo código. - Circunstância dos autos em que a decisão agravada determinou a suspensão do processo com base no Recurso Especial n. 1.525.174/RS; a matéria dos autos é distinta daquela afetada por se tratar se telefonia móvel; e se impõe determinar o prosseguimento do processo. Recurso conhecido em parte e parcialmente provido. (TJRS; AI 0313540-42.2017.8.21.7000; Santa Rosa; Décima Oitava Câmara Cível; Rel. Des. João Moreno Pomar; Julg. 26/10/2017; DJERS 31/10/2017)

Art. 1.038. O relator poderá:

I – solicitar ou admitir manifestação de pessoas, órgãos ou entidades com interesse na controvérsia, considerando a relevância da matéria e consoante dispuser o regimento interno;

→ *v.* Art. 178 do NCPC.

→ *v.* Enunciado 659 do FPPC: O relator do julgamento de casos repetitivos e do incidente de assunção de competência tem o dever de zelar pelo equilíbrio do contraditório, por exemplo, solicitando a participação, na condição de **amicus curiae**, de pessoas, órgãos ou entidades capazes de sustentar diferentes pontos de vista.

→ *v.* Enunciado 82 do CJF – Quando houver pluralidade de pedidos de admissão de amicus curiae, o relator deve observar, como critério para definição daqueles que serão admitidos, o equilíbrio na representatividade dos diversos interesses jurídicos contrapostos no litígio, velando, assim, pelo respeito à amplitude do contraditório, paridade de tratamento e isonomia entre todos os potencialmente atingidos pela decisão.

II – fixar data para, em audiência pública, ouvir depoimentos de pessoas com experiência e conhecimento na matéria, com a finalidade de instruir o procedimento;

III – requisitar informações aos tribunais inferiores a respeito da controvérsia e, cumprida a diligência, intimará o Ministério Público para manifestar-se.

Mesmo que, no recurso individual, não seja caso de oitiva do MP, se houver afetação como repetitivo, então haverá a manifestação do Parquet

✓ PROCESSUAL CIVIL. EMBARGOS DE DECLARAÇÃO. ARGUIÇÃO DE NULIDADE EM VIRTUDE DA NÃO INTIMAÇÃO DO MINISTÉRIO PÚBLICO PARA ATUAR COMO CUSTUS LEGIS. NULIDADE NÃO CONFIGURADA. 1. Hipótese em que o acórdão embargado declarou a competência do Departamento Nacional de Infraestrutura e Transportes. DNIT para aplicar multa por excesso de velocidade em rodovias federais. Determinou-se ainda o retorno dos autos à origem para análise das demais questões suscitadas pelo particular em sua petição inicial. 2. O embargante aduz nulidade do julgado, tendo em vista que não houve intimação do Ministério Público para atuar como custos legis. 3. A jurisprudência do STJ entende que "o interesse público que justifica a intervenção do Ministério Público não está relacionado à simples presença de ente público na demanda nem ao seu interesse patrimonial (interesse público secundário ou interesse da Administração). Exige-se que o bem jurídico tutelado corresponda a um interesse mais amplo, com espectro coletivo (interesse público primário)" (EREsp 1151639/GO, Rel. Ministro Benedito Gonçalves, Primeira Seção, julgado em 10/9/2014; DJe 15/9/2014). 4. Dessa forma, o fato de a questão envolver o Poder Público não exige necessariamente a participação do Ministério Público como fiscal da Lei. 5. O caso dos autos trata de Ação Ordinária na qual se pleiteia a anulação de multa aplicada pelo DNIT ao particular. Verifica-se, portanto, que o julgamento atinge unicamente o administrado que trafegava em velocidade superior à permitida e foi multado pela autarquia, não havendo assim interesse público a justificar a intervenção do Ministério Público na causa. 6. Ademais, a matéria relativa à competência do Departamento Nacional de Transportes. DNIT para promover autuações e aplicar sanções em face do descumprimento de normas de trânsito praticadas em rodovias e estradas federais, como por excesso de velocidade, foi submetida ao rito dos recursos repetitivos (REsp 1.588.969/RS e 1.613.733/RS, de relatoria da Ministra Assusete Magalhães). É certo que, no julgamento de tais recursos, o Ministério Público terá oportunidade de se manifestar e eventualmente influenciar o julgamento, nos termos do art. 1.038, III, do CPC/2015. 7. Embargos de Declaração rejeitados. (STJ; EDcl-EDcl-REsp 1.581.392; Proc. 2016/0029316-1; RS; Segunda Turma; Rel. Min. Herman Benjamin; DJE 20/04/2017)

§ 1º No caso do inciso III, os prazos respectivos são de 15 (quinze) dias, e os atos serão praticados, sempre que possível, por meio eletrônico.

§ 2º Transcorrido o prazo para o Ministério Público e remetida cópia do relatório aos demais ministros, haverá inclusão em pauta, devendo ocorrer o julgamento com preferência sobre os demais feitos, ressalvados os que envolvam réu preso e os pedidos de **habeas corpus**.

§ 3º O conteúdo do acórdão abrangerá a análise dos fundamentos relevantes da tese jurídica discutida.

→ § 3º com redação alterada pela Lei 13.256/2016, em vigor no início da vigência da Lei 13.105/2015 – Novo CPC (*v.* art. 4º da Lei 13.256/2016).

→ Anterior redação: § 3º O conteúdo do acórdão abrangerá a análise de todos os fundamentos da tese jurídica discutida, favoráveis ou contrários.

→ *v.* Enunciado 305 do FPPC: No julgamento de casos repetitivos, o tribunal deverá enfrentar todos os argumentos contrários e favoráveis à tese jurídica discutida, inclusive os suscitados pelos interessados.

→ *v.* Enunciado 585 do FPPC: Não se considera fundamentada a decisão que, ao fixar tese em recurso especial ou extraordinário repetitivo, não abranger a análise de todos os fundamentos, favoráveis ou contrários, à tese jurídica discutida.

Art. 1.039. Decididos os recursos afetados, os órgãos colegiados declararão prejudicados os demais recursos versando sobre idêntica controvérsia ou os decidirão aplicando a tese firmada.

Aplicação, na origem, de tese fixada em repetitivo

✓ TRATA-SE DE AÇÃO MOVIDA POR SERVENTUÁRIO DA JUSTIÇA ESTADUAL POSTULANDO A COBRANÇA DE DIFERENÇA DE REAJUSTE NOS SEUS VENCIMENTOS A TÍTULO DE CORREÇÃO MONETÁRIA QUE FORA EXPURGADO NO ANO DE 1987, NO PERCENTUAL DE 24%, BEM COMO O PAGAMENTO DE ATRASADOS. 2. O Supremo Tribunal Federal por meio do julgamento do ARE nº 909.437 RG/RJ, tendo como relator o Ministro Luiz Roberto Barroso, realizado em 01/09/2016, pacificou o entendimento de que "Não é devida a extensão, por via judicial, do reajuste concedido pela Lei nº 1.206/1987 aos servidores do Poder Judiciário do ESTADO DO Rio de Janeiro, dispensando-se a devolução das verbas recebidas até 01/09/2016". 3. Nos termos do art. 1.039, caput, do CPC, o posicionamento adotado pelo Supremo Tribunal Federal, em sede de repercussão geral, é impositivo aos demais órgãos colegiados. 4. Reforma da decisão que se impõe com vistas a impedir a existência de decisões judiciais divergentes para casos idênticos e em atenção ao princípio constitucional da razoável duração do processo. 5.Provimento do recurso, determinando-se, por conseguinte, a inversão dos ônus sucumbenciais. (TJRJ; APL-RNec 0281449-08.2011.8.19.0001; Rio de Janeiro; Décima Sétima Câmara Cível; Rel. Des. Elton Martinez Carvalho Leme; Julg. 01/11/2017; DORJ 07/11/2017; Pág. 414)

Menção à existência de efeito vinculante após decisão proferida em repetitivo

✓ PROCESSUAL CIVIL E PREVIDENCIÁRIO. EMBARGOS DE DECLARAÇÃO EM APELAÇÃO. DESAPOSENTAÇÃO. JURISPRUDÊNCIA ATUALIZADA DO STF. RE N. 661.256/DF. REPERCUSSÃO GERAL. INEXISTÊNCIA DE OMISSÃO, CONTRADIÇÃO OU OBSCURIDADE. REDISCUSSÃO DA CAUSA. IMPOSSIBILIDADE. ACLARATÓRIOS REJEITADOS. 1. Nos termos do art. 1.022 do NCPC, são cabíveis embargos de declaração quando houver no acórdão obscuridade, contradição ou quando for omitido ponto sobre o qual deveria pronunciar-se o juiz ou tribunal, bem assim para corrigir erro material no julgado, não servindo tais embargos para a rediscussão da causa. 2. Ausência de omissão, contradição ou quaisquer dos vícios processuais, que em tese, poderiam ensejar o acolhimento do presente recurso, porquanto o acórdão adotou o entendimento do Supremo Tribunal Federal, proferido em regime de repercussão geral, no RE n. 661.256/DF, onde se afirma, expressamente a constitucionalidade do art. 18, §2º, da Lei n. 8.213/1991 e a vedação legal à possibilidade de desaposentação. 3. A posição firmada pela Corte Constitucional dá solução definitiva ao debate da questão e, por seu efeito vinculante, deve operar-se em todas as ações em curso sobre o mesmo tema, por força do disposto no art. 1039 do NCPC. 4. O mero inconformismo da parte em relação à interpretação dada pelo julgado às normas legais aplicáveis à espécie não se presta a embasar embargos de declaração, pois não constituem a via processual adequada para o fim pretendido, qual seja, a reforma do julgado. 5. Embargos de declaração rejeitados. (TRF1ª R.; EDcl-AC 0065349-06.2015.4.01.3800; Segunda Turma; Rel. Des. Fed. João Luiz de Sousa; DJF1 07/11/2017)

Equiparação, pela jurisprudência, da decisão proferida em repetitivo e repercussão geral, aplicando a previsão de um para o outro

✓ AGRAVO DE INSTRUMENTO. CONSTITUCIONAL. PROCESSUAL CIVIL. PRECATÓRIO COMPLEMENTAR. JUROS DE MORA. INTERVALO. ELABORAÇÃO DA CONTA. EXPEDIÇÃO DO PRECATÓRIO. RE 579.431/RS. TEMA JULGADO SEGUNDO O REGIME DE REPERCUSSÃO GERAL (ART. 1.039, CAPUT, DO CÓDIGO DE PROCESSO CIVIL). REVISÃO DA DECISÃO PROFERIDA PELA QUARTA TURMA. AGRAVO NÃO PROVIDO. 1. Devolução dos autos a esta Turma julgadora para exercício do juízo de retratação, a fim de, se for o caso, ajustar o acórdão recorrido à decisão proferida pelo Pretório Excelso no RE nº 579.431/RS, julgado sob a sistemática da repercussão geral, nos termos do art. 1.030, inc. II, do CPC. 2. Hipótese em que o acórdão proferido por este Colegiado fixou orientação de ser incabível a expedição de Precatório Complementar para pagamento de saldo remanescente no que diz respeito à incidência de juros de mora no período compreendido entre a data da última conta de atualização e a da expedição do precatório. 3. Conforme se depreende do julgamento proferido no RE nº 579.431/RS, de relatoria do Ministro Marco Aurélio, julgado em 19/04/2017, submetido ao regime da repercussão geral, o STF assentou entendimento diverso, no sentido de que "incidem juros de mora entre a data da realização dos cálculos e a da requisição ou do precatório ". 4. Exercício do juízo de retratação para adequar-se à jurisprudência dominante no Supremo Tribunal Federal sobre a matéria. 5. Agravo de instrumento não provido. (TRF 5ª R.; AGTR 0096313-32.2009.4.05.0000; CE; Quarta Turma; Rel. Des. Fed. Edilson Pereira Nobre Júnior; DEJF 30/10/2017; Pág. 72)

Parágrafo único. Negada a existência de repercussão geral no recurso extraordinário afetado, serão considerados automaticamente inadmitidos os recursos extraordinários cujo processamento tenha sido sobrestado.

Art. 1.040. Publicado o acórdão paradigma:

→ *v.* Enunciado 12 do CEAPRO: Não se exige o transito em julgado do acórdão paradigma mas apenas a conclusão do julgamento, o que incluiria eventuais embargos de declaração opostos, para que se encerre a suspensão dos RE/RESP até então sobrestados.

→ *v.* Enunciado 363 do FPPC: O procedimento dos recursos extraordinários e especiais repetitivos aplica-se por analogia às causas repetitivas de competência originária dos tribunais superiores, como a reclamação e o conflito de competência.

Decisão do repetitivo é vinculante

✓ APELAÇÃO. OBRIGAÇÃO DE FAZER. PLANO DE SAÚDE INDIVIDUAL. Alegação de abusividade nos reajustes praticados, em razão de mudança de faixa etária e por sinistralidade. Contrato firmado em 30/11/1998. Contrato de execução periódica ou continuada. Tese firmada no Recurso Especial Repetitivo n. 1.568.244-RJ para fins para os fins do art. 1.040 do CPC/2015. Há previsão contratual da tabela de prêmios correspondente à faixa etária, e esta é válida e homologada pela ANS, segundo suas Resoluções Normativas. Também não se afiguram abusivos os aumentos praticados em razão de mudança de faixa etária. Observa-se que, por se tratar de plano individual, o caso é de se aplicar os reajustes estabelecidos pela ANS (além dos praticados em razão da mudança de faixa etária) para o caso, porque a ré firmou Termo de Compromisso com a ANS para estabelecer a forma de apuração do percentual de reajuste a ser aplicado aos contratos firmados antes de 01/01/1999 e não adaptados à Lei n. 9.656/98. Sentença reformada para julgar a ação improcedente. Recurso da ré provido; Recurso do autor improvido. (TJSP; APL 1001367-19.2017.8.26.0011; Ac. 10933044; São Paulo; Oitava Câmara de Direito Privado; Rel. Des. Silvério da Silva; Julg. 30/10/2017; DJESP 08/11/2017; Pág. 1957)

I – o presidente ou o vice-presidente do tribunal de origem negará seguimento aos recursos especiais ou extraordinários sobrestados na origem, se o acórdão recorrido coincidir com a orientação do tribunal superior;

→ *v.* Enunciado 482 do FPPC: Aplica-se o art. 1.040, I, aos recursos extraordinários interpostos nas turmas ou colégios recursais dos juizados especiais cíveis, federais e da fazenda pública.

II – o órgão que proferiu o acórdão recorrido, na origem, reexaminará o processo de competência originária, a remessa necessária ou o recurso anteriormente julgado, se o acórdão recorrido contrariar a orientação do tribunal superior;

Retratação no tribunal de origem, após decisão em repetitivo pelo STJ

✓ RETRATAÇÃO. APELAÇÃO CÍVEL. DIREITO PRIVADO NÃO ESPECIFICADO. AÇÃO DE RESTITUIÇÃO DO INDÉBITO. CÉDULA DE CRÉDITO RURAL. EXPURGOS INFLACIONÁRIOS. TERMO INICIAL DA PRESCRIÇÃO. DATA DO EFETIVO PREJUÍZO. INTERRUPÇÃO. AJUIZAMENTO DE AÇÃO COLETIVA. Ao julgar o Recurso Especial nº 1.361.730/RS, sob a sistemática do art. 1.038 do CPC, o STJ firmou orientação no sentido de que, cuidando-se de restituição de valores indevidamente cobrados do correntista por conta de equivocada correção da dívida representada por cédula de crédito rural, o prazo prescricional aplicável é o vintenário (se incidente o Código Civil de 1916 - Art. 177) ou o trienal (se incidente o Código Civil de 2002 - Art. 203, § 3º, IV). O termo inicial de fluência da prescrição é a data do efetivo prejuízo (desembolso). Assim, em atenção à regra de transição do art. 2.028 do diploma civil, estaria prescrita a pretensão de restituição do autor em relação a duas, das cinco parcelas da dívida. Contudo, o ajuizamento de ação coletiva visando à tutela do mesmo bem jurídico, no ano de 1994, cuja sentença ainda não transitou em julgado, (RESP nº 1.319.232/DF), acabou por interromper o prazo prescricional das ações individuais. Precedentes desta corte. Com isso, restando afastada a extinção do feito, em juízo de retratação. Índice de correção monetária. No mês de março de 1990, em virtude do Plano Collor I, deve ser observado o índice de 41,28% (BTN). Termo inicial dos juros de mora e correção monetária. Tratando-se de relação contratual, os juros de mora incidem a partir da citação, forte no art. 219 do CPC, que tem o condão de constituir o devedor em mora. Outrossim, a correção monetária, por não acarretar aumento no valor da condenação, tendo a função precípua de resguardar a identidade da moeda da inflação existente no país no período reclamado, deve incidir desde a data do desembolso. Apelo provido em juízo de retratação.

Unânime. (TJRS; AC 0199709-26.2011.8.21.7000; Campo Novo; Vigésima Câmara Cível; Rel. Des. Dilso Domingos Pereira; Julg. 23/08/2017; DJERS 01/09/2017)

✓ RECURSO ESPECIAL REPETITIVO PREVISTO NOS ARTIGOS 1030, II E 1036, AMBOS DO CPC/15. CIVIL E PROCESSUAL CIVIL. PREVIDÊNCIA PRIVADA. Ação ajuizada por associados de caixa de previdência complementar (previ) objetivando a extensão de auxílio cesta-alimentação reconhecido em acordo coletivo do trabalho. Aresto paradigma em sentido oposto ao que restou decidido em sede de apelação. Juízo de retratação que se impõe, tendo em vista que a corte infraconstitucional firmou entendimento no sentido de que o auxílio-alimentação não incorpora aos proventos do empregado público aposentado do Banco do Brasil, porquanto despido de natureza salarial, consubstanciando, portanto, verba meramente indenizatória. Reconsideração parcial da decisão de fls. 547/558, ex vi dos artigos 927, III c/c 1039 do CPC/15, para dar provimento ao recurso de apelação interposto pela ré para reformar a sentença e julgar improcedente o pedido. Prejudicado o recurso adesivo da parte autora. Unânime. (TJRJ; APL 0337373-09.2008.8.19.0001; Rio de Janeiro; Décima Terceira Câmara Cível; Rel. Des. Gabriel de Oliveira Zefiro; Julg. 09/05/2012; DORJ 31/10/2017; Pág. 322)

Retratação no STJ, após decisão do STF em repercussão geral (novamente equiparando as figuras)

✓ PREVIDENCIÁRIO E PROCESSUAL CIVIL. JUROS DE MORA. PERÍODO COMPREENDIDO ENTRE A ELABORAÇÃO DE CÁLCULOS E A EXPEDIÇÃO DA RESPECTIVA ORDEM DE PAGAMENTO. JULGAMENTO DO TEMA PELO SUPREMO TRIBUNAL FEDERAL. REPERCUSSÃO GERAL RECONHECIDA. JUÍZO DE RETRATAÇÃO PELO PRÓPRIO STJ. ADEQUAÇÃO AO DECIDIDO PELO STF. 1. Considerando que o Supremo Tribunal Federal adotou entendimento diverso do quanto decidido pelo STJ em seu anterior repetitivo (REsp 1.143.677/RS, Rel. Min. Luiz Fux; DJe 16/10/2009), de rigor que o juízo de retratação seja feito pelo próprio Superior Tribunal de Justiça. 2. O Plenário do Supremo Tribunal Federal, no julgamento do RE n. 579.431-RG/RS (Rel. Min. Marco Aurélio; DJe 30-06-2017), com repercussão geral reconhecida, firmou a tese de que "incidem os juros da mora no período compreendido entre a data da realização dos cálculos e da requisição ou do precatório" (Tema 96 da Repercussão Geral). 3. Juízo de retratação exercido nestes autos (art. 1.040, II, do CPC), para negar provimento ao Recurso Especial do INSS. (STJ; REsp 1.616.500; Proc. 2016/0195406-0; PR; Primeira Turma; Rel. Min. Sérgio Kukina; DJE 10/11/2017)

III – os processos suspensos em primeiro e segundo graus de jurisdição retomarão o curso para julgamento e aplicação da tese firmada pelo tribunal superior;

Prosseguimento e retratação de caso já julgado, para aplicação do precedente fixado em repercussão geral e repetitivo

✓ PROCESSUAL CIVIL. ADEQUAÇÃO DO ACÓRDÃO RECORRIDO À DECISÃO DO STF. REPERCUSSÃO GERAL. RE 579.431/RS EXECUÇÃO DE SENTENÇA. EXPEDIÇÃO DE PRECATÓRIO COMPLEMENTAR. JUROS DE MORA ENTRE A DATA DA ELABORAÇÃO DA CONTA E A DATA DA EXPEDIÇÃO DO PRECATÓRIO. POSSIBILIDADE. PROSSEGUIMENTO DA EXECUÇÃO. 1. A vice-presidência desta corte determinou o retorno do feito a este órgão colegiado nos termos do art. 1.030, II, do CPC, para realização do juízo de retratação, tendo em vista a decisão proferida pelo Supremo Tribunal Federal no re 579.431/rs, sob a sistemática da repercussão geral, na qual foi assegurada a "incidência de juros de mora no período compreendido entre a data da conta de liquidação e a expedição do requisitório ". 2. Cinge-se a controvérsia à verificação de ser ou não possível a expedição de precatório complementar para pagamento de juros de mora, entre a data da elaboração da conta e data da expedição do precatório. 3. O pleno desta corte, acompanhando o posicionamento do STJ e do STF, sedimentou seu entendimento no sentido de que é devida a aplicação de juros moratórios no período compreendido entre a data da elaboração dos cálculos e a data da expedição do precatório. 4. A corte especial do Superior Tribunal de justiça, por oportunidade do julgamento do RESP n. 1143677/rs, onde funcionou como relator o ministro Luiz fux, processado nos termos do art. 543-c do código de processo civil, como recurso repetitivo representativo da controvérsia pacificou o seu entendimento no sentido de que não incide juros de mora entre a data da elaboração da conta de liquidação e o efetivo pagamento da requisição de pequeno valor. 5. O pleno, adequando o acórdão ao entendimento firmado pelo STJ, deu provimento aos embargos infringentes, fazendo prevalecer o voto vencido do desembargador federal Francisco Cavalcanti, negando provimento à apelação para manter a sentença de primeiro grau que extinguiu a execução. 6. Após interposição, pela parte embargada, de recurso extraordinário, a vice-presidência desta corte determinou o retorno do feito a este órgão colegiado nos termos do art. 1.030, II, do CPC, para realização do juízo de retratação, tendo em vista a decisão proferida pelo Supremo Tribunal Federal no re 579.431/rs, sob a sistemática da repercussão geral, na qual foi assegurada a "incidência de juros de mora no período compreendido entre a data da conta de liquidação e a expedição do requisitório. " 7. O acórdão proferido pelo plenário diverge do julgado do pretório Excelso, uma vez que deixou de reconhecer o direito à aplicação de juros de mora entre a homologação da conta e a expedição do precatório, em face do que foi decidido em sede de recurso repetitivo pelo STJ (REsp nº 1.143.677/rs). 8. Juízo de retratação do acórdão recorrido, em conformidade com a decisão proferida pela corte suprema, nos termos do art. 1.040, III, do NCPC, passando a adotá-la in totum como razão de decidir, negando provimento aos embargos infringentes, para fazer prevalecer o entendimento firmado pela maioria na turma, que deu provimento à apelação para anular a sentença de extinção da execução. (TRF 5ª R.; EINFAC 0061909-23.2007.4.05.0000; CE; Tribunal Pleno; Rel. Des. Fed. Rogério Fialho Moreira; DEJF 10/11/2017; Pág. 24)

Se o precedente vinculante é definido no mesmo sentido do recurso, não se exerce o juízo de retratação, ficando mantido o acórdão

✓ TRIBUTÁRIO. PRESCRIÇÃO. LC Nº 118/2005. REPECUSSÃO GERAL. JUÍZO DE RETRAT AÇÃO. 1. O Supremo Tribunal Federal, ao apreciar o Recurso Extraordinário nº 566.621-RS, em sede de repercussão geral, reconheceu a inconstitucionalidade art. 4º, segunda parte, da LC 118/05, considerando- se válida a aplicação do novo prazo de 5 anos tão-somente às ações ajuizadas após o decurso da vacatio legis de 120 dias, ou seja, a partir de 9 de junho de 2005. 2. Conformação dos órgãos do Poder Judiciário aos precedentes do Supremo Tribunal Federal em sede de repercussão geral. 3. "O ajuizamento da ação de protesto judicial pelo contribuinte se deu em 08.06.2005 (um dia antes da vigência da Lei Complementar n. 118/2005). Sendo assim, houve a interrupção da prescrição de todas as parcelas dos dez anos antecedentes (tese dos 5+5 então vigente), de modo a resguardar t odos os pagamentos efetuados a partir de 08.06.1995. Desta forma, a subsequente ação de repetição de indébito ajuizada no dia seguinte em 09.06.2005 poderia abarcar todas as parcelas referentes aos créditos tributários extintos nos últimos 5 (cinco) anos, incluindo-se aí todas as parcelas referentes à mencionada ação cautelar de protesto judicial cuja citação se deu dentro desses mesmos 5 (cinco) anos. " (REsp nº 1.329.901-RS, 2ª T., Rel. Min. Mauro Campbell Marques, V. u. de 23/04/2013; DJe de 29/04/2013). 4. Protesto interruptivo da prescrição protocolado em 8 de junho de 2005, a demandar a restituição de eventuais parcelas recolhidas desde 1º de fevereiro de 1999, quando da entrada em vigor do disposto no artigo 3º, § 1º, da Lei nº 9.718/98. 5. O acórdão não destoa, em seu resultado prático, do entendimento da Suprema Corte, razão pela qual não é exercido o juízo de retratação de que tratam os artigos 1.040 e 1.041, do Código de Processo Civil de 2015 6. Juízo de retratação não exercido. Acórdão de fls. 611/625, integrado pelo julgado de fls. 643/646, mantido. (TRF 2ª R.; Ap-RN 0020712-32.2006.4.02.5101; Terceira Turma Especializada; Rel. Des. Fed. Theophilo Antonio Miguel Filho; Julg. 03/10/2017; DEJF 08/11/2017)

Se, quando do julgamento, não houver manifestação quanto ao repetitivo, cabem embargos para que isso ocorra

✓ PROCESSUAL CIVIL. EMBARGOS DE DECLARAÇÃO. OMISSÃO. COMPENSAÇÃO. COISA JULGADA. LEI ANTERIOR À DECISÃO EXEQUENDA. OUTROS VÍCIOS INEXISTENTES. 1. Constatando-se lacuna no julgado, o qual deixou de apreciar alegação de suposta violação ao entendimento firmado no Recurso Especial 1.235.513/AL, julgado sob a forma dos artigos 1.038 e 1.039 do Código de Processo Civil (Recurso Repetitivo), acolhem-se os embargos, nesse particular. 2. Inexiste ofensa à coisa julgada a compensação de reajustes salariais concedidos por Leis posteriores à decisão exequenda garantidora do direito, porquanto não se pode admitir a incorporação e a perpetuação de percentual decorrente de índice inflacionário, em desconsideração às variações de vencimentos e de reestrutura incidentes sobre as respectivas carreiras. 3. O reajuste salarial concedido pela Lei Distrital 3.368/04, por ser anterior à decisão exequenda, não pode ser levada em consideração para fins de compensação. 4. O julgador não está obrigado a responder todas as alegações das partes, quando já tenha encontrado motivo suficiente para fundamentar a decisão. 5. Embargos parcialmente providos. (TJDF; APC 2013.01.1.044061-7; Ac. 103.0959; Terceira Turma Cível; Rel. Des. Mario-Zam Belmiro; Julg. 12/07/2017; DJDFTE 18/07/2017)

IV – se os recursos versarem sobre questão relativa a prestação de serviço público objeto de concessão, permissão ou autorização, o resultado do julgamento será comunicado ao órgão, ao ente ou à agência reguladora competente para fiscalização da efetiva aplicação, por parte dos entes sujeitos a regulação, da tese adotada.

→ *v.* Arts. 489, § 1º, e 927 do NCPC.

§ 1º A parte poderá desistir da ação em curso no primeiro grau de jurisdição, antes de proferida a sentença, se a questão nela discutida for idêntica à resolvida pelo recurso representativo da controvérsia.

§ 2º Se a desistência ocorrer antes de oferecida contestação, a parte ficará isenta do pagamento de custas e de honorários de sucumbência.

→ *v.* Art. 90 do NCPC.

§ 3º A desistência apresentada nos termos do § 1º independe de consentimento do réu, ainda que apresentada contestação.

Art. 1.041. Mantido o acórdão divergente pelo tribunal de origem, o recurso especial ou extraordinário será remetido ao respectivo tribunal superior, na forma do art. 1.036, § 1º.

Possibilidade de, após a decisão de repercussão geral, o STJ devolver o REsp para eventual retração pelo tribunal de origem

✓ RECURSO FUNDADO NO NOVO CPC/2015. TRIBUTÁRIO E PROCESSUAL CIVIL. EMBARGOS DE DECLARAÇÃO. RECURSO ESPECIAL. TERMO DE ACORDO DE REGIME ESPECIAL. TARE. INCENTIVO FISCAL. ICMS. TEMA COM REPERCUSSÃO GERAL RECONHECIDA EM PROCESSO DIVERSO. EXEGESE DOS ARTS. 1.040 E 1.041 DO CPC/2015. DEVOLUÇÃO E SOBRESTAMENTO DO ESPECIAL NA CORTE DE ORIGEM. ACLARATÓRIOS ACOLHIDOS, COM EFEITOS INFRINGENTES. 1. No caso, quanto à matéria de fundo, qual seja, a possibilidade de os Estados e o Distrito Federal, mediante consenso alcançado no CONFAZ, perdoar dívidas tributárias surgidas em decorrência do gozo de benefícios fiscais, implementados no âmbito da chamada guerra fiscal do ICMS, reconhecidos como inconstitucionais pelo Supremo Tribunal Federal, ressalta-se a existência de repercussão geral reconhecida pelo Pretório Excelso, no RE 851.421 RG/DF. Tema 817 (RE 851.421 RG, Relator Min. Marco Aurélio, DJe-171 31-08-2015 PUBLIC 01-09-2015). 2. Podendo a ulterior decisão do STF, em repercussão geral já reconhecida, influenciar no julgamento da matéria veiculada no Recurso Especial, conveniente se faz que o STJ, em homenagem aos princípios processuais da celeridade e da efetividade, determine o sobrestamento do especial e devolva os autos ao Tribunal de origem, para que nele se realize eventual juízo de retratação frente ao que vier a ser decidido na Excelsa Corte. Precedentes: AgInt no AgInt no REsp 1.603.061/SC, Rel. Ministro Sérgio Kukina, Primeira Turma; DJe 28/06/2017; e AgInt no AgInt no REsp 1.380.952/GO, Rel. Ministro Og Fernandes, Segunda Turma; DJe 21/08/2017. 3. Embargos de declaração acolhidos, com efeitos infringentes, para determinar o cancelamento das decisões anteriores e a restituição dos autos ao Tribunal de Justiça do Distrito Federal e Territórios. (STJ; EDcl-AgInt-AREsp 382.738; Proc. 2013/0285636-7; DF; Primeira Turma; Rel. Min. Sérgio Kukina; DJE 31/10/2017)

§ 1º Realizado o juízo de retratação, com alteração do acórdão divergente, o tribunal de origem, se for o caso, decidirá as demais questões ainda não decididas cujo enfrentamento se tornou necessário em decorrência da alteração.

Exemplo de aplicação de juízo de retração com mudança de decisão – da anterior procedência para a improcedência

✓ EXAME EM JUÍZO DE RETRATAÇÃO. AÇÃO PELO PROCEDIMENTO COMUM ORDINÁRIO COM PEDIDO DE COBRANÇA. PLEITO DE REAJUSTE DE 24% SOBRE A REMUNERAÇÃO DE PENSIONISTA DE EX-SERVIDOR DO JUDICIÁRIO ESTADUAL, DE UMA ÚNICA VEZ, FUNDADA NA LEI ESTADUAL Nº 1.206/1987, COM O PAGAMENTO DAS DIFERENÇAS VENCIDAS. Sentença de procedência. Decisão monocrática que negou seguimento aos recursos de apelação de ambas as partes, mantida quando do julgamento do agravo interno. Determinado o reexame da questão, com base no artigo 1.030, inciso II, do Código de Processo Civil de 2015, em razão de aparente divergência com o R. Ext. 592.317/RJ, manteve-se o acórdão. Entretanto, matéria reconhecida como de repercussão geral, julgada pelo Supremo Tribunal Federal (R. Ext. 592.317/RJ), ante a impossibilidade de o Poder Judiciário, por isonomia, alterar a remuneração dos servidores públicos (Tema nº 315). Súmula vinculante nº 37 do STF. Determinação pela Corte Suprema de retorno dos autos a esta Décima Câmara Cível para reexame do processo originário, uma vez que o acórdão recorrido contraria orientação sua. Ressalva do entendimento desta relatora, baseado no enunciado nº 300 da Súmula de jurisprudência desta Corte Estadual. Julgamento do ARE 909.437/RJ, relatoria do Ministro Luís Roberto Barroso, com repercussão geral reconhecida (Tema nº 915), no sentido que "Não é devida aos servidores do Poder Judiciário do ESTADO DO Rio de Janeiro a extensão do reajuste concedido pela Lei nº 1.206/1987...". Juízo de retratação exercido nesta sede, para DAR PROVIMENTO À APELAÇÃO DO RÉU e, nos termos do artigo 1.041, § 1º, do Código de Processo Civil de 2015, julgar improcedente os pedidos formulados na petição inicial, restando prejudicado o recurso interposto pela autora. (TJRJ; APL-RN 0316449-98.2013.8.19.0001; Rio de Janeiro; Décima Câmara Cível; Relª Desª Patricia Ribeiro Serra Vieira; DORJ 10/11/2017; Pág. 531)

§ 2º Quando ocorrer a hipótese do inciso II do *caput* do art. 1.040 e o recurso versar sobre outras questões, caberá ao presidente ou ao vice-presidente do tribunal recorrido, depois do reexame pelo órgão de origem e independentemente de ratificação do recurso, sendo positivo o juízo de admissibilidade, determinar a remessa do recurso ao tribunal superior para julgamento das demais questões.

→ § 2º com redação alterada pela Lei 13.256/2016, em vigor no início da vigência da Lei 13.105/2015 – Novo CPC (*v.* art. 4º da Lei 13.256/2016).

→ Anterior redação: § 2º Quando ocorrer a hipótese do inciso II do *caput* do art. 1.040 e o recurso versar sobre outras questões, caberá ao presidente do tribunal, depois do reexame pelo órgão de origem e independentemente de ratificação do recurso ou de juízo de admissibilidade, determinar a remessa do recurso ao tribunal superior para julgamento das demais questões.

Seção III

Do Agravo em Recurso Especial e em Recurso Extraordinário

→ *v.* Art. 253 do RISTJ.

Art. 1.042. Cabe agravo contra decisão do presidente ou do vice-presidente do tribunal recorrido que inadmitir recurso extraordinário ou recurso especial, salvo quando fundada na aplicação de entendimento firmado em regime de repercussão geral ou em julgamento de recursos repetitivos.

→ *Caput* com redação alterada pela Lei 13.256/2016, em vigor no início da vigência da Lei 13.105/2015 – Novo CPC (*v.* art. 4º da Lei 13.256/2016).

→ Anterior redação: Art. 1.042. Cabe agravo contra decisão de presidente ou de vice-presidente do tribunal que: (...).

→ v. art. 1.030, § 2º do NCPC

→ v. Enunciado 225 do FPPC: O agravo em recurso especial ou extraordinário será interposto nos próprios autos.

→ v. Enunciado 77 do CJF– Para impugnar decisão que obsta trânsito a recurso excepcional e que contenha simultaneamente fundamento relacionado à sistemática dos recursos repetitivos ou da repercussão geral (art. 1.030, I, do CPC) e fundamento relacionado à análise dos pressupostos de admissibilidade recursais (art. 1.030, V, do CPC), a parte sucumbente deve interpor, simultaneamente, agravo interno (art. 1.021 do CPC) caso queira impugnar a parte relativa aos recursos repetitivos ou repercussão geral e agravo em recurso especial/extraordinário (art. 1.042 do CPC) caso queira impugnar a parte relativa aos fundamentos de inadmissão por ausência dos pressupostos recursais.

Se a decisão de não admissão envolve repetitivo, é erro grosseiro o uso do AREsp, sendo o recurso correto o agravo interno (vide art. 1.030, § 2º)

✓ AGRAVO EM RECURSO ESPECIAL. AGRAVO DE INSTRUMENTO. OBRIGAÇÃO SECURITÁRIA HABITACIONAL. 1. Decisão que inadmite o Recurso Especial com base no art. 543-c, § 7º, I, do CPC/1973. Interposição de agravo do art. 1.042, caput, do CPC/2015. Erro grosseiro. 2. Ausência de impugnação específica dos fundamentos da decisão agravada. Art. 932, III, do NCPC. 3. Fundamentação deficiente. Súmula nº 284/STJ. 4. Prescrição. Danos contínuos e permanentes. Ausência de manifestação quanto ao momento da recusa em indenizar. Impossibilidade de análise do marco inicial do prazo prescricional. 5. Legitimidade ativa. Quitação do contrato. Interesse de agir da parte agravada. Revisão. Súmula nº 7 do STJ. 6. CDC. Aplicabilidade. Inversão do ônus probatório. Súmula nº 7/STJ. 7. Agravo parcialmente conhecido para, nessa extensão, negar provimento ao recurso especial. (STJ; AREsp 1.196.264; Proc. 2017/0281458-1; SC; Terceira Turma; Rel. Min. Marco Aurélio Bellizze; DJE 10/11/2017)

Momento a partir do qual deixou o STJ de aceitar o AREsp no lugar do agravo interno (conforme visto no julgado anterior)

✓ DIREITO PROCESSUAL CIVIL. IMPOSSIBILIDADE DE REMESSA DE AGRAVO PELO STJ AO TRIBUNAL DE ORIGEM. Após a entrada em vigor do CPC/2015, não é mais devida a remessa pelo STJ, ao Tribunal de origem, do agravo interposto contra decisão que inadmite recurso especial com base na aplicação de entendimento firmado em recursos repetitivos, para que seja conhecido como agravo interno. Com o advento do CPC/2015, que entrou em vigor em 18 de março de 2016 (Enunciado Administrativo n. 1 do Plenário do STJ), passou a existir expressa previsão legal no sentido do não cabimento de agravo contra decisão que inadmite recurso especial quando a matéria nele veiculada já houver sido decidida pela Corte de origem em conformidade com recurso repetitivo (art. 1.042, caput). Tal disposição legal aplica-se aos agravos apresentados contra decisão publicada após a entrada em vigor do Novo CPC, em conformidade com o princípio tempus regit actum. Nesse contexto, entende-se, diante da nova ordem processual vigente, não ser mais caso de aplicar o entendimento firmado pela Corte Especial no AgRg no AREsp 260.033-PR (DJe 25/9/2015), porquanto não há mais como afastar a pecha de erro grosseiro ao agravo interposto já na vigência do CPC/2015 contra inadmissão de especial que contrarie entendimento firmado em recurso especial repetitivo e, assim, determinar o retorno do feito ao Tribunal de origem para que o aprecie como agravo interno. Ressalte-se, por oportuno, que ficam ressalvadas as hipóteses de aplicação do aludido precedente aos casos em que o agravo estiver sido interposto ainda contra decisão publicada na vigência do CPC/1973. AREsp 959.991-RS, Rel. Min. Marco Aurélio Bellizze, por unanimidade, julgado em 16/8/2016; DJe 26/8/2016 (Informativo 589/STJ).

Se apenas pendente este agravo, descabe determinar a prestação de caução para cumprimento provisório de sentença

✓ DIREITO PROCESSUAL CIVIL. CUMPRIMENTO PROVISÓRIO DE SENTENÇA. AGRAVO DE INSTRUMENTO. DESOCUPAÇÃO DE IMÓVEL. CAUÇÃO. DESNECESSIDADE. PENDÊNCIA DE AGRAVO DO ART. 1042. DISPENSA LEGAL DA GARANTIA DO JUÍZO. AGRAVO DESPROVIDO. I. Decisão agravada na qual a magistrada de origem ordenou a desocupação do imóvel, em sede de cumprimento de sentença, dispensando a caução, nos termos do art. 521, III, do CPC. II. Andou bem a magistrada de origem ao dispensar a caução, uma vez que o Código de Processo Civil expressamente a dispensa nos casos de pendência do agravo a que se refere o art. 1042 do CPC, que é justamente aquele interposto contra a decisão que inadmite recursos especial e extraordinário. III. Agravo desprovido. (TJAM; AI 4003773-07.2017.8.04.0000; Terceira Câmara Cível; Relª Desª Nélia Caminha Jorge; DJAM 07/11/2017; Pág. 12)

I – (Revogado pela Lei 13.256/2016, em vigor no início da vigência da Lei 13.105/2015 – Novo CPC (v. art. 4º da Lei 13.256/2016)).

→ Anterior redação: I – indeferir pedido formulado com base no art. 1.035, § 6º, ou no art. 1.036, § 2º, de inadmissão de recurso especial ou extraordinário intempestivo (...).

II – (Revogado pela Lei 13.256/2016, em vigor no início da vigência da Lei 13.105/2015 – Novo CPC (v. art. 4º da Lei 13.256/2016)).

→ Anterior redação: II – inadmitir, com base no art. 1.040, inciso I, recurso especial ou extraordinário sob o fundamento de que o acórdão recorrido coincide com a orientação do tribunal superior; (...).

III – (Revogado pela Lei 13.256/2016, em vigor no início da vigência da Lei 13.105/2015 – Novo CPC (v. art. 4º da Lei 13.256/2016)).

→ Anterior redação: III – inadmitir recurso extraordinário, com base no art. 1.035, § 8º, ou no art. 1.039, parágrafo único, sob o fundamento de que o Supremo Tribunal Federal reconheceu a inexistência de repercussão geral da questão constitucional discutida. (...).

§ 1º (Revogado pela Lei 13.256/2016, em vigor no início da vigência da Lei 13.105/2015 – Novo CPC (v. art. 4º da Lei 13.256/2016)).

→ Anterior redação: § 1º Sob pena de não conhecimento do agravo, incumbirá ao agravante demonstrar, de forma expressa:

I – (Revogado pela Lei 13.256/2016, em vigor no início da vigência da Lei 13.105/2015 – Novo CPC (v. art. 4º da Lei 13.256/2016)).

→ Anterior redação: I – a intempestividade do recurso especial ou extraordinário sobrestado, quando o recurso fundar-se na hipótese do inciso I do *caput* deste artigo; (...).

II – (Revogado pela Lei 13.256/2016, em vigor no início da vigência da Lei 13.105/2015 – Novo CPC (v. art. 4º da Lei 13.256/2016)).

→ Anterior redação: II – a existência de distinção entre o caso em análise e o precedente invocado, quando a inadmissão do recurso: (...).

a) (Revogada pela Lei 13.256/2016, em vigor no início da vigência da Lei 13.105/2015 – Novo CPC (v. art. 4º da Lei 13.256/2016)).

→ Anterior redação: **a)** especial ou extraordinário fundar-se em entendimento firmado em julgamento de recurso repetitivo por tribunal superior; (...).

b) (Revogada pela Lei 13.256/2016, em vigor no início da vigência da Lei 13.105/2015 – Novo CPC (v. art. 4º da Lei 13.256/2016)).

→ Anterior redação: **b)** extraordinário fundar-se em decisão anterior do Supremo Tribunal Federal de inexistência de repercussão geral da questão constitucional discutida. (...).

§ 2º A petição de agravo será dirigida ao presidente ou ao vice-presidente do tribunal de origem e independe do pagamento de custas e despesas postais, aplicando-se a ela o regime de repercussão geral e de recursos repetitivos, inclusive quanto à possibilidade de sobrestamento e do juízo de retratação.

→ § 2º com redação alterada pela Lei 13.256/2016, em vigor no início da vigência da Lei 13.105/2015 – Novo CPC (*v.* art. 4º da Lei 13.256/2016).

→ *v.* Súmula 286 do STF.

→ *v.* Súmula 83 do STJ.

→ Anterior redação: § 2º A petição de agravo será dirigida ao presidente ou vice-presidente do tribunal de origem e independe do pagamento de custas e despesas postais. (...).

§ 3º O agravado será intimado, de imediato, para oferecer resposta no prazo de 15 (quinze) dias.

§ 4º Após o prazo de resposta, não havendo retratação, o agravo será remetido ao tribunal superior competente.

→ *v.* Enunciado 228 do FPPC: Fica superado o enunciado 639 da súmula do STF após a entrada em vigor do NCPC ("Aplica-se a súmula 288 quando não constarem do traslado do agravo de instrumento as cópias das peças necessárias à verificação da tempestividade do recurso extraordinário não admitido pela decisão agravada").

→ *v.* Enunciado 229 do FPPC: Fica superado o enunciado 288 da súmula do STF após a entrada em vigor do NCPC ("Nega-se provimento a agravo para subida de recurso extraordinário, quando faltar no traslado o despacho agravado, a decisão recorrida, a petição de recurso extraordinário ou qualquer peça essencial à compreensão da controvérsia").

→ *v.* Enunciado 685 do FPPC: Cabe reclamação, por usurpação de competência do Tribunal Superior, contra decisão do tribunal local que não admite agravo em recurso especial ou em recurso extraordinário.

§ 5º O agravo poderá ser julgado, conforme o caso, conjuntamente com o recurso especial ou extraordinário, assegurada, neste caso, sustentação oral, observando-se, ainda, o disposto no regimento interno do tribunal respectivo.

§ 6º Na hipótese de interposição conjunta de recursos extraordinário e especial, o agravante deverá interpor um agravo para cada recurso não admitido.

§ 7º Havendo apenas um agravo, o recurso será remetido ao tribunal competente, e, havendo interposição conjunta, os autos serão remetidos ao Superior Tribunal de Justiça.

→ *v.* Art. 1.031 do NCPC.

§ 8º Concluído o julgamento do agravo pelo Superior Tribunal de Justiça e, se for o caso, do recurso especial, independentemente de pedido, os autos serão remetidos ao Supremo Tribunal Federal para apreciação do agravo a ele dirigido, salvo se estiver prejudicado.

→ *v.* Art. 1.031, § 1º, do NCPC.

Seção IV
Dos Embargos de Divergência

→ *v.* Súmulas 158, 168, 169 e 316 do STJ.
→ *v.* Arts. 330 a 336 do RISTF.
→ *v.* Arts. 266 e 267 do RISTJ.

Art. 1.043. É embargável o acórdão de órgão fracionário que:

→ *v.* Enunciado 230 do FPPC: Cabem embargos de divergência contra acórdão que, em agravo interno ou agravo extraordinário, decide recurso especial ou extraordinário.

Requisitos de admissibilidade para os embargos de divergência

✓ AGRAVO REGIMENTAL. EMBARGOS DE DIVERGÊNCIA EM AGRAVO REGIMENTAL EM AGRAVO EM RECURSO EXTRAORDINÁRIO. PRESSUPOSTOS ESPECÍFICOS DE ADMISSIBILIDADE RECURSAL NÃO PREENCHIDOS. ART. 1.043 DO CPC/2015. ART. 330 DO RISTF. ARESTOS INESPECÍFICOS. DISSENSO JURISPRUDENCIAL INTERNA CORPORIS NÃO DEMONSTRADO. JURISPRUDÊNCIA DO PLENÁRIO FIRMADA NO SENTIDO DA DECISÃO EMBARGADA. NÃO CABIMENTO DOS EMBARGOS DE DIVERGÊNCIA. ART. 332 DO RISTF. 1. Mostram-se inespecíficos, não evidenciando o dissenso de teses necessário a autorizar a admissibilidade dos embargos de divergência, arestos paradigmas assentados sobre premissas fáticas diversas da decisão embargada, que não versam sobre a questão debatida ou cuja tese jurídica converge no mesmo sentido da decisão embargada. 2. Firmada a jurisprudência do Plenário da Corte no sentido da decisão embargada, são incabíveis os embargos (art. 332 do RISTF). Agravo regimental conhecido e não provido. (STF; ARE-AgR-EDiv-AgR 929.445; Tribunal Pleno; Relª Min. Rosa Weber; DJE 08/11/2017)

A falta de similitude fática entre o julgado recorrido e paradigma afasta a admissão dos embargos de divergência

✓ PROCESSUAL CIVIL. Agravo interno nos embargos de divergência em agravo em Recurso Especial. Arestos postos em confronto. Similitude fática. Ausência. Regra técnica. Questão que não guarda pertinência com a controvérsia veiculada no especial. CPC/2015, art. 1043 1. A ausência de similitude fática entre os arestos postos em confronto impede a constatação de divergência jurisprudencial. 2. Ademais, os embargos de divergência buscam ver dirimida questão relativa ao prequestionamento, que não diz respeito à controvérsia veiculada por meio do Recurso Especial. Art. 1043 do CPC/2015. 3. Agravo interno não provido. (STJ; AgInt-EDiv-AREsp 868.455; Proc. 2016/0042121-9; SP; Corte Especial; Rel. Min. Benedito Gonçalves; DJE 09/10/2017)

Descabem embargos de divergência no âmbito de tribunal intermediário

✓ EMBARGOS DE DIVERGÊNCIA EM AGRAVO DE INSTRUMENTO. SERVIDOR PÚBLICO. EXECUÇÃO CONTRA A FAZENDA PÚBLICA. PRESCRIÇÃO DA PRETENSÃO EXECUTIVA. RECURSO INADMISSÍVEL. ART. 932, III, DO CPC. NÃO CONHECIMENTO. Somente são cabíveis embargos de divergência contra acórdãos proferidos por órgãos fracionários do Superior Tribunal de Justiça e do Supremo Tribunal Federal, em sede de Recurso Especial ou extraordinário, nos termos dos art. 1.043 e 1.044 do código de processo civil/2015. Não conhecimento do recurso, nos termos do art. 932, III, do CPC/2015, diante da manifesta inadmissibilidade. Negado seguimento aos embargos de divergência. Decisão monocrática. (TJRS; EDcl 0152396-93.2016.8.21.7000; Porto Alegre; Quarta Câmara Cível; Rel. Des. Eduardo Uhlein; Julg. 30/06/2016; DJERS 11/07/2016)

I – em recurso extraordinário ou em recurso especial, divergir do julgamento de qualquer outro órgão do mesmo tribunal, sendo os acórdãos, embargado e paradigma, de mérito;

II – (Revogado pela Lei 13.256/2016, em vigor no início da vigência da Lei 13.105/2015 – Novo CPC (v. art. 4º da Lei 13.256/2016)).

→ Anterior redação: II – em recurso extraordinário ou em recurso especial, divergir do julgamento de qualquer outro órgão do mesmo tribunal, sendo os acórdãos, embargado e paradigma, relativos ao juízo de admissibilidade; (...).

III – em recurso extraordinário ou em recurso especial, divergir do julgamento de qualquer outro órgão do mesmo tribunal, sendo um acórdão de mérito e outro que não tenha conhecido do recurso, embora tenha apreciado a controvérsia;

→ *v.* Enunciado 231 do FPPC: Fica superado o enunciado 315 da súmula do STJ após a entrada em vigor do CPC.

Posição do STJ acerca desse inciso, no sentido se existir o "mesmo grau de cognição"

✓ AGRAVO REGIMENTAL. EMBARGOS DE DIVERGÊNCIA. AUSÊNCIA DE DISSÍDIO ENTRE JULGADO QUE NÃO ULTRAPASSOU O MÉRITO E PARADIGMA CUJO CERNE DA CONTROVÉRSIA RESTOU SOLUCIONADO. NECESSIDADE DE CONFRONTO ENTRE ARESTOS COM O MESMO GRAU DE COGNIÇÃO. INTERPRETAÇÃO DO ARTIGO 1.043, III, DO CPC/2015. PREQUESTIONAMENTO DE DISPOSITIVOS CONSTITUCIONAIS. NÃO CABIMENTO. AGRAVO IMPROVIDO. 1. Este Superior Tribunal de Justiça possui remansosa jurisprudência que inadmite a configuração de divergência jurisprudencial entre acórdãos oriundos de diferentes graus de cognição, em virtude da inexistência de similitude fática entre os julgados. 2. No presente caso, o aresto impugnado nos embargos de divergência não ultrapassou o juízo de admissibilidade, ante a aplicação da Súmula nº 283/STF, enquanto o julgado paradigma, por sua vez, analisou o mérito do controvérsia. 3. O inciso III do artigo 1.043 do CPC/2015 não gerou modificações no processamento do recurso uniformizador, a fim de permitir a análise do dissídio entre julgados provenientes de diferentes graus de cognição. O mencionado dispositivo legal apenas disciplina a hipótese de configuração de dissenso pretoriano quando um dos acórdãos confrontados, embora não tenha conhecido o recurso, haja tratado do cerne da lide. Precedentes da Corte Especial e das Seções. 4. É descabido o pronunciamento deste Sodalício acerca de dispositivos constitucionais, ainda que para caracterização de prequestionamento, com o objetivo de se interpor recurso perante a Suprema Corte, sob pena de invasão de competência. 5. Agravo regimental improvido. (STJ; AgRg-EREsp 1.590.355; Proc. 2016/0081125-4; BA; Terceira Seção; Rel. Min. Jorge Mussi; DJE 20/09/2017)

IV – (Revogado pela Lei 13.256/2016, em vigor no início da vigência da Lei 13.105/2015 – Novo CPC (v. art. 4º da Lei 13.256/2016)).

→ Anterior redação: IV – nos processos de competência originária, divergir do julgamento de qualquer outro órgão do mesmo tribunal.

§ 1º Poderão ser confrontadas teses jurídicas contidas em julgamentos de recursos e de ações de competência originária.

§ 2º A divergência que autoriza a interposição de embargos de divergência pode verificar-se na aplicação do direito material ou do direito processual.

§ 3º Cabem embargos de divergência quando o acórdão paradigma for da mesma turma que proferiu a decisão embargada, desde que sua composição tenha sofrido alteração em mais da metade de seus membros.

→ v. Enunciado 232 do FPPC: Fica superado o enunciado 353 da súmula do STF após a entrada em vigor do NCPC ("São incabíveis os embargos da Lei 623, de 19.02.49, com fundamento em divergência entre decisões da mesma turma do Supremo Tribunal Federal").

Julgado relativo à inovação do § 3º e direito intertemporal

✓ PROCESSUAL CIVIL. EMBARGOS DE DIVERGÊNCIA. TRIBUTÁRIO. COFINS. ATO COOPERATIVO. ALEGAÇÃO DE DIVERGÊNCIA. EMBARGOS LIMINARMENTE INDEFERIDOS. DECISÕES MONOCRÁTICAS COMO PARADIGMAS E ACÓRDÃO RECORRIDO EM QUE NÃO SE CONHECEU DO RECURSO ESPECIAL. NÃO COMPROVAÇÃO DA DIVERGÊNCIA. I. No que se refere à irresignação diante da multa aplicada com base no artigo 1.026, do CPC/2015, os embargos não merecem avançar, pois invocam como paradigmas decisões monocráticas quando a hipótese legal de cabimento do recurso prevê que a divergência se estabeleça entre acórdãos proferidos por diferentes órgãos do Tribunal. II. Quanto ao precedente da Primeira Turma, embora seja o caso de admitir a exceção prevista no artigo 1.046, § 3º, do CPC/2015, dada a alteração na composição do colegiado, as embargantes não se ocuparam em cumprir a parte final do § 4. º, para apontar as circunstâncias que identificam ou assemelham os casos confrontados. III. De outro lado, esta Corte tem entendimento firmado no sentido de que, em sede de embargos de divergência, é descabido o exame do acerto ou desacerto na aplicação de regra técnica de conhecimento de Recurso Especial, como é, dentre outras, a que analisa a natureza constitucional ou infraconstitucional da matéria controvertida. IV. Agravo interno improvido. (STJ; AgInt-EREsp 1.103.665; Proc. 2008/0243551-7; MG; Primeira Seção; Rel. Min. Francisco Falcão; DJE 10/11/2017)

§ 4º O recorrente provará a divergência com certidão, cópia ou citação de repositório oficial ou credenciado de jurisprudência, inclusive em mídia eletrônica, onde foi publicado o acórdão divergente, ou com a reprodução de julgado disponível na rede mundial de computadores, indicando a respectiva fonte, e mencionará as circunstâncias que identificam ou assemelham os casos confrontados.

→ v. Art. 1.029, § 1º, do NCPC.

§ 5º (Revogado pela Lei 13.256/2016, em vigor no início da vigência da Lei 13.105/2015 – Novo CPC (v. art. 4º da Lei 13.256/2016)).

→ Anterior redação: § 5º É vedado ao tribunal inadmitir o recurso com base em fundamento genérico de que as circunstâncias fáticas são diferentes, sem demonstrar a existência da distinção.

Art. 1.044. No recurso de embargos de divergência, será observado o procedimento estabelecido no regimento interno do respectivo tribunal superior.

Embargos de divergência impertinentes rejeitados e posterior agravo interno igualmente rejeitado permite aplicação de multa

✓ AGRAVO REGIMENTAL NOS EMBARGOS DE DIVERGÊNCIA NO AGRAVO REGIMENTAL NO RECURSO EXTRAORDINÁRIO. DIREITO ADMINISTRATIVO E PREVIDENCIÁRIO. NOTÁRIOS E REGISTRADORES. APLICAÇÃO DO REGIME PREVIDENCIÁRIO DOS SERVIDORES PÚBLICOS. PREENCHIMENTO DOS REQUISITOS. VERIFICAÇÃO. IMPOSSIBILIDADE. SÚMULA Nº 279/STF. RECURSO INTERPOSTO SOB A ÉGIDE DO NOVO CÓDIGO DE PROCESSO CIVIL. MANDADO DE SEGURANÇA. INAPLICABILIDADE DO ARTIGO 85, § 11, DO CPC/2015. EMBARGOS DE DIVERGÊNCIA. REQUISITOS. ARTIGOS 1.043, III, E 1.044 DO CPC/2015. ARTIGOS 330 E 331 DO RISTF. AUSÊNCIA DE SIMILITUDE ENTRE OS JULGADOS CONFRONTADOS. IRRESIGNAÇÃO. IMPROCEDÊNCIA. SUCESSIVA INTERPOSIÇÃO DE RECURSOS CONTRÁRIOS À JURISPRUDÊNCIA CONSOLIDADA PELO PRETÓRIO EXCELSO CONFIGURA ABUSO DO DIREITO DE RECORRER. PRECEDENTES. CARÁTER PROTELATÓRIO DO RECURSO. MULTA DO ARTIGO 1.021, § 4º, DO CPC/2015. APLICABILIDADE. AGRAVO REGIMENTAL DESPROVIDO. DETERMINADA A CERTIFICAÇÃO DO TRÂNSITO EM JULGADO E A BAIXA IMEDIATA DOS AUTOS À ORIGEM, INDEPENDENTEMENTE DA PUBLICAÇÃO DO ACÓRDÃO. 1. A falta de identidade das circunstâncias que assemelhem os casos confrontados enseja o não conhecimento dos embargos de divergência, por se tratar de recurso manifestamente incabível. 2. O agravo interno interposto sob a égide da nova lei processual conduz à majoração da nova sucumbência. No entanto, sendo mandado de segurança o processo de origem, incide a Súmula nº 512 do STF. 3. In casu, a interposição de inúmeros recursos contrários à jurisprudência, como mero expediente protelatório, desvirtua o sentido do princípio constitucional da ampla defesa e configura abuso do direito de recorrer. 4. Estando evidente o abuso do direito de recorrer, o que se verifica com a interposição de recursos protelatórios, impõe-se pôr termo ao processo, com a certificação do trânsito em julgado. 5. Agravo regimental DESPROVIDO. (STF; RE-AgR-EDv-AgR 743.190; Tribunal Pleno; Rel. Min. Luiz Fux; DJE 28/09/2017)

§ 1º A interposição de embargos de divergência no Superior Tribunal de Justiça interrompe o prazo para interposição de recurso extraordinário por qualquer das partes.

§ 2º Se os embargos de divergência forem desprovidos ou não alterarem a conclusão do julgamento anterior, o recurso extraordinário interposto pela outra parte antes da publicação do julgamento dos embargos de divergência será processado e julgado independentemente de ratificação.

→ *v.* Art. 1.024, § 5º, do NCPC.

→ *v.* Enunciado 83 do CJF – Caso os embargos de divergência impliquem alteração das conclusões do julgamento anterior, o recorrido que já tiver interposto o recurso extraordinário terá o direito de complementar ou alterar suas razões, nos exatos limites da modificação, no prazo de quinze dias, contados da intimação da decisão dos embargos de divergência.

LIVRO COMPLEMENTAR
DISPOSIÇÕES FINAIS E TRANSITÓRIAS

Art. 1.045. Este Código entra em vigor após decorrido 1 (um) ano da data de sua publicação oficial.

O NCPC somente se aplica a decisões publicadas a partir da vigência do Código

✓ AGRAVO DE INSTRUMENTO. HONORÁRIOS ADVOCATÍCIOS. APLICAÇÃO DO ART. 85, §3º, I. IMPOSSIBILIDADE. 1. O novo Código de Processo Civil (Lei nº 13.105/2015 – NCPC) se aplica às decisões judiciais publicadas a contar de 18 de março de 2016. Precedentes desta Corte. 2. A decisão que fixou os honorários foi proferida em 10/03/2016. Não se cogita de aplicação de norma não vigente (art. 5º, II, CF c/c art. 1º do D. Lei nº 4.657/42 c/c art. 1.045, do CPC/15). 3. Agravo de instrumento não provido. (TRF 4ª R.; AG 5026493-18.2016.404.0000; Quarta Turma; Rel. Des. Fed. Candido Alfredo Silva Leal Junior; Julg. 23/08/2017; DEJF 29/08/2017)

Julgado aplicando sucumbência recursal a partir da sentença proferida já vigente o NCPC

✓ PROCESSUAL CIVIL. AÇÃO REVISIONAL. SISTEMA FINANCEIRO DE HABITAÇÃO. PEDIDO IMPROCEDENTE. HONORÁRIOS ADVOCATÍCIOS DE SUCUMBÊNCIA. BAIXO VALOR ATRIBUÍDO À CAUSA. FIXAÇÃO DOS HONORÁRIOS ADVOCATÍCIOS CONSOANTE APRECIAÇÃO EQUITATIVA. APLICAÇÃO DA NORMA DO ARTIGO 85, § 8º, DO CPC/2015. HONORÁRIOS REDUZIDOS. SENTENÇA REFORMADA. 1. Apelação interposta pelos autores contra a sentença que, julgando improcedente o pedido de revisão de contrato de financiamento habitacional no âmbito do Sistema Financeiro Habitacional, condenou-os ao pagamento de honorários advocatícios de sucumbência no valor de R$ 10.000,00 (dez mil reais), aplicando a norma do § 8º do artigo 85 do Código de Processo Civil de 2015. 2. O art. 1.045 da Lei nº 13.105/2015, novo Código de Processo Civil, prevê expressamente que o novo Código entraria em vigor um ano após a data de sua publicação oficial, que ocorreu em 17.3.2015 e, tratando-se de norma processual, esta tem aplicação imediata, o que está previsto no art. 1.046 do mesmo diploma legal. 3. Aplicável, à época da prolação da sentença (14.4.2016), a norma inserta no § 8º do artigo 85 do Código de Processo Civil de 2015 para fixação dos honorários advocatícios de sucumbência, considerando o baixo valor atribuído à causa na petição inicial e que não houve condenação na sentença. 4. Revela-se excessivo o valor de R$ 10.000,00 (dez mil reais) fixado para a verba honorária, devendo esse valor ser reduzido para R$ 3.000,00, mais compatível com o grau de complexidade da causa (que tratava exclusivamente da correta aplicação do PES), o trabalho desenvolvido pelo advogado da parte adversa, o local da prestação do serviço (Brasília) e o tempo decorrido desde o ajuizamento da ação (em 12.2.1999). 5. Apelação a que se dá parcial provimento para reduzir o valor dos honorários advocatícios para R$ 3.000,00 (três mil reais). (TRF 1ª R.; AC 0003056-95.1999.4.01.3400; Quinta Turma; Rel. Des. Fed. Néviton Guedes; DJF1 14/03/2017)

Art. 1.046. Ao entrar em vigor este Código, suas disposições se aplicarão desde logo aos processos pendentes, ficando revogada a Lei nº 5.869, de 11 de janeiro de 1973.

→ *v.* Enunciado 267 do FPPC: Os prazos processuais iniciados antes da vigência do CPC serão integralmente regulados pelo regime revogado.

→ *v.* Enunciado 268 do FPPC: A regra de contagem de prazos em dias úteis só se aplica aos prazos iniciados após a vigência do Novo Código.

→ *v.* Enunciado 275 do FPPC: Nos processos que tramitam eletronicamente, a regra do art. 277, § 1º, não se aplica aos prazos já iniciados no regime anterior.

→ *v.* Enunciado 295 do FPPC: As regras sobre intervalo mínimo entre as audiências do CPC só se aplicam aos processos em que o ato for designado após sua vigência.

→ *v.* Enunciado 308 do FPPC: Aplica-se o art. 489, § 1º, a todos os processos pendentes de decisão ao tempo da entrada em vigor do CPC.

→ *v.* Enunciado 311 do FPPC: A regra sobre remessa necessária é aquela vigente ao tempo da prolação da sentença, de modo que a limitação de seu cabimento no CPC não prejudica os reexames estabelecidos no regime do art. 475 CPC/1973.

→ *v.* Enunciado 341 do FPPC: O prazo para ajuizamento de ação rescisória é estabelecido pela data do trânsito em julgado da decisão rescindenda, de modo que não se aplicam as regras dos §§ 2 º e 3º do art. 975 do CPC à coisa julgada constituída antes de sua vigência.

→ v. Enunciado 354 do FPPC: O art. 1009, §1º, não se aplica às decisões publicadas em cartório ou disponibilizadas nos autos eletrônicos antes da entrada em vigor do CPC.

→ v. Enunciado 355 do FPPC: Se, no mesmo processo, houver questões resolvidas na fase de conhecimento em relação às quais foi interposto agravo retido na vigência do CPC/1973, e questões resolvidas na fase de conhecimento em relação às quais não se operou a preclusão por força do art. 1.009, §1º, do CPC, aplicar-se-á ao recurso de apelação o art. 523, §1º, do CPC/1973 em relação àquelas, e o art. 1.009, §1º, do CPC em relação a estas.

→ v. Enunciado 356 do FPPC: Aplica-se a regra do art. 1.010, § 3º, às apelações pendentes de admissibilidade ao tempo da entrada em vigor do CPC, de modo que o exame da admissibilidade destes recursos competirá ao Tribunal de 2º grau.

→ v. Enunciado 476 do FPPC: Independentemente da data de intimação, o direito ao recurso contra as decisões unipessoais nasce com a publicação em cartório, secretaria do juízo ou inserção nos autos eletrônicos da decisão a ser impugnada, o que primeiro ocorrer, ou, ainda, nas decisões proferidas em primeira instância, será da prolação de decisão em audiência.

→ *v.* Enunciado 479 do FPPC: As novas regras de competência relativa previstas no CPC de 2015 não afetam os processos cujas petições iniciais foram protocoladas na vigência do CPC-73 do FPPC.

→ *v.* Enunciado 568 do FPPC: As disposições do CPC-1973 relativas aos procedimentos cautelares que forem revogadas aplicar-se-ão às ações propostas e não sentenciadas até o início da vigência do CPC/2015 do FPPC.

→ *v.* Enunciado 616 do FPPC: Independentemente da data de intimação ou disponibilização de seu inteiro teor, o direito ao recurso contra as decisões colegiadas nasce na data em que proclamado o resultado da sessão de julgamento.

Se o pedido foi feito antes da vigência do Código, mas a decisão foi proferida após o Código, aplica-se o NCPC (e, no caso, necessária a instauração do incidente de desconsideração de personalidade jurídica)

✓ AGRAVO DE INSTRUMENTO. PEDIDO DE DESCONSIDERAÇÃO DE PERSONALIDADE JURÍDICA. DIREITO INTERTEMPORAL. ARTIGOS 14 E 1.046 DO NOVO CPC. MARCO TEMPORAL. EXAME DO PEDIDO. 1. O art. 1.046 do novo CPC estabelece que suas disposições se aplicarão desde logo aos processos pendentes. 2. O art. 14 do mesmo Código estabelece que a norma processual não retroagirá e será aplicável imediatamente aos processos em curso, respeitados os atos processuais praticados e as situações jurídicas consolidadas sob a vigência da norma revogada. 3. Inviável considerar como marco temporal para fins de aplicação da legislação processual civil o pedido formulado pela exequente, pois não se tem nele uma situação jurídica consolidada sob a norma revogada. 4. Aplica-se, quanto ao exame do pedido, as disposições processuais vigentes à época da decisão agravada, já que proferida sob a égide da Lei nº 13.105/2015, fato que, aliado à circunstância de não se tratar de mera hipótese de redirecionamento de execução fiscal (o que afasta o óbice da Súmula nº 112 deste TRF4), autoriza a exigência do incidente previsto nos artigos 133 a 137 do novo CPC. (TRF 4ª R.; AG 5046288-73.2017.4.04.0000; Segunda Turma; Rel. Des. Fed. Alcides Vettorazzi; Julg. 07/11/2017; DEJF 10/11/2017)

§ 1º As disposições da Lei nº 5.869, de 11 de janeiro de 1973, relativas ao procedimento sumário e aos procedimentos especiais que forem revogadas aplicar-se-ão às ações propostas e não sentenciadas até o início da vigência deste Código.

→ *v.* Enunciado 567 do FPPC: Invalidado o ato processual praticado à luz do CPC de 1973, a sua repetição observará o regramento do CPC-2015, salvo nos casos de incidência do art. 1047 do CPC-2015 e no que refere às disposições revogadas relativas ao procedimento sumário, aos procedimentos especiais e às cautelares.

Iniciado um procedimento existente no CPC/73 e não mais existente, prossegue-se a tramitação com base no sistema anterior

✓ UNIFORMIZAÇÃO DA JURISPRUDÊNCIA. DIVERGÊNCIA ENTRE CÂMARAS CÍVEIS. NECESSIDADE OU NÃO DE PRÉVIA LIQUIDAÇÃO DA SENTENÇA PROFERIDA NOS AUTOS DA AÇÃO COLETIVA Nº 1998.01. 1.016798-9, QUE TRAMITOU PERANTE O JUÍZO DA 12ª VARA CÍVEL DA CIRCUNSCRIÇÃO JUDICIÁRIA DE BRASÍLIA/DF. 1. Por força da coisa julgada, os poupadores ou seus sucessores detêm legitimidade ativa, independentemente de fazerem parte ou não dos quadros associativos do IDEC, para ajuizarem o cumprimento individual da sentença coletiva proferida na Ação Civil Pública nº 1998.01. 1.016798-9, pelo Juízo da 12ª Vara Cível da Circunscrição Especial Judiciária de Brasília/DF, pois constou da sentença exequenda que é "devida a incidência do índice expurgado dos cálculos quanto a todos os poupadores que mantinham conta poupança com a instituição ré no período em comento". 2. O novo Estatuto Processual Civil substituiu o incidente de uniformização da jurisprudência pelo incidente de resolução de demandas repetitivas (IRDR). Todavia, em prestígio à situação jurídica processual já consolidada, inteligência do art. 14 do Novo CPC, deve-se aplicar na hipótese, por analogia, o que dispõe o § 1º do art. 1.046 do Código de Processo Civil de 2015, devendo o presente incidente ser processado e julgado nos termos do Código de Processo Civil de 1973. 3. A condenação oriunda de sentença coletiva proferida em ação civil pública é genérica, fixando apenas a responsabilidade do réu pelos danos causados, porque são desconhecidos o montante devido e a titularidade do crédito. 4. Assim, é na liquidação da sentença que se promoverá, além da apuração do valor devido, o juízo sobre a titularidade do exequente em relação ao crédito exigido. 5. Consequentemente, torna-se desnecessária a prévia liquidação do julgado pelos poupadores beneficiados com a sentença coletiva proferida na ação civil pública nº 1998.01. 1.016798-9, que tramitou perante o juízo da 12ª Vara Cível da Circunscrição Judiciária de Brasília/DF, se os interessados instruírem o pedido de cumprimento de sentença com: I) extrato bancário demonstrando a titularidade da conta e sua qualidade de poupador; II) o montante depositado na conta poupança à época do expurgo inflacionário; e III) planilha atualizada e discriminada do quantum debeatur, nos moldes do § 2º do art. 509 do Código de Processo Civil de 2015 (art. 475-B, do Código de Processo Civil de 1973. 6. INCIDENTE DE UNIFORMIZAÇÃO DA JURISPRUDÊNCIA CONHECIDO E PROVIDO. (TJGO; UJ 0011474-83.2016.8.09.0000; Mineiros; Corte Especial; Relª Desª Elizabeth Maria da Silva; DJGO 07/11/2017; Pág. 3)

§ 2º Permanecem em vigor as disposições especiais dos procedimentos regulados em outras leis, aos quais se aplicará supletivamente este Código.

§ 3º Os processos mencionados no art. 1.218 da Lei nº 5.869, de 11 de janeiro de 1973, cujo procedimento ainda não tenha sido incorporado por lei submetem-se ao procedimento comum previsto neste Código.

§ 4º As remissões a disposições do Código de Processo Civil revogado, existentes em outras leis, passam a referir-se às que lhes são correspondentes neste Código.

§ 5º A primeira lista de processos para julgamento em ordem cronológica observará a antiguidade da distribuição entre os já conclusos na data da entrada em vigor deste Código.

Art. 1.047. As disposições de direito probatório adotadas neste Código aplicam-se apenas às provas requeridas ou determinadas de ofício a partir da data de início de sua vigência.

→ v. Enunciado 366 do FPPC: O protesto genérico por provas, realizado na petição inicial ou na contestação ofertada antes da vigência do CPC, não implica requerimento de prova para fins do art. 1047.

→ v. Enunciado 567 do FPPC: Invalidado o ato processual praticado à luz do CPC de 1973, a sua repetição observará o regramento do CPC-2015, salvo nos casos de incidência do art. 1047 do CPC-2015 e no que refere às disposições revogadas relativas ao procedimento sumário, aos procedimentos especiais e às cautelares.

→ v. Enunciado 569 do FPPC: O art. 1.047 não impede convenções processuais em matéria probatória, ainda que relativas a provas requeridas ou determinadas sob vigência do CPC-1973 do FPPC.

Se a decisão já foi publicada à luz do NCPC, aplicam-se as regras quanto à prova do novo Código, inclusive no que se refere ao não cabimento de agravo de instrumento

✓ AGRAVO INTERNO CÍVEL Nº 1.701.572-0/01, DA VARA CÍVEL E DA FAZENDA PÚBLICA DO FORO REGIONAL DE PINHAIS DA COMARCA DA REGIÃO METROPOLITANA DE CURITIBA AGRAVANTE. OI S.A (SOCIEDADE EM RECUPERAÇÃO JUDICIAL) AGRAVADO. ELENITA BENEVIDES BARBOSA RELATORA. DESª IVANISE MARIA TRATZ MARTINSPROCESSUAL CIVIL. Agravo interno cível. Decisão monocrática que não conheceu do agravo de instrumento. Decisão que homologou valor da proposta de honorários periciais. Alegação de cabimento do recurso por aplicação do art. 1.047 do código de processo civil de 2.015.pressupostos recursais que devem ser vinculados à data da publicação da decisão recorrida. Enunciado administrativo n. 2 do e.STJ. Decisão publicada após a entrada em vigor do código de processo civil de 2015. Art. 1.015 do CPC que não prevê hipótese de cabimento do recurso manejado. Rol taxativo legal e não exemplificativo. Interpretação extensiva que ainda assim não permite o conhecimento por largo distanciamento de qualquer das hipóteses legais, ao conteúdo da decisão atacada. Recurso conhecido e não provido. (TJPR; Rec. 1701572-0/01; Curitiba; Décima Segunda Câmara Cível; Relª Desª Ivanise Maria Tratz Martins; Julg. 18/10/2017; DJPR 09/11/2017; Pág. 438)

Novas regras probatórias apenas a partir da vigência do NCPC

✓ AGRAVO DE INSTRUMENTO. AÇÃO DECLARATÓRIA DE NULIDADE DE DÉBITO. REPARAÇÃO PELOS DANOS MORAIS. REPETIÇÃO DE INDÉBITO -DIREITO DO CONSUMIDOR. DIREITO PROBATÓRIO. REGRA DE TRANSIÇÃO QUANTO À NOVA LEGISLAÇÃO PROCESSUAL. INVERSÃO DO ÔNUS DA PROVA. REQUISITOS. VEROSSIMILHANÇA DA ALEGAÇÃO OU HIPOSSUFICIÊNCIA. ENCARGO NATURAL QUANTO À PROVA. DESNECESSIDADE DE INVERSÃO. O regime jurídico da produção probatória deve observar a regra de transição contida no artigo 1.047, do CPC/15, segunda a qual as novas disposições de direito probatório aplicam-se apenas às provas requeridas ou determinadas de ofício a partir da data de início de vigência da nova legislação processual. Em se tratando de matéria probatória, a inversão da regra geral nos casos em que envolva relação de consumo, não é automática, estando o Magistrado vinculado à apreciação da verossimilhança da alegação do consumidor ou da hipossuficiência (inciso VIII, do artigo 6º, do CDC). À concessionária de energia incumbe, em decorrência da própria regra geral, o ônus de provar os fatos modificativos do direito do autor, quais sejam, o efetivo consumo de energia e a responsabilidade do consumidor pela violação do lacre. (TJMG; AI 1.0672.13.022079-7/001; Relª Desª Ana Paula Caixeta; Julg. 16/02/2017; DJEMG 21/02/2017)

Art. 1.048. Terão prioridade de tramitação, em qualquer juízo ou tribunal, os procedimentos judiciais:

I – em que figure como parte ou interessado pessoa com idade igual ou superior a 60 (sessenta) anos ou portadora de doença grave, assim compreendida qualquer das enumeradas no art. 6º, inciso XIV, da Lei nº 7.713, de 22 de dezembro de 1988;

→ v. Lei 13.466/2017, que alterou o art. 71 do Estatuto do Idoso (Lei 10.741/2003), para criar uma "superpreferência", aos maiores de oitenta anos.

Aplicação de preferência ao julgar recurso (vide item V)

✓ CONSTITUCIONAL. ADMINISTRATIVO. PROCESSUAL CIVIL. DIREITO À SAÚDE. TRANSFERENCIA PARA LEITO DE UNIDADE DE TRATAMENTO INTENSIVO. UTI. FALECIMENTO DA PARTE AUTORA. PERDA DO OBJETO. EXTINÇÃO DO PROCESSO SEM RESOLUÇÃO DO MÉRITO. HONORÁRIOS ADVOCATÍCIOS. PRINCÍPIO DA CAUSALIDADE. DEFENSORIA PÚBLICA. CABIMENTO. I. Na espécie dos autos, tratando-se de ação em que se objetivava o reconhecimento de direito de caráter personalíssimo, qual seja, a disponibilização de leito de Unidade de Tratamento Intensivo. UTI, necessário ao tratamento da própria saúde, o falecimento da parte autora, no curso da demanda, impõe a extinção, de ofício, do processo sem resolução do mérito, nos termos do art. 485, IX, do Código de Processo Civil. Precedentes. II. Na inteligência jurisprudencial do egrégio Superior Tribunal de Justiça, "nas hipóteses de extinção do processo sem resolução do mérito, decorrente de perda de objeto superveniente ao ajuizamento da ação, a parte que deu causa à instauração do processo deverá suportar o pagamento dos honorários advocatícios. " (AgRg no Ag 1191616/MG, Rel. Ministro HAMILTON CARVALHIDO, PRIMEIRA TURMA, julgado em 23/02/2010; DJe 23/03/2010). III. Afigura-se cabível a condenação do Estado do Piauí e do Município de Teresina ao pagamento de honorários advocatícios em favor da Defensoria Pública da União, porquanto, nos termos do enunciado da Súmula nº 421 do Superior Tribunal de Justiça, publicado no DJe de 11/03/2010, somente não são devidos honorários advocatícios à Defensoria Pública quando ela atua contra a pessoa jurídica de direito público à qual pertença. IV. Apelações do Estado do Piauí e do Município de Teresina desprovidas, declarando-se, de ofício, extinto este processo, sem resolução do mérito, nos termos do art. 485, IX, do CPC/2015. V. Processo julgado na linha da prioridade legal estabelecida no artigo 1.048, I, do novo CPC. (TRF 1ª R.; AC 0008389-46.2014.4.01.4000; Quinta Turma; Rel. Des. Fed. Souza Prudente; DJF1 18/10/2017)

É possível buscar a aplicação da preferência via embargos de declaração

✓ EMBARGOS DE DECLARAÇÃO. DIREITO PROCESSUAL CIVIL. APELAÇÃO. AÇÃO DE RESCISÃO CONTRATUAL. INTEMPESTIVIDADE. APELO. NÃO CONFIGURAÇÃO. OMISSÃO. PRIORIDADE NA TRAMITAÇÃO. SEGREDO DE JUSTIÇA. OCORRÊNCIA. RECURSO CONHECIDO E PARCIALMENTE PROVIDO. 1. Não há omissão quanto à questão da tempestividade da apelação. 1.1. A parte efetuou o protocolo respeitando o prazo de 15 dias úteis, nos termos dos arts. 219 e 1003, § 5º do CPC. Recurso tempestivo. 2. Em verdade, o embargante intenta rediscussão do mérito recursal, o que não é possível na via estreita dos aclaratórios. 3. Omissão existente quanto aos pedidos de segredo de justiça e prioridade na tramitação. 3.1. Saneamento. Com base no art. 1048, I, do CPC fica determinada a prioridade na tramitação processual, bem como o trâmite em segredo de justiça, considerando o disposto no art. 189, III, do mesmo diploma legal. 4. Recurso conhecido e parcialmente provido. Sem efeitos infringentes. Omissão sanada. (TJDF; APC 2014.01.1.068584-8; Ac. 105.3662; Primeira Turma Cível; Rel. Des. Rômulo de Araújo Mendes; Julg. 04/10/2017; DJDFTE 18/10/2017)

II – regulados pela Lei nº 8.069, de 13 de julho de 1990 (Estatuto da Criança e do Adolescente).

§ 1º A pessoa interessada na obtenção do benefício, juntando prova de sua condição, deverá requerê-lo à autoridade judiciária competente para decidir o feito, que determinará ao cartório do juízo as providências a serem cumpridas.

Descabimento de requerimento de tramitação prioritária formulada por exequente, sendo que os executados é que teriam esse direito

✓ AGRAVO DE INSTRUMENTO. Ação de execução. Pretensão da empresa credora, pessoa jurídica, em ter a prioridade na tramitação do feito em decorrência de que os agravados são pessoas idosas. Decisão singular que indeferiu a pretensão. Insurgência. Impossibilidade. Benefício de tramitação prioritária que somente pode ser concedido a pessoa física, com idade superior a 60 (sessenta) anos ou comprovar ser portadora de doença grave. Inteligência do artigo 1.048, I do NCPC. Requerimento que deve ser feito pela pessoa física que comprove a idade ou doença grave, no caso específico. Inteligência do artigo 1.048, §1º do NCPC e artigo 71, §1º da Lei nº 1.0741/2003 (Estatuto do Idoso). Falta de interesse e legitimidade da empresa agravante, uma vez que não pode utilizar da prioridade na tramitação do feito, em benefício próprio. Faculdade dos agravados em utilizarem o benefício de prioridade de tramitação do feito. Decisão mantida. Recurso não provido. (TJSP; AI 2169582-71.2017.8.26.0000; Ac. 10862383; São Paulo; Trigésima Oitava Câmara de Direito Privado; Rel. Des. Achile Alesina; Julg. 04/10/2017; DJESP 11/10/2017; Pág. 2826)

§ 2º Deferida a prioridade, os autos receberão identificação própria que evidencie o regime de tramitação prioritária.

§ 3º Concedida a prioridade, essa não cessará com a morte do beneficiado, estendendo-se em favor do cônjuge supérstite ou do companheiro em união estável.

§ 4º A tramitação prioritária independe de deferimento pelo órgão jurisdicional e deverá ser imediatamente concedida diante da prova da condição de beneficiário.

Art. 1.049. Sempre que a lei remeter a procedimento previsto na lei processual sem especificá-lo, será observado o procedimento comum previsto neste Código.

Parágrafo único. Na hipótese de a lei remeter ao procedimento sumário, será observado o procedimento comum previsto neste Código, com as modificações previstas na própria lei especial, se houver.

→ *v.* Enunciado 570 do FPPC: As ações revisionais de aluguel ajuizadas após a entrada em vigor do Código de Processo Civil deverão tramitar pelo procedimento comum, aplicando-se, com as adaptações procedimentais que se façam necessárias, as disposições dos arts. 68 a 70 da Lei 8.245/1991 do FPPC.

Se o procedimento foi alterado com o NCPC, deve-se dar à parte oportunidade de emendar a inicial.

✓ CIVIL. PROCESSO CIVIL. APELAÇÃO CÍVEL. USUCAPIÃO. DETERMINAÇÃO DE EMENDA À PETIÇÃO INICIAL. DESCUMPRIMENTO. EXTINÇÃO DO PROCESSO SEM RESOLUÇÃO DO MÉRITO. SENTENÇA MANTIDA 1. Determinada a emenda da exordial, a inércia da parte autora autoriza o indeferimento e conseguinte extinção do processo, com fundamento no artigo 330, inciso IV, do Código de Processo Civil. 2. Oportunizado à parte autora corrigir a peça de ingresso de ação de usucapião, a fim de realizar a conversão do feito para o procedimento comum, em obediência ao art. 1.049, parágrafo único do NCPC, bem como a formulação de requerimentos de intimações obrigatórias daquela ação e, ainda, juntar a certidão do cartório distribuidor que ateste a ausência de inventário ajuizado em nome do autor da herança, e não tendo a parte autora atendido a determinação no prazo legal, justifica-se o indeferimento da inicial. 3. Recurso conhecido e desprovido. (TJDF; APC 2016.07.1.009075-0; Ac. 101.5845; Segunda Turma Cível; Rel. Des. Sandoval Oliveira; Julg. 03/05/2017; DJDFTE 16/05/2017)

Art. 1.051. As empresas públicas e privadas devem cumprir o disposto no art. 246, § 1º, no prazo de 30 (trinta) dias, a contar da data de inscrição do ato constitutivo da pessoa jurídica, perante o juízo onde tenham sede ou filial.

Parágrafo único. O disposto no caput não se aplica às microempresas e às empresas de pequeno porte.

Art. 1.052. Até a edição de lei específica, as execuções contra devedor insolvente, em curso ou que venham a ser propostas, permanecem reguladas pelo Livro II, Título IV, da Lei nº 5.869, de 11 de janeiro de 1973.

Aplicação do CPC/1973 a questões envolvendo insolvência civil:

✓ DIREITO PROCESSUAL CIVIL. AÇÃO DE INSOLVÊNCIA CIVIL. EXTINÇÃO DO PROCESSO, SEM RESOLUÇÃO DO MÉRITO, EM RAZÃO DO RECONHECIMENTO, PELO JUÍZO DE PISO, DE OFÍCIO, DA INEXISTÊNCIA DE LEGITIMIDADE ATIVA AD CAUSAM E DE FALTA DE INTERESSE PROCESSUAL. Impõe-se, desde logo, registrar que, embora a presente demanda tenha sido proposta quando já vigente o Novo Código de Processo Civil, em vigor desde 2016, que não disciplinou o instituto da insolvência civil, a controvérsia deve ser analisada à luz do CPC/73, conforme a regra de transição prevista no art. 1.052 da Lei nº 13.105/2015. Com efeito, o outrora Código de Processo Civil de 1973, em seu art. 753, estabelecia um rol de legitimados para requerer a insolvência civil do devedor, quais sejam: O credor quirografário, o próprio devedor e o inventariante do espólio do devedor. Na hipótese, o crédito de titularidade do autor possui natureza privilegiada, pois decorrente de decisão judicial proferida na Justiça Laboral, de modo que, em tese, não estaria legitimado a requerer a insolvência civil do devedor, na medida em que a legislação processual apenas atribui legitimidade ao credor quirografário. Nada obstante, tal dispositivo não pode ser interpretado unicamente em seu sentido literal, a ponto de tornar prejudicial ao credor uma garantia conferida pelo próprio ordenamento jurídico para satisfação de seu crédito. Melhor elucidando, o credor trabalhista apenas poderá utilizar a preferência que possui em concurso de credores, podendo renunciar tal privilégio ao propor a demanda de insolvência civil. Precedente do STJ. Nessa perspectiva, a legislação processual civil em destaque, ao permitir ao credor quirografário requerer a insolvência civil do devedor, não afasta tal possibilidade ao credor preferencial, mas este, ao fazê-lo, já não terá qualquer privilégio em eventual concurso de credores, verificando-se, assim, o seu interesse de agir na satisfação do crédito perseguido. Verifica-se, logo, que a inobservância do devido processo legal culminou em prematuro e indevido julgamento da lide pelo juízo de piso, eis que a sentença contém vícios que acabam por impor a sua anulação, por error in procedendo, fazendo-se necessário o retorno dos autos à Vara de Origem para que seja dado o regular prosseguimento ao feito, nos trâmites que a causa requer. Precedentes do TJERJ. Recurso provido, para nulificar a sentença alvejada, determinando-se, assim, o retorno dos autos à Vara de origem, para dar prosseguimento regular ao feito. (TJRJ; APL 0013771-47.2017.8.19.0001; Rio de Janeiro; Nona Câmara Cível; Rel. Des. Adolpho Correa de Andrade Mello Junior; DORJ 05/10/2017; Pág. 306)

Art. 1.053. Os atos processuais praticados por meio eletrônico até a transição definitiva para certificação digital ficam convalidados, ainda que não tenham observado os requisitos mínimos estabelecidos por este Código, desde que tenham atingido sua finalidade e não tenha havido prejuízo à defesa de qualquer das partes.

Art. 1.054. O disposto no art. 503, § 1º, somente se aplica aos processos iniciados após a vigência deste Código, aplicando-se aos anteriores o disposto nos arts. 5º, 325 e 470 da Lei nº 5.869, de 11 de janeiro de 1973.

→ *v.* Enunciado 367 do FPPC: Para fins de interpretação do art. 1.054, entende-se como início do processo a data do protocolo da petição inicial.

Impossibilidade de questão prejudicial ser coberta pela coisa julgada sem declaratória incidental se a demanda foi proposta antes da vigência do NCPC:

✓ APELAÇÃO CÍVEL. RESPONSABILIDADE CIVIL. INSCRIÇÃO EM ÓRGÃO DE RESTRIÇÃO DE CRÉDITO. DÍVIDA EXISTENTE. DANO MORAL NÃO VERIFICADO. EXERCÍCIO REGULAR DO DIREITO. Verificada a existência do débito, à luz da prova produzida nos autos, a inscrição restritiva promovida pela parte ré ganha contornos de exercício regular de direito, inexistindo dano passível de reparação. Ação declaratória incidental. Prescrição. Inviabilidade. Na situação em evidência, não houve o aforamento de reconvenção pela demandada exigindo o débito cuja existência se discute nesta demanda, sendo inviável, portanto, o reconhecimento incidental da prescrição da dívida, tendo em vista que a declaração incidente (prescrição) não possui qualquer relação com o fundamento do pedido (inexistência de débito por ausência de contratação), sobretudo, no caso em exame, em que o processo foi ajuizado na vigência do CPC de 1973. Inteligência do disposto no art. 1.054 do CPC de 2015. Alteração da verdade dos fatos. Litigância de má-fé reconhecida. Litigância de má-fé evidenciada ante a conduta processual da parte autora que violou dever de lealdade, uma vez que alterou a verdade dos fatos, o que restou indubitavelmente demonstrado pelo conjunto probatório produzido, em evidente tentativa de locupletamento indevido. Verba honorária honorários advocatícios majorados para o percentual de 10% sobre o valor fixado pela sentença, considerando o trabalho adicional realizado em grau recursal, de acordo com o disposto no art. 85, § 11, do CPC. Recurso desprovido e aplicada multa por litigância de má-fé. (TJRS; AC 0388208-18.2016.8.21.7000; Novo Hamburgo; Nona Câmara Cível; Rel. Des. Tasso Caubi Soares Delabary; Julg. 22/02/2017; DJERS 01/03/2017)

Art. 1.055. (**Vetado**).

→ *v.* Redação vetada: "Art. 1.055. O devedor ou arrendatário não se exime da obrigação de pagamento dos tributos, das multas e das taxas incidentes sobre os bens vinculados e de outros encargos previstos em contrato, exceto se a obrigação de pagar não for de sua responsabilidade, conforme contrato, ou for objeto de suspensão em tutela provisória."

→ *v.* Razões de veto.

Art. 1.056. Considerar-se-á como termo inicial do prazo da prescrição prevista no art. 924, inciso V, inclusive para as execuções em curso, a data de vigência deste Código.

→ v. Arts. 921 e 924

Julgado reconhecendo a prescrição intercorrente antes da vigência do NCPC, ao argumento de que ela se consumou antes da vigência do Código:

✓ APELAÇÃO CÍVEL. EXECUÇÃO DE TÍTULO EXTRAJUDICIAL. SENTENÇA QUE ACOLHEU A EXCEÇÃO DE PRÉ-EXECUTIVIDADE, PARA JULGAR EXTINTO O PROCESSO EM RAZÃO DO RECONHECIMENTO DA PRESCRIÇÃO INTERCORRENTE. 1. Alegação do Exequente de que não corre a prescrição quando a execução está suspensa em razão da ausência de bens passíveis de penhora. Tese refutada. Processo que permaneceu por quase 14 (quatorze) anos sem manifestação do Exequente. Impossibilidade de suspensão do processo por prazo indeterminado face à garantia constitucional da razoável duração do processo. Inteligência do art. 5º, LXXVIII da CF. Inaplicável o disposto no art. 1.056 do CPC/15, eis que a prescrição intercorrente já havia se consolidado anteriormente à data da vigência do CPC/15. Incidência do art. 14 do CPC/15. Prescrição intercorrente que não se confunde com abandono de causa. Sentença mantida. 2. Manutenção do ônus de sucumbência. RECURSO NÃO PROVIDO. (TJPR; ApCiv 1701704-2; Arapongas; Décima Quarta Câmara Cível; Rel. Des. Octavio Campos Fischer; Julg. 01/11/2017; DJPR 13/11/2017; Pág. 257)

Julgado admitindo a prescrição intercorrente apenas a partir da vigência do NCPC:

✓ ACIDENTE DE TRÂNSITO. AÇÃO REGRESSIVA. FASE DE CUMPRIMENTO DE SENTENÇA. Suspensão da execução, em razão da não localização de bens do devedor, quando vigente o antigo CPC, que não estabelecia como causa extintiva da execução a prescrição intercorrente. Aplicação da regra transitória prevista no art. 1.056 do CPC/2015, segundo a qual se considera como termo inicial do prazo da prescrição prevista no art. 924, V, inclusive para as execuções em curso, a data de vigência deste Código. Tendo a exequente requerido o prosseguimento do feito em 11.04.2017, não há cogitar de consumação da prescrição intercorrente. Depósito em caderneta de poupança até o limite de 40 salários mínimos. Impenhorabilidade. Exegese do art. 833, X, do CPC/2015. Recurso parcialmente provido. (TJSP; AI 2177947-17.2017.8.26.0000; Ac. 10932877; Araçatuba; Trigésima Quarta Câmara de Direito Privado; Rel. Des. Gomes Varjão; Julg. 30/10/2017; DJESP 09/11/2017; Pág. 2386)

Art. 1.057. O disposto no art. 525, §§ 14 e 15, e no art. 535, §§ 7º e 8º, aplica-se às decisões transitadas em julgado após a entrada em vigor deste Código, e, às decisões transitadas em julgado anteriormente, aplica-se o disposto no art. 475-L, § 1º, e no art. 741, parágrafo único, da Lei nº 5.869, de 11 de janeiro de 1973.

Julgado aplicando a regra de transição à impugnação ao cumprimento de sentença:

✓ APELAÇÃO. Impugnação ao cumprimento de sentença. Pretensão de declaração de inexigibilidade do título executivo judicial, com arrimo em suposta inconstitucionalidade (coisa julgada inconstitucional), a impor a extinção da execução subjacente aos autos. Hipótese dos autos que deve ser analisada à luz do artigo 741, parágrafo único, do Código de Processo Civil. CPC/73. Determinação expressa veiculada pelo artigo 1057, do Código de Processo Civil. CPC/15. A relativização da coisa julgada formada com lastro em legislação inconstitucional reclama a adoção de interpretação restritiva, porquanto se está diante de limitação de direito fundamental (artigo 5º, inciso XXXVI, da Constituição Federal). O art. 741, parágrafo único, do CPC [73], atribuiu aos embargos à execução eficácia rescisória de sentença inconstitucionais. Por tratar-se de norma que excepciona o princípio da imutabilidade da coisa julgada, deve ser interpretada restritivamente, abarcando, tão somente, as sentenças fundadas em norma inconstitucional, assim consideradas as que: (a) aplicaram norma declarada inconstitucional; (b) aplicaram norma em situação tida por inconstitucional ou (c) aplicaram norma com um sentido tipo por inconstitucional. Em qualquer dos três casos, é necessário que a inconstitucionalidade tenha sido declarada em precedente do STF, em controle concentrado ou difuso e independentemente de resolução do Senado, mediante: (a) declaração de inconstitucionalidade com ou sem redução de texto; ou (b) interpretação conforme a Constituição. Por consequência, não estão abrangidas pelo art. 741, parágrafo único, do CPC as demais hipóteses de sentenças inconstitucionais, ainda que tenham decidido em sentido diverso da orientação do STF, tais como as que: (a) deixaram de aplicar norma declarada inconstitucional, ainda que em controle concentrado; (b) aplicaram dispositivo da Constituição que o STF considerou sem autoaplicabilidade; (c) deixaram de aplicar dispositivo da Constituição que o STF considerou autoaplicável; e (d) aplicaram preceito normativo que o STF considerou revogado ou não recepcionado. Também estão fora do alcance do parágrafo único do art. 741 do CPC [73] as sentenças cujo trânsito em julgado tenha ocorrido em data anterior à vigência do dispositivo. (STJ, RESP 1189619/PE, Primeira Seção, Rel. Min. Castro Meira, j. 25.08.10. Submetido ao rito dos recursos repetitivos: Tema 420). No caso retratado nos autos inexiste declaração de inconstitucionalidade, pelo Pretório Excelso, das Leis Municipais nº 10688/88 e nº 10722/89, que não pode ser suprida pelo texto genérico da Súmula Vinculante nº 42. No caso, não há a indispensável correlação entre o decidido no ato questionado e o teor da Súmula Vinculante 42 (É inconstitucional a vinculação do reajuste de vencimentos de servidores estaduais ou municipais a índices federais de correção monetária). Isto porque a controvérsia foi decidida, na realidade, com base na inconstitucionalidade da retroatividade da Lei nº 11.722/1995. Não estava efetivamente em discussão o tema da constitucionalidade dos reajustes automáticos com base em índices federais de correção monetária. (STF, Reclamação nº 21933/SP, Rel. Min. Teori Zavascki, j. 15.12.15). Precedentes desta Corte de Justiça. Sentença reformada. Recurso provido. (TJSP; APL 0108359-75.2006.8.26.0053; Ac. 10909728; São Paulo; Primeira Câmara de Direito Público; Rel. Des. Marcos Pimentel Tamassia; Julg. 24/10/2017; DJESP 01/11/2017; Pág. 3006)

Situação concreta aplicando a legislação anterior:

✓ AGRAVO DE INSTRUMENTO. EXECUÇÃO DE TÍTULO EXECUTIVO JUDICIAL. Agente fiscal de rendas. Acórdão anterior que conferiu o direito à autora, ordenando a cessação dos descontos efetuados a título de subteto. Inconformismo da Fazenda Pública. Irresignação que comporta acolhimento. Hipótese de sentença inconstitucional. Inexigibilidade, a teor do art. 741, parágrafo único, do CPC/73, norma a ser observada, considerando a regra de transição do artigo 1.057 do CPC/15. Prevalência máxima ao princípio da supremacia da Constituição e, por isso mesmo, considerado insuscetível de execução qualquer sentença tida por inconstitucional. Supremo Tribunal Federal que, em julgados submetidos ao rito do então art. 543-B do CPC/73 (repercussão geral), expressou entendimento acerca da validade da imposição de limites para a remuneração dos servidores públicos, afastando qualquer entendimento contrário, já que isso implicaria ofensa à Constituição Federal (RE 424.053/SP, RE 609.381/GO e RE 606.358/SP). Precedente desta Corte. Recurso provido. (TJSP; AI 2104654-14.2017.8.26.0000; Ac. 10748187; São Paulo; Primeira Câmara de Direito Público; Rel. Des. Rubens Rihl; Julg. 29/08/2017; DJESP 05/09/2017; Pág. 2361)

Se a decisão transitou à luz do sistema anterior, descabido se buscar aplicar a nova legislação.

✓ AGRAVO REGIMENTAL EM AÇÃO RESCISÓRIA. DIREITO FINANCEIRO. INCENTIVOS FISCAIS. REPASSES OBRIGATÓRIOS. SÚMULA Nº 343 DO STF. 1. Não se vislumbra viável, em sede estreita de ação rescisória, realizar distinção entre feito transitado em julgado sob a vigência do CPC/73 e paradigma de repercussão geral, conquanto esse não foi realizado no momento oportuno na via do recurso extraordinário. 2. É entendimento iterativo desta Corte ser inovação recursal, em relação aos fatos ou à novel legislação, insuscetível de apreciação neste momento processual. Precedentes. 3. Nos termos da jurisprudência do STF, torna-se aplicável a Súmula nº 343 do STF aos casos em que se cogite interpretação controvertida de questão constitucional nos tribunais. Precedente: RE-RG 590.809, de relatoria do Ministro Marco Aurélio, Tribunal Pleno; DJe 24.11.2014. 4. É inviável, sequer no plano hipotético, a aplicação de incisos dos artigos 525 e 535 do CPC/15, haja vista que o acórdão rescindendo transitou em julgado sob a vigência do CPC/73. Art. 1.057 do CPC/2015. 5. Agravo regimental a que se nega provimento. (STF; AR-AgR 2.457; Rel. Min. Edson Fachin; DJE 24/08/2017)

Art. 1.058. Em todos os casos em que houver recolhimento de importância em dinheiro, esta será depositada em nome da parte ou do interessado, em conta especial movimentada por ordem do juiz, nos termos do art. 840, inciso I.

Existindo penhora em dinheiro, deve ser depositada em conta à disposição do juízo.

✓ EXECUÇÃO POR QUANTIA CERTA. Não configurada a preclusão, visto que inexiste decisão judicial a respeito do critério de atualização da dívida, após a efetivação de penhora de depósitos e ativos financeiros do executado. DEPÓSITO JUDICIAL. Como (a) na fase de execução, o depósito judicial do montante (integral ou parcial) da condenação extingue a obrigação do devedor, nos limites da quantia depositada (RESP 1348640/RS, Rel. Min. Paulo de Tarso Sanseverino, Corte Especial; DJe 21/5/2014), até mesmo porque (I) havendo penhora de dinheiro, o banco no qual foi depositada a respectiva quantia assume o encargo de depositário judicial, nos termos dos arts. 666, inc. I, e 1.219, ambos do CPC [refere-se ao CPC de 1973, com correspondência, respectivamente, nos arts. 840, I, e 1.058, do CPC/2015) (RESP 783.596/RJ, Relatora Ministra Nancy Andrighi, DJU de 18.12.2006); e (II) efetuado o depósito judicial no valor da execução, cessa a responsabilidade do devedor sobre a correção monetária e os juros moratórios da quantia depositada, porquanto, a partir daí, vencem, em favor da parte vitoriosa, a correção monetária e os juros referentes às contas correntes com rendimentos, como ocorre com os valores custodiados judicialmente. (RESP 1093049/PR, Rel. Min. Luiz Felipe Salomão, DJ 22.06.2010), (b) é inadmissível exigir do devedor acréscimos da dívida exequenda sobre o numerário já recolhido, ainda que por constrição judicial, a partir da data da data em que efetivado o respectivo depósito judicial. Reforma da r. Decisão agravada, para afastar a responsabilidade da recorrente pelo pagamento de encargos da dívida executada após o depósito judicial de montante alcançado pela respectiva constrição judicial e, consequentemente, limitar a penhora a montante que garanta a execução, considerando esse critério de cálculo, providenciando o MM Juízo da causa a realização de cálculos de atualização da dívida, em conformidade com o critério ora estabelecido, para verificação de eventual excesso de penhora, alegado pela parte devedora agravada, ou insuficiência, consoante deduzido pela parte credora. Recurso provido, em parte. (TJSP; AI 2199643-46.2016.8.26.0000; Ac. 10509272; São Paulo; Vigésima Câmara de Direito Privado; Rel. Des. Luis Carlos de Barros; Julg. 24/04/2017; DJESP 21/06/2017; Pág. 2065)

Art. 1.059. À tutela provisória requerida contra a Fazenda Pública aplica-se o disposto nos arts. 1º a 4º da Lei nº 8.437, de 30 de junho de 1992, e no art. 7º, § 2º, da Lei nº 12.016, de 7 de agosto de 2009.

Permitida a execução provisória contra a Fazenda, sem observar as restrições legais, há violação deste dispositivo.

✓ AGRAVO DE INSTRUMENTO. Cumprimento de sentença. R. Decisão que deferiu a execução provisória para fins de concessão, ao agravante, da aposentadoria especial, com paridade e integralidade de proventos. Descabimento. Violação ao art. 1.059, do NCPC, art. 2º-B, da Lei n. 9.494/97 e art. 7º, § 2º, da Lei n. 12.016/09. Medida de difícil reversão. Impossibilidade de execução antecipada do julgado. Precedentes. Recurso provido. (TJSP; AI 3000514-09.2017.8.26.0000; Ac. 10947746; São Paulo; Sexta Câmara de Direito Público; Relª Desª Silvia Meirelles; Julg. 06/11/2017; DJESP 14/11/2017; Pág. 2664)

Julgado afastando a vedação legal de vedação, considerando a "situação peculiar":

✓ AGRAVO DE INSTRUMENTO. APOSENTADORIA ESPECIAL COM PARIDADE E INTEGRALIDADE DE VENCIMENTOS PROLATADA EM MANDADO DE SEGURANÇA CONFIRMADO POR ACÓRDÃO. INDEFERIMENTO DO CUMPRIMENTO PROVISÓRIO DE SENTENÇA. RECURSO DA IMPETRANTE, ORA EXEQUENTE. PROVIMENTO DE RIGOR. 1. Percebimento de valores enquanto pendente o julgamento de Recurso Especial/Extraordinário. Possibilidade. Os recursos interpostos perante a superior instância são recebidos apenas no efeito devolutivo, não havendo impedimento para a execução provisória da sentença. Precedentes desta Corte e do E. STJ. 2. De outra parte, inexiste óbice à execução provisória fundada no art. 1.059 do novo CPC porque a situação dos autos não se submete às hipóteses legais nele previstas, mormente em razão de situação peculiar a autorizar a exceção à norma. Precedentes da Corte e do C. STJ. Decisão reformada. Recurso provido. (TJSP; AI 2156374-20.2017.8.26.0000; Ac. 10936094; São Paulo; Sexta Câmara de Direito Público; Rel. Des. Sidney Romano dos Reis; Julg. 30/10/2017; DJESP 14/11/2017; Pág. 2659)

Julgado aplicando a previsão legal de limitação de tutela provisória contra a Fazenda:

✓ AGRAVO DE INSTRUMENTO. DIREITO PÚBLICO NÃO ESPECIFICADO. AÇÃO ORDINÁRIA DE OBRIGAÇÃO DE FAZER CUMULADA COM COBRANÇA. REPASSE DE VALORES CORRESPONDENTES A VERBAS DESTINADAS ÀS AÇÕES E SERVIÇOS DE SAÚDE. GESTÃO PLENA DO SISTEMA ÚNICO DE SAÚDE. ATRASO NOS REPASSES REALIZADOS PELO ESTADO EM FAVOR DO MUNICÍPIO DE IGREJINHA. ALEGAÇÃO DE QUE EMBORA OCORRAM ATRASOS, HÁ UM FLUXO CONSTANTE DE PAGAMENTOS, CONFORME INFORMAÇÕES PRESTADAS PELO FUNDO ESTADUAL DE SAÚDE. TUTELA PROVISÓRIA DE URGÊNCIA CONTRA A FAZENDA PÚBLICA. RISCO DE IRREVERSIBILIDADE DO PROVIMENTO E DE A PROVIDÊNCIA LIMINAR ESGOTAR O OBJETO DA LIDE. INVIABIDADE DE DEFERIR A TUTELA PROVISÓRIA. ÓBICE PREVISTO NO ART. 1º, § 3º, DA LEI Nº 8.437/92. INOBSERVÂNCIA DO DISPOSTO NO ART. 1.059 DO CPC/2015. Inviável o deferimento de liminar, em ação de conhecimento, de rito ordinário, visando determinar imediato repasse pelo Estado Federado, em prol do município autor, de quantias vultosas, correspondentes a verbas destinadas às ações e serviços de saúde no âmbito da gestão plena do SUS relativas a períodos pretéritos. A determinação liminar de imediato pagamento da totalidade da dívida acaba por esgotar o objeto da lide, daí que encontra óbice na regra do artigo 1º, § 3º, da Lei nº 8.437/92, a cuja aplicação remete, por sua vez, o art. 1.059 do CPC/2015, dispositivo que versa sobre a tutela provisória requerida contra a Fazenda Pública. Necessidade de oportunizar prévia oitiva do ente público, antes da prolação de provimento antecipatório de tutela em situações tais. Impende ter em conta que há restrições legais à concessão de tutela antecipatória contra a Fazenda Pública, previstas nos arts. 1º a 4º da Lei nº 9.494/97. Risco de irreversibilidade do provimento jurisdicional alvitrado. A ordem de imediato repasse de valores pelo estado em prol de um determinado município acaba por comprometer outras rubricas previstas em orçamento aprovado pelo legislativo estadual e ameaça a diversas áreas fundamentais de sua gestão. Inteligência do art. 300, § 3º, do CPC. O repasse antecipado de expressivo montante de verbas destinadas à saúde, relativas a períodos pretéritos, em favor de um determinado município e em detrimento de outros em situação idêntica ou similar, além de providência desarrazoada, por desconsiderar a notória crise econômico-financeira que vem atingindo o Estado do Rio Grande do Sul, enseja violação ao princípio da separação e independência dos poderes do estado (art. 2º da Constituição Federal). Recurso provido. (TJRS; AI 0242357-11.2017.8.21.7000; Igrejinha; Vigésima Segunda Câmara Cível; Rel. Des. Miguel Ângelo da Silva; Julg. 26/10/2017; DJERS 07/11/2017)

Art. 1.060. O inciso II do art. 14 da Lei nº 9.289, de 4 de julho de 1996, passa a vigorar com a seguinte redação:

"Art. 14. [...]

II – aquele que recorrer da sentença adiantará a outra metade das custas, comprovando o adiantamento no ato de interposição do recurso, sob pena de deserção, observado o disposto nos §§ 1º a 7º do art. 1.007 do Código de Processo Civil;

[...]"

Art. 1.061. O § 3º do art. 33 da Lei nº 9.307, de 23 de setembro de 1996 (Lei de Arbitragem), passa a vigorar com a seguinte redação:

"Art. 33. [...]

§ 3º A decretação da nulidade da sentença arbitral também poderá ser requerida na impugnação ao cumprimento da sentença, nos termos dos arts. 525 e seguintes do Código de Processo Civil, se houver execução judicial."

Aplicação da previsão legal que prevê o prazo decadencial de 90 dias para impugnação ao cumprimento de sentença arbitral:

✓ AGRAVO DE INSTRUMENTO. IMPUGNAÇÃO AO CUMPRIMENTO DE SENTENÇA ARBITRAL HOMOLOGATÓRIA DE ACORDO. PRAZO DECADÊNCIAL. ARTIGO 1061 DO NCPC. ARTIGO 33, § 1º, LEI Nº 9.307/96. INDENIZAÇÃO BENFEITORIAS. AÇÃO PRÓPRIA. DECISÃO MANTIDA. EFEITO SUSPENSIVO DO RECURSO. REVOGADO. 1. Nos termos do artigo 1.061 do NCPC que deu nova redação ao artigo 33, § 1º, da Lei de Arbitragem, é permitido ao interessado postular, perante o Poder Judiciário, a anulação da sentença arbitral desde que o faça no prazo decadencial de até 90 (noventa) dias após o recebimento da notificação da sentença. Ultrapassado este lapso temporal, não é permitido reclamar, por meio de Embargos do Devedor e/ou Impugnação, a declaração de nulidade da sentença com fundamento nas matérias descritas no art. 32 da Lei nº 9.307/96. 2. Qualquer discussão sobre eventuais indenizações, na hipótese das benfeitorias terem sido realizadas no exercício da posse de boa-fé estas devem ser buscadas por meio de ação própria. 3. Em consequência do não provimento do presente recurso, deve ser revogada a decisão liminar proferida nesta instância recursal que deferiu o pedido de efeito suspensivo do agravo de instrumento. RECURSO CONHECIDO E DESPROVIDO. (TJGO; AI 0256487-24.2016.8.09.0000; Anápolis; Segunda Câmara Cível; Rel. Des. Amaral Wilson de Oliveira; DJGO 29/09/2016; Pág. 164)

Art. 1.062. O incidente de desconsideração da personalidade jurídica aplica-se ao processo de competência dos juizados especiais.

Art. 1.063. Até a edição de lei específica, os juizados especiais cíveis previstos na Lei nº 9.099, de 26 de setembro de 1995, continuam competentes para o processamento e julgamento das causas previstas no art. 275, inciso II, da Lei nº 5.869, de 11 de janeiro de 1973.

A previsão deste artigo NÃO torna absoluta a competência dos juizados especiais para essas demandas

✓ CONFLITO DE COMPETÊNCIA. AÇÃO DE REPARAÇÃO POR DANOS DECORRENTES DE ACIDENTE DE VEÍCULO. JUÍZO SUSCITADO, DA VARA CÍVEL, QUE DEFENDE TER O ARTIGO 1.063 DO NOVO CÓDIGO DE PROCESSO CIVIL IMPOSTO A COMPETÊNCIA ABSOLUTA DOS JUIZADOS ESPECIAIS CÍVEIS PARA AS AÇÕES PREVISTAS NO ARTIGO 275, II DO CPC DE 1973. Desacerto da interpretação. Artigo 1.063 que apenas mantém a competência do Juizado Especial das causas que tramitem sob o procedimento sumaríssimo, extinto pelo novo Código. Não alteração da previsão da Lei nº 9.099/95 que coloca o sistema do Juizado Especial como opção (competência relativa, portanto). Competência relativa indeclinável de ofício. Súmula nº 33 do Superior Tribunal de Justiça. Conflito procedente. Competência do juízo suscitado. (TJSP; CC 0025820-31.2017.8.26.0000; Ac. 10556490; Santo André; Câmara Especial; Relª Desª Ana Lucia Romanhole Martucci; Julg. 26/06/2017; DJESP 04/08/2017; Pág. 2206)

Art. 1.064. O *caput* do art. 48 da Lei nº 9.099, de 26 de setembro de 1995, passa a vigorar com a seguinte redação:

"Art. 48. Caberão embargos de declaração contra sentença ou acórdão nos casos previstos no Código de Processo Civil. [...]"

→ *v.* Enunciado 475 do FPPC: Cabem embargos de declaração contra decisão interlocutória no âmbito dos juizados especiais.

Art. 1.065. O art. 50 da Lei nº 9.099, de 26 de setembro de 1995, passa a vigorar com a seguinte redação:

"Art. 50. Os embargos de declaração interrompem o prazo para a interposição de recurso."

→ *v.* Enunciado 483 do FPPC: Os embargos de declaração no sistema dos juizados especiais interrompem o prazo para a interposição de recursos e propositura de reclamação constitucional para o Superior Tribunal de Justiça.

Julgado debatendo como se conta o prazo se no sistema anterior dos Juizados os declaratórios suspendiam e, agora, interrompem o prazo recursal:

✓ RECLAMAÇÃO. PROPOSITURA APÓS O TRÂNSITO EM JULGADO DO ACÓRDÃO RECLAMADO. INADMISSIBILIDADE. ART. 988, § 5. º, I, DO CÓDIGO DE PROCESSO CIVIL DE 2015. FIXAÇÃO DA DATA DA OPOSIÇÃO DOS EMBARGOS DE DECLARAÇÃO COMO MARCO PARA INCIDÊNCIA DA REDAÇÃO ORIGINAL DO ART. 50 DA LEI Nº 9.099/1995 E DA DATA DO INÍCIO DO PRAZO PARA INTERPOSIÇÃO

DE RECURSO CONTRA O ACÓRDÃO PARA ESTABELECIMENTO DAS REGRAS DE CONTAGEM DOS PRAZOS. EXTINÇÃO DO PROCESSO SEM RESOLUÇÃO DO MÉRITO. 1. Nos termos do art. 988, § 5. º, I, do CPC/2015, é inadmissível a reclamação proposta após o trânsito em julgado da decisão reclamada. 2. O art. 50 da Lei nº 9.099/1995, na redação anterior à modificação implementada pelo art. 1.065 do Código de Processo Civil de 2015, previa que os embargos de declaração suspendiam, e não interrompiam, como atualmente ocorre, o prazo para a interposição de outros recursos. 3. Embora a redação originária do referido art. 50 fizesse referência apenas a sentenças, a interpretação adequada desse dispositivo, coerentemente com o art. 2º, também da Lei nº 9.099/1995, é a de que deveria ele ser aplicado também a acórdãos, ante a celeridade que orienta os processos dos Juizados Especiais e por aplicação da máxima ubi eadem ratio ibi idem jus" (onde houver o mesmo fundamento haverá o mesmo direito). Precedentes da Primeira e da Segunda Seções Especializadas Cíveis deste Tribunal de Justiça. 4. Os embargos de declaração opostos contra acórdão de turma recursal prolatado sob a vigência da redação original do art. 50 da Lei nº 9.099/ 1995 apenas suspendem o prazo recursal, ainda que o acórdão que os rejeitou seja publicado sob a vigência do CPC/2015, porquanto o ato jurídico perfeito e acabado que configurou hipótese de incidência da referida regra de suspensão foi a oposição dos aclaratórios, não podendo o novo Código retroagir para modificar seus efeitos. 5. Pela mesma razão, a retomada da contagem do prazo para interposição de outros recursos após a rejeição de embargos de declaração opostos sob a égide do CPC/1973, mesmo que tal ocorra depois de o CPC/2015 haver entrado em vigor, deve observar o regramento do Código de Processo Civil revogado, posto que foi sob sua vigência que se deu o termo inicial do prazo, marco do regime jurídico a ser observado na contagem. Inteligência do art. 14 do CPC/2015. (TJPB; Rcl 0000492-42.2016.815.0000; Segunda Seção Especializada Cível; Rel. Des. Romero Marcelo da Fonseca Oliveira; DJPB 02/10/2017; Pág. 7)

Art. 1.066. O art. 83 da Lei nº 9.099, de 26 de setembro de 1995, passam a vigorar com a seguinte redação:

"Art. 83. Cabem embargos de declaração quando, em sentença ou acórdão, houver obscuridade, contradição ou omissão.

[...]

§ 2º Os embargos de declaração interrompem o prazo para a interposição de recurso."

Art. 1.067. O art. 275 da Lei nº 4.737, de 15 de julho de 1965 (Código Eleitoral), passa a vigorar com a seguinte redação:

"Art. 275. São admissíveis embargos de declaração nas hipóteses previstas no Código de Processo Civil.

§ 1º Os embargos de declaração serão opostos no prazo de 3 (três) dias, contado da data de publicação da decisão embargada, em petição dirigida ao juiz ou relator, com a indicação do ponto que lhes deu causa.

§ 2º Os embargos de declaração não estão sujeitos a preparo.

§ 3º O juiz julgará os embargos em 5 (cinco) dias.

§ 4º Nos tribunais:

I – o relator apresentará os embargos em mesa na sessão subsequente, proferindo voto;

II – não havendo julgamento na sessão referida no inciso I, será o recurso incluído em pauta;

III – vencido o relator, outro será designado para lavrar o acórdão.

§ 5º Os embargos de declaração interrompem o prazo para a interposição de recurso.

§ 6º Quando manifestamente protelatórios os embargos de declaração, o juiz ou o tribunal, em decisão fundamentada, condenará o embargante a pagar ao embargado multa não excedente a 2 (dois) salários mínimos.

§ 7º Na reiteração de embargos de declaração manifestamente protelatórios, a multa será elevada a até 10 (dez) salários mínimos."

<u>Julgado em que TSE aplica as novas regras relativas aos declaratórios, em que houve aproximação com o NCPC:</u>

✓ ELEIÇÕES 2016. EMBARGOS DE DECLARAÇÃO. AGRAVO REGIMENTAL. AGRAVO. PRESTAÇÃO DE CONTAS. VEREADOR. CERCEAMENTO DE DEFESA. INEXISTÊNCIA. DOCUMENTOS JUNTADOS A DESTEMPO. DOAÇÃO ESTIMÁVEL EM DINHEIRO. PESSOA FÍSICA. NÃO IDENTIFICAÇÃO. DESAPROVAÇÃO. REEXAME. OMISSÃO. AUSÊNCIA. REJULGAMENTO DA CAUSA. CARÁTER PROTELATÓRIO. MULTA. INCIDÊNCIA. EMBARGOS NÃO CONHECIDOS. 1. A novel redação do art. 275 do Código Eleitoral, dada pelo art. 1.067 da Lei nº 13.105, de 2015, admite embargos de declaração nas hipóteses previstas no Código de Processo Civil, o qual, por sua vez, no art. 1.022, prevê o seu cabimento para: I – esclarecer obscuridade ou eliminar contradição; II – suprir omissão de ponto ou questão sobre o qual devia se pronunciar o juiz de ofício ou a requerimento; e III – corrigir erro material. Inviável, na espécie, o acolhimento dos declaratórios os quais, a pretexto de sanar quaisquer desses vícios, veiculam a mera pretensão de novo julgamento dos recursos anteriores. 2. As teses sustentadas nos embargos denotam simples inconformismo com o resultado do julgamento, o que não se coaduna com esta via recursal. Nesse sentido, cito os seguintes precedentes do TSE: ED-REspe nº 181-10/MG, Rel. Min. Luciana Lóssio; DJe de 3.2.2017 e ED-AR nº 1960-94/RR, Rel. Min. Luiz Fux; DJe de 26.9.2016. 3. O caso não é, portanto, de simples rejeição dos embargos de declaração, mas de se reconhecer o seu intuito manifestamente protelatório, devido ao completo desvirtuamento e dissociação das teses recursais com as hipóteses de cabimento previstas no art. 275, caput, C.C. O art. 1.022 do CPC/2015. 4. Embargos de declaração não conhecidos e declarados manifestamente protelatórios, com imposição de multa fixada em valor equivalente a 1 (um) salário mínimo. (TSE; EDcl-AgRG-AI 659-05.2016.6.13.0187; MG; Rel. Min. Tarcisio Vieira de Carvalho Neto; Julg. 10/10/2017; DJETSE 07/11/2017; Pág. 10)

Art. 1.068. O art. 274 e o *caput* do art. 2.027 da Lei nº 10.406, de 10 de janeiro de 2002 (Código Civil), passam a vigorar com a seguinte redação:

“Art. 274. O julgamento contrário a um dos credores solidários não atinge os demais, mas o julgamento favorável aproveita-lhes, sem prejuízo de exceção pessoal que o devedor tenha direito de invocar em relação a qualquer deles.”

“Art. 2.027. A partilha é anulável pelos vícios e defeitos que invalidam, em geral, os negócios jurídicos.”

→ v. Enunciado 137 do FPPC: Contra sentença transitada em julgado que resolve partilha, ainda que homologatória, cabe ação rescisória.

→ v. Enunciado 138 do FPPC: A partilha amigável extrajudicial e a partilha amigável judicial homologada por decisão ainda não transitada em julgado são impugnáveis por ação anulatória.

→ v. Enunciado 234 do FPPC: A decisão de improcedência na ação proposta pelo credor beneficia todos os devedores solidários, mesmo os que não foram partes no processo, exceto se fundada em defesa pessoal.

Art. 1.069. O Conselho Nacional de Justiça promoverá, periodicamente, pesquisas estatísticas para avaliação da efetividade das normas previstas neste Código.

Art. 1.070. É de 15 (quinze) dias o prazo para a interposição de qualquer agravo, previsto em lei ou em regimento interno de tribunal, contra decisão de relator ou outra decisão unipessoal proferida em tribunal.

→ *v.* Enunciado 58 do CJF: O prazo para interposição do agravo previsto na Lei n. 8.437/92 é de quinze dias, conforme o disposto no art. 1070 do CPC.

O prazo do agravo interno, no STJ, passou a ser de 15 dias (antes era de 5 dias).

✓ AGRAVO INTERNO NO AGRAVO EM RECURSO ESPECIAL. PROCESSUAL CIVIL. RECURSO APRESENTADO FORA DO PRAZO LEGAL. INTEMPESTIVIDADE. ART. 1.021, C/C 219, 1.003, § 5º, E 1.070 DO CPC/2015. NÃO CONHECIMENTO. 2017. 1. A interposição de agravo interno após o prazo legal de quinze dias úteis implica o não conhecimento do recurso, por intempestividade, nos termos do art. 1.021, c/c os arts. 219, 1.003, § 5º, e 1.070 do Código de Processo Civil de 2015. 2. Agravo interno não conhecido. (STJ; AgInt-AREsp 500.715; Proc. 2014/0082588-8; SP; Quarta Turma; Rel. Des. Fed. Conv. Lázaro Guimarães; DJE 14/11/2017)

Situação de intempestividade de agravo interno, mesmo considerando o prazo de 15 dias:

✓ PROCESSO CIVIL. ADMINISTRATIVO. ATO DE IMPROBIDADE ADMINISTRATIVA. RECURSO ESPECIAL NÃO CONHECIDO. AGRAVO INTERNO INTEMPESTIVO. I. Não se conhece do agravo interno interposto após o encerramento do prazo estabelecido pelo art. 1.070 do Código de Processo Civil de 2015. II. A decisão recorrida, objeto deste agravo interno, foi disponibilizada em 3/2/2017 (sexta-feira), no Diário da Justiça eletrônico, considerando-se publicada em 6/2/2017 (segunda-feira). A contagem do prazo de 15 (quinze) dias úteis para interposição do agravo interno, nos termos do art. 1.070 do Código de Processo Civil de 2015, iniciou-se em 7/2/2017 (terça-feira), primeiro dia útil após a data de publicação. O prazo para interposição do recurso encerrou-se no dia 1/3/2017 (quarta-feira). Todavia, a parte agravante somente interpôs o agravo interno no dia 2/3/2017 (quinta-feira), o que implica sua intempestividade. III. Agravo interno não conhecido. (STJ; AgInt-REsp 1.539.387; Proc. 2015/0146513-5; RS; Segunda Turma; Rel. Min. Francisco Falcão; DJE 10/11/2017)

No âmbito do processo penal, o recurso contra decisão monocrática nos tribunais superiores continua tendo prazo de 5 dias (denominado de agravo regimental no STJ e agravo interno no STF).

✓ PROCESSO PENAL. AGRAVO REGIMENTAL NO AGRAVO EM RECURSO ESPECIAL. ART. 302 DA LEI N. 9.503/1997. AGRAVO REGIMENTAL. PRAZO. 5 DIAS. INTEMPESTIVIDADE. 1. É intempestivo o agravo regimental, em matéria penal, interposto após o prazo de 5 dias, contados da data da publicação da decisão agravada. 2. Publicada a decisão agravada em 7/11/2017, o prazo recursal findou em 13/11/2017. Todavia, o presente recurso foi protocolado apenas em 16/11/2017. 3. "O lapso para a interposição do agravo no âmbito criminal não foi alterado pelo Novo Código de Processo Civil. Assim, aplica-se o disposto no art. 39 da Lei nº 8.038/90, que fixa o prazo de cinco dias para a interposição do agravo" (AgRg nos EAREsp 607.127/SP, Rel. Ministra MARIA THEREZA DE ASSIS MOURA, TERCEIRA SEÇÃO, julgado em 25/5/2016; DJe 1º/6/2016). 4. Agravo regimental não conhecido. (AgInt no AREsp 1195455/SP, Rel. Ministro ANTONIO SALDANHA PALHEIRO, SEXTA TURMA, julgado em 12/12/2017; DJe 19/12/2017)

✓ DIREITO PENAL E PROCESSUAL PENAL. AGRAVO INTERNO EM RECURSO EXTRAORDINÁRIO COM AGRAVO. INTEMPESTIVIDADE. RECURSO NÃO CONHECIDO. 1. É intempestivo o agravo interno criminal interposto fora do prazo de cinco dias, fixado pelo art. 317 do RI/STF c/co art. 39 da Lei nº 8.038/1990. 2. Agravo interno não conhecido. (ARE 1069400 AgR-segundo, Relator(a): Min. ROBERTO BARROSO, Primeira Turma, julgado em 27/10/2017, PROCESSO ELETRÔNICO DJe-262 DIVULG 17-11-2017 PUBLIC 20-11-2017)

Art. 1.071. O Capítulo III do Título V da Lei nº 6.015, de 31 de dezembro de 1973 (Lei de Registros Públicos), passa a vigorar acrescida do seguinte art. 216-A:

→ v. Lei 13.465/2017, que alterou a redação do art. 216-A da Lei 6.015/73 (Lei de Registros Públicos), especificamente no tocante ao procedimento da usucapião extrajudicial:

Art. 216-A. Sem prejuízo da via jurisdicional, é admitido o pedido de reconhecimento extrajudicial de usucapião, que será processado diretamente perante o cartório do registro de imóveis da comarca em que estiver situado o imóvel usucapiendo, a requerimento do interessado, representado por advogado, instruído com:"

→ v. Enunciado 368 do FPPC: A impugnação ao reconhecimento extrajudicial da usucapião necessita ser feita mediante representação por advogado.

Impossibilidade de se exigir a tentativa de usucapião extrajudicial como requisito para a ação judicial:

✓ APELAÇÃO CÍVEL. USUCAPIÃO EXTRAORDINÁRIA. EXTINÇÃO DO FEITO, SEM RESOLUÇÃO DO MÉRITO, POR FALTA DE INTERESSE. Sentença recorrida que teve por fundamento o Enunciado nº 108 deste Tribunal de Justiça, que dispõe: "A ação de usucapião é cabível somente quando houver óbice ao pedido na esfera extrajudicial". O art. 1.071 do CPC/15 acrescentou o artigo 216-A à Lei nº 6.015/73 (Lei de Registros Públicos). Com isso, o legislador permitiu o procedimento extrajudicial da usucapião perante o oficial do registro de imóveis, mas não excluiu do interessado o direito de optar pela via jurisdicional. Em que pese a orientação adotada no Enunciado nº 108 deste Tribunal de Justiça, há que se observar o que dispõe o artigo 5º, inciso XXXV da CRFB/88, que consagra o Princípio da Inafastabilidade da Jurisdição. Não se pode exigir o exaurimento da instância administrativa para a propositura da ação judicial, sendo inconstitucional qualquer limitação nesse sentido. O art. 2º da Resolução nº 35/2007 do CNJ firmou entendimento de que a via extrajudicial é meramente facultativa. O Enunciado nº 108 deste Tribunal de Justiça (que não é vinculante) não se mostra de acordo com a CRFB/88 e com a legislação infraconstitucional. Precedentes deste Tribunal de Justiça. Presente o interesse de agir na demanda, deve a sentença ser anulada, com o regular prosseguimento do feito. RECURSO CONHECIDO E PROVIDO. (TJRJ; APL 0004329-24.2017.8.19.0206; Rio de Janeiro; Décima Quinta Câmara Cível; Relª Desª Maria Regina Fonseca Nova Alves; DORJ 24/08/2017; Pág. 323)

✓ APELAÇÃO CÍVEL. USUCAPIÃO (BENS IMÓVEIS). PROCEDIMENTO EXTRAJUDICIAL PREVISTO NO ART. 1.071 DO NCPC. FACULDADE DA PARTE. EXTINÇÃO DO PROCESSO SEM RESOLUÇÃO DE MÉRITO QUE VIOLA O ART. 5º, XXXV, DA CONSTITUIÇÃO DA REPÚBLICA. SENTENÇA DESCONSTITUÍDA. O novo código de processo civil, ao prever em seu art. 1.071 a possibilidade de a usucapião ser postulada diretamente na via extrajudicial se trata de inovação que traduz extrema celeridade ao procedimento. Contudo, trata-se de opção do usucapiente, e não obrigatoriedade, tanto é que própria norma prevê que o pedido extrajudicial se dará "sem prejuízo da via jurisdicional". Entendimento contrário viola o princípio do livre acesso ao poder judiciário previsto no art. 5º, XXXV, da Constituição da República Federativa do Brasil. Dessa forma, merece ser desconstituída a sentença que extinguiu o processo sem resolução de mérito porque a parte autora, no caso dos autos, não efetuou previamente o pedido extrajudicial. Determinação de normal prosseguimento do feito. Apelo provido. Unânime. (TJRS; AC 0159977-28.2017.8.21.7000; Canoas; Décima Sétima Câmara Cível; Relª Desª Liege Puricelli Pires; Julg. 31/08/2017; DJERS 13/09/2017)

I – ata notarial lavrada pelo tabelião, atestando o tempo de posse do requerente e de seus antecessores, conforme o caso e suas circunstâncias, aplicando-se o disposto no art. 384 da Lei no 13.105, de 16 de março de 2015 (Código de Processo Civil); (redação da Lei 13.465/2017)

Redação anterior: I – ata notarial lavrada pelo tabelião, atestando o tempo de posse do requerente e seus antecessores, conforme o caso e suas circunstâncias;

II – planta e memorial descritivo assinado por profissional legalmente habilitado, com prova de anotação de responsabilidade técnica no respectivo conselho de fiscalização profissional, e pelos titulares de direitos registrados ou averbados na matrícula do imóvel usucapiendo ou na matrícula dos imóveis confinantes; (redação da Lei 13.465/2017)

Redação anterior: II – planta e memorial descritivo assinado por profissional legalmente habilitado, com prova de anotação de responsabilidade técnica no respectivo conselho de fiscalização profissional, e pelos titulares de direitos reais e de outros direitos registrados ou averbados na matrícula do imóvel usucapiendo e na matrícula dos imóveis confinantes;

III – certidões negativas dos distribuidores da comarca da situação do imóvel e do domicílio do requerente;

IV – justo título ou quaisquer outros documentos que demonstrem a origem, a continuidade, a natureza e o tempo da posse, tais como o pagamento dos impostos e das taxas que incidirem sobre o imóvel.

§ 1º O pedido será autuado pelo registrador, prorrogando-se o prazo da prenotação até o acolhimento ou a rejeição do pedido.

§ 2º Se a planta não contiver a assinatura de qualquer um dos titulares de direitos registrados ou averbados na matrícula do imóvel usucapiendo ou na matrícula dos imóveis confinantes, o titular será notificado pelo registrador competente, pessoalmente ou pelo correio com aviso de recebimento, para manifestar consentimento expresso em quinze dias, interpretado o silêncio como concordância. (redação da Lei 13.465/2017)

Redação anterior: § 2º Se a planta não contiver a assinatura de qualquer um dos titulares de direitos reais e de outros direitos registrados ou averbados na matrícula do imóvel usucapiendo e na matrícula dos imóveis confinantes, esse será notificado pelo registrador competente, pessoalmente ou pelo correio com aviso de recebimento, para manifestar seu consentimento expresso em 15 (quinze) dias, interpretado o seu silêncio como discordância.

§ 3º O oficial de registro de imóveis dará ciência à União, ao Estado, ao Distrito Federal e ao Município, pessoalmente, por intermédio do oficial de registro de títulos e documentos, ou pelo correio com aviso de recebimento, para que se manifestem, em 15 (quinze) dias, sobre o pedido.

§ 4º O oficial de registro de imóveis promoverá a publicação de edital em jornal de grande circulação, onde houver, para a ciência de terceiros eventualmente interessados, que poderão se manifestar em 15 (quinze) dias.

§ 5º Para a elucidação de qualquer ponto de dúvida, poderão ser solicitadas ou realizadas diligências pelo oficial de registro de imóveis.

§ 6º Transcorrido o prazo de que trata o § 4o deste artigo, sem pendência de diligências na forma do § 5o deste artigo e achando-se em ordem a documentação, o oficial de registro de imóveis registrará a aquisição do imóvel com as descrições apresentadas, sendo permitida a abertura de matrícula, se for o caso. (redação da Lei 13.465/2017)

Redação anterior: § 6º Transcorrido o prazo de que trata o § 4º deste artigo, sem pendência de diligências na forma do § 5º deste artigo e achando-se em ordem a documentação, com inclusão da concordância expressa dos titulares de direitos reais e de outros direitos registrados ou averbados na matrícula do imóvel usucapiendo e na matrícula dos imóveis confinantes, o oficial de registro de imóveis registrará a aquisição do imóvel com as descrições apresentadas, sendo permitida a abertura de matrícula, se for o caso.

§ 7º Em qualquer caso, é lícito ao interessado suscitar o procedimento de dúvida, nos termos desta Lei.

§ 8º Ao final das diligências, se a documentação não estiver em ordem, o oficial de registro de imóveis rejeitará o pedido.

§ 9º A rejeição do pedido extrajudicial não impede o ajuizamento de ação de usucapião.

§ 10. Em caso de impugnação do pedido de reconhecimento extrajudicial de usucapião, apresentada por qualquer um dos titulares de direito reais e de outros direitos registrados ou averbados na matrícula do imóvel usucapiendo e na matrícula dos imóveis confinantes, por algum dos entes públicos ou por algum terceiro interessado, o oficial de registro de imóveis remeterá os autos ao juízo competente da comarca da situação do imóvel, cabendo ao requerente emendar a petição inicial para adequá-la ao procedimento comum."

→ *v.* Enunciado 25 do FPPC: A inexistência de procedimento judicial especial para a ação de usucapião e regulamentação da usucapião extrajudicial não implicam vedação da ação, que remanesce no sistema legal, para qual devem ser observadas as peculiaridades que lhe são próprias, especialmente a necessidade de citação dos confinantes e a ciência da União, do Estado, do Distrito Federal e do Município.

§ 11. No caso de o imóvel usucapiendo ser unidade autônoma de condomínio edilício, fica dispensado consentimento dos titulares de direitos reais e outros direitos registrados ou averbados na matrícula dos imóveis confinantes e bastará a notificação do síndico para se manifestar na forma do § 2o deste artigo. (redação da Lei 13.465/2017)

§ 12. Se o imóvel confinante contiver um condomínio edilício, bastará a notificação do síndico para o efeito do § 2o deste artigo, dispensada a notificação de todos os condôminos. (redação da Lei 13.465/2017)

§ 13. Para efeito do § 2o deste artigo, caso não seja encontrado o notificando ou caso ele esteja em lugar incerto ou não sabido, tal fato será certificado pelo registrador, que deverá promover a sua notificação por edital mediante publicação, por duas vezes, em jornal local de grande circulação, pelo prazo de quinze dias cada um, interpretado o silêncio do notificando como concordância. (redação da Lei 13.465/2017)

§ 14. Regulamento do órgão jurisdicional competente para a correição das serventias poderá autorizar a publicação do edital em meio eletrônico, caso em que ficará dispensada a publicação em jornais de grande circulação. (redação da Lei 13.465/2017)

§ 15. No caso de ausência ou insuficiência dos documentos de que trata o inciso IV do caput deste artigo, a posse e os demais dados necessários poderão ser comprovados em procedimento de justificação administrativa perante a serventia extrajudicial, que obedecerá, no que couber, ao disposto no § 5o do art. 381 e ao rito previsto nos arts. 382 e 383 da Lei no 13.105, de 16 março de 2015 (Código de Processo Civil)." (redação da Lei 13.465/2017)

Art. 1.072. Revogam-se:

I – o art. 22 do Decreto-Lei nº 25, de 30 de novembro de 1937;

→ v. Enunciado 447 do FPPC: O exequente deve providenciar a intimação da União, Estados e Municípios no caso de penhora de bem tombado.

II – os arts. 227, *caput*, 229, 230, 456, 1.482, 1.483 e 1.768 a 1.773 da Lei nº 10.406, de 10 de janeiro de 2002 (Código Civil);

→ v. Art. 114 da Lei 13.146/2015.

→ v. Enunciado 120 do FPPC: A ausência de denunciação da lide gera apenas a preclusão do direito de a parte promovê-la, sendo possível ação autônoma de regresso.

Tribunal reconhece que decisão errou ao aplicar artigo revogado do CC mas que, contudo, isso não alterou a conclusão do julgado:

✓ EMBARGOS DE DECLARAÇÃO. ART. 227 DO CC QUE FOI REVOGADO PELO CÓDIGO DE PROCESSO CIVIL DE 2015 (ART. 1.072 DO CPC/15). RECONHECIMENTO DE ERRO DO JULGADO QUE, PORÉM, NÃO ALTERA O FUNDAMENTO CENTRAL DO V. ACÓRDÃO NO SENTIDO DE QUE A PRODUÇÃO DE PROVA TESTEMUNHAL NÃO SE PRESTARIA PARA PROVAR A ALEGADA REMISSÃO DA DÍVIDA, POIS TAL FATO DEPENDERIA DE PROVA DOCUMENTAL OU ATO INEQUÍVOCO DO CREDOR NESSE SENTIDO, NOS TERMOS DO ART. 386 E 387 DO CC. Na hipótese, a ré ainda arrola seu pai como testemunha, pessoa impedida nos termos do art. 447, § 2º, I, do CPC. Embargos parcialmente acolhidos, porém, sem efeitos modificativos. (TJSP; EDcl 1010854-74.2016.8.26.0002/50000; Ac. 10828199; São Paulo; Trigésima Quinta Câmara de Direito Privado; Rel. Des. Morais Pucci; Julg. 25/09/2017; DJESP 29/09/2017; Pág. 3106)

III – os arts. 2º, 3º, 4º, 6º, 7º, 11, 12 e 17 da Lei nº 1.060, de 5 de fevereiro de 1950;

Julgado apresentando critério para concessão de justiça gratuita, considerando a revogação de dispositivos da Lei 1.060/1950:

✓ AGRAVO DE INSTRUMENTO. AÇÃO DE ALIENAÇÃO DE COISA COMUM C/C PEDIDO DE TUTELA PROVISÓRIA. DECISÃO DE INDEFERIMENTO DA GRATUIDADE DE JUSTIÇA. O artigo 1.072, III, do CPC/2015 revogou os artigos 2º, 3º, 4º, 6º, 7º, 11, 12 e 17 da Lei nº 1.060/50, que, por sua vez, entende como necessitado todo aquele cuja situação econômica não lhe permita arcar com as despesas do processo e honorários de advogado sem prejuízo do sustento próprio ou de sua família. – O conjunto probatório carreado aos autos demonstra satisfativamente a condição de hipossuficiência econômica do agravante. A documentação ora aposta nos autos pode ser considerada hábil e capaz de enquadrar a agravante no rol de hipossuficiente e, e consequentemente, a conceder o benefício de gratuidade de justiça. – Reforma da decisão. RECURSO PROVIDO. (TJRJ; AI 0038052-70.2017.8.19.0000; Petrópolis; Quarta Câmara Cível; Relª Desª Maria Helena Pinto Machado; DORJ 14/08/2017; Pág. 306)

IV – os arts. 13 a 18, 26 a 29 e 38 da Lei nº 8.038, de 28 de maio de 1990;

V – os arts. 16 a 18 da Lei nº 5.478, de 25 de julho de 1968; e

→ *v.* Enunciado 484 do FPPC: A revogação dos arts. 16 a 18 da Lei de Alimentos, que tratam da gradação dos meios de satisfação do direito do credor, não implica supressão da possibilidade de penhora sobre créditos originários de alugueis de prédios ou de quaisquer outros rendimentos do devedor.

VI – o art. 98, § 4º, da Lei nº 12.529, de 30 de novembro de 2011.

Brasília, 16 de março de 2015; 194º da Independência e 127º da República.

Dilma Rousseff

José Eduardo Cardozo

Jaques Wagner

Joaquim Vieira Ferreira Levy

Luís Inácio Lucena Adams

(Publicação no **D.O.U.** de 17.3.2015)

LEI Nº 13.256,

DE 4 DE FEVEREIRO DE 2016.

Vigência

Altera a Lei nº 13.105, de 16 de março de 2015 (Código de Processo Civil), para disciplinar o processo e o julgamento do recurso extraordinário e do recurso especial, e dá outras providências.

A PRESIDENTA DA REPÚBLICA Faço saber que o Congresso Nacional decreta e eu sanciono a seguinte Lei:

Art. 1º Esta Lei altera a Lei nº 13.105, de 16 de março de 2015 (Código de Processo Civil), para disciplinar o processo e o julgamento do recurso extraordinário e do recurso especial, e dá outras providências.

Art. 2º A Lei nº 13.105, de 16 de março de 2015 (Código de Processo Civil), passa a vigorar com as seguintes alterações: (Vigência)

"Art. 12. Os juízes e os tribunais atenderão, preferencialmente, à ordem cronológica de conclusão para proferir sentença ou acórdão.

( )" (NR)

"Art. 153. O escrivão ou o chefe de secretaria atenderá, preferencialmente, à ordem cronológica de recebimento para publicação e efetivação dos pronunciamentos judiciais.

(...)" (NR)

"Art. 521(...)

(...)

III – pender o agravo do art. 1.042;

(...)" (NR)

"Art. 537. (...)

(...)

§ 3º A decisão que fixa a multa é passível de cumprimento provisório, devendo ser depositada em juízo, permitido o levantamento do valor após o trânsito em julgado da sentença favorável à parte.

(...)" (NR)

"Art. 966 (...)

(...)

§ 5º Cabe ação rescisória, com fundamento no inciso V do caput deste artigo, contra decisão baseada em enunciado de súmula ou acórdão proferido em julgamento de casos repetitivos que não tenha considerado a existência de distinção entre a questão discutida no processo e o padrão decisório que lhe deu fundamento.

§ 6º Quando a ação rescisória fundar-se na hipótese do § 5º deste artigo, caberá ao autor, sob pena de inépcia, demonstrar, fundamentadamente, tratar-se de situação particularizada por hipótese fática distinta ou de questão jurídica não examinada, a impor outra solução jurídica." (NR)

"Art. 988. (...)

(...)

III – garantir a observância de enunciado de súmula vinculante e de decisão do Supremo Tribunal Federal em controle concentrado de constitucionalidade;

IV – garantir a observância de acórdão proferido em julgamento de incidente de resolução de demandas repetitivas ou de incidente de assunção de competência;

(...)

§ 5º É inadmissível a reclamação:

I – proposta após o trânsito em julgado da decisão reclamada;

II – proposta para garantir a observância de acórdão de recurso extraordinário com repercussão geral reconhecida ou de acórdão proferido em julgamento de recursos extraordinário ou especial repetitivos, quando não esgotadas as instâncias ordinárias.

(...)" (NR)

"Art. 1.029. (...)

(...)

§ 2º (Revogado).

(...)

§ 5º (...)

I – ao tribunal superior respectivo, no período compreendido entre a publicação da decisão de admissão do recurso e sua distribuição, ficando o relator designado para seu exame prevento para julgá-lo;

(...)

III – ao presidente ou ao vice-presidente do tribunal recorrido, no período compreendido entre a interposição do recurso e a publicação da decisão de admissão do recurso, assim como no caso de o recurso ter sido sobrestado, nos termos do art. 1.037." (NR)

"Art. 1.030. Recebida a petição do recurso pela secretaria do tribunal, o recorrido será intimado para apresentar contrarrazões no prazo de 15 (quinze) dias, findo o qual os autos serão conclusos ao presidente ou ao vice-presidente do tribunal recorrido, que deverá:

I – negar seguimento:

a) a recurso extraordinário que discuta questão constitucional à qual o Supremo Tribunal Federal não tenha reconhecido a existência de repercussão geral ou a recurso extraordinário interposto contra acórdão que esteja em conformidade com entendimento do Supremo Tribunal Federal exarado no regime de repercussão geral;

b) a recurso extraordinário ou a recurso especial interposto contra acórdão que esteja em conformidade com entendimento do Supremo Tribunal Federal ou do Superior Tribunal de Justiça, respectivamente, exarado no regime de julgamento de recursos repetitivos;

II – encaminhar o processo ao órgão julgador para realização do juízo de retratação, se o acórdão recorrido divergir do entendimento do Supremo Tribunal Federal ou do Superior Tribunal de Justiça exarado, conforme o caso, nos regimes de repercussão geral ou de recursos repetitivos;

III – sobrestar o recurso que versar sobre controvérsia de caráter repetitivo ainda não decidida pelo Supremo Tribunal Federal ou pelo Superior Tribunal de Justiça, conforme se trate de matéria constitucional ou infraconstitucional;

IV – selecionar o recurso como representativo de controvérsia constitucional ou infraconstitucional, nos termos do § 6º do art. 1.036;

V – realizar o juízo de admissibilidade e, se positivo, remeter o feito ao Supremo Tribunal Federal ou ao Superior Tribunal de Justiça, desde que:

a) o recurso ainda não tenha sido submetido ao regime de repercussão geral ou de julgamento de recursos repetitivos;

b) o recurso tenha sido selecionado como representativo da controvérsia; ou

c) o tribunal recorrido tenha refutado o juízo de retratação.

§ 1º Da decisão de inadmissibilidade proferida com fundamento no inciso V caberá agravo ao tribunal superior, nos termos do art. 1.042.

§ 2º Da decisão proferida com fundamento nos incisos I e III caberá agravo interno, nos termos do art. 1.021." (NR)

"Art. 1.035. (...)

(...)

§ 3º (...)

(...)

II – (Revogado);

(...)

§ 7º Da decisão que indeferir o requerimento referido no § 6º ou que aplicar entendimento firmado em regime de repercussão geral ou em julgamento de recursos repetitivos caberá agravo interno.

(...)

§ 10. (Revogado).

(...)" (NR)

"Art. 1.036.(...)

(...)

§ 3º Da decisão que indeferir o requerimento referido no § 2º caberá apenas agravo interno.

(...)" (NR)

"Art. 1.038. (...)

(...)

§ 3º O conteúdo do acórdão abrangerá a análise dos fundamentos relevantes da tese jurídica discutida." (NR)

"Art. 1.041(...)

(...)

§ 2º Quando ocorrer a hipótese do inciso II do caput do art. 1.040 e o recurso versar sobre outras questões, caberá ao presidente ou ao vice-presidente do tribunal recorrido, depois do reexame pelo órgão de origem e independentemente de ratificação do recurso, sendo positivo o juízo de admissibilidade, determinar a remessa do recurso ao tribunal superior para julgamento das demais questões." (NR)

"Art. 1.042. Cabe agravo contra decisão do presidente ou do vice-presidente do tribunal recorrido que inadmitir recurso extraordinário ou recurso especial, salvo quando fundada na aplicação de entendimento firmado em regime de repercussão geral ou em julgamento de recursos repetitivos.

I – (Revogado);

II – (Revogado);

III – (Revogado).

§ 1º (Revogado):

I – (Revogado);

II – (Revogado):

a) (Revogada);

b) (Revogada).

§ 2º A petição de agravo será dirigida ao presidente ou ao vice-presidente do tribunal de origem e independe do pagamento de custas e despesas postais, aplicando-se a ela o regime de repercussão geral e de recursos repetitivos, inclusive quanto à possibilidade de sobrestamento e do juízo de retratação.

(...)" (NR)

Art. 3º Revogam-se os seguintes dispositivos da Lei nº 13.105, de 16 de março de 2015 (Código de Processo Civil): (Vigência)

I – art. 945;

II – § 2º do art. 1.029; inciso II do § 3º e § 10 do art. 1.035; §§ 2º e 5º do art. 1.037; incisos I, II e III do caput e § 1º, incisos I e II, alíneas "a" e "b", do art. 1.042;incisos II e IV do caput e § 5º do art. 1.043.

Art. 4º Esta Lei entra em vigor no início da vigência da Lei nº 13.105, de 16 de março de 2015 (Código de Processo Civil).

Brasília, 4 de fevereiro de 2016; 195º da Independência e 128º da República.

DILMA ROUSSEFF
José Eduardo Cardozo
Luís Inácio Lucena Adams
Este texto não substitui o publicado no DOU de 5.2.2016

LEI Nº 13.363, DE 25 DE NOVEMBRO DE 2016.

Altera a Lei nº 8.906, de 4 de julho de 1994, e a Lei nº 13.105, de 16 de março de 2015 (Código de Processo Civil), para estipular direitos e garantias para a advogada gestante, lactante, adotante ou que der à luz e para o advogado que se tornar pai.

O PRESIDENTE DA REPÚBLICA Faço saber que o Congresso Nacional decreta e eu sanciono a seguinte Lei:

Art. 1º Esta Lei altera a Lei nº 8.906, de 4 de julho de 1994, e a Lei nº 13.105, de 16 de março de 2015 (Código de Processo Civil), para estipular direitos e garantias para a advogada gestante, lactante, adotante ou que der à luz e para o advogado que se tornar pai.

Art. 2º A Lei nº 8.906, de 4 de julho de 1994, passa a vigorar acrescida do seguinte art. 7º -A:

"Art. 7º-A. São direitos da advogada:

I – gestante:

a) entrada em tribunais sem ser submetida a detectores de metais e aparelhos de raios X;

b) reserva de vaga em garagens dos fóruns dos tribunais;

II – lactante, adotante ou que der à luz, acesso a creche, onde houver, ou a local adequado ao atendimento das necessidades do bebê;

III – gestante, lactante, adotante ou que der à luz, preferência na ordem das sustentações orais e das audiências a serem realizadas a cada dia, mediante comprovação de sua condição;

IV – adotante ou que der à luz, suspensão de prazos processuais quando for a única patrona da causa, desde que haja notificação por escrito ao cliente.

§ 1º Os direitos previstos à advogada gestante ou lactante aplicam-se enquanto perdurar, respectivamente, o estado gravídico ou o período de amamentação.

§ 2º Os direitos assegurados nos incisos II e III deste artigo à advogada adotante ou que der à luz serão concedidos pelo prazo previsto no art. 392 do Decreto-Lei nº 5.452, de 1º de maio de 1943 (Consolidação das Leis do Trabalho).

§ 3º O direito assegurado no inciso IV deste artigo à advogada adotante ou que der à luz será concedido pelo prazo previsto no § 6º do art. 313 da Lei nº 13.105, de 16 de março de 2015 (Código de Processo Civil)."

Art. 3º O art. 313 da Lei nº 13.105, de 16 de março de 2015 (Código de Processo Civil), passa a vigorar com as seguintes alterações:

"Art. 313. (...)

(...)

IX – pelo parto ou pela concessão de adoção, quando a advogada responsável pelo processo constituir a única patrona da causa;

X – quando o advogado responsável pelo processo constituir o único patrono da causa e tornar-se pai.

(...)

§ 6º No caso do inciso IX, o período de suspensão será de 30 (trinta) dias, contado a partir da data do parto ou da concessão da adoção, mediante apresentação de certidão de nascimento ou documento similar que comprove a realização do parto, ou de termo judicial que tenha concedido a adoção, desde que haja notificação ao cliente.

§ 7º No caso do inciso X, o período de suspensão será de 8 (oito) dias, contado a partir da data do parto ou da concessão da adoção, mediante apresentação de certidão de nascimento ou documento similar que comprove a realização do parto, ou de termo judicial que tenha concedido a adoção, desde que haja notificação ao cliente." (NR)

Art. 4º Esta Lei entra em vigor na data de sua publicação.

Brasília, 25 de novembro de 2016; 195º da Independência e 128º da República.

MICHEL TEMER
Alexandre de Moraes
Este texto não substitui o publicado no DOU de 28.11.2016

LEI Nº 13.465, DE 11 DE JULHO DE 2017. (TRECHOS)

Art. 7º A Lei nº 6.015, de 31 de dezembro de 1973, passa a vigorar com as seguintes alterações:

"Art. 216-A. (...)

I - ata notarial lavrada pelo tabelião, atestando o tempo de posse do requerente e de seus antecessores, conforme o caso e suas circunstâncias, aplicando-se o disposto no art. 384 da Lei nº 13.105, de 16 de março de 2015 (Código de Processo Civil);

II – planta e memorial descritivo assinado por profissional legalmente habilitado, com prova de anotação de responsabilidade técnica no respectivo conselho de fiscalização profissional, e pelos titulares de direitos registrados ou averbados na matrícula do imóvel usucapiendo ou na matrícula dos imóveis confinantes;

(...)

§ 2º Se a planta não contiver a assinatura de qualquer um dos titulares de direitos registrados ou averbados na matrícula do imóvel usucapiendo ou na matrícula dos imóveis confinantes, o titular será notificado pelo registrador competente, pessoalmente ou pelo correio com aviso de recebimento, para manifestar consentimento expresso em quinze dias, interpretado o silêncio como concordância.

(...)

§ 6º Transcorrido o prazo de que trata o § 4º deste artigo, sem pendência de diligências na forma do § 5º deste artigo e achando-se em ordem a documentação, o oficial de registro de imóveis registrará a aquisição do imóvel com as descrições apresentadas, sendo permitida a abertura de matrícula, se for o caso.

(...)

§ 11. No caso de o imóvel usucapiendo ser unidade autônoma de condomínio edilício, fica dispensado consentimento dos titulares de direitos reais e outros direitos registrados ou averbados na matrícula dos imóveis confinantes e bastará a notificação do síndico para se manifestar na forma do § 2º deste artigo.

§ 12. Se o imóvel confinante contiver um condomínio edilício, bastará a notificação do síndico para o efeito do § 2º deste artigo, dispensada a notificação de todos os condôminos.

§ 13. Para efeito do § 2º deste artigo, caso não seja encontrado o notificando ou caso ele esteja em lugar incerto ou não sabido, tal fato será certificado pelo registrador, que deverá promover a sua notificação por edital mediante publicação, por duas vezes, em jornal local de grande circulação, pelo prazo de quinze dias cada um, interpretado o silêncio do notificando como concordância.

§ 14. Regulamento do órgão jurisdicional competente para a correição das serventias poderá autorizar a publicação do edital em meio eletrônico, caso em que ficará dispensada a publicação em jornais de grande circulação.

§ 15. No caso de ausência ou insuficiência dos documentos de que trata o inciso IV do caput deste artigo, a posse e os demais dados necessários poderão ser comprovados em procedimento de justificação administrativa perante a serventia extrajudicial, que obedecerá, no que couber, ao disposto no § 5º do art. 381 e ao rito previsto nos arts. 382 e 383 da Lei nº 13.105, de 16 março de 2015 (Código de Processo Civil)." (NR)

(...)

Art. 57. O caput do art. 799 da Lei nº 13.105, de 16 de março de 2015 (Código de Processo Civil), passa a vigorar acrescido dos seguintes incisos X e XI:

"Art. 799. (...)

(...)

X - requerer a intimação do titular da construção-base, bem como, se for o caso, do titular de lajes anteriores, quando a penhora recair sobre o direito real de laje;

XI – requerer a intimação do titular das lajes, quando a penhora recair sobre a construção-base." (NR)

LEI Nº 13.466,

DE 12 DE JULHO DE 2017 (TRECHOS)

Altera os arts. 3º, 15 e 71 da Lei nº 10.741, de 1º de outubro de 2003, que dispõe sobre o Estatuto do Idoso e dá outras providências.

O PRESIDENTE DA REPÚBLICA Faço saber que o Congresso Nacional decreta e eu sanciono a seguinte Lei:

Art. 1º Esta Lei altera os arts. 3º, 15 e 71 da Lei nº 10.741, de 1º de outubro de 2003, que dispõe sobre o Estatuto do Idoso e dá outras providências, a fim de estabelecer a prioridade especial das pessoas maiores de oitenta anos.

(...)

Art. 4º O art. 71 da Lei nº 10.741, de 1º de outubro de 2003, passa a vigorar acrescido do seguinte § 5º:

"Art. 71. (...)

(...)

§ 5º Dentre os processos de idosos, dar-se-á prioridade especial aos maiores de oitenta anos." (NR)

Súmulas Selecionadas no STF e STJ

SÚMULAS VINCULANTES DO SUPREMO TRIBUNAL FEDERAL – STF

3. Nos processos perante o Tribunal de Contas da União asseguram-se o contraditório e a ampla defesa quando da decisão puder resultar anulação ou revogação de ato administrativo que beneficie o interessado, excetuada a apreciação da legalidade do ato de concessão inicial de aposentadoria, reforma e pensão. (*D.O.U.* 6.6.2007)

4. Salvo nos casos previstos na Constituição, o salário mínimo não pode ser usado como indexador de base de cálculo de vantagem de servidor público ou de empregado, nem ser substituído por decisão judicial. (*D.O.U.* 9.5.2008)

5. A falta de defesa técnica por advogado no processo administrativo disciplinar não ofende a Constituição. (*D.O.U.* 16.5.2008)

8. São inconstitucionais o parágrafo único do artigo 5º do Decreto-lei 1.569/1977 e os artigos 45 e 46 da Lei 8.212/1991, que tratam de prescrição e decadência de crédito tributário. (*D.O.U.* 20.6.2008)

10. Viola a cláusula de reserva de plenário (CF, artigo 97) a decisão de órgão fracionário de Tribunal que, embora não declare expressamente a inconstitucionalidade de lei ou ato normativo do poder público, afasta sua incidência, no todo ou em parte. (*D.O.U.* 27.6.2008)

17. Durante o período previsto no § 1º do artigo 100 da Constituição, não incidem juros de mora sobre os precatórios que nele sejam pagos. (*D.O.U.* 10.11.2009)

21. É inconstitucional a exigência de depósito ou arrolamento prévios de dinheiro ou bens para admissibilidade de recurso administrativo. (*D.O.U.* 10.11.2009)

22. A Justiça do Trabalho é competente para processar e julgar as ações de indenização por danos morais e patrimoniais decorrentes de acidente de trabalho propostas por empregado contra empregador, inclusive aquelas que ainda não possuíam sentença de mérito em primeiro grau quando da promulgação da Emenda Constitucional 45/2004. (*D.O.U.* 11.12.2009)

23. A Justiça do Trabalho é competente para processar e julgar ação possessória ajuizada em decorrência do exercício do direito de greve pelos trabalhadores da iniciativa privada. (*D.O.U.* 11.12.2009)

25. É ilícita a prisão civil de depositário infiel, qualquer que seja a modalidade do depósito. (*D.O.U* 23.12.2009)

27. Compete à Justiça estadual julgar causas entre consumidor e concessionária de serviço público de telefonia, quando a Anatel não seja litisconsorte passiva necessária, assistente, nem opoente. (*D.O.U.* 23.12.2009)

28. É inconstitucional a exigência de depósito prévio como requisito de admissibilidade de ação judicial na qual se pretenda discutir a exigibilidade de crédito tributário. (*D.O.U.* 17.2.2010)

37. Não cabe ao poder judiciário, que não tem função legislativa, aumentar vencimentos de servidores públicos sob o fundamento de isonomia. (*D.O.U* 24.10.2014)

SÚMULAS DO SUPREMO TRIBUNAL FEDERAL – STF

40. A elevação da entrância da comarca não promove automaticamente o juiz, mas não interrompe o exercício de suas funções na mesma comarca.

72. No julgamento de questão constitucional, vinculada a decisão do Tribunal Superior Eleitoral, não estão impedidos os ministros do Supremo Tribunal Federal que ali tenham funcionado no mesmo processo, ou no processo originário.

101. O mandado de segurança não substitui a ação popular.

109. É devida a multa prevista no art. 15, § 6º, da Lei 1.300, de 28.12.1950, ainda que a desocupação do imóvel tenha resultado da notificação e não haja sido proposta ação de despejo.

112. O Imposto de Transmissão *Causa Mortis* é devido pela alíquota vigente ao tempo da abertura da sucessão.

113. O Imposto de Transmissão *Causa Mortis* é calculado sobre o valor dos bens na data da avaliação.

114. O Imposto de Transmissão *Causa Mortis* não é exigível antes da homologação do cálculo.

115. Sobre os honorários do advogado contratado pelo inventariante, com a homologação do juiz, não incide o Imposto de Transmissão *Causa Mortis*.

116. Em desquite ou inventário, é legítima a cobrança do chamado Imposto de Reposição, quando houver desigualdade nos valores partilhados.

122. O enfiteuta pode purgar a mora enquanto não decretado o comisso por sentença.

123. Sendo a locação regida pelo Decreto 24.150, de 20.4.1934, o locatário não tem direito à purgação da mora prevista na Lei 1.300, de 28.12.1950.

147. A prescrição de crime falimentar começa a correr da data em que deveria estar encerrada a falência, ou do trânsito em julgado da sentença que a encerrar ou que julgar cumprida a concordata.

149. É imprescritível a ação de investigação de paternidade, mas não o é a de petição de herança.

150. Prescreve a execução no mesmo prazo de prescrição da ação.

151. Prescreve em um ano a ação do segurador sub-rogado para haver indenização por extravio ou perda de carga transportada por navio.

153. Simples protesto cambiário não interrompe a prescrição.

154. Simples vistoria não interrompe a prescrição.

163. Salvo contra a Fazenda Pública, sendo a obrigação ilíquida, contam-se os juros moratórios desde a citação inicial para a ação.

A primeira parte da Súmula 163 não mais subsiste em face do art. 1º da Lei 4.414/1964 – RE 109156, *D.J.* 7.8.1987.

164. No processo de desapropriação, são devidos juros compensatórios desde a antecipada imissão de posse, ordenada pelo juiz, por motivo de urgência.

166. É inadmissível o arrependimento no compromisso de compra e venda sujeito ao regime do Decreto-lei 58, de 10.12.1937.

167. Não se aplica o regime do Decreto-lei 58, de 10.12.1937, ao compromisso de compra e venda não inscrito no Registro Imobiliário, salvo se o promitente vendedor se obrigou a efetuar o registro.

168. Para os efeitos do Decreto-lei 58, de 10.12.1937, admite-se a inscrição imobiliária do compromisso de compra e venda no curso da ação.

169. Depende de sentença a aplicação da pena de comisso.

173. Em caso de obstáculo judicial admite-se a purga da mora, pelo locatário, além do prazo legal.

174. Para a retomada do imóvel alugado, não é necessária a comprovação dos requisitos legais na notificação prévia.

176. O promitente comprador, nas condições previstas na Lei 1.300, de 28.12.1950, pode retomar o imóvel locado.

178. Não excederá de cinco anos a renovação judicial de contrato de locação, fundada no Decreto 24.150, de 20.4.1934.

179. O aluguel arbitrado judicialmente nos termos da Lei 3.085, de 29.12.1956, art. 6º, vigora a partir da data do laudo pericial.

180. Na ação revisional do art. 31 do Decreto 24.150, de 20.4.1934, o aluguel arbitrado vigora a partir do laudo pericial.

181. Na retomada, para construção mais útil de imóvel sujeito ao Decreto 24.150, de 20.4.1934, é sempre devida indenização para despesas de mudança do locatário.

185. Em processo de reajustamento pecuário, não responde a União pelos honorários do advogado do credor ou do devedor.

188. O segurador tem ação regressiva contra o causador do dano, pelo que efetivamente pagou, até ao limite previsto no contrato de seguro.

192. Não se inclui no crédito habilitado em falência a multa fiscal com efeito de pena administrativa.

211. Contra a decisão proferida sobre o agravo no auto do processo, por ocasião do julgamento da apelação, não se admitem embargos infringentes ou de nulidade.

218. É competente o Juízo da Fazenda Nacional da Capital do Estado, e não o da situação da coisa, para a desapropriação promovida por empresa de energia elétrica, se a União Federal intervém como assistente.

222. O princípio da identidade física do juiz não é aplicável às Juntas de Conciliação e Julgamento da Justiça do Trabalho.

223. Concedida isenção de custas ao empregado, por elas não responde o sindicato que o representa em juízo.

224. Os juros da mora, nas reclamações trabalhistas, são contados desde a notificação inicial.

225. Não é absoluto o valor probatório das anotações da carteira profissional.

226. Na ação de desquite, os alimentos são devidos desde a inicial e não da data da decisão que os concede.

230. A prescrição da ação de acidente do trabalho conta-se do exame pericial que comprovar a enfermidade ou verificar a natureza da incapacidade.

231. O revel, em processo cível, pode produzir provas, desde que compareça em tempo oportuno.

233. Salvo em caso de divergência qualificada (Lei 623/1949), não cabe recurso de embargos contra decisão que nega provimento a agravo ou não conhece de recurso extraordinário, ainda que por maioria de votos.

234. São devidos honorários de advogado em ação de acidente do trabalho julgada procedente.

235. É competente para a ação de acidente do trabalho a Justiça Cível Comum, inclusive em segunda instância, ainda que seja parte autarquia seguradora.

236. Em ação de acidente do trabalho, a autarquia seguradora não tem isenção de custas.

237. O usucapião pode ser arguido em defesa.

239. Decisão que declara indevida a cobrança do imposto em determinado exercício não faz coisa julgada em relação aos posteriores.

240. O depósito para recorrer, em ação de acidente do trabalho, é exigível do segurador sub-rogado, ainda que autarquia.

242. O agravo no auto do processo deve ser apreciado, no julgamento da apelação, ainda que o agravante não tenha apelado.

247. O relator não admitirá os embargos da Lei 623, de 19.2.1949, nem deles conhecerá o Supremo Tribunal Federal, quando houver jurisprudência firme do Plenário no mesmo sentido da decisão embargada.

248. É competente, originariamente, o Supremo Tribunal Federal, para mandado de segurança contra ato do Tribunal de Contas da União.

249. É competente o Supremo Tribunal Federal para a ação rescisória, quando, embora não tendo conhecido do recurso extraordinário, ou havendo negado provimento ao agravo, tiver apreciado a questão federal controvertida.

250. A intervenção da União desloca o processo do juízo cível comum para o fazendário.

251. Responde a Rede Ferroviária Federal S.A. perante o foro comum e não perante o juízo especial da Fazenda Nacional, a menos que a União intervenha na causa.

252. Na ação rescisória, não estão impedidos juízes que participaram do julgamento rescindendo.

253. Nos embargos da Lei 623, de 19.2.1949, no Supremo Tribunal Federal, a divergência somente será acolhida, se tiver sido indicada na petição de recurso extraordinário.

254. Incluem-se os juros moratórios na liquidação, embora omisso o pedido inicial ou a condenação.

255. Sendo ilíquida a obrigação, os juros moratórios, contra a Fazenda Pública, incluídas as autarquias, são contados do trânsito em julgado da sentença de liquidação.

256. É dispensável pedido expresso para condenação do réu em honorários, com fundamento nos arts. 63 ou 64 do Código de Processo Civil.

Referido Código de Processo Civil é o de 1939.

257. São cabíveis honorários de advogado na ação regressiva do segurador contra o causador do dano.

258. É admissível reconvenção em ação declaratória.

259. Para produzir efeito em juízo não é necessária a inscrição, no Registro Público, de documentos de procedência estrangeira, autenticados por via consular.

260. O exame de livros comerciais, em ação judicial, fica limitado às transações entre os litigantes.

261. Para a ação de indenização, em caso de avaria, é dispensável que a vistoria se faça judicialmente.

262. Não cabe medida possessória liminar para liberação alfandegária de automóvel.

263. O possuidor deve ser citado pessoalmente para a ação de usucapião.

264. Verifica-se a prescrição intercorrente pela paralisação da ação rescisória por mais de cinco anos.

265. Na apuração de haveres não prevalece o balanço não aprovado pelo sócio falecido, excluído ou que se retirou.

266. Não cabe mandado de segurança contra lei em tese.

267. Não cabe mandado de segurança contra ato judicial passível de recurso ou correição.

268. Não cabe mandado de segurança contra decisão judicial com trânsito em julgado.

269. O mandado de segurança não é substitutivo de ação de cobrança.

270. Não cabe mandado de segurança para impugnar enquadramento da Lei 3.780, de 12.7.1960, que envolva exame de prova ou de situação funcional complexa.

271. Concessão de mandado de segurança não produz efeitos patrimoniais em relação a período pretérito, os quais devem ser reclamados administrativamente ou pela via judicial própria.

272. Não se admite como ordinário recurso extraordinário de decisão denegatória de mandado de segurança.

273. Nos embargos da Lei 623, de 19.2.1949, a divergência sobre questão prejudicial ou preliminar, suscitada após a interposição do recurso extraordinário, ou do agravo, somente será acolhida se o acórdão-padrão for anterior à decisão embargada.

275. Está sujeita a recurso *ex officio* sentença concessiva de reajustamento pecuário anterior à vigência da Lei 2.804, de 25.6.1956.

276. Não cabe recurso de revista em ação executiva fiscal.

277. São cabíveis embargos, em favor da Fazenda Pública, em ação executiva fiscal, não sendo unânime a decisão.

278. São cabíveis embargos em ação executiva fiscal contra decisão reformatória da de primeira instância, ainda que unânime.

279. Para simples reexame de prova não cabe recurso extraordinário.

280. Por ofensa a direito local não cabe recurso extraordinário.

281. É inadmissível o recurso extraordinário, quando couber na Justiça de origem, recurso ordinário da decisão impugnada.

282. É inadmissível o recurso extraordinário, quando não ventilada, na decisão recorrida, a questão federal suscitada.

283. É inadmissível o recurso extraordinário, quando a decisão recorrida assenta em mais de um fundamento suficiente e o recurso não abrange todos eles.

284. É inadmissível o recurso extraordinário, quando a deficiência na sua fundamentação não permitir a exata compreensão da controvérsia.

285. Não sendo razoável a arguição de inconstitucionalidade, não se conhece do recurso extraordinário fundado na letra *c* do art. 101, III, da Constituição Federal.

Referida Constituição é a de 1946.

286. Não se conhece do recurso extraordinário fundado em divergência jurisprudencial, quando a orientação do plenário do Supremo Tribunal Federal já se firmou no mesmo sentido da decisão recorrida.

287. Nega-se provimento ao agravo, quando a deficiência na sua fundamentação, ou na do recurso extraordinário, não permitir a exata compreensão da controvérsia.

288. Nega-se provimento a agravo para subida de recurso extraordinário, quando faltar no traslado o despacho agravado, a decisão recorrida, a petição de recurso extraordinário ou qualquer peça essencial à compreensão da controvérsia.

289. O provimento do agravo por uma das Turmas do Supremo Tribunal Federal ainda que sem ressalva, não prejudica a questão do cabimento do recurso extraordinário.

290. Nos embargos da Lei 623, de 19.2.1949, a prova de divergência far-se-á por certidão, ou mediante indicação do *Diário da Justiça* ou de repertório de jurisprudência autorizado, que a tenha publicado, com a transcrição do trecho que configure a divergência, mencionadas as circunstâncias que identifiquem ou assemelhem os casos confrontados.

291. No recurso extraordinário pela letra *d* do art. 101, III, da Constituição, a prova do dissídio jurisprudencial far-se-á por certidão, ou mediante indicação do *Diário da Justiça* ou de repertório de jurisprudência autorizado, com a transcrição do trecho que configure a divergência, mencionadas as circunstâncias que identifiquem ou assemelhem os casos confrontados.

Referida Constituição é a de 1946.

292. Interposto o recurso extraordinário por mais de um dos fundamentos indicados no art. 101, III, da Constituição, a admissão apenas por um deles não prejudica o seu conhecimento por qualquer dos outros.

Referida Constituição é a de 1946.

293. São inadmissíveis embargos infringentes contra decisão em matéria constitucional submetida ao plenário dos Tribunais.

294. São inadmissíveis embargos infringentes contra decisão do Supremo Tribunal Federal em mandado de segurança.

295. São inadmissíveis embargos infringentes contra decisão unânime do Supremo Tribunal Federal em ação rescisória.

296. São inadmissíveis embargos infringentes sobre matéria não ventilada, pela Turma, no julgamento do recurso extraordinário.

299. O recurso ordinário e o extraordinário interpostos no mesmo processo de mandado de segurança, ou de *habeas corpus*, serão julgados conjuntamente pelo Tribunal Pleno.

300. São incabíveis os embargos da Lei 623, de 19.2.1949, contra provimento de agravo para subida de recurso extraordinário.

304. Decisão denegatória de mandado de segurança, não fazendo coisa julgada contra o impetrante, não impede o uso da ação própria.

305. Acordo de desquite ratificado por ambos os cônjuges não é retratável unilateralmente.

310. Quando a intimação tiver lugar na sexta-feira, ou a publicação com efeito de intimação for feita nesse dia, o prazo judicial terá início na segunda-feira imediata, salvo se não houver expediente, caso em que começará no primeiro dia útil que se seguir.

311. No típico acidente do trabalho, a existência de ação judicial não exclui a multa pelo retardamento da liquidação.

314. Na composição do dano por acidente do trabalho, ou de transporte, não é contrário à lei tomar para base da indenização o salário do tempo da perícia ou da sentença.

315. Indispensável o traslado das razões da revista, para julgamento, pelo Tribunal Superior do Trabalho, do agravo para sua admissão.

317. São improcedentes os embargos declaratórios, quando não pedida a declaração do julgado anterior, em que se verificou a omissão.

319. O prazo do recurso ordinário para o Supremo Tribunal Federal, em *habeas corpus* ou mandado de segurança, é de cinco dias.

320. A apelação despachada pelo juiz no prazo legal não fica prejudicada pela demora da juntada, por culpa do cartório.

322. Não terá seguimento pedido ou recurso dirigido ao Supremo Tribunal Federal, quando manifestamente incabível, ou apresentado fora do prazo, ou quando for evidente a incompetência do Tribunal.

325. As emendas ao Regimento do Supremo Tribunal Federal, sobre julgamento de questão constitucional, aplicam-se aos pedidos ajuizados e aos recursos interpostos anteriormente a sua aprovação.

327. O direito trabalhista admite a prescrição intercorrente.

330. O Supremo Tribunal Federal não é competente para conhecer de mandado de segurança contra atos dos Tribunais de Justiça dos Estados.

335. É válida a cláusula de eleição do foro para os processos oriundos do contrato.

338. Não cabe ação rescisória no âmbito da Justiça do Trabalho.

339. Não cabe ao Poder Judiciário, que não tem função legislativa, aumentar vencimentos de servidores públicos sob fundamento de isonomia.

340. Desde a vigência do Código Civil, os bens dominicais, como os demais bens públicos, não podem ser adquiridos por usucapião.

Referido Código Civil é o de 1916.

342. Cabe agravo no auto do processo, e não agravo de petição, do despacho que não admite a reconvenção.

343. Não cabe ação rescisória por ofensa a literal disposição de lei, quando a decisão rescindenda se tiver baseado em texto legal de interpretação controvertida nos tribunais.

345. Na chamada desapropriação indireta, os juros compensatórios são devidos a partir da perícia, desde que tenha atribuído valor atual ao imóvel.

347. O Tribunal de Contas, no exercício de suas atribuições, pode apreciar a constitucionalidade das leis e dos atos do Poder Público.

349. A prescrição atinge somente as prestações de mais de dois anos, reclamadas com fundamento em decisão normativa da Justiça do Trabalho, ou em convenção coletiva de trabalho, quando não estiver em causa a própria validade de tais atos.

353. São incabíveis os embargos da Lei 623, de 19.2.1949, com fundamento em divergência entre decisões da mesma Turma do Supremo Tribunal Federal.

354. Em caso de embargos infringentes parciais, é definitiva a parte da decisão embargada em que não houve divergência na votação.

355. Em caso de embargos infringentes parciais, é tardio o recurso extraordinário interposto após o julgamento dos embargos, quanto à parte da decisão embargada que não fora por eles abrangida.

356. O ponto omisso da decisão, sobre o qual não foram opostos embargos declaratórios, não pode ser objeto de recurso extraordinário, por faltar o requisito do prequestionamento.

357. É lícita a convenção pela qual o locador renuncia, durante a vigência do contrato, à ação revisional do art. 31 do Decreto 24.150, de 20.4.1934.

360. Não há prazo de decadência para a representação de inconstitucionalidade prevista no art. 8º, parágrafo único, da Constituição Federal.

Referida Constituição é a de 1946.

363. A pessoa jurídica de direito privado pode ser demandada no domicílio da agência, ou estabelecimento, em que se praticou o ato.

365. Pessoa jurídica não tem legitimidade para propor ação popular.

368. Não há embargos infringentes no processo de reclamação.

369. Julgados do mesmo tribunal não servem para fundamentar o recurso extraordinário por divergência jurisprudencial.

370. Julgada improcedente a ação renovatória da locação, terá o locatário, para desocupar o imóvel, o prazo de seis meses, acrescido de tantos meses quantos forem os anos da ocupação, até o limite total de dezoito meses.

376. Na renovação de locação, regida pelo decreto 24150, de 20/4/1934, o prazo do novo contrato conta-se da transcrição da decisão exequenda no registro de títulos e documentos; começa, porém, da terminação do contrato anterior, se esta tiver ocorrido antes do registro.

378. Na indenização por desapropriação incluem-se honorários do advogado do expropriado.

379. No acordo de desquite não se admite renúncia aos alimentos, que poderão ser pleiteados ulteriormente, verificados os pressupostos legais.

380. Comprovada a existência de sociedade de fato entre os concubinos, é cabível a sua dissolução judicial, com a partilha do patrimônio adquirido pelo esforço comum.

381. Não se homologa sentença de divórcio obtida, por procuração, em país de que os cônjuges não eram nacionais.

387. A cambial emitida ou aceita com omissões, ou em branco, pode ser completada pelo credor de boa-fé antes da cobrança ou do protesto.

389. Salvo limite legal, a fixação de honorários de advogado, em complemento da condenação, depende das circunstâncias da causa, não dando lugar a recurso extraordinário.

390. A exibição judicial de livros comerciais pode ser requerida como medida preventiva.

391. O confinante certo deve ser citado, pessoalmente, para a ação de usucapião.

392. O prazo para recorrer de acórdão concessivo de segurança conta-se da publicação oficial de suas conclusões, e não da anterior ciência à autoridade para cumprimento da decisão.

399. Não cabe recurso extraordinário, por violação de lei federal, quando a ofensa alegada for a regimento de tribunal.

400. Decisão que deu razoável interpretação à lei, ainda que não seja a melhor, não autoriza recurso extraordinário pela letra *a* do art. 101, III, da Constituição Federal.

Referida Constituição é a de 1946.

401. Não se conhece do recurso de revista, nem dos embargos de divergência, do processo trabalhista, quando houver jurisprudência firme do Tribunal Superior do Trabalho no mesmo sentido da decisão impugnada, salvo se houver colisão com a jurisprudência do Supremo Tribunal Federal.

403. É de decadência o prazo de trinta dias para instauração do inquérito judicial, a contar da suspensão, por falta grave, de empregado estável.

405. Denegado o mandado de segurança pela sentença, ou no julgamento do agravo, dela interposto, fica sem efeito a liminar concedida, retroagindo os efeitos da decisão contrária.

409. Ao retomante, que tenha mais de um prédio alugado, cabe optar entre eles, salvo abuso de direito.

412. No compromisso de compra e venda com cláusula de arrependimento, a devolução do sinal, por quem o deu, ou a sua restituição em dobro, por quem o recebeu, exclui indenização maior a título de perdas e danos, salvo os juros moratórios e os encargos do processo.

413. O compromisso de compra e venda de imóveis, ainda que não loteados, dá direito à execução compulsória, quando reunidos os requisitos legais.

415. Servidão de trânsito não titulada, mas tornada permanente, sobretudo pela natureza das obras realizadas, considera-se aparente, conferindo direito à proteção possessória.

416. Pela demora no pagamento do preço da desapropriação não cabe indenização complementar além dos juros.

420. Não se homologa sentença proferida no estrangeiro sem prova do trânsito em julgado.

423. Não transita em julgado a sentença por haver omitido o recurso *ex officio*, que se considera interposto *ex lege*.

424. Transita em julgado o despacho saneador de que não houve recurso, excluídas as questões deixadas, explícita ou implicitamente, para a sentença.

425. O agravo despachado no prazo legal não fica prejudicado pela demora da juntada, por culpa do cartório; nem o agravo entregue em cartório no prazo legal, embora despachado tardiamente.

426. A falta do termo específico não prejudica o agravo no auto do processo, quando oportuna a interposição por petição ou no termo da audiência.

427. A falta de petição de interposição não prejudica o agravo no auto do processo tomado por termo.

428. Não fica prejudicada a apelação entregue em cartório no prazo legal, embora despachada tardiamente.

429. A existência de recurso administrativo com efeito suspensivo não impede o uso do mandado de segurança contra omissão da autoridade.

430. Pedido de reconsideração na via administrativa não interrompe o prazo para o mandado de segurança.

Referida Constituição é a de 1946.

432. Não cabe Recurso Extraordinário com fundamento no art. 101, III, "d", da Constituição Federal, quando a divergência alegada for entre decisões da Justiça do Trabalho.

433. É competente o Tribunal Regional do Trabalho para julgar mandado de segurança contra ato de seu presidente em execução de sentença trabalhista.

434. A controvérsia entre seguradores indicados pelo empregador na ação de acidente do trabalho não suspende o pagamento devido ao acidentado.

443. A prescrição das prestações anteriores ao período previsto em lei não ocorre, quando não tiver sido negado, antes daquele prazo, o próprio direito reclamado, ou a situação jurídica de que ele resulta.

448. O prazo para o assistente recorrer, supletivamente, começa a correr imediatamente após o transcurso do prazo do Ministério Público.

449. O valor da causa, na consignatória de aluguel, corresponde a uma anuidade.

450. São devidos honorários de advogado sempre que vencedor o beneficiário de Justiça gratuita.

454. Simples interpretação de cláusulas contratuais não dá lugar a recurso extraordinário.

455. Da decisão que se seguir ao julgamento de constitucionalidade pelo Tribunal Pleno, são inadmissíveis embargos infringentes quanto à matéria constitucional.

456. O Supremo Tribunal Federal, conhecendo do recurso extraordinário, julgará a causa, aplicando o direito à espécie.

457. O tribunal Superior do Trabalho, conhecendo da revista, julgará a causa, aplicando o direito à espécie.

458. O processo da execução trabalhista não exclui a remição pelo executado.

472. A condenação do autor em honorários de advogado, com fundamento no art. 64 do Código de Processo Civil, depende de reconvenção.

473. A administração pode anular seus próprios atos, quando eivados de vícios que os tornam ilegais, porque deles não se originam direitos; ou revogá-los, por motivo de conveniência ou oportunidade, respeitados os direitos adquiridos, e ressalvada, em todos os casos, a apreciação judicial.

474. Não há direito líquido e certo, amparado pelo mandado de segurança, quando se escuda em lei cujos efeitos foram anulados por outra, declarada constitucional pelo Supremo Tribunal Federal.

475. A Lei 4.686, de 21.6.1965, tem aplicação imediata aos processos em curso, inclusive em grau de recurso extraordinário.

476. Desapropriadas as ações de uma sociedade, o poder desapropriante, imitido na posse, pode exercer, desde logo, todos os direitos inerentes aos respectivos títulos.

478. O provimento em cargos de Juízes substitutos do Trabalho, deve ser feito independentemente de lista tríplice, na ordem de classificação dos candidatos.

481. Se a locação compreende, além do imóvel, fundo de comércio, com instalações e pertences, como no caso de teatros, cinemas e hotéis, não se aplicam ao retomante as restrições do art. 8º, *e*, parágrafo único, do Decreto 24.150, de 20.4.1934.

482. O locatário, que não for sucessor ou cessionário do que o precedeu na locação, não pode somar os prazos concedidos a este, para pedir a renovação do contrato, nos termos do Decreto 24.150.

483. É dispensável a prova da necessidade, na retomada de prédio situado em localidade para onde o proprietário pretende transferir residência, salvo se mantiver, também, a anterior, quando dita prova será exigida.

484. Pode, legitimamente, o proprietário pedir o prédio para a residência de filho, ainda que solteiro, de acordo com o art. 11, III, da Lei 4.494, de 25.11.1964.

485. Nas locações regidas pelo Decreto 24.150, de 20.4.1934, a presunção de sinceridade do retomante é relativa, podendo ser ilidida pelo locatário.

486. Admite-se a retomada para sociedade da qual o locador, ou seu cônjuge, seja sócio, com participação predominante no capital social.

487. Será deferida a posse a quem, evidentemente, tiver o domínio, se com base neste for ela disputada.

493. O valor da indenização, se consistente em prestações periódicas e sucessivas, compreenderá, para que se mantenha inalterável na sua fixação, parcelas compensatórias do Imposto de Renda, incidente sobre os juros do capital gravado ou caucionado, nos termos dos arts. 911 e 912 do Código de Processo Civil.

Referido Código de Processo Civil é o de 1939.

500. Não cabe a ação cominatória para compelir-se o réu a cumprir obrigação de dar.

501. Compete à Justiça ordinária estadual o processo e o julgamento, em ambas as instâncias, das causas de acidente do trabalho, ainda que promovidas contra a União, suas autarquias, empresas públicas ou sociedades de economia mista.

502. Na aplicação do art. 839 do Código de Processo Civil, com a redação da Lei 4.290, de 5.12.1963, a relação valor da causa e salário mínimo vigente na Capital do Estado, ou do Território, para o efeito de alçada, deve ser considerada na data do ajuizamento do pedido.

Referido Código de Processo Civil é o de 1939.

504. Compete à Justiça Federal, em ambas as instâncias, o processo e o julgamento das causas fundadas em contrato de seguro marítimo.

505. Salvo quando contrariarem a Constituição, não cabe recurso para o Supremo Tribunal Federal, de quaisquer decisões da Justiça do Trabalho, inclusive dos presidentes de seus Tribunais.

506. O agravo a que se refere o art. 4º da Lei 4348, de 26/6/1964, cabe, somente, do despacho do presidente do supremo tribunal federal que defere a suspensão da liminar, em mandado de segurança; não do que a "denega".

507. A ampliação dos prazos a que se refere o art. 32 do Código de Processo Civil aplica-se aos executivos fiscais.

Referido Código de Processo Civil é o de 1939.

508. Compete à Justiça Estadual, em ambas as instâncias, processar e julgar as causas em que for parte o Banco do Brasil S.A.

509. A Lei 4.632, de 18.5.1965, que alterou o art. 64 do Código de Processo Civil, aplica-se aos processos em andamento, nas instâncias ordinárias.

Referido Código de Processo Civil é o de 1939.

510. Praticado o ato por autoridade, no exercício de competência delegada, contra ela cabe o mandado de segurança ou a medida judicial.

511. Compete à Justiça Federal, em ambas as instâncias, processar e julgar as causas entre autarquias federais e entidades públicas locais, inclusive mandados de segurança, ressalvada a ação fiscal, nos termos da Constituição Federal de 1967, art. 119, § 3º.

512. Não cabe condenação em honorários de advogado na ação de mandado de segurança.

513. A decisão que enseja a interposição de recurso ordinário ou extraordinário não é a do Plenário, que resolve o incidente de inconstitucionalidade, mas a do órgão (Câmaras, Grupos ou Turmas) que completa o julgamento do feito.

514. Admite-se ação rescisória contra sentença transitada em julgado, ainda que contra ela não se tenha esgotado todos os recursos.

515. A competência para a ação rescisória não é do Supremo Tribunal Federal, quando a questão federal, apreciada no recurso extraordinário ou no agravo de instrumento, seja diversa da que foi suscitada no pedido rescisório.

516. O Serviço Social da Indústria (SESI) está sujeito à jurisdição da Justiça Estadual.

517. As sociedades de economia mista só têm foro na Justiça Federal, quando a União intervém como assistente ou opoente.

518. A intervenção da União, em feito já julgado pela segunda instância e pendente de embargos, não desloca o processo para o Tribunal Federal de Recursos.

519. Aplica-se aos executivos fiscais o princípio da sucumbência a que se refere o art. 64 do código de Processo Civil.

527. Após a vigência do Ato Institucional 6, que deu nova redação ao art. 114, III, da Constituição Federal de 1967, não cabe recurso extraordinário das decisões do juiz singular.

528. Se a decisão contiver partes autônomas, a admissão parcial, pelo Presidente do Tribunal *a quo*, de recurso extraordinário que, sobre qualquer delas se manifestar, não limitará a apreciação de todas pelo Supremo Tribunal Federal, independentemente de interposição de agravo de instrumento.

542. Não é inconstitucional a multa instituída pelo Estado-membro, como sanção pelo retardamento do início ou da ultimação do inventário.

552. Com a regulamentação do art. 15 da Lei 5.316/1967, pelo Decreto 71.037/1972, tornou-se exequível a exigência da exaustão da via administrativa antes do início da ação de acidente do trabalho.

556. É competente a Justiça Comum para julgar as causas em que é parte sociedade de economia mista.

557. É competente a Justiça Federal para julgar as causas em que são partes a COBAL e a CIBRAZEM.

558. É constitucional o art. 27 do Decreto-lei 898, de 29.9.1969.

561. Em desapropriação, é devida a correção monetária até a data do efetivo pagamento da indenização, devendo proceder-se à atualização do cálculo, ainda que por mais de uma vez.

562. Na indenização de danos materiais decorrentes de ato ilícito cabe a atualização de seu valor, utilizando-se, para esse fim, dentre outros critérios, dos índices de correção monetária.

597. Não cabem embargos infringentes de acórdão que, em mandado de segurança decidiu, por maioria de votos, a apelação.

598. Nos embargos de divergência não servem como padrão de discordância os mesmos paradigmas invocados para demonstrá-la mas repelidos como não dissidentes no julgamento do recurso extraordinário.

600. Cabe ação executiva contra o emitente e seus avalistas, ainda que não apresentado o cheque ao sacado no prazo legal, desde que não prescrita a ação cambiária.

614. Somente o procurador-geral da Justiça tem legitimidade para propor ação direta interventiva por inconstitucionalidade de lei municipal.

616. É permitida a cumulação da multa contratual com os honorários de advogado, após o advento do Código de Processo Civil vigente.

617. A base de cálculo dos honorários de advogado em desapropriação é a diferença entre a oferta e a indenização, corrigidas ambas monetariamente.

618. Na desapropriação, direta ou indireta, a taxa dos juros compensatórios é de 12% (doze por cento) ao ano.

620. A sentença proferida contra autarquias não está sujeita a reexame necessário, salvo quando sucumbente em execução de dívida ativa.

621. Não enseja embargos de terceiro à penhora a promessa de compra e venda não inscrita no registro de imóveis.

622. Não cabe agravo regimental contra decisão do relator que concede ou indefere liminar em mandado de segurança.

623. Não gera por si só a competência originária do Supremo Tribunal Federal para conhecer do mandado de segurança com base no art. 102, I, *n*, da Constituição, dirigir-se o pedido contra deliberação administrativa do tribunal de origem, da qual haja participado a maioria ou a totalidade de seus membros.

624. Não compete ao Supremo Tribunal Federal conhecer originariamente de mandado de segurança contra atos de outros tribunais.

625. Controvérsia sobre matéria de direito não impede concessão de mandado de segurança.

626. A suspensão da liminar em mandado de segurança, salvo determinação em contrário da decisão que a deferir, vigorará até o trânsito em julgado da decisão definitiva de concessão da segurança ou, havendo recurso, até a sua manutenção pelo Supremo Tribunal Federal, desde que o objeto da liminar deferida coincida, total ou parcialmente, com o da impetração.

627. No mandado de segurança contra a nomeação de magistrado da competência do Presidente da República, este é considerado autoridade coatora, ainda que o fundamento da impetração seja nulidade ocorrida em fase anterior do procedimento.

628. Integrante de lista de candidatos a determinada vaga da composição de tribunal é parte legítima para impugnar a validade da nomeação de concorrente.

629. A impetração de mandado de segurança coletivo por entidade de classe em favor dos associados independe da autorização destes.

630. A entidade de classe tem legitimação para o mandado de segurança ainda quando a pretensão veiculada interesse apenas a uma parte da respectiva categoria.

631. Extingue-se o processo de mandado de segurança se o impetrante não promove, no prazo assinado, a citação do litisconsorte passivo necessário.

632. É constitucional lei que fixa o prazo de decadência para a impetração de mandado de segurança.

633. É incabível a condenação em verba honorária nos recursos extraordinários interpostos em processo trabalhista, exceto nas hipóteses previstas na Lei 5.584/1970.

634. Não compete ao Supremo Tribunal Federal conceder medida cautelar para dar efeito suspensivo a recurso extraordinário que ainda não foi objeto de juízo de admissibilidade na origem.

635. Cabe ao Presidente do Tribunal de origem decidir o pedido de medida cautelar em recurso extraordinário ainda pendente do seu juízo de admissibilidade.

636. Não cabe recurso extraordinário por contrariedade ao princípio constitucional da legalidade, quando a sua verificação pressuponha rever a interpretação dada a normas infraconstitucionais pela decisão recorrida.

637. Não cabe recurso extraordinário contra acórdão de Tribunal de Justiça que defere pedido de intervenção estadual em Município.

638. A controvérsia sobre a incidência, ou não, de correção monetária em operações de crédito rural é de natureza infraconstitucional, não viabilizando recurso extraordinário.

639. Aplica-se a Súmula 288 quando não constarem do traslado do agravo de instrumento as cópias das peças necessárias à verificação da tempestividade do recurso extraordinário não admitido pela decisão agravada.

640. É cabível recurso extraordinário contra decisão proferida por juiz de primeiro grau nas causas de alçada, ou por turma recursal de juizado especial cível e criminal.

641. Não se conta em dobro o prazo para recorrer, quando só um dos litisconsortes haja sucumbido.

642. Não cabe ação direta de inconstitucionalidade de lei do Distrito Federal derivada da sua competência legislativa municipal.

643. O Ministério Público tem legitimidade para promover ação civil pública cujo fundamento seja a ilegalidade de reajuste de mensalidades escolares.

644. Ao titular do cargo de procurador de autarquia não se exige a apresentação de instrumento de mandato para representá-la em juízo.

→ Redação alterada em 26.11.2003.

649. É inconstitucional a criação, por Constituição estadual, de órgão de controle administrativo do Poder Judiciário do qual participem representantes de outros poderes ou entidades.

652. Não contraria a Constituição o art. 15, § 1º, do Decreto-lei 3365/1941 (Lei da Desapropriação por Utilidade Pública).

654. A garantia da irretroatividade da lei, prevista no art. 5º, XXXVI, da Constituição da República, não é invocável pela entidade estatal que a tenha editado.

655. A exceção prevista no art. 100, *caput*, da Constituição, em favor dos créditos de natureza alimentícia, não dispensa a expedição de precatório, limitando-se a isentá-los da observância da ordem cronológica dos precatórios decorrentes de condenações de outra natureza.

667. Viola a garantia constitucional de acesso à jurisdição a taxa judiciária calculada sem limite sobre o valor da causa.

704. Não viola as garantias do juiz natural, da ampla defesa e do devido processo legal a atração por continência ou conexão do processo do corréu ao foro por prerrogativa de função de um dos denunciados.

727. Não pode o magistrado deixar de encaminhar ao Supremo Tribunal Federal o agravo de instrumento interposto da decisão que não admite recurso extraordinário, ainda que referente a causa instaurada no âmbito dos juizados especiais.

728. É de três dias o prazo para a interposição de recurso extraordinário contra decisão do Tribunal Superior Eleitoral, contado, quando for o caso, a partir da publicação do acórdão, na própria sessão de julgamento, nos termos do art. 12 da Lei 6.055/1974, que não foi revogado pela Lei 8.950/1994.

729. A decisão na Ação Direta de Constitucionalidade 4 não se aplica à antecipação de tutela em causa de natureza previdenciária.

733. Não cabe recurso extraordinário contra decisão proferida no processamento de precatórios.

734. Não cabe reclamação quando já houver transitado em julgado o ato judicial que se alega tenha desrespeitado decisão do Supremo Tribunal Federal.

735. Não cabe recurso extraordinário contra acórdão que defere medida liminar.

736. Compete à Justiça do Trabalho julgar as ações que tenham como causa de pedir o descumprimento de normas trabalhistas relativas à segurança, higiene e saúde dos trabalhadores.

SÚMULAS DO SUPERIOR TRIBUNAL DE JUSTIÇA – STJ

1. O foro do domicílio ou da residência do alimentando é o competente para a ação de investigação de paternidade, quando cumulada com a de alimentos.

2. Não cabe o *habeas data* (CF, art. 5º, LXXII, letra *a*) se não houve recusa de informações por parte da autoridade administrativa.

3. Compete ao Tribunal Regional Federal dirimir conflito de competência verificado, na respectiva Região, entre

Juiz Federal e Juiz Estadual investido de jurisdição federal.

4. Compete à Justiça Estadual julgar causa decorrente do processo eleitoral sindical.

5. A simples interpretação de cláusula contratual não enseja recurso especial.

6. Compete à Justiça Comum Estadual processar e julgar delito decorrente de acidente de trânsito envolvendo viatura de Polícia Militar, salvo se autor e vítima forem policiais militares em situação de atividade.

7. A pretensão de simples reexame de prova não enseja recurso especial.

11. A presença da União ou de qualquer de seus entes, na ação de usucapião especial, não afasta a competência do foro da situação do imóvel.

12. Em desapropriação, são cumuláveis juros compensatórios e moratórios.

13. A divergência entre julgados do mesmo Tribunal não enseja recurso especial.

14. Arbitrados os honorários advocatícios em percentual sobre o valor da causa, a correção monetária incide a partir do respectivo ajuizamento.

15. Compete à Justiça Estadual processar e julgar os litígios decorrentes de acidente do trabalho.

22. Não há conflito de competência entre o Tribunal de Justiça e Tribunal de Alçada do mesmo Estado-membro.

23. O Banco Central do Brasil é parte legítima nas ações fundadas na Resolução 1.154/1986.

25. Nas ações da lei de falências o prazo para a interposição de recurso conta-se da intimação da parte.

27. Pode a execução fundar-se em mais de um título extrajudicial relativos ao mesmo negócio.

29. No pagamento em juízo para elidir falência, são devidos correção monetária, juros e honorários de advogado.

32. Compete à Justiça Federal processar justificações judiciais destinadas a instruir pedidos perante entidades que nela têm exclusividade de foro, ressalvada a aplicação do art. 15, II da Lei 5.010/1966.

33. A incompetência relativa não pode ser declarada de ofício.

34. Compete à Justiça Estadual processar e julgar causa relativa a mensalidade escolar, cobrada por estabelecimento particular de ensino.

37. São cumuláveis as indenizações por dano material e dano moral oriundos do mesmo fato.

41. O Superior Tribunal de Justiça não tem competência para processar e julgar, originariamente, mandado de segurança contra ato de outros tribunais ou dos respectivos órgãos.

42. Compete à Justiça Comum Estadual processar e julgar as causas cíveis em que é parte sociedade de economia mista e os crimes praticados em seu detrimento.

45. No reexame necessário, é defeso, ao tribunal, agravar a condenação imposta à Fazenda Pública.

46. Na execução por carta, os embargos do devedor serão decididos no juízo deprecante, salvo se versarem unicamente vícios ou defeitos da penhora, avaliação ou alienação dos bens.

55. Tribunal Regional Federal não é competente para julgar recurso de decisão proferida por juiz estadual não investido de jurisdição federal.

57. Compete à Justiça Comum Estadual processar e julgar ação de cumprimento fundada em acordo ou convenção coletiva não homologados pela Justiça do Trabalho.

58. Proposta a execução fiscal, a posterior mudança de domicílio do executado não desloca a competência já fixada.

59. Não há conflito de competência se já existe sentença com trânsito em julgado, proferida por um dos juízos conflitantes.

62. Compete à Justiça Estadual processar e julgar o crime de falsa anotação na Carteira de Trabalho e Previdência Social, atribuído à empresa privada.

66. Compete à Justiça Federal processar e julgar execução fiscal promovida por Conselho de Fiscalização Profissional.

67. Na desapropriação, cabe a atualização monetária, ainda que por mais de uma vez, independente do decurso de prazo superior a 1 (um) ano entre o cálculo e o efetivo pagamento da indenização.

69. Na desapropriação direta, os juros compensatórios são devidos desde a antecipada imissão na posse e, na desapropriação indireta, a partir da efetiva ocupação do imóvel.

70. Os juros moratórios, na desapropriação direta ou indireta, contam-se desde o trânsito em julgado da sentença.

72. A comprovação da mora é imprescindível à busca e apreensão do bem alienado fiduciariamente.

76. A falta de registro do compromisso de compra e venda de imóvel não dispensa a prévia interpelação para constituir em mora o devedor.

77. A Caixa Econômica Federal é parte ilegítima para figurar no polo passivo das ações relativas às contribuições para o Fundo PIS/PASEP.

82. Compete à Justiça Federal, excluídas as reclamações trabalhistas, processar e julgar os feitos relativos a movimentação do FGTS.

83. Não se conhece do recurso especial pela divergência, quando a orientação do Tribunal se firmou no mesmo sentido da decisão recorrida.

84. É admissível a oposição de embargos de terceiro fundados em alegação de posse advinda do compromisso de compra e venda de imóvel, ainda que desprovido do registro.

85. Nas relações jurídicas de trato sucessivo em que a Fazenda Pública figure como devedora, quando não tiver sido negado o próprio direito reclamado, a prescrição atinge apenas as prestações vencidas antes do quinquênio anterior à propositura da ação.

86. Cabe recurso especial contra acórdão proferido no julgamento de agravo de instrumento.

89. A ação acidentária prescinde do exaurimento da via administrativa.

92. A terceiro de boa-fé não é oponível a alienação fiduciária não anotada no Certificado de Registro do veículo automotor.

97. Compete à Justiça do Trabalho processar e julgar reclamação de servidor público relativamente a vantagens trabalhistas anteriores à instituição do Regime Jurídico Único.

98. Embargos de declaração manifestados com notório propósito de prequestionamento não têm caráter protelatório.

99. O Ministério Público tem legitimidade para recorrer no processo em que oficiou como fiscal da lei, ainda que não haja recurso da parte.

101. A ação de indenização do segurado em grupo contra a seguradora prescreve em um ano.

102. A incidência dos juros moratórios sobre os compensatórios, nas ações expropriatórias, não constitui anatocismo vedado em lei.

105. Na ação de mandado de segurança não se admite condenação em honorários advocatícios.

106. Proposta a ação no prazo fixado para o seu exercício, a demora na citação, por motivos inerentes ao mecanismo da Justiça, não justifica o acolhimento da arguição de prescrição ou decadência.

108. São admissíveis embargos infringentes em processo falimentar.

109. O reconhecimento do direito a indenização, por falta de mercadoria transportada via marítima, independe de vistoria.

110. A isenção do pagamento de honorários advocatícios, nas ações acidentárias, é restrita ao segurado.

111. Os honorários advocatícios, nas ações previdenciárias, não incidem sobre as prestações vencidas após a sentença.

→ Redação alterada em 27.9.2006.

113. Os juros compensatórios, na desapropriação direta, incidem a partir da imissão na posse, calculados sobre o valor da indenização, corrigido monetariamente.

114. Os juros compensatórios, na desapropriação indireta, incidem a partir da ocupação, calculados sobre o valor da indenização, corrigido monetariamente.

115. Na instância especial é inexistente recurso interposto por advogado sem procuração nos autos.

116. A Fazenda Pública e o Ministério Público têm prazo em dobro para interpor agravo regimental no Superior Tribunal de Justiça.

117. A inobservância do prazo de 48 (quarenta e oito) horas, entre a publicação de pauta e o julgamento sem a presença das partes, acarreta nulidade.

118. O agravo de instrumento é o recurso cabível da decisão que homologa a atualização do cálculo da liquidação.

121. Na execução fiscal o devedor deverá ser intimado, pessoalmente, do dia e hora da realização do leilão.

123. A decisão que admite, ou não, o recurso especial deve ser fundamentada, com o exame dos seus pressupostos gerais e constitucionais.

126. É inadmissível recurso especial, quando o acórdão recorrido assenta em fundamentos constitucional e infraconstitucional, qualquer deles suficiente, por si só, para mantê-lo, e a parte vencida não manifesta recurso extraordinário.

128. Na execução fiscal haverá segundo leilão, se no primeiro não houver lanço superior à avaliação.

131. Nas ações de desapropriação incluem-se no cálculo da verba advocatícia as parcelas relativas aos juros compensatórios e moratórios, devidamente corrigidas.

134. Embora intimado da penhora em imóvel do casal, o cônjuge do executado pode opor embargos de terceiro para defesa de sua meação.

137. Compete à Justiça Comum Estadual processar e julgar ação de servidor público municipal, pleiteando direitos relativos ao vínculo estatutário.

139. Cabe à Procuradoria da Fazenda Nacional propor execução fiscal para cobrança de crédito relativo ao ITR.

141. Os honorários de advogado em desapropriação direta são calculados sobre a diferença entre a indenização e a oferta, corrigidas monetariamente.

143. Prescreve em cinco anos a ação de perdas e danos pelo uso de marca comercial.

144. Os créditos de natureza alimentícia gozam de preferência, desvinculados os precatórios da ordem cronológica dos créditos de natureza diversa.

150. Compete à Justiça Federal decidir sobre a existência de interesse jurídico que justifique a presença, no processo, da União, suas autarquias ou empresas públicas.

153. A desistência da execução fiscal, após o oferecimento dos embargos, não exime o exequente dos encargos da sucumbência.

158. Não se presta a justificar embargos de divergência o dissídio com acórdão de Turma ou Seção que não mais tenha competência para a matéria neles versada.

162. Na repetição de indébito tributário, a correção monetária incide a partir do pagamento indevido.

168. Não cabem embargos de divergência, quando a jurisprudência do Tribunal se firmou no mesmo sentido do acórdão embargado.

169. São inadmissíveis embargos infringentes no processo de mandado de segurança.

173. Compete à Justiça Federal processar e julgar o pedido de reintegração em cargo público federal, ainda que o servidor tenha sido dispensado antes da instituição do Regime Jurídico Único.

175. Descabe o depósito prévio nas ações rescisórias propostas pelo INSS.

177. O Superior Tribunal de Justiça é incompetente para processar e julgar, originariamente, mandado de segurança contra ato de órgão colegiado presidido por Ministro de Estado.

178. O INSS não goza de isenção do pagamento de custas e emolumentos, nas ações acidentarias e de benefícios, propostas na Justiça Estadual.

179. O estabelecimento de crédito que recebe dinheiro, em depósito judicial, responde pelo pagamento da correção monetária relativa aos valores recolhidos.

180. Na lide trabalhista, compete ao Tribunal Regional do Trabalho dirimir conflito de competência verificado, na respectiva região, entre Juiz Estadual e Junta de Conciliação e Julgamento.

181. É admissível ação declaratória, visando a obter certeza quanto à exata interpretação de cláusula contratual.

182. É inviável o agravo do art. 545 do CPC que deixa de atacar especificamente os fundamentos da decisão agravada.

185. Nos depósitos judiciais, não incide o Imposto sobre Operações Financeiras.

187. É deserto o recurso interposto para o Superior Tribunal de Justiça, quando o recorrente não recolhe, na origem, a importância das despesas de remessa e retorno dos autos.

188. Os juros moratórios, na repetição do indébito tributário, são devidos a partir do trânsito em julgado da sentença.

189. É desnecessária a intervenção do Ministério Público nas execuções fiscais.

190. Na execução fiscal, processada perante a Justiça Estadual, cumpre à Fazenda Pública antecipar o numerário destinado ao custeio das despesas com o transporte dos oficiais de justiça.

193. O direito de uso de linha telefônica pode ser adquirido por usucapião.

195. Em embargos de terceiro não se anula ato jurídico, por fraude contra credores.

196. Ao executado que, citado por edital ou por hora certa, permanecer revel, será nomeado curador especial, com legitimidade para apresentação de embargos.

199. Na execução hipotecária de crédito vinculado ao Sistema Financeiro da Habitação, nos termos da Lei 5.741/1971, a petição inicial deve ser instruída com, pelo menos, dois avisos de cobrança.

201. Os honorários advocatícios não podem ser fixados em salários mínimos.

202. A impetração de segurança por terceiro, contra ato judicial, não se condiciona à interposição de recurso.

203. Não cabe recurso especial contra decisão proferida por órgão de segundo grau dos Juizados Especiais.

204. Os juros de mora nas ações relativas a benefícios previdenciários incidem a partir da citação válida.

205. A Lei 8.009/1990 aplica-se à penhora realizada antes de sua vigência.

206. A existência de vara privativa, instituída por lei estadual, não altera a competência territorial resultante das leis de processo.

207. É inadmissível recurso especial quando cabíveis embargos infringentes contra o acórdão proferido no tribunal de origem.

208. Compete à Justiça Federal processar e julgar prefeito municipal por desvio de verba sujeita à prestação de contas perante órgão federal.

209. Compete à Justiça Estadual processar e julgar prefeito por desvio de verba transferida e incorporada ao patrimônio municipal.

210. A ação de cobrança das contribuições para o FGTS prescreve em 30 (trinta) anos.

211. Inadmissível recurso especial quanto à questão que, a despeito da oposição de embargos declaratórios, não foi apreciada pelo tribunal *a quo*.

212. A compensação de créditos tributários não pode ser deferida em ação cautelar ou por medida liminar cautelar ou antecipatória.

213. O mandado de segurança constitui ação adequada para a declaração do direito à compensação tributária.

216. A tempestividade de recurso interposto no Superior Tribunal de Justiça é aferida pelo registro no protocolo da Secretaria e não pela data da entrega na agência do correio.

218. Compete à Justiça dos Estados processar e julgar ação de servidor estadual decorrente de direitos e vantagens estatutárias no exercício de cargo em comissão.

222. Compete à Justiça Comum processar e julgar as ações relativas à contribuição sindical prevista no art. 578 da CLT.

223. A certidão de intimação do acórdão recorrido constitui peça obrigatória do instrumento de agravo.

224. Excluído do feito o ente federal, cuja presença levara o Juiz Estadual a declinar da competência, deve o Juiz Federal restituir os autos e não suscitar conflito.

225. Compete ao Tribunal Regional do Trabalho apreciar recurso contra sentença proferida por órgão de primeiro grau da Justiça Trabalhista, ainda que para declarar-lhe a nulidade em virtude de incompetência.

226. O Ministério Público tem legitimidade para recorrer na ação de acidente do trabalho, ainda que o segurado esteja assistido por advogado.

228. É inadmissível o interdito proibitório para a proteção do direito autoral.

232. A Fazenda Pública, quando parte no processo, fica sujeita à exigência do depósito prévio dos honorários do perito.

233. O contrato de abertura de crédito, ainda que acompanhado de extrato da conta-corrente, não é título executivo.

235. A conexão não determina a reunião dos processos, se um deles já foi julgado.

236. Não compete ao Superior Tribunal de Justiça dirimir conflitos de competência entre juízos trabalhistas vinculados a Tribunais do Trabalho diversos.

239. O direito à adjudicação compulsória não se condiciona ao registro do compromisso de compra e venda no cartório de imóveis.

240. A extinção do processo, por abandono da causa pelo autor, depende de requerimento do réu.

242. Cabe ação declaratória para reconhecimento de tempo de serviço para fins previdenciários.

247. O contrato de abertura de crédito em conta-corrente, acompanhado do demonstrativo de débito, constitui documento hábil para o ajuizamento da ação monitória.

248. Comprovada a prestação dos serviços, a duplicata não aceita, mas protestada, é título hábil para instruir pedido de falência.

249. A Caixa Econômica Federal tem legitimidade passiva para integrar processo em que se discute correção monetária do FGTS.

251. A meação só responde pelo ato ilícito quando o credor, na execução fiscal, provar que o enriquecimento dele resultante aproveitou ao casal.

253. O art. 557 do CPC, que autoriza o relator a decidir o recurso, alcança o reexame necessário.

254. A decisão do Juízo Federal que exclui da relação processual ente federal não pode ser reexaminada no Juízo Estadual.

255. Cabem embargos infringentes contra acórdão, proferido por maioria, em agravo retido, quando se tratar de matéria de mérito.

258. A nota promissória vinculada a contrato de abertura de crédito não goza de autonomia em razão da iliquidez do título que a originou.

259. A ação de prestação de contas pode ser proposta pelo titular de conta-corrente bancária.

264. É irrecorrível o ato judicial que apenas manda processar a concordata preventiva.

268. O fiador que não integrou a relação processual na ação de despejo não responde pela execução do julgado.

270. O protesto pela preferência de crédito, apresentado por ente federal em execução que tramita na Justiça Estadual, não desloca a competência para a Justiça Federal.

271. A correção monetária dos depósitos judiciais independe de ação específica contra o banco depositário.

277. Julgada procedente a investigação de paternidade, os alimentos são devidos a partir da citação.

279. É cabível execução por título extrajudicial contra a Fazenda Pública.

282. Cabe a citação por edital em ação monitória.

291. A ação de cobrança de parcelas de complementação de aposentadoria pela previdência privada prescreve em 5 (cinco) anos.

292. A reconvenção é cabível na ação monitória, após a conversão do procedimento em ordinário.

299. É admissível a ação monitória fundada em cheque prescrito.

300. O instrumento de confissão de dívida, ainda que originário de contrato de abertura de crédito, constitui título executivo extrajudicial.

301. Em ação investigatória, a recusa do suposto pai a submeter-se ao exame de DNA induz presunção *juris tantum* de paternidade.

303. Em embargos de terceiro, quem deu causa à constrição indevida deve arcar com os honorários advocatícios.

304. É ilegal a decretação da prisão civil daquele que não assume expressamente o encargo de depositário judicial.

305. É descabida a prisão civil do depositário quando, decretada a falência da empresa, sobrevém a arrecadação do bem pelo síndico.

306. Os honorários advocatícios devem ser compensados quando houver sucumbência recíproca, assegurado o direito autônomo do advogado à execução do saldo sem excluir a legitimidade da própria parte.

309. O débito alimentar que autoriza a prisão civil do alimentante é o que compreende as três prestações anteriores ao ajuizamento da execução e as que se vencerem no curso do processo.

→ Redação alterada em 22.3.2006.

311. Os atos do presidente do tribunal que disponham sobre processamento e pagamento de precatório não têm caráter jurisdicional.

313. Em ação de indenização, procedente o pedido, é necessária a constituição de capital ou caução fidejussória para a garantia de pagamento da pensão, independentemente da situação financeira do demandado.

314. Em execução fiscal, não localizados bens penhoráveis, suspende-se o processo por um ano, findo o qual se inicia o prazo da prescrição quinquenal intercorrente.

315. Não cabem embargos de divergência no âmbito do agravo de instrumento que não admite recurso especial.

316. Cabem embargos de divergência contra acórdão que, em agravo regimental, decide recurso especial.

317. É definitiva a execução de título extrajudicial, ainda que pendente apelação contra sentença que julgue improcedentes os embargos.

318. Formulado pedido certo e determinado, somente o autor tem interesse recursal em arguir o vício da sentença ilíquida.

319. O encargo de depositário de bens penhorados pode ser expressamente recusado.

320. A questão federal somente ventilada no voto vencido não atende ao requisito do prequestionamento.

321. O Código de Defesa do Consumidor é aplicável às entidades abertas de previdência complementar, não incidindo nos contratos previdenciários celebrados com entidades fechadas.

324. Compete à Justiça Federal processar e julgar ações de que participa a Fundação Habitacional do Exército, equiparada à entidade autárquica federal, supervisionada pelo Ministério do Exército.

325. A remessa oficial devolve ao Tribunal o reexame de todas as parcelas da condenação suportadas pela Fazenda Pública, inclusive dos honorários de advogado.

326. Na ação de indenização por dano moral, a condenação em montante inferior ao postulado na inicial não implica sucumbência recíproca.

327. Nas ações referentes ao Sistema Financeiro da Habitação, a Caixa Econômica Federal tem legitimidade como sucessora do Banco Nacional da Habitação.

328. Na execução contra instituição financeira, é penhorável o numerário disponível, excluídas as reservas bancárias mantidas no Banco Central.

329. O Ministério Público tem legitimidade para propor ação civil pública em defesa do patrimônio público.

331. A apelação interposta contra sentença que julga embargos à arrematação tem efeito meramente devolutivo.

333. Cabe mandado de segurança contra ato praticado em licitação promovida por sociedade de economia mista ou empresa pública.

339. É cabível ação monitória contra a Fazenda Pública.

344. A liquidação por forma diversa da estabelecida na sentença não ofende a coisa julgada.

345. São devidos honorários advocatícios pela Fazenda Pública nas execuções individuais de sentença proferida em ações coletivas, ainda que não embargadas.

349. Compete à Justiça Federal ou aos juízes com competência delegada o julgamento das execuções fiscais de contribuições devidas pelo empregador ao FGTS.

354. A invasão do imóvel é causa de suspensão do processo expropriatório para fins de reforma agrária.

358. O cancelamento de pensão alimentícia de filho que atingiu a maioridade está sujeito à decisão judicial, mediante contraditório, ainda que nos próprios autos.

361. A notificação do protesto, para requerimento de falência da empresa devedora, exige a identificação da pessoa que a recebeu.

362. A correção monetária do valor da indenização do dano moral incide desde a data do arbitramento.

363. Compete à Justiça estadual processar e julgar a ação de cobrança ajuizada por profissional liberal contra cliente.

364. O conceito de impenhorabilidade de bem de família abrange também o imóvel pertencente a pessoas solteiras, separadas e viúvas.

365. A intervenção da União como sucessora da Rede Ferroviária Federal S.A. (RFFSA) desloca a competência para a Justiça Federal ainda que a sentença tenha sido proferida por Juízo estadual.

367. A competência estabelecida pela EC n. 45/2004 não alcança os processos já sentenciados.

368. Compete à Justiça comum estadual processar e julgar os pedidos de retificação de dados cadastrais da Justiça Eleitoral.

372. Na ação de exibição de documentos, não cabe a aplicação de multa cominatória.

373. É ilegítima a exigência de depósito prévio para admissibilidade de recurso administrativo.

374. Compete à Justiça Eleitoral processar e julgar a ação para anular débito decorrente de multa eleitoral.

375. O reconhecimento da fraude à execução depende do registro da penhora do bem alienado ou da prova de má-fé do terceiro adquirente.

376. Compete a turma recursal processar e julgar o mandado de segurança contra ato de juizado especial.

383. A competência para processar e julgar as ações conexas de interesse de menor é, em princípio, do foro do domicílio do detentor de sua guarda.

384. Cabe ação monitória para haver saldo remanescente oriundo de venda extrajudicial de bem alienado fiduciariamente em garantia.

387. É lícita a cumulação das indenizações de dano estético e dano moral.

389. A comprovação do pagamento do "custo do serviço" referente ao fornecimento de certidão de assentamentos constantes dos livros da companhia é requisito de procedibilidade da ação de exibição de documentos ajuizada em face da sociedade anônima.

390. Nas decisões por maioria, em reexame necessário, não se admitem embargos infringentes.

392. A Fazenda Pública pode substituir a certidão de dívida ativa (CDA) até a prolação da sentença de embargos, quando se tratar de correção de erro material ou formal, vedada a modificação do sujeito passivo da execução.

393. A exceção de pré-executividade é admissível na execução fiscal relativamente às matérias conhecíveis de ofício que não demandem dilação probatória.

394. É admissível, em embargos à execução, compensar os valores de imposto de renda retidos indevidamente na fonte com os valores restituídos apurados na declaração anual.

→ Redação republicada no *D.J.E.* de 21.10.2009.

396. A Confederação Nacional da Agricultura tem legitimidade ativa para a cobrança da contribuição sindical rural.

401. O prazo decadencial da ação rescisória só se inicia quando não for cabível qualquer recurso do último pronunciamento judicial.

405. A ação de cobrança do seguro obrigatório (DPVAT) prescreve em 3 (três) anos.

406. A Fazenda Pública pode recusar a substituição do bem penhorado por precatório.

409. Em execução fiscal, a prescrição ocorrida antes da propositura da ação pode ser decretada de ofício (art. 219, § 5º, do CPC).

410. A prévia intimação pessoal do devedor constitui condição necessária para a cobrança de multa pelo descumprimento de obrigação de fazer ou não fazer.

414. A citação por edital na execução fiscal é cabível quando frustradas as demais modalidades.

417. Na execução civil, a penhora de dinheiro na ordem de nomeação de bens não tem caráter absoluto.

418. É inadmissível o recurso especial interposto antes da publicação do acórdão dos embargos de declaração, sem posterior ratificação.

419. Descabe a prisão civil do depositário judicial infiel.

420. Incabível, em embargos de divergência, discutir o valor de indenização por danos morais.

421. Os honorários advocatícios não são devidos à Defensoria Pública quando ela atua contra a pessoa jurídica de direito público à qual pertença.

426. Os juros de mora na indenização do seguro DPVAT fluem a partir da citação.

427. A ação de cobrança de diferenças de valores de complementação de aposentadoria prescreve em 5 (cinco) anos contados da data do pagamento.

428. Compete ao Tribunal Regional Federal decidir os conflitos de competência entre juizado especial federal e juízo federal da mesma seção judiciária.

429. A citação postal, quando autorizada por lei, exige o aviso de recebimento.

434. O pagamento da multa por infração de trânsito não inibe a discussão judicial do débito.

447. Os Estados e o Distrito Federal são partes legítimas na ação de restituição de imposto de renda retido na fonte proposta por seus servidores.

449. A vaga de garagem que possui matrícula própria no registro de imóveis não constitui bem de família para efeito de penhora.

451. É legítima a penhora da sede do estabelecimento comercial.

452. A extinção das ações de pequeno valor é faculdade da Administração Federal, vedada a atuação judicial de ofício.

453. Os honorários sucumbenciais, quando omitidos em decisão transitada em julgado, não podem ser cobrados em execução ou em ação própria.

460. É incabível o mandado de segurança para convalidar a compensação tributária realizada pelo contribuinte.

461. O contribuinte pode optar por receber, por meio de precatório ou por compensação, o indébito tributário certificado por sentença declaratória transitada em julgado.

462. Nas ações em que representa o FGTS, a CEF, quando sucumbente, não está isenta de reembolsar as custas antecipadas pela parte vencedora.

467. Prescreve em 5 (cinco) anos, contados do término do processo administrativo, a pretensão da Administração Pública de promover a execução da multa por infração ambiental.

469. Aplica-se o Código de Defesa do Consumidor aos contratos de plano de saúde.

470. O Ministério Público não tem legitimidade para pleitear, em ação civil pública, a indenização decorrente do DPVAT em benefício do segurado.

478. Na execução de crédito relativo a cotas condominiais, este tem preferência sobre o hipotecário.

480. O juízo da recuperação judicial não é competente para decidir sobre a constrição de bens não abrangidos pelo plano de recuperação da empresa.

481. Faz jus ao benefício da justiça gratuita a pessoa jurídica com ou sem fins lucrativos que demonstrar sua impossibilidade de arcar com os encargos processuais.

482. A falta de ajuizamento da ação principal no prazo do art. 806 do CPC acarreta a perda da eficácia da liminar deferida e a extinção do processo cautelar.

483. O INSS não está obrigado a efetuar depósito prévio do preparo por gozar das prerrogativas e privilégios da Fazenda Pública.

484. Admite-se que o preparo seja efetuado no primeiro dia útil subsequente, quando a interposição do recurso ocorrer após o encerramento do expediente bancário.

485. A Lei de Arbitragem aplica-se aos contratos que contenham cláusula arbitral, ainda que celebrados antes da sua edição

486. É impenhorável o único imóvel residencial do devedor que esteja locado a terceiros, desde que a renda obtida com a locação seja revertida para a subsistência ou a moradia da sua família.

487. O parágrafo único do art. 741 do CPC não se aplica às sentenças transitadas em julgado em data anterior à da sua vigência.

488. O § 2º do art. 6º da Lei 9.469/1997, que obriga à repartição dos honorários advocatícios, é inaplicável a acordos ou transações celebrados em data anterior à sua vigência.

489. Reconhecida a continência, devem ser reunidas na Justiça Federal as ações civis públicas propostas nesta e na Justiça estadual.

490. A dispensa de reexame necessário, quando o valor da condenação ou do direito controvertido for inferior a sessenta salários mínimos, não se aplica a sentenças ilíquidas.

497. Os créditos das autarquias federais preferem aos créditos da Fazenda estadual desde que coexistam penhoras sobre o mesmo bem.

503. O prazo para ajuizamento de ação monitória em face do emitente de cheque sem força executiva é quinquenal, a contar do dia seguinte à data de emissão estampada na cártula.

504. O prazo para ajuizamento de ação monitória em face do emitente de nota promissória sem força executiva é quinquenal, a contar do dia seguinte ao vencimento do título.

505. A competência para processar e julgar as demandas que têm por objeto obrigações decorrentes dos contratos de planos de previdência privada firmados com a Fundação Rede Ferroviária de Seguridade Social – REFER é da Justiça estadual.

506. A Anatel não é parte legítima nas demandas entre a concessionária e o usuário de telefonia decorrentes de relação contratual.

515. A reunião de execuções fiscais contra o mesmo devedor constitui faculdade do juiz.

517. São devidos honorários advocatícios no cumprimento de sentença, haja ou não impugnação, depois de escoado o prazo para pagamento voluntário, que se inicia após a intimação do advogado da parte executada.

518. Para fins do art. 105, III, a, da Constituição Federal, não é cabível recurso especial fundado em alegada violação de enunciado de súmula.

519. Na hipótese de rejeição da impugnação ao cumprimento de sentença, não são cabíveis honorários advocatícios.

521. A legitimidade para execução fiscal de multa pendente de pagamento imposta em sentença condenatória é exclusiva da Procuradoria da Fazenda Pública.

525. A Câmara de Vereadores não possui personalidade jurídica, apenas personalidade judiciária, somente podendo demandar em juízo para defender os seus direitos institucionais.

529. No seguro de responsabilidade civil facultativo, não cabe o ajuizamento de ação pelo terceiro prejudicado direta e exclusivamente em face da seguradora do apontado causador do dano.

531. Em ação monitória fundada em cheque prescrito ajuizada contra o emitente, é dispensável a menção ao negócio jurídico subjacente à emissão da cártula.

537. Em ação de reparação de danos, a seguradora denunciada, se aceitar a denunciação ou contestar o pedido do autor, pode ser condenada, direta e solidariamente junto com o segurado, ao pagamento da indenização devida à vítima, nos limites contratados na apólice.

540. Na ação de cobrança do seguro DPVAT, constitui faculdade do autor escolher entre os foros do seu domicílio, do local do acidente ou ainda do domicílio do réu.

549. É válida a penhora de bem de família pertencente a fiador de contrato de locação.

551. Nas demandas por complementação de ações de empresas de telefonia, admite-se a condenação ao pagamento de dividendos e juros sobre capital próprio independentemente de pedido expresso. No entanto, somente quando previstos no título executivo, poderão ser objeto de cumprimento de sentença.

553. Nos casos de empréstimo compulsório sobre o consumo de energia elétrica, é competente a Justiça estadual para o julgamento de demanda proposta exclusivamente contra a Eletrobrás. Requerida a intervenção da União no feito após a prolação de sentença pelo juízo estadual, os autos devem ser remetidos ao Tribunal Regional Federal competente para o julgamento da apelação se deferida a intervenção.

554. Na hipótese de sucessão empresarial, a responsabilidade da sucessora abrange não apenas os tributos devidos pela sucedida, mas também as multas moratórias ou punitivas referentes a fatos geradores ocorridos até a data da sucessão.

558. Em ações de execução fiscal, a petição inicial não pode ser indeferida sob o argumento da falta de indicação do CPF e/ou RG ou CNPJ da parte executada.

559. Em ações de execução fiscal, é desnecessária a instrução da petição inicial com o demonstrativo de cálculo do débito, por tratar-se de requisito não previsto no art. 6º da Lei n. 6.830/1980.

560. A decretação da indisponibilidade de bens e direitos, na forma do art. 185-A do CTN, pressupõe o exaurimento das diligências na busca por bens penhoráveis, o qual fica caracterizado quando infrutíferos o pedido de constrição sobre ativos financeiros e a expedição de ofícios aos registros públicos do domicílio do executado, ao Denatran ou Detran.

564. No caso de reintegração de posse em arrendamento mercantil financeiro, quando a soma da importância antecipada a título de valor residual garantido (VRG) com o valor da venda do bem ultrapassar o total do VRG previsto contratualmente, o arrendatário terá direito de receber a respectiva diferença, cabendo, porém, se estipulado no contrato, o prévio desconto de outras despesas ou encargos pactuados.

568. O relator, monocraticamente e no Superior Tribunal de Justiça, poderá dar ou negar provimento ao recurso quando houver entendimento dominante acerca do tema.

570. Compete à Justiça Federal o processo e julgamento de demanda em que se discute a ausência de ou o obstáculo ao credenciamento de instituição particular de ensino superior no Ministério da Educação como condição de expedição de diploma de ensino a distância aos estudantes.

586. A exigência de acordo entre o credor e o devedor na escolha do agente fiduciário aplica-se, exclusivamente, aos contratos não vinculados ao Sistema Financeiro da Habitação - SFH.

576. Ausente requerimento administrativo no INSS, o termo inicial para a implantação da aposentadoria por invalidez concedida judicialmente será a data da citação válida.

577. É possível reconhecer o tempo de serviço rural anterior ao documento mais antigo apresentado, desde que amparado em convincente prova testemunhal colhida sob o contraditório.

579. Não é necessário ratificar o recurso especial interposto na pendência do julgamento dos embargos de declaração, quando inalterado o resultado anterior.

580. A correção monetária nas indenizações do seguro DPVAT por morte ou invalidez, prevista no § 7º do art. 5º da Lei n. 6.194/1974, redação dada pela Lei n. 11.482/2007, incide desde a data do evento danoso.

581. A recuperação judicial do devedor principal não impede o prosseguimento das ações e execuções ajuizadas contra terceiros devedores solidários ou coobrigados em geral, por garantia cambial, real ou fidejussória.

594. O Ministério Público tem legitimidade ativa para ajuizar ação de alimentos em proveito de criança ou adolescente independentemente do exercício do poder familiar dos pais, ou do fato de o menor se encontrar nas situações de risco descritas no art. 98 do Estatuto da Criança e do Adolescente, ou de quaisquer outros questionamentos acerca da existência ou eficiência da Defensoria Pública na comarca.

595. As instituições de ensino superior respondem objetivamente pelos danos suportados pelo aluno/consumidor pela realização de curso não reconhecido pelo Ministério da Educação, sobre o qual não lhe tenha sido dada prévia e adequada informação.

596. A obrigação alimentar dos avós tem natureza complementar e subsidiária, somente se configurando no caso de impossibilidade total ou parcial de seu cumprimento pelos pais.

598. É desnecessária a apresentação de laudo médico oficial para o reconhecimento judicial da isenção do imposto de renda, desde que o magistrado entenda suficientemente demonstrada a doença grave por outros meios de prova.

601. O Ministério Público tem legitimidade ativa para atuar na defesa de direitos difusos, coletivos e individuais homogêneos dos consumidores, ainda que decorrentes da prestação de serviço público.

602. O Código de Defesa do Consumidor é aplicável aos empreendimentos habitacionais promovidos pelas sociedades cooperativas.

603. É vedado ao banco mutuante reter, em qualquer extensão, os salários, vencimentos e/ou proventos de correntista para adimplir o mútuo (comum) contraído, ainda que haja cláusula contratual autorizativa, excluído o empréstimo garantido por margem salarial consignável, com desconto em folha de pagamento, que possui regramento legal específico e admite a retenção de percentual.

Enunciados

Enunciados ENFAM (Escola Nacional de Formação e Aperfeiçoamento da Magistratura)

1) Entende-se por "fundamento" referido no art. 10 do CPC/2015 o substrato fático que orienta o pedido, e não o enquadramento jurídico atribuído pelas partes.

2) Não ofende a regra do contraditório do art. 10 do CPC/2015, o pronunciamento jurisdicional que invoca princípio, quando a regra jurídica aplicada já debatida no curso do processo é emanação daquele princípio.

3) É desnecessário ouvir as partes quando a manifestação não puder influenciar na solução da causa.

4) Na declaração de incompetência absoluta não se aplica o disposto no art. 10, parte final, do CPC/2015.

5) Não viola o art. 10 do CPC/2015 a decisão com base em elementos de fato documentados nos autos sob o contraditório.

6) Não constitui julgamento surpresa o lastreado em fundamentos jurídicos, ainda que diversos dos apresentados pelas partes, desde que embasados em provas submetidas ao contraditório.

7) O acórdão, cujos fundamentos não tenham sido explicitamente adotados como razões de decidir, não constitui precedente vinculante.

8) Os enunciados das súmulas devem reproduzir os fundamentos determinantes do precedente.

9) É ônus da parte, para os fins do disposto no art. 489, § 1º, V e VI, do CPC/2015, identificar os fundamentos determinantes ou demonstrar a existência de distinção no caso em julgamento ou a superação do entendimento, sempre que invocar jurisprudência, precedente ou enunciado de súmula.

10) A fundamentação sucinta não se confunde com a ausência de fundamentação e não acarreta a nulidade da decisão se forem enfrentadas todas as questões cuja resolução, em tese, influencie a decisão da causa.

11) Os precedentes a que se referem os incisos V e VI do § 1º do art. 489 do CPC/2015 são apenas os mencionados no art. 927 e no inciso IV do art. 332.

12) Não ofende a norma extraível do inciso IV do § 1º do art. 489 do CPC/2015 a decisão que deixar de apreciar questões cujo exame tenha ficado prejudicado em razão da análise anterior de questão subordinante.

13) O art. 489, § 1º, IV, do CPC/2015 não obriga o juiz a enfrentar os fundamentos jurídicos invocados pela parte, quando já tenham sido enfrentados na formação dos precedentes obrigatórios.

14) Em caso de sucumbência recíproca, deverá ser considerada proveito econômico do réu, para fins do art. 85, § 2º, do CPC/2015, a diferença entre o que foi pleiteado pelo autor e o que foi concedido, inclusive no que se refere às condenações por danos morais.

15) Nas execuções fiscais ou naquelas fundadas em título extrajudicial promovidas contra a Fazenda Pública, a fixação dos honorários deverá observar os parâmetros do art. 85, § 3º, do CPC/2015.

16) Não é possível majorar os honorários na hipótese de interposição de recurso no mesmo grau de jurisdição (art. 85, § 11, do CPC/2015).

17) Para apuração do "valor atualizado da causa" a que se refere o art. 85, § 2º, do CPC/2015, deverão ser utilizados os índices previstos no programa de atualização financeira do CNJ a que faz referência o art. 509, § 3º.

18) Na estabilização da tutela antecipada, o réu ficará isento do pagamento das custas e os honorários deverão ser fixados no percentual de 5% sobre o valor da causa (art. 304, caput, c/c o art. 701, caput, do CPC/2015).

19) A decisão que aplica a tese jurídica firmada em julgamento de casos repetitivos não precisa enfrentar os fundamentos já analisados na decisão paradigma, sendo suficiente, para fins de atendimento das exigências constantes no art. 489, § 1º, do CPC/2015, a correlação fática e jurídica entre o caso concreto e aquele apreciado no incidente de solução concentrada.

20) O pedido fundado em tese aprovada em IRDR deverá ser julgado procedente, respeitados o contraditório e a ampla defesa, salvo se for o caso de distinção ou se houver superação do entendimento pelo tribunal competente.

21) O IRDR pode ser suscitado com base em demandas repetitivas em curso nos juizados especiais. (* vide enunciado n. 44)

22) A instauração do IRDR não pressupõe a existência de processo pendente no respectivo tribunal.

23) É obrigatória a determinação de suspensão dos processos pendentes, individuais e coletivos, em trâmite nos Estados ou regiões, nos termos do § 1º do art. 1.036

do CPC/2015, bem como nos termos do art. 1.037 do mesmo código.

24) O prazo de um ano previsto no art. 1.037 do CPC/2015 deverá ser aplicado aos processos já afetados antes da vigência dessa norma, com o seu cômputo integral a partir da entrada em vigor do novo estatuto processual.

25) A vedação da concessão de tutela de urgência cujos efeitos possam ser irreversíveis (art. 300, § 3º, do CPC/2015) pode ser afastada no caso concreto com base na garantia do acesso à Justiça (art. 5º, XXXV, da CRFB).

26) Caso a demanda destinada a rever, reformar ou invalidar a tutela antecipada estabilizada seja ajuizada tempestivamente, poderá ser deferida em caráter liminar a antecipação dos efeitos da revisão, reforma ou invalidação pretendida, na forma do art. 296, parágrafo único, do CPC/2015, desde que demonstrada a existência de outros elementos que ilidam os fundamentos da decisão anterior.

27) Não é cabível ação rescisória contra decisão estabilizada na forma do art. 304 do CPC/2015.

28) Admitido o recurso interposto na forma do art. 304 do CPC/2015, converte-se o rito antecedente em principal para apreciação definitiva do mérito da causa, independentemente do provimento ou não do referido recurso.

29) Para a concessão da tutela de evidência prevista no art. 311, III, do CPC/2015, o pedido reipersecutório deve ser fundado em prova documental do contrato de depósito e também da mora.

30) É possível a concessão da tutela de evidência prevista no art. 311, II, do CPC/2015 quando a pretensão autoral estiver de acordo com orientação firmada pelo Supremo Tribunal Federal em sede de controle abstrato de constitucionalidade ou com tese prevista em súmula dos tribunais, independentemente de caráter vinculante.

31) A concessão da tutela de evidência prevista no art. 311, II, do CPC/2015 independe do trânsito em julgado da decisão paradigma.

32) O rol do art. 12, § 2º, do CPC/2015 é exemplificativo, de modo que o juiz poderá, fundamentadamente, proferir sentença ou acórdão fora da ordem cronológica de conclusão, desde que preservadas a moralidade, a publicidade, a impessoalidade e a eficiência na gestão da unidade judiciária.

33) A urgência referida no art. 12, § 2º, IX, do CPC/2015 é diversa da necessária para a concessão de tutelas provisórias de urgência, estando autorizada, portanto, a prolação de sentenças e acórdãos fora da ordem cronológica de conclusão, em virtude de particularidades gerenciais da unidade judicial, em decisão devidamente fundamentada.

34) A violação das regras dos arts. 12 e 153 do CPC/2015 não é causa de nulidade dos atos praticados no processo decidido/cumprido fora da ordem cronológica, tampouco caracteriza, por si só, parcialidade do julgador ou do serventuário.

35) Além das situações em que a flexibilização do procedimento é autorizada pelo art. 139, VI, do CPC/2015, pode o juiz, de ofício, preservada a previsibilidade do rito, adaptá-lo às especificidades da causa, observadas as garantias fundamentais do processo.

36) A regra do art. 190 do CPC/2015 não autoriza às partes a celebração de negócios jurídicos processuais atípicos que afetem poderes e deveres do juiz, tais como os que: a) limitem seus poderes de instrução ou de sanção à litigância ímproba; b) subtraiam do Estado/juiz o controle da legitimidade das partes ou do ingresso de amicus curiae; c) introduzam novas hipóteses de recorribilidade, de rescisória ou de sustentação oral não previstas em lei; d) estipulem o julgamento do conflito com base em lei diversa da nacional vigente; e e) estabeleçam prioridade de julgamento não prevista em lei.

37) São nulas, por ilicitude do objeto, as convenções processuais que violem as garantias constitucionais do processo, tais como as que: a) autorizem o uso de prova ilícita; b) limitem a publicidade do processo para além das hipóteses expressamente previstas em lei; c) modifiquem o regime de competência absoluta; e d) dispensem o dever de motivação.

38) Somente partes absolutamente capazes podem celebrar convenção pré-processual atípica (arts. 190 e 191 do CPC/2015).

39) Não é válida convenção pré-processual oral (art. 4º, § 1º, da Lei n. 9.307/1996 e 63, § 1º, do CPC/2015).

40) Incumbe ao recorrente demonstrar que o argumento reputado omitido é capaz de infirmar a conclusão adotada pelo órgão julgador.

41) Por compor a estrutura do julgamento, a ampliação do prazo de sustentação oral não pode ser objeto de negócio jurídico entre as partes.

42) Não será declarada a nulidade sem que tenha sido demonstrado o efetivo prejuízo por ausência de análise de argumento deduzido pela parte.

43) O art. 332 do CPC/2015 se aplica ao sistema de juizados especiais e o inciso IV também abrange os enunciados e súmulas dos seus órgãos colegiados competentes.

44) Admite-se o IRDR nos juizados especiais, que deverá ser julgado por órgão colegiado de uniformização do próprio sistema.

45) A contagem dos prazos em dias úteis (art. 219 do CPC/2015) aplica-se ao sistema de juizados especiais.

46) O § 5º do art. 1.003 do CPC/2015 (prazo recursal de 15 dias) não se aplica ao sistema de juizados especiais.

47) O art. 489 do CPC/2015 não se aplica ao sistema de juizados especiais.

48) O art. 139, IV, do CPC/2015 traduz um poder geral de efetivação, permitindo a aplicação de medidas atípicas para garantir o cumprimento de qualquer ordem judicial, inclusive no âmbito do cumprimento de sentença e no processo de execução baseado em títulos extrajudiciais.

49) No julgamento antecipado parcial de mérito, o cumprimento provisório da decisão inicia-se independentemente de caução (art. 356, § 2º, do CPC/2015), sendo aplicável, todavia, a regra do art. 520, IV.

50) O oferecimento de impugnação manifestamente protelatória ao cumprimento de sentença será considerado conduta atentatória à dignidade da Justiça (art. 918, III, parágrafo único, do CPC/2015), ensejando a aplicação da multa prevista no art. 774, parágrafo único.

51) A majoração de honorários advocatícios prevista no art. 827, § 2º, do CPC/2015 não é aplicável à impugnação ao cumprimento de sentença.

52) A citação a que se refere o art. 792, § 3º, do CPC/2015 (fraude à execução) é a do executado originário, e não aquela prevista para o incidente de desconsideração da personalidade jurídica (art. 135 do CPC/2015).

53) O redirecionamento da execução fiscal para o sócio-gerente prescinde do incidente de desconsideração da personalidade jurídica previsto no art. 133 do CPC/2015.

54) A ausência de oposição de embargos de terceiro no prazo de 15 (quinze) dias prevista no art. 792, § 4º, do CPC/2015 implica preclusão para fins do art. 675, caput, do mesmo código.

55) Às hipóteses de rejeição liminar a que se referem os arts. 525, § 5º, 535, § 2º, e 917 do CPC/2015 (excesso de execução) não se aplicam os arts. 9º e 10 desse código.

56) Nas atas das sessões de conciliação e mediação, somente serão registradas as informações expressamente autorizadas por todas as partes.

57) O cadastro dos conciliadores, mediadores e câmaras privadas deve ser realizado nos núcleos estaduais ou regionais de conciliação (Núcleos Permanentes de Métodos Consensuais de Solução de Conflitos – NUPEMEC), que atuarão como órgãos de gestão do sistema de autocomposição.

58) As escolas judiciais e da magistratura têm autonomia para formação de conciliadores e mediadores, observados os requisitos mínimos estabelecidos pelo CNJ.

59) O conciliador ou mediador não cadastrado no tribunal, escolhido na forma do § 1º do art. 168 do CPC/2015, deverá preencher o requisito de capacitação mínima previsto no § 1º do art. 167.

60) À sociedade de advogados a que pertença o conciliador ou mediador aplicam-se os impedimentos de que tratam os arts. 167, § 5º, e 172 do CPC/2015.

61) Somente a recusa expressa de ambas as partes impedirá a realização da audiência de conciliação ou mediação prevista no art. 334 do CPC/2015, não sendo a manifestação de desinteresse externada por uma das partes justificativa para afastar a multa de que trata o art. 334, § 8º.

62) O conciliador e o mediador deverão advertir os presentes, no início da sessão ou audiência, da extensão do princípio da confidencialidade a todos os participantes do ato.

Enunciados CEAPRO (Centro de Estudos Avançados de Processo)

1) A aceitação pelo autor da indicação do sujeito passivo pelo réu com a alteração da petição inicial, não está submetida ao prévio controle judicial (artigo 339, parágrafos 1º e 2º).

2) A alegação da ilegitimidade com a indicação do correto sujeito passivo da relação jurídica deve ser feita pelo réu em contestação (artigos 337, XI, 338 e 339).

3) A aceitação do autor, após a alegação da ilegitimidade com a indicação do correto sujeito passivo da relação jurídica, deve ser feita no prazo de 15 dias após a intimação para se manifestar sobre a contestação ou sobre essa alegação do réu (artigo 339, parágrafos 1º e 2º).

4) É objetiva a responsabilidade da parte favorecida com a concessão de tutela antecipada, pelos eventuais danos que este evento vier a ocasionar à parte adversa (art. 302).

5) No depoimento pessoal, a parte contrária deve ter o mesmo tratamento da parte depoente, ou seja, cabe ao magistrado a definição prévia acerca da permanência das partes quando do depoimento da parte contrária (art. 385, §2º).

6) A hipossuficiência justificadora da atribuição do ônus da prova é a informativa e não a econômica (art. 373).

7) O NCPC estabelece um dever-poder instrutório do magistrado (artigo 370) .

8) Deve o julgador enunciar expressamente no dispositivo quais questões prejudiciais serão acobertadas pela coisa julgada material, até por conta do disposto no inciso I do art. 504 (artigo 503, § 1º).

9) A reclamação, quando ajuizada dentro do prazo recursal, impede, por si só, o trânsito em julgado da decisão reclamada (artigo 998, §§5º e 6º).

10) No processamento da apelação em primeiro grau não haverá decisão sobre a admissibilidade e nem sobre os efeitos do recurso (artigo 1.012, §3º).

11) A limitação à dispensa da caução no cumprimento provisório de obrigação de pagar quantia poderá ser afastada, excepcionalmente, à luz das particularidades do caso concreto, em decisão fundamentada (artigo 521, parágrafo único).

12) Não se exige o transito em julgado do acórdão paradigma mas apenas a conclusão do julgamento, o que incluiria eventuais embargos de declaração opostos, para que se encerre a suspensão dos RE/RESP até então sobrestados (artigo 1.040, III).

13) O efeito suspensivo automático do recurso de apelação, aplica-se ao agravo de instrumento interposto contra a decisão parcial do mérito prevista no art. 356(artigo 1.015)

14) O juiz deve estimular a adoção da autocomposição, sendo a ele vedada a condução da sessão consensual por força dos princípios da imparcialidade e confidencialidade (art. 139, V, 166, parágrafo, 1, CPC).

15) A exigência de juntada aos autos do processo de cópia da petição do agravo de instrumento se aplica exclusivamente quando os autos do agravo não forem eletrônicos (no art. 1018, § 2º).

16) A apelação contra a sentença que julga os embargos ao mandado monitório não é dotada de efeito suspensivo automático(Art. 702, § 4o).

17) O pleito de decretação de nulidade de sentença arbitral em impugnação ao cumprimento de sentença está sujeito ao prazo decadencial de 90 (noventa) dias previsto no §1º do art. 33 da Lei de Arbitragem. (art.525)

18) A Súmula 375 do STJ não impede a atribuição diversa do ônus da prova, de que tratam os § 1º e 2 do Art. 373 (§ 1º e 2 do art. 373).

19) A hipótese do parágrafo único do artigo 121 não configura substituição processual, prevista no artigo 18. Por consequência, o regime jurídico permanece o da assistência (arts. 18 e 121).

20) É admissível a tutela inibitória com fundamento no parágrafo único, do art.497, tanto nas obrigações de fazer como nas de não fazer, seja para evitar a ocorrência, reiteração ou continuação do ilícito, ou a sua remoção. (parágrafo único, art. 497)

21) O efeito suspensivo automático do art. 1012, aplica-se ao agravo de instrumento interposto contra a decisão parcial do mérito. (art. 356)

Enunciados FPPC

1. Cancelado *(III FPPC-Rio).*

2. (arts. 10 e 927, §1º) Para a formação do precedente, somente podem ser usados argumentos submetidos ao contraditório. *(Grupo: Precedentes 2)*

3. Cancelado *(III FPPC-Rio).*

4. (art. 69, § 1º) A carta arbitral tramitará e será processada no Poder Judiciário de acordo com o regime previsto no Código de Processo Civil, respeitada a legislação aplicável. (Grupo: Arbitragem)

5. (art. 69, §3º) O pedido de cooperação poderá ser realizado também entre o árbitro e o Poder Judiciário. (Grupo: Competência e Cooperação Judiciária Nacional)

6. (arts. 5º, 6º e 190) O negócio jurídico processual não pode afastar os deveres inerentes à boa-fé e à cooperação. *(Grupo: Negócio Processual; redação revista no III FPPC-Rio)*

7. (art. 85, § 18; art. 1.026, § 3º, III) O pedido, quando omitido em decisão judicial transitada em julgado, pode ser objeto de ação autônoma. *(Grupo: Ordem dos Processos no Tribunal, Teoria Geral dos Recursos, Apelação e Agravo)*

8. (arts. 85, § 18, 1.026, § 3º, III) Fica superado o enunciado 453 da súmula do STJ após a entrada em vigor do CPC (*"Os honorários sucumbenciais, quando omitidos em decisão transitada em julgado, não podem ser cobrados em execução ou em ação própria"*). *(Grupo: Ordem dos Processos no Tribunal, Teoria Geral dos Recursos, Apelação e Agravo)*

9. Cancelado (VI FPPC-Curitiba)

10. (arts. 113, §§ 1º e 2º, art. 240, § 1º). Em caso de desmembramento do litisconsórcio multitudinário, a interrupção da prescrição retroagirá à data de propositura da demanda original. (Grupo: Litisconsórcio, Intervenção de Terceiros e Resposta do Réu; redação revista no III FPPC-Rio)

11. (arts. 116 e 124). O litisconsorte unitário, integrado ao processo a partir da fase instrutória, tem direito de especificar, pedir e produzir provas, sem prejuízo daquelas já produzidas, sobre as quais o interveniente tem o ônus de se manifestar na primeira oportunidade em que falar no processo. (Grupo: Litisconsórcio, Intervenção de Terceiros e Resposta do Réu; redação revista no III FPPC-Rio)

12. (arts. 139, IV, 523, 536 e 771) A aplicação das medidas atípicas sub-rogatórias e coercitivas é cabível em qualquer obrigação no cumprimento de sentença ou execução de título executivo extrajudicial. Essas medidas, contudo, serão aplicadas de forma subsidiária às medidas tipificadas, com observação do contraditório, ainda que diferido, e por meio de decisão à luz do art. 489, § 1º, I e II. (Grupo: Execução)

13. (art. 189, IV) O disposto no inciso IV do art. 189 abrange todo e qualquer ato judicial relacionado à arbitragem, desde que a confidencialidade seja comprovada perante o Poder Judiciário, ressalvada em qualquer caso a divulgação das decisões, preservada a identidade das partes e os fatos da causa que as identifiquem. (Grupo: Arbitragem; redação revista no III FPPC-Rio)

14. Cancelado (III FPPC-Rio).

15. (art. 189) As arbitragens que envolvem a Administração Pública respeitarão o princípio da publicidade, observadas as exceções legais (vide art. 2º, § 3º, da Lei

n. 9.307/1996, com a redação da Lei n. 13.129/2015). (Grupo: Arbitragem; aprovado por aclamação)

16. (art. 190, parágrafo único) O controle dos requisitos objetivos e subjetivos de validade da convenção de procedimento deve ser conjugado com a regra segundo a qual não há invalidade do ato sem prejuízo. (Grupo: Negócio Processual)

17. (art. 190) As partes podem, no negócio processual, estabelecer outros deveres e sanções para o caso do descumprimento da convenção. (Grupo: Negócio Processual; redação revista no III FPPC-Rio)

18. (art. 190, parágrafo único) Há indício de vulnerabilidade quando a parte celebra acordo de procedimento sem assistência técnico-jurídica. (Grupo: Negócio Processual)

19. (art. 190) São admissíveis os seguintes negócios processuais, dentre outros: pacto de impenhorabilidade, acordo de ampliação de prazos das partes de qualquer natureza, acordo de rateio de despesas processuais, dispensa consensual de assistente técnico, acordo para retirar o efeito suspensivo de recurso, acordo para não promover execução provisória; pacto de mediação ou conciliação extrajudicial prévia obrigatória, inclusive com a correlata previsão de exclusão da audiência de conciliação ou de mediação prevista no art. 334; pacto de exclusão contratual da audiência de conciliação ou de mediação prevista no art. 334; pacto de disponibilização prévia de documentação (pacto de *disclosure*), inclusive com estipulação de sanção negocial, sem prejuízo de medidas coercitivas, mandamentais, sub-rogatórias ou indutivas; previsão de meios alternativos de comunicação das partes entre si; acordo de produção antecipada de prova; a escolha consensual de depositário-administrador no caso do art. 866; convenção que permita a presença da parte contrária no decorrer da colheita de depoimento pessoal. *(Grupo: Negócio Processual; redação revista no III FPPC- RIO, no V FPPC-Vitória e no VI FPPC-Curitiba)*

20. (art. 190) Não são admissíveis os seguintes negócios bilaterais, dentre outros: acordo para modificação da competência absoluta, acordo para supressão da primeira instância, acordo para afastar motivos de impedimento do juiz, acordo para criação de novas espécies recursais, acordo para ampliação das hipóteses de cabimento de recursos. *(Grupo: Negócio Processual; redação revista no VI FPPC-Curitiba)*

21. (art. 190) São admissíveis os seguintes negócios, dentre outros: acordo para realização de sustentação oral, acordo para ampliação do tempo de sustentação oral, julgamento antecipado do mérito convencional, convenção sobre prova, redução de prazos processuais. *(Grupo: Negócio Processual; redação revista no III FPPC-Rio)*

22. (art. 218, § 4º; art. 1.003) O Tribunal não poderá julgar extemporâneo ou intempestivo recurso, na instância ordinária ou na extraordinária, interposto antes da abertura do prazo. *(Grupo: Ordem dos Processos no Tribunal, Teoria Geral dos Recursos, Apelação e Agravo)*

23. (art. 218, § 4º; art. 1.024, § 5º) Fica superado o enunciado 418 da súmula do STJ após a entrada em vigor do CPC (*"É inadmissível o recurso especial interposto antes da publicação do acórdão dos embargos de declaração, sem posterior ratificação"*). *(Grupo: Ordem dos Processos no Tribunal, Teoria Geral dos Recursos, Apelação e Agravo)*

24. (art. 237, IV) Independentemente da sede da arbitragem ou dos locais em que se realizem os atos a ela inerentes, a carta arbitral poderá ser processada diretamente pelo órgão do Poder Judiciário do foro onde se dará a efetivação da medida ou decisão, ressalvadas as hipóteses de cláusulas de eleição de foro subsidiário. *(Grupo: Arbitragem; redação revista no III FPPC- RIO e no V FPPC-Vitória)*

25. (art. 246, §3º; art. 1.071 e §§) A inexistência de procedimento judicial especial para a ação de usucapião e de regulamentação da usucapião extrajudicial não implica vedação da ação, que remanesce no sistema legal, para qual devem ser observadas as peculiaridades que lhe são próprias, especialmente a necessidade de citação dos confinantes e a ciência da União, do Estado, do Distrito Federal e do Município. *(Grupo: Procedimentos Especiais; redação revista no III FPPC-Rio)*

26. (art. 260; art. 267, I) Os requisitos legais mencionados no inciso I do art. 267 são os previstos no art. 260. *(Grupo: Arbitragem – Enunciado aprovado por aclamação)*

27. (arts. 267 e 26, §3º) Não compete ao juízo estatal revisar o mérito da medida ou decisão arbitral cuja efetivação se requer por meio da carta arbitral, salvo nos casos do §3º do art. 26 do CPC. *(Grupo: Arbitragem – Enunciado aprovado por aclamação; redação revista no IX FPPC-Recife)*

28. Cancelado (V FPPC-Vitória). -

29. (art. 298, art. 1.015, I) É agravável o pronunciamento judicial que postergar a análise do pedido de tutela provisória ou condicionar sua apreciação ao pagamento de custas ou a qualquer outra exigência. *(Grupo: Tutela Antecipada; redação revista no V FPPC-Vitória e no VII FPPC-São Paulo)*

30. (art. 298) O juiz deve justificar a postergação da análise liminar da tutela provisória sempre que estabelecer a necessidade de contraditório prévio. *(Grupo: Tutela Antecipada; redação revista no V FPPC-Vitória)*

31. (art. 301) O poder geral de cautela está mantido no CPC. *(Grupo: Tutela Antecipada)*

32. (art. 304) Além da hipótese prevista no art. 304, é possível a estabilização expressamente negociada da tutela antecipada de urgência antecedente. *(Grupo: Tutela Antecipada; redação revista no V FPPC-Vitória)*

33. (art. 304, §§) Não cabe ação rescisória nos casos estabilização da tutela antecipada de urgência. *(Grupo: Tutela Antecipada)*

34. (art. 311, I) Considera-se abusiva a defesa da Administração Pública, sempre que contrariar entendimento coincidente com orientação vinculante firmada no âmbito administrativo do próprio ente público, consolidada em manifestação, parecer ou súmula administrativa, salvo se demonstrar a existência de distinção ou da necessidade de superação do entendimento. *(Grupo: Tutela Antecipada)*

35. (art. 311) As vedações à concessão de tutela provisória contra a Fazenda Pública limitam-se às tutelas de urgência. *(Grupo: Tutela Antecipada; redação revista no V FPPC-Vitória)*

36. Cancelado (V FPPC-Vitória).

37. (art. 333, I) É presumida a relevância social na hipótese do inciso I do art. 333, sendo dispensável a verificação da "dificuldade de formação do litisconsórcio". *(Grupo: Conversão de Ação Individual em Coletiva)*

38. (art. 333, II) Os requisitos de relevância social e de dificuldade de formação do litisconsórcio são alternativos. *(Grupo: Conversão de Ação Individual em Coletiva; redação revista no III FPPC-Rio)*

39. (art. 333) É dever do juiz intimar os legitimados do art. 333 do CPC para, se for o caso, requerer a conversão, aplicando-se, por analogia, o art. 139, X, do CPC. *(Grupo: Conversão de Ação Individual em Coletiva)*

40. (art. 333) Havendo requerimento de conversão, o juiz, antes de decidir, ouvirá o autor e, caso já tenha sido citado, o réu. *(Grupo: Conversão de Ação Individual em Coletiva)*

41. (art. 333) A oposição das partes à conversão da ação individual em coletiva limita-se à alegação do não preenchimento dos seus pressupostos. *(Grupo: Conversão de Ação Individual em Coletiva)*

42. (art. 339) O dispositivo aplica-se mesmo a procedimentos especiais que não admitem intervenção de terceiros, bem como aos juizados especiais cíveis, pois se trata de mecanismo saneador, que excepciona a estabilização do processo. *(Grupo: Litisconsórcio, Intervenção de Terceiros e Resposta do Réu)*

43. Cancelado *(III FPPC-Rio)*.

44. (art. 339) A responsabilidade a que se refere o art. 339 é subjetiva. *(Grupo: Litisconsórcio, Intervenção de Terceiros e Resposta do Réu)*

45. (art. 343) Para que se considere proposta a reconvenção, não há necessidade de uso desse *nomen iuris*, ou dedução de um capítulo próprio. Contudo, o réu deve manifestar inequivocamente o pedido de tutela jurisdicional qualitativa ou quantitativamente maior que a simples improcedência da demanda inicial. *(Grupo: Litisconsórcio, Intervenção de Terceiros e Resposta do Réu)*

46. (art. 343, § 3º) A reconvenção pode veicular pedido de declaração de usucapião, ampliando subjetivamente o processo, desde que se observem os arts. 259, I, e 327, § 1º, II. *(Grupo: Petição inicial, resposta do réu e saneamento; redação revista no IV FPPC-BH e no IX FPPC-Recife)*-

47. (art. 485, VII) A competência do juízo estatal deverá ser analisada previamente à alegação de convenção de arbitragem *(Grupo: Arbitragem; redação revista no III FPPC-Rio)*

48. (art. 485, VII) A alegação de convenção de arbitragem deverá ser examinada à luz do princípio da competência-competência. *(Grupo: Arbitragem – enunciado aprovado por aclamação)*

49. Cancelado *(III FPPC-Rio)*.

50. (art. 369; art. 370, *caput*) Os destinatários da prova são aqueles que dela poderão fazer uso, sejam juízes, partes ou demais interessados, não sendo a única função influir eficazmente na convicção do juiz. *(Grupo: Direito Probatório)*

51. (art. 378; art. 379) A compatibilização do disposto nestes dispositivos com o art. 5º, LXIII, da CF/1988, assegura à parte, exclusivamente, o direito de não produzir prova contra si em razão de reflexos no ambiente penal. *(Grupo: Direito Probatório)*

52. (art. 372) Para a utilização da prova emprestada, faz-se necessária a observância do contraditório no processo de origem, assim como no processo de destino, considerando-se que, neste último, a prova mantenha a sua natureza originária. *(Grupo: Direito Probatório)*

53. (art. 396) Na ação de exibição não cabe a fixação, nem a manutenção de multa quando a exibição for reconhecida como impossível. *(Grupo: Direito Probatório)*

54. (art. 400, parágrafo único; art. 403, parágrafo único) Fica superado o enunciado 372 da súmula do STJ ("*Na ação de exibição de documentos, não cabe a aplicação de multa cominatória*") após a entrada em vigor do CPC, pela expressa possibilidade de fixação de multa de natureza coercitiva na ação de exibição de documento. *(Grupo: Direito Probatório)*

55. (art. 927, § 3º) Pelos pressupostos do § 3º do art. 927, a modificação do precedente tem, como regra, eficácia temporal prospectiva. No entanto, pode haver modulação temporal, no caso concreto. *(Grupo: Precedentes 2)*

56. (art. 525, § 1º, VII) É cabível alegação de causa modificativa ou extintiva da obrigação na impugnação de executado, desde que tenha ocorrido após o início do julgamento da apelação, e, uma vez alegada pela parte, tenha o tribunal superior se recusado ou omitido de apreciá-la. *(Grupo: Execução)*

57. (art. 525, § 1º, VII; art. 535, VI) A prescrição prevista nos arts. 525, §1º, VII e 535, VI, é exclusivamente da pretensão executiva. *(Grupo: Execução)*

58. (arts. 525, §§ 12 e 13; 535, §§ 5º e 6º) As decisões de inconstitucionalidade a que se referem os art. 525, §§ 12 e 13 e art. 535 §§ 5º e 6º devem ser proferidas pelo plenário do STF. *(Grupo: Sentença, Coisa Julgada e Ação Rescisória)*

59. (art. 540). Em ação de consignação e pagamento, quando a coisa devida for corpo que deva ser entregue no lugar em que está, poderá o devedor requerer a consignação no foro em que ela se encontra. A supressão do parágrafo único do art. 891 do Código de Processo Civil de 1973 é inócua, tendo em vista o art. 341 do Código Civil. *(Grupo: Procedimentos Especiais; redação revista no III FPPC-Rio)*

60. (art. 541) Na ação de consignação em pagamento que tratar de prestações sucessivas, consignada uma delas, pode o devedor continuar a consignar sem mais formalidades as que se forem vencendo, enquanto estiver pendente o processo. *(Grupo: Procedimentos Especiais)*

61. (art. 545) É permitido ao réu da ação de consignação em pagamento levantar "desde logo" a quantia ou coisa depositada em outras hipóteses além da prevista no §1º do art. 545 (insuficiência do depósito), desde que tal postura não seja contraditória com fundamento da defesa. *(Grupo: Procedimentos Especiais)*

62. (art. 548, III) A regra prevista no art. 548, III, que dispõe que, em ação de consignação em pagamento, o juiz declarará efetuado o depósito extinguindo a obrigação em relação ao devedor, prosseguindo o processo unicamente entre os presuntivos credores, só se aplicará se o valor do depósito não for controvertido, ou seja, não terá aplicação caso o montante depositado seja impugnado por qualquer dos presuntivos credores. *(Grupo: Procedimentos Especiais)*

63. (art. 554) No caso de ação possessória em que figure no polo passivo grande número de pessoas, a ampla divulgação prevista no §3º do art. 554 contempla a inteligência do art. 301, com a possibilidade de determinação de registro de protesto para consignar a informação do litígio possessório na matrícula imobiliária respectiva. *(Grupo: Procedimentos Especiais)*

64. Cancelado, em razão de duplicidade (enunciado n. 59).

65. (art. 557) O art. 557 não obsta a cumulação pelo autor de ação reivindicatória e de ação possessória, se os fundamentos forem distintos. *(Grupo: Procedimentos Especiais; redação revista no VI FPPC-Curitiba)*

66. (art. 565) A medida liminar referida no art. 565 é hipótese de tutela antecipada-. *(Grupo: Procedimentos Especiais; redação revista no III FPPC-Rio)*

67. (art. 565) A audiência de mediação referida no art. 565 (e seus parágrafos) deve ser compreendida como a sessão de mediação ou de conciliação, conforme as peculiaridades do caso concreto. *(Grupo: Procedimentos Especiais)*

68. (art. 569) Também possuem legitimidade para a ação demarcatória os titulares de direito real de gozo e fruição, nos limites dos seus respectivos direitos e títulos constitutivos de direito real. Assim, além da propriedade, aplicam-se os dispositivos do Capítulo sobre ação demarcatória, no que for cabível, em relação aos direitos reais de gozo e fruição. *(Grupo: Procedimentos Especiais)*

69. (art. 569) Cabe ao proprietário ação demarcatória para extremar a demarcação entre o seu prédio e do confinante, bem como fixar novos limites, aviventar rumos apagados e a renovar marcos destruídos (art. 1.297 do Código Civil). *(Grupo: Procedimentos Especiais)*

70. (art. 580) Do laudo pericial que traçar a linha demarcanda, deverá ser oportunizada a manifestação das partes interessadas, em prestígio ao princípio do contraditório e da ampla defesa. *(Grupo: Procedimentos Especiais)*

71. (art. 654; art. 300, §1º) Poderá ser dispensada a garantia mencionada no parágrafo único do art. 654, para efeito de julgamento da partilha, se a parte hipossuficiente não puder oferecê-la, aplicando-se por analogia o disposto no art. 300, § 1º. *(Grupo: Procedimentos Especiais; redação revista no III FPPC-Rio)*

72. (art. 693) O rol do art. 693 não é exaustivo, sendo aplicáveis os dispositivos previstos no Capítulo X a outras ações de caráter contencioso envolvendo o Direito de Família. *(Grupo: Procedimentos Especiais)*

73. (art. 703, §§) No caso de homologação do penhor legal promovida pela via extrajudicial, incluem-se nas contas do crédito as despesas com o notário, constantes do §2º do art. 703. *(Grupo: Procedimentos Especiais)*

74. (art. 704) No rol do art. 704, que enumera as matérias de defesa da homologação do penhor legal, deve-se incluir a hipótese do art. 1.468 do Código Civil, não tendo o CPC revogado o citado dispositivo. *(Grupo: Procedimentos Especiais)*

75. (art. 707) No mesmo ato em que nomear o regulador da avaria grossa, o juiz deverá determinar a citação das partes interessadas. *(Grupo: Procedimentos Especiais)*

76. (art. 716) Localizados os autos originários, neles devem ser praticados os atos processuais subsequentes, dispensando-se a repetição dos atos que tenham sido ultimados nos autos da restauração, em consonância com a garantia constitucional da duração razoável do processo (CF/88, 5º, LXXVIII) e inspiração no art. 964 do Código de Processo Civil Português. *(Grupo: Procedimentos Especiais)*

77. Cancelado *(III FPPC-Rio).*

78. Cancelado *(III FPPC-Rio).*

79. (art. 768) Não sendo possível a inquirição tratada no art. 768 sem prejuízo aos compromissos comerciais da embarcação, o juiz expedirá carta precatória itinerante para a tomada dos depoimentos em um dos portos subsequentes de escala. *(Grupo: Procedimentos Especiais)*

80. 80. (arts. 919, § 1º, 969) A tutela provisória a que se referem o § 1º do art. 919 e o art. 969 pode ser de urgência ou de evidência. (Grupo: Tutela Antecipada; redação revista no IX FPPC-Recife)

81. (art. 932, V) Por não haver prejuízo ao contraditório, é dispensável a oitiva do recorrido antes do provimento monocrático do recurso, quando a decisão recorrida: (a) indeferir a inicial; (b) indeferir liminarmente a justiça gratuita; ou (c) alterar liminarmente o valor da causa. *(Grupo: Ordem dos Processos no Tribunal, Teoria Geral dos Recursos, Apelação e Agravo)*

82. (art. 932, parágrafo único; art. 938, § 1º) É dever do relator, e não faculdade, conceder o prazo ao recorrente para sanar o vício ou complementar a documentação exigível, antes de inadmitir qualquer recurso, inclusive os excepcionais. *(Grupo: Ordem dos Processos no Tribunal, Teoria Geral dos Recursos, Apelação e Agravo)*

83. (art. 932, parágrafo único; art. 76, § 2º; art. 104, § 2º; art. 1.029, § 3º) Fica superado o enunciado 115 da súmula do STJ após a entrada em vigor do CPC (*"Na instância especial é inexistente recurso interposto por advogado sem procuração nos autos"*). *(Grupo: Ordem dos Processos no Tribunal, Teoria Geral dos Recursos, Apelação e Agravo)*

84. (art. 935) A ausência de publicação da pauta gera nulidade do acórdão que decidiu o recurso, ainda que não haja previsão de sustentação oral, ressalvada, apenas, a hipótese do §1º do art. 1.024, na qual a publicação da pauta é dispensável. *(Grupo: Ordem dos Processos no Tribunal, Teoria Geral dos Recursos, Apelação e Agravo)*

85. (arts. 960 a 965) Deve prevalecer a regra de direito mais favorável na homologação de sentença arbitral estrangeira em razão do princípio da máxima eficácia. (art. 7º da Convenção de Nova York – Decreto nº 4.311/2002). (Grupo: Arbitragem*; redação revista no III FPPC-Rio*)

86. (art. 964; art. 960, § 3º) Na aplicação do art. 964 considerar-se-á o disposto no § 3º do art. 960. *(Grupo: Arbitragem; enunciado aprovado por aclamação; redação revista no V FPPC-Vitória)*

87. (art. 976, II) A instauração do incidente de resolução de demandas repetitivas não pressupõe a existência de grande quantidade de processos versando sobre a mesma questão, mas preponderantemente o risco de quebra da isonomia e de ofensa à segurança jurídica. *(Grupo: Recursos Extraordinários e Incidente de Resolução de Demandas Repetitivas)*

88. (art. 976; art. 928, parágrafo único) Não existe limitação de matérias de direito passíveis de gerar a instauração do incidente de resolução de demandas repetitivas e, por isso, não é admissível qualquer interpretação que, por tal fundamento, restrinja seu cabimento. *(Grupo: Recursos Extraordinários e Incidente de Resolução de Demandas Repetitivas)*

89. (art. 976) Havendo apresentação de mais de um pedido de instauração do incidente de resolução de demandas repetitivas perante o mesmo tribunal todos deverão ser apensados e processados conjuntamente; os que forem oferecidos posteriormente à decisão de admissão serão apensados e sobrestados, cabendo ao órgão julgador considerar as razões neles apresentadas. *(Grupo: Recursos Extraordinários e Incidente de Resolução de Demandas Repetitivas)*

90. (art. 976) É admissível a instauração de mais de um incidente de resolução de demandas repetitivas versando sobre a mesma questão de direito perante tribunais de 2º grau diferentes. *(Grupo: Recursos Extraordinários e Incidente de Resolução de Demandas Repetitivas)*

91. (art. 981) Cabe ao órgão colegiado realizar o juízo de admissibilidade do incidente de resolução de demandas repetitivas, sendo vedada a decisão monocrática. *(Grupo: Recursos Extraordinários e Incidente de Resolução de Demandas Repetitivas)*

92. (art. 982, I; Art. 313, IV) A suspensão de processos prevista neste dispositivo é consequência da admissão do incidente de resolução de demandas repetitivas e não depende da demonstração dos requisitos para a tutela de urgência. *(Grupo: Recursos Extraordinários e Incidente de Resolução de Demandas Repetitivas; redação revista no III FPPC-Rio)*

93. (art. 982, I) Admitido o incidente de resolução de demandas repetitivas, também devem ficar suspensos os processos que versem sobre a mesma questão objeto do incidente e que tramitem perante os juizados especiais no mesmo estado ou região. *(Grupo: Recursos Extraordinários e Incidente de Resolução de Demandas Repetitivas)*

94. (art. 982, § 4º; art. 987) A parte que tiver o seu processo suspenso nos termos do inciso I do art. 982 poderá interpor recurso especial ou extraordinário contra o acórdão que julgar o incidente de resolução de demandas repetitivas. *(Grupo: Recursos Extraordinários e Incidente de Resolução de Demandas Repetitivas; redação revista no V FPPC-Vitória)*

95. (art. 982, §§3º, 4º e 5º) A suspensão de processos na forma deste dispositivo depende apenas da demonstração da existência de múltiplos processos versando sobre a mesma questão de direito em tramitação em mais de um estado ou região. *(Grupo: Recursos Extraordinários e Incidente de Resolução de Demandas Repetitivas)*

96. (art. 1.003, § 4º) Fica superado o enunciado 216 da súmula do STJ após a entrada em vigor do CPC (*"A tempestividade de recurso interposto no Superior Tribunal* *de Justiça é aferida pelo registro no protocolo da Secretaria e não pela data da entrega na agência do correio"). (Grupo: Ordem dos Processos no Tribunal, Teoria Geral dos Recursos, Apelação e Agravo)*

97. (art. 1.007, § 4º) Nos casos previstos no §4º do art. 1.007 do CPC, é de cinco dias o prazo para efetuar o preparo. *(Grupo: Ordem dos Processos no Tribunal, Teoria Geral dos Recursos, Apelação e Agravo; redação revista no IX FPPC-Recife)*

98. (art. 1.007, §§ 2º e 4º) O disposto nos §§ 2º e 4º do art. 1.007 do CPC aplica-se aos Juizados Especiais. *(Grupo: Ordem dos Processos no Tribunal, Teoria Geral dos Recursos, Apelação e Agravo; redação revista no IX FPPC-Recife)*

99. (art. 1.010, §3º) O órgão *a quo* não fará juízo de admissibilidade da apelação. *(Grupo: Ordem dos Processos no Tribunal, Teoria Geral dos Recursos, Apelação e Agravo)*

100. (art. 1.013, § 1º, parte final) Não é dado ao tribunal conhecer de matérias vinculadas ao pedido transitado em julgado pela ausência de impugnação. *(Grupo: Ordem dos Processos no Tribunal, Teoria Geral dos Recursos, Apelação e Agravo)*

101. Cancelado *(III FPPC-Rio)*.

102. (arts. 1.013, §2º; 117 e 326, parágrafo único) O pedido subsidiário ou alternativo não apreciado pelo juiz é devolvido ao tribunal com a apelação. *(Grupo: Ordem dos Processos no Tribunal;* redação revista no VIII FPPC-Florianópolis pelo Grupo: Recursos (menos os repetitivos)*)*

103. (arts. 1.015, II, 203, § 2º, 354, parágrafo único, 356, § 5º) A decisão parcial proferida no curso do processo com fundamento no art. 487, I, sujeita-se a recurso de agravo de instrumento. *(Grupo: Sentença, Coisa Julgada e Ação Rescisória; redação revista no III FPPC-Rio)*

104. (art. 1.024, § 3º) O princípio da fungibilidade recursal é compatível com o CPC e alcança todos os recursos, sendo aplicável de ofício. *(Grupo: Ordem dos Processos no Tribunal, Teoria Geral dos Recursos, Apelação e Agravo)*

105. Cancelado *(III FPPC-Rio)*.

106. (arts. 6º, 8º, 1.007, § 2º) Não se pode reconhecer a deserção do recurso, em processo trabalhista, quando houver recolhimento insuficiente das custas e do depósito recursal, ainda que ínfima a diferença, cabendo ao juiz determinar a sua complementação. (Grupo: Impacto do CPC no Processo do Trabalho)

107. (arts. 7º, 139, I, 218, 437, §2º) O juiz pode, de ofício, dilatar o prazo para a parte se manifestar sobre a prova documental produzida. *(Grupo: Negócios Processuais)*

108. (art. 9º; art. 15) No processo do trabalho, não se proferirá decisão contra uma das partes, sem que esta seja previamente ouvida e oportunizada a produção de prova, bem como não se pode decidir com base em causa de pedir ou fundamento de fato ou de direito a respeito do qual não se tenha oportunizado manifestação das partes e a produção de prova, ainda que se trate de matéria apreciável de ofício. (*Grupo: Impacto do CPC no Processo do Trabalho*)

109. (arts. 10 e 15) No processo do trabalho, quando juntadas novas provas ou alegado fato novo, deve o juiz conceder prazo, para a parte interessada se manifestar a respeito, sob pena de nulidade. *(Grupo: Impacto do CPC no Processo do Trabalho)*

110. (art. 18, parágrafo único) Havendo substituição processual, e sendo possível identificar o substituído, o juiz deve determinar a intimação deste último para, querendo, integrar o processo. *(Grupo: Litisconsórcio e Intervenção de Terceiros; redação revista no IX FPPC-Recife).*

111. (arts. 19, 329, II, 503, §1º) Persiste o interesse no ajuizamento de ação declaratória quanto à questão prejudicial incidental. *(Grupo: Coisa Julgada, Ação Rescisória e Sentença)*

112. (arts. 90, § 3º, 15) No processo do trabalho, se a transação ocorrer antes da sentença, as partes ficam dispensadas do pagamento das custas processuais, se houver. *(Grupo: Impacto do CPC no Processo do Trabalho)*

113. (art. 98) Na Justiça do Trabalho, o empregador pode ser beneficiário da gratuidade da justiça, na forma do art. 98. *(Grupo: Impacto do CPC no Processo do Trabalho)*

Cancelado *(IV FPPC-BH)*.

114. (arts. 190, 109 e 110) O negócio jurídico celebrado nos termos do art. 190 obriga herdeiros e sucessores. *(Grupo: Negócios Processuais)*

115. (arts. 113, §1º, e 139, VI) Quando a formação do litisconsórcio multitudinário for prejudicial à defesa, o juiz poderá substituir a sua limitação pela ampliação de prazos, sem prejuízo da possibilidade de desmembramento na fase de cumprimento de sentença. *(Grupo: Negócios Processuais)*

116. (arts. 113 e 312) Em caso de desmembramento do litisconsórcio multitudinário ativo, os efeitos mencionados no art. 240 são considerados produzidos desde o protocolo originário da petição inicial. *(Grupo: Litisconsórcio e Intervenção de Terceiros)*

117. (art. 116) O litisconsorte unitário ativo pode optar por ingressar no processo no polo ativo ou passivo ou, ainda, adotar outra postura que atenda aos seus interesses. *(Grupo: Litisconsórcio e Intervenção de Terceiros; redação revista no IX FPPC-Recife)*

118. (arts. 116 e 259, III; art. 7 º da lei 7.347/1985-) Em caso de relação jurídica plurilateral que envolva diversos titulares do mesmo direito, o juiz deve convocar, por edital, os litisconsortes unitários ativos incertos e indeterminados (art. 259, III), cabendo-lhe, na hipótese de dificuldade de formação do litisconsórcio, oficiar ao Ministério Público, à Defensoria Pública ou a outro legitimado para que possa propor a ação coletiva. *(Grupo: Litisconsórcio e Intervenção de Terceiros; redação revista no VII FPPC-São Paulo)*

119. (art. 125, §1º, art. 1.072, II) A ausência de denunciação da lide gera apenas a preclusão do direito de a parte promovê-la, sendo possível ação autônoma de regresso. *(Grupo: Litisconsórcio e Intervenção de Terceiros)*

120. (art. 125, II, art. 128, parágrafo único) O cumprimento da sentença diretamente contra o denunciado é admissível em qualquer hipótese de denunciação da lide fundada no inciso II do art. 125. *(Grupo: Litisconsórcio e Intervenção de Terceiros)*

121. (art. 129) Vencido o denunciante na ação principal e não tendo havido resistência à denunciação da lide, não cabe a condenação do denunciado nas verbas de sucumbência. *(Grupo: Litisconsórcio e Intervenção de Terceiros)*

122. (art. 133) É desnecessária a intervenção do Ministério Público, como fiscal da ordem jurídica, no incidente de desconsideração da personalidade jurídica, salvo nos casos em que deva intervir obrigatoriamente, previstos no art. 178. *(Grupo: Litisconsórcio e Intervenção de Terceiros)*

123. (arts. 15 e 133, CPC; 855-A, CLT) A desconsideração da personalidade jurídica no processo do trabalho deve ser processada na forma dos arts. 133 a 137. *(Grupo: Impacto do CPC no Processo do Trabalho; redação revista no IX FPPC-Recife)*

124. (art. 134) Há litisconsórcio passivo facultativo quando requerida a desconsideração da personalidade jurídica, juntamente com outro pedido formulado na petição inicial ou incidentemente no processo em curso. *(Grupo: Litisconsórcio e Intervenção de Terceiros)*

125. (art. 134; art. 15) No processo do trabalho, da decisão que resolve o incidente de desconsideração da personalidade jurídica na fase de execução cabe agravo de petição, dispensado o preparo. *(Grupo: Impacto do CPC no Processo do Trabalho)*

126. (art. 138) A representatividade adequada exigida do *amicus curiae* não pressupõe a concordância unânime daqueles a quem representa. *(Grupo: Litisconsórcio e Intervenção de Terceiros)*

127. (art. 138; art. 489, § 1º, IV) No processo em que há intervenção do *amicus curiae*, a decisão deve enfrentar as alegações por ele apresentadas, nos termos do inciso IV do § 1º do art. 489. *(Grupo: Litisconsórcio e Intervenção de Terceiros)*

128. (art. 139, VI, e parágrafo único) A autorização legal para ampliação de prazos pelo juiz não se presta a afastar preclusão temporal já consumada. *(Grupo: Negócios Processuais)*

129. (art. 152, V; art. 828) A obtenção da certidão prevista no art. 828 independe de decisão judicial. *(Grupo: Execução)*

130. (art. 190; art. 15) Aplica-se ao processo do trabalho o disposto no art. 190 no que se refere à flexibilidade do procedimento por proposta das partes, inclusive quanto aos prazos. *(Grupo: Impacto do CPC no Processo do Trabalho)*

131. (art. 190) Além dos defeitos processuais, os vícios da vontade e os vícios sociais podem dar ensejo à invalidação dos negócios jurídicos atípicos do art. 190. *(Grupo: Negócios Processuais)*

132. (art. 190; art. 200, parágrafo único) Salvo nos casos expressamente previstos em lei, os negócios processuais do art. 190 não dependem de homologação judicial. *(Grupo: Negócios Processuais)*

133. (Art. 190, parágrafo único) Negócio jurídico processual pode ser invalidado parcialmente. *(Grupo: Negócios Processuais)*

134. (art. 190) A indisponibilidade do direito material não impede, por si só, a celebração de negócio jurídico processual. *(Grupo: Negócios Processuais)*

135. (art. 240, § 1º; art. 485, VII) A citação válida no processo judicial interrompe a prescrição, ainda que o processo seja extinto em decorrência do acolhimento da alegação de convenção de arbitragem. *(Grupo: Arbitragem)*

136. (art. 658; art. 966, §4º; art. 1.068) Contra sentença transitada em julgado que resolve partilha, ainda que homologatória, cabe ação rescisória. *(Grupo: Coisa Julgada, Ação Rescisória e Sentença)*

137. (art. 657; art. 966, §4º; art. 1.068) A partilha amigável extrajudicial e a partilha amigável judicial homologada por decisão ainda não transitada em julgado são impugnáveis por ação anulatória. *(Grupo: Coisa Julgada, Ação Rescisória e Sentença)*

138. (art. 287; art. 15) No processo do trabalho, é requisito da petição inicial a indicação do endereço, eletrônico ou não, do advogado, cabendo-lhe atualizá-lo, sempre que houver mudança, sob pena de se considerar válida a intimação encaminhada para o endereço informado nos autos. *(Grupo: Impacto do CPC no Processo do Trabalho)*

139. (art. 296) A decisão que julga improcedente o pedido final gera a perda de eficácia da tutela antecipada. *(Grupo: Tutela Antecipada)*

140. (art. 298) O disposto no art. 298, CPC, aplica-se igualmente à decisão monocrática ou colegiada do Tribunal. *(Grupo: Tutela Antecipada)*

141. (arts. 298 e 1.021) Da decisão monocrática do relator que concede ou nega o efeito suspensivo ao agravo de instrumento ou que concede, nega, modifica ou revoga, no todo ou em parte, a tutela provisória nos casos de competência originária ou recursal, cabe agravo interno nos termos do art. 1.021 do CPC. *(Grupo: Tutela Antecipada; redação revista no IX FPPC-Recife)*

142. (art. 300, *caput*) A redação do art. 300, *caput*, superou a distinção entre os requisitos da concessão para a tutela cautelar e para a tutela satisfativa de urgência, erigindo a probabilidade e o perigo na demora a requisitos comuns para a prestação de ambas as tutelas de forma antecipada. *(Grupo: Tutela Antecipada)*

143. Cancelado (V FPPC-Vitória).

144. (art. 319; art. 15) No processo do trabalho, é requisito da inicial a indicação do número no cadastro de pessoas físicas ou no cadastro nacional de pessoas jurídicas, bem como os endereços eletrônicos do autor e do réu, aplicando-se as regras do novo Código de Processo Civil a respeito da falta de informações pertinentes ou quando elas tornarem impossível ou excessivamente oneroso o acesso à justiça. *(Grupo: Impacto do CPC no Processo do Trabalho)*

145. (art. 332, I; art. 927, IV) Na aplicação do inciso I do art. 332, o juiz observará o inciso IV do caput do art. 927. *(Grupo: Precedentes)*

146. Cancelado (VIII FPPC-Florianópolis).

147. Cancelado (VIII FPPC-Florianópolis).

148. Cancelado (VIII FPPC-Florianópolis).

149. Cancelado (VIII FPPC-Florianópolis).

150. (arts. 334, § 12; art. 357, § 9º; art. 15) Na Justiça do Trabalho, as pautas devem ser preparadas com intervalo mínimo de uma hora entre as audiências designadas para instrução do feito. Para as audiências para simples tentativa de conciliação, deve ser respeitado o intervalo mínimo de vinte minutos. *(Grupo: Impacto do CPC no Processo do Trabalho)*

151. (arts. 338, caput; 339, §§ 1º e 2º; 350 e 351) O autor terá prazo único para requerer a substituição ou inclusão de réu (arts. 338, caput; 339, §§ 1º e 2º), bem como para a manifestação sobre a resposta (arts. 350 e 351). (Grupo: Litisconsórcio e Intervenção de Terceiros; redação revista no VII FPPC-São Paulo e no VIII FPPC-Florianópolis) -

152. (art. 485, VII) A superveniente instauração de procedimento arbitral, se ainda não decidida a alegação de convenção de arbitragem, também implicará a suspensão do processo, à espera da decisão do juízo arbitral sobre a sua própria competência. *(Grupo: Arbitragem)*

153. (art. 354, parágrafo único; art. 1.015, XIII) É cabível agravo de instrumento contra ato decisório que indefere parcialmente a petição inicial ou a reconvenção. *(Grupo: Coisa Julgada, Ação Rescisória e Sentença; redação alterada no VII FPPC-São Paulo)*

154. (art. 455, § 4º) No processo do trabalho, as testemunhas somente serão intimadas judicialmente nas hipóteses mencionadas no § 4º do art. 455, cabendo à parte informar ou intimar as testemunhas da data da audiência. (*Grupo: Impacto do CPC no Processo do Trabalho*)

155. (art. 459, caput) Não configura induzimento, constante do art. 459, caput, a utilização de técnica de arguição direta no exercício regular de direito. *(Grupo: Direito Probatório; redação revista no IX FPPC-Recife)*

156. (art. 459 § 1º) Deverá ser facultada às partes a formulação de perguntas de esclarecimento ou complementação decorrentes da inquirição do juiz. *(Grupo: Direito Probatório)*

157. (art. 459, § 3º) Constitui direito da parte a transcrição de perguntas indeferidas pelo juiz. *(Grupo: Direito Probatório)*

158. (art. 485, § 7º) No processo do trabalho, o juiz pode retratar-se no prazo de cinco dias, após a interposição do recurso contra sentença que extingue o processo sem resolução do mérito. *(Grupo: Impacto do CPC no Processo do Trabalho)*

159. (art. 487, I) A sentença que reconhece a extinção da obrigação pela confusão é de mérito. *(Grupo: Coisa Julgada, Ação Rescisória e Sentença)*

160. (art. 487, II) É de mérito a decisão que rejeita a alegação de prescrição ou de decadência. *(Grupo: Coisa Julgada, Ação Rescisória e Sentença).*

161. (art. 489, §1º) Para identificação do precedente, no processo do trabalho, a decisão deve conter a identificação do caso, a suma do pedido, as alegações das partes e os fundamentos determinantes adotados pela maioria dos membros do colegiado, cujo entendimento tenha ou não sido sumulado. *(Grupo: Impacto do CPC no Processo do Trabalho)*

162. Cancelado (VI FPPC-Curitiba).

164. (art. 496) A sentença arbitral contra a Fazenda Pública não está sujeita à remessa necessária. *(Grupo: Arbitragem)*

165. (art. 503, §§1º e 2º) A análise de questão prejudicial incidental, desde que preencha os pressupostos dos parágrafos do art. 503, está sujeita à coisa julgada, independentemente de provocação específica para o seu reconhecimento. *(Grupo: Coisa Julgada, Ação rescisória e Sentença; redação revista no VI FPPC-Curitiba)*

166. (art. 926) A aplicação dos enunciados das súmulas deve ser realizada a partir dos precedentes que os formaram e dos que os aplicaram posteriormente. *(Grupo: Precedentes)*

167. (art. 926; art. 947, § 3º; art. 976; art. 15) Os tribunais regionais do trabalho estão vinculados aos enunciados de suas próprias súmulas e aos seus precedentes em incidente de assunção de competência ou de resolução de demandas repetitivas. (*Grupo: Impacto do CPC no Processo do Trabalho*)

168. (art. 927, I; art. 988, III) Os fundamentos determinantes do julgamento de ação de controle concentrado de constitucionalidade realizado pelo STF caracterizam a *ratio decidendi* do precedente e possuem efeito vinculante para todos os órgãos jurisdicionais. *(Grupo: Precedentes; redação revista no IV FPPC-BH)*

169. (art. 927) Os órgãos do Poder Judiciário devem obrigatoriamente seguir os seus próprios precedentes, sem prejuízo do disposto nos § 9º do art. 1.037 e §4º do art. 927. (*Grupo: Precedentes*)

170. (art. 927, *caput*) As decisões e precedentes previstos nos incisos do *caput* do art. 927 são vinculantes aos órgãos jurisdicionais a eles submetidos. (*Grupo: Precedentes*)

171. (art. 927, II, III e IV; art. 15) Os juízes e tribunais regionais do trabalho estão vinculados aos precedentes do TST em incidente de assunção de competência em matéria infraconstitucional relativa ao direito e ao processo do trabalho, bem como às suas súmulas. *(Grupo: Impacto do CPC no Processo do Trabalho)*

172. (art. 927, § 1º) A decisão que aplica precedentes, com a ressalva de entendimento do julgador, não é contraditória. *(Grupo: Precedentes)*

173. (art. 927) Cada fundamento determinante adotado na decisão capaz de resolver de forma suficiente a questão jurídica induz os efeitos de precedente vinculante, nos termos do Código de Processo Civil. *(Grupo: Precedentes; redação revista no IV FPPC-BH)*

174. (art. 1.037, § 9º) A realização da distinção compete a qualquer órgão jurisdicional, independentemente da origem do precedente invocado. (*Grupo: Precedentes*)

175. (art. 927, § 2º) O relator deverá fundamentar a decisão que inadmitir a participação de pessoas, órgãos ou entidades e deverá justificar a não realização de audiências públicas. *(Grupo: Precedentes)*

176. (art. 525, § 13) Compete exclusivamente ao Supremo Tribunal Federal modular os efeitos da decisão prevista no § 13 do art. 525. (*Grupo: Execução*)

177. (arts. 550, § 5º e 1.015, inc. II) A decisão interlocutória que julga procedente o pedido para condenar o réu a prestar contas, por ser de mérito, é recorrível por agravo de instrumento. (*Grupo: Procedimentos Especiais*)

178. (arts. 554 e 677) O valor da causa nas ações fundadas em posse, tais como as ações possessórias, os embargos de terceiro e a oposição, deve considerar a expressão econômica da posse, que não obrigatoriamente coincide com o valor da propriedade. *(Grupo: Procedimentos Especiais)*

179. (arts. 559 e 139, VI) O prazo de cinco dias para prestar caução pode ser dilatado, nos termos do art. 139, inciso VI. *(Grupo: Procedimentos Especiais)*

180. (art. 559) A prestação de caução prevista no art. 559 poderá ser determinada pelo juiz, caso o réu obtenha a proteção possessória, nos termos no art. 556. (*Grupo: Procedimentos Especiais*)

181. (arts. 645, I, 647, parágrafo único, 651) A previsão do parágrafo único do art. 647 é aplicável aos legatários na hipótese do inciso I do art. 645, desde que reservado patrimônio que garanta o pagamento do espólio. (*Grupo: Procedimentos Especiais)*

182. (arts. 647 e 651) Aplica-se aos legatários o disposto no parágrafo único do art. 647, quando ficar evidenciado que os pagamentos do espólio não irão reduzir os legados. (*Grupo: Procedimentos Especiais*)

183. (art. 658) A ação rescisória de partilha com fundamento na preterição de herdeiro, prevista no inciso III do art. 658, está vinculada à hipótese do art. 628, não se confundindo com a ação de petição de herança (art. 1.824 do Código Civil), cujo fundamento é o reconhecimento do direito sucessório e a restituição da herança por aquele que não participou, de qualquer forma, do processo de inventário e partilha. (*Grupo: Procedimentos Especiais*)

184. (art. 675) Os embargos de terceiro também são oponíveis na fase de cumprimento de sentença e devem observar, quanto ao prazo, a regra do processo de execução. (*Grupo: Procedimentos Especiais*)

185. (art. 675, parágrafo único) O juiz deve ouvir as partes antes de determinar a intimação pessoal do terceiro. *(Grupo: Procedimentos Especiais)*

186. (art. 677; art. 678; art. 681) A alusão à "posse" ou a "domínio" nos arts. 677, 678 e 681 deve ser interpretada em consonância com o art. 674, *caput*, que, de forma abrangente, admite os embargos de terceiro para afastar constrição ou ameaça de constrição sobre bens que possua ou sobre quais tenha "direito incompatível com o ato constritivo". *(Grupo: Procedimentos Especiais)*

187. (arts. 649, 165, § 2º, 166) No emprego de esforços para a solução consensual do litígio familiar, são vedadas iniciativas de constrangimento ou intimidação para que as partes conciliem, assim como as de aconselhamento sobre o objeto da causa. *(Grupo: Procedimentos Especiais)*

188. (art. 700, § 5º) Com a emenda da inicial, o juiz pode entender idônea a prova e admitir o seguimento da ação monitoria. *(Grupo: Procedimentos Especiais)*

189. (art. 765) O art. 765 deve ser interpretado em consonância com o art. 69 do Código Civil, para admitir a extinção da fundação quando inútil a finalidade a que visa. *(Grupo: Procedimentos Especiais)*

190. (art. 782, § 3º) O art. 782, § 3º, não veda a inclusão extrajudicial do nome do executado em cadastros de inadimplentes, pelo credor ou diretamente pelo órgão de proteção ao crédito. (*Grupo: Execução*)

191. (arts. 792, § 4º, 675, *caput,* parágrafo único) O prazo de quinze dias para opor embargos de terceiro, disposto no § 4º do art. 792, é aplicável exclusivamente aos casos de declaração de fraude à execução; os demais casos de embargos de terceiro são regidos na forma do *caput* do art. 675. *(Grupo: Execução; redação revista no VI FPPC-Curitiba)*

192. (art. 880) Alienação por iniciativa particular realizada por corretor ou leiloeiro não credenciado perante o órgão judiciário não invalida o negócio jurídico, salvo se o executado comprovar prejuízo. *(Grupo: Execução)*

193. (arts. 885, 886, II, 891, parágrafo único) Não justifica o adiamento do leilão, nem é causa de nulidade da arrematação, a falta de fixação, pelo juiz, do preço mínimo para a arrematação. (*Grupo: Execução*)

194. (arts. 921, e 771; enunciado 150 da súmula do STF). A prescrição intercorrente pode ser reconhecida no procedimento de cumprimento de sentença. *(Grupo: Execução)*

195. (art. 921, § 4º; enunciado 314 da súmula do STJ). O prazo de prescrição intercorrente previsto no art. 921, § 4º, tem início automaticamente um ano após a intimação da decisão de suspensão de que trata o seu § 1º. *(Grupo: Execução)*

196. (art. 921, § 4º; enunciado 150 da súmula do STF). O prazo da prescrição intercorrente é o mesmo da ação. *(Grupo: Execução)*

197. (art. 932, parágrafo único; 1.029, §3º). Aplica-se o disposto no parágrafo único do art. 932 aos vícios sanáveis de todos os recursos, inclusive dos recursos excepcionais. *(Grupo: Ordem dos Processos nos Tribunais e Recursos Ordinários; redação revista no VI FPPC-Curitiba)*

198. (art. 935) Identificada a ausência ou a irregularidade de publicação da pauta, antes de encerrado o julgamento, incumbe ao órgão julgador determinar sua correção, procedendo a nova publicação. *(Grupo: Ordem dos Processos nos Tribunais e Recursos Ordinários)*

199. (arts. 938, § 1º, e 15) No processo do trabalho, constatada a ocorrência de vício sanável, inclusive aquele que possa ser conhecido de ofício pelo órgão jurisdicional, o relator determinará a realização ou a renovação do ato processual, no próprio tribunal ou em primeiro grau, intimadas as partes; cumprida a diligência, sempre que possível, prosseguirá no julgamento do recurso. *(Grupo: Impacto do CPC no Processo do Trabalho)*

200. (art. 941, § 3º) Fica superado o enunciado 320 da súmula do STJ ("A questão federal somente ventilada no voto vencido não atende ao requisito do prequestionamento"). *(Grupo: Ordem dos Processos nos Tribunais e Recursos Ordinários; redação revista no IX FPPC-Recife)*

201. (arts. 947, 983 e 984) Aplicam-se ao incidente de assunção de competência as regras previstas nos arts. 983 e 984. *(Grupo: Incidente de Resolução de Demandas Repetitivas e Assunção de Competência)*

202. (arts. 947, § 1º, 978) O órgão colegiado a que se refere o § 1º do art. 947 deve atender aos mesmos requisitos previstos pelo art. 978. *(Grupo: Incidente de Resolução de Demandas Repetitivas e Assunção de Competência)*

203. (art. 966) Não se admite ação rescisória de sentença arbitral. *(Grupo: Arbitragem)*

204. Cancelado (V FPPC-Vitória).

205. (art. 982, *caput,* I e §3º) Havendo cumulação de pedidos simples, a aplicação do art. 982, I e §3º, poderá provocar apenas a suspensão parcial do processo, não impedindo o prosseguimento em relação ao pedido não abrangido pela tese a ser firmada no incidente de resolução de demandas repetitivas. *(Grupo: Incidente de Resolução de Demandas Repetitivas e Assunção de Competência)*

206. Cancelado (VIII FPPC-Florianópolis).

207. (arts. 988, I, 1,010, § 3º, 1.027, II, "b") Cabe reclamação, por usurpação da competência do tribunal de justiça ou tribunal regional federal, contra a decisão de juiz de 1º grau que inadmitir recurso de apelação. *(Grupo: Ordem dos Processos nos Tribunais e Recursos Ordinários)*

208. (arts. 988, I, 1.010, § 3º, 1.027, II, "b") Cabe reclamação, por usurpação da competência do Superior Tribunal de Justiça, contra a decisão de juiz de 1º grau que inadmitir recurso ordinário, no caso do art. 1.027, II, 'b'. *(Grupo: Ordem dos Processos nos Tribunais e Recursos Ordinários)*

209. (arts. 988, I, 1.027, II, 1.028, §2º) Cabe reclamação, por usurpação da competência do Superior Tribunal de Justiça, contra a decisão de presidente ou vice-presidente do tribunal de 2º grau que inadmitir recurso ordinário interposto com fundamento no art. 1.027, II, "a". *(Grupo: Ordem dos Processos nos Tribunais e Recursos Ordinários)*

210. (arts. 988, I, 1.027, I, 1.028, §2º) Cabe reclamação, por usurpação da competência do Supremo Tribunal Federal, contra a decisão de presidente ou vice-presidente de tribunal superior que inadmitir recurso ordinário interposto com fundamento no art. 1.027, I. *(Grupo: Ordem dos Processos nos Tribunais e Recursos Ordinários)*

211. Cancelado *(VII FPPC-São Paulo).*

212. Cancelado *(VII FPPC-São Paulo).*

213. (art. 998, parágrafo único) No caso do art. 998, parágrafo único, o resultado do julgamento não se aplica ao recurso de que se desistiu. *(Grupo: Ordem dos Processos nos Tribunais e Recursos Ordinários)*

214. Cancelado *(IX FPPC-Recife).*

215. (art. 1.007, §§ 2º e 4º). Fica superado o enunciado 187 da súmula do STJ ("*É deserto o recurso interposto para o Superior Tribunal de Justiça, quando o recorrente não recolhe, na origem, a importância das despesas de remessa e retorno dos autos*"). *(Grupo: Ordem dos Processos nos Tribunais e Recursos Ordinários)*

216. Cancelado *(IV FPPC-BH)*.

217. (arts. 1.012, § 1º, V, 311) A apelação contra o capítulo da sentença que concede, confirma ou revoga a tutela antecipada da evidência ou de urgência não terá efeito suspensivo automático. *(Grupo: Ordem dos Processos nos Tribunais e Recursos Ordinários)*

218. (art. 1.026) A inexistência de efeito suspensivo dos embargos de declaração não autoriza o cumprimento provisório da sentença nos casos em que a apelação tenha efeito suspensivo. *(Grupo: Ordem dos Processos nos Tribunais e Recursos Ordinários)*

219. 219. (art. 1.029, § 3º) O §3º do art. 1.029 do CPC pode ser aplicado pelo relator ou pelo órgão colegiado. *(Grupo: Recursos Extraordinários; redação revista no IX FPPC-Recife)*

220. (art. 1.029, § 3º) O Supremo Tribunal Federal ou o Superior Tribunal de Justiça inadmitirá o recurso extraordinário ou o recurso especial quando o recorrente não sanar o vício formal de cuja falta foi intimado para corrigir. *(Grupo: Recursos Extraordinários)*

221. Cancelado *(VII FPPC-São Paulo)*.

222. Cancelado *(VII FPPC-São Paulo)*.

223. Cancelado *(VII FPPC-São Paulo)*.

224. (art. 1.035, § 2º) A existência de repercussão geral terá de ser demonstrada de forma fundamentada, sendo dispensável sua alegação em preliminar ou em tópico específico. *(Grupo: Recursos Extraordinários)*

225. (art. 1.042) O agravo em recurso especial ou extraordinário será interposto nos próprios autos. *(Grupo: Recursos Extraordinários)*

226. Cancelado *(VII FPPC-São Paulo)*.

227. Cancelado (*VII FPPC-São Paulo*).

228. (art. 1.042, § 4o) Fica superado o enunciado 639 da súmula do STF após a entrada em vigor do CPC ("*Aplica-se a súmula 288 quando não constarem do traslado do agravo de instrumento as cópias das peças necessárias à verificação da tempestividade do recurso extraordinário não admitido pela decisão agravada*"). *(Grupo: Recursos Extraordinários)*

229. (art. 1.042, § 4o) Fica superado o enunciado 288 da súmula do STF após a entrada em vigor do CPC ("*Nega-se provimento a agravo para subida de recurso extraordinário, quando faltar no traslado o despacho agravado, a decisão recorrida, a petição de recurso extraordinário ou qualquer peça essencial à compreensão da controvérsia*"). *(Grupo: Recursos Extraordinários)*

230. (art. 1.043) Cabem embargos de divergência contra acórdão que, em agravo interno ou agravo em recurso especial ou extraordinário, decide recurso especial ou extraordinário. *(Grupo: Recursos Extraordinários)*

231. Cancelado *(VII FPPC-São Paulo)*.

232. (art. 1.043, § 3º) Fica superado o enunciado 353 da súmula do STF após a entrada em vigor do CPC ("*São incabíveis os embargos da Lei 623, de 19.02.49, com fundamento em divergência entre decisões da mesma turma do Supremo Tribunal Federal*"). *(Grupo: Recursos Extraordinários)*

233. Ficam superados os enunciados 88, 169, 207, 255 e 390 da súmula do STJ como consequência da eliminação dos embargos infringentes ("*São admissíveis embargos infringentes em processo falimentar*"; "*São inadmissíveis embargos infringentes no processo de mandado de segurança*"; "*É inadmissível recurso especial quando cabíveis embargos infringentes contra o acórdão proferido no tribunal de origem*"; "*Cabem embargos infringentes contra acórdão, proferido por maioria, em agravo retido, quando se tratar de matéria de mérito*"; "*Nas decisões por maioria, em reexame necessário, não se admitem embargos infringentes*") *(Grupo: Ordem dos Processos nos Tribunais e Recursos Ordinários)*.

234. (arts. 1.068, 506, 1.005, parágrafo único) A decisão de improcedência na ação proposta pelo credor beneficia todos os devedores solidários, mesmo os que não foram partes no processo, exceto se fundada em defesa pessoal. *(Grupo: Coisa julgada, Ação Rescisória e Sentença)*

235. (arts. 7º, 9º e 10, CPC; arts. 6º, 7º e 12 da Lei 12.016/2009) Aplicam-se ao procedimento do mandado de segurança os arts. 7º, 9º e 10 do CPC. (Grupo: Impactos do CPC nos Juizados e nos procedimentos especiais de legislação extravagante)

236. (art. 44) O art. 44 não estabelece uma ordem de prevalência, mas apenas elenca as fontes normativas sobre competência, devendo ser observado o art. 125, § 1º, da Constituição Federal. (Grupo: Competência e invalidades processuais)

237. (art. 55, §2º, I e II) O rol do art. 55, § 2º, I e II, é exemplificativo. (Grupo: Competência e invalidades processuais)

238. (art. 64, caput e §4º) O aproveitamento dos efeitos de decisão proferida por juízo incompetente aplica-se tanto à competência absoluta quanto à relativa. (Grupo: Competência e invalidades processuais)

239. Cancelado *(IX FPPC-Recife)*.

240. (arts. 85, § 3º, e 910) São devidos honorários nas execuções fundadas em título executivo extrajudicial contra a Fazenda Pública, a serem arbitrados na forma do § 3º do art. 85. (Grupo: Advogado e Sociedade de Advogados. Prazos).

241. (art. 85, *caput* e § 11). Os honorários de sucumbência recursal serão somados aos honorários pela sucumbência em primeiro grau, observados os limites legais. (Grupo: Advogado e Sociedade de Advogados. Prazos).

242. (art. 85, § 11). Os honorários de sucumbência recursal são devidos em decisão unipessoal ou colegiada. (Grupo: Advogado e Sociedade de Advogados. Prazos).

243. (art. 85, § 11). No caso de provimento do recurso de apelação, o tribunal redistribuirá os honorários fixados em primeiro grau e arbitrará os honorários de sucumbência recursal. (Grupo: Advogado e Sociedade de Advogados. Prazos).

244. (art. 85, § 14) Ficam superados o enunciado 306 da súmula do STJ ("Os honorários advocatícios devem ser compensados quando houver sucumbência recíproca, assegurado o direito autônomo do advogado à execução do saldo sem excluir a legitimidade da própria parte") e a tese firmada no REsp Repetitivo n. 963.528/PR, após a entrada em vigor do CPC, pela expressa impossibilidade de compensação (Grupo: Advogado e Sociedade de Advogados. Prazos).

245. (art. 99, § 4º, 15). O fato de a parte, pessoa natural ou jurídica, estar assistida por advogado particular não impede a concessão da justiça gratuita na Justiça do Trabalho. (Grupo: Impacto do CPC no processo do trabalho)

246. (arts. 99, §7º, e 15). Dispensa-se o preparo do recurso quando houver pedido de justiça gratuita em sede recursal, consoante art. 99, §6º, aplicável ao processo do trabalho. Se o pedido for indeferido, deve ser fixado prazo para o recorrente realizar o recolhimento. (Grupo: Impacto do CPC no processo do trabalho)

247. (art. 133) Aplica-se o incidente de desconsideração da personalidade jurídica no processo falimentar. (Grupo: Impactos do CPC nos Juizados e nos procedimentos especiais de legislação extravagante)

248. (arts. 134, § 2º, e 336) Quando a desconsideração da personalidade jurídica for requerida na petição inicial, constitui ônus do sócio ou da pessoa jurídica, na contestação, impugnar não somente a própria desconsideração, mas também os demais pontos da causa. (Grupo: Petição inicial, resposta do réu e saneamento; *redação revista no IX FPPC-Recife*)

249. (art. 138) A intervenção do *amicus curiae* é cabível no mandado de segurança. (Grupo: Impactos do CPC nos Juizados e nos procedimentos especiais de legislação extravagante)

250. (art. 138; art. 15). Admite-se a intervenção do *amicus curiae* nas causas trabalhistas, na forma do art. 138, sempre que o juiz ou relator vislumbrar a relevância da matéria, a especificidade do tema objeto da demanda ou a repercussão geral da controvérsia, a fim de obter uma decisão respaldada na pluralidade do debate e, portanto, mais democrática. (Grupo: Impacto do CPC no processo do trabalho)

251. (art. 139, VI) O inciso VI do art. 139 do CPC aplica-se ao processo de improbidade administrativa. (Grupo: Impactos do CPC nos Juizados e nos procedimentos especiais de legislação extravagante)

252. (art. 190) O descumprimento de uma convenção processual válida é matéria cujo conhecimento depende de requerimento. (Grupo: Negócios Processuais)

253. (art. 190; Resolução n. 118/CNMP) O Ministério Público pode celebrar negócio processual quando atua como parte. (Grupo: Negócios Processuais)

254. (art. 190) É inválida a convenção para excluir a intervenção do Ministério Público como fiscal da ordem jurídica. (Grupo: Negócios Processuais)

255. (art. 190) É admissível a celebração de convenção processual coletiva. (Grupo: Negócios Processuais)

256. (art. 190) A Fazenda Pública pode celebrar negócio jurídico processual. (Grupo: Negócios Processuais)

257. (art. 190) O art. 190 autoriza que as partes tanto estipulem mudanças do procedimento quanto convencionem sobre os seus ônus, poderes, faculdades e deveres processuais. (Grupo: Negócios Processuais)

258. (art. 190) As partes podem convencionar sobre seus ônus, poderes, faculdades e deveres processuais, ainda que essa convenção não importe ajustes às especificidades da causa. (Grupo: Negócios Processuais)

259. (arts. 190 e 10). A decisão referida no parágrafo único do art. 190 depende de contraditório prévio. (Grupo: Negócios Processuais)

260. (arts. 190 e 200) A homologação, pelo juiz, da convenção processual, quando prevista em lei, corresponde a uma condição de eficácia do negócio. (Grupo: Negócios Processuais)

261. (arts. 190 e 200) O art. 200 aplica-se tanto aos negócios unilaterais quanto aos bilaterais, incluindo as convenções processuais do art. 190. (Grupo: Negócios Processuais)

262. (arts. 190, 520, IV, 521). É admissível negócio processual para dispensar caução no cumprimento provisório de sentença. (Grupo: Negócios Processuais)

263. (art. 194) A mera juntada de decisão aos autos eletrônicos não necessariamente lhe confere publicidade em relação a terceiros. (Grupo: Advogado e Sociedade de Advogados. Prazos).

264. (art. 194) Salvo hipóteses de segredo de justiça, nos processos em que se realizam intimações exclusivamente por portal eletrônico, deve ser garantida ampla publicidade aos autos eletrônicos, assegurado o acesso a qualquer um. (Grupo: Advogado e Sociedade de Advogados. Prazos).

265. (art. 194) É possível haver documentos transitoriamente confidenciais no processo eletrônico. (Grupo: Advogado e Sociedade de Advogados. Prazos).

266. (arts. 218, § 4º, 15) Aplica-se o art. 218, §4º, ao processo do trabalho, não se considerando extemporâneo ou intempestivo o ato realizado antes do termo inicial do prazo. (Grupo: Impacto do CPC no processo do trabalho)

267. (arts. 218, e 1.046). Os prazos processuais iniciados antes da vigência do CPC serão integralmente regulados pelo regime revogado. (Grupo: Direito intertemporal e disposições finais e transitórias)

268. (arts. 219 e 1.046). A regra de contagem de prazos em dias úteis só se aplica aos prazos iniciados após a vigência do Novo Código. (Grupo: Direito intertemporal e disposições finais e transitórias)

269. (art. 220) A suspensão de prazos de 20 de dezembro a 20 de janeiro é aplicável aos Juizados Especiais. (Grupo: Impactos do CPC nos Juizados e nos procedimentos especiais de legislação extravagante)

270. (art. 224, § 1º; art.15) Aplica-se ao processo do trabalho o art. 224, § 1º. (Grupo: Impacto do CPC no processo do trabalho)

271. (art. 231, I, II, VI, §3º) Quando for deferida tutela provisória a ser cumprida diretamente pela parte, o prazo recursal conta a partir da juntada do mandado de intimação, do aviso de recebimento ou da carta precatória; o prazo para o cumprimento da decisão inicia-se a partir da intimação da parte. (Grupo: Advogado e Sociedade de Advogados. Prazos.

272. (art. 231, § 2º) Não se aplica o § 2º do art. 231 ao prazo para contestar, em vista da previsão do § 1º do mesmo artigo. (Grupo: Advogado e Sociedade de Advogados. Prazos).

273. (art. 250, IV; art. 334, § 8º) Ao ser citado, o réu deverá ser advertido de que sua ausência injustificada à audiência de conciliação ou mediação configura ato atentatório à dignidade da justiça, punível com a multa do art. 334, § 8º, sob pena de sua inaplicabilidade. (Grupo: Petição inicial, resposta do réu e saneamento)

274. (art. 272, § 6º) Aplica-se a regra do §6º do art. 272 ao prazo para contestar, quando for dispensável a audiência de conciliação e houver poderes para receber citação. (Grupo: Advogado e Sociedade de Advogados. Prazos).

275. (arts. 229, §2º, 1.046). Nos processos que tramitam eletronicamente, a regra do art. 229, §2º, não se aplica aos prazos já iniciados no regime anterior. (Grupo: Direito intertemporal e disposições finais e transitórias; redação alterada no V FPPC-Vitória)

276. (arts. 281 e 282) Os atos anteriores ao ato defeituoso não são atingidos pela pronúncia de invalidade. (Grupo: Competência e invalidades processuais)

277. (arts. 281 e 282) Para fins de invalidação, o reconhecimento de que um ato subsequente é dependente de um ato defeituoso deve ser objeto de fundamentação específica à luz de circunstâncias concretas. (Grupo: Competência e invalidades processuais)

278. (arts. 282, §2º, e 4º) O CPC adota como princípio a sanabilidade dos atos processuais defeituosos. (Grupo: Competência e invalidades processuais)

279. (arts. 282 e 283) Para os fins de alegar e demonstrar prejuízo, não basta a afirmação de tratar-se de violação a norma constitucional. (Grupo: Competência e invalidades processuais)

280. (art. 290) O prazo de quinze dias a que se refere o art. 290 conta-se da data da intimação do advogado. (Grupo: Advogado e Sociedade de Advogados. Prazos).

281. (art. 319, III) A indicação do dispositivo legal não é requisito da petição inicial e, uma vez existente, não vincula o órgão julgador. (Grupo: Petição inicial, resposta do réu e saneamento; redação revista no V FPPC-Vitória)

282. (arts. 319, III e 343) Para julgar com base em enquadramento normativo diverso daquele invocado pelas partes, ao juiz cabe observar o dever de consulta, previsto no art. 10. (Grupo: Petição inicial, resposta do réu e saneamento)

283. (arts. 319, §1º, 320, 396) Aplicam-se os arts. 319, § 1º, 396 a 404 também quando o autor não dispuser de documentos indispensáveis à propositura da ação. (Grupo: Petição inicial, resposta do réu e saneamento)

284. (art. 321; 968, §3º) Aplica-se à ação rescisória o disposto no art. 321. (Grupo Sentença, Coisa Julgada e Ação Rescisória)

285. (art. 322, §2º) A interpretação do pedido e dos atos postulatórios em geral deve levar em consideração a vontade da parte, aplicando-se o art. 112 do Código Civil. (Grupo: Petição inicial, resposta do réu e saneamento)

286. (art. 322, §2º; art. 5º). Aplica-se o §2º do art. 322 à interpretação de todos os atos postulatórios, inclusive da contestação e do recurso. (Grupo: Petição inicial, resposta do réu e saneamento)

287. (art. 326) O pedido subsidiário somente pode ser apreciado se o juiz não puder examinar ou expressamente rejeitar o principal. (Grupo: Petição inicial, resposta do réu e saneamento)

288. (art. 326) Quando acolhido o pedido subsidiário, o autor tem interesse de recorrer em relação ao principal. (Grupo: Petição inicial, resposta do réu e saneamento)

289. (art. 327, § 1º, II) Se houver conexão entre pedidos cumulados, a incompetência relativa não impedirá a cumulação, em razão da modificação legal da competência. (Grupo: Petição inicial, resposta do réu e saneamento)

290. (art. 330, §§ 2º e 3º) A enumeração das espécies de contrato previstas no § 2º do art. 330 é exemplificativa. (Grupo: Petição inicial, resposta do réu e saneamento)

291. (art. 331) Aplicam-se ao procedimento do mandado de segurança os arts. 331 e parágrafos e 332, §3º do CPC. (Grupo: Impactos do CPC nos Juizados e nos procedimentos especiais de legislação extravagante)

292. (arts. 330 e 321; art. 4º) Antes de indeferir a petição inicial, o juiz deve aplicar o disposto no art. 321. (Grupo Sentença, Coisa Julgada e Ação Rescisória)

293. (arts. 331, 332, § 3º, 485, §7º, 1.010, § 3º) O juízo de retratação, quando permitido, somente poderá ser exercido se a apelação for tempestiva. (Grupo: Petição inicial, resposta do réu e saneamento; redação revista no VIII FPPC-Florianópolis; *redação revista no IX FPPC-Recife*) -

294. (arts. 332 e §1º e 15). O julgamento liminar de improcedência, disciplinado no art. 333, salvo com relação ao §1º, se aplica ao processo do trabalho quando contrariar: a) enunciado de súmula ou de Orientação Jurisprudencial do TST; b) acórdão proferido pelo TST em julgamento de recursos de revista repetitivos; c) entendimento firmado em resolução de demandas repetitivas. (Grupo: Impacto do CPC no processo do trabalho)

295. (arts. 334, § 12 357, §9º, 1.046). As regras sobre intervalo mínimo entre as audiências do CPC só se aplicam aos processos em que o ato for designado após sua vigência. (Grupo: Direito intertemporal e disposições finais e transitórias)

296. (art. 321) Verificando liminarmente a ilegitimidade passiva, o juiz facultará ao autor a alteração da petição inicial, para substituição do réu sem ônus sucumbenciais. (Grupo: Petição inicial, resposta do réu e saneamento, *redação revista no IX FPPC-Recife*)

297. (art. 355) O juiz que promove julgamento antecipado do mérito por desnecessidade de outras provas não pode proferir sentença de improcedência por insuficiência de provas. (Grupo: Petição inicial, resposta do réu e saneamento)

298. (art. 357, §3º) A audiência de saneamento e organização do processo em cooperação com as partes poderá ocorrer independentemente de a causa ser complexa. (Grupo: Petição inicial, resposta do réu e saneamento)

299. (arts. 357, §3º, e 191) O juiz pode designar audiência também (ou só) com objetivo de ajustar com as partes a fixação de calendário para fase de instrução e decisão. (Grupo: Petição inicial, resposta do réu e saneamento)

300. (arts. 357, §7º) O juiz poderá ampliar ou restringir o número de testemunhas a depender da complexidade da causa e dos fatos individualmente considerados. (Grupo: Petição inicial, resposta do réu e saneamento)

301. (art. 369) Aplicam-se ao processo civil, por analogia, as exceções previstas nos §§1º e 2º do art. 157 do Código de Processo Penal, afastando a ilicitude da prova. (Grupo: Competência e invalidades processuais)

302. (arts. 373, §§1º e 2º, e 15). Aplica-se o art. 373, §§1º e 2º, ao processo do trabalho, autorizando a distribuição dinâmica do ônus da prova diante de peculiaridades da causa relacionadas à impossibilidade ou à excessiva dificuldade da parte de cumprir o seu encargo probatório, ou, ainda, à maior facilidade de obtenção da prova do fato contrário. O juiz poderá, assim, atribuir o ônus da prova de modo diverso, desde que de forma fundamentada, preferencialmente antes da instrução e necessariamente antes da sentença, permitindo à parte se desincumbir do ônus que lhe foi atribuído. (Grupo: Impacto do CPC no processo do trabalho)

303. (art. 489, §1º) As hipóteses descritas nos incisos do §1º do art. 489 são exemplificativas. (Grupo Sentença, Coisa Julgada e Ação Rescisória)

304. (art. 489; art. 15). As decisões judiciais trabalhistas, sejam elas interlocutórias, sentenças ou acórdãos, devem observar integralmente o disposto no art. 489, sobretudo o seu §1º, sob pena de se reputarem não fundamentadas e, por conseguinte, nulas. (Grupo: Impacto do CPC no processo do trabalho)

305. (arts. 489, § 1º, IV, 984, §2º, 1.038, § 3º). No julgamento de casos repetitivos, o tribunal deverá enfrentar todos os argumentos contrários e favoráveis à tese jurídica discutida, inclusive os suscitados pelos interessados. (Grupo: Precedentes; redação revista no V FPPC-Vitória)

306. (art. 489, § 1º, VI). O precedente vinculante não será seguido quando o juiz ou tribunal distinguir o caso sob julgamento, demonstrando, fundamentadamente, tratar-se de situação particularizada por hipótese fática distinta, a impor solução jurídica diversa. (Grupo: Precedentes)

307. (arts. 489, §1º, 1.013, §3º, IV) Reconhecida a insuficiência da sua fundamentação, o tribunal decretará a nulidade da sentença e, preenchidos os pressupostos do §3º do art. 1.013, decidirá desde logo o mérito da causa. (Grupo: Competência e invalidades processuais)

308. (arts. 489, § 1º, 1.046). Aplica-se o art. 489, § 1º, a todos os processos pendentes de decisão ao tempo da entrada em vigor do CPC, ainda que conclusos os autos antes da sua vigência. (Grupo: Direito intertemporal e disposições finais e transitórias; redação alterada no V FPPC-Vitória)

309. (art. 489) O disposto no § 1º do art. 489 do CPC é aplicável no âmbito dos Juizados Especiais. (Grupo: Impactos do CPC nos Juizados e nos procedimentos especiais de legislação extravagante)

310. (art. 495) Não é título constitutivo de hipoteca judiciária a decisão judicial que condena à entrega de coisa distinta de dinheiro. (Grupo Sentença, Coisa Julgada e Ação Rescisória)

311. (arts. 496 e 1.046) A regra sobre remessa necessária é aquela vigente ao tempo da publicação em cartório ou disponibilização nos autos eletrônicos da sentença ou, ainda, quando da prolação da sentença em audiência, de modo que a limitação de seu cabimento no CPC não prejudica as remessas determinadas no regime do art. 475 do CPC/1973. (Grupo: Direito intertemporal e disposições finais e transitórias; *redação alterada no V FPPC-Vitória e no VII FPPC-São Paulo*) -

312. (art. 496) O inciso IV do §4º do art. 496 do CPC aplica-se ao procedimento do mandado de segurança. (Grupo: Impactos do CPC nos Juizados e nos procedimentos especiais de legislação extravagante)

313. (art. 503, §§1º e §2º) São cumulativos os pressupostos previstos nos §1º e seus incisos, observado o §2º do art. 503. (Grupo Sentença, Coisa Julgada e Ação Rescisória)

314. (arts. 926 e 927, I e V). As decisões judiciais devem respeitar os precedentes do Supremo Tribunal Federal, em matéria constitucional, e do Superior Tribunal de Justiça, em matéria infraconstitucional federal. (Grupo: Precedentes)

315. (art. 927). Nem todas as decisões formam precedentes vinculantes. (Grupo: Precedentes)

316. (art. 926). A estabilidade da jurisprudência do tribunal depende também da observância de seus próprios precedentes, inclusive por seus órgãos fracionários. (Grupo: Precedentes)

317. (art. 927). O efeito vinculante do precedente decorre da adoção dos mesmos fundamentos determinantes pela maioria dos membros do colegiado, cujo entendimento tenha ou não sido sumulado. (Grupo: Precedentes)

318. (art. 927). Os fundamentos prescindíveis para o alcance do resultado fixado no dispositivo da decisão (*obiter dicta*), ainda que nela presentes, não possuem efeito de precedente vinculante. (Grupo: Precedentes)

319. (art. 927). Os fundamentos não adotados ou referendados pela maioria dos membros do órgão julgador não possuem efeito de precedente vinculante. (Grupo: Precedentes)

320. (art. 927). Os tribunais poderão sinalizar aos jurisdicionados sobre a possibilidade de mudança de entendimento da corte, com a eventual superação ou a criação de exceções ao precedente para casos futuros. (Grupo: Precedentes)

321. (art. 927, § 4º). A modificação do entendimento sedimentado poderá ser realizada nos termos da Lei nº 11.417, de 19 de dezembro de 2006, quando se tratar de enunciado de súmula vinculante; do regimento interno dos tribunais, quando se tratar de enunciado de súmula ou jurisprudência dominante; e, incidentalmente, no julgamento de recurso, na remessa necessária ou causa de competência originária do tribunal. (Grupo: Precedentes)

322. (art. 927, §4º). A modificação de precedente vinculante poderá fundar-se, entre outros motivos, na revogação ou modificação da lei em que ele se baseou, ou em alteração econômica, política, cultural ou social referente à matéria decidida. (Grupo: Precedentes)

323. (arts. 926 e 927). A formação dos precedentes observará os princípios da legalidade, da segurança jurídica, da proteção da confiança e da isonomia. (Grupo: Precedentes)

324. (art. 927). Lei nova, incompatível com o precedente judicial, é fato que acarreta a não aplicação do precedente por qualquer juiz ou tribunal, ressalvado o reconhecimento de sua inconstitucionalidade, a realização de interpretação conforme ou a pronúncia de nulidade sem redução de texto. (Grupo: Precedentes)

325. (arts. 927 e 15). A modificação de entendimento sedimentado pelos tribunais trabalhistas deve observar a sistemática prevista no art. 927, devendo se desincumbir do ônus argumentativo mediante fundamentação adequada e específica, modulando, quando necessário, os efeitos da decisão que supera o entendimento anterior. (Grupo: Impacto do CPC no processo do trabalho)

326. (arts. 927 e 15). O órgão jurisdicional trabalhista pode afastar a aplicação do precedente vinculante quando houver distinção entre o caso sob julgamento e o paradigma, desde que demonstre, fundamentadamente, tratar-se de situação particularizada por hipótese fática distinta, a impor solução jurídica diversa. (Grupo: Impacto do CPC no processo do trabalho)

327. (art. 928, parágrafo único). Os precedentes vinculantes podem ter por objeto questão de direito material ou processual. (Grupo: Precedentes)

328. (arts. 554 e 565) Os arts. 554 e 565 do CPC aplicam-se à ação de usucapião coletiva (art. 10 da Lei 10.258/2001) e ao processo em que exercido o direito a que se referem os §§4º e 5º do art. 1.228, Código Civil, especialmente quanto à necessidade de ampla publicidade da ação e da participação do Ministério Público, da Defensoria Pública e dos órgãos estatais responsáveis pela reforma agrária e política urbana. (Grupo: Impactos do CPC nos Juizados e nos procedimentos especiais de legislação extravagante)

329. (arts. 843, *caput* e §1º, e 15). Na execução trabalhista deve ser preservada a quota parte de bem indivisível do coproprietário ou do cônjuge alheio à execução, sendo-lhe assegurado o direito de preferência na arrematação do bem em igualdade de condições. (Grupo: Impacto do CPC no processo do trabalho)

330. (arts. 895 e 15). Na Justiça do trabalho, o juiz pode deferir a aquisição parcelada do bem penhorado em sede de execução, na forma do art. 895 e seus parágrafos. (Grupo: Impacto do CPC no processo do trabalho)

331. (arts. 916 e 15). O pagamento da dívida objeto de execução trabalhista fundada em título extrajudicial pode ser requerido pelo executado nos moldes do art. 916. (Grupo: Impacto do CPC no processo do trabalho; redação revista no VI FPPC-Curitiba)

332. (arts. 938, §1º, e 15). Considera-se vício sanável, tipificado no art. 938, §1º, a apresentação da procuração e da guia de custas ou depósito recursal em cópia, cumprindo ao relator assinalar prazo para a parte renovar o ato processual com a juntada dos originais. (Grupo: Impacto do CPC no processo do trabalho)

333. (arts. 938, §1º e 15). Em se tratando de guia de custas e depósito recursal inseridos no sistema eletrônico, estando o arquivo corrompido, impedido de ser executado ou de ser lido, deverá o relator assegurar a possibilidade de sanar o vício, nos termos do art. 938, §1º. (Grupo: Impacto do CPC no processo do trabalho)

334. (art. 947). Por força da expressão "sem repetição em múltiplos processos", não cabe o incidente de assunção de competência quando couber julgamento de casos repetitivos. (Grupo: Precedentes)

335. (arts. 947 e 15). O incidente de assunção de competência aplica-se ao processo do trabalho. (Grupo: Impacto do CPC no processo do trabalho)

336. (art. 966) Cabe ação rescisória contra decisão interlocutória de mérito. (Grupo Sentença, Coisa Julgada e Ação Rescisória)

337. (art. 966, §3º) A competência para processar a ação rescisória contra capítulo de decisão deverá considerar o órgão jurisdicional que proferiu o capítulo rescindendo. (Grupo Sentença, Coisa Julgada e Ação Rescisória)

338. (art. 966, *caput* e §3º, 503, §1º) Cabe ação rescisória para desconstituir a coisa julgada formada sobre a resolução expressa da questão prejudicial incidental. (Grupo Sentença, Coisa Julgada e Ação Rescisória)

339. (art. 967, IV; art. 118, Lei n. 12.529/2011; art. 31, Lei n. 6.385/1976) O CADE e a CVM, caso não tenham sido intimados, quando obrigatório, para participar do processo (art. 118, Lei n. 12.529/2011; art. 31, Lei n. 6.385/1976), têm legitimidade para propor ação rescisória contra a decisão ali proferida, nos termos do inciso IV do art. 967. (Grupo Sentença, Coisa Julgada e Ação Rescisória)

340. (art. 972) Observadas as regras de distribuição, o relator pode delegar a colheita de provas para juízo distinto do que proferiu a decisão rescindenda. (Grupo Sentença, Coisa Julgada e Ação Rescisória)

341. (arts. 975, §§ 2 º e 3º, e 1.046) O prazo para ajuizamento de ação rescisória é estabelecido pela data do trânsito em julgado da decisão rescindenda, de modo que não se aplicam as regras dos §§ 2 º e 3º do art. 975 do CPC à coisa julgada constituída antes de sua vigência. (Grupo: Direito intertemporal e disposições finais e transitórias)

342. (art. 976) O incidente de resolução de demandas repetitivas aplica-se a recurso, a remessa necessária ou a qualquer causa de competência originária. (Grupo: Precedentes)

343. (art. 976) O incidente de resolução de demandas repetitivas compete a tribunal de justiça ou tribunal regional. (Grupo: Precedentes)

344. (art. 978, parágrafo único) A instauração do incidente pressupõe a existência de processo pendente no respectivo tribunal. (Grupo: Precedentes; redação revista no V FPPC-Vitória)

345. (arts. 976, 928 e 1.036). O incidente de resolução de demandas repetitivas e o julgamento dos recursos extraordinários e especiais repetitivos formam um microssistema de solução de casos repetitivos, cujas normas de regência se complementam reciprocamente e devem ser interpretadas conjuntamente. (Grupo: Precedentes; redação revista no V FPPC-Vitória)

346. (art. 976) A Lei nº 13.015, de 21 de julho de 2014, compõe o microssistema de solução de casos repetitivos. (Grupo: Precedentes)

347. (arts. 976 e 15). Aplica-se ao processo do trabalho o incidente de resolução de demandas repetitivas, devendo ser instaurado quando houver efetiva repetição de processos que contenham controvérsia sobre a mesma questão de direito. (Grupo: Impacto do CPC no processo do trabalho)

348. (arts. 987 e 1.037, II, §§ 6º a 8º e seguintes) Os interessados serão intimados da suspensão de seus processos individuais, podendo requerer o prosseguimento ao juiz ou tribunal onde tramitarem, demonstrando a distinção entre a questão a ser decidida e aquela a ser julgada no incidente de resolução de demandas repetitivas, ou nos recursos repetitivos. (Grupo: Precedentes)

349. (arts. 982, § 5º e 988) Cabe reclamação para o tribunal que julgou o incidente de resolução de demandas repetitivas caso afrontada a autoridade dessa decisão. (Grupo: Precedentes)

350. (arts. 988 e 15) Cabe reclamação, na Justiça do Trabalho, da parte interessada ou do Ministério Público, nas hipóteses previstas no art. 988, visando a preservar a competência do tribunal e garantir a autoridade das suas decisões e do precedente firmado em julgamento de casos repetitivos. (Grupo: Impacto do CPC no processo do trabalho)

351. (arts. 1.009, §1º, e 1.015) O regime da recorribilidade das interlocutórias do CPC aplica-se ao procedimento do mandado de segurança. (Grupo: Impactos do CPC nos Juizados e nos procedimentos especiais de legislação extravagante)

352. (arts. 998, *caput* e parágrafo único, e 15) É permitida a desistência do recurso de revista repetitivo, mesmo quando eleito como representativo da controvérsia, sem necessidade de anuência da parte adversa ou dos litisconsortes; a desistência, contudo, não impede a análise da questão jurídica objeto de julgamento do recurso repetitivo. (Grupo: Impacto do CPC no processo do trabalho)

353. (arts. 1.007, § 7º, e 15) No processo do trabalho, o equívoco no preenchimento da guia de custas ou de depósito recursal não implicará a aplicação da pena de deserção, cabendo ao relator, na hipótese de dúvida quanto ao recolhimento, intimar o recorrente para sanar o vício no prazo de cinco dias. (Grupo: Impacto do CPC no processo do trabalho)

354. (arts. 1.009, § 1º, 1.046) O art. 1009, §1º, não se aplica às decisões publicadas em cartório ou disponibilizadas nos autos eletrônicos antes da entrada em vigor do CPC. (Grupo: Direito intertemporal e disposições finais e transitórias; redação alterada no V FPPC-Vitória)

355. (arts. 1.009, §1º, e 1.046) Se, no mesmo processo, houver questões resolvidas na fase de conhecimento em relação às quais foi interposto agravo retido na vigência do CPC/1973, e questões resolvidas na fase de conhecimento em relação às quais não se operou a preclusão por força do art. 1.009, §1º, do CPC, aplicar-se-á ao recurso de apelação o art. 523, §1º, do CPC/1973 em relação àquelas, e o art. 1.009, §1º, do CPC em relação a estas. (Grupo: Direito intertemporal e disposições finais e transitórias)

356. (arts. 1.010, § 3º, e 1.046) Aplica-se a regra do art. 1.010, § 3º, às apelações pendentes de admissibilidade ao tempo da entrada em vigor do CPC, de modo que o exame da admissibilidade destes recursos competirá ao Tribunal de 2º grau. (Grupo: Direito intertemporal e disposições finais e transitórias)

357. (arts. 1.013, 1.014, 1.027, §2º) Aplicam-se ao recurso ordinário os arts. 1.013 e 1.014. (Grupo: Recursos)

358. (art. 1.021, § 4º) A aplicação da multa prevista no art. 1.021, § 4º, exige manifesta inadmissibilidade ou manifesta improcedência. (Grupo: Recursos)

359. (art. 1.021, § 4º) A aplicação da multa prevista no art. 1.021, § 4º, exige que a manifesta inadmissibilidade seja declarada por unanimidade. (Grupo: Recursos)

360. (art. 1.022) A não oposição de embargos de declaração em caso de erro material na decisão não impede sua correção a qualquer tempo. (Grupo: Recursos)

361. (art. 1.026, § 4º) Na hipótese do art. 1.026, § 4º, não cabem embargos de declaração e, caso opostos, não produzirão qualquer efeito. (Grupo: Recursos)

362. Cancelado *(VII FPPC-São Paulo).*

363. (arts. 1.036-1.040). O procedimento dos recursos extraordinários e especiais repetitivos aplica-se por analogia às causas repetitivas de competência originária dos tribunais superiores, como a reclamação e o conflito de competência. (Grupo: Precedentes)

364. (art. 1.036, §1º). O sobrestamento da causa em primeira instância não ocorrerá caso se mostre necessária a produção de provas para efeito de distinção de precedentes. (Grupo: Precedentes)

365. Cancelado *(VII FPPC-São Paulo).*

366. (art. 1.047). O protesto genérico por provas, realizado na petição inicial ou na contestação ofertada antes da vigência do CPC, não implica requerimento de prova para fins do art. 1047. (Grupo: Direito intertemporal e disposições finais e transitórias)

367. (arts. 1.054, 312, 503). Para fins de interpretação do art. 1.054, entende-se como início do processo a data do protocolo da petição inicial. (Grupo: Direito intertemporal e disposições finais e transitórias)

368. (art. 1.071) A impugnação ao reconhecimento extrajudicial da usucapião necessita ser feita mediante representação por advogado. (Grupo: Advogado e Sociedade de Advogados. Prazos).

369. (arts. 1º a 12) O rol de normas fundamentais previsto no Capítulo I do Título Único do Livro I da Parte Geral do CPC não é exaustivo. (Grupo: Normas fundamentais)

370. (arts. 1º a 12) Norma processual fundamental pode ser regra ou princípio. (Grupo: Normas fundamentais)

371. (arts. 3o, §3º, e 165). Os métodos de solução consensual de conflitos devem ser estimulados também nas instâncias recursais. (Grupo: Normas fundamentais)

372. (art. 4º) O art. 4º tem aplicação em todas as fases e em todos os tipos de procedimento, inclusive em incidentes processuais e na instância recursal, impondo ao órgão jurisdicional viabilizar o saneamento de vícios para examinar o mérito, sempre que seja possível a sua correção. (Grupo: Normas fundamentais)

373. (arts. 4º e 6º) As partes devem cooperar entre si; devem atuar com ética e lealdade, agindo de modo a evitar a ocorrência de vícios que extingam o processo sem resolução do mérito e cumprindo com deveres mútuos de esclarecimento e transparência. (Grupo: Normas fundamentais)

374. (art. 5º) O art. 5º prevê a boa-fé objetiva. (Grupo: Normas fundamentais)

375. (art. 5º) O órgão jurisdicional também deve comportar-se de acordo com a boa-fé objetiva. (Grupo: Normas fundamentais)

376. (art. 5º) A vedação do comportamento contraditório aplica-se ao órgão jurisdicional. (Grupo: Normas fundamentais)

377. (art. 5º) A boa-fé objetiva impede que o julgador profira, sem motivar a alteração, decisões diferentes sobre uma mesma questão de direito aplicável às situações de fato análogas, ainda que em processos distintos. (Grupo: Normas fundamentais)

378. (arts. 5º, 6º, 322, §2º, e 489, §3º) A boa fé processual orienta a interpretação da postulação e da sentença, permite a reprimenda do abuso de direito processual e das condutas dolosas de todos os sujeitos processuais e veda seus comportamentos contraditórios. (Grupo: Normas fundamentais)

379. (art. 7º) O exercício dos poderes de direção do processo pelo juiz deve observar a paridade de armas das partes. (Grupo: Poderes do juiz)

380. (arts. 8º, 926, 927) A expressão "ordenamento jurídico", empregada pelo Código de Processo Civil, contempla os precedentes vinculantes. (Grupo: Precedentes, IRDR, Recursos Repetitivos e Assunção de competência)

381. (arts. 9º, 350, 351 e 307, parágrafo único) É cabível réplica no procedimento de tutela cautelar requerida em caráter antecedente. (Grupo: Tutela de urgência e tutela de evidência)

382. (art. 12) No juízo onde houver cumulação de competência de processos dos juizados especiais com outros procedimentos diversos, o juiz poderá organizar duas listas cronológicas autônomas, uma para os processos dos juizados especiais e outra para os demais processos. (Grupo: Poderes do juiz)

383. (art. 75, §4º) As autarquias e fundações de direito público estaduais e distritais também poderão ajustar compromisso recíproco para prática de ato processual por seus procuradores em favor de outro ente federado, mediante convênio firmado pelas respectivas procuradorias. (Grupos: Impacto do novo CPC e os processos da Fazenda Pública e Negócios Processuais)

384. (art. 85, §19) A lei regulamentadora não poderá suprimir a titularidade e o direito à percepção dos honorários de sucumbência dos advogados públicos. (Grupo: Impacto do novo CPC e os processos da Fazenda Pública)

385. (art. 99, § 2º) Havendo risco de perecimento do direito, o poder do juiz de exigir do autor a comprovação dos pressupostos legais para a concessão da gratuidade não o desincumbe do dever de apreciar, desde logo, o pedido liminar de tutela de urgência. (Grupo: Poderes do juiz)

386. (art. 113, §1º; art. 4º) A limitação do litisconsórcio facultativo multitudinário acarreta o desmembramento do processo. (Grupo: Litisconsórcio e intervenção de terceiros)

387. (art. 113, §1º; art. 4º) A limitação do litisconsórcio multitudinário não é causa de extinção do processo. (Grupo: Litisconsórcio e intervenção de terceiros)

388. (arts. 119 e 138) O assistente simples pode requerer a intervenção de *amicus curiae*. (Grupo: Litisconsórcio e intervenção de terceiros)

389. (art. 122) As hipóteses previstas no art. 122 são meramente exemplificativas. (Grupo: Litisconsórcio e intervenção de terceiros)

390. (arts. 136, *caput*, 1.015, IV, 1.009, §3º) Resolvida a desconsideração da personalidade jurídica na sentença, caberá apelação. (Grupo: Litisconsórcio e intervenção de terceiros)

391. (art. 138, §3º) O *amicus curiae* pode recorrer da decisão que julgar recursos repetitivos. (Grupos: Litisconsórcio e intervenção de terceiros; Precedentes, IRDR, Recursos Repetitivos e Assunção de competência)

392. (arts. 138 e 190) As partes não podem estabelecer, em convenção processual, a vedação da participação do *amicus curiae*. (Grupo: Litisconsórcio e intervenção de terceiros)

393. (arts. 138, 926, §1º, e 927, §2º) É cabível a intervenção de *amicus curiae* no procedimento de edição, revisão e cancelamento de enunciados de súmula pelos tribunais. (Grupo: Litisconsórcio e intervenção de terceiros)

394. (art. 138, § 1º; art. 489, §1º, IV; art. 1022, II; art. 10) As partes podem opor embargos de declaração para corrigir vício da decisão relativo aos argumentos trazidos pelo *amicus curiae*. (Grupo: Litisconsórcio e intervenção de terceiros)

395. (art. 138, *caput*) Os requisitos objetivos exigidos para a intervenção do *amicus curiae* são alternativos. (Grupo: Litisconsórcio e intervenção de terceiros)

396. (art. 139, IV; art. 8º) As medidas do inciso IV do art. 139 podem ser determinadas de ofício, observado o art. 8º. (Grupo: Poderes do juiz)

397. (Arts. 165 a 175; Lei 9.099/1995, Lei 10.259/2001, Lei 12.153/2009) A estrutura para autocomposição, nos Juizados Especiais, deverá contar com a conciliação e a mediação. (Grupo: Impacto nos Juizados e nos procedimentos especiais da legislação extravagante)

398. (Art. 174 e Lei 13.140/2015) As câmaras de mediação e conciliação têm competência para realização da conciliação e da mediação, no âmbito administrativo, de conflitos judiciais e extrajudiciais (Grupo: Impacto do novo CPC e os processos da Fazenda Pública e Impacto nos Juizados e nos procedimentos especiais da legislação extravagante; redação revista no VIII FPPC-Florianópolis).

399. (arts. 180 e 183) Os arts. 180 e 183 somente se aplicam aos prazos que se iniciarem na vigência do CPC de 2015, aplicando-se a regulamentação anterior aos prazos iniciados sob a vigência do CPC de 1973. (Grupo: Direito intertemporal)

400. (art. 183) O art. 183 se aplica aos processos que tramitam em autos eletrônicos. (Grupo: Impacto do novo CPC e os processos da Fazenda Pública)

401. (art. 183, § 1º) Para fins de contagem de prazo da Fazenda Pública nos processos que tramitam em autos eletrônicos, não se considera como intimação pessoal a publicação pelo Diário da Justiça Eletrônico. (Grupo: Impacto do novo CPC e os processos da Fazenda Pública)

402. (art. 190) A eficácia dos negócios processuais para quem deles não fez parte depende de sua anuência, quando lhe puder causar prejuízo. (Grupo: Negócios processuais)

403. (art. 190; art. 104, Código Civil) A validade do negócio jurídico processual, requer agente capaz, objeto lícito, possível, determinado ou determinável e forma prescrita ou não defesa em lei. (Grupo: Negócios processuais)

404. (art. 190; art. 112, Código Civil) Nos negócios processuais, atender-se-á mais à intenção consubstanciada na manifestação de vontade do que ao sentido literal da linguagem. (Grupo: Negócios processuais)

405. (art. 190; art. 113, Código Civil) Os negócios jurídicos processuais devem ser interpretados conforme a boa-fé e os usos do lugar de sua celebração. (Grupo: Negócios processuais)

406. (art. 190; art. 114, Código Civil) Os negócios jurídicos processuais benéficos e a renúncia a direitos processuais interpretam-se estritamente. (Grupo: Negócios processuais)

407. (art. 190; art. 5º; art. 422, Código Civil) Nos negócios processuais, as partes e o juiz são obrigados a guardar nas tratativas, na conclusão e na execução do negócio o princípio da boa-fé. (Grupo: Negócios processuais)

408. (art. 190; art. 423, Código Civil) Quando houver no contrato de adesão negócio jurídico processual com previsões ambíguas ou contraditórias, dever-se-á adotar a interpretação mais favorável ao aderente. (Grupo: Negócios processuais)

409. (art. 190; art. 8º, *caput*, Lei 9.307/1996) A convenção processual é autônoma em relação ao negócio em que estiver inserta, de tal sorte que a invalidade deste não implica necessariamente a invalidade da convenção processual. (Grupo: Negócios processuais)

410. (art. 190 e 142) Aplica-se o Art. 142 do CPC ao controle de validade dos negócios jurídicos processuais. (Grupo: Negócios processuais)

411. (art. 190) O negócio processual pode ser distratado. (Grupo: Negócios processuais)

412. (art. 190) A aplicação de negócio processual em determinado processo judicial não impede, necessariamente, que da decisão do caso possa vir a ser formado precedente. (Grupo: Negócios processuais)

413. (arts. 190 e 191; Leis 9.099/1995, 10.259/2001 e 12.153/2009). O negócio jurídico processual pode ser celebrado no sistema dos juizados especiais, desde que observado o conjunto dos princípios que o orienta, ficando sujeito a controle judicial na forma do parágrafo único do art. 190 do CPC. (Grupo: Impacto nos Juizados e nos procedimentos especiais da legislação extravagante)

414. (art. 191, §1º) O disposto no §1º do artigo 191 refere-se ao juízo. (Grupo: Negócios processuais)

415. (arts. 212 e 219; Lei 9.099/1995, Lei 10.259/2001, Lei 12.153/2009) Os prazos processuais no sistema dos Juizados Especiais são contados em dias úteis. (Grupo: Impacto nos Juizados e nos procedimentos especiais da legislação extravagante)

416. (art. 219) A contagem do prazo processual em dias úteis prevista no art. 219 aplica-se aos Juizados Especiais Cíveis, Federais e da Fazenda Pública. (Grupo: Impacto do novo CPC e os processos da Fazenda Pública)

417. (arts. 260, *caput* e §3º, 267, I) São requisitos para o cumprimento da carta arbitral: i) indicação do árbitro ou do tribunal arbitral de origem e do órgão do Poder Judiciário de destino; ii) inteiro teor do requerimento da parte, do pronunciamento do árbitro ou do Tribunal arbitral e da procuração conferida ao representante da parte, se houver; iii) especificação do ato processual que deverá ser praticado pelo juízo de destino; iv) encerramento com a assinatura do árbitro ou do presidente do tribunal arbitral conforme o caso. (Grupo: Arbitragem)

418. (arts. 294 a 311; Leis 9.099/1995, 10.259/2001 e 12.153/2009). As tutelas provisórias de urgência e de evidência são admissíveis no sistema dos Juizados Especiais. (Grupo: Impacto nos Juizados e nos procedimentos especiais da legislação extravagante)

419. (art. 300, § 3º) Não é absoluta a regra que proíbe tutela provisória com efeitos irreversíveis. (Grupo: Tutela de urgência e tutela de evidência)

420. (art. 304) Não cabe estabilização de tutela cautelar. (Grupo: Tutela de urgência e tutela de evidência)

421. (arts. 304 e 969) Não cabe estabilização de tutela antecipada em ação rescisória. (Grupo: Tutela de urgência e tutela de evidência)

422. (art. 311) A tutela de evidência é compatível com os procedimentos especiais. (Grupo: Tutela de urgência e tutela de evidência)

423. (arts. 311; 995, parágrafo único; 1.012, §4º; 1.019, inciso I; 1.026, §1º; 1.029, §5º) Cabe tutela de evidência recursal. (Grupo: Tutela de urgência e tutela de evidência)

424. (art. 319; art. 15, Lei 11.419/2006) Os parágrafos do art. 319 devem ser aplicados imediatamente, inclusive para as petições iniciais apresentadas na vigência do CPC-1973. (Grupo: Direito intertemporal)

425. (arts. 321, 106, § 1°) Ocorrendo simultaneamente as hipóteses dos art. 106, § 1°, e art. 321, *caput*, o prazo de emenda será único e de quinze dias. (Grupo: Petição inicial, resposta do réu e saneamento)

426. (art. 340, § 2°) O juízo para o qual foi distribuída a contestação ou a carta precatória só será considerado prevento se o foro competente for o local onde foi citado. (Grupo: Petição inicial, resposta do réu e saneamento)

427. (art. 357, §2º) A proposta de saneamento consensual feita pelas partes pode agregar questões de fato até então não deduzidas. (Grupo: Negócios processuais)

428. (art. 357, §3°, 329) A integração e o esclarecimento das alegações nos termos do art. 357, §3°, não se confundem com o aditamento do ato postulatório previsto no art. 329. (Grupo: Petição inicial, resposta do réu e saneamento)

429. (art. 359) A arbitragem a que se refere o art. 359 é aquela regida pela Lei 9.307/1996. (Grupo: Arbitragem)

430. (art. 361, parágrafo único) A necessidade de licença concedida pelo juiz, prevista no parágrafo único do art. 361, é aplicável também aos Defensores Públicos. (Grupo: Poderes do juiz)

431. (arts. 489, § 1º, VI, 926 e 927) O julgador, que aderir aos fundamentos do voto-vencedor do relator, há de seguir, por coerência, o precedente que ajudou a construir no julgamento da mesma questão em processos subsequentes, salvo se demonstrar a existência de distinção ou superação. (Grupo: Poderes do juiz)

432. (art. 496, §1º) A interposição de apelação parcial não impede a remessa necessária. (Grupo: Impacto do novo CPC e os processos da Fazenda Pública)

433. (arts. 496, §4º, IV, 6º, 927, §5º) Cabe à Administração Pública dar publicidade às suas orientações vinculantes, preferencialmente pela rede mundial de computadores. (Grupo: Impacto do novo CPC e os processos da Fazenda Pública)

434. (art. 485, VII) O reconhecimento da competência pelo juízo arbitral é causa para a extinção do processo judicial sem resolução de mérito. (Grupo: Arbitragem)

435. (arts. 485, VII, 1015, III) Cabe agravo de instrumento contra a decisão do juiz que, diante do reconhecimento de competência pelo juízo arbitral, se recusar a extinguir o processo judicial sem resolução de mérito. (Grupo: Arbitragem)

436. (arts. 502 e 506) Preenchidos os demais pressupostos, a decisão interlocutória e a decisão unipessoal (monocrática) são suscetíveis de fazer coisa julgada. (Grupo: Sentença, coisa julgada e ação rescisória)

437. (arts. 503, § 1º, 19) A coisa julgada sobre a questão prejudicial incidental se limita à existência, inexistência ou modo de ser de situação jurídica, e à autenticidade ou falsidade de documento. (Grupo: Sentença, coisa julgada e ação rescisória)

438. (art. 503, §1º) É desnecessário que a resolução expressa da questão prejudicial incidental esteja no dispositivo da decisão para ter aptidão de fazer coisa julgada. (Grupo: Sentença, coisa julgada e ação rescisória)

439. (art. 503, §§ 1º e 2º) Nas causas contra a Fazenda Pública, além do preenchimento dos pressupostos previstos no art. 503, §§ 1º e 2º, a coisa julgada sobre a questão prejudicial incidental depende de remessa necessária, quando for o caso. (Grupo: Impacto do novo CPC e os processos da Fazenda Pública)

440. (arts. 516, III e 515, IX). O art. 516, III e o seu parágrafo único aplicam-se à execução de decisão interlocutória estrangeira, após a concessão do *exequatur* à carta rogatória. (Grupo: Execução)

441. (arts. 536, §5º, 537, §5º) O §5º do art. 536 e o §5º do art. 537 alcançam situação jurídica passiva correlata a direito real. (Grupo: Execução)

442. (arts. 536, §5º, 537, §5º). O §5º do art. 536 e o §5º do art. 537 alcançam os deveres legais. (Grupo: Execução)

443. (art. 557) Em ação possessória movida pelo proprietário é possível ao réu alegar a usucapião como matéria de defesa, sem violação ao art. 557. (Grupo: Procedimentos Especiais)

444. (arts. 771, parágrafo único, 822 e 823 e 139, IV) Para o processo de execução de título extrajudicial de obrigação de não fazer, não é necessário propor a ação de conhecimento para que o juiz possa aplicar as normas decorrentes dos arts. 536 e 537. (Grupo: Execução)

445. (art. 779) O fiador judicial também pode ser sujeito passivo da execução. (Grupo: Execução)

446. (arts. 785 e 700) Cabe ação monitória mesmo quando o autor for portador de título executivo extrajudicial. (Grupo: Execução)

447. (arts. 799, 804, 889, VIII e 1.072, I) O exequente deve providenciar a intimação da União, Estados e Municípios no caso de penhora de bem tombado. (Grupo: Execução)

448. (arts. 799, VIII) As medidas urgentes previstas no art. 799, VIII, englobam a tutela provisória urgente antecipada. (Grupo: Execução)

449. (art. 806 do CPC/1973) O art. 806 do CPC de 1973 aplica-se às cautelares propostas antes da entrada em vigor do CPC de 2015. (Grupo: Direito intertemporal)

450. (arts. 827, §2º, 523, 525, 771, parágrafo único) Aplica-se a regra decorrente do art. 827, §2º, ao cumprimento de sentença. (Grupo: Execução)

451. (arts. 827, *caput* e § *1º*, art. 85, §1º) A regra decorrente do *caput* e do §1º do art. 827 aplica-se às execuções fundadas em título executivo extrajudicial de obrigação de fazer, não fazer e entrega de coisa. (Grupo: Execução)

452. (arts. 921, §1 a 5º, 980 e 982) Durante a suspensão do processo prevista no art. 982 não corre o prazo de prescrição intercorrente. (Grupo: Precedentes, IRDR, Recursos Repetitivos e Assunção de competência)

453. (arts. 926 e 1.022, parágrafo único, I) A estabilidade a que se refere o *caput* do art. 926 consiste no dever de os tribunais observarem os próprios precedentes. (Grupo: Precedentes, IRDR, Recursos Repetitivos e Assunção de competência)

454. (arts. 926 e 1.022, parágrafo único, I) Uma das dimensões da coerência a que se refere o *caput* do art. 926 consiste em os tribunais não ignorarem seus próprios precedentes (dever de autorreferência). (Grupo: Precedentes, IRDR, Recursos Repetitivos e Assunção de competência)

455. (art. 926) Uma das dimensões do dever de coerência significa o dever de não-contradição, ou seja, o dever de os tribunais não decidirem casos análogos contrariamente às decisões anteriores, salvo distinção ou superação. (Grupo: Precedentes, IRDR, Recursos Repetitivos e Assunção de competência)

456. (art. 926) Uma das dimensões do dever de integridade consiste em os tribunais decidirem em conformidade com a unidade do ordenamento jurídico. (Grupo: Precedentes, IRDR, Recursos Repetitivos e Assunção de competência)

457. (art. 926) Uma das dimensões do dever de integridade previsto no *caput* do art. 926 consiste na observância das técnicas de distinção e superação dos precedentes, sempre que necessário para adequar esse entendimento à interpretação contemporânea do ordenamento jurídico. (Grupo: Precedentes, IRDR, Recursos Repetitivos e Assunção de competência)

458. (arts. 926, 927, §1º, e 10) Para a aplicação, de ofício, de precedente vinculante, o órgão julgador deve intimar previamente as partes para que se manifestem sobre ele. (Grupo: Precedentes, IRDR, Recursos Repetitivos e Assunção de competência)

459. (arts. 927, §1º, 489, §1º, V e VI, e 10) As normas sobre fundamentação adequada quanto à distinção e superação e sobre a observância somente dos argumentos submetidos ao contraditório são aplicáveis a todo o microssistema de formação dos precedentes. (Grupo: Precedentes, IRDR, Recursos Repetitivos e Assunção de competência)

460. (arts. 927, §1º, 138) O microssistema de aplicação e formação dos precedentes deverá respeitar as técnicas de ampliação do contraditório para amadurecimento da tese, como a realização de audiências públicas prévias e participação de *amicus curiae*. (Grupo: Precedentes, IRDR, Recursos Repetitivos e Assunção de competência)

461. (arts. 927, §2º, e art. 947) O disposto no §2º do art. 927 aplica-se ao incidente de assunção de competência. (Grupo: Precedentes, IRDR, Recursos Repetitivos e Assunção de competência)

462. (arts. 932, 489, §1º, V e VI) É nula, por usurpação de competência funcional do órgão colegiado, a decisão do relator que julgar monocraticamente o mérito do recurso, sem demonstrar o alinhamento de seu pronunciamento judicial com um dos padrões decisórios descritos no art. 932. (Grupo: Poderes do juiz)

463. (arts. 932, parágrafo único, 933 e 9º, 10) O parágrafo único do art. 932 e o art. 933 devem ser aplicados aos recursos interpostos antes da entrada em vigor do CPC/2015 e ainda pendentes de julgamento. (Grupo: Direito intertemporal; *redação alterada no VII FPPC-São Paulo*)

464. (arts. 932 e 1.021; Lei 9.099/1995; Lei 10.259/2001; Lei 12.153/2009) A decisão unipessoal (monocrática) do relator em Turma Recursal é impugnável por agravo interno. (Grupo: Impacto nos Juizados e nos procedimentos especiais da legislação extravagante)

465. (arts. 995, parágrafo único; 1.012, §3º; Lei 9.099/1995, Lei 10.259/2001, Lei 12.153/2009) A concessão do efeito suspensivo ao recurso inominado cabe exclusivamente ao relator na turma recursal. (Grupo: Impacto nos Juizados e nos procedimentos especiais da legislação extravagante)

466. (art. 942) A técnica do art. 942 não se aplica aos embargos infringentes pendentes ao tempo do início da vigência do CPC, cujo julgamento deverá ocorrer nos termos dos arts. 530 e seguintes do CPC de 1973. (Grupo: Direito intertemporal)

467. (arts. 947, 179, 976, §2º, 982, III, 983, caput, 984, II, "a") O Ministério Público deve ser obrigatoriamente intimado no incidente de assunção de competência. (Grupo: Precedentes, IRDR, Recursos Repetitivos e Assunção de competência)

468. (art. 947). O incidente de assunção de competência aplica-se em qualquer tribunal. (Grupo: Precedentes, IRDR, Recursos Repetitivos e Assunção de competência)

469. (Art. 947). A "grande repercussão social", pressuposto para a instauração do incidente de assunção de competência, abrange, dentre outras, repercussão jurídica, econômica ou política. (Grupo: Precedentes, IRDR, Recursos Repetitivos e Assunção de competência)

470. (art. 982, I) Cancelado (VIII FPPC-Florianópolis)

471. (art. 982, §3º) Aplica-se no âmbito dos juizados especiais a suspensão prevista no art. 982, §3º. (Grupo: Precedentes, IRDR, Recursos Repetitivos e Assunção de competência)

472. (art. 985, I) Aplica-se o inciso I do art. 985 ao julgamento de recursos repetitivos e ao incidente de assunção de competência. (Grupo: Precedentes, IRDR, Recursos Repetitivos e Assunção de competência)

473. (art. 986) A possibilidade de o tribunal revisar de ofício a tese jurídica do incidente de resolução de demandas repetitivas autoriza as partes a requerê-la. (Grupo: Precedentes, IRDR, Recursos Repetitivos e Assunção de competência)

474. (art. 1.010, §3º, *fine*; art. 41 da Lei 9.099/1995) O recurso inominado interposto contra sentença proferida nos juizados especiais será remetido à respectiva turma recursal independentemente de juízo de admissibilidade. (Grupo: Impacto nos Juizados e nos procedimentos especiais da legislação extravagante)

475. (arts. 1.022 e 1.064; art. 48 da Lei 9.099/1995) Cabem embargos de declaração contra decisão interlocutória no âmbito dos juizados especiais. (Grupo: Impacto nos Juizados e nos procedimentos especiais da legislação extravagante)

476. (arts. 1046 e 14) Independentemente da data de intimação, o direito ao recurso contra as decisões unipessoais nasce com a publicação em cartório, secretaria do juízo ou inserção nos autos eletrônicos da decisão a ser impugnada, o que primeiro ocorrer, ou, ainda, nas decisões proferidas em primeira instância, será da prolação de decisão em audiência. (Grupo: Direito intertemporal; *redação alterada no VII FPPC-São Paulo*)

477. (arts. 1.026 e 219) Publicada em cartório ou inserida nos autos eletrônicos a decisão que julga embargos de declaração sob a vigência do CPC de 2015, computar-se-ão apenas os dias úteis no prazo para o recurso subsequente, ainda que a decisão embargada tenha sido proferida ao tempo do CPC de 1973, tendo em vista a interrupção do prazo prevista no art. 1.026. (Grupo: Direito intertemporal)

478. Cancelado *(IX FPPC-Recife)*.

479. (arts. 1046 e 43) As novas regras de competência relativa previstas no CPC de 2015 não afetam os processos cujas petições iniciais foram protocoladas na vigência do CPC-73. (Grupo: Direito intertemporal)

480. (arts. 1.037, II, 928 e 985, I) Aplica-se no âmbito dos juizados especiais a suspensão dos processos em trâmite no território nacional, que versem sobre a questão submetida ao regime de julgamento de recursos especiais e extraordinários repetitivos, determinada com base no art. 1.037, II. (Grupo: Precedentes, IRDR, Recursos Repetitivos e Assunção de competência)

481. (art. 1037, §§ 9º a 13) O disposto nos §§ 9º a 13 do art. 1.037 aplica-se, no que couber, ao incidente de resolução de demandas repetitivas. (Grupo: Precedentes, IRDR, Recursos Repetitivos e Assunção de competência)

482. (art. 1.040, I) Aplica-se o art. 1.040, I, aos recursos extraordinários interpostos nas turmas ou colégios recursais dos juizados especiais cíveis, federais e da fazenda pública. (Grupo: Precedentes, IRDR, Recursos Repetitivos e Assunção de competência)

483. (art. 1.065; art. 50 da Lei 9.099/1995; Res. 12/2009 do STJ). Os embargos de declaração no sistema dos juizados especiais interrompem o prazo para a interposição de recursos e propositura de reclamação constitucional para o Superior Tribunal de Justiça. (Grupo: Impacto nos Juizados e nos procedimentos especiais da legislação extravagante)

484. (art. 1.072, V) A revogação dos arts. 16 a 18 da Lei de Alimentos, que tratam da gradação dos meios de satisfação do direito do credor, não implica supressão da possibilidade de penhora sobre créditos originários de alugueis de prédios ou de quaisquer outros rendimentos do devedor. (Grupo: Execução)

485. (art. 3º, §§ 2º e 3º; art. 139, V; art. 509; art. 513) É cabível conciliação ou mediação no processo de execução, no cumprimento de sentença e na liquidação de sentença, em que será admissível a apresentação de plano de cumprimento da prestação. (Grupo: Execução; *redação revista no VII FPPC-São Paulo*)

486. (art. 12; art. 489) A inobservância da ordem cronológica dos julgamentos não implica, por si, a invalidade do ato decisório. (Grupo: Sentença, coisa julgada e ação rescisória)

487. (art. 18, parágrafo único; art. 119, parágrafo único; art. 3º da Lei 12.016/2009). **No mandado de segurança, havendo substituição processual, o substituído poderá ser assistente litisconsorcial do impetrante que o substituiu.** (Grupo: Impacto nos Juizados e nos procedimentos especiais da legislação extravagante)

488. (art. 64, §§3º e 4º; art. 968, §5º; art. 4º; Lei 12.016/2009) No mandado de segurança, havendo equivocada indicação da autoridade coatora, o impetrante deve ser intimado para emendar a petição inicial e, caso haja alteração de competência, o juiz remeterá os autos ao juízo competente. (Grupo: Impacto do novo CPC e os processos da Fazenda Pública)

489. (art. 144; art. 145; arts. 13 e 14 da Lei 9.307/1996) Observado o dever de revelação, as partes celebrantes de convenção de arbitragem podem afastar, de comum acordo, de forma expressa e por escrito, hipótese de impedimento ou suspeição do árbitro. (Grupo: Arbitragem)

490. (art. 190; art. 81, §3º; art. 297, parágrafo único; art. 329, inc. II; art. 520, inc.I; art. 848, inc. II). São admissíveis os seguintes negócios processuais, entre outros: pacto de inexecução parcial ou total de multa coercitiva; pacto de alteração de ordem de penhora; pré-indicação de bem penhorável preferencial (art. 848, II); pré-fixação de indenização por dano processual prevista nos arts. 81, §3º, 520, inc. I, 297, parágrafo único (cláusula penal processual); negócio de anuência prévia para aditamento ou alteração do pedido ou da causa de pedir até o saneamento (art. 329, inc. II). (Grupo: Negócios processuais)

491. (art. 190) É possível negócio jurídico processual que estipule mudanças no procedimento das intervenções de terceiros, observada a necessidade de anuência do terceiro quando lhe puder causar prejuízo. (Grupo: Negócios processuais)

492. (art. 190) O pacto antenupcial e o contrato de convivência podem conter negócios processuais. (Grupo: Negócios processuais)

493. (art. 190) O negócio processual celebrado ao tempo do CPC-1973 é aplicável após o início da vigência do CPC-2015. (Grupo: Direito Intertemporal)

494. (art. 191) A admissibilidade de autocomposição não é requisito para o calendário processual. (Grupo: Negócios processuais)

495. (art. 200) O distrato do negócio processual homologado por exigência legal depende de homologação. (Grupo: Negócios processuais)

496. (art. 294, parágrafo único; art. 300, *caput* e §2º; art. 311) Preenchidos os pressupostos de lei, o requerimento de tutela provisória incidental pode ser formulado a qualquer tempo, não se submetendo à preclusão temporal. (Grupo: Tutela de urgência e tutela de evidência)

497. (art. 297, parágrafo único; art. 300, §1º; art. 520, IV) As hipóteses de exigência de caução para a concessão de tutela provisória de urgência devem ser definidas à luz do art. 520, IV, CPC. (Grupo: Tutela de urgência e tutela de evidência)

498. (art. 297, parágrafo único; art. 300, §1º; art. 521) A possibilidade de dispensa de caução para a concessão de tutela provisória de urgência, prevista no art. 300, §1º, deve ser avaliada à luz das hipóteses do art. 521. (Grupo: Tutela de urgência e tutela de evidência)

499. (art. 302, III, parágrafo único; art. 309, III) Efetivada a tutela de urgência e, posteriormente, sendo o processo extinto sem resolução do mérito e sem estabilização da tutela, será possível fase de liquidação para fins de responsabilização civil do requerente da medida e apuração de danos. (Grupo: Tutela de urgência e tutela de evidência)

500. (art. 304) O regime da estabilização da tutela antecipada antecedente aplica-se aos alimentos provisórios previstos no art. 4º da Lei 5.478/1968, observado o §1º do art. 13 da mesma lei. (Grupo: Impacto nos Juizados e nos procedimentos especiais da legislação extravagante)

501. (art. 304; art. 121, parágrafo único) A tutela antecipada concedida em caráter antecedente não se estabilizará quando for interposto recurso pelo assistente simples, salvo se houver manifestação expressa do réu em sentido contrário. (Grupo: Tutela de urgência e tutela de evidência)

502. (art. 305, parágrafo único) Caso o juiz entenda que o pedido de tutela antecipada em caráter antecedente tenha natureza cautelar, observará o disposto no art. 305 e seguintes. (Grupo: Tutela de urgência e tutela de evidência)

503. (arts. 305-310; art. 4º da Lei 7347/1985; art. 16 da Lei 8.249/1992) O procedimento da tutela cautelar, requerida em caráter antecedente ou incidente, previsto no Código de Processo Civil é compatível com o microssistema do processo coletivo. (Grupo: Impacto nos Juizados e nos procedimentos especiais da legislação extravagante)

504. (art. 309, III) Cessa a eficácia da tutela cautelar concedida em caráter antecedente, se a sentença for de procedência do pedido principal, e o direito objeto do pedido foi definitivamente efetivado e satisfeito. (Grupo: Tutela de urgência e tutela de evidência)

505. (art. 323; Lei 8.245/1991) Na ação de despejo cumulada com cobrança, julgados procedentes ambos os pedidos, são passíveis de execução, além das parcelas vencidas indicadas na petição inicial, as que se tornaram exigíveis entre a data de propositura da ação e a efetiva desocupação do imóvel locado. (Grupo: Impacto nos Juizados e nos procedimentos especiais da legislação extravagante)

506. (art. 327, §2º) A expressão "procedimentos especiais" a que alude o §2º do art. 327 engloba aqueles previstos na legislação especial. (Grupo: Impacto nos Juizados e nos procedimentos especiais da legislação extravagante)

507. (art. 332; Lei n.º 9.099/1995) O art. 332 aplica-se ao sistema de Juizados Especiais. (Grupo: Impacto nos Juizados e nos procedimentos especiais da legislação extravagante)

508. (art. 332, § 3º; Lei 9.099/1995; Lei 10.259/2001; Lei 12.153/2009) Interposto recurso inominado contra sentença que julga liminarmente improcedente o pedido, o juiz pode retratar-se em cinco dias. (Grupo: Impacto nos Juizados e nos procedimentos especiais da legislação extravagante)

509. (art. 334; Lei n.º 9.099/1995) Sem prejuízo da adoção das técnicas de conciliação e mediação, não se aplicam no âmbito dos juizados especiais os prazos previstos no art. 334. (Grupo: Impacto nos Juizados e nos procedimentos especiais da legislação extravagante)

510. (art. 335; arts. 21 e 27 da Lei 9.099/1995) Frustrada a tentativa de autocomposição na audiência referida no art. 21 da Lei 9.099/1995, configura prejuízo para a defesa a realização imediata da instrução quando a citação não tenha ocorrido com a antecedência mínima de quinze dias. (Grupo: Impacto nos Juizados e nos procedimentos especiais da legislação extravagante)

511. (art. 338, *caput*; art. 339; Lei n. 12.016/2009) - A técnica processual prevista nos arts. 338 e 339 pode ser usada, no que couber, para possibilitar a correção da autoridade coatora, bem como da pessoa jurídica, no processo de mandado de segurança. (Grupo: Impacto do novo CPC e os processos da Fazenda Pública)

512. (art. 356) A decisão ilíquida referida no §1º do art. 356 somente é permitida nos casos em que a sentença também puder sê-la. (Grupo: Sentença, coisa julgada e ação rescisória)

513. (art. 356; Lei 8.245/1991) Postulado o despejo em cumulação com outro(s) pedido(s), e estando presentes os requisitos exigidos pelo art. 356, o juiz deve julgar parcialmente o mérito de forma antecipada, para determinar a desocupação do imóvel locado. (Grupo: Impacto nos Juizados e nos procedimentos especiais da legislação extravagante)

514. (art. 370) O juiz não poderá revogar a decisão que determinou a produção de prova de ofício sem que consulte as partes a respeito. (Grupo: Direito probatório)

515. (art. 371; art. 489, §1°) Aplica-se o disposto no art. 489, §1°, também em relação às questões fáticas da demanda. (Grupo: Direito probatório)

516. (art. 371; art. 369; art. 489, §1°) Para que se considere fundamentada a decisão sobre os fatos, o juiz deverá analisar todas as provas capazes, em tese, de infirmar a conclusão adotada. (Grupo: Direito probatório)

517. (art. 375; art. 489, §1°) A decisão judicial que empregar regras de experiência comum, sem indicar os motivos pelos quais a conclusão adotada decorre daquilo que ordinariamente acontece, considera-se não fundamentada. (Grupo: Direito probatório)

518. (art. 396) – Em caso de exibição de documento ou coisa em caráter antecedente, a fim de que seja autorizada a produção, tem a parte autora o ônus de adiantar os gastos necessários, salvo hipóteses em que o custeio incumbir ao réu. (Grupo: Direito probatório)

519. (art. 450; art. 319, §1º; art. 6º) Em caso de impossibilidade de obtenção ou de desconhecimento das informações relativas à qualificação da testemunha, a parte poderá requerer ao juiz providências necessárias para a sua obtenção, salvo em casos de inadmissibilidade da prova ou de abuso de direito. (Grupo: Direito probatório)

520. (art. 485, §7º; Lei 9.099/1995; Lei 12.153/2009) Interposto recurso inominado contra sentença sem resolução de mérito, o juiz pode se retratar em cinco dias. (Grupo: Impacto nos Juizados e nos procedimentos especiais da legislação extravagante)

521. (art. 487, parágrafo único; arts. 210 e 211 do Código Civil) Apenas a decadência fixada em lei pode ser conhecida de ofício pelo juiz. (Grupo: Sentença, coisa julgada e ação rescisória)

522. (art. 489, inc. I; arts. 931 e 933): O relatório nos julgamentos colegiados tem função preparatória e deverá indicar as questões de fato e de direito relevantes para o julgamento e já submetidas ao contraditório. (Grupo: Precedentes, IRDR, Recursos Repetitivos e Assunção de competência)

523. (art. 489, §1º, inc. IV) O juiz é obrigado a enfrentar todas as alegações deduzidas pelas partes capazes, em tese, de infirmar a decisão, não sendo suficiente apresentar apenas os fundamentos que a sustentam. (Grupo: Sentença, coisa julgada e ação rescisória)

524. (art. 489, §1º, IV; art. 985, I) O art. 489, §1º, IV, não obriga o órgão julgador a enfrentar os fundamentos jurídicos deduzidos no processo e já enfrentados na formação da decisão paradigma, sendo necessário demonstrar a correlação fática e jurídica entre o caso concreto e aquele já apreciado. (Grupo: Precedentes, IRDR, Recursos Repetitivos e Assunção de competência)

525. (art. 492; art. 497; art. 139, inc. IV;) A produção do resultado prático equivalente pode ser determinada por decisão proferida na fase de conhecimento. (Grupo: Sentença, coisa julgada e ação rescisória)

526. (art. 497, *caput*; art. 537, *caput*, §3º) A multa aplicada por descumprimento de ordem protetiva, baseada no art. 22, incisos I a V, da Lei 11.340/2006 (Lei Maria da Penha), é passível de cumprimento provisório, nos termos do art. 537, §3º. (Grupo: Impacto nos Juizados e nos procedimentos especiais da legislação extravagante)

527. (art. 515, inc. V; art. 784, inc. X e XI) Os créditos referidos no art. 515, inc. V, e no art. 784, inc. X e XI do CPC-2015 constituídos ao tempo do CPC-1973 são passíveis de execução de título judicial e extrajudicial, respectivamente. (Grupo: Direito Intertemporal)

528. (art. 520, §2º; art. 523, §1º) No cumprimento provisório de sentença por quantia certa iniciado na vigência do CPC 1973, sem garantia da execução, deve o juiz, após o início de vigência do CPC-2015 e a requerimento do exequente, intimar o executado nos termos dos arts. 520, §2º, 523, §1º e 525, *caput*. (Grupo: Direito Intertemporal)

529. (art. 523; art. 133; art. 134; art. 828; art. 799) As averbações previstas nos arts. 799, IX e 828 são aplicáveis ao cumprimento de sentença. (Grupo: Cumprimento de sentença)

530. (art. 525). Após a entrada em vigor do CPC-2015, o juiz deve intimar o executado para apresentar impugnação ao cumprimento de sentença, em quinze dias, ainda que sem depósito, penhora ou caução, caso tenha transcorrido o prazo para cumprimento espontâneo da obrigação na vigência do CPC-1973 e não tenha àquele tempo garantido o juízo. (Grupo: Direito Intertemporal)

531. (art. 525, §§ 6º e 11) É possível, presentes os pressupostos do § 6º do art. 525, a concessão de efeito suspensivo à simples petição em que se alega fato superveniente ao término do prazo de oferecimento da impugnação ao cumprimento de sentença. (Grupo: Cumprimento de sentença)

532. (art. 535, § 3º; art. 100, § 5º, Constituição Federal). A expedição do precatório ou da RPV depende do trânsito em julgado da decisão que rejeita as arguições da Fazenda Pública executada. (Grupo: Impacto do novo CPC e os processos da Fazenda Pública)

533. (art. 536, §3º; art. 774, IV) Se o executado descumprir ordem judicial, conforme indicado pelo § 3º do art. 536, incidirá a pena por ato atentatório à dignidade da justiça (art. 774, IV), sem prejuízo da sanção por litigância de má-fé. (Grupo: Cumprimento de sentença)

534. (art. 548, inc. III) A decisão a que se refere o inciso III do art. 548 faz coisa julgada quanto à extinção da obrigação. (Grupo: Sentença, coisa julgada e ação rescisória)

535. (art. 548, inc. III) Cabe ação rescisória contra a decisão prevista no inciso III do art. 548. (Grupo: Sentença, coisa julgada e ação rescisória)

536. (art. 772, III; art. 773, parágrafo único) O juiz poderá, na execução civil, determinar a quebra de sigilo bancário e fiscal. (Grupo: Execução).

537. (art. 774 ; Lei 6.830/1980). A conduta comissiva ou omissiva caracterizada como atentatória à dignidade da justiça no procedimento da execução fiscal enseja a aplicação da multa do parágrafo único do art. 774 do CPC/15. (Grupo: Impacto nos Juizados e nos procedimentos especiais da legislação extravagante)

538. (art. 782, § 4º; 517, § 4º) Aplica-se o procedimento do § 4º do art. 517 ao cancelamento da inscrição de cadastro de inadimplentes do § 4º do art. 782. (Grupo: Cumprimento de sentença)

539. (art. 828; art. 799, IX; art. 312) A certidão a que se refere o art. 828 não impede a obtenção e a averbação de certidão da propositura da execução (art. 799). (Grupo: Execução)

540. (art. 854; Lei n. 6.830/1980) A disciplina procedimental para penhora de dinheiro prevista no art. 854 é aplicável ao procedimento de execução fiscal. (Grupo: Impacto nos Juizados e nos procedimentos especiais da legislação extravagante)

541. (art. 854, §§ 7º e 8º) - A responsabilidade que trata o art. 854, § 8º, é objetiva e as perdas e danos serão liquidadas de forma incidental, devendo ser imediatamente intimada a instituição financeira para preservação do contraditório. (Grupo: Execução)

542. (art. 903, *caput*, §§1º e 4º) Na hipótese de expropriação de bem por arrematante arrolado no art. 890, é possível o desfazimento da arrematação. (Grupo: Execução)

543. (arts. 914-920) Em execução de título executivo extrajudicial, o juízo arbitral é o competente para conhecer das matérias de defesa abrangidas pela convenção de arbitragem. (Grupo: Arbitragem)

544. (arts. 914-920) Admite-se a celebração de convenção de arbitragem, ainda que a obrigação esteja representada em título executivo extrajudicial. (Grupo: Arbitragem)

545. (art. 918, incisos e parágrafo único; art. 774, parágrafo único; art. 771; art. 525). Aplicam-se à impugnação, no que couber, as hipóteses previstas nos incisos I e III do art. 918 e no seu parágrafo único. (Grupo: Cumprimento de sentença)

546. (arts. 919, §1º e 525, §6º) O efeito suspensivo dos embargos à execução e da impugnação ao cumprimento de sentença pode ser requerido e deferido a qualquer momento do seu trâmite, observados os pressupostos legais. (Grupo: Execução; *redação revista no IX FPPC -Recife*)

547. (arts. 919, §1º e 525, §§ 6º e 8º) O efeito suspensivo dos embargos à execução e da impugnação ao cumprimento de sentença pode ser parcial, limitando-se ao impedimento ou à suspensão de um único ou de apenas alguns atos executivos. (Grupo: Execução; *redação revista no IX FPPC-Recife*)

548. (art. 921, § 3º) O simples desarquivamento dos autos é insuficiente para interromper a prescrição. (Grupo: Execução)

549. (art. 927; Lei n.º 10.259/2001) – O rol do art. 927 e os precedentes da Turma Nacional de Uniformização dos Juizados Especiais Federais deverão ser observados no âmbito dos Juizados Especiais. (Grupo: Impacto nos Juizados e nos procedimentos especiais da legislação extravagante)

550. (art. 932, parágrafo único; art. 6º; art. 10; art. 1.029, §3º; art. 1.033; art.1.035) A inexistência de repercussão geral da questão constitucional discutida no recurso extraordinário é vício insanável, não se aplicando o dever de prevenção de que trata o parágrafo único do art. 932, sem prejuízo do disposto no art. 1.033. (Grupo: Recursos (menos os repetitivos) e reclamação)

551. (art. 932, parágrafo único; art. 6º; art. 10; art. 1.003, §6º) Cabe ao relator, antes de não conhecer do recurso por intempestividade, conceder o prazo de cinco dias úteis para que o recorrente prove qualquer causa de prorrogação, suspensão ou interrupção do prazo recursal a justificar a tempestividade do recurso. (Grupo: Recursos (menos os repetitivos) e reclamação)

552. (art. 942; Lei n.º 9.099/1995) Não se aplica a técnica de ampliação do colegiado em caso de julgamento não unânime no âmbito dos Juizados Especiais. (Grupo: Impacto nos Juizados e nos procedimentos especiais da legislação extravagante)

553. (art. 961, §1º; art. 23 da Lei 9.307/1996) A sentença arbitral parcial estrangeira submete-se ao regime de homologação. (Grupo: Arbitragem)

554. (art. 966, inc. IV) Na ação rescisória fundada em violação ao efeito positivo da coisa julgada, haverá o rejulgamento da causa após a desconstituição da decisão rescindenda. (Grupo: Sentença, coisa julgada e ação rescisória)

555. (art. 966, §2º) Nos casos em que tanto a decisão de inadmissibilidade do recurso quanto a decisão recorrida apresentem vícios rescisórios, ambas serão rescindíveis, ainda que proferidas por órgãos jurisdicionais diversos. (Grupo: Sentença, coisa julgada e ação rescisória)

556. (art. 981) - É irrecorrível a decisão do órgão colegiado que, em sede de juízo de admissibilidade, rejeita a instauração do incidente de resolução de demandas repetitivas, salvo o cabimento dos embargos de declaração. (Grupo: Precedentes, IRDR, Recursos Repetitivos e Assunção de competência)

557. (art. 982, I; art. 1.037, § 13, I) O agravo de instrumento previsto no art. 1.037, §13, I, também é cabível contra a decisão prevista no art. 982, inc. I. (Grupo: Recursos (menos os repetitivos) e reclamação)

558. (art. 988, IV, §1º; art. 927, III; art. 947, §3º) Caberá reclamação contra decisão que contrarie acórdão proferido no julgamento dos incidentes de resolução de demandas repetitivas ou de assunção de competência para o tribunal cujo precedente foi desrespeitado, ainda que este não possua competência para julgar o recurso contra a decisão impugnada. (Grupo: Precedentes, IRDR, Recursos Repetitivos e Assunção de competência)

559. (art. 995; art. 1.009, §1º; art. 1.012) O efeito suspensivo *ope legis* do recurso de apelação não obsta a eficácia das decisões interlocutórias nele impugnadas. (Grupo: Recursos (menos os repetitivos) e reclamação)

560. (art. 1.015, inc. I; arts. 22-24 da Lei Maria da Penha) As decisões de que tratam os arts. 22, 23 e 24 da Lei 11.340/2006 (Lei Maria da Penha), quando enquadradas nas hipóteses do inciso I, do art. 1.015, podem desafiar agravo de instrumento. (Grupo: Impacto nos Juizados e nos procedimentos especiais da legislação extravagante)

561. (art. 1.022; art. 12 da Lei n. 9.882/1999) A decisão que julgar procedente ou improcedente o pedido em arguição de descumprimento de preceito fundamental é impugnável por embargos de declaração, aplicando-se por analogia o art. 26 da Lei n.º 9868/1999. (Grupo: Impacto nos Juizados e nos procedimentos especiais da legislação extravagante)

562. (art. 1022, parágrafo único, inc. II; art. 489, § 2º) Considera-se omissa a decisão que não justifica o objeto e os critérios de ponderação do conflito entre normas. (Grupo: Sentença, coisa julgada e ação rescisória)

563. (art. 1.026; art. 339 do RISTF). Os embargos de declaração no âmbito do Supremo Tribunal Federal interrompem o prazo para a interposição de outros recursos. (Grupo: Impacto nos Juizados e nos procedimentos especiais da legislação extravagante)

564. (arts.1032-1033). Os arts. 1.032 e 1.033 devem ser aplicados aos recursos interpostos antes da entrada em vigor do CPC de 2015 e ainda pendentes de julgamento. (Grupo: Direito Intertemporal)

565. (art. 1.032; art. 1.033) Na hipótese de conversão de recurso extraordinário em recurso especial ou vice-versa, após a manifestação do recorrente, o recorrido será intimado para, no prazo do *caput* do art. 1.032, complementar suas contrarrazões. (Grupo: Recursos (menos os repetitivos) e reclamação)

566. (art. 1.033; art. 1.032, parágrafo único) Na hipótese de conversão do recurso extraordinário em recurso especial, nos termos do art. 1.033, cabe ao relator conceder o prazo do *caput* do art. 1.032 para que o recorrente adapte seu recurso e se manifeste sobre a questão infraconstitucional. (Grupo: Recursos (menos os repetitivos) e reclamação)

567. (arts.1.046, § 1º; art. 1.047). Invalidado o ato processual praticado à luz do CPC de 1973, a sua repetição observará o regramento do CPC-2015, salvo nos casos de incidência do art. 1047 do CPC-2015 e no que refere às disposições revogadas relativas ao procedimento sumário, aos procedimentos especiais e às cautelares. (Grupo: Direito Intertemporal)

568. (art. 1046, §1º). As disposições do CPC-1973 relativas aos procedimentos cautelares que forem revogadas aplicar-se-ão às ações propostas e não sentenciadas até o início da vigência do CPC/2015. (Grupo: Direito Intertemporal)

569. (art.1.047; art. 190). O art. 1.047 não impede convenções processuais em matéria probatória, ainda que relativas a provas requeridas ou determinadas sob vigência do CPC-1973. (Grupo: Direito Intertemporal)

570. (art. 1.049, parágrafo único; Lei 8.245/1991) As ações revisionais de aluguel ajuizadas após a entrada em vigor do Código de Processo Civil deverão tramitar pelo procedimento comum, aplicando-se, com as adaptações procedimentais que se façam necessárias, as disposições dos artigos 68 a 70 da Lei 8.245/1991. (Grupo: Impacto nos Juizados e nos procedimentos especiais da legislação extravagante)

571. (art. 1º, §§1º e 2º, da Lei 9.307/1996) A previsão no edital de licitação não é pressuposto para que a Administração Pública e o contratado celebrem convenção arbitral. (Grupo: Arbitragem)

572. (art. 1º, § 1º, da Lei 9.307/1996) A Administração Pública direta ou indireta pode submeter-se a uma arbitragem *ad hoc* ou institucional. (Grupo: Arbitragem)

573. (arts. 3º, §§2º e 3º; 334) As Fazendas Públicas devem dar publicidade às hipóteses em que seus órgãos de Advocacia Pública estão autorizados a aceitar autocomposição. (Grupo: Impacto do novo CPC e os processos da Fazenda Pública)

574. (arts. 4º; 8º) A identificação de vício processual após a entrada em vigor do CPC de 2015 gera para o juiz o dever de oportunizar a regularização do vício, ainda que ele seja anterior. (Grupo: Direito intertemporal)

575. (art. 138) Verificada a relevância da matéria, a repercussão social da controvérsia ou a especificidade do tema objeto da demanda, o juiz poderá promover a ampla divulgação do processo, inclusive por meio dos cadastros eletrônicos dos tribunais e do Conselho Nacional de Justiça, para incentivar a participação de mais sujeitos na qualidade de *amicus curiae*. (Grupo: Litisconsórcio e intervenção de terceiros)

576. (arts. 166, §4º; 354, parágrafo único; art. 3º, §1º, da Lei 13.140/15) Admite-se a solução parcial do conflito em audiência de conciliação ou mediação. (Grupo: Mediação e conciliação (CPC e Lei 13.140/2015); redação revista no VIII FPPC-Florianópolis)

577. (arts. 166, § 4º; 696; art. 2º, II e V da Lei 13.140/2015) A realização de sessões adicionais de conciliação ou mediação depende da concordância de ambas as partes. (Grupo: Mediação e conciliação (CPC e Lei 13.140/2015))

578. (art. 183, §1º) Em razão da previsão especial do § 1º do art. 183, estabelecendo a intimação pessoal da Fazenda Pública por carga, remessa ou meio eletrônico, a ela não se aplica o disposto no § 1º do art. 269. (Grupo: Impacto do novo CPC e os processos da Fazenda Pública)

579. (arts. 190, 219 e 222, §1º) Admite-se o negócio processual que estabeleça a contagem dos prazos processuais dos negociantes em dias corridos. (Grupo: Negócios processuais)

580. (arts. 190; 337, X; 313, II) É admissível o negócio processual estabelecendo que a alegação de existência de convenção de arbitragem será feita por simples petição, com a interrupção ou suspensão do prazo para contestação. (Grupo: Negócios processuais)

581. (art. 303, §1º, I; Art. 139, VI) O poder de dilação do prazo, previsto no inciso VI do art. 139 e no inciso I do §1º do art. 303, abrange a fixação do termo final para aditar o pedido inicial posteriormente ao prazo para recorrer da tutela antecipada antecedente. (Grupo: Tutela provisória)

582. (arts. 304, *caput*; 5º, *caput* e inciso XXXV, CF) Cabe estabilização da tutela antecipada antecedente contra a Fazenda Pública. (Grupo: Tutela provisória)

583. (art. 334, §12) O intervalo mínimo entre as audiências de mediação ou de conciliação não se confunde com o tempo de duração da sessão. (Grupo: Mediação e conciliação (CPC e Lei 13.140/2015))

584. (arts. 385; 117). É possível que um litisconsorte requeira o depoimento pessoal do outro. (Grupo: Direito probatório)

585. (arts. 489, §1º, IV; 1038, §3º; 984, §2º) Não se considera fundamentada a decisão que, ao fixar tese em recurso especial ou extraordinário repetitivo, não abranger a análise de todos os fundamentos, favoráveis ou contrários, à tese jurídica discutida. (Grupo: Sentença, coisa julgada e ação rescisória)

586. (arts. 525; 774, parágrafo único; 771; 918) O oferecimento de impugnação manifestamente protelatória é ato atentatório à dignidade da justiça que enseja a aplicação da multa prevista no parágrafo único do art. 774 do CPC. (Grupo: Cumprimento de sentença e execução)

587. (arts. 529, §3º; 833, IV e § 2º; 528, §8º) A limitação de que trata o §3º do art. 529 não se aplica à execução de dívida não alimentar. (Grupo: Cumprimento de sentença e execução)

588. (art. 771, parágrafo único) Aplicam-se subsidiariamente à execução, além do Livro I da Parte Especial, também as disposições da Parte Geral, do Livro III da Parte Especial e das Disposições Finais e Transitórias. (Grupo: Cumprimento de sentença e execução)

589. (arts. 898; 897) O termo "multa" constante no art. 898 refere-se à perda da caução prevista no art. 897. (Grupo: Cumprimento de sentença e execução)

590. (arts. 917, § 3º; 798, parágrafo único; 524 e 525, § 4º) Na impugnação ao cumprimento de sentença e nos embargos à execução, o executado que alegar excesso de execução deverá elaborar demonstrativo de débito em conformidade com os incisos do art. 524 e do parágrafo único do art. 798, respectivamente. (Grupo: Cumprimento de sentença e execução; *redação revista no IX FPPC-Recife*)

591. (arts. 927, §5º; 950, §3º; 979) O tribunal dará ampla publicidade ao acórdão que decidiu pela instauração do incidente de arguição de inconstitucionalidade, incidente de assunção de competência ou incidente de resolução de demandas repetitivas, cabendo, entre outras medidas, sua publicação em seção específica no órgão oficial e indicação clara na página do tribunal na rede mundial de computadores. (Grupo: Ordem do processo nos tribunais e regimentos internos)

592. (arts. 932, V; 1.019) Aplica-se o inciso V do art. 932 ao agravo de instrumento. (Grupo: Ordem do processo nos tribunais e regimentos internos)

593. (arts. 932, parágrafo único; 1.030) Antes de inadmitir o recurso especial ou recurso extraordinário, cabe ao presidente ou vice-presidente do tribunal recorrido conceder o prazo de cinco dias ao recorrente para que seja sanado o vício ou complementada a documentação exigível, nos termos do parágrafo único do art. 932. (Grupo: Recursos (menos os repetitivos) e reclamação)

594. (arts. 933; 10) O art. 933 incide no controle concentrado-abstrato de constitucionalidade. (Grupo: Ordem do processo nos tribunais e regimentos internos)

595. (art. 933, §1º) No curso do julgamento, o advogado poderá pedir a palavra, pela ordem, para indicar que determinada questão suscitada na sessão não foi submetida ao prévio contraditório, requerendo a aplicação do §1º do art. 933. (Grupo: Ordem do processo nos tribunais e regimentos internos)

596. (art. 937, VIII) Será assegurado às partes o direito de sustentar oralmente no julgamento de agravo de instrumento que verse sobre tutela provisória e que esteja pendente de julgamento por ocasião da entrada em vigor do CPC de 2015, ainda que o recurso tenha sido interposto na vigência do CPC de 1973. (Grupo: Direito intertemporal)

597. (arts. 941, *caput*; 943) Ainda que o resultado do julgamento seja unânime, é obrigatória a inclusão no acórdão dos fundamentos empregados por todos os julgadores para dar base à decisão. (Grupo: Sentença, coisa julgada e ação rescisória)

598. (arts. 941, *caput* e §3º; 1.022) Cabem embargos de declaração para suprir a omissão do acórdão que, embora convergente na conclusão, deixe de declarar os fundamentos divergentes. (Grupo: Ordem do processo nos tribunais e regimentos internos)

599. (art. 942) A revisão do voto, após a ampliação do colegiado, não afasta a aplicação da técnica de julgamento do art. 942. (Grupo: Ordem do processo nos tribunais e regimentos internos)

600. (art. 947). O incidente de assunção de competência pode ter por objeto a solução de relevante questão de direito material ou processual. (Grupo: IRDR, Recursos Repetitivos e Assunção de competência)

601. (arts. 950, §§ 1º e 10) Instaurado o incidente de arguição de inconstitucionalidade, as pessoas jurídicas de direito público responsáveis pela edição do ato normativo questionado deverão ser intimadas para que tenham ciência do teor do acórdão do órgão fracionário que o instaurou. (Grupo: Ordem do processo nos tribunais e regimentos internos)

602. (arts. 966, VII; 381, III) A prova nova apta a embasar ação rescisória pode ser produzida ou documentada por meio do procedimento de produção antecipada de provas. (Grupo: Direito probatório)

603. (art. 968, II) Não se converterá em multa o depósito inicial efetuado pelo autor, caso a extinção da ação rescisória se dê por decisão do relator transitada em julgado. (Grupo: Sentença, coisa julgada e ação rescisória)

604. (arts. 976, §1º; 987). É cabível recurso especial ou extraordinário ainda que tenha ocorrido a desistência ou abandono da causa que deu origem ao incidente. (Grupo: IRDR, Recursos Repetitivos e Assunção de competência)

605. (arts. 977; 985, I) Os juízes e as partes com processos no Juizado Especial podem suscitar a instauração do incidente de resolução de demandas repetitivas. (Grupo: IRDR, Recursos Repetitivos e Assunção de competência)

606. (arts. 982; 985). Deve haver congruência entre a questão objeto da decisão que admite o incidente de resolução de demandas repetitivas e a decisão final que fixa a tese. (Grupo: IRDR, Recursos Repetitivos e Assunção de competência)

607. (arts. 986; 926) A decisão em recursos especial ou extraordinário repetitivos e a edição de enunciado de súmula pelo STJ ou STF obrigam os tribunais de segunda instância a rever suas decisões em incidente de resolução de demandas repetitivas, incidente de assunção de competência e enunciados de súmula em sentido diverso, nos termos do art. 986. (Grupo: IRDR, Recursos Repetitivos e Assunção de competência)

608. (arts. 986; 927, §§3º e 4º) O acórdão que revisar ou superar a tese indicará os parâmetros temporais relativos à eficácia da decisão revisora. (Grupo: IRDR, Recursos Repetitivos e Assunção de competência)

609. (art. 995, parágrafo único) O pedido de antecipação da tutela recursal ou de concessão de efeito suspensivo a qualquer recurso poderá ser formulado por simples petição ou nas razões recursais. (Grupo: Recursos (menos os repetitivos) e reclamação)

610. (art. 1.007, §§ 4º e 6º) Quando reconhecido o justo impedimento de que trata o §6º do art. 1.007, a parte será intimada para realizar o recolhimento do preparo de forma simples, e não em dobro. (Grupo: Recursos (menos os repetitivos) e reclamação)

611. (arts. 1.015, II; 1.009, §§ 1º e 2º; 354, parágrafo único; 356, §5º; 485; 487). Na hipótese de decisão parcial com fundamento no art. 485 ou no art. 487, as questões exclusivamente a ela relacionadas e resolvidas anteriormente, quando não recorríveis de imediato, devem ser impugnadas em preliminar do agravo de instrumento ou nas contrarrazões. (Grupo: Recursos (menos os repetitivos) e reclamação)

612. (arts. 1.015, V; 98, §§5º e 6º) Cabe agravo de instrumento contra decisão interlocutória que, apreciando pedido de concessão integral da gratuidade da Justiça, defere a redução percentual ou o parcelamento de despesas processuais. (Grupo: Recursos (menos os repetitivos) e reclamação)

613. (arts. 1.021; 99, §7º) A interposição do agravo interno prolonga a dispensa provisória de adiantamento de despesa processual de que trata o §7º do art. 99, sendo desnecessário postular a tutela provisória recursal. (Grupo: Recursos (menos os repetitivos) e reclamação)

614. (arts. 1.023, §2º; 933, §1º; 9º). Não tendo havido prévia intimação do embargado para apresentar contrarrazões aos embargos de declaração, se surgir divergência capaz de acarretar o acolhimento com atribuição de efeito modificativo do recurso durante a sessão de julgamento, esse será imediatamente suspenso para que seja o embargado intimado a manifestar-se no prazo do §2º do art. 1.023. (Grupo: Recursos (menos os repetitivos) e reclamação)

615. (arts. 1036; 1037) Na escolha dos casos paradigmas, devem ser preferidas, como representativas da controvérsia, demandas coletivas às individuais, observados os requisitos do art. 1.036, especialmente do respectivo §6º. (Grupo: IRDR, Recursos Repetitivos e Assunção de competência)

616. (arts. 1046; 14) Independentemente da data de intimação ou disponibilização de seu inteiro teor, o direito ao recurso contra as decisões colegiadas nasce na data em que proclamado o resultado da sessão de julgamento. (Grupo: Direito intertemporal)

617. (art. 3º, §2º; art. 36, §4º da Lei 13.140/2015; art. 17, §1º da Lei n.º 8.429/1992) A mediação e a conciliação são compatíveis com o processo judicial de improbidade administrativa. (Grupo: Mediação e conciliação (CPC e Lei 13.140/2015))

618. (arts. 3º, §§ 2º e 3º, 139, V, 166 e 168; arts. 35 e 47 da Lei nº 11.101/2005; art. 3º, *caput,* e §§ 1º e 2º, art. 4º, *caput* e §1º, e art. 16, *caput,* da Lei nº 13.140/2015). A conciliação e a mediação são compatíveis com o processo de recuperação judicial. (Grupo: Mediação e conciliação (CPC e Lei 13.140/2015))

619. (arts. 6º, 138, 982, II, 983, §1º) O processo coletivo deverá respeitar as técnicas de ampliação do contraditório, como a realização de audiências públicas, a participação de *amicus curiae* e outros meios de participação. (Grupo: Impacto do novo CPC e os processos coletivos)

620. (arts. 8º, 11, 554, §3º) O ajuizamento e o julgamento de ações coletivas serão objeto da mais ampla e específica divulgação e publicidade. (Grupo: Impacto do novo CPC e os processos coletivos)

621. (arts. 85, §14, 771, 833, § 2º) Ao cumprimento de sentença do capítulo relativo aos honorários advocatícios, aplicam-se as hipóteses de penhora previstas no §2º do art. 833, em razão da sua natureza alimentar. (Grupo: Cumprimento de sentença e execução)

622. (arts. 95, §4º e 98, §§2º, 3º e 7º) A execução prevista no §4º do art. 95 também está sujeita à condição suspensiva de exigibilidade prevista no §3º do art. 98. (Grupo: Gratuidade da justiça, petição inicial, contestação e fase de organização e saneamento)

623. (art. 98, §1º, VIII e §4º) O deferimento de gratuidade de justiça não afasta a imposição de multas processuais, mas apenas dispensa sua exigência como condição para interposição de recursos. (Grupo: Gratuidade da justiça, petição inicial, contestação e fase de organização e saneamento)

624. (arts. 98-102 e 337, XIII; Lei 13.140/2015) As regras que dispõem sobre a gratuidade da justiça e sua impugnação são aplicáveis ao procedimento de mediação e conciliação judicial. (Grupo: Mediação e conciliação (CPC e Lei 13.140/2015))

625. (art. 167, §3º) O sucesso ou insucesso da mediação ou da conciliação não deve ser apurado apenas em função da celebração de acordo. (Grupo: Mediação e conciliação (CPC e Lei 13.140/2015))

626. (arts. 186, §§ 2º e 3º, e 223, §§ 1º e 2º) O requerimento previsto no §2º do art. 186, formulado pela Defensoria Pública ou pelas entidades mencionadas no §3º do art. 186, constitui justa causa para os fins do §2º do art. 223, quanto ao prazo em curso. (Grupo: Poderes do juiz e intervenção do Ministério Público)

627. (arts. 297, 537, §3º; art. 12, §2º, Lei 7.347/1985). Em processo coletivo, a decisão que fixa multa coercitiva é passível de cumprimento provisório, permitido o levantamento do valor respectivo após o trânsito em julgado da decisão de mérito favorável. (Grupo: Impacto do novo CPC e os processos coletivos)

628. (arts. 334, 695, 190 e 191) As partes podem celebrar negócios jurídicos processuais na audiência de conciliação ou mediação. (Grupo: Mediação e conciliação (CPC e Lei 13.140/2015))

629. (arts. 343, §3º, 231, §1º e 350) Se o réu reconvier contra o autor e terceiro, o prazo de contestação à reconvenção, para ambos, iniciar-se-á após a citação do terceiro. (Grupo: Gratuidade da justiça, petição inicial, contestação e fase de organização e saneamento)

630. (arts. 356, 57 e 58) A necessidade de julgamento simultâneo de causas conexas ou em que há continência não impede a prolação de decisões parciais. (Grupo: Sentença, ação rescisória e coisa julgada)

631. (arts. 357, §§ 2º e 3º e 493) A existência de saneamento negocial ou compartilhado não afasta a incidência do art. 493. (Grupo: Gratuidade da justiça, petição inicial, contestação e fase de organização e saneamento)

632. (arts. 373, §1º e 10) A redistribuição de ofício do ônus de prova deve ser precedida de contraditório. (Grupo: Direito probatório)

633. (art. 381). Admite-se a produção antecipada de prova proposta pelos legitimados ao ajuizamento das ações coletivas, inclusive para facilitar a autocomposição ou permitir a decisão sobre o ajuizamento ou não da demanda. (Grupo: Impacto do novo CPC e os processos coletivos)

634. (art. 381) Se, na pendência do processo, ocorrer a hipótese do art. 381, I ou II, poderá ser antecipado o momento procedimental de produção da prova, seguindo-se o regramento próprio do meio de prova requerido e não o procedimento dos arts. 381 a 383. (Grupo: Direito probatório)

635. (art. 386, §§ 6º, 9º e 10) Antes de decidir sobre a conduta da parte no depoimento pessoal, deverá o magistrado submeter o tema a contraditório para evitar decisão surpresa. (Grupo: Direito probatório)

636. (arts. 439, 440, 369 e 384) As conversas registradas por aplicativos de mensagens instantâneas e redes sociais podem ser admitidas no processo como prova, independentemente de ata notarial. (Grupo: Direito probatório)

637. (art. 471) A escolha consensual do perito não impede as partes de alegarem o seu impedimento ou suspeição em razão de fato superveniente à escolha. (Grupo: Direito probatório)

638. (arts. 503, §1º, 506 e 115, I) A formação de coisa julgada sobre questão prejudicial incidental, cuja resolução como principal exigiria a formação de litisconsórcio necessário unitário, pressupõe contraditório efetivo por todos os legitimados, observada a parte final do art. 506. (Grupo: Sentença, ação rescisória e coisa julgada)

639. (334, §4º, II) O juiz poderá, excepcionalmente, dispensar a audiência de mediação ou conciliação nas ações em que uma das partes estiver amparada por medida protetiva. (Grupo: Mediação e conciliação (CPC e Lei 13.140/2015); *redação revista no IX FPPC-Recife*)

640. (arts. 723, parágrafo único, e 489) O disposto no parágrafo único do art. 723 não exime o juiz de observar o disposto nos §§ 1º e 2º do art. 489. (Grupo: Poderes do juiz e intervenção do Ministério Público)

641. (arts. 799, 843, 867, §5°, e 889) O exequente deve providenciar a intimação do coproprietário no caso da penhora de bem imóvel indivisível ou de direito real sobre bem imóvel indivisível. (Grupo: Cumprimento de sentença e execução)

642. (arts. 828, §§ 2º e 5º, 515, I, 523 e 771) A decisão do juiz que reconhecer o direito a indenização, decorrente de indevida averbação prevista no art. 828 ou do não cancelamento das averbações excessivas, é apta a ensejar a liquidação e o posterior cumprimento da sentença, sem necessidade de propositura de ação de conhecimento. (Grupo: Cumprimento de sentença e execução)

643. (Art. 859). A intimação prevista no art. 859, para que seja efetuado o depósito de prestação ou restituição (em favor do executado), deve ser direcionada ao devedor do executado. (Grupo: Cumprimento de sentença e execução)

644. (art. 903, §§3º e 4º) A ação autônoma referida no §4º do art. 903 com base na alegação de preço vil não pode invalidar a arrematação. (Grupo: Cumprimento de sentença e execução)

645. (arts. 932, 933, 938 e 139) Ao relator se conferem os poderes e os deveres do art. 139. (Grupo: Poderes do juiz e intervenção do Ministério Público)

646. (arts. 932, I e 938, §3º) Constatada a necessidade de produção de prova em grau de recurso, o relator tem o dever de conversão do julgamento em diligência. (Grupo: Ordem do processo nos tribunais e regimentos internos)

647. (arts. 932, II, 938 e art. 300, §2°) A tutela provisória pode ser concedida pelo relator liminarmente ou após justificação prévia. (Grupo: Poderes do juiz e intervenção do Ministério Público)

648. (art. 932, IV, V e VIII) Viola o disposto no art. 932 a previsão em regimento interno de tribunal que estabeleça a possibilidade de julgamento monocrático de recurso ou ação de competência originária com base em "jurisprudência dominante" ou "entendimento dominante". (Grupo: Ordem do processo nos tribunais e regimentos internos)

649. (arts. 934, 935 e 940, *caput* e §1º) A retomada do julgamento após devolução de pedido de vista depende de inclusão em nova pauta, a ser publicada com antecedência mínima de cinco dias, ressalvada a hipótese de o magistrado que requereu a vista declarar que levará o processo na sessão seguinte. (Grupo: Ordem do processo nos tribunais e regimentos internos)

650. (arts. 935 e 1.024, *caput* e §1º) Os embargos de declaração, se não submetidos a julgamento na primeira sessão subsequente à sua oposição, deverão ser incluídos em pauta. (Grupo: Ordem do processo nos tribunais e regimentos internos)

651. (arts. 937, 947, 976 e 984). É admissível sustentação oral na sessão de julgamento designada para o juízo de admissibilidade do incidente de resolução de demandas repetitivas ou do incidente de assunção de competência, sendo legitimados os mesmos sujeitos indicados nos arts. 984 e 947, §1º. (Grupo: IRDR, Recursos Repetitivos e Assunção de competência)

652. (arts. 938, *caput* e 939) Cada questão preliminar suscitada será objeto de votação específica no julgamento. (Grupo: Ordem do processo nos tribunais e regimentos internos)

653. (art. 941) Divergindo os julgadores quanto às razões de decidir, mas convergindo na conclusão, caberá ao magistrado que primeiro deduziu o fundamento determinante vencedor redigir o acórdão. (Grupo: Ordem do processo nos tribunais e regimentos internos)

654. (arts. 943, § 1º e 494, I) Erro material identificado na ementa, inclusive decorrente de divergência com o acórdão, é corrigível a qualquer tempo, de ofício ou mediante requerimento. (Grupo: Ordem do processo nos tribunais e regimentos internos)

655. (arts. 947 e 976; CPC/1973, art. 476) Desde que presentes os requisitos de cabimento, os incidentes de uniformização de jurisprudência pendentes de julgamento na vigência do CPC/2015 deverão ser processados conforme as regras do incidente de resolução de demandas repetitivas ou do incidente de assunção de competência, especialmente as atinentes ao contraditório. (Grupo: IRDR, Recursos Repetitivos e Assunção de competência)

656. (art. 966, VII) A expressão "prova nova" do inciso VII do art. 966 do CPC/2015 engloba todas as provas típicas e atípicas. (Grupo: Sentença, ação rescisória e coisa julgada)

657. (arts. 976, 6º, 10, 317 e 938, §1º) O relator, antes de considerar inadmissível o incidente de resolução de demandas repetitivas, oportunizará a correção de vícios ou a complementação de informações. (Grupo: IRDR, Recursos Repetitivos e Assunção de competência)

658. (arts. 977, I, e 139, X) O dever de comunicação previsto no inciso X do art. 139 não impede nem condiciona que o juiz suscite a instauração de incidente de resolução de demandas repetitivas nos termos do inciso I do art. 977. (Grupo: Poderes do juiz e intervenção do Ministério Público)

659. (arts. 983, 7º, 1.038, I, 927, III, 928 e 138) O relator do julgamento de casos repetitivos e do incidente de assunção de competência tem o dever de zelar pelo equilíbrio do contraditório, por exemplo solicitando a participação, na condição de *amicus curiae,* de pessoas, órgãos ou entidades capazes de sustentar diferentes pontos de vista. (Grupo: IRDR, Recursos Repetitivos e Assunção de competência)

660. (arts. 987 e 1.036) O recurso especial ou extraordinário interposto contra o julgamento do mérito do incidente de resolução de demandas repetitivas, ainda que único, submete-se ao regime dos recursos repetitivos. (Grupo: IRDR, Recursos Repetitivos e Assunção de competência)

661. (arts. 988 e 85) É cabível a fixação de honorários advocatícios na reclamação, atendidos os critérios legais. (Grupo: Recursos (menos os repetitivos))

662. (art. 1.009, § 1º) É admissível impugnar, na apelação, exclusivamente a decisão interlocutória não agravável. (Grupo: Recursos (menos os repetitivos))

663. (art. 1.018, *caput* e §2º) A providência prevista no *caput* do art. 1.018 somente pode prejudicar o conhecimento do agravo de instrumento quando os autos do recurso não forem eletrônicos. (Grupo: Recursos (menos os repetitivos))

664. (arts. 1.029, *caput* e § 5º, 1030 e 932, I) O Presidente ou Vice-Presidente do Tribunal de origem tem competência para homologar acordo celebrado antes da publicação da decisão de admissão do recurso especial ou extraordinário. (Grupo: Ordem do processo nos tribunais e regimentos internos)

665. (arts. 1.030, §1º, 205 e 489, §1º) A negativa de seguimento ou sobrestamento de recurso especial ou extraordinário, ao fundamento de que a questão de direito já foi ou está selecionada para julgamento de recursos sob o rito dos repetitivos, não pode ser feita via carimbo ou outra forma automatizada nem por pessoa não investida no cargo de magistrado. (Grupo: IRDR, Recursos Repetitivos e Assunção de competência)

666. (arts. 4º, 139, X, 317, 488 e 932, parágrafo único; art. 5º, §3º, Lei 7.347/1985 e art. 9º da Lei de Ação Popular) O processo coletivo não deve ser extinto por falta de legitimidade quando um legitimado adequado assumir o polo ativo ou passivo da demanda. (Grupo: Processo Coletivo)

667. (arts. 6º, 8º e 18; art. 6º, § 3º, da Lei n.º 4.717/1965) Admite-se a migração de polos nas ações coletivas, desde que compatível com o procedimento. (Grupo: Processo Coletivo)

668. (art. 63) A convenção de arbitragem e a cláusula de eleição de foro para os atos que necessitem da participação do Poder Judiciário não se excluem, ainda que inseridas em um mesmo instrumento contratual. (Grupo: Competência e cooperação judiciária nacional)

669. (arts. 67, 68 e 69; art. 96 da CF) O regimento interno pode regulamentar a cooperação entre órgãos do tribunal. (Grupo: Ordem dos processos no tribunal e regimentos internos).

670. (arts. 67 a 69) A cooperação judiciária pode efetivar-se pela prática de atos de natureza administrativa ou jurisdicional. (Grupo: Competência e cooperação judiciária nacional)

671. (art. 69, § 2º, II) O inciso II do §2º do art. 69 autoriza a produção única de prova comum a diversos processos, assegurada a participação dos interessados. (Grupo: Competência e cooperação judiciária nacional)

672. (arts. 327, §2º e 693, parágrafo único) É admissível a cumulação do pedido de alimentos com os pedidos relativos às ações de família, valendo-se o autor desse procedimento especial, sem prejuízo da utilização da técnica específica para concessão de tutela provisória prevista na Lei de Alimentos. (Grupo: Gratuidade da Justiça, petição inicial, contestação e fase de organização e saneamento).

673. (art. 334, §4º, II e art. 139, V) A presença do ente público em juízo não impede, por si, a designação da audiência do art. 334. (Grupo: Mediação e conciliação (CPC e Lei 13.140/2015))

674. (art. 343, §§ 3º e 4º) A admissibilidade da reconvenção com ampliação subjetiva não se restringe às hipóteses de litisconsórcio necessário. (Grupo: Litisconsórcio e Intervenção de Terceiros)

675. (art. 357, §1º) O assistente e o amicus curiae têm direito de pedir esclarecimentos ou solicitar ajustes na decisão de saneamento e organização do processo, nos limites dos seus poderes e interesse processual. (Grupo: Litisconsórcio e Intervenção de Terceiros)

676. (arts. 357, §3º, e 6º, CPC) A audiência de saneamento compartilhado é momento adequado para que o juiz e as partes deliberem sobre as especificidades do litígio coletivo, as questões fáticas e jurídicas controvertidas, as provas necessárias e as medidas que incrementem a representação dos membros do grupo. (Grupo: Processo Coletivo)

677. (art. 357, §7º) É possível a ampliação do número de testemunhas, em razão da complexidade da causa e dos fatos individualmente considerados. (Grupo: Direito probatório)

678. (arts. 380 e 77, IV) É lícita a imposição de multa por ato atentatório à dignidade da justiça, em caso de descumprimento injustificado por terceiro da ordem de informar ao juiz os fatos e as circunstâncias de que tenha conhecimento ou de exibir coisa ou documento que esteja em seu poder. (Grupo: Direito probatório)

679. (art. 517, §3º) A anotação da propositura da ação à margem do título protestado não se restringe à ação rescisória, podendo abranger outros meios de desfazimento da coisa julgada. (Grupo: Cumprimento de sentença e Execução)

680. (art. 747; art. 1.768, IV, do Código Civil): Admite-se pedido de autointerdição e de levantamento da própria interdição a partir da vigência do Estatuto da Pessoa com Deficiência. (Grupo: Procedimentos Especiais)

681. (arts. 937, VIII; 1.015, I e X e parágrafo único; 919, §1º; 525, §6º) Cabe sustentação oral no julgamento do agravo de instrumento interposto contra decisão que versa sobre efeito suspensivo em embargos à execução ou em impugnação ao cumprimento de sentença. (Grupo: Ordem dos processos no tribunal e regimentos internos).

682. (art. 942, caput) É assegurado o direito à sustentação oral para o colegiado ampliado pela aplicação da técnica do art. 942, ainda que não tenha sido realizada perante o órgão originário. (Grupo: Ordem dos processos no tribunal e regimentos internos).

683. (art. 942) A continuidade do julgamento de recurso de apelação ou de agravo de instrumento pela aplicação do art. 942 exige o quórum mínimo de cinco julgadores. (Grupo: Ordem dos processos no tribunal e regimentos internos).

684. (art. 942; art. 5º, XXXVII, CF) Ofende o juiz natural a convocação de julgadores no caso do art. 942, ou no de qualquer substituição, sem critério objetivo estabelecido previamente em ato normativo. (Grupo: Ordem dos processos no tribunal e regimentos internos).

685. (arts. 988 e 1.042, § 4º; súmula do STF, n. 727). Cabe reclamação, por usurpação de competência do Tribunal Superior, contra decisão do tribunal local que não admite agravo em recurso especial ou em recurso extraordinário. (Grupo: Recursos (menos repetitivos), reclamação e remessa necessária)

Enunciados CJF (Conselho da Justiça Federal), da I Jornada de Direito Processual Civil

ENUNCIADO 1 – A verificação da violação à boa-fé objetiva dispensa a comprovação do animus do sujeito processual.

ENUNCIADO 2 – As disposições do CPC aplicam-se supletiva e subsidiariamente às Leis n. 9.099/1995, 10.259/2001 e 12.153/2009, desde que não sejam incompatíveis com as regras e princípios dessas Leis.

ENUNCIADO 3 – As disposições do CPC aplicam-se supletiva e subsidiariamente ao Código de Processo Penal, no que não forem incompatíveis com esta Lei.

ENUNCIADO 4 – A entrada em vigor de acordo ou tratado internacional que estabeleça dispensa da caução prevista no art. 83, § 1o, inc. I do CPC/2015, implica na liberação da caução previamente imposta.

ENUNCIADO 5 – Ao proferir decisão parcial de mérito ou decisão parcial fundada no art. 485 do CPC, condenar-se-á proporcionalmente o vencido a pagar honorários ao advogado do vencedor, nos termos do art. 85 do CPC.

ENUNCIADO 6 – A fixação dos honorários de sucumbência por apreciação equitativa só é cabível nas hipóteses previstas no § 8º do art. 85 do CPC.

ENUNCIADO 7 – A ausência de resposta ao recurso pela parte contrária, por si só, não tem o condão de afastar a aplicação do disposto no art. 85, § 11, do CPC.

ENUNCIADO 8 – Não cabe majoração de honorários advocatícios em agravo de instrumento, salvo se interposto contra decisão interlocutória que tenha fixado honorários na origem, respeitados os limites estabelecidos no art. 85, §§ 2º, 3º e 8º, do CPC.

ENUNCIADO 9 – Aplica-se o art. 90, § 4º, do CPC ao reconhecimento da procedência do pedido feito pela Fazenda Pública nas ações relativas às prestações de fazer e de não fazer.

ENUNCIADO 10 – O benefício do § 4º do art. 90 do CPC aplica-se apenas à fase de conhecimento.

ENUNCIADO 11 – Aplica-se o disposto nos arts. 133 a 137 do CPC às hipóteses de desconsideração indireta e expansiva da personalidade jurídica.

ENUNCIADO 12 – É cabível a intervenção de amicus curiae (art. 138 do CPC) no procedimento do Mandado de Injunção (Lei n. 13.300/2016).

ENUNCIADO 13 – O art. 139, VI, do CPC autoriza o deslocamento para o futuro do termo inicial do prazo.

ENUNCIADO 14 – A ordem cronológica do art. 153 do CPC não será renovada quando houver equívoco atribuível ao Poder Judiciário no cumprimento de despacho ou decisão.

ENUNCIADO 15 – Aplicam-se às entidades referidas no § 3º do art. 186 do CPC as regras sobre intimação pessoal das partes e suas testemunhas (art. 186, § 2º; art. 455, § 4º, IV; art. 513, § 2º, II e art. 876, § 1º, II, todos do CPC).

ENUNCIADO 16 – As disposições previstas nos arts. 190 e 191 do CPC poderão aplicar-se aos procedimentos previstos nas leis que tratam dos juizados especiais, desde que não ofendam os princípios e regras previstos nas Leis n. 9.099/1995, 10.259/2001 e 12.153/2009.

ENUNCIADO 17 – A Fazenda Pública pode celebrar convenção processual, nos termos do art. 190 do CPC.

ENUNCIADO 18 – A convenção processual pode ser celebrada em pacto antenupcial ou em contrato de convivência, nos termos do art. 190 do CPC.

ENUNCIADO 19 – O prazo em dias úteis previsto no art. 219 do CPC aplica-se também aos procedimentos regidos pelas Leis n. 9.099/1995, 10.259/2001 e 12.153/2009.

ENUNCIADO 20 – Aplica-se o art. 219 do CPC na contagem do prazo para oposição de embargos à execução fiscal previsto no art. 16 da Lei n. 6.830/1980.

ENUNCIADO 21 – A suspensão dos prazos processuais prevista no caput do art. 220 do CPC estende-se ao Ministério Público, à Defensoria Pública e à Advocacia Pública.

ENUNCIADO 22 – Em causas que dispensem a fase instrutória, é possível o julgamento de improcedência liminar do pedido que contrariar decisão do Supremo Tribunal Federal em controle concentrado de constitucionalidade ou enunciado de súmula vinculante.

ENUNCIADO 23 – Na ausência de auxiliares da justiça, o juiz poderá realizar a audiência inaugural do art. 334 do CPC, especialmente se a hipótese for de conciliação.

ENUNCIADO 24 – Havendo a Fazenda Pública publicizado ampla e previamente as hipóteses em que está autorizada a transigir, pode o juiz dispensar a realização da audiência de mediação e conciliação, com base no art. 334, § 4º, II, do CPC, quando o direito discutido na ação não se enquadrar em tais situações.

ENUNCIADO 25 – As audiências de conciliação ou mediação, inclusive dos juizados especiais, poderão ser realizadas por videoconferência, áudio, sistemas de troca de mensagens, conversa on-line, conversa escrita, eletrônica, telefônica e telemática ou outros mecanismos que estejam à disposição dos profissionais da autocomposição para estabelecer a comunicação entre as partes.

ENUNCIADO 26 – A multa do § 8º do art. 334 do CPC não incide no caso de não comparecimento do réu intimado por edital.

ENUNCIADO 27 – Não é necessário o anúncio prévio do julgamento do pedido nas situações do art. 355 do CPC.

ENUNCIADO 28 – Os incisos do art. 357 do CPC não exaurem o conteúdo possível da decisão de saneamento e organização do processo.

ENUNCIADO 29 – A estabilidade do saneamento não impede a produção de outras provas, cuja necessidade se origine de circunstâncias ou fatos apurados na instrução.

ENUNCIADO 30 – É admissível a prova emprestada, ainda que não haja identidade de partes, nos termos do art. 372 do CPC.

ENUNCIADO 31 – A compatibilização do disposto nos arts. 378 e 379 do CPC com o art. 5º, LXIII, da CF/1988, assegura à parte, exclusivamente, o direito de não produzir prova contra si quando houver reflexos no ambiente penal.

ENUNCIADO 32 – A vedação à apresentação de defesa prevista no art. 382, § 4º, do CPC, não impede a alegação pelo réu de matérias defensivas conhecíveis de ofício.

ENUNCIADO 33 – No depoimento pessoal, o advogado da contraparte formulará as perguntas diretamente ao depoente.

ENUNCIADO 34 – A qualificação incompleta da testemunha só impede a sua inquirição se houver demonstração de efetivo prejuízo.

ENUNCIADO 35 – Considerando os princípios do acesso à justiça e da segurança jurídica, persiste o interesse de agir na propositura de ação declaratória a respeito da questão prejudicial incidental, a ser distribuída por dependência da ação preexistente, inexistindo litispendência entre ambas as demandas (arts. 329 e 503, § 1º, do CPC).

ENUNCIADO 36 – O disposto no art. 506 do CPC não permite que se incluam, dentre os beneficiados pela coisa julgada, litigantes de outras demandas em que se discuta a mesma tese jurídica.

ENUNCIADO 37 – Aplica-se aos juizados especiais o disposto nos parágrafos do art. 489 do CPC.

ENUNCIADO 38 – As medidas adequadas para efetivação da tutela provisória independem do trânsito em julgado, inclusive contra o Poder Público (art. 297 do CPC).

ENUNCIADO 39 – Cassada ou modificada a tutela de urgência na sentença, a parte poderá, além de interpor recurso, pleitear o respectivo restabelecimento na instância superior, na petição de recurso ou em via autônoma.

ENUNCIADO 40 – A irreversibilidade dos efeitos da tutela de urgência não impede sua concessão, em se tratando de direito provável, cuja lesão seja irreversível.

ENUNCIADO 41 – Nos processos sobrestados por força do regime repetitivo, é possível a apreciação e a efetivação de tutela provisória de urgência, cuja competência será do órgão jurisdicional onde estiverem os autos.

ENUNCIADO 42 – É cabível a concessão de tutela provisória de urgência em incidente de desconsideração da personalidade jurídica.

ENUNCIADO 43 – Não ocorre a estabilização da tutela antecipada requerida em caráter antecedente, quando deferida em ação rescisória.

ENUNCIADO 44 – É requisito da petição inicial da tutela cautelar requerida em caráter antecedente a indicação do valor da causa.

ENUNCIADO 45 – Aplica-se às tutelas provisórias o princípio da fungibilidade, devendo o juiz esclarecer as partes sobre o regime processual a ser observado.

ENUNCIADO 46 – A cessação da eficácia da tutela cautelar, antecedente ou incidental, pela não efetivação no prazo de 30 dias, só ocorre se caracterizada omissão do requerente.

ENUNCIADO 47 – A probabilidade do direito constitui requisito para concessão da tutela da evidência fundada em abuso do direito de defesa ou em manifesto propósito protelatório da parte contrária.

ENUNCIADO 48 – É admissível a tutela provisória da evidência, prevista no art. 311, II, do CPC, também em casos de tese firmada em repercussão geral ou em súmulas dos tribunais superiores.

ENUNCIADO 49 – A tutela da evidência pode ser concedida em mandado de segurança.

ENUNCIADO 50 – A eficácia da produção antecipada de provas não está condicionada a prazo para a propositura de outra ação.

ENUNCIADO 51 – Havendo registro judicial ou autorização expressa do juízo sucessório competente, nos autos do procedimento de abertura, registro e cumprimento de testamento, sendo todos os interessados capazes e concordes, poderão ser feitos o inventário e a partilha por escritura pública.

ENUNCIADO 52 – Na organização do esboço da partilha tratada pelo art. 651 do CPC, deve-se incluir a meação do companheiro.

ENUNCIADO 53 – Para o reconhecimento definitivo do domínio ou da posse do terceiro embargante (art. 681 do CPC), é necessária a presença, no polo passivo dos embargos, do réu ou do executado a quem se impute a titularidade desse domínio ou dessa posse no processo principal.

ENUNCIADO 54 – Estando o processo em grau de recurso, o requerimento de habilitação far-se-á de acordo com o Regimento Interno do respectivo tribunal (art. 687 do CPC).

ENUNCIADO 55 – É cabível apelação contra sentença proferida no procedimento especial de habilitação (arts. 687 a 692 do CPC).

ENUNCIADO 56 – A legitimidade conferida à Defensoria Pública pelo art. 720 do CPC compreende as hipóteses de jurisdição voluntária previstas na legislação extravagante, notadamente no Estatuto da Criança e do Adolescente.

ENUNCIADO 57 – Todos os legitimados a promover a curatela, cujo rol deve incluir o próprio sujeito a ser curatelado, também o são para realizar o pedido do seu levantamento.

ENUNCIADO 58 – O prazo para interposição do agravo previsto na Lei n. 8.437/92 é de quinze dias, conforme o disposto no art. 1.070 do CPC.

ENUNCIADO 59 – Não é exigível identidade absoluta entre casos para a aplicação de um precedente, seja ele vinculante ou não, bastando que ambos possam compartilhar os mesmos fundamentos determinantes.

ENUNCIADO 60 – É direito das partes a manifestação por escrito, no prazo de cinco dias, sobre fato superveniente ou questão de ofício na hipótese do art. 933, § 1º, do CPC, ressalvada a concordância expressa com a forma oral em sessão.

ENUNCIADO 61 – Deve ser franqueado às partes sustentar oralmente as suas razões, na forma e pelo prazo previsto no art. 937, caput, do CPC, no agravo de instrumento que impugne decisão de resolução parcial de mérito (art. 356, § 5º, do CPC).

ENUNCIADO 62 – Aplica-se a técnica prevista no art. 942 do CPC no julgamento de recurso de apelação interposto em mandado de segurança.

ENUNCIADO 63 – A técnica de que trata o art. 942, § 3º, I, do CPC aplica-se à hipótese de rescisão parcial do julgado.

ENUNCIADO 64 – Ao despachar a reclamação, deferida a suspensão do ato impugnado, o relator pode conceder tutela provisória satisfativa correspondente à decisão originária cuja autoridade foi violada.

ENUNCIADO 65 – A desistência do recurso pela parte não impede a análise da questão objeto do incidente de assunção de competência.

ENUNCIADO 66 – Admite-se a correção da falta de comprovação do feriado local ou da suspensão do expediente forense, posteriormente à interposição do recurso, com fundamento no art. 932, parágrafo único, do CPC.

ENUNCIADO 67 – Há interesse recursal no pleito da parte para impugnar a multa do art. 334, § 8º, do CPC por meio de apelação, embora tenha sido vitoriosa na demanda.

ENUNCIADO 68 – A intempestividade da apelação desautoriza o órgão a quo a proferir juízo positivo de retratação.

ENUNCIADO 69 – A hipótese do art. 1.015, parágrafo único, do CPC abrange os processos concursais, de falência e recuperação.

ENUNCIADO 70 – É agravável o pronunciamento judicial que postergar a análise de pedido de tutela provisória ou condicioná-la a qualquer exigência.

ENUNCIADO 71 – É cabível o recurso de agravo de instrumento contra a decisão que indefere o pedido de atribuição de efeito suspensivo a Embargos à Execução, nos termos do art. 1.015, X, do CPC.

ENUNCIADO 72 – É admissível a interposição de agravo de instrumento tanto para a decisão interlocutória que rejeita a inversão do ônus da prova, como para a que a defere.

ENUNCIADO 73 – Para efeito de não conhecimento do agravo de instrumento por força da regra prevista no § 3º do art. 1.018 do CPC, deve o juiz, previamente, atender ao art. 932, parágrafo único, e art. 1.017, § 3º, do CPC, intimando o agravante para sanar o vício ou complementar a documentação exigível.

ENUNCIADO 74 – O termo "manifestamente" previsto no § 4º do art. 1.021 do CPC se refere tanto à improcedência quanto à inadmissibilidade do agravo.

ENUNCIADO 75 – Cabem embargos declaratórios contra decisão que não admite recurso especial ou extraordinário, no tribunal de origem ou no tribunal superior, com a consequente interrupção do prazo recursal.

ENUNCIADO 76 – É considerada omissa, para efeitos do cabimento dos embargos de declaração, a decisão que, na superação de precedente, não se manifesta sobre a modulação de efeitos.

ENUNCIADO 77 – Para impugnar decisão que obsta trânsito a recurso excepcional e que contenha simultaneamente fundamento relacionado à sistemática dos recursos repetitivos ou da repercussão geral (art. 1.030, I, do CPC) e fundamento relacionado à análise dos pressupostos de admissibilidade recursais (art. 1.030, V, do CPC), a parte sucumbente deve interpor, simultaneamente, agravo interno (art. 1.021 do CPC) caso queira impugnar a parte relativa aos recursos repetitivos ou repercussão geral e agravo em recurso especial/extraordinário (art. 1.042 do CPC) caso queira impugnar a parte relativa aos fundamentos de inadmissão por ausência dos pressupostos recursais.

ENUNCIADO 78 – A suspensão do recurso prevista no art. 1.030, III, do CPC deve se dar apenas em relação ao capítulo da decisão afetada pelo repetitivo, devendo o recurso ter seguimento em relação ao remanescente da controvérsia, salvo se a questão repetitiva for prejudicial à solução das demais matérias.

ENUNCIADO 79 – Na hipótese do art. 1.032 do CPC, cabe ao relator, após possibilitar que o recorrente adite o seu recurso para inclusão de preliminar sustentando a existência de repercussão geral, oportunizar ao recorrido que, igualmente, adite suas contrarrazões para sustentar a inexistência da repercussão.

ENUNCIADO 80 – Quando o Supremo Tribunal Federal considerar como reflexa a ofensa à Constituição afirmada no recurso extraordinário, deverá, antes de remetê-lo ao Superior Tribunal de Justiça para julgamento como recurso especial, conceder prazo de quinze dias para que as partes complementem suas razões e contrarrazões de recurso.

ENUNCIADO 81 – A devolução dos autos pelo Superior Tribunal de Justiça ou Supremo Tribunal Federal ao tribunal de origem depende de decisão fundamentada, contra a qual cabe agravo na forma do art. 1.037, § 13, II, do CPC.

ENUNCIADO 82 – Quando houver pluralidade de pedidos de admissão de amicus curiae, o relator deve observar, como critério para definição daqueles que serão admitidos, o equilíbrio na representatividade dos diversos interesses jurídicos contrapostos no litígio, velando, assim, pelo respeito à amplitude do contraditório, paridade de tratamento e isonomia entre todos os potencialmente atingidos pela decisão.

ENUNCIADO 83 – Caso os embargos de divergência impliquem alteração das conclusões do julgamento anterior, o recorrido que já tiver interposto o recurso extraordinário terá o direito de complementar ou alterar suas razões, nos exatos limites da modificação, no prazo de quinze dias, contados da intimação da decisão dos embargos de divergência.

ENUNCIADO 84 – O comparecimento espontâneo da parte constitui termo inicial dos prazos para pagamento e, sucessivamente, impugnação ao cumprimento de sentença.

ENUNCIADO 85 – Na execução de título extrajudicial ou judicial (art. 515, § 1º, do CPC) é cabível a citação postal.

ENUNCIADO 86 – As prestações vincendas até o efetivo cumprimento da obrigação incluem-se na execução de título executivo extrajudicial (arts. 323 e 318, parágrafo único, do CPC).

ENUNCIADO 87 – O acordo de reparação de danos feito durante a suspensão condicional do processo, desde que devidamente homologado por sentença, é título executivo judicial.

ENUNCIADO 88 – A caução prevista no inc. IV do art. 520 do CPC não pode ser exigida em cumprimento definitivo de sentença. Considera-se como tal o cumprimento de sentença transitada em julgado no processo que deu origem ao crédito executado, ainda que sobre ela penda impugnação destituída de efeito suspensivo.

ENUNCIADO 89 – Conta-se em dias úteis o prazo do caput do art. 523 do CPC.

ENUNCIADO 90 – Conta-se em dobro o prazo do art. 525 do CPC nos casos em que o devedor é assistido pela Defensoria Pública.

ENUNCIADO 91 – Interpreta-se o art. 524 do CPC e seus parágrafos no sentido de permitir que a parte patrocinada pela Defensoria Pública continue a valer-se da contadoria judicial para elaborar cálculos para execução ou cumprimento de sentença.

ENUNCIADO 92 – A intimação prevista no caput do art. 523 do CPC deve contemplar, expressamente, o prazo sucessivo para impugnar o cumprimento de sentença.

ENUNCIADO 93 – Da decisão que julga a impugnação ao cumprimento de sentença cabe apelação, se extinguir o processo, ou agravo de instrumento, se não o fizer.

ENUNCIADO 94 – Aplica-se o procedimento do art. 920 do CPC à impugnação ao cumprimento de sentença, com possibilidade de rejeição liminar nas hipóteses dos arts. 525, § 5º, e 918 do CPC.

ENUNCIADO 95 – O juiz, antes de rejeitar liminarmente a impugnação ao cumprimento de sentença (art. 525, § 5º, do CPC), deve intimar o impugnante para sanar eventual vício, em observância ao dever processual de cooperação (art. 6º do CPC).

ENUNCIADO 96 – Os critérios referidos no caput do art. 537 do CPC devem ser observados no momento da fixação da multa, que não está limitada ao valor da obrigação principal e não pode ter sua exigibilidade postergada para depois do trânsito em julgado.

ENUNCIADO 97 – A execução pode ser promovida apenas contra o titular do bem oferecido em garantia real, cabendo, nesse caso, somente a intimação de eventual coproprietário que não tenha outorgado a garantia.

ENUNCIADO 98 – O art. 782, § 3º, do CPC não veda a possibilidade de o credor, ou mesmo o órgão de proteção ao crédito, fazer a inclusão extrajudicial do nome do executado em cadastros de inadimplentes.

ENUNCIADO 99 – A inclusão do nome do executado em cadastros de inadimplentes poderá se dar na execução definitiva de título judicial ou extrajudicial.

ENUNCIADO 100 – Interpreta-se a expressão condomínio edilício do art. 784, X, do CPC de forma a compreender tanto os condomínios verticais, quanto os horizontais de lotes, nos termos do art. 1.358-A do Código Civil.

ENUNCIADO 101 – É admissível ação monitória, ainda que o autor detenha título executivo extrajudicial.

ENUNCIADO 102 – A falta de oposição dos embargos de terceiro preventivos no prazo do art. 792, § 4º, do CPC não impede a propositura dos embargos de terceiro repressivos no prazo do art. 675 do mesmo Código.

ENUNCIADO 103 – Pode o exequente – em execução de obrigação de fazer fungível, decorrente do inadimplemento relativo, voluntário e inescusável do executado – requerer a satisfação da obrigação por terceiro, cumuladamente ou não com perdas e danos, considerando que o caput do art. 816 do CPC não derrogou o caput do art. 249 do Código Civil.

ENUNCIADO 104 – O fornecimento de certidão para fins de averbação premonitória (art. 799, IX, do CPC) independe de prévio despacho ou autorização do juiz.

ENUNCIADO 105 – As hipóteses de penhora do art. 833, § 2º, do CPC aplicam-se ao cumprimento da sentença ou à execução de título extrajudicial relativo a honorários advocatícios, em razão de sua natureza alimentar.

ENUNCIADO 106 – Na expropriação, a apropriação de frutos e rendimentos poderá ser priorizada em relação à adjudicação, se não prejudicar o exequente e for mais favorável ao executado.

ENUNCIADO 107 – Não se aplica a suspensão do art. 982, I, do CPC ao cumprimento de sentença anteriormente transitada em julgado e que tenha decidido questão objeto de posterior incidente de resolução de demandas repetitivas.

Índice Remissivo do Código de Processo Civil

A

F

G

H

I

J